Handbuch des Bau- und Fachplanungsrechts

Planung – Genehmigung – Rechtsschutz

Von Rechtsanwalt und Notar

Prof. Dr. Bernhard Stüer

Honorarprofessor an der Universität Osnabrück
Mitglied des Justizprüfungsamtes beim OLG Hamm
Richter am Anwaltsgerichtshof des Landes NRW
Lehrbeauftragter an der Westfälischen Wilhelms-Universität Münster und am
Westfälischen Studieninstitut für kommunale Verwaltung Münster

3. Auflage

Verlag C. H. Beck München 2005

Zitiervorschlag: *Stüer* Bau- und Fachplanungsrecht, 3. Aufl. 2005, Rdn. 100

Verlag C. H. Beck im Internet:
beck.de

ISBN 3 406 47232 X

© 2005 Verlag C.H. Beck oHG,
Wilhelmstraße 9, 80801 München
Druck: Kösel GmbH & Co. KG, Am Buchweg 1,
87452 Altusried-Krugzell
Satz: Fotosatz Otto Gutfreund GmbH, Darmstadt

Gedruckt auf säurefreiem, alterungsbeständigem Papier
(hergestellt aus chlorfrei gebleichtem Zellstoff)

Vorwort zur 3. Auflage

Was wären wir ohne den Gesetzgeber
Die dankbare Zunft der juristischen Kommentatoren

Schlechte Gesetzgebung, so sagt der russische Volksmund, wird nur erträglich, wenn man sich nicht daran hält. Die russischen Gepflogenheiten sind allerdings nicht überall umsetzbar, wissen wir bereits vom russischen Roulett, obwohl doch auch klar ist: Einige der gesetzlichen Regelungen sind auch in Deutschland schlecht. Erstens sind sie zu kompliziert und zweitens gibt es zu viele von ihnen. Moses genügten noch 10 Gebote, die er auf zwei Tafeln unterbringen konnte. Hammurabi kam bereits auf 282 Gesetze, die er in altbabylonischer Zeit 1750 vor Christus – nach der Sage direkt vom Sonnengott empfangen – zwischen Euphrat und Tigris in eine fast zweieinhalb Meter hohen Basaltstele meißeln ließ. Die Normen waren noch einfach als Konditionalprogramme gefasst: „wenn (es folgt der Tatbestand), dann (es folgt die Strafzumessung)". Planungsnormen mit ihren Finalprogrammen waren noch nicht erfunden und auch das Abwägungsgebot mit seinem Kernelement der autonomen Planungsentscheidung stand noch in den juristischen Sternen

Heute würden für die in Stein gefasste Beschreibung des geltenden Rechts mehrere Wolkenkratzer errichtet werden müssen. Denn allein das Bundesrecht füllt auf eng bedrucktem Papier 277 cm in 33 Loseblattsammlungen. Darunter das Europarechtsanpassungsgesetz Bau, das Genehmigungsverfahrensbeschleunigungsgesetz, das Planungsvereinfachungsgesetz, das Verkehrswegeprivatfinanzierungsgesetz oder das Verkehrswegeplanungsbeschleunigungsgesetz. Zurzeit gelten 2.066 Gesetze mit 46.308 Einzelnormen und 3.051 Rechtsverordnungen mit 38.766 Normen, macht zusammen 85.074 einzelne Vorschriften. Bescheidenheit des deutschen Gesetzgebers gehört offenbar nicht gerade zu seinen Kardinaltugenden

Die Sicht der juristischen Literaten ist allerdings eine ganz andere. Ein neuer Paragraf und ganze Bibliotheken können entstehen, freut sich die dankbare Zunft der juristischen Kommentatoren im Umkehrschluss zu den Erkenntnissen von Julius von Kirchmann. Der preußische Staatsanwalt hatte bereits im Jahre 1849 erklärt: „Ein Federstrich des Gesetzgebers und ganze Bibliotheken werden zur Makulatur." Kirchmann kann seit dieser Zeit als Erfinder der Kreislaufwirtschaft in der juristischen Literaturproduktion gelten. Vielfach richten die neuen Vorschriften wohl nur deshalb keinen allzu großen Schaden an, weil sie bereits außer Kraft getreten sind, bevor sie sich in der Praxis so richtig herumgesprochen haben, wird in Juristenkreisen daher auch hinter vorgehaltener Hand vermutet. Denn in einigen Gemeinden fehlt schon einmal über einige Jahre ein Referendar, der die Loseblattwerke durch kenntnisreiches Einsortieren auf den neusten Stand bringt. Und auch der Außenbereichsparagraf, der in seiner Ursprungsfassung sinngemäß lautete: „Das Bauen im Außenbereich ist überall verboten. Ausnahmen bestimmt der Stadtbaurat", war selbst in dem Mitte der 80er Jahre vom Kanzler der Einheit angedachten „Baubuch" von dieser überzeugenden Klarheit und entwaffnenden Kürze doch noch recht weit entfernt. Das Gesetz tritt sofort in Kraft. Gesetzesbegründung: Die bisherigen gesetzlichen Regelungen haben sich nicht bewährt. Mit derartigen Kurzkommentaren begnügen sich die heutigen Gesetzesmacher nur ungern

Mit dem Wechsel der Sichtweise in die Gruppe der Literaten tritt allerdings ein neues Problem auf den Plan. Nach einer alten Repetitorweißheit gilt für das Examen: „Mut zur Lücke". Eine derart vielleicht schon etwas fatalistische Einstellung ist wohl auch für das Verfassen dickleibiger Bücher angesagt – vor allem, wenn es im Allgemeinen ohne Spar-

Vorwort

ringspartner aus einer Feder erfolgt. Wer Druckteufel völlig ausschließen und sich auf den schmalen Weg der absoluten Vollständigkeit und Perfektion begeben will, der ist in der Zunft der Fachbuchautoren in aller Regel fehl am Platz. Ebenso wenig kann überall das Rad neu erfunden werden. Auch die Madonna mit dem lieben Jesuskind ist ja über die Jahrhunderte hinweg nicht nur einmal geschnitzt worden. Das wissen die Menschen in der bayerischen Heimat von Papst Benedikt XVI. nur allzu genau. Das Handbuch des Bau- und Fachplanungsrechts, das in der Tradition der beiden Vorauflagen aus den Jahren 1997 und 1998 steht, lebt auch in der 3. Auflage von diesen Erkenntnissen und lädt dazu ein, die Ausführungen mit eigenen Gedanken zu begleiten und Lösungsansätze eigenständig fortzuentwickeln

Im Bereich des Bauplanungsrechts mussten vor allem das europäische Umweltrecht und seine Umsetzung durch das Artikelgesetz 2001 und das Europarechtsanpassungsgesetz 2004 sowie die Hochwasserschutznovelle 2005 berücksichtigt werden. Auch im Fachplanungsrecht standen die umweltrechtlichen Vorgaben durch die geänderte UVP-Richtlinie und die Plan-UP-Richtlinie sowie weitere Richtlinien im Vordergrund. Sie haben bis in das Jahr 2005 hinein zuletzt durch das Gesetz zur Umsetzung der SUP-Richtlinie und das Gesetz zur Umsetzung der Umgebungslärmrichtlinie ebenfalls mehrere Novellen verursacht. Eine weitere Beschleunigungsnovelle von Planungsverfahren für Infrastrukturvorhaben soll zum Beginn des Jahres 2006 in Kraft treten. Das ursprünglich aus der Forstwirtschaft bekannte Nachhaltigkeitsprogramm hat über das Europarecht das deutsche Planungs- und Umweltrecht erreicht und man kann nicht mehr ganz sicher sein, ob nachteilig betroffene Belange in der traditionellen Manier einer Marktfrau mit ihrem Daumen einfach weggewogen werden können oder ob nicht doch eine aus dem naturschutzrechtlichen Kompensationsgedanken abzuleitende „nachhaltige Trauerarbeit" oder eine in der Mediation angestrebte „Win-Win-Methode" (DVBl. 2004, 914) für ein moderneres Planungsrecht stehen. Weitere Gesetzesänderungen mit dem Ziel einer verstärkten Öffentlichkeitsbeteiligung und wachsenden Klagerechten der Öffentlichkeit und der Verbände, aber auch in dem Bestreben um eine Neuauflage der Beschleunigung von Planungs- und Zulassungsverfahren stehen bevor. Das Bau- und Fachplanungsrecht bleibt daher auch weiterhin in spannender Bewegung

Mit diesen Besonderheiten gilt – wie bereits im Vorwort zur ersten Auflage ausgeführt – mit einigen Ergänzungen auch weiterhin: Das Bau- und Fachplanungsrecht hat Konjunktur. Nicht nur in den neuen Bundesländern werden gewaltige Anstrengungen unternommen, die Infrastruktur modernen Erfordernissen anzupassen und die Rahmenbedingungen für eine Angleichung der Lebensverhältnisse in Ost und West zu schaffen. Bauleitplanung, Fachplanung, Baugenehmigung und Rechtsschutz haben sich für Bürger, Verwaltung und interessierte Öffentlichkeit zu zentralen Begriffen in diesem Spannungsfeld entwickelt. Großprojekte wie Einkaufszentren, Autobahnen, Schnellbahntrassen, Flughäfen oder Bergbauvorhaben ziehen den Blick der Medien auf sich. Zugleich wird das Planen immer komplexer und schwieriger. Die Ursachen dafür liegen nicht nur in einem häufig als zu kompliziert empfundenen Planungs- und Genehmigungsrecht, sondern vielfach auch in einem ebenso großen Maße an den gesteigerten Ansprüchen der politisch sensiblen, arbeitsteiligen und mobilen Gesellschaft, die in Zeiten einer weltweiten Kommunikation und eines gewachsenen Umweltbewusstseins immer höhere Anforderungen auch an die Transparenz planerischer und politischer Entscheidungsprozesse stellt. Zugleich sehen sich Gemeinden und Fachplanungsbehörden vielfach vor Ort allein gelassen, und die Gefahr wächst, dass sich die Planung im Netz der immer detaillierter werdenden rechtlichen Vorgaben und Entscheidungsstrukturen verfängt. Das gilt vor allem, wenn die Vorgaben aus Brüssel für das Planungs- und Umweltrecht noch weiter zunehmen. Gerichte dürfen sich nicht auf eine kleinliche Fehlersuche begeben und müssen den autonomen (kontrollfreien) Entscheidungsraum der planenden Stelle respektieren, wird vielfach jenseits einer dogmatischen Verortung, aber durchaus mit gedanklichem Charme gefordert

Vorwort

Das Handbuch des Bau- und Fachplanungsrechts will in dem Dickicht der vielfach unübersehbaren gesetzlichen Regelungswerke und der dazu ergangenen Gerichtsentscheidungen Orientierungshilfe geben und über den aktuellen Stand vor allem von Gesetzgebung und Rechtsprechung berichten. Zugleich geht es dabei um die übergreifenden Strukturen, die das Bau- und Fachplanungsrechts verbinden. Denn es gibt bei näherem Hinsehen mehr Gemeinsamkeiten als Unterschiede in der Familie des Planungsrechts – Gemeinsamkeiten, die vor allem mit rechtsstaatlichen Anforderungen an das Planungsgeschehen zusammenhängen. Solange das Planungsrecht für sich in Anspruch nimmt, Eigentum neu zu bewerten und bei Bedarf sogar zu überwinden, wird eine rechtsstaatliche Planung ohne rechtsstaatliche Abwägung nicht auskommen. Weder die Bauleitplanung noch die Fachplanung können daher auf eine Abwägung verzichten. Damit sind aber die übergreifenden Strukturen des Planungsrechts nach einem gemeinsamen Muster gestrickt, so dass es auf der Hand liegt, sie auch in einem Werk darzustellen

Das Handbuch des Bau- und Fachplanungsrechts will vor allem die Querschnitte verdeutlichen, die nicht nur über die Grenzen des jeweiligen Fachplanungsrechts hinaus, sondern auch im Verhältnis zwischen der Bauleitplanung und den verschiedenen Fachplanungsrechten bestehen. Auch die Gesetzgebungsvorhaben wie etwa das GenBeschlG und die Novellen zur VwGO, zum WHG, zum BImSchG, die UVP-Richtlinie und die Plan-UP-Richtlinie, die in dem Buch mit ihren deutschen Umsetzungsgesetzen verarbeitet sind, zeigen, dass der Gesetzgeber bestrebt ist, die übergreifenden Strukturen des Planungsrechts anzugleichen und Unausgewogenheiten in den verschiedenen Fachplanungsrechten auch im Verhältnis zum Bauplanungsrecht nach Möglichkeit zu überwinden

Das Handbuch ist aus Vorlesungen und Übungen hervorgegangen, die der Verfasser zum Bau- und Fachplanungsrecht sowie zum Kommunal- und Umweltrecht an den Universitäten Münster und Osnabrück gehalten hat. Auch Vortrags- und Seminarveranstaltungen vor allem mit Praktikern aus den Bauverwaltungen in allen alten und neuen Ländern sind in die Darstellung eingegangen. Die Beispiele sind aus der forensischen Tätigkeit entnommen. Das Buch ist aus der Praxis für die Praxis geschrieben. Es ist praxis- und rechtsprechungsorientiert und wendet sich vor allem an Rat und Verwaltung in der Gemeinde, die planende Fachverwaltung, die Architekten, Bauherren, Investoren und die sonst am Baugeschehen Beteiligten, an Richter und Rechtsanwälte, vielleicht auch an Studierende und Referendare und an alle, die an den übergreifenden Strukturen des Planungsrechts aus Anlass eines konkreten Falles oder aufgrund ihrer allgemeinen beruflichen oder auch wissenschaftlichen Befassung interessiert sind. Die 3. Auflage dieses Handbuchs bezieht auch Erkenntnisse ein, die in den beiden Praxisbüchern „Der Bebauungsplan" (in zwei Auflagen 2000 und 2001) und „Die Planfeststellung" (2003) dargestellt sind. Regierungsdirektor Willi E. Probstfeld (Koblenz) gilt für seine Mitwirkung an dem letztgenannten Werk mein herzlicher Dank. Auch die Untersuchung von Regierungsdirektor Dr. Markus Rieder (Koblenz) zur Präklusion im deutschen und europäischen Fachplanungs- und Umweltrecht (Band 9 der Osnabrücker Schriftenreihe zum Planungsrecht) ist in der Neuauflage ausgewertet, ebenso die Arbeit von Referendarin Dr. Anke Sailer (Frankfurt) zum Monitoring, die als Band 10 der Osnabrücker Schriftenreihe erschienen ist

Besonders zu danken ist auch dem Verlag C. H. Beck mit Herrn Verleger Dr. Hans Dieter Beck an der Spitze und den für dieses Werk zuständigen engagierten Lektoren Rechtsanwalt Burkhard Schulz und Rechtsanwalt Dr. Wolfgang Czerny. Ebenso zu danken habe ich meinen langjährigen akademischen Wegbegleitern und Freunden Rechtsanwalt Prof. Dr. Werner Hoppe (Berlin/Stuttgart), Prof. Dr. Hans-Werner Rengeling (Osnabrück/Münster), Prof. Dr. Willi Blümel (Speyer) und Prof. Dr. Jörn Ipsen (Osnabrück). Sie haben mir Gelegenheit gegeben, meine Gedanken einem größeren Kreis von Studierenden und fachlich Interessierten vorzustellen. Zu danken ist auch Ministerialdirektor Prof. Dr. Michael Krautzberger vom Bundesministerium für Verkehr, Bau- und Wohnungswesen (Berlin/Bonn), mit dem mich viele gemeinsame Seminare zum Städtebaurecht verbinden

Vorwort

und dem ich ebenso wie den Vorgenannten nicht nur wegen seiner reichhaltigen Erfahrungen und profunden Kenntnisse viel zu verdanken habe. Auch Rechtsanwalt Prof. Dr. Martin Gellermann und dem Redaktionsassistenten der Zeitschrift Deutsches Verwaltungsblatt Dr. Peter Szczekalla, mit denen ich über das Institut für Europarecht und in seiner Nachfolge über das European Legal Studies Institute (ELSI) Osnabrück verbunden bin, haben mir vielfältige Anregungen zum Europarecht und speziell zum europäischen Verfassungsrecht und zum Habitatschutz vermittelt. In glücklichen Stunden – so habe ich es empfunden – saßen da gemeinsam mit Hans-Werner Rengeling Wissenschaftler, Projektbegleiter und Vogelfreund an einem Tisch und haben zumeist mit guten Erfolgen beratschlagt, wie sich Ökologie und Großprojekte unter einen Hut bringen lassen. Aber was wäre das alles ohne Anwaltserfahrungen aus der Praxis, in die mich meine Eltern, Rechtsanwälte und Notare Dr. Bernhard & Martha Stüer (Münster), schon seit meiner Schulzeit haben einblicken lassen (NJW 1995, 2142)

Bei der Korrektur der Druckfahnen war – einer guten Tradition folgend – die Osnabrücker Redaktionskonferenz bestehend aus Rechtsanwalt Dr. Caspar-David Hermanns (Osnabrück), Dr. Dietmar Hönig (Wirtschaftsministerium Wiesbaden), Rechtsanwalt Dr. Stefan Rude (Berlin), Dr. Dr. Karl A. Welker (Möser-Dokumentationsstelle Osnabrück, Frankfurt) und – erstmals bei der 3. Auflage – Referendarin Tomke Weers (Moormerland) behilflich. An der Vorbereitung des Kapitels A 9. Teil „Städtebauliche Sanierung" hat Christian Adam (Münster) mitgewirkt. Und auch unsere Bürovorsteherin Nicole Oßege trägt seit über 15 Jahren im Office zum Gelingen unserer beruflichen und literarischen Tätigkeiten bei. Meiner Frau, Rechtsanwältin Dr. Eva-Maria Stüer, Fachanwältin für Verwaltungsrecht, mit der ich auch in unserer Praxis zusammenwirke, gilt nicht nur für die selbstständige Bearbeitung der „Historischen Entwicklung des Rechts der städtebaulichen Planung" (Kapitel A 1. Teil II) und der „Genehmigung im Außenbereich (§ 35 BauGB)" (Kapitel C 4. Teil), sondern auch für die Mitwirkung bei der Vorbereitung meiner anderen Buchprojekte, Tagungen und der Seminare zum Bau-, Fachplanungs-, Umwelt-, Europa-, Kommunal-, Verfahrens- und Anwaltsrecht mein herzlichster Dank

Münster/Osnabrück, 2. Juli 2005　　　　　　　　　　　　　　　　　　　　Bernhard Stüer

Inhaltsübersicht

	Seite	Rdn.
Inhaltsverzeichnis	XI	
Abkürzungsverzeichnis	XXVII	
Literaturverzeichnis	XXXII	

A. Bauleitplanung 1   1

1. Teil. Bauleitplanung im Geflecht hoheitlicher Handlungen 1   2
2. Teil. Inhalt und Rechtsnatur der Bauleitpläne 109   290
3. Teil. Umweltprüfung 301   768
4. Teil. Planaufstellungsverfahren 323   846
5. Teil. Wirtschaftlichkeitsvoraussetzungen – beschränkte Fehlerfolgen ... 419   1104
6. Teil. Abwägungsverbot 452   1195
7. Teil. Plansicherungsinstrumente 593   1529
8. Teil. Planverwirklichungsinstrumente 629   1634
9. Teil. Städtebauliche Sanierung 741   1954
10. Teil. Stadtumbau und Soziale Stadt 769   2045
11. Teil. Städtebauliche Satzungen 777   2076
12. Teil. Städtebaurecht in den Ländern – Überleitungsrecht 815   2181

B. Baugenehmigung 821   2196

1. Teil. Genehmigungs-, Zustimmungs- oder Anzeigeverfahren 822   2198
2. Teil. Freistellungen und vereinfachte Genehmigungsverfahren 825   2205
3. Teil. Baugenehmigungsverfahren 830   2220
4. Teil. Baugenehmigung als Verwaltungsentscheidung 839   2240

C. Planungsrechtliche Zulässigkeit von Vorhaben 849   2274

1. Teil. Planungsrechtliche Genehmigungstatbestände im Überblick .. 849   2275
2. Teil. Genehmigung im beplanten Bereich (§§ 30 bis 33 BauGB) 852   2280
3. Teil. Genehmigung im nicht beplanten Innenbereich (§ 34 BauGB) . 872   2325
4. Teil. Bauen im Außenbereich (§ 35 BauGB) 909   2422

D. Planungsvorgaben des Europäischen Umweltrechts 1029   2679

1. Teil. Umwelt- und naturschutzbezogene EG-Richtlinien 1034   2688
2. Teil. Internationale ökologische Übereinkommen 1139   2944

E. Fachplanung 1141   2946

1. Teil. Schnittstellen zwischen Bau- und Fachplanungsrecht 1142   2947
2. Teil. Privilegierte und nicht privilegierte Fachplanungen 1156   2992
3. Teil. Abwägungsdirigierte Planungsentscheidungen 1159   2996
4. Teil. Gebundene Zulassungsentscheidungen 1408   3616
5. Teil. Strukturen des Umweltrechts 1452   3722
6. Teil. Verfahren der Planaufstellung 1463   3752
7. Teil. Verfahrensfehler 1538   3917
8. Teil. Materielle Plananforderungen 1549   3943

F. Rechtsschutz 1623   4129

1. Teil. Rechtsschutzmöglichkeiten (Überblick) 1623   4130
2. Teil. Rechtsschutz gegen den Bebauungsplan 1624   4134

Inhaltsübersicht

	Seite	Rdn.
3. Teil. Rechtsschutz des Bauherrn	1658	4207
4. Teil. Rechtsschutz des Nachbarn	1667	4228
5. Teil. Rechtsschutz der Gemeinde	1689	4284
6. Teil. Verbandsbeteiligung und Verbandsklagerechte	1692	4291
7. Teil. Rechtsschutz in der Fachplanung	1696	4297
8. Teil. Gerichtliches Verfahren	1711	4338
9. Teil. Vorläufiger Rechtsschutz	1727	4377
10. Teil. Ausblick	1739	4414
Stichwortverzeichnis	1741	

Inhaltsverzeichnis

	Seite	Rdn.
Inhaltsverzeichnis	XI	
Abkürzungsverzeichnis	XXVII	
Literaturverzeichnis	XXXII	

	Seite	Rdn.
A. Bauleitplanung	1	1
1. Teil. Bauleitplanung im Geflecht hoheitlicher Planungen	1	2
I. Planung als außerrechtlicher Vorgang und deren rechtliche Einbindung	2	4
1. Struktur der Normen des Planungsrechts	2	5
2. Kontrolleröffnung und Kontrollreichweite	4	7
3. Konditional- und Finalprogramme	5	9
4. Möglichkeiten autonomer Planungsentscheidungen	5	10
II. Historische Entwicklung des Rechts der städtebaulichen Planung	6	12
1. Entwicklung im 19. Jahrhundert	6	14
2. Entwicklung im ersten Drittel des 20. Jahrhunderts	8	18
3. Bauregelungsverordnung	10	21
4. Entwicklung nach dem Zweiten Weltkrieg	12	24
5. Vorarbeiten für das BBauG 1960	13	27
6. Konzeption des BBauG 1960	14	30
7. BBauG-Novelle 1976	15	32
8. BBauG-Novelle 1979	18	42
III. BauGB 1986	19	46
1. BauGB 1986	19	47
2. WoBauErlG 1990 (BauGB-MaßnG)	20	50
3. InvWoBauIG 1993	22	57
4. Windenergie-Novelle	24	65
IV. Städtebaurecht 1998 (BauROG)	24	67
1. Ausgangspunkte	24	68
2. Schwerpunkte	26	69
3. Umweltschutz	26	70
4. Vereinfachung	29	83
5. Verhältnis der Bauleitplanung zu anderen Planungen	33	99
V. Umsetzung der Projekt-UVP-Richtlinie durch das ArtG 2001	35	102
VI. Europarechtsanpassungsgesetz Bau (EAG Bau)	36	104
VII. Kompetenzverteilung zwischen Bund und Ländern	42	134
VIII. Kommunale Planungshoheit in Art. 28 II GG	46	139
1. Verfassungsrechtliche Ausgangspunkte	47	140
2. Gemeindliche Mitwirkungs- und Abwehrrechte bei Fachplanungen und staatlichen Eingriffen	48	143
3. Interkommunale Abstimmung in der Bauleitplanung	75	206
4. Gemeindefreie Gebiete	80	214
IX. Raumordnung	80	215
1. Das ROG (Überblick)	81	216
2. Ausgangspunkte	81	217
3. Stufensystem der raumrelevanten Planung	87	233
4. Grundsätze der Raumordnung	90	240
5. Raumordnung in den Ländern	91	242
6. Raumordnung des Bundes	104	278
7. Bindungswirkungen	105	282
2. Teil. Inhalt und Rechtsnatur der Bauleitpläne	109	290
I. Flächennutzungsplan	112	298
1. Aufgabe des Flächennutzungsplans	112	299
2. Darstellungsmöglichkeiten	113	301

Inhaltsverzeichnis

	Seite	Rdn.
3. Kennzeichnungsmöglichkeiten	115	304
4. Flächennutzungsplan und BauNVO	115	307
5. Nachrichtliche Übernahme	116	309
6. Begründung	117	310
7. Revisionsklausel	117	311
8. Wirkungen des Flächennutzungsplans	119	317
9. Teilflächennutzungspläne	120	320
II. Bebauungsplan	121	324
1. Bauliche Anlagen	124	328
2. Festsetzungsmöglichkeiten	130	340
3. Kennzeichnungsmöglichkeiten	149	383
4. Nachrichtliche Übernahme	149	384
5. Bebauungsplanbegründung	149	385
III. Gemeinsamkeiten und Unterschiede von Flächennutzungsplan und Bebauungsplan	151	389
1. Entwicklungsgebot	152	390
2. Lockerung des Entwicklungsgebotes in den fünf neuen Bundesländern	156	398
3. Überleitung früherer Pläne im Gebiet der ehemaligen DDR	156	399
4. Baurecht auf Zeit	157	402
5. Planungsverbände	158	407
6. Rechtsschutzmöglichkeiten	158	409
7. Merkmale von Flächennutzungsplan und Bebauungsplan (Überblick)	163	421
IV. Darstellungs- und Festsetzungsmöglichkeiten nach der BauNVO	163	422
1. Die Baugebiete der BauNVO	166	427
2. Gliederungs- und Ausschlussmöglichkeiten nach § 1 IV bis IX BauNVO	226	586
3. Zusammenwirken von Lärmquellen	278	710
4. Maß der baulichen Nutzung gem. §§ 16–21a BauNVO	286	730
5. Bauweise und überbaubare Grundstücksfläche	298	759
3. Teil. Umweltprüfung	301	768
I. Grundlagen	301	769
II. Umsetzungskonzept des EAG Bau	303	773
III. Monitoring	308	789
IV. Planaufstellungsverfahren	309	795
V. Bestandteile der Umweltprüfung	312	808
1. Integraler Bestandteil des Aufstellungsverfahrens	312	809
2. Naturschützende Belange	313	812
3. Anlage zum BauGB	314	816
4. Qualitätssicherung	317	824
VI. Ermittlung der Umweltbelange	317	825
1. Erheblichkeit der Umweltauswirkungen	317	826
2. Voraussehbarkeit der Umweltauswirkungen	317	827
3. Abwägungsbeachtlichkeit der Umweltauswirkungen	318	828
4. Abschichtung und Konflikttransfer	318	830
5. Bewertung der Umweltbelange	319	833
VII. Beschreibung im Rahmen des Umweltberichts	320	835
1. Einleitung	320	836
2. Beschreibung und Bewertung der Umweltauswirkungen	321	837
3. Zusätzliche Angaben	321	838
VIII. Berücksichtigung bei der Entscheidung	321	839
IX. Bauplanungsrecht und UVP	322	842
4. Teil. Planaufstellungsverfahren	323	846
I. Aufstellungsbeschluss	326	852
II. Ausarbeitung des Planentwurfs	331	867
III. Behördenbeteiligung	332	871
1. Frühzeitige Behördenbeteiligung	334	875
2. Förmliche Behördenbeteiligung	335	880
3. Grundsätze für die Behördenbeteiligung	335	881
4. Beachtlichkeit der Stellungnahmen	337	886

Inhaltsverzeichnis

	Seite	Rdn.
5. Präklusion von nicht rechtzeitig vorgebrachten Belangen	341	895
6. Rechtsfolgen der fehlerhaften Behördenbeteiligung	342	898
7. Informationspflichten der Behörden nach Abschluss des Verfahrens	342	899
IV. Öffentlichkeitsbeteiligung	343	900
1. Vorgezogene Öffentlichkeitsbeteiligung	343	901
2. Förmliche Öffentlichkeitsbeteiligung	348	913
3. Bescheidung der Stellungnahmen	356	938
V. Gemeinsame Vorschriften zur Beteiligung (§ 4 a BauGB)	359	944
1. Funktionen der Beteiligung (§ 4 a I BauGB)	359	945
2. Parallelverfahren der Öffentlichkeits- und Behördenbeteiligung (§ 4 a II BauGB)	359	946
3. Änderung der Planung im Aufstellungsverfahren (§ 4 a III BauGB)	359	947
4. Folgen der fehlerhaften Beteiligung: Gesamtunwirksamkeit oder Teilunwirksamkeit	365	963
5. Ergänzender Einsatz elektronischer Informationstechnologien (§ 4 a IV BauGB)	367	968
6. Grenzüberschreitende Unterrichtung (§ 4 a V BauGB)	368	971
7. Eingeschränkte Präklusion	369	975
VI. Einschaltung von Dritten	369	976
VII. Zusammenfassende Erklärung	372	979
VIII. Beschluss über Bauleitplan	372	981
IX. Genehmigungsverfahren gem. §§ 6, 10 II BauGB	376	988
1. Rechtskontrolle – keine Zweckmäßigkeitskontrolle	379	993
2. Genehmigungsverfahren und Genehmigungsentscheidung	381	999
3. Anzeigeverfahren nur nach Maßgabe des Landesrechts	384	1010
X. Schlussbekanntmachung	385	1016
XI. Monitoring	393	1035
1. Europarechtliche Vorgaben	395	1039
2. Monitoring im BauGB	397	1046
3. Offene Fragen bei der Ausgestaltung des Monitoring	400	1053
4. Lösungsansätze für Überwachung und Abhilfemaßnahmen	402	1058
5. Planung und Zulassung	403	1063
6. Ansprüche der Öffentlichkeit	404	1067
7. Monitoring: Vom Plan zum Vorhaben	405	1070
XII. Änderung, Ergänzung oder Aufhebung des Bebauungsplans	406	1072
1. Grundsätzliche Verfahrensanforderungen	406	1073
2. Vereinfachtes Verfahren	407	1074
3. Materielle Anforderungen	412	1090
4. Außer-Kraft-Treten eines Bebauungsplans	414	1092
5. Teil. Wirksamkeitsvoraussetzungen – beschränkte Fehlerfolgen	419	1104
I. Fehleranfälligkeit der Bauleitplanung	419	1104
II. Begrenzung der Fehlerfolgen durch §§ 155 a und 155 b BBauG 1976/1979	420	1109
III. Fehlerbeachtlichkeit nach § 214 BauGB	421	1113
1. Fehler bei der Zusammenstellung des Abwägungsmaterials (§ 214 I 1 Nr. 1 BauGB)	424	1118
2. Förmliche Öffentlichkeits- und Behördenbeteiligung nicht durchgeführt (§ 214 I 1 Nr. 2 BauGB)	425	1120
3. Begründung fehlt – Umweltbericht ist unvollständig (§ 214 I 1 Nr. 3 BauGB)	426	1126
4. Abschließender Beschluss, Genehmigungsverfahren oder Bekanntmachung fehlerhaft (§ 214 I 1 Nr. 4 BauGB)	429	1132
5. Verstoß gegen das Entwicklungsgebot (§ 214 II BauGB)	430	1136
6. Beachtlichkeit von Abwägungsfehlern (§ 214 III BauGB)	432	1142
IV. Frist für das Geltendmachen von Fehlern – Fehlerbehebung (§§ 215, 214 IV BauGB)	437	1155
1. Rügefrist gem. § 215 I BauGB	437	1156
2. Fehlerbehebung gem. § 214 IV BauGB	441	1164
3. Überleitungsvorschrift gem. § 233 II BauGB	450	1188

Inhaltsverzeichnis

	Seite	Rdn.
6. Teil. Abwägungsgebot	452	1195
I. Verfassungsrechtliche Grundlagen	453	1196
II. Struktur der Normen des Planungsrechts	453	1197
1. Konditional- und Finalprogramme	453	1198
2. Planungsziele, Planungsleitsätze, Planungsleitlinien, Optimierungs-, Schonungs- und Kompensationsgebote	454	1199
III. Planungsleitlinien gem. § 1 V, VI BauGB	458	1208
1. Allgemeine Anforderungen an gesunde Wohn- und Arbeitsverhältnisse	459	1210
2. Wohnbedürfnisse der Bevölkerung	460	1212
3. Soziale und kulturelle Bedürfnisse	462	1214
4. Ortsteile	462	1215
5. Denkmalschutz, Orts- und Landschaftsbild	463	1216
6. Kirchen und Religionsgemeinschaften	464	1221
7. Umweltschutz, Naturschutz und Landschaftspflege	465	1222
8. Umweltverträglichkeitsprüfung nach dem ArtG 2001	490	1280
9. Immissionsschutz	497	1307
10. Gewässerschutz	500	1313
11. Wirtschaft, Energie, Rohstoffvorkommen	501	1315
12. Belange des Verkehrs	502	1317
13. Verteidigung und Zivilschutz	502	1319
14. Informelle Planungen	503	1321
15. Hochwasserschutz	504	1322
16. Bodenschutzklausel	504	1323
17. Umwidmungssperre	522	1373
18. Gestaltungsfestsetzungen auf landesrechtlicher Grundlage	523	1374
IV. Struktur der Abwägung	523	1375
1. Planung und Gestaltungsfreiheit	523	1376
2. Abwägungsverfahren und Abwägungsergebnis	524	1377
3. Die Bedeutung des Nachhaltigkeitsgedankens für die Abwägung	525	1378
4. Abwägungsfehler	536	1410
5. Konfliktbewältigung – Konflikttransfer	550	1439
6. Instrumente der Konfliktbewältigung	568	1480
7. Rücksichtnahmegebot	569	1486
8. Alternativenabwägung	585	1513
9. Abschnittsbildung	586	1514
10. Abwägungsgrundsätze	588	1517
7. Teil. Plansicherungsinstrumente	593	1529
I. Veränderungssperre	594	1530
1. Voraussetzungen für die Veränderungssperre	594	1531
2. Vom Verbot erfasste Veränderungen	599	1543
3. Ausnahmen von der Veränderungssperre	599	1545
4. Geltungsdauer der Veränderungssperre	600	1546
5. Veränderungssperre zur Sicherung von Bebauungsplänen im Außenbereich	604	1554
6. Nicht erfasste Veränderungen – Bestandsschutz	606	1563
7. Entschädigung bei Veränderungssperre	609	1570
8. Rechtsschutz gegen Veränderungssperre	612	1579
9. Veränderungssperre in den neuen Bundesländern	613	1581
II. Zurückstellung von Baugesuchen	613	1583
1. Voraussetzungen und Verfahren der Zurückstellung	613	1584
2. Zurückstellung zur Sicherung des Darstellungsprivilegs	615	1589
3. Rechtsschutz gegen die Zurückstellung	617	1595
III. Teilungsgenehmigung	617	1597
IV. Gemeindliche Vorkaufsrechte	619	1604
1. Allgemeines Vorkaufsrecht	619	1605
2. Besonderes Vorkaufsrecht gem. § 25 BauGB	623	1615
3. Ausübung des Vorkaufsrechts zu Gunsten Dritter (§ 27 a BauGB)	625	1621

Inhaltsverzeichnis

	Seite	Rdn.
4. Ausschluss des Vorkaufsrechts gem. § 26 BauGB	626	1622
5. Abwendung des Vorkaufsrechts gem. § 27 BauGB	627	1626
6. Verfahren und Entschädigung	627	1627
7. Preislimitiertes Vorkaufsrecht	628	1628
8. Rechtsschutz	629	1632
8. Teil. Planverwirklichungsinstrumente	629	1634
I. Bodenordnende Maßnahmen	630	1635
1. Umlegung	630	1636
2. Vereinfachte Umlegung	641	1669
II. Enteignung und Entschädigung	644	1681
1. Eigentumsgarantie in Art. 14 GG	646	1683
2. Enteignungsrechtliche und einfachgesetzliche Zumutbarkeit	650	1691
3. Vorrang des Primärrechtsschutzes	651	1692
4. Verbot des enteignungsrechtlichen Konflikttransfers	653	1695
5. Rechtfertigung der Enteignung	654	1697
6. Enteignung zu Gunsten Privater	655	1699
III. Planungsschadensrecht gem. §§ 39 bis 44 BauGB	657	1702
1. Entschädigung für Vertrauensschutz gem. § 39 BauGB	657	1703
2. Entschädigung bei öffentlicher Zwecksetzung gem. §§ 40, 41 BauGB	659	1709
3. Entschädigung bei Änderung oder Aufhebung einer zulässigen Nutzung gem. § 42 BauGB	661	1717
4. Entschädigung und Verfahren gem. §§ 43, 44 BauGB	672	1745
5. Entschädigung bei Enteignung gem. §§ 85 bis 122 BauGB	673	1752
IV. Amtshaftung	684	1793
V. Verschuldensunabhängige Haftung der Ordnungsbehörden	690	1815
1. Verschuldensunabhängiger Entschädigungsanspruch nach § 39 OBG NRW	691	1817
2. Kein Ersatzanspruch nach § 68 I PVG Rh.-Pf.	692	1818
3. Haftung bei spezifischer Gefahrenabwehr	692	1819
4. Umfang der Entschädigung	693	1821
VI. Wertermittlung	693	1822
VII. Erhaltungssatzung und städtebauliche Gebote	694	1826
1. Erhaltungssatzung gem. § 172 BauGB	694	1827
2. Städtebauliche Gebote	701	1845
VIII. Städtebauliche Verträge (§ 11 BauGB)	707	1863
1. Rechtsgrundlagen	708	1864
2. Erschließungsvertrag	711	1872
3. Vertrag zur Vorbereitung und Durchführung städtebaulicher Maßnahmen (Bauplanungsvertrag)	719	1890
4. Vertrag zur Förderung und Sicherung der Planziele (Baurealisierungsvertrag)	720	1895
5. Vertrag zur Übernahme von Aufwendungen (Folgekostenvertrag)	723	1905
6. Vertrag zur Nutzung erneuerbarer Energien	725	1909
7. Nicht typisierte Verträge	725	1910
8. Rechtsnatur des Vertrages	725	1912
9. Formvorschriften	726	1915
10. Anwendbare Vorschriften	727	1916
11. Gesetzesbindung der Verwaltung	727	1918
12. Verhältnis zum Kommunalabgabenrecht	728	1919
13. Angemessenheitsklausel	728	1920
14. Zulässigkeit einer Bodenwertabschöpfung	734	1937
15. Konfliktbewältigung durch städtebauliche Verträge	734	1938
16. Leistungsstörungen	735	1939
17. Vertragliche Haftung der Gemeinde	735	1940
18. Verbot subjektiver Abwägungssperren	736	1941
19. Fehlerheilung	737	1944
20. Mediation	739	1951

Inhaltsverzeichnis

	Seite	Rdn.
9. Teil. Städtebauliche Sanierung	741	1954
I. Historische Entwicklung der städtebaulichen Sanierung	741	1955
1. Trümmergesetze und Aufbaugesetze 1948–1950	741	1956
2. BauGB 1960	742	1957
3. Städtebauförderungsgesetz 1971	742	1958
4. Baugesetzbuch 1987 und heutiger Stand	743	1960
II. Sanierungsrecht (Überblick)	744	1962
1. Systematik: §§ 136 bis 164b BauGB	744	1963
2. Anwendungsbereich des Sanierungsrechts	744	1964
III. Städtebauliche Sanierungsmaßnahmen	745	1968
1. Begriff der städtebaulichen Sanierung	745	1969
2. Qualifiziertes öffentliches Interesse	745	1972
3. Abwägungsgebot	746	1973
4. Sanierung als Selbstverwaltungsaufgabe der Gemeinden	746	1976
IV. Sanierungsverfahren	746	1977
1. Vorbereitung der Sanierung	747	1978
2. Durchführung der Sanierung	758	2016
3. Abschluss der Sanierung	767	2039
4. Rechtsschutz	768	2043
V. Ausblick	769	2044
10. Teil. Stadtumbau und Soziale Stadt	769	2045
I. Ursachen und Probleme	769	2046
II. Das Konzept	770	2048
III. Verhältnis zu anderen städtebaurechtlichen Instrumenten	772	2056
IV. Stadtumbaumaßnahmen (§ 171a BauGB)	772	2057
V. Stadtumbaugebiet, städtebauliches Entwicklungskonzept (§ 171b BauGB)	773	2062
VI. Stadtumbauvertrag (§ 171c BauGB)	774	2065
VII. Sicherung von Durchführungsmaßnahmen (§ 171d BauGB)	775	2068
VIII. Soziale Stadt (§ 171e BauGB)	776	2070
11. Teil. Städtebauliche Satzungen	777	2076
I. Zulassungsbegründende Satzungen	779	2078
1. Bebauungsplan	779	2079
2. Vorhabenbezogener Bebauungsplan	779	2082
II. Plansichernde Satzungen	789	2106
1. Veränderungssperre	789	2107
2. Vorkaufsrechtssatzung	790	2108
III. Innenbereichssatzungen	790	2109
1. Klarstellungssatzung	791	2110
2. Entwicklungssatzung	791	2111
3. Ergänzungssatzung	791	2112
4. Vergnügungsstättensatzung	792	2116
IV. Maßnahmenunterstützende städtebauliche Satzungen	792	2117
1. Erhaltungssatzung	792	2118
2. Sanierungssatzung	793	2119
3. Entwicklungsbereichssatzung	802	2140
4. Satzung zum Stadtumbau (§ 171d BauGB)	810	2165
V. Weitere Satzungen	810	2166
1. Fremdenverkehrssatzung	810	2167
2. Erschließungsbeitragssatzung	814	2177
3. Außenbereichssatzung	814	2178
VI. Fehlerunbeachtlichkeit nach den §§ 214, 215 BauGB	814	2179
12. Teil. Städtebaurecht in den Ländern – Überleitungsrecht	815	2181
I. Sonderregelungen in den Ländern	815	2182
1. Sonderregelungen für die Stadtstaaten	815	2183
2. Sonderregelungen für die Länder	816	2185
II. Städtebaurecht in den neuen Ländern	816	2187
III. Berlin als Hauptstadt	817	2190
IV. Überleitungsrecht	818	2192

Inhaltsverzeichnis

	Seite	Rdn.
1. Eingeleitete Verfahren	818	2193
2. Erstreckung der Planerhaltung auf alte Pläne	819	2194
3. Fortgeltung alter Pläne, Satzungen und Entscheidungen	819	2195
B. Baugenehmigung	821	2196
1. Teil. Genehmigungs-, Zustimmungs- oder Anzeigeverfahren	822	2198
I. Genehmigungsbedürftige Vorhaben	822	2199
II. Anzeigebedürftige Vorhaben	823	2201
III. Genehmigungsfreie Vorhaben	824	2202
IV. Zustimmungsbedürftige Vorhaben des Bundes und der Länder	824	2203
V. Spezialgesetzliche Genehmigungs- und Planfeststellungsverfahren	824	2204
2. Teil. Freistellungen und vereinfachte Genehmigungsverfahren	825	2205
I. Musterbauordnung	826	2206
1. Verfahrensfreie Vorhaben	826	2207
2. Genehmigungsfreistellung mit Anzeigepflicht	828	2210
3. Vereinfachtes Baugenehmigungsverfahren	828	2214
4. Genehmigungsbedürftige Vorhaben	829	2218
II. Zusammenfassung	829	2219
3. Teil. Baugenehmigungsverfahren	830	2220
I. Verfahrensbeteiligte	831	2221
1. Bauherr	831	2222
2. Entwurfsverfasser	831	2223
3. Unternehmer	832	2226
4. Bauleiter	832	2227
5. Sachverständiger	833	2228
6. Beteiligung von Nachbarn	834	2231
7. Beteiligung von Gemeinden	835	2236
8. Zustimmung der höheren Verwaltungsbehörde und anderer Fachbehörden	836	2237
II. Baulast	836	2238
1. Entstehen der Baulast	836	2239
2. Inhalt der Baulast	837	2240
3. Wirkung der Baulast	837	2241
III. Bauantrag	838	2243
4. Teil. Baugenehmigung als Verwaltungsentscheidung	839	2244
I. Rechtsnatur der Baugenehmigung	839	2245
1. Feststellender Teil	839	2246
2. Verfügender Teil	839	2247
II. Anspruch auf Erteilung einer Baugenehmigung	840	2249
III. Form und Inhalt der Baugenehmigung	840	2250
IV. Wirkungen der Baugenehmigung	841	2252
V. Nebenbestimmungen	843	2257
1. Auflage	843	2258
2. Bedingung	843	2259
3. Befristung	843	2260
4. Widerrufsvorbehalt	843	2261
5. Abgrenzung	844	2262
VI. Besondere Arten der Baugenehmigung	844	2264
1. Bauvorbescheid	844	2265
2. Teilbaugenehmigung	847	2269
3. Typengenehmigung	847	2270
4. Benutzungsgenehmigung	847	2271
5. Genehmigung „Fliegender Bauten"	847	2272
6. Rücknahme und Widerruf der Baugenehmigung	848	2273

Inhaltsverzeichnis

	Seite	Rdn.
C. Planungsrechtliche Zulässigkeit von Vorhaben	849	2274
1. Teil. Planungsrechtliche Genehmigungstatbestände im Überblick	849	2275
I. Qualifizierter Bebauungsplan nach § 30 I BauGB und vorhabenbezogener Bebauungsplan (§ 30 II BauGB)	849	2276
II. Nichtbeplanter Innenbereich nach § 34 BauGB	849	2277
III. Außenbereich nach § 35 BauGB	851	2279
2. Teil. Genehmigung im beplanten Bereich (§§ 30 bis 33 BauGB)	852	2280
I. Vorhaben nach § 29 I BauGB	852	2281
II. Qualifizierter Bebauungsplan (§ 30 I BauGB)	855	2285
1. Zulässigkeitsvoraussetzungen	855	2286
2. Gesicherte Erschließung	855	2288
3. Rücksichtnahmegebot	857	2290
4. Nachbarschutz	859	2293
III. Vorhabenbezogener Bebauungsplan (§ 30 II BauGB)	860	2295
IV. Einfacher Bebauungsplan (§ 30 III BauGB)	861	2296
V. Ausnahmen und Befreiungen (§ 31 BauGB)	861	2297
1. Ausnahmen	861	2298
2. Befreiungen	862	2300
VI. Planreife (§ 33 BauGB)	868	2315
1. Formelle Planreife	868	2316
2. Materielle Planreife	871	2322
3. Planreife bei vereinfachten Änderungen	872	2323
4. Rechtsschutz	872	2324
3. Teil. Zulässigkeit von Vorhaben im nichtbeplanten Innenbereich (§ 34 BauGB)	872	2325
I. Anwendungsvoraussetzungen	873	2328
1. Vorhandensein eines Ortsteils	873	2329
2. Zugehörigkeit zum Ortsteil (Bebauungszusammenhang)	874	2331
II. Zulässigkeitsvoraussetzungen	883	2349
1. Sich-Einfügen (§ 34 I BauGB)	883	2350
2. Einheitliche Art der Umgebung (§ 34 II BauGB)	895	2377
3. Weitere Zulässigkeitsvoraussetzungen	896	2379
III. Keine schädlichen Auswirkungen auf zentrale Versorgungsbereiche	900	2390
IV. Innenbereichsgemengelagen	900	2392
1. Gewerbe- oder Handwerksbetrieb	901	2396
2. Städtebauliche Vertretbarkeit	901	2397
3. Einzelhandelsbetriebe mit schädlichen Auswirkungen	902	2399
4. Ermessen	902	2400
5. Erweiterte Zulässigkeit für Wohnnutzung	903	2401
V. Nachbarschutz	903	2402
VI. Innenbereichssatzungen	904	2404
1. Klarstellungssatzung (§ 34 IV 1 Nr. 1 BauGB)	904	2406
2. Entwicklungssatzung (§ 34 IV 1 Nr. 2 BauGB)	905	2407
3. Ergänzungssatzung (§ 34 IV 1 Nr. 3 BauGB)	905	2408
4. Weitere Voraussetzungen der Innenbereichssatzungen	907	2413
4. Teil. Bauen im Außenbereich (§ 35 BauGB)	909	2422
I. Privilegierte Außenbereichsvorhaben (§ 35 I BauGB)	910	2423
1. Land- oder forstwirtschaftlicher Betrieb	911	2424
2. Betriebe der gartenbaulichen Erzeugung	933	2464
3. Öffentliche Versorgung – ortsgebundene Betriebe	933	2466
4. Vorhaben mit besonderen Anforderungen, Auswirkungen oder Zweckbestimmungen	939	2471
5. Windenergie	947	2480
6. Biogasanlagen	960	2508
7. Kernenergie	961	2513
8. Planvorbehalt bei Vorhaben nach § 35 I Nr. 2 bis 6 BauGB (Darstellungsprivileg)	962	2514
9. Entgegenstehen öffentlicher Belange	974	2553

Inhaltsverzeichnis

	Seite	Rdn.
10. Gesicherte Erschließung	977	2561
11. Rückbauverpflichtung	980	2566
II. Nicht privilegierte Außenbereichsvorhaben (§ 35 II BauGB)	980	2568
1. Beeinträchtigung öffentlicher Belange	981	2569
2. Widerspruch zu den Darstellungen des Flächennutzungsplans	985	2574
3. Darstellungen eines Landschaftsplans oder sonstigen Plans	987	2579
4. Schädliche Umwelteinwirkungen	987	2580
5. Unwirtschaftliche Aufwendungen für öffentliche Einrichtungen	988	2581
6. Belange des Naturschutzes und der Landschaftspflege	988	2582
7. Belange der Agrarstruktur, der Wasserwirtschaft und des Hochwasserschutzes	989	2583
8. Splittersiedlung	990	2585
9. Funktionsfähigkeit von Funkstellen und Radaranlagen	992	2590
10. Planungsbedürfnis	992	2591
11. Einzelfälle	994	2594
12. Gesicherte Erschließung	994	2596
13. Nachbarschutz	995	2598
III. Teilprivilegierte Außenbereichsvorhaben (§ 35 IV BauGB)	995	2599
1. Ausgangspunkt: Bestandsschutz	996	2600
2. Zusammenführung des § 35 IV BauGB und des § 4 III BauGB-MaßnG	998	2605
3. Änderungen landwirtschaftlicher Nutzungen	999	2606
4. Ersatzbau für mängelbehaftete Gebäudesubstanz	1007	2630
5. Ersatzbau für Brandzerstörung	1011	2641
6. Erhaltenswerte, kulturlandschaftsprägende Gebäude	1014	2648
7. Erweiterung von Wohngebäuden	1016	2650
8. Erweiterung gewerblicher Betriebe	1018	2654
IV. Rücksichtnahmegebot	1020	2660
V. Außenbereichssatzung (§ 35 VI BauGB)	1026	2671
D. Planungsvorgaben des Europäischen Umweltrechts	1029	2679
1. Teil. Umwelt- und naturschutzbezogene EG-Richtlinien	1034	2688
I. UVP-Richtlinie	1036	2689
1. Europarechtliche Vorgaben	1036	2690
2. Umsetzung durch das UVPG und das ArtG 2001	1044	2701
3. Vorgeschlagene Umsetzung durch Entwürfe für ein Öffentlichkeitsbeteiligungsgesetz und ein Umwelt-Rechtsbehelfsgesetz	1053	2718
II. Plan-UP-Richtlinie	1056	2720
1. Europarechtliche Vorgaben	1057	2721
2. Umsetzung durch das EAG Bau und das SUPG (Überblick)	1063	2745
3. Verhältnis von SUP und UVP	1065	2752
4. SUP-Pflicht (§§ 14 b, 14 c UVPG)	1067	2760
5. Obligatorisch SUP-pflichtige Planungen (§ 14 b I Nr. 1 UVPG)	1068	2763
6. SUP-Pflicht bei Rahmensetzung (§ 14 b I Nr. 2 UVPG)	1070	2777
7. Sonstige fakultative SUP (§ 14 b II UVPG)	1072	2783
8. SUP-Pflicht bei Plänen im Habitat- und Vogelschutzbereich (§ 14 c UVPG)	1072	2784
9. Ausnahmen von der SUP-Pflicht (§ 14 d UVPG)	1072	2785
10. SUP-Verfahren nach Maßgabe des Landesrechts (§ 14 o UVPG)	1072	2786
11. Festlegung des Untersuchungsrahmens (§ 14 f. UVPG)	1073	2788
12. Umweltbericht (§ 14 g UVPG)	1073	2789
13. Behördenbeteiligung (§ 14 h UVPG)	1074	2791
14. Öffentlichkeitsbeteiligung (§ 14 i UVPG)	1074	2792
15. Grenzüberschreitende Beteiligung (§ 14 j UVPG)	1075	2796
16. Abschließende Bewertung und Berücksichtigung (§ 14 k UVPG)	1075	2798
17. Bekanntgabe der Entscheidung (§ 14 l UVPG)	1076	2799
18. Monitoring (§ 14 m UVPG)	1076	2801
19. Qualitätssicherung (§ 14 p UVPG)	1079	2811

Inhaltsverzeichnis

	Seite	Rdn.
III. Umweltinformationsrichtlinie	1080	2812
1. Europarechtliche Vorgaben	1080	2813
2. Umsetzung durch das Umweltinformationsgesetz	1082	2814
3. Einzelfragen	1084	2817
IV. Fauna-Flora-Habitat-Richtlinie	1086	2823
1. Verfahren der Schutzgebietsausweisung	1088	2825
2. Schutzumfang	1090	2830
3. Umsetzung durch das BNatSchG	1093	2837
4. Wirkungen der FFH-Richtlinie für den Bürger	1101	2852
V. Vogelschutz-Richtlinie	1102	2857
1. Erhaltungsziele und Schutzzwecke	1103	2858
2. Faktische Vogelschutzgebiete	1105	2864
3. Alternativenprüfung bei Habitaten und Vogelschutzgebieten von gemeinschaftlicher Bedeutung	1108	2871
VI. Luftqualitätsrichtlinie	1109	2874
1. Rechtsgrundlagen	1111	2877
2. Luftqualitätsrichtlinie hat keinen unmittelbaren Projekt- und Anlagenbezug	1113	2884
3. Rahmenrichtlinie 1996	1113	2886
4. Tochterrichtlinie 1999	1114	2889
5. Verpflichtungen nur auf der Grundlage der festgelegten Gebiete und entsprechender Pläne	1114	2891
6. Keine weitergehenden Anforderungen aus der Novelle 2002 zum BImSchG und zur 22. BImSchV	1116	2898
7. Abwägungserfordernisse aus dem europäischen Richtlinienrecht?	1118	2902
8. Keine Rückwirkung des europäischen Richtlinienrechts	1118	2905
9. Luftqualität in Referenzgebieten	1120	2910
VII. Umgebungslärm-Richtlinie	1120	2911
1. Europarechtliche Vorgaben	1121	2912
2. Umsetzung durch Änderung des BImSchG	1123	2915
VIII. IVU-Richtlinie	1126	2917
IX. Umwelt-Audit-VO	1129	2927
X. Seveso II-Richtline	1133	2932
XI. Gewässergüte	1134	2935
XII. Luftverkehr	1136	2938
XIII. Abfallrahmenrichtlinie und Deponierichtlinie	1136	2939
XIV. CE-Zeichen	1138	2943
2. Teil. Internationale ökologische Übereinkommen	1139	2944
E. Fachplanung	1141	2946
1. Teil. Schnittstellen zwischen Bau- und Fachplanungsrecht	1142	2947
I. Unterschiedliche Handlungsformen	1142	2948
II. Unterschiedliche Aufstellungsverfahren	1143	2950
III. Präklusion	1143	2954
IV. Planänderungen	1145	2956
V. Unterschiedliche Rechtsschutzmöglichkeiten	1146	2957
VI. Anforderungen an die Abwägung	1146	2959
VII. Fehlerheilung	1147	2961
VIII. Fachplanung, Raumordnung und Bauleitplanung	1150	2969
1. Abgrenzung von Fachrechten untereinander und im Verhältnis zur Raumordnung (Überblick)	1150	2970
2. Abgrenzung der verschiedenen Fachrechte	1150	2972
3. Gesetzliche Grundlagen zur Abgrenzung des Raumordnungs- und Fachplanungsrecht	1151	2973
4. Raumordnung als überfachlicher Ausgleich konkurrierender Raumnutzungen	1152	2979
5. Fachplanung als gestufte Planungsentscheidung	1153	2980

Inhaltsverzeichnis

	Seite	Rdn.
6. Abgrenzung der Raumordnung und Fachplanung zur Bauleitplanung	1154	2983
7. Konsens statt Vorrang	1154	2986
8. Genauigkeit der Vorgaben durch die Raumordnung	1155	2987
9. Wer regiert eigentlich wen?	1156	2990
2. Teil. Privilegierte und nicht privilegierte Fachplanungen	1156	2992
3. Teil. Abwägungsdirigierte Planungsentscheidungen	1159	2996
I. Bundesfernstraßen (FStrG)	1159	2997
1. Geltungsbereich	1160	2998
2. Zuständigkeiten	1160	2999
3. Erfordernis der Planfeststellung	1161	3002
4. Bedarfsplan	1166	3008
5. Linienbestimmung	1170	3014
6. Grundsätze für die Aufstellung des Plans	1172	3016
7. Umweltverträglichkeitsprüfung	1173	3019
8. Planfeststellungsverfahren	1180	3044
9. Stellungnahmen der beteiligten Behörden und Stellen	1184	3054
10. Abschnittsbildung	1184	3055
11. Planfeststellungsbeschluss	1187	3060
12. Plangenehmigung	1193	3072
13. Enteignung	1195	3079
14. Außer-Kraft-Treten und Verlängerung des Plans	1196	3080
15. Rechtsschutz	1196	3082
16. Privatfinanzierung von Straßen	1198	3088
II. Eisenbahnen (AEG)	1201	3094
1. Zuständigkeiten	1201	3095
2. Verfahren	1203	3099
3. Planfeststellungsbeschluss	1221	3138
4. Prognosesicherheit – Alternativenprüfung – Trassenwahl	1222	3140
5. Bahnbiotope	1222	3141
6. Eisenbahnplanung und Bauleitplanung	1222	3142
7. Rechtsschutz	1223	3143
III. Telekommunikationsgesetz (TKG)	1225	3150
1. Zuständigkeiten	1225	3151
2. Inanspruchnahme öffentlicher Wege	1226	3152
3. Inanspruchnahme von Grundstücken	1229	3160
4. Rechtsschutz	1230	3162
IV. Energieanlagen (EnWG)	1230	3164
V. Planfeststellungsverfahren	1231	3169
1. UVP-pflichtige Vorhaben	1232	3172
2. Rechtsschutz	1232	3173
VI. Luftfahrt (LuftVG)	1233	3175
1. Zuständigkeit	1233	3176
2. Verfahren	1234	3177
3. Fluglärm	1240	3192
4. Sicherheitsmindesthöhe	1252	3222
5. Flugrouten	1252	3223
6. Vertragliche Vereinbarungen	1254	3231
7. Militärisch genutzte Flughäfen	1254	3232
8. Flugplatzzwang	1258	3243
9. Notfallrettung	1258	3244
10. Enteignung	1258	3245
11. Naturschutz	1259	3246
12. Erörterungstermin	1259	3247
13. Planfeststellungsbeschluss	1260	3248
14. Rechtsschutz	1261	3251
VII. Personenbeförderung (PBefG)	1266	3266
1. Genehmigung und Planfeststellung	1266	3267
2. Zuständigkeiten	1267	3268

Inhaltsverzeichnis

	Seite	Rdn.
3. Verfahren	1267	3269
VIII. Kreislauf- und Abfallwirtschaft (KrW-/AbfG)	1268	3272
1. Konzept des KrW-/AbfG	1269	3273
2. Abfallbegriff	1269	3275
3. System der Entsorgungsordnung	1277	3292
4. Produktverantwortung	1288	3320
5. Überlassungs-, Andienungs- und Grundpflichten	1289	3325
6. Überwachungssystem und Transportgenehmigung	1296	3342
7. Abfallwirtschaftskonzepte	1297	3345
8. Qualitätsmanagementsysteme und Entsorgungsfachbetriebe	1298	3347
9. Rechtsverordnung	1298	3348
10. Abfallplanung	1301	3352
11. Müllverbrennungsanlagen	1302	3355
12. Planfeststellung	1305	3362
13. Rechtsschutz	1306	3365
14. Verpackungsverordnung	1307	3367
IX. Wasserwirtschaft (WHG)	1309	3373
1. Zuständigkeiten	1310	3375
2. Erlaubnis und Bewilligung	1314	3383
3. Planfeststellungsverfahren	1323	3404
4. UVP-pflichtige wasserwirtschaftliche Vorhaben	1327	3415
5. Planfeststellungsbeschluss	1327	3417
6. Plangenehmigung	1329	3423
7. Reinhaltung des Grundwassers	1330	3425
8. Wasserschutzgebietsverordnung	1335	3441
9. Hochwasserschutz – Überschwemmungsgebiete	1338	3450
10. Abwasserbeseitigung	1344	3462
11. Rechtsschutz	1346	3467
X. Bundeswasserstraßen (BWaStrG)	1353	3482
1. Zuständigkeit	1354	3483
2. Planfeststellung und Plangenehmigung	1355	3485
3. UVP-pflichtige Vorhaben	1358	3493
4. Verfahren	1359	3494
5. Rechtsschutz	1362	3502
6. Sofortige Besitzeinweisung und vorläufige Anordnung von Teilmaßnahmen	1364	3507
7. Kostentragung	1365	3508
XI. Magnetschwebebahnen (MagnetschwebebahnG)	1365	3509
XII. Atomanlagen	1366	3515
1. Zuständigkeiten	1369	3518
2. Friedliche Nutzung der Kernenergie verfassungsgemäß	1369	3519
3. Verfahren	1371	3523
4. Rechtsschutz	1376	3532
XIII. Flurbereinigung (FlurbG)	1380	3546
1. Zuständigkeiten	1381	3547
2. Verfahren	1381	3548
3. Planfeststellungsbeschluss	1381	3551
4. Vereinfachtes Verfahren	1382	3553
5. Unternehmensflurbereinigung	1383	3554
6. Vorläufige Besitzeinweisung	1383	3555
XIV. Bergbau (BBergG)	1384	3556
1. Untertagebau	1384	3557
2. Braunkohlenplanung	1395	3583
3. Parlamentsvorbehalt – Rechtsschutz der Gemeinden	1396	3586
4. Rechtsschutz der betroffenen Eigentümer	1401	3596
XV. Planungen nach Landesrecht	1407	3612
4. Teil. Gebundene Zulassungsentscheidungen	1408	3616
I. Allgemeine Genehmigungsgrundsätze	1408	3617

Inhaltsverzeichnis

		Seite	Rdn.
II.	Immissionsschutzrechtliche Genehmigung (BImSchG)	1410	3622
	1. Zuständigkeit	1412	3624
	2. Grundbegriffe	1412	3625
	3. Genehmigungserfordernis	1418	3641
	4. Grundpflichten	1420	3646
	5. Genehmigungsvoraussetzungen	1421	3647
	6. Genehmigungsverfahren	1422	3649
	7. Entscheidung	1423	3653
	8. Vereinfachtes Verfahren	1426	3662
	9. Änderung genehmigungsbedürftiger Anlagen	1427	3663
	10. Nachträgliche Maßnahmen	1428	3668
	11. Erlöschen und Widerruf der Genehmigung	1430	3673
	12. Nicht genehmigungsbedürftige Anlagen	1431	3675
	13. Vorzeitiger Beginn	1433	3678
	14. Immissionsschutzrecht und planungsrechtliche Zulässigkeit von Vorhaben	1434	3679
	15. Immissionsschutz in der Planungsentscheidung	1436	3685
	16. Rechtsschutz	1439	3694
III.	Atomrechtliche Genehmigung (AtG)	1444	3705
	1. Verfahren	1444	3706
	2. Entscheidung	1445	3707
	3. Betriebseinstellung	1449	3716
	4. Nachbarschutz	1449	3717
5. Teil.	Strukturen des Umweltrechts	1452	3722
I.	Staatsziel Umweltschutz	1452	3723
II.	Prinzipien des Umweltrechts	1454	3725
	1. Vorsorgeprinzip	1454	3726
	2. Verursacherprinzip	1455	3728
	3. Kooperationsprinzip	1456	3729
III.	Instrumente des Umweltrechts	1457	3734
	1. Planungsinstrumente	1457	3735
	2. Ordnungsrechtliches Instrumentarium	1458	3736
	3. Umweltverträglichkeitsprüfung	1459	3737
	4. Abgabenrechtliche Instrumentarien	1459	3738
	5. Informale Instrumente	1462	3749
6. Teil.	Verfahren der Planaufstellung	1463	3752
I.	Verkehrsprojekte Deutsche Einheit	1465	3753
II.	Investitionsmaßnahmegesetze	1468	3759
III.	Beschleunigung von Planungsverfahren für Infrastrukturvorhaben	1470	3762
IV.	Plangenehmigung	1472	3763
V.	Verzicht auf förmliches Verfahren	1477	3774
VI.	Antrag und Planunterlagen	1478	3776
VII.	Zusammentreffen von Planfeststellungen	1480	3781
VIII.	Umweltverträglichkeitsprüfung	1485	3789
IX.	Behördenstellungnahmen	1486	3791
X.	Planauslegung	1492	3803
	1. Zweck der Planauslegung	1493	3804
	2. Verfahren der Planauslegung	1493	3805
	3. Vereinfachtes Anhörungsverfahren	1494	3808
	4. Auslegungszeit	1495	3811
	5. Einwendungsberechtigte	1498	3816
	6. Präklusion	1501	3822
	7. Datenschutz	1506	3829
	8. Serviceleistungen bei der Offenlage	1506	3830
	9. Rückleitung der Planunterlagen	1506	3831
	10. Erfassung und Auswertung der eingegangenen Stellungnahmen	1507	3834
XI.	Erörterung	1508	3838
XII.	Planänderung während der Planaufstellung	1516	3861
XIII.	Stellungnahme der Anhörungsbehörde	1518	3866

Inhaltsverzeichnis

	Seite	Rdn.
XIV. Einstellung des Verfahrens	1518	3870
XV. Alternativenprüfung	1519	3871
XVI. Abschnittsbildung	1521	3874
XVII. Rechte der Gemeinden	1523	3880
XVIII. Planfeststellungsbeschluss	1527	3890
1. Behördenidentität	1528	3893
2. Befangenheit	1528	3894
3. Behördliche Mitwirkung	1529	3895
4. Behördliche Zusagen	1529	3896
5. Bewertung der Umweltauswirkungen	1529	3897
6. Verwertung von Sachverständigengutachten	1529	3898
7. Begründung – Sachaufklärung	1530	3900
8. Konflikttransfer	1531	3902
9. Zustellung und Auslegung	1533	3906
XIX. Wirkungen der Planfeststellung	1534	3909
XX. Planänderung vor Fertigstellung	1537	3914
7. Teil. Verfahrensfehler	1538	3917
I. Nichtigkeit nach § 44 VwVfG	1538	3918
II. Fehlerheilung nach § 45 VwVfG	1538	3919
III. Fehlerbeachtlichkeit nach § 46 VwVfG	1540	3922
1. Grundsatz	1540	3923
2. Schutz materieller Rechte	1541	3926
3. Persönliche Fehlerbetroffenheit	1542	3928
4. Enteignungsrechtliche Betroffenheit	1543	3929
IV. Rechtsbehelfe gegen Verfahrenshandlungen	1543	3930
V. Begrenzte Fehlerbeachtlichkeit	1545	3934
8. Teil. Materielle Plananforderungen	1549	3943
I. Behördeninterne Bindungen	1550	3944
1. Raumordnung	1550	3945
2. Fernstraßenausbaugesetz	1552	3948
3. Linienbestimmung	1552	3949
4. Abfallwirtschaftsplanung	1553	3950
II. Planrechtfertigung	1553	3951
III. Planungsleitsätze und Optimierungsgebote	1554	3953
IV. Abwägungsfehlerlehre	1555	3954
V. Natur- und Landschaftsschutz	1564	3980
1. Regelungen im BNatSchG	1565	3981
2. Naturschutzrechtliches Regelungssystem	1566	3983
3. Naturschutzrechtlicher Eingriff	1567	3984
4. Naturschutzrechtliches Vermeidungsgebot	1571	3991
5. Naturschutzrechtliches Minimierungsgebot	1574	3997
6. Naturschutzrechtliches Ausgleichsgebot	1574	3998
7. Naturschutzrechtliche Ersatzmaßnahmen	1575	4001
8. Bipolare Abwägung	1575	4003
9. Weitere naturschutzrechtliche Kompensationsmaßnahmen nach Landesrecht	1577	4007
10. Landschaftspflegerischer Begleitplan	1578	4008
11. Naturschutzrechtliche Konfliktbewältigung	1578	4009
12. Rechte der Verbände	1583	4021
13. Naturschutzrechtliche Ausweisungen	1587	4035
14. Naturschutz und Enteignung	1591	4053
15. Naturschutz in der Land- und Forstwirtschaft	1595	4060
16. Rechte der Gemeinden	1600	4078
17. Verhältnis zur Regionalplanung	1601	4080
18. Vertragsnaturschutz	1601	4081
VI. Ausgleichende Maßnahmen	1601	4083
1. Schutzvorkehrungen	1601	4084
2. Geldentschädigung	1609	4104

Inhaltsverzeichnis

	Seite	Rdn.
3. Übernahmeanspruch	1613	4110
4. Vorbehaltene Entscheidungen	1613	4111
5. Wirkungen der Entscheidung über ausgleichende Maßnahmen	1615	4115
6. Veränderte Auswirkungen	1615	4116
VII. Anordnung vorläufiger Teilmaßnahmen	1617	4118
1. Gesetzliche Regelungen	1617	4119
2. Vorläufigkeit der Teilmaßnahme	1618	4122
3. Positives Gesamturteil und Bewertung der Eingriffsfolgen	1619	4123
4. Vogelschutzgebiete und potenzielle FFH-Gebiete	1620	4126
5. Rechtsschutz	1621	4127
VIII. Außer-Kraft-Treten bei Nichtdurchführung	1621	4128
F. Rechtsschutz	**1623**	**4129**
1. Teil. Rechtsschutzmöglichkeiten (Überblick)	1623	4130
2. Teil. Rechtsschutz gegen den Bebauungsplan	1624	4134
I. Gegenstand der Normenkontrolle (§ 47 I VwGO)	1625	4135
II. Antragsbefugnis/Rechtsschutzinteresse (§ 47 II VwGO)	1630	4146
III. Zweijahresfrist	1649	4182
IV. Prüfungsmaßstäbe	1651	4188
V. Verhältnis zur Inzidentkontrolle	1652	4191
VI. Verfahren und Entscheidung	1652	4192
VII. Nichtzulassungsbeschwerde und Revision	1656	4201
VIII. Einstweilige Anordnung (§ 47 VI VwGO)	1656	4202
IX. Bindungswirkung	1657	4204
3. Teil. Rechtsschutz des Bauherrn	1658	4207
I. Rechtsschutz bei Ablehnung des Bauantrags	1659	4209
II. Rechtsschutz bei Verzögerung der Genehmigungserteilung	1662	4218
III. Rechtsschutz bei Zurückstellung des Baugesuchs	1662	4219
IV. Rechtsschutz bei Abweichung vom Bauantrag	1662	4220
V. Rechtsschutz bei Anfechtung der Baugenehmigung durch Dritte	1663	4221
VI. Rechtsschutz bei Eingriffsverfügungen	1665	4225
4. Teil. Rechtsschutz des Nachbarn	1666	4228
I. Öffentlich-rechtlicher und zivilrechtlicher Nachbarschutz	1666	4229
II. Nachbar	1667	4230
III. Nachbarschützender Charakter der Norm	1668	4231
IV. Erfordernis einer tatsächlichen Beeinträchtigung	1670	4233
V. Nachbarschützende Vorschriften	1671	4236
1. Nachbarschützende Vorschriften des Bauplanungsrechts	1671	4237
2. Nachbarschützende Vorschriften des Bauordnungsrechts	1674	4248
3. Nachbarschützende Vorschriften des Immissionsschutzrechts	1675	4249
4. Nachbarschützende Vorschriften des Verfassungsrechts	1676	4250
5. Nachbarschützende Vorschriften des Verfahrensrechts	1676	4251
6. Nachbarschützende Zusicherungen	1676	4252
7. Beweislast	1677	4253
VI. Rechtsschutz des Nachbarn gegen die Baugenehmigung	1677	4254
1. Nachbarwiderspruch	1677	4255
2. Nachbarklage	1678	4256
3. Vorläufiger Rechtsschutz	1680	4261
4. Schadensersatz bei Anordnung der sofortigen Vollziehung	1682	4266
VII. Rechtsschutz des Nachbarn bei ungenehmigtem Bauen	1683	4270
1. Anspruch des Nachbarn auf behördliches Einschreiten	1683	4271
2. Rechtsschutz in der Hauptsache	1684	4273
3. Eilverfahren	1684	4274
VIII. Rechtsschutz gegen Vorhaben öffentlicher Bauherren	1684	4275
IX. Verlust von Nachbarrechten	1686	4277
X. Rechtsschutz in Freistellungsfällen – Öffentlich-rechtlicher und zivilrechtlicher Rechtsschutz	1688	4280
XI. Rechtsschutz vor den Baulandkammern	1689	4282

Inhaltsverzeichnis

	Seite	Rdn.
5. Teil. Rechtsschutz der Gemeinde	1689	4284
6. Teil. Verbandsbeteiligung und Verbandsklagerechte	1692	4291
1. Verbandsbeteiligung	1692	4292
2. Verbandsklage	1694	4294
7. Teil. Rechtsschutz in der Fachplanung	1696	4297
I. Klage gegen den Planfeststellungsbeschluss	1696	4298
II. Abwägungs- und Rechtsschutzpyramide	1703	4319
III. Verwaltungsgerichtliches Verfahren	1705	4321
IV. Nachbarschutz	1706	4324
V. Beschränkte Rechtsschutzmöglichkeiten in den alten und neuen Bundesländern	1708	4327
VI. Sofortvollzug – einstweiliger Rechtsschutz	1708	4328
VII. Vorzeitige Besitzeinweisung	1710	4333
8. Teil. Gerichtliches Verfahren	1711	4338
I. Besetzung der Spruchkörper	1712	4339
1. Verwaltungsgericht	1712	4340
2. Oberverwaltungsgericht	1712	4341
3. BVerwG	1713	4344
II. Sachliche Zuständigkeit	1713	4345
1. Zuständigkeit der Verwaltungsgerichte	1713	4346
2. Zuständigkeit der Oberverwaltungsgerichte	1713	4347
3. Zuständigkeit des BVerwG	1714	4348
III. Klageart und Klagebefugnis	1716	4351
1. Anfechtungsklage (§ 42 I VwGO)	1716	4352
2. Verpflichtungsklage (§ 42 I VwGO)	1722	4362
3. Untätigkeitsklage (§ 75 VwGO)	1723	4364
4. Allgemeine Leistungsklage (§ 43 II VwGO)	1723	4365
5. Feststellungsklage (§§ 43 I, 113 I 4 VwGO)	1724	4367
IV. Rechtsschutzbedürfnis	1725	4371
V. Klageverfahren	1726	4373
1. Verfahrensbeteiligte	1726	4374
2. Beigeladene	1726	4375
9. Teil. Vorläufiger Rechtsschutz	1727	4377
I. Vorläufiger Rechtsschutz nach § 80, 80 a VwGO	1727	4378
1. Ausgangspunkt: aufschiebende Wirkung	1727	4379
2. Sofortvollzug	1728	4380
3. Behördenentscheidung	1729	4384
4. Gerichtsentscheidung	1730	4385
5. Drittanfechtung	1731	4387
6. Vorsitzendenentscheidung	1732	4390
7. Änderung der Eilentscheidung	1732	4391
8. Beschwerde	1732	4392
II. Einstweilige Anordnung nach § 123 VwGO	1734	4397
III. Vorläufiger Rechtsschutz in „Freistellungsfällen"	1736	4404
1. Vorläufiger Rechtsschutz des Bauherrn	1737	4405
2. Vorläufiger Rechtsschutz des Nachbarn	1737	4406
IV. Vorläufiger Rechtsschutz in der Fachplanung	1738	4407
10. Teil. Ausblick	1739	4414
Stichwortverzeichnis	1741	

Abkürzungsverzeichnis

a. A.	anderer Ansicht
Abl.	Amtsblatt
Abs.	Absatz
AbstE NW	Abstandserlass Nordrhein-Westfalen
ÄndG	Änderungsgesetz
a. F.	alte Fassung
AgrarR	Agrarrecht
ALR	Allgemeines Landrecht
Anm.	Anmerkung
AöR	Archiv für öffentliches Recht
ARGEBAU	Länderarbeitsgemeinschaft für Baurecht
Art.	Artikel
ArtG zur UVP-ÄndRL	Artikelgesetz zur Umsetzung der UVP-ÄndRL, IVU-RL und weiterer EG-Richtlinien
AS	Amtliche Sammlung der Entscheidungen des rheinland-pfälzischen und des saarländischen OVG
AtG	Atomgesetz
Aufl.	Auflage
AWZ	Ausschließliche Wirtschaftszone
B.	Beschluss
BauGB	Baugesetzbuch
BauGB-MaßnG	Maßnahmengesetz zum Baugesetzbuch
BauNVO	Baunutzungsverordnung
BauO	Bauordnung
BauR	Baurecht, Zeitschrift für das gesamte zivile und öffentliche Baurecht
BauROG	Bau- und Raumordnungsgesetz
BauZVO	Bauplanungs- und Zulassungsverordnung
Bay	Bayern, bayrisch
BayVBl.	Bayerische Verwaltungsblätter
BBauBl.	Bundesbaublatt
BBauG	Bundesbaugesetz
BBodSchG	Bundesbodenschutzgesetz
Bd.	Band
BFStrG	Bundesfernstraßengesetz
BGB	Bürgerliches Gesetzbuch
BGBl.	Bundesgesetzblatt
BGH	Bundesgerichtshof
BGHZ	Amtliche Entscheidungssammlung des Bundesgerichtshofs in Zivilsachen
BImSchG	Bundes-Immissionsschutzgesetz
BImSchV	Verordnung zur Durchführung des Bundesimmissionsschutzgesetzes
BlGBW	Blätter für Grundstücks-, Bau- und Wohnungswesen
BMZ	Baumassenzahl
BNatSchG	Bundesnaturschutzgesetz
BR	Bundesrat
BR-Drs.	Drucksache des Deutschen Bundesrates
BRS	Baurechtssammlung (Thiel/Gelzer/Upmeier)
BT	Bundestag
BT-Drs.	Drucksache des Deutschen Bundestages
Buchholz	Sammlung der Rechtsprechung des Bundesverwaltungsgerichts
BVerwG	Bundesverwaltungsgericht
BVerwGE	Entscheidungssammlung des Bundesverwaltungsgerichts
BVerfG	Bundesverfassungsgericht
BVerfGE	Entscheidungssammlung des Bundesverfassungsgerichts

Abkürzungsverzeichnis

BVerfGG	Bundesverfassungsgerichtsgesetz
BW	Baden-Württemberg
BWVPr.	Baden-Württembergische Verwaltungspraxis
bzw.	beziehungsweise
DDR	Deutsche Demokratische Republik
ders.	derselbe
d. h.	das heißt
dies.	dieselben
DIN	Deutsche Industrienorm
DJT	Deutscher Juristentag
DöV	Die öffentliche Verwaltung
Drs.	Drucksache
DSchG	Denkmalschutzgesetz
DVBl.	Deutsches Verwaltungsblatt
DWW	Deutsche Wohnungswirtschaft
E	Entwurf
EG	Europäische Gemeinschaften
EG-FFH-RL	Fauna-Flora-Habitat-Richtlinie
EG-IVP-RL	IVU-Richtlinie
EG-UVP-RL	Umweltverträglichkeitsprüfungsrichtlinie
EGV	Europäischer Vertrag
Einl.	Einleitung
ESVGH	Entscheidungssammlung des Hessischen und des Baden-Württembergischen Verwaltungsgerichtshofs
EU	Europäische Union
EuGH	Europäischer Gerichtshof
EUV	Europäischer Unionsvertrag
EWG	Europäische Wirtschaftsgemeinschaft
f.	folgende
ff.	folgende
FFH	Fauna, Flora, Habitat
FH	Firsthöhe
FOC	Factory-Outlet-Center
FS	Festschrift
FStrG	Fernstraßengesetz
G	Gesetz
GBl.	Gesetzblatt
GE	Gewerbegebiet
gem.	gemäß
GewArch.	Gewerbearchiv
GewO	Gewerbeordnung
GF	Geschossfläche
GFZ	Geschossflächenzahl
GG	Grundgesetz
ggf.	gegebenenfalls
GI	Industriegebiet
GMBl.	Gemeinsames Ministerialblatt
GO	Gemeindeordnung
GR	Grundfläche
GRZ	Grundflächenzahl
GVBl.	Gesetz- und Verordnungsblatt
H	Höhe baulicher Anlagen
HBFPR	Handbuch des Bau- und Fachplanungsrechts
HdbÖffBauR	Handbuch des öffentlichen Baurechts
HOAI	Honorarordnung für Architekten und Ingenieure
Hrsg.	Herausgeber
HS	Halbsatz
i. d. F.	in der Fassung
i. d. R.	in der Regel

Abkürzungsverzeichnis

i. S.	im Sinne
i.V. m.	in Verbindung mit
JA	Juristische Ausbildung
JuS	Juristische Schulung
JZ	Juristenzeitung
Kap.	Kapitel
Komm.	Kommentar
KreisG	Kreisgericht
KrW-/AbfG	Kreislaufwirtschafts- und Abfallgesetz
KStZ	Kommunale Steuerzeitschrift
LG	Landgericht
LKV	Landes- und Kommunalverwaltung
LS	Leitsatz
LuftVG	Luftverkehrsgesetz
m.	mit
MBl.	Ministerialblatt
MD	Dorfgebiet
MDR	Monatsschrift des Deutschen Rechts
MI	Mischgebiet
Mitt NWStuGB	Mitteilungen des Nordrhein-Westfälischen Städte- und Gemeindebundes
MK	Kerngebiet
m. w. Nachw.	mit weiteren Nachweisen
Nachw.	Nachweise
Nds.	Niedersachsen, niedersächsisch
n. F.	neue Fassung
NJW	Neue Juristische Wochenschrift
NJW-RR	Neue Juristische Wochenschrift – Rechtsprechungsreport
Nr.	Nummer
NuR	Natur und Recht
NVwZ	Neue Zeitschrift für Verwaltungsrecht
NVwZ-RR	Neue Zeitschrift für Verwaltungsrecht – Rechtsprechungsreport
NW/NRW	Nordrhein-Westfalen
NWVBL	Nordrhein-Westfälische Verwaltungsblätter
o.	oben
ÖffBauR	Öffentliches Baurecht
OLG	Oberlandesgericht
OLGZ	Entscheidungen der Oberlandesgerichte in Zivilsachen
OVG	Oberverwaltungsgericht
OVGE	Entscheidungen des Oberverwaltungsgerichts Nordrhein-Westfalen, Niedersachsen und Schleswig-Holstein
OVGE Berlin	Entscheidungen des Oberverwaltungsgerichts Berlin
PBefG	Personenbeförderungsgesetz
PKW	Personenkraftwagen
Plan-UP	Umweltprüfung für Pläne
PlanZV	Planzeichenverordnung
Pr.	Preußisches
RdErl.	Runderlass
RdL	Recht der Landwirtschaft
Rdn.	Randnummer
RL	Richtlinie
ROG	Raumordnungsgesetz
RoV	Raumordnungsverordnung
Rspr.	Rechtsprechung
RzB	Rechtsprechung zum Bauplanungsrecht
s.	siehe
S.	Seite, Satz (bei Rechtsnormen)
Saarl., saarl.	Saarland, saarländisch
SächsVBl.	Sächsische Verwaltungsblätter
Schl.-H.	Schleswig-Holstein

Abkürzungsverzeichnis

SchlHA	Schleswig-Holsteinische Anzeiger
SH	Schleswig-Holstein
SMBl.	Sammlung des Ministerialblatts
SO	Sondergebiet
s. o.	siehe oben
sog.	so genannt
SpielV	Spielverordnung
StBauFG	Städtebauförderungsgesetz
StT	Städtetag
StuGB	Städte- und Gemeindebund
StuGR	Städte- und Gemeinderat
s. u.	siehe unten
SUP	Strategische Umweltprüfung
TA	Technische Anleitung
ThürVBl.	Thüringische Verwaltungsblätter
Tz.	Textziffer
u.	unten
u. a.	unter anderen(m), und andere
UIG	Umweltinformationsgesetz
UmweltI	Umweltinformation
UPR	Umwelt- und Planungsrecht
UPR-Spezial	Schriftenreihe der Zeitschrift Umwelt- und Planungsrecht
URE	Umweltrisikoabsenkung
Urt.	Urteil
UVP	Umweltverträglichkeitsprüfung
UVP-ÄndRL	Richtlinie zur Änderung der Richtlinie des Rates über die Umweltverträglichkeitsprüfung
UVPG	Umweltverträglichkeitsprüfungsgesetz
UVP-RL	Richtlinie des Rates über die Umweltverträglichkeitsprüfung
v.	vom
VBlBW	Verwaltungsblätter für Baden-Württemberg
VerfGH	Verfassungsgerichtshof
VerwArch.	Verwaltungsarchiv (Beilage der Zeitschrift Deutsches Verwaltungsblatt)
VG	Verwaltungsgericht
VGH	Verwaltungsgerichtshof
VGHBWRspDienst	Rechtsprechungsdienst des Verwaltungsgerichtshofs Baden-Württemberg
vgl.	vergleiche
v. H.	vom Hundert
VO	Verordnung
VOI	Verdingungsordnung für Ingenieure
VR	Verwaltungsrundschau
VVdStRL	Vereinigung der deutschen Staatsrechtslehrer
VwGO	Verwaltungsgerichtsordnung
VwVfG	Verwaltungsverfahrensgesetz
W	Wohnbaufläche
WA	Allgemeines Wohngebiet
WaStrG	Bundeswasserstraßengesetz
WB	Besonders Wohngebiet
WHG	Wasserhaushaltsgesetz
WiVerw.	Wirtschaft und Verwaltung (Vierteljahresbeilage zum Gewerbearchiv)
WM	Wertpapiermitteilungen
II. WoBauG	Zweites Wohnungsbaugesetz
WR	Reines Wohngebiet
WRV	Weimarer Reichsverfassung
WS	Kleinsiedlungsgebiet
Z	Zahl der Vollgeschosse
z. B.	zum Beispiel
ZfBR	Zeitschrift für deutsches und internationales Baurecht
ZfG	Zeitschrift für Gesetzgebung

Abkürzungsverzeichnis

ZfW . . . . Zeitschrift für Wasserrecht
ZMR . . . . Zeitschrift für Miet- und Raumrecht
ZUR . . . . Zeitschrift für Umweltrecht
z. Zt. . . . . zur Zeit

Literaturverzeichnis

Battis, Öffentliches Baurecht und Raumordnungsrecht, 4. Aufl., Stuttgart 1999
Battis/Krautzberger/Löhr, BauGB, 9. Aufl., München 2005
Bielenberg/Krautzberger/Söfker, BauGB, Leitfaden und Kommentierung, 5. Aufl., München/Münster 1998
Blümel/Grupp, Beiträge zum Planungsrecht, Berlin 2004
Brohm, Öffentliches Baurecht, 4. Aufl., München 2003
Brügelmann, BauGB, Loseblatt, Stuttgart/Berlin/Köln 2005
Buchholz, Sammel- und Nachschlagewerk der Rechtsprechung des BVerwG, Köln
Ehebrecht-Stüer, Außenbereichsbebauung, Entwicklung und geltendes Recht (§ 35 BauGB 1998), Münster 1997
Erbguth/Oebbecke/Rengeling/Schulte (Hrsg.), Planung, FS für Hoppe, München 2000
Erbguth/Schink, UVPG, 2. Aufl., München 1996
Erbguth/Wagner, Bauplanungsrecht, 4. Aufl., München 2005
Ernst/Zinkahn/Bielenberg/Krautzberger, BauGB, München 2005
Fickert/Fieseler, BauNVO, 10. Aufl., Düsseldorf 2002
dies., Der Umweltschutz im Städtebau, Bonn 2002
Finkelnburg/Ortloff, Öffentliches Baurecht, Bd. I: Bauplanungsrecht, 6. Aufl., München 2004, Bd. II: Bauordnungsrecht, Nachbarschutz, Rechtsschutz, 5. Aufl., München 2004
Gaentzsch, BauNVO, Siegburg 1990
ders., BauGB, Köln 1991
Gelzer/Bracher/Reidt, Bauplanungsrecht, 8. Aufl., Köln 2004
Grupp/Ronellenfitsch, Planung – Recht – Rechtsschutz, FS für Blümel, Berlin 1999
Hönig, Fachplanung und Enteignung, in: Stüer (Hrsg.), Planungsrecht, Bd. 6, Osnabrück 2001
Hoppe (Hrsg.), UVPG, 2. Aufl. Köln 2002
Hoppe/Beckmann/Kauch, Umweltrecht, 2. Aufl., München 2000
Hoppe/Bönker/Grotefels, Öffentliches Baurecht, 3. Aufl., München 2005
Hoppe/Stüer, Die Rechtsprechung zum Bauplanungsrecht, Stuttgart 1995
Jarass, BImSchG, 6. Aufl., München 2005
Kleinlein, Das System des Nachbarrechts, Düsseldorf 1987
König/Roeser/Stock, BauNVO, 2. Aufl., München 2003
Kodahl (Hrsg), Straßenrecht, 7. Aufl., München 2004
Kopp/Schenke, VwGO, 13. Aufl., München 2003
Kopp/Ramsauer, VwVfG, 8. Aufl., München 2003
Krautzberger/Söfker, BauGB mit BauNVO, 7. Aufl., Heidelberg 2004
Krämer, Städtebaurecht für Architekten und Stadtplaner, München 1999
Kühling/Hermann, Fachplanungsrecht, 2. Aufl., Düsseldorf 2000
Kuschnerus, Der sachgerechte Bebauunsplan, 3. Aufl., Bonn 2004
Redeker, VwGO, 14. Aufl., Stuttgart 2004
Rieder, Fachplanung und materielle Präklusion, in: Stüer (Hrsg.), Planungsrecht, Bd. 9, Osnabrück 2004
Rude, Planreparatur, Zur Behebung der Fehler städtebaulicher Pläne, in: Stüer (Hrsg.), Planungsrecht, Bd. 3, Osnabrück 2000
Sailer, Bauleitplanung und Monitoring. Die Umsetzung der Plan-UP-Richtlinie in das deutsche Recht, in: Stüer (Hrsg.), Planungsrecht, Bd. 10, Osnabrück 2005
Schrödter, BauGB, 7. Aufl., München 2005
Stollmann, Öffentliches Baurecht, 2. Aufl., München 2002
Stüer, Funktionalreform und kommunale Selbstverwaltung, Göttingen 1980
ders., Erfahrungen mit der verwaltungsgerichtlichen Normenkontrolle, DVBl. 1985, 469
ders. (Hrsg.), Verfahrenbeschleunigung. Wirtschaft – Verwaltung – Rechtsschutz, Schriftenreihe Planungsrecht, Bd. 1, Osnabrück 1997
ders., Kommunalrecht NRW in Fällen, Stuttgart 1997
ders., Der Bebauungsplan, 3. Aufl., München 2005
ders., Bau- und Fachplanungsgesetze, München 1999
ders. (Hrsg.), Planung von Großvorhaben, Schriftenreihe Planungsrecht, Bd. 2, Osnabrück 1999
ders., Städtebaurecht 2004, Schriftenreihe Planungsrecht, Bd. 5, Osnabrück 2004
Stüer/Ehebrecht-Stüer, Bauplanungsrecht und Freistellungspolitik der Länder, Münster 1996
Stüer/Probstfeld, Die Planfeststellung, München 2003
Thiel/Gelzer/Upmeier, Baurechtssammlung, Düsseldorf (BRS)
Stelkens/Bonk/Sachs, VwVfG, 6. Aufl., München 2001
Weyreuther, Bauen im Außenbereich, Köln 1979
Ziekow (Hrsg.), Praxis des Fachplanungsrechts, Düsseldorf 2004
ders., VwVfG, Kommentar, Stuttgart 2005

A. Bauleitplanung

Städtebauliche Planung steht im Mittelpunkt eines wachsenden öffentlichen Interesses. **1**
Die vielfältigen Nutzungsansprüche, ein gestiegenes Umweltbewusstsein und die Gefahr einer gerichtlichen Kontrolle haben ein Spannungsfeld hervorgerufen, in dem die planenden Gemeinden sich nicht selten überfordert gefühlt haben. Wer enttäuschte Gemeindevertreter nach der Aufhebung eines Bebauungsplans aus dem Gerichtssaal hat kommen sehen, der weiß, dass hier Probleme liegen, die der Aufarbeitung bedürfen. Gesetzgebung und Rechtsprechung haben allerdings eine gewisse Korrektur eingeleitet, die manchem schon wiederum zu weit geht.

1. Teil. Bauleitplanung im Geflecht hoheitlicher Planungen

Das **Konfliktfeld Bauleitplanung** ist in der Tat spannungsgeladen: Industrie und Handel **2**
verlangen die Bereitstellung gewerblicher Bauflächen. Gewachsene Gemengelagen bereiten Sorgen. Verbrauchermärkte auf der grünen Wiese gefährden die Innenstädte. Wo der Tante-Emma-Laden auszieht, rücken Leerstände oder allenfalls Billigketten oder Spielhallen nach. Die Altlastensanierung erfordert Milliardenaufwendungen. Der Verkehrslärmschutz beansprucht Aufmerksamkeit. Die durch EG-Richtlinien und das UVPG gebotene Umweltprüfung steht auch in der Bauleitplanung an. Die naturschutzrechtlichen Eingriffs- und Ausgleichsregelungen müssen in der Bauleitplanung umgesetzt werden. Probleme über Probleme, welche die Konfliktlösungskapazitäten bis an den Rand erschöpfen, sie möglicherweise sogar schon überfordern. In dieser Situation gilt es, den Blick auf die wesentlichen Fragestellungen zu richten, die der Bewältigung durch Bauleitplanung bedürfen. Dabei sind keine eindimensionalen Lösungen in Sicht. Abwägung, Interessenausgleich, Rücksichtnahme auf schützenswerte Belange, Optimierungsklauseln, Vorsichtigkeitsgebote und Verteilung der Problemlösung auf mehrere Schultern bestimmen vielmehr das Bild.[1]

---

[1] Zur Bauleitplanung *Battis* Stadtbauwelt 1988, 1491; *ders.* NuR 1995, 448; *Bender* FS Weyreuther 1993, 125; *Birk* BayVBl. 1976, 744; *ders.* DVBl. 1992, 702; *Bleicher* Das Verfahren zur Anpassung der Bauleitplanung an die Ziele der Raumordnung und Landesplanung 1983; *Boecker* BauR 1979, 361; *Boujong* WiVerw. 1991, 59; *Braun* UVP in der Bauleitplanung 1987; *Breuer* NVwZ 1982, 273; *Brohm* DVBl. 1980, 653; *Buchreiter-Schulz* NuR 1991, 107; *Bunge* Bauleitplanung in: *Lübbe-Wolff* (Hrsg.) 1993, 27; *Degenhart* BayVBl. 1979, 289; *ders.* NJW 1981, 2666; *Dolde* BauR 1990, 1; *Dörr* NVwZ 1989, 933; *Ebsen* JZ 1985, 57; *Erbguth* NVwZ 1989, 608; *ders.* VerwArch. 81 (1990), 327; *ders.* NVwZ 1993, 956; *ders.* NVwZ 1995, 243; *Erbguth/Stollmann* NuR 1993, 249; *Gaentzsch* WiVerw. 1985, 235; *ders.* NuR 1990, 1; *ders.* ZfBR 1991, 192; *ders.* LKV 1992, 105; *ders.* in: FS Weyreuther 1993, 249; *Grabis/Kauther/Rabe/Steinfort*, Bau- und Planungsrecht 1992; *Groh* UPR 1984, 142; *Henkel* UPR 1988, 367; *Hoppe* DVBl. 1964, 165; *Ibler* JuS 1990, 7; *Ipsen/Tettinger* Altlasten und kommunale Bauleitplanung 1988; *Jannasch* DÖV 1994, 950; *Jochum* Amtshaftung bei Abwägungs- und Prognosefehlern in der Bauleitplanung 1994; *Korbmacher* DÖV 1978, 589; *Kraft* DWW 1986, 110; *Kröner* ZfBR 1984, 20; *Kunig* FS Weyreuther 1993, 157; *Lenz* BauR 1981, 215; *ders.* ZfBR 1987, 65; *ders.* BauR 1989, 267; *Löhr* NVwZ 1987, 361; *Menke* Bauleitplanung in städtebaulichen Gemengelagen 1984; *Mitschang* Die Belange von Natur und Landschaft in der kommunalen Bauleitplanung 1993; *ders.* ZfBR 1993, 259; *von Mutius* DVBl. 1987, 455; *Paetow* UPR 1990, 321; *Peine* DÖV 1983, 909; *Pfeifer* Der Grundsatz der Konfliktbewältigung in der Bauleitplanung 1989; *Ritter* NVwZ 1984, 609; *Roer* Die Nachfolgeunternehmen von Bahn und Post in der Bauleitplanung 1996; *Rothe* Das Verfahren bei der Aufstellung von Bauleitplänen 1992; *Runkel* NVwZ 1993, 1136; *Schenke* WiVerw. 1994, 253; *Schink* NJW 1990, 351; *ders.* NJW 1993, 349; *ders.* Bauleitplanung – Landesplanung – Fachplanung 1994; *Schlarmann* Das Verhältnis der privilegierten Fachplanung zur kommunalen Bauleitplanung 1980; *Schliermann* FS Weyreuther 1993,

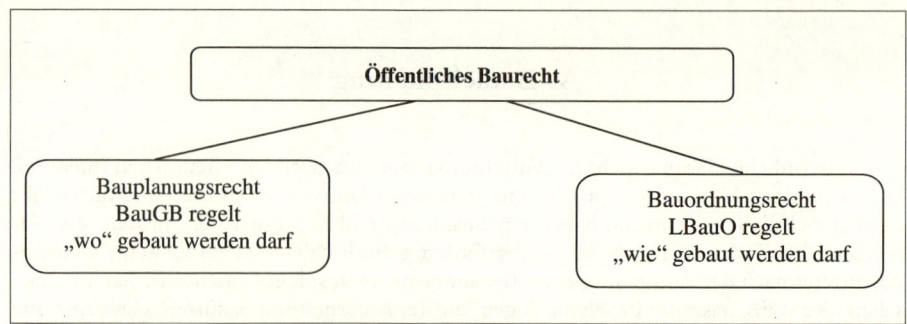

3   Die **kommunale Bauleitplanung** prägt dabei das Gesicht der Städte und Gemeinden. Sie vollzieht sich als Vorgang städtebaulicher Gestaltung auf der Grundlage eines gesetzlichen Regelwerkes, dessen wesentliche Bestandteile im BauGB und in der BauNVO niedergelegt sind. Bauleitplanung hat dabei einerseits außerrechtliche Elemente, ist jedoch andererseits rechtlich eingebunden. Die städtebauliche Planung liegt in der Verantwortung der Städte und Gemeinden, die als Träger der Planungshoheit wichtige Grundlagen für die gleichwertige Entwicklung der Lebensverhältnisse in Stadt und Land zu schaffen haben.[2]

I. Planung als außerrechtlicher Vorgang und deren rechtliche Einbindung

4   Die **Bauleitplanung** erweist sich mit dem Zusammenstellen und der Bewertung des Abwägungsmaterials (§ 2 III BauGB), mit dem Vor- und Zurückstellen betroffener Interessen, mit der Entwicklung planerischer Vorstellungen und Leitbilder sowie der eigentlichen planerischen Entscheidung innerhalb eines Geflechts mehr oder weniger zahlreicher, in ihrem Verhältnis zueinander komplexer Interessen als **schöpferischer Vorgang**, der primär außerrechtlichen, sachimmanenten Gesetzlichkeiten unterliegt und auf der gestaltenden Rationalität des Planers beruht.[3] Und es dürfte nicht ganz fern liegen, der Planung gelegentlich auch emotionale Elemente zuzuschreiben, solange die Parteinahme nicht einseitig ist. Planung wird nur in zweiter Linie durch rechtliche Regelungen gebunden, in erster Linie aber durch autonome Elemente bestimmt.

1. Struktur der Normen des Planungsrechts

5   Allerdings vollzieht sich die Bauleitplanung nicht in einem rechtsfreien Raum. Sie wird vielmehr von Verfassung und Gesetzen **rechtlich determiniert**. Diese rechtliche Bindung wird von **Handlungsnormen** – also jenen Gesetzlichkeiten, nach denen sich die Entscheidungen der Bauleitplanung vollziehen – und von **Kontrollnormen** – also jenen Verfassungs- und anderen Rechtsnormen, die bei der gerichtlichen Prüfung dieser Entscheidungen zur Anwendung gelangen – ausgeübt. Die Handlungsnormen, die sich

---

235; *Schmalz* JA 1978, 29; *Schmaltz* DVBl. 1990, 77; *Schmidt-Aßmann* Die Berücksichtigung situationsbestimmter Abwägungselemente in der Bauleitplanung 1981; *ders.* BauR 1978, 99; *Schmidt-Eichstaedt* DVBl. 1989, 1; *ders.* DVBl. 1992, 652; *Schmiemann* FS Weyreuther 1993, 235; *Schneider* DÖV 1988, 858; *Schweer* LKV 1994, 201; *Schwerdtfeger* JuS 1983, 270; *Sendler* UPR 1995, 41; *Sommer* ZfBR 1990, 54; *Steinebach* UPR 1990, 125; *Steiner* FS Weyreuther 1993, 137; *Stelkens* UPR 1987, 241; *Stich* UPR 1983, 177; *ders.* ZfBR 1986, 61; *ders.* ZfBR 1989, 9; *Stollmann* VR 1993, 339; *Stüer* Bauleitplanung in: HdBöffBauR Kap. B 2000; *ders.* StuGR 1989, 6; *ders.* BauR 1989, 251; *ders.* DVBl. 1992, 1147; *Stüer/Rude* DVBl. 1999, 210; *dies.* DVBl. 1999, 299; *Vallendar* UPR 1995, 296; UPR 1996, 121; *Wagner* DVBl. 1993, 583; *Widera* Zur verfassungsrechtlichen Gewährleistung gemeindlicher Planungshoheit 1985.
  [2] Zur geschichtlichen Entwicklung der Bauleitplanung s. Rdn. 12.
  [3] *Albers* Wesen und methodische Grundlagen 1967, 1; *ders.* Städtebau und Menschenbild 1972, 1; *ders.* Städtebauliche Konzepte als Entwicklungsrahmen 1977, 7; *Alexy* Rechtstheorie 1979 Beiheft 1, 59, 76; *ders.* 1985, 1; *ders.* Archiv für Rechts- und Sozialphilosophie Beiheft Nr. 25 1985, 13.

1. Teil. Bauleitplanung im Geflecht hoheitlicher Planungen

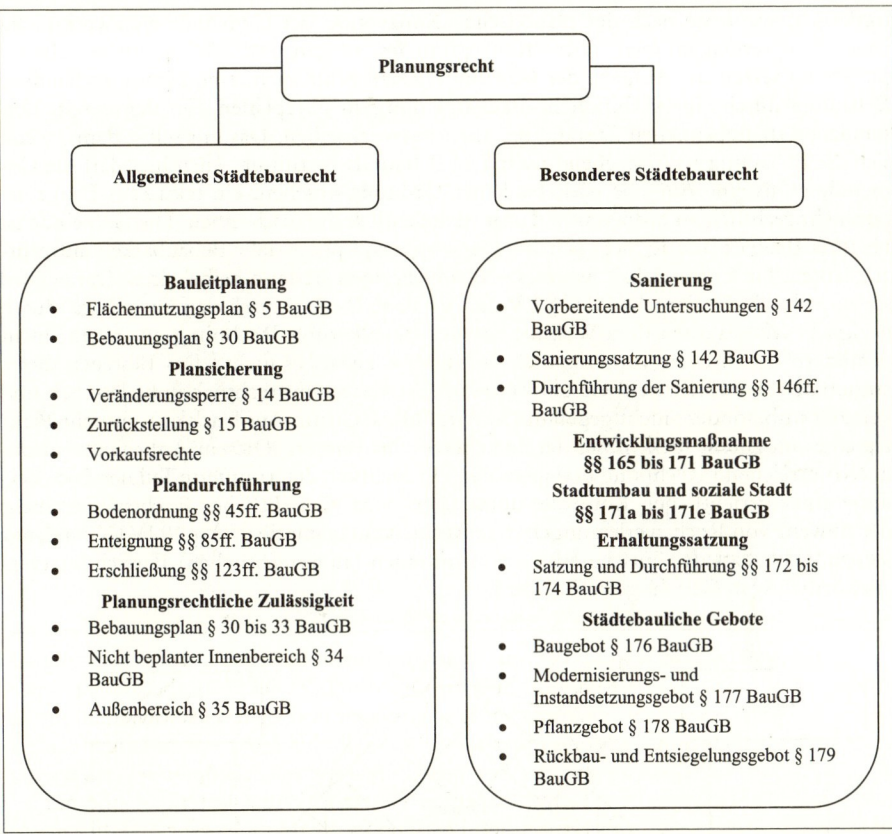

an die planende Gemeinde wenden, bestehen aus zwei Teilen: Durch einen rechtlichen Bereich werden die Entscheidungen fremd (**heteronom**) bestimmt. Der andere Teil der Handlungsnormen ist einer rechtlichen Fixierung entzogen. Er vollzieht sich nach sachimmanenten (**autonomen**) und fachbezogenen Grundsätzen, Maßstäben, Wertungen und Erwägungen. Die normativen Determinanten, die das Wesen jeder Planung als Entscheidungsprozess mit typischen Eigengesetzlichkeiten nicht verändern, stellen dabei begleitende Schranken und Grenzen dar, indem sie Ziel- und Wertvorstellungen, Form- und Verfahrensvorschriften sowie allgemeine Grundregeln für Abwägungs- und Bewertungsvorgänge aufstellen. Nur in diesem heteronom determinierten Bereich findet eine rechtliche Kontrolle statt. Die autonomen Bestandteile der Handlungsnormen dagegen sind einer Rechtskontrolle nicht zugänglich.[4]

Der Anteil **autonomer** und damit **kontrollfreier Determinanten** ist nach der spezifischen Eigenart der jeweiligen Entscheidungen unterschiedlich. Er ist umso größer, je weitgehender Gesetzgeber und Verwaltung zur eigenverantwortlichen, letztverbindlichen und damit kontrollfreien Entscheidung berufen sind. Die Gemeinde besitzt für die Frage der städtebaulichen Erforderlichkeit ein sehr weites planerisches Ermessen.[5] Denn die Gemeinde soll gerade bewusst Städtebaupolitik betreiben. Bauleitpläne sind dann er-

---

[4] *Hoppe* FS Scupin, 1983, 121; *ders.* in: *Hoppe/Bönker/Grotefels* § 8 Rdn. 81 ff.; *Ossenbühl* DVBl. 1974, 309; *Schmidt-Aßmann* Grundfragen des Städtebaurechts 1972, 160 ff.; *Stüer* DVBl. 1974, 314.

[5] *Birk* JA 1981, 364; *Czermak* DÖV 1978, 320; *Gern* DVBl. 1987, 1194; *Groß* DVBl. 1995, 468; *Lau* BauR 1987, 491; *Ortloff* FS Gelzer 1991, 223; *Rubel* Planungsermessen 1982; *Schöpfer* NVwZ 1991, 551; *Schröder* DÖV 1976, 308; *Starck* FS Sendler 1991, 167.

forderlich, wenn sie nach der planerischen Konzeption der Gemeinde als zweckmäßig angesehen werden können. Diese Konzeption festzulegen und städtebauliche Schwerpunkte zu setzen, ist Aufgabe der Gemeinde. Dazu zählt auch, eine bereits vorhandene Bebauung durch eine verbindliche Bauleitplanung zu überplanen, um den bereits entstandenen städtebaulichen Zustand rechtlich festzuschreiben. Das gilt selbst dann, wenn sich die Bebauung weitestgehend nach § 34 II BauGB bestimmt. Auch hier darf die Gemeinde es als eine Aufgabe städtebaulicher Ordnung ansehen, ein faktisches Baugebiet nunmehr rechtlich zu ordnen und damit städtebaulich festzuschreiben. Die Gemeinde ist bei ihrer Bauleitplanung nicht gehalten, eine bisherige potenzielle Bebaubarkeit aufrechtzuerhalten. Sie kann – ohne weiteres – den bisherigen Bestand beibehalten. Daran wird sie auch durch die Vorgaben des § 1 V und VI BauGB oder durch den Grundsatz, durch geeignete Maßnahmen dem Wohnbedarf der Bevölkerung Rechnung zu tragen, nicht gehindert.[6] Auch einer vorherigen Bedarfsanalyse bedarf es nicht.[7] Das Bestehen dieser autonomen (kontrollfreien) Gestaltungsräume ist verfassungsrechtlich unbedenklich und verstößt insbesondere nicht gegen das in Art. 19 IV GG zum Ausdruck gekommene Prinzip eines möglichst lückenlosen Rechtsschutzes des Bürgers. Diesem Anliegen wird dadurch ausreichend Rechnung getragen, dass der rechtlich determinierte Teil der Entscheidung einer gerichtlichen Kontrolle unterzogen wird. Gerichtlicher Rechtsschutz dient der Abwehr von Rechtsverletzungen. Die Rechtsschutzgarantie in Art. 19 IV GG verlangt jedoch nicht, dass die Entscheidung im autonomen (außerrechtlichen) Bereich letztverantwortlich vom Gericht getroffen wird.

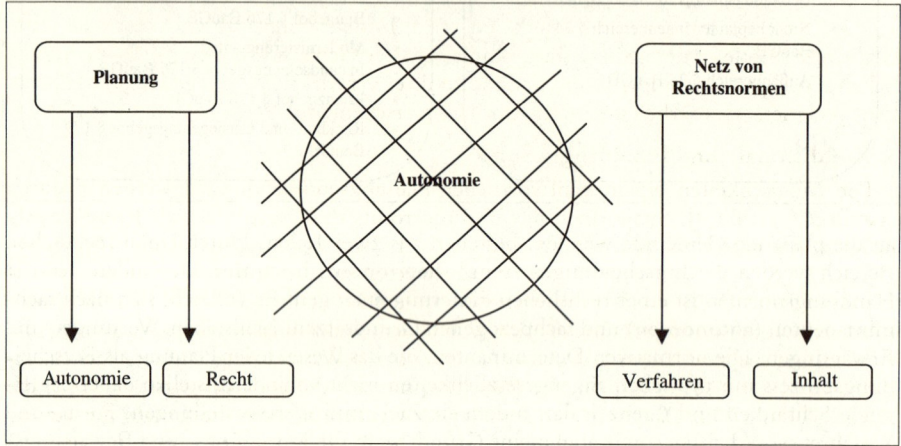

2. Kontrolleröffnung und Kontrollreichweite

7   Das Vorhandensein autonomer Gestaltungsräume kann allerdings nicht ohne Auswirkungen auf die Kontrollnormen bleiben. Ist die Bauleitplanung auch autonom und damit zum Teil kontrollfrei determiniert, so ist es dem Gericht verwehrt, mit Kontrollnormen in diesen außerrechtlichen Bereich hineinzuprüfen. Die Kontrollnormen erfahren also durch die autonomen Gestaltungsräume eine inhaltliche Festlegung und Begrenzung. Dies gilt sowohl für die Kontrolleröffnungsnormen als auch für die Kontrollreichweite. So tragen etwa Kontrolleröffnungsnormen (Normen, die Zulässigkeitsvoraussetzungen enthalten) dem Bestehen autonomer Gestaltungsräume dadurch Rechnung, dass sie Ein-

---

[6] *BVerwG*, B. v. 16. 1. 1996 – 4 NB 1.96 – NVwZ-RR 1997, 83 = ZfBR 1996, 223 – potenzielle Bebaubarkeit.

[7] *BVerwG*, B. v. 14. 8. 1995 – 4 NB 21.95 – Buchholz 406.11 § 1 BauGB Nr. 86.

gangsvoraussetzungen für die materielle Kontrolltätigkeit der Gerichte aufstellen und so dem Verfahren eine bestimmte Richtung geben.

Hinweis: Zu diesen Kontrolleröffnungsnormen gehört § 42 II VwGO, der für Anfechtungs- und Verpflichtungsklagen grundsätzlich die mögliche Betroffenheit in eigenen Rechten verlangt. Auch eine Normenkontrolle ist nach § 47 II VwGO nur zulässig, wenn der Antragsteller geltend macht, durch die Rechtsvorschrift oder deren Anwendung in seinen Rechten verletzt zu sein oder in absehbarer Zeit verletzt zu werden.

Besonders aber die **materiellen Kontrollmaßstäbe**, also jene Regeln, die bei der materiellen Rechtmäßigkeitsprüfung der Gerichte zur Anwendung gelangen, werden durch das Vorhandensein autonomer (kontrollfreier) Gestaltungsräume inhaltlich festgelegt und geprägt. Sie werden mehr und mehr zu offenen Generalklauseln, die auf außerrechtliche Erwägungen und Bewertungen Bezug nehmen und damit an rechtlich fassbarer Aussagekraft verlieren. Diese kontrollfreien Gestaltungsräume begrenzen und verkürzen die vorhandenen Einzelmaßstäbe und reduzieren das für eine gerichtliche Überprüfung zur Verfügung stehende Maßstabsystem auf einen geringeren als üblichen Umfang. So ist die verwaltungsgerichtliche Kontrolle der Bauleitplanung von einer Totalkontrolle weit entfernt. Unter Beachtung des autonomen (kontrollfreien) Gestaltungsraums der Gemeinde erstreckt sich die gerichtliche Kontrolle vor allem auf Form- und Verfahrensfragen. Auch die Einhaltung des Abwägungsgebotes (§ 1 VII BauGB) wird vor allem im Hinblick auf die Zusammenstellung des Abwägungsmaterials (§ 2 III BauGB) und andere Fragen des Abwägungsverfahrens kontrolliert, während im Bereich der städtebaulichen Zielkonzeption und in dem eigentlichen Vor- und Zurückstellen von Belangen ein nicht kontrollierter Planungsfreiraum anerkannt wird. Insoweit findet zumeist nur eine Plausibilitätskontrolle in dem Sinne statt, ob die von der Gemeinde entwickelten städtebaulichen Konzepte überzeugend sind und die zu ihrer Verwirklichung ergriffenen Maßnahmen geeignet, erforderlich und verhältnismäßig erscheinen.

3. Konditional- und Finalprogramme

Die Möglichkeiten eigenverantwortlicher Planungsentscheidungen werden dadurch erweitert, dass die Rechtsnormen des Planungsrechts durchweg nicht als **Konditionalprogramme** nach dem Wenn-dann-Schema formuliert sind, sondern sich als **Finalprogramme** i. S. der eigenverantwortlichen Zielerreichung durch die planenden Gemeinden darstellen.[8] Das BauGB formuliert zwar allgemeine städtebauliche Ziele. Die nähere Konkretisierung wird jedoch der planenden Gemeinde überlassen. Auch werden im BauGB verschiedene Planungsinstrumente etwa der Bauleitplanung wie der Flächennutzungs- und der Bebauungsplan, der Plansicherung wie die Veränderungssperre oder die Zurückstellung von Baugesuchen, der Planverwirklichung wie die Erhaltungssatzung oder die städtebaulichen Gebote bereitgestellt. Die Auswahl dieser Instrumente und vor allem aber die Frage, auf welche Weise diese Planungsinstrumente mit konkreten städtebaulichen Inhalten gefüllt werden, bleiben dem städtebaulichen Gestaltungswillen der planenden Gemeinde überlassen. Dies gewährt Planungsfreiräume, die von der eigenverantwortlichen kommunalen Selbstverwaltung mit Leben erfüllt werden können.

4. Möglichkeiten autonomer Planungsentscheidungen

Die mit der Bauleitplanung verbundenen autonomen (kontrollfreien) Entscheidungsfreiräume sollten von den Städten und Gemeinden im Interesse der eigenverantwortlichen städtebaulichen Gestaltung genutzt werden. Wird bei der Aufstellung eines Bebauungsplans das nach dem BauGB erforderliche Aufstellungsverfahren eingehalten und sind die Anforderungen, die sich aus dem Abwägungsgebot[9] ergeben, erfüllt, so eröffnet

---

[8] *Badura* FS 25 Jahre VerfGH München, 1972, 158; *Hoppe* in: *Hoppe/Bönker/Grotefels* § 5 Rdn. 7; § 7 Rdn. 11; *ders.* BauR 1970, 15; *ders.* DVBl. 1974, 641; *Oberndorfer* Die Verwaltung 1972, 261; *Stüer* DVBl. 1974, 314; s. auch u. Rdn. 1198.
[9] Zum Abwägungsgebot s. Rdn. 1195.

sich dem Planer auf dieser Grundlage ein eigenverantwortlicher Gestaltungsraum, der sich einer gerichtlichen Kontrolle entzieht. Diese Legitimation durch Verfahren ermöglicht Freiräume, die allerdings verantwortungsbewusstes Handeln der planenden Städte und Gemeinden voraussetzen.

11 Die Bauleitplanung kann vor diesem Hintergrund eine Vielfalt städtebaulicher Ziele verfolgen und im Hinblick auf diese selbst dann gerechtfertigt sein, wenn sie mit Nachteilen für bestimmte Eigentümer oder Gewerbetreibende verbunden ist und der Plangeber deren Belange gegenüber den von ihm als gewichtiger eingeschätzten Belangen zurücktreten lässt, die aus seiner Sicht die Bauleitplanung erfordern. Eine Planrechtfertigung liegt daher nicht nur vor, wenn die Bauleitplanung der örtlichen Wirtschaft dient.[10]

II. Historische Entwicklung des Rechts der städtebaulichen Planung*

12 Das Zusammenleben von Menschen auf engem Raum hat zu allen Zeiten eine mehr oder weniger weit gehende Ordnung des Bauens verlangt. Das belegen nicht nur die **antiken Städte**, sondern auch die noch erhaltenen Zeugnisse mittelalterlicher Stadt- und Festungsanlagen, die trotz aller Mannigfaltigkeit in der gestalterischen Ausdrucksweise und architektonischen Formensprache zumeist wie aus einem Guss und durch eine ordnende Hand zusammengefügt erscheinen. Die aus jener Zeit überlieferten baurechtlichen Vorschriften sind jedoch unerwartet unergiebig und betrafen in erster Linie feuerpolizeiliche und nachbarrechtliche Fragestellungen. Großprojekte der damaligen Zeit beruhten zumeist auf dem Entschluss weltlicher und kirchlicher Herrschaft, der unter Mitwirkung des Volkes umgesetzt wurde.

13 Gegen Ende des 18. Jahrhunderts geriet mit dem Aufkommen des Liberalismus der Grundsatz der **Baufreiheit** stärker in das Bewusstsein. Er fand im Bereich des Baurechts für Preußen in § 5 PrALR I 8 von 1794 seine Grundlage, wonach jeder Eigentümer in der Regel wohl befugt ist, seinen Grund und Boden mit Gebäuden zu besetzen oder diese Gebäude zu ändern. Es bestand allerdings keine uneingeschränkte Baufreiheit. Vielmehr wurden die Bebauungsmöglichkeiten durch § 6 PrALR I 8 wie folgt eingegrenzt: „Doch soll zum Schaden oder Unsicherheit des gemeinen Wesens oder zur Verunstaltung der Städte und öffentlichen Plätze kein Bau und keine Veränderung vorgenommen werden." Im Gegensatz zu anderen deutschen Staaten gab es in Preußen keine gesamtstaatliche Regelung für die Verwirklichung von Bauvorhaben. Es fanden sich vielmehr Einzelregelungen des Bauwesens durch örtliche Baupolizeiverordnungen, die sich auf die polizeiliche Generalklausel zur Gefahrenabwehr nach § 10 ALR II 17 stützten. Die Ordnung des Baugeschehens wurde als Aufgabe der Baupolizei begriffen, die von der Vorstellung der Gefahrenabwehr für die Allgemeinheit, den Bauherrn und die Nutzer der baulichen Anlagen sowie der Nachbarn ihren Ausgangspunkt nahm. Ein eigenständiges Recht der städtebaulichen Planung war noch nicht ausgebildet. Auch die Festsetzungen in den älteren Fluchtlinienplänen wurde als baupolizeiliche Aufgabe begriffen. Dabei trat auch das Erfordernis einer ausreichenden Ver- und Entsorgung und eine Ausrichtung an einer sich ausprägenden Infrastruktur in den Vordergrund. Erste Ansätze zu einem selbstständigen Planungsrecht sind erst im 19. Jahrhundert erkennbar. Sie gehen einher mit der Ausbildung eines vom Polizeirecht sich allmählich lösenden Rechts der städtebaulichen Planung, das aber zunächst nur bruchstückhaft entstand.

1. Entwicklung im 19. Jahrhundert

14 Das Baurecht ist im Wesentlichen in der zweiten Hälfte des 19. Jahrhunderts auf der **Landesebene** entstanden und seitdem durch Landesrecht, Reichsrecht und Bundesrecht ergänzt und fortgebildet worden. Ein wichtiges Teilstück der städtebaulichen Planung

---

[10] *OVG Koblenz*, Urt. v. 8. 1. 2004 – 1 C 11444/03 – BauR 2004, 718 – Ausfertigungsmangel.
* Bearbeitet von Rechtsanwältin Dr. Eva-Maria *Ehebrecht-Stüer*.

1. Teil. Bauleitplanung im Geflecht hoheitlicher Planungen

ging durch das **Pr. Fluchtliniengesetz**[11] auf die Gemeinden über. Diese waren in der Lage, in eigener Zuständigkeit Fluchtlinien für das Baugeschehen zu setzen und damit etwa auf eine einheitliche Straßenrandbebauung Einfluss zu nehmen. Zugleich wurden die Gemeinden ermächtigt, die für die Erschließung der Grundstücke erforderlichen Verkehrswege zu schaffen und die dazu aufgewendeten Kosten als Anliegerbeiträge auf die Eigentümer der erschlossenen Grundstücke umzulegen. Hierzu wurden von den Gemeinden entsprechende Ortsstatute erlassen, auf deren Grundlage die hergestellten und zum Anbau bestimmten Straßen festgelegt wurden. Dabei spielte auch das jeweilige Ausbauprogramm der Gemeinde eine Rolle. Zur Durchsetzung des Verkehrswegebaus wurde den Gemeinden ein entsprechendes Enteignungsrecht gegeben. Zum Bauen berechtigt war, wer über eine entsprechende Anbaubescheinigung der Gemeinde verfügte. Durch die Fluchtliniengesetzgebung sollten die Gemeinden vor unwirtschaftlichen Aufwendungen für Erschließungsanlagen geschützt werden. Die Vorgängerregelungen sahen nur geringe Einflussmöglichkeiten der Gemeinden vor, da die Fluchtlinien in polizeilichen Verordnungen festgelegt wurden. Durch das Fluchtliniengesetz wurden die Gemeinden für die Fluchtlinienfestlegung zuständig und zugleich durch die Einführung eines Bauverbotes und einer Anliegerbeitragspflicht der Eigentümer der begünstigten Grundstücke entlastet. So konnten die Gemeinden bereits einen gewissen Einfluss auf das Baugeschehen für sich einfordern.

Das **Pr. Ansiedlungsgesetz** von 1876[12] betraf die Errichtung neuer Wohngebäude „außerhalb einer im Zusammenhang gebauten Ortschaft". Durch die Novelle im Jahre 1904[13] wurde eine Genehmigungspflicht für Wohngebäude im Außenbereich eingeführt. Voraussetzung für die Genehmigung war die ausreichende Erschließung des Grundstücks. Auch konnte die Genehmigung auf Einspruch des Nachbarn versagt werden, wenn durch das Wohnhaus die benachbarte Grundstücksnutzung gefährdet wurde.[14] Die gemeindlichen Planungsmöglichkeiten beschränkten sich jedoch auf die Festlegung von Fluchtlinien und damit auf die Grundrisse der baulichen Anlagen, waren jedoch nicht auf die Höhe und Kubatur der Gebäude gerichtet. Die mit dem Bauen insoweit in Zusammenhang stehenden Fragen wurden weiterhin als Aufgabe der Baupolizei begriffen. Die Übertragung der Fluchtlinienplanung an die Gemeinden führte damit zu einer sachlichen und auch organisatorischen Trennung des Städtebaus vom Baupolizeirecht.[15]

Neben die Kompetenzen der Gemeinden auf der Grundlage der Fluchtlinienplanung traten die auf die polizeiliche Generalklausel der Gefahrenabwehr gestützten **Baupolizeiverordnungen**. Die örtlichen Baupolizeivorschriften enthielten dabei einerseits Regelungen des heutigen Bauordnungsrechts, andererseits aber auch Vorschriften hinsichtlich der baulichen Nutzbarkeit der Grundstücke im Hinblick auf das Maß der baulichen Nutzung und die überbaubare Grundstücksfläche. Daneben traten später Vorschriften zur Art der baulichen Nutzung. Die Baupolizeiverordnungen, die in den Städten und Regierungsbezirken auch als „Bauordnungen" bezeichnet wurden, enthielten jedoch keine Regelungen zur Bebaubarkeit eines einzelnen Grundstücks. Dies wurde durch die von den Gemeinden verabschiedeten Fluchtlinien- und Freiflächenpläne auf der Grundlage des Pr. Fluchtliniengesetzes von 1875 und des Pr. Ansiedlungsgesetzes von 1876 festgelegt.[16]

---

[11] Pr. Fluchtliniengesetz v. 2. 7. 1875 (GS S. 561).
[12] Gesetz betreffend die Verteilung der öffentlichen Lasten bei Grundstücksteilungen und die Gründung neuer Ansiedlungen v. 25. 8. 1876 (GS 405).
[13] Gesetz betreffend die Gründung neuer Ansiedlungen v. 10. 8. 1904 (GS 227).
[14] *Scharmer*, Das Bebauungsrecht im unbeplanten Innenbereich, 1992, 24.
[15] *Bundesregierung*, Entwurf eines Bundesbaugesetzes, BT-Drs. 3/336 v. 16. 4. 1958, S. 58.
[16] *Scharmer*, Das Bebauungsrecht im unbeplanten Innenbereich, 1992, 18, s. dort auch z. B. die Bauordnung für die Stadt *Berlin* aus dem Jahre 1925, die das Stadtgebiet hinsichtlich der Art der Nutzung in Wohngebiete, gegen üble Dünste, Rauch und Geräusche geschützte Gebiete, Industriegebiete und Geschäftsviertel einteilte.

17 Mit der industriellen Revolution, die vielfach mit der Landflucht und einer Verstädterung ganzer Regionen einherging, waren neue Probleme entstanden, denen das auf Fluchtlinien und baupolizeirechtliche Eingriffe begrenzte herkömmliche Recht nicht gewachsen war. Es galt vielmehr, der regellosen Ausdehnung der Städte und der übermäßigen Ausnutzung vor allem innerstädtischer und industrieller Grundstücke Einhalt zu gebieten. Diesen Versuch unternahmen die verschiedenen auf Landesebene erlassenen **Landesbauordnungen.**[17] Sie kannten verschiedene Bauklassen oder Bauzonen und Baustufen und die Trennung von Industrie-, Geschäfts- und Wohngebieten. Zugleich bildeten die Landesbauordnungen die Grundlage für eine gemeindliche Bauleitplanung, die in Baustufenplänen[18] die bauliche Ausnutzung der Grundstücke der unterschiedlichen Zweckbestimmung der Gebiete entsprechend festlegen konnte.[19] Die Landesbauordnungen traten zumeist an die Stelle einer großen Zahl von Ortsbauordnungen und brachten so eine jeweils einheitliche Rechtsgrundlage auf Landesebene. Die Landesbauordnungen enthielten Vorschriften über die Gefahrenabwehr vor allem bei Immissionen (Rauch, Ruß, Wasserverunreinigung, Gase, störende Geräusche, Erschütterungen oder Ausdünstungen). Es fanden sich aber auch Regelungen zur Bauweise, die Höhe der Gebäude, die Zahl der Geschosse, die überbaubare Grundstücksfläche oder die Bebauungstiefe. Die Höchstwerte galten jeweils flächendeckend für Stadtgebiete, Bezirke oder das gesamte Staatsgebiet.[20] Vor allem in den großen Metropolen gewann auch eine eigenständige Stadtplanung Konturen, die angetreten war, moderne Erkenntnisse des Städtebaus den individuellen Bebauungswünschen als Rahmen vorzugeben. Aber auch in den Städten mittlerer Größe wuchs das Bemühen, dem Baugeschehen eine einheitliche städtebauliche Orientierung zu geben.

2. Entwicklung im ersten Drittel des 20. Jahrhunderts

18 Das **Pr. Wohnungsgesetz**[21] brachte Erleichterungen für die Einrichtung von Klein- und Mittelwohnungen und gab den Gemeinden in Ergänzung des Pr. Fluchtliniengesetzes das Recht zur planmäßigen Ausweisung von Gartenanlagen, Spiel- und Erholungsplätzen.[22] Nach dem Ersten Weltkrieg bildete sich vor allem im Ruhrgebiet eine eigen-

---

[17] Hessische Allgemeine Bauordnung v. 30. 4. 1881, Braunschweigische Landesbauordnung v. 13. 3. 1988, Allgemeines Baugesetz für Sachsen v. 1. 7. 1900; Bayerische Bauordnung (mit Ausnahme der Stadt München) v. 17. 2. 1901, Allgemeine Bauordnung für Hessen v. 7. 8. 1902; Bauordnung für Anhalt v. 10. 6. 1905; Badische Landesbauordnung v. 1. 9. 1907; Württembergische Bauordnung v. 28. 7. 1910.
[18] Derartige Baustufenpläne können nach Maßgabe des Landesrechts auch heute noch gelten, zum Hamburger Landesrecht *Lechelt* ZfBR 1996, 335; *Fraatz-Rosenfeld* DWW 1992, 199; allerdings *VG Hamburg*, Urt. v. 20. 10. 1994 – 4 VG 2006/93 – ZfBR 1996, 333.
[19] *Bundesregierung*, Entwurf eines Bundesbaugesetzes, BT-Drs. 3/336 v. 16. 4. 1958, S. 58.
[20] Zu weiteren Einzelheiten *Scharmer*, Das Bebauungsrecht im unbeplanten Innenbereich, 1992, 22.
[21] Wohnungsgesetz v. 28. 3. 1918, PrGesS 1918, Nr. 9.
[22] Das Pr. Fluchtliniengesetz wurde wie folgt geändert: § 1 Fluchtliniengesetz: (1) Für die Anlegung oder Veränderung von Straßen und Plätzen (auch Gartenanlagen, Spiel- und Erholungsplätzen) in Städten und ländlichen Ortschaften sind die Straßen und Baufluchtlinien vom Gemeindevorstand im Einverständnisse mit der Gemeinde oder deren Vertretung, dem öffentlichen Bedürfnis entsprechend unter Zustimmung der Ortspolizeibehörde festzusetzen. (2) Die Ortspolizeibehörde kann die Festsetzung der Fluchtlinien verlangen, wenn die von ihr wahrzunehmenden polizeilichen Rücksichten oder ein hervorgetretenes Bedürfnis nach Klein- oder Mittelwohnungen die Festsetzung fordern; im letzteren Falle bedarf sie jedoch der Einverständniserklärung der Kommunalaufsichtsbehörde. (3) Straßenfluchtlinien bilden regelmäßig zugleich die Baufluchtlinien, das heißt die Grenzen, über welche die Bebauung ausgeschlossen ist. Aus besonderen Gründen kann aber eine hinter die Straßenfluchtlinie zurückweichende Baufluchtlinie festgesetzt werden.
§ 2 Fluchtliniengesetz: (1) Die Festsetzung von Fluchtlinien (§ 1) kann für einzelne Straßen, Straßenteile und Plätze (auch Gartenanlagen, Spiel- und Erholungsplätze) oder, nach dem voraussichtlichen Bedürfnisse der näheren Zukunft, durch Aufstellung von Bebauungsplänen für größere Grundflächen erfolgen.

ständige großräumige zwischengemeindliche Planung und damit eine **Raumordnung**[23] heraus, der über verschiedene Verwaltungsbezirke hinweg an einer gesamtstaatlichen Verantwortung für das Planungsgeschehen gelegen war.[24] Damit entstand neben dem eigenständigen Recht der städtebaulichen Planung, das aus dem Baupolizeirecht hervorgegangen war, mit der Raumordnung eine weitere Säule für die raumrelevante Planung. Der im Gesetz betreffend die Verbandsordnung für den Siedlungsverband Ruhrkohlenbezirk[25] erstmals niedergelegte Gedanke einer gemeindeübergreifenden, großräumigen Zusammenarbeit und Abstimmung und damit ein Kernanliegen der Raumordnung konnte in der Folgezeit eine wachsende Schar von Anhängern um sich versammeln. Dies führte schließlich dazu, dass die Raumordnung aus dem Schatten der städtebaulichen Planung heraustrat und eine eigenständige Bedeutung neben der städtebaulichen Planung und dem Baupolizeirecht gewinnen konnte. Aber immer noch wurden die Wurzeln des Rechts der städtebaulichen Planung im Polizeirecht gesehen, wie dies etwa durch § 14 Polizeiverwaltungsgesetz (1931)[26] zum Ausdruck kam, der § 5 ALR I 8 von 1794 ablöste und nunmehr die Ermächtigungsgrundlage für Baupolizeiverordnungen darstellte.

Noch im Jahre der „Machtergreifung" Adolf Hitlers am 30. 1. 1933 erging das Gesetz zur Aufschließung von Wohnsiedlungsgebieten,[27] das durch die für Wohnsiedlungsgebiete aufzustellenden Wirtschaftspläne eine stärkere Überwachung des Grundstücksverkehrs ermöglichte. Zahlreiche Verordnungen wurden auf das Siedlungsordnungsgesetz[28] gestützt, so die Bauregelungsverordnung und die Verordnung über die befristete Zulässigkeit von Bausperren.[29] Die Rechtsentwicklung ging indessen nicht organisch vor sich. Bestimmenden Einfluss gewannen vielmehr die Erfordernisse der jeweiligen Zeitumstände. Dies führte zu Teillösungen und zu einer **Rechtszersplitterung** auf der Ebene der unterschiedlichen landesrechtlichen Regelungen. Neben eine Vielzahl von baurechtlichen Landesgesetzen trat ein Bündel von Verordnungen, Erlassen und Einzelfallentscheidungen, die das Baugeschehen prägten.

Dabei hat es in der Vergangenheit nicht an Versuchen gefehlt, die unterschiedlichen Teilvorschriften in ein **Gesamtwerk** einzubringen. Doch diese Versuche scheiterten. Der Entwurf eines Preußischen Städtebaugesetzes aus dem Jahre 1926[30] wurde auch in seiner geänderten zweiten Fassung aus dem Jahre 1929 nicht als Gesetz verabschiedet. Auch der Referentenentwurf für ein Reichsstädtebaugesetz,[31] der von der Reichsregierung im Jahre 1931 verabschiedet wurde, ist infolge der damaligen politischen Verhältnisse nicht mehr beraten worden. Dasselbe Schicksal teilte der aus dem Jahre 1942 stammende Referentenentwurf zu einem Deutschen Baugesetzbuch, der im Hinblick auf die Kriegswirren nicht mehr veröffentlicht werden konnte.

---

[23] Zur Raumordnung s. Rdn. 215.
[24] Zur Bedeutung der Raumordnung als Ausdruck der Gesamtverantwortung für einen Planungsraum *Beckmann* LKV 1991, 385.
[25] Gesetz betreffend die Verbandsordnung für den Siedlungsverband Ruhrkohlenbezirk v. 5. 5. 1920 (Pr. GS S. 286).
[26] Polizeiverwaltungsgesetz v. 1. 6. 1931, Pr. GS 77. § 14 I: *„Die Polizeibehörden haben im Rahmen der geltenden Gesetze die nach pflichtgemäßem Ermessen notwendigen Maßnahmen zu treffen, um von der Allgemeinheit oder dem Einzelnen Gefahren abzuwenden, durch die die öffentliche Sicherheit und Ordnung bedroht ist."*
[27] Gesetz zur Aufschließung von Wohnsiedlungsgebieten v. 22. 9. 1933 (RGBl. I S. 659).
[28] Gesetz über einstweilige Maßnahmen zur Ordnung des deutschen Siedlungswesens v. 3. 7. 1934 (RGBl. I S. 561).
[29] Verordnung über die Zulässigkeit befristeter Bausperren v. 29. 1. 1936 (RGBl. I S. 933). Zu weiteren Einzelheiten *Bundesregierung*, Entwurf eines Bundesbaugesetzes, BT-Drs. 3/336 v. 16. 4. 1958, S. 59.
[30] Pr. Staatsrat 1926, Drs. 209.
[31] RArbBl. I 1931, 266.

3. Bauregelungsverordnung

21   Durch die auf das Siedlungsgesetz gestützte Bauregelungsverordnung[32] ist erstmals eine Regelung getroffen worden, mit der reichseinheitlich dem ungeordneten Bauen – auch und vor allem im Bauaußenbereich – begegnet werden konnte.[33] Die Bauregelungsverordnung wandte sich zwei Bereichen des Städtebaus zu: Sie enthielt die Ermächtigungsgrundlage für Baupolizeiverordnungen, in denen unterschiedliche Baugebiete festgelegt werden konnten. Zugleich regelte sie das Bauen im Außenbereich. Die Bauregelungsverordnung brachte danach eine die bisherigen Landesrechte ergänzende Regelung über die Ausweisung von Baugebieten (§ 1) und die Möglichkeit der Beschränkung der Geschosszahl sowie die Festsetzung einer Mindestgröße von Baugrundstücken (§ 2). Vor allem wurde die Zulässigkeit von baulichen Anlagen im Außenbereich durch § 3 Bauregelungsverordnung geregelt.[34] Danach sollte die baupolizeiliche Genehmigung für Außenbereichsvorhaben versagt werden, wenn ihre Ausführung der geordneten Entwicklung des Gemeindegebietes oder einer ordnungsgemäßen Bebauung zuwiderläuft (§ 3 I Bauregelungsverordnung). § 3 II Bauregelungsverordnung führt sodann Beispiele auf, bei denen derartige nachteilige Entwicklungen anzunehmen sind. Die Vorstellungen waren dabei vor allem von der wegemäßigen, abwassermäßigen und infrastrukturellen Erschließung sowie Gesichtspunkten der polizeilichen Gefahrenabwehr gekennzeichnet.[35] § 3 Bauregelungsverordnung enthielt demnach kein absolutes Bauverbot. Bauvorhaben, die der Landschaft entsprachen und der naturgegebenen Bodennutzung dienten oder die wegen ihres Verwendungszwecks oder ihrer Wirkung auf die Umgebung auf einen Standort im Außenbereich angewiesen waren und deren Ausführung sonstige öffentliche Belange

---

[32] Verordnung über die Regelung der Bebauung v. 15. 2. 1936 (RGBl. I S. 104); *Taegen* in: Schlichter/Stich, Rdn. 1 zu § 35 BauGB; *Weyreuther* Bauen im Außenbereich, 1979, 59.

[33] Die Bauregelungsverordnung, die auch noch die Rechtsentwicklung in den unmittelbaren Nachkriegsjahren bestimmte, hatte folgenden Wortlaut: § 1: (1) Zur Regelung der Bebauung können durch Baupolizeiverordnung Kleinsiedlungsgebiete, Wohngebiete, Geschäftsgebiete und Gewerbegebiete als Baugebiete ausgewiesen werden. (2) Für das einzelne Baugebiet ist vorzuschreiben, welche Arten von Anlagen in ihm errichtet werden dürfen; jedoch sind in Kleinsiedlungsgebieten, Wohngebieten und Geschäftsgebieten Anlagen, die beim Betrieb erhebliche Nachteile oder Belästigungen für die Bewohner oder die Allgemeinheit zur Folge haben können, nicht zuzulassen.
§ 2: (1) Für Gemeinden oder Teile von ihnen kann durch Baupolizeiverordnung vorgeschrieben werden, dass Gebäude mit mehr als einem Vollgeschoss und ausgebautem Dachgeschoss nicht errichtet werden dürfen. (2) Ferner kann vorgeschrieben werden, dass die Errichtung von Gebäuden, die dem dauernden Aufenthalt von Menschen oder bestimmten wirtschaftlichen Zwecken dienen sollen NuR auf Grundstücken mit einer Mindestgröße zulässig sind.
§ 3: (1) Für bauliche Anlagen, die außerhalb von Baugebieten oder, soweit solche nicht ausgewiesen sind, außerhalb eines im Zusammenhang gebauten Ortsteils ausgeführt werden sollen, soll die baupolizeiliche Genehmigung versagt werden, wenn ihre Ausführung der geordneten Entwicklung des Gemeindegebietes oder einer ordnungsgemäßen Bebauung zuwiderlaufen würde. (2) Dies gilt namentlich für bauliche Anlagen, deren Ausführung unwirtschaftliche Aufwendungen für Straßen und andere Verkehrseinrichtungen, Versorgungsleitungen, Entwässerungsanlagen, Schulversorgung, Polizei- und Feuerschutz oder sonstige öffentliche Aufgaben erfordern oder deren Benutzung besondere wirtschaftliche Schwierigkeiten für die Bewohner ergeben würde.
§ 4: Für die Zuständigkeit und das Verfahren gelten die landesrechtlichen Vorschriften. So weit nach diesen die Ausweisung von Baugebieten oder die Abstufung der Bebauung durch gemeindliche Vorschriften (Ortsgesetze, Ortssatzungen usw.) erfolgen kann, können nach diesem Verfahren bis auf weiteres Vorschriften zur Ausführung der §§ 1 und 2 erlassen werden.
§ 5: Weitergehende landesrechtliche Vorschriften, besonders solche, nach denen auch andere als die in § 1 vorgesehenen Gebiete als Baugebiete ausgewiesen werden können, bleiben unberührt.
§ 6: Diese Verordnung tritt am 1. 3. 1936 in Kraft.".

[34] *Schrödter* in: Schrödter, Rdn. 2 zu § 35 BauGB.

[35] Zur Anwendung von § 3 Bauregelungsverordnung *Zinkahn* BlGBW 1956, 1.

nicht entgegenstanden, waren im Außenbereich zulässig.[36] Einhellig ging die Rechtsprechung davon aus, dass bei der Auslegung der Begriffe „geordnete Entwicklung des Gemeindegebietes" und „ordnungsgemäße Bebauung" keine behördlichen Ermessensspielräume bestanden. Vielmehr wurden die Begriffe der Bauregelungsverordnung als gerichtlich nachprüfbare unbestimmte Rechtsbegriffe ausgelegt.[37] § 3 BauRegVO galt als Bundesrecht bis zum **In-Kraft-Treten des BBauG** 1960 fort.[38] § 3 BauRegVO war – so das *BVerwG* – nicht Ausdruck nationalsozialistischer Ideen, sondern entsprach einer aus langjähriger Erfahrung gewonnenen, modernen städtebaulichen Gesichtspunkten Rechnung tragenden Erkenntnis.

Die Vorschrift galt für alle Bauten in den sog. Außengebieten.[39] Die Begriffe „geordnete Entwicklung des Gemeindegebietes" und „ordnungsgemäße Bebauung" in § 3 BauRegVO hat das *BVerwG* als Rechtsbegriffe angesehen und der Verwaltung insoweit keine Möglichkeit zur Ermessensbetätigung eingeräumt.[40] Für die Auslegung dieser Begriffe seien rechtserhebliche planungsrechtliche Festlegungen von Bedeutung, so dass ein Bezug der Außenbereichsvorschrift zur gemeindlichen Bauleitplanung aber auch zu Aussagen der Fachplanung bestand. Auch aus naturschutzrechtlichen Belangen konnte sich ein Versagungsgrund für die Genehmigung von Außenbereichsvorhaben ergeben. Ein Naturdenkmal etwa konnte zur Unzulässigkeit einer baulichen Anlage im Außenbereich führen, wenn dies zur Sicherung des Naturdenkmals erforderlich war.[41] Auch Belange des Landschaftsschutzes, wie sie etwa in einem Landschaftsschutzgebiet zum Ausdruck kamen, konnten der Zulässigkeit einer baulichen Anlage im Außenbereich entgegenstehen.[42] Fehlten planerische Festlegungen, so waren die örtlichen Gegebenheiten maßgebend. Dabei konnte etwa auf die Lage des Grundstücks zur unmittelbaren Umgebung aber auch auf die Beziehung des Gebietes zur Landschaft über die Gemeindegrenzen hinweg abzustellen sein.[43] Für die Nutzung des Außenbereichs erforderliche bauliche Anlagen konnten auch unter Geltung des § 3 BauRegVO verwirklicht werden. Dies galt vor allem für landwirtschaftliche Gebäude wie Bauernhöfe, Landarbeiterwohnungen und Nebenerwerbssiedlungen, die der naturgegebenen Bodennutzung dienten und als der Landschaft wesensmäßig angesehen wurden.[44] Auch orts- und standortgebundene Betriebe, die auf den Außenbereich angewiesen waren, wurden als planungsrechtlich zulässig angesehen.[45]

Die BauRegVO stellte eine zulässige Bestimmung des **Eigentumsinhalts** auch nach Inkrafttreten des GG dar.[46] Wurde etwa die Erlaubnis zur Errichtung eines Wohnhauses aus städtebaulichen Gründen versagt, so wurde in der Versagung kein enteignender Eingriff

---

[36] *Schlichter/Stich*, Berliner Kommentar, Rdn. 1 zu § 35 BauGB; *BVerwG*, Urt. v. 25. 10. 1956 – I C 119.56 – BVerwGE 4, 124; Urt. v. 28. 2. 1961 – I C 74.59 – DVBl. 1961, 476.
[37] *BVerwG*, Urt. v. 7. 10. 1954 – I C 16.53 – NJW 1955, 195; *Taegen* in: Schlichter/Stich, Rdn. 1 zu § 35 BauGB; vgl. auch § 35 II BauGB, dazu *Hoppe* in: Hoppe/Bönker/Grotefels, § 8 Rdn. 78.
[38] *BVerwG*, B. v. 15. 6. 1954 – I B 260.53 – Buchholz § 3 BauRegVO Nr. 1: § 3 BauRegVO sowie das dieser VO zugrunde liegende Gesetz über einstweilige Maßnahmen zur Ordnung des deutschen Siedlungswesens v. 3. 7. 1934 (RGBl. I S. 568) sind rechtsgültig. Die BauRegVO wurde erst durch § 186 Nr. 15 BBauG 1960 aufgehoben. § 3 BauRegVO galt bis dahin als Bundesrecht neben den Aufbaugesetzen der Länder fort *Dyong* in: EZBK Rdn. 2 zu § 35 BauGB.
[39] *BVerwG*, Urt. v. 25. 10. 1956 – I C 119.56 – BVerwGE 4, 124 = DVBl. 1957, 246 = NJW 1957, 686.
[40] *BVerwG*, Urt. v. 7. 10. 1954 – I C 16.53 – NJW 1955, 195 = DÖV 1955, 186.
[41] *BVerwG*, Urt. v. 7. 10. 1954 – I C 16.53 – NJW 1955, 195 = DÖV 1955, 186; zum Denkmalschutz *Ortmeier* BayVBl. 1990, 225; *Schmaltz* BauR 1978, 96.
[42] *BVerwG*, Urt. v. 29. 8. 1957 – I C 22.57 – BBauBl. 1957, 571 = NJW 1957, 1647 – Landschaftsschutzgebiet.
[43] *Zinkahn* BlGBW 1956, 1.
[44] *BVerwG*, Urt. v. 28. 2. 1961 – I C 74.59 – BBauBl. 1961, 596 = DVBl. 1961, 476.
[45] *BVerwG*, Urt. v. 25. 10. 1956 – I C 119.56 – BBauBl. 1957, 64. Zu weiteren Einzelheiten *Dyong* in: EZBK Rdn. 2 zu § 35 BauGB.
[46] *BVerwG*, B. v. 15. 6. 1954 – I B 260.53 – BBauBl. 1954, 442.

gegenüber dem Grundstückseigentümer gesehen, wenn das Grundstück entsprechend seiner Situationsgebundenheit (natürliche Beschaffenheit und Beziehung zur unmittelbaren Umgebung) nur als Ackerland genutzt und nicht für eine Bebauung vorgesehen war.[47] Andererseits konnte die Bebaubarkeit eines in der geschlossenen Ortslage gelegenen Grundstücks, die nach § 1 BauRegVO gegeben war,[48] nicht entschädigungslos entzogen werden.[49]

4. Entwicklung nach dem Zweiten Weltkrieg

24 Nach dem **Zweiten Weltkrieg** standen die Städte und Gemeinden zumeist vor einem völligen Neubeginn, für den der Städtebau ein sichtbares wichtiges Element bildete. Ein ausreichendes rechtliches Instrumentarium zum Wiederaufbau Deutschlands war allerdings nicht vorhanden. Die Bauregelungsverordnung genügte solchen Anforderungen bei weitem nicht. Es fehlte insbesondere ein durchgängiges Konzept, das von der Raumordnung bis hin zur verbindlichen Bauleitplanung und vorhabenzulassenden Einzelentscheidung reichte. Als besonderer Mangel musste empfunden werden, dass etwa in den ehemals preußischen Ländern eine Verbindung der Fluchtlinienplanung mit der Bestimmung von Art und Maß der baulichen Nutzung nicht bestand. Bauklassen-, Baustufen-, Bauzonen-, Baugebiets- und Fluchtlinienpläne[50] standen mehr oder weniger unvermittelt nebeneinander. Dies konnte für eine der städtebaulichen Gesamtordnung verpflichtete Planung nicht ausreichen.

25 Da es an einer bundeseinheitlichen Regelung fehlte, wurden in der unmittelbaren Nachkriegszeit von den sich neu bildenden Ländern – mit Ausnahme von Bayern,[51] Berlin[52] und Bremen – in den Jahren 1948 bis 1950 zunächst sog. Trümmergesetze und sodann die sog. **Aufbaugesetze** erlassen. Die Aufbaugesetze enthielten bereits weitgehend die planungsrechtlichen Instrumente des späteren BBauG. Die Länder der Britischen Zone einigten sich auf einen Musterentwurf, der vom ehemaligen Zentralamt für Arbeit in Lemgo im Jahre 1947 als „Entwurf eines Gesetzes über den Aufbau der deutschen Gemeinden **(Lemgoer Entwurf)**" veröffentlicht wurde.[53] Über diesen räumlichen Geltungsbereich hinaus konnte sich in der Bundesrepublik Deutschland kein einheitliches Städtebaurecht etablieren. Es kam vielmehr zu unterschiedlichen Regelungen in den einzelnen Bundesländern, wie die Aufbaugesetze zeigten. Die süddeutschen Länder etwa entfernten sich dabei nicht unerheblich von dem Lemgoer Entwurf. Auch die norddeutschen Aufbaugesetze erfuhren in den parlamentarischen Beratungen z.T. erhebliche Änderungen ihrer Ausgangsgrundlagen. Wenn auch die Aufbaugesetze sichtlich einen Fortschritt auf dem Wege zu einer Verbesserung und Neuformung der baulichen Rechtsordnung darstellten, so waren sie nur eine Vorstufe für eine bundeseinheitliche Regelung.[54] Die Aufbaugesetze der Länder enthielten etwa Vorschriften über die Aufteilung des Plangebietes in Grünflächen, Verkehrsflächen und Bauflächen, die Verkehrseinrichtungen, die Hauptversorgungs- und Entwässerungsleitungen, die Nutzungsart und den Nutzungsgrad der Bauflächen sowie die Bebauung der einzelnen Baugrundstücke nach Fläche und Höhe sowie die Aufgliederung der Baumasse.[55] Auch enthielten die Aufbau-

---

[47] *BGH*, Urt. v. 9. 5. 1960 – III ZR 57.59 – NJW 1960, 1618 = MDR 1960, 744.
[48] Dazu *VGH Mannheim*, Urt. v. 17. 4. 1986 – 8 S 2096/85 –.
[49] *OVG Lüneburg*, Urt. v. 19. 5. 1960 – I A 98/59 – OVGE 15, 463.
[50] Zu Staffelbauordnungen *Hauth* BayVBl. 1980, 645.
[51] Der in Bayern im Jahre 1950 ausgearbeitete Entwurf eines umfassenden bayerischen Baugesetzes wurde im Hinblick auf eine erwartete bundeseinheitliche Regelung zurückgestellt.
[52] In Berlin wurden von einer vorbereiteten Gesamtregelung des Baurechts nur die beiden ersten Teile beraten und verabschiedet, Plenargesetz v. 22. 8. 1949 (VOBl. I S. 301), Baulandumlegungsgesetz v. 3. 3. 1950 (VOBl. I S. 71).
[53] *Zinkahn* BlGBW 1956, 49.
[54] *Zinkahn* BlGBW 1956, 49.
[55] So etwa das Aufbaugesetz NW v. 29. 4. 1952, GVBl. NW S. 75; *Scharmer*, Das Bebauungsrecht im unbeplanten Innenbereich, 1992, 29.

gesetze zumeist wichtige städtebauliche Durchsetzungsinstrumente wie Vorkaufsrechte, Bausperren, Grenzregelungen, Umlegung oder auch Bau- und Instandsetzungsgebote. Die von den Ländern in der unmittelbaren Nachkriegszeit erlassenen Gesetze beinhalteten allerdings zumeist keine umfassende Neuregelung des gesamten Baurechts und hatten daher in ihrer Mehrzahl bewusst vorläufigen Charakter. Die Landesregelungen verstanden sich auch mehr als Aktionsprogramm, mit dem auf aktuelle Bedürfnisse in der Nachkriegszeit reagiert wurde, während im Übrigen wesentlich ältere Teile des überkommenen Baurechts fortgalten. Als besondere Schwäche erwies sich dabei, dass zahlreiche grundsätzliche Fragen des Städtebaurechts offen blieben oder nur unzureichend geklärt werden konnten.

Ungeklärt war vor allem das Verhältnis des Baurechts zur **Eigentumsgarantie**. Art. 14 I 1 GG verbürgte die Eigentumsgarantie, deren Inhalt und Schranken allerdings nach Art. 14 I 2 GG durch den Gesetzgeber bestimmt wurden. Unmittelbare Eigentumseingriffe waren nach Art. 14 III GG nur durch Gesetz oder aufgrund eines Gesetzes zulässig, das zugleich einen Entschädigungsanspruch verleihen musste (Junktimklausel). Die Eigentumsgarantie beinhaltete zumindest eine potenzielle Baufreiheit, die der Gesetzgeber bei seinen städtebaulichen Regelungen zu beachten hatte.[56] In welchem Umfang aber der Gesetzgeber in der Lage war, Inhalt und Schranken des Eigentums zu bestimmen und dadurch die Baufreiheit zu begrenzen, blieb weitgehend ungeklärt.

5. Vorarbeiten für das BBauG 1960

Seit der Wiedergewinnung der staatlichen Ordnung nach dem Zweiten Weltkrieg waren die Forderungen staatlicher und kommunaler Stellen von Organisationen des Wohn- und Siedlungswesens und aus der Wirtschaft heraus nicht verstummt, das Baurecht neu zu ordnen. Die Notwendigkeit eines einheitlichen Städtebaurechts wurde daher in der Folgezeit als immer dringlicher empfunden. Dabei galt es, den Bauwilligen einerseits Zugang zu Eigentum am Boden zu erschließen, zugleich aber auch durch den Einsatz bodenordnungspolitischer Maßnahmen zu einer sozial gerechten Verteilung der Nutzungschancen beizutragen. Nicht zuletzt mussten Anforderungen des modernen Städtebaus und des Schutzes des Außenbereichs in ein einheitliches Gesetzeswerk eingebracht werden. Bereits im Jahre 1950 hatte der Bundesminister für Wohnungsbau den **Referentenentwurf** zu einem **Baugesetz** veröffentlicht. Es traten jedoch zahlreiche ungeklärte Fragen auf, die vor allem die Gesetzgebungszuständigkeit des Bundes und das Zusammenwirken von Bund und Ländern betrafen.

Am 13. 9. 1951 ersuchte der *Deutsche Bundestag* die *Bundesregierung*[57] bis zum 31. 12. 1951 den Entwurf eines Baugesetzes vorzulegen, der das „Bau-, Boden-, Planungs-, Anlieger- und Umlegungsrecht im Zusammenhang und bundeseinheitlich regeln soll". Zur Klärung der Grenzen der Gesetzgebungszuständigkeit des Bundes für das Baurecht baten *Bundestag, Bundesrat* und *Bundesregierung* im Oktober 1952 in einem gemeinsamen Antrag das *BVerfG* gem. § 97 BVerfGG a. F. um die Erstattung eines Rechtsgutachtens. Dieses *„Rechtsgutachten über die Zuständigkeit des Bundes zum Erlass eines Baugesetzes"* wurde am 16. 6. 1954 erstattet.[58] Das Gutachten besagt, dass die Zuständigkeit des Bundes aus Art. 74 I Nr. 18 GG zur Regelung des Rechts der städtebaulichen Planung, der Baulandumlegung, der Zusammenlegung, des Bodenverkehrs und der Bodenbewertung[59] gegeben ist, nicht dagegen für das Baupolizeirecht im bisher gebräuchlichen Sinn sowie für die Einführung einer Wertsteigerungsabgabe.

---

[56] *Breuer* DÖV 1978, 189; *Deutsch* DVBl. 1995, 546; *Leisner* DVBl. 1992, 1065.
[57] Sten. Bericht der 162. Sitzung der 1. Wahlperiode S. 6583 D – 6587 C.
[58] *BVerfG*, E. v. 16. 6. 1954 – 1 PBvV 2/52 – BVerfGE 3, 407 = *Hoppe/Stüer* RzB Rdn. 1 – Gutachten Bodenrecht; dazu *Stüer*, Bauleitplanung in: HdBöffBauR, 2000, Rdn. 10.
[59] Bis zum Verfassungsreformgesetz war auch die konkurrierende Gesetzgebung des Bundes für den Bereich der Erschließung gegeben.

29 Bereits im Jahre 1952 wurde auf Anregung des Bayerischen Staatsministeriums des Innern eine Sachverständigenkommission mit der Ausarbeitung eines Entwurfs für ein Baugesetz beauftragt. Die Kommission bestand aus Angehörigen der Bauministerien der Länder, des Bundesministeriums für Wohnungsbau, der Wissenschaft und der Praxis. Eine vorläufige Fassung des Sachverständigenentwurfs vom Oktober 1954 wurde von Abgeordneten des *Deutschen Bundestages* eingebracht.[60] Nach Erstattung des Gutachtens des *BVerfG* erarbeitete die Sachverständigenkommission im März 1956 die endgültige Fassung des Gesetzentwurfs. In Abstimmung mit der Sachverständigenkommission verabschiedete sodann auch die *Bundesregierung* einen eigenen Regierungsentwurf eines BBauG, der allerdings in der auslaufenden 2. Legislaturperiode nicht mehr abschließend beraten werden konnte.[61]

6. Konzeption des BBauG 1960

30 Mit dem im Jahre 1958 neu eingebrachten Entwurf eines BBauG[62] legte die *Bundesregierung* den Gesetzgebungsorganen ein geschlossenes Regelungswerk des Städtebaurechts vor.[63] Grundlegend dafür war die Erkenntnis, dass sich aus dem Baupolizeirecht ein eigenständiges Recht der städtebaulichen Planung und aus diesem wiederum das Recht der Raumordnung entwickelt hatte. Das Kernstück der städtebaulichen Planung verstand sich dabei als Mittelstück zwischen Baupolizeirecht und Raumordnung. Städtebauliche Planung wurde vor allem als die planvolle Ordnung der Bodennutzung auf örtlicher Ebene in den Städten, Gemeinden und Dörfern begriffen. Zugleich ging es um die Erkenntnis, dass über ein rein gefahrenabwehrendes Baupolizeirecht hinaus die städtebauliche Ordnung planvoll geschehen müsse und dabei die Städte und Gemeinden eine wichtige Mittlerfunktion haben. Das BBauG sollte daher den Vorrang der städtebaulichen und damit der gemeindlichen Planung für das örtliche Baugeschehen betonen. Auch sollte der Gesetzgeber in den nicht beplanten Innenbereichen und im Außenbereich die Grundsatzentscheidungen treffen, die eine sachgerechte Bodennutzung in dem Ausgleich der privaten Bauwünsche einerseits und den öffentlichen Belangen andererseits sicherstellten. Auf dieser Grundlage strebte der Gesetzgeber mit dem BBauG 1960 folgende **Ziele** an:[64]

– die Schaffung eines Baurechts, das den aktuellen Zielsetzungen des Städtebaus gerecht wird,
– die Beseitigung der bisher bestehenden Rechtszersplitterung durch eine weitgehende Vereinheitlichung des Baurechts auf Bundesebene,
– die Sichtung, Zusammenfassung und Vereinheitlichung des Baurechts im Interesse von Bürger, Verwaltung und Wirtschaft,
– die Fortbildung des materiellen Baurechts unter Auswertung der mit den Aufbaugesetzen gewonnenen Erfahrungen,
– die Bestimmung von Inhalt und Schranken des Eigentums auf dem Gebiet des Baurechts, d. h. eine Konkretisierung der Art. 14, 20 GG durch den Bundesgesetzgeber für den städtebaulichen Bereich,

---

[60] Abgeordnete *Lücke, Jacobi, Dr. Will, Engel, Dr. Schild* (Düsseldorf) und Genossen, Entwurf eines Bundesbaugesetzes, BT-Drs. 2/1813.

[61] BT-Drs. 2/1813 und 2/3028; zu weiteren Einzelheiten *Bundesregierung*, Entwurf eines Bundesbaugesetzes, BT-Drs. 3/336 v. 16. 4. 1958, S. 57.

[62] *Bundesregierung*, Entwurf eines Bundesbaugesetzes, BT-Drs. 3/336 v. 16. 4. 1958, S. 72; zur Entstehungsgeschichte auch *Dürr* in: Brügelmann, Rdn. 2 zu § 35 BauGB.

[63] Zu Grundsatzfragen der städtebaulichen Konzeption im BBauG, insbesondere zum Abwägungsgebot und zur Eigentumsgarantie *Bundesrat*, BT-Drs. 3/336 v. 14. 3. 1958; *Hoppe* DVBl. 1964, 165; *ders.* BauR 1970, 15; *Ossenbühl*, Gutachten B zum 50. Deutschen Juristentag, 1974; *ders.* DVBl. 1996, 25; *Schlez* JZ 1974, 699, der sich vor allem auch mit Grundfragen der Außenbereichsregelungen befasst.

[64] *Bundesregierung*, Entwurf eines Bundesbaugesetzes, BT-Drs. 3/336 v. 16. 4. 1958, S. 57.

1. Teil. Bauleitplanung im Geflecht hoheitlicher Planungen

- die Erhöhung der Funktionsfähigkeit des Bodenmarkts und die Schaffung der Voraussetzungen für eine gerechte Bodenpreispolitik,
- die Abgrenzung der Aufgabenverteilung zwischen Raumordnung, Städtebau und Bauaufsicht sowie eine der inneren Verflechtung dieser Sachgebiete Rechnung tragende Regelung der gegenseitigen Beziehungen,[65]
- die Abgrenzung der Bereiche der Selbstverwaltung und der unmittelbaren Staatsverwaltung auf dem Gebiet der städtebaulichen Planung.

Der Gesetzgeber hatte sich das zentrale Ziel gestellt, „die städtebauliche Rechtsordnung aus Behelfs- und Übergangslösungen in die für den Städtebau unentbehrliche, sichere und Bestand verheißende Regelung überzuleiten und damit den Schlussstein über eine langjährige Rechtsentwicklung zu setzen".[66] Das Baugeschehen sollte sich dabei vorwiegend im Geltungsbereich eines Bebauungsplans und im nicht beplanten Innenbereich vollziehen. Der Außenbereich sollte nach einem bewährten Rechtsgrundsatz – abgesehen von in erster Linie landwirtschaftlichen privilegierten Nutzungen – grundsätzlich von einer baulichen Nutzung freigehalten werden. In der 17 Monate dauernden, sehr intensiven parlamentarischen Beratungszeit[67] wurde an diesen Grundsätzen festgehalten. Hauptinstrument der städtebaulichen Planung waren der Flächennutzungsplan und der Bebauungsplan. Im Innenbereich konnte nach Maßgabe des § 34 BauGB gebaut werden. Die Zurückhaltung des Gesetzgebers im Hinblick auf eine bauliche Nutzung des Außenbereichs fand in einer entsprechend kurzen, aus drei Absätzen bestehenden Fassung des § 35 BBauG 1960 ihren Ausdruck. Die Vorschrift knüpfte dabei erkennbar an § 3 Bauregelungsverordnung an. Dem Gesetz lag die Tendenz zugrunde, das Baugeschehen auf den beplanten Bereich und den im Zusammenhang bebauten Innenbereich zu beschränken. Der Außenbereich sollte demgegenüber weitestgehend von Bebauung freigehalten werden, sofern bauliche Nutzung nicht ihrem Wesen nach in den Außenbereich gehörte und deswegen hinsichtlich ihrer planungsrechtlichen Zulässigkeit privilegiert war.[68] Durch die Freihaltung von sonstiger Bebauung sollte auch die Erholungsfunktion des Außenbereichs gewahrt werden.[69]

7. BBauG-Novelle 1976

Nach Übernahme der Regierungsverantwortung durch die **sozial-liberale Koalition** im Jahre 1969 wuchs das Bestreben der damals neu gewählten Bundesregierung, in das BBauG stärker als bisher Mitwirkungsrechte der Bürger zu integrieren. Dies sollte vor allem durch den Ausbau der bisher nicht gesetzlich geregelten vorgezogenen Bürgerbeteiligung geschehen. „Mehr Demokratie wagen", war bereits das Motto der ersten Regierungserklärung der neuen Koalition, die angetreten war, die Unruhen einer streitbaren 68er Generation in einer neuen Aufbruchstimmung aufzufangen. Eine vorgezogene Bürgerbeteiligung wurde daher bereits im Jahre 1971 im StBauFG grundgelegt. Die neu eingeführten Regelungen sollten auch für die Reform des BBauG Pate stehen.

---

[65] Zur Aufgabe der Raumordnung *Cholewa*, Raumordnung in Bund und Ländern 1993; *Deckart* BayVBl. 1977, 238; *Halama*, FS Schlichter, 1995, 201; *Hoppe*, Nordrhein-westfälisches Staats- und Verwaltungsrecht 1986; *ders.* FS Stree/Wessels 1993, 1153; *ders.* DVBl. 1993, 681; *ders.* FS Weyreuther 1993, 89; *Landessprecher von Brandenburg, Mecklenburg-Vorpommern, Sachsen, Sachsen-Anhalt und Thüringen*, Gemeinsamer Einführungserlass 1990; *Scheipers*, Ziele der Raumordnung und Landesplanung, Bd. 164 1995; *Schmidt-Aßmann* FS Weyreuther. 1993, 73; *Steiner* Baurecht mit Bezügen zum Raumordnungsrecht, 1990; *Wagner*, Harmonisierung der Raumordnungsklauseln, Bd. 132 1990; *Wahl* FS Sendler, 199; *Winkel* der landkreis 1990, 492.
[66] So *Bundesregierung*, Entwurf eines Bundesbaugesetzes, BT-Drs. 3/336 v. 16. 4. 1958, S. 57.
[67] *Ausschuss für Wohnungswesen, Bau- und Bodenrecht (24. Ausschuss)*, Schriftlicher Bericht über den von der *Bundesregierung* eingebrachten Entwurf eines BBauG, BT-Drs. 3/1794.
[68] *BVerwG*, Urt. v. 6. 12. 1967 – IV C 94.66 – BVerwGE 28, 268; *Taegen* in: Schlichter/Stich, Rdn. 2 zu § 35 BauGB.
[69] *Taegen* in: Schlichter/Stich, Rdn. 2 zu § 35 BauGB m. w. Nachw.

33 Im Bereich des Städtebaurechts wurde als besonders schwerwiegender Mangel der generelle Verzicht des BBauG auf eine Inanspruchnahme von **Wertsteigerungen des Grund und Bodens** durch Planung angesehen. Wenn die aufgrund notwendiger Planänderungen eintretenden Nachteile von der Allgemeinheit entschädigt würden, dann sei es auch sachgerecht, die mit der städtebaulichen Planung eintretenden Planungsmehrwerte abzuschöpfen.[70] Die durch Planung bewirkte Steigerung der Bodenwerte müsse vielmehr zur Finanzierung städtebaulicher Maßnahmen herangezogen werden.[71] Außerdem sollten soziale und demokratische Belange im Bodenrecht vor allem durch die Erweiterung der Bürgerbeteiligung verstärkt werden. Moderne Hochhausbauten, die noch wenige Jahre vorher vielfach im Zusammenhang mit Städteneugründungen als Fortschritt gefeiert wurden, erschienen nach einem Wertewandel als Rückschritt, als Zerstörung der Städte und als betoniertes Behausungselend.[72]

34 Vor diesem allgemeinpolitischen Hintergrund konzentrierte sich die Regierungsvorlage daher auf die gesetzliche Einführung einer vorgezogenen Bürgerbeteiligung, ein preislimitiertes Vorkaufsrecht und Instrumente, mit denen die Wertabschöpfung der Planungsgewinne erreicht werden sollte. Die damalige CDU-CSU-Opposition machte nicht nur rechtspolitische, sondern auch verfassungsrechtliche Bedenken gegen einen Planungswertausgleich oder die Abschöpfung von Bodenwerten geltend. Von diesen Bedenken wurde auch die rechtswissenschaftliche Debatte weitgehend bestimmt.

35 Im Windschatten dieser städtebaupolitischen Großwetterlage traten die Bestrebungen, die vor allem von Vertretern der Landwirtschaft als zu eng empfundene **Außenbereichsvorschrift in § 35 BBauG 1960** zu ändern, eher in den Hintergrund.[73] Im weiteren Gesetzgebungsverfahren sollten sich diese Debatten allerdings als recht wirkungsreich erweisen. Bemängelt wurde die enge Auslegung der Privilegierungstatbestände in § 35 I BBauG 1960 und des Begriffes der Landwirtschaft, der sich lediglich auf die unmittelbare Bodenertragsnutzung erstreckte. Auch einem Strukturwandel in der Landwirtschaft konnte nach verbreiteter Auffassung nicht in dem gewünschten Umfang Rechnung getragen werden. Als ungerecht empfunden wurde auch die enge Fassung des Bestandsschutzes lediglich auf die Nutzung des Vorhandenen, während bei einer Zerstörung des Gebäudes der Bestandsschutz und damit auch jedwede Privilegierungsmöglichkeit endete. Problematisch erschien teilweise auch, dass Nutzungsänderungen nur unter den Voraussetzungen einer vollen Privilegierung nach § 35 I BBauG 1960 zulässig waren und auch eine Umnutzung bisher privilegierter Gebäude in nicht privilegierte Nutzungen nach § 35 BBauG 1960 generell ausgeschlossen war.

36 Die Gesetzesänderung sollte daher auf dem Felde des Außenbereichs einerseits von der grundsätzlichen Zielsetzung geleitet sein, die natürliche Eigenart der Landschaft zu erhalten und einer weiteren Zersiedlung entgegenzuwirken.[74] Andererseits sollte aber den wirtschaftlichen und strukturellen Entwicklungen der Landwirtschaft und ihren Anpassungsproblemen Rechnung getragen werden. Zugleich dürfe der Grundsatz, dass sich die Bebauung in den rechtlich und tatsächlich hierfür vorgesehenen Gebieten vollziehe,

---

[70] Zu diesen Fragen wurde besonders heftig auf den Verhandlungen des 49. Deutschen Juristentages gestritten, *Bielenberg*, Empfehlen sich weitere bodenrechtliche Vorschriften im städtebaulichen Bereich?, 1972.

[71] *Bundesregierung*, Entwurf eines Gesetzes zur Änderung des BBauG, BR-Drs. 300/74 v. 10. 5. 1974 und BT-Drs 7/2496 v. 22. 8. 1974.

[72] *Mitscherlich*, Die Unwirtlichkeit unserer Städte, 1965.

[73] Zu diesem Reformteil *Bundesregierung*, BR-Drs. 300/74 v. 10. 5. 1974 und BT-Drs 7/2496 v. 22. 8. 1974; *Bundesregierung*, Drs. 7/2496 v. 22. 8. 1974; *Gaentzsch* BBauG 1977, 310.

[74] Erstmals sind die Belange des Natur- und Landschaftsschutzes als öffentliche Belange benannt und die Aufgabe des Außenbereichs als Erholungsgebiet durch die Aufzählung bei den öffentlichen Belangen hervorgehoben.

nicht durch eine Änderung der Vorschriften über das Bauen im Außenbereich ausgehöhlt werde, wurde gemahnt.[75]

Bei der nach langen Grundsatzdebatten schließlich verabschiedeten Reform[76] blieb deren eigentliches Kernstück, der Planungswertausgleich, auf der Strecke. Allerdings wurde die bürgerschaftliche Mitwirkung der Betroffenen am Planungsgeschehen verstärkt, das städtebauliche Instrumentarium erweitert, verschiedene Modelle des StBauFG in das BBauG übernommen und die Außenbereichsvorschrift des § 35 BBauG vor allem durch eine Erweiterung der Privilegierungstatbestände um eine Regelung zu Gunsten unechter Altenteilerhäuser (§ 35 I Nr. 2 BBauG 1976), die Anreicherung der öffentlichen Belange in § 35 III BBauG 1976 und neuartige Teilprivilegierungsregelungen[77] in § 35 IV bis VII BBauG 1976[78] erweitert. **37**

Zugleich wurde in die Begriffsbestimmung der **Landwirtschaft** in § 146 BBauG 1976 die „berufsmäßige Imkerei" und die „berufsmäßige Binnenfischerei"[79] aufgenommen. Die Ergänzung des § 146 BBauG 1976 ging auf eine Empfehlung des Ausschusses für Ernährung, Landwirtschaft und Forsten zurück, der im Hinblick auf die engere Auslegung des Begriffs „Landwirtschaft" eine entsprechende Erweiterung vorgeschlagen hatte.[80] **38**

Mit der BauGB-Novelle 1976 wurde erstmals eine **Entwicklungsplanung** geregelt (§ 1 V BBauG 1976), durch eine vorgezogene Bürgerbeteiligung (§ 2a BBauG 1976) die Mitwirkungsrechte der Betroffenen erweitert, für die Bauleitplanung eine Genehmigungsfrist und eine Genehmigungsfiktion eingeführt (§ 6 IV BBauG 1976), die Palette der Darstellungs- und Festsetzungsmöglichkeiten erweitert (§§ 5 und 9 BBauG 1976) und in Anlehnung an das StBauFG eine Sozialplanung eingeführt (§ 13a BBauG 1976). Neuartig war die **Heilungsvorschrift in § 155a BBauG 1976**, wonach u.a. Verstöße gegen die Vorschriften über die vorgezogene Bürgerbeteiligung und über die Sozialplanung nicht zur Unwirksamkeit des Bebauungsplans führten, wenn die förmliche Bürgerbeteiligung durchgeführt und die Abwägung im Hinblick auf die sozialen Belange nicht zu beanstanden war. Weitergehende Überlegungen, auch materielle Fehler von Bebauungsplänen zu heilen bzw. einen Einwendungsausschluss vorzusehen, sind wegen rechtsstaatlicher Bedenken nicht weiter verfolgt worden. Immerhin war durch die Heilungsregelung der Damm gebrochen: Nicht alle im Gesetz geregelten Verfahrensvorschriften wurden als erheblich für die Wirksamkeit der Bauleitplanung angesehen. Es gab vielmehr Regelungen, deren Nichtbeachtung für die Wirksamkeit der Bauleitplanung ohne Bedeutung war. Das Wort von den sanktionslosen Normen machte die Runde. Die gemeindenachbarliche Planungskoordination wurde durch neue Vorschriften für gemeinsame Flächennutzungspläne, Planungsverbände oder das Fortgelten von Flächennutzungsplänen im Falle der Gebietsreform erweitert. Die städtebaulichen Sicherungsinstrumentarien der Zurückstellung, der Bodenverkehrsgenehmigung oder der Vorkaufsrechte wurden erweitert. **39**

Für den **nicht beplanten Innenbereich** wurde in § 34 I BauGB das Merkmal „unbedenklich" durch „einfügt" ersetzt. Die Außenbereichsvorschrift des § 35 BBauG wurde sowohl bei den privilegierten Vorhaben (unechte Altenteilerhäuser) als auch durch neue **40**

---

[75] So *Ausschuss für Raumordnung, Bauwesen und Städtebau* (15. Ausschuss), Ausschussbericht zur zweiten Lesung, Drs. 7/4793, S. 35.
[76] Gesetz zur Beschleunigung von Verfahren und zur Erleichterung von Investitionsvorhaben im Städtebaurecht, BGBl. I, S. 949.
[77] *Lau/Oebbecke* BauR 1977, 384.
[78] *Weyreuther*, Bauen im Außenbereich, 1979, 424.
[79] Zur BBauG-Novelle 1976 *Bielenberg*, BlGBW 1977, 201; *ders.* BBauBl. 1977, 473; *Bröll* BayVBl. 1977, 8; *Cholewa*, HSGZ 1977, 15; *Dohle* AnwBl. 1977, 377; *Dyong* StW 1976, 407; *ders.* BBauBl. 1977, 183; *Finkelnburg* NJW 1977, 840; *Frohberg* DWW 1977, 81; *Gaentzsch* SKV 1976, 354; *Molodovsky* BayVBl. 1977, 31; *Neuhausen* BlGBW 1978, 115; *Reisinger* AgrarR 1981, 164; *Schneider* GemWW 1978, 154; *Taegen* AgrarR 1977, 105; *Ziegler* KStZ 1976, 181.
[80] BT-Drs. 7/4793, S. 54.

Regelungen zu Teilprivilegierungen (§ 35 IV BBauG 1976) erweitert. Die städtebaulichen Gebote des StBauFG wurden in das BBauG übernommen (§§ 39 a bis 39 i BBauG). Darunter fallen auch das Bau- und Pflanzgebot, das Abbruchgebot, Nutzungsgebot und das Modernisierungs- und Instandsetzungsgebot entsprechend den Festsetzungen des Bebauungsplans. Die Maßnahmen müssen vor dem Hintergrund der Privatnützigkeit und der Sozialpflichtigkeit des Eigentums den verfassungsrechtlichen Grundsätzen der Eignung, Erforderlichkeit und Verhältnismäßigkeit entsprechen.

41 Erstmals erhielt das **Planungsschadensrecht** (§§ 39j bis 44c BBauG 1976) eine Sieben-Jahresfrist, bei deren Überschreitung nur noch eine Entschädigung für Eingriffe in ausgeübte Nutzungen gewährt wurde. Neue Regelungen traten auch im Bereich der Bodenordnung (Umlegung und Grenzregelung) sowie bei der Enteignung in Kraft.

8. BBauG-Novelle 1979

42 Bereits drei Jahre später wurde das BauGB durch das Gesetz zur Beschleunigung von Verfahren und zur Erleichterung von Investitionsvorhaben im Städtebaurecht (Beschleunigungsnovelle 1979)[81] erneut in eine Änderung einbezogen. Die BBauG-Novelle 1979 stellte sich vor allem als Antwort auf die Energiekrise und Konjunktureinbrüche dar. Die als Krisenzeit empfundene wirtschaftliche Lage hatte vor allem die Förderung von Industrie und Gewerbe in den Mittelpunkt des allgemeinen Interesses gerückt, während zuvor eher der Schutz des Wohnens vor benachbarter Industrie im Blickfeld stand. Nicht mehr kostenaufwändige Sanierungskonzepte, sondern das Nebeneinander und Miteinander von Wohnen und Gewerbe standen im Vordergrund der Städtebaupolitik.

43 **Kernstück** der erneuten Reformbemühungen waren folgende Anliegen:
– Die Verfahren zur Aufstellung von Bebauungsplänen wurden vereinfacht und beschleunigt. Den Verfahrensbeteiligten konnte zur Abgabe ihrer Stellungnahme jeweils eine angemessene Frist gesetzt werden. Die Inkraftsetzung von Teilen des Flächennutzungsplans wurde erleichtert.
– Die Baugenehmigungsverfahren sollten durch die Bindung an Fristen beschleunigt werden.
– Zur Erleichterung des Bodenverkehrs wurde die Genehmigungspflicht für Auflassungen gestrichen.
– Die Gemeinden wurden ermächtigt, durch Satzung Gebiete mit besonderer Wohnsiedlungsstruktur, insbesondere mit historisch entstandener Streu- und Bandbebauung, als im Zusammenhang bebaute Ortsteile festzulegen.
– Die Erweiterung zulässigerweise im Außenbereich errichteter Wohngebäude und gewerblicher Betriebe wurde erleichtert.
– Die Verfahren in der Baulandumlegung wurden beschleunigt.
– Das Grenzregelungsverfahren wurde erleichtert und fortentwickelt.
– Die Vorschriften über die Heilung mangelhafter Bebauungspläne wurden erweitert und verbessert.

44 Auf dieser Linie lag es auch, **§ 35 BBauG** erneut aufzuweiten und den Außenbereich mehr als bisher dem Wohnen und dem Gewerbe zu öffnen. Teilprivilegiert wurde unter bestimmten Voraussetzungen die bauliche Erweiterung eines Wohngebäudes (§ 35 V Nr. 4a BBauG 1979) zur angemessenen Wohnraumversorgung und eines gewerblichen Betriebes (§ 35 V Nr. 5 BBauG 1979).[82] Die Novelle zielte im Außenbereich darauf ab, einen weiteren Kreis von ungerecht empfundenen Vergleichsfällen im Bereich der Wohn-

---

[81] Gesetz zur Beschleunigung von Verfahren und zur Erleichterung von Investitionsvorhaben im Städtebaurecht, BGBl. I, S. 949; *Bielenberg* BlGBW 1978, 21; *Bröll* BayVBl. 1979, 550; *Dürr*, in: Brügelmann, Rdn. 114 zu § 35 BauGB; *Söfker* BBauBl. 1979, 14.

[82] Neu war dabei im Wesentlichen, dass eine bauliche Erweiterung der angemessenen Versorgung des Eigentümers und seiner zum Haushalt gehörenden Familienangehörigen mit Wohnraum dienen konnte (§ 35 V Nr. 4a BBauG 1979).

1. Teil. Bauleitplanung im Geflecht hoheitlicher Planungen   45–48 A

und Gewerbenutzung, die bisher nicht privilegiert waren, in die Teilprivilegierungsregelung einzubeziehen.

Parallel dazu wurde auch das **StBauFG** novelliert. Durch die Novelle 1984 wurde in das StBauFG ein vereinfachtes Verfahren eingeführt. Die strikte Verpflichtung, in Sanierungsgebieten Bebauungspläne aufzustellen, wurde durch die Streichung des § 10 StBauFG relativiert. 45

III. BauGB 1986

Die Bestrebungen zur Änderung des Städtebaurechts kamen allerdings nicht zur Ruhe. Vielmehr formierten sich in den Folgejahren Bestrebungen, das Städtebaurecht in einem großen Wurf zu reformieren. Das Jahrhundertwerk hatte auch bereits einen durchaus eleganten Namen: Baugesetzbuch (BauGB). 46

1. BauGB 1986

Mit dem BauGB, das am 23.10.1986 in zweiter und dritter Lesung verabschiedet wurde und am 1.7.1987 in Kraft trat,[83] sollten folgende Anliegen verwirklicht werden: 47
– Die rechtlichen Grundlagen des Städtebaus (BBauG und StBauFG) sollten in einem einheitlichen Gesetzeswerk zusammengefasst werden.
– Das Städtebaurecht sollte auf die Gegenwarts- und Zukunftsaufgaben des Städtebaurechts zusammengefasst und der Umweltschutz und der Denkmalschutz gestärkt werden.
– Die rechtlichen Regelungen des Städtebaurechts sollten vereinfacht, nicht unabweisbar erforderliche Bestimmungen abgebaut und das Bauen dadurch erleichtert werden.
– Das Verfahren zur Aufstellung der Bauleitpläne sollte unter Wahrung rechtsstaatlicher Anforderungen beschleunigt und vereinfacht werden.
– Die Planungshoheit der Gemeinden sollte gestärkt und die Mischfinanzierung im Bereich des Städtebaurechts abgebaut werden.

Um diese Zielvorstellungen zu erreichen, enthielt das BauGB folgende **Änderungen**: 48
– Die Regelungen über das Aufstellungsverfahren wurden durch Vereinfachungen etwa bei der Änderung von Planentwürfen im Verfahren gestrafft. Die förmliche Erwähnung der Entwicklungsplanung wurde gestrichen.
– Erweitert wurden die Heilungsvorschriften (§§ 214, 215 BauGB). Abwägungsfehler konnten danach nur noch innerhalb einer Siebenjahresfrist gerügt werden.
– Die Veränderungssperre bezog sich künftig auch auf Nutzungsänderungen, auch wenn sie nicht genehmigungspflichtig waren. Die Regelungen über die Vorkaufsrechte wurden gestrafft.
– Bei den Regelungen über die planungsrechtliche Zulässigkeit von Vorhaben wurde der einfache Bebauungsplan klarstellend erwähnt (§ 30 II BauGB 1979). Die Befreiungsvorschrift wurde um Vorhaben, die städtebaulich vertretbar sind, erweitert (§ 31 II Nr. 2 BauGB 1979). Neben die formelle Planreife tritt die sog. materielle Planreife als Genehmigungstatbestand im Verfahren der Planaufstellung (§ 33 II BauGB 1979). In § 34 I BauGB wurden die „öffentlichen Belange" als zusätzliche Voraussetzung für die Genehmigung im nicht beplanten Innenbereich gestrichen. Nach § 34 III BauGB 1979 konnten im Innenbereich sonst unzulässige Vorhaben im Einzelfall genehmigt werden. Die Regelungen über die Innenbereichssatzungen wurden gestrafft. Im Außenbereich wurde die Kernenergie in den Katalog der privilegiert zulässigen Vorhaben aufgenommen (§ 35 I Nr. 6 BauGB 1979). Die Bedeutung der Raumordnung im Außenbereich wurde gestärkt (§ 35 III 2 BauGB 1979). Die Regelungen über die Bodenordnung (§§ 45 bis 84 BauGB 1979) und Enteignung (§§ 85 bis 122 BauGB 1979) wurden im Bereich der Umlegung und des Enteignungsrechts ergänzt. Das Erschließungsbei-

---

[83] BauGB i. d. F. der Bekanntmachung v. 8.12.1986, BGBl. I 2253.

tragsrecht wurde auch auf Wohnwege erstreckt und in der Abgrenzung zur Umlegung und Sanierung angepasst.
- Im Bereich des besonderen Städtebaurechts (§§ 136 bis 191 BauGB 1979) wurden die Vorschriften über die Finanzierung und Förderung gestrichen. Genehmigungspflichtig waren auch Nutzungsänderungen im Geltungsbereich einer Erhaltungssatzung.

49 Im Mittelpunkt der Reformbestrebungen stand die **Vereinheitlichung des Städtebaurechts** und zugleich die **Erhöhung der Bestandskraft von Bauleitplänen** und damit die Stärkung der kommunalen Selbstverwaltung. Die Regelungen für die Zulässigkeit von Vorhaben im Außenbereich hatten gegenüber der bisherigen Fassung im BBauG 1979 eher redaktionellen Charakter. Dabei ging es darum, die Vorschriften über die privilegierte Zulässigkeit von Vorhaben unter Wahrung eines unverzichtbaren Außenbereichsschutzes aus Gründen der Rechtsvereinfachung teilweise neu zu fassen und dabei einzelne neue Grenzziehungen vorzunehmen. Auch sollte das familien- und sozialpolitisch erwünschte Zusammenleben der Generationen einer Familie unter einem Dach durch Zulassung einer zweiten Wohnung privilegiert werden.[84] § 201 BauGB wurde gegenüber § 146 BBauG 1976/1979 um die Pensionstierhaltung auf überwiegend eigener Futtergrundlage und die gartenbauliche Erzeugung erweitert.

2. WoBauErlG 1990 (BauGB-MaßnG)

50 Drei Jahre nach Verabschiedung des BauGB brachten die CDU/CSU- und F.D.P.-Fraktionen einen Gesetzentwurf für ein **WoBauErlG** ein.[85] Die BauGB-Novelle verlief etwa parallel mit der Wiederherstellung der Deutschen Einheit.[86] Wesentliches Element war ein BauGB-MaßnG, das vor allem im Interesse des Wohnungsbaus zu einer Beschleunigung der Verfahren beitragen sollte.[87] Damit verband sich die Absicht der CDU-/CSU-/ F.D.P.-Koalition, durch das WoBauErlG[88] die als Überbürokratisierung empfundenen Verfahrensschritte auf ein erforderliches Maß zu verkürzen und zugleich Investitionsentscheidungen der Wirtschaft zu erleichtern.

51 Die von den damaligen Regierungsparteien als gut empfundene Wirtschaftsentwicklung, die es den Bürgern ermöglicht habe, mehr **Wohnraum** in Anspruch zu nehmen, aber auch eine steigende Zahl der Haushalte infolge gesellschaftlicher Veränderungen und eine wachsende Zahl an Einpersonenhaushalten hätten zu einer starken Nachfrage auf dem Wohnungsmarkt geführt. Zusätzlich drängte ein unerwartet hoher Zustrom von Aus- und Übersiedlern an den Wohnungsmarkt. Das von den Fraktionen der CDU/CSU und F.D.P. am 7. 11. 1989 beschlossene Maßnahmepaket für den Wohnungsbau sollte der Überwindung der aktuellen Engpasssituation auf dem Wohnungsmarkt dienen und sah

---

[84] *Bundesregierung*, Entwurf eines Gesetzes über das Baugesetzbuch, BT-Drs. 575/85 v. 20. 12. 1985, S. 57.

[85] *CDU/CSU- und FDP-Fraktion*, Entwurf eines Gesetzes zur Erleichterung des Wohnungsbaus im Planungs- und Baurecht sowie zur Änderung mietrechtlicher Vorschriften (Wohnungsbau-Erleichterungsgesetz – WoBauErlG) BT-Drs. 11/5972 v. 5. 12. 1989.

[86] Zum Städtebaurecht der neuen Länder *Bielenberg*, 1990, 841; *ders.* DVBl. 1990, 1314; *Bielenberg/ Krautzberger/Söfker*, Das Städtebaurecht in den neuen Ländern, 1991; *Birk* DVBl. 1992, 702; *Boecker* ThürVBl. 1992, 25; *Cholewa*, 1991; *Fickert*, FS Gelzer, 1991, 15; *Koppitz* DVBl. 1992, 704; *Kratzenberg* DVBl. 1992, 697; *Krautzberger* FWW 1990, 150; *ders.* LKV 1991, 152; *ders.* LKV 1991, 229; *ders.* DWW 1991, 294; *ders.* UPR 1991, 41; *ders.* DÖV 1992, 92; *Lenz*, Öffentliches Baurecht nach der Rechtslage in den neuen Bundesländern, 1992; *Lüers* LKV 1993, 185; *Peine*, SächsVBl. 1995, 8; *Runkel* BBauBl. 1990, 616; *ders.* BBauBl. 1991, 203; *Steinfort*, StädteT 1993, 655; *Stich* UPR 1991, 361; *Stich* BauR 1991, 412; *Stüer* DVBl. 1992, 266; *Stüer*, Bauleitplanung, in: HdBöffBauR, 1997, Rdn. 1001; *Stüer/Ehebrecht-Stüer*, Bauplanungsrecht und Freistellungspolitik der Länder, Bd. 168, 1996; *Stüer/Ehebrecht-Stüer* DVBl. 1996, 482.

[87] *Moench* NVwZ 1990, 918; *Schrödter*, BauGB, 5. Aufl. 1992; *Stich* ZfBR 1992, 256.

[88] Gesetz zur Erleichterung des Wohnungsbaus im Planungs- und Baurecht sowie zur Änderung mietrechtlicher Vorschriften – Wohnungsbau-Erleichterungsgesetz – WoBauErlG – v. 17. 5. 1990, BGBl. I 926 sowie Bekanntmachung der Neufassung des MaßnG zum BauGB BGBl. I S 622.

zur Unterstützung gesetzliche Maßnahmen im Planungs-, Bau- und Mietrecht vor, damit verstärkt und schneller Wohnbauland ausgewiesen und Wohnungsbauvorhaben erleichtert werden sowie Wohnraum aus dem Bestand zur Verfügung gestellt werden konnte.

Zur Begründung des Gesetzentwurfs wurde ausgeführt, dass seit einigen Jahren die Realeinkommen breiter Bevölkerungsschichten wieder gestiegen seien. Zusammen mit Haushaltsneugründungen der geburtenstarken Jahrgänge habe dies zu einem kräftigen Anstieg der **Wohnungsnachfrage** geführt. Hinzu komme ein unerwartet starker Zustrom von Menschen in das Bundesgebiet. Das Wohnungsangebot habe mit dieser Entwicklung nicht Schritt gehalten. Der Gesetzentwurf eines WoBauErlG sah vor, zur Bewältigung der erhöhten Wohnungsnachfrage zeitlich befristete Erleichterungen des Planungs- und Baurechts zu schaffen, damit Wohnbauland zügig und in ausreichendem Umfang ausgewiesen und die Zulassung von Wohnbauvorhaben im Rahmen einer geordneten städtebaulichen Entwicklung erleichtert werde. Neben einer Beschleunigung der Bauleitplanverfahren standen dabei vor allem auch Erweiterungen der planungsrechtlichen Zulässigkeiten im beplanten und nicht beplanten Innenbereich sowie im Außenbereich im Vordergrund.

Nach dem Fall der Mauer am 9.11.1989 wurden noch in der DDR durch die **Bauplanungs- und Zulassungsverordnung (BauZVO)**[89] vom 20.6.1990 wesentliche Teile des Städtebaurechts der Bundesrepublik in den damals noch anderen Teil von Deutschland übernommen. Grundgelegt war die BauZVO im Staatsvertrag vom 18.5.1990 über die Schaffung einer Währungs-, Wirtschafts- und Sozialunion zwischen der Bundesrepublik Deutschland und der Deutschen Demokratischen Republik. In der BauZVO waren die Bauleitplanung, die planungsrechtliche Zulässigkeit von Vorhaben sowie u.a. die städtebauliche Sanierung geregelt. § 54 BauZVO behandelte den Erschließungsvertrag und den städtebaulichen Vertrag, der zwischen der Gemeinde und einem Dritten abgeschlossen werden konnte. Der Vertrag konnte sich insbesondere auf die dem Dritten obliegende Erschließung oder die Vorbereitung und Durchführung anderer städtebaulicher Maßnahmen beziehen (§ 54 BauZVO). Auch konnte der Vorhabenträger die der Gemeinde durch das Vorhaben entstehenden Erschließungskosten in voller Höhe übernehmen. In § 55 BauZVO wurde erstmals ein **Vorhaben- und Erschließungsplan** geregelt. Die Gemeinde konnte danach durch Satzung die planungsrechtliche Zulässigkeit von Vorhaben bestimmen, wenn der Vorhabenträger auf der Grundlage eines von ihm aufgestellten und mit der Gemeinde abgestimmten Plans zur Durchführung des Vorhabens und der Erschließungsmaßnahmen bereit und in der Lage ist und sich zur Durchführung des Vorhabens innerhalb angemessener Frist und zur Tragung der Planungs- und Erschließungskosten ganz oder teilweise verpflichtet (§ 55 I BauZVO).

Parallel dazu trat im Bereich der alten Länder am 1.6.1990 das **Wohnungsbau-Erleichterungsgesetz** in Kraft, das in Art. 2 ein bis Ende Mai 1995 befristetes Maßnahmengesetz zum BauGB (BauGB-MaßnG) enthielt.[90] Die neuen städtebaulichen Regelungen waren vor allem durch eine Engpasssituation im Bereich der Wohnraumversorgung veranlasst worden. Neben Steuererleichterungen für den Neubau, Aus- und Umbau von Mietwohnungen sowie Bausparhilfen und Kreditprogrammen sollten Investitionsentscheidungen auch durch handfeste gesetzliche Neuregelungen gefördert werden. Im Interesse des Wohnungsbaus sollte das Entwicklungsgebot nicht zu sklavisch verstanden (§ 1 III BauGB-MaßnG) und das Bauleitplanverfahren zu Gunsten von Vorhaben bei dringendem Wohnbedarf gestrafft werden (§ 2 BauGB-MaßnG). Von der vorgezogenen Bürgerbeteiligung konnte abgesehen werden. Die Dauer der Auslegung konnte auf zwei Wochen verkürzt werden. Den Trägern öffentlicher Belange wurde die Empfehlung mit auf den Weg gegeben, sich innerhalb der von der Gemeinde gesetzten Fristen zu äußern und

---

[89] Bauplanungs- und Zulassungsverordnung vom 20.6.1990, GBl. der DDR I Nr. 45, S. 739.
[90] MaßnG zum BauGB v. 17.5.1990 (BGBl. I 926).

so zu einer Beschleunigung des Planverfahrens beizutragen. Auch konnte die Gemeinde statt einer Fristsetzung einen Anhörungstermin festsetzen (§ 2 V BauGB-MaßnG). Das gemeindliche Vorkaufsrecht wurde erweitert (§ 3 BauGB-MaßnG). Bei der planungsrechtlichen Zulässigkeit von Vorhaben wurde die Befreiung auch bei dringendem Wohnbedarf ermöglicht (§ 4 I BauGB-MaßnG, § 31 II 1 BauGB). Ein dringender Wohnbedarf konnte auch im nicht beplanten Innenbereich zu einer erweiterten planungsrechtlichen Zulässigkeit führen (§ 4 II BauGB-MaßnG; § 34 III BauGB).

55 Erweitert wurde auch die planungsrechtliche Zulässigkeit im Außenbereich bei den teilprivilegierten Vorhaben. Bisher landwirtschaftlich genutzte Gebäude konnten auch zu anderen Nutzungen umgebaut werden, wenn das Gebäude im räumlich-funktionalen Zusammenhang mit der Hofesstelle steht und die äußere Gestalt des Gebäudes im Wesentlichen gewahrt bleibt. Neu gefasst wurden auch die weiteren Teilprivilegierungstatbestände des § 35 IV BauGB (§ 4 IV BauGB-MaßnG). Auch wurden für die Genehmigung von Vorhaben, die ausschließlich Wohnzwecken dienen, Fristen für die Erteilung von Genehmigungen eingeführt (§ 5 BauGB-MaßnG).

56 Mit dem **Beitritt der DDR** zur Bundesrepublik Deutschland am 3. 10. 1990 wurde das westdeutsche Städtebaurecht in ganz Deutschland eingeführt. Allerdings wurden für die neuen Länder in § 246 a BauGB 1990 aufgrund des Einigungsvertrages Sonderregelungen festgelegt, die der Sondersituation in den neuen Ländern Rechnung tragen sollten.

3. InvWoBauIG 1993

57 Drei Jahre nach In-Kraft-Treten des BauGB-MaßnG 1990 wurde das Städtebaurecht erneut zum 1. 5. 1993 durch das **Investitions- und Wohnbaulandgesetz (InvWoBauIG)**[91] geändert. Das Gesetz änderte sowohl das BauGB (Art. 1 InWoBauIG) als auch das BauGB-MaßnG (Art. 2 InWoBauIG) mit dem Ziel, vor allem die planungsrechtliche Zulässigkeit von Wohnbauvorhaben zu erleichtern. Auch die weitere Novelle stand ganz im Zeichen einer Investitionserleichterung zu Gunsten der Wirtschaft und einer erleichterten Wohnnutzung. Vor allem sollte durch die Novelle eine schnellere Bereitstellung von Wohnbauland und eine Vereinfachung der Verfahren zur Aufstellung der Bauleitpläne erreicht werden.

58 Anlass waren vor allem die neuen städtebaulichen Probleme, die durch die deutsche Einheit nicht nur in den neuen Ländern entstanden waren.[92] Die Erleichterung und Beschleunigung von Investitionen wurde in den neuen aber auch in den alten Ländern als wichtige Voraussetzung für den wirtschaftlichen Aufschwung und die Schaffung von wettbewerbsfähigen Arbeitsplätzen angesehen. Zu den dafür maßgeblichen Rahmenbedingungen wurden auch die gesetzlich vorgeschrieben Planungs- und Genehmigungsverfahren für gewerbliche und industrielle Vorhaben gerechnet. Vor allem müsse durch **Verfahrensbeschleunigungen** ein Beitrag dazu geleistet werden, Investitionshemmnisse zu beseitigen. Als besonders dringlich wurde diese Aufgabe in den neuen Ländern empfunden, deren Verwaltungen noch im Aufbau waren und die mit einer Vielzahl unge-

---

[91] Investitionserleichterungs- und Wohnbaulandgesetz v. 22. 4. 1993 (BGBl. I. 466) sowie die Bekanntmachung der Neufassung des Maßnahmengesetzes zum BauGB BGBl. I S 622. Zum InvWoBauIG *Blume* NVwZ 1993, 941; *Busse* BayVBl. 1993, 231; *Engel* UPR 1993, 209; *Erbguth* NVwZ 1993, 956; *Gassner* NVwZ 1993, 946; *Hoffmann* LKV 1993, 281; *Klett* NuR 1993, 421; *Koch* BBauBl. 1993, 410; *Krautzberger* StuGR 1993, 200; ders. UPR 1993, 201; ders. FWW 1993, 26; ders. NVwZ 1993, 520; ders. DVBl. 1993, 453; *Lüers* LKV 1993, 185; ders. ZfG 1993, 225; ZfBR 1993, 106; *Moormann* UPR 1993, 286; *Müllmann* DVBl. 1993, 637; *Neuhausen*, 3. Aufl. 1993; *Ramsauer*, 1995; *Runkel* UPR 1993, 203; ders. BuW 1993, 301; *Schmidt-Preuß*, Die Verwaltung 26 (1993), 489; *Schneider* DVBl. 1994, 685; *Schrödter*, 1994; *Thoma* BayVBl. 1994, 137; *Weidemann*, Immissionsschutzrechtliche Abfallentsorgung, 1994.

[92] Zum BauGB-MaßnG 1993 *Gaentzsch* BauRecht 1993, 1994; *Gaßner* BayVBl. 1996, 321; *Neuhausen*, 3. Aufl. 1993; *Schmaltz* DVBl. 1993, 814; *Stollmann* NVwZ 1994, 43; *Thoma* BayVBl. 1994, 137; *Wagner* BBauBl. 1995, 740.

wohnter Vorschriften und Verfahrensanforderungen konfrontiert wurden. Aber auch für die alten Länder wurde die Dauer von Planungs- und Genehmigungsverfahren als Standortfaktor begriffen, der im internationalen Wettbewerb an Bedeutung gewinne.[93] In der Begründung des Gesetzentwurfs der Fraktionen der CDU/CSU und F.D.P. wurde zugleich darauf verwiesen, dass in den alten und neuen Ländern ein erheblicher Mangel an ausgewiesenem und verfügbarem Wohnbauland als Voraussetzung für einen verstärkten Wohnungsbau zur Deckung der erheblich gestiegenen Wohnungsnachfrage bestehe. Das städtebauliche Planungsrecht nehme bei der Ausweisung und Bereitstellung von Wohnbauland eine wichtige Rolle ein. Die dabei einzuhaltenden Verfahren und Prüfungen – so der Gesetzentwurf – seien zum Teil derart umfangreich und kostenaufwändig geworden, dass dies zu Lasten des Planungsgeschehens insgesamt gehe. Das Ziel der Erleichterung und Beschleunigung von Investitionen und zur verstärkten Ausweisung und Bereitstellung von Bauland sollte vor allem für Wohnzwecke angestrebt werden.

Für den **Innen- und Außenbereich** wurden Erweiterungen der baulichen Nutzbarkeit durch eine Änderung des § 4 BauGB-MaßnG 1993 bewirkt. Durch eine erweiterte Innenbereichssatzung nach § 4 IIa BauGB-MaßnG konnten die Gemeinden unter den dort genannten Voraussetzungen Außenbereichsflächen in eine Klarstellungs- oder Entwicklungssatzung einbeziehen. § 4 III BauGB-MaßnG 1993 bewirkte eine geänderte Fassung des § 35 IV BauGB 1986 für Vorhaben, die Wohnzwecken dienen. Der Teilprivilegierungsregelung in § 35 IV BauGB 1986 wurde daher für Vorhaben, die der Wohnnutzung dienen, eine erweiterte Fassung in § 4 III BauGB-MaßnG 1993 an die Seite gestellt. Bei Wohnbauvorhaben war ausschließlich die Fassung des § 4 III BauGB-MaßnG 1993 anzuwenden, während für andere Nutzungen weiterhin § 35 IV BauGB 1986 galt.

Eine Reihe von Regelungen des BauGB-MaßnG 1990 wurde in das **Dauerrecht des BauGB** übernommen (städtebauliche Entwicklungsmaßnahme, Maßgaben zum Baugebot). Von den Sonderregelungen für die neuen Länder wurden der städtebauliche Vertrag (§ 6 BauGB-MaßnG) und die Satzung über den Vorhaben- und Erschließungsplan (§ 7 BauGB-MaßnG) – allerdings zunächst zeitlich befristet bis Ende 1997 – auch in das Recht der alten Länder übertragen. Die Überleitungsvorschriften der BauNVO 1990 zum Dachgeschossausbau und zu den Vergnügungsstättensatzungen wurden im BauGB-MaßnG geregelt. Art. 4 enthielt Änderungen des ROG. Mit Art. 5 des InvWoBauLG wurde auf der Grundlage des Baurechtskompromisses der Naturschutz in der Bauleitplanung neu geregelt. Art. 6 bis 11 InvWoBauLG betrafen Änderungen des AbfG sowie des BImSchG vor allem durch den normativen Wechsel der Müllverbrennungsanlagen vom Abfallrecht zum Immissionsschutzrecht.

Das BauGB-MaßnG betonte das Anliegen, zugleich mit der Wohnraumversorgung auch Flächen für Gewerbe- oder Industriegebiete auszuweisen. Die Träger öffentlicher Belange sollten durch § 4 IV 1 BauGB stärker als bisher in die Pflicht genommen werden, ihre Stellungnahmen nach Möglichkeit innerhalb eines Monats abzugeben, wenn der Bebauungsplan der Deckung eines dringenden Wohnbedarfs dient. Bei Planänderungen konnte die Frist sogar auf zwei Wochen verkürzt werden (§ 2 V 2 BauGB-MaßnG 1993). Aus dem Flächennutzungsplan entwickelte Bebauungspläne brauchten bei dringendem Wohnbedarf der höheren Verwaltungsbehörde nicht mehr angezeigt zu werden (§ 2 VI BauGB 1993), für den nicht beplanten Innenbereich konnte aus besonderen städtebaulichen Gründen auch ein einfacher Bebauungsplan aufgestellt werden, der ausschließlich Festsetzungen über Vergnügungsstätten enthielt (§ 2a BauGB-MaßnG 1993).

Das allgemeine Vorkaufsrecht in § 24 BauGB wurde durch § 3 BauGB-MaßnG 1993 auf Flächen erweitert, die im Flächennutzungsplan für eine Wohnnutzung vorgesehen

---

[93] CDU/CSU- und FDP-Fraktion, Entwurf eines Gesetzes zur Erleichterung von Investitionen und der Ausweisung und Bereitstellung von Wohnbauland (Investitionserleichterungs- und Wohnbaulandgesetz) BT-Drs. 12/3944 v. 8. 12. 1992.

waren. Das Vorkaufsrecht konnte bei einer beabsichtigten Wohnnutzung auch zu Gunsten Dritter ausgeübt werden (§ 3 IV BauGB-MaßnG).

63 Erweitert wurde auch die Befreiungsmöglichkeit des § 31 II BauGB. Bei einem dringenden Wohnbedarf konnte auch in mehreren vergleichbaren Fällen von den Festsetzungen des Bebauungsplans befreit werden. Bei der vorübergehenden Unterbringung und bei vorübergehendem Wohnen war die Befreiung nicht auf Einzelfälle beschränkt (§ 4 Ia BauGB-MaßnG). Zu Gunsten von Wohnbauvorhaben wurde auch die Innenbereichssatzung erweitert (§ 4 IIa BauGB-MaßnG). Auch die Teilprivilegierung im Außenbereich wurde im Falle einer Wohnnutzung erweitert (§ 4 IV BauGB-MaßnG). Dies wirkte sich vor allem für die Nachfolgenutzung ehemals landwirtschaftlicher Gebäude und die Neuerrichtung von abgängigen Gebäuden bei städtebaulichen Missständen aus (§ 4 IV Nr. 1 und 2 BauGB-MaßnG 1993).

64 Neu gefasst wurde § 10 II BauGB-MaßnG, wonach Widerspruch und Anfechtungsklage eines Dritten gegen die bauaufsichtliche Genehmigung eines Vorhabens, das überwiegend Wohnbauzwecken dient, keine aufschiebende Wirkung hatte.

4. Windenergie-Novelle

65 Im Jahre 1996 wurde § 35 BauGB erneut geändert:[94] Durch einen neu eingefügten § 35 I Nr. 7 BauGB 1996 sind Vorhaben, die der Erforschung, Entwicklung oder Nutzung der Wind- und Wasserenergie dienen, den privilegierten Vorhaben hinzugefügt worden. Zudem haben die Gemeinden und die für die Raumordnung zuständigen Stellen durch § 35 III 4 BauGB 1996 ein Darstellungsprivileg[95] erhalten.[96] Öffentliche Belange stehen danach einem Vorhaben nach § 35 I Nr. 4 bis 7 BauGB in der Regel auch dann entgegen, so weit hierfür durch Darstellungen im Flächennutzungsplan oder als Ziele der Raumordnung und Landesplanung eine Ausweisung an anderer Stelle erfolgt ist. Das Darstellungsprivileg bezieht sich nicht nur auf die in § 35 I Nr. 7 BauGB 1996 damals neu privilegierte Wind- und Wasserenergie, sondern auch auf die ortsgebunden und standortgebundenen Betriebe sowie die Atomkraftwerke in § 35 I Nr. 4 bis 6 BauGB 1996.

66 Hinzugefügt wurde in **§ 245 b BauGB 1996** eine **Überleitungsvorschrift** für Entscheidungen über die Zulässigkeit von Windenergieanlagen. Durch einen Antrag auf Aussetzung der Entscheidung konnten Gemeinden und die für die Raumordnung und Landesplanung zuständigen Stellen bis Ende 1998 erreichen, dass die an sich neu privilegierten Vorhaben der Wind- und Wasserenergie einstweilen nicht verwirklicht werden konnten.

IV. Städtebaurecht 1998 (BauROG)

67 Durch das Bau- und Raumordnungsgesetz 1998 (BauROG) wurde das BauGB erneut geändert und ein neues Raumordnungsgesetz verabschiedet.[97] Die Regelungen traten zum 1.1.1998 in Kraft. Zugleich trat das BauGB-MaßnG außer Kraft.

1. Ausgangspunkte

68 Ziel der Neuregelungen war es, das **Planungsrecht** zu **vereinfachen** und unnötigen Ballast vor allem in den Verfahrensabläufen über Bord zu werfen. Die kommunale

---

[94] Gesetzes zur Änderung des BauGB v. 30. 7. 1996 – BGBl. I 1189.
[95] *Hoppe* DVBl. 1991, 1277; *Taegen,* in: Schlichter/Stich, Rdn. 62 zu § 35 BauGB.
[96] Damit ist zugleich ein Streit um die Reichweite des gemeindlichen Darstellungsprivilegs auf der Grundlage der Vorgängerfassung des BauGB 1987 beendet, *Hoppe* DVBl. 1991, 1277; *Schulze Buschhoff,* Das Darstellungsprivileg im Flächennutzungsplan, 1996, 77.
[97] Gesetz zur Änderung des BauGB und zur Neuregelung des Rechts der Raumordnung (Bau- und Raumordnungsgesetz) v. 18. 8. 1997 (BGBl. I 2081), vgl. die BT-Drs. 13/6392, 13/7588, 13/7589, 13/7886, 13/8019. Nach Durchführung des Vermittlungsverfahrens hat der Bundestag am 26. 6. 1996 und der Bundesrat am 4. 7. 1997 zugestimmt; vgl. auch Neufassung des BauGB v. 27. 8. 1997 (BGBl. I 2141) und Berichtigung der Neubekanntmachung v. 16. 1. 1998 (BGBl. I 137).

Planungshoheit sollte gefestigt und die Investitionsbereitschaft von gewerblicher Wirtschaft und Industrie zur Sicherung des Standortes Deutschland gestärkt werden. Die Reform des Städtebaus stand im Zusammenhang mit den bereits im Jahre 1996 durchgeführten **Beschleunigungsnovellen**.[98] Durch das GenBeschlG[99] wurde neben anderen Vorschriften[100] vor allem das VwVfG geändert. Das Sechste Gesetz zur Änderung der VwGO und anderer Gesetze (6. VwGO-ÄndG)[101] – es handelt sich um die grundlegendste Reform der VwGO seit dem Jahre 1960 – hatte wesentliche Änderungen des verwaltungsgerichtlichen Verfahrens eingeführt.[102]

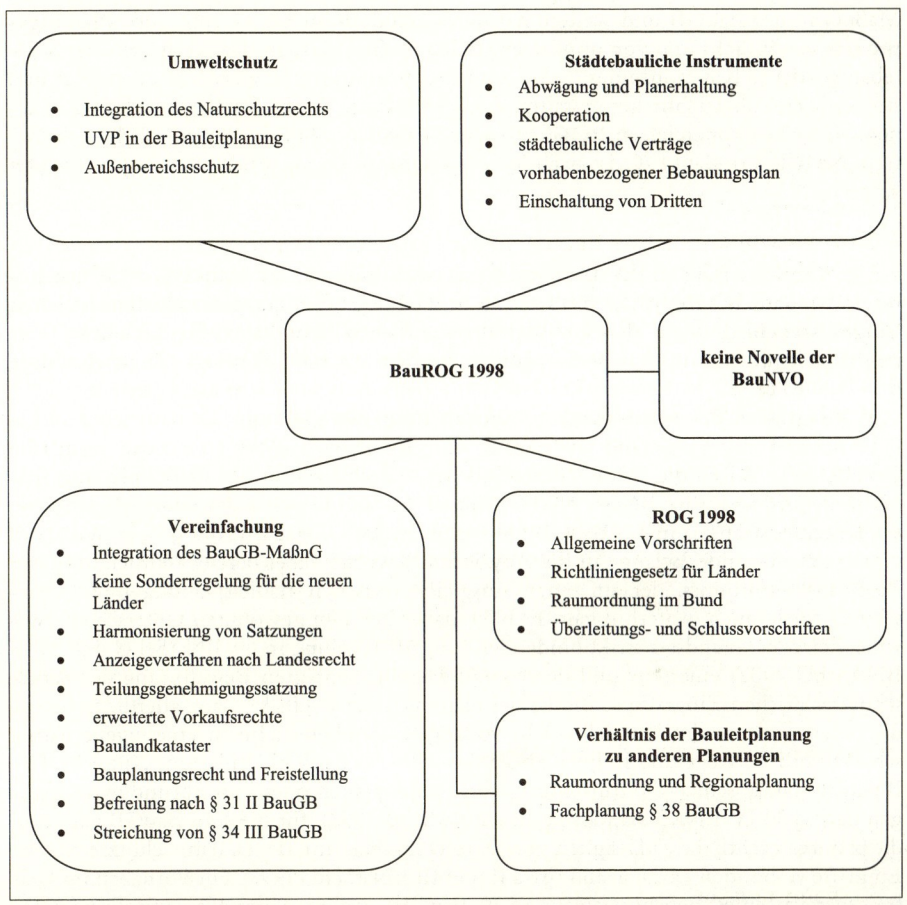

[98] *Stüer* DVBl. 1997, 326; *ders.* DVBl. 1997, 1201. Zum Städtebaurecht 1996 bis 1999 *Stüer/Rude* DVBl. 1999, 210; *dies.* DVBl. 1999, 299; *dies.* DVBl. 2000, 312; *dies.* DVBl. 2000, 390.
[99] Gesetz zur Beschleunigung von Genehmigungsverfahren (Genehmigungsverfahrensbeschleunigungsgesetz – GenBeschlG) v. 12. 9. 1996 (BGBl. I 1354); *Stüer* DVBl. 1997, 326.
[100] KrW-/AbfG, AtG und WHG.
[101] Sechstes Gesetz zur Änderung der Verwaltungsgerichtsordnung und anderer Gesetze (6.VwGOÄndG) v. 1. 11. 1996 (BGBl. I 1626).
[102] Das Gesetz zur Beschleunigung und Vereinfachung immissionsschutzrechtlicher Genehmigungsverfahren (BImSchG-Novelle, Gesetz zur Beschleunigung und Vereinfachung immissionsschutzrechtlicher Genehmigungsverfahren v. 9. 10. 1996, BGBl. I 1498) hat zu Änderungen des BImSchG und der Verordnung über das Genehmigungsverfahren geführt. Mit dem Gesetz zur Änderung des Wasserhaushaltsgesetzes (WHG) v. 11. 11. 1996, BGBl. I 1695, sind wichtige Bestimmungen des WHG teilweise umgestaltet oder neu gefasst worden.

2. Schwerpunkte

69   Das Städtebaurecht 1998 wollte einen verbesserten Beitrag zum **Umweltschutz** leisten, was durch die Integration des Naturschutzes in die Bauleitplanung und durch die Neufassung des Außenbereichsparagrafen geschehen sollte. Die Bestandskraft der städtebaulichen Satzungen sollte durch den **Grundsatz der Planerhaltung** gestärkt werden. Die **Kooperation** zwischen Gemeinde und Vorhabenträger sollte durch städtebauliche Verträge und den vorhabenbezogenen Bebauungsplan sowie die Einschaltung Dritter in den Planungsprozess gefördert werden. Durch die erfolgte Integration des BauGB-MaßnG in das BauGB und weitere harmonisierende Regelungen sollte der **Planungsprozess vereinfacht** und von unnötigem Ballast befreit werden. Das Verhältnis des Städtebaurechts zur Raumordnung[103] und zum Fachplanungsrecht wurde neu geordnet und streckenweise übersichtlicher gestaltet. Auch erhielt das Recht der Raumordnung in einem völlig neu konzipierten ROG eine neue Grundlage. Auf die ursprünglich beabsichtigte Novelle der BauNVO ist nach lebhafter Diskussion am Ende allerdings verzichtet worden.[104]

3. Umweltschutz

70   Der Umweltschutz in der Bauleitplanung wurde durch das BauROG 1998 neu geregelt. Wesentliches Kernstück der Reform ist die Integration der **naturschutzrechtlichen Eingriffsregelung** in das BauGB. Auch die rechtlichen Grundlagen für die Umweltverträglichkeitsprüfung in der Bauleitplanung wurden im BauGB gelegt. Zugleich wurde § 35 BauGB für die planungsrechtliche Nutzung des Außenbereichs neu gefasst.

71   **a) Integration der naturschutzrechtlichen Eingriffsregelung.** Die naturschutzrechtliche Eingriffsregelung fand in § 1a II und III BauGB 1998 eine neue rechtliche Grundlage.[105] Waren die naturschutzrechtlichen Regelungen in der Bauleitplanung früher in den §§ 8a bis 8c BNatSchG 1993 enthalten, wurde durch das BauROG teilweise ein Regelungstransfer in das BauGB vollzogen. In der Überschrift des § 1a BauGB 1998 („umweltschützende Belange in der Abwägung") wurde dabei bereits deutlich, dass der Baurechtskompromiss, der auf einen Ausgleich zwischen Bauleitplanung und Naturschutz abzielt, auch weiterhin galt. Es blieb daher bei dem gewohnten Unterschied zwischen der vom Grundsatz strikt bindenden Eingriffsregelung in § 8 BNatSchG 1993 (§ 18 BNatSchG 2002) einerseits und der von Abwägung geprägten Bewältigung der naturschutzrechtlichen Eingriffe in die Bauleitplanung andererseits.[106] Ganz allerdings wurde die Übernahme in das Baurecht nicht vollzogen. Es blieb vielmehr eine eigene naturschutzrechtliche Regelung in § 8a BNatSchG 1998 für das Verhältnis zum Baurecht. Das BNatSchG unterschied die Aufstellung von Bauleitplänen oder von Abrundungssatzungen nach § 34 IV 1 Nr. 3 BauGB (§ 8a I BNatSchG 1993), für die § 1a BauGB galt, und die planungsrechtliche Zulässigkeit von Einzelvorhaben, mit denen naturschutzrechtliche Eingriffe verbunden worden sind (§ 8a II und III BNatSchG 1993). Für Vorhaben im Geltungsbereich eines Bebauungsplans (§ 30 BauGB), während der Planaufstellung (§ 33 BauGB) und im nicht beplanten Innenbereich (§ 34 BauGB) sind die naturschutzrechtlichen Eingriffsregelungen des BNatSchG nicht anzuwenden. Für anwendbar erklärte § 8a II 2 BNatSchG 1993 (§ 21 BNatSchG) demgegenüber die naturschutzrechtlichen Eingriffsregelungen bei Vorhaben im Außenbereich nach § 35 BauGB sowie für Bebauungspläne, die eine Planfeststellung ersetzen. Außerdem bedurften Entscheidungen über

---

[103] Zur Raumordnung s. Rdn. 215.
[104] Zu den Kernpunkten der Reform *Stüer* DVBl. 1996, 177.
[105] S. Rdn. 1222, 3980.
[106] Aus dem bisher geltenden Recht wurde die Bodenschutzklausel und die Bodenversiegelungsklausel in § 1a I BauGB übernommen. Danach soll mit Grund und Boden sparsam umgegangen werden. Bodenversiegelungen sind auf das notwendige Maß zu begrenzen.

Vorhaben im Innenbereich nach § 34 BauGB und im Außenbereich nach § 35 I und IV BauGB eines Benehmens mit den für Naturschutz und Landschaftspflege zuständigen Behörden (§ 8 a III BNatSchG).

Das Verhältnis der Bauleitplanung zum Naturschutz fand in **§ 1a BauGB** seine Grundlage, so weit es den eigentlichen städtebaulichen Planungsteil angeht. Die Bestimmung des naturschutzrechtlichen Eingriffs blieb weiter dem BNatSchG als dem naturschutzrechtlichen Fachrecht vorbehalten. Die planerischen Entscheidungen waren weiterhin nicht strikt bindend, sondern abwägungsdirigiert (§ 1a II BauGB). Die Gemeinde war allerdings bei der Abwägung nicht gänzlich frei, sondern unterlag den Bindungen, die sich auch aus dem Beispielskatalog des § 1a II BauGB und vergleichbaren Belangen ergeben. Zu berücksichtigen waren etwa die Darstellungen von Landschaftsplänen und sonstigen Plänen, insbesondere des Wasser-, Abfall- und Immissionsschutzrechts (§ 1a II Nr. 1 BauGB), der Ausgleich oder die Minderung der zu erwartenden Eingriffe in Natur und Landschaft (naturschutzrechtliche Eingriffsregelung, § 1a II Nr. 2 BauGB), die Bewertung der Auswirkungen eines Vorhabens im Rahmen der Umweltverträglichkeitsprüfung (§ 1a II Nr. 3 BauGB) sowie der Fauna-Flora-Habitat-Richtlinie (§ 1a II Nr. 4 BauGB)[107]

Für die Integration der umweltschützenden Belange in das Bauplanungsrecht verwies **§ 1a III BauGB** auf ein Bündel verschiedener städtebaulicher **Instrumente**, die von Darstellungen im Flächennutzungsplan über Festsetzungen im Bebauungsplan bis hin zu städtebaulichen Verträgen reichen. Erleichterungen wurden der Praxis vor allem dadurch angeboten, dass der Ausgleich auch an anderer Stelle als am Ort des Eingriffs erfolgen konnte und die Gemeinde durch vorgezogene Maßnahmen bereits einen Ausgleich für Eingriffe vorwegnehmen konnte, die erst später anstanden. Dadurch konnten naturschutzrechtliche Ausgleichsmaßnahmen zeitlich und räumlich entzerrt sowie instrumentell auf eine neue Grundlage gestellt werden. Über allem schwebte der Gedanke, das Bauplanungsrecht mit seinem der Abwägung verpflichteten Entscheidungsverfahren für eine sachgerechte Bewältigung umweltschützender Belange zu nutzen.[108]

Die Regelungen für die bauleitplanerische Bewältigung der naturschutzrechtlichen Eingriffsfolgen wurden durch Vorschriften über die zu treffenden Maßnahmen für den Naturschutz in den **§§ 135a bis 135c BauGB** ergänzt.[109] Die bisherige Freistellungsklausel zu Gunsten der Länder in § 8b I BNatSchG 1993 wurde durch eine Freizeichnungsklausel ersetzt, wonach die Länder die Gemeinden bis zum 31.12.2000 von der Eingriffsregelung in der Bauleitplanung freistellen konnten (§ 246 VI BauGB 1998).

b) Umweltverträglichkeitsprüfung in der Bauleitplanung. Wies der Bebauungsplan ein Vorhaben aus, für das nach der Anlage zu § 3 UVPG[110] eine Umweltverträglichkeitsprüfung erforderlich ist, fand nach Maßgabe des UVPG eine Umweltverträglichkeitsprüfung statt.[111] Darunter fielen nach einer Änderung der Anlage zu § 3 UVPG[112] auch Einkaufszentren, großflächige Einzelhandelsbetriebe und sonstige großflächige

---

[107] Richtlinie 92/43/EWG des Rates vom 21.5.1992 zur Erhaltung der natürlichen Lebensräume sowie der wildlebenden Tiere und Pflanzen, ABlEG Nr. L 206/7 v. 22.7.1992.
[108] *Stüer* DVBl. 1996, 177.
[109] Das Gesetz geht dabei von dem Grundsatz aus, dass im Plan festgesetzte Maßnahmen vom Vorhabenträger durchzuführen sind (§ 155a I BauGB). Die Gemeinde kann die Ausgleichsmaßnahmen aber auch auf Kosten der Vorhabenträger oder Grundstückseigentümer durchführen (§ 135a II BauGB). Durch die in § 135b BauGB enthaltenen Verteilungsmaßstäbe und den Verweis auf das gemeindliche Satzungsrecht soll den Gemeinden ein vollziehbares Instrumentarium an die Hand gegeben werden. Vor allem ist den Gemeinden zu empfehlen, durch vertragliche Vereinbarungen einen komplizierten Abrechnungsstreit zu umgehen (§§ 1a III, 11 BauGB).
[110] S. Rdn. 1280, 2702 EG-Richtlinie zur UVP v. 27.6.1985, 85/337/EWG DVBl. 1987, 829.
[111] S. Rdn. 1280, 2702.
[112] Art. 8 des BauROG: Änderung des Gesetzes über die Umweltverträglichkeitsprüfung.

Handelsbetriebe i. S. des § 11 III 1 BauNVO ab einer Geschossfläche von 5.000 qm sowie Vorhaben, für die nach Landesrecht eine UVP vorgesehen ist. Die Ermittlung der umweltrelevanten Auswirkungen des Vorhabens durch Umweltverträglichkeitsprüfung änderte allerdings nichts daran, dass auch bauplanungsrechtliche Entscheidungen zu derartigen Vorhaben abwägungsdirigiert bleiben. Das wird durch § 1a II Nr. 3 BauGB klargestellt.

76 c) **Außenbereichsschutz.** Mit der Neufassung des § 35 BauGB ist der Gesetzgeber einen Mittelweg gegangen, indem der Katalog der privilegierten Vorhaben gestrafft und die teilprivilegierten Vorhaben teilweise erweitert worden sind.[113] § 35 IV BauGB enthielt gegenüber dem bisherigen Recht, das bei eingreifenden Umbaumaßnahmen bisher landwirtschaftlicher Gebäude nach § 35 IV 1 Nr. 1 (§ 4 III 1 Nr. 1 BauGB-MaßnG) lediglich die Wohnnutzung teilprivilegierte, deutliche Erweiterungen. Bedeutsam war dies vor allem für die „landwirtschaftsnahe" gewerbliche Nutzung, die nach der Neufassung erleichtert zulässig wurde.

77 d) **Abwägung und Planerhaltung.** Bereits durch die Überschrift der §§ 200, 214 ff. BauGB wurde deutlich, dass der Grundsatz der Planerhaltung groß geschrieben wurde.[114] Wenn sich die Richter nach den mahnenden Worten des BVerwG nicht ungefragt auf die Suche nach Fehlern begeben sollen,[115] so fand dieser Grundsatz jetzt auch im Gesetz Ausdruck. Widerspruch und Anfechtungsklage eines Dritten gegen die bauaufsichtliche Zulassung des Vorhabens hatten nach § 212a I BauGB keine aufschiebende Wirkung. Das ist verfassungsrechtlich nicht problematisch.[116]

78 Nach § 215a I BauGB führten Mängel der Satzung, die nach den §§ 214, 215 BauGB beachtlich sind, aber durch ein ergänzendes Verfahren behoben werden können, nicht zur Nichtigkeit.[117] Bis zur Behebung der Mängel entfalteten die Satzung allerdings keine Rechtswirkungen.[118] Wie bisher bestand auch weiterhin die Möglichkeit, Form- und Verfahrensfehler nach § 214 I BauGB mit Rückwirkung zu heilen.[119] Die rückwirkende Inkraftsetzung war allerdings bei inhaltlichen Fehlern, etwa bei materiellen Abwägungs-

---

[113] Aus dem Katalog der privilegierten Vorhaben in § 35 I BauGB wurden einerseits die unechten Altenteilerhäuser (§ 35 I Nr. 2 BauGB 1986) und die Landarbeiterstellen (§ 35 I Nr. 3 BauGB 1986) gestrichen. Dafür traten die Betriebe der gartenbaulichen Erzeugung hinzu (§ 35 I Nr. 2 BauGB). Andererseits wurden die Teilprivilegierungsregelungen in § 35 IV BauGB vor allem hinsichtlich der Folgenutzung bisher landwirtschaftlich genutzter Gebäude (§ 35 IV Nr. 1 BauGB), der Ersatzbauten für Wohngebäude (§ 35 IV 1 Nr. 2 BauGB) und der Erweiterung von Wohngebäuden (§ 35 IV 1 Nr. 5 BauGB) neu gefasst und dabei teilweise erweitert. Dies galt vor allem für die Folgenutzung landwirtschaftlicher Gebäude, die nicht nur bei Wohnnutzungen teilprivilegiert wurde. Es musste sich lediglich um eine zweckmäßige Verwendung erhaltenswerter Bausubstanz handeln. Die Aufgabe der bisherigen Nutzung durfte im Übrigen nicht länger als sieben Jahre zurückliegen (§ 35 IV Nr. 1c BauGB), wobei diese Voraussetzung bis zum 31. 12. 2004 nicht anzuwenden war, soweit die Länder dies vorsahen (§ 245b II BauGB). Bis zu diesem Zeitpunkt waren daher nach Maßgabe des Landesrechts auch Gebäude, deren landwirtschaftliche Nutzung vor mehr als sieben Jahren aufgegeben worden ist, nach § 35 IV 1 Nr. 1 BauGB teilprivilegiert.

[114] Zum Grundsatz der Planerhaltung s. Rdn. 260, 1183; *Stüer* DVBl. 1995, 912.

[115] So mit dem Charme einer begrüßenswerten Handlungsanweisung für die Praxis jenseits einer dogmatischen Begründung *BVerwG*, Urt. v. 7. 9. 1979 – IV C 7.77 – BauR 1980, 40 = DVBl. 1980, 230 – Fehlersuche.

[116] *BVerwG*, Urt. v. 2. 6. 1988 – 4 C 1.88 – RdE 1988, 194 – *Hoppe/Stüer* RzB Rdn. 475 – Zwischenlager Ahaus.

[117] Für das Fachplanungsrecht *BVerwG*, B. v. 24. 5. 1989 – 4 NB 10.89 – NVwZ 1990, 258 = DVBl. 1989, 387 = *Hoppe/Stüer* RzB Rdn. 857; *OVG Münster*, Urt. v. 30. 3. 1990 – 7 B 3551/89 – DVBl. 1990, 1119 m. Anm. *Schmaltz*.

[118] § 47 V VwGO ist für die Tenorierung der Normenkontrollentscheidung des *OVG* entsprechend ergänzt worden.

[119] S. Rdn. 1164.

mängeln nicht möglich.[120] Diese konnten durch ein ergänzendes Verfahren nur für die Zukunft behoben werden.[121]

e) Kooperation. Neben dem Grundsatz der Planerhaltung sprach sich das neue Städtebaurecht auch für eine Kooperation von Gemeinde, Vorhabenträgern und Dritten aus. Dies geschah auf der Grundlage der Vorschläge der *Schlichter-Kommission*.[122] Der bisher in § 6 BauGB-MaßnG geregelte städtebauliche Vertrag wird als § 11 BauGB in das neue Recht übernommen. Der Vorhaben- und Erschließungsplan (bisher § 7 BauGB-MaßnG) fand als vorhabenbezogener Bebauungsplan in § 12 BauGB seine neue Grundlage. Zudem konnten Dritte in das Planungsverfahren eingeschaltet werden (§ 4b BauGB).

f) Städtebauliche Verträge. Der städtebauliche Vertrag[123] in § 11 BauGB wurde als eigenständiges Instrument ausgebaut, mit dem im Rahmen der Angemessenheit (§ 11 II 1 BauGB) sachgerechte Regelungen getroffen werden konnten. Der städtebauliche Vertrag kann sich von gesetzlichen Regelungen deutlich entfernen und ist lediglich dem Angemessenheitsgrundsatz verpflichtet. Die Vereinbarung einer vom Vertragspartner zu erbringenden Leistung ist allerdings unzulässig, wenn er auch ohne sie einen Anspruch auf die Gegenleistung hätte (§ 11 II 2 BauGB). Mit dieser Neuregelung war ein wichtiger Befreiungsschlag gelungen – wurde doch bisher vielfach die Auffassung vertreten, dass der städtebauliche Vertrag lediglich die im Gesetz bereits vorgeschriebenen Regelungen abbilden und sich davon nicht entfernen dürfe. Befreit von solchen Fesseln konnte sich der städtebauliche Vertrag auf der Grundlage des neuen Rechts nunmehr zu einem eigenständigen Handlungsinstrumentarium entwickeln, das den Vertragsparteien größere Freiheiten in der Vertragsgestaltung lässt.

g) Vorhabenbezogener Bebauungsplan. Ebenfalls aufgegriffen hatte der Gesetzgeber die Vorschläge der *Schlichter-Kommission* zum Vorhaben- und Erschließungsplan,[124] der in § 12 BauGB seine neue Rechtsgrundlage findet und nunmehr als vorhabenbezogener Bebauungsplan in einem dem Bebauungsplan angeglichenen Gewande erscheint. Wie bisher war der Vorhaben- und Erschließungsplan, der zunächst in den neuen Ländern in § 55 BauZVO[125] und sodann in § 7 BauGB-MaßnG seine Rechtsgrundlage fand, eine städtebauliche Satzung, die auf einem mit der Gemeinde abgestimmten Planwerk und auf einem Durchführungsvertrag beruht. Die vertraglichen Verpflichtungen müssen vor dem Satzungsbeschluss begründet sein. Das dient der Klarstellung und will die Gemeinden vor bösen Überraschungen sichern, die dann eintreten können, wenn der Satzungsbeschluss ohne Vorliegen eines wirksamen Vertrages gefasst würde.

h) Einschaltung von Dritten. Neu geschaffen wurde in § 4b BauGB die Möglichkeit, Dritte zur Beschleunigung des Bauleitplanverfahrens die Vorbereitung und Durchführung von Verfahrensvorschriften der Bürger- und Trägerbeteiligung zu übertragen.

4. Vereinfachung

Einem allgemeinen Trend folgend war das Städtebaurecht angetreten, komplizierte Regelungsmechanismen abzubauen und das Planungsgeschehen zu vereinfachen. Dem

---

[120] *BVerwG*, Urt. v. 18. 4. 1996 – 4 C 22.94 – DVBl. 1996, 920 = UPR 1996, 308 = NVwZ 1996, 892 – Einfriedungsmauer.
[121] § 216 BauGB ist nun auch in den neuen Ländern anwendbar, sodass die Kontrollmöglichkeiten der höheren Verwaltungsbehörde auch dort nicht auf die Wirksamkeitsvoraussetzungen in den §§ 214, 215, 215a BauGB beschränkt sind.
[122] Bericht der Expertenkommission zur Novellierung des BauGB, Berlin, v. 28. 10. 1995 (*Schlichter II*). Die von Prof. Dr. Klaus *Töpfer* berufene Expertenkommission entwickelte ihre Vorschläge unter dem Vorsitz von Vizepräsident des BVerwG a. D. Prof. Dr. Otto *Schlichter* (Berlin) und Prof. Dr. Werner *Hoppe* (Münster/Berlin/Stuttgart) als stellvertretendem Vorsitzenden, vgl. auch *Stüer* DVBl. 1996, 177.
[123] S. Rdn. 1867; *Stüer*. DVBl. 1995, 649.
[124] S. Rdn. 2082.
[125] Bauplanungs- und Zulassungsverordnung vom 20. 6. 1990, GBl. der DDR I Nr. 45, S. 739.

Bemühen sind naturgemäß Grenzen gesetzt, wenn die rechtsstaatlichen Garantien und rechtsschutzsichernden Verfahrenserfordernisse nicht über Bord geraten sollen.

84 **a) Integration des BauGB-MaßnG.** Ein wichtiger Anlass für die Reform des Städtebaurechts waren die bis Ende 1997 befristeten Sonderregelungen im BauGB-MaßnG. Sie galt es, in das Dauerrecht zu überführen. Der Gesetzgeber hat sich dafür entschieden, die Sonderregelungen vom Grundsatz her in das BauGB zu integrieren, sie jedoch von ihrer Begrenzung zumeist auf den Wohnungsbau zu befreien. Vor allem sollten die durch das WoBauErlG und das InvWoBaulG bewirkten Verfahrenserleichterungen in das neue Städtebaurecht überführt werden. Dies gilt vor allem für die Bürger- und Trägerbeteiligung. So wurden die Regelungen über die vorgezogene und förmliche Bürgerbeteiligung vereinheitlicht.[126]

85 Im Unterschied zum Fachplanungsrecht ist es in der Bauleitplanung bei dem Erfordernis geblieben, die förmliche **Offenlegung** eine Woche vor ihrem Beginn öffentlich bekannt zu machen, während bei Massenverfahren durch die Verringerung der Eingaben auf 50 Personen mit dem Fachplanungsverfahren gleichgezogen wird. Ergeben sich im Aufstellungsverfahren gravierende Änderungen, die eine erneute Offenlegung erforderlich machen, konnte die Offenlegungsfrist auf zwei Wochen verkürzt werden (§ 3 III 2 BauGB 1998). Werden durch die Änderung oder Ergänzung des Entwurfs eines Bauleitplans die Grundzüge der Planung nicht berührt, kann das vereinfachte Verfahren nach § 13 Nr. 2 BauGB entsprechend angewendet werden (§ 3 III 3 BauGB 1998). Weitere Sonderregelungen, die im BauGB-MaßnG bei Bürgerbeteiligungen zu Gunsten des Wohnungsbaus enthalten waren, wurden nicht in das BauGB übernommen.[127]

86 Im Unterschied zum Fachplanungsrecht verzichtete der Gesetzgeber auf **materielle Präklusionsregelungen**.[128] Während nicht rechtzeitig vorgetragene Einwendungen im Fachplanungsverfahren zum Ausschluss der Belange auch im späteren Gerichtsverfahren führen, bestehen derartige Ausschlusswirkungen in der Bauleitplanung nicht. Allerdings sind in der Rechtsprechung Mitwirkungslasten entwickelt. Nicht rechtzeitig vorgetragene Belange sind danach nur dann zu berücksichtigen, wenn sie für die planende Gemeinde erkennbar waren, sich dem Planer also geradezu aufdrängen mussten. Im Übrigen gehen nicht rechtzeitig geltend gemachte Belange auch in der Bauleitplanung unter.[129]

87 Bei der **Beteiligung der Träger öffentlicher Belange** nach § 4 BauGB stand der Grundsatz im Vordergrund, dass die Stellungnahmen in der Regel innerhalb von einem Monat geltend zu machen sind und nicht rechtzeitig vorgetragene Belange in der Abwägung nicht zu berücksichtigen sind, es sei denn, die verspätet vorgebrachten Belange sind der Gemeinde bekannt oder hätten ihr bekannt sein müssen oder sind für die Rechtmäßigkeit der Abwägung von Bedeutung (§ 4 III BauGB). Auch hier sah der Gesetzgeber von einer materiellen Präklusion ab.[130]

---

[126] In Zukunft sollten nur noch „Anregungen", keine „Bedenken" mehr vorgetragen werden können. Das ist war allerdings nicht mehr als eine sprachliche Vereinfachung, weil sich in der Sache dadurch nichts geändert hat.

[127] *BVerwG*, B. v. 14. 4. 1988 – 4 N 4.87 – BVerwGE 79, 200 = *Hoppe/Stüer* RzB Rdn. 193; Urt. v. 7. 5. 1971 – IV C 18.70 – DVBl. 1971, 757; B. v. 18. 6. 1982 – 4 N 6.79 – DVBl. 1982, 1095; B. v. 3. 10. 1984 – 4 N 1.84 – DVBl. 1985, 387 = *Hoppe/Stüer* RzB Rdn. 849 – Beitrittsbeschluss; in diesem Sinne auch schon *BVerwG*, Urt. v. 18. 8. 1964 – 1 C 63.62 – BVerwGE 19, 164 – zum BBauG 1960.

[128] § 73 IV 3 und 4 VwVfG i. d. F. des GenBeschlG, s. Rdn. 805, 2954, 3620, 3795, 3822. Zur Ausweitung der Präklusionsregelungen im Zusammenhang mit der Beschleunigung von Planungsverfahren für Verkehrsinfrastrukturvorhaben s. Rdn. 3762.

[129] Den erweiterten Mitwirkungsrechten entsprechen daher Mitwirkungslasten, s. Rdn. 925.

[130] Zu verfassungsrechtlichen Anforderungen *BVerwG*, Urt. v. 6. 8. 1982 – 4 C 66.79 – BVerwGE 66, 99 = NJW 1984, 1250 – Rhein-Main-Donau-Kanal; s. Rdn. 3822. Die Präklusion der Rügemöglichkeiten ist nur bei entsprechender rechtsstaatlicher Handhabung verfassungsrechtlich unbedenklich. Dabei muss die Präklusion durch Gründe des öffentlichen Wohls gerechtfertigt sein. Zudem dürfen die Verfahrensrechte der Beteiligten nicht unzulässig verkürzt werden. Der Gesetz-

1. Teil. Bauleitplanung im Geflecht hoheitlicher Planungen **88–90 A**

b) Keine Sonderregelungen für die neuen Länder. Einig waren sich bereits die Sachverständigen, dass die Sonderregelungen für die neuen Länder[131] nicht beibehalten werden konnten. Denn ein einheitliches Städtebaurecht in ganz Deutschland erschien nach der erforderlichen Übergangszeit unverzichtbar. Was in den ersten Jahren nach der deutschen Einheit im Interesse der jungen Länder dringend erforderlich war, hat heute im Interesse angestrebter einheitlicher Lebensverhältnisse in Ost und West seine Berechtigung verloren. Die vollständige Streichung der Sonderregelungen in § 246a 1990/1993 BauGB war daher folgerichtig.[132] 88

c) Harmonisierung von Satzungen. Das Recht der städtebaulichen Satzungen wurde im Wesentlichen unverändert in das neue Städtebaurecht übernommen. Vorschläge, das Verfahren zur Aufstellung der bisher 15 städtebaulichen Satzungen zu vereinfachen und auf im Wesentlichen drei Aufstellungstypen zuzuschneiden,[133] wurden nicht aufgegriffen. Gestrichen wurden allerdings die bisherigen Regelungen über Vergnügungsstätten (§ 2a BauGB-MaßnG).[134] Sie können auch ohne ausdrückliche gesetzliche Regelung Gegenstand von satzungsrechtlichen Regelungen sein, wenn eine entsprechende Rechtfertigung besteht. Die erweiterte Abrundungssatzung des früheren § 2a II BauGB-MaßnG[135] wurde als Ergänzungssatzung nach § 34 IV 1 Nr. 3 BauGB in das System der Innenbereichssatzungen integriert.[136] Die bisher in § 4 IV BauGB-MaßnG geregelte Außenbereichssatzung[137] wurde mit einigen redaktionellen Änderungen als § 35 VI BauGB übernommen. Vorschläge, das Recht der Innen- und Außenbereichssatzungen zu streichen, wie sie vor allem in der Schlichter-Kommission erörtert wurden, wurde nicht weiter verfolgt. 89

Die Regelungen über Fremdenverkehrssatzungen in § 22 BauGB fanden sich in neuem Gewande wieder. Im Gegensatz zur bisherigen Rechtslage war die Anwendbarkeit der Vorschrift nicht von einer Rechtsverordnung der jeweiligen Landesregierung abhängig, sondern erfasst alle Gemeinden, die oder deren Teile überwiegend durch den Fremdenverkehr geprägt sind (§ 22 BauGB). Die Sicherung solcher Gebiete kann in einem Bebau- 90

---

geber stellt dies durch die Regelung sicher, dass Belange im Abwägungsverfahren nur ausfallen dürfen, wenn sie nicht nach Lage der Dinge auch ohne das Vorbringen des beteiligten Trägers bekannt waren oder hätten bekannt sein müssen.

[131] Zum bisherigen Städtebaurecht in den neuen Ländern *Stüer* DVBl. 1992, 266.

[132] Für die neuen Länder hat dies folgende Änderungen bewirkt: Die Mitteilungspflichten an die Raumordnung (§ 246a I Nr. 1 BauGB 1990/1993) ist entfallen, wobei allerdings weiterhin eine Abstimmung mit der Raumordnung über § 1 IV BauGB erforderlich ist. Entfallen ist auch die Sonderregelung zum vorzeitigen Bebauungsplan (§ 246 I Nr. 3 BauGB). Die umfassenderen Genehmigungspflichten städtebaulicher Satzungen (§ 246a Nr. 4 BauGB 1993) sind ebenso gestrichen wie Sonderregelungen für die Vorkaufsrechte (§ 246a Nr. 7 BauGB 1993), die auch in den alten Ländern preislimitiert ausgeübt werden können (§ 28 III und IV BauGB). Durch die Neufassung des § 38 BauGB zur privilegierten Fachplanung ist auch die Sonderregelung in § 246a Nr. 8 BauGB 1993 entbehrlich geworden. Ein einheitliches Recht gilt nunmehr auch im Bereich des Vertrauensschadens (§ 246a Nr. 9 BauGB 1993) und im Enteignungsbereich. Hier wurden die Rückübertragungsansprüche (§ 246a Nr. 10 BauGB 1993) in § 86 I Nr. 3 BauGB übernommen. Gestrichen wurden die bisherigen Sondervorschriften für Erhaltungssatzungen (§ 246a Nr. 14 BauGB 1993) und für das Verfahren vor den Kammern und Senaten für Baulandsachen (§ 246a Nr. 17 BauGB 1993). Die Überleitungsregelungen des § 246a II bis V BauGB 1993 wurden in die Neuregelung des § 233 BauGB überführt.

[133] *Bönker*, Harmonisierung des Rechts der städtebaulichen Satzungen, 1994; *Stüer* DVBl. 1995, 121; s. Rdn. 2076.

[134] Zur bisherigen Rechtslage BVerwG, Urt. v. 11. 2. 1993 – 4 C 25.91 – DVBl. 1993, 657 = *Hoppe/Stüer* RzB Rdn. 566 – Spielhalle.

[135] BVerwG, B. v. 16. 3. 1994 – 4 NB 34.93 – UPR 1994, 394 = *Hoppe/Stüer* RzB Rdn. 394 – Abrundungssatzung.

[136] Zu den Innenbereichssatzungen *Gerhards* BauR 1990, 667; s. Rdn. 2109.

[137] BVerwG, B. v. 4. 7. 1990 – 4 B 103.90 – NVwZ 1990, 962 = BayVBl. 1991, 473 – Außenbereichssatzung; *Degenhart* DVBl. 1993, 177.

ungsplan oder durch sonstige gemeindliche Satzung erfolgen. Der Gesetzgeber wurde zu einer derartigen Regelung wohl auch deshalb ermutigt, weil die früheren Regelungen in § 22 BauGB durch die Rechtsprechung auch vor dem Hintergrund der damit ermöglichten Eigentumseingriffe abgesegnet worden sind.[138] Nach der Neuregelung ist für die Vorgänge der Begründung oder Teilung von Wohnungseigentum in allen Gemeinden eine Genehmigung oder ein Negativattest der Gemeinde vorzulegen (§ 22 VI BauGB). Bisher entstand der Verwaltungsaufwand nur für Gemeinden, die in der Rechtsverordnung der Landesregierung als Fremdenverkehrsgemeinden bezeichnet worden waren.

91   d) **Anzeigeverfahren nach Landesrecht.** Vom Grundsatz her gestrichen wurde das bisherige Anzeigeverfahren. Nur Bebauungspläne, die nicht aus dem Flächennutzungsplan entwickelt sind, bedurften einer Genehmigung. Allerdings konnten die Länder nach § 246 Ia BauGB bestimmen, dass aus dem Flächennutzungsplan entwickelte Bebauungspläne und Innenbereichssatzungen vor ihrem In-Kraft-Treten der höheren Verwaltungsbehörde anzuzeigen sind, die innerhalb von zwei Monaten zu reagieren hat.

92   e) **Teilungsgenehmigungssatzung im Planbereich.** Die im Gesetzgebungsverfahren umstrittene Frage, ob die Teilungsgenehmigungen nach den §§ 19 ff. BauGB beibehalten werden soll, ist schließlich i. S. einer eingeschränkten Beibehaltung in der Form einer Teilungsgenehmigungssatzung beantwortet worden. Die Landesregierungen hatten allerdings die Möglichkeit erhalten, dieses Satzungsrecht auszuschließen (§ 19 V BauGB).

93   f) **Erweiterte Vorkaufsrechte.** Das allgemeine Vorkaufsrecht in § 24 BauGB wurde auf unbebaute Flächen im Außenbereich, für die nach dem Flächennutzungsplan eine Nutzung als Wohnbaufläche oder Wohngebiet dargestellt ist (§ 24 I 1 Nr. 5 BauGB) und unbebaute Grundstücke im Gebiet eines Bebauungsplans, bei Planreife oder im der Art nach einheitlich geprägten nicht beplanten Innenbereich (§ 24 I 1 Nr. 6 BauGB) ausgedehnt. Für Flächen mit öffentlicher Zweckbestimmung oder naturschutzrechtlichen Ausgleichsmaßnahmen (§ 24 I 1 Nr. 1 BauGB) konnte das Vorkaufsrecht bereits mit dem Beschluss zur Aufstellung eines Bebauungsplans ausgeübt werden (§ 24 I 2 BauGB). Bei in Betracht kommenden Wohnbauflächen im Außenbereich reichte bereits ein Aufstellungsbeschluss aus (§ 24 I 3 BauGB). Die Gemeinde konnte das Vorkaufsrecht auch unter den Voraussetzungen des § 27 a BauGB zu Gunsten eines Dritten oder nach § 28 III und IV BauGB preislimitiert ausüben.[139]

94   g) **Baulandkataster.** Gewisse Mobilisierungswirkungen auf den Grundstücksmarkt versprach man sich von der in § 200 III BauGB für die Gemeinden neu geschaffenen Möglichkeit, in einem Baulandkataster sofort oder in absehbarer Zeit bebaubare Flächen in Karten oder Listen auf der Grundlage eines Lageplans zu erfassen, der Flur- und Flurstücksnummern, Straßennummern, Straßennamen und Angaben zur Grundstücksgröße enthält. Derartige Möglichkeiten werden allerdings durch ein dem Grundstückseigentümer eingeräumtes Widerspruchsrecht eingeschränkt.

95   h) **Bauplanungsrecht und Freistellungspolitik der Länder.** Durch die Freistellungstendenzen in den Bauordnungen der Länder[140] war eine Abkopplung des Rechts der planungsrechtlichen Zulässigkeit von Vorhaben nach den §§ 29 bis 37 BauGB vom landesrechtlich angeordneten Genehmigungs-, Zustimmungs- oder Anzeigeerfordernis unumgänglich.[141] Der Bundesgesetzgeber ist allerdings nicht so weit gegangen, bundesgesetzlich ein Genehmigungsverfahren für alle städtebaulich relevanten Vorhaben

---

[138] *BVerwG*, B. v. 21. 4. 1994–4 B 193.93 – NVwZ 1995, 271 = BauR 1994, 601 – Wohnungseigentum; Urt. v. 7. 7. 1994 – 4 C 21.93 – BVerwGE 96, 217 = DVBl. 1994, 1149 – Fremdenverkehrssatzung.
[139] S. Rdn. 1604.
[140] *Ortloff* NVwZ 1995, 112; *Schulte* Eildienst StT NW 1995, 85; *Stelkens* NVwZ 1995, 325; *Stüer/Ehebrecht-Stüer* DVBl. 1996, 482; *dies.* Bauplanungsrecht und Freistellungspolitik der Länder, Gutachten erstattet im Auftrag des Bundesbauministeriums, Zentralinstitut für Raumplanung, Münster 1996.
[141] S. Rdn. 988.

anzuordnen, wie dies durchaus in Betracht gekommen wäre.[142] Nach § 29 I BauGB 1998 galten für Vorhaben, welche die Errichtung, Änderung oder Nutzungsänderung von baulichen Anlagen zum Inhalt haben, und für Aufschüttungen und Abgrabungen größeren Umfangs sowie für Ausschachtungen, Ablagerungen einschließlich Lagerstätten die §§ 30 bis 37 BauGB unabhängig davon, ob die Vorhaben nach dem Landesrecht genehmigungs-, zustimmungs- oder anzeigepflichtig sind. Die Länder wurden danach aus der im Wyhl-Urteil[143] hervorgehobenen Verpflichtung entlassen, für städtebaulich und bodenrechtlich relevante Vorhaben von einigem Gewicht ein förmliches Genehmigungs-, Zustimmungs- oder Anzeigeverfahren anzuordnen.

i) Befreiung nach § 31 II BauGB. Die Befreiungsregelungen in § 31 II BauGB und § 4 Ia BauGB-MaßnG wurden in § 31 II BauGB zusammengefaßt.[144] Die Neufassung war von dem Bestreben gekennzeichnet, die Befreiungsvorschrift als eigenständige Legitimationsquelle über den engen Vollzug des Bebauungsplans treten zu lassen.

j) Streichung von § 34 III BauGB – Einkaufszentren. Auf der Strecke blieb die nach § 34 III BauGB 1986/§ 4 II BauGB-MaßnG[145] vor allem zu Gunsten von gewerblichen Betrieben und von Wohnnutzungen bestehende Möglichkeit, im nicht beplanten Innenbereich auch Vorhaben planungsrechtlich zuzulassen, die nach § 34 I und II BauGB unzulässig sind. Danach konnten im nicht beplanten Innenbereich an sich unzulässige Erweiterungen, Änderungen, Nutzungsänderungen und Erneuerungen von zulässigerweise errichteten baulichen und sonstigen Anlagen zugelassen werden, wenn dies aus Gründen des Wohls der Allgemeinheit erforderlich war oder das Vorhaben einem Betrieb (§ 34 III Nr. 2 BauGB) oder Wohnzwecken (§ 4 II BauGB-MaßnG) diente und städtebaulich vertretbar war.[146] Die bisherige Regelung wurde nicht zuletzt im Hinblick auf die Möglichkeiten der Vorhaben- und Erschließungspläne für entbehrlich gehalten. Auch wurde sie vielleicht von manchem im System des § 34 BauGB als Fremdkörper empfunden, wurde allerdings durch das EAG Bau in etwas anderem Gewande wieder eingeführt (§ 34 IIIa BauGB).

Einkaufszentren, großflächige Einzelhandelsbetriebe und sonstige großflächige Handelsbetriebe nach § 11 III BauNVO konnten durch Landesrecht im **nicht beplanten Innenbereich nach § 34 I 1 BauGB** für unzulässig erklärt werden (§ 246 VII BauGB).

5. Verhältnis der Bauleitplanung zu anderen Planungen

Die Bauleitplanung steht als Gesamtplanung in einem Spannungsfeld, das auch von anderen raumrelevanten Planungen mit besetzt wird. Dazu zählen einerseits die raumübergreifende Landes- und Regionalplanung, aber auch die Fachplanung.

a) Verhältnis zur Raumordnung und Regionalplanung. Das Verhältnis der Bauleitplanung zur Raumordnung[147] wurde durch das ROG neu geregelt. Die wesentlichen Kernelemente dieses Verhältnisses, die durch das Gegenstromprinzip markiert werden,[148] sind dabei erhalten geblieben. Die Entwicklung, Ordnung und Sicherung der Teilräume soll sich danach in die Gegebenheiten und Erfordernisse des Gesamtraums einfügen, die Entwicklung, Ordnung und Sicherung des Gesamtraumes soll die Gegebenheiten und

---

[142] *BVerwG*, Urt. v. 19. 12. 1985 – 7 C 65.82 – BVerwGE 72, 300 = DVBl. 1986, 265 = DÖV 1986, 431 = NVwZ 1986, 208 = BayVBl. 1987, 5 = ZfBR 198 = UPR 1986, 107 = *Hoppe/Stüer* RzB Rdn. 1253 – Wyhl; *Stüer/Ehebrecht-Stüer* DVBl. 1996, 482; *dies.* Bauplanungsrecht und Freistellungspolitik der Länder, 1996, 23.
[143] *BVerwG*, Urt. v. 19. 12. 1985 – 7 C 65.82 – BVerwGE 72, 300 = DVBl. 1986, 265 = *Hoppe/Stüer* RzB Rdn. 1253 – Wyhl.
[144] S. Rdn. 2300.
[145] Zur bisherigen Rechtslage s. Rdn. 2392.
[146] *BVerwG*, Urt. v. 15. 2. 1990 – 4 C 23.86 – BVerwGE 84, 322 = *Hoppe/Stüer* RzB Rdn. 388 – Unikat.
[147] Zur Raumordnung s. Rdn. 215.
[148] *Löwer* JuS 1975, 779; *Depenbrock* DVBl. 1977, 14; s. Rdn. 223, 237.

Erfordernisse seiner Teilräume berücksichtigen (§ 1 III ROG). Stärker als das bisherige Recht unterschied das neue ROG zwischen Zielen und Grundsätzen der Raumordnung. Die bindenden Ziele der Raumordnung[149] enthalten verbindliche Vorgaben in Form von räumlich und sachlich bestimmten oder bestimmbaren, vom Träger der Landes- und Regionalplanung abschließend abgewogenen textlichen oder zeichnerischen Festlegungen in Raumordnungsplänen zur Entwicklung, Ordnung und Sicherung des Raums (§ 3 Nr. 2 ROG). Die der gemeindlichen Abwägung zugänglichen Grundsätze der Raumordnung beinhalten demgegenüber allgemeine Aussagen zur Entwicklung, Ordnung und Sicherung des Raums in oder aufgrund von § 2 ROG als Vorgaben für nachfolgende Abwägungs- oder Ermessensentscheidungen (§ 3 Nr. 3 BROG). Ziele der Raumordnung sind von öffentlichen Stellen bei ihren raumbedeutsamen Planungen und Maßnahmen zu beachten (§ 4 ROG). Dieser Zielbindungsgrundsatz[150] ist auch in dem Anpassungsgebot des § 1 IV BauGB niedergelegt.[151] Die Grundsätze und sonstigen Erfordernisse der Raumordnung sind demgegenüber von öffentlichen Stellen bei raumbedeutsamen Planungen und Maßnahmen in die Abwägung einzustellen und daher durch Abwägung überwindbar (§ 4 II ROG).

101 b) **Verhältnis zur Fachplanung.** Der sprachlich recht verunglückte § 38 BauGB a. F. wurde neu gefasst und übersichtlicher gestaltet.[152] Die problematische Aufzählung einzelner privilegierter Fachplanungen wurde durch eine Generalklausel zu Gunsten einer Privilegierung von Fachplanungsverfahren mit überörtlicher Bedeutung ersetzt. Die Privilegierung erfasste alle Planfeststellungsverfahren oder sonstige Verfahren mit den Rechtswirkungen der Planfeststellung, zu denen vor allem die Plangenehmigungen für Vorhaben von überörtlicher Bedeutung gehören. Die Zulassung im Fachplanungsrecht hat dann neben einer formellen auch eine materielle Konzentrationswirkung. Es fallen darunter nicht nur Fachplanungsverfahren auf bundesrechtlicher, sondern auch auf landesrechtlicher Grundlage wie etwa wasserrechtliche oder abgrabungsrechtliche Vorhaben. Allerdings muss es sich um Vorhaben von überörtlicher Bedeutung handeln,[153] was zumeist eine gemeindeübergreifende Wirkung voraussetzt. Vorhaben mit lediglich örtlich begrenzter Wirkung nehmen demgegenüber an der Privilegierung nicht teil.[154] Dies hat eine nicht zu unterschätzende Bedeutung: Privilegierte Fachplanungsgesetze bestimmen die Reichweite ihres Geltungsbereichs selbst und können daher auch die planungsrechtlichen Zulässigkeitsregelungen in den §§ 29 bis 37 BauGB ganz oder teilweise außer Kraft setzen. Der nicht privilegierten Fachplanung kommt diese Vorrangfunktion gegenüber dem Bauplanungsrecht nicht zu.

---

[149] *BVerwG*, Urt. v. 11. 2. 1993 – 4 C 15.92 – DVBl. 1993, 914 = *Hoppe/Stüer* RzB Rdn. 128.

[150] *Hoppe* in: *Hoppe/Bönker/Grotefels*, ÖffBauR § 8 Rdn. 84; *Dyong* in: Ernst/Zinkahn/Bielenberg/Krautzberger, Rdn. 98 zu § 35 BauGB.

[151] *Hoppe* in: *Hoppe/Bönker/Grotefels* § 5 Rdn. 7.

[152] S. Rdn. 180.

[153] *BVerfG*, B. v. 7. 10. 1980 – 1 BvR 584/76 – BVerfGE 56, 298 = NJW 1981, 1659 = DVBl. 1981, 535 = *Hoppe/Stüer* RzB Rdn. 1157 – Memmingen; *BVerwG*, Urt. v. 20. 11. 1987 – 4 C 39.84 – DVBl. 1988, 532; Urt. v. 18. 2. 1994 – 4 C 4.94 – BVerwGE 95, 123 = *Hoppe/Stüer* RzB Rdn. 934.

[154] Eine überörtliche Planung im Sinne des § 38 2 BauGB 1986 ist regelmäßig dann gegeben, wenn das planfestzustellende Vorhaben das Gebiet von zumindest zwei Gemeinden tatsächlich berührt, so *BVerwG*, Urt. v. 4. 5. 1988 – 4 C 22.87 – BVerwGE 79, 318 = NJW 1989, 242 = *Hoppe/Stüer* RzB Rdn. 575 – ortsgebundener Kiesabbau. Die „überörtliche" Zuständigkeit der Planfeststellungsbehörde ist dagegen für sich allein nicht entscheidend, *BVerwG*, Urt. v. 4. 5. 1988 – 4 C 22.87 – BVerwGE 79, 318 = NJW 1989, 242 = *Hoppe/Stüer* RzB Rdn. 575 – ortsgebundener Kiesabbau. Ist von einer überörtlichen Planung im Sinne des § 38 2 BauGB 1986 auszugehen, bestimmt das jeweilige Fachplanungsrecht, welche Maßgeblichkeit dem Bauplanungsrecht als Teil des materiellen Entscheidungsprogramms (noch) zukommt, so *BVerwG*, Urt. v. 10. 2. 1978 – IV C 25.75 – BVerwGE 55, 220 = DVBl. 1979, 67; Urt. v. 9. 11. 1984 – 7 C 15.83 – BVerwGE 70, 242; s. Rdn. 180.

V. Umsetzung der Projekt-UVP-Richtlinie durch das ArtG 2001

Das Gesetz zur Umsetzung der UVP-Änd-Richtlinie,[155] der IVU-Richtlinie und weiterer EG-Richtlinien zum Umweltschutz (ArtG 2001) hat folgende Gesetze[156] geändert:[157] UVPG, BImSchG, WHG, KrW-/AbfG, AtG, BNatSchG, BauGB, FStrG, AEG, PersBefG, WaStrG, LuftVG, MBPlG, das Gesetz über den Bau und den Betrieb von Versuchsanlagen zur Erprobung von Techniken für den spurgeführten Verkehr, EnWG, UIG, ROG. Auf untergesetzlicher Ebene sind die 4. BImSchV, 9. BImSchV, 17. BImSchV, AtVfV und die UIGKostV (früher: UIGGebV) geändert worden. Mit dem komplexen Gesetzeswerk wurde der Versuch unternommen, die europarechtlichen Vorgaben vollständig in nationales Recht umzusetzen.[158] Im Bereich der Straßen betrifft dies nur die Bundesfernstraßen.[159] Für die übrigen Straßen hat der Bund keine Gesetzgebungskompetenz. Die einzelnen Bundesländer sind dementsprechend gehalten, selbst tätig zu werden. In den Bundesländern bestand vor dem Hintergrund der Aktivitäten des Bundes bisher eine eher abwartende Haltung. Die Länder hatten allerdings nach der Überleitungsvorschrift in § 25 UVPG unverzüglich, spätestens innerhalb von zwei Jahren, die dem § 3d UVPG entsprechenden Vorschriften zu erlassen oder bestehende Vorschriften anzupassen. Solange die Länder nicht über eigene gesetzliche Regelungen verfügen, gelten für wasserwirtschaftliche Vorhaben mit Benutzung oder Ausbau eines Gewässers (Nr. 13) und forstliche Vorhaben (Nr. 17 der Anlage 1 zum UVPG) die bundesrechtlichen Regelungen entsprechend. Ist danach eine Vorprüfung nach Maßgabe des Landesrechts vorgesehen, erfolgt eine Vorprüfung des Einzelfalls. Soweit das Artikelgesetz 2001 den landesrechtlichen Bereich nicht regelt, verbleibt es bei der unmittelbaren Geltung der UVP-Richtlinie, bis die Länder eigene Umsetzungsregelungen erlassen.

Kernstück des Regelwerks für die **Fachplanung** war die Umsetzung der UVP-Änd-Richtlinie in das nationale Recht. Der Kreis der UVP-pflichtigen Projekte wurde durch die UVP-Änd-Richtlinie erheblich erweitert. Zudem sieht die UVP-Änd-Richtlinie für bestimmte Projekte ein Vorprüfungsverfahren vor, bei dem Merkmale und Standorte der Projekte sowie die potenziellen Auswirkungen der Projekte zu berücksichtigen sind. Neue Aufgaben daher, denen die Fachplanung gerecht werden musste. Bei weniger gra-

---

[155] Richtlinie 97/11/EG des Rates vom 3. 3. 1997 zur Änderung der Richtlinie 85/337/EWG über die UVP bei bestimmten öffentlichen und privaten Projekten, ABL. EG Nr. L 73, S. 5. Der Anwendungsbereich der RL ist erweitert worden. Die einer Regel-UVP zu unterziehenden Projekte des Anhangs I sind von 9 auf 21 erweitert worden. Der Anhang II ist um neue Projektarten ergänzt worden. Der neue Anhang III enthält Kriterien für Schwellenwerte und sonstige Kriterien im Einzelfall. *Becker* NVwZ 1997, 1167; *Enders/Krings* DVBl. 2001, 1242; *dies.* DVBl. 2001, 1389; *Feldmann* DVBl. 2001, 589; *Peters* UVP 1999, 294; *Schink* DVBl. 2000, 312; *ders.* NVwZ 1999, 11; *Schmidt* JZ 1997, 1042; *Schmidt-Preuß* DVBl. 1995, 485; *ders.* Auf dem Wege zum UGB I, in: Rengeling (Hrsg.), 1999, 115; *Wahl* ZUR 2000, 360; *ders.* NVwZ 2000, 502. Zur UVP in der Bauleitplanung und zum Umweltbericht *Stüer* BauR 2001, 1195; *ders.* Städtebaurecht 2001, Schriftenreihe Planungsrecht, Bd. 5, Osnabrück 2001.

[156] Gesetz zur Umsetzung der UVP-ÄndRL, der IVU-Richtlinie und weiterer EG-Richtlinien zum Umweltschutz v. 27. 7. 2001 (BGBl. I, 1950).

[157] Die Vorgaben des Europarechts sollten zunächst durch ein UGB umgesetzt werden, *Unabhängige Sachverständigenkommission*, UGB-Entwurf, 1998; *BMU*, Entwurf für ein Einführungsgesetz zum UGB, G I 4 – 41022, Stand: 23. 4. 1999; *Hasche* UTR 49 (1999), 159; *Kloepfer/Durner* DVBl. 1997, 1081; *Krings* UTR 45 (1998), 47.

[158] Durch das In-Kraft-Treten der UVP-Richtlinie war bereits ein erheblicher Anpassungsbedarf entstanden, *EuGH*, E. v. 22. 10. 1998 – Rs. C-301/95 – DVBl. 1999, 232 – Kommission gegen Deutschland; E. v. 9. 9. 1999 – Rs. C-217/97 – DVBl. 1999, 1494 – Kommission gegen Deutschland betreffend die Umweltinformationsrichtlinie; E. v. 21. 9. 1999 – Rs. C-392/96 – ZUR 2000, 284 – Kommission gegen Irland; Kommission gegen Deutschland – Rs. C-24/99 –.

[159] Bundesfernstraßen gliedern sich nach § 1 II FStrG (BGBl. I 1994, S. 854) in Bundesautobahnen und Bundesstraßen mit den Ortsdurchfahrten.

vierenden Auswirkungen konnte bisher statt der Planfeststellung eine Plangenehmigung genutzt werden, die in einem vereinfachten Verfahren ohne Öffentlichkeitsbeteiligung die Rechtsgrundlage bildete. Für UVP-pflichtige Verfahren besteht diese Möglichkeit bei konsequenter Anwendung der UVP-Änd-Richtlinie nicht mehr. Neue Regelungen enthielt das Artikelgesetz 2001 daher durch eine Änderung des UVPG für die UVP-pflichtigen Projekte. Zudem wurden in den Fachplanungsgesetzen die Voraussetzungen für ein Plangenehmigungsverfahren neu bestimmt. UVP-pflichtige Vorhaben können bis auf eine Sonderregelung für das Fernstraßenrecht in den neuen Ländern nicht mehr durch Plangenehmigung zugelassen werden. Die UVP-pflichtigen und vorprüfungspflichtigen Vorhaben wurden in der Anlage 1 zum UVPG neu geregelt. Anlage 2 zum UVPG enthielt eine Kriterienliste, die bei dem durch das UVPG eingeführten Vorprüfungsverfahren anzuwenden ist.

VI. Europarechtsanpassungsgesetz Bau (EAG Bau)

104 Durch das Europarechtsanpassungsgesetz Bau (EAG Bau)[160] ist im Anschluss an das BauROG 1998 und das durch die UVP-Änd-Richtlinie 1997 veranlasste ArtG 2001[161] zum 20. 7. 2004 eine erneute, in ihren Auswirkungen durchaus beachtliche Änderung des Städtebaurechts in Kraft getreten. Geändert wurden das BauGB, das ROG und das UVPG.[162] Veranlasst wurde die Novelle durch die Plan-UP-Richtlinie,[163] die bis zu dem vorgenannten Zeitpunkt 2004 in nationales Recht umzusetzen war. Der danach unausweichliche Reformbedarf hat zugleich eine Reihe weiterer Änderungen nach sich gezogen, die quer durch das BauGB gehen.[164] Neben der **Umweltprüfung**,[165] die Anlass und Kernstück des Gesetzes ist, hat das EAG Bau zu einer Reihe weiterer Änderungen des Städtebaurechts geführt.

105 Das Baugeschehen ist ein Spiegel seiner Zeit. Neue Herausforderungen von Staat, Wirtschaft, gesellschaftlichen Gruppen und Umwelt schlagen sich auch in entsprechenden Rechtsnormen nieder. Wer heute unter den Planungs- und Umweltrechtlern etwas auf sich hält, tritt in den Club der Nachhaltigkeit ein. Aber auch die Baukultur oder das den Gleichbehandlungsgedanken in der Gesetzessprache verwirklichende Gender Mainstreaming haben Konjunktur. Daneben treten Forderungen der kommunalen Seite auf eine stärkere interkommunale Abstimmung und der Berücksichtigung von Zielen der Raumordnung im Sinne einer interkommunalen Wehrfähigkeit. Aber auch das Baurecht auf Zeit bereichert das Planungsrecht.[166]

106 In § 1 V 1 BauGB wird das schon im BauROG 1998 verankerte Prinzip der **Nachhaltigkeit** inhaltlich ausgestaltet, indem die Ausgleichsfunktion der Bauleitplanung für die

---

[160] Gesetzentwurf der Bundesregierung. Gesetz zur Anpassung des BauGB an EU-Richtlinien (EAG Bau) vom 15. 10. 2003, Drs. 15/2250; Beschlüsse des Ausschusses für Verkehr, Bau- und Wohnungswesen (14. Ausschuss) vom 29. 4. 2004, Drs. 15/2996; Bericht der Unabhängigen Expertenkommission, August 2002; Planspiel BauGB 2004, Bericht über die Planspielstädte und Planspiellandkreise, vorgestellt im Ausschuss für Verkehr, Bau- und Wohnungswesen am 1. 3. 2004 in Berlin. Materialien unter www.bmvbw.de, www.krautzberger.info, www.stüer.info und www.abwaegungsgebot.de (unter EAG Bau).

[161] *Battis/Krautzberger/Löhr* NVwZ 2001, 961; *Krautzberger/Stemmler* UPR 2001, 241; *ders.* UPR 2002, 121; *ders.* DVBl. 2002, 285; *Stüer* BauR 2001, 1195; *ders.* JURA 2002, 54.

[162] Die UVPG-Änderung betrifft allerdings ausschließlich Folgeänderungen von BauGB und ROG. Die Umsetzung der Plan-UP-Richtlinie im UVPG sowie in den Fachplanungsgesetzen steht noch aus.

[163] Richtlinie 2001/42/EG des Europäischen Parlamentes und des Rates vom 27. 6. 2001 über die Prüfung der Umweltauswirkungen bestimmter Pläne und Programme (ABl. EG vom 21. 7. 2001, Nr. L 197, Satz 30).

[164] *Krautzberger* UPR 2004, 41; *ders.* DWW 2003, 318; *Krautzberger/Stüer* BauR 2003, 1301; *Stüer/Upmeier* ZfBR 2003, 214.

[165] S. Rdn. 768.

[166] Zum Baurecht auf Zeit s. Rdn. 402.

sozialen, wirtschaftlichen und umweltschützenden Anforderungen an die Bodennutzung auch in Verantwortung gegenüber künftigen Generationen hervorgehoben wird. Anlass für diese Änderung ist die Betonung des Stellenwerts der Nachhaltigkeitspolitik. Dabei ist der Nachhaltigkeitsgedanke nicht ohne Charme. Wem es gelingt, die eigenen Anliegen als nachhaltig zu bezeichnen, der hat vielleicht sogar die Chance, in eine Optimierungsebene[167] einzutreten und sich über die einfachen Berücksichtigungsgebote zu erheben. Im Kern zielt der Grundsatz der Nachhaltigkeit nicht so sehr auf ein Bevorzugen der vorrangigen Belange und ein Zurückstellen der für nachrangig angesehenen Belange, sondern auf die Herstellung eines Mehrwerts für die Zieltrias Ökonomie, Soziales und Ökologie, also auf eine „win-win-Situation".[168] Allerdings könnte die Gefahr bestehen, dass bei einer Inflation des Nachhaltigkeitsgedankens sich (nur) auf einer höheren Ebene die konfligierenden Belange wieder finden, die sich bereits auf der Ebene der einfachen Belange gegenüber gestanden haben.[169] Die Regelung wird aber wohl auch dazu beitragen, dass neben den wirtschaftlichen und sozialen Belangen auch die umweltschützenden Belange sowie die Verantwortung gegenüber künftigen Generationen stärker in den Blickpunkt geraten. So gesehen transportiert der Nachhaltigkeitsgrundsatz zugleich ein städtebauliches Leitbild und Programm.

Im Katalog der Belange sieht das Gesetz vor, dass auch „unterschiedliche Auswirkungen auf Frauen und Männer" als bei der Bauleitplanung zu berücksichtigende Belange aufgenommen werden. Dadurch wird dem Anliegen des **Gender Mainstreaming** Nachdruck verliehen, durch die Berücksichtigung unterschiedlicher Auswirkungen auf Frauen und Männer auch bei der Bauleitplanung auf das Ziel der tatsächlichen Gleichstellung von Frauen und Männern hinzuwirken – ein Gedanke, der bereits in Art. 3 II 2 GG angelegt ist. Und dies hat auch sprachliche Auswirkungen. Die Bürgerbeteiligung wird zur Öffentlichkeitsbeteiligung, die Trägerbeteiligung zur Behördenbeteiligung.[170] Dies war ohnehin durch europarechtliche Vorgaben angezeigt.

Das EAG Bau enthält mehrere Regelungen, die schlagwortartig unter dem Begriff der „Flexibilisierung" von Baurechten zusammengefasst werden können und die eine rechtliche Antwort auf Rückgänge im Siedlungswachstum, der Notwendigkeit einer verstärkten Wiedernutzung von Flächen zur Vermeidung von Außenentwicklungen und neuen, kurzlebigeren Nutzungsformen z. B. in den Bereichen Handel, Logistik, Freizeit Rechnung tragen sollen. Auch soll durch eine zeitliche Staffelung die Nachnutzung einer absehbar befristeten Nutzung ermöglicht werden. Beispiele hierfür sind etwa eine Freizeit-, Hotel- und Wohnnutzung nach Abschluss einer zunächst festgesetzten Auskiesung oder das Paradebeispiel der Expo Hannover. Das bisherige Baurecht war statisch angelegt. Es konnte nur eine Nutzung sozusagen auf Dauer festgesetzt werden, die zeitlich nicht befristet werden konnte. Das neue Recht will hier dem Gedanken Rechnung tragen, dass auch das Baurecht einem ständigen Wandel unterworfen ist. Der geradezu philosophische Grundsatz „Nichts bleibt ewig", ist das hinter den Neuregelungen stehende Leitmotiv.[171]

Die andere Änderung im Recht der Bauleitplanung, die auf eine **„Dynamisierung"** planerischer Festsetzungen zielt, betrifft § 9 BauGB: In den Katalog der planerischen Festsetzungsmöglichkeiten nach § 9 BauGB wurde für besondere städtebauliche Situationen die Möglichkeit zur Festsetzung befristeter oder auflösend bedingter Nutzungen

---

[167] Zu den Optimierungsgeboten *Hoppe* DVBl. 1992, 853; *ders.* DVBl. 1993, 573; *Bartlsperger* DVBl. 1996, 1.
[168] *Krautzberger* UPR 2001, 130; *Stüer/Hermanns* DVBl. 2004, 746.
[169] „I'm still confused, but on a mutch higher level", ist die klassische Antwort eines wissbegierigen Globetrotters, der an einer Fortbildungsreise in die USA teilgenommen hat („Ich verstehe immer noch nichts von der Sache, aber auf einem wesentlich höheren Niveau").
[170] Zugleich wurde mit dieser Umbenennung den europarechtlichen Vorgaben in Art. 6 Plan-UP-Richtlinie entsprochen.
[171] So auch die Verhandlungen beim 14. Verwaltungsrichtertag, *Stüer/Hermanns* DVBl. 2004, 746.

eingeführt. Hiermit soll einem Bedürfnis in der Planungspraxis Rechnung getragen werden, in Anbetracht der zunehmenden Dynamik im Wirtschaftsleben und den damit verbundenen kürzeren Nutzungszyklen von Vorhaben die zeitliche Nutzungsfolge berücksichtigen zu können. Auch dieser Vorschlag geht auf eine Empfehlung der Unabhängigen Expertenkommission zur Novellierung des BauGB zurück.

110 Für den **städtebaulichen Vertrag**[172] wird in § 11 I 2 Nr. 2 BauGB die Möglichkeit von Befristungen und Bedingungen eingefügt. Das Gesetz greift diese städtebauliche Thematik im Übrigen auch mit einer Rückbauverpflichtung bei bestimmten Außenbereichsvorhaben (§ 35 V 2 BauGB) und mit der Neuregelung zum Stadtumbau (§§ 171a bis 171d BauGB) auf. Der Hauptanwendungsbereich von Befristungen und Bedingungen wird allerdings im Bereich des vorhabenbezogenen Bebauungsplans und der städtebaulichen Verträge liegen.

111 Der **vorhabenbezogene Bebauungsplan**, der nach der Wiedererlangung der Deutschen Einheit nicht nur in den neuen Bundesländern einen Siegeszug angetreten hat, ist auf ein konkretes Vorhaben gerichtet und muss daher nach Auffassung des *BVerwG* entsprechende Festsetzungen enthalten. Er ist zwar nicht an den Festsetzungskatalog des § 9 BauGB und den der BauNVO gebunden.[173] Es reicht aber nicht aus, dass der Plan selbst allgemein gehalten ist und sich das konkrete Vorhaben erst aus der Begründung oder dem Durchführungsvertrag ergibt.[174] Zudem schränkt der Grundsatz der Angemessenheit der Leistungen die Regelungsmöglichkeiten in städtebaulichen Verträgen ein.[175]

112 Die **planungsrechtliche Zulässigkeit** von Vorhaben ist vor allem bei Innenbereichs- und Außenbereichsvorhaben geändert bzw. ergänzt worden. Zu nennen sind hier etwa die stärkere Betonung raumordnerischer Belange bei Innenbereichsvorhaben, die Wiedereinführung des § 34 III BauGB 1986 als neuer § 34 IIIa BauGB und die Erweiterung des Zulässigkeitskatalogs von privilegierten Außenbereichsvorhaben. Die Innenbereichs- und Außenbereichssatzungen haben sich dabei – wenn auch teilweise äußerst knapp – über die parlamentarischen Hürden gerettet.

113 Für Vorhaben im **nicht beplanten Innenbereich** sind drei Änderungen zu verzeichnen: Auch Fernwirkungen von Vorhaben im Innenbereich können zu deren planungsrechtlicher Unzulässigkeit führen (§ 34 III BauGB). Bei einer städtebaulichen Vertretbarkeit und bei einer Berücksichtigung nachbarlicher Belange kann im Einzelfall auch eine Gemengelage im Innenbereich zugelassen werden (§ 34 IIIa BauGB). Die Innenbereichssatzungen sind von einer Umweltprüfung freigestellt, wenn sie keine UVP-pflichtigen Vorhaben ausweisen (§ 34 V BauGB).

114 Vor dem Hintergrund von städtebaulichen Fehlentwicklungen vornehmlich bei großflächigen **Einzelhandelsprojekten** wird die zu § 2 II 2 BauGB 2004 vorgenommene Regelung zum Schutz zentraler Versorgungsbereiche in der gemeindenachbarliche Abstimmung um eine in der Zielsetzung korrespondierende Regelung zu § 34 BauGB ergänzt: § 34 BauGB knüpft die Zulässigkeit von Vorhaben innerhalb der im Zusammenhang bebauten Ortsteile im Wesentlichen daran, dass sich das Vorhaben in die Eigenart der näheren Umgebung einfügen muss.[176] Diese Regelung hat sich, insbesondere was größere Vorhaben wie großflächige Einzelhandelsbetriebe angeht, insofern in der Praxis als unzureichend erwiesen, als die Berücksichtigung der über die nähere Umgebung hin-

---

[172] *Krautzberger* ZfBR 2003, 210; *Stüer/König* ZfBR 2000, 528.
[173] *BVerwG*, Urt. v. 6. 6. 2002 – 4 CN 4.01 – BVerwGE 116, 296 = DVBl. 2002, 1494 – Aachen.
[174] *BVerwG*, Urt. v. 18. 9. 2003 – 4 CN 3.02 – BVerwGE 119, 45 = BauR 2004, 286 = DVBl. 2004, 247 – vorhabenbezogener Bebauungsplan; so auch *BVerwG*, B. v. 12. 3. 1999 – 4 B 112.98 – NJW 1999, 3573.
[175] *BVerwG*, Urt. v. 11. 2. 1993 – 4 C 18.91 – BVerwGE 92, 56 = DVBl. 1993, 654 – Weilheimer Einheimischenmodell; Urt. v. 16. 5. 2000 – 4 C 4.99 – BVerwGE 111, 162 = DVBl. 2000, 1853; *BGH*, Urt. v. 29. 11. 2002 – V ZR 105/02 – BGHZ 153, 93 = DVBl. 2003, 519.
[176] *BVerwG*, Urt. v. 26. 5. 1978 – IV C 9.77 – BVerwGE 55, 369 = DVBl. 1978, 815 – Harmonieurteil.

ausgehenden sog. Fernwirkungen[177] keine Zulässigkeitsvoraussetzung ist. Denn die Wahrung der öffentlichen Belange, die vormals neben dem Einfügungsgebot Voraussetzung der planungsrechtlichen Zulässigkeit eines Innenbereichsvorhabens war, ist mit dem In-Kraft-Treten des BauGB 1987 gestrichen worden. Belange der Raumordnung wurden daher vom *BVerwG* bei Innenbereichsvorhaben nicht mehr geprüft.[178] Die Berücksichtigung der städtebaulichen Auswirkungen, die über die maßgebliche Umgebung hinausgehen und sich auch in Nachbargemeinden zeigen können, wurde deshalb nunmehr wieder – auch insoweit Vorschlägen der Unabhängigen Expertenkommission folgend – in § 34 III BauGB aufgenommen. Dies betrifft Auswirkungen auf zentrale Versorgungsbereiche in der Gemeinde und anderen Gemeinden.

115 In § 34 IIIa BauGB wurde – auf Vorschlag des Bundesrates[179] – eine an § 34 III BauGB 1987 orientierte Regelung eingeführt, die im Einzelfall eine Befreiung von den nach § 34 I BauGB erforderlichen Zulässigkeiten erlaubt § 34 III BauGB 1987 war mit dem BauROG 1998 aufgehoben worden. Die Abweichung von § 34 I BauGB kommt nur bei der Errichtung, Änderung, Nutzungsänderung oder Erneuerung eines in zulässiger Weise errichteten Gewerbe- oder Handwerksbetriebs in Betracht, sofern die Abweichung städtebaulich vertretbar[180] und auch unter Würdigung nachbarlicher Interessen mit den öffentlichen Interessen vereinbar ist. Die Befreiung ist nach § 34 IIIa 2 BauGB auf Einzelhandelbetriebe, welche die verbrauchernahe Versorgung der Bevölkerung beeinträchtigen oder schädliche Auswirkungen auf zentrale Versorgungsbereiche in der Gemeinde oder in anderen Gemeinden haben können, nicht anzuwenden.[181]

116 Mit § 34 IIIa BauGB findet auch die **Rechtsprechung des BVerwG zu § 34 III BauGB 1987** wieder ein Anwendungsfeld. Das *BVerwG* hatte für die Möglichkeit der städtebaulichen Eingliederung von Fremdkörpern in eine andersartige Umgebung auf die Planungsleitlinien des § 1 VI BauGB und das Abwägungsgebot des § 1 VII BauGB[182] verwiesen. Was nicht durch Bauleitplanung planbar ist und was den städtebaulichen Grundsätzen des § 1 BauGB nicht entspricht, ist auch nicht städtebaulich vertretbar. Eine Vereinbarkeit mit städtebaulichen Belangen kann demgegenüber gegeben sein, wenn die mit der Erweiterung des Betriebes verbundenen Spannungen zugleich gemindert oder wenigstens ausgeglichen werden. Das Tatbestandsmerkmal der städtebaulichen Vertretbarkeit ermöglicht, Vor- und Nachteile des Vorhabens in einer dem Baugenehmigungsverfahren sonst fremden[183] kompensatorischen Weise gegeneinander abzuwägen. Damit wird ein planerisches Element in die Entscheidung über ein einzelnes Vorhaben einbezogen.[184]

117 Die **Innenbereichssatzungen** sind von der Genehmigungspflicht insgesamt freigestellt worden.

118 Das **Bauen im Außenbereich** ist in fast jeder der inzwischen neun Änderungen des BauGB erweitert worden. In den Gesetzesberatungen standen dabei die Intensivtierhaltung, die Erweiterung des Begriffs der Landwirtschaft, die Biogasanlagen, das Darstellungsprivileg, erweiterte Zurückstellungsmöglichkeiten,[185] die Rückbauverpflichtungen, die teilprivilegierten Vorhaben und die Außenbereichssatzungen auf dem Programm.

---

[177] *BVerwG*, Urt. v. 3. 2. 1984 – 4 C 17.82 – BVerwGE 68, 369 = DVBl. 1984, 632 – Verbrauchermarkt SB-Warenhaus.
[178] *BVerwG*, Urt. v. 11. 2. 1993 – 4 C 15.92 – DVBl. 1993, 914.
[179] BT-Drucks. 15/2250.
[180] *BVerwG*, Urt. v. 15. 2. 1990 – 4 C 23.86 – BVerwGE 84, 321 = DVBl. 1990, 572 – Unikat.
[181] Hierzu auch die gleichfalls mit dem EAG Bau neu eingefügte Vorschrift des § 34 III BauGB.
[182] So der jetzige Standort der Vorschriften, zum Abwägungsgebot s. Rdn. 1195.
[183] *BVerwG*, Urt. v. 26. 5. 1978 – IV C 9.77 – BVerwGE 55, 369 = DVBl. 1978, 815 – Harmonieurteil.
[184] *(nicht belegt)*
[185] Zur Zurückstellung s. Rdn. 1581.

119 Die Aufzucht und das Halten von Nutztieren in großen Stallanlagen (**Intensivtierhaltung**), insbesondere von Geflügel und Schweinen, haben in einigen Regionen Deutschlands in einem erheblichen Umfang zugenommen. Hierdurch können in einzelnen Gemeinden die Entwicklungsmöglichkeiten für Siedlungszwecke und die Funktion des Außenbereichs nachhaltig gestört werden. Die Vorhaben sind unzulässig, wenn ihnen öffentliche Belange entgegenstehen. Dabei kommt den öffentlichen Belangen im Sinne des § 35 III BauGB in Bezug auf schädliche Umwelteinwirkungen zumeist kein weiter gehender Umgebungsschutz als den entsprechenden Vorschriften des Immissionsschutzrechts zu.

120 Der RegE sah hierzu korrespondierende Änderungen im Recht des Flächennutzungsplans sowie in § 35 BauGB vor: Durch die Einführung weiterer Steuerungsmöglichkeiten im Rahmen der Flächennutzungsplanung sollten Fehlentwicklungen besser vermieden werden können. Hierdurch soll auch der Schutz des Interesses der Gemeinde, bestimmte Flächen (z. B. in Ortsrandlagen) im Außenbereich für künftige Siedlungsentwicklungen freizuhalten, gestärkt werden. Für die Flächennutzungsplanung sollten hierzu zwei neue Darstellungsmöglichkeiten vorgesehen werden: die Eignungsfläche und die Belastungsfläche. Weist die Gemeinde in einem Flächennutzungsplan eine Eignungsfläche für „Intensivtierhaltung" aus, sollte darin die Aussage enthalten sein, dass diese Fläche grundsätzlich für ein solches Vorhaben geeignet ist. Zugleich sollte diese Darstellung im Außenbereich in der Regel den Ausschluss von Vorhaben der Intensivtierhaltung außerhalb der Eignungsfläche zur Folge haben. Stellt die Gemeinde im Flächennutzungsplan eine Belastungsfläche „Intensivtierhaltung" dar, so sollte dies nach der vorgeschlagenen Neufassung des § 35 III 3 BauGB einem entsprechenden Vorhaben auf dieser Fläche als öffentlicher Belang in der Regel entgegenstehen. Gleiche Rechtswirkungen wie durch die Darstellungen im Flächennutzungsplan sollten auch erzielt werden können, wenn entsprechende Festlegungen als Ziele der Raumordnung erfolgt sind.

121 Der Deutsche Bundestag hat diese Regelungsvorschläge zu §§ 5, 35 III BauGB nicht übernommen. Insoweit verbleibt es daher bei der bisherigen Rechtslage.[186] Den Gemeinden bleibt jedoch die Ausweisung entsprechender „Konzentrationszonen" – wie nach dem bereits geltenden Recht – unbenommen. § 35 III 3 BauGB setzt diese Möglichkeit voraus. Für die Intensivtierhaltung im Sinne des § 35 I Nr. 4 BauGB besteht dann zur Sicherung entsprechender Planungsvorhaben die durch das EAG Bau eingeführte Möglichkeit der Zurückstellung von Vorhaben.

122 Zur Förderung des Strukturwandels in der Landwirtschaft soll die Herstellung und Nutzung von aus **Biomasse erzeugtem Gas** im Zusammenhang mit landwirtschaftlichen Betrieben durch die Aufnahme eines entsprechenden Privilegierungstatbestandes in § 35 I Nr. 6 BauGB erleichtert werden. Die Privilegierung kommt Betrieben im Sinne des § 35 I Nr. 1, Nr. 2 und Nr. 4 BauGB zugute, soweit diese Tierhaltung betreiben. Die elektrische Leistung darf 0,5 MW nicht überschreiten.

123 Der RegE hatte die Streichung der **Außenbereichssatzung** nach § 35 VI BauGB vorgesehen. Das vom Deutschen Bundestag beschlossene Gesetz hält demgegenüber an der Außenbereichssatzung fest, stellte sie von der Genehmigungspflicht frei, begrenzte aber ihren Anwendungsbereich entsprechend der Regelung bei den Innenbereichssatzungen. Die Länder haben nach § 246 Ia BauGB die Möglichkeit, für die Satzung das Anzeigeverfahren einzuführen.

124 Die **Bodenordnung** hat für die Baulandbereitstellung hohe Bedeutung. Das bestehende Instrumentarium, vor allem das Umlegungsrecht (§§ 45 ff. BauGB), hat sich nach Einschätzung der Praxis grundsätzlich bewährt. Allerdings besteht ein Bedarf an Ver-

---

[186] Grundlegend *BVerwG*, Urt. v. 22. 5. 1987 – 4 C 57.84 – BVerwGE 77, 300 = DVBl. 1987, 1008 = *Hoppe/Stüer* RzB Rdn. 449 – Kölner Auskiesungskonzentrationszone. Zur Regionalplanung *Hoppe* BayVBl. 2002, 129; *ders.* BayVBl. 2002, 754; *ders.* NVwZ 2004, 282; *ders.* DVBl. 2004, 478; zum Darstellungsprivileg *Stüer/Stüer* NuR 2004, 341.

einfachung, der vor allem von Seiten der Kommunalen Spitzenverbände geltend gemacht worden ist, für solche Fälle, in denen nicht im stärkeren Maße in vorhandene Strukturen und Bestände eingegriffen werden soll. In diesen Fällen kann die Neuordnung in einem weniger aufwändigen Verfahren als dem umfassenden, „klassischen" Umlegungsverfahren erfolgen. Die hierzu – wie auch zu weiteren Bereichen des Bodenordnungsrechts – getroffenen Regelungen folgen im Wesentlichen dem Bericht des Sachverständigengremiums zur Fortentwicklung des Rechts der Bodenordnung nach dem BauGB.[187] Dem genannten Anliegen wird durch die Fortentwicklung der Grenzregelung zu einer vereinfachten Umlegung entsprochen. Die Grenzregelung weist zwar bereits gegenüber der Umlegung ein stark vereinfachtes Verfahren auf, hat nach geltendem Recht indes zugleich einen zu engen Anwendungsbereich, um in dem erforderlichen Umfang zu einer Beschleunigung und Erleichterung der Grundstücksneuordnung beizutragen.

Die Neuregelung sieht daher vor, Zweck und Reichweite der **vereinfachten Umlegung**, wie im normalen Umlegungsverfahren, zu Gunsten der Ermöglichung einer wirtschaftlichen und zweckmäßigen Bebauung durch Neuordnung der Grundstücksgrenzen auszugestalten und hierzu nicht nur einen Tausch von Grundstücksteilen bzw. Grundstücken unter unmittelbar aneinander grenzenden Grundstücken (wie im geltenden Grenzregelungsrecht), sondern auch unter Einbeziehung weiterer Grundstücke zu ermöglichen, die in enger Nachbarschaft liegen. Diese Verfahrenserleichterung bei der Bodenordnung mit dem Ziel einer wirtschaftlichen Ausnutzung von Grundstücken soll insbesondere auch einer Verringerung der Flächeninanspruchnahme zugute kommen. Da die Grenzregelung in ihrer bisherigen gesetzlichen Ausgestaltung von der vereinfachten Umlegung mit umfasst ist, kann auf eigenständige Vorschriften zur Grenzregelung verzichtet werden.

Das bestehende deutsche Rechtssystem der **Unbeachtlichkeits- und Heilungsvorschriften** wird für den Bereich der Bauleitplanung mit dem Konzept der gemeinschaftsrechtlichen Vorgaben strukturell harmonisiert. Zugleich wird die europarechtlich vorgegebene Stärkung des Verfahrensrechts mit entsprechenden Regelungen zur Bestandssicherheit der städtebaulichen Pläne und Satzungen verbunden. Dies entspricht den Empfehlungen der Unabhängigen Expertenkommission zur Novellierung des BauGB. Der bisherige § 214 III BauGB wird im neuen § 214 I BauGB an die Betonung des Verfahrens in den neuen Regelungen zur Bauleitplanung angeglichen, indem anstelle der bisherigen Überprüfung des Abwägungsvorgangs an die Überprüfung der verfahrensbezogenen Elemente des Ermittelns und Bewertens der von der Planung berührten Belange angeknüpft wird.

Dementsprechend soll der Sinn und Zweck von **Öffentlichkeits- und Behördenbeteiligung**, nämlich die Gewährleistung einer materiell richtigen Entscheidung, durch sorgfältige Ermittlung und Bewertung der von der Planung berührten Belange im Verfahren der Öffentlichkeits- und Behördenbeteiligung, stärker berücksichtigt werden. In der Rechtsprechung ist bereits anerkannt, dass die Einhaltung bestimmter Verfahren indizielle Bedeutung für die mit der Verfahrensanforderung zu gewährleistende materielle Rechtmäßigkeit der Entscheidung haben kann.[188]

Die bisher nur für Behörden normierte Pflicht, Stellungnahmen rechtzeitig im Verfahren vorzubringen, wurde mit dem EAG Bau auch für die **Öffentlichkeit** erstmals im BauGB verankert. Nach der neu gefassten Präklusionsregelung[189] müssen nicht frist-

---

[187] *Stemmler* DVBl. 2003, 135.
[188] *BVerwG*, Urt. v. 25. 1. 1996 – 4 C 5.95 – BVerwGE 100, 238 = DVBl. 1996, 677 – Eifelautobahn A 60; *EuGH*, E. v. 7. 1. 2004 – C-201/02 – DVBl. 2004, 370 = NVwZ 2004, 517 = EurUP 2004, 57 – Delena Wells; *Stüer/Hönig* DVBl. 2004, 481.
[189] Zu materiellen Präklusionsregelungen *Rieder*, Fachplanung und Präklusion in: Stüer (Hrsg.), Planungsrecht Bd. 9, Osnabrück 2004.

gerecht vorgebrachte Stellungnahmen nur berücksichtigt werden, soweit die Gemeinde sie kannte oder hätte kennen müssen (§ 214 I Nr. 1, III BauGB). Hierauf soll die Öffentlichkeit bei der Bekanntmachung hingewiesen werden. Es gilt im Übrigen eine einheitliche Frist von zwei Jahr für die Geltendmachung von Verfahrens- und Formfehlern, Fehlern beim Entwicklungsgebot und beachtlichen Mängeln des Abwägungsvorgangs gegenüber der Gemeinde. Die Frist für die Rüge derartiger Mängel fällt daher mit der Zweijahresfrist für die Erhebung eines Normenkontrollantrags (§ 47 II VwGO) zusammen. Nach Fristablauf können nur noch materielle Abwägungsfehler gerügt werden.

129 Die Überleitung für das EAG Bau ist vor allem in **§ 244 BauGB** geregelt. Die Überleitungsregelung des § 245c BauGB 2001 für Bebauungspläne, die einer Umweltverträglichkeitsprüfung nach der Projekt-UVP-Richtlinie unterlagen, wurde durch eine neue Überleitungsregelung ersetzt. Sie bildet für Bauleitpläne und Satzungen eine Spezialregelung zur Generalnorm des § 233 I BauGB. Die neue Überleitungsregelung wird allerdings eingeschränkt, um eine europarechtskonforme Umsetzung der Plan-UP-Richtlinie und der Projekt-UVP-Richtlinie zu gewährleisten. Im Übrigen ergeben sich für einzelne Vorschriften weitere Überleitungsregelungen.

130 **§ 244 II 1 BauGB** stellt sicher, dass Bebauungsplanverfahren, die nach der unmittelbaren Geltung der Projekt-UVP-Änderungsrichtlinie am 14. 3. 1999 eingeleitet worden sind und die nicht von der Plan-UP-Richtlinie erfasst werden, nach den Bestimmungen des Artikelgesetzes vom 27. 7. 2001 zu Ende geführt werden, soweit sie von diesen erfasst werden. Die Vorschrift bildet eine Spezialregelung zur Generalregel des § 233 I 1 BauGB, da dieser an das In-Kraft-Treten einer Gesetzesänderung anknüpft, für die vom Artikelgesetz erfassten Fälle jedoch bereits der Zeitpunkt des Ablaufs der Umsetzungsfrist der Projekt-UVP-Änderungsrichtlinie maßgeblich ist. Die Vorschrift entspricht dem Regelungsgehalt des bisherigen § 245c I BauGB 2001. Für die von dem bisherigen § 245c II und III BauGB 2001 erfassten Fälle bedurfte es keiner ausdrücklichen Regelung, da insofern § 233 I BauGB greift. Danach werden Bebauungsplanverfahren, die vor dem 14. 3. 1999 eingeleitet worden sind und vor dem 20. 7. 2006 abgeschlossen werden, nach den bisher für sie geltenden Rechtsvorschriften abgeschlossen.

131 **§ 244 II 2 BauGB** nimmt klarstellend die auch in dem bisherigen § 245c II HS 2 BauGB enthaltene Regelung des § 233 I 1 BauGB auf.

132 **§ 244 III BauGB** stellt sicher, dass die Verpflichtung zur Überwachung von Bauleitplänen und Satzungen nach § 34 IV 1 BauGB nach § 4c BauGB und die durch § 4 III BauGB unterstützend angeordnete Informationsbeschaffung durch die Fachbehörden im Wesentlichen nur für solche Bauleitpläne und Satzungen nach § 34 IV 1 BauGB gelten, die in den zeitlichen Geltungsbereich der Plan-UP-Richtlinie fallen. Für bereits rechtsverbindliche Bebauungspläne auf der Grundlage des alten Rechts gilt die Monitoring-Pflicht daher nicht. Nur Bebauungspläne, die auf der Grundlage des EAG Bau aufgestellt oder zu Ende geführt werden, unterliegen daher der Verpflichtung eines Monitorings nach § 4c BauGB.

133 Vorschläge, die **BauNVO** mit dem Ziel der stärkeren Nutzungsmischung zu novellieren, konnten sich im Gesetzgebungsverfahren nicht durchsetzen. So war bereits im Zusammenhang mit der Vorbereitung des BauROG 1998 vorgeschlagen worden, das reine Wohngebiet zu streichen und für das Maß der baulichen Nutzung in § 17 BauNVO lediglich Orientierungswerte – nicht wie bisher Höchstwerte – vorzugeben. Es soll jedoch nach einem Beschluss des Bundestages zu gegebener Zeit eine umfassendere Reform der BauNVO in Aussicht genommen werden. Die Reform wird jedoch wohl noch etwas auf sich warten lassen.

VII. Kompetenzverteilung zwischen Bund und Ländern

134 Städtebauliche Regelungen haben die Verteilung der **Gesetzgebungskompetenzen** zwischen Bund und Ländern zu beachten, wie sie sich aus Art. 74 GG ergibt. Denn die

1. Teil. Bauleitplanung im Geflecht hoheitlicher Planungen   **134 A**

Gesetzgebungskompetenzen im Bereich des öffentlichen Baurechts[190] sind zwischen Bund und Ländern aufgeteilt. So hat etwa der Bund die Gesetzgebungskompetenz für Regelungen des Bauplanungsrechts.[191] Die Länder haben die Gesetzgebungskompetenz

---

[190] *ARGEBAU/Runkel* Verhältnis von naturschutzrechtlicher Eingriffsregelung und Baurecht 1994, 75; *Bartlsperger* VerwArch. 60 (1969), 35; *Battis* Öffentliches Baurecht und Raumplanungsrecht 1992; *ders.* FS Weyreuther 1993, 305; *Battis/Gusy* Technische Normen im Baurecht 1988; *Berg* BauR 1991, 14; *ders.* LKV 1993, 296; *Bielenberg* ZfBR 1989, 49; *ders.* DVBl. 1990, 841; *ders.* DVBl. 1990, 1314; *Bielenberg/Krautzberger/Söfker* Das Städtebaurecht in den neuen Ländern 1991; *Blume* NVwZ 1993, 941; *Bönker* DVBl. 1994, 506; *Bork/Schwade* StuGR 1989, 268; *Breuer* DVBl. 1982, 1065; *ders.* DVBl. 1983, 431; *Broß* VerwArch. 85 (1994), 129; *Creutz* BauR 1977, 237; *Czybulka* BayVBl. 1975, 550; *Degenhart* JuS 1984, 187; *Dürr* UPR 1991, 81; *ders.* NVwZ 1992, 833; *von Feldmann* NJ 1990, 527; *Fickert* FS Gelzer 1991, 15; *ders.* FS Weyreuther 1993, 319; *Finkelnburg/Ortloff* Bauplanungsrecht 1990; *dies.* Bauordnungsrecht, Nachbarschutz, Rechtsschutz 1994; *Gassner* NVwZ 1991, 26; *ders.* UPR 1995, 85; *Giemulla* ZLW 1985, 44; *Groth* DVBl. 1979, 179; *Grziwotz* BauR 1990, 20; *Hagen* NVwZ 1991, 817; *Hoppe/Bönker/Grotefels* ÖffBauR 1995; *Jacob* BauR 1984, 1; *Jupe* Das WoBauErlG 1990, 904; *Karpen* NJW 1986, 881; *Kaster/Reinhardt* NVwZ 1993, 1059; *Kempen* DZWiR 1995, 361; *Kirstenpfad* LKV 1996, 93; *Koch/Hendler* Baurecht, Raumordnungs- und Landesplanungsrecht 1995; *König* Drittschutz 1993; *Kratzenberg* BBauBl. 1996, 18; *ders.* BBauBl. 1995, 904; *Krautzberger* NVwZ 1987, 647; *ders.* FWW 1990, 150; *ders.* DWW 1991, 294; *ders.* UPR 1992, 1; *ders.* FWW 1993, 26; *ders.* StuGR 1993, 200; *ders.* Fortentwicklung des Städtebaurechts des Bundes 1994; *Krautzberger/Runkel* DVBl. 1993, 453; *Krebs* Baurecht 1992; *Krohn* ZfBR 1994, 8; *Kummer* Jura 1992, 311; *Langer* BayVBl. 1989, 641; *Leisner* DVBl. 1992, 1065; *Lenz* BauR 1985, 402; *Lenz/Heintze* Öffentliches Baurecht nach der Rechtslage in den neuen Bundesländern 1992; *Lüers* ZfG 1993, 225; *Mampel* ZAP Fach 19 103; *ders.* Nachbarschutz im öffentlichen Baurecht 1994; *ders.* BauR 1993, 44; *Menzel* BauR 1985, 492; *Molkenbur* Gemeinschaftsrecht und Normenharmonisierung im Baurecht 1991; *Odenthal* GewArch. 1992, 261; *Oldiges* Baurecht 1992; *Ortloff* Öffentliches Baurecht in den neuen Bundesländern 1991; *ders.* NVwZ 1983, 705; *Peine* Öffentliches Baurecht 1993; *ders.* SächsVBl. 1995, 8; *ders.* DÖV 1992, 85; *ders.* DÖV 1984, 963; *Portz* StuGR 1994, 167; *Queitsch* StuGR 1994, 177; *Roesch* ZfBR 1989, 187; *Runkel* BBauBl. 1990, 616; *ders.* BBauBl. 1991, 203; *ders.* UPR 1993, 203; *Sarnighausen* NVwZ 1993, 424; *ders.* DÖV 1993, 758; *Scharmer* ZfBR 1993, 52; *Schellhoss* BBauBl. 1985, 18; *Schenke* NuR 1989, 8; *Schink* BauR 1987, 397; *ders.* NuR 1993, 365; *ders.* UPR 1995, 281; *Schlichter* NVwZ 1983, 641; *ders.* DVBl. 1984, 875; *Schmaltz* DVBl. 1992, 230; *Schmidt-Aßmann* Grundfragen des Städtebaurechts 1972; *ders.* FS Gelzer 1991, 117; *ders.* DVBl. 1984, 582; *Schmidt-Eichstaedt* Einführung in das neue Städtebaurecht 1987; *ders.* Städtebaurecht 1993; *Schröer* BauR 1985, 406; *Schulte* BauR 1995, 174; *Schulte* UPR 1984, 212; *Schütz* NJW 1963, 2150; *Schwerdtfeger* NVwZ 1982, 5; *Sendler* BauR 1970, *ders.* FS Ernst 1980, 403; *ders.* FS Weyreuther 1993; *Simon* BayVBl. 1985, 737; *Söfker* ZfBR 1989, 91; *ders.* VIZ 1995, 134; *Steiner* DVBl. 1981, 348; *Steinfort* StädteT 1993, 655; *Stich* Verträge zwischen Gemeinden und privaten Vorhabenträgern nach dem neuen Bundesbaurecht 1994, 9; *Stollmann* UPR 1994, 170; *Timmermann* Der baurechtliche Nachbarschutz 1969; *Vierling* NuR 1983, 300; *Wahl* JuS 1984, 577; *Wegener* BlGBW 1985, 193; *Weyreuther* BauR 1995, 1; *Wickel* BauR 1994, 557; *Zängl* BayVBl. 1986, 353; *Zeitler* BayVBl. 1987, 682; *Ziegert* BauR 1974, 15, 138; *ders.* ZfBR 1982, 146; *Ziekow* NVwZ 1989, 231.

[191] Zu den Regelungsgegenständen des Bauplanungsrechts *Berger* Grundfragen umweltrechtlicher Nachbarklagen 1992; *Blumenberg* DVBl. 1989, 86; *Boecker* ThürVBl. 1992, 25; *Boeddinghaus* BauR 1994, 713; *ders.* UPR 1991, 280; *Busse* BayVBl. 1994, 353; *Ebsen* JZ 1985, 57; *Fehlau* BauR 1992, 712; *Felder* NuR 1994, 53; *Fickert* FS Weyreuther 1993, 319; *Fink* NVwZ 1992, 1045; *Finkelnburg/Ortloff* Bauplanungsrecht 1990; *Gassner* NuR 1993, 252; *Gelzer/Birk* Bauplanungsrecht 1991; *Groh* Konfliktbewältigung im Bauplanungsrecht 1988; *Hoppe/Stüer* RzB 1995; *Huber* NVwZ 1986, 279; *Hüffer* BayVBl. 1986, 1; *Huster* NuR 1992, 56; *Hüttenbrink* DVBl. 1989, 69; *ders.* DVBl. 1995, 826; *Jäde* BayVBl. 1985, 577; *ders.* UPR 1991, 401; *Johlen* BauR 1984, 134; *Kniep* GewArch. 1983, 149; *Knuth* NuR 1984, 289, *ders.* NuR 1985, 8; *Krieger* RdE 1995, 155; *Kuchler* Naturschutzrechtliche Eingriffsregelung und Bauplanungsrecht 1989; *ders.* DVBl. 1989, 973; *Kühne* NVwZ 1986, 620; *Mampel* UPR 1995, 328; *ders.* NWVBl. 1989, 431; *Ogiermann* NVwZ 1993, 964; *Rist* VPrBW 1993, 169; *Sarnighausen* NJW 1995, 502; *Schenke* WiVerw. 1990, 226; *Schlemminger/Winterstein* NVwZ 1988, 1078; *Schlichter/Friedrich* WiVerw. 1988, 109; *Scholtissek* AgrarR 1991, 268; *ders.* AgrarR 1992, 219; *Schönleiter* GewArch. 1988, 113; *Schreiber* FoR 1995, 129; *Schroer* UVP im Bauplanungsrecht 1987; *ders.* DVBl. 1987, 1096; *Schütz* JuS 1996, 498; *Schwarzer* ThürVBl. 1993, 10; *Simon* BayVBl. 1988, 617; *Söfker* BBauBl. 1983, 486; *ders.* DVBl. 1987, 598; *Spindler* NVwZ 1992, 125; *Stüer* DVBl. 1992, 266; *Stüer/Ehebrecht-Stüer* Bauplanungsrecht

im Bereich des Bauordnungsrechts. Nach Art. 74 I Nr. 18 GG hat der Bund unter den Voraussetzungen des Art. 72 GG die Gesetzgebungszuständigkeit für den Grundstücksverkehr, das Bodenrecht und das landwirtschaftliche Pachtwesen, das Wohnungswesen sowie das Siedlungs- und Heimstättenwesen. Durch das Verfassungsreformgesetz 1994 ist das Erschließungsbeitragsrecht in die Gesetzgebungskompetenz der Länder verlagert und Art. 72 II GG, der die Voraussetzungen für die Ausübung der konkurrierenden Gesetzgebungskompetenz des Bundes enthält, neu gefasst worden. Vor allem hat der Bund die konkurrierende Gesetzgebungszuständigkeit im Bereich des Bodenrecht.[192]

	Kompetenzverteilung zwischen Bund und Ländern			
	Raumordnung	Städtebau	Bauordnung	Denkmalschutz
Bereich	überörtliche Gesamtplanung	Ordnung und Nutzung des Bodens	Gefahrenabwehr, Sicherheit und Ordnung, Gestaltung	Kulturdenkmäler
Gebiet	Bund, Land, Region	Gemeinde und Teilgebiete der Gemeinde	bauliche Anlagen	bauliche Anlagen
Gesetzgebungskompetenz	Rahmenkompetenz des Bundes, Vollkompetenz der Länder im Rahmen der Bundesvorgaben	Konkurrierende Vollkompetenz des Bundes	keine Bundeskompetenz, Vollkompetenz der Länder	keine Bundeskompetenz, Vollkompetenz der Länder
Regelungen	Art. 75 IV GG	Art. 74 I Nr. 18 GG	Art. 70 GG	Art. 70 GG
Gesetze	ROG	BauGB	Bauordnungen der Länder	Denkmalschutzgesetze der Länder

135 Das *BVerfG* hat die Verteilung der **Gesetzgebungskompetenz** zwischen Bund und Ländern in seinem **Gutachten zum Bodenrecht** wie folgt beschrieben:[193] Eine Gesetzgebungszuständigkeit des Bundes – unter den Voraussetzungen von Art. 72 II GG – für das Baurecht als Gesamtmaterie ergibt sich weder aus einem einzelnen Posten des Zuständigkeitskatalogs in Art. 74 GG noch aus der Zusammenfassung einzelner Materien, der Heranziehung des Gedankens des Sachzusammenhangs, der Natur der Sache oder dem Wandel der Verhältnisse.[194] Mit der Zuweisung der Regelung des Bodenrechts an den Bundesgesetzgeber in Art. 74 I Nr. 18 GG ist diesem nicht die Gesamtmaterie des Baurechts zugewiesen, weil das Bodenrecht dort nur neben andere Materien gestellt ist, die ebenfalls baurechtliche Elemente enthalten. Die Bundeskompetenz muss vielmehr für die im Gutachtenauftrag einzeln bezeichneten Bereiche (Recht der städtebaulichen Planung, Baulandumlegung und Zusammenlegen von Grundstücken, Bodenbewertung, Boden-

---

und Freistellungspolitik der Länder 1996; *dies.* DVBl. 1996, 482; *Stühler* VBlBW 1986, 122; *Uechtritz* NVwZ 1988, 316; *Upmeier* in: HdBöffBauR Kap A.

[192] Zur Gesetzgebungskompetenz *Bielenberg* Gutachten B 49. DJT 1972; *Rengeling* HdB Staatsrecht 1990, 723; *Treffer* UPR 1994, 378.

[193] *BVerfG*, E. v. 16. 6. 1954 – 1 PBvV 2/52 – BVerfGE 3, 407 = *Hoppe/Stüer* RzB Rdn. 1 – Gutachten Bodenrecht; B. v. 28. 10. 1975 – 2 BvL 9/94 – BVerfGE 40, 261 = *Hoppe/Stüer* RzB Rdn. 2; zur Kritik *Werner* DVBl. 1954, 481; *Dittus* DVBl. 1956, 249; *Schulte*, Rechtsgüterschutz durch Bauordnungsrecht, 1982, 57; *Wiechert* ZRP 1985, 239; *Ziegler* DVBl. 1984, 378.

[194] Zur Raumplanung *Albers* Neue Anthropologie 1972, 223; *ALR* (Hrsg.) Grenzübergreifende Raumplanung 1992; *Battis* Öffentliches Baurecht und Raumplanungsrecht 1992; *Brohm* DÖV 1989, 429; *David* DÖV 1993, 1021; *Ernst/Hoppe* ÖffBauBoR 1981; *Grooterhorst* Die Wirkung der Ziele der Raumplanung und Landesplanung gegenüber Bauvorhaben nach § 34 BBauG 1985; *Hendler* JuS 1979, 618; *Hoppe/Appold* Symposium aus Anlass des 30-jährigen Bestehens des Zentralinstituts für Raumplanung 1995; *Peine* Raumplanungsrecht 1987; *Schmitt-Aßmann* DÖV 1979, 1; *ders.* Umweltschutz im Recht der Raumplanung 1982, 117; *Schmitt-Glaeser* FS VGH München 1979, 291; *Schulte* ZfB 128 (1987), 178; *Stüer* DVBl. 1990, 197; *Trzaskalik* Die Verwaltung 11 (1978), 273; *Wegener* VerwArch. 74 (1983), 225.

verkehrsrecht, Erschließungsrecht, Baupolizeirecht und Wertsteigerungsabgabe) jeweils gesondert aus dem GG nachgewiesen werden.

Recht der städtebaulichen Planung: Auf diesem Gebiet könnte der Bund kraft ausschließlicher Kompetenz die Bundesplanung vollständig regeln, kraft konkurrierender Rahmenkompetenz die Raumordnung[195] der Länder in ihren Grundzügen und kraft konkurrierender Vollkompetenz die städtebauliche Planung vollständig. **Baulandumlegung und Zusammenlegung von Grundstücken:** Diese Materie gehört zum Bodenrecht, für die die konkurrierende Bundeskompetenz unbestritten ist. **Bodenbewertung:** Eine Zuständigkeit des Bundes zur Gesetzgebung ist insoweit zu bejahen, als sie im Zusammenhang mit Materien steht, für die eine Gesetzgebungszuständigkeit des Bundes gegeben ist. **Bodenverkehrsrecht:** Dieses ist vom Begriff Grundstücksverkehr im Zuständigkeitskatalog des Art. 74 I Nr. 18 GG mitumfasst, so dass der Bund zu einer Regelung zuständig ist. **Erschließungsrecht:** Dieses gehört zum Bodenrecht, für das der Bund bisher die Gesetzgebungskompetenz hatte. Durch die Änderung des GG im Verfassungsreformgesetz 1994[196] ist die Gesetzgebungskompetenz im Bereich des Erschließungsbeitragsrechts allerdings auf die Länder übergegangen. Solange diese noch keine eigenen Regelungen erlassen haben, gelten die Bestimmungen der §§ 123 ff. BauGB fort. **Baupolizeirecht:** Die Zuständigkeit des Bundes muss insoweit bejaht werden, als dieses Bestandteil des heutigen Planungsrechts ist. Für den Bereich des Baupolizeirechts, der übrig bleibt, wenn das Bauplanungsrecht ausgeschieden wird, kann eine Zuständigkeit des Bundesgesetzgebers nicht anerkannt werden, sofern es sich nicht um für das Wohnungswesen spezifische baupolizeiliche Vorschriften handelt. **Wertsteigerungsabgabe:** Hierfür muss, da es sich um eine Steuer handelt, die Abgrenzung der Zuständigkeit zwischen Bund und Ländern Art. 105 GG entnommen werden, was zum Ergebnis führt, dass der Bund nicht befugt ist, die Wertsteigerungsabgabe (als Objektsteuer mit örtlich bedingtem Wirkungskreis – Art. 105 II Nr. 1 GG) zu regeln.

Der **Bund** hat danach unter den Voraussetzungen des Art. 72 II GG die Zuständigkeit zur Regelung des Rechtes der städtebaulichen Planung, der Baulandumlegung, der Zusammenlegung von Grundstücken, des Bodenverkehrs, der Erschließung mit Ausnahme des Erschließungsbeitragsrechts sowie der Bodenbewertung, soweit sie sich auf diese Gebiete bezieht. Eine Zuständigkeit des Bundes zur Regelung des Baupolizeirechts im bisher gebräuchlichen Sinne besteht demgegenüber nicht. Ebenso wenig wie die polizeiliche Generalklausel eines Landes trotz ähnlicher Länderregelungen Bundesrecht ist, wird auch der Begriff des Baupolizeirechts nicht durch ähnliche Regelungen auf Landesebene zu einem bundesrechtlichen Begriff. Das Baupolizeirecht ist vielmehr eine Rechtsmaterie

---

[195] Zum Begriff der Raumordnung *Battis* JA 1981, 313; *Bielenberg/Erbguth/Söfker* Raumordnung und Landesplanung des Bundes und der Länder; *Bleicher* Das Verfahren zur Anpassung der Bauleitplanung an die Ziele der Raumordnung und Landesplanung 1983; *ders.* der landkreis 1992, 463; *Cholewa/Dyong/von der Heide/Arenz* Raumordnung in Bund und Ländern 1993; *Erbguth* LKV 1993, 145; *Erbguth/Schoeneberg* Raumordnungs- und Landesplanungsrecht 1992; *Funke* Bund-Länder-Abstimmung am Beispiel der Raumordnung und Landesplanung 1987; *Gaentzsch* ZfBR 1991, 192; *Grotefels* in: *Hoppe/Bönker/Grotefels* ÖffBauR § 3; *Kauch* Die Raumordnung bei der immissionsschutzrechtlichen Genehmigung von Abfallentsorgungsanlagen 1995; *Knöpfle* Das Einvernehmen der Gemeinden nach § 36 BBauG und raumordnungsrechtliche Vorgaben 1984; *Krautzberger* UPR 1992, 1; *ders.* DÖV 1992, 92; *ders.* DÖV 1992, 911; *Kremm* Ziele der Raumordnung und Landesplanung als Grundlage subjektiver Rechte von Gemeinden 1993; *Landessprecher von Brandenburg, Mecklenburg-Vorpommern, Sachsen,* Sachsen-Anhalt und Thüringen Gemeinsamer Einführungserlass zum BauGB 1990; *von Mutius* BayVBl. 1988, 641; *Oberndorfer* Die Verwaltung 1992, 257; *Passlick* Die Ziele der Raumordnung und Landesplanung 1986; *Peine* Raumplanungsrecht 1987; *Roer* Die Bindungswirkung von Zielen der Raumordnung und Landesplanung nach der Privatisierung der Post 1996; *Scheipers* Ziele der Raumordnung und Landesplanung aus der Sicht der Gemeinden 1995; *Wagner* DVBl. 1993, 583; *Weidemann* DVBl. 1984, 767.
[196] *Vogel* DVBl. 1994, 497.

für sich und unterliegt insgesamt der Landeskompetenz.[197] Zur Materie **Bodenrecht** gehören nach den Ausführungen des *BVerfG* nur solche Vorschriften, die den Grund und Boden unmittelbar zum Gegenstand rechtlicher Ordnung haben, also die rechtlichen Beziehungen des Menschen zum Grund und Boden regeln. Dagegen gehören das der Gefahrenabwehr dienende Baupolizeirecht und das Recht der Baugestaltung nicht zum Bodenrecht, sondern zur Gesetzgebungskompetenz der Länder. Das gilt auch für grundsätzliche Anforderungen baukonstruktiver, baugestalterischer und bauwirtschaftlicher Art an Bauwerke und Baustoffe, vielleicht auch die Grundlagen des Genehmigungsverfahrens und der Ordnung des Bauvorgangs, die Pflicht zur ordnungsmäßigen Unterhaltung und Instandsetzung oder Beseitigung baulicher Anlagen bei gefährlichen oder ordnungswidrigen Zuständen.

138 Der Bundesgesetzgeber unterliegt zudem im Bereich der konkurrierenden Gesetzgebung den durch das Verfassungsreformgesetz 1994 neu gefassten Bindungen des Art. 72 GG. Nach Art. 72 I GG haben die Länder im Bereich der konkurrierenden Gesetzgebung die Befugnis zur Gesetzgebung, solange und soweit der Bund von seiner Gesetzgebungszuständigkeit nicht durch das Gesetz Gebrauch gemacht hat. Der Bund hat nach Art. 72 II GG in diesen Bereichen das Gesetzgebungsrecht, wenn und so weit die Herstellung gleichwertiger Lebensverhältnisse im Bundesgebiet oder die Wahrung der Rechts- und Wirtschaftseinheit im gesamtstaatlichen Interesse eine bundesgesetzliche Regelung erforderlich macht. Das BauGB beschränkt sich auf die städtebaulichen Belange und auf die bodenrechtliche Relevanz. Das Bauordnungsrecht ist demgegenüber Ländersache. Dabei können bundesrechtliche und landesrechtliche Anforderungen nebeneinander zu beachten sein. Das landesrechtliche Gebot, „bauliche Anlagen nach den anerkannten Regeln der Baukunst durchzubilden", ist als eigenständige Anforderung neben der weiteren, ebenfalls landesrechtlichen Anforderung, bauliche Anlagen „so zu gestalten, dass sie nach Form, Maßstab, Verhältnis der Baumassen und Bauteile zueinander, Werkstoff und Farbe nicht verunstaltend wirken" (Verunstaltungsverbot), bundesrechtlich nicht zu beanstanden.[198]

VIII. Kommunale Planungshoheit in Art. 28 II GG

139 Nach Art. 28 II GG muss den Gemeinden das Recht gewährleistet sein, alle **Angelegenheiten der örtlichen Gemeinschaft** im Rahmen der Gesetze zu regeln.[199] Auch die

---

[197] *BVerwG*, B. v. 24. 2. 1994 – 4 B 2.94 – Buchholz 310 § 137 VwGO Nr. 185 = *Hoppe/Stüer* RzB Rdn. 1222.
[198] *BVerwG*, B. v. 6. 12. 1999 – 4 B 75.99 – NuR 2000, 328 = DÖV 2000, 518; Bestätigung von *VGH München*, Urt. v. 20. 7. 1999 – 2 B 98.1405 – zu Art. 11 I BayBO.
[199] Zur kommunalen Planungshoheit *Bambey* DVBl. 1983, 936; *Becker* StT 1992, 566; *Bethge* NVwZ 1985, 402; *Biehler* LKV 1993, 296; *Birk* NVwZ 1989, 905; *Breuer* Die hoheitliche raumgestaltende Planung 1968; *Brodersen* JuS 1987, 998; *Burmeister* Verfassungstheoretische Neukonzeption der kommunalen Selbstverwaltung 1977; *Clemens* NVwZ 1990, 834; *Cronauge* StuGR 1995, 275; *Dietlein* NWVBl. 1992, 1; *Ehlers* NVwZ 1990, 105; *Erichsen* Kommunalrecht NW 1988; *Erlenkämper* NVwZ 1990, 116; *Faber* DVBl. 1995, 722; *Fingerhut* DVBl. 1979, 142; *Gramlich* ArchivPT 1995, 189; *Gruber* DÖV 1995, 488; *Haas-Traeger* DÖV 1981, 402, 959; *Henke* Stadterhaltung als kommunale Aufgabe 1985; *Henrich* Kommunale Beteiligung in der Raumordnung und Landesplanung 1981; *Hofmann* VBlBW 1994, 121; *Hohmann* UPR 1989, 413; *Ipsen* (Hrsg.) Privatisierung öffentlicher Aufgaben, Private Finanzierung kommunaler Investitionen 1994; *Ipsen/Tettinger* Altlasten und kommunale Bauleitplanung 1988; *Jahn* BayVBl. 1991, 33; *Jarass/Pieroth* Art. 28 Rdn. 1; *Köstering* DÖV 1981, 689; *Krebs* Rechtliche Grundlagen und Grenzen kommunaler Elektrizitätsversorgung 1996; *Kruse* Wirtschaftsdienst 1996, 73; *Löhr* Die kommunale Flächennutzungsplanung 1977; *Lübbe-Wolff* (Hrsg.) Umweltschutz durch kommunales Satzungsrecht 1993; *Mitschang* Die Belange von Natur und Landschaft in der kommunalen Bauleitplanung 1993; *von Mutius* VerwArch. 65 (1974), 201; *ders.* DVBl. 1987, 455; *Numberger* AnwBl. 1994, 540; *Queitsch* StuGR 1994, 177; *Roellecke* DVBl. 1994, 1024; *Röper* NVwZ 1982, 298; *Schink* VerwArch. 81 (1990), 385; *ders.* NVwZ 1991, 935; *Schlarmann* Das Verhältnis der privilegierten Fachplanung zur

Gemeindeverbände haben im Rahmen ihres gesetzlichen Aufgabenbereichs nach Maßgabe der Gesetze das Recht der Selbstverwaltung.

1. Verfassungsrechtliche Ausgangspunkte

Der Begriff der **Selbstverwaltung** umfasst die eigenverantwortliche Erfüllung gemeinschaftlicher öffentlicher Aufgaben im eigenen Namen durch in den Staat einbezogene rechtsfähige öffentliche Verbände mit eigenen Organen unter der Aufsicht des Staates und mit eigenen Finanzmitteln. Die Selbstverwaltungsträger sind in den ihnen von der Rechtsordnung zugestandenen Bereichen selbstständig und führen als Rechtssubjekte, als Vermögensträger und als Verwaltungskörper in gewissem Umfang ein Eigenleben. Art. 28 II GG enthält dabei eine **dreifache Garantie**: Der Gesetzgeber darf die Gemeinden und Gemeindeverbände nicht institutionell beseitigen. Die Gemeinden haben für die Angelegenheiten der örtlichen Gemeinschaft eine Allzuständigkeit und erfüllen diese Aufgaben in Eigenverantwortung. Bei staatlichen Eingriffen in den Kernbereich der kommunalen Selbstverwaltung entwickeln sich entsprechende Abwehrkräfte.[200]

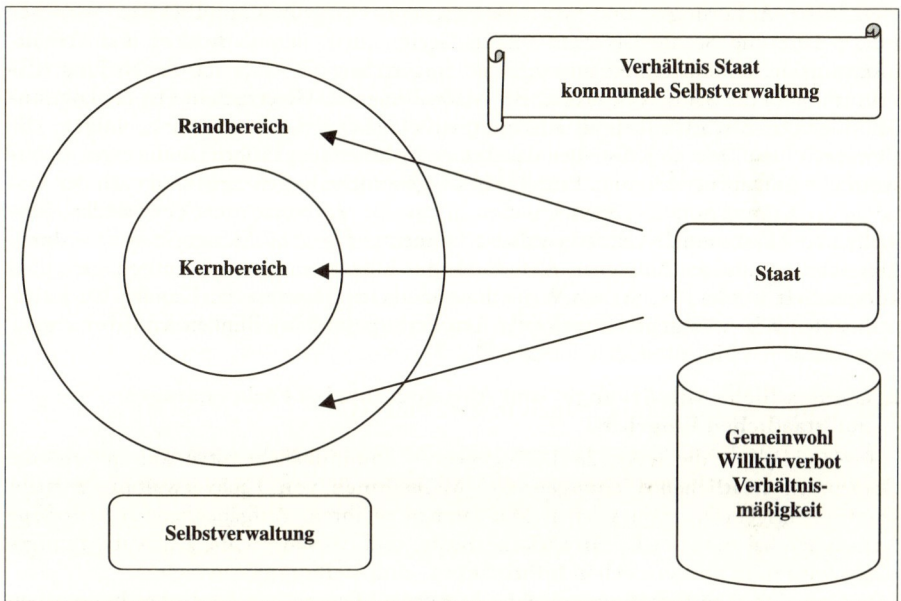

Die Gemeinden sind Teil des demokratischen Staatsaufbaus und nehmen wichtige demokratische, integrative, gewaltenteilende, machtneutralisierende, konfliktverarbeitende, freiheitssichernde, legitimierende, rechtsstaatliche und sozialstaatliche **Funktionen** wahr. Die kommunale Selbstverwaltung beinhaltet eine Einrichtungsgarantie in dem Sinne, dass sie in ihrem Wesensgehalt gegen staatliche Eingriffe geschützt ist. Neben der Personalhoheit, der Finanzhoheit, der Organisationshoheit, der Steuerhoheit und der Rechtsetzungshoheit findet die kommunale Selbstverwaltung auf Gemeindeebene auch ihren Ausdruck in der gemeindlichen **Planungshoheit**. Darunter wird die Kompetenz verstan-

---

kommunalen Bauleitplanung 1980; *Schmidt-Aßmann* AöR 101 (1976), 520; *ders.* FS Sendler 1993, 121; *Schmidt-Glaeser* JA 1980, 440; *Schoch* VerwArch. 81 (1990), 18; *ders.* NVwZ 1990, 801; *Steinebach* UPR 1990, 125; *Stern* Staatsrecht § 12; *Stich* ZfBR 1983, 61; *ders.* ZfBR 1986, 61; *Stober* Kommunalrecht in der Bundesrepublik 1993; *Strucken* StuGR 1990, 50; *Stüer* Funktionalreform und kommunale Selbstverwaltung 1980; *Wellmann* DÖV 1991, 1011.

[200] *Hoppe* in: *Hoppe/Bönker/Grotefels* § 5; nähere Einzelheiten bei *Hoppe* FS von Unruh 1983, 555; *Stüer* Funktionalreform und kommunale Selbstverwaltung 1980, 83 ff.; *ders.* DÖV 1978, 78.

den, ohne durchgängige und strikte Bindung an staatliche Vorgaben aufgrund eigenen politisch-administrativen Gestaltungs- und Entscheidungsspielraums über die bauliche und sonstige Verwendung und Nutzung des Grund und Bodens des Gemeindegebietes zu disponieren und die zur Verwirklichung des eigenverantwortlich wahrnehmbaren Gestaltungspotenzials erforderlichen planerischen Leitlinien ohne imperative staatliche Beeinflussung zu entwickeln.[201]

142 Zur Planungshoheit und damit zum Bestandteil der kommunalen Selbstverwaltung gehört die Kompetenz zur eigenverantwortlichen Aufstellung der **Bebauungspläne**. Auch die **Flächennutzungsplanung** wird man zur gemeindlichen Planungshoheit rechnen dürfen.[202] Eingriffe in die kommunale Selbstverwaltung müssen deren Kernbereich achten und sind auch im Übrigen nur unter Wahrung allgemeiner verfassungsrechtlicher Grundmaßstäbe der **Verhältnismäßigkeit**, der **Gemeinwohlbezogenheit** und des **Abwägungsgebotes** zulässig.[203] Aus diesen drei Grundprinzipien, die untereinander in Wechselbeziehung stehen, lassen sich verschiedene Einzelmaßstäbe ableiten, an denen Eingriffe in die kommunale Planungshoheit zu messen sind. Hierzu gehören etwa gemeindliche Anhörungs- und Mitwirkungsgebote, Begründungspflichten, Verbesserungsgebote und Schaden-Nutzen-Bilanz, Geeignetheit, Erforderlichkeit und Verhältnismäßigkeit, Willkürfreiheit und ggf. Systemgerechtigkeit einer staatlichen Eingriffsmaßnahme in die Selbstverwaltung. Bei Maßnahmen der Gesetzgebung ist die kommunale Eigenverantwortlichkeit als abwägungserheblicher Belang zu berücksichtigen. Die Gemeinwohlanforderungen steigen dabei mit zunehmendem Eingriff in die eigenverantwortliche Aufgabenerledigung. Einzelne gesetzgeberische Regelungen sind nach den Geboten der Kumulation und Kompensation in eine Gesamtbetrachtung einzustellen. Eingriffe in die kommunale Selbstverwaltung können ggf. – je nach ihrer Schwere – durch Übertragung anderer Aufgaben oder durch die Einräumung von Beteiligungsrechten kompensiert werden. Nach dem Verhältnismäßigkeitsprinzip ist der Gesetzgeber zu einem stufenweisen Vorgehen verpflichtet. Das Prinzip der Freiwilligkeit hat dabei gegenüber staatlichen Eingriffen den Vorrang.[204]

2. Gemeindliche Mitwirkungs- und Abwehrrechte bei Fachplanungen und staatlichen Eingriffen

143 Im Hinblick auf die in Art. 28 II GG gesicherte kommunale Selbstverwaltung sind die Gemeinden **staatlichen Planungen** und **Maßnahmen von Fachverwaltungen** nicht schutzlos ausgeliefert. Von solchen Maßnahmen in ihrem Aufgabenbereich betroffene Gemeinden haben vielmehr **Mitwirkungsrechte** und **Abwehrrechte**. Die Mitwirkungsrechte wiederum gliedern sich in **Informations-** und **Stellungnahmerechte**.

144 a) **Gemeindliche Beteiligungsrechte.** In einer umfangreichen Rechtsprechung haben die Gerichte aus der in Art. 28 II GG gesicherten Selbstverwaltungsgarantie das Recht der kommunalen Selbstverwaltungskörperschaften auf **Beteiligung** bei staatlichen Planungen und Maßnahmen von Fachverwaltungen, die sich auf die kommunalen Aufgaben auswirken können, abgeleitet. Für die Gemeinden sind solche Beteiligungsrechte für alle Planungen und Maßnahmen staatlicher Stellen anerkannt, die sich auf die gemeindlichen Planungen und sonstigen Selbstverwaltungs-Aufgabenbereiche auswirken können. Das Recht auf Beteiligung bezieht sich seinem Gegenstand nach auf Information und Anhörung.[205]

---

[201] *BVerwG*, Urt. v. 12. 12. 1969 – IV C 105.66 – BVerwGE 34, 301 = *Hoppe/Stüer* RzB Rdn. 23; *Hoppe* DVBl. 1964, 165; *Stüer*, Kommunalrecht in NW, 1997, S. 119.
[202] *VerfGH Saarland*, Urt. v. 11. 10. 1974 – Lv 7/74 – AS 14, S. 145; *Blümel* VVDStRL Bd. 36 (1978), 171; *Löhr* Die kommunale Flächennutzungsplanung 1977, 111.
[203] Zum Abwägungsgebot s. Rdn. 1195.
[204] *Stüer* Funktionalreform und kommunale Selbstverwaltung 1980, 62, 165.
[205] *BVerwG*, Urt. v. 7. 7. 1978 – IV C 79.76 – BVerwGE 56, 110 = *Hoppe/Stüer* RzB Rdn. 1164 – Flughafen Frankfurt; *Stüer*, Kommunalrecht in NW, 1997, S. 131.

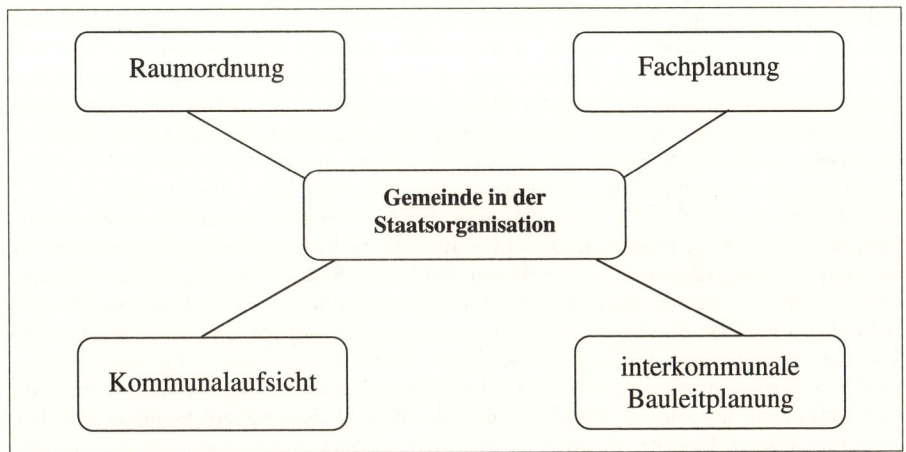

Beispiel: Auf Antrag eines Flughafenbetreibers soll ein bestehender Flughafen eine zweite Start- und Landebahn erhalten. Eine Gemeinde, deren Ortskern im Bereich der Anflugschneise liegt, ist mit der beabsichtigten Flughafenerweiterung nicht einverstanden. Die Gemeinde hat bereits im luftverkehrsrechtlichen Genehmigungsverfahren Mitwirkungsrechte, die sich in Informations- und Stellungnahmerechte gliedern. Aus der Garantie der kommunalen Selbstverwaltung in Art. 28 II GG folgt, dass die kommunalen Selbstverwaltungskörperschaften im Verfahren auf Erteilung einer luftverkehrsrechtlichen Genehmigung für planfeststellungsbedürftige Flugplätze Gelegenheit erhalten müssen, frühzeitig, nämlich noch vor Abschluss des Genehmigungsverfahrens, auf die sie berührenden Belange hinzuweisen und dadurch auf die Genehmigungsentscheidung Einfluss zu nehmen. Dem wird durch ein dem formellen Beteiligungsrecht des § 10 II 2 LuftVG entsprechendes Recht auf Information und Stellungnahme hinreichend Rechnung getragen. Die Verletzung dieses Beteiligungsrechts macht eine luftverkehrsrechtliche Genehmigung objektiv rechtswidrig und verletzt die dadurch betroffene kommunale Selbstverwaltungskörperschaft in ihren Rechten.[206]

Der Anspruch auf **Information** richtet sich seinem Gegenstand nach auf den für die Entscheidung erheblichen Sachverhalt, soweit die rechtlich geschützten Belange der am Verfahren beteiligten Selbstverwaltungskörperschaften durch das Vorhaben der Fachplanung betroffen werden können. Die Art und Weise der Information hat sich im Einzelfall an ihrem danach gebotenen Umfang auszurichten. Der Informationsanspruch erstreckt sich auch auf die Information über Standortalternativen, soweit diese mit Relevanz für die Entscheidung innerhalb des Verwaltungsverfahrens geprüft worden sind. Dem Anspruch der Selbstverwaltungskörperschaften auf **Stellungnahme** genügt die Behörde grundsätzlich dadurch, dass sie deren Äußerung zur Kenntnis nimmt und in ihre Erwägungen einbezieht.[207]

Das *BVerwG* leitet dabei aus der Selbstverwaltungsgarantie ein Recht der Gemeinde auf Beteiligung bei allen staatlichen Planungen und anderen Maßnahmen ab, die **Auswirkungen** auf das **gemeindliche Betätigungsfeld** haben. Diese Mitwirkungsrechte bestehen gegenüber allen Fachplanungen wie etwa bei der Planung von Flughäfen, Kernkraftwerken, wasserrechtlichen Planfeststellungsverfahren oder Straßenplanungen ebenso wie bei abfallrechtlichen Planfeststellungsverfahren und vergleichbaren Fachplanungen.[208]

---

[206] *BVerwG*, Urt. v. 7. 7. 1978 – IV C 79.76 – BVerwGE 56, 110 = *Hoppe/Stüer* RzB Rdn. 1164 – Flughafen Frankfurt.
[207] *BVerwG*, Urt. v. 11. 12. 1978 – IV C 13.78 – DÖV 1979, 517 = *Hoppe/Stüer* RzB Rdn. 1165 – Spenge.
[208] Aus der umfangreichen Rechtsprechung *BVerwG*, Urt. v. 14. 2. 1969 – 4 C 215.63 – BVerwGE 31, 263 = *Hoppe/Stüer* RzB Rdn. 1160 – gemeindliches Einvernehmen; Urt. v. 14. 2. 1969 – 4 C 82.66 – NJW 1969, 1113 = DVBl. 1969, 362 = *Hoppe/Stüer* RzB Rdn. 1161 – Landeplatz; Urt. v. 14. 2. 1969

Dabei tendieren die gemeindlichen Beteiligungsrechte eher zur Weite, weil die kommunale Mitwirkung nicht zuletzt der behördlichen Informationsgewinnung dient und ohne ausreichende Information über die betroffenen Belange das Abwägungsmaterial nicht ordnungsgemäß ermittelt und bewertet wird (§ 2 III BauGB) und die rechtsstaatlich gebotene Abwägung nicht gelingen kann. Eine Gemeinde ist stets an Verfahren zu beteiligen, die zu einer Entscheidung führen, welche in eine Rechtsposition der Gemeinde gestaltend eingreift. Das folgt aus der einfachgesetzlichen Regelung des § 13 II 2 VwVfG. Insoweit ergibt sich die verfahrensrechtliche Stellung der Gemeinde ohne weiteres aus dem Gesetz. Kommt in diesem Sinne eine rechtsgestaltende Wirkung nicht in Betracht, so kann sich eine auf Information und Stellungnahme beschränkte Beteiligung unmittelbar aus der verfassungsrechtlichen Garantie des Art. 28 II 1 GG ergeben.[209] Dabei kann die Planungshoheit einer Gemeinde gerade dadurch beeinträchtigt werden, daß ein großräumiges Vorhaben wesentliche Teile des Gemeindegebiets ihrem planenden Zugriff entzieht.[210] Stets setzt allerdings ein derartiges Recht auf Information und Stellungnahme voraus, daß die Gemeinde in ihrer Planungshoheit nachhaltig berührt sein könnte. Ein nur allgemeines, wenngleich verständliches Interesse der Gemeinde an Information und der Möglichkeit der Darlegung berührter Belange genügt hingegen nicht.[211]

147 Diesen Zusammenhang zwischen den gemeindlichen **Beteiligungsrechten** und dem **Abwägungsgebot** hat das *BVerwG* wiederholt hervorgehoben und der gemeindlichen Beteiligung einen wichtigen Stellenwert bei der Ermittlung und Zusammenstellung des Abwägungsmaterials zugewiesen (§ 2 III BauGB). Jeder öffentliche Planungsträger hat bei seiner Planung die Belange des Städtebaus, wie sie im Flächennutzungsplan konkreti-

---

– 4 C 215.65 – BVerwGE 31, 263 – Bundesbahn; Urt. v. 12. 12. 1969 – IV C 105.66 – BVerwGE 34, 301 = DVBl. 1970, 414 = *Hoppe/Stüer* RzB Rdn. 23 – Abwägungsgebot; Urt. v. 13. 2. 1970 – IV C 104.68 – DVBl. 1970, 577 = BauR 1970, 104 = *Hoppe/Stüer* RzB Rdn. 1162 – gemeindliche Abwehrrechte; *BVerwG*, Urt. v. 21. 5. 1976 – IV C 38.74 – BVerwGE 51, 6 = NJW 1976, 1765 = *Hoppe/Stüer* RzB Rdn. 1163 – Darmstadt-Süd; Urt. v. 7. 7. 1978 – IV C 79.76 – BVerwGE 56, 110 = NJW 1976, 1765 = *Hoppe/Stüer* RzB Rdn. 1164 – Flughafen Frankfurt; Urt. v. 11. 12. 1978 – IV C 13.78 – DÖV 1979, 517 = *Hoppe/Stüer* RzB Rdn. 1165 – Spenge; Urt. v. 17. 7. 1980 – 7 C 101.78 – BVerwGE 60, 297 = NJW 1981, 359 = *Hoppe/Stüer* RzB Rdn. 470 – Wyhl; Urt. v. 12. 9. 1980 – 7 C 23.79 – NJW 1981, 2075 = *Hoppe/Stüer* RzB Rdn. 1166 – Telefonortsnetze; Urt. v. 18. 3. 1983 – 4 C 10.80 – BVerwGE 67, 79 – Ortsdurchfahrt Donauufer B 8; Urt. v. 4. 8. 1983 – 7 C 2.81 – BVerwGE 67, 321 = *Hoppe/Stüer* RzB Rdn. 1168 – Rastede Abfallbeseitigung; Urt. v. 11. 5. 1984 – 4 C 83.80 – NVwZ 1984, 584 = *Hoppe/Stüer* RzB Rdn. 1169 – Bahnübergang; Urt. v. 30. 5. 1984 – 4 C 58.81 – BVerwGE 69, 256 = *Hoppe/Stüer* RzB Rdn. 1171 – Flughafen München II; Urt. v. 18. 10. 1985 – 4 C 21.80 – BVerwGE 72, 172 = NJW 1986, 1826 = *Hoppe/Stüer* RzB Rdn. 1172 – Alternativtrasse; Urt. v. 11. 4. 1986 – 4 C 51.83 – BVerwGE 74, 124 = NJW 1986, 2447 = DVBl. 1986, 1003 – Standortübungsplatz; Urt. v. 20. 2. 1987 – 7 C 25.85 – BVerwGE 77, 47 = NJW 1987, 2389 – fernmelderechtlicher Nahdienst; Urt. v. 18. 3. 198 7 – 7 C 28.85 – BVerwGE 77, 128 = NJW 1987, 2096 – Breitbandkabel; Urt. v. 18. 3. 1987 – 7 C 31.85 – BVerwGE 77, 134 = NVwZ 1987, 590 – Fernmeldenetz; Urt. v. 1. 7. 1988 – 4 C 15.85 – NVwZ 1989, 247 = *Hoppe/Stüer* RzB Rdn. 1178 – Hochspannungsleitung; Urt. v. 10. 8. 1988 – 4 C 20.84 – NVwZ 1989, 6 = BauR 1988, 604 = *Hoppe/Stüer* RzB Rdn. 561 – Flughalle; Urt. v. 1. 7. 1988 – 4 C 49.86 – BVerwGE 80, 7 = NVwZ 1989, 253 = *Hoppe/Stüer* RzB Rdn. 1179 – nachträgliche Schutzauflagen; Urt. v. 16. 12. 1988 – 4 C 40.86 – BVerwGE 81, 95 = NVwZ 1989, 750 = *Hoppe/Stüer* RzB Rdn. 1180 – Hubschrauberlandeplatz; Urt. v. 15. 12. 1989 – 4 C 36.86 – BVerwGE 84, 209 = DVBl. 1990, 427 = *Hoppe/Stüer* RzB Rdn. 136 – gemeindenachbarlicher Immissionsschutz; Urt. v. 31. 10. 1990 – 4 C 7.88 – BVerwGE 87, 62 – anerkannter Naturschutzverein; Urt. v. 27. 3. 1992 – 7 C 18.91 – ZfBR 1992, 182 = *Hoppe/Stüer* RzB Rdn. 1187.

[209] *BVerfG*, Urt. v. 17. 1. 1979 – 2 BvL 6/76 – BVerfGE 50, 195 – Rheda-Wiedenbrück; B. v. 7. 10. 1980 – 2 BvR 584, 598, 599, 604/76 – BVerfGE 56, 298 – Lärmschutzbereiche; B. v. 12. 1. 1982 – 2 BvR 113/81 – BVerfGE 59, 216 – Söhlde; *BVerwG*, Urt. v. 20. 11. 1987 – 4 C 39.84 – Buchholz 442.40 § 6 LuftVG Nr. 17 – DVBl. 1988, 532.

[210] *BVerwG*, Urt. v. 11. 4. 1986 – 4 C 51.83 – BVerwGE 74, 124 – Buchholz 406.33 § 1 LBG Nr. 4.

[211] *BVerwG*, B. v. 17. 2. 1992 – 4 B 232.91 = *Hoppe/Stüer* RzB Rdn. 1186.

1. Teil. Bauleitplanung im Geflecht hoheitlicher Planungen

siert sind oder sich aus anderen Gründen ergeben und von der zu beteiligenden Gemeinde geltend gemacht werden, zu berücksichtigen. Derartige Belange sind mit dem ihnen zukommenden Gewicht in die Abwägung einzustellen.²¹² Die Planfeststellungsbehörde ist also der gemeindlichen Selbstverwaltung gegenüber zur Abwägung ihrer nachteilig betroffenen Belange verpflichtet.

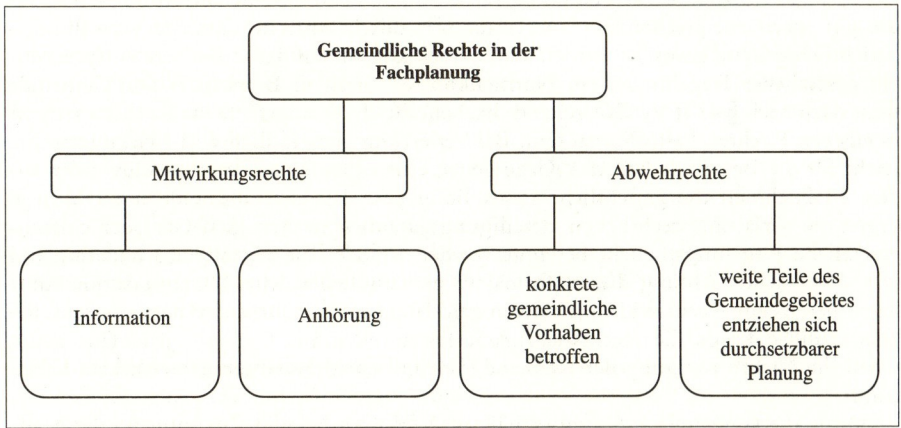

Beispiel: Im Rahmen der Nordwanderung des Bergbaus wird eine Gemeinde erstmalig von bergbaulichen Auswirkungen betroffen. Im Rahmen des bergrechtlichen Planfeststellungsverfahrens ist die Gemeinde zu beteiligen. Dabei kann die Gemeinde eigene Planungsvorstellungen einbringen oder auch Auswirkungen auf gemeindliche Einrichtungen in ihre Stellungnahme einbeziehen. Die Bergbaubehörde hat diese Einwendungen mit dem ihnen zukommenden Gewicht einzustellen, nach Möglichkeit nachteilige Auswirkungen auf solche Belange zu vermeiden oder ggf. auszugleichen. Die Planfeststellungsbehörde hat dabei auch gemeindliches Eigentum als abwägungserheblichen Belang zu berücksichtigen. Wird gemeindliches Grundeigentum durch eine hoheitliche Planung unmittelbar in Anspruch genommen oder als Nachbargrundstück nachhaltig beeinträchtigt, so ist dieser Umstand grundsätzlich als privater Belang in die Abwägung einzubeziehen. Das Gebot der gerechten Abwägung planbetroffener Belange erfasst grundsätzlich alle Rechtspositionen und sonstigen rechtlich geschützten Interessen – unabhängig davon, ob diese Belange auch verfassungsrechtlich abgesichert sind. Die Gemeinde kann sich zwar auf den verfassungsrechtlichen Schutz des Eigentums nach Art. 14 I GG als Trägerin der kommunalen Selbstverwaltung nicht berufen, da sie insoweit Teil der staatlichen Gesamtorganisation ist.²¹³ Als Eigentümerin eines Grundstücks steht sie jedoch im Hinblick auf das Abwägungsgebot in der Reichweite ihrer Aufgabenerfüllung dem Privateigentümer gleich.²¹⁴

Das Recht auf Beteiligung räumt den Gemeinden in spezifischer Weise und unabhängig vom materiellen Recht eine eigene, selbstständig durchsetzbare verfahrensrechtliche Rechtsposition ein, sei es i. S. der Durchführung eines Verwaltungsverfahrens überhaupt, sei es i. S. eines Anspruchs auf ordnungsgemäße Beteiligung an einem anderweitig eingeleiteten Verwaltungsverfahren. Diese formale Rechtsposition der Gemeinde umfasst indes nur ihr Interesse an einer angemessenen Beteiligung im Verwaltungsverfahren und kann

---

²¹² *BVerwG*, Urt. v. 14. 2. 1969 – 4 C 82.66 – DVBl. 1969, 362 = *Hoppe/Stüer* RzB Rdn. 1161 – Landeplatz; Urt. v. 14. 2. 1969 – 4 C 82.66 – DÖV 1970, 387 = *Hoppe/Stüer* RzB Rdn. 1162 – Umgehungsstraße; Urt. v. 11. 5. 1984 – 4 C 38.81 – NVwZ 1984, 793 = ZfB 125 (1984), 466 – Enteignung Bergschadensverzicht.
²¹³ *BVerfG*, B. v. 8. 7. 1982 – 2 BvR 1187/80 – BVerfGE 61, 82 = *Hoppe/Stüer* RzB Rdn. 1105 – Sasbach.
²¹⁴ *BVerwG*, Urt. v. 29. 1. 1991 – 4 C 51.89 – BVerwGE 87, 332 = *Hoppe/Stüer* RzB Rdn. 69 – Flughafen München II; Urt. v. 27. 3. 1992 – 7 C 18.91 – BVerwGE 90, 96 = *Hoppe/Stüer* RzB Rdn. 1187 – Sondermüll.

dadurch erfüllt werden, dass die Gemeinde alle für die Beurteilung ihrer Betroffenheit wichtigen Informationen erhält und ihr hinreichend Gelegenheit zur Stellungnahme in dem Verfahren gegeben wird.[215]

149 **b) Gemeindliche Abwehrrechte.** Werden die gemeindlichen Mitwirkungsrechte verletzt oder greift die staatliche Maßnahme in materieller Hinsicht in die verfassungsrechtlich geschützten Selbstverwaltungsrechte ein, so hat die Gemeinde ein Abwehrrecht, das ggf. nach entsprechendem Vorverfahren[216] durch Anfechtungsklage verwaltungsgerichtlich geltend gemacht werden kann. Auch kommt auf der Grundlage entsprechender gesetzlicher Regelungen ein Normenkontrollantrag in Betracht.[217] Die Gemeinde muss dazu nach § 47 II VwGO geltend machen, durch die angefochtene Rechtsvorschrift in eigenen Rechten betroffen zu sein. Bei Verletzung gemeindlicher Mitwirkungsrechte reicht für die Begründetheit der Klage gegen einen Planfeststellungsbeschluss oder andere Maßnahmen die gerichtliche Feststellung aus, dass die Gemeinde unter Verstoß gegen die verfassungsrechtlichen Beteiligungsgarantien in Art. 28 II GG oder einfachgesetzliche Regelungen nicht beteiligt worden ist oder die Beteiligung unzureichend war. Die Nichtbeachtung dieser (formalen) gemeindlichen Mitwirkungsposition führt daher bereits zur Rechtswidrigkeit der angefochtenen Maßnahme und dazu, dass auf die gemeindliche Klage die Rechtswidrigkeit festzustellen ist. Dies gilt jedenfalls dann, wenn die Nichtbeteiligung der Gemeinde das Entscheidungsergebnis beeinflusst haben kann.

150 Wurde die Gemeinde ordnungsgemäß am Verfahren beteiligt, so kann sie die Maßnahme ferner mit Erfolg angreifen, wenn diese in ihre durch das Selbstverwaltungsrecht geschützten **materiellen Rechtspositionen** eingreift. Nach ständiger Rechtsprechung des *BVerwG* umfasst die Planungshoheit der Gemeinden das ihr als Selbstverwaltungskörperschaft zustehende Recht auf Planung und Regelung der Bodennutzung in ihrem Gebiet.[218] Die Gemeinden können sich deshalb gegen Fachplanungen auf ihrem eigenen Gemeindegebiet wehren, insbesondere sich auf das Gebot der Koordination unter mehreren hoheitlichen Planungsträgern berufen, wenn eine eigene, hinreichend bestimmte Planung, die allerdings noch nicht verbindlich zu sein braucht, vorliegt und die Störung nachhaltig ist, d. h. unmittelbare Auswirkungen gewichtiger Art auf ihre Planung hat,[219] oder wenn ein großräumiges Vorhaben der Fachplanung wesentliche Teile des Gemeindegebietes einer durchsetzbaren Planung der Gemeinde entzieht.[220] An die Klagebefugnis gem. § 42 II VwGO sollten allerdings keine überspannten Anforderungen gestellt werden. Es muss ausreichen, dass die geltend gemachte Rechtsverletzung aus rechtlichen

---

[215] *BVerwG*, Urt. v. 16. 12. 1988 – 4 C 40.86 – BVerwGE 81, 95 = NVwZ 1989, 750 = *Hoppe/Stüer* RzB Rdn. 1180 – Hubschrauberlandeplatz.
[216] § 68 VwGO.
[217] Zur Rechtsverordnung nach § 9a III FStrG und § 5 VerkPlBG *BVerwG*, B. v. 17. 10. 1994 – 4 N 1.94 – NVwZ 1995, 381 = DVBl. 1995, 236 – A 81.
[218] *BVerwG*, Urt. v. 25. 2. 1972 – 7 C 20.71 – BVerwGE 39, 345; Urt. v. 11. 4. 1986 – 4 C 51.83 – BVerwGE 74, 124 = *Hoppe/Stüer* RzB Rdn. 1173; Urt. v. 17. 12. 1986 – 7 C 29.85 – BVerwGE 75, 285 = *Hoppe/Stüer* RzB Rdn. 1254 – Lingen; B. v. 13. 9. 1993 – 4 B 68.93 – NVwZ-RR 1994, 187 – Flugplatz; s. auch u. Rdn. 3254; *Stüer*, Kommunalrecht in NW, 1997, S. 131.
[219] *BVerwG*, Urt. v. 11. 4. 1986 – 4 C 51.83 – BVerwGE 74, 124 = *Hoppe/Stüer* RzB Rdn. 1173; Urt. v. 29. 6. 1983 – 7 C 102.82 – DVBl. 1984, 88 = *Hoppe/Stüer* RzB Rdn. 1167; Urt. v. 16. 12. 1988 – 4 C 40.86 – BVerwGE 81, 95 = *Hoppe/Stüer* RzB Rdn. 1180.
[220] *BVerwG*, Urt. v. 11. 4. 1986 – 4 C 51.83 – BVerwGE 74, 124 = *Hoppe/Stüer* RzB Rdn. 1173 – Standortübungsplatz; Urt. v. 27. 3. 1992 – 7 C 18.91 – ZfBR 1992, 182 – *Hoppe/Stüer* RzB Rdn. 1187; B. v. 7. 10. 1980 – 1 BvR 584/76 – BVerfGE 56, 298 = *Hoppe/Stüer* RzB Rdn. 1157 – Memmingen; *VerfGH Münster*, Urt. v. 15. 12. 1989 – VerfGH 5/88 – OVGE 40, 310 = NVwZ 1990, 456 – GEP Düsseldorf; Urt. v. 18. 6. 1991 – VerfGH 5/90 – OVGE 42, 297 = NVwZ 1991, 449 – GEP Köln; Urt. v. 28. 1. 1992 – VerfGH 2/91 – NVwZ 1992, 875 = DVBl. 1992, 710 – Marburg; Urt. v. 11. 2. 1992 – VerfGH 6/91 – DVBl. 1992, 732 – Gescher; *Steinberg* DVBl. 1982, 13.

oder tatsächlichen Gründen möglich ist.[221] Eine bloße Behauptung der eigenen Rechtsverletzung reicht allerdings nicht aus.[222]

Beispiel: In der Mitte einer zweipoligen Gemeinde soll eine Mülldeponie eingerichtet werden. Die Gemeinde wendet im abfallrechtlichen Planfeststellungsverfahren ein, dass sie am vorgesehenen Standort ein Freizeitzentrum plane und hierzu bereits konkrete Planungen vorlägen, die auch von der Aufsichtsbehörde unterstützt werden. Die Gemeinde kann sich mit einer solchen Planung durchsetzen, wenn diese gegenüber der abfallrechtlichen Planung überwiegt. Die Berücksichtigung dieser gemeindlichen Planungsvorstellungen im Rahmen der fachplanerischen Abwägung kann gerichtlich kontrolliert werden.[223] Von einer hinreichend bestimmten Planung kann in aller Regel allerdings dann keine Rede sein, wenn eine Außenbereichsfläche im Flächennutzungsplan als Fläche für die Land- oder Forstwirtschaft dargestellt wird. Denn die planerische Aussage, die sich aus einer solchen Darstellung ergibt, geht nicht über den in § 35 II BauGB enthaltenen Regelungsgehalt hinaus. Knüpft der Flächennutzungsplan lediglich an die Funktion an, die dem Außenbereich nach dem Willen des Gesetzgebers ohnehin zukommt, so fehlt es an einer qualifizierten Standortzuweisung, über die sich die Planfeststellungsbehörde in einem Verfahren der Fachplanung nur im Wege der Abwägung hinwegsetzen darf.[224] Auch eine gemeindliche Erholungswaldsatzung stellt keine konkretisierte gemeindliche Bauleitplanung dar.

Fehlt es an einer beachtlichen konkretisierten Planung, so kann die von einem Vorhaben ausgehende Beeinträchtigung nur dann in die Planungshoheit einer Gemeinde eingreifen, wenn die Realisierung des Vorhabens der Gemeinde tatsächlich jede Entwicklungschance nähme und ihr gewissermaßen ihr eigenes Gemeindegebiet für jede denkbare Planung entzöge.[225] Scheitert die Absicht einer Gemeinde, Festsetzungen ihres rechtswirksamen Flächennutzungsplans in einem Bebauungsplan umzusetzen, bereits an Umständen, die mit der überörtlichen Fachplanung nichts zu tun haben, so ist es nicht Aufgabe der Planfeststellungsbehörde, im Rahmen ihrer Abwägung Alternativplanungen zu berücksichtigen, die die Gemeinde unabhängig von dem bisher erarbeiteten Bebauungsplanentwurf zur Realisierung des Flächennutzungsplans noch entwickeln könnte.[226] Nach den zuvor beschriebenen Grundsätzen können sich die Gemeinden auch gegen Vorhaben der Fachplanung **außerhalb ihres Gemeindegebietes** wehren, sofern von ihnen derartige Auswirkungen auf ihre eigene gemeindliche Planung ausgehen. Dabei kommt insbesondere eine Nichtbeachtung oder ein nicht dem Abwägungsgebot entsprechender Eingriff in konkrete gemeindliche Planungsvorstellungen, wie sie etwa im Flächennutzungsplan, in Bebauungsplänen oder anderen kommunalen Willensbekundungen ihren Ausdruck gefunden haben, in Betracht. Die Planfeststellungsbehörde hat bei der Zulassung eine Abwägung vorzunehmen und dabei die für die Entscheidung relevanten Belange in diese Abwägung einzustellen.

Beispiel: Eine Gemeinde wendet sich dagegen, dass auf dem Gebiet einer Nachbargemeinde eine Müllverbrennungsanlage errichtet wird. Zur Begründung beruft sich die Gemeinde darauf, dass der erforderliche Abstand zu einem durch Bauleitplanung ausgewiesenen Wohngebiet nicht eingehalten

---

[221] *BVerwG*, B. v. 21. 1. 1993 – 4 B 206.92 – UPR 1993, 239 = NVwZ 1993, 884 – Rastplatz Vahrenheide.
[222] *BVerwG*, Urt. v. 20. 3. 1964 – 7 C 10.61 – BVerwGE 18, 154; Urt. v. 28. 10. 1970 – 6 C 48.68 – BVerwGE 36, 192; B. v. 13. 6. 1977 – 4 B 13.77 – BVerwGE 54, 99; Urt. v. 25. 11. 1986 – 1 A 20.82 – BVerwGE 75, 147; Urt. v. 16. 3. 1989 – 4 C 36.85 – BVerwGE 81, 329 = *Hoppe/Stüer* RzB Rdn. 1269 – Moers-Kapellen.
[223] *BVerwG*, Urt. v. 27. 3. 1992 – 7 C 18.91 – BVerwGE 90, 96 = DVBl. 1992, 1233 = *Hoppe/Stüer* RzB Rdn. 1187.
[224] *BVerwG*, Urt. v. 4. 5. 1988 – 4 C 22.87 – BVerwGE 79, 318; B. v. 22. 6. 1993 – 4 B 45.93 – VkBl. 1995, 210 = *Hoppe/Stüer* RzB Rdn. 584; *VerfGH Münster*, Urt. v. 18. 6. 1991 – VerfGH 5/90 – OVGE 42, 297 = NVwZ 1991, 1173 – GEP Köln; s. auch u. Rdn. 3355, 3360.
[225] *BVerwG*, Urt. v. 23. 4. 1997 – 11 A 28.96 – Gröbers.
[226] *BVerwG*, Urt. v. 18. 6. 1997 – 11 A 65.95 – UPR 1997, 470 = NJ 1997, 615 – Staffelstein-Coburg.

werden könne und die Belastung mit zusätzlichem Lkw-Verkehr für die Straßen im Ortskern unzumutbar sei.

152 Auch bergrechtliche Vorschriften über die Betriebsplanzulassung sind gegenüber den Standortgemeinden nachbarschützend. Ein solcher Drittschutz der Gemeinde ist etwa vergleichbar mit dem gemeindlichen Schutz gegenüber anderen Fachplanungsmaßnahmen.[227] Die Gemeinden haben gegenüber solchen Maßnahmen Mitwirkungsrechte, die sich in Informations- und Stellungnahmerechte gliedern. Werden die Mitwirkungsrechte beachtet, ergeben sich Abwehrrechte, wenn konkrete gemeindliche Planungen betroffen sind oder sich weite Teile des Gemeindegebietes einer durchsetzbaren Planung entziehen.

153 Darüber hinaus kann die Gemeinde Planungsentscheidungen anfechten, wenn ihre **kommunalen Einrichtungen** durch sie erheblich beeinträchtigt werden.[228]

Beispiel: Die Landesregierung beabsichtigt, in einer durch Militärabzug frei werdenden Kaserne Asylbewerber und ausländische Flüchtlinge unterzubringen. Nach den Planungsvorstellungen der Gemeinde soll der Kasernenbereich als dringend benötigtes technisches Rathaus mit Bauhof genutzt werden. Zwischen den unterschiedlichen Planungsvorstellungen ist gem. § 37 I BauGB aufgrund einer planerischen Abwägung zu entscheiden.[229]

154 Die Gemeinden haben daher, wenn in die eigenverantwortliche Entscheidung gemeindlicher Aufgabenbereiche eingegriffen werden soll, **umfassende Mitwirkungsrechte**, die sich auf Information und Anhörung richten. Außerdem bestehen Abwehrrechte, wenn konkrete gemeindliche Planungen betroffen werden oder sich Teile des Gemeindegebietes einer durchsetzbaren Planung entziehen. Die Wehrfähigkeit der kommunalen Selbstverwaltung geht allerdings über die Planungshoheit hinaus und umfasst auch andere Bereiche kommunalen Handelns. Aus Art. 28 I 2 GG wird etwa ein Selbstgestaltungsrecht der Gemeinde abgeleitet, aus dem sich ebenfalls Wehrfähigkeiten ergeben. Das kommunale Selbstgestaltungsrecht kann allerdings nur durch Maßnahmen betroffen werden, die das Ortsbild entscheidend prägen und damit nachhaltig auf das Gemeindegebiet und die Gemeinde einwirken.[230] Gewisse ästhetische Einbußen als Folge für das **Ortsbild** nachteiliger, aber kostengünstigerer Planungsmaßnahmen hat die Gemeinde allerdings hinzunehmen.[231]

155 **Gemeindliche Klagerechte** können auch gegenüber **Rechtsvorschriften** bestehen, die von der Gemeinde anzuwenden sind und durch die sie in ihren Selbstverwaltungsrechten betroffen wird. So kann die Gemeinde die Prüfung einer von ihr zwar nicht erlassenen, aber in ihrem Gebiet geltenden Rechtsvorschrift im Normenkontrollverfahren beantragen, wenn sie die Vorschrift als Behörde zu beachten hat.[232]

Beispiel: Die Gemeinde wendet sich gegen einen Regionalplan, der für ihr Gebiet nur eine beschränkte Ausdehnung der Wohngebietsausweisung zulässt. Im Hinblick auf die sich aus §§ 4, 5 ROG ergebenden Beachtens- und Anpassungsgebote besteht ein Rechtsschutzinteresse daran, einen solchen Regionalplan im Normenkontrollverfahren nach § 47 VwGO auf seine Gültigkeit prüfen zu

---

[227] *BVerwG*, B. v. 15. 7. 1994 – 4 B 102.94 – DVBl. 1994, 1152; s. auch u. Rdn. 4305.
[228] *BVerwG*, Urt. v. 3. 5. 1988 – 4 C 11 u. 12.85 – UPR 1988, 440 = *Hoppe/Stüer* RzB Rdn. 1177 – Hubschrauberlandeplatz Minden; Urt. v. 11. 4. 1986 – 4 C 51.83 – BVerwGE 74, 124 = *Hoppe/Stüer* RzB Rdn. 1173; Urt. v. 30. 5. 1984 – 4 C 58.81 – BVerwGE 69, 256 = *Hoppe/Stüer* RzB Rdn. 1171; Urt. v. 4. 5. 1988 – 4 C 22.87 – BVerwGE 79, 318 = *Hoppe/Stüer* RzB Rdn. 575.
[229] Zur Verletzung der gemeindlichen Selbstverwaltungsgarantie durch die Belegung eines Gebäudes mit Asylbewerbern *KreisG Suhl*, Urt. v. 26. 1. 1991 – SU 1 E 91.93 – LKV 1992, 29 = BayVBl. 1992, 29 – Asylbewerber.
[230] *BVerwG*, B. v. 8. 1. 1997 – 11 VR 30.95 – NuR 1998, 221 – Staffelstein; zum Hauptsacheverfahren Urt. v. 18. 6. 1997 – 11 A 70.95 – UPR 1997, 470 = NJ 1997, 615 – Staffelstein; Urt. v. 15. 4. 1999 – 4 A 45.98 – NVwZ-RR 1999, 554 = ZfBR 2000, 66.
[231] *BVerwG*, Urt. v. 15. 4. 1999 – 4 A 45.98 – NVwZ-RR 1999, 554 = ZfBR 2000, 66.
[232] *BVerwG*, B. v. 15. 3. 1989 – 4 NB 10.88 – BVerwGE 81, 307 = NVwZ 1989, 654 = *Hoppe/Stüer* RzB Rdn. 11182; s. auch u. Rdn. 4169.

lassen.²³³ Gegen Regionalpläne kann nach Durchführung einer ggf. zulässigen Normenkontrolle auch Verfassungsbeschwerde erhoben werden.²³⁴ Dies setzt allerdings voraus, dass eine Verletzung gemeindlicher Rechte möglich ist.

156 Hat die Gemeinde die Rechtsvorschrift nicht selbst anzuwenden, sondern wird sie lediglich davon betroffen, so ist ein Normenkontrollantrag nach § 47 II VwGO i. d. F. des 6. VwGO-ÄndG nur zulässig, wenn sie geltend macht, durch die Rechtsvorschrift in eigenen Rechten verletzt zu sein. Vergleichbare Rechte hat der *VerfGH Münster*²³⁵ den Gemeinden gegenüber den **Gebietsentwicklungsplänen** mit dem Recht der kommunalen Verfassungsbeschwerde eingeräumt.

Beispiel: Eine Gemeinde in NRW wendet sich mit der kommunalen Verfassungsbeschwerde dagegen, dass der Gebietsentwicklungsplan in ihrer Nachbargemeinde eine Mülldeponie vorsieht. Die Planung nehme auf die gemeindenachbarlichen Belange nicht genügend Rücksicht. Der VerfGH prüft, ob die Gemeinde durch die Ausweisung des Vorhabens in ihren Rechten beeinträchtigt ist und ob bei der Ausweisung der Mülldeponie die gemeindenachbarlichen Belange ordnungsgemäß in die Abwägung eingestellt worden sind.²³⁶ Beeinträchtigungen können sich dabei auch aus Folgewirkungen für die gemeindliche Wasserversorgung als Teil der Daseinsvorsorge ergeben.

157 Den erweiterten gemeindlichen Rechten entsprechen jedoch **gemeindliche Mitwirkungslasten**. Unterlässt es die Gemeinde, ihre Belange in den Fachplanungsprozess einzubringen und ordnungsgemäß geltend zu machen, brauchen sie im Rahmen der fachplanerischen Entscheidung nur dann berücksichtigt zu werden, wenn sie offensichtlich sind und sich dem Planer geradezu aufdrängen.²³⁷ Auch bleiben bauleitplanerische Entwicklungen außer Betracht, die von der Gemeinde erst nach Erlass des Planfeststellungsbeschlusses in Gang gesetzt worden sind.²³⁸

Beispiel: Die Gemeinde wendet sich gegen eine auf ihrem Gebiet geplante Sondermüllbeseitigungsanlage mit der Begründung, sie beabsichtige, im Nahbereich des vorgesehenen Standortes einen Erholungsbereich auszuweisen. Die Planungen waren jedoch bei Erlass des abfallrechtlichen Planfeststellungsbeschlusses noch nicht erkennbar.

158 Auch kann sich die Gemeinde auf ihre nur allgemeinen Interessen an der Freihaltung von Flächen für zukünftige Planungen nicht berufen.²³⁹ Die Anfechtung eines Planfeststellungsbeschlusses setzt vielmehr eine **gemeindliche Betroffenheit** voraus. Eine Gemeinde, die etwa durch den Ausbau einer Bundeswasserstraße überhaupt nicht in ihren materiellen Rechten beeinträchtigt wird, kann den ergangenen Planfeststellungsbeschluss nicht mit der Begründung anfechten, sie sei im Verwaltungsverfahren nicht ordnungsgemäß beteiligt worden. Auch gegen die Anerkennung von Stellplätzen durch die Baugenehmigungsbehörde ist die Gemeinde nur dann klagebefugt, wenn sie dadurch in eigenen Rechten betroffen sein kann. Die Beeinträchtigung der Sicherheit des Straßenverkehrs kann die Gemeinde dabei grundsätzlich nicht als eigene Rechtsverletzung geltend machen.²⁴⁰ Denn eine Verletzung allein des staatlichen Aufgabenbereichs, der nicht

---

²³³ *BVerwG*, B. v. 15. 3. 1989 – 4 NB 10.88 – BVerwGE 81, 307 = *Hoppe/Stüer* RzB Rdn. 1182.
²³⁴ *BVerfG*, B. v. 23. 6. 1987 – 2 BvR 826/83 – DVBl. 1988, 41 = UPR 1988, 19 = *Hoppe/Stüer* RzB Rdn. 21; s. auch u. Rdn. 3583 zum vergleichbaren Rechtsschutz gegen Braunkohlepläne.
²³⁵ *VerfGH Münster*, Urt. v. 15. 12. 1989 – VerfGH 5/88 – OVGE 40, 310 = NVwZ 1990, 456 = DVBl. 1990, 417 – GEP Düsseldorf; Urt. v. 18. 6. 1991 – VerfGH 5/90 – OVGE 42, 297 = NVwZ 1991, 371 – GEP Köln; Urt. v. 28. 1. 1992 – VerfGH 2/91 – NVwZ 1992, 875 = DVBl. 1992, 710 – Marburg; Urt. v. 11. 2. 1992 – VerfGH 6/91 – NVwZ 1992, 874 = DVBl. 1992, 732 – Gescher; Urt. v. 9. 2. 1993 – VerfGH 2/92 – NVwZ-RR 1993, 542 = DVBl. 1993, 649 – Meerbusch.
²³⁶ *Hoppe/Stüer* DVBl. 1992, 641.
²³⁷ *BVerwG*, B. v. 9. 11. 1979 – 4 N 1.78 – BVerwGE 59, 87 = *Hoppe/Stüer* RzB Rdn. 26.
²³⁸ *BVerwG*, Urt. v. 9. 5. 1989 – 7 B 185.88 – NVwZ 1989, 967 = DVBl. 1989, 834 = *Hoppe/Stüer* RzB Rdn. 1183 – Sondermüllbeseitigungsanlage; *Stüer*, Kommunalrecht in NW, 1997, S. 131.
²³⁹ *BVerwG*, B. v. 26. 2. 1990 – 4 B 31.90 – NVwZ 1990, 657 = ZfBR 1990, 308 = *Hoppe/Stüer* RzB Rdn. 137.
²⁴⁰ *BVerwG*, B. v. 14. 1. 1993 – 4 C 2.90 – Buchholz 310 § 65 VwGO Nr. 109.

zugleich die gemeindliche Selbstverwaltungsgarantie in Art. 28 II GG berührt, reicht für eine Klagebefugnis nicht aus.[241]

159 Die dem Träger der Regionalplanung durch Landesgesetz auferlegte Pflicht, in einem Regionalplan regionalbedeutsame Infrastrukturvorhaben gebietsscharf auszuweisen, ist mit der Garantie der kommunalen Selbstverwaltung (Art. 28 II GG) vereinbar, wenn diese Ausweisung durch überörtliche Interessen von höherem Gewicht gerechtfertigt ist und den Grundsatz der Verhältnismäßigkeit wahrt.[242] Die gebietsscharfe Ausweisung der Standorte für die **Erweiterung des Landesflughafens** und den Neubau einer **Landesmesse** im Regionalplan für die Region Stuttgart greift nicht in unverhältnismäßiger Weise in die städtebauliche Planungshoheit der betroffenen Gemeinde ein und ist mit dem Raumordnungsrecht des Bundes vereinbar. Ein Ziel der Regionalplanung, das im landesweiten Raumordnungsplan nicht ausdrücklich festgelegt ist, verletzt das raumordnungsrechtliche Entwicklungsgebot (erst), wenn es der landesplanerischen Gesamtkonzeption widerspricht oder nicht aus ihr abzuleiten ist. Gebietsscharfe Standortausweisungen für Infrastrukturvorhaben in einem Regionalplan, die einen regionalen Grünzug überplanen, stellen keinen Eingriff in Natur und Landschaft im Sinne der naturschutzrechtlichen Eingriffsregelung (§ 18 I BNatSchG) dar.[243]

160 Bei **Abstufung einer Bundesstraße** in eine Gemeindestraße hat die Gemeinde keinen Anspruch darauf, dass der bisherige Träger der Straßenbaulast die Straße zurückbaut, um die mit dem fernstraßenrechtlichen Ausbau verbundenen **Eingriffe in Natur und Landschaft** abzumildern und den Ausbauzustand an den für Gemeinden üblichen Standard anzupassen.[244] Die Gemeinden können die Abstufung einer Bundesstraße in eine Gemeindestraße nicht unter Berufung auf eine eigene materiellrechtliche Position mit natur- und landschaftsschutzrechtlichen Einwendungen bekämpfen. Belange des Natur- und Landschaftsschutzes kann eine Gemeinde gegen eine Abstufungsentscheidung schon deshalb nicht ins Feld führen, weil ihr insoweit aus der Selbstverwaltungsgarantie des Art. 28 GG kein eigenes wehrfähiges Recht erwächst. Der Natur- und Landschaftsschutz gehört nicht zu den Angelegenheiten der örtlichen Gemeinschaft, die der eigenverantwortlichen Regelung der Gemeinden vorbehalten sind. Vielmehr handelt es sich um eine Aufgabe, die von staatlichen Stellen wahrzunehmen ist.[245] Mit Art. 28 II GG vereinbar sind solche Beeinträchtigungen, die den Kernbereich des Selbstverwaltungsrechts unangetastet lassen, dem Gesichtspunkt der Verhältnismäßigkeit Rechnung tragen und den Anforderungen des aus dem Rechtsstaatsprinzip abzuleitenden Willkürverbots genügen.[246] Die Überbürdung der Straßenbaulast für eine frühere Bundesfernstraße stellt keinen Eingriff in den Kernbereich kommunaler Selbstverwaltung dar.[247]

161 Vom Schutz der Selbstverwaltungsgarantie ist auch die **kommunale Finanzhoheit** umfasst. Hält eine Gemeinde dem von ihr beanstandeten Fachplanungsvorhaben eine Beeinträchtigung ihrer Finanzhoheit entgegen, so setzt die Berücksichtigung eines solchen Vortrags als abwägungserheblich jedenfalls die Darlegung und den Nachweis voraus, dass

---

[241] *BVerwG*, Urt. v. 19. 3. 1976 – 7 C 71.72 – Buchholz 442 151 § 44 StVO Nr. 1; Urt. v. 29. 6. 1983 – 7 C 102.82 – NVwZ 1983, 610; Urt. v. 14. 1. 1993 – 4 C 2.90 – Buchholz 310 § 65 VwGO Nr. 109 = *Hoppe/Stüer* RzB Rdn. 1235.
[242] Im Anschluss an B. v. 23. 6. 1987 – 2 BvR 826/83 – BVerfGE 76, 107.
[243] *BVerwG*, Urt. v. 15. 5. 2003 – 4 CN 9.01 – UPR 2003, 358 = NVwZ 2003, 1263.
[244] Zum Verhältnis der Bauleitplanung zur Landschaftsplanung *Blume* NuR 1989, 332; *Erbguth* UPR 1987, 409; *Gassner* UPR 1988, 321; *Hahn* Das Recht der Landschaftsplanung 1991; *Kiemstedt* Effektivierung der Landschaftsplanung 1990; *Rist* BWVPr. 1994, 271; *Schütze* Aufgabe und rechtliche Stellung der Landschaftsplanung im räumlichen Planungssystem 1994; *Stich* ZfBR 1986, 61; *ders.* UPR 1983, 177.
[245] § 3 BNatSchG.
[246] *BVerfG*, B. v. 24. 6. 1969 – 2 BvR 446/64 – BVerfGE 26, 228; B. v. 7. 10. 1980 – 2 BvR 584, 598, 599, 604/76 – BVerfGE 56, 298; B. v. 23. 6. 1987 – 2 BvR 826/83 – BVerfGE 76, 107.
[247] *BVerwG*, B. v. 26. 6. 1992 – 4 B 105.92 – Buchholz 407.4 § 6 FStrG Nr. 1 = *Hoppe/Stüer* RzB Rdn. 1188.

der finanzielle Spielraum der Gemeinde nachhaltig in nicht mehr zu bewältigender und hinzunehmender Weise eingeengt wird.[248]

c) Gemeindliches Einvernehmen. Nach § 36 I 1 BauGB wird über die Zulässigkeit **162** von Vorhaben nach den §§ 31, 33 bis 35 BauGB im bauaufsichtlichen Verfahren von der Baugenehmigungsbehörde im Einvernehmen mit der Gemeinde entschieden.[249] Das Einvernehmen ist auch erforderlich, wenn in einem anderen Verfahren über die Zulässigkeit nach den vorgenannten Vorschriften entschieden wird.[250] Das gemeindliche Einvernehmen nach § 36 BauGB ist allerdings nicht erforderlich, wenn im Rahmen der privilegierten Fachplanung nach § 38 BauGB entschieden wird. Denn für die nach § 38 BauGB privilegierte Fachplanung finden die Vorschriften über die planungsrechtliche Zulässigkeit in den §§ 29 bis 37 BauGB und damit auch § 36 BauGB keine Anwendung. Dies ist durch § 38 BauGB 1998 klargestellt.

Die kommunale Selbstverwaltung äußert sich neben der **Aufstellung der Bauleitpläne 163** auch in der **Einvernehmensregelung** in § 36 I BauGB. Aus der Selbstverwaltungsgarantie ergeben sich für die planenden Städte und Gemeinden auch Mitwirkungsrechte im Baugenehmigungsverfahren. Vorhaben von einigem bodenrechtlichen Gewicht dürften daher nicht nur dem Erfordernis eines Genehmigungsverfahrens unterliegen, sondern es sind an solchen Verfahren auch die jeweiligen Standortgemeinden zu beteiligen. § 36 I BauGB ist Ausdruck dieses verfassungsrechtlich abgesicherten Beteiligungsrechts im Baugenehmigungsverfahren.[251] Im Bereich eines qualifizierten Bebauungsplans ist das gemeindliche Einvernehmen bei Ausnahmen und Befreiungen (§ 31 I und II BauGB) sowie bei Genehmigungen bei Planreife (§ 33 BauGB)[252] erforderlich. Ebenfalls bedarf es des gemeindlichen Einvernehmens im nicht beplanten Innenbereich (§ 34 BauGB) und im Außenbereich (§ 35 BauGB).

Nicht erforderlich ist das gemeindliche Einvernehmen nach § 36 I BauGB daher lediglich **164** bei einer **plankonformen Genehmigung** nach § 30 I BauGB und bei einer Genehmigung, die auf der Grundlage eines vorhabenbezogenen Bebauungsplans nach § 30 II BauGB erteilt wird. Bei Entscheidungen nach § 30 I und II BauGB bedarf es des gemeindlichen Einvernehmens offenbar deshalb nicht, weil der Maßstab für die Zulässigkeit von Vorhaben in diesen Fällen durch den gemeindlichen Bebauungsplan bereits vorgegeben ist. Allerdings ist auch in diesen Fällen einer beabsichtigten plankonformen Genehmigungserteilung eine vorherige Information der Gemeinde geboten (§ 36 I BauGB), um ihr die Möglichkeit zu geben, von dem Plansicherungsinstrument der §§ 14, 16 BauGB (Veränderungssperre) oder des § 15 BauGB (Zurückstellung von Baugesuchen)[253] Gebrauch zu machen. Denn die Gemeinden müssen in die Lage versetzt werden, ihre Planungsvorstellungen zu ändern. Das Städtebaurecht muss daher auch in den Fällen der Freistellung von dem Genehmigungserfordernis durch Landesrecht ein entsprechendes Instrumentarium bereitstellen. Erforderlich ist daher zunächst, dass die Gemeinden auch in Freistellungsfällen von der Absicht einer Vorhabenverwirklichung Kenntnis erhalten. Die Länder haben daher nach § 36 I 3 BauGB sicherzustellen, dass die Gemeinden bei Vorhaben, die im Geltungsbereich eines qualifizierten Bebauungsplans verwirklicht werden sollen, rechtzeitig vor der Ausführung des Vorhabens über Maßnahmen zur Sicherung der Bauleitplanung nach den §§ 14, 15 BauGB entscheiden können. Die nähere Ausgestaltung der Information der Gemeinde ist dabei den Ländern überlassen. Um zu gewährleisten, dass bei einem lan-

---

[248] *BVerwG*, Urt. v. 18. 6. 1997 – 11 A 65.95 – UPR 1997, 470 = NJ 1997, 615 – Staffelstein-Coburg.
[249] *Bohl* NVwZ 1994, 647; *Ebling* LKV 1995, 384; *Knöpfle* Das Einvernehmen der Gemeinden nach § 36 BBauG und raumordnungsrechtliche Vorgaben 1984; *Schütz* NJW 1963, 2150; *Skouris/Tschasching* NuR 1983, 92; *Stüer* FS Gelzer 1991, 155.
[250] § 36 I 2 BauGB.
[251] Zu Einzelheiten *Krautzberger* in: Battis/Krautzberger/Löhr § 36 Rdn. 1 ff.
[252] Zur Planreife s. Rdn. 2315.
[253] Zur Zurückstellung s. Rdn. 1581.

desrechtlichen Verzicht auf ein präventives Prüfverfahren im Geltungsbereich eines Bebauungsplans gem. § 30 I und II BauGB die Gemeinde Kenntnis von der Ausführung des Vorhabens erhält, muss daher zu ihren Gunsten ein nach Landesrecht näher auszugestaltender Informationsanspruch eingeräumt werden. Praktisch läuft dies auf ein landesrechtlich geregeltes Anzeigeverfahren hinaus. Insoweit können die Länder das Baugeschehen daher nicht völlig freistellen, sondern sind im Hinblick auf § 36 I 3 BauGB gehalten, Reste eines präventiven Prüfverfahrens in Form zumindest eines Anzeigeverfahrens vorzusehen. Wird kein Baugenehmigungsverfahren durchgeführt, so wird nach § 15 I 2 BauGB auf Antrag der Gemeinde anstelle der Aussetzung der Entscheidung über die Zulässigkeit eine vorläufige Untersagung innerhalb einer durch Landesrecht festgesetzten Frist ausgesprochen. Die vorläufige Untersagung steht der Zurückstellung des Vorhabens nach § 15 I 1 BauGB gleich (§ 15 I 3 BauGB).

165 In gemeindliche Rechte kann auch dadurch eingegriffen werden, dass die Baugenehmigungsbehörde einen von der Gemeinde verabschiedeten **Änderungsbebauungsplan** verwirft und die Genehmigung nach dem ursprünglichen Plan erteilt. Die Gemeinde ist in einem solchen Fall des Abweichens von ihrem aktuellen Planungswillen materiell beschwert und in ihren Rechten betroffen. Denn zur Planungshoheit gehört insbesondere und in erster Linie das Recht der Gemeinden, in eigener Verantwortung Bauleitpläne aufzustellen (§ 2 I BauGB). Dieses Recht umfasst auch einen Abwehranspruch gegen Baumaßnahmen, die den planerischen Festsetzungen der Gemeinde widersprechen. Setzt sich daher eine Baugenehmigungsbehörde über die Festsetzungen eines Bebauungsplans hinweg, indem sie ihn inzident für unwirksam erklärt oder inhaltlich von den Festsetzungen des Bebauungsplans abweichende Genehmigungen erteilt, ohne diese förmlich als Ausnahmen oder Befreiungen nach § 31 I und II BauGB zu bezeichnen, so stellt das unmittelbar einen Eingriff in die Planungshoheit dar. Es werden durch die Genehmigung Zustände geschaffen, die der gemeindlichen Planung widersprechen.[254] Die Gemeinde muss in solchen Fällen die Möglichkeit haben, ihren Planungswillen zu verteidigen. Ein **Bescheidungsurteil**, durch das die Baugenehmigungsbehörde zu einer abschließenden bauplanungsrechtlichen Prüfung eines Vorhabens unter erneuter Beteiligung der Gemeinde verpflichtet ist und das das gemeindliche Einvernehmen nur im Umfang der planungsrechtlichen Entscheidungsreife ersetzt, verletzt die Gemeinde allerdings nicht in ihren Rechten aus § 36 BauGB.[255]

166 Die Entscheidung über das gemeindliche Einvernehmen ist eine reine **Rechtsprüfung**. Die Gemeinde hat im Rahmen der Entscheidung über die Einvernehmenserteilung zu prüfen, ob ein Genehmigungsanspruch besteht. Ist dieser gegeben, muss die Gemeinde das Einvernehmen erteilen. Liegen die Voraussetzungen für einen Genehmigungsanspruch nicht vor, hat die Gemeinde ihr Einvernehmen zu versagen. Ermessenserwägungen können nur insoweit Platz greifen, als die gesetzlichen Genehmigungsvoraussetzungen solche Ermessenselemente vorsehen. Das gemeindliche Einvernehmen unterliegt zudem dem **Koppelungsverbot**. Die Erteilung des gemeindlichen Einvernehmens darf nicht von sachfremden Gesichtspunkten abhängig gemacht werden. Es verstößt allerdings nicht gegen das Koppelungsverbot, wenn die Gemeinde ihre zustimmende Stellungnahme zu einem Baugesuch davon abhängig macht, dass der Bauwillige die nach dem Bebauungsplan für die Erschließung des Baugrundstücks vorgesehenen Straßenflächen unter Anrechnung auf den späteren Erschließungsbeitrag und die spätere Umlegung an die Gemeinde abtritt.[256]

167 Das Beteiligungsrecht der Gemeinde nach § 36 I 1 BauGB wird auch dann verletzt, wenn die Durchführung des für ein Vorhaben i. S. dieser Vorschrift erforderlichen Baugenehmigungsverfahrens unterbleibt, weil eine staatliche Behörde in Verkennung ihrer

---

[254] *BVerwG*, Urt. v. 11. 2. 1993 – 4 C 25.91 – BVerwGE 92, 66; *Stüer* FS Gelzer 1991, 155.
[255] *BVerwG*, B. v. 17. 6. 2003 – 4 B 14.03 – NVwZ-RR 2003, 719 = BauR 2003, 1704 = DVBl. 2003, 1471 (LS) mit Anmerkung *Bickenbach* BauR 2004, 428 – atomares Zwischenlager.
[256] *BVerwG*, Urt. v. 16. 12. 1994 – 4 C 27.92 – DVBl. 1994, 710 = NVwZ 1994, 485.

Zuständigkeit für das Vorhaben ohne Einvernehmen der Gemeinde rechtswidrig eine andere Genehmigung mit den Rechtswirkungen der Baugenehmigung erteilt. Die für die Eigenschaft einer Betriebsanlage der Eisenbahn i. S. des § 18 I 1 AEG vorausgesetzte Eisenbahnbetriebsbezogenheit fehlt bei Anlagen, die einem privatwirtschaftlichen Unternehmen zu dienen bestimmt sind, das weder Eisenbahnverkehrsdienstleistungen erbringt noch eine Eisenbahninfrastruktur betreibt, und zwar selbst dann, wenn dieses Unternehmen seinen Gewerbebetrieb auf Bahnzwecken gewidmetem Gelände ausübt und Güter auf die Bahn umschlägt.[257]

Durch die Einreichung eines unvollständigen Bauantrags bei der Gemeinde wird die Frist des § 36 II 2 BauGB nicht ausgelöst, wenn der Antrag nicht alle für eine Beurteilung der planungsrechtlichen Zulässigkeit des Vorhabens erforderlichen Unterlagen enthält. Verlangt die Baurechtsbehörde in einem solchen Fall vom Bauherrn die Vervollständigung der Bauvorlagen, so ist sie aus Gründen der Rechtssicherheit verpflichtet, ein Ersuchen im Sinne des § 36 II 2 1 Halbs. BauGB an die Gemeinde zu richten, sobald die Unterlagen in dem Sinne vollständig sind, dass sie nunmehr aus ihrer Sicht eine Beurteilung der planungsrechtlichen Zulässigkeit des Vorhabens erlauben. Unterlässt sie dies, beginnt die Frist des § 36 II 2 BauGB nicht zu laufen.[258] Die Gemeinde ist auch gegen Außenbereichsvorhaben klagebefugt, durch die ihre gemeindliche Planungshoheit konkret beeinträchtigt wird. Allgemeine gemeindliche Betroffenheiten ohne konkreten Bezug zu gemeindlichen Aufgaben reichen dazu allerdings nicht aus.[259]

Die Einvernehmensregelung des § 36 I BauGB ist nach Auffassung des *BVerwG* nicht anwendbar, wenn die **Gemeinde** selbst **Baugenehmigungsbehörde** ist. So sei etwa die Klage einer Stadt auf Aufhebung des sie zur Erteilung einer Baugenehmigung verpflichtenden Widerspruchsbescheides ihres Stadtrechtsausschusses unzulässig.[260] Auch ist ein gemeindliches Einvernehmen nach Auffassung des *BVerwG*[261] nicht erforderlich, wenn die Gemeinde selbst Baugenehmigungsbehörde ist.[262] § 36 I BauGB setze vielmehr zwei selbstständige Behörden (Baugenehmigungsbehörde und Gemeinde) voraus. Aus der Sicht der gemeindlichen Selbstverwaltungsrechte könnte eine solche Auffassung jedoch zu einer bedenklichen Verkürzung gemeindlicher Mitwirkungs- und Beteiligungsrechte führen. Denn auf die Entscheidungen der Baugenehmigungsbehörde, die vielfach der Fachaufsicht höherer Instanzen unterliegen, hätte die Gemeinde keine verbindlichen Einwirkungsmöglichkeiten. Der mit der unteren Bauaufsichtsbehörde identischen Gemeinde ist es allerdings nicht verwehrt, die Ablehnung einer Baugenehmigung auch mit der Verweigerung ihres gemeindlichen Einvernehmens zu begründen.[263]

Die Einvernehmensregelung des § 36 BauGB bezieht sich auf Baugenehmigungsverfahren, gilt aber auch für die **Bebauungsgenehmigung** (Vorbescheid), welche die planungsrechtliche Zulässigkeit eines Vorhabens zum Gegenstand hat oder die Teilbaugenehmigung.[264] Wird über die Zulässigkeit eines Verfahrens nach den §§ 31, 33 bis 35 BauGB in einem anderen Verfahren[265] entschieden, ist die Gemeinde nach § 36 I 2

---

[257] *VGH Mannheim*, Urt. v. 10. 12. 2001 – 5 S 2274/01 – NVwZ-RR 2002, 818 = DVBl. 2002, 1141 – Erteilung einer Plangenehmigung durch das Eisenbahn-Bundesamt, Lagerhalle eines privaten Gewerbebetriebs der Metall- und Rohstoffverwertung, die zum Güterumschlag Straße/Schiene genutzt werden soll.

[258] *VGH Mannheim*, Urt. v. 7. 2. 2003 – 8 S 2563/02 – BauR 2003, 1534 = ZfBR 2003, 586 – Einvernehmen.

[259] *VGH München*, Urt. v. 2. 4. 2003 – 22 ZB 03.229 – NVwZ 2003, 1280 – erfolglose Klage einer Nachbargemeinde gegen immissionsschutzrechtliche Genehmigung für einen Steinbruch.

[260] *BVerwG*, Urt. v. 21. 6. 1974 – IV C 71.72 – BVerwGE 45, 207 = *Hoppe/Stüer* RzB Rdn. 559.

[261] *BVerwG*, Urt. v. 6. 11. 1967 – IV C 94.66 – BVerwGE 28, 268; 45, 207.

[262] *Krautzberger* in: Battis/Krautzberger/Löhr § 36 Rdn. 11.

[263] *BVerwG*, B. v. 30. 7. 2002 – 4 B 40.02 – Buchholz 406.11 § 36 BauGB Nr. 55.

[264] Zu den Begriffen *Dyong* in: Ernst/Zinkahn/Bielenberg/Krautberger Rdn. 9 zu § 36 BauGB.

[265] Etwa immissionsschutzrechtlichen oder atomrechtlichen Genehmigungsverfahren.

BauGB ebenfalls zu beteiligen. Bei Planfeststellungsverfahren, aber auch bei Ausschachtungen, Ablagerungen einschließlich Lagerstätten (§ 29 I BauGB), die der Bergaufsicht unterliegen, ist das gemeindliche Einvernehmen nicht erforderlich (§ 36 I 2 HS 2 BauGB).

171 Die Erklärung des gemeindlichen Einvernehmens ist kein von Dritten anfechtbarer Verwaltungsakt, sondern ein **internes Mitwirkungselement** ohne unmittelbare Außenwirkung. Das gemeindliche Einvernehmen kann daher von einem Bauherrn oder Dritten nicht durch Verpflichtungsklage gerichtlich erstritten werden. Die Entscheidung über die Erteilung des gemeindlichen Einvernehmens ist eine reine Rechtsprüfung (§ 36 II 1 BauGB). Ermessenserwägungen oder autonome planerische Überlegungen gehen darin nur ein, wenn die gesetzlichen Genehmigungsvoraussetzungen dies vorsehen.[266] Besteht daher nach den §§ 31, 33 bis 35 BauGB ein Genehmigungsanspruch, so hat die Gemeinde ihr Einvernehmen nach § 36 BauGB zu erteilen. Anderenfalls kann sie ggf. aus dem Gesichtspunkt der **Amtshaftung** schadensersatzpflichtig werden.[267] Dies gilt jedenfalls dann, wenn die Baugenehmigungsbehörde mit Hinweis auf das fehlende gemeindliche Einvernehmen die Baugenehmigung versagt. Wird die rechtswidrige Ablehnung einer Bauvoranfrage sowohl auf eigene Erwägungen der Bauaufsichtsbehörde als auch darauf gestützt, dass die Gemeinde das erforderliche Einvernehmen verweigert habe, so können für den durch die Ablehnung verursachten Schaden die Bauaufsichtsbehörde und die Genehmigungsbehörde nebeneinander verantwortlich gemacht werden.[268] Die Gemeinde haftet hälftig, weil sie das gemeindliche Einvernehmen versagt hat.[269] Die haftungsrechtliche Zuordnung bei verweigertem Einvernehmen bestimmt sich danach, wie sich die Entscheidung der Baugenehmigungsbehörde im Außenverhältnis zu dem Antragsteller darstellt. Wird der Bescheid nur damit begründet, dass die Gemeinde das erforderliche Einvernehmen versagt habe, hat grundsätzlich allein die Gemeinde einen Schadensersatz zu leisten. Geht hingegen aus der ablehnenden Entscheidung der Baugenehmigungsbehörde hervor, dass sie das Vorhaben auch aufgrund einer eigenen Sachprüfung ablehnt, ist entweder die alleinige Haftung der Baugenehmigungsbehörde oder eine gemeinschaftliche Verantwortlichkeit mit der Gemeinde gegeben.[270] Die Baugenehmigungsbehörde ist an die Verweigerung des gemeindlichen Einvernehmens gebunden. Sie darf die beantragte Genehmigung in den Fällen der §§ 31, 33 bis 35 BauGB nicht erteilen, wenn die Gemeinde ihr Einvernehmen versagt hat. Dies gilt selbst dann, wenn die Versagung des gemeindlichen Einvernehmens zu Unrecht geschieht. Erteilt die Baugenehmigungsbehörde gleichwohl die beantragte Baugenehmigung, ist die Gemeinde in ihrer Planungshoheit verletzt und kann die Baugenehmigung anfechten.[271] Ist bereits mit der Bauausführung begonnen, kann die Einstellung der Bauarbeiten verlangt werden.[272] Verweigert die Gemeinde rechtswidrig das Einvernehmen, so kann dieses allerdings nach § 36 II 3 BauGB oder im Wege der Rechtsaufsicht (Kommunalaufsicht) ersetzt werden.[273] Dies kann die Haftung der Gemeinde entfallen lassen.

---

[266] *BVerwG*, B. v. 16. 12. 1969 – 4 B 121.69 – DÖV 1989, 349 = *Hoppe/Stüer* RzB Rdn. 558.
[267] *BGH*, Urt. v. 26. 4. 1979 – III ZR 100/77 – BauR 1979, 501 = BRS 35, 149 – Bebaubarkeit; Urt. v. 21. 5. 1992 – III ZR 14/91 – BGHZ 118, 263 = BauR 1992, 595; Urt. v. 5. 12. 1991 – III ZR 167/90 – UPR 1992, 94 = *Hoppe/Stüer* RzB Rdn. 1018. Zur Amtshaftung der Baugenehmigungsbehörde *BGH*, Urt. v. 18. 6. 1998 – III ZR 100/97 – NVwZ 1998, 1329 = UPR 1998, 447. Ein Amtshaftungsanspruch setzt allerdings die Zulässigkeit des beantragten Bauvorhabens voraus, *OLG Koblenz*, Urt. v. 27. 1. 1998 – 1 U 73/96 – OLGR Koblenz 1998, 240 = IBR 1998, 451.
[268] *BGH*, Urt. v. 21. 5. 1992 – III ZR 14/91 – DVBl. 1992, 1430 = *Hoppe/Stüer* RzB Rdn. 1021.
[269] *OLG München*, Urt. v. 23. 4. 1998 – 1 U 4954/97 – OLGR München 1999, 20.
[270] *BGH*, Urt. v. 11. 7. 1993 – III ZR 36/92 – NJW 1993, 3065 = *Hoppe/Stüer* RzB Rdn. 1022.
[271] *BVerwG*, Urt. v. 14. 2. 1969 – 4 C 215.65 – BVerwGE 31, 263 = DÖV 1969, 853.
[272] *Krautzberger* in: Battis/Krautzberger/Löhr § 36 Rdn. 17.
[273] *BVerwG*, Urt. v. 19. 11. 1965 – IV C 184.65 – BVerwGE 22, 342 = NJW 1966, 513; B. v. 15. 11. 1991 – 4 B 191.91 – UPR 1992, 234 = *Hoppe/Stüer* RzB Rdn. 565.

An ein erteiltes gemeindliches **Einvernehmen** ist die **Baugenehmigungsbehörde** **nicht gebunden**. Sie kann die Baugenehmigung gleichwohl aus Rechtsgründen versagen. Auch ist eine Baugenehmigungsbehörde an das nicht erteilte gemeindliche Einvernehmen nur dann gebunden, wenn dieses nach den §§ 31, 33 bis 35 BauGB erforderlich ist. Nimmt die Gemeinde demgegenüber rechtsirrig an, ihr Einvernehmen sei erforderlich, so kann und muss sich die Baugenehmigungsbehörde über das fehlende gemeindliche Einvernehmen hinwegsetzen, wenn ein Genehmigungsanspruch besteht.[274] Nach Ablauf der Zweimonatsfrist des § 36 II 2 BauGB kann die Gemeinde ihr erteiltes Einvernehmen nicht mehr zurücknehmen, weil das Einvernehmen dann als ersetzt gilt. Vor Ablauf der Frist ist dies allerdings möglich.[275] Eine Bindungswirkung erzeugt auch eine nach altem Recht erteilte Teilgenehmigung[276] oder die Einvernehmenserteilung im Rahmen einer Bebauungsgenehmigung.[277]

Eine Baugenehmigungsbehörde handelt **amtspflichtwidrig**, wenn sie ein entscheidungsreifes Baugesuch oder eine entscheidungsreife Bauvoranfrage bewusst nicht bearbeitet, weil die Gemeinde nach Eintritt der Entscheidungsreife ihre Planungsabsichten geändert hat und sie das gesetzlich vorgesehene planerische Instrumentarium zur Sicherung der Planungsänderung nutzen will. Zulässig ist dagegen, dass die Gemeinde einen Bauantrag, der nach der bestehenden Rechtslage positiv beschieden werden muss, zum Anlass nimmt, ändernde Planungsmaßnahmen einzuleiten und bis zu dem Zeitpunkt, zu dem die ordnungsgemäße, ermessensfehlerfreie und zügige Bearbeitung des Gesuchs abgeschlossen sein muss, die geänderte Planung nach Maßgabe der §§ 14, 15 ff. BauGB sichert.[278]

Das **Einvernehmen** der Gemeinde **gilt als erteilt**, wenn es nicht innerhalb von zwei Monaten nach Eingang des Ersuchens der Genehmigungsbehörde verweigert wird. Dem Ersuchen gegenüber der Gemeinde steht die Einreichung des Antrags bei der Gemeinde gleich, wenn dies nach Landesrecht vorgeschrieben ist (§ 36 II 2 BauGB). Die Regelung dient der Beschleunigung des Baugenehmigungsverfahrens. Eine Verlängerung der Frist ist nicht möglich.[279] Die Frist wird allerdings erst durch den Eingang der vollständigen Antragsunterlagen bei der Gemeinde ausgelöst. Vollständig sind die Antragsunterlagen für ein im Geltungsbereich eines qualifizierten Bebauungsplans gelegenes Vorhaben nur dann, wenn sich aus ihnen unmittelbar ergibt, dass und von welchen Festsetzungen des Bebauungsplans Ausnahmen und Befreiungen zu erteilen sind.[280] Die Erteilung des

---

[274] *BGH*, Urt. v. 25. 2. 1988 – III ZR 118/87 – BGH-DAT Zivil = *Hoppe/Stüer* RzB Rdn. 552.
[275] *BGH*, Urt. v. 17. 9. 1970 – III ZR 4/69 – DVBl. 1971, 319 = DÖV 1971, 319.
[276] *BGH*, Urt. v. 13. 11. 1980 – III ZR 74/79 – DÖV 1981, 467 = *Hoppe/Stüer* RzB Rdn. 547.
[277] *BGH*, Urt. v. 25. 10. 1990 – III ZR 249/89 – BRS 53 (1991), Nr. 40 = *Hoppe/Stüer* RzB Rdn. 554.
[278] *BGH*, Urt. v. 23. 1. 1992 – III ZR 191/90 – UPR 1992, 233 = *Hoppe/Stüer* RzB Rdn. 1020.
[279] *BVerwG*, Urt. v. 12. 12. 1996 – 4 C 24.95 – NuR 1997, 234, kritisch zur Verfahrensbeschleunigung *Blümel* in: Stüer (Hrsg.) Verfahrensbeschleunigung, S. 17. Die vormals in: § 5 III BauGB-MaßnG geregelte Verkürzung der Einvernehmensfrist auf einen Monat bei Vorhaben, die ausschließlich Wohnzwecken dienten, ist durch das BauROG gestrichen worden. Ebenfalls durch das BauROG 1998 gestrichen wurde § 5 IV BauGB-MaßnG, wonach die Genehmigung nicht nach den §§ 30 und 31 BauGB versagt werden durfte, wenn der Antrag auf Genehmigung eines Vorhabens nicht innerhalb von drei Monaten nach Eingang des Antrags bei der Genehmigungsbehörde abgelehnt wurde. Diese Zulässigkeitsfiktion hatte zur Folge, dass der Baugenehmigungsbehörde die Möglichkeit abgeschnitten wurde, dem Bauherrn in den Fällen der §§ 30, 31 BauGB die Planungsrechtswidrigkeit des Vorhabens entgegenzuhalten, ohne dass sich hierdurch etwas an der materiellen Rechtswidrigkeit änderte. Die Vorschrift erstreckte sich allerdings nicht auf das fehlende gemeindliche Einvernehmen. Hatte die Gemeinde daher ein nach § 36 BauGB erforderliches gemeindliches Einvernehmen versagt, so durfte sich die Baugenehmigungsbehörde auch nach Ablauf der in § 5 IV BauGB-MaßnG bestimmten Dreimonatsfrist nicht darüber hinwegsetzen und muss die Baugenehmigung wegen fehlenden gemeindlichen Einvernehmens versagen, so *BVerwG*, B. v. 30. 12. 1994 – 4 B 265.94 – ZfBR 1995, 104 = DVBl. 1995, 532.
[280] *VGH Mannheim*, Urt. v. 17. 11. 1998 – 5 S 2147/98 – VGHBW RSprDienst 1999, Beilage 2 B 5.

Einvernehmens zu einem bestimmten Vorhaben hindert die Gemeinde allerdings nicht daran, eine die Zulässigkeit des Vorhabens ausschließende Bauleitplanung, etwa zum Ausschluss von Spielhallen, zu betreiben.[281] Im Rahmen der Bauleitplanung darf sich die Gemeinde dabei auch von städtebaupolitischen Gesichtspunkten leiten lassen, solange sie keine eigene, von den gesetzlichen Wertungen abweichende Spielhallenpolitik betreibt.

175 Die Erteilung des gemeindlichen Einvernehmens oder das als erteilt geltende Einvernehmen kann nach Ablauf der Zweimonatsfrist **nicht „widerrufen"** oder **„zurückgenommen"** werden. Denn dieses würde den Sinn der Vorschrift, innerhalb der Frist klare Verhältnisse über die Einvernehmenserklärung der Gemeinde zu schaffen, leer laufen lassen. Die Gemeinde, deren Einvernehmen nach § 36 II 2 BauGB als erteilt gilt, erleidet keine schweren Nachteile, auch wenn sie erst nach Ablauf der Zweimonatsfrist zu der Erkenntnis kommt, dass das Vorhaben gegen §§ 31, 33, 34 oder 35 BauGB verstößt. Die Möglichkeit, ihren Rechtsstandpunkt zur Geltung zu bringen, wird ihr durch diese Regelung nicht endgültig abgeschnitten. Zwar ist sie aufgrund der Fiktion des § 36 II 2 BauGB dem Antragsteller gegenüber gebunden. Solange noch keine Entscheidung über die Genehmigung ergangen ist, bleibt es der Gemeinde indes unbenommen, der Genehmigungsbehörde gegenüber ihre Bedenken vorzubringen. Erweisen sich die Gründe, die sie gegen die Zulässigkeit des Vorhabens ins Feld führt, als stichhaltig, so kann sie ungeachtet des § 36 II 2 BauGB damit rechnen, dass die Baugenehmigungsbehörde den Bauantrag ablehnt.[282]

176 Hebt die Widerspruchsbehörde auf den **Widerspruch** des Bauherrn den Bescheid, mit dem die Baugenehmigungsbehörde die Erteilung einer Baugenehmigung wegen der Versagung des gemeindlichen Einvernehmens abgelehnt hat, auf und verpflichtet die Baugenehmigungsbehörde zur Erteilung der Baugenehmigung, weil das Einvernehmen als erteilt gilt, kann die Gemeinde nur den Widerspruchsbescheid unmittelbar anfechten und nicht die Baugenehmigung, die die Baugenehmigungsbehörde in Vollzug des Widerspruchsbescheides erteilt hat.[283] Die Versagung des gemeindlichen Einvernehmens kann durch das Außenvertretungsorgan der Gemeinde nach Auffassung des *VGH Mannheim* auch dann wirksam ausgesprochen werden, wenn das Organ gemeindeintern für die Versagung des gemeindlichen Einvernehmens nicht zuständig war und insoweit auch unzuständig von seinem Entscheidungsrecht Gebrauch gemacht hat.[284]

177 Nach § 36 II 3 BauGB kann die nach Landesrecht zuständige Behörde ein rechtswidrig versagtes gemeindliches **Einvernehmen ersetzen**. Diese bereits durch das BauROG 1998 eingefügte Ersetzungsmöglichkeit soll verhindern, dass die Gemeinde ohne weitere Angabe von Gründen durch die schlichte Verweigerung des Einvernehmens einen längerfristigen Baustopp bewirkt, obwohl das Vorhaben planungsrechtlich zulässig ist.[285] Bis zur Einführung dieser Ersetzungsbefugnis konnte das gemeindliche Einvernehmen nur durch Maßnahmen der Kommunalaufsicht oder auf der Grundlage entsprechender landesrechtlicher Regelungen in den BauO ersetzt werden. Im Übrigen konnte das verweigerte gemeindliche Einvernehmen erst durch eine gerichtliche Entscheidung ersetzt werden. Allerdings ist die Ersetzungsbefugnis nach § 36 II 3 BauGB auf solche Fälle beschränkt, in denen die nach Landesrecht zuständige Behörde nach eigener fachlicher Prüfung davon ausgeht, dass die Versagung des gemeindlichen Einvernehmens rechtswidrig war. Die Ersetzung des gemeindlichen Einvernehmens setzt daher eine eigene fachliche Prüfung durch die nach Landesrecht zuständige Behörde voraus.[286] Dabei sind

---

[281] *BVerwG*, B. v. 26. 10. 1998 – 4 BN 43.98 – VwRR BY 1999, 103.
[282] *BVerwG*, Urt. v. 12. 12. 1996 – 4 C 24.95 – NuR 1997, 234 – Einvernehmen.
[283] *OVG Lüneburg*, Urt. v. 12. 11. 1998 – 1 M 4423/98 – NVwZ-RR 1999, 367 – Einvernehmen.
[284] *VGH Mannheim*, Urt. v. 11. 5. 1998 – 5 S 465/98 – ESVGH 48, 250 = ZfBR 1999, 56.
[285] *OVG Koblenz*, Urt. v. 23. 9. 1998 – 1 B 11493/98 – NVwZ-RR 2000, 85 – Einvernehmensersetzung.
[286] Der Widerspruch der Gemeinde gegen die Ersetzung des gemeindlichen Einvernehmens nach § 36 II 3 BauGB hat aufschiebende Wirkung *OVG Lüneburg*, B. v. 9. 3. 1999 – 1 M 405/99 – UPR 1999, 231.

insbesondere die Argumente der Gemeinde zu berücksichtigen, mit denen die Gemeinde ihre Entscheidung begründet hat. Hat die Gemeinde die Versagung des Einvernehmens nicht oder nur unzureichend schriftlich begründet und ist die Versagung auch nicht im Ergebnis offensichtlich rechtmäßig, sollte die nach Landesrecht zuständige Behörde der Gemeinde Gelegenheit zur weiteren Begründung innerhalb einer kurzen Frist geben. Stellt die nach Landesrecht zuständige Behörde fest, dass die Versagung des gemeindlichen Einvernehmens rechtswidrig war, so darf sie das Einvernehmen der Gemeinde ersetzen. Die Entscheidung steht im Ermessen der zuständigen Behörde. Die Behörde teilt dann der zuständigen Bauaufsichtsbehörde die Entscheidung mit.

Ein **rechtswidrig versagtes gemeindliches Einvernehmen** wird dann vorliegen, wenn die Gemeinde ihre Entscheidung entweder gar nicht auf bauplanungsrechtlich entgegenstehende Gründe nach den §§ 30 bis 35 BauGB stützt oder deren Vorliegen irrtümlich annimmt. Im Gegensatz zur bisher teilweise bestehenden Verwaltungspraxis ist es daher nach der Ergänzung des § 36 II 3 BauGB erforderlich, dass die Gemeinde die Versagung ihres Einvernehmens erläutert. Ansonsten läuft sie Gefahr, dass die Verweigerung ihres Einvernehmens als rechtswidrig eingeschätzt und von der nach Landesrecht zuständigen Behörde ersetzt wird.[287] Wird die bauaufsichtliche Genehmigung erteilt, ist in ihr auf die Entscheidung der nach Landesrecht zuständigen Behörde zur Ersetzung des gemeindlichen Einvernehmens hinzuweisen. Die Entscheidung zur Ersetzung des Einvernehmens ist der Gemeinde zusammen mit der bauaufsichtlichen Entscheidung bekannt zu geben. Gegen die Entscheidung der zuständigen Bauaufsichtsbehörde (Baugenehmigung oder Zustimmung) steht der Gemeinde der Rechtsweg offen. Da das Einvernehmen der Gemeinde lediglich interne Wirkungen hat und gegenüber dem Bauherrn nur die Entscheidung über die Baugenehmigung nach außen hin wirkt, wird teilweise angenommen, dass auch die Gemeinde nicht die Entscheidung der zuständigen Behörde zur Ersetzung des gemeindlichen Einvernehmens nach § 36 II 3 BauGB, sondern erst die Zulassungsentscheidung der Baugenehmigungsbehörde anfechten kann.[288] Es könnte sich daher für die Gemeinde empfehlen, sowohl die Ersetzungsentscheidung als auch die erteilte Genehmigung anzufechten. Die Gemeinde kann ihr Einvernehmen allerdings nicht nur bei Verletzung gemeindlicher Planungsbelange, sondern bereits immer dann versagen, wenn die **planungsrechtlichen Zulässigkeitsvoraussetzungen der §§ 31, 33, 34 und 35 BauGB** nicht vorliegen, d. h. das Vorhaben dem Planungsrecht nicht entspricht. Dies schließt über die eigenen Belange hinaus eine Prüfung anderer städtebaulicher Belange mit ein, die in den jeweiligen Zulässigkeitsvorschriften ihren Ausdruck finden.[289]

Beispiel: Die Gemeinde verweigert ihr Einvernehmen zu einem privilegierten Außenbereichsvorhaben, weil öffentliche Belange des Landschaftsschutzes oder Naturschutzbelange entgegenstehen. Ist das Vorhaben danach planungsrechtlich unzulässig, so kommt es für die Rechtmäßigkeit der Verweigerung des Einvernehmens nicht darauf an, ob die Gemeinde sich auf diese Belange als Teil ihrer Planungshoheit berufen kann. Die zuständige Verwaltungsbehörde wäre in diesen Fällen auch nicht berechtigt, das fehlende gemeindliche Einvernehmen zu ersetzen.

Die **Gemeinde** kann die Erteilung einer Baugenehmigung nur dann erfolgreich **anfechten**, wenn das Vorhaben dem Bauplanungsrecht nicht entspricht. Dies gilt auch, wenn die Gemeinde ihr Einvernehmen zu Unrecht verweigert hat. Die Baugenehmigungsbehörde wäre zwar an das fehlende Einvernehmen gebunden gewesen. Hat sie gleichwohl eine Baugenehmigung erteilt, ist die Anfechtungsklage der Gemeinde nur erfolgreich, wenn das Vorhaben planungsrechtlich unzulässig ist. Bei planungsrechtlicher Zulässigkeit des Vorhabens greift der Abwehranspruch der Gemeinde wegen der be-

---

[287] *Bundesregierung*, Gesetzentwurf zum BauROG 1998, S. 60.
[288] Fachkommission „Städtebau" der ARGEBAU, Muster-Einführungserlass zum BauROG, Nr. 10.6.
[289] *VGH Mannheim*, Urt. v. 19. 12. 1997 – 5 S 2735/95 – Gerätedepot der Bundeswehr.

180   **d) Privilegierte Fachplanungen.** Bei der Erteilung einer Baugenehmigung oder eines Bauvorbescheides zur planungsrechtlichen Zulässigkeit eines Vorhabens ist nach Maßgabe des § 36 I BauGB das gemeindliche **Einvernehmen** erforderlich. Dies gilt insbesondere bei einer Genehmigung nach den §§ 31, 33, 34 und 35 BauGB. Nur die plankonforme Genehmigung nach § 30 I und II BauGB ist von dem Erfordernis des gemeindlichen Einvernehmens freigestellt.[290] Das Einvernehmen der Gemeinde ist nach § 36 I 2 BauGB abgesehen von der plankonformen Genehmigung nach § 30 BauGB grundsätzlich auch dann erforderlich, wenn in einem anderen Verfahren über die planungsrechtliche Zulässigkeit des Vorhabens entschieden wird.[291] Auch in diesen anderen Verwaltungsverfahren sind die Vorschriften der §§ 29 bis 37 BauGB grundsätzlich anwendbar. Vom Erfordernis des gemeindlichen Einvernehmens macht § 38 BauGB für die **privilegierte Fachplanungen** eine wichtige Ausnahme. Danach sind auf Planfeststellungsverfahren und sonstige Verfahren mit den Rechtswirkungen einer Planfeststellung für Vorhaben von überörtlicher Bedeutung sowie auf die für die Errichtung und den Betrieb öffentlich zugänglicher Abfallbeseitigungsanlagen geltenden Verfahren die §§ 29 bis 37 BauGB nicht anzuwenden, wenn die Gemeinde beteiligt wird. Städtebauliche Belange sind zu berücksichtigen. Eine Bindung nach § 7 BauGB bleibt unberührt. In Fällen der Abweichung der Fachplanung von der Bauleitplanung ist ggf. nach § 37 III BauGB an die Gemeinde eine Entschädigung zu leisten. Das Gesetz unterscheidet daher die einfache und die privilegierte Fachplanung. Während die einfache Fachplanung an die Vorschriften über die planungsrechtliche Zulässigkeit von Vorhaben nach den §§ 29 bis 37 BauGB gebunden ist, wird die privilegierte Fachplanung hiervon freigestellt mit der Folge, dass auch ein gemeindliches Einvernehmen nach § 36 BauGB in solchen Fällen nicht erforderlich ist. Im Anwendungsbereich des § 38 BauGB bestimmt vielmehr das jeweilige Fachplanungs-

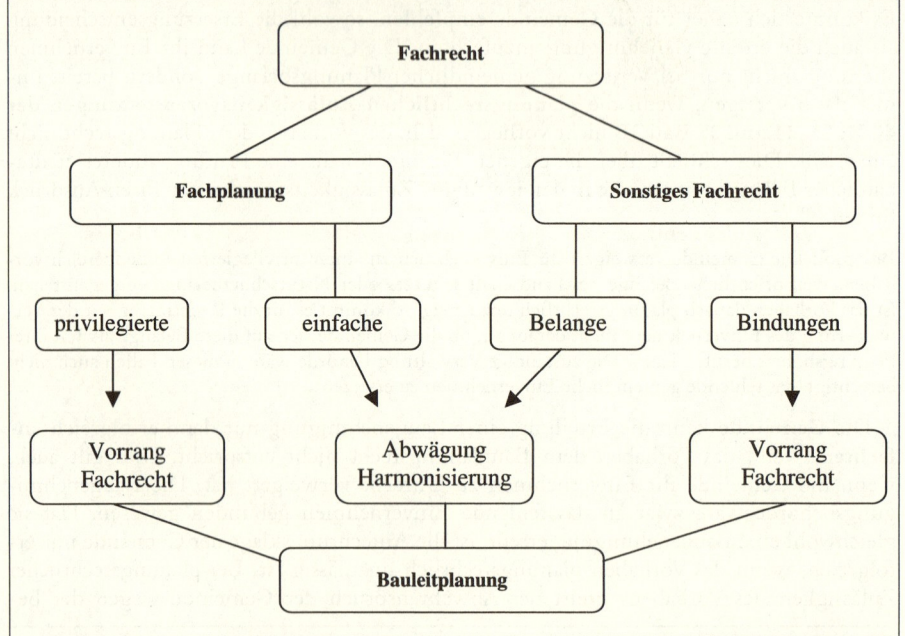

[290] *Stüer* FS Gelzer, 1991, 155.
[291] Zu den Ausnahmen § 36 I 3 BauGB.

recht, welche Bedeutung dem Bauplanungsrecht als Teil des materiellen Entscheidungsprogramms zukommt.[292] Der Vorbehalt zu Gunsten von Fachplanungen nach § 38 BauGB betrifft daher nicht nur die Anwendbarkeit der §§ 29 ff. BauGB, sondern schränkt die Gemeinde auch im Gebrauch ihrer Planungshoheit bezogen auf vorhandene Anlagen der Fachplanung ein.[293]

Beispiel: Die Gemeinde setzt durch Bebauungsplan im Bahnbereich ein allgemeines Bauverbot für bauliche Anlagen fest und lässt auch Bahnanlagen nur ausnahmsweise nach § 31 I BauGB zu. Eine Fläche, die den rechtlichen Charakter einer Bahnanlage hat, ist der gemeindlichen Planungshoheit zwar nicht gänzlich entzogen. Sie ist einer planerischen Aussage der Gemeinde aber nur insoweit zugänglich, als dies der besonderen Zweckbestimmung der Bahnanlage nicht widerspricht.[294] Festsetzungen, die sich mit der besonderen Zweckbestimmung einer Bahnanlage nicht vereinbaren lassen, darf der Bebauungsplan nicht enthalten. Ein Bebauungsplan, der mit dem allgemein festgesetzten Bauverbot auch Zweckbauten der Bahn umfasst, ist daher wegen Verstoßes gegen den Vorrang des privilegierten Fachplanungsrechts unwirksam.[295] Die Zuständigkeiten des Eisenbahn-Bundesamtes für die Planfeststellung oder Plangenehmigung für ein Bahnhofsgebäude sollen sich allerdings auch auf solche Nutzungen innerhalb des Gebäudes mit erstrecken, die wie etwa ein Ladenlokal keinen unmittelbaren Bezug zum Eisenbahnbetrieb haben, wenn diese Nutzungen der Größe nach untergeordnet sind.[296]

Nach der vormaligen, durch das BauROG 1998 aufgehobenen Fassung des **§ 38 BauGB** blieben die Vorschriften des FStrG, BBahnG, TWG, LuftVG, PBefG, KrW-/AbfG und des Gesetzes über den Bau und den Betrieb von Versuchsanlagen zur Erprobung von Techniken für den spurgeführten Verkehr von den Vorschriften des Dritten Teils unberührt. Das Gleiche galt nach § 36 I 2 BauGB bei Planfeststellungsverfahren für überörtliche Planungen auf den Gebieten des Verkehrs-, Wege- und Wasserrechts nach landesrechtlichen Vorschriften, wenn die Gemeinde beteiligt worden war. Die geltende Fassung des § 38 BauGB erstreckt ihren Anwendungsbereich auf den gesamten Bereich der privilegierten Fachplanung sowohl auf bundes- als auch landesrechtlicher Grundlage. Die in § 38 BauGB a. F. enthaltene Aufzählung der einzelnen Fachplanungsgesetze ist damit durch eine generelle Vorrangregelung ersetzt worden. Dies hat aus der Sicht der Fachplanung den Vorteil, dass künftig keine Anpassung des § 38 BauGB bei Neuaufnahme einer Planfeststellung in einem Fachplanungsgesetz oder bei Umbenennung eines Fachplanungsgesetzes erforderlich ist. Zugleich sind auch alle Fachplanungen auf der Grundlage landesrechtlicher Regelungen integriert. Die Privilegierung bezieht sich dabei sowohl auf die Planfeststellung als auch auf die Plangenehmigung, wenn ihr nach den jeweiligen Gesetzen die Rechtswirkung der Planfeststellung zukommt.[297] Das *BVerwG* hat dem § 38 BauGB 1986 zudem entnommen, dass die privilegierten Fachplanungen einer gemeind-

---

[292] *BVerwG*, Urt. v. 10. 2. 1978 – IV C 25.75 – BVerwGE 55, 220 = *Hoppe/Stüer* RzB Rdn. 466 – Kiesweiher; Urt. v. 9. 11. 1984 – 7 C 15.83 – BVerwGE 70, 242 = *Hoppe/Stüer* RzB Rdn. 573 – Autowrackplatz; Urt. v. 4. 5. 1988 – 4 C 22.87 – BVerwGE 79, 318 = NJW 1989, 242 = *Hoppe/Stüer* RzB Rdn. 575 – Kiesabbau; B. v. 8. 3. 1989 – 7 B 173.88 – NVwZ 1989, 966 = DVBl. 1989, 834 = *Hoppe/Stüer* RzB Rdn. 577 – Autowrackplatz; Urt. v. 15. 12. 1989 – 4 C 36.86 – BVerwGE 84, 209 = DVBl. 1990, 427 = NVwZ 1990, 464 *Hoppe/Stüer* RzB Rdn. 136 – gemeindenachbarlicher Immissionsschutz; Urt. v. 20. 7. 1990 – 4 C 30.87 – BVerwGE 85, 251 = *Hoppe/Stüer* RzB Rdn. 582 – Aeroclubheim; s. auch u. Rdn. 2995.

[293] *BVerwG*, B. v. 10. 5. 1990 – 4 B 22.90 – Buchholz 406.11 § 38 BauGB Nr. 8 = *Hoppe/Stüer* RzB Rdn. 581; B. v. 31. 3. 1992 – 4 B 210.91 – südliches Bebauungsband Erdinger Moos.

[294] *BVerwG*, Urt. v. 16. 12. 1988 – 4 C 48.86 – BVerwGE 81, 111 = DVBl. 1989, 458 = *Hoppe/Stüer* RzB Rdn. 576.

[295] *BVerwG*, B. v. 17. 11. 1989 – 4 B 207.89 – NVwZ-RR 1990, 292 = DVBl. 1990, 383 = *Hoppe/Stüer* RzB Rdn. 579.

[296] *VGH München*, Urt. v. 20. 10. 1998 – UPR 1999, 76 = BauR 1999, 162 – Bahnhofs-Ladenlokal.

[297] *BVerwG*, Urt. v. 16. 12. 1988 – 4 C 40.86 – BVerwGE 81, 95; Urt. v. 15. 12. 1989 – 4 C 36.86 – BVerwGE 84, 209; Urt. v. 27. 3. 1992 – 7 C 18.91 – BVerwGE 90, 96; B. v. 19. 5. 1998 – 4 B 49.98 – Buchholz 406.34 § 2 SchBG Nr. 3 – Schutzbereichsanordnung.

lichen Planung auch insoweit entgegenstehen, als sie inhaltlich abweichende planerische Festsetzungen in einem späteren Bebauungsplan ausschließen. Einander widersprechende Festsetzungen verschiedener Planungsträger in Bezug auf ein und dieselbe Fläche sind danach rechtlich unzulässig. Die einem wirksamen Planfeststellungsbeschluss nachfolgende Bauleitplanung muss daher entweder dessen Festsetzungen nachrichtlich übernehmen oder, wenn sie davon abweichen will, regelmäßig die vorherige Änderung des Planfeststellungsbeschlusses abwarten.[298]

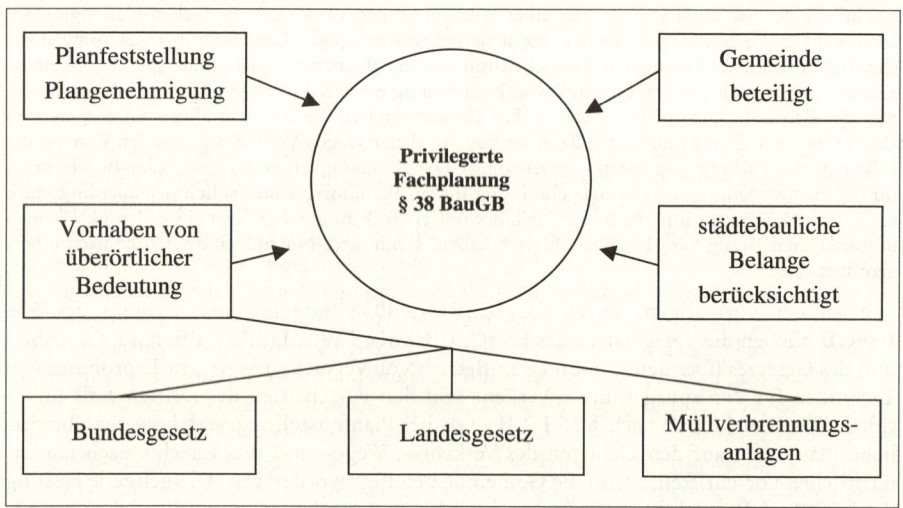

182 Die Zulassung im Fachplanungsrecht hat dann neben einer **formellen** auch eine **materielle Konzentrationswirkung**. Die Fachplanungsentscheidung ersetzt nicht nur nach anderen Gesetzen erforderliche Genehmigungen, Erlaubnisse oder Zulassungen (formelle Konzentration). Durch § 38 BauGB wird der Fachplanungsentscheidung auch eine materielle Konzentrationswirkung in dem Sinne beigemessen, dass die Regelungen des Fachplanungsrechts einen materiellen Vorrang vor den planungsrechtlichen Zulässigkeitsregelungen in den §§ 29 bis 37 BauGB haben. Unter die Privilegierung fallen dabei nicht nur Fachplanungsverfahren auf bundesrechtlicher, sondern auch auf landesrechtlicher Grundlage wie etwa wasserrechtliche oder abgrabungsrechtliche Vorhaben. Dies hat eine nicht zu unterschätzende Bedeutung: Privilegierte Fachplanungsgesetze bestimmen die Reichweite ihres Geltungsbereichs selbst und setzen daher auch die planungsrechtlichen Zulässigkeitsregelungen in den §§ 29 bis 37 BauGB ganz oder teilweise außer Kraft. Der nicht privilegierten Fachplanung kommt diese Vorrangfunktion gegenüber dem Bauplanungsrecht nicht zu. § 38 BauGB unterscheidet nicht zwischen der gemeinnützigen und der privatnützigen Planfeststellung. Auch Vorhaben, die sich als privatnützig darstellen, nehmen an der Privilegierung teil. Dies gilt auch für Planfeststellungs- oder Plangenehmigungsverfahren auf landesrechtlicher Grundlage. Eine zusätzliche formale Prüfung der planungsrechtlichen Zulässigkeitsvoraussetzungen nach den §§ 29 bis 37 BauGB findet daher im Rahmen des Fachplanungsverfahrens nicht statt. Allerdings sind städtebauliche Belange zu berücksichtigen. Ob allerdings auch privatnützigen Vorhaben die Vorrangwirkung des Fachplanungsrechts zukommt, könnte zweifelhaft sein. Denn nur bei gemeinnützigen Vorhaben liegen öffentliche Belange auf der Hand, die eine Überwindung der gemeindlichen Planung, aber auch städtebaulicher Belange im Innen- oder Außenbereich rechtfertigen.

---

[298] *BVerwG*, Urt. v. 30. 5. 1997 – 8 C 6.95 – DVBl. 1998, 46.

Nach § 38 BauGB privilegiert sind Vorhaben von **überörtlicher Bedeutung**,[299] was 183 zumeist eine gemeindeübergreifende Wirkung voraussetzt. Vorhaben mit lediglich örtlich begrenzter Wirkung nehmen demgegenüber an der Privilegierung nicht teil.[300] Insoweit tauchen Zweifel auf, ob Vorhaben nur dann privilegiert sind, wenn sie das Gebiet von zumindest zwei Gemeinden berühren oder eine entsprechende überörtliche Beteiligungsnotwendigkeit besteht. Dann wäre gegenüber der vormals geltenden Fassung des § 38 BauGB für den Bereich der Fachplanungen auf bundesgesetzlicher Grundlage eine Einschränkung der Vorrangwirkungen gegenüber den planungsrechtlichen Zulässigkeitsregelungen in den §§ 29 bis 37 BauGB bewirkt, was der Gesetzgeber durch die Neufassung des § 38 BauGB offenbar nicht wollte. Vielleicht wird der Begriff der „überörtlichen Bedeutung" daher nicht als Einschränkung für den Vorrang der Fachplanung zu verstehen sein.

§ 38 BauGB macht allerdings den Vorrang des Fachplanungsrechts von einer entspre- 184 chenden **Beteiligung der Standortgemeinde** abhängig und verlangt darüber hinaus, dass städtebauliche Belange zu berücksichtigen sind. Bei den abwägungsdirigierten Entscheidungen des Fachplanungsrechts bereitet dies über die Grundsätze des Abwägungsgebotes[301] keine Schwierigkeiten. In dem Sonderfall der aus dem Abfallrecht in das Immissionsschutzrecht überführten Müllverbrennungsanlage,[302] die ebenfalls an der Privilegierung teilnimmt, muss dies durch eine entsprechende Berücksichtigung gemeindlicher Belange in der (ansonsten gebundenen) immissionsschutzrechtlichen Zulassungsentscheidung erfolgen. Die **Abwägung städtebaulicher Belange** kann allerdings auch bereits auf der regionalplanerischen Ebene im Rahmen eines Gebietsentwicklungsplanverfahrens erfolgen. Dann bedarf es im immissionsschutzrechtlichen Zulassungsverfahren einer Abwägung von städtebaulichen Belangen nur noch insoweit, als diese etwa in die höherstufige Planungsentscheidung nicht eingegangen sind. Die Berücksichtigung städtebaulicher Belange in der fachplanerischen Entscheidung ermöglicht es auch, Aussagen der Gemeinde oder der Regionalplanung einzubeziehen, die im Rahmen des Darstellungsprivilegs nach § 35 III 3 BauGB ergangen sind. So kann etwa im Rahmen der Fachplanungsentscheidung die Ausweisung einer Auskiesungskonzentrationszone im Flächennutzungsplan oder im Regionalplan berücksichtigt werden, obwohl sich aus solchen Darstellungen keine förmlichen Bindungswirkungen mit automatischer Ausschlussfunktion für das Fachplanungsverfahren ergeben. Allerdings kann die Raumordnung durch die Ausweisung von Vorranggebieten (§ 7 IV Nr. 1 ROG) und Eignungsgebieten (§ 7 IV 1 Nr. 3 ROG) solche Vorränge der Raumordnung begründen.

Bereits durch Art. 6 und 7 InvWoBaulG 1993 sind auch die **Müllverbrennungsanlagen** 185 in die Privilegierung des § 38 BauGB einbezogen worden. Statt eines abfallrechtlichen

---

[299] *BVerfG*, B. v. 7. 10. 1980 – 1 BvR 584/76 – BVerfGE 56, 298 = NJW 1981, 1659 = DVBl. 1981, 535 = *Hoppe/Stüer* RzB Rdn. 1157 – Memmingen; *BVerwG*, Urt. v. 20. 11. 1987 – 4 C 39.84 – DVBl. 1988, 532; Urt. v. 18. 2. 1994 – 4 C 4.93 – BVerwGE 95, 123 = *Hoppe/Stüer* RzB Rdn. 934.

[300] Eine überörtliche Planung im Sinne des § 38 2 BauGB ist regelmäßig dann gegeben, wenn das planfestzustellende Vorhaben das Gebiet von zumindest zwei Gemeinden tatsächlich berührt, so *BVerwG*, Urt. v. 4. 5. 1988 – 4 C 22.87 – BVerwGE 79, 318 = NJW 1989, 242 = *Hoppe/Stüer* RzB Rdn. 575 – ortsgebundener Kiesabbau. Die „überörtliche" Zuständigkeit der Planfeststellungsbehörde ist dagegen für sich allein nicht entscheidend, so *BVerwG*, Urt. v. 4. 5. 1988 – 4 C 22.87 – BVerwGE 79, 318 = NJW 1989, 242 = *Hoppe/Stüer* RzB Rdn. 575 – ortsgebundener Kiesabbau. Ist von einer überörtlichen Planung im Sinne des § 38 2 BauGB auszugehen, bestimmt das jeweilige Fachplanungsrecht, welche Maßgeblichkeit dem Bauplanungsrecht als Teil des materiellen Entscheidungsprogramms (noch) zukommt, so *BVerwG*, Urt. v. 10. 2. 1978 – IV C 25.75 – BVerwGE 55, 220 = DVBl. 1979, 67; Urt. v. 9. 11. 1984 – 7 C 15.83 – BVerwGE 70, 242.

[301] Zum Abwägungsgebot s. Rdn. 1195.

[302] Zu dieser gesetzlichen Änderung *Engel* UPR 1993, 209; *Fluck*, DB 1993, 2011; *Gaßner/Schmidt* NVwZ 1993, 946; *Klett/Gerhold* NuR 1993, 421; *Kracht* UPR 1993, 369; *Moormann* UPR 1993, 286; *Müllmann* DVBl. 1993, 637; *Rahner* ZUR 1993, 200; *Reidt* NVwZ 1993, 861; *Schink* DÖV 1993, 725; *Weidemann* DVBl. 1994, 263.

Planfeststellungsverfahrens nach § 7 AbfG ist seit dieser Zeit nur noch ein immissionsschutzrechtliches Genehmigungsverfahren erforderlich. Des Einvernehmens der Gemeinde nach § 36 BauGB bedarf es nicht. Auch die nach dem Immissionsschutzrecht zu genehmigenden Müllverbrennungsanlagen nehmen an der Privilegierung nach § 38 BauGB teil.[303] Die überkommene Systematik des § 38 BauGB, der sich zuvor nur auf Planfeststellungsverfahren bezog, ist durch diese Regelung durchbrochen. Durch diese Sonderregelungen zu Gunsten von Müllverbrennungsanlagen dürfen allerdings die gemeindlichen Rechte nicht ausgehebelt werden. Ist die Müllverbrennungsanlage nicht durch eine Planung ausgewiesen, hat die Gemeinde entsprechende materielle Mitwirkungsrechte, die auch durch die Streichung des gemeindlichen Einvernehmens nach § 36 BauGB nicht beeinträchtigt werden.[304] § 38 BauGB bringt dies dadurch zum Ausdruck, dass die Vorrangwirkung nur dann besteht, wenn die Gemeinde beteiligt worden ist; städtebauliche Belange sind zu berücksichtigen.

186 § 38 BauGB enthält die gesetzliche Anordnung eines das Bauplanungsrecht verdrängenden **Vorrangs** zu Gunsten des **privilegierten Fachplanungsrechts**. So weit das jeweilige Fachplanungsrecht eine Regelungskompetenz für sich in Anspruch nimmt, bleibt demgemäß die Beurteilung der bauplanungsrechtlichen Zulässigkeit eines beabsichtigten Vorhabens i. S. des § 29 BauGB dem spezifischen Entscheidungsverfahren des Fachplanungsrechts überlassen. In welcher verfahrensrechtlichen Weise dies im Einzelnen geschieht, regelt ebenfalls das Fachplanungsrecht.[305] Die Verweisung auf das Fachplanungsrecht ist allerdings **nicht absolut**. § 38 1 BauGB schließt nicht aus, dass das insoweit aus der Sicht des bundesrechtlichen Bauplanungsrechts zunächst berufene Fachplanungsgesetz seinerseits unter näheren Voraussetzungen wiederum i. S. einer Rückverweisung das Bundesbaurecht ganz oder teilweise für maßgebend erklärt. Das kann nach Maßgabe des jeweiligen Fachplanungsgesetzes unterschiedlich geschehen. § 38 1 BauGB lässt es beispielsweise zu, dass das Fachplanungsrecht zur Entscheidung über die Zulässigkeit eines beabsichtigten Vorhabens i. S. des § 29 I BauGB materielles Bauplanungsrecht als Teil seines eigenen materiellen Entscheidungsprogramms berücksichtigt.[306] Insoweit bestimmt das jeweilige Fachplanungsgesetz zunächst einmal die Reichweite seines Zugriffs auf das Baurecht selbst.[307] Erfolgt dort keine Rückverweisung auf das Bauplanungsrecht, finden die §§ 29 bis 37 BauGB keine Anwendung. Allerdings ist die Gemeinde zu beteiligen und es sind städtebauliche Belange zu berücksichtigen.

187 Der Vorbehalt zu Gunsten von Fachplanungen gem. § 38 1 BauGB betrifft nicht nur die Anwendbarkeit der §§ 29 ff. BauGB, sondern beschränkt auch die Gemeinde im Gebrauch ihrer Planungshoheit in Bezug auf die **vorhandene Anlage** der Fachplanung. Der Fachplanungsvorbehalt in § 38 BauGB hindert allerdings nicht an solchen Festsetzungen, die inhaltlich die bestehende Zweckbestimmung des Vorhabens der privilegierten Fachplanung wahren.[308] Ist etwa die Aufhebung der besonderen bahnrechtlichen Zweckbestimmung einer Fläche zu erwarten, steht der Gemeinde frei, die für diesen Fall in Aussicht stehenden Nutzungswünsche von vornherein in die von ihr bauplanungsrechtlich für angemessen und erforderlich erachtete Richtung zu lenken. Dies kann dadurch geschehen, dass auch von den zu deren Sicherung gegebenen Instrumenten der Veränderungssperre und der Zurückstellung von Baugesuchen Gebrauch gemacht werden kann.

---

[303] *Engel* UPR 1993, 209; *Stüer*, Kommunalrecht in NW, 1997, S. 131; s. auch u. Rdn. 3355.
[304] S. Rdn. 3359.
[305] BVerwG, Urt. v. 20. 7. 1990 – 4 C 30.87 – BVerwGE 85, 251 = NVwZ 1991, 66 = *Hoppe/Stüer* RzB Rdn. 582 – Aeroclubheim.
[306] BVerwG, Urt. v. 4. 5. 1988 – 4 C 22.87 – BVerwGE 79, 318 = *Hoppe/Stüer* RzB Rdn. 575 – Kiesabbau.
[307] BVerwG, Urt. v. 20. 7. 1990 – 4 C 30.87 – BVerwGE 85, 251 = *Hoppe/Stüer* RzB Rdn. 582 – Aeroclubheim.
[308] BVerwG, Urt. v. 16. 12. 1988 – 4 C 48.86 – BVerwGE 81, 111 = DVBl. 1989, 458 = NVwZ 1989, 655 – Bahnanlage.

1. Teil. Bauleitplanung im Geflecht hoheitlicher Planungen   188–192 A

Hier könnte die Gemeinde auch das Baurecht auf Zeit[309] nutzen und Festsetzungen nach § 9 II BauGB treffen.

Im Falle **konkurrierender Planungsvorstellungen** bildet der Prioritätsgrundsatz ein wichtiges Abwägungskriterium.[310] Grundsätzlich hat diejenige Planung Rücksicht auf die andere zu nehmen, die den zeitlichen Vorsprung hat.[311] Die kommunale Bauleitplanung muss daher auf hinreichend konkretisierte und verfestigte Planungsabsichten der konkurrierenden Fachplanung Rücksicht nehmen.[312] Eine in diesem Sinne hinreichend konkretisierte und verfestigte Fachplanung besteht in der Regel erst mit der Auslegung der Planunterlagen im Planfeststellungsverfahren. Grundsätzlich erlangt die Fachplanung erst mit der Auslegung der Planunterlagen jenen Grad der Konkretisierung und Verfestigung, der eine Rücksichtnahme in der kommunalen Bauleitplanung notwendig macht.[313] Je nach den Umständen des Einzelfalls kann jedoch schon vor Einleitung des Planfeststellungsverfahrens eine abwägungsrelevante Verfestigung bestimmter fachplanerischer Ziele eintreten. Das *BVerwG*[314] nennt hierfür den Fall eines gestuften Planungsvorgangs mit verbindlichen Vorgaben für die nachfolgende Planungsebene, wie er etwa bei der gesetzlichen Bedarfsfeststellung im Fernstraßenausbaugesetz vorliegt.[315] 188

Die Absicht der Gemeinde, sich Entwicklungsfreiräume im Zusammenhang mit einer Umgehungsstrasse nicht zu verbauen, kann nicht durch Veränderungssperre gesichert werden, weil damit keine konkreten Planungsabsichten verfolgt werden.[316] 189

Selbst wenn durch eine Verkehrswegeplanung die Lärmgrenzwerte nach § 2 der 16. BImSchV in einem schon verwirklichten Baugebiet überschritten werden, löst dies keinen Planungsanspruch der betroffenen Grundstückseigentümer gegen die Gemeinde aus. Vielmehr sind solche Lärmschutzansprüche gegenüber dem Träger der Verkehrswegeplanung geltend zu machen.[317] 190

Privilegierte Vorhaben der Fachplanung nach § 38 BauGB sind traditionell Vorhaben mit einem entsprechenden Gemeinwohlbezug, die zugleich eine Enteignung rechtfertigen und daher einer entsprechenden Planrechtfertigung bedürfen. Soweit die Vorhaben nicht gemeinnützig sind, sondern einen rein privatnützigen Charakter haben, entfallen zugleich auch die Möglichkeiten des Eingriffs in private Rechte. Ein besonderer Gemeinwohlbezug kann zwar auch bei Vorhaben in privater Trägerschaft gegeben sein. Soll bei derartigen Vorhaben in private Rechte eingegriffen oder Eigentum enteignet werden, bedarf es einer besonderen Legitimierung.[318] 191

e) Anpassung an den Flächennutzungsplan. Öffentliche Planungsträger, die nach § 4 BauGB oder § 13 BauGB beteiligt worden sind, haben ihre Planungen dem Flächennutzungsplan insoweit anzupassen, als sie diesem Plan nicht widersprochen haben (§ 7 BauGB). Der Widerspruch ist bis zum Beschluss der Gemeinde einzulegen. Durch diese Regelungen soll eine Harmonisierung der Bauleitplanung mit der Fachplanung erreicht werden. Die öffentlichen Planungsträger sollen im Rahmen ihrer Beteiligung nach § 4 BauGB Aufschluss über die von ihnen beabsichtigten Planungen und sonstigen Maßnahmen sowie deren zeitliche Abwicklung geben, die für die städtebauliche Entwicklung 192

---

[309] Zum Baurecht auf Zeit s. Rdn. 402.
[310] *BVerwG*, Urt. v. 22. 3. 1985 – 4 C 63.80 – BVerwGE 71, 150.
[311] *BVerwG*, Urt. v. 22. 5. 1987 – 4 C 33 – 35.83 – BVerwGE 77, 285.
[312] *BVerwG*, B. v. 13. 11. 2001 – 9 B 57.01 – Buchholz 406.25 § 43 BImSchG Nr. 17; B. v. 5. 11. 2002 – 9 VR 14.02 – Buchholz 407.4 § 17 FStrG Nr. 171 = DVBl. 2003, 211.
[313] *BVerwG*, B. v. 5. 11. 2002 – 9 VR 14.02 – NVwZ 2003, 207 = DVBl. 2003, 211.
[314] *BVerwG*, B. v. 5. 11. 2002 – 9 VR 14.02 – NVwZ 2003, 207 = DVBl. 2003, 211.
[315] *BVerwG*, B. v. 14. 5. 2004 – 4 BN 11.04, 13.4 – Flughafenausbau.
[316] *OVG Lüneburg*, Urt. v. 10. 3. 2004 – 1 KN 276/03 – BauR 2004, 1121 – Veränderungssperre.
[317] *OVG Koblenz*, Urt. v. 7. 1. 2004 – 8 C 11326/03 – BauR 2004, 545 = IBR 2004, 223 – Verkehrswegeplanung.
[318] *BVerwG*, Urt. v. 10. 2. 1978 – IV C 25.75 – BVerwGE 55, 220 = DVBl. 1979, 67; *BVerfG*, B. v. 24. 3. 1987 – 1 BvR 1046/85 – BVerfGE 74, 264 = *Hoppe/Stüer* RzB Rdn. 1137 – Boxberg.

und Ordnung des Gebietes von Bedeutung sind (§ 4 II 2 BauGB). Die jeweiligen Planungsabsichten der öffentlichen Planungsträger sollen daher in die Abwägung der Gemeinde bei der Aufstellung der Bauleitplanung eingehen. Dies lässt allerdings stärkere Vorrangregelungen zu Gunsten der privilegierten Fachplanung nach § 38 BauGB unberührt. Auch die privilegierte Fachplanung ist aber ebenso wie nicht privilegierte Fachplanungen über § 7 BauGB in gewisser Weise an die im Beteiligungsverfahren vorgebrachten Stellungnahmen gebunden. So weit im Rahmen der Behördenbeteiligung nach § 4 BauGB oder im Planänderungsverfahren nach § 13 BauGB kein Widerspruch erfolgt, ergibt sich für die öffentlichen Planungsträger eine Bindung an ihre Stellungnahmen und damit an die Darstellungen des Flächennutzungsplans. Der Widerspruch ist bis zum Beschluss über den Flächennutzungsplan zu erheben. Insoweit ist die den Trägern öffentlicher Belange im Rahmen der Beteiligung nach den §§ 4 und 13 BauGB eingeräumte Monatsfrist bis zum abschließenden Beschluss des Gemeinderates über den Flächennutzungsplan verlängert.

193 Nach Ansicht des *VGH Mannheim* unterliegt bei Planfeststellungen oder Unternehmergenehmigungen zunächst der Vorhabenträger als Planungsträger der **Anpassungspflicht**. Allenfalls dann, wenn ein derartiges Vorhaben bereits bei der Behörde anhängig ist, könne auch diese „öffentlicher Planungsträger" i. S. des § 7 BauGB und damit gehalten sein, förmlich Widerspruch gegen den Flächennutzungsplan zu erheben. Die Verpflichtung des Planungsträgers in § 7 S. 3 BauGB, sich mit der Gemeinde ins Benehmen zu setzen, wenn eine veränderte Sachlage eine abweichende Planung erforderlich macht, verlangt – so der *VGH Mannheim* – keine Willensübereinstimmung. Es genüge grundsätzlich die Anhörung der Gemeinde. Die Anpassungspflicht nach § 7 BauGB setze zudem einen wirksamen Flächennutzungsplan voraus. Möglicherweise bestehende Vorwirkungen eines „planreifen" Flächennutzungsplans könnten allenfalls abgemilderte Koordinierungspflichten begründen.[319]

194 Zudem sind die sich aus § 7 BauGB ergebenden **Bindungen** des **öffentlichen Planungsträgers** nur relativ und nicht strikt. Macht eine Veränderung der Sachlage eine abweichende Planung erforderlich, haben die Planungsträger sich unverzüglich mit der Gemeinde ins Benehmen zu setzen. Kann ein Einvernehmen zwischen der Gemeinde und dem öffentlichen Planungsträger nicht erreicht werden, kann der öffentliche Planungsträger nachträglich widersprechen. Der Widerspruch ist nur zulässig, wenn die für die abweichende Planung geltend gemachten Belange die sich aus dem Flächennutzungsplan ergebenden städtebaulichen Belange nicht nur unwesentlich überwiegen. Der öffentliche Planungsträger hat ggf. der Gemeinde nach Maßgabe des § 37 III BauGB eine Entschädigung zu gewähren. Entstehen der Gemeinde infolge der Durchführung derartiger Planungen Aufwendungen für Entschädigungen nach dem BauGB, so sind diese Entschädigungsleistungen vom öffentlichen Planungsträger zu ersetzen. Dies gilt auch für Aufwendungen, die der Gemeinde durch die erforderlich werdende Aufstellung, Änderung, Ergänzung oder Aufhebung eines Bebauungsplans entstehen (§§ 7 S. 6, 37 III BauGB). Die Bindung des öffentlichen Planungsträgers an den Flächennutzungsplan ist damit auf diejenigen Belange beschränkt, die dem Planungsträger bereits im Zeitpunkt der Beschlussfassung über den Flächennutzungsplan bekannt waren. Eine Änderung der Sachlage kann eine abweichende Planung rechtfertigen. Der Begriff der veränderten Sachlage wird auch auf eine Veränderung in der Zielkonzeption oder in einer anderen Bewertung unveränderter Belange zu erstrecken sein. Auch derartige Umstände können eine veränderte Planung des öffentlichen Planungsträgers rechtfertigen. Dieser hat allerdings in eine Abwägung einzutreten, ob die neuen Gesichtspunkte eine Abweichung von dem Flächennutzungsplan rechtfertigen. Insoweit unterliegt eine Abweichung dem Gebot der **qualifizierten Abwägung**, wie es auch für die Änderung einer einmal gewählten Planungskonzeption im Rahmen der Bauleitplanung entwickelt worden ist. Vor allem hat der öffentliche Pla-

---

[319] *VGH Mannheim*, Urt. v. 31. 1. 1997 – 8 S 991/96 – NVwZ-RR 1998, 221.

nungsträger daher den zugrunde liegenden Sachverhalt und die betroffenen Belange besonders sorgfältig zu ermitteln, seine Maßnahmen qualifiziert zu begründen und in allen Verfahrensschritten der Abwägung die Vertrauensschutzgesichtspunkte zu berücksichtigen, die aus dem Flächennutzungsplan für die Gemeinde, aber auch die Planbetroffenen entstanden sind. Die im Flächennutzungsplan niedergelegten städtebaulichen Belange einschließlich der Vertrauensschutzgesichtspunkte Dritter sind zwar durch neue Erkenntnisse und überzeugende Planänderungen überwindbar. Dies stellt jedoch an die Änderungsplanung qualifizierte Anforderungen. So weit der öffentliche Planungsträger aufgrund eigener Fachgesetze entscheidet, müssen diese ggf. durch entsprechende Abwägungselemente zu Gunsten städtebaulicher Belange ergänzt werden, wie dies auch in § 38 BauGB zu Gunsten einer gemeindlichen Beteiligung vorgesehen ist.

Im Übrigen ist der öffentliche Planungsträger von den **Bindungen** an den Flächennutzungsplan nur insoweit **freigestellt**, als die von ihm anzuwendenden Vorschriften eine Abweichung von den planerischen Aussagen der Gemeinde ermöglichen. Für den Bereich der privilegierten Fachplanung gilt danach § 38 BauGB, der die Fachplanung nach Maßgabe der jeweiligen Fachgesetze von den Bindungen der Bauleitplanung – also sowohl des Flächennutzungsplans als auch eines Bebauungsplans – freistellt. Im Übrigen können sich Freistellungen von den materiellen planungsrechtlichen Zulässigkeitsanforderungen nur insoweit ergeben, als die Fachgesetze dies anordnen. So weit jedoch keine sondergesetzlichen Vorschriften bestehen, sind öffentliche Planungsträger an die gemeindliche Bauleitplanung gebunden. Vorhaben der öffentlichen Planungsträger nach § 29 BauGB setzen ggf. eine rechtsverbindliche Bauleitplanung voraus, wenn die Voraussetzungen für eine planungsrechtliche Zulässigkeit nach den §§ 34 und 35 BauGB nicht gegeben sind.

f) Bauliche Maßnahmen des Bundes und der Länder. Nach Maßgabe des § 37 BauGB bevorrechtigt sind auch bauliche Maßnahmen des Bundes und der Länder. Wird das gemeindliche Einvernehmen für bauliche Anlagen des Bundes oder eines Landes bei Abweichungen von bauplanungsrechtlichen Vorschriften nicht erreicht, so entscheidet die höhere Verwaltungsbehörde.[320] Der Begriff der **„besonderen öffentlichen Zweckbestimmung"** setzt voraus, dass ein besonderes Vorhaben geplant ist, das sich wegen seiner Aufgabenstellung nach Standort, Art, Ausführung und Auswirkung von sonstigen Bauten des Verwaltungsvermögens unterscheidet. Weiterer Voraussetzungen bedarf es nicht. Insbesondere ist nicht erforderlich, dass sich die geplante neue Nutzung im Rahmen der bisherigen Nutzung hält. Bei einer entsprechenden Entscheidung nach § 37 I BauGB können auch gemeindliche Belange überwunden werden. Es muss sich allerdings um ein **Vorhaben** des **Bundes** oder des **Landes** handeln. Diese müssen grundsätzlich **Bauherr** sein. Nach § 37 BauGB sind z. B. auch die Vorhaben von nicht rechtsfähigen Bundesanstalten zu beurteilen, nicht hingegen ganz allgemein die Vorhaben von Körperschaften, Anstalten oder Stiftungen des öffentlichen Rechts, die auf Bundes- oder Landesebene bestehen.[321] Als Vorhaben des Bundes sind auch die der Deutschen Bundespost behandelt worden.[322] Als Vorhaben des Bundes werden auch militärische Vorhaben eingestuft, selbst wenn sie nicht von der Bundesrepublik, sondern einem NATO-Vertragspartner durchgeführt oder genutzt werden.[323] Es ist dabei ein räumlich-funktionaler Bezug zu den jeweiligen Aufgaben des Landes oder Bundes ausreichend.

Bei Vorhaben, die der **Landesverteidigung**, den Zwecken des **Bundesgrenzschutzes** oder des **zivilen Bevölkerungsschutzes** dienen, ist nur die Zustimmung der höheren

---

[320] § 37 I BauGB; *Hesler* BayVBl. 1984, 161.
[321] *Battis/Krautzberger/Löhr*, § 37 BauGB Rdn. 3.
[322] BVerwG, B. v. 10. 7. 1991 – 4 B 106.91 – NVwZ 1992, 479 = Buchholz 406.11 § 37 BauGB Nr. 5; OVG Münster, Urt. v. 14. 3. 1991 – 11 A 2247.87 – NVwZ 1992, 497 = UPR 1992, 77 – Fernmeldeturm; B. v. 7. 7. 1989 – 11 B 170/89 – BauR 1990, 64 = NVwZ-RR 1990, 531 – Antennenträger.
[323] BVerwG, Urt. v. 3. 12. 1992 – 4 C 24.90 – BVerwGE 91, 227 = DVBl. 1993, 437.

Verwaltungsbehörde erforderlich. Vor Erteilung der Zustimmung hat die Gemeinde ein Anhörungsrecht. Versagt die höhere Verwaltungsbehörde ihre Zustimmung oder widerspricht die Gemeinde dem beabsichtigten Bauvorhaben, entscheidet der zuständige Bundesminister im Einvernehmen mit den beteiligten Bundesministern und im Benehmen mit der zuständigen Obersten Landesbehörde (§ 37 II BauGB). Die besondere öffentliche Zweckbestimmung für bauliche Anlagen des Bundes oder eines Landes macht es dann erforderlich, von städtebaulichen Vorschriften abzuweichen, wenn dies zur Erfüllung oder Wahrung der jeweiligen öffentlichen Zweckbestimmung vernünftigerweise geboten ist.[324] Der Begriff der besonderen öffentlichen Zweckbestimmung setzt zunächst eine Unmittelbarkeit der öffentlichen Zweckbestimmung voraus, die in der Regel für das Verwaltungsvermögen kennzeichnend ist, während das Finanzvermögen den öffentlichen Zwecken nur mittelbar dient. Durch das Wort „besondere" wird eine darüber hinausgehende Anforderung an diese Zweckbestimmung gestellt. Nicht jedes Verwaltungsgebäude erfüllt eine in diesem Sinne besondere Zweckbestimmung. „Besondere" bedeutet vielmehr, dass es sich um ein Vorhaben handeln muss, das sich wegen „seiner Aufgabenstellung nach Standort, Art, Ausführung oder Auswirkung von sonstigen Verwaltungsbauten unterscheidet. Das wird beispielsweise für technische Anlagen der Daseinsvorsorge oder für die in § 37 II BauGB genannten Anlagen der Verteidigung oder des zivilen Bevölkerungsschutzes gelten.[325]

198 Die Gemeinde hat gegen Entscheidungen nach § 37 BauGB **Klagerechte**, wenn das nach § 37 BauGB zur Überwindung gemeindlicher Belange erforderliche Verfahren nicht durchgeführt wurde, sie nicht ordnungsgemäß angehört worden ist oder in ihre Rechte unzulässig eingegriffen worden ist. Bei baulichen Maßnahmen des Bundes oder des Landes kann auch von den planungsrechtlichen Zulässigkeitsvorschriften der §§ 29 ff. BauGB abgewichen werden. Dies setzt aber eine entsprechende Abwägung der Vorhabeninteressen mit den gemeindlichen Belangen voraus. Erweisen sich die gemeindlichen Belange als vorrangig, sind entsprechende Abwehrrechte gegeben.

Beispiel: Bei der Zulassung eines militärischen Vorhabens ist das Risiko eines etwaigen Störfalls zu berücksichtigen, wenn dies etwa wegen des hohen Gefahrenpotenzials der Anlage oder der besonderen Wahrscheinlichkeit des Eintritts eines Störfalls vernünftigerweise geboten ist.[326]

199 Lediglich intern wirkende behördliche Abstimmungen und Entscheidungen unterliegen allerdings nicht den Kontroll- oder Klagebefugnissen der gemeindlichen Selbstverwaltung. So ist etwa die Bezeichnung eines Vorhabens durch den Bundesminister für Verteidigung zum Zwecke der Landbeschaffung kein anfechtbarer Verwaltungsakt.[327]

Beispiel: Der für ein Bauvorhaben der NATO-Streitkräfte vorgesehenen Standortgemeinde steht kein verwaltungsgerichtlicher Rechtsschutz gegen die Zustimmung der deutschen Behörden zu der Programmvereinbarung nach Art. 49 II des Zusatzabkommens zum NATO-Truppenstatut zu. Das gilt auch, wenn diese Zustimmung den konkreten Standort der Baumaßnahme miterfasst. Dadurch, dass an der Entscheidung, hier bauen zu wollen, zwei Rechtsträger beteiligt sind, die sich vorher in einem bestimmten Verfahren abstimmen müssen (Standortentscheidung), wird der Rechtsschutz der Gemeinde nicht in dieses Abstimmungsverfahren vorverlagert.[328]

200 Die **höhere Verwaltungsbehörde** entscheidet eigenverantwortlich, ob die besondere öffentliche Zweckbestimmung einer Anlage des Bundes oder eines Landes eine Abweichung von baurechtlichen Vorschriften i. S. von § 37 I BauGB erforderlich macht. Die

---

[324] *BVerwG*, Urt. v. 16. 7. 1981 – 4 B 96.81 – BRS 38 (1988), Nr. 375 = ZfBR 1981, 243 = BauR 1981, 661.
[325] *BVerwG*, Urt. v. 16. 7. 1981 – 4 B 96.81 – BRS 38 (1988), Nr. 375 = ZfBR 1981, 243 = BauR 1981, 661.
[326] *VGH Mannheim*, Urt. v. 19. 12. 1997 – 5 S 2735/95 – DVBl. 1998, 909 – Gerätedepot der Bundeswehr.
[327] *BVerwG*, Urt. v. 12. 11. 1982 – 4 C 67 u. 68.80 – DVBl. 1983, 345.
[328] *BVerwG*, Urt. v. 3. 12. 1992 – 4 C 53.89 – DVBl. 1993, 435; s. Rdn. 3232.

höhere Verwaltungsbehörde ist allerdings im Rahmen der Landesorganisation weisungsgebunden. Ihre Entscheidung unterliegt zudem der uneingeschränkten gerichtlichen Kontrolle. Dem Vorhabenträger steht hinsichtlich des konkreten Standortes der Anlage keine autonome Entscheidungsbefugnis zu, die i. S. des Fachplanungsrechts zu einer Einschränkung der gerichtlichen Kontrolldichte führen könnte.[329] Die Intensität, mit der für das Vorhaben des Bundes oder Landes von der gegebenen bauplanungsrechtlichen Lage abgewichen werden muss, stellt nur einen, wenngleich gewichtigen Faktor bei der Gewichtung der widerstreitenden Belange im Rahmen des § 37 BauGB dar.[330] Bei der Prüfung der Erforderlichkeit i. S. des § 37 I BauGB kommt es auf die näheren Umstände des Einzelfalls an. Die öffentlichen Belange, welche zu Gunsten der besonderen öffentlichen Zweckbestimmung und damit für eine Verwirklichung des Vorhabens an dem gewählten Standort sprechen, müssen anderen öffentlichen und auch privaten Belangen gegenübergestellt und wechselseitig gewichtet werden. Dabei sind die mit dem geplanten Vorhaben verbundenen oder von ihm erst ausgelösten Beeinträchtigungen und Nachteile festzustellen und diese in ihrem Gewicht an der Dringlichkeit der Gründe zu messen, die für das Vorhaben der öffentlichen Hand in seiner konkreten Ausführung sprechen können. Je stärker das Gewicht der dem Vorhaben entgegenstehenden Belange ist, umso höher müssen die Anforderungen daran sein, mit dem geplanten Vorhaben von der an sich gegebenen bauplanungsrechtlichen Lage abzuweichen. In diesem Sinne sind die wechselseitigen Belange nicht nur zu bilanzieren, sondern in ihrem jeweiligen Gewicht zu relativieren.

Beispiel: Der nw. Landschaftsverband Westfalen-Lippe beabsichtigt, zur Entlastung einer bestehenden Einrichtung eine neue Maßregelvollzugsanstalt zu errichten. Nachdem sich in der Bevölkerung im Bereich möglicher Standorte massiver Widerstand formiert, schlägt eine beim Landschaftsverband gebildete Arbeitsgruppe einen Standort in einer Stadt am Rande des Ruhrgebietes vor. Dieser biete vor allem den Vorteil von Synergieeffekten. Das Land leitet sodann auf der Grundlage eines entsprechenden Vorschlags der Landschaftsversammlung das Zustimmungsverfahren nach § 37 I BauGB ein. Die betroffene Standortgemeinde macht geltend, dass ihre Planungsbelange bei dem Außenbereichsstandort nicht ausreichend berücksichtigt worden seien. Die gemeindlichen Belange können nach § 37 I BauGB überwunden werden, wenn es sich um ein Bauvorhaben des Landes handelt und gemeindliche Belange nicht entgegenstehen.[331]

Eine nach § 37 II 3 BauGB ergehende Entscheidung des zuständigen Bundesministers ist ein von der Gemeinde anfechtbarer **Verwaltungsakt**.[332] Um Bauvorhaben des Bundes oder eines Landes, die im öffentlichen Interesse unverzichtbar sind, nicht bereits im Verwaltungsverfahren am fehlenden Einvernehmen scheitern zu lassen, stattet § 37 I BauGB die höhere Verwaltungsbehörde bei den dieser Vorschrift unterfallenden baulichen Anlagen mit der Befugnis aus, ein fehlendes gemeindliches Einvernehmen zu überwinden. Gleiches gilt für die in § 37 II 1 BauGB geregelten Vorhaben, darunter auch diejenigen, die der Landesverteidigung dienen. Auch in diesen Fällen bleibt zunächst die Entscheidungsbefugnis der höheren Verwaltungsbehörde erhalten. Erst bei ihrer Ablehnung oder dem Widerspruch der Gemeinde gegen das Vorhaben geht die Entscheidungskompetenz nach § 37 II 3 BauGB auf den zuständigen Bundesminister über. Mit einer Entscheidung des Ministers können sowohl die Versagung der Zustimmung der höheren Verwaltungsbehörde als auch – bei Zustimmung dieser Behörde – ein Widerspruch der Gemeinde überwunden werden. Die im Rahmen des NATO-Truppenstatuts errichteten Wohnbauvorhaben für die ausländische Truppe und ihr ziviles Gefolge dienen grundsätzlich der Landesverteidigung i. S. des § 37 II BauGB.

---

[329] *BVerwG*, Urt. v. 14. 2. 1991 – 4 C 20.88 – BVerwGE 88, 35; zur Kontrolldichte auch *Scholz* VVdStRL Bd. 34 (1976), 145; *Schmidt-Aßmann* VVdStRL Bd. 34 (1976), 221; *ders.* FS Universität Heidelberg 1986, 107.
[330] *BVerwG*, B. v. 10. 7. 1991 – 4 B 106.91 – NVwZ 1992, 479; *Jöhnke* SchlHA 1995, 253.
[331] *Stüer*, Kommunalrecht 1997, S. 77. Inzwischen sind die gesetzlichen Grundlagen im Sinne einer Kompetenz des Landes entsprechend geändert worden.
[332] *BVerwG*, Urt. v. 3. 12. 1992 – 4 C 24.90 – BVerwGE 91, 227 = *Hoppe/Stüer* RzB Rdn. 571.

202 Belange der kommunalen Selbstverwaltung können auch durch **mittelbare Eingriffe** berührt werden. So kann etwa der Bestand eines kommunalen Straßennetzes Angelegenheiten der örtlichen Gemeinschaft betreffen. Mit der **Herabstufung** einer bisherigen Landesstraße zu einer Gemeindestraße wird allerdings der Gemeinde nicht unter Verstoß gegen die Selbstverwaltungsgarantie eine neue Aufgabe zugewiesen. Der Landesgesetzgeber hat die Befugnis, im Rahmen des Art. 28 II 1 GG Zuständigkeiten in einem Bereich zu ordnen und abzugrenzen, wenn eine öffentliche Aufgabe keine Angelegenheit der örtlichen Gemeinschaft betrifft, diese aber berührt. Dabei hat der Gesetzgeber die Kompetenzen der Gemeinde in der Erledigung örtlicher Aufgaben angemessen zu berücksichtigen.[333] In diese Bewertung sind auch die der Gemeinde entstehenden Folgekosten einzustellen.[334]

203 **g) Bauleitplanung und privilegierte Außenbereichsvorhaben.** Gemeindliche Planungsvorstellungen können sich bei entsprechender Qualifizierung auch gegenüber privilegierten Einzelvorhaben im Außenbereich durchsetzen. Nach § 35 I BauGB sind solche Vorhaben zulässig, wenn öffentliche Belange nicht entgegenstehen. Nicht privilegierte Außenbereichsvorhaben sind demgegenüber nach § 35 II BauGB bereits dann unzulässig, wenn öffentliche Belange beeinträchtigt werden. Gemeindliche Planungsvorstellungen stehen als öffentliche Belange einem privilegierten Außenbereichsvorhaben allerdings nur entgegen, wenn sie konkrete standortbezogene Aussagen beinhalten. Hat die Gemeinde einen qualifizierten Bebauungsplan aufgestellt, richtet sich die Zulässigkeit von Vorhaben gem. § 30 I BauGB nach den Festsetzungen dieses Plans. Fehlt ein solcher Plan, hat ein nach § 35 I BauGB privilegiertes Außenbereichsvorhaben grundsätzlich Vorrang. Entgegenstehende öffentliche Belange können sich jedoch auch aus Darstellungen eines Flächennutzungsplans ergeben, wenn diese konkrete standortbezogene Aussagen enthalten. Dazu reicht in aller Regel allerdings die Darstellung als Fläche für die Landwirtschaft nicht aus. Darstellungen des Flächennutzungsplans sind nur dann als entgegenstehende öffentliche Belange zu berücksichtigen, wenn ihnen eine konkrete, auch ein privilegiertes Außenbereichsvorhaben ausschließende Wirkung entnommen werden kann (vgl. § 35 III 3 BauGB). Bei entsprechend gewichtigen gemeindlichen Belangen kann der Flächennutzungsplan auch Aussagen zu einer Konzentration von Abgrabungsflächen auf bestimmte Teile des Gemeindegebietes enthalten (**Darstellungsprivileg**).[335]

Beispiel: Eine Auskiesungsfirma stellt einen Abgrabungsantrag zur Entsandung eines rheinnahen Geländes. Die Gemeinde will eine weitere Ausdehnung von Abgrabungsflächen vermeiden und hat daher in ihrem Flächennutzungsplan die Abgrabungsmöglichkeiten auf bestimmte Flächen konzentriert. Eine solche Abgrabungskonzentration durch gemeindlichen Flächennutzungsplan ist zulässig, wenn sie städtebaulich überzeugend begründet werden kann. Konkrete, einer Abgrabung entgegenstehende Aussagen können sich auch – etwa bei besonders schützenswerten Magerrasenkulturen – aus der Darstellung als Flächen für Maßnahmen zum Schutz, zur Pflege und zur Entwicklung von Natur und Landschaft nach § 5 I Nr. 10 BauGB ergeben.[336] Ein grundsätzlich privilegiertes Vorhaben kann allerdings an anderen öffentlichen Belangen, etwa der Regionalplanung scheitern.[337] Auch

---

[333] *BVerwG*, B. v. 22. 12. 1994 – 4 B 114.94 – NVwZ 1995, 700 = BayVBl. 1995, 378.

[334] *Stüer* Funktionalreform und kommunale Selbstverwaltung 1980, 62, 165.

[335] *BVerwG*, Urt. v. 22. 5. 1987 – 4 C 57.84 – BVerwGE 77, 300 = DVBl. 1987, 1008 = *Hoppe/Stüer* RzB Rdn. 449 – Kölner Auskiesungskonzentrationszone; Urt. v. 10. 2. 1978 – IV C 25.75 – BVerwGE 55, 220 = NJW 1978, 2308 = *Hoppe/Stüer* RzB Rdn. 466 – Kiesweiher; *BVerwG*, Urt. v. 13. 4. 1983 – 4 C 21.79 – BVerwGE 67, 84 = *Hoppe/Stüer* RzB Rdn. 435 – Teutoburger Wald; Urt. v. 18. 3. 1983 – 4 C 17.81 – NVwZ 1984, 303 = DVBl. 1983, 893 = *Hoppe/Stüer* RzB Rdn. 316 – Bestwig; Urt. v. 15. 7. 1987 – 4 C 56.83 – NJW 1988, 434 = *Hoppe/Stüer* RzB Rdn. 450 – Baggersee; Urt. v. 18. 5. 1990 – 7 C 3.90 – BVerwGE 85, 155 = NVwZ 1991, 362 = *Hoppe/Stüer* RzB Rdn. 56 – Betonformsteine; vgl. auch u. Rdn. 2514.

[336] *BVerwG*, Urt. v. 29. 4. 1992 – 4 C 29.90 – NVwZ 1992, 1092 = BauR 1992, 594.

[337] *BVerwG*, B. v. 18. 11. 1994 – 4 B 162.94 – Buchholz 445.4 § 6 WHG Nr. 7 – Kiesabbau.

Ziele der Regionalplanung können bei der Beurteilung eines Außenbereichsvorhabens von Bedeutung sein, so weit sie sachlich und räumlich hinreichend konkret sind (§ 35 III 3 BauGB).³³⁸

Auch können sich für privilegierte Außenbereichsvorhaben **Größenbegrenzungen** ergeben, die mit den Darstellungen des Flächennutzungsplans in Zusammenhang stehen. Weist etwa ein Bebauungsplan ein Gelände für sportliche Betätigung als Grünfläche mit entsprechendem Zusatz aus, so widersprechen bauliche Anlagen nur dann nicht den Darstellungen des Flächennutzungsplans, wenn sie eine durch den jeweiligen Zweck gerechtfertigte Größe nicht überschreiten. Ein Clubraum, der über diese Größe hinausgeht, widerspricht den Darstellungen des Flächennutzungsplans.³³⁹

Die Darstellungen des Flächennutzungsplans können auch vor dem Hintergrund **verfassungsrechtlicher Grundrechte, Staatsziele und Gewährleistungen** Bestand haben. So hindert etwa die **Freiheit der Kunst** (Art. 5 III 1 GG) nicht grundsätzlich daran, eine baurechtliche Genehmigung für die Aufstellung von Monumentalfiguren der Baukunst im Außenbereich wegen Widerspruchs zu Darstellungen des Flächennutzungsplans, wegen einer Verunstaltung des Landschaftsbilds oder wegen einer Beeinträchtigung der natürlichen Eigenart der Landschaft gem. § 35 II und III BauGB zu versagen. Eine Grundlage dafür, die Grundrechtsgewährleistung des Art. 5 III 1 GG im Bereich des Bauplanungsrechts einzugrenzen, bietet – neben den baurechtlichen Verunstaltungsverboten – Art. 20a GG. Die Verpflichtung zum Schutz der natürlichen Lebensgrundlagen ist als Staatsziel ausgestaltet. Sie beansprucht als objektiv-rechtlicher Verfassungssatz unmittelbare Geltung, auch wenn sie keine subjektiven Rechte begründet. Art. 20a GG wendet sich in erster Linie an den Gesetzgeber, den die Verpflichtung trifft, den in dieser Norm enthaltenen Gestaltungsauftrag umzusetzen. Durch die ausdrückliche Einordnung der Staatszielbestimmung in die verfassungsmäßige Ordnung wird klargestellt, dass der Umweltschutz keinen absoluten Vorrang genießt, sondern in Ausgleich mit anderen Verfassungsprinzipien und -rechtsgütern zu bringen ist. Dies trifft auch für den Fall der Kollision mit Grundrechtsverbürgungen zu, die, wie Art. 5 III 1 GG, keinem Vorbehalt unterliegen.³⁴⁰

3. Interkommunale Abstimmung in der Bauleitplanung

Nach § 2 II BauGB sind die Bauleitpläne benachbarter Gemeinden aufeinander abzustimmen. Dabei können sich die Gemeinden auch auf die ihnen durch die Ziele der Raumordnung zugewiesenen Funktionen sowie auf Auswirkungen auf ihre zentralen Versorgungsbereiche berufen. Das Erfordernis dieser **interkommunalen Abstimmung** ist Ausfluss der Selbstverwaltungsgarantie in Art. 28 II GG. Die Nachbargemeinde wird in ihren Rechten daher verletzt, wenn die planende Gemeinde ihre materielle Abstimmungspflicht nach § 2 II BauGB zum Nachteil der Nachbargemeinde durch einen Verstoß gegen das Abwägungsgebot missachtet hat.³⁴¹ Das interkommunale Abstimmungsgebot kann Abwehrrechte sowohl gegen nicht abgestimmte Bauleitpläne als auch gegen einzelne Vorhaben begründen.

---

³³⁸ *BVerwG*, Urt. v. 20. 1. 1984 – 4 C 43 u. 70.79 – BVerwGE 68, 311 = *Hoppe/Stüer* RzB Rdn. 444; vgl. auch u. Rdn. 2514 sowie § 35 III 4 BauGB.

³³⁹ *BVerwG*, B. v. 2. 2. 1995 – 4 B 257.94 – NVwZ-RR 1995, 484 = BauR 1995, 522 – Vereinsheim; *Löhr* in: Battis/Krautzberger/Löhr § 9 Rdn. 57.

³⁴⁰ *BVerwG*, Urt. v. 13. 4. 1995 – 4 B 70.95 – BauR 1995, 665 = DVBl. 1995, 1008 = NJW 1995, 2648 – Arno Breker; *Stüer* DVBl. 1996, 93.

³⁴¹ *BVerwG*, Urt. v. 8. 9. 1972 – IV C 17.71 – BVerwGE 40, 323 = *Hoppe/Stüer* RzB Rdn. 135 – Krabbenkamp; Urt. v. 15. 12. 1989 – 4 C 36.86 – BVerwGE 84, 209 = NVwZ 1990, 464 = DVBl. 1990, 427 = *Hoppe/Stüer* RzB Rdn. 136 – gemeindenachbarlicher Immissionsschutz; B. v. 26. 2. 1990 – 4 B 31.90 – NVwZ 1990, 657 = UPR 1990, 231 = *Hoppe/Stüer* RzB Rdn. 137; B. v. 23. 9. 1993 – 4 NB 31.93 – Buchholz 310 § 47 Nr. 83 = *Hoppe/Stüer* RzB Rdn. 1289 – Wolfen; *OVG Frankfurt (Oder)*, B. v. 8. 5. 1998 – 3 B 84/97 – LKV 1998, 359 – Multiplex-Kino; *Hoppe* FS Menger 1993, 397; *Stüer*, Kommunalrecht in NW, 1997, S. 152.

Beispiel: Ein kommunaler Wasserverband wendet sich als Träger einer Trinkwasser-Talsperre gegen die Absicht einer Nachbargemeinde, auf einem Höhenrücken ein Industriegebiet auszuweisen. Der Wasserverband befürchtet, dass von der Ansiedlung von Industrie erhebliche Gefahren für die Grundwasserversorgung und die Talsperre ausgehen. Bei begründeten, nicht ausgleichbaren Gefährdungen der Wasserversorgung sind kommunale Abwehrrechte gegeben.

207 Bereits gegenüber Maßnahmen der Fachplanung bestehen gemeindliche Mitwirkungs- und Abwehrrechte. **Weite gehende Rechte** ergeben sich aus dem **interkommunalen Abstimmungsgebot** des **§ 2 II 1 BauGB**. Auch dieses Gebot ist Ausformung der gesetzlichen Planungshoheit. Denn diese schließt das Recht ein, sich gegen solche Planungen anderer Stellen zur Wehr zu setzen, welche die eigene Planungshoheit rechtswidrig verletzen.[342] Das interkommunale Abstimmungsgebot verleiht der Gemeinde aber gegenüber den sich auf ihr Gebiet auswirkenden Planungen der Nachbargemeinde eine stärkere Rechtsposition, als sie ihr gegenüber Fachplanungen auf ihrem Gebiet zusteht. Denn anders als den gem. § 38 BauGB privilegierten Trägern der Fachplanung steht die Gemeinde der Nachbargemeinde mit ihrer Planungsbefugnis im Verhältnis der Gleichordnung gegenüber. Dem trägt das interkommunale Abstimmungsgebot in spezieller Weise Rechnung. Daraus ergibt sich das Erfordernis einer materiellen Abstimmung interkommunaler Belange, nicht nur eine formelle Beteiligungspflicht. Das Gebot der gemeindenachbarlichen Rücksichtnahme besteht bereits immer dann, wenn mit der beabsichtigten Planung gemeindenachbarliche Auswirkungen gewichtiger Art verbunden sind. Die Standortgemeinde muss dann sowohl bei der gemeindlichen Bauleitplanung als auch bei Erteilung ihres gemeindlichen Einvernehmens nach § 36 BauGB die gemeindenachbarlichen Interessen berücksichtigen.[343] Kern der Abstimmungspflicht ist also gerade die gerechte Abwägung der gegenläufigen Interessen der Nachbargemeinden. Die Nachbargemeinde wird dabei in ihren Rechten verletzt, wenn die planende Gemeinde ihre materielle Abstimmungspflicht nach § 2 II BauGB zum Nachteil der Nachbargemeinde missachtet. Übergeht die planende Gemeinde durch einen Verstoß gegen das Abwägungsgebot ihre materielle Abstimmungspflicht zu Lasten der Nachbargemeinde, so wird diese in ihren Rechten verletzt. Daraus folgt, dass das durch § 2 II BauGB geschützte Interesse der Nachbargemeinde, von unzumutbaren Auswirkungen einer fremden Planung verschont zu bleiben, von der planenden Gemeinde grundsätzlich in ihre Abwägung einbezogen werden muss. Die Abstimmungspflicht bezweckt allerdings keinen Wettbewerbsschutz etwa gegen Einzelhandelseinrichtungen in Nachbargemeinden, die in Konkurrenz zu Einzelhandelseinrichtungen im eigenen Gemeindegebiet treten.[344] „Benachbart" sind Gemeinden nicht nur, wenn sie unmittelbar aneinander grenzen, sondern auch, wenn sie von den Auswirkungen der jeweiligen Planung betroffen sind. Die Abstimmungspflicht kann sich bei entsprechender Bedeutung des Vorhabens (etwa eines sog. **Factory-Outlet-Centers**) somit auf Gemeinden erstrecken, die räumlich weit von der planenden Gemeinde entfernt liegen.[345] Auch bei der Ausweisung von Multiplex-Kinos muss die planende Gemeinde die Interessen der Nachbargemeinden in die Abwägung ein-

---

[342] *BVerwG*, Urt. v. 8. 9. 1972 – IV C 17.71 – BVerwGE 40, 323 = *Hoppe/Stüer* RzB Rdn. 135 – Krabbenkamp.

[343] *BVerwG*, Urt. v. 15. 12. 1989 – 4 C 36.86 – BVerwGE 84, 209 = *Hoppe/Stüer* RzB 136 – gemeindenachbarlicher Immissionsschutz; B. v. 2. 6. 1992 – 4 NB 8.92; B. v. 23. 9. 1993 – 4 NB 31.93 – Buchholz 310 § 47 Nr. 83 = *Hoppe/Stüer* RzB Rdn. 1289 – Wolfen; zum interkommunalen Abwägungsgebot *Hoppe* in: *Hoppe/Bönker/Grotefels* § 7 Rdn. 177; *Hoppe* FS Menger 1993, 397.

[344] *OVG Weimar*, B. v. 23. 4. 1997 – 1 EO 241/97 – UPR 1997, 376; vgl. zu den Rechtsschutzmöglichkeiten der Gemeinde gegenüber einer eisenbahnrechtlichen Fachplanung im Bereich von Nachbargemeinden aus Konkurrenzschutzgründen *BVerwG*, Urt. v. 27. 10. 1998 – 11 A 10.98 – NVwZ-RR 1999, 225 = DÖV 1999, 205 – Marktredwitz/Bayreuth.

[345] So *VGH München*, B. v. 25. 6. 1998 – 1 NE 98.1023 – UPR 1998, 467 – Abstimmungspflicht bei der Planung eines Factory Outlet Centers; *VG Neustadt*, B. v. 29. 9. 1998 – 2 L 2138/98.NW – NVwZ 1999, 101 = GewArch. 1999, 84 – Designer-Outlet-Center.

stellen.³⁴⁶ Berechtigte interkommunalen Belange sind abwägungserheblich und auch geeignet, eine Antragsbefugnis i. S. des § 47 II VwGO zu begründen, wenn mit dem Hinweis auf gemeindenachbarliche Belange zugleich eine mögliche Verletzung in eigenen gemeindlichen Rechten dargelegt wird (§ 47 II VwGO). Eine materielle gemeindenachbarliche Abstimmung ist bereits dann geboten, wenn unmittelbare Auswirkungen gewichtiger Art auf die städtebauliche Ordnung und Entwicklung der Nachbargemeinde in Betracht kommen. Dies gilt unabhängig davon, ob in der Nachbargemeinde bereits Bebauungspläne oder bestimmte planerische Vorstellungen bestehen. Voraussetzung ist – anders als für die rechtliche Betroffenheit einer Gemeinde durch eine Fachplanung – daher nicht, dass eine hinreichend bestimmte Planung der Nachbargemeinde nachhaltig gestört wird oder dass wesentliche Teile von deren Gebiet einer durchsetzbaren Planung entzogen werden.³⁴⁷ Im Rahmen der interkommunalen Abstimmungspflicht ist nicht nur auf bereits verabschiedete Planungen der Nachbargemeinde, sondern auch auf sich aufdrängende nachbargemeindliche Entwicklungen Rücksicht zu nehmen.³⁴⁸ Solche interkommunalen Abstimmungsnotwendigkeiten scheitern auch nicht daran, dass die von der Nachbargemeinde verfolgten städtebaulichen Ziele mittelbar auch einen Konkurrenzschutz zur Folge haben könnten.³⁴⁹ Die materielle Abstimmungspflicht ist auch dann verletzt, wenn die Gemeinde ein Vorhaben ganz oder teilweise im Gebiet der Nachbargemeinde plant. Das gilt auch für einen Vorhaben- und Erschließungsplan.³⁵⁰ Die Nachbargemeinde ist bei Verletzung des interkommunalen Abstimmungsgebotes in einem Normenkontrollverfahren gegen einen Bebauungsplan der Standortgemeinde antragsbefugt. Dies gilt insbesondere dann, wenn durch den Bebauungsplan eine Massierung der Verkaufsflächen für Einzelhandelsbetriebe in unmittelbarer Nähe des Ortszentrums der Gemeinde zugelassen wird und dies erhebliche Auswirkungen auf die städtebauliche Entwicklung und Ordnung in der Nachbargemeinde haben kann.³⁵¹ Die Nachbargemeinde muss allerdings nach § 47 II VwGO geltend machen, durch die Satzung der Standortgemeinde in eigenen Rechten verletzt zu sein. Eine derartige Rechtsverletzung kommt insbesondere bei Verletzung der gemeindlichen Planungshoheit in Betracht. Auch im interkommunalen Bereich herrscht daher ein Recht auf Abwägung, das in § 42 II BauGB geregelt ist.

Beispiel: Eine Großstadt in den neuen Bundesländern wendet sich gegen die Ausweisung eines ca. 10 ha großen Geländes, auf dem eine kleine Nachbargemeinde einen Einkaufs-, Freizeit- und Dienstleistungspark ausgewiesen hat. Die Großstadt wendet ein, im Verfahren zur Aufstellung des Bebauungsplans nicht ordnungsgemäß beteiligt worden zu sein. Außerdem seien ihre gemeindlichen Belange im Hinblick auf die einschneidenden Auswirkungen auf ihre im Ortskern befindlichen Einzelhandelsbetriebe nicht ausreichend berücksichtigt worden. Die Einwendungen der Stadt sind begründet, wenn eine ordnungsgemäße Beteiligung im Rahmen des Bauleitplanverfahrens nicht stattgefunden hat und dadurch gemeindliche Rechte möglicherweise verletzt worden sind oder durch die Ausweisung des Vorhabens elementare gemeindenachbarliche Interessen tatsächlich verletzt worden sind.³⁵²

---

³⁴⁶ *OVG Frankfurt*, Urt. v. 8. 5. 1998 – 3 B 84/97 – LKV 1998, 359 – Multiplex-Kino. Zur Zulässigkeit eines Multiplex-Kinos im nicht beplanten Innenbereich *VG Gera*, Urt. v. 8. 10. 1998 – 4 K 212/98 GE – ThürVBl. 1999, 69 = VwRR MO 1999, 67 – Multiplex-Kino. Zum eingeschränkten Nachbarschutz gegen ein Multiplex-Kino im Kerngebiet *OVG Berlin*, Urt. v. 17. 3. 1999 – 2 S 6.98 – LKV 1999, 367 = UPR 1999, 320 – Multiplex.
³⁴⁷ *BVerwG*, B. v. 9. 1. 1995 – 4 NB 42.94 – UPR 1995, 195 = ZfBR 1995, 148 – Einrichtungshaus.
³⁴⁸ *BVerwG*, Urt. v. 8. 9. 1972 – IV C 17.71 – BVerwGE 40, 323 = *Hoppe/Stüer* RzB Rdn. 135 – Krabbenkamp.
³⁴⁹ *BVerwG*, B. v. 9. 5. 1994 – 4 NB 18.94 – BauR 1994, 494 = DVBl. 1994, 1155 = *Hoppe/Stüer* RzB Rdn. 134; *Stüer*, Kommunalrecht in NW, 1997, S. 152.
³⁵⁰ *BVerwG*, B. v. 23. 9. 1993 – 4 NB 31.93 – Buchholz 310 § 47 VwGO Nr. 83 = *Hoppe/Stüer* RzB Rdn. 1289 – Wolfen.
³⁵¹ *BVerwG*, B. v. 6. 2. 1992 – 4 NB 8.92.
³⁵² *OVG Frankfurt (Oder)*, B. v. 8. 5. 1998 – 3 B 84/97 – LKV 1998, 359 – Multiplex-Kino.

208 Das interkommunale Abstimmungsgebot bezieht sich traditionell als Bestandteil der kommunalen Planungshoheit auf städtebauliche Belange. Es wird durch **§ 2 II 2 BauGB** auf **raumordnerische Belange** erweitert. Die Regelung geht bereits zurück auf Überlegungen der Unabhängigen Expertenkommission zur Novellierung des BauGB. Soweit Ziele der Raumordnung einer Gemeinde eine bestimmte, den Standortwettbewerb mit anderen Gemeinden begünstigende Funktion zuweisen,[353] soll diese Funktion der gemeindlichen Planungshoheit zugerechnet werden und damit verteidigungsfähig sein. Die Ziele der Raumordnung haben belastende und begünstigende Wirkungen, zum einen für die einzelne Gemeinde, zum anderen aber auch im Verhältnis der Gemeinden untereinander. Dies legt es nahe, neben den verpflichtenden § 1 IV BauGB, nach dem die Bauleitpläne den Zielen der Raumordnung anzupassen sind, auch eine berechtigende Vorschrift zu stellen. Aus der Bindung der Bauleitplanung an ein zentralörtliches Ziel der Raumordnung[354] folgt auf diese Weise auch, dass die Gemeinde berechtigt ist, ihre so ausgerichtete Planung gegen eine die zentralörtliche Funktion störende raumordnungswidrige Planung einer anderen Gemeinde zu verteidigen. Neben den Zielen der Raumordnung werden in der Regelung die Auswirkungen auf die zentralen Versorgungsbereiche – auch in ihren unterschiedlichen Stufen – der Gemeinden genannt. Hierdurch werden diese bereits für § 11 III BauNVO maßgeblichen Kriterien ebenfalls in die interkommunale Abstimmung einbezogen.

209 Das Abstimmungsgebot in § 2 II 1 BauGB ist Teil der Bauleitplanung; es kann sich deshalb nur auf städtebauliche Belange beziehen. Mit § 2 II 2 BauGB hat die Gemeinde ein Abwehrrecht, wenn ihr durch Ziele der Raumordnung[355] bestimmte Funktionen zugewiesen wurden und eine Nachbargemeinde diese unterlaufen will. Das Abwehrrecht ergänzt die Anpassungspflicht aus § 1 IV BauGB. Eine Gemeinde ist berechtigt, die ihr zugewiesenen Funktionen gegen störende raumordnungswidrige Planungen einer anderen Gemeinde zu verteidigen. Die zugewiesene Funktion ist Bestandteil der Planungshoheit. Die durch Ziele der Raumordnung zugewiesenen Funktionen werden in erster Linie die Stellung im zentralörtlichen Gefüge betreffen, sie können sich aber auch auf die Siedlungserweiterung oder zentrale Einrichtungen beziehen. Die Gemeinde muss für ihr Betroffensein nicht mehr im Einzelnen belegen, welche konkreten Nachteile für sie z. B. durch Kaufkraftabzug oder Abwerbung von Gewerbebetrieben entstehen. Der Verstoß als solcher reicht bereits aus. Die Rechtslage entspricht der einer Verletzung nachbarschützender Vorschriften bei einem Wechsel in der Gebietskategorie. Gemeindenachbarliche Abwehrrechte bestehen, wenn das Handeln der Standortgemeinde gegen die Ziele der Raumordnung verstößt. Dies setzt allerdings entsprechend konkrete und eindeutig formulierte Ziele der Raumordnung voraus (§ 3 Nr. 2 ROG). Neben den Zielen der Raumordnung werden die „Auswirkungen auf die zentralen Versorgungsbereiche" ausdrücklich genannt. Die Art der Auswirkungen muss die Nachbargemeinde allerdings geltend machen.[356]

210 Parallel zu den gesetzlichen Regelungen stellt auch die höchstrichterliche Rechtsprechung den traditionellen Bahnen der interkommunalen Abstimmung **neue Rechtsschutzmöglichkeiten** sowie gemeindliche Rechtspflichten an die Seite.[357] Die privile-

---

[353] *BVerwG*, Urt. v. 15. 5. 2003 – 4 CN 9.01 – UPR 2003, 358 = NVwZ 2003, 1263 – Stuttgarter Landesmesse.
[354] *BVerwG*, Urt. v. 19. 7. 2001 – 4 C 4.00 – BVerwGE 115, 17 = DVBl. 2001, 1855, einerseits und Urt. v. 13. 3. 2003 – 4 C 4.02 – BVerwGE 118, 33 = NVwZ 2003, 738 = DVBl. 2003, 1064, andererseits.
[355] Zur Raumordnung s. Rdn. 215.
[356] EAG Bau – Mustererlass 2004.
[357] *BVerwG*, Urt. v. 1. 8. 2002 – 4 C 5.01 – BVerwGE 117, 25 = DVBl. 2003, 62 = NVwZ 2003, 86 – FOC Zweibrücken; Urt. v. 17. 9. 2003 – 4 C 14.01 – BVerwGE 119, 25 = DVBl. 2004, 239 = NVwZ 2004, 220 – Mühlheim-Kärlich; zur Vorinstanz *OVG Koblenz*, B. v. 20. 1. 1998 – 1 B 10056/98 – ; Urt. v. 5. 7. 2001 – 1 A 10168/01.OVG – (unveröffentlicht).

gierte Fachplanung kann bei Wahrung der Voraussetzungen des § 38 BauGB einen Vorrang für sich in Anspruch nehmen. Gemeindliche Betroffenheiten lösen gegenüber Planungen anderer Gemeinden aber auch gegenüber Fachplanungen ein **Beteiligungserfordernis** aus (Stufe 1). Bei Auswirkungen gewichtiger Art im nachbargemeindlichen Bereich wird nach § 2 II BauGB eine **interkommunale Abstimmung** erforderlich (Stufe 2). Werden **konkrete gemeindliche Planungen** betroffen oder entziehen sich weite Teile des Gemeindegebietes einer durchsetzbaren Planung (Stufe 3), ergeben sich wegen des Eintritts in verfassungsrechtliche Garantiebereiche gesteigerte Berücksichtigungserfordernisse und erhöhte Überwindungslasten in der Bau- und Fachplanung gleichermaßen. Bei gravierenden nachteiligen Folgen gemeindlicher Nichtplanungen vor allem für Nachbargemeinden aber auch bei Verletzung raumordnerischer Ziele können sich aus § 1 III und IV BauGB gemeindliche **Planungspflichten** ergeben, deren Einhaltung durch die Kommunalaufsicht und auf der Grundlage der Landesplanungsgesetze sichergestellt werden kann.[358]

Bei der Prüfung der Frage, ob sich ein großflächiger Einzelhandelsbetrieb nach der Art der baulichen Nutzung i. S. von § 34 I BauGB einfügt, hatten danach die in § 11 III BauNVO angesprochenen städtebaulichen Auswirkungen außer Betracht zu bleiben. Ein Vorhaben, das nach § 34 I BauGB zulässig war, scheiterte nicht daran, dass es auf der Grundlage eines an die Ziele der Raumordnung angepassten Bebauungsplans nicht genehmigungsfähig wäre.[359] Durch § 34 III BauGB ist diese Lücke geschlossen. Auch im nicht beplanten Innenbereich sind die Ziele der Raumordnung zu beachten. Nach § 34 III BauGB dürfen von Innenbereichsvorhaben keine schädlichen Auswirkungen auf zentrale Versorgungsbereiche in der Gemeinde oder in anderen Gemeinden zu erwarten sein. Der Gesetzgeber des EAG Bau hat damit auf eine Rechtsprechung des *BVerwG* reagiert, wonach sich eine Gemeinde nicht auf ihre Stellung als Mittelzentrum gegenüber Bauvorhaben in der Nachbargemeinde berufen konnte.

Der **Rechtsschutz der Gemeinden** findet im jeweiligen Zulassungsverfahren statt. Dabei hat die Gemeinde keinen Rechtsanspruch auf Durchführung eines bestimmten Verfahrens. So können Nachbargemeinden, die sich gegen ein Flughafenerweiterungsvorhaben zur Wehr setzen, ein luftrechtliches Genehmigungsverfahren nicht allein mit der Begründung erzwingen, dieses Verfahren biete ihnen weitergehende Möglichkeiten der Rechtsverteidigung als ein Baugenehmigungsverfahren. Auch im Baugenehmigungsverfahren ist ein Schutz der gemeindlichen Planungshoheit sichergestellt, der den Anforderungen des Art. 28 GG gerecht wird. Der Nachbargemeinde steht hier zwar das Mittel der Versagung des Einvernehmens nach § 36 BauGB nicht zur Verfügung. § 2 II BauGB räumt ihr jedoch ein einzelvorhabenbezogenes Abwehrrecht ein, wenn die Gemeinde, auf deren Gebiet das umstrittene Projekt verwirklicht werden soll, dem Bauinteressenten unter Verstoß gegen das in dieser Bestimmung normierte interkommunale Abstimmungsgebot einen Zulassungsanspruch verschafft.[360]

Rechtsschutzmöglichkeiten bestehen für eine **Nachbargemeinde** auch dann, wenn die Planung von einer Gemeinde aufgestellt worden ist, die zwischenzeitlich in die Nachbargemeinde **eingegliedert** worden ist. In diesen Fällen kann sich die Nachbargemeinde allerdings nicht in einem Normenkontrollverfahren gegen den inzwischen zu ihrem eigenen Satzungsrecht gehörenden Bebauungsplan wenden. Die Nachbargemeinde kann jedoch gegen eine auf der Grundlage des Bebauungsplans erteilte Genehmigung Widerspruch einlegen mit der Begründung, der Bebauungsplan sei wegen Nichtbeachtung interkommunaler Abstimmungsnotwendigkeiten unwirksam. Dies gilt vor allem dann, wenn in qualifizierter Weise durch den Vorhabenträger (Investor) auf den Inhalt des Be-

---

[358] *Halama* DVBl. 2004, *Stüer* NVwZ 2004, 814.
[359] *BVerwG*, Urt. v. 11. 2. 1993 – 4 C 15.92 – DVBl. 1993, 914 = *Hoppe/Stüer* RzB Rdn. 128.
[360] *BVerwG*, B. v. 18. 10. 1995 – 4 B 205.95 – mit Hinweis auf Urt. v. 15. 12. 1989 – 4 C 36.86 – BVerwGE 84, 209; Urt. v. 11. 2. 1993 – 4 C 15.92 – Buchholz 406.11 § 34 BauGB Nr. 156; s. Rdn. 3254.

bauungsplans Einfluss genommen worden ist und sich dies als Weichenstellung in Richtung auf die Zulassungsentscheidung darstellt.[361]

4. Gemeindefreie Gebiete

214 Auf **gemeindefreie Gebiete** bezieht sich die gemeindliche Bauleitplanung nicht. Die in den §§ 1 ff. BauGB geregelte gemeindebezogene Bauleitplanung gilt daher nicht in gemeindefreien Gebieten. Auch eine Veränderungssperre (§§ 14 ff. BauGB) ist in gemeindefreien Gebieten ausgeschlossen. Das BauGB hindert den Landesgesetzgeber, in gemeindefreien Gebieten die bundesrechtlichen Vorschriften über die Bauleitplanung (§§ 1 ff. BauGB) für anwendbar zu erklären oder eine hiervon abweichende eigene landesrechtliche (z. B. staatliche) Bauleitplanung einzuführen. Die prinzipielle Entscheidung des Bundesgesetzgebers, die Bauleitplanung nur als Gegenstand der gemeindlichen Planungshoheit auszugestalten, fördert die Selbstverwaltungsgarantie der Gemeinden. Diese Zielsetzung ist auch im Hinblick auf Art. 72 II GG verfassungsgemäß. Der Bundesgesetzgeber kann im Interesse der Rechtseinheit unterbinden, dass einzelne Länder in unterschiedlicher Weise für gemeindefreie Gebiete ein Bauleitplanungsrecht vorsehen. Dem durfte der Bundesgesetzgeber auch präventiv entgegenwirken.[362]

IX. Raumordnung

215 Die Bauleitpläne sind nach § 1 IV BauGB den **Zielen der Raumordnung** anzupassen.[363] Die **Anpassungspflicht** bezieht sich auf die Flächennutzungspläne und die Bebau-

---

[361] *OVG Weimar*, Urt. v. 17. 6. 1998 – 1 KO 1040/97 – ThürVBl. 1998, 280 = DÖV 1999, 170 – Nordhausen-Bielen.

[362] *BVerwG*, B. v. 21. 8. 1995 – 4 N 1.95 – DVBl. 1996, 47 = RdL 1995, 277 = UPR 1995, 446 – gemeindefreie Gebiete.

[363] *Battis* JA 1981, 313; *Beck* ET 1992, 404; *Bielenberg/Erbguth/Söfker* Raumordnung und Landesplanung des Bundes und der Länder; *Bleicher* Das Verfahren zur Anpassung der Bauleitplanung an die Ziele der Raumordnung und Landesplanung 1983; *ders.* landkreis 1992, 463; *Cholewa/Dyong/von der Heide/Arenz* Raumordnung in Bund und Ländern 1993; *David* Zur rechtlichen und raumordnungspolitischen Funktion des Begriffs der Raumbedeutsamkeit; *Dickschen* Das Raumordnungsverfahren im Verhältnis zu den fachlichen Genehmigungs- und Planfeststellungsverfahren; *Erbguth* LKV 1993, 145; *ders.* LKV 1994, 89; *Erbguth/Schoeneberg* Raumordnungs- und Landesplanungsrecht 1992; *Ernst/Suderow* Die Zulässigkeit raumordnerischer Festlegungen für Gemeindeteile; *Evers* Recht der Raumordnung 1973; *Folkerts* Raumordnungsziele im Ländervergleich 1988; *ders.* DVBl. 1989, 733; *Funke* Bund-Länder-Abstimmung am Beispiel der Raumordnung und Landesplanung 1987; *Gaentzsch* ZfBR 1991, 192; *Geiger* JA 1993, 28; *Hartwig* BBauG NVwZ 1985, 8; *Heigl/Hosch* Raumordnung und Landesplanung in Bayern 1991; *Henrich* Kommunale Beteiligung in der Raumordnung und Landesplanung 1981; *Hoppe* Das Recht der Raumordnung und Landesplanung in NW 1986; *Hoppe/Appold* Raumordnung und Landesplanung 1994, Sp. 1667; *Hofmann-Hoeppel* ZUR 1993, 68; *Hübler/Cassens (Hrsg.)* Raumordnungsverfahren in den neuen Bundesländern 1993; *Jahn* ThürVBl. 1995, 49; *Jarass* BayVBl. 1979, 65; *Kauch* Die Raumordnung bei der immissionsschutzrechtlichen Genehmigung von Abfallentsorgungsanlagen 1995; *Kauther* DVP 1981, 253; *Knöpfle* Das Einvernehmen der Gemeinden nach § 36 BBauG und raumordnungsrechtliche Vorgaben 1984; *Koch/Hendler* Baurecht, Raumordnungs- und Landesplanungsrecht 1995; *Kratzenberg* DVBl. 1988, 1035; *ders.* NVwZ 1989, 1189; *Krautzberger* UPR 1992, 1; *ders.* DÖV 1992, 92; *ders.* DÖV 1992, 911; *Kremm* Ziele der Raumordnung und Landesplanung als Grundlage subjektiver Rechte von Gemeinden 1993; *Kühne* DVBl. 1984, 709; *Landessprecher von Brandenburg, Mecklenburg-Vorpommern, Sachsen, Sachsen-Anhalt und Thüringen* Gemeinsamer Einführungserlass zum BauGB 1990; *Mache/Müller* VR 1985, 216; *Lautner* HSGZ 1995, 218; *von Mutius* BayVBl. 1988, 641; *Oberndorfer* Die Verwaltung 1992, 257; *Papier* RdE 1986, 194; *Passlick* Die Ziele der Raumordnung und Landesplanung 1986; *Peine* Raumplanungsrecht 1987; *Roer* Die Bindungswirkung von Zielen der Raumordnung und Landesplanung nach der Privatisierung der Post 1996; *Ronellenfitsch* WiVerw. 1985, 168; *Scheipers* Ziele der Raumordnung und Landesplanung aus der Sicht der Gemeinden 1995; *Schlichter* AgrarR 1985, 245; *Schmidt-Aßmann* VBlBW 1986, 2; *ders.* FS Weyreuther 1993, 73; *Schoeneberg* Umweltverträglichkeitsprüfung und Raumordnungsverfahren 1984; *Schweer* LKV 1994, 201; *Siebelt* Anspruch auf Raumordnungsverfahren?

ungspläne und erfasst neben der erstmaligen Aufstellung auch ggf. die nachträgliche Anpassung an zeitlich später verabschiedete Ziele der Raumordnung. Eine **Parallelvorschrift** zu § 1 IV BauGB enthält **§ 4 I ROG**, wonach öffentliche Stellen bei ihren raumbedeutsamen Planungen und Maßnahmen[364] verpflichtet sind, die Ziele der Raumordnung zu beachten. Die sich hieraus ergebende Beachtenspflicht deckt sich inhaltlich mit der Anpassungspflicht an die Ziele der Raumordnung in § 1 IV BauGB.[365]

1. Das ROG (Überblick)

Das **Verhältnis** der **Bauleitplanung** zur **Raumordnung** ist im ROG geregelt, das durch das BauROG 1998 neu konzipiert und durch das EAG Bau um Regelungen zur Umweltprüfung und Öffentlichkeitsbeteiligung ergänzt worden ist. Das ROG gliedert sich in vier Abschnitte:

```
                    Rechtsgrundlagen der Raumordnung
                    ┌───────────────┴───────────────┐
              ROG                           Landesplanungsgesetze
      • Bundesraumordnung                        Instrumente
      • Rahmengesetz                     • Landesentwicklungsprogramm
                                         • Landesentwicklungspläne
                                         • Regionalpläne
                                         • Ziele und Grundsätze
                                         • Raumordnungsverfahren
```

- **Abschnitt 1** enthält die **allgemeinen Vorschriften**, die neben der Aufgabe, der Leitvorstellung und den Grundsätzen der Raumordnung wichtige Begriffsbestimmungen sowie Regelungen über die Bindungswirkungen der Erfordernisse der Raumordnung enthalten.
- **Abschnitt 2** befasst sich mit der **Raumordnung der Länder** und ist als „Richtliniengesetz" an die Landesgesetzgeber ausgelegt. Zudem enthält der Abschnitt eine Ermächtigung zum Erlass von Rechtsverordnungen.
- **Abschnitt 3** enthält Vorschriften über die **Raumordnung im Bund** einschließlich der gegenseitigen Unterrichtung und gemeinsamen Beratung im Bund-Länder-Verhältnis.
- **Abschnitt 4** regelt **Überleitungs- und Schlussvorschriften**.

2. Ausgangspunkte

Nach dem ROG liegt der **Schwerpunkt** der raumordnerischen Aufgaben bei den **Ländern**. Der Abschnitt 2 enthält daher für die Länderregelungen das entsprechende Rahmenrecht, während die Regelungen in den übrigen Abschnitten unmittelbar gelten. Die

---

NVwZ 1992, 645; *Siedentopf* RuR 1992, 163; *Söfker* DVBl. 1987, 598; *Steinberg* NuR 1992, 164; *ders.* DÖV 1992, 321; *Stich* NuR 1992, 164; *Wagner* Die Harmonisierung der Raumordnungsklauseln in den Gesetzen der Fachplanung 1990; *ders.* DVBl. 1991, 1230; *ders.* DVBl. 1993, 583; *Wahl* FS Sendler 1991, 199; *Weidemann* Die Staatsaufsicht im Städtebaurecht als Instrument der Durchsetzung der Raumordnung und Landesplanung 1982; *ders.* DVBl. 1984, 767; *Wickrath* Bürgerbeteiligung im Recht der Raumordnung und Landesplanung 1992; *dies.* DVBl. 1992, 998; *Winkel* der landkreis 1990, 492; *Zimmerling* UVP-report 1991, 84; *Zoubeck* Das Raumordnungsverfahren 1978, 1.

[364] Zu diesem Begriff § 3 Nr. 6 ROG, BVerwG, B. v. 7. 11. 1996 – 4 B 170.96 – DVBl. 1997, 434 = UPR 1997, 106 – Sonderlandeplatz.

[365] *Hoppe* in: Hoppe/Bönker/Grotefels § 5 Rdn. 7.

Rechtsgrundlagen für die Landesplanung sind von den Ländern zeitnah umzusetzen (§ 22 ROG).[366] Die wesentlichen Kernelemente dieses Verhältnisses, die durch das **Gegenstromprinzip** markiert werden,[367] sind dabei erhalten geblieben. Die Entwicklung, Ordnung und Sicherung der Teilräume soll sich in die Gegebenheiten und Erfordernisse des Gesamtraums einfügen; die Entwicklung, Ordnung und Sicherung des Gesamtraumes soll die Gegebenheiten und Erfordernisse seiner Teilräume berücksichtigen (§ 1 III ROG). Die **Aufgabe der Raumordnung** wird in § 1 I ROG beschrieben. Danach sind der Gesamtraum der Bundesrepublik Deutschland und seine Teilräume durch zusammenfassende, übergeordnete Raumordnungspläne und durch Abstimmung raumbedeutsamer Planungen und Maßnahmen zu entwickeln, zu ordnen und zu sichern. Dabei sind (1) unterschiedliche Anforderungen an den Raum aufeinander abzustimmen und die auf der jeweiligen Planungsebene auftretenden Konflikte auszugleichen sowie (2) Vorsorge für einzelne Raumfunktionen und Raumnutzungen zu treffen.

218 a) **Leitvorstellungen.** Die Leitvorstellungen der Raumordnung werden in § 1 II ROG beschrieben. Sie bestehen in einer **nachhaltigen Raumentwicklung**, welche die sozialen und wirtschaftlichen Ansprüche an den Raum mit seinen ökologischen Funktionen in Einklang bringt und zu einer dauerhaften, großräumig ausgewogenen Ordnung führt. Das ROG stellt dabei klar, dass die verschiedenen Belange nicht in einem Verhältnis der Vor- und Nachrangigkeit zueinander bestehen, sondern im Prinzip gleichgewichtig sind. Die Leitvorstellungen sind zwar an einer nachhaltigen Raumentwicklung ausgerichtet. Ein Vorrangverhältnis bestimmter Belange ist damit aber nicht grundgelegt.

219 Die **Leitvorstellungen** sind Handlungsmaximen bei der Aufgabenerfüllung und Auslegungsmaxime der **Grundsätze** (§ 1 II 1, 2 I ROG). Die in § 2 II ROG niedergelegten Grundsätze der Raumordnung beziehen sich auf die Raumstruktur (Nr. 1), die Siedlungsstruktur (Nr. 2), die Freiraumstruktur (Nr. 3), die Infrastruktur (Nr. 4), verdichtete Räume (Nr. 5), ländliche Räume (Nr. 6), strukturschwache Räume (Nr. 7), Naturgüter (Nr. 8), Wirtschaftsgüter (Nr. 9), Land- und Forstwirtschaft (Nr. 10), das Wohnen (Nr. 11), den Verkehr (Nr. 12), Kultur (Nr. 13), Erholung, Freizeit und Sport (Nr. 14) sowie die Verteidigung (Nr. 15). § 3 ROG enthält einen Katalog von Begriffsbestimmungen über Erfordernisse der Raumordnung,[368] Ziele der Raumordnung,[369] Grundsätze der Raumordnung,[370] sonstige Erfordernisse der Raumordnung,[371] öffentliche Stellen,[372] raumbedeutsame Planungen und Maßnahmen[373] sowie Raumordnungspläne.[374]

---

[366] Das BauROG 1998 musste von den Ländern innerhalb von 4 Jahren bis Ende 2002 umgesetzt werden. Die Regelungen des EAG Bau sind bis Ende 2006 umzusetzen.

[367] *Löwer* JuS 1975, 779; *Depenbrock* DVBl. 1977, 14; s. Rdn. 100.

[368] Ziele der Raumordnung, Grundsätze der Raumordnung und sonstige Erfordernisse der Raumordnung.

[369] Verbindliche Vorgaben in Form von räumlich und sachlich bestimmten oder bestimmbaren, vom Träger der Landes- oder Regionalplanung abschließend abgewogenen textlichen oder zeichnerischen Festlegungen in Raumordnungsplänen zur Entwicklung, Ordnung und Sicherung des Raumes.

[370] Allgemeine Aussagen zur Entwicklung, Ordnung und Sicherung des Raums in oder aufgrund von § 2 ROG als Vorgabe für nachfolgende Abwägungs- oder Ermessensentscheidungen.

[371] In Aufstellung befindliche Ziele der Raumordnung, Ergebnisse förmlicher landesplanerischer Verfahren wie des Raumordnungsverfahrens und landesplanerischer Stellungnahmen.

[372] Behörden des Bundes und der Länder, kommunale Gebietskörperschaften, bundesunmittelbare und der Aufsicht eines Landes unterstehenden Körperschaften, Anstalten und Stiftungen des öffentlichen Rechts.

[373] Planungen einschließlich der Raumordnungspläne, Vorhaben und sonstigen Maßnahmen, durch die Raum in Anspruch genommen oder die räumliche Entwicklung oder Funktion eines Gebietes beeinflusst wird, einschließlich des Einsatzes der hierfür vorgesehenen öffentlichen Finanzmittel; vgl. auch *BVerwG*, B. v. 7. 11. 1996 – 4 B 170.96 – DVBl. 1997, 434 = UPR 1997, 106 – Sonderlandeplatz.

[374] Der Raumordnungsplan für das Landesgebiet nach § 8 ROG und die Pläne für Teilräume der Länder (Regionalpläne) nach § 9 ROG.

b) Raumbedeutsame Maßnahmen. Die Raumordnung kann ihre Wirkungen nur 220 für raumbedeutsame Planungen und Maßnahmen entfalten. Darunter sind nach § 3 Nr. 6 ROG Planungen einschließlich der Raumordnungspläne, Vorhaben und sonstige Maßnahmen zu verstehen, durch die Raum in Anspruch genommen oder die räumliche Entwicklung oder Funktion eines Gebietes beeinflusst wird, einschließlich des Einsatzes der hierfür vorgesehenen öffentlichen Finanzmittel. Die Raumbedeutsamkeit von Planungen und Maßnahmen ist jeweils bereichsspezifisch festzulegen. Für Schutzgebiete beginnt die Raumbedeutsamkeit in der Regel erst bei einer Flächenausdehnung von 10 ha; bei Eignungsgebieten für Windenergieanlagen ist demgegenüber im Einzelfall zu entscheiden. Der Detaillierungsgrad von Gebietsfestsetzungen muss zudem die kommunale Planungshoheit wahren. Bei der Begrenzung von Naturschutzgebieten kann eine parzellenscharfe Ausweisung in der Regionalplanung durchaus sachgerecht sein.

c) Ziele und Grundsätze der Raumordnung. Stärker als das frühere Recht unter- 221 scheidet das ROG zwischen **Zielen** und **Grundsätzen** der Raumordnung. Die bindenden Ziele der Raumordnung[375] enthalten verbindliche Vorgaben in Form von räumlich und sachlich bestimmten oder bestimmbaren, vom Träger der Landes- und Regionalplanung abschließend abgewogene textliche oder zeichnerische Festlegungen in Raumordnungsplänen zur Entwicklung, Ordnung und Sicherung des Raums (§ 3 Nr. 2 ROG). Die der gemeindlichen Abwägung zugänglichen Grundsätze der Raumordnung beinhalten demgegenüber allgemeine Aussagen zur Entwicklung, Ordnung und Sicherung des Raums in oder aufgrund von § 2 ROG als Vorgaben für nachfolgende Abwägungs- oder Ermessensentscheidungen (§ 3 Nr. 3 BROG). Ziele der Raumordnung sind von öffentlichen Stellen bei ihren raumbedeutsamen Planungen und Maßnahmen zu beachten (§ 4 ROG). Dieser Zielbindungsgrundsatz[376] ist auch in dem Anpassungsgebot des § 1 IV BauGB niedergelegt.[377] Die Grundsätze und sonstigen Erfordernisse der Raumordnung sind demgegenüber von öffentlichen Stellen bei raumbedeutsamen Planungen und Maßnahmen in die Abwägung einzustellen und daher durch Abwägung überwindbar (§ 4 II ROG).

Ziele der Raumordnung entfalten nach § 4 I ROG bei folgenden raumbedeutsamen 222 Planungen und Maßnahmen (§ 3 Nr. 6 ROG) eine **strikte Bindungswirkung**:
– Raumbedeutsame Planungen und Maßnahmen öffentlicher Stellen,
– Genehmigungen, Planfeststellungen und sonstige behördliche Entscheidungen über die Zulässigkeit raumbedeutsamer Maßnahmen öffentlicher Stellen,
– Planfeststellungen und Plangenehmigungen mit der Rechtswirkung der Planfeststellung über die Zulässigkeit raumbedeutsamer Maßnahmen von Personen des Privatrechts,
– Raumbedeutsame Planungen und Maßnahmen von Personen des Privatrechts, die diese in Wahrnehmung öffentlicher Aufgaben durchführen; Voraussetzung ist, dass öffentliche Stellen an den Personen mehrheitlich beteiligt sind oder die Planungen und Maßnahmen überwiegend mit öffentlichen Mitteln finanziert werden (§ 4 III ROG).

Ein Bebauungsplan, der einem Ziel der Regionalplanung widerspricht, verletzt das 223 Anpassungsgebot des § 1 IV BauGB[378] auch dann, wenn er aus den Darstellungen eines Flächennutzungsplans entwickelt worden ist. Der Regionalplanung ist es verwehrt, im Gewande überörtlicher Gesamtplanung Regelungen einer Natur- oder Landschaftsschutzverordnung durch eigene Zielfestlegung zu ersetzen. Eine Straßenplanung durch

---

[375] *BVerwG*, Urt. v. 11. 2. 1993 – 4 C 15.92 – DVBl. 1993, 914 = *Hoppe/Stüer* RzB Rdn. 128.
[376] *Hoppe* in: *Hoppe/Bönker/Grotefels*, ÖffBauR § 8 Rdn. 84; *Dyong* in: Ernst/Zinkahn/Bielenberg/Krautzberger, Rdn. 98 zu § 35 BauGB.
[377] *Hoppe* in: *Hoppe/Bönker/Grotefels* § 5 Rdn. 7.
[378] *BVerwG*, Urt. v. 1. 8. 2002 – 4 C 5.01 – BVerwGE 117, 25 = DVBl. 2003, 62 = NVwZ 2003, 86 – FOC Zweibrücken; Urt. v. 17. 9. 2003 – 4 C 14.01 – BVerwGE 119, 25 = DVBl. 2004, 239 = NVwZ 2004, 220 – Mühlheim-Kärlich.

Bebauungsplan verletzt das Anpassungsgebot des § 1 IV BauGB, wenn die planerische Gesamtkonzeption einem Ziel der Regionalplanung widerspricht. Naturschutzrechtliche Ausgleichs- und Ersatzmaßnahmen können ein geeignetes Mittel sein, um die Zielkonformität zu sichern.[379]

224 Auch landesplanerische Aussagen, die eine **Regel-Ausnahme-Struktur** aufweisen, können die Merkmale eines Ziels der Raumordnung erfüllen, wenn der Planungsträger neben den Regel- auch die Ausnahmevoraussetzungen mit hinreichender tatbestandlicher Bestimmtheit oder doch wenigstens Bestimmbarkeit selbst festlegt. Verstöße gegen das Zielanpassungsgebot des § 1 IV BauGB gehören zu den Mängeln, die in einem ergänzenden Verfahren nach § 214 IV BauGB ausgeräumt werden können.[380]

225 Eine Gemeinde ist erneut anzuhören, wenn nachträglich Änderungen beschlossen werden, die sich auf den Umfang ihrer Zielbindung auswirken.[381] Auch wenn im Laufe der Zielaufstellung nach Durchführung eines Beteiligungsverfahrens neue Anpassungspflichten begründet werden, ist eine Anhörung der hiervon betroffenen Gemeinden unverzichtbar.[382]

226 **Ziele der Raumordnung** sind Rechtsvorschriften im Sinne des § 47 I Nr. 2 VwGO, die unabhängig davon der Normenkontrolle unterliegen, welche Rechtsform der Landesgesetzgeber für den Raumordnungsplan vorsieht, in dem sie enthalten sind.[383] Der Bundesgesetzgeber definiert Zielfestlegungen in § 3 Nr. 2 ROG einheitlich für die Raumordnung im Bund und in den Ländern als verbindliche Vorgaben in Form von räumlich und sachlich bestimmten oder bestimmbaren, vom Träger der Landes- oder Regionalplanung abschließend abgewogenen textlichen oder zeichnerischen Festlegungen in Raumordnungsplänen zur Entwicklung, Ordnung und Sicherung des Raums, die nach § 4 I ROG von öffentlichen Stellen bei ihren raumbedeutsamen Planungen und Maßnahmen zu „beachten" sind und für Gemeinden nach § 1 IV BauGB eine Anpassungspflicht auslösen. Durch ihren Verbindlichkeitsanspruch heben sie sich deutlich von den Grundsätzen der Raumordnung ab, die nach § 3 Nr. 3 ROG als Vorgaben für nachfolgende Abwägungs- oder Ermessensentscheidungen zu dienen bestimmt sind. Mit dieser Zweiteilung stellt der Gesetzgeber klar, dass Ziele und Grundsätze der Raumordnung unterschiedlichen Normierungskategorien zuzuordnen sind. Den Zielen kommt die Funktion zu, räumlich und sachlich die zur Verwirklichung der Grundsätze der Raumordnung notwendigen Voraussetzungen zu schaffen. In ihnen spiegelt sich bereits eine Abwägung zwischen den durch die Grundsätze verkörperten unterschiedlichen raumordnerischen Belangen wider. Sie sind anders als die Grundsätze nicht bloß Maßstab, sondern als räumliche und sachliche Konkretisierung der Entwicklung und Sicherung des Planungsraums das Ergebnis landesplanerischer Abwägung. Einer weiteren Abwägung auf einer nachgeordneten Planungsstufe sind sie nicht zugänglich. Allerdings ist die Gemeinde berechtigt, die grobkörnigen Ziele der Raumordnung auf der weiteren Planungsstufe zu konkretisieren. Die Bindung an die Ziele eröffnet daher bei der Konkretisierung auf die konkretere Planungsstufe einen Spielraum, der allerdings die Zielvorgaben wahren muss und eine Abweichung außerhalb des Zielkorridors regelmäßig nicht gestattet.

227 Dagegen erschöpft sich die Bedeutung von **Grundsätzen** der Raumordnung darin, dass sie Belange bezeichnen, die in nachfolgenden Planungsentscheidungen als Abwägungsposten zu Buche schlagen. Im Gegensatz zu Zielen der Raumordnung äußert sich

---

[379] *BVerwG*, Urt. v. 30. 1. 2003 – 4 CN 14.01 – BVerwGE 117, 351 = DVBl. 2003, 733 = NVwZ 2003, 742 = NuR 2004, 158 mit Anmerkung *Hönig* – Regionaler Grünzug.
[380] *BVerwG*, Urt. v. 18. 9. 2003 – 4 CN 20.02 – DVBl. 2004, 251 = BauR 2004, 280 = NVwZ 2004, 226 = DVBl. 2004, 478 mit Anmerkung *Hoppe*.
[381] *BVerwG*, B. v. 7. 3. 2002 – 4 BN 60.01 – NVwZ 2002, 869 = DVBl. 2002, 1141.
[382] *BVerwG*, B. v. 17. 6. 2004 – 4 BN 5.04 – BauR 2005, 434 – Schönefeld.
[383] *BVerwG*, Urt. v. 20. 11. 2003 – 4 CN 6.03 – BVerwGE 119, 217 = DVBl. 2004, 629 = ZfBR 2004, 272 – Ziele der Regionalplanung.

ihre rechtliche Wirkung ebenso wie bei sonstigen Erfordernissen der Raumordnung im Sinne des § 3 Nr. 4 ROG, etwa den Ergebnissen eines Raumordnungsverfahrens,[384] nach § 4 II ROG lediglich darin, dass sie bei nachfolgenden Abwägungsentscheidungen nach Maßgabe der hierfür geltenden Vorschriften zu „berücksichtigen" sind. Welche Bedeutung und welches Gewicht ihnen hierbei zukommen, lässt sich nicht abstrakt im Voraus bestimmen. Ob sie sich im Rahmen der Bauleitplanung durchsetzen, hängt von der konkreten Planungssituation ab. Das Ergebnis der gemeindlichen Planung wird durch sie nicht vorgeprägt. Sie sind als einer von zahlreichen potentiellen öffentlichen Belangen Teil des jeweiligen Abwägungsmaterials. Soweit gewichtigere andere Belange dies rechtfertigen, sind sie im Wege der Abwägung überwindbar.[385]

In **Aufstellung** befindliche **Ziele der Raumordnung** können als öffentliche Belange auch einem privilegierten Vorhaben entgegenstehen. Dies setzt eine ausreichende „Verfestigung" dieser Ziele voraus, die vorliegt, wenn aufgrund des Verfahrensstandes und des Inhalts der Raumordnungsplanung hinreichend sicher zu erwarten ist, dass die Zielfestsetzung demnächst wirksam wird. Der Abwägungsprozess muss im Wesentlichen abgeschlossen sein und die Annahme rechtfertigen, dass es sich insgesamt um eine sachgerechte, dem Abwägungsgebot genügende Planung handelt und etwaige Fehler lediglich räumlich begrenzte Bereiche betreffen und die Ausgewogenheit der Planung insgesamt nicht in Frage stellen.[386]

In welchem **Umfang** die Raumordnung allerdings **Ziele** festlegen darf, ist im ROG nicht abschließend geregelt. Die Festlegung von Zielen muss zunächst dem Gegenstromprinzip des § 1 III ROG genügen. Danach soll sich die Entwicklung, Ordnung und Sicherung der Teilräume in die Gegebenheiten und Erfordernisse des Gesamtraumes einfügen. Die Entwicklung, Ordnung und Sicherung des Gesamtraums soll die Gegebenheiten und Erfordernisse seiner Teilräume berücksichtigen. Zu den zu berücksichtigenden Belangen zählen auch städtebauliche Belange und andere Interessen der kommunalen Selbstverwaltung, wie sie als Angelegenheiten der örtlichen Gemeinschaft in Art. 28 II 1 GG verfassungsrechtlich geschützt sind. Wie weit eine solche Berücksichtigung kommunaler Belange allerdings den Zielfindungsprozess einschränkt, ist im ROG nicht ausdrücklich dargestellt. Vor allem ist nicht ersichtlich, in welcher Regelungsdichte die Raumordnung einschließlich der Regionalplanung raumordnerische Aussagen zu verbindlichen Zielen erklären dürfen. Die Festlegung von Zielen der Raumordnung muss die verfassungsrechtlichen Vorgaben vor allem der **Selbstverwaltungsgarantie in Art. 28 II 2 GG** wahren. Formal ist die Zielbindung an eine **abschließende Abwägung** in der Landes- oder Regionalplanung geknüpft. Denn nach § 3 Nr. 2 ROG entfalten Ziele der Raumordnung nur Bindungswirkung, soweit sie von den Trägern der Landes- oder Regionalplanung abschließend abgewogen worden sind. Dies setzt formal eine entsprechende Ermittlung, Bewertung und Einstellung der Belange sowie eine Ausgleichsentscheidung voraus. Nur über diesen verfahrensmäßigen Weg kann eine abschließende Abwägung der betroffenen Belange erfolgen. Das Erfordernis einer abschließenden Abwägung hat aber auch inhaltliche Voraussetzungen. Die Abwägung muss die betroffenen Belange auch entsprechend ihrer Wertigkeit erfassen und berücksichtigen. Vorgaben der Raumordnung, die auch vor dem Hintergrund der Selbstverwaltungsgarantie nicht entsprechend gerechtfertigt sind, können eine Bindungswirkung nicht entfalten. Dies stellt an die Begründung der verbindlichen Vorgaben und an deren Überzeugungskraft nicht unerhebliche Anforderungen. Ziele der Raumordnung rechtfertigen sich daher nicht von

---

[384] *BVerwG*, B. v. 30. 8. 1995 – 4 B 86.95 – Buchholz 406.13 § 6a ROG a. F. Nr. 1.
[385] *BVerwG*, B. v. 17. 6. 2004 – 4 BN 5.04 – BauR 2005, 434 – Schönefeld, mit Hinweis auf B. v. 20. 8. 1992 – 4 NB 20.91 – BVerwGE 90, 329.
[386] *OVG Koblenz*, Urt. v. 8. 3. 2004 – 8 A 11520/03.OVG – NuR 2004, 465 – Ziele der Raumordnung für eine Windkraftanlage, im Anschluss an *BVerwG*, Urt. v. 13. 3. 2003 – 4 C 3.02 – BVerwGE 118, 33 = NVwZ 2003, 1261 = BauR 2003, 1172 – weiße Flächen.

selbst, sondern bedürfen einer Rechtfertigung, die durch eine abschließende Abwägung geleistet werden muss. Eine feste Zielbindung ist daher nur insoweit verfassungsrechtlich gerechtfertigt, als die Ziele sich im Hinblick auch auf gemeindliche Interessen als sachgerecht erweisen. Die Zielfestlegung darf aber nicht als probates Mittel der Regionalplanung genutzt werden, die gemeindliche Planungshoheit zu beeinträchtigen und in den nach Maßgabe des Gegenstromprinzips erforderlichen Gestaltungsraum der kommunalen Bauleitplanung unzulässig einzugreifen. Je mehr sich die Regionalplanung daher mit der Festlegung konkreter Ziele in die kommunale Entscheidungsverantwortung einmischt, umso höher sind die verfassungsrechtlichen Anforderungen, die einen solchen Eingriff legitimieren. Der Raumordnung sind daher Grenzen gesetzt, die sich bereits aus dem Gegenstromprinzip des § 1 III ROG ergeben und auf eine sachgerechte Berücksichtigung kommunaler Belange gerichtet sind.

230   Das ROG bestimmt Aufgabe, Leitvorstellung und Grundsätze der Raumordnung und verbindet sie untereinander zu einem System, in dessen Mittelpunkt eine **einheitliche Leitvorstellung** der **nachhaltigen Raumentwicklung** steht. Sie soll Handlungsmaxime bei Aufgabenerfüllung und Auslegungsmaxime bei der Anwendung der Grundsätze der Raumordnung sein. Öffentliche Stellen haben nach § 4 I ROG bei raumbedeutsamen Planungen und Maßnahmen die Ziele der Raumordnung zu beachten und die Grundsätze sowie die sonstigen Erfordernisse der Raumordnung zu berücksichtigen. Die Beachtenspflichten schließen es aus, Ziele der Raumordnung im Wege der Abwägung oder Ermessensentscheidung zu überwinden. Dagegen wird es regelmäßig zulässig oder sogar geboten sein, die Ziele der Raumordnung weiter zu **konkretisieren**. Juristische Personen des Privatrechts, die bestimmte öffentliche Aufgaben wahrnehmen, sollen insoweit den öffentlichen Stellen gleichgestellt werden (§ 4 III ROG). Die Vorschrift trägt dem Umstand Rechnung, dass zunehmend öffentliche Aufgaben privatisiert und damit der Zielbeachtungspflicht des § 4 I ROG entzogen werden. Dies gilt nach § 4 III ROG ausnahmsweise für solche juristischen Personen nicht, an denen öffentliche Stellen zu mehr als der Hälfte beteiligt sind oder deren konkrete Planung oder Maßnahme überwiegend mit Mitteln aus öffentlichen Haushalten finanziert wird. Dem liegt der Rechtsgedanke zugrunde, dass raumbedeutsame Planungen und Maßnahmen Privater nach wie vor wie öffentliche Planungen und Maßnahmen zu behandeln sind, wenn sie von privaten Unternehmen durchgeführt werden, die mehrheitlich von der öffentlichen Hand beherrscht werden, oder die Planungen oder Maßnahmen überwiegend mit öffentlichen Mitteln finanziert werden. In beiden Fällen hat die öffentliche Hand auf die Planungen oder Maßnahmen einen so bestimmenden Einfluss, dass sie ihr zugerechnet werden müssen und die raumordnerische Bindungswirkung sachgerecht erscheint. Hierzu zählen etwa der Schienenneu- und -ausbau der im Eigentum des Bundes stehenden Bahn AG (Art. 87 e III GG), die im Schienenausbauprogramm des Bundes durch Bundesgesetz festgestellt und aus dem Bundeshaushalt finanziert werden.[387]

231   § 4 IV ROG behandelt die **Bindungswirkungen** der Erfordernisse der Raumordnung bei raumbedeutsamen Planungen und Maßnahmen **Einzelner**, wie z. B. bei einer Kiesgewinnung. Gegenüber raumbedeutsamen Planungen und Maßnahmen Privater sind die Erfordernisse der Raumordnung einschließlich der Ziele der Raumordnung zu berücksichtigen, soweit die anzuwendenden Fachgesetze dafür Raum lassen. Grundsätzlich haben die Erfordernisse der Raumordnung gegenüber einzelnen keine unmittelbare Bindungswirkung. In den Fällen des § 4 IV ROG sind die Erfordernisse der Raumordnung einschließlich der Ziele der Raumordnung nach Maßgabe der für diese Entscheidungen geltenden Rechtsvorschriften aber mittelbar zu berücksichtigen, wenn diese Vorschriften z. B. die Berücksichtigung öffentlicher Belange vorsehen oder eine spezielle Raumordnungsklausel enthalten. Dies gilt etwa für die Raumordnungsklausel in § 35 IV 1 BauGB für Außenbereichsvorhaben. § 4 IV 2 ROG schließt eine Lücke, die durch die Aufnahme

---

[387] *Bundesregierung*, Gesetzentwurf zum BauROG, S. 81.

der öffentlich zugänglichen Abfallentsorgungsanlagen in § 38 BauGB entstanden war.[388] Mit der grundsätzlich mangelnden unmittelbaren Bindungswirkung der Raumordnung für den Bürger trägt das ROG dem Umstand Rechnung, dass es der Raumordnung nach der verfassungsrechtlichen Verteilung der Gesetzgebungskompetenzen verwehrt ist, unmittelbar auf die Nutzung des Grund und Bodens Einfluss zu nehmen. Ein nachteilig Betroffener kann Maßnahmen der Raumordnung nicht als solche beanspruchen oder bekämpfen, da durch sie eigene Rechtspositionen weder geschaffen noch entzogen werden. Das bedeutet aber nicht, dass er ihnen gegenüber schutzlos wäre. Knüpft das Recht, das die unmittelbare Bodennutzung regelt, tatbestandlich an das Raumordnungsrecht an, so hat sich die Prüfung, ob die Tatbestandsvoraussetzungen der einschlägigen Norm erfüllt sind, auch darauf zu erstrecken, ob die raumordnungsrechtlichen Vorgaben wirksam sind. Dabei ist zu untersuchen, ob es sich um bindende Ziele oder in der Abwägung überwindbare Grundsätze oder sonstige Erfordernisse der Raumordnung handelt (§ 3 Nr. 1 bis 4 ROG). Die Erfordernisse der Raumordnung müssen sich dabei jeweils auch vor dem Hintergrund der Eigentumsgarantie sowie anderer privater Interessen bis hin zu den rechtlich nicht geschützten Belangen rechtfertigen.[389]

In § 5 I ROG ist ein **Widerspruchsverfahren** des Bundes gegen Ziele der Raumordnung geregelt. In diesem Fall ist nach § 5 II ROG ein **Konsensfindungsverfahren** vorgesehen. Macht eine Stelle des Bundes oder eine Person des Privatrechts, die öffentliche Aufgaben wahrnimmt, öffentliche Belange gegen ein in Aufstellung befindliches Ziel der Raumordnung geltend, die nach § 5 III ROG zum Widerspruch berechtigen würden, sollen sich die Beteiligten innerhalb einer Frist von drei Monaten um eine einvernehmliche Lösung bemühen. Der einzelne Bürger, der sich durch die Erfordernisse der Raumordnung etwa über fachgesetzlich angeordnete Raumordnungsklauseln gebunden sieht, hat keinen Anspruch darauf, dass eine beteiligte öffentliche Stelle nach § 5 I ROG widerspricht.[390]

3. Stufensystem der raumrelevanten Planung

Die **räumliche Planung** gliedert sich in ein **Stufensystem**, das von der (Bundes-) Raumordnung über die Raumordnung der Länder, die Gebietsentwicklungsplanung bis zur gemeindlichen Bauleitplanung reicht, die wiederum im für das gesamte Gemeindegebiet geltenden Flächennutzungsplan und dem daraus zu entwickelnden Bebauungsplan ihren Ausdruck findet. Raumordnung ist dabei die zusammenfassende und übergeordnete Planung und Ordnung des Raumes.[391] Die Raumordnung der Länder ist die auf das Gebiet eines Landes bezogene übergeordnete und zusammenfassende Planung. Regional- oder Gebietsentwicklungsplanung erfasst als Bestandteil der Raumordnung der Länder eine Teilfläche eines Landes, die größer ist als eine der Bauleitplanung unterliegende Einheit. Eingebettet in diese überörtliche Gesamtplanung entfaltet sich die gemeindliche Bauleitplanung. Das gestufte System räumlicher Planung ist durch ein Zusammenwirken von Staat und kommunaler Selbstverwaltung gekennzeichnet.[392]

a) Raumordnung. Zum grundsätzlich staatlichen Verantwortungsbereich gehört die übergeordnete und rahmensetzende Raumordnung, die aus der staatlichen Gesamtsicht eine zusammenfassende räumliche Ordnung von Bund und Ländern beinhaltet und durch Großräumigkeit und Weitmaschigkeit gekennzeichnet ist. Bei aller im Blick auf die Bindungswirkungen notwendigen Konkretisierung, Klarheit und Verständlichkeit und bei aller Anerkennung eines wachsenden landesplanerischen Gestaltungswillens, der

---

[388] *Bundesregierung*, Gesetzentwurf zum BauROG, S. 82.
[389] *BVerwG*, B. v. 7. 11. 1996 – 4 B 170.96 – DVBl. 1997, 434 = UPR 1997, 106 – Sonderlandeplatz.
[390] *BVerwG*, B. v. 7. 11. 1996 – 4 B 170.96 – DVBl. 1997, 434 = UPR 1997, 106 – Sonderlandeplatz.
[391] *BVerfG*, E. v. 16. 6. 1954 – 1 PBvV 2/52 – BVerfGE 3, 407 = *Hoppe/Stüer* RzB Rdn. 1 – Gutachten Bodenrecht.
[392] *Stüer* Funktionalreform und kommunale Selbstverwaltung 1980, 262.

besonders durch Landesentwicklungsprogramme und -pläne deutlich wird, darf die staatliche Raumordnung nicht den Charakter einer Detailplanung mit parzellenscharfer Ausweisung annehmen und damit die Ortsplanung zur weisungsgebundenen Vollzugsinstanz degradieren.[393] Die staatliche Planung hat daher durch eine mehr globale Steuerung, die noch kommunalen Alternativplanungen und Eigenvorstellungen Raum lässt, ausreichende Handlungsspielräume zu eröffnen und dadurch Übergriffe in die kommunale Entscheidungsfreiheit zu verhindern. Eine so verstandene rahmensetzende Raumordnung, die mehr durch Leitlinien und Negativplanungen als durch positive Planungsgebote gekennzeichnet ist, gehört zum staatlichen Verantwortungsbereich. Sie gerät in die gemeinsame Verantwortung von Staat und kommunaler Selbstverwaltung, je weitergehende Vorgaben sie für die kommunale Planung enthält und je verbindlichere Festlegungen sie für die kommunale Eigenentwicklung bereithält.[394]

235 **b) Kommunale Bauleitplanung.** In die großräumige staatliche Raumordnung des Bundes und der Länder ist die kommunale Bauleitplanung eingebunden, die grundsätzlich zum gemeindlichen Aufgabenkreis gehört und den Gemeinden jedenfalls nicht vollständig entzogen werden darf. Die ortsbezogene Bauleitplanung, die sowohl die vorbereitende Flächennutzungsplanung als auch die verbindliche Festsetzungen enthaltende Bebauungsplanung umfasst, ist daher – bei aller Einbindung in die übergeordnete staatliche Planung durch Anpassungspflichten und Genehmigungsvorbehalte – Bestandteil des kommunalen Verantwortungsbereichs.[395]

236 **c) Regionalplanung.** In einer Übergangszone zwischen der staatlichen Raumordnung und der kommunalen Bauleitplanung befindet sich die Regionalplanung, die eine planerische Zusammenfassung in sich geschlossener oder zusammenhängender regionaler Planungs- und Wirtschaftsräume enthält und – was ihren materiellen Aufgabencharakter angeht – sowohl staatliche als auch kommunale Elemente aufweist. Sie steht im Schnittpunkt von staatlicher Planung und Impulsen der kommunalen Selbstverwaltung und bildet damit einen Bestandteil der kondominalen Aufgaben, für die eine gemeinsame Verantwortung von Staat und kommunaler Selbstverwaltung besteht.[396] Die Regionalplanung wird zum Teil in staatlicher, zum Teil in kommunaler Trägerschaft wahrgenommen und hat in dieser Reibungszone von Raumordnung und kommunaler Bauleitplanung sowohl übergeordnete Landesinteressen als auch Belange der kommunalen Selbstverwaltung zu berücksichtigen. § 9 IV ROG bestimmt dazu, dass die Gemeinden und Gemeindeverbände oder deren Zusammenschlüsse in einem förmlichen Verfahren zu beteiligen sind, so weit die Regionalplanung nicht durch Zusammenschlüsse von Gemeinden und Gemeindeverbänden zu regionalen Planungsgemeinschaften erfolgt.

---

[393] *Stern/Burmeister* Die Verfassungsmäßigkeit eines landesrechtlichen Planungsgebotes für Gemeinden 1975, 30.
[394] Zur Raumordnung als Vorgabe für die kommunale Bauleitplanung BVerwG, Urt. v. 20. 5. 1958 – 1 C 193.57 – BVerwGE 6, 342 – Krabbenkamp I; Urt. v. 3. 2. 1984 – 4 C 54.80 – BVerwGE 68, 342 = NJW 1984, 1768 = *Hoppe/Stüer* RzB Rdn. 940 – Verbrauchermarkt; Urt. v. 12. 7. 1985 – 4 C 40.83 – BVerwGE 72, 15 = NVwZ 1985, 736 = *Hoppe/Stüer* RzB Rdn. 1251 – Rhein-Main-Donaukanal; Urt. v. 5. 12. 1986 – 4 C 13.85 – BVerwGE 75, 214 = NVwZ 1987, 578 = *Hoppe/Stüer* RzB Rdn. 191 – Erdinger Moos; B. v. 19. 1. 1988 – 4 B 2.88 – NVwZ 1989, 49 = UPR 1988, 265 = *Hoppe/Stüer* RzB Rdn. 451 – Abgrabung LandschaftsschutzVO; B. v. 9. 9. 1988 – 4 B 37.88 – BVerwGE 80, 201 = NVwZ 1989, 864 = *Hoppe/Stüer* RzB Rdn. 30 – Raumordnungsverfahren Freileitung; Urt. v. 20. 10. 1989 – 4 C 12.87 – BVerwGE 84, 31 = NJW 1990, 925 = DVBl. 1990, 419 = *Hoppe/Stüer* RzB Rdn. 216 – Eichenwäldchen.
[395] *Hoppe* in: *Hoppe/Bönker/Grotefels* § 5 Rdn. 11.
[396] *Schmidt-Aßmann* AöR 101 (1975), 520; *Schröder* Die Verwaltung 12 (1979), 1; zur grenzüberschreitenden Regionalplanung *Hoppe/Appold* Juristische Möglichkeiten für eine gemeinsame grenzüberschreitende Regionalplanung 1993.

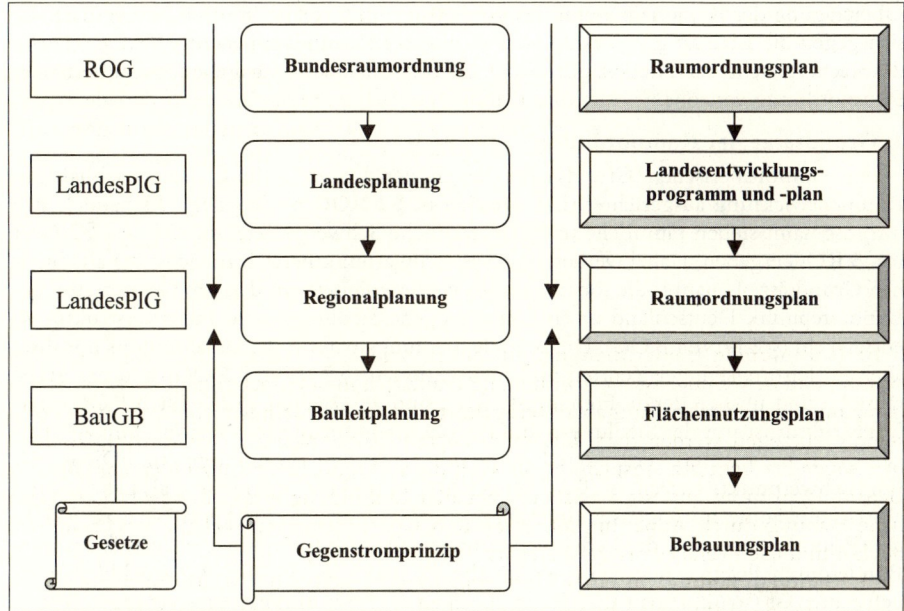

Wegen dieser **Ausgleichsfunktion** zwischen hochstufiger Raumordnung und kommunaler Bauleitplanung sollte die Regionalplanung etwa die Mitte halten zwischen der übergeordneten, mehr abstrakten Aufstellung von Landesentwicklungsplänen und Landesentwicklungsprogrammen einerseits und der ganz konkreten Bauleitplanung andererseits. Die raumnahe Gestaltungsverantwortung, die in den Kommunen ihren Sitz hat, sollte sich in der Regionalplanung mit der gebietlich übergreifenden Gestaltungsverantwortung in einem **Gegenstromverfahren** verbinden.

d) **Klage und Beteiligungsrechte der Träger kommunaler Bauleitplanung.** Unabhängig von den Berührungspunkten über die Regionalplanung nehmen die Verflechtungen zwischen höher stufiger Raumordnung und kommunaler Bauleitplanung wegen der wachsenden Bedeutung landesplanerischer Regelungen ständig zu,[397] so dass die gesamte raumrelevante Planung bereits als Gemeinschaftsaufgabe von Staat und kommunaler Selbstverwaltung bezeichnet wird, in der sich die unterschiedlichen Interessen in einem **Gegenstromprinzip** begegnen und ausgleichen.[398] Als Folge dieser zunehmend dichter werdenden Verknüpfung haben Rechtsprechung und Literatur vier Leitlinien entwickelt, die an die gemeindliche Planungshoheit anknüpfen und Ausdruck kondominaler Planungsverantwortung sind:
– Gemeindliche Klagerechte bei Angriffen auf die Planungshoheit durch **höherstufige Planungen**,[399]
– Interkommunale planungsrechtliche **Gemeindenachbarklage**,[400]
– **Gemeindliche Mitwirkungsrechte** bei höherstufigen Planungsentscheidungen,
– Beteiligung der **kommunalen Spitzenverbände** bei Gesetzgebungsverfahren und höherstufigen Planungsentscheidungen.[401]

Ob die Träger der Regionalplanung ihrerseits **Klagerechte** gegen Bauleitpläne oder Einzelgenehmigungen haben, bestimmt das jeweilige Landesrecht. So ist etwa mit der

---

[397] *Badura* FS Weber, 1974, 911.
[398] *Löwer* JuS 1975, 779; *Depenbrock* DVBl. 1977, 14.
[399] BVerwG, Urt. v. 19. 3. 1976 – 7 C 71.72 – NJW 1976, 2175 = JuS 1977, 117.
[400] Zur interkommunalen Abstimmung s. Rdn. 206.
[401] *Blümel* VVDStRL 36 (1978), 171 232.

Übertragung der Regionalplanung auf die Region Stuttgart nicht das Recht verbunden, sich gegen die Erteilung von Baugenehmigungen für ein Vorhaben zur Wehr zu setzen, das nach Ansicht der Region gegen die im Regionalplan enthaltenen Grundsätze der Raumordnung verstößt.[402]

4. Grundsätze der Raumordnung

240 Die raumordnerischen Grundsätze, die an der Leitvorstellung einer nachhaltigen Raumentwicklung ausgerichtet sind, werden in **§ 2 ROG** niedergelegt. Es handelt sich um insgesamt sieben räumliche und acht fachliche Schwerpunkte, die sich aus § 2 Nr. 1 bis 15 ROG ergeben. Dabei werden in jedem Schwerpunktbereich zunächst die allgemeinen Grundsätze benannt, die sodann jeweils weiter erläutert werden: Im Gesamtraum der Bundesrepublik Deutschland ist eine ausgewogene Siedlungs- und Freiraumstruktur zu entwickeln (§ 2 II Nr. 1 ROG). Die zentrale Siedlungsstruktur des Gesamtraums mit ihrer Vielzahl leistungsfähiger Zentren und Stadtregionen (§ 2 II Nr. 2 ROG) und die großräumige und übergreifende Freiraumstruktur sind zu erhalten (§ 2 II Nr. 3 ROG). Die Infrastruktur ist mit der Siedlungs- und Freiraumstruktur in Übereinstimmung zu bringen (§ 2 II Nr. 4 ROG). Verdichtete Räume sind als Wohn-, Produktions- und Dienstleistungsschwerpunkte zu sichern (§ 2 II Nr. 5 ROG). Ländliche Räume sind als Lebens- und Wirtschaftsräume mit eigenständiger Bedeutung zu entwickeln (§ 2 II Nr. 6 ROG). In den Räumen, in denen die Lebensbedingungen in ihrer Gesamtheit im Verhältnis zum Bundesdurchschnitt wesentlich zurückgeblieben sind oder ein solches Zurückbleiben zu befürchten ist (strukturschwache Räume), sind die Entwicklungsvoraussetzungen bevorzugt zu verbessern (§ 2 II Nr. 7 ROG). Natur und Landschaft einschließlich Gewässer und Wald sind zu schützen, zu pflegen und zu entwickeln (§ 2 II Nr. 8 ROG). Zu einer räumlich ausgewogenen, langfristig wettbewerbsfähigen Wirtschaftsstruktur sowie zu einem ausreichenden und vielfältigen Angebot an Arbeits- und Ausbildungsplätzen ist beizutragen (§ 2 II Nr. 9 ROG). Es sind die räumlichen Voraussetzungen dafür zu schaffen oder zu sichern, dass die Landwirtschaft als bäuerlich strukturierter, leistungsfähiger Wirtschaftszweig sich dem Wettbewerb entsprechend entwickeln kann und gemeinsam mit einer leistungsfähigen, nachhaltigen Forstwirtschaft dazu beiträgt, die natürlichen Lebensgrundlagen zu schützen sowie Natur und Landschaft zu pflegen und zu gestalten (§ 2 II Nr. 10 ROG). Dem Wohnbedarf der Bevölkerung ist Rechnung zu tragen (§ 2 II Nr. 11 ROG). Eine gute Erreichbarkeit aller Teilräume untereinander durch Personen- und Güterverkehr ist sicherzustellen (§ 2 II Nr. 12 ROG). Die geschichtlichen und kulturellen Zusammenhänge sowie die regionale Zusammengehörigkeit sind zu wahren (§ 2 II Nr. 13 ROG). Für Erholung in Natur und Landschaft sowie für Freizeit und Sport sind geeignete Gebiete und Standorte zu sichern (§ 2 II Nr. 14 ROG). Den räumlichen Erfordernissen der zivilen und militärischen Verteidigung ist Rechnung zu tragen (§ 2 II Nr. 15 ROG). Die Länder können weitere Grundsätze der Raumordnung aufstellen, soweit diese den Grundsätzen, Aufgaben und Leitvorstellungen in den §§ 1, 2 ROG nicht widersprechen.

241 Auch bei der Raumordnung ist dem Wohnbedarf der Bevölkerung Rechnung zu tragen. Bereits durch das InvWoBauLG 1993[403] wurde die Berücksichtigung eines „drin-

---

[402] *VGH Mannheim*, B. v. 19. 6. 1998 – 8 S 1093/98 – ESVGH 48, 288 = VGHBW RSprDienst 1998, Beilage 8 B 1.
[403] *Blume* NVwZ 1993, 941; *Busse* BayVBl. 1993, 231; *Engel* UPR 1993, 209; *Erbguth* NVwZ 1993, 956; *Fachkommission „Städtebau" der ARGEBAU* Muster-Einführungserlass zum InvWoBaulG und zum BauGB-MaßnG 1993; *Gassner/Schmidt* NVwZ 1993, 946; *Grziwotz* DNotZ 1993, 488; *Hoffmann* LKV 1993, 281; *Hoppe* FS *Stree/Wessels* 1993, 1135; *ders.* DVBl. 1993, 681; *ders.* StuGR 1994, 332; *Hoppe/Erbguth* DVBl. 1983, 1213; *Klett/Gerhold* NuR 1993, 421; *Koch* BBauBl. 1993, 410; *Krautzberger* FWW 1993, 26; *ders.* StuGR 1993, 200; *ders.* UPR 1993, 201; *ders.* NVwZ 1993, 520; *Krautzberger/Runkel* DVBl. 1993, 453; *Leisner* NVwZ 1993, 935; *Lenz* BauR 1993, 513; *Lüers* LKV 1993, 185; *ders.* ZfG 1993, 225; *Moormann* UPR 1993, 286; *Müllmann* DVBl. 1993, 637; *Neuhausen* BauGB-MaßnG mit InvWoBaulG

genden Wohnbedarfs der Bevölkerung" als Grundsatz der Raumordnung aufgenommen. Die Eigenentwicklung der Gemeinden bei der Wohnraumversorgung ihrer Bevölkerung ist zu gewährleisten. Bei der Festlegung von Gebieten, in denen Arbeitsplätze geschaffen werden sollen, ist der dadurch voraussichtlich ausgelöste Wohnbedarf zu berücksichtigen. Dabei ist auf eine funktional sinnvolle Zuordnung dieser Gebiete zu den Wohnungen hinzuwirken (§ 2 I Nr. 11 ROG). Die Vorschrift will eine sinnvolle Zuordnung von Wohn- und Arbeitsstätten sicherstellen und gewährleisten, dass bei der Ausweisung von neuen Gewerbe- und Industriegebieten bereits auf der Ebene der Raumordnung den Belangen der ausreichenden Wohnraumversorgung Rechnung getragen wird. Die Regelung zielt damit auf eine verstärkte Zusammenarbeit von Kernstädten mit den Umlandgemeinden ab.[404]

5. Raumordnung in den Ländern

Der **Abschnitt 2** mit den rahmenrechtlichen Regelungen behandelt u. a. Inhalt, Verfahren und Abwägung bei Raumordnungsplänen, Regionalplänen, regionale Flächennutzungspläne, den Grundsatz der Planerhaltung, Zielabweichung, Untersagung und Planverwirklichung, Raumordnungsverfahren sowie grenzüberschreitende Abstimmungen und den Erlass von Rechtsverordnungen. § 6 ROG stellt dabei klar, dass die §§ 7 bis 16 ROG keine unmittelbar gegenüber dem Bürger oder öffentlichen Stellen geltenden Vorschriften enthalten, sondern sich als Rahmenrecht ausschließlich an den Landesgesetzgeber richten. Diesen bleibt es unbenommen, weitergehende und ins Einzelne gehende Vorschriften zu erlassen, soweit sich aus den Vorschriften des Abschnitts 2 nichts anderes ergibt.[405]

a) **Instrumente der Landesplanung.** Die Länder nutzen zur Umsetzung der Grundsätze und Ziele der Raumordnung traditionell das **Landesplanungsgesetz, Landesentwicklungsprogramme** und **Landesentwicklungspläne**. Das Landesentwicklungsprogramm enthält zumeist allgemeine Grundsätze der Raumordnung für die Gesamtentwicklung des Landes und für alle raumbedeutsamen Planungen und Maßnahmen einschließlich der raumwirksamen Investitionen (vgl. etwa § 12 LPlG NRW). Die Landesentwicklungspläne legen auf der Grundlage des Landesentwicklungsprogramms die Grundsätze der Raumordnung für die Gesamtentwicklung des Landes fest. Die Landesentwicklungspläne bestehen zumeist aus textlichen oder zeichnerischen Darstellungen oder einer Verbindung von textlichem und zeichnerischem Teil. Die Landesplanung entwickelt traditionell ein System der **zentralörtlichen Gliederung** sowie der **Entwicklungsschwerpunkte** und **Entwicklungsachsen**.[406] Die städtebauliche Entwicklung soll auf die Siedlungsschwerpunkte in den Gemeinden ausgerichtet werden (vgl. etwa § 6 LEProG NRW). Es sind dies solche Standorte, die sich für ein räumlich gebündeltes Angebot von öffentlichen und privaten Einrichtungen der Versorgung, der Bildung und Kultur, der sozialen und medizinischen Betreuung, des Sports und der Freizeitgestaltung eignen. Dabei soll eine angemessene Erreichbarkeit dieser Einrichtungen für die Bevölkerung gewährleistet werden. Die siedlungsräumliche Schwerpunktbildung von Wohnungen und Arbeitsstätten i. V. mit zentralörtlichen Einrichtungen soll im Rahmen der zentralörtlichen Gliederung erreicht werden (vgl. etwa § 7 LEProG NRW). Auch die funktionsgerechte und umweltverträgliche Einbindung Ver- und Entsorgungseinrich-

---

1993; *Runkel* UPR 1993, 203; *ders.* BuW 1993, 301; *Schmidt-Preuß* Die Verwaltung 1993, 489; *Schneider* DVBl. 1994, 685; *Schröder* Nachtrag zum InvWoBaulG 1994; *Simon* FWW 1993, 205; *Thoma* BayVBl. 1994, 137; *Uechtritz* DVBl. 1993, 181.
[404] *Krautzberger/Runkel* DVBl. 1993, 453.
[405] *Bundesregierung*, Gesetzentwurf zum BauROG, S. 83.
[406] *Bielenberg/Erbguth/Söfker* Raumordnungs- und Landesplanungsrecht des Bundes und der Länder.

tungen sowie der Verkehrseinrichtungen und -leistungen soll mit diesem Zentren- und Achsensystem harmonieren.

244 Nach der unterschiedlichen **Art und Dichte der Besiedlung** und den sich daraus ergebenden **Planungsaufgaben** kann das Landesgebiet in **Verdichtungsgebiete** (Ballungskern, Ballungsrandzone, Solitäre Verdichtungsgebiete) sowie in Gebiete mit überwiegend **ländlicher Raumstruktur** eingeteilt werden (vgl. etwa § 21 I LEProG NRW). Das Prinzip der zentralörtlichen Gliederung geht von einer Stufung in Ober- oder Großzentren, Mittelzentren und Grundzentren aus. Der Nahbereich um ein Zentrum deckt dabei die Grundversorgung. Der Mittelbereich um jedes Mittel- und Oberzentrum deckt den gehobenen Bedarf. Der Oberbereich um das Oberzentrum deckt den spezialisierten, höheren Bedarf. Diese Stufenfolge der zentralörtlichen Gliederung kann ggf. aus siedlungsstrukturellen, versorgungstechnischen oder landesentwicklungspolitischen Gründen durch Zwischenstufen ergänzt werden (vgl. etwa § 22 III LEProG NRW). Die landesplanerische Einstufung als Grund-, Mittel- oder Oberzentrum setzt jeweils eine entsprechende Bevölkerung und zentralörtliche Einrichtungen voraus. Ausgehend von der zentralörtlichen Gliederung wird die Gesamtentwicklung des Landes auf ein System von Entwicklungsschwerpunkten und Entwicklungsachsen ausgerichtet (vgl. etwa § 23 LEProG NRW). Als Entwicklungsschwerpunkte gelten Räume, in denen die Standortvoraussetzungen für eine bevorzugte Förderung der Konzentration von Wohnungen und Arbeitsstätten i.V. mit zentralörtlichen Einrichtungen gegeben sind. Die Entwicklungsachsen stellen das Grundgefüge der räumlichen Verflechtung dar, nach dem sich Art, Leistungsfähigkeit und räumliche Bündelung der Verkehrswege und Versorgungsleitungen richten sollen. Aus diesen allgemeinen Zielen der Raumordnung für die räumliche Struktur des Landes leiten sich Konsequenzen für Städtebau und Wohnungswesen, die gewerbliche Wirtschaft, die Energiewirtschaft, die Landwirtschaft und Forstwirtschaft, für Verkehr und Leitungswege, für Erholung, Fremdenverkehr und Sportanlagen, für Bildungswesen, Gesundheitswesen, Sozialhilfe und Jugendhilfe, für Naturschutz und Landschaftspflege, für Wasserwirtschaft, Abfallentsorgung und den gebietsbezogenen Immissionsschutz ab.[407]

245 **b) Kerninhalte der Raumordnungspläne.** In § 7 ROG werden die Kerninhalte von **Raumordnungsplänen** in den Bereichen Siedlungs-, Freiraum- und Infrastruktur benannt und durch Beispiele verdeutlicht. Damit wird den Ländern eine klare Vorgabe für ihre gesetzlichen Regelungen an die Hand gegeben (§ 6 ROG).[408] § 7 II 1 ROG beschreibt in seinen drei Nummern die wichtigsten Inhaltsbereiche von Raumordnungsplänen (Kerninhalte). Diese werden jeweils durch Beispiele erläutert. In den Raumordnungsplänen werden auch die Ziele der Raumordnung festgelegt (§ 3 Nr. 2 ROG). Die Raumordnungspläne haben daher eine nicht zu unterschätzende Bedeutung als zentrales Steuerungsmittel, Ziele der Raumordnung festzulegen und damit die entsprechenden Bindungswirkungen für öffentliche Stellen und für Personen des Privatrechts nach Maßgabe der §§ 4, 5 ROG i. S. von strikten Beachtenspflichten auszulösen. Die zentralörtliche Siedlungsstruktur wird dabei durch Freiraumstrukturen und Verkehrs- sowie Ver- und Entsorgungsstrukturen ergänzt. Dadurch sollen einerseits die wichtigsten Festlegungsbereiche bestimmt, andererseits aber den Ländern ausreichend Gestaltungsraum belassen werden, um zu regeln, mit welchen Festlegungen sie diese Strukturen ausfüllen wollen. Die Kerninhalte betreffen die Siedlungs-, Freiraum- und Infrastruktur und orientieren sich an der insbesondere in Regionalplänen üblichen Gliederung. Die jeweils genannten Beispiele für die anzustrebende räumliche Struktur enthalten die in den Ländern gebräuchlichsten Festlegungen. So können die Raumkategorien verdichtete oder

---

[407] Vgl. zu Einzelheiten etwa §§ 24 bis 35 LEProG NRW; vgl. zu den Instrumenten der Raumordnung *Grotefels* in: *Hoppe/Bönker/Grotefels* § 4 Rdn. 1 ff.
[408] Zur Aussagekraft und Bindungswirkung der Raumordnungspläne *BVerwG*, B. v. 7. 11. 1996 – 4 B 170.96 – DVBl. 1997, 434 = UPR 1997, 106 – Sonderlandeplatz.

ländliche Räume betreffen. Die zentralen Orte sind in den Ländern regelmäßig nach einem dreistufigen System von Ober-, Mittel- und Grundzentren gegliedert. Die besonderen Gemeindefunktionen wie Entwicklungsschwerpunkte und Entlastungsorte sollen die Siedlungsentwicklung steuern helfen. Die Siedlungsentwicklungen schließen häufig auch die überwiegende Art der Nutzung ein. Die Achsen sind häufig als Siedlungsentwicklungsachsen ausgestaltet. Hinsichtlich der anzustrebenden Freiraumstruktur sind beispielsweise die großräumig übergreifenden Freiräume genannt, die künftig verstärkt in Raumordnungsplänen festgelegt werden sollen. Der Freiraumschutz betrifft neben ökologischen Schutzaufgaben auch regionale Grünzüge oder Wasserversorgungsgebiete. Unter „Nutzungen im Freiraum" sind neben der Naherholung auch Gebiete für die vorsorgende Sicherung sowie die geordnete Aufsuchung und Gewinnung von standortgebundenen Rohstoffen (§ 2 II Nr. 9 ROG) oder die Nutzung regenerativer Energien zu verstehen. Die Sanierung und Entwicklung von Raumfunktionen sollen in erster Linie solche Gebiete betreffen, die nach Beendigung einer bestimmten Nutzung brach gefallen sind und nun einer neuen Nutzung oder Funktion zugeführt werden sollen. Die hinsichtlich von Standorten und Trassen für Infrastruktur beispielhaft genannten Umschlaganlagen von Gütern betreffen Güterverkehrszentren. Unter Ver- und Entsorgungsinfrastruktur sind auch die standortgebundenen Anlagen der Abwasser- und Abfallbeseitigung zu verstehen. Durch die Hochwasserschutznovelle 2004 sind als Festlegung der anzustrebenden Freiraumstruktur auch Freiräume zur Gewährleistung des vorbeugenden Hochwasserschutzes benannt worden (§ 7 II Nr. 2 d ROG). Hierdurch soll die Raumordnung zugleich den Belangen des vorbeugenden Hochwasserschutzes und den Maßnahmen der Schadensbegrenzung Rechnung tragen.[409]

c) Naturschutz. § 7 II 2 ROG stellt klar, dass den Raumfunktionen und Raumnutzungen nach § 7 II 1 Nr. 2 ROG auch **Ausgleichsfunktionen** für zu erwartende Eingriffe in Natur und Landschaft an anderer Stelle im Plangebiet zugewiesen werden können. Hierdurch soll dem Umstand Rechnung getragen werden, dass die naturschutzrechtliche Eingriffs- und Ausgleichsproblematik auch im regionalen Maßstab auf der Grundlage gesamträumlicher Vernetzungskonzepte behandelt werden kann. Die Umsetzung der Regelungen kann dabei auch im Rahmen vertraglicher Grundlagen erfolgen.[410] § 7 III ROG trägt dem Integrationsanspruch räumlicher Planung Rechnung. In die Raumordnungspläne sind daher die Aussagen der Fachpläne mit ihren raumbedeutsamen Aussagen zu integrieren. Die Aussagen der Fachpläne müssen allerdings zur Aufnahme in Raumordnungspläne geeignet sein und durch Ziele oder Grundsätze der Raumordnung gesichert werden können. Die Aufnahme dieser Aussagen als Festlegungen in Raumordnungsplänen erfolgt allerdings ausschließlich nach Abwägungsgrundsätzen. § 7 III 2 ROG nennt in seiner Aufzählung die wichtigsten bundesrechtlichen Fachplanungen, die auf eine Integration in Raumordnungspläne angewiesen sind. Es sind dies neben den Darstellungen in Fachplänen des Verkehrsrechts sowie des Wasser- und Immissionsschutzrechts insbesondere (1) die Landschaftsprogramme und Landschaftsrahmenpläne, (2) forstliche Rahmenpläne sowie (3) Abfallwirtschaftspläne und (4) Planungen nach dem Gesetz über die Gemeinschaftsaufgabe „Verbesserung der Agrarstruktur und des Küstenschutzes". Durch die Hochwasserschutznovelle 2005 sind raumbedeutsame Erfordernisse und Maßnahmen des vorbeugenden Hochwasserschutzes nach den Vorschriften des WHG hinzugetreten (§ 7 III 2 Nr. 5 ROG). Hierdurch soll eine Harmonisierung mit den Anforderungen des vorbeugenden Hochwasserschutzes nach § 31a bis 31d WHG Rechnung getragen werden.[411]

d) Allgemeine Vorschriften über Raumordnungspläne. Die Raumordnungspläne sind für das Landesgebiet aufzustellen (§ 8 ROG). Durch rechtliche **Gebietstypen (Vor-**

---
[409] Zum Hochwasserschutz s. Rdn. 3450.
[410] *Bundesregierung*, Gesetzentwurf zum BauROG, S. 83.
[411] Zum Hochwasserschutz s. Rdn. 3450.

rang-,[412] **Vorbehalts-**[413] und **Eignungsgebiete**[414]) soll eine großräumige Steuerung von raumbedeutsamen Nutzungen des Freiraums, wie Kiesabbau und Naherholung, und von Raumfunktionen, wie zur Wasservorsorge, möglich werden (§ 7 IV ROG). Die Vorrang- und Eignungsgebiete, deren Festlegungen durch Abwägung nicht überwindbar sind und daher bindende Kraft haben, können dabei kombiniert werden. Die Vorranggebiete nach § 7 IV 1 Nr. 1 ROG bezwecken, raumbedeutsame Funktionen oder Nutzungen in dem Gebiet dadurch zu schützen, dass ihnen in den Grenzen des Gebietes ein Vorrang gegenüber mit ihnen nicht zu vereinbarenden raumbedeutsamen Nutzungen und Funktionen eingeräumt wird. Die Vorbehaltsgebiete nach § 7 IV 1 Nr. 2 ROG zielen auf nachfolgende Abwägungsentscheidungen in der Bauleitplanung oder aufgrund von Fachplanungsgesetzen ab. Bei Vorhabenentscheidungen und Planungen in dem Gebiet soll einer raumbedeutsamen Funktion oder Nutzung ein besonderes Gewicht beigemessen werden, wobei der Vorbehalt grundsätzlich durch Abwägung überwindbar bleibt. Die Vorbehaltsgebiete enthalten sozusagen Ausrufezeichen, die auf eine Berücksichtigung im nachfolgenden Planungs- und Zulassungsverfahren abzielen.[415] Diese Nachfolgeverfahren müssen sich vor allem darauf befragen lassen, ob sie die in der Raumordnung aufgeführten Belange bedacht und mit dem gebotenen Gewicht in die Entscheidung eingestellt haben. Es besteht aber insoweit ein Abwägungsspielraum für die kommunale Bauleitplanung.[416] Die Eignungsgebiete nach § 7 IV 1 Nr. 3 ROG sollen raumbedeutsame Maßnahmen (Vorhaben) im bauplanungsrechtlichen Außenbereich nach § 35 BauGB dadurch steuern, dass bestimmte Gebiete in einer Region für diese Maßnahmen als geeignet erklärt werden mit der Folge, dass diese raumbedeutsamen Maßnahmen außerhalb dieser Gebiete regelmäßig ausgeschlossen sind. Die Bindungswirkung richtet sich in diesen Fällen nach den §§ 4, 5 ROG ggf. i. V. mit der Raumordnungsklausel in § 35 III BauGB. Bauleitpläne sind an die Eignungsgebiete nach § 7 IV 1 Nr. 3 BauGB als Ziele der Raumordnung anzupassen. § 7 IV 2 ROG eröffnet den Ländern die Möglichkeit, raumbedeutsame Maßnahmen (Vorhaben) im bauplanungsrechtlichen Außenbereich auch durch einen innergebietlichen Vorrang verbunden mit einem regelmäßigen außergebietlichen Ausschluss zu steuern.[417]

248 Allerdings ist ein **ausreichender Gestaltungsspielraum** der **kommunalen Bauleitplanung** wichtig. Vor allem die Vorbehaltsgebiete beinhalten keine bindenden Zielvorgaben, sondern enthalten lediglich abwägungserhebliche Belange für den nachfolgenden Planungsträger. Die Regelungen in Vorbehaltsgebieten können daher nicht als verbindliche Vorgaben der Bauleitplanung angesehen werden. Zielvorgaben der Raumordnung dürfen auch nicht durch Blanketterklärungen festgelegt werden. Denn der Regionalplanung kommt eine verbindliche Wirkung nur dann zu, wenn sie sich auch vor dem Hintergrund der kommunalen Interessen rechtfertigt. Allein durch die Bezeichnung als Vorbehaltsgebiet oder als Eignungsgebiet kann eine Zielbindung nicht geschaffen werden. Es muss vielmehr der Inhalt das maßgebliche Kriterium sein.[418] Die Regelungen des

---

[412] Vorranggebiete sind für bestimmte raumbedeutsame Funktionen oder Nutzungen vorgesehen und schließen andere raumbedeutsame Nutzungen in diesem Gebiet, soweit diese mit den vorrangigen Funktionen, Nutzungen oder Zielen der Raumordnung nicht vereinbar sind, aus.

[413] In Vorbehaltsgebieten soll bestimmten raumbedeutsamen Funktionen oder Nutzungen bei der Abwägung mit konkurrierenden raumbedeutsamen Nutzungen besonderes Gewicht beigemessen werden.

[414] Die im Außenbereich nach § 35 BauGB gelegenen Ergänzungsgebiete sind für bestimmte, raumbedeutsame Maßnahmen geeignet. An anderer Stelle im Planungsraum sind die Maßnahmen ausgeschlossen.

[415] *VGH München*, Urt. v. 4. 4. 1995 – 8 N 92.1819 – BayVBl. 1996, 81; Urt. v. 14. 10. 1996 – 14 N 94.4159 – BayVBl. 1997, 178; vgl. auch *Goppel* BayVBl. 1998, 289; *Hoppe* DVBl. 1998, 1008; *Stüer/Hönig* DVBl. 1998, 1331.

[416] *VGH München*, Urt. v. 21. 1. 1998 – 26 N 95.1632 – BayVBl. 1998, 436 – Forggensee.

[417] *Bundesregierung*, Gesetzentwurf zum BauROG 1998, S. 84.

[418] *Hoppe* DVBl. 1998, 1008.

Landesplanungsrechts müssen sich daher auf ihre konkrete Bindungswirkung befragen lassen.[419] Bei den Eignungsgebieten in § 7 IV 1 Nr. 3 ROG muss daher zwischen Außen- und Innenwirkung unterschieden werden.[420] Außerhalb der festgelegten Eignungsgebiete kann die Regionalplanung Vorhaben von regionalplanerischer Bedeutung i. S. einer strikten Zielbindung ausschließen. Innerhalb der Eignungsgebiete besteht demgegenüber noch ein Abwägungsspielraum für die kommunale Flächennutzungsplanung. Deren Darstellungen können daher aufgrund einer konkreten Befassung zu konkreten standortbezogenen Aussagen kommen, die sich in den allgemeinen raumordnerischen Rahmen einfügen. Eine konkretere Bindung auch innerhalb der Eignungsgebiete kann die Regionalplanung allerdings dann erreichen, wenn sie zugleich Vorbehaltsgebiete nach § 7 IV 1 Nr. 1 BauGB ausweist und damit eine verbindliche Zielvorgabe für die kommunale Planung vorgibt.[421] Die regionalplanerischen Möglichkeiten bestehen jedoch nicht grenzenlos, sondern sind durch das Gegenstromprinzip auf die Berücksichtigung kommunaler Belange verpflichtet.[422]

e) Umweltbericht. **§ 7 V ROG** schreibt für die Aufstellung und Änderung der Raumordnungspläne eine **Umweltprüfung** vor.[423] Im **Umweltbericht** sind die voraussichtlichen erheblichen Umweltauswirkungen sowie anderweitige Planungsmöglichkeiten unter Berücksichtigung der wesentlichen Zwecke des Raumordnungsplans zu ermitteln, zu beschreiben und zu bewerten. Der Umweltbericht kann einen gesonderten Teil der Begründung bilden und wird auf der Grundlage der Umweltprüfung erstellt. Die Umweltprüfung selbst bezieht sich auf die jeweils betroffenen Umweltbelange. Allerdings ist die Prüfung dem Charakter des Regionalplans angepasst und grobkörniger als die Prüfung auf der Ebene des Flächennutzungsplans und des Bebauungsplans. Die Prüfung kann sich daher auf die im Plan getroffenen Grundsatzentscheidungen beschränken und die Einbindung der jeweiligen Vorhaben den nachfolgenden Planungs- und Zulassungsentscheidungen überlassen. Vielfach wird daher eine Grobprüfung ausreichen. Der Detaillierungsgrad kann allerdings mit der Konkretheit des Regelungsgrades zunehmen.[424]

Beispiel: Werden im Raumordnungsplan Vorrang-, Vorbehalts- und Eignungsflächen nach § 7 IV ROG für Windenergieanlagen ausgewiesen, muss die Umweltprüfung dem Regelungsgehalt entsprechend detailliert sein. Die Umweltprüfung muss etwa ermitteln, ob im Plangebiet Ausschlusskriterien für die Ausweisung von Windenergieanlagen bestehen. Die nähere Ausgestaltung kann der Raumordnungsplan den nachfolgenden Planungsentscheidungen etwa im Flächennutzungsplan oder im Bebauungsplan überlassen. Selbst bei Ausweisung eines Vorranggebietes für Windenergie im Sinne eines Zieles der Raumordnung können auch der nachfolgenden Planungsstufe Gesichtspunkte auftreten, die zu einer mangelnden Eignung des Windfeldes führen. Dann kann es allerdings auch auf der Ebene des Raumordnungsplans erforderlich werden, das Gesamtkonzept der Planung erneut auf den Prüfstand zu stellen.

f) Behörden- und Öffentlichkeitsbeteiligung. Wie in der Bauleitplanung sind die **öffentlichen Stellen**, deren Aufgabenbereich von den Umweltauswirkungen berührt werden kann, bei der Festlegung des Umfangs und Detaillierungsgrads des Umweltberichts zu beteiligen. Geringfügige Änderungen von Raumordnungsplänen können in den landesrechtlichen Regelungen bei Wahrung der europarechtlichen Vorgaben von der Umweltprüfung ausgenommen werden. Die öffentlichen Stellen sind der Entscheidung über die Nichtdurchführung einer Umweltprüfung zu beteiligen. In der Begründung des

---

[419] *Hoppe* DVBl. 1998, 1008.
[420] So wohl auch *VGH München*, Urt. v. 4. 4. 1995 – 8 N 92.1819 – BayVBl. 1996, 81; Urt. v. 14. 10. 1996 – 14 N 94.4159 – BayVBl. 1997, 178; vgl. auch *Goppel* BayVBl. 1998, 289.
[421] *Erbguth* DVBl. 1998, 209.
[422] *Stüer/Hönig* DVBl. 1999, 836.
[423] Zum Umweltbericht s. Rdn. 280, 385, 769, 809, 955, 1040, 1121, 1403, 1513, 2079, 2721, 2789.
[424] S. Rdn. 808.

Regionalplans sind die Gründe für die Nichtdurchführung einer Umweltprüfung darzustellen. Wird der Regionalplan aus einem landesweiten Raumordnungsplan, für den bereits eine Umweltprüfung durchgeführt worden ist, entwickelt, kann sich die Umweltprüfung auf zusätzliche oder andere erhebliche Umweltauswirkungen beschränken. Zudem können verschiedene Umweltprüfungsverfahren gemeinsam durchgeführt werden.

251 Den **öffentlichen Stellen** und der **Öffentlichkeit** ist möglichst frühzeitig und effektiv Gelegenheit zu Stellungnahme zum Entwurf des Raumordnungsplans zu geben. § 7 VI ROG setzt damit die Vorgaben der Plan-UP-Richtlinie um. Bei grenzüberschreitenden Auswirkungen ist eine Beteiligung des anderen Mitgliedstaats nach den Grundsätzen des UVPG durchzuführen. Zu beteiligen ist die allgemeine Öffentlichkeit, nicht nur die betroffene Öffentlichkeit. Jedermann kann daher zu den offen liegenden Planungen eine Stellungnahme abgeben. Hierdurch soll gewährleistet werden, dass das Abwägungsmaterial entsprechend angereichert wird. Zudem können auch die Belange der Eigentümer und Nutzungsberechtigten von Grundstücken eingebracht werden, für die der Regionalplan Regelungen als Vorrang-, Vorbehalts- oder Eignungsfläche nach § 7 IV ROG enthält und insoweit (unmittelbare) Rechtswirkungen für den Bürger hat. Damit soll zugleich sichergestellt werden, dass die Abwägung nicht ohne Kenntnis der von den Regelungen betroffenen Belange erfolgt. Dies gilt vor allem für Belange, die für die planende Stelle nicht ohne weiteres erkennbar sind. Die Öffentlichkeitsbeteiligung kann allerdings mit erheblichem Aufwand verbunden sein. Soweit gleichgerichtete Einwendungen vorgetragen werden, können die Stellungnahmen gebündelt und gemeinsam in der Begründung bzw. im Umweltbericht behandelt werden.

252 § 7 VII 1 ROG verpflichtet die Raumordnungspläne auf das **Abwägungsgebot**.[425] Der **Umweltbericht** und die Stellungnahmen der Behörden- und Öffentlichkeitsbeteiligung sind bei der Abwägung zu berücksichtigen (§ 7 VII 2 ROG). Sonstige öffentliche Belange sowie private Belange sind in der Abwägung zu berücksichtigen, soweit sie auf der jeweiligen Planungsebene erkennbar und von Bedeutung sind. In § 7 VII 4 ROG werden ausdrücklich der Schutz und die Erhaltungsziele der Gebiete von gemeinschaftlicher Bedeutung oder Europäische Vogelschutzgebiete aufgrund der FFH-Richtlinie[426] oder der Vogelschutz-Richtlinie der Europäischen Gemeinschaft[427] genannt. Damit soll – ähnlich wie für die Bauleitplanung in § 1a IV BauGB – sichergestellt werden, dass den Belangen der Richtlinie bei der Aufstellung von Raumordnungsplänen Rechnung getragen wird. Eingriffe in geschützte Gebiete von gemeinschaftsrechtlicher Bedeutung oder Europäischer Vogelschutzgebiete sind aus den in § 20 II oder III BNatSchG genannten Gründen zulässig.[428]

253 Die Raumordnungspläne bedürfen einer **Begründung** (§ 7 VIII ROG). Der **Umweltbericht** bildet einen Teil der Begründung. In der Begründung ist darzulegen, wie Umwelterwägungen, der Umweltbericht sowie die abgegebenen Stellungnahmen im Plan berücksichtigt wurden und welche Gründe nach Abwägung mit den geprüften anderweitigen Planungsmöglichkeiten für die Festlegungen des Plans entscheidungserheblich waren.

254 Der Raumordnungsplan ist mit seiner die Umweltprüfung betreffenden Begründung **öffentlich bekannt zu machen** (§ 7 IX ROG).

255 Der Raumordnungsplan unterliegt einem Monitoring, mit dem die erheblichen Auswirkungen der Durchführung der Raumordnungspläne auf die Umwelt zu überwachen sind (§ 7 X ROG). Die im Rahmen des Monitoring beabsichtigten Maßnahmen sind in der Begründung des Plans zu benennen (§ 7 VIII 3 ROG).[429]

---

[425] Zum Abwägungsgebot s. Rdn. 1195.
[426] Abgedruckt bei *Stüer*, Bau- und Fachplanungsgesetze 1999, 823.
[427] Abgedruckt bei *Stüer*, Bau- und Fachplanungsgesetze 1999, 881.
[428] *Bundesregierung*, Gesetzentwurf zum BauROG 1998, S. 85.
[429] Zum Monitoring s. Rdn. 789, 1035, 1040, 2801.

Die Raumordnungspläne benachbarter Länder sind aufeinander abzustimmen (§ 8 II ROG). In Stadtstaaten kann der Flächennutzungsplan nach § 8 I 2 ROG weiterhin die Funktion eines landesweiten Raumordnungsplanes übernehmen. Allerdings muss er den materiellen Anforderungen des Bundesrechts an Raumordnungspläne gem. § 7 ROG entsprechen und die Ziele der Raumordnung als solche kennzeichnen.

256

Für die Einführung der **Öffentlichkeits- und Behördenbeteiligung in den Ländergesetzen** sieht § 22 ROG eine **Übergangsfrist** bis Ende 2006 vor. Allerdings gelten die Regelungen über die Öffentlichkeits- und Behördenbeteiligung sowie die Umweltprüfung und den Umweltbericht in dieser Übergangszeit bereits unmittelbar. Zwar ist der Bundesgesetzgeber im Bereich der Raumordnung grundsätzlich auf eine Rahmenkompetenz beschränkt (Art. 75 GG), so dass die bundesgesetzlichen Regelungen grundsätzlich nur einen Rahmen für entsprechende Ländervorschriften geben. Die unmittelbare Geltung der bundesrechtlichen Vorschriften rechtfertigt sich aber aus dem Ablauf der Umsetzungsfristen der UVP-Richtlinie.[430]

257

Nach der **Überleitungsregelung** in § 23 III ROG finden die neuen Regelungen über die Öffentlichkeits- und Behördenbeteiligung auf alle Raumordnungspläne Anwendung, die nach dem 20.7.2004 eingeleitet worden sind. In diesem Zeitpunkt bereits förmlich eingeleitete Verfahren richten sich noch nach den alten Vorschriften, wenn die Verfahren bis zum 20.7.2006 abgeschlossen sind. Die Regelung entspricht den Vorgaben der Plan-UP-Richtlinie.

258

g) **Regionalpläne.** Aus den Raumordnungsplänen sind in den Flächenstaaten **Regionalpläne** zu entwickeln. § 9 I 1 ROG begründet die Verpflichtung zu einer den Gesamtraum in Teilräume aufgliedernden Regionalplanung für diejenigen Länder, die mehr als ein Oberzentrum ausgewiesen haben. Mit der Ausweisung mehrerer Oberzentren haben die Länder zum Ausdruck gebracht, dass ihr Land aus mehreren großräumigen Verflechtungsbereichen besteht, die sich räumlich eigenständig entwickeln und daher einer auf sie zugeschnittenen Planung bedürfen. § 9 I 2 ROG spricht die Verflechtungsbereiche solcher verdichteter Regionen an, die sich über Landesgrenzen hinweg erstrecken, wie das Rhein-Main-Gebiet, das Rhein-Neckar Gebiet oder der Großraum Hamburg. Die Länder sollen hier verpflichtet werden, für diese Verflechtungsbereiche eine gemeinsame Regionalplanung oder eine gemeinsame informelle Planung zu vereinbaren und durchzuführen (§ 9 I 2 ROG). Die Regionalpläne sind aus dem Raumordnungsplan für das Landesgebiet zu entwickeln (§ 9 II 1 ROG), wie dies hinsichtlich des Bebauungsplans im Hinblick auf den Flächennutzungsplan nach § 8 II 1 BauGB der Fall ist. Die Flächennutzungspläne und die Ergebnisse der von Gemeinden beschlossenen sonstigen städtebaulichen Planungen sind entsprechend in die Abwägung einzustellen (§ 9 II 2 ROG). § 9 III ROG enthält eine materielle Abstimmungsverpflichtung für Regionalpläne benachbarter Planungsräume und ist daher mit der Abstimmungspflicht von Bauleitplänen im interkommunalen Bereich nach § 2 II BauGB vergleichbar.[431] Der Regionalplan kann unter den Voraussetzungen des § 9 VI ROG auch die Funktionen eines gemeinsamen Flächennutzungsplans nach § 204 BauGB übernehmen. Durch diese Vorschrift sind die Länder ermächtigt, in verdichteten Räumen oder in Räumen mit sonstigen raumstrukturellen Verflechtungen mit kommunal verfasster Regionalplanung einen Flächennutzungsplan zu ermöglichen, der zugleich den Charakter eines Regionalplans hat. Die verfahrensrechtlichen und materielle Anforderungen des BauGB und des Landesplanungsgesetzes müssen eingehalten werden. In dem Plan sind die städtebaulichen Darstellungen und die raumordnerischen Festlegungen zu kennzeichnen. Zudem ist dafür zu sorgen, dass die Gesamtkonzeption der Regionalplanung erhalten bleibt und der regionale Flächennut-

259

---

[430] *Spreen*, Bundeskompetenzen bei fehlender Umsetzung des Europarechts durch die Länder, in: Stüer (Hrsg.) Planungsrecht Bd. 8, Osnabrück 2004.
[431] *Bundesregierung*, Gesetzentwurf zum BauROG 1998, S. 85.

zungsplan integraler Bestandteil des Regionalplans ist. Dies kann durch eine Einvernehmensregelung zu Gunsten des Trägers der Regionalplanung erreicht werden.

260 **h) Planerhaltung.** Mit dem BauROG 1998 wurde auch in die Raumordnung der Grundsatz der **Planerhaltung** (§ 10 ROG) eingefügt.[432] Rügen der Verletzung von Verfahrens- oder Formvorschriften müssen nach Maßgabe der jeweiligen landesrechtlichen Regelung innerhalb eines Jahres nach Bekanntmachung des Raumordnungsplanes geltend gemacht werden.[433] Auch Abwägungsmängel können durch Landesrecht für unbeachtlich erklärt werden, wenn sie weder offensichtlich noch auf das Abwägungsergebnis von Einfluss gewesen sind (vgl. auch § 214 III 2 BauGB). Danach verbleibende relevante Abwägungsmängel können ggf. durch ein ergänzendes Verfahren behoben werden – allerdings mit der Folge, dass der Plan bis zur Behebung der Mängel keine Wirkungen entfaltet (§ 10 III ROG, vgl. auch § 47 V 2 VwGO).

Antragskonferenz Erfordernis eines Raumordnungsverfahrens innerhalb von 4 Wochen	
Einleitung des Raumordnungsverfahrens durch die Landesplanungsbehörde	
Unterrichtung der zu beteiligenden Stellen über Verfahrensablauf und Öffentlichkeitsbeteiligung	
Übereinstimmung des Vorhabens mit den Erfordernissen der Raumordnung Abstimmung mit raumbedeutsamen Maßnahmen und Planungen Ermittlung und Beschreibung der raumbedeutsamen Auswirkungen des Vorhabens auf die Umwelt	
Beteiligung der zuständigen Stellen durch die Landesplanungsbehörde	Einbeziehung der Öffentlichkeit
Behörden des Bundes und des Landes, der Gemeinden und Gemeindeverbände öffentliche Planungsträger Körperschaften und Anstalten Stiftungen des öffentlichen Rechts Verbände	Ortsübliche Bekanntmachung Gelegenheit zur Einsichtnahme während der öffentlichen Auslegung Übersendung der Stellungnahme
Auswertung der eigenen Ermittlungen und der Stellungnahmen der Beteiligten	
Landesplanerische Feststellung mit Erklärung der raumordnerischen Unbedenklichkeit ggf. mit Maßgaben oder Erklärung der Unvereinbarkeit des Vorhabens mit den Erfordernissen der Raumordnung (Versagung)	
Unterrichtung des Planungsträgers, der Zulassungsbehörden und der Beteiligten sowie der Öffentlichkeit	Zulassungsverfahren Planfeststellung, Plangenehmigung, Genehmigung

261 **i) Zielabweichungsverfahren.** Von einem Ziel der Raumordnung kann danach in einem besonderen **Zielabweichungsverfahren** abgewichen werden, wenn die Abweichung unter raumordnerischen Gesichtspunkten vertretbar ist und die Grundzüge der Planung nicht berührt werden (§ 11 ROG). Es ist dabei vorzusehen, dass antragsbefugt insbesondere öffentliche Stellen und Personen nach § 5 I ROG sowie die kommunalen Gebietskörperschaften sind, die das Ziel der Raumordnung zu beachten haben. Hierdurch soll die Möglichkeit der Zielabweichung erleichtert werden. Zugleich ist durch § 11 1 ROG die Grenze zwischen einem Zielabweichungsverfahren und einem Zielabänderungsverfahren (Planänderungsverfahren) verdeutlicht worden. Das Zielabweichungs-

---

[432] Kritisch *Blümel* in: Stüer (Hrsg.) Verfahrensbeschleunigung, S. 17.
[433] Vgl. §§ 214, 215 BauGB 1998. Die Vorschriften sind allerdings für das BauGB durch das EAG Bau auf eine Zweijahresfrist umgestellt worden (§§ 214, 215 BauGB).

verfahren findet dort seine Grenzen, wo die Grundzüge der Planung berührt werden. Dann bedarf es eines Planänderungsverfahrens. Die Grenze zwischen Zielabweichungsverfahren und Zieländerungsverfahren (Planänderungsverfahren) entspricht daher weitgehend der zwischen einer Befreiung von den Festsetzungen und einer Änderung eines Bebauungsplans.[434] Antragsbefugt sind insbesondere die öffentlichen Stellen und Personen nach § 5 I ROG sowie die kommunalen Gebietskörperschaften, die das Ziel der Raumordnung zu beachten haben (§ 11 S. 2 ROG). In den Landesplanungsgesetzen ist daher vorzusehen, dass öffentliche Stellen des Bundes und juristische Personen i. S. des § 5 ROG dann antragsbefugt sind, wenn ihnen gegenüber die Ziele der Raumordnung eine Beachtenspflicht auslösen. Auch die kommunalen Gebietskörperschaften sind daher antragsbefugt. Hierdurch wird zugleich den Erfordernissen der kommunalen Selbstverwaltungsgarantie in Art. 28 II GG Rechnung getragen.[435]

j) Untersagung. Planungen und Maßnahmen, die von der Bindungswirkung des § 4 I und III ROG erfasst werden, können zeitlich befristet oder auch unbefristet **untersagt** werden (§ 12 I ROG). Der Vorschrift kommt tragende Bedeutung für die Durchsetzbarkeit der übergeordneten Planung gegenüber örtlichen oder fachlichen Planungen und Maßnahmen und damit für die Umsetzung des ROG insgesamt zu. Um sicherzustellen, dass die verbindlichen Festlegungen der Raumordnung tatsächlich beachtet werden, bedarf es detaillierter Regelungen durch den Bund, die auch Vorgaben zur aufschiebenden Wirkung von Rechtsbehelfen und Rechtsmitteln als Annexregelungen und Vorgaben für die Dauer der Untersagung umfassen (§ 12 III ROG). Die Untersagungsmöglichkeiten raumordnungswidriger Planungen und Maßnahmen sind in § 12 ROG gegenüber der vormals geltenden Rechtslage deutlich ausgeweitet worden. Die Untersagung kann unbefristet geschehen, wenn Ziele der Raumordnung entgegenstehen. Die Planungen und Maßnahmen verstoßen dann gegen die Beachtenspflicht des § 4 I ROG und sind damit materiell rechtswidrig. Entsprechendes gilt für solche juristische Personen des Privatrechts, deren raumbedeutsame Planungen und Maßnahmen der Beachtenspflicht nach § 4 III ROG unterliegen.[436] Die Untersagung kann befristet erfolgen, wenn zu befürchten ist, dass die Verwirklichung in Aufstellung, Änderung, Ergänzung oder Aufhebung befindlicher Ziele der Raumordnung unmöglich gemacht oder wesentlich erschwert werden würde (§ 12 I ROG). Die befristete Untersagung kann sich auch auf behördliche Entscheidungen über die Zulässigkeit raumbedeutsamer Maßnahmen von Personen des Privatrechts erstrecken (§ 12 II ROG). Dies kann z. B. bei privilegierten Vorhaben nach § 35 I i.V. mit III 3 BauGB der Fall sein. Widerspruch und Anfechtungsklage gegen eine Untersagung haben keine aufschiebende Wirkung (§ 12 III ROG). Dies ist bundesrechtlich für die landesrechtlichen Regelungen verbindlich vorgegeben.

k) Verwirklichung der Raumordnungspläne. Nach § 13 ROG wirken die Träger der Landes- und Regionalplanung auf eine **Verwirklichung** der Raumordnungspläne hin. Dabei können auch regionale Entwicklungskonzepte, an deren Aufstellung die beteiligten Stellen mitwirken, eingesetzt werden. Zugleich ist die Zusammenarbeit von Gemeinden zur Stärkung teilräumlicher Entwicklungen (Städtenetze) zu unterstützen. Ausdrücklich erwähnt werden in diesem Zusammenhang auch vertragliche Vereinbarungen zur Vorbereitung und Verwirklichung von Raumordnungsplänen. Auch im Recht der Raumordnung sollen daher stärker als bisher **vertragliche Regelungen** genutzt werden. Damit können die Grundsätze über die städtebaulichen Verträge in § 11 BauGB mit dem Maßstab der Angemessenheit der vertraglichen Regelungen auch für die Raumordnung Modellcharakter gewinnen.[437]

---

[434] *Bundesregierung*, Gesetzentwurf zum BauROG 1998, S. 85.
[435] *Bundesregierung*, Gesetzentwurf zum BauROG 1998, S. 86.
[436] *Bundesregierung*, Gesetzentwurf zum BauROG 1998, S. 86.
[437] Auf die Regelung eines landesplanerischen Planungsgebotes durch die Gemeinden, wie es im Gesetzentwurf der *Bundesregierung* um BauROG 1998 (§ 13 ROG-E) ursprünglich vorgesehen war, ist auf Grund der weiteren Gesetzesberatungen damals verzichtet worden.

264 Vertragliche Regelungen in der räumlichen Planung sind vor allem als **städtebauliche Verträge**[438] in der Bauleitplanung bekannt (§ 11 BauGB). Sie begleiten dort vor allem den vorhabenbezogenen Bebauungsplan (§ 12 BauGB) und andere städtebauliche Satzungen. Die vertraglichen Regelungen können dort die Bauleitplanung nicht ersetzen, aber begleitende Regelungen treffen, die vor allem der Vorbereitung und Durchführung der Planung sowie der Kostenübernahme dienen. Die vertraglichen Regelungen dürfen nicht den Kern der Abwägungsentscheidung betreffen und auch nicht gegen das Koppelungsverbot verstoßen. Die vertraglichen Leistungen müssen den Gesamtumständen nach angemessen sein. Nichtige Verträge unterliegen der Rückabwicklung. In **§ 13 S. 5 ROG** ist die Grundlage für einen landesplanerischen Vertrag geschaffen. Danach können vertragliche Vereinbarungen zur Vorbereitung und Verwirklichung der Raumordnungspläne getroffen werden. Die Verträge können u. a. der Verwirklichung von regionalen Entwicklungskonzepten dienen, durch die raumbedeutsame Planungen und Maßnahmen vorgeschlagen und aufeinander abgestimmt werden.

265 Landesplanerische Verträge können allerdings die förmlichen Verfahren der Raumordnung nicht ersetzen, sondern nur begleitend die **Vorbereitung** und **Verwirklichung** der **Raumordnungspläne** unterstützen. Der eigentliche Kern der regionalen Planungsentscheidung kann durch den Vertrag nicht ersetzt werden. Vor allem können landesplanerische Verträge nicht Ziele der Raumplanung begründen, die nach § 3 Nr. 2 ROG verbindliche Vorgaben in Form von räumlich und sachlich bestimmten oder bestimmbaren, vom Träger der Landes- oder Regionalplanung abschließend abgewogenen textlichen oder zeichnerischen Festlegungen in Raumordnungsplänen zur Entwicklung, Ordnung und Sicherung des Raumes beinhalten. Nur Festlegungen in Raumordnungsplänen für das gesamte Land oder in Plänen für Teilräume des Landes (Regionalplänen, § 3 Nr. 7 ROG) können die Ziele der Raumordnung bestimmen. Die Festlegung der Ziele der Raumordnung ist daher auf die traditionelle Ausweisung in Raumordnungsplänen des Landes oder in Regionalplänen begrenzt.

266 Die Regionalplanung ist ebenso wie die Bauleitplanung auf das **Abwägungsgebot** verpflichtet, das aus rechtsstaatlichen Gründen die Planungsentscheidung prägt.[439] Die Planungsentscheidung darf nicht einseitigen, unzulässigen Bindungen unterliegen, die zu sog. „subjektiven Abwägungssperren" führen.[440] Vertragliche Regelungen dürfen daher nicht auf eine Bindung in dem eigentlichen Kernbereich der Planungsentscheidung abzielen. Denn der Planungsprozess der Gemeinde, aber auch der Regional- und Landesplanung muss an einem übergreifenden Interessenausgleich ausgerichtet sein und darf sich nicht in einseitige vertragliche Bindungen verstricken. Eine Regionalplanung an den förmlichen Verfahren und an den Interessen der Planbetroffenen vorbei ist ebenso wie im Bereich der Bauleitplanung rechtsstaatlich nicht hinzunehmen. Bei Wahrung dieses Rahmens ist es allerdings nicht ausgeschlossen, dass die Planungsträger gewisse Vorabsprachen treffen, wenn dadurch der Abwägungsprozess nicht in eine Schieflage gerät.

267 Das **Abwägungsgebot**[441] gilt sowohl für die Landes- und Regionalplanung als auch die Bauleitplanung. Denn auch die Landesplanung muss wegen ihrer bindenden Vorgaben für die Ortsplanung wie die Bauleitplanung gegenläufige Interessen durch eine Abwägungsentscheidung austarieren. Dies stellt aus dieser Sicht gleiche rechtliche Anforderungen an landesplanerische Verträge wie an städtebauliche Verträge. Gemeinden können sich daher weder zur Aufstellung eines Bebauungsplans vertraglich verpflichten noch da-

---

[438] S. Rdn. 1863.
[439] *BVerwG*, Urt. v. 12. 12. 1969 – IV C 105.66 – BVerwGE 34, 301 = *Hoppe/Stüer* RzB Rdn. 23; Urt. v. 14. 2. 1975 – IV C 21.74 – BVerwGE 48, 56 = *Hoppe/Stüer* RzB Rdn. 50 – B 42.
[440] *BVerwG*, Urt. v. 5. 7. 1974 – IV C 50.72 – BVerwGE 45, 309 = *Hoppe/Stüer* RzB Rdn. 24; *Stüer* DVBl. 1995, 649.
[441] Zum Abwägungsgebot s. Rdn. 1195.

zu, einen Bebauungsplan künftig nicht aufzustellen. Durch regionalplanerische Verträge würde die Gemeinde daher für die Zukunft nicht daran gehindert, einen Bebauungsplan neu aufzustellen oder zu ändern.

Landesplanerische Verträge werden in der Regel einen **öffentlich-rechtlichen Charakter** haben, da ein öffentlich-rechtlicher Inhalt als Vertragsgegenstand im Vordergrund steht. Nur wenn der Schwerpunkt der vertraglichen Regelungen im Zivilrecht läge (wie beispielsweise bei der Übertragung von Grundstücken) ist der Vertrag zivilrechtlicher Natur.[442] **268**

Für **subordinationsrechtliche Verträge**, die auf einem Über-Unterordnungsverhältnis beruhen, gilt zudem der Angemessenheitsgrundsatz sowie das Koppelungsverbot (§ 56 VwVfG). Die von den Vertragsparteien vereinbarten Leistungen müssen nach den Gesamtumständen angemessen sein und müssen in einem sachlichen Zusammenhang mit den jeweiligen Vereinbarungen stehen.[443] Landesplanerische Verträge sind mit diesen Maßstäben zu messen, wenn sie subordinationsrechtlich gestaltet sind. Aber auch bei vertraglichen Regelungen „auf gleicher Augenhöhe" können sich entsprechende rechtliche Anforderungen ergeben. Dies kann Vertragsstrafen oder der nicht sachgerechten Androhung von Streichungen öffentlicher Mittel Grenzen setzen. **269**

Sind vertragliche Vereinbarungen unwirksam, steht grundsätzlich eine **Rückabwicklung** der Verträge an. Die jeweiligen Leistungen sind nach bereicherungsrechtlichen Grundsätzen zurückzuerstatten.[444] Dies kann bei einseitigen, nicht von einem Gegenseitigkeitsverhältnis geprägte „synallagmatischen" Verträgen dazu führen, dass der Vertragspartner die von ihm versprochene Leistung nicht zu erbringen hat bzw. zurückerhält, obwohl die Planungsleistung, die etwa in der Aufstellung eines Bebauungsplans besteht, nicht rückabgewickelt werden kann. Gemeinden könnten sich daher im Nachhinein auf die Nichtigkeit des landesplanerischen Vertrages berufen und damit einer beabsichtigten Bindungswirkung für zukünftiges Handeln im Bereich der Bauleitplanung entgehen.[445] Die rechtlichen Bedenken einer unzulässigen Bindung in den Kern der Planungsentscheidung hinein könnten allerdings überwunden werden, wenn der Vertrag sich auf planbegleitende Regelungen der Planvorbereitung und Durchführung beschränkt und vor allem die eigentlichen regionalplanerischen Aussagen dem gesetzlich geregelten Verfahren überlässt. **270**

Auch sind die Beteiligten nicht gehindert, in gemeindenachbarlicher Abstimmung bestimmte **regionale Planungskonzepte** zu entwickeln, auf denen die jeweiligen kommunalen Planungsentscheidungen beruhen. Soll dann die Planung später geändert werden, ergeben sich erhöhte Anforderungen i. S. einer **qualifizierten Abwägung**, denen die Planungsträger unterliegen. Die erarbeiteten Konzepte hätten dann zwar keine absolute Bindungswirkung i. S. verbindlicher vertraglicher Regelungen, würden jedoch bei späteren Abweichungen von der ursprünglich (vereinbarten) Planungskonzeption eine erhöhte Darlegungs-, Begründungs- und Abwägungslast erzeugen. **271**

Landesplanerische und städtebauliche Verträge haben vor dem Hintergrund gleicher rechtlicher Grundanforderungen mehr **Gemeinsamkeiten** als Unterschiede. Vor allem können die vertraglichen Regelungen den Kern der erforderlichen Abwägungsentscheidung nicht ersetzen und müssen rechtsstaatliche Kompetenzen wahren. Auf dem planbegleitenden Felde der Planvorbereitung und Plandurchführung haben Planungsverträge nicht nur im Bereich des Städtebaus, sondern auch der Raumordnung durchaus ihre Berechtigung. **272**

---

[442] *BVerwG*, Urt. v. 11. 2. 1993 – 4 C 18.91 – BVerwGE 92, 56 = DVBl. 1993, 654 = *Hoppe/Stüer* RzB Rdn. 156.
[443] *BVerwG*, Urt. v. 16. 5. 2000 – 4 C 4.99 – BVerwGE 111, 162 = DVBl. 2000, 1853.
[444] *BVerwG*, Urt. v. 1. 2. 1980 – 4 C 40.77 – DVBl. 1980, 686 = BauR 1980, 333 = ZfBR 1980, 88 – Rathaus Altenholz.
[445] *BVerwG*, Urt. v. 16. 5. 2000 – 4 C 4.99 – BVerwGE 111, 162 = DVBl. 2000, 1853.

273 1) **Raumordnungsverfahren.** In § 15 ROG ist bundeseinheitlich für bestimmte raumrelevante Verfahren ein Raumordnungsverfahren geregelt. Nach den §§ 6, 15 ROG schaffen die Länder Rechtsgrundlagen für ein Verfahren, in dem raumbedeutsame Planungen und Maßnahmen untereinander und mit den Erfordernissen der Raumordnung abgestimmt werden. Dieses Raumordnungsverfahren schließt die Ermittlung, Beschreibung und Bewertung der raumbedeutsamen Auswirkungen der Planungen oder Maßnahmen auf die im Gesetz erwähnten Umweltbelange entsprechend dem Planungsstand ein. Durch das Raumordnungsverfahren wird festgestellt, ob raumbedeutsame Planungen oder Maßnahmen mit den Erfordernissen der Raumordnung übereinstimmen und wie raumbedeutsame Planungen oder Maßnahmen unter den Gesichtspunkten der Raumordnung aufeinander abgestimmt oder durchgeführt werden können. Die dem Raumordnungsverfahren unterfallenden Vorhaben sind von der Bundesregierung in einer Rechtsverordnung nach § 17 II ROG festgelegt. Die Ergebnisse des Raumordnungsverfahrens und die darin eingeschlossene Ermittlung, Beschreibung und Bewertung der Auswirkungen des Vorhabens auf die Umwelt sind u. a. auch von den Gemeinden bei raumbedeutsamen Planungen und Maßnahmen, die den im Raumordnungsverfahren beurteilten Gegenstand betreffen, sowie bei Genehmigungen, Planfeststellungen und sonstigen behördlichen Entscheidungen über die Zulässigkeit des Vorhabens nach Maßgabe der dafür geltenden Vorschriften zu berücksichtigen.[446] Im Rahmen des Raumordnungsverfahrens kann eine Beteiligung der Öffentlichkeit stattfinden (vgl. § 15 VI ROG). Bei der Aufstellung von Bauleitplänen ist das Ergebnis des Raumordnungsverfahrens in die Abwägung nach § 1 V und VI BauGB mit einzubeziehen (§ 3 Nr. 4 ROG). Die Anpassung der Bauleitplanung an die Ziele der Raumordnung richtet sich allein nach § 1 IV BauGB. Das Ergebnis des Raumordnungsverfahrens hat allerdings gegenüber dem Träger des Vorhabens und gegenüber einzelnen keine unmittelbare Rechtswirkung und ersetzt nicht eine etwa erforderliche Bauleitplanung.[447]

274 Das ROG knüpft damit im Kern an frühere Regelungen zum **Raumordnungsverfahren** (§ 15 ROG) an. Aufgabe des Raumordnungsverfahrens ist es, raumbedeutsame Planungen und Maßnahmen in einem besonderen Verfahren untereinander und mit den Erfordernissen der Raumordnung abzustimmen, um hierdurch bereits auf überörtlicher Ebene eine Feinsteuerung konkret vorgesehener Planungen und Maßnahmen vornehmen zu können. § 15 I und II ROG enthält einen generellen Rahmen zur Aufgabenstellung des Raumordnungsverfahrens und zu den Möglichkeiten, von einem Raumordnungsverfahren absehen zu können. § 15 III bis VIII ROG enthalten überwiegend verfahrensrechtliche Regelungen für die Länder.[448] Die beiden Prüfbereiche eines Raumordnungsverfahrens sind als „Raumverträglichkeitsprüfung" zusammengefasst. Außerdem ist im Rahmen einer Änderung der Raumordnungsverordnung ein Raumordnungsverfahren für die Errichtung von Einkaufszentren, großflächigen Einzelhandelsbetrieben und sonstigen großflächigen Handelsbetrieben eingeführt worden (§ 13 Nr. 19 ROV). Hierunter fallen auch die sog. **Factory-Outlet-Center**.[449] Das Raumordnungsverfahren ist für alle großflächigen Vorhaben i. S. des § 11 III BauNVO durchzuführen, während die UVP-Pflicht nur für solche Vorhaben besteht, die eine Geschossfläche von mindestens 5.000 qm aufweisen.[450] Von einem Raumordnungsverfahren kann abgesehen werden, wenn die Beurteilung der Raumverträglichkeit der Planung oder Maßnahme bereits auf ande-

---

[446] *BVerwG*, B. v. 9. 9. 1988 – 4 B 37.88 – BVerwGE 80, 201 = *Hoppe/Stüer* RzB Rdn. 30 – landesrechtliches Abwägungsmodell.
[447] *Grotefels* in: *Hoppe/Bönker/Grotefels* § 4 Rdn. 10 ff.
[448] *Bundesregierung*, Gesetzentwurf zum BauROG 1998, S. 87.
[449] *VGH München*, Urt. v, 25. 6. 1998 – 1 NE 98.1023 – UPR 1998,467; *VG Neustadt*, B. v. 29. 9. 1998 – 2 L 2138/98.NW – NVwZ 1999, 101 = GewArch. 1999, 84 – Designer-Outlet-Center; *BVerwG*, Urt. v. 1. 8. 2002 – 4 C 5.01 – BVerwGE 117, 25 = DVBl. 2003, 62 = NVwZ 2003, 86 – FOC Zweibrücken.
[450] Anlage zu § 3 UVPG Nr. 18, § 1a II Nr. 2 BauGB.

rer raumordnerischer Grundlage hinreichend gewährleistet ist (§ 15 II ROG). Das Gesetz nennt sodann Beispielsfälle, bei denen es eines Raumordnungsverfahrens nicht bedarf. Dies gilt etwa, wenn die Planung oder Maßnahme (1) Zielen der Raumordnung entspricht oder widerspricht, (2) den Darstellungen oder Festsetzungen eines den Zielen der Raumordnung angepassten Flächennutzungsplans oder Bebauungsplans entspricht oder widerspricht und sich die Zulässigkeit der Planung oder Maßnahme nicht nach einem Planfeststellungsverfahren oder einem sonstigen Verfahren mit den Rechtswirkungen der Planfeststellung für raumbedeutsame Vorhaben bestimmt oder (3) in einem anderen gesetzlichen Abstimmungsverfahren unter Beteiligung der Landesplanungsbehörde festgelegt worden ist. Die Öffentlichkeit kann in die Durchführung eines Raumordnungsverfahrens einbezogen werden (§ 15 VI 1 ROG). Für die in Anlage 1 zum UVPG aufgeführten **UVP-pflichtigen Vorhaben** regeln die Länder, unter welchen Voraussetzungen eine UVP erforderlich ist sowie das Verfahren für die Durchführung der UVP (§ 16 I UVPG). Im nachfolgenden Zulassungsverfahren kann die Prüfung der UVP auf zusätzliche oder andere erhebliche Umweltauswirkungen des Vorhabens beschränkt werden. Zudem kann sich das Erfordernis einer grenzüberschreitenden Behörden- oder Öffentlichkeitsbeteiligung ergeben (§§ 8, 9 a, 9 b, 11 II UVPG).

Eingeschränkte Bindungswirkungen bestehen gegenüber der **Gemeinde**, die bei ihrer Bauleitplanung die Ergebnisse des Raumordnungsverfahrens zu berücksichtigen hat (§ 3 Nr. 4 ROG). Eine solche Berücksichtigungspflicht ist im Hinblick auf die Selbstverwaltungsgarantie verfassungsrechtlich zulässig, da aus einem Raumordnungsverfahren für die gemeindliche Bauleitplanung keine strikten Beachtenspflichten, sondern (lediglich) Berücksichtigungspflichten im Rahmen der Abwägung abzuleiten sind.[451] Die Vorgaben der Raumordnung nach § 1 IV BauGB und §§ 4, 5 ROG gelten auch in den neuen Bundesländern.[452] 275

m) **Grenzüberschreitende Abstimmung.** § 16 ROG sieht eine **grenzüberschreitende Abstimmung** von raumbedeutsamen Planungen und Maßnahmen vor. Raumbedeutsame Planungen und Maßnahmen, die erhebliche Auswirkungen auf Nachbarstaaten haben können, sind mit den betroffenen Nachbarstaaten nach den Grundsätzen der Gegenseitigkeit und Gleichwertigkeit abzustimmen. Für die gemeindliche Bauleitplanung findet sich eine im Kern vergleichbare Vorschrift in § 4 a V BauGB. Eine materielle Abstimmungspflicht besteht daher nur im Rahmen der Gegenseitigkeit und Gleichwertigkeit. Wenn nach dem Recht des Nachbarstaats weitergehende Konsultationen und Abstimmungen vorgesehen sind, müssen nach § 16 ROG auch die deutschen Behörden ihre Planungen und Maßnahmen mit dem Nachbarstaat materiell abstimmen.[453] 276

n) **Verordnungsermächtigung.** § 17 ROG enthält die Regelung über die Ermächtigung zum Erlass von Rechtsverordnungen. Danach sehen die Länder vor, dass (1) in § 7 II ROG aufgeführten Festlegungen in Raumordnungsplänen sowie (2) die dazu notwendigen Planzeichen mit einer vom Raumordnungsministerium durch Rechtsverordnung bestimmten Bedeutung und Form verwendet werden.[454] Den Ländern steht es damit frei, ob sie die in der Verordnung niedergelegten Festlegungen sowie Planzeichen verwenden. Werden sie aber von den Ländern verwendet, so darf dies nur in dem in der Rechtsverordnung bestimmten Sinne geschehen. Durch die Verordnung wird damit faktisch eine Annäherung der wichtigsten Inhalte von Raumordnungsplänen angestrebt, die zu deren 277

---

[451] *BVerwG*, B. v. 9. 9. 1988 – 4 B 37.88 – BVerwGE 80, 201 = NVwZ 1989, 864 = *Hoppe/Stüer* RzB Rdn. 30 – Freileitung.
[452] Entsprechende Rechtswirkungen ergaben sich auch bereits aus § 5 IV ROG a. F., vgl. *Stüer* DVBl. 1992, 266.
[453] *Bundesregierung*, Gesetzentwurf zum BauROG 1998, S. 87.
[454] Zum Umfang der Bindung der Gemeinde an die PlanZV § 2 V PlanzV: Weicht die Gemeinde von der Darstellung der PlanzV ab, so wird hierdurch allein die Bestimmtheit nicht in Frage gestellt, wenn der Inhalt der Festsetzungen hinreichend deutlich erkennbar ist, *BVerwG*, B. v. 25. 10. 1996 – 4 NB 28.96 – Buchholz 406.11 § 9 BauGB Nr. 81.

6. Raumordnung des Bundes

278 Neben den Ländern beteiligt sich auch der Bund an der Raumordnung, indem er Leitvorstellungen der räumlichen Entwicklung des Bundesgebietes entwickelt und auch im europäischen Rahmen auf eine Abstimmung raumbedeutsamer Planungen hinwirkt.

279 **a) Grundlagen.** § 18 ROG gibt auf der Grundlage des Rechtsgutachtens des *BVerfG*[456] den gesetzlichen Rahmen für die Raumordnung des Bundes. Der Bund kann nach § 18 I ROG auf der Grundlage der Raumordnungspläne und in Zusammenarbeit mit den für die Raumordnung zuständigen obersten Landesbehörden Leitbilder der räumlichen Entwicklung des Bundesgebietes oder von über die Länder hinausgreifenden Zusammenhängen als Grundlage für die Abstimmung raumbedeutsamer Planungen und Maßnahmen des Bundes und der Europäischen Gemeinschaft entwickeln. Zudem beteiligt sich der Bund in Zusammenarbeit mit den Ländern an einer Raumordnung in der Europäischen Gemeinschaft und im größeren europäischen Raum (§ 18 II ROG). Auch bei der grenzüberschreitenden Zusammenarbeit mit Nachbarstaaten im Bereich der Raumordnung wirken Bund und Länder eng zusammen (§ 18 III ROG). Zugleich verpflichtet § 18 IV ROG den Bund, darauf hinzuwirken, dass die Personen des Privatrechts, an denen der Bund beteiligt ist, die Grundsätze der Raumordnung berücksichtigen und deren Ziele beachten. § 19 ROG sieht eine gegenseitige Unterrichtung und gemeinsame Beratung aller beteiligten Stellen vor und stellt das dazu erforderliche Instrumentarium bereit. Die Länder waren verpflichtet, die erforderlichen Regelungen zur Umsetzung des Rahmenrechts bis Ende des Jahres 2001 zu schaffen (§ 22 S. 1 ROG). Die Regelungen in § 7 V bis X ROG zur Umweltprüfung einschließlich der Öffentlichkeits- und Behördenbeteiligung sind bis Ende 2006 in Landesrecht umzusetzen (§ 22 S. 2 ROG).

280 **b) Deutsche ausschließliche Wirtschaftszone.** Im Bereich zwischen 12 und 200 Seemeilen vor der Küste, der ausschließlichen Wirtschaftszone (AWZ) legt der Bund Ziele und Grundsätze der Raumordnung hinsichtlich der wirtschaftlichen und wissenschaftlichen Nutzung fest **(§ 18a I ROG)**. Zugleich soll die Sicherheit und Leichtigkeit der Seeschifffahrt und der Schutz der Meeresumwelt gewährleistet werden. Die Festlegung erfolgt in den Verfahrensschritten des § 7 I sowie IV bis X ROG. Es findet eine Öffentlichkeits- und Behördenbeteiligung statt. Betroffene Umweltbelange sind in einer Umweltprüfung zu ermitteln und im Umweltbericht darzustellen. Auch werden die raumordnerischen Festlegungen von einem Monitoring begleitet. Zuständig für die Durchführung des Verfahrens ist das Bundesamt für Seeschifffahrt und Hydrologie, das mit Zustimmung des Bundesministerium für Verkehr, Bau- und Wohnungswesen die vorbereitenden Schritte zur Aufstellung der Ziele und Grundsätze der Raumordnung einschließlich der Umweltprüfung und der Öffentlichkeitsbeteiligung durchführt **(§ 18a II ROG)**. Werden Vorranggebiete für Windkraftanlagen als Ziele der Raumordnung ausgewiesen, so hat dies unterstützende Auswirkungen auf das Verfahren zur Genehmigung von Windkraftanlagen nach der Seeanlagenverordnung.

281 **c) Gegenseitige Unterrichtung und gemeinsame Beratung.** Als Voraussetzung der Koordination unterrichten die öffentlichen Stellen des Bundes und Private die für die Raumordnung des Bundes zuständigen Stellen über raumbedeutsame Planungen und Maßnahmen. Zugleich unterrichtet das für die Bundesraumordnung zuständige Bundesministerium die vorgenannten Stellen über raumbedeutsame Planungen und Maßnahmen der öffentlichen Stellen des Bundes von wesentlicher Bedeutung (§ 19 ROG). Bund

---

[455] *Bundesregierung*, Gesetzentwurf zum BauROG 1998, S. 87.
[456] *BVerfG*, E. v. 16. 6. 1954 – 1 PBvV 2/52 – BVerfGE 3, 407 = *Hoppe/Stüer* RzB Rdn. 1 – Gutachten Bodenrecht.

und Länder sind verpflichtet, sich gegenseitig entsprechend Auskunft zu erteilen. Ein Beirat für Raumordnung, der beim zuständigen Bundesministerium gebildet worden ist, erteilt dem Ministerium entsprechende Beratungen (§ 20 ROG). Das Bundesamt für Bauwesen und Raumordnung erstattet in regelmäßigen Abständen gegenüber dem zuständigen Bundesministerium zur Vorlage an den Deutschen Bundestag Berichte (§ 21 ROG).

7. Bindungswirkungen

Für den Bürger ergeben sich aus den Zielen und Grundsätzen der Raumordnung keine unmittelbaren Bindungswirkungen, da diese Regelungen nur verwaltungsintern wirken.[457] Bindungswirkungen bestehen jedoch für die Gemeinden. An die durch die Raumordnung festgelegten **Ziele** sind die Städte und Gemeinden bei ihrer **Bauleitplanung** nach § 1 IV BauGB in der Weise **gebunden**, dass sie ihre gemeindliche Planung diesen Zielen der Raumordnung anzupassen haben.[458] Das Anpassen i. S. des § 1 IV BauGB bedeutet, dass die Ziele der Raumordnung in der Bauleitplanung je nach dem Grad ihrer Aussageschärfe konkretisierungsfähig sind, nicht aber im Wege der Abwägung nach § 1 VII BauGB überwunden werden können. Danach kann eine Gemeinde die in den Zielen der Raumordnung enthaltenen Vorgaben zielkonform ausgestalten und die Wahlmöglichkeiten voll ausschöpfen, die ihr dabei zu Gebote stehen. Sie kann die Ziele der Raumordnung aber nicht im Wege der Abwägung überwinden.[459] Die Verpflichtung der Gemeinde, ihre Bauleitplanung den Zielen der Raumordnung anzupassen, ist gleichsam vor die Klammer des Abwägungsprozesses gezogen. Besteht ein landesplanerisches Ziel etwa darin, in einem Gebiet einer bestimmten Raumfunktion den absoluten Vorrang zu sichern, so kann dieser Nutzungsvorrang nicht durch gemeindliche Abwägung mit hiermit unvereinbaren Belangen relativiert werden.[460]

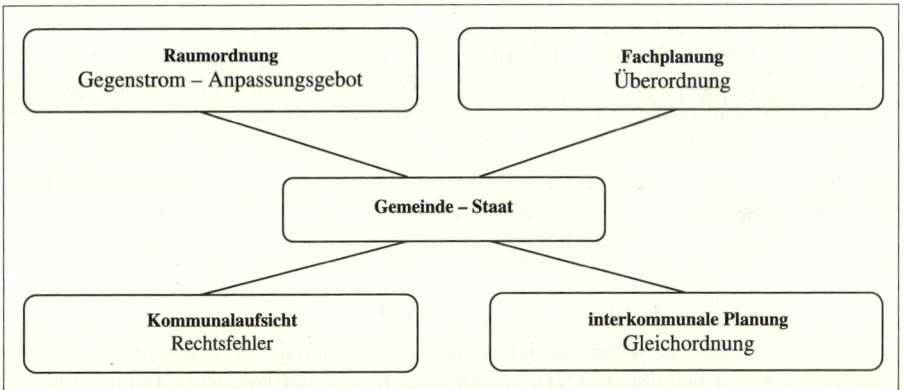

Die rahmensetzenden Ziele der höherstufigen Planung müssen allerdings genügend **konkretisiert** sein. Außerdem binden die Ziele der Raumordnung nur, wenn sie sich auf ihre originären Sachbereiche beschränken. Rein städtebauliche oder ortsplanerische Ziele dürfen durch die Raumordnung nicht festgelegt werden, weil damit in den gemeindlichen Entscheidungsraum eingegriffen würde. Programme oder Pläne der Raumordnung, die erst im Aufstellungsverfahren begriffen sind, entfalten keine Bindungswirkung

---

[457] BVerwG, B. v. 24. 4. 1992 – 4 NB 36.91 = Hoppe/Stüer RzB Rdn. 36 – regionales Raumordnungsprogramm.
[458] BVerwG, B. v. 20. 8. 1992 – 4 NB 20.91 – BVerwGE 90, 329 = ZfBR 1992, 280 = Hoppe/Stüer RzB Rdn. 5 – Teutoburger Wald.
[459] BVerwG, B. v. 1. 6. 1994 – 4 NB 21.94 – Buchholz 406.11 § 1 BauGB Nr. 47.
[460] BVerwG, B. v. 20. 8. 1992 – 4 NB 20.91 – BVerwGE 90, 329 = Hoppe/Stüer RzB Rdn. 5.

nach § 1 IV BauGB. Dasselbe gilt für die Ergebnisse eines Raumordnungsverfahrens, das der Prüfung der Raumverträglichkeit eines Vorhabens dient und keine Ziele der Raumordnung beinhaltet. Derartige Belange sind der Abwägung zugänglich (§ 3 Nr. 4 ROG). Bei der Festlegung von Zielen hat die Raumordnung im Übrigen den gemeindlichen Verantwortungsbereich zu wahren, woraus sich das Gebot der **Rücksichtnahme** auf kommunale Belange ergibt. Eine Raumordnung, die alles regeln und der gemeindlichen Bauleitplanung nicht mehr den erforderlichen Freiraum lassen wollte, wäre wegen Verstoßes gegen die kommunale Selbstverwaltung unwirksam. Ziele der Raumordnung, die unter Missachtung der Mitwirkungsrechte der Gemeinde aufgestellt worden sind, binden diese nicht.[461] So weit die Planungshoheit durch überörtliche Entscheidungen betroffen wird, muss die einzelne Gemeinde auch im Hinblick auf die Selbstverwaltungsgarantie in Art. 28 II GG eine substanzielle Möglichkeit haben, ihre Interessen angemessen wahrzunehmen.[462] Aus diesen verfassungsrechtlichen Zusammenhängen leiten sich **Abwägungsgebote**[463] ab, die folgende Elemente enthalten.[464]

– **Intensität des Eingriffs:** Je gravierender die Raumordnung in die gemeindliche Planungshoheit eingreift, desto wichtiger müssen die Gründe sein, die einen solchen Eingriff rechtfertigen.
– **Maßstab der Feinkörnigkeit:** Beschränkt sich die Raumordnung auf allgemeine Ziele, so besteht ein geringer Rechtfertigungszwang. Je konkreter die Zielvorgaben und je geringer der Gestaltungsspielraum der Gemeinde, umso höhere Anforderungen sind an die Raumordnung zu stellen.
– **Kontrolldichte:** Mit wachsendem Eingriff steigt die Intensität und Reichweite der gerichtlichen Kontrolle. Greifen die Vorgaben der Raumordnung in elementare gemeindliche Verantwortungsbereiche ein, so unterliegt ein solcher Eingriff einer intensiven gerichtlichen Kontrolle. Weniger wichtige Auswirkungen auf die gemeindliche Planungshoheit sind auch von den Gerichten eher hinzunehmen.
– **Rücksichtnahme auf kommunale Belange und kommunalfreundliches Verhalten:** Die Raumordnung hat bei der Formulierung ihrer Ziele auf gemeindliche Belange nach Möglichkeit Rücksicht zu nehmen. Die eigenen Planungsvorstellungen der Gemeinden sind in die Konzepte der Raumordnung einzustellen. Bei gleichwertigen Lösungen gebührt der kommunalen Selbstverwaltung grundsätzlich der Vorrang.

Beispiel: Der Gebietsentwicklungsplan sieht für eine Gemeinde keine neuen Baugebiete mehr vor. Eine solche landesplanerische Vorgabe wäre nur dann verfassungsrechtlich zulässig, wenn die vorhandenen Baugebiete und Innenbereiche eine auskömmliche Gemeindeentwicklung ermöglichen. Besteht eine Gemeinde aus mehreren Ortsteilen, so könnte das landesplanerische Festfrieren der baulichen Entwicklung kleinerer Ortsteile zulässig sein, wenn der Gemeindeentwicklung an anderen Stellen des Gemeindegebietes ausreichend Raum verbleibt.

284 Das so verstandene **Zusammenspiel** zwischen den Zielen der Raumordnung einerseits und der kommunalen Bauleitplanung andererseits ist auch vor dem Hintergrund der **Selbstverwaltungsgarantie** in Art. 28 II GG verfassungsrechtlich abgesichert. Die Selbstverwaltungsgarantie steht der Bindung an die Ziele der Raumordnung nicht prinzipiell entgegen. § 1 IV BauGB führt auch nicht zu einer Aushöhlung der kommunalen Planungshoheit. Denn die Gemeinde ist den landesplanerischen Zielvorgaben nicht einschränkungslos ausgesetzt. Ein planerischer Durchgriff auf Gemeindegebietsteile ist der Raumordnung zwar grundsätzlich nicht verwehrt. Er ist aber an bestimmte Voraussetzungen geknüpft, die mit der Intensität des Eingriffs steigen. Die Gemeinde wird daher

---

[461] *BVerwG*, Urt. v. 18. 2. 1994 – 4 C 4.93 – BVerwGE 95, 123 = *Hoppe/Stüer* RzB Rdn. 934.
[462] *BVerfG*, B. v. 7. 10. 1980 – 1 BvR 584/76 – BVerfGE 56, 298 = NJW 1981, 1659 = DVBl. 1981, 535 = *Hoppe/Stüer* RzB Rdn. 1157 – Memmingen; *BVerwG*, Urt. v. 20. 11. 1987 – 4 C 39.84 – DVBl. 1988, 532; Urt. v. 18. 2. 1994 – 4 C 4.93 – BVerwGE 95, 123 = *Hoppe/Stüer* RzB Rdn. 934.
[463] Zum Abwägungsgebot s. Rdn. 1195.
[464] *Stüer* Funktionalreform und kommunale Selbstverwaltung 1980, 293 ff.

durch verfahrensrechtliche und inhaltliche Sicherungen davor bewahrt, zum bloßen Objekt einer überörtlichen Gesamtplanung degradiert zu werden und ist, so weit für sie Anpassungspflichten begründet werden sollen, in den überörtlichen Planungsprozess einzubeziehen (§ 1 III ROG).

Ziele, die unter Missachtung der gemeindlichen Mitwirkungsrechte festgelegt wurden, braucht die Gemeinde nicht gegen sich gelten zu lassen. Auch materiellrechtlich setzt die kommunale Planungshoheit der Raumordnung Grenzen, deren Überschreitung zur Folge hat, dass die Bindungswirkung in § 1 IV BauGB nicht besteht. Von der Gemeinde im Anhörungsverfahren vorgebrachte Einwendungen sind zur Kenntnis zu nehmen und, sofern ihnen nicht Rechnung getragen wird, als Rechnungsposten in die Überlegungen der Landesplanungsbehörde einzustellen und bei der Entscheidung zu erwägen. Die gemeindlichen Belange dürfen im Wege der Abwägung nur dann auf der Ebene der Raumordnung der Länder zurückgestellt werden, wenn und soweit die der Gemeinde im Vergleich zu anderen Gemeinden auferlegten Sonderlasten durch überörtliche Interessen von höherem Gewicht erforderlich werden und noch substanzieller Raum für eine konkretisierende Bauleitplanung verbleibt.[465]

Die Pflicht zur Anpassung an die Ziele der Raumordnung in § 1 IV BauGB, § 4 I ROG umfasst eine negative und eine positive Seite.[466] Bei der Aufstellung, Änderung, Ergänzung oder Aufhebung von Bauleitplänen hat die Gemeinde die verbindlichen Ziele der Raumordnung in dem Sinne zu beachten, dass die Bauleitpläne nicht in einen Gegensatz zu diesen Zielen treten dürfen (**negatives Planungsverbot**). Bei aus der Sicht der Raumordnung besonders wichtigen Vorhaben kann die gemeindliche Selbstverwaltung bei entsprechender landesgesetzlicher Grundlage gezwungen werden, bestimmte Vorhaben in Bauleitplänen auszuweisen (**positive Planungspflicht**). Ein solcher Zwang ist allerdings nur dann zulässig, wenn er durch besonders wichtige Gemeinwohlbelange gerechtfertigt ist und der Widerstand der kommunalen Selbstverwaltung unberechtigt erscheint (**Planungsgebot**).[467] Ein solches Planungsgebot kann auch im Interesse des Schutzes von Nachbargemeinden erlassen werden.

Beispiel: Durch die Unwirksamkeit eines Bebauungsplans sind im nicht beplanten Innenbereich weitere großflächige Einzelhandelsnutzungen zulässig, die sich auf die Innenstadt einer Nachbargemeinde und damit auf das Zentrensystem erheblich auswirken. Die Standortgemeinde kann im Interesse der gemeindenachbarlichen Entwicklung angewiesen werden, einen Bebauungsplan aufzustellen und diesen mit einer Veränderungssperre zu sichern.[468]

Das ROG enthält allerdings **keine Regelungen** über ein **landesplanerisches Planungsgebot**. Stattdessen wird in § 13 ROG ein erheblich weicheres **Instrumentarium** zur Verwirklichung der Raumordnungspläne angeboten. Die Träger der Landes- oder Regionalplanung wirken nach § 13 1 ROG auf die Verwirklichung der Raumordnungspläne hin. Außerdem können regionale Entwicklungskonzepte aufgestellt werden (§ 13 3 ROG). Zudem ist die Zusammenarbeit von Gemeinden zur Stärkung teilräumlicher Entwicklungen zu unterstützen. Hierdurch wird der Aufbau eines Städtenetzes gefördert

---

[465] *BVerwG*, B. v. 18. 2. 1991 – 4 NB 37.90 = *Hoppe/Stüer* RzB Rdn. 4; B. v. 20. 8. 1992 – 4 NB 20.91 – BVerwGE 90, 329 = *Hoppe/Stüer* RzB Rdn. 5; *BVerfG*, B. v. 23. 6. 1987 – 2 BvR 826/83 – BVerfGE 76, 107.

[466] *Hoppe* in: *Hoppe/Bönker/Grotefels* § 5 Rdn. 7, 63.

[467] *Stern/Burmeister* Die Verfassungsmäßigkeit eines landesrechtlichen Planungsgebotes für Gemeinden 1975, 30. Entsprechende Regelungen sind im Gesetzgebungsverfahren zum BauROG 1998 aus den Beratungsunterlagen gestrichen worden. Zur verfassungsrechtlichen Zulässigkeit eines landesplanerischen Planungsgebotes *BVerwG*, Urt. v. 12. 12. 1969 – IV C 105.66 – BVerwGE 34, 301 = *Hoppe/Stüer* RzB Rdn. 23.

[468] *BVerwG*, Urt. v. 1. 8. 2002 – 4 C 5.01 – BVerwGE 117, 25 = DVBl. 2003, 62 = NVwZ 2003, 86 – FOC Zweibrücken; Urt. v. 17. 9. 2003 – 4 C 14.01 – BVerwGE 119, 25 = DVBl. 2004, 239 = NVwZ 2004, 220 – Mühlheim-Kärlich; *Stüer* NVwZ 2004, 814.

(§ 13 S. 4 ROG). Auch können vertragliche Vereinbarungen zur Vorbereitung und Verwirklichung der Raumordnungspläne geschlossen werden (§ 13 S. 5 ROG). Zudem ist nach dem Raumordnungsrecht die Untersagung raumordnungswidriger Planungen und Maßnahmen zulässig (vgl. § 12 ROG).

288 Ordnungsgemäß aufgestellte Ziele der Raumordnung verlangen eine strikte Beachtung und sind einer Abwägung nach § 1 VII BauGB entzogen. Bauleitpläne, die gegen die sich aus § 1 IV BauGB ergebenden Anpassungspflichten an die Ziele der Raumordnung verstoßen, sind daher unwirksam.[469] Allerdings können die Ziele der Raumordnung in den nachfolgenden Planungsstufen **konkretisiert** werden. Auch für die planungsrechtliche Beurteilung von Außenbereichsvorhaben können die Ziele der Raumordnung Bedeutung gewinnen. So kann ein nach § 35 BauGB grundsätzlich privilegiertes Außenbereichsvorhaben an anderen öffentlichen Belangen wie etwa den Zielen der Raumordnung scheitern.[470] Auch kann etwa ein Regionalplan für die Beurteilung eines Außenbereichsvorhabens von Bedeutung sein, soweit er sachlich und räumlich hinreichend konkrete Zielaussagen beinhaltet.[471] Ein Bebauungsplan, der einem Ziel der Regionalplanung widerspricht, verletzt das Anpassungsgebot des § 1 IV BauGB auch dann, wenn er aus den Darstellungen eines Flächennutzungsplans entwickelt worden ist.[472] Der Regionalplanung ist es allerdings verwehrt, im Gewande der überörtlichen Gesamtplanung Regelungen einer Natur- oder Landschaftsschutzverordnung durch eigene Zielfestlegungen zu ersetzen. Eine Straßenplanung durch Bebauungsplan verletzt das Anpassungsgebot des § 1 IV BauGB, wenn die planerische Gesamtkonzeption einem Ziel der Regionalplanung widerspricht. Naturschutzrechtliche Ausgleichs- und Ersatzmaßnahmen können ein geeignetes Mittel sein, um die Zielkonformität zu sichern.[473]

289 Die Grundsätze und Ziele der Raumordnung haben nur **verwaltungsinterne Bindungswirkung**, gelten jedoch – abgesehen von den sich aus §§ 4, 5 ROG für die Ziele der Raumordnung ergebenden Bindungswirkungen – nicht unmittelbar für den Bürger, der daraus auch im Hinblick auf die Aufstellung der Bauleitpläne keine eigenen Rechte ableiten kann (§ 1 IV BauGB).[474] Raumordnung und Bauleitplanung eint die **Querschnittsaufgabe**, fachbezogene Einzelinteressen zu einer Gesamtplanung zu bündeln. Ein sachgerechter Ausgleich beider Ebenen wird sich wohl nur durch eine Beschränkung auf das jeweilige planerische Kerngeschäft erreichen lassen. Zentrales Anliegen der Raumordnung muss dabei sein, die übergreifenden Raumstrukturen zu ordnen, sich zugleich aber auf diese Aufgabe zu konzentrieren. Die kommunale Bauleitplanung ist innerhalb dieses Rahmens aufgerufen, die städtebauliche Gestalt der örtlichen Gemeinschaft zu verantworten. Dafür bedarf sie eines Ordnungsrahmens und autonomer planerischer Gestaltungsspielräume zugleich.

---

[469] *OVG Lüneburg*, Urt. v. 23. 9. 1991 – 6 L 46/90 – OVGE 42, 414 = ZfBR 1992, 94.

[470] *BVerwG*, B. v. 18. 11. 1994 – 4 B 162.94 – Buchholz 445.4 § 6 WHG Nr. 7 – Kiesabbau.

[471] *BVerwG*, Urt. v. 20. 1. 1984 – 4 C 43 u. 70.79 – BVerwGE 68, 311 = *Hoppe/Stüer* RzB Rdn. 444; vgl. hierzu u. Rdn. 2514 sowie § 35 III 4 BauGB.

[472] *BVerwG*, Urt. v. 30. 1. 2003 – 4 CN 14.01 – BVerwGE 117, 351 = DVBl. 2003, 733 = NVwZ 2003, 742 = NuR 2004, 158 mit Anmerkung *Hönig* – Regionaler Grünzug.

[473] *BVerwG*, Urt. v. 30. 1. 2003 – 4 CN 14.01 – BVerwGE 117, 351 = DVBl. 2003, 733 = NVwZ 2003, 742 = NuR 2004, 158 mit Anmerkung *Hönig* – Regionaler Grünzug. Zur Abwägung zwischen der raumordnerischen Zielsetzung, den bestehenden Eigenversorgungsgrad von 70 % durch die Ausweisung schutzbedürftiger Bereiche für die Rohstoffsicherung langfristig abzusichern, und der örtlichen Bauleitplanung unter Beachtung des Prioritätsprinzips *VGH Mannheim*, Urt. v. 4. 4. 2003 – 5 S 548/01 – BauR 2003, 1444.

[474] *BVerwG*, B. v. 24. 4. 1992 – 4 NB 36.91 = *Hoppe/Stüer* RzB Rdn. 36.

2. Teil. Inhalt und Rechtsnatur der Bauleitpläne

Das BauGB[475] hält ein reichhaltiges Bündel von Planungsinstrumentarien bereit.[476] Hierzu gehören die Plangestaltung, Plansicherung, Planverwirklichung, Planvorbereitung, Planbegleitung und Plankoordinierung.[477] **Hauptinstrumente** der **Bauleitplanung** sind der **Flächennutzungsplan** als vorbereitender Bauleitplan (§§ 5–7 BauGB) und der **Bebauungsplan** als verbindlicher Bauleitplan (§§ 8–13 BauGB). Beide Handlungsformen sind aufeinander bezogen und ergeben ein System kommunaler Planung, das der Vorbereitung und Leitung der baulichen und sonstigen Nutzung der Grundstücke dient (§ 1 I BauGB). Die Gemeinden haben dabei nach § 1 III BauGB Bauleitpläne aufzustellen, sobald und so weit es erforderlich ist. Die Bauleitpläne sollen eine nachhaltige städtebauliche Entwicklung gewährleisten[478] und die in § 1 V BauGB aufgeführten Planungsziele, Planungsgrundsätze und Planungsleitlinien berücksichtigen. Die nachhaltige städtebauliche Entwicklung zielt auf eine langfristig ausgewogene Flächennutzungsplanung, die das Gesamtsystem der Stadt einschließlich der städtischen Umwelt dauerhaft funktionsfähig macht. Dies schließt sowohl eine sparsame und schonende Inanspruchnahme neuer Flächen für bauliche und infrastrukturelle Maßnahmen (§ 1a II 1 BauGB), die Aufbereitung und Wiedernutzung brachgefallener oder ungenutzter Bau- und Infrastrukturflächen als auch die Offenhaltung geeigneter Entwicklungsflächen für nachfolgende Generationen ein. Die Förderung Kosten sparenden Bauens wird maßgeblich durch die festgelegte städtebauliche Struktur bestimmt. Sie beginnt mit der Ausweisung geeigneter, in die vorhandenen städtebaulichen Strukturen gut eingebundener Bau- und Infrastrukturflächen, deren gegenseitiger Zuordnung und Erreichbarkeit auf kurzen Wegen, der sparsamen Erschließung der Bauflächen und reicht bis zur Festsetzung von Bau- und Erschließungsstrukturen, die einen rationellen Einsatz wirtschaftlicher Methoden und Verfahren bei der Plandurchführung zulassen.[479]

---

[475] Zum Vorgängergesetz BBauG *Battis* DVBl. 1977, 160; *ders.* DÖV 1978, 113; *Battis/Krieger* DVBl. 1981, 497; *Bielenberg* BBauBl. 1977, 473; *Bielenberg/Dyong* Das neue BBauG 1977; *Brugge* ZfBR 1987, 61; *Gaentzsch* BBauG 77, 1976; *Gierke* DVBl. 1984, 149; *Groh* UPR 1984, 142; *Grooterhorst* Die Wirkung der Ziele der Raumplanung und Landesplanung gegenüber Bauvorhaben nach § 34 BBauG 1985; *Hartwig* NVwZ 1985, 8; *Henke* DÖV 1983, 402; *Hoppe* DVBl. 1964, 165; *ders.* BauR 1970, 15; *Höver* BauR 1987, 495; *Kiepe* Der Städtetag 1983, 409; *Knöpfle* Das Einvernehmen der Gemeinden nach § 36 BBauG und raumordnungsrechtliche Vorgaben 1984; *Lau* BauR 1987, 491; *Lemmel* DVBl. 1981, 318; *Oestreicher* ZfSH 1977, 1; *Passlick* Die Ziele der Raumordnung und Landesplanung 1986; *Rothe* Umlegung und Grenzregelung nach dem BBauG 1984; *ders.* DVBl. 1980, 37; *ders.* DVBl. 1974, 737; *Schäfer/Schmidt-Eichstaedt* DVBl. 1984, 588; *Schlez* BBauG 1980; *ders.* JZ 1974, 699; *Schlichter* AgrarR 1982, 85; *Schmaltz* BauR 1980, 1; *Schmidt-Aßmann* Das bebauungsrechtliche Planungserfordernis bei §§ 34, 35 BBauG 1982; *Selmer* Betriebsberater 1988, Beilage 15 zu H. 30, 1; *Söfker* ZfBR 1979, 11; *Stühler* BBauG VBlBW 1986, 122; *Trendel* BauR 1982, 201; *Vogel* BauR 1977, 6; *Weyreuther* Bauen im Außenbereich 1979, 1; *ders.* BauR 1981, 1; *Wilker* WiVerw. 1984, H. 4205; *Ziegler* ZfBR 1983, 169; *ders.* ZfBR 1980, 173; *ders.* BBauBl. 1979, 526.

[476] Zur Entstehungsgeschichte des BauGB *Arbeitskreis für Umweltrecht* NVwZ 1987, 395; *Bielenberg/Krautzberger* DVBl. 1985, 1281; *Bielenberg/Krautzberger/Söfker* DVBl. 1987, 122; *Stelkens* BauR 1986, 390; *Zentralinstitut für Raumplanung* DVBl. 1985, 36.

[477] *Hoppe* in: *Hoppe/Bönker/Grotefels* § 10 Rdn. 1ff. Zu beabsichtigten Reformen des BauGB, BauGB-MaßnG und der BauNVO *Böddinghaus* UPR 1995, 185; *ders.* BBauBl. 1996, 256; *Krautzberger* UPR-Spezial, Bd. 6, 1994, S. 1; *ders.* FS Schlichter 1995, 145; *Krautzberger/Wagner* DVBl. 1994, 1025; *Portz* Stadt und Gemeinde 1995, S. 83; *Schliepkorte/Stemmler* BBauBl. 1996, 86; *Stüer* DVBl. 1996, 177, dort auch zu den Stellungnahmen der Verbände.

[478] Das BauROG hat den Begriff der geordneten städtebaulichen Entwicklung durch die nachhaltige städtebauliche Entwicklung ersetzt. Dadurch soll ähnlich wie bei der nachhaltigen Berücksichtigung von Umweltbelangen im Umweltrecht („sustainable development") die Bedeutung und Querschnittsfunktion der städtebaulichen Entwicklung hervorgehoben werden.

[479] Fachkommission „Städtebau" der ARGEBAU, Muster-Einführungserlass zum BauROG, S. 9.

291 Bauleitpläne sind dann **erforderlich**, wenn sie nach der planerischen Konzeption der Gemeinde als erforderlich angesehen werden können. Diese Konzeption festzulegen und städtebauliche Schwerpunkte zu setzen, ist Aufgabe der Gemeinde. Dazu zählt auch, eine bereits vorhandene Bebauung durch eine verbindliche Bauleitplanung zu überplanen, um den bereits entstandenen städtebaulichen Zustand rechtlich festzuschreiben. Das gilt selbst dann, wenn sich die Bebauung weitestgehend nach § 34 II BauGB bestimmt. Auch hier darf die Gemeinde es als eine Aufgabe städtebaulicher Ordnung ansehen, ein faktisches Baugebiet nunmehr rechtlich zu ordnen und damit städtebaulich „festzuschreiben".[480] Ob und in welchem Umfang eine Bauleitplanung erforderlich ist, obliegt grundsätzlich der freien Entscheidung der Gemeinde. Es besteht insoweit ein weites Ermessen, das sich einer rechtlichen Kontrolle weitgehend entzieht.[481]

292 Die **Erforderlichkeit** eines Bebauungsplans im Sinne des § 1 III BauGB wird nicht dadurch in Frage gestellt, dass die zuständigen Baurechtsbehörden von der zwangsweisen Durchsetzung einer Festsetzung bei schon bebauten Grundstücken nur unter Berücksichtigung der jeweiligen entgegenstehenden Belange im Einzelfall Gebrauch machen.

293 § 1 III BauGB kann Rechtsgrundlage einer gemeindlichen **Erstplanungspflicht** im unbeplanten Innenbereich sein. Das Planungsermessen der Gemeinde verdichtet sich zur strikten Planungspflicht, wenn qualifizierte städtebauliche Gründe von besonderem Gewicht vorliegen. Das interkommunale Abstimmungsgebot[482] kann einen qualifizierten städtebaulichen Handlungsbedarf begründen. § 1 IV BauGB begründet eine gemeindliche Erstplanungspflicht, wenn die Verwirklichung von Zielen der Raumordnung bei Fortschreiten einer „planlosen" städtebaulichen Entwicklung auf unüberwindbare tatsächliche oder rechtliche Hindernisse stoßen oder wesentlich erschwert würde. Die eine Erstplanungspflicht auslösenden Tatbestände des § 1 III und 4 BauGB stehen infolge ihrer unterschiedlichen Zweckrichtung nicht in einem Rangverhältnis; sie können jeweils allein oder nebeneinander zur Anwendung kommen. Die Durchsetzung einer gemeindlichen Planungspflicht aus § 1 III BauGB mit den Mitteln der Kommunalaufsicht ist mit Bundesrecht vereinbar.[483]

294 Die Gemeinde soll gerade bewusst **Städtebaupolitik** betreiben. Einer „Bedarfsanalyse" bedarf es dazu nicht. Auch besteht auf die Aufstellung von Bauleitplänen und städtebaulichen Satzungen nach § 1 III 2 BauGB kein Anspruch. Ebenso wenig lässt sich etwa aus der Eigentumsgarantie in Art. 14 I GG ein Anspruch auf Aufrechterhaltung eines unwirksamen Bebauungsplans herleiten.[484] Hinsichtlich der Erforderlichkeit der Planung wird sich die Gemeinde in aller Regel von ihren eigenen städtebaulichen Vorstellungen leiten lassen. Sie kann ein Planungserfordernis aber auch aus den Zielen der Raumordnung ableiten.[485] Das in § 1 BauGB enthaltene Grundprinzip der städtebaulichen Ordnung wird dabei in mehrfacher Weise ausdifferenziert: Bauleitpläne sind dann erforderlich, wenn sie nach der planerischen Konzeption der Gemeinde als erforderlich anzusehen sind. Diese Konzeption festzulegen und städtebauliche Schwerpunkte zu setzen, ist Aufgabe der Gemeinde. Dazu zählt auch, eine bereits vorhandene Bebauung durch eine verbindliche Bauleitplanung zu überplanen, um den bereits entstandenen städtebaulichen Zustand rechtlich festzuschreiben. Das gilt selbst dann, wenn sich die Bebauung weitestgehend nach § 34 II BauGB bestimmt. Auch hier darf die Gemeinde es als eine Aufgabe städtebaulicher Ordnung ansehen, ein faktisches Baugebiet nunmehr rechtlich zu ordnen und

---

[480] *BVerwG*, B. v. 16. 1. 1996 – 4 NB 1.96 – NVwZ-RR 1997, 83 = ZfBR 1996, 223 – Planungserfordernis.
[481] *BVerwG*, B. v. 14. 8. 1995 – 4 NB 21.95 – Buchholz 406.11 § 1 BauGB Nr. 86.
[482] Zur interkommunalen Abstimmung s. Rdn. 206.
[483] *BVerwG*, Urt. v. 17. 9. 2003 – 4 C 14.01 – BVerwGE 119, 25 = DVBl. 2004, 239 = NVwZ 2004, 220 – Mühlheim-Kärlich.
[484] *BVerwG*, B. v. 7. 5. 1993 – 4 NB 14.93 – NVwZ-RR 1994, 235.
[485] *BVerwG*, B. v. 1. 6. 1994 – 4 NB 21.94 – Buchholz 406.11 § 1 BauGB Nr. 47.

damit städtebaulich festzuschreiben.[486] Die Gemeinde hat allerdings bei der Aufstellung der Bauleitpläne eine weitgehende Entscheidungsbefugnis. So ist die Gemeinde bei ihrer Bauleitplanung nicht gehalten, eine bisherige potenzielle Bebaubarkeit aufrechtzuerhalten. Sie kann den bisherigen Bestand festschreiben oder ihn sogar planerisch zurückführen.[487]

Hinweis: Die Erforderlichkeit eines Bebauungsplans im Sine des § 1 III BauGB wird nicht dadurch in Frage gestellt, dass die zuständige Baurechtsbehörde von der zwangsweisen Durchsetzung einer Festsetzung bei schon bebauten Grundstücken nur unter Berücksichtigung der jeweiligen entgegenstehenden Belange im Einzelfall Gebrauch machen. Die ein Grundstück betreffenden Festsetzungen verstoßen nicht allein deshalb gegen § 1 III BauGB, weil auf anderen Grundstücken gleichartige Festsetzungen nicht oder noch nicht verwirklicht sind.[488]

Nicht erforderlich sind Bauleitpläne, die einer positiven **Planungskonzeption** entbehren und ersichtlich der Förderung von Zielen dienen, für deren Verwirklichung die Planungsinstrumente des BauGB nicht bestimmt sind. Eine planerische Festsetzung darf nicht lediglich privaten Interessen dienen oder nur vorgeschoben sein, um eine in Wahrheit auf bloße **Verhinderung** gerichtete Planung zu verdecken.[489] Verfolgt eine Gemeinde mit der Festsetzung einer Fläche für die Landwirtschaft maßgeblich auch landschaftspflegerische und kleinklimatologische Zwecke, so liegt allein darin noch keine sog. Negativplanung, die – weil lediglich „vorgeschoben" – nach § 1 III BauGB unzulässig wäre.[490] Erforderlich kann auch eine bauleitplanerische Regelung sein,[491] die es der Gemeinde im Vorgriff auf künftige Entwicklungen ermöglichen soll, einer Bedarfslage gerecht zu werden, die sich zwar noch nicht konkret abzeichnet, aber bei vorausschauender Betrachtung in absehbarer Zeit erwartet werden kann. Unzulässig ist hingegen ein Bebauungsplan, der aus zwingenden Gründen nicht vollzogen werden kann oder der auf unabsehbare Zeit aus tatsächlichen Gründen nicht verwirklicht werden kann.[492] Städtebauliche Gründe können sich nur aus öffentlichen Belangen, nicht ausschließlich aus privaten Interessen ergeben.[493]

Inhaltlich besteht die Aufgabe der Bauleitplanung in der Vorbereitung und Leitung einer geordneten städtebaulichen Entwicklung (**Entwicklungsprinzip**), instrumentell wird das Entwicklungsprinzip durch den Flächennutzungsplan und den Bebauungsplan realisiert (**Planmäßigkeitsprinzip**), modal erfolgt die Aufstellung der Bauleitplanung an den gesetzlichen Instrumenten und Verfahren (**Kodifikationsprinzip**).

---

[486] *BVerwG*, B. v. 16. 1. 1996 – 4 NB 1.96 – NVwZ-RR 1997, 83 = ZfBR 1996, 223 – Planungsermessen.

[487] Dazu wurde sie auch durch die Vorgabe des inzwischen durch das BauROG aufgehobenen § 1 BauGB-MaßnG nicht verpflichtet, wonach im Rahmen der Bauleitplanung einem besonderen Wohnbedürfnis der Bevölkerung Rechnung zu tragen sei, so *BVerwG*, B. v. 16. 1. 1996 – 4 NB 1.96 – NVwZ-RR 1997, 83 = ZfBR 1996, 223 – Planungsermessen.

[488] *BVerwG*, B. v. 23. 1. 2003 – 4 B 79.02 – NVwZ 2003, 749 – Funktionslosigkeit.

[489] St. Rspr., *BVerwG*, B. v. 11. 5. 1999 – 4 BN 15.99 – DVBl. 1999, 1293 = BauR 1999, 1136 = NVwZ 1999, 1338 = UPR 1999, 352 = ZfBR 1999, 279, insbesondere zum Zusammenhang zwischen § 1 III BauGB und § 1 V BauNVO.

[490] *BVerwG*, B. v. 27. 1. 1999 – 4 B 129.98 – UPR 1999, 191 = BauR 1999, 611 = DVBl. 1999, 800 = NVwZ 1999, 878 = ZfBR 1999, 159 = NuR 1999, 326 – Streuobstwiese zur Sicherung einer Kaltluftschneise.

[491] Beispielsweise der Ausschluss von Einzelhandelsbetrieben und Vergnügungsstätten in einem Gewerbegebiet, um dort Flächen für die Ansiedlung von produzierendem Gewerbe vorzuhalten.

[492] *BVerwG*, B. v. 8. 9. 1999 – 4 BN 14.99 – ZfBR 2000, 275, mit Hinweis auf *BVerwG*, B. v. 25. 8. 1997 – 4 NB 12.97 – DÖV 1998, 71 = NVwZ-RR 1998, 162 = Buchholz 406.11 § 6 Nr. 7 = BauR 1997, 978 = ZfBR 1997, 320 = UPR 1998, 69 = NuR 1998, 135.

[493] Etwa die Sicherung der Nutzungsstruktur eines Gewerbegebiets durch Ausschluss von Einzelhandelsbetrieben, Vergnügungsstätten und Gaststätten gemäß § 1 V BauNVO, *BVerwG*, B. v. 11. 5. 1999 – 4 BN 15.99 – ZfBR 1999, 279 = UPR 1999, 352 = NuR 1999, 577 = GewArch. 1999, 389.

297 Der für das gesamte Gemeindegebiet geltende Flächennutzungsplan und der für Teile der Gemeinde verbindliche Bebauungsplan haben insbesondere im Verfahren der Aufstellung **Gemeinsamkeiten**, weisen aber auch **Unterschiede** auf, die sich aus der unterschiedlichen Rechtsnatur beider Pläne und daraus ergeben, dass der Flächennutzungsplan **Grobstrukturen** für die gesamte Gemeindeentwicklung enthält, während der Bebauungsplan **feinkörnige Festsetzungen** für die konkrete Grundstücksnutzung beinhaltet.

Hinweis: Neben die beiden im BauGB vorgesehenen förmlichen Planungsstufen können weitere informelle Pläne wie städtebauliche Rahmenpläne oder Stadtteilpläne treten, in denen die Gemeinde beabsichtigte Planungskonzepte darstellt. Diese zusätzlichen Gestaltungsmittel haben allerdings keine rechtliche Bindungswirkung, sondern dienen in einer Zwischenstufe vor allem der (internen) Konkretisierung der gemeindlichen Planungsvorstellungen. Durch die Erwähnung der Rahmenplanung in § 140 Nr. 4 BauGB will der Gesetzgeber unterstreichen, dass auch solche informellen Pläne im Planungsprozess wichtige Hilfs- und Gestaltungsmittel sein können. Auch können informelle Planungen, die Zielvorstellungen der Gemeinde enthalten, als öffentliche Interessen und damit Elemente der Abwägung bei der Aufstellung der Bauleitpläne zu berücksichtigen sein.[494]

I. Flächennutzungsplan

298 Im Flächennutzungsplan ist für das ganze Gemeindegebiet die sich aus der beabsichtigten städtebaulichen Entwicklung ergebende Art der Bodennutzung nach den voraussehbaren Bedürfnissen der Gemeinde in den Grundzügen darzustellen (§ 5 I 1 BauGB).[495] Der Flächennutzungsplan ist dabei nach § 1 IV BauGB den Zielen der Raumordnung anzupassen.

1. Aufgabe des Flächennutzungsplans

299 Der Flächennutzungsplan hat damit eine **doppelte Aufgabe**: Einerseits ist die übergeordnete Planung umzusetzen. Zugleich sind aber auch nachfolgende Planungen und Bodennutzungen vorzubereiten und zu leiten.[496] Dabei ist der Flächennutzungsplan Gesamtplan, indem er das gesamte Gemeindegebiet umfasst und zugleich ein für die Gemeinde (intern) verbindliches Handlungsprogramm beinhaltet. § 1 VI Nr. 11 BauGB bestimmt dazu, dass die Ergebnisse einer von der Gemeinde beschlossenen sonstigen städtebaulichen Planung zu berücksichtigen sind. Als ausdrücklich erwähnter Abwägungsbelang für das Bauleitplanverfahren soll damit die „informelle" Planung einbezogen werden, soweit eine solche vorhanden ist. In die Planungsgrundsätze des § 1 V BauGB ist der Begriff der nachhaltigen städtebaulichen Entwicklung aufgenommen worden. Die Gewährleistung einer solchen Entwicklung setzt aber oftmals gerade über den einzelnen Bauleitplan hinausgehende konzeptionelle Überlegungen voraus. Diese können in den informellen städtebaulichen Planungen dokumentiert und in die förmliche Bauleitplanung eingebracht werden. Folgerichtig ist daher in § 1 VI Nr. 11 BauGB die Berücksichtigung der Ergebnisse einer von der Gemeinde beschlossenen sonstigen städtebaulichen Planung ausdrücklich aufgenommen worden. Eine Rechtsänderung gegenüber der vormals geltenden Regelung ist damit nicht verbunden. Vielmehr handelt es sich um eine Klarstellung und weitere Hervorhebung der informellen Planung. Es muss sich um eine von der Gemeinde beschlossene städtebauliche Planung handeln, also nicht lediglich um einen Planervorschlag.[497] Zu den „informellen" Planungen gehören etwa

---
[494] *BVerwG*, B. v. 9. 9. 1988 – 4 NB 26.88 – Buchholz 406.11 § 1 BauGB Nr. 35 = *Hoppe/Stüer* RzB Rdn. 31.
[495] Zum Flächennutzungsplan *Bunse* DVBl. 1984, 420; *Creutz* BauR 1979, 470; *Krajewski* DÖV 1978, 827; *Löhr* Die kommunale Flächennutzungsplanung. Schriften zum deutschen Kommunalrecht 1977; *Menger* VerwArch. 71 (1980), 87; *Stüer* StuGR 1979, 109.
[496] *Hoppe* in: *Hoppe/Bönker/Grotefels* § 5 Rdn. 10 ff.
[497] Fachkommission „Städtebau" der ARGEBAU, Muster-Einführungserlass zum BauROG, S. 10.

städtebauliche Rahmenpläne, eine Entwicklungsplanung oder auch sonstige planerische Konzepte. Derartige Planungen unterliegen allerdings nicht einer Umweltprüfung, weil informelle Pläne nicht aufgrund von Rechts- oder Verwaltungsvorschriften erstellt werden müssen (Art. 2a UVP-Richtlinie).

Der Flächennutzungsplan kann damit **Teil** einer **umfassenden Entwicklungsplanung** 300 werden, wie sie in § 1 V BBauG 1976 geregelt war:[498] „Ist eine von der Gemeinde beschlossene Entwicklungsplanung vorhanden, so sind deren Ergebnisse, soweit sie städtebaulich von Bedeutung sind, bei der Aufstellung der Bauleitpläne zu berücksichtigen. Wird eine Entwicklungsplanung geändert, so soll die Gemeinde prüfen, ob und inwieweit Auswirkungen für Bauleitpläne in Betracht kommen. Weicht die Gemeinde bei der Aufstellung eines Bauleitplans von einer Entwicklungsplanung ab, so hat sie die Gründe dafür in dem Begründung des Flächennutzungsplans oder in der Begründung des Bebauungsplans darzulegen." Das Gebot der Berücksichtigung ist allerdings nicht mit dem Entwicklungsgebot des § 8 II 1 BauGB, wonach der Bebauungsplan aus dem Flächennutzungsplan zu entwickeln ist, gleichzusetzen. Die informellen Planungen der Gemeinde sind lediglich in der Abwägung zu berücksichtigen. Informelle Pläne müssen daher nicht vorweg oder parallel mit der Bauleitplanung geändert werden. Eine strikte Bindung an derartige Planungen kommt auch deshalb nicht in Betracht, weil für informelle Pläne im Gegensatz zur Bauleitplanung kein förmliches Planverfahren vorgeschrieben ist. Es würde daher den Erfordernissen rechtsstaatlicher Planungen, die hinter den Verfahrensförmlichkeiten der Bauleitplanung stehen, widersprechen, wenn Planungen, die ohne Einhaltung derartiger Verfahrensanforderungen zu Stande gekommen sind, die Bauleitplanverfahren hinsichtlich der Planungsergebnisse binden oder nicht überwindbare Vorgaben setzen würden. Vielmehr sollen die Ergebnisse informeller Planungen lediglich entsprechend ihrer Aussagekraft und ihrem aktuellen Gewicht Eingang in den Abwägungsprozess finden.

2. Darstellungsmöglichkeiten

Im Flächennutzungsplan sind die raumrelevanten Maßnahmen, Vorhaben und Absich- 301 ten der Gemeinde in zeichnerischer und ggf. textlicher Form in dem Sinne dargestellt, dass sie lediglich verwaltungsinterne Bindungen, nicht jedoch unmittelbare Außenwirkungen gegenüber dem Bürger entfalten.[499]

Der **Katalog** der **Darstellungsmöglichkeiten** ist in § 5 II BauGB aufgeführt: Im Flä- 302 chennutzungsplan können insbesondere die für die Bebauung vorgesehenen Flächen nach der allgemeinen Art ihrer baulichen Nutzung (**Bauflächen**), nach der besonderen Art ihrer baulichen Nutzung (**Baugebiete**) sowie nach dem allgemeinen Maß der baulichen Nutzung dargestellt werden (§ 5 II Nr. 1 BauGB). Darüber hinaus können die der Versorgung dienenden Einrichtungen des öffentlichen und privaten Bereichs, insbesondere mit den der Allgemeinheit dienenden baulichen Anlagen und Einrichtungen des Gemeinbedarfs, wie mit Schulen und Kirchen sowie mit sonstigen kirchlichen und mit sozialen, gesundheitlichen und kulturellen Zwecken dienenden Gebäuden und Einrichtungen, sowie die Flächen für Sport- und Spielanlagen dargestellt werden (§ 5 II Nr. 2 BauGB). Der Allgemeinheit dient eine Anlage i. S. des § 5 II Nr. 2 BauGB, wenn sie, ohne dass die Merkmale des Gemeingebrauchs erfüllt zu sein brauchen, einem nicht fest bestimmten wechselnden Teil der Bevölkerung zugänglich sind. Auf die Rechtsform des Trägers kommt es nicht entscheidend an. Liegt die Trägerschaft in der Hand einer natürlichen oder einer juristischen Person des Privatrechts, so genügt es, wenn mit staatlicher oder gemeindlicher Anerkennung eine öffentliche Aufgabe wahrgenommen wird, hinter

---

[498] Zur Entwicklungsplanung der verschiedenen Planungsträger *Fürst/Ritter* Landesentwicklungsplanung und Regionalplanung 1993; *Göb/Laux/Salzwedel/Breuer* Kreisentwicklungsplanung 1976; *Wagner* AfK 1970, 47.
[499] *Hoppe* in: *Hoppe/Bönker/Grotefels* § 5 Rdn. 50.

die etwaiges privatwirtschaftliches Gewinnstreben eindeutig zurücktritt.[500] Außerdem können Flächen für den überörtlichen Verkehr und für die Hauptverkehrszüge (§ 5 II Nr. 3 BauGB), Flächen für Ver- und Entsorgungsanlagen (§ 5 II Nr. 4 BauGB), Grünflächen (§ 5 II Nr. 5 BauGB), Flächen für Nutzungsbeschränkungen oder für Vorkehrungen zum Schutz gegen schädliche Umwelteinwirkungen i. S. des BImSchG (§ 5 II Nr. 6 BauGB), Wasserflächen (§ 5 II Nr. 7), Flächen für Aufschüttungen und Abgrabungen oder für die Gewinnung von Steinen, Erden und anderen Bodenschätzen (§ 5 II Nr. 8 BauGB), Flächen für die Landwirtschaft und Wald (§ 5 II Nr. 9 BauGB) sowie Flächen für Maßnahmen zum Schutz, zur Pflege und zur Entwicklung von Boden, Natur und Landschaft (§ 5 II Nr. 10 BauGB) dargestellt werden.

Beispiel: Die Gemeinde will eine Auskiesung im Außenbereich verhindern, weil sie die Zerstörung eines wertvollen Landschaftsgebietes befürchtet, und stellt daher im Flächennutzungsplan Flächen für Maßnahmen zum Schutz, zur Pflege und zur Entwicklung von Natur und Landschaft dar. Solche Darstellungen können ggf. auch gegenüber einem privilegierten Außenbereichsvorhaben als entgegenstehende öffentliche Belange beachtlich sein (§ 35 III 3 BauGB). Die Erweiterung des § 5 II Nr. 10 BauGB auch auf den Bodenschutz steht im Zusammenhang mit dem Bestreben, durch die Bauleitplanung einen Beitrag zu einem verbesserten Bodenschutz zu leisten.[501] Entsprechende Regelungen sind durch das BauROG 1998 für den Bebauungsplan in § 9 I Nr. 20 BauGB und § 40 I Nr. 14 BauGB aufgenommen worden. Nach der letztgenannten Vorschrift ist der Eigentümer nach Maßgabe der weiteren Regelungen in § 40 BauGB zu entschädigen, wenn im Bebauungsplan Flächen zum Schutz, zur Pflege und zur Entwicklung von Boden, Natur und Landschaft festgesetzt werden.

303 Weitere Darstellungsmöglichkeiten ergeben sich zur planerischen Umsetzung **naturschutzrechtlicher Belange** in der Abwägung durch den auf das BauROG 1998 zurückgehenden § 5 IIa BauGB. Danach können im Flächennutzungsplan den Flächen, auf denen Eingriffe in Natur und Landschaft zu erwarten sind, Flächen zum Ausgleich i. S. des § 1a III BauGB ganz oder teilweise zugeordnet werden. Entsprechende Festsetzungsmöglichkeiten ergeben sich auf der Ebene des Bebauungsplans für Flächen oder Maßnahmen für einen derartigen Ausgleich in § 9 Ia BauGB. Durch die naturschutzrechtlichen Darstellungsmöglichkeiten im Flächennutzungsplan und die entsprechenden, sich auch auf konkrete Maßnahmen beziehenden Festsetzungsmöglichkeiten im Bebauungsplan sollen die Ergebnisse der Abwägung umweltschützender Belange planerisch umgesetzt werden. Diese – allerdings nicht zwingend wahrzunehmende – Möglichkeit der Zuordnung einer Ausgleichsfläche zu einer Baufläche liegt im planerischen Ermessen und soll den Gemeinden die Möglichkeit eröffnen, ein auf dem Flächennutzungsplan aufbauendes Bebauungsplanverfahren zu entlasten. Ist die Zuordnung von Beeinträchtigungen und der erforderliche Ausgleich schon auf der Flächennutzungsplanebene entschieden, kann auf diese Entscheidung im Bebauungsplanverfahren zurückgegriffen werden und dieses insoweit entlasten. Sinnvoll erscheint eine Zuordnung bereits auf der Ebene des Flächennutzungsplans beispielsweise dann, wenn eine vorzeitige Realisierung des „Ausgleichs"-Bebauungsplans i. S. einer zeitlichen Abkoppelung beabsichtigt ist, um hierdurch die Zuordnung von Beeinträchtigungen und Ausgleich auch ohne sofortige Realisierung des Bebauungsplans, der die Beeinträchtigung zulässt, im Flächennutzungsplan planerisch als Vorgabe für die späteren Bebauungsplanverfahren festzuschreiben. Eine frühere Zuordnung auf der Ebene des Flächennutzungsplans wird dabei jedoch nicht immer möglich sein, weil die Auswirkungen der vorgesehenen Bebauung vielfach nicht konkret absehbar sind. Ein Verzicht auf eine Zuordnung von Eingriffs- und Ausgleichsflächen zueinander bereits auf der Ebene des Flächennutzungsplans schließt daher einen bebauungsplanübergreifenden Ausgleich und damit einen weiteren „Ausgleichs"-Bebauungsplan und eine entsprechende Refinanzierung nicht aus. Im Übrigen können naturschutzrechtliche

---

[500] *BVerwG*, B. v. 18. 5. 1994 – 4 NB 15.94 – BauR 1994, 485 = NVwZ 1994, 1004 = *Hoppe/Stüer* RzB Rdn. 183 – sozio-kulturelles Zentrum.

[501] *Bundesregierung*, Gesetzentwurf zum BauROG 1998, S. 47.

Ausgleichserfordernisse auch durch die Darstellung von Grünflächen (§ 9 II Nr. 5 BauGB), Wasserflächen (§ 9 II Nr. 7 BauGB), Flächen für die Landwirtschaft und Wald (§ 9 II Nr. 9 BauGB) oder Flächen für Maßnahmen zum Schutz, zur Pflege und zur Entwicklung von Boden, Natur und Landschaft (§ 5 II Nr. 10 BauGB) planerisch dargestellt werden. Zudem sind Überlagerungen mit anderen Darstellungen zulässig.[502]

3. Kennzeichnungsmöglichkeiten

Außerdem können im Flächennutzungsplan Flächen gekennzeichnet werden,

- bei deren Bebauung besondere bauliche Vorkehrungen gegen äußere Einwirkungen oder bei denen besondere bauliche Sicherungsmaßnahmen gegen Naturgewalten erforderlich sind,
- unter denen der Bergbau umgeht oder die für den Abbau von Mineralien bestimmt sind,
- deren Böden erheblich mit umweltgefährdenden Stoffen belastet sind.

Die Kennzeichnungsmöglichkeiten richten sich an die Gemeinde selbst, aber auch an die Öffentlichkeit.

Hinweis: Die Kennzeichnungspflicht nach § 5 III Nr. 3 BauGB für Flächen, in denen sich umweltgefährdende Stoffe befinden, trägt der besonderen Verantwortung Rechnung, die den Gemeinden im Hinblick auf die Zusammenstellung des Abwägungsmaterials und die Ermittlung der betroffenen Belange obliegt (§ 2 III BauGB). Dies gilt vor allem für altlastenverdächtige oder vergleichbare Standorte, bei denen die Belastungen nach Art, Beschaffenheit oder Menge umweltgefährdend sind. Hier hat die Gemeinde ggf. durch eine Gefährdungsabschätzung zu ermitteln, in welchem Umfang Gesundheits-, Boden-, Luft- oder Wassergefährdungen bestehen und welche Auswirkungen dies für die Nutzungsmöglichkeiten des Bodens hat. Die Kennzeichnungspflicht hat einerseits für die Gemeinde selbst eine interne Signalwirkung im Hinblick auf die planerische Ausweisung solcher Standorte in der Bauleitplanung. Die Schutz- und Warnfunktion richtet sich andererseits aber auch an die Allgemeinheit, die auf solche umweltgefährdenden Belastungen hingewiesen wird. Die sachgerechte Bewältigung der Altlastenproblematik in der Bauleitplanung stellt über das Abwägungsgebot eine Rechtspflicht dar, bei deren Verletzung sich Amtshaftungsansprüche ergeben können.[503]

Zugleich eröffnet das Gesetz einen weiten Spielraum, in welchem Umfang die planende Gemeinde von den Darstellungsmöglichkeiten Gebrauch macht. Dies gilt auch im Hinblick auf die **Feinkörnigkeit** der **Planung**.[504] Das BauGB überlässt es der eigenverantwortlichen gemeindlichen Selbstverwaltung, ob sie im Flächennutzungsplan bereits konkrete Nutzungsformen vorgibt oder für die Aufstellung der Bebauungspläne und die nachfolgenden Genehmigungsverfahren noch Spielräume lässt. Die Darstellungsschärfe kann dabei auch innerhalb eines Flächennutzungsplans unterschiedlich sein, je nach dem, wie konkret bereits die Nutzungsabsichten erkennbar werden und die gemeindlichen Planungsvorstellungen Gestalt gewonnen haben.

4. Flächennutzungsplan und BauNVO

Der Flächennutzungsplan kann sich auf die Darstellung von **Bauflächen** (Wohnbauflächen [W], gemischte Bauflächen [M], gewerbliche Bauflächen [G] und Sonderbauflächen [S] (vgl. § 1 I BauNVO) beschränken oder auch Aussagen zu **Baugebieten** (§ 1 II

---

[502] *Bundesregierung*, Gesetzentwurf zum BauROG 1998, S. 48.
[503] BGH, Urt. v. 26. 1. 1989 – III ZR 194/87 – BGHZ 106, 323 = *Hoppe/Stüer* RzB Rdn. 43 – Bielefeld-Brake; Urt. v. 6. 7. 1989 – III ZR 251/87 – NJW 1990, 381 = *Hoppe/Stüer* RzB Rdn. 44 – Osnabrück; Urt. v. 21. 12. 1989 – III ZR 118/88 – NJW 1990, 1038 = *Hoppe/Stüer* RzB Rdn. 45 – Dortmund-Dorstfeld-Süd; Urt. v. 21. 2. 1991 – III ZR 245/89 – DVBl. 1991, 808 = BauR 1991, 428 – Dinslaken; Urt. v. 15. 12. 1991 – III ZR 167/90 – BGHZ 116, 215 = DVBl. 1992, 558 = *Hoppe/Stüer* RzB Rdn. 391 – Abrundungssatzung. Zu Amtshaftungsansprüchen gegen die Baugenehmigungsbehörde *BGH*, Urt. v. 18. 6. 1998 – III ZR 100/97 – NVwZ 1998, 1329 = UPR 1998, 447.
[504] *BVerwG*, B. v. 17. 2. 1984 – 4 B 191.83 – BVerwGE 69, 30 = *Hoppe/Stüer* RzB Rdn. 61 – Reuter-Kraftwerk; B. v. 28. 8. 1987 – 4 N 1.86 – DVBl. 1987, 1273 = *Hoppe/Stüer* RzB Rdn. 63 – Volksfürsorge.

BauNVO) enthalten. Die BauNVO unterscheidet dabei zwischen Kleinsiedlungsgebieten (WS), reinen Wohngebieten (WR), allgemeinen Wohngebieten (WA), besonderen Wohngebieten (WB), Dorfgebieten (MD) Mischgebieten (MI), Kerngebieten (MK), Gewerbegebieten (GE), Industriegebieten (GI) und Sondergebieten (SO). Die Baugebiete beziehen sich auf die im Flächennutzungsplan oder Bebauungsplan konkret festgesetzten Gebiete. Diese können allerdings i. S. der BauNVO über den räumlichen Gegenstand des jeweiligen Bebauungsplans hinausgehen und auch benachbarte Gebiete umfassen, die eine gleiche Gebietsstruktur aufweisen. Dies kann für die Frage eine Rolle spielen, ob die Einrichtungen einen Bezug zu dem jeweiligen Baugebiet haben.[505]

308 In welchem Umfang und mit welchem Inhalt solche Darstellungen Bestandteil des Flächennutzungsplans werden, richtet sich nach den konkreten Einzelfallumständen und den (autonomen) Planungsvorstellungen der Gemeinde, die allerdings durch das Abwägungsgebot rechtlich gebunden sind.[506] Bei der Darstellung einer **Sonderbaufläche** (§ 1 I Nr. 4 BauNVO) im Flächennutzungsplan muss allerdings deren allgemeine Zweckbestimmung angegeben werden. Die Darstellung einer Sonderbaufläche mit dem Zusatz „großflächiger Einzelhandel" genügt den Anforderungen des § 5 I und II BauGB.[507] Zur Darstellung der sich aus der beabsichtigten städtebaulichen Entwicklung ergebenden Art der Bodennutzung reicht die Darstellung einer Sonderbaufläche ohne weitere Zweckbestimmung nicht aus. Zwar ist weder in der BauNVO (vgl. § 1 I Nr. 4 BauNVO) noch in der Planzeichenverordnung (vgl. die Anlage zur PlanzV Nr. 1.4) ausdrücklich vorgeschrieben, dass bei der Darstellung einer Sonderbaufläche im Flächennutzungsplan ihre Zweckbestimmung anzugeben sei. Eine Darstellung „inhaltsleerer" Sonderbauflächen ist jedoch mit § 5 I 1 BauGB unvereinbar, weil sie keine Aussage über die beabsichtigte städtebauliche Entwicklung enthält, sondern allenfalls zum Ausdruck bringt, dass keine Wohnbauflächen und gemischte oder gewerbliche Bauflächen vorgesehen sind. Ihr kann nicht entnommen werden, was die Gemeinde positiv planen will. Auch wenn der Flächennutzungsplan seinem Wesen nach nur ein vorbereitender Bauleitplan (§ 1 II BauGB) und insofern „grobmaschiger" ist als ein Bebauungsplan, der gem. § 8 I 1 BauGB die rechtsverbindlichen Festsetzungen für die städtebauliche Ordnung enthält,[508] so müssen seine Darstellungen doch so bestimmt und eindeutig sein, dass sie einen ausreichenden Rahmen für Konkretisierungen in einem Bebauungsplan und für Planungen anderer Planungsträger bilden können. Dies ist bei der Darstellung einer Sonderbaufläche ohne nähere Zweckbestimmung nicht der Fall.[509]

5. Nachrichtliche Übernahme

309 Neben den Darstellungen und Kennzeichnungen sollen Planungen und sonstige Nutzungsregelungen, die nach anderen gesetzlichen Vorschriften festgesetzt sind, wie nach Landesrecht denkmalgeschützte Mehrheiten von baulichen Anlagen nach § 5 IV BauGB nachrichtlich übernommen werden. **Festgesetze Überschwemmungsgebiete** im Sinne des § 31b II 3 und 4 WHG sollen nachrichtlich übernommen werden. Noch nicht festgesetzte Überschwemmungsgebiete im Sinne des § 31b V WHG sowie überschwemmungsgefährdete Gebiete im Sinne des § 31c WHG sollen im Flächennutzungsplan vermerkt werden **(§ 5 IVa BauGB)**. Soweit ein Flächennutzungsplan nicht bereits erstmalig oder vollständig neu aufgestellt wird, eignet sich hierzu am besten der Zeitpunkt einer deklaratorischen Neubekanntmachung. Die Gemeinde soll bei einer solchen Gelegenheit die entsprechenden Gebiete in den Flächennutzungsplan nachrichtlich übernehmen bzw. sie

---

[505] *OVG Schleswig*, Urt. v. 20. 2. 1998 – 1 L 38/97 – NordÖR 1998, 398; *BVerwG*, B. v. 3. 9. 1998 – 4 B 85.98 – NJW 1998, 3792 = BauR 1999, 29.
[506] *Hoppe* in: Hoppe/Bönker/Grotefels § 7 Rdn. 1ff.; s. auch *Upmeier* in: HdbÖffBauR Kap. A Rdn. 164.
[507] *BVerwG*, Urt. v. 18. 2. 1994 – 4 C 4.92 – BVerwGE 95, 123 = *Hoppe/Stüer* RzB Rdn. 934.
[508] *BVerwG*, Urt. v. 28. 2. 1975 – IV C 74.72 – BVerwGE 48, 70 = *Hoppe/Stüer* RzB Rdn. 157.
[509] *BVerwG*, Urt. v. 18. 2. 1994 – 4 C 4.93 – BVerwGE 95, 123 = *Hoppe/Stüer* RzB Rdn. 934.

vermerken (**§ 246a BauGB**). Für sich genommen ändert diese Maßnahme den Inhalt des Flächennutzungsplans als vorbereitenden Bauleitplan nicht. Sie ist deshalb nicht Gegenstand eines Bauleitplanverfahrens und löst damit auch keine Verfahrens- oder Abwägungspflichten aus. Diese durch die Hochwasserschutznovelle 2005 eingeführten Regelungen tragen dazu bei, die Bevölkerung in den betroffenen Gebieten vor den Gefahren des Hochwassers zu warnen. Zugleich ergibt sich für die Bauleitplanung ein grundsätzliches Verbot der Ausweisung von neuen Baugebieten in diesen Bereichen (§ 31b IV 1 WHG). Dieses darf die Gemeinde nur unter den Voraussetzungen des § 31b IV 2 WHG überwinden. Zu eigenen Ermittlungen sind die Gemeinden allerdings nicht verpflichtet. Dies ist vielmehr die Aufgabe der Wasserbehörden. Diese sind vielmehr verpflichtet, den Gemeinden die entsprechenden Unterlagen im Rahmen der Behördenbeteiligung im Bauleitplanverfahren zur Verfügung zu stellen. Die nachrichtliche Übernahme- bzw. Kennzeichnungspflichten stellen die betroffene Bevölkerung auch nicht von einer eigenen Mitwirkung bei den Vorsorge- und Schadensbegrenzungsmaßnahmen frei (§ 31a II WHG). Auch die am Bau Beteiligten können sich nicht etwa mit Hinweisen auf eine nicht erfolgte Kennzeichnung der Überschwemmungsgebiete oder überschwemmungsgefährdeter Gebiete von einer eigenen Haftung generell freizeichnen.[510]

6. Begründung

Dem Flächennutzungsplan ist nach § 5 V BauGB eine **Begründung** beizufügen.[511] Die Begründung ist zwar nicht Bestandteil des Flächennutzungsplans, hat jedoch wesentliche Bedeutung als Dokument der Abwägung vor allem bei der gerichtlichen Kontrolle des Flächennutzungsplans. Bei der Aufstellung der Bauleitpläne sind die öffentlichen und privaten Belange nach § 1 VII BauGB gegeneinander und untereinander gerecht abzuwägen. Dabei sind die in § 1 V BauGB enthaltenen Planungsleitlinien und -grundsätze zu berücksichtigen. Für die Kontrolle des Abwägungsgebotes,[512] die wesentliches Element jeder rechtsstaatlichen Planung ist,[513] hat die Begründung zum Flächennutzungsplan eine wichtige Funktion. Die wesentlichen Abwägungselemente, die für die Darstellungen des Flächennutzungsplans maßgeblich gewesen sind, sollen sich aus der Begründung ergeben. Dies setzt in der Regel eine sorgfältige Sachverhaltsdarstellung voraus. Belange, die nach Lage der Dinge in die Abwägung einzustellen sind und danach zum Abwägungsmaterial gehören (§ 2 III BauGB),[514] sind in die Begründung aufzunehmen. Außerdem sollte die Konzeption, die dem Flächennutzungsplan zu Grunde liegt, in der Begründung beschrieben werden.

Hinweis: Im Hinblick auf eine mögliche gerichtliche Kontrolle des Flächennutzungsplans ist eine möglichst lückenlose Dokumentation der Abwägung empfehlenswert. Die wesentlichen Elemente der Abwägung sollten in die Begründung aufgenommen werden. Dabei sind zunächst alle Belange zu beschreiben, die nach Lage der Dinge in die Abwägung einzustellen sind. Ebenso wichtig ist die Beschreibung der Zielkonzeption, die der Flächennutzungsplanung zu Grunde liegt. Die Gemeinde ist dabei durchaus in der Lage, sich über entgegenstehende Belange hinwegzusetzen, wenn die wesentlichen Gründe der Abwägung in der Begründung dokumentiert werden.

7. Revisionsklausel

Durch das EAG Bau ist eine Überprüfungspflicht eingeführt worden. Der Flächennutzungsplan soll spätestens 15 Jahre nach seiner erstmaligen oder erneuten Aufstellung

---

[510] S. Rdn. 3450.
[511] Bis zum In-Kraft-Treten des EAG Bau wurde die Begründung des Flächennutzungsplans als Erläuterungsbericht bezeichnet.
[512] Zum Abwägungsgebot s. Rdn. 1195.
[513] *BVerwG*, Urt. v. 12. 12. 1969 – IV C 105.66 – BVerwGE 34, 301 = *Hoppe/Stüer* RzB Rdn. 23; Urt. v. 5. 7. 1974 – IV C 50.72 – BVerwGE 45, 309 = *Hoppe/Stüer* RzB Rdn. 24; B. v. 9. 11. 1979 – 4 N 1.78 – BVerwGE 59, 87 = *Hoppe/Stüer* RzB Rdn. 26.
[514] *BVerwG*, B. v. 9. 11. 1979 – 4 N 1.78 – BVerwGE 59, 87 = *Hoppe/Stüer* RzB Rdn. 26.

überprüft und, soweit nach § 1 III 1 BauGB erforderlich, geändert, ergänzt oder neu aufgestellt werden (§ 5 I 3 BauGB). Durch die Neuregelung, die sich auch in entsprechenden Klauseln in den Raumordnungsgesetzen der Länder findet, soll die Bedeutung einer zeitgemäßen städtebaulichen Gesamtplanung hervorgehoben und dadurch das Instrument der Flächennutzungsplanung insgesamt in seiner Funktion gestärkt werden.

312 Mit der **Revisionsklausel** wird auch angeregt, dass die Gemeinden sich regelmäßig darüber Rechenschaft ablegen müssen, was aus der bisherigen Flächennutzungsplanung für das Gemeindegebiet geworden ist, insbesondere welche Planungen zwischenzeitlich verwirklicht worden sind und wie diese sich auf die städtebauliche Gesamtordnung ausgewirkt haben. Es ist dabei z. B. zu fragen, welche Rahmenbedingungen sich geändert haben und vor welchen neuen Herausforderungen die städtebauliche Entwicklung und damit auch die städtebauliche Gesamtplanung auf der Ebene der Flächennutzungsplanung stehen. Die Vorschrift ist auch im Hinblick auf die für Flächennutzungspläne eingeführte Umweltprüfung von Bedeutung. Eine hinreichend zeitgemäße Flächennutzungsplanung kann die Abschichtungsregelung bei der Umweltprüfung nach § 2 IV 4 BauGB weitgehend nutzen und die Umweltprüfung auf der Ebene der Bebauungsplanung auf andere oder zusätzliche Auswirkungen beschränken.[515]

313 Eine ausdrückliche **Verpflichtung zur Neuaufstellung** besteht **nicht**. Vielmehr hat die Gemeinde im Rahmen ihrer Planungshoheit (§ 1 III BauGB) zu beurteilen, ob eine Änderung, Ergänzung oder Neuaufstellung des Flächennutzungsplans erforderlich ist. Die Pflicht zur Überprüfung bezieht sich ausdrücklich nur auf die erstmalige oder erneute Aufstellung von Flächennutzungsplänen. Änderungen und Ergänzungen von Plänen unterliegen somit keiner eigenständigen Überprüfung nach Ablauf von 15 Jahren, sondern werden in die regelmäßige Überprüfung nach Neuaufstellung des Flächennutzungsplans einbezogen.

314 Eine regelmäßige Überprüfung des Standes der Umsetzung des ursprünglichen Planungskonzepts kann im Übrigen – darauf weist die Amtliche Begründung ausdrücklich hin – auch zur Durchführung des nach § 4c BauGB erforderlichen **Monitoring** beitragen.[516] Sie erleichtert die Überwachung der erheblichen nachteiligen Umweltauswirkungen auf der Ebene der Flächennutzungsplanung und bietet zugleich einen Anknüpfungspunkt für die planerische Berücksichtigung der Ergebnisse des Monitoring. Die Regelung stellt zudem im Hinblick auf die Nachhaltigkeit einer städtebaulichen Gesamtplanung klar, dass die Bilanzierung der städtebaulichen Auswirkungen des Planungskonzepts sich nicht auf die durch die Plan-UP-Richtlinie hervorgehobenen Umweltauswirkungen beschränken muss.

315 Von einem **automatischen Außerkrafttreten** des Flächennutzungsplans nach einer bestimmten Zeit und einer Verpflichtung zur Neuaufstellung wurde hingegen abgesehen, auch um unnötigen finanziellen, personellen und zeitlichen Aufwand zu vermeiden.

316 **§ 244 IV BauGB** leitet die Neuregelung zum Flächennutzungsplan – Überprüfungspflicht nach 15 Jahren – über. Danach ist die Revisionsklausel für bestehende Flächennutzungspläne erstmals ab dem 1.1.2010 anzuwenden. Dies betrifft insbesondere Flächennutzungspläne, die vor dem 1.1.1995 erstmalig oder erneut aufgestellt worden sind und für die ohne diese Überleitungsregelung ab dem 20.7.2004 die Überprüfungspflicht unmittelbar anwendbar wäre. Unberührt von der speziellen Überprüfungspflicht bleibt die Verpflichtung der Gemeinden, die Flächennutzungspläne im Rahmen ihrer allgemeinen Aufgabenerfüllung zu ergänzen, zu ändern oder gegebenenfalls neu aufzustellen, sobald und soweit dies nach § 1 III BauGB erforderlich ist.

---

[515] Zum Folgenden EAG Bau Mustererlass 2004.
[516] Zum Monitoring s. Rdn. 789, 1035, 1040, 2801.

8. Wirkungen des Flächennutzungsplans

Der Flächennutzungsplan hat als behördeninternes Handlungsprogramm zwar keine unmittelbaren Rechtswirkungen im Verhältnis zum Bürger nach außen. Gleichwohl hat der Flächennutzungsplan rechtliche **Wirkungen** von erheblicher Reichweite.[517] Für die Aufstellung der Bebauungspläne gibt der Flächennutzungsplan den rechtlichen Rahmen, der durch das **Entwicklungsgebot** in § 8 II 1 BauGB festgelegt wird. Ggf. ist parallel zur Aufstellung eines Bebauungsplans der Flächennutzungsplan zu ändern (**Parallelverfahren**). Die Darstellungen des Flächennutzungsplans haben Auswirkungen auf den **Bodenmarkt**. Die Ausweisung als Wohnbaufläche bringt für Acker- oder Weidelandflächen eine Qualitätssteigerung als Bauerwartungsland. Für öffentliche Planungsträger, die im Aufstellungs- oder Änderungsverfahren nach den §§ 4 oder 13 BauGB beteiligt worden sind, enthält § 7 I 1 BauGB insoweit eine **Anpassungspflicht**, als sie dem Plan nicht widersprochen haben. Der Widerspruch ist bis zum Beschluss der Gemeinde einzulegen (§ 7 S. 2 BauGB). Für die Rechtzeitigkeit des Widerspruchs des Trägers öffentlicher Belange ist der Zeitpunkt des Ratsbeschlusses der Gemeinde über den Flächennutzungsplan maßgeblich. Nach diesem Zeitpunkt ist eine Änderung des Flächennutzungsplans im laufenden Verfahren ohne erneute Beschlussfassung des Rates nicht mehr möglich. Der öffentliche Planungsträger hat allerdings die Möglichkeit, bei einer Veränderung der Sachlage nachträglich zu widersprechen. Nach § 34 IV 1 Nr. 2 BauGB kann die Gemeinde durch Satzung bebaute Bereiche im Außenbereich als im Zusammenhang bebaute Ortsteile festlegen, wenn die Flächen im Flächennutzungsplan als Bauflächen dargestellt sind. Eine solche **Entwicklungssatzung** setzt daher eine entsprechende Darstellung im Flächennutzungsplan voraus.

Im Gegensatz zum nichtbeplanten Innenbereich, bei dem die Darstellungen des Flächennutzungsplans der Zulässigkeit eines im Übrigen § 34 BauGB entsprechenden Vorhabens nicht entgegenstehen, kommt dem Flächennutzungsplan im **Außenbereich** Bedeutung als **öffentlicher Belang** zu. Privilegierte Vorhaben können an den Darstellungen des Flächennutzungsplans scheitern, wenn sie eine konkrete standortbezogene Aussage beinhalten und ein solches Gewicht haben, dass sie als öffentliche Belange der Zulässigkeit des Vorhabens entgegenstehen (§ 35 I BauGB).[518] Gegenüber nichtprivilegierten Außenbereichsvorhaben nach § 35 II BauGB sind die Darstellungen des Flächennutzungsplans als beeinträchtigte öffentliche Belange regelmäßig beachtlich (§ 35 III BauGB), wenn das Vorhaben diesen widerspricht. Ein Flächennutzungsplan kann zwar im Rahmen der Prüfung sonstiger öffentlicher Belange im negativen Sinne beachtlich sein. Er ist jedoch – abgesehen von § 35 III 3 BauGB – ungeeignet, die einem Vorhaben etwa entgegenstehenden materiellen öffentlichen Belange wirksam auszuräumen.[519] Derartige öffentliche Belange, die gem. § 35 III BauGB kraft Gesetzes einem Vorhaben entgegenstehen, sollen nur durch eine die wechselseitigen öffentlichen und privaten Interessen berücksichtigende verbindliche Bauleitplanung überwunden werden können. Der Flächennutzungsplan trifft als nur vorbereitender Bauleitplan (§ 1 II BauGB) lediglich eine Aussage über die allgemeinen planerischen Vorstellungen der Gemeinde, normiert indes nicht, in welcher Art und Weise im Einzelnen gebaut werden soll. Dies unter Abwägung der berührten Belange und in Übereinstimmung mit der BauNVO festzulegen, ist erst Aufgabe des Bebauungsplans.[520]

---

[517] *Löhr* in: Battis/Krautzberger/Löhr § 6 BauGB; *Stüer* StuGR 1979, 109.
[518] *BVerwG*, Urt. v. 22. 5. 1987 – 4 C 57.84 – BVerwGE 77, 300 = DVBl. 1987, 1008 = *Hoppe/Stüer* RzB Rdn. 449 – Kölner Auskiesungskonzentrationszone.
[519] *BVerwG*, Urt. v. 10. 5. 1968 – 4 C 18.66 – Buchholz 406.11 § 19 Nr. 17 = NJW 1969, 68; B. v. 5. 6. 1975 – 4 B 43.75 – Buchholz 406.11 § 35 BBauG Nr. 119; Urt. v. 25. 1. 1985 – 4 C 29.81 – Buchholz 406.11 § 35 BBauG Nr. 223 = ZfBR 1985, 141.
[520] *BVerwG*, B. v. 17. 3. 1992 – 4 B 56.92 – Buchholz 406.11 § 35 BauGB Nr. 279 = *Hoppe/Stüer* RzB Rdn. 513.

319 Allerdings bestehen für bestimmte nicht privilegierte Vorhaben im Außenbereich nach **§ 35 IV BauGB Teilprivilegierungsmöglichkeiten** in dem Sinne, dass ihnen der Widerspruch zu den Darstellungen des Flächennutzungsplans nicht entgegengehalten werden kann. Solche Teilprivilegierungen sind etwa für die Änderung der bisherigen Nutzung eines landwirtschaftlichen Zwecken dienenden Gebäudes unter den Voraussetzungen des §§ 35 IV Nr. 1 BauGB gegeben. Weitere Teilprivilegierungsmöglichkeiten sind bei Ersatzbauten für ein Wohngebäude (§ 35 IV Nr. 2 BauGB) oder ein zerstörtes Gebäude (§ 35 IV Nr. 3 BauGB), der Änderung oder Nutzungsänderung bei erhaltenswerten Gebäuden (§ 35 IV Nr. 4 BauGB), der Erweiterung von Wohngebäuden (§ 35 IV Nr. 5 BauGB) und bei der Erweiterung von gewerblichen Betrieben im Außenbereich (§ 35 IV Nr. 6 BauGB) gegeben.[521] Nach **§ 35 VI BauGB** kann die Gemeinde für bebaute Bereiche im Außenbereich, die nicht überwiegend landwirtschaftlich geprägt sind und in denen eine Wohnbebauung von einigem Gewicht vorhanden ist, durch **Außenbereichssatzung** bestimmen, dass Wohnzwecken dienenden Vorhaben i. S. des § 35 II BauGB nicht entgegengehalten werden kann, dass sie einer Darstellung im Flächennutzungsplan über Flächen für die Landwirtschaft oder den Wald widersprechen oder die Entstehung oder Verfestigung einer Splittersiedlung befürchten lassen.[522]

9. Teilflächennutzungspläne

320 Das EAG Bau lässt in § 5 II b BauGB sachliche Teilflächennutzungspläne zu. Sachliche und räumliche Teilflächennutzungspläne waren auch in den neuen Ländern möglich (§ 246a I Nr. 1 S. 3 BauGB 1993).

321 **a) Teilflächennutzungspläne und Darstellungsprivileg.** Für Darstellungen des Flächennutzungsplans mit den Rechtswirkungen des § 35 III 3 BauGB können **sachliche Teilflächennutzungspläne** aufgestellt werden (§ 5 IIb BauGB).[523] Die Vorschrift steht im Zusammenhang mit dem Darstellungsprivileg des § 35 III 3 BauGB. Durch § 5 IIb BauGB werden die Gemeinden ermächtigt, sachliche Teilflächennutzungspläne aufzustellen, die rechtlich auch bei einem bestehenden Flächennutzungsplan als eigenständige Pläne aufgestellt werden können. In diesem Fall ist aber das Verhältnis zum bestehenden Flächennutzungsplan insbesondere dann klarzustellen, wenn dieser ebenfalls Flächen für Nutzungen nach § 35 I Nr. 2 bis 6 BauGB darstellt. Teilflächennutzungspläne können auch für einen **Teil des Gemeindegebiets** aufgestellt werden. Die Ausschlusswirkung bezieht sich dann nur auf diesen Teil. Durch die Darstellung von entsprechenden Flächen im Teilflächennutzungsplan als „Konzentrationszonen" können die Gemeinden die Zulässigkeit von einzelnen nach § 35 I Nr. 2 bis 6 BauGB privilegierten Vorhaben in ihrem Gemeindegebiet steuern. Bei der Darstellung von „Konzentrationszonen" im Flächennutzungsplan kann es sich empfehlen, unter Berücksichtigung der (nachrichtlich übernommenen) Grundnutzung (in aller Regel „Fläche für die Landwirtschaft") die „Konzentrationszone" als zusätzliche Nutzungsmöglichkeit darzustellen (überlagernde Darstellung). Die Voraussetzungen von § 35 III 3 BauGB liegen u. a. vor, wenn die Gemeinde auf der Grundlage einer Untersuchung des gesamten Gemeindegebietes ein schlüssiges Plankonzept für die Ausweisung von „Konzentrationszonen" bzw. Sondergebieten in einem sachlichen Teilflächennutzungsplan erarbeitet hat. In der Begründung ist darzustellen, welche Zielsetzungen und Kriterien für die Abgrenzung der „Konzentrationszone" bzw. des Sondergebietes maßgebend waren.

322 **b) Teilflächennutzungspläne in den neuen Bundesländern.** § 246a I Nr. 1 S. 3 BauGB 1993 eröffnete den Gemeinden in Brandenburg, Mecklenburg-Vorpommern, Sachsen, Sachsen-Anhalt und Thüringen die Möglichkeit, in einer Übergangszeit bis zum 31. 12. 1997 für das Gemeindegebiet einen Teilflächennutzungsplan für räumliche

---

[521] *Upmeier* in: HdbÖffBauR Kap. A Rdn. 603 ff.
[522] *Stüer* StuGR 1979, 109.
[523] Zum Folgenden EAG Bau Mustererlass 2004.

und sachliche Teile des Gemeindegebietes aufzustellen, wenn dies für die städtebauliche Entwicklung der Gemeinde vordringlich war.

Diese auf dem Einigungsvertrag beruhende Regelung schaffte in den neuen Bundesländern die Möglichkeit, auch für Teile des Gemeindegebietes einen **Flächennutzungsplan** aufzustellen, um die städtebauliche Entwicklung für **bestimmte Projekte** und **Flächen** durch Bauleitpläne in Gang zu bringen und aktuell erforderliche Investitionen zu ermöglichen, ohne jedoch die gesamte Gemeindeentwicklung bereits abschließend darstellen zu müssen. Die Vorschrift diente also zum einen dem Interesse, schnell einem aktuellen Bedarf Rechnung zu tragen und eröffnet zum anderen die Möglichkeit, eine städtebauliche Konzeption für das gesamte Gemeindegebiet erst nach einem entsprechenden zeitlichen Reifeprozess vorzustellen.[524] Durch das BauROG 1998 ist diese Vorschrift gestrichen worden. Allerdings sind Verfahren, die bereits vor dem In-Kraft-Treten des BauROG 1998 eingeleitet worden sind, nach dem bisherigen Recht fortzusetzen (§ 233 I BauGB). Die bis zum 31.12.1997 befristeten Sonderregelungen in § 246a BauGB 1993 sind damit in ihrer Geltung entsprechend zeitlich verlängert worden. Hat die Gemeinde daher vor dem 1.1. 1998 einen Beschluss zur Aufstellung oder Änderung eines Teilflächennutzungsplans gefasst, kann das Verfahren nach bisherigem Recht fortgesetzt werden.

II. Bebauungsplan

Der in der Regel für einen Teil des Gemeindegebietes aufgestellte Bebauungsplan[525] enthält für den Bürger unmittelbar wirkende, verbindliche Festsetzungen (§§ 8 I, 9 BauGB). Er umfasst zumeist mehrere Grundstücke, kann aber auch für nur ein (größeres) Grundstück aufgestellt werden. Besondere Bestimmungen über die Größe und Begrenzung des Plangebietes bestehen nicht. Auch eine Einzelplanung für ein konkretes Projekt ist dabei nicht ausgeschlossen, wenn hierdurch die Gesamtkonzeption der städtebaulichen Ordnung nicht leidet.[526] Für die Änderung eines bereits bestehenden Bebauungsplans gilt nichts anderes.

---

[524] *Stüer* DVBl. 1992, 266.
[525] *Albers* Wesen und methodische Grundlagen des Bebauungsplans 1967, 1; *Becker* BauR 1980, 195; *Beninde* BauR 1984, 433; *Blümel* DÖV 1965, 297; *Boeddinghaus* BauR 1989, 4; *ders.* ZfBR 1993, 161; *Dageförde* VerwArch. 79 (1988), 123; *Degenhart* BayVBl. 1990, 71; *Dolde* BauR 1978, 153; *ders.* FS Weyreuther 1993, 195; *Drettmann* Die Vereinbarkeit des Erlasses von Bebauungsplänen in Gesetzesform mit der Rechtsweggarantie des Art. 19 IV GG; *Dürr* Die Antragsbefugnis bei der Normenkontrolle von Bebauungsplänen 1989; *ders.* DÖV 1990, 136; *Fickert* BauR 1988, 678; *Fingerhut* DVBl. 1979, 142; *Finkelnburg* FS Weyreuther 1993, 111; *Fley* BauR 1995, 303; *Gerhards* BauR 1990, 667; *Gerschlauer* DÖV 1984, 493; *Gierke* ZfBR 1985, 14; *ders.* ZfBR 1985, 62; *Groß* DVBl. 1989, 1076; *Hassel* VR 1985, 108; *Hill* ZfBR 1980, 223; *von Holleben* UPR 1983, 76; *Ipsen* Die Verwaltung 1987, 477; *Jäde* BayVBl. 1985, 225; *Jochum* NVwZ 1989, 635; *Johlen* BauR 1983, 196; *Jupe* Grundeigentum 1990, 996; *Kohl* JuS 1993, 320; *Kröner* ZfBR 1984, 117; *Ladeur* NuR 1986, 132; *Lemmel* DVBl. 1981, 318; *Linke* BauR 1990, 529; *Mayen* NVwZ 1991, 842; *Menger* VerwArch. 71 (1980), 87; *Menke* NuR 1985, 137; *Mitschang* ZfBR 1994, 57; *Müller* BauR 1983, 193; *ders.* BauR 1984, 437; *von Mutius/Hill* Die Behandlung fehlerhafter Bebauungspläne durch die Gemeinden 1983; *Papier* FS Weyreuther 1993, 291; *Pietzcker* NVwZ 1989, 601; *Quaas/Müller* Normenkontrolle und Bebauungsplan 1986; *Ramsauer* NuR 1990, 349; *Rasch* BauR 1977, 147; *ders.* BauR 1990, 521; *Remmert* DVBl. 1995, 221; *Rist* BWVPr. 1994, 271; *Schlichter* ZfBR 1979, 53; *Schmaltz* DVBl. 1981, 328; *Schmidt* UPR 1992, 361; *Schoch* AöR 1990, 93; *Selmer* BB 1988, Beilage 15 zu H. 30, 1; *ders.* JuS 1995, 273; *Skouris* DVBl. 1980, 315; *Söfker* StuGB 1981, 99; *Steinebach* Lärm- und Luftgrenzwerte 1987; *ders.* ZfBR 1987, 225; *Steiner* DVBl. 1991, 739; *Stemmler* BauR 1991, 423; *Stich* DVBl. 1992, 257; *Stöcker* InfUR 1992, 138; *Stüer* FS Gelzer 1991, 155; *ders.* DVBl. 1989, 810; *Vogel* StuGR 1993, 201; *Weyreuther* DVBl. 1981, 369; *Ziekow* NVwZ 1991, 345; *ders.* GewArch. 1990, 347; *Zuck* Das Recht des Bebauungsplans 1980; *ders.* DVBl. 1978, 166.
[526] BVerwG, Urt. v. 5.7.1974 – IV C 50.72 – BVerwGE 45, 309 = *Hoppe/Stüer* RzB Rdn. 24 – Delog-Detag; BVerwG, B. v. 28.8.1987 – 4 N 1.86 – DVBl. 1987, 1273 = *Hoppe/Stüer* RzB Rdn. 63 – Volksfürsorge; B. v. 16.8.1993 – 4 NB 29.93 – ZfBR 1994, 101 = BRS 55 (1993), Nr. 3; *Fickert/Fieseler* Rdn. 32.

325 Auch können die Festsetzungen auf ein einzelnes Grundstück beschränkt werden („**Briefmarkenbebauungsplan**").[527] Allein der Umstand, dass sich ein Bebauungsplan räumlich nur auf wenige Grundstücke oder nur auf ein einziges Grundstück erstreckt, ist noch kein hinreichender Grund für die Unwirksamkeit des Planes.[528] Das gilt selbst dann, wenn die Gemeinde erst aus Anlass eines konkreten Bauantrags mit der Aufstellung des Bebauungsplans reagiert und dabei auch mitbezweckt, die künftig vom Eigentümer gewollten Nutzungen zu verhindern.[529] Die Bauleitplanung muss allerdings durch entsprechende städtebauliche Gründe gerechtfertigt sein und der städtebaulichen Entwicklung und Ordnung dienen (§ 1 III BauGB). Auch muss eine „Atomisierung" des Gemeindegebietes vermieden werden. Wenn die Gemeinde beabsichtigt, einen Teilbereich des Gemeindegebietes einer bestimmten baulichen Nutzung zuzuführen, so bedeutet dies zugleich, dass andere Nutzungen ausgeschlossen sind. Derartige negative Zielvorstellungen sind nicht von vornherein illegitim. Sie können sogar den Hauptzweck einer konkreten Planung bilden. Die Gemeinde darf mit den Mitteln, die ihr insbesondere das BauGB und die BauNVO zur Verfügung stellen, grundsätzlich auch städtebauliche Ziele verfolgen, die mehr auf Bewahrung als auf Veränderung der vorhandenen Situation zielen.[530] An einer städtebaulichen Rechtfertigung würde es etwa fehlen, wenn die Planung nur im privaten Interesse eines bestimmten Grundstückseigentümers erfolgen würde, um diesem einen Vorteil zu ermöglichen.[531] Ob gemessen an diesen Grundsätzen Individualinteressen ein unzulässiges Übergewicht erhalten, ist eine Frage des Einzelfalls.[532]

326 Im Gegensatz zum Flächennutzungsplan wird der Bebauungsplan als **Satzung** beschlossen (§ 10 I BauGB). Er regelt über die eher grobkörnigen Darstellungen der Grundzüge der städtebaulichen Ordnung im Flächennutzungsplan hinaus die **parzellenscharfe Nutzung** des Bodens und ist Grundlage für die entsprechend seinen Festsetzungen zu erteilende Baugenehmigung (§ 30 BauGB), Ausnahmen und Befreiungen nach § 31 I und II BauGB oder auch die städtebaulichen Vollzugsinstrumente des Bau-, Pflanz-, Entsiegelungs-, Modernisierungs- und Instandsetzungsgebotes (§§ 172 bis 175 BauGB) oder die Enteignung (§ 85 I Nr. 1 BauGB). Der Bebauungsplan bildet damit die Grundlage für weitere zum Vollzug des BauGB erforderliche Maßnahmen (§ 8 I 2 BauGB). Nach **§ 1 III 2, VIII BauGB** besteht auf die **Aufstellung**, **Änderung**, **Ergänzung** und **Aufhebung** von **Bauleitplänen** und städtebaulichen Satzungen **kein Rechtsanspruch**. Der Gesetzgeber stellt damit klar, dass der in den §§ 1ff. BauGB begründeten (objektiven) Planungspflicht der Gemeinde nicht auch ein subjektiver öffentlich-rechtlicher Anspruch des Bürgers entspricht. Auch ein Anspruch auf Fortführung eines eingeleiteten Planungsverfahrens besteht nicht. Durch das Nichtbefolgen von gemeindlichen Planungspflichten können daher subjektive Rechte der Grundstückseigentümer oder sonstiger Interessierter nicht i. S. des § 113 I 1 VwGO verletzt sein.[533] Allerdings kann sich für die Gemeinde die Pflicht

---

[527] *BVerwG*, B. v. 16. 8. 1993 – 4 NB 29.93 – ZfBR 1994, 101 = BRS 55 (1993), Nr. 3; s. auch Rdn. 1514.

[528] *BVerwG*, B. v. 6. 11. 1968 – 4 B 47.68 – Buchholz 406.11 § 8 BauGB Nr. 1; vgl. allerdings *OVG Münster*, Urt. v. 2. 3. 1998 – 7 a D 95/97.NE –, wonach ein Bebauungsplan, der neben einer Straßenfläche ein von 2 m bis 0 m breiten Grundstückszipfel als reines Wohngebiet festsetzt, für die städtebauliche Entwicklung und Ordnung nicht erforderlich ist.

[529] *BVerwG*, B. v. 18. 12. 1990 – 4 NB 8.90 – BauR 1991, 165 = DVBl. 1991, 445 = *Hoppe/Stüer* RzB Rdn. 3; B. v. 23. 6. 1992 – 4 B 55.92 – NVwZ-RR 1993, 456.

[530] *BVerwG*, B. v. 18. 12. 1990 – 4 NB 8.90 – BauR 1991, 165 = DVBl. 1991, 455 = *Hoppe/Stüer* RzB Rdn. 3.

[531] *Krautzberger* in: Battis/Krautzberger/Löhr § 1 Rdn. 26; *Gelzer/Birk* Bauplanungsrecht Rdn. 246.

[532] *BVerwG*, B. v. 24. 8. 1993 – 4 NB 12.93 – ZfBR 1994, 100 = *Hoppe/Stüer* RzB Rdn. 1215.

[533] *BVerwG*, Urt. v. 29. 5. 1981 – 4 C 97.77 – BVerwGE 62, 243; Urt. v. 15. 1. 1982 – 4 C 26.78 – BVerwGE 64, 325 = DÖV 1982, 639 = NuR 1982, 260 = *Hoppe/Stüer* RzB Rdn. 116; B. v. 3. 8. 1982 – 4 B 145.82 – DVBl. 1982, 1096 = UPR 1983, 25.

zur **Erschließung** eines Grundstücks verdichten.⁵³⁴ Zum bundesrechtlichen Begriff der gesicherten Erschließung gehört ihre Sicherung in rechtlicher Hinsicht. Die Erschließung muss auf Dauer zur Verfügung stehen. Einer besonderen rechtlichen Sicherung bedarf es nur dann nicht, wenn das Baugrundstück eine unmittelbare Zufahrt zum öffentlichen Wegenetz besitzt. Fehlt diese, so muss die Zugänglichkeit abgesichert sein. Aus der Notwendigkeit, die Erschließung auf Dauer zu sichern, folgt, dass eine rein schuldrechtliche Vereinbarung des Bauherrn mit einem privaten Nachbarn nicht ausreicht. Dagegen bestehen aus bundesrechtlicher Sicht keine Bedenken, eine gesicherte Zufahrt vor allem dann anzunehmen, wenn die Zufahrt zum öffentlichen Straßennetz öffentlich-rechtlich, z. B durch Baulast, gesichert ist.⁵³⁵ Zur Erschließung gehört die Möglichkeit des Heranfahrens und Betretens des Grundstücks von einer öffentlichen Verkehrsfläche aus. Auch Wohnwege erfüllen diese Funktion.⁵³⁶

Nach der Rechtsprechung des *BVerwG* ist die Gemeinde zwar grundsätzlich auch bei bestehendem Bebauungsplan nicht zur **selbstständigen Erschließung** eines Grundstücks verpflichtet. Hat die Gemeinde einen rechtsverbindlichen Bebauungsplan aufgestellt, so kann sie sich dem Angebot eines Erschließungswilligen, selbst die Erschließung durchzuführen, nicht entziehen, ohne selbst erschließungspflichtig zu werden (§ 124 III 2 BauGB).⁵³⁷ Um im Anwendungsbereich des § 30 BauGB den Nachweis zu führen, dass die Erschließung gesichert ist, kommt es nicht ausschlaggebend darauf an, dass die Gemeinde bereits Erschließungsmaßnahmen ergriffen oder der Bauinteressent die Erschließungsaufgabe vertraglich übernommen hat. Vielmehr genügt es, dass der Gemeinde ein zumutbares Erschließungsangebot vorgelegen hat. Ein solches Angebot hat eine Ersetzungsfunktion. Schon mit seiner Hilfe kann sich der Bauherr die Möglichkeit verschaffen, das Genehmigungshindernis der fehlenden Erschließung zu überwinden.⁵³⁸ Ist die Gemeinde aus diesen Gründen zur Erschließung verpflichtet, so darf von der Gemeinde erwartet werden, dass sie sich rechtstreu verhält und das ihr Mögliche unternimmt, um ihrer Pflicht nachzukommen.⁵³⁹ Aus dieser Rechtsprechung des *BVerwG* kann jedoch nicht zugleich auch ein Anspruch auf Aufstellung eines Bebauungsplans oder einer städtebaulichen Satzung abgeleitet werden.⁵⁴⁰ Durch den dem Abwägungsgebot des § 1 VII BauGB entsprechenden Bebauungsplan werden i. S. des Art. 14 I 2 GG Inhalt und Schranken des Eigentums bestimmt. Ihm gegenüber muss daher die Berufung auf die Eigentumsgewährleistung versagt bleiben, wenn der Bebauungsplan auch im Hinblick auf das Eigentum des Planbetroffenen dem Abwägungsgebot entspricht.⁵⁴¹ Auch im nicht beplanten Innenbereich muss als Voraussetzung für die planungsrechtliche Zulässigkeit von Vorhaben die Erschließung gesichert sein. Die Erschließung eines Vorhabens ist

---

⁵³⁴ Zur Erschließung *Berkemann* NVwZ 1992, 817; *Birk* NVwZ 1985, 689; *Donner/Fischer* UPR 1990, 406; *Gaentzsch* UPR 1985, 201; *Hagen* UPR 1985, 192; *ders.* Sport und Umwelt 1992, 1; *Knauber* NuR 1985, 308; *Papier* UPR 1985, 73; *Ronellenfitsch* DAR 1995, 271; *Salzwedel* UPR 1985, 210; *Schmitz* NVwZ 1991, 1126; *Stange* NWVBl. 1992, 153; *Vieweg* JZ 1987, 1104.
⁵³⁵ BVerwG, B. v. 22. 11. 1995 – 4 B 224.95 – Buchholz 406.11 § 35 BauGB Nr. 314.
⁵³⁶ Zum Begriff der Erschließung *OVG Münster*, Urt. v. 27. 11. 1998 – 3 A 5302/98 –; B. v. 9. 3. 1999 – 3 B 126/99 –. Zur Anliegerbescheinigung B. v. 2. 3. 1999 – 3 B 752/97 – Gemeindehaushalt 2001, 189. Zur Mehrfacherschließung durch Wohnwege *BVerwG*, Urt. v. 17. 6. 1998 – 8 C 34.96 – NVwZ 1998, 1187 = DVBl. 1998, 1225 – Wegdenkenstheorie.
⁵³⁷ *BVerwG*, Urt. v. 4. 10. 1974 – 4 C 59.72 – NJW 1975, 402 = DVBl. 1975, 37; Urt. v. 28. 10. 1981 – 8 C 4.81 – BVerwGE 64, 186 = BauR 1982, 33; Urt. v. 11. 11. 1987 – 8 C 4.86 – BauR 1988, 180 = *Hoppe/Stüer* RzB Rdn. 720, vgl. § 124 III 2 BauGB.
⁵³⁸ *BVerwG*, B. v. 18. 5. 1993 – 4 B 65.93 – NVwZ 1993, 1101 = DÖV 1993, 918 = *Hoppe/Stüer* RzB Rdn. 321.
⁵³⁹ *BVerwG*, Urt. v. 26. 8. 1993 – 4 C 24.91 – BVerwGE 94, 100 = DVBl. 1993, 1357 = *Hoppe/Stüer* RzB Rdn. 102 – Bargteheide.
⁵⁴⁰ *BVerwG*, Urt. v. 11. 3. 1977 – IV C 45.75 – DVBl. 1977, 529 = BRS 32, Nr. 1.
⁵⁴¹ *BVerwG*, Urt. v. 1. 11. 1974 – 4 C 38.71 – BVerwGE 47, 144 = NJW 1975, 841 = *Hoppe/Stüer* RzB Rdn. 6.

durch eine vorhandene Straße gesichert, wenn diese den durch das Vorhaben ausgelösten Verkehr im Regelfall bewältigen kann. Die „Spitzenzeiten des Verkehrs" können deshalb nur dann vernachlässigt werden, wenn sie die Ausnahme bleiben, wenn also der zur Überlastung der Straße führende Verkehr nur gelegentlich oder zwar täglich, aber nur kurzfristig, stattfindet.[542]

1. Bauliche Anlagen

328   Die Festsetzungsmöglichkeiten im Bebauungsplan gem. § 9 BauGB beziehen sich auf bauliche oder sonstige Anlagen. Denn nur für bodenrechtlich relevante Vorhaben hat der Bundesgesetzgeber nach Art. 72, 74 I Nr. 18 GG die konkurrierende Gesetzgebungskompetenz.[543] Darunter fallen bauliche Anlagen,[544] die bodenrechtliche Relevanz haben. Es muss sich dabei um Anlagen handeln, die in einer auf Dauer gedachten Weise künstlich mit dem Erdboden verbunden sind und städtebauliche Relevanz haben.[545] Denn eine baugenehmigungspflichtige Maßnahme ist nur dann ein Vorhaben i. S. des § 29 BauGB, wenn sie bodenrechtlich (bauplanungsrechtlich) relevant ist. Eine solche Relevanz setzt voraus, dass das Vorhaben auch tatsächlich Gegenstand bauplanerischer Festsetzungen nach § 9 I BauGB sein kann.[546] Lediglich auf landesrechtlicher Grundlage angeordnete Regelungen erfüllen die bodenrechtlichen Regelungen in den §§ 29 ff. BauGB nicht. Die Beschränkung der Festsetzungsmöglichkeiten auf städtebauliche Gegenstände bringt § 9 BauGB dadurch zum Ausdruck, dass im Bebauungsplan (nur) aus städtebaulichen Gründen Festsetzungen getroffen werden können. Eine sachliche Änderung enthält der Hinweis auf die städtebaulichen Gründe allerdings nicht, da diese Begrenzung sich bereits aus der Kompetenz des Bundes für Regelungen im Bereich des Bodenrechts (Art. 74 I Nr. 18 GG) ergibt. Der entsprechende Hinweis auf die städtebaulichen Gründe ist daher lediglich zur Klarstellung eingefügt.[547] Auch in § 29 I BauGB wird diese Begrenzung auf städtebauliche Belange deutlich. Danach gelten für Vorhaben, die die Errichtung, Änderung oder Nutzungsänderung von baulichen Anlagen zum Inhalt haben, und für Aufschüttungen und Abgrabungen größeren Umfangs sowie für Ausschachtungen und Ablagerungen einschließlich Lagerstätten die §§ 30 bis 37 BauGB.

329   Der Begriff der **baulichen Anlage** ist nach der Rechtsprechung ein im Verhältnis zum Landesrecht eigenständiger Begriff, der sich vom Landesbaurecht deutlich unterscheidet.[548] Er setzt sich aus zwei Elementen zusammen: dem Begriff des Bauens und dem Begriff der bodenrechtlichen Relevanz. Diese Einschränkung ergibt sich aus der auf das Bodenrecht begrenzten Kompetenz des Bundesgesetzgebers. So gesehen erscheinen die Begriffe der baulichen Anlage auf bundesrechtlicher und landesrechtlicher Grundlage wie sich teilweise überschneidende Kreise.[549] Ein Vorhaben kann daher sowohl den bundesrechtlichen als auch landesrechtlichen Begriff der baulichen Anlage umfassen. Es sind aber auch Vorhaben denkbar, die sich lediglich auf Anlagen bundesrechtlicher Art, aber auch Anlagen landesrechtlicher Art beziehen. Wegen der bundesrechtlichen Kompe-

---

[542] *BVerwG*, B. v. 3. 4. 1996 – 4 B 253.95 – NVwZ 1997, 389 – UPR 1996, 316 – Fachmarkt.
[543] *BVerfG*, E. v. 16. 6. 1954 – 1 PBvV 2/52 – BVerfGE 3, 407 = *Hoppe/Stüer* RzB Rdn. 1.
[544] Zum Begriff der baulichen Anlage vgl. *BVerwG*, Urt. v. 10. 12. 1971 – IV C 33.69 – BRS 24 Nr. 149 = BauR 1972, 100; Urt. v. 31. 8. 1973 – IV C 33.71 – BVerwGE 44, 59 – BRS 27, Nr. 122; Urt. v. 11. 2. 1977 – IV C 8.75 – BRS 32, Nr. 140 = BauR 1977, 253.
[545] *BVerwG*, Urt. v. 3. 12. 1992 – 4 C 27.91 – BVerwGE 91, 234; Urt. v. 16. 12. 1993 – 4 C 22.92 – NVwZ 1994, 1010 = ZfBR 1994, 148 = UPR 1994, 228 – Dachgaube; Urt. v. 15. 12. 1994 – 4 C 19.93 – Werbetafel.
[546] *BVerwG*, Urt. v. 3. 12. 1992 – 4 C 27.91 – BVerwGE 91, 234; Urt. v. 16. 12. 1993 – 4 C 22.92 – NVwZ 1994, 1010 = ZfBR 1994, 148 – Dachgaube.
[547] *Bundesregierung*, Gesetzentwurf zum BauROG, S. 48.
[548] *BVerwG*, Urt. v. 10. 12. 1971 – IV C 33.69 – BVerwGE 39, 154.
[549] *BVerwG*, Urt. v. 31. 8. 1973 – IV C 33.71 – BVerwGE 44, 59 = *Hoppe/Stüer* RzB Rdn. 296 – Wohnboot.

2. Teil. Inhalt und Rechtsnatur der Bauleitpläne

tenzen ist der Landesgesetzgeber nicht befugt, den §§ 30 bis 35 BauGB weitere (einschränkende) bodenrechtliche Regelungen hinzuzufügen.[550] Ebenso wenig ist der Landesgesetzgeber berechtigt, die bodenrechtlich relevanten baulichen Anlagen von den planungsrechtlichen Zulässigkeitsanforderungen der §§ 30 bis 36 BauGB zu befreien.[551] Zum bundesrechtlichen Begriff einer baulichen Anlage gehört in der Regel, dass das Vorhaben Gegenstand bauplanerischer Festsetzungen nach § 9 I BauGB sein kann. Denn die bauplanungsrechtliche Relevanz liegt vor, wenn das Vorhaben geeignet ist, ein Bedürfnis nach einer seine Zulässigkeit regelnden verbindlichen Bauleitplanung hervorzurufen.[552] Aus dieser Sicht hat das *BVerwG* etwa für Werbeanlagen[553] oder Abgrabungen[554] die städtebauliche Relevanz angenommen,[555] diese aber etwa für Dachgauben im konkreten Fall abgelehnt.[556] Eine (nur) durch landesrechtliches Bauordnungsrecht regelbare Maßnahme unterfällt dabei auch dann nicht dem bundesrechtlichen Begriff des Bauvorhabens i. S. des § 29 BauGB, wenn diese landesrechtliche Regelung über § 9 IV BauGB in den Bebauungsplan aufgenommen ist oder aufgenommen werden könnte. Auch Nutzungsänderungen unterfallen dem Begriff des Vorhabens nach § 29 BauGB, wenn der Vorgang bodenrechtlich relevant sein kann und aus diesem Grunde die Genehmigungsfrage neu aufwirft.[557] Dies setzt voraus, dass die jeder Art von Nutzung eigene Variationsbreite verlassen wird und durch die Veränderung bodenrechtliche Belange, wie sie in § 1 VI BauGB beispielhaft erwähnt werden, möglicherweise berührt werden. Ob derartige Belange tatsächlich berührt sind, ist nicht entscheidend. Dies ist erst im Verfahren der Baugenehmigung zu klären. Was sich innerhalb der Breite üblicher Nutzungen hält und damit als bereits genehmigt gelten kann, muss nach den jeweiligen Einzelfallumständen beurteilt werden.[558] Diese Bandbreite ist aber z. B. überschritten, wenn bei einem großflächigen Einzelhandelsbetrieb, der mit einem bestimmten Sortiment genehmigt worden ist, ein vollständiger Austausch des Warenangebotes stattfindet und statt eines Bau-, Hobby- oder Gartencenters ein Sonderpostenmarkt eingerichtet wird.[559] Auch die Umnutzung einer Grenzgarage als Bürogebäude stellt eine planungsrechtlich bedeutsame Nutzungsänderung dar.[560] Eine Nutzungsänderung kann auch bei einer nur teilweisen Änderung

---

[550] *BVerwG*, Urt. v. 24. 2. 1978 – IV C 12.76 – BVerwGE 55, 272.
[551] *BVerwG*, Urt. v. 12. 11. 1964 – 1 C 58.64 – BVerwGE 20, 12.
[552] *BVerwG*, Urt. v. 16. 12. 1993 – 4 C 22.92 – NVwZ 1994, 1010 – Dachgaube.
[553] *BVerwG*, Urt. v. 3. 12. 1992 – 4 C 26.91 – UPR 1993, 239 = NVwZ 1993, 985 = ZfBR 1993, 149 = GewArch. 1993, 216 – Werbe-Schaukästen; Urt. v. 3. 12. 1992 – 4 C 27.91 – BVerwGE 91, 234 = DVBl. 1993, 439 = BauR 1993, 315 – Werbe-Schaukästen; Urt. v. 15. 12. 1994 – 4 C 19.93 – Werbetafel; *Schulte* BauR 1993, 139.
[554] *BVerwG*, B. v. 27. 7. 1990 – 4 B 156.89 – DVBl. 1990, 1122 = BauR 1990, 694 = ZfBR 1990, 302 – Gipsabbau Streifelswald.
[555] Zum abschließenden Charakter der bodenrechtlichen Anforderungen an Abgrabungen *BVerwG*, B. v. 16. 2. 1988 – 4 B 26.88 – NVwZ 1989, 49 = UPR 1988, 265 = ZfBR 1988, 144 – Kiesgrube.
[556] *BVerwG*, Urt. v. 16. 12. 1993 – 4 C 22.92 – Buchholz 406.11 § 29 BauGB Nr. 52 = NVwZ 1994, 1010 NVwZ 1994, 1010 – Dachgaube.
[557] *BVerwG*, Urt. v. 11. 2. 1977 – IV C 8.75 – Buchholz 406.11 § 29 BBauG Nr. 21; Urt. v. 23. 1. 1991 – 4 C 83.77 – Buchholz 406.16 Eigentumsschutz Nr. 23; Urt. v. 25. 3. 1988 – 4 C 21.85 – Buchholz 406.16 Grundeigentumsschutz Nr. 47; Urt. v. 25. 3. 1988 – 4 C 21.85 – BauR 1988, 569 = DVBl. 1988, 855 = NVwZ 1989, 666 = ZfBR 1988, 195 – Altersheim; Urt. v. 11. 11. 1988 – 4 C 50.87 – ZfBR 1989, 72 = NVwZ-RR 1989, 340 = RdL 1989, 148 – Kurheim; B. v. 1. 3. 1989 – 4 B 24.89 – BauR 1989, 308 = DÖV 1989, 725 = NVwZ 1989, 666 = ZfBR 1989, 228 – Kino in Spielhalle; Urt. v. 18. 5. 1990 – 4 C 49.89 – BauR 1990, 582 = NVwZ 1991, 264 = UPR 1990, 342 = ZfBR 1990, 245 – Spielhalle; Urt. v. 27. 4. 1993 – 1 C 9.92 – GewArch. 1993, 374 = NVwZ-RR 1993, 545 = DÖV 1994, 214 – Spielhalle.
[558] *BVerwG*, B. v. 3. 8. 1995 – 4 B 155.95 – Buchholz 406.11 § 29 BauGB Nr. 55 – Umnutzung Kinderheim in Altenheim.
[559] *OVG Münster*, Urt. v. 29. 3. 1999 – 10 B 417/99 – Sortimentswechsel.
[560] *OVG Berlin*, Urt. v. 23. 10. 1998 – 2 B 13.96 – ZMR 1999, 51 = DWW 1999, 134.

der bestehenden Nutzung gegeben sein.⁵⁶¹ Ein (einheitliches) Vorhaben kann sich dabei auf eine oder mehrere bauliche Anlagen beziehen.⁵⁶² Dies hängt vom Willen des Antragstellers ab. Nach der Rechtsprechung des *BVerwG* enthält die BauNVO keinen eigenen Anlagenbegriff. Sie knüpfe an den bundesgesetzlichen Begriff der „baulichen und sonstigen Anlage" in § 29 I BauGB an.⁵⁶³

330   Eine **Nutzungsänderung** liegt vor, sobald die jeder Nutzung eigene tatsächliche Variationsbreite überschritten wird und der neuen Nutzung unter städtebaulichen Gesichtspunkten eine andere Qualität zukommt. Ein derartiger Qualitätsunterschied kann zwischen dem ehemaligen Lagerplatz eines Bauunternehmens und der neuen Nutzung bestehen, die den Platz nicht nur als Lagerfläche, sondern auch als Sammel- und Umschlagplatz sowie als Verkaufsstätte für gebrauchte Maschinen, Kraftfahrzeuge und Fahrzeugteile in Anspruch nehmen will. Denn bauplanungsrechtlich relevante Belange des Umweltschutzes und des Verkehrs können durch die beiden Nutzungsarten in unterschiedlicher Weise betroffen sein.⁵⁶⁴

331   Auch die Weiterentwicklung eines Gewerbebetriebes kann es mit einer Änderung oder Nutzungsänderung im Sinne von § 29 BauGB verbunden sein. Für die Umwandlung beispielsweise einer Gastwirtschaft mit Tanzsaal in eine Diskothek ist diese Frage ohne weiteres zu bejahen. Als kerngebietstypische Vergnügungsstätte unterliegt eine Diskothek einer anderen planungsrechtlichen Bewertung als eine Gaststätte mit Tanzsaal. Eine derartige Änderung ist durch den Bestandsschutz nicht gedeckt. Der Grundsatz, dass der Bestandsschutz einer Gaststätte mit Tanzsaal ihre Umwandlung in eine Diskothek nicht rechtfertigen kann, wird auch nicht dadurch in Frage gestellt, dass es in der Praxis eine „schleichende" Entwicklung geben mag, in der die Abgrenzung zwischen „Tanzsaal" und „Diskothek" schwierig sein kann. Eine Nutzungsintensivierung reicht allerdings allein nicht aus, um den Vorhabenbegriff einer Nutzungsänderung im Sinne des § 29 I BauGB zu erfüllen; vielmehr sind im öffentlichen Baurecht objektive Kriterien entscheidend.⁵⁶⁵ Im Fall der Änderung einer baulichen Anlage nach § 29 BauGB ist Gegenstand der bebauungsrechtlichen Prüfung das Gesamtvorhaben in seiner geänderten Gestalt. Das bedeutet indes nicht, dass eine zuvor erteilte Baugenehmigung ohne weiteres gegenstandslos geworden sein muss, weil teilweise abweichend von ihr gebaut worden ist. Eine die Änderung gestattende Genehmigung muss sich deshalb nicht stets auf alle bebauungsrechtlichen Voraussetzungen der Zulässigkeit des Gesamtvorhabens erstrecken.⁵⁶⁶

332   Auch **Aufschüttungen** und Befestigungen des Geländes sowie die Errichtung von Geländestützmauern erfüllen den bundesrechtlichen Begriff einer baulichen Anlage.⁵⁶⁷ In der Umwandlung eines Stellplatzes für Lastkraftwagen und Lastzüge in gewerbliche Abstellflächen für Wohnwagen liegt eine Nutzungsänderung, durch die bodenrechtliche Belange i. S. von § 1 V BauGB neu berührt werden. Davon zu unterscheiden ist der Begriff der **Bebauung** i. S. von § 34 I BauGB, der nur solche baulichen Anlagen umfasst, die optisch wahrnehmbar sind und die ein gewisses Gewicht haben, das geeignet ist, ein Gebiet als Ortsteil mit einem bestimmten Charakter zu prägen.⁵⁶⁸ Dazu zählen etwa freie

---

⁵⁶¹ *BVerwG*, B. v. 22. 12. 1992 – 4 B 251.92 – Buchholz 310 § 98 VwGO Nr. 44.
⁵⁶² *BVerwG*, B. v. 21. 8. 1991 – 4 B 20.91 – DVBl. 1992, 40 = ZfBR 1992, 41 = NVwZ-RR 1992, 345 – Seglerheim.
⁵⁶³ So *BVerwG*, Urt. v. 12. 12. 1996 – 4 C 17.95 – DVBl. 1997, 568.
⁵⁶⁴ *BVerwG*, B. v. 14. 4. 2000 – 4 B 28.00 – NVwZ-RR 2000, 758 = ZfBR 2001, 355.
⁵⁶⁵ *BVerwG*, B. v. 11. 7. 2001 – 4 B 36.01 – BRS 64 (2001) Nr. 73 mit Hinweis auf *BVerwG*, Urt. v. 29. 10. 1998 – 4 C 9.97 – Buchholz 406.12 § 4 BauNVO Nr. 14 = DVBl. 1999, 244.
⁵⁶⁶ *BVerwG*, B. v. 4. 2. 2000 – 4 B 106.99 – NVwZ 2000, 1047 = BauR 2000, 1041 = DÖV 2000, 641, im Anschluss an Urt. v. 15. 5. 1997 – 4 C 23.95 – NVwZ 1998, 58.
⁵⁶⁷ *BVerwG*, Urt. v. 14. 9. 1992 – 4 C 15.90 – DVBl. 1993, 111 = BauR 1993, 300 = NVwZ 1993, 985 – Wohnwagenabstellplatz.
⁵⁶⁸ *BVerwG*, Urt. v. 14. 9. 1992 – 4 C 15.90 – DVBl. 1993, 111 = BauR 1993, 300 = *Hoppe/Stüer* RzB Rdn. 383.

Flächen, die einer Bebauung entzogen sind, wie Sportplätze und Reitplätze, aber auch Wohnwagenabstellplätze nicht.[569]

Die Regelungen der §§ 29 ff. BauGB sehen sich veränderten Bauordnungen der Länder gegenüber.[570] Die bisher geltenden Landesbauordnungen ordneten eine Genehmigungs-, Zustimmungs- oder Anzeigepflicht durchweg für alle bodenrechtlich relevanten Vorhaben an. Landesrechtliche Freistellungen von der Genehmigungspflicht waren nur in Fällen von geringfügiger Bedeutung vorgesehen. Durch diese **präventive Rechtskontrolle** im bauaufsichtlichen Genehmigungsverfahren wurde sichergestellt, dass die städtebaulichen Belange der §§ 29 ff. BauGB im jeweiligen Baugenehmigungsverfahren gewahrt wurden. Die neuen LBauO sehen vielfach auch in städtebaulich relevanten Bereichen **Freistellungen** vor. Teilweise ist lediglich ein vereinfachtes Baugenehmigungsverfahren oder eine Anzeige erforderlich; teilweise ist nur eine Benachrichtigung vorgesehen. Freigestellt werden etwa bestimmte Vorhaben im Geltungsbereich eines Bebauungsplans, aber teilweise auch Außenbereichsvorhaben, die einer land- oder forstwirtschaftlichen Nutzung dienen. Zur Sicherung gemeindlicher Rechte sehen die neuen LBauO teilweise vor, dass die Gemeinde, bei der die Bauunterlagen einzureichen sind, innerhalb einer bestimmten Frist ein Genehmigungsverfahren einleiten kann. Die Bauaufsichtsbehörden behalten zudem die Befugnis, im Wege der repressiven Kontrolle gegen Bauvorhaben, die den öffentlich-rechtlichen Vorschriften widersprechen, durch Stilllegung der Bauarbeiten und ggf. durch Abbruchordnung einzuschreiten. Auf der Grundlage dieser landesrechtlichen Freistellungen stellt sich die Frage, ob die neuen landesrechtlichen Regelungsmodelle zur Vereinfachung des Baugenehmigungsverfahrens, einschließlich der beabsichtigten Erweiterung der Freistellungskataloge, mit höherrangigem Recht vereinbar sind. Auch könnte sich aus den veränderten landesrechtlichen Regelungen ein bundesrechtlicher Regelungsbedarf ergeben.[571]

Das Baugenehmigungsverfahren der Länder war bisher von dem Grundsatz der allumfassenden **präventiven Kontrolle** geprägt. Das Bauen war vom Grundsatz her generell verboten, wenn es nicht durch förmliche Baugenehmigung zugelassen wurde. Nach der früheren Fassung des § 29 BauGB war die Anwendung der §§ 30 bis 37 BauGB davon abhängig, dass für das zu beurteilende Vorhaben ein landesrechtliches Genehmigungs-, Zustimmungs- oder Anzeigeverfahren angeordnet war. Der Rückzug des Landesrechts aus einer präventiven Kontrolle führte daher dazu, dass in diesem Umfang auch die materiellen städtebaulichen Belange der §§ 29 ff. BauGB nicht mehr durch ein förmliches Baugenehmigungsverfahren gesichert waren. Denn die **repressiven Kontrollmöglichkeiten** der Bauaufsicht waren nach der früheren Fassung des § 29 BauGB nicht Anknüpfungspunkt der planungsrechtlichen Zulässigkeit nach den §§ 30 bis 37 BauGB. Mit dem teilweisen Abschied des Landesgesetzgebers von einer präventiven Kontrolle bestehen allerdings für die Bauaufsichtsbehörden weiterhin Möglichkeiten einer repressiven Kontrolle. Das BVerwG hatte allerdings den Landesgesetzgeber im **Wyhl-Urteil**[572] nach der damaligen Fassung des § 29 BauGB für verpflichtet gehalten, Vorhaben von einiger bodenrechtlicher Bedeutung einem präventiven Genehmigungs-, Anzeige- oder Zustimmungsverfahren zu unterstellen. Denn ordnete der Landesgesetzgeber ein derartiges

---

[569] BVerwG, B. v. 6. 3. 1992 – 4 B 35.92 – Buchholz 406.11 § 34 BauGB Nr. 149 – Reitplatz; *Gelzer/Birk* Rdn. 502.

[570] Zu den geänderten Landesbauordnungen *Baumanns* BauR 1992, 556; *Broß* VerwArch. 85 (1994), 129; *Busse* Die neue BayBauO Art. 70 Rdn. 1; *Hollederer/Engels/Köthner*, Grenzen, Möglichkeiten und Auswirkungen innovativer gesetzlicher Regelungen auf Baugenehmigungsverfahren in NW 1994; *Jäde* BayVBl. 1994, 363; *Möllgaard* LKV 1994, 429; *Ortloff* NVwZ 1991, 630; *ders.* NVwZ 1993, 713; *ders.* NVwZ 1995, 112; *Schulte* Eildienst Städtetag NW 1995, 85 ff.; *Simon* BayVBl. 1994, 332; *ders.* BayVBl. 1994, 581; *Stelkens* NVwZ 1995, 325.

[571] *Stüer/Ehebrecht-Stüer* DVBl. 1996, 482; *dies.* Bauplanungsrecht und Freistellungspolitik der Länder 1996, 23.

[572] BVerwG, Urt. v. 19. 12. 1985 – 7 C 65.82 – BVerwGE 72, 300 = *Hoppe/Stüer* RzB Rdn. 1253.

Verfahren nicht an, waren nach dem Wortlaut des damaligen § 29 BauGB auch die planungsrechtlichen Zulässigkeitsanforderungen nach den §§ 30 bis 37 BauGB nicht anwendbar. Aus dieser Sicht konnten verschiedene landesrechtliche Freistellungsregelungen verfassungsrechtlich bedenklich erscheinen, weil sie die Einhaltung der städtebaulichen Vorhaben in den §§ 29 ff. BauGB nicht durch ein präventives Genehmigungsverfahren sicherstellten und die Freistellung auch oberhalb einer traditionell geduldeten Geringfügigkeitsschwelle ermöglicht haben.[573]

335 Die **präventive Kontrolle** der planungs- und bauordnungsrechtlichen Zulässigkeit eines Vorhabens durch ein vorgeschaltetes Genehmigungsverfahren wird vor allem mit dem Ziel gerechtfertigt, nicht dem Gesetz entsprechende Vorhaben zu verhindern. Eine repressive Kontrolle durch nachträgliches Einschreiten komme zu spät und könne die Beachtung der bauplanungs- und bauordnungsrechtlichen Vorschriften nicht ausreichend gewährleisten. Eine präventive Kontrolle durch ein förmliches Genehmigungsverfahren sei daher auch aus rechtsstaatlichen Gründen, aber auch zum Schutz des Bauherrn, vielleicht auch des Nachbarn und der planenden Gemeinde, erforderlich. Anderenfalls bestehe auch die Gefahr, dass der Bauherr Investitionen tätige, die sich im Nachhinein als nutzlos erweisen. Die Einschränkung der präventiven Kontrolle begründen die Befürworter mit einem Abbau staatlicher Kontrolle und Bürokratie. Eine vorhergehende Kontrolle erschwere Investitionen und führe zu einer Aufblähung des Verwaltungsverfahrens, die nicht erforderlich sei. Das Rechtsbewusstsein der Bevölkerung werde zudem sicherstellen, dass mit der Ausführung eines Bauvorhabens nur begonnen werde, wenn es materiell legal sei. Auswüchsen könne mit repressiven Stilllegungsverfügungen und ggf. Abbruchanordnungen entgegengewirkt werden.

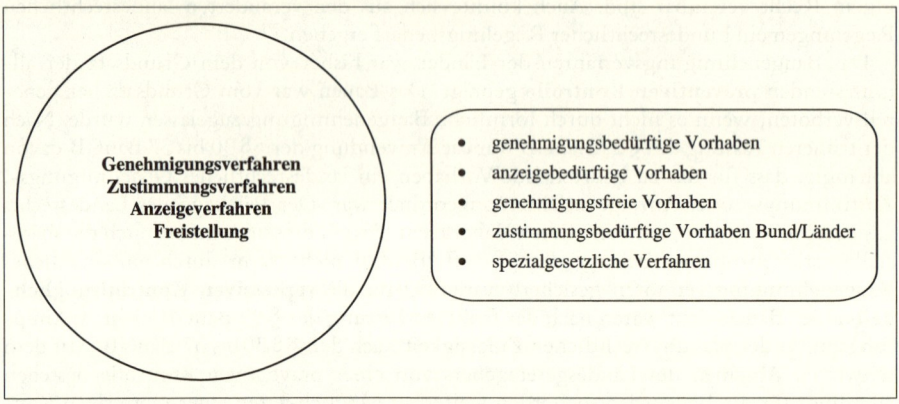

336 Der Bundesgesetzgeber hat auf die verstärkten Freistellungstendenzen in den Landesbauordnungen durch eine Änderung des **§ 29 BauGB** reagiert. Nach der Neufassung des § 29 I BauGB durch das BauROG 1998 sind die §§ 30 bis 37 BauGB für städtebaulich relevante Vorhaben anwendbar unabhängig davon, ob ein Genehmigungs-, Zustimmungs- oder Anzeigeverfahren auf landesrechtlicher Grundlage stattfindet. Die Vorschriften des Bauordnungsrechts und andere öffentlich-rechtliche Vorschriften bleiben nach § 29 II BauGB unberührt. Hierdurch ist einerseits sichergestellt, dass die planungsrechtlichen Zulässigkeitsanforderungen der §§ 30 bis 37 BauGB für alle städtebaulich relevanten Vorhaben gelten, auch wenn der Landesgesetzgeber ein förmliches Zulassungs- oder Anzeigeverfahren nicht angeordnet hat. Zugleich sind die Länder nicht mehr verpflichtet, für städtebaulich relevante Vorhaben ein förmliches Verfahren anzuordnen, um damit die Anwendung der planungsrechtlichen Zulässigkeitsvorschriften in den

---

[573] *Stüer/Ehebrecht-Stüer* DVBl. 1996, 482; *dies*. Bauplanungsrecht und Freistellungspolitik der Länder 1996, 23.

§§ 30 bis 37 BauGB sicherzustellen. Auch sind damit die Verpflichtungen, die das Wyhl-Urteil aus der früheren Formulierung des § 29 BauGB abgeleitet hat, entfallen.

Der Bundesgesetzgeber wäre zwar nicht daran gehindert, durch eine entsprechende Fassung des BauGB vorzuschreiben, dass und in welchen Fällen ein bauaufsichtliches Verfahren stattfinden muss.[574] Diesen Weg ist der Bundesgesetzgeber aber nicht gegangen. Er hat es vielmehr den Ländern freigestellt, ob und in welchen Fällen sie ein präventives Zulassungsverfahren anordnen und ob sie dabei ein volles Genehmigungs- oder nur ein Zustimmungs- oder Anzeigeverfahren vorsehen. Auch Mischformen zwischen diesen präventiven Kontrollverfahren können die Länder anordnen. Die Geltung der planungsrechtlichen Zulässigkeitsanforderungen in den §§ 30 bis 37 BauGB wird durch das Vorhandensein oder Fehlen landesrechtlicher Regelungen über eine Präventivkontrolle allerdings nicht berührt.

Schon nach dem bisherigen Recht änderte die landesrechtlich angeordnete Freistellung von der Baugenehmigung nichts daran, dass der Bebauungsplan als **kommunales Satzungsrecht** unmittelbar galt. Auch bauliche Anlagen, die keiner bauaufsichtlichen Genehmigung, Zustimmung oder Anzeige bedürfen, sind daher im Geltungsbereich eines Bebauungsplans unzulässig, wenn sie die Verwirklichung des Plans verhindern oder wesentlich erschweren oder dem Gebietscharakter widersprechen.[575] Denn ein Bebauungsplan bedarf keiner „Geltungsvermittlung". Als gemeindliche Satzung (§ 10 I BauGB) enthält er die rechtsverbindlichen Festsetzungen für die städtebauliche Ordnung (§ 8 I 1 BauGB); er muss nicht noch zusätzlich für verbindlich erklärt werden. § 29 I BauGB bringt im Hinblick auf Bebauungspläne lediglich zum Ausdruck, dass die Lage eines Grundstücks im Geltungsbereich eines Bebauungsplans zur Anwendung des § 30 BauGB – im Gegensatz namentlich zu § 34 BauGB oder § 35 BauGB – führt.[576] Festsetzungen in Bebauungsplänen wirken nicht nur in positiver Richtung, d. h. zulassend, sondern auch in negativer Richtung, d. h. ausschließend. Dies gilt vor allem für Festsetzungen, mit denen auf der Grundlage des § 9 I BauGB und der Vorschriften der BauNVO die zulässigen Nutzungen im Plangebiet festgelegt werden. Mit der Festsetzung einer bestimmten Nutzungsart für einen Planbereich werden zwangsläufig dort zugleich andere Nutzungsarten untersagt. Allerdings gibt es auch Nutzungsarten, die im Bebauungsplan zwar nicht (positiv) vorgesehen, aber dennoch durch ihn nicht ausgeschlossen werden, weil sie unbedenklich sind. Durch die Festsetzung bestimmter Nutzungen sind andere Nutzungen aber dann ausgeschlossen, wenn sie die Verwirklichung des Plans verhindern oder wesentlich erschweren oder wenn sie dem Gebietscharakter widersprechen, indem sie die den Planfestsetzungen entsprechende Situation mehr als nur geringfügig verschlechtern.[577] So ist etwa die Nutzung eines bauaufsichtlich genehmigungsfreien Stellplatzes rechtswidrig und kann untersagt werden, wenn im Bebauungsplan nach § 12 VI BauNVO festgesetzt ist, dass Stellplätze unzulässig sind.

Zwar waren früher regelmäßig nur solche Vorhaben von einer bauaufsichtlichen Genehmigung freigestellt worden, welche die Verwirklichung eines Bebauungsplans nicht verhindern oder wesentlich erschweren konnten. Insoweit hat sich die Lage allerdings in den letzten Jahren durch die vermehrte Zulassung baugenehmigungsfreier Vorhaben in den Landesbauordnungen verändert. Entscheidend ist jedoch, dass die städtebauliche Relevanz eines Vorhabens zum Bundesrecht gehört und nicht durch die unterschiedlichen Landesgesetzgeber geregelt werden kann.[578] Städtebaulich relevant ist eine bauliche An-

---

[574] *BVerwG*, Urt. v. 19. 12. 1985 – 7 C 65.82 – BVerwGE 72, 300 = *Hoppe/Stüer* RzB Rdn. 1253 – Wyhl.
[575] *BVerwG*, B. v. 4. 3. 1997 – 4 B 233.96 – NVwZ 1997, 899 – Stellplatz.
[576] *BVerwG*, Urt. v. 4. 11. 1966 – IV C 36.65 – BVerwGE 25, 243.
[577] *BVerwG*, Urt. v. 2. 3. 1973 – IV C 40.71 – BVerwGE 42, 30; Urt. v. 21. 6. 1974 – IV C 14.74 – Buchholz 11 Art. 14 GG Nr. 148 – BRS 28 Nr. 138.
[578] *BVerwG*, Urt. v. 26. 6. 1970 – IV C 116.68 – Buchholz 406.11 § 29 BBauG Nr. 9 – BRS 23 Nr. 129.

lage dann, wenn sie geeignet ist, ein Bedürfnis nach einer ihre Zulässigkeit regelnden verbindlichen Bauleitplanung hervorzurufen.[579] Derartige Anlagen können jedoch – unabhängig von ihrer Genehmigungsbedürftigkeit nach Landesrecht – die Verwirklichung eines Bebauungsplans verhindern oder erschweren. Sie sind mit dem Bebauungsplan unvereinbar, wenn sie einer seiner Festsetzungen widersprechen.[580]

2. Festsetzungsmöglichkeiten

340 Für den Bebauungsplan besteht ein umfangreicher **Katalog** an **Festsetzungsmöglichkeiten** aus Zeichnung, Farbe, Schrift und Text (§ 9 BauGB), die dem konkreten Inhalt des Bebauungsplans entsprechen. Die Festsetzungsmöglichkeiten sind allerdings i. S. eines Numerus clausus abschließend in § 9 BauGB und der ergänzend heranzuziehenden BauNVO aufgeführt. Festsetzungen, die in § 9 BauGB und der BauNVO keine Rechtsgrundlage finden, sind unzulässig.[581] § 9 BauGB fordert allerdings nicht, dass die jeweiligen Nummern, auf die die einzelne Festsetzung gestützt werden kann, im Bebauungsplan bezeichnet sind.[582] Zugleich wird mit den Festsetzungen der Inhalt des Grundeigentums festgelegt.[583] Für die zeichnerischen Festsetzungsmittel ist die aufgrund des § 9a Nr. 4 BauGB erlassene **Planzeichenverordnung** zu beachten. In ihr sind die einzelnen bei der Planaufstellung zu verwendenden Planzeichen aufgeführt. Nur so weit die Planzeichenverordnung keine Planzeichen enthält, ist die Gemeinde bei der Verwendung von Planzeichen frei, wobei durch eine entsprechende Erläuterung für Klarheit zu sorgen ist. Der Gemeinde steht es allerdings frei, welcher Mittel sie sich bedient, um dem Bestimmtheitsgebot zu genügen. Aus § 2 PlanzV folgt, dass sie nicht strikt an die Planzeichen gebunden ist, die in der Anlage 4 zu dieser Verordnung enthalten sind. Sie hat die Wahl zwischen zeichnerischen Festsetzungen und textlichen Beschreibungen und kann auch beide Elemente miteinander kombinieren.[584] Weicht sie von der Darstellungsart der PlanzV ab, so wird hierdurch allein die Bestimmtheit nicht in Frage gestellt, wenn der Inhalt der Festsetzung gleichwohl hinreichend deutlich erkennbar ist. Maßgeblich ist, ob der mit der PlanzV verfolgte Zweck sich auch mit dem von der Gemeinde gewählten Mittel erreichen lässt.[585] Der von der PlanzV verfolgte Zweck muss allerdings mit dem von der Gemeinde gewählten Mittel erreichbar sein. Der Inhalt der Festsetzung muss zudem hinreichend deutlich erkennbar sein.[586]

Beispiel: Die Abgrenzung von privaten und öffentlichen Grünflächen kann auch durch Auslegung des Bebauungsplans unter Berücksichtigung des Planzeichens nach Nr. 13.2.1 PlanzV ermittelt werden.[587]

341 § 9 I BauGB stellt klar, dass die jeweiligen Festsetzungen (nur) aus **städtebaulichen Gründen** getroffen werden können. Diese durch das BauROG 1998 bewirkte ausdrückliche Benennung der städtebaulichen Gründe stellt allerdings gegenüber der vormals geltenden Fassung des § 9 I BauGB keine inhaltliche Änderung dar. Denn nur Gesichtspunkte des Städtebaurechts können die gemeindliche Bauleitplanung legitimieren.[588]

---

[579] *BVerwG*, Urt. v. 3. 12. 1992 – 4 C 27.91 – BVerwGE 91, 234 = DVBl. 1993, 439.
[580] *BVerwG*, B. v. 4. 3. 1997 – 4 B 233.96 – NVwZ 1997, 899 – Stellplatz.
[581] *BVerwG*, B. v. 7. 9. 1988 – 4 N 1.87 – BVerwGE 80, 184 = *Hoppe/Stüer* RzB Rdn. 177; B. v. 12. 12. 1990 – 4 NB 13.90 – BauR 1991, 169 = DVBl. 1991, 440 = *Hoppe/Stüer* RzB Rdn. 882.
[582] *BVerwG*, B. v. 17. 12. 1998 – 4 NB 4.97 – NVwZ 1999, 984 – Landwirtschaft.
[583] *BVerfG*, B. v. 14. 5. 1985 – 2 BvR 397 – 399/82 – BVerfGE 70, 35; *BVerwG*, B. v. 5. 4. 1993 – 4 NB 3.91 – BVerwGE 92, 231 = DVBl. 1993, 662 – Meerbusch.
[584] *BVerwG*, Urt. v. 30. 1. 1976 – IV C 26.74 – BVerwGE 50, 114.
[585] *BVerwG*, B. v. 4. 1. 1994 – 4 NB 30.93 – DVBl. 1994, 699 = NVwZ 1994, 684 = *Hoppe/Stüer* RzB Rdn. 187 – Planzeichen; B. v. 25. 10. 1996 – 4 NB 28.96 – Buchholz 406.11 § 9 BauGB Nr. 81 – öffentliche Grünfläche.
[586] *BVerwG*, B. v. 25. 10. 1996 – 4 NB 28.96 – BRS 58 (1996), 89.
[587] *BVerwG*, B. v. 24. 1. 1995 – 4 NB 3.9 – BauR 1995, 662; B. v. 25. 10. 1996 – 4 NB 28.96 – Buchholz 406.11 § 9 BauGB Nr. 81 – öffentliche Grünfläche.
[588] *Bundesregierung*, Gesetzentwurf zum BauROG 1998, S. 48.

Das Gesetz unterscheidet den **qualifizierten** und den **einfachen Bebauungsplan**. Der 342
qualifizierte Bebauungsplan enthält die Mindestfestsetzungen nach § 30 I BauGB über
die Art und das Maß der baulichen Nutzung, die überbaubaren Grundstücksflächen und
die örtlichen Verkehrsflächen. Ein Bebauungsplan, der diese Mindestfestsetzungen nicht
enthält, ist ein einfacher Bebauungsplan nach § 30 III BauGB. Für die planungsrechtliche
Zulässigkeit von Vorhaben im Geltungsbereich eines solchen einfachen Bebauungsplans
ist ergänzend neben den Festsetzungen des Plans eine Beurteilung nach § 34 BauGB bzw.
§ 35 BauGB vorzunehmen. Auch ein einfacher Bebauungsplan ist danach ein vollwirksamer Bebauungsplan mit Rechtsnormqualität. Qualifizierter und einfacher Bebauungsplan unterscheiden sich allerdings nach dem Inhalt der Satzung in dem Sinne, dass der
qualifizierte Bebauungsplan seinem Inhalt nach die Mindestfestsetzungen des § 30 I
BauGB enthält und hierdurch zugleich die Anwendung der §§ 34, 35 BauGB ausschließt.

Hinweis: Mit der Erwähnung des einfachen Bebauungsplans in § 30 III BauGB wollte der Gesetzgeber hervorheben, dass nicht nur der qualifizierte Bebauungsplan als planungsrechtliches Instrument zur Verfügung steht. Die Gemeinde hat dabei die Wahl zwischen diesen verschiedenen Formen. Der einfache Bebauungsplan wird sich als Planungsinstrument vor allem dort eignen, wo etwa in bereits bebauten Ortsteilen lediglich in einzelnen Festsetzungsbereichen Ergänzungen zu einer Beurteilung nach § 34 BauGB sinnvoll sind. Die Gemeinde setzt z. B. in einem einfachen Bebauungsplan lediglich die Verkehrsflächen fest, während Festsetzungen über Art und Maß der baulichen Nutzung fehlen. Neuplanungen, etwa zur Festsetzung und Erschließung von Wohn- oder Gewerbegebieten, sollten demgegenüber in der Form eines qualifizierten Bebauungsplans vorgenommen werden.

Die Planaussagen müssen eindeutig, verständlich und klar sein. Dies gebietet der 343
Bestimmtheitsgrundsatz. Unklarheiten und Missverständnisse sowie nicht eindeutige
Festsetzungen führen zur Unwirksamkeit dieser Festsetzungen und können die Unwirksamkeit des gesamten Planes nach sich ziehen.[589] Ob Festsetzungen eines Bebauungsplans
über das Maß der baulichen Nutzung und über die überbaubaren Grundstücksflächen
drittschützend sind, hängt vom Willen der Gemeinde als Planungsträger ab.[590]

Beispiel: Die Gemeinde setzt im Bebauungsplan Höhen fest, ohne Bezugspunkte für deren Bemessung anzugeben. Vorsicht ist hier besonders bei Grundstücken in Hanglage geboten. Bei der Gliederung des Baugebietes bleibt unklar, ob Vergnügungsstätten insgesamt ausgeschlossen werden sollen
oder sich der Ausschluss nur auf einzelne Unterarten der Vergnügungsstätten bezieht. Es bestehen
Widersprüche zwischen den Festsetzungen in der Planurkunde und der Begründung, etwa wenn
nach den textlichen Festsetzungen ein großflächiger Einzelhandelsbetrieb mit einer Geschossfläche
von 5000 m² zugelassen wird, die Begründung jedoch nur eine Geschossfläche von 2500 m² in die
Abwägung einstellt (Abwägungsdivergenz).[591]

Der aus Art. 20 III GG herzuleitende Bestimmtheitsgrundsatz einer Norm schließt die 344
Verwendung sog. **unbestimmter Rechtsbegriffe** allerdings nicht aus. Ein Verstoß gegen
den Bestimmtheitsgrundsatz liegt nur dann vor, wenn es wegen der Unbestimmtheit der
verwendeten Begriffe nicht mehr möglich ist, objektive Kriterien zu gewinnen und
wenn eine willkürliche Handhabung der Rechtsvorschrift durch Behörden und Gerichte
zu erwarten ist. Die Auslegungsbedürftigkeit einer Vorschrift lässt demgegenüber noch
nicht die rechtsstaatlich gebotene Bestimmtheit entfallen.[592] Das Ausmaß der geforderten

---

[589] *Krüger* BauR 1989, 589 m. w. Nachw.; *OVG Münster*, Urt. v. 18. 4. 1991 – 11 A 696/87 – BauR 1992, 60 zur Veränderung der Geländeoberfläche durch Abgrabung; *OLG Hamm*, Urt. v. 4. 6. 1998 – 16 U (Baul) 6/97 – NVwZ 1998, 995 = AgrarR 1999, 24 für eine Wegeverbindung, deren Art im Bebauungsplan nicht angegeben ist.
[590] *BVerwG*, B. v. 19. 10. 1995 – 4 B 215.95 = BauR 1996, 82 = ZfBR 1996, 104 = Mitt NWStuGB 1995, 398.
[591] *BVerwG*, Urt. v. 18. 3. 2004 – 4 CN 4.03 – BVerwG 120, 239 = DVBl. 2004, 957.
[592] *BVerfG*, B. v. 8. 3. 1983 – 2 BvL 27/81 – BVerfGE 63, 312.

Bestimmtheit lässt sich dabei nicht allgemein festlegen. In erster Linie ist die Eigenart des zu regelnden Sachgebiets maßgebend.[593] Der Normgeber ist zwar gehalten, seine Vorschriften so bestimmt zu fassen, wie dies nach der Eigenart des zu ordnenden Lebenssachverhalts mit Rücksicht auf den Normzweck möglich ist.[594] Er verfügt aber dabei über einen Gestaltungsspielraum, der sich nicht nur auf die inhaltlichen Regelungen, sondern auch den Konkretisierungsgrad der jeweiligen Festsetzungen bezieht. Insgesamt genügt es, wenn die Betroffenen die Rechtslage anhand objektiver Kriterien erkennen und ihr Verhalten danach einrichten können.[595] Der Satzungsgeber muss vor dem Hintergrund dieser Gestaltungsmöglichkeiten in der Lage sein, die Geltung seiner Regelungen positiv i. S. eines anzuwendenden Katalogs wie auch negativ i. S. des Ausschlusses eines Katalogs zu bestimmen. Auch den Geltungsbereich seiner Norm kann er dahingehend fassen, dass er von einem größeren Bereich Teilgebiete ausnimmt (negative Bestimmung des Geltungsbereichs) oder auch umgekehrt die Gebiete des Anwendungsbereichs unmittelbar benennt (positive Bestimmung des Geltungsbereichs). Aus solchen unterschiedlichen Formulierungstechniken ein unterschiedliches Anforderungsprofil an die Bestimmtheit der jeweils verwendeten Begriffe zu stellen, wäre nicht sachgerecht.[596]

345 Hinsichtlich des Maßes der erforderlichen **Konkretisierung** ist zwischen **Flächennutzungsplan** und **Bebauungsplan** zu unterscheiden. Während der Flächennutzungsplan sich noch mit einer allgemeineren Aussage begnügen kann, müssen die Festsetzungen des Bebauungsplans konkreter sein. Die vom Bebauungsplan Betroffenen müssen u. a. vorhersehen können, welche Nutzungen auf ihren Grundstücken zulässig sind und welchen Einwirkungen ihre Grundstücke ausgesetzt werden können. Das jeweilige Maß der Konkretisierung hängt dabei wesentlich von der Art der Festsetzungen, von den Planungszielen und den Einzelfallumständen ab. Bauplanerische Festsetzungen können im Einzelfall auch mit unbestimmten Rechtsbegriffen getroffen werden, ohne gegen den Bestimmtheitsgrundsatz zu verstoßen. Das gilt vor allem dann, wenn sich der Inhalt der Festsetzungen unter Berücksichtigung der örtlichen Verhältnisse und des erkennbaren Willens des Normgebers erschließen lässt.[597] Das Maß der Konkretisierung richtet sich dabei danach, was nach den Verhältnissen des Einzelfalls (Planungsziele, örtliche Verhältnisse) für die städtebauliche Entwicklung und Ordnung erforderlich ist und dem Gebot gerechter Abwägung der konkret berührten privaten und öffentlichen Belange entspricht.[598]

346 An den **Bestimmtheitsgrundsatz** sind jedoch **keine überspannten Anforderungen** zu stellen. Vor allem kann ein im Bebauungsplan eröffneter Rahmen im Baugenehmigungsverfahren konkretisiert werden. So genügt ein Bebauungsplan, der in der Nachbarschaft eines allgemeinen Wohngebietes eine Grünfläche (§ 9 I Nr. 15 BauGB) festsetzt, den Bestimmtheitsanforderungen, wenn er eine Sportanlage oder einen Spielplatz ermöglichen soll.[599] Es darf dann allerdings nur eine der Wohnnutzung verträgliche Sportausübung stattfinden. Übrigens könnte einiges dafür sprechen, dass diese Begrenzung durch nachbarliche Interessen sozusagen bereits in dem Bebauungsplan angelegt ist und daher auch dann gilt, wenn ein Baugenehmigungsverfahren nicht nachfolgt, sondern das Vorhaben nach der LBauO freigestellt ist. Die Zulässigkeit konkreter Vorhaben in den Baugebieten

---

[593] *BVerfG*, B. v. 26. 9. 1978 – 1 BvR 525/77 – BVerfGE 49, 168 = DVBl. 1987, 881 – Aufenthaltsgenehmigung.
[594] *BVerfG*, B. v. 24. 11. 1981 – 2 BvL 4/89 – BVerfGE 59, 104.
[595] *BVerwG*, Urt. v. 16. 6. 1994 – 4 C 2.94 – BVerwGE 96, 110 – NVwZ 1994, 1099 – Baumschutzsatzung.
[596] *BVerwG*, Urt. v. 16. 6. 1994 – 4 C 2.94 – BVerwGE 96, 110 – NVwZ 1994, 1099 – Baumschutzsatzung.
[597] *BVerwG*, B. v. 24. 1. 1995 – 4 NB 3.95 – ZfBR 1995, 149.
[598] *BVerwG*, Urt. v. 11. 3. 1988 – 4 C 56.84 – DVBl. 1988, 845 = *Hoppe/Stüer* RzB Rdn. 65.
[599] *BVerwG*, B. v. 23. 4. 1998 – 4 B 40.98 – NVwZ 1998, 1179 = BauR 1998, 897, mit Hinweis auf Urt. v. 19. 1. 1989 – 7 C 77.87 – BVerwGE 81, 197.

beurteilt sich vor dem Hintergrund der jeweiligen Zweckbestimmung der Baugebiete nach Einzelfallgesichtspunkten.[600] Ob die jeweilige Formulierung eines Bebauungsplans dem Bestimmtheitserfordernis genügt, ist daher in aller Regel eine Frage der Auslegung des Plans im Einzelfall.[601]

Beispiel: Die Gemeinde setzt im Bebauungsplan Grünfläche (Parkanlage) fest. Dies kann dem Bestimmtheitsgebot entsprechen. Dasselbe gilt für die Ausweisung als „Gemeindebedarfsfläche" mit dem Zusatz „Schule und Anlagen für soziale und sportliche Zwecke". Unverträglichkeiten mit Nachbarnutzungen können durch das in § 15 BauNVO niedergelegte Gebot der nachbarlichen Rücksichtnahme vermieden werden.[602]

Die **Festsetzungsmöglichkeiten** sind in **§ 9 BauGB** geregelt. Die Gemeinde muss sich dabei an den Katalog des § 9 BauGB und die Vorgaben der BauNVO halten. Sie hat kein eigenes Festsetzungserfindungsrecht.[603] Vielmehr besteht für bauplanungsrechtliche Festsetzungen ein **Typenzwang**.[604] Dies folgt auch aus einer verfassungsrechtlichen Betrachtung. Die Festsetzungen des Bebauungsplans bedürfen vor dem Hintergrund der Eigentumsgarantie in Art. 14 I 2 GG einer verfassungsrechtlichen Rechtfertigung. Dies gilt nicht nur in inhaltlicher, sondern auch in formaler Hinsicht. Die Einzelregelungen müssen durch den Gesetzgeber grundgelegt sein. Diese Regelungen finden sich in § 9 BauGB und in der auf § 9a BauGB zurückgehenden BauNVO. Weicht die Gemeinde von den darin niedergelegten Festsetzungsmöglichkeiten ab, so ist die von diesem Fehler betroffene Festsetzung wegen Verstoßes gegen den bauplanungsrechtlichen Typenzwang unwirksam.[605]

Im Bebauungsplan können nach § 9 I Nr. 1 BauGB Art und Maß der baulichen Nutzung festgesetzt werden. Für die Festsetzung der Art der baulichen Nutzung sind die Bauflächen und Baugebiete nach den §§ 1 bis 15 BauNVO maßgeblich. Die BauNVO enthält zehn Baugebiete, die sich nach der Art der Nutzung voneinander unterscheiden. Außerdem bestehen nach § 1 V bis X BauNVO Gliederungsmöglichkeiten. Nach § 9 I Nr. 2 BauGB können die Bauweise, die überbaubaren und nicht überbaubaren Grundstücksflächen sowie die Stellung der baulichen Anlagen festgesetzt werden. Außerdem bestehen zahlreiche weitere Festsetzungsmöglichkeiten etwa für die Größe, Breite und Tiefe der Baugrundstücke (§ 9 I Nr. 3 BauGB). Die Festsetzung der **Mindestgröße** eines Grundstücks muss allerdings nicht durch besondere städtebauliche Gründe gerechtfertigt sein. Es reicht vielmehr, dass die Festsetzung der jeweiligen Mindestgröße durch städtebauliche Gründe gerechtfertigt ist und dem Abwägungsgebot entspricht.[606] Mit der Größe des Baugrundstücks kann die jeweilige Fläche festgesetzt werden, unabhängig von der Tiefe und Breite des Grundstücks und unabhängig von seiner näheren Belegenheit. Dabei ist allerdings von den vorhandenen Grundstücksgrößen auszugehen, die durch den Bebauungsplan nicht anders festgelegt werden können. Sie können durch die Festsetzung einer Mindestgröße zwar beabsichtigt sein, sind jedoch nicht selbst Regelungsgegenstand der bauplanerischen Festsetzung.[607] Zudem ist bei der Festsetzung einer Mindestgröße

---

[600] *BVerwG*, B. v. 5. 1. 1999 – 4 B 131.98 – NVwZ 1999, 425 = BauR 1999, 732 – Taubenhaus.
[601] *BVerwG*, B. v. 18. 12. 1989 – 4 NB 26.89 – ZfBR 1990, 99 = *Hoppe/Stüer* RzB Rdn. 888.
[602] *BVerwG*, Urt. v. 11. 3. 1988 – 4 C 56.84 – NVwZ 1989, 658 = BauR 1988, 448 = *Hoppe/Stüer* RzB Nr. 65.
[603] *BVerwG*, Urt. v. 11. 2. 1993 – 4 C 18.91 – BVerwGE 92, 56 = DVBl. 1993, 654 = *Hoppe/Stüer* RzB Rdn. 156.
[604] *BVerwG*, Urt. v. 16. 9. 1993 – 4 C 28.91 – BVerwGE 94, 151; Urt. v. 16. 9. 1993 – 4 C 28.91 – DVBl. 1994, 284 = *Hoppe/Stüer* RzB Nr. 967.
[605] *BVerwG*, B. v. 31. 1. 1995 – 4 NB 48.93 – ZfBR 1995, 143 – Meerbusch; vgl. u. Rdn. 761.
[606] *OVG Lüneburg*, Urt. v. 21. 4. 1998 – 1 K 1087/96 – NVwZ-RR 1998, 551 = UPR 1999, 119 für eine Mindestgrundstücksgröße von 2.500 qm im Landschaftsschutzgebiet.
[607] *BVerwG*, B. v. 6. 10. 1992 – 4 NB 36.92 – DVBl. 1993, 113 = BauR 1993, 56 = *Hoppe/Stüer* RzB Rdn. 165.

von Baugrundstücken im Rahmen der planerischen Abwägung einerseits die Privatnützigkeit des Eigentums zu berücksichtigen. Andererseits kann zu den öffentlichen Belangen, welche den privaten Interessen entgegengesetzt werden dürfen, auch das politische Interesse der Gemeinde etwa an einer gewerblichen Ansiedlung gehören.[608]

349 Zudem können Flächen für **Nebenanlagen** (§ 9 I Nr. 4 BauGB) festgesetzt werden. Kennt das Landesrecht[609] den Begriff des überdachten Stellplatzes und ergibt sich aus dem Landesrecht, dass der Begriff „Carport" einen überdachten Stellplatz bezeichnet, kann auch der Begriff „Carport" verwandt werden, um die Anlage zu beschreiben, die auf nach § 9 I Nr. 4 BauGB festgesetzten Flächen zulässig ist.[610]

350 Auch können Gemeinbedarfsflächen sowie Flächen für Sport- und Spielanlagen (§ 9 I Nr. 5 BauGB) festgesetzt werden. Die Festsetzung des Grundstücks eines Privaten als Fläche für den Gemeinbedarf in einem Bebauungsplan setzt eine Rechtfertigung durch entsprechende Gemeinwohlgründe voraus. Die Festsetzung von Gemeinbedarfsflächen ist abwägungsfehlerhaft, wenn dafür im Rahmen der planerischen Konzeption gleich geeignete Grundstücke der öffentlichen Hand zur Verfügung stehen.[611] Die bauplanungsrechtliche Zulässigkeit einer **Postfiliale**, in der die zur Grundversorgung erforderlichen Postdienstleistungen (sog. Universaldienst) erbracht werden, kann auch nach der Privatisierung der Deutschen Bundespost im Zuge der Postreform II durch Festsetzung einer Gemeinbedarfsfläche (§ 9 I Nr. 5 BauGB) mit der Zweckbestimmung „Post" geregelt werden. Auf einer „Gemeinbedarfsfläche Post" ist eine weitere („postfremde") gewerbliche Nutzung zulässig. Die Postdienstleistungen müssen aber die prägende Nutzung bleiben.[612] Auch kann die höchstzulässige Zahl der Wohnungen in Wohngebäuden festgesetzt werden (§ 9 I Nr. 6 BauGB). § 9 I Nr. 6 BauGB bietet auch die Grundlage für die Festsetzung einer sog. **Zweitwohnungsklausel**, wonach in einem Gebäude höchstens zwei Wohnungen errichtet werden dürfen.[613] Die Wohnungszahl ist dabei kein Kriterium des Maßes der baulichen Nutzung (vgl. § 16 BauNVO), sondern kann als Ausdruck der Art der baulichen Nutzung bodenrechtliche Relevanz haben.[614] Die Zweitwohnungsklausel kann daher den Gebietscharakter etwa i. S. einer Bebauung vorwiegend mit Zweifamilienwohnhäusern bestimmen. An der Erhaltung oder Schaffung eines solchen Gebietscharakters können die Planbetroffenen ein berechtigtes Interesse haben, so dass sich aus solchen Festsetzungen auch ein **Nachbarschutz** ergeben kann. Der Ortsgesetzgeber ist daher bodenrechtlich nicht gehindert, der entsprechenden planerischen Festsetzung drittschützende Wirkung beizulegen. Er darf die Zweitwohnungsklausel aber auch ausschließlich objektiv-rechtlich ausgestalten.[615]

351 Die Festsetzungen zur **höchstzulässigen Wohnungszahl** müssen allerdings durch **städtebauliche Gründe** gerechtfertigt sein.[616] So ist die Festsetzung der höchstzulässigen

---

[608] *BVerwG*, B. v. 6. 10. 1992 – 4 NB 36.92 – DVBl. 1993, 113 = BauR 1993, 56 = *Hoppe/Stüer* RzB Rdn. 165.

[609] Für NRW.

[610] *BVerwG*, B. v. 9. 10. 2003 – 4 B 85.03 – BauR 2004, 1266 = Buchholz 406.11 § 9BauGB Nr. 99.

[611] *BVerwG*, Urt. v. 6. 6. 2002 – 4 CN 6.01 – NVwZ 2002, 1506 = BauR 2002, 1660. Zum notwendigen Umfang der Abwägung bei der Festsetzung eines Grüngürtels durch Bebauungsplan *BVerfG*, B. v. 19. 12. 2002 – 1 BvR 1402/01 – NVwZ-RR 2003, 727 = BauR 2003, 1338.

[612] *VGH München*, Urt. v. 25. 3. 2003 – 1 N 00.359 – BauR 2003, 992 = ZfBR 2003, 577 – Postfiliale.

[613] *BVerwG*, B. v. 9. 10. 1991 – 4 B 137.91 – Buchholz 406.19 Nachbarschutz Nr. 104 = *Hoppe/Stüer* RzB 1241; B. v. 9. 3. 1993 – 4 B 38.93 – NVwZ 1993, 1100 = *Hoppe/Stüer* RzB Rdn. 169; Urt. v. 26. 9. 1991 – 4 C 5.87 – BVerwGE 89, 69 = *Hoppe/Stüer* RzB Rdn. 1111.

[614] *BVerwG*, Urt. v. 26. 9. 1991 – 4 C 5.87 – BVerwGE 89, 69 = *Hoppe/Stüer* RzB Rdn. 1111.

[615] *BVerwG*, B. v. 9. 3. 1993 – 4 B 38.93 – NVwZ 1993, 1100 = *Hoppe/Stüer* RzB Rdn. 169; B. v. 9. 10. 1991 – 4 B 137.91 – Buchholz 406.19 Nachbarschutz Nr. 104 = *Hoppe/Stüer* RzB Rdn. 1241.

[616] Das Merkmal der besonderen städtebaulichen Gründe in § 9 I Nr. 6 BauGB ist durch das BauROG 1998 gestrichen worden. Da jede Festsetzung im Bebauungsplan städtebaulich gerechtfertigt

Zahl von Wohnungen in Wohngebäuden etwa auch in einer ökologisch wertvollen Hanglage zulässig, um in einer aufgelockerten Bebauung die Erschließung des Gebietes dem entsprechend geringen Verkehrsaufkommen anzupassen und die Zahl der erforderlichen Einstellplätze gering zu halten.[617] Denn auch Belange der Verkehrserschließung oder ökologische Gesichtspunkte, die in einem Plangebiet gegeben sind, können eine Festsetzung nach § 9 I Nr. 6 BauGB rechtfertigen. Es sind Faktoren, denen nach den konkreten Verhältnissen des Plangebietes besondere städtebauliche Bedeutung zukommen kann.[618] Offen ist dabei, ob mit diesen Festsetzungen nur die Zwecke der Förderung familiengerechter Wohnungen und die vorerwähnten städtebaulichen Zwecke verfolgt werden dürfen[619] oder die Klausel auch dazu dienen kann, andere Ziele, wie die Regelung der Wohnungsdichte und die Sicherung eines bestimmten Wohnniveaus, zu erreichen.[620] Die Festsetzungen müssen jedenfalls durch städtebauliche Gründe gerechtfertigt sein.[621] Es kann sich um Gründe handeln, die gerade die festgesetzte Beschränkung der baulichen Ausnutzbarkeit der betroffenen Grundstücke rechtfertigen. Auch externe, außerhalb des Plangebietes liegende Gründe können die Wohnungsklausel rechtfertigen.[622]

Die höchstzulässige Zahl von Wohnungen in Wohngebäuden nach § 9 I Nr. 6 BauGB **352** kann nicht nur durch eine absolute Zahl, sondern auch durch eine **Verhältniszahl** festgesetzt werden[623] Es sind aber auch Festsetzungen möglich, die für eine bestimmte Fläche für unterschiedliche Zeiten zwei verschiedene Nutzungen vorsehen (z. B. öffentliche Grünfläche – Bolzplatz/Festplatz).[624] Ferner sind die Gemeinden gem. §§ 1 III i.V. m. 9 I Nr. 11 BauGB grundsätzlich befugt, durch bauplanerische Festsetzungen im Rahmen der Selbstverwaltung eine gemeindliche „Verkehrspolitik" zu betreiben.[625] § 9 BauGB fordert aber nicht, dass im Bebauungsplan die jeweilige Nummer bezeichnet wird, auf die sich die Festsetzung stützt.[626]

Festgesetzt werden können auch Flächen für sozialen oder entsprechenden Wohnungs- **353** bau (§ 9 I Nr. 7 BauGB) oder Wohnungen von **Personengruppen mit besonderem**

---

und durch ihren bodenrechtlichen Bezug gekennzeichnet sein muss, konnte das Erfordernis der „besonderen" städtebaulichen Gründe entfallen. Die Streichung hat in Anbetracht der Rechtsprechung des *BVerwG*, wonach mit den besonderen Gründen keine hinsichtlich ihrer Schwere qualifizierten Anforderungen verbunden sind, sondern lediglich in der konkreten Situation liegende, „spezielle" Gründe ausreichen, neben der Rechtsvereinfachung einen klarstellenden Sinn dahin gehend, dass auch bei diesen Festsetzungen die allgemeinen Grundsätze der gerechten Abwägung gelten. Durch die Neufassung wird insoweit die vormals geltende Rechtslage nicht verändert, so *Bundesregierung*, Gesetzentwurf zum BauROG 1998, S. 48, vgl. auch *BVerwG*, Urt. v. 22. 5. 1987 – 4 C 77.84 – DVBl. 1987, 1004.

[617] *BVerwG*, B. v. 9. 11. 1994 – 4 NB 34.94 – DVBl. 1995, 122 = BauR 1995, 65 – Hanglage.
[618] Zur den „besonderen" städtebaulichen Gründen nach der bis zum BauROG 1998 geltenden Fassung des § 9 I Nr. 6 BauGB *BVerwG*, B. v. 9. 11. 1994 – 4 NB 34.94 – DVBl. 1995, 122 = BauR 1995, 65 – Hanglage.
[619] *OVG Münster* Urt. v. 2. 9. 1993 – 10 a NE 60/88 – BRS 55 (1993), Nr. 39 – Meerbusch.
[620] Offen gelassen *BVerwG*, B. v. 31. 1. 1995 – 4 NB 48.93 – ZfBR 1995, 143 – Meerbusch; s. Rdn. 761.
[621] Zur vergleichbaren Vorschrift des § 1 IX BauNVO *BVerwG*, Urt. v. 22. 5. 1987 – 4 C 77.84 – BVerwGE 77, 317 = *Hoppe/Stüer* RzB Rdn. 946 – Verkaufsfläche; s. Rdn. 629.
[622] *BVerwG*, B. v. 19. 12. 1996 – 4 NB 46.96 – NVwZ-RR 1997, 517.
[623] So *BVerwG*, Urt. v. 8. 10. 1998 – 4 C 1.97 – BVerwGE 197, 256 = DVBl. 1999, 238 = BauR 1999, 148 für die Festsetzung von einer Wohnung je angefangene 100 qm Grundstücksfläche, a. A. *OVG Lüneburg*, Urt. v. 3. 2. 1997 – 1 L 4724/96 – NVwZ-RR 1997, 518. Eine Wohnungsklausel kann durch Umstände gerechtfertigt werden, die innerhalb oder außerhalb des Plangebiets ihre Ursache haben, *BVerwG*, B. v. 19. 12. 1996 – 4 NB 46.96 – BRS 55 (1996), 83.
[624] *BVerwG*, B. v. 25. 10. 1996 – 4 NB 28.96 – BRS 58 (1996), 89.
[625] *BVerwG*, B. v. 22. 4. 1997 – 4 BN 1.97 – NVwZ-RR 1998, 217 – Verlagerung des innerörtlichen Schwerverkehrs. Zu § 9 I Nr. 15: *BVerwG*, B. v. 25. 10. 1996 – 4 NB 28.96 – BRS 58 (1996), 89; B. v. 23. 4. 1998 – 4 B 40.98 – NVwZ 1998, 1179 = BauR 1998, 995.
[626] *BVerwG*, B. v. 17. 12. 1998 – 4 NB 4.97 – NVwZ 1999, 984 = DVBl. 1999, 780.

Wohnbedarf (§ 9 I Nr. 8 BauGB). Einzelne Flächen i. S. von § 9 I Nr. 8 BauGB sind Flächen für Personengruppen mit besonderem Wohnbedarf, die in eine durch Bebauungsplan geplante oder bereits vorhandene Bebauung mit einem anderen Nutzungszweck eingestreut sind und wegen ihrer geringen Größe ungeeignet sind, das Entstehen einseitiger Bevölkerungsstrukturen zu begünstigen. Vor diesem rechtspolitischen Hintergrund der Vorschrift sind „einzelne Flächen" i. S. von § 9 I Nr. 8 BauGB Flächen, die – gleichsam als Enklaven – in eine geplante oder bereits vorhandene Bebauung mit einem anderen Nutzungszweck eingestreut und wegen ihrer geringen Größe ungeeignet sind, eine „Ghetto-Bildung" für Personengruppen mit besonderem Wohnbedarf zu bewirken. Regelmäßig wird es sich um kleine Flächen innerhalb eines überwiegend in anderer Weise ausgewiesenen Bebauungsplans handeln. Festsetzungen nach § 9 I Nr. 8 BauGB können aber auch der alleinige Inhalt eines Bebauungsplans mit einem sehr kleinen Geltungsbereich („**Briefmarkenbebauungsplan**") sein, wenn seine Umgebung durch weitere Bebauungspläne in anderer Weise beplant oder nach § 34 BauGB baulich nutzbar ist. Der „besondere Wohnbedarf" von Personengruppen i. S. von § 9 I Nr. 8 BauGB muss in baulichen Besonderheiten der Wohngebäude zum Ausdruck kommen. Ein geringes Einkommen begründet allein keinen „besonderen Wohnbedarf" i. S. dieser Vorschrift. Für eine nach der Einkommenshöhe gestaffelte Sozialpolitik ist § 9 I Nr. 8 BauGB nicht bestimmt. Nicht etwa eine allgemeine Wohnungsnot, die freilich einkommensschwache Bürger am härtesten trifft, ist Regelungsgegenstand von Festsetzungen nach § 9 I Nr. 8 BauGB, sondern der besondere Wohnbedarf einzelner Personengruppen, der unabhängig von ihr besteht. Festsetzungen nach § 9 I Nr. 8 BauGB müssen nur die begünstigte Personengruppe mit einem besonderen Wohnbedarf bezeichnen. Die jeweiligen baulichen Besonderheiten müssen nicht im Bebauungsplan festgesetzt werden.[627]

354 Festgesetzt werden können auch Flächen für besondere Nutzungszwecke (§ 9 I Nr. 9 BauGB), freizuhaltende Flächen (§ 9 I Nr. 10 BauGB), die Verkehrsflächen sowie Verkehrsflächen besonderer Zweckbestimmung, wie Fußgängerbereiche, Flächen für das Parken von Fahrzeugen, Flächen für das Abstellen von Fahrrädern sowie den Anschluss anderer Flächen an die Verkehrsflächen; die Flächen können auch als öffentliche oder private Flächen festgesetzt werden (§ 9 I Nr. 11 BauGB). Wie bei § 9 I Nr. 6 BauGB 1987 ist auch bei § 9 I Nr. 9 BauGB durch das BauROG 1998 das Erfordernis der „besonderen städtebaulichen Gründe" gestrichen worden. Eine inhaltliche Änderung ist damit allerdings nicht verbunden. Festsetzungen des besonderen Nutzungszwecks von Flächen nach § 9 I Nr. 9 BauGB müssen durch städtebauliche Gründe gerechtfertigt sein (§ 9 I HS 1 BauGB). Durch die in § 9 I Nr. 11 BauGB benannten Flächen für das Abstellen von Fahrrädern können entsprechende Flächen als ein Fall der besonderen Zweckbestimmung von Verkehrsflächen festgesetzt werden. Zudem wird in der Vorschrift klargestellt, dass die Verkehrsflächen als öffentliche oder private Verkehrsflächen festgesetzt werden können.[628] Ob die Festsetzungsmöglichkeiten für Verkehrsflächen mit besonderer Zweckbestimmung (§ 9 I Nr. 11 BauGB) als Erweiterung der nach der Vorgängerregelung bestehenden Möglichkeit angesehen werden muss, die lediglich die Festsetzung von Verkehrsflächen betraf,[629] oder ob man diesen Zusatz lediglich als Klarstellung der bisher schon bestehenden Rechtslage versteht,[630] ist offen.[631]

355 Nach § 9 I Nr. 12 BauGB können im Bebauungsplan **Versorgungsflächen** festgesetzt werden. Die Versorgungsflächen beziehen sich auf Anlagen für die Versorgung der Bevöl-

---

[627] *BVerwG*, B. v. 17. 12. 1992 – 4 N 2.91 – BVerwGE 91, 318 = *Hoppe/Stüer* RzB Rdn. 171.
[628] EAG Bau Mustererlass 2004.
[629] Dafür könnten die Gesetzgebungsmaterialien sprechen, BT-Drucks. 7/2496, S. 40; *BVerwG*, Urt. v. 26. 5. 1989 – 8 C 6.88 – BVerwGE 82, 102 = *Hoppe/Stüer* RzB Rdn. 726.
[630] *Bielenberg* in: Ernst/Zinkahn/Bielenberg/Krautzberger § 9 Rdn. 45; *Schlichter* in: BK § 9 Rdn. 15; *Schmaltz* DVBl. 1971, 793.
[631] *BVerwG*, B. v. 15. 5. 1993 – 4 B 75.93 – *Hoppe/Stüer* RzB Rdn. 167 – Fußweg.

kerung mit Strom, Wasser, Gas und Fernwärme. Hierzu gehören etwa Heizkraftwerke oder **Windenergieanlagen**. Private Windenergieanlagen können als untergeordnete Nebenanlagen nach § 14 I 1 BauNVO in einem Bebauungsplangebiet zulässig sein, wenn sie der Eigenart des Gebietes nicht widersprechen.[632] Dabei ist auf den jeweiligen Baugebietstyp und die örtlichen Verhältnisse abzustellen. In einem locker bebauten Gebiet wird sich eine Windenergieanlage als Nebenanlage eher rechtfertigen lassen als etwa in einem relativ dicht bebauten Reihenhausgebiet.[633] Im Außenbereich sind Windenergieanlagen, wenn sie der Landwirtschaft dienen, nach § 35 I Nr. 1 BauGB, im Übrigen nach § 35 I Nr. 5 BauGB privilegiert. Es bleibt dann allerdings der gemeindlichen oder regionalen Planungsentscheidung überlassen, ob, wo und in welchem Umfang Windenergieanlagen im Außenbereich gehäuft errichtet werden sollen.[634] Auch ein Holzlagerplatz ist nicht deshalb nach § 35 I Nr. 3 BauGB im Außenbereich privilegiert, weil sein Standort an einem Gewässer ökologische und ökonomische Vorteile bietet.[635]

Im Bebauungsplan **festgesetzt** werden können auch Flächen zur Führung von **oberirdischen oder unterirdischen Versorgungsanlagen und -leitungen** (§ 9 I Nr. 13 BauGB). Bereits mit der Bundesbaugesetz-Novelle 1976 ist die Beschränkung auf die Führung „oberirdischer" Versorgungsanlagen und -leitungen entfallen. Seitdem kann auch die Führung unterirdischer Versorgungsanlagen und -leitungen festgesetzt werden. § 9 I Nr. 13 BauGB stellt insbesondere im Hinblick auf Telekommunikationsanlagen und -leitungen klar, dass auch Festsetzungen möglich sind, nach denen nur oberirdische oder nur unterirdische Anlagen oder Leitungen zulässig sind.

Im Bebauungsplan können ferner festgesetzt werden Flächen für **Abfall- und Abwasserbeseitigung**, einschließlich der Rückhaltung und Versickerung von Niederschlagswasser, sowie für Ablagerungen (§ 9 I Nr. 14 BauGB)[636] ebenso wie **Grünflächen** einschließlich Dauerkleingärten[637] (§ 9 I Nr. 15 BauGB), **Wasserflächen** (§ 9 I Nr. 16 BauGB),[638] Flächen für **Aufschüttungen und Abgrabungen** sowie zur **Gewinnung von Bodenschätzen** (§ 9 I Nr. 17 BauGB), Flächen für **Landwirtschaft und Wald** (§ 9 I Nr. 18 BauGB), Flächen für Anlagen zur **Kleintierhaltung** (§ 9 I Nr. 19 BauGB) und Flächen für den **Landschaftsschutz** (§ 9 I Nr. 20 BauGB).[639]

§ 9 I Nr. 16 BauGB will mit Regelungen zur Zulässigkeit von Festsetzungen zu einem **Gewässer** im Bebauungsplan nach Auffassung des *VGH München* Widersprüche zwischen normativen wasserrechtlichen Regelungen und Bebauungsplänen vermeiden, also Kompetenzkonflikten verschiedener Normgeber begegnen. Die Ausschlussklausel will aber nicht die Befugnis der Gemeinde beschneiden, die Bodennutzung, zu der auch der Gewässerausbau zählt, im Gemeindegebiet umfassend zu regeln und zu steuern.[640]

§ 9 I Nr. 18 BauGB ermächtigt nicht dazu, im Bebauungsplan von jeglicher Bebauung freizuhaltende Flächen festzusetzen. Rechtsgrundlage dafür ist vielmehr § 9 I Nr. 10

---

[632] *Veelken* BauR 1993, 149.
[633] *Löhr* in: Battis/Krautzberger/Löhr § 9 Rdn. 50.
[634] *BVerwG*, Urt. v. 16. 6. 1994 – 4 C 20.93 – BVerwGE 96, 95 = NVwZ 1995, 64.
[635] *BVerwG*, B. v. 18. 12. 1995 – 4 B 260/95 – RdL 1996, 65 = UPR 1996, 153.
[636] Geändert durch das BauROG 1998.
[637] *BVerwG*, B. v. 19. 5. 1992 – 4 B 106.92 – *Hoppe/Stüer* RzB Rdn. 173.
[638] Die vormals enthaltene Einschränkung, wonach die genannten Festsetzungen nur getroffen werden konnten, „so weit diese nicht nach anderen Vorschriften getroffen werden können," ist entfallen. Damit sind Restriktionen für den Anwendungsbereich der Festsetzungen beseitigt worden. Sie treten nun bei städtebaulicher Begründung als Alternative neben die fachgesetzlichen Regelungsmöglichkeiten.
[639] Auch hier ist ebenso wie in § 9 I Nr. 16 BauGB die vormals enthaltene Einschränkung, wonach die genannten Festsetzungen nur zulässig waren, „so weit diese nicht nach anderen Vorschriften getroffen werden können," entfallen, *OVG Münster*, Urt. v. 17. 12. 1998 – 10 a D 186/96.NE – NVwZ 1999, 561 = NuR 1999, 52 – Ausgleichsfläche.
[640] *VGH München*, Urt. v. 3. 3. 1998 – 27 N 93.3748 – NuR 1998, 375 = BauR 1998, 748.

BauGB. Ob eine Festsetzung nach § 9 I Nr. 18 BauGB als eine solche nach § 9 I Nr. 10 BauGB zu werten ist, ist eine Auslegungsfrage. Wird sie bejaht, ist weiter zu prüfen, ob die Festsetzung mit diesem Regelungsgegenstand auch Gegenstand der Abwägung war. Insoweit kann es auch darauf ankommen, ob der Planungsträger mit der Festsetzung von Bebauung freizuhaltender Flächen auch die sich aus § 40 BauGB ergebenden Folgen – insbesondere die Möglichkeit, einem Übernahmeanspruch nach § 40 II 1 BauGB ausgesetzt zu sein – zumindest hat in Kauf nehmen wollen, oder ob er die formal auf § 9 I Nr. 18 BauGB gestützte Festsetzung nur für den Fall getroffen hat, dass allenfalls Entschädigungsansprüche nach § 42 BauGB in Betracht kommen könnten.[641]

360 Die **Umstrukturierung** der **Landwirtschaft** von Intensivlandwirtschaft zu biologischem Landbau, zum Anbau von nachwachsenden Rohstoffen, zu Weidewirtschaft und Forstwirtschaft soll nach Ansicht des *OVG Münster* nicht Inhalt von Maßnahmen zum Schutz, zur Pflege und zur Entwicklung von Natur und Landschaft i. S. von § 5 II Nr. 10 oder **§ 9 I Nr. 20 BauGB** sein können.[642] Die Festsetzung dient dazu, die so ausgewiesenen Flächen für eine landwirtschaftliche Nutzung zu sichern und damit zugleich landwirtschaftsfremde Nutzungen auszuschließen. Die Vorschrift allein ermächtigt nicht zum Ausschluss baulicher Anlagen, die der Landwirtschaft dienen. Denn zur landwirtschaftlichen Nutzung gehören nicht nur nicht-bauliche Nutzungen, sondern grundsätzlich auch bauliche Nutzungen, die der Landwirtschaft dienen.

361 Weitergehende Möglichkeiten ergeben sich aber aus **§ 9 I Nr. 10 BauGB**. Nach dieser Vorschrift kann auch für **Flächen für die Landwirtschaft** festgesetzt werden, dass sie von Bebauung freizuhalten sind. Eine solche Festsetzung schließt bauliche Anlagen aus, die i. S. von § 35 I Nr. 1 BauGB einem landwirtschaftlichen Betrieb dienen.[643] Soll daher die bisherige landwirtschaftliche Nutzung einer Fläche unter Ausschluss jeglicher Bebauung – auch solcher, die landwirtschaftlichen Zwecken dient – gesichert werden, so bedarf es außer einer Festsetzung nach § 9 I Nr. 18 BauGB der Festsetzung einer von Bebauung freizuhaltenden Fläche gem. § 9 I Nr. 10 BauGB.[644] § 9 I Nr. 18a BauGB ermächtigt die Gemeinden dazu, im Bebauungsplan „die Flächen für die Landwirtschaft" festzusetzen. Ein Bebauungsplan kann sich nach Maßgabe städtebaulicher Gründe auf Festsetzungen zum Schutz, zur Pflege und zur Entwicklung der Landschaft beschränken.[645] Die Festsetzung einer Fläche für die Landwirtschaft nach § 9 I Nr. 18a BauGB sagt als solche über die Zulässigkeit oder Unzulässigkeit baulicher Anlagen, die einem landwirtschaftlichen Betrieb dienen, weder positiv zulassend noch negativ ausschließend etwas Abschließendes aus.[646]

362 **§ 9 I Nr. 20 BauGB** ermächtigte auch dazu, eine bisher zulässige (landwirtschaftliche oder sonstige) Bodennutzung aus städtebaulichen Gründen zu beschränken, die Erholungseignung eines Gebietes zu erhalten und zu entwickeln und auf diese Weise ein **Erholungsgebiet** mit örtlicher oder überörtlicher Anziehungskraft zu schaffen. Bei der Steuerung der zulässigen Bodennutzung muss sich die Gemeinde nicht auf die Festsetzung

---

[641] *BVerwG*, B. v. 24. 2. 2003 – 4 BN 14.03 – NuR 2004, 310; die gegen diese Entscheidung erhobene Verfassungsbeschwerde hat das *BVerfG* mit B. v. 5. 12. 2003 – 1 BvR 810/03 – nicht zur Entscheidung angenommen.

[642] *OVG Münster*, Urt. v. 28. 7. 1997 – 10 a D 31/97 NE – DVBl. 1998, 61 = BauR 1998, 303.

[643] *BVerwG*, B. v. 17. 12. 1998 – 4 NB 4.97 – DVBl. 1999, 780 = NVwZ 1999, 984; B. v. 27. 1. 1999 – 4 B 129.98 – UPR 1999, 191 = BauR 1999, 611 = DVBl. 1999, 800 = NVwZ 1999, 878 – Streuobstwiese zur Sicherung einer Kaltluftschneise.

[644] *BVerwG*, B. v. 27. 1. 1999 – 4 B 129.98 – UPR 1999, 191 = BauR 1999, 611 = DVBl. 1999, 800 = NVwZ 1999, 878 – Streuobstwiese zur Sicherung einer Kaltluftschneise. mit Hinweis auf *BVerwG*, B. v. 17. 12. 1998 – 4 NB 4.97 – DVBl. 1999, 780 = NVwZ 1999, 984.

[645] *BVerwG*, B. v. 3. 12. 1998 – 4 BN 24.98 – NVwZ-RR 1999, 423 = Buchholz 406.11 § 9 Nr. 92, mit Hinweis auf *BVerwG*, B. v. 27. 7. 1990 – 4 B 156.89 – NVwZ 1991, 62 = BauR 1990, 694 = ZfBR 1990, 302.

[646] *BVerwG*, B. v. 17. 12. 1998 – 4 NB 4.97 – DVBl. 1999, 780 = NVwZ 1999, 984.

2. Teil. Inhalt und Rechtsnatur der Bauleitpläne   363   **A**

baulicher Nutzungen beschränken. Sie kann auch die mit der Bebauung in Verbindung stehenden nicht-baulichen Formen der Bodennutzung regeln.[647] § 9 I Nr. 20 BauGB ermächtigt nicht nur, zur Umsetzung der naturschutzrechtlichen Eingriffsregelung Flächen zum Ausgleich für bauliche Eingriffe an anderer Stelle festzusetzen, sondern auch dazu, eine bisher zulässige landwirtschaftliche oder sonstige Bodennutzung aus städtebaulichen Gründen durch Festsetzung von Pflege- und Entwicklungsmaßnahmen mit dem Ziel zu beschränken, die Erholungseignung eines Gebiets zu erhalten und zu entwickeln und auf diese Weise ein Erholungsgebiet mit örtlicher oder überörtlicher Anziehungskraft zu schaffen.[648] Zur Beseitigung von Niederschlagswasser in einem Neubaugebiet kann nach § 9 I Nrn. 14, 15 und 20 BauGB ein **dezentrales System** privater **Versickerungsmulden** und **Grünflächen** festgesetzt werden. Die planerische Festsetzung eines derartigen Entwässerungskonzepts setzt u. a. voraus, dass wasserrechtliche Bestimmungen nicht entgegenstehen, die Vollzugsfähigkeit des Plans dauerhaft gesichert ist und Schäden durch abfließendes Niederschlagswasser auch in benachbarten Baugebieten nicht zu besorgen sind. Die Festsetzung von Flächen oder Maßnahmen nach § 9 I 1 Nr. 20 BauGB kann ebenso wie etwa Festsetzungen nach Nrn. 16, 18 und 25 eine doppelte Funktion haben: Neben die eigentliche städtebauliche Zielsetzung kann der **naturschutzrechtlich begründete Zweck** hinzutreten, vermeidbare Beeinträchtigungen von Natur und Landschaft auszuschließen und unvermeidbare Beeinträchtigungen auszugleichen (vgl. § 19 II BNatSchG). Diese Doppelfunktion wird in § 1a III 1 BauGB vorausgesetzt.[649]

Nach Auffassung des *OVG Brandenburg* ist es vertretbar, für die Frage des gebotenen Mindestabstandes zwischen einem bestehenden **Rinderzuchtbetrieb** und einer geplanten **Wohnbebauung** auf die **VDI-Richtlinie 3471** „Emissionsminderung Tierhaltung – Schweine" zurückzugreifen, um die Frage der Zumutbarkeit von Geruchsimmissionen und damit verbunden die Gefahr betriebseinschränkender Auflagen zu Gunsten des landwirtschaftlichen Betriebes zu klären.[650] Auch können mit **Geh-, Fahr- und Leitungsrechten zu belastende Flächen (§ 9 I Nr. 21 BauGB)** festgesetzt werden. Die auf § 9 I Nr. 21 BauGB gestützte Festsetzung einer Fläche, die mit einem Geh-, Fahr- oder Leitungsrecht zu Gunsten der Allgemeinheit zu belasten ist, begründet ein solches Recht noch nicht.[651] Die Vorschrift enthält allerdings nach Auffassung des *OVG Münster* keine Ermächtigungsgrundlage für die Festsetzung eines Verbotes für **offene Feuerstellen**. Ein Verwendungsverbot von luftverunreinigenden Stoffen kann in einem Bebauungsplan nur aus städtebaulichen Gründen, dann aber auch durch einen Positivkatalog festgesetzt werden.[652] Im Übrigen begründet die auf § 9 I Nr. 21 BauGB gestützte Festsetzung einer Fläche, die mit einem Gehrecht zu Gunsten der Allgemeinheit zu belasten ist, ein solches Recht noch nicht. Hinsichtlich der Wirksamkeit einer solchen Festsetzung kommt es in erster Linie auf Fragen der städtebaulichen Erforderlichkeit und der Abwägung an.[653] Eine Festsetzung, die ausschließlich ein Pflanzverbot enthält, ohne die zulässigen Pflanz-

---

[647] *BVerwG*, B. v. 3. 12. 1998 – 4 BN 24.98 – NVwZ-RR 1999, 423 – Landwirtschaftsklausel.

[648] Für Festsetzungen zur Erhaltung von Gehölzen, Weide- und Hutungsflächen, zum Anpflanzen neuer Gehölze, von Flächen für gelenkte Sukzession – Wald, Magerrasen, Feuchtgebiet – von Grünstreifen an Straßen und Wegen.

[649] *BVerwG*, Urt. v. 30. 8. 2001 – 4 CN 9.00 – DVBl. 2002, 269 = NVwZ 2002, 202 = BauR 2002, 424.

[650] *OVG Frankfurt (O)*, Urt. v. 23. 5. 1995 – 3 D 16/93 – NVwZ-RR 1996, 3 – Rinderzucht; *OVG Münster*, B. v. 5. 2. 1998 – 10 B 2939/97 – (unveröffentlicht); *VG München*, Urt. v. 19. 5. 1998 – M 1 K 96.2081 – BauR 1998, 1209 = UPR 1999, 120.

[651] *BVerwG*, B. v. 2. 11. 1998 – 4 BN 49.98 – NVwZ 1999, 296 = Buchholz 406.11 § 9 Nr. 91 = BauR 1999, 151 = ZfBR 1999, 43 = UPR 1999, 111, mit Hinweis auf *BVerwG*, Urt. v. 15. 2. 1985 – 4 C 46.82 – DVBl. 1985, 798.

[652] *OVG Münster*, Urt. v. 27. 3. 1998 – 10a D 188/97.NE – NVwZ-RR 1999, 110 = BauR 1998, 981.

[653] *BVerwG*, B. v. 2. 11. 1998 – 4 BN 49.98 – BauR 1999, 151 = ZfBR 1999, 43 – Gehweg.

möglichkeiten festzusetzen, findet in § 9 I Nr. 25 a BauGB keine Rechtsgrundlage.[654] Es bedarf vielmehr einer entsprechenden Belastung ggf. durch Enteignung. Die Festsetzung einer Pflanzgebotsfläche schließt allerdings nicht von vornherein die Anlage von Zufahrten zu angrenzenden Bauflächen aus.[655]

364 Auch können Flächen für **Gemeinschaftsanlagen** (§ 9 I Nr. 22 BauGB), **Gebiete mit Verbrennungsverboten** und Geboten für den Einsatz erneuerbarer Energien wie insbesondere **Solarenergien** in Gebäuden (§ 9 I Nr. 23 BauGB) festgesetzt werden.[656] Im Bebauungsplan kann festgesetzt werden, dass zum Schutz vor schädlichen Umwelteinwirkungen im Sinne des BImSchG bestimmte Luft verunreinigende Stoffe nicht oder nur beschränkt verwertet werden dürfen. Nach § 9 I Nr. 23 b BauGB können im Bebauungsplan auch die bei der Errichtung von Gebäuden zu treffenden baulichen Maßnahmen für den Einsatz erneuerbarer Energien wie insbesondere **Solarenergie** festgesetzt werden. Auch diese durch das EAG Bau eingeführte Festsetzungsmöglichkeit setzt städtebauliche Gründe voraus. Sie kann im Zusammenhang mit der Festsetzung nach § 9 I Nr. 23 a BauGB, d. h. mit dem Ausschluss oder der Beschränkung Luft verunreinigender Stoffe, aber auch aus anderen städtebaulichen Gründen in Betracht kommen, um unter Berücksichtigung der jeweiligen städtebaulichen Situationen und der im Bebauungsplan vorgesehenen baulichen Nutzungen bauliche Maßnahmen für den Einsatz erneuerbarer Energien vorzusehen.[657] § 9 I Nr. 23 BauGB ermächtigt die Gemeinden zwar, entsprechend dem Vorsorgeprinzip des § 5 Nr. 2 BImSchG vorbeugenden Immissionsschutz zu betreiben, nicht aber dazu, eigene technische Anforderungen an Heizanlagen hinsichtlich der Abgasverluste und von Schadstoffkonzentrationen zu stellen.[658] Die Festsetzung einer Lärmschutzwand durch Bebauungsplan kann auch dann den Bestimmtheitsanforderungen genügen, wenn im Bebauungsplan die Höhe der Lärmschutzwand selbst nicht angegeben ist.[659] § 9 BauGB bot allerdings bis zu den Regelungen zum Baurecht auf Zeit[660] keine Handhabe, um die **zeitlich vorrangige Verwirklichung** einer **Lärmschutz- oder Riegelbebauung** vor der schutzbedürftigen Bebauung sicherzustellen. Ein Bebauungsplan, der eine derartige Bebauung als Mittel des aktiven Lärmschutzes vorsah, genügte daher dem Gebot der Konfliktbewältigung grundsätzlich nur dann, wenn er vorsorglich zugleich für die schutzbedürftige Bebauung Festsetzungen zum passiven Lärmschutz traf, mit denen die Zumutbarkeit der Lärmbelastung bei fehlender Lärmschutzbebauung sichergestellt wurde.[661] § 9 II BauGB bietet die Möglichkeit, durch Baurecht auf Zeit diese Verknüpfung in der zeitlichen Abfolge der Baumaßnahmen herzustellen. Die erforderlichen Sicherungen können auch in einem städtebaulichen Vertrag geregelt werden.

365 Außerdem können im Bebauungsplan aus Immissionsschutzgründen von Bebauung freizuhaltende **Schutzflächen** und Flächen für besondere Anlagen und Vorkehrungen zum Schutz gegen **schädliche Umwelteinwirkungen** oder sonstiger Gefahren i. S. des BImSchG sowie die zum Schutz vor solchen Einwirkungen zur Vermeidung oder Min-

---

654 *OVG Münster*, Urt. v. 2. 3. 1998 – 7 a D 125/96.NE – NWVBL 1998, 429 = UR 1998, 461.
655 So *OVG Münster*, Urt. v. 22. 4. 1999 – 10 a D 138/98.NE – Pflanzgebot.
656 Das Erfordernis der „besonderen städtebaulichen Gründe" in § 9 I Nr. 23 BauGB a. F. ist durch das BauROG 1998 gestrichen worden. Die jeweiligen Festsetzungen müssen allerdings wie bisher durch städtebauliche Gründe rechtfertigt sein. Die nach dem Wortlaut gegebene Möglichkeit von ausschließlich immissionsschutzbezogenen Festsetzungen ohne bodenrechtlichen Bezug – etwa zugunsten eines allgemeinen Klimaschutzes – ist nicht Aufgabe der Bauleitplanung, s. *Bundesregierung*, Gesetzentwurf zum BauROG 1998, S. 49.
657 EAG Bau Mustererlass 2004.
658 *OVG Münster*, Urt. v. 17. 10. 1996 – 7 a D 164/94.NE – UPR 1997, 338; *VGH Mannheim*, Urt. v. 2. 12. 1997 – 8 S 1477/97 – ESVGH 48, 130 = UPR 1998, 237 – Brennstoffe.
659 *OVG Münster*, Urt. v. 16. 11. 2001 – 7 A 3784/00 – BauR 2002, 589 = NWVBL 2002, 232.
660 Zum Baurecht auf Zeit s. Rdn. 402.
661 *OVG Koblenz*, Urt. v. 31. 3. 2004 – 8 C 11785/03.OVG – BauR 2004, 1116 = BauR 2004, 1048 – DIN-Norm.

derung solcher Einwirkungen zu treffenden baulichen und sonstigen technischen Vorkehrungen (§ 9 I Nr. 24 BauGB) festgesetzt werden.[662] Durch den in § 9 I Nr. 24 BauGB enthaltenen Hinweis auf „sonstige Gefahren" soll die **Störanfälligkeit von Anlagen** berücksichtigt werden, z. B. im Hinblick auf Explosionsgefahren von industriellen Anlagen. Insofern besteht ein Zusammenhang dieser Regelung mit der Richtlinie 96/82/EG des Rates vom 9.12. 1996 zur Beherrschung der Gefahren bei schweren Unfällen mit gefährlichen Stoffen – Seveso-II-Richtlinie – .[663] Diese durch das EAG Bau vorgenommene Ergänzung hat insbesondere für die erste der vier Festsetzungsalternativen, der Festsetzung von Schutzflächen, (klarstellende) Bedeutung.[664]

Ebenso können Anpflanzungen und die **Bindung für die Erhaltung von Bepflanzungen (§ 9 I Nr. 25 BauGB)** sowie die für die Straßenherstellung erforderlichen Flächen außerhalb der Verkehrsflächen (§ 9 I Nr. 26 BauGB) festgesetzt werden. Gemäß § 9 I Nr. 25 b) BauGB können aus städtebaulichen Gründen in einem Bebauungsplan Bindungen für Bepflanzungen und für die Erhaltung von Bäumen, Sträuchern und sonstigen Bepflanzungen sowie von Gewässern festgesetzt werden. Für diese bundesrechtlich vorgesehene Festsetzungsbefugnis ist es ohne Belang, ob und gegebenenfalls in welcher Form die Bäume oder Gewässer dem Bauordnungsrecht oder dem Landeswasserrecht unterfallen. Eine derartige Verknüpfung sieht die Regelung nicht vor. Nach § 41 II BauGB ist dem Eigentümer bei einer derartigen Festsetzung eine angemessene Entschädigung in Geld zu leisten, wenn und soweit infolge dieser Festsetzungen (1) besondere Aufwendungen notwendig sind, die über das bei ordnungsgemäßer Bewirtschaftung erforderliche Maß hinausgehen, oder (2) eine wesentliche Wertminderung des Grundstücks eintritt. Aus dem Zusammenhang dieser beiden Regelungen wird deutlich, dass der Eigentümer zu Aufwendungen verpflichtet ist. Er hat also die Pflicht, die Bäume etc. und die Gewässer zu erhalten und das hierfür Notwendige zu unternehmen. Diese Verpflichtung kann im Einzelfall über das bei ordnungsgemäßer Bewirtschaftung erforderliche Maß hinausgehen. Dies mag auch die Reparatur oder das erneute Einsetzen einer das Versickern des Wassers hindernden Folie in einem Teich einschließen.[665] Derartige Festsetzungen können auch im Zusammenhang mit der Ausweisung von Baugebieten als Kompensationsmaßnahmen erfolgen. Sie sind dann entschädigungslos hinzunehmen, wenn sie auf einer sachgerechten Abwägung im Rahmen des naturschutzrechtlichen Ausgleichs nach § 1a III BauGB beruhen.[666]

Im Bebauungsplan kann in besonderen Fällen festgesetzt werden, dass bestimmte der in ihm festgesetzten baulichen und sonstigen Nutzungen und Anlagen nur (1) für einen bestimmten Zeitraum zulässig oder (2) bis zum Eintritt bestimmter Umstände zulässig oder unzulässig sind. Die Folgenutzung soll festgesetzt werden (§ 9 II BauGB). Die durch das EAG Bau eingeführten Festsetzungsmöglichkeiten sind Teil des **Baurechts auf Zeit**. In der Regel werden sich derart begrenzte Baurechte nur im Zusammenhang mit städtebaulichen Verträgen (§ 11 BauGB) oder mit einem vorhabenbezogenen Bebauungsplan (§ 12 BauGB) in Verbindung mit einem Durchführungsvertrag umsetzen lassen.

Ergänzende Festsetzungsmöglichkeiten bestehen hinsichtlich der Höhenlage (§ 9 III 1 BauGB), der geschossweisen Differenzierung (§ 9 III BauGB) oder im Hinblick auf landesrechtlich begründete Festsetzungsmöglichkeiten (§ 9 IV BauGB). Nach § 9 III 2 BauGB können Festsetzungen nach § 9 I BauGB für übereinander liegende Geschosse und Ebenen und sonstige Teile baulicher Anlagen gesondert getroffen werden. Dies gilt auch, soweit Geschosse, Ebenen und sonstige Teile baulicher Anlagen unterhalb der Ge-

---

[662] Solche Festsetzungen sind auch in einem Sondergebiet zulässig, so *VGH Mannheim*, Urt. v. 7. 1. 1998 – 8 S 1337/97 – VGHBWRsDienst 1998, Beilage 3, B 1 – 2.
[663] ABl. EG Nr. L 10 S. 13.
[664] EAG Bau Mustererlass 2004.
[665] *BVerwG*, B. v. 15. 4. 2003 – 4 BN 12.03 – § 9 I Nr. 25 b BauGB.
[666] *Stüer/Stüer* NuR 2004, 341.

ländeoberfläche vorgesehen sind. Die Festsetzungen sind aus städtebaulichen Gründen zulässig (§ 9 I HS 1 BauGB). Durch die Streichung der „besonderen" städtebaulichen Gründe durch das BauROG 1998 sollten Festsetzungsmöglichkeiten zur vertikalen Mischung verschiedener Nutzungen in einem Wohngebäude erleichtert werden.[667] Größere Festsetzungsfreiheiten bestehen bei der Ausweisung von Sondergebieten.[668] Die Gemeinde ist dabei auch befugt, einen Begriff aus dem Katalog der in den Baugebieten nach den §§ 2 bis 10 BauNVO zulässigen Nutzungen zu verwenden und ihn entsprechend der besonderen Zweckbestimmung des Sondergebietes zur Konkretisierung der von ihr verfolgten Planungsabsichten einzusetzen und abzuwandeln.[669] Der Inhalt der Festsetzungen muss durch Auslegung des Satzungsrechts ermittelt werden.

369 Die Gemeinde wird jedoch auch bei der Festsetzung eines **Sondergebietes** nicht von dem Erfordernis entbunden, die jeweils betroffenen Belange in die Abwägung einzustellen und die zur Wahrung städtebaulicher Belange erforderlichen Festsetzungen zu treffen. Daraus ergeben sich auch im Sondergebiet Mindestanforderungen an die Bestimmtheit der Festsetzungen. Das *OVG Münster* hat dazu folgende Grundsätze aufgestellt:[670] Entschließt sich die Gemeinde bei Festsetzungen zur Art der baulichen Anlage dazu, es nicht bei der Anwendung der sich für den jeweiligen Baugebietstyp aus der BauNVO ergebenden Zulässigkeitskriterien zu belassen, muss der Plan selbst sicherstellen, dass die konkret zulässigen Vorhaben hinreichend bestimmt feststellbar sind. Bei der Festsetzung eines Sondergebiets für großflächigen Einzelhandel können sowohl die Art als auch die Verkaufsfläche der zulässigen Sortimente mit Festlegungen zum „**Kernsortiment**" und „**Randsortiment**" näher eingegrenzt werden. Randsortiment sind nur solche Warengruppen, die einem bestimmten Kernsortiment als Hauptsortiment sachlich zugeordnet und hinsichtlich des Angebotsumfangs deutlich untergeordnet sind. Die Festsetzung eines Sondergebiets „Einrichtungswarenhaus" kann mangels Bestimmtheit den Ausschluss von zentrenschädlichen Wirkungen der zulässigen Nutzung nicht sicherstellen. Einem „Einrichtungswarenhaus" fehlt nicht anders als sog. Fachmärkten mit einer breit angelegten Angebotspalette, die alles unter einem Dach anbieten, ein rechtfertigender Grund für eine Besserstellung bei der Prüfung nach § 11 III BauGB. Die Bauleitplanung muss vielmehr – so das *OVG Münster* – durch geeignete Festsetzungen sicherstellen, dass die städtebaulichen und infrastrukturellen Belange in § 11 III BauNVO auch bei der Ausweisung eines Einrichtungswarenhauses gewahrt werden.

370 In den §§ 2 bis 10 BauNVO werden der planenden Gemeinde bestimmte **Baugebietstypen** zur Verfügung gestellt. An diesen Katalog ist die Gemeinde – abgesehen von den Sondergebieten und dem vorhabenbezogenen Bebauungsplan – gebunden. Nutzungen, die dem Gebietscharakter der BauNVO widersprechen, sind in dem jeweiligen Gebiet grundsätzlich unzulässig.[671] Gegen den Typenzwang verstößt etwa ein Bebauungsplan, der

---

[667] *Bundesregierung*, Gesetzentwurf zum BauROG, S. 49. Die ursprünglich beabsichtigten Folgeänderungen in der BauNVO (§§ 1 VII, 4a IV, 7 IV 1 und 12 IV 1, V 1 BauNVO), die auf § 9 III BauGB Bezug nehmen, sind allerdings unterblieben.

[668] Das Sondergebiet weicht von den Baugebietstypen der §§ 2 bis 10 BauNVO wesentlich ab. Es sind dabei nicht die konkreten Festsetzungen des Sondergebietes mit den nach § 1 V bis X BauNVO möglichen Veränderungen zu vergleichen, sondern diese Festsetzungen mit den jeweiligen abstrakten Zweckbestimmung des Baugebietstyps, *BVerwG*, B. v. 7. 7. 1997 – 4 BN 11.97 – NVwZ-RR 1998, 416 = DVBl. 1998, 60.

[669] *BVerwG*, B. v. 16. 9. 1998 – 4 B 60.98 – NVwZ-RR 1999, 224 = UPR 1999, 73 – Hochschulgebiet: „nicht störende Anlagen und Einrichtungen" im straßenparallelen Randbereich des Hochschulgebietes.

[670] *OVG Münster*, Urt. v. 22. 6. 1998 – 7 a D 108/96.NE – NVwZ 1999, 79 = BauR 1998, 1198 = NVwZ 1999, 79 – IKEA. Zur Bestimmtheit von Festsetzungen auch Urt. v. 19. 3. 1998 – 10 A 6435/96 – Laborabfälle.

[671] *BVerwG*, B. v. 29. 10. 1997 – 4 B 8.97 – Buchholz 406.11 § 34 BauGB Nr. 187 für die Prostitutionsausübung im Wohngebäude.

ausschließlich zu Wohnzwecken dienende Gebäude, landwirtschaftliche Gebäude und gewerbliche Betriebsstätten nebeneinander für zulässig erklärt.[672] Der Typenzwang bedeutet allerdings nicht, dass in den Bebauungsplänen regelmäßig oder vorrangig Baugebiete entsprechend den Baugebietstypen der BauNVO festgesetzt werden müssen, sondern, dass sich die gemeindliche Bauleitplanung gem. Art. 14 I 2 GG des gesetzlich zur Verfügung gestellten Instrumentariums bedienen muss. Verboten sind Festsetzungen im Bebauungsplan, zu denen die Gemeinde nicht durch § 9 BauGB oder durch die BauNVO ermächtigt wird.[673] Die Zulässigkeit eines Vorhabens innerhalb eines Baugebiets der BauNVO bestimmt sich nicht allein nach der Einordnung des Vorhabens in eine bestimmte Begriffskategorie, sondern auch nach der Zweckbestimmung des jeweiligen Baugebiets.[674]

Die in § 9 BauGB zur Verfügung gestellten **Festsetzungsmöglichkeiten**, die in der BauNVO eine weitere Konkretisierung und Ausfächerung erfahren haben, können allerdings auch **kombiniert** werden. So ist etwa durch § 9 I Nr. 3 BauGB dem Ortsgesetzgeber die Möglichkeit eröffnet worden, einer zu großen Verdichtung der Wohnbebauung entgegenzuwirken. Dieses vom Bundesgesetzgeber gebilligte Ziel wird durch Festsetzungen ergänzt, welche die Art und das Maß der baulichen Nutzung, die Bauweise, die überbaubaren und nicht überbaubaren Grundstücksflächen und die Stellung der baulichen Anlagen betreffen (§ 9 I Nr. 1 und 2 BauGB). Danach kann die Gemeinde durch planerische Festsetzungen zunächst Baugebiete typisierend bestimmen, die in der BauNVO im Einzelnen modellhaft und typmäßig vorgezeichnet sind. Sie kann darüber hinaus gem. § 1 IV BauNVO in diesen Gebieten situationsgerechte Differenzierungen vornehmen.[675] Die Gemeinde kann ferner durch eine Kombination von Gebietstyp und dem zugeordneten Maß der baulichen Nutzung, durch die Zahl der Vollgeschosse, durch die Grundflächenzahl und die Geschossflächenzahl eine bestimmte Verdichtung erreichen oder verhindern. Sie darf dies allerdings nur in Grenzen.[676] Auch kann nach § 9 I Nr. 6 BauGB die Zahl der Wohnungen je Wohngebäude festgelegt werden. Die Gemeinde hat dabei zu beachten, dass sie hinsichtlich der **Art** der baulichen Nutzung an die Vorgaben der BauNVO gebunden ist. Sie darf nicht der Art nach abweichende Baugebiete selbst schaffen. Ein **Typenerfindungsrecht** hinsichtlich der Baugebiete steht der Gemeinde nicht zu. Die Differenzierungsmöglichkeiten nach § 1 IV bis IX BauGB betreffen die Gliederung nach der Art der Nutzung, nicht eine Gliederung nach dem Maß der Nutzung. Die Gliederungsmöglichkeiten bestehen nur für die Baugebiete nach den §§ 4 – 9 BauNVO, nicht für Sondergebiete nach den §§ 10 und 11 BauGB.

Unterschiedliche Festsetzungen für ein und dieselbe Fläche scheiden als wirksamer Beitrag zur Ordnung der baulichen oder sonstigen Nutzung nur dann aus, wenn sie sich gegenseitig ausschließen[677] und wenn sie nicht als Baurecht auf Zeit zulässig sind. Konkurrieren Festsetzungen über die überbaubare Grundstücksfläche mit Festsetzungen, die einer vollen Ausnutzung dieser Fläche entgegenstehen, so liegt hierin nicht zwangsläufig ein unauflöslicher Widerspruch. Die Festsetzung des Maßes der baulichen Nutzung (z. B.

---

[672] *VGH Mannheim*, Urt. v. 26. 6. 1998 – 8 S 882/98 – NuR 1999, 43 = VGHBW RSprDienst 1998, Beilage 9, B 3 – 4.
[673] *BVerwG*, B. v. 23. 12. 1997 – 4 BN 23.97 – BauR 1998, 515.
[674] *BVerwG*, B. v. 15. 7. 1996 – 4 NB 23.96 – NVwZ-RR 1997, 9, so für einen wegen seiner Größe oder seiner Arbeitsweise mit der Zweckbestimmung des Wohngebiets nicht zu vereinbarenden Gartenbaubetrieb.
[675] *BVerwG*, B. v. 22. 5. 1987 – 4 N 4.86 – BVerwGE 77, 308 = *Hoppe/Stüer* RzB Rdn. 883 – Nummerndogma; Urt. v. 22. 5. 1987 – 4 C 77.84 – BVerwGE 77, 317 = *Hoppe/Stüer* RzB Rdn. 946 – Verkaufsfläche; B. v. 4. 6. 1991 – 4 NB 35.89 – BVerwGE 88, 268.
[676] Vgl. dazu die Höchstwerte des § 17 BauNVO *BVerwG*, Urt. v. 18. 8. 1989 – 4 C 12.86 – NVwZ 1990, 362 = *Hoppe/Stüer* RzB Rdn. 937 – Gartenhäuser.
[677] *BVerwG*, B. v. 17. 7. 2001 – 4 B 55.01 – BRS 64 (2001) Nr. 29 = ZfBR 2002, 597, mit Hinweis auf B. v. 20. 1. 1995 – 4 NB 43.93 – Buchholz 406.11 § 9 BauGB Nr. 74.

Grundflächenzahl oder zulässige Grundfläche) und die Festsetzung der überbaubaren Grundstücksfläche sind jede für sich anzuwenden und jeweils nur im Rahmen der anderen ausnutzbar.[678] Gegenüber der Festsetzung von Baugrenzen oder Baulinien sind auch andere Festsetzungen nicht ohne Weiteres nach- oder untergeordnet. Ob Festsetzungen, die nicht von vornherein unverträglich sind, kumulativ gelten oder in einem bestimmten Rangverhältnis zueinander stehen, ist durch Auslegung zu ermitteln.[679]

373 Während die Gemeinde hinsichtlich der Artfestsetzungen an die Modelle und Typen der BauNVO gebunden ist, bestehen hinsichtlich der **Festsetzung des Maßes** der baulichen Nutzung nach den §§ 16 – 21a BauNVO diese Bindungen nicht. Zwar sind für die Gemeinde auch hier bestimmte Obergrenzen verbindlich (vgl. § 17 BauNVO). Die Festsetzungsmöglichkeiten haben hier aber eine größere Variationsbreite als bei der Festsetzung der Art der Nutzung.[680] Bei einem vorhabenbezogenen Bebauungsplan entfallen auch diese Bindungen, soweit städtebauliche Grundsätze gewahrt sind (§ 12 III 2 BauGB). Nach § 9 I Nr. 5 BauGB kann für einzelne Flächen oder für ein Bebauungsplangebiet oder Teile davon sowie für Teile baulicher Anlagen mit Ausnahme der für landwirtschaftliche Nutzung und Wald festgesetzten Flächen das Anpflanzen von Bäumen, Sträuchern und sonstigen Bepflanzungen sowie Bindungen für Bepflanzungen und für die Erhaltung von Bäumen, Sträuchern und sonstigen Bepflanzungen sowie von Gewässern festgesetzt werden. Eine flächenmäßige Anknüpfung, die den Anforderungen des § 9 I Nr. 25 b BauGB genügt, ist – neben konkreter Flächenkennzeichnung durch zeichnerische Mittel – insbesondere auch dann vorhanden, wenn die Festsetzung in einem Baugebiet pauschal für die nicht überbaubaren Grundstücksflächen getroffen wird. Einer weiteren Präzisierung bedarf es nicht.[681]

374 Die der planenden Gemeinde in § 9 BauGB i.V. mit der BauNVO zur Verfügung gestellten Festsetzungsmöglichkeiten sind abschließend. Ein bauplanungsrechtliches **Festsetzungserfindungsrecht** steht der Gemeinde daher nicht zu. Dies gilt auch für das sog. **Weilheimer Einheimischenmodell**, das eine „Überfremdung" des Gemeindegebietes durch auswärtige Grundstückserwerber und einen durch deren Finanzkraft bewirkten übermäßigen Anstieg der Grundstückspreise zum Nachteil der Einheimischen vermeiden will. Diese Einflussnahme kann nicht durch Festsetzungen geschehen, weil der Katalog des § 9 BauGB keine Möglichkeiten bereitstellt, durch Festsetzungen auf den ausschließlichen Grundstückserwerb von Einheimischen Einfluss zu nehmen. Hierfür kommt nur eine vertragliche Regelung mit dem Grundstücksveräußerer und Begünstigten der Bauleitplanung in Betracht (§ 11 I Nr. 2 BauGB).[682] Privatrechtliche städtebauliche Verträge, mit denen Grundstücke zur Deckung des Wohnbedarfs an Ortsansässige veräußert werden, unterliegen – jedenfalls bei Vertragsschluss vor Ablauf der Umsetzungsfrist für die EG-Richtlinie vom 5. 4. 1993 über missbräuchliche Klauseln in Verbraucherverträgen am 31. 12. 1994 – nicht der Inhaltskontrolle nach den bisherigen §§ 9 bis 11 AGBG, sondern sind an dem in § 11 II BauGB geregelten Gebot angemessener Vertragsgestaltung zu messen. Das Gebot angemessener Vertragsgestaltung ermöglicht nicht nur eine Kontrolle des vertraglichen

---

[678] *BVerwG*, B. v. 17. 7. 2001 – 4 B 55.01 – BRS 64 (2001) Nr. 29 = ZfBR 2002, 597, mit Hinweis auf B. v. 29. 7. 1999 – 4 BN 24.99 – Buchholz 406.12 § 23 BauNVO Nr. 3.

[679] *BVerwG*, B. v. 17. 7. 2001 – 4 B 55.01 – BRS 64 (2001) Nr. 29 = ZfBR 2002, 597.

[680] *BVerwG*, B. v. 5. 4. 1993 – NB 3.91 – BVerwGE 92, 231 = ZfBR 1993, 197 = UPR 1993, 271 = *Hoppe/Stüer* RzB Rdn. 166 – Meerbusch; s. Rdn. 586, 730.

[681] *BVerwG*, B. v. 29. 12. 1995 – 4 NB 40.95 – NVwZ-RR 1996, 629 = ZfBR 1996, 224 – Baumerhalt.

[682] *BVerwG*, Urt. v. 11. 2. 1993 – 4 C 18.91 – BVerwGE 92, 56 – *Hoppe/Stüer* RzB Rdn. 156 – Weilheimer Einheimischenmodell; *VGH München*, Urt. v. 22. 12. 1998 – 1 B 94.3288 – BayVBl. 1999, 399 = GewArch. 1999, 302; *Grziwotz* NJW 1993, 2665; *Roithmaier* MittBayNot. 1990, 295. Eine vertragliche Bindung auf 20 Jahre wird für angemessen angesehen, *OLG München*, Urt. v. 20. 1. 1998 – 25 U 4623/97 – NJW 1998, 1962. Derartige Modelle verstoßen nicht gegen das Koppelungsverbot, so *BGH*, Urt. v. 2. 10. 1998 – V ZR 45/98 – NJW 1999, 208 = DVBl. 1999, 233.

Austauschverhältnisses, sondern auch eine Überprüfung der einzelnen Vertragsklauseln. Hierbei erlangen – unter Berücksichtigung der besonderen Interessenlage bei Einheimischenmodellen – auch die den zivilrechtlichen Regelungen zugrunde liegenden Wertungen Bedeutung. Es ist jedoch – weitergehend als nach dem Recht der Allgemeinen Geschäftsbedingungen – eine Kompensation von Vertragsklauseln, die für sich genommen unangemessen sind, durch vorteilhafte Bestimmungen im übrigen Vertrag möglich.

Die bauplanerische Festsetzung darf gem. §§ 10 II 2, 6 II BauGB nicht gegen sonstige Rechtsvorschriften verstoßen. Zu derartigen Rechtsvorschriften gehören auch Regelungen des **Bauordnungsrechts** als Teil des zu beachtenden materiellen Rechts.[683] Allerdings tritt eine im Hinblick auf bauplanerische Festsetzungen zu beachtende Kollision mit Vorschriften des Bauordnungsrechts nur dann ein, wenn sich dieses einen zwingenden Charakter beilegt. Das ist zum einen dann nicht der Fall, wenn das Bauordnungsrecht selbst den Vorrang bauplanerischer Festsetzungen ausdrücklich anerkennt. Zum anderen scheidet eine Kollision mit bauplanerischen Festsetzungen dann aus, wenn das Bauordnungsrecht sich selbst einen zwingenden Charakter nicht oder nur eingeschränkt beimisst.[684]

375

Nach **§ 9 IV BauGB** können die Länder durch Rechtsvorschriften bestimmen, dass auf Landesrecht beruhende Regelungen in den Bebauungsplan als Festsetzungen aufgenommen werden können und inwieweit auf diese Festsetzungen die Vorschriften des BauGB anzuwenden sind. Unter die **landesrechtlichen Festsetzungsmöglichkeiten** nach § 9 IV BauGB fallen etwa die mit einem Bebauungsplan verbundenen Gestaltungssatzungen oder die Festsetzung von Denkmalbereichen in einem Bebauungsplan. Die Länder können hierbei bestimmen, ob sich das Aufstellungsverfahren hinsichtlich dieser Festsetzungsmöglichkeiten nach Landesrecht richtet oder ob auch insoweit das Verfahren für die Aufstellung eines Bebauungsplans anzuwenden ist. Damit kann das Landesrecht den bundesgesetzlich abschließenden Katalog des § 9 I BauGB erweitern. Der Landesgesetzgeber ist hierzu aber nicht verpflichtet. Die zusätzlichen Festsetzungen können sich etwa auf Vorschriften des Bauordnungsrechts, der Denkmalpflege, des Landschafts- und Naturschutzrechts oder des Straßenrechts beziehen. Diese Festsetzungen nach § 9 IV BauGB unterliegen zwar den allgemeinen verfahrensrechtlichen Vorschriften für die Aufstellung von Bebauungsplänen, nicht aber ohne weiteres den inhaltlichen Anforderungen des BauGB.

376

Zwar können die Länder gem. § 9 IV BauGB bestimmen, inwieweit für diese Festsetzungen die Vorschriften des BauGB anzuwenden sind. Die Aufnahme in den Bebauungsplan lässt jedoch den landesrechtlichen Charakter dieser Regelungen als Normen des Bauordnungsrechts unberührt. Materiellrechtliche Rechtsgrundlage für Festsetzungen nach § 9 IV BauGB ist allein das Landesrecht. Sofern durch solche Rechtsvorschriften nicht etwas anderes bestimmt ist, richtet sich deshalb der zulässige Inhalt dieser Festsetzungen nach Auffassung des *BVerwG* nicht nach den Vorschriften des BauGB. Das soll auch für das planungsrechtliche Abwägungsgebot[685] gelten.[686] Es könnten sich allerdings aus dem Rechtsstaats- und Demokratiegebot Mindestanforderungen für das kommunale Satzungsrecht auch auf dieser Grundlage ergeben.[687] Nach Maßgabe des Landesrechts können solche satzungsrechtlichen Festsetzungen auch der **Fachaufsicht** unterworfen sein. Nimmt eine Gemeinde in den Bebauungsplan solche Festsetzungen auf, so ist eine **Normenkontrolle** gegen diese Festsetzungen nur zulässig, wenn das Landesrecht eine

377

---

[683] *BVerwG*, B. v. 22. 9. 1989 – 4 NB 24.89 – NVwZ 1990, 361 = *Hoppe/Stüer* RzB Rdn. 853.
[684] *BVerwG*, B. v. 23. 10. 1990 – 4 B 130.90 – *Hoppe/Stüer* RzB Rdn. 7; Urt. v. 16. 12. 1993 – 4 C 22.92 – Buchholz 406.11 § 29 BauGB Nr. 52.
[685] Zum Abwägungsgebot s. Rdn. 1195.
[686] *BVerwG*, Urt. v. 16. 3. 1995 – 4 C 3.94 – NVwZ 1995, 899 = DÖV 1995, 825 = BauR 1995, 508.
[687] Zu den verfassungsrechtlichen Anforderungen rechtsstaatlicher Planung *BVerwG*, Urt. v. 12. 12. 1969 – IV C 105.66 – BVerwGE 34, 301 = DVBl. 1970, 414 = DÖV 1970, 277 = BauR 1970, 31 = *Hoppe/Stüer* RzB Rdn. 23 – Abwägungsgebot Selbstverwaltung.

entsprechende Kontrollmöglichkeit eröffnet. Fehlt es daran, so unterliegen solche Regelungen aber ggf. einer Inzidentkontrolle.[688] Nach § 9 IV BauGB ist der Landesgesetzgeber zusätzlich berechtigt, die Verfahrensvorschriften für die Aufstellung und Änderung von Bauleitplänen für den Fall anzuordnen, dass eine nur landesrechtlich vorgesehene und in einem Bebauungsplan bereits aufgenommene Festsetzung geändert werden soll.[689] Gestalterische Festsetzungen sind nur dann zu **begründen**, wenn sie zu den wesentlichen satzungsrechtlichen Regelungen gehören.[690] Im Übrigen ist – so weit Bundesrecht Anwendung findet – **§ 214 III 2 BauGB** zu beachten. Ein offensichtlicher Mangel im Abwägungsvorgang setzt voraus, dass konkrete Umstände auf einen solchen Mangel hindeuten. Er liegt nicht schon dann vor, wenn Planbegründung und Aufstellungsvorgänge keinen ausdrücklichen Hinweis darauf enthalten, dass sich der Plangeber mit bestimmten Umständen abwägend befasst hat.[691]

378 Die Gemeinde ist bei der Aufstellung von Bebauungsplänen nicht strikt an die Planzeichen der PlanZV gebunden (**§ 2 V PlanZV**). Weicht sie von der Darstellungsart der Planzeichenverordnung ab, so wird hierdurch allein die Bestimmtheit nicht in Frage gestellt, wenn der Inhalt der Festsetzung hinreichend deutlich erkennbar ist. § 2 V PlanZV ist auch dann anwendbar, wenn sich eine Gemeinde für die räumliche Abgrenzung der Festsetzung über das Maß der baulichen Nutzung – insbesondere die Zahl der Vollgeschosse – nicht des Planzeichens gemäß Nr. 15.14 der Anlage zu § 2 I 1 PlanV (Perlenschnur), sondern der ebenfalls eine Begrenzung enthaltenden Baugrenzen oder Baulinien bedient.[692]

379 Das Landesrecht kann dabei auch eine sog. **dynamische Verweisung** in dem Sinne ermöglichen, dass die auf Landesrecht beruhenden gemeindlichen Satzungen auf den jeweiligen Geltungsbereich des Bebauungsplans Bezug nehmen. So wird etwa der Geltungsbereich einer auf Landesrecht beruhenden **Baumschutzsatzung** mit der Formulierung „innerhalb des Geltungsbereichs der Bebauungspläne und der im Zusammenhang bebauten Ortsteile" hinreichend bestimmt umschrieben. Es verändert sich zwar hierdurch der räumliche Geltungsbereich der Baumschutzsatzung mit der Änderung des Bestandes der Bebauungspläne oder mit der tatsächlichen Veränderung der im Zusammenhang bebauten Ortsteile. Dies führt jedoch nicht zur mangelnden Bestimmtheit, da sich der Geltungsbereich im jeweiligen Zeitpunkt der Anwendung der Satzung eindeutig bestimmen lässt. Verfassungsrechtlich geboten ist nicht eine Bestimmtheit um jeden Preis, sondern eine auch unter Berücksichtigung der praktischen Handhabung[693] in der Weise ausreichende Bestimmtheit, die eine willkürliche Behandlung durch Behörden oder Gerichte ausschließt. Eine gewisse Großzügigkeit ist vor allem dann am Platz, wenn eine konkretere Bestimmung einen unverhältnismäßigen Verwaltungsaufwand hervorrufen würde und aus dieser Sicht nicht vertretbar erscheint. Die metergenaue kartografische Darstellung einer Satzung ist nicht erforderlich. Dasselbe gilt für eine verbale Kartierung, die alle im Gebiet liegenden Grundstücke im Einzelnen ausweist oder die Grenzen des Plangebietes exakt durch die einzelnen Parzellengrenzen beschreibt. Die Formel „Be-

---

[688] *OVG Saarlouis*, Urt. v. 4. 12. 1981 – 2 N 12.80 – NVwZ 1983, 42 = BRS 38 (1988), Nr. 48.

[689] *BVerwG*, B. v. 12. 3. 1991 – 4 NB 6.91 – BauR 1992, 43 = *Hoppe/Stüer* RzB Rdn. 183.

[690] *BVerwG*, Urt. v. 7. 5. 1971 – IV C 76.68 – Buchholz 406.11 § 2 BBauG Nr. 7; B. v. 3. 11. 1992 – 4 NB 28.92 – DVBl. 1993, 116 = UPR 1993, 67 = ZfBR 1993, 89 = DÖV 1993, 251 = NVwZ-RR 1993, 286 = *Hoppe/Stüer* RzB Rdn. 186 – Gestaltungssatzung; Urt. v. 16. 3. 1995 – 4 C 3.94 – NVwZ 1995, 899 = DÖV 1995, 825 = UPR 1995, 350 = BauR 1995, 508; *OVG Lüneburg*, Urt. v. 12. 2. 1982 – 1 A 231/80 – BRS 39 Nr. 132.

[691] *BVerwG*, B. v. 29. 1. 1992 – 4 NB 22.90 – BauR 1992, 342 = ZfBR 1992, 139 = *Hoppe/Stüer* RzB Rdn. 856 – Baugenehmigung; Urt. v. 16. 3. 1995 – 4 C 3.94 – NVwZ 1995, 899 = DÖV 1995, 825 = UPR 1995, 350 = BauR 1995, 508 – Gestaltungssatzung.

[692] *BVerwG*, B. v. 10. 1. 2001 – 4 BN 42.00 – NVwZ-RR 2001, 422 = BauR 2001, 1061 = ZfBR 2001, 420.

[693] *BVerfG*, B. v. 8. 8. 1978 – 2 BvL 8/77 – BVerfGE 49, 89.

stimmtheit geht vor Verwaltungsbequemlichkeit" fordert daher nicht, an die Exaktheit der Festsetzungen des Geltungsbereichs überspannte Anforderungen zu stellen, zumal durch eine exaktere Beschreibung der Grenzen vielfach bei den Betroffenen mehr Verwirrung als Klarheit geschaffen werden könnte. Wenn sich hinsichtlich eines Randbereichs oder einzelner Baumstandorte nicht zweifelsfrei klären lässt, ob sie noch vom räumlichen Geltungsbereich einer Baumschutzsatzung erfasst sind, mag es angebracht sein, je nach den Umständen des Einzelfalls von der Verhängung eines Bußgeldes wegen einer Ordnungswidrigkeit bei Satzungsverstößen abzusehen. Solche möglichen vereinzelten Zweifelsfälle rechtfertigen es jedoch nach Auffassung des *BVerwG* nicht, die Satzung auch in dem ganz überwiegend zweifelsfreien Anwendungsbereich außer Acht zu lassen.[694] Eine Satzung ist, wie jede andere Rechtsnorm auch, der **Auslegung** zugänglich. Ergeben sich aus dem veröffentlichten Text einer Satzung trotz einzelner Ungenauigkeiten keine Zweifel an ihrem räumlichen Geltungsbereich, so berühren solche redaktionellen Fehler die Gültigkeit der Satzung nicht. Bestehen nur Zweifel, ob einzelne Flurstücke – z. B. im Randbereich – in den Geltungsbereich der Satzung einbezogen sind oder nicht, so muss darunter nicht die Gültigkeit der Satzung insgesamt leiden, sondern die Satzung kann wegen der insoweit bestehenden Unbestimmtheit teilunwirksam sein.[695] Im Gegensatz zu einer dynamischen Verweisung des Landesrechts auf das Bauplanungsrecht besteht diese Möglichkeit im Verhältnis **verschiedener Fassungen der BauNVO** nicht. Denn durch die Änderung der BauNVO wird die durch einen vorher bereits erlassenen Bebauungsplan geschaffene Rechtslage nicht geändert. Allenfalls kann eine Neufassung der BauNVO als Auslegungshilfe für eine ältere Fassung der BauNVO Bedeutung erlangen.[696] Entscheidend ist, wie die ältere Fassung der BauNVO bei Erlass des Bebauungsplans von der Gemeinde verstanden wurde und verstanden werden musste.

Eine **Baumschutzsatzung** ist in den Bereichen unwirksam, in denen sie die im **Stadtgebiet** befindlichen Waldbestände unter Schutz stellt. Eine solche Teilunwirksamkeit führt aber nicht zur Gesamtunwirksamkeit der Baumschutzsatzung.[697] Steht dem Investor ein baurechtlich einklagbarer Anspruch auf Erteilung einer Baugenehmigung zu, so kann die Behörde die Erteilung der Genehmigung nicht mit Hinweis auf eine Baumschutzsatzung verbieten.[698] Verhindert aber ein auf öffentlichem Straßengrund stehender Baum die Zufahrt, sind als bauliche Maßnahmen weder ein Stellplatz noch eine Garage zulässig, auch wenn diese notwendig sind.[699] Geht von einem durch Baumschutzsatzung geschützten Baum wegen eines Fäulnisbefalls eine Gefahr aus, ist auch ein betroffener Nachbar berechtigt, einen Antrag auf Fällen des Baumes zu stellen. Die Behörde kann dann aber regelmäßig durch notwendige Beobachtungen und Untersuchungen dem Anspruch des Nachbarn Rechnung tragen.[700] Eine Baumschutzsatzung darf nicht in dem Sinne angewandt werden, dass in jedem Fall der Entfernung eines der Satzung unterfallenden Baumes immer eine **Ersatzpflanzung** vorzunehmen ist. Die Entscheidung über die Anordnung einer Ersatzpflanzung erfordert vielmehr eine abwägende Einzelfallprüfung unter Würdigung der von dem betroffenen Baum nach seinem Zustand, Alter und Standort ausgehenden Wohlfahrtswirkungen einerseits und den mit der Unterschutzstellung verbundenen Belastungen für den privaten Eigentümer andererseits. Die Anordnung einer Ersatzpflanzung kann im Falle der Entfernung eines kranken und Gefahren

380

---

[694] *BVerwG*, Urt. v. 16. 6. 1994 – 4 C 2.94 – BVerwGE 96, 110 = DVBl. 1994, 1147 – Baumschutzsatzung.
[695] *BVerwG*, B. v. 4. 1. 1994 – 4 NB 30. 93 – NVwZ 1994, 684 – Spielhalle; Urt. v. 1. 2. 1994 – 4 NB 44.93 – *Hoppe/Stüer* RzB Rdn. 188.
[696] *BVerwG*, B. v. 25. 3. 1996 – 4 B 302.95 – NVwZ 1996, 893 – zum Begriff des Wohnens i. S. des § 3 BauNVO 1968 und insbesondere, ob der Wohnbegriff Pflege und Betreuung umfasst.
[697] *VGH Mannheim*, B. v. 17. 9. 1998 – 3 S 1208/96 – VGHBW RSpDienst 1998 Beilage 12 B 6.
[698] *VG Halle*, B. v. 20. 10. 1998 – B 1 K 1461/98 – IBR 1998, 545.
[699] *VGH Mannheim*, B. v. 17. 9. 1998 – 3 S 1208/96 – VGHBW RSpDienst 1998 Beilage 12 B 6.
[700] *OVG Saarlouis*, Urt. v. 29. 9. 1998 – 2 R 2/98 – RdL 1999, 107.

hervorrufenden Baumes nicht allein damit gerechtfertigt werden, dass auch ein solcher Baum noch einen Beitrag zu dem ökologischen Gesamtpotenzial leiste.[701] Die in den Baumschutzsatzungen enthaltenen Verbote und Gebote kann die Gemeinde nicht durch Verwaltungsakt durchsetzen oder sich durch Satzung eine Befugnis dazu verschaffen. Die Verpflichtung zu Ersatzpflanzungen wird vielmehr nach Maßgabe des Landesrechts durch die Naturschutzbehörde umgesetzt.[702] **Mehrkosten** für Bauwerke, die durch die Erhaltung von Naturdenkmalen entstehen, sind im Rahmen der Zumutbarkeit vom Bauherrn zu tragen.[703] Auch muss der Grundstückseigentümer die Beeinträchtigung seines Eigentums durch vom Nachbargrundstück hinüber wachsende Wurzeln dulden, so weit das Verbot der örtlichen Baumschutzsatzung reicht.[704] Die Erfüllung des Beseitigungsanspruch und damit auch dessen Zwangsvollstreckung sind deshalb im Urteilstenor in sachgerechter Weise von der notwendigen Genehmigung nach der Baumschutzsatzung abhängig zu machen.[705]

381 In einem Bebauungsplan können auch für landwirtschaftlich genutzte Grundstücke **baumschützende Festsetzungen** gemäß § 9 I Nr. 25 b BauGB getroffen werden, wenn dadurch die uneingeschränkte landwirtschaftliche Nutzung des Grundstücks nicht beeinträchtigt wird und wenn die Festsetzung über die städtebauliche Zielsetzung hinaus auch noch andere planerische Zwecke verfolgt, die ebenfalls in § 9 I BauGB begründet sind und dort auch für landwirtschaftlich genutzte Grundstücke getroffen werden können.[706] Die Festsetzung einer Fläche für die Erhaltung von Bäumen (§ 9 I Nr. 25 b BauGB) steht der Beseitigung solcher Bäume nicht entgegen, die nicht erhaltensfähig sind oder für deren Erhaltung außer Verhältnis zum Schutzzweck der Festsetzung stehende Maßnahmen erforderlich wären.[707] Für naturschutzrechtliche Genehmigungen einschließlich der Befreiung von kommunalen Baumschutzsatzungen ist im Zusammenhang mit Unterhaltungsarbeiten an Eisenbahnanlagen das Eisenbahn-Bundesamt zuständig. Die örtliche Ordnungsbehörde darf aufgrund einer Notkompetenz ungenehmigte Arbeiten vorläufig stilllegen.[708] Wird durch den Blütenstaub eines Baumes bei einem Grundstücksnutzer eine Allergie ausgelöst oder spürbar verstärkt, liegt eine Gefahr im Sinne einer Baumschutzsatzung vor. Zum Nachweis ist ein hinreichend aussagekräftiges und substantiiertes, in der Regel auf entsprechenden Allergietests beruhendes ärztliches Attest oder Gutachten vorzulegen.[709] Der in einer BaumSchV verwandte Begriff des Obstbaumes ist kein unbestimmter Rechtsbegriff, der einer Auslegung durch das Gericht zugänglich wäre. Vielmehr handelt es sich um eine naturwissenschaftliche Bezeichnung, die auch keinen Bewertungsspielraum lässt.[710] Die **Zuwiderhandlung** gegen eine Baumschutzsatzung setzt keine eigenhändige Tätigkeit voraus. Tatbeteiligter kann deshalb auch sein, wer sich bewusst und gewollt an einer Zusammenkunft, die das ungenehmigte Fällen geschützter Bäume bezweckt, beteiligt und die Täter in ihrem Tatentschluss bestärkt.[711]

---

[701] *OVG Münster*, Urt. v. 15. 6. 1998 – 7 A 759/96 – NVwZ-RR 1999, 239 = NWVBL 1998, 488.
[702] So für § 63 Satz 1 NdsNatSchG *OVG Lüneburg*, B. v. 26. 1. 1998 – 3 L 5739/97 – NVwZ 1999, 84 – Anmerkung NVwZ 1999, 45.
[703] *VG Gießen*, B. v. 27. 9. 1999 – 1 E 1099/98 – für Mehrkosten von ca. 15.000 Euro für den Erhalt einer ca. 120 bis 150 Jahre alten Eiche.
[704] Schon *OLG Hamm*, Urt. v. 30. 11. 1991 – 5 U 163/92 – OLGR Hamm 1993, 194.
[705] *OLG Hamm*, Urt. v. 20. 5. 1999 – 5 U 32/99 – OLGR Hamm 1999, 392.
[706] *ObLG München*, Urt. v. 7. 5. 2002 – 3 ObOWi 4/02 – BayObLGSt 2002, 77 = NuR 2003, 135.
[707] *OVG Münster*, Urt. v. 11. 1. 2002 – 7 a D 129/00.NE –.
[708] *VG Köln*, Urt. v. 29. 6. 2001 – 14 L 727/01 – NuR 2002, 116.
[709] *OVG Münster*, B. v. 13. 2. 2003 – 8 A 5373/99 – UPR 2003, 276.
[710] *VG Berlin*, Urt. v. 5. 6. 2001 – 1 A 123.98 – UPR 2001, 400 (LS); Urt. v. 30. 5. 2001 – 1 A 123.98 – Grundeigentum 2002, 61 für einen Haselnussbaum und einen Walnussbaum.
[711] *KG Berlin*, Urt. v. 27. 2. 2002 – 2 Ss 215/01 – 5 Ws (B) 106/02 – NStZ 2004, 18.

Eine Baumschutzsatzung, welche die Feststellung der Voraussetzungen für Ausnahmen von ihren generellen Verboten an eine Abwägung öffentlicher und privater Interessen seitens der Grundstückseigentümer bzw. Nutzungsberechtigten knüpft, ist nach Auffassung des *OVG Münster* nichtig. Die Baumschutzsatzung gilt in ihrer Vorgängerfassung fort, wenn der gegenteilige Wille des Satzungsgebers nicht in einem besonderen Abwägungsprozess Ausdruck gefunden hat.[712] Restbestände einer früheren zusammenhängenden Waldfläche können dabei Bestandteil einer zum Wohnbereich gehörenden Parkanlage im Sinne des § 1 II LFoG NRW sein.[713] 382

3. Kennzeichnungsmöglichkeiten

Als weiterer Inhalt des Bebauungsplans sollen gem. § 9 V BauGB Kennzeichnungen von Flächen erfolgen, 383
– bei deren Bebauung besondere bauliche Vorkehrungen gegen äußere Einwirkungen oder bei denen besondere bauliche Sicherungsmaßnahmen gegen Naturgewalten erforderlich sind,
– unter denen der Bergbau umgeht oder die für den Abbau von Mineralien bestimmt sind,
– deren Böden erheblich mit umweltgefährdenden Stoffen belastet sind.

Hinweis: Besondere Bedeutung haben wie beim Flächennutzungsplan auch hier die Kennzeichnungspflichten für umweltgefährdende Stoffe. Bei der Ermittlung der abwägungserheblichen Belange ist den Belangen des Umweltschutzes eine besonders hohe Aufmerksamkeit zu widmen.

4. Nachrichtliche Übernahme

Neben den Darstellungs- und Kennzeichnungsmöglichkeiten sollen nach anderen gesetzlichen Vorschriften getroffene Festsetzungen sowie Denkmäler nach Landesrecht in den Bebauungsplan nachrichtlich übernommen werden (§ 9 VI BauGB). **Festgesetzte Überschwemmungsgebiete** im Sinne des § 31b II 3 und 4 WHG sollen nachrichtlich übernommen werden. Noch nicht festgesetzte Überschwemmungsgebiete im Sinne des § 31b V WHG sowie überschwemmungsgefährdete Gebiete im Sinne des § 31c WHG sollen im Bebauungsplan vermerkt werden (**§ 9 VIa BauGB**). Diese durch die Hochwasserschutznovelle 2005 eingeführten Regelungen tragen dazu bei, die Bevölkerung in den betroffenen Gebieten vor der Gefahren des Hochwasserschutzes zu warnen. Zugleich ergibt sich für die Bauleitplanung ein grundsätzliches Verbot der Ausweisung von neuen Baugebieten in diesen Bereichen (§ 31b IV 1 WHG). Dieses darf die Gemeinde nur unter den Voraussetzungen des § 31b IV 2 WHG überwinden. Die nachrichtlichen Übernahme- bzw. Kennzeichnungspflichten stellen die betroffene Bevölkerung allerdings nicht von einer eigenen Mitwirkung bei den Vorsorge- und Schadensbegrenzungsmaßnahmen frei (§ 31a II WHG). Auch die am Bau Beteiligten können sich nicht etwa mit Hinweis auf eine nicht erfolgte Kennzeichnung der Überschwemmungsgebiete oder überschwemmungsgefährdeter Gebiete von einer eigenen Haftung generell freizeichnen.[714] 384

5. Bebauungsplanbegründung

Dem Bebauungsplan ist nach § 9 VIII BauGB eine **Begründung** mit den Angaben nach § 2a BauGB beizufügen. In der Begründung sind die Ziele, Zwecke und wesentlichen Auswirkungen des Bebauungsplans darzulegen. Auch der Umweltbericht nach § 2a BauGB[715] ist Teil der Begründung. Ebenso wie die Begründung für den Flächennutzungsplan hat auch die Begründung für den Bebauungsplan eine wichtige Funktion, die mit dem **Abwägungsgebot** in Zusammenhang steht. Die Begründung ist zwar nicht 385

---

[712] Für das Bauplanungsrecht, *BVerwG*, Urt. v. 10. 8. 1990 – 4 C 3.90 – BVerwGE 85, 289 = DVBl. 1990, 1182.
[713] *OVG Münster*, Urt. v. 17. 11. 2000 – 8 A 1973/97 – NVwZ-RR 2001, 731 = NuR 2001, 653.
[714] S. Rdn. 3450.
[715] Zum Umweltbericht s. Rdn. 249, 280, 769, 809, 955, 1040, 11221, 1403, 1513, 2079, 2721, 2789.

Bestandteil des Bebauungsplans, sie soll aber die wesentlichen Elemente der **Abwägung** erkennen lassen und über die Zusammenstellung des Abwägungsmaterials sowie die Gewichtung und Bewertung der Belange (§ 2 III BauGB) Auskunft geben. Fehlt die Begründung, so ist der Bebauungsplan nicht rechtswirksam.[716] Dasselbe gilt für einen lediglich formelhaften Begründungstext, der nicht durch einen Rückgriff auf die Materialien oder Ratsprotokolle angereichert werden kann.[717] Die Begründung kann sich jedoch auf die zentralen Regelungen des Bebauungsplans beschränken.[718] Die Begründungspflicht soll dabei als zwingende Verfahrensvorschrift sicherstellen, dass städtebauliche Rechtfertigung und Erforderlichkeit sowie die Grundlagen der Abwägung jedenfalls in ihren zentralen Punkten dargestellt werden, um eine effektive Rechtskontrolle des Plans zu ermöglichen.[719] Daneben soll die Begründung die Festsetzungen des Plans verdeutlichen und Hilfe für ihre Auslegung sein.[720]

386 Ein **völliges Fehlen** der Begründung lässt sich nicht durch einen Rückgriff auf Materialien oder Ratsprotokolle ausgleichen.[721] Auch erlaubt die planerische Abwägung der privaten und öffentlichen Belange der Gemeinde nicht, sich über zwingendes Recht hinwegzusetzen und dessen Vorgaben einfach „wegzuwägen". Was der Abwägung zugänglich ist und was als striktes Recht bei der Planung zu beachten ist, mag zuweilen schwierig zu ermitteln sein. Auf eine Abgrenzung der Art der rechtlichen Vorgaben kommt es spätestens an, wenn die Folge einer Rechtsverletzung zu klären ist.[722] Strikte Beachtung verdienen die Bindungen, die sich aus dem Festsetzungskatalog des § 9 BauGB oder aus § 1 IV BauGB ableiten lassen.[723]

387 Ist die **Begründung unvollständig**, so ist dies nach § 214 I 1 Nr. 3 BauGB für die Rechtswirksamkeit des Bebauungsplans unbeachtlich. Fehlen in der Begründung für die Abwägung wesentliche Gesichtspunkte, so kann darin aber ein Abwägungsfehler offenbar werden, der auf die Rechtswirksamkeit des Bebauungsplans durchschlägt. Das gilt vor allem für den Umweltbericht, dessen Unvollständigkeit nur dann unbeachtlich ist, wenn die Begründung nur in unwesentlichen Punkten unvollständig ist. Mängel im Abwägungsvorgang sind allerdings nach § 214 III 2 BauGB nur erheblich, wenn sie offensichtlich und auf das Abwägungsergebnis von Einfluss gewesen sind.[724] Der Planverfasser sollte daher auf die möglichst vollständige Ermittlung der abwägungserheblichen Belange Bedacht nehmen und die Zusammenstellung des Abwägungsmaterials wie auch die Gewichtung und Bewertung der Belange (§ 2 III BauGB) in der Begründung dokumentieren. Anderenfalls besteht die Gefahr, dass der Bebauungsplan in der gerichtlichen Kontrolle aufgrund festgestellter Abwägungsfehler aufgehoben wird. Was der Richter nicht aus der Begründung ersieht und was sich auch im Übrigen den Aufstellungsunterlagen nicht entnehmen lässt, wird der Richter bei seiner Entscheidung regelmäßig nicht

---

[716] *BVerwG*, Urt. v. 15. 2. 1990 – 4 C 23.86 – BVerwGE 84, 322 = NVwZ 1990, 364 = *Hoppe/Stüer* RzB Rdn. 388 – Unikat.

[717] *BVerwG*, B. v. 31. 1. 1995 – 4 NB 9.94 NVwZ-RR 1995, 360 = DVBl. 1995, 522 = BauR 1995, 476; s. Rdn. 1126.

[718] *BVerwG*, B. v. 3. 11. 1992 – 4 NB 28.92 – ZfBR 1993, 89 = *Hoppe/Stüer* RzB Rdn. 186; Urt. v. 16. 3. 1995 – 4 C 3.94 – NVwZ 1995, 899 = BauR 1995, 508 – Werbetafel.

[719] *BVerwG*, Urt. v. 7. 5. 1971 – IV C 76.68 – DVBl. 1971, 759.

[720] *BVerwG*, B. v. 14. 4. 1988 – 4 N 4.87 – BVerwGE 79, 200 = *Hoppe/Stüer* RzB Rdn. 193.

[721] *BVerwG*, Urt. v. 30. 6. 1989 – 4 C 15.86 – NVwZ 1990, 364 = BauR 1989, 687.

[722] Etwa bei § 214 I Nr. 2 BauGB *BVerwG*, Urt. v. 4. 3. 1999 – 4 C 8.98 – NVwZ 1999, 1336 = ZfBR 1999, 228 = UPR 1999, 273.

[723] *BVerwG*, B. v. 11. 5. 1999 – 4 BN 15.99 – DVBl. 1999, 1293 = UPR 1999, 352 = ZfBR 1999, 279 – Gewerbereservierung.

[724] *BVerwG*, Urt. v. 5. 12. 1986 – 4 C 13.85 – BVerwGE 75, 214 = *Hoppe/Stüer* RzB Rdn. 191 – Erdinger Moos; B. v. 26. 6. 1992 – 4 B 1 – 11.92 – DVBl. 1992, 1435 = *Hoppe/Stüer* RzB Rdn. 42 – Kirchzarten; einschränkend Urt. v. 16. 3. 1995 – 4 C 3.94 – NVwZ 1995, 899 = BauR 1995, 508 – Werbetafel.

berücksichtigen. Sind wesentliche Abwägungselemente nicht dokumentiert, besteht die Gefahr, dass solche Teile der Abwägung in der gerichtlichen Kontrolle ausfallen und der Bebauungsplan daher aufgrund von Abwägungsfehlern für unwirksam erklärt wird. Vor allem hinsichtlich der Vollständigkeit des **Umweltberichts** ist erhöhte Aufmerksamkeit am Platz. Eine Verletzung von Vorschriften in Bezug auf den Umweltbericht ist nur dann unbeachtlich, wenn die Begründung hierzu nur in unwesentlichen Punkten unvollständig ist (§ 214 I 1 Nr. 3 BauGB).[725]

Aus dem Rechtsstaatsgebot folgt nach Auffassung des *BVerwG* keine förmliche Begründungspflicht für die Aufnahme **gestalterischer Festsetzungen** in einen Bebauungsplan. Die für Bebauungspläne einfach-gesetzlich durch § 9 VIII BauGB angeordnete Begründungspflicht dient vor allem dem Zweck, die Überprüfung der Abwägung durch die Gemeinde zu erleichtern.[726] Sie darf sich jedoch auf die zentralen Regelungen des Bebauungsplans beschränken und muss nicht etwa zu jeder möglicherweise einmal strittig werdenden Frage Ausführungen enthalten.[727] Da die Begründung zudem vor allem der besseren Verständlichkeit des Plans dient, stellt ein Verstoß gegen die Begründungspflicht nur eine Verletzung von Verfahrens- und Formvorschriften dar und kann deshalb nach § 214 I 1 Nr. 2 BauGB unbeachtlich sein.[728] Nicht alle Satzungen, mit der die grundgesetzlich gewährleistete Baufreiheit berührt wird, bedürfen einer förmlichen Begründung.[729] Die Gründe für eine gem. § 9 IV BauGB in einen Bebauungsplan aufgenommene gestalterische Festsetzung, die sich als eine unbedeutende Ergänzung der übrigen bodenrechtlichen Festsetzungen darstellt, sind in erheblich geringerem Maße ausdrücklich festzuhalten, als die Gründe für den Erlass einer selbstständigen Satzung, die sich auf gestalterische Regelungen beschränkt. Da sich sogar die durch § 9 VIII BauGB gesetzlich vorgeschriebene Begründung auf die Erläuterung der wesentlichen Plankonzeption beschränken darf,[730] lässt sich die Forderung, jede auch noch so unbedeutende Regelung des Eigentums i. S. von Art. 14 I 2 GG im Einzelnen zu erläutern, nicht aus dem Rechtsstaatsprinzip oder aus anderen Grundsätzen des Verfassungsrechts begründen. **388**

III. Gemeinsamkeiten und Unterschiede von Flächennutzungsplan und Bebauungsplan

Als Stufen der kommunalen Bauleitplanung haben Flächennutzungsplan und Bebauungsplan zahlreiche Gemeinsamkeiten, weisen aber auch Unterschiede auf, die sich aus den unterschiedlichen Zielen und dem unterschiedlichen Konkretisierungsgrad dieser beiden Handlungsformen städtebaulicher Planung ergeben.[731] Der **Flächennutzungsplan** ist ein kommunales **Verwaltungsprogramm**, das gegenüber dem Bürger keine unmittelbaren Rechtswirkungen erzeugt, jedoch behördenintern verbindlich ist.[732] Der **Bebauungsplan** wird gem. § 10 I BauGB als **Satzung** erlassen und kann nach § 47 I VwGO mit der Normenkontrolle angefochten werden.[733] Bereits das BauROG 1998 hat den Flächennutzungsplan als Hauptinstrument und Leitplan für die städtebauliche Entwicklung gestärkt. Dies ergibt sich vor allem daraus, dass die Bebauungspläne nicht mehr in dem vor- **389**

---

[725] Zum Erfordernis der Vollständigkeit des Umweltberichts s. Rdn. 1126.
[726] *BVerwG*, B. v. 21. 2. 1986 – 4 N 1.85 – BVerwGE 74, 47 = Buchholz 406.11 § 155a BBauG Nr. 4 S. 8.
[727] *BVerwG*, Urt. v. 7. 5. 1971 – IV C 76.68 – DVBl. 1971, 759.
[728] *BVerwG*, B. v. 21. 2. 1986 – 4 N 1.85 – BVerwGE 74, 47.
[729] *BVerfG*, B. v. 26. 1. 1987 – 1 BvR 969/83 – DVBl. 1987, 465; *BVerwG*, B. v. 3. 7. 1987 – 4 C 26.85 – BVerwGE 78, 23 = Buchholz 406.11 § 39h BBauG Nr. 1 S. 3 = *Hoppe/Stüer* RzB Rdn. 822; B. v. 3. 11. 1992 – 4 NB 28.92 – DVBl. 1993, 116 = *Hoppe/Stüer* RzB Rdn. 186.
[730] *BVerwG*, Urt. v. 21. 2. 1986 – 4 N 1.85 – BVerwGE 74, 47.
[731] *Hoppe* in: *Hoppe/Bönker/Grotefels* § 5 Rdn. 8.
[732] *Hoppe* in: *Hoppe/Bönker/Grotefels* § 5 Rdn. 10; *Stüer* StuGR 1979, 109.
[733] *BVerwG*, Urt. v. 30. 1. 1976 – IV C 26.74 – BauR 1976, 175.

mals gegebenen Umfang der Genehmigungs- bzw. Anzeigepflicht unterliegen. Ist die aufsichtliche Kontrolle aber mehr als bisher auf den Flächennutzungsplan gerichtet und ist der aus dem Flächennutzungsplan entwickelte Bebauungsplan von einer Genehmigung freigestellt, wird der Flächennutzungsplan zu einem Hauptinstrument der städtebaulichen Planung. Zugleich werden die Gemeinden mehr als bisher hinsichtlich ihrer Bebauungsplanung in die Eigenverantwortung entlassen, wenn dabei die Grundzüge der städtebaulichen Planung des Flächennutzungsplans gewahrt werden.[734] Der Flächennutzungsplan gibt daher das wesentliche Entscheidungsprogramm für die städtebauliche Ordnung vor. Aus diesem Entscheidungsprogramm sind die Bebauungspläne zu entwickeln.

1. Entwicklungsgebot

390 Für das **Verhältnis von Flächennutzungsplan und Bebauungsplan** gilt das **Entwicklungsgebot** des § 8 II 1 BauGB. Danach sind Bebauungspläne aus dem Flächennutzungsplan zu entwickeln. Das Gesetz geht damit idealtypisch von einer Stufenfolge der Planung aus, bei der zunächst der Flächennutzungsplan aufgestellt wird und daraus der Bebauungsplan entwickelt wird. In der Planungspraxis wird jedoch vielfach der Bebauungsplan zeitparallel mit der Aufstellung bzw. Änderung des Flächennutzungsplans aufgestellt oder geändert. Dieses **Parallelverfahren** ist in § 8 III 1 BauGB ausdrücklich anerkannt, indem dort ausgeführt wird, dass mit der Aufstellung, Änderung, Ergänzung oder Aufhebung eines Bebauungsplans gleichzeitig auch der Flächennutzungsplan aufgestellt, geändert oder ergänzt werden kann. Der Bebauungsplan kann dabei vor dem Flächennutzungsplan bekannt gemacht werden,[735] wenn nach dem Stand der Planungsarbeiten anzunehmen ist, dass der Bebauungsplan aus den künftigen Darstellungen des Flächennutzungsplans entwickelt sein wird (§ 8 III 2 BauGB),[736] Kennzeichnend für ein Parallelverfahren i. S. des § 8 III 1 BauGB ist danach, dass eine **inhaltliche Abstimmung** zwischen den beiden Planentwürfen gewollt ist und die einzelnen Abschnitte beider Planverfahren zeitlich und im jeweiligen Fortgang i. S. einer inhaltlichen Abstimmung aufeinander bezogen sind. Der Gesetzgeber hat dem in § 8 III BBauG enthaltenen Gebot mindestens gleichzeitiger Bekanntmachung der Genehmigungen – so das *BVerwG* – erkennbar kein solches Gewicht beigemessen, dass es unverzichtbare Wirksamkeitsvoraussetzung des Bebauungsplans wäre. Für den Gesetzgeber war bei dieser Frage nicht die Einhaltung von Verfahrensvorschriften bei der Aufstellung des Flächennutzungsplans das Entscheidende, sondern die inhaltliche Fehlerlosigkeit des Flächennutzungsplans. Verstößt ein Bebauungsplan nicht gegen dieses Gebot, so ist die Einhaltung der diesem Anliegen nur instrumentell dienenden Verfahrensvorschriften zweitrangig; ihre Verletzung berührt nach Maßgabe der §§ 214, 215 BauGB die Wirksamkeit des Bebauungsplans nicht.[737]

391 Bebauungspläne bedürfen allerdings einer eigenständigen Rechtfertigung, die regelmäßig nicht allein aus den Darstellungen des Flächennutzungsplans abgeleitet werden kann. Die verbindliche Entscheidung über die planungsrechtliche Zulässigkeit von Vorhaben muss vielmehr durch konkrete Festsetzungen im Bebauungsplan oder im jeweiligen fachplanerischen Planfeststellungsverfahren fallen.[738] Für das Fachplanungsrecht hat

---

[734] Die weitgehende Freistellung der Bebauungspläne führt jedoch nach Auffassung des OVG *Münster* nicht dazu, die Anforderungen an die Kontrolle der Flächennutzungspläne im Genehmigungsverfahren zu steigern, OVG *Münster*, Urt. v. 11. 1. 1999 – 7 A 2377/96 – NuR 1999, 704 = BauR 2000, 62 – Landschaftsplan.

[735] Die vormals bestehende vorzeitige Anzeigemöglichkeit von Bebauungsplänen nach § 8 III 2 BauGB a. F. ist mit der Streichung des Anzeigeverfahrens durch das BauROG 1998 entfallen.

[736] Schon für §§ 8 III, 155 b Nr. 8 BBauG 1979 *BVerwG*, Urt. v. 3. 10. 1984 – 4 N 4.84 – BVerwGE 70, 171 = NVwZ 1985, 485 = *Hoppe/Stüer* RzB Rdn. 158.

[737] *BVerwG*, Urt. v. 22. 3. 1985 – 4 C 59.81 – UPR 1985, 339 – Sandbüchel = *Hoppe/Stüer* RzB Rdn. 210.

[738] *BVerwG*, B. v. 30. 10. 1992 – 4 A 4.92 – NVwZ 1993, 565 = DVBl. 1993, 167 = *Hoppe/Stüer* RzB Rdn. 1054 – Sachsendamm.

das *BVerwG* eine **Planrechtfertigung** dann angenommen, wenn das jeweilige Vorhaben **vernünftigerweise geboten** ist.[739] Soll etwa auf der Grundlage eines Planfeststellungsbeschlusses enteignet werden, so muss die Planrechtfertigung auch vor dem Eigentumsrecht betroffener Grundstückseigentümer (Art. 14 GG) standhalten. In einem solchen Fall müssen die mit dem Vorhaben verfolgten öffentlichen Interessen generell geeignet sein, etwa entgegenstehende Eigentumsrechte zu überwinden.[740] Die Anforderungen an die Rechtfertigung der Planung steigen dabei mit den Auswirkungen auf betroffene Belange. Zudem muss berücksichtigt werden, dass der Bebauungsplan den einzelnen Grundstückseigentümer zwar unmittelbar in seinem Rechtskreis betreffen kann,[741] jedoch nicht unmittelbar enteignend wirkt,[742] sondern der Umsetzung in einem Nachfolgeverfahren bedarf. Es ist daher eine entsprechende **Lastenverteilung** auch im Hinblick auf die Planrechtfertigung zwischen Bebauungsplan und ggf. nachfolgendem Enteignungsverfahren möglich. Die Planrechtfertigung ist objektiv und nicht nach den Vorstellungen der Beteiligten zu beurteilen. Sie ist daher weder Gegenstand der planerischen Abwägung noch unterliegt sie einer anderweitigen Beurteilungsprärogative der planenden Verwaltung.[743] Bebauungspläne sind dabei so aus dem Flächennutzungsplan zu entwickeln, dass „durch ihre Festsetzungen die zugrunde liegenden Darstellungen des Flächennutzungsplans konkreter ausgestaltet und damit zugleich verdeutlicht werden".[744] Dabei können die Festsetzungen des Bebauungsplans von den Darstellungen des Flächennutzungsplans abweichen, wenn hierdurch die Grundkonzeption des Flächennutzungsplans nicht beeinträchtigt wird und der **Bebauungsplan** als schlüssige Fortentwicklung bzw. **Konkretisierung** der Grundkonzeption des **Flächennutzungsplans** erscheint.[745] Dabei wird der durch das Entwicklungsgebot eröffnete Rahmen eingehalten, wenn die im Bebauungsplan ausgewiesene Nutzung der im Flächennutzungsplan dargestellten Nutzung artverwandt ist und sich die Abweichung aus der konkreteren Planungsstufe rechtfertigt.[746]

Beispiel: Die Gemeinde möchte ein Kerngebiet ausweisen und dabei auch eine im Flächennutzungsplan als Mischgebiet dargestellte Fläche einbeziehen. Auch ohne Änderung des Flächennutzungsplans kann eine solche Festsetzung dem Entwicklungsgebot entsprechen, wenn die Abweichung von den Darstellungen des Flächennutzungsplans die Grundzüge der Planung nicht beeinträchtigt, zumal es sich um eine artverwandte Nutzung handelt (gemischte Baufläche). Aus Vorsorgegründen sollte allerdings geprüft werden, ob nicht mit der Aufstellung des Bebauungsplans der Flächennutzungsplan in einem Parallelverfahren geändert wird.

---

[739] *BVerwG*, Urt. v. 14. 2. 1975 – IV C 21.74 – BVerwGE 48, 56 = *Hoppe/Stüer* RzB Rdn. 50 – B 42; Urt. v. 22. 3. 1985 – 4 C 15.83 – BVerwGE 71, 166 = *Hoppe/Stüer* RzB Rdn. 87 – B 16; Urt. v. 6. 12. 1985 – 4 C 59.82 – BVerwGE 72, 282 = *Hoppe/Stüer* RzB Rdn. 88 – Landstuhl; s. auch u. Rdn. 2303.
[740] *BVerwG*, Urt. v. 22. 3. 1985 – 4 C 15.83 – BVerwGE 71, 166 = *Hoppe/Stüer* RzB Rdn. 87; BVerwGE 72, 282.
[741] *BVerfG*, B. v. 14. 5. 1985 – 2 BvR 397/82 – BVerfGE 70, 35 = *Hoppe/Stüer* RzB Rdn. 1291.
[742] *BVerfG*, B. v. 24. 3. 1987 – 1 BvR 1046/85 – BVerfGE 74, 264 = *Hoppe/Stüer* RzB Rdn. 1137 – Boxberg; Urt. v. 14. 3. 1985 – 5 C 130/83 – BVerwGE 71, 108; B. v. 21. 2. 1991 – 4 NB 16.90 – BauR 1991, 299 = *Hoppe/Stüer* RzB Rdn. 70; B. v. 18. 2. 1999 – 1 BvR 1367/88, 146 und 147/91 – DVBl. 1999, 701 – zur Zulässigkeit einer städtebaulichen Enteignung zur Errichtung einer Waldorfschule durch einen privaten Verein.
[743] *BVerwG*, Urt. v. 20. 10. 1989 – 4 C 12.87 – BVerwGE 84, 31 = *Hoppe/Stüer* RzB Rdn. 216 – Eichenwäldchen; Urt. v. 24. 11. 1989 – 4 C 41.88 – BVerwGE 84, 123 = *Hoppe/Stüer* RzB Rdn. 90 – Hochrheinautobahn A 98.
[744] *BVerwG*, Urt. v. 28. 2. 1975 – IV C 74.72 – BVerwGE 48, 70 = *Hoppe/Stüer* RzB Rdn. 157; Urt. v. 29. 9. 1978 – IV C 30.76 – BVerwGE 56, 283 = NJW 1979, 1516 = *Hoppe/Stüer* RzB Rdn. 25 – Kurgebiet.
[745] *BVerwG*, Urt. v. 29. 9. 1978 – IV C 30.76 – BVerwGE 56, 283 = *Hoppe/Stüer* RzB Rdn. 25 – Kurgebiet.
[746] *VGH Mannheim*, Urt. v. 18. 9. 1998 – 8 S 290/98 – VGHBW RSprDienst 1998, Beilage 12 B 7 – Schlier-Ortsmitte.

392 Die Rechtsprechung hat dabei die **Anforderungen** an das **Entwicklungsgebot gelockert**. Während ältere Entscheidungen zu einer eher strikten Einhaltung des Entwicklungsgebotes Anlass gaben, verweist das *BVerwG* schon seit längerer Zeit auf **gemeindliche Freiräume**, die bei der Konkretisierung der Darstellungen des Flächennutzungsplans im Bebauungsplan bestehen. Bebauungspläne sind danach aus dem Flächennutzungsplan in der Weise zu entwickeln, dass durch ihre Festsetzungen die zugrunde liegenden Darstellungen des Flächennutzungsplans konkreter ausgestaltet werden.[747]

393 Der Flächennutzungsplan lässt aufgrund seiner geringeren Detailschärfe Gestaltungsspielräume offen, die von der gemeindlichen Bebauungsplanung ausgefüllt werden dürfen. Bleiben die Grundzüge des Flächennutzungsplans unangetastet, gestattet das Entwicklungsgebot des § 8 II 1 BauGB auch Abweichungen. Stimmen die Festsetzungen mit den Darstellungen des Flächennutzungsplans nicht vollständig überein, so liegt darin nicht ohne weiteres einen Verstoß gegen das Entwicklungsgebot. Ob den Anforderungen des § 8 II 1 BauGB genügt ist, hängt davon ab, ob die Konzeption, die ihm zugrunde liegt, in sich schlüssig bleibt. § 2 III und IV BauGB gelten ausnahmslos. Die planende Gemeinde soll von äußeren Zwängen bei der Aufstellung, Änderung, Ergänzung und Aufhebung von Bauleitplänen freigehalten werden.[748]

Beispiel: Die Grenzen des Entwicklungsgebots des § 8 II 1 BauGB sind gewahrt, wenn in einem Bebauungsplan „Flächen zum Schutz, zur Pflege und zur Entwicklung von Boden, Natur und Landschaft" im Sinne des § 9 I Nr. 20 BauGB festgesetzt wurden, die im Flächennutzungsplan als „Wald" im Sinne des § 5 II Nr. 9 b BauGB dargestellt sind.[749]

394 Nach § 214 II Nr. 2 BauGB ist die **Verletzung** des **Entwicklungsgebotes** des § 8 II 1 BBauG/BauGB **unbeachtlich**, wenn die sich aus dem Flächennutzungsplan ergebende geordnete städtebauliche Entwicklung nicht beeinträchtigt ist (vgl. bereits § 155 b I Nr. 8 BBauG 1979). Die Frage, ob ein Bebauungsplan nach § 8 II 1 BauGB aus dem Flächennutzungsplan entwickelt ist, beurteilt sich nach der planerischen Konzeption für den engeren Bereich des Bebauungsplans. Für die Frage hingegen, ob durch den nicht aus dem Flächennutzungsplan entwickelten Bebauungsplan i. S. des § 214 II BauGB die sich aus dem Flächennutzungsplan ergebende geordnete städtebauliche Entwicklung beeinträchtigt wird, ist die planerische Konzeption des Flächennutzungsplans für den größeren Raum, in der Regel das gesamte Gemeindegebiet, maßgebend.[750] Aus der Unbeachtlichkeitsvorschrift des § 214 II BauGB hat das *BVerwG* für das Entwicklungsgebot daher abgeleitet,[751] dass durch das Verfahren eine inhaltliche Abstimmung zwischen beiden Plänen gewährleistet sein muss. Nicht die formale Zeitfolge, sondern die materielle Abstimmung und inhaltliche Fehlerlosigkeit ist dafür das Entscheidende. Bei Wahrung dieser Grundsätze können einzelne Verfahrensschritte des Bebauungsplans durchaus zeitlich vorrangig zum Flächennutzungsplan durchgeführt werden.[752]

Beispiel: Die Gemeinde stellt einen Bebauungsplan auf, der im Bereich der Innenstadt ein Kerngebiet ausweist. Der Flächennutzungsplan stellt ein Mischgebiet dar und soll daher in einem Parallelverfahren geändert werden. Der Bebauungsplan wird nicht dadurch rechtswidrig, dass der Beschluss für die Aufstellung des Bebauungsplans schon gefasst worden ist, während der Flächennutzungsplan-Änderungsbeschluss erst in einer späteren Ratssitzung gefasst wird. Dasselbe gilt etwa für den Beschluss zur öffentlichen Auslegung, wenn eine inhaltliche Abstimmung der Planung gewährleistet ist.

---

[747] *BVerwG*, Urt. v. 29. 9. 1978 – IV C 30.76 – BVerwGE 56, 283 = NJW 1979, 1516 – Kurgebiet.
[748] *BVerwG*, B. v. 11. 2. 2004 – 4 BN 1.04 – BauR 2004, 1264 – Entwicklungsgebot.
[749] *BVerwG*, B. v. 12. 2. 2003 – 4 BN 9.03 – NVwZ-RR 2003, 406 = UPR 2003, 230 = BauR 2003, 838 = DVBl. 2003, 817 (LS) = IBR 2003, 273 mit Anmerkung Scherer-Leyendecker – Wald.
[750] *BVerwG*, Urt. v. 26. 2. 1999 – 4 CN 6.98 – ZfBR 1999, 223 = UPR 1999, 271 – Hasselbach, s. Rdn. 1140.
[751] *BVerwG*, Urt. v. 3. 10. 1984 – 4 N 4.84 – BVerwGE 70, 171 = NVwZ 1985, 485 = *Hoppe/Stüer* RzB Rdn. 158.
[752] S. Rdn. 1136.

Nach § 8 II 2 BauGB kann der Bebauungsplan ohne Flächennutzungsplan aufgestellt **395** werden, wenn der Bebauungsplan ausreicht, um die städtebauliche Entwicklung zu ordnen. Ein solcher **selbstständiger Bebauungsplan** ist jedoch die Ausnahme. Auch in den neuen Bundesländern kann auf die Flächennutzungsplanung und damit auf das Prinzip der „Bauleitplanung in zwei Stufen" in den Gemeinden nicht verzichtet werden.[753] Allerdings ist die Gemeindestruktur in den neuen Ländern noch nicht überall durch eine kommunale Gebietsreform[754] neu geordnet, so dass noch eine größere Zahl von Gemeinden eine sehr geringe Einwohnerzahl und Flächengröße hat.[755]

§ 8 IV 1 BauGB erlaubt die **vorzeitige Aufstellung, Änderung oder Ergänzung** **396** **eines Bebauungsplans**, wenn **dringende Gründe** es erfordern und wenn der Bebauungsplan der beabsichtigten städtebaulichen Entwicklung des Gemeindegebietes nicht entgegensteht. Ob zwingende (§ 4a III BBauG) oder dringende Gründe (§ 8 IV 1 BauGB) die Aufstellung eines Bebauungsplans vor der Aufstellung eines Flächennutzungsplans erfordern, ist nach den konkreten **städtebaulichen Erfordernissen** des Einzelfalls zu beurteilen. Dabei ist maßgebend, ob eine geordnete städtebauliche Entwicklung eher durch das Warten auf den Flächennutzungsplan für das ganze Gemeindegebiet als durch eine vorzeitige verbindliche Teilplanung gefährdet wird.[756] Fehler in der Beurteilung der Voraussetzungen für die Aufstellung eines vorzeitigen Bebauungsplans sind allerdings in der gerichtlichen Kontrolle nach § 214 II Nr. 3 BauGB unbeachtlich. Hierdurch soll sichergestellt werden, dass der Bebauungsplan nicht an einer Fehlbeurteilung der Voraussetzungen durch die Gemeinde in der gerichtlichen Kontrolle scheitert. Das Eingreifen der Unbeachtlichkeitsvorschrift des § 214 II Nr. 3 BauGB setzt dabei nicht voraus, dass die Gemeinde sich ausdrücklich und im Einzelnen mit den Anforderungen an die Aufstellung eines vorzeitigen Bebauungsplans auseinander gesetzt hat.[757]

Gilt bei **Gebiets- oder Bestandsänderungen** von Gemeinden oder anderen Veränderungen der Zuständigkeit für die Aufstellung von Flächennutzungsplänen ein Flächennutzungsplan fort (§ 204 II BauGB), kann ein vorzeitiger Bebauungsplan auch aufgestellt werden, bevor der Flächennutzungsplan ergänzt oder geändert worden ist. Es bedarf hierzu jedoch auch dringender Gründe, wie sich aus der Bezugnahme auf § 8 IV 1 BauGB ergibt. Nach der Unbeachtlichkeitsregelung in § 214 II Nr. 1 BauGB ist es für die Rechtswirksamkeit des Bebauungsplans allerdings unbeachtlich, wenn das Vorliegen dringender Gründe für die Aufstellung eines vorzeitigen Bebauungsplans nicht richtig beurteilt worden ist. Nach dieser Unbeachtlichkeitsvorschrift soll der Bebauungsplan nicht daran scheitern, dass die Gemeinde im Aufstellungsverfahren zu Unrecht das Vorliegen der dringenden Gründe angenommen hat. Ein vorzeitiger Bebauungsplan kann auch aufgestellt werden, wenn ein Flächennutzungsplan zwar existiert, aber unwirksam ist, und zwar unabhängig davon, ob die Gemeinde den Flächennutzungsplan als gültig angesehen hat. Entscheidend ist dann allein, dass die gesetzlichen Voraussetzungen für einen vorzeitigen Bebauungsplan vorliegen.[758] **397**

Beispiel: Die Gemeinde stellt einen Bebauungsplan auf der Grundlage eines Flächennutzungsplans auf, der sich aufgrund eines Verfahrensfehlers als unwirksam erweist. Auch wenn die Gemeinde die Unwirksamkeit des Flächennutzungsplans kannte, kann der Bebauungsplan wirksam sein, wenn dringende Gründe für seine vorzeitige Aufstellung gegeben waren. Dies ist nach objektiven Krite-

---

[753] *Rothe* Rdn. 276.
[754] Zur Gebietsreform *Hoppe/Rengeling* Rechtsschutz bei der kommunalen Gebietsreform 1973, 1; *Hoppe/Stüer* DVBl. 1992, 641; *Stüer*, Kommunalrecht, 1997, S. 166.
[755] *Hoppe/Stüer* DVBl. 1992, 641.
[756] *BVerwG*, Urt. v. 14. 12. 1984 – 4 C 54.81 – NVwZ 1985, 745 = BauR 1985, 282 = *Hoppe/Stüer* RzB Rdn. 159.
[757] *BVerwG*, Urt. v. 14. 12. 1984 – 4 C 54.81 – NVwZ 1985, 745 = BauR 1985, 282 = *Hoppe/Stüer* RzB Rdn. 159; B. v. 31. 1. 1995 – 4 NB 9.94 – NVwZ-RR 1995, 360 = DVBl. 1995, 522 = BauR 1995, 476.
[758] *BVerwG*, B. v. 18. 12. 1991 – 4 N 2.89 – DVBl. 1992, 574.

rien zu entscheiden. Ein Beurteilungsspielraum steht der Gemeinde nicht zu, so dass es auch nicht der eigenständigen Bewertung der besonderen Dringlichkeit durch die Gemeinde bedarf.

2. Lockerung des Entwicklungsgebotes in den neuen Bundesländern

398 § 246a Nr. 3 BauGB 1993 sah für die fünf neuen Bundesländer für eine Übergangszeit bis zum 31.12. 1997 eine Lockerung des Entwicklungsgebotes vor. Danach konnte ein Bebauungsplan aufgestellt, geändert, ergänzt oder aufgehoben werden, bevor der Flächennutzungsplan aufgestellt war, wenn dies für eine geordnete städtebauliche Entwicklung erforderlich war und wenn der Bebauungsplan der beabsichtigten städtebaulichen Entwicklung des Gemeindegebietes nicht entgegenstehen wird **(vorzeitiger Bebauungsplan)**. In der Begründung des Bebauungsplans war darzulegen, dass der Bebauungsplan der beabsichtigten städtebaulichen Entwicklung des Gemeindegebietes, insbesondere den künftigen Darstellungen des in Aufstellung befindlichen Flächennutzungsplans oder Teilflächennutzungsplans,[759] oder, wenn ein entsprechender Stand nicht erreicht war, den Zielen und Zwecken des Flächennutzungsplans nicht entgegenstehen wird.[760] Die Vorschrift sollte erreichen, dass bei aktuellem städtebaulichem Handlungsbedarf nicht erst die Aufstellung des Flächennutzungsplans für das gesamte Gemeindegebiet abgewartet werden muss, sondern bereits die Bauleitplanung für einen Teilbereich des Gemeindegebietes vorgezogen werden konnte und dadurch eine Grundlage für schnelles städtebaulich relevantes Handeln geschaffen werden konnte.[761] Die Sonderregelung für die neuen Bundesländer ist zum 1.1. 1998 durch das BauROG 1998 gestrichen worden.

3. Überleitung früherer Pläne im Gebiet der ehemaligen DDR

399 § 246a V BauGB 1990/1993 sah eine Überleitung früherer Pläne im Bereich der ehemaligen DDR vor.[762] Die Überleitungsvorschrift in § 246a V BauGB 1993 hatte folgenden Wortlaut:

„Generalbebauungspläne, Leitplanungen und Ortsgestaltungskonzeptionen, die auf Grund der bisher geltenden Vorschriften aufgestellt worden sind, gelten mit folgender Wirkung fort:
1. So weit sie Darstellungen i. S. des § 5 I 1 BauGB über die beabsichtigte städtebauliche Entwicklung des Gemeindegebietes in den Grundzügen enthalten, gelten sie als Flächennutzungspläne oder Teilflächennutzungspläne i. S. des § 5 I BauGB fort;
2. so weit sie im übrigen Aussagen über die geordnete städtebauliche Entwicklung enthalten, können sie Anhaltspunkte für die Beurteilung von Maßnahmen nach diesem Gesetzbuch sein.

Die Gemeinde kann die in S. 1 bezeichneten städtebaulichen Pläne oder räumlichen oder sachlichen Teile dieser Pläne durch Beschluss von der Fortgeltung ausnehmen. Der Beschluss bedarf der Genehmigung der höheren Verwaltungsbehörde. Die Erteilung der Genehmigung ist ortsüblich bekannt zu machen."

400 Zudem enthielten § 246a I, IV BauGB 1990, § 64 BauZVO folgende Überleitungsregelung:

Bei In-Kraft-Treten der BauZVO bestehende baurechtliche Vorschriften und festgestellte städtebauliche Pläne gelten als Bebauungspläne, soweit sie verbindliche Regelungen der in § 9 BauZVO bezeichneten Art enthalten und von der Gemeinde bis zum 30.6. 1991 durch Beschluss bestätigt werden. Der Beschluss nach S.1 bedarf der Genehmigung der höheren Verwaltungsbehörde; die Erteilung der Genehmigung ist ortsüblich bekannt zu machen. Sollen nach S.1 weitergehende Vorschriften oder Pläne geändert, ergänzt

---

[759] Zu Teilflächennutzungsplänen s. Rdn. 321.
[760] Vgl. zu Einzelheiten *Bielenberg* DVBl. 1990, 1315.
[761] *Stüer* DVBl. 1992, 266.
[762] Zur Überleitung des Planungsrechts *Berg* BauR 1991, 14; *Degenhart* JuS 1993, 888; *Feldmann* NJ 1990, 527; *Fickert* FS Gelzer 1991, 15; *Friesecke* LKV 1991, 129; *Rengeling* DVBl. 1992, 222; *Schmidt-Eichstaedt* ZfBR 1991, 140; *Scholtissek* UPR 1990, 327.

oder aufgehoben werden, sind die für die Bauleitpläne geltenden Vorschriften des BauGB anzuwenden.

Generalbebauungspläne, **Leitplanungen** oder **Ortsgestaltungskonzeptionen** im Gebiet der ehemaligen DDR können daher entweder als Flächennutzungspläne gelten oder als Anhaltspunkte für die städtebauliche Beurteilung von Maßnahmen nach dem BauGB dienen. Sie müssen aber nach den s. Zt. geltenden DDR-Vorschriften wirksam sein. Sollen solche Pläne als Flächennutzungspläne weitergelten, müssen sie Darstellungen i. S. des § 5 BauGB enthalten. Erforderlich ist zudem ein Beschluss der Gemeindevertretung, der aufsichtsbehördlich genehmigt werden muss.[763] Ein Beschluss der Gemeinde zur Fortgeltung der früheren Pläne als Bebauungspläne setzt zudem eine Prüfung voraus, ob die alten Pläne den städtebaulichen Anforderungen genügen und insbesondere das **Abwägungsgebot** beachtet ist. Alte Pläne aus den Zeiten der ehemaligen DDR können auch durch entsprechenden Beschluss der Gemeindevertretung nicht übergeleitet werden, wenn die Pläne diesen Anforderungen nicht genügen. Auch darf die höhere Verwaltungsbehörde bei Abwägungsmängeln die für das In-Kraft-Treten erforderliche Genehmigung nicht erteilen. Auf der Grundlage bisheriger Fassungen des BauGB wirksame oder übergeleitete Pläne,[764] Satzungen und Entscheidungen gelten dabei nach § 233 III BauGB fort.

4. Baurecht auf Zeit

Das EAG Bau hat mit der Befristung oder Bedingung ein **Baurecht auf Zeit** eingeführt. Nach § 9 II BauGB kann in besonderen Fällen festgesetzt werden, dass bestimmte bauliche oder sonstige Nutzungen und Anlagen nur für einen bestimmten Zeitraum zulässig sind (Befristung) oder bis zum Eintritt bestimmter Umstände zulässig oder unzulässig sind (Bedingung). Die Folgenutzung soll festgesetzt werden. Auch bei den städtebaulichen Verträgen hat der Gesetzgeber dem Baurecht auf Zeit einen eigenständigen Platz zugewiesen (§ 11 I 1 Nr. 2 BauGB). Wegen der verfassungsrechtlichen Problematik einer Begrenzung von Baurechten sieht der Gesetzgeber vor allem vertragliche Vereinbarungen als Möglichkeit, Nutzungen nur für einen bestimmten Zeitraum zuzulassen und zugleich entsprechende Rückbauverpflichtungen zu begründen. Vergleichbare Verpflichtungen sieht § 35 V 2 BauGB in den **Rückbauverpflichtungen** für privilegierte Außenbereichsvorhaben nach § 35 I Nr. 2 bis 6 BauGB zu. Für derartige Vorhaben ist eine Verpflichtungserklärung abzugeben, das Vorhaben nach dauerhafter Aufgabe der zulässigen Nutzung zurückzubauen und Bodenversiegelungen zu beseitigen. Dies soll durch Baulast oder in vergleichbarer Weise sichergestellt werden.[765]

Die Festsetzungsmöglichkeit nach § 9 II BauGB wird ergänzt durch die Erweiterung des nicht abschließenden Katalogs **städtebaulicher Verträge** des **§ 11 BauGB**. Damit kann die Gemeinde ergänzend zur Festsetzung die Einhaltung der Festsetzung auch aufgrund vertraglicher Ansprüche durchsetzen. Auf der anderen Seite schafft die Festsetzung die Möglichkeit, die vertraglichen Pflichten auch für den Fall der Insolvenz oder der Rechtsnachfolge abzusichern. Bedingte und/oder befristete Festsetzungen können „in besonderen Fällen" erfolgen, d. h. erforderlich ist eine besondere städtebauliche Situation und eine entsprechende städtebauliche Begründung. Die Bezeichnungen „bestimmte Zeiträume" und „bestimmte Umstände" bedeuten, dass diese im Bebauungsplan zu bestimmen und festzusetzen sind.

---

[763] § 246 a V BauGB 1993 sah die Fortgeltung verbindlicher Pläne als Bebauungspläne vor, wenn es sich um baurechtliche Vorschriften oder festgestellte städtebauliche Pläne handelte, die für ein bestimmtes Plangebiet konkrete Regelungen mit Außenwirkung enthielten. Auch Fluchtlinienpläne aus den Zeiten vor Gründung der DDR gehören ggf. dazu. Die Pläne müssen aber nach dem damals geltenden Regelungen wirksam zu Stande gekommen sein. Zu weiteren Einzelheiten *Bielenberg* DVBl. 1990, 1314.

[764] Zu übergeleiteten Bebauungsplänen *BVerwG*, Urt. v. 17. 12. 1998 – 4 C 16.97 – BVerwGE 108, 190 = DVBl. 1999, 782 – Hamburger Baustufenplan.

[765] Zum Folgenden EAG Bau Mustererlass 2004.

404 Die Festsetzungen sollen mit der Festsetzung der **Folgenutzung** verbunden werden, um zugleich sicherzustellen, dass der Bebauungsplan auch die planungsrechtlichen Grundlagen für die weitere städtebauliche Entwicklung erhält. Wird eine Folgenutzung festgesetzt, muss sie Bestandteil des gesamten Bebauungsplanverfahrens (einschließlich Umweltprüfung) und der abschließenden Abwägung sein. Durch die Festsetzungsmöglichkeiten nach § 9 II BauGB kann im Bebauungsplan eine Befristung oder eine Bedingung einer Festsetzung vorgesehen werden. Als **Beispiele** können genannt werden:
– Festsetzung einer befristeten Nutzung als **Zwischennutzung** bei von vornherein zeitlich befristeten Nutzungen (z. B. Zweckbauten) sowie Festsetzung der Anschlussnutzung, um nachteilige städtebauliche Entwicklungen nach Aufgabe der Zwischennutzung zu vermeiden oder die planungsrechtliche Grundlage für nachfolgende Nutzungen zu schaffen,
– Festsetzung von Maßnahmen, die für die Verwirklichung einer im Bebauungsplan vorgesehenen Nutzung **zeitlich vorhergehend** erforderlich sind (z. B. Errichtung von Lärmschutzwällen und -wänden vor Aufnahme der schutzbedürftigen Wohnnutzung),
– Festsetzung von Ereignissen, die zur Unzulässigkeit einer Nutzung führen.

Beispiel: Es soll eine Fläche auf Dauer zu einem Naherholungsgebiet entwickelt werden. Bis das entsprechende Bebauungsplanverfahren einen bestimmten Stand erreicht hat, wird auflösend bedingt eine andere Nutzung zugelassen.

405 Auch im Rahmen eines **städtebaulichen Vertrages** kommen entsprechende Sicherungsmaßnahmen in Betracht. Die vertraglichen Regelungen müssen allerdings angemessen sein (§ 11 II 1 BauGB). Ein Baurecht auf Zeit verbunden mit entsprechenden Rückbauverpflichtungen ist daher nur zulässig, wenn sie den städtebaulichen Leitbildern entsprechen.

406 Das Baurecht auf Zeit hat zudem auch einen **verfassungsrechtlichen Hintergrund**.[766] Auf die planerischen Ausweisungen muss sich der Planbetroffene grundsätzlich für einen überschaubaren Zeitraum verlassen können. Wer sich auf den Fortbestand des Baurechts einstellt, der ist bei einem berechtigten Vertrauen in den Fortbestand der Planung schutzwürdig.[767] Die Änderung der planerischen Ausweisung kann daher bei einem berechtigten Vertrauen in den Fortbestand der Planungskonzeption nur unter den Voraussetzungen des qualifizierten Abwägungsgebotes geändert werden.[768]

5. Planungsverbände

407 Gemeinden und sonstige öffentliche Planungsträger können sich zu einem Planungsverband zusammenschließen, um eine gemeinsame, zusammengefasste Bauleitplanung zu erstellen (§ 205 BauGB).

408 Ein gemeinsamer Bebauungsplan zweier Gemeinden, der mit Wirkung für das Gebiet des jeweils anderen beschlossen worden ist, ist unwirksam, sofern die Gemeinden nicht einen Planungsverband oder einen sonstigen gesetzlich zugelassenen Zusammenschluss gebildet haben (vgl. § 205 BauGB).[769]

6. Rechtsschutzmöglichkeiten

409 Gegen den Flächennutzungsplan und den Bebauungsplan bestehen unterschiedliche **Rechtsschutzmöglichkeiten**.

---

[766] *BVerfG*, B. v. 2. 3. 1999 – 1 BvL 7/91 – BVerfGE 100, 226 = NJW 1999, 2877 = DVBl. 1999, 1498 – Direktorenvilla; B. v. 16. 2. 2000 – 1 BvR 242/92 – BVerfGE 102, 1 = DVBl. 2000, 1275 – Altlastensanierung; *Stüer/Thorand* NJW 2000, 3232.

[767] *BVerfG*, Urt. v. 10. 7. 1990 – 2 BvR 470/90 u. a. – BVerfGE 82, 310 = DVBl. 1990, 930; B. v. 12. 5. 1992 – 2 BvR 470/90 – BVerfGE 86, 90 = DVBl. 1992, 1141 – Papenburg.

[768] *Stüer* DVBl. 1977, 1.

[769] *OVG Weimar*, Urt. v. 21. 8. 2001 – 1 KO 1240/97 – echter gemeinsamer Bebauungsplan.

a) Bebauungsplan: Normenkontrolle. Als Satzung ist der **Bebauungsplan** von den 410
durch die Festsetzungen in ihren abwägungserheblichen Belangen Betroffenen nach § 47
VwGO unmittelbar in einem **Normenkontrollverfahren** anfechtbar.[770] Das OVG entscheidet nach § 47 I VwGO im Rahmen seiner Gerichtsbarkeit auf Antrag über die Gültigkeit (1) von Satzungen, die nach den Vorschriften des BauGB erlassen worden sind, sowie von Rechtsverordnungen aufgrund des § 46 II BauGB, (2) von anderen, im Range unter dem Landesgesetz stehenden Rechtsvorschriften, sofern das Landesrecht dies bestimmt. Den Antrag kann jede natürliche oder juristische Person, die geltend macht, durch die Rechtsvorschrift oder deren Anwendung in ihren Rechten verletzt zu sein oder in absehbarer Zeit verletzt zu werden, sowie jede Behörde innerhalb von zwei Jahren nach Bekanntmachung der Rechtsvorschrift stellen (§ 47 II VwGO). Der Antrag ist gegen die Körperschaft, Anstalt oder Stiftung zu richten, welche die Rechtsvorschrift erlassen hat (§ 47 II VwGO). Der Normenkontrollantrag kann sich damit gegen den Bebauungsplan sowie gegen alle anderen städtebaulichen Satzungen richten, die auf der Grundlage des BauGB erlassen worden sind. Die Zulässigkeit des Normenkontrollantrags setzt voraus, dass eine eigene Rechtsverletzung vorgetragen wird. Nach der Änderung des § 47 II VwGO durch das 6. VwGO-ÄndG reicht es formal nicht mehr aus, dass lediglich ein Nachteil geltend gemacht wird, wie es nach der vormals geltenden Fassung des § 47 II VwGO ausreichend war. Das *BVerwG* gewährt allerdings dem Planbetroffenen ein Recht auf Abwägung, aus dem die Antragsbefugnis für einen Normenkontrollantrag abgeleitet werden kann. Durch diese Gleichstellung des Nachteilsbegriffs aus der früheren Fassung mit dem Begriff der Rechtsverletzung hat sich daher durch das 6. VwGO-ÄndG keine Einschränkung in der Antragsbefugnis ergeben. Die Antragsbefugnis liegt auch weiterhin vor, wenn der Antragsteller geltend macht, in einem Belang verletzt zu sein, der bei der Abwägung zu berücksichtigen ist und zum Abwägungsmaterial gehört. Ein solcher Nachteil ist nach der Rechtsprechung des *BVerwG* dann gegeben, wenn der Antragsteller durch den Bebauungsplan oder durch dessen Anwendung negativ, d. h. verletzend, in einem Interesse betroffen wird bzw. in absehbarer Zeit betroffen werden kann, das bei der Entscheidung über den Erlass oder den Inhalt dieses Bebauungsplans als privates Interesse des Antragstellers in der Abwägung zu berücksichtigen ist.[771] Eine Antragsbefugnis ist daher gegeben, wenn Belange nachteilig betroffen werden, die zum Abwägungsmaterial (§ 2 III BauGB) gehören. Dazu zählen grundsätzlich alle nachteilig betroffenen Belange, soweit sie mehr als geringfügig, schutzwürdig und erkennbar sind.[772] Wird etwa durch die Änderung eines Bebauungsplans ein bisher als Grünfläche ausgewiesenes Grundstück einer Bebauung zugeführt, die eine doppelt so hohe bauliche Ausnutzbarkeit zulässt, wie sie für die umliegenden Grundstücke gilt, so scheitert die Antragsbefugnis nach § 47 II VwGO für den Eigentümer eines Nachbargrundstücks nicht daran, dass eine solche Entwicklung nicht auszuschließen ist.[773] Auch ist die Antragsbefugnis dann zu bejahen, wenn die Betroffenheit des Antragstellers in einem abwägungserheblichen Belang nicht durch die Festsetzungen des Bebauungsplans selbst, sondern erst durch einen nachfolgenden, rechtlich und tatsächlich eigenständigen Rechtsakt eintritt. Dies gilt etwa dann, wenn die weitere Maßnahme der Lösung von Konflikten dient, welche der Bebauungsplan aufgeworfen, aber nicht ausreichend gelöst hat.[774] Die Gewichtigkeit des Interesses

---

[770] *BVerwG*, B. v. 9. 11. 1979 – 4 N 1.78 – BVerwGE 59, 87 = *Hoppe/Stüer* RzB Rdn. 26; *Stüer* DVBl. 1985, 466; s. Rdn. 4134.
[771] *BVerwG*, B. v. 9. 11. 1979 – 4 N 1.78 – BVerwGE 59, 87 = *Hoppe/Stüer* RzB Rdn. 26.
[772] S. Rdn. 1415.
[773] Zum Nachteilsbegriff des § 47 II VwGO a. F. *BVerwG*, B. v. 20. 8. 1992 – 4 NB 3.92 – DVBl. 1992, 1441 = *Hoppe/Stüer* RzB Rdn. 215; B. v. 7. 1. 1993 – 4 NB 42.92 – NVwZ-RR 1993, 513; B. v. 6. 1. 1993 – 4 NB 38.92 – DVBl. 1993, 448 = *Hoppe/Stüer* RzB Rdn. 1311; B. v. 17. 12. 1992 – 4 N 2.91 – BVerwGE 91, 318 = *Hoppe/Stüer* RzB Rdn. 171; B. v. 23. 1. 1992 – 4 NB 2.90 – BauR 1992, 187 = DVBl. 1992 577 = *Hoppe/Stüer* RzB Rdn. 319 – Treppenweg.
[774] *BVerwG*, B. v. 12. 12. 1996 – 4 NB 26.96 – NVwZ 1997, 682 – Planvollzugsfolgen.

der Nachbarn an der Aufrechterhaltung eines für sie günstigen Zustandes kann allerdings davon abhängen, ob und inwieweit sie mit einer Änderung dieses Zustandes rechnen müssen. Das bedeutet aber lediglich, dass dieses Interesse mit dem ihm jeweils konkret zukommenden (mehr oder weniger starken) Gewicht in die planerische Abwägung einzustellen und dementsprechend leichter oder schwerer durch andere öffentliche Belange überwindbar ist.

411 Macht ein Antragsteller im Normenkontrollverfahren geltend, der Bebauungsplan setze für sein zur Wohnbebauung vorgesehenes Grundstück keine ausreichende **Erschließung** fest, so steht der Zulässigkeit des Antrags nicht entgegen, dass im Aufstellungsverfahren keine Stellungnahmen wegen der Erschließung vorgetragen worden sind. Ob ein Antragsteller, der zunächst die ihm günstigen Festsetzungen eines Bebauungsplans ausgenutzt hat und sich erst dann gegen ihm ungünstige Festsetzungen wendet, seine **Antragsbefugnis verwirkt**, richtet sich nach den Einzelfallumständen. Ein Bebauungsplan, der als einzige Zuwegung zu einem Wohngrundstück nur einen nicht befahrbaren Treppenweg festsetzt, braucht deshalb nicht gegen das Abwägungsgebot zu verstoßen.

412 Ein Normenkontrollantrag kann auch dann gegen einen Bebauungsplan erhoben werden, wenn dieser die Grundlage für **Nachfolgeverfahren** legt, durch die der Eingriff in die Belange des Eigentümers konkretisiert wird. Eine die Antragsbefugnis begründende mögliche Rechtsverletzung ist daher dann i. S. von § 47 II VwGO „durch" die Rechtsvorschrift oder deren Anwendung eingetreten oder zu erwarten, wenn die von dem Antragsteller geltend gemachte Beeinträchtigung subjektiver privater Interessen zwar endgültig erst durch einen nachfolgenden eigenständigen Rechtsakt eintritt, dieser Rechtsakt jedoch in der von dem Antragsteller angegriffenen Norm bereits als von dem Normgeber geplante Folgemaßnahme angelegt ist.[775]

Beispiel: Die Gemeinde beabsichtigt, eine Fußgängerzone einzurichten. Der Bebauungsplan sieht dazu Festsetzungen nach § 9 I Nr. 11 BauGB vor. In der Begründung des Bebauungsplans wird auf ein Verkehrs- und Nutzungskonzept verwiesen, das durch verkehrslenkende Maßnahmen, aber auch durch ein Plakettensystem für Ausnahmegenehmigungen umgesetzt werden soll. Der Anlieger kann sich bereits gegen den Bebauungsplan mit einem Normenkontrollantrag wenden und muss sich nicht darauf verweisen lassen, erst die einzelnen Umsetzungsmaßnahmen anzugreifen, die auf der Grundlage des Bebauungsplans getroffen werden sollen.[776] Allerdings sind die Belange des Anliegers überwindbar, da ein verfassungsrechtlicher oder einfachgesetzlicher Anspruch auf dauernde unmittelbare Erreichbarkeit des Grundstücks mit Kraftfahrzeugen nicht besteht.[777]

413 Neben der Antragsbefugnis nach § 47 II VwGO ist für die Zulässigkeit des Normenkontrollantrags das **Rechtsschutzbedürfnis** erforderlich. Es fehlt, wenn der Antragsteller mit der begehrten gerichtlichen Entscheidung seine Rechtsstellung nicht verbessern kann.[778] Wer geltend macht, durch eine Baugenehmigung, die ihm zwar nicht vorschriftsmäßig bekannt gemacht worden ist, von der er aber in anderer Weise sichere Kenntnis erlangt hat oder hätte erlangen müssen, in seinen Rechten verletzt zu sein, verliert seine Anfechtungsbefugnis, wenn er nicht innerhalb der Frist des § 70 i. V. mit § 58 II VwGO Widerspruch einlegt.[779] Dies gilt nicht nur für den unmittelbaren Grenznachbarn. Richtet sich ein Normenkontrollantrag gegen Festsetzungen eines Bebauungsplans, zu deren Verwirklichung schon eine unanfechtbare Genehmigung erteilt worden

---

[775] *BVerwG*, B. v. 14. 2. 1991 – 4 NB 25.89 – NVwZ 1991, 980 = BauR 1991, 435 = *Hoppe/Stüer* RzB Rdn. 1332; B. v. 9. 7. 1992 – 4 NB 39.91 – DVBl. 1992, 1437 = *Hoppe/Stüer* RzB Rdn. 1309 – Fußgängerzone.

[776] *BVerwG*, B. v. 9. 7. 1992 – 4 NB 39.91 – DVBl. 1992, 1437 = *Hoppe/Stüer* RzB Rdn. 1309 – Fußgängerzone.

[777] *BVerfG*, B. v. 11. 9. 1990 – 1 BvR 988/90 – UPR 1991, 100.

[778] *BVerwG*, B. v. 28. 8. 1987 – 4 N 3.86 – BVerwGE 78, 85 = *Hoppe/Stüer* RzB Rdn. 1297 – Kaiserallee; B. v. 9. 2. 1989 – 4 NB 1.89 – DVBl. 1989, 660 = NVwZ 1989, 653 = *Hoppe/Stüer* RzB Rdn. 1325 – Durchgangsstraße; s. Rdn. 4176.

[779] *BVerwG*, Urt. v. 25. 1. 1974 – IV C 72.72 – BVerwGE 44, 294 = *Hoppe/Stüer* RzB Rdn. 334.

ist oder auf dessen Grundlage genehmigungsfreie Vorhaben verwirklicht worden sind, fehlt dem Antrag das Rechtsschutzbedürfnis, wenn der Antragsteller dadurch, dass der Bebauungsplan für unwirksam erklärt wird, seine Rechtsstellung derzeit nicht verbessern kann.[780]

Beispiel: Der Nachbar wendet sich mit dem Normenkontrollantrag gegen ein Vorhaben, das auf der Grundlage des angegriffenen Bebauungsplans bereits unanfechtbar genehmigt worden ist. Der Normenkontrollantrag ist wegen fehlenden Rechtsschutzbedürfnisses unzulässig. Ist eine durch einen Bebauungsplan festgesetzte Straße bereits gebaut und gewidmet, so kann gleichwohl noch für den durch die Straße nachteilig Betroffenen ein Rechtsschutzbedürfnis für einen Normenkontrollantrag gegen den Bebauungsplan bestehen, da einer Straße bei Unwirksamkeitserklärung des Bebauungsplans die Rechtsgrundlage fehlt und sie ggf. zurückgebaut werden muss bzw. entsprechende, die Rechte der Betroffenen wahrende Schutzauflagen getroffen werden müssen.[781]

Für eine Normenkontrollklage gegen einen Bebauungsplan, aufgrund dessen eine **414** vom Antragsteller als nachteilig angesehene Bebauung seines Nachbargrundstücks genehmigt worden ist, ist ein Rechtsschutzbedürfnis nicht mehr gegeben, wenn der Bebauungsplan inzwischen **durch einen anderen Plan ersetzt** worden ist und die Bebauung des Nachbargrundstücks auch nach § 34 BauGB genehmigt werden müsste.[782]

Eine **Behörde** ist antragsbefugt, wenn sie die angegriffene Norm anzuwenden hat. **415** Denn eine Behörde hat keine allgemeine Normverwerfungskompetenz. Das Normenkontrollverfahren stellt ein objektives Rechtsbeanstandungsverfahren dar, in dem auf einen entsprechend zulässigen Antrag über die Gültigkeit der Norm entschieden wird. Der Normenkontrolle ist eine materielle Rechtskrafterstreckung auf Dritte in dem von § 121 VwGO vorausgesetzten Sinne und eine **Beiladung** etwa durch die Unwirksamkeitserklärung nachteilig betroffener Grundstückseigentümer nicht möglich. Diese können ggf. im Normenkontrollverfahren angehört werden.[783]

Der Normenkontrollantrag ist allerdings erst gegen bereits **in Kraft getretene städte- 416 bauliche Satzungen** zulässig. Rechtsvorschriften, die sich noch im Stadium ihrer Entstehung befinden, können nicht Gegenstand einer Normenkontrolle sein.[784] Entscheidend ist, ob die Tätigkeit der am Rechtsetzungsverfahren Beteiligten aus ihrer Sicht beendet ist[785] und die Norm aus der Sicht des Normgebers formelle Geltung beansprucht.[786] Geht der Normgeber davon aus, dass es sich um eine in diesem Sinn bereits erlassene Norm handelt, ist der Normenkontrollantrag nach § 47 VwGO statthaft.[787] Zum Gegenstand eines Normenkontrollverfahrens kann der Antragsteller – ein entsprechendes Rechtsschutzbedürfnis vorausgesetzt – allerdings nicht nur den im Zeitpunkt der Normenkontrollentscheidung geltenden Bebauungsplan machen, sondern auch einen einzelnen Änderungs- oder Ergänzungsplan oder eine vor einer Änderung geltende Fassung.[788] Ist der Bebauungsplan fehlerhaft, so stellt das Normenkontrollgericht im Ge-

---

[780] *BVerwG*, Urt. v. 28. 8. 1987 – 4 N 3.86 – BVerwGE 78, 85 – Kaiserallee.
[781] *BVerwG*, B. v. 30. 9. 1992 – 4 NB 22.92 – Buchholz 310 § 47 VwGO Nr. 70 = *Hoppe/Stüer* RzB Rdn. 1310; zu den Folgen einer fehlerhaften Bauleitplanung *BVerwG*, Urt. v. 26. 8. 1993 – 4 C 24.91 – BVerwGE 94, 100 = DVBl. 1993, 1357 – „isolierte" Straßenplanung Bargteheide.
[782] *BVerwG*, B. v. 22. 9. 1995 – 4 NB 18.95 – DVBl. 1996, 107 = ZfBR 1996, 55.
[783] *BVerwG*, B. v. 12. 3. 1982 – 4 N 1.80 – BVerwGE 65, 131 = *Hoppe/Stüer* RzB Rdn. 1322; s. Rdn. 4192.
[784] *BVerwG*, B. v. 4. 4. 1963 – 1 CB 18.62 – Buchholz 310 § 40 VwGO Nr. 22 = NJW 1963, 1122; Urt. v. 29. 7. 1977 – IV C 51.75 – BVerwGE 54, 211; *BVerfG*, B. v. 30. 7. 1952 – 1 BvF 1/52 – BVerfGE 1, 396; *Ule* VerwArch. 65 (1974), 291; *Jäde* BayVBl. 1985, 225; *Stüer* DVBl. 1985, 470; *Eyermann/Fröhler* § 47 Rdn. 21.
[785] *HessVGH*, Urt. v. 12. 11. 1981 – 4 N 5.81 – BauR 1982, 135.
[786] *VGH Mannheim*, Urt. v. 18. 7. 1962 – I 364/62 – ESVGH 12, 149.
[787] *BVerwG*, B. v. 2. 6. 1992 – 4 N 1.90 – NVwZ 1992, 1088 = BauR 1992, 743.
[788] *BVerwG*, B. v. 25. 2. 1997 – 4 NB 30.96 – NVwZ 1997, 896 = BauR 1997, 603 – Dachgeschosszahl-Festsetzung.

gensatz zur früheren Fassung des § 47 VwGO nicht die Nichtigkeit, sondern die Unwirksamkeit des Planes fest. Hierdurch wird die Auffassung des Gesetzgebers deutlich, dass Bebauungspläne grundsätzlich repariert werden können. Zugleich ist das Normenkontrollgericht der vormals erforderlichen Prüfung enthoben, ob ein Plan so schwere Mängel aufweist, dass der Plan nicht geheilt werden kann, oder ob die festgestellten Mängel in einem ergänzenden Verfahren geheilt werden können. Nach § 214 IV BauGB kann ein Fehler der Satzung auch mit Rückwirkung geheilt werden. Dem trägt der Gesetzgeber mit der Anordnung Rechnung, dass der Bebauungsplan nicht für nichtig, sondern für unwirksam und damit grundsätzlich für heilbar anzusehen ist.

417 Neben der Normenkontrolle bestehen auch Möglichkeiten der **Inzidentkontrolle** eines Bebauungsplans in anderen Gerichtsverfahren.

Beispiel: Der Eigentümer eines in der Innenstadt gelegenen Gebäudes möchte seinen Friseurladen an einen Spielhallenunternehmer vermieten und beantragt bei der Baugenehmigungsbehörde die Erteilung einer Nutzungsänderungsgenehmigung. Die Genehmigung wird mit der Begründung verweigert, dass der Bebauungsplan zwar ein Kerngebiet (§ 7 BauNVO) festsetze, Vergnügungsstätten jeglicher Art jedoch nach § 1 V BauNVO ausgeschlossen seien. Der Eigentümer könnte in einem Normenkontrollverfahren nach § 47 VwGO vor dem *OVG/VGH* die Rechtsverbindlichkeit des Bebauungsplans prüfen lassen. Außerdem könnte er vor dem Verwaltungsgericht eine Klage gegen die Baugenehmigungsbehörde auf Erteilung der Nutzungsänderungsgenehmigung erheben und dort vortragen, dass der Bebauungsplan mit dem Ausschluss der Vergnügungsstätten-Nutzung unwirksam ist. Das Gericht würde bei der in Inzidentkontrolle festgestellten Unwirksamkeit des Planes die Zulässigkeit des Vorhabens nach § 34 BauGB (nicht beplanter Innenbereich) prüfen. Erweist sich lediglich der Ausschluss der Vergnügungsstätten als unwirksam und ist der Bebauungsplan daher nur teilunwirksam, stünde die Prüfung an, ob die Spielhalle nach den im Übrigen wirksamen Festsetzungen des Bebauungsplans zulässig ist.

418 Einen Antrag auf Entscheidung über die Gültigkeit eines Bebauungsplans nach § 47 VwGO kann grundsätzlich auch ein **Dritter** stellen, der – ohne Grundstückseigentümer zu sein – aus eigenen wirtschaftlichen Interessen und im (vertraglichen) Einvernehmen mit dem Eigentümer eine Bebauung des Grundstücks beabsichtigt. Die Antragsbefugnis des Nichteigentümers für ein Normenkontrollverfahren hängt dabei nicht davon ab, dass die von ihm verfolgten, durch den Bebauungsplan ausgeschlossenen Nutzungsabsichten im Planaufstellungsverfahren geltend gemacht worden sind oder sich der planenden Gemeinde hätten aufdrängen müssen.[789] Auch hat ein Eigentümer eines Außenbereichsgrundstücks eine Antragsbefugnis nach § 47 II VwGO, wenn er sich gegen die Festsetzung seines Grundstücks als nicht überbaubare Fläche wehrt.[790] Setzt sich ein Eigentümer im Wege der Normenkontrolle dagegen zur Wehr, dass sein Grundstück als nicht überbaubare Fläche festgesetzt worden ist, so fehlt seinem Antrag das Rechtsschutzbedürfnis nur dann, wenn unzweifelhaft ist, dass er seinem Ziel, das Grundstück baulich zu nutzen, selbst dann auf unabsehbare Zeit nicht näher kommen kann, wenn der Bebauungsplan für unwirksam erklärt wird.[791] Sind bereits auf der Grundlage des Bebauungsplans Bauvorhaben in der Umgebung unanfechtbar verwirklicht, so kann das Rechtsschutzinteresse für einen Normenkontrollantrag fehlen.[792] Ein Rechtsmittel in einem Normenkontrollverfahren einlegen kann nur, wer schon Beteiligter des Ausgangsverfahrens war.[793]

---

[789] *BVerwG*, B. v. 18. 5. 1994 – 4 NB 27.93 – NVwZ 1995, 264 = DVBl. 1994, 1155.
[790] *BVerwG*, B. v. 26. 5. 1993 – 4 NB 3.93 – NVwZ 1994, 269 = BauR 1994, 215 = *Hoppe/Stüer* RzB Rdn. 1317.
[791] *BVerwG*, B. v. 25. 5. 1993 – 4 NB 50.92 – NVwZ 1994, 1749 = BauR 1994, 212 = *Hoppe/Stüer* RzB Rdn. 1316.
[792] *BVerwG*, B. v. 28. 8. 1987 – 4 N 3.86 – BVerwGE 78, 85 – Kaiserallee; B. v. 9. 2. 1989 – 4 NB 1.89 – Buchholz 310 § 47 VwGO Nr. 37; B. v. 25. 5. 1993 – 4 NB 50.92 – NVwZ 1994, 1749 = BauR 1994, 212 = *Hoppe/Stüer* RzB Rdn. 1316.
[793] *BVerwG*, Urt. v. 26. 8. 1971 – 8 C 44.70 – BVerwGE 38, 290; B. v. 12. 12. 1990 – 4 NB 14.88 – NVwZ 1991, 871 = *Hoppe/Stüer* RzB Rdn. 75 – Restrisiko; B. v. 7. 5. 1993 – 4 NB 14.93 – NVwZ-RR 1994, 235.

Ist ein Normenkontrollantrag rechtskräftig zurückgewiesen, kann ein erneuter Antrag **419** nach § 47 VwGO, den Bebauungsplan für unwirksam zu erklären, nur darauf gestützt werden, eine gegenüber der abweisenden Normenkontrollentscheidung geänderte Sach- oder Rechtslage habe den Bebauungsplan im Nachhinein unwirksam werden lassen.[794] Mit einem erneuten Normenkontrollantrag kann etwa geltend gemacht werden, der Bebauungsplan sei auf Grund einer inzwischen eingetretenen tatsächlichen Entwicklung funktionslos geworden.[795] Dagegen ist die Durchführung etwa eines Umlegungsverfahrens zur Verwirklichung eines Bebauungsplans kein Umstand, der zu dessen Unwirksamkeit führen kann.[796]

b) Flächennutzungsplan: Inzidentkontrolle. Der Flächennutzungsplan kann dem- **420** gegenüber in der gerichtlichen Kontrolle nur mittelbar überprüft werden (Inzidentkontrolle).

Beispiel: Ein Unternehmer will durch eine gerichtliche Verpflichtungsklage erreichen, dass ihm die Genehmigung für eine Abgrabung erteilt wird. Die Behörde hatte im Genehmigungsverfahren eingewandt, das Vorhaben sei zwar als ortsgebundener gewerblicher Betrieb grundsätzlich nach § 35 I Nr. 3 BauGB privilegiert, es widerspreche jedoch den Darstellungen des Flächennutzungsplans, der dort ein Güterverkehrszentrum und Flächen für Bahnanlagen darstelle. Im Gerichtsverfahren könnte (inzidenter) geprüft werden, ob der Flächennutzungsplan wirksam ist und seine standortbezogenen Darstellungen daher dem privilegierten Außenbereichsvorhaben entgegenstehen. Der Flächennutzungsplan kann jedoch nicht in einem eigenen Verfahren unmittelbar zur Überprüfung gestellt werden.[797]

7. Merkmale von Flächennutzungsplan und Bebauungsplan (Überblick)

Die Merkmale von Flächennutzungsplan und Bebauungsplan lassen sich in Stichworten **421** wie folgt beschreiben:

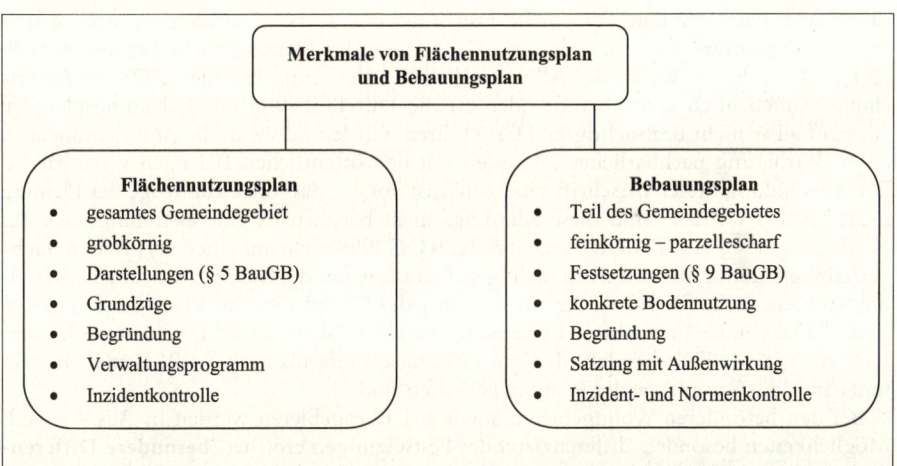

IV. Darstellungs- und Festsetzungsmöglichkeiten nach der BauNVO

Die Darstellungs- und Festsetzungsmöglichkeiten hinsichtlich der **Art und des Maßes** **422** **der baulichen Nutzung** sowie der **Bauweise** und der **überbaubaren** sowie der **nicht**

---

[794] *BVerwG*, B. v. 2. 9. 1983 – 4 N 1.83 – BVerwGE 68, 12 = *Hoppe/Stüer* RzB Rdn. 222.
[795] *BVerwG*, Urt. v. 29. 4. 1977 – IV C 39.75 – BVerwGE 54, 5 = *Hoppe/Stüer* RzB Rdn. 201.
[796] *BVerwG*, B. v. 3. 11. 1993 – 4 NB 33.93 – DVBl. 1994, 267 = NVwZ-RR 1994, 236 = *Hoppe/Stüer* RzB Rdn. 1319.
[797] *BVerwG*, Urt. v. 22. 5. 1987 – 4 C 57.84 – BVerwGE 77, 300 = DVBl. 1987, 1008 = *Hoppe/Stüer* RzB Rdn. 449 – Kölner Auskiesungskonzentrationszone; *Stüer* StuGR 1979, 107.

überbaubaren Grundstücksflächen sind im Einzelnen in der **BauNVO** geregelt.[798] Im Flächennutzungsplan können die für die Bebauung vorgesehenen Flächen nach der allgemeinen Art ihrer baulichen Nutzung (Bauflächen) dargestellt werden als Wohnbauflächen (W), gemischte Bauflächen (M), gewerbliche Bauflächen (G) und Sonderbauflächen (S). Den Bauflächen sind insgesamt 10 Baugebiete zugeordnet, die nach der besonderen Art ihrer baulichen Nutzung untergliedert sind.

423 Die für die **Baugebiete** geltenden Vorschriften der **§§ 2 bis 11 BauNVO** sind dabei nach einer **einheitlichen Struktur** aufgebaut: Abs. 1 der Vorschrift enthält jeweils die allgemeine Zweckbestimmung des Baugebietes.[799] In Abs. 2 der Vorschrift werden jeweils die in diesem Gebiet allgemein zulässigen Nutzungen aufgeführt (Regelbestimmung). Abs. 3 der Vorschrift enthält jeweils die ausnahmsweise zulässigen Nutzungen (Ausnahmebestimmung). Mit diesem Regelungstatbestand in dem jeweiligen Abs. 3 knüpft die Vorschrift an § 31 I BauGB an, wonach von den Festsetzungen des Bebauungsplans solche Ausnahmen zugelassen werden können, die in dem Bebauungsplan nach Art und Umfang ausdrücklich vorgesehen sind. Bei der Prüfung der Zulässigkeit einer ausnahmsweise vorgesehenen Nutzung ist jeweils zu fragen, ob der Gebietscharakter, insbesondere hinsichtlich des Störungsgrades und der Andersartigkeit der beabsichtigten Nutzung, gewahrt wird oder Art und Umfang der Nutzung den Gebietstyp des jeweiligen Baugebietes oder benachbarte Nutzungen beeinträchtigen.

Beispiel: In die Prüfung der Ausnahmetatbestände sind die Einzelfallumstände, die sich aus der konkreten örtlichen Situation und der Umgebung ergeben, einzubeziehen. So kann etwa eine Tankstelle am Rande eines allgemeinen Wohngebietes nach § 4 III Nr. 1 BauNVO zugelassen werden, während sie im inneren Bereich des Wohngebietes wegen des Verkehrsaufkommens und der von dem Tankstellenbetrieb ausgehenden Geräusche und anderen Immissionen unzulässig sein kann.

424 Widerspricht die **beabsichtigte Nutzung** den Festsetzungen des Bebauungsplans und ist sie auch nach der BauNVO nicht ausnahmsweise zulässig, so kann sie nach § 31 II BauGB **dispensiert** werden, wenn die Grundzüge der Planung nicht berührt werden und (1) Gründe des Wohls der Allgemeinheit die Befreiung erfordern, (2) die Abweichung städtebaulich vertretbar ist oder (3) die Durchführung des Bebauungsplans zu einer offenbar nicht beabsichtigten Härte führen würde und wenn die Abweichung auch unter Würdigung nachbarlicher Interessen mit den öffentlichen Belangen vereinbar ist. Die Anwendung dieser Vorschrift setzt zunächst voraus, dass die Grundzüge der Planung nicht berührt werden. Sind diese allerdings nicht berührt, ist eine Befreiung nach der Neufassung des § 31 II BauGB durch das BauROG 1998 nicht auf einen **atypischen Sachverhalt** beschränkt, der nur dann nicht gegeben ist, wenn die Gründe, die für eine Befreiung streiten, nicht für jedes oder für nahezu jedes Grundstück im Planbereich gegeben sind.[800] Die Grenze für mehrere Befreiungen ist jedoch dann erreicht, wenn es sich umso viele zu regelnde Fälle handelt, dass ein Planungserfordernis nach § 1 III BauGB besteht und damit die Grundzüge der Planung betroffen sind.

425 Bei den besonderen Wohngebieten sowie bei Kerngebieten werden in Abs. 4 jeweils Möglichkeiten besonders differenzierender Festsetzungen eröffnet (**besondere Differen-**

---

[798] Zur BauNVO *Bielenberg/Dyong* Das neue BBauG 1977; *Bielenberg/Söfker* DVBl. 1988, 987; *Boeddinghaus/Diekmann* BauNVO 1990; *Brosche* BauR 1976, 251; *Cholewa/David/Dyong/von der Heide* Das neue BauGB 1987; *Fickert/Fieseler* BauNVO 1995; *Gelzer/Birk* Bauplanungsrecht 1991; *Hüttenbrink* DVBl. 1987, 1045; *Jahn* DVBl. 1988, 273; *ders.* VR 1989, 389; *Pietzcker* NVwZ 1989, 601; *Rist* BauNVO 1990; *ders.* BWVPr. 1990, 79; *Schlichter* ZfBR 1979, 53; *Schmaltz* DVBl. 1993, 814; *ders.* DVBl. 1993, 814; *Scholtissek* BauR 1989, 683; *Schultze* NVwZ 1988, 318; *Söfker* BBauBl. 1990, 62; *Stock* NVwZ 1990, 518; *Ziegler* ZfBR 1994, 160.

[799] Diese muss auch bei Festsetzungen nach § 1 V, VIII und IX BauNVO gewahrt sein, so *BVerwG*, B. v. 6. 5. 1996 – 4 NB 16.96 – Buchholz 406.12 § 1 BauNVO Nr. 22.

[800] *BVerwG*, B. v. 20. 11. 1989 – 4 B 163.89 – DVBl. 1990, 383 = NVwZ 1990, 556 = *Hoppe/Stüer* RzB Rdn. 326.

zierungsmöglichkeiten). Mit diesem Inhalt werden die Baugebietsbeschreibungen in der BauNVO durch die Bezugnahme des Plangebers Bestandteil des Bebauungsplans. Dies gilt für die in Abs. 2 der BauNVO jeweils beschriebenen, regelmäßig zulässigen Vorhaben ebenso wie für die Ausnahmeregelungen in Abs. 3 der BauNVO. Der BauNVO liegt der Gedanke der Typisierung in dem Sinne zugrunde, dass verschiedene Arten der baulichen und sonstigen Nutzung jeweils zu einem Nutzungstypus zusammengefasst werden.[801] Dies hat auch für die planende Gemeinde, die an diese Typisierung gebunden ist, eine wichtige Steuerungsfunktion. Festsetzungen, die in § 9 BauGB und in der auf § 9 a BauGB beruhenden BauNVO nicht vorgezeichnet sind, können von der planenden Gemeinde nicht getroffen werden. Die Gemeinde ist auch nicht in der Lage, eigene Typen von Nutzungsarten außerhalb des Katalogs der Festsetzungsmöglichkeiten des § 9 BauGB und der BauNVO zu schaffen oder diese Wirkung durch eine Kombination von den vorgesehenen Festsetzungen mit einem neuen, darüber hinausgehenden Inhalt zu bewirken.[802] Auch wird die BauNVO vom *BVerwG* als eine sachverständige Konkretisierung moderner Planungsrechtsgrundsätze bezeichnet.[803]

Die **Festsetzung** von **Baugebieten** hat kraft Bundesrecht grundsätzlich **nachbarschützende Funktion**.[804] Der die Erhaltung der Gebietsart betreffende Nachbarschutz wird allerdings durch die wechselseitige Prägung der benachbarten Grundstücke begrenzt und muss daher keineswegs alle Grundstücke in der Umgebung erfassen.[805] Auch der nachbarliche Anspruch auf Wahrung eines bestimmten Baugebietes kann sowohl im Innenbereich als auch im Außenbereich verwirken.[806] Dies gilt insbesondere für Rechtsbeeinträchtigungen, die keine spürbare eigene Rechtsverletzung beinhalten.[807] Die Festsetzung eines Gewerbegebietes verleiht nach der Rechtsprechung des *OVG Lüneburg* dem Nachbarn auch dann keinen Schutz gegen eine Baugenehmigung für einen großflächigen Einzelhandelsbetrieb nach § 11 III BauNVO, wenn die (unterstellt rechtswidrige) Genehmigung nicht zu Einschränkungen der gewerblichen Nutzbarkeit der benachbarten Grundstücke im Plangebiet führt.[808] So genannte **Wagenburgen** sind nach Auffassung des *OVG Berlin* in keinem der in der BauNVO genannten Baugebiete zulässig. Überlässt eine Behörde in einem nicht beplanten Innenbereich ein landeseigenes Grundstück einer sog. Wagenburg, die faktisch eine baurechtsfreie Enklave bildet, kann dem Eigentümer eines Nachbargrundstücks wegen Verletzung des Rücksichtnahmegebotes ein Anspruch auf Beseitigung zustehen.[809] Vorhaben im Außenbereich müssen auf das Interesse eines Landwirts, seinen Betrieb in den Außenbereich hinein zu erweitern, keine Rücksicht nehmen, wenn das Erweiterungsinteresse vage und unrealistisch ist.[810]

---

[801] S. zu den Gliederungs- und Ausschlussmöglichkeiten s u. Rdn. 586.
[802] *BVerwG*, Urt. v. 3. 2. 1984 – 4 C 25.82 – BVerwGE 68, 360 = *Hoppe/Stüer* RzB Rdn. 311; Urt. v. 3. 4. 1987 – 4 C 41.84 – BRS 47, Nr. 63 = *Hoppe/Stüer* RzB Rdn. 345 – Bauvorbescheid; Urt. v. 15. 12. 1994 – 4 C 13.93 – DVBl. 1995, 515 – Spielhalle.
[803] *BVerwG*, Urt. v. 11. 2. 1993 – 4 C 15.92 – NVwZ 1994, 285 = *Hoppe/Stüer* RzB Rdn. 1286 – interkommunale Nachbarklage.
[804] Die für überplante Gebiete entwickelten Grundsätze lassen sich allerdings auf den unbeplanten Innenbereich nicht übertragen, *BVerwG*, B. v. 13. 11. 1997 – 4 B 195.97 – ZfBR 1998, 166; es entspreche dem Gedanken des wechselseitigen Austauschverhältnisses im Bauplanungsrecht, so das *OVG Weimar*, B. v. 18. 10. 1996 – 1 EO 262/96 – UPR 1997, 156, dass derjenige, der die mit der jeweiligen Gebietsfestsetzung verbundenen Beschränkungen der baulichen Ausnutzbarkeit der Grundstücke selbst nicht einhält, sich nicht mit der Begründung gegen das Vorhaben eines Dritten wenden kann, dieses sei seiner Art nach in dem jeweiligen Baugebiet nicht zulässig.
[805] *BVerwG*, B. v. 20. 8. 1998 – 4 B 79.98 – NVwZ-RR 1999, 105 = BauR 1999, 32 – Steilhang.
[806] *BVerwG*, B. v. 26. 6. 1998 – 4 B 19.98 – NVwZ-RR 1998, 711 – Gebietsart.
[807] *BVerwG*, B. v. 8. 1. 1997 – 4 B 228.96 – NVwZ-RR 1997, 522.
[808] *OVG Lüneburg*, B. v. 29. 3. 1996 – 1 M 6354/95 – NVwZ 1997, 1012.
[809] *OVG Berlin*, Urt. v. 13. 3. 1998 – 2 S 2.98 – NVwZ 1998, 978 = LKV 1998, 355.
[810] *BVerwG*, B. v. 5. 9. 2000 – 4 B 56.00 – DVBl. 2000, 1881 (LS) = NVwZ-RR 2001, 82 = BauR 2001, 83 – Gemeinbedarfsfläche auf Privatgrund.

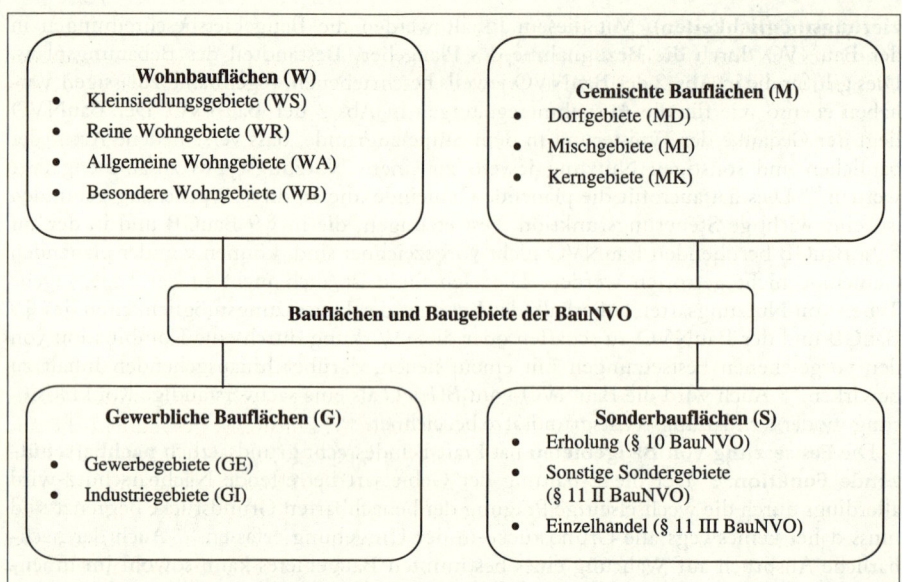

1. Die Baugebiete der BauNVO

a) Kleinsiedlungsgebiete. Sie dienen nach § 2 I BauNVO vorwiegend der Unterbringung von Kleinsiedlungen einschließlich Wohngebäuden mit entsprechenden Nutzgärten und landwirtschaftlichen Nebenerwerbsstellen. Typisch für den Gebietscharakter ist das Wohnen i.V. mit einer nebenberuflichen intensiven Gartenbaunutzung und oftmals einer Kleintierhaltung. Seit dem Entstehen der Kleinsiedlungen Anfang der dreißiger Jahre des vorigen Jahrhunderts ist diese Baugebietsart zu einem festen Bestandteil der städtebaulichen Ordnung insbesondere in ländlich geprägten Gemeinden geworden. Die Besonderheiten des Gebietes erklären sich aus dem sozialpolitischen Anliegen, insbesondere den Bevölkerungskreisen mit geringem Einkommen durch Eigentum an Haus und Garten ein Verbundenheitsgefühl zu vermitteln und durch Bodenständigkeit in Notzeiten eine Krisenfestigkeit zu erreichen.[811] Zulässig sind Kleinsiedlungen einschließlich Wohngebäuden mit entsprechenden Nutzgärten, landwirtschaftliche Nebenerwerbsstellen und Gartenbaubetriebe. Außerdem sind die der Versorgung des Gebietes dienenden Läden, Schank- und Speisewirtschaften sowie nicht störende Handwerksbetriebe zulässig (§ 2 II BauNVO). Handwerksbetriebe sind dabei Gewerbebetriebe, die handwerksmäßig geführt werden und vollständig oder doch wesentlich in der Anlage A zur HandwerksO aufgeführt sind. Nicht zulässig sind Fabrik- oder Industriebetriebe.[812] Ausnahmsweise können sonstige Wohngebäude mit nicht mehr als zwei Wohnungen, Anlagen für kirchliche, kulturelle, soziale, gesundheitliche und sportliche Zwecke, Tankstellen sowie nicht störende Gewerbegebiete zugelassen werden (§ 2 III BauNVO). Dabei ist jeweils zu fragen, ob die ausnahmsweise zulässigen Nutzungen noch den Gebietscharakter des Kleinsiedlungsgebietes wahren oder ihn durch Andersartigkeit und Typenfremdheit sprengen. Hinsichtlich der Störanfälligkeit ist das Kleinsiedlungsgebiet dem allgemeinen Wohngebiet weitgehend angenähert, wobei allerdings die von der gebietstypischen Nutzung (auch der Kleintierhaltung) ausgehenden Störungen von der Nachbarschaft hinzunehmen sind.

---

[811] *Fickert/Fieseler* § 2 Rdn. 1.
[812] *BVerwG*, Urt. v. 6. 12. 1963 – 7 C 18.63 – BVerwGE 17, 230.

Kleinsiedlungsgebiete dienen vorwiegend der Unterbringung von Kleinsiedlungen einschließlich Wohngebäuden mit entsprechenden Nutzgärten und landwirtschaftlichen Nebenerwerbsstellen. Die Siedlerstelle und die Nutzgärten sollen nach Größe, Bodenbeschaffenheit und Einrichtung dazu bestimmt und geeignet sein, dem Kleinsiedler durch Selbstversorgung aus vorwiegend gartenbaumäßiger Nutzung des Landes eine fühlbare Ergänzung seines sonstigen Einkommens zu bieten (vgl. auch § 10 I II. WoBauG). Ist diese Nutzungsstruktur durchgängig nicht mehr vorhanden und hat sie sich zu einem reinen oder allgemeinen Wohngebiet entwickelt, sind entgegenstehende Festsetzungen des Bebauungsplans wegen **Funktionslosigkeit** außer Kraft getreten.[813]

b) Reine Wohngebiete. Sie dienen nach § 3 I BauNVO dem Wohnen. Zulässig sind Wohngebäude (§ 3 II BauNVO). Ausnahmsweise können Läden und nicht störende Handwerksbetriebe, die zur Deckung des täglichen Bedarfs für die Bewohner des Gebietes dienen, sowie kleinere Betriebe des Beherbergungsgewerbes zugelassen werden. Nach § 3 III 2 BauNVO können auch Anlagen für soziale Zwecke sowie den Bedürfnissen der Bewohner des Gebiets dienende Anlagen für kirchliche, kulturelle, gesundheitliche und sportliche Zwecke ausnahmsweise zugelassen werden. Bei der Entscheidung über die Ausnahmen ist jeweils zu fragen, ob das Vorhaben nach Art und Umfang und insbesondere auch hinsichtlich seines Störungsgrades noch mit dem Gebietstyp des reinen Wohngebietes vereinbar ist. Dies gilt auch für die Tierhaltung.[814] Durch eine Neufassung des § 3 IV BauNVO 1990 hat der Verordnungsgeber s. Zt. klargestellt, dass in reinen Wohngebieten auch **Altenheime und Altenpflegeheime** zulässig sind. Dies war nach Auffassung des *VGH Mannheim*[815] zuvor anders. Unterkünfte für Asylbewerber sind demgegenüber im reinen Wohngebiet nicht zulässig.[816] Allerdings kann eine Asylbewerberunterkunft durch eine Befreiung nach § 31 II Nr. 1 BauGB zugelassen werden, wenn sie zur Befriedigung bestehenden dringenden Unterbringungsbedarfs in der Gemeinde erforderlich, d. h. vernünftigerweise geboten ist. Eines atypischen Sonderfalls im Verhältnis zu anderen Grundstücken des Baugebiets bedarf es dazu nicht.[817] Allerdings hat dann eine Abwägung mit nachbarlichen Belangen stattzufinden.[818]

Auch **Altglascontainer** können in einem reinen Wohngebiet zulässig sein.[819] Es handelt sich dabei um ortsfeste, nicht genehmigungsbedürftige Einrichtungen i. S. v. § 3 V Nr. 1 BImSchG, deren Immissionen an den Vorgaben des § 22 BImSchG zu messen sind. Die dort geregelten Vorgaben sind auch für Ansprüche nach § 906 BGB maßgeblich.[820] Hat eine Gemeinde den Standort einer im Rahmen des Dualen Systems betriebenen Wertstoffsammelanlage verbindlich bestimmt und gestattet sie deren Betrieb auf gemeinde-

---

[813] *BVerwG*, Urt. v. 28. 4. 2004 – 4 C 12.03 – Schwimmhalle, für einen Bereich, der sich von einem Kleinsiedlungsgebiet zu einem Reinen Wohngebiet mit dem Charakter eines Hamburger Villenviertels entwickelt hat.
[814] Zur Unzulässigkeit eines Taubenhauses für 50 Reisebrieftauben *VGH Mannheim*, Urt. v. 17. 11. 1998 – 5 S 989/96 – VGHBW RSprDienst 1999, Beilage 2 B 5 – 6.
[815] *VGH Mannheim*, Urt. v. 17. 5. 1989 – 3 S 3650/88 – BauR 1989, 587 = NVwZ 1989, 2278.
[816] *OVG Berlin*, Urt. v. 2. 6. 1987 – 2 S 38.87 – OVGE Berlin 18, 50 = NVwZ 1988, 264; *VGH Mannheim*, Urt. v. 30. 5. 1989 – 8 S 1136/89 – NJW 1989, 2283 = BauR 1989, 586; a. A. *OVG Münster*, Urt. v. 5. 12. 1997 – 7 A 6206/95 – .
[817] So für den durch das BauROG 1998 inzwischen aufgehobenen § 4 Ia S. 2 BauGB-MaßnG *VGH Mannheim*, Urt. v. 13. 12. 1994 – 3 S 1643/94 – VGHBW RSpDienst 1995, Beilage 3.
[818] *OVG Hamburg*, Urt. v. 28. 4. 1994 – Bf II 18/93 – HmbJVBl 1994, 88.
[819] *BVerwG*, B. v. 13. 10. 1998 – 4 B 93.98 – NVwZ 1999, 298 = Buchholz 406.12 § 15 Nr. 29 = BauR 1999, 145 = UPR 1999, 74 für einen Altglas-Container; vgl. auch *VGH Kassel*, Urt. v. 24. 8. 1999 – 2 UE 2287/96 – DVBl. 2000, 207. Zum Aufstellungsort von Müllcontainern im Außenbereich *BVerwG*, Urt. v. 25. 8. 1999 – 7 C 27.98 – NVwZ 2000, 71. Zur Zulässigkeit eines Taubenhauses als Nebenanlage in einem allgemeinen Wohngebiet *BVerwG*, B. v. 5. 1. 1999 – 4 B 131.98 – BauR 1990, 732 – regionale Unterschiede; B. v. 1. 3. 1999 – 4 B 13.99 – BauR 2000, 73.
[820] *BVerwG*, Urt. v. 29. 4. 1988 – 7 C 33.87 – BVerwGE 79, 254; *BGH*, Urt. v. 23. 3. 1990 – V ZR 58/59 – BGHZ 111, 63.

eigenem Grundstück, so ist sie bei von dieser Anlage ausgehenden Lärmemissionen neben dem Betreiber der Anlage als mittelbare Störerin anzusehen. Ein der Wiederverwertung von Verpackungsabfällen dienender Altglascontainer ist als **sozialadäquate Einrichtung**[821] grundsätzlich in allen Siedlungsgebieten zulässig. Die Zumutbarkeit einer solchen Wertstoffsammelanlage ist deshalb nicht davon abhängig, dass ein bestimmter Lärmwert oder Abstände zur Wohnbebauung eingehalten werden. Allerdings sind bei der Einzelbeurteilung die Gebietsart, die tatsächliche Schutzwürdigkeit und Schutzbedürftigkeit, die soziale Adäquanz und die allgemeine Akzeptanz zu berücksichtigen.[822] Sie erfordert eine wertende Gesamtbetrachtung i. S. einer Güterabwägung.[823] Angesichts der allgemeinen Akzeptanz des Dualen Systems können nur besondere Belästigungen, die etwa durch Fehlverhalten der Benutzer verursacht werden, zu Abwehransprüchen führen.[824] Die konkrete Standortentscheidung darf daher einen Missbrauch nicht offensichtlich begünstigen.[825] Im Rahmen einer Kostenentscheidung (§ 161 II VwGO) tendierte das *BVerwG* dazu, **Asylbewerberunterkünfte** zumindest als Einrichtungen für soziale Zwecke i. S. der BauNVO anzusehen, so dass sie nach der Nutzungsart grundsätzlich in einem allgemeinen Wohngebiet zulässig sind.[826] Je nach Nutzungskonzept eines Betreibers kann in einem reinen Wohngebiet auch ein Hospiz zugelassen werden, das auch schwer kranken Menschen Schutz und Hilfe bietet. In reinen Wohngebieten, die auf der Grundlage früherer Fassung der BauNVO festgesetzt worden sind, kann ggf. nach § 31 II Nr. 2 BauGB eine Befreiung von den Festsetzungen des Bebauungsplans erteilt werden.[827]

431 § 3 IV BauNVO 1990, wonach zum reinen Wohngebiet auch Wohngebäude gehören, die ganz oder teilweise der Betreuung und Pflege ihrer Bewohner dienen, verändert den Inhalt eines unter Geltung der BauNVO 1968 zustande gekommenen Bebauungsplans nicht. Er kann aber nach Auffassung des *BVerwG* als Auslegungshilfe für den Begriff des Wohngebäudes i. S. des § 3 BauNVO Bedeutung haben.[828] Der Begriff des Wohnens ist durch eine auf Dauer angelegte Häuslichkeit, Eigengestaltung der Haushaltsführung und des häuslichen Wirkungskreises sowie Freiwilligkeit des Aufenthalts gekennzeichnet. Diese Kriterien dienen insbesondere auch der Abgrenzung von anderen Nutzungsformen, etwa der Unterbringung, des Verfahrens unter gleichzeitiger Betreuung, der bloßen Schlafstätte oder anderer Einrichtungen, die dann nicht als Wohngebäude, sondern als soziale Einrichtungen einzustufen sind. Maßgeblich für die Erfüllung des Wohnbegriffs ist übrigens das Nutzungskonzept und seine grundsätzliche Verwirklichung, nicht das individuelle und mehr oder weniger spontane Verhalten einzelner Bewohner.[829]

432 Hinsichtlich der Störanfälligkeit des reinen Wohngebietes soll Sorge dafür getragen werden, dass das Gebiet von allen Störungen und Immissionen freigehalten wird, die das Wohnen stören, beeinträchtigen oder erheblich belästigen können. Der Maßstab für die allgemeine oder ausnahmsweise Zulässigkeit von Nutzungen und Anlagen ist daher aus

---

[821] *BVerwG*, B. v. 10. 10. 1997 – 7 B 331.97 – ; B. v. 3. 5. 1996 – 4 B 50.96 – NVwZ 1996, 1001.
[822] *VGH Kassel*, Urt. v. 24. 8. 1999 – 2 UE 2287/96 – DVBl. 2000, 207.
[823] Hierzu *BVerwG*, Urt. v. 29. 4. 1988 – 7 C 33.87 – NJW 1988, 2396; Urt. v. 30. 4. 1992 – 7 C 25.91 – DVBl. 1992, 1234.
[824] *BVerwG*, Urt. v. 3. 5. 1996 – 4 B 50.96 – NVwZ 1996, 1001; *OVG Münster*, Urt. v. 18. 12. 1996 – 21 A 7534/95 –
[825] *VGH München*, Urt. v. 27. 11. 1995 – 20 B 95.436 – BayVBl. 1996, 243.
[826] *BVerwG*, B. v. 4. 6. 1997 – 4 C 2.96 – NVwZ 1998, 173. Zur Zulässigkeit einer Tankstelle im WA *OVG Münster*, Urt. v. 14. 3. 1996 – 7 A 3703/92 – NVwZ-RR 1997, 16; Liturgisches Glockenläuten im WA und Nachbarschutz *BVerwG*, B. v. 2. 9. 1996 – 152.96 – BauR 1996, 819; ein Bestattungsinstitut mit Feierhalle kann als sonstiger nicht störender Gewerbebetrieb zulässig sein *OVG Münster*, Urt. v. 28. 7. 1997 – 10a D 31/97 NE – DVBl. 1998, 61 = BauR 1998, 303.
[827] *OVG Münster*, B. v. 23. 7. 1998 – 10 B 1319/98 – BauR 1999, 141 – Hospiz.
[828] *BVerwG*, B. v. 25. 3. 1996 – 4 B 302.95 – NVwZ 1996, 893 = UPR 1996, 271 – Kinderheim; *Lemmel*, FS Weyreuther, S. 273.
[829] *BVerwG*, B. v. 25. 3. 1996 – 4 B 302.95 – NVwZ 1996, 893 = UPR 1996, 271 – Kinderheim.

2. Teil. Inhalt und Rechtsnatur der Bauleitpläne

der zu gewährleistenden Wohnruhe und der diese voraussetzenden Störungsfreiheit des reinen Wohngebietes zu gewinnen.[830]

Hinweis: Aus dem Gebot der möglichsten Störungsfreiheit des Wohnens ergeben sich für die Gemeinde bei der Planung von reinen Wohngebieten besondere Sorgfaltspflichten. Es muss sichergestellt sein, dass störende Einwirkungen auf das Gebiet von außen, aber auch durch unverträgliche Nutzungen innerhalb des Gebietes – etwa durch die Zuordnung der Parkplätze oder der Straßen – vermieden werden. Ggf. sind entsprechende Schutzmaßnahmen und Vorkehrungen nach § 9 I Nr. 24 BauGB vorzusehen. Auch ist der **Trennungsgrundsatz** zu beachten, wonach die dem Wohnen dienenden Gebiete und störende gewerblich-industrielle Nutzungen nicht auf engem Raum nebeneinander ausgewiesen werden dürfen.[831] Vergleichbare Anforderungen stellt das reine Wohngebiet auch an die Baugenehmigungsbehörden, die bei Erteilung der Baugenehmigung den Gebietscharakter einer möglichst störungsfreien Wohnnutzung wahren müssen. Die Vorschriften über die zulässigen oder unzulässigen Nutzungen im reinen Wohngebiet haben nachbarschützenden Charakter.

Auch in einem reinen Wohngebiet ist die Errichtung eines **Altenwohn- und Pflegeheims** durch Ausweisung einer Gemeinbedarfsfläche nach § 9 I Nr. 5 BauGB zulässig. Dabei hat die planende Gemeinde zwar zu bedenken, dass die Ausweisung eines solchen Vorhabens ggf. zu einer Minderung des Wohnwertes führen kann. Dies schließt die Ausweisung eines Altenwohn- und Pflegeheims in einem reinen Wohngebiet nicht aus.[832]

Vor dem Hintergrund eines nur eingeschränkt zulässigen Störungsgrades ist die Einrichtung von Wohnunterkünften für **Asylbewerber** und ausländische Flüchtlinge im reinen Wohngebiet problematisch. Umstritten ist bereits, ob solche Notunterkünfte dem Wohnen dienen, weil dafür eine auf gewisse Dauer angelegte, eigenständige Gestaltung des häuslichen Lebens typisch ist. Dazu gehört nach Auffassung des *OVG Bremen*,[833] dass den Menschen rechtlich, mindestens tatsächlich der Wohnraum hinreichend gesichert zugeordnet wird und dass dieser Lebensbereich gegen unmittelbare Verfügungsgewalt Dritter wirksam abgeschirmt ist.[834] Die vorübergehende Unterbringung von Obdachlosen stößt daher im reinen Wohngebiet auf große Schwierigkeiten.[835] Unterschiedlich wurde deshalb auch beurteilt, ob der Nachbarwiderspruch gem. § 80 a VwGO aufschiebende Wirkung hat[836] oder die aufschiebende Wirkung mit Rücksicht auf den durch das BauROG 1998 aufgehobenen § 10 II BauGB-MaßnG entfiel, weil Unterkünfte für Asylbewerber ausschließlich Wohnzwecken dienen.[837] Widerspruch und Anfechtungsklage eines Dritten gegen die bauaufsichtliche Zulassung eines Vorhabens haben nach § 212a I BauGB keine aufschiebende Wirkung. Auf den Bezug zur Wohnnutzung kommt es dabei nicht an. Auch im allgemeinen Wohngebiet kann die Errichtung solcher Unterkünfte allerdings auf Schwierigkeiten stoßen.[838] Das allgemeine Bauplanungsrecht kann und soll

---

[830] *Fickert/Fieseler* § 3 Rdn. 4.
[831] BVerwG, Urt. v. 12. 12. 1975 – IV C 71.73 – BVerwGE 50, 49 = *Hoppe/Stüer* RzB Rdn. 60 – Tunnelofen.
[832] BVerwG, B. v. 27. 1. 1994 – 4 NB 1.94 – Buchholz 406.11 § 1 BauGB Nr. 71 = *Hoppe/Stüer* RzB Rdn. 185.
[833] BVerwG, B. v. 12. 2. 1991 – 1 B 78.90 – BauR 1991, 324 = NVwZ 1991, 1006 – Asylbewerberheim.
[834] *OVG Münster*, B. v. 29. 7. 1991 – 10 B 1128/91 – DVBl. 1992, 46 = BauR 1991, 733.
[835] *OVG Münster*, B. v. 16. 8. 1991 – 10 B 1549/91 – BauR 1991, 735.
[836] *OVG Münster*, B. v. 29. 7. 1991 – 10 B 1128/91 – BauR 1991, 733; *VGH Mannheim*, B. v. 5. 3. 1991 – 5 S 323/91 – BauR 1991, 592 = NVwZ 1991, 1000.
[837] *VGH München*, B. v. 26. 11. 1991 – 1 CS 91 2 880 – DVBl. 1992, 576 = NVwZ-RR 1992, 611 m. Hinw. auf die Beschlussempfehlung des Ausschusses für Raumordnung, Bauwesen und Städtebau v. 12. 3. 1990, BT-Drucks. 11/6636; *OVG Lüneburg*, B. v. 5. 9. 1991 – 6 M 3203/91 – BauR 1991, 729 = NVwZ 1992, 188 – Asylbewerberunterkunft.
[838] *OVG Berlin*, Urt. v. 2. 6. 1987 – 2 S 38.87 – OVGE BE 18, 50 = NVwZ 1988, 264 = BRS 47 (1987) 41; *OVG Lüneburg* B. v. 5. 9. 1991 – 6 M 3203/91 – BauR 1991, 729 = NVwZ 1992, 188 – Asylbewerberunterkunft; *VGH München*, Urt. v. 18. 11. 1991 – 1 B 90 3 356 – BauR 1992, 196 = ZfBR 1992, 194 = NVwZ-RR 1992, 609 = *OVG Münster*, Urt. v. 3. 11. 1988 – 11 A 56/86 – BauR 1989, 581

keinen Milieuschutz gewährleisten. Daher sind Wohnungsimmissionen, die von einer Asylbewerberunterkunft ausgehen, in der Regel auch in solchen allgemeinen Wohngebieten hinzunehmen, die durch eine andere homogene Wohnbevölkerung geprägt sind.[839] Gegen eine Baugenehmigung zur Nutzung eines Gebäudes als **türkisches Konsulat** kann ein Nachbar weder planungsrechtlich im Rahmen der erteilten Ausnahme nach § 31 I BauGB und des Rücksichtnahmegebots nach § 15 I 2 BauNVO noch bauordnungsrechtlich erfolgreich einwenden, dass die Gefahr terroristischer Anschläge bestehe.[840]

435 In einem **reinen Wohngebiet**, in dem vereinzelte Wohnblocks zulässig sind, liegen die Voraussetzungen für die Erteilung einer Befreiung von der Festsetzung der Art der baulichen Nutzung für eine verfahrensfreie **Mobilfunkanlage** auf dem Dach eines Hochhauses vor. Bei Einhaltung der Grenzwerte der 26. BImSchV sind auch die nachbarlichen Belange gewahrt. Fehlen gewichtige schützenswerte Interessen an der Versagung der Befreiung, tritt eine Ermessensreduzierung auf Null ein. Das „Unbehagen" der Anwohner stellt kein solches Interesse dar.[841]

436 c) **Allgemeine Wohngebiete.** Sie dienen vorwiegend dem Wohnen (§ 4 I BauNVO). Von den reinen Wohngebieten unterscheiden sie sich dadurch, dass dort das Wohnen zum einzigen Merkmal der allgemein zulässigen Nutzungen gehört, während beim allgemeinen Wohngebiet auch andere, das Wohnen nicht störende Nutzungen das Bild prägen. Zulässig sind im allgemeinen Wohngebiet Wohngebäude sowie die der Versorgung des Gebietes dienenden Läden, Schank- und Speisewirtschaften,[842] nicht störende Handwerksbetriebe sowie Anlagen für kirchliche, kulturelle, soziale, gesundheitliche und sportliche Zwecke (§ 4 II BauNVO). Dabei ist auf den Gebietscharakter des allgemeinen Wohngebietes abzustellen. Bei der Frage, welche Anlagen i. S. des § 4 II Nr. 2 BauNVO „der Versorgung des Gebiets dienen", ist auf die Gegebenheiten in dem Zeitpunkt abzustellen, für den die Frage zu entscheiden ist. Absehbare künftige Entwicklungen sind zu berücksichtigen. Für die Gebietsbezogenheit einer Anlage kommt es maßgeblich auf objektive Kriterien an. Der von § 4 II Nr. 2 BauNVO geforderte Gebietsbezug ist gegeben, wenn die Anlage eine Größe hat, die erwarten lässt, dass ihre Kapazität in einem erheblichen Umfang von Bewohnern aus dem umgebenden Gebiet ausgelastet werden wird. Eine Nutzungsintensivierung allein ist keine Nutzungsänderung.[843]

437 Ob eine **Gaststätte** i. S. des § 4 II Nr. 2 BauNVO der Versorgung des Gebietes dient, ist vom verbraucherbezogenen Einzugsbereich her zu bestimmen. Nicht entscheidend sind dagegen – auch bei kleineren Landgemeinden – das Gemeindegebiet oder Ortsteile der

---

– Asylantenunterkunft; B. v. 22. 12. 1989 – 7 B 3753/89 – NJW 1990, 1132 = BauR 1990, 343 – Wohncontainer; B. v. 18. 12. 1989 – 10 B 3607/89 – NJW 1990, 1134 – Schulgebäude als Übergangswohnheim; *VGH Kassel*, Urt. v. 29. 11. 1989 – 4 TG 3185/89 – ESVGH 41, 80 = NJW 1990, 1131 – Aussiedlerwohnheim; *VGH Mannheim*, Urt. v. 21. 3. 1989 – 3 S 536/89 – NVwZ 1989, 977 = StT 1989, 657 – Asylbewerberwohnheim im Gewerbegebiet; Urt. v. 17. 5. 1989 – 3 S 3650/88 – NJW 1989, 2278 = BauR 1989, 587 – Altenpflegeheim; Urt. v. 19. 5. 1989 – 8 S 555/89 – NJW 1989, 2282 = ZfBR 1989, 223 – Gemeinschaftsunterkunft für Asylbewerber; Urt. v. 25. 2. 1991 – 5 S 41/91 – BauR 1991, 573 – Hotel Garni; *OVG Schleswig*, Urt. v. 14. 10. 1991 – 1 M 49/91 – BauR 1992, 192 = NVwZ 1992, 587 – Wohnheim für Asylbewerber; Urt. v. 19. 11. 1991 – 1 M 64/91 – BauR 1992, 194 = NVwZ 1992, 589 – Unterkunft für Asylbewerber; *VGH Mannheim*, Urt. v. 4. 10. 1991 – 3 S 2087/91 – BauR 1992, 45 = ZfBR 1992, 39 – Studentenwohnheim. Zur zulässigen Nutzungsänderung *VGH Mannheim*, B. v. 7. 1. 1999 – 5 S 3075/98 – VGHBW RSprDienst 1999, Beilage 3 B2.

[839] *BVerwG*, Urt. v. 23. 8. 1996 – 4 C 13.94 – DVBl. 1997, 61 = BauR 1997, 72 – Asylbewerberheim.
[840] *VGH Mannheim*, B. v. 22. 6. 2004 – 5 S 1263/04 – ESVGH 54, 243 – für § 3 I 1 BauO BW.
[841] *VG Karlsruhe*, Urt. v. 21. 4. 2004 – 10 K 2980/03 – Mobilfunkanlage.
[842] Zur planungsrechtlichen Zulässigkeit von Biergärten *BVerwG*, Urt. v. 28. 1. 1999 – 7 CN 1.97 – NVwZ 1999, 651 = DVBl. 863; *Wollenschläger* BayVBl. 1996, 161.
[843] *BVerwG*, Urt. v. 29. 10. 1998 – 4 C 9.97 – DVBl. 1999, 244 mit kritischer. Ann. Schmaltz = NVwZ 1999, 417 = Buchholz 406.12 § 4 Nr. 14 = BauR 1999, 228 = BBauBl. 1999, 80 = ZfBR 1999, 166 = NuR 1999, 219 für einer Gastwirtschaft mit Kegelbahn.

Gemeinde. Ein verbrauchernaher Einzugsbereich liegt nicht vor, wenn die Gaststätte auf Besucher ausgerichtet ist, die üblicherweise mit dem Kraftfahrzeug anreisen, oder wenn die Gaststätte im Hinblick auf ihre Größe auf Besucher aus einer größeren Umgebung angewiesen ist.[844] Insoweit sind auch die demografischen und sozialen Gegebenheiten in der Umgebung von Bedeutung.[845]

Beispiel: Eine Schank- und Speisewirtschaft, die keinen nennenswerten Bezug zu der Wohnnutzung in der Umgebung aufweist, kann in einem allgemeinen Wohngebiet nicht nach § 4 II Nr. 2 BauNVO zugelassen werden.[846] Das jeweilige Vorhaben muss sich dem Baugebiet auch funktional zuordnen lassen. Ist etwa ein Schnellrestaurant nicht auf das Wohngebiet, sondern auf die Zielgruppe eines in einiger Entfernung liegenden Kerngebiets ausgerichtet, so handelt es sich nicht um eine wohngebietstypische Nutzung. Sind in einem als allgemeines Wohngebiet festgesetzten Gebiet tatsächlich nur bauliche Nutzungen vorhanden, die auch in einem reinen Wohngebiet zugelassen werden könnten, so bleiben die in § 4 BauNVO aufgeführten Nutzungen gleichwohl grundsätzlich zulässig.[847] Der Begriff der Anlagen für gesundheitliche Zwecke i. S. von § 4 II Nr. 3 BauNVO ist auf Gemeinbedarfsanlagen i. S. von § 5 II 2 BauGB[848] mit einer besonderen öffentlichen Aufgabe[849] beschränkt. Arztpraxen werden von diesem Begriff daher nicht erfasst. Ihre Zulässigkeit richtet sich vielmehr nach § 13 BauNVO.[850]

Zum Begriff des **Wohnens** im Sinne von § 4 I BauNVO gehört eine auf Dauer angelegte Häuslichkeit, die Eigengestaltung der Haushaltsführung und des häuslichen Wirkungskreises sowie die Freiwilligkeit des Aufenthalts.[851] Wohnen bedeutet die auf eine gewisse Dauer angelegte Nutzungsform des selbstbestimmt geführten Lebens „in den eigenen vier Wänden", die keinem anderen in der BauNVO vorgesehenen Nutzungszweck, insbesondere keinem Erwerbszweck, dient. Veranstaltungen eines Swinger-Clubs (Partnertreff) werden vom Begriff des „Wohnens" im Sinne von § 4 I BauNVO nicht erfasst.[852]

Die in einem Wohngebiet einzuhaltenden **Lärmgrenzwerte** sind im Einzelfall zu bestimmen. Dabei ist ggf. ein Sachverständigengutachten über die künftige Entwicklung einzuholen. Es ist dem Gericht allerdings nicht verwehrt, bei seiner Entscheidung Gutachten zu berücksichtigen, die nicht von ihm, sondern von einem der Verfahrens-

---

[844] *BVerwG*, B. v. 3. 9. 1998 – 4 B 85.98 – NVwZ 1999, 186 = BauR 1999, 29 – Gaststätte; Urt. v. 20. 10. 1998 – 4 C 9.97 – DVBl. 1999, 244 = BauR 1999, 228 – Gastwirtschaft mit Kegelbahn. Zum Rechtsschutz gegen eine Gaststätte im nicht beplanten Innenbereich *VG Leipzig*, Urt. v. 5. 2. 1998 – 5 K 1583/97 – LKV 1998, 499. Zur Zulässigkeit eines Getränkemarkts *OVG Münster*, B. v. 31. 7. 1998 – 10 B 966/98 – Getränkemarkt; *VG Leipzig*, Urt. v. 5. 2. 1998 – 5 K 1583/97 – NJ 1998, 388 – Gartenbetrieb.
[845] Vgl. zu den Voraussetzungen eines Getränkemarktes als Laden zur Versorgung des Gebietes nach § 4 II Nr. 2 BauNVO *OVG Münster*, B. v. 31. 7. 1998 – 10 B 966/98 – Getränkemarkt.
[846] *BVerwG*, B. v. 18. 1. 1993 – 4 B 230.92 – ZfBR 1993, 145 = GewArch. 1993, 172 – Imbissstand.
[847] *BVerwG*, B. v. 18. 8. 1995 – 4 B 183.95 – BauR 1995, 813 = UPR 1995, 445 = ZfBR 1996, 52. Die Wohnungsprostitution stellt regelmäßig eine störende gewerbliche Nutzung dar und ist daher in einem Wohngebiet unzulässig, so *BVerwG*, B. v. 28. 6. 1990 – 4 B 137.95 – BayVBl. 1995, 667 = UPR 1995, 397.
[848] *BVerwG*, B. v. 18. 5. 1994 – 4 NB 15.94 – DVBl. 1994, 1139.
[849] So für das Verwaltungsgebäude einer Berufsgenossenschaft als Gemeinbedarfsfläche *BVerwG*, B. v. 23. 12. 1997 – 4 BN 23.97 – BauR 1998, 515.
[850] *BVerwG*, Urt. v. 12. 12. 1996 – 4 C 17.95 – DVBl. 1997, 568 = UPR 1997, 152 – Arztpraxis. Ein Fahrschulraum kann in einem WA nicht gemäß § 13 BauNVO zugelassen werden, so *OVG Münster*, B. v. 29. 4. 1996 – 11 B 748/96 – BauR 1996, 681. Zur Einordnung von Lohnsteuerhilfevereinen als freiberufliche Tätigkeit i. S. des § 13 BauNVO *BVerwG*, B. v. 13. 8. 1996 – 4 B 154.96 – NVwZ-RR 1997, 398.
[851] *BVerwG*, B. v. 25. 3. 1996 – 4 B 302.95 – NVwZ 1996, 893.
[852] *BVerwG*, B. v. 25. 3. 2004 – 4 B 15.04 – Swinger Club mit Hinweis auf *Stock*, in: König/Roeser/Stock, Rn. 16 zu § 3 BauNVO; die gegen diese Entscheidung erhobene Verfassungsbeschwerde hat das *BVerfG* mit B. v. 9. 6. 2004 – 1 BvR 1053/04 – nicht zur Entscheidung angenommen.

beteiligten eingeholt worden sind. Ob das Gericht es mit dem Gutachtenmaterial bewenden lassen darf, das ihm vorliegt, oder verpflichtet ist, noch einen weiteren Sachverständigen einzuschalten, hängt von der Überzeugungskraft der gutachterlichen Äußerung ab.[853]

440 Von den Anlagen für kirchliche, kulturelle, soziale, gesundheitliche und sportliche Zwecke (§§ 3 III Nr. 2, 4 II Nr. 3 BauNVO) werden nur die in § 5 II Nr. 2 BauGB beschriebenen **Gemeinbedarfsanlagen** erfasst.[854] Ein **Schwimmbad**, das zwar der sportlichen Betätigung dienen soll, aber nur zur Benutzung durch die Bewohner des auf demselben Grundstück befindlichen Wohnhauses und deren persönliche Gäste bestimmt und beschränkt ist, fällt daher nicht in den Begriff einer Anlage für sportliche Zwecke. Während ein etwa in ein Kellergeschoss eingebautes Schwimmbad als unselbstständiger Teil des Wohnhauses angesehen werden kann,[855] ist ein selbstständiges, größeres Gebäude mit dieser Nutzung in einem allgemeinen oder reinen Wohngebiet unzulässig, wenn es wegen seiner Größe über den Charakter einer Nebenanlage nach § 14 BauGB hinausgeht.[856] **Bordell- und Wohnungsprostitution** sind als gewerbliche Betätigung in Wohngebieten weder allgemein noch ausnahmsweise zulässig; daran hat das Prostitutionsgesetz vom 20.12. 2001 (BGBl I S. 3983) nichts geändert.[857]

441 Einzelhandelsnutzungen sind im allgemeinen Wohngebiet als **Nachbarschaftsläden** zulässig. Es handelt sich dabei um Geschäfte, die der verbrauchernahen Versorgung eines Wohngebietes dienen und deren Verkaufsflächen-Obergrenze für einen SB-Lebensmittelmarkt bei etwa 700 m^2 liegt.[858] Ob auch für Mischgebiete eine derart einschränkende Größenbegrenzung gilt, ist fraglich. Das BVerwG geht offenbar im Mischgebiet von höheren Flächengrößen aus.[859] Zu den Anlagen für gesundheitliche und soziale Zwecke gehören etwa Altenpflegeheime oder auch Wohnheime für geistig Behinderte,[860] Kindergärten, Kindertagesstätten oder Jugendfreizeitheime. Sowohl in einem reinen als auch in einem allgemeinen Wohngebiet ist die Errichtung eines **Kinderspielplatzes** grundsätzlich zulässig. Die mit einer bestimmungsmäßigen Nutzung eines Kinderspielplatzes verbundenen Beeinträchtigungen sind von den Nachbarn grundsätzlich hinzunehmen.[861] Auch **Bolzplätze** sind – unter dem Vorbehalt einer Beurteilung nach dem Gebot der nachbarlichen Rücksichtnahme in § 15 I BauNVO – neben reinen Wohngebieten nicht generell unzulässig.[862] Zwar können Bolzplätze nicht in jeder Hinsicht den Kinderspielplätzen gleichgestellt werden, die vor allem den kleineren und heranwachsenden Kindern dienen. Bolzplätze werden demgegenüber vor allem von Jugendlichen und jungen Erwachsenen für spielerische und sportliche Betätigung genutzt, woraus eine größere Lärmbelästigung für die Umgebung entstehen kann. Bolzplätze müssen aber wie Anlagen für sportliche Zwecke behandelt werden, die im allgemeinen Wohngebiet grundsätzlich (§ 4 II Nr. 3 BauNVO) und im reinen Wohngebiet ausnahmsweise (§ 3 II Nr. 2 BauNVO) zulässig sind. Wenn daher ausnahmsweise sogar ein Sportplatz neben einem reinen Wohngebiet festge-

---

[853] *BVerwG*, B. v. 14. 6. 2004 – 4 BN 18.04 – BauR 2004, 1907 – Hanglage, mit Hinweis auf Urt. v. 8. 6. 1979 – IV C 1.79 – Buchholz 310 § 86 I VwGO Nr. 120; B. v. 18. 1. 1982 – 7 B 254.81 – Buchholz 310 § 86 I VwGO Nr. 137).
[854] *BVerwG*, Urt. v. 12. 12. 1996 – 4 C 17.95 – BVerwGE 102, 351.
[855] *Fickert/Fieseler*, 10. Aufl., Rn. 4.1 zu § 14 BauNVO; *Stock* in König/Roeser/Stock, 2. Aufl., Rn. 10a zu § 14 BauNVO.
[856] *BVerwG*, Urt. v. 28. 4. 2004 – 4 C 12.03 – Schwimmhalle im Hamburger Villenviertel.
[857] *OVG Koblenz*, B. v. 15. 1. 2004 – 8 B 11983/03.OVG – BauR 2004, 644 = DÖV 2004, 395 – Wohnungsprostitution.
[858] *BVerwG*, Urt. v. 22. 5. 1987 – 4 C 19.85 – BauR 1987, 528 = DVBl. 1987, 1006; s. Rdn. 533.
[859] *BVerwG*, B. v. 17. 1. 1995 – 4 B 1.95 – Buchholz 310 § 162 VwGO Nr. 29.
[860] *OVG Münster*, B. v. 23. 12. 1985 – 11 B 1911/85 – OVGE 38, 207 = ZfBR 1986, 197 – Behindertenwohnheim.
[861] *BVerwG*, B. v. 12. 12. 1991 – 4 C 5.88 – DVBl. 1992, 577 = BauR 1992, 338.
[862] *BVerwG*, B. v. 3. 3. 1992 – 4 B 70.91 – BauR 1992, 340.

2. Teil. Inhalt und Rechtsnatur der Bauleitpläne   **442, 443 A**

setzt werden darf,[863] so ist auch ein Bolzplatz neben einem reinen Wohngebiet nicht generell unzulässig.[864] Allerdings kann das Nebeneinander von Wohnungen und Bolzplatznutzung zu Problemen führen, die eine Zulassung des Bolzplatzes entweder ganz ausschließen oder zumindest Auflagen zum Schutz der Nachbarschaft erforderlich machen können.[865]

Beispiel: Aufgrund einer entsprechenden Ausweisung im Bebauungsplan wird in einem allgemeinen Wohngebiet ein Kinderspielplatz eingerichtet. Die Nachbarn beschweren sich über den Spielplatzlärm und verlangen, dass die Gemeinde den Kinderspielplatz nur an bestimmten Tageszeiten freigibt. Gegen eine übliche Nutzung eines Kinderspielplatzes sind Nachbareinwendungen jedoch grundsätzlich unbegründet.

Auch Anlagen für **kirchliche Zwecke** sind im allgemeinen Wohngebiet grundsätzlich zulässig. Das gilt auch im Hinblick auf den zu kirchlichen Einrichtungen üblicherweise zu erwartenden Besucherverkehr[866] und das **liturgische Glockengeläut** zu den kirchlichen Veranstaltungen.[867] In einem allgemeinen Wohngebiet besteht ein Anspruch auf Unterlassung eines liturgischen Glockengeläuts,[868] wenn dessen Beurteilungspegel den Immissionsrichtwert von 55 dB(A) tagsüber überschreitet, wobei auch ein angemessener Geldausgleich für bestimmte Maßnahmen des passiven Schallschutzes möglich ist.[869] Dabei wird auch ein Betroffener, der sich im Grenzbereich von rechtmäßig geplanten Nutzungen verschiedener Qualität als erster ansiedelt, mit der späteren emittierenden Nutzung im angrenzenden Bereich regelmäßig rechnen und kann nicht einen allgemeinen Vorrang für sich beanspruchen.[870] Eine atypische Besonderheit kann allerdings gegeben sein, wenn die Wohnsituation wegen ihrer besonders ruhigen Lage durch Lärm in tatsächlicher Hinsicht wenig vorbelastet ist.[871] **442**

Die für Verkaufsstellen für **Bäckerwaren** nach § 3 I 2 LadschlG eröffnete Möglichkeit, die Ladenöffnungszeit an Werktagen auf 5.30 Uhr vorzuverlegen, befreit den Betreiber nicht von der Einhaltung des § 22 I BImSchG in Verbindung mit den Immissionsrichtwerten der TA Lärm.[872] Gehören aufgrund eines „integrativen Gesamtkonzepts" mehrere in räumlichem Zusammenhang stehende gastronomische Betriebe zu einem **„Einkaufs- und Erlebniscenter"**, ist die lärmschutzrechtliche Zulässigkeit der Gesamtanlage, die sich unmittelbar nach der TA-Lärm 1998 bemisst, auf der Grundlage des insgesamt erzeugten (Summen-)Pegels zu würdigen. Die Überschreitung des zulässigen Richtwerts für ein Mischgebiet durch den Lärm einer Gaststätte kann einer Sperrzeitverkürzung auch dann entgegenstehen, wenn der Straßenverkehrslärm die zulässigen Richt- **443**

---

[863] *BVerwG*, Urt. v. 24. 4. 1991 – 7 C 12.90 – BVerwGE 88, 143 = BauR 1991, 59 = *Hoppe/Stüer* RzB Rdn. 94; Urt. v. 19. 1. 1989 – 7 C 77.87 – BVerwGE 81, 197 = *Hoppe/Stüer* RzB Rdn. 93.
[864] *BVerwG*, B. v. 3. 3. 1992 – 4 B 70.91 – BauR 1992, 340 = DVBl. 1992, 1110 = *Hoppe/Stüer* RzB Rdn. 97.
[865] *BVerwG*, B. v. 3. 3. 1992 – 4 B 70.91 – BauR 1992, 340 = *Hoppe/Stüer* RzB Rdn. 97 – Bolzplatz; *OVG Münster*, Urt. v. 2. 3. 1999 – 10 A 6491/96 – ZfBR 1999, 230 – Bolzplatz.
[866] Zur Zulässigkeit eines Betsaals und einer Koranschule *BVerwG*, Urt. v. 27. 2. 1992 – 4 C 50.89 – UPR 1992, 269 = ZfBR 1992, 184 = *Hoppe/Stüer* RzB Rdn. 900.
[867] *BVerwG*, Urt. v. 7. 10. 1983 – 7 C 44.81 – BVerwGE 68, 62 = *Hoppe/Stüer* RzB Rdn. 77; *VG Stade*, Urt. v. 8. 12. 1988 – 1 A 91/87 – NVwZ 1989, 497; B. v. 2. 9. 1996 – 4 B 152.96 – NVwZ 1997, 142 = BauR 1996, 819 – liturgisches Glockengeläut; *OVG Hamburg*, Urt. v. 18. 6. 1991 – Bf VI 32/89 – BauR 1992, 356 = UPR 1992, 240 – Zeitschlagen Kirchenglocken.
[868] Dazu grundlegend *BVerwG*, Urt. v. 7. 10. 1983 – 7 C 44.81 – BVerwGE 68, 62; Urt. v. 30. 4. 1992 – 7 C 25.91 – DVBl. 1992, 1234.
[869] *VGH München*, B. v. 1. 3. 2002 – 22 B 99.338 – BayVBl. 2003, 241.
[870] *BGH*, Urt. v. 6. 7. 2001 – V ZR 246/00 – DVBl. 2001, 1837 = NJW 2001. 3119.
[871] *VGH München*, B. v. 21. 4. 1994 – 14 B 91.2422 – BayVBl. 1994, 721.
[872] *OVG Münster*, B. v. 28. 2. 2002 – 21 B 771/01 – BauR 2002, 1221; im Zusammenhang mit dem Sonn- und Feiertagsschutz *BVerwG*, Urt. v. 25. 8. 1992 – 1 C 38.90 – BVerwGE 90, 337 = DVBl. 1993, 41; *OVG Münster*, Urt. v. 16. 2. 1983 – 4 A 871/82 – NJW 1983, 2209; Urt. v. 15. 4. 1987 – 4 A 1527/86 – NJW 1987, 2603.

werte in gleicher Weise oder sogar noch deutlicher als die von dem Gaststättenbetrieb ausgehende Lärmbelastung übersteigt.[873] Steht ein Gebäude nahezu zwei Jahre lang leer, kann der Schutzanspruch entsprechend vermindert sein.[874]

444 Auch **Gartenbaubetriebe** können in einem allgemeinen Wohngebiet untergebracht werden (§ 4 III Nr. 4 BauNVO). Der Begriff des Gartenbaubetriebs wird in der BauNVO als ein eigenständiger städtebaulicher Nutzungsbegriff verstanden.[875] Ein Gartenbaubetrieb, der wegen seiner Größe oder seiner Arbeitsweise mit der Zweckbestimmung des Wohngebiets nicht vereinbar ist, fällt allerdings nicht unter § 4 III Nr. 4 BauNVO.[876] Unerheblich dafür ist, dass der Gartenbaubetrieb zugleich Landwirtschaft i. S. des § 201 BauGB sein kann.[877] Ein Gartenbaubetrieb i. S. von § 4 III Nr. 4 BauNVO besitzt typischerweise eine geringe Betriebsfläche. Dies folgt einerseits schon aus der Anknüpfung an den Begriff des Gartens, der regelmäßig kleiner ist als landwirtschaftlich genutzte Felder. Es ergibt sich andererseits aus dem Umstand, dass die Vorschrift zumindest im Grundsatz davon ausgeht, dass sich der gesamte Betrieb, also auch seine Nutzflächen einschließlich möglicherweise vorhandener Gewächshäuser und Verkaufseinrichtungen, innerhalb des Wohngebiets befindet. Damit unterscheidet sie sich von der für landwirtschaftliche Betriebe geltenden Regelung des § 5 II Nr. 1 BauNVO, der nur die Wirtschaftsstelle, den „Hof", im Baugebiet für zulässig erklärt. Dabei mag es für die Annahme eines Gartenbaubetriebes unschädlich sein, wenn zusätzliche Betriebsflächen außerhalb des Plangebiets im Außenbereich liegen.[878] Erreichen diese Flächen jedoch die Größe eines normalen landwirtschaftlichen Betriebes oder stellen sie sogar allein die Nutzfläche des Betriebes dar, so kommt dem Betriebsgrundstück innerhalb des Wohngebiets mehr oder weniger nur noch die Funktion einer Wirtschaftsstelle zu. Von einem Gartenbaubetrieb innerhalb des Wohngebiets kann dann nicht mehr gesprochen werden.[879]

445 Ausnahmsweise können im allgemeinen Wohngebiet Betriebe des Beherbergungsgewerbes, sonstige nicht störende Gewerbebetriebe, Anlagen für Verwaltungen, Gartenbaubetriebe und Tankstellen zugelassen werden (§ 4 III BauNVO). So kann etwa ein kleines Hotel-Restaurant, das der Bewirtung von Gästen aus der näheren Umgebung dient, ebenso zugelassen werden wie ein kleinerer Gewerbebetrieb oder eine Tankstelle, die etwa wegen ihrer Randlage die Wohnnutzung nicht stört. Eine Tischlerei oder eine Schlosserei mit entsprechendem Maschinenpark ist demgegenüber unzulässig. Ein Gewerbebetrieb kann dabei zu einem „störenden" i. S. von § 4 III Nr. 2 BauNVO auch durch den mit ihm typischerweise verbundenen Zu- und Abgangsverkehr werden.[880]

446 Durch die BauNVO 1990 sind auch **Anlagen** für **sportliche Zwecke**[881] in den Katalog der allgemein zulässigen Nutzungen aufgenommen worden.[882] Es zählt hierzu der

---

[873] *VGH Mannheim,* Urt. v. 27. 6. 2002 – 14 S 2736/01 – NVwZ-RR 2003, 745 = DVBl. 2003, 214 (LS).
[874] *VGH Mannheim,* Urt. v. 20. 5. 2003 – 5 S 2751/01 – BauR 2003, 1539 = DöV 2004, 175 – Fastfood-Restaurant.
[875] *Bielenberg* in: Ernst/Zinkahn/Bielenberg/Krautzberger, BauGB, Rdn. 28 zu § 2 BauNVO.
[876] *BVerwG,* B. v. 15. 7. 1996 – 4 NB 23/96 – NVwZ-RR 1997, 9 = UPR 1996, 392 – Gartenbaubetrieb. Derartige Anlagen sind allerdings im Außenbereich nach § 35 I Nr. 2 BauGB privilegiert.
[877] *BVerwG,* B. v. 6. 1. 1993 – 4 NB 38.92 – Buchholz 310 § 47 VwGO Nr. 73.
[878] *Gelzer/Birk,* Bauplanungsrecht, Rdn. 781.
[879] *BVerwG,* B. v. 15. 7. 1996 – 4 NB 23/96 – NVwZ-RR 1997, 9 = UPR 1996, 392 – Gartenbaubetrieb.
[880] *BVerwG,* B. v. 9. 10. 1990 – 4 B 121.90 – NVwZ 1991, 267 = BauR 1991, 49 – Verkehr zum Gewerbegebiet.
[881] Zu Fragen von Sport und Bauleitplanung *Berkemann* NVwZ 1992, 817; *Birk* NVwZ 1985, 689; *Gaentzsch* UPR 1985, 201; *Hagen* UPR 1985, 817; *Knauber* NuR 1985, 308; *Papier* UPR 1985, 73; *Salzwedel* UPR 1985, 210.
[882] Zur Zulässigkeit von Sportanlagen im Einwirkungsbereich einer benachbarten Wohnnutzung *BGH,* Urt. v. 17. 12. 1982 – V ZR 55/82 – NJW 1983, 751 = *Hoppe/Stüer* RzB Rdn. 92 – Tennisplatz; *BVerwG,* Urt. v. 10. 5. 1985 – 4 C 36.82 – UPR 1985, 372 – Flugmodellsport; B. v. 29. 7. 1986 – 4 B

2. Teil. Inhalt und Rechtsnatur der Bauleitpläne   447 A

„Sportplatz um die Ecke" und eine „wohnnahe Sportanlage", die der Versorgung der Bevölkerung des Wohngebietes dient. Darunter sind kleinere Sportplätze und Anlagen zu verstehen, die sich in das Wohnumfeld einfügen und deren Einzugsbereich sich auf die Wohnumgebung beschränkt. Ggf. ist durch Lärmschutzmaßnahmen oder sonstige Schutzvorkehrungen nach § 9 I Nr. 24 BauGB sicherzustellen, dass das Gebot der nachbarlichen Rücksichtnahme nicht verletzt wird.[883] Auch nach § 4 II Nr. 3 BauNVO sind im allgemeinen Wohngebiet nicht Sportanlagen jedweder Art allgemein zulässig. Vielmehr müssen sie nach Art und Umfang der Eigenart des Gebietes entsprechen und dürfen die allgemeine Zweckbestimmung des Gebietes, vorwiegend dem Wohnen zu dienen (§ 4 I BauNVO), nicht gefährden.[884] Vereinsheime von Gesangvereinen, die als Anlagen für kulturelle Zwecke in allgemeinen Wohngebieten zur Regelbebauung gehören, gewinnen auch dann nicht den Charakter gebietsfremder Vergnügungsstätten, wenn sie vereinzelt zur Durchführung öffentlich zugänglicher Live-Musik-Veranstaltungen genutzt werden.[885] In allgemeinen Wohngebieten und Mischgebieten sind bordellartige Betriebe grundsätzlich planungsrechtlich unzulässig.[886]

Ein Lärmimmissionsabwehranspruch für die Tageszeit bis 20.00 Uhr und die Ruhezeiten steht dem Nachbarn nur bei Verletzung des Gebotes der nachbarlichen Rücksichtnahme zu.[887] Dabei ist die bauliche Nutzung in der Umgebung von Bedeutung, soweit

447

73.86 – NVwZ 1987, 493 = NuR 1986, 16 – Modellflugsport; Urt. v. 11. 3. 1988 – 4 C 56.84 – NVwZ 1989, 659 = BauR 1988, 448 = *Hoppe/Stüer* RzB Rdn. 65 – Gemeinbedarfsfläche; B. v. 20. 10. 1988 – 4 B 195.88 – BRS 48 (1988), Nr. 141 (S. 357) – Sporthallenrestaurant; B. v. 30. 1. 1990 – 7 B 162.89 – DVBl. 1990, 789 = UPR 1990, 267 – Mopedrennen; B. v. 9. 8. 1990 – 4 B 95.90 – BauR 1990, 73 = *Hoppe/Stüer* RzB Rdn. 1279 – Sportanlage; Urt. v. 24. 4. 1991 – 7 C 12.90 – BVerwGE 88, 143 = DVBl. 1991, 1151 = BauR 1991, 594 = *Hoppe/Stüer* RzB Rdn. 94 – Schulsportplatz; B. v. 7. 8. 1991 – 7 B 48.91 – DVBl. 1992, 62 = LKV 1991, 411 – Sportanlage; B. v. 2. 7. 1991 – 4 B 1.91 – DVBl. 1991, 1160 = BauR 1991, 569 = *Hoppe/Stüer* RzB Rdn. 95 – Kegelzentrum; B. v. 4. 7. 1991 – 4 B 109.91 – BauR 1991, 717 = *Hoppe/Stüer* RzB Rdn. 461 – Hundeübungsplatz; *OVG Berlin*, Urt. v. 24. 4. 1987 – 2 B 22.86 – BauR 1987, 546 = NVwZ 1987, 984 = BRS 47 (1987), Nr. 175 (S. 433) – Sportplatz; *VGH Kassel*, Urt. v. 19. 2. 1991 – 4 TH 1130/89 – BauR 1991, 444 = NuR 1992, 281 = ZfBR 1991, 282 – Golfübungsplatz; *OVG Lüneburg*, Urt. v. 19. 10. 1987 – 6 A 62/85 – BRS 47 (1987), Nr. 172 (S. 424) – Sportplatz; *OVG Münster*, Urt. v. 24. 9. 1987 – 21 A 1743/86 – DVBl. 1988, 705 = BRS 47 (1987), Nr. 173 (S. 425) – Sportzentrum Nord; Urt. v. 23. 10. 1991 – 10 A 2111/87 – BauR 1991, 321 = UPR 1991, 280 = NVwZ 1991, 900 – Außensportanlage; Urt. v. 10. 8. 1989 – 7 A 1926/86 – BauR 1989, 715 – Sportplatz; B. v. 6. 11. 1989 – 7 B 2966/87 – BauR 1990, 67 – Sportanlage; *VGH München*, Urt. v. 16. 2. 1987 – 14 B 85 A.3090 – BauR 1987, 543 = NVwZ 1987, 986 = BRS 47 (1987), Nr. 176 (S. 439) – Bolzplatz; *Schink* DVBl. 1992, 515.

[883] *BVerwG*, Urt. v. 19. 1. 1989 – 7 C 77.87 – BVerwGE 81, 197 = NJW 1989, 1291 = DVBl. 1989, 463 = *Hoppe/Stüer* RzB Rdn. 93 – Tegelsbarg.

[884] *BVerwG*, B. v. 2. 7. 1991 – 4 B 1.91 – NVwZ 1991, 982 = ZfBR 1991, 273 = *Hoppe/Stüer* RzB Rdn. 95. Zu den bau- und immissionsschutzrechtlichen Problemen beim Sportstättenbau in Wohngebieten *Stüer* DVBl. 1992, 816.

[885] *OVG Koblenz*, Urt. v. 16. 4. 2003 – 8 A 11903/02 – BauR 2003, 1187, dort auch zur Frage, wann Lärmimmissionen derartiger Veranstaltungen die nach den einschlägigen technischen Regelwerken vorgesehenen Orientierungswerte für seltene Ereignisse überschreiten dürfen.

[886] *OVG Berlin*, B. v. 9. 4. 2003 – 2 S 5.03 – UPR 2003, 394 = BauR 29004, 134 – Massagestudio. Zur Abgrenzung eines bordellartigen Betriebes von der Wohnungsprostitution *VGH Mannheim*, Urt. v. 24. 7. 2002 – 5 S 149/01 – ESVGH 53, 30 = GewArch. 2003, 496 – Wohnungsprostitution. Zur Zulässigkeit von Mobilfunkanlagen als nicht störende Gewerbebetriebe *VG Gießen*, B. v. 8. 7. 2002 – 1 G 2239/02 – NVwZ-RR 2003. 196 – Mobilfunkanlagen. Auch eine hobbymäßige Hundezucht kann im Wohngebiet zulässig sein, so *OVG Münster*, B. v. 18. 12. 2002 – 7 B 1823/02 – . Zur Zulässigkeit eines Bestattungsinstituts mit Trauerhalle in einem Allgemeinen Wohngebiet *OVG Weimar*, Urt. v. 20. 11. 2002 – 1 KO 817/01 – BRS65 (2002) Nr. 86 = UPR 2003, 451 – Bestattungsinstitut. Zur Unzulässigkeit einer unmittelbar am Vorderliegergrundstück entlang führenden Erschließungsanlage für eine intensive rückwärtige Bebauung *OVG Münster*, B. v. 10. 10. 2002 – 7 B 1822/02 – Hinterlandbebauung.

[887] Zum Immissionsabwehranspruch vgl. *BVerwG*, Urt. v. 23. 5. 1991 – 7 C 19.90 – BVerwGE 88, 210 = DVBl. 1991, 880; Urt. v. 19. 1. 1989 – 7 C 77.87 – BVerwGE 81, 197 = DVBl. 1989, 463.

die dort zugelassenen Nutzungen auf die Immissionssituation des betroffenen Grundstücks Einfluss haben können.[888] Für das Training und Rennen auf einer **Kartbahn** ist ein Zuschlag wegen besonderer Lästigkeit gerechtfertigt, der sich aus dem Motorenlärm mit ständig wechselnden Frequenzen und Schallpegeln aus Beschleunigungs- und Abbremsvorgängen ergibt.[889] Die zumutbare Obergrenze der Lärmimmissionen aus dem Betrieb einer **Skate- und Ballspielanlage** kann oberhalb des Immissionswertes von 52 dB(A) liegen, wenn ungewöhnlich umfangreiche Anstrengungen unternommen werden, um eine Verträglichkeit und Ordnungsmäßigkeit des Anlagenbetriebs sicherzustellen, und auch dann, wenn die Nachbarn bei Erwerb ihres Grundstücks und bei dessen Bebauung Kenntnis von der planerischen Festsetzung einer Ballspielanlage oder eines Bolzplatzes auf dem angrenzenden Gelände hatten bzw. haben konnten.[890]

448 **Mobilfunksendeanlagen** sind als nicht störende Gewerbebetriebe bauplanungsrechtlich zulässig. Die gesundheitlichen Auswirkungen einer elektromagnetischen Strahlung beurteilen sich nach den §§ 3 I, 22 I 1 Nr. 1 BImSchG in Verbindung mit der 26. BImSchV.[891] Hierdurch wird auch den nach Art. 2 II 1 GG einzuhaltenden Anforderungen an den staatlichen Schutz der menschlichen Gesundheit entsprochen. Eine kompetente eigenständige Risikobewertung durch die Gerichte kann nur auf der Grundlage entsprechender fachwissenschaftlicher Forschungsergebnisse erfolgen.[892] Nach dem gegenwärtigen Kenntnisstand sind bei Einhaltung der 26. BImSchV keine schädlichen Umwelteinwirkungen durch Sendeanlagen für den Mobilfunk oder vergleichbare Anlagen zu erwarten.[893] Eine Mobilfunksendeanlage, die auf dem Dach eines Wohngebäudes angebracht wird, kann als sonstiger nicht störender Gewerbebetrieb im Sinne von § 4 III Nr. 2 BauNVO in einem allgemeinen Wohngebiet ausnahmsweise zulässig sein.[894] Die Überprüfung einer Anzeige nach § 7 der 26. BImSchV stellt eine dem Betreiber zurechenbare gebührenpflichtige Amtshandlung nach § 1 I Nr. 1 GebG NRW dar.[895]

449 Eine Mobilfunkanlage kann unter den Voraussetzungen einer **Befreiung** nach § 31 II **BauGB** planungsrechtlich zulässig sein.[896] Die Erfüllung der Anzeigepflicht des Betreibers einer Hochfrequenzanlage nach § 7 I der 26. BImSchV ist keine Rechtmäßigkeitsvoraussetzung der Plangenehmigung für diese Anlage. Der Fortgang der Forschung als solcher reicht nicht aus, um einmal gewonnene Erkenntnisse und darauf beruhende Grenzwertfestsetzungen des Verordnungsgebers als überholt und nicht mehr bindend anzusehen. Der Belang, von wirtschaftlichen Nachteilen verschont zu bleiben, die Folge objektiv nicht begründbarer Immissionsbefürchtungen sind, ist in der Abwägung nicht schutzwürdig.[897]

---

[888] *VGH Mannheim*, Urt. v. 26. 6. 2002 – 10 S 1559/01 – VBlBW 2002, 483 = UPR 2003, 76.
[889] *VGH Mannheim*, Urt. v. 23. 4. 2002 – 10 S 1502/01 – NVwZ 2003, 365.
[890] *VGH Mannheim*, Urt. v. 16. 4. 2002 – 10 S 2443/00 – NVwZ-RR 2002, 643 = DVBl. 2002, 1142 (LS), Bezug nehmend auf *BVerwG*, B. v. 3. 3. 1992 – 4 B 70.91 – NVwZ 1992, 884: förmlicher Erlass einer Benutzungsordnung, Ausschluss der Nutzung durch Personen über 14 Jahren, Verbot der Verwendung von Skateboards, Einzäunung, Schließdienst, Kontrollen, Aufklärungsgespräche, Hinweisschild.
[891] *BVerfG*, B. v. 12. 2. 1997 – 1 BvR 1658/96 – NJW 1997, 2509; *VG Gießen*, Urt. v. 8. 7. 2002 – 1 G 2239/02 – NuR 2003, 60 = NVwZ-RR 2003, 196.
[892] *BVerfG*, B. v. 28. 2. 2002 – 1 BvR 1676/01 – NJW 2002, 1638 = DVBl. 2002, 614 – Mobilfunkanlage.
[893] *VGH München*, B. v. 8. 7. 1997 – 14 B 93.3102 – NVwZ 1998, 419; *OVG Bautzen*, B. v. 17. 12. 1997 – 1 S 746/96 – DÖV 1998, 431; *VGH Mannheim*, Urt. v. 15. 4. 1997 – 10 S 4/96 – NVwZ 1998, 416 – Hochspannungsfreileitung; *VGH Kassel*, B. v. 29. 7. 1999 – 4 TG 2118/99 – .
[894] *VG Gera*, B. v. 27. 10. 2003 – 4 E 1283/03 GE – .
[895] *OVG Münster*, B. v. 29. 3. 2003 – 9 A 183/01 – DVBl. 2003, 1080 (LS).
[896] *BVerwG*, B. v. 5. 2. 2004 – 4 B 110.03 – BauR 2004, 1124 – Mobilfunksendeanlage; *OVG Koblenz*, Urt. v. 7. 8. 2003 – 1 A 10196/03 – ZfBR 2003, 184; *VG Gießen*, Urt. v. 8. 9. 2003 – 1 E 1173/03 – .
[897] *BVerwG*, Urt. v. 10. 12. 2003 – 9 A 73.02 – DVBl. 2004, 633 = NVwZ 2004, 613 – Mobilfunkanlage.

Der Einhaltung der in **Gesetzen** oder **Rechtsverordnungen** im Sinne des § 906 I 2 **450** BGB festgelegten Grenz- oder Richtwerte kommt **Indizwirkung** dahingehend zu, dass eine nur unwesentliche Beeinträchtigung vorliegt. Es ist dann Sache des Beeinträchtigten, Umstände darzulegen und zu beweisen, die diese Indizwirkung erschüttern. Bei einer von einer Mobilsendeanlage ausgehenden Beeinträchtigung durch elektromagnetische Felder, die die Grenzwerte der 26. BImSchV einhalten, muss der Beeinträchtigte zur Erschütterung dieser Indizwirkung darlegen und ggf. beweisen, dass ein wirtschaftlich begründete Zweifel an der Richtigkeit der festgelegten Grenzwerte und ein fundierter Verdacht einer Gesundheitsgefährdung besteht.[898]

Die aus Art. 2 II 1 GG abzuleitende staatliche **Schutzpflicht** gebietet nicht, alle nur **451** denkbaren Schutzmaßnahmen zu treffen. Deren Verletzung kann vielmehr nur festgestellt werden, wenn die öffentliche Gewalt Schutzvorkehrungen überhaupt nicht getroffen hat oder die getroffenen Maßnahmen gänzlich ungeeignet oder völlig unzulänglich sind, das gebotene Schutzziel zu erreichen oder erheblich dahinter zurückbleiben.[899]

Der Verordnungsgeber ist **verfassungsrechtlich** nicht verpflichtet, die geltenden **452** Grenzwerte zum Schutz vor Immissionen zu verschärfen, über deren gesundheitsschädliche Wirkungen keine verlässlichen wissenschaftlichen Erkenntnisse vorliegen. Eine Pflicht des Staates zur Vorsorge gegen rein hypothetische Gefährdungen besteht nicht. Die geltenden Grenzwerte könnten nur dann verfassungsrechtlich beanstandet werden, wenn erkennbar ist, dass sie die menschliche Gesundheit völlig unzureichend schützen. Es ist allein eine politische Entscheidung des Verordnungsgebers, ob er Vorsorgemaßnahmen in einer solchen Situation der Ungewissheit sozusagen „ins Blaue hinein" ergreifen will. Das Gericht muss auch nicht eine eigene Risikoabschätzung ggf. auf der Grundlage einer Beweisaufnahme durchführen. Es ist vielmehr Sache des Verordnungsgebers, den Erkenntnisfortschritt der Wissenschaft mit geeigneten Mitteln nach allen Seiten zu beobachten und zu bewerten, um gegebenenfalls weitergehende Schutzmaßnahmen treffen zu können. Zum angemessenen Erfahrungs- und Anpassungsspielraum des Verordnungsgebers bei komplexen Gefährdungslagen, über die noch keine verlässlichen wissenschaftlichen Erkenntnisse vorliegen.[900]

Schädliche Umwelteinwirkungen durch Mobilfunkanlagen sind nach dem derzei- **453** tigen Stand der Wissenschaft nicht nachweisbar, wenn die in 26. BImSchV enthaltenen Grenzwerte eingehalten werden.[901] Die 26. BImSchV ist mit dem GG vereinbar, auch wenn sie keine Vorsorgeanforderungen an Hochfrequenzanlagen zur Berücksichtigung athermischer Wirkungen enthält. Bislang gibt es noch keinen wissenschaftlich eindeutigen Nachweis für eine schädliche Wirkung von gepulster Hochfrequenzstrahlung. Die Untersuchungen über die Wirkung von Handys können dabei nicht auf Mobilfunkanlagen übertragen werden.[902]

Ausnahmen nach § 4 III Nr. 3 BauNVO sind nicht zulässig, wenn die **„Anlage für** **454** **Verwaltungen"** den Gebietscharakter des allgemeinen Wohngebietes gefährdet und damit gebietsunverträglich ist. Das ist der Fall, wenn das Vorhaben bezogen auf den Gebietscharakter des allgemeine Wohngebietes aufgrund seiner typischen Nutzungsweise störend wirkt. Die Gebietsunverträglichkeit beurteilt sich für das allgemeine Wohngebiet

---

[898] *BGH*, Urt. v. 13. 2. 2004 – V ZR 217/03 – NJW 2004, 1317 = UPR 2004, 229 – Indizwirkung von Richtwerten.
[899] *BVerfG*, B. v. 30. 11. 1988 – 1 BvR 1301/84 – BVerfGE 79, 174.
[900] *BVerfG*, B. v. 28. 2. 2002 – 1 BvR 1676/01 – NJW 2002, 1638 = DVBl. 2002, 614, mit Hinweis auf *BVerfG*, B. v. 17. 2. 1997 – 1 BvR 1658/96 – NJW 1997, 2509 und auch *BVerwG*, B. v. 16. 2. 1998 – 11 B 5.98 – NVwZ 1998, 631.
[901] *OVG Lüneburg*, Urt. v. 19. 1. 2001 – 1 O 2761/00 – DVBl. 2001, 671 = NVwZ 2001, 456; *VGH Kassel*, Urt. v. 29. 7. 1999 – 4 TG 2118/99 – NVwZ 2000, 694 = DÖV 2000, 335; *SächsOVG*, 17. 12. 1997 – 1 S 746/96 – LKV 1998, 353 = BauR 1998, 1226; *VGH München*, B. v. 8. 7. 1997 – 14 B 93.3102 – NVwZ 1998, 419.
[902] *VG München*, Urt. v. 13. 11. 2000 – M 1 K 96.1078 – DVBl. 2001, 408.

nach § 4 BauNVO in erster Linie nach dem Kriterium der gebietsüblichen Störung. Entscheidend ist dafür nicht, ob etwa die immissionsschutzrechtlichen Lärmwerte eingehalten werden.[903]

455 **d) Besondere Wohngebiete.** Die durch die BauNVO 1977 eingeführten besonderen Wohngebiete, bei denen es sich um Gebiete zur Erhaltung und Entwicklung der Wohnnutzung handelt, dienen nach § 4 a BauNVO vorwiegend dem Wohnen. Sie dienen auch der Unterbringung von Gewerbebetrieben und sonstigen Anlagen, soweit diese Betriebe und Anlagen nach der besonderen Eigenart des Gebietes mit der Wohnnutzung vereinbar sind. Mit der Ausweisung eines besonderen Wohngebietes soll zum einen der Tendenz zur Verdrängung von Wohnungen der innerstädtischen Gebiete durch Betriebe des tertiären Sektors, insbesondere durch Dienstleistungsbetriebe, entgegengewirkt werden. Zum anderen soll die Abwanderung der Wohnbevölkerung aus solchen Gebieten, die vielfach schlechte Wohnverhältnisse, eine überalterte Bausubstanz und unzureichende Verkehrsverhältnisse aufweisen, in Stadtrandgebiete oder das Umland verhindert werden. Die Gebiete weisen oft die typische mehrgeschossige Blockrandbebauung in überwiegend geschlossener Bauweise auf. Sie sind zumeist mit kleineren Gewerbebetrieben durchsetzt und wegen des ungünstigen Wohnumfeldes von einer Umschichtung dieser Gebiete durch Nachrücken sozial schwächerer Bevölkerungsgruppen wie Gastarbeiter oder Personen im Rentenalter oder auch kinderreiche Familien geprägt. Durch die Ausweisung eines besonderen Wohngebietes soll die Wohnnutzung erhalten und fortentwickelt werden.

456 Zulässig sind nach § 4 a II BauNVO Wohngebäude, Läden, Betriebe des Beherbergungsgewerbes, Schank- und Speisewirtschaften, sonstige Gewerbebetriebe, Geschäfts- und Bürogebäude sowie Anlagen für kirchliche, kulturelle, soziale, gesundheitliche und sportliche Zwecke. Ausnahmsweise können nach § 4 a III BauNVO Anlagen für zentrale Einrichtungen der Verwaltung, Vergnügungsstätten, soweit sie nicht wegen ihrer Zweckbestimmung oder ihres Umfangs nur in Kerngebieten allgemein zulässig sind, sowie Tankstellen zugelassen werden. Die ausnahmsweise **Zulässigkeit** von **Vergnügungsstätten** im besonderen Wohngebiet ist durch die BauNVO 1990 eingeführt worden (§ 4 a III Nr. 2 BauNVO). Die Vorschrift hat damit Modellcharakter für einen von der kerngebietstypischen Vergnügungsstätte zu unterscheidenden kleineren Typ der WB-Vergnügungsstätte, auf die an anderen Stellen der BauNVO verwiesen wird. Erstmals enthält die BauNVO 1990 eine besondere Art der Vergnügungsstätten in dem Sinne, dass diese Nutzungen nur in den Gebieten allgemein oder ausnahmsweise zulässig sind, in denen die BauNVO dies ausdrücklich anordnet. In den anderen Gebieten (z. B. im allgemeinen Wohngebiet) ist eine Vergnügungsstätte auch nicht als sonstiger Gewerbebetrieb zulässig.[904] In besonderen Wohngebieten besteht durch die Festsetzung von Wohnungen oberhalb eines bestimmten Geschosses (§ 4 a IV Nr. 1 BauNVO), aber auch durch die Festsetzung eines Anteils oder der Größe der Geschossfläche für Wohnungen (Nr. 2) die Möglichkeit, das Wohnen zu fördern und andere Nutzungen zurückzudrängen.[905]

457 Da es sich um bereits überwiegend bebaute Gebiete handelt, hängt der **Grad** der **Störanfälligkeit** wesentlich von der vorhandenen Bebauung und Nutzung ab. Wegen der vielfach vorhandenen Nutzungsmischung wird das Duldungspotenzial der Wohnnachbarschaft höher sein als im allgemeinen Wohngebiet und sich dem Mischgebiet annähern. Charakteristisch für ein nach § 4 a I BauNVO festgesetztes besonderes Wohngebiet sind

---

[903] *BVerwG*, Urt. v. 21. 3. 2002 – 4 C 1.02 – BVerwGE 116, 155 = NVwZ 2002, 1118 = BauR 2002, 1497 – Zustellstützpunkt der Post im Allgemeinen Wohngebiet.

[904] *Stüer* DVBl. 1990, 469; s. auch u. Rdn. 552. Besondere Festsetzungsmöglichkeiten für den Geschosswohnungsbau und einen bestimmten Anteil der Nutzung zu Wohnzwecken enthält § 4 a IV BauNVO. Die Gemeinde kann danach festsetzen, dass oberhalb eines bestimmten Geschosses nur Wohnungen zulässig sind (Nr. 1) oder in Gebäuden ein bestimmter Anteil der zulässigen Geschossfläche oder eine bestimmte Größe der Geschossfläche für Wohnungen zu verwenden ist (Nr. 2).

[905] *Fickert/Fieseler* Rdn. 29 zu § 4 a BauNVO.

tatsächliche Verhältnisse, die eine anderweitige Festsetzung des Gebiets, beispielsweise als allgemeines Wohngebiet, gerade nicht erlauben. Mithin kommt auch eine regelmäßige Gleichsetzung eines besonderen Wohngebiets mit einem allgemeinen Wohngebiet hinsichtlich der Beurteilung von zumutbaren Lärmbelastungen ebenso wenig in Betracht wie eine generalisierende Behandlung eines derartigen Gebiets als Mischgebiet. Die gerichtliche Überprüfung von Lärmrichtwerten, die von der Genehmigungsbehörde anlagenbezogen für ein bestimmtes Vorhaben festgelegt worden sind, muss vielmehr der Beurteilung des jeweiligen Einzelfalles vorbehalten bleiben.[906] Die Bauleitplanung hat hier nach dem Grundsatz des **Verbesserungsgebotes** möglichst dazu beizutragen, dass die Wohnverhältnisse verbessert und das Emissionsverhalten störender Nutzungen reduziert wird. Allerdings ist die Bauleitplanung nicht ganz allgemein auf das Verbesserungsgebot verpflichtet.[907]

Hinweis: Die Ausweisung eines besonderen Wohngebietes setzt das Vorliegen der Tatbestandsmerkmale in § 4a I 1 BauNVO voraus und ist vor allem in Citywohnbereichen und innerstädtischen Wohngebieten sinnvoll, die i. S. der Förderung der Wohnnutzung fortentwickelt werden sollen. Dies stellt an die Planung solcher Gebiete erhebliche Anforderungen. Dabei gilt es einerseits, den besonderen Charakter einer Mischung von Wohnen und sonstiger damit zu vereinbarender Nutzung zu wahren, zugleich aber im Bebauungsplan durch planerische Festsetzungen auch andererseits sicherzustellen, dass die Wohnnutzung durch die Verbesserung des Wohnumfeldes, der Verkehrsverhältnisse, der Bausubstanz und das Zurückdrängen anderer Nutzungen, insbesondere des Dienstleistungssektors, erhalten und fortentwickelt wird. Dabei ist durch Planung darauf hinzuwirken, dass die Wohnnutzung ihren Platz als Hauptnutzung eines besonderen Wohngebietes einnehmen kann.

Die Festsetzung eines besonderen Wohngebietes ist nicht gerechtfertigt, wenn die vorhandene Wohnbebauung so dominiert, dass sich das Gebiet nach seiner Nutzungsstruktur von einem allgemeinen Wohngebiet nicht oder nur unwesentlich unterscheidet. Gleiches gilt, wenn Gewerbebetriebe nicht oder nur in geringer Anzahl ohne nennenswerten Einfluss auf die Eigenart des Gebietes vorhanden sind. Darüber hinaus verstößt eine Gliederung, die mitprägende gewerbliche Nutzungen vollständig ausschließt oder unzumutbar einschränkt, gegen die allgemeine Zweckbestimmung des besonderen Wohngebiets.[908]

Im **nicht beplanten Innenbereich** findet § 4a BauNVO auch bei einer einheitlichen Gebietsstruktur i. S. des § 34 II BauGB keine Anwendung. Planerische Absichten der Gemeinde i. S. des 4a BauNVO sind einer Wahrnehmung regelmäßig nicht zugänglich. Eine entsprechende Planungskonzeption ist aber für die Anwendbarkeit des § 4a BauNVO Voraussetzung.[909]

e) Dorfgebiete. Sie dienen nach § 5 I BauNVO der Unterbringung der Wirtschaftsstellen land- und forstwirtschaftlicher Betriebe, dem Wohnen und der Unterbringung von nicht wesentlich störenden Gewerbebetrieben sowie von der Versorgung der Bewohner des Gebietes dienenden Handwerksbetrieben. Durch die Erweiterung der Zweckbestimmung auch im Hinblick auf die Unterbringung von nicht störenden Gewerbebetrieben sowie von der Versorgung des Gebietes dienenden Handwerksbetrieben trägt die BauNVO 1990 der Tatsache Rechnung, dass das Dorfgebiet seit je her neben dem Wohnen auch der Versorgung und dem Erwerb seiner Bewohner dient. Gewerbliche Anlagen, von deren Nutzung typischerweise keine wesentlichen, über das im Dorfgebiet

---

[906] *BVerwG*, B. v. 18. 12. 1990 – 4 N 6.88 – Buchholz 406.11 § 1 BauGB Nr. 50 – ZfBR 1991, 120; B. v. 24. 1. 1992 – 4 B 228.91 – Buchholz 406.12 § 4a BauNVO Nr. 2 = *Hoppe/Stüer* RzB Rdn. 901.
[907] *BVerwG*, B. v. 23. 6. 1989 – 4 B 100.89 – NVwZ 1990, 263 = DVBl. 1989, 1065 = *Hoppe/Stüer* RzB Rdn. 74; Urt. v. 15. 2. 1990 – 4 C 23.86 – BVerwGE 84, 322 = *Hoppe/Stüer* RzB Rdn. 388 – Unikat.
[908] *OVG Lüneburg*, Urt. v. 5. 4. 2000 – 1 K 2245/99 – DVBl. 2000, 1882.
[909] *BVerwG*, B. v. 11. 12. 1992 – 4 B 209.92 – DVBl. 1993, 449 = DÖV 1993, 621 = *Hoppe/Stüer* RzB Rdn. 386.

auch sonst übliche hinausgehenden Immissionen für die Nachbarschaft zu erwarten sind, sind als sonstige Gewerbebetriebe i. S. des § 5 II Nr. 6 BauNVO unabhängig davon zulässig, ob es sich um einen Gewerbebetrieb handelt, der dorfgebietstypisch ist oder zur Zweckbestimmung des Dorfgebiets einen funktionellen Zusammenhang aufweist.[910] Beim Dorfgebiet gem. § 5 BauNVO handelt es sich um ein **„ländliches Mischgebiet"**;[911] dessen Charakter grundsätzlich nicht von einem bestimmten prozentualen Mischverhältnis der zulässigen Nutzungsarten abhängt. Eine sich in gewissen Grenzen haltende Zunahme der Wohnbebauung in einem Dorfgebiet führt für sich gesehen noch nicht zu einer rechtlichen Änderung seines Gebietscharakters. Das gilt insbesondere dann, wenn noch landwirtschaftliche Betriebe vorhanden sind, die der näheren Umgebung ein dörfliches Gepräge geben.[912]

461 Der durch die Novelle 1990 eingefügte § 5 I 2 BauNVO, wonach auf die Belange der land- und forstwirtschaftlichen Betriebe einschließlich ihrer Entwicklungsmöglichkeiten vorrangig Rücksicht zu nehmen ist, soll sicherstellen, dass durch eine vorrangige Rücksichtnahme anderer Nutzungen die Standortsicherung der land- und forstwirtschaftlichen Betriebe gewährleistet ist. Die Festsetzung eines Dorfgebietes ermöglicht innerhalb des Gemeindegebietes einen harmonischen Übergang von Baugebieten mit städtischem Charakter zum Außenbereich. Auch können historisch gewachsene dörfliche Strukturen erhalten und bei einem Übergewicht lediglich einzelner Nutzungsarten oder schwacher Strukturen verbessert werden. Diese Rücksichtnahme auf landwirtschaftliche Nutzungen gilt vor allem für andere Nutzungen, die sich durch die landwirtschaftliche Nutzung beeinträchtigt fühlen. Landwirtschaftliche Betriebe im Dorfgebiet sind daher nicht als „latente Störer" anzusehen.[913] Vielmehr haben die anderen Nutzungen auf die landwirtschaftliche Nutzung Rücksicht zu nehmen.

462 Zulässig sind nach § 5 II BauNVO Wirtschaftsstellen land- und forstwirtschaftlicher Betriebe und die dazugehörigen Wohnungen und Wohngebäude, Kleinsiedlungen und landwirtschaftliche Nebenerwerbsstellen, sonstige Wohngebäude, Betriebe zur Be- und Verarbeitung und Sammlung land- und forstwirtschaftlicher Erzeugnisse, Einzelhandelsbetriebe, Schank- und Speisewirtschaften sowie Betriebe des Beherbergungswesens, sonstige Gewerbebetriebe, Anlagen für örtliche Verwaltungen sowie für kirchliche, kulturelle, soziale, gesundheitliche und sportliche Zwecke, Gartenbaubetriebe und Tankstellen. Ausnahmsweise können nach § 5 III BauNVO Vergnügungsstätten i. S. des § 4 a III Nr. 2 BauNVO zugelassen werden.

463 Im Dorfgebiet sind **Schank- und Speiswirtschaften** sowie Beherbergungsbetriebe grundsätzlich auch dann zulässig, wenn sie nicht der Versorgung des Gebiets dienen, sofern sie nicht im Einzelfall (etwa wegen ihres Umfangs) der Eigenart des jeweiligen Baugebiets widersprechen (§ 15 I 1 BauNVO)[914] Die Störungen müssen in diesem Fall über den Charakter eines Dorf- oder auch Mischgebietes hinausgehen. Auch die Festsetzung eines Dorfgebietes muss städtebaulich motiviert sein; es darf vom Plangeber nicht in Wahrheit ein anderer Gebietscharakter gewollt sein.[915] Aus der besonderen Erwähnung von **Lagerhäusern** und **Lagerplätzen** in den §§ 8 und 9 BauNVO kann nicht geschlossen werden, dass sie nur in Gewerbe- und Industriegebieten zulässig sein können. Die

---

[910] *BVerwG*, B. v. 7. 9. 1995 – 4 B 200.95 – ZfBR 1996, 57 = RdL 1996, 6 = UPR 1996, 72.
[911] *BVerwG*, B. v. 4. 12. 1995 – 4 B 258.95 – BauR 1996, 218 = DVBl. 1996, 270 = UPR 1996, 112 – Hotel; *Fickert/Fieseler*, Rdn. 2.2 zu § 5 BauNVO.
[912] *BVerwG*, B. v. 19. 1. 1996 – 4 B 7.96 – BRS 58 (1996), Nr. 67 – ländliches Mischgebiet.
[913] *VG Weimar*, Urt. v. 23. 9. 1998 – 1 E 2186/98.We – ThürVBl. 1999, 22; *OVG Lüneburg*, Urt. v. 31. 7. 1998 – 1 M 2978/98 – RdL 1999, 90 – Rinderstall.
[914] *BVerwG*, B. v. 4. 12. 1995 – 4 B 258.95 – BauR 1996, 218 = DVBl. 1996, 270 = UPR 1996, 112 – Hotel.
[915] So für eine beabsichtigte ausschließliche Wohnnutzung *OVG Münster*, Urt. v. 16. 9. 2002 – 7 a D 118/00.NE – Dorfgebiet. Auch eine bäuerliche Nutzung darf nicht ausgeschlossen werden, so *VGH Kassel*, Urt. v. 17. 9. 2002 – 4 N 2842/98 – RdL 2003, 61 – Dorfgebiet.

planungsrechtliche Zulässigkeit von Lagerhäusern und -plätzen in einem anderen Baugebiet hängt davon ab, ob sie mit der Zweckbestimmung dieses anderen Baugebiets vereinbar sind. Der Lagerplatz eines kleinen Bauunternehmens kann in einem Dorfgebiet zulässig sein, auch wenn er vom Betriebssitz räumlich getrennt ist.[916]

Der **Begriff** der **Landwirtschaft** umfasst nach § 201 BauGB insbesondere den Ackerbau, die Wiesen- und Weidewirtschaft einschließlich Tierhaltung, so weit das Futter überwiegend auf den zum landwirtschaftlichen Betrieb gehörenden, landwirtschaftlich genutzten Flächen erzeugt werden kann, die gartenbauliche Erzeugung, den Erwerbsobstbau, den Weinbau, die berufsmäßige Imkerei und die berufsmäßige Binnenfischerei. Wirtschaftsstellen landwirtschaftlicher Betriebe unterscheiden sich von gewerblichen Betrieben durch die eigene Bodenertragsnutzung und die eigene, durch Bodenbewirtschaftung oder durch Gütertausch mittelbar gewonnene Futtergrundlage für die **Tierhaltung**. Werden die Wirtschaftsgebäude dagegen ausschließlich zur Tierintensivhaltung genutzt – die Acker- und Weideflächen sind verpachtet oder veräußert – oder geht die Tierintensivhaltung überhaupt nicht auf einen herkömmlichen landwirtschaftlichen Betrieb zurück, so handelt es sich nicht um eine Wirtschaftsstelle eines landwirtschaftlichen Betriebes, sondern um einen Gewerbebetrieb. Nach der Definition in der Rechtsprechung des *BVerwG* besteht das Wesen eines landwirtschaftlichen Betriebs darin, die drei Produktionsfaktoren Boden, Betriebsmittel und menschliche Arbeit zu einer „Produktionseinheit" zusammenzufassen und diese planmäßig unter sachkundiger Leitung zum Zwecke der Gewinnerzielung einzusetzen. Auch die **Pensionstierhaltung** fällt unter die Begriff der Landwirtschaft, obwohl der Begriff in § 201 BauGB durch das EAG Bau gestrichen worden ist. Nach wie vor ist allerdings ein Bezug zur unmittelbaren Bodenertragsnutzung erforderlich. Die damit verbundene enge Auslegung des Begriffs der Landwirtschaft hat gute Gründe. Sie liegen in der vom Gesetz in § 35 I Nr. 1 BauGB gewollten Privilegierung. Nur die langfristige, auf eine unmittelbare Bodenertragsnutzung angewiesene gewerbliche Tätigkeit kann es städtebaulich rechtfertigen, einen Eingriff in die Landwirtschaft des Außenbereichs ohne konkrete Planung der Gemeinde kraft Gesetzes hinzunehmen.[917] Allerdings hat das EAG Bau den Begriff der **Landwirtschaft** in § 201 BauGB insoweit erweitert, als an die Stelle einer konkreten Betrachtung der Bodenertragsnutzung eine **abstrakte Betrachtung** treten kann. Sind Flächen für einen entsprechenden Bodenertrag vorhanden und werden sie auch landwirtschaftlich genutzt, dann ist unschädlich, dass der Betriebsinhaber tatsächlich den überwiegenden Teil des benötigten Futters nicht auf den Flächen erwirtschaftet, sondern anderweitig bezieht. Mit dieser abstrakten Betrachtung wollte der Gesetzgeber den Veränderungen in der Landwirtschaft Rechnung tragen. Da heute auch in flächenbezogenen Tierhaltungen das erzeugte Futter vor der Verfütterung verarbeitet wird, wurde die Definition der Landwirtschaft diesen geänderten landwirtschaftlichen Produktionsbedingungen angepasst. Voraussetzung ist jedoch weiterhin, dass zu dem landwirtschaftlichen Betrieb genügend Flächen gehören, auf denen der überwiegende Futteranteil erzeugt werden kann. Der landwirtschaftliche Betrieb muss – wie bisher – nach den von der Rechtsprechung des *BVerwG*[918] entwickelten Grundsätzen ein auf Dauer und zwar für Generationen gedachtes und auch lebensfähiges Unternehmen sein. Im Regelfall muss die bewirtschaftete Fläche überwiegend im Eigentum des Landwirts stehen oder zumindest langfristig gepachtet sein. Auch Sammelstellen für landwirtschaftliche Erzeugnisse sind im Dorfgebiet zulässig. § 5 II Nr. 4 BauNVO enthält keinerlei Hinweis darauf, dass ein lokaler oder konkreter innerer (funktio-

---

[916] *BVerwG*, Urt. v. 8. 11. 2001 – 4 C 18.00 – NVwZ 2002, 730 = BauR 2002, 747. Zur Gliederung eines faktischen Dorfgebietes *OVG Münster*, Urt. v. 16. 9. 2002 – 7 a D 4/01.NE – DVBl. 2003. 216 = BauR 2003, 7 – Dorfgebiet.

[917] *BVerwG*, B. v. 25. 10. 1996 – 4 B 191.96 – Buchholz 426.1 § 5 BauNVO Nr. 6 – Hundezucht. Ein Hundezuchtbetrieb kann auch in einem Gewerbegebiet zulässig sein.

[918] *BVerwG*, Urt. v. 13. 4. 1983 – 4 C 62.78 – BRS 40 Nr. 76.

naler) Zusammenhang der Sammelstelle für landwirtschaftliche Erzeugnisse mit anderen Vorhaben oder Betrieben „im Dorf" gegeben sein muss. Für eine derartige einschränkende Auslegung gibt auch § 5 I BauNVO keinen Anhalt.[919]

465 Auch innerhalb der landwirtschaftlichen Nutzung sind verschiedene **Nutzungstypen** zu unterscheiden, deren Wechsel eine Nutzungsänderung darstellen kann. Der Übergang von emissionsarmer Rinderhaltung zur weit emissionsträchtigeren Intensiv-Schweinehaltung stellt eine genehmigungspflichtige Nutzungsänderung dar. Bodenrechtlich relevant ist eine Änderung der Nutzungsweise dann, wenn sie für die Nachbarschaft erhöhte Belastungen mit sich bringt.[920] Wird eine bauaufsichtliche Genehmigung für eine die Tierhaltung einschließende landwirtschaftliche Nutzung erteilt, so ist damit nicht jede beliebige Art der Tierhaltung legalisiert. Die Anforderungen, die zu stellen sind, differieren, je nachdem, ob die Stallungen z. B. ausschließlich oder vornehmlich für die Rinder- oder Schafhaltung bestimmt oder allein der Schweinemast – etwa im Flüssigmistverfahren – vorbehalten sind. Vom Schutz, den § 5 I 2 BauNVO landwirtschaftlichen Betrieben vermittelt, nicht mitumfasst sind Betriebserweiterungen und -umstellungen, die mit erhöhten, der Nachbarschaft nicht zumutbaren Immissionsbelastungen verbunden sind. Die Zukunftsperspektive, die der Landwirtschaft in einem Dorfgebiet eröffnet wird, besteht nicht darin, durch betriebliche Veränderungen zu beliebiger Zeit zu Lasten der Nachbarschaft eine Verschlechterung der Immissionsverhältnisse herbeiführen zu dürfen. Auf der Grundlage der ausgeübten, bereits vorhandenen Nutzung soll vielmehr die weitere betriebliche Entwicklung dem Druck entzogen wird, der sonst in Gebieten mit gemischter Struktur von konkurrierenden Nutzungen ausgehen und in einem allgemeinen Verdrängungsprozess seinen sichtbaren Niederschlag finden kann.[921]

466 Die **Grenzwerte für die Zumutbarkeit von Belastungen** in Dorfgebieten i. S. des § 5 BauNVO sind – solange gesetzliche oder andere, rechtlich konkretisierende Festlegungen fehlen – von den Behörden und Gerichten anhand einer umfassenden Würdigung aller Umstände des Einzelfalls und insbesondere der speziellen Schutzwürdigkeit des jeweiligen Baugebiets zu bestimmen. Selbst wenn hinsichtlich einzelner Beeinträchtigungsarten **technische Regelwerke** vorhanden sind (z. B. DIN-Normen oder VDI-Richtlinien), bieten diese im Rahmen der gebotenen Einzelfallprüfung nur eine Orientierungshilfe oder einen groben Anhalt. Unzulässig ist in jedem Falle eine nur schematische Anwendung bestimmter Mittelungspegel oder Grenzwerte. Diese Grundsätze hat das *BVerwG* für den Bereich der Lärm- und Abgasbelastungen wiederholt ausgesprochen.[922] Sie haben auch für Geruchsbelastungen ihre Gültigkeit. Wenn es für die Rinderhaltung keine Regelwerke gibt, welche der Verwaltungspraxis und den Gerichten eine gewisse Orientierung geben könnten, kann das Gericht dem nicht durch eigene Orientierungswerte begegnen. Es muss vielmehr bei einer auf den Einzelfall ausgerichteten Beurteilung verbleiben.[923]

467 Hinsichtlich seiner **Störanfälligkeit** ist das Dorfgebiet etwa mit dem Mischgebiet vergleichbar. Der Schutz des Wohnens ist grundsätzlich geringer als in einem Wohngebiet. Auch müssen Immissionen durch dorfgebietstypische Nutzungen, etwa der Kleintierhaltung oder landwirtschaftlicher sowie forstwirtschaftlicher Betriebsstätten, hingenommen werden, solange sie das zumutbare Maß nicht überschreiten. Städtisch geprägte Wohnvorstellungen müssen daher an das dörfliche Leben angepasst werden. Besteht für das Gebiet kein Bebauungsplan und ist das im nicht beplanten Innenbereich liegende Vorhaben

---

[919] *BVerwG*, B. v. 2. 8. 1996 – 4 B 136.96 – BRS 58 (1996), 68 – Sammelstelle.
[920] *BVerwG*, Urt. v. 14. 1. 1993 – 4 C 19.90 – DVBl. 1993, 652 = NVwZ 1993, 1184 – *Hoppe/Stüer* RzB Rdn. 360.
[921] *BVerwG*, Urt. v. 14. 1. 1993 – 4 C 19.90 – DVBl. 1993, 652; vgl. auch u. Rdn. 2425.
[922] *BVerwG*, B. v. 18. 12. 1990 – 4 N 6.88 – Buchholz 406.11 § 1 BauGB Nr. 50 = ZfBR 1991, 120 = NVwZ 1991, 881 m. w. Nachw.
[923] *BVerwG*, B. v. 27. 1. 1994 – 4 B 16.94 – *Hoppe/Stüer* RzB Rdn. 903 – Rinderhaltung.

nach § 34 I BauGB zu beurteilen, so gelten besondere Grundsätze: In einem solchen **faktischen Dorfgebiet** kann sich ein Landwirt nicht erfolgreich mit dem Argument zur Wehr setzen, durch eine Wohnnutzung in der Nachbarschaft werde ihm für die Zukunft die Möglichkeit abgeschnitten, seinen Betrieb zu erweitern oder umzustellen. In einer Innenbereichslage, die durch ein Nebeneinander von landwirtschaftlichen Betrieben samt dazugehörigen Wohnungen bzw. Wohngebäuden gekennzeichnet ist, lässt § 34 I BauGB es nicht zu, dass sich die landwirtschaftlichen Betriebe gegen konkurrierende Wohnnutzung abschotten. § 34 I BauGB bietet keine Handhabe, überkommene Strukturen festzuschreiben. Der Gedanke der strikten Wahrung eines Mindestmaßes an qualitativer und quantitativer Mischung, wie er etwa § 6 BauNVO zugrunde liegt, ist § 34 I BauGB fremd.[924] Die Gebietsregelungen der BauNVO sind dann anzuwenden, wenn das Gebiet i. S. des § 34 II BauGB einheitlich strukturiert ist. Die Einordnung eines Gebietes als faktisches Dorfgebiet nach § 34 II BauGB setzt dabei nicht voraus, dass den dort vorhandenen Wirtschaftsstellen land- oder forstwirtschaftlicher Betriebe ein zahlenmäßiges oder sonstiges Übergewicht zukommt.[925]

f) Mischgebiete. Sie dienen nach § 6 I BauNVO vorwiegend dem Wohnen und der Unterbringung von Gewerbebetrieben, die das Wohnen nicht wesentlich stören.[926] Das Wohnen und die gewerbliche Nutzung stehen somit im Mischgebiet nebeneinander. Die Gleichrangigkeit und Gleichwertigkeit beider Nutzungen soll dabei weniger durch eine flächenmäßige oder zahlenmäßige Quotierung erreicht werden, sondern durch ein ausgewogenes Verhältnis hinsichtlich des Störungsgrades, der wechselseitigen Verträglichkeit und der Vielfalt der Wohn- und Gewerbenutzungen. Zugleich ist auf ein ausgewogenes quantitatives und qualitatives Mischungsverhältnis der Wohnnutzung und der gewerblichen Nutzung hinzuwirken.

Hinsichtlich des **Störungsgrades** ist der Wohnnachbarschaft mehr zuzumuten als in einem Wohngebiet. Andererseits haben die gewerblichen Betriebe mehr Rücksicht auf die Wohnnachbarschaft zu nehmen als in einem Gewerbegebiet. Dabei folgt aus der typisierenden Betrachtungsweise, dass in einem durch Bebauungsplan ausgewiesenen Mischgebiet grundsätzlich auf jedem Baugrundstück die nach dem Katalog des § 6 BauNVO zulässigen Nutzungen in Betracht gezogen werden müssen. Allerdings kann im Einzelfall nach § 15 I BauNVO über das Gebot der nachbarlichen Rücksichtnahme eine an sich in einem Mischgebiet zulässige Nutzung unzulässig sein. Eine Erhöhung der vorhandenen Belastung führt nicht automatisch zur Unzulässigkeit einer Nutzung im Mischgebiet. Auch in einem Mischgebiet, das bislang einen eher ruhigen Charakter besaß, muss jedermann mit gebietstypischen Störungen rechnen.[927]

Beispiel: Eine kleinere Kraftfahrzeugreparaturwerkstatt ohne Karosseriereparatur und ohne größeren Maschinenpark kann als nicht störender Gewerbebetrieb im Mischgebiet allgemein zulässig sein.[928] In der Nachbarschaft eines Krankenhauses oder einer vergleichbaren schutzbedürftigen Nutzung kann sich jedoch gem. § 15 BauNVO die Unzulässigkeit eines solchen Gewerbebetriebes ergeben.[929]

Allgemein zulässig sind nach § 6 II BauNVO Wohngebäude, Geschäfts- und Bürogebäude, Einzelhandelsbetriebe, Schank- und Speisewirtschaften sowie Betriebe des Be-

---

[924] *BVerwG*, Urt. v. 14. 1. 1993 – 4 C 19.90 – DVBl. 1993, 652 = *Hoppe/Stüer* RzB Rdn. 360.
[925] *VGH Mannheim*, Urt. v. 25. 5. 1998 – 8 S 1320/98 – RdL 1999, 62 = VGHBW RSpDienst 1998, Beilage 8, B 4 – 5 – faktisches Dorfgebiet. Zum Abwehranspruch im Außenbereich *OVG Greifswald*, Urt. v. 9. 2. 1999 – 3 M 133/98 – NordÖR 1999, 360 – Milchviehanlage.
[926] Zur Charakterisierung eines Mischgebiets (§ 6 BauNVO) *BVerwG*, B. v. 11. 4. 1996 – 4 B 51.96 – NVwZ-RR 1997, 463.
[927] *BVerwG*, B. v. 17. 1. 1995 – 4 B 1.95 – Buchholz 310 § 162 VwGO Nr. 29.
[928] *BVerwG*, B. v. 11. 4. 1975 – 4 B 37.75 – BauR 1975, 396 = Buchholz 406.12 § 6 BauNVO Nr. 3 – Kraftfahrzeugreparaturwerkstatt.
[929] *BVerwG*, Urt. v. 26. 5. 1978 – IV C 9.77 – BVerwGE 55, 369 = *Hoppe/Stüer* RzB Rdn. 336 – Harmonieurteil.

herbergungsgewerbes, sonstige Gewerbebetriebe, Anlagen für Verwaltungen sowie für kirchliche, kulturelle, soziale, gesundheitliche und sportliche Zwecke, Gartenbaubetriebe, Tankstellen sowie Vergnügungsstätten i. S. des § 4a III Nr. 2 BauNVO in den Teilen des Gebietes, die überwiegend durch gewerbliche Nutzungen geprägt sind. Ausnahmsweise können nach § 6 III BauNVO im Mischgebiet Vergnügungsstätten i. S. des § 4a III Nr. 2 BauNVO auch außerhalb der überwiegend durch gewerbliche Nutzung geprägten Bereiche zugelassen werden. Die Regelungen zu den **nicht kerngebietstypischen Vergnügungsstätten** sind durch die BauNVO 1990 neu gefasst.[930] Für die Zulässigkeit einer Vergnügungsstätte verweist § 6 II Nr. 8 BauNVO auf einen Gebietsteil, der überwiegend durch gewerbliche Nutzung geprägt wird. Dagegen nimmt die Vorschrift nicht auf die unmittelbare Nachbarbebauung Bezug. Der Verordnungsgeber hat erkennbar davon abgesehen, einen derart engen räumlichen Bereich als maßgeblich zu bestimmen.[931]

471 **Gewerbebetriebe** sind in einem Mischgebiet zulässig, wenn sie das Wohnen nicht wesentlich stören. Dabei ist von einer typisierenden Betrachtung auszugehen, die nach Maßgabe des konkreten Einzelfalls zu modifizieren ist. Die planungsrechtliche Zulässigkeit von unselbstständigen Nebenanlagen richtet sich dabei nach der des Betriebes, dem sie dienen soll.[932] Die im (großen) immissionsschutzrechtlichen Genehmigungsverfahren nach den §§ 4 ff. BImSchG i. V. mit der 4. BimSchVO[933] genehmigungsbedürftigen Anlagen sind in einem Mischgebiet regelmäßig unzulässig, weil der von solchen Anlagen ausgehende Störungsgrad den Verträglichkeitsrahmen eines Mischgebietes überschreitet. Nur als untergeordnete Nebenanlagen zu nicht wesentlich störenden Gewerbebetrieben können solche BImSchG-Anlagen ausnahmsweise zulässig sein.

Beispiel: Genehmigungsbedürftige Feuerungsanlagen oder nach § 38 BauGB genehmigungsbedürftige Müllverbrennungsanlagen können als Nebenanlagen von Gewerbebetrieben oder Krankenhäusern in einem Mischgebiet zulässig sein.

472 Bauunternehmen als Gewerbebetriebe sind hinsichtlich ihrer Mischgebietsverträglichkeit der Gruppe von Betrieben zuzurechen, die ihrer Art nach zu wesentlichen Störungen führen können, aber nicht zwangsläufig führen müssen. Ob sie in einem Mischgebiet zugelassen werden können, hängt von ihrer jeweiligen Betriebsstruktur ab. Je nach der Größe und dem Umfang des Betriebes, der technischen und personellen Ausstattung, der Betriebsweise und der Gestaltung der Arbeitsabläufe kann dies unterschiedlich zu beurteilen sein. Maßgeblich ist, ob sich die Störwirkungen, die die konkrete Anlage bei funktionsgerechter Nutzung erwarten lässt, innerhalb des Rahmens halten, der durch die Gebietseigenart vorgegeben ist.[934]

473 Bei den einem (kleinen) immissionsschutzrechtlichen Genehmigungsverfahren nach § 19 BImSchG unterliegenden Anlagen bedarf es einer Prüfung im Einzelfall, ob diese (noch) mischgebietsverträglich sind. Außer den in der 4. BImSchV aufgeführten Anlagen gehören zu den wesentlich störenden Gewerbebetrieben, die im Mischgebiet im Regelfall unzulässig sind, etwa Holz verarbeitende Betriebe mit maschineller Ausrüstung, ferner größere Transportunternehmen, Bauunternehmen mit einem größeren Kfz- und Maschinenpark, größere gewerbliche Lager und Handlungen für Brennstoffe sowie Lagerplätze für Straßenbaustoffe, Schrott, tierische Abfälle und für andere durch Lärm, Staub oder Gerüche belastende Stoffe.[935] Ob eine Selbstbedienungs-Autowaschanlage als das Wohnen nicht wesentlich störender Gewerbebetrieb im Mischgebiet nach § 6 I Bau-

---

[930] *Stüer* DVBl. 1990, 469.
[931] *BVerwG*, B. v. 14. 10. 1993 – 4 B 176.93 – Buchholz 406.12 § 6 BauNVO Nr. 13.
[932] *BVerwG*, Urt. v. 15. 11. 1991 – 4 C 17.88 – NVwZ-RR 1992, 402 = UPR 1992, 182 – Lagerhalle; vgl. auch B. v. 5. 9. 1996 – 4 B 162.96 – Buchholz 406.19 Nachbarschutz Nr. 138 – Vogelzuchtanlage.
[933] Abgedruckt bei *Stüer*, Bau- und Fachplanungsgesetze 1999, S. 707.
[934] *BVerwG*, B. v. 22. 11. 2002 – 4 B 72.02 – Buchholz 406.12 § 6 BauNVO Nr. 17.
[935] *Fickert/Fieseler* § 6 Rdn. 12.2.

NVO zulässig ist, hat das *BVerwG* einer Einzelfallbeurteilung überlassen, die an der konkreten Betriebsgestaltung und Gebietssituation auszurichten ist.[936]

Hinweis: In bereits bestehenden Gemengelagen besteht die durch § 1 X BauNVO geschaffene Möglichkeit, für vorhandene an sich in einem Mischgebiet unzulässige Gewerbebetriebe besondere Festsetzungen zu treffen, um eine Standortsicherung bzw. betriebswirtschaftlich erforderliche Erweiterungsmöglichkeiten zu schaffen. Hierdurch kann die Gemeinde die weitere Entwicklung solcher Gemengelagen i. S. des Verbesserungsgebotes etwa in Kombination mit entsprechenden Schutzvorkehrungen steuern, statt sie unbewältigt in die Zukunft zu verschieben.[937] Allerdings ist die Bauleitplanung nicht ganz allgemein auf das Verbesserungsgebot verpflichtet.[938]

Auch Einzelhandelsnutzungen sind im Mischgebiet zulässig. Allerdings gelten auch hier die Einschränkungen des § 11 III BauNVO. Im allgemeinen Wohngebiet sind kleinere Einzelhandelsgeschäfte als **Nachbarschaftsläden** zulässig. Es handelt sich dabei um Geschäfte, die der verbrauchernahen Versorgung eines Wohngebietes dienen und deren Verkaufsflächen-Obergrenze für einen SB-Lebensmittelmarkt bei etwa 700 m^2 liegt.[939] Ob auch für Mischgebiete eine derart einschränkende Größenbegrenzung gilt, ist fraglich. Das *BVerwG* geht offenbar im Mischgebiet von höheren Flächengrößen aus.[940]

Das **erforderliche quantitative Mischungsverhältnis** ist in einem Mischgebiet nur gewahrt, wenn sowohl die Wohnnutzung als auch die gewerbliche Nutzung ihr eigenes Gewicht haben. Die Eigenart des Mischgebiets als Baugebietstyp wird gem. § 6 I BauNVO dadurch gekennzeichnet, dass es sowohl dem Wohnen als auch der Unterbringung von Gewerbebetrieben dient, die das Wohnen nicht wesentlich stören. Der Verordnungsgeber hat die beiden Hauptnutzungsarten nicht in ein Rangverhältnis zueinander gestellt. Vielmehr ist das Mischgebiet nach seiner typischen Eigenart für Wohnen und nichtstörendes Gewerbe gleichermaßen offen. Die Nutzungen des Mischgebiets zum Wohnen und zur Unterbringung nicht wesentlich störender Gewerbebetriebe stehen als gleichwertige Funktionen nebeneinander. Das Verhältnis der beiden Nutzungsarten ist weder nach der Fläche noch nach Anteilen zu bestimmen.[941] Dieses gleichwertige Nebeneinander zweier Nutzungsarten setzt zum einen wechselseitige Rücksichtnahme der einen Nutzung auf die andere und deren Bedürfnisse voraus. Es bedeutet zum anderen aber auch, dass keine der Nutzungsarten ein deutliches Übergewicht über die andere gewinnen darf.[942] Das Mischgebiet darf deshalb nicht in ein allgemeines Wohngebiet oder Gewerbegebiet „umkippen".[943]

Beispiel: In einem Mischgebiet sind bereits neben einigen Wohnhäusern vier kleinere Einzelhandelsgeschäfte vorhanden. Dem ansiedlungswilligen Einzelhandelsbetrieb könnte über § 15 BauNVO entgegengehalten werden, dass das Hinzutreten einer weiteren Einzelhandelsnutzung den Gebietscharakter eines Mischgebietes verändert.

Hinweis: Bei Ausweisung eines Mischgebietes in baulich vorgeprägter Umgebung sollte die Gemeinde zunächst eine genaue Bestandsaufnahme i. S. einer Planungsanalyse vornehmen und prüfen, ob die in einem Mischgebiet zulässigen Nutzungen insgesamt in den Plan aufgenommen werden

---

[936] *BVerwG*, B. v. 18. 8. 1998 – 4 B 82.98 – NVwZ-RR 1999, 107 – SB-Autowaschanlage.
[937] *Fickert/Fieseler* § 6 Rdn. 12.2.
[938] *BVerwG*, B. v. 23. 6. 1989 – 4 B 100.89 – NVwZ 1990, 263 = DVBl. 1989, 1065 = *Hoppe/Stüer* RzB Rdn. 74.
[939] *BVerwG*, Urt. v. 22. 5. 1987 – 4 C 19.85 – BauR 1987, 528 = DVBl. 1987, 1006 = *Hoppe/Stüer* RzB Rdn. 943.
[940] *BVerwG*, B. v. 17. 1. 1995 – 4 B 1.95 – Buchholz 310 § 162 VwGO Nr. 29.
[941] *BVerwG*, Urt. v. 28. 4. 1972 – IV C 11.69 – BVerwGE 40, 94; Urt. v. 4. 5. 1988 – 4 C 34.86 – BVerwGE 79, 309; B. v. 11. 4. 1996 – 4 B 51.96 – Buchholz 406.11 § 34 BauGB Nr. 179 = ZfBR 1997, 51 – faktisches Mischgebiet.
[942] *BVerwG*, Urt. v. 25. 11. 1983 – 4 C 64.79 – BVerwGE 68, 207; Urt. v. 21. 2. 1986 – 4 C 31.83 – Buchholz 406.12 § 6 BauNVO Nr. 7 = NVwZ 1986, 643.
[943] *BVerwG*, Urt. v. 4. 5. 1988 – 4 C 34.86 – BVerwGE 79, 309 = BauR 1988, 440 = *Hoppe/Stüer* RzB Rdn. 908 – Hofgarten.

sollten oder der Nutzungskatalog nach § 1 V bis IX BauNVO eingeschränkt werden sollte. Dabei kommen insbesondere Nutzungseinschränkungen für Einzelhandelsbetriebe oder Vergnügungsstätten in Betracht. Auch kann das Instrument einer horizontalen oder vertikalen Gliederung nach § 1 IV, V und VII BauNVO genutzt werden.

476 Die in der Darstellung einer **gemischten Baufläche** mit darin **eingestreuten Gemeinbedarfsflächen**[944] zum Ausdruck kommende, auf eine Mischung von Wohnen, Gewerbe und Infrastruktureinrichtungen gerichtete Grundkonzeption eines Flächennutzungsplans wird durch die Festsetzung einer einzelnen in diesem Plan für Gemeinbedarfseinrichtungen vorgesehenen Fläche als Kerngebiet nicht berührt.[945] In Fällen eines **faktischen Mischgebietes** gelten keine anderen Anforderungen an die gebotene Durchmischung als bei einer unmittelbaren Anwendung des § 6 BauNVO. Entspricht daher die Umgebung einem Mischgebiet, so beurteilt sich die planungsrechtliche Zulässigkeit von Vorhaben der Art nach über die Verweisungsvorschrift in § 34 II BauGB nach § 6 BauNVO. Auch in einem solchen faktischen Mischgebiet muss ein entsprechendes Mischungsverhältnis vorhanden sein und durch neue Vorhaben gewahrt werden. § 34 II BauGB hat dabei grundsätzlich nachbarschützende Qualität.[946] Der Nachbar hat daher auf die Bewahrung der Gebietsart einen Schutzanspruch, der über das Rücksichtnahmegebot hinausgeht.[947] Allgemein zulässig in einem Mischgebiet sind nach § 6 II Nr. 3 BauNVO auch Schank- und Speisewirtschaften. Auch ein Gastronomiebetrieb, der fast ausschließlich größeren Gesellschaften zur Verfügung stehen soll, fällt unter den Begriff der „Schank- und Speisewirtschaft" i. S. von § 6 II Nr. 3 BauNVO. Denn auch in einem solchen Betrieb werden Getränke und zubereitete Speisen zum Verzehr an Ort und Stelle verabreicht (vgl. § 1 I Nrn. 1 und 2 GaststättenG). § 6 II Nr. 3 BauNVO enthält für das Mischgebiet weder eine Größenbeschränkung noch eine Beschränkung auf die Versorgungsfunktion für das Gebiet, wie dies gem. § 2 II Nr. 2 und § 4 II Nr. 2 BauNVO für Kleinsiedlungsgebiete und allgemeine Wohngebiete bestimmt ist. Beschränkungen wegen der Größe oder wegen der besonderen Art des gastronomischen Betriebes können sich allenfalls im Einzelfall bei der Zulassung eines bestimmten Betriebes – also im Baugenehmigungsverfahren – gem. § 15 I 1 BauNVO ergeben.[948]

477 Auch größere **Sportanlagen**, die über die in einem Wohngebiet zulässigen wohnnahen Sportanlagen hinausgehen, sind in einem Mischgebiet zulässig, wenn das Gebot der Rücksichtnahme auf benachbarte Wohnnutzungen gewahrt ist. Dabei muss neben den Lärmbeeinträchtigungen durch den Sportbetrieb selbst ggf. auch der Verkehrslärm durch zu- und abfahrende Fahrzeuge berücksichtigt werden.[949]

Hinweis: Die planende Gemeinde hat bei der Ausweisung solcher Flächen für Sportanlagen in einem Mischgebiet darauf zu achten, dass der Sportlärm insbesondere die Wohnnachbarschaft nicht unzumutbar beeinträchtigt. Dies gilt auch für die Anordnung von Nebenanlagen und die Ausweisung von Stellplätzen sowie die Erschließung der Sportanlage. Ggf. ist durch Schutzauflagen Vorsorge gegen unzumutbare Lärmbeeinträchtigungen zu treffen. In kritischen Fällen sollte zunächst ein Schallschutzgutachten eingeholt werden, dessen Ergebnisse in die Bauleitplanung einzustellen sind.

---

[944] Zur Festsetzung einer Gemeinbedarfsfläche für die Erfordernisse für Gottesdienst und Seelsorge (§ 1 V 2 Nr. 6 BauGB) *VGH Mannheim*, Urt. v. 11. 3. 1999 – 3 S 1524/96 – NVwZ-RR 1999, 625.
[945] *VGH Mannheim*, Urt. v. 4. 5. 1999 – 8 S 1024/99 – VGHBW RSpDienst 1999, Beilage 7, B 4.
[946] *BVerwG*, Urt. v. 16. 9. 1993 – 4 C 28.91 – BVerwGE 94, 151 = NJW 1994, 1546.
[947] *BVerwG*, B. v. 11. 4. 1996 – 4 B 51.96 – Buchholz 406.11 § 34 BauGB Nr. 179 = ZfBR 1997, 51 – faktisches Mischgebiet.
[948] *BVerwG*, B. v. 27. 12. 1995 – 4 NB 33.95 – Gastronomiebetrieb. Zum Rechtsschutz der Nachbarn gegen Sperrzeitverkürzungen *VG Düsseldorf*, B. v. 19. 3. 1998 – 18 L 5554/97 – DWW 1998, 153 – Sperrzeitverkürzung.
[949] *BGH*, Urt. v. 17. 12. 1982 – V ZR 55/82 – NJW 1983, 751 = *Hoppe/Stüer* RzB Rdn. 92; *BVerwG*, Urt. v. 19. 1. 1989 – 7 C 77.87 – BVerwGE 81, 197 = *Hoppe/Stüer* RzB Rdn. 93 – Tegelsbarg; *Stüer* BauR 1985, 148.

So weit die Festsetzungsmöglichkeiten des § 6 BauNVO nicht reichen, können diese **478** nicht durch **Sondergebietsfestsetzungen** nach § 10 BauNVO ergänzt oder modifiziert und so ein Mischgebiet eigener Art geschaffen werden. Weder § 10 BauNVO noch § 11 BauNVO dürfen dazu benutzt werden, Mischgebiete eigener Art festzusetzen. Die Vorschriften sind keine Auffangtatbestände für Fälle, in denen Differenzierungen im Nutzungsartenkatalog eines Baugebietes nach § 1 IV bis IX BauNVO unzulässig wären, weil sie die allgemeine Zweckbestimmung des Baugebietes sprengen würden.[950] Wird allerdings (zulässigerweise) ein Sondergebiet mit einem besonderen Zweck i. S. der §§ 10 oder 11 BauNVO festgesetzt, so können darin auch Festsetzungen einbezogen werden, die in einem Mischgebiet zulässig wären.[951]

Beispiel: Die Gemeinde setzt ein Sondergebiet Freizeit und Segelsport fest, das der Erholung dienen soll. Zugleich wird das Sondergebiet untergliedert und für Teilgebiete wie Freizeitzentrum oder Läden und Gaststätten besondere Regelungen hinsichtlich der Zulässigkeit bestimmter Anlagen getroffen. So weit diese Anlagen mit der Hauptnutzung in Zusammenhang stehen, wird nicht ein Mischgebiet besonderer Art unter Umgehung der § 1 IV bis IX, § 6 BauNVO festgesetzt.[952]

g) Kerngebiete. Sie dienen nach § 7 I BauNVO vorwiegend der Unterbringung von **479** Handelsbetrieben sowie von zentralen Einrichtungen der Wirtschaft, der Verwaltung und der Kultur. Es handelt sich dabei zumeist um die Innenstädte der Großstädte, aber auch um Zentren von Stadtbezirken oder von kleineren und mittleren Städten. Das Kerngebiet ist Kristallisationspunkt für das Wirtschaftsleben, für Dienstleistungsbetriebe und Einrichtungen aller Art sowie den wachsenden Freizeitbedarf. Zugleich soll aber durch entsprechende planerische Festsetzungen den häufig zu beobachtenden Mangelerscheinungen nach Büro- und Geschäftsschluss und insbesondere einer Verödung der Innenstädte entgegengewirkt werden. Ein attraktives Wohnumfeld leistet hierzu einen wichtigen Beitrag. Auch für gewachsene Zentren eingemeindeter Städte kommt die Festsetzung eines Kerngebietes in Betracht. Andererseits benötigt nicht jede Gemeinde ein eigenes Kerngebiet. Vor allem in kleineren Gemeinden reicht die Festsetzung eines Mischgebietes aus.

Allgemein zulässig sind in einem Kerngebiet nach § 7 II BauNVO Geschäfts-, Büro- **480** und Verwaltungsgebäude, Einzelhandelsbetriebe, Schank- und Speisewirtschaften, Betriebe des Beherbergungsgewerbes und Vergnügungsstätten, sonstige nicht störende Gewerbebetriebe, Anlagen für kirchliche, kulturelle, soziale, gesundheitliche und sportliche Zwecke, Tankstellen im Zusammenhang mit Parkhäusern und Großgaragen, Wohnungen für Aufsichts- und Bereitschaftspersonen sowie für Betriebsinhaber und Betriebsleiter sowie sonstige Wohnungen nach Maßgabe von Festsetzungen des Bebauungsplans. Sofern der Bebauungsplan keine wirksamen Festsetzungen enthält, die etwas Abweichendes bestimmen, schließt die Festsetzung eines Kerngebiets auch die Zulassung von Anlagen der Fremdwerbung mit ein (vgl. § 7 II Nr. 3 BauNVO).[953] **Ausnahmsweise** können nach § 7 III BauNVO in Kerngebieten Tankstellen auch ohne eine Verbindung mit Parkhäusern oder Großgaragen oder sonstige Wohnungen zugelassen werden. § 7 IV BauNVO ermöglicht bei Rechtfertigung durch besondere städtebauliche Gründe auch Festsetzungen zu Gunsten von Wohnungen in bestimmten Geschossen oder in einem bestimmten Anteil.

Hinweis: Im Interesse einer Revitalisierung der Innenstädte können die nach § 7 IV BauNVO bestehenden Möglichkeiten genutzt werden, für Teile des Kerngebietes in Obergeschossen ausschließlich Wohnnutzung zuzulassen oder im Bebauungsplan den Anteil oder die Größe der einer Wohn-

---

[950] *BVerwG*, Urt. v. 18. 2. 1983 – 4 C 18.81 – BVerwGE 67, 23 = *Hoppe/Stüer* RzB Rdn. 373.
[951] *BVerwG*, B. v. 1. 12. 1994 – 4 NB 29.94 – Buchholz 406.12 § 10 BauNVO Nr. 3 – Freizeitwohnen und Segelsport.
[952] S. Rdn. 509.
[953] *BVerwG*, Urt. v. 16. 3. 1995 – 4 C 3.94 – NVwZ 1995, 899 = DÖV 1995, 825 = UPR 1995, 350 = BauR 1995, 508.

nutzung vorbehaltenen Geschossfläche festzusetzen. Diese Festsetzungen bedürfen allerdings der besonderen städtebaulichen Rechtfertigung und Begründung. Zugleich darf der Gesamtcharakter des Kerngebietes nicht beeinträchtigt werden.

481 Der **Störungsgrad** hat sich an dem im Kerngebiet zulässigen Mischungsverhältnis unterschiedlicher Nutzungen zu orientieren. Er wird im Bereich zwischen den im Gewerbegebiet bzw. in einem Mischgebiet zulässigen Störungen liegen. Die Bewohner müssen die in einem Kerngebiet unvermeidlichen Störungen insbesondere durch Geschäftslärm aber auch Verkehrslärm in größerem Umfang als in einem Wohngebiet in Kauf nehmen. Eine ambulante Einrichtung der Drogenhilfe ist als Anlage für soziale und (oder) gesundheitliche Zwecke im Sinne des § 7 II Nr. 4 BauNVO in einem Kerngebiet allgemein zulässig, auch wenn der Bebauungsplan Festsetzungen gemäß § 7 II Nr. 7 BauNVO über die allgemeine Zulässigkeit von Wohnungen in dem Gebiet trifft.[954]

482 Bei der Festsetzung von Kerngebieten bestehen umfangreiche **Gliederungs- und Differenzierungsmöglichkeiten** nach § 1 IV bis IX BauNVO. Die horizontale Gliederung nach der Art der zulässigen Nutzung und nach der Art der Betriebe und Anlagen und deren besonderen Bedürfnissen und Eigenschaften gem. § 1 IV BauNVO ermöglicht insbesondere in Großstädten, Nutzungen einer bestimmten Art zu bündeln und verwandte oder zusammenhängende Betriebsformen wie Verwaltungszentren, Bankenzentren, Vergnügungsviertel oder Einkaufszentren planerisch auszubilden und in ihrer Entwicklung zu unterstützen. Auch Fußgängerbereiche können durch eine entsprechend eingeschränkte Kerngebietsausweisung auf eine geschäftliche Nutzung in Kombination mit einer Wohnnutzung in den oberen Geschossebenen ausgerichtet werden. Eine Festsetzung, wonach im **Kerngebiet Wohnungen** allgemein und überall zulässig sind, verstößt nach Ansicht des *OVG Münster* gegen § 1 VI Nr. 2 BauNVO, weil dadurch die allgemeine Zweckbestimmung des Kerngebietes nicht gewahrt ist.[955] Durch eine vertikale Gliederung nach § 1 VII BauNVO kann für einzelne Geschosse oder Ebenen, die beispielsweise an einer Fußgängerzone liegen, eine Konzentration der Einzelhandelsnutzung erreicht werden, um den Publikumsverkehr zusammenzufassen. Zugleich können etwa Vergnügungsstätten auf andere Geschossebenen verwiesen werden. Diese vertikale Gliederung kann sowohl für Geschosse und Ebenen oberhalb als auch unterhalb des Erdgeschosses (etwa bei Fußgängerpassagen) vorgesehen werden.[956]

Hinweis: Die Gemeinde wird bei der Festsetzung eines Kerngebietes von den Gliederungsmöglichkeiten nach § 1 IV bis IX BauNVO auch Gebrauch machen, wenn ein Ausschluss von Spielhallen oder anderen kerngebietstypischen Vergnügungsstätten oder auch eine Beschränkung der Einzelhandelsnutzung sinnvoll erscheint. Dies bedarf allerdings jeweils besonderer städtebaulicher Gründe, die in der Begründung des Bebauungsplans niedergelegt werden sollten.[957]

483 h) **Gewerbegebiete.** Sie dienen nach § 8 I BauNVO vorwiegend der Unterbringung von nicht erheblich belästigenden Gewerbebetrieben. Vom Industriegebiet unterscheidet sich das Gewerbegebiet dadurch, dass das Industriegebiet ausschließlich der Unterbringung von störenden Gewerbebetrieben dient, während das Gewerbegebiet vorwiegend der nicht so stark störenden gewerblichen Nutzung dient. Dabei ist der im Industrie-

---

[954] *BVerwG*, B. v. 6. 12. 2000 – 4 B 4.00 – DVBl. 2001, 669 = NVwZ-RR 2001, 217 = BauR 2001, 605 – mindestens 25 v. H. der Geschossfläche. Auch in einem Mischgebiet kann eine Heroin-Ambulanz nach § 6 II Nr. 5 BauNVO zulässig sein, so *VGH Kassel*, B. v. 12. 3. 2003 – 3 TG 3259/02 – ZfBR 2003, 488. Auch eine ehemals militärische Liegenschaft kann einen nicht beplanten Innenbereich darstellen und als Mischgebiet zu behandeln sein, so *BVerwG*, Urt. v. 17. 5. 2002 – 4 C 6.01 – DVBl. 2002, 1479 mit Anm. *Christian Krane* 1484 = NVwZ 2003, 211 – Konversionsfläche.
[955] *OVG Münster*, Urt. v. 21. 8. 1997 – 11a D 156/93.NE – BauR 1998, 294, auch zur Überplanung eines faktischen Mischgebiets.
[956] *Fickert/Fieseler* § 7 Rdn. 525; *BVerwG*, B. v. 25. 2. 1997 – 4 NB 30.96 – NVwZ 1997, 896 = BauR 1997, 603 – Dachgeschosszahl-Festsetzung.
[957] *BVerwG*, B. v. 5. 1. 1995 – 4 B 270.94 – Spielhalle.

gebiet mögliche Störungsgrad höher als in einem Gewerbegebiet. Im Gegensatz zum Mischgebiet ist im Gewerbegebiet die Wohnnutzung – abgesehen von betriebsbezogenen Wohnungen – nicht zulässig. Auch bestehen im Gewerbegebiet im Vergleich zum Mischgebiet nach Maßgabe des § 15 BauNVO intensivere gewerbliche Bebauungsmöglichkeiten. Der Störungsgrad ist gesteigert und das Duldungspotenzial der Wohnnutzung entsprechend erhöht.

Allgemein zulässig sind nach § 8 II BauNVO in einem Gewerbegebiet Gewerbebetriebe aller Art, Lagerhäuser, Lagerplätze und öffentliche Betriebe, Geschäfts-, Büro- und Verwaltungsgebäude, Tankstellen und Anlagen für sportliche Zwecke. **Ausnahmsweise** können nach § 8 III BauNVO Wohnungen für Aufsichts- und Bereitschaftspersonen sowie für Betriebsinhaber und Betriebsleiter, die dem Gewerbebetrieb zugeordnet sind und ihm gegenüber in Grundfläche und Baumasse untergeordnet sind, Anlagen für kirchliche, kulturelle, soziale und gesundheitliche Zwecke sowie Vergnügungsstätten zugelassen werde.

Wegen ihres zu hohen Störungsgrades sind die im großen immissionsschutzrechtlichen Genehmigungsverfahren nach **§ 4 BImSchG i.V. mit § 2 der 4. BImSchV**[958] **genehmigungsbedürftigen Anlagen** ebenso wie im Mischgebiet in aller Regel nicht zulässig. Solche Betriebe sind vielmehr grundsätzlich in das Industriegebiet verwiesen. Dagegen sind die in Spalte 2 des Anh. der 4. BImSchV aufgeführten Arten von Anlagen grundsätzlich im Gewerbegebiet zulässig. Auch nach § 4 BImSchG genehmigungsbedürftige Anlagen können im Einzelfall in einem Gewerbegebiet zugelassen werden, wenn nachgewiesen ist, dass Standort und Betriebsweise nach dem Stand der Technik in einem Gewerbegebiet verträglich sind. Dabei ist die Zweckbestimmung des Gewerbegebietes zu berücksichtigen, das hinsichtlich des zulässigen Störungsgrades zwischen dem Mischgebiet und dem Industriegebiet liegt. Erhebliche Nachteile und Belästigungen für die Umgebung sollen dabei vermieden werden. Auch diese Prüfung wird sich zunächst an den typischen Merkmalen der jeweiligen Nutzung ausrichten. Sodann erfolgt ggf. eine Einzelfallprüfung, bei der die Besonderheiten der Anlage, aber auch die jeweiligen Standortes berücksichtigt werden können.

Für das **Wohnen** im bauordnungsrechtlichen wie im bauplanungsrechtlichen Sinn ist eine auf Dauer angelegte Haushaltsführung kennzeichnend. Hiervon ist die Unterbringung in einer Unterkunft zu unterscheiden. Auch Prostituierte, die sich ganztägig in einem Bordell aufhalten, erfüllen damit nicht den traditionellen Begriff des Wohnens. Das städtebauliche Ziel, in einem Planbereich die bisherige hochwertige Gebietsstruktur zu erhalten und zu stärken, indem das Gebiet weiterhin vor allem dem produzierenden und verarbeitenden Gewerbe vorbehalten bleibt, kann mit dem Instrumentarium bauplanerischer Festsetzungen erreicht werden. Grundsätzlich ist es möglich, die Nutzungsstruktur eines bereits bebauten Gebietes durch bauplanerische Festsetzungen in städtebaulich relevanter Weise günstig zu beeinflussen. Der vollständige Ausschluss von Vergnügungsstätten in einem Gewerbegebiet und der vollständige Ausschluss von Bordellen und bordellartigen Betrieben im Industrie- und Gewerbegebiet kann im Wege der Gliederung der jeweiligen Gebiete (bezüglich der Vergnügungsstätten gemäß § 1 V BauNVO, im Übrigen gemäß § 1 IX BauNVO) erreicht werden. Ein solches Ziel, das mit dem genannten bauplanerischen Instrumentarium gesichert werden kann, ist auch durch eine Veränderungssperre sicherungsfähig.[959]

Einzelhandelsbetriebe gehören zwar auch zu den Gewerbebetrieben aller Art. Die Zulässigkeit der Einzelhandelsnutzung ist jedoch bei großflächigen Einzelhandelsbetrieben oder Einkaufszentren durch § 11 III BauNVO beschränkt. Es gelten dabei allerdings die jeweiligen Fassungen der BauNVO, auf deren Grundlage der Bebauungsplan erlassen

---

[958] Abgedruckt bei *Stüer*, Bau- und Fachplanungsgesetze 1999, S. 707.
[959] *VGH Kassel*, Urt. v. 5. 2. 2004 – 4 N 360/03 – ZfBR 2004, 390 = UPR 2004, 280 – Bordellansiedlung.

worden ist. Die BauNVO 1962 enthielt keine Einschränkungen für Einzelhandelsbetriebe in Gewerbegebieten. Nach § 11 III BauNVO 1968 waren Einkaufszentren und Verbrauchermärkte, die außerhalb von Kerngebieten errichtet werden sollen und die nach Lage, Umfang und Zweckbestimmung vorwiegend der übergemeindlichen Versorgung dienen sollen, als Sondergebiete darzustellen und festzusetzen. § 11 III BauNVO brachte sodann eine (widerlegliche) Vermutungsgrenze von 1.500 m² Geschossfläche, die durch die BauNVO 1987 auf 1.200 m² gesenkt wurde. Diese Regelung wurde in die BauNVO 1990 übernommen.[960]

Hinweis: Für Bebauungspläne, die vor 1987 aufgestellt worden sind, empfiehlt sich ggf. eine Umstellung auf die neue Fassung der BauNVO, um sicherzustellen, dass großflächige Einzelhandelsbetriebe mit nachteiligen städtebaulichen oder infrastrukturellen Auswirkungen nur in Kerngebieten oder dafür ausgewiesenen Sondergebieten zulässig sind. Auch kann unterhalb der Vermutungsgrenze in § 11 III BauNVO die Einzelhandelsnutzung nach § 1 V bzw. IX BauNVO beschränkt oder ganz ausgeschlossen werden, wenn besondere städtebauliche Gründe dies rechtfertigen.

488 Anlagen für **sportliche Zwecke** sind seit der BauNVO 1990 in einem Gewerbegebiet allgemein zulässig (§ 8 II 4 BauGB). Die Regelung hat allerdings keine rückwirkende Kraft, so dass es für Gewerbegebiete, die aufgrund einer älteren Fassung der BauNVO ausgewiesen worden sind, bei der bisherigen Regelung verbleibt. Danach konnten in Gewerbegebieten ausnahmsweise Anlagen für sportliche Zwecke zugelassen werden (§ 8 III BauNVO 1962).

Hinweis: Will die planende Gemeinde in einem Gewerbegebiet Anlagen für sportliche Zwecke verhindern, so kann sie diese Nutzung bei entsprechenden besonderen städtebaulichen Gründen nach § 1 IX BauNVO ausschließen.

489 Ausnahmsweise ist im Gewerbegebiet das **betriebsbezogene Wohnen** zulässig (§ 8 III Nr. 1 BauNVO). Durch die BauNVO 1990 ist dabei klargestellt, dass die Wohnungen dem Gewerbebetrieb zugeordnet sein müssen und ihm gegenüber in Grundfläche und Baumasse nur untergeordnete Bedeutung haben dürfen.[961] Der Verordnungsgeber hat damit auf Fehlentwicklungen reagiert, bei denen die Betriebswohnung als die Hauptsache erschien, während der Gewerbebetrieb nur untergeordnete Bedeutung hatte.

Beispiel: Ein Architekt errichtet in einem Gewerbegebiet wegen der dort niedrigen Bodenpreise ein Wohnhaus, in dem er zugleich auch sein Büro einrichtet. Gegenüber heranrückenden Gewerbebetrieben beruft er sich auf den Schutz seiner Betriebswohnung. Die BauNVO 1990 will hier erreichen, dass Kollisionen unterschiedlicher Nutzungen auf Fälle beschränkt bleiben, in denen die gewerbliche Nutzung im Vordergrund steht und nicht wegen der genehmigten hohen Zahl an Betriebswohnungen das Gewerbegebiet am Ende in ein Mischgebiet „umkippt". Auch ist ein Umwandeln von Betriebswohnungen in frei verfügbare Wohnungen aus diesen Gründen unzulässig.

490 Im Gewerbegebiet muss eine Wohnung für **Bereitschaftspersonen** allerdings nicht aus betrieblichen Gründen unabdingbar sein, um nach § 8 III Nr. 1 BauNVO ausnahmsweise zugelassen werden zu können. Es genügt, wenn die Betriebswohnung im Gewerbegebiet objektiv sinnvoll ist.[962] Die Erreichbarkeit der Bereitschaftspersonen außerhalb der Betriebszeiten auch durch Mobiltelefon oder Anrufumleitung ist deshalb nicht allein schon ein Grund, der die betriebliche Erforderlichkeit der Wohnung auf dem Betriebsgrundstück ausschließt. Im Gewerbegebiet sind nur solche Gewerbebetriebe aller Art zulässig, die im Einklang mit der von der BauNVO vorausgesetzten typischen Funktion dieses Gebietes stehen und nicht anderen Baugebieten ausdrücklich oder nach ihrer allgemeinen Zweckbestimmung zugewiesen sind. Beherbergungsbetriebe, in de-

---

[960] S. Rdn. 520.
[961] *OVG Münster*, B. v. 27. 1. 1999 – 3 B 101/96 – zum Erschließungsbeitrag.
[962] *BVerwG*, B. v. 22. 6. 1999 – 4 B 46.99 – DVBl. 1999, 1293 = BauR 1999, 1135 = NVwZ 1999, 1335 = ZfBR 1999, 282, mit Hinweis auf Urt. v. 16. 3. 1984 – 4 C 50.80 – NVwZ 1984, 511.

nen gewohnt wird oder die wohnähnlich genutzt werden, sind im Gewerbegebiet unzulässig.⁹⁶³

Im Gegensatz zu den Baugebieten der §§ 2 bis 7 BauNVO, die vornehmlich oder zumindest auch zum **Wohnen** bestimmt sind, dienen Gewerbegebiete und Industriegebiete in erster Linie der Unterbringung von gewerblichen Betrieben. In ihnen soll nicht gewohnt werden. Dies bestätigen § 8 III Nr. 1 und § 9 III Nr. 1 BauNVO, nach denen nur ausnahmsweise, gleichsam als notwendige Ergänzung der gewerblichen Nutzung, Wohnungen für Aufsichts- und Bereitschaftspersonen sowie für Betriebsinhaber und -leiter zugelassen werden können. Ebenso wenig dient das Gewerbegebiet der Erholung. Die BauNVO sieht für diesen Zweck die Feststellung von Sondergebieten nach den §§ 10 und 11 II BauNVO vor. Ferner können Vorhaben mit dieser Zweckbestimmung mit dem Charakter von Baugebieten vereinbar sein, in denen weitgehend störungsfrei gewohnt werden darf. Allgemein gilt, dass Nutzungen, die nach dem Leitbild einer geordneten städtebaulichen Entwicklung den für ein Gewerbegebiet oder ein Industriegebiet typischen Nachteilen oder Belästigungen nicht ausgesetzt werden sollen, in diesem Gebiet nicht zulässig sind. Denn Bauleitpläne sollen im Rahmen einer geordneten städtebaulichen Entwicklung gem. § 1 V 2 BauGB auch dazu beitragen, eine menschenwürdige Umwelt zu sichern.⁹⁶⁴ Daraus folgt, dass entgegen dem Wortlaut des § 8 II Nr. 1 BauNVO nur solche „Gewerbebetriebe aller Art" im Gewerbegebiet zulässig sind, die im Einklang mit der von der BauNVO vorausgesetzten typischen Funktion dieses Gebietes stehen und nicht anderen Baugebieten ausdrücklich oder nach ihrer allgemeinen Zweckbestimmung zugewiesen sind.⁹⁶⁵

Auch für betriebsbezogene Wohnungen gelten grundsätzlich die Immissionsrichtwerte, die in einem Gewerbegebiet oder einem Industriegebiet zulässig sind. Allerdings können sich über das in § 15 I BauNVO niedergelegte Rücksichtnahmegebot Einschränkungen der gewerblichen Nutzung ergeben, soweit dies für den Gewerbebetrieb zumutbar ist. So sollte bei der Anordnung der Betriebsanlagen einem möglichst optimalen Schallschutz für einen in der Nachbarschaft wohnenden Betriebsinhaber Rechnung getragen werden.⁹⁶⁶

Hinweis: Das betriebsbezogene Wohnen muss in einem Gewerbegebiet die Ausnahme bleiben. Es wäre planungsrechtlich nicht zulässig, in einem Gewerbegebiet oder in Teilen eines Gewerbegebietes das Wohnen zur allgemein zulässigen Nutzung zu erklären. Dies wäre mit dem Gebietscharakter des Gewerbegebietes nicht vereinbar.⁹⁶⁷

Auch Anlagen für **kirchliche, soziale und gesundheitliche Zwecke** (§ 8 III Nr. 2 BauNVO) müssen mit der Zweckbestimmung eines Gewerbegebietes vereinbar sein. Da im Gewerbegebiet nicht gewohnt werden soll, sind in ihm Seniorenpflegeheim typischerweise wegen der wohnähnlichen Unterbringung der betreuten Personen unzulässig.⁹⁶⁸

Nach § 1 IV bis IX BauNVO bestehen für Gewerbegebiete zahlreiche **Gliederungs- und Differenzierungsmöglichkeiten**, die in der Praxis genutzt werden und sicherstellen, dass unverträgliche Nutzungskonflikte insbesondere auch im Verhältnis zu angrenzenden anderen Nutzungen ausgeschlossen oder doch auf ein erträgliches Maß reduziert werden. Gewerbegebiete können dabei so gegliedert werden, dass interne Beeinträchtigungen der Nutzungen vermieden werden und ein umfassender Schutz der in den Gebieten arbeitenden und ggf. wohnenden Bevölkerung gewährleistet ist. Zugleich kann

---

⁹⁶³ *BVerwG*, Urt. v. 29. 4. 1992 – 4 C 43.82 – DVBl. 1992, 1433 = *Hoppe/Stüer* RzB Rdn. 929.
⁹⁶⁴ *BVerwG*, Urt. v. 25. 11. 1983 – 4 C 21.83 – BVerwGE 68, 207 = *Hoppe/Stüer* RzB Rdn. 927.
⁹⁶⁵ *BVerwG*, Urt. v. 29. 4. 1992 – 4 C 43.82 – DVBl. 1992, 1433 = *Hoppe/Stüer* RzB Rdn. 929.
⁹⁶⁶ *BVerwG*, Urt. v. 15. 2. 1990 – 4 C 23.86 – BVerwGE 84, 322 = *Hoppe/Stüer* RzB Rdn. 388 – Unikat.
⁹⁶⁷ *Fickert/Fieseler* § 8 Rdn. 18.1.
⁹⁶⁸ *BVerwG*, B. v. 13. 5. 2002 – 4 B 86.01 – BauR 2002, 1499 = NVwZ 2002, 1384 – Seniorenpflegeheim im Gewerbegebiet.

durch eine Gliederung des Gewerbegebietes ein Schutz benachbarter Wohn- und Mischgebiete erreicht werden. Zum Schutz der Umgebung kann auch ein sog. eingeschränktes Gewerbegebiet planungsrechtlich ausgewiesen werden, dessen Nutzungen hinsichtlich ihres zulässigen Störungsgrades zwischen einem Mischgebiet und einem Gewerbegebiet liegen.[969] In einem solchen eingeschränkten Gewerbegebiet kann auch die Wohnnutzung ganz ausgeschlossen werden.[970]

495 Besondere Anforderungen an die gemeindliche Planung stellen sich bei vorhandenen **Gemengelagen**. Hier gilt es, durch eine verbesserte Zuordnung der Nutzungen, Schutzauflagen und eine Entzerrung unverträglicher Nutzungen zu einer Konfliktreduzierung beizutragen.[971]

496 **Vergnügungsstätten** sind im Gewerbegebiet nach § 8 III Nr. 3 BauNVO ausnahmsweise zulässig. Es bedarf hier jeweils der Prüfung im Einzelfall, ob eine solche Nutzung städtebauliche Konflikte aufwirft oder die Vergnügungsstätte nach ihrer Art und ihrem Umfang an dem gewählten Standort bedenkenfrei ist. Ausnahmsweise zulässig sind in einem Gewerbegebiet nicht nur kleinere Vergnügungsstätten (vgl. § 4a III Nr. 2 BauNVO), sondern auch kerngebietstypische Vergnügungsstätten. So kann etwa eine Großdiskothek im Gewerbegebiet bei entsprechender Anbindung an den Straßenverkehr planungsrechtlich unbedenklich und damit zulässig sein.[972]

Hinweis: Will die Gemeinde Vergnügungsstätten oder bestimmte Unterarten von Vergnügungsstätten wie Spielhallen ausschließen, so ist dies nach § 1 V bzw. IX BauNVO bei Vorliegen besonderer städtebaulicher Gründe, die in der Begründung zum Bebauungsplan zu dokumentieren sind, möglich.

497 **Nachbarn** können sich gegen ein „**Umkippen**" eines Gewerbegebietes etwa in ein Industriegebiet selbst dann wehren, wenn sie durch das einzelne hinzukommende Vorhaben nicht tatsächlich betroffen werden. Denn der Eigentümer eines Grundstücks im durch Bebauungsplan festgesetzten Gewerbegebiet hat einen Abwehranspruch gegen die Genehmigung eines i. S. des § 8 I BauNVO – seiner Art nach – erheblich belästigenden und daher nur in einem Industriegebiet nach § 9 BauNVO allgemein zulässigen Gewerbebetriebs. Darauf, ob die von dem Gewerbebetrieb ausgehenden Belästigungen unzumutbar i. S. des § 15 I 2 BauNVO oder erheblich i. S. des § 5 I Nr. 1 BImSchG sind, kommt es – anders als bei Abwehransprüchen von Betroffenen außerhalb des Gebiets – für den Schutz des Gebiets vor einer „schleichenden Umwandlung" nicht an.[973]

498 **i) Industriegebiete.** Sie dienen nach § 9 I BauNVO ausschließlich der Unterbringung von Gewerbebetrieben, und zwar vorwiegend solcher Betriebe, die in anderen Baugebieten unzulässig sind. Industriegebiete werden regelmäßig das flächenintensive störende Großgewerbe aufnehmen. Hierzu gehören die im (großen) immissionsschutzrechtlichen Genehmigungsverfahren nach § 4 BImSchG i.V. mit § 2 der 4. BImSchV genehmigungsbedürftigen Anlagen, die im Mischgebiet grundsätzlich nicht zulässig sind und auch im Gewerbegebiet nur aufgrund einer Einzelfallprüfung zugelassen werden können. Das Industriegebiet nimmt in der Skala der zulässigen Störungen den vierten und höchsten Störungsgrad ein. Für die zulässigen Lärmimmissionen und Luftbelastungen können die

---

[969] *BVerwG*, B. v. 15. 4. 1987 – 4 B 71.87 – NVwZ 1987, 970 = *Hoppe/Stüer* RzB Rdn. 907.

[970] Zum Ausschluss von Einzelhandelsnutzungen *OVG Münster*, Urt. v. 10. 11. 1988 – 11a NE 4/87 – DVBl. 1989, 684 = NVwZ 1989, 679 – Handwerksbetriebe.

[971] *BVerwG*, Urt. v. 12. 12. 1975 – IV C 71.73 – BVerwGE 50, 49 = *Hoppe/Stüer* RzB Rdn. 60 – Tunnelofen.

[972] S. Rdn. 552. Auch ein Multiplex-Kino gehört zu den kerngebietstypischen Vergnügungsstätten, so *VG Gera*, Urt. v. 8. 10. 1998 – 4 K 212/98 GE – ThürVBl. 1999, 69 = VwRR MO 1999, 67 – Multiplex-Kino.

[973] *BVerwG*, B. v. 2. 2. 2000 – 4 B 87.99 – NVwZ 2000, 679 = DVBl. 2000, 939 – Bauschuttrecyclinganlage.

TA-Lärm[974] und die TA-Luft als **antizipierte Sachverständigengutachten**[975] bzw. **normkonkretisierendes Verwaltungshandeln**[976] von Bedeutung sein.

„Industrie" bedeutet gewerbliche Massenerzeugung bzw. „industriell" großgewerbliche Produktion oder Verarbeitung. Industriebetriebe sind eine Teilmenge der Gewerbebetriebe. Industriebetriebe sind durch Produktions- oder Verarbeitungsprozesse gekennzeichnet. In Abgrenzung zum produzierenden und verarbeitenden Gewerbe werden in Industriebetrieben große Mengen an Stoffen verarbeitet. Dies ist zumeist mit einem entsprechenden Störungsgrad verbunden. Hinweise zur Unterscheidung zwischen Industrie und Gewerbe gibt die BauNVO. Gewerbegebiete dienen vorwiegend der Unterbringung von nicht erheblich belästigenden Gewerbebetrieben (§ 8 BauNVO). In Industriegebieten sollen solche Gewerbebetriebe untergebracht werden, die in anderen Baugebieten unzulässig sind (§ 9 BauNVO). Gewerbe- und Industriebetriebe unterscheiden sich danach im Ausmaß der Belästigung. Welche Gewerbebetriebe den erheblich belästigenden Betrieben zugerechnet werden, benennt die BauNVO nicht. Was unter dem Begriff einer erheblichen Belästigung zu verstehen ist, wird in der BauNVO ebenfalls nicht definiert. Es ist dabei zu unterscheiden zwischen Belästigung und schädlicher Wirkung. Eine Belästigung setzt unterhalb der Schwelle einer schädigenden Wirkung ein. Die Übergänge zwischen Belästigung und schädigender Wirkung können fließend sein. Es kann bestimmte Wirkfaktoren geben, die belästigend sind, aber noch nicht schädigen (z. B. visuelle Wirkfaktoren). Andere Wirkfaktoren können Schäden hervorrufen ohne belästigend zu wirken (z. B. Erschütterungen). Typische Faktoren, die von der Belästigung bis zur Schädigung wirken können, sind etwa Lärm-, Geruchs- und Staubemissionen. Werden mit den jeweiligen Anlagen typischerweise Werte überschritten, die einen erheblichen Störungsgrad hervorrufen, sind derartige Anlagen in ein Industriegebiet verwiesen. Anhaltspunkte dafür können sich etwa aus einem erheblichen Geruchspotenzial der verwendeten Stoffe z. B. bei der Abfallverwertung oder Lärmimmissionen von mehr als 65 dB(A) ergeben.

Eine Konkretisierung des Begriffs „**erhebliche Belästigung**" ist über das **BImSchG** möglich, das den Schutz vor schädlichen Umwelteinwirkungen (= Gefahren, erhebliche Nachteile und erhebliche Belästigungen) bezweckt. Das BImSchG unterscheidet zwischen genehmigungspflichtigen und nicht genehmigungspflichtigen Anlagen. Eine ausdrückliche Abgrenzung zwischen Gewerbe- und Industriebetrieben wird allerdings auch im BImSchG nicht vorgenommen. Genehmigungspflichtig sind solche Anlagen, die aufgrund ihrer Beschaffenheit und ihres Betriebes in besonderem Maße geeignet sind, die Allgemeinheit oder die Nachbarschaft zu gefährden, erheblich zu beeinträchtigen oder erheblich zu belästigen. Genehmigungspflichtige Anlagen verfügen demnach über das Potenzial „erheblich belästigend" zu wirken und sind demzufolge grundsätzlich als Industrieanlagen einzustufen. Aus der Tatsache niedriger Schadstoffemissionen allein kann die Zuordnung zu einem Gewerbegebiet nicht abgeleitet werden. Vielmehr kommt es bei der Einordnung auch auf den typischen Charakter der jeweiligen Anlage an. Denn auch ein Atomkraftwerk muss trotz einer erheblichen Schadensvorsorge als Industrieanlage eingestuft werden. Sie wird von der Elektrizitätswirtschaft betrieben, die allgemein dem Industrie- und nicht dem Gewerbezweig zugerechnet wird.

Auch der **Abstandserlass NRW** können indirekte Hinweise auf den Charakter einer Anlagen entnommen werden: Je größer der geforderte Abstand ist, desto größer ist auch das Emissionspotenzial bzw. das mögliche Ausmaß der erheblichen Belästigung. Der Er-

---

[974] Sechste allgemeine Verwaltungsvorschrift zum Schutz gegen Lärm (TA-Lärm) v. 26. 8. 1998 (GMBl. 1998, 503) = NVwZ 1999, Beilage 11/1999 zu Heft 2/1999.

[975] *BVerwG*, Urt. v. 17. 2. 1978 – 1 C 102.76 – BVerwGE 55, 250 = *Hoppe/Stüer* RzB Rdn. 125 – Voerde Kohlekraftwerk.

[976] *BVerwG*, B. v. 15. 2. 1988 – 7 B 219.87 – Buchholz 406.25 § 48 BImSchG Nr. 2 = DVBl. 1988, 539 = UPR 1988, 264 = NVwZ 1988, 824 = *Hoppe/Stüer* RzB Rdn. 127 – TA Luft.

lass trägt dabei dem Umstand Rechnung, dass es bei emittierenden Anlagen trotz Maßnahmen zur Emissionsminderung zu erheblichen Belästigungen kommen kann, wenn der Abstand zwischen Emissionsquelle und schutzbedürftigen Gebieten nicht groß genug gewählt wurde (AbstE NRW 1998).[977]

502 Eine weitere Differenzierung der nach BImSchG genehmigungspflichtigen Anlagen wird durch die **Störfallverordnung (12. BImSchV)** vorgenommen. Der Störfallverordnung unterliegen alle Anlagen in denen Stoffe vorhanden sind oder bei einer Störung entstehen können, die eine ernste Gefahr hervorrufen können. Stoffbeispiele aus Anhang II der Störfallverordnung hierfür sind brennbare Gase und explosionsfähige Gemische. Anlagen dieser Art stellen eine erhebliche Belästigung dar. Sie können daher nicht in Gebieten errichtet werden, deren Widmung auch Wohnhäuser zulassen (Gewerbegebiete). Nach BauNVO sind entsprechende Anlagen in Industriegebieten anzusiedeln. In der Thermoselectanlage sind entsprechende Stoffe vorhanden und können bei Störungen auch zusätzlich entstehen. In der Störfallverordnung werden darüber hinaus an ausgewiesene Anlagentypen weitergehende Sicherheitsanforderungen gestellt. Die in Anhang I der Störfallverordnung genannten Anlagen besitzen alle Merkmale, die im Allgemeinen Industriebetrieben zugeschrieben werden. Dies sind insbesondere die Merkmale der Nutzung chemischer oder physikalischer Prozesse, Erzeugung oder Be- bzw. Verarbeitung von Massenprodukten, hohe Anlagendurchsätze. Die jeweiligen Anlagen werden daher grundsätzlich als Industriebetrieb einzustufen sein.

503 **Allgemein zulässig** sind in einem Industriegebiet nach § 9 II BauNVO Gewerbebetriebe aller Art, Lagerhäuser, Lagerplätze und öffentliche Betriebe sowie Tankstellen. **Ausnahmsweise** können nach § 9 III BauNVO für Aufsichts- und Bereitschaftspersonen sowie für Betriebsinhaber und Betriebsleiter Wohnungen, die dem Gewerbebetrieb zugeordnet sind und ihm gegenüber in Grundfläche und Baumasse untergeordnet sind, sowie Anlagen für kirchliche, kulturelle, soziale, gesundheitliche und sportliche Zwecke zugelassen werden. Für die Zulässigkeit des betrieblichen Wohnens gelten damit vom Ausgangspunkt her die gleichen Grundsätze wie im Gewerbegebiet. Allerdings muss im Industriegebiet noch sorgfältiger als im Gewerbegebiet geprüft werden, ob es zu Konflikten mit der industriellen Nutzung kommen kann. An die Notwendigkeit des betrieblichen Wohnens sind daher beim Industriegebiet wegen des größeren Störungsgrades der industriellen Nutzung im Vergleich zum Gewerbegebiet noch höhere Anforderungen zu stellen. Geschäfts-, Büro- und Verwaltungsgebäude sind – anders als in Gewerbegebieten gem. § 8 II Nr. 2 BauNVO – in Industriegebieten als selbstständige Anlagen nicht zulässig – wohl aber als Bestandteil von Gewerbebetrieben.

504 **Kerngebietstypische Vergnügungsstätten** sind in Industriegebieten gemäß § 9 BauNVO unzulässig. Eine Befreiung nach § 31 II Nr. 2 BauGB kommt nicht in Betracht, weil die Abweichung von der festgesetzten Nutzungsart städtebaulich nicht vertretbar wäre. Dies folgt aus der Unvereinbarkeit einer Diskothek mit der typischen Funktion eines Industriegebiets, wie sie sich auch aus der Neuregelung in der BauNVO 1990 ergibt.[978]

505 Wegen des hohen Störungsgrades von Industriebetrieben besteht ein Rechtsanspruch darauf, dass **nicht** in ihrem **Einwirkungsbereich störungsempfindliche Nutzungen** zugelassen werden, die zu Nutzungseinschränkungen führen. Allerdings können weitere störungsempfindliche Nutzungen zu einer stärkeren Rücksichtnahmeverpflichtung der

---

[977] *BVerwG*, B. v. 25. 8. 2000 – 4 BN 41.00 – BRS 63 (2000) Nr. 14 = ZfBR 2001, 287.
[978] *BVerwG*, Urt. v. 24. 2. 2000 – 4 C 23.98 – DVBl. 2000, 1340 = NVwZ 2000, 1054 = BauR 2000, 1306 – Diskothek. Eine Wohnnutzung ist in einem Industriegebiet nur ausnahmsweise bei einer funktionalen Zuordnung zum Industriebetrieb zulässig, so *OVG Saarlouis*, B. v. 14. 3. 2002 – 1 Q 11/03 – Betriebsleiterwohnung. Zur Unzulässigkeit eines Vorhabens, bei dem die Wohnnutzung im Vordergrund steht *OVG Münster*, B. v. 26. 9. 2002 – 7 B 1716/02 – ZfBR 2003, 171 – Garten- und Landschaftsbaubetrieb.

bereits vorhandenen industriellen Nutzung führen. Auch kann sich ein Industriebetrieb gegen eine gemeindliche Planung wenden, die störungsempfindliche Nutzungen zu nahe an ein ausgewiesenes Industriegebiet heranführt und hierdurch (mittelbar) die industriellen Nutzungsmöglichkeiten beeinträchtigt.

Hinweis: Die Gemeinden haben bei der Aufstellung von Bebauungsplänen in der Nachbarschaft von ausgewiesenen Industriegebieten auf eine angemessene Trennung von immissionsempfindlichen Baugebieten und Industriegebieten zu achten. Diese Trennung von unverträglichen Nutzungen gehört zu einem elementaren Planungsgrundsatz, dessen Verletzung zur Unwirksamkeit der Bauleitplanung führt.[979] In kritischen Lagen sollte der Planungs- und Abstandserlass NW[980] als Orientierungshilfe zugrunde gelegt werden oder ggf. in Ergänzung dazu ein Sachverständigengutachten über die zu erwartenden Immissionskonflikte eingeholt werden. Die Regelungen des Bebauungsplans müssen eindeutig sein. Ein Abdruck der einzelnen Abstandsklassen im Bebauungsplan ist dazu nicht erforderlich. Es genügt vielmehr eine Bezugnahme auf die Abstandsliste.[981]

Zur Vermeidung von Konflikten können wie beim Gewerbegebiet die **Gliederungs-** und **Differenzierungsmöglichkeiten** nach § 1 IV bis IX BauNVO genutzt werden. Hiervon wird die Gemeinde etwa Gebrauch machen, um die im Industriegebiet zulässigen Gewerbebetriebe nach Art, Umfang, Bedürfnissen, Eigenschaften und Immissionsauswirkungen zu gliedern. Dabei kann die Gliederung sowohl dem Schutz benachbarter Baugebiete gelten als auch auf eine interne Differenzierung und Schonung bestimmter Teilnutzungen gerichtet sein.

Hinweis: Die Gemeinde kann hierfür die Instrumente des Planungs- und Abstandserlasses NRW nutzen und durch die Festsetzung von Abstandsklassen einen Schutz etwa von benachbarten Gewerbe-, Misch- oder Wohngebieten sicherstellen. Auch kann die Anordnung von Bürogebäuden oder von betriebsbezogenen Wohngebäuden durch Festsetzungen nach § 1 IV Nr. 2 BauNVO so vorgenommen werden, dass unzumutbare Immissionen für diese schutzbedürftigen Nutzungen vermieden werden.

Es ist mit § 9 I BauGB allerdings nicht vereinbar, ein **eingeschränktes Industriegebiet** in der Weise festzusetzen, dass in ihm nur die bei In-Kraft-Treten des Bebauungsplans bestehenden Anlagen nach § 9 II BauNVO sowie deren Änderungen und Erweiterungen im Rahmen des Bestandsschutzes zulässig sind, im Übrigen aber nur nicht erheblich belästigende Gewerbebetriebe i. S. des § 8 II BauNVO.[982] Das Planungsziel, den bestehenden Betrieben die Entwicklungsmöglichkeit zum Industriebetrieb offen zu halten, ist dadurch zu erreichen, dass der Plangeber – evtl. begrenzt auf bestimmte Flächen – ein uneingeschränktes Industriegebiet festsetzt, soweit das der Trennungsgrundsatz nach den besonderen örtlichen Verhältnissen zulässt. Vor allem muss durch das städtebauliche Instrumentarium des § 1 IV bis X BauNVO die allgemeine Zweckbestimmung des Baugebietes erhalten bleiben.[983] Das setzt voraus, dass die für den jeweiligen Gebietstyp vorgesehene Hauptnutzung überwiegend zulässig bleibt.

---

[979] *BVerwG*, Urt. v. 12. 12. 1969 – IV C 105.66 – BVerwGE 34, 301 = *Hoppe/Stüer* RzB Rdn. 23 – Abwägung; Urt. v. 5. 7. 1974 – IV C 50.72 – BVerwGE 45, 309 = *Hoppe/Stüer* RzB Rdn. 24 – Delog-Detag; Urt. v. 12. 12. 1975 – IV C 71.73 – BVerwGE 50, 49 = *Hoppe/Stüer* RzB Rdn. 60 – Tunnelofen.

[980] RdErl. des Ministers für Umwelt, Raumordnung und Landwirtschaft, Abstände zwischen Industrie- und Gewerbegebieten und Wohngebieten im Rahmen der Bauleitplanung und sonstige für den Immissionsschutz bedeutsame Abstände (Abstandserlass), v. 2. 4. 1998 (MBl. NW S. 744/ SMBl. NW 283); *Stüer*, Bau- und Fachplanungsgesetze 1999, S. 675; *Fickert/Fieseler* Anh. 9; *BVerwG*, B. v. 25. 8. 2000 – 4 BN 41.00 – BRS 63 (2000) Nr. 14 = ZfBR 2001, 287 – wirtschafts- und arbeitsmarktpolitische Ziele.

[981] So *VG Frankfurt (Oder)*, Urt. v. 28. 1. 1999 – 7 L 747/98 – Vorbescheid.

[982] *BVerwG*, B. v. 6. 5. 1993 – 4 NB 32.92 – DVBl. 1993, 1097 = NVwZ 1994, 292 = *Hoppe/Stüer* RzB Rdn. 933.

[983] *BVerwG*, B. v. 15. 4. 1987 – 4 B 71.87 – NVwZ 1987, 970 = *Hoppe/Stüer* RzB Rdn. 907; B. v. 6. 5. 1996 – 4 NB 16.96 – Buchholz 406.12 § 1 BauNVO Nr. 22.

Beispiel: Unzulässig wären etwa Festsetzungen des Bebauungsplans: Industriegebiet (GI-[e]) eingeschränkt nach § 9 BauNVO. Zulässig nach § 9 II BauNVO sind zum Zeitpunkt des In-Kraft-Tretens des Bebauungsplans bestehende Anlagen und deren Änderungen und Erweiterungen im Rahmen des Bestandsschutzes. Im Übrigen sind nicht erheblich belästigende Gewerbebetriebe i. S. des § 8 II BauNVO zulässig. Einzelhandelsbetriebe aller Art sind ausgeschlossen.[984]

508 Besondere Anforderungen an die Bauleitplanung stellen vorhandene **Gemengelagen**, die zwischen industrieller Nutzung und Wohnnutzung entstanden sind. Hier sollte die Planung durch entsprechende Reduzierung der Konfliktsituation und ggf. durch Schutzauflagen zu einer Verbesserung der vorgefundenen Situation beitragen.[985]

509 **j) Sondergebiete.** Als Sondergebiete, die der **Erholung** dienen, werden in § 10 I BauNVO insbesondere Wochenendhausgebiete, Ferienhausgebiete und Campingplatzgebiete genannt. Für Sondergebiete, die der Erholung dienen, sind nach § 10 II BauNVO die Zweckbestimmung und die Art der Nutzung darzustellen und festzusetzen. Im Bebauungsplan kann festgesetzt werden, dass bestimmte, der Eigenart des Gebietes entsprechende Anlagen und Einrichtungen zur Versorgung des Gebietes und für sportliche Zwecke allgemein zulässig sind oder ausnahmsweise zugelassen werden können. Gerade die Belange der Freizeit und Erholung haben in der Gesellschaft einen beachtlichen Stellenwert. Der Verordnungsgeber stellt daher in § 10 BauNVO den Gemeinden ein Planungsinstrumentarium zur Verfügung, mit dem diesen Interessen breiter Bevölkerungskreise Rechnung getragen werden kann, zugleich aber sichergestellt ist, dass die Belange des Natur- und Landschaftsschutzes sowie des Umweltschutzes nicht auf der Strecke bleiben. Der Bebauungsplan kann in einem Sondergebiet nach § 10 I BauNVO allerdings nicht beliebige Nutzungsarten aus den Baugebieten der §§ 2 bis 9 BauNVO zulassen, sondern nur solche Nutzungen, die innerhalb der allgemeinen Zweckbestimmung Erholung liegen, sowie bestimmte der Eigenart des Gebietes entsprechende Anlagen und Einrichtungen zur Versorgung des Gebietes und für sportliche Zwecke (§ 10 II 2 BauNVO). Hiernach ist die Festsetzung eines Sondergebietes etwa mit der Bezeichnung Freizeitwohnen und Segelsport grundsätzlich zulässig.[986]

510 Soweit der Bebauungsplan das **Sondergebiet untergliedert** und für Teilgebiete wie ein Freizeitzentrum oder Läden und Gaststätten besondere Regelungen hinsichtlich der Zulässigkeit bestimmter Anlagen trifft, stellt dies auch nicht die Festsetzungen eines Mischgebietes besonderer Art unter Umgehung der Vorschriften des § 1 IV bis IX BauNVO dar. Solange sich die zulässigen Nutzungsarten der Zweckbestimmung der Erholung ohne weiteres zu- oder unterordnen lassen, bleibt der Charakter eines Sondergebietes Freizeitwohnen und Segelsport gewahrt. Denn ein Sondergebiet, das der Erholung dient, muss nicht auf solche Anlagen beschränkt sein, die z. B. auch bevorzugt in einem Kurgebiet anzutreffen sind, zumal die individuellen Vorstellungen der Menschen über Erholung immer mehr variieren. Es ist auch für die BauNVO nicht untypisch, dass bestimmte Nutzungsarten in verschiedenen Baugebieten zulässig sind. Daraus kann nicht der Schluss gezogen werden, dass dann jeweils das andere Baugebiet hätte festgesetzt werden müssen. Vielmehr ist insoweit die gewollte Gesamtprägung des Gebietes für die Gebietsfestsetzung entscheidend.[987] Die BauNVO stellt dabei mit den Wochenendhausgebieten, den Ferienhausgebieten sowie den Campingplatzgebieten drei Planungsformen von Gebieten mit Erholungsfunktionen bereit.

511 In **Wochenendhausgebieten** sind nach § 10 III BauNVO Wochenendhäuser als Einzelhäuser zulässig. Im Bebauungsplan kann dabei festgelegt werden, dass Wohnhäuser nur als Hausgruppen zugelassen werden können. Die zulässige Grundfläche der Wochen-

---

[984] *BVerwG*, B. v. 6. 5. 1993 – 4 NB 32.92 – DVBl. 1993, 1097 = NVwZ 1994, 292 = *Hoppe/Stüer* RzB Rdn. 933.
[985] *Stüer* StuGR 1989, 8, s. Rdn. 1458.
[986] *BVerwG*, B. v. 1. 12. 1994 – 4 NB 29.94 – Buchholz 406.12 § 10 BauNVO Nr. 3.
[987] S. Rdn. 478.

endhäuser ist im Bebauungsplan, begrenzt nach der besonderen Eigenart des Gebietes, unter Berücksichtigung der landschaftlichen Gegebenheiten festzulegen.[988]

In **Ferienhausgebieten** sind nach § 10 IV BauNVO Ferienhäuser zulässig, die aufgrund ihrer Lage, Größe, Ausstattung, Erschließung und Versorgung für den Erholungsaufenthalt geeignet und dazu bestimmt sind, überwiegend und auf Dauer einem wechselnden Personenkreis zur Erholung zu dienen. Im Bebauungsplan kann die Grundfläche der Ferienhäuser, begrenzt nach der besonderen Eigenart des Gebietes, unter Berücksichtigung der landschaftlichen Gegebenheiten festgesetzt werden. In **Campingplatzgebieten** sind nach § 10 IV BauNVO Campingplätze und Zeltplätze zulässig. 512

Die **Störanfälligkeit** dieser **Sondergebiete mit Erholungsfunktion** richtet sich nach der jeweiligen Zweckbestimmung des Gebietes. Wochenendhausgebiete können dem reinen Wohngebiet gleichgestellt werden. Ein höherer Störungsgrad ist für Ferienhausgebiete, Campingplatzgebiete und für Mischformen anzusetzen, wobei als Orientierungswert der zulässige Störungsgrad im allgemeinen Wohngebiet herangezogen werden kann. Gebiete, in denen neben dem Freizeitwohnen die Ausübung unterschiedlicher Sport- und Freizeitbetätigungen auf Fußball-, Tennis- oder Bolzplätzen sowie in Reitschulen möglich ist, sind hinsichtlich der Störanfälligkeit den Mischgebieten gleichzustellen.[989] Der öffentlich-rechtliche Nachbarschutz hängt von der jeweiligen Störanfälligkeit dieser Sondergebiete ab. 513

Hinweis: Im Bebauungsplan, der ein Sondergebiet für die Erholung festsetzt, muss eine eindeutige Zweckbestimmung und die Art der Nutzung angeben werden. Sondergebiete ohne eindeutige Zweckbestimmung oder ohne die Angabe der Nutzungsart genügen dem Bestimmtheitsgrundsatz nicht. Für die Darstellung im Flächennutzungsplan genügt demgegenüber die Angabe der Zweckbestimmung „Sonderbaufläche für Erholungszwecke".

In einem auf der Grundlage des § 11 BauNVO festgesetzten Sondergebiet kann die Gemeinde die Art der baulichen Nutzung über die Möglichkeiten hinaus, die § 1 IV 1 Nr. 2 und IX BauNVO eröffnen, konkretisieren und zu diesem Zweck die Merkmale bestimmen, die ihr am besten geeignet erscheinen, um das von ihr verfolgte Planungsziel zu erreichen.[990] Für den Flächennutzungsplan sollen derartige Differenzierungsmöglichkeiten allerdings nicht bestehen.[991] Die Art der Nutzung in einem „Sondergebiet für **landwirtschaftliche Betriebe einschließlich Tierzucht und Tierhaltung**" darf unter Rückgriff auf die VDI-Richtlinie 3471 so festgesetzt werden, dass mit Hilfe der in dieser Richtlinie vorgesehenen Punktregelung und eines festen Abstandsmaßes die höchstzulässige Tierzahl bestimmt wird. Wenn städtebauliche Gründe dies rechtfertigen, darf die Gemeinde im Wege der Bauleitplanung unterhalb der durch § 3 I BImSchG bestimmten Erheblichkeitsschwelle eigenständig gebietsbezogen das Maß hinnehmbarer (Geruchs-) Beeinträchtigungen nach den Maßstäben des Vorsorgegrundsatzes steuern.[992] 514

---

[988] Für Wochenend- oder Gartenhäuser sind besondere steuerrechtliche Förderungen nach § 10e EStG ausgeschlossen, so *FG Gotha*, Urt. v. 19. 8. 1998 – III 116/98 – Gartenhaus. Auf die tatsächliche Nutzung kommt es dabei nicht an.
[989] *Fickert/Fieseler* § 10 Rdn. 5.
[990] Die Zweckbestimmung des jeweiligen Sondergebietes muss allerdings konkret festgesetzt sein, so *OVG Koblenz*, Urt. v. 18. 9. 2002 – 8 C 11279/01 – DVBl. 2003 82 = BauR 2002, 1817 – Landschaftsschutzgebiet „Rheinhessisches Rheingebiet".
[991] *OVG Lüneburg*, Urt. v. 18. 6. 2003 – 1 LB 143/02 – BauR 2004, 459 = DVBl. 2003, 1471 – Wangerland. Die Ausschlusswirkung des § 35 III 3 BauGB kann allerdings auch Darstellungen in Flächennutzungsplänen zukommen, die vor dem In-Kraft-Treten der Vorschrift (= Satz 4 a. F.) am 1. 1. 1997 erlassen worden sind, *BVerwG*, B. v. 22. 10. 2003 – 4 B 84.03 – NVwZ 2004, 343 = DVBl. 2004, 264 – alter Flächennutzungsplan.
[992] *BVerwG*, Urt. v. 28. 2. 2002 – 4 CN 5.01 – DVBl. 2002, 1121 = UPR 2002, 313 = BauR 2002, 1348 – Tierzucht. In einem Mischgebiet kann das Halten von mehr als einem Hund (Riesenschnauzer) im Freien bauplanungsrechtlich unzulässig sein, so *VGH Mannheim*, B. v. 13. 3. 2003 – 5 S 2771/02 – NVwZ-RR 2003, 724 = BauR 2003, 1857 – Hundehaltung im Mischgebiet.

515 Auch die **Planung** von **Sondergebieten** für die Erholung unterliegt dem **Abwägungsgebot**.[993] Dies stellt an die Gemeinden besonders im Hinblick auf die Belange des Natur- und Landschaftsschutzes, des Gebotes des sparsamen Flächenverbrauchs (§ 1a II 1 BauGB), die Belange des Umweltschutzes im Rahmen der Umweltprüfung und ggf. im Hinblick auf nachbarliche Belange (Verkehrsaufkommen, Lärmschutz) erhebliche Anforderungen.

Hinweis: Bei der Planung von Erholungsgebieten sollte die Gemeinde prüfen, ob die Ausweisung eines Sondergebietes erforderlich ist und ob der vorgesehene Standort die vorgenannten Abwägungsbelange berücksichtigt. In Bade-, Kur- und Fremdenverkehrsgemeinden wird sich etwa die Frage stellen, ob die Ausweisung isoliert gelegener Sondergebiete für die Erholung zu rechtfertigen ist oder ob nicht eine Integration oder Angliederung dieser Nutzungen an bestehende Erholungseinrichtungen möglich ist. Außerdem scheiden Standorte aus, die in Naturschutzgebieten nach § 23 BNatSchG[994] oder in geschützten Landschaftsbestandteilen nach § 29 BNatSchG liegen. Bedenklich sind auch Erholungssondergebiete, die einen erheblichen Flächenverbrauch der Landschaft erfordern, unwirtschaftliche Aufwendungen für Erschließungsmaßnahmen nach sich ziehen, deren Ver- und Entsorgung im weitesten Sinne Probleme aufwerfen oder die eine Gefährdung des Bodens oder des Grundwassers darstellen.

516 **k) Sonstige Sondergebiete.** Als sonstige Sondergebiete sind gem. § 11 I BauNVO solche Gebiete darzustellen und festzusetzen, die sich von den Baugebieten nach den §§ 2 bis 10 BauNVO wesentlich unterscheiden. Die BauNVO enthält dabei lediglich eine Rahmenvorschrift, die den gemeindlichen Planungsträger ermächtigt, bei Vorliegen der Voraussetzungen des § 11 I BauNVO ein Sondergebiet festzusetzen. Für sonstige Sondergebiete sind nach § 11 II BauNVO die Zweckbestimmung und die Art der Nutzung im Flächennutzungsplan darzustellen und im Bebauungsplan festzusetzen.

Beispiel: Die Gemeinde setzt nach § 11 I und II BauNVO ein Sondergebiet „Stellplätze" fest.[995]

517 Im Gegensatz zum Flächennutzungsplan ist im Bebauungsplan auch der **Störungsgrad** der Anlagen und Nutzungen sowie in der Regel das allgemeine Maß der baulichen Nutzung durch Angabe der Geschossflächenzahl (GFZ) festzusetzen. Dies gebietet der Bestimmtheitsgrundsatz.

518 Als sonstige Sondergebiete kommen insbesondere in Betracht:
– Gebiete für den Fremdenverkehr, wie Kurgebiete und Gebiete für die Fremdenbeherbergung,
– Ladengebiete,
– Gebiete für Einkaufszentren und großflächige Handelsbetriebe,
– Gebiete für Messen, Ausstellungen und Kongresse,
– Hochschulgebiete,
– Klinikgebiete,
– Hafengebiete,
– Gebiete für Anlagen, die der Erforschung, Entwicklung oder Nutzung erneuerbarer Energien, wie Wind- und Sonnenenergie, dienen.

519 Es handelt sich dabei um Gebiete, die sich hinsichtlich der zulässigen Nutzungen von **den anderen Baugebieten wesentlich unterscheiden**. Es ist dabei in der Regel eine ausdrückliche Festsetzung der Zweckbestimmung eines Sondergebietes im Bebauungsplan geboten. Ergänzend kann der Gesamtzusammenhang der Festsetzungen sowie die Begründung des Bebauungsplans herangezogen werden.[996] Will etwa die Gemeinde eine

---

[993] Zum Abwägungsgebot s. Rdn. 1195.
[994] Zum Schutz von Randzonen und Einwirkungsbereichen *OVG Hamburg*, Urt. v. 26. 2. 1998 – Bf II 52/94 – NordÖR 1998, 443.
[995] *BVerwG*, B. v. 18. 12. 1990 – 4 NB 19.90 – NVwZ 1991, 778 = BauR 1991, 301 = *Hoppe/Stüer* RzB Rdn. 938 – Stellplätze.
[996] *BVerwG*, Urt. v. 18. 2. 1983 – 4 C 18.81 – BVerwGE 67, 23 = *Hoppe/Stüer* RzB Rdn. 373; B. v. 23. 6. 1992 – 4 B 55.92 – NVwZ-RR 1993, 456.

Fläche für Kliniken und Sanatorien unter Ausschluss der nach § 4 II BauNVO sonst zulässigen Nutzungen reservieren, so stellt die Festsetzung eines allgemeinen Wohngebietes kein hierfür taugliches Mittel dar. Ein solches Ziel kann nur durch die Ausweisung eines Sondergebietes mit entsprechender Zweckbestimmung erreicht werden (§ 11 II BauNVO). Ein Bebauungsplan, der der Verwirklichung einer solchen Konzeption dient, ist erforderlich i. S. des § 1 III BauGB.[997]

l) Einkaufszentren, großflächige Einzelhandelsbetriebe. Besonderer Bedeutung haben die Regelungen über die Zulässigkeit von Einkaufszentren, großflächigen Einzelhandelsbetrieben und sonstigen in ihren Auswirkungen vergleichbaren Handelsbetrieben in § 11 III BauNVO. Insbesondere seit den siebziger Jahren hat sich die Tendenz verbreitet, auf ein gewandeltes Käuferverhalten mit großflächigen Verbrauchermärkten auf der grünen Wiese zu reagieren. Diese Entwicklungen konnten besonders für die Stadtstruktur, das Niveau und das Erscheinungsbild der gewachsenen Innenstädte nicht ohne Auswirkung bleiben. Die Novellen zur BauNVO haben hier eine gewisse Entlastung gebracht, indem sie die großflächigen Einzelhandelsbetriebe mit negativen raumstrukturellen und städtebaulichen Folgen den Kerngebieten oder Sondergebieten zugewiesen haben. Die Vorschriften sind vor allem auch für die neuen Bundesländer von nicht geringer Bedeutung.

§ 11 III BauNVO will vor allem eine kritische Prüfung bei Einzelhandelseinrichtungen mit **zentrenrelevanten Sortimenten** erreichen. Als Sortiment wird die Gesamtheit der von dem Handelsbetrieb angebotenen Waren und Warensorten verstanden. Zu dem Warenangebot gehört ein nach dem Charakter des Handelsbetriebs abgestuftes Sortiment an Dienstleistungen. Der typische Charakter des Betriebs wird von seinem Kernsortiment (z. B. Möbel, Nahrungsmittel, Getränke usw., Kleineisenwaren, Werkzeuge oder Bauartikel) bestimmt. Das Randsortiment dient der Ergänzung des Angebots und muss sich dem Kernsortiment deutlich unterordnen. Die Sortimentsbreite ist die Vielfalt der angebotenen Warengruppen; die Sortimentstiefe wird durch die Auswahl innerhalb der Warengruppen bestimmt. Zentrenrelevante Sortimente zeichnen sich dadurch aus, dass sie z. B. viele Innenstadtbesucher anziehen, einen geringen Flächenanspruch haben, häufig im Zusammenhang mit anderen Innenstadtnutzungen nachgefragt werden und überwiegend ohne Pkw transportiert werden können. Bei zentrenrelevanten Sortimenten sind negative Auswirkungen auf die Zentrenstruktur, insbesondere auf die Innenstadtentwicklung zu erwarten, wenn sie überdimensioniert an nicht integrierten Standorten angesiedelt werden. Nahversorgungsrelevante Sortimente sind vor allem die Waren des täglichen Bedarfs, insbesondere für die Grundversorgung an Lebensmitteln.

Als **zentrenrelevante Sortimentsgruppen** gelten nach dem **Einzelhandelserlass NRW**:[998] Bücher/Zeitschriften/Papier/Schreibwaren/Büroorganisation, Kunst/Antiquitäten, Baby-/Kinderartikel, Bekleidung, Lederwaren, Schuhe, Unterhaltungselektronik/Computer, Elektrohaushaltswaren, Foto/Optik, Einrichtungszubehör (ohne Möbel), Haus- und Heimtextilien, Bastelartikel, Kunstgewerbe, Musikalienhandel, Uhren/Schmuck, Spielwaren und Sportartikel. Als **nahversorgungs- ggf. auch zentrenrelevante Sortimentsgruppen** werden eingestuft: Lebensmittel, Getränke sowie Drogerie, Kosmetik und Haushaltswaren. **In der Regel zentrenrelevante Sortimente** sind Teppich (ohne Teppichboden), Blumen, Campingartikel, Fahrräder und Zubehör, Mofas, Tiere, Tiernahrung und Zooartikel.

---

[997] *BVerwG*, B. v. 20. 7. 1993 – 4 B 115.93 – *Hoppe/Stüer* RzB Rdn. 939 – Kurviertel.
[998] Gemeinsamer Runderlass des Ministeriums für Stadtentwicklung, Kultur und Sport – II A 3 – 16.21 – des Ministeriums für Wirtschaft und Mittelstand, Technologie und Verkehr – 232 – 56 – 28 – des Ministeriums für Umwelt, Raumordnung und Landwirtschaft – VI A 2 – 93.31.20 – und des Ministeriums für Bauen und Wohnen – II A 1 – 901.11 – v. 7. 5. 1998 (MBl. NW v. 20. 6. 1996 (Einzelhandelserlass).

523 Der Regelung in § 11 III BauNVO unterfallen **Einkaufszentren, großflächige Einzelhandelsbetriebe** mit den in § 11 III BauNVO beschriebenen negativen Auswirkungen und **vergleichbare großflächige Handelsbetriebe**. Die BauNVO stellt für derartige Betriebe eine widerlegliche **Vermutungsgrenze** auf, die seit der BauNVO 1977 bei 1.500 m² Geschossfläche lag und durch die BauNVO 1987 auf 1.200 m² gesenkt worden ist. Einzelhandelseinrichtungen mit solchen negativen Auswirkungen sind grundsätzlich nur in geplanten Kerngebieten und in eigens für sie ausgewiesenen Sondergebieten oder in nichtbeplanten Innenbereichen zulässig, die hinsichtlich der in der Umgebung vorhandenen Nutzungsart einem Kerngebiet oder einem Sondergebiet gleichzustellen sind. Bei diffuser Umgebungsprägung ist eine solche Einzelhandelsnutzung nur zulässig, wenn in der Umgebung bereits eine vergleichbare Nutzung vorhanden ist, die den Umgebungsrahmen entsprechend prägt. Eine besondere Prüfung ist danach erforderlich bei

– der Errichtung und Erweiterung von Einkaufszentren, großflächigen Einzelhandelsbetrieben und sonstigen großflächigen Handelsbetrieben,
– der Erweiterung bestehender Einzelhandelsbetriebe zu großflächigen Einzelhandelsbetrieben,
– der Umwandlung eines Großhandelsbetriebes ganz oder teilweise zu einem großflächigen Einzelhandelsbetrieb im Wege der Nutzungsänderung,
– der Änderung einer in der Baugenehmigung festgeschriebenen Branche oder eines festgeschriebenen Warensortiments durch Nutzungsänderung,
– der Nutzungsänderung von vorhandenen Gebäuden zu großflächigen Einzelhandelsbetrieben und
– der Errichtung von mehreren jeweils nicht großflächigen Einzelhandelsbetrieben in räumlicher Nähe und zeitlichem Zusammenhang (Agglomeration).[999]

524 Ein **Einkaufszentrum** i. S. des § 11 III 1 Nr. 1 BauNVO setzt im Regelfall einen von vornherein einheitlich geplanten, finanzierten, gebauten und verwalteten Gebäudekomplex mit mehreren Einzelhandelsbetrieben verschiedener Art und Größe – zumeist verbunden mit Dienstleistungsbetrieben – voraus. Sollen mehrere Betriebe ohne eine solche Planung ein Einkaufszentrum im Rechtssinne darstellen, so ist hierfür außer ihrer engen räumlichen Konzentration ein Mindestmaß an äußerlich in Erscheinung tretender gemeinsamer Organisation und Kooperation erforderlich, welche die Ansammlung mehrerer Betriebe zu einem planvoll gewachsenen und aufeinander bezogenen Ganzen werden lässt.[1000]

525 In Übereinstimmung mit dem allgemeinen **Sprachgebrauch** ist ein Einkaufszentrum im Rechtssinne daher nur dann anzunehmen, wenn eine **räumliche Konzentration** von Einzelhandelsbetrieben verschiedener Art und Größe vorliegt, die entweder einheitlich geplant ist oder sich doch in anderer Weise als gewachsen darstellt. Diese Zusammenfassung kann in organisatorischen oder betrieblichen Gemeinsamkeiten, wie etwa in gemeinsamer Werbung oder einer verbindenden Sammelbezeichnung, zum Ausdruck kommen. Nur durch solche äußerlich erkennbaren Merkmale ergibt sich für die Anwendung mehrerer Betriebe zu einem Zentrum zugleich die erforderliche Abgrenzung zu einer beliebigen Häufung von jeweils für sich planungsrechtlich zulässigen Einzelhandelsbetrieben auf mehr oder weniger engem Raum.[1001] Handelt es sich i. S. dieser Abgrenzungskriterien um ein Einkaufszentrum, so ist eine solche Einrichtung nur in einem

---

[999] Gemeinsamer Runderlass des Ministeriums für Stadtentwicklung, Kultur und Sport v. 7. 5. 1998, Ansiedlung von Einzelhandelsgroßbetrieben; Bauleitplanung und Genehmigung von Vorhaben (Einzelhandelserlass), (MBl. NW v. 20. 6. 1996).
[1000] *BVerwG*, Urt. v. 27. 4. 1990 – 4 C 16.87 – DVBl. 1990, 1110 = DÖV 1990, 748 = UPR 1990, 340 = BauR 1990, 573 = *Hoppe/Stüer* RzB Rdn. 949 – Einkaufszentrum.
[1001] *BVerwG*, Urt. v. 27. 4. 1990 – 4 C 16.87 – Buchholz 406.12 § 11 BauNVO Nr. 16 – Einkaufszentrum; B. v. 15. 2. 1995 – 4 B 84.94 – Einkaufszentrum.

Kerngebiet oder in einem Sondergebiet „Einkaufszentrum" zulässig. Der Prüfung von zusätzlichen negativen Auswirkungen (§ 11 III 2 bis 4 BauNVO) bedarf es in diesen Fällen nicht.

Zu den Einkaufszentren gehören auch die sog. **Factory-Outlet-Center**. Es handelt sich dabei um einen Direktverkauf zumeist hochwertiger Waren unter Umgehung des Großhandels.[1002] Die Waren werden entweder von einer Fabrik oder von mehreren Produzenten direkt vermarktet. Bei der Planung und Genehmigung solcher Zentren sind städtebauliche und auch nachbargemeindliche Belange zu berücksichtigen. Nachbargemeinden können den Bebauungsplan und die Genehmigung für die Errichtung eines Factory-Outlet-Center mit der Begründung angreifen, das Vorhaben habe Auswirkungen gewichtiger Art auf ihre städtebauliche Entwicklung und Ordnung und verstoße gegen das Gebot der interkommunalen Abwägung in § 2 II BauGB.[1003] Dies gilt übrigens unabhängig davon, ob die Genehmigung auf §§ 30, 34 oder 35 BauGB beruht. Weist die Gemeinde in einem Bebauungsplan (nur ganz allgemein) ein Sondergebiet für großflächigen Einzelhandel aus und eignet sich die Planung auch für die Ansiedlung eines Factory-Outlet-Centers, muss die Gemeinde auch prüfen, welche Folgen mit einem derartigen Vorhaben für den umgebenden Raum und die Nachbargemeinden verbunden sind.[1004] 526

Die **Regelvermutung** in § 11 III 1 BauNVO kann nicht in der Weise „ausgehebelt" werden, dass die tatsächlichen Auswirkungen eines großflächigen Einzelhandelsbetriebs, deren Vorliegen kraft rechtlicher Anordnung vermutet wird, zum Gegenstand einer richterlichen Beweisaufnahme gemacht werden. Die großflächigen Einzelhandelsbetriebe, die vom Typ her, d. h. im Regelfall, die Auswirkungen haben, die § 11 III 2 BauNVO beispielhaft benennt, sind bei Überschreitung einer Geschossfläche von 1.200 qm in Folge der Regelvermutung außerhalb von Kern- und Sondergebieten unzulässig. Im Grundsatz auf der gleichen Ebene liegt die typisierende Umschreibung der Nutzungsarten in den Baugebieten der §§ 2 bis 9 BauNVO. Die Vermutungsregel in § 11 III 3 BauNVO hat zwar auch den Zweck, Genehmigungsbehörden und Verwaltungsgerichte nach Art einer Beweiserleichterung im Einzelfall von schwierigen Ermittlungen bei der Überprüfung der Auswirkungen eines großflächigen Einzelhandelsbetriebes zu entlasten. Darin erschöpft sich ihre rechtliche Bedeutung jedoch nicht. In ihrem Anwendungsbereich stellt die Vermutungsregel eine Zulässigkeitsschranke auf, die für Genehmigungsbehörden und Gerichte gleichermaßen verbindlich ist.[1005] 527

Ein großflächiger **Baumarkt**, dessen Warenangebot die Bereiche des Bau-, Elektro-, Sanitärinstallations-, Maler- und Kunsthandwerks sowie Haushaltswaren umfasst, ist typischerweise geeignet, negative städtebauliche Auswirkungen i. S. des § 11 III 2 BauNVO nach sich zu ziehen. Bestehen im Falle eines derartigen Baumarktes keine Anhaltspunkte i. S. des § 11 III 4 BauNVO für das Vorliegen einer atypischen Situation, greift die Vermutungsregel des § 11 III 3 BauNVO mit der Folge, dass der Betrieb bauplanungsrechtlich auf ein Kern- oder Sondergebiet zu verweisen ist.[1006] Auch Einzelhandel mit innenstadt- 528

[1002] *BVerwG*, Urt. v. 1. 8. 2002 – 4 C 5.01 – BVerwGE 117, 25 = DVBl. 2003, 62 = NVwZ 2003, 86 – FOC Zweibrücken; *VG Neustadt*, B. v. 29. 9. 1998 – 2 L 2138/98.NW – NVwZ 1999, 101 = GewArch. 1999, 84 – Designer-Outlet-Center.
[1003] *VGH München*, Urt. v. 3. 5. 1999 – 1 N 98.1021 – DVBl. 1999, 1293 = GewArch. 1999, 432 – Ingolstadt; Stüer/Rude ZfBR 2000, 85.
[1004] Zur interkommunalen Abstimmung s. Rdn. 206.
[1005] *BVerwG*, B. v. 9. 7. 2002 – 4 B 14.02 – ZfBR 2002, 805 = BauR 2002, 1825. Zur Festsetzung der höchstzulässigen Einzelhandels-Verkaufsfläche in einem Sondergebiet *OVG Koblenz*, Urt. v. 11. 7. 2002 – 1 C 10098/02 – NVwZ-RR 2003, 93 = BRS 65 (2002) Nr. 40 – flächenbezogener Schallleistungspegel.
[1006] *OVG Weimar*, Urt. v. 21. 8. 2001 – 1 KO 1240/97 –; *VGH München*, Urt. v. 14. 1. 2003 – 14 CS 02.2395 – dort zur erfolglosen Nachbarklage eines Einzelhändlers gegen Baugenehmigung für SB-Warenhaus.

relevanten Sortimenten kann eine gemäß § 1 IX BauNVO typisierbare Nutzungsunterart sein, wobei teils auf Branchen, teils auf Warengruppen abgestellt werden kann.[1007] Auch eine Festsetzung, wonach Einzelhandelsbetriebe mit Waren für den täglichen Bedarf (Sortiment: Nahrung und Genussmittel, Gebrauchskosmetik, Putz- und Waschmittel, Schreibwaren, saisonbedingte Geschenkartikel, Hausrat und Zeitschriften), soweit es sich um SB-Märkte handelt, ausgeschlossen sind, ist in einem Kerngebiet zulässig.[1008]

529 Unterlässt die Gemeinde die gebotenen **Ermittlungen** zu den Auswirkungen auf Infrastruktur und Städtebau, ist der Bebauungsplan unwirksam. Er kann allerdings in der Regel durch Anreicherung des Abwägungsmaterials nach § 214 IV BauGB in einem ergänzenden Verfahren geheilt werden.[1009] Ein Fabrik-Verkaufs-Zentrum (Factory-Outlet-Center) ist ein Einkaufszentrum iSv § 11 III Nr. 1 BauNVO. Bei einer stufenweisen Verwirklichung eines solchen Vorhabens sind die späteren Bauabschnitte rechtlich als Änderung der bestehenden und nicht als Neuerrichtung einer selbstständigen Anlage zu werten. Nachbargemeinden können eine Genehmigung für ein FOC mit der Begründung anfechten, das Vorhaben führe zu unmittelbaren Auswirkungen gewichtiger Art auf ihre städtebauliche Entwicklung und Ordnung und verstoße daher gegen § 2 II BauGB. Das gilt unabhängig davon, ob die Genehmigung auf §§ 30, 33 oder 35 BauGB beruht. Befürchtet die Nachbargemeinde eine Schädigung der städtebaulichen Situation ihrer Innenstadt, kommt es für eine Verletzung des § 2 II BauGB entscheidend auf die durch das Vorhaben bewirkte Umsatzumverteilung zu Lasten des innerstädtischen Einzelhandels sowie die Möglichkeit und Zumutbarkeit von Anpassungsmaßnahmen an.[1010]

530 Dabei stellt das materielle Abstimmungsgebot zwischen den Gemeinden einen Unterfall des **Abwägungsgebots** des § 1 VII BauGB dar, so dass Verstöße gegen das materielle interkommunale Abstimmungsgebot Abwägungsfehler sind. Ergebnisrelevanz liegt vor, wenn nach den Umständen des Einzelfalls die konkrete Möglichkeit besteht, dass ohne den Mangel im Planungsvorgang die Planung anders ausgefallen wäre.[1011] Eine Nachbargemeinde kann sich auch gegen eine Einzelgenehmigung aufgrund eines weder formal noch materiell abgestimmten Bebauungsplans wenden, wenn in qualifizierter Weise durch den Vorhabenträger auf den Inhalt des Bebauungsplans der planenden Gemeinde Einfluss genommen worden ist und sich dies als „Weichenstellung" in Richtung auf die Zulassungsentscheidung darstellt.[1012]

531 Befürchtet die **Nachbargemeinde** eine Schädigung der städtebaulichen Situation ihrer Innenstadt, kommt es für die Verletzung des Gebotes der interkommunalen Abstimmung entscheidend auf die durch das Vorhaben bewirkte Umsatzverteilung zu Lasten des innerstädtischen Einzelhandels sowie die Möglichkeit und Zumutbarkeit von Anpassungsmaßnahmen an.[1013] Allein der Verweis auf eine Einschätzung politischer Kreise, dass von Factory-Outlet-Centern städtebauliche Gefahren ausgehen, reicht für die Zulässigkeit einer interkommunalen Nachbarklage allerdings nicht aus, weil pauschale Bewertungen oder politische Vorstellungen die rechtlich gebotene, einzelfallbezogene Betrachtung

---

[1007] *VGH Kassel*, Urt. v. 19. 9. 2002 – 3 N 78/00 – ZfBR 2003, 163 = BauR 2003, 501 – Innenstadtrelevanz des Einzelhandels.

[1008] *VGH Kassel*, Urt. v. 4. 12. 2003 – 3 N 246/01 – IBR 2004, 280.

[1009] A. A. *VGH München*, Urt. v. 3. 5. 1999 – 1 N 98.1021 – DVBl. 1999, 1293 = GewArch. 1999, 432 – Ingolstadt; *Stüer/Rude* ZfBR 2000, 85.

[1010] *OVG Koblenz*, Urt. v. 8. 1. 1999 – 8 B 12650/98 – NVwZ 1999, 435 = UPR 1999, 154 = BauR 1999, 367 = GewArch. 1999, 213 = NJW 1999, 1495.

[1011] *VGH München*, Urt. v. 3. 5. 1999 – 1 N 98.1021 – DVBl. 1999, 1293 = UPR 1999, 393 = StuGR 1999, 34 = GewArch. 1999, 432 – FOC Ingolstadt. Zur interkommunalen Abstimmung bei der Ausweisung eines Sondergebietes für großflächigen Einzelhandel *VG Potsdam*, B. v. 7. 5. 1999 – 5 L 950/98 – BauR 1999, 1146.

[1012] *OVG Weimar*, Urt. v. 17. 6. 1998 – 1 KO 1040/97 – ZfBR 1999, 173.

[1013] *OVG Koblenz*, B. v. 8. 1. 1999 – 8 B 12650/98 – UPR 1999, 154; *VG Neustadt*, B. v. 29. 9. 1998 – 2 L 2138/98.NW – NVwZ 1999, 101 = GewArch. 1999, 84 – Designer-Outlet-Center.

nicht ersetzen können. Der Nachweis entsprechender Beeinträchtigungen kann allerdings dadurch erschwert sein, dass neben dem Factory-Outlet-Center auch andere Fremdfaktoren die städtebauliche Ordnung der Nachbargemeinde stören.[1014] Nachbargemeinden haben bei der Aufstellung von Bauleitplänen im Rahmen der interkommunalen Abwägung den Anspruch auf Abwägung ihrer berechtigten kommunalen Belange. Dabei können sich die Nachbargemeinden auch auf die ihnen durch die Ziele der Raumordnung zugewiesenen Funktionen sowie auf Auswirkungen auf ihre zentralen Versorgungsbereiche berufen (§ 2 II 2 BauGB). Diese durch das EAG Bau 2004 bewirkte Ergänzung sollen neben die interkommunalen Belange auch die Belange der Raumordnung sowie die Belange der zentralörtlichen Versorgung zum Bestandteil der nachbargemeindlichen Wehrfähigkeit werden.

Die weiteren in § 11 III BauNVO erwähnten **Einzelhandelsbetriebe** und vergleichbaren Handelsbetriebe unterfallen der Sonderregelung des § 11 III BauNVO nur, wenn sie **großflächige Einrichtungen** sind, von denen die in § 11 III BauNVO bezeichneten nachteiligen Auswirkungen ausgehen. Einzelhandelsbetriebe sind Betriebe, die ausschließlich oder überwiegend an letzte Verbraucher verkaufen. Die Großflächigkeit beginnt dort, wo üblicherweise die der wohnungsnahen Versorgung dienenden Einzelhandelsbetriebe ihre Obergrenze findet.[1015] Zu den großflächigen Einzelhandelsbetrieben gehören insbesondere Verbrauchermärkte, Warenhäuser, Kaufhäuser, Selbstbedienungswarenhäuser, Supermärkte, Factory-Outlet-Center und auch Fachmärkte wie Möbelmärkte, Baumärkte, Auto- und Gartencenter, Hobby und Do-it-yourself-Center u. dgl. mit mehr als 1.000 m² Verkaufsfläche. Damit wird eine Vielzahl von Handelsbetrieben erfasst, die nach der Art ihrer Nutzung – soweit sie nicht großflächig sind – auch im Mischgebiet, Dorfgebiet oder Kerngebiet zulässig sind. Bei der Entscheidung, ob es sich um einen großflächigen Betrieb handelt, muss zunächst die Verkaufsfläche ermittelt werden. Ist der Betrieb danach großflächig, schließt sich die Prüfung der nachteiligen Auswirkungen i. S. des § 11 III BauNVO an.[1016] Merkmale wie aggressive Preispolitik, Tendenz zum Verkauf größerer Mengen oder Angebot auch von Lebensmitteln sind keine begrifflichen Voraussetzungen für das Vorliegen eines Verbrauchermarktes, sondern Beschreibungen von Erscheinungsformen großflächiger Einzelhandelsbetriebe, deren Auswirkungen häufig städtebauliche Bedeutung gewinnen.[1017]

Nicht zu den großflächigen Einzelhandelsbetrieben gehören die sog. **Nachbarschaftsläden**. Sie können also etwa in einem allgemeinen Wohngebiet zulässig sein, wenn sie dort der Versorgung der Wohnbevölkerung dienen. Die Grenze der Großflächigkeit liegt nach der Rechtsprechung des *BVerwG* für einen SB-Lebensmittelmarkt bei etwa 700 m² Verkaufsfläche, wobei das Merkmal der Großflächigkeit in allen Gemeinden einheitlich zu beurteilen ist.[1018] Ob auch für Mischgebiete eine derart einschränkende Größenbegrenzung gilt, ist fraglich. Das *BVerwG* geht offenbar im Mischgebiet von etwas höheren Flächengrößen aus.[1019]

Mit dem Merkmal der **Großflächigkeit** unterscheidet die BauNVO Einzelhandelsbetriebe, die wegen ihres angestrebten größeren Einzugsbereichs – wenn nicht in Sondergebiete – in Kerngebiete gehören, von den Läden und Einzelhandelsbetrieben der

---

[1014] *OVG Frankfurt (Oder)*, Urt. v. 16. 12. 1998 – 3 B 116/98 – NVwZ 1999, 434 = BauR 1999, 613; *Otting* DVBl. 1999, 595.
[1015] Gemeinsamer Runderlass des Ministeriums für Stadtentwicklung, Kultur und Sport v. 7. 5. 1998, Ansiedlung von Einzelhandelsgroßbetrieben; Bauleitplanung und Genehmigung von Vorhaben (Einzelhandelserlass), (MBl. NW v. 20. 6. 1996).
[1016] *Fickert/Fieseler*, § 11 Rdn. 19.9.
[1017] *BVerwG*, B. v. 25. 7. 1986 – 4 B 144.86 – NVwZ 1987, 50 = *Hoppe/Stüer* RzB Rdn. 942 – Möbeleinzelhandel.
[1018] *BVerwG*, Urt. v. 22. 5. 1987 – 4 C 19.85 – BauR 1987, 528 = NVwZ 1987, 1076 = DVBl. 1987, 1006 = *Hoppe/Stüer* RzB Rdn. 943.
[1019] *BVerwG*, B. v. 17. 1. 1995 – 4 B 1.95 – Buchholz 310 § 162 VwGO Nr. 29.

wohnungsnahen Versorgung der Bevölkerung, die in die ausschließlich, überwiegend oder zumindest auch dem Wohnen dienenden Gebiete gehören und dort typischerweise auch zu finden sind. Folglich beginnt die Großflächigkeit dort, wo üblicherweise die Größe solcher der wohnungsnahen Versorgung dienender Einzelhandelsbetrieb, gelegentlich auch Nachbarschaftsläden genannt, ihre Obergrenze findet.[1020] Das *BVerwG* brauchte aus Anlass des zu entscheidenden Falles nicht abschließend zu klären, wo nach dem damaligen Einkaufsverhalten der Bevölkerung und den Gegebenheiten im Einzelhandel die Verkaufsflächen-Obergrenze für Einzelhandelsbetriebe der wohnungsnahen Versorgung liegt. Vieles spricht – so das *BVerwG* – dafür, dass sie nicht wesentlich unter 700 m^2, aber auch nicht wesentlich darüber liegt. Dabei ist die Frage eines großflächigen Einzelhandelsbetriebes für eine kleine Gemeinde nicht anders zu beantworten als für eine Großstadt und dort nicht anders für den Ortsteil A als für den Ortsteil B.

535 **Einkaufszentren** und in diesem Sinne **großflächige Einzelhandelsbetriebe** sowie vergleichbare Handelsbetriebe werden in Kerngebiete und Sondergebiete verwiesen, wenn sie die in § 11 III BauNVO bezeichneten nachteiligen städtebaulichen und infrastrukturellen Auswirkungen haben. Die in § 11 III BauNVO enthaltene Vermutungsgrenze von 1.500 m^2 (BauNVO 1977) bzw. 1.200 m^2 (BauNVO 1987/1990) Geschossfläche indiziert, dass bei **Überschreitung** der **Vermutungsgrenze nachteilige Auswirkungen** bestehen, während bei Unterschreitung der Grenze davon regelmäßig nicht ausgegangen werden kann. Die Rechtsprechung hat dabei hervorgehoben, dass die Überschreitung der Vermutungsgrenze negative Auswirkungen i. S. des § 11 III BauNVO indiziert und Bedenken von demjenigen ausgeräumt werden müssen, der sich auf die Zulässigkeit einer solchen Nutzung beruft.[1021] Dabei gilt die Regelvermutung des § 11 III 3 BauNVO auch bei einer nur geringfügigen Überschreitung der Geschossfläche, selbst wenn die Verkaufsfläche etwas unter 1.000 m^2 liegt.[1022] Betriebliche Besonderheiten, die von der typischen Fallgestaltung abweichen, sind insbesondere gegeben:[1023]
– bei einer Abweichung des Verhältnisses von Geschossfläche zur Verkaufsfläche, etwa weil der Anteil der Verkaufsfläche wesentlich unter $2/3$ der Geschossfläche liegt,
– wenn der Betrieb beschränkt ist auf ein schmales Warensortiment wie z. B. Gartenbedarf,
– bei Artikeln, die üblicherweise mit handwerklichen Dienstleistungen angeboten werden (wie Kfz-Handel mit Werkstatt),
– bei Artikeln, die in einer gewissen Beziehung zu gewerblichen Nutzungen stehen wie bei Baustoffhandel oder Büromöbelhandel.

536 **Abweichungen** der konkreten städtebaulichen Situation können beispielsweise darin bestehen,
– dass der Einzugsbereich des Betriebs im Warenangebot bisher unterversorgt war und innerhalb des Einzugsbereichs des Betriebs zentrale Versorgungsbereiche an anderen Standorten nicht bestehen und auch nicht vorgesehen sind oder

---

[1020] *BVerwG*, Urt. v. 22. 5. 1987 – 4 C 19.85 – BauR 1987, 528 = DVBl. 1987, 1006 = NVwZ 1987, 1076 = *Hoppe/Stüer* RzB Rdn. 943 – Nachbarschaftsladen.
[1021] *BVerwG*, B. v. 22. 5. 1987 – 4 N 4.86 – BVerwGE 77, 308 = *Hoppe/Stüer* RzB Rdn. 883.
[1022] *BVerwG*, B. v. 28. 7. 1989 – 4 B 18.89 – NVwZ-RR 1990, 230 = BauR 1989, 704; Urt. v. 3. 2. 1984 – 4 C 25.82 – BVerwGE 68, 360 = *Hoppe/Stüer* RzB Rdn. 311; Urt. v. 3. 2. 1984 – 4 C 17.82 – BVerwGE 68, 369 – Verbrauchermarkt; Urt. v. 3. 2. 1984 – 4 C 54.80 – BVerwGE 68, 342; Urt. v. 22. 5. 1987 – 4 C 30.86 – ZfBR 1987, 256 = *Hoppe/Stüer* RzB Rdn. 944; Urt. v. 22. 5. 1987 – 4 C 6 u. 7.85 – NVwZ 1987, 1078 = *Hoppe/Stüer* RzB Rdn. 945; Urt. v. 22. 5. 1987 – 4 C 77.84 – BVerwGE 77, 317 = *Hoppe/Stüer* RzB Rdn. 946; B. v. 18. 12. 1989 – 4 NB 26.89 – DÖV 1990, 477 = NVwZ-RR 1990, 229 = *Hoppe/Stüer* RzB Rdn. 888.
[1023] Gemeinsamer Runderlass des Ministeriums für Stadtentwicklung, Kultur und Sport v. 7. 5. 1998, Ansiedlung von Einzelhandelsgroßbetrieben; Bauleitplanung und Genehmigung von Vorhaben (Einzelhandelserlass), (MBl. NW v. 20. 6. 1996).

— der Betrieb in zentraler und für die Wohnbevölkerung gut erreichbarer Lage (städtebaulich integriert) errichtet werden soll, jedoch nur, wenn ein etwa vorhandenes Zentrenkonzept oder die angestrebte Zentrenstruktur dadurch nicht gestört wird.[1024]

537 § 11 III 2 BauNVO nennt beispielhaft als **negative Auswirkungen** schädliche Umwelteinwirkungen, Auswirkungen auf die infrastrukturelle Ausstattung, auf den Verkehr, auf die Versorgung der Bevölkerung, auf die Entwicklung zentraler Versorgungsbereiche in der Gemeinde oder in anderen Gemeinden, auf das Orts- und Landschaftsbild und auf den Naturhaushalt. **Schädliche Umwelteinwirkungen** können sich vor allem durch einwirkende Immissionen wie etwa starker Zu- und Abfahrtsverkehr oder eine Zunahme von Lärm- und Abgasbelastungen in Wohnstraßen ergeben. Auswirkungen auf die **infrastrukturelle Ausstattung** liegen insbesondere vor, wenn die ordnungsgemäße straßenmäßige Anbindung des Vorhabens nicht gewährleistet ist bzw. das vorhandene Verkehrsnetz nach seiner Konzeption und Leistungsfähigkeit z. B. mit Einrichtungen des öffentlichen Personennahverkehrs nicht auf das Vorhaben ausgerichtet ist. Auswirkungen auf den **Verkehr** sind anzunehmen, wenn vorhandene Verkehrseinrichtungen durch den vom Vorhaben zusätzlich ausgehenden Verkehr überlastet bzw. ihrer bestimmungsgemäßen Nutzung entzogen werden oder wenn Verkehrsbehinderungen auftreten, etwa weil Wohnstraßen zu Durchgangsstraßen werden. Auswirkungen auf die **Versorgung der Bevölkerung** können dadurch entstehen, dass durch neue Kaufkraftbindung an anderen Standorten Umsatzeinbußen und Geschäftsaufgaben drohen. Anhaltspunkte insbesondere für eine Gefährdung der Nahversorgung können sich daraus ergeben, dass die nur einmal umsetzbare Kaufkraft der Bevölkerung im Einzugsbereich des Betriebes und der vorhandenen Verkaufsflächen je Einwohner unter Berücksichtigung der Sortimentsverteilung und der Flächenproduktivität gegenübergestellt wird. Auswirkungen auf die **Entwicklung zentraler Versorgungsbereiche** können sich in der Gemeinde oder in anderen Gemeinden insbesondere auf das Stadtzentrum oder die Neben- und Grundversorgungszentren in den Stadtteilen aber auch auf Ortszentren ergeben. Dies gilt vor allem dann, wenn in diesen Zentren oder Ortsteilen öffentliche Mittel gebunden sind. Auswirkungen auf das **Orts- und Landschaftsbild** bestehen vor allem, wenn sich das Vorhaben nicht in den vorhandenen städtebaulichen oder landschaftlichen Rahmen einfügt.[1025]

538 Bei der Beurteilung der Auswirkungen auf zentrale Versorgungsbereiche in der Gemeinde oder in anderen Gemeinden sind die **Ziele der Raumordnung** zu beachten und die **Grundsätze** und **sonstigen Erfordernisse der Raumordnung** zu berücksichtigen.[1026] Die Einzelhandelsentwicklung soll der **zentralörtlichen Gliederung** entsprechen, die ein Netz funktional miteinander verbundener Gemeinden darstellt. Einzelhandelseinrichtungen sollen den Siedlungsschwerpunkten räumlich zugeordnet sein. Kriterien dafür sind die Vermeidung einer isolierten Lage am Rande eines Siedlungsschwerpunktes, die Sicherung einer siedlungsräumlichen Konzentration und eine möglichst ausgewogene und bedarfsgerechte Versorgung der Bevölkerung.[1027] Als weitere **Grundsätze der Raumordnung** können etwa zu berücksichtigen sein: Die Entwicklung der räumlichen Struktur entsprechend den Erfordernissen des Umweltschutzes und den infrastrukturellen, wirtschaftlichen, sozialen und kulturellen Erfordernissen, eine sparsame und scho-

---

[1024] Gemeinsamer Runderlass des Ministeriums für Stadtentwicklung, Kultur und Sport v. 7. 5. 1998, Ansiedlung von Einzelhandelsgroßbetrieben; Bauleitplanung und Genehmigung von Vorhaben (Einzelhandelserlass), (MBl. NW v. 20. 6. 1996).

[1025] Gemeinsamer Runderlass des Ministeriums für Stadtentwicklung, Kultur und Sport v. 7. 5. 1998, Ansiedlung von Einzelhandelsgroßbetrieben; Bauleitplanung und Genehmigung von Vorhaben (Einzelhandelserlass), (MBl. NW v. 20. 6. 1996).

[1026] Zur Raumordnung s. Rdn. 215.

[1027] Gemeinsamer Runderlass des Ministeriums für Stadtentwicklung, Kultur und Sport v. 7. 5. 1998, Ansiedlung von Einzelhandelsgroßbetrieben; Bauleitplanung und Genehmigung von Vorhaben (Einzelhandelserlass), (MBl. NW v. 20. 6. 1996).

nende Inanspruchnahme der Naturgüter (vgl. auch § 1a II 1 BauGB) und der Grundsatz der Nachhaltigkeit (vgl. auch § 1 V 1 BauGB), Strukturverbesserungen in Verdichtungsgebieten und die Entwicklung des ländlich strukturierten Raumes entsprechend der jeweiligen Tragfähigkeit sowie funktionsgerechte Verkehrsverbindungen, d. h. Haltepunkte des öffentlichen Personennahverkehrs an den Einzelhandelsstandorten. Hinzu treten folgende **Grundsätze**: Vorrang der Innenentwicklung vor der Außenentwicklung, kurzwegige Anbindung an den öffentlichen Personennahverkehr und die Integration in die Stadtentwicklungsplanung. Dabei wird besonderer Wert auch auf die **Kooperation der Gemeinden** untereinander und auf die Eignung für die interkommunale Zusammenarbeit gelegt.[1028]

539 Will eine Gemeinde einen Bebauungsplan mit dem Inhalt eines Einzelhandels-Sondergebietes aufstellen, ist eine **interkommunale Abstimmung** erforderlich, wenn Auswirkungen gewichtiger Art auf die Planung der Nachbargemeinde nicht ausgeschlossen werden können.[1029] Dies gilt auch dann, wenn die Nachbargemeinde noch nicht über entgegenstehende Bebauungspläne verfügt oder entsprechende Aufstellungsbeschlüsse gefasst hat. Insofern gehen die Rechte der Nachbargemeinde auf die interkommunale Abstimmung über die Mitwirkungs- und Abwehrrechte der Nachbargemeinde gegenüber Maßnahmen der privilegierten Fachplanung hinaus.[1030] Die Widerlegung der Regelvermutung erfordert eine Einzelfallbetrachtung. Dabei kann die jeweilige Nutzungsart eine besondere Rolle spielen.

Beispiel: Ein großflächiger Möbelmarkt mit einer Geschossfläche von 1.800 m² kann in einem Gewerbegebiet durchaus zulässig sein, während ein Lebensmittelmarkt mit einer Geschossfläche von 1.100 m² bereits nachteilige Auswirkungen auf die in § 11 III BauNVO genannten städtebaulichen und infrastrukturellen Belange haben kann und dann dort unzulässig wäre.

540 Beabsichtigt die Gemeinde, ein großflächiges Einzelhandelsprojekt auszuweisen, so sieht der Einzelhandelserlass NRW hierfür ein **formalisiertes Verfahren** vor.[1031] Die Gemeinde hat vor Ausweisung eines Kern- oder Sondergebietes i. S. des § 11 III BauNVO bei der zuständigen Regionalplanungsbehörde anzufragen, ob Ziele der Raumordnung[1032] oder Landesplanung der beabsichtigten Plandarstellung entgegenstehen. Dazu sind von der Gemeinde entsprechende Angaben zum Vorhaben beizubringen. Die Träger öffentlicher Belange einschließlich der Industrie- und Handelskammern und ggf. sonstiger fachkundiger Institutionen (Einzelhandelsverbände) sind zu beteiligen. Als Grundlage für konkrete Planungsvorhaben wird den Gemeinden empfohlen, ein gemeindliches Einzelhandelskonzept aufzustellen, in dem die Entwicklungsziele für den Einzelhandel dargelegt sind. Auch wird empfohlen, wegen der besonderen Bedeutung der zentrenrelevanten Einzelhandelsflächen bereits im Flächennutzungsplan Kerngebiete und nicht lediglich gemischte Bauflächen darzustellen. Bei der Darstellung von Sondergebieten sollte bereits die Geschossflächenzahl angegeben werden. Kerngebiete sollten im Bebauungsplan nur ausgewiesen werden, wenn neben den Einzelhandelsflächen i. S. von § 11 III BauNVO auch andere kerngebietstypische Einrichtungen vorgesehen sind. Ansonsten sind im Bebauungsplan Sondergebiete mit einer speziellen Zeckbestimmung und kon-

---

[1028] Gemeinsamer Runderlass des Ministeriums für Stadtentwicklung, Kultur und Sport v. 7. 5. 1998, Ansiedlung von Einzelhandelsgroßbetrieben; Bauleitplanung und Genehmigung von Vorhaben (Einzelhandelserlass), (MBl. NW v. 20. 6. 1996).
[1029] Zur interkommunalen Abstimmung s. Rdn. 206.
[1030] *BVerwG*, Urt. v. 8. 9. 1972 – IV C 17.71 – BVerwGE 40, 323 = *Hoppe/Stüer* RzB Rdn. 135 – Krabbenkamp; Urt. v. 15. 12. 1989 – 4 C 36.86 – BVerwGE 84, 210 = DVBl. 1990, 427 = *Hoppe/Stüer* RzB Rdn. 136.
[1031] Gemeinsamer Runderlass des Ministeriums für Stadtentwicklung, Kultur und Sport v. 7. 5. 1998, Ansiedlung von Einzelhandelsgroßbetrieben; Bauleitplanung und Genehmigung von Vorhaben (Einzelhandelserlass), (MBl. NW v. 20. 6. 1996).
[1032] Zur Raumordnung s. Rdn. 215.

kreten Festsetzungen auszuweisen. Einzelhandel in sonstigen Baugebieten ist nur beschränkt zulässig. Hier können sich zusätzliche (einschränkende) Festsetzungen nach § 1 IV bis IX BauNVO empfehlen.[1033]

In bereits beplanten Gebieten ist nach den verschiedenen Fassungen der BauNVO zu unterscheiden, die folgenden Wortlaut haben:

§ 11 BauNVO 1962:
(1) Als Sondergebiete dürfen nur solche Gebiete dargestellt und festgesetzt werden, die sich nach ihrer besonderen Zweckbestimmung wesentlich von den Baugebieten nach den §§ 2 bis 10 BauNVO unterscheiden, wie Hochschul-, Klinik-, Kur-, Hafen- oder Ladengebiete.
(2) Für Sondergebiete ist die Art der Nutzung entsprechend ihrer besonderen Zweckbestimmung darzustellen und festzusetzen.

§ 11 BauNVO 1968:
(1) Als Sondergebiete sind solche Gebiete darzustellen und festzusetzen, die sich von den Baugebieten nach den §§ 2 bis 10 BauNVO wesentlich unterscheiden.
(2) Für Sondergebiete ist die Art der Nutzung entsprechend ihrer Zweckbestimmung darzustellen.
(3) Einkaufszentren und Verbrauchermärkte, die außerhalb von Kerngebieten errichtet werden sollen und die nach Lage, Umfang und Zweckbestimmung vorwiegend der übergemeindlichen Versorgung dienen sollen, sind als Sondergebiete darzustellen und festzusetzen.

§ 11 III BauNVO 1977:
(1) Einkaufszentren,
(2) großflächige Einzelhandelsbetriebe, die sich nach Art, Lage oder Umfang auf die Verwirklichung der Ziele der Raumordnung und Landesplanung oder auf die städtebauliche Entwicklung oder Ordnung nicht nur unwesentlich auswirken können sowie
(3) sonstige großflächige Handelsbetriebe, die im Hinblick auf den Verkauf an letzte Verbraucher und auf die Auswirkungen den in Nr. 2 bezeichneten Einzelhandelsbetrieben vergleichbar sind,
sind außer in Kerngebieten nur in für sie festgesetzten Sondergebieten zulässig. Auswirkungen i. S. des S.1 Nr. 2 und 3 sind insbesondere schädliche Umwelteinwirkungen i. S. des § 3 BImSchG sowie Auswirkungen auf die infrastrukturelle Ausstattung, auf den Verkehr, auf die Versorgung der Bevölkerung im Einzugsbereich der in S.1 bezeichneten Betriebe, auf die Entwicklung zentraler Versorgungsbereiche in der Gemeinde oder in anderen Gemeinden, auf das Orts- und Landschaftsbild und auf den Naturhaushalt. Auswirkungen i. S. des S. 2 sind bei Betrieben nach S.1 Nr. 2 und 3 in der Regel anzunehmen, wenn die Geschossfläche 1.500 m² überschreitet.

Bei **Bebauungsplänen**, denen die **BauNVO 1968** zugrunde liegt, ist ein großflächiger Einzelhandelsbetrieb in einem ausgewiesenen Gewerbegebiet nur unzulässig, wenn **übergemeindliche Versorgungsstrukturen** betroffen sind.[1034] Ob Einkaufszentren und Verbrauchermärkte vorwiegend der übergemeindlichen Versorgung dienen sollen, ist im Hinblick auf Lage, Umfang und Zweckbestimmung des Unternehmens nach objektiven Kriterien zu bestimmen. Unternehmerische Zielsetzungen des Betreibers oder Rentabilitätserwägungen sind dazu nicht geeignet. Vorwiegend bedeutet, dass mehr als die Hälfte des zu erwartenden Umsatzes von außerhalb der Gemeinde kommt. Dabei ist auf objektive Kriterien abzustellen. Beide Umsatzanteile müssen aufgrund einer Analyse prognostiziert werden.[1035] Der Begriff des Verbrauchermarkts im Sinne des § 11 III BauNVO 1968 beschränkt sich allerdings nicht auf großflächige Einzelhandelsbetriebe mit einem hauptsächlich auf Lebensmittel und verwandte Waren ausgerichteten oder mit einem insgesamt

---

[1033] Gemeinsamer Runderlass des Ministeriums für Stadtentwicklung, Kultur und Sport v. 7. 5. 1998, Ansiedlung von Einzelhandelsgroßbetrieben; Bauleitplanung und Genehmigung von Vorhaben (Einzelhandelserlass), (MBl. NW v. 20. 6. 1996).
[1034] Gemeinsamer Runderlass des Ministeriums für Stadtentwicklung, Kultur und Sport v. 7. 5. 1998, Ansiedlung von Einzelhandelsgroßbetrieben; Bauleitplanung und Genehmigung von Vorhaben (Einzelhandelserlass), (MBl. NW v. 20. 6. 1996).
[1035] *BVerwG*, B. v. 1. 9. 1989 – 4 B 99.89 – NVwZ-RR 1990, 229 = ZfBR 1989, 267 – übergemeindliche Versorgung.

warenhausähnlichen Sortiment. Auch ein so genannter Fachmarkt kann ein Verbrauchermarkt sein.[1036]

543 Bei Bebauungsplänen, die unter Geltung von § 11 III BauNVO **1977** bzw. **1987** aufgestellt worden sind, gilt die Vermutungsgrenze von 1.500 m² bzw. 1.200 m² Geschossfläche. Diese Vermutungsgrenze kann im Einzelfall widerlegt werden, wenn nachgewiesen ist, dass trotz Überschreitung der Grenze nachteilige Auswirkungen i. S. des § 11 III BauNVO nicht bestehen oder trotz Unterschreitung der Grenze das Vorhaben bereits nachteilige Auswirkungen auf städtebauliche oder infrastrukturelle Belange hat. In kritischen Fällen wird eine Stellungnahme der Industrie- und Handelskammer als Trägerin öffentlicher Belange sowie ggf. ergänzend ein Fachgutachten eingeholt werden müssen.[1037]

544 Dem Verlust der inneren Homogenität eines **Mischgebietes** kann nach § 15 BauNVO entgegengewirkt werden, wie das *BVerwG* entschieden hat.[1038] Das Gericht hatte dabei zu klären, ob ein **weiterer** (kleiner) **SB-Discountladen** mit einer Verkaufsfläche von ca. 700 m² in einem ausgewiesenen Mischgebiet auch dann zulässig ist, wenn damit die Einzelhandelsnutzung gegenüber der Wohnnutzung ein deutliches Übergewicht erhält. Das *BVerwG* hat hier zur Sicherung der inneren Homogenität eines Mischgebietes – also zur **Erhaltung** der **inneren Ausgewogenheit** und des quantitativen und qualitativen Mischungsverhältnisses zwischen Wohnnutzung und nicht störender gewerblicher Nutzung – aus § 15 I BauNVO das Verbot des „Umkippens" eines solchen Baugebietes abgeleitet und die Versagung der Genehmigung bestätigt.

545 Handlungsbedarf kann sich insbesondere bei **älteren Bebauungsplänen** (BauNVO 1962/1968/1977) ergeben, die von der Gemeinde durch ein Planänderungsverfahren auf das neue Recht umgestellt werden können.[1039] Die Umstellung setzt eine Abwägung der betroffenen Belange voraus, wobei auch die Interessen des gewerbetreibenden Grundstückseigentümers an einer Ansiedlung oder einer Erweiterung eines großflächigen Einzelhandelsbetriebes zu berücksichtigen sind.

Beispiel: Die Gemeinde will einen alten Bebauungsplan auf das neue Recht umstellen und ändert den Plan, ohne die Belange auch des Grundstückseigentümers in die Abwägung einzustellen und in der Begründung zu erwähnen.

546 Daneben bietet **§ 1 V und IX BauNVO** ausreichende **Möglichkeiten**, auch unterhalb der Vermutungsgrenze des § 11 III BauNVO **Fehlentwicklungen entgegenzusteuern** und auch nicht großflächige Nachbarschaftsläden mit einer Verkaufsfläche unter 700 m² aus besonderen städtebaulichen Gründen auszuschließen. Sollen Einzelhandelsnutzungen in einem Baugebiet dabei insgesamt ausgeschlossen sein, so ist dies bei Vorliegen städtebaulicher Gründe nach § 1 V BauNVO möglich.[1040] Soll die Einzelhandelsnutzung auf eine bestimmte Größe beschränkt werden, so gibt § 1 IX BauNVO hierzu die rechtliche Grundlage, wenn spezielle, gerade diesen Ausschluss tragenden städtebaulichen Gründe dies rechtfertigen. Entsprechend ist zu verfahren, wenn die Gemeinde beabsichtigt, die Einzelhandelsnutzung in einem Baugebiet ganz oder in einer bestimmten Größenordnung nur ausnahmsweise zuzulassen.

[1036] *BVerwG*, Urt. v. 18. 6. 2003 – 4 C 5.02 – DVBl. 2003, 1471 (LS) = NVwZ 2003, 1387 = BauR 2004, 43 mit Anmerkung *Nickel* IBR 2004, 97 – Fahrräder und Sportbedarf.

[1037] Gemeinsamer Runderlass des Ministeriums für Stadtentwicklung, Kultur und Sport v. 7. 5. 1998, Ansiedlung von Einzelhandelsgroßbetrieben; Bauleitplanung und Genehmigung von Vorhaben (Einzelhandelserlass), (MBl. NW v. 20. 6. 1996).

[1038] *BVerwG*, Urt. v. 4. 5. 1988 – 4 C 34.86 – BVerwGE 79, 309 = BauR 1988, 440 = *Hoppe/Stüer* RzB Rdn. 908 – Hofgarten.

[1039] Gemeinsamer Runderlass des Ministeriums für Stadtentwicklung, Kultur und Sport v. 7. 5. 1998, Ansiedlung von Einzelhandelsgroßbetrieben; Bauleitplanung und Genehmigung von Vorhaben (Einzelhandelserlass), (MBl. NW v. 20. 6. 1996).

[1040] *BVerwG*, B. v. 11. 5. 1999 – 4 BN 15.99 – DVBl. 1999, 1293 = UPR 1999, 352 = ZfBR 1999, 279 – nachträglicher Ausschluss von Nutzungen.

Beispiel: Die Gemeinde möchte in einem Mischgebiet die Einzelhandelsnutzung generell ausschließen, um die Einzelhandelsentwicklung auf ein benachbartes Kerngebiet zu konzentrieren. Ein solcher Ausschluss ist nach § 1 V BauNVO möglich. Will die Gemeinde in einem Gewerbegebiet nur eine bestimmte Größenordnung des Einzelhandels zulassen oder den Einzelhandel auf den Verkauf der im Gebiet selbst hergestellten Waren von Handwerksbetrieben beschränken, so enthält § 1 IX BauNVO hierfür die rechtliche Grundlage.[1041] § 1 V BauNVO bietet daher Differenzierungs- und Ausschlussmöglichkeiten zwischen verschiedenen Nutzungsmöglichkeiten. § 1 IX BauNVO gibt die Möglichkeit der Differenzierung oder des Ausschlusses innerhalb einer Nutzungsart.

Hinweis: In einem Sondergebiet für großflächigen Einzelhandel darf die Gemeinde nach Quadratmetergrenzen bestimmte Regelungen über die **höchstzulässige Verkaufsfläche** treffen. Dabei kann sie – innerhalb der sich aus § 1 II und VI BauNVO ergebenden Grenzen – die im Sondergebiet maximal zulässige Verkaufsfläche ohne Bindung an vorgegebene Anlagetypen selbst bestimmen.[1042]

Die Gemeinde hat bei den **Ausschluss- und Differenzierungsmöglichkeiten** i. S. einer gewissen **Typenkonkretisierungsmöglichkeit** ein bestimmtes Maß an eigenem **Gestaltungsfreiraum**, der durch § 1 IV bis IX BauNVO eingeräumt, allerdings durch das Abwägungsgebot rechtlich gebunden ist.[1043] So kann die Gemeinde in einem Gewerbegebiet den nicht auf Eigenproduktion beruhenden Einzelhandel ausschließen, während sie den Verkauf am Ort hergestellter Waren zulässt. Bereits nach § 1 V BauNVO können einzelne der unter einer Nummer einer Bauvorschrift der BauNVO zusammengefassten Nutzungen im Bebauungsplan ausgeschlossen werden.[1044] Ein Ausschluss von Einzelhandelsbetrieben ist daher schon nach § 1 V BauNVO möglich. Weitergehende Differenzierungen etwa im Hinblick auf Beschränkungen der Geschoss- oder Verkaufsfläche können nach § 1 IX BauNVO vorgenommen werden. Die Planungsfreiheit der Gemeinde ist lediglich dadurch begrenzt, dass sich die Differenzierungen auf bestimmte Anlagetypen beziehen müssen. Eine Planung konkreter einzelner Projekte ist über § 1 IX BauNVO nicht zulässig.[1045] Es ist dabei zulässig, den nicht auf Eigenproduktion beruhenden Einzelhandel auszuschließen, jedoch Mischformen zwischen Einzelhandel und sonstigen gewerblichen Nutzungsformen zuzulassen.[1046] Die Typenkonkretisierung kann sich auch auf die Festsetzung einer bestimmten Verkaufsflächengröße beziehen, die innerhalb des Baugebietes allgemein oder ausnahmsweise zulässig ist.

Beispiel: Die Gemeinde setzt im Bebauungsplan fest, dass in einem Sondergebiet ein großflächiger Einzelhandelsbetrieb bis zu einer Verkaufsfläche von 3.000 m² zulässig ist. Aus den textlichen Festsetzungen ergibt sich, dass mit der Verkaufsfläche die dem Kunden für Verkaufszwecke zugängliche Fläche gemeint ist. Eine solche Festsetzung ist, wenn sie sich durch städtebauliche oder infrastrukturelle Gründe rechtfertigt, zulässig.

Von der städtebaulichen Erheblichkeit der Verkaufsflächengröße von Handelsbetrieben geht auch die BauNVO aus, selbst wenn der Begriff der **Verkaufsfläche** dort nicht ausdrücklich erwähnt ist. So beantwortet sich etwa die Frage, ob ein Betrieb i. S. des § 11 III 1 Nr. 2 oder 3 BauNVO ein großflächiger Betrieb ist, nach dem Umfang seiner Verkaufsfläche. Der Verordnungsgeber hat dabei im Rahmen der Vermutungsregelung in § 11 III 3 und 4 BauNVO auf der Basis von Erfahrungswerten des Handels auf ein bestimmtes

---

[1041] *BVerwG*, Urt. v. 30. 6. 1989 – 4 C 16.88 – UPR 1989, 436 = ZfBR 1990, 27 = *Hoppe/Stüer* RzB Rdn. 887 – Köln Einzelhandel.
[1042] *BVerwG*, Urt. v. 27. 4. 1990 – 4 C 36.87 – DVBl. 1990, 1108 = BauR 1990, 569 = *Hoppe/Stüer* RzB Rdn. 950.
[1043] Zum Abwägungsgebot s. Rdn. 1195.
[1044] *BVerwG*, B. v. 18. 12. 1989 – 4 NB 26.89 – NVwZ-RR 1990, 229 = BauR 1990, 185 = *Hoppe/Stüer* RzB Rdn. 888, mit Hinweis auf B. v. 22. 5. 1987 – 4 N 4.86 – BVerwGE 77, 308 = *Hoppe/Stüer* RzB Rdn. 883; B. v. 11. 5. 1999 – 4 BN 15.99 – DVBl. 1999, 1293 = UPR 1999, 352 = ZfBR 1999, 279 – nachträglicher Ausschluss von Nutzungen.
[1045] *BVerwG*, Urt. v. 22. 5. 1987 – 4 C 77.84 – BVerwGE 77, 317 = *Hoppe/Stüer* RzB Rdn. 946.
[1046] *BVerwG*, B. v. 18. 12. 1989 – 4 NB 26.89 – DÖV 1990, 477 = NVwZ-RR 1990, 229 = *Hoppe/Stüer* RzB Rdn. 888.

durchschnittliches Verhältnis von insgesamt vorhandener Geschossfläche zu dem typischerweise für Verkaufszwecke zur Verfügung stehenden Teil dieser Fläche, nämlich $^2/_3$ der Geschossfläche, abgestellt. Die dieser Regelung zugrunde liegende Vorstellung hindert nicht, hiervon abweichende besondere Verhältnisse in bestimmten Einzelhandelsbetrieben zu berücksichtigen.[1047] In einem Gewerbegebiet kann auch die Zulässigkeit von Einzelhandelsbetrieben bestimmter Branchen ausgeschlossen werden, sofern die Differenzierung marktüblichen Gegebenheiten entspricht.[1048]

549 Die Abgrenzung der Verkaufsfläche kann sich dabei an den in Kreisen der Handels- und Absatzwirtschaft entwickelten Merkmalen orientieren und alle zum Zwecke des Verkaufs den Kunden zugänglichen Flächen – einschließlich der Gänge, Treppen, Kassenzonen, Standflächen für Einrichtungsgegenstände, Schaufenster und Freiflächen – als Verkaufsfläche berücksichtigen.[1049] Im Bebauungsplan können dabei für die Zulässigkeit von Lager- und Verkaufsnutzung unterschiedliche Festsetzungen getroffen werden.

550 Beschränkungen oder der Ausschluss einer nach dem Baugebietscharakter zulässigen Einzelhandelsnutzung bedürfen allerdings der städtebaulichen Begründung. Solche Regelungen in der Bauleitplanung unterliegen einem gesteigerten Begründungs- und Rechtfertigungszwang. Einschränkungen der Geschoss- oder Verkaufsfläche unterhalb der Vermutungsgrenze des § 11 III BauNVO sind danach nur zulässig, wenn solche speziellen Gesichtspunkte dies rechtfertigen. Je konkreter und überzeugender argumentiert werden kann, umso eher hält die Planänderung der gerichtlichen Kontrolle stand.[1050]

551 Festsetzungen auf der Grundlage des § 1 IX BauNVO müssen dem Erfordernis genügen, bestimmte Anlagentypen zu umschreiben. In dieser Hinsicht kommen als ein zur Konkretisierung geeignetes Mittel auch Sortimentsbeschränkungen in Betracht, sofern die Differenzierung marktüblichen Gegebenheiten entspricht. Es kann dabei auf Listen in Einzelhandelserlassen oder sonstige Orientierungshilfen zurückgegriffen werden, wenn dadurch bestimmte Arten von Anlagen im Sinne des § 1 IX BauNVO zutreffend gekennzeichnet werden.[1051] Es gibt allerdings keine Legaldefinition dafür, wann sich ein Warensortiment als „zentrenrelevant" erweist. Ebenso wenig legt der für das Land Nordrhein-Westfalen ergangene Einzelhandelserlass 1996[1052] verbindlich fest, dass bestimmte Sortimentsgruppen „zentrenrelevant" sind. Sollen zum Schutz etwa des Innenstadtbereichs bestimmte Warensortimente an nicht integrierten Standorten ausgeschlossen werden, bedarf es einer individuellen Betrachtung der jeweiligen örtlichen Situation. Dies gilt umso mehr, wenn jeglicher Handel mit den angeführten Sortimenten ausgeschlossen werden soll.[1053]

[1047] *BVerwG*, Urt. v. 27. 4. 1990 – 4 C 36.87 – DVBl. 1990, 1108 = BauR 1990, 569 = *Hoppe/Stüer* RzB Rdn. 950.

[1048] *BVerwG*, B. v. 27. 7. 1998 – 4 BN 31.98 – UPR 1998, 459 = DVBl. 1998, 1301: Ausschluss von Haushaltswaren, Lebensmitteln, Parfümerie- und Drogeriewaren, Schuh- und Lederwaren, Sportartikel mit Ausnahme von Großteilen wie Booten.

[1049] *BVerwG*, Urt. v. 27. 4. 1990 – 4 C 36.87 – DVBl. 1990, 1108 = BauR 1990, 569 = *Hoppe/Stüer* RzB Rdn. 950; Gemeinsamer Runderlass des Ministeriums für Stadtentwicklung, Kultur und Sport v. 7. 5. 1998, Ansiedlung von Einzelhandelsgroßbetrieben; Bauleitplanung und Genehmigung von Vorhaben (Einzelhandelserlass), (MBl. NW v. 20. 6. 1996).

[1050] *Stüer* StuGR 1989, 8.

[1051] *BVerwG*, B. v. 4. 10. 2001 – 4 BN 45.01 – BRS 64 Nr. 28 = ZfBR 2002, 597 – Sortimentsbeschränkung. Die gegen diese Entscheidung erhobene Verfassungsbeschwerde hat das *BVerfG* mit B. v. 26. 2. 2002 – 1 BvR 2068/01 – NJW 2002, 2308 nicht zur Entscheidung angenommen. Bei kleineren Stichstraßen kann auf eine Wendefläche verzichtet werden, so *OVG Münster*, Urt. v. 3. 6. 2002 – 7a D 75/99.NE – NVwZ-RR 2003, 97 = NWVBl. 2002, 435 – Mülltonnen. Zur Gliederung eines Mischgebietes *VGH München*, Urt. v. 27. 2. 2003 – 14 N 99.2020 – .

[1052] MBl NRW 1996, S. 922.

[1053] *OVG Münster*, Urt. v. 3. 6. 2002 – 7a D 92/99.NE – BauR 2002, 1746 = UPR 2003, 159 – Zentrenrelevanz.

m) Vergnügungsstätten (Spielhallen). Städtebauliche Nutzungskonflikte treten auch **552** bei Vergnügungsstätten auf, wobei insbesondere die **Spielhallen** zu gemeindlicher Kritik und Gegenmaßnahmen geführt haben.[1054] Die planungsrechtliche Zulässigkeit der Vergnügungsstätten ist an den unterschiedlichen Gebietskategorien der BauNVO ausgerichtet. Die BauNVO 1990 hat dabei die Vergnügungsstätten aus dem allgemeinen Anlagen- und Betriebstyp der Gewerbebetriebe herausgenommen und eine eigenständige Nutzungsform der Vergnügungsstätten eingeführt. Zugleich ist hierdurch bewirkt worden, dass die Vergnügungsstätten, wenn sie in dem Katalog der zulässigen Nutzungen der einzelnen Gebietsarten nicht erwähnt sind, nicht sozusagen über den Umweg einer gewerblichen Nutzung zulässig sind. Die Zulässigkeit von Vergnügungsstätten ist in der BauNVO 1990 daher abschließend geregelt. Ihre Zulassung als „sonstige Gewerbebetriebe" kommt daneben nicht mehr in Betracht.[1055] Die BauNVO 1990, die erstmals einen numerus clausus der Vergnügungsstätten enthält, unterscheidet dabei zwei Formen solcher Nutzungen:[1056]

– **Kerngebietstypische Vergnügungsstätten** haben als zentrale Dienstleistungsbetriebe einen über ein Stadtviertel hinausreichenden größeren Einzugsbereich und sind für ein größeres, allgemeines Publikum zu erreichen.[1057] Sie sind grundsätzlich nur im Kerngebiet allgemein (§ 7 II Nr. 2 BauNVO) und im Gewerbegebiet (§ 8 III 3 BauNVO) ausnahmsweise zulässig.

– **Mischgebietsverträgliche Vergnügungsstätten (WB-Vergnügungsstätten)** i. S. des § 4 III Nr. 2 BauNVO haben einen geringeren Einzugsbereich und eine geringere Größe. Sie sind allgemein in solchen Teilen des Mischgebietes, die überwiegend durch gewerbliche Struktur geprägt sind (§ 6 II Nr. 8 BauNVO), im Übrigen ausnahmsweise in besonderen Wohngebieten (§ 4a III Nr. 2 BauNVO), im Dorfgebiet (§ 5 III BauNVO), in den übrigen Teilen des Mischgebietes mit nicht überwiegend gewerblicher Struktur (§ 6 III BauNVO) und im Gewerbegebiet (§ 8 III Nr. 3 BauNVO) zulässig.

In Kleinsiedlungsgebieten (§ 2 BauNVO), reinen und allgemeinen Wohngebieten **553** (§§ 3 und 4 BauNVO) und in Industriegebieten (§ 9 BauNVO) sind Vergnügungsstätten unzulässig. Außerdem ist nach § 15 I BauNVO das Gebot der nachbarlichen Rücksichtnahme zu beachten.

Beispiel: Die Errichtung einer Spielhalle mit einer Nutzfläche von 790 m² im Kerngebiet einer mittelgroßen Stadt kann daher wegen Verstoßes gegen das Gebot der nachbarlichen Rücksichtnahme unzulässig sein.[1058]

Die überwiegende Prägung durch gewerbliche Nutzungen im Mischgebiet i. S. des **554** § 6 II Nr. 8 BauNVO setzt allerdings nicht voraus, dass der prozentuale Anteil der jeweils grundstücksbezogen ermittelten, gewerblich genutzten Geschossflächen gegenüber dem Anteil der Wohnnutzung dienenden Geschossflächen rechnerisch ein Übergewicht hat. Dazu ist eine Gesamtbetrachtung erforderlich, in die auch weiterer gebietsprägender Faktoren einzubeziehen sind. Dabei kann auch von Bedeutung sein, in welchem Maße die

---

[1054] Zur planungsrechtlichen Zulässigkeit von Spielhallen *Jahn* LKV 1992, 41; *Kempen* DZWiR 1995, 361; *Kniep* GewArch. 1983, 149; *Odenthal* GewArch. 1992, 261; *Schlemminger/Winterstein* NVwZ 1988, 1078; *Schönleiter* GewArch. 1988, 113; *Stüer* StuGR 1989, 8.

[1055] BVerwG, B. v. 9. 10. 1990 – 4 B 120.90 – NVwZ 1991, 266 = ZfBR 1991, 35 = *Hoppe/Stüer* RzB Rdn. 917.

[1056] *Stüer* DVBl. 1990, 469.

[1057] BVerwG, Urt. v. 21. 2. 1986 – 4 C 31.83 – NVwZ 1986, 643 = *Hoppe/Stüer* RzB Rdn. 906 – Spielkasino; VG Gera, Urt. v. 8. 10. 1998 – 4 K 212/98 GE – ThürVBl. 1999, 69 = VwRR MO 1999, 67 – Multiplex-Kino.

[1058] BVerwG, B. v. 29. 7. 1991 – 4 B 40.91 – NVwZ 1991, 1078 = BauR 1991, 714 = *Hoppe/Stüer* RzB Rdn. 921 – Spielhalle im Kerngebiet.

Erdgeschossebene gewerblich genutzt ist und inwieweit die gewerbliche Nutzung bis in die Obergeschosse reicht.[1059]

555 Dem Schutz der Wohnnutzung diente die in **§ 2 a BauGB-MaßnG** eingeräumte Möglichkeit, in einfachen Bebauungsplänen die Zulässigkeit von Vergnügungsstätten zu begrenzen (**Vergnügungsstättensatzung**). Die Vorschrift ist inzwischen durch das BauROG 1998 aufgehoben worden. Die sachliche Zulässigkeit eines einfachen Bebauungsplans mit dem Inhalt einer Vergnügungsstättensatzung ist allerdings durch das In-Kraft-Treten des BauROG 1998 nicht berührt worden. In nicht beplanten Innenbereichen, auf die § 34 I BauGB Anwendung findet, konnten nach § 2 a BauGB-MaßnG in einem Bebauungsplan aus besonderen städtebaulichen Gründen Bestimmungen über die Zulässigkeit von Vergnügungsstätten festgesetzt werden. Die Vorschrift griff damit Tendenzen in der Rechtsprechung[1060] auf, den Gemeinden ein städtebauliches Instrumentarium an die Hand zu geben, zum Schutz der Wohnnutzung oder schutzbedürftiger kirchlicher, sozialer und kultureller Einrichtungen die Zulässigkeit von Vergnügungsstätten und vor allem auch die Spielhallenflut zu begrenzen. § 2 a BauGB-MaßnG verstand sich dabei eher als beispielhafte Aufzählung von Fallgruppen, in denen die städtebauliche Rechtfertigung für die Begrenzung von Vergnügungsstätten vermutet werden kann. Die Vorschrift bezog sich allerdings ihrem unmittelbaren Anwendungsbereich nach auf Vorhaben im nicht qualifiziert beplanten Innenbereich, die nicht nach § 34 II BauGB einem der Baugebiete der BauNVO entsprechen.[1061] Auch nach Aufhebung des § 2 a BauGB-MaßnG durch das BauROG 1998 haben die Gemeinden weiterhin die Möglichkeit, in einem einfachen Bebauungsplan eine Vergnügungsstättensatzung zu erlassen und damit die Einrichtung von Vergnügungsstätten und vor allem auch Spielhallen im Gemeindegebiet „kanalisierend" zu regeln. Zwar sind die Gemeinden auch weiterhin nicht berechtigt, für ihr Gemeindegebiet eine eigene Spielhallenpolitik zu betreiben, indem sie Spielhallen und andere Vergnügungsstätten ganz aus dem Gemeindegebiet verbannen. Die Gemeinden sind aber berechtigt, bei Vorliegen entsprechender städtebaulicher Gründe die Einrichtung von Vergnügungsstätten auf bestimmte Teile des Gemeindegebietes zu beschränken, wo dies sachgerecht erscheint. Dabei endet die Planungshoheit erst dort, wo die planungsrechtlichen Aussagen nicht mehr städtebaulich, sondern an anderen, damit nicht zusammenhängenden Gesichtspunkten ausgerichtet sind. Die Gemeinden sind daher nicht gehindert, aus städtebaupolitischen Motiven eine eigene Konzeption für die Zulassung von Spielhallen zu entwickeln. Dabei kann gerade auch die planungsrechtliche Zulässigkeit eines Vorhabens dazu führen, dass die Gemeinde eigene planerische Vorstellungen durch die Aufstellung eines Bebauungsplans entwickelt und dazu ggf. auch das Mittel des Antrags auf Zurückstellung nach § 15 BauGB oder der Veränderungssperre nach den §§ 14, 16 BauGB nutzt.[1062]

556 Nach der inzwischen wieder aufgehobenen **Überleitungsvorschrift** des § 25 c III BauNVO 1990 waren die Vorschriften über die Zulässigkeit von Vergnügungsstätten in den Baugebieten auch in Gebieten mit Bebauungsplänen anzuwenden, die auf der Grundlage einer früheren Fassung der BauNVO aufgestellt worden waren. Besondere Festsetzungen über die Zulässigkeit von Vergnügungsstätten sollten dabei unberührt bleiben. Den vor 1990 verabschiedeten Bebauungsplänen sollte damit hinsichtlich der Festsetzungen von Vergnügungsstätten im Nachhinein ein anderer Inhalt gegeben werden. Dies erschien im Hinblick auf die nachträgliche Änderung des kommunalen Satzungsrechts nicht unbedenklich.[1063] Die Überleitungsvorschrift war wohl von dem Bemühen gekennzeichnet,

---
[1059] *BVerwG*, B. v. 7. 2. 1994 – 4 B 179.93 – BBauBl. 1994, 492 = *Hoppe/Stüer* RzB Rdn. 365.
[1060] *BVerwG*, Urt. v. 11. 2. 1993 – 4 C 25.91 – DVBl. 1993, 657 = *Hoppe/Stüer* RzB Rdn. 566 – Spielhalle.
[1061] *Schmalz* DVBl. 1993, 814.
[1062] *BVerwG*, B. v. 26. 10. 1998 – 4 BN 43.98 – VwRR BY 1999, 103.
[1063] *BVerwG*, Urt. v. 20. 8. 1992 – 4 C 57.89 – DVBl. 1993, 109 = NVwZ-RR 1993, 66.

das neue Recht **ohne ausdrückliche Transformation** durch (zeitaufwändige) Bebauungsplan-Änderungsverfahren unmittelbar in die gemeindliche Planungsebene umzusetzen. Ein solches rückwirkendes Eingreifen des Verordnungsgebers in kommunales Satzungsrecht ist aber aus verfassungsrechtlichen Gründen nicht zulässig.

Die Überleitungsvorschrift in **§ 25c II BauNVO**, wonach in Gebieten mit alten Bebauungsplänen die Überschreitung der zulässigen Geschossfläche durch Flächen von Aufenthaltsräumen in anderen als Vollgeschossen zugelassen werden konnte, wenn öffentliche Belange nicht entgegenstanden, hat das *BVerwG* für verfassungswidrig erklärt.[1064] Für eine solche Regelung fehle in § 9a BauGB eine Ermächtigungsgrundlage, weil diese nicht zum Erlass von Rechtsvorschriften ermächtige, die unmittelbar gegenüber dem Bürger gelten und eine bereits durch Erlass eines Bebauungsplans geschaffene Rechtslage verändern. Die vorgenannten verfassungsrechtlichen Überlegungen haben wohl auch zur **Nichtigkeit der Überleitungsregelung** in § 25c III BauNVO 1990 geführt, weil auch mit dieser Vorschrift dem Bebauungsplan im Nachhinein – hinsichtlich der Vergnügungsstätten – ein anderer Inhalt untergeschoben werden sollte.[1065] Der Verordnungsgeber hat diese Überleitungsvorschrift allerdings inzwischen ebenfalls **aufgehoben**, so dass die Neuregelungen der BauNVO zu Vergnügungsstätten nicht sozusagen automatisch auf Bebauungspläne Anwendung finden, die bereits vor In-Kraft-Treten der BauNVO 1990 aufgestellt worden sind. Die Gemeinde hat jedoch die Möglichkeit, durch eine Vergnügungsstättensatzung die Zulässigkeit von Vergnügungsstätten in einem einfachen oder aber auch qualifizierten Bebauungsplan zu regeln.[1066] Die Gemeinde erlässt daher den Bebauungsplan immer auf der Grundlage der im Zeitpunkt des In-Kraft-Tretens der Satzung gültigen Fassung. Eine spätere Änderung der BauNVO führt nicht sozusagen automatisch dazu, dass die jeweilige Neufassung der BauNVO dem Bebauungsplan untergeschoben wird. Es bedarf vielmehr eines ausdrücklichen Änderungs- bzw. Umstellungsverfahrens. Dass die Festsetzungen während der Geltung einer neueren Fassung der BauNVO aus einem anderen Grund geändert worden sind, soll nicht genügen.[1067]

Auch im **nichtbeplanten Innenbereich** kann bei der Beurteilung der planungsrechtlichen Zulässigkeit eines Vorhabens nach § 34 I BauGB nicht sozusagen rechtssatzartig auf die jeweils neueste Fassung der BauNVO zurückgegriffen werden. Denn nicht die Wertung des Verordnungsgebers, sondern die des Gesetzgebers ist bei einer unterschiedlich geprägten Umgebung nach § 34 I BauGB entscheidend.[1068] Zwar verweist § 34 II BauGB hinsichtlich der Art der baulichen Nutzung auf die Regeln der jeweils geltenden BauNVO, wenn die Eigenart der näheren Umgebung einem der in ihr bezeichneten Baugebiete entspricht. Fehlt es jedoch an dieser Voraussetzung, so kann auf die geänderte BauNVO weder bei vorher erlassenem Satzungsrecht der Gemeinde noch im nichtbeplanten Innenbereich nach § 34 I BauGB unmittelbar zurückgegriffen werden. Allerdings sieht das *BVerwG* die BauNVO grundsätzlich als sachverständige Konkretisierung moderner Planungsgrundsätze an.[1069] Die Novellierung der BauNVO hinsichtlich der Vergnügungsstätten unterstreiche dabei lediglich die besondere städtebauliche Bedeutung, die den Vergnügungsstätten zukomme. Auch die zuvor geltende Fassung der BauNVO sei daher von dem Leitbild einer eigenständigen Nutzungsart der Vergnügungs-

---

[1064] *BVerwG*, Urt. v. 27. 2. 1992 – 4 C 43.87 – BVerwGE 90, 57 = DVBl. 1992, 727 = *Hoppe/Stüer* RzB Rdn. 979 – Tiefgaragenbonus.
[1065] *OVG Münster*, Urt. v. 23. 10. 1991 – 7 A 1592/90 – BauR 1992, 336.
[1066] Vgl. dazu § 2a BauGB-MaßnG, dessen Rechtsgrundsätze trotz Aufhebung der Vorschrift durch das BauROG 1998 im Rahmen eines einfachen Bebauungsplans nach § 30 III BauGB verwirklicht werden können.
[1067] *VGH München*, Urt. v. 23. 12. 1998 – 26 N 98.1675 – NVwZ-RR 2000, 79.
[1068] *BVerwG*, Urt. v. 23. 4. 1969 – 4 C 12.67 – BVerwGE 32, 31; Urt. v. 15. 12. 1994 – 4 C 13.93 – DVBl. 1995, 515 – Spielhalle.
[1069] S. Rdn. 425 und s. Rdn. 586.

stätten ausgegangen. Die Neufassung der BauNVO sei also lediglich Ausdruck einer Entwicklung, die bereits zuvor eingeleitet worden sei.[1070] Es entspreche daher – so das BVerwG – einem allgemeinen städtebaulichen Erfahrungssatz, dass sich Vergnügungsstätten, zumindest wenn sie in einem Gebiet gehäuft vorhanden seien, negativ auf ihre Umgebung auswirken, indem sie den sog. trading-down-Effekt auslösen.[1071]

559 Die **Abgrenzung** der **kerngebietstypischen** von der **mischgebietsverträglichen (WB-)Vergnügungsstätte** ist nach dem Grad des Einzugsbereichs und ihren Auswirkungen zu beurteilen. Kerngebiete nach § 7 BauNVO haben innerhalb des städtebaulichen Ordnungsgefüges zentrale Funktionen. Das Wohnen tritt dort zurück, sowohl nach Umfang und Gewicht gegenüber den anderen Nutzungen als auch in dem, was ihm im Hinblick auf die Standortanforderungen und die Auswirkungen der zentralen Kerngebietsnutzungen an passiver Rücksichtnahme zuzumuten ist. Kerngebietstypische Vergnügungsstätten haben einen größeren Einzugsbereich und sollen für ein größeres und allgemeines Publikum erreichbar sein.[1072] Es sind also typischerweise nicht Vergnügungsstätten, die nur der Entspannung und Freizeitbetätigung in einem begrenzten Stadtteil oder Stadtviertel dienen, wie etwa das Vorstadtkino oder das kleine Tanzcafe. Die im Kerngebiet in begrenztem Umfang zulässige Wohnnutzung hat nach dem Konzept der BauNVO im Vergleich zu einem Wohngebiet ein Mehr an Beeinträchtigungen der Wohnruhe hinzunehmen. Dies gilt besonders für die typischerweise von zentralen innerstädtischen Funktionen auch in den Abend- und Nachtstunden ausgehenden Beeinträchtigungen. Der hinzunehmende Störungsgrad ist daher im Vergleich zur Wohnnutzung in Gebieten, die vorwiegend oder – im Verhältnis zur gewerblichen Nutzung wie im Mischgebiet – gleichrangig dem Wohnen dienen, in einem Kerngebiet höher. Ähnliches gilt für besondere Wohngebiete i. S. des § 4 a BauNVO, die als im Allgemeinen innerstädtische Wohngebiete nach ihrer besonderen Eigenart in Ansätzen kerngebietsähnlichen Charakter haben und in denen deshalb Vergnügungsstätten im Einzelfall als Ausnahme zugelassen werden können.[1073]

560 An dieser grundsätzlichen Systematik orientiert sich auch die Zulässigkeit von **Spielhallen**, bei denen kerngebietstypische und WB-Spielhallen zu unterscheiden sind.
– **Kerngebietstypische Spielhallen** haben als zentraler Dienstleistungsbetrieb einen größeren Einzugsbereich und sind für ein größeres und allgemeines Publikum erreichbar. Sie haben eine Größenordnung von mehr als 100 m² Nutzfläche, mehr als 20 Spielemöglichkeiten (davon mehr als 6 Geldspielgeräte), mehr als 40 Besucherplätze und eine längere Öffnungszeit als 22.00 Uhr. Solche kerngebietstypischen Spielhallen sind nur in ausgewiesenen Kerngebieten oder in nichtbeplanten Innenbereichen mit Kerngebietsstruktur allgemein oder in Gewerbegebieten ausnahmsweise zulässig.[1074]
– **Mischgebietsverträgliche Spielhallen** (WB-Spielhallen) unterhalb dieser Grenze sind in den überwiegend gewerblich geprägten Mischgebieten allgemein zulässig. Es han-

---

[1070] *BVerwG*, Urt. v. 15. 12. 1994 – 4 C 13.93 – DVBl. 1995, 515 – Spielhalle.

[1071] *BVerwG*, B. v. 21. 12. 1992 – 4 B 182.92 – Buchholz 406.12 § 1 BauNVO Nr. 15 = *Hoppe/Stüer* RzB Rdn. 890.

[1072] *VG Gera*, Urt. v. 8. 10. 1998 – 4 K 212/98 GE – ThürVBl. 1999, 69 = VwRR MO 1999, 67 – Multiplex-Kino.

[1073] *BVerwG*, Urt. v. 25. 11. 1983 – 4 C 64.79 – BVerwGE 68, 207 = NJW 1984, 1572 = DVBl. 1984, 340 = *Hoppe/Stüer* RzB Rdn. 249 – Tanzbar im Mischgebiet; Urt. v. 21. 2. 1986 – 4 C 31.83 – NVwZ 1986, 643 = UPR 1986, 349 = *Hoppe/Stüer* RzB Rdn. 906; *VGH Mannheim*, Urt. v. 27. 6. 1989 – 8 S 477/89 – NVwZ 1990, 86 = BauR 1989, 699, wonach ein Spielkasino mit 2 Spieltischen für Roulette mit jeweils 15 Plätzen in einem Spielraum von 47 m² zuzüglich mehrerer Nebenräume keine kerngebietstypische Vergnügungsstätte ist.

[1074] *BVerwG*, B. v. 28. 7. 1988 – 4 B 119.88 – NVwZ 1989, 50 = DVBl. 1989, 378 = BauR 1988, 693 = *Hoppe/Stüer* RzB Rdn. 911 – Spielhalle; Urt. v. 18. 5. 1990 – 4 C 49.89 – ZfBR 1990, 245 = *Hoppe/Stüer* RzB Rdn. 1080 – Diskothek; Urt. v. 20. 8. 1992 – 4 C 57.89 – ZfBR 1993, 35 = DVBl. 1993, 109.

delt sich dabei um Betriebe mit einer Nutzfläche von ca. 100 m² und nicht mehr als 20 Spielemöglichkeiten (davon nicht mehr als 6 Geldspielmöglichkeiten). Die Öffnungszeiten sind regelmäßig auf 22.00 Uhr bzw. ausnahmsweise auf 23.00 Uhr begrenzt.

– **Kleinere (wohngebietsverträgliche) Spielhallen**[1075] mit nicht mehr als 50 m² Nutzfläche und höchstens 10 Spielemöglichkeiten (davon höchstens 2 bis 3 Geldspielgeräten) werden in der BauNVO 1990 nicht mehr erwähnt. Sie sind als isolierte Spielhallen im allgemeinen Wohngebiet daher im Gegensatz zur bisherigen Rechtslage unter Geltung der früheren Fassungen der BauNVO nicht mehr zulässig.[1076] Allerdings könnten Anlagen in einer solchen Größenordnung als untergeordneter Teil eines Gaststätten-, Restaurant- oder Hotelbetriebes wohngebietsverträglich und damit im Wohngebiet zulässig sein. Denn nach § 3 der Spielverordnung dürfen in Schank- und Speisewirtschaften bis zu zwei Geldspielgeräte aufgestellt werden.[1077]

Die Zulässigkeit von **Vergnügungsstätten** ist in der BauNVO 1990 **abschließend geregelt**. Ihre Zulässigkeit als „sonstige Gewerbebetriebe" kommt daneben – so das *BVerwG* – nicht mehr in Betracht. Die BauNVO 1990 hat die Zulässigkeit von Vergnügungsstätten in den Baugebieten gegenüber dem vorher geltenden Recht eingeschränkt und grundlegend neu geregelt. Es war gerade eines der wesentlichen Ziele der Neuregelung, die Vergnügungsstätten i. S. einer abschließenden Regelung den Baugebieten zuzuordnen. Das bedeutet aber zugleich, dass Vergnügungsstätten nicht mehr daneben als sonstige Gewerbebetriebe beurteilt und zugelassen werden können.[1078] Die BauNVO bringt dieses Regelungsziel dadurch zum Ausdruck, dass sie in den §§ 4a III Nr. 2, 5 III, 6 II Nr. 8 und III, 7 II Nr. 2 und 8 III Nr. 3 BauNVO 1990 eine detaillierte Regelung über die regelmäßig bzw. ausnahmsweise Zulässigkeit von Vergnügungsstätten nunmehr durchgehend als besondere Nutzungsart erfasst und sie zugleich – abweichend von der bisherigen Rechtsprechung des *BVerwG*[1079] – aus dem allgemeinen Begriff der Gewerbebetriebe herausnimmt.[1080] In einem allgemeinen Wohngebiet gem. § 4 BauNVO, in dem Vergnügungsstätten weder regelmäßig noch ausnahmsweise zulässig sind, kann daher eine Spielhalle auch nicht als sonstiger nicht störender Gewerbebetrieb über § 4 III Nr. 2 BauNVO ausnahmsweise zugelassen werden.[1081] Auch fallen die Vergnügungsstätten nicht mehr unter den Begriff der Gewerbebetriebe aller Art, die gem. § 8 II Nr. 1 BauNVO in einem Gewerbegebiet allgemein zulässig sind, wobei dies sowohl für die kerngebietstypischen als auch nicht kerngebietstypischen Vergnügungsstätten gilt. Andererseits können die Vergnügungsstätten in einem Gewerbegebiet nunmehr nach § 8 III Nr. 3 BauNVO ausnahmsweise zugelassen werden. Die Vorschrift gibt zwar im Regelfall keinen Rechtsanspruch auf die Erteilung der Baugenehmigung, sondern nur einen Anspruch auf eine ermessensfehlerfreie Entscheidung über den Bauantrag. Auf ihrer Grundlage können auch kerngebietstypische Vergnügungsstätten in einem Gewerbegebiet ausnahmsweise zulässig sein.[1082] Ob eine Spielhalle, die mit einer Gaststätte eine betriebliche Einheit bildet, bereits als kerngebietstypisch zu beurteilen ist, hängt von den jeweiligen Einzelfallumständen ab. Dabei kann die durch die Betriebseinheit bewirkte größere Attraktivität

---

[1075] *VGH Mannheim*, Urt. v. 27. 6. 1989 – 8 S 477/89 – NVwZ 1990, 86 = BauR 1989, 699.
[1076] *BVerwG*, B. v. 9. 10. 1990 – 4 B 120.90 – NVwZ 1991, 266 = DÖV 1991, 111 = *Hoppe/Stüer* RzB Rdn. 917 – WB-Spielhalle.
[1077] *BVerwG*, B. v. 29. 10. 1992 – 4 B 103.92 – DVBl. 1993, 125 = DÖV 1993, 260 = *Hoppe/Stüer* RzB Rdn. 924.
[1078] BR-Drs. 354/89.
[1079] *BVerwG*, Urt. v. 25. 11. 1983 – 4 C 64.79 – BVerwGE 68, 207 – Tanzbar mit Spielkasino; Urt. v. 25. 11. 1983 – 4 C 21.83 – BVerwGE 68, 213 – Bordell.
[1080] *BVerwG*, Urt. v. 20. 8. 1992 – 4 C 54.89 – *Hoppe/Stüer* RzB Rdn. 980 – Billardcafe.
[1081] *BVerwG*, B. v. 9. 10. 1990 – 4 B 120.90 – NVwZ 1991, 266.
[1082] *BVerwG*, Urt. v. 20. 8. 1992 – 4 C 54.89 – BauR 1993, 51 = ZfBR 1993, 33 = *Hoppe/Stüer* RzB Rdn. 980 – Billardcafe.

der Spielhalle von Bedeutung sein.[1083] Vergnügungsstätten in einem Gebäude bilden nicht notwendigerweise eine Einheit, so etwa, wenn die beiden Vorhaben getrennt voneinander betrieben werden und keine unmittelbare räumliche Verbindung haben. Ob die Spielhallen gewerberechtlich eine Einheit bilden, ist dafür unerheblich.[1084] Eine einheitliche Beurteilung ist jedoch vorzunehmen, wenn die Vorhaben unmittelbar räumlich verbunden sind.

Beispiel: Ein Teil einer bestehenden Gaststätte soll als Spielhalle mit ca. 90 m² umgebaut werden. Ein Bereich von ca. 50 m² Grundfläche soll als Gaststätte erhalten bleiben. Ist die Spielhalle durch einen unmittelbaren Zugang mit der Gaststätte verbunden und entsteht hierdurch eine betriebliche Einheit, so ist die Frage der kerngebietstypischen Nutzung unter Einbeziehung des Gaststättenteils zu beantworten. Dabei kann sich ergeben, dass die Spielhalle trotz ihrer Verbindung mit einer Gaststätte nur der Entspannung und Freizeitbetätigung in einem begrenzten Stadtteil dient, also nicht kerngebietstypisch ist. Ebenso kann die Spielhalle aber durch die Gaststätte derart in ihrer Attraktivität gesteigert werden, dass sie infolge der Betriebseinheit als zentraler Dienstleistungsbetrieb mit einem größeren Einzugsbereich für ein größeres und allgemeines Publikum zu gelten hat und deshalb grundsätzlich nur in einem Kerngebiet zugelassen werden darf.[1085]

562 Der Betrieb von **Spielgeräten** in Spielhallen oder einem ähnlichen Unternehmen bedarf nach § 33 i GewO der **gewerberechtlichen Zulassung.** Die Erlaubnis ist für Geldspielgeräte, aber auch Unterhaltungsspiele ohne Gewinnmöglichkeiten erforderlich, wenn die Geräte in Spielhallen oder in vergleichbaren überwiegend mit Spielgeräten bestückten Unternehmen betrieben werden sollen. Die Erlaubnis ist nach § 33 i II GewO zu versagen, wenn die gesetzlichen Anforderungen der §§ 33 c II oder 33 d III GewO nicht eingehalten werden, die Räume wegen ihrer Beschaffenheit oder Lage den polizeilichen Anforderungen nicht genügen oder aus Gründen des Jugendschutzes, der übermäßigen Ausnutzung eines Spieltriebs oder wegen schädlicher Umwelteinwirkungen eine Versagung erforderlich erscheint. Bei der gewerberechtlichen Beurteilung von **Spielhallen** ist zudem die SpielVO zu beachten.[1086] Benachbarte Betriebsstätten können nur dann als selbstständig erlaubnisfähige Spielhallen angesehen werden, wenn sie räumlich so getrennt sind, dass bei natürlicher Betrachtungsweise die Sonderung der einzelnen Betriebsstätte optisch in Erscheinung tritt und die Betriebsfähigkeit jeder Betriebsstätte nicht durch die Schließung der anderen Betriebsstätten beeinträchtigt wird.[1087] An der danach erforderlichen **optischen Sonderung** der einzelnen Betriebsstätten fehlt es, wenn es sich um nebeneinander gelegene Spielkabinen handelt, die zu einem hinter sämtlichen Kabinen entlangführenden Aufsichtsgang offen sind.[1088] Die Spielhallen sind dann auch planungsrechtlich als Einheit zu betrachten. Demgegenüber handelt es sich um getrennte Spielhallen, wenn beide Hallen räumlich und optisch voneinander getrennt sind, allerdings von einer Aufsichtskabine her überwacht werden können. Hier dürfte auch die Überwachung durch eine Aufsichtsperson genügen.[1089] Zudem ist bei der Nutzung als Spielhalle das Bauordnungsrecht einzuhalten, wozu auch die Erfüllung der **Stellplatzpflicht** gehört.[1090] Eine Spielhalle oder andere Vergnügungsstätte kann daher schon deshalb bauordnungsrechtlich unzulässig sein, weil die dafür vorgesehenen rückwärtigen

---

[1083] *BVerwG*, B. v. 29. 10. 1992 – 4 B 103.92 – DVBl. 1993, 125 = DÖV 1993, 260 = *Hoppe/Stüer* RzB Rdn. 924.
[1084] *BVerwG*, Urt. v. 27. 3. 1990 – 1 C 47.88 – Buchholz 451.20 § 33 i GewO Nr. 9.
[1085] *BVerwG*, B. v. 29. 10. 1992 – 4 B 103.92 – DVBl. 1993, 125 = DÖV 1993, 260 = *Hoppe/Stüer* RzB Rdn. 924.
[1086] *BVerwG*, Urt. v. 4. 10. 1988 – 1 C 59.86 – NVwZ 1989, 51 = DVBl. 1989, 374 = *Hoppe/Stüer* RzB Rdn. 912 – Abgrenzung Spielhalle/Schank- und Speisewirtschaft.
[1087] *BVerwG*, Urt. v. 9. 10. 1984 – 1 C 21.83 – BVerwGE 70, 180 – Spielhalle.
[1088] *BVerwG*, Urt. v. 30. 5. 1989 – 1 C 17.87 – NVwZ-RR 1989, 538.
[1089] *BVerwG*, B. v. 8. 5. 1990 – 1 B 177.89 – DÖV 1991, 76 = *Hoppe/Stüer* RzB Rdn. 916 – Spielhalle.
[1090] *Ziegler* DÖV 1984, 831.

2. Teil. Inhalt und Rechtsnatur der Bauleitpläne

Kunden-Stellplätze in einem bisher ungestörten Wohngartenbereich mit gepflegten und ruhigen Erholungsmöglichkeiten vor allem abends trotz innerstädtischer Lage zu unzumutbaren Belästigungen für die betroffenen Nachbarn führen können.[1091] In einer bauplanungsrechtlich als ein Vorhaben zu wertenden Vergnügungsstätte können mehrere gewerberechtlich selbstständige Spielhallen i. S. von § 33 i GewO untergebracht sein. Wird die Raumaufteilung einer Vergnügungsstätte in mehrere gewerberechtliche Spielhallen geändert, um die Spielhallen den Anforderungen der Spielverordnung anzupassen, so genießt der Umbau regelmäßig Bestandsschutz, wenn sich der Nutzungsumfang gegenüber dem bisherigen Zustand nicht erhöht. Wenn in einer baurechtlich als ein Vorhaben zu wertenden Vergnügungsstätte gleichwohl mehrere gewerberechtlich selbstständige Spielhallen untergebracht sein können, so beruht dies darauf, dass eine selbstständige Spielhalle i. S. von § 33 i GewO keine bauliche Abgeschlossenheit erfordert. Es reicht vielmehr aus, wenn eine Spielhalle von anderen Spielhallen optisch abgesondert ist und wenn die Betriebsfähigkeit der einen Spielhalle nicht durch die Schließung der anderen beeinträchtigt wird.[1092]

Die Anforderungen der Zulässigkeitsmaßstäbe der jeweiligen Baugebiete sind nicht nur bei der Errichtung von Gebäuden, sondern auch bei **Nutzungsänderungen** zu beachten, bei denen sich die planungsrechtliche Frage neu stellt. Ist etwa die Änderung der Benutzung einer baulichen Anlage als Nutzungsänderung i. S. von § 29 I BauGB einzustufen, so liegt keine Fortführung der bisher ausgeübten Nutzung i. S. des § 14 III BauGB vor. So ist etwa die Umwandlung eines Kinos in eine Spielhalle eine planungsrechtlich bedeutsame Nutzungsänderung,[1093] die nach den vorgenannten Maßstäben zu beurteilen ist. Dabei kommt ein Bestandsschutz für Nutzungsänderungen, die mit Festsetzungen eines inzwischen rechtsverbindlichen Bebauungsplans unvereinbar sind, nicht (mehr) in Betracht, sobald die jeder Nutzung eigene tatsächliche Variationsbreite überschritten wird und der neuen Nutzung unter städtebaulichen Gesichtspunkten eine andere Qualität zukommt.[1094] Neu aufgeworfen wird die Genehmigungsfrage immer dann, wenn für die neue Nutzung andere Vorschriften gelten als für die alte Nutzung, aber auch dann, wenn sich die Zulässigkeit der neuen Nutzung nach derselben Vorschrift bestimmt, nach dieser Vorschrift aber anders zu beurteilen ist als die frühere Nutzung. Bodenrechtlich relevant ist eine Nutzungsänderung auch dann, wenn sie für die Nachbarschaft erhöhte Belastungen mit sich bringt.[1095] Auch die Nutzungsänderung einer Diskothek in eine Spielhalle ist daher nach dem jeweiligen Planungsrecht im Zeitpunkt der Genehmigung zu beurteilen.[1096] Dasselbe gilt für die Nutzungsänderung, die in der Aufstellung von Gewinnspielgeräten (Glücksspielautomaten) in einem Snooker-Billardsalon liegt.[1097] Nutzungsänderungen sind dabei u. a. auch dann gegeben, wenn ein Wechsel von einem **Spartenbetrieb** in einen anderen Spartenbetrieb vorliegt, also etwa von einer anderen Vergnügungsstätte in eine Spielhalle gewechselt wird. Denn eine Spielhalle unterscheidet sich als eigenständige Unterarten von anderen Kategorien von Vergnügungsstätten, zu denen u. a. auch Billardsalons und ähnliche Einrichtungen gehören, obwohl das Element der Unterhaltung, Entspannung und angenehmen Freizeitgestaltung bei allen diesen Spartenbetrieben

---

[1091] *OVG Lüneburg*, B. v. 23. 9. 1991 – 6 L 131/89 – BauR 1992, 55; zur Stellplatzberechnung; B. v. 9. 9. 1991 – 6 L 184/89 – BauR 1992, 56.
[1092] *BVerwG*, Urt. v. 18. 4. 1996 – 4 C 17.94 – DVBl. 1996, 929 = BauR 1996, 674 – Spielhalle.
[1093] *BVerwG*, B. v. 1. 3. 1989 – 4 B 24.89 – BauR 1989, 308 = NVwZ 1989, 666 – Kino in Spielhalle.
[1094] *BVerwG*, Urt. v. 15. 3. 1988 – 4 C 21.85 – Buchholz 406.16 Grundeigentumsschutz Nr. 47; Urt. v. 14. 1. 1993 – 4 C 19.90 – DVBl. 1993, 652 = *Hoppe/Stüer* RzB Rdn. 360.
[1095] *BVerwG*, B. v. 11. 7. 1994 – 4 B 134.94 – BRS 56 (1994), Nr. 164 – Schweinemast.
[1096] *BVerwG*, Urt. v. 18. 5. 1990 – 4 C 49.89 – NVwZ 1991, 264 = BauR 1990, 582 = *Hoppe/Stüer* RzB Rdn. 1080 – Diskothek in Spielhalle; zum Übergangsheim *VGH Mannheim*, B. v. 7. 1. 1999 – 5 S 3075/98 – VGHBW RSprDienst 1999, Beilage 3 B 2.
[1097] *BVerwG*, B. v. 19. 12. 1994 – 4 B 260.94 – Buchholz 406.11 § 39 BauGB Nr. 54.

im Vordergrund steht.[1098] Beiden Unterarten ist gemeinsam, dass sie als solche Gegenstand selbstständiger Festsetzungen sein können.[1099]

564 Erweist sich ein beantragtes Vorhaben danach als zulässig, etwa weil das Grundstück, für das eine Nutzungsänderung beantragt wird, im Bebauungsplan als Kerngebiet ausgewiesen ist oder es sich um eine mischgebietsverträgliche Spielhalle im Mischgebiet mit überwiegend gewerblicher Struktur handelt, stellt sich die Frage, in welchem Umfang die Gemeinde durch **planerische Ausweisungen** den **Ausschluss** solcher Vorhaben bewirken kann. Vergnügungsstätten können durch die Ausweisung von Baugebieten verhindert werden. Ein nichtbeplanter Innenbereich, der unterschiedliche Nutzungsstrukturen aufweist und vielleicht in den Bereich eines Mischgebietes hineinragt, könnte zu einem allgemeinen Wohngebiet entwickelt werden, wenn dies nach Lage der Dinge angezeigt ist. Dann sind **Spielhallen**, die eine echte Kerngebietsnutzung oder Mischgebietsnutzung darstellen, ausgeschlossen.

565 Bei Wahrung des Gebietscharakters können **Einschränkungen** auch nach § 1 V BauNVO oder – wenn besondere städtebauliche Gründe dies rechtfertigen[1100] – nach § 1 IX BauNVO erfolgen. Nach § 1 V BauNVO kann im Bebauungsplan festgesetzt werden, dass bestimmte Arten von Nutzungen, die nach der BauNVO im Baugebiet allgemein zulässig sind, nicht zulässig sind oder nur ausnahmsweise zugelassen werden können, sofern die allgemeine Zweckbestimmung des Baugebietes gewahrt bleibt.[1101] Wenn besondere städtebauliche Gründe dies rechtfertigen, kann im Bebauungsplan nach § 1 IX BauNVO bei Anwendung des § 1 V bis VIII BauNVO festgesetzt werden, dass nur bestimmte Arten der in den Baugebieten allgemein oder ausnahmsweise zulässigen baulichen oder sonstigen Anlagen zulässig oder nicht zulässig sind oder nur ausnahmsweise zugelassen werden können. Die jeweiligen Festsetzungen müssen jedoch die allgemeine Zweckbestimmung des Gebietes wahren und dürfen die Typenkonformität der Ausweisung mit den Baugebietstypen der BauNVO nicht beeinträchtigen. Jedes der in den §§ 4 bis 9 BauNVO bezeichneten Baugebiete dient einer auf den Gebietstypus zugeschnittenen und insofern allgemeinen Zweckbestimmung. Das ergibt sich aus dem systematischen Aufbau der einzelnen Vorschriften, die den jeweiligen Baugebietstypus festlegen. Auch § 1 IV bis IX BauNVO setzt dies voraus. In § 1 V, VI Nr. 2 und VII Nr. 3 BauNVO werden die jeweiligen differenzierenden Festsetzungen unter den ausdrücklichen Vorbehalt gestellt, dass die allgemeine Zweckbestimmung des Gebietes gewahrt bleiben muss. Diese allgemeine Zweckbestimmung darf durch die planerischen Festsetzungen nicht verloren gehen. Anderenfalls würde die Pflicht des § 1 III 1 BauNVO verletzt, im Bebauungsplan ein in § 1 II BauNVO bezeichnetes Baugebiet festzusetzen. Dies ist so selbstverständlich, dass der Verordnungsgeber diese Voraussetzung bei den von ihm in § 1 IV bis IX BauNVO eröffneten Möglichkeiten, besondere Festsetzungen vorzusehen, nicht stets ausdrücklich hervorgehoben hat.[1102]

566 Der **Unterschied** zwischen den Einschränkungs- oder Ausschlussmöglichkeiten nach **§ 1 V und IX BauNVO** liegt nach der Rechtsprechung des *BVerwG* in der Breite der beabsichtigten Nutzungsregelung. Soll eine in der BauNVO erwähnte Nutzungsart insgesamt ausgeschlossen werden, so bietet hierzu § 1 V BauNVO bei Vorliegen städtebau-

---

[1098] *BVerwG*, Urt. v. 20. 8. 1992 – 4 C 54.89 – Buchholz 406.12 § 8 BauNVO Nr. 1 = *Hoppe/Stüer* RzB Rdn. 980.

[1099] *BVerwG*, Urt. v. 22. 5. 1987 – 4 N 4.86 – BVerwGE 77, 308 = *Hoppe/Stüer* RzB Rdn. 883 – Nummerndogma; B. v. 19. 12. 1994 – 4 B 260.94 – Buchholz 406.11 § 39 BauGB Nr. 54 – Snooker-Billardsalon.

[1100] *BVerwG*, Urt. v. 22. 5. 1987 – 4 N 4.86 – BVerwGE 77, 308 = *Hoppe/Stüer* RzB Rdn. 883 – Nummerndogma.

[1101] *BVerwG*, B. v. 6. 5. 1996 – 4 NB 16.96 – Buchholz 406.12 § 1 BauNVO Nr. 22; B. v. 11. 5. 1999 – 4 BN 15.99 – DVBl. 1999, 1293 = UPR 1999, 352 = ZfBR 1999, 279 – nachträglicher Ausschluss von Nutzungen.

[1102] *BVerwG*, B. v. 6. 5. 1996 – 4 NB 16.96 – Buchholz 406.12 § 1 BauNVO Nr. 22.

2. Teil. Inhalt und Rechtsnatur der Bauleitpläne

licher Gründe die Möglichkeit. Nach § 1 V BauNVO können dabei auch einzelne der unter einer Nummer einer Baugebietsvorschrift der BauNVO zusammengefassten Nutzungen ausgeschlossen werden.[1103] Soll lediglich eine Unterart der Nutzung ausgeschlossen werden, bietet hierfür § 1 IX BauNVO die Rechtsgrundlage.

Beispiel: Die Gemeinde möchte die Vergnügungsstätten insgesamt ausschließen. Ein solcher Ausschluss kann nach § 1 V BauNVO erfolgen. Will die Gemeinde demgegenüber nur die Spielhallen insgesamt ausschließen oder etwa im Kerngebiet bestimmte Beschränkungen in der Größe von Vergnügungsstätten festschreiben, so ist § 1 IX BauNVO anzuwenden.[1104] § 1 IX BauNVO gestattet – so das *BVerwG* – über § 1 V BauNVO hinausgehend, einzelne Unterarten von Nutzungen mit planerischen Festsetzungen zu erfassen. Festsetzungen, die auf die Größe von Anlagen abstellen (wie etwa die Verkaufsfläche von Handelsbetrieben), sind jedoch nur zulässig, wenn dadurch bestimmte Arten von baulichen Anlagen oder sonstigen Anlagen (Anlagetypen) – ggf. auch unter Berücksichtigung der besonderen Verhältnisse der Gemeinde – zutreffend gekennzeichnet werden. Mit der erforderlichen Rechtfertigung durch besondere städtebauliche Gründe nach § 1 IV BauNVO sind solche Festsetzungen nicht notwendig von erschwerten Voraussetzungen abhängig. Vielmehr ist hiernach erforderlich, aber auch ausreichend, dass es spezielle städtebauliche Gründe gerade für die gegenüber § 1 V BauNVO noch feinere Ausdifferenzierung der zulässigen Nutzung gibt.[1105]

Die Gliederung setzt allerdings voraus, dass spezielle **städtebauliche Gründe** einen solchen **Ausschluss** rechtfertigen. Einerseits sind die Gemeinden nicht in der Lage, eine eigene Spielhallenpolitik zu betreiben. Andererseits ist gerade bei der Nutzung der Einschränkungsmöglichkeiten in § 1 V und IX BauNVO gemeindliche Begründungs-Fantasie und nicht selten Wagemut gefragt, um die Struktur der Innenstädte zu bewahren und ein Absinken ganzer Geschäfts- und Wohnviertel zu verhindern. Sind ausreichende städtebauliche Gründe dargelegt, so ist ein Begründungsüberschuss in dem Sinne, dass daneben noch weitere Gesichtspunkte angeführt worden sind, regelmäßig unschädlich.[1106] So kann es einer legitimen städtebaulichen Zielsetzung entsprechen, wenn Spielhallen in einem Bebauungsplan mit der Begründung ausgeschlossen werden, sie seien geeignet, den bisherigen Charakter eines Stadtteilkerns mit seinem gehobenen und zentralen Versorgungsgebiet negativ zu beeinflussen.[1107] Städtebaulich erhebliche Gründe für einen Ausschluss von Spielhallen können auch aus dem befürchteten Attraktivitätsverlust eines durch Einzelhandel geprägten Gebietes,[1108] dem Bestreben nach Sicherung eines vielfältigen Angebotes an Geschäften[1109] sowie der Verhinderung eines sog. **trading-down-Effekts**[1110] abgeleitet werden. Mit einer derartigen Begründung können daher auch in Kerngebieten Spielhallen oder andere Vergnügungsstätten ausgeschlossen werden.[1111] Der Einwand, dass die Gefahr eines „trading-down-Effekts" für sämtliche Kerngebiete der Städte bestehe und deshalb für sich alleine kein „besonderer" Grund sein könne, greift nach Auffassung des *BVerwG* nicht durch. Zum einen sind die Kerngebiete in den verschiedenen Städten keineswegs gleich, sondern haben zumeist durch die jeweiligen örtlichen Verhältnisse bedingte besondere Strukturen, auf die dann auch die „besonderen städtebaulichen Gründe" zugeschnitten sein müssen. Zum anderen entfällt

---

[1103] *BVerwG*, Urt. v. 22. 5. 1987 – 4 N 4.86 – BVerwGE 77, 308 – Nummerndogma; Urt. v. 22. 5. 1987 – 4 C 77.84 – BVerwGE 77, 317 = *Hoppe/Stüer* RzB Rdn. 946 – Verbrauchermarkt.
[1104] *BVerwG*, Urt. v. 22. 5. 1987 – 4 C 77.84 – BVerwGE 77, 317 = *Hoppe/Stüer* RzB Rdn. 946 – Verbrauchermarkt.
[1105] *BVerwG*, Urt. v. 22. 5. 1987 – 4 C 77.84 – BVerwGE 77, 317 = *Hoppe/Stüer* RzB Rdn. 946 – Verkaufsfläche; s. auch o. Rdn. 546.
[1106] *BVerwG*, B. v. 15. 8. 1991 – 4 N 1.89 – DVBl. 1992, 32.
[1107] *BVerwG*, B. v. 5. 1. 1995 – 4 B 270.94.
[1108] *BVerwG*, Urt. v. 22. 5. 1987 – 4 C 77.84 – BVerwGE 77, 317 = *Hoppe/Stüer* RzB Rdn. 946.
[1109] *BVerwG*, B. v. 29. 7. 1991 – 4 B 80.91 – DÖV 1992, 30 = *Hoppe/Stüer* RzB Rdn. 922.
[1110] *BVerwG*, B. v. 21. 12. 1992 – 4 B 182.92 – *Hoppe/Stüer* RzB Rdn. 890.
[1111] *BVerwG*, B. v. 22. 5. 1987 – 4 N 4.86 – BVerwGE 77, 308 = *Hoppe/Stüer* RzB Rdn. 883 – Nummerndogma.

die „Besonderheit" eines städtebaulichen Grundes in einer bestimmten Gemeinde nicht dadurch, dass er dem Grundsatz nach auch in anderen Gemeinden vorliegen kann.[1112] In den Rahmen solcher städtebaulicher Gründe fügt sich auch die Befürchtung ein, Spielhallen könnten den bisherigen Charakter eines Stadtteilkerns mit seinem gehobenen zentralen Versorgungsgebiet negativ beeinflussen.[1113]

Hinweis: Je konkreter und aus städtebaulicher Sicht überzeugender die Begründung der Gemeinde ist, umso eher lassen sich Einschränkungen rechtfertigen. Dies gilt übrigens auch für andere, nicht nur aus städtebaulicher Sicht vielfach als missliebig empfundene Nutzungen wie Videoshows etc. Reine Videoverkaufs- oder -verleihgeschäfte sind demgegenüber nicht als Vergnügungsstätten anzusehen, sondern werden als Einzelhandelsbetriebe eingestuft, die je nach Gebietsstruktur als Gewerbebetriebe zulässig sind.

568 n) **Werbeanlagen.** Bei der Zulässigkeit von Werbeanlagen sind planungsrechtliche und bauordnungsrechtlich-gestalterische Elemente zu unterscheiden. Die planungsrechtliche Zulässigkeit von Werbeanlagen beurteilt sich nach den §§ 29 ff. BauGB. Diese gelten nach § 29 I BauGB u. a. für Vorhaben, welche die Errichtung, Änderung oder Nutzungsänderung von baulichen Anlagen zum Inhalt haben. Darunter fallen auch Werbeanlagen, wenn sie in einer auf Dauer gedachten Weise künstlich mit dem Erdboden verbunden sind und städtebauliche Relevanz haben.[1114] Auf welche Weise die Werbetafel mit dem Boden verbunden ist, ist unerheblich. Auch eine Befestigung der Werbeanlagen an einer Hauswand genügt.

569 Besteht ein qualifizierter **Bebauungsplan**, so richtet sich die Zulässigkeit von Werbeanlagen nach den Festsetzungen des Bebauungsplans (§ 30 I BauGB). Die Werbeanlage, die als Außenwerbung der Fremdwerbung dient, kann daher als gewerbliche Nutzung über bauplanerische Festsetzungen nach den §§ 2 ff. BauNVO entweder zugelassen oder ausgeschlossen werden. Die Gemeinde kann hierzu auch die Möglichkeiten des § 1 V bis IX BauNVO nutzen. Hinsichtlich der Zulässigkeit von Werbeanlagen muss nach den verschiedenen Baugebieten der BauNVO unterschieden werden. Im reinen Wohngebiet etwa ist eine Fremdwerbung ausnahmslos, im allgemeinen Wohngebiet regelmäßig unzulässig. Ist in einem Baugebiet eine gewerbliche Nutzung nicht oder nur ausnahmsweise zulässig, so gilt dies auch für die Außenwerbung als Fremdwerbung. Ob die Werbeanlage als bauliche Anlage in ihrer konkreten Gestaltung einen bestimmten Umfang besitzt, bestimmte optische und damit werbewirksame Aufmerksamkeit auf sich zieht oder bautechnisch letztlich geringfügig ist, berührt den Charakter der Anlage als selbstständig zu beurteilende Hauptnutzung nicht.[1115]

570 Wenn der Bebauungsplan keine wirksamen entgegenstehenden Festsetzungen enthält, schließt die Festsetzung eines **Kerngebietes** die Zulassung von Anlagen zur **Eigen- und Fremdwerbung** mit ein (vgl. § 7 II Nr. 3 BauNVO)[1116] Zwar können auch Anlagen der Fremdwerbung, die in einem bestimmten Baugebiet ihrer Art nach grundsätzlich zulässig sind, unter dem Vorbehalt des § 15 I 1 BauNVO stehen und deshalb im Einzelfall unzulässig sein. Die Zulässigkeit solcher Werbeanlagen in einem Kerngebiet setzt nicht voraus, dass nach Zweckbestimmung und Größe bereits vergleichbare Anlagen in dem Baugebiet vorhanden sind. Vielmehr folgt aus dem Fehlen von Maßfestsetzungen, die der Zulassung einer baulichen Anlage entgegenstehen, dass diese auch nach dem Maß ihrer baulichen Nutzung grundsätzlich zulässig ist, weil sie insoweit den Festsetzungen des Bebauungs-

---

[1112] *BVerwG*, B. v. 21. 12. 1992 – 4 B 182.92 – Buchholz 406.12 § 1 BauNVO Nr. 15.
[1113] *BVerwG*, B. v. 5. 1. 1995 – 4 B 270.94.
[1114] *BVerwG*, Urt. v. 3. 12. 1992 – 4 C 27.91 – BVerwGE 91, 234 = DVBl. 1993, 439 = BauR 1993, 315. ur Zulässigkeit von Werbetafeln außerhalb von überbaubaren Grundstücksflächen *VGH München*, B. v. 25. 11. 1998 – 26 B 96.3165 – UPR 1999, 115 = GewArch. 1999, 174.
[1115] *BVerwG*, Urt. v. 3. 12. 1992 – 4 C 27.91 – BVerwGE 91, 234.
[1116] *BVerwG*, Urt. v. 16. 3. 1995 – 4 C 3.94 – NVwZ 1995, 899 = DVBl. 1995, 754 = BauR 1995, 508 – Werbetafel.

plans nicht widerspricht. Werbetafeln sind einer Beurteilung nach den üblichen Maßfestsetzungen – wie GRZ, GFZ oder Anzahl der Vollgeschosse – praktisch entzogen. Das führt jedoch nicht dazu, dass Werbeanlagen nur dann zulässig sind, wenn im Baugebiet bereits nach Zweckbestimmung (Eigen- oder Fremdwerbung) und Größe vergleichbare Werbeanlagen vorhanden sind. Vielmehr folgt aus dem Fehlen von Maßfestsetzungen, die der Zulassung einer baulichen Anlage entgegenstehen, dass diese (auch) nach dem Maß ihrer baulichen Nutzung grundsätzlich zulässig ist, weil sie insoweit den Festsetzungen des Bebauungsplans nicht widerspricht. Hinsichtlich des **Maßes** der Nutzung ist § 15 I 1 BauNVO nicht anwendbar. Ist die Werbeanlage daher im Hinblick auf die Art der Nutzung in dem Bebauungsplangebiet planungsrechtlich zulässig, so können aus § 15 I 1 BauNVO keine Einschränkungen hinsichtlich des Maßes der Nutzung abgeleitet werden.[1117] Denn § 15 I 1 BauNVO betrifft lediglich die Art der baulichen Nutzung. Er ist im Hinblick auf das Maß der im Bebauungsplan festgesetzten Nutzung grundsätzlich nicht anwendbar. Großflächige Werbetafeln für wechselnde Plakatwerbung sind im Geltungsbereich qualifizierter Bebauungspläne mit ausgewiesenem Kerngebiet daher regelmäßig zulässig. Allerdings können sich aus landesrechtlich begründeten Gestaltungssatzungen Einschränkungen ergeben.

Im **nichtbeplanten Innenbereich** beurteilt sich die planungsrechtliche Zulässigkeit von Werbeanlagen danach, ob sich das Vorhaben nach § 34 I BauGB in die Eigenart der näheren Umgebung einfügt.[1118] Eine Werbeanlage der Außenwerbung, die bauliche Anlage i. S. des § 29 I BauGB ist und eine Fremdwerbung zum Gegenstand hat, ist als eigenständige Hauptnutzung gem. § 34 I BauGB unzulässig, wenn sie den Rahmen der näheren Umgebung überschreitet und bodenrechtlich relevante Spannungen begründet oder erhöht werden.[1119] Bei der Frage, ob sich die Werbeanlage hinsichtlich des Maßes der baulichen Nutzung in die Eigenart der näheren Umgebung einfügt, sind nicht nur Werbeanlagen, sondern alle vorhandenen baulichen Anlagen, insbesondere auch Gebäude, zu berücksichtigen. Der Fremdwerbung dienende Anlagen der Außenwerbung fügen sich daher nach dem Maß der baulichen Nutzung ein, wenn sie die bei den vorhandenen Gebäuden üblichen Maße einhalten und wenn sich auch ihre Flächengröße im Rahmen der Flächengröße der in der näheren Umgebung vorhandenen Bauteile anderer baulicher Anlagen hält.[1120] Der Fremdwerbung dienende Anlagen der Außenwerbung sind in solchen Fällen daher unabhängig von der Größe ihrer Ansichtsfläche ihrer Art nach in einem durch Gewerbebetriebe geprägten zusammenhängend bebauten Ortsteil nach § 34 BauGB zulässig.[1121]

Planungsrechtlich zulässige Werbeanlagen können auch wegen ihrer verunstaltenden Wirkung oder aufgrund anderer **landesrechtlicher Regelungen** unzulässig sein.[1122] Denkbar ist allerdings auch, dass das Verbot der Fremdwerbung mit der **Eigentumsgarantie** in Art. 14 GG nicht vereinbar ist. Das generelle Verbot bestimmter Werbeanlagen in bestimmten Baugebieten muss eine Entsprechung in einem Mindestmaß an Einheitlichkeit des Baugebietscharakters finden.[1123] Ein generelles Verbot großflächiger Werbetafeln ist daher im Mischgebiet unzulässig. Das gilt grundsätzlich auch für Kerngebiete, weil auch sie durch eine Vielzahl unterschiedlicher Nutzungen, zu denen auch

---

[1117] *BVerwG*, Urt. v. 16. 3. 1995 – 4 C 3.94 – NVwZ 1995, 899 – Werbetafel.
[1118] *BVerwG*, Urt. v. 26. 5. 1978 – IV C 9.77 – BVerwGE 55, 369 = *Hoppe/Stüer* RzB Rdn. 336 – Harmonieurteil.
[1119] *BVerwG*, Urt. v. 3. 12. 1992 – 4 C 27.91 – BVerwGE 91, 234; Urt. v. 3. 12. 1992 – 4 C 26.91 – *Hoppe/Stüer* RzB Rdn. 384.
[1120] *BVerwG*, Urt. v. 15. 12. 1994 – 4 C 19.93 – NVwZ 1995, 897 = DVBl. 1995, 749 = BauR 1995, 506 – Werbetafel.
[1121] Für eine Werbetafel im Euroformat 3,80 m × 2,70 m *BVerwG*, Urt. v. 15. 12. 1994 – 4 C 19.93 – DVBl. 1995, 749 – Werbetafel.
[1122] *BVerwG*, Urt. v. 15. 12. 1994 – 4 C 19.93 – DVBl. 1995, 749 – Werbetafel; Urt. v. 16. 3. 1995 – 4 C 3.94 – NVwZ 1995, 899 = DVBl. 1995, 754 = BauR 1995, 508 – Werbetafel.
[1123] *BVerwG*, Urt. v. 28. 4. 1972 – IV C 11.69 – BVerwGE 40, 94 – Großflächenwerbung.

gewerbliche Nutzungen gehören, gekennzeichnet sind. Die erforderliche Einheitlichkeit kann allerdings auch durch eine städtebaulich bedeutsame Prägung eines bestimmten Teilgebietes einer Gemeinde bewirkt sein. Dabei können die Besonderheiten bestimmter Bauten, Straßen, Plätze oder Ortsteile von geschichtlicher, künstlerischer oder städtebaulicher Bedeutung sowie von Bau- und Naturdenkmälern durch die planende Gemeinde berücksichtigt werden. Aus solchen Umständen kann sich eine besondere Schutzwürdigkeit eines Baugebietes ergeben, die von der Gemeinde durch entsprechende Festsetzungen aufgegriffen werden kann.[1124]

573 Mit den **BauO der Länder** können dabei auch erleichterte Voraussetzungen gelten in Fällen, in denen die Werbeanlage an der Stätte der Leistung angebracht ist. Die Zulässigkeit einer Leuchtreklame an der Stätte der Leistung ist daher nicht davon abhängig, ob im maßgebenden Gebiet bereits eine solche Werbeanlage vorhanden ist oder sie erstmals errichtet werden soll.[1125]

574 o) **Stellplätze und Garagen** sind nach § 12 I BauNVO in allen Baugebieten zulässig, soweit sich aus § 12 II bis VI BauNVO nichts anderes ergibt. Für bestimmte Baugebiete beschränkt § 12 II und III BauNVO die Zulässigkeit von Stellplätzen und Garagen zu Gunsten der Wohnruhe und der Wahrung des Gebietscharakters. Unter den Voraussetzungen des § 12 IV bis VI BauNVO kann der Bebauungsplan aus besonderen städtebaulichen Gründen Sonderregelungen schaffen. Außerdem gelten neben den planungsrechtlichen Zulässigkeitsanforderungen, wie sie sich aus § 12 BauNVO ggf. i.V. mit den Festsetzungen des Bebauungsplans ergeben, die landesrechtlichen Vorschriften über die Ablösung von Stellplatzverpflichtungen (§ 12 VII BauNVO). Die Zufahrt zu einer Garage ist bauplanungsrechtlich dieser zuzuordnen und deshalb gem. § 12 II BauNVO ohne besondere Festsetzung in einem allgemeinen Wohngebiet unzulässig, wenn die Garage nicht nur für den durch die zugelassene Nutzung verursachten Bedarf bestimmt ist.[1126]

575 **§ 9 I Nr. 4 BauGB** bedingt für die planerische Festsetzung privatnütziger Stellplätze eine zweifache Prüfung der Erforderlichkeit. Zum einen muss die Nebenanlage nach anderen Vorschriften erforderlich sein. Hierzu zählt § 12 BauNVO, aber auch das bauordnungsrechtliche Stellplatzrecht der Länder. Zum anderen bedarf es der planerischen Abwägung i. S. des § 1 VII BauGB und zugleich der damit verbundenen Prüfung der Erforderlichkeit in einem weiteren Sinne. Dabei sind auch Gesichtspunkte eines „Bestandsschutzes" und die „Geeignetheit" von Flächen als abwägungserheblich zu berücksichtigen. Der Ortsgesetzgeber wird insbesondere durch das Bundesrecht nicht gehindert, für Stellplätze mit Hilfe der Festsetzungen eines Bebauungsplans bestimmte Standorte festzulegen oder auszuschließen.[1127]

576 **§ 12 BauNVO** beschränkt sich auf die Bestimmung, in welchen Baugebieten und in welchem Umfang Stellplätze zulässig sind. Dagegen lässt die Vorschrift ungeregelt, unter welchen Voraussetzungen zur Entlastung der öffentlichen Verkehrsflächen vom ruhenden Verkehr eine Pflicht zur Herstellung privater Stellplätze begründet werden kann und wie die planungsrechtlich zulässigen Stellplätze unter Berücksichtigung der konkreten örtlichen Verhältnisse anzuordnen und auszuführen sind, damit sie ohne Umstände für die Nachbarschaft benutzbar sind. § 12 BauNVO gibt keine Auskunft darüber, welche Anforderungen in dieser Hinsicht an Stellplätze zu stellen sind. Dies ist vielmehr dem Bauordnungsrecht der Länder vorbehalten, da Regelungsgegenstand die Stellplatzanlage als solche ist. Zwar ist grundsätzlich davon auszugehen, dass Stellplätze, deren Zahl dem

---

[1124] *BVerwG*, Urt. v. 16. 3. 1995 – 4 C 3.94 – NVwZ 1995, 899 – Werbetafel.
[1125] *BVerwG*, B. v. 8. 3. 1995 – 4 B 34.95 – Leuchtreklame.
[1126] *BVerwG*, B. v. 19. 9. 1995 – 4 NB 24.94 – UPR 1996, 39 = ZfBR 1996, 57 – Tiefgarage mit 380 Pkw-Stellplätzen.
[1127] *BVerwG*, Urt. v. 4. 10. 1985 – 4 C 26.81 – Buchholz 406.11 § 9 BBauG Nr. 27 – NVwZ 1986, 120; B. v. 28. 1. 1992 – 4 B 21.92 – Buchholz 406.11 § 9 BBauG/BauGB Nr. 54 = *Hoppe/Stüer* RzB Rdn. 184.

durch die zugelassene Nutzung verursachten Bedarf entspricht (vgl. § 12 II BauNVO), in einem allgemeinen Wohngebiet keine unzumutbaren Störungen hervorrufen. Das Planungsrecht begründet jedoch keine allgemeine Duldungspflicht. Vielmehr bedarf es in jedem Einzelfall einer Abwägung zwischen dem öffentlichen Interesse an der Entlastung der öffentlichen Verkehrsflächen vom ruhenden Verkehr und den privaten Belangen der Nachbarn.[1128]

Beispiel: Auf einem Grundstück in der Nähe einer Volksbank in der Innenstadt sollen 50 Parkplätze errichtet werden. Der Nachbar wendet ein, sein Grundstück und die anschließende Umgebung sei durch Wohnbebauung geprägt. Die Nutzung des gesamten Grundstücks für Parkplätze verstoße deshalb gegen das Gebot der nachbarlichen Rücksichtnahme. Die Zufahrt zu einer großen Tiefgarage mit 380 Pkw-Stellplätzen ist bauplanungsrechtlich dieser zuzuordnen und deshalb gem. § 12 II BauNVO ohne besondere Festsetzung in einem allgemeinen Wohngebiet unzulässig, wenn die Garage nicht nur für den durch die zugelassene Nutzung verursachten Bedarf bestimmt ist.[1129]

Auch in einem Wohngebiet kann die Nutzung eines Grundstücks ausschließlich als **Garagengrundstück** zulässig sein, wenn der Nutzungsumfang den durch § 12 II BauNVO gezogenen Rahmen nicht übersteigt. Hierfür sind die Rechtsbeziehungen des Eigentümers des Garagengrundstücks zu den Nutzern der Garagen nicht von ausschlaggebender Bedeutung. Der Verhinderung einer Massierung von Garagen wird dadurch bewirkt, dass Stellplätze und Garagen nach § 12 II BauNVO in Kleinsiedlungsgebieten, reinen Wohngebieten und allgemeinen Wohngebieten sowie Sondergebieten, die der Erholung dienen, nur für den jeweiligen Bedarf des Gebietes zulässig sind.[1130]

Nachbarn haben die von den **Stellplätzen** einer rechtlich zulässigen Wohnbebauung ausgehenden Emissionen im Regelfall hinzunehmen. Besondere örtliche Verhältnisse können aber auch zu dem Ergebnis führen, dass die Errichtung von Stellplätzen auf dem Baugrundstück nicht oder nur mit Einschränkungen zulässig ist. Dabei ist der in § 12 II BauNVO enthaltenen Grundentscheidung Rechnung zu tragen. Dies entbindet das Gericht jedoch nicht von der Prüfung, ob im Einzelfall unzumutbare Beeinträchtigungen zu erwarten sind. Die besonderen Umstände des Einzelfalls können es erforderlich machen, die Beeinträchtigung der Nachbarschaft auf das ihr entsprechend der Eigenart des Gebiets zumutbare Maß zu mindern. Hierfür kommen beispielsweise die bauliche Gestaltung der Stellplätze und ihrer Zufahrt, eine Anordnung, die eine Massierung vermeidet, der Verzicht auf Stellplätze zugunsten einer Tiefgarage oder Lärmschutzmaßnahmen an der Grundstücksgrenze in Betracht. Im Übrigen müssen selbst notwendige Stellplätze nach allgemeinen bauordnungsrechtlichen Grundsätzen nicht auf dem Baugrundstück selbst errichtet werden.[1131]

Die auf Landesrecht beruhende Anordnung einer **Stellplatzpflicht** stellt eine zulässige **Inhalts- und Schrankenbestimmung** des Eigentums i. S. des Art. 14 I 2 GG dar.[1132] Die Stellplatzpflicht dient dem Zweck, die durch die fortschreitende Motorisierung entstandene Belastung des fließenden Straßenverkehrs durch Schaffung von Einstellplätzen und Garagen herabzumindern. Sie geht davon aus, dass die öffentlichen Straßen und Wege dem fließenden Verkehr dienen und nicht dazu bestimmt sind, in großem Umfang auch den ruhenden Verkehr aufzunehmen. Die Stellplatzverpflichtung kann sich dabei nicht nur im Falle der Neuerrichtung baulicher Anlagen, sondern auch bei deren Änderung oder im Falle der Nutzungsänderung konkretisieren. Denn jedenfalls bei einer wesentlichen Änderung der bisherigen Nutzung ist das Interesse des Bauherrn, dass die Baube-

---

[1128] BVerwG, B. v. 14. 2. 1992 – 4 B 81.91 – *Hoppe/Stüer* RzB Rdn. 951.
[1129] BVerwG, B. v. 19. 9. 1995 – 4 NB 24.94 – ZfBR 1996, 57 = UPR 1996, 39 = BBauBl 1996, 15.
[1130] BVerwG, B. v. 24. 3. 1993 – 4 B 44.94 – Buchholz 406.12 § 12 BauNVO Nr. 5 = *Hoppe/Stüer* RzB Rdn. 952 – Garagenhof.
[1131] BVerwG, B. v. 20. 3. 2003 – 4 B 59.02 – NVwZ 2003, 1516 – Buchholz 406.12 § 12 BauNVO Nr. 10, mit Hinweis auf mit Hinweis auf Urt. v. 16. 9. 1993 – 4 C 28.91 – BVerwGE 91, 151.
[1132] BVerwG, Urt. v. 26. 5. 1955 – 1 C 86.54 – BVerwGE 2, 122 = BRS 4, 325.

hörde die Erteilung einer Baugenehmigung nicht von einem Ausgleich des Stellplatzbestandes aus der Vergangenheit abhängig macht, nicht besonders schützenswert.[1133]

Hinweis: Die Gemeinde kann die Anlage von Garagen und Stellplätzen im Bebauungsplan regeln und dabei den **Besonderheiten** der jeweiligen Situation Rechnung tragen. So kann die Gemeinde etwa die Anlage von Garagen und Stellplätzen in Vorgartenbereichen generell ausschließen, jedoch bei Eckgrundstücken zulassen. Dies gilt vor allem dann, wenn sich für die Eigentümer von Eckgrundstücken besondere Härten zeigen.[1134]

580 **p) Gebäude und Räume für freie Berufe.** Nach § 13 BauNVO sind für die Berufsausübung freiberuflich Tätiger und solcher Gewerbetreibender, die ihren Beruf in ähnlicher Art ausüben, in den Baugebieten nach den §§ 2 bis 4 BauNVO Räume und in den Baugebieten nach den §§ 4a bis 9 BauNVO auch Gebäude zulässig.[1135] In Kleinsiedlungsgebieten, reinen Wohngebieten und allgemeinen Wohngebieten sind Räume für freiberuflich Tätige zulässig. In besonderen Wohngebieten, Dorfgebieten, Mischgebieten, Kerngebieten, Gewerbegebieten und Industriegebieten sind für solche Nutzungen Gebäude zulässig. Kennzeichnend für ein Gebäude i. S. der BauNVO ist, dass es selbstständig benutzbar ist.[1136] Die Zulässigkeit der Nutzung von Räumen für die Berufsausübung freier oder ähnlicher Berufe (§ 13 BauNVO) setzt nicht voraus, dass in der jeweiligen Nutzungseinheit (Wohnung) nebeneinander gearbeitet und gewohnt wird. Die Berufsausübung freiberuflich Tätiger und solcher Gewerbetreibender, die ihren Beruf in ähnlicher Weise ausüben, ist dadurch gekennzeichnet, dass in unabhängiger Stellung Dienstleistungen angeboten werden, die vorwiegend auf individuellen geistigen Leistungen oder sonstigen persönlichen Fertigkeiten beruhen. Betriebe oder Betriebsteile des Handels, des Handwerks oder der Industrie gehören ebenso wenig zu den freien Berufen wie Geschäftsstellen von Innungen.[1137] Im Zusammenhang mit § 13 BauNVO sind Betriebe als Einheit zu werten. Die Anwendbarkeit dieser Vorschrift kann deshalb nicht dadurch erreicht werden, dass aus einem Betrieb ein Betriebsteil räumlich-organisatorisch ausgegliedert wird. Wer Leitungs- und Verwaltungsfunktionen für den eigenen Handelsbetrieb und gegenüber dessen Kundschaft wahrnimmt, übt nicht i. S. des § 13 BauNVO einen Beruf in ähnlicher Art wie ein freiberuflich Tätiger aus.[1138] Die zentrale Verwaltung der Angelegenheiten von Lohnsteuerhilfevereinen, bei der eine persönliche Beratungstätigkeit nicht ausgeübt wird, ist daher keine freiberufliche oder freiberufsähnliche Tätigkeit, für die gem. § 13 BauNVO Räume in einem Wohngebiet allgemein zulässig wären.[1139]

581 Die Regel, dass die nach § 13 BauNVO in Wohngebieten zulässigen **Räume** für die **Berufsausübung freiberuflich Tätiger** insgesamt nicht größer sein dürfen als eine Wohnung,[1140] ist nicht rechtssatzartig anzuwenden, sondern hat als „Faustregel" nur eine widerlegbare indizielle Aussagekraft.[1141] Mit § 13 BauNVO ist es allerdings nicht vereinbar, wenn in einem Mehrfamilienhaus in einem allgemeinen Wohngebiet mehrere Büros

---

[1133] *BVerwG*, B. v. 28. 7. 1992 – 4 B 57.92 – ZfBR 1992, 294 = NVwZ 1993, 169 = *Hoppe/Stüer* RzB Rdn. 1234.

[1134] *OVG Münster*, Urt. v. 20. 4. 1999 – 10a D 170/98.NE – Eckgrundstück.

[1135] Zur Einordnung von Lohnsteuerhilfevereinen als freiberufliche Tätigkeit i. S. des § 13 BauNVO *BVerwG*, B. v. 13. 8. 1996 – 4 B 154.96 – NVwZ-RR 1997, 398. Ein Fahrschulraum kann in einem WA nicht gemäß § 13 BauNVO zugelassen werden, so *OVG Münster*, B. v. 29. 4. 1996 – 11 B 748/96 – BauR 1996, 681.

[1136] *BVerwG*, B. v. 13. 12. 1995 – 4 B 245.95 – NVwZ 1996, 787 = DVBl. 1996, 270.

[1137] *BVerwG*, Urt. v. 20. 1. 1984 – 4 C 56.80 – BVerwGE 68, 324 = *Hoppe/Stüer* RzB Rdn. 953.

[1138] *BVerwG*, B. v. 28. 2. 1990 – 4 B 172.89 – Buchholz 406.12 § 13 BauNVO Nr. 5 = *Hoppe/Stüer* RzB Rdn. 954.

[1139] *BVerwG*, B. v. 13. 8. 1996 – 4 B 154.96 – GewArch. 1997, 125 = BauR 1996, 816 – Lohnsteuerhilfeverein.

[1140] *BVerwG*, Urt. v. 25. 1. 1985 – 4 C 34.81 – NJW 1986, 1004.

[1141] *BVerwG*, Urt. v. 18. 5. 2001 – 4 C 8.00 – DVBl. 2001, 1458 = BauR 2001, 1556 = ZfBR 2001, 491.

jeweils deutlich größer sind als die größte, schon sehr großzügig dimensionierte Wohnung.[1142]

Einen **Verstoß gegen § 13 BauNVO** kann ein **Nachbar** grundsätzlich unabhängig davon abwehren, ob er durch die freiberufliche oder gewerbliche Nutzung unzumutbar beeinträchtigt wird.[1143] Es muss jedoch eine Beeinträchtigung nachbarlicher Interessen vorliegen. Denn das subjektive Rechtsschutzsystem in § 42 II VwGO fordert, dass konkrete eigene Belange i. S. rechtlich geschützter Interessen des Klägers betroffen sind. Eine darüber hinausgehende abstrakte Klagebefugnis ohne die Verletzung eigener rechtlich geschützter Interessen sieht § 42 II VwGO nicht vor. 582

q) **Nebenanlagen.** Nach § 14 I 1 BauNVO sind auch untergeordnete Nebenanlagen und Einrichtungen zulässig, die dem Nutzungszweck der in dem Baugebiet gelegenen Grundstücke oder des Baugebiets selbst dienen und die seiner Eigenart nicht widersprechen. Nach § 14 I 3 BauNVO kann im Bebauungsplan die Zulässigkeit der Nebenanlagen und Einrichtungen eingeschränkt oder ausgeschlossen werden. Nebenanlagen nach § 14 BauNVO müssen dem **Hauptzweck** der jeweiligen Nutzung **untergeordnet** sein.[1144] So kann etwa ein **Gartenschwimmbecken** oder eine kleinere Schwimmhalle in einem Reinen oder Allgemeinen Wohngebiet als Nebenanlage zulässig sein. Eine große Schwimmhalle mit Sauna und WC sprengt jedoch diesen Rahmen und ist daher planungsrechtlich unzulässig. Denn ein Nebengebäude, das nach Größe und äußerer Erscheinungsform eher einem weiteren Wohngebäude gleicht, erfüllt unter dem Gesichtspunkt des Gesamteindrucks nicht das Merkmal der Unterordnung.[1145] Nach Auffassung des *BVerwG* ist § 14 BauNVO den Regelungen über die Art der baulichen Nutzung zuzurechnen mit der Folge, dass sich der Abwehranspruch des Nachbarn als Gebietserhaltungsanspruch[1146] auf die Einhaltung des untergeordneten Charakters der Nebenanlage beziehen kann.[1147] Etwas anderes dürfte gelten, wenn die jeweilige Anlage für die Wahrung des Gebietscharakters keine nennenswerte Bedeutung hat. 583

Zu den untergeordneten Nebenanlagen können in einem allgemeinen Wohngebiet etwa Müllcontainer, aber auch Schwimmbecken, Fahnenstangen oder Antennenanlagen gehören.[1148] Die Nebenanlagen müssen allerdings in ihrem räumlichen und gegenständlichen Erscheinungsbild der primären Nutzung des Grundstücks im Baugebiet dienen und entsprechend zu- und untergeordnet sein.[1149] Auch untergeordnete Nebenanlagen und Einrichtungen für eine Kleintierhaltung sind nach Maßgabe des § 15 I 2 BauNVO in einem allgemeinen Wohngebiet zulässig. Darunter sind solche Kleintiere zu verstehen, deren Haltung in den Baugebieten typischerweise üblich (und ungefährlich) ist und – soweit es um Wohngebiete geht – typischerweise einer im Rahmen der Wohnnutzung liegenden Freizeitbetätigung dient.[1150] Dazu zählen etwa Hundezwinger[1151] für einige 584

[1142] *OVG Münster*, B. v. 23. 9. 2002 – 7 B 1283/02 – BauR 2003, 217 = BRS 65 (2002) Nr. 71 – Apotheke. Eine private Arbeitsvermittlung ist den freien Berufen gleichzustellen, so *OVG Lüneburg*, B. v. 24. 5. 2002 – 1 LA 2680/01 – GewArch. 2002, 345 – private Arbeitsvermittlung.
[1143] *BVerwG*, B. v. 13. 12. 1995 – 4 B 245.95 – DVBl. 1996, 270 = UPR 1996, 113 im Anschluss an Urt. v. 16. 9. 1993 – 4 C 28.91 – BVerwGE 94, 151.
[1144] *BVerwG*, Urt. v. 17. 12. 1976 – IV C 6.75 – Buchholz 406.11 § 29 BBauG Nr. 19.
[1145] *BVerwG*, Urt. v. 28. 4. 2004 – 4 C 12.03 – Hamburger Schwimmhalle.
[1146] *BVerwG*, Urt. v. 16. 9. 1993 – 4 C 28.91 – BVerwGE 94, 151, in der Reichweite des nachbarlichen Austauschverhältnisses, so B. v. 20. 8. 1998 – 4 B 79.98 – BRS 60 Nr. 176.
[1147] *BVerwG*, Urt. v. 28. 4. 2004 – 4 C 12.03 – Hamburger Schwimmhalle.
[1148] *BVerwG*, B. v. 20. 6. 1988 – 4 B 91.88 – *Hoppe/Stüer* RzB Rdn. 956. So kann allerdings ein „Wertstoffhandel" mit Sammelcontainern für Glas, Papier und Metall in einem reinen Wohngebiet unzulässig sein, so *BVerwG*, B. v. 3. 6. 1996 – 4 B 50.96 – NVwZ 1996, 1001 = BauR 1996, 678.
[1149] *BVerwG*, Urt. v. 17. 12. 1976 – IV C 6.75 – Buchholz 406.11 § 29 BBauG Nr. 29; Urt. v. 18. 2. 1983 – 4 C 18.81 – BVerwGE 67, 23.
[1150] *BVerwG*, B. v. 5. 3. 1984 – 4 B 20.84 – Buchholz 406.11 § 34 BBauG Nr. 99; B. v. 15. 10. 1993 – 4 B 165.93 – DVBl. 1994, 292 = NVwZ-RR 1994, 309 – Ozelot.
[1151] *BVerwG*, B. v. 21. 6. 1991 – 4 B 44.91 – *Hoppe/Stüer* RzB Rdn. 957.

Hunde, nicht jedoch Käfige für Großtiere[1152] oder Raubtiere, von denen dem Menschen Gefahren für Leib und Leben drohen.[1153]

585 Auch **Antennenanlagen** gehören grundsätzlich zu den im allgemeinen Wohngebiet zulässigen Nebenanlagen. Wo die Grenze des im Interesse der Informationsfreiheit noch Hinzunehmenden bei Antennen- oder Satellitenanlagen verläuft, ist nach Maßgabe von Größe und Anzahl der Antennenanlagen im Verhältnis zu dem jeweiligen örtlichen Umfeld zu bestimmen. Nicht nur eine Rundfunk- und Fernsehantenne, sondern auch die Antenne eines Amateurfunkers dient grundsätzlich dem Nutzungszweck eines Wohngrundstücks. Eine Mobilfunk-Sende- und Empfangsanlage, die nicht nur dem Nutzungszweck des Baugebiets, sondern der Versorgung des gesamten Stadtgebiets sowie mehrerer Gemeinden in der Umgebung dient, ist keine Nebenanlage i. S. des § 14 I 1 BauNVO. § 14 II BauNVO 1962, 1968 und 1977 ist nicht auf fernmeldetechnische Nebenanlagen anwendbar.[1154] Für die Frage, ob eine Amateurfunkerantenne der Eigenart des Baugebiets i. S. von § 14 I 1 BauNVO widerspricht, kommt es auf den Einzelfall an,[1155] wobei allerdings die Ergebnisse von Meinungsumfragen unter der Bevölkerung nicht den Ausschlag geben.[1156]

Beispiel: Der Eigentümer eines zweistöckigen Reihenhauses mit relativ kleiner Freifläche beabsichtigt, einen ca. 17 m hohen und mit seinen Tragekonstruktionen 5 m breiten Funkantennenmasten zu errichten, der die umgebenden Häuser um das Doppelte überragt und nahezu die gesamte Breite des Hausgartens einnimmt. Eine solche Anlage ist auch vor dem Hintergrund der Meinungs- und Informationsfreiheit in Art. 5 I GG jedenfalls dann unzulässig, wenn sie von den unmittelbar benachbarten Hausgärten aus als gleichsam über den Köpfen schwebend erscheint und einen bedrohlichen Effekt hervorruft.[1157]

2. Gliederungs- und Ausschlussmöglichkeiten nach § 1 IV bis IX BauNVO

586 § 1 IV bis IX BauNVO gibt der planenden Gemeinde umfangreiche Gliederungs- und Ausschlussmöglichkeiten i. S. einer planerischen Modifizierung und Feinsteuerung an die Hand, mit denen die Nutzungen differenziert und den speziellen örtlichen Verhältnissen angepasst werden können. Dieses Instrumentarium ist für die Gemeinde vor allem deshalb wichtig, um Fehlentwicklungen entgegenzusteuern, die bei einer Übernahme der Typenbeschreibungen der BauNVO in den Baugebieten auftreten können. Außerdem bedarf etwa die Überplanung einer Gemengelage mit einer Durchmischung von Wohn- und Gewerbenutzung eines speziellen Handlungsinstrumentariums, das den Besonderheiten der jeweiligen Immissionssituation gerecht wird. Diese Planungsmöglichkeiten werden in § 1 IV bis IX BauNVO bereitgestellt. Die differenzierenden Festsetzungsmöglichkeiten können sich jedoch – im Gegensatz zu der in § 1 X BauNVO getroffenen Regelung – stets nur auf bestimmte Arten der in dem Baugebiet allgemein oder ausnahmsweise zulässigen Arten oder Nutzungen beziehen. Entsprechend dem abstrakten Normcharakter des Bebauungsplans und seiner Funktion als Instrument der städtebaulichen Entwicklung und Ordnung können mit den Festsetzungen des § 1 IV bis IX BauNVO nur objektiv bestimmbare Typen von Anlagen erfasst werden. Für die Umschreibung des Anlagetyps kann die Gemeinde zwar auf besondere in ihrem Bereich vorherrschende Verhältnisse abstellen. Eine

---

[1152] BVerwG, B. v. 5. 3. 1984 – 4 B 20.84 – NVwZ 1984, 647 = *Hoppe/Stüer* RzB Rdn. 374 – Pumazwinger.
[1153] BVerwG, B. v. 21. 6. 1991 – 4 B 44.91 – Buchholz 406.12 § 14 BauNVO Nr. 5.
[1154] BVerwG, B. v. 1. 11. 1999 – 4 B 3.99 – VBlBW 2000, 146 – Mobil-Sendeanlage.
[1155] BVerwG, B. v. 23. 6. 1993 – 4 B 7.93 – Buchholz 406.12 § 14 BauNVO Nr. 8 = *Hoppe/Stüer* RzB Rdn. 959; *Fickert/Fieseler* § 3 Rdn. 24.5.
[1156] BVerwG, B. v. 15. 10. 1993 – 4 B 165.93 – DVBl. 1994, 292 = NVwZ-RR 1994, 309 = *Hoppe/Stüer* RzB Rdn. 387 – Ozelot.
[1157] BVerfG, Urt. v. 11. 12. 1991 – 1 BvR 1541 – 1543/91 – DVBl. 1992, 556 = NJW 1992, 2412 = *Hoppe/Stüer* RzB Rdn. 956; BVerwG, B. v. 23. 8. 1991 – 4 B 144.91 – Buchholz § 34 BauGB Nr. 145 = NVwZ 1992, 475 = *Hoppe/Stüer* RzB Rdn. 958.

Planung konkreter einzelner Vorhaben ist jedoch auch mit den Differenzierungsmöglichkeiten des § 1 IV bis IX BauNVO nicht gestattet.[1158]

Vor diesem Hintergrund hat die Gemeinde kein bauplanerisches **Festsetzungserfin-** **587** **dungsrecht.**[1159] Vielmehr besteht für bauplanungsrechtliche Festsetzungen ein Typenzwang.[1160] Durch den Bebauungsplan bestimmt die Gemeinde Inhalt und Schranken des Eigentums der im Planbereich gelegenen Grundstücke. Hierfür bedarf sie gem. Art. 14 I 2 GG einer gesetzlichen Grundlage, die sich in § 9 BauGB und ergänzend in der gem. § 9a V BauGB erlassenen BauNVO findet. Durch sie wird der festsetzungsfähige Inhalt eines Bebauungsplans abschließend geregelt.[1161] Weicht die Gemeinde bei der Aufstellung von Bebauungsplänen von den Vorgaben in § 9 BauGB oder der BauNVO ab, so ist die von diesem Fehler betroffene Festsetzung wegen Verstoßes gegen den bauplanungsrechtlichen Typenzwang, durch den die Beachtung des Gesetzesvorbehalts des Art. 14 I 2 GG gewährleistet wird, unwirksam. Dies gilt unabhängig von der Frage, ob das mit der Planung verfolgte Ziel materiellrechtlich zulässig wäre und möglicherweise sogar auf andere Weise realisiert werden könnte. Ein allgemeines Typenerfindungsrecht hat die planende Gemeinde nicht.

Die **Kombination** verschiedener zulässiger Festsetzungen darf auch nicht zur Folge **588** haben, dass auf diese Weise neue Festsetzungstypen entstehen, die von den Vorgaben des abschließenden Festsetzungskatalogs inhaltlich abweichen.[1162] Werden in einem Bebauungsplan mehrere Festsetzungen aufgenommen, so sind sie bauplanungsrechtlich nicht stärker miteinander verbunden oder verknüpft, als dass jede dieser Festsetzungen für sich genommen mit dem für sie maßgeblichen Festsetzungsinhalt eingehalten werden muss. Weitergehende Ziele kann der Plangeber mit dem bloßen Mittel der Festsetzungskombination nicht erreichen.[1163] Auch bei der planungsrechtlichen Beurteilung im nichtbeplanten Innenbereich ist auf die Typisierungen der Nutzungsarten der BauNVO abzustellen.[1164] Denn die BauNVO stellt vom Grundsatz her eine sachverständige Konkretisierung moderner Planungsgrundsätze dar.[1165]

a) **Gliederungsmöglichkeiten nach § 1 IV BauNVO.** Die Gliederungsmöglichkeiten **589** nach § 1 IV BauNVO beziehen sich auf die Art der zulässigen Nutzung und deren Betriebe und Anlagen. Nach dieser Vorschrift können für die in den §§ 4 bis 9 BauNVO bezeichneten Baugebiete im Bebauungsplan Festsetzungen getroffen werden, die das Baugebiet nach der Art der zulässigen Nutzung, nach der Art der Betriebe und Anlagen und deren besonderen Bedürfnissen und Eigenschaften gliedern. Die Festsetzungen können dabei auch für mehrere Gewerbegebiete einer Gemeinde im Verhältnis zueinander getroffen werden. Dies gilt auch für Industriegebiete (§ 1 IV 2 BauNVO). Die Gliederungsmöglichkeiten nach § 1 IV 1 Nr. 1 und 2 BauNVO bestehen allerdings nur in allgemeinen Wohngebieten (§ 4 BauNVO), besonderen Wohngebieten (§ 4a BauNVO), Dorfgebieten (§ 5 BauNVO), Mischgebieten (§ 6 BauNVO), Kerngebieten (§ 7 BauNVO), Gewerbe-

---

[1158] *BVerwG*, Urt. v. 22. 5. 1987 – 4 C 77.84 – BVerwGE 77, 317 = *Hoppe/Stüer* RzB Rdn. 946; Urt. v. 30. 6. 1989 – 4 C 16.88 – UPR 1989, 435 = *Hoppe/Stüer* RzB Rdn. 887 – Handwerksbetrieb; Urt. v. 27. 4. 1990 – 4 C 36.87 – DVBl. 1990, 1108 = *Hoppe/Stüer* RzB Rdn. 950; B. v. 6. 5. 1993 – 4 NB 32.92 – DVBl. 1993, 1097 = NVwZ 1994, 292 = *Hoppe/Stüer* RzB Rdn. 933.
[1159] *BVerwG*, Urt. v. 11. 2. 1993 – 4 C 18.91 – BVerwGE 92, 56 – Einheimischenmodell.
[1160] BVerwG, Urt. v. 16. 9. 1993 – 4 C 28.91 – BVerwGE 94, 151 = DVBl. 1994, 284 = *Hoppe/Stüer* RzB Rdn. 967 – Garage.
[1161] *BVerwG*, B. v. 15. 8. 1991 – 4 N 1.89 – DVBl. 1992, 32 = *Hoppe/Stüer* RzB Rdn. 889.
[1162] *BVerwG*, B. v. 5. 7. 1991 – 4 NB 22.91 – Buchholz 406.12 § 16 BauNVO Nr. 1 = *Hoppe/Stüer* RzB Rdn. 976; B. v. 31. 1. 1995 – 4 NB 48.93 – NVwZ 1995, 696 = DVBl. 1995, 520 = BauR 1995, 476 = ZfBR 1995, 143 – Meerbusch.
[1163] *BVerwG*, B. v. 31. 1. 1995 – 4 NB 48.93 – ZfBR 1995, 143 – Meerbusch.
[1164] *BVerwG*, Urt. v. 3. 2. 1984 – 4 C 25.82 – BVerwGE 68, 360 = *Hoppe/Stüer* RzB Rdn. 311.
[1165] *BVerwG*, Urt. v. 11. 3. 1993 – 4 C 15.92 – DVBl. 1993, 658; Urt. v. 15. 12. 1994 – 4 C 13.93 – DVBl. 1995, 515 – Spielhalle.

gebieten (§ 8 BauNVO) und Industriegebieten (§ 9 BauNVO). In Kleinsiedlungsgebieten (§ 2 BauNVO), reinen Wohngebieten (§ 3 BauNVO) und Sondergebieten (§§ 10, 11 BauNVO)[1166] bestehen die Gliederungsmöglichkeiten nach der Art der zulässigen Nutzung sowie der Art der Betriebe und Anlagen und deren besonderen Bedürfnissen und Eigenschaften gem. § 1 IV 1 Nr. 1 und 2 BauNVO nicht. Die Gliederung des Gebietes erfolgt in der Regel gebietsintern in dem Sinne, dass etwa in einzelnen Teilgebieten die Nutzung ausgeschlossen wird, sie aber in anderen Teilen zulässig ist. Ein Ausschluss einer oder mehrerer Arten von Nutzungen aus dem gesamten Baugebiet kann nur nach § 1 V BauNVO erfolgen.[1167] Außerdem muss die allgemeine Zweckbestimmung des Gebietes gewahrt werden.[1168] Dies setzt den Gliederungsmöglichkeiten Grenzen.

Beispiel: Ein Gewerbegebiet ohne Gewerbebetriebe entspricht dem Gebietscharakter eines Gewerbegebietes nicht mehr. Ein Dorfgebiet ohne Wirtschaftsstellen land- oder forstwirtschaftlicher Betriebe hätte seinen Charakter eingebüßt.

590 Auch bei Festsetzungen in einem Bebauungsplan, die ein Baugebiet gem. § 1 IV BauNVO **gliedern**, muss die **allgemeine Zweckbestimmung** des Baugebietes gewahrt bleiben.[1169] Jedes Baugebiet dient einer auf den Gebietstypus zugeschnittenen und insofern allgemeinen Zweckbestimmung. Die allgemeine Zweckbestimmung darf durch die planerischen Festsetzungen nicht verloren gehen, da anderenfalls die Pflicht des § 1 III 1 BauNVO verletzt wird, im Bebauungsplan ein in § 1 III 1 BauNVO bezeichnetes Baugebiet festzusetzen. Das Baugebiet muss bei einer Gesamtbetrachtung noch seinen Gebietscharakter wahren. Das Baugebiet muss sich übrigens nicht mit dem Plangebiet decken.[1170]

591 Es ist zwar zulässig, aus einem Teilgebiet auch eine „Hauptnutzung" eines Baugebietes auszuschließen – aber nur, wenn die noch verbleibende Nutzung die allgemeine Zweckbestimmung des Baugebietes unberührt lässt. Die **Gliederung** nach § 1 IV BauNVO kann als **Zielsetzung** verfolgen,[1171]
– einen innergebietlichen Nachbarschutz zu gewährleisten,
– benachbarte Gebiete vor gebietsübergreifenden Immissionen zu schützen,
– vorhandene oder geplante Infrastruktureinrichtungen besser ausnutzen zu können,
– sich ergänzende Nutzungen zusammenzufassen und an bestimmter Stelle zu konzentrieren.

Beispiel: In Teilen eines Kerngebietes können bei entsprechender städtebaulicher Rechtfertigung die Vergnügungsstätten konzentriert, in anderen Bereichen dagegen ausgeschlossen werden. Die Gliederung kann dabei nach der Art der zulässigen Nutzung (Vergnügungsstätten) oder nach der Art der Betriebe und Anlagen (Spielhallen) erfolgen. In Gewerbegebieten können in der gegliederten Randzone etwa zur schützenswerten Nachbarschaft die weniger störenden Nutzungsarten, Betriebe (Handwerksbetriebe) oder Anlagen (Büro- oder Verwaltungsgebäude, Sozialräume) festgesetzt werden.

592 Dabei kann auch nach den besonderen Bedürfnisse wie Standortbindungen, Verkehrsanschlüsse, besonderen Schutzbedürftigkeiten oder Flächenbedarf sowie nach besonderen Eigenschaften wie Umweltverträglichkeit, Emissionsverhalten oder Störungsgrad gegliedert werden. So können etwa in einem Baugebiet einzelne Emissionsarten generell ausgeschlossen oder begrenzt werden. Dabei ist allerdings die **Grenzziehung zum Einzelgenehmigungsverfahren** und zu den Aufgaben der Gewerbeaufsichtsämtern nicht immer einfach. Denn es kann nicht die Aufgabe der Gemeinde sein, im Rahmen der

---

[1166] *BVerwG*, B. v. 10. 8. 1993 – 4 NB 2.93 – DVBl. 1993, 1098 = *Hoppe/Stüer* RzB Rdn. 180 – Naturbühne Elspe.
[1167] *BVerwG*, B. v. 11. 5. 1999 – 4 BN 15.99 – DVBl. 1999, 1293 = UPR 1999, 352 = ZfBR 1999, 279 – nachträglicher Ausschluss von Nutzungen.
[1168] *BVerwG*, B. v. 22. 12. 1989 – 4 NB 32.89 – NVwZ 1990, 171 = ZfBR 1900, 98 = *Hoppe/Stüer* RzB Rdn. 881.
[1169] *BVerwG*, B. v. 6. 5. 1996 – 4 NB 16.96 – Buchholz 406.12 § 1 BauNVO Nr. 22.
[1170] *BVerwG*, B. v. 22. 12. 1989 – 4 NB 32.89 – NVwZ 1990, 171 = ZfBR 1990, 98.
[1171] *Fickert/Fieseler* § 1 Rdn. 84.

Bauleitplanung bereits das immissionsschutzrechtliche Einzelgenehmigungsverfahren vorwegzunehmen.[1172] Auch wäre die Gemeinde überfordert, wenn sie in der Bauleitplanung den jeweiligen Stand der Technik fortschreiben sollte.[1173]

Die bei der Planung auftretenden Interessenkonflikte dürfen nicht einfach unbewältigt bleiben. Besondere Bedeutung hat das *BVerwG* dem **Gebot der Problem- und Konfliktbewältigung** übrigens bei **straßenrechtlichen** und anderen **fachplanungsrechtlichen Planfeststellungsbeschlüssen** beigemessen,[1174] die zu einer abschließenden und alle sonstigen Genehmigungen einschließenden Entscheidung über die Zulässigkeit des Vorhabens führen. Auch hat das *BVerwG* seit dem Flachglas-Urteil[1175] aus § 50 BImSchG den **Trennungsgrundsatz** entwickelt, d. h. die räumliche Trennung von Wohnnutzung und emittierendem Gewerbe gefordert.

Beispiel: Die Planung eines allgemeinen Wohngebiets in der unmittelbaren Nachbarschaft eines emissionsträchtigen landwirtschaftlichen Betriebs kann sich als Verstoß gegen das Gebot gerechter Abwägung darstellen.[1176]

Der **Grundsatz der Konfliktbewältigung** darf aber **nicht überspannt** werden.[1177] Es spricht nach Auffassung des *BVerwG* einiges dafür, dass es nicht Aufgabe der Bauleitplanung ist, Entscheidungen zu treffen, die nach den Bestimmungen des BImSchG oder des AtG dem jeweiligen Genehmigungsverfahren, Vorbescheidsverfahren oder Anordnungsverfahren vorbehalten sind. Eine zu starke Verfeinerung der planerischen Aussagen würde das Planverfahren übermäßig – ggf. bis zur Grenze, an der die Aufstellung eines Bebauungsplans scheitern muss – belasten. Auch könnten die Ratsmitglieder, die für die Abwägung des Planes verantwortlich sind, überfordert werden, wenn sie bereits im Bebauungsplan Festsetzungen treffen müssten, die den Regelungen entsprechen, die Fachbehörden auf der Grundlage umfangreicher wissenschaftlicher Erhebungen und Begutachtungen im Rahmen des Genehmigungsverfahrens nach dem BImSchG oder nach den maßgeblichen Fachgesetzen zu treffen haben. Darüber hinaus wirft die Festschreibung immissionsrechtlicher Bestimmungen im Bebauungsplan die Frage auf, ob und unter welchen Voraussetzungen die für die Genehmigung nach § 4 BImSchG zuständige Behörde im Genehmigungs- oder Anhörungsverfahren höhere als die im Bebauungsplan festgesetzten immissionsschutzrechtlichen Anforderungen treffen darf. Eine solche Festschreibung der Emissionswerte kann der Anwendung des BImSchG – und zwar zu Lasten der Bürger – entgegenstehen. Insbesondere kann es nicht Aufgabe der Bauleitplanung sein, Änderungen des Standes der Technik fortlaufend durch Änderungen des Bebauungsplans umzusetzen.[1178]

Die Gemeinde kann neben den Baugebietsausweisungen und den Gliederungsmöglichkeiten (§ 1 BauNVO) auch die Festsetzungsmöglichkeiten nach **§ 9 I Nr. 23 und 24**

[1172] *BVerwG*, B. v. 17. 2. 1984 – 4 B 191.83 – BVerwGE 69, 30 = *Hoppe/Stüer* RzB Rdn. 61 – Reuter-Kraftwerk.

[1173] *Von Holleben* UPR 1983, 76; *BVerwG*, B. v. 11. 9. 1991 – 4 NB 24.91 – ZfBR 1992, 86 = *Hoppe/Stüer* RzB Rdn. 71 – Grünordnungsplan.

[1174] *BVerwG*, Urt. v. 14. 2. 1975 – IV C 21.74 – BVerwGE 48, 56 = *Hoppe/Stüer* RzB Rdn. 50 – B 42; Urt. v. 21. 5. 1976 – IV C 80.74 – BVerwGE 51, 15 = *Hoppe/Stüer* RzB Rdn. 108 – Stuttgart-Degerloch; *Hoppe* FS Ernst 1980, 215.

[1175] *BVerwG*, Urt. v. 5. 7. 1974 – IV C 50.72 – BVerwGE 45, 309 = *Hoppe/Stüer* RzB Rdn. 24 – Delog-Detag.

[1176] *BVerwG*, B. v. 16. 3. 2000 – 4 BN 6.00 – ZfBR 2000, 353 = BauR 2000, 1018. Zur Unwirksamkeit eines Bebauungsplans wegen fehlerhafter Abwägung des Gefahrenpotenzials, das aus dem Zusammentreffen eines Messeparkplatzes (5.200 Stellplätze) und einer Erdgasröhrenspeicheranlage herrührt, *OVG Münster*, B. v. 20. 2. 2003 – 10a B 1780/02.NE – BauR 2003, 1182 = NWVBl 2003, 347 – Vermeidung von Immissionen.

[1177] *Stüer/Schröder* BayVBl. 2000, 257.

[1178] *BVerwG*, B. v. 17. 2. 1984 – 4 B 191.83 – BVerwGE 69, 30 = *Hoppe/Stüer* RzB Rdn. 61 – Reuter-Kraftwerk.

BauGB nutzen. So kann die Gemeinde Gebiete ausweisen, in denen zum Schutz vor schädlichen Umwelteinwirkungen im Sinne des BImSchG bestimmte Luft verunreinigende Stoffe nicht oder nur beschränkt verwendet werden dürfen oder in denen bei der Errichtung von Gebäuden bestimmte bauliche Maßnahmen für den Einsatz erneuerbarer Energien wie insbesondere Solarenergie getroffen werden müssen (§ 9 I Nr. 23 BauGB).

596 Nach § 9 I Nr. 24 BauGB können die von der Bebauung freizuhaltenden Schutzflächen und ihre Nutzung, die Flächen für besondere Anlagen und Vorkehrungen zum Schutz vor schädlichen Umwelteinwirkungen und sonstigen Gefahren im Sinne des BImSchG sowie die zum Schutz vor solchen Einwirkungen oder zur Vermeidung oder Minderung solcher Einwirkungen zu treffenden baulichen und sonstigen technischen Vorkehrungen festgesetzt werden. Allerdings sind diese Festsetzungsmöglichkeiten nicht unbegrenzt. So können **Emissions- und Immissionswerte** nicht festgesetzt werden. Denn solche Grenzwerte sind keine baulichen oder sonstigen technischen Vorkehrungen i. S. von § 9 I Nr. 24 BauGB. Vorkehrungen zum Schutz vor schädlichen Umwelteinwirkungen nach § 9 I Nr. 24 BauGB können deshalb nur bauliche oder technische Maßnahmen sein. Dies galt nach Auffassung des *BVerwG* schon für § 9 I Nr. 24 BauGB 1976/1979. Mit der Ergänzung von baulichen oder sonstigen technischen Vorkehrungen hat der Gesetzgeber nur eine entsprechende Klarstellung vorgenommen.[1179] Die Gemeinde ist daher nach § 9 I Nr. 24 BauGB nicht befugt, ausschließlich Immissions- oder Emissionsgrenzwerte festzusetzen. Die Gemeinde kann allerdings konkrete technische Vorkehrungen wie etwa **Schallschutzfenster** festsetzen und dabei vorschreiben, dass durch diese technischen Maßnahmen bestimmte gebietsbezogene Richtwerte einzuhalten sind.[1180] Unzulässig wäre es jedoch, auf die Festsetzung konkreter Maßnahmen zu verzichten und die Festsetzung von Grenzwerten allenfalls mit beispielhaft erwähnten Maßnahmen zu verbinden.

597 Eine reine **Zielvorgabe**, welche die Auswahl der Mittel den Planbetroffenen überlässt, ist nach Auffassung des *BVerwG* aus der engen Fassung des § 9 I Nr. 24 BauGB nicht ableitbar. Es müssen daher bei der Festsetzung eines gebietsbezogenen Grenzwertes zugleich auch die technischen Vorkehrungen des aktiven oder passiven Schallschutzes festgesetzt werden, mit denen dieses Ziel erreicht werden kann. Eine planerische Zurückhaltung,[1181] die es dem Bauwilligen selbst überlässt, die Zielvorgaben durch selbst gewählte Vorkehrungen zu treffen, findet in § 9 I Nr. 24 BauGB keine Grundlage. Das *BVerwG* begründet dies mit folgender Überlegung: Je konkreter die Regelungen des Bebauungsplans hinsichtlich des Lärmschutzes sind, umso besser sind sie geeignet, mögliche städtebauliche Konflikte schon im Planungsstadium zu vermeiden oder zu mindern. Das bedeutet zwar nicht, dass sämtliche Konflikte bereits im Bebauungsplan gelöst werden müssen. Ebenso wenig lässt sich aber aus dem Rechtsstaatsgebot ein generelles Verbot planerischer Konfliktlösungen durch die Festsetzung von bestimmten baulichen oder sonstigen technischen Maßnahmen herleiten. Sie können einer effektiven Planung, einer größeren Praktikabilität und einer höheren Rechtssicherheit und damit letztlich ebenfalls dem Rechtsstaatsprinzip dienen. Wenn der Gesetzgeber der planenden Gemeinde daher nicht die Möglichkeit einräumen wollte, Immissionskonflikte durch bloße Zielfestsetzungen, sondern nur durch Festsetzung baulicher oder sonstiger technischer Vorkehrungen zu lösen, so ist dies verfassungsrechtlich nicht zu beanstanden.[1182] Allerdings können im Bebauungsplan Emissionsgrenzwerte als Eigenschaften von zugelassenen Betrieben festgesetzt werden.

[1179] *BVerwG*, B. v. 18. 12. 1990 – 4 N 6.88 – DVBl. 1991, 442 = *Hoppe/Stüer* RzB Rdn. 179.
[1180] *BVerwG*, B. v. 8. 8. 1989 – 4 NB 2.89 – NVwZ 1990, 60 = DVBl. 1989, 1103 = *Hoppe/Stüer* RzB Rdn. 178.
[1181] *BVerwG*, B. v. 13. 7. 1989 – 4 B 140.88 – DVBl. 1989, 1065 = NVwZ 1990, 459 = *Hoppe/Stüer* RzB Rdn. 67.
[1182] *BVerwG*, B. v. 2. 3. 1994 – 4 NB 3.94 – NVwZ 1994, 1009 = DÖV 1994, 570 = *Hoppe/Stüer* RzB Rdn. 181.

Beispiel: Bei der Erschließung eines neuen Gewerbe- oder Industriegebietes kann neben der Festsetzung der jeweils zulässigen Betriebe auch ein Emissionsgrenzwert für diese Betriebe festgesetzt werden, um zu erreichen, dass ein über das BImSchG hinausgehender Immissionsschutz erreicht wird.

Nach § 1 IV BauNVO ist es der Gemeinde gestattet, einzelne Baugebiete in bestimmter Weise zu gliedern. Danach kann etwa die Gliederung durch die Festsetzung von Emissionsgrenzwerten durch einen **flächenbezogenen Schallleistungspegel** auch für Betriebe und Anlagen mit unterschiedlichem Emissionsverhalten zulässig sein.[1183] Ferner hat das *BVerwG* zur Gliederung von Baugebieten auch Festsetzungen von Emissionsgrenzwerten nach dem sog. „immissionswirksamen flächenbezogenen Schallleistungspegel" ermöglicht.[1184] Hinsichtlich des Lärms kann danach (lediglich) das Emissionsverhalten, nicht jedoch das Immissionsverhalten der Betriebe und Anlagen Gegenstand von Gliederungsfestsetzungen nach § 1 IV BauNVO sein. Durch einen flächenbezogenen Schallleistungspegel, der das (logarithmische) Maß für die je m² Fläche abgestrahlte Schallleistung ist, kann eine **Begrenzung der Schallemissionen** und zugleich eine annähernd gleichmäßige Verteilung des Einwirkungspotenzials erreicht werden.[1185]

Beispiel: Die Gemeinde setzt für ein Industriegebiet einen Schallleistungspegel Lw mit 65 dB(A) fest. Wegen der von der Entfernung abhängigen Schallausbreitung kann im Innern des Industriegebietes eine höhere Schallleistung als an den Rändern zu einer benachbarten Wohnbebauung festgesetzt werden.

Die Festsetzung von **Emissionsgrenzwerten** durch **flächenbezogene Schallleistungspegel** kann zwar nicht nach § 9 I Nr. 24 BauGB erfolgen, der lediglich die zum Schutz vor Immissionen oder die zur Vermeidung oder Minderung solcher Einwirkungen zu treffenden baulichen und sonstigen technischen Vorkehrungen betrifft. Derartige Festsetzungen können aber nach § 1 IV Nr. 1 und 2 BauNVO getroffen werden.[1186] Die Festsetzung von Emissionsgrenzwerten durch einen flächenbezogenen Schallleistungspegel zur Gliederung von Baugebieten ist dabei grundsätzlich auch für Betriebe und Anlagen mit unterschiedlichem Emissionsverhalten zulässig. Eine derartige Festsetzung enthält allerdings regelmäßig noch keine abschließenden Aussagen über die konkret zulässigen Betriebe und Anlagen. Ihre maßgebliche besondere Eigenschaft i. S. von § 1 IV 1 Nr. 2 BauNVO besteht allein darin, dass sie einen bestimmten flächenbezogenen Schallleistungspegel nicht überschreiten. Mögliche Störungen der Nachbarschaft durch untypische Anlagen oder Betriebsweisen müssen nicht bereits in der Phase der Bauleitplanung ausgeschlossen werden. Sie können noch bei der Prüfung des einzelnen Vorhabens – etwa in Anwendung von § 15 BauNVO – berücksichtigt werden.[1187]

Demgegenüber hat das *BVerwG* die Festsetzung von sog. **Zaunwerten** in einem Sondergebiet als Lärmimmissionsgrenzwerte für eine Gesamtheit von unterschiedlichen Nutzungen für unzulässig erklärt.[1188] Die Gemeinde hatte in einem Bebauungsplan für das Gebiet einer Freilichtbühne ein Sondergebiet ausgewiesen und einen Beurteilungspegel festgesetzt, der an den Rändern nicht überschritten werden durfte.[1189] Für eine solche

---

[1183] So *BVerwG*, B. v. 7. 3. 1997 – 4 NB 38.96 – BauR 1997, 602 = UPR 1997, 331; zu § 1 IV BauNVO siehe auch B. v. 6. 5. 1996 – 4 NB 16.96 – BRS 58 (1996), 88.
[1184] *BVerwG*, B. v. 27. 1. 1998 – 4 NB 3.97 – DVBl. 1998, 891.
[1185] Zu Einzelheiten *Fickert/Fieseler* § 1 Rdn. 95; *Hill* ZfBR 1980, 223.
[1186] *BVerwG*, B. v. 18. 12. 1990 – 4 N 6.88 – DVBl. 1991, 442 = *Hoppe/Stüer* RzB Rdn. 179.
[1187] *BVerwG*, B. v. 3. 7. 1979 – 4 NB 38.96 – NVwZ-RR 1997, 522 = BauR 1997, 602 – Emissionsgrenzwerte.
[1188] *BVerwG*, Urt. v. 16. 12. 1999 – 4 CN 7.98 – DVBl. 2000, 804, so bereits B. v. 10. 8. 1993 – 4 NB 2.93 – DVBl. 1993, 1098 – Naturbühne Elspe.
[1189] *BVerwG*, B. v. 10. 8. 1993 – 4 NB 2.93 – DVBl. 1993, 1098 = *Hoppe/Stüer* RzB Rdn. 180 – Naturbühne Elspe; Urt. v. 16. 12. 1999 – 4 CN 7.98 – BVerwGE 110, 193 = DVBl. 2000, 804 – Bebauungsplanänderung.

Festsetzung von Zaunwerten fehlt nach Auffassung des *BVerwG* die rechtliche Grundlage. Zu den in § 9 I Nr. 24 BauGB genannten Vorkehrungen zum Schutz gegen schädliche Umwelteinwirkungen zählen nur bauliche oder sonstige technische Maßnahmen, nicht aber Emissions- oder Immissionsgrenzwerte.[1190] Die Gliederungsmöglichkeiten nach § 1 IV 1 BauNVO, wonach die in den §§ 4 bis 9 BauNVO bezeichneten Baugebiete nach der Art der Nutzung oder der Art der Betriebe und Anlagen und deren besonderen Bedürfnissen und Eigenschaften gegliedert werden können, gelten nicht für Sondergebiete. Für Sondergebiete können daher nur besondere Festsetzungen über die Art der Nutzung getroffen werden, nicht aber besondere Eigenschaften der Betriebe oder Anlagen.[1191] Die Festsetzung von Zaunwerten als Summenpegel stellt im Übrigen nach Auffassung des *BVerwG* nicht die Festsetzung einer Nutzungsart dar. Die gebietsüberschreitende Festsetzung eines Summenpegels für eine Gesamtheit von unterschiedlichen Nutzungen in mehreren Sondergebieten kann aber nicht auf § 11 II 1 BauNVO i.V. mit § 1 III 3 BauNVO gestützt werden.[1192] Auch die nachträgliche fiktive Umrechnung eines Zaunwertes in einen im Bebauungsplan nicht festgesetzten flächenbezogenen Schallleistungspegel ist nicht zulässig.[1193]

601 Auch eine unmittelbare Festsetzung von Immissionswerten am Immissionsort ist wegen fehlender rechtlicher Grundlage unzulässig. Bestimmte **Grenzwerte**, die zum Schutz der Nachbarschaft vor schädlichen Umwelteinwirkungen durch Geräusche nicht überschritten werden dürfen, sind – abgesehen vom Verkehrslärmschutz durch die Verkehrslärmschutzverordnung (16. BImSchV) und der Sportstättenlärmschutzverordnung (18 BImSchV) – normativ nicht festgelegt. Selbst technische Regelwerke wie die DIN 18 005 – Schallschutz im Städtebau – oder die VDI-Richtlinie 2058 enthalten nur Orientierungswerte oder Richtwerte für die Zumutbarkeit von Lärmbelastungen.[1194] Demgemäß hat das *BVerwG* für den Bereich des Lärmschutzes ausgesprochen, dass die nach § 41 BImSchG zu beachtende Grenze des Zumutbaren von den Behörden und Gerichten anhand einer umfassenden Würdigung aller Umstände des Einzelfalls und insbesondere der speziellen Schutzwürdigkeit des jeweiligen Baugebiets zu bestimmen sei.[1195] Dies gilt auch für die Bauleitplanung. Die Ermittlung eines Grenzwertes wird dabei vom *BVerwG* als das Ergebnis einer Einzelfallprüfung verstanden, bei der insbesondere die durch die Gebietsart und die tatsächlichen Verhältnisse bestimmte Schutzwürdigkeit und Schutzbedürftigkeit zu berücksichtigen sind. Die Schutzwürdigkeit wird dabei vor allem durch den jeweiligen Gebietscharakter und durch eine planerische oder tatsächliche Vorbelastung bestimmt.[1196] Auch die Art des Lärms – etwa der Lärm von Gewerbebetrieben im Unterschied zum Lärm des Straßenverkehrs – kann von Bedeutung sein. Im Rahmen dieser richterlichen Bewertung kann auch die DIN 18 005 – Schallschutz im Städtebau – als Orientierungshilfe oder als grober Anhalt[1197] herangezogen werden. Solche Berech-

---

[1190] *BVerwG*, Urt. v. 14. 4. 1989 – 4 C 52.87 – DVBl. 1989, 1050 = *Hoppe/Stüer* RzB Rdn. 66 – Zementmahlanlage.

[1191] *Mayen* NVwZ 1991, 842.

[1192] *BVerwG*, B. v. 10. 8. 1993 – 4 NB 2.93 – DVBl. 1993, 1098 = *Hoppe/Stüer* RzB Rdn. 180 – Naturbühne Elspe.

[1193] *OVG Bautzen*, Urt. v. 11. 2. 1999 – 1 S 347/97 – SächsVBl 1999, 134.

[1194] *BVerwG*, B. v. 30. 9. 1996 – 4 B 175.96 – BauR 1997, 290 = UPR 1997, 101 – DIN; Urt. v. 27. 8. 1998 – 4 C 5.98 – DVBl. 1999, 254 = BauR 1999, 152 – Kur- und Gemeindehaus. Zu den LAI-Hinweisen *BGH*, Urt. v. 23. 3. 1990 – V ZR 58/89 – DVBl. 1990, 771 = DÖV 1990, 698 = *Hoppe/Stüer* RzB Rdn. 76.

[1195] *BVerwG*, Urt. v. 22. 5. 1987 – 4 C 33 – 35.83 – BVerwGE 77, 285 = *Hoppe/Stüer* RzB Rdn. 120 – Meersburg; B. v. 18. 12. 1990 – 4 N 6.88 – DVBl. 1991, 442 – Schallleistungspegel.

[1196] *BVerwG*, Urt. v. 20. 10. 1989 – 4 C 12.87 – BVerwGE 84, 31 = *Hoppe/Stüer* RzB Rdn. 216 – Eichenwäldchen; B. v. 18. 12. 1990 – 4 N 6.88 – DVBl. 1991, 442 – Schallleistungspegel.

[1197] *BVerwG*, Urt. v. 19. 1. 1989 – 7 C 77.87 – BVerwGE 81, 197 = *Hoppe/Stüer* RzB Rdn. 93 – Tegelsbarg.

nungen, Messungen und Bewertungen von Geräuschen mit Hilfe technischer Regelwerke sind als Orientierungswerte und Anhaltspunkte für die richterliche Beurteilung von Bedeutung. Unzulässig wäre nach Auffassung des *BVerwG* nur eine schematische Anwendung bestimmter Mittelungspegel oder Grenzwerte. Auch eine Überschreitung der Orientierungswerte der DIN 18 005 für Wohngebiete um 5 dB(A) kann das Ergebnis einer gerechten Interessenbewertung sein.[1198] Das Gericht kann die Verwaltung zudem regelmäßig nicht zu bestimmten Grenzwerten verpflichten, sondern muss den Abwägungsspielraum der Verwaltung beachten. Unter der Voraussetzung einer im Übrigen begründeten Klage kann die Verwaltung dann lediglich zu einer Neubescheidung verpflichtet werden.[1199] Diese zur Fachplanung entwickelten Grundsätze haben auch für die Bauleitplanung vor allem dann Bedeutung, wenn ein Wohngebiet oder eine sonst schutzwürdige Nutzung an eine Straße herangebaut werden soll.

Die Lärmbeeinträchtigung i. S. des § 3 I BImSchG ist eine letztlich nicht in jeder Hinsicht messbare Größe. Störungen durch Geräusche werden durch eine **Vielzahl von Faktoren** bestimmt. Aus ihnen setzt sich der Eindruck einer Lärmbelästigung zusammen. Es handelt sich neben physikalischen Faktoren vor allem um soziale, sozio-psychische und medizinisch-physiologische Komponenten.[1200] Auch die bekannten **technischen Regelwerke** wie DIN-Normen, VDI-Richtlinien und Technische Anleitungen können diese Komponenten nur unzureichend erfassen. Aus diesem Grunde können die genannten Regelwerke für den Einzelfall nur Orientierungswerte enthalten.[1201] Die Beurteilung kann von ihnen abweichen, wenn dafür im Einzelfall Gründe bestehen.[1202] Rechtliche Relevanz erhalten die vom Deutschen Institut für Normung erarbeiteten Normen im Bereich des technischen Sicherheitsrechts nicht, weil sie eigenständige Geltungskraft besitzen, sondern nur, so weit sie die Tatbestandsmerkmale von Regeln der Technik erfüllen, die der Gesetzgeber in seinen Regelungswillen einbezieht. Werden sie vom Gesetzgeber aufgegriffen, so nehmen sie an der normativen Wirkung in der Weise teil, dass die materielle Rechtsvorschrift durch sie näher konkretisiert wird.[1203] Verweist der Gesetzgeber auf die Regeln der Technik, werden diese nicht ihrerseits zu Rechtsnormen. Welche anerkannten Regeln der Technik bestehen, wie sie anzuwenden sind und ob sie ihre Aufgabe erfüllen können, ist im Einzelfall zu klären.[1204]

b) Abstandserlass. Eine wirksame Möglichkeit, Gewerbe- und Industriegebiete nach besonderen Eigenschaften zu gliedern und einen ausreichenden Schutz der benachbarten Wohnbebauung sicherzustellen, besteht in der Orientierung an dem **Planungs- und Abstandserlass des Landes NW**.[1205] Der Abstandserlass verweist auf das Gebot der Beteiligung der für den Umweltschutz zuständigen Träger öffentlicher Belange an der Bauleit-

---

[1198] *BVerwG*, B. v. 18. 12. 1990 – 4 N 6.88 – DVBl. 1991, 442.
[1199] *BVerwG*, Urt. v. 5. 3. 1997 – 11 A 25.95 – BVerwGE 104, 123 = DVBl. 1997, 831 = NVwZ 1998, 513 – Sachsenwald; vgl. auch B. v. 22. 9. 1999 – 4 B 68.98 – UPR 2000, 71 = NZV 2000, 138 – Schallschutz; Urt. v. 21. 4. 1999 – 11 A 50.97 – NVwZ-RR 1999, 725 = NuR 2000, 36 – Schallschutzwand.
[1200] *BVerwG*, Urt. v. 20. 10. 1989 – 4 C 12.87 – BVerwGE 84, 31 – Eichenwäldchen.
[1201] *BVerwG*, Urt. v. 19. 1. 1989 – 7 C 77.87 – BVerwGE 81, 197; B. v. 18. 12. 1990 – 4 N 6.88 – Buchholz 406.11 § 1 BauGB Nr. 50 = NVwZ 1991, 881; B. v. 24. 1. 1992 – 4 B 228.91 – Buchholz 406.12 § 4a BauNVO Nr. 2; B. v. 27. 1. 1994 – 4 B 16.94 – NVwZ-RR 1995, 6.
[1202] *BVerwG*, B. v. 11. 4. 1996 – 4 B 51.96 – Buchholz 406.11 § 34 BauGB Nr. 179 = ZfBR 1997, 51 – faktisches Mischgebiet.
[1203] So *BVerwG*, B. v. 30. 9. 1996 – 4 B 175.96 – BauR 1997, 290 = UPR 1997, 101 – DIN, für die Bezugnahme auf die DIN 4261 Teil 1 und 2 – Kleinkläranlagen in § 18 b WHG.
[1204] *BVerwG*, B. v. 3. 9. 2003 – 7 B 6.03 – Buchholz 406.19 Nachbarschutz Nr. 167.
[1205] RdErl. des Ministers für Umwelt, Raumordnung und Landwirtschaft, Abstände zwischen Industrie- und Gewerbebegieten und Wohngebieten im Rahmen der Bauleitplanung und sonstige für den Immissionsschutz bedeutsame Abstände (Abstandserlass), v. 2. 4. 1998 (MBl. NW S. 744/ SMBl. NW 283); *Stüer*, Bau- und Fachplanungsgesetze 1999, S. 675; *Fickert/Fieseler* Anh. 9; *BVerwG*, B. v. 25. 8. 2000 – 4 BN 41.00 – BRS 63 (2000) Nr. 14 = ZfBR 2001, 287.

planung. Die Fachbehörden sollen im Rahmen ihrer Beteiligung die Gemeinden beraten und mit ihnen konstruktiv zusammenarbeiten. Es ist dabei nicht Aufgabe der Fachbehörden, die verschiedenen Belange mit den Erfordernissen des Umweltschutzes in Einklang zu bringen. Die von den Umweltämtern vorgetragenen Belange kann die Gemeinde auch zurückstellen, wenn andere Belange überwiegen. Die endgültige Entscheidung ist von den umweltrechtlichen Fachbehörden zu respektieren, wenn die Planung abwägunggerecht ist. Die Fachbehörde hat dann im Rahmen ihrer Aufgabenstellung an der Umsetzung mitzuwirken. Die dem Abstandserlass beigefügte **Abstandsliste** kann der Vereinheitlichung der Stellungnahme der Umweltbehörde dienen. Bei Einhaltung der angegebenen Abstände wird vermutet, dass Gefahren, erhebliche Nachteile oder erhebliche Belästigungen durch Luftverunreinigungen oder Geräusche bei einem bestimmungsgemäßem Betrieb der Anlage entsprechend dem Stand der Technik vermieden werden. In die Bewertung sind zugleich Erkenntnisse aus der TA-Lärm,[1206] der TA-Luft sowie der einschlägigen VDI-Richtlinien und DIN-Normen eingegangen. Der Abstandserlass ist auf Neuplanungen zugeschnitten. Bei der Planung von Gemengelagen sind die in der Liste enthaltenen Abstände zu modifizieren. Vor allem können aus der Abstandsliste keine Rückschlüsse auf vorhandene Immissionssituationen gezogen werden. Ob bei einer vorgegebenen Situation durch Industrie- oder Gewerbebetriebe Gefahren, erhebliche Nachteile oder erhebliche Belästigungen in der Umgebung auftreten, muss im Einzelfall anhand der immissionsschutzrechtlichen Vorschriften (z. B. BImSchG, TA-Luft, TA-Lärm) geprüft werden. Eine Abstandsunterschreitung allein rechtfertigt daher nicht ein Einschreiten der Überwachungsbehörde nach den immissionsschutzrechtlichen Vorschriften.[1207]

604   Die im Anhang aufgeführte Abstandsliste ist in **sieben Abstandsklassen** untergliedert, deren Schutzabstände von 1.500 m (Abstandsklasse I) bis zu 100 m (Abstandsklasse VII) reichen. Zur Abstandsklasse I rechnen etwa Kraftwerke mit Feuerungsanlagen für den Einsatz von festen, flüssigen oder gasförmigen Brennstoffen, soweit die Feuerungswärmeleistung 900 MW übersteigt, Anlagen zur Trockendestillation insbesondere von Steinkohle, Braunkohle, Holz, Torf oder Pech, Anlagen zur Destillation oder Raffination oder sonstigen Weiterverarbeitung von Erdöl oder Erdölerzeugnissen in Mineralöl-, Altöl- oder Schmierstoffraffinerien, in petrochemischen Werken oder bei der Gewinnung von Paraffinen. 1.000 m Abstand ist u. a. für Anlagen zur Vergasung oder Verflüssigung von Kohle, zur Herstellung von Formstücken, Anlagen zum Rösten, Schmelzen und Sintern von Erzen, Blei- Zink- und Kupfererzhütten oder Schiffswerften vorgesehen. Kraftwerke und Heizkraftwerke mit einer Feuerungsleistung von mehr als 150 MW bis 900 MW bei Kraftwerke bzw. 300 MW bei Heizkraftwerken sollen einen Abstand von 700 m aufweisen (Abstandsklasse III). Heizkraftwerke mit einer geringeren Leistung und Kühltürme sollen einen Abstand von mindestens 500 m haben (Abstandsklasse IV). Zahlreiche Anlagen sind in der Abstandsklasse V aufgeführt und sollen einen Mindestabstand von 300 m haben, gefolgt von Anlagen, die in der Abstandsklasse VII einen Abstand von 200 m aufweisen sollen. In der Abstandsklasse VII sind Anlagen genannt, deren Abstand von der Wohnbebauung 100 m betragen sollten. Es zählen dazu z. B. Anlagen zum mechanischen Be- oder Verarbeiten von Asbesterzeugnissen auf Maschinen, Anlagen zur Oberflächenbehandlung, Anlagen zur Lagerung oder Behandlung von Autowracks, Betriebe zur Herstellung von Fertiggerichten (Kantinendienste, Catering-Betriebe) sowie Schlossereien, Drehereien, Schweißereien oder Schleifereien aber auch automatische Autowaschstraßen, Tischlereien, Schreinereien, Steinsägereien, Tapetenfabriken oder Kraftfahrzeug-Reparaturwerkstätten. Diese in der Abstandsliste aufgeführten Schutzabstände sind zur Anwendung im Bauleitplanverfahren bestimmt. Nach den vorlie-

---

[1206] Sechste allgemeine Verwaltungsvorschrift zum Schutz gegen Lärm (TA-Lärm) v. 26. 8. 1998 (GMBl. 1998, 503) = NVwZ 1999, Beilage 11/1999 zu Heft 2/1999.
[1207] Vgl. auch *OVG Greifswald*, Urt. v. 23. 6. 1998 – 3 L 209/96 – NordÖR 1998, 396 = LKV 1999, 66.

2. Teil. Inhalt und Rechtsnatur der Bauleitpläne 605–607 A

genden Erfahrungswerten ist davon auszugehen, dass bei Einhaltung der angegebenen Abstände Gefahren, erhebliche Nachteile oder erhebliche Belästigungen durch Luftverunreinigungen oder Geräusche bei bestimmungsgemäßem Betrieb der entsprechenden Anlage bei der benachbarten Wohnbebauung nicht entstehen, wenn die Anlage dem Stand der Technik entsprechend betrieben wird.

Beispiel: Die Gemeinde will in der Nachbarschaft eines Wohngebietes ein Gewerbegebiet ausweisen. Durch die Gliederung des Baugebietes nach den Abstandsklassen der Abstandsliste kann erreicht werden, dass ein ausreichender Schutzabstand zur Wohnbebauung besteht. In einer Zone von 100 bis 200 m von der Wohnbebauung werden daher nur Betriebe und Betriebsarten der Abstandsklasse VII der Abstandsliste zugelassen, in einer Abstandszone von 200 bis 300 m die Betriebe und Betriebsarten der Abstandsklasse VI der Abstandsliste, in einer Zone von 300 bis 500 m Betriebe und Betriebsarten der Abstandsklasse V der Abstandsliste.

Die **Abstandsliste** kann sowohl für die **bauplanungsrechtliche Ausweisung** von Industrie- und Gewerbegebieten als auch von reinen und allgemeinen Wohngebieten und Kleinsiedlungsgebieten herangezogen werden. Zum Schutz von Mischgebieten, Kerngebieten und Dorfgebieten sind im Abstandserlass bestimmte Betriebsarten gekennzeichnet, bei denen die Abstände der übernächsten Abstandsklasse zugrunde gelegt werden können. Je nach baulicher Nutzung sind die besonderen Wohngebiete entweder wie Wohngebiete oder wie gemischt genutzte Gebiete zu behandeln. **605**

Die **Abstandsliste** bietet sowohl bei der Festsetzung von Industrie- und Gewerbegebieten als auch bei der Festsetzung von Wohngebieten in der Nachbarschaft gewerblicher oder industrieller Nutzung eine **Orientierungsgrundlage**. Es ist dabei nach dem Regel-Ausnahmeprinzip zu verfahren. Bei Wahrung der in der Abstandsliste ausgewiesenen Schutzabstände besteht die Vermutung, dass es zu unverträglichen Beeinträchtigungen zwischen gewerblicher Nutzung und Wohnnutzung nicht kommt. Soll der Schutzabstand unterschritten werden, so besteht eine Ausnahmemöglichkeit nach § 31 I BauGB, wenn im Einzelfall nachgewiesen wird, dass etwa durch besondere technische Maßnahmen oder im Hinblick auf die Besonderheiten der Einzelsituation eine Beeinträchtigung ausgeschlossen ist. Hierzu wird die Einholung eines Immissionsprognosegutachtens empfohlen. Diese Ausnahmeregelungen des Springens in die nächste Abstandsklasse bei nachgewiesenem Immissionsschutz kann die Gemeinde nach § 31 I BauGB in die Festsetzungen aufnehmen. **606**

Beispiel: Die Gemeinde gliedert ein Gewerbegebiet entsprechend der Abstandsliste und setzt fest, dass ausnahmsweise die Betriebe und Betriebsarten der nächst kleineren Abstandsklasse mit dem höheren Störungsgrad zulässig sind, wenn im Einzelfall eine Nichtbeeinträchtigung der benachbarten Wohnbebauung nachgewiesen wird. Die Immissionsprognose soll dabei die zum Zeitpunkt der Planung absehbare Entwicklung des Betriebes berücksichtigen.

Der Abstandserlass ist auch bei der **Planung neuer Wohngebiete** in der **Nachbarschaft von** bereits bestehenden **Gewerbe- oder Industriegebieten** anwendbar. Sollen Wohngebiete in der Nachbarschaft von bereits bestehenden Gewerbe- oder Industriegebieten ausgewiesen werden und ist der sich aus der Abstandsliste ergebende Schutzabstand zwischen der gewerblichen Nutzung und dem Wohngebiet unterschritten, so empfiehlt sich die Einholung eines Immissionsgutachtens, um sicherzustellen, dass es nicht zu unverträglichen Konflikten zwischen Wohn- und Gewerbenutzung kommt. Dem Gutachten ist die für die jeweilige Nutzung ungünstigste Emissionssituation in dem Industrie- oder Gewerbegebiet unter Berücksichtigung der zum Zeitpunkt der Planung absehbaren Entwicklung der Betriebe zugrunde zu legen. Bei älteren Bebauungsplänen, die noch vor der konkreten Ausformung des Trennungsgrundsatzes durch die Rechtsprechung aufgestellt worden sind, spricht einiges dafür, i. S. der Planerhaltung den Grundsatz der Trennung unverträglicher Nutzungen von Wohnen und Gewerbe nicht in voller Strenge anzuwenden. Demnach als gültig anzusehende Pläne sind jedoch ggf. heutigen Umweltschutzanforderungen durch eine eingeschränkte Handhabung gem. § 15 BauNVO anzupassen. Im Rahmen des Baugenehmigungsverfahrens kann es in solchen Fällen erfor- **607** derlich werden, durch Schutzauflagen strengere Lärmrichtwerte für Gewerbebetriebe in der Nachbarschaft zu Wohnnutzungen vorzuschreiben.[1208] Der **Trennungsgrundsatz** des § 50 BImSchG für die Überplanung einer schon bestehenden Gemengelage zwischen Gewerbe und Wohnen beansprucht allerdings **keine strikte Geltung**. Er lässt Ausnahmen zu, wenn das Nebeneinander von Gewerbe und Wohnen bereits seit längerer Zeit und offenbar ohne größere Probleme bestanden hat.[1209]

608 Der Abstandserlass will **Orientierungshilfen** für die Beurteilung von **Nutzungskonflikten** auf der Ebene der Bauleitplanung geben. Nicht anwendbar ist die Abstandsliste im Genehmigungsverfahren. Dies gilt sowohl für die Baugenehmigung als auch die immissionsschutzrechtliche Genehmigung oder die Planfeststellung. Auf der konkreten Zulassungsstufe ist vielmehr eine individuelle Beurteilung der jeweiligen Nutzungskonflikte vorzunehmen. So haben die Fachbehörden etwa im Baugenehmigungsverfahren anhand der Antragsunterlagen zu prüfen, ob Gefahren, erhebliche Nachteile oder erhebliche Belästigungen für die Allgemeinheit oder für die Nachbarschaft zu erwarten sind und ggf. durch Auflagen vermieden werden können. So weit die Bauvorlagen nicht ausreichen, um eine exakte Vorausberechnung der von der geplanten Anlage zu erwartenden Emissionen vornehmen zu können, werden sich die Beurteilung der voraussichtlichen Immissionssituation und die heraus zu ziehenden Schlussfolgerungen auf Erfahrungswerte mit bestimmten Anlagearten i. S. einer typisierenden Betrachtung stützen. Die Abstandsliste bietet hier lediglich einen Anhalt, der eine konkrete Einzelfallbeurteilung nicht ersetzen kann. Auch bei Unterschreitung der Abstände kann daher das Einzelvorhaben ggf. mit entsprechenden Auflagen durchaus zulässig sein. Auch in Planfeststellungsverfahren des Fachplanungsrechts ist im jeweiligen Einzelfall zu prüfen, ob das beantragte Vorhaben zu Gefahren, erheblichen Nachteilen oder erheblichen Belästigungen für die Allgemeinheit oder die Nachbarschaft führt.

609 In **überwiegend bebauten Bereichen** mit vorhandenen oder zu erwartenden Immissionskonflikten zwischen Nutzungen, die schädliche Umwelteinwirkungen hervorrufen, und Wohnbebauung **(Gemengelagen)** kann die Anwendung des Abstandserlasses auf Schwierigkeiten stoßen.[1210] Es handelt sich um Konfliktsituationen bei einer kleinräumigen Mischung unterschiedlicher Nutzungen **(Kleingemengelagen)**, beim Aneinandergrenzen unterschiedlicher Nutzungen **(Nahtstellen)** oder bei einer Nachbarschaft unterschiedlicher großflächiger Nutzungen **(Großgemengelagen)**. Auf solche Gemengelagen lassen sich die Grundsätze für die Neuplanung von Wohn- oder Gewerbegebieten mit dem Gebot der Einhaltung ausreichender Schutzabstände nicht lückenlos anwenden. Die Planungsgrundsätze sind vielmehr orientiert am Gebot der nachbarlichen Rücksichtnahme und vielleicht auch am Verbesserungsgebot zu modifizieren. Die Planung soll in diesen Fällen dazu beitragen, dass bestehende Konflikte möglichst gelöst, jedenfalls aber gemildert und keine neuen Konfliktsituationen geschaffen werden.[1211]

Hinweis: Bei einem Aneinanderstoßen von Wohnnutzung an industrielle Nutzung könnte die Gemeinde etwa das Industriegebiet an der Nahtstelle zum Wohngebiet nach § 1 IV BauNVO dahin gehend gliedern, dass nur Verwaltungs- oder Bürogebäude zulässig sind. Auch könnten damit gem. § 9 I Nr. 24 BauGB Festsetzungen für den Schallschutz kombiniert werden. Gerade bei gewachsenen

---

[1208] *VGH München*, Urt. v. 14. 8. 1991 – 20 CS 91.1674 – ZfBR 1992, 141 – Trennungsgrundsatz.
[1209] *BVerwG*, B. v. 13. 5. 2004 – 4 BN 15.04 – mit Hinweis auf B. v. 20. 1. 1992 – 4 B 71.90 – Buchholz 406.11 § 214 BauGB Nr. 5 = NVwZ 1992, 663.
[1210] *Menke* Bauleitplanung in städtebaulichen Gemengelagen 1984; *ders.* UPR 1985, 111; *ders.* NuR 1985, 137; *von Holleben* GewArch. 1978, 41; *Ritter* NVwZ 1984, 609; *Stich* Planen und Bauen in immissionsbelasteten Gemengelagen 1983; *Stüer* StuGR 1989, 6; *Ziegler* ZfBR 1984, 110; *Zoubeck* 1984, 249.
[1211] *BVerwG*, Urt. v. 12. 12. 1975 – IV C 71.73 – BVerwGE 50, 49 = *Hoppe/Stüer* RzB Rdn. 60 – Tunnelofen; Urt. v. 15. 2. 1990 – 4 C 23.86 – BVerwGE 84, 322 = *Hoppe/Stüer* RzB Rdn. 388 – Unikat; B. v. 20. 1. 1992 – 4 B 71.90 – DVBl. 1992, 577 = BauR 1992, 344 = *Hoppe/Stüer* RzB Rdn. 855 – Großmarkthalle; *Hoppe* in: Hoppe/Bönker/Grotefels § 5 Rdn. 53, § 7, 169, 174.

städtebaulichen Strukturen in Gemengelagen können in aller Regel örtlich vorhandene, aber nicht ausreichende Schutzabstände nicht vergrößert werden. Daher wird sich die Bauleitplanung zur Gewährleistung eines wirksamen Immissionsschutzes vorwiegend auf Maßnahmen des aktiven oder passiven Immissionsschutzes konzentrieren.

Der in § 50 BImSchG angelegte **Grundsatz der Trennung** unverträglicher Nutzungen ist für die Neuplanung gedacht. Bei raumbedeutsamen Planungen und Maßnahmen sind danach die für eine bestimmte Nutzung vorgesehenen Flächen einander so zuzuordnen, dass schädliche Umwelteinwirkungen und die Folgen schwerer Unfälle auf die ausschließlich oder überwiegend dem Wohnen dienenden Gebiete sowie auf sonstige schutzbedürftige Gebiete so weit wie möglich vermieden werden. Bei vorhandenen Gemengelagen eröffnen sich dem Plangeber demgegenüber größere Entscheidungsspielräume. Hier kann die Planung auf der Grundlage der vorhandenen Konfliktlage und der tatsächlichen oder plangegebenen Vorbelastung[1212] eine an sachgerechten Planungsgrundsätzen ausgerichtete Neubewertung vornehmen. Ausgangspunkt ist die sorgfältige Bewertung der vorgefundenen Kollisionslage, die am Maßstab der gegenseitigen Rücksichtnahme[1213] einzuschätzen ist. Dabei ist eine Mittelwertbildung[1214] nach dem Grundsatz möglich, dass Vorbelastungen[1215] als schutzmindernder Faktor berücksichtigt werden dürfen.[1216] Die Gemeinde kann auf dieser Grundlage die bauliche und sonstige Nutzung des Gebietes auch in eine andere Richtung lenken und bereits vorhandene fremde Elemente absichern.[1217] Die äußerste Grenze des Abwägungsspielraums bildet aber auch hier der Grundsatz, dass bei der Ausweisung von Wohnnutzung wohnverträgliche Verhältnisse gewährleistet sein müssen. 610

Auch bei einer Anlagenänderung besteht ein Anspruch auf Schutzmaßnahmen demgemäß nur, wenn sie erhebliche Immissionen hervorruft und gerade in dieser Erhöhung eine zusätzliche, billigerweise nicht zuzumutende Belastung liegt. Inwieweit eine von der zu ändernden Anlage ausgehende plangegebene Vorbelastung vorhanden ist, muss nach den Gegebenheiten des Einzelfalls bestimmt werden,[1218] wobei im Falle einer wenn auch nicht unzumutbaren, so doch beträchtlichen Vorbelastung eine besondere Empfindlichkeit gegenüber einer auch nur geringen Zunahme von Immissionen gegeben sein kann.[1219] So schließt sich der Kreis zwischen Immissionsschutzrecht und Planungsrecht.[1220] 611

In kritischen Fällen empfiehlt sich die Einholung eines **Immissionsschutzgutachtens**, das als Grundlage der Gliederung des Baugebietes und für Schallschutzmaßnahmen dienen kann. Lassen sich die Emissionen des Betriebes mit verhältnismäßigem Kostenaufwand verringern und an den jeweiligen Stand der Technik anpassen,[1221] darf dem Be- 612

[1212] *BVerwG*, Urt. v. 28.10.1998 – 11 A 3.98 – BVerwGE 107, 350 = NVwZ 1999, 539 – Nienbergen-Wieren; Urt. v. 31.1.2001 – 11 A 6.00 – DVBl. 2001, 1306 = NVwZ-RR 2001, 653; Urt. v. 21.5.1976 – IV C 80.74 – BVerwGE 51, 15 = NJW 1976, 1760; *Koch* NVwZ 2000, 490; *Koch/Maaß* NuR 2000, 69; *Beaucamp* JA 2000, 929.
[1213] *BVerwG*, Urt. v. 25.2.1977 – IV C 22.75 – BVerwGE 52, 122 = NJW 1978, 62 – Rücksichtnahme Außenbereich; *BVerwG*, Urt. v. 26.5.1978 – IV C 9.77 – BVerwGE 55, 369 = NJW 1978, 2564 – Harmonie.
[1214] *BVerwG*, Urt. v. 12.12.1975 – IV C 71.73 – BVerwGE 50, 49 = DVBl. 1976, 214 – Tunnelofen; NVwZ 1985, 186 – TA-Lärm; *BGH*, Urt. v. 14.10.1994 – V ZR 76/93 – NJW 1995, 132 – Papierfabrik.
[1215] Urt. v. 9.2.1995 – 4 C 26.93 – BVerwGE 97, 367 = NVwZ 1995, 907 – Lärmschutzwand; *BVerwG*, Urt. v. 31.1.2001 – 11 A 6.00 – DVBl. 2001, 1306 = NVwZ-RR 2001, 653.
[1216] So auch *BVerwG*, Urt. v. 16.5.2001 – 7 C 16.00 – NVwZ 2001, 1167 – Freizeitlärm.
[1217] Zu den Gestaltungsmöglichkeiten aber auch Abwägungserfordernissen *BVerwG*, Urt. v. 16.5.2001 – 7 C 16.00 – NVwZ 2001, 1167 – Freizeitlärm.
[1218] *BVerwG*, Urt. 31.1.2001 – 11 A 6.00 – DVBl. 2001, 1306 = NVwZ-RR 2001, 653.
[1219] *BVerwG*, Urt. v. 14.12.1979 – IV C 10.77 – BVerwGE 59, 253 = NJW 1980, 2368.
[1220] *Stüer/Halama* NVwZ 2003, 137.
[1221] Zu diesem Begriff im Umweltrecht *Asbeck-Schröder* DÖV 1992, 252; *Battis* Umweltrechtliche Studien, Bd. 3 1988; *Blümel/Wagner* (Hrsg.) Technische und rechtliche Fragen der Stilllegung und Beseitigung nuklearer Anlagen; *Gusy* VerwArch. 79 (1988), 68; *Hösel/Kumpf* Technische Vorschriften

trieb durch die für die Gewerbeaufsicht zuständigen Behörden eine Verbesserung der Emissionssituation aufgegeben werden. Das Immissionsschutzgutachten soll die dafür erforderlichen Maßnahmen und die technischen Möglichkeiten zu ihrer Verwirklichung aufzeigen. Die Gemeinde wird die Ergebnisse dieses Gutachtens in ihrer **Bauleitplanung berücksichtigen**. Ist die vorhandene Emissionssituation in dem Gewerbe- oder Industriegebiet günstiger, als sie bei voller Ausschöpfung der planungsrechtlichen Zulässigkeit wäre, ist grundsätzlich von der Ausschöpfung dieses Rahmens auszugehen. Allerdings könnte die Gemeinde durch entsprechende Gliederungen und Differenzierungen des Bebauungsplans den gegenwärtigen Emissionsstand festschreiben, um die benachbarte Wohnbebauung auch in Zukunft zu schützen. Eine solche Festschreibung auf den gegenwärtigen Emissionsstand kann dem Gewerbe- bzw. Industriebetrieb bei entsprechender Abwägung der Belange in der Bauleitplanung über das Gebot der nachbarlichen Rücksichtnahme zumutbar sein.[1222]

613 Das *BVerwG* stellt dabei auf die jeweilige **Vorbelastung** und den **Grundsatz der Zumutbarkeit** ab. Zur Zumutbarkeit von Verkehrsgeräuschen hat das *BVerwG*[1223] solche Verkehrsgeräusche i. S. des § 17 IV FStrG a. F. (= § 74 II VwVfG) und § 9 II LuftVG als erheblich bezeichnet, die der jeweiligen Umgebung mit Rücksicht auf deren durch die Gebietsart und die konkreten tatsächlichen Verhältnisse bestimmte Schutzbedürftigkeit und Schutzwürdigkeit nicht mehr zugemutet werden können. Für die Gebietsart ist dabei von der bauplanungsrechtlich geprägten Situation der Grundstücke auszugehen. Für die tatsächlichen Verhältnisse spielen insbesondere die Geräuschvorbelastung und die plangegebene Vorbelastung eine wesentliche Rolle. Nach diesen Kriterien – so das *BVerwG* – ist ein Grundstück gegenüber einem Planvorhaben umso schutzwürdiger, je mehr es nach der Gebietsart berechtigterweise Schutz vor Immissionen erwarten kann und je weniger es durch Störfaktoren vorbelastet ist. Das führt nicht nur zu handgreiflichen Unterschieden der Schutzwürdigkeit von etwa einerseits Wohngebieten und andererseits Industriegebieten, sondern ebenso auch in der Schutzwürdigkeit verschiedener Wohngebiete. Ein Wohngebiet beispielsweise, das etwa in städtischen Ballungsräumen unter der situationsbedingten Einwirkung benachbarter Kerngebiete, Industriegebiete oder Gewerbegebiete oder von Verkehrswegen ohnehin einer objektiv hohen Geräuschbelastung ausgesetzt ist, kann nicht den Schutz in Anspruch nehmen, der einem nicht derart vorbelasteten Wohngebiet zuzubilligen ist.[1224]

614 § 1 IV 2 BauNVO enthält für **Gewerbe-** und **Industriegebiete** eine **Sonderregelung**, die eine Gliederung der verschiedenen Gewerbe- und Industriegebiete der Gemeinde in ihrem Verhältnis zueinander ermöglicht. Dies lässt eine Verteilung der in den Gebieten zulässigen Nutzungen, Betriebe und Anlagen auf verschiedene GE- bzw. GI-Gebiete zu. Dabei sind auch Überschneidungen möglich. Eine solche Gliederung ist offenbar auch dann möglich, wenn in der Bilanz der Baugebiete der Katalog der nach der BauNVO in einem GI- oder GE-Gebiet allgemein bzw. ausnahmsweise zulässigen Nutzungen eingeschränkt wird. Nicht in jeder Gemeinde ist ein uneingeschränktes Industriegebiet möglich. Gleichwohl muss die Gemeinde in der Lage sein, die Gliederungsmöglichkeiten des § 1 IV BauNVO bei der Aufstellung von Bebauungsplänen zu nutzen und – wo geboten – ein durch entsprechende Schutzabstände, Gliederungen und Schutzauflagen verträgliches Nebeneinander von Wohnen und Gewerbe sicherzustel-

---

für die Abfallbeseitigung; *Jarass* NJW 1987, 1225; *Krist* UPR 1993, 178; *Ronellenfitsch* DVBl. 1989, 851; *Roßnagel* Recht und Technik im Spannungsfeld der Kernenergiekontroverse 1984; *Schimmelpfeng* (Hrsg.) Altlasten, Deponietechnik, Kompostierung 1993, 1; *Wolff* Analyse der technischen Effizienz in NW 1994.

[1222] *BVerwG*, Urt. v. 12. 12. 1975 – IV C 71.73 – BVerwGE 50, 49 = *Hoppe/Stüer* RzB Rdn. 60 – Tunnelofen.

[1223] *BVerwG*, Urt. v. 7. 7. 1978 – IV C 79.76 – BVerwGE 56, 110 = *Hoppe/Stüer* RzB Rdn. 1164 – Flughafen Frankfurt.

[1224] *BVerwG*, Urt. v. 7. 7. 1978 – IV C 79.76 – BVerwGE 56, 110 = *Hoppe/Stüer* RzB Rdn. 1164.

len.¹²²⁵ Für den **Ausschluss von Nutzungsarten** oder ihre **Umwandlung in Ausnahmen** gibt § 1 V BauNVO eine Rechtsgrundlage. Nach dieser Vorschrift kann im Bebauungsplan festgesetzt werden, dass bestimmte Arten von Nutzungen, die nach den §§ 2, 4 bis 9 und 13 BauNVO allgemein zulässig sind, nicht zulässig sind oder nur ausnahmsweise zugelassen werden können, sofern die allgemeine Zweckbestimmung des Baugebietes gewahrt bleibt.¹²²⁶ Die Vorschrift ermöglicht daher, bestimmte nach der BauNVO im Baugebiet allgemein zulässigen Nutzungen ganz auszuschließen oder nur ausnahmsweise zu ermöglichen. Ausgenommen von diesen Ausschlussmöglichkeiten sind die reinen Wohngebiete (§ 3 BauNVO) und die Sondergebiete (§§ 10 bis 11 BauNVO) sowie die in allen Baugebieten zulässigen Stellplätze und Garagen, nicht jedoch die Räume für freie Berufe (§ 13 BauNVO),¹²²⁷ die in die Ausschluss- oder Ausnahmeregelungsmöglichkeiten des § 1 V BauNVO einbezogen sind.

Beispiel: Die Gemeinde möchte in einem Kerngebiet Spielhallen ausschließen oder in einem Wohngebiet auch Nachbarschaftsläden nur ausnahmsweise zulassen, weil die Versorgungseinrichtungen in dem benachbarten, für die Wohnbevölkerung gut erreichbaren Ortszentrum gestärkt werden sollen.

c) DIN 18 005 Schallschutz im Städtebau. Als Orientierungshilfe und grober Anhaltspunkt kann in der Bauleitplanung auch die DIN 18 005 Schallschutz im Städtebau herangezogen werden. Technische Regelwerke wie DIN-Normen haben nicht aus sich heraus eine Verbindlichkeit. Sie sind nur beachtlich, wenn der Gesetz- oder Verordnungsgeber sie unmittelbar in sein Regelwerk aufgenommen hat. Im Übrigen lassen sich aus DIN-Normen nur allgemeine Orientierungshilfen ableiten. Hierzu will die DIN 18 005 Schallschutz im Städtebau einen Beitrag leisten. Sie bezieht sich auf das Abwägungsgebot in der Bauleitplanung und den in § 50 BImSchG niedergelegten Trennungsgrundsatz. Bei allen Neuplanungen einschließlich der heranrückenden Bebauung sowie bei Überplanungen von Gebieten ohne wesentliche Vorbelastung ist danach ein vorbeugender Schallschutz anzustreben. Bei der Überplanung von Gebieten mit Vorbelastung gelte es, die vorhandene Situation zu verbessern und bestehende schädliche Schalleinwirkungen so weit wie möglich zu verringern bzw. zusätzliche nicht entstehen zu lassen. Erste Stufe einer sachgerechten Schallschutzprognose ist die schalltechnische Bestandsaufnahme bzw. Prognose. Hierfür gibt es verschiedene Verfahren mit unterschiedlichen Richtlinien für verschiedene Anwendungsbereiche.

Für den **Schallschutz** in der **städtebaulichen Planung** wird die **DIN 18 005 Teil 1** (Ausgabe Mai 1987) mit dem zugehörigen Beiblatt 1 zur Anwendung empfohlen. Die in ihr enthaltenen Belastungsmaßnahmen und Berechnungsverfahren sind mit anderen Normen und Richtlinien abgestimmt. Die DIN 18 005 berücksichtigt lärmrelevante Einflüsse für ein fortgeschrittenes Stadium, einer detaillierten Planung, in dem Einzelheiten der Nutzung und des Verkehrs sowie die baulichen Gegebenheiten bereits festliegen. In Anlage 1 der DIN 18 005 ist ein vereinfachtes Berechnungsverfahren für Lärm-Immissionen dargestellt, das aber in der Praxis zumeist keine Rolle mehr spielt. Überschreiten die nach diesem Schätzverfahren ermittelten Werte die in der Anlage 2 angegebenen Orientierungswerte nach Beiblatt 1 zur DIN 18 005 – Teil 1 oder weichen die tatsächlichen Eingangsdaten wesentlich ab, wird eine detaillierte Prüfung empfohlen. In der Anlage 2 zur DIN 18 005 werden folgende schalltechnische Orientierungswerte angegeben: Für reine Wohngebiete (WR), Wochenendhausgebiete und Ferienhausgebiete 50 dB(A) tags/40 bzw. 35 dB(A) nachts, für allgemeine Wohngebiete (WA), Kleinsiedlungsgebiete (WS) und Campingplatzgebiete 55 dB(A) tags/45 bzw. 40 dB(A) nachts, für Friedhöfe, Klein-

---

¹²²⁵ *Fickert/Fieseler* § 1 Rdn. 99.
¹²²⁶ *BVerwG*, B. v. 6. 5. 1996 – 4 NB 16.96 – Buchholz 406.12 § 1 BauNVO Nr. 22; B. v. 11. 5. 1999 – 4 BN 15.99 – DVBl. 1999, 1293 = UPR 1999, 352 = ZfBR 1999, 279 – nachträglicher Ausschluss von Nutzungen.
¹²²⁷ *VGH Kassel*, Urt. v. 4. 7. 1991 – 4 UE 1422/87 – DÖV 1992, 500.

gartenanlagen und Parkanlagen 55 dB(A) tags/nachts, für besondere Wohngebiete (WB) 60 dB(A) tags/45 bzw. 40 dB(A) nachts, für Dorfgebiete (MD) und Mischgebiete (MI) 50 dB(A) tags/50 bzw. 45 dB(A) nachts sowie für Kerngebiete (MK) und Gewerbegebiete (GE) 65 dB(A) tags/55 dB(A) bzw. 50 dB(A) nachts. Für sonstige Sondergebiete bestimmt sich die Schutzbedürftigkeit nach der jeweiligen Nutzungsart.

617 d) **Gliederungsmöglichkeiten nach § 1 V und IX BauNVO.** Die Ausschlussmöglichkeiten des § 1 V BauNVO müssen sich nicht auf alle in einer Nummer einer Baugebietsvorschrift zusammengefassten Nutzungen erstrecken („**Nummerndogma**"). Der **Ausschluss** kann auch auf eine **einzelne Nutzungsart** der in einer Nummer erwähnten Nutzungen beschränkt werden.[1228]

Beispiel: In einem Mischgebiet können etwa Einzelhandelsbetriebe, die dort nach § 6 I Nr. 3 BauNVO allgemein zulässig sind, in den Katalog der ausnahmsweise zulässigen Nutzungen verwiesen werden,[1229] während es hinsichtlich der ebenfalls in § 6 I Nr. 3 BauNVO erwähnten Schank- und Speisewirtschaften sowie Betrieben des Beherbergungswesens bei der allgemeinen Zulässigkeitsregelung verbleibt.

618 Sollen einzelne **Unterarten** der in einer Baugebietsvorschrift erwähnten **Nutzungsarten ausgeschlossen** werden, so kann dies nach § 1 IX BauNVO erfolgen. Die Ausschluss- oder Ausnahmeregelungen nach § 1 V BauNVO bedürfen einer Rechtfertigung durch städtebauliche Gründe und sind nur zulässig, sofern die allgemeine Zweckbestimmung des Baugebietes gewahrt wird.

Beispiel: In einem Kerngebiet, das vorwiegend der Unterbringung von Handelsbetrieben sowie der zentralen Einrichtungen der Wirtschaft, der Verwaltung und der Kultur dient, dürfen nicht die Einzelhandelsbetriebe, Schank- und Speisewirtschaften insgesamt ausgeschlossen werden. Allerdings kann eine interne Gliederung eines Kerngebietes dahin gehend erfolgen, dass in Teilbereichen des Kerngebietes ein solcher Nutzungsausschluss etwa für ein Banken- und Verwaltungsviertel festgesetzt wird, während in anderen Teilen des Kerngebietes die vorgenannten Nutzungen zulässig bleiben.[1230]

Hinweis: Es empfiehlt sich, die städtebaulichen Gründe etwa für den Ausschluss von Nachbarschaftsläden im allgemeinen Wohngebiet in der Begründung zum Bebauungsplan im Einzelnen darzulegen. Anderenfalls besteht die Gefahr, dass diese Gründe bei gerichtlichen Auseinandersetzungen nicht genügend belegt werden können und diese Festsetzung oder sogar der gesamte Bebauungsplan für unwirksam erklärt wird, wenn die Abwägung nicht nachvollziehbar ist.

619 Der umfassende Ausschluss einzelner Nutzungsarten findet bereits in § 1 V BauNVO seine rechtliche Grundlage. Der Anwendung des § 1 IX BauNVO bedarf es daher nicht, wenn in einem Baugebiet eine Nutzungsart insgesamt ausgeschlossen werden soll.[1231] Eine städtebauliche Begründung, die den Ausschluss einzelner Nutzungen nach § 1 IX BauNVO rechtfertigt, wird in aller Regel auch den generellen Ausschluss der Nutzungsarten nach § 1 V BauNVO tragen.[1232] Der Ausschluss bestimmter Nutzungen nach § 1 V BauNVO im Bebauungsplan kann dabei wirksam sein, obwohl er nicht allein aus städtebaulichen Gründen erfolgt ist, wenn allein die angegebenen städtebaulichen Gründe eine tragfähige Grundlage für die Festsetzung darstellen.[1233] Schließt eine Gemeinde in einem

---

[1228] *BVerwG*, B. v. 22. 5. 1987 – 4 N 4.86 – BVerwGE 77, 308 = NVwZ 1987, 1072 = *Hoppe/Stüer* RzB Rdn. 883; Urt. v. 22. 5. 1987 – 4 C 77.84 – BVerwGE 77, 317 = NVwZ 1987, 1074 = *Hoppe/Stüer* RzB Rdn. 946.
[1229] Zum generellen Ausschluss von Einzelhandelsbetrieben *BVerwG*, B. v. 3. 5. 1993 – 4 NB 13.93 – Buchholz 406.12 § 1 BauNVO Nr. 16 = *Hoppe/Stüer* RzB Rdn. 884.
[1230] *Fickert/Fieseler* § 1 Rdn. 102.
[1231] So für den Ausschluss der Einzelhandelsnutzung *BVerwG*, B. v. 3. 5. 1993 – 4 NB 13.93 – Buchholz 406.12 § 1 BauNVO Nr. 16 = *Hoppe/Stüer* RzB Rdn. 884.
[1232] *BVerwG*, B. v. 3. 5. 1993 – 4 NB 13.93 – Buchholz 406.12 § 1 BauNVO Nr. 16 = *Hoppe/Stüer* RzB Rdn. 884.
[1233] *BVerwG*, B. v. 29. 7. 1991 – 4 B 80.91 – BauR 1991, 713 = DVBl. 1992, 32 = *Hoppe/Stüer* RzB Rdn. 922.

Gewerbegebiet nach § 1 V BauNVO Einzelhandelsbetriebe, Schank- und Speisewirtschaften sowie nicht kerngebietstypische Vergnügungsstätten nachträglich aus, um das produzierende Gewerbe zu stärken, so fordert § 1 III BauGB nicht den Nachweis, dass diese Nutzungsarten ohne die Beschränkung an anderen Standorten gefährdet sind.[1234]

§ 1 V BauNVO ermächtigt die Gemeinde allerdings nicht, außerhalb der in § 1 II BauNVO genannten Gebietstypen **andere Gebietstypen** zu entwickeln. Deshalb darf eine Gemeinde etwa in einem Bebauungsplan, der ein allgemeines Wohngebiet festsetzt, nicht alle Nutzungen nach § 4 II Nrn. 2 und 3 und III BauNVO ausschließen.[1235] Schließt die Gemeinde in einem Gewerbegebiet nach § 1 V BauNVO Einzelhandelsbetriebe,[1236] Schank- und Speisewirtschaften sowie nicht kerngebietstypische Vergnügungsstätten[1237] nachträglich aus, um das produzierende Gewerbe zu stärken, fordert § 1 III BauGB nicht den Nachweis, dass diese Nutzungsarten ohne die Beschränkung an anderen Standorten gefährdet sind.[1238] Ein Nutzungsausschluss nach § 1 V BauNVO[1239] kann mit einer Festsetzung nach § 1 X BauNVO[1240] kombiniert werden.[1241] Die Unzulässigkeit bestimmter Anlagen i. S. des § 1 X 1 BauNVO kann sich auch daraus ergeben, dass die Gemeinde von den Ausschlussmöglichkeiten nach § 1 V und VI BauNVO Gebrauch gemacht hat.[1242]

Gliederungsregelungen können die Zulassung einzelner Unterarten von Einzelhandelsnutzungen im **Ausnahmewege** auch ohne Verstoß gegen den Bestimmtheitsgrundsatz davon abhängig machen, dass von diesen „keine negativen städtebaulichen Auswirkungen zu erwarten sein dürfen".[1243] Eine vertikale Gliederung in einem reinen Wohngebiet ist unzulässig. Auch eine vom landesrechtlichen Geschossbegriff abweichende Begriffsbestimmung ist im Rahmen einer geschossweisen Gliederung nach § 20 BauNVO unzulässig.[1244]

e) **Umkehr des Regel-Ausnahme-Verhältnisses.** § 1 VI BauNVO gibt die Grundlage für den **Ausschluss von Ausnahmen** und die **Umwandlung in allgemein zulässige Nutzungen.** In Ergänzung der Ausschluss- und Ausnahmeregelung des § 1 V BauNVO kann nach § 1 VI BauNVO festgesetzt werden, dass alle oder einzelne Ausnahmen, die in den Baugebieten nach den §§ 2 bis 9 BauNVO vorgesehen sind, (1) nicht Bestandteil des Bebauungsplans werden oder (2) in dem Baugebiet allgemein zulässig sind, sofern die allgemeine Zweckbestimmung des Baugebietes gewahrt bleibt.[1245] Die Vorschrift ermöglicht den Ausschluss von Ausnahmen, die in den jeweiligen Abs. 3 der Baugebietsregelungen der BauNVO aufgeführt sind. Einzelne nach der BauNVO ausnahmsweise zugelas-

---

[1234] *BVerwG*, B. v. 11. 5. 1999 – 4 BN 15.99 – DVBl. 1999, 1293 = UPR 1999, 352 = ZfBR 1999, 279 – nachträglicher Ausschluss von Nutzungen.
[1235] *BVerwG*, B. v. 8. 2. 1999 – 4 BN 1.99 – NVwZ 1999, 1340 = BauR 1999, 1435.
[1236] Zur Beschränkung der Geschossfläche von großflächigen Einzelhandelsbetrieben in Gewerbegebieten *OVG Lüneburg*, Urt. v. 26. 2. 1999 – 1 K 1539/97 – BauR 1999, 1436.
[1237] Ein Jugendzentrum ist keine Vergnügungsstätte i. S. der BauNVO, so *VGH Mannheim*, B. v. 19. 10. 1998 – 8 S 2192/98 – BauR 1999, 1278. Zur Zumutbarkeit von Lichtimmissionen, die durch die Verglasung eines Wintergartens verursacht werden, im Rahmen des § 15 I BauNVO *BVerwG*, B. v. 17. 3. 1999 – 4 B 14.99 – BauR 1999, 1279 – verglaster Wintergarten.
[1238] *BVerwG*, Urt. v. 12. 12. 1969 4 C 105.66 – BVerwGE 34, 301; Urt. v. 14. 2. 1991 – 4 C 20.88 – BVerwGE 88, 35 = DVBl. 1991, 815; Urt. v. 22. 1. 1993 – 8 C 46.91 – BVerwGE 92, 8 = DVBl. 1993, 794.
[1239] Ausschluss von Einzelhandelsbetrieben im Gewerbegebiet.
[1240] Ausnahmsweise Zulässigkeit der Erweiterung von bestehenden Einzelhandelsbetrieben in räumlichem Zusammenhang mit vorhandenen Betriebsanlagen von Gewerbebetrieben.
[1241] *BVerwG*, B. v. 11. 5. 1999 – 4 BN 15.99 – DVBl, 1999, 1293 = ZfBR 1999, 279 = UPR 1999, 352 = NuR 1999, 577 = GewArch. 1999, 389.
[1242] *BVerwG*, B. v. 11. 5. 1999 – 4 BN 15.99 – DVBl. 1999, 1293 = UPR 1999, 352; vgl. *VGH München*, Urt. v. 23. 12. 1998 – 26 N 98.1675 – BauR 1999, 873.
[1243] *OVG Münster*, Urt. v. 22. 4. 1999 – 10a D 138/98.NE –.
[1244] *OVG Lüneburg*, Urt. v. 8. 7. 1999 – 1 K 2869/97 – BauR 2000, 71.
[1245] *BVerwG*, B. v. 6. 5. 1996 – 4 NB 16.96 – Buchholz 406.12 § 1 BauNVO Nr. 22.

sene Nutzungen können jedoch im Bebauungsplan zu regelmäßig zulässigen Nutzungen erklärt werden.

Beispiel: In einem reinen Wohngebiet (Atriumhausbebauung oder Villenviertel) können nicht störende Handwerksbetriebe, die nach § 3 II Nr. 1 BauNVO zu den allgemein zulässigen Nutzungen gehören, auch ausnahmsweise ausgeschlossen werden. In einem Gewerbegebiet können die nach § 8 III 2 BauNVO ausnahmsweise zulässigen Vergnügungsstätten zu den allgemein zulässigen Nutzungsarten erklärt werden. Die Regelungen bedürfen jedoch der städtebaulichen Begründung und müssen den Gebietscharakter und die Zweckbestimmung des Baugebietes wahren.

623 **f) Vertikale Gliederung.** Eine vertikale Gliederung wird durch § 1 VII BauNVO ermöglicht. Nach dieser Vorschrift kann für die Baugebiete nach den §§ 4 bis 9 BauNVO bei Rechtfertigung durch besondere städtebauliche Gründe[1246] festgesetzt werden, dass in bestimmten Geschossen, Ebenen oder sonstigen Teilen baulicher Anlagen
(1) nur einzelne oder mehrere der in dem Baugebiet allgemein zulässigen Nutzungen zulässig sind,
(2) einzelne oder mehrere der in dem Baugebiet allgemein zulässigen Nutzungen unzulässig sind oder als Ausnahme zugelassen werden können oder
(3) alle oder einzelne Ausnahmen, die in den Baugebieten nach den §§ 4 bis 9 BauNVO vorgesehen sind, nicht zulässig oder, sofern die allgemeine Zweckbestimmung des Baugebietes gewahrt bleibt,[1247] allgemein zulässig sind.

624 Die Vorschrift ermöglicht damit eine vertikale Gliederung durch **schichtenweise Festsetzungen**. In Kleinsiedlungsgebieten und reinen Wohngebieten besteht allerdings für eine solche Gliederung kein Bedürfnis. Für Sondergebiete enthalten die §§ 10 und 11 BauNVO besondere Festsetzungsmöglichkeiten. Da die vertikale Gliederung zu nicht unerheblichen Beeinträchtigungen der Nutzungsbefugnisse führen kann, sind solche Festsetzungen besonders zu begründen. Dabei hat die Gemeinde auch Mehraufwendungen oder Rentabilitätsüberlegungen in die Abwägung einzustellen und diese gegen die städtebaulichen Gründe abzuwägen.

Beispiel: Besondere städtebauliche Gründe können etwa vorliegen, wenn die Erdgeschossnutzung einer Fußgängerzone im Innenstadtbereich Einzelhandelsbetrieben, sonstigen Läden oder Schank- und Speisewirtschaften vorbehalten bleibt oder in Mischgebieten die Vergnügungsstätten in die Obergeschossebenen verwiesen werden.

625 Der Baugebietskatalog kann dabei auf nur einzelne oder mehrere allgemein zulässige Nutzungen beschränkt werden, wobei der Positivkatalog zugleich den Ausschluss der nicht erwähnten Nutzungen beinhaltet (§ 1 VII Nr. 1 BauNVO). Durch Negativregelungen können im Baugebiet allgemein zulässige Nutzungen ganz ausgeschlossen oder in Ausnahmen umgewandelt werden (§ 1 VII Nr. 2 BauNVO). Auch können Ausnahmen ausgeschlossen oder in eine allgemeine Zulässigkeit umgewandelt werden (§ 1 VII Nr. 3 BauNVO).[1248]

626 Eine **durchgängige vertikale (geschossweise) Gliederung** von Nutzungsarten kann im nichtbeplanten Innenbereich bei unterschiedlich geprägter Umgebung auf der Grundlage von § 34 II BauGB, § 15 BauNVO daher nicht erreicht werden. Eine solche besondere Gliederung setzt vielmehr einen Bebauungsplan gem. § 9 III BauGB, § 1 VII BauNVO voraus.[1249]

627 Festsetzungen von vertikalen Gliederungen gem. § 1 VII BauNVO bedürfen darüber hinaus einer städtebaulichen Begründung, die speziell auf eine nach Geschossen, Ebenen

---

[1246] *BVerwG*, B. v. 25. 2. 1997 – 4 NB 30.96 – NVwZ 1997, 896 = BauR 1997, 603 – Dachgeschosszahl-Festsetzung.
[1247] *BVerwG*, B. v. 6. 5. 1996 – 4 NB 16.96 – Buchholz 406.12 § 1 BauNVO Nr. 22.
[1248] Zu Einzelheiten *Fickert/Fieseler* § 1 Rdn. 118.
[1249] *BVerwG*, B. v. 12. 2. 1990 – 4 B 240.89 – BauR 1990, 326 = DÖV 1990, 474 = *Hoppe/Stüer* RzB Rdn. 385 – Nutzungsänderung Obergeschosswohnung.

oder sonstigen Teilen baulicher Anlagen geordnete Verteilung bestimmter Nutzungsarten auf den einzelnen Grundstücken ausgerichtet ist und die damit verbundene qualifizierte Einschränkung der Eigentümerbefugnisse zu rechtfertigen vermag.[1250] Das „Besondere" der städtebaulichen Gründe gegenüber § 1 V BauNVO besteht nur darin, dass es gerade Gründe für die noch feinere Ausdifferenzierung geben muss. Das Planungsziel der Erhaltung einer gewachsenen Mischstruktur und die Verhinderung des Verödens eines Stadtbereichs ist dabei grundsätzlich geeignet, als besonderer städtebaulicher Grund i. S. des § 1 VII BauNVO die Festsetzung einer ausschließlichen Wohnnutzung oberhalb eines bestimmten Geschosses zu tragen. Dagegen rechtfertigt das Ziel der „Bereitstellung von stadtnahem Wohnraum" für sich allein eine geschossweise Festsetzung von Wohnnutzung in einem Mischgebiet nach § 1 VII BauNVO nicht.[1251] Bei solchen Festsetzungen ist jeweils das Gebot der nachbarlichen Rücksichtnahme zu beachten. Begrenzt ein Bebauungsplan die Anzahl der Wohnungen je Baugrundstück, so kann − auch wenn die Festsetzungen keine drittschützende Wirkung haben − Nachbarschutz in entsprechender Anwendung des § 15 BauNVO gegeben sein.[1252]

g) **Beschränkung auf Teile des Baugebietes.** Nach § 1 VIII BauNVO können die Gliederungs- und Ausschlussmöglichkeiten des § 1 IV bis VII BauNVO auf Teile des Baugebietes beschränkt werden. Die Vorschrift ermöglicht daher eine innere Differenzierung der Baugebiete, wobei allerdings Einzelfallregelungen im Hinblick auf das Abwägungsgebot und den Gleichbehandlungsgrundsatz vermieden werden sollten. Die Beschränkung sollte eine im Verhältnis zur Planung ausreichende Grundstücksfläche und einen größeren Kreis von Betroffenen erfassen. Auch diese Beschränkungen sind nur aus städtebaulichen Gründen zulässig, die in der Bebauungsplanbegründung dargelegt werden sollten. **628**

h) **Weitere Differenzierung nach der Anlagenart.** Eine im Vergleich zu § 1 V BauNVO feingliedrigere Differenzierung der Nutzungsmöglichkeiten bietet § 1 IX BauNVO. Danach kann bei Rechtfertigung durch besondere städtebauliche Gründe im Bebauungsplan bei Anwendung von § 1 V bis VIII BauNVO festgesetzt werden, dass nur bestimmte Arten der in den Baugebieten allgemein oder ausnahmsweise zulässigen baulichen oder sonstigen Anlagen zulässig oder nicht zulässig sind oder nur ausnahmsweise zugelassen werden können. Die Regelung ermöglicht damit, die Gliederungs- und Differenzierungsmöglichkeiten auf einzelne Nutzungsarten zu beziehen, die sich als Teile von in den Baugebietsvorschriften der BauNVO erwähnten Nutzungen darstellen. § 1 IX BauNVO gestattet damit, über § 1 V BauGB hinausgehend, auch einzelne Unterarten von Nutzungen sowie Anlagen mit planerischen Festsetzungen nach § 1 V bis VIII BauNVO zu erfassen.[1253] **629**

Festsetzungen, die auf die **Größe** von Anlagen abstellen (etwa Verkaufsfläche von Handelsbetrieben), sind jedoch nur zulässig, wenn dadurch bestimmte Arten von baulichen Anlagen oder sonstigen Anlagen (Anlagetypen) − ggf. auch unter Berücksichtigung der besonderen Verhältnisse der Gemeinde − zutreffend gekennzeichnet werden. Mit der erforderlichen Rechtfertigung durch besondere städtebauliche Gründe nach § 1 IX BauNVO sind Festsetzungen nicht notwendig von erschwerten Voraussetzungen abhängig. Vielmehr ist hiernach erforderlich, aber auch ausreichend, dass es spezielle städtebauliche Gründe gerade für die gegenüber § 1 V BauNVO noch feinere Ausdifferenzierung der **630**

[1250] *BVerwG*, B. v. 25. 2. 1997 − 4 NB 30.96 − NVwZ 1997, 896 = BauR 1997, 603 − Dachgeschosszahl-Festsetzung.
[1251] *BVerwG*, B. v. 4. 6. 1991 − 4 NB 35.89 − BauR 1991, 718 = DVBl. 1991, 1153 = *Hoppe/Stüer* RzB Rdn. 1333.
[1252] *BVerwG*, Urt. v. 26. 9. 1991 − 4 C 5.87 − ZfBR 1992, 79 = *Hoppe/Stüer* RzB Rdn. 111 − Zweitwohnungsklausel.
[1253] *BVerwG*, B. v. 22. 5. 1987 − 4 N 4.86 − BVerwGE 77, 308 = *Hoppe/Stüer* RzB Rdn. 883; Urt. v. 22. 5. 1987 − 4 C 77.84 − BVerwGE 77, 317 = *Hoppe/Stüer* RzB Rdn. 946.

zulässigen Nutzung gibt.¹²⁵⁴ Das Besondere der städtebaulichen Gründe muss daher nicht darin bestehen, dass sie ein größeres oder zusätzliches Gewicht haben. Vielmehr ist mit besonderen städtebaulichen Gründen gemeint, dass es spezielle Gründe gerade für diese Beschränkung der baulichen Ausnutzbarkeit der betroffenen Grundstücke geben muss. Auch Gründe der straßenverkehrsmäßigen Erschließung oder ökologische Gesichtspunkte, die in einem Plangebiet gegeben sind, können daher weitere Ausdifferenzierungen i. S. von § 1 IX BauNVO rechtfertigen. Es sind Faktoren, denen nach den konkreten Verhältnissen in einem Plangebiet besondere städtebauliche Bedeutung zukommen kann.¹²⁵⁵ Dabei muss es sich allerdings um Festsetzungen für einen eigenen Anlagentyp handeln – also eine Gruppe von Anlagen, die von anderen Anlagen deutlich unterschieden werden können. Zudem bedarf die Prägung eines solchen Anlagentyps in der gemeindlichen Bauleitplanung einer besonderen Begründung. Der Bebauungsplan bzw. dessen Begründung¹²⁵⁶ muss dabei erkennen lassen, dass mit den Festsetzungen ein bestimmter Typ von baulichen und sonstigen Anlagen erfasst wird. Für die Umschreibung und Abgrenzung des Typs der Anlage kann die Gemeinde dabei zwar auf besondere, in ihrem Bereich vorherrschende Verhältnisse abstellen. Eine Planung konkreter Einzelprojekte ist ihr aber auch nach § 1 IX BauNVO nicht gestattet. Den Einsatz dieser städtebaulichen Steuerungsinstrumente stellt das *BVerwG* zudem unter das Abwägungs- und Begründungsgebot: Die Begrenzung der höchstzulässigen Verkaufsfläche trägt die Umschreibung eines Typs von baulichen Anlagen nicht gleichsam in sich selbst. Vielmehr muss die Gemeinde darlegen, warum Betriebe unter bzw. über einer bestimmten Größe generell oder doch jedenfalls unter Berücksichtigung der besonderen örtlichen Verhältnisse eine bestimmte Art von baulichen Anlagen darstellen. Diese Erläuterung der vom planerischen Zugriff erfassten Anlagen ist nicht gleichzusetzen mit den nach § 1 IX BauNVO erforderlichen besonderen städtebaulichen Gründen. Es bedarf vielmehr einer eigenständigen Begründung dafür, warum Anlagen einer bestimmten Größe eine bestimmte Art von Anlagen sind.¹²⁵⁷

Beispiel: Die Gemeinde lässt in den unmittelbar an das Ortszentrum anschließenden Wohngebieten Einzelhandelsnutzungen nur bis zu einer Verkaufsfläche von 300 m² allgemein und bis zu einer Verkaufsfläche von 500 m² ausnahmsweise zu. Für solche Festsetzungen unterliegt die Gemeinde einem doppelten Rechtfertigungs- und Begründungszwang. Sie muss zunächst den Anlagentyp einer Einzelhandelsnutzung mit der Verkaufsflächenbegrenzung von 300 m² bzw. 500 m² von anderen Formen der Einzelhandelsnutzung abgrenzen und begründen, warum die vorgenannten Größenbegrenzungen einen besonderen Anlagentyp der Einzelhandelsbetriebe darstellen. Sodann sind die besonderen städtebaulichen Gründe für die in den umliegenden Wohngebieten vorgenommenen Ausschluss- bzw. Begrenzungsregelungen darzulegen. Erweisen sich die Begründungen in der einen oder anderen Richtung nicht als tragfähig, ist die vorgenommene Differenzierung unwirksam, was ggf. zur Unwirksamkeit der gesamten Festsetzung oder sogar des gesamten Bebauungsplans führen kann.

631 Die Gliederungsmöglichkeiten des § 1 IV bis IX BauNVO lassen es nicht zu, im Mischgebiet eine **Beschränkung des Wohnnutzungsanteils** auf einen bestimmten Prozentsatz der Geschossfläche oder eine Beschränkung der Wohnungen auf zwei Wohneinheiten je Gebäude festzusetzen.¹²⁵⁸

---

¹²⁵⁴ *BVerwG*, Urt. v. 22. 5. 1987 – 4 C 77.84 – BVerwGE 77, 317 = *Hoppe/Stüer* RzB Rdn. 946 – Verbrauchermarkt.
¹²⁵⁵ So zu § 9 I Nr. 6 BauGB *BVerwG*, B. v. 9. 11. 1994 – 4 NB 34.94 – DVBl. 1995, 122 = BauR 1995, 65 – Hanglage.
¹²⁵⁶ *BVerwG*, Urt. v. 22. 5. 1987 – 4 C 77.84 – BVerwGE 77, 317 = *Hoppe/Stüer* RzB Rdn. 946 – Verbrauchermarkt.
¹²⁵⁷ So *BVerwG*, Urt. v. 22. 5. 1987 – 4 C 77.84 – BVerwGE 77, 317 = *Hoppe/Stüer* RzB Rdn. 946.
¹²⁵⁸ So *BVerwG*, B. v. 12. 12. 1990 – 4 NB 13.90 – BauR 1991, 169 = DVBl. 1991, 449 = *Hoppe/Stüer* RzB Rdn. 882.

Bei der Änderung eines nach **§ 173 III 1 BBauG 1960** übergeleiteten Bebauungsplans[1259] kann die Art der baulichen Nutzung auch ohne Festsetzung eines Baugebietes i. S. von § 1 II BauNVO nach Maßgabe des § 1 IX BauNVO eingeschränkt werden. Die Gemeinde darf aber bei der Änderung übergeleiteter Bebauungspläne keine von den Baugebietstypen des § 1 II BauNVO abweichenden Baugebiete festsetzen. Sie kann jedoch zur Beschreibung von Gebieten, in denen sie gem. § 1 IX BauNVO Einschränkungen festsetzt, abweichende (deklaratorische) Gebietsbezeichnungen verwenden.[1260]

i) Bestandsorientierte Planungen. § 1 X BauNVO ermöglicht die **Festsetzung von Fremdkörpern**[1261] aus Gründen einer **bestandsorientierten Planung**.[1262] Die Baugebietstypen der BauNVO lassen sich besonders in gewachsenen städtischen Strukturen, in Gemengelagen[1263] oder in sanierungsbedürftigen Gebieten nicht immer vollständig verwirklichen. Es bedarf vielmehr in solchen Gebieten häufig der Berücksichtigung des vorhandenen Bestandes und der Tatsache, dass sich durch die unterschiedlichen Nutzungen auf engem Raum Fremdkörpersituationen und Gemengelagen entwickelt haben, die durch planerische Festsetzungen nicht in einem Schlage lösbar sind. Vielfach erscheint eine Änderung der gewachsenen Struktur durch eine künstlich aufgesetzte Orientierung an einem Baugebietstyp der BauNVO auch nicht sinnvoll. Für solche Fälle bietet § 1 X BauNVO erweiterte Festsetzungsmöglichkeiten i. S. bestandsorientierter Planungen. Wären bei Festsetzung eines Baugebietes nach den §§ 2 bis 9 BauNVO in überwiegend bebauten Gebieten bestimmte vorhandene bauliche und sonstige Anlagen unzulässig, kann nach § 1 X BauNVO im Bebauungsplan festgesetzt werden, dass Erweiterungen, Änderungen, Nutzungsänderungen und Erneuerungen dieser Anlagen allgemein oder ausnahmsweise zugelassen werden können. Im Bebauungsplan können dabei nähere Bestimmungen über die Zulässigkeit getroffen werden. Die allgemeine Zweckbestimmung des Baugebietes muss in seinen übrigen Teilen dabei gewahrt bleiben (§ 1 X 2, 3 BauNVO).

Die durch die BauNVO 1990 eingeführte Regelung dient einer **bestandsorientierten Planung**, der Unterstützung der Innenentwicklung und der Absicherung von Investitionen insbesondere an vorhandenen Gewerbebetrieben und soll zugleich dem Planungsziel des § 1 V 2 Nr. 4 BauGB dienen, vorhandene Ortsteile zu erhalten, zu erneuern und fortzuentwickeln. Nutzungen, die durch die Überplanung solcher Gebiete mit der Festsetzung eines Baugebietes nach der BauNVO ggf. unzulässig werden, sollen bei entsprechender **Rechtfertigung durch städtebauliche Gründe** im Bebauungsplan für allgemein oder für ausnahmsweise zulässig erklärt werden können.[1264] § 1 X BauNVO ist auch dann anwendbar, wenn die Anlage in dem betreffenden Baugebiet unzulässig ist, weil sie einer Nutzung zuzurechnen ist, die dort einem Nutzungsausschluss nach § 1 V BauNVO unterliegt.[1265]

Die Festsetzungsmöglichkeiten in § 1 X BauNVO sind **anlagen-** und damit **einzelfallbezogen**.

[1259] *BVerwG*, Urt. v. 17. 12. 1998 – 4 C 16.97 – BVerwGE 108, 190 = DVBl. 1999, 782 – Hamburger Baustufenplan.
[1260] So *BVerwG*, B. v. 15. 8. 1991 – 4 N 1.89 – DVBl. 1992, 32 = UPR 1991, 444 = *Hoppe/Stüer* RzB Rdn. 889 – übergeleiteter Plan.
[1261] Zum Begriff *BVerwG*, Urt. v. 15. 2. 1990 – 4 C 23.86 – BVerwGE 84, 322 = *Hoppe/Stüer* RzB Rdn. 388 – Unikat.
[1262] *BVerwG*, B. v. 11. 5. 1999 – 4 BN 15.99 – DVBl. 1999, 1293 = UPR 1999, 352 = ZfBR 1999, 279 – nachträglicher Ausschluss von Nutzungen; *VGH München*, Urt. v. 23. 12. 1998 – 26 N 98.1675 – NVwZ-RR 2000, 79.
[1263] *BVerwG*, Urt. v. 12. 12. 1975 – IV C 71.73 – BVerwGE 50, 49 = *Hoppe/Stüer* RzB Rdn. 60 – Tunnelöfen.
[1264] Zur Überplanung durch Ausschluss weiterer Bebauung *VGH Kassel*, Urt. v. 30. 11. 1998 – 4 N 3576/89 – Villenbebauung.
[1265] *BVerwG*, B. v. 11. 5. 1999 – 4 BN 15.99 – DVBl. 1999, 1293 = UPR 1999, 352 = ZfBR 1999, 279 – nachträglicher Ausschluss von Nutzungen.

Beispiel: Die Gemeinde setzt für einen Bereich, der von Wohnbebauung geprägt ist, in dem sich aber eine (störende) Schreinerei mit größerem Maschinenpark befindet, ein allgemeines Wohngebiet fest, um der Wohnnutzung in der künftigen Entwicklung des Gebietes einen Vorrang einzuräumen. Zugleich könnte der Schreinerei, die in einem solchen allgemeinen Wohngebiet nach § 4 II und III BauNVO unzulässig wäre, durch eine bestandssichernde Festsetzung nach § 1 X BauNVO der Verbleib gesichert werden. Die Festsetzungen könnten sich auch auf Betriebserweiterungen beziehen. Dabei sollte jedoch möglichst etwa durch Schallschutzmaßnahmen (Schirmbebauung) eine Verbesserung der Konfliktsituation zur benachbarten Wohnbebauung erreicht werden.

636 § 1 X BauNVO bezieht sich auf Nutzungsformen, die in der Beschreibung der Baugebiete in der BauNVO weder zu dem allgemein noch zu dem ausnahmsweise zulässigen Nutzungskatalog zählen. Die Vorschrift schafft somit die Rechtsgrundlage für die **planungsrechtliche Zulassung** eines **Fremdkörpers**, der in dem festgesetzten andersartigen Baugebiet unzulässig wäre. Fremdkörper in diesem Sinne sind zumeist singuläre Anlagen (Unikate), die in einem auffälligen Kontrast zu der sie umgebenden im Wesentlichen homogenen Bebauung stehen und die ihre Umgebung nicht prägen oder mit ihr eine Einheit bilden.[1266]

637 Auszusondern sind nach Auffassung des *BVerwG* zum einen solche baulichen Anlagen, die von ihrem quantitativen Erscheinungsbild (Ausdehnung, Höhe und Zahl) nicht die Kraft haben, die Eigenart der näheren Umgebung zu beeinflussen, die der Betrachter also nicht oder nur am Rande wahrnimmt. Zum anderen können auch solche Anlagen aus der Bestimmung der Eigenart der näheren Umgebung auszusondern sein, die zwar quantitativ die Erheblichkeitsschwelle überschreiten, aber nach ihrer Qualität völlig aus dem Rahmen der sonst in der näheren Umgebung anzutreffenden Bebauung herausfallen. Das wird – so das *BVerwG* – namentlich dann anzunehmen sein, wenn eine singuläre Anlage in einem auffälligen Kontrast zur übrigen Bebauung steht. In Betracht kommen insbesondere solche baulichen Anlagen, die nach ihrer auch äußerlich erkennbaren Zweckbestimmung in der näheren Umgebung einzigartig sind. Sie erlangen die Stellung eines Unikats umso eher, je einheitlicher die nähere Umgebung im Übrigen baulich genutzt ist. Trotz ihrer deutlich in Erscheinung tretenden Größe und ihres nicht zu übersehenden Gewichts in der näheren Umgebung bestimmen sie nicht deren Eigenart, weil sie wegen ihrer mehr oder weniger ausgeprägten, vom übrigen Charakter der Umgebung abweichenden Struktur gleichsam isoliert dastehen.

638 Gegenstand und Gehalt der Regelung des **§ 1 X BauNVO** sind so mit § 34 IIIa BauGB vergleichbar, wonach im nicht beplanten Innenbereich vom Erfordernis des Einfügens in die Eigenart der näheren Umgebung nach 34 I 1 BauGB im Einzelfall abgewichen werden kann, wenn die Abweichung (1) der Erweiterung, Änderung, Nutzungsänderung oder Erneuerung eines zulässigerweise errichteten Gewerbe- oder Handwerksbetriebs dient, (2) **städtebaulich vertretbar** ist und (3) auch unter Würdigung nachbarlicher Interessen mit den öffentlichen Belangen vereinbar ist (§ 34 IIIa BauGB). Die Überschreitung des in der Umgebung vorgezeichneten Rahmens ist danach vor allem von dem Merkmal der städtebaulichen Vertretbarkeit abhängig.

639 Das *BVerwG* verweist zu dieser Möglichkeit der städtebaulichen Eingliederung von Fremdkörpern in eine andersartige Umgebung auf die Planungsleitlinien des § 1 V BauGB und das Abwägungsgebot[1267] des § 1 VII BauGB, das in diesen Fällen besondere Bedeutung hat. Was nicht durch Bauleitplanung planbar ist und was den städtebaulichen Grundsätzen des § 1 BauGB nicht entspricht, ist auch nicht städtebaulich vertretbar. Eine absolute Grenze liegt deshalb nach Auffassung des *BVerwG* darin, dass die Erweiterung eines den Rahmen der Umgebung sprengenden Gewerbebetriebes ausgeschlossen ist,

---

[1266] *BVerwG*, Urt. v. 26. 5. 1978 – IV C 9.77 – BVerwGE 55, 369 = *Hoppe/Stüer* RzB Rdn. 336 – Harmonieurteil; Urt. v. 15. 2. 1990 – 4 C 23.86 – BVerwGE 84, 322 = *Hoppe/Stüer* RzB Rdn. 388 – Unikat.

[1267] Zum Abwägungsgebot s. Rdn. 1195.

wenn von dem (veränderten) Betrieb Emissionen ausgehen würden, die der Nachbarschaft nicht zumutbar wären, die also – erstmalig oder weiterhin – beispielsweise ein Einschreiten der Gewerbeaufsicht rechtfertigen würden.[1268]

Mit diesen Grundsätzen der städtebaulichen Vertretbarkeit sind zugleich die **Grenzen** **640** für die **bestandsorientierten Planungsmöglichkeiten** in § 1 X BauGB umschrieben. Die Sicherung des gewerblichen Bestandes ist nur in dem Umfang zulässig, wie die Festsetzungen zu einem noch auskömmlichen Nebeneinander von Gewerbe und Wohnen beitragen und sicherstellen, dass die schutzbedürftigen Nutzungen einen nach Lage der Dinge und insbesondere unter Berücksichtigung der Vorbelastung ausreichenden Schutz erhalten.

Die Festsetzungsmöglichkeit nach § 1 X 1 BauNVO verfolgt in Ausführung der ge- **641** setzlichen Vorgabe des § 1 V 2 Nr. 4 BauGB im Wesentlichen das städtebauliche Anliegen, für eine erhöhte Planungs- und Investitionssicherheit zu sorgen und eine Erweiterung bereits vorhandener Nutzung zu ermöglichen. Das städtebauliche Anliegen kann nach Auffassung des Verordnungsgebers dadurch gefördert werden, dass die Gemeinde durch ihre Planung jene vorhandenen baulichen Anlagen an ihrem Standort planungsrechtlich sichert, die bei typisierender Betrachtungsweise nunmehr „an sich" unzulässig sind und daher zwar kraft passiven Bestandsschutzes nicht beseitigt, jedoch aufgrund neuer Rechtslage nicht erweitert werden können. Die Gemeinde soll allerdings gehindert sein, diese Möglichkeit gleichsam wahllos für eine bauliche Anlage vorzusehen. Aus diesem Grunde wird sie in ihrer planerischen Möglichkeit durch die Voraussetzung begrenzt, dass sich ihre Planung auf ein „überwiegend bebautes Gebiet" zu beziehen hat. Maßgebend ist mithin eine gesamträumliche Betrachtung des beplanten Gebietes. Ob das Übergewicht der bereits vorhandenen Bebauung sich nach der Mehrzahl der im Plangebiet belegenen und bebauten Grundstücke richtet und ob hierzu ein optischer Eindruck maßgebend zu sein hat,[1269] mag zweifelhaft sein. § 1 X 1 BauNVO stellt nicht entscheidend auf die einzelnen Grundstücke ab, sondern auf einen Gesamtzusammenhang.[1270]

j) Verkehrslärmschutz. Neuere Entwicklungen sind zum Verkehrslärmschutz in der **642** Bauleitplanung zu verzeichnen.[1271] Auch ein Bebauungsplan kann Grundlage für den Bau

---

[1268] *BVerwG*, Urt. v. 15. 2. 1990 – 4 C 23.86 – BVerwGE 84, 322 = *Hoppe/Stüer* RzB Rdn. 388 – Unikat.
[1269] So *Fickert/Fieseler*, § 1 BauNVO, Rn. 138.
[1270] *BVerwG*, B. v. 6. 3. 2002 – 4 BN 11.02 – ZfBR 2002, 687 = BauR 2002, 1665.
[1271] Zum Verkehrslärmschutz *BGH*, Urt. v. 20. 3. 1975 – III ZR 215/71 – BGHZ 64, 220 = *Hoppe/Stüer* RzB Rdn. 103 – B 9; Urt. v. 6. 2. 1986 – III ZR 96/84 – BGHZ 97, 114 = NJW 1986, 1980 = DVBl. 1986, 766 = *Hoppe/Stüer* RzB Rdn. 1142 – A 96; Urt. v. 6. 3. 1986 – III ZR 146/84 – NJW 1986, 2424 – Restgrundstück; Urt. v. 17. 4. 1986 – III ZR 202/84 – BGHZ 97, 361 = DVBl. 1986, 998 = *Hoppe/Stüer* RzB Rdn. 104 – B 455; Urt. v. 23. 10. 1986 – III ZR 112/85 – NVwZ 1989, 285 = BauR 1987, 426 = *Hoppe/Stüer* RzB Rdn. 106 – Autobahn; Urt. v. 21. 12. 1989 – III ZR 49/88 – BGHZ 110, 1 = NJW 1990, 1042 = DVBl. 1190, 355 = *Hoppe/Stüer* RzB Rdn. 585 – Buchholzer Berg; Urt. v. 23. 3. 1990 – V ZR 58/89 – DVBl. 1990, 771 = DÖV 1990, 698 = *Hoppe/Stüer* RzB Rdn. 76 – Winzerfest; *BVerfG*, B. v. 7. 10. 1980 – 1 BvR 584/76 – BVerfGE 56, 298 = NJW 1981, 1659 = DVBl. 1981, 535 = *Hoppe/Stüer* RzB Rdn. 1157 – Memmingen; B. v. 30. 11. 1988 – 1 BvR 1301/84 – BVerfGE 79, 174 = NJW 1989, 1271 = DVBl. 1989, 352 = *Hoppe/Stüer* RzB Rdn. 98 – Verkehrslärm; *BVerwG*, Urt. v. 17. 11. 1972 – IV C 21.69 – BVerwGE 41, 178 = NJW 1973, 915 = DVBl. 1973, 492; Urt. v. 21. 5. 1976 – IV C 24.75 – BVerwGE 51, 35 = NJW 1976, 1765 = *Hoppe/Stüer* RzB Rdn. 107 – Schwetzingen; Urt. v. 21. 5. 1976 – IV C 80.74 – BVerwGE 51, 15 = NJW 1976, 1760 = DVBl. 1976, 799 = *Hoppe/Stüer* RzB Rdn. 108 – Stuttgart-Degerloch; Urt. v. 7. 7. 1978 – IV C 79.76 – BVerwGE 56, 110 = NJW 1979, 64 = *Hoppe/Stüer* RzB Rdn. 1164 – Flughafen Frankfurt; Urt. v. 12. 9. 1980 – 4 C 74.77 – BVerwGE 61, 1 – B 19; Urt. v. 11. 12. 1981 – 4 C 69.78 – BVerwGE 64, 270 = NJW 1982, 1473 = *Hoppe/Stüer* RzB Rdn. 28 – K 2; Urt. v. 30. 5. 1984 – 4 C 58.81 – BVerwGE 69, 256 = NVwZ 1984, 718 = *Hoppe/Stüer* RzB Rdn. 1171 – München II; Urt. v. 30. 5. 1984 – 4 C 58.81 – BVerwGE 71, 150 = NJW 1985, 3034 = *Hoppe/Stüer* RzB Rdn. 145 – Roter Hang; Urt. v. 4. 6. 1986 – 7 C 76.84 – BVerwGE 74, 234 = NJW 1986, 2655 = DVBl. 1987, 373 = *Hoppe/Stüer* RzB

einer Straße sein. In welchem Umfang dies möglich ist und der Bebauungsplan ein straßenrechtliches Planfeststellungsverfahren ersetzen kann, bestimmt das jeweilige Landesrecht. Das gilt auch im Falle einer isolierten Straßenplanung.[1272]

643   Mit Erlass der Sechzehnten Verordnung zur Durchführung des BImSchG (**Verkehrslärmschutzverordnung – 16. BImSchV**)[1273] ist der Verordnungsgeber dem ihm durch § 43 I 1 Nr. 1 BImSchG erteilten Regelungsauftrag nachgekommen und hat den Verkehrslärmschutz für den Bau oder die wesentliche Änderung von öffentlichen Straßen sowie von Schienenwegen auf eine neue rechtliche Basis gestellt. Diese Lückenschließung war von der Rechtsprechung mehrfach angemahnt worden.[1274] War früher eine Einzelfallbeurteilung nach dem in vielen Bereichen unscharfen Maßstab der Zumutbarkeit erforderlich,[1275] so kann nunmehr im Bereich der Lärmvorsorge bei der Planung von

---

Rdn. 118 – StVO; Urt. v. 5. 12. 1986 – 4 C 13.85 – BVerwGE 75, 214 = NVwZ 1987, 578 = *Hoppe/Stüer* RzB Rdn. 191 – Erdinger Moos; Urt. v. 22. 5. 1987 – 4 C 17 – 19.84 – BVerwGE 77, 285 = NJW 1987, 2886 = *Hoppe/Stüer* RzB Rdn. 120 – Meersburg; Urt. v. 22. 5. 1987 – 4 C 17 – 19.84 – BVerwGE 77, 295 = NJW 1987, 2884 = DVBl. 1987, 1011 = *Hoppe/Stüer* RzB Rdn. 119 – Ausgleichsanspruch; Urt. v. 22. 5. 1987 – 4 C 6 u. 7.85 – NVwZ 1987, 1078 = BauR 1987, 531 = *Hoppe/Stüer* RzB Rdn. 945 – Fernwirkungen; B. v. 28. 8. 1987 – 4 N 1.86 – NVwZ 1988, 351 = DVBl. 1987, 1273 = *Hoppe/Stüer* RzB Rdn. 63 – Hamburger Verwaltungsgebäude; B. v. 14. 9. 1987 – 4 B 179 u. 180.87 – NVwZ 1988, 363 = BauR 1989, 56 = *Hoppe/Stüer* RzB Rdn. 121 – Ortsumgehung; B. v. 27. 1. 1988 – 4 B 7.88 – NVwZ 1988, 534 = DVBl. 1988, 538 – U-Bahnbau; Urt. v. 25. 3. 1988 – 4 C 1.85 – NVwZ 1989, 252 = *Hoppe/Stüer* RzB Rdn. 122 – Abgase; Urt. v. 29. 4. 1988 – 7 C 33.87 – BVerwGE 79, 254 = *Hoppe/Stüer* RzB Rdn. 79 – Feueralarmsirene; Urt. v. 4. 5. 1988 – 4 C 2.85 – NVwZ 1989, 151 = *Hoppe/Stüer* RzB Rdn. 1067 – Judex non calculat; Urt. v. 1. 7. 1988 – 4 C 49.86 – BVerwGE 80, 7 = NVwZ 1989, 253 = *Hoppe/Stüer* RzB Rdn. 1179 – Nürnberg-Süd; Urt. v. 19. 8. 1988 – 8 C 51.87 – BayVBl. 1989, 118 = *Hoppe/Stüer* RzB Rdn. 1036 – Schallschutzwand; B. v. 26. 8. 1988 – 7 B 124.88 – NVwZ 1989, 257 = DÖV 1989, 400 – Mittelwert; B. v. 7. 9. 1988 – 4 N 1.87 – BVerwGE 80, 184 = NJW 1989, 467 = *Hoppe/Stüer* RzB Rdn. 177 – Schallschutzfenster; Urt. v. 11. 11. 1988 – 4 C 11.87 – NVwZ 1989, 255 = DVBl. 1989, 358 = *Hoppe/Stüer* RzB Rdn. 123 – Schallschutzfenster; Urt. v. 16. 12. 1988 – 4 C 40.86 – BVerwGE 81, 95 = NVwZ 1989, 750 = DVBl. 1989, 363 = *Hoppe/Stüer* RzB Rdn. 1180 – Hubschrauberlandeplatz; B. v. 21. 7. 1989 – 4 NB 18.88 – NVwZ 1990, 256 = BauR 1989, 580 = *Hoppe/Stüer* RzB Rdn. 100 – Verkehrsfläche; Urt. v. 20. 10. 1989 – 4 C 12.87 – BVerwGE 84, 31 = NJW 1990, 925 = DVBl. 1990, 419 = *Hoppe/Stüer* RzB Rdn. 216 – Eichenwäldchen; B. v. 12. 6. 1990 – 7 B 72.90 – DVBl. 1990, 1185 = ZfBR 1990, 305 = *Hoppe/Stüer* RzB Rdn. 380 – planersetzende Abwägung; Urt. v. 9. 2. 1995 – 4 C 26.93 – NVwZ 1995, 907 = DVBl. 1995, 750 – Schallschutzwand; B. v. 1. 9. 1999 – 4 BN 25.99 – NVwZ-RR 2000, 146 – technisches Regelwerk; *Alexander* DÖV 1983, 515; *Becher* DWW 1994, 130; *Cybulka* DÖV 1990, 1033; *Dürr* UPR 1992, 241; *Fickert* BauR 1976, 1; *Haak* BWVPr. 1989, 25; *Halama/Stüer* NVwZ 2003, 137; *Hendlmeier* NuR 1992, 463; *Hill* ZfBR 1980, 223; *Koch* Schutz vor Lärm 1990; *Mayen* NVwZ 1991, 842; *Numberger* BayVBl. 1984, 456; *ders.* BayVBl. 1986, 540; *Peine* DÖV 1988, 837; *Quaas* NVwZ 1991, 16; *Ramsauer* NuR 1990, 349; *Schmitz* NVwZ 1991, 1126; *Schulze-Fielitz* UPR 1992, 41; *Schwab* DWW 1986, 39; *Sommer* ZfBR 1990, 54; *Steinebach*, Lärm- und Luftgrenzwerte, 1987; *Stüer* StuGR 1989, 6; *ders.* DVBl. 1990, 1393; *Vierling* NuR 1983, 300; *Wellmann* DÖV 1991, 1011; *Zeitler* NVwZ 1992, 830.

[1272] *BVerwG*, Urt. v. 3. 6. 1971 – IV C 64.70 – BVerwGE 38, 152; B. v. 7. 9. 1988 – 4 N 1.87 – BVerwGE 80, 184 = *Hoppe/Stüer* RzB Rdn. 177; B. v. 21. 7. 1989 – 4 NB 18.88 – NVwZ 1990, 256 = *Hoppe/Stüer* RzB Rdn. 100; *Stüer* DÖV 1990, 217; zur Abweichung von der Planfeststellung *Stüer* DVBl. 1990, 35.

[1273] V. 12. 6. 1990, BGBl. I 1036.

[1274] *BVerwG*, Urt. v. 23. 1. 1981 – 4 C 4.78 – BVerwGE 61, 295 = NJW 1981, 2137 = DVBl. 1981, 932 = *Hoppe/Stüer* RzB Rdn. 113 – Schallschutz; Urt. v. 22. 5. 1987 – 4 C 33 – 35.83 – BVerwGE 77, 285 = *Hoppe/Stüer* RzB Rdn. 120 – Meersburg; Urt. v. 20. 10. 1989 – 4 C 12.87 – BVerwGE 84, 31 – DVBl. 1990, 419 = *Hoppe/Stüer* RzB Rdn. 216 – Eichenwäldchen; *BVerfG*, B. v. 30. 11. 1988 – 1 BvR 1301/84 – BVerfGE 79, 174 = DVBl. 1989, 352 = *Hoppe/Stüer* RzB Rdn. 98 – Anliegergrundstück; *BGH*, Urt. v. 17. 4. 1986 – III ZR 202/84 – BGHZ 97, 361 = DVBl. 1987, 104.

[1275] *BVerwG*, Urt. v. 21. 5. 1976 – IV C 38.74 – BVerwGE 51, 6 – Darmstadt-Süd; Urt. v. 21. 5. 1976 – IV C 80.74 – BVerwGE 51, 15 = DVBl. 1976, 799 = *Hoppe/Stüer* RzB Rdn. 108 – Stuttgart-Degerloch; Urt. v. 23. 1. 1981 – 4 C 4.78 – BVerwGE 61, 295 = *Hoppe/Stüer* RzB Rdn. 113; Urt. v. 4. 6.

Straßen und Schienenwegen auf die Immissionsgrenzwerte in § 2 der 16. BImSchV zurückgegriffen werden.[1276] Außerdem ist durch ein der 16. BImSchV beigefügtes Berechnungsverfahren[1277] sichergestellt, dass die Berechnung der Beurteilungspegel an Straßen nach einheitlichen Maßstäben und Berechnungsmethoden erfolgt.[1278] Der Beurteilungspegel für Geräusche ist nach § 3 der 16. BImSchV auch dann grundsätzlich zu berechnen und nicht zu messen, wenn Vorhaben bereits verwirklicht sind und daher einer Messung an sich nicht zugänglich wären.[1279] Die Verordnung gilt für den Neubau oder die **wesentliche Änderung von öffentlichen Straßen** und von **Schienenwegen**. Für Straßenbaumaßnahmen ist die Änderung dabei nach § 1 II 16. BImSchV wesentlich, wenn (1) eine Straße um einen oder mehrere durchgehende Fahrstreifen für den Kfz-Verkehr erweitert wird, (2) durch einen erheblichen baulichen Eingriff der Beurteilungspegel um mindestens 3 dB(A) oder auf mindestens 70 dB(A) am Tage oder mindestens 60 dB(A) in der Nacht erhöht wird oder (3) der Beurteilungspegel bereits vor der Änderung bei 70 dB(A) tags oder 60 dB(A) nachts lag und durch einen erheblichen baulichen Eingriff weiter erhöht wird. Die letztgenannte Schwelle findet auf Gewerbegebiete keine Anwendung.

Hinweis: Die Maßeinheit dB(A) ist logarithmisch aufgebaut. Eine Erhöhung des Lautstärkenpegels um jeweils 10 dB(A) entspricht in etwa einer Verdoppelung der subjektiv empfundenen Lautstärke. Umgekehrt bewirkt eine Verminderung des Lautstärkenpegels um 10 dB(A), dass der Lärm nur noch halb so laut empfunden wird. Ein schwankender Lärmpegel, wie ihn der Straßenverkehr verursacht, wird in einen sog. Mittelungspegel übersetzt (auch energieäquivalenter Dauerschallpegel genannt). Er berücksichtigt die kurzfristig auftretenden hohen Pegelspitzen – etwa bei Vorbeifahrt eines LKW – besonders stark. Die Pegeldifferenz von 3 dB(A) ist vom menschlichen Ohr gerade wahrnehmbar. Eine Verdoppelung der Verkehrsmenge bewirkt eine Erhöhung um 3 dB(A), eine Halbierung der Verkehrsmenge eine Pegelminderung um 3 dB(A). Eine Erhöhung des Lärmpegels um 5 dB(A) tritt ein, wenn die Verkehrsstärke einer Straße bei sonst gleichen Bedingungen auf das Dreifache, eine Verdoppelung des Lärmpegels (= Pegelerhöhung vom 10 dB[A]), wenn die Verkehrsstärke auf das Zehnfache anwächst.[1280]

644 Planung verbindet sich aus Gründen des Gesundheits- und Eigentumsschutzes (Art. 2, 14 GG), der Wahrung der Belange der kommunalen Selbstverwaltung (Art. 28 II GG) und rechtsstaatlich-demokratischen Gründen (Art. 20 III GG) notwendigerweise mit dem **Abwägungsgebot**.[1281] Autonome Planung muss sich durch Abwägung legitimieren.[1282] Die rechtlichen Anforderungen an die Bewältigung des Lärmschutzes stellen sich

---

1986 – 7 C 76.84 – BVerwGE 74, 234 = *Hoppe/Stüer* RzB Rdn. 118 – Straßenverkehrslärm; B. v. 28. 8. 1987 – 4 N 1.86 – DVBl. 1987, 1273 = *Hoppe/Stüer* RzB Rdn. 63 – Volksfürsorge; B. v. 14. 9. 1987 – 4 B 179 u. 180.87 – NVwZ 1988, 363 = *Hoppe/Stüer* RzB Rdn. 121 – Ortsumgehung; Urt. v. 4. 5. 1988 – 4 C 2.85 – NVwZ 1989, 151 = *Hoppe/Stüer* RzB Rdn. 1067 – judex non calculat; Urt. v. 12. 12. 1990 – 4 C 40.87 – DVBl. 1991, 810 = *Hoppe/Stüer* RzB Rdn. 101 – Verkehrslärmschutzverordnung; B. v. 18. 12. 1990 – 4 N 6.88 – DVBl. 1991, 442 = *Hoppe/Stüer* RzB Rdn. 179 – Gewerbegebiet-Nord; Urt. v. 29. 1. 1991 – 4 C 51.89 – BVerwGE 87, 332 = DVBl. 1991, 1142 = *Hoppe/Stüer* RzB Rdn. 69 – München II.

[1276] Zum nichtbeplanten Innenbereich *BVerwG*, Urt. v. 12. 12. 1990 – 4 C 40.87 – DVBl. 1991, 810 = BauR 1991, 308 = *Hoppe/Stüer* RzB Rdn. 101.

[1277] Anlage 2 zu § 3 16. BImSchV.

[1278] Das Berechnungsverfahren ist verfassungsrechtlich unbedenklich, so *BVerwG*, Urt. v. 5. 3. 1997 – 11 A 25.95 – DVBl. 1997, 831 = NuR 1997, 435 – Sachsenwald; vgl. auch Urt. v. 18. 6. 1997 – 11 A 70.95 – UPR 1997, 470 = NJ 1997, 615 – Staffelstein.

[1279] *BVerwG*, B. v. 6. 2. 1992 – 4 B 147.92 – Buchholz 406.25 § 43 BImSchG Nr. 1039; Urt. v. 20. 10. 1989 – 4 C 12.87 – BVerwGE 84, 31 = *Hoppe/Stüer* RzB Rdn. 216 – Eichenwäldchen.

[1280] *Stüer* VR 1986, 195, 200.

[1281] *BVerwG*, Urt. v. 11. 1. 2001 – 4 A 12.99 – DVBl. 2001, 669 = DÖV 2001, 692 = NVwZ 2001, 1160, mit Hinweis auf Urt. v. 28. 1. 1999 – 4 CN 5.98 – BVerwGE 108, 248 = DVBl. 1999, 1288 = NVwZ 1999, 1222.

[1282] *BVerwG*, Urt. v. 12. 12. 1969 – IV C 105.66 – BVerwGE 34, 301 = DVBl. 1970, 414.

daher als Abwägungs- und Rechtsschutzpyramide dar.[1283] In die Abwägung sind alle Belange einzustellen, die mehr als geringfügig, in ihrem Eintritt wahrscheinlich, schutzwürdig und erkennbar sind.[1284] Bereits Betroffenheiten im Bereich der Hörbarkeitsschwelle von 2 bis 3 dB(A)[1285] sind daher in die Abwägung einzustellen, selbst wenn der einfach-rechtliche Richt- oder Grenzwert nicht erreicht wird und auch keinerlei Gesundheitsgefahr besteht.[1286] Lärm ist daher ein Abwägungsfaktor unabhängig davon, ob die Werte der Regelwerke erreicht oder gar überschritten werden. Der Abwägung wesentlich ist es allerdings, dass Belange auch überwunden und zurückgestellt werden können.[1287] Werden die Richtwerte der jeweiligen Rechtsverordnungen erreicht, können sich daraus erhöhte Abwägungserfordernisse ergeben. Hier entwickeln sich die Richtwerte der Regelwerke zu Abwägungsdirektiven.[1288] Auch treten Planungsalternativen stärker in den Vordergrund.[1289] Bei Überschreiten der Lärmgrenzwerte etwa der 16. BImSchV[1290] bestehen nach § 41 I und II BImSchG Rechtsansprüche auf Einhaltung der Werte ggf. auch Schutzmaßnahmen[1291] oder auf Entschädigung[1292] vergleichbar dem Schutzauflagensystem in § 74 II 2 und 3 VwVfG.[1293] Derartige Rechte sind nur nach Maßgabe der normierten Regelungen einschränkbar und lösen entsprechende Schutzauflagen- oder Entschädigungsansprüche aus. Ist die Höhe des Schadens noch nicht abschließend absehbar, kann über den Anspruch in der Planfeststellung dem Grunde nach entschieden werden.[1294] Die Regelungen des Planfeststellungsbeschlusses sind dabei allerdings vorrangig und nach dem Grundsatz des Vorrangs des Primärrechtsschutzes abschließend.[1295] Wird die Schwelle zur Gesundheitsgefahr überschritten, muss die Pla-

---

[1283] S. Rdn. 1060, 4319.
[1284] *BVerwG*, B. v. 9. 11. 1979 – 4 N 1.78 – BVerwGE 59, 87 = DVBl. 1980, 233.
[1285] So *BVerwG*, B. v. 19. 2. 1992 – 4 NB 11.91 – NJW 1992, 2844 = DVBl. 1992, 1099 – Ferienhausgebiet.
[1286] Zum Abwägungsgebot in der Flughafenplanung *BVerwG*, Urt. v. 29. 1. 1991 – 4 C 51.89 – BVerwGE 87, 332 = DVBl. 1991, 1143 = NVwZ-RR 1991, 601 – Flughafen München II.
[1287] *BVerwG*, Urt. v. 12. 12. 1969 – IV CF 105.66 – BVerwGE 34, 301 = DVBl. 1970, 414.
[1288] *BVerwG*, Urt. v. 11. 1. 2001 – 4 A 12.99 -DVBl. 2001, 669 = DÖV 2001, 692 = NVwZ 2001, 1160, mit Hinweis auf Urt. v. 28. 1. 1999 – 4 CN 5.98 – BVerwGE 108, 248, 253 = DVBl. 1999, 1288 = NVwZ 1999, 1222.
[1289] *BVerwG*, Urt. v. 11. 1. 2001 – 4 A 13.99 – DVBl. 2001, 669 = BauR 2001, 900 = NVwZ 2001, 1154 – Schweinfurt, mit Hinweis auf Urt. v. 25. 1. 1996 – 4 C 5.95 – BVerwGE 100, 238 = DVBl. 1996, 677 = NVwZ 1996, 788; Urt. v. 28. 1. 1999 – 4 A 18.98 – NVwZ-RR 1999, 629; Urt. v. 25. 10. 2001 – 11 A 30.00 – 110-kV-Bahnstromleitung. Aber auch bei schweren Betroffenheiten haben Alternativplanungen keinen absoluten Vorrang, *BVerwG*, B. v. 30. 9. 1998 – 4 VR 9.98 – NVwZ-RR 1999, 164.
[1290] Zur Rechtslage vor In-Kraft-Treten der 16. BImSchV *BGH*, Urt. v. 21. 1. 1999 – III ZR 168/97 – BGHZ 140, 285 = DVBl. 1999, 603.
[1291] *BVerwG*, Urt. v. 26. 2. 1999 – 4 A 47.96 – DVBl. 1999, 1526 = NVwZ 2000, 560 – A 14, mit Hinweis auf Urt. v. 18. 4. 1996 – 11 A 86.95 – BVerwGE 101, 73 = DVBl. 1996, 921, 924 = NVwZ 1996, 901 – Tiergartentunnel.
[1292] *BVerwG*, Urt. v. 27. 10. 1999 – 11 A 31.98 – NVwZ 2000, 435 = UPR 2000, 146 – Ersatzradweg, mit Hinweis auf Urt. v. 9. 2. 1995 – 4 C 26.93 – BVerwGE 97, 367 = DVBl. 1995, 750 = NVwZ 1995, 907.
[1293] Grundlegend *BVerwG*, Urt. v. 14. 2. 1975 – IV C 21.74 – BVerwGE 48, 56 = DVBl. 1975, 713 = NJW 1975, 1373 – B 42; Urt. v. 9. 2. 1995 – 4 C 26.93 – BVerwGE 97, 367 = DVBl. 1995, 750 = NVwZ 1995, 907 – Lärmschutzwand; Urt. v. 18. 3. 1998 – 11 A 55.96 – DVBl. 1998, 1181 = NVwZ 1998, 1071 – Staffelstein; B. v. 1. 4. 1998 – 11 VR 13.97 – DVBl. 1998, 1191 = NVwZ 1998, 1070 = UPR 1998, 311 – Aumühle; Urt. v. 15. 3. 2000 – 11 A 33.97 – NVwZ 2001, 78.
[1294] *BVerwG*, Urt. v. 31. 1. 2001 – 11 A 6.00 – DVBl. 2001, 1306 = NVwZ-RR 2001, 653, 655 = UPR 2001, 352.
[1295] *OVG Lüneburg*, Urt. v. 3. 5. 2001 – 7 K 4341/99 – DVBl. 2001, 1307 = NordÖR 2001, 444, mit Hinweis auf *BVerwG*, Urt. v. 22. 6. 1979 – IV C 8.76 – BVerwGE 58, 154 = DVBl. 1980, 289; Urt. v. 22. 5. 1987 – 4 C 17 – 19.84 – BVerwGE 77, 295 = DVBl. 1987, 1011 = NJW 1987, 2884. Zum

2. Teil. Inhalt und Rechtsnatur der Bauleitpläne 645 A

nung zwingend einen Ausgleich schaffen. Sie hat die Belastungen entweder durch planerische Maßnahmen zu verringern, durch eine Umplanung die Voraussetzungen für eine Enteignung und damit eine Entschädigung zu schaffen oder in anderer Weise einen entschädigungsrechtlichen Ausgleich zu gewähren. Eine Gesundheitsgefahren herbeiführende oder fortschreibende Planung würde an den verfassungsrechtlichen Erfordernissen eines ausreichenden Gesundheitsschutzes und auch der Eigentumsgarantie scheitern. Der Plangeber kann daher das Lärmschutzinteresse nicht risikolos wegwerten. Die Schwelle zur Gesundheitsgefährdung wird von der Rechtsprechung bei einem äquivalenten Dauerschallpegel von tags zwischen 70 dB(A) (*BVerwG*[1296]) bzw. 75 dB(A) (*BGH*[1297]) und 60 dB(A) (*BVerwG*) bzw. 65 dB(A) (*BGH*) angenommen. Auf der anderen Seite bestehen alledings unterhalb der Gesundheitsgefahr nach Maßgabe der Normvorgaben planerische Abwägungsspielräume,[1298] bei denen auch prognostische Elemente wirksam werden können.[1299] Auch spürbare Wertminderungen hat der Betroffene bei Einhaltung des Abwägungsgebotes hinzunehmen.[1300] Man wird es daher einem Planungsträger wohl nicht automatisch als Abwägungsfehler anlasten können, wenn er den Lärm, der nicht in unmittelbarem Zusammenhang mit seinem Vorhaben steht, als für die Standortentscheidung letztlich nicht allein ausschlaggebend behandelt, solange die jeweiligen Betroffenheiten zutreffend ermittelt und in die Abwägung eingestellt worden sind.[1301]

Das in der Verkehrslärmschutzverordnung geregelte **System des Verkehrslärmschutzes** stellt sich in **vier Stufen** wie folgt dar:
- Bei raumbedeutsamen Planungen und Maßnahmen sind die für eine bestimmte Nutzung vorgesehenen Flächen nach § 50 BImSchG so zuzuordnen, dass schädliche Umwelteinwirkungen auf die ausschließlich oder überwiegend dem Wohnen dienenden Gebiete sowie auf sonstige schutzbedürftige Gebiete so weit wie möglich vermieden werden (**immissionsschutzrechtlicher Planungsgrundsatz – Trennungsgrundsatz**).
- Bei dem Bau oder der wesentlichen Änderung öffentlicher Straßen sowie von Eisenbahnen und Straßenbahnen ist nach § 41 I BImSchG sicherzustellen, dass von diesen keine schädlichen Umwelteinwirkungen durch Verkehrsgeräusche hervorgerufen werden können, die nach dem Stand der Technik vermeidbar sind (**Vermeidungsgebot – aktiver Schallschutz**).
- Das Vermeidungsgebot gilt nicht, soweit die Kosten der Schutzmaßnahmen außer Verhältnis zu dem angestrebten Schutzzweck stehen (**Kosten-Nutzen-Bilanz**).
- Werden die Immissionsgrenzwerte überschritten, hat der Eigentümer einer betreffenden baulichen Anlage gegen den Träger der Baulast einen Anspruch auf angemessene Entschädigung in Geld, es sei denn, dass die Beeinträchtigung wegen der besonderen

645

Vorrang des Anspruchs auf Planergänzung gegenüber einem Entschädigungsanspruch *BGH*, Urt. v. 21. 1. 1999 – III ZR 168/97 – DVBl. 1999, 603.

[1296] *BVerwG*, Urt. v. 21. 5. 1976 – IV C 80.74 – BVerwGE 51, 15 = DVBl. 1976, 779 = NJW 1976, 1760 – Stuttgart-Degerloch.

[1297] *BGH*, Urt. v. 25. 3. 1993 – III ZR 60/91 – BGHZ 122, 76 = DVBl. 1993, 1089 = NJW 1993, 1700.

[1298] *BVerwG*, Urt. v. 27. 10. 2000 – 4 A 18.99 – BVerwGE 112, 140 = DVBl. 2001, 386, 393 = NVwZ 2001, 673; Urt. v. 20. 12. 2000 – 11 A 7.00 – NVwZ-RR 2001, 360 = UPR 2001, 351, mit Hinweis auf Urt. v. 3. 3. 1999 – 11 A 9.97 – DVBl. 1999, 1527 = NuR 2000, 575 = NVwZ-RR 1999, 720 = UPR 1999, 388.

[1299] *BVerwG*, Urt. v. 22. 11. 2000 – 11 C 2.00 – BVerwGE 112, 221 = DVBl. 2001, 405 = NVwZ 2001, 429, 430. Die abschließende Entscheidung muss allerdings grundsätzlich in der Planfeststellung selbst erfolgen. Ein Auflagenvorbehalt ist nur unter den Voraussetzungen des § 74 III VwVfG zulässig, *BVerwG*, Urt. v. 22. 11. 2000 – 11 C 2.00 – BVerwGE 112, 221 = DVBl. 2001, 405 = DÖV 2001, 691 = NVwZ 2001, 429 = UPR 2001, 148.

[1300] *BVerwG*, B. v. 5. 3. 1999 – 4 A 7.98 (4 AR 3.98) – NVwZ-RR 1999, 556.

[1301] *BVerwG*, Urt. v. 27. 10. 2000 – 4 A 18.99 – BVerwGE 112, 140 = DVBl. 2001, 386, 393 = NVwZ 2001, 673; vgl. auch *Halama/Stüer* NVwZ 2003, 137.

Benutzung der Anlage zumutbar ist (**passiver Schallschutz**). Die Entschädigung ist zu leisten für Schallschutzmaßnahmen an den baulichen Anlagen in Höhe der zu erbringenden notwendigen Aufwendungen, soweit sich diese im Rahmen der Verkehrslärmschutzverordnung halten.

646 Lärmbeeinträchtigungen durch Verkehrsanlagen sind nach § 50 BImSchG möglichst zu vermeiden. Die **Planung** von Verkehrsanlagen ist daher nach Möglichkeit so auszurichten, dass schutzbedürftige Gebiete, die dem Wohnen dienen, nur in dem erforderlichen Maß von Verkehrslärm betroffen werden. Hier besteht allerdings ein erheblicher Abwägungsspielraum.[1302] Soweit sich eine Lärmbeeinträchtigung nicht vermeiden lässt, ist nach § 41 I BImSchG dafür Sorge zu tragen, dass die Immissionsgrenzwerte der Verkehrslärmschutzverordnung eingehalten werden. Hierfür kommen eine entsprechende Gestaltung der Verkehrsanlage und Maßnahmen des **aktiven Schallschutzes** in Betracht. Werden die Immissionsgrenzwerte überschritten, so haben die dadurch Betroffenen daher grundsätzlich einen Anspruch auf aktiven Schallschutz. Dieser ist jedoch in zweifacher Weise relativiert: Zum einen besteht kein Anspruch auf eine bestimmte Schallschutzmaßnahme, sondern räumt der planenden Behörde insoweit ein Auswahlermessen ein.[1303] Zum anderen schließt § 41 II BImSchG einen Anspruch aus, soweit die **Kosten** der Schutzmaßnahme außer Verhältnis zu dem angestrebten Schutzzweck stehen.[1304] Die Vorschrift eröffnet nach Auffassung des 4. Senats des BVerwG zwar keinen planerischen Gestaltungsraum. Inwieweit Maßnahmen des aktiven Schallschutzes zu ergreifen sind, sei vielmehr als das Ergebnis einer gebundenen Entscheidung davon abhängig, ob die in dieser Vorschrift genannten Tatbestandsmerkmale erfüllt sind. Diese Auslegung erscheint allerdings sehr eng. Es ist vielmehr sachgerecht, § 41 II BImSchG einen planerischen Abwägungsspielraum zu entnehmen.[1305] Es spricht sogar einiges dafür, dass die in § 41 II BImSchG niedergelegte Kosten-Nutzen-Bilanz sich nicht nur auf die Kosten des jeweiligen aktiven Schallschutzes, sondern auch auf **andere Gesichtspunkte** beziehen darf. So könnte auch aus städtebaulichen Gründen von einem aktiven Lärmschutz abgesehen werden.[1306]

647 Zum Kreis der abwägungserheblichen Belange[1307] gehört auch das Interesse, vor **vermehrten Verkehrslärmimmissionen** bewahrt zu bleiben.[1308] Der Gesetzgeber bewertet dieses Interesse nicht bloß im Immissionsschutzrecht (vgl. §§ 3, 40 ff. BImSchG) als schutzbedürftig. Auch im Bauplanungsrecht verhält er sich den Belangen des Verkehrslärmschutzes gegenüber nicht neutral.[1309] Als Abwägungsposten beachtlich ist das Lärmschutzinteresse nicht erst, wenn die Geräuschbeeinträchtigungen den Status von schädlichen Umwelteinwirkung im Sinne des § 41 I BImSchG erreicht, die einen Kompensationsanspruch nach sich ziehen, oder gar die Schwelle der Gesundheitsgefährdung

---

[1302] *BVerwG*, Urt. v. 28. 1. 1999 – 4 CN 5.98 – UPR 1999, 268 = ZfBR 1999, 219.
[1303] So besteht etwa bei Überschreitung der Immissionsgrenzwerte durch eine zweigleisige Bahnstrecke kein Anspruch der Betroffenen auf Errichtung einer Mittelwand, so *BVerwG*, B. v. 10. 1. 1996 – 11 VR 19.95 – UPR 1996, 227 = ZUR 1996, 217 – Reinbek-Wentorf.
[1304] *BVerwG*, B. v. 10. 1. 1996 – 11 VR 19.95 – UPR 1996, 227 – Reinbek-Wentorf; B. v. 22. 9. 1999 – 4 B 68.98 – UPR 2000, 71 = NZV 2000, 138 – Schallschutz.
[1305] So wohl auch *BVerwG*, Urt. v. 5. 3. 1997 – 11 A 25.95 – BVerwGE 104, 123 = DVBl. 1997, 831 = NVwZ 1998, 513 = UPR 1997, 295 – Sachsenwald; Urt. v. 1. 10. 1997 – 11 A 10.96 – DVBl. 1998, 330 = UPR 1998, 147 – Sachsenwald/Brunsdorf; Urt. v. 21. 4. 1999 – 11 A 50.97 – NVwZ-RR 1999, 725 = NuR 2000, 36 – Schallschutzwand; vgl. auch B. v. 22. 9. 1999 – 4 B 68.98 – UPR 2000, 71 = NZV 2000, 138 – Schallschutz.
[1306] Offen gelassen *BVerwG*, Urt. v. 28. 1. 1999 – 4 CN 5.98 – UPR 1999, 268 = ZfBR 1999, 219.
[1307] *BVerwG*, B. v. 9. 11. 1979 – 4 N 1.78 – BVerwGE 59, 87; Urt. v. 24. 9. 1998 – 4 CN 2.98 – BVerwGE 107, 215.
[1308] *BVerwG*, Urt. v. 26. 2. 1999 – 4 CN 6.98 – Buchholz 406.11 § 214 BauGB Nr. 14.
[1309] §§ 1 VI, 5 II Nr. 6 und 9 I Nr. 24 BauGB.

überschreiten, die eine absolute Planungssperre markiert. Auch Verkehrslärm, der nicht aufgrund der Wertungen des einfachen oder des Verfassungsrechts als unzumutbar einzustufen ist, kann im Rahmen der Abwägungsentscheidung den Ausschlag geben. In die Abwägung braucht er nur dann nicht eingestellt zu werden, wenn das Interesse, vor ihm bewahrt zu bleiben, nicht schutzwürdig ist oder mit so geringem Gewicht zu Buche schlägt, dass es als planungsrechtlich vernachlässigenswerte Größe außer Betracht bleiben kann.[1310] Dies hängt nicht davon ab, ob das Lärm betroffene Grundstück innerhalb oder außerhalb des überplanten Gebiets liegt. Erzeugt die Planung jenseits der Grenzen des festgesetzten Baugebiets abwägungsrelevante Lärmschutzkonflikte, so darf sich die Gemeinde der Bewältigung der hierdurch ausgelösten Probleme nicht allein mit der Bemerkung entziehen, den Geltungsbereich des Bebauungsplans aus guten Gründen auf einen engeren Raum beschränkt zu haben.[1311] Ist ein mit vermehrten Lärmimmissionen verbundenes erhöhtes Verkehrsaufkommen in der Umgebung des Plangebiets nicht das Ergebnis einer allgemeinen Veränderung der Verkehrslage, sondern – entfernungsunabhängig – eine planbedingte Folge, so ist das Lärmschutzinteresse der Betroffenen, sofern es in abwägungserheblicher Weise zu Buche schlägt, als Teil des Abwägungsmaterials bei der Planungsentscheidung zu berücksichtigen.[1312]

Zu den privaten Belangen, die im Rahmen der Abwägung zu berücksichtigen sind, gehört daher ggf. auch das Interesse, vor vermehrten **Lärmimmissionen** bewahrt zu bleiben. Ob dieses Interesse gewichtig genug ist, um abwägungsbeachtlich zu sein, hängt von der aus Pegelangaben ablesbaren Intensität der zusätzlichen Lärmbelastung ab, die sich wiederum nicht losgelöst davon beurteilen lässt, in welchem Umfang sich die Verkehrsmenge verändert. Die Schwelle der Abwägungsrelevanz lässt sich bei Verkehrslärmerhöhungen nicht allein durch einen Vergleich von Lärmwerten markieren. Selbst eine Lärmzunahme, die, bezogen auf einen rechnerisch ermittelten Dauerschallpegel, für das menschliche Ohr kaum hörbar ist, kann zum Abwägungsmaterial gehören. Daraus lässt sich indes nicht im Umkehrschluss folgern, dass Lärmerhöhungen oberhalb der Hörbarkeitsschwelle stets als Abwägungsposten zu berücksichtigen sind. Eine Lärmverdoppelung kann je nachdem, welche Rolle die Vorbelastung spielt und wie schutzwürdig das jeweilige Gebiet ist, ein Indikator für eine mehr als geringfügige Betroffenheit sein; regelhafte Schlüsse lässt sie indes nicht zu.[1313]

Beispiel: Zur verkehrsmäßigen Entlastung der Innenstadt soll eine Umgehungsstraße gebaut werden. Diese führt unmittelbar an einem an der Ortsrandlage gelegenen Wohngebiet vorbei. Die Immissionsgrenzwerte der Verkehrslärmschutzverordnung könnten nur eingehalten werden, wenn in dem ca. 1,50 m breiten Streifen zwischen der Straße und den Wohngebäuden eine 5 m hohe Lärmschutzwand errichtet würde. Auch wenn eine solche Maßnahme kostenmäßig vertretbar ist, könnte von ihr im Hinblick auf die nachteiligen städtebaulichen Auswirkungen Abstand genommen werden. Denn die Lärmschutzwand würde dazu führen, dass die vorderen Hauseingänge versperrt würden. Es ist dann durch Maßnahmen des passiven Schallschutzes ein ausreichender Verkehrslärmschutz sicherzustellen.[1314]

[1310] *BVerwG*, Beschlüsse vom 19. 2. 1992 – 4 NB 11.91 – und vom 18. 3. 1994 – 4 NB 24. 93 – Buchholz 310 § 47 VwGO Nrn. 47 und 88.
[1311] *BVerwG*, Beschlüsse vom 21. 7. 1989 – 4 NB 18.88 – und vom 18. 5. 1994 – 4 NB 15.94 – Buchholz 406.11 § 1 BauGB Nrn. 42 und 73.
[1312] *BVerwG*, B. v. 8. 6. 2004 – 4 BN 19.04 – BauR 2005, 829 – Autobahnzubringer Erfurt; *Halama/Stüer* NVwZ 2003, 137.
[1313] *BVerwG*, B. v. 19. 8. 2003 – 4 BN 51.03 – BauR 2004, 1132 – Lärmpegelerhöhung.
[1314] Zu Fragen der Stadtbildpflege *BVerwG*, B. v. 11. 3. 1999 – 11 B 4.99 – Schallschutzwand. Wegen ihrer gebäudeähnlichen Wirkung sind auf Lärmschutzwände die landesrechtlichen Abstandsregelungen für Gebäude anwendbar, so *OVG Münster*, B. v. 2. 2. 1999 – 10 B 2558/98 – Lärmschutzwand.

Schallschutz

Gebiete der BauNVO	DIN 18005 Teil 1 Schallschutz im Städtebau Höchstwerte in dB(A) tags/nachts		Verkehrslärm-schutzVO (16. BImSchV) Immissions-richtwerte in dB(A)[1316] tags/nachts		Sportstättenlärm-schutzVO (18. BImSchV) Immissionsrichtwerte in dB(A) tags/nachts/Ruhezeit			Technische Anleitung zum Schutz gegen Lärm (TA Lärm 1998)[1315] Immissions-richtwerte in dB(A) tags/nachts	
WR	50	35[1317] 40[1318]	59	49	50[1319]	45[1320]	35[1321]	50	35
WA	55	40–45	59	49	55	50	40	55	40
WS	55	40–45	59	49	55	50	40	55	40
WB	60	40–45							
Wochenendhaus	50	35–40							
Ferienhaus	50	35–40							
Camping	55	40–45							
Wohnungen mit der Anlage baulich verbunden					40		30		
MD	60	45–50			60	55	45	60	45
MI	60	45–50			60	55	45	60	45
MK	65	50–55			60	55	45	60	45
GE	65	50–55			65	60	50	65	50
GI	70		70		70			70	
SO	45–5	35–65	57	47	45	45	35	45	35
soweit schutzbedürftig			Krankenhäuser, Schulen, Kur- und Altenheime		Kurgebiete, Krankenhäuser, Pflegeanstalten			Kurgebiete, Krankenhäuser, Pflegeanstalten	
Friedhöfe, Parkanlagen, Kleingärten	55								

649 Bereits vor Geltung der 16. BImSchV hatte das *BVerw*G klargestellt, dass bei der Würdigung, welches Maß von Straßenlärm dem Eigentümer eines Wohngrundstücks entschädigungslos zugemutet werden kann, die **Wertentscheidung des BImSchG** für den Schutz von Wohngebieten vor schädlichen Umwelteinwirkungen zu beachten ist. Diese Wert-

---

[1315] *(nicht belegt)*
[1316] Beim Neubau und einer wesentlichen Änderung von Straßen, für die Schiene ein Aufschlag von 5dB(A).
[1317] Industrie-, Gewerbe- und Freizeitlärm.
[1318] Gebietslärm.
[1319] Tags 6 – 22 Uhr (sonntags 7 – 22 Uhr).
[1320] Ruhezeiten: 6 – 8 Uhr (sonntags 7 – 9 Uhr), 20 – 22 Uhr (sonntags 13 – 15/20 – 22 Uhr).
[1321] Nachts: 22 – 6 Uhr (sonntags 22 – 7 Uhr).

entscheidung schließt es grundsätzlich aus, eine unzumutbare Beeinträchtigung nur ganz ausnahmsweise, bei besonders schweren Einwirkungen, anzunehmen.[1322] Die zu leistende Entschädigung besteht dabei grundsätzlich in einem Geldausgleich für notwendige Schallschutzeinrichtungen auf dem betroffenen Grundstück. Eine Entschädigung für eingetretenen Minderwert des Grundstücks kommt erst in Betracht, wenn Schutzeinrichtungen keine wirksame Abhilfe versprechen oder unverhältnismäßige Aufwendungen erfordern. Dieser Anspruch setzt voraus, dass die zugelassene Nutzung des Straßengrundstücks die vorgegebene Grundstückssituation nachhaltig verändert und dadurch das benachbarte Wohneigentum schwer und unerträglich trifft.[1323]

Den Begriff der **Zumutbarkeit** hat die Rechtsprechung dabei in Entscheidungen vor In-Kraft-Treten der 16. BImSchV wie folgt umschrieben: Er kennzeichnet noch im Vorfeld dessen, was der Eigentumsschutz nach Art. 14 GG unter enteignungsrechtlichen Gesichtspunkten fordert, die der hier maßgebenden einfachgesetzlichen Güterabwägung folgende Grenze, von der ab dem Betroffenen eine nachteilige Einwirkung der Straße auf seine Rechte – auch unter Würdigung der besonderen Bedeutung, die ein leistungsfähiges Straßenverkehrsnetz für die Allgemeinheit wie für den Einzelnen hat – billigerweise nicht mehr zugemutet werden soll. Die in dieser Weise durch die Zumutbarkeit bestimmte Erheblichkeit nachteiliger Wirkungen der Straße entzieht sich eben darum einer undifferenzierten, für alle Fälle einheitlichen Festlegung. Das Maß des jeweils (noch) Zumutbaren ergibt sich vielmehr aus dem Verhältnis des Straßenbauvorhabens zu der jeweils von ihm betroffenen Umgebung. Was der Umgebung an nachteiligen Wirkungen der Straße zugemutet werden darf, bestimmt sich nach ihrer aus ihrer Eigenart herzuleitenden Schutzwürdigkeit und Schutzbedürftigkeit. Dies entspricht auch den Grundsätzen, wie sie für das Bebauungs- und Planungsrecht ganz allgemein aus dem verfassungsrechtlich verankerten Gebot der Rücksichtnahme beim Aufeinandertreffen verschiedener Vorhaben oder beim Nebeneinander verschiedener Gebietsarten und verschiedener Nutzungsarten innerhalb eines einheitlichen Gebietes hergeleitet worden sind.

Der **Begriff des Wohnens** umfasst seinem Gegenstand nach sowohl das Leben innerhalb der Gebäude als auch die angemessene Nutzung der Außenwohnbereiche wie Balkone, Terrassen, Hausgärten, Kinderspielplätze und sonstige Grün- und Freiflächen. Die Qualität des zu schützenden Wohnens wird bestimmt durch die mit der Eigenart des Wohngebiets berechtigterweise verbundenen Wohnerwartungen und Wohngewohnheiten. Für Wohngebiete, die nicht einer durch andere Störfaktoren verursachten Geräuschvorbelastung ausgesetzt sind und deren Schutzwürdigkeit deshalb nicht nach den aufgezeigten Gesichtspunkten eingeschränkt ist, setzt die angemessene Befriedigung der Wohnbedürfnisse insbesondere voraus, dass innerhalb der Gebäude eine durch Außengeräusche nicht beeinträchtigte Entfaltung des Lebens der Bewohner möglich ist. Dazu gehört – vornehmlich am Tage und in den Abendstunden – die Möglichkeit einer ungestörten Kommunikation im weitesten Sinne unter Einschluss der Mediennutzung (Telefon, Rundfunk, Fernsehen) und – für die Nacht – die Möglichkeit des störungsfreien Schlafens. Dabei ist für diese Anforderungen nicht abzustellen auf die Nutzung der Gebäude nur bei geschlossenen Fenstern und Türen. Zu den schützenswerten Wohnbedürfnissen in einem nicht durch Störfaktoren nachteilig vorbelasteten Wohngebiet gehört vielmehr das übliche Wohnverhalten und damit die Möglichkeit des Wohnens und Schlafens auch bei (gelegentlich) geöffneten Fenstern.[1324]

[1322] Abweichung von *BGH*, Urt. v. 22. 12. 1967 – V ZR 11/67 – BGHZ 49, 148 – Straßenlärm; Urt. v. 30. 10. 1970 – V ZR 150/67 – BGHZ 54, 384 – Fernverkehrsstraße.

[1323] *BGH*, Urt. v. 20. 3. 1975 – III ZR 215/71 – BGHZ 64, 220 = *Hoppe/Stüer* RzB Rdn. 103 – B 9; Urt. v. 17. 4. 1986 – III ZR 202/84 – BGHZ 97, 361 = DVBl. 1986, 998 = *Hoppe/Stüer* RzB Rdn. 104 – B 455.

[1324] *BVerwG*, Urt. v. 21. 5. 1976 – IV C 80.74 – BVerwGE 51, 15 = *Hoppe/Stüer* RzB Rdn. 108 – Stuttgart-Degerloch.

652 Eine **Änderung der Straße** i. S. des § 41 I BImSchG verlangt einen inneren Bezug der beabsichtigten Maßnahme zu der bereits vorhandenen Verkehrsfunktion der Straße. Die Änderung der Straße muss sich daher auf ihre Leistungsfähigkeit beziehen. Dazu ist erforderlich, dass die vorgesehene Maßnahme zu einer vermehrten Aufnahme des Straßenverkehrs führt. Denn in der beabsichtigten Steigerung der Leistungsfähigkeit einer Straße als aufnehmender Verkehrsweg liegt der gesetzgeberische Grund, auch bei einer Änderung sicherzustellen, dass durch diese keine nach dem Stand der Technik vermeidbaren schädlichen Umwelteinwirkungen durch Verkehrsgeräusche hervorgerufen werden.

Beispiel: An einer bestehenden Straße wird eine Schallschutzwand errichtet. Durch die Schallreflexionen werden die auf der anderen Straßenseite wohnenden Straßenanlieger mehr als bisher beeinträchtigt. Es handelt sich nicht um eine Änderung der Straße i. S. des § 41 I BImSchG. Auch ein Rückgriff auf die allgemeine Regelung über Schutzauflagen in § 74 II 2 VwVfG ist ausgeschlossen. Entscheidet sich die planende Behörde zu einer Lärmsanierung, so unterliegt sie hierbei dem verfassungsrechtlichen Gebot der Gleichbehandlung. Dieses Gebot lässt ihr allerdings einen nicht unerheblichen Spielraum. Sofern sie aus vernünftigen Gründen zu sachgerechten Entscheidungen gelangt, ist dies rechtlich nicht zu beanstanden. Das Gebot der Gleichbehandlung würde aber verletzt, wenn die staatliche Maßnahme, die zum Vorteil des einen bestimmt ist, ohne nachvollziehbaren Grund dem anderen zusätzliche Nachteile aufbürdet.[1325] Der Bau von Abbiegespuren in der Anschlussstelle an eine Bundesautobahn ist allerdings in der Regel keine „wesentliche Änderung" der vorhandenen Straße nach § 1 II Nr. 1 der 16. BImSchV.[1326]

653 Werden die maßgeblichen **Lärmgrenzwerte** überschritten, so kommt es für die Rechtmäßigkeit der Planung darauf an, ob trotz **Schutzauflagen** die vorgesehene Ausgewogenheit der Planung als solche berührt wird. Genügt eine Schutzauflage dem Abwägungsgebot, weil die planende Behörde Schallschutzbelange Betroffener wegen der Gewichtigkeit der für die Planung in ihrer konkreten Ausgestaltung sprechenden Belange zurückgestellt hat und zurückstellen durfte, so besteht kein subjektiver Anspruch des Betroffenen auf Planaufhebung.[1327] Das Gericht kann die Verwaltung regelmäßig nicht zu bestimmten Grenzwerten verpflichten, sondern muss den Abwägungsspielraum der Verwaltung beachten. Unter der Voraussetzung einer im Übrigen begründeten Klage kann die Verwaltung dann lediglich zu einer Neubescheidung verpflichtet werden.[1328]

654 § 2 I 16. BImSchV schreibt für Neubau- und Änderungsplanungen der vorgenannten Art die Einhaltung von Immissionsgrenzwerten vor, wobei hinsichtlich der **Schutzbedürftigkeit** zwischen **vier verschiedenen Nutzungsarten differenziert** wird: Krankenhäuser, Schulen, Kurheime und Altenheime: 57 dB(A) tags/47 dB(A) nachts; reine und allgemeine Wohngebiete und Kleinsiedlungsgebiete: 59 dB(A) tags/49 dB(A) nachts; Kerngebiete, Dorfgebiete und Mischgebiete 64 dB(A) tags/54 dB(A) nachts; Gewerbegebiete 69 dB(A) tags/59 dB(A) nachts. Die Werte liegen damit etwa für Wohngebiete deutlich über der Zumutbarkeitsschwelle, deren Festlegung das *BVerwG* aufgrund tatrichterlicher Bewertung im Einzelfall mit 55 dB(A) tags/45 dB(A) nachts nicht beanstandet

---

[1325] *BVerwG*, Urt. v. 9. 2. 1995 – 4 C 26.93 – NVwZ 1995, 907 = DVBl. 1995, 750 – Schallschutzwand.

[1326] *OVG Münster*, Urt. v. 19. 9. 2001 – 11 D 90/96.AK – im Anschluss an *BVerwG*, Urt. v. 21. 3. 1996 – 4 C 9.95 – BVerwGE 101, 1, nachgehend *BVerwG*, B. v. 3. 5. 2002 – 4 B 1.02 – dort auch zur Anwendbarkeit des Teilstückverfahrens nach der RLS 90.

[1327] *BVerwG*, Urt. v. 7. 7. 1978 – IV C 79.76 – BVerwGE 56, 110 = *Hoppe/Stüer* RzB Rdn. 1164 – Flughafen Frankfurt; Urt. v. 22. 3. 1985 – 4 C 63.80 – BVerwGE 71, 150 = *Hoppe/Stüer* RzB Rdn. 145 – Roter Hang; Urt. v. 20. 10. 1989 – 4 C 12.87 – BVerwGE 84, 31 = *Hoppe/Stüer* RzB Rdn. 216 – Eichenwäldchen; B. v. 3. 4. 1990 – 4 B 50.89 – NVwZ-RR 1990, 454 = *Hoppe/Stüer* RzB Rdn. 854 – Autobahn; Urt. v. 14. 9. 1992 – 4 C 34.89 – DVBl. 1993, 155; Urt. v. 16. 12. 1993 – 4 C 11.93 – DVBl. 1994, 756 = NVwZ 1994, 691.

[1328] *BVerwG*, Urt. v. 5. 3. 1997 – 11 A 25.95 – BVerwGE 104, 123 = DVBl. 1997, 831 = NVwZ 1998, 513 – Sachsenwald; Urt. v. 21. 4. 1999 – 11 A 50.97 – NVwZ-RR 1999, 725 = NuR 2000, 36 – Schallschutzwand; vgl. auch B. v. 22. 9. 1999 – 4 B 68.98 – UPR 2000, 71 = NZV 2000, 138 – Schallschutz.

hat.¹³²⁹ Die Anlagen- und Gebietsart ergibt sich dabei in beplanten Gebieten aus den Festsetzungen des Bebauungsplans. Die Schutzbedürftigkeit von Anlagen und Gebieten, für die der Bebauungsplan keine Festsetzungen enthält oder die im nichtbeplanten Innenbereich oder Außenbereich liegen, ist unter entsprechender Anwendung des in § 2 I 16. BImSchV enthaltenen Beurteilungsschemas zu bestimmen. Für die Beurteilung der Schutzbedürftigkeit von baulichen Anlagen im Außenbereich scheidet der für reine und allgemeine Wohngebiete sowie Kleinsiedlungsgebiete geltende Immissionsgrenzwert allerdings aus (§ 2 II 16. BImSchV). Ob ein Gebiet oder eine Anlage unter Lärmschutzgesichtspunkten schutzbedürftig ist, beurteilt sich danach, ob die Art der Nutzung Lärmschutz verlangt oder ob Verkehrslärm die Art der Nutzung beeinträchtigen kann.¹³³⁰ Nach § 3 I BImSchG sind Schutzobjekte sowohl die Allgemeinheit als auch die Nachbarschaft. § 43 I 1 Nr. 1 BImSchG als Ermächtigungsgrundlage für die 16. BImSchV stellt auf den Schutz der Nachbarschaft ab. Im Gegensatz zur Allgemeinheit ist die Nachbarschaft i. S. des BImSchG ein konkretisierbarer Personenkreis, der mit einer gewissen Regelmäßigkeit bestimmten Immissionen ausgesetzt ist oder – bezogen auf Verkehrslärm – sich im Einwirkungsbereich von Straßen und Schienenwegen ständig aufhält. Der Außenbereich als solcher ist kein schutzbedürftiges Gebiet i. S. der 16. BImSchV.¹³³¹

Das **Außenbereichsgrundstück** hat etwa den Schutz, den die Wohnnutzung im Mischgebiet haben würde. Weitergehende Ansprüche sind im Außenbereich nicht begründet. Dabei muss berücksichtigt werden: § 42 II BImSchG und § 74 II 3 VwVfG eröffnen keinen gesetzlichen Anspruch auf einen Ausgleich aller Vermögensnachteile, welche eine Straßenplanung auslöst. Nicht jede Wertminderung eines Grundstücks, die auf ein staatliches Verhalten zurückzuführen ist, begründet i. S. des Art. 14 I 1 GG eine Pflicht zu einem finanziellen Ausgleich. Bei einem im Außenbereich gelegenen Grundstück muss der Eigentümer damit rechnen, dass außerhalb seines Grundstücks öffentliche Verkehrswege gebaut werden. Das Gesetz räumt ihm hiergegen einen Vertrauensschutz nicht ein. Fehlt es insoweit an einer gesicherten Rechtsposition des Grundeigentümers, schließt dies selbstverständlich nicht aus, dass die Planfeststellungsbehörde im Rahmen der Abwägung der öffentlichen und privaten Belange Wertminderungen zu bedenken hat, die das Vorhaben auslösen wird. Aber dies hindert nicht, diese Bedenken durch gegenläufige öffentliche Belange zu überwinden, ohne dass dies gleichzeitig eine Pflicht zum finanziellen Ausgleich begründet. Insbesondere erklärt es der Gesetzgeber für rechtlich zumutbar, dass ein Grundeigentümer eine Lärmbeeinträchtigung hinzunehmen hat, die unterhalb der Grenzwerte liegt, welche durch die 16. BImSchV festgesetzt sind.¹³³²

Der nach § 41 BImSchG und der 16. BImSchV gebotene Schutz der Nachbarschaft vor schädlichen Umwelteinwirkungen durch Verkehrsgeräusche ist durch Maßnahmen des aktiven Lärmschutzes **nur in den räumlichen Grenzen der jeweiligen Planung** zu gewährleisten. Dabei kommt es allein auf den Lärm an, der von dem geplanten oder zu ändernden Verkehrsweg ausgeht und im Bereich der baulichen Maßnahme entsteht.¹³³³ Allerdings sind auch betroffene Belange **außerhalb des unmittelbaren Einwirkungsbereichs der Straße** in die Abwägung einzustellen, können jedoch in der Ausgleichsentscheidung durchaus auch überwunden werden. Eine solche Überwindung ist dann nicht

---

¹³²⁹ *BVerwG*, Urt. v. 22. 5. 1987 – 4 C 33 – 35.83 – BVerwGE 77, 285 = *Hoppe/Stüer* RzB Rdn. 120 – Meersburg.
¹³³⁰ *BVerwG*, B. v. 17. 3. 1992 – 4 B 230.91 – DVBl. 1992, 1103 = NVwZ 1992, 885 = *Hoppe/Stüer* RzB Rdn. 1042 – Kleingarten.
¹³³¹ *BVerwG*, B. v. 8. 1. 1997 – 11 VR 30.95 – NuR 1998, 221 – Staffelstein; zum Hauptsacheverfahren Urt. v. 18. 6. 1997 – 11 A 70.95 – UPR 1997, 470 = NJ 1997, 615 – Staffelstein.
¹³³² *BVerwG*, Urt. v. 24. 5. 1996 – 4 A 39.95 – NJW 1997, 142 = DVBl. 1997, 78 – Lärmschutz Außenbereich.
¹³³³ OVG Lüneburg, Urt. v. 21. 6. 2000 – 7 K 3716/98 – NVwZ 2001, 99 = BauR 2000, 996, mit Hinweis auf *BVerwG*, Urt. v. 21. 3. 1996 – 4 C 9.95 – BVerwGE 101, 1 = DVBl. 1996, 916 = NVwZ 1996, 1003.

mehr ohne weiteres möglich, wenn die Belastungen bereits die Schwelle der Gesundheitsgefahren erreicht oder überschreitet. Hier muss die Planung nach einem entsprechenden Ausgleich etwa durch Maßnahmen des aktiven oder des passiven Schallschutzes suchen. Auch könnte es sich in derartigen Fällen empfehlen, ein Lärmsanierungsprogramm aufzulegen, in das der Einwirkungsbereich des Straßenbaus einbezogen wird. Der Eigentümer eines im Außenbereich gelegenen Grundstücks muss damit rechnen, dass in der Nähe zu seinem Grundstück öffentliche Verkehrswege geplant werden. Deshalb gilt hier der Trennungsgrundsatz auch nicht uneingeschränkt,[1334] stellt allerdings unterhalb der in § 41 BImSchG bezeichneten Lärmschwelle eine Abwägungsdirektive dar.[1335] Dient eine im Außenbereich gelegene bauliche Anlage nicht mehr dem Wohnen und ist dies auf absehbare Zeit auch nicht mehr möglich, hat diese Anlage auch nicht den Schutz einer Wohnnutzung nach § 2 II 2 der 16. BImSchV.[1336]

657 Das *BVerwG* hat zur Anwendung und Auslegung der 16. BImSchV folgende Grundsätze aufgestellt:[1337] Die in § 2 I 16. BImSchV vorgenommene Stufung der Immissionsgrenzwerte in vier **Schutzkategorien** ist für die gemeindliche Bauleitplanung **nicht abschließend**. Auch andere Gebiete können nach § 2 II 2 16. BImSchV im Rahmen der Bauleitplanung entsprechend schutzbedürftig sein. Dabei kann sich die Schutzbedürftigkeit maßgeblich nach einer in einem derartigen Gebiet stattfindenden **Wohnnutzung** bestimmen. Jedoch ist eine Wohnnutzung keine Voraussetzung dafür, die Schutzbedürftigkeit eines bestimmten Gebietes überhaupt zu begründen. Ob ein Gebiet oder eine Anlage unter Verkehrslärmschutzgesichtspunkten schutzbedürftig ist, bestimmt sich danach, ob die Art der Nutzung Lärmschutz verlangt.[1338]

658 Mit diesen Aussagen öffnet das *BVerwG* den Katalog der vier Schutzkategorien in § 2 I 16. BImSchV auch für andere Gebiete und Anlagen, die zwar nicht ausdrücklich in dem Nutzungskatalog genannt sind, jedoch eine **vergleichbare Schutzbedürftigkeit** für sich beanspruchen können. Abgeleitet wird diese Öffnung aus der Gleichstellungsklausel in § 2 II 16. BImSchV, wonach sonstige im Bebauungsplan festgesetzte Anlagen und Gebiete oder solche, für die der Bebauungsplan keine Festsetzungen enthält, sowie Nutzungen im nichtbeplanten Innenbereich und im Außenbereich entsprechend der Schutzbedürftigkeit zu beurteilen sind.

Beispiel: Der Bebauungsplan weist neben einem Kleingartengebiet eine neue Gemeindestraße aus. Auch ein Kleingartengebiet, das zugleich der Erholung dient, kann grundsätzlich gegen Verkehrslärm entsprechend dem Tagesimmissionswert für ein Dorfgebiet schutzbedürftig sein, obwohl es in der 16. BImSchV als schutzwürdige Gebietsart nicht eigens erwähnt ist.

659 Das *BVerwG* verweist in diesem Zusammenhang auf die Ermächtigungsgrundlage in § 43 I 1 Nr. 1 BImSchG, der auf den Schutz der Nachbarschaft abstellt. Es handelt sich dabei um einen konkretisierbaren Personenkreis, der mit einer gewissen Regelmäßigkeit bestimmten Immissionen ausgesetzt ist oder – bezogen auf den Verkehrslärm – sich im Einwirkungsbereich von Straßen und Schienenwegen aufhält. Bei einer Wohnbebauung ist der Schutz nicht auf den Innenwohnbereich beschränkt. Auch der sog. Außenwohn-

---

[1334] VGH München, B. v. 5. 3. 2001 – 8 ZB 00.3490 – DÖV 2001, 697 = NuR 2001, 465 = NVwZ-RR 2001, 579.
[1335] *BVerwG*, Urt. v. 11. 1. 2001 – 4 A 12.99 – DVBl. 2001, 669 = BayVBl. 2001, 350 = DÖV 2001, 692 = NVwZ 2001, 1160, mit Hinweis auf Urt. v. 28. 1. 1999 – 4 CN 5.98 – BVerwGE 108, 248 = DVBl. 1999, 1288 = NVwZ 1999, 1222.
[1336] VGH Mannheim, Urt. v. 9. 10. 2000 – 5 S 1883/99 – DVBl. 2001, 405 = VBlBW 2001, 278.
[1337] *BVerwG*, B. v. 19. 2. 1992 – 4 NB 11.91 – DVBl. 1992, 1099 = NJW 1992, 2844 – Freizeitzentrum; B. v. 13. 3. 1992 – 4 B 39.92 – NVwZ 1993, 268 = *Hoppe/Stüer* RzB Rdn. 1041 – Verkehrslärmgutachten; B. v. 17. 3. 1992 – 4 B 230.91 – DVBl. 1992, 1103 = NVwZ 1992, 885 = *Hoppe/Stüer* RzB Rdn. 1042 – Kleingarten; *Stüer* DVBl. 1992, 547.
[1338] *BVerwG*, B. v. 17. 3. 1992 – 4 B 230.91 – Kleingarten; B. v. 13. 3. 1992 – 4 B 39.92 – NVwZ 1993, 268 = *Hoppe/Stüer* RzB Rdn. 1041 – Verkehrslärmgutachten.

bereich ist grundsätzlich – wenn auch nicht in gleichem Maße wie der Innenwohnbereich – schutzwürdig.[1339] Dies gilt ebenso für **Kleingärten**, die zugleich der Freizeitnutzung und Erholung dienen.[1340] Hoffnung gibt das *BVerwG* auch den **Gemeinden**, deren Einrichtungen durch Lärmeinwirkungen betroffen sind. Ebenso wie ein privater Grundstückseigentümer kann danach die Gemeinde als Trägerin solcher **kommunaler Einrichtungen** nach Maßgabe der 16. BImSchV Schutz vor unzumutbaren Lärmeinwirkungen verlangen.[1341] Diese Einschätzung des *BVerwG* ist besonders deshalb zu begrüßen, weil nach dem Sasbach-Beschluss des *BVerfG*[1342] der Eindruck entstehen konnte, als ob die Gemeinde gegenüber hoheitlichen Einwirkungen auf ihr Grundeigentum nicht nur verfassungsrechtlich, sondern auch einfachgesetzlich schutzlos wäre.[1343]

Auch hat sich das *BVerwG* gegen einen überzogenen **Gutachterstreit** im Gerichtsverfahren ausgesprochen. Ein Tatsachengericht kann sich grundsätzlich ohne Verstoß gegen seine Aufklärungspflicht auf eine gutachterliche Stellungnahme stützen, die eine Behörde im Verwaltungsverfahren oder auch während des Gerichtsverfahrens eingeholt hat.[1344] Unerheblich ist dabei auch, ob der Kläger selbst über die erforderliche Sachkunde verfügt oder zur sachgerechten Beurteilung von technischen Zusammenhängen nur durch Hinzuziehen eigener Fachgutachter in der Lage ist.[1345]

660

Das *BVerwG* unterscheidet zwischen notwendigen **Lärmschutzmaßnahmen** nach Maßgabe der 16. BImSchV und der vorgelagerten Frage, welche **Auswirkungen der Planung** in die Abwägung einzustellen sind.[1346] Bei der Änderung öffentlicher Straßen sind Lärmschutzmaßnahmen nach 16. BImSchV nur vorzusehen, wenn diese Änderung in dem Sinne wesentlich ist, dass eine Straße einen zusätzlichen Fahrstreifen erhält, sich der Verkehrslärm um mindestens 3 dB(A) oder auf mindestens 70 dB(A) tags/60 dB(A) nachts erhöht oder bereits in dieser Größenordnung liegt und durch einen erheblichen baulichen Eingriff weiter erhöht wird. Für in diesem Sinne nicht wesentliche Änderungen bestehender Straßen ist die 16. BImSchV nicht anwendbar.

661

Diese Einschränkung des Anwendungsbereichs der 16. BImSchV bewirkt jedoch nicht zugleich auch eine entsprechende Beschränkung des Abwägungsmaterials (§ 2 III BauGB). Auch Lärmeinwirkungen, die unterhalb der wesentlichen Änderung i. S. des § 1 II 16. BImSchV liegen, können im Einzelfall abwägungserheblich sein. Ob eine planbedingte Zunahme des Verkehrslärms zum notwendigen **Abwägungsmaterial** ge-

662

[1339] *BVerwG*, Urt. v. 21. 5. 1976 – IV C 80.74 – BVerwGE 51, 15 = *Hoppe/Stüer* RzB Rdn. 108 – Stuttgart-Degerloch; Urt. v. 29. 1. 1991 – 4 C 51.89 – BVerwGE 87, 332 = DVBl. 1991, 1142 = *Hoppe/Stüer* RzB Rdn. 69 – Flughafen München II.
[1340] *BVerfG*, B. v. 12. 6. 1979 – 1 BvL 19/76 – BVerfGE 52, 1 = *Hoppe/Stüer* RzB Rdn. 1104 – Kleingarten; Urt. v. 2. 9. 1983 – 4 C 73.80 – BVerwGE 68, 6 = BauR 1983, 566 = *Hoppe/Stüer* RzB Rdn. 170.
[1341] *BVerwG*, Urt. v. 21. 5. 1976 – IV C 38.74 – BVerwGE 51, 6 = *Hoppe/Stüer* RzB Rdn. 1163; Urt. v. 15. 4. 1977 – IV C 3.74 – BVerfGE 52, 226 = *Hoppe/Stüer* RzB Rdn. 110; Urt. v. 7. 7. 1978 – IV C 79.76 – BVerwGE 56, 110 = *Hoppe/Stüer* RzB Rdn. 1164 – Frankfurt.
[1342] *BVerfG*, B. v. 8. 7. 1982 – 2 BvR 1187/80 – BVerfGE 61, 82 = *Hoppe/Stüer* RzB Rdn. 1105 – Sasbach.
[1343] *BVerwG*, Urt. v. 27. 3. 1992 – 7 C 18.91 – ZfBR 1992, 182 = *Hoppe/Stüer* RzB Rdn. 1187 sowie u. Rdn. 4306.
[1344] *BVerwG*, B. v. 13. 3. 1992 – 4 B 39.92 – NVwZ 1993, 268 = *Hoppe/Stüer* RzB Rdn. 1041 – Verkehrslärmgutachten; Urt. v. 7. 7. 1978 – IV C 79.76 – BVerwGE 56, 110 = *Hoppe/Stüer* RzB Rdn. 1164 – Flughafen Frankfurt.
[1345] *BVerwG*, Urt. v. 4. 5. 1988 – 4 C 2.85 – NVwZ 1989, 151 = *Hoppe/Stüer* RzB Rdn. 1067 – judex non calculat.
[1346] *BVerwG*, B. v. 19. 2. 1992 – 4 NB 11.91 – NJW 1992, 2844 = DVBl. 1992, 1099 – Ferienhausgebiet; Urt. v. 26. 2. 1999 – 4 CN 6.98 – ZfBR 1999, 223 = UPR 1999, 271 – Hasselbach für die Abwägungsbeachtlichkeit der Verkehrsimmissionen, die durch die Erweiterung eines reinen Wohngebietes um 32 Wohnungen verursacht werden; vgl. auch *BVerwG*, B. v. 1. 9. 1999 – 4 BN 25.99 – NVwZ-RR 2000, 146 – technisches Regelwerk.

hört,[1347] richtet sich vielmehr nach den Umständen des Einzelfalls.[1348] Eine Regel dahingehend, dass bereits die Erhöhung des Dauerschallpegels um ein bestimmtes Maß oder nur das Erreichen der in § 1 II 16. BImSchV genannten Schallpegel die Abwägungserheblichkeit begründet, lässt sich nach Auffassung des *BVerwG* nicht aufstellen. Bei Vorliegen besonderer Gegebenheiten kann das Interesse von Anwohnern an der Vermeidung einer Verkehrszunahme selbst dann zum notwendigen Abwägungsmaterial gehören, wenn die damit verbundene Lärmzunahme – bezogen auf einen rechnerisch ermittelten Dauerschallpegel – für das menschliche Ohr kaum wahrnehmbar ist. Bei der Zusammenstellung des Abwägungsmaterials sind alle durch die Planung betroffenen Belange zu berücksichtigen, deren Eintritt wahrscheinlich und die mehr als geringfügig, schutzwürdig und erkennbar sind.[1349] Belange, die in diesem Filter hängen bleiben – also geringfügig, nicht schutzwürdig oder nicht erkennbar sind, sich dem Planer also nicht aufdrängen –, brauchen in die Abwägung nicht eingestellt zu werden und fallen auch bei der von der Planung zu leistenden Konfliktbewältigung und der nachvollziehenden gerichtlichen Kontrolle aus. Dies bedeutet jedoch nicht, dass eine Erhöhung des Verkehrsaufkommens erst dann zum Bestandteil der Abwägung wird, wenn sie Maßnahmen des Lärmschutzes auslöst. Das kann auch eine Zunahme des Verkehrs im Bereich der Hörbarkeitsschwelle sein.[1350] Nicht jede zu erwartende auch nur **geringfügige Zunahme des Verkehrslärms** durch die Planung eines neuen Baugebiets gehört allerdings zum notwendigen Abwägungsmaterial.[1351] Vielmehr kommt es dann darauf an, ob das Vertrauen auf den Fortbestand einer bestimmten Verkehrslage noch als schutzwürdiges Interesse angesehen werden kann.[1352]

663 Auch ein **Verkehrsaufkommen**, das unter der in § 1 II 16. BImSchV festgelegten Schwelle einer erheblichen Änderung liegt und eine Erhöhung des Beurteilungspegels von weniger als 3 dB(A) bewirkt, kann ein **beachtlicher Belang** sein und daher zum Abwägungsmaterial gehören (§ 2 III BauGB). Insoweit verweist das *BVerwG* auf eine Einzelfallbeurteilung, bei der etwa die absolute Steigerung des Verkehrsaufkommens oder die bisherige Schutzwürdigkeit der betroffenen Nachbarnutzung von Bedeutung sein können.[1353]

Beispiel: Bei der Planung eines Ferienhausgebietes ist auch die umgebende Nachbarbebauung zu berücksichtigen. So kann etwa eine erhebliche Steigerung des Verkehrsaufkommens wegen der Auswirkungen auf die Nachbarschaft als Abwägungsmaterial bedeutsam sein, obwohl sich die Verkehrsimmissionen lediglich um ca. 1,5 dB(A) erhöhen und daher (knapp) unterhalb der Hörbarkeitsschwelle von 2 dB(A) liegen.[1354] Immissionen sind daher nicht erst dann in die Abwägung einzubeziehen, wenn sie dem Betroffenen nicht mehr zumutbar sind und, weil sie durch Schutzvorkehrungen nicht vermieden werden können, durch Geldzahlungen ausgeglichen werden müssen.[1355] Eine Einzelfallbeurteilung ist auch im Hinblick auf die jeweiligen Folgen von Lärmschutzmaßnahmen geboten. Vermeidet etwa ein vorgesehener Lärmschutzwall zwar nachteilige Lärmeinwirkungen und ist er i. S. des § 41 BImSchG ausreichend, dann können gleichwohl andere Folgen, die mit den

---

[1347] *BVerwG*, B. v. 9. 11. 1979 – 4 N 1.78 – BVerwGE 59, 87 = *Hoppe/Stüer* RzB Rdn. 26; *Hoppe* DVBl. 1977, 136.

[1348] *BVerwG*, B. v. 19. 2. 1992 – 4 NB 11.91 – DVBl. 1992, 1099 = NJW 1992, 2844 = *Hoppe/Stüer* RzB Rdn. 1040 – Ferienhausgebiet.

[1349] *BVerwG*, B. v. 9. 11. 1979 – 4 N 1.78 – BVerwGE 59, 87 = *Hoppe/Stüer* RzB Rdn. 26.

[1350] *Stüer* DVBl. 1992, 547.

[1351] *BVerwG*, B. v. 28. 11. 1995 – 4 NB 38.94 – UPR 1996, 108 = ZfBR 1996, 109 im Anschluss an B. v. 18. 3. 1994 – 4 NB 24.93 – Buchholz 310 § 47 VwGO Nr. 88 = NVwZ 1994, 683 = DVBl. 1994, 701.

[1352] *BVerwG*, B. v. 28. 11. 1995 – 4 NB 38.94 – UPR 1996, 108 = ZfBR 1996, 109; *Halama/Stüer* NVwZ 2003, 137.

[1353] *Stüer* DVBl. 1992, 547.

[1354] So *BVerwG*, B. v. 19. 2. 1992 – 4 NB 11.91 – NJW 1992, 2844 = DVBl. 1992, 1099 – Ferienhausgebiet.

[1355] *VGH München*, Urt. v. 11. 3. 1998 – 2 NE 97.3184 – NVwZ-RR 1998, 719 = BayVBl. 1999, 82.

durchgeführten Lärmschutzmaßnahmen verbunden sind, abwägungserheblich sein. Die Beachtung des § 41 BImSchG dispensiert also nicht von dem Gebot, andere, sich ggf. aufdrängende Folgen zu ermitteln und über ihre Erheblichkeit im Rahmen der Gesamtplanung abwägend nachzudenken. Kann daher eine effektive Lärmminderung nicht ohne neue nachteilige Folgen erreicht werden, dann muss – nach Maßgabe weiterer Umstände – der beabsichtigte aktive Lärmschutz oder ggf. die Planung insgesamt unterbleiben. Auch die Planung einer Lärmschutzwand steht unter diesem Vorbehalt.[1356]

Nicht jede zu erwartende auch nur **geringfügige Zunahme des Verkehrslärms** durch die Planung eines neuen Baugebiets gehört allerdings zum notwendigen Abwägungsmaterial (§ 2 III BauGB).[1357] Da jede Bauleitplanung dazu führen kann, dass sich die verkehrliche Situation in anderen Bereichen verändert, aber nicht jeder von ihr Betroffene – auch wenn sein Grundstück möglicherweise kilometerweit entfernt liegt – ein abwägungsbeachtliches Interesse an der Beibehaltung des bisherigen Zustandes hat, verbietet es sich, die Abwägungserheblichkeit immer schon dann anzunehmen, wenn die Ausweisung eines neuen Baugebiets zu einer Verstärkung des Verkehrs führt. Vielmehr kommt es dann darauf an, ob das Vertrauen auf den Fortbestand einer bestimmten Verkehrslage noch als schutzwürdiges Interesse angesehen werden kann.[1358] 664

Zugleich hat sich das *BVerwG* gegen die in der Praxis nicht selten anzutreffende Vorstellung ausgesprochen, dass in der Planung nur der auf dem jeweiligen **Betriebsgrundstück** erzeugte Lärm zu berücksichtigen sei, während eine durch die Ausweisung bewirkte Erhöhung des **Verkehrslärms auf der Straße** unbeachtet bleiben könne. Die Hinweise des *BVerwG* werden daher vor allem für die Planung und Genehmigung gewerblicher und industrieller Vorhaben den Blick dafür schärfen, dass auch die Umweltauswirkungen in der Umgebung einschließlich etwaiger Mehrbelastungen des öffentlichen Verkehrssystems in eine ganzheitliche Betrachtung eingestellt werden müssen. Gleichwohl muss das Einzelvorhaben bei einem solchen planerischen Vorgehen nicht scheitern, wenn es auf die Umgebung die gebotene Rücksicht nimmt, am Gebot der möglichsten Schonung schutzbedürftiger Nutzungen orientiert ist und auch im Übrigen dem Abwägungsgebot genügt. So gesehen ist die Einhaltung der Immissionsgrenzwerte des § 2 16. BImSchV nicht der erste Planungsschritt, sondern stellt sich in einem zweiten Schritt als zusätzliches Sicherungsinstrumentarium dar, schädliche Umwelteinwirkungen zum Schutze der Nachbarschaft in Grenzen zu halten. Dabei entspricht es auch im Straßenbau einem allgemeinen Planungsgrundsatz, schädliche Umwelteinwirkungen aus Gründen der Vorsorge nach Möglichkeit ganz zu vermeiden und solche Konflikte erst gar nicht entstehen zu lassen, statt sie erst im Nachhinein durch Schutzmaßnahmen zu mildern. Diesem Vorrang der Konfliktvermeidung vor der Konfliktreduzierung[1359] entspricht eine weite Fassung des Abwägungsmaterials, zu dem auch nachteilig betroffene Belange rechnen, die sich zwar etwa im Hinblick auf die Erhöhung des Verkehrsaufkommens für den Einzelnen belastend auswirken, die Schwelle der wesentlichen Änderung einer Straße i. S. des § 1 II 16. BImSchV aber nicht erreichen. 665

Bebauungspläne nach § 9 BauGB ersetzen nach **§ 17 III FStrG** die fernstraßenrechtliche **Planfeststellung**. Regelungen, die nicht nach § 9 BauGB in einem Bebauungsplan festgesetzt werden können, sind ggf. in einer (ergänzenden) Planfeststellung zu treffen. Auch in den Fällen, in denen – abgesehen von Ergänzungen – über die in einem Bebauungsplan bereits festgesetzten Verkehrsflächen hinaus weitere Verkehrsflächen benötigt 666

[1356] *BVerwG*, B. v. 21. 10. 1994 – 4 B 209.94 – NVwZ 1995, 907 = DVBl. 1995, 750 – Lärmschutzwand.
[1357] *BVerwG*, B. v. 28. 11. 1995 – 4 NB 38.94 – UPR 1996, 108 = ZfBR 1996, 109 im Anschluss an B. v. 18. 3. 1994 – 4 NB 24.93 – Buchholz 310 § 47 VwGO Nr. 88 = NVwZ 1994, 683 = DVBl. 1994, 701.
[1358] *BVerwG*, B. v. 28. 11. 1995 – 4 NB 38.94 – UPR 1996, 108 = ZfBR 1996, 109.
[1359] *Hoppe* in: *Hoppe/Bönker/Grotefels* § 7 Rdn. 141.

werden, ist insoweit die Planfeststellung zusätzlich durchzuführen. Zum besseren Verständnis der Auswirkungen für die Beteiligten kann es zweckmäßig sein, Festsetzungen des Bebauungsplans in die Planunterlagen zu übernehmen.[1360]

Beispiel: Im Bebauungsplan ist eine Verkehrsfläche von 6 m Breite mit einseitigem Gehweg festgesetzt worden. Durch die Planfeststellung soll nunmehr eine Verkehrsfläche mit 12 m Breite festgestellt werden. Die Planfeststellung ist für die Mehrbreite durchzuführen.

667 Auch wenn sich das Grundeigentum in der **Hand der planenden Gemeinde** befindet, muss der Gesichtspunkt, die Wohnbevölkerung vor schädlichen Verkehrslärmbeeinträchtigungen zu bewahren, in die Abwägung eingestellt werden. Übereignet die Gemeinde die ihr gehörigen Flächen, so ist die Eigentümerposition des Erwerbers in ihrer Wehrfähigkeit nicht deshalb eingeschränkt, weil sie von einer Voreigentümerin abgeleitet ist, die als Trägerin der Planung keine Normenkontrolle gegen ihren eigenen Bebauungsplan einleiten könnte.[1361]

668 Für die **Straßenplanung durch Bebauungsplan** hat das *BVerwG* folgende Grundsätze aufgestellt: Ist der Bau einer öffentlichen Straße Gegenstand eines Bebauungsplans, so braucht die Gemeinde Vorkehrungen, die dem passiven Schallschutz für vorhandene bauliche Anlagen dienen, nach § 9 I Nr. 24 BauGB nur dann zu treffen, wenn Festsetzungen dieser Art im Bebauungsplan ausnahmsweise erforderlich sind (§ 1 III BauGB). § 42 BImSchG ist auch ohne eine auf der Grundlage des § 43 I 1 Nr. 3 BImSchG erlassene Rechtsverordnung anwendbar. Maßnahmen des passiven Schallschutzes erfüllen die gebotenen Schutzanforderungen, wenn sie Innenpegel gewährleisten, die verkehrslärmbedingte Kommunikations- oder Schlafstörungen ausschließen.[1362] Nach § 9 I Nr. 24 BauGB können im Bebauungsplan die zum Schutz vor schädlichen Umwelteinwirkungen oder zur Vermeidung oder Minderung solcher Einwirkungen zu treffenden baulichen und sonstigen technischen Vorkehrungen festgesetzt werden. Darunter fällt auch der Einbau von Schallschutzfenstern und von sonstigen Maßnahmen des passiven Schallschutzes.[1363] § 9 I Nr. 24 BauGB erschöpft sich darin, eine Festsetzungsmöglichkeit zu eröffnen. Eine allgemeine Verpflichtung, hiervon auch tatsächlich Gebrauch zu machen, begründet die Vorschrift nicht. Ob Festsetzungen auf der Grundlage des § 9 I Nr. 24 BauGB erforderlich sind, beurteilt sich vielmehr nach § 1 III BauGB. Danach unterliegt die Gemeinde einer Planungspflicht, soweit die städtebauliche Entwicklung und Ordnung dies erfordert. Was in diesem Sinne notwendig ist, hängt von der konkreten Situation, in die hinein geplant wird, und von der jeweiligen planerischen Konzeption der Gemeinde ab.[1364] Es kann geboten sein, in einem Bebauungsplan, der den Bau einer öffentlichen Straße zum Gegenstand hat, Festsetzungen zu treffen, die dem passiven Schallschutz für vorhandene bauliche Anlagen dienen. Die Gemeinde kann ein mit erheblichen Lärmimmissionen verbundenes Verkehrsvorhaben nicht planen, ohne dass sie in Anwendung der §§ 41 ff. BImSchG ein geeignetes Lärmschutzkonzept entwickelt, das für den Fall, dass der aktive Lärmschutz aus den in § 41 II BImSchG genannten Gründen versagt, Maßnahmen des passiven Schallschutzes mit einschließt. Muss sich ihr nach ihren planerischen Zielsetzungen die Notwendigkeit aufdrängen, selbst dafür Sorge zu tragen, dass dieses Konzept durchgesetzt wird, so muss sie sich durch Festsetzungen im Bebauungs-

---

[1360] Planfeststellungsrichtlinien FStrG 99, I Nr. 6.
[1361] *BVerwG*, B. v. 25. 1. 2002 – 4 BN 2.02 – BauR 2002, 1199 = ZfBR 2002, 493.
[1362] *BVerwG*, B. v. 17. 5. 1995 – 4 NB 30.94 – BauR 1995, 654 = DVBl. 1995, 1010 = NJW 1995, 2572 = UPR 1995, 311.
[1363] *BVerwG*, B. v. 7. 9. 1988 – 4 N 1.87 – BVerwGE 80, 184 = *Hoppe/Stüer* RzB Rdn. 177 – Schallschutzfenster.
[1364] *BVerwG*, Urt. v. 7. 5. 1971 – IV C 76.68 – DVBl. 1971, 759. Zur Kombination von aktiven und passiven Schallschutzmaßnahmen *OVG Münster*, Urt. v. 2. 3. 1998 – 7 a D 172/95. NE – NWVBL 1998, 359.

plan die Instrumente schaffen, derer sie bedarf, um ihre Vorstellungen zu verwirklichen. Die Eigentümer lärmbelasteter Grundstücke werden durch die Aufwendungsersatzregelung des § 42 BImSchG zwar begünstigt. Das ändert aber nichts daran, dass der Einbau von Schallschutzfenstern oder die Durchführung sonstiger Maßnahmen des passiven Lärmschutzes nicht „über ihren Kopf hinweg" möglich ist. Die Gemeinde ist auf die Mitwirkungsbereitschaft der Eigentümer angewiesen. Im Normalfall sind Vollzugsprobleme freilich schon deshalb nicht zu erwarten, weil es im ureigensten Interesse der von Verkehrsimmissionen betroffenen Grundeigentümer liegt, etwaige Schutzmöglichkeiten, die ihnen das Recht in dieser Hinsicht bietet, auch tatsächlich zu nutzen. Nur dann, wenn etwa zum Schutz einer Vielzahl von Mietern oder Pächtern oder zum Schutz besonders lärmempfindlicher Nutzungen (z. B. Krankenhäuser oder Kurheime) nicht allein auf das Eigeninteresse als Triebfeder für die gebotenen Ausführungshandlungen abgestellt werden kann, hat die Gemeinde dem passiven Schallschutz durch Vorkehrungen im Bebauungsplan Rechnung zu tragen und notfalls mit Hilfe von Baugeboten auf der Grundlage des § 176 I Nr. 2 BauGB Nachdruck zu verleihen.[1365] Eine Verpflichtung, im Bebauungsplan weitergehende Vorkehrungen des passiven Schallschutzes für vorhandene Gebäude zu treffen, folgt auch nicht aus den §§ 41 ff. BImSchG. Nach Maßgabe des § 41 BImSchG hat der Planungsträger zwar beim Straßenbau sicherzustellen, dass durch die Straße keine schädlichen Umwelteinwirkungen durch Verkehrsgeräusche hervorgerufen werden können, die nach dem Stand der Technik vermeidbar sind. Diese Regelung, der die Gemeinde im Bauleitplanverfahren durch eine entsprechende Festsetzung im Bebauungsplan Geltung zu verschaffen hat, bezieht sich jedoch ausschließlich auf den aktiven Lärmschutz. In Bezug auf den passiven Schallschutz an vorhandenen baulichen Anlagen lässt es § 42 BImSchG mit der Bestimmung bewenden, dass der betreffende Eigentümer vom Träger der Baulast den Ersatz für Schallschutzmaßnahmen erbrachte notwendige Aufwendungen beanspruchen kann. Ein solcher gesetzlicher Erstattungsanspruch, der voraussetzt, dass der Berechtigte selbst Maßnahmen des passiven Schallschutzes an der baulichen Anlage ergreift, kann aber nicht Gegenstand einer Festsetzung nach § 9 I Nr. 24 BauGB sein.[1366] Eine Pflicht, als notwendig erachtete Maßnahmen des passiven Schallschutzes nach § 9 I Nr. 24 BauGB festzusetzen, lässt sich auch nicht aus dem in § 1 VII BauGB normierten Abwägungsgebot ableiten.[1367] Der Bebauungsplan ersetzt nach § 17 III FStrG einen Planfeststellungsbeschluss und auch die Plangenehmigung, wenn das Vorhaben planfeststellungspflichtig ist.[1368] Offen ist dabei, ob und in welchem Umfang der Bebauungsplan auch die Konzentrationswirkung des § 75 VwVfG haben kann. Die Konzentrationswirkung kann allerdings nur in dem Umfang bestehen, wie der Bebauungsplan rechtsverbindliche Regelungen enthält und damit das materielle Entscheidungsprogramm einer fernstraßenrechtlichen Fachplanung ersetzen kann. Soweit der Bebauungsplan diese verbindlichen Regelungen nicht beinhaltet, ist ggf. eine ergänzende Planfeststellung vorzunehmen. Dies wird etwa dann in Betracht kommen, wenn neben den Festsetzungen über den Straßenkörper etwa noch ergänzende Schutzauflagen erforderlich sind.

Ein planfeststellungsersetzender Bebauungsplan, der die Trasse einer Landesstraße festsetzt, ist grundsätzlich nicht erforderlich im Sinne von § 1 III BauGB, wenn die Verwirklichung des Vorhabens innerhalb eines Zeitraums von etwa zehn Jahren nach In-Kraft-

---

[1365] *BVerwG*, B. v. 17. 5. 1995 – 4 NB 30.94 – NJW 1995, 2572 = DVBl. 1995, 1010 = BauR 1995, 65 – Straße durch Bebauungsplan.
[1366] *BVerwG*, B. v. 7. 9. 1988 – 4 N 1.87 – BVerwGE 80, 184 = NJW 1989, 467 = NVwZ 1989, 251 = *Hoppe/Stüer* RzB Rdn. 177 – Schallschutzfenster; B. v. 17. 5. 1995 – 4 NB 30.94 – NJW 1995, 2572 = DVBl. 1995, 1010 = BauR 1995, 65.
[1367] *BVerwG*, B. v. 17. 5. 1995 – 4 NB 30.94 – NJW 1995, 2572 = DVBl. 1995, 1010 = BauR 1995, 65 – Straße durch Bebauungsplan.
[1368] Zu den Grenzen der gemeindlichen Eigenverantwortung für die Straßenplanung *BVerwG*, B. v. 8. 10. 1999 – 4 B 53.99 – DVBl. 2000, 215 – Netzfunktion.

Treten des Plans ausgeschlossen erscheint.[1369] Das Tatbestandsmerkmal der Erforderlichkeit gilt nicht nur für den Anlass, sondern auch für den Inhalt des Bebauungsplans, und zwar für jede Festsetzung.[1370] Die **Zehn-Jahres-Frist** des Straßenrechts ist allerdings nicht als strikte Grenze für den Prognosezeitraum, innerhalb dessen die Realisierung des Straßenbauvorhabens nicht ausgeschlossen sein darf, sondern als Orientierungshilfe zu verstehen, die je nach den Umständen des Einzelfalles ein maßvolles Hinausschieben des Zeithorizonts zulässt.

670 § 1 III BauGB schließt einen Bebauungsplan nicht grundsätzlich aus, der durch eine **isolierte Straßenplanung** die Erschließung für eine zunächst nur im Flächennutzungsplan dargestellte Vorbehaltsfläche ermöglichen soll. Eine Abschnittsbildung bei einer isolierten Straßenplanung nach § 9 I Nr. 11 BauGB ist zulässig, wenn hinreichend gesichert ist, dass die Planung nur im Zusammenhang mit der angestrebten Gesamtplanung verwirklicht werden wird.[1371] Die Anwendung der §§ 41 und 42 BImSchG sowie der 16. BImSchV auf die Planung des Baus einer Straße durch Bebauungsplan ist nicht deshalb ausgeschlossen, weil es sich um eine Stichstraße handelt, durch die ein Gewerbegebiet mit nur einem dort anzusiedelnden Gewerbebetrieb erschlossen wird.[1372] Bundesrechtlich ist der Gemeinderat im Zusammenhang mit dem Satzungsbeschluss nicht gehindert, die Prüfung einer näher umschriebenen Feststellung einem anderen Gemeindeorgan zu übertragen und von dem Ergebnis dieser Prüfung die Bekanntmachung des beschlossenen Bebauungsplanes abhängig zu machen. Das gilt nicht, wenn die Prüfung und die Bewertung des Prüfungsergebnisses sachgerecht nur im Rahmen der planerischen Abwägung stattfinden kann. Eine Abschnittsbildung bei einer isolierten Straßenplanung nach § 9 I Nr. 11 BauGB ist zulässig, wenn hinreichend gesichert ist, dass die Planung nur im Zusammenhang mit der angestrebten Gesamtplanung verwirklicht werden wird.

671 Im Rahmen des Bebauungsplans kann die Gemeinde die **naturschutzrechtlichen Instrumente** des § 1a III BauGB nutzen. Sie kann dazu auch städtebauliche Verträge nach § 11 BauGB abschießen oder sonstige geeignete Maßnahmen treffen. Auch eine naturschutzrechtliche Ausgleichs- oder Ersatzmaßnahme kann dadurch umgesetzt werden, dass die Maßnahmen im Verfahren der Planaufstellung näher beschrieben werden und sich die Gemeinde zur Durchführung der Maßnahmen auf eigenen Grundstücken verpflichtet.[1373] Für die Bewertung der Planung als (reiner) Negativplanung sind allein die objektiven Umstände einschließlich des erklärten Willens des Gemeinderats, nicht aber die inneren Vorstellungen der jeweiligen Mitglieder des Gemeinderats maßgebend.[1374]

672 Ersetzt die **Bauleitplanung** die **Fachplanung**, muss sie gleichwohl deren **grundsätzlichen Vorrang** beachten (§ 38 BauGB). So weit eine Gemeinde nach Landesrecht auch Landes- oder Kreisstraßen gem. § 9 I Nr. 11 BauGB zulässigerweise zum Gegenstand der Festsetzung in einem Bebauungsplan macht, darf sie dem Straßenbaulastträger eine von

---

[1369] *BVerwG*, Urt. v. 18. 3. 2004 – 4 CN 4.03 – NVwZ 2004, 856 = EurUP 2004, 162; mit Hinweis auf eine entsprechende Frist in § 17 IV FStrG, §§ 75 IV VwVfG, § 39 I StrWG NRW sowie Urt. v. 20. 5. 1999 – 4 A 12.98 – Buchholz 407.4 § 17 Nr. 154; Urt. v. 12. 8. 1999 – 4 CN 4.98 – BVerwGE 109, 246; Urt. v. 21. 3. 2002 – 4 CN 14.00 – Buchholz 406.11 § 1 BauGB Nr. 110 = DVBl. 2002, 1469; Urt. v. 30. 1. 2003 – 4 CN 14.01 – BVerwGE 117, 351 = DVBl. 2003, 733 = NVwZ 2003, 742 = NuR 2004, 158 mit Anmerkung *Hönig* – Regionaler Grünzug.

[1370] *BVerwG*, Urt. v. 31. 8. 2000 – 4 CN 6.99 – DVBl. 2001, 377.

[1371] *BVerwG*, Urt. v. 19. 9. 2002 – 4 CN 1.02 – DVBl. 2003, 204 = BauR 2003, 209; Urt. v. 18. 11. 2004 – 4 CN 4.03 – DVBl. 2005, 386 = NVwZ 2004, 1237 – Diez.

[1372] *BVerwG*, B. v. 14. 11. 2000 – 4 BN 44.00 – NVwZ 2001, 433 = BauR 2001, 603.

[1373] *BVerwG*, Urt. v. 19. 9. 2002 – 4 CN 1.02 – BVerwGE 117, 58 = DVBl. 2003, 204 – isolierte Straßenplanung; die Fläche war zugleich Gegenstand der (überörtlichen) Regionalplanung; zur Anpassung an die Regionalplanung Urt. v. 30. 1. 2003 – 4 CN 14.01 – BVerwGE 117, 351 = DVBl. 2003, 733 = NVwZ 2003, 742 = NuR 2004, 158 mit Anmerkung *Hönig* – Regionaler Grünzug.

[1374] *VGH Mannheim*, Urt. v. 15. 7. 2002 – 5 S 1601/01 – NuR 2002, 750. Zur Überplanung eines Kernkraftwerksgeländes, das als Ganzes frühestens im Jahr 2028 für eine andere Nutzung frei wird.

diesem nicht gewünschte Straßenplanung nicht aufdrängen.[1375] Ein Bebauungsplan kann zwar nach § 17 III FStrG einen Planfeststellungsbeschluss ersetzen. Der Bebauungsplan hat aber dann keine enteignungsrechtliche Vorwirkung derart, dass mit ihm wie mit der fernstraßenrechtlichen Planfeststellung gem. § 19 I 3 FStrG über die Zulässigkeit der Enteignung verbindlich entschieden wäre.[1376] Die Gemeinde ist nicht daran gehindert, in den Bebauungsplan auch technische Detailregelungen und -aussagen aufzunehmen, die ebenso gut in einem ergänzenden straßenrechtlichen Planfeststellungsverfahren hätten geregelt werden können. Planerische Zurückhaltung braucht sich die Gemeinde bei der Straßenplanung durch Bebauungsplan nicht aufzuerlegen. Einer ergänzenden straßenrechtlichen Planfeststellung bedarf es nur dann, wenn der Bebauungsplan keine abschließenden Festsetzungen trifft und noch ein regelungsbedürftiger Überhang besteht. Der Gemeinde ist es aber unbenommen, mit ihrer Planung so weit wie möglich Vorsorge dafür zu treffen, dass dieser Fall erst gar nicht eintritt.[1377] **Ausgleichs- und Ersatzmaßnahmen** können in einem öffentlich-rechtlichen Vertrag auch dann geregelt werden, wenn der Bebauungsplan einen Planfeststellungsbeschluss für eine Straßenplanung ersetzt.[1378] Der Planungsträger hat zwar nach § 20 IV BNatSchG im Rahmen einer Fachplanung die erforderlichen Maßnahmen im Fachplan oder in einem Bebauungsplan, der Bestandteil des Fachplans ist, in Text und Karte darzustellen. Es spricht einiges dafür, dass die naturschutzrechtliche Konfliktbewältigung auch in diesem Fall durch einen städtebaulichen Vertrag ergänzt werden kann.[1379]

Nach § 3 Satz 1 der 16. BImSchV wird der maßgebliche Beurteilungspegel für Straßen nach der Anlage 1 der Verordnung berechnet. Zu den Faktoren, die den Verkehrslärm beeinflussen, gehört danach auch die Beschaffenheit der Straßenoberfläche (Tabelle B zur Anlage 1 des § 3 der 16. BImSchV). Nach der Bewertung des Verordnungsgebers ergibt sich aus den unterschiedlichen Korrekturwerten für die verschiedenen Straßenoberflächen im Ergebnis eine einheitliche Lärmbelastung, die Grundlage für die Bestimmung der Immissionsgrenzwerte nach § 2 der 16. BImSchV ist.[1380] Im Einklang mit der Anlage 1 der 16. BImSchV dürfen auch projektbezogene Untersuchungsergebnisse herangezogen werden, die eine Korrektur der Werte der 16. BImSchV zur Folge haben. Vorhabenträger und Planfeststellungsbehörde sind nicht an allgemeine Durchschnittswerte gebunden, wenn konkrete Untersuchungen den örtlichen Besonderheiten der zu erwartenden Verkehrsstruktur und anderen Faktoren Rechnung tragen.[1381] Vor diesem Hintergrund hat das *BVerwG* die lärmmindernde Berücksichtigung des sog. **Flüsterasphalt** abgesegnet und dazu ausgeführt: Die Regelung in der 16. BImSchV in Verbindung mit den RLS 90[1382] über die höchste zugrunde zu legende Geschwindigkeit[1383] ist mit höherrangigem Recht

---

[1375] *BVerwG*, Urt. v. 28. 1. 1999 – 4 CN 5.98 – BVerwGE 108, 248 = DVBl. 1999, 1288.
[1376] *BVerwG*, B. v. 11. 3. 1998 – 4 BN 6.98 – NVwZ 1998, 845 = BauR 1998, 515. Auch bei der Festsetzung etwa eines Regenrückhaltebeckens hat der Bebauungsplan keine enteignungsrechtlichen Vorwirkungen, so *BVerwG*, B. v. 25. 8. 1997 – 4 BN 4.97 – NVwZ-RR 1998, 483 = NuR 1998, 138. Zur enteignenden Vorwirkung des Planfeststellungsbeschlusses *BVerwG*, B. v. 1. 4. 1999 – 4 B 26.99 – UPR 1999, 274 – vorzeitige Besitzeinweisung.
[1377] *BVerwG*, B. v. 22. 3. 1999 – 4 BN 27.98 – NVwZ 1999, 989 = BauR 2000, 239 – fachplanerischer Überhang.
[1378] *BVerwG*, B. v. 5. 1. 1999 – 4 BN 28.97 – NVwZ-RR 1999, 426.
[1379] So *BVerwG*, B. v. 5. 1. 1999 – 4 BN 28.97 – NVwZ-RR 1999, 426 für die Darstellungen in einem landschaftspflegerischen Begleitplan/Grünordnungsplan. Ob damit eine vertragliche Sicherung anstelle einer Darstellung der Maßnahmen in Karte und Text ausgeschlossen sein soll, hat das *BVerwG* offen gelassen.
[1380] *BVerwG*, B. v. 3. 5. 2002 – 4 B 2.02 – lärmmindernder Straßenbelag.
[1381] *BVerwG*, Urt. v. 11. 1. 2001 – 4 A 13.99 – DVBl. 2001, 669 = BauR 2001, 900 = NVwZ 2001, 1154 m. Hinweis auf Urt. v. 21. 3. 1996 – 4 C 9.95 – BVerwGE 101, 1 = DVBl. 1996, 916 = NVwZ 1996, 1003.
[1382] Richtlinien für den Lärmschutz an Straßen (Ausgabe 1990).
[1383] Pkw 130 km/h; Lkw 80 km/h.

vereinbar. Dabei darf ein Abzug von 2 dB(A) nach der Fußnote zur Tabelle B der Anlage 1 zu § 3 der 16. BImSchV für die Verwendung des lärmmindernden Straßenbelags „Splittmastixasphalt, 0/8 und 0/10 ohne Absplittung" berücksichtigt werden.[1384] Die Verwendung eines lärmmindernden Straßenbelags, dessen dauerhafte Eignung der Vorhabenträger belegen kann, rechtfertigt bei der Lärmprognose einen Abschlag nach § 3 i.V. mit der Tabelle B der Anlage I der 16. BImSchV („Flüsterasphalt"). Bei einer lärmtechnischen Berechnung dürfen planfestgestellte Geschwindigkeitsbeschränkungen berücksichtigt werden, auch wenn tatsächlich höhere Fahrgeschwindigkeiten erzielt werden können. Eine durch den vorhandener Verkehrslärm bewirkte Vorbelastung und die durch den Bau oder die wesentliche Änderung einer öffentlichen Straße entstehende zusätzliche Lärmbeeinträchtigung dürfen zu keiner gesundheitsgefährdenden Gesamtbelastung führen.[1385]

674 Eine bereits vorhandene Verkehrslärm-Vorbelastung und die durch den Bau oder durch die wesentliche Änderung einer öffentlichen Straße entstehende zusätzliche Lärmbeeinträchtigung dürfen allerdings in der Gesamtbelastung nicht zu einer Gesundheitsgefährdung führen.[1386] Bei der Gesamtbewertung darf eine durch die Entlastungswirkung eintretende geringere Verkehrsbelastung auf einer vorhandenen Bundesstraße berücksichtigt werden.[1387] Die für den Schutz von Wohngebäuden bestehenden Richt- und Grenzwerte lassen sich nicht auf Stallgebäude übertragen, weil es für Vieh, insbesondere für Milchkühe, keine in Fachkreisen anerkannten Grenz- oder Zumutbarkeitswerte gibt.[1388]

675 Die Verkehrslärmschutzverordnung gilt nur für den Straßen- und Schienenverkehr, nicht jedoch für **gewerbliche Anlagen**. Diese beurteilen sich nach den durchweg niedrigeren Zumutbarkeitsgrundsätzen, die in der Nachbarschaft von gewerblichen Betrieben gelten. Auch der **Zu- und Abfahrtsverkehr** zu einem gewerblichen Betrieb ist nicht an der Verkehrslärmschutzverordnung zu messen. Das Immissionsschutzrecht ordnet die Geräusche des An- und Abfahrtsverkehrs, auch so weit er auf öffentlichen Straßen stattfindet, der Anlage zu, durch deren Nutzung sie verursacht werden, solange sie vom übrigen Straßenverkehr noch unterscheidbar sind. Daraus folgt zugleich, dass für die Bewertung der Lästigkeit dieser Immissionen die besonderen Grenzwerte, welche § 2 der 16. BImSchV beim Bau oder der wesentlichen Änderung öffentlicher Straßen vorsieht, weder unmittelbar noch mittelbar maßgeblich sind. Denn die auf § 43 I 1 Nr. 1 BImSchG gestützte Verkehrslärmschutzverordnung trägt lediglich den Besonderheiten des Verkehrslärmschutzes an öffentlichen Straßen Rechnung.[1389]

676 Eine **Gemeinde** kann bei der Planung einer Straße durch Bebauungsplan regelmäßig von der Festsetzung baulicher oder sonstiger technischer Vorkehrungen zum passiven Schallschutz absehen und es der Eigeninitiative der betroffenen Eigentümer überlassen, die erforderlichen Maßnahmen durchzuführen und die hierfür erbrachten Aufwendungen vom Träger der Straßenbaulast einzufordern.[1390] Enthält ein Bebauungsplan Festsetzungen für eine Bundesfernstraße, die mit der Planung der Straßenbaubehörde nicht übereinstimmen, und ist das Einvernehmen mit der Gemeinde über die Änderung des Bebauungsplans nicht zu erzielen, ist für den Abschnitt der Abweichung eine Planfeststellung durchzuführen. In dem Planfeststellungsverfahren ist ein bestmöglicher Ausgleich

---

[1384] *BVerwG*, Urt. v. 11. 1. 2001 – 4 A 13.99 – DVBl. 2001, 669 = NVwZ 2001, 1154.
[1385] *OVG Münster*, Urt. v. 19. 9. 2001 – 11 D 90/96.AK – im Anschluss an *BVerwG*, Urt. v. 21. 3. 1996 – 4 C 9.95 – BVerwGE 101, 1, nachgehend *BVerwG*, B. v. 3. 5. 2002 – 4 B 1.02 – dort auch zur Anwendbarkeit des Teilstückverfahrens nach der RLS 90.
[1386] *BVerwG*, Urt. v. 21. 3. 1996 – 4 C 9.95 – BVerwGE 101, 1 = DVBl. 1996, 916.
[1387] *BVerwG*, Urt. v. 11. 1. 2001 – 4 A 13.99 – DVBl. 2001, 669 = NVwZ 2001, 1154.
[1388] *BVerwG*, Urt. v. 12. 4. 2000 – 11 A 24.98 – Wiederinbetriebnahme Bahnstrecke.
[1389] *BVerwG*, B. v. 23. 7. 1992 – 7 B 103.92.
[1390] *VGH Mannheim*, B. v. 18. 6. 1999 – 8 S 2401/98 – VGHBW RSpDienst 1999, Beilage 9, B 4, mit Hinweis auf *BVerwG*, B. v. 17. 5. 1995 – 4 NB 30/94 – PBauE § 9 (Nr. 24) BauGB Nr. 9; *VGH Mannheim*, Urt. v. 28. 6. 1996 – 8 S 113/96 – PBauE § 9 I (Nr. 24) BauGB Nr. 10.

zwischen den Interessen der Gemeinde und den Erfordernissen des Straßenverkehrs anzustreben.[1391]

Wird infolge einer **abweichenden Planfeststellung** ein rechtsverbindlicher Bebauungsplan geändert, ergänzt oder aufgehoben und neu aufgestellt, so hat der Träger der Straßenbaulast der Gemeinde die dadurch entstehenden Kosten zu erstatten. Das Gleiche gilt für etwaige Entschädigungen, welche die Gemeinde infolge der Umplanung Dritten zu gewähren hat (§ 38 2 BauGB i.V. m. § 37 III BauGB). Erklärungen der Beteiligten zu den Kosten sollen in der Niederschrift über den Erörterungstermin aufgenommen werden.[1392]

Wird durch **Bauleitplanung** in die Nähe einer vorhandenen **Straße** eine schutzbedürftige **Wohnbebauung** ausgewiesen, so lässt sich nicht aus dem Schutzauflagengebot des § 75 II 2 VwVfG ein Anspruch der Wohneigentümer auf aktiven Schallschutz ableiten. Von dem durch den Bebauungsplan ausgewiesenen Wohngebiet gehen keine nachteiligen Wirkungen aus, sondern es handelt sich im Gegenteil gerade um das Schutzobjekt einer Planung. In einem solchen Fall scheidet eine analoge Anwendung des für das Fachplanungsrecht geltenden § 75 II 2 VwVfG schon vom rechtlichen Ansatz her aus. Abgesehen davon, dass ein Wohngebiet nicht durch einen Planfeststellungsbeschluss geplant werden kann, wäre die Vorschrift auch bei einer Planung durch Planfeststellungsbeschluss nicht unmittelbar anwendbar, weil § 75 II 2 VwVfG voraussetzt, dass (nicht voraussehbare) nachteilige Wirkungen von dem geplanten Vorhaben ausgehen, nicht umgekehrt, dass das geplante Vorhaben nachteiligen Auswirkungen durch Verkehrsanlagen ausgesetzt ist.

Wird allerdings der Grundsatz der **Konfliktbewältigung** bei der Bauleitplanung nicht ausreichend beachtet und ein Wohngebiet ohne den erforderlichen Schallschutz direkt neben einer lärmintensiven Straße geplant, so kann der Bebauungsplan aufgrund eines Abwägungsfehlers unwirksam sein. Denn es entspricht einem allgemeinen Abwägungsgrundsatz, ein schutzbedürftiges Wohngebiet nicht unzumutbaren Lärmbelastungen einer bestehenden Straße auszusetzen. Folge dieses Abwägungsmangels kann die Unwirksamkeit des Bebauungsplans sein. Nach Auffassung des *BVerwG* folgt daraus aber nicht eine Stärkung, sondern eine Schwächung der Rechtsposition der Wohneigentümer. Denn mit der Unwirksamkeit des Bebauungsplans besteht auch ein Baurecht nach § 30 I BauGB nicht mehr. Ist das Plangebiet allerdings auf der Grundlage bestandskräftiger Baugenehmigungen bereits bebaut, so wird dadurch zwar die Rechtmäßigkeit der baulichen Nutzung des Grundstücks nicht mehr berührt. Ein Rechtsanspruch auf eine bestimmte Planung und auf die Realisierung bestimmter Schutzmaßnahmen, die der Bebauungsplan sogar im Falle seiner Wirksamkeit nicht vorgesehen hat, besteht aber grundsätzlich nicht (§ 1 III 2 BauGB). Zwar können die entstandenen Verhältnisse eine städtebauliche Neuordnung durch eine neue Bauleitplanung erfordern. Auch dann besteht jedoch lediglich eine objektive Rechtspflicht der Gemeinde, einen neuen Bebauungsplan aufzustellen. In welcher Weise die Gemeinde die entstandenen Konflikte löst, liegt aber in ihrer planerischen Entscheidungsfreiheit. Der Bürger hat – so das *BVerwG* – grundsätzlich keinen Rechtsanspruch auf bestimmte Schutzvorkehrungen.[1393] Auch aus einem allgemeinen Folgenbeseitigungsanspruch ergebe sich ein solcher Schutzanspruch auf die Anordnung nachträglicher Lärmschutzmaßnahmen nicht. Denn der Anspruch setze einen hoheitlichen Eingriff voraus.[1394] Daran fehle es, wenn die benachbarten Grundstückseigentümer sich nach Lage der Dinge auf die vorhandene Straße hätten einstellen müssen und das durch Bebauungsplan ausgewiesene Wohneigentum entsprechend vorbelastet sei.

[1391] Planfeststellungsrichtlinien FStrG 99, I Nr. 2.
[1392] Planfeststellungsrichtlinien FStrG 99, I Nr. 6.
[1393] *BVerwG*, B. v. 30. 3. 1995 – 4 B 48.95 – Buchholz 406.11 § 2 BauGB Nr. 38.
[1394] *BVerwG*, Urt. v. 26. 8. 1993 – 4 C 24.91 – BVerwGE 94, 100 = *Hoppe/Stüer* RzB Rdn. 102 – Bargteheide.

680 Ist Schallschutz erforderlich, so müssen die dadurch verursachten **Kosten** vom Träger der Maßnahme getragen werden. Dies gilt auch dann, wenn aus technischen Gründen Maßnahmen ergriffen werden, die über das rechtlich gebotene Maß hinausgehen. Die betroffenen Grundstückseigentümer können dann nicht zur Mitfinanzierung der Kosten herangezogen werden.[1395]

Beispiel: Durch den Bau einer neuen Umgehungsstraße werden Schallschutzmaßnahmen erforderlich. Diese bewirken eine Reduzierung der Lärmeinwirkungen unterhalb der Grenzwerte der 16. BImSchV und verbessern zugleich die bisherige Lärmsituation. Gleichwohl können die Anlieger nicht zur Finanzierung der Maßnahmen des aktiven oder passiven Schallschutzes herangezogen werden. Auch haben die Anlieger eines neuen Weges keinen Rechtsanspruch darauf, dass zu ihren Gunsten ein Sichtschutz angelegt wird.[1396]

681 Die Kosten für **Lärmschutzmaßnahmen können allerdings auf die Anlieger als Teil der Erschließungskosten** umgelegt werden, wenn die Maßnahmen im Zusammenhang mit Erschließungsanlagen erforderlich werden (§ 127 II Nr. 5 BauGB). Zur **Abrechnung** dieser Kosten hat das *BVerwG* folgende Grundsätze aufgestellt: Im Zusammenhang mit der Verteilung des für die erstmalige Herstellung einer beitragsfähigen Lärmschutzanlage entstandenen umlagefähigen Erschließungsaufwands ist grundsätzlich kein Raum für die Anordnung eines sog. Artzuschlags. Die Entscheidung eines Ortsgesetzgebers, die Anzahl der geschützten Vollgeschosse zum maßgebenden Faktor für die Verteilung des für die erstmalige Herstellung einer beitragsfähigen Lärmschutzanlage entstandenen umlagefähigen Aufwands zu machen und damit im Ergebnis alle erschlossenen Grundstücke von einer Belastung mit Beitragsbeträgen auszuschließen, bei denen kein Geschoss eine Schallpegelminderung von mindestens 3 dB(A) erfährt, entspricht bundesrechtlichen Anforderungen. So werden etwa durch einen Wall zum Schutz vor Straßenlärm (§ 127 II Nr. 5 BauGB) gem. § 131 II 1 BauGB die Grundstücke erschlossen, die durch die Anlage eine Schallpegelminderung von mindestens 3 dB(A) erfahren.[1397] Bundesrecht verlangt im Rahmen einer satzungsmäßigen Regelung für die Verteilung des für die erstmalige Herstellung einer beitragsfähigen Lärmschutzanlage entstandenen umlagefähigen Aufwands keine Differenzierung nach dem Umfang der Fläche eines geschützten Vollgeschosses, die eine Lärmpegelminderung von mindestens 3 dB(A) erfährt oder der nächsthöheren Schallpegelminderungsgruppe angehört. Grundstücke, auf denen ausschließlich Garagen oder Stellplätze gebaut werden dürfen, werden nicht durch eine beitragsfähige Lärmschutzanlage i. S. des § 131 I 1 BauGB erschlossen.[1398]

682 Ist eine Straßenplanung durch Bebauungsplan rechtswidrig, so steht eine **Rückabwicklung** der Planung an. Ein Grundstückseigentümer muss Beeinträchtigungen, die eine Straße durch ihre bestimmungsmäßige Nutzung auslöst, nur dann hinnehmen, wenn für die Herstellung der Straße und die bestimmungsgemäße Nutzung eine ausreichende Rechtsgrundlage gegeben ist. Dabei ist allerdings zwischen der Straßenplanung und der straßenrechtlichen Widmung zu unterscheiden. Ein Rechtssatz, dass es gegen den Schwarzbau der öffentlichen Hand nur einen vorbeugenden Rechtsschutz gibt, besteht nicht. Die straßenrechtliche Widmung ist kein Vollzugsakt der isolierten Straßenplanung und schließt daher einen bestehenden Folgenbeseitigungsanspruch nicht aus. Allerdings ist dieser darauf begrenzt, den rechtswidrigen Eingriff in die subjektive Rechtsstellung zu beseitigen.[1399] Der durch die Straße Betroffene hat einen Anspruch auf Abwehr nur in der

---

[1395] *BVerwG*, Urt. v. 9. 2. 1995 – 4 C 26.93 – NVwZ 1995, 907 = DVBl. 1995, 750 = DÖV 1995, 775 – Schallschutzwand.
[1396] *BVerwG*, Urt. v. 27. 10. 1999 – 11 A 31.98 – NVwZ 2000 435 – Ersatzweg.
[1397] *BVerwG*, Urt. v. 19. 8. 1988 – 4 C 51.87 – BVerwGE 80, 99; Urt. v. 23. 6. 1995 – 8 C 20.93 – BauR 1995, 826 = DÖV 1996, 32 = DVBl. 1995, 1136.
[1398] *BVerwG*, Urt. v. 23. 6. 1995 – 8 C 18.94 – DVBl. 1995, 1139 = ZfBR 1996, 60.
[1399] *BVerwG*, Urt. v. 26. 8. 1993 – 4 C 24.91 – BVerwGE 94, 100 = NVwZ 1994, 275 = *Hoppe/Stüer* RzB Rdn. 102 – Bargteheide.

Reichweite der Verletzung eigener Rechte. Aus diesen Grundsätzen kann geschlossen werden, dass ein Planbetroffener auch dann nur einen eingeschränkten Anspruch auf Änderung der Planung in der Reichweite der eigenen Rechtsverletzung hat, wenn sich der Nichteintritt von Annahmen im Rahmen eines Monitoring herausstellt.

Der **Grad der Schutzbedürftigkeit** eines Gebäudes gegenüber Verkehrslärm bestimmt 683 sich nach der Eigenart des zu schützenden Gebiets, wobei die 16. BImSchV rechtssatzmäßig bestimmten Gebietsarten gestaffelt nach dem Grad der Schutzbedürftigkeit Immissionsgrenzwerte zuordnet. Für **niedrigere Grenzwerte** ist angesichts dieser normkonkretisierenden Regelungen kein Raum.[1400] Verkehrsprognosen können neben projektbezogenen Untersuchungen grundsätzlich auch durch die in der Straßenplanung gebräuchlichen Modell- und Trendprognosen gewonnen werden.[1401]

Ist im Bereich eines an eine Bundesstraße angrenzenden allgemeinen Wohngebiets 684 oder eines Mischgebiets in Folge einer Straßenplanung Lärm oberhalb der Grenzwerte der 16. BImSchV zu erwarten, ist in die Abwägung der durch den Bebauungsplan betroffenen Belange einzustellen, wie die Betroffenheit der Nachbarn durch Anordnung von aktivem oder passivem Lärmschutz ausgeglichen werden kann. Kommt nur passiver Lärmschutz in Betracht, kann für eine rechtsfehlerfreie Abwägung die objektiv bezogene Untersuchung erforderlich sein, ob für im Lärmpegelbereich VII der DIN 4109 gelegene Gebäude passiver Lärmschutz technisch und rechtlich möglich ist.[1402]

Die durchzuführenden Maßnahmen des **passiven Schallschutzes** sind in der **Verkehrs-** 685 **wege-Schallschutzmaßnahmenverordnung** (24. BImSchV)[1403] niedergelegt. Die Verordnung legt Art und Umfang der zum Schutz vor schädlichen Umwelteinwirkungen durch Verkehrsgeräusche notwendigen Schallschutzmaßnahmen für schutzbedürftige Räume in baulichen Anlagen fest. Die 24. BImSchV bezieht sich auf den Bau oder die wesentliche Änderung von Straßen und damit den Anwendungsbereich der 16. BImSchV sowie den Bau oder die wesentliche Änderung von Verkehrswegen der Magnetschwebebahnen nach § 2 der Magnetschwebebahn-LärmschutzVO.[1404] Schallschutzmaßnahmen i. S. der 24. BImSchV sind bauliche Verbesserungen an Umfassungsbauteilen schutzbedürftiger Räume, die die Einwirkungen durch Verkehrslärm mindern.

Zu den Schallschutzmaßnahmen gehören auch der Einbau von Lüftungseinrichtungen 686 in Räumen, die überwiegend zum Schlafen benutzt werden, und in schutzbedürftigen Räumen mit sauerstoffverbrauchender Energiequelle (§ 2 I der 24. BImSchV). Die Schalldämmung von Umfassungsbauteilen ist so zu verbessern, dass die gesamte Außenfläche des Raumes die in der Anlage 1 bestimmten Schalldämm-Maße nicht unterschreitet. Ist eine Verbesserung notwendig, soll die Verbesserung beim einzelnen Umfassungsbauteil mindestens 5 Dezibel betragen. Die Verfahren zur Berechnung der erforderlichen und zu verbessernden Schalldämm-Maße sind in der Anlage zur 24. BImSchV festgelegt. Dabei wird auf Normblätter der DIN 4109 und 52 210 Teil 5 verwiesen (§§ 3 II, 4 der 24. BImSchV).

Schon vor In-Kraft-Treten der 24. BImSchV hatte das *BVerwG* die Straßenplanung nicht 687 von Maßnahmen des passiven Schallschutzes freigezeichnet, sondern dazu folgende Grundsätze aufgestellt: Die Entscheidung darüber, welche Aufwendungen i. S. des § 42 II 1 BImSchG notwendig sind, steht nicht im Belieben der Exekutive. Auch der Erstattungs-

---

[1400] *OVG Münster*, Urt. v. 19. 9. 2001 – 11 D 90/96.AK – im Anschluss an *BVerwG*, Urt. v. 21. 3. 1996 – 4 C 9.95 – BVerwGE 101, 1, nachgehend *BVerwG*, B. v. 3. 5. 2002 – 4 B 1.02 – dort auch zur Anwendbarkeit des Teilstückverfahrens nach der RLS 90.
[1401] *BVerwG*, B. v. 28. 8. 2002 – 9 VR 11.02 – DVBl. 2003, 67 = NVwZ 2003, 216 – Variantenvergleich.
[1402] *OVG Münster*, Urt. v. 4. 3. 2002 – 7a D 92/01.NE – NVwZ-RR 2002, 831 = DVBl. 2002, 1436.
[1403] Verkehrswege-Schallschutzmaßnahmenverordnung (24. BImSchV) v. 4. 2. 1997 (BGBl. I 2329).
[1404] Magnetschwebebahn-Lärmschutzverordnung v. 23. 9. 1997 (BGBl. I 2328, 2338).

umfang wird durch den Zweck des BImSchG bestimmt, den Schutz vor schädlichen Umwelteinwirkungen sicherzustellen. Lässt sich dieser Schutz nicht durch Maßnahmen des aktiven Lärmschutzes und dadurch bewirkte Außenschallpegel erreichen, die ein ungestörtes Wohnen gewährleisten, so sollen nach dem Lärmschutzkonzept der §§ 41 ff. BImSchG jedenfalls durch Maßnahmen des passiven Lärmschutzes Innenpegel gewährleistet werden, die den betroffenen Straßennachbarn eine gegen unzumutbare Lärmbeeinträchtigungen abgeschirmte Gebäudenutzung ermöglichen. Nach den Erkenntnissen der Lärmforschung wird diesem Erfordernis Genüge getan, wenn der Innenpegel in Wohnräumen 40 dB(A) und in Schlafräumen 30 dB(A) nicht übersteigt.[1405] Dem liegt die Erwägung zu Grunde, dass Maßnahmen des passiven Schallschutzes die ihnen zugedachte Schutzwirkung erfüllen, wenn sie die Gewähr dafür bieten, dass Kommunikations- und Schlafstörungen vermieden werden. Kommunikationsstörungen treten nicht auf, wenn im Wohnbereich eine gute Sprachverständlichkeit auch bei entspannter Unterhaltung über größere Entfernungen gegeben ist. Dies ist sichergestellt, wenn der Beurteilungspegel im Innenraum während der Kommunikation 40 dB(A) nicht übersteigt. Mit verkehrslärmbedingten Schlafstörungen ist nach Auffassung des *BVerwG*[1406] dann nicht zu rechnen, wenn ein Pegel von 30 dB(A) nicht überschritten wird.

688 Eine „**Lärmschutzgarantie**", die über das in § 41 BImSchG verlangte Lärmschutzniveau hinausgeht, kann nicht durch ein planerisches Ermessen gerechtfertigt werden. Hat sich die Planfeststellungsbehörde auf das Lärmschutzniveau der genannten Vorschrift festgelegt und werden diese Werte nach den zutreffenden Berechnungen nicht erreicht, fehlt es an Auswirkungen der Planung, die im Entscheidungszeitpunkt gewiss oder prognostisch sicher abschätzbar sind. Das allgemeine Risiko einer fehlerhaften Prognose ist kein Fall der Unmöglichkeit einer abschließenden Entscheidung.[1407] Hierzu gehören auch solche Auswirkungen, deren zukünftiger Eintritt zwar theoretisch denkbar ist, sich aber mangels besonderer Anhaltspunkte nicht konkret absehen lässt.[1408]

689 **k) Sportlärm.** Im Bereich des **Sportanlagenlärmschutzes** ist die Achtzehnte Verordnung zur Durchführung des BImSchV[1409] zu beachten.[1410] Die **SportanlagenlärmschutzVO (18. BImSchV)** gilt für die Errichtung, die Beschaffenheit und den Betrieb von Sportanlagen, so weit sie zum Zweck der Sportausübung betrieben werden und einer Genehmigung nach § 4 BImSchG nicht bedürfen.[1411] Unter Sportanlagen werden ortsfeste Einrichtungen i. S. des § 3 V Nr. 1 BImSchG verstanden, die zur Sportausübung bestimmt sind. Zu Sportanlagen zählen auch Einrichtungen, die mit der Sportanlage in einem engen räumlichen und betrieblichen Zusammenhang stehen. Zur Nutzungsdauer gehören dabei auch die Zeiten des An- und Abfahrtverkehrs sowie des Zu- und Abgangs (§ 1 III SportanlagenlärmschutzVO). Nach § 2 SportanlagenlärmschutzVO sind Sportanlagen so zu errichten und zu betreiben, dass die in der VO genannten Immissionsrichtwerte unter Einrechnung der Geräuschimmissionen anderer Sportanlagen nicht überschritten werden. Die Immissionsrichtwerte betragen nach § 2 II SportanlagenlärmschutzVO außerhalb von Gebäuden:

[1405] *Jansen* in: *Koch* Schutz vor Lärm 1990, 9, 14 ff.; *Becher* DWW 1994, 130, 133; *Berkemann* in: *Koch* Schutz vor Lärm 1990, 73, 9; *Halama/Stüer* NVwZ 2003, 137.
[1406] *BVerwG*, B. v. 17. 5. 1995 – 4 NB 30.94 – NJW 1995, 2572 = DVBl. 1995, 1010 = BauR 1995, 65.
[1407] *OVG Lüneburg*, Urt. v. 3. 5. 2001 – 7 K 4341/99 – DVBl. 2001, 1307 = NordÖR 2001, 444.
[1408] *BVerwG*, Urt. v. 22. 11. 2000 – 11 C 2.00 – BVerwGE 112, 221 = DVBl. 2001, 405 = NVwZ 2001, 429 = UPR 2001, 148.
[1409] SportanlagenlärmschutzVO v. 18. 7. 1991, BGBl. I 1588 berichtigt 1790.
[1410] *Berkemann* NVwZ 1992, 817; *Birk* NVwZ 1985, 689; *Gaentzsch* UPR 1985, 201; *Hagen* UPR 1985, 817; *Knauber* NuR 1985, 308; *Papier* UPR 1985, 73; *Salzwedel* UPR 1985, 210.
[1411] *Berkemann* NVwZ 1992, 817; *Birk* NVwZ 1985, 689; *Donner/Fischer* UPR 1990, 406; *Gaentzsch* UPR 1985, 201; *Hagen* UPR 1985, 192; *ders.* Sport und Umwelt 1992, 1; *Knauber* NuR 1985, 308; *Papier* UPR 1985, 73; *Ronellenfitsch* DAR 1995, 271; *Salzwedel* UPR 1985, 210; *Schmitz* NVwZ 1991, 1126; *Stange* NWVBL 1992, 153; *Stüer* BauR 1985, 362; *Vieweg* JZ 1987, 1104.

	dB(A)
in Gewerbegebieten	
tags außerhalb der Ruhezeiten	65
tags innerhalb der Ruhezeiten	60
nachts	50
in Kerngebieten, Dorfgebieten und Mischgebieten	
tags außerhalb der Ruhezeiten	60
tags innerhalb der Ruhezeiten	55
nachts	45
in allgemeinen Wohngebieten und Kleinsiedlungsgebieten	
tags außerhalb der Ruhezeiten	55
tags innerhalb der Ruhezeiten	50
nachts	40
in reinen Wohngebieten	
tags außerhalb der Ruhezeiten	50
tags innerhalb der Ruhezeiten	45
nachts	35
in Kurgebieten, für Krankenhäuser und Pflegeanstalten	45
tags außerhalb der Ruhezeiten	
tags innerhalb der Ruhezeiten	45
nachts	35

Für Sportanlagen sieht der Verordnungsgeber in der 18. BImSchV[1412] unter anderem ein Richtwertsystem vor, das an die Baugebietseinteilung der BauNVO anknüpft.[1413] Den unterschiedlichen Baugebieten werden Richtwerte zugeordnet, die nach der Schutzwürdigkeit des jeweiligen Gebietes abgestuft sind.[1414] Auch die Freizeitlärm-Richtlinie 1995 des Länderausschusses für Immissionsschutz (LAI) hat einen vergleichbaren Schutzzweck.[1415] Dasselbe gilt für die TA-Lärm. Der Verordnungsgeber bedient sich dabei des Modells von Richtwerten nach dem Prinzip von Regel und Ausnahme. Er gibt einen Grundsatz vor, lässt aber auch Ausnahmen zu. Bezogen auf die Planungsebene wird dem Plangeber zwar eine Leitlinie vorgegeben, zugleich aber auch ein gewisses Maß an Flexibilität eingeräumt. Der Plangeber hat sich danach an einem Richtwertsystem zu orientieren. Eine punktgenaue Einhaltung der Richtwerte ist aber gesetzlich nicht vorgeschrieben. Eine Wohnnutzung kann daher grundsätzlich auch in der Nachbarschaft einer anderen Nutzung festgesetzt werden, selbst wenn die Belastungswerte für die Wohnnutzung über den Richtwert liegen. Denn abwägungsdirigierte Richtwerte sind eben keine

690

[1412] SportanlagenlärmschutzVO v. 18. 7. 1991, BGBl. I 1588, 1790; *Arndt* NuR 2001, 445; *Berkemann* NuR 1998, 565; *Ketteler*, Sportanlagenlärmschutzverordnung: Heidelberg 1998, S. 91.

[1413] Zum Sportlärm *Berkemann* NVwZ 1992, 817; *Birk* NVwZ 1985, 689; *Donner/Fischer* UPR 1990, 406; *Franke* DVP 2000, 490 – Kunsteisbahn; *Gaentzsch* UPR 1985, 201; *Gelzer*, in: Umweltwirkungen durch Sportanlagen, 60; *Hagen* UPR 1985, 192; *ders.* Sport und Umwelt 1992, 1; *Herr*, Sportanlagen in Wohnnachbarschaft, Berlin 1998, C. II. 1. d) (S. 152); *Knauber* NuR 1985, 308; *Papier* UPR 1985, 73; *Pikart/Gelzer/Papier*, Umweltwirkungen durch Sportanlagen, Düsseldorf 1984; *Ronellenfitsch* DAR 1995, 271; *Salzwedel* UPR 1985, 210; *Schmitz* NVwZ 1991, 1126; *Stange* NWVBl 1992, 153; *Stüer* BauR 1985, 362; *Stüer/Middelbeck* BauR 2003, 38; *Vieweg* JZ 1987, 1104.

[1414] Zum Sportlärm *BVerwG*, Urt. v. 19.1.1989 – 7 C 77.87 – BVerwGE 81, 197 = NJW 1989, 1291 = DVBl. 1989, 463 = *Hoppe/Stüer* RzB Rdn. 93 –Tegelsbarg; Urt. v. 24.4.1991 – 7 C 12.90 – BVerwGE 88, 143 = NVwZ 1991, 884 – Dortmund-Sölde; B. v. 2.7.1991 – 4 B 1.91 – DVBl. 1991, 1160 = NVwZ 1991, 982 = *Hoppe/Stüer* RzB Rdn. 95 – Kegelzentrum; BauR 1992, 338; BauR 1992, 340 = ZfBR 1992, 143; NVwZ 1995, 993; Urt. v. 12.8.1999 – 4 CN 4.98 – BVerwGE 109, 246 = NVwZ 2000, 550 – Eichhalde; Urt. v. 23.9.1999 – 4 C 6.98 – BVerwGE 109, 314 = NVwZ 2000, 1050 – architektonische Selbsthilfe; Urt. v. 16.5.2001 – 7 C 16.00 – NVwZ 2001, 1167 – Freizeitlärm; B. v. 16.1.2002 – 4 BN 27.01 – Preußen-Park; *OVG Münster*, Urt. v. 7.12.2000 – 7 a D 60/99.NE – DVBl. 2001, 657 = NVwZ-RR 2001, 635 – Preußen-Park; *BGH*, Urt. v. 17.12.1982 – V ZR 55/82 – NJW 1983, 751 = *Hoppe/Stüer* RzB Rdn. 92 – Tennisplatz; Urt. v. 23.3.1990 – V ZR 58/59 – BGHZ 111, 63 = NJW 1990, 2465 – Festzelt.

[1415] *BVerwG*, Urt. v. 16.5.2001 – 7 C 16.00 – NVwZ 2001, 1167 – Freizeitlärm.

Schranken bildenden Grenzwerte.[1416] Der Plangeber muss sich allerdings an dem Grundsatz ausrichten, dass wohngebietsverträgliche Verhältnisse gewahrt sind und darf die (absolute) Grenze zur Gesundheitsgefährdung nicht überschreiten.[1417]

691 Auf der anderen Seite geben die Regelwerke auch Anhaltspunkte für den nachbarlichen Interessenausgleich. Werden etwa die in § 2 II Nr. 2 der 18. BImSchV für Kern-, Dorf- und Mischgebiete festgelegten Richtwerte nicht überschritten, so sind regelmäßig gesunde Wohnverhältnisse auch im Sinne des § 34 I 2 BauGB gewahrt.[1418] Dabei kann allerdings nicht schematisch vorgegangen werden.[1419] In einem durch das Vorhandensein eines Sportplatzes vorbelasteten entstandenen Wohngebiet trifft den Bauwilligen zudem eine Obliegenheit, durch Platzierung des Gebäudes auf dem Grundstück, Grundrissgestaltung und andere ihm mögliche und zumutbare Maßnahmen der **„architektonischen Selbsthilfe"** seinerseits die gebotene Rücksicht darauf zu nehmen, dass die Wohnnutzung nicht unzumutbaren Lärmbelästigungen von Seiten der Sportplatznutzung ausgesetzt wird. Der Betreiber eines Sportplatzes etwa kann nicht darauf vertrauen, dass er nur deshalb von Auflagen zum Schutz heranrückender Wohnbebauung vor Lärm verschont bleibt, weil der Sportplatz zuerst entstanden ist.[1420] Den Betreiberpflichten unterliegt übrigens auch die öffentliche Hand, wenn sie eine Sportanlage als öffentliche Einrichtung betreibt.[1421]

692 Die **Gebiete** richten sich nach den **Festsetzungen des Bebauungsplans**. Sonstige im Bebauungsplan festgesetzte Gebiete sind entsprechend ihrer Schutzbedürftigkeit zu behandeln (§ 2 VI SportanlagenlärmschutzVO). Bei Abweichungen der Planausweisungen von der tatsächlichen Bebauung ist die tatsächliche bauliche Nutzung unter Berücksichtigung der vorgesehenen baulichen Nutzung zu Grunde zu legen (§ 2 VI SportanlagenlärmschutzVO).

693 Werden bei **Geräuschübertragungen innerhalb von Gebäuden** in Aufenthaltsräumen von Wohnungen, die baulich, aber nicht betrieblich mit der Sportanlage verbunden sind, von der Sportanlage verursachte Geräuschimmissionen mit einem Beurteilungspegel von mehr als 35 dB(A) tags oder 25 dB(A) nachts festgestellt, hat der Betreiber der Sportanlage nach § 2 III SportanlagenlärmschutzVO Maßnahmen zu treffen, welche die Einhaltung der vorgenannten Immissionsgrenzwerte sicherstellen. Dies gilt unabhängig von der Lage der Wohnung in einem der in § 2 II SportanlagenlärmschutzVO genannten Gebiete. Einzelne kurzzeitige Geräuschspitzen sollen die Immissionsrichtwerte nach § 2 II Sportanlagenlärmschutzverordnung tags um nicht mehr als 30 dB(A) sowie nachts um nicht mehr als 20 dB(A) überschreiten (§ 2 IV SportanlagenlärmschutzVO). Ferner sollen einzelne kurzzeitige Geräuschspitzen die Geräuschinnenpegel des § 2 IV SportanlagenlärmschutzVO um nicht mehr als 10 dB(A) überschreiten. Die Tagwerte werden nach § 2 V SportanlagenlärmschutzVO in der Zeit zwischen 6.00 Uhr und 22.00 Uhr an Werktagen und 7.00 Uhr und 22.00 Uhr an Sonn- und Feiertagen festgelegt. Die Ruhezeiten beziehen sich jeweils auf die ersten und letzten beiden Stunden der Immissionsrichtwerte tagsüber. Außerdem gehört die Zeit zwischen 13.00 Uhr und 15.00 Uhr sonn- und feiertags zur Ruhezeit. Die sonn- und feiertägliche Ruhezeit ist nur zu berücksichtigen, wenn die Nutzungsdauer der Sportanlage an Sonn- und Feiertagen in der Zeit von 9.00 Uhr bis 20.00 Uhr mindestens vier Stunden beträgt (§ 2 V SportanlagenlärmschutzVO).

[1416] *Stüer/Middelbeck* BauR 2003, 38. Eine Richtwertüberschreitung von 5 dB(A) kann das Ergebnis einer sachgerechten Abwägung sein, *BVerwG* NVwZ 1991, 881.
[1417] *Boeddinghaus* StädteT 1998, 503; *Mampel* Nachbarschutz im öffentlichen Baurecht, Herne 1994, Rdn. 1190; *Tettinger/Kleinschnittger* JZ 1992, 109; *Kutscheidt* NVwZ 1989, 193; *Jansen*, in Koch (Hrsg.), Schutz vor Lärm, Baden-Baden 1990, 9; *Fickert/Fieseler*, Rdn. 19 zu § 15 BauNVO, Vorbem. §§ 2–9, 12–14, Rdn. 12.9 nehmen für Sportlärm eine Gesundheitsgefahr bei Außenpegeln von „deutlich über 70 dB(A)" an; *Steinebach*, Lärm- und Luftgrenzwerte: Entstehung, Düsseldorf 1987, 59.
[1418] Zur zivilrechtlichen Bewertung § 906 I 2 und 3 BGB; *Mainusch* ZevKR 44, 558.
[1419] *BGH*, Urt. v. 14. 10. 1994 – V ZR 76/93 – NJW 1995, 132 – Papierfabrik.
[1420] *BVerwG*, Urt. v. 23. 9. 1999 – 4 C 6.98 – BVerwGE 109, 314 = NVwZ 2000, 1050.
[1421] *BVerwG*, Urt. v. 25. 7. 2002 – 7 C 24.01 – Erlebnis-Schwimmbad.

Zur Einhaltung der Immissionsrichtwerte hat der Betreiber nach § 3 **Sportanlagen-** 694
lärmschutzVO insbesondere
— an Lautsprecheranlagen und ähnlichen Einrichtungen technische Maßnahmen, wie die dezentrale Aufstellung von Lautsprechern und der Einbau von Schallpegelbegrenzern, zu treffen,
— technische und bauliche Schallschutzmaßnahmen, wie die Verwendung lärmgeminderter oder lärmmindernder Ballfangzäune, Bodenbeläge, Schallschutzwände und -wälle, zu treffen,
— Vorkehrungen zu treffen, dass Zuschauer keine übermäßig lärmerzeugenden Instrumente wie pyrotechnische Gegenstände oder druckgasbetriebene Lärmfanfaren verwenden, und
— An- und Abfahrtswege und Parkplätze durch Maßnahmen betrieblicher und organisatorischer Art so zu gestalten, dass schädliche Umwelteinwirkungen durch Geräusche auf ein Mindestmaß beschränkt werden.

Die zuständige Behörde kann die Einhaltung der Immissionsrichtwerte nach **§ 5** 695
SportanlagenlärmschutzVO durch Nebenbestimmungen und Einzelfallanordnungen sicherstellen.

Die SportanlagenlärmschutzVO enthält für ihren Anwendungsbereich verbindliche 696
Regelungen der **nachbarlichen Zumutbarkeit**. § 3 der 18. BImSchV schließt daher als normative Festlegung der Zumutbarkeitsschwelle i. S. des § 3 I BImSchG grundsätzlich die Beurteilung aus, dass Lärmimmissionen, welche die festgelegten Immissionsrichtwerte unterschreiten, im Einzelfall gleichwohl als erheblich eingestuft werden.[1422] Die normative Konkretisierung des gesetzlichen Maßstabs für die Zumutbarkeit von Sportlärm ist jedenfalls insoweit abschließend, als sie bestimmten Gebietsarten und Tageszeiten entsprechend ihrer Schutzbedürftigkeit bestimmte Immissionsrichtwerte zuordnet, Grenzwerte für kurzzeitige Geräuschspitzen festlegt und das Verfahren der Ermittlung und Beurteilung der Geräuschimmissionen vorschreibt. Die SportanlagenlärmschutzVO zielt darauf, die bisherige einzelfallbezogene Beurteilung anhand unbestimmter Rechtsbegriffe durch ein differenziertes Regelungssystem zu ersetzen, das auf der Grundlage allgemein gültiger Immissionsrichtwerte und Beurteilungsgrundsätze eine interessengerechte und gleichmäßige Bewertung der belästigenden Wirkung von Sportlärm ermöglicht.[1423] Eine solche typisierende Regelung ist dem Normgeber nicht verwehrt. Die verbindliche Festlegung von Immissionsrichtwerten und Beurteilungsgrundsätzen, die auf abstrakt-genereller Abwägung der widerstreitenden Interessen beruhen, dient der Rechtssicherheit in einem Bereich, der in besonderem Maße von Wertungen geprägt und daher höchst unterschiedlicher Beurteilung im Einzelfall ausgesetzt ist. Die Abweichung von den normierten Maßstäben und Grundsätzen im Einzelfall wäre mit dem Normzweck, eine gleichmäßige Rechtsanwendung sicherzustellen, unvereinbar. Für eine einzelfallbezogene Beurteilung der Zumutbarkeitsschwelle aufgrund tatrichterlicher Würdigung lässt das normative Regelungskonzept nur insoweit Raum, als die SportanlagenlärmschutzVO durch Verweis auf weitergehende Vorschriften generell (vgl. § 4 der 18. BImSchV) oder durch Sollvorschriften für atypisch gelagerte Fälle Abweichungen zulässt.[1424] Bei der Beurteilung des Sportlärms ist zwischen den verschiedenen Spiel- und Sportstätten hinsichtlich ihrer Größe und Art, aber auch nach der Störungsempfindlichkeit der einzelnen Baugebiete zu differenzieren. Im reinen und allgemeinen Wohngebiet etwa ist die Errichtung eines **Kinderspielplatzes** allgemein zulässig. Die mit einer bestimmungsgemäßen Nutzung eines solchen Kinderspielplatzes verbundenen Beeinträchtigungen sind von den Nachbarn grundsätzlich hinzunehmen.[1425]

[1422] *BVerwG*, B. v. 8. 11. 1994 – 7 B 73.94 – DVBl. 1995, 514 = NVwZ 1995, 993 = ZuR 1995, 49.
[1423] Begründung des Regierungsentwurfs, BR-Drucks. 17/91, S. 33 ff.
[1424] *BVerwG*, B. v. 8. 11. 1994 – 7 B 73.94 – DVBl. 1995, 514 = NVwZ 1995, 993 = ZuR 1995, 49.
[1425] *BVerwG*, Urt. v. 12. 12. 1991 – 4 C 5.88 – BauR 1992, 338 = *Hoppe/Stüer* RzB Rdn. 896.

697 Auch **Bolzplätze** dürfen – unter dem Vorbehalt einer Beurteilung nach § 15 I BauNVO – neben reinen Wohngebieten zugelassen werden. Denn Bolzplätze sind zumindest im allgemeinen Wohngebiet, an die reine Wohngebiete typischerweise angrenzen dürfen, nicht allgemein unzulässig. Zwar wird man Bolzplätze nicht in jeder Hinsicht mit Kinderspielplätzen gleichsetzen können. Bolzplätze dienen nicht nur Kindern, sondern auch und vor allem der spielerischen und sportlichen Betätigung Jugendlicher und junger Erwachsener. Aus diesem Grund und wegen der von Bolzplätzen ausgehenden stärkeren Auswirkungen auf ihre Umgebung unterscheiden sie sich von den Kinderspielplätzen und erfordern deshalb eine andere bauplanungsrechtliche Beurteilung. Sie müssen aber jedenfalls wie Anlagen für sportliche Zwecke behandelt werden, die allgemein (§ 4 II Nr. 3 BauNVO) oder zumindest ausnahmsweise (§ 3 III Nr. 2 BauNVO – in einem reinen Wohngebiet) unter dem Vorbehalt des § 15 I BauNVO in einem allgemeinen Wohngebiet zulässig sind und als Bestandteil dieses Baugebietes im Grundsatz auch an ein reines Wohngebiet angrenzen können. Auch ein Sportplatz und ein reines Wohngebiet dürfen in einem Bebauungsplan nebeneinander festgesetzt werden.[1426] Das gilt in gleicher Weise auch für Bolzplätze. Das Nebeneinander von Wohnen und Bolzplatznutzung kann aber im Einzelfall zu Problemen führen, welche die Zulassung eines Bolzplatzes entweder ganz ausschließen oder zumindest Auflagen zum Schutz der Nachbarschaft erforderlich machen können.[1427]

698 Der in der **VDI-Richtlinie 3770** genannte **Emissionskennwert** von 101 dB(A) für **Bolzplätze** ist schon nach dem eigenen Anspruch der Richtlinie nicht als Ausgangspunkt für die Ermittlung der Lärmbelastung von Nachbargrundstücken eines genehmigten Bolzplatzes geeignet. In der Richtlinie geht es nämlich nicht ausschließlich darum, die von einem Bolzplatz ausgehenden Immissionen im Rahmen einer vorsorgenden bauleitplanerischen Abwägung angemessen zu erfassen. Ein in Bausachen erfahrenes Tatsachengericht ist in der Regel in der Lage zu beurteilen, ob bestimmte tatsächliche Annahmen des beauftragten Gutachters zutreffen oder nicht.[1428]

699 Allerdings sind auch nach § 4 II Nr. 3 BauNVO 1990 im **allgemeinen Wohngebiet** nicht Sportanlagen jedweder Art allgemein zulässig. Vielmehr müssen sie nach Art und Umfang der Eigenart des Gebietes entsprechen und dürfen die allgemeine Zweckbestimmung des Gebietes, vorwiegend dem Wohnen zu dienen (§ 4 I BauNVO), nicht gefährden.[1429] Die Sportanlagenlärmschutzverordnung (§ 18. BImSchV)[1430] hat für die **Bauleitplanung** nur mittelbar rechtliche Bedeutung. Die Gemeinde darf keinen Bebauungsplan aufstellen, der nicht vollzugsfähig und damit i. S. des § 1 III BauGB nicht erforderlich ist, weil seine Verwirklichung an den immissionsschutzrechtlichen Anforderungen der Sportanlagenlärmschutzverordnung scheitern müsste.[1431] Bei der planerischen Abwägung gem. § 1 VII BauGB muss die Gemeinde die Schutzbedürftigkeit des Einwirkungsbereichs der Sportanlage entsprechend den Anforderungen der Verordnung zutreffend ermitteln. Sie darf nahe liegende und verhältnismäßige Möglichkeiten einer Sportlärmbeeinträchtigung benachbarter Gebiete unterhalb der Immissionsrichtwerte nicht unberücksichtigt lassen.[1432] In einem unbeplanten allgemeinen Wohngebiet ist ein Wohnbau-

---

[1426] *BVerwG*, Urt. v. 24. 4. 1991 – 7 C 12.90 – BauR 1991, 593; Urt. v. 19. 1. 1989 – 7 C 77.87 – BVerwGE 81, 197 = *Hoppe/Stüer* RzB Rdn. 93.

[1427] *BVerwG*, B. v. 3. 3. 1992 – 4 B 70.91 – BauR 1992, 340 = ZfBR 1992, 143 = *Hoppe/Stüer* RzB Rdn. 97; *OVG Münster*, Urt. v. 2. 3. 1999 – 10 A 6491/96 – ZfBR 1999, 230 – Bolzplatz.

[1428] *BVerwG*, B. v. 30. 7. 2003 – 4 B 16.03 – IBR 2003, 697, für Annahmen zur Impulshaltigkeit von Ballgeräuschen, die nach Gutachteransicht einen Impulszuschlag nach Ziff. 1.3.3 des Anhangs der 18. BImSchV rechtfertigen.

[1429] *BVerwG*, B. v. 2. 7. 1991 – 4 B 1.91 – BauR 1991, 569 = DÖV 1992, 76 = *Hoppe/Stüer* RzB Rdn. 95 – Kegelzentrum.

[1430] Vom 18. 7. 1991, BGBl. I 1588, ber. S. 1790.

[1431] *BVerwG*, Urt. v. 12. 8. 1999 – 4 CN 4.98 – DVBl. 2000, 187.

[1432] *BVerwG*, Urt. v. 12. 8. 1999 – 4 CN 4.98 – DVBl. 2000, 187.

vorhaben in unmittelbarer Nachbarschaft eines vorhandenen Sportplatzes unzulässig, wenn es sich Sportlärmimmissionen aussetzt, die nach der Eigenart des Gebiets in diesem unzumutbar sind (§ 15 I 2 BauNVO). Dabei kann von Bedeutung sein, dass der in Zusammenhang bebaute Ortsteil, zu dem das Baugrundstück gehört, nach dem Sportplatz entstanden und an diesen herangerückt ist. Die Lärmvorbelastung des Wohnbaugrundstücks kann sich dann schutzmindernd dahin auswirken, dass nicht die Richtwerte des § 2 II Nr. 3 der 18. BImSchV maßgebend sind, sondern darüber liegende Werte.

Werden die in **§ 2 II Nr. 2 der 18. BImSchV** für Kern-, Dorf- und Mischgebiete festgelegten **Richtwerte** nicht überschritten, so sind regelmäßig gesunde Wohnverhältnisse i. S. des § 34 I 2 BauGB gewahrt. In einem durch das Vorhandensein eines Sportplatzes vorbelastet entstandenen Wohngebiet trifft den Bauwilligen eine Obliegenheit, durch Platzierung des Gebäudes auf dem Grundstück, Grundrissgestaltung und andere ihm mögliche und zumutbare Maßnahmen der **„architektonischen Selbsthilfe"** seinerseits die gebotene Rücksicht darauf zu nehmen, dass die Wohnnutzung nicht unzumutbaren Lärmbelästigungen von Seiten der Sportplatznutzung ausgesetzt wird.[1433] **700**

Der Sportanlagenlärmschutzverordnung (18. BImSchV) kommt im **Bauleitplanverfahren** mittelbare Bedeutung zu: Setzt eine Bebauungsplan in der Nachbarschaft zur Wohnbebauung eine Sportanlage fest, muss gewährleistet sein, dass die immissionsschutzrechtlichen Anforderungen eingehalten werden können und die Wohnbebauung keinen höheren als den zulässigen Lärmbelastungen ausgesetzt wird. Umgekehrt hat die Ausweisung eines Wohngebietes neben einer Sportanlage den in der 18. BImSchV enthaltenen Wertungen Rechnung zu tragen. § 5 V der 18. BImSchV hält eine Überschreitung des für allgemeine Wohngebiete geltenden Grenzwertes von 50 dB(A) tags innerhalb der Ruhezeiten um bis zu 10 dB(A) auf den für Gewerbegebiete maßgeblichen Wert von 60 dB(A) bei seltenen Ereignissen im Sinne der Nr. 1.5 des Anhangs für zumutbar. Werden die durch Nr. 1.5 des Anhangs gezogenen Grenzen eingehalten, kann es das Ergebnis einer gerechten Abwägung sein, wenn das weitergehende Ruhebedürfnis der Bewohner des Wohngebietes hintangestellt wird.[1434] Die 18. BImSchV kann auch dann als Orientierungshilfe für die Beurteilung der Zumutbarkeit von Lärmimmissionen durch ein öffentliches Freibad herangezogen werden, wenn ein allgemeines Wohngebiet an ein bestehendes Freibad herangeplant wird.[1435] **701**

Das **Bauplanungsrecht** regelt die Nutzbarkeit der Grundstücke in **öffentlich-rechtlicher Beziehung** auf der Grundlage objektiver Umstände und Gegebenheiten mit dem Ziel einer möglichst dauerhaften städtebaulichen Ordnung und Entwicklung. Dementsprechend stellt das baurechtliche Rücksichtnahmegebot **nicht „personenbezogen"** auf die Eigentumsverhältnisse oder die Nutzungsberechtigten zu einem bestimmten Zeitpunkt ab. Daraus ergibt sich nicht nur, dass die persönlichen Verhältnisse einzelner Eigentümer oder Nutzer, wie z. B. besondere Empfindlichkeiten oder der Gesundheitszustand, bei der Bewertung von Lärmimmissionen im Rahmen des baurechtlichen Rücksichtnahmegebots keine Rolle spielen. Vielmehr schließt das Abheben auf eine durchschnittliche Empfindlichkeit gegenüber Sportlärmbeeinträchtigungen es auch aus, dass das bei objektiver Betrachtung maßgebliche Lärmschutzniveau auf das Maß gesenkt wird, das ein Bauwilliger nach seiner persönlichen Einstellung bereit ist hinzunehmen.[1436] Weicht die tatsächliche Nutzung von der im Bebauungsplan festgesetzten baulichen Nutzung ab, richtet sich die Schutzwürdigkeit nicht bereits dann nach der tatsächlichen Nutzung (§ 2 VI 3 der 18. BImSchV), wenn diese in eine andere Gebietsklasse gem. § 2 II der 18. BImSchV fällt als die festgesetzte Nutzung. Der Begriff der erheblichen Abweichung i. S. des § 2 VI 3 der 18. **702**

[1433] S. Rdn. 691.
[1434] *BVerwG*, B. v. 26. 5. 2004 – 4 BN 24.04 – ZfBR 2004, 566 – Freibad mit Hinweis auf Urt. v. 18. 12. 1990 – 4 N 6.88 – NVwZ 1991, 881 = BRS 50 Nr. 25.
[1435] *VGH Mannheim*, Urt. v. 13. 2. 2004 – 3 S 2548/02 – VBlBW 2004, 383.
[1436] *BVerwG*, Urt. v. 23. 9. 1999 – 4 C 6.98 – DVBl. 2000, 192.

BImSchV ist nach qualitativen städtebaulichen Merkmalen zu bestimmen.[1437] Maßstab für die Überprüfung einer Baugenehmigung ist bei einer funktionalen Einheit verschiedener Anlagenteile die Wirkung der Anlage auf das Nachbargrundstück insgesamt. Betroffenheiten, die zum planerischen Abwägungsprogramm gehören und sich als typische planbedingte Folge darstellen, können nicht mehr Gegenstand einer Nach- und Feinsteuerung des allgemeinen Rücksichtnahmegebotes sein.[1438]

703 Zur Bestimmung der **Zumutbarkeit** hat das *BVerwG* vor In-Kraft-Treten der SportanlagenlärmschutzVO folgende Grundsätze entwickelt: Die Vielzahl von Faktoren, welche die Anwendung des Gebotes der Rücksichtnahme im Einzelfall bestimmen, verbietet es, generalisierende Aussagen darüber zu treffen, welchen Abstand bestimmte Arten von Sportstätten von einer benachbarten Wohnnutzung einhalten. Der von einem Fußballstadion ausgehende Lärm ist nach Ausmaß und Intensität nicht nur von der bei voller Auslastung erreichbaren Zuschauerzahl, sondern u. a. auch von der Häufigkeit der Spiele sowie der konkreten örtlichen Situation[1439] abhängig. Der Abwehranspruch eines Nachbarn gegen den Lärm, der von einem von der öffentlichen Hand betriebenen Sportplatz ausgeht, ist öffentlich-rechtlicher Natur und deshalb vor den Verwaltungsgerichten geltend zu machen. Im öffentlich-rechtlichen Nachbarstreit ist dabei die Frage der Zumutbarkeit von Geräuschen nach den Maßstäben der §§ 3 I und 22 BImSchG zu beurteilen. Die Sportausübung ist – auch als Freizeitbetätigung sowie als eine gesundheits- und sozialpolitisch förderungswürdige Angelegenheit – ebenso wenig wie andere mit Geräuschen verbundene Tätigkeiten von der Rücksichtnahme auf das Ruhebedürfnis anderer Menschen, die in der Nachbarschaft von Sportanlagen wohnen, freigestellt. Im Konfliktfall zwischen Wohnnutzung und Sportbetrieb kann es von Bedeutung sein, welche Nutzung eher vorhanden war. Die Frage, ob die von einem Sportplatz mit vielfältigen Sportarten und Formen der Sportausübung[1440] ausgehenden Geräusche eine erhebliche Belästigung sind, kann für eine Beurteilung vor In-Kraft-Treten der 18. BImSchV nicht schematisch durch Bildung von Mittelungspegeln – bezogen auf einen 16-Stunden-Tag (6 bis 22 Uhr) – beurteilt werden. Es ist nach Auffassung des *BVerwG*[1441] rechtlich nicht geboten, die Zumutbarkeit von Sportgeräuschen an Samstagnachmittagen nach strengeren Maßstäben zu beurteilen als an sonstigen Werktagen. Ein Bebauungsplan ist auch nicht schon deshalb unwirksam, weil er einen Sportplatz ohne ausdrückliche Konkretisierung der Art der auf ihm zulässigen Sportausübung und ohne räumliche Festlegung der einzelnen Sportanlagen wie Spielfelder, Laufbahnen usw. in der Nachbarschaft zu einem Wohngebiet festsetzt. Vielmehr ist eine solche Festsetzung in der Regel dahin auszulegen, dass auf dem Sportplatz nur eine mit der Wohnnutzung verträgliche Sportausübung zulässig ist. § 22 I Nr. 2 BImSchG fordert, dass nach dem Stand der Technik unvermeidbare schädliche Umwelteinwirkungen auf ein unter dem Gesichtspunkt des nachbarlichen Interessenausgleichs zumutbares Mindestmaß beschränkt werden. Beschränkungen, die der Minderung (nur) erheblicher Belästigungen dienen, dürfen nicht unverhältnismäßig sein. § 25 II BImSchG begrenzt nicht die Befugnis der Immissionsschutzbehörde zum Einschreiten, sondern reduziert das ihr sonst zustehende Ermessen in Richtung auf ein grundsätzliches Gebot zum Einschreiten.[1442]

[1437] *BVerwG*, Urt. v. 12. 8. 1999 – 4 CN 4.98 – DVBl. 2000, 187.
[1438] *OVG Münster*, Urt. v. 2. 3. 1999 – 10 A 6491/96 – BauR 2000, 81 = NWVBl 1999, 426 – für den Ballfangzaun eines Bolzplatzes.
[1439] Lage des Stadions und seiner Zugänge, Anfahrtswege, Topografie, bauliche Schutzvorkehrungen.
[1440] Leichtathletik, Fußball, sonstige Ballspiele, Schulsport, Vereinssport, Sport nicht organisierter Freizeitsportler, Wettkämpfe.
[1441] *BVerwG*, Urt. v. 19. 1. 1989 – 7 C 77.87 – BVerwGE 81, 197 = *Hoppe/Stüer* RzB Rdn. 93 – Tegelsbarg.
[1442] *BVerwG*, Urt. v. 19. 1. 1989 – 7 C 77.87 – BVerwGE 81, 197 = *Hoppe/Stüer* RzB Rdn. 93 – Tegelsbarg.

Ein Bebauungsplan, der in Nachbarschaft zueinander ein **reines Wohngebiet** und einen Sportplatz festsetzt, muss nicht wegen der mit dem Sport verbundenen Geräusche abwägungsfehlerhaft sein. Beide Nutzungen sind in einer solchen plangegebenen Situation mit einer Pflicht zur gegenseitigen Rücksichtnahme belastet. Es gibt keinen Rechtssatz, dass Sportplätze in Wohnnähe für den Vereinssport oder die Allgemeinheit überhaupt nicht oder nicht zu Tageszeiten besonderen Ruhebedürfnisses nutzbar sind oder dass auf ihnen zu Tageszeiten besonderen Ruhebedürfnisses nicht Fußball gespielt werden darf. Maßgebend sind vielmehr die konkreten Gegebenheiten des Einzelfalls. Bei der Beurteilung der Erheblichkeit von Sportlärm konnte das Tatsachengericht vor In-Kraft-Treten der SportanlagenlärmschutzVO technische Regelwerke wie die Hinweise zur Beurteilung der durch Freizeitanlagen verursachten Geräusche[1443] als Anhaltspunkte bewertend mit heranziehen. Es durfte sie nicht wie Rechtsnormen anwenden, sondern musste prüfen, ob sie den vom BImSchG gestellten Anforderungen entsprachen.[1444] Die LAI-Hinweise können den Gerichten allerdings als Entscheidungshilfe bei der Beurteilung von Volkslärmfesten dienen.[1445] 704

Bei Anlagen für den **Profisport** geht es zwar nicht um die Förderung der sozialen und gesundheitlichen Funktion aktiven Sports für die Bevölkerung, immerhin aber um die Förderung einer – wie die großen Zuschauerzahlen gerade im Profisport zeigen – ebenfalls sozialadäquaten und von breiten Bevölkerungskreisen akzeptierten Form der Freizeitgestaltung. Hinzu kommt, dass es für die Belastung der vom Sportlärm betroffenen Wohnnutzung im Grunde gleich ist, ob ein bestimmter Lärmpegel durch Profi- oder Amateursport ausgelöst wird.[1446] Nach der bestehenden Gesetzeslage ist für das Gebiet der neuen Bundesländer von denselben Lärmwerten auszugehen wie in den alten Bundesländern. § 55 I BauZVO betraf lediglich die Möglichkeit, außerhalb des Verfahrens der verbindlichen Bauleitplanung der §§ 2 ff. BauGB durch Satzung und abweichend von §§ 30 ff. BauGB Vorhaben zuzulassen. Die Vorschrift erleichterte zwar aus in ihr genannten Gründen die Zulassung von Vorhaben. Sie suspendierte aber die Gemeinde nicht von den inhaltlichen Vorgaben einer sachgerechten bauplanerischen Abwägung[1447] und der Beachtung der sich aus der SportanlagenlärmschutzVO ergebenden Anforderungen. 705

Die einzelnen, den Lärmschutz betreffenden Regelwerke sind zumeist nur an einzelnen Typen von Schallquellen ausgerichtet. Eine **summierende Betrachtung** findet nach den Regelwerken zumeist nicht statt. So betrifft etwa die 16. BImSchV den Verkehrslärm beim Bau oder der wesentlichen Änderung von öffentlichen Straßen und Schienenwegen der Eisenbahnen und Straßenbahnen oder die 18. BImSchV die Errichtung, die Beschaffenheit und den Betrieb von Sportanlagen. Eine summierende Betrachtung verkehrs- oder sportlärmübergreifender Lärmquellen ist in den Regelwerken nicht vorgesehen. Diese spartenorientierte Sicht wird in der Bauleitplanung allerdings überwunden. Hier gehen über das Abwägungsgebot die verschiedenen Lärmquellen in eine summierende Betrachtung ein.[1448] 706

Bilden mehrere in einem räumlichen Zusammenhang stehende, aber organisatorisch selbständige Freizeitanlagen einschließlich einer Sporthalle eine konzeptionelle Einheit im Sinne eines „Freizeitbereichs", ist eine einheitliche (summative) Beurteilung der von diesen Anlagen ausgehenden Geräuschimmissionen nach den Bestimmungen der Freizeitlärm-Richtlinie zulässig. Verschiedenartigen Anlagen zuzuordnende sog. seltene Ereignisse, bei denen ausnahmsweise Richtwertüberschreitungen erlaubt sind, dürfen nicht ohne weiteres 707

[1443] NVwZ 1988, 135, sog. LAI-Hinweise.
[1444] *BVerwG*, Urt. v. 24. 4. 1991 – 7 C 12.90 – BVerwGE 88, 143 = *Hoppe/Stüer* RzB Rdn. 94 – Dortmund-Sölde.
[1445] *BGH*, Urt. v. 23. 3. 1990 – V ZR 58/89 – DVBl. 1990, 771 = DÖV 1990, 698 = *Hoppe/Stüer* RzB Rdn. 76.
[1446] *BVerwG*, B. v. 16. 12. 1992 – 4 B 202.92 – Buchholz 406.11 § 3 BauGB Nr. 4.
[1447] *BVerwG*, B. v. 30. 11. 1992 – 4 NB 41.92 – .
[1448] *Halama/Stüer* NVwZ 2003, 137.

708 Die Immissionsrichtwerte der SportanlagenlärmschutzVO sind auf Geräuschimmissionen, die von der bestimmungsgemäßen Nutzung von Ballspielplätzen und ähnlichen Anlagen für Kinder ausgehen, nicht unmittelbar anwendbar. Andererseits steht der Ausschluss einer unmittelbaren Anwendung der SportanlagenlärmschutzVO auf kindgerechte Ballspielplätze und vergleichbare Anlagen ihrer entsprechenden Heranziehung im Einzelfall nicht von vornherein entgegen. Es bietet sich namentlich an, die von solchen Anlagen ausgehenden Geräuschimmissionen mangels geeigneterer Vorschriften nach dem in der SportanlagenlärmschutzVO festgelegten Ermittlungs- und Messverfahren zu bestimmen, das der Besonderheit der bei Sport und Spiel auftretenden Geräusche Rechnung trägt. Die Beurteilung der Zumutbarkeit von Geräuschen, die von Anlagen der hier in Rede stehenden Art ausgehen, muss jedoch wegen deren Atypik und Vielgestaltigkeit weitgehend der tatrichterlichen Wertung im Einzelfall vorbehalten bleiben. Diese richtet sich insbesondere nach der durch die Gebietsart und die tatsächlichen Verhältnisse bestimmten Schutzwürdigkeit und Schutzbedürftigkeit; dabei sind wertende Elemente wie Herkömmlichkeit, soziale Adäquanz und allgemeine Akzeptanz mitbestimmend. Die normkonkretisierende Funktion der Immissionsrichtwerte der SportanlagenlärmschutzVO, eine interessengerechte, gleichmäßige Bewertung der belästigenden Wirkung von Sportlärm zu ermöglichen und damit ein Höchstmaß an Rechtssicherheit zu erreichen, kann die individuelle Würdigung bei den aus der Sicht der Verordnung atypischen Spiel- und Freizeitanlagen für Kinder nicht ersetzen.[1450]

709 Die zuständige Immissionsschutzbehörde ist befugt, auch gegenüber einer Gemeinde den beim Betrieb ihrer kommunalen Einrichtung einzuhaltenden Immissionsrichtwert anzuordnen.[1451]

3. Zusammenwirken von Lärmquellen

710 Besondere Belastungen ergeben sich vielfach durch das Zusammenwirken verschiedener Lärmquellen etwa von Straße, Eisenbahn, Gewerbebetrieb, Sportanlage und Fluglärm. Die Regelwerke sind allerdings nicht durch eine umfassende Betrachtung geprägt, sondern gelten jeweils nur für eine bestimmte Sparte des Lärms.[1452] Beurteilungspegel für Sportanlagen nach der 18. BImSchV bezieht sich zwar nicht nur auf die einzelne Sportanlage, sondern auch auf Summenpegel. Aber es sind nur andere Sportanlagen einzubeziehen, während andere Lärmquellen wie etwa Gewerbelärm oder Straßenlärm außer Betracht bleiben. Selbst andere Freizeitanlagen bleiben bei der Beurteilung des Sportlärms regelmäßig außen vor. Die Richtwerte der TA-Lärm[1453] beziehen sich wiederum jeweils ausschließlich auf Gewerbelärm.[1454] Von vornherein ausgeblendet sind bei der TA-Lärm etwa Sportanlagen, Schießplätze oder Straßenlärm, der nicht mit einem

---

[1449] *BVerwG*, Urt. v. 16. 5. 2001 – 7 C 16.00 – DVBl. 2001, 1451 = NVwZ 2001, 11167.

[1450] *BVerwG*, B. v. 11. 2. 2003 – 7 B 88.02 – DVBl. 2003, 808 = NVwZ 2003, 450 – Bolzplatz, mit Hinweis auf Urt. v. 19. 1. 1989 – 7 C 77.87 – BVerwGE 81, 197 = DVBl. 1989, 463; Urt. v. 30. 4. 1992 – 7 C 25.91 – BVerwGE 90, 163, und BR-Drucks 17/91, S. 35.

[1451] *BVerwG*, Urt. v. 25. 7. 2002 – 7 C 24.01 – DVBl. 2003, 60 = NVwZ 2003, 246.

[1452] *Halama/Stüer* NVwZ 2003, 137.

[1453] *Chotjewitz* LKV 1999, 47; *Emmerich*, Immissionsschutzrecht 2001, 8; *Feldhaus* UPR 1998, 1; *Hansmann* ZUR 2002, 207; *Kötter/Kühner*, Immissionsschutz 2000, 54; *Kunert* NuR 1999, 430; *Kutscheidt* NVwZ 1999, 577; *Schulze-Fielitz* DVBl. 1999, 65; *Spohn* ZUR 1999, 297; *Stüer/Hermanns* DVBl. 1999, 972; *dies.* DVBl. 2000, 681; *dies.* DVBl. 2000, 1428; *Tegeder* UPR 2000, 99. Zur Bauleitplanung *Boeddinghaus* UPR 1999, 321.

[1454] *OVG Münster*, Urt. v. 26. 11. 1999 – 21 A 891/98 – NJW 2000, 2124; *Brodersen* JuS 2001, 91; *Müggenborg* DVBl. 2001, 417.

Gewerbebetrieb im Zusammenhang steht.[1455] Auch den Lärm von Eisenbahnen oder Flugzeugen blendet die TA-Lärm aus. Dahinter steht die Vorstellung, dass Anlagen mit einem besonderen Profil jeweils eine Sonderbehandlung in den einzelnen Regelwerken erfahren. Kurzum: Es gibt keinen gesamthaften Lärmschutzansatz in den Regelwerken. Diese beziehen sich nur jeweils sektoral auf bestimmte Lärmanlagen.

a) Ausgangsbasis. Immerhin gibt es in der Rechtsprechung bereits Anzeichen für eine allerdings eng begrenzte **Summierung** verschiedener Lärmquellen: Bilden etwa mehrere in einem räumlichen Zusammenhang stehende, aber organisatorisch selbstständige Freizeitanlagen einschließlich einer Sporthalle eine konzeptionelle Einheit im Sinne eines „Freizeitbereichs", ist nach Auffassung des 7. Senats des *BVerwG* eine einheitliche (summative) Beurteilung der von diesen Anlagen ausgehenden Geräuschimmissionen nach den Bestimmungen der Freizeitlärm-Richtlinie durchaus zulässig. Das gilt allerdings nur für verschiedene, nach einem einheitlichen Konzept betriebene Freizeitanlagen, nicht aber auch für den Lärm anderer Anlagen, die nicht mit der Freizeitnutzung im unmittelbaren Zusammenhang stehen. Es bleibt daher dabei: Bei unterschiedlichen Schallquellen kann nicht ohne Weiteres zusammengerechnet und saldiert werden.[1456]

Das ist auch beim Straßenlärm nicht anders. § 2 I Nr. 3 BImSchG verweist hierzu auf das besondere Regelungssystem in §§ 41 bis 43 BImSchG.[1457] Nach § 41 I BImSchG ist beim Bau oder der wesentlichen Änderung öffentlicher Straßen sowie von Eisenbahnen,[1458] Magnetschwebebahnen und Straßenbahnen unbeschadet des § 50 BImSchG sicherzustellen, dass durch diese keine schädlichen Umwelteinwirkungen durch Verkehrsgeräusche hervorgerufen werden können, die nach dem Stand der Technik vermeidbar sind. Das gilt nach § 41 II BImSchG nicht, soweit die Kosten der Schutzmaßnahme[1459] außer Verhältnis zu dem angestrebten Schutzzweck stehen würden.[1460] Die Regelungen sind vom Ansatz her aus den anderen Regelwerken bereits bekannt, man befindet sich offenbar in einem vertrauten Gefilde. Welche Schwellenwerte hier jedoch im Einzelnen einzuhalten sind, führt das Gesetz selbst nicht aus. Das entspricht dem schon bekannten Muster. Auch im Bereich des Straßenlärms überlässt der Gesetzgeber daher dem Verordnungsgeber die Einzelheiten. Die auf der Grundlage des § 43 BImSchG erlassene Rechtsverordnung enthält ebenfalls ein schon aus anderen Regelwerken vertrautes Wertsystem, das an die unterschiedliche Baugebietseinteilung der BauNVO anknüpft – zwar in etwas anderer Weise als beim Sportlärm, aber vom Ansatz her vergleichbar. Die Werte der 16. BImSchV[1461] liegen höher als die Werte der TA Lärm und der 18. BImSchV. Die TA Lärm geht von Orientierungswerten von 55/35 dB(A) tags/nachts aus. Für den Straßenverkehrslärm liegt die Schwelle nach der 16. BImSchV demgegenüber für Wohngebiete bei 59/49 dB(A) tags/nachts.

Beim Bau oder der wesentlichen Änderung einer Straße ist nach § 41 BImSchG sicherzustellen, dass durch dieses Vorhaben keine schädlichen Umwelteinwirkungen durch Verkehrsgeräusche hervorgerufen werden können, die nach dem Stand der Technik vermeidbar sind. Die Vorschrift ist strikt vorhabenbezogen. Auch der Verordnungsgeber hat das

---

[1455] *BVerwG*, B. v. 23. 7. 1992 – 7 B 103.92.
[1456] *BVerwG*, Urt. v. 16. 5. 2001 – 7 C 16.00 – NVwZ 2001, 1167 – Freizeitlärm.
[1457] *BVerwG*, Urt. v. 5. 3. 1997 – 11 A 25.95 – BVerwGE 104, 123 = NVwZ 1998, 513 = DVBl. 1997, 831 – Sachsenwald; NVwZ-RR 1999, 725 – Schallschutzwand; B. v. 22. 9. 1999 – 4 B 68.98 – UPR 2000, 71 = NZV 2000, 138 – Schallschutz; *Himmelmann* VA 2000, 139; *Jäcker-Cüppers* BBauBl. 2000, Nr. 12 S. 34; *Koch* NVwZ 2000, 490; *Vallendar* UPR 1998, 81.
[1458] Zu zivilrechten Abwehrmöglichkeiten *Roth* NVwZ 2001, 34.
[1459] *BVerwG*, Urt. v. 22. 3. 1985 – 4 C 73.82 – BVerwGE 71, 163 = NJW 1986, 82 = DVBl. 1985, 899; *BVerwG* NVwZ-RR 1999, 554; B. v. 30. 9. 1998 – 4 VR 9.98 – NVwZ-RR 1999, 164.
[1460] *BVerwG*, Urt. v. 5. 3. 1997 – 11 A 25.95 – BVerwGE 104, 123 = NVwZ 1999, 513 = DVBl. 1997, 831 einerseits und Urt. v. 28. 1. 1999 – 4 CN 5.98 – BVerwGE 108, 248 = NVwZ 1999, 1222 = DVBl. 1999, 1288 andererseits; NVwZ 2001, 81 – Schallschutzwand; *Jarass* UPR 1998, 415; *Rieger* VBlBW 1998, 41. Zum Verkehrslärmschutz *Sellmann* NVwZ 2001, 1360; *Vallendar* NuR 2001, 171.
[1461] V. 12. 6. 1990, BGBl. I 1036.

so verstanden und in § 1 der 16. BImSchV die Ermittlung des Beurteilungspegels auf den Neubau einer Straße oder deren wesentliche Änderung durch einen Verkehrsträger ausgerichtet. Für einen Summenpegel unter Berücksichtigung anderer Lärmquellen ist nach der 16. BImSchV kein Platz. Andere Straßen oder gar ganz andere Anlagen wie Gewerbebetriebe, Sportplätze oder der Flugbetrieb werden in der 16. BImSchV ausgeblendet.[1462] Das gilt auch für den Schienenlärm. Die maßgeblichen Werte sind dazu auch noch 5 dB(A) höher (Schienenbonus).[1463]

714 Und bezogen auf den Fluglärm[1464] steht der Betroffene geradezu vor dem Nichts. Da scheint sich der Lärmschutz dann im wahrsten Sinne in Luft aufzulösen.[1465] Hier gibt es offenbar nichts normativ Vorgeprägtes. Das Fluglärmgesetz enthält zwar einen Grenzwert von 75 dB(A). Der bildet aber nur die Grundlage für eine Entschädigungsregel.[1466] Die einzige Zumutbarkeitsregelung ist hier von der Rechtsprechung gezogen worden. Gesunde Wohnverhältnisse – so meinen die Richter in Karlsruhe und Leipzig – sind danach nicht mehr gewahrt, wenn ein Innenpegel von etwa 55 dB(A) tags und 45 dB(A) nachts überschritten wird und damit eine störungsfreie Kommunikation und ein gesunder Schlaf nicht mehr sichergestellt sind.[1467]

715 **b) Außen- und Innenpegel.** Die bisher erwähnten Regelwerke zum Gewerbe-, Straßen-, Eisenbahn- und Sportlärm stellen auf Außenpegel ab. Das geht allerdings nicht bei Fluglärm, weil ein Schutz der Außenwohnbereiche nur durch eine Verminderung des Flug- und Bodenlärms, zumeist aber nicht durch Schallschutzwände oder andere Maßnahmen des aktiven Schallschutzes gelingen wird. Für den Regelfall bleibt daher wohl nur ein passiver Lärmschutz an den jeweiligen Schutzobjekten, der das Gebäudeinnere betrifft. Und diese Möglichkeiten, einen störungsfreien Schlaf zu gewährleisten, sind dann bei einem Außenpegel, der nachts irgendwo zwischen 60 und 65 dB(A) liegt, erschöpft. Dasselbe gilt für Tagwerte zwischen 70 und 75 dB(A).

716 **c) Politisch bestimmte Rechtwerte nach sozialer Akzeptanz.** Die einzelnen Regelwerke sind allerdings nicht auf eine summierende Gesamtbetrachtung aller Lärmquellen

---

[1462] *BVerwG*, Urt. v. 21. 3. 1996 – 4 C 9.95 – BVerwGE 101, 1 = NVwZ 1996, 1003.

[1463] Zum „Wiedervereinigungsbonus" bei der Wiederinbetriebnahme teilungsbedingt stillgelegter Bahnanlagen in den neuen Ländern *BVerwG*, Urt. v. 28. 10. 1998 – 11 A 3.98 – BVerwGE 107, 350 = NVwZ 1999, 539; Urt. v. 3. 3. 1999 – 11 A 9.97 – DVBl. 1999, 1527 = NuR 2000, 575 = NVwZ-RR 1999, 720; NVwZ 2000, 567; Urt. v. 12. 4. 2000 – 11 A 23.98 – Stendal; UPR 1994, 261 = NUR 1994, 391 – Schienenbonus, auch zu Erschütterungen; Urt. v. 11. 1. 2001 – 4 A 13.99 – DVBl. 2001, 669 = 2001, 1154 zu projektbezogenen Untersuchungsergebnissen; Urt. v. 21. 3. 1996 – 4 C 9.95 – BVerwGE 101, 1 = DVBl. 1996, 916 = NVwZ 1996, 1003; Urt. v. 15. 3. 2000 – 11 A 42.97 – 10, 370 = NVwZ 2001, 71 – Gleispflegeabschlag.

[1464] *Kilian* NVwZ 1998, 142; *Stüer* DVBl. 2001, 969; *Vogelsang* Immissionsschutz 2002, 9; *Wysk* ZLW 1998, 285.

[1465] Zu Schutzauflagen bei Fluglärm grundlegend BVerwG, Urt. v. 7. 7. 1978 – IV C 79.76 – BVerwGE 56, 110 = NJW 1979, 64 – Frankfurter Flughafen; Urt. v. 30. 5. 1984 – 4 C 58.81 – BVerwGE 69, 256 = NVwZ 1984, 718 – München II; Urt. v. 5. 12. 1986 – 4 C 13.85 – BVerwGE 75, 214 = NVwZ 1987, 578 – München II; Urt. v. 29. 1. 1991 – 4 C 51.89 – BVerwGE 87, 332 – NVwZ-RR 1991, 601 – München II; B. v. 17. 6. 1998 – 11 VR 9.97 – LKV 1999, 228 – Leipzig-Halle; B. v. 7. 12. 1998 – 11 B 46.98 – UPR 1999, 53 = NuR 2000, 36; Urt. v. 15. 9. 1999 – 11 A 22.98 – UPR 2000, 116 – Passagierabfertigungskapazität. Zu militärischen Flugplätzen *BVerwG*, Urt. v. 11. 7. 2001 – 11 C 14.00 – BVerwGE 114, 364 = NVwZ 2002, 350 – Bitburg. Zu Entschädigungsansprüchen gegenüber militärischen Flugplätzen *BGH*, Urt. v. 25. 3. 1993 – III ZR 60/91 – BGHZ 122, 76 = NJW 1993, 1700. Zu militärischen Truppenübungs- und Bombenabwurfplätzen *BVerwG*, Urt. v. 14. 12. 2000 – 4 C 13.99 – BVerwGE 112, 274 = NVwZ 2001, 1030 – Wittstock.

[1466] *BGH*, Urt. v. 16. 3. 1995 – III ZR 166/93 – BGHZ 129, 124 = NVwZ 1995, 928 – Ramstein. Zu den Auswirkungen der Lärmschutzbereiche auf die Gemeinden *BVerfG*, B. v. 7. 10. 1980 – 2 BvR 584.76 u. a. – BVerfGE 56, 298 = NJW 1981, 1659 – Memmingen.

[1467] *BVerwG*, Urt. v. 21. 5. 1976 – IV C 80.74 – BVerwGE 51, 15 = NJW 1976, 1760 – Stuttgart-Degerloch.

angelegt, sondern beziehen sich nur auf eine segmentierende Betrachtung nach einzelnen Lärmquellen. Warum das so ist und was dies eigentlich rechtfertigt, erschließt sich aus den Regelwerken nicht.[1468] Unklar bleibt auch, warum sich die Werte der TA Lärm über die Regelwerke für Straßen und Schiene dann im Luftverkehr am Ende ganz verflüchtigen. Die Regelwerke beruhen allerdings nicht auf Naturgesetzlichkeiten, sondern sind das Ergebnis eines politischen Kompromisses. Der Verordnungsgeber könnte die Schwellenwerte senken. Das würde dem Gesundheitsschutz dienen, aber die jeweiligen Vorhaben mit zusätzlichen Kosten belasten. Werden die Werte angehoben, würde dies die Vorhaben finanziell entlasten, ginge aber auf Kosten des Gesundheitsschutzes, zumindest aber des allgemeinen Wohlbefindens. Es ist daher ein angemessener Interessenausgleich zwischen den Interessen des jeweiligen Vorhabens und den schutzbedürftigen Belangen der Wohnbevölkerung erforderlich. Diesen Ausgleich hat der Gesetz- und Verordnungsgeber zu leisten (Art. 14 I 2 GG).

717 Bei Sportanlagen geht der Verordnungsgeber gegenüber dem Gewerbelärm von einem größeren Maß an zumutbarer Lärmbelastung aus. Vor allem beim Breitensport ergeben sich hier soziale Komponenten, die in die Bewertung einfließen. Denn Sport wird zumeist in der Freizeit ausgeübt. Will man den Sport unterstützen, so müssen die Werte vor allem abends und an Wochenenden und damit in Zeiten gelockert werden, in denen auf der anderen Seite aber auch das allgemeine Ruhebedürfnis besonders groß ist. Diesen Konflikt zwischen Sport und Wohnen hat der Normgeber aus seiner Sicht interessengerecht zu lösen versucht.[1469]

718 Die höheren Werte im Straßenbau sind der Preis, den wir für die Mobilität zahlen. Solange der freie Bürger zu jeder Tages und Nachtzeit auch für die Fahrt zum Kiosk um die Ecke sein Auto benutzen darf, müssen entsprechend hohe Verkehrslärmwerte akzeptiert werden. In England wird dieser Interessenkonflikt auf die einfache Formel gebracht: „You can't have the cake and eat it". Wollte man im Straßenbau Lärmschutz auf dem Niveau der TA-Lärm betreiben, so müsste der Straßenbau drastisch eingeschränkt werden oder es wären ganz erhebliche Zusatzkosten aufzubringen. Andere Aufgaben könnten dann allerdings in dem entsprechenden Umfang nicht mehr finanziert werden.

719 Die Werte in den Regelwerken sind daher das Ergebnis von finanziellen Machbarkeiten und von politischen Abwägungsentscheidungen. Der Schienenlärm etwa stößt auf eine höhere Akzeptanz.[1470] Dies hat der Verordnungsgeber flugs in einen gegenüber dem Straßenlärm um 5 dB(A) höheren Schienenbonus umgesetzt. Wollte man beim Fluglärm etwa das Schallschutzniveau für Gewerbelärm anlegen, dann müssten ganze Bereiche um die Flughäfen entvölkert werden. Die Regelwerke legen daher ein unterschiedliches Schutzniveau fest. Außerdem sind die Lärmbetrachtungen auf das jeweilige Vorhaben bzw. die jeweilige Anlage bezogen und damit sektoral und nicht an summierenden gesamthaften Bewertungen aller Lärmquellen ausgerichtet.

720 **d) Einfachrechtliche und verfassungsrechtliche Zumutbarkeit.** Die fragmentarische Betrachtung ist für den Lärmbetroffenen allerdings vor allem dann problematisch, wenn die einzelnen Lärmquellen zwar die für sie geltenden Regelwerke einhalten, die Gesamtlärmbelastung sich aber zu einem Wert summiert, der in den Bereich der Gefährdung reicht. Denn die Gesamtbelastung aller Lärmquellen ist vielfach höher als es auf dem Papier der Richtlinien steht. Bei einer derartigen Summierung der verschiedenen Lärmquellen bieten die Regelwerke keine Handhabe dafür, den Gesamtlärmpegel wirksam unter Kontrolle zu halten. Der auf bestimmte Lärmquellen eingeschränkte Blick der Regelwerke könnte zu der Vermutung führen, dass dem Gesamtlärmniveau auch in der Planung keine Grenzen gesetzt sind.

[1468] *Volkmann* Der Staat 39, 325.
[1469] *Koch/Maaß* NuR 2000, 69.
[1470] *Schulte* ZUR 2002, 195.

721 *BGH*[1471] und *BVerwG*[1472] haben übereinstimmend zwei Belastungswerte herausgearbeitet: Die einfach-rechtliche Zumutbarkeitsschwelle, die der Gesetz- und Verordnungsgeber im Rahmen seines Gestaltungsspielraums festlegt,[1473] und die verfassungsrechtliche Zumutbarkeitsschwelle, bei der die Lärmeinwirkungen gesundheitsgefährdend[1474] sind und das Eigentum[1475] schwer und unerträglich[1476] beeinträchtigt wird.[1477] Die verfassungsrechtliche Zumutbarkeitsschwelle bezeichnet eine äußerste Grenze, die auch der Gesetzgeber nicht überschreiten darf. Lärmschutz ist danach zu gewähren, wenn gegenüber den berechtigten Wohnerwartungen die Schwelle der Gesundheitsgefährdung überschritten wird.[1478] Das wird aus Art. 2 II GG aber auch aus Art. 14 GG abgeleitet. Eine derartige Zumutbarkeitsgrenze kann aber auch dem einfachen Immissionsschutzrecht entnommen werden.[1479] Das BImSchG macht es sich neben dem Schutz vor erheblichen Belästigungen vor allem auch zum Ziel, vor Gefahren zu schützen. Der Gesetzgeber zeichnet damit einfachgesetzlich nach, was die Verfassung vorgibt. Er unterlässt es aber, die Gefahrenschwelle etwa in dB(A)-Werten genau festzuschreiben. Dies überlässt er dem Verordnungsgeber und der Rechtsprechung. Und dies hat durchaus seinen Grund. Denn wo genau die Grenze zwischen den noch zumutbaren Beeinträchtigungen und einer Gesundheitsgefahr verläuft, hängt wesentlich von den Erkenntnissen der jeweiligen Fachwissenschaften ab und ist damit durchaus auch einem Wandel unterworfen.

722 Bei der Ermittlung der Grenzwerte für diese verfassungsrechtliche Zumutbarkeitsschwelle stellt die Rechtsprechung unter Heranziehung von Richtwerten in Gesetzesbegründungen, Verwaltungsvorschriften und Äußerungen im Fachschrifttum in erster Linie auf den Mittelungspegel ab, aus dem ein äquivalenter Dauerschallpegel berechnet wird. Jedoch können im Rahmen der Gesamtbetrachtung auch die Spitzenpegel bedeutsam sein.[1480] Das liegt nach Auffassung des *BGH* besonders nahe, wenn es um die Beurteilung durch Düsenflugzeuge verursachten Fluglärms geht, der gegenüber anderen Verkehrslärmimmissionen durch kurzzeitige, verhältnismäßig hohe Schalldrücke und bestimmte Frequenzzusammenhänge gekennzeichnet ist. Die Bewertung darf nicht schematisch von der Erreichung bestimmter Immissionswerte abhängig gemacht werden; vielmehr lässt sich die Grenze nur aufgrund einer wertenden Beurteilung innerhalb eines gewissen Spektrums von Möglichkeiten im Rahmen der Einzelfallumstände ziehen. Dabei ist nicht nur auf das Ausmaß, sondern auch auf die Art des Lärms abzustel-

---

[1471] *BGH*, Urt. v. 25. 3. 1993 – III ZR 60/91 – BGHZ 122, 76 = NJW 1993, 1700 – Militärflughafen; Urt. v. 21. 1. 1999 – III ZR 168/97 – BGHZ 140, 285 = NJW 1999, 1247 – A 3.

[1472] *BVerwG*, Urt. v. 21. 5. 1976 – IV C 80.74 – BVerwGE 51, 15 = NJW 1976, 1760 – Stuttgart-Degerloch.

[1473] *BVerwG*, Urt. v. 29. 4. 1988 – 7 C 33.87 – BVerwGE 79, 254 = NVwZ 1988, 2396 – Feueralarmsirene; B. v. 7. 9. 1988 – 4 N 1.87 – BVerwGE 80, 184 = NJW 1989, 467 – Ortstangente; Urt. v. 19. 1. 1989 – 7 C 77.87 – BVerwGE 81, 197 = NJW 1989, 1291 – Tegelsbarg; Urt. v. 29. 1. 1991 – 4 C 51.89 – BVerwGE 87, 332 = NVwZ-RR 1991, 601 – München II; *BGH*, Urt. v. 23. 3. 1990 – V ZR 58/59 – BGHZ 111, 63 = DVBl. 1990, 771 – Volksfest; s. Rdn. 2178.

[1474] *BGH*, Urt. v. 25. 3. 1993 – III ZR 60/91 – BGHZ 122, 76 = NJW 1993, 1700.

[1475] Zur Sondersituationen bei einem Heranrücken der Straße in den eigenen Grundstücksbereich *BGH*, Urt. v. 7. 5. 1981 – III ZR 67/80 – 80, 360 = NJW 1981, 2116 – Parallelverschiebung; Urt. v. 21. 1. 1999 – III ZR 168/97 – BGHZ 140, 285 = NJW 1999, 1247 – A 3.

[1476] *BGH*, Urt. v. 6. 2. 1986 – III ZR 86/96 – BGHZ 97, 114 = NVwZ 1986, 789; BGHZ 97, 361 = NJW 1996, 2421 – Kurpark.

[1477] *BVerwG*, Urt. v. 21. 6. 1964 – 4 C 14.74 – BauR 1974, 330 = DVBl. 1974, 777 – Kinderspielplatz. Zu Existenzgefährdungen NVwZ-RR 1999, 629; Urt. v. 11. 1. 2000 – 11 VR 4.99 – NVwZ 2000, 553.

[1478] Zu Hörschäden oder einer anderen Verminderung der Lebensqualität *Visse* BBauBl. 2000, Nr. 12 S. 18.

[1479] *Feldhaus* NVwZ 1998, 1138.

[1480] *BGH*, Urt. v. 6. 2. 1986 – III ZR 86/96 – BGHZ 97, 114 = NVwZ 1986, 789; NVwZ 1989, 285; B. v. 30. 1. 1986 – III ZR 34/85 – NJW 1986, 2423; Urt. v. 26. 11. 1980 – VZR 126/78 – BGHZ 79, 45 = NJW 1981, 1369 – Flughafen Düsseldorf.

len.[1481] Bei der Beurteilung können auch Gebietsart[1482] und Lärmvorbelastung[1483] eine wesentliche Rolle spielen. So kann dem Betroffenen im Außenbereich dem Gebietscharakter entsprechend im Allgemeinen ein höheres Maß an Verkehrsimmissionen zugemutet werden als in einem Wohngebiet. Allerdings ist innerhalb des Außenbereichs nach den jeweils gegebenen tatsächlichen Verhältnissen, der „Situation" des betroffenen Grundstücks (z. B. ruhige Lage), zu differenzieren.[1484]

e) Tag- und Nachtwerte. Bei der Bestimmung der Schwelle zur Gesundheitsgefahr muss zwischen Tag- und Nachtwerten unterschieden werden. Bei den Nachtwerten geht es vor allem um die Gewährleistung eines gesunden Schlafs und die Verhinderung von Schlafstörungen. Medizinische Untersuchungen haben ergeben, dass die Aufweckschwelle bei 60 dB(A) liegt. Bei einer derartigen Lärmbelastung wacht der Schlafende auf. Wiederholt sich dieser Vorgang mehrfach in der Nacht, kann man sich vorstellen, wie es um die Gesundheit des Betroffenen bestellt ist. Bei einem Lärmpegel von 40 dB(A) kommt es zwar nicht zwingend zu einem Aufwachen. Es findet aber in der Regel kein ungestörter Tiefschlaf mehr statt. Der Schlaf ist kein gleichförmiges Kontinuum. Er vollzieht sich vielmehr in verschiedenen Phasen. Die Tiefschlafphasen sind dabei von besonderer Wichtigkeit. Kommt es nicht zu einem Tiefschlaf, werden vegetative Prozesse gestört, ohne dass dies von dem Betroffenen unmittelbar wahrgenommen wird. Die Beeinträchtigungen verfehlen aber ihre Wirkung nicht. Nächtliche Störungen oberhalb eines Dauerschallpegels von 40 dB(A) können daher zu Gesundheitsschäden führen, ohne dass es der Betroffene überhaupt merkt. Durch passive Schallschutzmaßnahmen an Gebäuden können bei geschlossenen Fenstern etwa 20 bis 25 dB(A) erreicht werden. Bei gelegentlich geöffneten Fenstern liegt die Dämmung bei etwa 15 dB(A). Ein Außenschallpegel von 60 dB(A) nachts lässt sich daher durch Maßnahmen des passiven Schallschutzes auf 40 bis 45 dB(A) Innenschallpegel verringern.

Bei der Bemessung der Tagwerte ist davon auszugehen, dass heute nicht jeder still vor sich meditiert, sondern in einen vielfältigen Kommunikationsprozess einer multimedialen, vernetzten Welt eingebunden ist. Diese Kommunikation ist bei äquivalenten Dauerschallpegeln von 50 dB(A) gefährdet. Man kann daher annehmen, dass dieser Wert eine gewisse Indikatorfunktion für die Außenschallpegel hat. Bei Dämmwerten von 20 bis 25 dB(A) bei geschlossenen Fenstern und 15 dB(A) bei gelegentlich geöffneten Fenstern ergeben sich daraus rechnerisch Außenschallpegel von 70 dB(A) tagsüber, die durch gelegentlich geöffnete Fenster auf einen Innenschallpegel von 55 dB(A) verringert werden. Bei geschlossenen Fenstern lässt sich sogar bei einer Außenschallbelastung von 75 dB(A) noch ein äquivalenter Dauerschallpegel von 50 dB(A) in den Innenräumen erreichen.

f) Gesundheitsgefahren und einfachrechtliche Zumutbarkeitsschwelle. Daraus leitet die Rechtsprechung für die Gesundheitsgefährdung äquivalente Dauerschallpegel von tags zwischen 70 dB(A) (*BVerwG*)[1485] bzw. 75 dB(A) (*BGH*)[1486] und nachts 60 dB(A) (*BVerwG*) bzw. 65 dB(A) (*BGH*) ab. Mit gewissen Nuancen bewegt sich der 4. Senat des *BVerwG* dabei mit einer Belastung von 70/60 dB(A) tags/nachts eher im unteren Bereich der Werte, während der *BGH* mit 75/65 dB(A) tags/nachts zu Gunsten der Anlagen ten-

---

[1481] *BGH*, Urt. v. 10.11.1977 – III ZR 166/75 – DVBl. 1978, 110 – Brückenrampe.
[1482] *BGH*, Urt. v. 6.2.1986 – III ZR 86/96 – BGHZ 97, 114 = NVwZ 1986, 789; BGHZ 97, 361; *BVerwG*, Urt. v. 21.5.1976 – IV C 80.74 – BVerwGE 51, 15 = NJW 1976, 1760; Urt. v. 14.12.1979 – IV C 10.77 – BVerwGE 59, 253 = NJW 1980, 2368; ZfBR 1991, 120.
[1483] *BVerwG*, Urt. v. 21.5.1976 – IV C 80.74 – BVerwGE 51, 15 = NJW 1976, 1760; Urt. v. 14.12.1979 – IV C 10.77 – BVerwGE 59, 253 = NJW 1980, 2368; NVwZ 1991, 881 = ZfBR 1991, 120.
[1484] *BGH*, Urt. v. 13.1.1977 – III ZR 6/75 – NJW 1977, 894; *BGH*, Urt. v. 6.2.1986 – III ZR 86/96 – BGHZ 97, 114 = NVwZ 1986, 789.
[1485] *BVerwG*, Urt. v. 21.5.1976 – IV C 80.74 – BVerwGE 51, 15 = NJW 1976, 1760 – Stuttgart-Degerloch.
[1486] *BGH*, Urt. v. 25.3.1993 – III ZR 60/91 – BGHZ 122, 76 = NJW 1993, 1700.

denziell etwas großzügiger ist. Bei Werten über 75 dB(A) tags und 65 dB(A) ist jedenfalls die Grenze der Gesundheitsgefahr überschritten. Da ist sich die Rechtsprechung der beiden Gerichtsbarkeiten einig. Wird diese Schwelle überschritten, stehen Maßnahmen der Lärmsanierung an.[1487]

726 Aber auch unterhalb dieser Gesundheitsgefahren sind die Betroffenen einer Lärmbelastung nicht schutzlos ausgeliefert.[1488] Dies wird durch ein abgestuftes System von Abwägungserfordernissen und von Richt- und Grenzwerten erreicht: Planung verbindet sich aus Gründen des Gesundheits- und Eigentumsschutzes (Art. 2, 14 GG), der Wahrung der Belange der kommunalen Selbstverwaltung (Art. 28 II GG) und rechtsstaatlich-demokratischen Gründen (Art. 20 III GG) notwendigerweise mit dem Abwägungsgebot.[1489] Autonome Planung muss sich daher durch Abwägung legitimieren.[1490] In die Abwägung sind aber alle Belange einzustellen, die mehr als geringfügig, in ihrem Eintritt wahrscheinlich, schutzwürdig und erkennbar sind.[1491] Bereits Betroffenheiten im Bereich der Hörbarkeitsschwelle von 2 bis 3 dB(A)[1492] sind daher in die Abwägung einzustellen, selbst wenn der einfach-rechtliche Richt- oder Grenzwert nicht erreicht wird und auch keinerlei Gesundheitsgefahr besteht. Lärm ist daher ein Abwägungsfaktor unabhängig davon, ob die Werte der Regelwerke erreicht oder gar überschritten werden. Der Abwägung wesentlich ist es allerdings, dass Belange auch überwunden und zurückgestellt werden können. Werden die Richtwerte der jeweiligen Rechtsverordnungen erreicht, können sich daraus erhöhte Abwägungserfordernisse ergeben. Hier entwickeln sich die Richtwerte der Regelwerke zu Abwägungsdirektiven.[1493] Auch treten Planungsalternativen stärker in den Vordergrund.[1494] Bei Überschreiten der Lärmgrenzwerte etwa der 16. BImSchV bestehen nach § 41 I und II BImSchG Rechtsansprüche auf Einhaltung der Werte ggf. auch Schutzmaßnahmen[1495] oder auf Entschädigung[1496] vergleichbar dem Schutzauflagensystem in § 74 II 2 und 3 VwVfG.[1497] Derartige Rechte sind nur nach Maßgabe der normierten Regelungen einschränkbar und lösen entsprechende Schutzauflagen- oder Entschädigungsansprüche aus.[1498] Wird die Schwelle zur Gesundheitsgefahr überschritten, so muss

---

[1487] Derartige Sanierungsansprüche werden allerdings gelegentlich als juristisches Märchen bezeichnet, so *Vallendar*, FS Feldhaus 1999, 249.

[1488] *BVerwG*, Urt. v. 24. 9. 1998 – 4 CN 2.98 – BVerwGE 107, 215 = NJW 1999, 592; Urt. v. 27. 10. 1999 – 11 A 31.98 – NVwZ 2000, 435 – Ersatzradweg.

[1489] *BVerwG*, Urt. v. 28. 1. 1999 – 4 CN 5.98 – BVerwGE 108, 248, 253 = NVwZ 1999, 1222; Urt. v. 11. 1. 2001 – 4 A 12.99 – DVBl. 2001, 669 = NVwZ 2001, 1160.

[1490] *BVerwG*, Urt. v. 12. 12. 1969 – IV C 105.66 – BVerwGE 34, 301 = DVBl. 1970, 414 – Abwägung.

[1491] *BVerwG*, B. v. 9. 11. 1979 – 4 N 1.78 – BVerwGE 59, 87 = NJW 1980, 1061 – Normenkontrolle.

[1492] *BVerwG*, B. v. 19. 2. 1992 – 4 NB 11.91 – NJW 1992, 2844 – Ferienhausgebiet.

[1493] *BVerwG*, Urt. v. 11. 1. 2001 – 4 A 12.99 – DVBl. 2001, 669 = NVwZ 2001, 1160.

[1494] *BVerwG*, Urt. v. 11. 1. 2001 – 4 A 13.99 – DVBl. 2001, 669 = NVwZ 2001, 1154, mit Hinweis auf Urt. v. 25. 1. 1996 – 4 C 5.95 – BVerwGE 100, 238 = NVwZ 1996, 788 – A 60; Urt. v. 28. 1. 1999 – 4 A 18/98 – NVwZ-RR 1999, 629; Urt. v. 25. 10. 2001 – 11 A 30.00 – . Aber auch bei schweren Betroffenheiten haben Alternativplanungen keinen absoluten Vorrang, *BVerwG*, B. v. 30. 9. 1998 – 4 VR 9.98 – NVwZ-RR 1999, 164.

[1495] *BVerwG*, Urt. v. 18. 4. 1996 – 11 A 86.95 – BVerwGE 101, 73 = NVwZ 1996, 901 – Tiergartentunnel; NVwZ 2000, 560.

[1496] *BVerwG*, Urt. v. 9. 2. 1995 – 4 C 26.93 – BVerwGE 97, 367 = NVwZ 1995, 907; Urt. v. 27. 10. 1999 – 11 A 31.98 – NVwZ 2000, 435 – Ersatzradweg.

[1497] Grundlegend *BVerwG*, Urt. v. 14. 2. 1975 – IV C 21.74 – BVerwGE 48, 56 = NJW 1975, 1373 – B 52; Urt. v. 9. 2. 1995 – 4 C 26.93 – BVerwGE 97, 367 = NVwZ 1995, 907 – Lärmschutzwand; Urt. v. 18. 3. 1998 – 11 A 55.96 – DVBl. 1998, 1181 = NVwZ 1998, 1071 – Staffelstein; B. v. 1. 4. 1998 – 11 VR 13.97 – DVBl. 1998, 1191 = NVwZ 1998, 1070 – Aumühle; Urt. v. 15. 3. 2000 – 11 A 33.97 – NVwZ 2001, 78; *Michler* VerwArch. 1999, 21.

[1498] Über den Anspruch ist in der Planfeststellung dem Grunde nach zu entscheiden, *BVerwG*, Urt. v. 31. 1. 2001 – 11 A 6.00 – DVBl. 2001, 1306 = NVwZ-RR 2001, 653. Zum Vorrang des Primärrechtsschutzes *OVG Lüneburg*, Urt. v. 3. 5. 2001 – 7 K 4341/99 – NordÖR 2001, 444 unter Hin-

auch die Planung zwingend einen entsprechenden Ausgleich schaffen. Sie hat die Belastungen entweder durch planerische Maßnahmen zu reduzieren, durch eine Umplanung die Voraussetzungen für eine Enteignung und damit eine Entschädigung zu schaffen oder in anderer Weise einen entschädigungsrechtlichen Ausgleich zu gewähren. Eine Gesundheitsgefahren herbeiführende oder fortschreibende Planung würde an den verfassungsrechtlichen Erfordernissen eines ausreichenden Gesundheitsschutzes und auch der Eigentumsgarantie scheitern. Der Plangeber kann daher das Lärmschutzinteresse nicht risikolos wegwerten. Auf der anderen Seite besteht allerdings unterhalb der Gesundheitsgefahr nach Maßgabe der Normvorgaben ein planerischer Abwägungsspielraum,[1499] bei dem auch prognostische Elemente wirksam werden können.[1500] Auch spürbare Wertminderungen hat der Betroffene bei Einhaltung des Abwägungsgebotes hinzunehmen.[1501] Man wird es daher einem Planungsträger wohl nicht automatisch als Abwägungsfehler anlasten können, wenn er den Lärm, der nicht in unmittelbarem Zusammenhang mit seinem Vorhaben steht, als für die Standortentscheidung letztlich nicht allein ausschlaggebend behandelt, solange die jeweiligen Betroffenheiten zutreffend ermittelt und in die Abwägung eingestellt worden sind.[1502]

g) **Lärmschutz und Immissionsschutz.** Das vorgenannte Stufensystem von qualitativ unterschiedlichen Betroffenheiten in der Abwägungs- und Rechtsschutzpyramide ist auch im Immissionsschutzrecht angelegt. Dem BImSchG liegt die Konzeption zugrunde, Gefahren und erheblichen Belästigungen zu begegnen.[1503] Der Gesundheitsschutz erfolgt nach dem polizeirechtlichen Modell der Gefahrenabwehr. Der Gesetzgeber möchte es aber erkennbar mit dem Gesundheitsschutz nicht bewenden lassen, sondern will auch im Vorfeld dieser schweren Beeinträchtigungen einen Lärmschutz gewähren. Der Gesetz- und Verordnungsgeber unterlässt es aber, in schematisierender oder mathematisierender Weise einen Abstand zwischen beiden Schwellen festzulegen. Damit unterliegt auch die Erheblichkeitsschwelle einer gewissen Schwankungsbreite und die untergesetzlichen Regelungsgeber haben einen entsprechenden Spielraum. Der Gesetzgeber dürfte es aber wohl von seiner Grundkonzeption her nicht akzeptieren, wenn die unterschiedlichen Lärmquellen der Gefahrenschwelle sich derart nähern, dass sie ineinander übergehen oder die Planung Zustände herstellt oder fortschreibt, die für die berechtigten Wohnerwartungen Gesundheitsgefahren hervorrufen.[1504]

h) **Summationseffekte.** Alle Grenz- und Richtwerte in den Regelwerken sind so angelegt, dass bei einer isolierten Betrachtung der jeweiligen Lärmquellen die kritischen Werte einer Gesundheitsgefahr jeweils deutlich unterschritten werden. Allerdings ist dies nur für eine spezifische Betrachtung einzelner Anlagen sichergestellt. Bei einer Summierung verschiedener Lärmquellen über die Grenzen der Regelwerke hinweg kann die Belastung durchaus den kritischen Bereich einer Gesundheitsgefährdung überschreiten.[1505] Sich auf

---

weis auf *BVerwG*, Urt. v. 22.6.1979 – IV C 8.76 – 58, 154 = NJW 1980, 1063; Urt. v. 22.5.1987 – 4 C 17-19.84 – BVerwGE 77, 295 = DVBl. 1987, 1011 = NJW 1987, 2884. Zum Vorrang des Anspruchs auf Planergänzung gegenüber einem Entschädigungsanspruch *BGH*, Urt. v. 21.1.1999 – III ZR 168/97 – DVBl. 1999, 603.

[1499] *BVerwG*, Urt. v. 27.10.2000 – 4 A 18.99 – BVerwGE 112, 140 = NVwZ 2001, 673; Urt. v. 3.3.1999 – 11 A 9.97 – DVBl. 1999, 1527 = NuR 2000, 575 = NVwZ-RR 1999, 720; Urt. v. 20.12.2000 – 11 A 7.00 – NVwZ-RR 2001, 360.

[1500] *BVerwG*, Urt. v. 22.11.2000 – 11 C 2.00 – BVerwGE 112, 221 = NVwZ 2001, 429 – Auflagenvorbehalt.

[1501] *BVerwG*, Urt. v. 5.3.1999 – 4 A 7.98 – NVwZ-RR 1999, 556.

[1502] *BVerwG*, Urt. v. 27.10.2000 – 4 A 18.99 – 112, 140 = NVwZ 2001, 673.

[1503] Zur den europarechtlichen Vorgaben des Immissionsschutzrechts *Falke* ZUR 2000, 384; *Jarass* UPR 2000, 241; *Krämer* ZUR 1998, 70. Zum europäischen Lärmschutzrecht *Immer* BBauBl. 2000, Nr. 12 S. 14; *Schulte/Schröder* DVBl. 2000, 1085.

[1504] Zum Regelungsbedarf des Gesetz- und Verordnungsgebers *Koch* NVwZ 2000, 490. Zur Windenergie *Piorr* Immissionsschutz 2000, 128.

[1505] *Schulze-Fielitz* DÖV 2001, 181.

eine isolierte Betrachtung einzelner Lärmquellen zu beschränken, ist nach der Konzeption des Gesetzgebers aber wohl nicht schrankenlos zulässig. Die Regelwerke müssen vielmehr auch für das Zusammentreffen verschiedener Anlagen einen hinreichenden Spielraum enthalten. Bei einer Kombination mehrerer Lärmquellen von unterschiedlichen Anlagetypen ist dieser Spielraum aber relativ gering und der kritische Bereich sehr bald erreicht.[1506]

729 Welche Konsequenzen sich daraus ergeben, ist in der Rechtsprechung bisher nur beiläufig behandelt.[1507] Das kann sich aber in Zukunft durchaus ändern. Einiges könnte dafür sprechen, den Plangeber vor dem Hintergrund der gesetzgeberischen Wertentscheidungen und der verfassungsrechtlichen Anforderungen im Rahmen der Abwägung zu einer Gesamtbetrachtung zu verpflichten und an die Ausgleichsentscheidung umso stärkere Anforderungen zu stellen, je weiter sich die Auswirkungen der Planung in die Richtung einer Gesundheitsgefahr bewegen. Wird diese Schwelle erreicht, muss der darin zum Ausdruck kommende Interessenkonflikt durch die Planung selbst bewältigt werden. Die Beeinträchtigungen können etwa durch Schutzauflagen oder sonstige Änderungen der Planung verringert werden oder es muss durch eine Überplanung die Voraussetzung für eine Inanspruchnahme des Grundstücks gegen eine entsprechende Entschädigung geschaffen werden.[1508] Auch eine anderweitige planerische Kompensationsentscheidung ist nicht von vornherein ausgeschlossen.[1509] Bei vorhandenen Gemengelagen bestehen zwar vom Ansatz her größere Abwägungsspielräume. Die Schwelle der Gesundheitsgefahr darf aber auch hier nicht überschritten werden.

4. Maß der baulichen Nutzung gem. §§ 16 – 21a BauNVO

730 Die Darstellungen des Flächennutzungsplans und die Festsetzungen des Bebauungsplans enthalten neben Regelungen über die Art der baulichen Nutzung auch Bestimmungen über das Maß der baulichen Nutzung.

731 a) **Maßangaben.** Die **Maßangaben im Bauleitplan** finden in **§ 16 BauNVO** ihre Grundlage: Wird im **Flächennutzungsplan** das allgemeine Maß der baulichen Nutzung dargestellt, genügt die Angabe der Geschossflächenzahl, der Baumassenzahl oder die Höhe der baulichen Anlagen (§ 16 I BauNVO). Die BauNVO stellt der Gemeinde dabei frei, ob und in welchem Umfang der Flächennutzungsplan bereits Aussagen zum Maß der baulichen Nutzung trifft. So enthalten die Flächennutzungspläne in vielen Gemeinden keine Maßangaben – wohl vor allem deshalb, weil solche Vorgaben bei der Aufstellung der Bebauungspläne im Hinblick auf das Entwicklungsgebot zu große Bindungen auferlegen, die erst durch ein parallel durchgeführtes Flächennutzungsplan-Änderungsverfahren wieder beseitigt werden können. Bereits im Flächennutzungsplan können jedoch im Einzelfall Aussagen zum allgemeinen Maß der baulichen Nutzung zweckmäßig sein, etwa um bereits die Grundzüge der Bebauungsdichte darzustellen und entsprechende Vorgaben für die Bebauungspläne zu geben. Auch können sich in solchen Maßangaben die Grundsätze der Raumordnung konkretisieren. Ob so verfahren wird, ist der eigenverantwortlichen Bauleitplanung der Gemeinde vorbehalten. Rechtliche Zwänge übt die BauNVO insoweit nicht aus.

[1506] *Tegeder* UPR 2000, 99.
[1507] *BVerwG*, Urt. v. 16. 5. 2001 – 7 C 16.00 – NVwZ 2001, 1167 – Freizeitlärm. Zur Summation *Jarass*, FS Feldhaus, 1999, 235; *Koch* NVwZ 2000, 490; *Kutscheidt* NVwZ 1999, 577; *ders.*, FS Feldhaus 1999, 215; *Stüer* DVBl. 2000, 250.
[1508] *BVerwG*, Urt. v. 31. 1. 2001 – 11 A 6.00 – DVBl. 2001, 1306 = NVwZ-RR 2001, 653 unter Hinweis auf Urt. v. 23. 1. 1981 – 4 C 4.78 – BVerwGE 61, 295 = NJW 1981, 2137; Urt. v. 5. 12. 1986 – 4 C 13.85 – BVerwGE 75, 214 = NVwZ 1987, 578; Urt. v. 22. 5. 1987 – 4 C 17-19.84 – BVerwGE 77, 295 = DVBl. 1987, 1011 77, 295 = NJW 1987, 2884.
[1509] Zur Bereitstellung von Ersatzland *BVerwG*, Urt. v. 11. 1. 2001 – 4 A 13.99 – DVBl. 2001, 669 = NVwZ 2001, 1154.

Konkretere Regelungen zum Maß der baulichen Nutzung sind für den **Bebauungs-** 732
plan vorgesehen. Nach § 16 II BauNVO kann im Bebauungsplan das Maß der baulichen Nutzung bestimmt werden durch Festsetzung
- der Grundflächenzahl oder der Größe der Grundflächen der baulichen Anlagen,
- der Geschossflächenzahl oder der Größe der Geschossfläche, der Baumassenzahl oder der Baumasse,
- der Zahl der Vollgeschosse,
- der Höhe der baulichen Anlagen.

Die Wahl der Bestimmungsfaktoren ist dabei – soweit die Regelungen eindeutig bestimmt sind – der Gemeinde überlassen. Allerdings schreibt § 16 III BauNVO für das Maß der baulichen Nutzung im Bebauungsplan Mindestfestsetzungen vor. Danach ist bei der Festsetzung des Maßes der baulichen Nutzung festzusetzen
- stets die Grundflächenzahl oder die Größe der Grundfläche der baulichen Anlagen,
- die Zahl der Vollgeschosse oder die Höhe baulicher Anlagen, wenn ohne ihre Festsetzung öffentliche Belange, insbesondere das Orts- und Landschaftsbild, beeinträchtigt werden können.

Die **Festsetzung** der **Grundflächenzahl (GRZ)** oder **alternativ** dazu der **Grundfläche** 733
(GR) der baulichen Anlage ist danach bei der Maßfestsetzung unverzichtbar. Ist die Grundflächenzahl oder die Größe der Grundfläche der baulichen Anlagen nicht angeordnet, ist der Bebauungsplan nach Auffassung des *BVerwG* unwirksam. Bei der Bestimmung des Maßes der baulichen Nutzung darf auf die Festsetzung der Grundflächenzahl oder der Größe der Grundfläche der baulichen Anlagen nach § 16 III Nr. 1 BauNVO auch dann nicht verzichtet werden, wenn die überbaubare Grundstücksfläche gem. § 23 BauNVO festgesetzt wird.[1510] Denn die unterschiedliche Zielsetzung einer Festsetzung nach § 16 III Nr. 1 BauNVO einerseits und einer Festsetzung der überbaubaren Fläche nach § 23 BauNVO andererseits verpflichtet die Gemeinde, die öffentlichen und privaten Belange jeweils unterschiedlich abzuwägen. Aus diesem Grunde kann, mag auch das Ergebnis ähnlich sein, nicht die eine Festsetzungsweise durch die andere ersetzt werden.[1511] Die Größe der Grundfläche i. S. des § 16 III Nr. 1 BauGB kann allerdings auch durch eine ausdrückliche Bezugnahme auf die festgesetzte überbaubare Grundstücksfläche bestimmt werden.[1512] Die Berechnung der Grundfläche wird in § 19 IV BauNVO geregelt. Sie weicht von den Nutzungsmöglichkeiten ab, die im Falle der Festsetzung einer überbaubaren Fläche bestehen. Während Nebenanlagen nach § 14 BauNVO auf die Berechnung der Grundfläche anzurechnen sind, ist dies – wie § 23 V BauNVO verdeutlicht – bei festgesetzten Baugrenzen oder Baulinien gerade nicht der Fall. Auch die städtebauliche Zielsetzung kann jeweils eine andere sein. Die Festsetzung einer Grundflächenzahl oder der Größe einer Grundfläche regelt nicht, an welcher Stelle des Baugrundstücks die bauliche Nutzung zugelassen werden soll. Maßgebend ist hier in erster Linie der Gesichtspunkt, eine übermäßige Nutzung zu Gunsten des Bodenschutzes insgesamt zu vermeiden. Hingegen regeln Festsetzungen der Baugrenzen die Art und Weise einer beabsichtigten offenen oder geschlossenen Bauweise. Hierfür sind nicht in erster Linie Erwägungen des Bodenschutzes maßgebend. Diese unterschiedliche Zielsetzung verpflichtet die Gemeinde, die öffentlichen und privaten Belange jeweils unterschiedlich abzuwägen. Demgegenüber ist die Festsetzung der Zahl der Vollgeschosse (Z) oder der Höhe der baulichen Anlagen (H) nach Maßgabe der Prüfungskriterien der BauNVO in die pflichtgemäße Regelungskompetenz der Gemeinde gestellt.

Beispiel: Festsetzungen der Zahl der Vollgeschosse oder Höhenbegrenzungen werden etwa aus Gründen der Beeinträchtigung des Orts- und Landschaftsbildes erforderlich sein. In Industrie- oder Gewerbegebieten ist dabei die Festsetzung der Zahl der Vollgeschosse häufig nicht angebracht. Statt-

---

[1510] *BVerwG*, B. v. 18. 12. 1995 – 4 NB 36.95 – DVBl. 1996, 675 = UPR 1996, 153 – Aachen.
[1511] *BVerwG*, Urt. v. 6. 6. 2002 – 4 CN 4.01 – BVerwGE 116, 296 = DVBl. 2002, 1494 – Aachen.
[1512] *OVG Münster*, Urt. v. 13. 3. 1998 – 11a D 128/93.NE – BRS 60 (1998) Nr. 36.

dessen kann vielfach gerade bei großen Industriebauten, Kühltürmen u. dgl. auf die Festsetzung der Höhe der baulichen Anlage nicht verzichtet werden.

734 Die Gemeinde muss beim Ausgleich zu erwartender **Eingriffe in Natur und Landschaft** die im Baugebiet zulässige **Versiegelung** berücksichtigen. Daher sind der nach § 19 I BauNVO zulässigen Grundfläche auch die Überschreitungen nach § 19 IV 2 BauNVO hinzuzurechnen.[1513]

735 Ob eine Überschreitung der Obergrenzen des § 17 I BauNVO für das Maß der baulichen Nutzung städtebaulich erforderlich im Sinne des Absatzes 3 dieser Vorschrift ist, beurteilt sich nach dem mit der jeweiligen Planung verfolgten städtebaulichen Konzept und danach, ob eine vom städtebaulichen Standard abweichende städtebauliche Aufgabe zu lösen ist (städtebauliche Ausnahmesituation). Der Zweck, in einem innerstädtischen und durch den öffentlichen Personennahverkehr gut erschlossenen Gewerbe- und Industriegebiet unter Ergänzung und Erneuerung der vorhandenen Infrastruktur und Bebauung für vorhandene Betriebe mit vielen Arbeitsplätzen Entwicklungsmöglichkeiten zu sichern und Ansiedlungsmöglichkeiten für neue Betriebe zu schaffen, reicht zur Begründung der städtebaulichen Erforderlichkeit einer Überschreitung der Obergrenzen für das Maß der baulichen Nutzung (§ 17 III BauNVO) im Bebauungsplan aus. Die Gemeinde darf durch ihre Bauleitplanung die bauliche Nutzbarkeit von Grundstücken ändern und dabei auch die privaten Nutzungsmöglichkeiten einschränken oder gar aufheben. Die privaten Eigentümerinteressen müssen allerdings in der nach § 1 VI BauGB gebotenen Abwägung als wichtige Belange berücksichtigt werden.[1514]

736 Dabei kann die **Festsetzung** von **Höchstwerten** mit der Festsetzung von **Mindestwerten** verbunden werden. Nach § 16 IV BauNVO kann bei der Festsetzung des Höchstmaßes für die Geschossflächenzahl oder die Größe der Geschossfläche, für die Zahl der Vollgeschosse und die Höhe baulicher Anlagen im Bebauungsplan zugleich ein Mindestmaß festgesetzt werden. Die Zahl der Vollgeschosse und die Höhe baulicher Anlagen können auch als zwingend festgesetzt werden (§ 16 IV 2 BauNVO). Die Gemeinde hat durch diese Maßfestsetzungsmöglichkeiten einen Spielraum, den sie je nach ihren Planungsvorstellungen und den örtlichen Gegebenheiten nutzen kann. Es obliegt dabei der gemeindlichen Entscheidungsfreiheit, ob sie etwa die Zahl der Vollgeschosse zwingend festschreibt, um dadurch einen einheitlichen Charakter eines Baugebietes sicherzustellen, oder ob sie den vielfach unterschiedlichen Bauwünschen der Eigentümer mehr Raum lässt. Dabei kann im Interesse eines einheitlichen Innenstadtbildes oder eines einheitlichen Charakters einer Neubausiedlung die zwingende Festsetzung der Geschosszahlen sinnvoll sein, während in anderen Baugebieten durch eine stärkere Rahmenbildung eine größere Vielfalt der städtebaulichen Gestaltung erreicht wird. Je weitreichendere Vorgaben die Gemeinde für das Maß der baulichen Nutzung festsetzt, umso mehr muss sich die Regelung vor der Eigentumsgarantie in Art. 14 GG legitimieren, weil zwingende Maßfestsetzungen die Eigentumsbefugnisse beeinträchtigen und – wegen der finanziellen Auswirkungen – eine besondere Härte darstellen können.

737 Planerische Gestaltungsbefugnisse werden den Gemeinden auch durch die Möglichkeiten des § 16 V BauNVO eingeräumt, im Bebauungsplan das **Maß** der **baulichen Nutzung** für Teile des Baugebietes, für einzelne Grundstücke oder Grundstücksteile und für Teile baulicher Anlagen **unterschiedlich festzusetzen**. Die Festsetzungen können dabei oberhalb und unterhalb der Geländeoberfläche getroffen werden. Auch durch die Festsetzung von Ausnahmen in § 16 VI BauNVO haben die Gemeinden einen weitreichenden

---

[1513] *OVG Lüneburg*, Urt. v. 15. 1. 2004 – 1 KN 128/03 – BauR 2004, 716 = RdL 2004, 280 – Erweiterungsabsichten eines Landwirts.

[1514] *BVerwG*, Urt. v. 31. 8. 2000 – 4 CN 6.99 – BVerwGE 112, 41 = DVBl. 2001, 377 = NVwZ 2001, 560 = NuR 2001, 374 mit Anm. *Uechtritz*. Zu Höchstmaßen nach § 16 BauNVO *OVG Münster*, Urt. v. 4. 11. 2002 – 7 a D 35/00.NE – Überschwemmungsgebiet.

Gestaltungsspielraum, die Maßfestsetzungen den örtlichen Gegebenheiten anzupassen und ihre Planungsvorstellungen umzusetzen.

Im **nichtbeplanten Innenbereich** kann zwar auch ganz allgemein auf die Begriffsmerkmale des Maßes der baulichen Nutzung der BauNVO zurückgegriffen werden. Das bedeutet aber nicht, dass die Maßbestimmungsfaktoren des § 16 II BauNVO – unterschiedslos und mit allen Berechnungsregeln der BauNVO – wie Festsetzungen eines Bebauungsplans rechtssatzartig heranzuziehen wären. Die Vorschriften der BauNVO können – von den Sonderregelungen des § 34 II und III BauGB abgesehen – im unbeplanten Innenbereich lediglich als Auslegungshilfe berücksichtigt werden.[1515] Maßgeblich bleibt vielmehr die konkrete Betrachtung. Im nichtbeplanten Innenbereich prägt die Umgebung in erster Linie durch das nach außen erkennbare Erscheinungsbild, das sich deshalb vorrangig als Bezugsgröße zur Ermittlung des zulässigen Maßes der baulichen Nutzung im Innenbereich anbietet. Damit treten die absolute Größe nach Grundfläche, Geschosszahl und Höhe der umgebenden Gebäude als Bestimmungsfaktoren für das Maß der baulichen Nutzung in den Vordergrund. Hierdurch ist eine Berücksichtigung anderer Maßfaktoren nicht ausgeschlossen. Soweit sie eine prägende Wirkung auf das Baugrundstück haben, sind auch sie zur Beurteilung der Frage, ob sich das Vorhaben einfügt, heranzuziehen.

Die relativen Maßstäbe der Grundflächen- und Geschossflächenzahl werden allerdings vielfach nur eine untergeordnete Bedeutung haben. So wird sich der Ausbau eines bereits vorhandenen **Dachgeschosses** zu Wohnzwecken ohne größere von außen erkennbare bauliche Umgestaltung in die Eigenart der näheren Umgebung einfügen, weil das Gebäude in seinen Ausmaßen unverändert bleibt. Zwar ist die mit einem Dachgeschossausbau verbundene Nutzungsänderung nach denselben Kriterien wie ein Neubauvorhaben zu beurteilen.[1516] Regelmäßig wird aber der Rahmen der maßgeblichen Bebauung im Hinblick auf das Nutzungsmaß auch durch das bereits vorhandene Dachgeschoss bestimmt. Denn Dachgeschosse, die sich von ihren baulichen Ausmaßen her zum Ausbau für Wohnzwecke eignen, bieten sich nach der Verkehrsauffassung als mögliche Erweiterungsfläche für die in dem Gebäude ausgeübte Nutzung an. Als Möglichkeit ist die Nutzung entsprechend dimensionierter Dachgeschosse, für die es nur innerer Ausbaumaßnahmen bedarf, in der Eigenart einer durch Gebäude mit vorhandenen Dachgeschossen geprägten näheren Umgebung von vornherein angelegt.[1517] Bei einem Dachgeschossausbau ist es daher für das Einfügen nach dem Maß der baulichen Nutzung grundsätzlich unerheblich, ob der Ausbau nach landesrechtlichen Berechnungsregeln zu einem weiteren Vollgeschoss führt, ohne dass dies als solches von außen wahrnehmbar ist.[1518] Insoweit gilt auch für das Einfügen im Hinblick auf die Anzahl der Vollgeschosse, dass es auf die von außen wahrnehmbare Erscheinung des Gebäudes im Verhältnis zu seiner Umgebungsbebauung und nicht auf das Ergebnis komplizierter Berechnungen ankommt. Entscheidend ist allein, ob sich das Gebäude als solches, insbesondere nach seiner Grundfläche, Geschosszahl und Höhe, in die Eigenart der näheren Umgebung einfügt.[1519] So wird sich in aller Regel ein **Dachgeschossausbau** in eine Umgebung, die durch Häuser mit ausgebautem Dachgeschoss geprägt ist, auch dann nach dem Maß seiner baulichen Nutzung einfügen, wenn die vorhandenen Dachgeschosse (geringfügig) unter der Grenze für ein Vollgeschoss liegen, das hinzukommende Dachgeschoss diese Grenze jedoch

---

[1515] *BVerwG*, Urt. v. 23. 4. 1969 – 4 C 12.67 – BVerwGE 32, 31; Urt. v. 13. 6. 1969 – 4 C 234.65 – BVerwGE 32, 173.
[1516] *BVerwG*, Urt. v. 15. 11. 1974 – IV C 32.71 – BVerwGE 47, 185 = *Hoppe/Stüer* RzB Rdn. 402.
[1517] *BVerwG*, Urt. v. 23. 3. 1994 – 4 C 18.94 – BVerwGE 95, 227 = *Hoppe/Stüer* RzB Rdn. 369 – Dachgeschossausbau. Auch die Zahl der Wohneinheiten ist kein Bestimmungsmerkmal des Sicheinfügens, so *VG München*, Urt. v. 28. 4. 1998 – M 1 K 97.2995 – .
[1518] *BVerwG*, B. v. 21. 6. 1996 – 4 B 84.96 – BauR 1996, 826 = Buchholz 406.11 § 34 BauGB Nr. 180 – Dachgeschossausbau; *VGH Kassel*, Urt. v. 28. 1. 1998 – 4 TG 3269/97 – ESVGH 48, 197 = ZfBR 1998, 324.
[1519] *BVerwG*, B. v. 30. 1. 1997 – 4 B 172.96 – NVwZ-RR 1997, 519.

(geringfügig) überschreitet. Der aus der vorhandenen Bebauung zu gewinnende Maßstab ist notwendig grob und ungenau und kann exakte Festsetzungen eines Bebauungsplans nicht ersetzen.[1520] Ein Wohnbauvorhaben fügt sich in eine durch gewerbliche Nutzung mit Lärmbelästigung und Wohnnutzung geprägte Umgebung ein, wenn es nicht stärkeren – i. S. eines „Mittelwertes" zumutbaren – Belastungen ausgesetzt sein wird als die bereits vorhandene Wohnbebauung.[1521]

740 Die BauNVO unterscheidet zwischen der Art und dem Maß der baulichen Nutzung. Differenzierungen hinsichtlich der Art der baulichen Nutzung können nach § 1 IV–X BauNVO vorgenommen werden. Es muss sich dann allerdings jeweils um eine Artdifferenzierung handeln, wobei die Gemeinde **kein Typenerfindungsrecht** hat. Differenzierungen hinsichtlich des Maßes der baulichen Nutzung sind nach § 16 BauNVO möglich, wobei vom Grundsatz her die Höchstwerte des § 17 BauNVO zu beachten sind. Das bedeutet zugleich, dass der Ortsgesetzgeber im Rahmen seines planerischen Ermessens aus städtebaulichen Gründen auch niedrigere Ausnutzungszahlen festsetzen darf. Die Differenzierungsmöglichkeiten nach § 1 V–IX BauNVO hinsichtlich der Art der baulichen Nutzung und der Festsetzungen zum Maß der baulichen Nutzung nach § 16 BauNVO schließen sich gegenseitig nicht aus. Bei der Festsetzung des Maßes der baulichen Nutzung ist die Gemeinde sogar in gewisser Hinsicht freier als bei der Differenzierung nach der Art der baulichen Nutzung. Während Artdifferenzierungen nach § 1 V–IX BauNVO dem Typenzwang unterliegen und der Ortsgesetzgeber durch die Regelungen über die Baugebiete der BauNVO sozusagen auf bestimmte Gebietstypen und Modelle festgelegt wird, ist die Gemeinde bei Einsatz des in § 16 BauNVO aufgeführten Instrumentariums frei darin, in welchem Umfang sie Maßfestsetzungen in einen Bebauungsplan aufnimmt. Die Gemeinde ist hier auch im Gegensatz zu den Festsetzungsmöglichkeiten in § 1 BauNVO nicht auf bestimmte, von der BauNVO vorgegebene Gebietstypen festgelegt.[1522] So schließt die Möglichkeit, durch Regelungen über die höchstzulässige Verkaufsfläche großflächiger Einzelhandelsbetriebe die Art der baulichen Nutzung in einem Sondergebiet näher zu bestimmen,[1523] die Festsetzung des Maßes der baulichen Nutzung mit Hilfe der hierfür in § 16 II BauNVO zugelassenen Parameter nicht aus. Auf der anderen Seite ließe sich eine Reduzierung der Geschoss- und Grundflächenzahl auf der Grundlage des § 1 IX BauNVO nicht erreichen, weil die Regelungen des § 1 V ff. BauGB nach Wortlaut und Sinn als Differenzierungsmittel hinsichtlich des Maßes der baulichen Nutzung nicht bestimmt und geeignet sind.[1524] Ob Festsetzungen eines Bebauungsplans über das Maß der baulichen Nutzung und über die überbaubaren Grundstücksflächen drittschützend sind, hängt vom Willen der Gemeinde als Planungsträger ab.[1525] Allerdings haben die Festsetzungen des Maßes der baulichen Nutzung – anders als die Festsetzungen von Baugebieten[1526] – kraft Bundesrechts grundsätzlich keine nachbarschützende Funktion.[1527]

741 Mit § 17 BauNVO setzt der Gesetzgeber Obergrenzen für die Bestimmung des Maßes der baulichen Nutzung. Nach § 17 III BauNVO können in bestimmten Gebieten die Obergrenzen überschritten werden, wenn städtebauliche Gründe dies erfordern und

---

[1520] *BVerwG*, B. v. 21. 6. 1996 – 4 B 84.96 – BauR 1996, 826 = Buchholz 406.11 § 34 BauGB Nr. 180 – Dachgeschossausbau.
[1521] *BVerwG*, B. v. 26. 6. 1997 – 4 B 97.97 – NVwZ-RR 1998, 357.
[1522] *BVerwG*, B. v. 3. 5. 1993 – 4 NB 13.93 – Buchholz 406.12 § 1 BauNVO Nr. 16 = *Hoppe/Stüer* RzB Rdn. 884.
[1523] *BVerwG*, Urt. v. 27. 4. 1990 – 4 C 36.87 – DVBl. 1990, 1108 = *Hoppe/Stüer* RzB Rdn. 950.
[1524] *BVerwG*, B. v. 3. 5. 1993 – 4 NB 13.93 – Buchholz 406.12 § 1 BauNVO Nr. 16 = *Hoppe/Stüer* RzB Rdn. 884.
[1525] *BVerwG*, B. v. 19. 10. 1995 – 4 B 215.95 – NVwZ 1996, 888 = Mitt NWStGB 1995, 398.
[1526] *BVerwG*, Urt. v. 16. 9. 1993 – 4 C 28.91 – BVerwGE 94, 151.
[1527] *BVerwG*, B. v. 23. 6. 1995 – 4 B 52.95 – BauR 1995, 823 = DVBl. 1995, 1025 = UPR 1995, 396.

sonstige öffentliche Belange nicht entgegenstehen. Dabei können sich die städtebaulichen Gründe auch aus der in informellen Planungen konkretisierten Konzeption der Gemeinde für ihre städtebauliche Entwicklung und Ordnung ergeben. Allerdings setzt die Überschreitung der Obergrenzen eine städtebauliche Ausnahmesituation voraus.[1528] Satzungen über einen **Vorhaben- und Erschließungsplan** sind allerdings nicht unmittelbar und strikt an die Vorschriften der BauNVO gebunden. Die BauNVO besitzt jedoch eine **Leitlinien- und Orientierungsfunktion** bei der Konkretisierung der Anforderungen an eine geordnete städtebauliche Entwicklung, denen Vorhaben- und Erschließungspläne unterliegen. Eine Überschreitung der in § 17 I BauNVO festgelegten Obergrenzen der Grundflächenzahl führt daher nicht schematisch und zwangsläufig zu einer Beeinträchtigung der allgemeinen Anforderungen an gesunde Wohn- und Arbeitsverhältnisse.[1529]

b) **Grundflächenzahl.** Sie ist in **§ 19 BauNVO** definiert und sie gibt an, wie viel m² Grundfläche je m² Grundstücksfläche i. S. des § 19 II BauNVO zulässig ist. **Zulässige Grundfläche** ist der so errechnete Anteil des Baugrundstücks, der von baulichen Anlagen überdeckt werden darf. Für die Ermittlung der zulässigen Grundfläche ist die Fläche des Baugrundstücks maßgebend, die im Bauland und hinter der im Bebauungsplan festgesetzten Straßenbegrenzungslinie liegt. Ist eine Straßenbegrenzungslinie nicht festgesetzt, so ist die Fläche des Baugrundstücks maßgebend, die hinter der tatsächlichen Straßengrenze liegt oder die im Bebauungsplan als maßgebend für die Ermittlung der zulässigen Grundfläche festgesetzt ist.

Beispiel: Die Gemeinde ändert den Bebauungsplan dahin, dass ein Teil des bisherigen Baugrundstücks gem. § 9 I Nr. 15 BauGB als private Grünfläche[1530] festgesetzt wird. Ist die Änderung wirksam, rechnet die festgesetzte private Grünfläche bei der Ermittlung der zulässigen Grundfläche nicht mehr mit. Das Baugrundstück ist daher bei gleicher Grundflächenzahl und Größe nur noch in einem geringeren Umfang bebaubar. Die Planänderung bedarf daher der besonderen Begründung und Interessenabwägung.

§ 19 IV BauNVO enthält aus Gründen des Umweltschutzes eine sog. **Versiegelungsklausel**. Sie besagt, dass bei der Ermittlung der Grundfläche die Grundflächen von Garagen und Stellplätzen mit ihren Zufahrten, Nebenanlagen i. S. des § 14 BauNVO sowie bauliche Anlagen unterhalb der Geländeoberfläche, durch die das Baugrundstück lediglich unterbaut wird, mitzurechnen sind. Hierdurch soll erreicht werden, dass die Versiegelung des Bodens bei der Ermittlung der Grundflächenzahl berücksichtigt wird. § 19 IV 2 bis 4 BauNVO enthält dazu eine allerdings recht komplizierte Anrechnungs- und Überschreitungsregelung: Die zulässige Grundfläche darf danach durch die Grundflächen der vorgenannten Anlagen bis zu 50 % überschritten werden, höchstens jedoch bis zu einer Grundflächenzahl von 0,8. Weitere Überschreitungen in geringfügigem Ausmaß können zugelassen werden. Im Bebauungsplan können abweichende Bestimmungen getroffen werden. Die Vorschrift schließt mit einer Einzelfallregelung, nach der, soweit der Bebauungsplan nichts anderes festsetzt, von der Einhaltung der sich aus § 19 IV 2 BauNVO ergebenden Grenzen (1) bei Überschreitungen mit geringfügigen Auswirkungen auf die natürliche Funktion des Bodens oder (2) wenn die Einhaltung der Grenzen zu einer wesentlichen Erschwerung der zweckentsprechenden Grundstücksnutzung führen würde, abgesehen werden kann. Die Versiegelungsklausel erfasst damit alle baulichen Anlagen, so weit sie nicht bereits Hauptanlagen sind, wie Balkone, Loggien, Terrassen, aber auch Garagen und deren Zuwegungen. Durch diese Nebenanlagen darf die zulässige Grundfläche bis zu 50 %, höchstens jedoch bis zu einer Kappungsgrenze einer Grundflächenzahl von 0,8, überschritten werden. Neben einer Bagatellklausel kann die Gemeinde im

---

[1528] *BVerwG*, Urt. v. 25. 11. 1999 – 4 CN 17.98 – DVBl. 2000, 800.
[1529] *BVerwG*, Urt. v. 6.6 2002 – 4 CN 4.01 – BVerwGE 116, 296 = DVBl. 2002, 1494 = NVwZ 2003, 98 – vorhabenbezogener Bebauungsplan.
[1530] Zur Festsetzung einer privaten und öffentlichen Grünfläche *OVG Münster*, Urt. v. 17. 12. 1998 – 10 a D 186/96.NE – NVwZ 1999, 561 = NuR 1999, 52 – Ausgleichsfläche.

Bebauungsplan für Sonderfälle eine abweichende Regelung festsetzen. Zudem besteht für die Baugenehmigungsbehörde eine Ermessensklausel, um Härtefälle zu vermeiden. Diese in § 19 BauNVO 1990 eingeführte Versiegelungsklausel hat erhebliche Kritik erfahren, weil sie zu kompliziert sei, den Beschleunigungsbestrebungen des Gesetzgebers entgegenlaufe, unnötig Verwaltungskraft binde und vor allem mit so zahlreichen Ausnahmeklauseln versehen sei, dass sie in der Praxis kaum umsetzbar erscheine.[1531]

744 c) **Geschossflächenzahl.** Die Berechnung der Geschossfläche ist in **§ 20 BauNVO (Vollgeschosse, Geschossflächenzahl, zulässige Geschosse)** geregelt. Nach **§ 20 I BauNVO** gelten als **Vollgeschosse** Geschosse, die nach landesrechtlichen Vorschriften Vollgeschosse sind oder auf ihre Zahl angerechnet werden.[1532] Ein **Dachgeschoss** ist dabei nur dann ein Vollgeschoss, wenn es nach Maßgabe des jeweiligen Landesrechts[1533] die für die Aufenthaltsräume notwendige Höhe von 2,30 m (§ 46 IV Musterbauordnung – MBO) über mehr als $2/3$ (NW $3/4$) seiner Grundfläche aufweist.[1534] Die maßgebende Fußbodengrundfläche bemisst sich dabei im Allgemeinen nach den Außenmaßen der Gebäudeumfassungswände. Die maßgebende Fläche in Höhe von 2,30 m über der Fußbodenoberkante wird durch die Schnittkante einer gedachten Ebene mit der Oberkante der Dachhaut ermittelt. Liegt diese Verhältniszahl unter $2/3$ bzw. $3/4$ (NW), so handelt es sich bei dem Dachgeschoss nicht um ein Vollgeschoss. Das Dachgeschoss wird erst zum Vollgeschoss, wenn diese Verhältniszahl überschritten wird. Der Plangeber kann auf der Grundlage des § 9 I Nr. 1 BauGB nicht festsetzen, dass ein weiteres Vollgeschoss im Dachgeschoss liegen muss. Die Festsetzung über die Zahl der Vollgeschosse „+ 1 DG", d. h. „Zahl der Vollgeschosse sowie ein Vollgeschoss im Dachraum als Höchstgrenze", ist ebenso wie die Festsetzung „+ 1 HG", d. h. „Zahl der Vollgeschosse sowie ein Vollgeschoss als Hanggeschoss als Höchstgrenze", mangels Ermächtigungsgrundlage ungültig.[1535] Ermächtigungsgrundlage für eine solche Festsetzung könnte nur § 9 I Nr. 1 i.V. mit § 16 BauNVO sein. Gem. § 16 II Nr. 3 BauNVO wird das Maß der baulichen Nutzung u. a. durch die Zahl der Vollgeschosse bestimmt. Eine Aussage darüber, wo und wie diese Vollgeschosse anzuordnen sind – etwa als Kellergeschoss oder ganz oder teilweise im Dachraum –, enthält die BauNVO nicht.

745 Die Festsetzung „ID", wonach das **zweite Vollgeschoss** nur im Dachgeschoss errichtet werden darf, ist allerdings, wenn sie lediglich gestalterische Bedeutung hat, nach Maßgabe des Landesrechts zulässig.[1536] Nach § 16 II Nr. 4 BauNVO kann die Höhe der baulichen Anlage festgesetzt werden. Diese Festsetzung kann auch nach § 16 IV BauNVO zwingend erfolgen. Wenn daher auch der Dachraum eines Gebäudes mit geneigtem Dach die Größe eines Vollgeschosses haben soll, ist diese Gewährung nur durch Festsetzung einer um ein Geschoss erhöhten Zahl der Vollgeschosse bei gleichzeitiger Festsetzung der maximalen Gebäudehöhe (Trauf- und Firsthöhe) möglich. Voraussetzung für diese Regelung ist allerdings, dass durch örtliche Bauvorschrift über die Gestaltung die

---

[1531] *Fickert/Fieseler* § 19 Rdn. 11; *Stüer* DVBl. 1990, 469.
[1532] Zur Berechnung der Zahl der Vollgeschosse bei versetzten Ebenen innerhalb eines Gebäudes *OVG Münster*, Urt. v. 18. 4. 1991 – 11 A 696/87 – BauR 1992, 60.
[1533] Der *VGH Mannheim* hält die in § 20 BauNVO für die Bestimmung eines Vollgeschosses enthaltene Verweisung für „statisch" mit der Folge, dass auf den im Zeitpunkt seiner Inkraftsetzung geltenden Vollgeschossbegriff nach Landesrecht abzustellen ist. *VGH Mannheim*, B. v. 27. 1. 1999 – 8 S 19/99 – NVwZ-RR 1999, 538.
[1534] *Laumann* Grundeigentum 1991, 761. Bei der Berechnung der Geschossflächenzahl gem. § 20 II BauNVO in Dachgeschossen ist die Zweite Berechnungsverordnung entsprechend anzuwenden, so *VGH Kassel*, 28. 1. 1998 – 4 TG 3269/97 – ESVGH 48, 197 = UPR 1999, 117.
[1535] *BVerwG*, B. v. 25. 2. 1997 – 4 NB 30.96 – NVwZ 1997, 896 = BauR 1997, 603 – Dachgeschosszahl-Festsetzung; *OVG Münster*, Urt. v. 17. 1. 1994 – 11 A 2396/90 – DÖV 1994, 880 = UPR 1994, 359 – Hütchen; vgl. aber auch Urt. v. 25. 6. 1998 – 10 a D 159/95.NE – ID –; *OVG Saarlouis*, Urt. v. 25. 11. 1997 – 2 N 3/97 – ASS RP-SL 26, 427 = BRS 59 (1997), Nr. 19 – Vollgeschoss.
[1536] *OVG Münster*, Urt. v. 25. 6. 1998 – 10 a D 159/95.NE – ID.

Errichtung eines Gebäudes mit geneigtem Dach[1537] vorgeschrieben wird. Die Wahl der festzusetzenden Gebäudehöhen soll sicherstellen, dass das weitere Vollgeschoss eben nur im Dachraum des geneigten Daches errichtet werden kann. Die mangels Ermächtigungsgrundlage rechtswidrige Festsetzung über die Zahl der Vollgeschosse kann zur Gesamtunwirksamkeit des Bebauungsplans führen.[1538] Ob der Fehler zu einer Gesamtunwirksamkeit des Plans führt oder er sich nur auf den fehlerhaften Teil der Festsetzungen bezieht, hängt davon ab, ob das städtebauliche Konzept bei Wegfall der Festsetzung noch eine eigenständige, davon unabhängige Bedeutung entfalten kann und die teilweise Fortgeltung des Plans dem im Planverfahren zum Ausdruck gekommenen Willen der Gemeinde entspricht.[1539] Auch die Festsetzung einer Dachgeschossnutzung dürfte als Vollgeschoss als Ausnahme nach § 31 I BauGB unzulässig sein, da es hierfür an einer Rechtsgrundlage fehlt. Es sollte daher bei der Festsetzung von Ausnahmen nach § 31 I BauGB durch Festsetzung der Gebäudehöhen entsprechend verfahren werden.

Die **Geschossflächenzahl** gibt nach § 20 II BauNVO an, wie viel m² Geschossfläche je m² Grundstücksfläche i. S. des § 19 III BauNVO zulässig sind. Die Geschossfläche ist nach den Außenmaßen der Gebäude in allen Vollgeschossen zu ermitteln (§ 20 III 1 BauNVO). Im Unterschied dazu waren bisher die Flächen von Aufenthaltsräumen in anderen Geschossen einschließlich der zu ihnen gehörenden Treppenräume und ihrer Umfassungswände mitzurechnen. Durch § 20 III BauNVO soll der Dachgeschoss- und Kellerausbau zu Wohnzwecken erleichtert werden. Die Neuregelung gilt allerdings nur für Bebauungspläne, die aufgrund der BauNVO 1990 aufgestellt werden, nicht jedoch für Bebauungspläne nach altem Recht. Der Gemeinde ist jedoch durch § 20 III 2 BauNVO die Möglichkeit eingeräumt, im Bebauungsplan festzusetzen, dass die Flächen von Aufenthaltsräumen in anderen Geschossen einschließlich der zu ihnen gehörenden Treppenräume und einschließlich ihrer Umfassungswände ganz oder teilweise mitzurechnen oder ausnahmsweise nicht mitzurechnen sind. Damit kann die Gemeinde auch für ältere Bebauungspläne die Regelungen der BauNVO 1990 anwenden (§ 25 c II BauNVO) oder umgekehrt für neu aufzustellende Bebauungspläne es bei der früher geltenden Regelung belassen, wonach die Aufenthaltsräume in anderen, Nicht-Vollgeschossen bei der Berechnung der Geschossfläche mitzurechnen sind. Im nichtbeplanten Innenbereich und im Außenbereich ist § 20 III BauNVO unmittelbar anzuwenden, so dass bei der Berechnung der Geschossfläche Flächen von Aufenthaltsräumen in anderen als Vollgeschossen nicht mitzurechnen sind.[1540]

Hinweis: Mit § 20 III BauNVO soll die Schaffung von Wohnraum im Dachgeschoss, aber auch im Untergeschoss der Gebäude erleichtert werden. Zugleich wird den Gemeinden durch § 20 III 2 BauNVO die Möglichkeit eingeräumt, alte Bebauungspläne auf die Neuregelung umzustellen oder es durch entsprechende Festsetzungen auch bei der Aufstellung neuer Bebauungspläne bei dem bisherigen Zustand der Anrechnung zu belassen.

Bei der Ermittlung der Geschossfläche bleiben nach § 20 IV BauNVO Nebenanlagen (§ 14 BauNVO), Balkone, Loggien, Terrassen sowie bauliche Anlagen, so weit sie nach Landesrecht in den Abstandsflächen zulässig sind oder zugelassen werden können, unberücksichtigt.[1541] Die Festsetzung der höchstzulässigen Zahl der Vollgeschosse im Bebauungsplan kann nachbarschützend sein. Auch die Festsetzung, dass nur zwei Woh-

---

[1537] Also Sattel-, Walm- oder Mansardendach.
[1538] *BVerwG*, B. v. 25. 2. 1997 – 4 NB 30.96 – NVwZ 1997, 896 = BauR 1997, 603 – Dachgeschosszahl-Festsetzung; *OVG Münster*, Urt. v. 17. 1. 1994 – 11 A 2395/90 – DÖV 1994, 880 = UPR 1994, 359 – Hütchen.
[1539] *BVerwG*, B. v. 25. 2. 1997 – 4 NB 30.96 – NVwZ 1997, 896 = BauR 1997, 603 – Dachgeschosszahl-Festsetzung.
[1540] *VGH München*, B. v. 7. 1. 1992 – 2390.1394 – BayVBl. 1992, 589 = ZfBR 1992, 91.
[1541] Dazu *VGH Mannheim*, Urt. v. 29. 1. 1999 – 5 S 2971/98 – VGHBW RSprDienst 1999, Beilage 5 B 4 – 5 – Grenzbebauung.

nungen pro Wohngebäude zulässig sind, kann nachbarschützende Wirkungen entfalten.[1542] Bei Verstößen gegen solche nachbarschützenden Planfestsetzungen ist nach Auffassung des *OVG Münster* keine tatsächlich spürbare Beeinträchtigung erforderlich, um ein Abwehrrecht zu begründen. Wird der Nachbar jedoch überhaupt nicht oder nur geringfügig beeinträchtigt, so dürfte ein Abwehranspruch mangels eigener Betroffenheit ausscheiden.

Beispiel: Ein Nachbar wendet sich dagegen, dass dem Bauherrn ein Dispens von der Festsetzung des Bebauungsplans erteilt worden ist, wonach eine bestimmte Geschossflächenzahl nicht überschritten werden soll. Selbst wenn sich aus den Aufstellungsakten nachweisen lässt, dass diese Festsetzung nach dem Willen des Rates im Interesse der Nachbarn vorgenommen worden ist, setzt der Erfolg der Nachbarklage eine tatsächliche Beeinträchtigung durch die Überschreitung der Geschossflächenzahl voraus. Anderenfalls wird auch bei nachbarschützenden Festsetzungen ein Nachbaranspruch nicht vermittelt.[1543]

748 Die Zulassung einer **Verdichtung**, die den **Höchstwert der Geschossflächenzahl** für reine Wohngebiete von 1,2 ohne rechtfertigenden Ausnahmegrund deutlich überschreitet, kann nach Auffassung des *VGH Kassel* einer Umstrukturierung des gesamten Wohngebietes Vorschub leisten. Wird der Charakter eines Wohngebietes in Frage gestellt und das Baugebiet durch ein Bauvorhaben in Unruhe gebracht, so werden damit zugleich nachbarliche Belange verletzt, die sich bei rechtmäßiger Abwägung bei einer Überplanung des Baugebietes durchsetzen müssen. Dies stellt zugleich einen Verstoß gegen das Gebot der nachbarlichen Rücksichtnahme dar.[1544]

749 Die **räumliche Bezugsgröße** für die zulässige Grundfläche sowie für die Grundflächen- und die Geschossflächenzahl ist das **Baugrundstück**. Als Baugrundstück ist grundsätzlich das Grundstück im grundbuchrechtlichen Sinne zu verstehen. Davon ist abzuweichen, wenn bei Verwendung des grundbuchrechtlichen Begriffs die Gefahr entstände, dass der Sinn einer bestimmten bodenrechtlichen Regelung handgreiflich verfehlt würde (§ 19 II BauGB).[1545]

750 d) **Baumassenzahl.** Für Gewerbegebiete, Industriegebiete und Sondergebiete kann die Baumassenzahl oder die Baumasse als Maßangabe festgesetzt werden (§ 17 I BauNVO). Die Baumassenzahl gibt nach § 21 BauNVO an, **wie viel Kubikmeter Baumasse je m² Grundstücksfläche** i. S. des § 19 III BauNVO zulässig sind. Die Baumasse ist nach den Außenmaßen der Gebäude vom Fußboden des untersten Vollgeschosses bis zur Decke des obersten Vollgeschosses zu ermitteln (§ 21 II 1 BauNVO). Die Baumasse von Aufenthaltsräumen in anderen Geschossen einschließlich der zu ihnen gehörenden Treppenräume sowie einschließlich ihrer Umfassungswände und Decken ist mitzurechnen. Bei baulichen Anlagen, bei denen eine Berechnung der Baumasse nach § 21 II 1 BauNVO nicht möglich ist, ist die tatsächliche Baumasse zu ermitteln. Bauliche Anlagen und Gebäudeteile i. S. des § 20 IV (Loggien, Terrassen etc.) bleiben bei der Ermittlung der Baumasse unberücksichtigt (§ 21 III BauNVO). Ist im Bebauungsplan die Höhe baulicher Anlagen nicht festgesetzt, darf bei Gebäuden, die Geschosse von mehr als 3,50 m Höhe haben, eine Baumassenzahl, die das Dreieinhalbfache der zulässigen Geschossflächenzahl beträgt, nicht überschritten werden (§ 21 IV BauNVO). Die Festsetzung der Baumasse oder der Bau-

---

[1542] *OVG Münster*, Urt. v. 18. 4. 1991 – 11 A 696/87 – BauR 1992, 60; zur Zweitwohnungsklausel auch *BVerwG*, B. v. 18. 8. 1995 – 4 B 183.95 – BauR 1995, 813 = UPR 1995, 445 = ZfBR 1996, 52.

[1543] *BVerwG*, Urt. v. 5. 8. 1983 – 4 C 96.79 – BVerwGE 67, 334 = *Hoppe/Stüer* RzB Rdn. 969; Urt. v. 30. 9. 1983 – 4 C 74.78 – BVerwGE 68, 58 = *Hoppe/Stüer* RzB Rdn. 1248 – Mischwerk; B. v. 27. 12. 1984 – 4 B 278.84 – NVwZ 1985, 652 = *Hoppe/Stüer* RzB Rdn. 963; Urt. v. 6. 10. 1989 – 4 C 14.87 – BVerwGE 82, 343 = *Hoppe/Stüer* RzB Rdn. 325; Urt. v. 27. 2. 1992 – 4 C 50.89 – UPR 1992, 269 = *Hoppe/Stüer* RzB Rdn. 900 – Koranschule; vgl. aber auch B. v. 10. 9. 1984 – 4 B 147.84 – DVBl. 1985, 121 = *Hoppe/Stüer* RzB Rdn. 1249.

[1544] *VGH Kassel*, Urt. v. 13. 7. 1999 – 4 TG 1322/99 – BauR 2000, 1845.

[1545] *BVerwG*, B. v. 30. 11. 2000 – 4 BN 57.00 – Buchholz 406.12 § 19 BauNVO Nr. 5 = ZfBR 2001, 421 = BRS 63 (2000) Nr. 94.

massenzahl ermöglicht i.V. mit der erforderlichen Grundflächenzahl bzw. Grundfläche eine von der Zahl der Vollgeschosse und deren Höhe unabhängige genaue Maßangabe besonders in Fällen der gewerblich-industriellen Bebauung.

Beispiel: Im Industriegebiet ist die zulässige Baumassenzahl auf BMZ = 5,0 festgesetzt. Bei einem 8000 m² großen Grundstück beträgt die zulässige Baumasse 5 × 8000 = 40 000 m³. Dies entspricht einer gedachten 5 m hohen Bebauung verteilt über das ganze Baugrundstück. Diese Baumasse kann – wenn nicht durch weitere Festsetzungen Einschränkungen erfolgen – beliebig über das Grundstück verteilt werden, wobei die Gebäudehöhe von dem Umfang der bebauten Grundfläche abhängt. Eine 10 m hohe Halle dürfte daher die Hälfte der Grundstücksfläche in Anspruch nehmen.

e) Höhe der baulichen Anlage. Als weiteres Mittel der Maßfestsetzung kann die Höhe einer baulichen Anlage im Bebauungsplan festgesetzt werden. Dabei sind die erforderlichen Höhenbezugspunkte zu bestimmen (§ 18 I BauNVO). Ist die Höhe baulicher Anlagen als zwingend festgesetzt, können geringfügige Abweichungen zugelassen werden. Als untere Bezugspunkte können etwa die mittlere Höhe des Meeresspiegels (m über NN) oder die Höhenlage einer anbaufähigen Verkehrsanlage gewählt werden. Als obere Bezugspunkte eignen sich etwa die Firsthöhe (FH), die Traufhöhe (TH) oder die Oberkante der baulichen Anlage.[1546]

f) Obergrenzen. § 17 I BauNVO legt für die Bestimmung des Maßes der baulichen Nutzung Obergrenzen fest, die grundsätzlich nicht überschritten werden dürfen. Sie betragen:

Obergrenzen des Maßes der baulichen Nutzung (§ 17 BauNVO)

Baugebiet	Grundflächenzahl GRZ	Geschossflächenzahl GFZ	Baumassenzahl BMZ
in Kleinsiedlungsgebieten (WS)	0,2	0,4	–
in reinen Wohngebieten (WR)			
allgem. Wohngebieten (WA)			
Ferienhausgebieten	0,4	1,2	–
in besonderen Wohngebieten (WB)	0,6	1,6	–
in Dorfgebieten (MD)			
Mischgebieten (MI)	0,6	1,2	–
in Kerngebieten (MK)	1,0	3,0	–
in Gewerbegebieten (GE)			
Industriegebieten (GI)			
sonstigen Sondergebieten	0,8	2,4	10,0
in Wochenendhausgebieten	0,2	0,2	–

Diese Obergrenzen können nach § 17 II BauNVO überschritten werden, wenn
– besondere städtebauliche Gründe dies erfordern,
– die Überschreitungen durch Umstände ausgeglichen sind oder durch Maßnahmen ausgeglichen werden, durch die sichergestellt ist, dass die allgemeinen Anforderungen an gesunde Wohn- und Arbeitsverhältnisse nicht beeinträchtigt, nachteilige Auswirkungen auf die Umwelt vermieden und die Bedürfnisse des Verkehrs befriedigt werden, und
– sonstige öffentliche Belange nicht entgegenstehen.

Mit diesen Regelungen enthält § 17 BauNVO einen für die **gemeindliche Planung** verbindlichen Rahmen, der bei der Bauleitplanung einzuhalten ist. Die Obergrenzen gelten nicht für das Baugenehmigungsverfahren, für das die im Bebauungsplan festgesetzten Maßangaben verbindlich sind. Durch § 17 BauNVO 1990 sind die Höchstwerte für das Maß der zulässigen Nutzung gegenüber den früheren Fassungen der BauNVO teilweise aufgehoben und im Übrigen neu gefasst worden. So beträgt die höchstzulässige GFZ in Kleinsiedlungsgebieten bereits bei eingeschossiger Bebauung 0,4, während dieser Wert früher erst bei zweigeschossiger Bebauung ausgenutzt werden konnte. Auch in rei-

---

[1546] S. zu weiteren Einzelheiten *Fickert/Fieseler* § 18 Rdn. 2ff.

nen und allgemeinen Wohngebieten sowie Ferienhausgebieten ist – unabhängig von der Zahl der Vollgeschosse – eine GFZ von 1,2 möglich, während bei zweigeschossiger Bebauung bisher lediglich eine GFZ von 0,8 zulässig war. Im Dorfgebiet und Mischgebiet ist als Obergrenze eine GRZ von 0,6 und – unabhängig von der Zahl der Vollgeschosse – eine GFZ von 1,2 zulässig, während für diese Baugebiete früher lediglich eine GRZ von 0,4 zulässig war und die GFZ von 1,2 etwa im Mischgebiet erst bei 6 oder mehr Vollgeschossen erreicht werden konnte. Die Anhebung der GFZ im Kerngebiet auf 3,2 – früher lag die Obergrenze selbst bei sechs- und mehrgeschossiger Bebauung nur bei 2,4 – soll den besonderen Verdichtungsanforderungen des Kerngebietes und auch dem knappen verfügbaren Boden in diesen Lagen Rechnung tragen. Die BauNVO geht bei der Erweiterung des Rahmens davon aus, dass die Gemeinden die hierdurch gegebenen Möglichkeiten eigenverantwortlich nutzen und unter Berücksichtigung der jeweiligen örtlichen Besonderheiten nur dann ausschöpfen, wenn durch planerische Maßnahmen Sorge dafür getragen ist, dass die mit einer größeren Verdichtung auftretenden Probleme bewältigt werden.[1547] Insbesondere bekannte Großsiedlungen wie das Märkische Viertel oder die Gropiusstadt in Berlin, aber auch Trabantenstädte wie Bijlmermeer oder Lelystad in den Niederlanden, werden hier als warnende Beispiele genannt.

755 Will die Gemeinde bei der Festsetzung des Maßes der baulichen Nutzung die in § 17 I BauNVO aufgestellten **Obergrenzen überschreiten**, bedarf es dafür nach § 17 II BauNVO einer besonderen städtebaulichen Rechtfertigung. Die Umsetzung besonderer, qualifizierter planerischer Lösungen und städtebaulicher Ideen kann als besonderer städtebaulicher Grund i. S. des § 17 II BauNVO anerkennungswürdig sein.[1548] Es reicht dazu bereits aus, dass die Überschreitung vernünftigerweise geboten ist.[1549] Außerdem wird ein entsprechender Ausgleich der Überschreitung geboten sein und ebenfalls gefordert, dass sonstige öffentliche Belange nicht entgegenstehen.

Beispiel: In einer Landeshauptstadt soll das Regierungsviertel erweitert und eine Verbindung zur Innenstadt geschaffen werden. Eine Gemeinde will in einem Modellprojekt ein flächensparendes und ökologisches Wohnen ermöglichen. Die besondere städtebauliche Rechtfertigung ist jeweils gesondert zu begründen. Dabei muss ggf. auch zur Versiegelung des Bodens, zur Beeinträchtigung des Kleinklimas oder auch zu dem durch die Verdichtung bewirkten vergrößerten Verkehrsaufkommen Stellung genommen werden. Als ausgleichend kann ggf. auf eine topografisch günstige Lage, im Anschluss vorhandene oder zu schaffende Grün- und Erholungsflächen oder auf eine günstige Zuordnung der Wohngebiete zu Arbeitsstätten verwiesen werden. Bei größeren Projekten empfiehlt sich die Ausschreibung eines städtebaulichen Wettbewerbs.[1550]

756 Besonders in Innenstadtlagen, aber auch bei sonst gewachsenen städtebaulichen Strukturen liegt die Dichte der Bebauung vielfach über den Obergrenzen des § 17 I BauNVO. Der Ersatz oder die durchgreifende Erneuerung der Gebäudesubstanz würde in diesen Fällen auf Schwierigkeiten stoßen, weil Neubaumaßnahmen oder einem Neubau gleichkommende Gebäudesanierungsmaßnahmen die Obergrenzen des § 17 I BauNVO einhalten müssten, wenn nicht der Bebauungsplan in besonders begründeten Ausnahmefällen nach § 17 II BauNVO höhere Obergrenzen festsetzt. Hier gewährt **§ 17 III BauNVO** für am 1. 8. 1962 überwiegend bebaute Gebiete die Möglichkeit, im Bebauungsplan die Obergrenzen des § 17 I BauNVO zu **überschreiten**, wenn städtebauliche Gründe dies erfordern und sonstige öffentliche Belange nicht entgegenstehen. Die Vorschrift dient dem Ausgleich der besonderen Interessen von Eigentümern bereits intensiv bebauter Grundstücke und dem Allgemeininteresse an der Erhaltung der Regelsätze für die Bebauungs-

---

[1547] Zu den Problemen des verdichteten Städtebaus *Bahrdt* Die moderne Großstadt 1961.
[1548] *BVerwG*, B. v. 26. 1. 1994 – 4 NB 42.93 – Buchholz 406.12 § 17 BauNVO Nr. 5 = *Hoppe/Stüer* RzB Rdn. 973.
[1549] *VGH Mannheim*, Urt. v. 27. 11. 1998 – 8 S 1030/98 – VGHBW RSprDienst 1999, Beilage 2 B 1 – 2 unter Aufgabe seiner früher strengeren Auffassung.
[1550] *Fickert/Fieseler* § 17 Rdn. 28, 45.

dichte in den einzelnen Baugebieten. Indem sie eine Überschreitung der Höchstwerte des § 17 I BauNVO in besonderen Fällen im Interesse der Eigentümer bebauter Grundstücke zulässt, ermöglicht sie eine den Anforderungen des Art. 14 I 2 GG genügende Bauleitplanung durch die Gemeinde.[1551] **Überschreitungen** der Obergrenze des Maßes der baulichen Nutzung sind nach § 17 III BauNVO 1990 nur zulässig, wenn u. a. städtebauliche Gründe dies „erfordern". Gegenüber der früheren Fassung in § 17 IX BauNVO 1977 („rechtfertigen") sind die inhaltlichen Anforderungen damit erhöht worden. Die Überschreitung muss ähnlich wie in § 31 II Nr. 1 BauGB „vernünftigerweise geboten sein".[1552] Die Überschreitung muss zudem durch Umstände ausgeglichen sein oder durch entsprechende Maßnahmen ausgeglichen werden (§ 17 II Nr. 2, III 2 BauNVO). Diese zusätzlichen Anforderungen, die durch die BauNVO 1990 eingeführt worden sind, stellen die Gemeinden vor einige Abwägungs- und Begründungsprobleme.

Beispiel: In der Innenstadt einer Großstadt soll ein Kaufhaus abgebrochen und neu gebaut werden. Bereits die Altbebauung ergibt eine Geschossflächenzahl von GFZ = 3,2. Der Neubau soll – bei gleicher Zahl der Vollgeschosse – eine Geschossflächenzahl von GFZ = 3,5 aufweisen. Nach § 17 III BauNVO kann die im Kerngebiet bestehende Obergrenze von GFZ = 3,0 in überwiegend bebauten Gebieten überschritten werden, wenn städtebauliche Gründe dies erfordern, sonstige öffentliche Belange nicht entgegenstehen und die Überschreitung ausgeglichen ist oder durch Maßnahmen ausgeglichen wird. Ein Ausgleich könnte etwa durch den Hinweis auf Maßnahmen zur Revitalisierung einer nahe gelegenen innerstädtischen Parkanlage dokumentiert werden. Auch ist auf die in der Umgebung des Kaufhauses betroffene Nachbarnutzung entsprechend Rücksicht zu nehmen. Die Gründe für die Überschreitung der Obergrenze des § 17 I BauNVO sollten in der Begründung zum Bebauungsplan im Einzelnen dargelegt werden. Zu den städtebaulichen Gründen, die eine Überschreitung der Höchstzahlen rechtfertigen können, kann insbesondere die Rücksichtnahme auf einen vorhandenen erhaltenswerten Gebäudebestand gehören.[1553] Städtebauliche Gründe können sich auch aus informellen Planungen der Gemeinde ergeben. Die Überschreitung der Obergrenzen für das Maß der baulichen Nutzung setzt jedoch eine städtebauliche Ausnahmesituation voraus.[1554]

Hat die Gemeinde allerdings bei der Überplanung eines im Jahre 1962 bereits überwiegend bebauten Gebietes übersehen, dass eine Überschreitung der Höchstwerte des Maßes der baulichen Nutzung gem. § 17 III BauNVO zulässig ist, so kann der Bebauungsplan an einem Abwägungsmangel leiden. Die Gemeinde hat dabei einen Spielraum, ob sie das bisherige Nutzungsmaß unter Beachtung der Vorhaben in § 17 III BauNVO weiterhin zulässt oder ob sie einschränkende Festsetzungen trifft. Eine Pflicht, das vorhandene Nutzungsmaß festzuschreiben, besteht für den Satzungsgeber nicht. Eine Einschränkung der bisherigen Nutzungsmöglichkeiten kann allerdings Entschädigungsansprüche nach § 42 BauGB auslösen. Hat der Plangeber das Maß der baulichen Nutzung durch einen fehlerfreien Bebauungsplan reduziert, so kann eine vorhandene Überbauung nur dann eine unbeabsichtigte Härte i. S. von § 31 II BauGB darstellen, wenn sie im Einzelfall unbeachtlich geblieben ist. Denn grundsätzlich ist es der Gemeinde nicht verwehrt, in solchen Fällen eine Ausdünnung der vorhandenen Bebauung zu planen.[1555]

Die Regelungen über das Maß der baulichen Nutzung in § 17 BauNVO können **nachbarschützend** sein. Dies hängt jedoch von Einzelfallbewertungen ab. So hat etwa die Festsetzung einer Grundflächen- und Geschossflächenzahl von 0,6 für **Gartenhof- und Atriumhäuser** nach § 17 II BauNVO keine drittschützende Funktion. Ob die Festsetzung

---

[1551] *BVerwG*, Urt. v. 6. 5. 1993 – 4 C 15.91 – DVBl. 1993, 1100 = BauR 1993, 688 = *Hoppe/Stüer* RzB Rdn. 313; *Fickert/Fieseler* § 17 Rdn. 44.
[1552] *BVerwG*, B. v. 23. 1. 1997 – 4 NB 7.96 – NVwZ 1997, 903; Urt. v. 14. 2. 1975 – IV C 21.74 – BVerwGE 48, 56 = DVBl. 1975, 717.
[1553] *BVerwG*, Urt. v. 6. 5. 1993 – 4 C 15.91 – DVBl. 1993, 100 = BauR 1993, 688 = *Hoppe/Stüer* RzB Rdn. 313 – Zahnarztpraxis; Urt. v. 25. 11. 1999 – 4 CN 17.98 – ZfBR 2000, 191 – Rosenstein.
[1554] *BVerwG*, Urt. v. 25. 11. 1999 – 4 CN 17.98 – ZfBR 2000, 191 – Rosenstein.
[1555] Zur Überplanung bereits bebauter und beplanter Bereiche *VGH Kassel*, Urt. v. 30. 11. 1998 – 4 N 3576/89 – Villenbebauung.

eines Bebauungsplans eingeschossige Wohngebäude mit einem fremder Sicht entzogenen Gartenhof Drittschutz gegen die Möglichkeit bietet, den Gartenhof einzusehen, ist keine Frage des Bundesrechts.[1556] § 17 II BauNVO selbst jedenfalls begründet, auch so weit er die Gartenhofbauweise dadurch kennzeichnet, dass der Gartenhof fremder Sicht entzogen ist, keinen Drittschutz. Es bedarf dazu vielmehr der Auslegung der Festsetzungen des Bebauungsplans. § 17 II BauNVO enthält auch für die Gemeinde kein inhaltliches Verbot, für angrenzende Gebiete Festsetzungen zu unterlassen, welche die Einsicht in einen Gartenhof berühren. Nur innerhalb des Baugebietes, für das Festsetzungen nach § 17 II BauNVO i. V. mit § 22 BauNVO getroffen wurden, wird gewährleistet, dass eine Einsicht unterbunden ist.[1557]

5. Bauweise und überbaubare Grundstücksfläche

759 Neben Art und Maß der baulichen Nutzung können im Bebauungsplan auch die Bauweise sowie die überbaubaren und die nicht überbaubaren Grundstücksflächen festgesetzt werden.

760 Nach § 22 I BauNVO kann im Bebauungsplan die **Bauweise** als offene oder geschlossene Bauweise **festgesetzt** werden. In der **offenen Bauweise** werden die Gebäude mit seitlichem Grenzabstand als Einzelhäuser, Doppelhäuser[1558] oder Hausgruppen errichtet. Einzelhäuser sind dabei allseitig freistehende Gebäude und haben an beiden seitlichen sowie an der rückwärtigen Nachbargrenze die nach Landesrecht erforderlichen Abstände einzuhalten. Doppelhäuser sind zwei selbstständig nutzbare, an einer gemeinsamen Gebäudetrennwand aneinandergebaute, im Übrigen jedoch freistehende Gebäude. Sie können auf einem oder zwei aneinander grenzenden Grundstücken stehen. Hausgruppen bestehen aus mindestens drei selbstständig nutzbaren Gebäuden, die an den Gebäudetrennwänden aneinandergebaut sind. Die Länge dieser Hausformen darf höchstens 50 m betragen. Im Bebauungsplan können Flächen festgesetzt werden, auf denen nur Einzelhäuser, nur Doppelhäuser, nur Hausgruppen oder nur zwei dieser Hausgruppen zulässig sind (§ 22 II BauNVO). Im Bebauungsplan können damit Einzelhäuser, Doppelhäuser und Hausgruppen festgesetzt werden. Durch diese Regelungen haben die Gemeinden in der Festsetzung der Bauweise einen Planungsspielraum, von dem sie nach Maßgabe der örtlichen Besonderheiten und eigener Planungsvorstellungen Gebrauch machen können.

Hinweis: Die Gemeinden sollten jeweils abwägen, in welchem Umfang sie durch die Festsetzung der Bauweise Vorgaben für das Baugeschehen setzen wollen. Einheitliche Festsetzungen der Bauweise können zu Uniformität und Monotonie führen. Deshalb sollten solche Festsetzungen noch genügend Raum für individuelle Gestaltungsmöglichkeiten des Bauherren lassen. Darf innerhalb eines im Zusammenhang bebauten Ortsteils ein Grundstück gem. § 34 I BauGB nur in geschlossener Bauweise bebaut werden, so darf nach Landesbauordnungsrecht nicht die Einhaltung von seitlichen Abständen verlangt werden. Die planungsrechtlichen Regelungen zur Bauweise haben hier Vorrang.[1559]

761 Ein **Doppelhaus** im Sinne des § 22 II BauNVO ist eine bauliche Anlage, die dadurch entsteht, dass zwei Gebäude auf benachbarten Grundstücken durch Aneinanderbauen an der gemeinsamen Grundstücksgrenze zu einer Einheit zusammengefügt werden. Das Erfordernis der baulichen Einheit ist nur erfüllt, wenn die beiden Gebäude in wechselseitig verträglicher und abgestimmter Weise aneinander gebaut werden. Insoweit ist die planerische Festsetzung von Doppelhäusern in der offenen Bauweise nachbarschützend. Kein Doppelhaus entsteht, wenn ein Gebäude gegen das andere so stark versetzt wird, dass es den Rahmen einer wechselseitigen Grenzbebauung überschreitet, den Eindruck eines

---

[1556] BVerwG, B. v. 20. 9. 1984 – 4 B 202.84 – NVwZ 1985, 748 = *Hoppe/Stüer* RzB Rdn. 972.
[1557] BVerwG, Urt. v. 5. 5. 1994 – 4 NB 16.94 – Buchholz 406.12 § 17 BauNVO Nr. 6 = *Hoppe/Stüer* RzB Rdn. 974 – Gartenhofbauweise.
[1558] Zum Begriff *OVG Münster*, B. v. 6. 2. 1996 – 11 B 3046/95 – BauR 1996, 684.
[1559] BVerwG, B. v. 11. 3. 1994 – 4 B 53.94 – BauR 1994, 494 = NVwZ 1994, 1008 = *Hoppe/Stüer* RzB Rdn. 1208.

einseitigen Grenzanbaus vermittelt und dadurch einen neuen Bodennutzungskonflikt auslöst. Nicht erforderlich ist, dass die Doppelhaushälften gleichzeitig oder deckungsgleich (spiegelbildlich) errichtet werden. Das Erfordernis einer baulichen Einheit im Sinne eines Gesamtbaukörpers schließt auch nicht aus, dass die ein Doppelhaus bildenden Gebäude an der gemeinsamen Grundstücksgrenze zueinander versetzt oder gestaffelt aneinander gebaut werden.[1560]

Die Kombination verschiedener einzelner Festsetzungen darf allerdings nicht zur Folge haben, dass auf diese Weise neue Festsetzungen mit eigenen Baugebietstypen entstehen. Dies wäre mit dem abschließenden Katalog der Festsetzungsmöglichkeiten in § 9 BauGB und in der BauNVO nicht vereinbar. So können nach § 22 II 3 BauNVO i.V. mit § 9 I Nr. 2 BauGB Einzelhäuser festgesetzt werden. Diese Festsetzung enthält allerdings keine Konkretisierung des Maßes der baulichen Nutzung, sondern steht im Zusammenhang mit der Regelung der Bauweise. Diese betrifft allein die Anordnung der Gebäude auf einem Baugrundstück im Verhältnis zu den Nachbargrundstücken und dabei insbesondere zu den seitlichen Grundstücksgrenzen.[1561] Die ausschließliche Zulassung von Einzelhäusern enthält keine Aussage über die Anzahl der zulässigen Gebäude auf einem Grundstück. Soweit sie die erforderlichen seitlichen Grenzabstände einhalten, dürfen auf einem Baugrundstück auch mehrere Einzelhäuser errichtet werden. Will die Gemeinde erreichen, dass die Baugrundstücke entsprechend groß sind, so kann sie nach § 9 I Nr. 3 BauGB auch Mindestmaße für Baugrundstücke festsetzen. Die Festsetzung von Grundstücksmindestgrößen hat den Bezugspunkt des Baugrundstücks. Hierunter ist eine Fläche zu verstehen, auf der nach bauplanungsrechtlichen Vorschriften eine oder mehrere bauliche Anlagen nach städtebaulichen Grundsätzen zulässig sind. Der Begriff des Baugrundstücks ist daher flächen- und nicht grundstücksbezogen. Durch die Kombination der Festsetzung von Mindestgrößen eines Baugrundstücks, von Einzelhäusern und einer Zweitwohnungsklausel (§ 9 I Nr. 6 BauGB) kann nicht erreicht werden, dass auf Baugrundstücken einer bestimmten Mindestgröße jeweils nur ein einziges Wohngebäude mit höchstens zwei Wohnungen zugelassen werden kann.[1562]

Setzt der Bebauungsplan eine **geschlossene Bauweise** fest, werden die Gebäude nach § 22 III BauNVO ohne seitlichen Grenzabstand errichtet, es sei denn, dass die vorhandene Bebauung eine Abweichung erfordert.[1563] Das Bauplanungsrecht hat dabei einen Vorrang, den das jeweilige Landesrecht in den Abstandsregelungen der Bauordnungen wahren muss. So ist zumeist eine Abstandsfläche nach der LBauO nicht erforderlich, wenn nach dem Bauplanungsrecht an die Grenze gebaut werden muss.[1564] Dabei regelt § 22 III Hs. 2 BauNVO nur, wann ein Gebäude bei festgesetzter geschlossener Bauweise ausnahmsweise nicht ohne seitlichen Grenzabstand zu errichten ist. Welcher Abstand in einem solchen Fall einzuhalten ist, richtet sich allein nach dem jeweiligen Bauordnungsrecht.[1565] Gestaltungsmöglichkeiten werden der Gemeinde auch durch § 22 IV BauNVO eingeräumt, wonach eine von § 22 I BauNVO abweichende Bauweise festgesetzt werden darf. Dabei

---

[1560] *BVerwG*, Urt. v. 24. 2. 2000 – 4 C 12.98 – BVerwGE 110, 355 = DVBl. 2000, 1338 = NVwZ 2000, 1055. Die gegen diese Entscheidung erhobene Verfassungsbeschwerde hat das *BVerfG* mit B. v. 11. 10. 2000 – 1 BvR 767.00 – nicht zur Entscheidung angenommen. Zur geschlossenen Bauweise nach § 22 I BauNVO *OVG Münster*, B. v. 27. 3. 2003 – 7 B 2212/02 – BauR 2003, 1185 – Wintergarten.

[1561] *Fickert/Fieseler* § 22 Rdn. 1 BauNVO.

[1562] *BVerwG*, B. v. 31. 1. 1995 – 4 NB 48.93 – ZfBR 1995, 143 – Meerbusch.

[1563] Bei einem bereits vorhandenen Grenzanbau ist eine rechtliche Sicherung durch Eintragung einer Baulast nicht mehr erforderlich, so *OVG Bautzen*, Urt. v. 25. 2. 1998 – 1 S 38/98 – BauR 1998, 1006 = SächsVBl. 1998, 261.

[1564] *BVerwG*, B. v. 22. 9. 1989 – 4 NB 24.89 – NVwZ 1990, 361 = *Hoppe/Stüer* RzB Rdn. 853; B. v. 23. 10. 1990 – 4 B 130.90 – Buchholz 406.11 § 9 BauGB Nr. 46 = *Hoppe/Stüer* RzB Rdn. 7; B. v. 7. 7. 1994 – 4 B 131.94 – Dachausbau; *VGH Mannheim*, Urt. v. 13. 2. 1998 – 5 S 3202/96 – VGHBW RSprDienst 1998, Beilage B 5 B 6 = IBR 1998, 310.

[1565] *BVerwG*, B. v. 22. 10. 1992 – 4 B 210.92 – BauR 1993, 304 = *Hoppe/Stüer* RzB Rdn. 978.

kann auch festgesetzt werden, inwieweit an die vorderen, rückwärtigen und seitlichen Grundstücksgrenzen herangebaut werden darf oder muss. Ist nach planungsrechtlichen Vorschriften ein Gebäude an sich in geschlossener Bauweise ohne seitlichen Grenzabstand zu errichten, so kann nach landesrechtlichem Bauordnungsrecht abweichend eine Abstandsfläche wegen eines auf dem Nachbargrundstück vorhandenen Gebäudes nur insoweit verlangt oder gestattet werden, als hierfür eine planungsrechtliche Rechtfertigung gegeben ist. Diese besteht, wenn die Abweichung nach § 22 III BauNVO oder im Rahmen des § 34 I BauGB wegen des nachbarschützenden Rücksichtnahmegebotes erforderlich ist.[1566] Welcher Abstand in einem solchen Fall einzuhalten ist, bestimmt sich nach dem jeweiligen Landesrecht.

Beispiel: Eine Abweichung von der bauplanungsrechtlich vorgeschriebenen geschlossenen Bauweise kann etwa dann gegeben sein, wenn im Grenzbereich ein Gebäude vorhanden ist, das zur Sicherung gesunder Wohnverhältnisse einen entsprechenden Gebäudeabstand erfordert. Auch kann die Einhaltung eines Grenzabstandes geboten sein, wenn auf dem Nachbargrundstück wegen eines rückwärtigen Gebäudes nicht an die Grenze gebaut werden kann und daher die geschlossene Bauweise auf den beiden benachbarten Grundstücken nicht durchgeführt werden kann.[1567] Das Landesrecht muss die Freistellung von der bauplanungsrechtlich vorgeschriebenen Bauweise allerdings jeweils planungsrechtlich rechtfertigen.

764 Überbaubare Grundstücksflächen können im Bebauungsplan durch die Festsetzung von Baulinien, Baugrenzen oder Bebauungstiefen bestimmt werden (§ 23 I BauNVO). Ist eine Baulinie festgesetzt, so muss an dieser Linie gebaut werden. Ist eine Baugrenze festgesetzt, so dürfen Gebäude und Gebäudeteile diese Grenze nicht überschreiten. Der Bebauungsplan kann auch eine Bebauungstiefe festsetzen, die von der tatsächlichen Straßengrenze ab zu ermitteln ist, sofern im Bebauungsplan nichts anderes festgesetzt ist. Ein Vor- oder Zurücktreten von Gebäudeteilen in geringfügigem Ausmaß kann zugelassen werden. Auch können im Bebauungsplan Ausnahmen von der Einhaltung der Baulinie, der Baugrenze und der Bebauungstiefe vorgesehen werden (§ 23 II, III und IV BauNVO). Auf nicht überbaubaren Grundstücksflächen können Nebenanlagen nach § 14 BauNVO zugelassen werden. Das Gleiche gilt für bauliche Anlagen, so weit sie nach Landesrecht in den Abstandsflächen zulässig sind oder zugelassen werden können (§ 23 V BauNVO).

765 **Baugrenzen** (§ 23 III BauNVO) müssen im Bebauungsplan nicht so festgesetzt werden, dass sie die volle oder eine weitgehende Ausschöpfung der im Bebauungsplan festgesetzten (höchst-)zulässigen Grundflächenzahl (§ 19 BauNVO) gestatten.[1568] Auf nicht überbaubaren Grundstücksflächen nach § 23 V 2 BauNVO können Stellplätze als Nebenanlagen zugelassen werden. Die Entscheidung liegt allerdings im Ermessen der Bauaufsichtsbehörden.[1569] Aus der Zulassung von Nebenanlagen an bestimmten Flächen kann nicht geschlossen werden, dass Nebenanlagen auf allen anderen Flächen unzulässig sind.[1570]

Hinweis: Festsetzungen zur überbaubaren Grundstücksfläche bedürfen wie alle anderen Festsetzungen des Bebauungsplans einer städtebaulichen Rechtfertigung. Sie müssen in einem weiteren Sinne „vernünftigerweise geboten" sein[1571] und unterliegen dem Abwägungsgebot.[1572] Die Abwägungselemente sollten in der Begründung zum Bebauungsplan dargelegt werden.

[1566] *BVerwG*, B. v. 12. 1. 1995 – 4 B 197.94 – DVBl. 1995, 517 = ZfBR 1995, 158.
[1567] *BVerwG*, B. v. 12. 1. 1995 – 4 B 197.94 – DVBl. 1995, 517 = ZfBR 1995, 158.
[1568] *BVerwG*, B. v. 29. 7. 1999 – 4 BN 24.99 – BauR 1999, 1435 = ZfBR 1999, 353.
[1569] *OVG Berlin*, B. v. 21. 5. 1999 – 2 S 3.99 – UPR 1999, 320.
[1570] *BVerwG*, B. v. 16. 2. 1998 – 4 B 2.98 – NVwZ 1999, 1066 – Garage; *VGH Mannheim*, Urt. v. 29. 1. 1999 – 5 S 2971/98 – VGHBW RSprDienst 1999, Beilage 5 B 4 – 5 – Grenzbebauung.
[1571] *BVerwG*, Urt. v. 14. 2. 1975 – IV C 21.74 – BVerwGE 48, 56 = *Hoppe/Stüer* RzB Rdn. 50 – B 42; Urt. v. 21. 5. 1976 – IV C 80.74 – BVerwGE 51, 15 = *Hoppe/Stüer* RzB Rdn. 108 – Stuttgart-Degerloch; Urt. v. 7. 7. 1978 – IV C 79.76 – BVerwGE 56, 110 = *Hoppe/Stüer* RzB Rdn. 1164 – Flughafen Frankfurt.
[1572] Zum Abwägungsgebot s. Rdn. 1195.

Ist im Bebauungsplan eine Baugrenze festgestellt, so dürfen nicht nur Gebäude und **766**
Gebäudeteile, sondern auch alle anderen baulichen Anlagen wie etwa **Werbeanlagen**
diese grundsätzlich nicht überschreiten. § 23 III 1 BauNVO ist nicht nur auf Gebäude
und Gebäudeteile, sondern auf alle baulichen Anlagen anzuwenden.[1573] § 23 BauNVO ist
aus der Zielsetzung des § 9 I Nr. 2 BauGB auszulegen. Danach ist die Festsetzung von
Baugrenzen geeignet, die von der Gemeinde gewünschte „offene Bauweise" zu unterstreichen. Dieses Ziel würde unterlaufen, wenn eine bauliche Anlage, welche bauplanerisch weder „Gebäude" noch „Nebenanlage" ist, als Hauptnutzung „vor der Baugrenze"
ohne weiteres zulässig wäre.[1574]

Die Festsetzung einer **Baulinie** durch den Ortsgesetzgeber (§ 23 II BauNVO) muss **767**
städtebaulich motiviert sein (§ 1 III BauGB). Mehr wird nicht verlangt.[1575] Der Verordnungsgeber der BauNVO bestimmt ausdrücklich, ob für eine Festsetzung „besondere
städtebauliche Gründe" erforderlich sind. § 23 BauNVO enthält eine etwa §§ 1 IX oder 17
III 1 BauNVO vergleichbare Regelung nicht.[1576] Ist im Bebauungsplan eine Baugrenze
festgesetzt, so dürfen nicht nur Gebäude und Gebäudeteile, sondern auch alle anderen
baulichen Anlagen diese grundsätzlich nicht überschreiten.[1577]

3. Teil. Umweltprüfung

Veranlasst durch die Plan-UP-Richtlinie ist das Städtebaurecht nach der Umsetzung **768**
der UVP-Änd-Richtlinie durch das Artikelgesetz 2001 im Jahre 2004 erneut durch das
Europarechtsanpassungsgesetz Bau (EAG Bau) geändert worden. Nunmehr unterliegt
die Aufstellung aller Bauleitpläne mit Ausnahme der bestandswahrenden Bebauungspläne[1578] einer Umweltprüfung, die in der Regel zugleich die **Umweltverträglichkeitsprüfung** *(UVP)* bisheriger Prägung mit umfasst. Mit der Umweltprüfung sind eine
Reihe von Änderungen des Planaufstellungsverfahrens verbunden.

I. Grundlagen

Die auf Art. 175 I EGV gestützte[1579] **Plan-UP-Richtlinie** besteht aus 15 Artikeln und 2 **769**
Anhängen. Vorangestellt sind 20 Erwägungsgründe.[1580] Art. 1 „Ziele" enthält die Zielset-

---

[1573] *BVerwG,* Urt. v. 7. 6. 2001 – 4 C 1.01 – DVBl. 2001, 1468 = NVwZ 2002, 90 = BauR 2001,
1698 – Werbetafeln, So auch *VGH Mannheim,* B. v. 28. 9. 1998 – 8 S 2068/98 – BRS 60 Nr. 132;
König, in: König/Roeser/Stock, § 23 BauNVO Rn. 4; vgl. auch *Sarnighausen* UPR 1994, 330, a. A.
VGH München, Urt. v. 25. 11. 1998 – 26 B 96.3165 – BRS 60 Nr. 133 = UPR 1999, 115 = GewArch.
1999, 174.
[1574] *BVerwG,* Urt. v. 7. 6. 2001 – 4 C 1.01 – DVBl. 2001, 1468 = NVwZ 2002, 90 = BauR 2001, 1698.
[1575] *BVerwG,* B. v. 8. 1. 2002 – 4 BN 61,01 – ZfBR 2002, 583 = BauR 2002, 1358 = IBR 2002,
166 mit Anmerkung *Gallois.*
[1576] *BVerwG,* B. v. 8. 1. 2002 – 4 BN 61.01 – BauR 2002, 1358.
[1577] *BVerwG,* Urt. v. 7. 6. 2001 – 4 C 1.01 – ZfBR 2001, 558 = BauR 2001, 1698 = NVwZ 2002,
90 – Werbeanlagen. Zur fehlenden nachbarschützenden Wirkung einer seitlichen Baugrenze *VGH
Mannheim,* B. v. 19. 2. 1993 – 5 S 5/03 – seitliche Baugrenze. Zum Begründungsgebot für Vorgartenflächen *OVG Berlin,* Urt. v. 7. 3. 2003 – 2 B 1.97 – Grundeigentum 2003, 749 – Begründungsgebot.
[1578] Es handelt sich vor allem um Planänderungen nach § 13 BauGB, durch die keine UVP-pflichtigen oder vorprüfungspflichtigen Vorhaben mit erheblichen Umweltauswirkungen ausgewiesen
werden sollen, oder Bebauungspläne, die ohne erhebliche Änderung der planungsrechtlichen Zulässigkeit im bisher nicht beplanten Innenbereich aufgestellt werden.
[1579] Ob darin eine ausreichende Rechtsgrundlage liegt, ist allerdings gelegentlich bestritten worden, so Beschluss des Bundesrates vom 6. 6. 1997 (BR-Drs. 277/97, S. 3), bestätigt durch B. v. 9. 12.
1999 (BR-Drs. 693/99, S. 4); *Knieps/Stein* UVP-Report 1998, S. 77; vgl. auch *Rudolf Steinberg,* FS
Hoppe, S. 494; *Christian Kläne,* SUP in der Bauleitplanung, Diss. 2002.
[1580] Zur Einbindung des Umweltrechts der EG in das nationale Umweltrecht Rengeling, in: Festgabe 50 Jahre BVerwG, 2003, 899.

zung der Richtlinie, durch die Einführung einer Umweltprüfung dazu beizutragen, dass Umwelterwägungen bei der Ausarbeitung und Annahme von Plänen und Programmen einbezogen werden. Art. 2 „Begriffsbestimmungen" bezeichnet näher, was im Sinne der Richtlinie unter „Pläne und Programme", „Politiken", „Umweltprüfung", „Umweltbericht"[1581] und „Öffentlichkeit" zu verstehen ist. Art. 3 regelt den „Geltungsbereich" der Richtlinie. Abs. 2 legt fest, welche Pläne und Programme potentiell so umweltgefährdend sind, dass sie zwingend einer Umweltprüfung nach der Richtlinie zu unterziehen sind, während Abs. 3 und 4 „weichere" Screening-Bestimmungen für nur unter Umständen prüfungspflichtige Pläne und Programme enthalten. Art. 3 V regelt in Verbindung mit Anhang II die Frage, auf welche Weise die Mitgliedstaaten im nationalen Recht für die unter Abs. 3 und 4 fallenden Pläne und Programme festlegen bzw. ermitteln können, ob erhebliche Umweltauswirkungen zu befürchten sind. Die Kriterien des Anhang II müssen hierbei in jedem Fall berücksichtigt werden. In den Artikeln 4 bis 9 ist das eigentliche Verfahren, die „Umweltprüfung", geregelt. Kern des Verfahrens ist die Erstellung eines „Umweltberichts" (Art. 5 Plan-UP-Richtlinie), in dem die Umweltauswirkungen ermittelt, beschrieben und bewertet werden müssen. Anhang I legt fest, welche Informationen zu diesem Zweck vorzulegen sind, u. a. die Nullvarianten- und Alternativenprüfung. Dem Anhang I der Plan-UP-Richtlinie kommt in inhaltlich-methodischer Hinsicht besondere Bedeutung zu, weil hier die Inhalte von Umweltberichten rahmensetzend vorgegeben werden.[1582] Die Öffentlichkeits- und Behördenbeteiligung ist im Wesentlichen in den Art. 6 „Konsultationen" und Art. 7 „Grenzüberschreitende Behördenbeteiligung" geregelt. Art. 10 regelt die Überwachung („Monitoring") der Umweltauswirkungen bei der Durchführung der Programme und Pläne durch die Mitgliedstaaten und in Art. 11 wird das Verhältnis der Richtlinie zu anderen Gemeinschaftsvorschriften, insbesondere zur UVP-Richtlinie, festgelegt. Deren Anforderungen müssen zwar gleichwohl erfüllt werden (Absatz 1). Es wird aber die Möglichkeit eingeräumt, koordinierte oder gemeinsame Verfahren zur Erfüllung der einschlägigen Rechtsvorschriften vorzusehen, um Mehrfachprüfungen zu vermeiden (Absatz 2). Nach Art. 12 tauschen die Mitgliedstaaten und die Kommission Informationen über die Anwendung der Richtlinie aus. Art. 13 enthält Bestimmungen zur Umsetzung der Richtlinie[1583] und ferner eine Bestimmung, gemäß der die Mitgliedstaaten der Kommission eine Liste von Typen von Plänen und Programmen übermitteln, die sie aufgrund der Richtlinie einer Umweltprüfung unterziehen.

770 Die Richtlinie des Europäischen Parlaments und des Rates vom 27.7. 2001 über die Prüfung der Umweltauswirkungen bestimmter Pläne und Programme („Plan-UP-Richtlinie") war bis zum 20. Juli 2004 in das jeweilige nationale Recht umzusetzen. Die Plan-UP-Richtlinie zielt darauf ab, im Hinblick auf die Förderung einer nachhaltigen Entwicklung zu einem hohen Umweltschutzniveau beizutragen, in dem für bestimmte Pläne und Programme, die voraussichtlich erhebliche Umweltauswirkungen haben, eine Umweltprüfung durchgeführt wird.[1584] Die Richtlinie betrifft das Verfahren der Aufstellung von Plänen und Programmen und soll dazu beitragen, dass die Umwelterwägungen bei deren Ausarbeitung einbezogen werden. Ziel ist eine Umweltprüfung mit umfassender Öffentlichkeitsbeteiligung schon auf der räumlichen Planungsebene und nicht erst bei der Projekt-Zulassung, bei der das Instrument der UVP für bestimmte Vorhaben be-

---

[1581] Zum Umweltbericht s. Rdn. 249, 280, 385, 809, 955, 1040, 1121, 1403, 1513, 2079, 2721, 2789.
[1582] *Ulrich Jacoby* UVP-Report 2001, S. 28.
[1583] Die Umsetzungsfrist ist auf Druck des Rates von 2 auf 3 Jahre erhöht worden, so dass bis zum 21. 7. 2004 das nationale Recht angepasst werden muss.
[1584] *Battis* NuR 1995, 448; *Wagner* UVP-Report 1996, S. 227; *Jarass* DÖV 1999, S. 661; *Spannowsky* UPR 2000, S. 201; *Schink* UPR 2000, S. 127; *Ginzky* UPR 2002, S. 47; *Krautzberger* DVBl. 2002, S. 285; *Pietzcker*, Gutachten zum Umsetzungsbedarf der Plan-UP-Richtlinie und *Pietzcker/Fiedler* DVBl. 2002, 929. Zum Folgenden vor allem *Kläne*, Strategische Umweltprüfung in der Bauleitplanung. Eine Untersuchung zur Umsetzung der Plan-UP-Richtlinie in das deutsche Recht, Diss. Osnabrück 2002.

reits besteht. Nach Art. 3 der Plan-UP-Richtlinie unterliegen der Verpflichtung zur Durchführung einer Umweltprüfung grundsätzlich Pläne und Programme u. a. im Bereich der Bodennutzung und der Raumordnung, die einen Rahmen für die künftige Genehmigung von Projekten setzen, die in den Anhängen I und II der Projekt-UVP-Richtlinie aufgeführt sind[1585] sowie Pläne und Programme, die gemäß der Fauna-Flora-Habitat-Richtlinie zu prüfen sind.[1586]

Weitere Anforderungen an die Öffentlichkeitsbeteiligung ergeben sich aus der Århus-Konvention[1587] und der EU-Öffentlichkeitsbeteiligungs-Richtlinie.[1588] Ziel dieser Richtlinie ist es, zur Erfüllung der Pflichten aus der Århus-Konvention zu einer verbesserten Öffentlichkeitsbeteiligung und erweiterten gerichtlichen Rechtsschutzmöglichkeiten der Öffentlichkeit beizutragen. Zu diesem Zweck stellen die Mitgliedstaaten sicher, dass die Öffentlichkeit frühzeitig und in effektiver Weise die Möglichkeit erhält, sich an der Vorbereitung und Änderung oder Überarbeitung der Pläne oder Programme zu beteiligen. Zu diesem Zweck stellen die Mitgliedstaaten sicher, dass die Öffentlichkeit durch öffentliche Bekanntmachung oder auf anderem geeignetem Wege, wie durch elektronische Medien, soweit diese zur Verfügung stehen, über Vorschläge für solche Pläne und Programme bzw. für deren Änderung oder Überarbeitung unterrichtet wird (Art. 2 der Öffentlichkeitsbeteiligungs-Richtlinie).

Zudem werden die Klagerechte erweitert. Die Mitgliedstaaten stellen nach Art. 10a der UVP-Richtlinie sicher, dass Mitglieder der betroffenen Öffentlichkeit, die ein ausreichendes Interesse haben oder (alternativ) eine Rechtsverletzung geltend machen, Zugang zu einem Überprüfungsverfahren vor einem Gericht oder einer anderen auf gesetzlicher Grundlage geschaffenen unabhängigen und unparteiischen Stelle haben, um die materiellrechtliche und verfahrensrechtliche Rechtmäßigkeit von Entscheidungen, Handlungen oder Unterlassungen anzufechten. Die Mitgliedstaaten bestimmen zwar in diesem Rahmen, was als ausreichendes Interesse und als Rechtsverletzung gilt. Das Interesse der Nichtregierungsorganisationen wie der anerkannten Verbände ist jedoch als ausreichend für entsprechende Klagerechte anzusehen (Art. 10a Projekt-UVP-Richtlinie i. d. F. der Öffentlichkeitsbeteiligungs-Richtlinie).[1589]

II. Umsetzungskonzept des EAG Bau

Das EAG Bau setzt die EU-rechtlichen Vorgaben der Plan-UP-Richtlinie für den Bereich des Städtebaurechts in das BauGB, das ROG und das UVPG um. Die Umsetzung der Plan-UP-Richtlinie in das Fachplanungsrecht und das UVPG mit Ausnahme der Bauleitplanung ist Gegenstand der Regelungen im SUPG. Mit der Einführung einer generellen Umweltprüfung (UP) als regelmäßigem Bestandteil des Aufstellungsverfahrens wird die Vorgehensweise zur Zusammenstellung des umweltrelevanten Abwägungsmaterials in der Bauleitplanung einheitlich und vollständig im BauGB geregelt. Die Umweltprüfung entspricht im Wesentlichen dem, was bereits nach geltender Rechtslage für eine systematische und rechtssichere Erfassung der Umweltbelange in der Bauleitplanung vorzunehmen ist, um die Grundlage für eine sachgerechte Abwägung vorzubereiten. Die voraussichtlichen erheblichen Umweltauswirkungen der Planung sind zu ermitteln und

---

[1585] Anlage des UVPG.
[1586] Richtlinie 92/43/EWG des Rates vom 21. 5. 1992 zur Erhaltung der natürlichen Lebensräume sowie der wild lebenden Tiere und Pflanzen, ABl. EG Nr. L 206 S. 7, zuletzt geändert durch die Richtlinie 97/62/EG vom 27. 10. 1997, ABl. EG Nr. L 305 S. 42.
[1587] www.aarhus-konvention.de; www.stueer.de unter EAG Bau.
[1588] Richtlinie 2003/35/EG des Europäischen Parlamentes und des Rates vom 26. 5. 2003 die Beteiligung der Öffentlichkeit bei der Ausarbeitung bestimmter umweltbezogener Pläne und Programme und zur Änderung der Richtlinie 85/337/EWG und 96/61/EG des Rates in Bezug auf die Öffentlichkeitsbeteiligung und den Zugang zu Gerichten, ABl. vom 25. 6. 2003, Nr. L 156, S. 17.
[1589] Die Öffentlichkeitsbeteiligungs-Richtlinie ist bis zum 25. 6. 2005 in nationales Recht umzusetzen.

in einem als Umweltbericht bezeichneten Teil der Begründung zu beschreiben und zu bewerten. Die Öffentlichkeit und die Behörden werden im Rahmen des Aufstellungsverfahrens für den Bauleitplan beteiligt und die Ergebnisse der Beteiligung in der Abwägung berücksichtigt. Da damit der Umweltbericht an allen wesentlichen Abschnitten des Bauleitplanverfahrens teilzunehmen hat, wird er sinnvollerweise nach Abschluss des Scopings nach § 4 I BauGB zu erstellen bzw. in Auftrag zu geben sein.[1590]

774 Die im EAG Bau verfolgte Konzeption setzt die vor allem mit dem Bau- und Raumordnungsgesetz (BauROG 1998)[1591] eingeleitete programmatische Öffnung des Rechts der Bauleitplanung für die umweltrechtlichen Vorgaben des Gemeinschaftsrechts fort. Dabei ist – in Abkehr von einer ausschließlich am Wortlaut der Richtlinie haftenden Übernahme der gemeinschaftsrechtlichen Einzelvorgaben – eine europarechtskonforme Umsetzung der Richtlinie vorgenommen worden, die das Recht der Bauleitplanung mit den europäischen Vorgaben strukturell harmonisiert. Die Umweltprüfung ist in die bestehenden Verfahrensschritte der Bauleitplanung integriert worden, indem sie als Regelverfahren für grundsätzlich alle Bauleitpläne ausgestaltet worden ist und als einheitliches Trägerverfahren die bauplanungsrechtlich relevanten umwelt- und naturschutzrechtlichen Aspekte zusammenführt.[1592]

775 Bisher waren nur solche Bebauungspläne UVP-pflichtig, die ein konkretes Vorhaben ausweisen, das nach der Anlage 1 zum UVPG UVP-pflichtig ist,[1593] wie beispielsweise Industriezonen sowie große Hotel-, Einzelhandels- oder Städtebauprojekte. Eine UVP-Pflicht für Flächennutzungspläne bestand bisher nicht. Die Plan-UP-Richtlinie gibt vor, dass alle Pläne und Programme auf lokaler Ebene, die voraussichtlich erhebliche Umweltauswirkungen verursachen, einer Umweltprüfung unterzogen werden müssen. Ob erhebliche Umweltauswirkungen zu erwarten sind, konnte ggf. in einer Vorprüfung im Einzelfall (Screening) ermittelt werden. Das EAG Bau führt eine grundsätzliche Pflicht zur Umweltprüfung bei allen Bauleitplänen einschließlich ihrer Änderungen und Ergänzungen ein und geht damit durchaus über die Erfordernisse der Plan-UP-Richtlinie hinaus. Denn diese gewährt den Mitgliedstaaten bei Plänen und Programmen mit nur lokaler Bedeutung, zu der auch die Bebauungspläne rechnen könnten, einen Ermessensspielraum bei der Anordnung der UP-Pflicht (Art. 3 III Plan-UP-Richtlinie). Eine grundsätzliche UP-Pflicht aller Bebauungspläne hat den Vorteil, dass kein kompliziertes Vorprüfungs- und Auswahlverfahren stattfinden muss, wie es §§ 3a bis 3f UVPG vorsieht. Die Umweltprüfung soll das Bauleitplanverfahren nicht erschweren, sondern die ohnehin für die Abwägung nach § 1 VII BauGB erforderlichen umweltschützenden Belange erfassen[1594] und die Prüfung dadurch in der Tendenz eher optimieren.

776 Eine **Veränderung** des **materiellen Gewichts** der Umweltbelange für die Abwägungsentscheidung ist mit der Umweltprüfung nicht automatisch verbunden. Die Umweltprüfung enthält keine inhaltlichen Vorgaben, sie stellt ein **Verfahrenselement** dar.[1595] Die ausführlichere Regelung der Verfahrensanforderungen im Hinblick auf die Umweltbelange gegenüber den sozialen und wirtschaftlichen Belangen soll dazu beitragen, dass auch in dieser Hinsicht die Abwägungsentscheidung auf einer ausreichenden Informationsgrundlage erfolgt und Ermittlungsdefiziten vorgebeugt wird.[1596]

[1590] EAG Bau – Mustererlass 2004.
[1591] BauGB in der Fassung der Bekanntmachung vom 27. 8. 1997, BGBl. I S. 2081, 1998 BGBl. I S. 137; UVPG-Novelle 2001.
[1592] Zu den Vorarbeiten *Jost Pietzcker*, Gutachten zum Umsetzungsbedarf der Plan-UP-Richtlinie der EG im BauGB vom 30. 4. 2002 *Pietzcker/Fiedler* DVBl. 2002, 929.
[1593] *Stüer* BauR 2001, 1195.
[1594] So auch *Kuschnerus* über die UVP, die letztlich einer sachgerechten Bearbeitung der Anforderungen des bauleitplanerischen Abwägungsgebots dient, BauR 2001, 1211.
[1595] So auch der Mustereinführungserlass zur UVP vom 26. 9. 2001.
[1596] EAG Bau – Mustererlass 2004.

3. Teil. Umweltprüfung

Der Umfang des Umweltberichts ist an die jeweilige Bedeutung der Planung anzupassen. In weniger bedeutsamen Fällen könnten die Anforderungen an den Umweltbericht[1597] etwa mit einer Vorprüfung gleichgesetzt werden. Dies erscheint sinnvoller, als an dem bisherigen Screening-Verfahren festzuhalten, das für die Praxis zusätzliche Abgrenzungsschwierigkeiten zur Umweltprüfung bringt. Der Katalog der abwägungserheblichen Belange ist hinsichtlich der Umweltbelange in § 1 VI Nr. 7 BauGB präzisiert worden. § 1 a BauGB enthält ergänzende Vorschriften zum Umweltschutz, die insbesondere nach Ermittlung des einschlägigen Materials in der Umweltprüfung zu beachten sind. Der neue § 2 IV BauGB stellt die Grundnorm für das Verfahren der Umweltprüfung dar. Die Umweltprüfung wird in den zentralen Arbeitsschritten Ermittlung, Beschreibung und Bewertung definiert. Zur Prüfung im Einzelnen wird auf die Anlage zum BauGB verwiesen, während die Grundsatznorm bereits die gesetzlichen Vorgaben enthält, um eine sachgerechte Abwägungsentscheidung vorzubereiten. § 2 a BauGB enthält Anforderungen an die Begründung von Bauleitplänen, wobei der Umweltbericht einen wesentlichen Bestandteil der Begründung bildet. Die Ergebnisse der Ermittlung und Bewertung werden in einem eigenen Abschnitt der Begründung dargestellt. Die einzelnen in den Umweltbericht aufzunehmenden Angaben ergeben sich aus der Anlage zum BauGB, die ähnlich dem bisherigen § 2 a BauGB für Aufbau und Gliederung des Umweltberichts eine Orientierung bilden. Die Umweltprüfung ist in das Aufstellungsverfahren integriert und regelmäßiger Bestandteil des Planungsprozesses. Hierdurch soll eine rechtssichere und handhabbare Anwendung ermöglicht werden. Nach dem ArtG 2001 war bei den vorprüfungspflichtigen Vorhaben (Anlage 1 Nr. 18 zum UVPG) eine vielfach aufwändige und streitanfällige Vorprüfung erforderlich. Regelungen zu kumulierenden Vorhaben (vgl. § 3 b UVPG), zur Prüf-Pflicht im Einzelfall, dem sog. Screening (vgl. § 3 c UVPG) sowie zur Änderung und Erweiterung von Vorhaben (vgl. § 3 e UVPG) werden daher durch die Umweltprüfung gegenstandslos und haben damit für die Bauleitplanung grundsätzlich keine Bedeutung mehr (§ 17 UVPG).

Bei Umweltprüfungen auf verschiedenen Ebenen der Bauleitplanung kann durch eine **Abschichtung** innerhalb der Umweltprüfung vermieden werden, dass Belange unnötig doppelt geprüft werden. So müssen Belange, die auf der Ebene der Raumordnung geprüft werden, beim Flächennutzungsplan nicht nochmals abgearbeitet werden. Der Flächennutzungsplan hat wiederum eine abschichtende Wirkung für die Bebauungspläne. Die Ergebnisse der Prüfung in den vorangehenden Planungsstufen können daher übernommen werden. Es besteht aber auch die Möglichkeit, Teile der Umweltprüfung in eine nachfolgende Ebene weiterzureichen, wenn dort die Abarbeitung der Umweltprüfung geleistet werden kann. Dies ist allerdings nur in dem Umfang zulässig, wie die nachfolgenden Planungs- oder Zulassungsstufen eine sachgerechte Prüfung gewährleisten. Die Grundsätze von Konfliktbewältigung und Konflikttransfer sind hier anwendbar.[1598]

Die Umweltprüfungspflicht erfasst nach Art. 3 II der Plan-UP-Richtlinie alle **Programme und Pläne** u. a. auf den Gebieten **Raumordnung** und **Bodennutzung** mit entsprechenden Auswirkungen für nachfolgende Zulassungsentscheidungen. Darunter fallen vom Grundsatz her auch bestimmte Teile der Landesplanung und die Gebietsentwicklungsplanung. Wenn daher verschiedene Ebenen der Umweltprüfungspflicht unterliegen, dann ist die Umweltprüfung gestuft vorzunehmen. Die höheren Planungsstufen werden sich in der Regel mit einer Grobprüfung begnügen können, die mit dem Konkretisierungsgrad der weiteren Planungsstufen an Detailschärfe gewinnt. Bei der Verteilung der Umweltprüfung in der Bauleitplanung kann entsprechend verfahren werden.

[1597] Zum Umweltbericht s. Rdn. 249, 280, 385, 769, 809, 955, 1040, 1121, 1403, 1513, 2079, 2721, 2789.
[1598] *BVerwG*, B. v. 17. 2. 1984 – 4 B 191.83 – BVerwGE 69, 30 = DVBl. 1984, 343; B. v. 31. 1. 1997 – 4 NB 27.96 – BVerwGE 104, 68 = DVBl. 1997, 1112; B. v. 9. 5. 1997 – 4 N 1.96 – BVerwGE 104, 353 = DVBl. 1997, 1121; Urt. v. 19. 9. 2002 – 4 CN 1.02 – BVerwGE 117, 58 = DVBl. 2003, 204 – isolierte Straßenplanung.

Im Flächennutzungsplan werden die Gesamtstrukturen der gemeindlichen Entwicklung dargestellt. Der Bebauungsplan enthält konkrete Festsetzungen für die einzelnen Grundstücke. Die Detailschärfe der Umweltprüfung kann dem unterschiedlichen Konkretisierungsgrad dieser städtebaulichen Pläne angepasst werden.

780 Auch die **Behörden- und Öffentlichkeitsbeteiligung** ist entsprechend gestuft. Dies wird aus den unterschiedlichen Regelungen in Art. 6 Plan-UP-Richtlinie und Art. 6 Projekt-UVP-Richtlinie deutlich. Auf der hochstufigen Ebene der Landesplanung ist eine umfassende Behörden- und Öffentlichkeitsbeteiligung nicht erforderlich. Vielmehr kann die Beteiligung hier etwa auf Zivilgesellschaften[1599] und damit auf eine Öffentlichkeit und Behörden beschränkt werden, die der hochstufigen Planung angemessen ist. Der Mitgliedstaat hat hier entsprechende Bestimmungs- und Konkretisierungsmöglichkeiten, die dem Charakter der hochstufigen Planung gerecht werden.[1600]

781 Bei der **Regionalplanung** ist durch § 7 VI ROG eine allgemeine Öffentlichkeitsbeteiligung eingeführt worden. Der Projektbezug der Pläne ist auf dieser Ebene bereits größer. Zudem spricht auch das aus der Eigentumsgarantie folgende Gebot, den betroffenen Eigentümern vor einer bindenden Wirkung des Darstellungsprivilegs in § 35 III BauGB Gelegenheit zur Stellungnahme zu gewähren,[1601] für eine Ausweitung der allgemeinen Öffentlichkeitsbeteiligung im Sinne einer Bürgerbeteiligung auf die Ebene der Regionalplanung. Die Beteiligung kann durch Offenlage der Pläne in den einzelnen Gemeinden durchgeführt werden.

782 Die **Projekt-UVP** der UVP-Richtlinie wird durch die Plan-UP-Richtlinie um eine **Umweltprüfung** für **Pläne und Programme** ergänzt, die rahmensetzende Wirkungen für nachfolgende Zulassungsentscheidungen haben. Die bisherige UVP wird in der gesetzlichen Neuregelung zu einer Umweltprüfung umgestaltet. Nunmehr ist die Aufstellung von Bauleitplänen – abgesehen von den bestandswahrenden Bebauungsplänen[1602] – grundsätzlich UP-pflichtig.

783 Mit der Umsetzung der Plan-UP-Richtlinie konnte an die bereits erfolgte Umsetzung der Projekt-UVP-Richtlinie angeknüpft werden. Zwar sind die Vorgaben der beiden Richtlinien nicht ganz deckungsgleich. Das EAG Bau verknüpft aber beide Richtlinien zu einer einheitlichen Umweltprüfung. In diese Umweltprüfung sind auch andere naturschutzrechtliche Vorgaben einzustellen, soweit sie sich auf das Bauleitverfahren beziehen, wie beispielsweise Vorgaben der **FFH-Richtlinie**, der **Vogelschutz-Richtlinie**[1603] und der **Seveso-II-Richtlinie**.[1604] Durch diese Verknüpfung kann vermieden werden, dass einzelne Umweltbelange an verschiedenen Stellen und gegebenenfalls doppelt geprüft oder gar neue zusätzliche Prüfverfahren erfolgen müssen, was die Bauleitplanung entsprechend belastet hätte. Vielmehr trägt eine einheitliche Umweltprüfung zur Vereinfachung der Bauleitplanung bei.

784 Die allgemeine Aufzählung der abwägungserheblichen Belange wird durch Vorschriften zum Umweltschutz ergänzt. § 1a BauGB ist ganz auf Umweltbelange zugeschnitten, wobei zwischen der **abwägungsdirigierten Eingriffsregelung** nach dem BNatSchG in

---

[1599] Auch bei der Erarbeitung der Europäischen Grundrechtscharta und der Europäischen Verfassung sind die Zivilgesellschaften beteiligt worden, dazu *Stüer/von Arnim* DVBl. 2003, 245.

[1600] *Stüer* UPR 2003, 97.

[1601] *BVerwG*, Urt. v. 19. 7. 2001 – 4 C 4.00 – BVerwGE 115, 17 = DVBl. 2001, 1855, einerseits und Urt. v. 13. 3. 2003 – 4 C 4.02 – BVerwGE 118, 33 = NVwZ 2003, 738 = DVBl. 20031064, andererseits; *Stüer/Stüer* NuR 2004, 341.

[1602] Es handelt sich vor allem um Planänderungen nach § 13 BauGB, durch die keine UVP-pflichtigen oder vorprüfungspflichtigen Vorhaben mit erheblichen Umweltauswirkungen ausgewiesen werden sollen, oder Bebauungspläne, die ohne erhebliche Änderung der planungsrechtlichen Zulässigkeit im bisher nicht beplanten Innenbereich aufgestellt werden.

[1603] 79/409/EWG über die Erhaltung der wild lebenden Vogelarten ABl. EG Nr. L 103/1.

[1604] 96/82/EG zur Beherrschung der Gefahren bei schweren Unfällen mit gefährlichen Stoffen ABl. EG Nr. L 10/13.

der Bauleitplanung (§ 1a I bis III BauGB) einerseits und der **strikt bindenden Sonderregelung** für Gebiete mit gemeinschaftlicher Bedeutung und Vogelschutzgebiete in den §§ 32 bis 37 BNatSchG (§ 1a IV BauGB) andererseits unterschieden wird. Die früheren Regelungen in § 1a III BauGB 1998 sind dabei in das neue Recht übernommen worden. Der Naturschutz in der Bauleitplanung, der auf dem Abarbeiten der Eingriffsregelung in den §§ 18 bis 20 BNatSchG einerseits und den Abwägungsmöglichkeiten andererseits besteht, ist hierdurch unverändert in das neue Recht übernommen worden und hat in § 1a III BauGB seinen Standort.

Die Belange des Umweltschutzes, einschließlich des Naturschutzes und der Landschaftspflege (§ 1 VI Nr. 7 BauGB), sind Gegenstand einer Umweltprüfung, in der die voraussichtlichen erheblichen Umweltauswirkungen ermittelt, beschrieben und bewertet werden (§ 2 IV BauGB). Nach wie vor bildet der Umweltbericht als Bestandteil der Begründung das zentrale Dokument, das Auskunft über die Umweltbelange und deren Bewertung gibt. Die bisher in § 2a BauGB enthaltenen EU-rechtlich vorgegebenen Prüfungsmaßstäbe sind – umgestellt auf die Umweltprüfung – in einer Anlage zum BauGB aufgeführt worden. Der Detaillierungsgrad der Prüfung bestimmt sich nach den betroffenen Umweltbelangen (§ 2 IV 2 BauGB). Diesen hat die Gemeinde jeweils festzulegen.

Die **Neuaufstellung** des **Flächennutzungsplans** und eines **Bebauungsplans** ist grundsätzlich UP-pflichtig, selbst wenn Projekte der Anlage 1 Nr. 18 des UVPG dort nicht ausgewiesen werden. Ausgenommen sind lediglich Bebauungspläne für bisherige Innenbereichslagen, in denen die Planung die Eigenart der näheren Umgebung planerisch nicht wesentlich verändert wird (§ 13 I BauGB). Bei einer Änderung des Flächennutzungsplans oder Bebauungsplans kann die Gemeinde das vereinfachte Verfahren nach § 13 BauGB anwenden, wenn die Grundzüge der Planung nicht beeinträchtigt werden, kein UVP-pflichtiges Vorhaben nach Anlage 1 Nr. 18 des UVPG ausgewiesen werden soll und auch die Schutzgüter der FFH- und Vogelschutzgebiete nicht betroffen sind. Es kann dann auf eine Umweltprüfung nach § 2 IV BauGB und auch auf eine vorgezogene Öffentlichkeitsbeteiligung (§ 3 I BauGB) verzichtet werden. Allerdings ist der betroffenen Öffentlichkeit Gelegenheit zur Stellungnahme innerhalb angemessener Frist zu geben oder eine Auslegung nach § 3 II BauGB durchzuführen. Dasselbe gilt für die Behördenbeteiligung. Das vereinfachte Verfahren nach § 13 BauGB beschränkt sich daher auf Planungen, die keine UVP-pflichtigen Vorhaben ausweisen und die keine erheblichen Auswirkungen auf Habitate oder Vogelschutzgebiete haben. Es kann dann auf eine Umweltprüfung verzichtet werden. Die in ihren abwägungserheblichen Belangen betroffene Öffentlichkeit und die betroffenen Behörden sind allerdings zu beteiligen. Die Möglichkeiten eines vereinfachten Verfahrens ergeben sich daraus, dass die Umweltprüfung grundsätzlich alle Bauleitpläne erfasst, während die UVP nur für Vorhaben erforderlich ist, die nach der Anlage 1 zum UVPG zwingend UVP-pflichtig sind oder einer Vorprüfungspflicht unterliegen. Eine Umweltprüfung ist in diesen Fällen dann erforderlich, wenn eine Vorprüfung ergibt, dass Umweltbelange erheblich beeinträchtigt werden.

Der Umweltbericht muss bereits vor Durchführung der förmlichen Öffentlichkeitsbeteiligung fertig gestellt sein. Eine Änderung des Umweltberichts während des Planaufstellungsverfahrens ruft daher das Erfordernis einer erneuten Offenlage nach § 3 II BauGB oder einer vergleichbaren Öffentlichkeits- und Behördenbeteiligung nach § 13 II Nr. 2 und 3 BauGB (§ 4a III BauGB) hervor.[1605]

Auf eine Umweltprüfung kann bei **Änderungen oder Ergänzungen eines Bauleitplans** verzichtet werden, wenn die Grundzüge der Planung nicht berührt werden oder die Planaufstellung in bisherigen nicht beplanten Innenbereichen nach § 34 BauGB die Eigenart der näheren Umgebung nicht verändert (§ 13 BauGB). Dies gilt allerdings nur unter der Voraussetzung, dass keine Vorhaben ausgewiesen werden, für die nach der An-

---

[1605] Zum Erfordernis einer erneuten Offenlage im Fachplanungsrecht *BVerwG*, Urt. v. 29. 1. 1991 – 4 C 51.89 – BVerwGE 87, 332 = DVBl. 1991, 1143 – München II.

lage 1 zum UVPG eine UVP oder eine Vorprüfung durchzuführen ist, keine Beeinträchtigungen gemeinschaftsrechtlicher Schutzgebiete bestehen und offensichtlich keine erheblichen Umweltauswirkungen zu erwarten sind (§ 13 BauGB). Ein Beispiel für solche bestandswahrenden Pläne wäre etwa eine Planänderung, mit der ein Ausschluss von Vergnügungsstätten beabsichtigt ist. Eine Umweltprüfung entfällt auch bei Innenbereichs- oder Außenbereichssatzungen. Allerdings dürfen diese Satzungen keine Vorhaben zulassen, für die eine Pflicht zur UVP oder zur Vorprüfung nach Anlage 1 des UVPG besteht. Auch die Entwicklungsbereichssatzung nach § 165 BauGB[1606] und die Sanierungssatzung nach § 142 BauGB sind nicht umweltprüfungspflichtig, weil sie keine Baurechte schaffen, sondern diese lediglich vorbereiten oder sichern.

III. Monitoring

789 In Verfolg europarechtlicher Vorgaben werden die Gemeinden zudem durch ein **Monitoring** verpflichtet, die erheblichen Umweltauswirkungen zu überwachen, um insbesondere frühzeitig unvorhergesehene nachteilige Auswirkungen zu ermitteln, um in der Lage zu sein, geeignete Abhilfe zu ergreifen (**§ 4 c BauGB**).[1607] Die Gemeinden werden es begrüßen, dass sie selbst und nicht andere Behörden mit dem Monitoring betraut worden sind. Die Gemeinden sind auch für planerische Folgeentscheidungen zuständig. Zur Entlastung der Gemeinden sollen die beteiligten Behörden verpflichtet werden, die Gemeinden auf unvorhergesehene Auswirkungen des Plans hinzuweisen. Auch bietet offenbar weder das Europarecht noch das deutsche Recht einen Anspruch einzelner Planbetroffener darauf, dass ein Monitoring durchgeführt wird oder die dort gewonnenen Erkenntnisse in Maßnahmen der Bauleitplanung umgesetzt werden. Ganz sicher ist das allerdings inzwischen auch nicht mehr.[1608]

790 Die Plan-UP-Richtlinie fordert eine Überwachung der erheblichen Auswirkungen der Pläne und Programme auf die Umwelt. Dieses Monitoring soll unter anderem dazu dienen, **möglichst frühzeitig** unvorhergesehene negative Auswirkungen zu ermitteln, und die zuständigen Behörden in die Lage zu versetzen, geeignete Abhilfemaßnahmen zu ergreifen. Bereits im Zusammenhang mit der Aufstellung des jeweiligen Bauleitplans sind die Maßnahmen darzustellen und zu beschließen, die zur Überwachung der Umweltauswirkungen geplant sind (Art. 9 I c) Plan-UP-Richtlinie).

791 Die Behörden und sonstigen Träger öffentlicher Belange unterrichten die Gemeinden insbesondere über unvorhergesehene nachteilige Auswirkungen der Plandurchführung (§ 4 III BauGB). Hierdurch sollen die Gemeinden zusätzliche Erkenntnisse über die Umwelt erlangen und in die Lage versetzt werden, durch geeignete Maßnahmen unvorhergesehenen nachteiligen Umweltauswirkungen zu begegnen. Die Gemeinden nutzen dabei die im Umweltbericht nach der Anlage zum BauGB angegebenen Überwachungsmaßnahmen und die Informationen der Behörden nach § 4 III BauGB.

792 Das Monitoring ist nach den Vorgaben der Plan-UP-Richtlinie Bestandteil der Rahmen setzenden Pläne und Programme. Der Sache nach ist es auf die Beobachtung nach-

---

[1606] *BVerwG*, B. v. 19. 4. 1999 – 4 BN 10.99 – NVwZ-RR 1999, 624 = ZfBR 1999, 277 – Entwicklungsbereich; B. v. 5. 8. 2002 – 4 BN 32.02 – NVwZ-RR 2003, 7 = DVBl. 2003, 82. Zur Abgrenzung zwischen Sanierungs- und Entwicklungsmaßnahmen *BVerwG*, B. v. 8. 7. 1998 – 4 BN 22.98 – NVwZ 1998, 1298 = UPR 1998, 454; Urt. v. 3. 7. 1998 – 4 CN 2.97 – DVBl. 1998, 1293 = UPR 1998, 453 – Teilbarkeit von Entwicklungsmaßnahmen; *BVerfG*, B. v. 4. 7. 2002 – 1 BvR 390/01 – DVBl. 2002, 1467 = NVwZ 2003, 71; zum Entwicklungsbereich *Krautzberger* in: Battis/Krautzberger/Löhr § 165 Rdn. 12; *Christoph Degenhart* DVBl. 1994, 1041; *Gaentzsch* NVwZ 1991, 921; *Leisner* NVwZ 1993, 935; *Krautzberger* LKV 1992, 84; *ders.* DÖV 1992, 92; *ders.*, WuV 1993, 85; *Müller/Wollmann*, Erhaltung der städtebaulichen Gestalt eines Gebietes durch Erhaltungssatzung, S. 183; *Runkel* ZfBR 1991, 19; *Schmidt-Eichstaedt* BauR 1993, 38; *Stich* WuV 1993, 104.
[1607] Zum Monitoring s. Rdn. 1035, 1040, 2801.
[1608] *EuGH*, E. vom 7. 1. 2004 – C-201/02 – DVBl. 2004, 370 = NVwZ 2004, 517 = EurUP 2004, 57 – Delena Wells; *Stüer/Hönig* DVBl. 2004, 481.

teiliger Auswirkungen der Plandurchführung und damit der zugelassenen Projekte gerichtet. Welche Folgen sich aus dem Monitoring für die Gemeinden und Zulassungsbehörden ergeben, ist in der Plan-UP-Richtlinie und in § 4c BauGB nicht festgelegt. Europarechtlich ist zwar gefordert, dass die zuständigen Stellen in der Lage sein müssen, geeignete Abhilfemaßnahmen zu ergreifen. Mit welchen Instrumenten und auf welche Weise dies geschieht, ist europarechtlich allerdings nicht geregelt. Schwierigkeiten bei der Umsetzung des Monitoring in nationales Recht treten vor allem deshalb auf, weil in Deutschland das Planungs- und Zulassungsrecht unterschieden wird und hierfür nicht selten auch unterschiedliche Behörden zuständig sind. So stellen die Städte und Gemeinden Bauleitpläne auf und unterliegen damit den Anforderungen der Plan-UP-Richtlinie. Die eigentlichen Zulassungsentscheidungen etwa in Gestalt der Baugenehmigung oder der immissionsschutzrechtlichen Genehmigung unterliegen nicht der Plan-UP-Richtlinie, sondern der UVP-Richtlinie. Unklar ist nach den europarechtlichen und nationalen Vorgaben, auf welche Weise nachteilige Auswirkungen, die sich im Monitoring herausstellen, in die Projektzulassungsebene eingebracht werden.

Die Ergebnisse des Monitoring können zum einen im Zulassungsverfahren für ein konkretes Vorhaben im Rahmen des § 15 BauNVO als zu beachtende Einschränkung im Einzelfall berücksichtigt werden. Auch können in die immissionsschutzrechtliche Genehmigung nachträgliche Anordnungen nach § 17 II BImSchG aufgenommen werden. Die Anordnungen stehen damit unter dem Vorbehalt der Verhältnismäßigkeit, zu der zugleich auch die wirtschaftliche Vertretbarkeit der Anordnung (§ 17 II BImSchG a. F.) gehört. Vergleichbare Regelungen enthält § 75 II VwVfG, wenn nach Unanfechtbarkeit des Planfeststellungsbeschlusses nicht vorsehbare Wirkungen auf das Recht eines anderen eintreten. Es sind dann entsprechende Schutzauflagen zugunsten Drittbetroffener anzuordnen (§ 75 II 2, 3 VwVfG). Sind solche nachträglichen Vorkehrungen oder Anlagen untunlich oder mit dem Vorhaben unvereinbar, so besteht für den Planbetroffenen ein Anspruch auf eine angemessene Geldentschädigung. Zum anderen können die Gemeinden nach § 1 III, § 2 IV BauGB den Plan ändern, ergänzen oder aufheben. Allerdings schreibt die Plan-UP-Richtlinie nicht im Einzelnen vor, unter welchen Voraussetzungen eine Planänderung erforderlich ist. Insoweit gilt auch weiterhin das Abwägungsgebot.

Ob ein einzelner Planbetroffener ein Recht auf Durchführung eines Monitoring hat und beanspruchen kann, dass bei unvorhergesehenen Auswirkungen entsprechende Abhilfemaßnahmen durchgeführt werden, ist offen. Auf die Aufstellung von Bauleitplänen und städtebaulichen Satzungen besteht kein Rechtsanspruch. Ein Anspruch kann auch nicht durch Vertrag begründet werden (§ 1 III 2 BauGB). Auf der anderen Seite ist das europarechtliche Richtlinienrecht effektiv umzusetzen. Der Einzelne kann sich darauf auch berufen.[1609] Der deutsche Gesetzgeber wird daher ggf. durch eine Ergänzung der Zulassungsvorschriften sicherstellen müssen, dass die Ergebnisse des Monitoring in die Zulassungsentscheidung ggf. durch nachträgliche Änderungen eingebracht werden.

IV. Planaufstellungsverfahren

Kernpunkte des Aufstellungsverfahrens sind die frühzeitige und förmliche Beteiligung der Öffentlichkeit (§ 3 BauGB) und die (neu eingeführte) frühzeitige und die förmliche Behördenbeteiligung (§ 4 BauGB).

Die bisherige Bürgerbeteiligung ist vom Ansatz her in das neue Recht als **Öffentlichkeitsbeteiligung** übernommen worden. Dabei wird wie bisher zwischen der vorgezogenen (§ 3 I BauGB) und der förmlichen Öffentlichkeitsbeteiligung (§ 3 II BauGB) unterschieden. Die vorgezogene Öffentlichkeitsbeteiligung ist im Gegensatz zu den im RegE enthaltenen Vorstellungen nicht mit einem Scoping-Verfahren angereichert worden. Es ist auch künftig nicht erforderlich, bereits bei der vorgezogenen Bürgerbeteiligung Infor-

---

[1609] *EuGH*, E. vom 7. 1. 2004 – C-201/02 – DVBl. 2004, 370 – Delena Wells; *Stüer/Hönig* DVBl. 2004, 481.

mationen im Hinblick auf den erforderlichen Umfang und den Detaillierungsgrad der Umweltprüfung zu geben.[1610] Wie bisher kann von einer vorgezogenen Öffentlichkeitsbeteiligung abgesehen werden, wenn sich die beabsichtigte Planung nicht oder nur unwesentlich auf städtebauliche Belange auswirkt oder die Unterrichtung und Erörterung bereits auf anderer Grundlage erfolgt sind.

797 Bei der **förmlichen Öffentlichkeitsbeteiligung** nach § 3 II BauGB sind auch wesentliche, bereits vorliegende umweltbezogene Stellungnahmen auszulegen. Dazu gehören insbesondere auch umweltrelevante Stellungnahmen von Behörden, die von diesen im Rahmen der vorgezogenen Behördenbeteiligung abgegeben worden sind. Auf die Art der verfügbaren Informationen ist bereits in der Bekanntmachung hinzuweisen. Die Gemeinde muss daher grundsätzlich alle verfügbaren umweltrelevanten Informationen der Öffentlichkeit zur Verfügung stellen. Damit ist die planende Gemeinde auf dem Weg zu einer **gläsernen Verwaltung**, wie dies im angloamerikanischen Rechtskreis bereits in größerem Umfang verwirklicht ist.

798 § 4 BauGB führt als zusätzlichen Verfahrensschritt eine **vorgezogene Behördenbeteiligung** ein (§ 4 I BauGB). Entsprechend den Vorgaben der Plan-UP-Richtlinie erhalten die Behörden auch Gelegenheit zur Äußerung im Hinblick auf den Umfang und Detaillierungsgrad der Umweltprüfung. Die vorgezogene Behördenbeteiligung geht insoweit weiter als die vorgezogene Öffentlichkeitsbeteiligung, die sich nicht auf den Untersuchungsrahmen und den Detaillierungsgrad der Umweltprüfung beziehen muss. Auch nicht unter den Behördenbegriff fallende Träger öffentlicher Belange können wie bisher in der Behördenbeteiligung mitwirken. Dies betrifft etwa die Kirchen, Kammern oder eigenständige kommunale Wirtschaftsbetriebe oder andere öffentliche Versorgungsträger. Die Naturschutzverbände erhalten wie bisher im Rahmen der Öffentlichkeitsbeteiligung Gelegenheit zur Stellungnahme. Bei umfangreicheren Planvorhaben könnte es sich empfehlen, zunächst in der vorgezogenen Behördenbeteiligung den Untersuchungsrahmen und Detaillierungsgrad der Umweltprüfung abzustimmen (§ 4 I BauGB) und im Anschluss daran die vorgezogene Öffentlichkeitsbeteiligung (§ 3 I BauGB) durchzuführen. Die **förmliche Behördenbeteiligung** erfolgt zu dem ausgearbeiteten Planentwurf. Hier ergeben sich gegenüber den bisherigen Regelungen keine Änderungen.

799 Die beiden Stufen der Öffentlichkeits- und Behördenbeteiligung können jeweils parallel durchgeführt werden **(§ 4a II BauGB)**. Durch dieses **Parallelverfahren** soll eine Verfahrensstraffung ermöglicht werden.

800 § 4a III BauGB gestattet eine **vereinfachte Änderung** der Bauleitplanung im Planverfahren. Werden die Grundzüge geändert, so muss eine erneute Offenlage erfolgen. Allerdings kann die Auslegung auf die geänderten Teile und auf eine angemessene Frist verkürzt werden. Werden durch die Änderung oder Ergänzung des Entwurfs die Grundzüge der Planung nicht berührt, kann die Einholung der Stellungnahmen auf die von der Änderung oder Ergänzung betroffene Öffentlichkeit sowie die berührten Behörden und sonstigen Träger öffentlicher Belange beschränkt werden. Diese kommt indes nur in Betracht, wenn die Bürger und Träger, deren Belange durch die Änderung betroffen werden, individuell ermittelt werden können. Anderenfalls ist eine erneute Öffentlichkeits- und Behördenbeteiligung nach den §§ 3 II, 4a III BauGB durchzuführen. Dies gilt insbesondere dann, wenn sich der Umweltbericht mehr als nur unerheblich ändert.

801 § 13 BauGB gestattet eine **vereinfachte Änderung** von Bauleitplänen. Werden durch die Änderung oder Ergänzung eines Bauleitplans dessen Grundzüge geändert, so muss eine erneute Offenlage für einen Monat erfolgen. Werden die Grundzüge der Planung nicht berührt oder wird durch die Aufstellung eines Bebauungsplans im nicht beplanten Innenbereich der sich aus der vorhandenen Umgebung ergebende Zulässigkeitsmaßstab

---

[1610] Art. 5 IV UP-Richtlinie sieht vor, dass die Behörden bei der Festlegung des Umfangs und Detaillierungsgrades der in den Umweltbericht aufzunehmenden Informationen zu konsultieren sind. Für die Öffentlichkeit ist dies nicht angeordnet.

nicht wesentlich verändert, kann die Gemeinde das vereinfachte Verfahren nach § 13 BauGB anwenden. Die geplanten Vorhaben dürfen nicht einer Pflicht zur UVP oder UVP-Vorprüfung mit dem Ergebnis einer UVP-Pflicht unterliegen (Anlage 1 zum UVPG). Auch Belange des Habitat- oder Vogelschutzes dürfen nicht beeinträchtigt sein. Im vereinfachten Verfahren kann von einer frühzeitigen Unterrichtung der Öffentlichkeit und der Behörden (§§ 3, 4 BauGB) abgesehen werden. Der betroffenen Öffentlichkeit sowie den Behörden muss innerhalb angemessener Frist die Möglichkeit der Stellungnahme gegeben werden. Ein vereinfachtes Verfahren setzt daher voraus, dass die Betroffenen individuell zu ermitteln sind. Anderenfalls ist eine erneute Öffentlichkeits- und Behördenbeteiligung nach den §§ 3 II, 4 II BauGB durchzuführen. Allerdings kann in diesen Fällen auf eine Umweltprüfung verzichtet werden (§ 13 III BauGB).

Das **vereinfachte Verfahren** kann unter Wahrung dieser Voraussetzungen in folgenden Fällen angewendet werden:
– Änderung oder Ergänzung von Flächennutzungsplänen ohne Änderung der Grundzüge (§ 13 BauGB),
– Änderung oder Ergänzung von Bebauungsplänen ohne Änderung der Grundzüge (§ 13 BauGB),
– Aufhebung vorhabenbezogener Bebauungspläne (§ 12 VI BauGB),
– Entwicklungssatzung (§ 34 IV 1 Nr. 2 BauGB)
– Ergänzungssatzung (§ 34 IV 1 Nr. 3 BauGB) und
– Außenbereichssatzung (§ 35 VI BauGB).

Der **Anwendungsbereich** des **vereinfachten Verfahrens** ist allerdings gegenüber den früheren Regelungen aus zwei Gründen eingeschränkt: Die Planung darf kein Vorhaben betreffen, für das eine Pflicht zur UVP wegen zwingender UVP-Pflicht des Vorhabens oder aufgrund einer Vorprüfung nach der Anlage 1 des UVPG besteht. Zudem muss der betroffenen Öffentlichkeit Gelegenheit zur Stellungnahme innerhalb angemessener Frist gegeben werden. Das vereinfachte Verfahren des § 13 BauGB befreit daher unter den dort genannten Voraussetzungen zwar von einer Umweltprüfung und einem Umweltbericht, jedoch nicht von einer Beteiligung der betroffenen Öffentlichkeit und Behörden.

In die **grenzüberschreitende Beteiligung** nach § 4 a V BauGB werden neben den Bebauungsplänen auch die Flächennutzungspläne einbezogen. Die vormals etwas breit angelegten Regelungen sind ohne inhaltliche Änderung gestrafft worden.

Die Beteiligungsregelungen werden mit einer **eingeschränkten Präklusion** verbunden. Nicht fristgerecht abgegebene Stellungnahmen können unberücksichtigt bleiben, wenn die Gemeinde sie nicht kannte und auch nicht hätte kennen müssen. Dies gilt sowohl für die Öffentlichkeitsbeteiligung als auch für die Behördenbeteiligung (§ 4 a VI BauGB). Darauf ist bei der Offenlage hinzuweisen (§ 4 a VI 2 BauGB).[1611]

Für die **Behörden** und sonstigen Träger öffentlicher Belange kann die **elektronische Übermittlung** an die Stelle traditioneller Papierfassungen treten. Die Mitteilung kann im Wege der elektronischen Kommunikation erfolgen, soweit der Empfänger hierfür einen Zugang eröffnet hat (§ 4 a IV BauGB). Dies ist allerdings nur ein erster Schritt. Im Rahmen der Umsetzung der Århus-Konvention[1612] und der Öffentlichkeitsbeteiligungs-Richtlinie[1613] wird der Internet-Auftritt für die Gemeinden verpflichtend.

Bauleitpläne enthalten eine **zusammenfassende Erklärung (Umwelterklärung)**, in der das Gewicht der Umweltbelange und das Ergebnis der Beteiligung berücksichtigt und dokumentiert wird, aus welchen Gründen der beschlossene Plan nach Abwägung

---

[1611] S. Rdn. 2954, 3620, 3795, 3822.
[1612] www.aarhus-konvention.de; www.stueer.de unter EAG Bau.
[1613] Richtlinie 2003/35/EG des Europäischen Parlamentes und des Rates vom 26. 5. 2003 die Beteiligung der Öffentlichkeit bei der Ausarbeitung bestimmter umweltbezogener Pläne und Programme und zur Änderung der Richtlinie 85/337/EWG und 96/61/EG des Rates in Bezug auf die Öffentlichkeitsbeteiligung und den Zugang zu Gerichten, ABl. vom 25. 6. 2003, Nr. L 156, S. 17.

mit den geprüften, vernünftigen anderweitigen Planungsmöglichkeiten gewählt worden ist (§§ 6 V 3, 10 IV BauGB). Die Umwelterklärung, die wie eine **Presseerklärung** gestaltet sein kann, wird im Zusammenhang mit der abschließenden Abwägung und Beschlussfassung über den Bauleitplan erstellt und unterliegt nicht der Öffentlichkeits- oder Behördenbeteiligung.

V. Bestandteile der Umweltprüfung

808 Die Umweltprüfung ist ein unselbstständiger Teil des Bauleitplanverfahrens. Das Prüfprogramm wird in § 2 IV BauGB festgelegt. Gegenstand der Umweltprüfung, in der die voraussichtlichen erheblichen Umweltauswirkungen ermittelt werden und in einem Umweltbericht beschrieben und bewertet werden, sind die Umweltbelange (§§ 1 VI Nr. 7, 1a BauGB). Die Gemeinde legt dazu für jeden Bauleitplan fest, in welchem Umfang und Detaillierungsgrad die Ermittlung der Belange für die Abwägung erforderlich ist. Die Umweltprüfung bezieht sich auf das, was nach gegenwärtigem Wissensstand und allgemein anerkannten Prüfmethoden sowie nach Inhalt und Detaillierungsgrad des Bauleitplans angemessenerweise verlangt werden kann. Das Ergebnis der Umweltprüfung ist in der Abwägung zu berücksichtigen. Liegen Landschaftspläne oder sonstige Pläne (§ 1 VI Nr. 7 g BauGB) vor, sind deren Bestandsaufnahmen und Bewertungen in der Umweltprüfung heranzuziehen.[1614]

1. Integraler Bestandteil des Aufstellungsverfahrens

809 Die Umweltprüfung ist integraler Bestandteil des Aufstellungsverfahrens und dient zugleich der Zusammenstellung des Abwägungsmaterials. Bei der Aufstellung der Bauleitpläne sind die Belange, die für die Abwägung von Bedeutung sind (Abwägungsmaterial) zu ermitteln und zu bewerten (§ 2 III BauGB). Diese Grundnorm wird in den Regelungen zur Umweltprüfung näher ausgestaltet. Die Umweltprüfung ist daher vom Ansatz her Bestandteil des Verfahrens, wie es bei der Zusammenstellung des Abwägungsmaterials üblich ist. Die Einschaltung besonderer Planungsbüros ist daher wie bisher nicht zwingend erforderlich, wenn die Aufgabe in der Gemeinde wie auch die Planung im Übrigen sachgerecht erledigt werden kann. Das Ergebnis der Ermittlung ist anschließend im Umweltbericht darzustellen.[1615] **Umfang** und **Detaillierungsgrad** der für den jeweiligen Bauleitplan erforderlichen Ermittlung wird von den Gemeinden selbst im Einzelfall festgelegt. Dabei wird der Gegenstand, das Ausmaß und die Methodik als Grundlagen der Ermittlung jeweils für den planerischen Einzelfall bestimmt. Die Gemeinde muss die Informationen über den erforderlichen Umfang der Ermittlung und die für die Ermittlung bestgeeignete Methode jedoch nicht allein erarbeiten. Vielmehr kann sie auf die Erkenntnisse des **Scoping** in der vorgezogenen Behördenbeteiligung (§ 4 I BauGB) zurückgreifen.

810 **Gegenstand der Ermittlung** sind die in den §§ 1 VI Nr. 7, 1a BauGB benannten Belange des Umweltschutzes. Die in § 1 VI Nr. 7 BauGB benannten Belange lassen sich qualitativ in **zwei Kategorien** unterteilen: Die allgemeinen **umweltschützenden Belange**, wie sie in § 1 VI Nr. 7 a, c bis i BauGB benannt sind und die Erhaltungszielen und der Schutzzweck in Gebieten von **gemeinschaftlicher Bedeutung** und der **Europäischen Vogelschutzgebiete** in § 1 VI Nr. 7 b BauGB. Diese bilden sozusagen eine Sonderkategorie und wandern über § 1a IV BauGB in das naturschutzrechtliche Eingriffssystem für Habitate und Vogelschutzgebiete der §§ 32 bis 37 BNatSchG. Zu den allgemeinen Belangen des Umweltschutzes rechnen a) die Auswirkungen auf Tiere, Pflanzen, Boden, Wasser, Luft, Klima und das Wirkungsgefüge zwischen ihnen sowie die Landschaft und die biologische Vielfalt, b) die Erhaltungsziele und der Schutzzweck der Gebiete von gemeinschaftlicher Bedeutung und der Europäischen Vogelschutzgebiete im Sinne des

---

[1614] Zum Folgenden EAG Bau – Mustererlass 2004.
[1615] Zum Umweltbericht s. Rdn. 249, 280, 385, 769, 955, 1040, 1121, 1403, 1513, 2079, 2721, 2789.

3. Teil. Umweltprüfung

Bundesnaturschutzgesetzes, c) umweltbezogene Auswirkungen auf den Menschen und seine Gesundheit sowie die Bevölkerung insgesamt, d) umweltbezogene Auswirkungen auf Kulturgüter und sonstige Sachgüter, e) die Vermeidung von Emissionen sowie der sachgerechte Umgang mit Abfällen und Abwässern, f) die Nutzung erneuerbarer Energien sowie die sparsame und effiziente Nutzung von Energie, g) die Darstellungen von Landschaftsplänen sowie von sonstigen Plänen, insbesondere des Wasser-, Abfall- und Immissionsschutzrechts, h) die Erhaltung der bestmöglichen Luftqualität in Gebieten, in denen die durch Rechtsverordnung zur Erfüllung von bindenden Beschlüssen der Europäischen Gemeinschaften festgelegten Immissionsgrenzwerte nicht überschritten werden und i) die Wechselwirkungen zwischen den einzelnen Belangen des Umweltschutzes nach § 1 VI 7 a, c und d BauGB. Die einzelnen Belange sind in eine Gesamtbetrachtung einzubeziehen. Die Betrachtung bezieht auch positive Auswirkungen auf die Umwelt ein. Die Prüfung ist auch nicht auf naturschutzrechtliche Aspekte beschränkt, sondern bezieht in einem umfassenden Ansatz ebenso auf die Auswirkungen auf den Menschen, die Bevölkerung sowie auf Kultur- und Sachgüter.

Die Umweltprüfung gewährleistet eine auf die Umweltauswirkungen zentrierte Prüfung unter Berücksichtigung der jeweiligen Wechselwirkungen. Sie ermöglicht es, die Umweltbelange in gebündelter Form herauszuarbeiten, und trägt dazu bei, eine solide Informationsbasis zu schaffen, da verhindert wird, dass diese Belange in einer atomisierten Betrachtungsweise nicht mit dem Gewicht zur Geltung kommen, das ihnen in Wahrheit bei einer Gesamtschau gebührt.[1616] Das in der Umweltprüfung zu ermittelnde Abwägungsmaterial kann im Hinblick auf die Umweltbelange grundsätzlich dem Katalog des § 1 VI Nr. 7 BauGB entnommen werden. § 1a BauGB enthält demgegenüber sich aus nationalem und europäischem Recht ergebende besondere Anforderungen an den Umweltschutz.

2. Naturschützende Belange

Teil der Umweltprüfung ist auch die Ermittlung des **Eingriffs in Natur und Landschaft**. Im Umweltbericht sind diese Eingriffe zu ermitteln, darzustellen und zu bewerten. Der Umweltbericht ist Gegenstand der Öffentlichkeits- und Behördenbeteiligung. Die naturschutzrechtliche Eingriffsregelung in der Bauleitplanung ist im Übrigen gegenüber der bisherigen Regelung unverändert geblieben. Das Prüfsystem der naturschutzrechtlichen Eingriffsregelungen in den §§ 18 bis 20 BNatSchG ist auch in der Bauleitplanung abzuarbeiten. Die zugelassenen Eingriffe sind allerdings in der Bauleitplanung nicht auf einen vollen Ausgleich verpflichtet, sondern in der gemeindlichen Abwägung verfügbar.[1617]

In die Umweltprüfung kann die Prüfung der **FFH-Verträglichkeit**[1618] der Planung nicht vollständig integriert werden, weil die FFH-Prüfung im Falle der Unverträglichkeit

---

[1616] *BVerwG*, B. v. 22. 3. 1999 – 4 BN 27.98 – NVwZ 1999, 989.
[1617] *BVerwG*, B. v. 31. 1. 1997 – 4 NB 27.96 – BVerwGE 104, 68 = DVBl. 1997, 1112; B. v. 9. 5. 1997 – 4 N 1.96 – BVerwGE 104, 353 = DVBl. 1997, 1121.
[1618] *BVerwG*, Urt. v. 19. 1. 1998 – 4 A 9.97 – BVerwGE 107, 1 = DVBl. 1998, 900 = NVwZ 1998, 961 – A 20; Urt. v. 31. 1. 2002 – 4 A 15.01, 21.01, 24.01, 47.01, 77.01 – DVBl. 2002, 990 = NVwZ 2002, 1103 – A 20. Zur Rechtsprechung des *EuGH*, E. vom 6. 4. 2000 – Rs. C-256/98 – EuGHE 2000, 2487 = NuR 2000, 565 = ZUR 2000, 343 – Frankreich; E. vom 19. 9. 2000 – Rs. C-287/98 – DVBl. 2000, 1838 = NVwZ 2001, 421; E. vom 7. 11. 2000 – Rs. C-371/98 – DVBl. 2000, 1841 – WWF; E. vom 7. 12. 2000 – Rs. C-38/99 – NuR 2001, 207 – Frankreich; E. vom 7. 12. 2000 – Rs. C-374/98 – DVBl. 2001, 359 – Basses Corbiéres; E. vom 17. 5. 2001 – Rs. C 159/99 – DVBl. 2001, 1269 = NVwZ 2002, 459 – Italien; E. vom 14. 6. 2001 – Rs. C 230/00 – EuGHE I 2002, 4591 = ABl. EG 2001, Nr. C 212, 5 – Belgien; E. vom 11. 9. 2001 – Rs. C-220/99 – ABl. EG Nr. C 289, 2 – Frankreich; E. vom 11. 9. 2001 – Rs. C-67/99 – ABl. EG 2001, Nr. C 289, 1 – Irland; E. vom 11. 9. 2001 – Rs. C-71/99 – DVBl. 2001, 1826 – Deutschland; *Gellermann* NdsVBl. 2000, 157; *ders.* NVwZ 2001, 500; *ders.* NVwZ 2002, 1025; *ders.* NuR 2003, 285; *ders.* NuR 2004, 769; *Gellermann/Schreiber* NuR 2003, 205; *Maaß* ZUR 2001, 80; zur Rechtsprechung des EuGH auch *Epiney* UPR 1997, 303; *Fisahn* NuR 1997, 268; *Stüer* DVBl. 2002, 940.

des geplanten Vorhabens zu dessen grundsätzlicher Unzulässigkeit führt und an seine Verwirklichung erhöhte Anforderungen stellt,[1619] während die Umweltprüfung die Folgen der Planung aufzeigt, die in der Abwägung berücksichtigt werden müssen. Es empfiehlt sich aber, die zusätzlichen Anforderungen der FFH- und Vogelschutz-Richtlinie[1620] auf der Grundlage der Umweltprüfung abzuarbeiten. Die Umweltprüfung liefert daher für die Erheblichkeits- und Verträglichkeitsprüfung sowie die im Anschluss daran ggf. vorzunehmenden Abwägungsentscheidungen nach § 34 BNatSchG eine gute Grundlage.

814 Die Offenlegung des Plan-Entwurfs erfolgt im Anschluss an die öffentliche Bekanntmachung. Dem Plan ist ein Begründungs-Entwurf beizufügen, der bereits einen **Umweltbericht** enthalten muss. Der Umweltbericht nach § 2a IV BauGB ist Bestandteil der Bebauungsplanbegründung. Er muss eine Darstellung der voraussichtlichen erheblichen Umweltauswirkungen sowie sich anbietende vernünftige Planalternativen enthalten. Damit ist ein objektiver Prüfungsmaßstab vorgegeben. Die Gemeinde darf sich also nicht auf eine eher willkürlich erscheinende Prüfung einiger Alternativen beschränken. Die Planungsalternativen müssen allerdings vernünftigerweise in Betracht kommen.[1621] In den Umweltbericht sind auch Informationen über planrelevante, förmlich festgelegte Ziele des Umweltschutzes einzustellen. Bei der endgültigen Planentscheidung sind der Umweltbericht sowie die Stellungnahmen der beteiligten Behörden und der Öffentlichkeit im Rahmen der Abwägung zu berücksichtigen (§ 2 IV 4 BauGB). Eine umfassende Alternativenprüfung, die über die Berücksichtigung von Umweltbelangen hinausgeht, wird allerdings wohl nur im Bereich der Gesamtabwägung möglich sein. Insoweit verweist die Forderung, eine Alternativenprüfung durchzuführen, über den eigentlichen Umweltbericht hinaus in allgemeine Anforderungen an die Abwägung.

815 Die Umweltprüfung ist damit das **Trägerverfahren** auch für die Prüfung nach anderen umweltbezogenen Verfahren wie der naturschutzrechtlichen Eingriffsregelung, der Prüfung nach der FFH-Richtlinie und der Vogelschutzrichtlinie sowie der UVP-Richtlinie. Durch die Ermittlung und Bewertung der Umweltbelange wird zugleich die Grundlage für das Abarbeiten der naturschutzrechtlichen Eingriffsregelung in der Bauleitplanung (§ 1a III BauGB) sowie der Prüfung des Habitat- und Vogelschutzes (§ 1a IV BauGB) gelegt. Die Umweltprüfung liefert damit die Grundlage für die erforderlichen Kompensationsmaßnahmen als Bestandteil der naturschutzrechtlichen Eingriffsregelung. Zusätzliche, über die Umweltprüfung hinausgehende Untersuchungen fallen daher nicht mehr an. Auch die ggf. erforderliche Prüfung nach der FFH-Richtlinie oder der Vogelschutzrichtlinie kann auf der Grundlage des Umweltberichtes erfolgen. Auch das Ergebnis einer Erheblichkeits- und Verträglichkeitsprüfung ist ggf. im Umweltbericht darzustellen. Die Auswertung des Umweltberichts ist unter Anwendung der für die Prüfung anzuwendenden Regeln (§ 1a III, IV BauGB) vorzunehmen.

3. Anlage zum BauGB

816 Nach der **Anlage zu §§ 2 IV, 2a BauGB** besteht der **Umweltbericht**[1622] aus folgenden Angaben: (1) Einer **Einleitung** mit einer Kurzdarstellung des Inhalts und der wichtigsten Ziele des Bauleitplans, einschließlich der Beschreibung der Festsetzungen des Plans mit Angaben über Standorte, Art und Umfang sowie Bedarf an Grund und Boden der

---

[1619] *Reidt*, in: Gelzer/Bracher/Reidt, „Bauplanungsrecht", Rn. 766.
[1620] Erhebliche Eingriffe in faktische Vogelschutzgebiete, die nicht ausreichend in das nationale Schutzsystem umgesetzt worden sind, sind nach Auffassung des BVerwG nur zur Wahrung von Leib und Leben und im Interesse des Gebietes selbst zulässig, aus wirtschaftlichen Interessen demgegenüber unzulässig, so *BVerwG*, Urt. v. 1. 4. 2004 – 4 C 2.03 – DVBl. 2004, 1115 = NVwZ 2004, 1114 – Hochmoselbrücke.
[1621] Zu einer in gewisser Weise vergleichbaren Prüfung im Fachplanungsrecht *BVerwG*, Urt. v. 14. 2. 1975 – IV C 21.74 – BVerwGE 48, 56 – B 42.
[1622] Zum Umweltbericht s. Rdn. 249, 280, 385, 769, 809, 955, 1040, 1121, 1403, 1513, 2079, 2721, 2789.

geplanten Vorhaben und einer Darstellung der in einschlägigen Fachgesetzen und Fachplänen festgelegten Ziele des Umweltschutzes, die für den Bauleitplan von Bedeutung sind, und der Art, wie diese Ziele und die Umweltbelange bei der Aufstellung berücksichtigt wurden, (2) einer **Beschreibung** und **Bewertung** der **Umweltauswirkungen**, die in der Umweltprüfung nach § 2 IV 1 BauGB ermittelt wurden, mit Angaben der Bestandsaufnahme der einschlägigen Aspekte des derzeitigen Umweltzustands, einschließlich der Umweltmerkmale der Gebiete, die voraussichtlich erheblich beeinflusst werden, einer Prognose über die Entwicklung des Umweltzustands bei Durchführung der Planung und bei Nichtdurchführung der Planung, den geplanten Maßnahmen zur Vermeidung, Verringerung und zum Ausgleich der nachteiligen Auswirkungen und den in Betracht kommenden anderweitigen Planungsmöglichkeiten, wobei die Ziele und der räumliche Geltungsbereich des Bauleitplans zu berücksichtigen sind, (3) folgenden **zusätzlichen Angaben**: einer Beschreibung der wichtigsten Merkmale der verwendeten technischen Verfahren bei der Umweltprüfung sowie Hinweise auf Schwierigkeiten, die bei der Zusammenstellung der Angaben aufgetreten sind, zum Beispiel technische Lücken oder fehlende Kenntnisse, einer Beschreibung der geplanten Maßnahmen zur Überwachung der erheblichen Auswirkungen der Durchführung des Bauleitplans auf die Umwelt und einer allgemein verständlichen Zusammenfassung der erforderlichen Angaben nach der Anlage zu §§ 2 IV, 2a BauGB.

Der Umweltbericht besteht danach aus **drei Teilen**: einer **Kurzdarstellung** des Inhalts und der Ziele des Bauleitplans, einer **Beschreibung** und **Bewertung** der **Umweltauswirkungen** und **zusätzlicher Angaben**, zu denen auch entsprechende Informationen über die beabsichtigten Maßnahmen des **Monitoring** gehören.[1623] Die Anlage versteht sich in dieser Funktion als eine Art Rezept für den Aufbau des Umweltberichts. Dabei werden die verschiedenen Anforderungen der Plan-UP-Richtlinie aufgenommen. Einzubeziehen sind auch verschiedene Einzelaspekte, die nach der Richtlinie vorgegeben sind, wie etwa die Beschreibung der Maßnahmen zur Überwachung der erheblichen Umweltauswirkungen (Monitoring). Diese Angaben sind bereits Teil des Umweltberichts und daher Gegenstand der Öffentlichkeits- und Behördenbeteiligung. Der Umweltbericht gibt auch Auskunft über die in Betracht kommenden anderweitigen Planungsmöglichkeiten **(Alternativen)**, wobei die Ziele und der räumliche Geltungsbereich des Bauleitplans zu berücksichtigen sind.

Systematisch bezieht sich die Anlage zum BauGB nicht auf die Ermittlung der Umweltbelange, sondern auf den Inhalt des Umweltberichts. Vor allem der **Nr. 2 der Anlage** können aber zugleich Hinweise für die Ermittlung der Umweltbelange entnommen werden.[1624] Auch gibt der Katalog hinsichtlich der Alternativenprüfung und der Vermeidungs-, Minderungs- und Kompensationsmaßnahmen Direktiven für die Abwägung.

Nr. 2 a) der Anlage zum BauGB: Die **Bestandsaufnahme** der einschlägigen Aspekte des derzeitigen Umweltzustandes, einschließlich der Umweltmerkmale der Gebiete, die voraussichtlich erheblich beeinflusst werden, dient dazu, den gegenwärtigen Zustand der Umweltbedingungen zu ermitteln, die vor dem In-Kraft-Treten des Plans gegeben sind. Dieser Arbeitsschritt ist Voraussetzung dafür, dass anschließend die Umweltauswirkungen der Planung eingeschätzt werden können. Zeitlicher Anknüpfungspunkt ist dabei der Umweltzustand, wie er sich zu Beginn des Aufstellungsverfahrens darstellt; ergeben sich im Verlauf des Verfahrens erhebliche Veränderungen des Umweltzustands, sind auch diese einzubeziehen.

Nr. 2 b) der Anlage zum BauGB: Die **Prognose** über die Entwicklung des Umweltzustandes bei Durchführung der Planung und bei Nichtdurchführung der Planung ist ein zentrales Element jeder planerischen Entscheidung, das auch im Hinblick auf andere städtebauliche Belange maßgeblich ist. Dazu sind geeignete fachspezifische Methoden

---

[1623] Zum Monitoring s. Rdn. 789, 1035, 1040, 2801.
[1624] Zum Folgenden EAG Bau – Mustererlass 2004.

anzuwenden. Der Sachverhalt, auf den sich die Prognose gründet, ist sachgerecht zu ermitteln. Zudem ist die Prognose schlüssig zu begründen.[1625] Dabei muss auch die sog. **Null-Variante** geprüft werden. In der Regel kann die Entwicklung der Umwelt ohne die Planung in der Praxis unaufwändig festgestellt werden. Insbesondere, wenn bereits vor Beginn der Planung ein weitgehend gleich bleibender Zustand bestanden hat, wird in der Regel davon ausgegangen werden können, dass dieser sich auch künftig ohne die Planung nicht verändern wird.

821 **Nr. 2 c) der Anlage zum BauGB:** Bestandteil der Umweltprüfung sind auch **Maßnahmen** zur **Vermeidung, Verringerung** und zum **Ausgleich** der nachteiligen Auswirkungen. Die Planung muss sich daher auch mit möglichen **Schutzmaßnahmen** auseinander setzen. Eine unmittelbare materielle Verpflichtung, entsprechende Maßnahmen im Rahmen der Planung zu treffen, enthält die Plan-UP-Richtlinie nicht. Nr. 2 c der Anlage zum BauGB fordert insofern nur, die aus der planerischen Entscheidung der Gemeinde heraus vorgesehenen Maßnahmen im Umweltbericht zu beschreiben. Im Hinblick auf die Belange des Naturhaushalts und des Landschaftsbildes besteht eine materielle Prüfungspflicht im Rahmen der „naturschutzrechtlichen Eingriffsregelung" nach § 1a III BauGB. Die Regelungen über die Umweltprüfung erweitern allerdings die Prüfungserfordernisse über die naturschutzrechtliche Eingriffsregelung hinaus auf alle umweltschützenden Belange. Maßnahmen zur Vermeidung, Verringerung und zum Ausgleich nachteiliger Auswirkungen müssen nicht nur auf die naturschutzrechtlichen Belange, sondern auch auf alle umweltschützenden Belange bezogen sein. Das erweitert die Kompensationsregelungen und gibt ihnen vor dem Hintergrund des Nachhaltigkeitsgedankens eine neue Dimension. Die Bauleitplanung ist zwar nicht auf ein bestimmtes Ergebnis verpflichtet, muss aber im Zusammenhang mit der Ausgleichsentscheidung im Hinblick auf die zurückgestellten Belangen einen zusätzlichen verfahrensrechtlichen Prüfungsschritt vollziehen, bei dem die Vermeidung, Verminderungen und der Ausgleich im Bezug auf umweltschützende Belange geprüft wird. Dieser verfahrensrechtliche Schritt ist europarechtlich vorgegeben und in der Anlage zum BauGB verbindlich vorgeschrieben. Auch Nr. 2 c der Anlage zum BauGB verpflichtet zu einem solchen Prüfungsschritt im Rahmen der Abwägungsentscheidung.

822 **Nr. 2 d) der Anlage zum BauGB:** Mit der Prüfung der in Betracht kommenden **anderweitigen Planungsmöglichkeiten**, wobei die Ziele und der räumliche Geltungsbereich des Bauleitplans zu berücksichtigen sind, wird die Verpflichtung zur sog. „Alternativenprüfung" ausdrücklich in das BauGB aufgenommen. Bereits durch den Gesetzeswortlaut wird dabei betont, dass diese Prüfung sich nur auf die in Betracht kommenden anderweitigen Planungsmöglichkeiten und damit vernünftige Varianten beziehen soll (vgl. Art. 5 I der Plan-UP-Richtlinie). Der Hinweis auf die Ziele und den räumlichen Geltungsbereich des Plans verdeutlicht zudem, dass es sich dabei in der Praxis um anderweitige Lösungsmöglichkeiten im Rahmen der beabsichtigten Planung und innerhalb des betreffenden Plangebiets handeln wird und nicht etwa grundsätzlich andere Planungen in Erwägung gezogen werden müssen.

823 Bereits mit dem Abwägungsgebot ist eine Prüfung von Planvarianten, um so eine die verschiedenen berührten Belange berücksichtigende Lösung zu erreichen. So ist nach § 3 I BauGB die Öffentlichkeit über „sich wesentlich unterscheidende Lösungen, die für die Neugestaltung oder Entwicklung des Gebiets in Betracht kommen", zu unterrichten.[1626]

[1625] *BVerwG*, Urt. v. 5. 12. 1986 – 4 C 13.85 – BVerwGE 75, 214.
[1626] *Europäische Kommission – Generaldirektion Umwelt*, Arbeitshilfe zur Umsetzung der Richtlinie 2001/42/EG über die Prüfung der Umweltauswirkungen bestimmter Pläne und Programme, Nr. 5.12.

4. Qualitätssicherung

Nach Art. 12 II Plan-UP-Richtlinie stellen die Mitgliedstaaten eine ausreichende **Qualität der Umweltberichte** sicher und unterrichten die Kommission über hierzu getroffene Maßnahmen. Dafür ist in Deutschland keine gesonderte Regelung erforderlich. Die geforderte Sicherung ergibt sich indirekt durch ein Bündel von Einzelregelungen wie beispielsweise die Genehmigung von Flächennutzungsplänen (§ 6 BauGB), bei der für die Rechtmäßigkeit der Planung ein guter Umweltbericht mitentscheidend ist. Auch die Regeln über die öffentliche Auslegung des Plans nach § 3 II BauGB, die Behördenbeteiligung nach § 4 BauGB und die Normenkontrolle nach § 47 VwGO tragen zur Qualitätssicherung bei.[1627]

VI. Ermittlung der Umweltbelange

Der Umfang der Ermittlung hängt von den durch die Planung jeweils betroffenen Belangen ab. Die Umweltprüfung ist dabei kein wissenschaftlicher Selbstzweck, sondern dient der ordnungsgemäßen Vorbereitung der Abwägungsentscheidung. Der Ermittlungsumfang hängt daher von dem jeweiligen Planungsgegenstand und den hierdurch betroffenen Umweltbelangen ab. Zudem können die allgemeinen planerischen Grundsätze für die Zusammenstellung des Abwägungsmaterials (§§ 2 III, 2a BauGB) herangezogen werden.[1628]

1. Erheblichkeit der Umweltauswirkungen

Die Umweltprüfung muss sich auf die voraussichtlich erheblichen Umweltauswirkungen beziehen. Es können daher solche Umweltauswirkungen bei der Ermittlung und Bewertung außer Betracht bleiben, die von dem Plan überhaupt nicht betroffen sind oder unterhalb der Erheblichkeitsschwelle liegen. Ein bestimmtes Maß tolerierbarer Umweltauswirkungen durch die Planung kann daher ohne Ermittlung und Bewertung hingenommen werden (Toleranzgrenze). Wo diese Erheblichkeitsschwelle liegt, kann nicht allgemein gültig festgelegt werden, sondern hängt vom jeweiligen Einzelfall ab. Der Gemeinde steht insoweit ein planerischer **Einschätzungsspielraum** zu. Zum Abwägungsmaterial gehören die mehr als geringfügigen, schutzwürdigen und erkennbaren Belange. Diese Schrankentrias begrenzt auch die Ermittlung der Umweltbelange. Für die Erheblichkeit sind die Auswirkungen der Planung von Bedeutung. Auch die konkreten Umweltbedingungen im Plangebiet spielen für die Erheblichkeit der Umweltauswirkungen eine Rolle. So bestimmen die Ziele und der Regelungsgehalt des jeweiligen Bauleitplans mit seinen planspezifischen Voraussetzungen die Erheblichkeit der Umweltauswirkungen. Hierzu zählen Art, Größe, Standort und Betriebsbedingungen der durch den Plan eröffneten Nutzungen, das zu erwartende Verkehrsaufkommen mit Lärmauswirkungen oder sonstige Immissionen. Zudem spielen die konkreten Umweltbedingungen im Plangebiet eine Rolle. Hierzu zählen die Wertigkeiten, Empfindlichkeiten oder Vorbelastungen der betroffenen Gebiete.

2. Voraussehbarkeit der Umweltauswirkungen

Die Umweltauswirkungen sind von Gemeinde jeweils durch eine Prognose abzuschätzen. Die Umweltprüfung bezieht sich dabei auf das, was nach gegenwärtigem Wissensstand und allgemein anerkannten Prüfmethoden sowie nach Inhalt und Detaillierungsgrad des Bauleitplans angemessen verlangt werden kann (§ 2 IV 3 BauGB). Soweit in diesem Zusammenhang Prognosen über die künftigen Entwicklungen anzustellen sind, müssen der relevante Sachverhalt ordnungsgemäß zusammengestellt, die Begründung plausibel und der Prognoseschluss nachvollziehbar sein. Die Gemeinde hat bei Einhal-

---

[1627] S. Rdn. 2740, 2811.
[1628] Zum Folgenden EAG Bau – Mustererlass 2004.

3. Abwägungsbeachtlichkeit der Umweltauswirkungen

828   Die Umweltprüfung dient der Vorbereitung der Abwägungsentscheidung. Umweltauswirkungen sind daher nur in dem Umfang zu ermitteln, wie sie für die Abwägung von Bedeutung sind. Belange, die nicht zum Abwägungsmaterial gehören, weil sie etwa nur geringfügig, nicht schutzwürdig oder nicht erkennbar sind, brauchen auch in die Umweltprüfung nicht eingestellt werden. Die Gemeinde legt dazu für jeden Bauleitplan fest, in welchem Umfang und Detaillierungsgrad die Ermittlung der Belange für die Abwägung erforderlich ist. Hierdurch werden die allgemeinen Anforderungen konkretisiert, die sich für die Zusammenstellung des Abwägungsmaterials ergeben. § 2 IV BauGB steht daher mit der Regelung über die Zusammenstellung des Abwägungsmaterials in § 2 III BauGB in enger Verbindung. Für die Ermittlung und die Bewertung der Umweltbelange ergeben sich daher im Hinblick auf die Zusammenstellung des Abwägungsmaterials keine Besonderheiten.

829   An die Ermittlung der Umweltbelange dürfen **keine überzogenen Anforderungen** gestellt werden. Vielmehr wird die Prüfung auf **Angemessenheit**, **Zumutbarkeit** und **Verhältnismäßigkeit** begrenzt. Zur UVP nach der UVP-Richtlinie hat das *BVerwG* – und damit übertragbar auf die Umweltprüfung – festgestellt: Die Umweltprüfung ist kein allgemeines Suchverfahren, in dem alle nur erdenklichen Auswirkungen eines Vorhabens auf Umweltgüter und deren Wertigkeit bis in alle Einzelheiten und feinste Verästelungen zu untersuchen wären und gar Antworten auf in der Wissenschaft bisher noch ungeklärte Fragen gefunden werden müssten.[1629] Das Europarecht gibt auch keine Aufschlüsse über Untersuchungsverfahren und Bewertungskriterien. Die Umweltprüfung ersetzt auch nicht fehlende Umweltstandards. Die Tatsache, dass der Gemeinschaftsgesetzgeber die Pflicht und den rechtlichen Rahmen für die Durchführung der Umweltprüfung geschaffen hat, legt nicht schon den Grundstein für eine verbesserte Methodik der Ermittlung und der Bewertung von Umweltauswirkungen. Was auf diesem Felde die Wissenschaft (noch) nicht hergibt, vermag auch eine UVP nicht zu leisten. Von der Behörde kann nicht mehr verlangt werden, als dass sie die Annahmen zugrunde legt, die dem allgemeinen Kenntnisstand und den allgemein anerkannten Prüfmethoden entsprechen. Die Umweltprüfung ist nicht als Suchverfahren konzipiert, das dem Zweck dient, Umweltauswirkungen aufzudecken, die sich der Erfassung mit den herkömmlichen Erkenntnismitteln entziehen.[1630]

4. Abschichtung und Konflikttransfer

830   Im Anschluss an Art. 4 III Plan-UP-Richtlinie lässt auch § 2 IV 5 BauGB eine abgeschichtete Umweltprüfung zu. Wird eine Umweltprüfung für das Plangebiet oder für Teile davon in einem Raumordnungs-, Flächennutzungs- oder Bebauungsplanverfahren durchgeführt, soll die Umweltprüfung in einem zeitlich nachfolgenden oder gleichzeitig durchgeführten Bauleitplanverfahren auf zusätzliche oder andere erheblichen Umweltauswirkungen beschränkt werden. Liegen Landschaftspläne oder sonstige Pläne nach § 1 VI Nr. 7 g BauGB vor, sind deren Bestandsaufnahmen und Bewertungen in der Umweltprüfung heranzuziehen. Die Umweltprüfung wird daher auf die Programmhierarchie verteilt. Die Abschichtung ist dabei sowohl vertikal in der Stufenfolge der Programme und Pläne auf der Ebene des Bundes, des Landes, der Region und der Gemeinde wie auch horizontal etwa zwischen der Bauleitplanung und Fachplänen auf der Ebene der

---

[1629] *BVerwG*, Urt. v. 21. 3. 1996 – 4 C 19.94 – BVerwGE 100, 370 = DVBl. 1996, 907 – Münchener Ring.
[1630] *BVerwG*, Urt. v. 25. 1. 1996 – 4 C 5.95 – BVerwGE 100, 238 = DVBl. 1996, 677 – Eifelautobahn A 60.

Kreise, Gemeinden und Fachbehörden möglich. Eine Umweltprüfung auf der Ebene der Raumordnungsplanung kann abschichtende Wirkungen für die Flächennutzungsplanung haben, die integrierte Umweltprüfung auf der Ebene der Flächennutzungsplanung kann wiederum zur Abschichtung auf der Ebene der Bebauungsplanung genutzt werden. Die Abschichtungsregelung kann auch Auswirkungen bei der Aufstellung von höher stufigen Planungen haben, indem die Ergebnisse einer vorgenommenen Umweltprüfung auf der sich anschließenden Stufe berücksichtigt werden. So können für die Neuaufstellung eines Flächennutzungsplans insbesondere aktuelle Umweltprüfungen für Bebauungspläne für das entsprechende Gebiet der Planung genutzt werden. Eine entsprechende Regelung enthält § 17 III UVPG im Hinblick auf die Abschichtung zwischen Bebauungsplan und nachfolgendem Zulassungsverfahren. Schließlich ergibt sich aus der Abschichtungsregelung im Zusammenhang mit der Maßgeblichkeit von Umfang und Detaillierungsgrad des betreffenden Plans auch die Möglichkeit, die schwerpunktmäßige Ermittlung bestimmter Umweltauswirkungen einer nachfolgenden Planungsebene oder einem nachfolgenden Zulassungsverfahren zu überlassen, soweit die Prüfung aus fachlicher Sicht dort angemessener erscheint.

Hiermit kann dem **unterschiedlichen Konkretisierungsgrad** der Planungen auf den verschiedenen Ebenen Rechnung getragen werden. So können z. B. einige immissionsschutzrechtliche Fragen nicht auf der Planungsebene geklärt werden und können daher dem nachfolgenden Zulassungsverfahren überlassen werden. Eine Überlastung höher stufiger Planungsebenen mit – dort nicht sachgerecht durchzuführenden – Detailprüfungen ist ebenso zu vermeiden wie eine unsachgemäße Verschiebung der Prüfung von übergreifenden Auswirkungen auf niedrigere Planungsstufen oder das Zulassungsverfahren. Die Abschichtungsregelung will Doppelprüfungen vermeiden und die Verfahren beschleunigen. Es empfiehlt sich daher, von den Abschichtungsmöglichkeiten in der Praxis umfangreich Gebrauch zu machen. Die Abschichtungsmöglichkeiten können allerdings durch den zeitlichen Abstand der Verfahren geringer werden. Auch setzt eine Übernahme der Prüfungsergebnisse voraus, dass eine entsprechende Umweltprüfung im Zusammenhang mit der Aufstellung der Programme und Pläne bereits stattgefunden hat. Die Abschichtungsmöglichkeiten werden daher umso mehr an Bedeutung gewinnen, je mehr die Planungen bereits von einer Umweltprüfung begleitet sind.

In die Abschichtung kann auch die **Umweltfachplanung** einbezogen werden (§ 2 IV 6 BauGB). Dies gilt insbesondere für Landschaftspläne oder Pläne des Wasser-, Abfall- und Immissionsschutzrechts. Allerdings kann eine Aktualisierung besonders dann erforderlich sein, wenn die Umweltprüfung bei Aufstellung dieser Pläne bereits länger zurückliegt. Die Ergebnisse derartiger Fachplanungen sind in der Abwägung zu berücksichtigen, haben daher einen in der Abwägung verfügbaren und damit zugleich keinen absoluten Stellenwert.

5. Bewertung der Umweltbelange

In einem weiteren Arbeitsschritt ist nach § 2 IV 1 BauGB eine **Bewertung** der ermittelten **Umweltauswirkungen** vorzunehmen. Die Bewertung ist anschließend im Umweltbericht darzustellen. Bei dem Verfahrensschritt der Bewertung handelt es sich um eine rein umweltbezogene Betrachtung; andere städtebauliche Belange werden erst bei der Berücksichtigung aller Belange in der Abwägung einbezogen. Bewertungsmaßstäbe werden von der Plan-UP-Richtlinie und daher auch in der Neuregelung nicht vorgegeben. Maßgeblich sind insofern nach allgemeinen planerischen Grundsätzen insbesondere diejenigen Vorschriften des Baugesetzbuchs, die die Berücksichtigung der umweltschützenden Belange in der planerischen Abwägung zum Gegenstand haben.

Als **Bewertungsmaßstäbe** können daher je nach Lage des Einzelfalls herangezogen werden: umweltbezogene Ziele der Raumordnung nach § 1 IV BauGB, die Vorgaben des § 1 V 2 BauGB, nach dem Bauleitpläne dazu beitragen sollen, eine menschenwürdige Umwelt zu sichern und die natürlichen Lebensgrundlagen zu schützen und zu entwickeln, auch in Verantwortung für den allgemeinen Klimaschutz, die Bodenschutzklausel nach § 1a II BauGB, die naturschutzrechtliche Eingriffsregelung nach § 1a III BauGB, die Erhaltungsziele und der Schutzzweck von Schutzgebietsausweisungen insbesondere der Gebiete von gemeinschaftlicher Bedeutung und der europäischen Vogelschutzgebiete im Sinne des Bundesnaturschutzgesetzes nach § 1a IV BauGB, die in einschlägigen Fachgesetzen und Fachplänen festgelegten Ziele des Umweltschutzes, die für den Bauleitplan von Bedeutung sind; bei letzteren besteht ein Bezug zu den Aussagen in Fachplänen insbesondere des Naturschutz-, Wasser-, Abfall- und Immissionsschutzrechts nach § 1 VI Nr. 7g BauGB, der Trennungsgrundsatz des § 50 BImSchG sowie die übrigen immissionsschutzrechtlichen Regelungen und technische Normen. Auch die Bewertung bezieht sich nach § 2 IV 3 BauGB auf das, was nach gegenwärtigem Wissensstand und allgemein anerkannten Prüfmethoden sowie nach Inhalt und Detaillierungsgrad des Bauleitplans angemessenerweise verlangt werden kann.

VII. Beschreibung im Rahmen des Umweltberichts

835 Die Ergebnisse der Ermittlung und Bewertung der Umweltbelange sind im Umweltbericht zu beschreiben (§ 2a BauGB).[1631] Nach § 2 IV 1 BauGB sind die Ergebnisse der Ermittlung und Bewertung im Umweltbericht zu beschreiben (vgl. auch § 2a 2 Nr. 2 BauGB). Der Umweltbericht ist ein selbstständiger Bestandteil der Begründung (§ 2a BauGB) und nimmt in dieser Funktion an dem Aufstellungsverfahren teil. Der Umweltbericht besteht nach der **Anlage zu §§ 2 IV und 2a BauGB** aus einer Einleitung, einer Beschreibung und Bewertung der Umweltauswirkungen und zusätzlichen Angaben. Die Reihenfolge ist allerdings nicht zwingend. Nr. 1 enthält die einleitenden Angaben, anhand derer sich die Öffentlichkeit und die Behörden über den Rahmen der Planung informieren können. Nach Nr. 2 sind die Ergebnisse der Ermittlung und Bewertung darzustellen. Nr. 3 erfordert als zusätzliche Angaben eine Beschreibung der Methodik, der geplanten Überwachungsmaßnahmen und eine allgemein verständliche Zusammenfassung. Die Ausführungen sollten dabei aus Gründen der Übersichtlichkeit und Verständlichkeit auf das Wesentliche begrenzt werden.[1632]

1. Einleitung

836 In einer Einleitung ist eine Kurzdarstellung des Inhalts und der wichtigsten Ziele des Bauleitplans, einschließlich der Beschreibung der Festsetzungen des Plans mit Angaben über Standorte, Art und Umfang sowie Bedarf an Grund und Boden der geplanten Vorhaben zu geben. Hierdurch soll der Öffentlichkeit und den Behörden ein Überblick über das Vorhaben vermittelt werden. Ggf. kann ergänzend auch auf andere Teile der Begründung verwiesen werden. Zudem sind die in den einschlägigen Fachgesetzen und Fachplänen festgelegten **Ziele des Umweltschutzes**, die für den Bauleitplan von Bedeutung sind, und die **Art**, wie diese Ziele und die Umweltbelange bei der Aufstellung berücksichtigt wurden, darzustellen. Dabei genügt ein Überblick über die von der Gemeinde anzuwendenden Pläne (§ 1 VI Nr. 7g BauGB). Eine Gesamtdarstellung des internationalen oder europarechtlichen Umweltrechts ist nicht erforderlich. Allerdings kann ggf. ein Hinweis auf Gebiete von gemeinschaftlicher Bedeutung oder Europäische Vogelschutzgebiete erforderlich sein.

[1631] Zum Umweltbericht s. Rdn. 249, 280, 385, 769, 809, 955, 1040, 1121, 1403, 1513, 2079, 2721, 2789.
[1632] So auch die Arbeitshilfe der EU-Kommission – Generaldirektion Umwelt – „Umsetzung der Richtlinie 2001/42/EG über die Prüfung der Umweltauswirkungen bestimmter Pläne und Programme", 2003, Nummer 5.19.

2. Beschreibung und Bewertung der Umweltauswirkungen

Hierzu sind Angaben erforderlich über: (a) eine Bestandsaufnahme der einschlägigen Aspekte des derzeitigen Umweltzustands, einschließlich der Umweltmerkmale der Gebiete, die voraussichtlich erheblich beeinflusst werden, (b) eine Prognose über die Entwicklung des Umweltzustands bei Durchführung der Planung und bei Nichtdurchführung der Planung, (c) geplanten Maßnahmen zur Vermeidung, Verringerung und zum Ausgleich der nachteiligen Auswirkungen und (d) in Betracht kommenden anderweitigen Planungsmöglichkeiten, wobei die Ziele und der räumliche Geltungsbereich des Bauleitplans zu berücksichtigen sind. Die Beschreibung wertet die Ergebnisse der Umweltprüfung aus.[1633] Dabei gehen die Prüfungen von Vermeidungs-, Minderungs- oder Kompensationsmaßnahmen und die Alternativenprüfung über eine einseitige Berücksichtigung von Umweltbelangen hinaus. Die Anforderungen können vielmehr erst im Rahmen der Gesamtabwägung vollständig abgearbeitet werden.

3. Zusätzliche Angaben

Der Umweltbericht enthält zudem die folgenden Angaben: a) Beschreibung der wichtigsten Merkmale der verwendeten technischen Verfahren bei der Umweltprüfung sowie Hinweise auf Schwierigkeiten, die bei der Zusammenstellung der Angaben aufgetreten sind, zum Beispiel technische Lücken oder fehlende Kenntnisse, (b) Beschreibung der geplanten Maßnahmen zur Überwachung der erheblichen Auswirkungen der Durchführung des Bauleitplans auf die Umwelt und (c) eine allgemein verständliche Zusammenfassung der erforderlichen Angaben. Die Beschreibung der **wichtigsten Merkmale** der verwendeten **technischen Verfahren** sowie Hinweise auf Schwierigkeiten bei der Zusammenstellung der Angaben soll die Methodik verdeutlichen, die bei der Ermittlung der Umweltbelange angewendet worden sind. Die Beschreibung der geplanten **Maßnahmen zur Überwachung** der erheblichen Umweltauswirkungen verpflichtet die Gemeinde, bereits bei der Aufstellung des Bauleitplans die Grundlagen des beabsichtigten Monitorings offen zu legen. Hierdurch werden die Öffentlichkeit und die Behörden bereits im Planaufstellungsverfahren in das geplante Monitoring-Konzept einbezogen. Die Gemeinde muss daher bereits in der Begründung des Bauleitplans die Grundzüge des geplanten Monitoring darlegen. Die **allgemein verständliche Zusammenfassung** soll vor allem der Öffentlichkeit und den Behörden einen schnellen Zugang zu den wesentlichen Elementen der Planung und deren Einschätzung ermöglichen und damit die Beteiligung vereinfachen. Die Zusammenfassung bezieht sich auf die Umweltbelange und unterscheidet sich hierdurch von der zusammenfassenden Erklärung, die eine Gesamtbewertung des Vorhabens enthält. Während die allgemein verständliche Zusammenfassung des Umweltberichts am Verfahren der Öffentlichkeits- und Behördenbeteiligung teilnimmt, wird die zusammenfassende Erklärung erst dem Feststellungsbeschluss des Flächennutzungsplans (§ 6 V 2 BauGB) bzw. dem Satzungsbeschluss des Bebauungsplans (§ 10 IV BauGB) beigefügt und nimmt daher nicht an dem Beteiligungsverfahren teil.

VIII. Berücksichtigung bei der Entscheidung

Das Ergebnis der Umweltprüfung ist in der Abwägung zu berücksichtigen (§ 2 IV 4 BauGB). Offen ist dabei, ob die Plan-UP-Richtlinie lediglich Verfahrensvorschriften enthält oder auch in einem gewissen Umfang auch mittelbar inhaltliche Vorgaben enthält. Das Ergebnis kann sein: Weiterführung des Verfahrens trotz nachteiliger Auswirkungen, weil andere für die Planung rechtlich oder tatsächlich bedeutsame Gesichtspunkte überwiegen oder vorgehen, Änderung oder Ergänzung der Planung oder Einstellung der Planung, weil sie nicht hinnehmbare Umweltbeeinträchtigungen mit sich brächte.

[1633] S. Rdn. 816.

840 Der UVP-Richtlinie hat das *BVerwG* inhaltliche Auswirkungen abgesprochen, sie lediglich auf verfahrensrechtliche Vorgaben begrenzt und dazu ausgeführt: Die Umweltprüfung ist ein formales Verfahren, in dem das umweltbezogene Abwägungsmaterial systematisch ermittelt, beschrieben und bewertet wird. Ihre Ergebnisse haben von sich aus keinen Vorrang vor anderen Belangen, sondern unterliegen wie diese der Abwägung nach § 1 VII BauGB. Das *BVerwG* hat hierzu im Hinblick auf die UVP ausgeführt: Das Umweltrecht hat durch die UVP-Richtlinie keine materielle Anreicherung erfahren. Die gemeinschaftsrechtliche Regelung enthält sich materieller Vorgaben. Sie beschränkt sich auf verfahrensrechtliche Anforderungen im Vorfeld der Sachentscheidung, zu der ein Bezug nur insoweit hergestellt wird, als das Ergebnis der UVP zu berücksichtigen ist. Aus ihr gleichwohl materielle Entscheidungskriterien abzuleiten, ist schon deshalb nicht möglich, weil sie keinen Maßstab dafür liefert, welcher Rang den Umweltbelangen im Rahmen der Zulassungsentscheidung zukommt. Insoweit ist sie ergebnisneutral. Die Entscheidungsstruktur der jeweils einschlägigen nationalen Normen bleibt unangetastet. Die UVP-Richtlinie verlangt nur, dass die Zulassungsbehörde das Ergebnis der UVP in ihre Erwägungen mit einbezieht, schreibt aber nicht vor, welche Folgerungen sie hieraus zu ziehen hat.[1634]

841 Es könnte einiges dafür sprechen, dass diese Konzeption vom Grundsatz her auch für die Umweltprüfung gilt. So ganz sicher ist das allerdings nicht. Denn nach Art. 1 der Plan-UP-Richtlinie ist es Ziel der Richtlinie, im Hinblick auf die Förderung einer nachhaltigen Entwicklung ein hohes Umweltschutzniveau sicherzustellen und dazu beizutragen, dass Umwelterwägungen bei der Ausarbeitung und Annahme von Plänen und Programmen einbezogen werden, indem diese Pläne mit erheblichen Umweltauswirkungen einer Umweltprüfung unterzogen werden. Damit werden in der Plan-UP-Richtlinie zwar keine materiellen Maßstäbe für die Berücksichtigung von Umweltbelangen vorgegeben. Es ist nach den Vorgaben der Richtlinie aber erforderlich, dass die Ergebnisse der Umweltprüfung in die Abwägung eingehen und dort zu einem für die Umwelt nachhaltigen Ergebnis führen.[1635]

IX. Bauplanungsrecht und UVP

842 Die UVP bisheriger Prägung und die Umweltprüfung sind durch § 17 UVPG zu einer Umweltprüfung zusammengeführt worden. Eine Vorprüfung nach den §§ 3a bis 3f UVPG ist nicht mehr erforderlich, wenn eine Umweltprüfung durchgeführt wird. Doppelprüfungen werden auch durch die Abschichtungsklausel in § 17 III UVPG vermieden, wonach bei durchgeführter Umweltprüfung in der Bauleitplanung die UVP im nachfolgenden Zulassungsverfahren auf zusätzliche oder andere erhebliche Umweltauswirkungen beschränkt werden soll. Dieselben Grundsätze gelten auch im Verhältnis zwischen Raumordnung, Flächennutzungsplan und Bebauungsplan (§ 2 IV 5 BauGB). Landschaftspläne, Grünordnungspläne und vergleichbare Pläne sind bei der Umweltprüfung zu berücksichtigen (§ 2 IV 6 BauGB). Für Bauleitpläne wird die Umweltprüfung im BauGB geregelt. Diese ersetzt zugleich eine nach dem UVPG erforderliche UVP.

843 Nach § 17 I 1 UVPG ist eine UVP insbesondere für Vorhaben nach den Nrn. 18.1 bis 18.8 der Anlage 1 zum UVPG wie beispielsweise Feriendörfer, Freizeitparks oder Industriezonen nur im Bebauungsplanverfahren durchzuführen. Wird im Rahmen der Bauleitplanung eine Umweltprüfung durchgeführt, so entfällt im Planaufstellungsverfahren eine Vorprüfung oder UVP. Eine ergänzende UVP im Zulassungsverfahren ist nur dort erforderlich, wo bisher nicht abgeprüfte Umweltbelange dies erfordern. Hierdurch wird im Regelfall in der Bauleitplanung die UVP und das Vorprüfungsverfahren nach den §§ 3a bis 3f. UVPG durch eine einheitliche Umweltprüfung nach den Vorschriften des BauGB ersetzt. Eine gesonderte UVP nach den Vorschriften des UVPG ist daher nur

---

[1634] *BVerwG*, Urt. v. 25. 1. 1996 – 4 C 5.95 – BVerwGE 100, 238 = DVBl. 1996, 677 – Eifelautobahn A 60.
[1635] S. Rdn. 1378.

dann noch erforderlich, wenn eine Umweltprüfung für Vorhaben nach den §§ 29 bis 37 BauGB nicht stattgefunden hat. Hierzu gehören vor allem Vorhaben, deren planungsrechtliche Zulässigkeit sich nicht auf eine Bauleitplanung gründet.

Die Umweltprüfung im **Zulassungsverfahren** ist vor allem bei Vorhaben im **nicht beplanten Innenbereich** oder im **Außenbereich** wichtig, weil hier der Bebauungsplan und teilweise auch der Flächennutzungsplan ausfällt. Aber auch bei Vorhaben in beplanten Gebieten ist ggf. eine ergänzende UVP im Zulassungsverfahren sinnvoll, etwa wenn der Bebauungsplan noch nicht einen entsprechenden Konkretisierungsgrad hatte oder ein längerer Zeitraum zwischen Bebauungsplanverfahren und Zulassungsverfahren vergangen ist. Auch könnte ein Teil der Umweltprüfung nach den Grundsätzen des Konflikttransfers von der Bauleitplanung in das Zulassungsverfahren verschoben werden und dort in Gestalt einer UVP durchgeführt werden. 844

Das setzt allerdings voraus, dass die **Bauordnungen der Länder** im Rahmen des Baugenehmigungsverfahrens eine UVP vorsehen. Für Vorhaben der Nrn. 18.1 bis 18.8 der Anlage 1 zum UVPG ist daher im Zulassungsverfahren ein Trägerverfahren für die UVP erforderlich, das den Anforderungen der Projekt-UVP-Richtlinie entspricht. Entsprechende Vorschriften sind in die Regelungen des Baugenehmigungsverfahrens durch die Länder aufzunehmen. Im Hinblick auf die Plan-UP-Richtlinie ist eine Ergänzung der Bauordnungen der Länder allerdings nicht erforderlich, weil diese Richtlinie sich nicht auf Projekte, sondern auf Pläne bezieht und daher konkrete Zulassungsentscheidungen nicht erfasst. Um Mehrfachprüfungen zu vermeiden, kann sich die UVP im Zulassungsverfahren auf zusätzliche oder andere Umweltauswirkungen des Vorhabens beschränken. Die Ergebnisse der UVP können für Vorhaben im Geltungsbereich eines Bebauungsplans über § 15 BauNVO berücksichtigt werden. Bei Vorhaben nach § 34 BauGB können die Ergebnisse im Rahmen des Merkmals „einfügen", bei Vorhaben nach § 35 BauGB über die „öffentlichen Belange" eingebracht werden. 845

4. Teil. Planaufstellungsverfahren

Nach § 1 III BauGB haben die Gemeinden die Bauleitpläne aufzustellen, sobald und so weit es für die städtebauliche Entwicklung und Ordnung erforderlich ist.[1636] Der Flächennutzungsplan und der Bebauungsplan werden nach einem weitgehend gleichen Verfahren aufgestellt. Auf die Aufstellung von Bauleitplänen und städtebaulichen Satzungen besteht allerdings kein Anspruch, wie sich aus § 1 III 2 BauGB ergibt. Ein solcher Anspruch kann auch nicht durch Vertrag begründet werden. Der allgemeinen Planungspflicht der Gemeinde entspricht damit **kein subjektives Recht** des Bürgers auf Aufstellung eines Bauleitplans.[1637] Ebenso wenig besteht ein Anspruch auf Fortführung eines eingeleiteten Bauleitplanverfahrens oder ein Anspruch auf Bestand i. S. einer Nichtänderung oder einer Aufhebung eines rechtswirksamen Flächennutzungs- oder Bebauungsplans.[1638] Auch ein allgemeiner Plangewährleistungsanspruch auf Bestand oder Fortbe- 846

[1636] Zum Aufstellungsverfahren *Battis/Krautzberger/Löhr* §§ 1–13 BauGB; *Ernst/Zinkahn/Bielenberg/Krautzberger* zu §§ 1–13 BauGB; *Finkelnburg/Ortloff*, Öffentliches Baurecht, 1990; *Gelzer/Birk* Rdn. 1 ff.; *Grziwotz* S. 1 ff.; *Gaentzsch* LKV 1992, 105; *Hoppe* in: *Hoppe/Bönker/Grotefels* § 5 Rdn. 65; *Krautzberger/Löhr* NVwZ 1987, 177; *Quaas/Müller*, Normenkontrolle und Bebauungsplan, 1 ff.; *Rothe*, Das Verfahren bei der Aufstellung von Bauleitplänen, 1992; *Schrödter* (Hrsg.), BauGB, 1993, §§ 1–13 BauGB; *Stüer* StuGR 1989, 8.
[1637] BVerwG, Urt. v. 11. 3. 1977 – IV C 45.75 – DVBl. 1977, 529; B. v. 3. 8. 1992 – 4 B 145.82 – DVBl. 1982, 1096 = ZfBR 1992, 226.
[1638] So ausdrücklich § 2 III BauGB, wonach ein Anspruch auf Aufstellung von Bauleitplänen und städtebaulichen Satzungen nicht besteht und auch durch Vertrag nicht begründet werden kann.

stand eines Bauleitplans ist nicht anerkannt.[1639] Die Aufstellung der Bauleitpläne liegt vielmehr im pflichtgemäßen Ermessen der Gemeinde, das vom Bürger nicht eingeklagt werden kann.[1640] Auch auf die Aufstellung eines vorhabenbezogenen Bebauungsplans besteht kein Rechtsanspruch. Die Gemeinde hat allerdings auf Antrag des Vorhabenträgers über die Einleitung des Bebauungsplanverfahrens nach pflichtgemäßem Ermessen zu entscheiden (§ 12 II BauGB). Einklagbare Rechtsansprüche ergeben sich daraus jedoch nicht. Die Regelung in § 12 II BauGB erscheint daher mehr als Appellvorschrift an die Gemeinde, sich mit einem Antrag auf Einleitung eines Verfahrens zur Aufstellung eines vorhabenbezogenen Bebauungsplans zu befassen. Dadurch wird die Grundsatzentscheidung des Gesetzgebers in § 1 III 2 BauGB, wonach auf die Aufstellung einer städtebaulichen Satzung kein Rechtsanspruch besteht, jedoch nicht berührt. Die Durchsetzung eines Anspruchs auf Aufstellung eines vorhabenbezogenen Bebauungsplans erscheint auch deshalb aus Investorensicht nicht sinnvoll, weil der Anspruch über die Entscheidung der Verfahrenseinleitung nicht hinausgehen würde und ohnehin ein Anspruch auf Erlass eines vorhabenbezogenen Bebauungsplans nicht durchsetzbar ist.

847 Die Bauleitplanung kann auch dazu genutzt werden, bisher zulässige Nutzungen zu verhindern. Solche **Negativplanungen** sind nicht schon dann wegen Verstoßes gegen § 1 III BauGB unwirksam, wenn ihr Hauptzweck in der Verhinderung bestimmter städtebaulich relevanter Nutzungen besteht. Sie sind nur dann unzulässig, wenn sie nicht dem planerischen Willen der Gemeinde entsprechen, sondern nur vorgeschoben sind, um eine andere Nutzung zu verhindern.[1641] Wenn die Gemeinde beabsichtigt, einen Teilbereich des Gemeindegebietes einer bestimmten baulichen Nutzung zuzuführen, so bedeutet dies zugleich, dass andere Nutzungen ausgeschlossen sein sollen.[1642] Derartige negative Zielvorstellungen sind nach Auffassung des *BVerwG* nicht von vornherein illegitim. Sie können sogar den Hauptzweck einer konkreten Planung bilden. Die Gemeinde darf mit den Mitteln, die ihr insbesondere das BauGB und die BauNVO zur Verfügung stellen, grundsätzlich auch städtebauliche Ziele verfolgen, die mehr auf Bewahrung als auf Veränderung der vorhandenen Situation zielen.[1643]

848 Verfolgt die Gemeinde mit der Festsetzung einer Fläche für die Landwirtschaft (Streuobstwiese)[1644] maßgeblich auch landschaftspflegerische und klimatologische Zwecke (Kaltluftschneise), so liegt allein darin noch keine unzulässige **„Negativplanung"**[1645] Eine Negativplanung kann allerdings in der Ausweisung eines Grundstücks als öffentliche Grünfläche dann liegen, wenn die planende Gemeinde in Wirklichkeit eine dieser Festsetzung entsprechende Nutzung nicht beabsichtigt, sondern es ihr nur darum geht, das Grundstück für eine spätere möglicherweise notwendig werdende andere Nutzung – etwa die Anlegung von Stellplätzen und anderen Nebenanlagen für ein Strandbad – vorzuhalten.[1646]

849 Bei der Aufstellung, Änderung, Ergänzung und Aufhebung von Bauleitplänen nach dem BauGB sollte nach dem durch das BauROG 1998 aufgehobenen § 1 I BauGB-

---

[1639] *BVerwG*, B. v. 9. 10. 1996 – 4 B 180.96 – DÖV 1997, 251 = UPR 1997, 102 – Plangewährleistung; *OVG Berlin*, Urt. v. 28. 2. 1998 – 2 A 8.94 – BauR 1998, 978 für die Umwandlung einer landwirtschaftlich genutzten Fläche von Wohnbauland in Fläche für die Landwirtschaft.

[1640] *BVerwG*, B. v. 26. 1. 1994 – 4 NB 42.93 – Buchholz 406.12 § 17 BauNVO Nr. 5; *Berg* JuS 1980, 418.

[1641] *VG Gießen*, Urt. v. 2. 3. 1998 – 1 E 228/96 – Mülldeponie-Verhinderung.

[1642] So für eine Negativplanung zur Verhinderung einer Restmülldeponie *VG Gießen*, Urt. v. 2. 3. 1998 – 1 E 228/96 – Mülldeponie-Verhinderung.

[1643] *BVerwG*, B. v. 18. 12. 1990 – 4 NB 8.90 – BauR 1991, 165 = DVBl. 1991, 445 – Negativplan.

[1644] Zu deren Schutzwürdigkeit bei der Aufstellung eines Bebauungsplans *OVG Lüneburg*, Urt. v. 21. 4. 1998 – 1 K 4672/96 –.

[1645] *BVerwG*, B. v. 27. 1. 1999 – 4 B 129.98 – NVwZ 1999, 878 = BauR 1999, 611 = ZfBR 1999, 159 – Streuobstwiese.

[1646] *VGH Mannheim*, Urt. v. 18. 9. 1998 – 8 S 1279/98 – VGHBW RSprDienst 1998, Beilage 12 B 6 – Strandbad.

MaßnG einem **dringenden Wohnbedarf** der Bevölkerung besonders Rechnung getragen werden. In Gemeinden mit einem dringenden Wohnbedarf der Bevölkerung sollte bei der Aufstellung, Änderung oder Ergänzung von Bebauungsplänen für Gewerbe- und Industriegebiete einem durch den Bebauungsplan voraussichtlich hervorgerufenen zusätzlichen Wohnbedarf in geeigneter Weise Rechnung getragen werden (§ 1 I 2 BauGB-MaßnG). Das BauGB-MaßnG betonte damit, dass der dringende Wohnbedarf der Bevölkerung einen wichtigen Abwägungsbelang darstellt, der bei der Aufstellung von Bauleitplänen zu berücksichtigen ist. Dieser Belang war dabei als Optimierungsgebot in dem Sinne ausgestaltet, dass der dringende Wohnbedarf ein verstärktes Gewicht gegenüber anderen abwägungserheblichen Belangen erhielt.[1647] Die Formulierung „soll besonders berücksichtigt werden" konnte als relativer Vorrang verstanden werden. Dem dringenden Wohnbedarf kam in der Abwägung zwar kein absoluter Vorrang zu. Wohl aber war der dringende Wohnbedarf mit einem erhöhten Rechtfertigungspotenzial ausgestattet, ebenso wie zur Überwindung dieses Belangs ein erhöhter Begründungsaufwand erforderlich war.[1648] Das BauROG 1998 hat zwar die Berücksichtigung eines dringenden Wohnbedarfs nicht in das Dauerrecht übernommen. Der Wohnbedarf der Bevölkerung stellt gleichwohl einen wichtigen Belang dar, der im Beispielskatalog der abwägungserheblichen Belange in § 1 VI Nr. 2 BauGB ausdrücklich erwähnt ist. Insoweit hat sich gegenüber der früheren Rechtslage nichts wesentliches verändert. Ob danach der Wohnbedarf der Bevölkerung zu besonderen städtebaulichen Maßnahmen Anlass gibt, ist nach wie vor eine Frage der konkreten Verhältnisse im Einzelfall.

Auch bei der **Ausweisung von Gewerbe- und Industrieflächen** war nach dem durch das BauROG 1998 aufgehobenen § 1 I 2 BauGB-MaßnG einem erhöhten Wohnbedarf der Bevölkerung Rechnung zu tragen. Diese Anforderungen stellen sich auch heute an die Bauleitplanung vor allem dann, wenn in der Gemeinde ein erhöhter Wohnbedarf besteht und durch die Ausweisung von gewerblichen oder industriellen Nutzungen mit einem Zuzug von Arbeitskräften zu rechnen ist. Umgekehrt besteht ein erhöhter Wohnbedarf im Hinblick auf die Gewerbeneuansiedlung nicht, wenn der Bedarf an Arbeitskräften voraussichtlich aus der Gemeinde oder aus dem näheren Umland gedeckt werden kann. Kommt es voraussichtlich zu einer erhöhten Nachfrage an Wohnungen, muss die Gemeinde im Bebauungsplan begründen, wie sie dem im Bebauungsplan durch geeignete Maßnahmen begegnen will. Es können etwa zusätzliche neue Baugebiete ausgewiesen werden. In Betracht kommen aber auch vertragliche Vereinbarungen mit Nachbargemeinden.[1649]

Das **Aufstellungsverfahren** von Flächennutzungsplan und Bebauungsplan als den beiden Handlungsformen kommunaler Bauleitplanung ist weitgehend identisch und gilt auch für ihre Änderung, Ergänzung und Aufhebung. Durch das BauROG 1998 ist das Verfahren zur Aufstellung der Bauleitpläne vereinheitlicht worden. Wesentliche Elemente des Planverfahrens sind die Öffentlichkeitsbeteiligung in § 3 BauGB und die Behördenbeteiligung nach § 4 BauGB, der Beschluss über den Plan sowie ggf. das Genehmigungsverfahren und die Bekanntmachung. Die Vorschriften der Öffentlichkeits- und Behördenbeteiligung sind in den §§ 3, 4, 4a BauGB zusammengefasst und neben der Bauleitplanung vom Grundsatz her auch für andere städtebauliche Satzungen anwendbar.[1650] Das Verfahren gliedert sich in mehrere **Abschnitte**[1651] (s. Abbildung auf S. 326).

[1647] Begründung zum Gesetzentwurf der Bundesregierung, BT-Drs. 11/6508, S. 10; *Hoppe* in: *Hoppe/Bönker/Grotefels* § 5 Rdn. 158.
[1648] *Hoppe* DVBl. 1992, 853; *ders.* DVBl. 1993, 573.
[1649] Begründung zum Gesetzentwurf der Koalitionsfraktionen, BT-Drs. 12/3944, S. 40; *Hoppe* in: *Hoppe/Bönker/Grotefels* § 5 Rdn. 158.
[1650] Fachkommission „Städtebau" der ARGEBAU, Muster-Einführungserlass zum BauROG, S. 10.
[1651] *Battis* in: Battis/Krautzberger/Löhr § 2 Rdn. 2; *Hoppe* in: *Hoppe/Bönker/Grotefels* § 5 Rdn. 65.

```
┌─────────────────────────────────────────────────────────────────┐
│                      Aufstellungsverfahren                      │
│                                                                 │
│    ┌──────────────────┐              ┌──────────────────┐       │
│    │ Flächennutzungsplan │           │  Bebauungsplan    │       │
│    └──────────────────┘              └──────────────────┘       │
│                                                                 │
│         ┌──────────────────────────────────────────┐            │
│         │   Aufstellungsbeschluss (§ 2 I BauGB)    │            │
│         │  ortsübliche Bekanntmachung (§ 2 I BauGB)│            │
│         └──────────────────────────────────────────┘            │
│                                                                 │
│         ┌──────────────────────────────────────────┐            │
│         │ vorgezogene Öffentlichkeits- und         │            │
│         │    Behördenbeteiligung                   │            │
│         │         (§§ 3 I, 4 I BauGB)              │            │
│         │ öffentliche Unterrichtung über die       │            │
│         │ allgemeinen Ziele und Zwecke der Planung │            │
│         │ Abstimmung des Untersuchungsrahmens und  │            │
│         │ des Detaillierungsgrades der Umweltprüfung│           │
│         │          mit den Behörden                │            │
│         └──────────────────────────────────────────┘            │
│                                                                 │
│         ┌──────────────────────────────────────────┐            │
│         │ Förmliche Öffentlichkeits- und           │            │
│         │    Behördenbeteiligung                   │            │
│         │        (§§ 3 II, 4 II BauGB)             │            │
│         │ Offenlegungsbeschluss mit ortsüblicher   │            │
│         │          Bekanntmachung                  │            │
│         │         Dauer: eine Woche                │            │
│         │         Offenlage einen Monat            │            │
│         │    Entgegennahme von Stellungnahmen      │            │
│         └──────────────────────────────────────────┘            │
│                                                                 │
│      ┌────────────────────────────────────────────────┐         │
│      │ mit Begründung und Umweltbericht (§§ 5 V, 9 VIII BauGB) │
│      └────────────────────────────────────────────────┘         │
│                                                                 │
│         ┌──────────────────────────────────────────┐            │
│         │      Bescheidung der Stellungnahmen      │            │
│         │       Mitteilung des Ergebnisses         │            │
│         │ bei wesentlichen Änderungen erneute Offenlage│         │
│         │           (§ 4a III BauGB)               │            │
│         └──────────────────────────────────────────┘            │
│                                                                 │
│   ┌─────────────────────┐              ┌─────────────────────┐  │
│   │ Feststellungsbeschluss │           │  Satzungsbeschluss  │  │
│   └─────────────────────┘              └─────────────────────┘  │
│                                                                 │
│                                   ┌─────────────────────────┐   │
│                                   │ Genehmigungsfreiheit bei│   │
│   ┌──────────────────────────┐    │ aus dem Flächennutzungs-│   │
│   │ Vorlage des Flächennutzungs-│ │ plan entwickelten       │   │
│   │ plans mit den nicht      │    │ Bebauungsplänen         │   │
│   │ berücksichtigten Anregungen│  │ sonst: Vorlage des      │   │
│   │ bei der Genehmigungsbehörde│  │ Bebauungsplans mit den  │   │
│   │        (§ 6 BauGB)       │    │ nicht berücksichtigen   │   │
│   └──────────────────────────┘    │ Anregungen bei der      │   │
│                                   │ Genehmigungsbehörde     │   │
│                                   │      (§ 10 II BauGB)    │   │
│                                   └─────────────────────────┘   │
│                                                                 │
│            ┌──────────────────────────────────┐                 │
│            │     ortsübliche Bekanntmachung    │                │
│            └──────────────────────────────────┘                 │
│                                                                 │
│   ┌──────────────────────────┐     ┌──────────────────────────┐ │
│   │ Wirksamwerden (§ 6 V 2 BauGB)│ │ In-Kraft-Treten (§ 10 III 4 BauGB) │
│   └──────────────────────────┘     └──────────────────────────┘ │
└─────────────────────────────────────────────────────────────────┘
```

I. Aufstellungsbeschluss

852 Das **förmliche Planaufstellungsverfahren** beginnt mit dem **Aufstellungsbeschluss** gem. § 2 I BauGB. Die Bauleitpläne sind von der Gemeinde in eigener Verantwortung aufzustellen. Der Beschluss, einen Bauleitplan aufzustellen, ist ortsüblich bekannt zu machen (§ 2 I 2 BauGB). Mit dem Aufstellungsbeschluss ist allerdings nur der Beginn des förmlichen Planaufstellungsverfahrens markiert. In der Praxis beginnt das Verfahren zur

Aufstellung eines Bebauungsplans mit einer Initiative der Verwaltung, einem Ersuchen aus der Mitte des Rates oder des Planungsausschusses, aber auch aufgrund von entsprechenden Stellungnahmen seitens der Bürgerschaft oder im Zusammenhang mit Anfragen von Investoren. Die Gemeindeverwaltung wird diese Stellungnahmen ggf. aufgreifen und erste Vorstellungen für eine mögliche Nutzungskonzeption und die für die Planaufstellung in Betracht kommenden Flächen entwickeln.

Das **Bundesrecht** enthält dabei keine in sich abgeschlossene und vollständige Regelung der formellen Voraussetzungen für die Gültigkeit der Bauleitpläne. Soweit das Bundesrecht keine Regelungen enthält, bestimmen sich die Verfahrensanforderungen an die Aufstellung eines Bauleitplans nach **Landesrecht**. So richtet sich die Zuständigkeit des jeweiligen Gemeindeorgans für die einzelnen Verfahrensabschnitte nach der GO i.V. mit dem Ortsrecht.[1652] Ziel des BauGB ist es dabei, die bundesrechtlichen Verfahrensvorschriften unter Wahrung rechtsstaatlicher, aber auch europarechtlicher Anforderungen auf das Notwendige zu begrenzen.[1653]

853

Nach dem durch das BauROG 1998 aufgehobenen § 1 I 2 BauGB-MaßnG sollte bei der Aufstellung, Änderung oder Ergänzung von Bebauungsplänen für Gewerbe- und Industriegebiete einem durch den Bebauungsplan voraussichtlich hervorgerufenen Wohnbedarf in geeigneter Weise Rechnung getragen werden. Die Vorschrift griff Erfahrungen auf, die bei der Ausweisung neuer Gewerbe- und Industriegebiete vor allem am Rande großstädtischer Ballungsräume gesammelt worden sind. Das BauROG 1998 hat diese Bestimmung zwar nicht in das Dauerrecht des BauGB übernommen. Der Grundsatz dürfte aber unabhängig von einer ausdrücklichen gesetzlichen Regelung weiter gelten, wenn ein entsprechender Bedarf gegeben ist. Das Erfordernis der Ausweisung zusätzlicher Flächen für den Wohnbedarf wird vor allem dann bestehen, wenn in größerem Umfang neue Arbeitsplätze für Personen ausgewiesen werden sollen, die in der Gemeinde oder Region anschließend eine Wohnung suchen und zusätzlich auf den Wohnungsmarkt drängen.[1654]

854

Der **Aufstellungsbeschluss** muss den **Planbereich bezeichnen**, jedoch noch keine inhaltlichen Aussagen über die Nutzung des Plangebietes treffen. Der Flächennutzungsplan wird für das gesamte Gemeindegebiet aufgestellt. Die Änderung und Ergänzung des Flächennutzungsplans sowie die Aufstellung, Änderung, Ergänzung und Aufhebung eines Bebauungsplans betreffen jeweils einen Teil des Gemeindegebietes, wobei die Abgrenzung des Plangebietes im Planungsermessen der Gemeinde steht. Der Geltungsbereich eines Bebauungsplans ist nach Zweckmäßigkeitsgesichtspunkten nach Maßgabe des § 1 III BauGB aufzustellen. Danach haben die Gemeinden die Bauleitpläne aufzustellen, sobald und so weit es für die städtebauliche Entwicklung erforderlich ist. Der Bebauungsplan kann sich auch auf ein einzelnes Grundstück beziehen, ebenso wie er in aller Regel mehrere Grundstücke umfassen wird. Es wird dabei vielfach zweckmäßig sein, sich an den Grenzen der sog. Buchgrundstücke auszurichten. Geboten ist dies allerdings nicht, wenn etwa bei größeren Flurstücken planerische Gesichtspunkte aus der Sicht der Gemeinde für eine andere Grenzziehung des Plangebietes sprechen.[1655]

855

Hinweis: Die Gemeinde wird die Abgrenzung des Plangebietes so wählen, dass zusammenhängende, lösungsbedürftige Probleme bewältigt werden können. Allerdings ist die Gemeinde nicht gehindert, den Bebauungsplan jeweils auf kleinere Gebietseinheiten zu beschränken, wenn sichergestellt wird, dass die lösungsbedürftigen Konflikte etwa durch parallel durchgeführte Aufstellungsverfahren nicht auf der Strecke bleiben oder durch Nachfolgeverfahren eine ausreichende Konfliktbewältigung gewährleistet werden kann.

[1652] *BVerwG*, Urt. v. 18. 8. 1964 – 1 C 63.62 – BVerwGE 19, 164; B. v. 3. 10. 1984 – 4 N 1, 2.84 – DVBl. 1985, 387 = ZfBR 1985, 48.
[1653] *BVerwG*, B. v. 14. 4. 1988 – 4 N 4.87 – BVerwGE 79, 200 = NVwZ 1988, 916 = *Hoppe/Stüer* RzB Rdn. 193.
[1654] *Krautzberger/Runkel* DVBl. 1993, 453.
[1655] *BVerwG*, B. v. 30. 6. 1994 – 4 B 136.94.

856 Die **Bekanntmachung** des **Aufstellungsbeschlusses** muss der Anstoß- und Hinweisfunktion in dem Sinne gerecht werden, dass die Öffentlichkeit von der Planungsabsicht für ein bestimmtes Plangebiet Kenntnis nehmen kann und ihr die Möglichkeit eröffnet wird, sich an dem weiteren Planverfahren zu beteiligen.[1656] Die Bekanntmachung ist dabei nach den landesrechtlichen Vorschriften der jeweiligen Gemeindeordnungen und Kommunalverfassungen durchzuführen.[1657] Die Form der Bekanntmachung ist zumeist in den Hauptsatzungen der Gemeinden und in landesrechtlich geltenden Bekanntmachungsanordnungen festgelegt. Ist diese unwirksam, kann dies auch die Unwirksamkeit der Bekanntmachung der Bauleitplanung zur Folge haben.[1658]

Hinweis: Das Plangebiet sollte durch eine Kurzbezeichnung (nicht nur durch eine Nummer)[1659] durch eine textliche Beschreibung sowie eine zeichnerische Darstellung beschrieben werden, z. B. wie folgt: Bekanntmachung über die Aufstellung des Bebauungsplans Nr. 1 Gewerbegebiet Bahnhof. Der Rat der Gemeinde hat in seiner Sitzung vom ... gem. § 2 I BauGB die Aufstellung des Bebauungsplans Nr. 1 Gewerbegebiet Bahnhof beschlossen. Das Plangebiet wird durch die Straßen A, B, C und D umgrenzt und ist in dem nachfolgenden Kartenausschnitt dargestellt. Der Aufstellungsbeschluss wird hiermit bekannt gemacht.

857 Wie der Planaufstellungsbeschluss bekannt zu machen ist, bestimmt das jeweilige Landesrecht.

858 Der **Aufstellungsbeschluss** ist allerdings **bundesrechtlich kein erforderlicher Bestandteil** des Planaufstellungsverfahrens für die Wirksamkeit des Flächennutzungs- bzw. Bebauungsplans (vgl. auch § 214 I 1 Nr. 1 BauGB). Auch durch einen fehlenden, etwa nach landesrechtlichen Vorschriften unwirksamen oder nicht ordnungsgemäß bekannt gemachten Aufstellungsbeschluss wird der Plan nicht unwirksam. Auch ist ein Bebauungsplan bundesrechtlich nicht etwa deshalb unwirksam, weil Ratsbeschlüsse, die im Verfahren zu seiner Aufstellung vor dem Satzungsbeschluss (§ 10 BauGB) gefasst worden sind, infolge der Mitwirkung befangener Gemeinderatsmitglieder landesrechtlich unwirksam sind.[1660]

859 Das *BVerwG* unterscheidet hinsichtlich der **Wirksamkeit** des **Flächennutzungs-** und **Bebauungsplans** zwischen den **bundesrechtlichen** und den **landesrechtlichen Anforderungen**. Aus dem Bundesrecht leitet das *BVerwG* lediglich das Gebot ab, dass der Flächennutzungsplan bzw. der Bebauungsplan durch das nach Landesrecht zuständige Organ festgestellt bzw. als Satzung beschlossen werden muss. Auch muss der Bauleitplan im Rahmen der förmlichen Öffentlichkeitsbeteiligung nach § 3 II BauGB für einen Monat offen liegen und die Offenlage eine Woche vor deren Beginn ordnungsgemäß bekannt gemacht werden. Die Bekanntmachung muss dabei in einer Weise erfolgen, die geeignet ist, dem an der beabsichtigten Bauleitplanung interessierten Bürger sein Interesse an Information und Beteiligung durch Stellungnahmen bewusst zu machen.[1661] Beschlüsse, die dem Feststellungs- bzw. Satzungsbeschluss vorausgehen, sind nach Auffassung des *BVerwG*[1662] bundesrechtlich nicht erforderlich. Allerdings könne das Landesrecht ggf. weitere Anforderungen an die Wirksamkeit des Bebauungsplans stellen.

[1656] *BVerwG*, Urt. v. 26. 5. 1978 – IV C 9.77 – BVerwGE 55, 369 = *Hoppe/Stüer* RzB Rdn. 336 – Harmonie.
[1657] Zum Fachplanungsrecht *BVerwG*, Urt. v. 23. 4. 1997 – 11 A 7.97 – DVBl. 1997, 1119 = NuR 1997, 504 – Rheinbek-Wentorf.
[1658] *VG Frankfurt (Oder)*, Urt. v. 28. 1. 1999 – 7 L 747/98 – Vorbescheid.
[1659] *BVerwG*, B. v. 15. 8. 2000 – 4 BN 35.00 – DVBl. 2000, 1861 = NVwZ 2001, 203 = BauR 2001, 71 = DÖV 2001, 130.
[1660] *BVerwG*, B. v. 14. 4. 1988 – 4 N 4.87 – BVerwGE 79, 200 = BauR 1988, 562 = *Hoppe/Stüer* RzB Rdn. 193. Zur Befangenheit von Mitgliedern des Sparkassenverwaltungsrates im Gemeinderat *VGH Mannheim*, Urt. v. 6. 2. 1998 – 3 S 731/97 – DÖV 1998, 1025 = VGHBWSpDienst 1998, Beilage 5 B2.
[1661] *BVerwG*, Urt. v. 6. 7. 1984 – 4 C 22.80 – BVerwGE 69, 344 – Malepartus.
[1662] *BVerwG*, B. v. 14. 4. 1988 – 4 N 4.87 – BVerwGE 79, 200 = *Hoppe/Stüer* RzB Rdn. 193.

860 Das BauGB enthält keine in sich abgeschlossene und vollständige Regelung der formellen Voraussetzungen für gültige Bauleitpläne. Bundesrechtlich vorgegeben ist zwar, dass es sich bei der Bauleitplanung um eine Aufgabe der Gemeinde handelt (§ 2 I 1 BauGB). Bundesrechtlich geregelt sind auch einzelne Schritte im Verfahren der Bauleitplanung, wie z. B. die Öffentlichkeitsbeteiligung, die Beteiligung der Behörden und sonstigen Träger öffentlicher Belange oder die Beschlussfassung über den Bebauungsplan. Für einzelne dieser Verfahrensschritte enthält das Bundesrecht ferner weitere Anforderungen, etwa die Regelungen zur Auslegung des Planentwurfs und deren Dauer und die öffentliche Bekanntmachung über Ort und Dauer der Auslegung (§ 3 II BauGB). Soweit aber das Bundesrecht keine Regelung trifft, bestimmt sich das bei der Aufstellung von Bauleitplänen einzuhaltende Verfahren nach Landes- bzw. Ortsrecht.[1663]

861 Das **Landesrecht** kann dabei offenbar lediglich die Frage regeln, ob die bundesrechtlich erforderlichen Bestandteile des Aufstellungsverfahrens kommunalrechtlich wirksam sind. Es erscheint jedoch nicht sinnvoll, dass etwa durch das Landesrecht zusätzliche Anforderungen an die Wirksamkeit der Bauleitpläne gestellt werden, die bundesrechtlich nicht bestehen. So kann das Landesrecht etwa regeln, welches Gemeindeorgan für die Verabschiedung des Satzungsbeschlusses zuständig ist und welche Verfahrensanforderungen an die Wirksamkeit eines solchen Satzungsbeschlusses zu stellen sind. Es sollte jedoch dem Landesrecht nicht die Möglichkeit eingeräumt werden, die Wirksamkeit der Bauleitpläne von zusätzlichen, bundesrechtlich nicht gebotenen Verfahrensschritten oder Beschlüssen abhängig zu machen.[1664]

862 Ob und in welchem Umfang auf die Aufstellung der Bauleitpläne durch **Bürgerbegehren** eingewirkt werden kann, regelt bei Wahrung bundesrechtlicher Vorgaben das jeweilige Landesrecht. Nach § 26 V Nr. 6 GO NRW ist ein Bürgerbegehren mit dem Ziel ausgeschlossen, auf die Aufstellung, Änderung, Ergänzung oder Aufhebung von Bebauungsplänen hinzuwirken.[1665] Nach § 26 V Nr. 5 GO darf es sich nicht auf Angelegenheiten beziehen, die im Rahmen eines Planfeststellungsverfahrens oder eines förmlichen Verwaltungsverfahrens mit Öffentlichkeitsbeteiligung oder eines abfallrechtlichen, immissionsschutzrechtlichen, wasserrechtlichen oder vergleichbaren Zulassungsverfahrens zu entscheiden sind. Auch Bürgerbegehren, die durch eine indirekte Einflussnahme auf derartige Plan- und Zulassungsverfahren einwirken wollen, sind danach unzulässig.[1666] Nach Art. 18a III BayGO kann sich das Bürgerbegehren auch auf die Aufstellung eines Bebauungsplans beziehen.[1667] Allerdings ist im Hinblick auf das rechtsstaatlich verfasste Abwägungsgebot sicherzustellen, dass die Entscheidungsbefugnisse des Gemeinderates nicht unzulässig eingeengt werden.

863 Ein **wirksamer** und **ordnungsgemäß bekannt gemachter Aufstellungsbeschluss** ist allerdings erforderlich als **Voraussetzung** für verschiedene **Plansicherungsinstrumente**, mit denen die künftige Bauleitplanung flankierend begleitet werden kann. So bietet erst

---

[1663] BVerwG, B. v. 14. 4. 1988 – 4 N 4.87 – BVerwGE 79, 200 = *Hoppe/Stüer* RzB Rdn. 193; Urt. v. 7. 5. 1971 – IV C 18.70 – DVBl. 1971, 757; B. v. 18. 6. 1982 – 4 N 6.79 – DVBl. 1982, 1095; B. v. 3. 10. 1984 – 4 N 1.84 – DVBl. 1985, 387 = *Hoppe/Stüer* RzB Rdn. 849 – Beitrittsbeschluss; in diesem Sinne auch schon *BVerwG*, Urt. v. 18. 8. 1964 – 1 C 63.62 – BVerwGE 19, 164 zum BBauG 1960. Zum Fachplanungsrecht *BVerwG*, Urt. v. 23. 4. 1997 – 11 A 7.97 – DVBl. 1997, 1119 = NuR 1997, 504 – Rheinbek-Wentorf.

[1664] Vgl. allerdings *BVerwG*, B. v. 22. 9. 1989 – 4 NB 24.89 – DVBl. 1990, 364 = NVwZ 1990, 361 = *Hoppe/Stüer* RzB Rdn. 853, wonach die Gemeinde als Ortsgesetzgeber bei der Bauleitplanung neben bundesrechtlichen Vorschriften auch landesrechtliche Bestimmungen zu beachten hat. Das Landesrecht könne insoweit selbst die Reichweite seiner Regelung bestimmen und subsidiäre Geltung beanspruchen.

[1665] *Held/Becker/Decker/Kirchhof/Krämer/Wansleben*, Erl. 1ff. zu § 26 GO; von *Lennep/Paal* StuGR 1994, 295; *Schneider* StuGR 1994, 399.

[1666] *Stüer*, Kommunalrecht 1997, 29.

[1667] *VGH München*, Urt. v. 14. 10. 1998 – 4 B 98.505 – VwRR BY 1999, 4.

ein wirksamer Aufstellungsbeschluss die Möglichkeit, mit einer Veränderungssperre nach den §§ 14, 16 BauGB die Planverwirklichung zu sichern.[1668] Der Beschluss zur Aufstellung des Bebauungsplans kann dabei mit dem Beschluss zum Erlass einer Veränderungssperre verbunden werden.[1669] Auch die Zurückstellung von Baugesuchen nach § 15 BauGB[1670] setzt einen wirksamen und ordnungsgemäßen Aufstellungsbeschluss voraus.[1671] Dieser ist auch erforderlich für die Aussetzungsbefugnis nach § 22 VI 3 BauGB und für die Genehmigungsmöglichkeiten bei einer Planreife nach den §§ 33 BauGB.[1672] Diese Anforderungen für die Zulässigkeit der Planverwirklichungsinstrumente führen jedoch nicht dazu, dass die Wirksamkeit der Bauleitplanung selbst in verfahrensrechtlicher Hinsicht von weiteren Voraussetzungen abhängig ist. Auch der Grundsatz einer frühzeitigen Öffentlichkeitsbeteiligung ändert daran nichts, weil eine ausreichende Information in der vorgezogenen und förmlichen Öffentlichkeitsbeteiligung nach § 3 BauGB erfolgt. Die Bekanntmachung eines wirksamen Aufstellungsbeschlusses ist hierzu nach Auffassung des *BVerwG* nicht erforderlich, zumal der Planaufstellungsbeschluss selbst noch keine Aussage über den Inhalt des Bauleitplanes enthalten muss.[1673]

864 Auch die **Mitwirkung** von **befangenen Ratsmitgliedern** am Aufstellungsbeschluss oder an anderen Beschlüssen im Vorfeld des eigentlichen Feststellungs- bzw. Satzungsbeschlusses führt nicht zur Unwirksamkeit des Bauleitplans, wenn dieser Mitwirkungsfehler nicht auf die vorgenannten abschließenden Beschlüsse durchschlägt. So ist etwa ein Bebauungsplan nicht deswegen ungültig, weil an der dem Satzungsbeschluss des Gemeinderates vorangehenden Beschlussfassung in der Mehrheitsfraktion des Rates kommunale Wahlbeamte als stimmberechtigte Fraktionsmitglieder beteiligt gewesen sind.[1674] Zur Begründung verweist das *BVerwG* auf die Grundsätze des Abwägungsgebotes und auf den Umstand, dass es für die Rechtswirksamkeit der Bauleitpläne auf den Zeitpunkt der abschließenden Ratsbeschlüsse ankommt. Abwägungsvorgänge setzen sich – so das *BVerwG*[1675] – häufig aus einer Abfolge einzelner Abwägungen zusammen. Das führt aber nicht zu Bedenken, solange kein Anlass für die Annahme besteht, dass sich die Gemeinde vorzeitig festlegt. Bedenklich könnte sogar umgekehrt eine Auslegung des Landesrechtes sein, die aus der ausschließlichen Zuständigkeit des Rates für den Erlass von Satzungen ableitet, dass schon die unzulässige Mitwirkung an lediglich vorbereitenden Ausschusssitzungen oder Vorbesprechungen notwendigerweise zur Unwirksamkeit des später beschlossenen Bebauungsplans führt. Eine geradezu blockierende Handhabung der Befangenheitsvorschriften würde gegen Bundesrecht verstoßen. Verfahrensfehler führen nur dann zur Rechtswidrigkeit des Abwägungsvorgangs, wenn sie sich in diesem Vorgang auch ausgewirkt haben können.[1676] Ob sich ein Mangel im Aufstellungsverfahren auf den Abwägungsvorgang ausgewirkt haben kann, lässt sich daher nur im Einzelfall beurteilen. Für die Abwägung ist allein die Sach- und Rechtslage im Zeitpunkt der Beschlussfassung über die Bauleitplanung maßgebend (§ 214 III 1 BauGB). Dieser Zeitpunkt ist auch für die städtebauliche Rechtfertigung einer Bauleitplanung maßgeblich.[1677]

[1668] S. Rdn. 1530.
[1669] *BVerwG*, B. v. 9. 2. 1989 – 4 B 236.88 – BauR 1989, 432 = *Hoppe/Stüer* RzB Rdn. 225.
[1670] Zur Zurückstellung s. Rdn. 1581.
[1671] S. Rdn. 1583.
[1672] Zur Planreife s. Rdn. 2315.
[1673] *BVerwG*, Urt. v. 10. 9. 1976 – IV C 39.74 – BVerwGE 51, 121.
[1674] *BVerwG*, Urt. v. 27. 3. 1992 – 7 C 20.91 – BVerwGE 90, 104; B. v. 17. 8. 1992 – 4 NB 8.91 – NVwZ 1993, 361.
[1675] *BVerwG*, B. v. 14. 4. 1988 – 4 N 4.87 – BVerwGE 79, 200 = *Hoppe/Stüer* RzB Rdn. 193.
[1676] *BVerwG*, B. v. 14. 4. 1988 – 4 N 4.87 – BVerwGE 79, 200 = BauR 1988, 562 = *Hoppe/Stüer* RzB Rdn. 193 – Planaufstellungsbeschluss Befangenheit.
[1677] *VGH München*, Urt. 1v. 23. 12. 1998 – 26 N 98.1675 – NVwZ-RR 2000, 79.

4. Teil. Planaufstellungsverfahren 865–867 A

Unzulässige Einwirkungen auf die Planung sind aus diesem Grunde bundesrechtlich 865
nur beachtlich, wenn sie zu einer **relevanten Verletzung** des **Abwägungsgebotes**[1678] führen.[1679] Vorbereitende Beschlüsse in Fraktionen sind für das einzelne Ratsmitglied nicht bindend. Denn das freie Mandat geht mit der Bildung von Fraktionen nicht auf diese über, sondern verbleibt bei jedem einzelnen Mandatsträger. Aus diesem Grunde haben Fraktionsbeschlüsse, auch wenn sie die nachfolgende Abstimmung im Rat tatsächlich prägen, rechtlich nur den Charakter einer unverbindlichen Empfehlung. Das schließt die Möglichkeit ein, dass sich ein Ratsmitglied in der Ratssitzung trotz der erwarteten und zumeist geübten Fraktionsdisziplin anders entscheidet.[1680]

Nach **Landesrecht** richtet sich die Frage, welches **Gemeindeorgan** den Planaufstel 866
lungsbeschluss zu fassen und die weiteren verfahrensleitenden Entscheidungen zu treffen hat. Regelmäßig wird hierfür der Rat als das Hauptorgan der Gemeinde zuständig sein.

II. Ausarbeitung des Planentwurfs

An den Aufstellungsbeschluss schließt sich die Ausarbeitung des Planentwurfs an. Die 867
Gemeinde kann den Planentwurf in der eigenen Verwaltung erarbeiten oder aber auch ein Planungsbüro mit diesen Planungsarbeiten beauftragen. Auch die **Übernahme** eines **Planentwurfs eines Investors** ist unbedenklich, solange die Gemeinde in ihrer Planungsfreiheit hierdurch nicht eingeschränkt wird. Allerdings wäre die Grenze der zulässigen Mitwirkung eines an der Planung interessierten Investors dann überschritten, wenn die Abwägung durch eine unzulässige Selbstbindung der Gemeinde oder durch eine sog. **subjektive Abwägungssperre** in eine Schieflage geriete.[1681] Ein Bebauungsplan ist nach der Rechtsprechung des BVerwG[1682] nicht schon deswegen abwägungsfehlerhaft, weil die Gemeinde ihn auf der Grundlage eines vom künftigen Bauherrn vorgelegten Projektentwurfs für ein Großvorhaben aufgestellt hat, das im Geltungsbereich des Plans verwirklicht werden soll. Das gilt auch, wenn die Gemeinde weder vom künftigen Bauherrn alternative Projektentwürfe sich hat vorlegen lassen noch solche selbst angefertigt hat. Ein auf der Grundlage eines einzigen Projektentwurfs des künftigen Bauherrn aufgestellter Bebauungsplan ist auch nicht schon deswegen abwägungsfehlerhaft, weil die Gemeinde über die Erforderlichkeit alternativer Projektentwürfe keine selbstständige Entscheidung getroffen hat, obgleich beteiligte Dienststellen oder Gremien der Gemeinde solche Alternativen gefordert haben. Die vorgenannten Umstände können jedoch im Einzelfall auf einen Abwägungsfehler hindeuten. Die Gemeinde ist allerdings nicht gehindert, bereits Vorkehrungen für die Umsetzung der Bauleitplanung zu treffen und ein für die Planverwirklichung benötigtes Grundstück bereits vor Abschluss des Planverfahrens anzukaufen.[1683]

Beispiel: Die Gemeinde beabsichtigt, in einem Bebauungsplan einen großflächigen Einzelhandelsbetrieb auszuweisen. Der Investor stellt der Gemeinde einen Projektentwurf vor, den diese dem Bebauungsplan zugrunde legt. Das Abwägungsgebot wäre allerdings verletzt, wenn der Projektträger selbst die von den Bürgern und Trägern öffentlicher Belange vorgebrachten Stellungnahmen nach eigenen Vorstellungen bescheiden und die Gemeinde das Ergebnis dieser Abwägung lediglich

---

[1678] Zum Abwägungsgebot s. Rdn. 1195.
[1679] *BVerwG*, B. v. 14. 4. 1988 – 4 N 4.87 – BVerwGE 79, 200 = *Hoppe/Stüer* RzB Rdn. 193 – Befangenheit.
[1680] Zu den Fraktionsbildungen *BVerfG*, B. v. 10. 12. 1974 – 2 BvK 1/73 – BVerfGE 38, 258; Urt. v. 13. 6. 1989 – 2 BvE 1/88 – BVerfGE 80, 188; *BVerwG*, B. v. 31. 5. 1979 – 7 B 77.78 – NJW 1980, 304.
[1681] *Stüer* DVBl. 1995, 649.
[1682] *BVerwG*, B. v. 28. 8. 1987 – 4 N 1.86 – DVBl. 1987, 1273 = NVwZ 1988, 351 = *Hoppe/Stüer* RzB Rdn. 63 – Volksfürsorge.
[1683] *VGH Mannheim*, Urt. v. 23. 7. 1998 – 3 S 960/97 – VGHBW RSprDienst 1998, Beilage 10 B 2–3 – Friedhof.

868 Der **Alternativenprüfung** kommt allerdings im Hinblick auf eine möglicherweise geringere Belastung des Grundeigentums erhöhte Bedeutung zu.[1685]

Beispiel: Kann etwa eine gemeindliche Umgehungsstraße so verschwenkt werden, dass ein Wohngebiet nicht durchschnitten werden muss, ohne dass sich hierdurch neue, vergleichbare Probleme ergeben, sind solche Alternativen in die Abwägung einzustellen und ggf. sogar vorzuziehen.[1686] Ein Verstoß gegen das Abwägungsgebot kann auch darin liegen, dass die Planungsbehörde eine von der Sache her nahe liegende Alternativlösung verworfen hat, durch die die mit der Planung angestrebten Ziele unter geringeren Opfern an entgegenstehenden öffentlichen und privaten Belangen hätten verwirklicht werden können.[1687]

869 Größere planerische Gestaltungsfreiheit hat die Gemeinde demgegenüber bei der **Konzeptausgestaltung**. Denn die Auswahl konzeptioneller Mittel zur Bewältigung etwa des vorhandenen oder zu erwartenden Verkehrsaufkommens im Gemeindegebiet ist dem Träger der örtlichen Planungshoheit zugewiesen. Hiergegen gerichtete Angriffe mit der Begründung, andere Konzepte seien tauglicher, sachangemessener, zeitgemäßer oder intelligenter sind daher grundsätzlich nicht geeignet, die städtebauliche Erforderlichkeit der Planung i. S. des § 1 III BauGB in Zweifel zu ziehen.[1688]

870 Die Aufstellung eines Bauleitplans unterliegt dem Grundsatz der fairen Verfahrensführung. Dies setzt Grenzen für politische Vorabsprachen, insbesondere aber für sachwidrige Einflussnahmen.[1689] Für die Fachplanung gilt dazu der Grundsatz, dass sich die Planfeststellungsbehörde in ihrer Verfahrensgestaltung keiner Einflussnahme aussetzen darf, die ihr die Freiheit zur eigenen planerischen Gestaltung faktisch nimmt oder weitgehend einschränkt. Besprechungen auf politischer Ebene sind dann zu beanstanden, wenn die verfahrensrechtlich geordneten Entscheidungsebenen nicht mehr getrennt, einseitige Absprachen über die weitere Verfahrensgestaltung getroffen und die Gestaltungsspielräume der planenden Behörde von vornherein durch aktive Einflussnahme sachwidrig eingeengt werden.[1690] Unter Wahrung der kommunalpolitischen Entscheidungsfreiheit dürften für die Bauleitplanung ähnliche Grundsätze gelten.

III. Behördenbeteiligung

871 Am Bauleitplanverfahren sind die Behörden und sonstigen Träger öffentlicher Belange zu beteiligen. Die Beteiligung erfolgt zweistufig in einer **frühzeitigen** und einer **förmlichen Behördenbeteiligung**. Im Rahmen der frühzeitigen Behördenbeteiligung sind die Behörden und sonstigen Träger öffentlicher Belange, deren Aufgabenbereich durch die Planung berührt werden kann, entsprechend § 3 I 1 HS 1 BauGB zu unterrichten und zur Äußerung auch im Hinblick auf den erforderlichen Umfang und Detaillierungsgrad der Umweltprüfung nach § 2 IV BauGB aufzufordern. Die Behördenbeteiligung ist damit an das europäische Richtlinienrecht angepasst worden. Im Rahmen der Umweltprüfung legt die Gemeinde für jeden Bauleitplan fest, in welchem Umfang und Detaillie-

---

[1684] *Stüer* DVBl. 1995, 649.
[1685] *BVerwG*, B. v. 26. 6. 1992 – 4 B 1–11.92 – DVBl. 1992, 1435 = *Hoppe/Stüer* RzB Rdn. 13 = DVBl. 1992, 1435; *Hoppe/Appold* DVBl. 1992, 1203.
[1686] *BVerwG*, Urt. v. 22. 3. 1985 – 4 C 15.83 – BVerwGE 71, 166 = NJW 1986, 80 = *Hoppe/Stüer* RzB Rdn. 87.
[1687] Vgl. aber auch *BVerwG*, Urt. v. 7. 3. 1997 – 4 C 10.96 – DVBl. 1997, 838, wonach das naturschutzrechtliche Vermeidungsgebot in § 19 BNatSchG die Planungsbehörde nicht zur Wahl der ökologisch günstigsten Planungsalternative verpflichtet.
[1688] *OVG Münster*, Urt. v. 30. 12. 1997 – 10 a D 41/95.NE – UPR 1998, 240.
[1689] *BVerwG*, Urt. v. 5. 12. 1986 – 4 C 13.85 – BVerwGE 75, 214 = DVBl. 1987, 573 = *Hoppe/Stüer* RzB Rdn. 191 – Flughafen München II.
[1690] *BVerwG*, Urt. v. 5. 12. 1986 – 4 C 13.85 – BVerwGE 75, 214 = *Hoppe/Stüer* RzB Rdn. 191.

rungsgrad die Ermittlung der Belange für die Abwägung erforderlich ist (§ 2 IV 2 BauGB). § 4 I BauGB sieht hierzu vor, dass sich die Behördenbeteiligung auf diesen **Untersuchungsrahmen** erstreckt. Bereits im Rahmen der frühzeitigen Behördenbeteiligung muss die Gemeinde daher entsprechende Vorstellungen über die beabsichtigte Planung entwickeln und den Behörden und sonstigen Trägern öffentlicher Belange zur Kenntnis geben. Die Behörden und sonstigen Träger öffentlicher Belange haben sodann die Möglichkeit, in ihren Stellungnahmen zugleich zu dem Umfang und zum Detaillierungsgrad der Umweltprüfung Stellung zu nehmen.

Ist die Planung fertig gestellt, wird eine **förmliche Behördenbeteiligung** nach § 4 II BauGB durchgeführt. Die Gemeinde holt dabei die Stellungnahme der Behörden und sonstigen Träger öffentlicher Belange, deren Aufgabenbereich durch die Planung berührt werden kann, zum Planentwurf und seiner Begründung ein.

Die Behörden und sonstigen Träger öffentlicher Belange haben ihre Stellungnahmen innerhalb **eines Monats** abzugeben (§ 4 II 2 BauGB).[1691] Die Gemeinde soll diese Monatsfrist allerdings bei Vorliegen eines wichtigen Grundes angemessen verlängern. Das Gesetz sieht daher die Monatsfrist als Regelzeit für die Stellungnahme der Träger öffentlicher Belange vor, lässt aber in begründeten Fällen eine angemessene Verlängerung der Stellungnahmefrist zu. Bereits durch das BauROG 1998 eingeführt wurde die Appellvorschrift, dass sich die Träger öffentlicher Belange in ihren Stellungnahmen auf ihre eigenen Belange beschränken sollen (§ 4 II 3 BauGB).[1692] Dieser Appell des Gesetzgebers richtet sich nicht nur an Fachbehörden, sondern auch an Nachbargemeinden, die ihre Beteiligung an Planungen von Standortgemeinden nicht selten zu einem allgemeinen städtebaupolitischen Rundumschlag genutzt haben. § 4 II 3 BauGB will erreichen, dass sich die Träger öffentlicher Belange auf die von ihnen wahrzunehmenden Belange beschränken. Über einen Appellcharakter geht die Gesetzesformulierung allerdings nicht hinaus, da mehr als geringfügige, schutzwürdige und erkennbare Belange auch dann in die Abwägung einzustellen sind, wenn sich der Einwendungsführer nicht auf sie als eigene Belange berufen kann. Die Gemeinde kann daher berechtigte Einwendungen nicht nur deshalb zurückweisen, weil sie von einem Träger vorgebracht werden, dessen Aufgabenbereich nicht durch die Belange betroffen wird.

In ihrer Stellungnahme haben die Träger öffentlicher Belange der Gemeinde auch Aufschluss über von ihnen beabsichtigte oder bereits eingeleitete Planungen und sonstige Maßnahmen sowie deren zeitliche Abwicklung zu geben, die für die städtebauliche Entwicklung und Ordnung des Gebietes bedeutsam sein können (§ 4 II 3 HS 2 BauGB). Die Stellungnahmen der Behörden und sonstigen Träger öffentlicher Belange sind in der Ab-

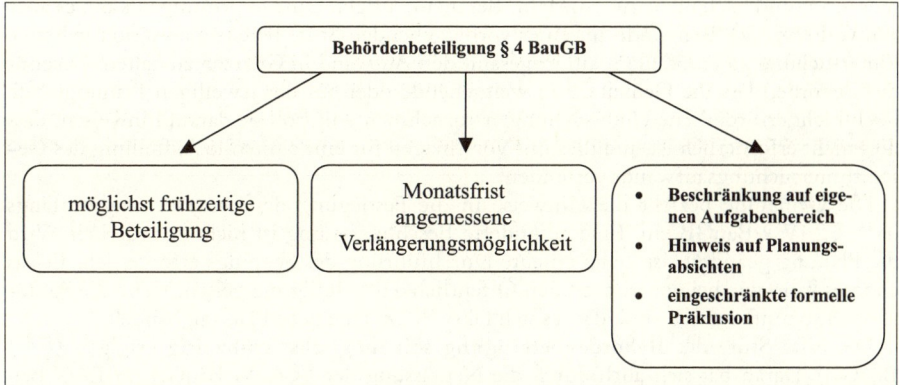

[1691] Die Regelung wurde aus dem durch das BauROG 1998 gestrichenen § 2 IV 1 BauGB-MaßnG übernommen.
[1692] *Bundesregierung*, Gesetzentwurf zum BauROG, S. 46.

wägung nach § 1 VII BauGB zu berücksichtigen. Es kann sich allerdings auch um zu beachtende Belange handeln, wenn sich dies aus entsprechenden Regelungen, vor allem Planungsleitsätzen, ergibt. Belange, die von den Trägern öffentlicher Belange nicht innerhalb der Frist des § 4 II 1 BauGB vorgetragen wurden, werden in der Abwägung nicht berücksichtigt, es sei denn, die verspätet vorgebrachten Belange sind der Gemeinde bekannt oder hätten ihr bekannt sein müssen oder sind für die Rechtmäßigkeit der Planung von Bedeutung (§§ 4 VI, 214 I, III BauGB).

1. Frühzeitige Behördenbeteiligung

875 Ist die Planung hinreichend konkretisiert, findet entsprechend der vorgezogenen Öffentlichkeitsbeteiligung nach § 3 I BauGB eine frühzeitige Behördenbeteiligung statt.[1693] Sie dient vorrangig der Festlegung von **Umfang und Detaillierungsgrad der Umweltprüfung** und gehört daher zu deren Ausgangspunkten (Scoping). Stellungnahmen zum Inhalt der Planung können zweckmäßig sein, sind aber noch nicht zwingend erforderlich. Mängel bei der Durchführung des Scopings führen nicht zu einem nach § 214 I 1 Nr. 2 BauGB beachtlichen Verfahrensfehler. Die Unterrichtung soll einerseits möglichst frühzeitig erfolgen, kann sich aber andererseits auf die Erläuterung der allgemeinen Ziele und Zwecke der Planung, sich wesentlich unterscheidende Lösungen und die voraussichtlichen Auswirkungen der Planung beschränken, soweit dies für die Rückäußerungen der Behörden ausreichend ist. Die frühzeitige Behördenbeteiligung kann bereits erfolgen, wenn Klarheit hinsichtlich der Inhalte besteht, die für die Prognose der Umweltauswirkungen erforderlich sind.

Beispiel: So kann es ausreichen, bei der Ausweisung eines Wohngebiets nur den Geltungsbereich und die zulässige Höhe baulicher Anlagen zu kennen, ggf. noch die voraussichtliche Zahl der Wohneinheiten. Die Beteiligung kann auch bereits vor der Einleitung des Bauleitplanverfahrens erfolgen, um möglicherweise schon vorab Probleme erkennen zu können und die Planung nicht oder in veränderter Form durchzuführen.

876 Im Rahmen der frühzeitigen Beteiligung kann auch das Konzept dargestellt werden, welche Umweltprüfungen auf welcher Ebene für erforderlich gehalten werden und ggf. auf welche Untersuchungen aus vorangegangenen Umweltprüfungen zurückgegriffen werden soll. Die beteiligten Behörden und sonstigen Träger öffentlicher Belange sollen die Gemeinde bei der Festlegung des auf der jeweiligen Planungsebene geeigneten Umfangs und Detaillierungsgrads der Umweltprüfung beraten. Es sind nur die Untersuchungen vorzuschlagen, die im Hinblick auf die erforderlichen Angaben im Umweltbericht tatsächlich erforderlich sind. Belange, die nicht in den Umweltbericht aufzunehmen sind, sind auch nicht zu ermitteln. Bei mehrstufigen Umweltprüfungen kann es aber sinnvoll sein, der Gemeinde auf einer vorhergehenden Stufe bereits eine weiter gehende Untersuchung zu empfehlen, um insgesamt den Aufwand in Grenzen zu halten. Erkennt die Behörde, dass die Gemeinde zu weitgehende oder auf der jeweiligen Planungsstufe noch nicht erforderliche Untersuchungen vornehmen will, soll sie darauf hinweisen, dass dies nicht erforderlich ist und dies mit Vorschlägen für eine sinnvolle Aufteilung des Gesamtuntersuchungsaufwands verbinden.

877 Die Gemeinde bezieht die Hinweise in die Festlegung des Untersuchungsumfangs nach § 2 IV 2 BauGB ein. Eine gesonderte Beschlussfassung ist nicht erforderlich. Wird die Planung geändert, ist keine erneute Durchführung des Scopings erforderlich. Etwas anderes kann wie bei der frühzeitigen Öffentlichkeitsbeteiligung gelten, wenn die Änderungen so umfangreich sind, dass es sich faktisch um eine neue Planung handelt.

878 Die erste Stufe der **Behördenbeteiligung** soll **möglichst frühzeitig** erfolgen (§ 4 I BauGB). Daran hat sich auch durch die Neufassung der §§ 4, 4a BauGB im EAG Bau nichts geändert. Sie darf also nicht erst stattfinden, wenn die Planung so verfestigt ist, dass eine Berücksichtigung der von den Behörden und sonstigen Trägern einzubringen-

---

[1693] Zum Folgenden EAG Bau – Mustererlass 2004.

den Belange wegen des vorangeschrittenen Planungsstadiums im Rahmen der Abwägung nicht mehr möglich ist. Das Gesetz schreibt allerdings den genauen Zeitpunkt der Beteiligung der Behörden und sonstigen Träger nicht vor. Dies gilt auch im Verhältnis zur Öffentlichkeitsbeteiligung nach § 3 BauGB. Ob etwa die frühzeitige Behördenbeteiligung vor der vorgezogenen (frühzeitigen) Öffentlichkeitsbeteiligung nach § 3 I BauGB erfolgt oder diese jener vorangeht, legt das BauGB nicht fest.

Hinweis: Im Zusammenhang mit der Erarbeitung der Plankonzeption wird es vielfach Grundsatzfragen geben, die mit einzelnen Trägern öffentlicher Belange im Voraus abgestimmt werden. Dies gilt etwa für Fragen der Verkehrsführung, des Immissionsschutzes oder der Größe einer Einzelhandelsnutzung. Sobald diese Fragen abgeklärt sind, könnte sich die Durchführung der vorgezogenen Öffentlichkeitsbeteiligung und ggf. zeitgleich die frühzeitige Beteiligung der Träger öffentlicher Belange empfehlen. Beratend kann auch die Plangenehmigungsbehörde eingeschaltet werden.

Die beiden Stufen der **Öffentlichkeits- und Behördenbeteiligung** können auch jeweils zeitlich parallel erfolgen, so dass die frühzeitige Behörden- und Öffentlichkeitsbeteiligung als auch die förmliche Behörden- und Öffentlichkeitsbeteiligung **zeitgleich** stattfinden können (§ 4a II BauGB). Hierdurch kann das Beteiligungsverfahren erleichtert und beschleunigt werden. Eine parallele Beteiligung wird wohl nur dann in Betracht kommen, wenn voraussichtlich wesentlich neue Erkenntnisse nicht erwartet werden können. Anderenfalls ist eine solche Parallelbeteiligung nicht sinnvoll, weil bei wesentlichen Planänderungen eine erneute Offenlage erforderlich wird (§ 4a III BauGB).

2. Förmliche Behördenbeteiligung

Ist die Planung entsprechend hinreichend konkretisiert, findet eine förmliche (normale) Behördenbeteiligung statt (§ 4 II BauGB). Die Gemeinde holt die Stellungnahmen der Behörden und sonstigen Träger öffentlicher Belange, deren Aufgabenbereich durch die Planung berührt werden kann, zum Planentwurf und der Begründung ein. Sie haben ihre Stellungnahmen innerhalb eines Monats abzugeben; die Gemeinde soll diese Frist bei Vorliegen eines wichtigen Grundes angemessen verlängern. In den Stellungnahmen sollen sich die Behörden und sonstigen Träger öffentlicher Belange auf ihren Aufgabenbereich beschränken; sie haben auch Aufschluss über von ihnen beabsichtigte oder bereits eingeleitete Planungen und sonstige Maßnahmen sowie deren zeitliche Abwicklung zu geben, die für die städtebauliche Entwicklung und Ordnung des Gebietes bedeutsam sein können. Verfügen sie über Informationen, die für die Ermittlung und Bewertung des Abwägungsmaterials zweckdienlich sind, haben sie diese Informationen der Gemeinde zur Verfügung zu stellen. Die Regelungen entsprechen dem europäischen Modell, wonach die jeweiligen Fachbehörden ihre Erkenntnisse der planenden Behörde zur Verfügung stellen. Diese kann sich dann auch in einer bestimmten Reichweite darauf verlassen, dass die fachlichen Angaben vollständig sind.

3. Grundsätze für die Behördenbeteiligung

Die Beteiligung der Behörden und sonstigen Träger öffentlicher Belange dient ebenso wie die Öffentlichkeitsbeteiligung der Ermittlung der abwägungserheblichen Belange und steht mit dem Abwägungsgebot[1694] in engem Zusammenhang.[1695] Zugleich sollen die zu beteiligenden Behörden und sonstigen Träger öffentlicher Belange Gelegenheit erhalten, ihre eigenen Planungsvorstellungen in das Bauleitplanverfahren einzubringen

---

[1694] Zum Abwägungsgebot s. Rdn. 1195.
[1695] *BVerwG*, Urt. v. 12. 12. 1969 – IV C 105.66 – BVerwGE 34, 301 = *Hoppe/Stüer* RzB Rdn. 23; Urt. v. 5. 7. 1974 – IV C 50.72 – BVerwGE 45, 309 = *Hoppe/Stüer* RzB Rdn. 24 – Delog-Detag; Urt. v. 14. 2. 1975 – IV C 21.74 – BVerwGE 48, 56 = *Hoppe/Stüer* RzB Rdn. 50 – B 42; Urt. v. 21. 5. 1976 – IV C 80.74 – BVerwGE 51, 15 = *Hoppe/Stüer* RzB Rdn. 108 – Stuttgart-Degerloch; Urt. v. 15. 4. 1977 – IV C 3.74 – BVerwGE 52, 226 – Kelsterbach; Urt. v. 7. 7. 1978 – IV C 79.76 – BVerwGE 56, 110 = *Hoppe/Stüer* RzB Rdn. 1164 – Flughafen Frankfurt; B. v. 9. 11. 1979 – 4 N 1.78 – BVerwGE 59, 87 = *Hoppe/Stüer* RzB Rdn. 26.

und auf dessen Ergebnis Einfluss zu nehmen. Einerseits strebt der Gesetzgeber eine Beschränkung der Einwendungsmöglichkeiten der Behörden und sonstigen Träger öffentlicher Belange an. Andererseits müssen die Anforderungen an das Abwägungsgebot gewahrt werden. Das Gesetz geht vor diesem Hintergrund weiterhin von einer umfassenden Beteiligung der Behörden und Träger öffentlicher Belange aus. Allerdings sollen die Behörden und sonstigen Träger öffentlicher Belange grundsätzlich innerhalb eines Monats Stellung nehmen und ihre Stellungnahmen auf ihren eigenen Aufgabenkreis begrenzen. Den Kreis der Behörden und sonstigen Träger öffentlicher Belange, die nach § 4 I BauGB zu beteiligen sind, bestimmt das Gesetz nicht. Es sind Behörden und Träger öffentlicher Belange, deren Aufgabenkreis durch die jeweilige Planung berührt werden (§ 4 I 1 BauGB). Zu den **Trägern öffentlicher Belange** gehören etwa betroffene Nachbargemeinden, Träger der Straßenbaulast, Industrie- und Handelskammern, Handwerkskammern, Kirchen, die für die Gewerbeaufsicht zuständigen Behörden, Landwirtschaftskammern, Träger der öffentlichen Versorgung und auch private Elektrizitäts- oder Wasserversorgungsunternehmen. Welche Träger zu beteiligen sind, bestimmt sich nach dem jeweiligen Gegenstand der Planung und den hierdurch berührten Belangen.[1696]

Hinweis: Es empfiehlt sich, in die Behördenbeteiligung alle auch nur möglicherweise betroffenen Fachbehörden und Träger öffentlicher Belange einzubeziehen, um ein möglichst umfassendes Bild zu gewinnen.

882   Eine ordnungsgemäße Behördenbeteiligung setzt entsprechende **Informationen durch die planende Gemeinde** voraus, die durch Übersendung des Planentwurfs, des Entwurfs zur Begründung des Flächennutzungsplans oder zur Begründung des Bebauungsplans sowie ggf. durch entsprechende zusätzliche Hinweise sicherzustellen hat, dass eine sachgerechte Stellungnahme der nach § 4 BauGB zu beteiligenden Behörden und sonstigen Träger möglich ist. Im Regelfall wird eine Monatsfrist für die Abgabe der Stellungnahme ausreichend sein. Einzelnen Behörden und sonstige Trägern öffentlicher Belange kann ggf. eine Nachfrist eingeräumt werden, wenn aus der Sicht der Träger ein wichtiger Grund dafür vorliegt (§ 4 II 2 HS 2 BauGB). Eine Verkürzung der Monatsfrist sieht das Gesetz im Gegensatz zu der vormals geltenden Regelung („innerhalb angemessener Frist") nicht mehr vor. Die Gemeinde hat daher nach dem Wortlaut des § 4 II 2 BauGB keine Möglichkeit, die Monatsfrist weiter zu verkürzen.

883   Mit der Aufforderung zur Stellungnahme hat die Gemeinde den Trägern öffentlicher Belange die wesentlichen **Planunterlagen** zuzusenden. Die Gemeinde ist allerdings nicht verpflichtet, von sich aus und gleichsam unaufgefordert den zu beteiligenden Behörden und sonstigen Trägern öffentlicher Belange, deren Zuständigkeiten berührt sein könnten, sämtliche Planunterlagen zu übersenden. Die Gemeinde hat vielmehr die Träger öffentlicher Belange insoweit zu **unterrichten**, dass diese erkennen können, ob ihre Zuständigkeit berührt wird und ob es angezeigt ist, sich aus diesem Grunde um den Inhalt der beabsichtigten Planung näher zu kümmern. Die Behörden und sonstigen Träger öffentlicher Belange haben auch keinen Vertrauensschutz dahingehend, dass sie sich etwa darauf verlassen könnten, Verfahrensfehler, die nicht offensichtlich sind, noch später geltend machen zu können.[1697]

884   Den **Verbänden** wird mit ihrer Anerkennung nach den **§§ 58, 59 BNatSchG** die Förderung von Naturschutz und Landespflege nicht als öffentliche Aufgabe übertragen. Anders

---

[1696] Bekanntmachung des Bayerischen Staatsministeriums des Innern v. 26. 6. 1987 MABl. 1987, 446; Erl. des Hessischen Ministeriums des Innern v. 18. 9. 1989 StAnz 1989, S. 2065; Rundschreiben des rh-pf Ministeriums der Finanzen v. 8. 1. 1985 MBl. 1985, S. 95 betreffend die Beteiligung der Träger öffentlicher Belange an der Bauleitplanung; RdErl. des SH Innenministers v. 27. 10. 1987 ABl., S. 464 betreffend die Beteiligung von Trägern öffentlicher Belange in Bauleitplanverfahren, geändert durch Bekanntmachung v. 11. 4. 1989 ABl., S. 132, und v. 3. 11. 1989 ABl., S. 467.
[1697] So zu § 73 II VwVfG *BVerwG*, B. v. 11. 4. 1995 – 4 B 61.95 – Buchholz 316 § 73 VwVfG Nr. 8 – B 76 Eutin.

als die Naturschutzbehörden sind die Verbände außenstehender Anwalt der Natur, die sich im Rahmen ihrer satzungsmäßigen – und damit ausschließlich privaten – Zwecke einer öffentlichen Aufgabe widmen.[1698] Die Beteiligung der Naturschutzverbände erfolgt daher im Bauleitplanverfahren nach § 3 BauGB im Rahmen der Öffentlichkeitsbeteiligung und nicht nach § 4 BauGB. Auch hat ein **anerkannter Naturschutzverband keinen Anspruch** darauf, dass ein Bauleitplanverfahren erst fortgeführt wird, wenn ein **landesplanerisches Abstimmungsverfahren** oder ein **Raumordnungsverfahren** abgeschlossen worden ist. Denn die Verfahrensvorschriften für Raumordnungsverfahren schützen nicht die Interessen Dritter.[1699]

Die Beteiligung der Behörden und sonstigen Träger öffentlicher Belange kann parallel zur Öffentlichkeitsbeteiligung durchgeführt werden (§ 4a II BauGB). Dies gilt sowohl für die frühzeitige als auch die förmliche Beteiligung. Die Behörden und sonstigen Träger der öffentlichen Belange sind allerdings nicht schon dann ausreichend beteiligt worden, wenn sie über die Auslegung der Entwürfe der Bauleitpläne nach § 3 II 3 BauGB lediglich benachrichtigt werden. Vielmehr ist auch bei der frühzeitigen Beteiligung nach § 4 I BauGB die übliche Behördenbeteiligung durchzuführen.[1700] Aus der Sicht der Behörden und sonstigen Träger öffentlicher Belange wird die Abgabe einer Stellungnahme gelegentlich als Amtshandlung angesehen, die ggf. eine Kostenlast verursacht.[1701]

4. Beachtlichkeit der Stellungnahmen

Die Behörden und sonstigen Träger öffentlicher Belange haben zwar nach § 4 BauGB **Beteiligungsrechte**. Unmittelbare **Entscheidungsbefugnisse** i. S. der Steuerung des Bauleitplanverfahrens durch Verweigerung einer Zustimmung oder eines die Gemeinde bindenden Vetorechts kommt ihnen jedoch – abgesehen von ausdrücklichen gesetzlichen Ermächtigungen – nicht zu. Die Belange sind nur dort der Abwägung entzogen und erweisen sich als vorrangig, wo sich dies aus gesetzlichen Regelungen ergibt. Die Stellungnahmen der Behörden und sonstigen Träger öffentlicher Belange sind vielmehr vom Grundsatz her in der Abwägung nach § 1 VII BauGB zu berücksichtigen. Die Gemeinde wird allerdings durch das Schweigen eines Trägers öffentlicher Belange nicht von der Ermittlung und Abwägung der erkennbaren oder nach Lage der Dinge sich aufdrängenden Belange befreit.[1702] Dasselbe gilt für zustimmende Stellungnahmen der am Planverfahren beteiligten Fachbehörden und Träger öffentlicher Belange. Die **Gemeinde** wird durch solche Zustimmungserklärungen zu Planentwürfen nicht von ihrer **Verpflichtung** entbunden, sich selbst **Gewissheit** über die **abwägungserheblichen Belange zu verschaffen**. Durch die sich aus dem Abwägungsgebot ergebenden Anforderungen an die Berücksichtigung von Belangen wird die in § 4a VI BauGB enthaltene Regelung relativiert, dass die Gemeinde nicht fristgerecht vorgebrachte Stellungnahmen der Träger öffentlicher Belange nicht berücksichtigen muss. Denn die Berücksichtigung von nicht vorgetragenen Belangen ist erforderlich, wenn die Belange der Gemeinde bekannt sind oder ihr hätten bekannt sein müssen oder für die Rechtmäßigkeit der Abwägung von Bedeutung sind (§ 4a VI BauGB). Von der aus dem Abwägungsgebot abzuleitenden Verpflichtung, im Rahmen der Bauleitplanung alle nach Lage der Dinge beachtlichen Belange zu ermitteln und in die Abwägung einzustellen, wird die Gemeinde daher auch durch § 4a VI BauGB nicht freigestellt. Sie kann sich allerdings auf die von den Fachbehörden abge-

---

[1698] *BVerwG*, Urt. v. 14. 5. 1997 – 11 A 43.96 – DVBl. 1997, 1123.
[1699] *VGH München*, B. v. 15. 10. 1999 – 1 ZE/CE 99.2148 – DVBl. 2000, 207, auch schon, B. v. 16. 4. 1981 – 20 CS 80D.61 –.
[1700] *BVerwG*, B. v. 7. 11. 1997 – 4 NB 48.96 – UPR 1998, 114.
[1701] So *VG Gera*, Urt. v. 12. 11. 1998 – 4 K 172/98 GE – ThürVBl. 1999, 70 zu § 1 I 1 ThürVwKostG.
[1702] *BVerwG*, B. v. 9. 11. 1979 – 4 N 1.78 – BVerwGE 59, 87 = *Hoppe/Stüer* RzB Rdn. 26; *BGH*, Urt. v. 21. 12. 1989 – III ZR 118/88 – NJW 1990, 1038 = *Hoppe/Stüer* RzB Rdn. 45 – Dormagen.

gebenen Stellungnahmen verlassen, wenn der Gemeinde keine anderweitigen Erkenntnisse vorliegen und ihr solche nach Lage der Dinge auch nicht bekannt sein müssen.

887 Die von den Behörden und sonstigen Trägern vorgebrachten Belange sind grundsätzlich der Abwägung zugänglich (§ 2 III BauGB), können also von der Gemeinde nach **Abwägung** anderen gewichtigeren Belangen geopfert werden. Allerdings kann vor allem das jeweilige Fachrecht einen relativen oder absoluten Vorrang regeln. So sind etwa gesetzliche Planungsleitsätze für die Gemeinde in der Bauleitplanung bindend und nicht durch Abwägung überwindbar. Werden solche Belange von den Trägern vorgebracht, so ergeben sich daraus entsprechende Bindungen, die durch Abwägung nicht überwindbar sind. Derartige Bindungen können sich etwa aus dem Anpassungsgebot an die Ziele der Raumordnung (§ 1 IV BauGB)[1703] oder aus gesetzlichen Regelungen des Natur- und Landschaftsschutzes ergeben, wenn das jeweilige Fachrecht einen auch durch Ausnahmeregelungen nicht zu überwindenden Vorrang vorsieht.[1704] Bestehen solche gesetzlichen Vorrangregelungen nicht, unterliegen die von den Trägern vorgebrachten Stellungnahmen der bauplanerischen Abwägung. So kann etwa die zuständige Straßenverkehrsbehörde ihre nach Landesrecht erforderliche Zustimmung zu einer Baugenehmigung verweigern, wenn die zur Verwirklichung des Vorhabens erforderliche Anlegung einer Zufahrt zu einer Landstraße den reibungslosen und ungehinderten Verkehr der Landstraße gefährdet.[1705]

888 Sind die Festsetzungen eines Bebauungsplans mit den Regelungen einer **Landschaftsschutzverordnung** nicht vereinbar, so ist der Bebauungsplan unwirksam, wenn sich der Widerspruch zwischen der Landschaftsschutzverordnung und dem Bebauungsplan nicht durch eine naturschutzrechtliche Ausnahme oder Befreiung beseitigen lässt und das Landesrecht entsprechende Regelungen enthält. Wenn eine bestandskräftige Befreiung erteilt worden ist, die den Widerspruch auflöst, kommt es auf das objektive Vorliegen einer Befreiungslage nicht an.[1706]

889 Eröffnet eine Gemeinde im Wege der Bauleitplanung auf Flächen, die im Geltungsbereich einer **Landschaftsschutzverordnung** einem naturschutzrechtlichen **Bauverbot** unterliegt, die Möglichkeit einer baulichen Nutzung, so scheitert die Planung weder an § 1 III BauGB noch an § 6 II BauGB, wenn eine **Befreiung** von dem Bauverbot in Betracht kommt.[1707] Eine sonstige Rechtsvorschrift im Sinne des § 6 II BauGB ist auch eine Verordnung über die Festsetzung eines Landschaftsschutzgebietes. Die Genehmigung eines Flächennutzungsplans ist zu versagen, soweit der Inhalt seiner Darstellungen einer Verordnung über die Festsetzung eines Landschaftsschutzgebietes widerspricht. Nicht erheblich ist, ob die Gemeinde einer Änderung der Landschaftsschutzverordnung verbindlich in Aussicht gestellt wurde.[1708] Bei der (teilweisen) Aufhebung einer Landschaftsschutzverordnung aus Anlass einer gemeindlichen Bebauungsplanung erstreckt sich das naturschutzrechtliche Abwägungsgebot in § 2 I BNatSchG nicht auf die Bodennutzungskonflikte, die erst durch die Bauleitplanung ausgelöst und durch das Abwägungsgebot gesteuert werden. Ein Antragsteller, der eine Verordnung, die den Landschaftsschutz aus Anlass einer Bebauungsplanung (teilweise) aufhebt, im Wege der Normenkontrolle angreift, ist nach § 47 II 1 VwGO nicht antragsbefugt, wenn er lediglich geltend macht, durch den nachfolgenden Bebauungsplan in seinen Rechten verletzt zu werden.[1709] Die Rege-

---

[1703] Zur Raumordnung s. Rdn. 215.
[1704] BVerwG, Urt. v. 21. 10. 1999 – 4 C 1.99 – ZfBR 2000, 202 – Landschaftsschutzgebiet.
[1705] VGH Mannheim, Urt. v. 11. 12. 1998 – 3 S 1573/97 – VGHBW RSprDienst 1999, Beilage B 2 B 6.
[1706] BVerwG, B. v. 9. 2. 2004 – 4 BN 28.03 – BauR 2004, 786 = DVBl. 2004, 663 – Landschaftsschutzverordnung.
[1707] BVerwG, Urt. v. 17. 12. 2002 – 4 C 15.01 – BVerwGE 117, 287 = DVBl. 2003, 797 = NVwZ 2003, 733 – Feigenblatt.
[1708] BVerwG, Urt. v. 21. 10. 1999 – 4 C 1.99 – BVerwGE 109, 371 = ZfBR 2000, 202 = BauR 2000, 695 – Wohnbauflächen.
[1709] BVerwG, Urt. v. 11. 12. 2003 – 4 CN 10.02 – DVBl. 2004, 635 = NVwZ 2004, 729 – Aufhebung einer Landschaftsschutzverordnung.

lung einer Landschaftsschutzverordnung, nach der Flächen innerhalb des Geltungsbereichs der Verordnung nicht mehr Bestandteile der Landschaftsschutzverordnung sind, sobald sie durch einen Bebauungsplan überplant werden, ist mit Bundesrecht vereinbar.[1710]

Die Verwirklichung von Festsetzungen eines Bebauungsplans kann u. a. auch gegen **artenschutzrechtliche Verbote** (§ 42 I BNatSchG) verstoßen, es sei denn, es liegt eine Befreiung von diesen Verboten vor (§ 62 I BNatSchG). Zudem können Vollzugshandlungen genehmigungspflichtig sein, wie etwa das Roden von Wald gem. § 9 I BWaldG i.V. mit dem Landesrecht. Der Bebauungsplan selbst bedarf noch nicht der Befreiung oder Genehmigung nach den genannten Vorschriften, sondern erst die Realisierungsmaßnahmen. Die Vorschriften richten sich – so das *BVerwG* – nicht an den Plangeber, sondern an denjenigen, der den Plan umsetzen will. Das Nicht-Vorliegen einer Befreiung von dem Verbot des § 42 I BNatSchG oder einer Genehmigung nach § 9 I BWaldG i.V. mit Landesrecht berührt demnach die Rechtmäßigkeit eines Bebauungsplans grundsätzlich nicht. Wenn aber der Bebauungsplan aus Rechtsgründen nicht zu vollziehen ist, also die mit seinem Erlass gesetzte Aufgabe der verbindlichen Bauleitplanung nicht erfüllen kann, ist auch die Erforderlichkeit der Bauleitplanung nach § 1 III BauGB zweifelhaft. Derartige dauerhafte Hindernisse für die Verwirklichung der Festsetzungen eines Bebauungsplans können sich etwa aus den naturschutzrechtlichen oder forstrechtlichen Vorschriften ergeben, wenn beispielsweise eine Befreiung oder Genehmigung den Vollzug des Bebauungsplans nicht gestatten.[1711] Eingriffe in Natur und Landschaft aufgrund eines Bebauungsplans sind von speziellen artenschutzrechtlichen Verboten nicht freigestellt. Vielmehr bedarf es gegebenenfalls einer artenschutzrechtlichen Befreiung unter den Voraussetzungen von § 62 BNatSchG.[1712] Tiere und Pflanzen der geschützten Art oder ihre Lebensräume werden bereits dann absichtlich beeinträchtigt i. S. von § 43 IV BNatSchG,[1713] wenn der Eingriff zwangsläufig zur Beeinträchtigung führt. Ein gezieltes Vorgehen kann nicht verlangt werden.[1714]

Das Landesrecht kann nach Auffassung des *BVerwG* möglicherweise sogar die Rechtswirksamkeit des Bebauungsplans von einer vorher erteilten forstrechtlichen **Umwandlungsgenehmigung** abhängig machen.[1715] Andererseits kann das Landesrecht auch anordnen, dass mit der Verbindlichkeit des Bebauungsplans eine entgegenstehende **Landschaftsplanung** außer Kraft tritt.[1716] Ist der Bebauungsplan mit einer Landschaftsschutzverordnung nicht vereinbar, so kann der Bebauungsplan unwirksam sein, wenn das Landesrecht einen entsprechenden Vorrang anordnet.[1717] Auch wenn eine Golfplatzlandschaft ihrerseits ansprechend erscheint und durch die im Bebauungsplan vorgesehenen Ausgleichsmaßnahmen an bestimmten Stellen eine naturschutzfachliche Verbesserung des gegenwärtigen Zustandes eintritt, führe dies nicht unbedingt zu einer Vereinbarkeit mit der Landschaftsschutzverordnung noch begründe es einen Anspruch auf Befreiung.[1718]

[1710] *BVerwG*, B. v. 20. 5. 2003 – 4 BN 57.02 – DVBl. 2003, 1462 = NVwZ 2003, 1259 mit Anmerkung *Marcus Ell* NVwZ 2004, 182= NuR 2003, 624 = BauR 2003, 1688 – Öffnungsklausel einer Landschaftsschutzverordnung.
[1711] *BVerwG*, B. v. 25. 8. 1997 – 4 NB 12.97 – NVwZ-RR 1998, 162 = NuR 1998, 135; zu § 24a NatSchG BW/§ 20c BNatSchG *VGH Mannheim*, Urt. v. 13. 6. 1997 – 8 S 2799.96 – NuR 1998, 146, dort auch zur Möglichkeit einer Heilung nach altem Recht.
[1712] Art. 12, 13, 16 FFH-Richtlinie (EWGRL 43/92) oder Art. 5–7, 9 Vogelschutzrichtlinie.
[1713] Art. 12 FFH-Richtlinie (EWGRL 43/92).
[1714] *VGH Kassel*, Urt. v. 25. 2. 2004 – 3 N 1699/03 – NuR 2004, 397 = BauR 2004, 1046 – Lärmgutachten.
[1715] *BVerwG*, B. v. 5. 1. 1999 – 4 BN 28.97 – NVwZ-RR 1999, 426.
[1716] *OVG Münster*, Urt. v. 2. 3. 1998 – 7a D 95/97.NE –.
[1717] *BVerwG*, Urt. v. 21. 10. 1999 – 4 C 1.99 – ZfBR 2000, 202 – Landschaftsschutzgebiet.
[1718] *VGH Mannheim*, Urt. v. 9. 5. 1997 – 8 S 2357/96 – VBlBW 1998, 106; zur Sicherung eines Raumordnungsprogramms gegenüber einem Bebauungsplan *OVG Lüneburg*, B. v. 15. 4. 1996 – 1 M 1464.96 – NVwZ-RR 1997, 690.

Bauplanungsrecht und Fachrecht können nebeneinander stehen und unabhängig voneinander zu prüfen sein. So ist bei einer Entscheidung über die beantragte Waldumwandlungsgenehmigung die Frage der baurechtlichen Zulässigkeit eines Vorhabens, das auf der auszustockenden Fläche verwirklicht werden soll, nicht zu prüfen.[1719]

892 Ist eine zur ordnungsgemäßen Aufbereitung des Abwägungsmaterials erforderliche **Sachaufklärung** unterblieben, so kann sie allerdings im Rahmen eines **ergänzenden Verfahrens nach § 214 IV BauGB** noch später nachgeholt werden.[1720] Derartige Heilungsmöglichkeiten sind bereits zuvor im Fachplanungsverfahren durch das PlVereinfG vom 17.12.1993 eröffnet worden. So sind etwa nach § 17 VIc FStrG Mängel bei der Abwägung der von dem Vorhaben berührten öffentlichen und privaten Belange nur erheblich, wenn sie offensichtlich und auf das Abwägungsergebnis von Einfluss gewesen sind. Erhebliche Mängel bei der Abwägung oder eine Verletzung von Verfahrens- oder Formvorschriften führen nur dann zur Aufhebung des Planfeststellungsbeschlusses oder der Plangenehmigung, wenn sie nicht durch Planergänzung oder durch ein ergänzendes Verfahren behoben werden können (vgl. auch § 75 Ia 2 VwVfG i.d.F. des GenBeschlG). Flächennutzungspläne oder Satzungen können durch ein ergänzendes Verfahren auch rückwirkend in Kraft gesetzt werden (§ 214 IV BauGB).

Beispiele: Die Gemeinde plant im Bereich einer ehemaligen Zeche die Ausweisung einer Wohnsiedlung. Die für die industrielle Nutzung zuständige Bergaufsicht nimmt im Planaufstellungsverfahren keine Stellung. Die Gemeinde ist durch das Schweigen der Behörde nicht von ihrer sich aus dem Abwägungsgebot ergebenden Verpflichtung entbunden, die Bodenbeschaffenheit auf Altlasten untersuchen zu lassen, wenn dafür Anhaltspunkte bestehen. Allerdings bestehen entsprechende Heilungsmöglichkeiten nach § 214 IV BauGB, wenn der Fehler durch ein ergänzendes Verfahren behoben werden kann. Durch einen Bebauungsplan soll ein neues Einkaufszentrum ausgewiesen werden. Die Industrie- und Handelskammer äußert im Hinblick auf negative Auswirkungen auf die Innenstadt Bedenken und empfiehlt, stattdessen die Geschäftsfläche in der Innenstadt zu erweitern. Die Gemeinde wird durch eine solche Stellungnahme nicht gebunden. Allerdings ist sie abwägungsbeachtlich in dem Sinne, dass sie in die Abwägung eingestellt werden muss. In Zweifelsfällen sollte ein Gutachten zu den infrastrukturellen Auswirkungen des geplanten Einkaufszentrums eingeholt werden.

893 Ob sich der **Träger öffentlicher Belange** mit seiner **Stellungnahme** durchsetzt, ist daher, wenn gesetzliche Vorschriften keine Vorrangregelungen enthalten, keine Frage der absoluten Rangfolge, sondern beurteilt sich danach, welche Bedeutung den von den Fachbehörden oder den Trägern öffentlicher Belange eingebrachten Gesichtspunkten zukommt. Solche Belange müssen in die **Abwägung eingestellt** werden und setzen sich dort durch, wenn sie von einem derartigen Gewicht sind, dass sie die anderen Interessen, Belange und Planungsvorstellungen überwiegen. Die Stellungnahmen dieser Beteiligten wirken also aus sich, aus der Überzeugungskraft der vorgetragenen Argumente, nicht (allein) deshalb, weil sie etwa von einer bestimmten Behörde oder Stelle vorgetragen worden sind.

Beispiel: Im Rahmen der beabsichtigten Ausweisung eines Gewerbegebietes erhebt die für die Gewerbeaufsicht zuständige Fachbehörde im Hinblick auf die Nachbarschaft zu einem Wohngebiet Bedenken. Die Gemeinde kann sich über diese Bedenken nur hinwegsetzen, wenn die geltend gemachten Belange in der Abwägung durch gewichtigere andere Belange überwindbar sind. Auch wird sich die Frage stellen, ob ein ausreichender Immissionsschutz ggf. durch eine Gliederung des Gewerbegebietes oder durch aktive oder passive Schallschutzmaßnahmen erreicht werden kann. Ist die durch die Gewerbeansiedlung entstehende Belastung jedoch für das benachbarte Wohngebiet unzumutbar, so ist die Planung entsprechend zu reduzieren oder hat sogar ganz zu unterbleiben.

[1719] *VGH Mannheim*, Urt. v. 18.3.1999 – 5 S 328/99 – UPR 1999, 316.
[1720] Vgl. zum früher geltenden Verbot der Nachbesserung im Gerichtsverfahren *BVerwG*, B. v. 14.8.1989 – 4 NB 24.88 – DVBl. 1989, 1105 = *Hoppe/Stüer* RzB Rdn. 84 – Beitrittsbeschluss.

Die Träger öffentlicher Belange können allerdings im Rahmen ihrer Zuständigkeiten 894
für die Gemeinde **Daten** setzen, die für die **Bauleitplanung verbindlich** sind. Dies gilt
etwa für die Ergebnisse der privilegierten Fachplanung nach § 38 BauGB oder bauliche
Maßnahmen des Bundes und der Länder nach § 37 BauGB. Im Rahmen ihrer gesetzlichen Eingriffsbefugnisse können die Fachbehörden gemeindliche Belange überwinden
und eigenständiges Recht setzen, das von der planenden Gemeinde zu beachten ist. Ob
ein derartiger Vorrang der Fachverwaltung besteht, ist den jeweiligen Fachgesetzen zu
entnehmen. Diese können einen absoluten oder relativen Vorrang gegenüber der Bauleitplanung für sich beanspruchen, wenn die Fachgesetze dies entsprechend vorsehen und
hierdurch nicht in die Planungshoheit der Gemeinde eingegriffen wird. Gemeindliche
Planung und Fachplanung sind damit auf Koordination angelegt, die eine gegenseitige
Rücksichtnahme und Beachtung der gesetzlich eingeräumten Kompetenzen beinhaltet.

Beispiel: Die für die Straßenplanung zuständige Behörde weist in einem förmlichen Planfeststellungsverfahren eine Bundesautobahn aus. Der straßenrechtliche Planfeststellungsbeschluss ist von
der Gemeinde bei der Aufstellung ihrer Bauleitplanung zu beachten und nicht durch gemeindliche
Abwägung überwindungsfähig. Allerdings hat die Gemeinde Klagemöglichkeiten, etwa wenn sie
durch diese Fachplanung in eigenen (konkreten) Planungen betroffen wird.[1721]

5. Präklusion von nicht rechtzeitig vorgebrachten Belangen

Belange, die im Verfahren der Öffentlichkeits- und Behördenbeteiligung nicht recht- 895
zeitig abgegeben worden sind, können bei der Beschlussfassung über den Bauleitplan unberücksichtigt bleiben, sofern die Gemeinde deren Inhalt nicht kannte und nicht hätte
kennen müssen und deren Inhalt für die Rechtmäßigkeit des Bauleitplans nicht von Bedeutung ist (§ 4 VI 1 BauGB). Die Präklusion bestimmter öffentlicher Belange verschiebt
sich damit grundsätzlich vom Zeitpunkt der Beschlussfassung (§ 214 III 1 BauGB) auf den
Abschluss des Beteiligungsverfahrens.[1722] § 4 IV BauGB dient der Verfahrensbeschleunigung bei der Aufstellung, Änderung oder Ergänzung von Flächennutzungs- und Bebauungsplänen.

Die **Präklusion** der **Rügemöglichkeiten** ist nur bei entsprechender rechtsstaatlicher 896
Handhabung verfassungsrechtlich unbedenklich.[1723] Dabei muss die Präklusion durch
Gründe des öffentlichen Wohls gerechtfertigt sein. Zudem dürfen die Verfahrensrechte der
Beteiligten nicht unzulässig verkürzt werden. Der Gesetzgeber stellt dies durch die Regelung sicher, dass Belange im Abwägungsverfahren nur ausfallen dürfen, wenn sie nicht
nach Lage der Dinge auch ohne das Vorbringen des beteiligten Trägers bekannt waren oder
hätten bekannt sein müssen. § 4 VI 1 BauGB knüpft damit an die Rechtsprechung des
BVerwG[1724] an, wonach die durch die Planung (negativ) betroffenen Belange in die Abwägung nur eingestellt werden müssen, wenn sie mehr als geringfügig, schutzwürdig und
für die Gemeinde erkennbar sind. Die Erkennbarkeit der Belange wird dabei wesentlich
durch die Behördenbeteiligung und die Öffentlichkeitsbeteiligung gesteuert. Für die Gemeinde erkennbar ist, was im Verfahren der Behördenbeteiligung nach § 4 BauGB oder
im Verfahren der vorgezogenen und förmlichen Öffentlichkeitsbeteiligung nach § 3
BauGB vorgetragen worden ist. Im Übrigen braucht die Gemeinde negativ betroffene
Belange nur in die Abwägung einzustellen, wenn sie offensichtlich sind, sich dem Planer
also geradezu aufdrängen und sozusagen offen auf der Hand liegen. Die Behörden und
sonstigen Träger öffentlicher Belange haben dabei keinen Vertrauensschutz dahin gehend,
Verfahrensfehler, die nicht offensichtlich sind, noch später geltend machen zu können.[1725]

[1721] S. Rdn. 149.
[1722] *Pflaumer/Runkel* BBauBl. 1990, 391; zur Präklusion s. Rdn. 805, 2954, 3620, 3795, 3822.
[1723] *BVerwG*, Urt. v. 6. 8. 1982 – 4 C 66.79 – BVerwGE 66, 99 = NJW 1984, 1250 – Rhein-Main-Donau-Kanal.
[1724] *BVerwG*, B. v. 9. 11. 1979 – 4 N 1.78 – BVerwGE 59, 87 = *Hoppe/Stüer* RzB Rdn. 26.
[1725] *Kühling*, Fachplanungsrecht, Rdn. 187, 191.

Für die Öffentlichkeitsbeteiligung gelten entsprechende Regelungen (vgl. auch § 214 III 2 BauGB).

897 Die sich aus dem **rechtsstaatlichen Abwägungsgebot**[1726] ergebenden **Schranken** wahrt § 4 VI 1 BauGB, indem diese Vorschrift eine Präklusion von nicht rechtzeitig vorgebrachten Belangen dann nicht gelten lässt, wenn der Gemeinde die Belange bekannt waren oder hätten bekannt sein müssen. Nach den vorgenannten Grundsätzen handelt es sich dabei um mehr als geringfügige und schutzwürdige Belange, die sich der Gemeinde trotz Nichterwähnung in der Öffentlichkeitsbeteiligung oder der Behördenbeteiligung sozusagen aufdrängen. Durch diesen Grundsatz ist sichergestellt, dass vor allem auch private Belange von Gewicht bei der Abwägung nicht ausfallen, sondern weiterhin eingestellt und mit dem ihnen zukommenden Gewicht berücksichtigt werden.

Beispiel: Die Gemeinde möchte ein neues Wohngebiet erschließen. Die von einem benachbarten Gewerbebetrieb ausgehenden Immissionen sind in der Abwägung zu berücksichtigen, selbst wenn die Fachbehörden innerhalb der gesetzten Frist keine Stellungnahme abgegeben haben.[1727] Sind solche Auswirkungen allerdings auf betriebsinterne Vorgänge zurückzuführen und für die Gemeinde nicht erkennbar, brauchen diese Belange nicht in die Abwägung eingestellt werden.[1728]

6. Rechtsfolgen der fehlerhaften Behördenbeteiligung

898 Werden Behörden und sonstige Träger öffentlicher Belange nicht nach § 4 I BauGB im Planaufstellungsverfahren frühzeitig beteiligt, so kann dies zur Unwirksamkeit des Planes führen. Nach § 214 I 1 Nr. 2 BauGB ist eine Verletzung von Verfahrens- und Formvorschriften für die Rechtswirksamkeit der Bauleitplanung u. a. dann beachtlich, wenn die Vorschriften über die Beteiligung der Behörden und sonstigen Träger öffentlicher Belange nach § 4 II BauGB verletzt worden sind. Dabei ist allerdings unbeachtlich, wenn bei Anwendung der Vorschrift einzelne Personen, Behörden oder sonstige Träger öffentlicher Belange nicht beteiligt worden sind, die entsprechenden Belange jedoch unerheblich waren oder in der Entscheidung berücksichtigt worden sind. Unschädlich ist daher die Nichtbeteiligung einzelner Behörden oder sonstiger Träger – allerdings auch hier mit dem Vorbehalt, dass die verfassungsrechtlich gebotenen Anforderungen an die Abwägung eingehalten worden sind. Sind daher einzelne Behörden oder sonstige Träger öffentlicher Belange nicht beteiligt worden, so ist dies nur dann für die Rechtswirksamkeit der Bauleitplanung beachtlich, wenn von diesen Trägern wesentliche Belange vorgebracht werden konnten und die Gemeinde diese Belange in der Abwägung nicht berücksichtigt hat. Dann kann die Nichtbeteiligung einzelner Träger bedeutsame Abwägungsdefizite erzeugen, die zur Teil- oder sogar Gesamtunwirksamkeit der Planung führen können.

7. Informationspflichten der Behörden nach Abschluss des Verfahrens

899 Nach Abschluss des Bauleitplanverfahrens haben die Behörden die Gemeinde zu unterrichten, sofern nach ihnen vorliegenden Erkenntnissen die Durchführung des Bauleitplans erhebliche, insbesondere unvorhergesehene nachteilige Auswirkungen auf die Umwelt hat (§ 4 III BauGB). Diese Informationspflicht besteht nur für Behörden, nicht auch für sonstige Träger öffentlicher Belange. Diesen ist es jedoch nicht untersagt, von sich aus der Gemeinde bei ihnen vorliegende Informationen zur Verfügung zu stellen. Die Informationspflicht dient der nach § 4c BauGB vorgeschriebenen Überwachung. Entsprechend diesem Zweck sollte sich die Information insbesondere auf unvorhergesehene Auswirkungen beschränken. Vorhergesehene Auswirkungen waren bereits Grundlage der Abwägungsentscheidung. Darüber hinaus würde eine unkommentierte Übermittlung

---

[1726] Zum Abwägungsgebot s. Rdn. 1195.
[1727] *BVerwG*, B. v. 23. 1. 1992 – 4 NB 2.90 – DVBl. 1992, 577 = *Hoppe/Stüer* RzB Rdn. 319 – Treppenweg.
[1728] *BVerwG*, Urt. v. 13. 9. 1985 – 4 C 64.80 – NVwZ 1986, 740 = *Hoppe/Stüer* RzB Rdn. 146 – Ledigenwohnheim.

aller denkbaren Informationen die Gemeinden überlasten und damit die Gefahr erhöhen, dass eine Auswertung nicht oder mit falschen Ergebnissen erfolgt.[1729]

IV. Öffentlichkeitsbeteiligung

Neben die Beteiligung der Träger öffentlicher Belange nach § 4 BauGB tritt die Öffentlichkeitsbeteiligung nach § 3 BauGB als wesentliches Kernstück der öffentlichen Verfahrensbeteiligung.[1730] Die Öffentlichkeitsbeteiligung hat zum Ziel, das gemeindliche Abwägungsmaterial (§ 2 III BauGB) zu verbreitern (**Informationsfunktion**), die Öffentlichkeit an dem Planungsprozess zu beteiligen (**demokratische Funktion**) und ihre Einwirkungsmöglichkeiten zu verbessern (**Rechtsschutzfunktion**) sowie die Akzeptanz gemeindlicher Planungen zu erhöhen (**Integrationsfunktion**). Die Öffentlichkeitsbeteiligung gliedert sich in eine **frühzeitige (vorgezogene) Öffentlichkeitsbeteiligung** nach § 3 I BauGB sowie eine **förmliche Öffentlichkeitsbeteiligung** nach § 3 II BauGB.[1731] In der vorgezogenen Öffentlichkeitsbeteiligung werden die Bürger über die Planungsentwürfe und Konzeptionen informiert und erhalten Gelegenheit zur öffentlichen Erörterung und Stellungnahme. Die förmliche Öffentlichkeitsbeteiligung gilt der ausgearbeiteten Planung, die für einen Monat öffentlich ausliegt und zu der von jedermann Stellungnahmen vorgetragen werden können. Die Öffentlichkeitsbeteiligung gem. § 3 BauGB wurde allerdings nicht in Erfüllung einer grundrechtlichen Schutzpflicht erlassen, sondern hat gem. § 1 I BauGB die dem Gemeinwohl dienende Aufgabe, die bauliche und sonstige Nutzung der Grundstücke in der Gemeinde vorzubereiten und zu leiten.[1732] Zudem wird mit den Regelungen über die Öffentlichkeitsbeteiligung eine europarechtliche Verpflichtung aus der Plan-UP-Richtlinie umgesetzt. Die bisherige Bürgerbeteiligung wird zur Öffentlichkeitsbeteiligung. Dies dient der Wortanpassung an die Plan-UP-Richtlinie, ohne dass damit bereits eine inhaltliche Änderung verbunden ist. Neben der Anpassung an die europarechtliche Terminologie dient die Änderung insbesondere der Klarstellung, dass nicht nur die Bürger im kommunalrechtlichen Sinne, sondern auch Personen aus anderen Gemeinden sowie Verbände, die nicht Träger öffentlicher Belange sind, sich – wie bisher – im Rahmen des § 3 BauGB beteiligen können.

1. Vorgezogene Öffentlichkeitsbeteiligung

Nach § 3 I BauGB sind die Bürger möglichst frühzeitig über die allgemeinen Ziele und Zwecke der Planung, sich wesentlich unterscheidende Lösungen, die für die Neugestaltung oder Entwicklung eines Gebiets in Betracht kommen, und die voraussichtlichen Auswirkungen der Planung öffentlich zu unterrichten. Ihnen ist Gelegenheit zur Äußerung und Erörterung zu geben. Als Öffentlichkeit kann sich jedermann, d. h. jede natürliche oder juristische Person, an der Information und Anhörung beteiligen. Ein Nachweis eines irgendwie gearteten eigenen Interesses, abwägungserheblicher Belange oder gar eigener Rechte ist nicht erforderlich.

a) Grundsätze. Die frühzeitige (vorgezogene) Öffentlichkeitsbeteiligung umfasst eine öffentliche Unterrichtung, an die sich die Gelegenheit zur Äußerung und Erörterung anschließt. Die vorgezogene Öffentlichkeitsbeteiligung dient dem Ziel, die Bürger über die von der Gemeinde beabsichtigten Planungskonzepte und -ziele bereits in einem frühen Stadium zu informieren und ihnen Gelegenheit zu geben, eigene Wünsche und Vorstel-

---

[1729] EAG Bau-Mustererlass 2004.
[1730] Zur Bürgerbeteiligung *Fisahn* NJ 1996, 63; *Morlock/Freiburg* BWVPr. 1992, 5; *Schmidt-Eichstaedt* StuGB 1992, 321; *Schmidt-Jortzig* DÖV 1981, 371; *Stüer* BayVBl. 1990, 39; *Tettinger* NWVBl. 1993, 284; *Wickrath* Bürgerbeteiligung im Recht der Raumordnung und Landesplanung 1992.
[1731] *Battis* in: Battis/Krautzberger/Löhr § 3 Rdn. 1ff.; *Hoppe* in: Hoppe/Bönker/Grotefels § 5 Rdn. 82; *Rothe* Rdn. 94, 154.
[1732] *BVerwG*, B. v. 3. 8. 1982 – 4 B 145.82 – Buchholz 406.11 § 2a BBauG Nr. 4 = DVBl. 1982, 1096 = DÖV 1982, 941.

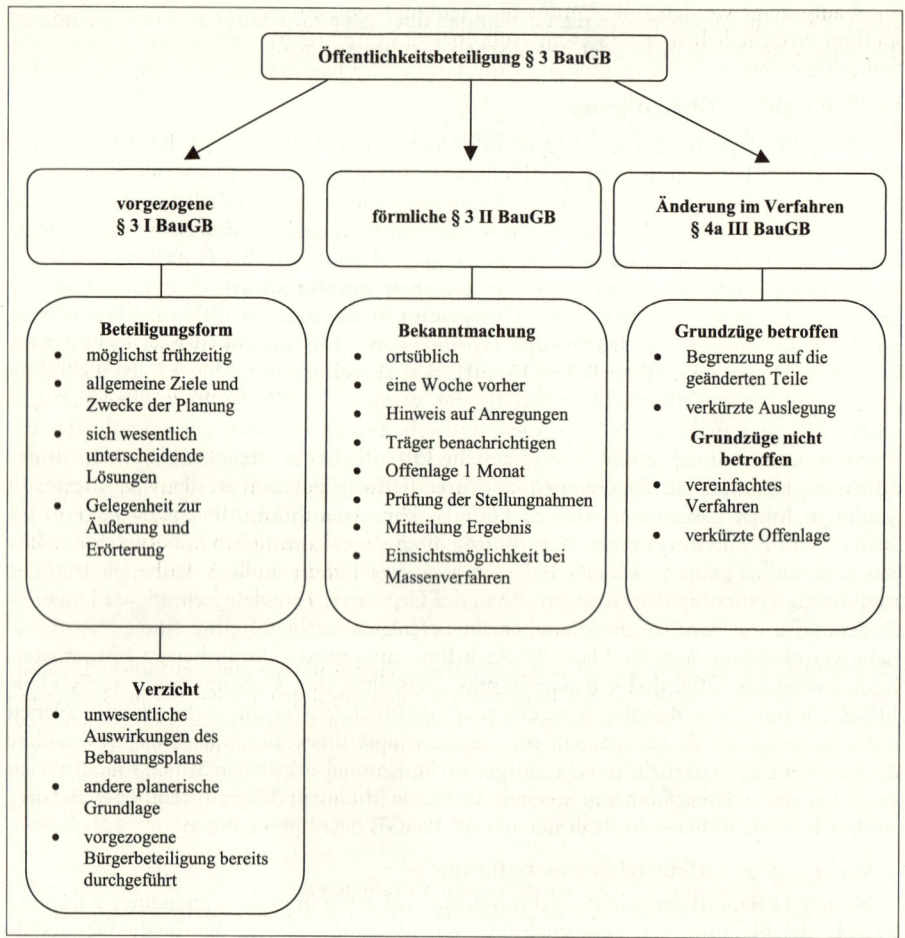

lungen in den Planungsprozess einzubringen. Im Gegensatz zur förmlichen Öffentlichkeitsbeteiligung soll dies auf eine gesetzlich nicht im Einzelnen festgelegte Weise geschehen. Den Gemeinden sind insoweit bei der **Verfahrensgestaltung** entsprechende **Spielräume** gewährt. Auch ist durch § 214 I 1 Nr. 2 BauGB sichergestellt, dass Fehler in der Durchführung der vorgezogenen Öffentlichkeitsbeteiligung auf die Rechtswirksamkeit der Bauleitplanung keinen Einfluss haben.[1733] Die Gemeinde entscheidet dabei im Rahmen der gesetzlichen Vorgaben selbst über die Art und Weise der Öffentlichkeitsbeteiligung. Auch kann die Gemeinde sich selbst entsprechende Verfahrensrichtlinien für die Durchführung der vorgezogenen Öffentlichkeitsbeteiligung geben.

903   Die Information der Gemeinde soll sich auf die **öffentliche Unterrichtung** über die allgemeinen **Ziele** und **Zwecke** der **Planung** beziehen sowie sich wesentlich unterscheidende in Betracht kommende Lösungen und die voraussichtlichen **Auswirkungen** der Planung aufzeigen. Wegen des noch frühen Planungsstadiums wird es sich dabei regelmäßig noch nicht um fertige Bauleitpläne handeln. Im Vordergrund der vorgezogenen Öffentlichkeitsbeteiligung wird vielmehr in der Regel zunächst die Analyse des Planungsgebietes und die Angabe der groben Zielkonzeption stehen, die für das Gebiet in Betracht kommt. Da aber zugleich bereits die voraussichtlichen Auswirkungen der Pla-

---

[1733] *BVerwG*, Urt. v. 23. 10. 2002 – 4 BN 53.02 – BauR 2003, 216 = NVwZ-RR 2003, 172.

nung aufgezeigt werden sollen, muss die Planung schon ein gewisses Konkretisierungsstadium erreicht haben. Andererseits soll aber die Öffentlichkeitsbeteiligung möglichst frühzeitig erfolgen – also zu einem Zeitpunkt, in dem noch eine Einflussnahme auf den Planungsprozess möglich ist.

Beispiel: Die Gemeinde will in der Innenstadt am Rande eines Grüngürtels ein Hotel ansiedeln. Hierzu soll eine Häuserzeile abgebrochen und eine neue Verkehrserschließung vorgesehen werden. In der vorgezogenen Öffentlichkeitsbeteiligung könnte anhand eines Planes das Plangebiet abgegrenzt und nach einer Bestandsaufnahme die beabsichtigte Planung vorgestellt werden. Dabei können auch Informationen zur beabsichtigten Größenordnung des Hotels, zu der Verkehrserschließung, den Auswirkungen auf den benachbarten Grünbereich und Belange des Umweltschutzes gegeben werden. Auch sollte dargestellt werden, welche nachteiligen Auswirkungen sich für die anliegenden Nachbarn durch das zu erwartende Verkehrsaufkommen ergeben werden. Nicht erforderlich – aber wenn vorhanden, möglich – wäre eine Unterrichtung der Öffentlichkeit auch bereits über Einzelheiten des Projekts wie die genauen Grund- und Geschossflächenzahlen oder die Gliederung des Baukörpers. Dabei kann aber auch die Konkretisierung der Planung der förmlichen Öffentlichkeitsbeteiligung vorbehalten werden.

In der vorgezogenen Öffentlichkeitsbeteiligung soll auf der Grundlage dieser Informationen **Gelegenheit** zur **Äußerung** und **Unterrichtung** gegeben werden. Dies sollte in geeigneter Weise geschehen, etwa in einer Bürgerversammlung des Stadt- oder Ortsbezirks. Die Unterrichtung der Bürger über diese Veranstaltung könnte etwa durch Bekanntmachung in den amtlichen Bekanntmachungsblättern und im Aushangkasten der Gemeinde, durch Zeitungsberichte, Plakate, Flugblätter, Hauswurfsendungen, Ausstellungen oder vergleichbare Informationsmittel erfolgen.

Beispiel: Die Bürger des von der Planung betroffenen Viertels werden durch öffentliche Bekanntmachung und Presseberichte zu einer Bürgerversammlung eingeladen, die von einem Mitglied des Planungsausschusses oder dem Vorsitzenden der Bezirksvertretung oder des Ortsrates geleitet wird. In der Bürgerversammlung werden die Planungsvorstellungen anhand entsprechender Bebauungsplanentwürfe dargestellt und die voraussichtlichen Auswirkungen der Planung aufgezeigt. Die in der Versammlung von den Bürgern abgegebenen Stellungnahmen werden protokolliert. Außerdem wird Gelegenheit gegeben, innerhalb von weiteren zwei Wochen schriftlich zur Planung Stellung zu nehmen.

Die **Anforderungen** an die **vorgezogene Öffentlichkeitsbeteiligung** dürfen dabei **nicht überspannt** werden. So ist zwar auch über sich wesentlich unterscheidende Lösungen, die für die Neugestaltung oder Entwicklung des Gebietes in Betracht kommen, zu unterrichten. Dies gilt aber nur insoweit, als die Gemeinde solche Lösungen bereits selbst erwogen und geprüft hat. Die Gemeinde ist jedoch nicht verpflichtet, bereits in der vorgezogenen Öffentlichkeitsbeteiligung von sich aus **Alternativkonzepte** zu ihrer Planung zu entwickeln oder die von Fachbehörden oder in der Öffentlichkeit erwogenen Alternativlösungen zu prüfen und über die Ergebnisse der Prüfung in der vorgezogenen Öffentlichkeitsbeteiligung zu informieren. Ein auf der Grundlage eines einzigen **Projektentwurfs** des künftigen Bauherrn aufgestellter Bebauungsplan ist auch nicht schon deswegen abwägungsfehlerhaft, weil die Gemeinde über die Erforderlichkeit alternativer Projektentwürfe keine selbstständige Entscheidung getroffen hat, obgleich beteiligte Dienststellen oder Gremien der Gemeinde solche Alternativen gefordert haben.[1734]

Die Gemeinde hat im Übrigen einen **Gestaltungsspielraum**, wie sie unter Beachtung der in § 3 I BauGB enthaltenen Verfahrensgrundsätze die vorgezogene Öffentlichkeitsbeteiligung durchführt und wie sie die Information und Erörterung im Einzelnen gestaltet. Dies gilt auch hinsichtlich des **Zeitpunkts** der **frühzeitigen Öffentlichkeitsbeteiligung**. In die Beteiligung ist die Öffentlichkeit einzubeziehen, wobei das Gesetz hierunter die

---

[1734] *BVerwG*, B. v. 28. 8. 1987 – 4 N 1.86 – DVBl. 1987, 1273 = NVwZ 1988, 351 = *Hoppe/Stüer* RzB Rdn. 63 – Volksfürsorge; B. v. 26. 6. 1992 – 4 B 1–11.92 – DVBl. 1992, 1435 – Abschnittsbildung.

Bürger versteht. Die Informationen müssen dabei für jeden zugänglich sein, der durch die Planung betroffen wird. Auch nicht betroffene Bürger aus anderen Gemeinden können an der vorgezogenen Öffentlichkeitsbeteiligung teilnehmen und etwa in dem Erörterungstermin oder auch schriftlich Stellungnahmen vortragen.

Hinweis: Die Äußerungen der Bürger gehen in das weitere Aufstellungsverfahren als abwägungserhebliche Belange ein, wenn sie mehr als geringfügig, schutzwürdig und erkennbar sind.[1735] Sie sind mit dem ihnen zukommenden Gewicht gegenüber den sonstigen Belangen und Planungszielen abzuwägen. Die von den Bürgern mündlich vorgetragenen Äußerungen sollten daher in ihrem wesentlichen Kern schriftlich dokumentiert werden, um sicherzustellen, dass die geltend gemachten Stellungnahmen in das weitere Abwägungsverfahren eingehen.

907 **b) Verzicht auf vorgezogene Öffentlichkeitsbeteiligung.** Der eigenen gemeindlichen Gestaltungsmöglichkeit im Bereich der vorgezogenen Öffentlichkeitsbeteiligung entspricht, dass nach § 3 I 2 BauGB von einer **Unterrichtung** und **Erörterung abgesehen** werden kann, wenn
– ein Bebauungsplan aufgestellt oder aufgehoben wird und sich dies auf das Plangebiet und die Nachbargebiete nur unwesentlich auswirkt oder
– die Unterrichtung und Erörterung bereits zuvor auf anderer planerischer Grundlage erfolgt sind.

Außerdem kann nach **§ 13 BauGB** im Falle der Änderung eines Bauleitplans auf eine vorgezogene Öffentlichkeitsbeteiligung verzichtet werden, wenn durch die Änderungen oder Ergänzungen die Grundzüge der Planung nicht berührt werden und kein UVP-pflichtiges oder vorprüfungspflichtiges Projekt mit erheblichen nachteiligen Umweltauswirkungen nach der Anlage I zu § 3 UVPG ausgewiesen werden soll. Auch dürfen keine Belange des Habitat- oder Vogelschutzes betroffen sein (§ 13 I, II Nr. 1 BauGB).

908 Der **Verzicht** auf die **vorgezogene Öffentlichkeitsbeteiligung** ist für die Aufstellung oder Aufhebung eines Bauleitplans in **§ 3 I BauGB** geregelt. Für die Änderung oder Ergänzung eines Bauleitplans gilt § 13 BauGB. Weitere Regelungen hierzu enthalten die §§ 34 VI und 35 VI BauGB für die Innenbereichs- und Außenbereichssatzungen. Eine vorgezogene Öffentlichkeitsbeteiligung ist danach erforderlich, wenn
– ein Flächennutzungsplan neu aufgestellt wird (§ 3 I BauGB) oder in seinen Grundzügen geändert wird (§ 13 BauGB),
– im Bauleitplan ein UVP-pflichtiges oder vorprüfungspflichtiges Projekt mit erheblichen nachteiligen Umweltauswirkungen nach Anlage I zum UVPG zugelassen werden soll oder Belange des Habitat- oder Vogelschutzes berührt werden (§ 13 BauGB),
– ein Bebauungsplan neu aufgestellt oder aufgehoben wird und sich dies auf das Plangebiet oder die Nachbargebiete mehr als nur unwesentlich auswirkt (§ 3 I 2 Nr. 2 BauGB),
– ein Bebauungsplan geändert oder ergänzt wird und dadurch die Grundzüge der Planung betroffen werden.

909 Eine vorgezogene Öffentlichkeitsbeteiligung ist nicht erforderlich, wenn
– ein Flächennutzungsplan geändert oder ergänzt werden soll, hierdurch die Grundzüge der Planung nicht berührt werden, die Planänderung oder -ergänzung nicht ein UVP-pflichtiges oder vorprüfungspflichtiges Projekt mit erheblichen nachteiligen Umweltauswirkungen nach Anlage I zum UVPG betrifft oder Belange des Habitat- oder Vogelschutzes berührt werden (§ 13 BauGB),
– ein Bebauungsplan neu aufgestellt oder aufgehoben wird und sich dies auf das Plangebiet oder die Nachbargebiete nur unwesentlich auswirkt (§ 3 I 2 Nr. 1 BauGB),
– wenn die Unterrichtung und Erörterung bereits auf anderer planerischer Grundlage stattgefunden hat (§ 3 I 2 Nr. 2 BauGB),

---

[1735] *BVerwG*, B. v. 9. 11. 1979 – 4 N 1.78 – BVerwGE 59, 87 = *Hoppe/Stüer* RzB Rdn. 26.

– für einen bisherigen nicht beplanten Innenbereich nach § 34 BauGB ein Bebauungsplan aufgestellt wird, mit dem sich der aus der Eigenart der näheren Umgebung ergebende Zulässigkeitsmaßstab nicht wesentlich geändert wird (§ 13 I BauGB),
– eine Innenbereichssatzung aufgestellt werden soll (§ 34 VI BauGB),
– eine Außenbereichssatzung aufgestellt werden soll (§ 35 VI 5 BauGB).

Die **vorgezogene Öffentlichkeitsbeteiligung** ist daher immer dann **entbehrlich**, wenn bereits eine ausreichende Beteiligung der Öffentlichkeit stattgefunden hat. Während bei der erstmaligen Aufstellung des **Flächennutzungsplans** eine vorgezogene Öffentlichkeitsbeteiligung durchgeführt werden muss, kann davon bei einer Änderung oder Ergänzung des Flächennutzungsplans oder des Bebauungsplans abgesehen werden, wenn hierdurch die **Grundzüge der Planung** nicht berührt werden (§ 13 I BauGB).[1736] Es dürfen allerdings auch keine UVP-pflichtigen oder vorprüfungspflichtigen Vorhaben mit erheblichen nachteiligen Umweltauswirkungen nach Anlage I zum UVPG Gegenstand der Planung sein. Auch Belange des Habitat- oder Vogelschutzes dürfen nicht berührt werden. Auf eine vorgezogene Öffentlichkeitsbeteiligung kann daher vor allem bei Änderungen oder Ergänzungen in Betracht kommen, die sich auf das Planungskonzept nicht wesentlich auswirken und mit denen keine bedeutsamen Vorhaben ausgewiesen werden sollen. Vielfach wird in diesen Fällen zugleich ein **Bebauungsplan** aufgestellt, geändert oder ergänzt. Hier bietet § 13 II Nr. 1 BauGB die Möglichkeit, auf eine vorgezogene Öffentlichkeitsbeteiligung zu verzichten. Der Bebauungsplan darf dabei nicht die städtebaulichen Grundstrukturen ändern, muss in seiner Funktion auf das Plangebiet beschränkt sein und darf dabei im Vergleich zum bisher Zulässigen keine wesentlich anderen Nutzungs- und Bebauungsmöglichkeiten festsetzen.

Beispiel: Die Gemeinde will für einen bisher nicht beplanten, nach § 34 BauGB zu beurteilenden Innenbereich einen Bebauungsplan aufstellen, der neben Hausgruppen auch Einzel- und Doppelhäuser zulässt. Bisher war eine solche Bebauung nur in dem Teil des Gebietes möglich, in dem eine solche Einzel- und Doppelhausbebauung bereits in der Umgebung vorhanden war. Der Flächennutzungsplan weist Wohnbaufläche aus. Hier könnte auf eine vorgezogene Öffentlichkeitsbeteiligung verzichtet werden, da die Grundzüge der Planung nicht betroffen sind und die Zulassung der Einzel- und Doppelhausbebauung nur unwesentliche Auswirkungen auf das Plangebiet und die Nachbargebiete haben dürfte. Die Änderung betrifft zudem keine UVP-pflichtigen oder vorprüfungspflichtigen Vorhaben mit erheblichen nachteiligen Umweltauswirkungen. Es dürfen auch keine Belange des Habitat- oder Vogelschutzes betroffen sein.

Eine vorgezogene Öffentlichkeitsbeteiligung kann ebenso entfallen, wenn die **Unterrichtung bereits auf einer anderen planerischen Grundlage** erfolgt ist (§ 3 I 2 Nr. 2 BauGB). Die andere planerische Grundlage muss in ihrem wesentlichen Inhalt – wie etwa eine städtebauliche Rahmenplanung – dem vorgesehenen Bauleitplan entsprechen. Ein informeller Plan für ausschließlich spezielle Sachbereiche reicht nur aus, wenn auf dieser Grundlage eine sachgerechte Beurteilung der Planungskonzeption möglich ist.

Beispiel: Im Verfahren zur Aufstellung eines Rahmenplans oder Stadtteilkonzeptes sind die Bürger bereits über die Planung eines Bürger- und Freizeitzentrums unterrichtet und in einer Bürgerversammlung zu den vorgestellten Plänen gehört worden. Bei der Aufstellung des Bebauungsplans kann auf eine erneute vorgezogene Öffentlichkeitsbeteiligung verzichtet werden. Ist bereits ein Grünflächen- oder Gestaltungsplan vorgestellt worden, kann auf eine vorgezogene Öffentlichkeitsbeteiligung verzichtet werden, wenn die Planungskonzeption des Bebauungsplans sich nicht wesentlich davon unterscheidet.

[1736] *BVerwG*, B. v. 18. 12. 1987 – 4 NB 2.87 – ZfBR 1988, 90 = *Hoppe/Stüer* RzB Rdn. 148; Urt. v. 18. 7. 1989 – 4 N 3.87 – BVerwGE 82, 225 = *Hoppe/Stüer* RzB Rdn. 194; B. v. 22. 9. 1989 – 4 NB 24.89 – NVwZ 1990, 361 = DVBl. 1990, 364; B. v. 31. 10. 1989 – 4 NB 7.89 – NVwZ-RR 1990, 286 = *Hoppe/Stüer* RzB Rdn. 212; B. v. 20. 11. 1989 – 4 B 163.89 – NVwZ 1990, 556 = *Hoppe/Stüer* RzB Rdn. 327; *OVG Münster*, Urt. v. 12. 5. 1989 – 11a NE 51/87 – NVwZ 1990, 894 = UPR 1990, 103.

912 Die vorgezogene Öffentlichkeitsbeteiligung soll nicht mehrfach durchgeführt werden müssen. An die Unterrichtung und Erörterung nach § 3 I BauGB schließt sich daher die förmliche Öffentlichkeitsbeteiligung nach § 3 II BauGB folgerichtig auch dann an, wenn die Erörterung zu einer Änderung der Planung führt (§ 3 I 2 BauGB). Im Interesse der beabsichtigten Verfahrensbeschleunigung ist diese Vorschrift weit auszulegen. Eine **zweite vorgezogene Öffentlichkeitsbeteiligung** ist daher auch dann nicht erforderlich, wenn die Änderung nicht von den Bürgern im Erörterungstermin vorgebracht, sondern von anderer Seite, etwa von Fachbehörden oder planungsinteressierten Investoren, eingebracht worden ist.

2. Förmliche Öffentlichkeitsbeteiligung

913 Ist die eigentliche Konzeptions- und Planungsphase abgeschlossen und der Bauleitplan vom Grundsatz her beschlussreif fertig gestellt, erfolgt die förmliche Öffentlichkeitsbeteiligung. Nach **§ 3 II BauGB** sind die Entwürfe der Bauleitpläne mit der Begründung und den nach Einschätzung der Gemeinde wesentlichen, bereits vorliegenden umweltbezogenen Stellungnahmen für die Dauer eines Monats öffentlich auszulegen. Ort und Dauer der Auslegung sowie Angaben dazu, welche Arten umweltbezogener Informationen verfügbar sind, sind mindestens eine Woche vorher ortsüblich bekannt zu machen mit dem Hinweis darauf, dass Stellungnahmen während der Auslegungsfrist vorgebracht werden können und dass nicht fristgemäß abgegebene Stellungnahmen bei der Beschlussfassung über den Bauleitplan unberücksichtigt bleiben können. Der Begriff der Stellungnahmen ist ohne inhaltliche Änderung an die Stelle der „Anregungen" (BauGB 1998) oder „Anregungen und Bedenken" (BauGB 1987) getreten. Die begriffliche Neufassung übernimmt die Vorgaben aus der Plan-UP-Richtlinie. Eine sachliche Änderung ist hierdurch jedoch nicht eingetreten. § 3 II BauGB verlangt nicht, dass der Auslegungsbeschluss von der Gemeindevertretung gefasst worden ist. Welches Gemeindeorgan tätig zu werden hat, bestimmt sich vielmehr ausschließlich nach dem jeweils einschlägigen Kommunalrecht.[1737]

Hinweis: Der Entwurfs- und Auslegungsbeschluss der Gemeindevertretung könnte etwa folgenden Inhalt haben: „Der Entwurf des Bebauungsplans/Flächennutzungsplans für das Gebiet (hinreichende Gebietsbezeichnung) und der Begründung werden in der vorliegenden Form gebilligt. Der Entwurf des Plans nebst Begründung sind nach § 3 II BauGB öffentlich auszulegen und die Behörden und sonstigen Träger öffentlicher Belange von der Auslegung zu benachrichtigen. In der Bekanntmachung ist darauf hinzuweisen, dass auch Gutachten zu den Schallauswirkungen des Vorhabens sowie eine Stellungnahme des Umweltamtes zu Fragen der naturschutzrechtlichen Kompensationserfordernisse ausliegt." Die Auslegungsbekanntmachung selbst könnte etwa wie folgt gefasst sein: „Öffentliche Auslegung des Entwurfs des Flächennutzungsplans/Bebauungsplans der Gemeinde nach § 3 II BauGB. Der von der Gemeindevertretung in der Sitzung vom (Datum des Ratsbeschlusses) gebilligte und zur Auslegung bestimmte Entwurf des Flächennutzungsplans/Bebauungsplans für das Gebiet (hinreichende Gebietsbezeichnung) und der Entwurf der Begründung dazu liegen vom (Auslegungsbeginn) bis zum (Auslegungsende) in der Gemeindeverwaltung (Zimmer Nr.) während folgender Zeiten (Werktage, Stunden) zu jedermanns Einsicht öffentlich aus. Während dieser Auslegungsfrist können von jedermann Stellungnahmen zu dem Entwurf schriftlich oder während der Dienststunden zur Niederschrift vorgebracht werden. Es liegen auch Gutachten zu den Schallauswirkungen des Vorhabens sowie eine Stellungnahme des Umweltamtes zu Fragen der naturschutzrechtlichen Kompensationserfordernisse aus. (Ort, Datum, Siegelabdruck) Gemeinde. Der Bürgermeister/Oberbürgermeister (Unterschrift)." Über die Bekanntmachung ist ein entsprechender Verfahrensvermerk anzufertigen.

914 Die **Wochenfrist** ist nach den §§ 187 I und 188 II BGB zu berechnen. Der Tag der Bekanntmachung zählt hiernach nicht mit. Die Auslegung erfolgt für die Dauer eines Monats, wobei gem. § 187 II BGB der erste Tag der Offenlegung bei der Fristberechnung

---

[1737] *BVerwG*, Urt. v. 12. 5. 1995 – 4 NB 5.95 – Buchholz 406.11 § 1 BauGB Nr. 81.

mitzählt.¹⁷³⁸ Das Ende der Frist ist nach den §§ 188 I, 193 BGB zu berechnen.¹⁷³⁹ Für die ortsübliche Bekanntmachung der Offenlegungsfrist genügt, wenn der erste Tag der Auslegungsfrist datumsmäßig benannt wird und auf die Monatsfrist hingewiesen wird. Die Berechnung der Monatsfrist ist dem Bürger zumutbar.¹⁷⁴⁰ Die Träger öffentlicher Belange sollen von der Auslegung benachrichtigt werden. Die Offenlage der Planung erfordert bundesrechtlich keinen Ratsbeschluss. Für die Bekanntmachung sind jedoch die landesrechtlichen und ggf. ortsrechtlichen Bekanntmachungsanforderungen zu beachten.¹⁷⁴¹

Hinweis: Das Offenlegungsverfahren nach § 3 II BauGB setzt eine fertige Planungskonzeption und Planunterlagen voraus, die Gegenstand des Feststellungs- bzw. Satzungsbeschlusses sein können. Es ist daher in der Praxis aus Gründen der Beachtung kommunalverfassungsrechtlicher Anforderungen erforderlich, die der Offenlegung zugrunde liegende Planungskonzeption dem Rat zur Entscheidung und Beschlussfassung vorzulegen. Für die Wirksamkeit des Bauleitplans ist dies jedoch bundesrechtlich nicht erforderlich. Die Bekanntmachung darf keine Zusätze oder Einschränkungen enthalten, die geeignet sein können, auch nur einzelne an der Bauleitplanung interessierte Bürger von der Erhebung von Stellungnahmen abzuhalten. Die Bekanntmachung darf jedoch mit den Hinweisen versehen werden, dass Stellungnahmen „schriftlich oder zur Niederschrift" vorgetragen werden können und dass sie die volle Anschrift des Einwenders und „gegebenenfalls" die genaue Bezeichnung des Grundstücks bzw. des Gebäudes enthalten „sollten".¹⁷⁴²

a) Öffentliche Auslegung. Der **Entwurf** des Bauleitplans und seine **Begründung** sind öffentlich auszulegen. Offen gelegt werden müssen darüber hinaus auch alle Unterlagen, die erforderlich sind, um den Betroffenen die Mitwirkung durch Stellungnahmen zu ermöglichen und vor allem den Umfang ihrer Betroffenheit erkennbar zu machen. Besonders benannt werden in Umsetzung der Plan-UP-Richtlinie die nach Einschätzung der Gemeinde wesentlichen, bereits vorliegenden **umweltbezogenen Stellungnahmen**. Erfasst werden nur solche Stellungnahmen, die tatsächlich bereits eingegangen sind.

Unter **Stellungnahmen** sind nicht nur behördliche Stellungnahmen zu verstehen, die im Rahmen einer Beteiligung nach den §§ 4, 4a BauGB eingegangen sind. Darunter können auch im Vorfeld eingegangene Zuschriften von Behörden, Verbänden oder Privaten fallen. Auch Stellungnahmen, die im Rahmen der frühzeitigen Beteiligung nach § 4 I BauGB eingegangen sind, können dazu gehören. Entsprechend dem Sinn der Regelung, der Öffentlichkeit eine umfangreiche Informationsmöglichkeit zu bieten, kommt eine Auslegung sinnvoller Weise nur in Betracht, wenn die Stellungnahmen einen Informationsgehalt aufweisen und sich nicht nur auf allgemeine Aussagen oder Proteste beschränken.¹⁷⁴³

Die Gemeinde ist nicht verpflichtet, alle vorhandenen Stellungnahmen auszulegen. Die Verpflichtung beschränkt sich auf Stellungnahmen mit **umweltbezogenem Inhalt** und hierbei wiederum nur auf die wesentlichen Stellungnahmen. Die Auswahl trifft die Gemeinde. Die Entscheidung ist nicht selbstständig angreifbar. Die Gemeinde ist nicht verpflichtet, ausschließlich nur wesentliche und ausschließlich nur umweltbezogene Stellungnahmen auszulegen. Sie kann sich zur Vermeidung eines unnötigen Verwaltungsaufwands auch dafür entscheiden, alle Stellungnahmen auszulegen. Gleichwohl ist eine vorherige Durchsicht erforderlich, ob die Stellungnahmen Betriebsgeheimnisse oder sonstige den Datenschutzbestimmungen unterliegende Informationen enthalten. Entsprechende Stellungnahmen sind entweder – wenn sie nicht wesentlich sind – von der Auslegung auszunehmen oder hinsichtlich der geschützten Daten unkenntlich zu ma-

---

¹⁷³⁸ *GmSOBG*, Urt. v. 6. 7. 1972 – GmSOBG 2/71 – BVerwGE 40, 363 = BGHZ 59, 396 = NJW 1972, 2035 – Auslegungsdauer.
¹⁷³⁹ *Battis* in: Battis/Krautzberger/Löhr § 3 Rdn. 13.
¹⁷⁴⁰ *BVerwG*, B. v. 8. 9. 1992 – 4 NB 17.92 – ZfBR 1993, 31 = NVwZ 1993, 475.
¹⁷⁴¹ *BVerwG*, B. v. 14. 4. 1988 – 4 N 4.87 – BVerwGE 79, 200 = *Hoppe/Stüer* RzB Rdn. 193. Zum Fachplanungsrecht *BVerwG*, Urt. v. 23. 4. 1997 – 11 A 7.97 – DVBl. 1997, 1119 = NuR 1997, 504 – Rheinbek-Wentorf.
¹⁷⁴² *BVerwG*, B. v. 28. 1. 1997 – 4 NB 39.96 – NVwZ-RR 1997, 514.
¹⁷⁴³ Zum Folgenden EAG Bau – Mustererlass 2004.

chen. Dies kann sich jedoch nur auf personenbezogene Daten beziehen. Namen und Adressen der Einwendungsführer werden von dem Datenschutz nicht erfasst.

918 Bereits bei der Bekanntmachung der Offenlage ist anzugeben, **welche Arten umweltbezogener Informationen** verfügbar sind. Es reicht allerdings bei der Bekanntmachung ein allgemeiner Hinweis auf die Art der verfügbaren Umweltinformationen. Die einzelnen Informationen müssen nicht etwa namentlich durch Aufzählung aller vorliegenden Gutachten oder Stellungnahmen benannt werden. Neben dem Plan und seiner Begründung sind auch die wesentlichen umweltbezogenen Stellungnahmen offen zu legen. Über diesen engen Wortlaut hinaus bezieht sich das Offenlagegebot nicht nur auf die im Verfahren etwa im Rahmen der frühzeitigen Behörden- und Öffentlichkeitsbeteiligung bereits abgegebenen Stellungnahmen, sondern auch auf weitere verfügbare umweltbezogene Informationen, die für die Planung von Bedeutung sind. Das Offenlegungserfordernis bezieht sich daher etwa auch auf Gutachten, auf die in den Festsetzungen oder der Begründung zum Bebauungsplan Bezug genommen wird, wenn ohne Kenntnis des Gutachtens die Betroffenheiten oder die beabsichtigten planerischen Maßnahmen nicht richtig erkannt werden können.[1744]

Beispiel: Der Bebauungsplan nimmt auf ein Gutachten Bezug, das zum Element der Planung wird. Die Auslegung eines Gutachtens ist aber dann nicht erforderlich, wenn dem Informationszweck des § 3 II BauGB auch durch andere ausgelegte Unterlagen genügt ist.[1745]

919 Die Auslegungsfrist beträgt einen Monat. Der Entwurf muss nicht während der gesamten Dienstzeit der Gemeindeverwaltung zur Einsicht offen liegen. Es reicht vielmehr, wenn in den Kernarbeitszeiten eine Einsichtsmöglichkeit gegeben ist.[1746] Auch ist unschädlich, wenn während der einmonatigen Offenlegung eine Einsichtnahme an einem Tage – etwa an Silvester – nicht möglich war.[1747] Ebenso zulässig ist die Auslegung während der Ferienzeit.[1748] Die Länge der gesetzlich festgelegten Auslegungsfrist stellt für den Gesetzgeber hinreichend sicher, dass individuelle Erschwernisse der Kenntnisnahme angemessen berücksichtigt sind. Gegen eine derartige Beurteilung greifen auch rechtsstaatliche Bedenken nicht durch. Die Offenlage muss in allgemein zugänglichen Räumen erfolgen.[1749]

920 Die **Offenlegung** ist mindestens eine Woche vorher **ortsüblich bekannt zu machen** mit dem Hinweis darauf, dass Stellungnahmen während der Auslegungsfrist vorgebracht werden können. Die Rechtsprechung hat hinsichtlich dieser Bekanntmachung der öffentlichen Auslegung auf die Anstoßwirkung verwiesen, die einer solchen Bekanntmachung zukommen muss. Der Planbetroffene soll von der Offenlage Kenntnis erhalten, und es soll ihm sein Interesse an der Information und Beteiligung bewusst gemacht werden. Dabei hat die Rechtsprechung an diese Bekanntmachung zunächst recht strenge Anforderungen gestellt, die aber in nachfolgenden Entscheidungen gelockert worden sind.

921 Die Bekanntmachung zur Auslegung muss nicht mehr generell den Hinweis enthalten, ob im Rahmen der Bauleitplanung eine **UVP (Umweltprüfung)** erfolgt, da grundsätzlich jeder Bauleitplan einer Umweltprüfung bedarf. Etwas anderes gilt für die Aufstel-

---

[1744] Zur Bedeutung der Gutachten für die Offenlage Urt. v. 29. 1. 1991 – 4 C 51.89 – BVerwGE 87, 332 = DVBl. 1991, 885 – München II.
[1745] OVG Münster, Urt. v. 2. 3. 1998 – 7 a D 172/95.NE – NWVBL 1998, 359.
[1746] BVerwG, Urt. v. 4. 7. 1980 – 4 C 25.78 – NJW 1981, 594.
[1747] BVerwG, Urt. v. 22. 3. 1985 – 4 C 63.80 – BVerwGE 71, 150 = Hoppe/Stüer RzB Rdn. 145 – Roter Hang.
[1748] BVerwG, B. v. 6. 5. 1996 – 4 NB 16.96 – Buchholz 406.12 § 1 BauNVO Nr. 22.
[1749] VGH Mannheim, Urt. v. 11. 12. 1998 – 8 S 1174/98 – VGHBWSpDienst 1999, Beilage 2, B 5 – Oberes Mähdle; verneint für die Auslage von Unterlagen auf einem Aktenschränkchen in einem nicht frei zugänglichen Dienstzimmer der Gemeinde; bejaht für die Auslegung des Bebauungsplans einer Mitgliedsgemeinde in der Samtgemeindeverwaltung OVG Lüneburg, Urt. v. 8. 6. 1998 – 1 K 5440/96 – NdsRpfl. 1999, 43 = NdsVBl. 1999, 62.

lung oder Änderung eines Bauleitplans in vereinfachten Verfahren. Nach § 13 III BauGB ist in diesem Fall darauf hinzuweisen, dass von einer Umweltprüfung abgesehen wird. Ein Unterlassen des Hinweises führt nach § 214 I 1 Nr. 2 BauGB nicht zu einem beachtlichen Verfahrensfehler.

Anzugeben ist im Rahmen der Bekanntmachung, welche **Arten umweltbezogener Informationen** verfügbar sind und ausgelegt werden. Da nur Angaben über „Arten" umweltbezogener Informationen gemacht werden müssen, ist es nicht erforderlich sämtliche auszulegenden Stellungnahmen einschließlich ihres Inhalts aufzulisten. Ausreichend ist vielmehr eine Zusammenfassung in thematische Blöcke (z. B. „Es liegen Stellungnahmen vor zu Lärmemissionen und Eingriffen in Natur und Landschaft, die in Folge der Planung zu erwarten sind."). Die Gemeinde kann sich auch an der Liste der Belange des Umweltschutzes nach § 1 VI Nr. 7 BauGB zu orientieren.

Soweit nicht nur umweltbezogene **Stellungnahmen** ausgelegt werden, kann bei der Bekanntmachung auch auf die weiteren ausgelegten Stellungnahmen hingewiesen werden. Eine Verpflichtung hierzu besteht allerdings nicht. Zusätzlich ist darauf hinzuweisen, dass nicht fristgerecht abgegebene Stellungnahmen unberücksichtigt bleiben können. Unterbleibt der Hinweis, berührt dies die Rechtmäßigkeit der Planung nicht, sondern hat lediglich zur Folge, dass die Präklusion verspäteter Stellungnahmen nicht eintritt (§ 4 a VI 2 BauGB).

Die **Ausgangspunkte** der **Bekanntmachungserfordernisse** bei der **Offenlegung** der Bauleitpläne hat das *BVerwG* bereits im Harmonie-Urteil[1750] markiert: Die ordnungsgemäße Bekanntmachung des Offenlegungsbeschlusses ist unverzichtbare Voraussetzung für die Wirksamkeit des Bauleitplans. Ohne eine den §§ 3 II, 10 III BauGB entsprechende Bekanntmachung kann ein gültiger Bebauungsplan nicht entstehen. Bekanntmachungen müssen den Bebauungsplan, auf den sie sich beziehen, so bezeichnen, dass die Bekanntmachung geeignet ist, den an der Planung Interessierten dieses Interesse bewusst zu machen. Es reicht für eine Bekanntmachung zur Offenlegung nach § 3 II BauGB und die Schlussbekanntmachung nach § 10 BauGB nicht aus, wenn der Bebauungsplan, auf den sie sich beziehen, ausschließlich mit einer Nummer bezeichnet wird.[1751] Die Bekanntmachungen einerseits nach § 3 II 2 BauGB und andererseits nach § 10 BauGB haben allerdings verschiedene Aufgaben.[1752] Die Bekanntmachung im Rahmen der Öffentlichkeitsbeteiligung steht in enger Beziehung zu der den nachfolgenden Plan tragenden planerischen Abwägung. Sie ermöglicht, ja sie fordert dazu heraus, mit Stellungnahmen zur Planung beizutragen, und sie verschafft auf diese Weise dem Planungsträger erst das Material, das bei der Beschlussfassung sachgerecht berücksichtigt werden muss. Die Schlussbekanntmachung hat nicht die Ermunterung zur Mitwirkung als Ziel, sondern die Ersatzverkündung einer Rechtsnorm. Mit ihr wird ein Rechtsetzungsverfahren abgeschlossen, d. h. es wird die aufgrund dieses Verfahrens gesetzte Norm inhaltlich festgelegt, und es wird zugleich – mit dem Anspruch, auf Dauer sicher auffindbar zu sein – der Abschluss des Rechtsetzungsverfahrens dokumentiert. Diese Unterschiede zwischen den beiden Bekanntmachungen heben nicht die Gemeinschaft auf, die sich bereits aus dem Wort „Bekanntmachung" ergibt: Bekanntmachungen haben Adressaten, und was sie wenigstens erreichen müssen, ist, diesen Adressaten bewusst zu machen, dass sie Betroffene dessen sind, was bekannt gemacht wird. In diesem Sinne ist bei jeder Bekanntmachung unerlässlich, dass sie zumindest anstößt.[1753]

[1750] *BVerwG*, Urt. v. 26. 5. 1978 – IV C 9.77 – BVerwGE 55, 369 = NJW 1978, 2564 = *Hoppe/Stüer* RzB Rdn. 336 – Harmonie.

[1751] Auch *BVerwG*, B. v. 13. 1. 1989 – 4 NB 33.88 – NVwZ 1989, 661 = BauR 1989, 303 = *Hoppe/Stüer* RzB Rdn. 147.

[1752] So *BVerwG*, Urt. v. 26. 5. 1978 – IV C 9.77 – BVerwGE 55, 369 = *Hoppe/Stüer* RzB Rdn. 336 – Harmonie.

[1753] *BVerwG*, Urt. v. 26. 5. 1978 – IV C 9.77 – BVerwGE 55, 369 = *Hoppe/Stüer* RzB Rdn. 336 – Harmonie.

925 Das *BVerwG* hat in einer weiteren Entscheidung zum Fachplanungsrecht allerdings auf die **Mitwirkungslast** des Bürgers verwiesen, die sich auch darauf beziehen kann, die Bekanntmachung in einem amtlichen Publikationsorgan zu verfolgen.[1754] Wegen dieser besonderen Umstände bei der Planung von Vorhaben trifft den Bürger schon im eigenen Interesse eine – dem besonderen Mitwirkungsrecht im Verwaltungsverfahren korrespondierende – Mitwirkungslast,[1755] der zufolge er sich um Informationen über seine Rechtsbetroffenheit auch seinerseits zu bemühen hat. Mit der Last, nach Abschluss des Anhörungsverfahrens über das Vorhaben und in Erwartung des anstehenden Planfeststellungsbeschlusses ein amtliches Publikationsorgan (einschließlich der örtlichen Tageszeitungen) zur Kenntnis zu nehmen und sich am Ort der Auslegung über seine Rechtsbetroffenheit zu informieren, wird dem einzelnen Bürger nichts Übermäßiges abverlangt. In jedem Fall muss gewährleistet sein, dass die Bekanntmachung denen, die sie angeht, bewusst macht, dass sie von ihrem Inhalt betroffen sind. Die Anstoßfunktion ist unerlässliches Wesensmerkmal einer jeden Bekanntmachung, die nachteilige Rechtsfolgen für den Betroffenen bewirken kann.[1756]

926 **b) Bekanntmachung.** Auch unterscheidet das *BVerwG* zwischen der Bekanntmachung der Offenlegung zur förmlichen Öffentlichkeitsbeteiligung nach § 3 II BauGB, für die es eine Anstoßfunktion fordert, und der Schlussbekanntmachung nach § 10 III BauGB, die (lediglich) als Ersatzverkündung den Abschluss des Bauleitplanverfahrens öffentlich dokumentieren soll. Für die **Offenlegungsbekanntmachung** genügt dabei die **Kennzeichnung** des **Plangebietes** etwa mit einem **plakativen Begriff**, der an eine geläufige geografische Bezeichnung anknüpft oder in sonst geeigneter Weise den Bürger auf das Plangebiet hinweist. Auch müssen bei der Bekanntmachung die einzelnen im Plangebiet liegenden Grundstücke nicht bezeichnet oder in einem Plan kenntlich gemacht werden.[1757]

927 Die Auslegungsbekanntmachung gem. § 3 II BauGB hat in einer Weise zu erfolgen, die geeignet ist, dem an der beabsichtigten Bauleitplanung interessierten Bürger sein Interesse an Information und Beteiligung durch Stellungnahmen bewusst zu machen und dadurch eine gemeindliche Öffentlichkeit herzustellen.[1758] Es genügt, wenn die Bekanntmachung zur Kennzeichnung des Plangebietes an geläufige geografische Bezeichnungen anknüpft. Häufig wird sich hierfür auch eine schlagwortartige Angabe von geläufigen Namen anbieten, um dem Informationsinteresse des Bürgers genügen zu können.[1759] Für die Anforderungen der Bekanntmachung gem. § 10 III BauGB (**Schlussbekanntmachung**) kommt es auf eine Anstoßfunktion nicht an. Regelmäßig wird eine schlagwortartige Kennzeichnung des Plangebietes genügen. Die Anstoßfunktion bei der Auslegungsbekanntmachung ist gewährleistet, wenn der in der Bekanntmachung benutzte Name des Plangebietes allgemein geläufig ist. Dabei wird in aller Regel die Ortsüblichkeit der Namensbenutzung genügen. An den Bekanntheitsgrad des benutzten Namens sind keine strengeren Anforderungen zu stellen, als es die Verständlichkeit für die Bürger gebietet. Bei vorhandenem Namen und dessen hinreichender Bekanntheit ist es daher

---

[1754] *BVerwG*, Urt. v. 5. 12. 1986 – 4 C 13.85 – BVerwGE 75, 214 = NVwZ 1987, 578 = *Hoppe/Stüer* RzB Rdn. 191 – Flughafen München II.

[1755] *BVerwG*, Urt. v. 17. 7. 1980 – 7 C 101.78 – BVerwGE 60, 297 = *Hoppe/Stüer* RzB Rdn. 470 – Wyhl.

[1756] BVerwGE 75, 214, mit Hinweis auf *BVerwG*, Urt. v. 26. 5. 1978 – IV C 9.77 – BVerwGE 55, 369 = *Hoppe/Stüer* RzB Rdn. 336 – Harmonie.

[1757] So zum Fachplanungsrecht *BVerwG*, Urt. v. 22. 3. 1985 – 4 C 63.80 – BVerwGE 71, 150 = *Hoppe/Stüer* RzB Rdn. 145 – Roter Hang.

[1758] So *BVerwG*, Urt. v. 6. 7. 1984 – 4 C 22.80 – BVerwGE 69, 344 = NJW 1985, 1570 = DVBl. 1985, 110 = *Hoppe/Stüer* RzB Rdn. 143 – Malepartus.

[1759] Weiterentwicklung *BVerwG*, Urt. v. 26. 5. 1978 – IV C 9.77 – BVerwGE 55, 369 = *Hoppe/Stüer* RzB Rdn. 336 – Harmonie.

nicht erforderlich, in der Auslegungsbekanntmachung das Gebiet, auf das sich die Bauleitplanung bezieht, nochmals näher zu umschreiben.[1760]

Die **Anforderungen** an die **Bekanntmachung** der Offenlegung richten sich im Übrigen nach **Landesrecht** und **gemeindlichem Ortsrecht**.[1761] Wird danach etwa die Bekanntmachung in einem amtlichen Bekanntmachungskasten vorgeschrieben, so ist diese Bekanntmachungsform einzuhalten. Auch muss der Aushang an der Stelle erfolgen, die das kommunale Ortsrecht festlegt.

Beispiel: Bezeichnet etwa das Ortsrecht eine bestimmte Stelle für den Bekanntmachungskasten (am Marktplatz), so muss bei einer Veränderung des Standortes des Bekanntmachungskastens das Ortsrecht entsprechend geändert werden. Anderenfalls besteht die Gefahr, dass alle Bekanntmachungen der Gemeinde nicht ordnungsgemäß erfolgen und die gemeindlichen Satzungen unwirksam sind.

Bei einer Bekanntmachung durch Aushang oder im amtlichen Bekanntmachungsblatt wird die **Wochenfrist** durch diese Bekanntmachungsform in Lauf gesetzt.[1762] Wird die Wochenfrist bis zum Beginn der Offenlegung nicht eingehalten, muss durch eine erneute Bekanntmachung darauf hingewiesen werden, dass die Offenlegung sich entsprechend verlängert. Nicht erforderlich ist, die bereits begonnene Offenlegung einschließlich einer erneuten Bekanntmachung zu wiederholen.[1763] Die **Mitwirkungsrechte** der Bürger dürfen durch die Offenlegungsbekanntmachung nicht eingeschränkt werden. Unzulässig wäre etwa, in dem Bekanntmachungstext den Hinweis aufzunehmen, dass nur zu bestimmten Teilen des Planvorhabens oder nur von einer bestimmten Personengruppe Stellungnahmen vorgebracht werden können. Die Beteiligungsrechte stehen vielmehr grundsätzlich uneingeschränkt der Öffentlichkeit zu. Allerdings kann bei einer erneuten Öffentlichkeitsbeteiligung infolge einer Planänderung nach § 4a III BauGB eine eingeschränkte Öffentlichkeitsbeteiligung durchgeführt werden, bei der die Stellungnahmen auf den geänderten Teil begrenzt werden. Im Übrigen muss die Beteiligung aber allgemein eröffnet werden. Wenn vorgebrachte Stellungnahmen die Gemeinde anhalten sollen, die Bauleitplanung noch einmal zu überdenken, vielleicht sogar mit dem Ziel, sie ganz oder teilweise zu ändern oder aufzugeben, so ist es zweckmäßig, dass die dafür oder dagegen sprechenden Argumente schriftlich niedergelegt werden, um Grundlage einer zu überarbeitenden Planung sein zu können. Lediglich mündlich vorgetragenen Argumenten, die nirgendwo fixiert werden, kommt das ihnen gebührende Gewicht nicht in gleicher Weise zu. Denn bei ihnen besteht auch bei einer gewissenhaft arbeitenden Verwaltung die Gefahr, in Vergessenheit zu geraten oder abweichend von der eigentlichen Meinung des Einwenders festgehalten zu werden.[1764] Ein weiterer Hinweis in der Bekanntmachung, die volle Anschrift des Verfassers und ggf. die genaue Bezeichnung des betroffenen Grundstücks bzw. Gebäudes sollten angegeben werden, kann auch bei einem Bürger mit durchschnittlichem Auffassungsvermögen nicht die Vorstellung erwecken, nur derart vervollständigte Einwendungen seien überhaupt erst beachtlich oder nur Bürger mit Grundbesitz im Plangebiet seien einwendungsbefugt.[1765] Werden die **Plangebietsgrenzen** eines im Rahmen der frühzeitigen Öffentlichkeitsbeteiligung nach § 3 I BauGB vorgestellten Planentwurfs vor der Offenlegung nach § 3

[1760] Zur Schlussbekanntmachung auch *BVerwG*, Urt. v. 6. 7. 1984 – 4 C 28.83 – NJW 1985, 1569 = DVBl. 1985, 112 = *Hoppe/Stüer* RzB Rdn. 144 – Burgfeld; Urt. v. 22. 3. 1985 – 4 C 59.81 – UPR 1985, 339 = *Hoppe/Stüer* RzB Rdn. 210 – Sandbüchel.

[1761] Zur Bekanntmachung im Fachplanungsrecht *BVerwG*, Urt. v. 23. 4. 1997 – 11 A 7.97 – DVBl. 1997, 1119 = NuR 1997, 504 – Rheinbek-Wentorf.

[1762] *BVerwG*, Urt. v. 7. 5. 1971 – IV C 18.70 – DVBl. 1971, 759.

[1763] *Battis* in: Battis/Krautzberger/Löhr § 3 Rdn. 14.

[1764] *BVerwG*, B. v. 28. 1. 1997 – 4 NB 39.96 – BauR 1997, 596 = NVwZ-RR 1997, 514 – Auslegungsbekanntmachung mit Hinweis auf *VGH München*, B. v. 23. 7. 1981 – Nr. 16 XV 76 – BRS 38 (1988), Nr. 21.

[1765] *BVerwG*, B. v. 28. 1. 1997 – 4 NB 39.96 – BauR 1997, 596 = NVwZ-RR 1997, 514 – Auslegungsbekanntmachung.

II BauGB[1766] **geändert**, bedarf es einer ausdrücklichen Verlautbarung der Änderungen in der Bekanntmachung der Offenlegung nicht. Entscheidend ist allein, ob die Bekanntmachung der Offenlegung der für sie erforderlichen „Anstoßfunktion" genügt.[1767]

930 Eine **Verkürzung** der **Bekanntmachungsfrist** für die Auslegung des Entwurfs eines Bebauungsplans ist für seine Wirksamkeit unerheblich, wenn die (bekannt gemachte) Dauer der Auslegung so bemessen ist, dass die **Mindestfristen** des § 3 II 1 und 2 BauGB für Bekanntmachung und Auslegung des Entwurfs insgesamt eingehalten werden.[1768]

931 c) **Benachrichtigung der Behörden und sonstigen Träger öffentlicher Belange.** Von der förmlichen Öffentlichkeitsbeteiligung sollen die nach § 4 II BauGB zu beteiligenden **Behörden und sonstigen Träger öffentlicher Belange** benachrichtigt werden (§ 3 II 3 BauGB). Diese **Benachrichtigung** erfolgt im Gegensatz zur öffentlichen Bekanntmachung der Offenlage individuell – üblicherweise durch Übersendung der aktuellen Planunterlagen. Die zu beteiligenden Behörden und sonstigen Träger erhalten Gelegenheit, die Planungen mit Stellungnahmen zu begleiten.

932 d) **Einwendungsberechtigte.** Zu den offen liegenden Planunterlagen kann jedermann **Stellungnahmen** geltend machen. Eine **eigene Betroffenheit** ist **nicht erforderlich**. Die Stellungnahmen können sich auf alle Gesichtspunkte beziehen, die durch die Planung unmittelbar oder auch nur mittelbar berührt werden. Eine bestimmte Form der Stellungnahme ist nicht vorgeschrieben. Es empfiehlt sich, die Stellungnahmen schriftlich zu fassen. Es können aber auch Stellungnahmen zu Protokoll der Gemeindeverwaltung erklärt oder als Sammeleingaben mit Unterschriftenlisten verfasst werden. Die letztgenannte Form wird vielfach von Bürgerinitiativen gewählt.

933 Eine **Pflicht**, Stellungnahmen **vorzubringen**, besteht nicht. Hat es der betroffene Bürger aber unterlassen, auf eine eigene Betroffenheit oder die sich aus der Planung für ihn ergebenden (nachteiligen) Auswirkungen hinzuweisen, so können solche Belange im weiteren Abwägungsverfahren auf der Strecke bleiben, wenn sie der planenden Gemeinde nicht bekannt sind und sich ihr auch nicht aufdrängen mussten (§§ 4 a VI, 214 I 1 Nr. 1 BauGB).[1769] Durch die zweigeteilte vorgezogene und förmliche Öffentlichkeitsbeteiligung sind den durch die Planung Betroffenen gegenüber der früheren Rechtslage erweiterte Mitwirkungsrechte erwachsen. Diesen erweiterten Beteiligungsrechten der **Öffentlichkeit** entsprechen **Mitwirkungslasten** in dem Sinne, dass Belange, die in der Öffentlichkeitsbeteiligung nicht vorgetragen werden, in der Abwägung ausfallen können, wenn sie sich der Gemeinde nicht aufdrängen und der Inhalt der Stellungnahme für die Rechtmäßigkeit des Bauleitplans nicht von Bedeutung ist (§ 4 a VI 1 BauGB). Für die im Rahmen der Öffentlichkeitsbeteiligung abgegebene Stellungnahmen gilt dies nur dann, wenn darauf in der Bekanntmachung nach § 3 II 2 BauGB hingewiesen worden ist (§ 4 a VI 2 BauGB). Legt ein Grundstückseigentümer über die bloße Tatsache der Eigentumsbetroffenheit keine konkreten Interessenbeeinträchtigungen dar, so kann er in der planerischen Entscheidung auch nur eine entsprechende pauschale Auseinandersetzung mit seinen privaten Belangen erwarten. Im gerichtlichen Verfahren beschränkt sich die Prüfung auf die Frage, ob die planende Stelle das Interesse des Eigentümers abwägungsfrei hinter die für das Vorhaben ins Feld geführten Belange zurückgesetzt hat.[1770]

[1766] Zu Erfordernissen bei der Auslegung des Planentwurfs *VGH Mannheim*, Urt. v. 11. 12. 1998 – 8 S 1174/98 – VBlBW 1999, 178; *OVG Lüneburg*, Urt. v. 8. 6. 1998 – 1 K 5440/96 – Nds. Rpfl. 1999, 43 – Auslegung in der Samtgemeindeverwaltung; zur Kenntlichmachung von Planänderungen bei der erneuten Auslegung nach § 3 III 1 BauGB *VGH München*, Urt. v. 30. 11. 1998 – 26 N 95.1815 – BayVBl. 1999, 213.

[1767] *OVG Münster*, B. v. 30. 6. 1999 – 7 a D 184/97.NE – NuR 2000, 55.

[1768] *BVerwG*, B. v. 23. 7. 2003 – 4 BN 36.03 – NVwZ 2003, 1391 = ZfBR 2004, 64 = BauR 2004, 42.

[1769] *BVerwG*, B. v. 9. 11. 1979 – 4 N 1.78 – BVerwGE 59, 87 = *Hoppe/Stüer* RzB Rdn. 26.

[1770] Diese Grundsätze haben sich vor allem im Fachplanungsrecht ausgeprägt, vgl. *BVerwG*, Urt. v. 23. 8. 1996 – 4 A 30.95 – Buchholz 407.4 § 17 FStrG Nr. 122 – Berliner Autobahnring.

4. Teil. Planaufstellungsverfahren   934–936 A

Beispiel: Die Gemeinde plant die Ausweisung einer Straße, die zwischen einem Gewerbebetrieb und einem Wohngebiet verlaufen soll. Hierdurch entfällt ein Waldstück, das zwischen beiden Nutzungen liegt. Der Inhaber des Gewerbebetriebes äußert sich in der vorgezogenen und förmlichen Öffentlichkeitsbeteiligung nicht. Im Normenkontrollverfahren wendet er ein, durch den Wegfall des Baumbestandes werde dem Wohngebiet ein Schallschutz genommen, woraus sich für den Gewerbebetrieb die Notwendigkeit ergebe, durch Rücksichtnahme in der betriebsinternen Ablaufplanung auf diese Änderungen zu reagieren. Die Gemeinde kann hier einwenden, dass diese betriebsinternen Auswirkungen weder vorgetragen worden sind noch sich aufdrängen mussten.[1771]

Die **Stellungnahmen** sollten nach Möglichkeit **innerhalb** der **Offenlegungsfrist** geltend gemacht werden. Allerdings sind Einwendungen, die erst nach Ablauf der Offenlegungsfrist bei der Gemeinde eingehen, nicht automatisch präkludiert in dem Sinne, dass sie nicht mehr berücksichtigt werden dürften. Vielmehr hat die Gemeinde alle nach Lage der Dinge beachtlichen Belange in die Abwägung einzustellen. Für die Abwägung ist dabei nach § 214 III 1 BauGB die Sach- und Rechtslage im Zeitpunkt der Beschlussfassung über den Bauleitplan maßgeblich. Dies bedeutet, dass alle Informationen, die im Rahmen des Verfahrens bis zu diesem Zeitpunkt die Gemeinde erreichen, in die Abwägung eingestellt werden müssen. Treffen diese Informationen jedoch so spät ein, dass sie nicht mehr in der entscheidenden Ratssitzung verarbeitet werden können, dann sind sie im gemeindlichen Abwägungsprozess unbeachtlich und führen nicht dazu, dass die Bauleitplanung etwa wegen eines Abwägungsverfahrens unwirksam ist. 934

Beispiel: Ein Grundstückseigentümer äußert erst am Tage der abschließenden Ratssitzung aus persönlichen Gründen den Wunsch, sein Grundstück von der vorgesehenen Mischgebietsausweisung auszunehmen und stattdessen eine Wohnbebauung zuzulassen. Die Gemeinde braucht die verspätet vorgetragenen Bauwünsche im Abwägungsverfahren nicht mehr im Einzelnen zu berücksichtigen, da dies aus Zeitgründen nicht möglich ist. Verspätet eingehende Stellungnahmen können auch dann unberücksichtigt bleiben, wenn die Gemeinde deren Inhalt nicht kannte und auch nicht hätte kennen müssen.

Die zum Zeitpunkt des **Satzungsbeschlusses** gegebene **Sach- und Rechtslage** ist auch für die Frage der **städtebaulichen Rechtfertigung** einer Bauleitplanung maßgeblich.[1772] Nach Ablauf der **Frist eingehende Stellungnahmen** oder anderweitig erhaltene Informationen dürfen jedoch nicht lediglich mit dem Hinweis auf die bereits **verstrichene Offenlegungsfrist** unbeachtet bleiben. 935

Beispiel: Die Gemeinde weist ein neues Wohngebiet in einem bisher unbebauten Bereich aus. Nach der Offenlegung wird in der Nachbarschaft des geplanten Wohngebietes ein Gewerbebetrieb genehmigt. Dieser erhebt vor der entscheidenden Ratssitzung Bedenken gegen die Ausweisung des Wohngebietes. Die Gemeinde hat die inzwischen erfolgte Ansiedlung des Gewerbebetriebes in ihre Abwägung einzustellen und ggf. entsprechende Schutzauflagen vorzusehen. Diese Ausgleichsmaßnahmen dürfen nicht im Hinblick auf die durch den Planungsstand bewirkte Vorbelastung unterbleiben.

Stellungnahmen, die im Verfahren der Öffentlichkeits- und Behördenbeteiligung nicht rechtzeitig abgegeben worden sind, können bei der Beschlussfassung über den Bauleitplan unberücksichtigt bleiben, sofern die Gemeinde deren Inhalt nicht kannte und nicht hätte kennen müssen und deren Inhalt für die Rechtmäßigkeit des Bauleitplans nicht von Bedeutung ist (§ 4a VI 1 BauGB). Die Gemeinde hat allerdings zuvor bei der Öffentlichkeitsbeteiligung darauf hinzuweisen (§§ 4a VI 2 BauGB, 214 I 1 Nr. 1 BauGB). Hieraus ergeben sich entsprechende **Mitwirkungslasten** für die Öffentlichkeit. 936

[1771] *BVerwG*, Urt. v. 13. 9. 1985 – 4 C 64.80 – NVwZ 1986, 740 = *Hoppe/Stüer* RzB Rdn. 146 – Ledigenwohnheim.
[1772] *VGH München*, Urt. v. 23. 12. 1998 – 26 N 98.1675 – NVwZ-RR 2000, 79.

937 Das *BVerwG* hat zur abfallrechtlichen Planfeststellung[1773] darauf hingewiesen, dass die planende Behörde im Hinblick auf das **Abwägungsgebot**[1774] ggf. auch nach Lage der Dinge erforderliche eigene Ermittlungen anzustellen hat. Im gerichtlichen Verfahren sind **Nachbesserungen** hinsichtlich der Zusammenstellung des Abwägungsmaterials im Bauleitplanverfahren (§ 2 III BauGB) durch das **Gericht** selbst grundsätzlich unzulässig. Erfasst und gewichtet die Gemeinde abwägungserhebliche Belange eines Planbetroffenen nicht oder nur unzulänglich, darf das Gericht diesen Mangel im Abwägungsvorgang nicht durch eigene Ermittlungen und Bewertungen nachbessern. Dieses Nachbesserungsverbot gilt beispielsweise für eine nach Landesrecht als erforderlich anzusehende Verkehrsanalyse[1775] oder auch für die Anordnung von Ausgleichsmaßnahmen.[1776] Die plangegebene Vorbelastung eines Grundstücks beeinflusst nicht die Abwägungserheblichkeit der Eigentümerbelange und entbindet deshalb die Gemeinde nicht von der Verpflichtung, diese Belange mit dem ihnen zukommenden Gewicht in die Abwägung einzubeziehen.[1777] Allerdings bestehen ebenso wie im Fachplanungsrecht (§ 17 VIc FStrG i. d. F. des PlVereinfG, § 75 Ia 2 VwVfG i. d. F. des GenBeschlG) auch in der Bauleitplanung Nachbesserungsmöglichkeiten (§ 214 IV BauGB) seitens der planenden Behörde. So ist die **Gemeinde** auch noch während des Gerichtsverfahrens oder auch nach einer rechtskräftigen gerichtlichen Entscheidung in der Lage, Verfahrensfehler oder inhaltliche Fehler des Bebauungsplans oder der Satzung durch ein ergänzendes Verfahren zu heilen. Der Plan hat aber bis zur Behebung des Mangels keine Rechtswirkungen (§ 47 V 2 VwGO, § 215 I 2 BauGB 1998).

3. Bescheidung der Stellungnahmen

938 Die im Rahmen der förmlichen Öffentlichkeitsbeteiligung fristgemäß vorgebrachten **Stellungnahmen** sind zu **prüfen**; das **Ergebnis** ist **mitzuteilen** (§ 3 II 4 BauGB). Die Einwender sollen so die beim Satzungsbeschluss maßgeblichen Abwägungsgrundlagen erfahren, um aufgrund dieser Informationen die Möglichkeiten einer Normenkontrolle zu prüfen. Nach Auffassung des *VGH Mannheim* ist es nicht Zweck der Mitteilungspflicht, Gelegenheit zu nochmaligem Vorbringen im Bebauungsplanverfahren zu geben. Die Mitteilung müsse daher weder vor Einleitung des Genehmigungsverfahrens noch vor dem In-Kraft-Treten der Satzung erfolgen. Selbst ihr völliges Fehlen führe nicht zur Unwirksamkeit des Bebauungsplans.[1778] Die Zuständigkeit zur abschließenden Prüfung der Stellungnahmen liegt in Niedersachsen nach Auffassung des *OVG Lüneburg* nicht beim Verwaltungsausschuss, sondern beim Rat der Gemeinde. Ein Satzungsbeschluss des Rates ohne vorherige Bescheidung der Stellungnahmen durch ihn verstoße daher gegen das Abwägungsgebot und sei daher unwirksam.[1779] Derartige auf der Anwendung des Landesrechts beruhende Mängel können jedoch in einem ergänzenden Verfahren geheilt werden. Denn die Heilungsmöglichkeiten in einem ergänzenden Verfahren nach § 214 IV BauGB

[1773] *BVerwG*, B. v. 10. 2. 1989 – 7 B 171.88 – DVBl. 1989, 833 = UPR 1989, 227 = *Hoppe/Stüer* RzB Rdn. 83 – Mettmann.

[1774] Zum Abwägungsgebot s. Rdn. 1195.

[1775] *BVerwG*, Urt. v. 25. 2. 1988 – 4 C 32 u. 33.86 – BauR 1989, 53 = NVwZ 1989, 152 = *Hoppe/Stüer* RzB Rdn. 82.

[1776] *BVerwG*, B. v. 10. 2. 1989 – 7 B 171.88 – DVBl. 1989, 833 = UPR 1989, 227 = *Hoppe/Stüer* RzB Rdn. 83; s. Rdn. 1226.

[1777] *BVerwG*, Urt. v. 22. 10. 1987 – 7 C 4.85 – BVerwGE 78, 177 = *Hoppe/Stüer* RzB Rdn. 474 – Brockdorf; B. v. 14. 8. 1989 – 4 NB 24.88 – DVBl. 1989, 1105 = ZfBR 1989, 264 = *Hoppe/Stüer* RzB Rdn. 84 – Ratsbeitritt; Urt. v. 18. 5. 1990 – 7 C 3.90 – BVerwGE 85, 155 = NVwZ 1991, 362 = *Hoppe/Stüer* RzB Rdn. 56 – Quarzsand; zum Fachplanungsrecht s. Rdn. 3934.

[1778] *VGH Mannheim*, B. v. 5. 6. 1996 – 8 S 487/96 – NVwZ-RR 1997, 684.

[1779] *OVG Lüneburg*, Urt. v. 22. 4. 1998 – 1 K 2132/96 – NVwZ-RR 1998, 548 = NdsVBl. 1998, 213. Bundesrechtlich ist eine Bescheidung der Anregungen durch den Rat allerdings nicht erforderlich, so *BVerwG*, Urt. v. 25. 11. 1999 – 4 CN 12.98 – ZfBR 2000, 197 – Verwaltungsausschuss.

beziehen sich nicht nur auf die Verletzung bundesrechtlicher Anforderungen, sondern umfassen auch die Heilung von Fehlern, die sich aufgrund von landesrechtlichen Anforderungen ergeben.[1780] Insoweit sollten sich offenbar durch die Änderung der Gesetzesfassung keine inhaltlichen Änderungen hinsichtlich der Reichweite der Heilungsmöglichkeiten ergeben. § 3 II 4 BauGB verlangt nicht, dass das Ergebnis der Prüfung der fristgemäß eingegangenen Stellungnahmen zum Entwurf eines Bebauungsplans den Einwendern vor dem Satzungsbeschluss mitgeteilt wird.[1781] Bundesrecht verlangt auch nicht, dass das Ergebnis der fristgemäß eingegangenen Stellungnahmen zum Entwurf eines Bebauungsplans (§ 3 II 4 BauGB) von der Gemeinde durch **besonderen Beschluss** festgestellt wird. Die Prüfung der zum Entwurf eines Bebauungsplans eingegangenen Stellungnahmen ist Bestandteil der Abwägung gemäß § 1 VI, VII BauGB. Die abschließende Entscheidung darüber ist dem Satzungsbeschluss vorbehalten (§ 10 I, § 214 III 1 BauGB).[1782]

Für **Massenverfahren** sieht das Gesetz eine vereinfachte Bekanntgabe des Prüfungsergebnisses vor. Haben mehr als 50 Personen Stellungnahmen mit im Wesentlichen gleichem Inhalt vorgebracht, so kann die Mitteilung des Ergebnisses der Prüfung dadurch ersetzt werden, dass diesen Personen Einsicht in das Ergebnis ermöglicht wird. Die Stelle, bei der das Ergebnis der Prüfung während der Dienststunden eingesehen werden kann, ist ortsüblich bekannt zu machen. Bei der Vorlage der Bauleitpläne im Genehmigungsverfahren nach den §§ 6, 10 II BauGB sind die nicht berücksichtigten Stellungnahmen mit einer Stellungnahme der Gemeinde beizufügen (§ 3 II 5 bis 6 BauGB).

Im Zuge der öffentlichen Auslegung des Bebauungsplanentwurfs vorgebrachte Stellungnahmen der Öffentlichkeit sind den zur Entscheidung berufenen **Gemeinderäten** in einer Weise zur Kenntnis zu geben, die sie in die Lage versetzt, sich mit ihnen eingehend auseinander zu setzen. Hierzu kann es genügen, die einzelnen Einwendungen tabellarisch sozusagen in einer **Abwägungstabelle** zusammengefasst mit ihren Kernaussagen aufzulisten und ihnen jeweils die Stellungnahmen oder Vorschläge der Verwaltung gegenüberzustellen.[1783] Hat der Gemeinderat über einen Verhandlungsgegenstand entschieden, kann nicht mehr nachträglich mit Erfolg geltend gemacht werden, die Einberufung zur Sitzung oder die Informationen über den Verhandlungsgegenstand seien zu spät erfolgt. Das gilt jedenfalls dann, wenn keine Anhaltspunkte dafür gegeben sind, dass ein Mitglied des Gemeinderats gerade wegen einer von ihm als zu kurz empfundenen Vorbereitungszeit der Sitzung ferngeblieben ist. Welche Vorlauffrist für die Einberufung des Gemeinderats, die Mitteilung der Verhandlungsgegenstände und die Übersendung der Sitzungsunterlagen angemessen ist, beurteilt sich im Einzelfall maßgeblich nach der Ortsgröße und dem Umfang der Tagesordnung sowie nach der Bedeutung und Schwierigkeit der einzelnen Verhandlungsgegenstände und der anstehenden Entscheidungen. Auch Vorbehandlungen des Beratungsgegenstandes in früheren Sitzungen kommt insoweit Bedeutung zu.[1784]

Die **Stellungnahmen** gehen mit dem ihnen jeweils zukommenden Gewicht in die **Abwägung** ein. Dabei sind alle Belange zu berücksichtigen, die in ihrem Eintritt wahrscheinlich und mehr als geringfügig, schutzwürdig sowie erkennbar sind.[1785] Die Verfahrensregelung in § 3 II BauGB will sicherstellen, dass die im Rahmen der förmlichen Öffentlichkeitsbeteiligung abgegebenen Stellungnahmen in die Abwägung eingehen und die Bewertung der vorgetragenen Gesichtspunkte in den Planaufstellungsunterlagen dokumentiert wird. Dies stellt an die planende Gemeinde Anforderungen hinsichtlich der Sammlung, Ordnung und Bescheidung der vorgebrachten Stellungnahmen.

[1780] *BVerwG*, Urt. v. 25. 11. 1999 – 4 CN 12.98 – ZfBR 2000, 197 – Verwaltungsausschuss.
[1781] *BVerwG*, B. v. 11. 11. 2002 – 4 BN 52.02 – NVwZ 2003, 206 = ZfBR 2003, 264.
[1782] *BVerwG*, Urt. v. 25. 11. 1999 – 4 CN 12.98 – BVerwGE 110, 118 = DVBl. 2000, 798.
[1783] *VGH Mannheim*, B. v. 18. 6. 1999 – 8 S 2401/98 – VGHBW RSpDienst 1999, Beilage 9, B 4.
[1784] *VGH Mannheim*, Urt. v. 16. 4. 1999 – 8 S 5/99 – VGHBW RSpDienst 1999, Beilage 7, B 4, im Anschluss an *VGH Mannheim*, Urt. v. 12. 2. 1990 – 1 S 588/89 – VBlBW 1990, 457.
[1785] *BVerwG*, B. v. 9. 11. 1979 – 4 N 1.78 – BVerwGE 59, 87 = *Hoppe/Stüer* RzB Rdn. 26.

Hinweis: Besonders bei umfangreichen oder zahlreich eingegangenen Stellungnahmen empfiehlt es sich, die vorgebrachten Stellungnahmen zunächst nach Sachgruppen zu ordnen und dabei Wesentliches von Unwesentlichem zu trennen. Zunächst sollte sodann gefragt werden, ob die Stellungnahmen geeignet sind, die Grundkonzeption in Frage zu stellen oder in Teilen zu modifizieren. Vielfach ist es sinnvoll, der Behandlung der Einzelstellungnahmen zunächst eine Darstellung der Planungskonzeption voranzustellen und sich erst im Anschluss daran den vorgetragenen einzelnen Stellungnahmen zuzuwenden, die nach Gruppen geordnet werden sollten.

Beispiel: Die Gemeinde beabsichtigt, in einiger Entfernung von der Innenstadt ein SB-Warenhaus zu errichten. Bei der förmlichen Öffentlichkeitsbeteiligung sind zahlreiche Stellungnahmen teilweise auch als Sammeleinwendungen von Bürgerinitiativen oder aus der Kaufmannschaft eingegangen. Daneben haben sich auch Industrie- und Handwerkskammer und andere Träger öffentlicher Belange kritisch geäußert. Die Verwaltungsvorlage zur Bescheidung der Stellungnahmen wird zweckmäßigerweise zunächst einen Bericht über den aktuellen Planungsstand und die zur Beschlussfassung vorgeschlagene Konzeption ggf. einschließlich der aufgrund der Offenlegung erforderlichen Entwurfsänderungen geben. Bei Darstellung der Planungskonzeption sollten die wesentlichen Gegenargumente bereits zumindest im Ansatz berücksichtigt werden. Dazu sollten die eingegangenen Stellungnahmen nach Sachgruppen geordnet und darauf befragt werden, welche mehr als geringfügigen und schutzwürdigen Belange vorgetragen worden sind. Die so nach Relevanz und Gruppen geordneten Gesichtspunkte können bereits bei der Darstellung der Planungskonzeption berücksichtigt und gegenüber den Planrechtfertigungsgründen abgewogen werden. Für die Gesamtkonzeption nicht wesentliche oder Einzelfragen betreffende Gesichtspunkte werden sodann bei der Behandlung der einzelnen Stellungnahmen berücksichtigt. Dabei wird in einer Abwägungstabelle jeweils einem Bericht über die eingegangenen Stellungnahmen der Beschlussvorschlag für die Bescheidung gegenübergestellt: „Die Industrie- und Handelskammer hat folgende Stellungnahmen abgegeben: Der Anregung, die Verkaufsfläche zu verringern, ist durch eine entsprechende Festsetzung teilweise entsprochen worden. Im Übrigen werden die Stellungnahmen aus den Gründen der Erläuterung der Gesamtkonzeption zurückgewiesen." Ein solches Vorgehen hat den Vorteil, dass bei der Behandlung der einzelnen Stellungnahmen Wiederholungen vermieden und eine Konzentration auf Wesentliches erreicht wird. Auch ist die Ordnung und Darstellung des Stoffes leichter möglich, als wenn jeweils zu den vielfach sich wiederholenden Gesichtspunkten gleiche oder ähnliche Ausführungen erscheinen. In einfach gelagerten Fällen kann es allerdings genügen, nach Darstellung der Planungskonzeption sich unmittelbar den einzelnen Stellungnahmen zuzuwenden.

942 Es entspricht der Öffentlichkeit und Transparenz der Öffentlichkeitsbeteiligung, die eingegangenen **Stellungnahmen öffentlich** zu **behandeln**. Dies erfolgt üblicherweise in einer Ratssitzung, in der zugleich auch die Beschlussfassung über den Flächennutzungsplan oder die Verabschiedung des Bebauungsplans als Satzung ansteht. Die Einzelheiten des dabei zu beachtenden Verfahrens richten sich nach Landesrecht.[1786] Vielfach ist im Landes- und Ortsrecht auch eine Vorberatung in Ausschüssen vorgeschrieben. Das Ergebnis der Prüfung ist den Betroffenen mündlich oder schriftlich mitzuteilen.

Hinweis: Die Mitteilung geschieht regelmäßig in schriftlicher Form. Es kann dabei sinnvoll sein, den Bürgern einen Auszug aus der Verwaltungsvorlage zu übersenden, in der die Stellungnahmen im Einzelnen behandelt sind, und mitzuteilen, wie über diese Verwaltungsvorlage beschlossen worden ist.

943 Auf die **Mitteilung** des **Ergebnisses** der Prüfung besteht ein **einklagbarer Rechtsanspruch**, nicht jedoch auf die Mitteilung von Einzelgründen, die für diese Entscheidung maßgeblich waren. Allerdings empfiehlt es sich, die Mitteilung auch darauf zu erstrecken. Durch die unterlassene Mitteilung wird allerdings die Rechtmäßigkeit des Bauleitplans nicht in Frage gestellt.[1787] Die **nicht berücksichtigten Stellungnahmen** sind versehen mit einer Stellungnahme der Gemeinde zusammen mit dem beschlossenen Bauleitplan der **höheren Verwaltungsbehörde** im Rahmen des **Genehmigungsverfahrens** nach den §§ 6, 10 II BauGB **vorzulegen**, wenn eine Genehmigung erforderlich ist. Hierdurch soll sichergestellt werden, dass eine Kontrolle über eine ausreichende inhalt-

---

[1786] *BVerwG*, B. v. 14. 4. 1988 – 4 N 4.87 – BVerwGE 79, 200 = *Hoppe/Stüer* RzB Rdn. 193.
[1787] *Battis* in: Battis/Krautzberger/Löhr § 3 Rdn. 17.

liche Befassung mit den eingegangenen Stellungnahmen ermöglicht und die höhere Verwaltungsbehörde entsprechend informiert wird.

V. Gemeinsame Vorschriften zur Beteiligung (§ 4a BauGB)

§ 4a BauGB enthält Bestimmungen, die sowohl für die **Öffentlichkeits-** als auch die **Behördenbeteiligung** gelten. Diese betreffen insbesondere die erneute Beteiligung nach Änderung der Planung, die Beteiligung unter Nutzung elektronischer Informationstechnologien, die grenzüberschreitende Beteiligung und die Präklusion verspäteter Stellungnahmen.[1788]

1. Funktionen der Beteiligung (§ 4a I BauGB)

Die Vorschriften der Öffentlichkeits- und Behördenbeteiligung dienen insbesondere der vollständigen Ermittlung und zutreffenden Bewertung der von der Planung berührten Belange (§ 4a I BauGB). In dieser Funktion haben die Öffentlichkeits- und Behördenbeteiligungen daher eine wesentliche Aufgabe bei der Zusammenstellung des Abwägungsmaterials (§ 2 III BauGB). Dies gilt vor allem im Hinblick auf die Erkennbarkeit der betroffenen Belange. Was in den der Öffentlichkeits- und Behördenbeteiligung vorgetragen worden ist, ist für die planenden Gemeinde erkennbar. Was nicht vorgetragen ist und ihr auch nicht bekannt war, muss von der Gemeinde nur berücksichtigt werden, wenn es für die Abwägung gleichwohl bedeutsam ist (vgl. auch § 4a VI BauGB). Die Beteiligungen sollen gewährleisten, dass in die Abwägung an Belangen eingestellt werden kann, was nach Lage der Dinge eingestellt werden muss, um dadurch Abwägungsdefizite zu vermeiden. Im Umkehrschluss ist die ordnungsgemäße Durchführung der Beteiligungen ein Indiz dafür, dass alle Belange ermittelt und zutreffend bewertet wurden. Die ordnungsgemäße Durchführung der Beteiligungsverfahren hat daher eine Art **Indizwirkung** für die Vollständigkeit des Abwägungsmaterials. Schließlich bedeutet die Klarstellung auch, dass die Ermittlung und Bewertung des Abwägungsmaterials Teil des Verfahrens ist und damit Fehler nach §§ 214, 215 unbeachtlich werden können.[1789]

2. Parallelverfahren der Öffentlichkeits- und Behördenbeteiligung (§ 4a II BauGB)

Die frühzeitigen Öffentlichkeits- und Behördenbeteiligungen nach den §§ 3 I, 4 I BauGB sowie die regulären Beteiligungen nach § 3 II BauGB und § 4 II BauGB können jeweils gleichzeitig erfolgen. Eine Behördenbeteiligung muss daher nicht etwa deswegen vorgezogen werden, um zu gewährleisten, dass bei der Auslegung des Bebauungsplans nach § 3 II BauGB umweltbezogene Stellungnahmen, die im Rahmen der Behördenbeteiligung eingegangen sind, mit ausgelegt werden können.

3. Änderung der Planung im Aufstellungsverfahren (§ 4a III BauGB)

Häufig **wandelt** sich der Entwurf des **Bauleitplans** vor allem hinsichtlich der **Begründung** des Bauleitplans im Laufe des Aufstellungsverfahrens. Vielfach werden die Bauleitpläne aufgrund der vorgetragenen Stellungnahmen neu gefasst und inhaltlich geändert. Dies kann eine erneute Beratung in den zuständigen Gremien der Gemeinde zur Folge haben. Nicht in allen diesen Fällen ist jedoch eine **erneute Offenlegung** des **Bauleitplans** erforderlich. Auch kann die Beteiligung der Behörden und sonstigen Träger öffentlicher Belange eingeschränkt sein. § 4a III BauGB enthält dazu gemeinsame Regelungen für die Bauleitpläne.

Wird der Entwurf des Bauleitplans nach der förmlichen Öffentlichkeits- oder Behördenbeteiligung (§§ 3 II, 4 II BauGB) geändert oder ergänzt, ist er erneut auszulegen und sind die Stellungnahmen erneut einzuholen. Dabei kann bestimmt werden, dass Stellungnahmen nur zu den geänderten oder ergänzten Teilen abgegeben werden kön-

---

[1788] Zum Folgenden EAG Bau – Mustererlass 2004.
[1789] EAG Bau – Mustererlass 2004.

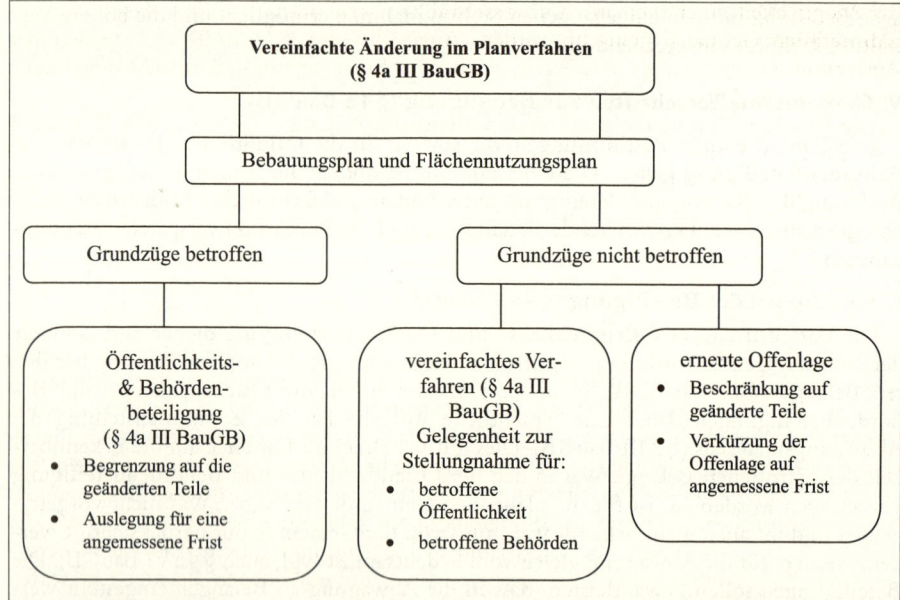

nen; hierauf ist in der erneuten Bekanntmachung nach § 3 II 2 BauGB hinzuweisen. Die Dauer der Auslegung und die Frist zur Stellungnahme kann angemessen verkürzt werden. Werden durch die Änderung oder Ergänzung des Entwurfs des Bauleitplans die Grundzüge der Planung nicht berührt, kann die Einholung der Stellungnahmen auf die von der Änderung oder Ergänzung betroffene Öffentlichkeit sowie die berührten Behörden und sonstigen Träger öffentlicher Belange beschränkt werden.

949 Werden die **Grundzüge** der Planung durch die Änderung des Planentwurfs berührt, so ist er erneut öffentlich auszulegen. Auch die Behördenbeteiligung ist erneut durchzuführen (§ 4a III BauGB). Bei der erneuten Auslegung kann bestimmt werden, dass Stellungnahmen nur zu den geänderten oder ergänzten Teilen vorgebracht werden können. Die sich daraus ergebenden Begrenzungen sind in der Bekanntmachung oder in den ausgelegten Plänen kenntlich zu machen. In einer Verletzung dieser Obliegenheit liegt allerdings nur dann ein rechtserheblicher Verstoß, wenn konkrete Anhaltspunkte dafür bestehen und nach § 215 I BauGB geltend gemacht worden sind, dass ein Bürger durch das Versäumnis gehindert gewesen ist, sein Beteiligungsrecht auszuüben.[1790] Die Dauer der Auslegung kann angemessen verkürzt werden.

950 Werden die **Grundzüge** der Planung **nicht** betroffen, kann die Einholung der Stellungnahmen auf die von der Änderung oder Ergänzung betroffene Öffentlichkeit sowie die berührten Behörden und sonstigen Träger öffentlicher Belange beschränkt werden (§ 4a III 4 BauGB). Das gilt auch für die Behördenbeteiligung. Die Gemeinde hat in diesen Fällen wie bei der vereinfachten Änderung eines Bauleitplans nach § 13 BauGB der betroffenen Öffentlichkeit Gelegenheit zur Stellungnahme innerhalb angemessener Frist zu geben oder wahlweise die förmliche Öffentlichkeitsbeteiligung nach § 3 II BauGB durchzuführen. Außerdem ist eine Behördenbeteiligung durchzuführen, wenn durch die Änderung der Aufgabenbereich der Behörde oder des sonstiges Trägers öffentlicher Belange erstmalig oder stärker als bisher berührt wird (vgl. § 73 VIII VwVfG). Wegen der Gefahr, bei der Auswahl insbesondere der betroffenen Öffentlichkeit Auswirkungen zu übersehen oder die Betroffenheit aus anderen Gründen falsch zu beurteilen, sollte von

---

[1790] *VGH München*, Urt. v. 30. 11. 1998 – 26 N 95.1815 – UPR 1999, 115 = BayVBl. 1999, 212; a. A. *OVG Schleswig*, Urt. v. 27. 6. 1995 – 1 K 9/4 – BRS 57 (1995), Nr. 37.

der Möglichkeit einer thematisch **eingeschränkten erneuten Beteiligung** nur in **Ausnahmefällen** Gebrauch gemacht werden. Angesichts der Möglichkeit, die Dauer der Auslegung angemessen zu verkürzen, wird eine Einzelbeteiligung in der Regel auch nicht zu einem Zeitgewinn führen.[1791]

Die Regelungen über die ergänzende Öffentlichkeitsbeteiligung nach § 4 a III BauGB sind allerdings weiter als die früheren Regelungen des **eingeschränkten Beteiligungsverfahrens nach den §§ 3 III, 13 I 2 BauGB 1986**. Zu beteiligen waren danach lediglich Grundstückseigentümer oder gleichgestellte dinglich Berechtigte (§ 200 II BauGB), nicht aber Mieter, andere schuldrechtlich Berechtigte oder sonst interessierte Bürger. Die vormals geltende engere Beteiligungsregelung wurde wohl auch auf den Gedanken gestützt, dass obligatorisch Berechtigte wie Mieter oder Pächter keinen öffentlich-rechtlichen Abwehranspruch gegen eine einem Nachbarn erteilte Baugenehmigung oder eine Straßenplanung hatten.[1792] Diese schuldrechtlich Berechtigten sind vielmehr vom Grundsatz her darauf beschränkt, ihre Rechte gegenüber dem Eigentümer geltend zu machen. Im Gegensatz dazu ist ein Sondereigentümer berechtigt, solche Beeinträchtigungen abzuwehren, die ihre rechtliche Grundlage in der einem außerhalb der Eigentümergemeinschaft stehenden Dritten erteilten behördlichen Genehmigung haben, sofern der Behörde bei ihrer Entscheidung auch der Schutz der nachbarlichen Interessen des Sondereigentums aufgetragen ist.[1793] Bereits durch § 13 Nr. 2 BauGB 1998 wurde die Beteiligungsnotwendigkeit über die Grundstückseigentümer auf einen größeren Personenkreis derjenigen erweitert, die in ihren abwägungserheblichen Belangen betroffen sind.[1794]

Nach § 4 a III BauGB sind bei einer Planänderung im Verfahren die betroffene Öffentlichkeit sowie die Behörden und sonstigen Träger öffentlicher Belange zu beteiligen. Ist der Kreis der betroffenen Öffentlichkeit nicht klar abgrenzbar, wird es sich empfehlen, eine erneute **förmliche Offenlegung** der Planung nach den **§§ 3 II BauGB** durchzuführen. Die Offenlegung kann dabei nach § 4 a III 2 BauGB angemessen verkürzt werden, in besonders einfach gelagerten Fällen also wohl auch auf weniger als 2 Wochen verkürzt werden. Die Fristverkürzung steht im Ermessen der Gemeinde und wird nur in einfach gelagerten Fällen, bei einem übersehbaren Kreis von Betroffenen und dann in Betracht kommen, wenn die verkürzte Stellungnahme den Beteiligten zumutbar ist.[1795]

Als **Anhaltspunkt** für die **Mindestdauer** der erneuten Öffentlichkeitsbeteiligung kann die Zwei-Wochen-Frist des § 3 III 2 BauGB 1998 herangezogen werden. Eine längere Dauer kann in Abhängigkeit vom Umfang der Änderungen erforderlich sein. Keinen Grund für eine neue Beteiligung stellt es dar, wenn nicht der Entwurf des Bauleitplans selbst, sondern nur der Umweltbericht geändert wird.[1796] Allerdings wird die Aufnahme von Angaben wegen der Besorgnis zusätzlicher oder anderer erheblicher nachteiliger Umweltauswirkungen in der Regel auch zu einer Änderung des Planentwurfs führen. Im Falle von substanziellen Änderungen ist daher eine erneute Beteiligung vorzusehen.[1797]

Eine **Fristverkürzung** bei der erneuten Offenlage birgt vom Grundsatz her die Gefahr, dass die nach Lage der Dinge einzustellenden Belange nicht ausreichend ermittelt werden und das Abwägungsmaterial daher unvollständig sein könnte (§ 2 III BauGB). Zudem sollte die Gemeinde bedenken, dass sich im Hinblick auf die Mitwirkungslasten der Betroffenen Einschränkungen bei der Anwendung dieser Fristverkürzung ergeben können.

[1791] EAG Bau – Mustererlass 2004.
[1792] *BVerwG*, Urt. v. 16. 9. 1993 – 4 C 9.91 – DVBl. 1994, 338 = NJW 1994, 1233.
[1793] *BVerwG*, B. v. 20. 8. 1992 – 4 B 92.92 – Buchholz 406.19 Nachbarschutz Nr. 110.
[1794] So auch *Bielenberg* in: Ernst/Zinkahn/Bielenberg/Krautzberger, § 3 Nr. 68; a. A. *Löhr* in: Battis/Krautzberger/Löhr § 13 Rdn. 6.
[1795] Eine Fristverkürzung im Planaufstellungsverfahren war in dem durch das BauROG 1998 gestrichenen § 2 III BauGB-MaßnG enthalten.
[1796] Zum Umweltbericht s. Rdn. 249, 280, 385, 769, 809, 1040, 1121, 1403, 1513, 2079, 2721, 2789.
[1797] *BVerwG*, Urt. v. 29. 1. 1991 – 4 C 51.89 – BVerwGE 87, 332 = DVBl. 1991, 885 – München II.

Denn wenn in der Abwägung nur solche Belange zu berücksichtigen sind, die mehr als geringfügig, schutzwürdig und erkennbar sind, dann hat eine ausreichend bemessene Öffentlichkeitsbeteiligung eine wichtige Funktion. Der Planbetroffene darf in seinen Möglichkeiten, Stellungnahmen geltend zu machen, nicht unzumutbar beeinträchtigt werden. Die Fristverkürzung wird daher vorwiegend wohl nur in einfach gelagerten Fällen und dann in Betracht kommen, wenn mit Einwendungen gegen die beabsichtigte Planung nicht zu rechnen ist.[1798] Da das Gesetz allerdings keine einschränkenden Voraussetzungen enthält, dürfte sich eine Überprüfung der Angemessenheit der Fristverkürzung einer gerichtlichen Kontrolle bei Prüfung der Rechtsverbindlichkeit des Bebauungsplans weitgehend entziehen.[1799] Zudem betrifft die Verkürzung der Offenlagefrist eine bereits offen gelegte Planung. Ein wesentlicher Teil der Stellungnahmen wird daher regelmäßig bereits aus der ersten Offenlegung bekannt sein und muss daher nicht wiederholt geltend gemacht werden. Die verkürzte Wiederholung der Auslegung kann sich auf zusätzliche Gesichtspunkte infolge der geänderten Planung beschränken.[1800] Der Gesichtspunkt der Verfahrensbeschleunigung entbindet die Gemeinde nicht davon, die Offenlegung eine Woche vor deren Beginn ortsüblich bekannt zu machen (§ 3 II 2 BauGB).[1801]

955 Zudem ist eine ergänzende **Behördenbeteiligung** nach § 4a III BauGB erforderlich, wenn durch die Änderung oder Ergänzung des Bauleitplans der Aufgabenbereich eines Trägers öffentlicher Belange erstmals oder stärker als bisher berührt wird. § 4a III BauGB sieht dazu vor, dass lediglich den berührten Behörden und sonstigen Trägern öffentlicher Belange Gelegenheit zur Stellungnahme innerhalb angemessener Frist gegeben wird. Wahlweise kann allerdings eine förmliche Behördenbeteiligung nach § 4 II BauGB durchgeführt werden. Die Änderung des Flächennutzungsplans oder eines Bebauungsplans werden in § 4a III BauGB behandelt und sind damit gleichgestellt. Auf § 13 BauGB verweist das Gesetz dabei nicht mehr. Die in § 4a VI BauGB aufgestellten Grundsätze für das Verfahren der Öffentlichkeits- und Behördenbeteiligung hinsichtlich der Beschränkung des Umfangs und Inhalts der Stellungnahmen und ihre Berücksichtigung in der gemeindlichen Abwägung gelten auch bei der nachträglichen Änderung der Planung im Verfahren.[1802] Allerdings wird eine eingeschränkte Öffentlichkeitsbeteiligung durch individuelle Beteiligung der betroffenen Öffentlichkeit nur dann in Betracht kommen, wenn sich der Kreis der Betroffenen klar ermitteln lässt. Soweit der betroffene Personenkreis nicht feststeht, wird eine erneute förmliche Öffentlichkeitsbeteiligung innerhalb einer ggf. angemessen verkürzten Beteiligungsfrist zweckmäßiger sein. Dies gilt auch, wenn sich etwa der Umweltbericht ändert, weil zusätzliche Kompensationsmaßnahmen vorgesehen sind oder bisher im Entwurf vorgesehene Maßnahmen verringert werden sollen. Derartige Änderungen werden in der Regel zu einer erneuten Öffentlichkeits- und Behördenbeteiligung führen. Dabei ist auch der Umweltbericht entsprechend anzupassen. Dies beruht auf Vorgaben der Plan-UP-Richtlinie, die entsprechende erneute Beteiligungserfordernisse bei Planänderungen im Aufstellungsverfahren vorsieht. Danach soll ein Plan mit entsprechenden rahmensetzenden Vorgaben nur verabschiedet werden, wenn der Umweltbericht in seinen wesentlichen Elementen einer Öffentlichkeitsbeteiligung unterzogen worden ist. Unwesentliche und vor allem auch redaktionelle Änderungen erfordern eine erneute allgemeine Öffentlichkeitsbeteiligung nicht.

956 Die **eingeschränkte Öffentlichkeitsbeteiligung** ist nur **zulässig**, wenn die **Grundzüge** des Bauleitplans nicht berührt werden. Die Grundzüge der Planung sind auch dann betroffen, wenn die bisherige Planungskonzeption zwar im Kern beibehalten wird, jedoch in einem nicht nur peripheren, sondern den Charakter der Planung kennzeichnen-

---

[1798] *Hoppe* in: *Hoppe/Bönker/Grotefels* § 5 Rdn. 162.
[1799] § 9 I und II BauGB-MaßnG.
[1800] *Bundesregierung*, Gesetzentwurf zum BauROG, S. 45.
[1801] Zu weiteren Einzelheiten *Battis* in: Battis/Krautzberger/Löhr § 3 Rdn. 22.
[1802] *Bundesregierung*, Gesetzentwurf zum BauROG, S. 46.

den Bereich zumindest teilweise erheblich anders ausgestaltet wird.[1803] Dabei kommt es auch darauf an, wie weit das Vorhaben rechtlich geschützte nachbarliche Interessen beeinträchtigt.[1804] Wesentlich ist eine Änderung damit vor allem dann, wenn sie das Vorhaben insgesamt zur Disposition stellen kann. Von unwesentlicher Bedeutung ist eine Planänderung dagegen, wenn sie Abwägungsvorgang und Abwägungsergebnis nach Struktur und Inhalt nicht berührt, also die Frage sachgerechter Zielsetzung und Abwägung i. S. der Gesamtplanung nicht erneut aufwerfen kann. Das wird stets der Fall sein, wenn Umfang und Zweck des Vorhabens unverändert bleiben und wenn zusätzlich belastende Auswirkungen von einigem Gewicht sowohl auf die Umgebung als auch hinsichtlich der Belange einzelner auszuschließen sind.[1805]

Bei der eingeschränkten Beteiligung ist nur der durch die Änderung betroffenen Öffentlichkeit und den betroffenen Behörden Gelegenheit zu Stellungnahme zu geben. Das sind Bürger und Behörden, deren Belange durch die Änderung in abwägungserheblicher Weise berührt werden, die also zum **Abwägungsmaterial** gehören und damit mehr als geringfügig, schutzwürdig und erkennbar betroffen sind. Soweit sich dieser Personenkreis mit entsprechenden Betroffenheiten abgrenzen lässt, kann eine eingeschränkte Öffentlichkeits- und Behördenbeteiligung durchgeführt werden.

Soll der Bebauungsplan lediglich im Interesse der betroffenen Grundstückseigentümer um **Schutzauflagen ergänzt** werden, so wird dies auch regelmäßig dafür sprechen, dass eine Änderung die Grundzüge der Planung nicht betrifft. Daran ändert sich auch nichts, wenn die Schutzauflagen ihrerseits neue, lösbare Probleme aufwerfen.

Beispiel: Aufgrund entsprechender Stellungnahmen im Beteiligungsverfahren werden zusätzliche Schallschutzmaßnahmen vorgesehen. Die Änderung hat regelmäßig nur unwesentliche Bedeutung und berührt die Grundzüge der Planung nicht.

Dabei ist nicht auf eine formale, sondern inhaltliche Betrachtung abzustellen und zu fragen, ob durch die Änderung **Belange erstmals** oder **stärker** als bisher unmittelbar **nachteilig betroffen** werden. Änderungen, die den Betroffenen ausschließlich zugute kommen oder mit denen auf entsprechende Wünsche im Beteiligungsverfahren reagiert wird, lösen eine erneute, auch eingeschränkte Beteiligung nach den §§ 4a III BauGB nur aus, wenn sich neue Betroffenheiten ergeben.[1806] Es spricht in diesen Fällen einiges dafür, die Grundsätze anzuwenden, die im Fachplanungsverfahren für die Beteiligung der Betroffenen bei Planänderungen zu § 73 VIII VwVfG entwickelt worden sind. Nach dieser Vorschrift sind bei Planänderungen während der Aufstellung eines fachplanerischen Planfeststellungsbeschlusses Dritte nur dann erneut zu beteiligen, wenn sie durch die Planänderung in ihren Belangen erstmalig oder stärker als bisher berührt werden.[1807] Dabei brauchen nur die unmittelbaren Folgen der Planänderung selbst berücksichtigt zu werden. Anderenfalls wäre bei der prinzipiellen Verflochtenheit aller Belange in der Abwägung eine sinnvolle Begrenzung des Kreises der erneut zu Beteiligenden kaum noch zu bewerkstelligen. Der Vereinfachungszweck der Regelung wäre dann nicht mehr ge-

---

[1803] *BVerwG*, B. v. 22. 9. 1989 – 4 NB 24.89 – NVwZ 1990, 361 = DVBl. 1990, 364 = *Hoppe/Stüer* RzB Rdn. 853.

[1804] So zur wesentlichen Änderung eines planfeststellungsbedürftigen Vorhabens *BVerwG*, Urt. v. 16. 12. 1988 – 4 C 40.86 – BVerwGE 81, 95 = NVwZ 1989, 750 = DVBl. 1989, 363 = *Hoppe/Stüer* RzB Rdn. 1180 – Hubschrauberlandeplatz.

[1805] So zum straßenrechtlichen Fachplanungsrecht *BVerwG*, Urt. v. 20. 10. 1989 – 4 C 12.87 – BVerwGE 84, 31 = NJW 1990, 925 = DVBl. 1990, 419 = *Hoppe/Stüer* RzB Rdn. 216 – Eichenwäldchen.

[1806] So zur vergleichbaren vereinfachten Planänderung nach § 73 VIII VwVfG *BVerwG*, B. v. 12. 6. 1989 – 4 B 101.89 – NVwZ 1990, 366 = UPR 1989, 431 = ZfBR 1990, 106 = *Hoppe/Stüer* RzB Rdn. 216 – Radweg.

[1807] *BVerwG*, Urt. v. 5. 3. 1997 – 11 A 25.95 – DVBl. 1997, 831 = NuR 1997, 435 – Sachsenwald; Urt. v. 18. 6. 1997 – 11 A 70.95 – UPR 1997, 470 = NJ 1997, 615 – Staffelstein.

währleistet. Verfassungsrechtliche Bedenken gegen eine solche Auslegung sind nach Auffassung des *BVerwG* auch im Fachplanungsrecht nicht begründet. Der auch durch das Verfahrensrecht zu gewährleistende Grundrechtsschutz wird nicht in Frage gestellt, wenn bei Änderungen eines Planes nach § 73 VIII VwVfG, die das Gesamtkonzept nicht berühren, nur diejenigen erneut beteiligt werden, deren Belange durch die Planänderungen selbst unmittelbar berührt werden.[1808]

Beispiel: Aufgrund einer entsprechenden Anregung eines Grundstückseigentümers wird die Einfahrt zu seinem Grundstück auf eine andere Seite verlegt oder der Rad- und Gehweg vor seinem Grundstück planerisch neu gestaltet.

960 Wird lediglich für einen **Teilbereich** des **Bebauungsplans** eine **Änderung** erforderlich, durch die die Grundzüge der Planung nicht berührt werden, darf die erneute Auslegung des Entwurfs auf den betroffenen Bereich beschränkt werden, wenn dieser Teilbereich räumlich und funktional vom übrigen Plangebiet abgetrennt werden kann und die dieses Gebiet betreffenden Festsetzungen als eigenständige Planung bestehen bleiben können.[1809]

961 Auf eine **erneute Beteiligung kann ganz verzichtet** werden, wenn die vorgesehenen Änderungen keine neuen erkennbaren Beeinträchtigungen bringen. Wird etwa der Bebauungsplan lediglich in Punkten geändert, zu denen die Öffentlichkeit sowie die Behörden und sonstigen Träger öffentlicher Belange zuvor Gelegenheit zur Stellungnahme hatten und die entweder auf einem ausdrücklichen Vorschlag Betroffener beruhen oder nur eine Klarstellung von im ausgelegten Entwurf bereits eingehaltenen Festsetzungen bedeuten, ist eine erneute Beteiligung nicht erforderlich.[1810] Dasselbe gilt für Änderungen nur redaktioneller Art ohne Einfluss auf den Inhalt des Plans, die ebenfalls keine erneute Öffentlichkeitsbeteiligung oder Behördenbeteiligung erforderlich machen.[1811] Wird der Bebauungsplan nach § 4a III BauGB erneut ausgelegt, so ist für die Anwendung der BauNVO nach der Überleitungsvorschrift des § 25 c 1 BauNVO die bisherige Fassung der BauNVO maßgebend. Durch § 25 c 1 BauNVO und die entsprechenden früheren Überleitungsvorschriften soll sichergestellt werden, dass eine Bauleitplanung, die bereits bis zur Auslegung des Planentwurfs fortgeschritten ist, nicht von neuem nach den geänderten Vorschriften durchgeführt werden muss.[1812] Mit diesem Grundsatz der Kontinuität des Planverfahrens wäre es nicht vereinbar, wenn schon eine Änderung des Plans, die im Rahmen der Öffentlichkeitsbeteiligung erhobene Stellungnahmen berücksichtigt, zu einer Überarbeitung des Planentwurfs nach den jeweils geänderten Vorschriften der BauNVO nötigen würde. Die Gemeinde ist allerdings berechtigt, den Bebauungsplan auf die neuen Vorschriften der BauNVO umzustellen und ein erneutes Bauleitplanverfahren einzuleiten (§ 25 c 2 BauNVO). Hierzu bedarf es jedoch einer ausdrücklichen Entscheidung der Gemeinde. Die erneute Offenlegung des Plans nach § 4 a III BauGB genügt zu einem derartigen Wechsel in den Rechtsgrundlagen nicht.[1813]

962 Nach § 25 c 1 BauGB ist auf einen Bebauungsplan, dessen Entwurf vor dem 1. 1. 1990 öffentlich ausgelegt worden ist, die BauNVO in der früheren Fassung anzuwenden.

[1808] S. Rdn. 3861.
[1809] *BVerwG*, B. v. 31. 10. 1989 – 4 NB 7.89 – NVwZ-RR 1990, 286 = ZfBR 1990, 32 = *Hoppe/Stüer* RzB Rdn. 212.
[1810] *BVerwG*, B. v. 18. 12. 1987 – 4 NB 2.87 – ZfBR 1988, 90 = BRS 47 (1987), Nr. 4 = *Hoppe/Stüer* RzB Rdn. 148 – Leitungsrecht.
[1811] So zum Genehmigungsverfahren *BVerwG*, B. v. 14. 8. 1989 – 4 NB 24.88 – DVBl. 1989, 1105 = ZfBR 1989, 264 = *Hoppe/Stüer* RzB Rdn. 84 – Beitrittsbeschluss; Urt. v. 10. 8. 1990 – 4 C 3.90 – BVerwGE 85, 289 = DVBl. 1990, 1182 = BauR 1991, 51 = *Hoppe/Stüer* RzB Rdn. 138 – Plansetzung.
[1812] *Bielenberg* in: Ernst/Zinkahn/Bielenberg/Krautzberger §§ 25–27 BauNVO Rdn. 8 und 10; *Fickert/Fieseler* § 25 BauNVO Rdn. 1.1.
[1813] *BVerwG*, B. v. 24. 1. 1995 – 4 NB 3.95 – ZfBR 1995, 149; *VGH München*, Urt. v. 23. 12. 1998 – 26 N 98.1675 – NVwZ-RR 2000, 79.

§ 25 b BauNVO enthält eine entsprechende Regelung in Bezug auf die BauNVO-Novelle 1986.

Beispiel: Für einen Bebauungsplan, der im Jahre 1981 aufgestellt und im Jahre 1991 durch ein Deckblatt geändert worden ist, gelten folgende Regelungen: auf die ursprünglichen Teile des Bebauungsplans 1981 ist die BauNVO 1977 anzuwenden, auf das Deckblatt die BauNVO 1990. Die Gemeinde kann jedoch im Rahmen der Bebauungsplanänderung durch ein entsprechendes Verfahren (§ 25 c Satz 2 BauGB) erreichen, dass auf den gesamten Bebauungsplan einschließlich seiner Änderungen die neuere Fassung der BauNVO anwendbar ist und sie nicht mit einem so genannten **Schichtenbebauungsplan** arbeiten muss.[1814]

4. Folgen der fehlerhaften Beteiligung: Gesamtunwirksamkeit oder Teilunwirksamkeit

Wird trotz mehr als geringfügiger Änderungen des Bebauungsplans weder eine erneute Offenlegung nach § 3 II BauGB noch ein eingeschränktes Beteiligungsverfahren nach den §§ 4 a III BauGB durchgeführt, so führt dies nicht stets zur **Unwirksamkeit des gesamten Bebauungsplans**, sondern kann je nach den Umständen des Falles unbeachtlich sein oder auch lediglich eine **Teilunwirksamkeit** bewirken.

Beispiel: Ergeben sich etwa nach der Offenlage Planänderungen, so ist die Nichtbeteiligung des Eigentümers eines außerhalb des Plangebietes gelegenen Grundstücks unschädlich, wenn seine Belange erkennbar berücksichtigt worden sind und eine Einbeziehung des Grundstücks in das Plangebiet nicht erforderlich war.[1815]

Ist zur Änderung die Öffentlichkeitsbeteiligung oder die Behördenbeteiligung nach § 4 a III BauGB nicht ordnungsgemäß durchgeführt, wird dies in der Regel lediglich zur **Teilunwirksamkeit** des Bebauungsplans führen, wenn durch die Änderung die Grundzüge der Planung nicht berührt worden sind[1816] und sich insoweit keine übergreifenden Auswirkungen ergeben. Denn die Unwirksamkeit eines Teils des Bebauungsplans führt dann nicht zur Gesamtunwirksamkeit des Plans, wenn der Rest auch ohne den unwirksamen Teil sinnvoll bleibt (Grundsatz der Teilbarkeit) und anzunehmen ist, dass der Plan auch ohne den unwirksamen Teil erlassen worden wäre (Grundsatz des mutmaßlichen Willens des Normgebers).[1817]

Beispiel: Enthält etwa ein Bebauungsplan im Randbereich des Plangebietes Planzeichen, wie Linien außerhalb der farbig gekennzeichneten Bauflächen und Verkehrsflächen, die nicht erkennen lassen, welche Festsetzungen damit getroffen werden sollen und ob der Geltungsbereich des Bebauungsplans über die farbig gekennzeichneten Bauflächen und Verkehrsflächen hinausreichen soll, so zieht die möglicherweise den Randbereich betreffende Teilunwirksamkeit des Plans nicht zwangsläufig die Unwirksamkeit des gesamten Bebauungsplans nach sich. Von bloßer Teilunwirksamkeit des Bebauungsplans ist vielfach auszugehen, wenn sich die Unwirksamkeit auf einen räumlichen Teilbereich an der Peripherie des Plangebietes beschränkt. Denn die Gefahr, dass durch eine partielle Zurücknahme des Geltungsbereichs das planerische Geflecht so nachhaltig gestört wird, dass ein bloßer Planungstorso übrig bleibt, der den Anforderungen an eine ausgewogene Planung nicht mehr genügt, ist in Fällen dieser Art vergleichsweise gering.[1818] Regelmäßig erfasst die Unwirksamkeit der Festsetzung des Baugebiets in einem Bebauungsplan wegen ihrer zentralen Bedeutung alle übrigen Festsetzungen des Bebauungsplans. Nach Ansicht des *VGH Mannheim* kann ein Änderungsbebauungsplan trotz Unwirksamkeit der Änderung der Baugebietsfestsetzung gleichwohl nur teilunwirksam sein, wenn die bisherige Gebietsausweisung dadurch wieder auflebt, die übrigen Festsetzungen

---

[1814] *BVerwG*, B. v. 18. 2. 2004 – 4 BN 2.04.
[1815] Vgl. auch *OVG Münster*, Urt. v. 2. 3. 1998 – 7 a D 125/96.NE – NWVBl 1998, 438 – Südumgehung Gewelsberg.
[1816] *BVerwG*, B. v. 20. 8. 1991 – 4 NB 3.91 – DVBl. 1992, 37 = *Hoppe/Stüer* RzB Rdn. 196.
[1817] *BVerwG*, B. v. 8. 8. 1989 – 4 NB 2.89 – DVBl. 1989, 1103 = *Hoppe/Stüer* RzB Rdn. 178; B. v. 29. 3. 1993 – 4 NB 10.91 – DVBl. 1993, 661 = NVwZ 1994, 271 = *Hoppe/Stüer* RzB Rdn. 1313; B. v. 31. 1. 1995 – 4 NB 4.94 – DVBl. 1995, 522.
[1818] *BVerwG*, B. v. 4. 1. 1994 – 4 NB 30.93 – NVwZ 1994, 684 = DVBl. 1994, 699.

sich auch mit ihr vereinbaren lassen und dies dem mutmaßlichen Willen der Gemeinde entspricht.[1819]

965 Ist der fehlerhafte Teil von anderen Teilen des Bebauungsplans nicht abtrennbar, so sind auch diese Teile des Bebauungsplans oder der gesamte Bebauungsplan unwirksam, selbst wenn die von der fehlerhaften Festsetzung unmittelbar betroffene Fläche nur gering ist.[1820] Führt dies zur Gesamtunwirksamkeit des Bebauungsplans, ist das Normenkontrollgericht sogar verpflichtet, über einen eingeschränkten Antrag hinauszugehen.[1821] Ob sich die Unwirksamkeit eines Bebauungsplans auf nachfolgende Satzungen zur Änderung dieses Bebauungsplans erstreckt, hängt davon ab, ob und inwieweit sich der **Änderungsbebauungsplan** vom Inhalt seiner Festsetzung her gegenüber dem Ursprungsplan verselbstständigt hat. Werden etwa sämtliche Festsetzungen des Ursprungsplans im Zuge der Änderung durch neue Festsetzungen ersetzt oder erneut in den planerischen Abwägungsprozess einbezogen, so ist letztlich ein eigenständiger Plan entstanden, bei dem ein Fortwirken alter Fehler des Ursprungsplans nicht mehr sachgerecht erscheint. Werden demgegenüber unter dem Fortbestehen der Ursprungsplanung nur einzelne Festsetzungen geändert, so bedeutet dies, dass nicht bezüglich der Gesamtheit der Planung nochmals inhaltlich in den Abwägungsprozess eingetreten werden muss. Dann kann die nunmehr geltende planungsrechtliche Ordnung im Bebauungsplangebiet regelmäßig nur als Einheit der alten und der geänderten Planung angesehen werden. Das schließt dann entsprechend den Grundsätzen der Teilunwirksamkeit eine verbleibende alleinige Gültigkeit der Änderungsplanung aus.[1822]

966 **Verfahrensfehler** hinsichtlich der **erneuten Auslegung** des Entwurfs eines Bebauungsplans, die abtrennbare Teilbereiche eines Bebauungsplans betreffen, führen regelmäßig nicht zur Unwirksamkeit des gesamten Bebauungsplans.[1823] Wird ein Bebauungsplan nach der förmlichen Öffentlichkeitsbeteiligung hinsichtlich einzelner Festsetzungen ohne erneute Beteiligung geändert, so liegt eine Begrenzung dieses Verfahrensfehlers auf die von ihm berührten Teile nahe.[1824] Es muss allerdings für eine entsprechende Fehlerbegrenzung nach den tatsächlichen Umständen des Einzelfalls vernünftigerweise ausgeschlossen werden, dass der Bebauungsplan aufgrund seiner Geltung nur in Teilbereichen einen anderen, vom Plangeber nicht gewollten Inhalt bekommt. Das BVerwG wendet dabei die allgemeinen Grundsätze über die teilweise Nichtigkeit von Gesetzen und anderen Rechtsvorschriften an, wie sie sich für Rechtsgeschäfte aus § 139 BGB ergeben. Bei Bebauungsplänen ist hiernach darauf abzustellen, ob der gültige Teil des Plans für sich betrachtet noch eine den Anforderungen des § 1 BauGB gerecht werdende, sinnvolle städtebauliche Ordnung bewirken kann und ob die Gemeinde nach ihrem im Planungsverfahren zum Ausdruck gekommenen Willen im Zweifel auch einen Plan dieses eingeschränkten Inhalts beschlossen hätte.[1825]

Hinweis: Ist der Bebauungsplan nach den vorgenannten Grundsätzen lediglich teilweise unwirksam, so fehlt dem Antragsteller in einem Normenkontrollverfahren die Antragsbefugnis nach § 47 II

[1819] VGH Mannheim, B. v. 5. 6. 1996 – 8 S 487/96 – NVwZ-RR 1997, 684.
[1820] BVerwG, B. v. 6. 4. 1993 – 4 NB 43.93 – NVwZ 1994, 272 = DÖV 1993, 876 = Hoppe/Stüer RzB Rdn. 1315.
[1821] BVerwG, B. v. 20. 8. 1991 – 4 NB 3.91 – BauR 1992, 48 = Hoppe/Stüer RzB Rdn. 196; zum Grundsatz der Planerhaltung Hoppe DVBl. 1996, 12.
[1822] BVerwG, B. v. 30. 9. 1992 – 4 NB 22.92 – Buchholz 310 § 47 VwGO Nr. 70.
[1823] BVerwG, B. v. 31. 10. 1989 – 4 NB 7.89 – NVwZ-RR 1990, 286 = ZfBR 1990, 32 = Hoppe/Stüer RzB Rdn. 212 – irreführende Bekanntmachung.
[1824] So BVerwG, Urt. v. 18. 7. 1989 – 4 N 3.87 – BVerwGE 82, 225 = DVBl. 1989, 1100 = NVwZ 1990, 157 = Hoppe/Stüer RzB Rdn. 194 – Stadtkern.
[1825] BVerwG, B. v. 18. 7. 1989 – 4 N 3.87 – BVerwGE 82, 225, mit Hinweis auf Urt. v. 14. 7. 1972 – IV C 69.70 – BVerwGE 40, 268; B. v. 29. 3. 1993 – 4 NB 10.91 – DVBl. 1993, 661 = Hoppe/Stüer RzB Rdn. 1313.

VwGO, wenn die Teilunwirksamkeit des Bebauungsplans die eigenen Rechte des Antragstellers nicht betrifft, weil seine abwägungserheblichen Belange[1826] hierdurch nicht berührt sind.

Das **Normenkontrollgericht** muss dabei vermeiden, in die **kommunale Planungshoheit** mehr als nötig einzugreifen. Es darf insbesondere nicht gestaltend tätig sein, sondern hat den von ihm ermittelten tatsächlichen oder hypothetischen Willen der Gemeinde zu respektieren. Bei einer nicht teilbaren Gesamtentscheidung ist der Bebauungsplan daher insgesamt für unwirksam zu erklären, wenn sich ein wesentlicher Teil als rechtsfehlerhaft erweist. Beschränkt sich der Fehler demgegenüber auf einen abgrenzbaren Teil des Plans, so kann der übrige Teil nach dem Grundsatz der Planerhaltung[1827] durchaus für wirksam erklärt werden. Die hierzu in der Rechtsprechung entwickelten Grundsätze zur Gesamt- und Teilunwirksamkeit eines Bebauungsplans[1828] sind auch auf einen Änderungsbebauungsplan anzuwenden.[1829]

5. Ergänzender Einsatz elektronischer Informationstechnologien (§ 4a IV BauGB)

Bei der Öffentlichkeits- und Behördenbeteiligung können ergänzend **elektronische Informationstechnologien** genutzt werden (§ 4a IV BauGB). Soweit die Gemeinde den Entwurf des Bauleitplans und die Begründung in das Internet einstellt, können die Stellungnahmen der Behörden und sonstigen Träger öffentlicher Belange durch Mitteilung von Ort und Dauer der öffentlichen Auslegung nach § 3 II BauGB und der Internetadresse eingeholt werden; die Mitteilung kann im Wege der elektronischen Kommunikation erfolgen, soweit der Empfänger hierfür einen Zugang eröffnet hat. Die Gemeinde hat bei Anwendung von § 4a IV 2 Hs. 1 BauGB der Behörde oder dem sonstigen Träger öffentlicher Belange auf dessen Verlangen einen Entwurf des Bauleitplans und der Begründung zu übermitteln; § 4 II 2 BauGB bleibt unberührt.

Für die Öffentlichkeitsbeteiligung stellen elektronische Informationstechnologien nur eine **Ergänzung** der Offenlage nach § 3 II BauGB dar. Dagegen kann die Einstellung des Planentwurfs in das Internet eine Behördenbeteiligung im Wege der Zusendung des Planentwurfs und der Begründung entbehrlich machen. Die Behördenbeteiligung kann dadurch erfolgen, dass den Behörden und sonstigen Trägern öffentlicher Belange lediglich Ort und Dauer der öffentlichen Auslegung und die Internet-Adresse mitgeteilt werden, an der der Planentwurf und die Begründung abrufbar sind. Diese Mitteilung kann auch per E-Mail erfolgen, soweit der Empfänger hierfür einen Zugang eröffnet hat.

Die Behördenbeteiligung auf diesem Weg ist nur möglich, wenn der Bauleitplan hierzu geeignet ist. Bei sehr großen Plänen mit sehr vielen Details kann eine Beurteilung auf einem Monitor schwierig sein. Damit steigt das Risiko, dass abwägungsrelevante Auswirkungen nicht erkannt werden und dadurch der Plan insgesamt fehlerhaft ist. Aus diesen Gründen haben die Behörden und sonstigen Träger öffentlicher Belange auch die Möglichkeit, die Zusendung des Entwurfs des Bauleitplans und der Begründung zu verlangen. Die Gemeinde hat diesem Verlangen nachzukommen. Durch das Verlangen, den Bauleitplan auch in **Papierform** zu übermitteln, läuft keine neue Frist zur Stellungnahme an. Auch eine Verlängerung der Frist erfolgt nicht automatisch. Allerdings kann die dadurch entstehende Verzögerung ein wichtiger Grund zur angemessenen Fristverlängerung nach § 4 II BauGB sein.[1830]

[1826] *BVerwG*, Urt. v. 24. 9. 1998 – 4 CN 2.98 – BVerwGE 107, 215 = DVBl. 1999, 100.
[1827] *Hoppe* DVBl. 1996, 12; s. auch bei *Stüer* DVBl. 1995, 912; kritisch *Blümel* in: Stüer (Hrsg.) Verfahrensbeschleunigung, S. 17.
[1828] *BVerwG*, B. v. 6. 4. 1993 – 4 NB 43.93 – Buchholz 310 § 47 VwGO Nr. 77; B. v. 29. 3. 1993 – 4 NB 10.91 – Buchholz 310 § 47 Nr. 75.
[1829] *BVerwG*, B. v. 16. 3. 1994 – 4 NB 6.94 – ZfBR 1994, 198 = NVwZ 1994, 1009 = *Hoppe/Stüer* RzB Rdn. 197.
[1830] EAG Bau – Musterrelass 2004.

6. Grenzüberschreitende Unterrichtung (§ 4 a V BauGB)

971 Bei Bauleitplänen, die erhebliche Auswirkungen auf Nachbarstaaten haben können, sind die Gemeinden und Behörden des Nachbarstaates nach den Grundsätzen der Gegenseitigkeit und Gleichwertigkeit zu unterrichten. Bei Bauleitplänen, die erhebliche Umweltauswirkungen auf einen anderen Staat haben können, ist dieser nach dem UVPG zu beteiligen; für die Stellungnahmen der Öffentlichkeit und Behörden des anderen Staates, einschließlich der Rechtsfolgen nicht rechtzeitig abgegebener Stellungnahmen, ist das BauGB entsprechend anzuwenden (§ 4 V BauGB). Diese durch das EAG Bau neu gefassten Regelungen setzen die UVP-Richtlinie und die Plan-UP-Richtlinie in nationales Recht um.

972 Konsultationen, die auf der Grundlage des Verfahrens nach § 4 a V BauGB erfolgen können, sind nach den Grundsätzen der Gegenseitigkeit und Gleichwertigkeit durchzuführen (§ 4 a V 1 BauGB). Die Vorschrift sieht damit ein **zweistufiges Abstimmungsverfahren** zunächst in Form einer Unterrichtung (§ 4 a V 1 BauGB) und dann in Form von Konsultationen (§ 4 a V 2 BauGB) für solche Bauleitpläne vor, die erhebliche Auswirkungen auf Nachbarstaaten haben können. Die Verpflichtung zur Abstimmung gilt allerdings nur unter den Voraussetzungen der Grundsätze der (formellen) Gegenseitigkeit und (materiellen) Gleichwertigkeit, um den deutschen Gemeinden keine einseitigen Abstimmungspflichten ihrer Bauleitpläne ohne Recht auf Beteiligung im umgekehrten Fall einzuräumen.[1831]

973 Regelungsgegenstand des § 4 a V 1 BauGB ist die **grenzüberschreitende Unterrichtung** für Gemeinden und sonstige Träger öffentlicher Belange des Nachbarstaates nach den Grundsätzen der Gegenseitigkeit und Gleichwertigkeit. Die Gemeinden und Träger öffentlicher Belange des Nachbarstaates sind daher über den Inhalt des Planentwurfs in geeigneter Weise so zu informieren, dass eine inhaltliche Auseinandersetzung mit der beabsichtigten Planung möglich ist. Eine Erörterung ist in dieser ersten Phase der Beteiligung hingegen nicht erforderlich. Sie kann jedoch ggf. im Rahmen des Konsultationsverfahrens nach § 4 a V 2 BauGB erfolgen. Adressat der Unterrichtung sind sowohl die von den Auswirkungen der beabsichtigten Bauleitplanung möglicherweise erheblich betroffenen Gemeinden wie auch die möglicherweise erheblich in ihren Aufgabenbereichen betroffenen Träger öffentlicher Belange des Nachbarstaates. Dieser weite Adressatenkreis wurde vorsorglich angesichts der unterschiedlichen Verwaltungsstrukturen in den Nachbarländern gewählt. In Analogie zu § 8 UVPG und nach entsprechender Vereinbarung erscheint es aber sinnvoll, die Gemeinde als zentrale Anlaufstelle im Nachbarstaat auszuwählen, die dann ihrerseits die erhaltenen Informationen an die weiteren in ihrem Aufgabenbereich betroffenen Stellen und Träger öffentlicher Belange weiterleitet. Das Gebot der Gleichwertigkeit verlangt die Vergleichbarkeit der Unterrichtung sowohl hinsichtlich des Zeitpunktes der Information als auch hinsichtlich deren Aussagenumfang und -genauigkeit. Durch diese Einschränkung soll eine nur einseitige Verpflichtung nach deutschem Recht verhindert werden. Zudem soll ein Anreiz für vergleichbare gesetzliche Unterrichtungsregelungen auch in Nachbarstaaten geschaffen werden. Weitere Einzelheiten der Ausgestaltung der gegenseitigen Unterrichtung, insbesondere die Einschaltung der betroffenen Gemeinden des Nachbarstaates als Mittler für die Beteiligung der übrigen Träger öffentlicher Belange des Nachbarstaates, sind bilateralen Absprachen vorbehalten. Bei den Mitgliedstaaten der EU wird – soweit Verfahren nach dem UVPG betroffen sind – hinsichtlich der Behördenbeteiligung infolge der gebotenen Umsetzung der UVP-Richtlinie von einer Gegenseitigkeit und Gleichwertigkeit auszugehen sein.[1832]

[1831] Fachkommission „Städtebau" der ARGEBAU, Muster-Einführungserlass zum BauROG, S. 12.
[1832] *Bundesregierung*, Gesetzentwurf zum BauROG, S. 46.

Als **zweite Stufe** im Anschluss an die Unterrichtung sehen internationale Vereinbarungen und Abkommen regelmäßig ein **Konsultationsrecht** vor. Dies ist in § 4 a V 2 BauGB aufgegriffen worden. Konsultationspflichten gehen qualitativ über eine grenzüberschreitende Unterrichtung der Gemeinden und Träger öffentlicher Belange hinaus. Solche Konsultationen haben zum Ziel, unterschiedliche Auffassungen beider Staaten zur Zulässigkeit einer Planung oder einer Maßnahme bilateral zu erörtern und einer Lösung im Verhandlungswege zuzuführen. Auf eine über die Unterrichtung nach § 4 a V 1 BauGB hinausgehende förmliche Beteiligungsbefugnis der Gemeinden und Träger öffentlicher Belange ist verzichtet worden, um das grenzüberschreitende Abstimmungsverfahren nicht zu überfrachten. Vielmehr wurde es für ausreichend angesehen, wenn die Gemeinden und Träger öffentlicher Belange des Nachbarstaates nach ihrer Unterrichtung aufgrund eigener Initiative tätig werden und ggf. ein Konsultationsverfahren einleiten. Gleichfalls nicht geregelt ist die Frage, welche Bauleitplanverfahren wegen ihrer grenzüberschreitenden Auswirkungen im Einzelnen einer grenzüberschreitenden Beteiligung bedürfen. Die Eingrenzung der abstimmungspflichtigen Verfahren soll ebenso wie die Entscheidung, ob eine Übersetzung von Planunterlagen erforderlich ist und welche Gemeinden und Träger öffentlicher Belange des Nachbarstaates im Einzelnen zu beteiligen sind, den bilateralen Verhandlungen in vielfach schon existierenden Raumordnungskommissionen und sonstigen Gesprächskreisen überlassen bleiben.[1833]

7. Eingeschränkte Präklusion

Stellungnahmen, die im Verfahren der Öffentlichkeits- und Behördenbeteiligung nicht rechtzeitig abgegeben worden sind, können bei der Beschlussfassung über den Bauleitplan unberücksichtigt bleiben, sofern die Gemeinde deren Inhalt nicht kannte und nicht hätte kennen müssen und deren Inhalt für die Rechtmäßigkeit des Bauleitplans nicht von Bedeutung ist (§ 4 a VI 1 BauGB). Dies gilt für in der Öffentlichkeitsbeteiligung abgegebene Stellungnahmen nur, wenn darauf in der Bekanntmachung nach § 3 II 2 BauGB zur Öffentlichkeitsbeteiligung hingewiesen worden ist. Die vormals nur für verspätete Stellungnahmen der Träger öffentlicher Belange geregelte Präklusion (§ 4 III BauGB 1998) wird nach § 4 a VI BauGB auch auf verspätet vorgebrachte Stellungnahmen der Öffentlichkeit ausgedehnt. Die Präklusion ist allerdings ausgeschlossen, soweit die Gemeinde den verspätet vorgebrachten Belang kannte oder hätte kennen müssen und die Berücksichtigung dieses Belangs für die Rechtmäßigkeit des Bauleitplans von Bedeutung ist. Die Präklusion verspäteter Stellungnahmen der Öffentlichkeit gilt nur, wenn in der Bekanntmachung zur Öffentlichkeitsbeteiligung auf diese Rechtsfolge hingewiesen wurde. Wird die erneute Beteiligung der Öffentlichkeit nach § 4 a III BauGB nicht durch eine erneute Auslegung, sondern eine auf die Betroffenen beschränkte Beteiligung durchgeführt, ist diese Hinweispflicht zwar nicht ausdrücklich geregelt; die Regelung ist jedoch insoweit entsprechend anzuwenden.[1834]

VI. Einschaltung von Dritten

Durch § 4 b BauGB besteht die Möglichkeit, Dritten zur Beschleunigung des Bauleitplanverfahrens die Vorbereitung und Durchführung von Verfahrensvorschriften der Öffentlichkeits- und Behördenbeteiligung zu übertragen. Nach der Gesetzesbegründung handelt es sich hier um eine Klarstellung der bereits zuvor bestehenden Möglichkeit, einen **Projektmittler** einzuschalten. Die gesetzliche Regelung zielt auf drei verschiedene Inhalte ab:
– Die ausdrückliche Erwähnung der Übertragung der Vorbereitung einzelner Verfahrensschritte soll Zweifel an der Zulässigkeit dieser Vorgehensweise ausräumen.

[1833] *Bundesregierung*, Gesetzentwurf zum BauROG, S. 47.
[1834] EAG Bau – Mustererlass 2004 s. Rdn. 945.

– Es wird die Übertragung der Durchführung bestimmter Verfahrensschritte auf einen Dritten (sog. funktionale Privatisierung) zugelassen.
– Zugleich wird eine Verfahrensbeschleunigung durch „Mediation" durch einen neutralen Projektmittler ermöglicht.[1835]

977 Die **ausdrückliche gesetzliche Verankerung** soll zu einem stärkeren Gebrauch dieses verfahrensbeschleunigenden Instrumentes führen.[1836] Zudem wurde darauf verwiesen, dass sich im angloamerikanischen Recht der Einsatz von Projekt- und Verfahrensmittlern weitgehend etabliert habe und dort zur Beschleunigung von Planungsverfahren und zur Senkung der Verfahrenskosten beitrage. Der amerikanische Ansatz, den gesamten Entscheidungsprozess auf einen Projektmittler zu übertragen, konnte schon im Hinblick auf das Erfordernis einer aus Wahlen hervorgehenden Entscheidungslegitimation des Trägers öffentlicher Planungen und im Hinblick auf die kommunale Selbstverwaltung nicht uneingeschränkt übernommen werden. In Anpassung an das deutsche Recht können die Verfahrensschritte der Öffentlichkeits- und Behördenbeteiligung einem Projektmittler nur übertragen werden, wenn gewährleistet ist, dass die hoheitlichen Befugnisse der Gemeinde und damit insbesondere die nach § 1 VII BauGB gebotene Abwägung einschließlich der dafür gebotenen letztverantwortlichen Prüfung und Entscheidung über die vorgebrachten Stellungnahmen der Bürger und Stellungnahmen der Träger öffentlicher Belange bei den Gemeinden verbleibt. Zuständig für die Aufgabenübertragung auf einen Dritten ist die Gemeinde, die damit einen ihr gesetzlich zugewiesenen Aufgabenbereich (teilweise) delegieren kann. Da sie jedoch weiterhin die Zuständigkeit für das Bauleitplanverfahren nsgesamt behält und wohl auch aus rechtsstaatlichen Gründen behalten muss, handelt es sich bei dieser Aufgabenübertragung nicht um eine materielle Privatisierung (z. B. in Form der Beleihung), sondern um eine sog. funktionale oder formelle Privatisierung. Bei dieser Form der Privatisierung bleibt die Aufgabe weiterhin hoheitlich, ihre Durchführung wird aber teilweise auf einen Privaten übertragen. Im Außenverhältnis zum Bürger und zu den Trägern öffentlicher Belange bleibt die Verantwortung bei der Gemeinde. Der von der Gemeinde beauftragte Dritte ist daher ein sog. Verwaltungshelfer.[1837] Beauftragt werden können etwa Planer, Architekten, Sanierungsträger oder spezialisierte Rechtsanwälte sowie zum Zwecke der Verfahrensunterstützung gegründete Gesellschaften der Gemeinde. Der Verwaltungshelfer wird dabei im Interesse der Gemeinde an einer zügigen Planung tätig. Die Tätigkeit des Dritten beruht dabei auf einem Auftragsverhältnis privatrechtlicher Natur. Für seine Leistungen kann der Verwaltungshelfer ein angemessenes Entgelt verlangen. Zugleich bietet die Regelung den Vorteil einer personellen Entlastung der Verwaltung und eines Wegfalls beispielsweise dienstrechtlicher Beschränkungen. Dritter kann auch ein Mediator sein, der zunächst unabhängig von den Weisungen der Gemeinde und damit von neutraler Warte aus die Verfahrensschritte durchführt und dabei vermittelnd zwischen Gemeinde und den betroffenen Bürgern sowie den Trägern öffentlicher Belange tätig wird.[1838] Ein solcher Mediator kann im Auftrag der Gemeinde handeln und von ihr finanziert werden. Auch bei der Einschaltung eines neutralen Dritten bleibt es allerdings bei der Letztverantwortung der Gemeinde, die das Ergebnis der Behörden- und Öffentlichkeitsbeteiligung in ihren Willen aufnehmen muss, wenn es rechtsstaatlichen Bestand haben soll.[1839]

[1835] Fachkommission „Städtebau" der ARGEBAU, Muster-Einführungserlass zum BauROG, S. 13.
[1836] *Bundesregierung*, Gesetzentwurf zum BauROG, S. 47.
[1837] Fachkommission „Städtebau" der ARGEBAU, Muster-Einführungserlass zum BauROG, S. 14.
[1838] Fachkommission „Städtebau" der ARGEBAU, Muster-Einführungserlass zum BauROG, S. 14.
[1839] Fachkommission „Städtebau" der ARGEBAU, Muster-Einführungserlass zum BauROG, S. 14.

Bei der **Vorbereitung des Beteiligungsverfahrens** kann offenbar auch ein von der Planung begünstigter **Investor** tätig werden. Entsprechende Regelungen enthalten etwa § 11 I 2 Nr. 1 BauGB für den städtebaulichen Vertrag oder § 12 BauGB für den Vorhaben- und Erschließungsplan, der zwischen Vorhabenträger und Investor abgestimmt sein muss. § 4b BauGB dürfte einige Sprengkraft enthalten. Wird unter dem „Dritten" auch der Vorhabensträger verstanden, der nicht nur das Vorhaben projektiert, sondern auch für die Behandlung der Stellungnahmen der Bürger und der Träger öffentlicher Belange verantwortlich zeichnet, so ergeben sich verfassungsrechtliche Probleme. Es dürfte sich mit den rechtsstaatlichen Anforderungen an den Planungsprozess nicht vereinbaren lassen, wenn der planinteressierte Investor sich zugleich zum Richter über die gegen das Vorhaben vorgetragenen Stellungnahmen aufschwingen würde – ebenso wenig wie es rechtsstaatlich vorstellbar wäre, dass in einem zivilrechtlichen Nachbarprozess der Nachbar selbst über die Einwendungen seines Nachbarn als Amtsrichter entscheidet. Das Planungsgeschehen muss vielmehr ein hohes Maß von Neutralität und Interessenferne kennzeichnen und darf nicht durch eine „subjektive Abwägungssperre"[1840] in eine Schieflage geraten. Denn dann würden sich am Ende förmliche Beteiligungsverfahren als Farce erweisen und die Grundsätze des fairen Verfahrens und der Legitimation durch Verfahren in ihr Gegenteil verkehrt. In der Praxis wird auch die Frage an Bedeutung gewinnen, ob als „Dritte" lediglich öffentliche Planungs- und Sanierungsträger eingeschaltet werden oder auch private Unternehmen eine Chance erhalten. In Zeiten der Privatisierung öffentlicher Leistungen liegt die Einschaltung von Dritten in der Bauleitplanung jedenfalls im Trend. Umso mehr gilt es, die Grundsätze eines rechtsstaatlich einwandfreien Verfahrens zu wahren. Denn wer nicht an seiner Dummheit oder Ehrlichkeit scheitert, dem wird es stets gelingen, die eigenen Belange als die des Gemeinwohls auszugeben. Überhaupt wird den Gemeinden zu raten sein, bei stark interessenbestimmten Planverfahren wie vor allem bei vorhabenbezogenen Bebauungsplänen eine neutrale Stelle in den Planungsprozess einzuschalten und so das vielfältige Interessengeflecht i. S. einer Ausgleichsentscheidung sachgerecht zu mediatisieren und abzufedern. Die Vorstellung etwa, dass der Gemeinderat die interessengesteuerten Absichten des Vorhabenträgers lediglich „abnickt", wie dies in den Köpfen vieler Investoren von Großprojekten unmittelbar nach der Wiedervereinigung in den neuen Ländern vorzuherrschen schien, würde jedenfalls rechtsstaatlichen Anforderungen nicht gerecht.[1841] Bei der Übertragung von Verfahrensschritten auf einen Projektmittler oder einen anderen Dritten kommt daher der Gemeinde eine besondere Verantwortung zu. Sie hat mit besonderer Sorgfalt den Dritten auszuwählen und zu überwachen. Die im BauGB bisher vorgesehene Verfahrensverantwortung wandelt sich daher in eine **Ergebnisverantwortung**. Die Gemeinde muss daher den von ihr beauftragten Dritten durch eine regelmäßige Berichtspflicht oder andere geeignete Maßnahmen so beaufsichtigen, dass sie jederzeit eingreifen und das Verfahren an sich ziehen kann. Auch muss sie sicherstellen, dass sie über den jeweiligen Stand aktuell informiert wird und in der Lage ist, das Verfahren in jedem Stadium an sich zu ziehen. Das legt wohl eine Teilnahme der Gemeinde an mündlichen Erörterungs- und Anhörungsterminen nahe. Auch muss sie die im Rahmen der Beteiligung gewonnenen

---

[1840] *BVerwG*, Urt. v. 12. 12. 1969 – IV C 105.66 – BVerwGE 34, 301 = *Hoppe/Stüer* RzB Rdn. 213 – Abwägungsgebot; Urt. v. 6. 7. 1973 – IV C 22.72 – BVerwGE 42, 331 = DVBl. 1973, 800 – Folgekostenvertrag; Urt. v. 5. 7. 1974 – IV C 50.72 – BVerwGE 45, 309 = DVBl. 1975, 767 – Delog-Detag; B. v. 9. 11. 1979 – 4 N 1.78 – BVerwGE 59, 87 = *Hoppe/Stüer* RzB Rdn. 26 – Normenkontrolle; Urt. v. 1. 2. 1980 – 4 C 40.77 – DVBl. 1980, 686 = BauR 1980, 333 = ZfBR 1980, 88 – Rathaus Altenholz; B. v. 28. 8. 1987 – 4 N 1.86 – DVBl. 1987, 1273 = ZfBR 1988, 44 = *Hoppe/Stüer* RzB Rdn. 63 – Volksfürsorge; *BGH*, Urt. v. 7. 2. 1985 – III ZR 179/83 – BGHZ 94, 372 = UPR 1985, 419 – Bauverpflichtung; *OVG Koblenz*, Urt. v. 28. 11. 1992 – 1 A 10312/89 – BauR 1992, 479 – Koppelungsverbot; *VGH München*, Urt. v. 11. 4. 1990 – 1 B 85 A.1400 – BayVBl. 1991, 47 – Weilheimer Einheimischenmodell; *Stüer* DVBl. 1995, 649; *ders*, s. Rdn. 1431.
[1841] *Krautzberger/Stüer* DVBl. 2004, 914.

Informationen auf der Grundlage der Vorarbeiten des Verwaltungshelfers selbstständig bewerten und sich dabei ein eigenes Bild für die Abwägung verschaffen. Dies hindert allerdings die Verwaltungshelfer nicht daran, diesen Entscheidungsprozess eigenverantwortlich vorzubereiten und damit für die Abwägung das erforderliche Material zusammenzustellen.[1842]

VII. Zusammenfassende Erklärung

979 Dem Flächennutzungsplan und dem Bebauungsplan ist eine zusammenfassende Erklärung beizufügen (§§ 6 V 2, 10 IV BauGB). In der zusammenfassenden Erklärung ist die Art und Weise darzulegen, wie die Umweltbelange und die Ergebnisse der Öffentlichkeits- und Behördenbeteiligung in dem Bauleitplanung berücksichtigt wurden, und aus welchen Gründen der Plan nach Abwägung mit den geprüften, in Betracht kommenden anderweitigen Planungsmöglichkeiten gewählt wurde. Jedermann kann den Flächennutzungsplan und den Bebauungsplan, die Begründung und die zusammenfassende Erklärung einsehen und über deren Inhalt Auskunft verlangen (§§ 6 V 2, 10 III 3 BauGB). Die Regelungen über die zusammenfassende Erklärung entsprechen den Vorgaben der Plan-UP-Richtlinie. Mit der zusammenfassenden Erklärung öffnet sich die auf Umweltbelange zugeschnittene Sicht des Umweltberichts in eine Gesamtabwägung, deren Teile die Umweltbelange sind. Die zusammenfassende Erklärung dokumentiert daher die wesentlichen Elemente der Ausgleichsentscheidung, die als letzte Stufe der Abwägung das Vor- und Zurückstellen der betroffenen Belange ausdrückt. Die zusammenfassende Erklärung soll allgemein verständlich sein und die wesentlichen Grundlinien in der Entscheidung zum Ausdruck bringen. Sie kann daher Ähnlichkeiten mit einer **Presseerklärung**, in der die wesentlichen Elemente einer getroffenen Entscheidung für die Öffentlichkeit verdeutlicht werden. Die zusammenfassende Erklärung befasst sich daher nicht mit allen Einzelheiten, sondern will die Gesamtentscheidung in ihren wesentlichen Elementen verständlich erklären. Damit wird zugleich einem Anliegen Rechnung getragen, das durch das europäische Umweltrecht vorgegeben ist.

980 Die zusammenfassende Erklärung ist **nicht Bestandteil der Begründung** und nimmt auch nicht an dem Verfahren der Öffentlichkeits- und Behördenbeteiligung teil. Sie wird vielmehr erst nach Durchführung dieser Verfahrensschritte verabschiedet. Für die Wirksamkeit der Bauleitpläne ist die zusammenfassende Erklärung nicht entscheidend (§ 214 I BauGB), kann aber für die Abwägung von Bedeutung sein. Ergibt sich weder aus der Begründung noch aus der zusammenfassenden Erklärung, aus welchen Gründen der Plan nach Abwägung mit den geprüften anderweitigen Planungsmöglichkeiten gewählt wurde, deutet dies auf Abwägungsfehler hin, die zur Unwirksamkeit des Planes führen können.

VIII. Beschluss über Bauleitplan

981 An die Behandlung der Stellungnahmen zum Bauleitplan schließt sich der **Beschluss** des in der Gemeinde zuständigen Organs **über** den **Flächennutzungsplan** bzw. den **Bebauungsplan** an. Der Bebauungsplan wird dabei als Satzung beschlossen (§ 10 I BauGB). Das BauGB enthält keine Bestimmungen darüber, welches Organ für den abschließenden Beschluss über den Bauleitplan **zuständig** ist. Nach dem **Kommunalverfassungsrecht** wird dies bei Angelegenheiten von grundsätzlicher Bedeutung im Regelfall der Rat der Gemeinde als das Hauptorgan sein. Ausschüsse sind für die abschließende Beschlussfassung über die Bauleitpläne daher kommunalverfassungsrechtlich nicht legitimiert.[1843]

[1842] Fachkommission „Städtebau" der ARGEBAU, Muster-Einführungserlass zum BauROG, S. 15.
[1843] S. Rdn. 853.

Gegenstand des Feststellungs- bzw. Satzungsbeschlusses ist der **Planentwurf** in der 982 Fassung, die er bei der öffentlichen Auslegung gem. § 3 II BauGB hatte. Ist der Entwurf **anschließend geändert** worden, so schließt sich ggf. das Verfahren nach § 4a III BauGB an. In den Beschluss einzubeziehen ist auch die Begründung des Flächennutzungsplans oder die Begründung des Bebauungsplans. In die Begründung werden ggf. Gesichtspunkte eingearbeitet, die sich bei der öffentlichen Planauslegung im Rahmen der förmlichen Öffentlichkeitsbeteiligung ergeben haben. Wird hierdurch allerdings der Planinhalt geändert, so muss sich ggf. nach Maßgabe des § 4a III BauGB eine erneute förmliche Öffentlichkeitsbeteiligung anschließen.[1844] Ein Satzungsbeschluss gemäß § 10 BauGB kommt nicht dadurch zustande, dass die Gemeindevertretung der Begründung zum Bebauungsplanentwurf zustimmt.[1845] Vielmehr muss die Satzung selbst vom Gemeinderat beschlossen werden.

Auch die Beschlussfassung selbst und das dabei zu beachtende **Verfahren** richten sich 983 nach dem **Kommunalverfassungsrecht** der Länder. Das gilt etwa für die Frage der Öffentlichkeit der Ratssitzung. Der Grundsatz der Öffentlichkeit der Sitzungen des Gemeinderates gehört zu den anerkannten Grundsätzen des Kommunalrechts. Der Grundsatz beruht auf dem Demokratieprinzip des Art. 20 GG, an das auch die Gemeinden gem. Art. 28 I und II GG gebunden sind. Ausnahmen von diesem Öffentlichkeitsgrundsatz sind jedoch zulässig, wenn das öffentliche Wohl oder berechtigte Interessen einzelner den Ausschluss der Öffentlichkeit erfordern. Dabei kann das Kommunalverfassungsrecht der Länder unterschiedliche Regelungen enthalten.[1846] Nach dem Kommunalverfassungsrecht der Länder beurteilt sich auch die Frage, in welchen Fällen eine **Befangenheit** der Ratsmitglieder anzunehmen ist und ob eine solche Befangenheit zur Unwirksamkeit des Beschlusses über den Bauleitplan führt.[1847] Für die Wirksamkeit des Flächennutzungsplans bzw. des Bebauungsplans ist bundesrechtlich lediglich ein ordnungsgemäßer abschließender Beschluss erforderlich. Auf das Vorhandensein oder die Wirksamkeit vorangehender Ratsbeschlüsse, die im Planaufstellungsverfahren nach dem BauGB nicht erforderlich sind, kommt es bundesrechtlich nicht an.[1848] Auch die Frage, ob bereits bei der fehlerhaften Mitwirkung eines Ratsmitgliedes der Beschluss über den Bauleitplan unwirksam ist oder dies erst dann angenommen werden muss, wenn die Stimmabgabe des befangenen Ratsmitgliedes den Ausschlag gegeben hat, beurteilt sich nach Landesrecht.[1849] Schreibt das Landesrecht vor, dass die Befangenheit nur dann erheblich ist, wenn die Stimmabgabe des befangenen Ratsmitgliedes ausschlaggebend war,[1850] so ist die Mitwirkung befangener Ratsmitglieder im Übrigen für die Wirksamkeit der Bauleitpläne ohne Bedeutung.[1851] Das *BVerwG* hat auch Bedenken geäußert, einer Mitwirkung von befangenen Ratsmitgliedern an vorbereitenden Beschlüssen oder informellen Abstimmungsgesprächen nach Landesrecht Bedeutung für die Wirksamkeit der Bauleitpläne beizumessen, wenn ein Einfluss dieser Mitwirkung befangener Ratsmitglieder auf das Abstimmungsverhalten in der Schlussabstimmung nicht belegt werden kann.[1852] Das befangene Ratsmitglied ist zwar für das gesamte Planaufstellungsverfahren von der Mit-

---

[1844] S. Rdn. 947.
[1845] *VGH Kassel*, Urt. v. 25. 2. 2004 – 3 N 1699/03 – NuR 2004, 397 = BauR 2004, 1046 – Lärmgutachten.
[1846] *BVerwG*, B. v. 15. 3. 1995 – 4 B 33.95 – ZfBR 1995, 149 – Vorkaufsrecht.
[1847] *OVG Koblenz*, Urt. v. 23. 4. 1998 – 1 C 10789/97 – Deutsche Verwaltungspraxis 1998, 433 = DÖV 1998, 1025 – früherer Grundstückseigentümer.
[1848] *BVerwG*, B. v. 14. 4. 1988 – 4 N 4.87 – BVerwGE 79, 200 = *Hoppe/Stüer* RzB Rdn. 193; *OVG Koblenz*, Urt. v. 30. 11. 1988 – 10 C 8/88 – NVwZ 1989, 674 = BauR 1989, 433 = StT 1989, 728.
[1849] § 18 GO BW; Art. 49 GO Bay; § 25 GO Nds; § 31 GO NW; § 22 GO Rh-Pf; § 27 KSVG.
[1850] Etwa Art. 49 III BayGO, § 31 VI GO NW.
[1851] *Löhr* in: Battis/Krautzberger/Löhr § 10 Rdn. 5.
[1852] *BVerwG*, B. v. 14. 4. 1988 – 4 N 4.87 – BVerwGE 79, 200 = *Hoppe/Stüer* RzB Rdn. 193.

wirkung ausgeschlossen. Für die Wirksamkeit der Bauleitplanung kommt es aber (bundesrechtlich) nur auf den abschließenden Beschluss an.[1853]

Hinweis: Nach vergleichbaren Grundsätzen muss beurteilt werden, ob **unwirksame Beschlüsse** eines vorberatenden und empfehlenden **Ausschusses** zur Unwirksamkeit des anschließenden Ratsbeschlusses führen. Haben etwa an einem Beschluss des Planungsausschusses Ratsmitglieder mitgewirkt, die nicht abstimmungsberechtigt waren, und ist deshalb der Ausschussbeschluss unwirksam, so beeinträchtigt dies die Wirksamkeit des abschließenden Ratsbeschlusses nicht, wenn der Ausschussbeschluss lediglich empfehlenden Charakter hat. Räumt das Kommunalverfassungsrecht dem Ausschuss ein Vorberatungs-, Vorschlags- und Empfehlungsrecht ein, so ist es Aufgabe des Ausschusses, davon in einer wirksamen Weise Gebrauch zu machen. Fehlerhafte Beschlussfassungen in den Ausschüssen hindern den Gemeinderat an einer Schlussentscheidung nicht, solange das Kommunalverfassungsrecht der Länder keine ausdrücklich andere Regelung trifft.

984 Das **befangene Ratsmitglied** muss seinen Platz im Ratsgremium räumen,[1854] darf allerdings bei öffentlichen Ratssitzungen im Zuhörerraum Platz nehmen.[1855] Ein bloßes Abrücken eines Stuhles reicht mithin grundsätzlich nicht aus, um den Erfordernissen des Mitwirkungsverbotes zu genügen.[1856] Die Effektivität des Mitwirkungsverbotes erfordert danach, dass das ausgeschlossene Ratsmitglied sich bei einer öffentlichen Sitzung in den Zuhörerraum begeben muss, weil erst durch eine solche räumliche Entfernung von seinem Ratssitz die sonst mögliche Einflussnahme hinreichend beseitigt ist. Über die Frage des Vorliegens eines Ausschlussgrundes entscheidet in Zweifelsfällen das Kollegialorgan, also der Gemeinderat oder der Bau- und Planungsausschuss. Werden Ratsmitglieder zu Unrecht wegen Befangenheit ausgeschlossen, so können sie sich in einem **Kommunalverfassungsstreitverfahren** vor den Verwaltungsgerichten gegen diesen Ausschluss wehren. Ein Ratsmitglied kann jedoch nicht mit Erfolg rügen, dass ein anderes Ratsmitglied wegen Befangenheit nicht ausgeschlossen worden ist. Denn auf die Nichtmitwirkung eines für befangen gehaltenen Ratsmitglieds besteht kein Rechtsanspruch.[1857] Bei der (erstmaligen) Aufstellung eines **Flächennutzungsplans** besteht ein **Mitwirkungsverbot** regelmäßig nicht. Bei der Änderung oder Ergänzung eines Flächennutzungsplans ist ein Mitwirkungsverbot aufgrund einer Befangenheit dann gegeben, wenn in einem klar abgrenzbaren Teil des Flächennutzungsplans die Möglichkeit eines unmittelbaren Vor- oder Nachteils besteht. Davon ist auszugehen, wenn das Ratsmitglied in dem Änderungsbereich Grundstücke oder grundstücksgleiche Rechte besitzt, die durch die Planung unmittelbar betroffen werden können. Dasselbe gilt für Rechtsinhaber von Grundstücken, die im unmittelbaren Einflussbereich solcher Planänderungen liegen.[1858]

985 Von der Mitwirkung bei der Aufstellung eines **Bebauungsplans** sind aufgrund einer **Befangenheit** Ratsmitglieder ausgeschlossen, die durch die Planung einen unmittelbaren Vor- oder Nachteil haben können. Davon wird regelmäßig auszugehen sein, wenn das Ratsmitglied Eigentümer eines Grundstücks im Plangebiet ist[1859] oder das Grundstück

---

[1853] S. Rdn. 858.
[1854] § 18 V GO BW; § 25 IV 2 GO Hess; § 26 V GO Nds; § 31 IV GO NW; § 22 III GO Rh-Pf; § 27 IV KSVG Saar; § 22 III 3 und 4 GO SH.
[1855] *OVG Münster*, Urt. v. 17. 12. 1976 – 15 A 1584/74 – DVBl. 1978, 150 = DÖV 1977, 797; *OVG Koblenz*, Urt. v. 3. 11. 1981 – 10 C 10/81 – NVwZ 1982, 204.
[1856] *OVG Koblenz*, Urt. v. 3. 11. 1991 – 10 C 10/81 – NVwZ 1982, 204.
[1857] *OVG Koblenz*, 7 A 19/84 – DVBl. 1985, 177 = NVwZ 1985, 283.
[1858] *OVG Münster*, Urt. v. 20. 2. 1979 – 15 A 809/78 – OVGE 34, 60 = NJW 1989, 2633 = BauR 1979, 477 – Flächennutzungsplan.
[1859] *OVG Münster*, Urt. v. 20. 9. 1983 – 7a NE 4/80 – NVwZ 1984, 667; Urt. v. 4. 12. 1987 – 10a NE 48/84 – NVwZ-RR 1988, 112 = DÖV 1988, 647; Urt. v. 21. 3. 1988 – 10a NE 14/86 – NVwZ-RR 1989, 113 = DÖV 1989, 27 – Einwirkungsbereich Plangebiet; *OVG Lüneburg*, Urt. v. 14. 9. 1971 – 1 C 1/70 – OVGE 27, 478 – benachbartes Grundeigentum; Urt. v. 27. 8. 1981 – 1 C 5/80 – OVGE 36, 443 = NVwZ 1982, 251 – Gesprächsteilnahme; Urt. v. 28. 10. 1982 – 1 C 12/81 – OVGE 1986, 279 = DÖV 1984, 262 = ZfBR 1983, 34; *VGH Mannheim*, Urt. v. 23. 4. 1970 – II 316/68 – ESVGH 20, 240;

im unmittelbaren Einwirkungsbereich des Plangebietes liegt.[1860] In den Niederschriften des Rates und der Ausschüsse soll ausdrücklich vermerkt werden, ob und wenn ja, welches Mitglied des Kollegialorgans wegen Befangenheit von der Beratung und Entscheidung ausgeschlossen worden ist.[1861]

Nach **Landesrecht** bestimmt sich auch das Erfordernis der **Öffentlichkeit der Ratssitzungen**. Der Grundsatz der Öffentlichkeit, der in allen Gemeindeordnungen und Kommunalverfassungen enthalten ist, steht in enger Verbindung mit dem **Demokratiegebot** in Art. 20, 28 I GG, das zu den grundlegenden Staatsorganisationsprinzipien gehört.[1862] Nach dem Verfassungsverständnis des GG kann demokratische Legitimation nur vermittelt werden, wenn die grundlegenden staatlichen Entscheidungen auf eine lückenlose demokratische Legitimationskette zurückgeführt werden können, die vom Bürger zu den staatlichen Funktionsträgern reicht. Das Demokratiegebot unterstellt damit über den Grundsatz der Sitzungsöffentlichkeit das staatliche Handeln der öffentlichen Kontrolle. Zugleich soll durch das Prinzip der Öffentlichkeit der Anschein vermieden werden, dass hinter verschlossenen Türen unsachliche Motive für die getroffene Entscheidung maßgeblich gewesen sein könnten. Die Unterrichtung der Öffentlichkeit ist daher grundsätzlich erst dann ausreichend, wenn sie dem Bürger die Teilnahme als Zuhörer eröffnet. Die Information der Öffentlichkeit über Zeit, Ort und Tagesordnung der Gemeinderatssitzung bestimmt sich nach Landesrecht (Gemeindeordnung, Hauptsatzung, Geschäftsordnung). Auch in einer Schule oder einer Bundeswehrkaserne durchgeführte Ratssitzungen können dem Erfordernis der Sitzungsöffentlichkeit entsprechen, wenn die Öffentlichkeit zugelassen ist.[1863] Für vorberatende Ausschüsse gilt der Grundsatz der Sitzungsöffentlichkeit jedoch nicht in gleichem Maße.[1864] Für die Ratssitzungen darf der Grundsatz der Sitzungsöffentlichkeit nach Landesrecht nur dann durchbrochen werden, wenn dies überwiegende schutzwürdige Individual- oder Gemeinwohlinteressen gebieten. Im Rahmen der Aufstellung der Bauleitplanung sind solche Voraussetzungen im Allgemeinen nicht gegeben. Allerdings dürfen persönliche Angelegenheiten eines Einwohners auch dann nicht zum Gegenstand öffentlicher Beratung gemacht werden, wenn der betroffene Einwohner damit einverstanden ist. Denn Zweck der vorgeschriebenen Nichtöffentlichkeit der Beratung in solchen Fällen ist es auch, den Ratsmitgliedern eine objektive und un-

---

Urt. v. 18. 7. 1973 – 2306/72 – ESVGH 24, 125; Urt. v. 26. 1. 1981 – 33071/78 – ESVGH 31, 156 – Geschäftsführer; Urt. v. 25. 10. 1983 – 3 S 1221/83 – ESVGH 34, 230 = BWVBl. 1985, 21; Urt. v. 20. 1. 1986 – 1 S 2009/85 – BWVBl. 1987, 24; Urt. v. 18. 11. 1986 – 5 S 1719/85 – NVwZ 1987, 1103 = DÖV 1987, 448 = BRS 46, Nr. 8 – irrige Annahme einer Befangenheit; Urt. v. 1. 7. 1991 – 8 S 1712/90 – NVwZ-RR 1992, 538 = BWPr. 1992, 140 – Bürgerinitiative; Urt. v. 5. 12. 1991 – 5 S 976/91 – NuR 1992, 335 = ZfBR 1992, 247 – Grünordnungsplan; Urt. v. 11. 10. 1994 – 5 S 3142/93 – NVwZ-RR 1995, 154 – betreute Seniorenwohnungen; *OVG Koblenz*, Urt. v. 21. 4. 1981 – 10 C 1/81 – AS 16, 263 – gestuftes Verfahren; Urt. v. 3. 11. 1981 – 10 C 10/81 – NVwZ 1982, 204; Urt. v. 7. 12. 1983 – 10 C 9/83 – NVwZ 1984, 670 – Bedienstete Kreisverwaltung; Urt. v. 1. 8. 1984 – 10 C 41/83 – NVwZ 1984, 817 – vorbereitende Sitzungen; Urt. v. 10. 10. 1984 – 10 C 20/84 – NVwZ 1985, 287 – befangener Bürgermeister; Urt. v. 20. 1. 1988 – 10 C 20/87 – NVwZ-RR 1988, 114 = BauR 1988, 325 – Verwaltungsrat Sparkasse; Urt. v. 30. 11. 1988 – 10 C 8/88 – NVwZ 1989, 674 = BauR 1989, 433 – Tierhaltung; Urt. v. 29. 11. 1989 – 10 C 18/89 – NVwZ-RR 1990, 271 = AS 22, 434 – Ortsbürgermeister.

[1860] *OVG Münster*, Urt. v. 21. 3. 1988 – 10a NE 14/86 – NVwZ-RR 1989, 113 – Bezirksvertretung.

[1861] *Rothe*, Bauleitplanung, Rdn. 149; zur Befangenheit von Landesbediensteten *Stüer* StuGR 1977, 169.

[1862] Zum Grundsatz der Sitzungsöffentlichkeit *VGH Mannheim*, Urt. v. 25. 6. 1969 – I 459/69 – ESVGH 19, 209 – Hausrecht; *OVG Münster*, Urt. v. 19. 12. 1978 – 15 A 1031/77 – OVGE 35, 8 = StT 1979, 528 – intraorganisatorische Mitgliedschaftsrechte; Urt. v. 5. 9. 1980 – 15 A 1684/79 – OVGE 35, 83; Urt. v. 20. 8. 1984 – 15 B 1727/84 – VR 1986, 393 – Zuleitung Sitzungsunterlagen.

[1863] *OVG Münster*, Urt. v. 21. 7. 1989 – 15 A 713/87 – NVwZ 1990, 186 = DVBl. 1990, 160 = DÖV 1990, 161.

[1864] *VGH München*, Urt. v. 17. 1. 1989 – 4 C 88. 1 823 – NVwZ-RR 1990, 53 = BayVBl. 1990, 53 – vorberatende Ausschüsse.

beeinflusste Amtsausübung bei solchen Angelegenheiten zu ermöglichen.[1865] Wird gegen einen landesrechtlich normierten Grundsatz der Öffentlichkeit der Ratssitzung verstoßen, so ist der Satzungsbeschluss zum Bebauungsplan rechtswidrig mit der Folge, dass der Bebauungsplan in aller Regel unwirksam oder sogar unwirksam ist.[1866] Dabei können die Gemeindeordnungen oder Kommunalverfassungen anordnen, dass bereits bei der Mitwirkung eines befangenen Ratsmitgliedes unabhängig von der Entscheidungserheblichkeit der Stimmabgabe der Ratsbeschluss unwirksam ist. Nach mehreren Gemeindeordnungen ist ein Ratsbeschluss nur unwirksam, wenn die Mitwirkung des befangenen Ratsmitgliedes den Ausschlag gegeben hat. Auch kann das Landesrecht vorsehen, dass die Mitwirkung eines wegen Befangenheit Betroffenen nach Beendigung der Abstimmung nur geltend gemacht werden kann, wenn die fehlerhafte Mitwirkung für das Abstimmungsergebnis entscheidend war. Die Gemeinde kann in Anwendung der nach **§ 214 IV BauGB** bestehenden **Heilungsmöglichkeiten** solche Fehler nach Landesrecht beheben und durch Wiederholen des nachfolgenden Verfahrens wirksam in Kraft setzen. Flächennutzungsplan und Bebauungsplan können in solchen Fällen auch mit Rückwirkung erneut in Kraft gesetzt werden.[1867] Auf die Einleitung und Durchführung eines solchen Heilungsverfahrens besteht allerdings kein Rechtsanspruch.[1868]

987 Bundesrecht steht nicht entgegen, wenn ein Gemeindeorgan, das für die Beschlussfassung über einen Bebauungsplan zuständig ist, die Prüfung einer näher umschriebenen Feststellung einem anderen Gemeindeorgan überträgt und von dem Ergebnis dieser Prüfung die Bekanntmachung des beschlossenen Bebauungsplans abhängig macht. Das gilt nicht, wenn die Prüfung und Bewertung des Prüfungsergebnisses nur im Rahmen der planerischen Abwägung sachgerecht stattfinden kann.[1869]

IX. Genehmigungsverfahren gem. §§ 6, 10 II BauGB

988 Der **Flächennutzungsplan** bedarf nach § 6 I BauGB der **Genehmigung** der höheren Verwaltungsbehörde. Die Genehmigung darf nur versagt werden, wenn der Flächennutzungsplan nicht ordnungsgemäß zustande gekommen ist oder Rechtsvorschriften widerspricht (§ 6 II BauGB). Die Aufstellung oder Änderung des Flächennutzungsplans bedarf daher einer Genehmigung. Als umfassender Dispositionsplan für das ganze Gemeindegebiet bildet der Flächennutzungsplan die bindende Grundlage für die nachfolgende Entwicklung von Bebauungsplänen durch die Gemeinde und für die Planungen der öffentlichen Planungsträger, soweit sie den Darstellungen des Flächennutzungsplans vor dem abschließenden Beschluss der Gemeinde nicht widersprochen haben (§ 7 BauGB). Der Flächennutzungsplan stellt sich daher als das Hauptinstrument der städtebaulichen Planung dar. Vor diesem Hintergrund rechtfertigt sich das Genehmigungserfordernis in § 6 BauGB. Während die Aufstellung, Änderung oder Ergänzung des Flächennutzungsplans genehmigungspflichtig sind, sind Bebauungspläne nur unter bestimmten Voraussetzungen genehmigungspflichtig. Selbstständige (§ 8 II 2 BauGB) und vorzeitige (§ 8 IV BauGB) Bebauungspläne unterliegen einem Genehmigungsverfahren durch die höhere Verwaltungsbehörde. Die **weitgehende Freistellung der Bebauungspläne** von der Genehmigungs- und Anzeigepflicht soll allerdings nicht dazu führen, dass strengere Anforderungen an die Genehmigung der Aufstellung des Flächennutzungsplans oder seiner Änderungen geknüpft werden.[1870]

[1865] *OVG Koblenz*, Urt. v. 2. 9. 1986 – 7 A 7/86 – DVBl. 1987, 147.
[1866] *OVG Münster*, Urt. v. 19. 12. 1978 – 15 A 1031/77 – OVGE 35, 8 = StT 1979, 528.
[1867] *Rothe* Rdn. 50; s. Rdn. 1164; *BVerwG*, B. v. 7. 4. 1997 – 4 B 64.97 – NVwZ-RR 1997, 515 = BauR 1997, 595 – Ausfertigungsmangel.
[1868] *BVerwG*, B. v. 9. 10. 1996 – 4 B 180.96 – DÖV 1997, 251 = UPR 1997, 102 – Plangewährleistung.
[1869] *BVerwG*, Urt. v. 19. 9. 2002 – 4 CN 1.02 – BVerwGE 117, 58 = DVBl. 2003, 204 = BauR 2003, 209.
[1870] *OVG Münster*, Urt. v. 11. 1. 1999 – 7 A 2377/96 – NuR 1999, 704 = BauR 2000, 62 – Landschaftsplan.

Mitwirkung der Genehmigungsbehörde

Genehmigungserfordernis
- Flächennutzungsplan: Aufstellung, Änderung oder Ergänzung
- Bebauungsplan: nicht aus dem Flächennutzungsplan entwickelt

Genehmigungsentscheidung
- Erteilung oder Versagung der Genehmigung innerhalb von 3 Monaten,
- Untätigkeit der Genehmigungsbehörde länger als 3 Monate: Fiktionswirkung

Anzeigeerfordernis
- auf landesrechtlicher Grundlage für nicht genehmigungspflichtige Bebauungspläne
- Genehmigungsbehörde kann Verletzungen von Rechtsvorschriften geltend machen oder eine gegenteilige Erklärung abgeben
- bei Untätigkeit der Genehmigungsbehörde: Fiktionswirkung

Bebauungspläne, die aus dem Flächennutzungsplan **entwickelt** sind, bedürfen grundsätzlich weder einer **Genehmigung** noch einer **Anzeige**. Das vormals bestehende Anzeigeverfahren ist bereits durch das BauROG 1998 abgeschafft worden (§ 10 II BauGB). Nur Bebauungspläne, die nicht aus dem Flächennutzungsplan entwickelt sind, sowie vorzeitige oder selbständige Bebauungspläne bedürfen einer Genehmigung. Im Übrigen sind die Bebauungspläne grundsätzlich genehmigungs- und anzeigefrei. Allerdings können die Länder nach § 246 Ia BauGB bestimmen, dass aus dem Flächennutzungsplan entwickelte Bebauungspläne und Innenbereichssatzungen vor ihrem In-Kraft-Treten der höheren Verwaltungsbehörde anzuzeigen sind, die innerhalb eines Monats zu reagieren hat. Genehmigungspflichtig sind danach Flächennutzungspläne einschließlich ihrer Änderungen und Ergänzungen im vereinfachten Verfahren nach § 13 BauGB, selbstständige Bebauungspläne nach § 8 II 2 BauGB, vorgezogene Bebauungspläne nach § 8 III 2 BauGB und vorzeitige Bebauungspläne (§ 8 IV BauGB). Genehmigungsfrei sind demgegenüber alle (auch vorhabenbezogenen) Bebauungspläne, die aus dem Flächennutzungsplan entwickelt worden sind einschließlich ihrer vereinfachten Änderungen gem. § 13 BauGB, Satzungen über die Veränderungssperre (§ 16 BauGB) einschließlich der erstmaligen und erneuten Verlängerung (§ 17 I, II BauGB), ein erneuter Beschluss über eine erneute Veränderungssperre (§ 17 III BauGB), Fremdenverkehrssatzungen (§ 22 BauGB), Vorkaufsrechtssatzungen (§ 25 BauGB), Klarstellungssatzungen (§ 34 IV 1 Nr. 1 BauGB), Entwicklungssatzungen (§ 34 IV 1 Nr. 2 BauGB), Ergänzungssatzungen, die aus dem Flächennutzungsplan entwickelt worden sind (§ 34 IV 1 Nr. 3 BauGB), Außenbereichssatzungen (§ 35 VI BauGB), Erschließungsbeitragssatzungen (§ 132 BauGB), Kostenerstattungssatzungen (§ 135 c BauGB), Sanierungssatzungen (§ 143 BauGB), Anpassungsgebietssatzungen (§ 170 BauGB) und Erhaltungssatzungen (§ 172 BauGB).[1871] Die Länder können allerdings für Bebauungspläne, die nicht der Genehmigung bedürfen, sowie Innenbereichs- (§ 34 IV 1 BauGB) und Außenbereichssatzungen (§ 35 VI BauGB) sowie Satzungen über Entwicklungsmaßnahmen (§ 165 BauGB) ein Anzeigeverfahren einführen.

[1871] Fachkommission „Städtebau" der ARGEBAU, Muster-Einführungserlass zum BauROG, S. 16.

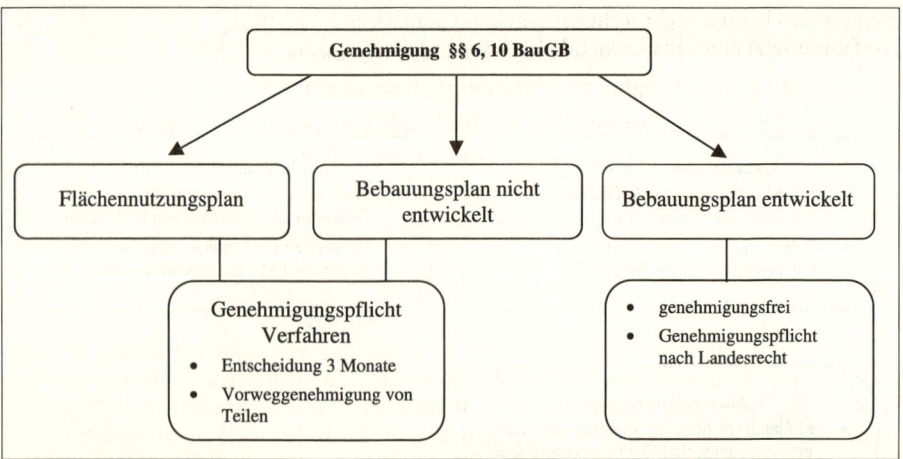

990 Bedarf der Flächennutzungsplan oder der Bebauungsplan der Genehmigung, hat die höhere Verwaltungsbehörde innerhalb von **drei Monaten** zu entscheiden (§ 6 IV 1 BauGB). Können Versagungsgründe nicht ausgeräumt werden, kann die höhere Verwaltungsbehörde räumliche oder sachliche Teile des Flächennutzungsplans von der Genehmigung ausnehmen (§ 6 III BauGB). Über die Genehmigung ist binnen drei Monaten zu entscheiden. Die höhere Verwaltungsbehörde kann räumliche und sachliche Teile des Flächennutzungsplans vorweg genehmigen. Aus wichtigen Gründen kann die Frist auf Antrag von der zuständigen Behörde bis zu weiteren drei Monaten verlängert werden. Die Gemeinde ist von der Fristverlängerung in Kenntnis zu setzen. Die Genehmigung gilt als erteilt, wenn sie nicht innerhalb der Frist unter Angabe von Gründen abgelehnt wird (§ 6 IV BauGB). Für die Genehmigung des Bebauungsplans und die des Flächennutzungsplans gelten einheitliche Grundsätze (§ 10 II BauGB).

991 Die Genehmigung des Flächennutzungsplans oder des Bebauungsplans setzt einen **förmlichen Antrag** der planenden Gemeinde voraus. Dem auf dem Dienstweg zu übersendenden Antrag sind folgende Unterlagen beizufügen: der formgerechte Flächennutzungsplan/Bebauungsplan in Urschrift mit den erforderlichen Ausfertigungen, die Begründung, die Stellungnahmen der Träger öffentlicher Belange, die (beglaubigten) Niederschriften der Gemeinderatsbeschlüsse zu den einzelnen Verfahrensabschnitten sowie die bei der Abwägung der Belange nicht berücksichtigten Stellungnahmen mit einer Stellungnahme der Gemeinde. Üblicherweise werden die gesamten Verfahrensakten dem Genehmigungs- oder dem ggf. auf landesrechtlicher Grundlage erforderlichen Anzeigevorgang beigefügt.

992 Die **Länder** können nach § 246 Ia BauGB bestimmen, dass Bebauungspläne und Satzungen nach den §§ 34 IV 1, 35 VI, 165 VI BauGB, vor ihrem In-Kraft-Treten der höheren Verwaltungsbehörde anzuzeigen sind. Dies gilt nicht für Bebauungspläne, die im vereinfachten Verfahren nach § 13 BauGB geändert oder ergänzt worden sind. Die Anzeigepflicht setzt eine entsprechende Regelung auf Länderebene voraus. Die höhere Verwaltungsbehörde hat die Verletzung von Rechtsvorschriften, die eine Versagung der Genehmigung nach § 6 II BauGB rechtfertigen würde, innerhalb eines Monats nach Eingang der Anzeige geltend zu machen. Der Bebauungsplan oder die Satzung dürfen nur in Kraft gesetzt werden, wenn die höhere Verwaltungsbehörde die Verletzung von Rechtsvorschriften nicht innerhalb eines Monats gerügt hat. Ist der Bebauungsplan lediglich anzuzeigen, hat die **höhere Verwaltungsbehörde** die **Verletzung von Rechtsvorschriften**, die eine Versagung der Genehmigung aus Rechtsgründen rechtfertigen würden, daher innerhalb eines **Monats** nach Eingang der Anzeige **zu rügen**. Der Bebauungsplan darf nur in Kraft gesetzt werden, wenn die höhere Verwaltungsbehörde die Verletzung von

4. Teil. Planaufstellungsverfahren

Rechtsvorschriften nicht rechtzeitig geltend gemacht hat (§ 246 Ia BauGB). Das Anzeigeverfahren setzt eine entsprechende landesrechtliche Regelung voraus.

1. Rechtskontrolle – keine Zweckmäßigkeitskontrolle

Da die Befugnis zur Aufstellung von Bauleitplänen zur Planungshoheit der Gemeinden gehört, ist die **Genehmigung** als **reine Rechtsaufsicht**, nicht als Fachaufsicht ausgestaltet (§§ 6 II, 10 III BauGB). Die Genehmigung kann daher nur versagt werden, wenn bei der Aufstellung der Bauleitplanung gegen Rechtsvorschriften verstoßen worden ist, nicht bereits dann, wenn sich die Planung aus der Sicht der Genehmigungsbehörde als unzweckmäßig erweist. Dies setzt dem Genehmigungsverfahren eine auf die Rechtskontrolle beschränkte Grenze. Dem Genehmigungs- bzw. dem auf landesrechtlicher Grundlage ggf. erforderlichen Anzeigeverfahren unterliegt daher die Prüfung, ob die Gemeinde bei Aufstellung, Änderung, Ergänzung oder Aufhebung der Bauleitpläne das dafür gesetzlich vorgeschriebene Verfahren eingehalten hat. Auch kann sich die Prüfung auf die Einhaltung des Abwägungsgebotes (§ 1 VII BauGB)[1872] und darauf beziehen, ob die allgemeinen Planungsgrundsätze, Planungsziele und -leitlinien etwa unter Beachtung der Grundsätze des § 1 V BauGB beachtet worden sind. Auch die Anpassung der Bauleitpläne an die Ziele der Raumordnung (§ 1 IV BauGB) gehört zu diesen rechtlichen Anforderungen, die im Genehmigungsverfahren überprüft werden können. Dabei hat die Genehmigungsbehörde aber den planerischen (autonomen) Gestaltungsraum der Gemeinde zu wahren.[1873]

Beispiel: Die Gemeinde hat durch Änderung des Flächennutzungsplans und Aufstellung eines Bebauungsplans neben einem Wohngebiet ein Industriegebiet geplant, ohne ausreichende Abstände zu wahren oder das Industriegebiet zu gliedern. Die höhere Verwaltungsbehörde kann die Genehmigung mit dem Hinweis auf die Nichteinhaltung des Abwägungsgebotes versagen. Die Gemeinde plant einen Verbrauchermarkt „auf der grünen Wiese", beachtet dabei aber entgegenstehende Ziele der Raumordnung nicht. Auch hier ist die Genehmigung wegen einer Nichtbeachtung des § 1 IV BauGB zu versagen. Der Bebauungsplan sieht für ein Kerngebiet eine Geschossflächenzahl von GFZ = 3,3 vor, um den Neubau eines Kaufhauses in der Innenstadt zu ermöglichen. Die hierfür sprechenden besonderen städtebaulichen Gründe und Abwägungsgesichtspunkte sind in der Begründung des Bebauungsplans im Einzelnen dargelegt (§ 17 II BauNVO). Die Genehmigungsbehörde darf zwar prüfen, ob die Darlegung der besonderen städtebaulichen Gründe überzeugend ist, nicht jedoch ihre Genehmigung deshalb versagen, weil sie den Kaufhausneubau an der vorgesehenen Stelle für unzweckmäßig hält. Aus denselben Gründen würde ein Bebauungsplan mit der Festsetzung einer GFZ von 3,3 auch in der Gerichtskontrolle Bestand haben.

Die **Kontrolle** des **Abwägungsgebotes** bezieht sich auf den Abwägungsvorgang und das Abwägungsergebnis. Aus Gründen eines fehlerhaften Abwägungsergebnisses darf dabei die Genehmigung nur versagt werden, wenn die Abwägung eindeutig unausgewogen erscheint oder Abwägungsgrundsätze nicht eingehalten sind, auf denen das Abwägungsergebnis beruht. Nicht ausreichend ist etwa für die Versagung der Genehmigung, dass eine andere, ebenfalls in Betracht kommende Lösung nach Auffassung der Genehmigungsbehörde besser ist. Auch darf die Genehmigungsbehörde die autonome Planungsentscheidung der Gemeinde nicht durch eigene Ermessenserwägungen ersetzen.

Die **Rechtskontrolle der Genehmigungsbehörde** ist allerdings durch die einschränkenden Wirksamkeitsvoraussetzungen in den **§§ 214, 215 BauGB nicht eingegrenzt**, wie sich aus § 216 BauGB ergibt. Dies gilt auch für die neuen Bundesländer.[1874] Danach bleibt die Verpflichtung der für das Genehmigungsverfahren zuständigen Behörde, die Einhaltung der Vorschriften zu prüfen, deren Verletzung sich nach den §§ 214, 215 BauGB

[1872] Zum Abwägungsgebot s. Rdn. 1195.
[1873] *Hoppe* in: *Hoppe/Bönker/Grotefels* § 5 Rdn. 91 ff.
[1874] Die nach § 246a I Nr. 4 S. 3 BauGB 1993 vormals bestehende eingeschränkte Prüfungsmöglichkeit der höheren Verwaltungsbehörde im Rahmen der Genehmigung ist durch das BauROG aufgehoben worden.

auf die Rechtswirksamkeit eines Flächennutzungsplans oder einer Satzung nicht auswirken, unberührt. Die einschränkenden Wirksamkeitsvoraussetzungen der §§ 214, 215 BauGB betreffen daher lediglich den Rechtsschutz der Bürger, nicht jedoch die weitergehenden Prüfungsaufgaben der höheren Verwaltungsbehörde in dem Genehmigungsbzw. auf landesrechtlicher Grundlage erforderlichen Anzeigeverfahren. Daneben können inhaltliche Mängel des Bauleitplans geprüft werden.

Hinweis: Bei bedeutsamen Planungsmaßnahmen wird eine informelle Vorabstimmung auch mit der Genehmigungsbehörde etwa im Rahmen der Beteiligung der Träger öffentlicher Belange zweckmäßig sein. Mögliche Genehmigungsschwierigkeiten können so vielfach frühzeitig erkannt und ggf. ausgeräumt werden. Die Genehmigungsbehörden nehmen ihre Beratungsaufgaben auch bei Klärung von Einzelfragen wahr.

996 Die **Entscheidung** über die Erteilung bzw. Versagung der Genehmigung zum Flächennutzungsplan nach § 6 II BauGB oder das Geltendmachen von Versagungsgründen nach § 10 III BauGB im Genehmigungsverfahren oder bei entsprechender landesrechtlicher Grundlage auch im Anzeigeverfahren zum Bebauungsplan ist als Regelung der Kommunalaufsicht für die Gemeinde ein **selbstständiger Verwaltungsakt**, der vor den Verwaltungsgerichten angefochten werden kann. Die Gemeinde kann bei versagter Genehmigung nach erfolglosem Widerspruchsverfahren gegen die höhere Verwaltungsbehörde eine Verpflichtungsklage erheben mit dem Inhalt, die Behörde zur Erteilung der Genehmigung zu verpflichten. Die Klage hat Erfolg, wenn der zur Genehmigung vorgelegte Bauleitplan ordnungsgemäß zustande gekommen ist, Rechtsvorschriften nicht widerspricht (§ 6 II BauGB) und die höhere Verwaltungsbehörde zur Genehmigung verpflichtet gewesen wäre. Entsprechendes gilt beim Anzeigeverfahren für einen aus dem gültigen Flächennutzungsplan entwickelten Bebauungsplan (§ 10 III BauGB), wenn das Anzeigeverfahren landesrechtlich angeordnet ist.

Beispiel: Die Gemeinde hat für ein Gebiet in der Nähe eines NATO-Bombenabwurfplatzes einen Bebauungsplan aufgestellt und dort Wohnbebauung ausgewiesen. Die höhere Verwaltungsbehörde versagt hierzu ihre Genehmigung mit der Begründung, dem Bombenabwurfplatz müssten entsprechende Erweiterungsmöglichkeiten zugestanden werden. Der Erfolg der gemeindlichen Verpflichtungsklage auf Erteilung der Genehmigung wird davon abhängen, ob die Wohnbebauung nach dem gegenwärtigen Flugbetrieb ausreichend geschützt ist und welche berechtigten Wünsche auf Erweiterung des Bombenabwurfplatzes in die Abwägung eingestellt werden müssen. Dabei wird auch von Bedeutung sein, welche Belange von dem Betreiber des Platzes im Planaufstellungsverfahren vorgetragen worden sind und ob der Bombenabwurfplatz die Vorrangregelung des § 37 II BauGB für sich in Anspruch nehmen kann.

997 Im **Verhältnis zum Bürger** ist das Genehmigungs- und Anzeigeverfahren Teil des Rechtsetzungsverfahrens und hat **keine Außenwirkung**. Rechtsmittel stehen dem Bürger nur gegen den Plan selbst, nicht jedoch gegen die Erteilung oder Versagung der Genehmigung oder entsprechender Rechtsakte im Anzeigeverfahren zu.[1875]

Beispiel: Die höhere Verwaltungsbehörde versagt eine Genehmigung für die Änderung eines Bebauungsplans, der ein großes Freizeit- und Erholungszentrum ausweist. Der Eigentümer, der nach der geänderten Planung bauen möchte, hat keinen Rechtsanspruch darauf, dass eine Genehmigung zu der Planänderung erteilt wird. Die Gemeinde kann demgegenüber gegen die höhere Verwaltungsbehörde eine Verpflichtungsklage auf Erteilung der Genehmigung erheben. Der Erfolg der Klage wird davon abhängen, ob bei der Änderung des Bebauungsplans Rechtsvorschriften verletzt worden sind.

998 Zuständig für die **Erteilung** der **Genehmigung** ist die höhere Verwaltungsbehörde. Dies ist in den meisten Ländern der Regierungspräsident oder die Bezirksregierung, für kreisangehörige Gemeinden auch der Landrat oder Oberkreisdirektor, in den Ländern ohne Mittelinstanz – wie in einigen neuen Bundesländern oder in Niedersachsen –

[1875] *Bielenberg* in: Ernst/Zinkahn/Bielenberg/Krautzberger § 6 Rdn. 24.

4. Teil. Planaufstellungsverfahren

ein Ministerium der Landesregierung oder andere Behörden. Die Länder haben dabei nach § 203 III BauGB die Befugnis, die den höheren Verwaltungsbehörden zugewiesenen Aufgaben auf andere staatliche Behörden, Landkreise oder kreisfreie Gemeinden zu übertragen. Hiervon haben die Länder auch vielfach Gebrauch gemacht.[1876]

2. Genehmigungsverfahren und Genehmigungsentscheidung

Nach dem **Beschluss** über den Bauleitplan **leitet** die **Gemeinde** im Falle des Genehmigungs- oder Anzeigeerfordernisses den Plan mit den im Aufstellungsverfahren nicht berücksichtigten Stellungnahmen sowie einer Stellungnahme hierzu der **höheren Verwaltungsbehörde auf dem Dienstwege** zu. Kreisangehörige Gemeinden haben daher den Plan und die Unterlagen über den Kreis vorzulegen. Es ist dabei üblich, sämtliche Verwaltungsvorgänge über die Aufstellung des Bauleitplans der Genehmigungsbehörde zuzuleiten. Wird über die Genehmigung nicht innerhalb von drei Monaten entschieden und ist eine Verlängerung der Genehmigungsfrist nicht eingeräumt worden, so gilt die Genehmigung als erteilt (§ 6 IV 4 BauGB). Im Falle des landesrechtlich angeordneten Anzeigeverfahrens (§ 246 Ia BauGB) ist die Verletzung von Rechtsvorschriften von der Aufsichtsbehörde innerhalb eines Monats geltend zu machen.

Die **Dreimonatsfrist** beginnt mit dem Eingang der vollständigen Planunterlagen und des Genehmigungsantrags bei der höheren Verwaltungsbehörde. Die Frist, die der Antrag für den Dienstweg benötigt, ist dabei nicht mitzurechnen. Die **Genehmigungsfiktion** tritt für die nicht genehmigten Teile auch ein, wenn die Genehmigungsbehörde sachliche oder räumliche Teile des Bauleitplans gem. § 6 IV 1 BauGB vorweg genehmigt. Die Vorweggenehmigung hat daher nach Einführung der **Genehmigungsfiktion** eine geringere Bedeutung. Die Genehmigungsbehörde hat allerdings in solchen Fällen nach § 6 III BauGB die Möglichkeit, räumliche oder sachliche Teile des Bauleitplans von der Genehmigung auszunehmen, wenn Versagungsgründe nicht ausgeräumt werden können. Für die von der Genehmigung ausgenommenen Teile gilt die Genehmigungsfiktion des § 6 IV BauGB nicht. Dabei kann die Genehmigungsbehörde auch ohne Antrag der Gemeinde selbstständig über eine Teilgenehmigung nach § 6 III BauGB entscheiden. Auch nach der Vorgängervorschrift des § 6 III 2 BBauG 1979, wonach die Teilgenehmigung einen Antrag der Gemeinde voraussetzte, war hierfür ein Ratsbeschluss nicht erforderlich.[1877]

Wird ein **Teil eines Flächennutzungsplans** von der **Genehmigung** nach § 6 III BauGB **ausgenommen**, so bleibt die Gemeinde weiterhin verpflichtet, für das ganze Gemeindegebiet einen Flächennutzungsplan zu verabschieden (§ 5 I BauGB). Kommt die Gemeinde dieser Verpflichtung nicht nach, können ggf. Mittel der Kommunalaufsicht ergriffen werden. In der aufsichtlichen Praxis wird sich dies allerdings kaum durchsetzen lassen. Das Ausnehmen von räumlichen oder sachlichen Teilen setzt voraus, dass der genehmigte Teil auch ohne die ausgenommenen Teile Bestand haben kann. Daran fehlt es, wenn in dem nicht genehmigungsfähigen Teil des Bauleitplans Probleme liegen, die auf den anderen Teil ausstrahlen.

Beispiel: Die Gemeinde legt einen Bebauungsplan vor, der eine Umgestaltung der Innenstadt vorsieht. Zugleich soll eine neue Erschließungsstraße das gesamte Plangebiet durchziehen. Ergeben sich in einem Teilbereich Probleme hinsichtlich der Führung der Straße oder hinsichtlich nicht bewältigter Lärmimmissionen auf ein benachbartes Wohngebiet und hängt davon der Bau der Erschließungsstraße überhaupt ab, so müssen diese Probleme zunächst gelöst werden. Eine Herausnahme eines Teils des Bebauungsplans ist dann nicht zulässig.

Wird allerdings trotz übergreifender Probleme ein **Teil** des **Planes genehmigt** und der andere Teil von der Genehmigung nach § 6 III BauGB ausgenommen, so wird der Bau-

---

[1876] *Löhr* in: Battis/Krautzberger/Löhr § 6 Rdn. 6.
[1877] *BVerwG*, B. v. 3. 10. 1984 – 4 N 1 und 2.84 – NVwZ 1985, 487 = DVBl. 1985, 387 = *Hoppe/Stüer* RzB Rdn. 849 – Beitrittsbeschluss.

leitplan insgesamt wirksam, wenn für den zunächst ausgenommenen Teil später eine genehmigungsfähige Lösung vorgelegt und daher auch dieser Teil genehmigt wird. Ob sich der zunächst ausgenommene Teil auf den anderen Teil hätte auswirken können, ist dann unerheblich.[1878] Das *BVerwG* stellt hier darauf ab, dass das Gesamtergebnis der Planung hätte genehmigt werden können. Die Verletzung des Grundsatzes, dass eine Genehmigung unter Herausnahme eines Teilbereichs des Bauleitplans nur dann erteilt werden darf, wenn sich keine übergreifenden Probleme ergeben, wird als reine Ordnungsvorschrift betrachtet, deren Verletzung dann keine Bedeutung hat, wenn der Plan im Ergebnis materiell genehmigungsfähig ist.

Beispiel: Die Genehmigungsbehörde nimmt aus dem Bebauungsplan der Gemeinde zunächst einen Teil der Erschließungsstraße aus, obwohl der Bebauungsplan wegen übergreifender Probleme nicht hätte genehmigt werden dürfen. Im weiteren Planungsverfahren gelingt ohne Auswirkungen auf den bereits vorab genehmigten Teil eine sachgerechte Verkehrsführung, so dass auch der zunächst ausgenommene Teil genehmigt werden kann. Die Genehmigung ist damit insgesamt wirksam geworden, obwohl sie wegen der noch ungelösten Probleme in einem Teilbereich des Plans zunächst schwebend unwirksam war.

1003   Im Rahmen der Genehmigungsentscheidung findet eine **Rechtskontrolle** statt. Zweckmäßigkeitsgesichtspunkte sind nicht zu prüfen. Die Genehmigung eines Bauleitplans darf nicht versagt werden, sondern muss mit einer klarstellenden Maßgabe erteilt werden, wenn das von der planenden Gemeinde Gewollte zwar im Plan keinen Niederschlag gefunden hat, das Planungsziel sich jedoch aus den Aufstellungsvorgängen mit hinreichender Sicherheit erkennen lässt.[1879] Denn aus dem Übermaßverbot kann sich ergeben, dass die Genehmigungsbehörde statt zur Versagung der Genehmigung zu ihrer Erteilung unter Auflagen verpflichtet ist.[1880] Eine solche Verpflichtung besteht namentlich dann, wenn die „Auflage" lediglich in einer Klarstellung des vom Plangeber Gewollten besteht, insbesondere wenn es sich um eine redaktionelle Ergänzung handelt, für die nicht einmal ein Beitrittsbeschluss der Gemeinde erforderlich wäre.[1881]

1004   Nach § 36 I VwVfG kann die **Genehmigung** mit **Auflagen**, aber auch aufschiebenden **Bedingungen** versehen werden. Bei einer Auflage ist die Genehmigung zwar sofort wirksam, die Gemeinde ist aber verpflichtet, das in der Auflage beschriebene Tun, Dulden oder Unterlassen vorzunehmen. Bei der aufschiebenden Bedingung ist die Wirksamkeit der Genehmigung von der Erfüllung der Bedingung abhängig. Solche Bedingungen und Auflagen sind aber nur dann zulässig, wenn sie sich mit der Funktion der Genehmigung als einer im Grundsatz nachträglichen Rechtskontrolle vereinbaren lassen. Genügen etwa die Grundzüge des Bauleitplans den rechtlichen Anforderungen nicht oder weist der Plan schwere formale oder inhaltliche Mängel auf, kann die Genehmigung nur insgesamt versagt werden.

1005   Bei der **Erfüllung** der **Auflage** oder der **aufschiebenden Bedingung** hat die Gemeinde das Verfahren einzuhalten, das für eine entsprechende Planänderung während der Planaufstellung zu beachten wäre. Bei Änderungen oder Ergänzungen des Bauleitplans ist eine erneute förmliche Öffentlichkeitsbeteiligung mit Offenlegung des Planes durchzuführen oder ein eingeschränktes Öffentlichkeitsbeteiligungsverfahren nach den §§ 4a III BauGB vorzusehen. Soll der Bauleitplan aufgrund der Auflage inhaltlich geändert werden, hat die Gemeinde über die nach der Auflage zu ändernden oder zu ergänzenden Teile einen erneuten Beschluss (**Beitrittsbeschluss**) zu fassen. Das gilt nicht nur für das Genehmigungs- sondern auch für das Anzeigeverfahren, soweit die Länder dies für aus dem Flächennutzungsplan entwickelte Bebauungspläne nach § 246 Ia BauGB eingeführt ha-

---

[1878] *BVerwG*, B. v. 3. 10. 1984 – 4 N 1 und 2.84 – NVwZ 1985, 487 = DVBl. 1985, 387 = *Hoppe/Stüer* RzB Rdn. 849 – Beitrittsbeschluss; *Stüer* DVBl. 1985, 469.
[1879] *BVerwG*, Urt. v. 18. 2. 1994 – 4 C 4.94 – BVerwGE 95, 123 = *Hoppe/Stüer* RzB Rdn. 934.
[1880] *BVerwG*, B. v. 26. 7. 1972 – 4 B 49.72 – Buchholz 406.11 § 6 BBauG Nr. 2.
[1881] *BVerwG*, B. v. 14. 8. 1989 – 4 NB 24.88 – Buchholz 406.11 § 11 BBauG/BauGB Nr. 5.

ben. Insoweit steht das Anzeigeverfahren dem Genehmigungsverfahren gleich.[1882] Ohne einen solchen Beitrittsbeschluss kann der Bauleitplan bei solchen Auflagen oder Bedingungen nicht wirksam werden. Ein vorgezogener Beitrittsbeschluss der Gemeinde ist allerdings zulässig, wenn er sich inhaltlich konkret auf eine bereits erwartete Maßgabe der Genehmigungsbehörde bezieht und wenn er seinerseits dem Abwägungsgebot genügt. Mit dem Abwägungsgebot möglicherweise unvereinbar wäre es jedoch, wenn der Gemeinderat einen vorgezogenen Blanko-Beitrittsbeschluss für alle eventuellen Beanstandungsfälle erteilen würde.[1883]

Wird ein Bebauungsplan mit seinem von der Gemeinde beschlossenen Inhalt nicht genehmigt und ist der unter Auflagen genehmigte Plan von der Gemeinde vor der Bekanntmachung der Genehmigung des Plans so nicht beschlossen worden (**fehlender Beitrittsbeschluss**), so kann ein solcher Bebauungsplan nicht wirksam werden. Die Gemeinde muss sich Maßgaben und Einschränkungen in der Genehmigung, die sich auf den Inhalt des Bebauungsplans beziehen, vielmehr durch einen erneuten Satzungsbeschluss zu Eigen machen.[1884]

Bei allerdings **nur formellen** oder **redaktionellen Änderungen** oder **Klarstellungen** ohne Einfluss auf den Inhalt des Plans in der Genehmigung durch die höhere Verwaltungsbehörde ist kein erneutes Beteiligungsverfahren und auch **kein Beitrittsbeschluss** des Gemeinderates erforderlich.[1885]

Beispiel: Durch die Auflage soll ein von der Gemeinde gewähltes Planzeichen durch die Planzeichen der PlanzeichenVO ersetzt werden.[1886] Gibt die Genehmigungsbehörde der Gemeinde einen bestimmten zeitlichen Rahmen für die Durchführung der Sanierungsmaßnahme vor, so liegt hierin ebenfalls grundsätzlich keine den gemeindlichen Satzungsbeschluss modifizierende Auflage.[1887] Beziehen sich die zu ändernden Festsetzungen aber etwa auf höhere Immissionsschutzauflagen, die einem Gewerbebetrieb zum Schutz der angrenzenden Wohnnachbarschaft auferlegt werden, oder muss etwa die Gliederung eines Gewerbegebietes dem Abstandserlass[1888] angepasst werden, so sind dies mehr als geringfügige Änderungen, die – wenn die Grundzüge der Planung nicht betroffen werden – eine eingeschränkte Betroffenenbeteiligung nach den §§ 4a III BauGB erfordern. Nach Durchführung der Beteiligung sind die eingegangenen Stellungnahmen in die Abwägung einzustellen. Das Ergebnis der Prüfung ist den Beteiligten mitzuteilen. Die Gemeinde hat sodann, wenn sie der Auflage folgen will, auf dieser Grundlage einen Beitrittsbeschluss zu fassen.

Die **Genehmigungsbehörde** ist allerdings **nicht** in der Lage, eine unterbliebene oder unvollständige Abwägung durch eigene Ermittlungen und Bewertungen zu **ersetzen**. Vielmehr ist eine solche Nachbesserung der Gemeinde ggf. einem erneuten Offenlegungs- und Abwägungsverfahren vorbehalten (§ 4a III BauGB).[1889] Die Gemeinde

---

[1882] *BVerwG*, B. v. 25. 2. 1997 – 4 NB 30.96 – NVwZ 1997, 896 = BauR 1997, 603 – Dachgeschosszahl-Festsetzung.
[1883] *BVerwG*, B. v. 3. 7. 1995 – 4 NB 7.95 – NVwZ-RR 1995, 687 = NVwZ 1996, 374 = UPR 1995, 397 – Beitrittsbeschluss.
[1884] *BVerwG*, Urt. v. 5. 12. 1986 – 4 C 31.85 – BVerwGE 75, 262 = NJW 1987, 1346 = DVBl. 1987, 486 = *Hoppe/Stüer* RzB Rdn. 211; Urt. v. 10. 8. 1990 – 4 C 3.90 – BVerwGE 85, 289 = DVBl. 1990, 1182 = BauR 1991, 51 = *Hoppe/Stüer* RzB Rdn. 138 – Bebauungsplanersetzung.
[1885] *BVerwG*, B. v. 14. 8. 1989 – 4 NB 24.88 – DVBl. 1989, 1105 = ZfBR 1989, 264 = *Hoppe/Stüer* RzB Rdn. 84.
[1886] Zum Umfang der Bindung der Gemeinde an die PlanzV *BVerwG*, B. v. 25. 10. 1996 – 4 NB 28.96 – Buchholz 406.11 § 9 BauGB Nr. 81 – öffentliche Grünfläche.
[1887] *BVerwG*, B. v. 3. 5. 1993 – 4 NB 15.93 – NVwZ-RR 1994, 9 = DÖV 1993, 921 = *Hoppe/Stüer* RzB Rdn. 817.
[1888] RdErl. des Ministers für Umwelt, Raumordnung und Landwirtschaft, Abstände zwischen Industrie- und Gewerbegebieten und Wohngebieten im Rahmen der Bauleitplanung und sonstige für den Immissionsschutz bedeutsame Abstände (Abstandserlass), v. 2. 4. 1998 (MBl. NW S. 744/ SMBl. NW 283); *Stüer*, Bau- und Fachplanungsgesetze 1999, S. 675; *Fickert/Fieseler* Anh. 9.
[1889] *BVerwG*, B. v. 14. 8. 1989 – 4 NB 24.88 – DVBl. 1989, 1105 = ZfBR 1989, 264 = *Hoppe/Stüer* RzB Rdn. 84 – Beitrittsbeschluss.

wird von ihrer Verpflichtung, sich im Verfahren zur Aufstellung eines Bebauungsplans selbst Gewissheit über die abwägungserheblichen Belange zu verschaffen, grundsätzlich weder durch zustimmende Stellungnahmen der am Planverfahren beteiligten Fachbehörden oder Träger öffentlicher Belange zum Planentwurf noch durch die Genehmigung des Plans durch die höhere Verwaltungsbehörde entbunden.

1009 Ist die **Genehmigung** erteilt, so kann sie von der höheren Verwaltungsbehörde **nicht** nach Bekanntmachung des Plans später wieder **zurückgenommen** werden. Die Genehmigung ist Teil des Rechtsetzungsverfahrens und kann daher nicht isoliert von dem Satzungsverfahren betrachtet werden. Die höhere Verwaltungsbehörde ist als Genehmigungsbehörde jedoch berechtigt, in einem Normenkontrollverfahren die Wirksamkeit des Bebauungsplans überprüfen zu lassen (§ 47 II VwGO).

3. Anzeigeverfahren nur nach Maßgabe des Landesrechts

1010 Bebauungspläne, die aus einem Flächennutzungsplan entwickelt worden sind, bedürfen weder einer Genehmigung noch einer Anzeige, wenn nicht das Landesrecht das nach Maßgabe des § 246 Ia BauGB vorsieht. Ein Anzeigeverfahren setzt also eine entsprechende landesrechtliche Regelung voraus. Der **Unterschied** zum **Genehmigungsverfahren** besteht darin, dass beim Anzeigeverfahren anders als grundsätzlich beim Genehmigungsverfahren eine positive Mitwirkung der höheren Verwaltungsbehörde nicht erforderlich ist. Es genügt vielmehr deren Untätigbleiben gegenüber der Gemeinde, die das Anzeigeverfahren eingeleitet hat. Mit Ablauf der Monatsfrist kann sie den Bebauungsplan nach § 10 III BauGB bekannt machen und damit in Kraft setzen. Im praktischen Ergebnis entspricht die Regelung des Anzeigeverfahrens daher der Fiktion des Genehmigungsverfahrens, die nach § 6 IV 4 BauGB drei Monate nach Eingang des Genehmigungsantrags bei der höheren Verwaltungsbehörde eintritt. Mit dem durch das BauGB 1986 eingeführten Anzeigeverfahren sollte den Gemeinden eine größere Handlungsfreiheit mit dem Ziel der Stärkung der kommunalen Selbstverwaltung eingeräumt werden. Dies konnte im Hinblick auf die Wahrung der Kontrollbefugnisse der höheren Verwaltungsbehörde jedoch nur bedingt gelingen. Auch beim Anzeigeverfahren hat die höhere Verwaltungsbehörde innerhalb eines Monats die Möglichkeit, die Wirksamkeit des angezeigten Bebauungsplans zu prüfen und rechtliche Bedenken mit bindender Wirkung für die Gemeinde geltend zu machen. In der Sache besteht daher zu einem Genehmigungsverfahren, bei dem innerhalb von drei Monaten bei Nichttätigwerden der Genehmigungsbehörde eine Fiktion der Genehmigung eintritt, kein wesentlicher Unterschied. Der Umfang der Rechtskontrolle und die Eingriffsbefugnisse der höheren Verwaltungsbehörde haben sich dadurch nicht geändert. Auch mit dem Anzeigeverfahren ist vielmehr eine uneingeschränkte Rechtskontrolle der höheren Verwaltungsbehörde gegeben.[1890] Dies alles setzt allerdings voraus, dass das Land eine entsprechende Anzeigepflicht für aus dem Flächennutzungsplan entwickelte Bebauungspläne, die nicht genehmigungspflichtig sind, Innenbereichssatzungen nach § 34 IV BauGB, Außenbereichssatzungen nach § 35 VI BauGB und Entwicklungsbereichssatzungen nach § 165 VI BauGB vorsieht.

1011 Macht die **höhere Verwaltungsbehörde rechtzeitig** die **Verletzung** von **Rechtsvorschriften** geltend, darf der Bebauungsplan nicht durch Schlussbekanntmachung in Kraft gesetzt werden. Die Gemeinde kann im Falle des Anzeigeerfordernisses gegen das Veto der höheren Verwaltungsbehörde Anfechtungsklage erheben, da durch das Geltendmachen von Rechtsverstößen durch die Aufsichtsbehörde die Bekanntmachung und das In-Kraft-Treten des Bebauungsplans unterbunden wird und die Gemeinde hierdurch bei rechtswidrigem Verhalten der höheren Verwaltungsbehörde in ihren Selbstverwaltungsrechten verletzt ist.

1012 Besondere Regelungen sah der durch das BauROG 1998 aufgehobene **§ 2 V BauGB-MaßnG** für Bebauungspläne vor, die einem **dringenden Wohnbedarf** dienen sollten. War

---

[1890] *Löhr* in: Battis/Krautzberger/Löhr § 11 Rdn. 4.

in der Anzeige erklärt worden, dass der Bebauungsplan der Deckung eines dringenden Wohnbedürfnisses diente, verkürzte sich die **Frist** für die Geltendmachung von Rechtsverletzungen auf **einen Monat** (§ 2 V BauGB-MaßnG). Die Frist konnte – abweichend von § 4 IV 2 BauGB – um höchstens zwei Monate verlängert werden und damit höchstens drei Monate betragen. Dabei war für die Rechtswirksamkeit des Bebauungsplans unbeachtlich, ob die Voraussetzungen eines dringenden Wohnbedarfs von der Gemeinde nicht richtig beurteilt worden waren (§ 9 I BauGB-MaßnG) oder ob eine Verlängerung dieser Frist im Anzeigeverfahren nicht erfolgt war (§ 9 II Nr. 3 BauGB-MaßnG).

Im Unterschied zur Genehmigung kann das **Geltendmachen** von **Verletzungen** von Rechtsvorschriften nicht mit Auflagen, wohl aber mit **auflösenden Bedingungen** verbunden werden.

Beispiel: Die höhere Verwaltungsbehörde erklärt im Anzeigeverfahren, dass der Bebauungsplan für ein durch Verkehrslärm betroffenes Grundstück keine ausreichenden aktiven Schallschutzmaßnahmen vorsieht, die Bedenken aber bei Anordnung eines entsprechenden Schallschutzes entfallen. Hier hat die Gemeinde die Möglichkeit, ggf. nach Durchführung eines eingeschränkten Beteiligungsverfahrens nach den §§ 4a III BauGB entsprechende Festsetzungen in den Bebauungsplan aufzunehmen und den Plan durch die Schlussbekanntmachung in Kraft zu setzen.[1891]

Der Wegfall der Genehmigungs- und Anzeigepflicht schließt das Einschreiten der **Kommunalaufsichtsbehörde** nicht aus, wenn der Bebauungsplan aus ihrer Sicht rechtswidrig ist. Dies setzt allerdings eine Verletzung zwingender Rechtsvorschriften voraus. Ist etwa ein aus einem Flächennutzungsplan entwickelter Bebauungsplan aus anderen Gründen rechtswidrig, so kann die Kommunalaufsicht dies auf landesrechtlicher Grundlage zum Anlass nehmen, die Entscheidung des Rates aufzuheben.[1892]

Bis zum In-Kraft-Treten des BauROG 1998 war in § 246a I Nr. 4 BauGB 1993 entsprechend den Regelungen des Einigungsvertrages für das Gebiet der **neuen Bundesländer** eine Genehmigungsnotwendigkeit der Bauleitplanung vorgesehen. Ein **Anzeigeverfahren** war demgegenüber in den neuen Bundesländern nicht vorgesehen.[1893] Satzungen, die in den alten Bundesländern nicht genehmigungs- oder anzeigepflichtig waren, unterlagen auch in den neuen Bundesländern seit dem InvWoBauIG 1993 keiner Genehmigung oder Anzeige (vgl. § 246a I Nr. 4 BauGB 1993). Weder genehmigungs- noch anzeigepflichtig waren danach Satzungen zur Veränderungssperre nach § 16 BauGB, über das Vorkaufsrecht nach § 25 BauGB, über Erschließungsbeiträge nach § 132 BauGB und über Erhaltungsgebiete nach § 172 BauGB.[1894]

X. Schlussbekanntmachung

Hat die Gemeinde den genehmigten Bauleitplan von der höheren Verwaltungsbehörde mit der erteilten Genehmigung zurückerhalten oder ist ein Genehmigungsverfahren nicht erforderlich, so hat die Gemeinde die Genehmigung, den Beschluss über den Bebauungsplan bzw. nach Maßgabe des Landesrechts (§ 246 Ia BauGB) die Durchführung des Anzeigeverfahrens nach den §§ 6 V 1, 10 BauGB **öffentlich bekannt zu machen**. Der Bebauungsplan ist mit der Begründung zu jedermanns Einsicht bereitzuhalten; über den Inhalt ist auf Verlangen Auskunft zu geben. In der Bekanntmachung ist darauf hinzuwei-

---

[1891] Zur Zulässigkeit von Festsetzungen für Schallschutzmaßnahmen *BVerwG*, Urt. v. 22. 5. 1987 – 4 C 33–35.83 – BVerwGE 77, 285 = NJW 1987, 2886 = DVBl. 1987, 907 = *Hoppe/Stüer* RzB Rdn. 120 – Meersburg; B. v. 7. 9. 1988 – 4 N 1.87 – BVerwGE 80, 184 = NJW 1989, 467 = NVwZ 1989, 251 – Schallschutzfenster; B. v. 18. 12. 1990 – 4 N 6.88 – DVBl. 1991, 442 = UPR 1991, 151 = *Hoppe/Stüer* RzB Rdn. 179.
[1892] Zum kommunalaufsichtlichen Einschreiten zur Erfüllung von Planungspflichten der Gemeinde *BVerwG*, Urt. v. 17. 9. 2003 – 4 C 14.01 – BVerwGE 119, 25 = DVBl. 2004, 239 = NVwZ 2004, 220 – Mülheim-Kärlich.
[1893] Zu weiteren Einzelheiten *Bielenberg* DVBl. 1990, 1314; *Stüer* DVBl. 1992, 266.
[1894] *Krautzberger/Runkel* DVBl. 1993, 457.

sen, wo der Bebauungsplan eingesehen werden kann. Mit der Bekanntmachung wird der Flächennutzungsplan wirksam (§ 6 V 1 BauGB). Der Bebauungsplan tritt damit in Kraft (§ 10 III 4 BauGB). Der Bebauungsplan ist entsprechend auszufertigen.[1895] Das BauGB beschränkt sich hier auf rechtsstaatliche Mindestanforderungen. Die **Ausfertigung** muss der ortsüblichen Bekanntmachung, nicht jedoch der Genehmigung vorausgehen.[1896] Die Wirksamkeit einer vor der ortsüblichen Bekanntmachung eines Bebauungsplans erteilten Ausfertigung wird durch einen nach Bekanntmachung nochmals auf dem Plan angebrachten Authentizitätsvermerk nicht berührt.[1897] Auch Änderungen des ausgefertigten Bebauungsplans müssen ausgefertigt werden.[1898] Eine Verkündung von Rechtsnormen ist durch das Rechtsstaatsprinzip gefordert. Hierdurch soll gewährleistet werden, dass die Rechtsvorschriften der Öffentlichkeit in einer Weise förmlich zugänglich gemacht werden, die es den Betroffenen ermöglicht, sich verlässlich Kenntnis von ihrem Inhalt zu verschaffen. Welche Anforderungen im Einzelnen an die Verkündung zu stellen sind, richtet sich nach den jeweils geltenden Rechtsvorschriften. Denn das Rechtsstaatsprinzip enthält keine in allen Einzelheiten eindeutig bestimmten Gebote und Verbote. Es bedarf vielmehr der Konkretisierung je nach den sachlichen Gegebenheiten. Das Rechtsstaatsprinzip schließt bei Rechtsnormen, die nicht nur aus einem textlichen Teil bestehen, sondern auch zeichnerische Darstellungen umfassen, eine Ersatzbekanntmachung nicht aus, wenn hierdurch die Möglichkeit, sich verlässlich Kenntnis vom Norminhalt zu verschaffen, nicht in unzumutbarer Weise erschwert wird.[1899] Gerade bei Planwerken ist auch eine Ersatzbekanntmachung in dem Sinne zulässig, dass auf Einsichtsmöglichkeiten bei der Gemeinde oder anderen Stellen verwiesen wird.[1900] Es reicht insoweit eine Hinweisfunktion aus, die auch dann bestehen kann, wenn sich gewisse Unstimmigkeiten in dem Bekanntmachungstext ergeben.[1901] Der Hinweiszweck einer Bekanntmachung kann nur erfüllt sein, wenn der Plan auch tatsächlich bekannt gemacht worden ist.[1902]

1017 Welche Anforderungen im Einzelnen an die Ausfertigung zu stellen sind, richtet sich nach **Landesrecht**. Das gilt auch für die Folgen, die sich aus Fehlern bei der Ausfertigung ergeben.[1903] Das Rechtsstaatsprinzip verlangt zwar, dass eine Rechtsnorm ausgefertigt wird. Bundesrecht sagt aber nicht, in welcher Weise dies zu geschehen hat. Es lässt auch hinsichtlich des jeweiligen Normtypus Unterschiede zu. Die Regeln über Art, Inhalt und

---

[1895] *BVerwG*, B. v. 29. 6. 1993 – 4 B 100.93 – DVBl. 1993, 1100 = NVwZ 1994, 284 = Buchholz 406.11 § 25 BauGB Nr. 1 – Veränderungssperre; B. v. 16. 5. 1991 – 4 NB 26.90 – BVerwGE 88, 204 = DVBl. 1991, 823 = NVwZ 1992, 371.

[1896] *BVerwG*, B. v. 9. 5. 1996 – 4 B 60.96 – BauR 1996, 670 = NVwZ-RR 1996, 630. Zur Ausfertigung sowohl vor und nach der Bekanntmachung *BVerwG*, B. v. 27. 10. 1998 – 4 BN 46.98 NVwZ-RR 1999, 161 = ZfBR 1999, 45; *VGH Mannheim*, Urt. v. 18. 9. 1998 – 8 S 1575/98 – VGHBW RSprDienst 1998, Beilage 12 B 7 – Streuobstwiese. Bundesrecht enthält dazu nur einen allgemeinen Rahmen. Art und Umfang der Verkündung richten sich nach Landesrecht, so *BVerwG*, B. v. 6. 12. 1996 – 4 NB 41.96 – NuR 1997, 570. Das Landesrecht kann sowohl den Bürgermeister als auch den Gemeindedirektor zur Ausfertigung ermächtigen, *BVerwG*, B. v. 27. 1. 1998 – 4 NB 3.97 – DVBl. 1998, 891. Redaktionsversehen können durch erneute Bekanntmachung berichtigt werden. Die Ausfertigung hat nach Ansicht des *OVG Bautzen*, Urt. v. 31. 7. 1997 – 1 S 56/94 – SächsVBl. 1998, 59 die Aufgabe, mit öffentlich-rechtlicher Wirkung zu bezeugen, dass der textliche und der zeichnerische Inhalt der Urkunde mit dem Willen des Rechtsetzungsberechtigten übereinstimmt (Identitätsnachweis) und die für die Rechtswirksamkeit maßgeblichen Umstände beachtet sind (Verfahrensnachweis).

[1897] *BVerwG*, B. v. 27. 10. 1998 – 4 BN 46.98 NVwZ-RR 1999, 161 = ZfBR 1999, 45.

[1898] *OVG Lüneburg*, Urt. v. 21. 4. 1998 – 1 K 1087/96 – NdsRpfl. 1998, 245.

[1899] *BVerfG*, B. v. 22. 11. 1983 – 2 BvL 25/81 – BVerfGE 65, 283.

[1900] *OVG Bautzen*, Urt. v. 6. 6. 2001 – 1 D 442/99 – SächsVBl 2002, 220.

[1901] *BVerwG*, B. v. 17. 6. 2004 – 4 BN 5.04 – BauR 2005, 434 – Schönefeld: Hauptkarte und Teilkarten.

[1902] *BVerwG*, B. v. 22. 12. 2003 – 4 B 66.03 – NVwZ-RR 2004, 307 = BauR 2004, 1129.

[1903] *BVerwG*, B. v. 9. 5. 1996 – 4 B 60.96 – NVwZ-RR 1996, 630 = BauR 1996, 670 – Ausfertigung.

Umfang der Ausfertigung von Bebauungsplänen gehören daher grundsätzlich dem Landesrecht an.[1904] Bundesrecht wacht also nur darüber, ob das Landesrecht überhaupt eine angemessene Kontrolle der Authentizität und Legalität ermöglicht. Näheres entscheidet abschließend das Landesrecht.[1905] Bundesrecht schließt es auch nicht aus, dass der Plan an dem Tage noch bekannt gemacht wird, an dem er ausgefertigt worden ist. Die Übereinstimmung von Ausfertigungs- und Bekanntmachungsdatum kann ein Indiz dafür sein, dass die Reihenfolge nicht gewahrt ist.[1906] Verweist eine Textfestsetzung eines Bebauungsplan auf eine DIN-Norm, ohne deren Datum und Fundstelle zu benennen, so genügt dies den Anforderungen an die Verkündung des Bebauungsplanes, wenn die DIN-Norm durch Verwaltungsvorschrift durch landesrechtliche Baubestimmung eingeführt worden ist und ihr Datum und ihre Fundstelle im Ministerialblatt veröffentlich sind.[1907]

Das BauGB enthält zwar eine Reihe von Bestimmungen, die einzelne Schritte im Verfahren der Bauleitplanung betreffen. Es beschränkt sich insoweit jedoch auf das zur Wahrung eines **rechtsstaatlichen Mindeststandards** und der europarechtlichen Vorgaben Notwendige.[1908] Alles Übrige überlässt es dem Landesrecht. Dies gilt auch für das formelle Gültigkeitserfordernis der Ausfertigung. Ob ein Bebauungsplan unter diesem Blickwinkel mangelhaft ist, richtet sich nach dem jeweiligen Landesrecht. Ist die Ausfertigung unterblieben oder fehlerhaft, so liegt hierin ein Verfahrensfehler, der nach § 214 IV BauGB auch rückwirkend geheilt werden kann.[1909] Bundesrecht regelt auch nicht, wie und wann ein Bebauungsplan auszufertigen ist. Auch zur Frage, ob ein Bebauungsplan vor oder nach Erteilung der nach § 10 BauGB ggf. erforderlichen Genehmigung ausgefertigt werden muss, fehlt es an bundesrechtlichen Vorgaben. Einer Ausfertigung vor der Genehmigung steht aus bundesrechtlicher Sicht auch nicht etwa die Legalitätsfunktion der Ausfertigung entgegen. Denn es gehört nicht zum Mindeststandard des Rechtsstaatsgebots, die Ausfertigung so auszugestalten, dass sie geeignet ist, die Legalität des Verfahrens zu bestätigen.[1910] Auch aus § 10 III BauGB lassen sich nicht unmittelbar Anforderungen an die Ausfertigung ableiten. Aus dieser Vorschrift ergibt sich lediglich, dass Bebauungspläne im Wege der Ersatzverkündung zu veröffentlichen sind. Dies geschieht in der Weise, dass die Erteilung der Genehmigung der höheren Verwaltungsbehörde bzw. – soweit noch nach Maßgabe des Landesrechts erforderlich – die Durchführung des Anzeigeverfahrens ortsüblich bekannt gemacht wird. Im Übrigen muss der Bebauungsplan zu jedermanns Einsicht bereitgehalten werden.

Ausfertigung und **Bekanntmachung** erfüllen unterschiedliche Funktionen. Durch die Ausfertigung soll sichergestellt werden, dass der Inhalt des als Satzung beschlossenen Bebauungsplans mit dem Willen des gemeindlichen Beschlussorgans übereinstimmt. Durch die förmliche und amtliche Veröffentlichung dagegen soll es den Normadressaten ermöglicht werden, vom Erlass und vom Inhalt des Bebauungsplans Kenntnis zu nehmen. Nicht zu verkennen ist freilich, dass § 10 III BauGB mittelbar geeignet ist, einen Hinweis

---

[1904] *BVerwG*, B. v. 16. 5. 1991 – 4 NB 26.90 – BVerwGE 88, 204 = NVwZ 1992, 371; Urt. v. 16. 12. 1993 – 4 C 22.92 – Buchholz 406.11 § 29 BauGB Nr. 52 = NVwZ 1994, 1010.
[1905] *BVerwG*, Urt. v. 8. 5. 1995 – 4 NB 16.95 – Buchholz 406.11 § 244 BauGB Nr. 1 = NVwZ 1996, 372, mit Hinweis auf *OVG Münster*, Urt. v. 29. 1. 1990 – 11a NE 94/88 – NWVBl. 1990, 303 = NVwZ 1990, 886.
[1906] *BVerwG*, B. v. 27. 1. 1999 – 4 B 1129.98 – DVBl. 1999, 800 = UPR 1999, 1919 = BauR 1999, 611 = NVwZ 1999, 878 = BBauBl. 1999, 85 = ZfBR 1999, 159 = UPR 1999, 191 = NuR 1999, 326 = RdL 1999, 177.
[1907] *OVG Koblenz*, Urt. v. 31. 3. 2004 – 8 C 11785/03.OVG – BauR 2004, 1116 = IBR 2004, 394 – DIN-Norm für § 3 III 1 Rh.-Pf. LBauO.
[1908] *BVerwG*, B. v. 15. 4. 1988 – 4 N 4.87 – BVerwGE 79, 200.
[1909] Schon die § 215a BauGB II 1998 sah hier eine rückwirkende Heilungsmöglichkeit vor.
[1910] *BVerwG*, Urt. v. 16. 12. 1993 – 4 C 22.92 – Buchholz 406.11 § 29 BauGB Nr. 52 – Ausfertigungsmangel.

auf die zeitliche Abfolge von Ausfertigung und Verkündung zu geben. Die Ausfertigung erweist sich danach als ein Verfahrensschritt, der der Bekanntmachung vorauszugehen hat. Die Verkündung bildet den Schlusspunkt des Rechtsetzungsvorganges, denn sie stellt den für die Hervorbringung der Norm notwendigen letzten Akt dar.[1911]

1020 Nach § 10 III 4 BauGB tritt der Bebauungsplan unbeschadet des Erfordernisses, dass er in der Folgezeit zu jedermanns Einsicht bereitgehalten wird, mit der Bekanntmachung in Kraft. Der Bebauungsplan kann daher die ihm durch diese Vorschrift vermittelte rechtliche Verbindlichkeit nur erlangen, wenn sämtliche formellen Gültigkeitsbedingungen, die sich aus dem Bundes- oder Landesrecht ergeben, bis zu diesem Zeitpunkt erfüllt sind.[1912]

1021 Ein **Ausfertigungsmangel** kann auch noch nach Jahren gerügt, aber auch geheilt werden.[1913] Ein Rechtssatz des Inhalts, dass die Gültigkeit eines Bebauungsplans, der an einem Ausfertigungsmangel leidet und deshalb nach dem einschlägigen Landesrecht als unwirksam zu behandeln ist, nach Ablauf eines gesetzlich nicht näher bestimmten Zeitraums oder nach Verwirklichung der in ihm enthaltenen Festsetzungen nicht mehr in Frage gestellt werden darf, gibt es nicht. Er lässt sich auch nicht aus dem Gebot der Rechtssicherheit und dem Grundsatz der Verhältnismäßigkeit herleiten. Vielmehr stellt die Unwirksamkeit die übliche, zeitlich unbegrenzte Folge formeller Rechtsverstöße beim Zustandekommen von Normen dar. Solche Mängel lassen sich allerdings nach § 214 IV BauGB als sonstige Verfahrens- oder Formfehler nach Landesrecht beheben.[1914] Ein wegen eines Ausfertigungsmangels unwirksamer Bebauungsplan kann gem. § 214 IV BauGB regelmäßig sogar rückwirkend in Kraft gesetzt werden.[1915] Dies gilt auch dann, wenn der Plan zwischenzeitlich geändert wurde. Waren auch die Änderungen wegen eines Ausfertigungsmangels unwirksam, können sämtliche Satzungsbeschlüsse unter Nachholung der Ausfertigungen rückwirkend in Kraft gesetzt werden.[1916] Die Gemeinde kann das Heilungsverfahren zeitlich parallel mit einer Veränderungssperre nach § 14 BauGB oder einem Antrag auf Zurückstellung eines Bauvorhabens nach § 15 BauGB[1917] verbinden.[1918] Auf die Einleitung und Durchführung eines Heilungsverfahrens besteht allerdings kein Rechtsanspruch.[1919] Wer sich für die Zulässigkeit eines Vorhabens auf ihn günstige Festsetzungen eines Bebauungsplans beruft, trägt allerdings grundsätzlich die Beweislast für dessen Vorhandensein. Die Verletzung der gemeindlichen Pflicht, das Plandokument aufzubewahren und zur Einsicht bereitzuhalten, kann allerdings bis zur Beweislastumkehr führen.

1022 Für die **nachträgliche Inkraftsetzung** eines wegen eines **Ausfertigungsmangels** unwirksamen Bebauungsplans ist auch in aller Regel kein erneuter Satzungsbeschluss gem. § 10 I BauGB und auch keine erneute Abwägung erforderlich.[1920] Hat sich allerdings die Rechtslage seit dem Satzungsbeschluss grundlegend geändert, etwa weil das ursprünglich

---

[1911] *BVerwG*, Urt. v. 5. 12. 1986 – 4 C 31.85 und 29.86 – BVerwGE 75, 262.
[1912] *BVerwG*, B. v. 7. 4. 1997 – 4 B 64.97 – NVwZ-RR 1997, 515 = BauR 1997, 595- Ausfertigungsmangel.
[1913] *BVerwG*, B. v. 7. 4. 1997 – 4 B 64.97 – NVwZ-RR 1997, 515 = BauR 1997, 595 – Ausfertigungsmangel.
[1914] *BVerwG*, B. v. 6. 2. 1995 – 4 B 210.94 – Buchholz 406.11 § 12 BauGB Nr. 20 – Ausfertigungsmangel.
[1915] *BVerwG*, B. v. 7. 4. 1997 – 4 B 64.97 – NVwZ-RR 1997, 515 = BauR 1997, 595 – Ausfertigungsmangel.
[1916] *BVerwG*, B. v. 18. 12. 1995 – 4 NB 30.95 – DVBl. 1996, 960 = UPR 1996, 151 – Ausfertigungsmangel.
[1917] Zur Zurückstellung s. Rdn. 1581.
[1918] *BVerwG*, B. v. 6. 8. 1992 – 4 N 1.92 – Buchholz 406.11 § 16 BauGB Nr. 1.
[1919] *BVerwG*, B. v. 9. 10. 1996 – 4 B 180.96 – DÖV 1997, 251 = UPR 1997, 102 – Plangewährleistung.
[1920] Wohl weitergehend *OVG Lüneburg*, Urt. v. 17. 12. 1998 – 1 K 6556/96 – ZfBR 1999, 230.

unbedenkliche Abwägungsergebnis nunmehr als unverhältnismäßig und deshalb nicht mehr haltbar erscheint, steht die vereinfachte Inkraftsetzung des Bebauungsplans ohne ein entsprechend ergänztes Verfahren (§ 214 IV BauGB) nicht zur Verfügung. Verfährt die Gemeinde gleichwohl nach dieser Vorschrift, kommt ein wirksamer Bebauungsplan nicht zustande. Bei einer derart grundlegenden Veränderung der Verhältnisse steht Gemeinde vielmehr vor der Entscheidung, ob sie den scheinbar gültigen Bebauungsplan förmlich aufhebt oder ob zur Ordnung der städtebaulichen Entwicklung ein neuer Bebauungsplan aufzustellen ist. In derartigen Fällen ist auch eine rückwirkende Inkraftsetzung des Bebauungsplans nicht möglich.[1921] Das gilt vor allem dann, wenn das damals gefundene Abwägungsergebnis wegen nachträglicher Änderungen in der Sach- oder Rechtslage nicht mehr haltbar ist oder es von Anfang an nicht haltbar war. Wird ein an einem Ausfertigungsmangel leidender Bebauungsplan während eines anhängigen Normenkontrollverfahrens nach Behebung des Mangels nachträglich in Kraft gesetzt, bleibt Verfahrensgegenstand nach wie vor der – inhaltlich unveränderte – Bebauungsplan, auch wenn er nicht mit Rückwirkung in Kraft gesetzt worden ist.[1922]

Ist der **Original-Bebauungsplan verloren**, so führt dies nicht automatisch zur Ungültigkeit oder zum Außerkrafttreten des Bebauungsplans. Der Verlust des Dokuments lässt den Rechtsetzungsakt als solchen grundsätzlich unberührt. Allerdings können sich im Einzelfall Probleme beim **Nachweis** des tatsächlich geltenden Rechts ergeben. Solche Nachweisschwierigkeiten liegen beispielsweise dann nicht vor, wenn den noch vorhandenen Dokumenten ausreichende Feststellungen für die Beurteilung des konkreten Genehmigungsantrages entnommen werden können.[1923] Dabei kann ggf. nach Art und Maß der baulichen Nutzung, der überbaubaren Grundstücksfläche oder der örtlichen Verkehrsfläche unterschieden werden. Wer sich allerdings für die Zulässigkeit eines Vorhabens auf für ihn günstige Festsetzungen eines Bebauungsplans beruft, trägt grundsätzlich die Beweislast für das Vorhandensein des Plans. Die Missachtung organisatorischer Vorkehrungen gegen den Verlust von Planunterlagen auf behördlicher Seite kann allerdings zu einer Beweislastumkehr oder zu Beweiserleichterungen zu Gunsten des Bauherrn führen. Allerdings ist der Verlust eines Plandokuments kein Grund, abstrakt die Möglichkeit von Mängeln im Rechtsetzungsverfahren zu unterstellen. Der Frage des rechtsgültigen Zustandekommens des Bebauungsplans hat das Gericht nur nachzugehen, wenn es aufgrund konkreter Umstände begründeten Anlass für die Annahme gibt, der im Wege der Beweiserleichterung „rekonstruierte" Bebauungsplan oder in ihm getroffene Festsetzungen seien fehlerhaft zustande gekommen. Im Übrigen hält das *BVerwG* eine ungefragte Fehlersuche der Gerichte nicht für angezeigt.[1924]

Nach § 6 V 2 BauGB kann jedermann den Flächennutzungsplan und die Begründung einsehen und über deren Inhalt Auskunft verlangen. Auch der Bebauungsplan ist mit Begründung zu jedermanns Einsicht bereitzuhalten. Über den Inhalt ist auf Verlangen Auskunft zu geben. In der Bekanntmachung ist darauf hinzuweisen, wo der Bebauungsplan eingesehen werden kann (§ 10 III 3 BauGB). Die Bekanntmachung der Genehmigung tritt nach § 10 III 5 BauGB an die Stelle der sonst für Satzungen vorgeschriebenen Veröffentlichung.[1925] Der Flächennutzungsplan (§ 6 V 3 BauGB) und der Bebauungsplan

---

[1921] *BVerwG*, B. v. 7. 4. 1997 – 4 B 64.97 – NVwZ-RR 1997, 515 = BauR 1997, 595 – Ausfertigungsmangel.
[1922] *BVerwG, BVerwG*, B. v. 27. 1. 1999 – 4 B 1129.98 – DVBl. 1999, 800.
[1923] *BVerwG*, Urt. v. 17. 6. 1993 – 4 C 7.91 – ZfBR 1993, 304 = NVwZ 1994, 281 = Hoppe/Stüer RzB Rdn. 203.
[1924] *BVerwG*, B. v. 1. 4. 1997 – 4 B 206.96 – NVwZ 1997, 890 = NuR 1998, 88 = DVBl. 1997, 856 nicht auffindbarer Bebauungsplan, unter Verweis auf dazu bereits ergangene Entscheidungen; *OVG Münster*, Urt. v. 25. 7. 1996 – 7 A 1802/90 – BauR 1996, 824. Zum Erfordernis der Dokumentenbeständigkeit eines Bebauungsplans *OVG Schleswig*, Urt. v. 31. 1. 1996 – 1 K 14/95 – NVwZ-RR 1997, 468.
[1925] *Hoppe* in: *Hoppe/Bönker/Grotefels* § 5 Rdn. 99.

(§ 10 III BauGB) sind mit der Begründung und der zusammenfassenden Erklärung zu jedermanns Einsicht bereitzuhalten. Dabei ist lediglich die Tatsache der Genehmigung bzw. bei fehlendem Erfordernis eines Genehmigungsverfahrens der Beschluss des Bebauungsplans bekannt zu machen, nicht ist der Bauleitplan mit seinem Inhalt selbst zu veröffentlichen. Die Bekanntmachung ist ein wesentlicher Bestandteil des Rechtsetzungsverfahrens. Ohne eine ordnungsgemäße Schlussbekanntmachung können der Flächennutzungsplan oder der Bebauungsplan nicht wirksam werden. Dabei hat der Gesetzgeber für den Bebauungsplan die Bekanntmachung der Genehmigung bzw. der Durchführung des Anzeigeverfahrens als **Ersatzverkündung** gewählt. Das normale Verfahren der Veröffentlichung von Rechtssätzen wie von gemeindlichen Satzungen im Amtsblatt der Gemeinde oder in Tageszeitungen hätte bei Bebauungsplanverfahren zu Schwierigkeiten geführt, weil etwa eine farbige Abbildung eines Bebauungsplans in den Tageszeitungen oft schwierig und seine Publikation aufwändig sein würde. Als Ersatzverkündung ist ein zweiteiliges Verfahren einzuhalten: Die Erteilung der Genehmigung bzw. der Ratsbeschluss sind ortsüblich bekannt zu machen (§ 6 V 1 BauGB für den Flächennutzungsplan, § 10 III 1 BauGB für den Bebauungsplan) (erster Teil). Der Flächennutzungsplan (§ 6 V 3 BauGB) und der Bebauungsplan (§ 10 III 2 BauGB) sind mit der Begründung und der zusammenfassenden Erklärung zu jedermanns Einsicht bereitzuhalten (zweiter Teil). Dabei ist lediglich die Tatsache der Genehmigung bzw. der Durchführung des Anzeigeverfahrens bekannt zu machen, nicht ist der Bauleitplan mit seinem Inhalt selbst zu veröffentlichen. Die Pläne werden aber zunehmend im Internet bekannt gemacht und damit auch elektronisch der Öffentlichkeit zur Verfügung gestellt.

1025 Durch die **Bekanntmachung** der **Genehmigung** bzw. des Satzungsbeschlusses soll dem hiervon betroffenen Bürger verdeutlicht werden, dass für sein Grundstück eine neue bodenrechtliche Regelung in Kraft getreten ist. Hierfür bedarf es lediglich eines (allgemeinen) Hinweises über das In-Kraft-Treten. Eine **Anstoßwirkung**, die ggf. nur von einer genaueren Bezeichnung ausgehen kann und die zu einer Beteiligung anregen soll, ist dafür nicht erforderlich. Für die Schlussbekanntmachung der Genehmigung eines Bebauungsplans reicht daher eine schlagwortartige **Kennzeichnung** des **Plangebietes**. Dem rechtsstaatlichen Verkündungserfordernis ist ausreichend Rechnung getragen, wenn sich der genaue Geltungsbereich aus dem Gesamtvorgang der Ersatzverkündung einschließlich der ausliegenden Planurkunde ergibt.[1926] Im Übrigen richten sich die Bekanntmachungserfordernisse nach Landes- bzw. Ortsrecht.[1927]

1026 Für die **Bekanntmachung** einer **Sanierungssatzung** gelten besondere Grundsätze:[1928] Erforderlich ist eine Bezeichnung des Sanierungsgebietes, aus der sich ergibt, welche Flächen im Geltungsbereich der Sanierungssatzung liegen, also eine eindeutige Beschreibung des Sanierungsgebietes als Einheit. Der Geltungsbereich der Sanierungssatzung ist auch dann klar umschrieben, wenn die veröffentlichte Satzung die von ihr betroffenen Grundstücke einzeln aufführt. Denn auch in diesem Fall kann nicht zweifelhaft sein, welche Grundstücke zum förmlich festgelegten Sanierungsgebiet gehören. Die zur Bekanntmachung von Bebauungsplänen ergangene Rechtsprechung kann auf die Bekanntmachung von Sanierungssatzungen, die mit ihrem vollständigen Wortlaut veröffentlicht worden sind, nicht übertragen werden. Bebauungspläne sind im Wege der Ersatzverkündung bekannt zu machen. Sie besteht aus der ortsüblichen Bekanntmachung nach § 10 III 1 BauGB und zusätzlich aus dem Bereithalten des Plans, der Begründung und der zusam-

---

[1926] *BVerwG*, Urt. v. 6. 7. 1984 – 4 C 22.80 – BVerwGE 69, 344 = NJW 1985, 1570 = *Hoppe/Stüer* RzB Rdn. 143 – Malepartus; Urt. v. 22. 3. 1985 – 4 C 59.81 – UPR 1985, 339 = *Hoppe/Stüer* RzB Rdn. 210 – Sandbüchel; s. Rdn. 853.
[1927] So zum Fachplanungsrecht *BVerwG*, Urt. v. 23. 4. 1997 – 11 A 7.97 – DVBl. 1997, 1119 = NuR 1997, 504 – Rheinbek-Wentorf.
[1928] Zur Sanierungssatzung *Bielenberg/Koopmann/Krautzberger* Städtebauförderungsrecht; *Gaentzsch* NJW 1985, 881; *Löhr* ZfBR 1984, 267; *Schlichter/Stich/Krautzberger* StBauFG 1985.

menfassenden Erklärung zu jedermanns Einsicht. Die ortsübliche Bekanntmachung muss deshalb einen Hinweis enthalten, der den ausliegenden Plan identifiziert. Nur wenn die öffentliche Bekanntmachung einen Hinweis enthält, der geeignet ist, den Normadressaten zu dem richtigen, bei der Gemeinde ausliegenden Bebauungsplan zu führen, genügt sie den Anforderungen des rechtsstaatlichen Gebots, dass Rechtsnormen zu verkünden sind.[1929] Die Sanierungssatzung wird dagegen vollständig veröffentlicht. Damit entfällt bei ihr die Notwendigkeit, dem Normadressaten durch einen geeigneten Hinweis die Kenntnisnahme der vollständigen Norm zu ermöglichen. Denn er kann aus der die gesamte Satzung umfassenden Bekanntmachung seine Betroffenheit unmittelbar entnehmen.[1930]

Können geltend gemachte Mängel durch **Planänderungen** gegenstandslos werden, ist grundsätzlich ein **Beitrittsbeschluss** erforderlich.[1931] Das gilt vor allem auch dann, wenn die **Genehmigung** unter **Auflagen** oder **Bedingungen** erteilt worden ist. Es empfiehlt sich dann, auch diese Nebenbestimmungen und die dazu erforderlichen Beitrittsbeschlüsse des Rates bekannt zu machen. Der Bürger kann sich auf diese Weise darüber informieren, welche Änderungen der Bauleitplan noch nach Durchführung des Offenlegungsverfahrens und des ersten abschließenden Beschlusses der Gemeindevertretung erhalten hat. **Für** die **Wirksamkeit** des Plans ist ein solcher Hinweis auf Nebenbestimmungen, die der Genehmigung beigefügt waren, allerdings **nicht erforderlich**. Denn ein unter Auflagen genehmigter Bebauungsplan ist nicht deshalb ungültig, weil die Gemeinde nach Erfüllung der Auflagen (sog. Beitrittsbeschluss) die Genehmigung des Bebauungsplans ohne einen Hinweis auf die Auflagen gem. § 10 III BauGB ortsüblich bekannt gemacht hat. Wird ein Bebauungsplan mit Auflagen genehmigt und nimmt die Gemeinde die den Inhalt des Plans betreffenden Auflagen durch ergänzenden Satzungsbeschluss nach § 10 I BauGB in ihren gesetzgeberischen Willen auf, wird bei ordnungsgemäßem Verfahren der ergänzende Satzungsbeschluss auch Gegenstand des Bebauungsplans.[1932]

In der **Bekanntmachung** der Genehmigung eines Bebauungsplans ist darauf hinzuweisen, **wo** der **Bebauungsplan eingesehen** werden kann. Dabei sind die zuständige Behörde, ggf. der Ortsteil und die Anschrift sowie die Dienststunden, in denen der Bebauungsplan eingesehen werden kann, anzugeben. Sind diese Hinweise unvollständig und wird daher der vom Gesetz beabsichtigte Verkündungszweck nicht erreicht, fehlt es an einer ordnungsgemäßen Bekanntmachung. Die Durchführung der Bekanntmachung selbst bestimmt sich dabei nach Landes- bzw. kommunalem Ortsrecht.[1933]

Hinweis: Der damalige Einführungserlass zum BauGB für die fünf neuen Bundesländer empfahl folgenden Wortlaut: „Bekanntmachung der Erteilung der Genehmigung eines Flächennutzungsplans der Gemeinde. Der von der Gemeindevertretung in der Sitzung am (Datum) beschlossene Flächennutzungsplan für das Gebiet (hinreichende Gebietsbezeichnung) der Gemeinde wurde mit Verfügung der höheren Verwaltungsbehörde vom (Datum) nach § 6 BauGB genehmigt. Die Erteilung der Genehmigung wird hiermit bekannt gemacht. Jedermann kann den Flächennutzungsplan und die Begründung dazu in der Gemeindeverwaltung in Zimmer (Zimmer-Nr.) während folgender Zeiten (Werktage, Stunden) einsehen und über deren Inhalt Auskunft verlangen. Eine Verletzung der in § 214 I 1 Nr. 1 bis 2 BauGB bezeichneten Verfahrens- und Formvorschriften, die Verletzung des Entwicklungsgebots (§ 214 II BauGB) und beachtlicher Mängel im Abwägungsvorgang (§ 214 III 2 BauGB) ist unbeachtlich, wenn sie nicht innerhalb von zwei Jahren seit Bekanntmachung des Flä-

---

[1929] *BVerwG*, Urt. v. 6. 7. 1984 – 4 C 22.80 – BVerwGE 69, 344.
[1930] *BVerwG*, B. v. 25. 2. 1993 – 4 NB 18.92 – NVwZ-RR 1993, 457 = *Hoppe/Stüer* RzB Rdn. 808.
[1931] *BVerwG*, B. v. 25. 2. 1997 – 4 NB 30.96 – NVwZ 1997, 896 = BauR 1997, 603 – Dachgeschosszahl-Festsetzung.
[1932] *BVerwG*, Urt. v. 5. 12. 1986 – 4 C 29.86 – BVerwGE 75, 271 = NVwZ 1987, 317 = DVBl. 1987, 489 = *Hoppe/Stüer* RzB Rdn. 192; *Stüer/Rude* ZfBR 2000, 85.
[1933] S. Rdn. 853.

chennutzungsplans oder der Satzung schriftlich gegenüber der Gemeinde geltend gemacht worden sind. Dabei ist der Sachverhalt, der die Verletzung oder den Mangel begründen soll, darzulegen (§ 215 I BauGB). (Ort, Datum, Siegelabdruck) Gemeinde. Der Bürgermeister/Oberbürgermeister (Unterschrift)."

1029 Der Flächennutzungsplan und der Bebauungsplan mit Begründung werden in einer **Urschrift** gefertigt, auf der die erforderlichen Verfahrensabschnitte und Unterschriften im Original aufzubringen sind. Von dieser Urschrift sind unter Beachtung des § 33 VwVfG die notwendigen **beglaubigten Abschriften** zu fertigen. Der Bauleitplan mit Begründung besitzt Urkundeneigenschaften. Dies gilt sowohl für die Urschrift als auch für beglaubigte Abschriften. Die **ordnungsgemäße Verkündung** setzt das Vorhandensein einer entsprechend ausgefertigten Planurkunde voraus, wobei der Mangel einer fehlenden **Ausfertigung** des Bebauungsplans zu den heilbaren Verfahrensmängeln nach § 214 IV BauGB gehört. Soll nach der Nachholung der unterbliebenen Ausfertigung eines Bebauungsplans die Satzung durch erneute Bekanntmachung der Genehmigung nunmehr in Kraft gesetzt werden, so bedarf es hierzu grundsätzlich keines erneuten Beschlusses der Gemeinde, selbst wenn zwischen dem Beschluss des Gemeinderates und der Inkraftsetzung des Bebauungsplans ein längerer Zeitraum vergangen ist.[1934] Hat sich jedoch die Planungskonzeption geändert, so ist der Rat erneut zu befassen. Ob ein Beschluss des Gemeinderates bei rückwirkender Inkraftsetzung des Bebauungsplans erforderlich ist,[1935] hat das *BVerwG* dabei offen gelassen.

1030 Auch setzt das **rückwirkende Inkraftsetzen** des Bebauungsplans nach Fehlerbehebung – jedenfalls so weit die Planungskonzeption nicht geändert wird – eine Beteiligung der Bürger oder Träger öffentlicher Belange nicht immer voraus.[1936] Nach **§ 10 III 4 BauGB** tritt der Bebauungsplan mit seiner Bekanntmachung in Kraft. Der Bebauungsplan kann dabei nach **§ 214 IV BauGB** auch **rückwirkend** in Kraft gesetzt werden.[1937] Denn § 10 III 4 BauGB verwehrt es der Gemeinde allerdings, einen beliebigen Zeitpunkt des In-Kraft-Tretens zu wählen.[1938] Ein **inhaltlich korrigierter Bebauungsplan** kann daher nicht allgemein rückwirkend in Kraft gesetzt werden. Bebauungspläne mit inhaltlichen Fehlern können nur unter Wiederholung der Verfahrensschritte, die von dem Fehler infiziert worden sind, mit der erneuten Bekanntmachung in Kraft gesetzt werden.[1939] Hier könnte nur eine Rückwirkung für die unveränderten Teile des Plans angeordnet werden, wenn diese von den übrigen Teilen einen trennbaren eigenständigen Inhalt haben.

1031 Der **Bebauungsplan** soll unmittelbar **mit der Verkündung** zu jedermanns **Einsicht bereitliegen**. Der Darlegung eines besonderen Interesses bedarf es zur Begründung des Einsichtsbegehrens nicht. Die Möglichkeit der Einsichtnahme bezieht sich nur auf Zeiten während des allgemeinen Publikumsverkehrs der jeweiligen Gemeindeverwaltung und nicht auf deren Dienstzeiten. Auch ist bei der Bekanntmachung darauf hinzuweisen,

---

[1934] *BVerwG*, B. v. 24. 5. 1989 – 4 NB 10.89 – NVwZ 1990, 258 = BauR 1989, 692 = *Hoppe/Stüer* RzB Rdn. 857; Urt. v. 29. 9. 1978 – IV C 30.76 – BVerwGE 56, 283 = *Hoppe/Stüer* RzB Rdn. 25.
[1935] *OVG Münster*, Urt. v. 3. 3. 1983 – 11a NE 50/80 – OVGE 36, 219 = NVwZ 1983, 618 = BauR 1984, 47 – Sportplatz.
[1936] *BVerwG*, Urt. v. 5. 12. 1986 – 4 C 29.86 – BVerwGE 75, 271 = NVwZ 1987, 317 = DVBl. 1987, 489 = *Hoppe/Stüer* RzB Rdn. 192.
[1937] Auch zur Verfassungsmäßigkeit *BVerwG*, B. v. 25. 9. 1997 – 4 B 165.97 – NVwZ 1998, 845: Ein rückwirkendes Wirksamwerden des Bebauungsplans sei allerdings ausgeschlossen, wenn sich die Verhältnisse so grundlegend geändert hätten, dass der Bebauungsplan inzwischen einen funktionslosen Inhalt hat oder das ursprünglich unbedenkliche Abwägungsergebnis im Zeitpunkt der Mängelbehebung unverhältnismäßig und deshalb nicht mehr haltbar ist, s. dort auch zur Festsetzung einer Zwei-Wohnungsklausel im Bebauungsplan.
[1938] *BVerwG*, Urt. v. 18. 4. 1996 – 4 C 22.94 – BVerwGE 101, 58 = DVBl. 1996, 920; B. v. 7. 11. 1997 – 4 NB 48.96 – UPR 1998, 114.
[1939] *BVerwG*, B. v. 7. 11. 1997 – 4 NB 48.96 – UPR 1998, 114; B. v. 23. 1. 1998 – 4 BN 15.97 – *Stüer/Rude* ZfBR 2000, 85. *BVerwG*, Urt. v. 21. 8. 1997 – 4 C 6.96 – DVBl. 1998, 42 = UPR 1998, 109.

wo der Bebauungsplan eingesehen werden kann. Allerdings hat es auf die Rechtswirksamkeit der Bauleitpläne keinen Einfluss, wenn die Einsichtnahme etwa erst zu einem späteren Zeitpunkt erfolgen kann oder nicht während der gesamten Dienststunden möglich ist. Der Bürger hat dann einen Rechtsanspruch auf Einsicht und Auskunft.[1940] Die Rechtswirksamkeit des Plans wird hierdurch nicht berührt.[1941]

Hinweis: Der Bürger hat zwar keinen Rechtsanspruch auf Aushändigung von Kopien des Bebauungsplans. Es entspricht aber dem Grundsatz der bürgerfreundlichen Verwaltung, dem interessierten Bürger ggf. gegen Kostenerstattung eine Kopie der Planunterlagen zur Verfügung zu stellen.

Der **Bebauungsplan tritt mit** der **Bekanntmachung in Kraft** (§ 10 III 4 BauGB). Dabei wird vorausgesetzt, dass zu diesem Zeitpunkt der Plan bereitgehalten wird. Dies schließt die Möglichkeit aus, dass die Gemeinde etwa einen späteren Zeitpunkt des Inkrafttretens bestimmt.[1942] Der Bebauungsplan kann auch mit diesem Zeitpunkt im Normenkontrollverfahren angefochten werden.[1943] Es muss dabei vom Antragsteller nach § 47 II VwGO geltend gemacht werden, durch den Bebauungsplan in seinen Rechten verletzt zu sein.

Mit dem In-Kraft-Treten des rechtsverbindlichen Bebauungsplans tritt ein etwa **vormals geltender Bebauungsplan** oder eine **Veränderungssperre** außer Kraft (§ 17 V BauGB). Da diese Sicherungsfunktion nicht über die Bekanntmachung der Genehmigung des Bebauungsplans hinausreicht, tritt eine Veränderungssperre auch dann außer Kraft, wenn der Bebauungsplan selbst aufgrund von Verfahrens-, Form- oder inhaltlichen Fehlern unwirksam ist.[1944]

Mit dem Beschluss über die Änderung oder Ergänzung des Bauleitplans kann die Gemeinde auch eine **Neubekanntmachung** beschließen. Gerade in Fällen häufiger Änderungen eines Flächennutzungsplans oder eines Bebauungsplans kann eine Neubekanntmachung sinnvoll sein, um den aktuellen Stand in einem übersichtlichen Planwerk festzuhalten. Diese Neubekanntmachung hat allerdings keine konstitutive Wirkung.[1945] Bei der Neubekanntmachung des Flächennutzungsplans sind auch die Überschwemmungsgebiete und überschwemmungsgefährdeten Gebiete nach § 5 IVa BauGB nachrichtlich zu übernehmen bzw. zu vermerken (§ 246a BauGB).[1946]

XI. Monitoring

Die Plan-UP-Richtlinie[1947] verpflichtet bei Plänen und Programmen mit rahmensetzenden Wirkungen für UVP-pflichtige oder vorprüfungspflichtige Projekte mit erheblichen nachteiligen Umweltauswirkungen sowie Vorhaben mit Auswirkungen auf Habitate und Vogelschutzgebiete von gemeinschaftlicher Bedeutung zu einem Monitoring. § 4c BauGB[1948] sieht in Umsetzung dieser Richtlinie eine Überwachung aller Flächennutzungspläne und Bebauungspläne – mit Ausnahme der bestandswahrenden Bauleit-

---

[1940] *BVerwG*, Urt. v. 4. 7. 1980 – 4 C 25.78 – BauR 1980, 437 = DVBl. 1981, 99.
[1941] *BVerwG*, B. v. 5. 12. 1986 – 4 N 2.86 – ZfBR 1987, 105.
[1942] *Löhr* in: Battis/Krautzberger/Löhr § 12 Rdn. 14.
[1943] *BVerwG*, B. v. 2. 6. 1992 – 4 N 1.90 – ZfBR 1992, 238 = *Hoppe/Stüer* RzB Rdn. 1308.
[1944] *BVerwG*, Urt. v. 26. 10. 1984 – 4 C 53.80 – BVerwGE 70, 227 = NVwZ 1985, 563 = *Hoppe/Stüer* RzB Rdn. 302; B. v. 5. 2. 1990 – 4 B 191.89 – NVwZ 1990, 656 = BauR 1990, 334 = *Hoppe/Stüer* RzB Rdn. 232.
[1945] *Rothe*, Bauleitplanung, Rdn. 270.
[1946] S. Rdn. 3450
[1947] Richtlinie 2001/42/EG über die Prüfung der Umweltauswirkungen bestimmter Pläne und Programme (ABl. EG v. 21. 7. 2001, Nr. L 197, S. 30). Zum Folgenden *Stüer/Sailer* BauR 2004, 1392.
[1948] Gesetz zur Anpassung des BauGB an EU-Richtlinien (Europarechtsanpassungsgesetz [EAG] Bau) v. 24. 6. 2004 (BGBl. I 1359); vgl. auch Gesetzentwurf der Bundesregierung v. 17. 3. 2003, BR-Drucks. 756/03; Muster-Einführungserlass zum Europarechtsanpassungsgesetz Bau (EAG Bau Mustererlass); *Stüer*, Städtebaurecht 2004, in: Planungsrecht (Hrsg. Stüer), Bd. 5, Osnabrück 2004.

pläne[1949] – auf erhebliche Umweltauswirkungen vor. Das neue Recht gilt für alle Bauleitpläne, die nach dem 20. 7. 2004 aufgestellt, ergänzt oder geändert werden (§ 244 III BauGB).[1950] Die Gemeinden stehen damit vor neuen Herausforderungen vor allem hinsichtlich der Frage, wie es ihnen gelingen kann, unvorhergesehene Auswirkungen zu erkennen und in der Lage zu sein, geeignete Abhilfemaßnahmen zu ergreifen. Ungeklärt ist auch, ob die Planbetroffenen oder sogar die allgemeine Öffentlichkeit einen Anspruch auf Überwachung und geeignete Abhilfemaßnahmen haben oder ein Verstoß gegen die Überwachungsvorschriften am Ende sanktionslos bleibt.[1951]

1036 Die vom Europäischen Parlament und Rat beschlossene Plan-UP-Richtlinie ist durch das Europarechtsanpassungsgesetz (EAG Bau) in nationales Recht umgesetzt worden. § 4 c BauGB schreibt eine Überwachung der erheblichen Umweltauswirkungen vor, die aufgrund der Durchführung der Bauleitpläne eintreten. Die Gemeinden sollen insbesondere unvorhergesehene nachteilige Auswirkungen der Bauleitpläne frühzeitig erkennen und in der Lage sein, geeignete Abhilfemaßnahmen zu ergreifen.

1037 Die Plan-UP-Richtlinie[1952] (teilweise auch „Plan-UVP-" oder „SUP-Richtlinie" genannt) ergänzt die Projekt-UVP-Richtlinie[1953] und verlagert eine Umweltprüfung bereits auf der Ebene der vorgelagerten Pläne und Programme, um bei rahmensetzenden Grundentscheidungen eine Prüfung von Alternativen und Abhilfemaßnahmen zu ermöglichen.[1954] Die Prüfungen erfolgen abgeschichtet. Auf den hochstufigen Ebenen ist die Prüfung grob strukturiert. Sie wird mit den nachfolgenden Entscheidungsebenen konkreter. Die Projekt-UVP hat dann nur noch ergänzende Funktionen, soweit Umweltbelange nicht bereits auf den verschiedenen Entscheidungsstufen der Plan-UP abgeprüft worden sind.

1038 Mit der Plan-UP-Richtlinie ist auch ein Monitoring für Pläne und Programme eingeführt worden (Art. 10 Plan-UP-Richtlinie). Damit ist eine Überwachung der für den speziellen Plan festgestellten umwelterheblichen Auswirkungen in bestimmten, von der Planungsbehörde festgelegten Abständen gemeint. Die bisher schon erforderliche in die Zukunft gerichtete Prüfung von Umweltauswirkungen bei der Planung wird also um eine nachsorgende Prüfung nach Durchführung der Planungen ergänzt.[1955] Ein Monitoring auf europäischer Ebene ist nicht neu. Auch Art. 11 der Richtlinie über den Schutz des Grundwassers gegen Verschmutzungen durch bestimmte gefährliche Stoffe,[1956] Art. 11

[1949] Es handelt sich vor allem um Planänderungen nach § 13 BauGB, durch die keine UVP-pflichtigen oder vorprüfungspflichtigen Vorhaben mit erheblichen Umweltauswirkungen ausgewiesen werden sollen, oder Bebauungspläne, die ohne erhebliche Änderung der planungsrechtlichen Zulässigkeit im bisher nicht beplanten Innenbereich aufgestellt werden.

[1950] Bauleitpläne, deren Verfahren zuvor förmlich eingeleitet worden ist, unterliegen einem Monitoring nur dann, wenn die Verfahren erst nach dem 20.7.006 abgeschlossen werden.

[1951] Zum Monitoring s. Rdn. 789, 1040, 2801.

[1952] Richtlinie 2001/42/EG des Europäischen Parlamentes und des Rates vom 27. 6. 2001 über die Prüfung der Umweltauswirkungen bestimmter Pläne und Programme ABl. vom 21. 7. 2001, Nr. L 197, S. 30. Zur Richtlinie Plan-UP-Richtlinie *Hendler/Marburger/Reinhardt/Schröder*, Die strategische Umweltprüfung (sog. Plan-UVP) als neues Instrument des Umweltrechts; *Peters/Surburg* VR 2004, 9; *Hendler* DVBl. 2003, 227; *Kläne*, Strategische Umweltprüfung (SUP) in der Bauleitplanung, Osnabrück 2002, S. 242; *Risse/Crowley/Vincke/Waaube*, Environmental Impact Assessment Review 2003, 453; Sheate, European Environmental Law Review 2003, 331; *Ginzky* UPR 2002, 47.

[1953] Richtlinie 85/337/EWG des Rates v. 27. 6. 1985 über die Umweltverträglichkeitsprüfung bei bestimmten öffentlichen und privaten Projekten, ABl. EG 1985, Nr. L 175, S. 40, geändert durch die Richtlinie 97/11/EG v. 3. 3. 1997, ABl. EG 1997, Nr. L 73, S. 5, geändert durch Richtlinie 2003/35/EG v. 26. 5. 2003 in Bezug auf die Öffentlichkeitsbeteiligung und den Zugang zu Gerichten, ABl. EG 2003, Nr. L 156, S. 17.

[1954] *Krautzberger/Stüer* BauR 2003, 1301; *Sangenstedt*, in: Reiter, Neue Wege in der UVP, 236; *Krämer*, in: Spannowsky/Mitschang, Umweltprüfung bei städtebaulichen Plänen und Projekten, 149; *Ziekow* UPR 1999, 287.

[1955] *Roder* in: Hendler/Marburger/Reinhardt/Schröder (Fnte. 310), 226.

[1956] Richtlinie 80/68/EWG des Rates v. 17. 12. 1979, ABl. EG 1980, Nr. L 20, S. 43, geändert durch die Richtlinie 91/692/EWG, ABl. EG 1991, Nr. L 377, S. 48.

und 12 IV 1 der FFH-Richtlinie[1957] und Art. 13 I der IVU-Richtlinie[1958] sehen bereits ein Monitoring vor. Nunmehr ist auch für die Bauleitplanung durch Art. 10 Plan-UP-Richtlinie ein solches Monitoring verpflichtend.

1. Europarechtliche Vorgaben

Die Anforderungen der Plan-UP-Richtlinie an das Monitoring sind eher unbestimmt. Dies könnte daran liegen, dass die Monitoring-Verpflichtung erst recht spät in die Richtlinie aufgenommen wurde.[1959] Es spiegelt aber auch den breiten Anwendungsbereich der Plan-UP-Richtlinie auf sämtliche umweltrelevante Pläne und Programme wider, der eine detaillierte Ausgestaltung der Überwachung auf europarechtlicher Ebene nicht hat sinnvoll erscheinen lassen. Die Entscheidungshilfe der Europäischen Kommission[1960] und der Endbericht eines Projektes des IMPEL-Networks[1961] enthalten Hinweise zur Auslegung des europäischen Richtlinienrechts.

a) Monitoring und Umweltbericht. Nach Art. 10 I der Plan-UP-Richtlinie überwachen die Mitgliedstaaten die erheblichen Auswirkungen der Durchführung der Pläne und Programme auf die Umwelt, um unter anderem frühzeitig unvorhergesehene negative Auswirkungen zu ermitteln und um in der Lage zu sein, geeignete Abhilfemaßnahmen zu ergreifen. Das Monitoring steht dabei in enger Verbindung mit dem nach Art. 5 I der Richtlinie zu verfassenden Umweltbericht.[1962] Dieser gibt mit der Festlegung der zu erwartenden Umweltauswirkungen den Untersuchungsrahmen für die Überwachung grundsätzlich vor.

b) Gegenstand der Überwachung. Die Europäische Kommission definiert Überwachung als „eine Tätigkeit [...], bei der die größenmäßige, zeitliche und räumliche Entwicklung wichtiger Parameter verfolgt wird".[1963] Allerdings schreibt die Richtlinie selbst den Mitgliedstaaten weder Methoden, noch Zeitabstände der Überwachungsmaßnahmen vor. Die Überwachung muss sich auf die „erheblichen Auswirkungen auf die Umwelt" beziehen (Art. 10 Plan-UP-Richtlinie). Das Monitoring richtet sich damit vor allem auf die im Umweltbericht dargestellten Auswirkungen, es müssen aber auch Vorkehrungen zur Erkennung nicht vorhergesehener Einflüsse getroffen werden.[1964] Insgesamt sind unter „Auswirkungen" alle Arten von Auswirkungen zu verstehen, das heißt vorhergesehene und unvorhergesehene, negative und positive.[1965] Der Begriff der Erheblichkeit wird in der Richtlinie nicht näher definiert, so dass den Mitgliedstaaten hier ein Auslegungsspielraum bleiben könnte. Unter den Begriff „Durchführung" fallen neben der Verwirklichung der in dem Plan oder Programm vorgesehenen Projekte auch alle anderen Maßnahmen und Inhalte, die Bestandteil des Plans oder Programms sind (zum Beispiel Verhaltensregelungen).[1966]

[1957] Richtlinie 92/43/EWG des Rates v. 21. 5. 1992 zur Erhaltung der natürlichen Lebensräume sowie der wild lebenden Tiere und Pflanzen, ABl. EG 1992, Nr. L 206, S. 7, geändert durch die Richtlinie 97/62/EG, ABl. EG 1997, Nr. L 305, S. 42.

[1958] Richtlinie 96/61/EG des Rates v. 24. 9. 1996 über die integrierte Vermeidung und Verminderung der Umweltverschmutzung, ABl. EG 1996, Nr. L 257, S. 26, geändert durch Richtlinie 2003/35/EG v. 26. 5. 2003 in Bezug auf die Öffentlichkeitsbeteiligung und den Zugang zu Gerichten, ABl. EG 2003, Nr. L 156, S. 17.

[1959] *Krautzberger/Schliepkorte* UPR 2003, 92.

[1960] *Europäische Kommission*, Commission's Guidance on the Implementation of Directive 2001/42/EC, http://europa.eu.int/comm/environment/eia/030923 sea guidance de.pdf.

[1961] *Barth/Fuder*, IMPEL Project: Implementing Article 10 of the SEA Directive 2001/42/EC, Final Report, http://europa.eu.int/comm/environment/impel/sea directive.htm.

[1962] Zum Umweltbericht s. Rdn. 249, 280, 385, 769, 809, 955, 1121, 1403, 1513, 2079, 2721, 2789.

[1963] *Europäische Kommission*, Commission's Guidance (Fnte. 318), Rdn. 8.4.

[1964] *Roder* in: Hendler/Marburger/Reinhardt/Schröder (Fnte. 310), 230.

[1965] *Barth/Fuder* (Fnte. 319), Rdn. 2.1 (5).

[1966] *Roder* in: Hendler/Marburger/Reinhardt/Schröder (Fnte. 310), 229.

1042 Die **Zielvorgabe** des Monitoring, „unvorhergesehene nachteilige Auswirkungen" zu ermitteln, bedarf ebenfalls der Auslegung. Da die Überwachung vor allem die im Umweltbericht aufgeführten Auswirkungen erfasst, ist das Monitoring nicht von vornherein auf die Ermittlung völlig unvorhergesehener Auswirkungen angelegt. Diese werden zumeist eher zufällig entdeckt. Die Europäische Kommission schlägt daher vor, unvorhergesehene nachteilige Auswirkungen im Sinne von Unzulänglichkeiten der Prognosen im Umweltbericht oder als Auswirkungen veränderter, im Umweltbericht nicht berücksichtigter Umstände zu verstehen.[1967]

1043 c) **Geeignete Abhilfemaßnahmen.** Das Monitoring soll die Mitgliedstaaten in die Lage versetzen, geeignete Abhilfemaßnahmen zu ergreifen. Eine Automatik besteht daher nicht. Die Umweltprüfung der Pläne und Programme soll damit für handelnden Organe eine verbesserte Entscheidungsbasis schaffen, nicht aber zwingende Umweltstandards setzen.[1968] Die Richtlinie trifft auch keine ausdrücklichen Regelungen über die nach der Überwachung gegebenenfalls erforderlichen Konsequenzen. Während Art. 12 IV 2 und Art. 14 I der FFH-Richtlinie die Mitgliedstaaten im Falle negativer Überwachungsergebnisse zur Einleitung von Maßnahmen auffordert und ermächtigt, enthält die Plan-UP-Richtlinie eine solche Bestimmung nicht. Zugleich ist aber klar, dass die Erkenntnisse erforderlichenfalls durch geeignete Abhilfemaßnahmen umgesetzt werden müssen. Entscheidet sich der Mitgliedstaat aufgrund der Ergebnisse der Überwachung für eine Änderung des Plans oder Programms, so kann diese Veränderung ihrerseits eine erneute Umweltprüfung erfordern, sofern es sich nicht um geringfügige Änderungen handelt.[1969] Zu den inhaltlichen Anforderungen des Überwachungsberichts kann auf Art. 5 II der Plan-UP-Richtlinie (vgl. auch § 2 IV BauGB) zurückgegriffen werden, der sich zwar ausdrücklich nur auf den Umweltbericht bezieht, wegen der engen Verbindung zwischen diesem und den Überwachungsmaßnahmen aber sinngemäß auch für das Monitoring gilt.[1970] Im Umweltbericht müssen danach nur diejenigen Angaben enthalten sein, die vernünftigerweise verlangt werden können. Wissenschaftliche Forschungsaktivität ist dementsprechend im Allgemeinen nicht erforderlich.

1044 d) **Integration des Monitoring in die Verfahrensstruktur.** Die Einrichtung eigener Verfahrensschritte für das Monitoring ist nicht verpflichtend, wenn die Überwachung zufrieden stellend in den normalen Planungszyklus – etwa einer Planfortschreibung – eingeführt werden kann.[1971] Nicht nur eine direkte, sondern auch eine indirekte Überwachung von Auswirkungen ist europarechtlich gestattet.[1972] Auch können mehrere Pläne oder Programme gemeinsam überwacht werden, solange die Besonderheiten des einzelnen Plans ausreichend berücksichtigt und genügend Informationen zu jedem einzelnen Plan gesammelt werden.[1973] Nach Art. 10 II der Plan-UP-Richtlinie können für das Monitoring bestehende Überwachungsmechanismen angewandt werden, um Doppelarbeit zu vermeiden. Dementsprechend müssen Informationen über Umweltauswirkungen nicht speziell für diesen Zweck erhoben werden, sondern können auch aus anderen, schon vorhandenen Quellen bezogen werden.[1974] Solche Quellen können zum Beispiel gemeinschaftsrechtlich festgeschriebene Überwachungsbestimmungen anderer Richt-

---

[1967] *Europäische Kommission*, Commission's Guidance (Fnte. 318), Rdn. 8.12.
[1968] *Barth/Fuder* (Fnte. 319), Rdn. 2.1 (12).
[1969] *Peters/Surburg* VR 2004, 9.
[1970] *Barth/Fuder* (Fnte. 319), Rdn. 2.1 (8).
[1971] *Europäische Kommission*, Commission's Guidance (Fnte. 318), Rdn. 8.5.
[1972] *Roder* in: Hendler/Marburger/Reinhardt/Schröder (Fnte. 310), 231, der als Beispiel die Überwachung bestimmter Emissionen einer Anlage als indirekte Überwachung möglicher Veränderungen in der Umwelt angibt.
[1973] *Europäische Kommission*, Commission's Guidance (Fnte. 318), Rdn. 8.10.
[1974] *Barth/Fuder* (Fnte. 319), Rdn. 2.2 (15).

linien wie der IVU-Richtlinie,[1975] der Wasserrechtsrahmenrichtlinie[1976] oder der Abfalldeponien-Richtlinie[1977] sein.[1978]

e) **Grenzüberschreitende Umweltauswirkungen.** Da die Umweltprüfung auch grenzüberschreitende Umweltauswirkungen einbezieht, kann sich auch das Monitoring auf solche Auswirkungen erstrecken. Zweckmäßigerweise sollte jeder Staat die Umweltfolgen auf seinem Staatsgebiet überwachen und bei negativen Auswirkungen, die auf einen Plan des Nachbarstaats zurückzuführen sind, diesen entsprechend informieren. Die Staaten können aber auch eine andere Form einer grenzüberschreitenden Überwachung der Umweltauswirkungen vereinbaren.

2. Monitoring im BauGB

Das EAG Bau führt die Umweltprüfung als Regelverfahren in die Bauleitplanung ein und verzichtet daher auf ein kompliziertes Screening-Verfahren,[1979] bei dem die Umweltprüfung von dem Ergebnis der jeweiligen Einzelfallprüfung abhängt. Neue materielle Umweltstandards sind mit dem Richtlinienrecht nicht verbunden. Es enthält vielmehr Verfahrensvorschriften, die allerdings eine nachhaltige Entwicklung fördern und ein hohes Umweltschutzniveau sicherstellen sollen (Art. 1 Plan-UP-Richtlinie).[1980]

a) **Gesetzliche Grundlagen.** Das Monitoring wird in § 4 c BauGB geregelt. Die Gemeinden haben danach die erheblichen Umweltauswirkungen zu überwachen, die aufgrund der Durchführung der Bauleitpläne eintreten, um so unvorhergesehene nachteilige Auswirkungen frühzeitig zu ermitteln und in der Lage zu sein, geeignete Abhilfemaßnahmen zu ergreifen. Die Regelung greift weitgehend die Formulierungen der Plan-UP-Richtlinie auf und ist damit ebenso offen. Das ist vom Ansatz her folgerichtig. Denn Umfang, Untersuchungstiefe und Methoden der Überwachung hängen maßgeblich von der Art des zu untersuchenden Plans ab. Die Zuständigkeit der Gemeinden für die Überwachung wurde bereits von der Unabhängigen Expertenkommission empfohlen.[1981] Die Gemeinden sind als Träger des Bauleitplanverfahrens für die Erstellung, Änderung oder Aufhebung von Bauleitplänen zuständig. Sie können deshalb gegebenenfalls Abhilfemaßnahmen nach Durchführung des Monitoring ergreifen.[1982] Die Zuständigkeit der Gemeinden entspricht nicht nur den Gedanken der kommunalen Planungshoheit, sondern ist auch deshalb nahe liegend, weil sie bereits im Umweltbericht die geplanten Überwachungsmaßnahmen festlegen.[1983] Bereits bei der Ausarbeitung des Plans hat eine Auseinandersetzung mit den geeigneten Überwachungsmaßnahmen stattzufinden. Das

---

[1975] Richtlinie 96/61/EG des Rates v. 24. 9. 1996 über die integrierte Vermeidung und Verminderung der Umweltverschmutzung, ABl. EG 1996, Nr. L 257, S. 26, geändert durch Richtlinie 2003/35/EG v. 26. 5. 2003 in Bezug auf die Öffentlichkeitsbeteiligung und den Zugang zu Gerichten, ABl. EG 2003, Nr. L 156, S. 17.
[1976] Richtlinie 2000/60/EG des Europäischen Parlaments und des Rate v. 23. 10. 2000 zur Schaffung eines Ordnungsrahmens für Maßnahmen der Gemeinschaft im Bereich der Wasserpolitik, ABl. EG 2000, Nr. L 327, S. 1.
[1977] Richtlinie 1999/31/EG des Rates v. 26. 4. 1999 über Abfalldeponien, ABl. EG 1999, Nr. L 182, S. 1.
[1978] *Roder* in: Hendler/Marburger/Reinhardt/Schröder (Fnte. 310), 236.
[1979] *Stüer/Upmeier* ZfBR 2003, 114; *Jung*, Bundesbaublatt 11/2003, 14.
[1980] *Krautzberger/Stüer* DVBl. 2004, 781; *dies.* DVBl. 2004, 914.
[1981] Bundesministerium für Verkehr, Bau- und Wohnungswesen (BMVBW), Bericht der Unabhängigen Expertenkommission zur Novellierung des Baugesetzbuchs, Rdn. 087, http://www.bmvbw.de/Anlage12334/Bericht-der-Expertenkommission.pdf; so auch *Pietzcker*, Gutachten zum Umsetzungsbedarf der Plan-UP-Richtlinie der EG im Baugesetzbuch, 50.
[1982] *Stüer/Upmeier* ZfBR 2003, 114.
[1983] *Pietzcker*, Gutachten zum Umsetzungsbedarf der Plan-UP-Richtlinie der EG im Baugesetzbuch, S. 50, mit Hinweis auf Anhang I i) der Plan-UP-Richtlinie; *Pietzcker/Fiedler* DVBl. 2002, 929 (936); kritisch *Risse/Crowley/Vincke/Waaub*, Environmental Impact Assessment Review, 453 (467), die im Interesse der Glaubwürdigkeit eine unabhängige Behörde für zweckmäßiger halten.

geplante Monitoring-Konzept ist im **Umweltbericht** nach Nr. 3 b der Anlage zum BauGB zu beschreiben. Die geplanten Überwachungsmaßnahmen werden so im Rahmen des Umweltberichts Gegenstand der **Beteiligung** der Öffentlichkeit sowie der Behörden und Träger öffentlicher Belange nach den §§ 3 bis 4 a BauGB. Diese können durch ihre Stellungnahmen weitere Stellungnahmen beitragen.

1048 b) **Information der Behörde.** Nach § 4 c 2 BauGB nutzen die Gemeinden außerdem die Informationen der Behörden nach § 4 III BauGB. Demnach sind die an der Bauleitplanung beteiligten Behörden verpflichtet, die Gemeinden über erhebliche, insbesondere unvorhergesehene nachteilige Umweltauswirkungen zu informieren. Diese von der Unabhängigen Expertenkommission als „Bringschuld" bezeichnete Pflicht[1984] wurde eingeführt, um die Kommunen zu entlasten. Die darüber hinausgehende Idee, auch Nichtregierungsorganisationen (NGO's) wie die Naturschutzverbände mit einzubeziehen,[1985] wurde allerdings nicht übernommen. Weitere Festlegungen bezüglich des Zeitpunkts, der Methoden oder der Konsequenzen der Überwachung trifft die Regelung des neuen BauGB nicht. Der gemeinschaftsrechtlich eröffnete Gestaltungsspielraum wird dementsprechend direkt an die Gemeinden weitergereicht. Der Gesetzgeber sah die Einengung des gemeindlichen Handlungsspielraums wegen der großen Bandbreite der einzelnen Bauleitpläne und der unterschiedlichen inhaltlichen Festsetzungen als nicht geboten an.[1986] Auch sind Fehler in der Durchführung des Monitoring für die Wirksamkeit des Bauleitplans unbeachtlich. Allerdings muss der Umweltbericht in den wesentlichen Punkten vollständig sein, also auch Angaben zu den geplanten Überwachungsmaßnahmen enthalten (§ 214 I 1 Nr. 3 BauGB).

1049 Durch die Verpflichtung der Fachbehörden, die Kommunen darauf hinzuweisen, wenn sie Erkenntnisse insbesondere über unvorhergesehene nachteilige Umweltauswirkungen haben (§ 4 III BauGB), sollen die Gemeinden von aufwändigen Ermittlungen entlastet und Doppelarbeit vermieden werden. Zugleich wird durch diese Verpflichtung nach Abschluss der Planung die Tatsache genutzt, dass von verschiedenen Behörden im Rahmen ihrer gesetzlichen Aufgabenerfüllung bereits Umweltdaten erhoben werden, deren Zusammenschau ein weitgehendes Bild von den im Gemeindegebiet eintretenden erheblichen Umweltveränderungen ermöglicht. Eine Information über Umweltauswirkungen, die bereits Grundlage der Abwägungsentscheidung waren, ist demgegenüber nicht im Einzelnen erforderlich. Dies ergibt sich aus dem Zusammenspiel von § 4 III BauGB mit § 4 c BauGB, der maßgeblich auf unvorhergesehene Umweltauswirkungen abstellt. Über die gesetzlichen Regelungen hinaus unterliegt die nähere Ausgestaltung des Monitoring der Gemeinde.

1050 c) **Gemeindliche Spielräume.** § 4 c BauGB will den Gemeinden einen Handlungsspielraum in der Umsetzung eröffnen und den Rahmen ausschöpfen, der nach Art. 10 der Plan-UP-Richtlinie besteht. Die schien auch vor dem Hintergrund erforderlich, dass die Bauleitplanung ein weites Spektrum von Plänen umfasst, die sowohl in örtlicher als auch in funktionaler Hinsicht sehr unterschiedlich sein können. Die Flächennutzungsplanung als vorbereitende Bauleitplanung für das gesamte Gemeindegebiet wird einem anderen Überwachungsmechanismus unterliegen als ein Bebauungsplan, der die konkrete Nutzung einzelner Grundstücke festlegt. Es ergeben sich Unterschiede aus dem jeweiligen Konkretisierungsgrad der Bebauungspläne (von Angebots- bis vorhabenbezogener Planung) sowie auch aus den Inhalten und Zielen des Plans, da die Ausweisung einer reinen Wohnbebauung nach anderen Kriterien zu überwachen sein wird als z. B. eine Industrienutzung. § 4 c BauGB soll des Weiteren auch der Tatsache Rechnung tragen, dass in manchen Gemeinden bereits Überwachungsinstrumente bestehen.[1987] Es ist nicht Ziel des

---

[1984] BMVBW, BauGB-Expertenkommission, Rdn. 091.
[1985] BMVBW, BauGB-Expertenkommission, Rdn. 091.
[1986] Gesetzentwurf EAG Bau, 127.
[1987] EAG Bau – Mustererlass 2004.

Monitorings, die planerische Entscheidung erneut auf den Prüfstand zu stellen oder wissenschaftliche Forschungsaktivitäten zu betreiben. Vielmehr kann die Gemeinde vom Grundsatz her davon ausgehen, dass sie von unerwarteten Auswirkungen durch die Fachbehörden im Rahmen deren bestehenden Überwachungssysteme und der Informationsverpflichtung nach § 4 III BauGB Mitteilung erhält.

Hinweis: Das geltende Recht enthält bereits eine Vielzahl von fachgesetzlichen Verpflichtungen zur Umweltüberwachung. Hierzu zählen beispielsweise: Im WHG ist vorgesehen, dass Anforderungen an die Überwachung des Zustands der oberirdischen Gewässer und des Grundwassers durch Landesrecht bestimmt wird. Nach dem BImSchG wird die Luftqualität durch fortlaufende Prüfungen und Berichtspflichten überwacht. Das BImSchG enthält weiter Verpflichtungen zur Lärmüberwachung, die durch die nationale Umsetzung der Umgebungslärmrichtlinie noch erweitert werden. Nach dem BBodSchG besteht eine Länderermächtigung zur Erfassung von Altlasten und altlastverdächtigen Fällen, von denen die Länder zum Teil Gebrauch gemacht und Bodeninformationssysteme eingerichtet haben. Auf allgemeiner Ebene sieht das BNatSchG zudem eine Umweltbeobachtung vor, und nach den Landesplanungsgesetzen wird zum Teil eine Raumbeobachtung durchgeführt. Letztere erfasst die Raumentwicklung insgesamt, u. a. durch computergestützte Geo-Informationssysteme. Weitere Anforderungen ergeben sich aus der Luftqualitäts-RL und der Umgebungslärm-RL.

Der **Umfang des Monitoring** hängt von der jeweiligen Planung ab. Bei der Ausweisung eines Gewerbegebiets kann es z. B. vorrangig auf die tatsächliche Entwicklung der Verkehrsströme oder Lärmemissionen ankommen. Die Frage des erstmaligen Überwachungszeitpunkts und etwaiger darauf folgender Überwachungstermine sowie ggf. eines zeitlichen Endpunktes für die Überwachung werden ebenfalls von den Gemeinden bestimmt. Auch dies wird sich im Einzelfall nach dem Stand der Umsetzung sowie nach den jeweiligen Überwachungszielen und nach Art und Konkretisierungsgrad des zu überwachenden Plans bestimmen. Eine Überwachung kann erst einsetzen, wenn die Festsetzungen des Plans zumindest teilweise verwirklicht sind, da ohne Realisierung auch keine Umweltauswirkungen durch die Planung hervorgerufen werden können. Die Gemeinde kann eine bestimmte Frist für die erstmalige Überwachung festlegen (z. B.: fünf Jahre nach In-Kraft-Treten des Plans) oder die Überwachung an den Eintritt einer Bedingung knüpfen wie z. B. die Realisierung eines bestimmten Anteils der Planung (z. B. nach Verwirklichung von 50 % der Festsetzungen). Hierbei wird es darauf ankommen, ob ein bestimmter Zeitraum für die Realisierung im Vorhinein bestimmt werden kann oder ob Informationen über den Stand des Vollzugs etwa von der Baugenehmigungsbehörde ohne erheblichen Aufwand erhältlich sind. Umweltauswirkungen treten ihrer Natur nach häufig medien- und raumübergreifend ein und machen vielfach nicht an den Grenzen des Plangebiets Halt. Der mit dem Monitoring betrachtete räumliche Bereich wird sich in erster Linie nach dem Bereich richten, der auch bei Aufstellung der Planung im Rahmen der Umweltprüfung betrachtet wurde.

Das Monitoring ist dem jeweiligen Konkretisierungsgrad der Planung abzupassen. Der **Flächennutzungsplan**, der gelegentlich als „**strategischer Bauleitplan**" bezeichnet wird,[1988] wird wegen seiner in der Regel nur Rahmen bildenden Funktion nur hinsichtlich der Grobstrukturen einem Monitoring zu unterziehen sein. Weitergehende Anforderungen an das Monitoring können sich ergeben, soweit der **Flächennutzungsplan** konkrete raumbedeutsame Aussagen etwa im Zusammenhang mit dem **Darstellungsprivileg** enthält. Allerdings könnte dabei auch von Bedeutung sein, dass der Flächennutzungsplan die privilegierte Nutzung im Einzelfall nicht begründet, sondern nur in Teilen des Gemeindegebietes lediglich ausschließt, während die planungsrechtliche Zulässigkeit der privilegierten Außenbereichsvorhaben bereits durch den Gesetzgeber angeordnet worden ist.

[1988] EAG Bau – Mustererlass 2004.

3. Offene Fragen bei der Ausgestaltung des Monitoring

1053 Was „erhebliche Umweltauswirkungen" sind, wird auch im BauGB nicht definiert. Die amtliche Begründung des Gesetzesentwurf weist lediglich darauf hin, dass erhebliche Umweltauswirkungen insbesondere Auswirkungen auf die in § 1 VI Nr. 7 BauGB genannten Belange sind.[1989] Damit ist aber über den Begriff der Erheblichkeit nicht entschieden worden, was in der Praxis zu Unsicherheiten führen kann.[1990] Stellt die Gemeinde aufgrund der Überwachung unvorhergesehene nachteilige Umweltauswirkungen fest, sind diese bei einem konkreten Genehmigungsverfahren für ein Projekt innerhalb der Plangrenzen im Rahmen des § 15 BauNVO beachtlich.[1991] Die Gemeinde kann auch als Folge des Monitoring nach § 1 III 1 i.V. m. VIII BauGB den Plan ändern, ergänzen oder aufheben.[1992] Eine automatische Folge ist dies allerdings nicht, da die Konsequenzen des Monitoring weder in der Richtlinie noch im Gesetz geregelt sind.

1054 Die finanziellen Engpässe der Kommunen könnten sogar eher bewirken, dass eine Überwachung zwar durchgeführt wird, Plankorrekturen aber unterbleiben. Der Deutsche Städte- und Gemeindebund (DStGB) verweist in seiner Stellungnahme zu den Vorschlägen der Unabhängigen Expertenkommission darauf hin, dass die Gemeinden aufgrund ihrer finanziellen Situation nicht in der Lage sind, zusätzliche Kontrollverfahren für das Monitoring einzuführen.[1993] Durch das behördeninterne Verwaltungsverfahren, die Anhörung der Träger öffentlicher Belange und NGO's und den gerichtlichen Rechtsschutz seien bereits ausreichende Überwachungsmaßnahmen vorhanden.[1994] Die genannten Instrumente sind jedoch allein nicht ausreichend, um eine lückenlose Überwachung des Plans zu gewährleisten. Zwar sind die an der Planung beteiligten Behörden nach § 4 III BauGB verpflichtet, Informationen über erhebliche, insbesondere unvorhergesehene nachteilige Umweltauswirkungen an die Gemeinde weiterzureichen. Die beteiligten Behörden sind aber nicht verpflichtet, ihrerseits spezifische Untersuchungen über die Umweltauswirkungen des vorliegenden Plans anzustellen. Sie müssen die Kommune nur über die „im Rahmen ihrer gesetzlichen Aufgabenerfüllung anfallenden Erkenntnisse über erhebliche Umweltauswirkungen[1995] unterrichten.

1055 Auch nach Ansicht des Rates von Sachverständigen für Umweltfragen (SRU) sind die Gemeinden durch die Beteiligung der Behörden nicht davon befreit, eigenständige Informationen zu erheben und selbstständige Kontrollen durchführen.[1996] Die Gemeinde darf sich auch nicht darauf verlassen, dass die Träger öffentlicher Belange oder die NGO's alle überwachungspflichtigen Auswirkungen entsprechend beobachten; sie muss selbst die Überwachung und damit die Sammlung der wichtigen Daten sicherstellen. Zu einer Veröffentlichung der Überwachungsergebnisse ist die Gemeinde allerdings nicht gezwungen.[1997] In einem Planspiel des Deutschen Instituts für Urbanistik (DIfU) wurden im Auftrag des BMVBW die praktischen Effekte der Einführung der Umweltprüfung und

---

[1989] Gesetzentwurf EAG Bau, 127.
[1990] Zur Erheblichkeitsschwelle bei Eingriffen in nicht ausgewiesene faktische Vogelschutzgebiete *BVerwG*, Urt. v. 1. 4. 2004 – 4 C 2.03 – DVBl. 2004, 1115 = NVwZ 2004, 1114 – Hochmoselbrücke.
[1991] Gesetzentwurf EAG Bau, 129.
[1992] *Stüer/Upmeier* ZfBR 2003, 114.
[1993] DStGB, Stellungnahme zu den Empfehlungen der Unabhängigen Expertenkommission zur Novellierung des Baugesetzbuches, 4, http://www.rip-buergerinfo.de/dstgb.pressesupport/docs/ 551.1.7880.pdf.
[1994] DStGB, Stellungnahme zu den Empfehlungen der Unabhängigen Expertenkommission zur Novellierung des Baugesetzbuches, 4.
[1995] Gesetzentwurf EAG Bau, 130.
[1996] *SRU*, Zur Einführung der strategischen Umweltprüfung in das Bauplanungsrecht, Stellungnahme, 7, http://www.umweltrat.de/03stellung/downlo03/stellung/Stellung.Sup.Mai2003.pdf.
[1997] Gesetzentwurf EAG Bau, 128.

der Umweltüberwachung in das BauGB untersucht.¹⁹⁹⁸ Die teilnehmenden sieben Gemeinden begrüßten zwar die großen Gestaltungsfreiheiten bei der Umsetzung, wünschten sich aber zugleich auch (außergesetzlich) für die Aufstellung von Mindestkriterien, um die Handhabung des Auslegungsspielraums zu erleichtern und rechtssicherer zu machen.¹⁹⁹⁹ Die Stadt Leipzig machte darauf aufmerksam, dass eine Überwachung erst bei erheblichen Umweltauswirkungen angezeigt ist.²⁰⁰⁰ Von der Erheblichkeitsschwelle hängt damit auch das Monitoring ab. Dabei können allerdings auch indirekte oder für sich allein genommen nicht als erheblich anzusehender Effekte bedeutsam sein, weil mehrere „unerhebliche" Auswirkungen die Erheblichkeitsschwelle überschreiten können.²⁰⁰¹ Und eines ist ebenfalls klar: Eine umfassende Überwachung aller Umweltmedien ist für die Gemeinden nicht zu leisten, weshalb eine Einschränkung auf erhebliche Auswirkungen geboten ist. Den Kommunen fehlt es dabei nicht nur an Geld, sondern teilweise auch an qualifiziertem Personal. Vor allem kleinere Gemeinden sind zumeist personell nicht in allen Umweltfachgebieten ausgestattet und daher auf die Hilfe von Fachbehörden angewiesen.²⁰⁰² Bei fehlenden gesetzgeberischen Anforderungen an die inhaltliche Ausgestaltung des Monitoring ist deshalb die Gefahr nicht ganz von der Hand zu weisen, dass das Überwachungsverfahren auf Sparkurs gefahren werden könnte.²⁰⁰³

Die Kommunen sehen weitere **Mehrbelastungen** durch die Umweltprüfung und das Monitoring auf sich zukommen. Der Gesetzgeber hat dies zwar auch gesehen, rechnet aber mit einem Ausgleich der Belastungen durch gleichzeitige Kosteneinsparungen durch den erleichterten Vollzug.²⁰⁰⁴ Insgesamt seien deshalb die zusätzlichen Kosten „nicht wesentlich".²⁰⁰⁵ Dies mag für eine langfristige Beurteilung möglicherweise richtig sein, für die nächsten Jahre allerdings ist diese Prognose eher unrealistisch. Es muss daher verstärkt über Entlastungsmöglichkeiten für die Gemeinde nachgedacht werden. Die Bringschuld der beteiligten Behörden bezüglich erlangter Informationen stellt zwar eine Erleichterung für die Kommunen dar. Dies ist allerdings wohl nicht genug. Im Rahmen des Planspiels wurde vorgeschlagen, die Pflicht zur Weiterleitung von Informationen über Umweltauswirkungen auf die Träger öffentlicher Belange auszuweiten.²⁰⁰⁶ Dieselbe Idee verfolgte im Rahmen der Gesetzgebung auch der Bundesrat. Sie wurde allerdings von der Bundesregierung nicht aufgegriffen, da diese die Träger der öffentlichen Belange nicht im Besitz der notwendigen Umweltinformationen sah.²⁰⁰⁷

Der Ansatz, die **Kosten für Umwelterheblichkeitsstudien** oder **Umweltgutachten** im Wege der vorhabenbezogenen Bebauungspläne oder allgemeinen städtebaulichen Verträge auf die Nutznießer des Plans abzuwälzen,²⁰⁰⁸ kann den Gemeinden weiterhelfen, bezieht sich allerdings unmittelbar nur auf die erstmalige Prüfung des Plans. Vor dem Hintergrund des neuen städtebaulichen Leitbildes ist es allerdings auch möglich, private

---

¹⁹⁹⁸ DIfU, Planspiel BauGB-Novelle 2004, Bericht über die Stellungnahmen der Planspielstädte und Planspiellandkreise, http://www.edoc.difu.de/orlis/DF8055.pdf.
¹⁹⁹⁹ DIfU, Planspiel (Fnte. 355), S. 47.
²⁰⁰⁰ DIfU, Planspiel (Fnte. 355), S. 48.
²⁰⁰¹ *Risse/Crowley/Vincke/Waaub*, Environmental Impact Assessment Review, S. 453; *Sheate*, European Environmental Law Review 2003, 331.
²⁰⁰² DIfU, Planspiel (Fnte. 355), 49.
²⁰⁰³ Bund für Umwelt und Naturschutz Deutschland e. V. (BUND), Stellungnahme des BUND zum Entwurf des Gesetzes zur Anpassung des Baugesetzbuchs an EU-Richtlinien (EAG Bau), 14.
²⁰⁰⁴ Gesetzentwurf EAG Bau, 97.
²⁰⁰⁵ Gesetzentwurf EAG Bau, 97.
²⁰⁰⁶ DIfU, Planspiel (Fnte. 355), 49.
²⁰⁰⁷ Gegenäußerung der Bundesregierung zur Stellungnahme des Bundesrates zum Entwurf eines Gesetzes zur Anpassung des Baugesetzbuchs an EU-Richtlinien (EAG Bau), BR-Drucks. 756/03 (Beschluss), 4.
²⁰⁰⁸ *Schmidt-Eichstaedt*, in: Hendler/Marburger/Reinhardt/Schröder (Fnte. 310), 94.

Investoren im Rahmen eines vorhabenbezogenen Bebauungsplans für nachfolgende Überwachungsmaßnahmen zur Kasse zu bitten.

4. Lösungsansätze für Überwachung und Abhilfemaßnahmen

1058 Die Gemeinden sind nach § 4c BauGB verpflichtet, erhebliche Umweltauswirkungen zu überwachen und ggf. geeignete Abhilfemaßnahmen zu ergreifen. Dabei sind nur erhebliche Umweltauswirkungen von Bedeutung. Abhilfemaßnahmen sind auch nur in dem gebotenen Umfang zu ergreifen.

1059 **a) Stufen der Betroffenheiten.** Die Erheblichkeit der Umweltauswirkungen und die gebotenen Umweltauswirkungen müssen an den jeweiligen Schutzgütern und unterschiedlichen Schwellen orientiert werden.[2009] Dabei stehen verfassungsrechtlich geschützte Rechtsgüter wie Leben und Gesundheit oder Eigentumseingriffe mit Enteignungswirkung an der Spitze.[2010] Es folgen schwere und unerträgliche Betroffenheiten, denen durch eine Reduzierung der Beeinträchtigungen durch Planung oder durch andere Kompensationsmaßnahmen zu begegnen ist.[2011] Ergeben sich aus normativen Regelungen, dem Rücksichtnahmegebot[2012] oder einer einfachrechtlichen Zumutbarkeitsschwelle eigene Rechte, so darf darin nur unter Beachtung der normativen Voraussetzungen und ggf. unter Anordnung von Schutzauflagen eingegriffen werden.[2013] Einfache Belange, die nicht zu den eigenen Rechten gehören, sind zwar in die Abwägung einzustellen, können dort aber auch ohne Kompensation überwunden werden.[2014] Dazu gehören auch Belange, die keinen individuellen Rechtsträger haben und auch solche, die allgemein von der (betroffenen) Öffentlichkeit geltend gemacht werden.

1060 **b) Schutzkonzept in der Abwägungspyramide.** Wird die Schwelle zur Gesundheitsgefahr überschritten, so muss auch die Planung zwingend einen entsprechenden Ausgleich schaffen. Sie hat die Belastungen entweder durch planerische Maßnahmen zu reduzieren, durch eine Umplanung die Voraussetzungen für eine Enteignung und damit eine Entschädigung zu schaffen oder in anderer Weise einen entschädigungsrechtlichen Ausgleich zu gewähren. Eine Gesundheitsgefahren herbeiführende oder fortschreibende Planung würde an den verfassungsrechtlichen Erfordernissen eines ausreichenden Gesundheitsschutzes und auch der Eigentumsgarantie scheitern. Der Plangeber kann daher die betroffenen Interessen nicht risikolos wegwägen.[2015] Auf der anderen Seite besteht allerdings unterhalb der Gesundheitsgefahr nach Maßgabe der Normvorgaben ein planerischer Abwägungsspielraum,[2016] bei dem auch prognostische Elemente wirksam werden können.[2017] Auch spürbare Wertminderungen hat der Betroffene bei Einhaltung des Abwägungsgebotes hinzunehmen.[2018] Man wird es daher einem Planungsträger wohl nicht automatisch als Abwägungsfehler anlasten können, wenn er beispielsweise den Lärm, der nicht in unmit-

---

[2009] Zum Folgenden *Stüer*, BauR 1999, 1221; *Halama/Stüer* NVwZ 2003, 137.
[2010] *BVerwG*, Urt. v. 18. 3. 1983 – 4 C 80.79 – BVerwGE 67, 74 = DVBl. 1983, 899; *BVerfG*, B. v. 15. 7. 1981 – 1 BvL 77/78 – BVerfGE 58, 300 = NJW 1982, 745 = DVBl. 1982, 340 = *Hoppe/Stüer* RzB Rdn. 1136 – Nassauskiesung.
[2011] *BVerwG*, Urt. v. 21. 5. 1976 – IV C 80.74 – BVerwGE 51, 15 = DVBl. 1976, 779; Urt. v. 29. 1. 1991 – 4 C 51.89 – BVerwGE 87, 332 = DVBl. 1991, 885; *BVerfG*, B. v. 14. 7. 1981 – 1 BvL 24/78 – BVerfGE 58, 137 = DVBl. 1982, 298 – Pflichtexemplare.
[2012] *BVerwG*, Urt. v. 25. 2. 1977 – IV C 22.75 – BVerwGE 52, 122 = BauR 1977, 244; Urt. v. 26. 5. 1978 – IV C 9.77 – BVerwGE 55, 369 = BauR 1978, 276.
[2013] *BVerwG*, Urt. v. 14. 2. 1975 – IV C 21.74 – BVerwGE 48, 56 = BauR 1975, 191.
[2014] *BVerwG*, B. v. 9. 11. 1979 – 4 N 1.78 – BVerwGE 59, 87 = BauR 1980, 36; Urt. v. 24. 9. 1998 – 4 CN 2.98 – BVerwGE 107, 215 = BauR 1999, 134.
[2015] *Halama/Stüer* NVwZ 2003, 137; *Krautzberger/Stüer* DVBl. 2004, 914; s. Rdn. 644, 4319.
[2016] *BVerwG*, Urt. v. 27. 10. 2000 – 1 A 18.99 – BVerwGE 112, 140 = BauR 2001, 591; Urt. v. 3. 3. 1999 – 11 A 9.97 – DVBl. 1999, 1527 = NuR 2000, 575 = NVwZ-RR 1999, 720; Urt. v. 20. 12. 2000 – 11 A 7.00 – NVwZ-RR 2001, 360.
[2017] *BVerwG*, Urt. v. 22. 11. 2000 – 11 C 2.00 – BVerwGE 112, 221 = NVwZ 2001, 429.
[2018] *BVerwG*, Urt. v. 5. 3. 1999 – 4 A 7.98 – NVwZ-RR 1999, 556.

telbarem Zusammenhang mit seinem Vorhaben steht, als für die Standortentscheidung letztlich nicht allein ausschlaggebend behandelt, solange die jeweiligen Betroffenheiten zutreffend ermittelt und in die Abwägung eingestellt worden sind.[2019]

c) **Erstplanung und Monitoring.** Die vorgenannten, für die Erstplanung geltenden Abwägungsgrundsätze können auch auf das nachsorgende Monitoring übertragen werden. Die Gemeinde muss auch im Rahmen des Monitoring jenen Abwägungsspielraum für sich in Anspruch nehmen können, der für die Erstplanung gilt. Die Gemeinde kann daher nicht zu einer Planänderung verpflichtet sein, wenn die sich ändernden Belange auch bei der Erstplanung hätten überwunden werden können. Zudem ist der Grundsatz des Bestands- oder Vertrauensschutzes zu beachten. Planänderungen können daher dem Gebot einer qualifizierten Abwägung unterliegen. Sie sind besonders zu begründen und die bestandswahrenden Interessen der Planbetroffenen in die Abwägung einzustellen. Vor diesem Hintergrund führt eine Verschiebung in der Beurteilung abwägungserheblicher Belange nicht automatisch zu einer Planänderungspflicht. Vielmehr kann die Gemeinde in einer neuen Abwägungsentscheidung nach den Maßstäben des § 1 VII BauGB über die veränderten Gewichtungen autonom befinden, ohne hier im Allgemeinen auf ein bestimmtes Ergebnis verpflichtet zu sein. Auch die Beibehaltung des bisherigen Planes kann sich abwägungsgerecht erweisen.

Wird im Gegensatz zu den Erwartungen in Rechte Dritter eingegriffen, ergeben sich erhöhte Abwägungserfordernisse; es besteht aber ebenfalls keine Automatik einer Planänderung. Die einfachgesetzlichen Zumutbarkeitsschranken sind nur bei der Erstplanung einzuhalten, gelten jedoch nicht automatisch auch für jede Veränderung, die sich bei der Durchführung der Planung ergibt. Zwingende Handlungspflichten der Gemeinden bestehen hier erst, wenn die jeweiligen Sanierungswerte überschritten werden. Das wird in der Regel erst für nicht vorhergesehene Beeinträchtigungen gelten, mit denen die verfassungsrechtliche Zumutbarkeitsschwelle überschritten wird. Durch die Pflicht zum Monitoring hat sich diese Unterscheidung von Vorsorgewerten und Sanierungswerten nicht verschoben. Unmittelbare Handlungspflichten für die Gemeinde ergeben sich im Monitoring erst dann, wenn die Sanierungswerte überschritten werden und damit in eine verfassungsrechtlich geschützte Position eingegriffen wird oder der Gesetzgeber unterhalb dieser verfassungsrechtlichen Schwelle Abwehrrechte oder Ansprüche auf Schutzvorkehrungen einräumt.[2020] Entsprechende Grundsätze können auch im Bereich von umweltschützenden Belangen angenommen werden, die keinen individuellen Rechtsträger haben. Auch hier folgt aus dem Nichteintritt der in der Bauleitplanung prognostizierten Entwicklung keine Automatik einer Planänderungspflicht. Strengere Grundsätze dürften nur gelten, wenn zwingende Gebote nicht eingehalten werden, etwa die Erfordernisse des Habitat- oder Vogelschutzes nicht mehr gewährleistet sind (vgl. auch Art. 11, 12 IV FFH-Richtlinie).

5. Planung und Zulassung

Dem Monitoring unterliegen Pläne und Programme, während die jeweiligen **Zulassungsentscheidungen** nicht vom Monitoring erfasst werden. Das hat einen einfachen Grund: Die Projekt-UVP-Richtlinie 1985/1997 kannte noch kein Monitoring; es wurde erst mit der Plan-UP-Richtlinie 2001 eingeführt. Die Abhilfemaßnahmen kommen allerdings vielfach ohne einen Eingriff in bestandskräftige Zulassungsentscheidungen nicht aus. Und darin liegt ein Problem. Die erteilte Baugenehmigung wird nicht automatisch dadurch obsolet, dass der Bebauungsplan geändert wird. Auch eine immissionsschutzrechtliche Genehmigung behält trotz Änderung des Bebauungsplans ihren Bestand. Wird daher ein Bebauungsplan wegen veränderter Umstände aufgrund eines

---

[2019] *BVerwG*, Urt. v. 27. 10. 2000 – 4 A 18.99 – BVerwGE 112, 140 = BauR 2001, 591.
[2020] Eine Planungspflicht nimmt auch *Upmeier*, BauR 2004, 1382, mit Hinweis auf *BVerwG*, Urt. v. 17. 9. 2003 – 4 C 14.01 – BVerwGE 119, 25 = DVBl. 2004, 239 = NVwZ 2004, 220 – Mülheim-Kärlich, an.

Monitoring geändert, stellt sich die Frage, welchen Einfluss die Planänderung auf die Zulassungsentscheidung hat. Denn solange die Zulassungsentscheidung Bestandskraft hat, entfaltet sie auch eine Schutzfunktion zugunsten des Vorhabens – unabhängig davon, ob es schon verwirklicht wurde oder nicht.[2021]

1064 Die **zuständigen Behörden** müssten die Zulassungsentscheidung daher nach § 48 VwVfG zurücknehmen oder nach § 49 VwVfG widerrufen. Die Rücknahme würde allerdings die Rechtswidrigkeit der Genehmigung zum damaligen Zeitpunkt voraussetzen, wovon in der Regel nicht auszugehen ist. Auch ein Widerruf ist nur unter den engen Voraussetzungen des § 49 II VwVfG möglich. § 49 II Nr. 3 VwVfG ist dabei auf Baugenehmigungen nicht anwendbar, weil diese gerade gegen eine Aufhebung wegen späterer Änderungen der Sachlage Schutz bietet.[2022] § 49 II Nr. 5 VwVfG lässt einen Widerruf nur bei schweren Nachteilen für das Gemeinwohl zu. Unter das Gemeinwohl fällt mit den wichtigen Gemeinschaftsgütern zwar auch die Erhaltung der Umwelt;[2023] „schwere Nachteile" liegen aber bei einer bloßen Gefährdung der Umwelt nicht vor. Der zuständigen Behörde bliebe demnach nur ein Widerrufsvorbehalt nach § 49 II Nr. 1 VwVfG mit dem Verweis auf die anstehenden Überwachungsmaßnahmen. Allerdings kann auch nicht jede Zulassungsentscheidung zukünftig mit einem Widerrufsvorbehalt versehen werden, da dies die Schutzwirkung der Berechtigung unterlaufen würde.

1065 Immissionsschutzrechtliche Genehmigungen können unter den Voraussetzungen des **§ 17 BImSchG** mit nachträglichen Auflagen versehen werden. Derartige Maßnahmen stehen unter dem Vorbehalt der Verhältnismäßigkeit (§ 17 II BImSchG). Ist ein Planfeststellungsbeschluss unanfechtbar geworden, so sind Ansprüche auf Unterlassung des Vorhabens, auf Beseitigung oder Änderung der Anlagen oder auf Unterlassung ihrer Benutzung ausgeschlossen. Treten später nicht voraussehbare nachteilige Wirkungen ein, sind zugunsten des Betroffenen nachträgliche Schutzvorkehrungen oder -anlagen verlangen (§ 75 II VwVfG). Ersatzweise besteht ein Anspruch auf angemessene Entschädigung in Geld (§ 75 II 4 VwVfG).

1066 Es könnte daher erforderlich werden, die gesetzlichen Regelungen für den Bereich anderer Zulassungsentscheidungen im Sinne der vorgenannten Vorschriften zu ergänzen. Ansonsten hat die Gemeinde zwar die Möglichkeit der Planänderung oder -aufhebung, bestehende Zulassungsentscheidungen bleiben davon aber unberührt. Zugleich besteht allerdings das Gebot einer effektiven Umsetzung des Europarechts, das auch entgegenstehendes nationales Verwaltungsverfahrensrecht brechen kann.[2024]

6. Ansprüche der Öffentlichkeit

1067 Ein Anspruch auf Änderung, Ergänzung oder Aufhebung des Plans bei Feststellung von negativen Umweltauswirkungen besteht grundsätzlich nicht (§ 1 III 2, VIII BauGB). Allerdings könnte die Öffentlichkeit einen Anspruch darauf haben, dass die Vorschriften des Monitoring durch Überwachung und Abhilfemaßnahmen **effektiv umgesetzt** werden. So gewährt der EuGH[2025] auch den (nicht enteignend betroffenen) Nachbarn eines

---

[2021] *Hoppe/Bönker/Grotefels*, Öffentliches Baurecht, § 16, Rdn. 58; dazu auch EAG Bau Mustererlass 2004, 35.

[2022] *Kopp/Ramsauer*, Rdn. 42 zu § 49 VwVfG.

[2023] *Schäfer*, in: Obermayer, VwVfG, § 49, Rdn. 42.

[2024] Vgl. zur effektiven Umsetzung des Europarechts in das nationale Recht auch *EuGH*, Urt. v. 2. 2. 1989 – Rs. 94/87 – EuGHE I 1989, 175 = EuZW 1990, 387; Urt. v. 20. 3. 1997 – C 24/95 – EuGHG I 1997, 1591 = DVBl. 1997, 951 – Alcan; *BVerwG*, Urt. v. 23. 4. 1998 – 3 C 13.97 – BVerwGE 106, 328 = DVBl. 1999, 44 Alcan II – § 48 VwVfG; *Stüer/Rieder* EurUP 2004, 13; *Stüer/Spreen* VerwArch. 1/2005; *Spreen*, Bundeskompetenz bei fehlender Umsetzung des Europarechts durch die Bundesländer, in: Planungsrecht (Hrsg. Stüer), Bd. 8, 2004; *Rieder*, Fachplanung und Präklusion, in: Planungsrecht (Hrsg. Stüer), Bd. 9, Osnabrück 2004.

[2025] *EuGH*, Urt. v. 7. 1. 2004 – C-201/02 – DVBl. 2004, 370 = NVwZ 2004, 517 = EurUP 2004, 57 – Delena Wells.

UVP-pflichtigen Vorhabens Klagerechte aus der UVP-Richtlinie 85/337 mit dem Inhalt, durch die zuständigen Behörden eine UVP vornehmen zu lassen. Das scheitere auch nicht an einer umgekehrten mittelbaren Wirkung (invers direct effect) zu Lasten des Vorhabenträgers, der bis zum Vorliegen der Ergebnisse der UVP seinen Betrieb einstellen müsse.[2026]

Vor diesem Hintergrund sind Ansprüche der von den Planauswirkungen Betroffenen auf ein Monitoring nicht ganz von der Hand zu weisen. Die Reichweite dieser Ansprüche richtet sich allerdings nach den gesetzlichen Anforderungen an das Monitoring. Die Überwachungsmaßnahmen liegen im Ermessen der Gemeinden. Daher kommt ein Rechtsanspruch Dritter nur in Betracht, wenn der gemeindliche Ermessensrahmen überschritten ist.[2027] Da eine Pflicht zur Planänderung nur bestehen kann, wenn sich zwingende Änderungserfordernisse ergeben, weil unzulässig in verfassungsrechtlich geschützte Rechtspositionen eingegriffen wird oder das einfache Recht entsprechende Planänderungsansprüche bereithält, wird in der Regel ein Anspruch der Öffentlichkeit auf Durchführung von Abhilfemaßnahmen scheitern. Denn Rechtsansprüche bestehen nur in der Reichweite eigener Rechte der Planbetroffenen. Das Ziel des Anspruchs ist zwar auf die Herstellung rechtmäßiger Zustände gerichtet, gleichwohl aber darauf begrenzt, den rechtswidrigen Eingriff in die subjektive Rechtsstellung zu beseitigen.[2028] Ebenso wenig kann der Einwohner das Einschreiten der Kommunalaufsicht gegenüber der Gemeinde erzwingen,[2029] da auch die aufsichtsrechtlichen Bestimmungen keinen Drittschutz verleihen.[2030]

Einen Anspruch hat der Bürger jedoch: den Anspruch auf freien Zugang zu den während der Überwachung gesammelten Informationen. Die Gemeinde muss die Öffentlichkeit über die bei der Überwachung gewonnenen Erkenntnisse unterrichten (§10 UIG 2005). Zudem hat der Bürger auf Antrag einen Anspruch auf Zugang zu den bei der Gemeinde vorliegenden Umweltinformationen (§§ 3, 4 UIG), wenn nicht ein Ablehnungsgrund nach §§ 8, 9 UIG vorliegt.[2031]

7. Monitoring: Vom Plan zum Vorhaben

Der europarechtlich vorgegebene **Freiraum** bei der **Ausgestaltung** des Monitoring wird vollständig an die Gemeinden weitergereicht. Da bisher das Instrument der Überwachung[2032] als eine die Bauleitplanung und ihre Ergebnisse begleitende Maßnahme in Deutschland nicht angewandt worden ist, sind einige Gestaltungsspielräume für den Anwender durchaus sinnvoll. Andererseits ist auch eine gewisse Anleitung der Behörden erforderlich, da anderenfalls der praktische Vollzug der Vorschrift gefährdet ist.[2033] Die einheitliche Festlegung zumindest von Eckpunkten für das Überwachungsverfahren würde zudem für mehr Rechtssicherheit sorgen.[2034] Ein Problem für die Gemeinden ist deren finanzielle und personelle Notlage. Sie bremst ein wenig den Optimismus bezüg-

---

[2026] S. Rdn. 2856.
[2027] DIfU, Planspiel (Fnte. 355), 50.
[2028] So zum Folgenbeseitigungsanspruch bei fehlerhafter Bauleitplanung für eine Straße (isolierte Straßenplanung) *BVerwG*, Urt. v. 26. 8. 1993 – 4 C 24.91 – BVerwGE 94, 100 = NVwZ 1994, 275.
[2029] Zu den Befugnissen der Kommunalaufsicht *BVerwG*, Urt. v. 17. 9. 2003 – 4 C 14.01 – BVerwGE 119, 25 = DVBl. 2004, 239 = NVwZ 2004, 220 – Mühlheim-Kärlich; zur Vorinstanz *OVG Koblenz*, B. v. 20. 1. 1998 – 1 B 10056/98 –; Urt. v. 5. 7. 2001 – 1 A 10168/01.OVG – (unveröffentlicht).
[2030] *BVerfG*, B. v. 27. 4. 1971 – 2 BvR 708/65 – BVerfGE 31, 33; *Seewald*, in: Steiner, Besonderes Verwaltungsrecht, Kapitel I, Rdn. 371.
[2031] Soweit das Landesrecht keine entsprechenden Informationspflichten enthält, ist die UI-Richtlinie unmittelbar anzuwenden, s. Rdn. 2813, 2814.
[2032] In Fachgesetzen (WHG, BImSchG, BBodSchG, BNatSchG) bestehen bereits zahlreiche Überwachungspflichten, vgl. auch EAG Mustererlass 2004, 33.
[2033] *Sangenstedt* in: Hendler/Marburger/Reinhardt/Schröder (Fnte. 310), 49.
[2034] *SRU*, Zur Einführung der strategischen Umweltprüfung in das Bauplanungsrecht, 7.

lich der für die Umwelt zu erwartenden Erfolge. Das Monitoring betrifft die Bauleitplanung, nicht unmittelbar die auf ihrer Grundlage ergangenen Zulassungsentscheidungen. Diese sind auch bei einer Planänderung nicht automatisch obsolet. Vielmehr bedarf es einer angemessenen Anpassung der Zulassungsentscheidung und in einigen Bereichen wohl auch entsprechender gesetzlicher Regelungen, die dem Gedanken des Monitoring auch vor dem Hintergrund von Bestands- und Vertrauensschutzinteressen in der gebotenen Weise Geltung verschaffen.

1071 In welchem Umfang die Öffentlichkeit oder der betroffene Bürger über das Zugangsrecht zu Informationen nach §§ 3, 4 UIG hinaus einen **Anspruch auf Überwachung oder Abhilfemaßnahmen** hat, ist offen. Rechtsansprüche auf Abhilfeentscheidungen dürften nur bestehen, wenn in verfassungsrechtliche Schutzbereiche eingegriffen wird oder das einfache Recht Schutzansprüche im Falle der nachträglichen Überschreitung von Zumutbarkeitsschwellen einräumt. Das Monitoring ist für den Planungszyklus wichtig. Da die Aussagen im Umweltbericht zumeist auf Prognosen über die zukünftige Entwicklung der Umwelt beruhen, ist ein Überwachungssystem sinnvoll, das diese Prognosen überprüft. Nur so können Fehlentwicklungen erkannt und beseitigt werden oder es kann zumindest gegengesteuert werden.[2035] Das Monitoring ist unabhängig davon, ob es direkt zu Konsequenzen führt, auch ein Mittel zur Qualitätskontrolle von Plänen und Programmen. Die Überwachung der Bauleitpläne kann zu einer Verbesserung künftiger Umweltprüfungen und Umweltberichte beitragen.[2036]

XII. Änderung, Ergänzung oder Aufhebung des Bebauungsplans

1072 Die verfahrensrechtlichen Anforderungen an die Aufstellung eines Bauleitplans sind gem. § 1 VIII BauGB grundsätzlich auch bei der **Änderung**, **Ergänzung** oder **Aufhebung** zu beachten. Es bedarf daher einer Öffentlichkeitsbeteiligung nach § 3 BauGB, einer Behördenbeteiligung nach § 4 BauGB, eines Satzungsbeschlusses nach § 10 BauGB für den Bebauungsplan oder eines Feststellungsbeschlusses nach § 6 BauGB für den Flächennutzungsplan sowie ggf. eines Genehmigungsverfahrens (§ 10 II BauGB).

1. Grundsätzliche Verfahrensanforderungen

1073 Die Verfahren der Änderung, Ergänzung oder Aufhebung setzen einen bereits wirksamen Bauleitplan voraus. Ein unwirksamer Bauleitplan könnte jedoch ggf. in einem Verfahren zugleich geheilt und geändert oder ergänzt werden. Die Änderung oder Ergänzung der Bauleitplanung muss wie die Aufstellung aus städtebaulichen Gründen erforderlich sein (vgl. § 1 III, VIII BauGB).[2037] Für die Baugenehmigung ist grundsätzlich jeweils das im Zeitpunkt der Entscheidung über den Antrag geltende Recht anzuwenden. Hat allerdings die Baugenehmigungsbehörde über einen Bauantrag aufgrund einer Rechtsänderung nunmehr nach Ermessen zu entscheiden, so ist das Ermessen regelmäßig auf Null reduziert, wenn dem Antragsteller die Baugenehmigung vor In-Kraft-Treten der Rechtsänderung zu Unrecht vorenthalten worden ist und nachträglich keine Umstände eingetreten sind, die eine Ermessensausübung zu Ungunsten des Antragstellers rechtfertigen.[2038] Eine **Neubekanntmachung** eines Flächennutzungsplans ist keine Aufstellung oder Änderung und unterliegt daher nicht den verfahrensrechtlichen Aufstellungsanforderungen des BauGB.

[2035] *Sangenstedt* in: Reiter, Neue Wege in der UVP, 252.
[2036] *Kläne*, Strategische Umweltprüfung (SUP) in der Bauleitplanung, Osnabrück 2002, S. 242; *Sheate*, European Environmental Law Review 2003, 331 (346); *Risse/Crowley/Vincke/Waaub*, Environmental Impact Assessment Review, 453 (465).
[2037] *VGH Mannheim*, Urt. v. 4. 3. 1983 – 5 S 1751/82 – BauR 1983, 222 = ZfBR 1984, 53.
[2038] *BVerwG*, Urt. v. 20. 8. 1992 – 4 C 54.89 – NVwZ-RR 1993, 65 = BauR 1993, 51 = *Hoppe/Stüer* RzB Rdn. 980 – Billard-Café.

2. Vereinfachtes Verfahren

§ 13 BauGB sieht für die Änderung oder Ergänzung eines Bauleitplans oder anderer städtebaulicher Satzungen unter den in der Vorschrift genannten Voraussetzungen ein **vereinfachtes Verfahren** vor. Werden durch die Änderung oder Ergänzung eines Bauleitplans die Grundzüge der Planung nicht berührt oder wird durch die Aufstellung eines Bebauungsplans in einem Gebiet nach § 34 BauGB der sich aus der vorhandenen Eigenart der näheren Umgebung ergebende Zulässigkeitsmaßstab nicht wesentlich verändert, kann die Gemeinde das vereinfachte Verfahren anwenden, wenn (1) die Zulässigkeit von Vorhaben, die einer Pflicht zur Durchführung einer UVP nach Anlage 1 zum UVPG oder nach Landesrecht unterliegen, nicht vorbereitet oder begründet wird und (2) keine Anhaltspunkte für eine Beeinträchtigung der in § 1 VI Nr. 7 b BauGB genannten Schutzgüter bestehen.[2039] Das vereinfachte Verfahren setzt daher voraus, dass

— durch die Änderung oder Ergänzung die Grundzüge der Planung nicht berührt werden
— das Vorhaben nicht UVP-pflichtig oder vorprüfungspflichtig mit erheblichen nachteiligen Umweltauswirkungen nach der Anlage 1 zum UVPG ist und
— Belange des Habitat- oder Vogelschutzes nicht berührt werden.

1074

In diesen Fällen kann (1) von der frühzeitigen Unterrichtung und Erörterung nach den §§ 3 I, 4 I BauGB abgesehen werden, (2) der betroffenen Öffentlichkeit Gelegenheit zur Stellungnahme innerhalb angemessener Frist gegeben oder wahlweise die Auslegung nach § 3 II BauGB durchgeführt werden und (3) den berührten Behörden und sonstigen Trägern öffentlicher Belange Gelegenheit zur Stellungnahme innerhalb angemessener Frist gegeben oder wahlweise die Beteiligung nach § 4 BauGB durchgeführt werden. Eine Umweltprüfung und ein Umweltbericht sind nicht erforderlich.[2040] Im Gegensatz zu der früheren Unterscheidung zwischen der Änderung oder Ergänzung eines Flächennutzungsplans einerseits und eines Bebauungsplans andererseits ist das vereinfachte Verfahren bei der Änderung oder Ergänzung für Flächennutzungsplan und Bebauungsplan bereits seit § 13 BauGB 1998 einheitlich geregelt. Das **vereinfachte Verfahren** kann in folgenden Fällen angewendet werden:

1075

— Änderung oder Ergänzung von Flächennutzungsplänen ohne Änderung der Grundzüge (§ 13 BauGB),
— Änderung oder Ergänzung von Bebauungsplänen ohne Änderung der Grundzüge (§ 13 BauGB),
— Aufstellung eines Bebauungsplans im nicht beplanten Innenbereich bei nicht wesentlicher Veränderung des aus der Umgebung hervorgehenden Zulässigkeitsmaßstabes (§ 13 BauGB),
— Aufhebung vorhabenbezogener Bebauungspläne (§ 12 VI BauGB),
— Entwicklungssatzung (§ 34 IV 1 Nr. 2 BauGB),
— Ergänzungssatzung (§ 34 IV 1 Nr. 3 BauGB) und
— Außenbereichssatzung (§ 35 VI BauGB).

Die Vereinfachung kann sich auf den **Wegfall der Umweltprüfung** und **geringere Anforderungen** an die **Beteiligungsverfahren** beziehen. Eine Ausnahme von dem Regelverfahren der Umweltprüfung besteht jedoch lediglich im Hinblick auf solche Planungssituationen, die nicht in erster Linie der Schaffung von Baurechten dienen, sondern vorrangig bestandssichernde oder ordnende Funktionen haben. In derartigen Fällen ist nach Auffassung des Gesetzgebers eine förmliche Umweltprüfung nicht erforderlich, da mit den Planungen keine erheblichen Umweltauswirkungen verbunden sind. Ein vereinfachtes Verfahren ist daher auf diejenigen Planungen begrenzt, in denen keine UVP-

1076

[2039] Zum Folgenden EAG Bau – Mustererlass 2004.
[2040] Zum Umweltbericht s. Rdn. 249, 280, 385, 769, 809, 955, 1040, 1121, 1403, 1513, 2079, 2721, 2789.

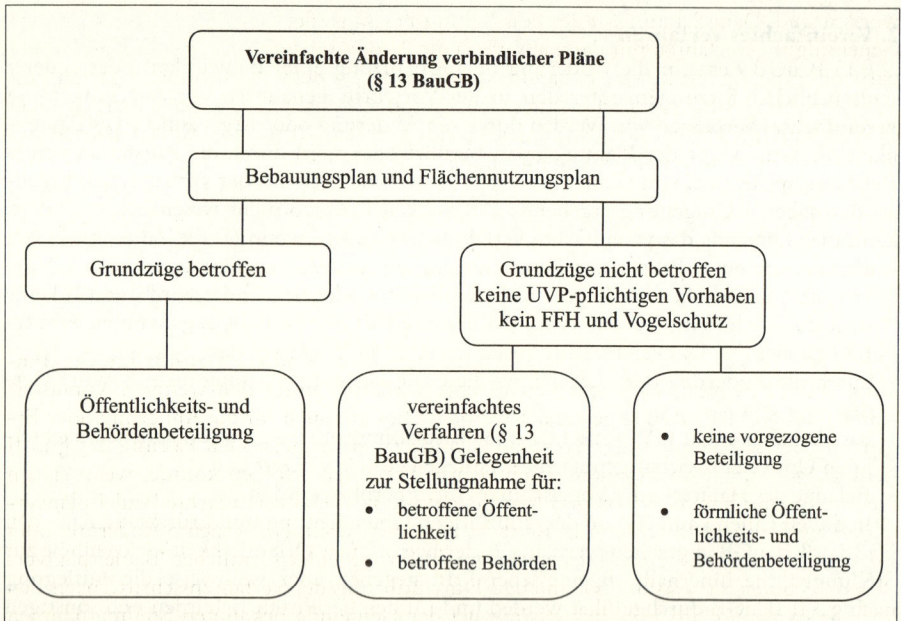

pflichtigen oder vorprüfungspflichtigen Vorhaben mit erheblichen nachteiligen Umweltauswirkungen zugelassen werden sollen. Geringere Anforderungen an die Öffentlichkeits- und Behördenbeteiligung sind im vereinfachten Verfahren nur dort vorgesehen, wo sich der Kreis der Betroffenen abgrenzen lässt. Anderenfalls muss eine (erneute) förmliche Öffentlichkeits- und Behördenbeteiligung durchgeführt werden. Nach dem Wortlaut des § 13 BauGB kann von einer Umweltprüfung auch dann abgesehen werden, wenn die Planänderung zwar ein vorprüfungspflichtiges Vorhaben erfasst, die Vorprüfung aber zu dem Ergebnis führt, dass wegen nicht erheblicher Auswirkungen von einer UVP abgesehen werden kann. Es könnte sich jedoch empfehlen, in diesen Fällen vorprüfungspflichtiger Vorhaben bei entsprechendem Anlass eine Umweltprüfung durchzuführen.

1077 Werden durch **Änderungen** oder **Ergänzungen** eines **Bauleitplans** die Grundzüge der Planung nicht berührt, kann von der vorgezogenen Öffentlichkeitsbeteiligung nach § 3 I BauGB und der vorgezogenen Behördenbeteiligung nach § 4 I BauGB abgesehen werden. Es findet lediglich eine förmliche Öffentlichkeits- und Behördenbeteiligung (§§ 3 II, 4 II BauGB) statt, wobei jeweils an die Stelle der förmlichen Beteiligung Ersatzverfahren treten können. Die Öffentlichkeitsbeteiligung kann entweder dadurch erfolgen, dass der betroffenen Öffentlichkeit Gelegenheit zur Stellungnahme innerhalb angemessener Frist gegeben wird (Betroffenenbeteiligung), oder eine förmliche Öffentlichkeitsbeteiligung nach § 3 II BauGB stattfindet. An die Stelle der Behördenbeteiligung nach § 4 II BauGB kann ein eingeschränktes Beteiligungsverfahren treten, bei dem den berührten Trägern öffentlicher Belange Gelegenheit zur Stellungnahme innerhalb angemessener Frist gegeben wird. Im vereinfachten Verfahren wird von einer Umweltprüfung nach § 2 IV BauGB, einem Umweltbericht nach § 2a BauGB und von der Angabe nach § 3 II 1 BauGB, welche Arten umweltbezogener Informationen verfügbar sind, abgesehen. Auch ein Monitoring ist nicht erforderlich (§ 13 III BauGB). Das vereinfachte Verfahren bringt daher vor allem im Bereich der Umweltprüfung Entlastungen, weil diese entfällt. Hierin liegt einer der beiden Hauptvereinfachungseffekte des vereinfachten Verfahrens.

1078 Ein weiterer Vereinfachungseffekt ergibt sich im Hinblick auf das entfallende Genehmigungsverfahren für Bebauungspläne, die aus dem Flächennutzungsplan entwickelt worden sind. Dem Satzungs- oder Feststellungsbeschluss der Gemeinde schließt sich ein Genehmigungsverfahren nur dann an, wenn die Änderung den Flächennutzungsplan betrifft oder die Änderung des Bebauungsplans nicht aus dem Flächennutzungsplan entwickelt ist. Im Übrigen bedarf es eines Genehmigungsverfahrens der Planänderung nicht (§ 10 II BauGB). Durch diese Kombination des § 13 BauGB und des § 10 II BauGB besteht insoweit eine Verfahrensvereinfachung. Selbst bei widersprechenden betroffenen Bürgern oder Trägern öffentlicher Belange ist ein Genehmigungs- oder Anzeigeverfahren nicht erforderlich, wenn die Bebauungsplanänderung aus dem Flächennutzungsplan entwickelt ist. Nach der vormals geltenden Regelung des § 13 BauGB 1987 war in diesen Fällen die Durchführung eines Genehmigungs- oder Anzeigeverfahrens bei der höheren Verwaltungsbehörde erforderlich.

Die vorgenannten Grundsätze gelten für die Änderung oder Ergänzung des Flächennutzungsplans und des Bebauungsplans gleichermaßen. Sind die **Grundzüge der Planung** nicht betroffen, kann das vereinfachte Verfahren unter den weiteren Voraussetzungen des § 13 I BauGB angewendet werden. Dies gilt auch für die Änderung oder Ergänzung des Flächennutzungsplans, die nach der vormals geltenden Fassung des § 13 II BauGB 1987 nur dann in einem vereinfachten Verfahren erfolgen konnte, wenn sie im Umfang geringfügig oder von geringer Bedeutung war. Das vereinfachte Bauleitplanverfahren wird insbesondere dann in Betracht kommen, wenn eine erneute Änderung oder Ergänzung des Plans bereits kurz nach Durchführung eines förmlichen Bauleitplanverfahrens geboten ist und die nochmalige Durchführung der Verfahrensschritte nach den §§ 3, 4, 4a BauGB im Hinblick auf die bei der Gemeinde bekannten Stellungnahmen nicht erforderlich erscheint. Allerdings muss der betroffenen Öffentlichkeit und den Behörden sowie sonstigen Trägern öffentlicher Belange in geeigneter Weise Gelegenheit zur Stellungnahme gegeben werden. Der Gemeinde bleibt es in diesen Fällen allerdings unbenommen, auch im vereinfachten Verfahren nach § 13 BauGB ein förmliches Offenlegungsverfahren nach § 3 II BauGB oder eine Behördenbeteiligung nach § 4 II BauGB durchzuführen. Eine förmliche Öffentlichkeitsbeteiligung kann etwa zweckmäßig sein, wenn der Kreis der möglicherweise betroffenen Öffentlichkeit nicht klar erkennbar ist oder die Planänderung auf eine Vielfalt von öffentlichen Belangen einwirkt, so dass aus diesen Gründen eine förmliche Öffentlichkeitsbeteiligung oder eine erneute umfangreiche Behördenbeteiligung sinnvoll erscheint.

Das vereinfachte Verfahren bei einer Änderung oder Ergänzung des Flächennutzungsplans oder des Bebauungsplans setzt nach § 13 BauGB voraus, dass die **Grundzüge der Planung nicht betroffen** werden. Hierunter kann etwa die Änderung eines reinen Wohngebiets (§ 3 BauNVO) in ein allgemeines Wohngebiet (§ 4 BauNVO) für den Bereich von vier Parzellen[2041] oder die Verschiebung einer Bebauungsplangrenze um 5 m fallen.[2042] Es darf sich daher nur um Auswirkungen handeln, die zwar für einzelne Grundstücke von erheblichen Auswirkungen sein mögen, die aber die dem Bebauungsplan insgesamt zugrunde liegende Konzeption nicht in Frage stellen.[2043]

Beispiel: Auf Wunsch einiger Grundstückseigentümer wird die Festsetzung von Hausgruppen in Einzel- und Doppelhäuser geändert. Im Rahmen des vereinfachten Änderungsverfahrens werden lediglich die von der Änderung unmittelbar betroffenen Grundstückseigentümer und die unmittelbaren Grundstücksnachbarn sowie betroffene Träger öffentlicher Belange gehört. Es könnte jedoch bereits einiges dafür sprechen, dass in diesen Fällen eine erneute förmliche Öffentlichkeits- bzw. Behördenbeteiligung durchzuführen ist. Ob eine teilweise Änderung der im Bebauungsplan festgesetzten Nutzungsart die Grundzüge der Planung i. S. des § 13 BauGB berührt, lässt sich nur im Einzelfall klären.[2044] Die Grundzüge der Planung werden nicht betroffen, wenn die Änderung der Nutzungsart lediglich darin besteht, dass statt eines reinen Wohngebiets ein allgemeines Wohngebiet

---

[2041] *BVerwG*, B. v. 15. 3. 2000 – 4 B 18.00 – NVwZ-RR 2000, 759.
[2042] *OVG Münster*, Urt. v. 2. 3. 1998 – 7 a D 125/96.NE – UPR 1998, 461.
[2043] *Löhr* in: Battis/Krautzberger/Löhr § 13 Rdn. 2.
[2044] *Brügelmann/Gierke*, § 13 Rn. 48 BauGB m. w. N.

festgesetzt wird, zudem Gartenbaubetriebe, Tankstellen und Schank- und Speisewirtschaften nach der Planung ausgeschlossen sind, und wenn sich die Änderung auf vier am Rande eines 132 Parzellen umfassenden Plangebiets beschränkt. Es handelt sich dann lediglich um eine kleine Randkorrektur, die das ursprüngliche Planungskonzept nicht berührt.[2045]

1081 Neben der Änderung von Bauleitplänen können auch neu aufzustellende Bebauungspläne für bisherige **Innenbereichslagen** unter § 13 BauGB fallen, wenn die sich aus der Eigenart der näheren Umgebung ergebende Zulässigkeitsmaßstab nicht wesentlich verändert wird. Hierzu rechnen z. B. kleinräumige Strukturen wie etwa der Straßenzug, in dem sich das fragliche Grundstück befindet und die gegenüberliegende Straßenfront,[2046] jedoch keineswegs notwendig alle Grundstücke in der Umgebung, die zu derselben Baugebietskategorie gehören.[2047] Im Fall eines SB-Marktes kann bereits das Verkehrsaufkommen der nächsten Straßenkreuzung nicht unter die Eigenart der näheren Umgebung zu fassen sein.[2048] Die unter den Anwendungsbereich fallenden Pläne bisheriger Innenbereichslagen dienen der Bestandssicherung oder haben einschränkende bzw. ordnende Funktion: Sicherung einer bestehenden Kleingartenanlage durch Bebauungsplan, damit auf dem Gelände nach § 34 BauGB keine anderen Nutzungen verwirklicht werden, Ausschluss von Einzelhandelsansiedlungen an städtebaulich nicht integrierten Standorten, Ausschluss wesentlich störender Gewerbebetriebe in einem faktischen Gewerbegebiet zum Schutz eines angrenzenden Wohngebiets. In den bezeichneten Fällen ergibt sich bereits aus den Tatbestandsmerkmalen „Grundzüge der Planung nicht berührt" und „Eigenart der näheren Umgebung nicht wesentlich verändert" der Rückschluss, dass keine erheblichen Umweltauswirkungen zu erwarten sind.

1082 Stellt die Gemeinde einen Bauleitplan im vereinfachten Verfahren auf, sind nach § 13 III 1 BauGB folgende Vorschriften nicht anzuwenden: die Umweltprüfung nach § 2 IV BauGB, der Umweltbericht nach § 2a BauGB, die Angabe nach § 3 II 2 BauGB, welche Arten umweltbezogener Informationen verfügbar sind sowie das Monitoring nach § 4c BauGB. Aus der Zusammenschau der genannten Vorschriften ergibt sich, dass auch die zusammenfassende Erklärung nach § 6 V 3 BauGB sowie nach § 10 IV BauGB im Rahmen des vereinfachten Verfahrens nicht erforderlich ist. **Nicht ausgeschlossen** ist im vereinfachten Verfahren die Anwendung der **naturschutzrechtlichen Eingriffsregelung**, soweit die Planung zu Eingriffen führen kann.

1083 Da die **Öffentlichkeit** davon ausgehen kann, dass für alle Bauleitpläne als Regelverfahren eine Umweltprüfung durchgeführt wird, ist in den Fällen des vereinfachten Verfahrens nach § 13 III 2 BauGB bei der Beteiligung ausdrücklich darauf hinzuweisen, dass von einer Umweltprüfung abgesehen wird. Nach bisheriger Rechtslage (§ 3 II 2 HS 2 BauGB 1998) war eine allgemeine Hinweispflicht, ob eine Umweltverträglichkeitsprüfung durchgeführt oder nicht durchgeführt werden soll, bei jedem Bebauungsplan vorgesehen. § 13 II BauGB eröffnet des Weiteren die in der bisherigen Fassung des § 13 vorgesehenen Möglichkeiten zur Vereinfachung der Öffentlichkeits- und Behördenbeteiligung, redaktionell angepasst an die Neufassung der §§ 3 und 4 BauGB. Nach § 13 II Nr. 1 BauGB kann von der frühzeitigen Beteiligung nach §§ 3 I und 4 I BauGB abgesehen werden. Der betroffenen Öffentlichkeit kann Gelegenheit zur Stellungnahme innerhalb angemessener Frist gegeben oder es kann wahlweise die Auslegung nach § 3 II BauGB durchgeführt werden. Den berührten Behörden und sonstigen Trägern öffentlicher Belange kann Gelegenheit zur Stellungnahme innerhalb angemessener Frist gegeben oder es kann wahlweise die Beteiligung nach § 4 II durchgeführt werden.

[2045] *BVerwG*, B. v. 15. 3. 2000 – 4 B 18.00 – NVwZ-RR 2000, 759 = BauR 2001, 207 = ZfBR 2001, 131.
[2046] *VGH Mannheim*, Urt. v. 28. 8. 1990 – 8 S 2800/89 –.
[2047] *BVerwG*, Urt. v. 20. 8. 1998 – 4 B 79.98 – UPR 1999, 26.
[2048] *OVG Münster*, Urt. v. 15. 1. 1992 – 7 A 81/89 – NVwZ 1993, 493.

Im Gegensatz zu § 13 I BauGB 1986 ist bei der vereinfachten Öffentlichkeitsbeteiligung der betroffenen Öffentlichkeit Gelegenheit zur Stellungnahme innerhalb angemessener Frist zu geben. Nach der vormals geltenden Fassung mussten bei **vereinfachten Planänderungsverfahren** außer den unmittelbaren Grundstückseigentümern **Dritte nur beteiligt** werden, wenn sie von den Folgen der Planänderung unmittelbar und in ihren Belangen erstmalig oder stärker als bisher **betroffen** wurden.[2049] Nunmehr sind nicht nur die Eigentümer, sondern es ist durch die Änderung oder Ergänzung betroffene **Öffentlichkeit** zu beteiligen. Es könnte dabei auf die Begriffsbestimmung in § 3 VI UVPG zurückgegriffen werden.[2050] Betroffene Öffentlichkeit im Sinne des UVPG ist danach jede Person, deren Belange durch die Planung berührt werden. Dazu zählen alle Bürger, deren Belange in die Abwägung einzustellen sind und deren Belange daher zum Abwägungsmaterial gehören (§ 2 III BauGB). Auch Mieter oder andere schuldrechtlich Berechtigte rechnen zu diesem Personenkreis, wenn ihre Belange negativ betroffen sind und mehr als geringfügig, schutzwürdig und erkennbar sind. Aber auch darüber hinaus ist die betroffene Öffentlichkeit zu beteiligen, soweit sie Belange einbringt, die durch die Planung berührt werden. Da sich der Personenkreis dieser allgemeinen Öffentlichkeit gerade bei Planänderungen mit größerer Reichweite nicht exakt abgrenzen lässt, dürfte es sich in diesen Fällen empfehlen, eine förmliche Öffentlichkeitsbeteiligung nach § 3 II BauGB durchzuführen und auf eine eingeschränkte Betroffenenbeteiligung zu verzichten. Diese wird nur dann in Betracht kommen, wenn sich der Kreis der Betroffenen klar abgrenzen lässt und die zu beteiligenden Bürger einfach ermittelt werden können und die Öffentlichkeit im Sinne individueller Bürger durch die Planänderung nicht betroffen wird. 1084

Beispiel: Die Planänderung betrifft den Gebäudeabstand auf zwei benachbarten Grundstücken. Hier ist eine Beteiligung der Nachbarn ausreichend. Die allgemeine Öffentlichkeit ist durch die Planänderung nicht betroffen.

Das **vereinfachte Änderungsverfahren** nach § 13 BauGB wird auch dann in Betracht kommen, wenn die **Befreiungsmöglichkeiten** nach § 31 II BauGB **nicht greifen**. Zwar ist die Befreiung nach § 31 II BauGB nicht auf atypische Sonderfälle beschränkt. Es kann vielmehr auch über den Einzelfall hinaus eine Befreiung erfolgen. Diese findet jedoch ihre Grenze, wenn es sich umso viele Einzelfälle handelt, dass ein Planungserfordernis nach § 1 III BauGB entsteht. Davon ist insbesondere auszugehen, wenn durch die von der Abweichung ausgehende Vorbildwirkung die Grundzüge der Planung betroffen sind. 1085

Beispiel: Mehrere Grundstückseigentümer möchten abweichend von der festgesetzten Eingeschossigkeit dreigeschossig bauen. Die Zulässigkeit eines solchen Vorhabens kann regelmäßig nur durch eine Änderung des Bebauungsplans, nicht jedoch durch eine Befreiung nach § 31 II BauGB ermöglicht werden.[2051] Dies gilt jedenfalls dann, wenn durch die beantragte Abweichung und der von ihr ggf. ausgehenden Vorbildwirkung die Grundzüge der Planung betroffen werden.

Auch **Innenbereichs- und Außenbereichssatzungen** nach den §§ 34 IV, 35 VI BauGB können unter den Voraussetzungen des § 13 BauGB in einem vereinfachten Verfahren aufgestellt werden. Diese Satzungen beziehen sich ohnehin nicht auf umweltprüfungspflichtige oder vorprüfungspflichtige Vorhaben mit erheblichen nachteiligen Umweltauswirkungen, so dass ein zusätzlicher Hinweis auf eine fehlende UVP oder Vorprüfungspflicht 1086

[2049] Für das Fachplanungsrecht BVerwG, B. v. 12. 6. 1989 – 4 B 101.89 – NVwZ 1990, 366 = ZfBR 1990, 106 = *Hoppe/Stüer* RzB Rdn. 214 – Radweg; s. Rdn. 3861; Urt. v. 5. 3. 1997 – 11 A 25.95 – DVBl. 1997, 831 = NuR 1997, 435 – Sachsenwald.

[2050] Art. 1 II UVP-RL: „Die von umweltbezogenen Entscheidungsverfahren gemäß Artikel 2 Absatz 2 UVP-RL betroffene oder wahrscheinlich betroffene Öffentlichkeit oder die Öffentlichkeit mit einem Interesse daran; im Sinne dieser Begriffsbestimmung haben Nichtregierungsorganisationen, die sich für den Umweltschutz einsetzen und alle nach innerstaatlichem Recht geltenden Voraussetzungen erfüllen, ein Interesse."

[2051] BVerwG, B. v. 20. 11. 1989 – 4 B 163.89 – NVwZ 1990, 556 = DÖV 1990, 746 = *Hoppe/Stüer* RzB Rdn. 327.

in § 13 BauGB nicht erforderlich war. Auch FFH-Gebiete oder Europäische Vogelschutzgebiete dürfen nicht beeinträchtigt sein. Da europarechtlich bedeutsame Umweltauswirkungen von diesen Satzungen voraussetzungsgemäß nicht ausgehen können, ist die Freistellung von der Umweltprüfung auch europarechtlich unproblematisch. Allerdings können sich aus der naturschutzrechtlichen Eingriffsregelung Anforderungen an die Innenbereichs- oder Außenbereichssatzungen ergeben.

1087 Das **vereinfachte Verfahren** nach § 13 BauGB kann auch dazu genutzt werden, einen erkannten inhaltlichen **Rechtsfehler** des Bebauungsplans **heilend** zu beseitigen (§ 214 IV BauGB). Das setzt voraus, dass die vorhandene Rechtswidrigkeit und die vorgesehene Änderung die Grundzüge der Planung nicht berühren kann.[2052] In einem vereinfachten Verfahren kann der Bebauungsplan bei solchen Heilungen nach § 214 IV BauGB auch mit Rückwirkung in Kraft gesetzt werden,[2053] wenn der Plan inhaltlich unverändert bleibt.

1088 Die bis zum 31. 12. 1997 zu Gunsten des Wohnungsbaus bestehenden Sonderregelungen bei der Änderung des Bebauungsplans in § 2 VII BauGB-MaßnG sind durch das BauROG 1998 abgeschafft worden. Dienten die **Änderungen** des **Bebauungsplans** einem **dringenden Wohnbedarf**, so konnte ein vereinfachtes Verfahren auch durchgeführt werden, wenn die Grundzüge der Planung betroffen waren. Es konnte unter diesen Voraussetzungen von einer öffentlichen Bekanntmachung des Änderungsbeschlusses (§ 2 I 2 BauGB), der vorgezogenen und förmlichen Öffentlichkeitsbeteiligung (§ 3 BauGB) und der Behördenbeteiligung (§ 4 BauGB) abgesehen werden. Die Sonderregelungen zu Gunsten des Wohnungsbaus erwiesen sich jedoch im Hinblick auf die weitergehenden Regelungen in den §§ 10 II, 13 BauGB als entbehrlich.[2054]

1089 Hinsichtlich der **Behördenbeteiligung** hat die Gemeinde ein **Wahlrecht**. In aller Regel wird eine eingeschränkte Behördenbeteiligung ausreichen, wenn sich der Kreis der durch die Änderung oder Ergänzung betroffenen Behörden und sonstigen Träger ermitteln lässt. Nur wenn die Änderungen oder Ergänzungen einen größeren Kreis von Trägern öffentlicher Belange betreffen, wird eine erneute Behördenbeteiligung nach § 4 II BauGB erforderlich. Nimmt die Gemeinde fehlerhaft an, dass die Grundzüge der Planung nicht betroffen sind und führt sie daher ein eingeschränktes Beteiligungsverfahren hinsichtlich der Bürger oder der Träger öffentlicher Belange durch, so hat dies nach § 214 I 1 Nr. 2 BauGB für die Rechtswirksamkeit des Bauleitplans keinen Einfluss. Die Unbeachtlichkeitsvorschrift findet aber dann keine Anwendung, wenn die Gemeinde die Grundzüge der Planung für betroffen hält, gleichwohl nach dem vereinfachten Verfahren vorgeht. Unbeachtlich ist demgegenüber, wenn die Gemeinde einzelne betroffene Bürger im eingeschränkten Beteiligungsverfahren nach § 13 BauGB nicht beteiligt hat. Dies gilt auch, wenn einzelne Behörden oder sonstige Träger öffentlicher Belange im Beteiligungsverfahren nach § 13 BauGB nicht beteiligt worden sind (§ 214 I 1 Nr. 2 HS 2 BauGB). § 13 BauGB betrifft die Änderung oder Ergänzung eines bereits verabschiedeten Bauleitplans. Änderungen im Aufstellungsverfahren erfolgen hinsichtlich der Öffentlichkeitsbeteiligung und Behördenbeteiligung nach § 4a III BauGB, der zwar ähnliche Maßstäbe hat, aber im Gegensatz zu früheren Regelungen nicht mehr auf § 13 BauGB verweist.

3. Materielle Anforderungen

1090 Auch die vereinfachte Planänderung unterliegt den materiellen Anforderungen des Abwägungsgebotes.[2055] Ob und in welchem Umfang die Planänderung darüber hinaus

---

[2052] *BVerwG*, B. v. 22. 9. 1989 – 4 NB 24.89 – NVwZ 1990, 361 = DVBl. 1990, 364 = *Hoppe/Stüer* RzB Rdn. 853.
[2053] *Löhr* in: Battis/Krautzberger/Löhr § 13 Rdn. 2.
[2054] *Hoppe* in: Hoppe/Bönker/Grotefels § 5 Rdn. 167; *Löhr* in: Battis/Krautzberger/Löhr § 13 Rdn. 2 a.
[2055] Zum Abwägungsgebot s. Rdn. 1195.

gesteigerten Anforderungen unterliegt, wird unterschiedlich beurteilt. Es könnte einiges dafür sprechen, die Änderung eines Planes von einer **qualifizierten Gemeinwohlprüfung** abhängig zu machen. Dies gilt jedenfalls dann, wenn sich auf der Grundlage des ursprünglichen Bebauungsplans **Vertrauensschutz** entwickelt hat. Diese Vertrauensschutzgesichtspunkte haben allerdings keinen absoluten Schutz und sind durch entsprechend gewichtige andere Belange überwindbar. Gründe für eine Überplanung können sich etwa aus dem Denkmalschutz, dem Stadtbild, dem Erhalt eines vorhandenen Vegetationsbestandes[2056] oder aus anderen Gesichtspunkten des Städtebaus, des Umweltschutzes oder des Naturschutzes und der Landschaftspflege aber auch aus geänderten Raumanforderungen ergeben. Je nach dem Umfang des durch die Planung ausgelösten Vertrauens kann eine Änderungsplanung einem gesteigerten Verbesserungsgebot, einer erhöhten Begründungspflicht und einer gesteigerten Berücksichtigung von Bestandsschutzgesichtspunkten unterliegen.[2057] Allerdings werden die Möglichkeiten einer Änderungsplanung durch Gesichtspunkte des Vertrauensschutzes nicht von vornherein nur auf bestimmte, etwa besonders schwerwiegende Gründe beschränkt.[2058] Denn die von einem Bebauungsplan betroffenen Grundstückseigentümer werden durch die Bestandskraft der Planung nicht geschützt wie der Adressat eines begünstigenden Verwaltungsakts, der Änderungen nur unter den Voraussetzungen der §§ 48, 49 VwVfG hinnehmen muss. Auch haben die Planbetroffenen keinen rechtlich geschützten Anspruch auf Fortbestand der ursprünglichen Planung, ebenso wenig wie ein Anspruch auf Änderung eines Bebauungsplans oder einer anderen städtebaulichen Satzung (§ 1 III 2 BauGB).[2059] Allerdings sind die Belange der Planbetroffenen bei der Änderungsplanung mit dem entsprechenden Gewicht einzustellen und abzuwägen. Das Interesse der Planbetroffenen an der Beibehaltung des bisherigen Zustandes ist auch dann abwägungsbeachtlich, wenn es nicht als subjektiv-öffentliches Recht zu verstehen ist, sondern lediglich auf einer einen Nachbarn nur tatsächlich begünstigenden Festsetzung beruht.[2060] Im Falle der Änderungsplanung können daher die abzuwägenden Elemente i. S. der qualifizierten Abwägung, des gesteigerten Verbesserungsgebots und der erweiterten Begründungspflichten angereichert sein.[2061]

Beispiel: Ein Bebauungsplan soll dahin gehend geändert werden, dass erstmals auch eine Bebauung des gärtnerisch genutzten Hintergeländes zulässig sein soll. Das Interesse der Anwohner, den rückwärtigen Bereich der Wohnhäuser als gemeinschaftliche Ruhe- und Erholungszone von Bebauung freizuhalten, muss bei der Abwägung berücksichtigt werden.[2062] Durch die Aufstellung eines Bebauungsplans soll die bisher nach § 34 BauGB bestehende Bebauungsmöglichkeit entschädigungslos entzogen werden. Hier ist das Interesse des Eigentümers an einem Fortbestand der Bebauungsmöglichkeiten mit dem entsprechenden Gewicht in die Abwägung einzustellen.[2063]

Rückt die Gemeinde von der Plankonzeption nachträglich ab, so reicht es nicht aus, dass die Gemeinde dies in irgendeiner Form zum Ausdruck bringt. Sie hat dann den Bebauungsplan zu ändern oder aufzuheben. Diese Entscheidung ist dem Gemeindeorgan vorbehalten, das den Satzungsbeschluss im Sinne des § 10 I BauGB zu fassen hat. Mündliche Erklärungen von Mitarbeitern des Planungsamtes im Vorfeld eines solchen förmlichen Rechtsaktes sind nicht als Vertrauensgrundlage dafür geeignet, dass der Bebauungsplan ganz oder teilweise unangewendet bleiben werde. Ist ein Bebauungsplan mängelbehaftet, weil eine Verkehrsflächenfestsetzung nicht den Bestimmtheitsanforderungen

---

[2056] *VGH Kassel,* Urt. v. 30. 11. 1998 – 4 N 3576/89 – Villenbebauung.
[2057] *Stüer* DVBl. 1977, 1; *Hoppe* FS Ule 1987, 75; *Grupp* DVBl. 1990, 81.
[2058] *BVerwG,* Urt. v. 14. 9. 1992 – 4 C 3.91 – BVerwGE 91, 17 = *Hoppe/Stüer* RzB Rdn. 218.
[2059] *OVG Berlin,* Urt. v. 28. 2. 1998 – 2 A 8.94 – BauR 1998, 978 für die Umwandlung einer landwirtschaftlich genutzten Fläche von Wohnbauland in Fläche für die Landwirtschaft.
[2060] *BVerwG,* B. v. 20. 8. 1992 – 4 NB 3.92 – DVBl. 1992, 1441 = NVwZ 1993, 468.
[2061] *BVerwG,* Urt. v. 14. 9. 1992 – 4 C 3.91 – BVerwGE 91, 17 = *Hoppe/Stüer* RzB Rdn. 218.
[2062] *BVerwG,* B. v. 20. 8. 1992 – 4 NB 3.92 – DVBl. 1992, 1441 = NVwZ 1993, 468.
[2063] S. Rdn. 1398.

entspricht, so kann der Plan in einem ergänzenden Verfahren geheilt werden (§ 214 IV BauGB).[2064]

4. Außerkrafttreten eines Bebauungsplans

1092 Ein Bebauungsplan kann durch **Aufhebung** oder **Neuaufstellung** eines Bebauungsplans außer Kraft treten. Außerdem können Festsetzungen eines Bebauungsplans wegen **Funktionslosigkeit** unwirksam werden.[2065] Darüber hinaus kann ein Bebauungsplan in einem **Normenkontrollverfahren** nach § 47 VwGO vom OVG/VGH für unwirksam erklärt werden.

1093 Wenn eine Gemeinde einen Bebauungsplan durch einen neuen **ersetzt**, verliert der bisherige Bebauungsplan seine Gültigkeit, weil über § 10 I BauGB der gewohnheitsrechtlich anerkannte Rechtssatz gilt, dass die spätere Norm die frühere verdrängt. Unerheblich ist, ob ein gerade hierauf zielender Wille der Gemeinde besteht oder als bestehend zu unterstellen ist. Ist die spätere Norm unwirksam, dann gilt der alte Bebauungsplan unverändert fort. Die Gemeinde kann jedoch im Neuaufstellungsverfahren zum Ausdruck bringen, dass sie den bisherigen Bebauungsplan unabhängig von dem neu aufzustellenden Plan aufheben möchte. Ein derart **selbstständiger Aufhebungsbeschluss** muss erkennen lassen, ob er auch dann Bestand haben soll, wenn die neuen Festsetzungen unwirksam sein sollten.[2066] Ein solcher gesonderter Aufhebungsbeschluss ist allerdings nur dann erforderlich, wenn der frühere Bebauungsplan nach dem Willen der Gemeinde auf jeden Fall – also auch bei Unwirksamkeit der Festsetzungen des neuen Bebauungsplans – außer Kraft treten soll. Es liegt also an dem erklärten Willen der Gemeinde, ob der bisherige Bebauungsplan auch dann außer Kraft treten soll, wenn der neue Plan aufgrund eines nicht erkannten Fehlers unwirksam sein sollte.

Beispiel: Ein Bebauungsplan setzt auf der Grundlage der BauNVO 1968 ein Gewerbegebiet fest. Die Gemeinde beabsichtigt, die nach dem Plan zulässige Einzelhandelsnutzungen generell auszuschließen. Will die Gemeinde verhindern, dass bei Unwirksamkeit des Änderungsplanes die bisherigen Planausweisungen unverändert ihre Gültigkeit haben, so könnte durch einen selbstständigen Aufhebungsbeschluss der Wille der Gemeinde zum Ausdruck gebracht werden, den bisherigen Plan auf jeden Fall aufheben zu wollen. Erweist sich dann der neue Bebauungsplan aufgrund eines Fehlers als unwirksam, der nicht zugleich auch den Aufhebungsbeschluss erfasst, so würde der alte Plan aufgehoben sein und an dessen Stelle eine Beurteilung nach § 34 BauGB oder ggf. § 35 BauGB treten. Sind in der Umgebung bisher keine großflächigen Einzelhandelsbetriebe vorhanden, würde die Errichtung eines großflächigen Einzelhandelsbetriebes auch dann unzulässig sein, wenn der neue Bebauungsplan unwirksam wäre.

1094 Ist ein Bebauungsplan inzwischen von der Gemeinde geändert worden, so kann der Antragsteller gleichwohl ein **Rechtsschutzinteresse** an der Feststellung der Unwirksamkeit der vormals geltenden Fassung des Bebauungsplans haben. Die Frage der Gültigkeit der bisherigen Fassung des Bebauungsplans kann etwa Bedeutung für die Gültigkeit der geänderten Fassung des Bebauungsplans haben. Auch kann die Unwirksamkeit der bisherigen Fassung des Bebauungsplans auf die Rechtswirksamkeit des geänderten Bebauungsplans durchschlagen.[2067] Die Änderung des Bebauungsplans schließt auch das Interesse der Gemeinde an der Zurückweisung eines Normenkontrollantrages gegen die bisher geltende Fassung des Bebauungsplans nicht aus. Dies gilt jedenfalls dann, wenn die nach § 47 VI 2 VwGO allgemein verbindliche Unwirksamkeitserklärung der Festsetzungen negative Folgewirkungen für die Gemeinde haben kann. Solche Wirkungen können

---

[2064] *BVerwG*, B. v. 5. 6. 2003 – 4 BN 29.03 – Verkehrsflächenfestsetzung.
[2065] *Degenhart* BayVBl. 1990, 71.
[2066] *BVerwG*, Urt. v. 10. 8. 1990 – 4 C 3.90 – BVerwGE 85, 289 = DVBl. 1990, 1182 = *Hoppe/Stüer* RzB Rdn. 138 – Bebauungsplanersetzung.
[2067] *BVerwG*, B. v. 29. 3. 1993 – 4 NB 10.91 – DVBl. 1993, 661 = NVwZ 1994, 271 = *Hoppe/Stüer* RzB Rdn. 1313.

sich etwa aus geltend gemachten Schadensersatzansprüchen oder aus einem möglichen Genehmigungsanspruch des Antragstellers nach § 34 BauGB ergeben.[2068]

Wegen **Funktionslosigkeit** treten Festsetzungen eines Bebauungsplans außer Kraft, wenn die dem Plan zugrunde liegenden Verhältnisse der Verwirklichung des Plans auf unabsehbare Zeit entgegenstehen und das in die Fortgeltung des Bebauungsplans gesetzte Vertrauen nicht schutzwürdig ist.[2069] Ein Außerkrafttreten des Bebauungsplans wegen Funktionslosigkeit kommt insbesondere dann in Betracht, wenn sich die tatsächlichen Verhältnisse nach Aufstellung des Bebauungsplans derart geändert haben, dass mit einer Verwirklichung der Festsetzungen des Bebauungsplans nicht mehr gerechnet werden kann.[2070] Allein die Tatsache, dass eine planerische Festsetzung **nicht verwirklicht** worden ist, führt noch nicht zu deren Funktionslosigkeit. Denn ein Bebauungsplan wird nicht durch seinen Nichtvollzug gegenstandslos. Das kann auch bei seiner langen, z. B. über einhundertjährigen Nichtverwirklichung gelten.[2071] Ein Bebauungsplan ist auch nicht bereits deshalb ganz oder teilweise wegen Funktionslosigkeit außer Kraft getreten, weil auf einer Teilfläche eine singuläre planwidrige Nutzung entstanden ist.[2072] Ein formell und materiell rechtswidriges vor Ort vorhandenes Einkaufszentrum muss zwar bei einer Änderung des Bebauungsplans berücksichtigt werden; die Interessen ihrer Betreiber gehören zu den abwägungserheblichen privaten Belangen. Die Gemeinde darf sich aber in den Grenzen des § 1 V bis IX BauNVO über sie hinwegsetzen und kann grundsätzlich auch den Einzelhandel ganz oder teilweise ausschließen. Dabei bleibt die bisherige, durch eine Baugenehmigung abgedeckte Nutzung von der Planänderung unberührt.[2073] 1095

Eine Festsetzung tritt wegen Funktionslosigkeit außer Kraft, wenn sie nicht mehr geeignet ist, zur städtebaulichen Ordnung im Sinne des § 1 III BauGB im Geltungsbereich des Bebauungsplans einen wirksamen Beitrag zu leisten. Die Planungskonzeption, die einer Festsetzung zugrunde liegt, wird allerdings nicht schon dann sinnlos, wenn sie nicht mehr überall im Plangebiet umgesetzt werden kann. Erst wenn die tatsächlichen Verhältnisse vom Planinhalt so massiv und so offenkundig abweichen, dass der Bebauungsplan insoweit eine städtebauliche Gestaltungsfunktion unmöglich zu erfüllen vermag, kann von einer Funktionslosigkeit die Rede sein. Das setzt voraus, dass die Festsetzung unabhängig davon, ob sie punktuell durchsetzbar ist, bei einer Gesamtbetrachtung die Fähigkeit verloren hat, die städtebauliche Entwicklung noch in einer bestimmten Richtung zu steuern.[2074] 1096

[2068] *BVerwG*, B. v. 30. 3. 1993 – 4 NB 10.91 – NVwZ 1994, 270 = ZfBR 1993, 252 = *Hoppe/Stüer* RzB Rdn. 1313.

[2069] *BVerwG*, Urt. v. 29. 4. 1977 – IV C 39.75 – BVerwGE 54, 5 = NJW 1977, 2325 = *Hoppe/Stüer* RzB Rdn. 201; Urt. v. 5. 8. 1983 – 4 C 96.79 – BVerwGE 67, 334 = DVBl. 1984, 143 = BauR 1983, 543; Urt. v. 22. 3. 1990 – 4 C 24.86 – BVerwGE 85, 96 = DVBl. 1990, 781 – Umlegungsstelle; Urt. v. 3. 8. 1990 – 7 C 41–42.89 – BVerwGE 85, 273 – Planabweichung; B. v. 18. 5. 1994 – 4 NB 15.94 – BauR 1994, 485 = DVBl. 1994, 1139 = UPR 1994, 339; Urt. v. 23. 1. 1998 – 8 S 2430/97 – Baulinie im Königreich Württemberg; *OVG Berlin*, Urt. v. 23. 10. 1998 – 2 B 13.96 = ZMR 1999, 51 = DWW 1999, 134 zur Funktionslosigkeit der Festsetzung einer geschlossenen Bauweise in einem übergeleiteten Bebauungsplan bei tatsächlich offener Bebauung im gesamten Blockbereich.

[2070] *BVerwG*, Urt. v. 29. 4. 1977 – IV C 39.75 – BVerwGE 54, 5.

[2071] *VGH Mannheim*, Urt. v. 23. 1. 1998 – 8 S 2430/97 –; Urt. v. 7. 12. 1998 – 3 S 3113/97 – VGHBW RspDienst 3 B 1 – Hexenturm.

[2072] *BVerwG*, B. v. 21. 12. 1999 – 4 BN 48.99 – NVwZ-RR 2000, 411 – für ein planwidrig errichtetes Einrichtungshaus mit einer Verkaufsfläche von 13.000 qm.

[2073] *BVerwG*, B. v. 21. 12. 1999 – 4 BN 48.99 – NVwZ-RR 2000, 411 – für ein planwidrig errichtetes Einrichtungshaus mit einer Verkaufsfläche von 13.000 qm.

[2074] *BVerwG*, Urteil vom 28. 4. 2004 – 4 C 12.03 – Schwimmhalle, mit Hinweis auf Urteil vom 29. 4. 1977 – 4 C 39.75 – BVerwGE 54, 5; B. v. 29. 5. 2001 – 4 B 33.01 – NVwZ 2001, 1055 = BRS 64 (2001) Nr. 72 = DVBl. 2001, 1468 (LS); B. v. 9. 10. 2003 – 4 B 85.03 – BauR 2004, 1128 – zur Funktionslosigkeit eines übergeleiteten Baulinienplans aus den 20er Jahren, der die vordere/hintere Baugrenze festlegt.

1097   Die Festsetzung eines **Dorfgebiets** in einem Bebauungsplan wird wegen Funktionslosigkeit unwirksam, wenn in dem maßgeblichen Bereich nur noch Wohnhäuser und keine Wirtschaftsstellen land- oder forstwirtschaftlicher Betriebe vorhanden sind und auch mit ihrer Errichtung auf unabsehbare Zeit erkennbar nicht mehr gerechnet werden kann, weil es keine hierfür verfügbaren Fläche mehr gibt.[2075] Bei der Prüfung der Funktionslosigkeit der Festsetzungen eines Bebauungsplanes kommt es regelmäßig nur auf die Verhältnisse seit dem In-Kraft-Treten des Bebauungsplans an. Die Schutzwürdigkeit des Vertrauens in die Geltung der planerischen Festsetzungen kann erst verloren gehen, wenn sich die weitere bauliche Entwicklung abweichend vom Bebauungsplan vollzieht. Insoweit mag allerdings bei einem planwidrigen Altbestand und bei Fortführung der dem neuen Plan widersprechenden Bebauung schneller ein Zustand eintreten, bei dem mit einer Realisierung des Plans nicht mehr gerechnet werden kann. In erster Linie ist aber auch dann die Entwicklung seit dem In-Kraft-Treten des Bebauungsplans maßgeblich. Der Prüfungsaufwand braucht dabei regelmäßig nicht über das hinauszugehen, was sich aus dem Vorbringen des Klägers bzw. Antragstellers ergibt.[2076]

1098   Ursächlich für das Außerkrafttreten eines Bebauungsplans wegen Funktionslosigkeit kann nur ein in der **tatsächlichen Entwicklung** eingetretener **Zustand** sein, der es auf unabsehbare Zeit ausschließt, die planerische Gesamtkonzeption oder das mit einer Festsetzung verfolgte Planungsziel zu verwirklichen. Allein die Änderung oder Aufgabe planerischer Absichten erfüllt diese im Wandel der tatsächlichen Verhältnisse liegende Voraussetzung noch nicht.[2077] Ob diese Voraussetzungen erfüllt sind, ist für jede Festsetzung gesondert zu prüfen. Dabei kommt es nicht auf die Verhältnisse auf nur einzelnen Grundstücken an. Die Planungskonzeption, die einer Festsetzung zugrunde liegt, wird nicht schon dann sinnlos, wenn sie nicht mehr überall im Plangebiet umgesetzt werden kann. Wird geltend gemacht, eine Festsetzung sei nicht erst nachträglich funktionslos geworden, sondern bereits im Zeitpunkt der Inkraftsetzung des Bebauungsplans funktionslos gewesen, so ist bei der Annahme eines Geltungsmangels Zurückhaltung zu üben. Die Rechtmäßigkeit eines Bebauungsplans lässt sich nicht allein mit dem Hinweis darauf in Frage stellen, dass der Planinhalt mit den tatsächlichen Verhältnissen im Plangebiet nicht (voll) übereinstimmt. Eine Planung, die diese Merkmale aufweist, kann gleichwohl im Einklang mit den Anforderungen des Abwägungsgebots stehen. Eine Grund für das Außerkrafttreten von Festsetzungen kann sich in besonders gelagerten Fällen auch durch eine inzwischen eingetretene Rechtsänderung ergeben.

Beispiel: Durch die Luftqualitätsrahmenrichtlinie 1996 und die Tochterrichtlinie 1999 sind erhöhte Anforderungen an die Schadstoffbelastung eingeführt worden. Ein Bebauungsplan, der mit planfeststellungsersetzender Wirkung eine Bundesstraße ausweist (§ 17 IV FStrG), kann seine Gültigkeit verlieren, wenn ausgeschlossen ist, dass die für den sachgerechten Interessenausgleich aufzustellenden Luftreinhaltepläne[2078] und Aktionspläne (§ 22 BImSchV) den Konflikt sachgerecht bewältigen können.[2079]

1099   Die Planung kann sich über die **tatsächlichen Gegebenheiten** hinwegsetzen. So ist es der Gemeinde nicht verwehrt, auch Ortsteile zu überplanen, die bereits bebaut sind. Macht sie dort von den Möglichkeiten, die das Planungsrecht ihr bietet, Gebrauch, ist sie nicht darauf beschränkt, den vorgefundenen Bestand festzuschreiben.[2080] Ist ein Bebau-

---

[2075] *BVerwG*, B. v. 29. 5. 2001 – 4 B 33.01 – NVwZ 2001, 1055.
[2076] *BVerwG*, B. v. 11. 12. 2000 – 4 BN 58.00 – BRS 63 Nr. 54 (2000) = ZfBR 2001, 356; Urt. v. 29. 4. 1977 – IV C 39.75 – BVerwGE 54, 5 = DVBl. 1977, 768.
[2077] *BVerwG*, B. v. 7. 2. 1997 – 4 B 16.97 – NVwZ-RR 1997, 513 – Funktionslosigkeit.
[2078] S. Rdn. 2718, 2779, 2898.
[2079] *BVerwG*, Urt. v. 18. 11. 2004 – 4 CN 11.03 – DVBl. 2005, 386 = NVwZ 2004, 1237 – Diez; *Stüer*, EurUP 2004, 46.
[2080] *BVerwG*, B. v. 17. 2. 1997 – 4 B 16.97 – NVwZ-RR 1997, 512 – Funktionslosigkeit; B. v. 6. 6. 1997 – 4 NB 6.97 – UPR 1997, 469. Die Planungskonzeption wird danach nicht schon dann sinnlos, wenn sie nicht mehr überall im Plangebiet umgesetzt werden kann.

ungsplan zwar nicht funktionslos geworden, sondern über einen langen Zeitraum nicht verwirklicht worden, so kann ihn die Gemeinde unter erleichterten Umständen aufheben. Wird etwa ein Bebauungsplan, der auf einer landwirtschaftlich genutzten Fläche eine Wohnbaufläche ausweist, über drei Jahrzehnte nicht umgesetzt, so sind die Festsetzungen zwar nicht funktionslos geworden. Die Gemeinde hat aber eine weitgehende Planungsfreiheit dahin, die nicht bebauten Bereiche wieder als Fläche für die Landwirtschaft auszuweisen.[2081] Die bloße Änderung der gemeindlichen Planungsabsichten und selbst die Abkehr von der planerischen Grundkonzeption kann demgegenüber nicht zur Funktionslosigkeit des entgegenstehenden Bebauungsplans führen.[2082]

Beispiel: Lässt ein Bebauungsplan die Befriedigung auch gesteigerter Stellplatzbedürfnisse an sich zu, kann der Bauherr von den ihm insoweit eingeräumten Nutzungsmöglichkeiten aber keinen Gebrauch machen, weil er bei der Bebauung seines Grundstücks einer anderen Nutzungsart zulässigerweise den Vorzug gegeben hat, so mag unter den in § 31 II BauGB genannten Voraussetzungen für die Schaffung zusätzlichen Garagenraums eine Befreiung in Betracht kommen. Die Gültigkeit des Bebauungsplans bleibt hiervon unberührt.[2083]

Die Änderung der Planungskonzeption einer Gemeinde führt nur dann zur Funktionslosigkeit des Bebauungsplans, wenn darin eine Entwicklung zum Ausdruck kommt, welche die Verwirklichung des Bebauungsplans generell ausschließt.[2084] Die Funktionslosigkeit einer bauplanerischen Festsetzung beruht grundsätzlich auf der Änderung tatsächlicher Umstände, die der Verwirklichung der ursprünglichen Zielsetzung entgegenstehen. Es ist daher keine Interessenabwägung vorzunehmen. Denn nicht eine Änderung der Planung, sondern ein eingetretener objektiver Umstand ist Grund für die Funktionslosigkeit.[2085] Zudem stellt sich die Frage der Funktionslosigkeit eines Bebauungsplans nur dann, wenn der Plan im Zeitpunkt seines In-Kraft-Tretens wirksam war. Eine **anfängliche Funktionslosigkeit** von Bebauungsplänen wird vom *BVerwG* nicht so bezeichnet, in der Sache aber als Geltungsmangel angenommen, wenn der Bebauungsplan oder einzelne seiner Festsetzungen an einem Abwägungsfehler leiden und von Anfang an feststeht, dass mit ihrer Verwirklichung nicht gerechnet werden kann. So kann etwa die festgesetzte Nutzung auf Dauer an ihrer unzureichenden Wirtschaftlichkeit scheitern[2086] oder es können andere nicht ausräumbare Gesichtspunkte einer Verwirklichung des Plans entgegenstehen. Auch solche von Anfang an bestehenden Geltungsmängel können zur Unwirksamkeit des Bebauungsplans oder bestimmter Festsetzungen führen. Das Recht ist um seiner Ordnungsfunktion willen außer Stande, etwas zu bestimmen, das überhaupt keinen sinnvollen Gegenstand oder keinen denkbaren Adressaten hat oder eine schlechthin nicht zu verwirklichende Regelung trifft. Ein Recht mit derart funktionslosem Inhalt kann daher nicht in Kraft treten und tritt außer Kraft, wenn sich der Mangel der Funktionslosigkeit nachträglich einstellt.

Beispiel: Die Existenz einer rechtswidrig genehmigten Autolackiererei in einem allgemeinen Wohngebiet macht den Bebauungsplan nicht notwendigerweise funktionslos. Denn die Lackiererei wird, selbst wenn sie ein Wohnen auf dem Nachbargrundstück wegen Gesundheitsgefahren ausschließen würde, keinen Zustand schaffen, der eine Verwirklichung des Bebauungsplans auf unabsehbare Zeit ausschließt.[2087] Der von den Festsetzungen des Plans abweichende Zustand steht der

---

[2081] *OVG Berlin*, Urt. v. 20. 2. 1998 – 2 A 8.94 – NuR 1998, 377 = UPR 1998, 276.
[2082] *BVerwG*, B. v. 7. 2. 1997 – 4 B 6.97 – NVwZ-RR 1997, 513; B. v. 24. 4. 1998 – 4 B 46.98 – NVwZ-RR 1998, 711.
[2083] *BVerwG*, B. v. 17. 2. 1997 – 4 B 16.97 – NVwZ-RR 1997, 512 – Funktionslosigkeit.
[2084] *BVerwG*, Urt. v. 17. 6. 1993 – 4 C 7.91 – ZfBR 1993, 304 = NVwZ 1994, 281 = *Hoppe/Stüer* RzB Rdn. 203.
[2085] *BVerwG*, B. v. 24. 4. 1998 – 4 B 46.98 – NVwZ-RR 1998, 711 – Funktionslosigkeit.
[2086] *BVerwG*, Urt. v. 29. 9. 1978 – IV C 30.76 – BVerwGE 56, 283 = *Hoppe/Stüer* RzB Rdn. 25 – Kurgebiet.
[2087] Vgl. *BVerwG*, Urt. v. 29. 4. 1977 – IV C 39.75 – BVerwGE 54, 5; Urt. v. 3. 8. 1990 – 7 C 41-43.89 – BVerwGE 85, 273.

späteren Herstellung wohnverträglicher Verhältnisse nicht von vornherein entgegen. So könnte etwa eine rechtswidrig erteilte Baugenehmigung zurückgenommen werden. Auch könnte sich der Betreiber der Lackiererei etwa wegen ihm erteilter Auflagen gem. § 24 BImSchG gezwungen sehen, den Betrieb an einen anderen Standort zu verlegen.[2088]

1101 Auch Bebauungspläne, von denen eine Unwirksamkeit wegen Funktionslosigkeit angenommen wird, sind in dem für die **Aufstellung** geltenden Verfahren **aufzuheben**, um den Anschein der Rechtswirksamkeit zu beseitigen. Beruht die Unwirksamkeit des Bebauungsplans auf einem Form- oder Verfahrensfehler oder auf einem heilbaren Abwägungsfehler, so hat die Gemeinde zu entscheiden, ob sie den Plan, statt ihn aufzuheben, unter Behebung des Fehlers und Wiederholung des nachfolgenden Verfahrens ggf. auch rückwirkend in Kraft setzt.[2089] Die **höhere Verwaltungsbehörde** ist auch als Plangenehmigungsbehörde nicht befugt, die Unwirksamkeit eines von ihr als ungültig erkannten, vormals genehmigten Bebauungsplans selbst verbindlich festzustellen. Ebenso wenig kann sie die rechtswidrig erteilte, inzwischen aber gem. § 10 III BauGB ortsüblich bekannt gemachte Genehmigung des damit in Kraft getretenen Bebauungsplans zurücknehmen.[2090] Die höhere Verwaltungsbehörde ist jedoch in solchen Fällen antragsbefugt, in einem Normenkontrollverfahren die Unwirksamkeit des Bebauungsplans feststellen zu lassen. Wegen Funktionslosigkeit können auch Darstellungen des Flächennutzungsplans außer Kraft treten.[2091] Findet eine Darstellung des Flächennutzungsplans keine Entsprechung mehr in der Wirklichkeit und kann die Wiederaufnahme der Nutzung auch für die Zukunft ausgeschlossen werden, entfällt ihre Aussagekraft.

1102 Die Funktionslosigkeit kann auch mit einem **Normenkontrollantrag** nach § 47 **VwGO** geltend gemacht werden. Das *OVG* hat in diesem Fall die Unwirksamkeit einzelner Festsetzungen aufgrund der eingetreten Funktionslosigkeit festzustellen. Das Gericht ist daher nicht an die Feststellung der Unwirksamkeit des Bebauungsplans gebunden. Ob die Einführung der Zweijahresfrist hier Beschränkungen auferlegt, hat das *BVerwG* offen gelassen.[2092] Wird ein Bebauungsplan in einem Normenkontrollverfahren nach § 47 VwGO durch Urteil eines *OVG/VGH* für unwirksam erklärt, ist diese Entscheidung allgemein verbindlich und die Entscheidungsformel vom Antragsgegner ebenso zu veröffentlichen, wie die Rechtsvorschrift bekannt zu machen wäre (vgl. § 47 VI 2 VwGO). Die Entscheidung wirkt – wenn nicht vom Gericht anders bestimmt – auf den Zeitpunkt des Erlasses des für unwirksam erklärten Bebauungsplans zurück.[2093] Das Normenkontrollgericht stellt allerdings nur deklaratorisch fest, dass der Bebauungsplan unwirksam ist. Dies schließt eine Heilungsmöglichkeit nach § 214 IV BauGB nicht aus.[2094] Vielmehr geht der Gesetzgeber von einer grundsätzlichen Heilungsmöglichkeit des Flächennutzungsplans und unwirksamer städtebaulicher Satzungen aus.

[2088] *BVerwG*, Urt. v. 18. 5. 1995 – 4 C 20.94 – BVerwGE 98, 235 = DVBl. 1996, 40 = UPR 1996, 69 = BayVBl. 1996, 151 = NVwZ 1996, 379 – Autolackiererei.
[2089] *BVerwG*, Urt. v. 21. 11. 1986 – 4 C 22.83 – BVerwGE 75, 142 = NJW 1987, 1344 = *Hoppe/Stüer* RzB Rdn. 1296.
[2090] *BVerwG*, Urt. v. 21. 11. 1986 – 4 C 22.83 – BVerwGE 75, 142 = NJW 1987, 1344 = DVBl. 1987, 481 – Nichtigkeitserklärung Behörde.
[2091] *BVerwG*, B. v. 6. 9. 1993 – 4 B 32.93 – *Hoppe/Stüer* RzB Rdn. 437 – Ziegelwerk mit Tonabbau.
[2092] *BVerwG*, Urt. v. 3. 12. 1998 – 4 CN 3.97 – BVerwGE 108, 71 = DVBl. 1999, 786 = DÖV 1999, 555 = NVwZ 1999, 986. Es könnte sogar einiges dafür sprechen, dass die Zweijahresfrist nicht für die Funktionslosigkeit gilt, weil der Gesetzgeber insoweit keine Regelung getroffen hat und wohl auch nicht hat treffen wollen.
[2093] *BGH*, Urt. v. 27. 1. 1983 – III ZR 131/81 – BGHZ 86, 356; Urt. v. 28. 6. 1984 – III ZR 35/83 – BGHZ 92, 34 = DÖV 1985, 23 – nichtiger Bebauungsplan.
[2094] *BVerwG*, B. v. 6. 5. 1993 – 4 N 2.92 – BVerwGE 92, 266 = *Hoppe/Stüer* RzB Rdn. 859.

Ohne einen substantiierten Vortrag des Antragstellers, der die strengen Anforderungen für das Funktionsloswerden eines Bebauungsplans[2095] im Einzelfall konkretisiert, besteht für das Normenkontrollgericht im Allgemeinen kein Anlass, von sich aus in eine Prüfung etwaiger Funktionslosigkeit eines Bebauungsplans einzutreten.[2096] Die bauplanerische Festsetzung der Art der baulichen Nutzung eines Gebiets als allgemeines Wohngebiet (WA) wird nicht funktionslos, wenn auf den Grundstücken tatsächlich (zunächst) nur Nutzungen verwirklicht werden, die im reinen Wohngebiet zulässig sind.[2097] Auch auf landesrechtlicher Grundlage erlassene Gestaltungsfestsetzungen können allerdings funktionslos werden, wenn die der jeweiligen Festsetzung zugrunde liegende planerische Konzeption auf Dauer offenbar nicht mehr zu verwirklichen und das in die Fortgeltung gesetzte Vertrauen nicht schutzwürdig ist[2098] Die Festsetzung eines Gewerbegebiets in einem Bebauungsplan muss allerdings nicht deshalb funktionslos sein, weil in einem Teilbereich faktisch ein Einkaufszentrum entstanden ist.[2099]

5. Teil. Wirksamkeitsvoraussetzungen – beschränkte Fehlerfolgen

I. Fehleranfälligkeit der Bauleitplanung

Der Nachteil der Bauleitplanung war in den vergangenen Jahren ihre **hohe Fehleranfälligkeit**. Nach sachkundiger Einschätzung wurden in den 70er Jahren des vorigen Jahrhunderts etwa 90 % aller Bebauungspläne für nichtig angesehen. Mehr als die Hälfte aller Bauleitpläne scheiterte schon an einer nicht hinreichenden Bekanntmachung des Aufstellungsbeschlusses, des Auslegungsbeschlusses oder der Genehmigung des Bauleitplans. Bekanntmachungen mussten insbesondere das Plangebiet recht genau bezeichnen. Eine genaue Bezeichnung etwa aller Flurstücke führte dabei wieder dazu, dass neue Fehler auftreten konnten, weil etwa einzelne Grundstücke vergessen wurden oder die Grundstücksbezeichnungen sich geändert hatten. Weitere Unwirksamkeitsgründe ergaben sich aus der Nichtbeachtung eines streng verstandenen Entwicklungsgebotes. Wurde etwa in einem Bebauungsplan ein Teil, der im Flächennutzungsplan als Wohngebiet dargestellt war, mit in eine Mischgebietsfestsetzung einbezogen, so musste mit der Nichtigkeit des gesamten Bebauungsplans gerechnet werden, wenn diese Abweichung im Planaufstellungsverfahren übersehen und daher nicht zugleich der Flächennutzungsplan parzellenscharf geändert wurde. Weitere Fehlerquellen konnten bei der Offenlegung der Bauleitpläne auftreten, etwa wenn sie nur zu den Kernarbeitszeiten ausgelegt wurden oder die Auslegungsfrist um einen Tag unterschritten wurde. Konnte etwa nachgewiesen werden, dass ein befangenes Ratsmitglied an irgendeinem Beschluss bei der Aufstellung bzw. Änderung des Flächennutzungsplans oder im Verfahren zur Aufstellung eines Bebauungsplans mitgewirkt hatte, so folgte daraus ebenfalls die Nichtigkeit des Plans. Als eine geradezu unerschöpfliche Quelle von Fehlermöglichkeiten erwies sich auch das Abwägungsgebot. Hatte die Gemeinde etwa nicht alle nach einer Festsetzung möglichen Nutzungen bedacht, etwa weil bereits ein konkreter Ansiedlungswunsch geäußert wurde, und hatte sie deshalb andere Nutzungsmöglichkeiten in die Abwägung nicht eingestellt, so wurde der Plan als fehlerhaft angesehen. Der Verzicht auf die Begrenzung von Fehlerfolgen führte dazu, dass im Normenkontrollverfahren auch Fehler, die in ganz anderen Teilen des Plangebietes aufgetreten waren und keine Auswirkungen auf die Be-

---

[2095] BVerwG, Urt. v. 29. 4. 1977 – IV C 39.75 – BVerwGE 54, 5 = DVBl. 1977, 768.
[2096] BVerwG, Urt. v. 3. 12. 1998 – 4 CN 3.97 – BVerwGE 108, 71 = DVBl. 1999, 786 = DÖV 1999, 555 = NVwZ 1999, 986 = Buchholz 310 § 47 Nr. 128 = BauR 1999, 786 = BBauBl. 1999, 77 = ZfBR 1999, 155 = UPR 1999, 222 = NuR 1999, 322.
[2097] BVerwG, Urt. v. 12. 8. 1999 – 4 CN 4.98 – DVBl. 2000, 187.
[2098] OVG Münster, Urt. v. 25. 8. 1999 – 7 A 4459/96 – Flachdachfestsetzungen.
[2099] OVG Münster, Urt. v. 30. 7. 1999 – 10 a D 53/97.NE – BRS 62 (1999), Nr. 80.

lange des Antragstellers hatten, zur Feststellung der Nichtigkeit des Bebauungsplans führten. Die Liste möglicher Fehlerquellen für die Bauleitplanung ließe sich beliebig verlängern. Hier haben Gesetzgebung und Rechtsprechung Einhalt geboten und dazu beigetragen, dass die **Fehlerquellen** der **Bauleitplanung auf ein sinnvolles Maß** begrenzt wurden.[2100]

1105 Es blieb allerdings zunächst bei dem sog. **Nichtigkeitsdogma**: Verstöße gegen Form- und Verfahrensvorschriften sowie inhaltliche Anforderungen an den Bebauungsplan führten grundsätzlich zur Nichtigkeit. Ein Rechtssatz des Inhalts, dass ein solcher Fehler des Bebauungsplans nach Ablauf einer bestimmten Frist oder nach Verwirklichung der im Bebauungsplan enthaltenen Festsetzungen nicht mehr gerügt werden könnte, wurde von der Rechtsprechung nicht allgemein anerkannt. Auch ist ein allgemeiner **Planerhaltungsgrundsatz** in der Rechtsprechung bisher nicht angewandt worden.[2101]

1106 Nach dem von *Hoppe* entwickelten Grundsatz der Planerhaltung sollen Bebauungspläne und andere kommunale Satzungen trotz Vorliegens eines Fehlers nach Möglichkeit ganz oder teilweise erhalten werden. Wenn die Bestandsinteressen an der Erhaltung eines Plans überwiegen und die Nichtigkeitsfolge nicht durch gewichtigere Verfassungsprinzipien gefordert werde, könne das Nichtigkeitsdogma ganz oder teilweise außer Kraft gesetzt werden.[2102] Ein solcher Grundsatz wird allerdings vom *BVerwG* in dieser allgemeinen Form nicht anerkannt. Er lasse sich – so das *BVerwG* – auch aus dem Gebot der Rechtssicherheit oder dem Grundsatz des Vertrauensschutzes nicht herleiten.[2103]

1107 Dem Gesetzgeber steht es allerdings insbesondere bei untergesetzlichen Rechtsvorschriften frei, von dem Grundsatz der Nichtigkeit fehlerhafter Normen abzuweichen und unter Abwägung der nach dem jeweiligen Regelungszusammenhang einschlägigen verfassungsrechtlichen Schutzgüter ein sachadäquates Fehlerfolgensystem zu schaffen. Dabei können Gesichtspunkte der Gesetzesbindung, der Rechtssicherheit, des Vertrauensschutzes und des effektiven Normvollzuges berücksichtigt werden. Von diesen Möglichkeiten hat der Gesetzgeber in den §§ 214, 215 BauGB teilweise Gebrauch gemacht. Diese Vorschriften werden ergänzt durch die auf gemeindliche Satzungen zugeschnittenen Unbeachtlichkeits- und Heilungsregelungen des Kommunalrechts. Danach sind zahlreiche Form- und Verfahrensfehler, aber auch inhaltliche Fehler nach Maßgabe der §§ 214, 215 BauGB oder des Landesrechts heilbar.

1108 Inzwischen hat der Gesetzgeber das Nichtigkeitsdogma für die städtebaulichen Satzungen aufgegeben. Nach § 47 V 2 VwGO stellt das Normenkontrollgericht (lediglich) die Unwirksamkeit der städtebaulichen Satzung fest. Der Gesetzgeber geht daher von einer grundsätzlichen Reparaturmöglichkeit der Bauleitplanung und des städtebaulichen Satzungsrechts aus.

II. Begrenzung der Fehlerfolgen durch §§ 155 a und 155 b BBauG 1976/1979

1109 Bereits durch die **Novelle zum BBauG 1976** wurde die Verletzung von Verfahrens- und Formvorschriften des BBauG und des StBauFG mit Ausnahme der Vorschriften über die Genehmigung oder die Veröffentlichung der Satzung für unbeachtlich erklärt, es sei denn, sie wurde innerhalb eines Jahres seit In-Kraft-Treten der Satzung gegenüber der Gemeinde geltend gemacht.

1110 Die **Beschleunigungsnovelle 1979** brachte mit dem neu gefassten § 155 a BBauG 1979 und einem neuen § 155 b BBauG 1979 das eigentliche Kernstück mit einer umfassenden Erweiterung der Unbeachtlichkeits- und Heilungsklauseln. Zugleich wurde klargestellt, dass die Beschränkung der Fehlerfolgen in den §§ 155 a und 155 b BBauG 1979 nicht für

---

[2100] *Stüer* DVBl. 1985, 469; *Ossenbühl* NJW 1986, 2805; *Ziegler* NVwZ 1990, 533.
[2101] Kritisch *Blümel* in: Stüer (Hrsg.) Verfahrensbeschleunigung, S. 17.
[2102] *Hoppe* DVBl. 1996, 12; *Stüer* DVBl. 1995, 912.
[2103] *BVerwG*, B. v. 6. 2. 1995 – 4 B 210.94 – Buchholz 406.11 § 12 BauGB Nr. 20 – Ausfertigung.

die im Genehmigungsverfahren durchzuführende Rechtskontrolle galt (§ 155 c BBauG 1979 = § 216 BauGB).

Der Gesetzgeber hat mit den Regelungen zur Unbeachtlichkeit von Form- und Verfahrensfehlern auf Erfahrungen reagiert, dass Bebauungspläne häufig aus **formellen Gründen** nach Jahren oder sogar erst nach Jahrzehnten für **ungültig** erklärt worden sind, obwohl sich die Bebauung innerhalb ihres räumlichen Geltungsbereichs auf der Grundlage dieser Planung vollzogen hat und die Planbetroffenen darauf vertraut haben, dass solche Pläne auch in Zukunft als Rechtsgrundlage für weitere Vollzugsakte dienen.[2104] **1111**

Die Heilungs- und Unbeachtlichkeitsvorschriften in §§ 155 a und 155 b BBauG 1976/1979 sind vom *BVerwG* für verfassungsrechtlich unbedenklich angesehen worden. So bestehen etwa gegen die rückwirkende Heilung nach § 183 f. II i.V. mit § 155 b I 1 Nr. 5 BBauG 1979 von vor dem 1. 8. 1979 bekannt gemachten vorzeitigen Bebauungsplänen, bei denen die zwingenden Gründe i. S. des § 8 II 3 BBauG 1960/1976 falsch beurteilt worden sind, auch verfassungsrechtlich keine Bedenken.[2105] Dasselbe gilt für die rückwirkende Heilung nach § 183 f. II i.V. mit § 155 b I 1 Nr. 8 BBauG von vor dem 1. 8. 1979 in Kraft getretenen Bebauungsplänen, bei deren Aufstellung gegen das Parallelverfahren dadurch verstoßen worden ist, dass die Bekanntmachung vor der des Flächennutzungsplans erfolgt ist.[2106] § 155 b I Nr. 8 BBauG 1979 erfasst auch den Fall, dass die Genehmigung des Bebauungsplans vor der Genehmigung des Flächennutzungsplans bekannt gemacht worden ist.[2107] Der Wirksamkeit von Flächennutzungsplänen, die vor dem 1. 8. 1979 unter Herausnahme von räumlichen Teilen genehmigt worden sind, steht nach § 183 II 2 BBauG 1979 auch nicht entgegen, dass die Gemeinde die Herausnahme der Teile nicht beantragt hat.[2108] Der Mangel eines Bebauungsplans, der im Fehlen der nach § 9 VIII BBauG 1976/1979 beizufügenden Begründung liegt, kann nach § 155 a 1 BBauG 1976/ § 155 a I BBauG 1979 unbeachtlich werden.[2109] Auch die in den §§ 155 a V, 183 f. III BBauG angeordneten Rückwirkungen sind nach Auffassung des *BVerwG* verfassungsrechtlich unbedenklich. Das rückwirkende Inkraftsetzen des Bebauungsplans nach Fehlerbehebung setzt – jedenfalls so weit die Planungskonzeption nicht geändert wird – eine Beteiligung der Bürger oder Träger öffentlicher Belange nicht voraus.[2110] Die Wirkung der Hinweisbekanntmachung nach Art. 3 § 12 BBauG ÄndG 1976 ist aufgrund einer der Gemeinde zurechenbaren Rechtshandlung eingetreten; eines Ratsbeschlusses bedurfte es hierfür nicht.[2111] **1112**

III. Fehlerbeachtlichkeit nach § 214 BauGB

§ 214 BauGB enthält einen **Numerus clausus** der **Fehlerbeachtlichkeit**. Für die Wirksamkeit der Bauleitplanung ist danach nur noch die Einhaltung bestimmter Anforderungen erforderlich. Alle anderen Vorschriften des BauGB, die im Verfahren der Aufstellung, Änderung, Ergänzung oder Aufhebung der Bauleitpläne zu beachten sind, richten sich zwar an die Gemeinde und sind auch bei der Rechtskontrolle im Genehmigungs- bzw. **1113**

[2104] *Schlichter* ZfBR 1985, 107; *Stüer* DVBl. 1985, 469.
[2105] *BVerwG*, B. v. 18. 8. 1982 – 4 N 1.81 – BVerwGE 66, 116 = *Hoppe/Stüer* RzB Rdn. 847.
[2106] *BVerwG*, Urt. v. 13. 4. 1983 – 4 N 1.82 – BauR 1983, 431 = *Hoppe/Stüer* RzB Rdn. 848.
[2107] *BVerwG*, Urt. v. 3. 10. 1984 – 4 N 4.84 – BVerwGE 70, 171 = DVBl. 1985, 385 = NVwZ 1985, 485 = BauR 1984, 64 = *Hoppe/Stüer* RzB Rdn. 158.
[2108] *BVerwG*, Urt. v. 18. 8. 1982 – 4 N 2.81 – BVerwGE 66, 122; Urt. v. 15. 2. 1985 – 4 C 22 u. 23.81 – UPR 1985, 338 = *Hoppe/Stüer* RzB Rdn. 154.
[2109] *BVerwG*, B. v. 21. 2. 1986 – 4 N 1.85 – BVerwGE 74, 47 = NJW 1986, 2720 = BauR 1986, 298 = *Hoppe/Stüer* RzB Rdn. 850.
[2110] *BVerwG*, Urt. v. 5. 12. 1986 – 4 C 31.85 – BVerwGE 75, 262 = NJW 1987, 1346 = BauR 1987, 166 = DVBl. 1987, 486 = *Hoppe/Stüer* RzB Rdn. 211.
[2111] *BVerwG*, Urt. v. 6. 10. 1989 – 4 C 14.87 – BVerwGE 82, 343 = NVwZ 1990, 364 = DVBl. 1989, 1061 = BauR 1989, 687 = *Hoppe/Stüer* RzB Rdn. 325.

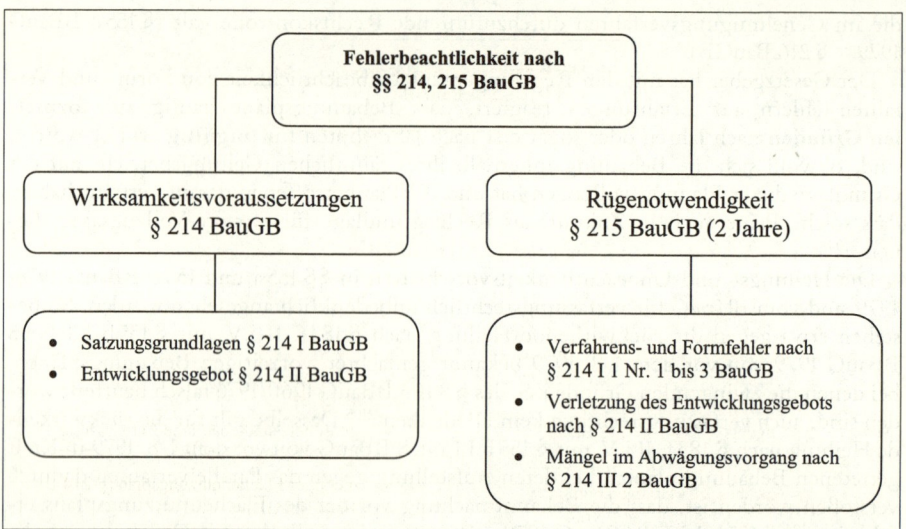

Anzeigeverfahren zu berücksichtigen (§ 216 BauGB). Für die Wirksamkeit der Bauleitpläne spielen die nicht in § 214 I BauGB genannten Wirksamkeitsvoraussetzungen im Bereich der Form- und Verfahrensfehler demgegenüber keine Rolle mehr. Dies entlastet die gerichtliche Kontrolle von einer Überprüfung aller möglichen Verstöße, die im Rahmen des Verfahrens vorgekommen sein können, und konzentriert die Prüfung von Form- und Verfahrensfehlern auf die in § 214 I BauGB benannten Wirksamkeitsvoraussetzungen. § 215 BauGB sieht zudem eine Rügenotwendigkeit für das Geltendmachen der Verletzung bestimmter Vorschriften innerhalb von zwei Jahren vor (§ 214 I 1 Nr. 1 bis Nr. 3, 214 II BauGB). Auch beachtliche Mängel des Abwägungsvorgangs (§ 214 III 2 BauGB) sind nach sind innerhalb dieser Zweijahresfrist unter Darlegung des Sachverhalts schriftlich gegenüber der Gemeinde geltend zu machen.

1114 Die **gerichtliche Kontrolle** wird damit im Bereich der Form- und Verfahrensfehler (lediglich) auf die in **§ 214 BauGB** bezeichneten **Wirksamkeitsvoraussetzungen** konzentriert. Alle anderen Verstöße gegen Verfahrens- oder Formvorschriften spielen für die Wirksamkeit der Bauleitpläne keine Rolle. Unabhängig von einer speziellen gesetzlichen Regelung einer Fehlerfolgenbegrenzung führt nicht jeder Verstoß gegen Verfahrensvorschriften für sich genommen zur Aufhebung der Bauleitplanung. Hinzukommen muss vielmehr, dass sich der formelle Mangel auf die Entscheidung in der Sache ausgewirkt haben kann (§ 214 I 1 Nr. 1, III 2 HS 2 BauGB). Der danach erforderliche Kausalzusammenhang ist nur gegeben, wenn nach den Umständen des Einzelfalls die konkrete Möglichkeit besteht, dass die planende Gemeinde ohne den Verfahrensfehler anders entschieden hätte.[2112] Eine solche konkrete Möglichkeit einer anderen Sachentscheidung kommt nur dann in Betracht, wenn sich aufgrund erkennbarer und nahe liegender Umstände eine solche Entwicklung abzeichnet.[2113] Allerdings können durch zwingendes Landesrecht zusätzliche Anforderungen an die Wirksamkeit des kommunalen Satzungsrechts in dem Sinne gestellt werden, dass bei einem Verweis des Bundesrechts auf das Landesrecht die danach einzuhaltenden Wirksamkeitsvoraussetzungen zu beachten sind.[2114]

[2112] *BVerwG*, Urt. v. 30. 5. 1984 – 4 C 58.81 – BVerwGE 69, 256 = *Hoppe/Stüer* RzB Rdn. 1171 – Flughafen München II; Urt. v. 5. 12. 1986 – 4 C 13.85 – BVerwGE 75, 214 = *Hoppe/Stüer* RzB Rdn. 191 – Flughafen München II; Urt. v. 18. 12. 1987 – 4 C 9.86 – BVerwGE 78, 347; B. v. 24. 6. 1993 – 4 B 114.93 – VkBl. 1995, 210.

[2113] *BVerwG*, B. v. 22. 6. 1993 – 4 B 257.92 – EG-UVP.

[2114] *BVerwG*, B. v. 14. 4. 1988 – 4 N 4.87 – BVerwGE 79, 200 = *Hoppe/Stüer* RzB Rdn. 193.

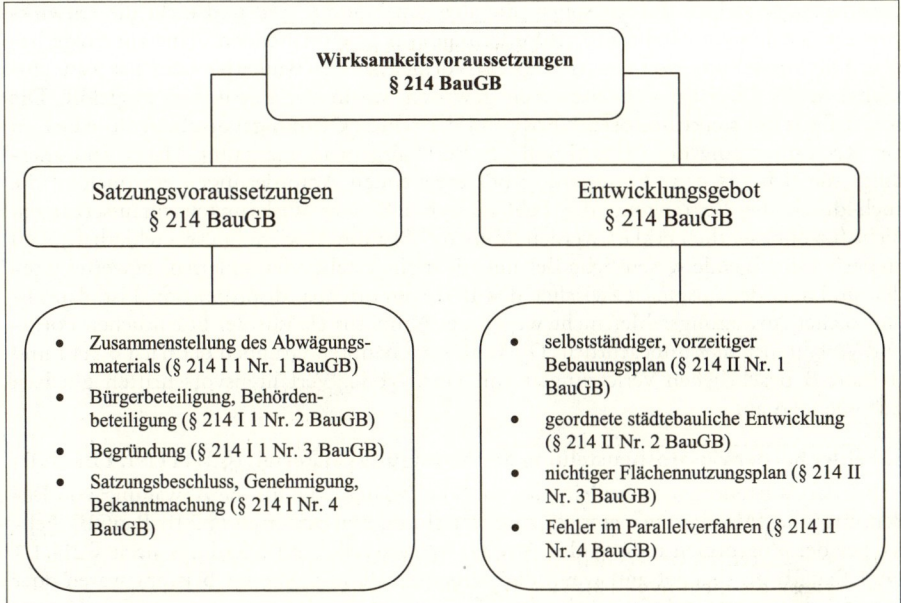

Die Regelungen sind zugleich Ausdruck eines Grundsatzes, wonach sich die gerichtliche Kontrolle nicht **ungefragt auf Fehlersuche** begeben sollte.[2115] Bei der Kalkulation von Abgaben – so urteilt das *BVerwG* an einer für die Planungsrechtler vielleicht etwas versteckten Stelle – steht dem kommunalen Satzungsgeber ein Prognosespielraum zu, der gerichtlich nur eingeschränkt überprüfbar ist. Eine ungefragte gerichtliche Fehlersuche ist im Zweifel dann nicht sachgerecht, wenn sie das Rechtsschutzbegehren des Klägers aus den Augen verliert. Es entspricht in der Regel einer sachgerechten Handhabung der gerichtlichen Kontrolle, die Abgabenkalkulation eines kommunalen Satzungsgebers ungefragt einer Detailprüfung zu unterziehen.[2116] Das überzeugt. **1115**

§ 214 I und II BauGB macht die **Wirksamkeit** der **Bauleitpläne** nur von der Einhaltung bestimmter Verfahrens- oder Formvorschriften abhängig. Die einzelnen Verfahrens- und Formerfordernisse werden dabei zu Gruppen zusammengefasst. Es handelt sich um die **Einhaltung** von **Mindestanforderungen**: **1116**
– der Ermittlung und Bewertung der Belange (§ 214 I 1 Nr. 1 BauGB),
– der förmlichen Öffentlichkeits- und Behördenbeteiligung (§ 214 I 1 Nr. 2 BauGB),
– des Vorhandenseins einer Begründung zum Flächennutzungsplan (§ 5 V BauGB) und zum Bebauungsplan und eines Umweltberichts, der in den für die Abwägung beachtlichen Punkten vollständig ist (§ 9 VIII BauGB, § 214 I 1 Nr. 3 BauGB),
– der Einhaltung des Genehmigungs- und Bekanntmachungsverfahrens[2117] (§ 214 I 1 Nr. 4 BauGB) und
– des Entwicklungsgebots (§ 214 II BauGB).

Alle anderen Verfahrens- oder Formvorschriften, die das BauGB für die Aufstellung, Änderung, Ergänzung oder Aufhebung von Bauleitplänen enthält, haben auf die Rechtswirksamkeit der Bauleitpläne keinen Einfluss. Das BauGB hält damit Form- und Verfahrensvorschriften bereit, die zwar i. S. von Ordnungsvorschriften bei der Aufstellung der **1117**

[2115] *BVerwG*, Urt. v. 7. 9. 1979 – IV C 7.77 – BauR 1980, 40 = DVBl. 1980, 230 – Fehlersuche.
[2116] *BVerwG*, Urt. v. 17. 4. 2002 – 9 CN 1.01 – BVerwGE 116, 188 = DVBl. 2002, 1409 – ungefragte Fehlersuche.
[2117] Fehler im ggf. landesrechtlich erforderlichen Anzeigeverfahren sind für die Wirksamkeit des Bauleitplans ohne Belang.

Bauleitpläne beachtet werden sollen, die aber sanktionslos sind und nicht die Unwirksamkeit der diese (zusätzlichen) Anforderungen nicht einhaltenden Pläne zur Folge haben. Die Vorstellung von sanktionslosen Normen in der Bauleitplanung hat zwar zunächst in der Literatur teilweise einen gewissen Sturm der Entrüstung ausgelöst. Die Rechtsfigur der **sanktionslosen Norm** und der reinen **Ordnungsvorschrift** ist jedoch in der Rechtsprechung des *BVerwG* und des *BGH* allgemein anerkannt. Dabei sind allerdings die sich aus dem Abwägungsgebot ergebenden Anforderungen einzuhalten, die auch durch die Begrenzung der Fehlerfolgen i. S. von Wirksamkeitsvoraussetzungen nicht für unbeachtlich erklärt werden können.[2118] Ist die Abwägung etwa fehlerhaft, weil zu berücksichtigende wesentliche Belange nicht eingestellt oder fehlerhaft bewertet worden sind oder der Ausgleich zwischen den Belangen offenbar disproportional ist, dann ist ein solcher Abwägungsfehler nicht wegen des Numerus clausus der beachtlichen Form- und Verfahrensfehler unbeachtlich. Die fünf vorgenannten Gruppen der nach § 214 I und II BauGB beachtlichen Verletzungen von Form- oder Verfahrensvorschriften gliedern sich wie folgt auf:

1. Fehler bei der Zusammenstellung des Abwägungsmaterials (§ 214 I 1 Nr. 1 BauGB)

1118 Bei der Aufstellung der Bauleitpläne sind die Belange, die für die Abwägung von Bedeutung sind (Abwägungsmaterial), zu ermitteln und zu bewerten (§ 2 III BauGB). Fehler bei der Zusammenstellung des Abwägungsmaterials sind allerdings nach § 214 I 1 Nr. 1 BauGB nur bedeutsam, wenn die Gemeinde Belange, die ihr bekannt waren oder hätten bekannt sein müssen, nicht zutreffend ermittelt oder bewertet hat. Der Mangel muss offensichtlich und auf das Abwägungsergebnis von Einfluss gewesen sein. Mängel, die Gegenstand dieser Regelung sind, können nicht als Abwägungsmängel geltend gemacht werden (§ 214 III 2 BauGB). Mit diesen Regelungen werden die Fehler bei der Zusammenstellung des Abwägungsmaterials im Anschluss an die der Rechtsprechung[2119] begrenzt. Belange, die nicht in der Öffentlichkeits- oder Behördenbeteiligung vorgetragen worden sind und die der Gemeinde auch nicht bekannt waren, sind für die Abwägung nicht beachtlich und führen daher auch nicht zu einem erheblichen Verfahrensfehler. Die Öffentlichkeits- und Behördenbeteiligung wird daher auch im Hinblick auf die Zusammenstellung des Abwägungsmaterials gestärkt. Die Beteiligungsvorschriften dienen insbesondere der vollständigen Ermittlung und zutreffenden Bewertung der von der Planung berührten Belange (§ 4a I BauGB). Stellungnahmen, die im Verfahren Beteiligungsverfahren nicht rechtzeitig abgegeben worden sind, können bei der Beschlussfassung grundsätzlich unberücksichtigt bleiben (§ 4a VI BauGB). Dies gilt für Belange, deren Inhalt die Gemeinde nicht kannte und nicht kennen konnte und die für die Rechtmäßigkeit des Bauleitplans nicht von Bedeutung sind (§ 4a VI BauGB). § 214 I 1 Nr. 1 BauGB knüpft an diese verfahrensrechtlichen Regelungen im Zusammenhang mit der Aufstellung des Bauleitplans an. Nur wenn die Belange in wesentlichen Punkten nicht zutreffend ermittelt oder bewertet worden sind, können sich daraus beachtliche Fehler ergeben. Zudem muss der Mangel offensichtlich und das Ergebnis des Verfahrens von Einfluss gewesen sein. Mit dem Verweis in § 4a VI BauGB auf die Bedeutung von Fehlern für die Rechtmäßigkeit eines Bauleitplans nimmt die Vorschrift inhaltlich zugleich auf § 214 I 1 Nr. 1 BauGB Bezug.

1119 In die Abwägung sind danach nur Belange einzustellen, die mehr als geringfügig, schutzwürdig und erkennbar sind. Hierfür hat die **Beteiligung** eine wichtige Funktion. Werden die Belange dort nicht vorgetragen, so sind sie nur dann erheblich, wenn sie offensichtlich sind und sich die Nichteinstellung oder unzutreffende Bewertung der Belange auf das Ergebnis der Abwägung ausgewirkt hat. Diese Unbeachtlichkeit kann auch

---

[2118] *Stüer* DVBl. 1985, 469.
[2119] *BVerwG*, Urt. v. 12. 12. 1969 – IV C 105.66 – BVerwGE 34, 301 = DVBl. 1970, 414; B. v. 9. 11. 1979 – 4 N 1.78 – BVerwGE 59, 87 = DVBl. 1980, 233.

Belange treffen, die erst verspätet vorgetragen worden sind und daher nach § 4a VI BauGB unbeachtlich sind. Dies wird vor allem Belange betreffen, die für die Gemeinde nicht erkennbar sind, weil es sich etwa um persönliche Verhältnisse oder Wünsche an die Planung handelt, die nicht offensichtlich für einen Außenstehenden erkennbar sind. Insoweit kann auch ein verspätetes Vorbringen nach Ablauf der Beteiligungsfristen aber vor dem Satzungsbeschluss unter den Voraussetzung des § 4a VI BauGB ausgeschlossen sein. Das gilt auch für die **umweltschützenden Belange**, für deren Ermittlung die Gemeinde den Umfang und Detaillierungsgrad festlegt (§ 2 V BauGB), und die im **Umweltbericht** zusammengestellt und bewertet werden (§ 2a 2 BauGB).

2. Förmliche Öffentlichkeits- und Behördenbeteiligung nicht durchgeführt (§ 214 I 1 Nr. 2 BauGB)

Nach § 214 I 1 Nr. 2 BauGB ist für die Wirksamkeit der Bauleitplanung beachtlich, wenn die Vorschriften über die Beteiligung der Bürger und Träger öffentlicher Belange nach den §§ 3 II, 4 II, 4a und 13 II Nr. 2 und 3, 22 IX 2, 34 VI 1 sowie 35 VI 5 BauGB verletzt worden sind.

Von den **Beteiligungsvorschriften** sind dabei nur die **Regelungen** über die **förmliche Öffentlichkeits- und Behördenbeteiligung** nach den §§ 3 II und 4 II BauGB für die Wirksamkeit der Bauleitpläne von Belang. Fehler bei der vorgezogenen Beteiligung sind demgegenüber für die Rechtswirksamkeit des Bauleitplans unbeachtlich. Verfahrenserheblich für die Rechtswirksamkeit der Bauleitpläne ist damit (nur noch) die Einhaltung der Anforderungen an die förmliche Öffentlichkeitsbeteiligung nach § 3 II BauGB, also die öffentliche Auslegung der Entwürfe mit Begründung einschließlich Umweltbericht und die rechtzeitige ortsübliche Bekanntmachung der Offenlegung eine Woche vor Offenlegungsbeginn. Dabei ist es nach der Rechtsprechung ausreichend, wenn die Bekanntmachung ihre Anstoßfunktion erfüllt. Auch ist hinsichtlich der Bekanntmachung das Landesrecht einzuhalten, aus dem sich das Verfahren der Bekanntmachung ergibt. Fehler im Rahmen der vorgezogenen Öffentlichkeitsbeteiligung (§ 3 I BauGB) sind demgegenüber unbeachtlich. Selbst wenn überhaupt keine vorgezogene Öffentlichkeitsbeteiligung stattgefunden hat, ist dies für die Wirksamkeit der Bauleitpläne ohne Belang. Daneben muss eine förmliche Behördenbeteiligung nach § 4 II BauGB durchgeführt worden sein. Die Nichtbeteiligung einzelner Personen, Behörden oder sonstige Träger öffentlicher Belange ist unbeachtlich, wenn die Belange unerheblich waren oder berücksichtigt worden sind. Beteiligungsfehler, die sich allerdings auf das Ergebnis der Abwägung auswirken, sind bedeutsam. Derartige Mängel im Abwägungsvorgang müssen offensichtlich sein (§ 214 III 3 BauGB).

Unbeachtlich ist auch die **unvollständige Mitteilung** bei der Bekanntmachung zur öffentlichen Auslegung, welche Arten **umweltbezogener Informationen** verfügbar sind (§ 214 I 1 Nr. 2 BauGB). Das völlige Fehlen derartiger Angaben kann jedoch zu einem beachtlichen Abwägungsfehler führen, wenn der Verstoß gegen diese Vorschrift offensichtlich ist und auf das Abwägungsergebnis von Einfluss gewesen ist (§ 214 III 2 BauGB).

Wird ein **Planentwurf nach Durchführung** der **förmlichen Öffentlichkeits- oder Behördenbeteiligung geändert**, so ist grundsätzlich eine erneute förmliche Beteiligung durchzuführen. Allerdings kann nach § 4a III BauGB eine eingeschränkte Öffentlichkeits- und Behördenbeteiligung durchgeführt werden, wenn die Grundzüge der Planung nicht betroffen sind. Die Einholung der Stellungnahmen kann dann auf die von der Änderung oder Ergänzung betroffene Öffentlichkeit sowie den berührten Behörden und sonstigen Trägern öffentlicher Belange beschränkt werden. § 13 BauGB sieht vergleichbare Beteiligungsregelungen bei der Änderung von Bauleitplänen und bestandswahrenden Bebauungsplänen im nichtbeplanten Innenbereich vor. Werden die Grundzüge nicht berührt und betrifft die Planung kein Vorhaben, das umweltprüfungspflichtig oder vorprüfungspflichtig mit erheblichen nachteiligen Umweltauswirkungen ist und werden auch keine Habitat- oder Vogelschutzbelange betroffen, kann an Stelle der förmlichen Öffentlichkeits- und Behördenbeteiligung ein vereinfachtes Verfahren durchgeführt werden. Dabei ist der betroffenen Öffentlichkeit und den berührten Behörden und sonstigen Trägern öffentlicher Belange Gelegenheit zur Stellungnahme in angemessener Frist zu geben. Hat die Gemeinde fehlerhaft angenommen, dass die Grundzüge der Planung bei der beabsichtigten Änderung nicht betroffen sind und deshalb nur ein vereinfachtes Beteiligungsverfahren durchgeführt, so ist dies für die Rechtswirksamkeit des Bauleitplans nicht beachtlich. Durch diese Unbeachtlichkeitsregelungen soll sichergestellt werden, dass Bauleitpläne nicht deshalb für unwirksam erklärt werden, weil das Gericht in der nachvollziehenden Kontrolle zu der Auffassung gelangt, das vereinfachte Verfahren hätte wegen der Betroffenheit der Grundzüge der Planung nicht gewählt werden dürfen. Im Interesse der Beschleunigung sollten die vereinfachten Verfahren der §§ 4a III, 13 BauGB von solchen zusätzlichen Verfahrensrisiken entlastet werden. Die Gemeinde kann sich allerdings auf § 214 I 1 Nr. 2 BauGB nicht berufen, wenn sie davon ausgeht, dass die Grundzüge der Planung betroffen sind, sie gleichwohl von den Vereinfachungsmöglichkeiten der §§ 4a III, 13 BauGB Gebrauch macht.

1124 Bedeutsam für die Wirksamkeit der Bauleitplanung ist zwar die Durchführung einer Beteiligung der Träger öffentlicher Belange nach § 4 BauGB. Die **Nichtbeteiligung einzelner Behörden oder sonstiger Träger öffentlicher Belange** ist jedoch **unbeachtlich**, solange dadurch das Abwägungsgebot[2120] gewahrt ist (§ 214 III 2 BauGB).

1125 Trotz der Beschränkung der Wirksamkeitsvoraussetzungen auf die förmliche Öffentlichkeits- und Behördenbeteiligung sind weiterhin die **rechtsstaatlichen Anforderungen**, die sich aus dem **Abwägungsgebot** ergeben, einzuhalten. Danach sind alle Belange in die Abwägung einzustellen, die mehr als geringfügig, schutzwürdig und erkennbar sind.[2121] Die Zusammenstellung des Abwägungsmaterials (§ 2 III BauGB) hat dabei auch unabhängig von den im Beteiligungsverfahren vorgetragenen Belangen zu geschehen, soweit sich diese Belange als Bestandteil der Abwägung für die Gemeinde aufdrängen.

Beispiel: Hat die Gemeinde etwa bei der Aufstellung eines Bebauungsplans für ein neues Gewerbegebiet die für die Gewerbeaufsicht zuständige Behörde nicht beteiligt, so wirkt sich dieser formale Beteiligungsmangel noch nicht auf die Wirksamkeit des Bauleitplans aus. Sind aber die Anforderungen an den Immissionsschutz nicht erfüllt oder hätte das Baugebiet im Hinblick auf ein benachbartes Wohngebiet nach § 1 IV BauNVO mit entsprechenden Festsetzungen zum Schutze der betroffenen Bevölkerung gegliedert werden müssen, so ist der Bebauungsplan wegen der Verletzung des Gebotes der Konfliktbewältigung unwirksam – unabhängig davon, dass die Nichtbeteiligung eines Trägers öffentlicher Belange nicht für sich gesehen zur Unwirksamkeit des Bebauungsplans führt.

3. Begründung fehlt – Umweltbericht ist unvollständig (§ 214 I 1 Nr. 3 BauGB)

1126 Nach § 214 I 1 Nr. 3 BauGB ist ferner beachtlich, wenn die Vorschriften über die Begründung des Flächennutzungsplans und der Satzung sowie ihrer Entwürfe nach den §§ 2a, 3 II, 5 I 2 HS 2 und V, § 9 VIII und § 22 X BauGB verletzt worden sind. Dabei ist unbeachtlich, wenn die Begründung des Flächennutzungsplans oder der Satzung oder ihrer Entwürfe unvollständig sind. Der Umweltbericht darf allerdings nur in unwesentlichen Punkten vollständig sein.[2122] Soweit die Begründung in den für die Abwägung wesentlichen Beziehungen unvollständig ist, hat die Gemeinde auf Verlangen Auskunft zu erteilen, wenn ein berechtigtes Interesse an der Auskunftserteilung dargelegt wird (§ 214 I 2 BauGB).

1127 Das Gesetz unterscheidet damit zwischen der allgemeinen Begründung des Bauleitplans, die sich auf die Ziele, Zwecke und wesentlichen Auswirkungen des Bauleitplans

---

[2120] Zum Abwägungsgebot s. Rdn. 1195.
[2121] *BVerwG*, B. v. 9. 11. 1979 – 4 N 1.78 – BVerwGE 59, 87 = *Hoppe/Stüer* RzB Rdn. 26; *Hoppe* Jura 1989, 133.
[2122] Zum Umweltbericht s. Rdn. 249, 280, 385, 769, 809, 955, 1040, 1121, 1403, 1513, 2079, 2721, 2789.

bezieht (§ 2a 2 Nr. 1 BauGB) und dem Umweltbericht, in dem die ermittelten und bewerteten Belange des Umweltschutzes darzustellen sind (§ 2a 2 Nr. 2 BauGB). Die Begründung zum Flächennutzungsplan und zum Bebauungsplan haben wesentliche Funktionen im Aufstellungs- und Abwägungsverfahren. Sie sollen nach Möglichkeit einen Überblick über die vom Plangeber angestellten Überlegungen geben und dabei insbesondere die wesentlichen Abwägungsgesichtspunkte erkennen lassen. Die **Begründung** hat daher auch für die **gerichtliche Kontrolle** der Bauleitplanung eine **wichtige Funktion**, weil sie durch die Offenlegung der Begründungen eine nachvollziehende gerichtliche Kontrolle der Einhaltung des Abwägungsgebotes[2123] zumindest erleichtert, wenn nicht überhaupt erst ermöglicht. Fehlt daher die Begründung zum Flächennutzungsplan oder zum Bebauungsplan, so muss eine gerichtliche Kontrolle des Abwägungsgebotes in Schwierigkeiten geraten. Eine fehlende Begründung führt daher nach § 214 I 1 Nr. 3 BauGB zur Unwirksamkeit des Bauleitplans. Dies erscheint im Hinblick auf die Grundsätze des Abwägungsgebotes und der gerichtlichen Kontrolle folgerichtig.

Ist die **Begründung** dagegen **(lediglich) unvollständig**, so bewirkt dieser Mangel **1128** allein nicht die Unwirksamkeit des Bauleitplans. Unvollständig ist eine Begründung dann, wenn entweder zu einer für die Planungskonzeption bedeutsamen Regelung nicht alle tragenden Gesichtspunkte behandelt worden sind oder wenn zu einzelnen auch bedeutsamen Regelungen eine Begründung fehlt.[2124] Die Begründung des Bebauungsplans ist nicht Bestandteil der Satzung nach § 10 I BauGB. Sie ist nicht Planinhalt, sondern nur dem Bebauungsplan gem. § 9 VIII BauGB beizufügen. Die Gemeinde hat gem. § 10 III 2 BauGB spätestens mit Wirksamwerden der Bekanntmachung der Genehmigung den Bebauungsplan mit Begründung und der zusammenfassenden Erklärung zu jedermanns Einsicht bereitzuhalten und über ihren Inhalt auf Verlangen Auskunft zu erteilen. Hiernach kann die Begründung nicht als materiell-rechtlicher Bestandteil des Bebauungsplans angesehen werden. Begründungsmängel nach § 214 I 1 Nr. 3 BauGB sind dann nicht überwindbar, wenn dem Bebauungsplan eine Begründung überhaupt nicht beigefügt ist oder wenn sich die Begründung formellmäßig in der Wiederholung einer Vorschrift des BauGB oder in der Beschreibung des Planinhalts erschöpft. Denn nach § 2a 1 Nr. 1 BauGB sind in der Begründung die Ziele und Zwecke der Planung darzulegen.[2125]

Ein solcher **Mangel** der **Unvollständigkeit** gewinnt daher Bedeutung, wenn hierdurch **1129** **zugleich Abwägungsmängel** offenbar werden, die auch durch andere Dokumente (Ratsprotokolle, Verwaltungsvorlagen) oder ggf. mündliche Erklärungen der am Aufstellungsverfahren Beteiligten nicht behoben werden können. In solchen Fällen können auch Defizite in der Begründung zu beachtlichen Fehlern führen – aber erst dann, wenn hierdurch die Anforderungen an das Abwägungsgebot nicht mehr gewahrt sind. § 214 I 1 Nr. 3 BauGB entlastet daher von einer formellen umfassenden Aufnahme aller Abwägungsgesichtspunkte in die Begründung, nicht jedoch davon, die Grundsätze des Abwägungsgebotes nach § 1 VII BauGB einzuhalten.

Weitergehende Anforderungen an die Begründung enthält § 214 I Nr. 3 BauGB in den **1130** **Umweltbericht**. Hier darf sich die Unvollständigkeit nur auf **unwesentlichen Punkte** beziehen. Allerdings ist die Vorschrift eingebettet in den Gesamtzusammenhang der Regelungen, die sich auf die Zusammenstellung des Abwägungsmaterials und die Ausgleichsentscheidung beziehen. Zum Umweltbericht gehören nur umweltschützende Belange, die Gegenstand des Abwägungsmaterials sind, die also zu ermitteln und zu bewerten sind (§ 2 III BauGB). Es muss sich daher um Belange handeln, deren Betroffenheit wahrscheinlich und die mehr als geringfügig, schutzwürdig und erkennbar sind. Dabei

---

[2123] Zum Abwägungsgebot s. Rdn. 1195.
[2124] *BVerwG*, B. v. 21. 2. 1986 – 4 N 1.85 – BVerwGE 74, 47 = NJW 1986, 2720 = BauR 1986, 298 = *Hoppe/Stüer* RzB Rdn. 850.
[2125] *BVerwG*, B. v. 21. 2. 1986 – 4 N 1.85 – BVerwGE 74, 47 = NJW 1986, 2720 = BauR 1986, 298 = *Hoppe/Stüer* RzB Rdn. 850.

haben die Öffentlichkeits- und Behördenbeteiligung eine wichtige Funktion (§§ 3, 4 BauGB). Was dort nicht vorgetragen worden ist, ist nur dann erkennbar, wenn es sich dem Planer aufdrängt und geradezu offen auf der Hand liegt. Belange, die nicht rechtzeitig vorgetragen worden sind und die in dem Filter des § 4a VI, 214 I Nr. 1 BauGB hängen bleiben, sind nicht Gegenstand der Abwägung und können auch nicht nach § 214 I 1 Nr. 3 BauGB für den Umweltbericht beachtlich sein (§ 214 III 2 BauGB). Nur die danach beachtlichen Belange müssen daher im Umweltbericht dargestellt und bewertet werden (§ 2a 2 BauGB). Zudem gilt auch hier die weitere Einschränkung für die Beachtlichkeit solcher Fehler, die sich aus § 214 III 2 BauGB ergibt. Mängel im Abwägungsvorgang sind danach nur erheblich, wenn sie offensichtlich und auf das Abwägungsergebnis von Einfluss gewesen sind. Ist der Umweltbericht daher nicht nur in unwesentlichen Punkten unvollständig, so ist ein solcher Fehler in der Begründung beachtlich, wenn er offensichtlich ist und sich auf das Abwägungsergebnis auswirkt. Allein die Unvollständigkeit des Umweltberichts führt daher noch nicht zu einem beachtlichen Fehler. Dies gilt erst dann, wenn sich dieser Fehler auf das Abwägungsergebnis ausgewirkt hat. Bei der Aufstellung der Bauleitpläne wird die Umweltprüfung nach § 17 UVPG im Aufstellungsverfahren als Umweltprüfung nach dem BauGB durchgeführt. Das gilt auch für die UVP, wenn eine solche nach der Anlage 1 zum UVPG erforderlich ist (vgl. vor allem Nr. 18.1 bis 18.9 der Anlage 1). Die Umweltprüfung ist damit vollständig in das Bauleitplanverfahren integriert und erfolgt nicht in einem gesonderten, vom Verfahren der Aufstellung eines Bauleitplans zu unterscheidenden Verfahrensgang. Mit der Ausgestaltung des Verfahrens für die Aufstellung eines Bebauungsplans als Trägerverfahren ist zugleich gesetzlich festgelegt, dass Verfahrensfehler nur insoweit von Bedeutung sind, als sie im Aufstellungsverfahren eines Bauleitplans nach Maßgabe der §§ 214, 215 BauGB beachtlich sind. Verfahrensrechtliche Anforderungen um das Planaufstellungsverfahren herum, deren Nichteinhaltung unabhängig von den Regelungen in § 214, 215 BauGB zu einer Fehlerhaftigkeit des Bauleitplans führen würden, bestehen daher nicht. Wird eine erforderliche Umweltprüfung überhaupt nicht durchgeführt und fehlen wichtige umweltschützende Belange in der Begründung, so ist dieser Fehler beachtlich, wenn er offensichtlich und auf das Abwägungsergebnis von Einfluss gewesen ist. Fehlen lediglich einzelne Belange in der Umweltprüfung, so sind diese Defizite nur dann beachtlich, wenn sie offensichtlich und auf das Abwägungsergebnis von Einfluss gewesen sind. Fehler bei der Zusammenstellung des Abwägungsmaterials wirken sich aber dann nicht aus, wenn dieser Fehler nicht kausal für das Ergebnis der Planungsentscheidung war. Diese vom *BVerwG* für die Bedeutung der UVP in der Fachplanung entwickelte Kausalitätslehre[2126] kann auf die Bauleitplanung übertragen werden.[2127] Die Übertragbarkeit dieser Rechtsgrundsätze ergibt sich aus § 214 III 2 BauGB. Eine solche Eingrenzung auf die Verfahrensfehler, die sich auf das Ergebnis ausgewirkt haben, ist auch **europarechtlich** zulässig. Denn auch im Gemeinschaftsrecht gilt grundsätzlich das **Kausalitätserfordernis**: Ein Verfahrensfehler, welcher sich nicht auf das Ergebnis einer Entscheidung auswirkt, führt jedenfalls nicht zur Nichtigkeit der Verwaltungsmaßnahme.[2128] Ob der Hinweis des EuGH auf die Sanktionsmöglichkeit über einen Amtshaftungsanspruch insoweit hinreichend disziplinierend wirken kann, darf aber bezweifelt werden, da es in vielen Fällen an einem ersatzfähigen Schaden fehlen dürfte, der Verfahrensfehler letztlich also insgesamt sanktionslos bleibt.[2129]

[2126] *BVerwG*, Urt. v. 25. 1. 1996 – 4 C 5.95 – BVerwGE 100, 238 = DVBl. 1996, 677 – Eifelautobahn A 60, zu Einschränkungen des § 46 VwVfG durch das Umwelt-Rechtsbehelfsgesetz s. Rdn. 2719.
[2127] *BVerwG*, Urt. v. 18. 11. 2004 – 4 CN 11.03 – DVBl. 2005, 386 = NVwZ 2004, 1237 – Diez.
[2128] *EuG*, Urt. v. 6. 7. 2000 – Rs. T-62/98 (Volkswagen AG/Kom.) – E 2000, II-2707 = ELR 2000, 306 (T. Bergau) – Reexportbehinderung u. EuGH, Urt. v. 18. 9. 2003 – Rs. C-338/00 P (Volkswagen AG/Kom.) – WuW 2003, 1207 – Reexportbehinderung.
[2129] *Rengeling/Szczekalla*, Grundrechte in der Europäischen Gemeinschaft, Charta der Grundrechte und allgemeine Rechtsgrundsätze, Art. 41 GRC, Rdn. 1096.

Ist die Begründung zum Bebauungsplan unvollständig, so hat die **Gemeinde auf** **1131**
Verlangen den durch den **Plan Betroffenen Auskunft** zu erteilen (§ 214 I 2 BauGB). Die
Auskunftspflicht bezieht sich auch darauf, dass die maßgeblichen Unterlagen zur Einsicht
vorgelegt werden. Das berechtigte Interesse des Auskunftsanspruchs ist ggf. darzulegen
und wird dann gegeben sein, wenn der Antragsteller nachteilig in Belangen betroffen ist,
die bei der Abwägung zu berücksichtigen sind.[2130] Der Auskunftsanspruch besteht daher
für alle, die in ihren mehr als geringfügigen, schutzwürdigen und erkennbaren Belangen
nachteilig betroffen sind. Der Auskunftsanspruch dürfte daher nicht davon abhängig
sein, dass eine mögliche Verletzung eigener Rechte geltend gemacht wird, wie sie für die
Antragsbefugnis in einem Normenkontrollverfahren erforderlich ist (vgl. § 47 II VwGO
i. d. F. des 6. VwGO-ÄndG).

4. Abschließender Beschluss, Genehmigungsverfahren oder Bekanntmachung fehlerhaft § 214 I 1 Nr. 4 BauGB

§ 214 I 1 Nr. 4 BauGB nennt als weitere Wirksamkeitsvoraussetzungen das Erfordernis **1132**
eines abschließenden Beschlusses über den Bauleitplan, die ordnungsgemäße Durchführung des Genehmigungs- oder Anzeigeverfahrens und die wirksame Bekanntmachung.
Ist ein Beschluss der Gemeinde über den Flächennutzungsplan oder die Satzung nicht gefasst, eine Genehmigung nicht erteilt oder der mit der Bekanntmachung des Flächennutzungsplans oder der Satzung verfolgte Hinweiszweck nicht erreicht worden, so ist der
Bauleitplan nach § 214 I 1 Nr. 4 BauGB unwirksam. Es handelt sich dabei um schwere
Mängel, der dem Rügeerfordernis des § 215 I BauGB nicht unterliegt.[2131]

Ein Bauleitplan ist nur bei **wirksamem abschließendem Ratsbeschluss** ordnungs- **1133**
gemäß zu Stande gekommen und damit rechtswirksam. Fehlt ein wirksamer abschließender
Ratsbeschluss, so ist der Bauleitplan unwirksam. Die Wirksamkeit des abschließenden
Ratsbeschlusses bestimmt sich hinsichtlich der dabei einzuhaltenden verfahrensrechtlichen Anforderungen nach dem Kommunalverfassungsrecht der Länder. Landesrecht bestimmt auch, ob etwa bei der Mitwirkung von befangenen Ratsmitgliedern der Ratsbeschluss in jedem Falle unwirksam ist oder eine solche Folge nur dann eintritt, wenn die
Stimme des wegen eines Mitwirkungsverbotes ausgeschlossenen Ratsmitgliedes den Ausschlag gegeben hat.[2132] Der Bundesgesetzgeber hat die Regelung der rechtlichen Konsequenzen, die aus einem Verstoß gegen landesrechtliche Verfahrens- und Formvorschriften
zu ziehen sind, dem **Landesgesetzgeber** überlassen. Das gilt auch für die Rechtsfolgen der
Mitwirkung eines von der Beschlussfassung ausgeschlossenen Gemeinderatsmitglieds bei
der Beratung und Beschlussfassung über einen Bebauungsplan. Es ist eine Frage des Landesrechts, ob dieser Verstoß für den gefassten Beschluss nur dann rechtlich relevant ist,
wenn die Mitwirkung des Ausgeschlossenen für das Abstimmungsergebnis ursächlich gewesen ist.[2133] Der Mangel ist allerdings nur dann erheblich, wenn er i. S. des § 214 III 2
BauGB offensichtlich und auf das Abwägungsergebnis von Einfluss gewesen ist.

Auch **ein nicht ordnungsgemäß durchgeführtes Genehmigungsverfahren** führt **1134**
nach § 214 I 1 Nr. 4 BauGB zur Unwirksamkeit des Bauleitplans. Fehler in einem ggf.
landesrechtlich angeordneten Anzeigeverfahren sind demgegenüber für die Rechtswirksamkeit des Bauleitplans ohne Belang. Fehler in der Schlussbekanntmachung sind dann
wirksamkeitserheblich, wenn der mit der Bekanntmachung verfolgte Hinweiszweck
nicht erreicht worden ist. Das Gesetz nimmt dabei die vom *BVerwG* entwickelte Unterscheidung zwischen der Anstoßfunktion einer Bekanntmachung zur förmlichen Öffentlichkeitsbeteiligung und der Hinweisfunktion einer **Schlussbekanntmachung** auf. Es
reicht dabei aus, dass die Schlussbekanntmachung neben einer Nummer das Plangebiet

---

[2130] *BVerwG*, B. v. 9. 11. 1979 – 4 N 1.78 – BVerwGE 59, 87 = *Hoppe/Stüer* RzB Rdn. 26.
[2131] *BVerwG*, Urt. v. 22. 3. 1985 – 4 C 63.80 – BVerwGE 71, 150 = NJW 1985, 3034 = DVBl. 1985, 896 = *Hoppe/Stüer* RzB Rdn. 145 – Roter Hang.
[2132] S. Rdn. 864.
[2133] *BVerwG*, B. v. 5. 11. 1998 – 4 BN 48.98 – NVwZ 1999, 425.

durch einen plakativen Begriff bezeichnet. Außerdem ist bei einem Bebauungsplan in der Bekanntmachung nach § 10 III BauGB darauf hinzuweisen, bei welcher Stelle der Plan, die Begründung und die zusammenfassende Erklärung eingesehen werden kann. Bei derartigen Fehlern kann der Bauleitplan nur durch deren Behebung nach § 214 IV BauGB unter Wiederholung der nachfolgenden Verfahrensschritte auch rückwirkend wirksam werden.

1135 § 214 I BauGB erfasst ausschließlich Verfahrens- und Formvorschriften nach dem BauGB, nicht jedoch Verstöße gegen landesrechtliche Verfahrens- und Formvorschriften.[2134] Verstöße gegen Landesrecht sind allerdings nur insoweit beachtlich, als das Landesrecht die Voraussetzungen für die bundesrechtlich erforderlichen Wirksamkeitsvoraussetzungen schafft. Das Landesrecht ist wegen der abschließenden Regelung des Städtebaurechts im BauGB nicht in der Lage, zusätzliche Anforderungen an die Wirksamkeit des Flächennutzungsplans oder der städtebaulichen Satzung zu stellen, die nicht im BauGB angelegt sind.

5. Verstoß gegen das Entwicklungsgebot gem. § 214 II BauGB

1136 § 214 II BauGB fasst die Wirksamkeitsvoraussetzungen zum Entwicklungsgebot des § 8 BauGB zusammen. Dabei soll einerseits sichergestellt werden, dass der Bebauungsplan i. S. der geordneten **städtebaulichen Entwicklung** aus dem Flächennutzungsplan abgeleitet ist. Andererseits soll vermieden werden, dass jeder Verstoß gegen ein formal verstandenes Entwicklungsgebot zur Unwirksamkeit des Bebauungsplans führt. Die Vorschrift benennt in einem **Negativkatalog** vier Fälle, bei denen **Verstöße gegen** das **Entwicklungsgebot** für die Rechtswirksamkeit des Bebauungsplans **unbeachtlich** sind:[2135]

- Die Anforderungen an die Aufstellung eines selbstständigen Bebauungsplans (§ 8 II 2 BauGB) oder an die in § 8 IV BauGB bezeichneten dringenden Gründe für die Aufstellung eines vorzeitigen Bebauungsplans sind nicht richtig beurteilt worden.
- Das Entwicklungsgebot in § 8 II 1 BauGB ist verletzt worden, ohne dass hierbei die sich aus dem Flächennutzungsplan ergebende geordnete städtebauliche Entwicklung beeinträchtigt worden ist.
- Der Bebauungsplan ist aus einem Flächennutzungsplan entwickelt worden, dessen Unwirksamkeit wegen Verletzung von Verfahrens- oder Formvorschriften einschließlich des § 6 BauGB sich nach Bekanntmachung des Bebauungsplans herausstellt.
- Im Parallelverfahren ist gegen § 8 III BauGB verstoßen worden, ohne dass die geordnete städtebauliche Entwicklung beeinträchtigt worden ist.

1137 **Verstöße** gegen das **Entwicklungsgebot** führen nur dann zur Unwirksamkeit des Bebauungsplans, wenn über den formalen Verstoß gegen die Ordnungsvorschrift des § 8 BauGB der **Bebauungsplan** auch **inhaltlich** die sich aus dem Flächennutzungsplan ergebende **städtebauliche Ordnung** nicht wahrt. Der Anwendungsbereich dieser Vorschriften ist allerdings dadurch eingeschränkt, dass die Rechtsprechung die Anforderungen an das Entwicklungsgebot schon seit Jahren nicht unerheblich gelockert hat. War zunächst vielleicht der Eindruck entstanden, dass der Bebauungsplan aus dem Flächennutzungsplan eher sklavisch entwickelt werden musste und jede Abweichung die Gefahr eines Verstoßes gegen das Entwicklungsgebot nach sich zog, so hat das *BVerwG* in mehreren Entscheidungen mehr auf die inhaltliche Seite des Entwicklungsgebotes i. S. der Wahrung einer geordneten städtebaulichen Entwicklung abgestellt. Diese ist vor allem beeinträchtigt, wenn ein über das Gebiet des Bebauungsplans hinausgehender Bereich und die übergeordneten Darstellungen des Flächennutzungsplans betroffen sind.[2136] Die geordnete städtebauliche Entwicklung ist demgegenüber nicht beeinträchtigt, wenn im Bebauungsplan nur von einzelnen Darstellungen des Flächennutzungsplans abgewichen

---

[2134] *BVerwG*, B. v. 5. 10. 2001 – 4 BN 49.01 – BRS 64 (2001) Nr. 43 = SächsVBl. 2002, 4.
[2135] Zum Entwicklungsgebot s. Rdn. 390.
[2136] *VG Köln*, Urt. v. 9. 6. 1981 – 2 K 574/79 – UPR 1982, 135.

wird, ohne dass sich hierdurch die Gesamtkonzeption ändert oder gravierende Abweichungen vom Flächennutzungsplan zu verzeichnen wären.

Beispiel: Die Gemeinde weist im Bereich der Innenstadt ein Kerngebiet aus und bezieht hierin auch ein Grundstück ein, das im Flächennutzungsplan als Mischgebiet dargestellt ist. Hier dürfte das Entwicklungsgebot eingehalten sein, so dass § 214 II BauGB nicht zur Anwendung gelangt. Wird dagegen ein im Flächennutzungsplan als Grünfläche (§ 9 I Nr. 15 BauGB) dargestellter Bereich zur Größe von 200 m² im Bebauungsplan als Fläche für Stellplätze (§ 9 I Nr. 22 BauGB) festgesetzt, könnte möglicherweise das Entwicklungsgebot nach § 8 II BauGB verletzt sein. Wird aber die geordnete städtebauliche Entwicklung nicht beeinträchtigt, so ist der Verstoß gegen das Entwicklungsgebot nach § 214 II Nr. 2 BauGB unbeachtlich. Die Grenzen des Entwicklungsgebots sind ebenfalls gewahrt, wenn in einem Bebauungsplan „Flächen zum Schutz, zur Pflege und zur Entwicklung von Boden, Natur und Landschaft" im Sinne des § 9 I Nr. 20 BauGB festgesetzt wurden, die im Flächennutzungsplan als „Wald" im Sinne des § 5 II Nr. 9 b BauGB dargestellt sind.[2137]

Nach § 214 II Nr. 1 BauGB wirkt sich eine **Fehlbeurteilung** der **Voraussetzungen** für die **Aufstellung** eines **selbstständigen** oder **vorzeitigen Bebauungsplans** nicht auf die Rechtsverbindlichkeit des Bebauungsplans aus.[2138] Dabei setzt die Anwendung dieser Vorschrift nicht voraus, dass die Gemeinde sich ausdrücklich mit den Anforderungen an die Aufstellung eines vorzeitigen Bebauungsplans auseinander gesetzt hat.[2139]

Auch ein **Verstoß gegen** das **Parallelverfahren** nach § 8 III BauGB ist nur beachtlich, wenn hierdurch die geordnete städtebauliche Entwicklung beeinträchtigt worden ist.[2140] Für den Gesetzgeber ist bei dieser Frage nicht die Einhaltung von Verfahrensvorschriften bei der Aufstellung des Flächennutzungsplans das Entscheidende, sondern die inhaltliche Fehlerlosigkeit des Flächennutzungsplans. Verstößt ein Bebauungsplan nicht gegen dieses Ziel, so ist die Einhaltung der diesem Anliegen nur instrumentell dienenden Verfahrensvorschriften zweitrangig. Ihre Verletzung berührt nach § 214 II Nr. 2 BauGB die Wirksamkeit des Bebauungsplans nicht. Dabei hat die Rechtsprechung klargestellt, dass das Parallelverfahren nach § 8 III BauGB nicht i. S. eines immer zeitgleichen Nebeneinanders von Flächennutzungsplan und Bebauungsplan verstanden werden kann. Der Bebauungsplan kann den Flächennutzungsplan vielmehr auch zeitweise zeitlich „überholen", wenn nur die geordnete städtebauliche Entwicklung hiervon keinen Schaden nimmt.[2141] Dies gilt auch für das In-Kraft-Treten des Bebauungsplans vor dem Flächennutzungsplan, wenn sich der Bebauungsplan im Nachhinein als aus dem Flächennutzungsplan entwickelt erweist.[2142] Denn die Unbeachtlichkeitsvorschrift des § 214 II Nr. 4 BauGB erfasst auch den Fall, dass die Genehmigung des Bebauungsplans vor der Genehmigung des Flächennutzungsplans bekannt gemacht worden ist.[2143]

Auch die **Entwicklung** des Bebauungsplans aus einem **Flächennutzungsplan**, der sich später aufgrund einer Verletzung von Form- oder Verfahrensvorschriften als **unwirksam** erweist, ist nach § 214 II Nr. 3 BauGB für die Wirksamkeit des Bebauungsplans unbeachtlich.[2144] Ist der Flächennutzungsplan aufgrund eines nicht erkannten Fehlers unwirksam,

---

[2137] *BVerwG*, B. v. 12. 2. 2003 – 4 BN 9.03 – NVwZ-RR 2003, 406 = BauR 2003, 838 = DVBl. 2003, 817 – Wald.

[2138] Zur Vorgängervorschrift des § 155 b I S. 1 Nr. 5 BBauG 1979 *BVerwG*, B. v. 18. 8. 1992 – 4 N 1.81 – BVerwGE 66, 116 = *Hoppe/Stüer* RzB Rdn. 847.

[2139] *BVerwG*, Urt. v. 14. 12. 1984 – 4 C 54.81 – NVwZ 1985, 745 = DVBl. 1985, 795 = *Hoppe/Stüer* RzB Rdn. 159 – Garagenhof.

[2140] Zur Vorgängervorschrift des § 155 b I 1 Nr. 8 BBauG 1979 = § 214 II Nr. 4 BauGB *BVerwG*, Urt. v. 3. 10. 1984 – 4 N 4.84 – BVerwGE 70, 171 = NVwZ 1985, 485 = *Hoppe/Stüer* RzB Rdn. 158.

[2141] *BVerwG*, Urt. v. 3. 10. 1984 – 4 N 4.84 – BVerwGE 70, 171 = *Hoppe/Stüer* RzB Rdn. 158.

[2142] *Battis* in: Battis/Krautzberger/Löhr § 214 Rdn. 14.

[2143] Zur Vorgängervorschrift des § 155 b I 1 Nr. 8 BBauG 1979 *BVerwG*, Urt. v. 3. 10. 1984 – 4 N 4.84 – BVerwGE 70, 171 = *Hoppe/Stüer* RzB Rdn. 158; s. Rdn. 1110.

[2144] Zur Vorgängervorschrift des § 155 b I 1 Nr. 7 BBauG 1979 *BVerwG*, Urt. v. 3. 2. 1984 – 4 C 17.82 – BVerwGE 68, 369 = NJW 1984, 1775 = DVBl. 1984, 632 = *Hoppe/Stüer* RzB Rdn. 310.

so kann der Bebauungsplan bereits als vorzeitiger Bebauungsplan gem. § 8 IV BauGB wirksam sein, ohne dass es einer Heilung bzw. Wirksamkeitsanordnung nach § 214 II Nr. 3 BauGB bedarf. Nach § 8 IV BauGB kann ein Bebauungsplan aufgestellt, geändert, ergänzt oder aufgehoben werden, wenn dringende Gründe es erfordern oder wenn der Bebauungsplan der beabsichtigten städtebaulichen Entwicklung des Gemeindegebietes nicht entgegensteht. Erforderlich ist dazu, dass der Flächennutzungsplan noch nicht aufgestellt worden ist. Auch ein ungültiger Flächennutzungsplan kann dabei die Grundlage für einen vorzeitigen Bebauungsplan bilden.[2145]

1141 Die Frage, ob ein Bebauungsplan nach § 8 II 1 BauGB aus dem Flächennutzungsplan entwickelt ist, beurteilt sich nach der **planerischen Konzeption** für den engeren Bereich des Bebauungsplans. Für die Frage, ob durch den nicht aus dem Flächennutzungsplan entwickelten Bebauungsplan i. S. des § 214 II BauGB die sich aus dem Flächennutzungsplan ergebende geordnete städtebauliche Entwicklung beeinträchtigt wird, ist die planerische Konzeption des Flächennutzungsplans für den größeren Raum, in der Regel das gesamte Gemeindegebiet, maßgebend. Es ist zu fragen, ob die übergeordneten, über den Bereich des Bebauungsplans hinausgehenden, übergeordneten Darstellungen des Flächennutzungsplans beeinträchtigt werden. Dabei spielt das Gewicht der planerischen Abweichung vom Flächennutzungsplan im Rahmen der Gesamtkonzeption eine Rolle. Maßgeblich ist, ob der Flächennutzungsplan seine Bedeutung als kommunales Steuerungsinstrument der städtebaulichen Entwicklung im Großen und Ganzen behalten oder verloren hat.[2146]

6. Beachtlichkeit von Abwägungsfehlern (§ 214 III BauGB)

1142 In § 214 III BauGB werden Regelungen für die Beachtlichkeit von Abwägungsfehlern getroffen, die systematisch mit dem Abwägungsgebot in § 1 VII BauGB im Zusammenhang stehen. Für die Abwägung ist die Sach- und Rechtslage im Zeitpunkt der Beschlussfassung über den Flächennutzungsplan oder die Satzung maßgebend. Mängel, die Gegenstand der Regelung in § 214 I 1 Nr. 1 BauGB sind, können nicht als Mängel der Abwägung geltend gemacht werden; im Übrigen sind Mängel im Abwägungsvorgang nur erheblich, wenn sie offensichtlich und auf das Abwägungsergebnis von Einfluss gewesen sind.

1143 **a) Maßgeblicher Zeitpunkt.** § 214 III 1 BauGB will mit der Klarstellung, dass für die Abwägung die Sach- und Rechtslage im **Zeitpunkt** der **Beschlussfassung maßgebend** ist, erreichen, dass nach der Beschlussfassung eintretende Änderungen sich nicht auf die Wirksamkeit des Bauleitplans auswirken. Insbesondere soll ausgeschlossen werden, dass in der gerichtlichen Kontrolle auf den Zeitpunkt des In-Kraft-Tretens des Flächennutzungsplans oder der städtebaulichen Satzung abgestellt wird und damit auch Umstände beachtlich werden, die zum Zeitpunkt der Beschlussfassung noch nicht eingetreten oder bekannt waren und daher auch regelmäßig nicht berücksichtigt werden konnten.

Beispiel: Die für die Gewerbeaufsicht zuständige Fachbehörde fordert für den Schutz eines Wohngebietes Schutzauflagen, die im Bebauungsplan nach § 9 I Nr. 24 BauGB festgesetzt werden. Nach Beschlussfassung, aber vor Bekanntmachung der Genehmigung wird ein neues Schallschutzgutachten vorgelegt, das höhere Schutzauflagen für erforderlich hält. Hier kann die Gemeinde grundsätzlich darauf verweisen, dass diese Gesichtspunkte bei der abschließenden Beschlussfassung nicht bekannt waren und nicht berücksichtigt werden konnten.

1144 Dabei ist zwischen dem Abwägungsvorgang und dem Abwägungsergebnis zu unterscheiden.[2147] Hinsichtlich der **Kontrolle** des **Abwägungsvorgangs** ist auf den Zeitpunkt der Beschlussfassung abzustellen. Was der Rat im Zeitpunkt seiner abschließenden

---

[2145] *BVerwG*, B. v. 18. 12. 1991 – 4 N 2.89 – DVBl. 1992, 574 = *Hoppe/Stüer* RzB Rdn. 160 – Löbel; s. Rdn. 397.
[2146] *BVerwG*, Urt. v. 26. 2. 1999 – 4 CN 6.98 – ZfBR 1999, 223 = UPR 1999, 271 – Hasselbach; s. Rdn. 393.
[2147] § 214 III 2 BauGB.

Beschlussfassung nicht kannte und nicht kennen musste, brauchte er auch nicht in die Abwägung einzustellen.[2148] Gleichwohl kann ein Bauleitplan wegen einer wesentlichen Änderung des Sachverhalts im Zeitraum zwischen Beschlussfassung und In-Kraft-Treten unwirksam sein bzw. werden, weil sich das Abwägungsergebnis im Zeitpunkt des In-Kraft-Tretens als unausgewogen darstellt. Solche wesentlichen Änderungen des Sachverhalts auch nach Beschlussfassung können auf das Abwägungsergebnis und damit auf die Wirksamkeit des Bebauungsplans durchschlagen. Es sind dies zumeist Gründe, die bei einem rechtsverbindlichen Bebauungsplan zu dessen **Unwirksamkeit wegen Funktionslosigkeit führen**.[2149] Regelmäßig setzt dies eine längere Zeitspanne zwischen Ratsbeschluss und Bekanntmachung der Genehmigung voraus.

Beispiel: Eine Großstadt plant, die Trabrennbahn zu verlegen und den bisherigen Rennplatz zu einem Erholungsgebiet umzugestalten. Nach abschließender Beschlussfassung über den Bebauungsplan, aber noch vor In-Kraft-Treten des Plans wird bekannt, dass die Verlagerungspläne in absehbarer Zeit nicht finanzierbar sind und entsprechende Sondierungsgespräche mit der Landesregierung auf Bezuschussung endgültig gescheitert sind. Hier wäre zwar das Abwägungsverfahren fehlerfrei. Das Abwägungsergebnis ist aber im Zeitpunkt des In-Kraft-Tretens des Bebauungsplans nicht mehr zu verwirklichen, so dass der Bebauungsplan bereits mit der Bekanntmachung der Genehmigung nicht umsetzbar ist. Der Plan würde dann wegen eines Fehlers im Abwägungsergebnis nicht in Kraft treten.

b) Unbeachtlichkeit aufgrund der Verletzung von Mitwirkungslasten. Mängel, die nach § 214 I 1 Nr. 1 BauGB für die Abwägung nicht von Bedeutung sind, können nicht als Mängel der Abwägung geltend gemacht werden (§ 214 III 2 Hs. 1 BauGB). Stellungnahmen, die im Verfahren der Öffentlichkeits- oder Behördenbeteiligung nicht rechtzeitig abgegeben worden sind, können bei der Beschlussfassung über den Bauleitplan unberücksichtigt bleiben, sofern die Gemeinde deren Inhalt nicht kannte und nicht hätte kennen müssen und deren Inhalt für die Rechtmäßigkeit des Bauleitplans nicht von Bedeutung ist (§ 4a VI 1 BauGB). Nur Belange, die der Gemeinde bekannt waren oder hätten bekannt sein müssen, sind für die Abwägung beachtlich. Zudem ist erforderlich, dass diese Belange in wesentlichen Punkten nicht zutreffend ermittelt oder bewertet worden sind und der Mangel offensichtlich und auf das Ergebnis des Verfahrens von Einfluss gewesen ist (§ 214 I 1 Nr. 1 BauGB). Belange, die an dieser Hürde scheitern, können nicht als Mängel der Abwägung geltend gemacht werden (§ 214 III 2 Hs. 1 BauGB). Das BauGB geht daher von einer eingeschränkten Präklusion solcher Belange aus, die für die Gemeinde nicht erkennbar waren und daher für die Abwägung nicht beachtlich sind. Die Präklusion geht daher nicht so weit wie im Fachplanungsrecht,[2150] für das vielfach eine materielle Präklusion angeordnet ist. Belange, die nicht innerhalb der Einwendungsfristen geltend gemacht worden sind, gehen auch für das Gerichtsverfahren in dem Sinne unter, dass sich der Rechtsträger auf sie nicht mehr berufen kann. In der Bauleitplanung sind Belange nur dann unbeachtlich, wenn sie der Gemeinde nicht bekannt waren und auch nicht hätten bekannt sein müssen. Im Rahmen einer Normenkontrolle kann sich der Antragsteller daher auch dann noch auf Belange berufen, wenn sie von ihm nicht im Rahmen der Offenlage vorgetragen worden sind. Belange, die allerdings für die Gemeinde nicht erkennbar waren und die auch während der Offenlage nicht vorgetragen worden sind, bleiben in der Gerichtskontrolle unberücksichtigt.

c) Weitere Mängel im Abwägungsvorgang. Sondervorschriften für die **Beachtlichkeit** von Mängeln im Abwägungsvorgang enthält § 214 III 2 Hs. 2 BauGB. Nach dieser Vorschrift sind Mängel im Abwägungsvorgang nur erheblich, wenn sie offensichtlich und auf das Ergebnis von Einfluss gewesen sind. **Offensichtlich** sind Mängel dann, wenn sie zur äußeren Seite der Abwägung gehören und sich geradezu aufdrängen. Es sind dies Fehler und Irrtümer, welche „die Zusammenstellung und Aufbereitung des Abwägungs-

---
[2148] *BVerwG*, Urt. v. 18. 11. 2004 – 4 CN 4.03 – DVBl. 2005, 386 = NVwZ 2004, 1237 – Diez.
[2149] S. Rdn. 1095.
[2150] S. Rdn. 86, 805, 2954, 3620, 3795, 3822.

materials (§ 2 III BauGB), die Erkenntnis und Einstellung aller wesentlichen Belange in die Abwägung und die Gewichtung der Belange betreffen und die sich etwa aus Akten, Protokollen, aus Entwürfen oder Planbegründungen oder aus sonstigen Unterlagen ergeben."[2151] Offensichtlich ist dagegen nicht, was zur inneren Seite des Abwägungsvorgangs gehört und etwa die Motive oder Vorstellungen der Entscheidungsbeteiligten betrifft.[2152] Ein offensichtlicher Mangel im Abwägungsvorgang ist dann auf das Abwägungsergebnis von Einfluss gewesen, wenn nach den Umständen des Einzelfalls die konkrete Möglichkeit eines solchen Einflusses besteht.[2153] Was zur äußeren Seite des Abwägungsvorgangs gehört und auf objektiv erfassbaren Sachumständen beruht, ist grundsätzlich beachtlich. Fehler und Irrtümer, die z. B. die Zusammenstellung und Aufbereitung des Abwägungsmaterials, die Erkenntnis und Einstellung aller wesentlichen Belange in die Abwägung oder die Gewichtung der Belange betreffen und die sich etwa aus Akten, Protokollen, aus der Entwurfs- oder Planbegründung oder aus sonstigen Unterlagen ergeben, sind offensichtlich und daher – wenn sich für ihr Vorliegen Anhaltspunkte ergeben – vom Gericht ggf. auch durch Beweiserhebung aufzuklären. Was dagegen zur inneren Seite des Abwägungsvorgangs gehört, was also die Motive und die etwa fehlenden oder irrigen Vorstellungen der an der Abstimmung beteiligten Mitglieder des Planungsträgers betrifft, gehört i. S. des § 214 III 2 Hs. 2 BauGB zu den nicht offensichtlichen Mängeln. Diese Mängel lassen die Gültigkeit des Plans unberührt.[2154] Zur inneren Seite des Abwägungsvorgangs gehören auch Vorstellungen des Satzungsgebers, die nicht nach außen hin zum Ausdruck gekommen sind.

1147 Mängel im Abwägungsvorgang sind im Sinne des § 214 III 2 BauGB daher **„auf das Abwägungsergebnis von Einfluss"** gewesen, wenn nach den Umständen des jeweiligen Falles die konkrete Möglichkeit besteht, dass ohne den Mangel die Planung anders ausgefallen wäre. Es kommt einerseits nicht auf den positiven Nachweis eines Einflusses auf das Abwägungsergebnis an. Auf der anderen Seite genügt aber auch nicht die abstrakte Möglichkeit, dass ohne den Mangel anders geplant worden wäre.[2155]

1148 Der Gesetzgeber hat in § 214 III 2 Hs. 2 BauGB die Beachtlichkeit von Mängeln im Abwägungsvorgang von ihrer Offensichtlichkeit abhängig gemacht. Diese gewollte Einschränkung und Absage an jede Motivforschung haben Grundeigentümer und Gemeinde als Ortsgesetzgeber gleichermaßen hinzunehmen.[2156] Ein Mangel im Abwägungsvorgang ist allerdings nicht schon dann offensichtlich i. S. von § 214 III 2 BauGB, wenn er sich aus den Aufstellungsunterlagen ergibt.[2157] Für die Annahme, ein Mangel im Abwägungsvorgang sei i. S. von § 214 III 2 BauGB auf das Abwägungsergebnis **von Einfluss** gewesen, genügt bei einem einstimmigen Ratsbeschluss über einen Bebauungsplan auch nicht die bloße Vermutung, einzelne Ratsmitglieder wären bei Vermeidung des Mangels für eine andere Lösung aufgeschlossen gewesen. Es müssen vielmehr Anhaltspunkte dafür vorliegen, dass Mängel im Abwägungsverfahren auf das Abwägungsergebnis haben durchschlagen können.[2158] Ein offensichtlicher Mangel im Abwägungsvorgang liegt allerdings

---

[2151] *BVerwG*, Urt. v. 21. 8. 1981 – 4 C 57.80 – BVerwGE 64, 33 = NJW 1982, 591 = DVBl. 1982, 354 = *Hoppe/Stüer* RzB Rdn. 846.

[2152] *BVerwG*, Urt. v. 21. 8. 1981 – 4 C 57.80 – BVerwGE 64, 33 = *Hoppe/Stüer* RzB Rdn. 846.

[2153] *BVerwG*, Urt. v. 20. 10. 1972 – IV C 14.71 – BVerwGE 41, 67; Urt. v. 5. 7. 1974 – IV C 50.72 – BVerwGE 45, 309 = *Hoppe/Stüer* RzB Rdn. 24; Urt. v. 21. 8. 1981 – 4 C 57.80 – BVerwGE 64, 33.

[2154] *BVerwG*, Urt. v. 21. 8. 1981 – 4 C 57.80 – BVerwGE 64, 33.

[2155] *BVerwG*, B. v. 9. 10. 2003 – 4 BN 47.03 – BauR 2004, 1130 – Erheblichkeit von Abwägungsmängeln.

[2156] *BVerwG*, B. v. 23. 12. 1993 – 4 B 212.92 – Buchholz 406.11 § 30 BauGB Nr. 35 – Erschließungspflicht.

[2157] *BVerwG*, B. v. 29. 1. 1992 – 4 NB 22.90 – DVBl. 1992, 577 = BauR 1992, 342 = *Hoppe/Stüer* RzB Rdn. 856.

[2158] *BVerwG*, B. v. 29. 1. 1992 – 4 NB 22.90 – DVBl. 1992, 577 = BauR 1992, 342 = *Hoppe/Stüer* RzB Rdn. 856.

nicht schon dann vor, wenn Planbegründung und Aufstellungsvorgänge keinen ausdrücklichen Hinweis darauf enthalten, dass sich der Plangeber mit bestimmten Umständen abwägend befasst hat.[2159] Aus dem Fehlen einer entsprechenden Begründung ist daher noch nicht allein auf einen Abwägungsfehler zu schließen.[2160] Ein offensichtlicher Mangel kann vom Gericht vielmehr nur angenommen werden, wenn konkrete Umstände positiv und klar auf einen solchen Mangel hindeuten. Es genügt dagegen nicht, wenn negativ lediglich nicht ausgeschlossen werden kann, dass der Abwägungsvorgang an einem Mangel leidet. Denn nicht jede Lücke in den Aufstellungsvorgängen muss zwangsläufig zu Lasten der planenden Gemeinde in dem Sinne gehen, dass daraus auf Abwägungsausfälle geschlossen werden muss.[2161] Es muss vielmehr nach den Umständen des Einzelfalls die konkrete Möglichkeit eines solchen Einflusses bestehen, was etwa dann der Fall sein kann, wenn sich anhand der Planunterlagen oder sonst erkennbarer oder nahe liegender Umstände ergibt, dass sich ohne den Fehler im Abwägungsvorgang ein anderes Abwägungsergebnis abgezeichnet hätte.[2162]

Dies gilt auch für **umweltschützende Belange**. Eine bloße Unvollständigkeit des Umweltberichts (§ 214 I 1 Nr. 3 BauGB) führt daher noch nicht automatisch zu einem beachtlichen Verfahrensfehler, sondern erst dann, wenn die Unvollständigkeit des Berichts offensichtlich ist und sich das Fehlen von umweltschützenden Belangen im Umweltbericht auf das Abwägungsergebnis ausgewirkt hat. Denn auch die Umweltprüfung ist in das Aufstellungsverfahren der Bauleitpläne integriert und findet nicht in einem gesonderten Verfahren statt (§ 17 UVPG).[2163] Dann aber müssen auch die anderen Filter, mit denen die Zusammenstellung des Abwägungsmaterials und die Beachtlichkeit von Fehlern gesteuert wird, ohne Einschränkungen auch für die Umweltprüfung gelten.

d) Unbeachtliche Verfahrensverstöße. Im Umkehrschluss zu § 214 I BauGB sind u. a. folgende Verfahrensverstöße unbeachtlich:

– Ein von der Planung berührter Belang ist in für die Planungsentscheidung nur unwesentlichen Punkten nicht zutreffend ermittelt oder bewertet worden (§ 214 I 1 Nr. 1 BauGB).
– Ein nicht zutreffend ermittelter oder bewerteter Belang hat das Ergebnis des Verfahrens nicht beeinflusst oder die nicht zutreffende Ermittlung oder Bewertung eines Belangs ist als Mangel nicht offensichtlich (§ 214 I 1 Nr. 1 BauGB).
– Einzelne Personen, Behörden oder sonstige Träger öffentlicher Belange wurden nicht beteiligt und die entsprechenden Belange waren unerheblich oder sind in der Entscheidung berücksichtigt worden (§ 214 I 1 Nr. 2 Hs. 2 BauGB).
– Bei der öffentlichen Bekanntmachung zur förmlichen Öffentlichkeitsbeteiligung nach § 3 II BauGB fehlen nur einzelne Angaben dazu, welche Arten umweltbezogener Informationen verfügbar sind (§ 214 I 1 Nr. 2 Hs. 2 BauGB).
– Im vereinfachten Verfahren nach § 13 BauGB wurde die Angabe nach § 13 III 2 BauGB darüber, dass von einer Umweltprüfung abgesehen wird, unterlassen (§ 214 I 1 Nr. 2 Hs. 1 und 2 BauGB).
– Die Voraussetzungen für die Durchführung der Beteiligung nach den Vorschriften des § 4a III 4 BauGB oder des § 13 BauGB wurden verkannt (§ 214 I 1 Nr. 2 Hs. 2 BauGB).
– Die Begründung des Flächennutzungsplans oder der Satzung oder ihres Entwurfs – mit Ausnahme des Umweltberichts – ist unvollständig (§ 214 I 1 Nr. 3 Hs. 2 BauGB)

[2159] *BVerwG*, B. v. 29. 1. 1992 – 4 NB 22.90 – DVBl. 1992, 577 = Buchholz 406.11 § 214 BauGB Nr. 6.
[2160] *BVerwG*, Urt. v. 16. 3. 1995 – 4 C 3.94 – NVwZ 1995, 899 = DVBl. 1995 – Werbetafel; *OVG Weimar*, Urt. v. 11. 12. 1997 – 1 N 129/93 – ThürVGRspr. 1998, 86.
[2161] *BVerwG*, B. v. 29. 1. 1992 – 4 NB 22.90 – BauR 1992, 342 = *Hoppe/Stüer* RzB Rdn. 856; B. v. 20. 1. 1992 – 4 B 71.90 – BauR 1992, 344 = *Hoppe/Stüer* RzB Rdn. 855; vgl. auch Urt. v. 5. 7. 1974 – IV C 50.72 – BVerwGE 45, 309 = *Hoppe/Stüer* RzB Rdn. 24.
[2162] *BVerwG*, Urt. v. 21. 8. 1981 – 4 C 57.80 – BVerwGE 64, 33 = *Hoppe/Stüer* RzB Rdn. 846; B. v. 29. 1. 1992 – 4 NB 22.90 – BauR 1992, 342 = *Hoppe/Stüer* RzB Rdn. 856.
[2163] *BVerwG*, Urt. v. 18. 11. 2004 – 4 CN 4.03 – Diez.

oder der Umweltbericht als gesonderter Teil der Begründung ist nur in unwesentlichen Punkten unvollständig (§ 214 I 1 Nr. 3 Hs. 3 BauGB). Unbeachtlich ist die Unvollständigkeit des Umweltberichts etwa, wenn der Umweltbericht zwar nicht ausdrücklich die in den Nrn. 1 und 3 a und c der Anlage zum BauGB genannten Angaben enthält, die Begründung des Flächennutzungsplans oder der Satzung oder ihr Entwurf aber an anderer Stelle vorliegt. Auch fehlende Angaben über die geplanten Maßnahmen zur **Überwachung** der erheblichen Auswirkungen des Bauleitplans auf die Umwelt nach Nummer 3 b der Anlage zu §§ 2 IV, 2 a BauGB sind regelmäßig unbeachtlich, weil sie sich nicht auf das Ergebnis ausgewirkt haben (§ 214 III 2 BauGB).

1151 Zu den in § 214 I 1 BauGB nicht genannten und daher von vornherein **unbeachtlichen Verfahrens- und Formfehlern** gehören insbesondere:
– Fehler bei der Festlegung des Umfangs und Detaillierungsgrades der Ermittlung und Bewertung der Belange des Umweltschutzes durch die Gemeinde nach § 2 IV 2 BauGB,
– Fehler bei der Durchführung der frühzeitigen Öffentlichkeits- und Behördenbeteiligung nach den §§ 3 I sowie 4 I BauGB.

1152 Außerdem sind auch folgende **Fehler für die Rechtswirksamkeit** des Bauleitplans **unbeachtlich**:
– Fehler in der zusammenfassenden Erklärung nach den §§ 6 V, 10 IV BauGB.
– Fehler bei der Überwachung der erheblichen Auswirkungen der Durchführung des Bauleitplans auf die Umwelt nach § 4 c BauGB.
– Unbeachtlich für die Rechtswirksamkeit der Bauleitpläne sind außerdem die in § 214 II BauGB genannten Verletzungen des Entwicklungsgebots.

1153 Das *BVerwG* hat klargestellt, dass die **Beschränkung** in der **gerichtlichen Kontrolle** des Abwägungsgebotes[2164] in dieser Auslegung **verfassungsgemäß** ist.[2165] Auch die Träger öffentlicher Belange haben keinen Vertrauensschutz dahin gehend, dass sie Verfahrensfehler, die nicht offensichtlich sind, noch später geltend machen können.[2166]

1154 Erweist sich ein **Bebauungsplan** wegen Nichteinhaltung der in § 214 BauGB aufgestellten Anforderungen als **unwirksam**, so hat die Gemeinde darüber zu befinden, ob sie den Bebauungsplan ggf. mit **Rückwirkung heilt** oder ein **neues Aufstellungsverfahren** bzw. **Aufhebungsverfahren** einleitet (§ 214 IV BauGB). Die Entscheidung über diese in Betracht kommenden Möglichkeiten liegt im pflichtgemäßen Ermessen der Gemeinde. Dieses Ermessen kann sich jedoch zu einer Heilungs- oder Neuaufstellungspflicht verdichten, wenn die Gemeinde durch den unwirksamen Bebauungsplan eine Lage geschaffen hat, die nach einer entsprechenden Heilung ggf. mit Rückwirkung oder nach einer wiederholenden Bauleitplanung verlangt.[2167] Eine **Planungspflicht** kann auch zum Schutz **gemeindenachbarlicher Interessen** bestehen.[2168] Allerdings ist die Gemeinde dabei auf ein bestimmtes Ergebnis der Bauleitplanung nicht festgelegt. Es liegt vielmehr grundsätzlich in ihrer autonomen Entscheidung, in welcher Weise sie auf die Unwirksamkeit des Bebauungsplans reagiert. Ein allgemeiner Vertrauensschutz der Planbetroffenen in die Rechtswirksamkeit der Bauleitplanung besteht nicht. Die Situation des Planbetroffenen muss sich daher durch die Unwirksamkeit des Bebauungsplans nicht unbedingt verbessern.[2169]

[2164] Zum Abwägungsgebot s. Rdn. 1195.
[2165] Zu § 155 b II 2 BBauG 1979 = § 214 III 2 BauGB *BVerwG*, Urt. v. 21. 8. 1981 – 4 C 57.80 – BVerwGE 64, 33.
[2166] So zu § 73 II VwVfG *BVerwG*, B. v. 11. 4. 1995 – 4 B 61.95 – Buchholz 316 § 73 VwVfG Nr. 8 – Eutin.
[2167] *BVerwG*, Urt. v. 21. 11. 1986 – 4 C 60.84 – ZfBR 1987, 98 = UPR 1987, 188.
[2168] *BVerwG*, Urt. v. 17. 9. 2003 – 4 C 14.01 – BVerwGE 119, 25 = DVBl. 2004, 239 = NVwZ 2004, 220 – Mühlheim-Kärlich.
[2169] *BVerwG*, B. v. 30. 3. 1995 – 4 B 48.95 – Buchholz 406.11 § 2 BauGB Nr. 38 – Lärmschutz.

IV. Frist für das Geltendmachen von Fehlern – Fehlerbehebung (§§ 215, 214 IV BauGB)

Neben einem Numerus clausus der Fehler in § 214 BauGB bestimmt § 215 I BauGB, dass bestimmte Fehler nur auf entsprechende Rüge beachtlich sind. Bei Inkraftsetzung des Flächennutzungsplans und der Satzung ist darauf hinzuweisen (§ 215 II BauGB). Außerdem enthält § 214 IV BauGB[2170] Möglichkeiten der Verfahrenswiederholung oder eines ergänzenden Verfahrens bei erkannter Fehlerhaftigkeit der Bauleitpläne.

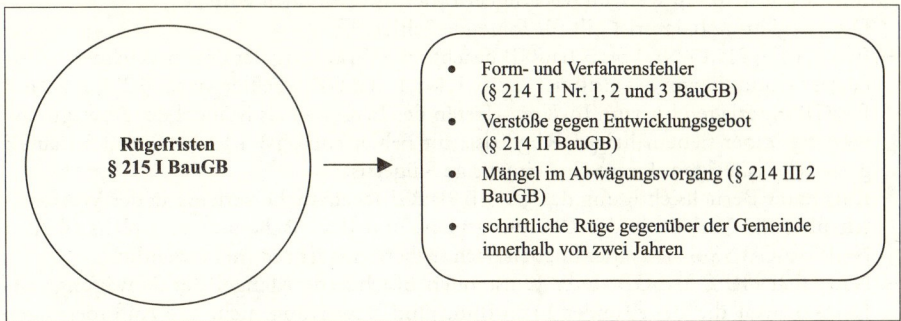

1. Rügefrist gem. § 215 I BauGB

Nach § 215 I BauGB ist eine **Verletzung** der in § 214 I 1 Nr. 1, 2 und 3 BauGB bezeichneten **Verfahrens-** und **Formvorschriften** nur beachtlich, wenn sie **innerhalb von zwei Jahren** seit Bekanntmachung des Flächennutzungsplans oder der Satzung schriftlich gegenüber der Gemeinde geltend gemacht worden sind. Dasselbe gilt für Verstöße gegen das Entwicklungsgebot (§ 214 II BauGB) sowie Mängel des Abwägungsvorgangs. Der Sachverhalt, der die Verletzung oder den Mangel begründen soll, ist darzulegen (§ 215 I BauGB). § 215 I BauGB verlangt zum Zwecke der Fristwahrung,[2171] dass die Mängel schriftlich gegenüber der Gemeinde geltend gemacht werden. Damit verlangt das Gesetz eine entsprechende Substantiierung und Konkretisierung. Der Gemeinde soll durch die Darstellung des maßgebenden Sachverhalts ermöglicht werden, auf dieser Grundlage begründeten Anlass zu haben, in die Frage einer Fehlerbehebung einzutreten (vgl. auch § 214 IV BauGB). Deshalb genügt eine nur pauschale Rüge nicht. Diese hätte für die Gemeinde keinen fördernden Erkenntniswert. Der Gesetzgeber erwartet Mithilfe, nicht aber Destruktion.[2172] Eine heilende Wirkung tritt allerdings nur dann ein, wenn die Gemeinde bei Inkraftsetzung des Flächennutzungsplans oder des Bebauungsplans auf die Voraussetzungen für die Geltendmachung von Verfahrens- und Formvorschriften und von Mängeln in der Abwägung sowie die Rechtsfolgen hinweist (§ 215 II BauGB).[2173] Auch im Bauleitplanverfahren vorgetragene Stellungnahmen können nicht als Rüge von Abwägungsfehlern gedeutet werden.[2174] Es reicht allerdings aus, wenn der Sachverhalt im Kern so angesprochen wird, dass die Gemeinde zu einer Überprüfung und ggf. Entscheidung über die daraus zu ziehenden Folgerungen in der Lage ist.[2175] Unterlässt es die Ge-

---

[2170] Die Vorschrift ist aufgrund der Änderungen des BauROG 1998 aus dem früheren § 215 III BauGB hervorgegangen.
[2171] Vgl. auch die Überleitungsvorschrift des § 244 II BauGB 1986.
[2172] *BVerwG*, B. v. 18. 6. 1982 – 4 N 6.79 – NVwZ 1983, 347 zu § 155a 1 BBauG; Urt. v. 8. 5. 1995 – 4 NB 16.95 – Buchholz 406.11 § 244 BauGB Nr. 1 = NVwZ 1996, 372.
[2173] *BVerwG*, B. v. 11. 11. 1998 – 4 BN 50.98 – NVwZ-RR 1998, 424 = Buchholz 406.11 § 244 BauGB Nr. 3 – für die Widerspruchsbegründung bei der Erhebung von Straßenausbaubeiträgen.
[2174] *OVG Lüneburg*, Urt. v. 26. 1. 1998 – 1 K 2914/96 – NuR 1998, 500.
[2175] *VGH Mannheim*, Urt. v. 20. 5. 1998 – 3 S 2784/96 – NVwZ-RR 1998, 614 = *VGHBW* RSpDienst 1998, Beilage 8, B 1.

meinde, bei der Bekanntmachung auf die Voraussetzungen für die Geltendmachung der Verletzung von Verfahrens- oder Formvorschriften und Mängeln der Abwägung sowie die Rechtsfolgen hinzuweisen, so treten die in § 215 I BauGB bezeichneten Wirkungen nicht ein.[2176] Das bedeutet indes nicht, dass es der Gemeinde damit für die Zukunft verwehrt ist, diese Wirkungen nachträglich herbeizuführen. Der Sinn des § 215 I BauGB ist es, den Bürgern vor Augen zu führen, dass mit der Inkraftsetzung des Bebauungsplans die Verfristung bestimmter Fehler und Mängel droht. Dieser Unterrichtungszweck wird jedenfalls dann nicht verfehlt, wenn eine mangelhafte Bekanntmachung wiederholt und nunmehr mit dem Hinweis auf das Rügeerfordernis verbunden wird.

1157 Die zweijährige Rügefrist gilt für folgende Fehler:[2177]
– Eine nach § 214 I 1 Nr. 1 bis 3 BauGB beachtliche Verletzung der dort bezeichneten Verfahrens- und Formvorschriften (§ 215 I Nr. 1 BauGB). Fehler nach § 214 I 1 Nr. 1 BauGB unterlagen bis zum In-Kraft-Treten des EAG Bau als Mängel des Abwägungsvorgangs einer siebenjährigen Rügefrist; für Fehler nach § 214 I 1 Nr. 2 und 3 BauGB galt nach bisherigem Recht eine einjährige Rügefrist.
– Eine unter Berücksichtigung des § 214 II BauGB beachtliche Verletzung der Vorschriften über das Verhältnis des Bebauungsplans und des Flächennutzungsplans (§ 215 I Nr. 2 BauGB). Solche Fehler blieben nach früherem Recht immer beachtlich.
– Nach § 214 III 2 BauGB unter Umständen beachtliche Mängel des Abwägungsvorgangs, soweit die Begriffe der Ermittlung und Bewertung nicht alle Anforderungen an das Abwägungsgebot[2178] erfassen (§ 215 I Nr. 3 BauGB). Solche Fehler unterlagen bis zum Inkrafttreten des EAG Bau einer siebenjährigen Rügefrist.
– Eine Verletzung der in § 214 I 1 Nr. 4 BauGB genannten Vorschriften ist immer beachtlich, da in diesen Fällen der Flächennutzungsplan oder die Satzung überhaupt nicht zustande kommt. Das Nichtvorliegen eines wirksamen Feststellungs- bzw. Satzungsbeschlusses, Fehler in einem erforderlichen Genehmigungsverfahren sowie eine fehlerhafte Bekanntmachung können daher nach wie vor auch nach Ablauf der Zweijahresfrist geltend gemacht werden und sind daher von Amts wegen zu prüfen (**Ewigkeitsfehler**).
– Nicht durch Zeitablauf geheilt werden Mängel im **Abwägungsergebnis**, wenn also der Ausgleich zwischen den von der Planung berührten Belangen in einer Weise vorgenommen wird, die zur objektiven Gewichtigkeit einzelner Belange außer Verhältnis steht. Eine solche, schlechthin nicht haltbare Planungsentscheidung verstößt gegen das Abwägungsgebot des § 1 VII BauGB, das als Ausdruck des Rechtsstaatsgebots eine gerechte Abwägung der berührten Interessen verlangt. Ein solcher Plan ist daher aus verfassungsrechtlichen Gründen ungültig. Dabei ist zu berücksichtigen, dass das Abwägungsgebot des § 1 VII BauGB nicht bereits dadurch verletzt ist, dass sich die zur Planung berufene Gemeinde in der Kollision zwischen verschiedenen Belangen für die Bevorzugung des einen und damit notwendig für die Zurückstellung eines anderen Belangs entscheidet. Innerhalb des durch das Abwägungsgebot vorgegebenen Rahmens ist das Vorziehen und Zurücksetzen bestimmter Belange eine wesentliche planerische Entscheidung über die städtebauliche Entwicklung und Ordnung und damit ein Kernstück der kommunalen Planungshoheit.[2179]

1158 Die **Rüge** ist **schriftlich** gegenüber der **Gemeinde** zu erheben und der den Mangel oder Fehler begründende Sachverhalt darzulegen. Die Rüge hat – rechtzeitig ausgebracht – eine zeitlich unbeschränkte **inter-omnes-Wirkung** in dem Sinne, dass sie in jedem Gerichts- oder sonstigen rechtlichen Prüfungsverfahren beachtlich ist. Dies gilt etwa

---

[2176] *BVerwG*, B. v. 12. 5. 1995 – 4 NB 5.95 – Buchholz 406.11 § 11 BauGB Nr. 81.
[2177] Zum Folgenden EAG BauGB – Mustererlass 2004.
[2178] Zum Abwägungsgebot s. Rdn. 1195.
[2179] *BVerwG*, Urt. v. 12. 12. 1969 – IV C 105.66 – BVerwGE 34, 301 = *Hoppe/Stüer* RzB Rdn. 23 – Abwägung.

auch für eine fehlende Begründung zum Bebauungsplan, deren Nichtvorliegen sich ohne Rüge nicht auf die Wirksamkeit des Plans auswirkt. Fehler in einem etwa landesrechtlich angeordneten Anzeigeverfahren sind nach § 214 I BauGB für die Wirksamkeit des Plans unbeachtlich. Zur Fristwahrung nach § 215 I Nr. 2 BauGB ist unerheblich, ob der (Normenkontroll-)Antragsteller und ein dritter Rügender ein übereinstimmendes Abwägungsinteresse haben; vielmehr kommt es allein auf den konkreten Mangel der Abwägung an. Ist ein solcher Mangel hinreichend deutlich und fristgemäß geltend gemacht worden, so bleibt er auch nach Ablauf der Zweijahresfrist beachtlich. Die Fehlerrüge wirkt dann allgemein und absolut für jedermann, also nicht nur zu Gunsten desjenigen, der den Abwägungsmangel ordnungsgemäß geltend gemacht hat. Andere Abwägungsmängel, die sich aus dem von dritter Seite dargelegten Sachverhalt nicht ergeben, werden dagegen mit Fristablauf unbeachtlich.[2180] Vor Ablauf der Rügefrist des § 215 I Nr. 1 BauGB hat das Gericht die von dieser Vorschrift erfassten Verfahrensfehler **von Amts wegen** zu berücksichtigen. Die Bekanntmachung eines wiederholten Satzungsbeschlusses setzt die Rügefristen des § 215 I BauGB erneut in Lauf.[2181]

Die **Rügeerfordernisse** haben auch für die **gerichtliche Kontrolle** der Bebauungspläne im **Normenkontrollverfahren** Bedeutung. Sind die Verfahrensfehler oder Abwägungsfehler nicht schriftlich gegenüber der Gemeinde gerügt worden, ist das **Normenkontrollgericht nach Ablauf der Zweijahresfrist gehindert**, diese Fehler von sich aus aufzugreifen und den Bebauungsplan aus diesen Gründen für unwirksam zu erklären. In der Reichweite der Rügeerfordernisse des § 215 I BauGB ist das Normenkontrollgericht daher an einer Fehlerprüfung gehindert, wenn die Fehler nicht innerhalb der Zweijahresfrist gerügt worden sind. Das gilt auch etwa hinsichtlich der Unvollständigkeit des Umweltberichts. Wird ein derartiger Mangel nicht innerhalb von 2 Jahren nach Bekanntmachung des Plans geltend gemacht, so ist dieser Fehler unbeachtlich. Es können dann nur noch materielle Abwägungsfehler im Hinblick auf Umweltbelange zu einer Unwirksamkeit der Planung führen.

Der Gesetzgeber hat mit den **Unbeachtlichkeits- und Heilungsregelungen** auf die **Erfahrung** reagiert, dass Bebauungspläne häufig aus **formellen Gründen** nach Jahren oder Jahrzehnten für ungültig erklärt worden sind, obwohl sich die Bebauung innerhalb ihres räumlichen Geltungsbereichs auf der Grundlage dieser Planung vollzogen hat und die Planbetroffenen darauf vertraut haben, dass solche Pläne auch in Zukunft als Rechtsgrundlage für weitere Vollzugsakte dienen.[2182] Nach diesem Gesetzeszweck ist es grundsätzlich nicht gerechtfertigt, über die von der Heilbarkeit ausgenommenen Fehler hinaus sonstige Verfahrens- und Formfehler aus dem Anwendungsbereich des Gesetzes auszuklammern, etwa weil sie von größerer Tragweite sind als andere Verfahrens- oder Formfehler. Der Gesetzgeber hat insoweit auch nicht zwischen schweren und minder schweren Verfahrens- und Formfehlern unterscheiden wollen. Von daher ist auch die Unvollständigkeit der Begründung[2183] oder speziell des Umweltberichts unbeachtlich, wenn der Fehler nicht innerhalb der Zweijahresfrist gerügt wird.

Die Zweijahresfrist hat das EAG Bau auch auf die **Rüge** von **Mängeln im Abwägungsvorgang** erstreckt und insoweit die für Abwägungsmängel früher geltende Siebenjahresfrist ersetzt. Die Rügefrist ist damit an die Zweijahresfrist für die Erhebung

---

[2180] *BVerwG*, B. v. 2. 1. 2001 – 4 BN 13.00 – ZfBR 2001, 418 = BauR 2001, 1888, mit Hinweis auf *BVerwG*, B. v. 18. 6. 1982 – 4 N 6.79 – DVBl. 1982, 1095. Dieselben Grundsätze galten auch für die Rüge nach § 244 II 1 BauGB 1987.
[2181] *VGH Mannheim*, Urt. v. 14. 12. 2001 – 8 S 375/01 – BRS 64 Nr. 44 = BauR 2002, 1444.
[2182] *BVerwG*, B. v. 21. 2. 1986 – 4 N 1.85 – BVerwGE 74, 47 = NJW 1986, 2720 = BauR 1986, 298 = *Hoppe/Stüer* RzB Rdn. 850 zur Vorgängervorschrift des § 155 a I BBauG 1979.
[2183] So zu § 155 a 1 BBauG 1976 *BVerwG*, B. v. 21. 2. 1986 – 4 N 1.85 – BVerwGE 74, 47 = *Hoppe/Stüer* RzB Rdn. 850 – Verfahrensfehler; vgl. zur Heilung von Begründungsmängeln auch Urt. v. 30. 6. 1989 – 4 C 15.86 – DVBl. 1989, 1061 = BauR 1989, 687 = NVwZ 1990, 364 = *Hoppe/Stüer* RzB Rdn. 189.

des Normenkontrollantrags nach § 47 II VwGO angeglichen. Zu den Mängeln im Abwägungsvorgang gehören alle Vorgänge im Zusammenhang mit der Zusammenstellung des Abwägungsmaterials (§ 2 III BauGB), also die Ermittlung und Bewertung der Belange. Fehler in diesem Bereich sind daher nach Ablauf der Zweijahresfrist unbeachtlich. Allerdings bezieht sich das Rügeerfordernis nur auf Mängel des Abwägungsvorgangs, nicht auf **Mängel im Abwägungsergebnis** (so früher § 215 I Nr. 2 BauGB 1998). Diese können auch nach Ablauf der Zweijahresfrist geltend gemacht und vom Normenkontrollgericht ohne entsprechenden Hinweis des Antragstellers geprüft werden. Allerdings dürfte nach der Erweiterung der verfahrensrechtlichen Anforderungen vor allem durch die Umweltprüfung und die damit in Zusammenhang stehenden Prüfungsschritte der Zusammenstellung des Abwägungsmaterials und der Vermeidung, Minderung und des Ausgleichs sowie sonstiger Kompensationsmöglichkeiten in der Ausgleichentscheidung die gerichtliche Kontrolle materieller Fehler nur mit entsprechender Zurückhaltung sachgerecht sein. Wenn im Zusammenhang mit den europarechtlichen Anforderungen einer Umweltprüfung die verfahrensrechtlichen Anforderungen an die Wirksamkeit der Bauleitpläne angereichert worden sind, dann erscheint es sachgerecht, die (materielle) Kontrolle des Abwägungsergebnisses entsprechend zurückzunehmen und hier in die autonome Planungsentscheidung der Gemeinde erst dann einzugreifen, wenn das Ergebnis auf eindeutig widerlegbaren und offensichtlich fehlsamen Annahmen beruht.

1162 Die Unbeachtlichkeitsregelung des § 215 I BauGB erfasst allerdings nur **Mängel des Abwägungsvorgangs**, nicht auch **Verstöße** gegen Vorschriften des **materiellen Rechts**. Ändert die Gemeinde einen Bebauungsplan, so ist für die ursprüngliche und die geänderte Fassung jeweils gesondert zu prüfen, welche Abwägungsmängel ggf. wegen Ablaufs der Siebenjahresfrist des § 215 I Nr. 2 BauGB unbeachtlich sind.[2184] Eine generelle Unbeachtlichkeit auch von offensichtlichen materiellen Abwägungsfehlern stößt ohnehin auf Bedenken im Hinblick auf die rechtsstaatlichen Anforderungen an die Aufstellung von Bauleitplänen. Denn schwere materielle Verstöße etwa gegen das Konfliktbewältigungsgebot oder andere schwere Unausgewogenheiten der Planung können auch dann nicht als unbeachtlich angesehen werden, wenn bestimmte Rügefristen verstrichen sind. Ggf. muss hier die Gemeinde objektivrechtlich zur **Nachbesserung** verpflichtet sein, wenn sie sich auf die Wirksamkeit und die Vollzugsmöglichkeit des Bauleitplans beruft.[2185]

1163 Das BauROG 1998 hat in **§ 233 I BauGB** eine allgemeine Überleitungsvorschrift geschaffen, in der frühere speziellere Übergangsvorschriften wie etwa § 244 II BauGB 1986 inhaltlich in ihrem bisherigen Geltungsbereich mitumfasst.[2186] Erhöhte Anforderungen hat das *BVerwG* an das Geltendmachen von Abwägungsfehlern gegenüber alten Bebauungsplänen gestellt. § 244 II BauGB 1986 begrenzt die Rügemöglichkeit auf den Zeitraum vom 1. 7. 1987 bis zum 30. 6. 1994. Die formellen Vorkehrungen, die in Abkehr vom früheren Rechtszustand im Interesse der Rechtsklarheit getroffen wurden, schließen es aus, auch Einwendungen gegen die Gültigkeit eines Bebauungsplans zu berücksichtigen, die zu einem Zeitpunkt erhoben worden sind, zu dem die für Abwägungsmängel geschaffenen spezifischen Planerhaltungsmechanismen noch nicht greifen konnten. Sollen die in dieser Bestimmung bezeichneten Wirkungen noch eintreten, muss der Abwägungsmangel in der vorgeschriebenen Form und Frist geltend gemacht werden. Es genügt nicht, wenn

---

[2184] *BVerwG*, B. v. 11. 5. 1999 – 4 BN 15.99 – DVBl. 1999, 1293 = UPR 1999, 352 = ZfBR 1999, 279 – nachträglicher Ausschluss von Nutzungen.
[2185] *BVerwG*, B. v. 9. 10. 1996 – 4 B 180.96 – DÖV 1997, 251 = UPR 1997, 102 – Plangewährleistung.
[2186] § 233 I BauGB gilt allerdings nicht für Baugenehmigungsverfahren, so *VGH Mannheim*, Urt. v. 26. 3. 1998 – 8 S 315/98 – NVwZ-RR 1998, 622 = DVBl. 1998, 908; vgl. auch *VGH München*, Urt. v. 28. 7. 1998 – 20 N 97.3429 – ZfBR 1998, 315 = DVBl. 1998, 1302 – Rügefrist.

die Gemeinde anderweitig davon Kenntnis erlangt hat, dass die Gültigkeit eines vor dem 1. 7. 1987 bekannt gemachten Bebauungsplans Bedenken begegnet.[2187]

2. Fehlerbehebung gem. § 214 IV BauGB

Nach § 214 IV BauGB können der Flächennutzungsplan oder die Satzung durch ein ergänzendes Verfahren zur Behebung von Fehlern auch rückwirkend in Kraft gesetzt werden. Diese durch das EAG Bau eingeführte Vorschrift geht weiter als frühere Regelungen. Während früher nur **Form- und Verfahrensfehler** rückwirkend geheilt werden konnten (§ 215a II BauGB 1998),[2188] können der Flächennutzungsplan und der Bebauungsplan nunmehr in einem gewissen Umfang auch rückwirkend in Kraft gesetzt werden (§ 214 IV BauGB). Nach wie vor geht der Gesetzgeber von der Möglichkeit aus, dass die Gemeinde einen erkannten Fehler durch ein ergänzendes Verfahren heilen kann. Die Voraussetzungen für eine solche Heilungsmöglichkeit sind allerdings im Gesetz nicht benannt. Fehler im Verfahren aber auch materielle Fehler können mit Wirkung für die Zukunft grundsätzlich geheilt werden. Allerdings kann ein Fehler so schwer wiegen, dass eine Reparatur des Bauleitplans nicht möglich erscheint. Nach der früheren Fassung des BauGB führte ein derartiger Fehler zur Nichtigkeit des Plans, während Fehler, die in einem ergänzenden Verfahren repariert werden konnten, (lediglich) zur Unwirksamkeit des Bauleitplans führten (§ 215 I BauGB, § 47 V 2, 4 VwGO). Die Unterscheidung zwischen Nichtigkeit und Unwirksamkeit des Bebauungsplans hat das EAG Bau aufgegeben. Nach § 47 V 2 VwGO erklärt das OVG im Normenkontrollverfahren den **Bebauungsplan** (lediglich) für **unwirksam**. Mit dieser einheitlichen Tenorierung ist allerdings nicht zugleich bewirkt, dass alle Fehler eines Planes jedenfalls für die Zukunft in einem ergänzenden Verfahren geheilt werden können. Vielmehr gibt es nach wie vor Fehler, die so schwer wiegen, dass ein ergänzendes Verfahren nicht möglich ist. Dies wird vor allem für schwere Abwägungsfehler gelten, wie sie sich etwa in Verstößen gegen das Konfliktbewältigungsgebot oder anderen Unausgewogenheiten der Planung darstellen können. Auch der Verstoß gegen unüberwindbare Planungsleitsätze oder Belange des Habitat- oder Vogelschutzes kann im Einzelfall zu Mängeln führen, die durch ein ergänzendes Verfahren nicht behoben werden können. Dies gilt vor allem auch für Planungen, bei denen das ergänzende Verfahren die Grundzüge der Planung ändert. Während die Reparatur von Form- und Verfahrensfehlern in aller Regel gelingen kann, ist die Reparatur materieller Fehler daher entsprechend eingeschränkt. Das rückwirkende Inkraftsetzen darf den Plan auch nicht in einer für die Planbetroffenen unzulässigen Weise inhaltlich ändern.[2189]

Einer **Gemeinde** sind, wenn sie vor der Entscheidung steht, einen an einem **Ausfertigungsmangel** leidenden Bebauungsplan zu einem Zeitpunkt in Kraft zu setzen, in dem sich die Situation gegenüber dem Zeitpunkt des Satzungsbeschlusses verändert hat, **zwei Möglichkeiten** eröffnet. Zum einen kann sie ihre ursprüngliche Planung überdenken und verändern. Zum anderen kann sie aber auch das stecken gebliebene Bauleitplanungsverfahren unverändert nach der Behebung des Ausfertigungsmangels zum Abschluss brin-

---

[2187] *BVerwG*, B. v. 11. 11. 1998 – 4 BN 50.98 – NVwZ-RR 1998, 424 = Buchholz 406.11 § 244 BauGB Nr. 3; *OVG Lüneburg*, Urt. v. 26. 3. 1998 – 1 K 2914/96 – NVwZ-RR 1998, 548 = NuR 1998, 500.
[2188] Zur Beschränkung der rückwirkenden Heilungsmöglichkeiten auf Form- und Verfahrensfehler nach § 215a II BauGB 1998 *BVerwG*, Urt. v. 18. 4. 1996 – 4 C 22.94 – DVBl. 1996, 960; Vgl. bereits *BVerwG*, Urt. v. 23. 5. 1975 – IV C 51.73 – Buchholz 406.11 § 125 BBauG Nr. 8 = DÖV 1975, 716; Urt. v. 5. 12. 1986 – 4 C 31.85 – BVerwGE 75, 262 = Buchholz 406.11 § 155a BBauG Nr. 5; *Bielenberg* in: Ernst/Zinkahn/Bielenberg/Krautzberger, Rdn. 11 zu § 10 BauGB; *Gierke* in: Brügelmann Rdn. 39 zu § 10 BauGB; zum ergänzenden Verfahren *Battis* in: Battis/Krautzberger/Löhr § 214 BauGB Rdn. 19; *Finkelnburg* in: Planung und Plankontrolle FS Schlichter, S. 301; wegen des Grundsatzes des Vertrauensschutzes zweifelnd auch *Gaentzsch* in: Schlichter/Stich, Rdn. 7 zu § 10 BauGB.
[2189] S. Rdn. 1167.

gen. § 214 IV BauGB (§ 215 a II BauGB 1998) fordert für die nachträgliche Inkraftsetzung eines wegen eines Ausfertigungsmangels ungültigen Bebauungsplans keinen erneuten Satzungsbeschlusses gemäß § 10 BauGB und damit auch keine erneute Abwägung.[2190]

1166 Allerdings besteht auf die Einleitung und Durchführung eines **Heilungsverfahrens kein Rechtsanspruch**.[2191] Zuständig für die Durchführung des ergänzenden Verfahrens ist die **Gemeinde**. Demgegenüber kann das **Gericht**, das einen Mangel im Rahmen einer gerichtlichen Überprüfung entdeckt, den Fehler nicht selbst beheben. Die Fehlerbehebung ist vielmehr der Gemeinde vorbehalten. Die Fehlerbehebung kann sich dabei auf Satzungsmängel sowohl im Hinblick auf **bundesrechtliche** als auch **landesrechtliche** Anforderungen beziehen. Auch Mängel der Satzung, die auf der Verlegung von Vorschriften des Landesrechts beruhen und nach Landesrecht beachtlich sind, können daher in einem ergänzenden Verfahren behoben werden.[2192] Das wird man auch nach Streichung des § 215 a I BauGB 1998 durch das EAG Bau annehmen können. Die Fehlerheilungsmöglichkeiten, von denen § 214 IV BauGB ausgeht, sind dabei zwingendes Recht. Ein Ermessen des Normenkontrollgerichts, die Vorschrift anzuwenden, ist auch dann ausgeschlossen, wenn der Mangel der Satzung auf der Verletzung des Landesrechts beruht.[2193]

1167 Nach § 214 IV BauGB können Fehler auch mit **Rückwirkung** in einem ergänzenden Verfahren behoben werden. Uneingeschränkt wird dies für die rückwirkende Behebung von **Verfahrens- und Formfehlern** gelten können, solange sich der Planinhalt nicht ändert. Für **materielle Fehler** ist die Rückwirkung allerdings durch die Identität des Planinhalts und das Abwägungsgebot begrenzt. Materielle Fehler, die zu einem anderen Planinhalt führen oder den damaligen Plan inhaltlich in einem völlig anderen Lichte erscheinen lassen, können nicht rückwirkend geheilt werden, sondern nur – wenn es gut geht – für die Zukunft repariert werden. Allerdings könnten diejenigen Teile von der Rückwirkung ausgenommen werden, in denen sich ein Änderungsbedarf ergibt, so dass die übrigen **Teile** des Plans rückwirkend in Kraft gesetzt werden können, wenn sie von den zu ändernden Teilen getrennt werden können und wenn sich insoweit keine untrennbaren Zusammenhänge im Vergleich zur ursprünglichen Regelung und keine belastenden Auswirkungen für Planbetroffene ergeben.

1168 In **§ 215 III BauGB 1986** war ein Verfahren zur Behebung von Fehlern städtebaulicher Pläne geregelt. Die Möglichkeit eines derartigen Verfahrens wird nunmehr von § 214 IV BauGB nur noch vorausgesetzt. Das **Fehlerbehebungsverfahren** nach § 214 IV BauGB ist – so das *BVerwG* zu § 215 III 1 BauGB 1986 – kein eigenständiges Verfahren. Vielmehr setzt die Gemeinde damit das von ihr ursprünglich eingeleitete, nur scheinbar abgeschlossene Bauleitplanverfahren an der Stelle fort, an der ihr der Fehler unterlaufen ist.[2194] Einer erneuten Beschlussfassung bedarf es daher unter verfahrensrechtlichen Gesichtspunkten nur, wenn die Gemeinde gerade auf dieser oder einer vorangegangenen Verfahrensstufe einen rechtserheblichen Verfahrens- oder Formfehler begangen hat. In einem vom *BVerwG* zu beurteilenden Fall hatte die Gemeinde einen Bebauungsplan, der an einem Ausfertigungsmangel litt, nach Ausfertigung zwanzig Jahre später erneut bekannt gemacht, ohne eine neue Abwägungsentscheidung getroffen zu haben. Das ist nach Auffassung des *BVerwG* grundsätzlich nicht zu beanstanden.[2195] Denn die Pflicht, das Abwägungsprogramm an dem jeweils aktuellen Stand der Entwicklung auszurichten, endet

---

[2190] *OVG Koblenz*, Urt. v. 8. 1. 2004 – 1 C 11444/03 – BauR 2004, 718 – Ausfertigungsmangel.
[2191] *BVerwG*, B. v. 9. 10. 1996 – 4 B 180.96 – DÖV 1997, 251 = UPR 1997, 102 – Plangewährleistung.
[2192] *BVerwG*, Urt. v. 25. 11. 1999 – 4 CN 12.98 – ZfBR 2000, 197 – Verwaltungsausschuss.
[2193] *BVerwG*, Urt. v. 25. 11. 1999 – 4 CN 12.98 – ZfBR 2000, 197 – Verwaltungsausschuss.
[2194] *BVerwG*, B. v. 25. 2. 1997 – 4 NB 40.96 – DVBl. 1997, 828 = NVwZ 1997, 893 – Vollerwerbslandwirt. Die fehlerhaft zugeknöpfte Weste muss also – um es in einem Bilde auszudrücken – nicht erst wieder ganz aufgeknöpft werden, sondern kann von der Stelle an wieder zugeknöpft werden, von der ab der Fehler aufgetreten ist.
[2195] So schon *BVerwG*, B. v. 18. 12. 1995 – 4 NB 30.95 – NVwZ 1996, 890 = UPR 1996, 151.

nach § 214 III 1 BauGB mit der Beschlussfassung über den Bauleitplan.[2196] Die Gemeinde darf bei der erneuten Beschlussfassung und Bekanntmachung die alten Grundstücksbezeichnungen verwenden. Die Bezeichnung muss nur so eindeutig sein, dass die Übertragbarkeit der Grenzen in die Örtlichkeit einwandfrei möglich ist.[2197] Eine verfahrensfehlerhaft zu Stande gekommene Satzung über die förmliche Festlegung eines Sanierungsgebietes kann auch dann noch erneut beschlossen werden, wenn die Sanierung bereits abgeschlossen und die förmliche Festlegung schon aufgehoben worden ist.[2198] Ein wegen eines Form- und Verfahrensfehlers ungültiger Bebauungsplan kann jedoch nicht nachträglich (wirksam) durch Nachholung des Verfahrens gem. § 214 IV BauGB in Kraft gesetzt werden, wenn sich die Verhältnisse so grundlegend geändert haben, dass er inzwischen einen funktionslosen Inhalt hat oder das ursprünglich unbedenkliche Abwägungsergebnis nunmehr unverhältnismäßig und deshalb nicht mehr haltbar ist.[2199]

Ein Fehler der Satzung führt nicht zu deren Nichtigkeit, sondern nur zu deren **schwebender Unwirksamkeit** (§ 47 V 2 BauGB).[2200] Für die Reparatur genügt die konkrete Möglichkeit der Fehlerbehebung.[2201] Ein ergänzendes Verfahren ist allerdings dann nicht möglich, wenn der festgestellte Fehler so schwerwiegend ist, dass er die Grundzüge der Planung,[2202] das Grundgerüst der Planung[2203] oder den Kern der Abwägungsentscheidung[2204] trifft. Das *BVerwG* verweist dabei auf seine Rechtsprechung zum ergänzenden Verfahren im Fachplanungsrecht (u. a. § 17 VIc 2 FStrG).[2205] Eine Fehlerkorrektur kann sich dabei auf die einzelnen Verfahrensschritte beziehen. Dabei ist es unerheblich, ob der behebbare Fehler formeller oder materieller Natur ist. Soll die Satzung jedoch unverändert erlassen werden, so folgt nicht schon aus der materiellrechtlichen Natur des Fehlers, dass auch die vorangegangenen korrekten Verfahrensschritte wiederholt werden müssen. Ein Verzicht auf die Wiederholung des vorangegangenen Verfahrens wäre allerdings unzulässig, wenn es schon selbst durch den Fehler infiziert ist.[2206]

[2196] Erst recht nach In-Kraft-Treten des Bebauungsplans ist die Gemeinde nicht mehr gehalten, die dem Bebauungsplan zugrunde liegende Abwägung ständig „unter Kontrolle" zu halten, *BVerwG*, B. v. 30. 3. 1998 – 4 BN 2.98 – NVwZ-RR 1998, 711. Allein das Verstreichen eines erheblichen Zeitraums seit der ursprünglichen Beschlussfassung und eine inzwischen eingetretene Änderung der Sach- und Rechtslage hindern ein rückwirkendes Inkraftsetzen bei Ausfertigungsmängeln nicht, so *BVerwG*, B. v. 10. 11. 1998 – 4 BN 38.98 – DVBl. 1999, 255.
[2197] So für die Sanierungssatzung *BVerwG*, Urt. v. 3. 12. 1998 – 4 C 14.97 – DVBl. 1999, 255.
[2198] *BVerwG*, Urt. v. 3. 12. 1998 – 4 C 14.97 – DVBl. 1999, 255.
[2199] *BVerwG*, B. v. 25. 2. 1997 – 4 NB 40.96 – DVBl. 1997, 828 = NVwZ 1997, 893 – Vollerwerbslandwirt; B. v. 7. 4. 1997 – 4 B 64.97 – NVwZ-RR 1997, 515; bestätigend *BVerfG*, B. v. 22. 1. 1998 – 1 BvR 1001/97 –.
[2200] *BVerwG*, B. v. 20. 5. 2003 – 4 BN 57.02 – DVBl. 2003, 1462 = NVwZ 2003, 1259 mit Anmerkung *Marcus Ell* NVwZ 2004, 182= NuR 2003, 624 = BauR 2003, 1688 – Öffnungsklausel einer Landschaftsschutzverordnung.
[2201] *BVerwG*, Urt. v. 16. 12. 1999 – 4 CN 7.98 – BVerwGE 110, 193 = DVBl. 2000, 804 – Bebauungsplanänderung; *OVG Münster*, Urt. v. 23. 7. 1998 – 10 a D 100/97.NE – BRS 60 (1998), Nr. 54. Ein ergänzendes Verfahren ist auch dann nicht ausgeschlossen, wenn ein festgestellter Mangel nur durch eine Änderung des Planinhalts behoben werden kann.
[2202] *BVerwG*, B. v. 8. 10. 1998 – 4 CN 7.97 – DVBl. 1999, 243 = BBauBl. 1999, 163; *VGH Mannheim*, Urt. v. 7. 1. 1998 – 8 S 1337/97 – VGHBWRsDienst 1998, Beilage 3, B 1–2; *OVG Münster*, Urt. v. 3. 12. 1997 – 7 a B 1110/97.NE – (unveröffentlicht); Urt. v. 17. 12. 1998 – 10 a D 186/96.NE – NVwZ 1999, 561 = NuR 1999, 52 – Ausgleichsfläche.
[2203] *OVG Münster*, Urt. v. 23. 7. 1998 – 10 a D 100/97.NE – BRS 60 (1998), Nr. 54; Urt. v. 17. 12. 1998 – 10 a D 186/96.NE – NVwZ 1999, 561 = NuR 1999, 52 – Ausgleichsfläche.
[2204] *BVerwG*, B. v. 2. 11. 1998 – 4 BN 49.98 – BauR 1999, 151 = ZfBR 1999, 43 – Gehweg; *OVG Münster*, Urt. v. 22. 6. 1998 – 7 a D 108/96.NE – NVwZ 1999, 79 = BauR 1998, 1198 = NVwZ 1999, 79 – IKEA.
[2205] *BVerwG*, B. v. 8. 10. 1988 – 4 BN 45.98 – ZfBR 1999, 106.
[2206] *BVerwG*, B. v. 7. 11. 1997 – 4 NB 48.96 – NVwZ 1998, 956 = DVBl. 1998, 331.

1170 Der Gesetzgeber hat sich in § 214 IV BauGB für eine **grundsätzliche Reparaturmöglichkeit** in einem ergänzenden Verfahren entschieden.[2207] Das *BVerwG* hat allerdings Grenzen der Reparaturmöglichkeit aus § 13 BauGB abgeleitet. Weicht das **Ergebnis der Planreparatur** so weit von der ursprünglichen Planung ab, dass die Grundzüge betroffen sind und es sich sozusagen um einen anderen Plan handelt, werden auch die Möglichkeiten des § 214 IV BauGB überschritten. Die Planung kann dann nur durch eine Neuaufstellung bewirkt werden. Das ergänzende Verfahren ist allerdings erst dann ausgeschlossen, wenn bei einem Vergleich zwischen der **bisherigen Planung** und der **künftigen Planung** die Abweichung im Ergebnis so groß ist, dass die Grundzüge der Planung betroffen sind.[2208] Nicht reicht aus, dass der Mangel das bisherige Abwägungsverfahren in den Grundzügen oder im Kern in dem Sinne betrifft, dass wesentliche Abwägungselemente bei der Erstentscheidung fehlerhaft waren.[2209] Stellt die Gemeinde später fest, dass die nachermittelten Abwägungselemente zu einer grundsätzlich anderen Planung führen, erweist sich das Reparaturverfahren nach § 214 IV BauGB als nicht mehr geeignet. Es hat vielmehr dann eine Neuaufstellung der Planung zu erfolgen.

1171 In einem ergänzenden Verfahren kann auch eine erneute **Öffentlichkeitsbeteiligung** nach § 3 II BauGB oder eine erneute Behördenbeteiligung nach § 4 II BauGB durchgeführt werden. Da dies aber die ersten für die Rechtswirksamkeit des Bebauungsplans erforderlichen Schritte sind, bestehen aus dieser Sicht zwischen Planänderung und Neuaufstellung in der Praxis vielfach keine greifbaren Unterschiede. Die Grenzen des ergänzenden Verfahrens sind allerdings dann erreicht, wenn die Grundzüge der Planung betroffen werden und die erneute Planung sich auf völlig anderer Grundlage darstellt.[2210] Ist ein Bebauungsplan mangels eines erkennbaren städtebaulichen Konzeptes unwirksam, so kann dieser Mangel nach Auffassung des *OVG Münster* nicht in einem ergänzenden Verfahren geheilt werden, weil das städtebauliche Konzept die Grundlage der Bauleitplanung bildet.[2211] Wesentliche Konzeptmängel, deren Reparatur nur durch einen Bebauungsplan mit einem wesentlich anderen Inhalt erfolgen kann, können daher nur in einem Neuaufstellungsverfahren behoben werden.

1172 Ein **Anspruch** auf Beseitigung eines **Ausfertigungsmangels** und auf eine erneute Bekanntmachung hat das *BVerwG* ausnahmslos abgelehnt. Das gilt für die Aufstellung (§ 1 III 2 BauGB) wie für die Planänderung oder Planaufhebung (§ 1 VIII BauGB). Die Gemeinde könne in ihrer planerischen Gestaltungsfreiheit wählen, ob sie einem fehlerhaften Plan mit oder ohne Rückwirkung nachträglich Geltung verschafft, einer inhaltlichen veränderten neuen Planung den Vorzug gibt oder es schlicht bei der bisherigen Rechtslage, ggf. also bei der Anwendung der §§ 34 und 35 BauGB, belässt.[2212]

[2207] *BVerwG*, Urt. v. 16. 12. 1999 – 4 CN 7.98 – BVerwGE 110, 193 = DVBl. 2000, 804 – Bebauungsplanänderung.

[2208] *OVG Münster*, Urt. v. 2. 3. 1998 – 7 a D 125/96.NE – NWVBl. 1998, 439.

[2209] A. A. wohl *OVG Münster*, Urt. v. 22. 6. 1998 – 7 a D 108/96.NE – NVwZ 1999, 79 = BauR 1998, 1198 = NVwZ 1999, 79 – IKEA; *VGH München*, Urt. v. 3. 5. 1999 – 1 N 98.1021 – DVBl. 1999, 1293 = GewArch. 1999, 432 – Ingolstadt; *Stüer/Rude* ZfBR 2000, 85.

[2210] *VGH Mannheim*, Urt. v. 7. 1. 1998 – 8 S 1337/97 – UPR 1998, 274 = DVBl. 1998, 601; Urt. v. 4. 2. 1998 – 3 S 1699/97 – BauR 1998, 976. Vgl. Zur Fehlerbehebung ferner *OVG Koblenz*, Urt. v. 23. 4. 1998 – 1 C 10789/97-; *OVG Münster*, Urt. v. 2. 3. 1998 – 7 a D 95/97.NE (unveröffentlicht); Urt. v. 2. 3. 1998 – 7 a 125/96.NE – NWVBL 1998, 439 = UPR 1998, 461; Urt. v. 13. 3. 1998 – 7 a D 374/98.NE – NVwZ-RR 1999, 113; Urt. v. 22. 6. 1998 – 7 a D 108/96.NE – NVwZ 1999, 79; Urt. v. 25. 6. 1998 – 10 a D 159/95.NE – (unveröffentlicht) – Hühnerhaltung; 23. 7. 1998 – 10 a D 100/97.NE – BRS 60 (1998), Nr. 54; *VGH Mannheim*, Urt. v. 6. 2. 1998 – 3 S 731/97 – BRS 60 (1998), Nr. 12 = ZfBR 1998, 324; Urt. v. 20. 5. 1998 – 3 S 2784/96 – NVwZ-RR 1998, 614.

[2211] *OVG Münster*, Urt. v. 2. 3. 1998 – 7 a D 95/97.NE – (unveröffentlicht) – Landschaftsplan.

[2212] *BVerwG*, B. v. 9. 10. 1996 – 4 B 180.96 – BRS 58 (1996), 6.

5. Teil. Wirksamkeitsvoraussetzungen – beschränkte Fehlerfolgen **1173–1175 A**

Die Heilung kann sich etwa auf **formelle Mängel im Verkündungsvorgang** beziehen,[2213] aber auch andere **Form- und Verfahrensfehler** im Aufstellungsvorgang erfassen. Hierzu zählt etwa die Zusammenstellung des Abwägungsmaterials (§ 214 I 1 Nr. 1 BauGB), die Durchführung einer Öffentlichkeits- und Behördenbeteiligung (§ 214 I 1 Nr. 2 BauGB), das Erfordernis einer Begründung (§ 214 I 1 Nr. 3 BauGB), der Feststellungs- bzw. Satzungsbeschluss, die Genehmigung oder die Bekanntmachung des Flächennutzungsplans oder der Satzung (§ 214 I 1 Nr. 4 BauGB). Derartige Fehler im Verfahren können nach § 214 IV BauGB auch rückwirkend behoben werden. Die Fehlerbehebung kann sich auch auf landesrechtliche Verfahrens- oder Formvorschriften erstrecken. Ist etwa eine Ausfertigung des Bebauungsplans nach Landesrecht fehlerhaft, so kann diese nach § 214 IV BauGB geheilt werden. **1173**

Auch Bebauungspläne, die vom **Normenkontrollgericht** nach der früheren Rechtslage (§ 47 VI 2 VwGO 1991/1996) für **nichtig** erklärt worden sind – nach der damaligen Rechtslage gab es noch keine Unterscheidung zwischen Nichtigkeit und Unwirksamkeit –, können von der Gemeinde nach Behebung des Fehlers durch Wiederholung des nachfolgenden Verfahrens erneut in Kraft gesetzt werden.[2214] Eine Beschränkung der Heilungsmöglichkeit nach § 214 IV BauGB auf solche nichtigen Bebauungspläne, die nicht Gegenstand einer Normenkontrollentscheidung waren, wäre mit dem in den §§ 214, 215 BauGB zum Ausdruck kommenden Grundsatz nicht vereinbar, die Nichtigkeitsfolgen von Planungsfehlern einzuschränken und – soweit dies wegen der Art oder Schwere des Fehlers nicht möglich erscheint – zumindest ihre Behebung zu erleichtern.[2215] Ein schutzwürdiges Vertrauen darauf, dass ein unwirksamer Bauleitplan nicht gem. § 214 IV BauGB erneut erlassen wird, besteht nicht. Ein wegen eines Ausfertigungsmangels unwirksamer Bebauungsplan kann gem. § 214 IV BauGB grundsätzlich auch dann rückwirkend in Kraft gesetzt werden, wenn er inzwischen geändert worden ist. Waren auch die Änderungen wegen eines Ausfertigungsmangels unwirksam, können sämtliche Satzungsbeschlüsse unter Nachholung der Ausfertigungen rückwirkend in Kraft gesetzt werden.[2216] Das muss auch gelten, wenn der ursprüngliche Bauleitplan durch einen anderen Bauleitplan ersetzt worden und daher zwischenzeitlich außer Kraft getreten ist. **1174**

Eines **Ratsbeschlusses** bedarf es dabei nur, wenn zur Behebung des Fehlers selbst ein Ratsbeschluss erforderlich ist. Dabei sind die Gemeinden nicht verpflichtet, das **Verfahren** ganz von vorn neu zu beginnen, sondern lediglich von der Stelle mit der **Wiederholung** zu beginnen, von der ab der Fehler aufgetreten ist. Die **fehlerhaft zugeknöpfte Weste** muss also – um es in einem Bilde auszudrücken – nicht erst wieder ganz aufgeknöpft werden, sondern kann von der Stelle an wieder zugeknöpft werden, von der ab der Fehler aufgetreten ist.[2217] Dies bedeutet für den Verwaltungs- und Verfahrensaufwand der Gemeinde eine erhebliche Entlastung. Die dabei zulässige Rückwirkung, die in § 214 IV BauGB ermöglicht wird, ist verfassungsrechtlich unbedenklich, weil sie nicht zu einem anderen Planinhalt und zu keinen neuen Belastungen der Planbetroffenen führt, mit denen diese nicht rechnen mussten, sondern an das bereits durchgeführte Verfahren anknüpft. Auch ist in diesen Fällen einer rückwirkenden Heilung der Bauleitplanung eine erneute Öffentlichkeitsbeteiligung nicht erforderlich, wenn der zu heilende Fehler im **1175**

[2213] *BVerwG*, B. v. 12. 12. 1975 – 4 B 176.75 – BRS 29 Nr. 14 zu § 12 BauGB; B. v. 3. 5. 1993 – 4 NB 13.93 – Buchholz 406.12 § 1 BauNVO Nr. 16 = *Hoppe/Stüer* RzB Rdn. 884.
[2214] *Kopp/Schenke* Rdn. 71 zu § 47 VwGO; *Schmaltz* DVBl. 1990, 1120.
[2215] *BVerwG*, B. v. 6. 5. 1993 – 4 N 2.92 – BVerwGE 92, 266 = DVBl. 1993, 1096 = *Hoppe/Stüer* RzB Rdn. 859 – Zahnarztpraxis.
[2216] *BVerwG*, B. v. 18. 12. 1995 – 4 NB 30.95 – DVBl. 1996, 960 = UPR 1996, 151 – Ausfertigungsmangel.
[2217] Für das Fachplanungsrecht *BVerwG*, B. v. 24. 5. 1989 – 4 NB 10.89 – NVwZ 1990, 258 = DVBl. 1989, 387 = *Hoppe/Stüer* RzB Rdn. 857; OVG Münster, Urt. v. 30. 3. 1990 – 7 B 3551/89 – DVBl. 1990, 1119 m. Anm. *Schmaltz*.

Verfahren erst später aufgetreten ist.²²¹⁸ Denn der Bürger ist in seinem Vertrauen, dass es bei einem unwirksamen Plan bleibt, nicht schutzwürdig. § 214 IV BauGB bewirkt allerdings nicht selbst eine Heilung von Fehlern, sondern gestattet der Gemeinde nur, diese Fehler in einem vereinfachten Verfahren zu beheben.

1176 Verfährt die Gemeinde nach § 214 IV BauGB, so lebt ein vom **OVG** zuvor für mit **Allgemeinverbindlichkeit für nichtig erklärte Bebauungsplan** als solcher nicht wieder auf. Vielmehr tritt ein **neuer Bebauungsplan** in Kraft, auch wenn er inhaltlich mit dem alten Plan identisch ist. Selbst wenn die Gemeinde keinen neuen Satzungsbeschluss fasst, unterscheiden sich die Pläne formal zumindest durch den Zeitpunkt ihrer Bekanntmachung.²²¹⁹ Im Gegensatz zur planenden Gemeinde ist allerdings der Bundesgesetzgeber gehindert, einen formellen Fehler zu berichtigen und die Norm rückwirkend durch eine Norm gleichen Inhalts zu ersetzen, wenn der Bebauungsplan durch eine gerichtliche Normenkontrollentscheidung allgemeinverbindlich für nichtig (§ 47 V 2 VwGO 1993) oder für unwirksam (§ 47 V 2 VwGO 2004) erklärt worden ist.²²²⁰

1177 Leidet die Abwägung in diesem Zeitpunkt an einem rechtserheblichen Mangel, so kann der Fehler auf der Grundlage des § 214 IV BauGB nur behoben werden, wenn der Planinhalt in dem Sinne unverändert bleibt, dass keine neuen Belastungen für die Planbetroffenen entstehen, mit denen sie bei Kenntnis der Umwirksamkeit des Ursprungsplans nicht rechnen mussten.²²²¹ § 10 III 4 BauGB regelt abschließend, dass der Bebauungsplan mit der Bekanntmachung in Kraft tritt. Diese Regelung verwehrt es der Gemeinde, außer in den Fällen des § 214 IV BauGB einen anderen Zeitpunkt des In-Kraft-Tretens – sei es in der Zukunft oder in der Vergangenheit – zu bestimmen. Ein beliebiges rückwirkendes Ändern der Bauleitpläne würde auch dem Wesen der Planung als einem in die Zukunft gerichteten Gestaltungswillen gerecht und dürfte auch daran scheitern, dass es oft kaum absehbar ist, welche Auswirkungen der rückwirkende Erlass eines inhaltlich geänderten Plans auf das von einem Bebauungsplan erfasste vielfältige Interessengeflecht jeweils haben würde.²²²² Ein inhaltlich korrigierter Bauleitplan mit nachteiligen Auswirkungen für Planbetroffene, mit denen diese nicht rechnen mussten, kann daher nicht in seiner Gesamtheit rückwirkend in Kraft gesetzt werden. Bauleitpläne mit inhaltlichen Fehlern können nur unter Wiederholung der Verfahrensschritte, die von dem Fehler infiziert worden sind, mit der erneuten Bekanntmachung in Kraft gesetzt werden.²²²³ Allerdings könnte eine Teilrückwirkung angeordnet werden, soweit der Plan mit seiner Ursprungsfassung identisch ist. Die geänderten Teile könnten dann ohne Rückwirkung mit der erneuten Bekanntmachung des Plans in Kraft gesetzt werden. Denn eine Rückwirkung ist aus rechtsstaatlichen Gründen nur ausgeschlossen, soweit der Bürger durch das rückwirkende Inkraftsetzen der Bauleitplanung im Nachhinein eine für ihn nachteilige

---

²²¹⁸ *BVerwG*, Urt. v. 5. 12. 1986 – 4 C 31.85 – BVerwGE 75, 262 = *Hoppe/Stüer* RzB Rdn. 211.

²²¹⁹ *BVerwG*, B. v. 6. 5. 1993 – 4 N 2.92 – BVerwGE 92, 266 = DVBl. 1993, 1096 = *Hoppe/Stüer* RzB Rdn. 859 – Zahnarztpraxis.

²²²⁰ *BVerwG*, B. v. 18. 8. 1982 – 4 N 1.81 – BVerwGE 66, 116 = *Hoppe/Stüer* RzB Rdn. 847.

²²²¹ *BVerwG*, B. v. 25. 2. 1997 – 4 NB 40.96 – DVBl. 1997, 828 = NVwZ 1997, 893 – Vollerwerbslandwirt.

²²²² *BVerwG*, B. v. 18. 4. 1996 – 4 C 22.94 – BVerwGE 101, 58 = DVBl. 1996, 920 – Anerkenntniserklärung; B. v. 7. 11. 1997 – 4 NB 48.96 – UPR 1998, 114; auch zur Verfassungsmäßigkeit *BVerwG*, B. v. 25. 9. 1997 – 4 B 165.97 – NVwZ 1998, 845: Dies gehe aber nicht, wenn sich die Verhältnisse so grundlegend geändert hätten, dass der Bebauungsplan inzwischen einen funktionslosen Inhalt hat oder das ursprünglich unbedenkliche Abwägungsergebnis im Zeitpunkt der Mängelbehebung unverhältnismäßig und deshalb nicht mehr haltbar ist, s. dort auch zur Festsetzung einer Zwei-Wohnungsklausel im Bebauungsplan.

²²²³ *BVerwG*, B. v. 7. 11. 1997 – 4 NB 48.96 – UPR 1998, 114; B. v. 23. 1. 1998 – 4 BN 15.97 –. Auch rückwirkende Inkraftsetzung einer Fremdenverkehrssatzung außerhalb des § 215a II BauGB wurde vom BVerwG abgelehnt, so *BVerwG*, Urt. v. 21. 8. 1997 – 4 C 6.97 – DVBl. 1998, 42 = UPR 1998, 109.

5. Teil. Wirksamkeitsvoraussetzungen – beschränkte Fehlerfolgen **1178–1181 A**

Planausweisung hinnehmen müsste, mit der er auch bei Kenntnis der Unwirksamkeit der Erstplanung nicht rechnen müsste, ein schutzwürdiges Vertrauen der Rückwirkung daher nicht entgegensteht. Im Übrigen ist eine Rückwirkung zulässig.

Ob die Gemeinde einen für unwirksam erkannten Bebauungsplan aufhebt oder – statt ihn **aufzuheben** – unter Behebung des Fehlers und Wiederholung des nachfolgenden Verfahrens **rückwirkend in Kraft setzt,**[2224] steht in ihrem pflichtgemäßen Ermessen. Die Gemeinde hat dabei eine **Interessenabwägung** vorzunehmen, wobei auch die auf den Bestand des Bebauungsplans zielenden Interessen in die Abwägung einzustellen sind. Die Gemeinde hat zu entscheiden, ob der Fehler rückwirkend behoben werden kann. Eine rückwirkende Inkraftsetzung des Flächennutzungsplans oder der Satzung kann z. B. in Betracht kommen, wenn das Vertrauen des Bürgers in die Unwirksamkeit des ungültigen Plans oder der ungültigen Norm nicht schutzwürdig ist. **1178**

Die **rückwirkende Heilung** eines erkannten inhaltlichen Rechtsfehlers kann dabei auch im **vereinfachten Verfahren** nach § 13 BauGB erfolgen. Das setzt indes voraus, dass die vorhandene Rechtswidrigkeit und die vorgesehene Änderung die Grundzüge der Planung nicht berühren.[2225] **1179**

Nach den Grundsätzen des § 214 IV BauGB kann auch der **Mangel** einer **fehlenden Ausfertigung** des Bebauungsplans geheilt werden,[2226] der zu den sonstigen Verfahrens- und Formfehlern nach Landesrecht (§ 215a II BauGB 1998) gehört.[2227] Soll nach der Nachholung der unterbliebenen Ausfertigung eines Bebauungsplans die Satzung durch erneute Bekanntmachung der Genehmigung nunmehr in Kraft gesetzt werden, so bedarf es hierzu grundsätzlich keines erneuten Beschlusses der Gemeindeverwaltung,[2228] wenn das Landesrecht nichts anderes vorschreibt.[2229] **1180**

Im Rahmen des § 214 IV BauGB ist eine erneute **Abwägung** erforderlich, wenn sich die **Sach- oder Rechtslage** seit dem früheren Beschluss rechtserheblich **verändert** hat. Verändert sich nach einer Beschlussfassung des Ortsgesetzgebers die Sach- und Rechtslage vor Inkraftsetzen einer Satzung, hat die Gemeinde in ihrem Rechtsetzungsverfahren innezuhalten. Sie soll nicht ohne eine erneute Sachentscheidung eine Norm in Kraft setzen, deren Rechtsgehalt zweifelhaft geworden sein könnte.[2230] Hinter dieser Auffassung steht der Gedanke, dass zwischen dem planerischen Abwägungsvorgang und dem Abwägungsergebnis, wie es in dem Inkraftsetzen eines Norminhaltes zum Ausdruck kommt, ein sachlicher Zusammenhang gewahrt bleiben muss. Dies gilt umso mehr, als sich vielfach die Frage der Rechtmäßigkeit eines verbindlichen Bauleitplanes nicht allein anhand des Inhalts der getroffenen Festsetzungen, sondern danach beurteilen lässt, welche städtebaulichen Probleme i. S. einer abwägungsbezogenen Konfliktbewältigung gelöst werden sollen (vgl. § 1 VII BauGB). § 214 III 2 BauGB geht von dieser Struktur der Rechtsetzung, wie sie die Rechtsprechung auch zum verbindlichen Bauleitplan entwickelt hat, ausdrücklich aus. Ein derartiges zeitliches und auch sachliches Auseinanderfallen zwischen abwägender Beschlussfassung und Inkraftsetzung des Norminhalts kann auch bei **1181**

[2224] *BVerwG*, Urt. v. 21. 11. 1986 – 4 C 22.83 – BVerwGE 75, 142 = NJW 1987, 1344 = DVBl. 1987, 481 = *Hoppe/Stüer* RzB Rdn. 1296.

[2225] *BVerwG*, B. v. 22. 9. 1989 – 4 NB 24.89 – NVwZ 1990, 361 = DVBl. 1990, 364 = *Hoppe/Stüer* RzB Rdn. 853.

[2226] *BVerwG*, B. v. 18. 12. 1995 – 4 NB 30.95 – UPR 1996, 151 = DVBl. 1996, 960 – Ausfertigungsmangel.

[2227] *BVerwG*, B. v. 25. 2. 1997 – 4 NB 40.96 – DVBl. 1997, 828 = NVwZ 1997, 893 – Vollerwerbslandwirt.

[2228] *BVerwG*, B. v. 24. 5. 1989 – 4 NB 10.89 – NVwZ 1990, 258 = DVBl. 1989, 1064 = BauR 1989, 692 = *Hoppe/Stüer* RzB Rdn. 857 – fehlende Ausfertigung.

[2229] *BVerwG*, B. v. 25. 2. 1997 – 4 NB 40.96 – DVBl. 1997, 828 = NVwZ 1997, 893 – Vollerwerbslandwirt.

[2230] *BVerwG*, Urt. v. 29. 9. 1978 – IV C 30.76 – BVerwGE 56, 283 = Buchholz 406.11 § 1 BBauG Nr. 16.

einer nach § 214 IV BauGB an sich zulässigen rückwirkenden Beseitigung von Verfahrens- oder Formfehlern eintreten. Wenn § 214 IV BauGB ein rückwirkendes In-Kraft-Treten als eine zulässige Rechtsfolge vorsieht, dann bestätigt der Gesetzgeber damit nur klarstellend, was sich ohnedies aus allgemeinen Grundsätzen des Rechtsstaatsprinzips ergibt. Danach ist regelmäßig eine rückwirkende Normsetzung dann bedenkenfrei, wenn die erneute Normsetzung nur dazu dient, eine unklare Rechtslage zu beseitigen, da insoweit ein zu beachtender Vertrauensschutz ohnedies nicht entstanden sein konnte.[2231] Damit hat der Gesetzgeber durch § 214 IV BauGB indes weder entschieden, unter welchen inhaltlichen Voraussetzungen eine Rückwirkung zulässig ist, noch ob eine erneute Abwägungsentscheidung erforderlich ist. Vielmehr gelten insoweit die allgemeinen Grundsätze.[2232]

1182 Ein wegen eines Ausfertigungsmangels unwirksamer Bebauungsplan kann gem. § 214 IV BauGB grundsätzlich auch dann **rückwirkend** in Kraft gesetzt werden, wenn er inzwischen geändert worden ist. Waren auch die Änderungen wegen eines Ausfertigungsmangels unwirksam, können sämtliche Satzungsbeschlüsse unter Nachholung der Ausfertigungen rückwirkend in Kraft gesetzt werden. Ist die Gemeinde darauf bedacht, im Rahmen des Fehlerkorrekturverfahrens des § 214 IV BauGB Fehler zu vermeiden, die sich ihrerseits als Wirksamkeitshindernis darstellen, so liegt es in ihrem Interesse, sich an folgendes Prüfschema zu halten.[2233] Sie hat für den Fall, dass sich die Sach- oder Rechtslage geändert hat, vor der rückwirkenden Inkraftsetzung des Bebauungsplans hierauf ggf. in zweifacher Weise zu reagieren. Auf einer ersten Stufe hat sie zu prüfen, ob die Änderung der Sach- oder Rechtslage die ursprüngliche Abwägung so grundlegend berühren kann, dass eine neue Sachentscheidung geboten ist. Je nachdem wie diese Prüfung ausfällt, kann sie gehalten sein, auf einer zweiten Stufe in eine erneute Abwägung einzutreten. Geht sie nicht so vor, so ist dies indes nicht bereits für sich genommen ein Grund, der es rechtfertigt, die Gültigkeit des rückwirkend in Kraft gesetzten Bebauungsplans in Frage zu stellen. Denn eine neue Sachentscheidung in diesem Sinne ist nicht bei jeglicher Veränderung abwägungsbeachtlicher Belange erforderlich. Das Vertrauen in die Wirksamkeit der Bauleitplanung kann es rechtfertigen, von einer erneuten Sachentscheidung abzusehen.[2234] Die Gemeinde hat daher die Wahl, ob sie einen Verfahrens- oder Formfehler, der zur Unwirksamkeit des Bebauungsplans führt, nach § 214 IV BauGB behebt oder zum Anlass dafür nimmt, ein neues Bauleitplanverfahren einzuleiten.

1183 § 214 IV BauGB greift damit den **Grundsatz der Planerhaltung** auf, der für das Fachplanungsrecht bereits im PlVereinfG mit der Möglichkeit eines ergänzenden Verfahrens niedergelegt war.[2235] § 214 IV BauGB bezieht sich auf den **Flächennutzungsplan** und alle **städtebaulichen Satzungen**, also nicht nur auf den Bebauungsplan. Die Grundsätze der Planerhaltung in § 214 IV BauGB sind auch auf Flächennutzungspläne und Satzungen anzuwenden, die auf der Grundlage bisheriger Fassungen des BBauG und des BauGB in Kraft treten sind (§§ 233 III BauGB). Die Reparaturmöglichkeiten beziehen sich dabei auch auf Flächennutzungspläne oder auf Satzungen, die auf alter Rechtsgrundlage aufgestellt worden sind. Auch derartige Pläne können daher durch ein ergänzendes Verfahren nach § 214 IV BauGB rückwirkend geheilt werden.

[2231] *BVerwG*, B. v. 18. 8. 1982 – 4 N 1.81 – BVerwGE 66, 116 = Buchholz 406.11 § 155 b BBauG Nr. 2; Urt. v. 5. 12. 1986 – 4 C 31.85 – BVerwGE 75, 262 = Buchholz 406.11 § 155 a BBauG Nr. 5 zu § 155 a V BBauG.
[2232] *BVerwG*, B. v. 23. 6. 1992 – 4 NB 26.92 – BauR 1993, 64 = NVwZ 1993, 361 = *Hoppe/Stüer* RzB Rdn. 858.
[2233] *BVerwG*, B. v. 3. 7. 1995 – 4 NB 11.95 – BayVBl. 1995, 730 = DVBl. 1995, 1025 = UPR 1995, 441.
[2234] *BVerwG*, B. v. 3. 7. 1995 – 4 NB 11.95 – BayVBl. 1995, 730 = DVBl. 1995, 1025 = UPR 1995, 441; B. v. 18. 12. 1995 – 4 NB 30.95 – DVBl. 1996, 960 = UPR 1996, 151 = UPR 1996, 151 – Ausfertigungsmangel; B. v. 25. 2. 1997 – 4 NB 40.96 – DVBl. 1997, 828 = NVwZ 1997, 893 – Vollerwerbslandwirt.
[2235] Kritisch *Blümel* in: Stüer (Hrsg.) Verfahrensbeschleunigung, S. 17.

5. Teil. Wirksamkeitsvoraussetzungen – beschränkte Fehlerfolgen 1184–1187 A

Im **Normenkontrollverfahren** erklärt das OVG die Satzung für unwirksam (§ 47 V 2 **1184** VwGO). Durch die Vermeidung der Nichtigkeitserklärung oder auch der Aufhebung der Satzung durch das Gericht soll der Gemeinde oder der sonst zuständigen Behörde die Möglichkeit eingeräumt werden, die festgestellten Mängel der Satzung durch ein ergänzendes Verfahren zu beheben. Wird die Gemeinde nicht tätig, bleibt die Satzung auf Dauer nicht wirksam.[2236] Ob die Gemeinde ein Reparaturverfahren in Aussicht nimmt, ist im Allgemeinen in ihr planerisches Ermessen gestellt.

Ein durch ein ergänzendes Verfahren rückwirkend in Kraft gesetzter Bebauungsplan **1185** kann Rechtsgrundlage für eine zuvor ergangene Beseitigungsverfügung sein.[2237] Wird eine Veränderungssperre unter Verstoß gegen § 215 a II BauGB 1998 rückwirkend in Kraft gesetzt, so verhindert dieser Mangel nur das rückwirkende In-Kraft-Treten der Satzung nicht jedoch ihr In-Kraft-Treten mit Wirkung „ex nunc".[2238]

Die geänderten Regelungen zur Planerhaltung sind in der **Praxis** vom Grundsatz her **1186** durchaus erfreut aufgenommen worden.[2239] Es muss dafür Verständnis aufkommen, dass nicht jeder kleine Verfahrensfehler immer gleich zur nicht heilbaren Gesamtunwirksamkeit des Planes führt. Wenn zu Beginn der 70er Jahre nach sachkundiger Einschätzung etwa 90 % aller Bebauungspläne wegen Verstoßes gegen das Entwicklungsgebot aber auch aufgrund anderer Form- und Verfahrensverstöße für unwirksam gehalten wurden, dann lagen hier Defizite, denen die Rechtsprechung und der Gesetzgeber mit Recht durch eine Selbstkorrektur[2240] entgegengetreten sind. Das Pendel darf aber auch nicht ganz auf die Gegenseite umschlagen. Es wäre fatal, wenn am Ende jeder noch so schwere Fehler im Verfahren und in der Abwägung entweder gänzlich unbeachtlich bliebe oder in jedweder Station des Verwaltungs- und Gerichtsverfahrens noch rückwirkend geheilt werden könnte. Eine derartige Tendenz ist allerdings in den §§ 87 I 2 Nr. 7, 94 II VwGO angelegt.[2241] Wenn der Verwaltung Fristen zur Fehlerheilung eingeräumt werden und die Gerichte dazu noch Hinweise zur Fehlerheilung geben, dann besteht die Gefahr, dass sie in eine zu große Nähe zur Verwaltung geraten, sie sich geradezu zum Kombattanten der Verwaltung machen und die Chancengleichheit zum Bürger nicht mehr gewahrt ist. Vor allem würde sich dann die Fehlerlehre von einem Extrem zum anderen entwickeln. Aber dazu wird es wohl auch wegen der Betonung verfahrensrechtlicher Anforderungen durch die europarechtlichen Vorgaben zur Umweltprüfung nicht kommen.

Es geht daher wohl nicht nur bei dem Grundsatz der Planerhaltung um ein **gesun- 1187 des Mittelmaß** zwischen ungefragter Fehlersuche einerseits und völliger Unbeachtlich-

---

[2236] *Bundesregierung*, Gesetzentwurf zum BauROG, S. 92.
[2237] *BVerwG*, B. v. 18. 7. 2003 – 4 B 49.03 – Buchholz 306.17 Bauordnungsrecht Nr. 73 = ZfBR 2004, 390 – rückwirkende Inkraftsetzung eines Bebauungsplans.
[2238] Zur früheren Unterscheidung zwischen Nichtigkeit und Unwirksamkeit *BVerwG*, Urt. v. 1. 8. 2001 – 4 B 23.01 – BauR 2002, 53 = ZfBR 2002, 77.
[2239] *Blümel* in: Stüer (Hrsg.) Verfahrensbeschleunigung, S. 17.
[2240] *Schlichter* ZfBR 1985, 107; *Stüer* DVBl. 1985, 469; *ders*. DVBl. 1997, 1201.
[2241] Nach § 87 I 2 Nr. 7 VwGO hat das Gericht die Möglichkeit, der Verwaltung die Gelegenheit zur Heilung von Verfahrens- und Formfehlern binnen einer Frist von höchstens drei Monaten zu geben, wenn das nach seiner freien Überzeugung die Erledigung des Rechtsstreits nicht verzögert. Diese durch das 6. VwGOÄndG eingeführte Reparaturklausel steht im Zusammenhang mit dem ebenfalls durch das 6. VwGOÄndG ergänzten § 94 2 VwGO, wonach das Gericht auf Antrag die Verhandlung zur Heilung von Verfahrens- und Formfehlern aussetzen kann, soweit dies im Sinne der Verfahrenskonzentration sachdienlich ist. Hierdurch soll auch während des Gerichtsverfahrens noch eine Reparatur von Verfahrens- oder Formfehlern vor allem bei angefochtenen Verwaltungsakten aber auch etwa von Bebauungsplänen ermöglicht werden. Die Regelungen dienen der Verwirklichung des Grundsatzes „Reparatur vor Aufhebung". Die Gerichte dürfen allerdings durch eine Überbetonung dieses Grundsatzes nicht der Gefahr erliegen, in eine zu große Nähe der Verwaltung zu geraten und ihrer Funktion als unabhängiges und neutrales Organ der Rechtspflege nicht mehr vollauf zu entsprechen, *Stüer* DVBl. 1986, 847; *ders*. DVBl. 1997, 1201; *Hermanns* in: Stüer (Hrsg.) Verfahrensbeschleunigung, S. 144.

keit fast aller Regelverstöße andererseits.[2242] Und ein Ratschlag an die Verwaltung kann daraus abgeleitet werden: Es wäre fatal, wenn die Verwaltung aus der Tendenz der Gerichte und des Gesetzgebers den Schluss zöge, Verfahrensvorschriften und materielle Plananforderungen nur noch dann zu beachten, wenn dies für die Wirksamkeit des städtebaulichen Satzungsrechts unbedingt erforderlich ist und sich sozusagen immer gerade am Rand des Abgrunds der Unwirksamkeit des Satzungsrechts zu bewegen. Die Rechtsfigur der „sanktionslosen Normen" ist entwickelt worden, um bei sog. „kranken Fällen" nicht in eine Automatik der Nichtigkeit jeder Verletzung von Form- und Verfahrensfehlern zu kommen.[2243] Dies darf aber nicht so verstanden werden, dass die Verwaltung nur noch die Verfahrensschritte unternimmt, die für die Rechtswirksamkeit unumgänglich sind. Die planende Verwaltung sollte daher auch weiterhin die Einhaltung aller Rechtsnormen, die für den Planungsprozess von Bedeutung sind, sicherstellen. Kommt es dann zu einem Fehler, muss sie nicht kleinmütig sofort die Unwirksamkeit des gesamten Satzungsrechtes befürchten. Wenn anders verfahren wird, etwa Aufstellungsbeschlüsse nicht mehr gefasst,[2244] befangene Ratsmitglieder an vorbereitenden Beschlüssen mitwirken[2245] oder die vorgezogene Öffentlichkeitsbeteiligung gestrichen wird, dann wird der Tag nicht fern liegen, an dem das Ruder von Rechtsprechung und Gesetzgebung wieder zurückgeworfen wird und bald wie früher jedes noch so feine „Haar in der Suppe" zur Nichtigkeit des kommunalen Satzungsrechts führt.[2246] Dann wären wir am Ende einer etwa dreißigjährigen Rechtsentwicklung genau dort angekommen, wo sie begonnen hatte – bei einem durch zahlreiche, jeweils beachtliche Fehlermöglichkeiten bewirkten vollständigen Planungschaos. Und diese Befürchtungen sind angesichts der verfahrensrechtlichen Vorgaben durch die Plan-UP-Richtlinie nicht ganz von der Hand zu weisen. Verfahrensvorschriften dürfen weiterhin keinen Selbstzweck haben. Wirken sich Verfahrensverstöße nicht auf das Ergebnis aus, müssen sie auch weiterhin unbeachtlich bleiben.

3. Überleitungsvorschrift gem. § 233 II BauGB

1188 Nach § 233 II 1 BauGB sind die Regelungen über die Planerhaltung auch auf Flächennutzungspläne und Satzungen entsprechend anzuwenden, die auf der Grundlage bisheriger Fassungen des BauGB in Kraft getreten sind. Die Vorschriften zur Planerhaltung gelten also in der jeweils neusten Fassung auch für die auf der Grundlage bisheriger Fassungen des BauGB in Kraft getretener Flächennutzungspläne und Satzungen. Damit kann zugleich auch das ergänzende Verfahren nach § 214 IV BauGB auch auf Bebauungspläne und andere städtebauliche Satzungen angewandt werden, die auf der Grundlage von Vorgängerregelungen des BauGB 1998 erlassen worden sind. Allerdings entfaltet die Satzung bis zur Behebung der Mängel keine Rechtswirkungen (so ausdrücklich § 215a I 2 BauGB 1998). Nach bisherigen BauGB-Regelungen unbeachtliche oder durch Fristablauf unbeachtliche Fehler sind auch weiterhin für die Rechtswirksamkeit des Flächennutzungsplans oder der städtebaulichen Satzung unbeachtlich (§ 233 II 2 BauGB). Außerdem gelten nach § 233 III BauGB die auf der Grundlage der bisherigen Fassungen des BauGB wirksame oder übergeleitete Pläne, Satzungen und Entscheidungen fort.[2247]

1189 Nach § 233 II 2 BauGB sind unbeschadet der vorgenannten Regelung auf der Grundlage bisheriger Fassungen des BauGB unbeachtliche oder durch Fristablauf unbeachtliche Fehler bei der Aufstellung von Flächennutzungsplänen und Satzungen auch weiterhin für die Rechtswirksamkeit dieser Flächennutzungspläne und Satzungen unbeachtlich. Dem-

---

[2242] *Blümel* in: Stüer (Hrsg.) Verfahrensbeschleunigung, S. 17.
[2243] *Stüer* DVBl. 1985, 469; *ders.* DVBl. 1997, 1201.
[2244] Sie sind für die Wirksamkeit des Bebauungsplans nicht erforderlich *BVerwG*, B. v. 14. 4. 1988 – 4 N 4.87 – BVerwGE 79, 200 = BauR 1988, 562 = *Hoppe/Stüer* RzB Rdn. 193 – Befangenheit.
[2245] *BVerwG*, B. v. 14. 4. 1988 – 4 N 4.87 – BVerwGE 79, 200 = BauR 1988, 562 = *Hoppe/Stüer* RzB Rdn. 193 – Befangenheit.
[2246] Zu Parallelen zwischen Kochkünsten und der Abwägungsfehlerlehre *Hoppe* DVBl. 1996, 12.
[2247] Zum Folgenden EAG BauGB – Mustererlass 2004.

nach bleiben Fehler, die nach bisherigem Recht unbeachtlich sind, auch weiterhin unbeachtlich.

Nach **§ 233 II 3 BauGB** sind abweichend den vorgenannten Regelungen für vor dem In-Kraft-Treten einer Gesetzesänderung in Kraft getretene Flächennutzungspläne und Satzungen, die vor dem In-Kraft-Treten der Gesetzesänderung geltenden Vorschriften über die Geltendmachung der Verletzung von Verfahrens- und Formvorschriften, von Mängeln der Abwägung und von sonstigen Vorschriften einschließlich ihrer Fristen weiterhin anzuwenden. Für Flächennutzungspläne und Satzungen, die vor dem In-Kraft-Treten einer Gesetzesänderung in Kraft gesetzt worden sind, gelten danach insbesondere die alten Fristen zur Geltendmachung von Fehlern einschließlich der Siebenjahresfrist des § 215 I Nr. 2 BauGB 1998. **1190**

Bedeutung hat **§ 233 II BauGB** insbesondere für Flächennutzungspläne und Satzungen, zu deren Aufstellung ein Verfahren auf der Grundlage früherer Fassungen des BauGB eingeleitet worden ist und das nach einer Neufassung des BauGB nach dem zuvor geltenden Recht zum Abschluss gebracht wird, sowie für vor dem In-Kraft-Treten einer Gesetzesänderung in Kraft getretene Flächennutzungspläne und Satzungen, bei denen die Rügefrist für Fehler erst nach der Neufassung des BauGB abläuft. Die auf der Grundlage bisheriger Fassungen des BauGB bereits wirksamen oder übergeleiteten Flächennutzungspläne und Satzungen bleiben davon unberührt und gelten gemäß § 233 III BauGB fort. **1191**

Fortwirken können daher auch Bebauungspläne, die bereits vor In-Kraft-Treten des BBauG 1960 entstanden sind und nach den **damaligen Überleitungsvorschriften** auch unter Geltung des **BBauG 1960** zumeist als einfache Bebauungspläne fortgalten. Der Überleitung baurechtlicher Vorschriften und städtebaulicher Pläne gem. § 173 III BBauG 1960 steht dabei nicht entgegen, dass sie zur Zweckbestimmung der Baugebiete Begriffe verwenden, die offen sind für eine sich dem Wandel der Lebensverhältnisse anpassende Auslegung. Bei der Auslegung übergeleiteter Bebauungspläne kann die geltende BauNVO Anhaltspunkte für die Konkretisierung unbestimmter Rechtsbegriffe bieten, mit denen die Zweckbestimmung eines Baugebiets allgemein festgelegt wird. Auch die in übergeleiteten Bebauungsplänen festgesetzten Baugebiete müssen nach allgemeinen Merkmalen voneinander abgrenzbar sein. Das setzt bei der Bestimmung der in ihnen zulässigen Nutzungen durch Auslegung der Pläne eine typisierende Vorgehensweise und eine Differenzierung nach Nutzungsarten voraus. Der Auslegung eines übergeleiteten Bebauungsplans[2248] dahin, dass in dem festgesetzten Wohngebiet die Nutzung von Gebäuden zur vorübergehenden Unterbringung von Asylbewerbern allgemein zulässig ist, steht Bundesrecht nicht entgegen.[2249] Auch der Auslegung eines übergeleiteten Bebauungsplans dahin, dass in dem festgesetzten Wohngebiet auch eine Betriebskrankenkasse als kleinere, nicht zentrale Anlage der Verwaltung, ein Laden wie auch eine Arztpraxis zulässig sind, steht bundesrechtlich nichts entgegen.[2250] **1192**

Für **Abwägungsmängel** ordnete § 244 II BauGB 1993 – vergleichbar mit § 215 I BauGB – eine Rügenotwendigkeit als Voraussetzung für die Geltendmachung von Abwägungsfehlern des Flächennutzungsplans und des Bebauungsplans an. § 244 II BauGB bestimmte dazu, dass Mängel der Abwägung von Flächennutzungsplan oder Satzungen nach dem BauGB, die vor dem 1. 7. 1987 bekannt gemacht worden sind, unbeachtlich sind, wenn sie nicht bis zum 31. 6. 1994 schriftlich gegenüber der Gemeinde geltend gemacht wurden. Der Sachverhalt, der die Mängel begründen soll, war darzulegen. Bis **1193**

[2248] Hamburgischer Baustufenplan von 1952.
[2249] *BVerwG*, Urt. v. 17. 12. 1998 – 4 C 16.97 – BVerwGE 108, 190 = DVBl. 1999, 782 = DÖV 1999, 559 = NVwZ 1999, 981; Buchholz 406.11 § 233 Nr. 1 = BauR 1999, 603 = BBauBl. 1999, 81 = ZfBR 1999, 160.
[2250] *BVerwG*, Urt. v. 17. 12. 1998 – 4 C 9.98 – BauR 1999, 730 = Buchholz 406.11 § 233 Nr. 1; BauR 1999, 730 für einen hamburgischen Baustufenplans von 1953.

Ende 1987 hatte die Gemeinde durch ortsübliche Bekanntmachung auf die sich insoweit ergebende Änderung der Rechtslage hinzuweisen. Dabei war über die vorstehend genannten Voraussetzungen für die Geltendmachung von Mängeln der Abwägung und der Rechtsfolgen zu unterrichten. Die Vorschrift des § 244 II BauGB entsprach damit hinsichtlich der Geltendmachung von Fehlern bei der Abwägung dem § 215 I BauGB und erstreckte damit die Rügenotwendigkeit von Abwägungsmängeln verbunden mit einer Siebenjahresfrist auch auf alte Bebauungspläne, die vor dem In-Kraft-Treten des BauGB bekannt gemacht worden sind. Der Gesetzgeber wollte damit erreichen, dass hinsichtlich der Anforderungen an die Wirksamkeit der Bauleitplanung ein einheitliches Recht geschaffen wird und alte Bebauungspläne, bei denen man sich – einer „Anstandsregel" des *BVerwG* [2251] folgend – nicht ungefragt auf die Suche nach Verfahrensfehlern begeben soll, nicht strengeren Wirksamkeitsanforderungen unterliegen als neu aufgestellte Bauleitpläne. Soweit die Fehlerrüge sich auf gravierende Abwägungsmängel bezieht, gelten allerdings die bereits dargelegten Vorbehalte auch hier entsprechend. Wesentliche, die Grundkonzeption der Planung betreffende Abwägungsmängel müssen auch dann rechtliche Beachtung finden, wenn sie nicht gerügt worden sind.

1194 Mängel der Abwägung von Flächennutzungsplänen und Satzungen, die vor dem 1. 7. 1987 bekannt gemacht worden sind, sind Gegenstand der Sonderregelung des **§ 244 II BauGB 1986**.[2252] Derartige Mängel alter Pläne sind unbeachtlich, wenn sie nicht innerhalb von sieben Jahren nach dem 1. 7. 1987 schriftlich gegenüber der Gemeinde geltend gemacht worden sind. Diese Rechtsfolge trat kraft Gesetzes ein. Nach § 244 II 2 BauGB 1986 war auf diese Änderung der Rechtslage innerhalb von sechs Monaten nach dem 1. 7. 1987 durch ortsübliche Bekanntmachung in der Gemeinde hinzuweisen. Die Sieben-Jahres-Frist des § 244 II 1 BauGB begann indes unabhängig hiervon zu laufen. Die Bekanntmachung hatte anders als bei § 215 I BauGB rein deklaratorischen Charakter. Unterblieb sie oder wurde sie den bundesrechtlich angeordneten inhaltlichen Anforderungen nicht gerecht, so hinderte dies nicht den Ablauf der Sieben-Jahres-Frist.[2253]

6. Teil. Abwägungsgebot

1195 Nach **§ 1 VII BauGB** sind bei der Aufstellung der Bauleitpläne die öffentlichen und privaten Belange gegeneinander und untereinander gerecht abzuwägen.[2254] Das Abwägungsgebot steuert dabei die Bauleitplanung sowohl verfahrensrechtlich als auch inhalt-

---

[2251] *BVerwG*, Urt. v. 7. 9. 1979 – IV C 7.77 – BauR 1980, 40 = DVBl. 1980, 230 – Fehlersuche.
[2252] Die Vorschrift ist ab 1. 1. 1998 durch das BauROG aufgehoben worden.
[2253] *BVerwG*, B. v. 8. 5. 1995 – 4 NB 16.95 – Buchholz 406.11 § 244 BauGB Nr. 1; B. v. 25. 2. 1997 – 4 NB 40.96 – DVBl. 1997, 828 = NVwZ 1997, 893 – Vollerwerbslandwirt, mit Hinweis auf *Deutscher Bundestag*, Ausschussbericht vom 15. 10. 1986, BTDrucks 10/6166, S. 166.
[2254] *Blumenberg* DVBl. 1989, 86; *Böttcher* Umweltverträglichkeitsprüfung und planerische Abwägung in der wasserrechtlichen Fachplanung 1983; *Dreier* Die normative Steuerung der planerischen Abwägung 1995; *Erbguth* DVBl. 1986, 1230; *ders.* NuR 1992, 262; *Funke* DVBl. 1987, 511; *Gassner* DVBl. 1984, 703; *ders.* UPR 1993, 241; *Heinze* NVwZ 1986, 87; *ders.* NVwZ 1989, 121; *Hoppe* DVBl. 1964, 165; *ders.* BauR 1970, 15; *ders.* DVBl. 1994, 1030; *Hoppe* in: *Hoppe/Bönker/Grotefels* ÖffBauR § 7; *Ibler* JuS 1990, 7; *ders.* DVBl. 1988, 469; *Jäde* BayVBl. 1985, 577; *Jochum* Amtshaftung bei Abwägungs- und Prognosefehlern in der Bauleitplanung 1994; *Just* Ermittlung und Einstellung von Belangen bei der planerischen Abwägung 1996; *Koch* DVBl. 1983, 1125; *ders.* DVBl. 1989, 399; *Korbmacher* DÖV 1982, 517; *Ladeur* UPR 1984, 1; *ders.* UPR 1985, 149; *ders.* NuR 1986, 132; *Middelberg* NdsVBl. 1995, 106; *Pfeifer* DVBl. 1989, 337; *Ramsauer* DÖV 1981, 37; *Ritter* NVwZ 1984, 609; *Ronellenfitsch* DAR 1995, 271; *Schlink* Abwägung im Verfassungsrecht 1976; *Schmidt-Aßmann* Die Berücksichtigung situationsbestimmter Abwägungselemente in der Bauleitplanung 1981; *Schulze-Fielitz* Jura 1992, 201; *Schwerdtfeger* JuS 1983, 270; *Sendler* UPR 1995, 41; *Sieg* ZUR 1994, 84; *Söfker* ZfBR 1979, 11; *Stüer* DVBl. 1977, 1; *ders.* NuR 1981, 149; *ders.* DVBl. 1995, 912; *ders.* DVBl. 1997, 1201; *Stühler* VBlBW 1986, 122; *Weidemann* DVBl. 1994, 263; *Weyreuther* DÖV 1977, 419; *Wienke* BayVBl. 1981, 298.

I. Verfassungsrechtliche Grundlagen

Die Beachtung der Grundsätze des Abwägungsgebotes ist das Kennzeichen jeder rechtsstaatlichen Planung. Sie sind daher als Ausfluss des **Rechtsstaatsgebotes** in Art. 20 III GG nicht nur für die Bauleitplanung, sondern auch für jede andere staatliche Planung verbindlich.[2255] Die Planung als öffentlich-rechtliche Handlungsform ist durch Besonderheiten gekennzeichnet, die sich von anderen Formen des Verwaltungshandelns unterscheiden. Planung setzt einen Gestaltungs- und Bewertungsfreiraum voraus, ohne den die autonome Entscheidung nicht auskommen kann.[2256] Zugleich greifen staatliche Planungsmaßnahmen in vielfältiger Hinsicht in private und öffentliche Interessen und Belange ein. Vor allem hat die rechtsstaatlichen Grundsätzen genügende Bauleitplanung auch die Kraft, auf der Grundlage entsprechender Gesetze privates Eigentum neu zu bewerten und ggf. auch in verfassungsrechtlich geschützte Rechte einzugreifen. In der Bauleitplanung konkretisiert sich daher die dem Gesetzgeber zukommende Inhalts- und Schrankenbestimmung in Art. 14 I 2 GG, die in der gemeindlichen Planungsentscheidung ihre Umsetzung findet. Bauleitplanung kann auch die Grundlage für eine Enteignung nach Art. 14 III GG sein. Wegen dieser Eingriffs-, Gestaltungs- und Bewertungsbefugnisse bedarf die Bauleitplanung wie jede andere staatliche Planung einer besonderen verfassungsrechtlichen **Legitimation**, die durch das Abwägungsgebot vermittelt wird. Nur bei Beachtung der Grundsätze, die sich aus dem Abwägungsgebot ergeben, hat die Planungsentscheidung der Gemeinde die Kraft zu dieser Neugestaltung. Werden die sich aus dem Abwägungsgebot ergebenden Grundsätze nicht beachtet, ist die Gemeinde auch nicht legitimiert, durch die Bauleitplanung in konkrete Eigentumspositionen einzugreifen und eine ihren Vorstellungen entsprechende Neubewertung vorzunehmen. Das Eigentum hat daher in der Abwägung eine herausgehobene Stellung. Die Planung trägt dabei ihre Rechtfertigung nicht in sich selbst, sondern bedarf zu ihrer Legitimation besonderer Gründe, die es rechtfertigen, andere Belange zurücktreten zu lassen.[2257]

II. Struktur der Normen des Planungsrechts

Der Gesetzgeber trägt diesen Besonderheiten dadurch Rechnung, dass er für die Normen des Planungsrechts eine **besondere Struktur** gewählt hat. Außerdem gibt der Gesetzgeber den planenden Gemeinden (allgemeine) **Planungsziele**, durch Abwägung nicht überwindbare **Planungsleitsätze** (Beachtensgebote) und durch Abwägung überwindbare **Planungsleitlinien** (Berücksichtigungsgebote), **Optimierungs-, Vermeidungs-, Minimierungs- und Schonungsgebote** an die Hand.

1. Konditional- und Finalprogramme

Die Rechtsnormen des Planungsrechts berücksichtigen die eigenverantwortlichen Entscheidungsbefugnisse der Gemeinde dadurch, dass sie zumeist final programmiert sind, also (nur) die Zweckrichtung angeben, ohne jedoch das Ergebnis des gemeindlichen Planungsprozesses inhaltlich exakt vorzuschreiben **(Finalprogramm)**. Die sonst üblichen nach dem „Wenn-dann-Schema" gefassten, konditional programmierten Rechtsnormen

---

[2255] *BVerwG*, Urt. v. 12. 12. 1969 – IV C 105.66 – BVerwGE 34, 301 = *Hoppe/Stüer* RzB Rdn. 23 – Abwägung; Urt. v. 14. 2. 1975 – IV C 21.74 – BVerwGE 48, 56 = *Hoppe/Stüer* RzB Rdn. 50 – B 42; Urt. v. 22. 3. 1985 – 4 C 63.80 – BVerwGE 71, 150 = *Hoppe/Stüer* RzB Rdn. 145 – Roter Hang.
[2256] *Stüer* DVBl. 1974, 314.
[2257] *BVerwG*, Urt. v. 14. 2. 1975 – IV C 21.74 – BVerwGE 48, 56 = *Hoppe/Stüer* RzB Rdn. 50 – B 42; Urt. v. 20. 8. 1982 – 4 C 81.79 – BVerwGE 66, 133 = *Hoppe/Stüer* RzB Rdn. 51 – Trinkwasserversorgung.

binden den Rechtsanwender demgegenüber an einen Rechtssatz, unter den der jeweilige Sachverhalt zu subsumieren ist (**Konditionalprogramm**). Erfüllt der Sachverhalt die Tatbestandsmerkmale der Norm, ergibt sich die vom Gesetzgeber angeordnete Rechtsfolge sozusagen automatisch. Durch die Aufnahme von unbestimmten Rechtsbegriffen und Einräumung von Beurteilungsspielräumen auf der Tatbestandsseite oder Ermessensentscheidungen auf der Rechtsfolgenseite kann der tatsächliche Anwendungsbereich der Konditionalprogramme zwar erweitert werden. Die grundsätzliche Programmierung der Verwaltungsentscheidung wird jedoch dadurch nicht aufgehoben.[2258] Die Normen des Planungsrechts sind demgegenüber durchweg final in dem Sinne programmiert, dass zwar das zu erreichende Ziel allgemein festgelegt wird, der Weg der Zielerfüllung demgegenüber der eigenverantwortlichen Planungsentscheidung überlassen wird. Die Gemeinden werden allerdings in der Bauleitplanung nicht allein gelassen. Der Gesetzgeber hat nicht nur etwa in § 1 V und VI BauGB Planungsgrundsätze, Planungsziele und Planungsleitlinien vorgegeben. Er begleitet die Gemeinden auch durch zahlreiche verfahrensrechtliche Vorschriften auf dem Weg, die abstrakten gesetzlichen Zielvorstellungen mit Leben zu erfüllen. Vor allem aber steuern die Grundsätze des Abwägungsgebotes den gemeindlichen Planungsprozess und geben ihm Struktur und Gestalt – ein Umstand, der vor allem in der gerichtlichen Kontrolle der Bauleitplanung Bedeutung gewinnt.

2. Planungsziele, Planungsleitsätze, Planungsleitlinien, Optimierungs-, Schonungs- und Kompensationsgebote

1199 Die Bauleitpläne sollen eine nachhaltige städtebauliche Entwicklung, die die sozialen, wirtschaftlichen und umweltschützenden Anforderungen auch in Verantwortung gegenüber künftigen Generationen miteinander in Einklang bringt, und eine dem Wohl der Allgemeinheit dienende sozialgerechte Bodennutzung gewährleisten. Sie sollen dazu beitragen, eine menschenwürdige Umwelt zu sichern und die natürlichen Lebensgrundlagen zu schützen und zu entwickeln, auch in Verantwortung für den allgemeinen Klimaschutz, sowie die städtebauliche Gestalt und das Orts- und Landschaftsbild baukulturell zu erhalten und zu entwickeln (§ 1 V BauGB). Der Begriff der „geordneten" städtebaulichen Entwicklung ist bereits durch das BauROG 1998 durch den Begriff „nachhaltige" städtebauliche Entwicklung ersetzt worden. Dadurch soll ähnlich wie im Umweltrecht durch den Begriff „nachhaltige Entwicklung" („sustainable development") die Bedeutung und Querschnittsfunktion und die Langzeitwirkung der städtebaulichen Planung zum Ausdruck gebracht werden. Die allgemeinen **Ziele** der Bauleitplanung werden in § 1 VI BauGB durch verschiedene **Planungsleitlinien (Berücksichtigungsgebote)** ergänzt.[2259] So soll die Bauleitplanung die allgemeinen Anforderungen an gesunde Wohn- und Arbeitsverhältnisse, die sozialen und kulturellen Bedürfnisse der Bevölkerung, die Erhaltung, Erneuerung und Fortentwicklung vorhandener Ortsteile sowie die Gestaltung des Orts- und Landschaftsbildes, den Denkmalschutz, Belange des Umweltschutzes, des Naturschutzes und der Landschaftspflege, der Wirtschaft, Landwirtschaft, Abfallentsorgung, Abwasserbeseitigung oder auch der Verteidigung berücksichtigen. Nach § 1a II 1 BauGB soll mit Grund und Boden sparsam und schonend umgegangen werden. Dabei sind Bodenversiegelungen auf da notwendige Maß zu begrenzen. Der Appell zu einem sparsamen Umgang mit Grund und Boden steht im Zusammenhang mit der Planungsleitlinie in § 1 VI Nr. 2 BauGB, wonach die Eigentumsbildung weiter Kreise der Bevölkerung insbesondere durch die Förderung des Kosten sparenden Bauens verstärkt werden soll. Die Planungsleitlinien und Planungsgrundsätze konkretisieren die allgemeinen Planungsziele, die durch den Gesetzgeber näher ausgestaltet und der planenden Gemeinde für die Aufstellung der Bauleitpläne an die Hand gegeben werden. Die Aufzählung der Planungsleitlinien und Planungsgrundsätze ist nicht abschließend. Zudem bedarf es einer

---

[2258] *Krautzberger* in: Battis/Krautzberger/Löhr § 1 Rdn. 88.
[2259] Zur Terminologie *Hoppe* in: Hoppe/Bönker/Grotefels § 7 Rdn. 25, 102.

Konkretisierung im Einzelfall, welchem der Belange jeweils der Vorrang einzuräumen ist. Die Planungsziele in § 1 V 1 BauGB enthalten dabei übergeordnete, allgemeine Leitbegriffe, die durch die in § 1 VI BauGB niedergelegten Planungsleitlinien und Planungsgrundsätze näher konkretisiert werden.

Von diesen durch Abwägung ausformbaren und überwindbaren Planungszielen und Planungsleitlinien unterscheidet das *BVerwG* die **Planungsleitsätze (Beachtensregelungen)**, die für die Planung vorgegeben sind und durch Abwägung nicht überwunden werden können. Einen gesetzlichen Planungsleitsatz enthalten danach nur diejenigen Vorschriften, die bei der Planung strikte Beachtung verlangen und deswegen nicht durch planerische Abwägung überwunden werden können.[2260] Der Planungsleitsatz ist daher sozusagen mit einer **roten Ampel** vergleichbar, die der Autofahrer strikt beachten muss und die nicht durch Abwägung überwinden kann. Als Beispiel für einen Planungsleitsatz benennt das *BVerwG* etwa **§ 1 III 1 FStrG**, der zwingend vorschreibt, dass Bundesautobahnen keine höhengleichen Kreuzungen haben dürfen. Ein derartiger Leitsatz eröffnet dem Planer keinerlei Gestaltungsfreiraum. Er kann durch planerische Abwägung daher nicht überwunden werden. Seine Verletzung führt ohne weiteres zur Rechtswidrigkeit der Planung. In diesem Sinne enthält auch § 1 IV BauGB einen zwingenden Planungsleitsatz, da er strikt fordert, dass die Bauleitpläne den **Zielen der Raumordnung** anzupassen sind.[2261] Allerdings gilt dieses Anpassungsgebot nur für Ziele der Raumordnung, nicht für Grundsätze. Zudem lassen die Ziele der Raumordnung nicht einen Abwägungsspielraum hinsichtlich der weiteren Konkretisierung der Planung auf der Ebene des Flächennutzungsplans und des Bebauungsplans. Die planerische Abwägung der privaten und öffentlichen Belange erlaubt der Gemeinde nicht, sich über **zwingendes Recht** hinwegzusetzen und dessen Vorgaben „wegzuwägen".[2262] **Strikte Beachtung** verdienen die Bindungen, die sich aus dem Festsetzungskatalog des § 9 BauGB oder aus § 1 III BauGB ableiten lassen.[2263] Auch aus dem **Fachrecht** können sich für die Bauleitplanung nicht durch Abwägung überwindbare Barrieren ergeben. Ob und in welchem Umfang ein solcher Vorrang des Fachrechts besteht, ist den jeweiligen fachrechtlichen Regelungen zu entnehmen.

Von diesen Planungsleitsätzen sind Normen zu unterscheiden, die lediglich eine Berücksichtigung im Rahmen der Bauleitplanung verlangen und durch Abwägung überwindbar sind **(Berücksichtigungsregelungen)**. Es sind dies Regelungen, die ihrem Inhalt nach selbst nicht mehr als eine Zielvorgabe für den Planer enthalten und erkennen lassen, dass diese Zielsetzungen bei der öffentlichen Planung im Konflikt mit anderen Zielen ganz oder zumindest teilweise zurücktreten können. Innerhalb dieser abwägungsunterworfenen Regelungen sind die einfachen Berücksichtigungsgebote und die Optimierungsgebote zu unterscheiden. **Berücksichtigungsgebote** fordern nur eine einfache Berücksichtigung im Wege der Abwägung in dem Sinne, dass die Belange mit dem ihnen zukommenden Gewicht in die Abwägung einzustellen und dort gegen andere ebenfalls zu berücksichtigende Belange abzuwägen sind. „Die Verwirklichung der geltend gemachten Stellungnahmen hat sich bedauerlicherweise nicht einrichten lassen", lautet vielfach die Mitteilung der planenden Gemeinde an den Einwendungsführer, und es wird, wenn alles gut geht, auch noch eine große Krokodilsträne vergossen. **Optimierungsgebote** nehmen eine Art Mittelposition zwischen Planungsleitsätzen und Berücksichtigungsgeboten ein. Optimierungsgebote verlangen keine strikte Beachtung, wohl aber eine qualifizierte,

---

[2260] *BVerwG*, Urt. v. 22. 3. 1985 – 4 C 73.82 – BVerwGE 71, 163 = DVBl. 1985, 899.
[2261] Zur Raumordnung s. Rdn. 215.
[2262] *BVerwG*, Urt. v. 4. 3. 1999 – 4 C 8.98 – NVwZ 1999, 1336 = ZfBR 1999, 228 = UPR 1999, 273; nach dieser Entscheidung unterliegt die Zweckmäßigkeit der Begrenzung des Sanierungsgebiets der Abwägung mit der Fehlerfolge nach § 215 I Nr. 2 BauGB.
[2263] *BVerwG*, B. v. 11. 5. 1999 – 4 BN 15.99 – DVBl. 1999, 1293 = UPR 1999, 352 = ZfBR 1999, 279.

möglichst weitgehende Berücksichtigung.²²⁶⁴ Sie gehören daher nicht zu den Planungsleitsätzen und unterscheiden sich von den einfachen Berücksichtigungsgeboten durch eine qualifizierte Berücksichtigung einzelner Zielsetzungen und Interessen.

1202   Das *BVerwG* bezeichnet etwa den **immissionsschutzrechtlichen Planungsgrundsatz in § 50 BImSchG**, wonach schädliche Umwelteinwirkungen so weit wie möglich vermieden werden sollen, als Optimierungsgebot, weil die Vorschrift eine möglichst weitgehende Berücksichtigung von Belangen des Umweltschutzes in der Planung verlangt.²²⁶⁵ Vielfach handelt es sich dabei aber um **Schonungsgebote**, die auf eine Vermeidung, Verminderung oder Kompensation ausgerichtet sind. So enthält etwa die naturschutzrechtliche Eingriffsregelung in §§ 18–20 BNatSchG ein Schonungs- und Kompensationsgebot. Eingriffe, die zu unvermeidbaren Beeinträchtigungen führen, hat das *BVerwG* zunächst nicht als der Planung strikt vorgegebenen,²²⁶⁶ sondern als ein durch Planung überwindbares Optimierungsgebot²²⁶⁷ angesehen. In der Sache handelt es sich aber um ein Schonungs- und Kompensationsgebot, das mit einer entsprechenden Prüfungsfolge der Vermeidung, Minimierung, des Ausgleichs oder der Kompensation in sonstiger Weise verbunden ist. Ebenso wird das in **§ 41 I BImSchG** enthaltene Gebot, beim Bau oder der wesentlichen Änderung öffentlicher Straßen unbeschadet des Vorrangs des § 50 BImSchG sicherzustellen, dass keine schädlichen Umwelteinwirkungen durch Verkehrsgeräusche hervorgerufen werden, die nach dem Stand der Technik vermeidbar sind, vom *BVerwG* als Optimierungsgebot bezeichnet.²²⁶⁸ In der Sache handelt es sich aber auch hier ebenso wie bei der **Bodenschutzklausel in § 1a II 1 BauGB**, wonach mit Grund und Boden sparsam und schonend umgegangen werden soll und Bodenversiegelungen auf das notwendige Maß zu begrenzen sind, um ein Schonungsgebot.²²⁶⁹ Ebenso wird das in § 124 I BBergG²²⁷⁰ enthaltene Gebot, bei der Errichtung von öffentlichen Verkehrsanlagen auf die Belange des Bergbaus weitgehend Rücksicht zu nehmen, vom *BVerwG* als Optimierungsgebot verstanden.²²⁷¹ Dasselbe galt für den bis zum 31. 12. 1997 in § 1 I BauGB-MaßnG enthaltenen Grundsatz, wonach bei der Aufstellung, Änderung, Ergänzung und Aufhebung von Bauleitplänen nach dem BauGB einem **dringenden Wohnbedarf** der Bevölkerung besonders Rechnung getragen werden soll. Die letztgenannte Vorschrift ist allerdings durch das BauROG 1998 aufgehoben worden.

1203   Mit dem Begriff des **Optimierungsgebots** wird traditionell eine Planung verbunden, die aus den einfachen Berücksichtigungsgeboten dadurch hervorgehoben ist, dass der Gesetzgeber der planenden Gemeinde eine bestimmte Wertentscheidung mit auf den Weg gibt. Die in einer Optimierungsklausel enthaltenen Belange stehen sozusagen bei

---

²²⁶⁴ Grundlegend *Hoppe* DVBl. 1992, 853, mit Hinweis auf den Unterschied zwischen der durch Abwägung nicht überwindbaren Regel und dem der Abwägung zugänglichen Prinzip; vgl. auch *Bartlsperger* DVBl. 1996, 1; *Alexy* Rechtstheorie 1979 (Beiheft 1), 59, 76.
²²⁶⁵ *BVerwG*, Urt. v. 22. 3. 1985 – 4 C 15.83 – BVerwGE 71, 163 = *Hoppe/Stüer* RzB Rdn. 87 – B 16. Zum Abwägungsspielraum *BVerwG*, Urt. v. 28. 1. 1999 – 4 CN 5.98 – UPR 1999, 268 = ZfBR 1999, 219.
²²⁶⁶ So aber *BVerwG*, B. v. 3. 10. 1992 – 4 A 4.92 – NVwZ 1993, 565 = *Hoppe/Stüer* RzB Rdn. 1054.
²²⁶⁷ *BVerwG*, B. v. 12. 6. 1990 – 7 B 72.90 – DVBl. 1990, 1185 = *Hoppe/Stüer* RzB Rdn. 380.
²²⁶⁸ *BVerwG* B. v. 13. 7. 1989 – 4 NB 20.89 – *Hoppe/Stüer* RzB Rdn. 86.
²²⁶⁹ Zum Bodenschutz vgl. das BBodSchG sowie *Battis* in: Battis/Krautzberger/Löhr, Rdn. 5 zu § 1a BauGB; *Book* Bodenschutz durch räumliche Planung 1986; *Bückmann/Dreißigacker/Elevelt/Gerner/Lee/Mackensen/Maier*, Bodenschutz in der europäischen Gemeinschaft, Umwelt und Siedlung 1994; *Dombert* PHI 1993, 92; *Erbguth* UPR 1984, 241; *Erbguth/Rapsch* NuR 1990, 443; *Hahn* Bodenschutz 1993; *Kauch* Bodenschutz aus bundesrechtlicher Sicht 1993; *dies.* DVBl. 1993, 1033; *Lüers* ZfBR 1997, 231; *Peine* NuR 1992, 353; *Schlabach* Das neue Bodenschutzgesetz von Baden-Württemberg 1992; *Schink* ZfBR 1995, 178; *Sendler* UPR 1995, 44; *Storm* DVBl. 1985, 317; *Wagner* UPR 1997, 387.
²²⁷⁰ Abgedruckt bei *Stüer*, Bau- und Fachplanungsgesetze 1999, S. 517.
²²⁷¹ *BVerwG*, Urt. v. 14. 10. 1996 – 4 A 35.96 – Buchholz 407.4 § 17 FStrG Nr. 123 – A 38 Halle-Leipzig.

der Abwägung in der ersten Reihe. Sie sind zwar im Gegensatz zu den Planungsleitsätzen durch Abwägung überwindbar, haben aber einen relativen Vorrang in dem Sinne, dass diese Belange nach der gesetzgeberischen Wertentscheidung eine nach der Lage des jeweiligen Einzelfalls **vorrangige Berücksichtigung** verlangen. Die prinzipiell gleichrangigen Belange wandeln sich durch das Optimierungsgebot in relativ vorrangige Belange. Der **Vorrang** ist dabei nicht absolut,[2272] sondern nur **relativ** und abhängig von den jeweiligen Einzelfallumständen und damit auch der gemeindlichen Bewertung zugänglich. Der Vorrang ist auch nicht abstrakt in dem Sinne, dass dem in einem Optimierungsgebot angesprochenen Belang ein abstrakter Vorrang gegenüber anderen Belangen zukäme. Vorschriften, die – wie etwa §§ 1, 2 BNatSchG oder § 50 BImSchG – anordnen, dass bei einer Abwägung bestimmte Belange möglichst weitgehend berücksichtigt werden sollen, gestatten keine Schlüsse darauf, wie genau jeweils der Belang im Einzelfall ermittelt und mit welchem Gewicht er in die konkrete Abwägungsentscheidung eingestellt werden muss. Je größeres Gewicht der Belang im Verhältnis zu anderen Belangen allerdings für die jeweilige Entscheidung hat, umso stärker muss er durch möglichst genaues Abwägungsmaterial in den Einzelheiten erfasst werden (§ 2 III BauGB).[2273]

Der einzelne Grundstückseigentümer hat allerdings keinen Rechtsanspruch auf eine **optimale Planung**, sondern nur auf eine Planung, die dem Abwägungsgebot entspricht. Auch muss der Bebauungsplan dem Grundstückseigentümer nicht die Möglichkeit bieten, sein Interesse an der baulichen Nutzung des Grundstücks optimal zu verwirklichen.[2274] Das Abwägungsgebot verlangt lediglich eine gerechte Abwägung der öffentlichen und privaten Belange. Auch können nicht alle in § 1 V, VI BauGB aufgeführten Belange als Optimierungsgebote verstanden werden, wenn der Gesetzgeber ihnen nicht ausdrücklich einen relativen Vorrang einräumt.[2275] Die danach in der Abwägung zu berücksichtigenden Belange sind weder abschließend noch haben sie in der Zusammenstellung der Belange und deren Gewichtung einen abstrakten Vorrang. Die dort erwähnten Belange stehen vielmehr prinzipiell auf einer Ebene und sind daher in der Abwägung überwindbar.[2276] Auch ein relativer, abstrakt zu bestimmender Vorrang besteht bei solchen Belangen nicht.

Optimierungsgebote verleihen bestimmten Belangen im traditionellen Verständnis in der Abwägung allerdings ein besonderes **Gewicht** und bewirken, dass der Plangeber sich mit diesen Belangen qualifiziert auseinander setzen muss. Es könnte einiges dafür sprechen, die Überwindung solcher Belange von dem Vorliegen besonderer städtebaulicher Gründe abhängig zu machen, die anderen Belangen dadurch ein besonderes (Gegen-)Gewicht verleihen.[2277] Wollte man die Optimierungsgebote als absolut vorrangig bezeichnen, würden die durch sie gesicherten Belange weitgehend durch Abwägung nicht mehr überwindbar sein. Auch würden sich die Optimierungsgebote dann kaum noch von Planungsleitsätzen unterscheiden, die einen solchen absoluten Vorrang für sich in Anspruch nehmen. Zudem bestünde die Gefahr, dass die Optimierungsgebote die aus der Eigentumsgarantie in Art. 14 GG ableitbare potenzielle Baufreiheit und die in Art. 28 II GG gesicherte gemeindliche Bauleitplanung zu stark einschränken würden.[2278]

[2272] *Hoppe* DVBl. 1992, 853.
[2273] *BVerwG*, B. v. 27. 1. 1989 – 4 B 201.88 – *Hoppe/Stüer* RzB Rdn. 32; kritisch *Bartlsperger* DVBl. 1996, 1.
[2274] *BVerwG*, B. v. 28. 6. 1993 – 4 NB 19.93 – *Hoppe/Stüer* RzB Rdn. 37; B. v. 7. 4. 1997 – 4 B 64.97 – NVwZ-RR 1997, 515 = BauR 1997, 595 – Ausfertigungsmangel.
[2275] *BVerwG*, Urt. v. 1. 11. 1974 – 4 C 38.71 – BVerwGE 47, 144.
[2276] *BVerwG*, B. v. 5. 4. 1993 – 4 NB 3.91 – BVerwGE 92, 231 = *Hoppe/Stüer* RzB Rdn. 166 – Meerbusch.
[2277] *BVerwG*, B. v. 5. 4. 1993 – 4 NB 3.91 – BVerwGE 92, 231 = *Hoppe/Stüer* RzB Rdn. 166 – Meerbusch.
[2278] Auf diese Bedenken weist auch *Hoppe* DVBl. 1992, 853 hin; *ders.* DVBl. 1996, 12; kritisch auch *Bartlsperger* DVBl. 1996, 1.

Beispiel: Die Gemeinde plant, auf einer bisher landwirtschaftlich genutzten Freifläche ein neues Wohngebiet zu erschließen. Wegen der großen Nachfrage sind freistehende Einzel- und Doppelhäuser vorgesehen. Würde man die in § 1a II 1 BauGB enthaltene Bodenschutzklausel, wonach mit Grund und Boden sparsam und schonend umgegangen werden soll und Bodenversiegelungen auf das notwendige Maß zu begrenzen sind, als absolut vorrangige Regelung begreifen, so wäre die gemeindliche Planung rechtswidrig, wenn dem Wohnbedarf auch durch Platz sparenderen Geschosswohnungsbau Rechnung getragen werden könnte. Die Bodenschutzklausel will hier zwar sicherstellen, dass der sparsame Umgang mit Grund und Boden bei der Bauleitplanung besonders berücksichtigt wird, nicht jedoch einen absoluten Vorrang für sich in Anspruch nehmen.[2279] Die Optimierung erfolgt immer nur vor dem Hintergrund der jeweiligen städtebaulichen Ziele.

1206 Es spricht daher einiges dafür, die Regelungen, die traditionell als Optimierungsgebote verstanden worden sind, als **Schonungs- und Kompensationsgebot**[2280] zu bezeichnen, die in der Ausgleichsentscheidung ein zusätzliches Prüfprogramm auslösen. Das gilt insbesondere für die naturschutzrechtliche Eingriffsregelung aber auch die umweltschützenden Belange. Derartige Belange können daher in der Abwägung nicht einfach zurückgestellt und sozusagen weggewogen werden, wie dies der traditionellen Auffassung des Vor- und Zurückstellens von Belangen entsprechen würde. Vielmehr muss in der Ausgleichsentscheidung durch einen weiteren Verfahrensschritt geprüft werden, ob durch Kompensationsregelungen eine angemessene Berücksichtigung der in der Abwägung zurückzustellenden Belange geleistet werden kann.

1207 Nicht alle Belange, die von der Gemeinde objektiv-rechtlich zu beachten sind, weisen auch **subjektive Schutzelemente** auf. So kann etwa ein regionales Raumordnungsprogramm nicht ein abwägungsrelevantes, schützenswertes Interesse der Bürger an der Beibehaltung des derzeitigen Zustandes begründen. Insbesondere können Planaussagen eines regionalen Raumordnungsprogramms nicht im Rahmen der nach § 1 VII BauGB gebotenen Abwägung als eigene Belange geltend gemacht und die planende Gemeinde nicht darauf festgelegt werden, ihre Planungen an den landesplanerischen Vorgaben auszurichten. Die Ziele der Raumordnung begründen zwar nach den §§ 4, 5 ROG und § 1 IV BauGB Beachtens- und Anpassungspflichten der in diesen Vorschriften bezeichneten Stellen. Der Einzelne kann aus ihnen aber für sich keine Rechte herleiten.[2281] Auch wirtschaftliche Konkurrenz mag i. S. einer objektiven Bewertung abwägungsbeachtlich sein. Subjektive Abwehrrechte begründen Konkurrenzgesichtspunkte nicht.[2282] Denn sie sind i. S. subjektiver Rechte nicht schutzwürdig.[2283]

III. Planungsleitlinien gem. § 1 V, VI BauGB

1208 Die verschiedenen Planungsleitlinien in § 1 V BauGB, mit denen die in § 1 VI BauGB enthaltenen Planungsziele näher konkretisiert werden, geben auf einer immer noch recht abstrakten Ebene zu berücksichtigende Belange für die Bauleitplanung vor. Nicht selten bestehen innerhalb des Katalogs der einzelnen Planungsleitlinien sachliche Überschneidungen.[2284] Auch enthält sich der Gesetzgeber – im Gegensatz zu den als Optimierungsgeboten ausgestalteten Regeln – bei den Planungsleitlinien einer **Vorrangregelung** für bestimmte Belange.[2285] Der Ausgleich zwischen den unterschiedlichen Belangen hat vielmehr aufgrund einer abwägenden Entscheidung der planenden Gemeinde im Einzelfall

---

[2279] *BVerwG*, Urt. v. 22. 3. 1985 – 4 C 73.82 – BVerwGE 71, 163 = DVBl. 1985, 899 – B 16.
[2280] S. Rdn. 1387.
[2281] *BVerwG*, B. v. 24. 4. 1992 – 4 NB 36.91 – *Hoppe/Stüer* RzB Rdn. 36 – Regionales Raumordnungsprogramm; B. v. 30. 8. 1994 – 4 NB 31.94 – Buchholz 406.11 § 1 BauGB Nr. 77.
[2282] *BVerwG*, B. v. 26. 2. 1997 – 4 NB 5.97 – NVwZ 1997, 683 – Konkurrenzschutz.
[2283] *BVerwG*, B. v. 16. 1. 1990 – 4 NB 1.90 – NVwZ 1990, 1866 = *Hoppe/Stüer* RzB Rdn. 1328 – Einzelhandel.
[2284] *Gaentzsch* in: Berliner Kommentar § 1 Rdn. 47.
[2285] Zur Raumordnung und Landesplanung *BVerwG*, B. v. 20. 8. 1992 – 4 NB 20.91 – BVerwGE 90, 329 = DVBl. 1992, 1438 = ZfBR 1992, 280.

zu erfolgen.[2286] Nach ständiger Rechtsprechung des *BVerwG* [2287] handelt es sich bei den in § 1 VI BauGB verwendeten Begriffen um sog. unbestimmte Rechtsbegriffe, die sowohl in ihrer Auslegung als auch in ihrer Anwendung einer **uneingeschränkten Kontrolle** der höheren Verwaltungsbehörde im Genehmigungsverfahren nach § 10 II BauGB und im Gerichtsverfahren unterliegen. Die Ansicht der planenden Gemeinde etwa darüber, was zu den Belangen der Wirtschaft (§ 1 VI Nr. 8 a BauGB) gehört, und ebenso ihre Ansicht, dass eine bestimmte Planung diesen Bedürfnissen diene, genießt nach Auffassung des *BVerwG* keinerlei Vorzug oder Schutz. Von irgendwelchen „Beurteilungsspielräumen" zu Gunsten der Gemeinde könne daher in diesem Zusammenhang keine Rede sein. Im Unterschied zur Auslegung und Anwendung der Planungsleitlinien gewährt das *BVerwG* der planenden Gemeinde bei der Zusammenstellung der Belange und der Bewertung und dem Ausgleich der Belange im Rahmen der planerischen **Abwägung Freiräume**, die nur einer eingeschränkten gerichtlichen Kontrolle zugänglich sind. In der Praxis der Bauleitplanung wird dieser Unterschied zwischen den gerichtlich voll kontrollierbaren Planungsleitlinien und den nur eingeschränkt kontrollierbaren Grundsätzen des Abwägungsgebotes allerdings nicht immer streng durchgehalten.

Hinweis: Die Gemeinden dürfen auch wirtschafts- und arbeitsmarktpolitische Ziele verfolgen, wenn sie mit den ihnen nach dem Gesetz zu Gebote stehenden städtebaulichen Instrumenten, insbesondere mit einer städtebaulichen Entwicklungsmaßnahme und Bebauungsplänen, die Bodennutzung regeln und aktiv steuern. Die Annahme der planenden Gemeinde, man werde über die Bauleitplanung auch Arbeitsplätze schaffen können, ist nur in einem beschränkten Umfang gerichtlich kontrollierbar.[2288]

§ 1 V BauGB enthält die **allgemeinen Aufgaben** und **Ziele** der **Bauleitplanung**. Sie geben den aus Art. 14 GG gebotenen Rahmen, der die planende Gemeinde bindet. Deutlicher hervorgehoben wird, was „nachhaltige" städtebauliche Entwicklung bedeutet durch die Ergänzung, dass die sozialen, wirtschaftlichen und umweltschützenden Anforderungen auch in Verantwortung gegenüber künftigen Generationen miteinander in Einklang zu bringen sind. Damit betont der Gesetzgeber, dass mit den Ressourcen sorgsam umzugehen ist. In die planerischen Überlegungen einzubeziehen ist – über die Bodenschutzklausel (§ 1a II 1 BauGB) und die Frage, welche Fläche für welche Nutzung vorgesehen wird, hinaus – auch, welche Entwicklungen ausgelöst werden, welcher Spielraum für künftige Veränderungen und Ansprüche bleibt.[2289] Mit der formalen Gleichstellung aller Belange betont der Gesetzgeber, dass die Belange im Grundsatz gleichwertig und gleichgewichtig sind. Eine unterschiedliche Bewertung und das konkrete Gewicht ergibt sich erst aus den Umständen des jeweiligen Planungsfalls. Der Katalog in § 1 VI BauGB ist nicht abschließend.

1. Allgemeine Anforderungen an gesunde Wohn- und Arbeitsverhältnisse

Nach § 1 VI Nr. 1 BauGB sind bei der Aufstellung der Bauleitpläne insbesondere die allgemeinen Anforderungen an gesunde Wohn- und Arbeitsverhältnisse und die Sicherheit der Wohn- und Arbeitsbevölkerung zu berücksichtigen. Mit dieser zentralen Planungsleitlinie soll erreicht werden, dass bei der Bauleitplanung keine städtebaulich bedenklichen **Spannungen** zwischen **Wohnen und Gewerbe** auftreten und vorhandene Nutzungskonflikte i. S. des **Verbesserungsgebotes** nach Möglichkeit entschärft werden.[2290] Die Vor-

---

[2286] So zu § 1 IV und V BBauG 1960 *BVerwG*, Urt. v. 12. 12. 1969 – IV C 105.66 – BVerwGE 34, 301 = *Hoppe/Stüer* RzB Rdn. 23.
[2287] *BVerwG*, Urt. v. 12. 12. 1969 – IV C 105.66 – BVerwGE 34, 301 = *Hoppe/Stüer* RzB Rdn. 23; Urt. v. 5. 7. 1974 – IV C 50.72 – BVerwGE 45, 309 = *Hoppe/Stüer* RzB Rdn. 24 – Delog-Detag; B. v. 9. 11. 1979 – 4 N 1.78 – BVerwGE 59, 87 = *Hoppe/Stüer* RzB Rdn. 26.
[2288] *BVerwG*, B. v. 25. 8. 2000 – 4 BN 41.00 – BRS 63 (2000) Nr. 14 = ZfBR 2001, 287.
[2289] EAG Bau – Mustererlass 2004.
[2290] Zum Verbesserungsgebot *BVerwG*, B. v. 23. 6. 1989 – 4 B 100.89 – NVwZ 1990, 263 = DVBl. 1989, 1065 = *Hoppe/Stüer* RzB Rdn. 74.

schrift verweist damit auch auf Problemlagen in Sanierungsgebieten und auf die Regelung in § 136 II BauGB, wonach durch städtebauliche **Sanierungsmaßnahmen** ein Gebiet zur Behebung städtebaulicher Missstände wesentlich verbessert oder umgestaltet wird. **Städtebauliche Missstände** liegen nach § 136 II 2 BauGB vor, wenn das Gebiet nach seiner vorhandenen Bebauung oder nach seiner sonstigen Beschaffenheit den allgemeinen Anforderungen an gesunde Wohn- und Arbeitsverhältnisse oder an die Sicherheit der in ihm wohnenden oder arbeitenden Menschen nicht entspricht oder das Gebiet in der Erfüllung der Aufgaben erheblich beeinträchtigt ist, die ihm nach seiner Lage und Funktion obliegen. § 136 III BauGB enthält sodann Beurteilungsmaßstäbe für städtebauliche Missstände, wobei insbesondere die Wohn- und Arbeitsverhältnisse oder die Sicherheit der in dem Gebiet wohnenden oder arbeitenden Menschen in Bezug auf die Belichtung, Besonnung und Belüftung der Wohnungen und Arbeitsstätten, die bauliche Beschaffenheit von Gebäuden, Wohnungen und Arbeitsstätten, die Zugänglichkeit der Grundstücke, die Auswirkungen einer vorhandenen Mischung von Wohn- und Arbeitsstätten, die Nutzung von bebauten und unbebauten Flächen nach Art, Maß und Zustand, die Einwirkungen, die von Grundstücken, Betrieben, Einrichtungen oder Verkehrsanlagen ausgehen, insbesondere durch Lärm, Verunreinigung und Erschütterungen, sowie die vorhandene Erschließung zu berücksichtigen sind. Auch ist die Funktionsfähigkeit des Gebietes in Bezug auf den fließenden und ruhenden Verkehr, die wirtschaftliche Situation und Entwicklungsfähigkeit des Gebietes unter Berücksichtigung seiner Versorgungsfunktion im Verflechtungsbereich und die infrastrukturelle Erschließung des Gebietes, seine Ausstattung mit Grünflächen, Spiel- und Sportplätzen und mit Anlagen des Gemeinbedarfs, insbesondere unter Berücksichtigung der sozialen und kulturellen Aufgaben dieses Gebietes im Verflechtungsbereich, zu berücksichtigen. Die Bauleitplanung soll sich dabei nicht auf die Sanierung städtebaulicher Missstände beschränken, sondern darüber hinaus ganz allgemein dazu beitragen, dass durch eine entsprechende städtebauliche Planung das Planungsziel einer menschenwürdigen Umwelt nach § 1 V BauGB erreicht wird.

1211 Soweit durch die Ausweisung von Flächen mit **öffentlichen Nutzungsabsichten** Privateigentum in Anspruch genommen werden soll, bedarf es einer besonderen gemeindlichen Abwägung im Hinblick auf den Eingriff in die privatnützigen Funktionen des Eigentums.[2291] Die Gemeinde hat danach dafür Sorge zu tragen, dass bei der Aufstellung eines Bebauungsplans den allgemeinen Anforderungen an gesunde Wohn- und Arbeitsverhältnisse Rechnung getragen wird. Welcher Mittel sie sich allerdings bedient, um dies zu gewährleisten, bleibt ihr überlassen. Anders als im Bereich der Verkehrswegeplanung etwa legt der Gesetzgeber sie nicht auf eine bestimmte technische Norm fest. Ob das Regelwerk, dessen sie sich bedient, zur Erreichung des mit ihm verfolgten Ziels geeignet ist, unterliegt der Einzelfallbeurteilung.[2292]

2. Wohnbedürfnisse der Bevölkerung

1212 Nach § 1 VI Nr. 2 BauGB sind die Wohnbedürfnisse der Bevölkerung, die Schaffung und Unterhaltung sozial stabiler Bewohnerstrukturen, die Eigentumsbildung weiter Kreise der Bevölkerung und die Anforderungen Kosten sparenden Bauens sowie die Bevölkerungsentwicklung zu berücksichtigen. Diese Planungsleitlinie ist eng mit den nach § 1 VI Nr. 1 BauGB aufgestellten Anforderungen verzahnt. Die Gemeinde soll danach bei der Bauleitplanung die allgemeinen Anforderungen an gesunde Wohn- und Arbeitsverhältnisse und die Sicherheit der Wohn- und Arbeitsbevölkerung gewährleisten. Die Vermeidung einseitiger Bevölkerungsstrukturen (§ 1 V Nr. 2 BauGB 1998) hat das EAG Bau durch die Schaffung und Erhaltung sozial stabiler Bewohnerstrukturen ersetzt. Auch eine homogene Bewohnerstruktur kann danach eine städtebaulich sachgerechte Lösung sein

---

[2291] *VGH Mannheim*, Urt. v. 22. 6. 1998 – 8 S 1950/97 – VGHBW RSprDienst 1998, Beilage 11 B 3–4 – Friedhofserweiterung.
[2292] *BVerwG*, B. v. 1. 9. 1999 – 4 BN 25.99 – NVwZ-RR 2000, 146 – technisches Regelwerk.

und ausgewogenen Wohnverhältnissen in der Gemeinde insgesamt dienen. Die Formulierung deckt sich mit den allgemeinen Förderungsgrundsätzen des § 6 2 Nr. 3 Wohnraumförderungsgesetz. Beim Kosten sparenden Bauen ist die „Förderung" durch die „Anforderungen" ersetzt worden. Damit wird klargestellt, dass es sich nicht um die Bereitstellung von Finanzmitteln handelt, sondern um planerische Maßnahmen zugunsten des kostengünstigen Bauens.

Die vormals in § 1 I 1 BauGB-MaßnG enthaltene Regelung, wonach bei der Aufstellung, Änderung, Ergänzung oder Aufhebung von Bauleitplänen einem **dringenden Wohnbedarf** der Bevölkerung Rechnung getragen werden soll, ist zwar nicht in das BauGB übernommen worden. Gestrichen wurde auch die bisher in § 1 I 2 BauGB-MaßnG enthaltene Regelung, wonach die Gemeinden mit einem dringenden Wohnbedarf der Bevölkerung bei der Aufstellung, Änderung oder Ergänzung von Bebauungsplänen für Gewerbe- und Industriegebiete einem durch den Bebauungsplan voraussichtlich hervorgerufenen Wohnbedarf in geeigneter Weise Rechnung tragen sollen. Die in diesen Vorschriften enthaltenen Planungsleitlinien sind allerdings auch nach ihrer Streichung durch das BauROG 1998 weiterhin von Bedeutung. Hierdurch soll dem Prinzip der kurzen Wege zwischen Wohnen und Arbeiten Rechnung getragen werden. Diese Grundsätze greift Erfahrungen auf, die bei der Ausweisung neuer Gewerbe- und Industriegebiete vor allem am Rande großstädtischer Ballungsräume gesammelt worden sind. Das Erfordernis der Ausweisung zusätzlicher Flächen für den Wohnbedarf wird vor allem dann bestehen, wenn in größerem Umfang neue Arbeitsplätze für Personen ausgewiesen werden sollen, die in der Gemeinde oder der Region eine Wohnung suchen und somit zusätzlich auf den Wohnungsmarkt drängen. Demgegenüber wird sich diese Problematik bei Planungen zur bloßen Umsiedlung von Betrieben oder zur Schaffung von Arbeitsplätzen für bereits ortsansässige Arbeitnehmer nicht stellen.[2293] Zugleich sollen durch die Planungsleitsätze unwirtschaftliche Aufwendungen für die Verkehrsinfrastruktur vermieden werden. Der Grundsatz der angemessenen räumlichen Zuordnung von Wohnen und Gewerbe findet jedoch seine Begrenzung im Grundsatz der Trennung zwischen unverträglichen Nutzungen.[2294] Wenn es etwa einem allgemeinen Planungsgrundsatz entspricht, die industrielle Nutzung und die Wohnnutzung nicht auf engem Raum zusammenzuführen, so wird durch diesen Trennungsgrundsatz eine Grenze aufgezeigt, die bei einer funktionsgerechten Zuordnung von Wohn- und Arbeitsstätten nicht überwunden werden darf. Es wird deutlich, dass es sich bei diesen Planungsleitlinien um Grundsätze handelt, die keine absolute Geltung für sich in Anspruch nehmen, sondern auf einen Ausgleich konfligierender Interessen und Belange angelegt sind. Die Forderung des durch das BauROG 1998 aufgehobenen § 1 I BauGB-MaßnG, dass einem dringenden Wohnbedarf der Bevölkerung besonders Rechnung getragen werden sollte, stellte daher keinen Planungsleitsatz i. S. eines strikt zu beachtenden Gebotes dar.[2295] Dem Belang der Wohnbedarfsdeckung ist daher auch nicht stets der Vorrang einzuräumen. Das wird durch die Aufhebung der entsprechenden Bestimmungen des BauGB-MaßnG im BauROG 1998 unterstrichen. Wann sich der öffentliche Belang der Wohnbedarfsdeckung gegenüber anderen öffentlichen und privaten Belangen durchsetzt, ist vielmehr eine Frage der Abwägung im Einzelfall. Auch sollen bei der Aufstellung der Bauleitpläne einseitige Bevölkerungsstrukturen vermieden werden. Haben sich in dieser Hinsicht städtebauliche Missstände ergeben oder ist die Erhaltung der Zusammensetzung der Wohnbevölkerung planerisch sinnvoll, so stehen hierfür planerische Festsetzungen nach § 9 I Nr. 6 bis 8

[2293] *Krautzberger/Runkel* DVBl. 1993, 455.
[2294] *BVerwG*, Urt. v. 5. 7. 1974 – IV C 50.72 – BVerwGE 45, 309 = NJW 1975, 70 = *Hoppe/Stüer* RzB Rdn. 24 – Delog-Detag; Urt. v. 12. 12. 1975 – IV C 71.73 – BVerwGE 50, 49 = *Hoppe/Stüer* RzB Rdn. 60 – Tunnelofen.
[2295] *BVerwG*, B. v. 28. 6. 1993 – 4 NB 23.93 – DVBl. 1993, 1100 = BauR 1993, 572 = *Hoppe/Stüer* RzB Rdn. 131.

BauGB oder die Erhaltungssatzung nach § 172 BauGB zur Verfügung. Der Eigentumsbildung weiterer Bevölkerungskreise kann durch Ausweisung von Flächen für Eigenheimwohnungsbau Rechnung getragen werden. Außerdem stellt das BauGB durch Reprivatisierungsbestimmungen[2296] sicher, dass Grundstücksflächen, die von der öffentlichen Hand im Wege der Enteignung oder des Vorkaufsrechts erworben worden sind und nicht mehr benötigt werden, in Privathand zurückgegeben werden. Verpflichtungen zur Beschaffung von Bauland enthält auch § 89 II. WoBauG. Wenn nach § 1 VI Nr. 2 BauGB auch der Bevölkerungsentwicklung Rechnung zu tragen ist, so hat die Gemeinde im Rahmen einer vorausschauenden Planung ausreichende Wohnbauflächen bereitzustellen, zugleich aber auch ggf. innerörtliche, örtliche oder regionale Wanderungsgewinne oder -verluste zu berücksichtigen. Durch Raumordnung und Regionalplanung sind entsprechende Bauflächen als Vorgabe der gemeindlichen Bauleitplanung bereitzustellen. In der Begründung zum Bebauungsplan sollte erkennbar werden, dass die Gemeinde einen etwaigen zusätzlichen Wohnbedarf erkannt, grob geschätzt und ihm im Rahmen der Abwägung angemessen Rechnung getragen hat.

3. Soziale und kulturelle Bedürfnisse

1214 Nach **§ 1 VI Nr. 3 BauGB** sind die sozialen und kulturellen Bedürfnisse der Bevölkerung, insbesondere die Bedürfnisse der Familien, der jungen, alten und behinderten Menschen, unterschiedliche Auswirkungen auf Frauen und Männer sowie die Belange des Bildungswesens und von Sport, Freizeit und Erholung zu berücksichtigen. Hierzu gehören Anlagen des Gesundheitswesens, soziale Einrichtungen, Theater, Konzertsäle, Versammlungsräume und kulturelle Begegnungsstätten. Auch durch Altenheime, Kinderheime, Kindergärten, Gemeindebedarfs- und Grünflächen, Schulen oder andere Einrichtungen des Bildungswesens sowie Sport-, Freizeit- und Erholungseinrichtungen und Flächen für Sport- und Spielanlagen trägt die Gemeinde dieser Planungsleitlinie Rechnung. Die Planung soll dabei sicherstellen, dass diese Einrichtungen einerseits gut erreichbar sind. Andererseits sollen aber unzumutbare Interessenkonflikte zur Wohnnutzung vermieden werden. Dies setzt eine abgestufte Planungskonzeption voraus, die zwischen den sozialen, kulturellen und sportlichen Interessen der Bevölkerung und der störungsempfindlichen Wohnnutzung einen sachgerechten Ausgleich sucht. Einrichtungen, die einen größeren Einzugsbereich haben und mit stärkeren Immissionen verbunden sind, sollten dabei einen von der Wohnbebauung getrennten Standort finden, während Einrichtungen mit einem kleineren Einzugsbereich und geringeren Immissionen in die Wohngebiete integriert bzw. wohngebietsnah angelegt werden sollten. Unterschiedliche Auswirkungen auf Männer und Frauen (Gender Mainstreaming) können in der Planung Folgen auf die Übersichtlichkeit bei der Wegeführung, die Vermeidung von Angsträumen, die Nutzungsmischung und auf das Modell einer Stadt der kurzen Wege haben.

4. Ortsteile

1215 Nach § 1 VI Nr. 4 BauGB ist die Erhaltung, Erneuerung, Fortentwicklung, Anpassung und der Umbau vorhandener Ortsteile zu berücksichtigen. Die Planungsleitlinie bezieht sich vor allem auf die innerörtliche Entwicklung in den Städten und Gemeinden auch in problematischen Gemengelagen-Situationen. Dabei soll der Gedanke der Innenentwicklung auch vor dem Hintergrund der Bodenschutzklausel (§ 1a II BauGB) Bedeutung haben. Dem Grundsatz, mit Grund und Boden sparsam umzugehen und daher bisherige Freiflächen nur in dem notwendigen Umfang umzunutzen, entspricht auf der anderen Seite eine Betonung der Innenentwicklung. Vorhandene Ortsteile sollen daher nach Möglichkeit in einem angemessenen Umfang verdichtet werden (Grundsatz der Nachverdichtung), vorhandene Gemengelagen in dem gebotenen Umfang entflochten und

---

[2296] §§ 89, 169 V BauGB.

Bodenversiegelungen auf das notwendige Maß begrenzt werden (§ 1a II 2 BauGB). Zugleich wird der Stadtumbau (§§ 171a–171d BauGB) angesprochen.

5. Denkmalschutz, Orts- und Landschaftsbild

Nach § 1 VI Nr. 5 BauGB sollen die Belange der Baukultur, des Denkmalschutzes und der Denkmalpflege, die erhaltenswerten Ortsteile, Straßen und Plätze von geschichtlicher, künstlerischer oder städtebaulicher Bedeutung und die Gestaltung des Orts- und Landschaftsbildes berücksichtigt werden. Die Vorschrift verlangt damit eine Berücksichtigung der Baukultur und der Belange des Denkmalschutzes und der Denkmalpflege sowie der erhaltenswerten Ortsteile, Straßen und Plätze von geschichtlicher, künstlerischer oder städtebaulicher Bedeutung.[2297]

Städtebauliche Planungen und Maßnahmen nehmen wohl am unmittelbarsten auf die **baukulturelle Entwicklung** Einfluss. Die für die Stadtgestalt wichtige Baukultur ist erstmals durch das EAG Bau als Belang in das BauGB aufgenommen worden. Die Regelung hebt den gestalterischen Auftrag der Bauleitplanung für den Innen- und Außenbereich her und verdeutlicht die Bedeutung der allgemeinen Baukultur für eine nachhaltige Entwicklung. Dem liegt die Erwägung zugrunde, dass die Qualität der gebauten Umwelt als Spiegelbild der Gesellschaft in direktem Zusammenhang mit der Lebens- und Stadtqualität, aber auch mit der Wirtschaftlichkeit und den Standortqualitäten steht. Damit ist nicht nur eine ästhetische Komponente gemeint. Es sollen alle Aspekte qualitätvollen Städtebaus ausbalanciert werden. Das kann sich u. a. zeigen in der Beachtung des typischen Charakters einer Gemeinde statt Beliebigkeit des Stadtgrundrisses oder der Nutzungsmaximierung, in Dimensionierung, Form und Abfolge der öffentlichen Räume, die zu Benutzung und Aufenthalt einladen, in der Freihaltung barocker Sichtachsen. Es handelt sich letztlich nicht um neue Anforderungen, weil guter Städtebau diese Überlegungen schon immer berücksichtigt hat. Der Gesetzgeber betont die Bedeutung der Qualität und die Verantwortung für die Zukunft auch für den Bereich der Bauleitplanung.[2298]

Die Belange des **Denkmalschutzes**, die zugleich auch der landesrechtlichen Gesetzgebung unterliegen, sind danach in die Abwägung einzustellen. Die Bauleitplanung muss dabei die Möglichkeit haben, diese Belange in eine städtebauliche Gesamtkonzeption einzubeziehen und – soweit erforderlich – auch durch Abwägung zu überwinden.[2299]

Beispiel: Die Gemeinde stellt einen Bebauungsplan für das Ortszentrum auf. Ein altes Fachwerkhaus soll danach einer modernen Bebauung um einen neu gestalteten Marktplatz weichen. Der für den Denkmalschutz zuständige Träger öffentlicher Belange macht keine Einwendungen geltend. Als einige Jahre später die übrige Bebauung durchgeführt ist und der Abriss ansteht, stellt die Denkmal-

---

[2297] Grundlegend *Wurster* Denkmalschutz und Erhaltung HdBöffBauR Kap. D Rdn. 1ff.
[2298] EAG Bau – Mustererlass 2004.
[2299] *Alexander/Martin* NVwZ 1992, 950; *Bartlsperger* DVBl. 1991, 284; *Battis* DVBl. 1981, 497; *ders.* NuR 1983, 102; *Brohm* DVBl. 1985, 593; *Bülow*, Rechtsfragen flächen- und bodenbezogenen Denkmalschutzes, 1986; *Dörffeldt/Viebrock*, Hessisches Denkmalschutzrecht, 1991; *Dörge*, Das Recht der Denkmalpflege in Baden-Württemberg, 1971; *Erbguth*, Denkmalschutzgesetze der Länder, 1984; *Gahlen* NVwZ 1982, 423; *ders.* NVwZ 1984, 687; *Grosse-Suchsdorf*, Nds. DSchG 1984; *Haas-Traeger* DÖV 1981, 402, 959; *Hönes*, Denkmalschutz und Denkmalpflege in Rheinland-Pfalz, 1984; *ders.* DVBl. 1984, 413; *ders.* Die Unterschutzstellung von Kulturdenkmälern, 1987; *ders.* NVwZ 1986, 190; *ders.* NVwZ 1983, 213; *Hoppe* in: GS Klein 1977, 190; *Kiepe* Der Städtetag 1983, 409; *Kummer*, Denkmalschutzrecht als gestaltendes Baurecht, 1980; *Leibholz* DVBl. 1975, 933; *Löhr* NVwZ 1982, 19; *Lüers* WiVerw. 1995, 259; *Memmesheimer/Upmeier/Schönstein*, Denkmalschutzrecht NW, 1989; *Moench* NJW 1980, 2343; *ders.* NJW 1983, 1998; *ders.* NVwZ 1984, 146; *ders.* ZfBR 1985, 113, 163; *ders.* NVwZ 1988, 304; *Müller* BauR 1988, 425; *Nüssgens/Boujong*, Eigentum, Sozialbindung, Enteignung, 1987; *Oebbecke* DVBl. 1983, 384; *Rothe*, DSchG NW, 1981; *Schmittat*, Denkmalschutz und gemeindliche Selbstverwaltung, 1988; *Stich* ZfBR 1983, 61; *ders.* ZfBR 1991, 52; *Stüer* StuGR 1982, 365; *ders.* BauR 1989, 251; *Weyreuther*, Über die Verfassungswidrigkeit salvatorischer Entschädigungsklauseln im Enteignungsrecht, 1980; *Wurster* Denkmalschutz und Erhaltung HdBöffBauR Kap. D Rdn. 1ff.

schutzbehörde das Fachwerkhaus unter Denkmalschutz und macht Einwendungen gegen die Verwirklichung der gemeindlichen Planungen geltend. Hier muss die gemeindliche Bauleitplanung, wenn sie auf einer fehlerfreien Abwägung beruht, den Vorrang vor den Belangen des Denkmalschutzes haben. Nur wenn aufgrund einer geänderten Sachlage oder wirklich überzeugender neuer Erkenntnisse eine andere Bewertung angezeigt wäre, kann der Denkmalschutz gegenüber der gemeindlichen Bauleitplanung einen Vorrang für sich beanspruchen. Beide Bereiche sind auf Harmonisierung angelegt.[2300]

1219 Belange des **Denkmalschutzes** unterliegen im Rahmen der Inhalts- und Schrankenbestimmung des Eigentums nach Art. 14 I 2 GG der **Gestaltungsbefugnis** des **Landesgesetzgebers**. So werden die Regelungen des Denkmalschutzes, auch soweit sie Eigentumsbefugnisse beeinträchtigen, durchweg als zulässige Regelungen über Inhalt und Schranken des Eigentums angesehen.[2301]

1220 Der Belang des **Orts- und Landschaftsbildes** lenkt den Blick vor allem auf die Stadtgestalt und den landschaftlichen Gesamteindruck, der durch die Bauleitplanung positiv beeinflusst werden soll. So können etwa Festsetzungen über die Bauweise, die überbaubaren und nicht überbaubaren Grundstücksflächen sowie die Stellung der baulichen Anlagen, die Mindestgröße, die Mindestbreite und Mindesttiefe der Gebäude dazu dienen, das Orts- und Landschaftsbild zu erhalten, zu erneuern oder fortzuentwickeln.[2302]

6. Kirchen und Religionsgemeinschaften

1221 Nach § 1 VI Nr. 6 BauGB sind die von den Kirchen und Religionsgemeinschaften des öffentlichen Rechts festgestellten Erfordernisse für Gottesdienste und Seelsorge zu berücksichtigen. Mit der Planungsleitlinie, in der gemeindlichen Bauleitplanung dem Bedarf von Kirchen und Religionsgemeinschaften Rechnung zu tragen, wird die in Art. 140 GG, Art. 137 WRV verfassungsrechtlich garantierte **Kirchenautonomie** in das gemeindliche Planungsrecht einbezogen. Die Feststellung, welche Erfordernisse für Gottesdienst und Seelsorge bestehen, obliegt den Kirchen und Religionsgesellschaften des öffentlichen Rechts in eigener Kompetenz. Die Gemeinde ist hinsichtlich der Feststellung des Bedarfs an die kirchlichen Vorgaben gebunden. Die genaue Festlegung des Standortes oder auch die Beurteilung der Frage, ob sich der Bedarf an dem jeweiligen Standort realisieren lässt, sind jedoch der gemeindlichen Abwägung zugänglich. Den Kirchen und Religionsgemeinschaften wird hierdurch ein verfassungsrechtlich begründeter Vorrang eingeräumt, der auch unter dem Blickwinkel des Gleichbehandlungsgebotes in Art. 3 GG gerechtfertigt ist. Die Vorrangwirkung der nach § 38 BauGB privilegierten Fachplanung kommt den Kirchen und Religionsgemeinschaften allerdings nicht zu.

Beispiel: In einer Normenkontrollentscheidung des *VGH München* ging es um einen Bebauungsplan, dessen Festsetzungen dem bereits zuvor beantragten Bau eines Minaretts durch eine muslimische Gemeinde entgegenstanden. Eine Religionsgemeinschaft, die nicht den Status einer öffentlich-rechtlichen Körperschaft hat, sondern als eingetragener Verein privatrechtlich organisiert ist, habe zwar nicht das Recht, ihre Erfordernisse für Gottesdienst und Seelsorge (§ 1 VI Nr. 6 BauGB) selbst und für die gemeindliche Bauleitplanung festzustellen. Die Belange privatrechtlicher Religionsge-

---

[2300] *Stüer* BauR 1989, 251.
[2301] *BVerwG*, B. v. 3. 4. 1984 – 4 B 59.84 – DVBl. 1984, 638 = NVwZ 1984, 732 – Denkmal; B. v. 23. 3. 1984 – 4 B 43.84 – DVBl. 1984, 638 = *Hoppe/Stüer* RzB Rdn. 1099 – Bundesbahnanlage; Urt. v. 3. 7. 1987 – 4 C 26.85 – BVerwGE 78, 23 = *Hoppe/Stüer* RzB Rdn. 822 – Erhaltungssatzung; B. v. 10. 7. 1987 – 4 B 146.87 – NJW 1988, 505 = *Hoppe/Stüer* RzB Rdn. 1100; B. v. 23. 6. 1992 – 4 NB 9.92 – Erhaltungssatzung; Urt. v. 21. 11. 1996 – 4 C 33.94 – NJW 1997, 193 = DVBl. 1997, 435 – Schatzregal; Urt. v. 21. 11. 1996 – 4 C 13.95 – RdL 1997, 42 – Grabungsgenehmigung; *BGH*, Urt. v. 9. 10. 1986 – III ZR 2/85 – BGHZ 99, 24 = NJW 1987, 2069 = UPR 1987, 301 = *Hoppe/Stüer* RzB Rdn. 1098 – Blücher Museum; Urt. v. 23. 6. 1988 – III ZR 8/87 – BGHZ 105, 15; vgl. auch Urt. v. 16. 7. 1993 – III ZR 60/92 – BGHZ 123, 242 – Flugsanddünen.
[2302] *Krautzberger* in: Battis/Krautzberger/Löhr § 1 Rdn. 62; zur Fläche für die Landwirtschaft *BGH*, Urt. v. 2. 4. 1992 – III ZR 25/91 – ZfBR 1992, 285 – Streuobstwiese.

meinschaften müssten jedoch als kulturelle Bedürfnisse der Bevölkerung i. S. von § 1 V 2 Nr. 3 BauGB berücksichtigt werden. Ihren Bauwunsch könne die Religionsgemeinschaft zudem (auch) auf Art. 4 I u. II GG stützen.[2303]

7. Umweltschutz, Naturschutz und Landschaftspflege

§ 1 VI Nr. 7 BauGB verpflichtet die Bauleitplanung nach Maßgabe des § 1a BauGB auf die Berücksichtigung der Belange des Umweltschutzes, einschließlich des Naturschutzes und der Landschaftspflege. Die Bauleitplanung wird damit auf das Ziel der Sicherung der natürlichen Lebensgrundlagen verpflichtet. Die Bedeutung der Bauleitplanung für eine nachhaltige städtebauliche Entwicklung wird bereits in § 1 V 1 BauGB zum Ausdruck gebracht. Danach sollen die Bauleitpläne eine nachhaltige städtebauliche Entwicklung und eine dem Wohl der Allgemeinheit entsprechende sozialgerechte Bodennutzung gewährleisten und dazu beitragen, eine menschenwürdige Umwelt zu sichern und die natürlichen Lebensgrundlagen zu schützen und zu entwickeln. Die Ersetzung des Begriffs der „geordneten" städtebaulichen Entwicklung durch eine „nachhaltige" städtebauliche Entwicklung bereits durch das BauROG 1998 soll die Bedeutung und Querschnittsfunktion der städtebaulichen Entwicklung sowie den Langzeitaspekt hervorheben und steht im Zusammenhang mit vergleichbaren Bestrebungen im Umweltrecht, durch eine nachhaltige Entwicklung („sustainable development") die Bedeutung umweltschützender Belange als Dauer- und Querschnittsaufgabe zu verstehen. **1222**

a) Nachhaltige Entwicklung. Die in den §§ 1 V 1, 1a BauGB enthaltene Fortentwicklung der naturschutzrechtlichen Eingriffsregelung will einen wichtigen Beitrag zur Umsetzung des Nachhaltigkeitsprinzips leisten, wie es in der Habitat Agenda der zweiten Konferenz der Vereinten Nationen über menschliche Siedlungen (Habitat II) vom Juni 1996 in Kapitel II § 29, konkretisiert ist. Eine nachhaltige Entwicklung ist für die Siedlungsentwicklung danach von entscheidender Bedeutung und berücksichtigt die mit dem Erzielen von Wirtschaftswachstum, sozialer Entwicklung und dem Umweltschutz verbundenen Erfordernisse und Notwendigkeiten. Siedlungen sollen auf eine Weise geplant, entwickelt und verbessert werden, welche die Prinzipien der nachhaltigen Entwicklung und aller ihrer Komponenten voll berücksichtigt, wie in der Agenda 21 und in anderen Resultaten der Konferenz der vereinten Nationen über Umwelt und Entwicklung dargelegt wurde. Eine nachhaltige Siedlungsentwicklung gewährleistet nach der Habitat Agenda wirtschaftliche Entwicklung, Beschäftigungsmöglichkeiten und sozialen Fortschritt im Einklang mit der Umwelt. Die Ersetzung des Wortes „geordnete" städtebauliche Entwicklung durch das Wort „nachhaltige" städtebauliche Entwicklung darf allerdings nicht so verstanden werden, dass die städtebauliche Entwicklung nicht mehr geordnet sein soll. Überhaupt liegt die Gefahr nicht ganz fern, dass die Neuformulierung – so wird von Kritikern vorgetragen – nur einer relativ konturenlosen Forderung nach einer nachhaltigen Städtebaupolitik Rechnung tragen wollte, ohne dass sich hieraus für die Praxis gegenüber der bisherigen Rechtslage erkennbare Änderungen ergeben. Der Nachhaltigkeitsgedanke kommt allerdings auch in gesetzlichen Regelungen zum Ausdruck, die eine weit gehende Schonung von Belangen und im Falle von deren Zurückstellung die Prüfung von Kompensationsmöglichkeiten verlangen.[2304] Zurückgestellte Belange können danach nicht einfach weggewogen werden, sondern bedürfen einer verfahrensrechtlichen Prüfung, ob ein Ausgleich oder eine Kompensation in sonstiger Weise in der Ausgleichsentscheidung sachgerecht erscheint. **1223**

b) Naturschutzrechtliche Festsetzungsmöglichkeiten. Das BauGB hält zur Umsetzung der in § 1 VI BauGB benannten Belange verschiedene Festsetzungsmöglichkeiten bereit: Nach § 9 I Nr. 2 BauGB können aus Gründen des flächensparenden Wohnens Höchstgrenzen von Wohngrundstücken festgesetzt werden. Es können Flächen für Maß- **1224**

[2303] *VGH München*, Urt. v. 29. 8. 1996 – 26 N 95.2983 – NVwZ 1997, 1016.
[2304] S. Rdn. 1387.

nahmen zum Schutz, zur Pflege und zur Entwicklung von Natur und Landschaft ausgewiesen werden (§ 5 I Nr. 10, § 9 I Nr. 20 BauGB). Die vormals bestehende Beschränkung darauf, dass solche Festsetzungen nicht nach anderen Vorschriften getroffen werden können, wurde bereits durch das BauROG 1998 gestrichen. Dadurch soll ebenso wie durch die damalige Streichung der Subsidiaritätsklausel in § 9 I Nr. 16 BauGB hinsichtlich der wasserwirtschaftlichen Festsetzungen der Anwendungsbereich städtebaulicher Festsetzungen im Bereich natur- und landschaftsschützender Regelungen aber auch wasserwirtschaftlicher Regelungen erweitert werden. Das Erfordernis der aus städtebaulichen Gründen abzuleitenden Erfordernisse (vgl. § 9 I HS 1 BauGB) für derartige Festsetzungen bleibt bestehen. Festgesetzt werden können Flächen der Maßnahmen zum Schutz, zur Pflege und zur Entwicklung von Boden, Natur und Landschaft. Sollten sich in der Praxis Überschneidungen zwischen Festsetzungen nach dem BauGB und solchen nach Landesrecht ergeben, wäre dies für den Vollzug des Bebauungsplans unschädlich.[2305] Städtebaulich nicht begründbare Festsetzungen wie etwa das zweimalige Mähen einer Wiese im Jahr sind aber auf der Grundlage von § 9 I Nr. 20 BauGB nach wie vor nicht zulässig.

1225 Darüber hinaus wird durch die ausdrückliche Erwähnung des **Bodens** bei den Festsetzungsmöglichkeiten nach § 9 I Nr. 20 BauGB entsprechend § 5 II Nr. 10 BauGB der Aspekt des Bodenschutzes aufgegriffen. Damit trägt das BauGB dem Bodenschutz unmittelbar Rechnung und integriert diesen Belang zugleich in die Bauleitplanung der Gemeinden (§ 1a II 1 BauGB)). Bodenschützende Festsetzungen haben den Erhalt oder die Wiederherstellung von Bodenschutzfunktionen zum Ziel. Sie können auch Grundlage späterer Entsiegelungsmaßnahmen nach § 179 BauGB sein.[2306] Gem. § 9 VIII BauGB sind in der Begründung des Bebauungsplans die Auswirkungen der Planung insbesondere auch hinsichtlich der Umwelteinwirkungen darzulegen. Hierzu dient der Umweltbericht. Altlastenverdächtige Standorte sind im Flächennutzungsplan (§ 5 III Nr. 3 BauGB) und im Bebauungsplan (§ 9 V Nr. 3 BauGB) zu kennzeichnen. In landschaftlich wertvollen Fremdenverkehrsgebieten ist eine Baulandausweisung zu vermeiden (§ 22 BauGB). Im Außenbereich ist eine schonende Bauweise vorzusehen (§ 35 V BauGB). Der Umweltschutz ist in § 136 IV 2 Nr. 3 BauGB als Sanierungsziel aufgenommen.[2307]

1226 **c) Umweltschützende Belange in der Bauleitplanung (Überblick).** Bei der Aufstellung der Bauleitpläne sind auch umweltschützende Belange und die Belange des Naturschutzes und der Landschaftspflege zu berücksichtigen.[2308] Diese Belange werden im BNatSchG, im BWaldG und in den landesgesetzlichen Regelungen konkretisiert.[2309] Die umweltschützenden Belange sind in einem weiten Sinne zu verstehen. Es rechnen hierzu alle Belange, die einen Bezug zu Umweltgütern haben. § 1 VI Nr. 7 BauGB verpflichtet

---

[2305] So die Begründung *Bundesregierung*, Gesetzentwurf zum BauROG 1998, 48.
[2306] *Bundesregierung*, Gesetzentwurf zum BauROG 1998, 49.
[2307] Zu weiteren Einzelheiten *Krautzberger* in: Battis/Krautzberger/Löhr § 1 Rdn. 64.
[2308] Zum Verhältnis von Bauleitplanung und Naturschutz *ARGEBAU* in: *Kormann* (Hrsg.) Das neue Baurecht 1994, 7; *Benz/Berkemann* Natur- und Umweltschutzrecht 1989; *Berkemann* NuR 1993, 97; *Bizer/Ormond/Riedel* Die Verbandsklage im Naturschutzrecht 1990; *Blume* NVwZ 1993, 941; *Böhme* Difu-Materialien 3/1993; *Bunzel* UPR 1991, 297; *Dolde* FS Weyreuther 1993, 195; *Dürr* UPR 1991, 81; *ders.* NVwZ 1992, 833; *Gaentzsch* NuR 1990, 1; *Gassner* NVwZ 1991, 26; *ders.* NuR 1993, 252; *Klein* Zur Rechtsnatur und Bindungswirkung der Ziele der Landesplanung 1972; *Knauber* NuR 1985, 308; *Kuchler* Naturschutzrechtliche Eingriffsregelung und Bauplanungsrecht 1989; *Lang* NuR 1984, 189; *Mitschang* Die Belange von Natur und Landschaft in der kommunalen Bauleitplanung 1993; *ders.* ZfBR 1994, 57; *Petersen* NuR 1989, 205; *Ramsauer* (Hrsg.) Die naturschutzrechtliche Eingriffsregelung 1995; *Reinhardt* NuR 1994, 417; *Runkel* NVwZ 1993, 1136; *ders.* UPR 1993, 203; *ders.* StuGR 1993, 204; *Stüer* DVBl. 1992, 1147; *ders.* DVBl. 1995, 1345; *Waskow* Die Mitwirkung von Naturschutzverbänden im Verwaltungsverfahren 1990; s. Rdn. 3980.
[2309] Zum landschaftspflegerischen Begleitplan und Grünordnungsplan *Gassner* DVBl. 1991, 355; *Kuschnerus* DVBl. 1986, 75; *Stich* WiVerw. 1992, 145; *ders.* DVBl. 1992, 257.

die Gemeinden, im Rahmen der Bauleitplanung in der Abwägung diese verschiedenen umweltschützenden Belange zu berücksichtigen. Durch die gesetzliche Regelung soll den planenden Gemeinden eine Hilfestellung für die Berücksichtigung umweltschützender Belange in der Bauleitplanung gegeben werden.[2310] So sind etwa in der Abwägung die Auswirkungen der Planung auf Tiere, Pflanzen, Boden, Wasser, Luft, Klima und das Wirkungsgefüge zwischen ihnen sowie die Landschaft und die biologische Vielfalt zu berücksichtigen. Einen besonderen Stellenwert haben die Erhaltungsziele und der Schutzzweck von Gebieten mit gemeinschaftlicher Bedeutung und der Europäischen Vogelschutzgebiete (§ 1 VI Nr. 7 b BauGB). Die Prüfung dieser Belange vollzieht sich nach den naturschutzrechtlichen Regelungen in §§ 32 bis 37 BNatSchG (§ 1a IV BauGB) und sind damit der Abwägung nur eingeschränkt zugänglich. Ebenso zählen zu den umweltschützenden Belangen die Auswirkungen auf den Menschen und seine Gesundheit sowie die Bevölkerung insgesamt. Hinzu treten umweltbezogene Auswirkungen auf Kulturgüter und sonstige Sachgüter, die Vermeidung von Emissionen sowie der sachgerechte Umgang mit Abfällen und Abwässern, die Nutzug erneuerbarer Energien sowie die sparsame und effiziente Nutzung von Energien. § 1a BauGB konkretisiert daher Elemente der Abwägung, wie sie in § 1 V und VI BauGB allerdings nicht abschließend niedergelegt sind. Auch die Aufzählung der umweltschützenden Belange in § 1a BauGB ist nicht abschließend. Es wird jedoch klargestellt, dass sich die Gemeinde mit den erwähnten Belangen auseinander setzen muss, wenn dazu nach Lage der Dinge Anlass besteht.[2311]

Das Verhältnis von naturschutzrechtlicher Eingriffsregelung und Baurecht ist in folgenden Regelungen des BauGB und des BNatSchG niedergelegt: Das BNatSchG regelt in § 21 I BNatSchG das Verhältnis der naturschutzrechtlichen Eingriffsregelung zur Bauleitplanung, in § 21 II BauGB das Verhältnis der naturschutzrechtlichen Eingriffsregelung zu den Vorschriften über die planungsrechtliche Zulässigkeit von Vorhaben und in § 21 III BNatSchG die Beteiligung der Naturschutzbehörden in Vorhaben-Genehmigungsverfahren. Im BauGB ist demgegenüber geregelt: Die Berücksichtigung der Vermeidung und des Ausgleichs der zu erwartenden Eingriffe in Natur und Landschaft (Eingriffsregelung nach dem BNatSchG in der bauleitplanerischen Abwägung) und die unterschiedlichen Möglichkeiten, den Ausgleich der zu erwartenden Eingriffe in Natur und Landschaft zu verwirklichen (§§ 1 VII, 1a III BauGB).

Hinzu treten verschiedene Vorschriften zur Umsetzung und zum Vollzug der naturschutzrechtlichen Eingriffsregelung: Der Flächennutzungsplan kann entsprechende Darstellungen nach § 5 IIa BauGB für Flächen zum Ausgleich zu Flächen, auf denen Eingriffe in Natur und Landschaft zu erwarten sind, enthalten. Der Bebauungsplan kann auf Festsetzungen nach § 9 Ia BauGB von Flächen oder Maßnahmen zum Ausgleich auf den Baugrundstücken selbst, im sonstigen Geltungsbereich des Bebauungsplans oder in einem anderen Bebauungsplan einschließlich der Möglichkeit der Zuordnung zu den Grundstücken, auf denen Eingriffe zu erwarten sind, zurückgreifen. Die §§ 135a bis 135c BauGB dienen dem Vollzug von Festsetzungen in Bebauungsplänen für den Ausgleich der zu erwartenden Maßnahmen. § 200a BauGB stellt klar, dass der Ausgleich auch durchgeführte Ersatzmaßnahmen umfasst. § 212a II BauGB lässt die aufschiebende Wirkung von Widerspruch und Anfechtungsklage gegen die Geltendmachung eines Kostenerstattungsbetrages für die Durchführung von Ausgleichsmaßnahmen entfallen. Die Länder haben keine Möglichkeit, von dem naturschutzrechtlichen Regelungen in § 1a BauGB abzuweichen (anders noch § 246 VI BauGB 1998). § 243 II BauGB enthält ein besonderes Überleitungsrecht für die Berücksichtigung der naturschutzrechtlichen Eingriffsregelung. Ergänzt werden die Regelungen durch die Erweiterung der gesetzlichen Vorkaufsrechte der Gemeinde in § 24 I 1 Nr. 1 BauGB für im Bebauungsplan festgesetzte

---

[2310] *Bundesregierung*, Gesetzentwurf zum BauROG 1998, 43.
[2311] Fachkommission „Städtebau" der ARGEBAU, Muster-Einführungserlass zum BauROG, S. 19.

Flächen für Ausgleichsmaßnahmen i. S. des § 1a III BauGB, durch Klarstellungen in den §§ 5, 57, 59, 61 BauGB im Umlegungsrecht und in den §§ 147, 148, 154, 156 im Besonderen Städtebaurecht zu den Flächen und Maßnahmen zum Ausgleich. Weitere Klarstellungen sind in § 1a III 3 BauGB zur Durchführung des Ausgleichs auf gemeindeeigenen Flächen und auf Grund städtebaulicher Verträge gem. § 11 I 1 Nr. 2 BauGB aufgenommen worden.[2312]

1229 **d) Regelungsgehalt des § 1 a BauGB (Überblick).** Nach § 1a I BauGB sind bei der Aufstellung der Bauleitpläne die Regelungen in § 1a II bis IV BauGB anzuwenden. Damit verpflichtet der Gesetzgeber die Gemeinden sowohl für den Flächennutzungsplan aber auch die Bebauungspläne auf die umweltschützenden Vorschriften, die vor dem Hintergrund der in § 1 V Nr. 7 BauGB benannten Belange das Verfahren zur Aufstellung von Bauleitplanung prägen. § 1a II BauGB enthält für die weitere Prüfung Programmsätze, die mit der Bodenschutzklausel verbunden sind: Mit Grund und Boden soll sparsam und schonend umgegangen werden; dabei sind zur Verringerung der zusätzlichen Inanspruchnahme von Flächen für bauliche Nutzungen die Möglichkeiten der Entwicklung der Gemeinde insbesondere durch Wiedernutzbarmachung von Flächen, Nachverdichtung und andere Maßnahmen zur Innenentwicklung zu nutzen sowie Bodenversiegelungen auf das notwendige Maß zu begrenzen. Landwirtschaftlich, als Wald oder für Wohnzwecke genutzte Flächen sollen nur im notwendigen Umfang umgenutzt werden (§ 1a II 2 BauGB). Das Gesetz gibt damit den Gemeinden für die Bauleitplanung Grundsätze an die Hand, die in der Abwägung zu berücksichtigen sind (§ 1 VII BauGB). Die Bodenschutzklausel hat zwar gegenüber anderen Grundsätzen und abwägungserheblichen Belangen keinen Vorrang, entfaltet aber Berücksichtigungserfordernisse in dem Sinne, dass die Gemeinde sich mit diesem Grundsatz – wo dazu Veranlassung besteht – befassen muss und die sich daraus ergebenden Berücksichtigungsgebote nicht einfach wegwägen darf. Dabei ist zwischen Berücksichtigungsgeboten und Beachtensgeboten zu unterscheiden. Berücksichtigungsgebote lassen eine Überwindung von Belangen in der Abwägung zu (§ 1a III BauGB). Beachtensgebote fordern einen strikten Vorrang der geschützten Belange. Diese können nur ggf. unter Anwendung eines gesetzlich vorgesehenen Prüfprogramms überwunden werden. § 1a IV BauGB benennt die Belange des Habitat- und Vogelschutzes von gemeinschaftlicher Bedeutung, die nicht in einer (einfachen) Abwägung überwunden werden können, sondern die Einhaltung des Prüfprogramms in den §§ 32 bis 38 BNatSchG verlangen. Aber Regelungen zur Erhaltung einer bestmöglichen Luftqualität (§ 1 VI Nr. 7h BauGB) können strikte Beachtung für sich beanspruchen.

1230 **e) Umweltschützende Belange in der Abwägung.** Grundlage der Bodenschutzklausel (§ 1a II BauGB und der naturschutzrechtlichen Eingriffsregelung (§ 1a III BauGB) ist der Katalog der umweltschützenden Belange in § 1 VI Nr. 7 BauGB. Dabei wird zwischen den Belangen des Habitat- und Vogelschutzes von gemeinschaftlicher Bedeutung (§ 1 VI Nr. 7b BauGB), den europarechtlichen Vorgaben zur Erhaltung einer bestmöglichen Luftqualität (§ 1 VI Nr. 7h BauGB) einerseits und den anderen Belangen des Umweltschutzes unterschieden (§ 1 VI Nr. 7a, c–g, i BauGB). Während erhebliche Einwirkungen auf Belange des Habitat- und Vogelschutzes das Prüfprogramm der §§ 32 bis 37 BNatSchG auslösen und die europarechtlichen Vorgaben zur Luftqualität beachtet werden müssen, sind andere umweltschützende Belange der Abwägung zugänglich (§ 1a III BauGB). Zu diesen umweltschützenden Belangen in der Abwägung gehören: (a) die Auswirkungen auf Tiere, Pflanzen, Boden, Wasser, Luft, Klima und das Wirkungsgefüge zwischen ihnen sowie die Landschaft und die biologische Vielfalt, (c) umweltbezogene Auswirkungen auf den Menschen und seine Gesundheit sowie die Bevölkerung insgesamt, (d) umweltbezogene Auswirkungen auf Kulturgüter und sonstige Sachgüter, (e)

[2312] Fachkommission „Städtebau" der ARGEBAU, Muster-Einführungserlass zum BauROG, S. 25.

die Vermeidung von Emissionen sowie der sachgerechte Umgang mit Abfällen und Abwässern, (f) die Nutzung erneuerbarer Energien sowie die sparsame und effiziente Nutzung von Energie, (g) die Darstellungen von Landschaftsplänen sowie von sonstigen Plänen, insbesondere des Wasser-, Abfall- und Immissionsschutzrechts, (i) die Wechselwirkungen zwischen den einzelnen Belangen des Umweltschutzes nach § 1 VI Nr. 7 a, c und d BauGB.

Vom Grundsatz her unterliegen die angesprochenen Belange zwar der Abwägung nach § 1 VII BauGB. Die jeweiligen Fachgesetze können jedoch stärkere Bindungen enthalten, die für die planende Gemeinde nicht durch Abwägung überwindbar sind. Die Regelungen können dabei als **Planungsleitsätze** in dem Sinne ausgestaltet sein, dass sie für die Bauleitplanung bindende Vorgaben enthalten und durch Abwägung nicht überwindbar sind. Unberührt von der Integration der umweltschützenden Belange in das Bauleitplanverfahren nach § 1a II BauGB bleiben fachgesetzlich ermöglichte verbindliche Ausweisungen beispielsweise von Naturschutz- und Landschaftsschutzgebieten des Naturschutzrechts auf der Grundlage des Art. 75 I 1 Nr. 3 GG und Darstellungen von für verbindlich erklärten Abfallplänen des Abfallrechts auf der Grundlage des Art. 74 I Nr. 24 GG. Derartige fachliche Maßnahmen mit einer eigenständigen gesetzlich geregelten Bindungswirkung für den Flächennutzungsplan gem. § 6 II BauGB oder den Bebauungsplan in den §§ 10 II, 6 II BauGB unterliegen nicht der Abwägung im Bauleitplanverfahren.[2313] So ist ein Bebauungsplan, dessen Festsetzungen den Regelungen einer **Landschaftsschutzverordnung** widersprechen,[2314] unwirksam, wenn das Gesetz einen Vorrang dieser Regelungen gegenüber dem Bebauungsplan vorschreibt.[2315] Wegen dieser Vorrangwirkung gegenüber einem Bebauungsplan kann sich der Rechtsschutz eines betroffenen Grundstückseigentümers bereits gegen eine Landschaftsschutzverordnung richten.[2316] Allerdings dürfen die Regelungen des Naturschutz- und Landschaftspflegerechts nicht dazu führen, dass einer Gemeinde jede bauliche Weiterentwicklung abgesprochen wird. Ist die Möglichkeit einer Alternativlösung nicht gegeben, so kann ein genereller Verzicht auf die Bebauung einer stadtnahen Fläche, die sich von der Topografie und Lage für eine Bebauung geradezu anbietet, nicht verlangt werden. Der Bebauungsplan muss allerdings in einem solchen Fall detaillierte Festsetzungen enthalten, die eine besondere Rücksichtnahme auf Belange des Natur- und Landschaftsschutzes gewährleistet.[2317] In den Stadtstaaten hat der Landesgesetzgeber mögliche Kollisionen zwischen einem in Gesetzesform erlassenen Bauleitplan und einer konkurrierenden Landschaftsschutzverordnung selbst aufzulösen.[2318]

Verfahren und Inhalt der **Landschaftspläne** sind rahmenrechtlich in § 16 BNatSchG geregelt. Die Gemeinden sind nach § 1 VI Nr. 7 g BauGB dazu verpflichtet, sich mit den Darstellungen eines Landschaftsplans inhaltlich auseinander zu setzen. Der Abwägungsprozess wird regelmäßig in der Begründung dokumentiert werden müssen. Das Berücksichtigungsgebot ist allerdings nicht formell, sondern materiell in dem Sinne ausgestaltet, dass die im Landschaftsplan enthaltenen Belange in die Abwägung einzustellen sind. Die Rechtswirksamkeit der Bauleitplanung kann daher nicht lediglich mit dem Hinweis darauf in Frage gestellt werden, da ein nach Landesrecht erforderlicher Landschaftsplan nicht

---

[2313] *Stüer* DVBl. 1992, 1147.
[2314] *BVerwG*, Urt. v. 21. 10. 1999 – 4 C 1.99 – ZfBR 2000, 202 – Landschaftsschutzgebiet.
[2315] *BVerwG*, B. v. 28. 11. 1988 – 4 B 212.88 – NVwZ 1989, 662 – Taunus; B. v. 11. 8. 1989 – 4 NB 23.89 – NVwZ 1990, 57; vgl. auch Urt. v. 18. 5. 1990 – 7 C 3.90 – BVerwGE 85, 155 = *Hoppe/Stüer* RzB Rdn. 56 – Betonformsteine; *OVG Lüneburg*, Urt. v. 23. 9. 1991 – 6 L 46/90 – ZfBR 1992, 94 – Wohnhauserweiterung Außenbereich.
[2316] Zur Normenkontrolle *BVerwG*, B. v. 18. 12. 1987 – 4 NB 1.87 – BRS 48 (1988), Nr. 32 = *Hoppe/Stüer* RzB Rdn. 1323 – Golfplatz.
[2317] *BVerwG*, Urt. v. 21. 10. 1999 – 4 C 1.99 – ZfBR 2000, 202 – Landschaftsschutzgebiet; *OVG Koblenz*, Urt. v. 27. 5. 1987 – 1 A 20/85 – NVwZ 1988, 371 = ZfBR 1991, 77 – Oberwesel.
[2318] *BVerwG*, B. v. 24. 10. 1990 – 4 NB 29.90 – UPR 1991, 111 = *Hoppe/Stüer* RzB Rdn. 878.

vorgelegen habe. Es besteht daher kein landesnaturschutzrechtliches Junktim. Das Fehlen einer nach Landesrecht vorgeschriebenen Landschaftsplanung kann allerdings einen Anhaltspunkt für materielle Abwägungsfehler geben, wenn angesichts einer drohenden besonderen Beeinträchtigung eine ausreichende Berücksichtigung der Belange des Naturschutzes aufgrund eines hierzu zunächst zu erstellenden Landschaftsplans möglich erscheint. Das Abwägungsmaterial (§ 2 III BauGB) kann in derartigen Fällen allerdings auch durch ein Fachgutachten oder einen etwa vorliegenden Entwurf eines Landschaftsplans angereichert werden.[2319]

Land	Träger	Verfahren	Inhaltliche Integration	Bindungswirkung
Baden-Württemberg	Gemeinde	selbstständig	mittelbar	soweit im Bebauungsplan festgesetzt
Bayern	Gemeinde	integriert	unmittelbar	In-Kraft-Treten des Bebauungsplans oder der Grünordnungssatzung
Berlin	Bezirksamt oder Senatsverwaltung	selbstständig	grünordnerische Festsetzungen im Bebauungsplan	als Rechtsverordnung
Brandenburg	Gemeinde	selbstständig parallel zum Bebauungsplan	mittelbar	soweit im Bebauungsplan festgesetzt
Bremen	Untere Naturschutzbehörde	selbstständig	alternativ auch im Bebauungsplan	durch Satzungsbeschluss
Hamburg	Bezirksämter als untere Naturschutzbehörden	selbstständig	Landschaftsplanerische Festsetzungen, wenn kein Grünordnungsplan	durch Rechtsverordnung oder Gesetz
Hessen	Gemeinde	selbstständig	Rechtsverordnung	soweit durch Bebauungsplan festgesetzt
Mecklenburg-Vorpommern				
Niedersachsen	Gemeinde	selbstständig	Grünordnungsplan als Teil der Begründung zum Bebauungsplan	soweit durch Bebauungsplan festgesetzt
Nordrhein-Westfalen	Kreise, kreisfreie Städte	selbstständig	keine Integration, auf den nicht bebauten Bereich beschränkt	Bindungswirkung als Satzung
Rheinland-Pfalz	Gemeinde	integriert	unmittelbar	durch Bebauungsplan
Saarland	Gemeinde	integriert	unmittelbar	soweit durch Bebauungsplan festgesetzt
Sachsen	Gemeinde	selbstständig	mittelbar	soweit durch Bebauungsplan festgesetzt

[2319] Fachkommission „Städtebau" der ARGEBAU, Muster-Einführungserlass zum BauROG, S. 21, mit Hinweis auf *OVG Koblenz*, Urt. v. 22. 8. 1993 – 10 C 12502/92 – UPR 1994, 234; *VGH Kassel*, B. v. 25. 1. 1988 – 3 N 13/83 – ESVGH 38, 135 = ZfBR 1988, 236 – Landschaftspläne.

6. Teil. Abwägungsgebot

Land	Träger	Verfahren	Inhaltliche Integration	Bindungswirkung
Sachsen-Anhalt	Gemeinde	selbstständig	Grünordnungsplan als Teil der Bebauungsplanbegründung	soweit durch Bebauungsplan festgesetzt
Schleswig-Holstein	Gemeinde	selbstständig	mittelbar	soweit durch Bebauungsplan festgesetzt
Thüringen	Gemeinde	selbstständig	mittelbar	soweit durch Bebauungsplan festgesetzt; diese sind in der Regel ohne Landschaftsplan nicht genehmigungsfähig

In welchem Umfang sich aus den **Landschaftsplänen förmliche Bindungswirkungen** oder (nur) **abwägungserhebliche Belange** ergeben, ist dem jeweiligen Landesrecht zu entnehmen. Nach § 16 II BNatSchG regeln die Länder die Verbindlichkeit der Landschaftspläne, insbesondere für die Bauleitplanung. Sie können bestimmen, dass Darstellungen des Landschaftsplans als Darstellungen oder Festsetzungen in die Bauleitpläne aufgenommen werden. Sie können darüber hinaus vorsehen, dass von der Erstellung eines Landschaftsplans in Teilen von Gemeinden abgesehen werden kann, soweit die vorgesehene Nutzung den Zielen und Grundsätzen des Naturschutzes und der Landschaftspflege entspricht und dies planungsrechtlich gesichert ist. Für NRW hat das *OVG Münster* dazu folgende Grundsätze aufgestellt: Die Genehmigung der Darstellung von Bauflächen im Flächennutzungsplan für Bereiche, die von einer Landschaftsschutzverordnung erfasst werden, darf nicht davon abhängig gemacht werden, dass die höhere Landschaftsbehörde die Aufhebung des Landschaftsschutzes zusagt.[2320] Ob von einer Landschaftsschutzverordnung erfasste Flächen im Flächennutzungsplan als Bauflächen dargestellt werden, ist keine Frage des Widerspruchs zu sonstigen Rechtsvorschriften (§ 6 II 1 BauGB). Der Landschaftsplan steht nach den Regelungen des LandschG NRW in der Planungshierarchie unter dem Flächennutzungsplan und auf einer Stufe mit dem Bebauungsplan. Er ist kein gegenüber der Bauleitplanung höherrangiges Recht. Es ist verfehlt, für Ansiedlungen im Außenbereich, die etwa zwecks Lückenschließung ohnehin zur Bebauung anstehen, den Landschaftsschutz nur deshalb aufrechtzuerhalten, um mit gezielt vorgesehenen Befreiungen vom Landschaftsschutz das Baugeschehen steuern zu können. Die als Ziele der Raumordnung zu wertenden landesplanerischen Vorgaben des Freiraumschutzes im Landesentwicklungsplan III lassen der Gemeinde Spielräume bei der Entscheidung, ob ein in der jeweiligen örtlichen Situation begründeter Bedarf für die Ausweisung von Bauflächen im Freiraum besteht.[2321]

Die ebenfalls zu berücksichtigenden Pläne des **Wasserrechts** sind bundesrahmenrechtlich in § 36 WHG als wasserwirtschaftliche Rahmenpläne und in § 36 b WHG als Bewirtschaftungspläne geregelt. Pläne des Immissionsschutzrechts sind Luftreinhaltepläne nach § 47 BImSchG[2322] und die Lärmaktionspläne nach § 47 d BImSchG.[2323] Nach § 29 I KrW-/AbfG sind die Länder verpflichtet, für ihren Bereich Abfallwirtschaftspläne aufzustellen. Die Darstellungen dieser Abfallwirtschaftspläne sind dann im Rahmen der bauleitplanerischen Abwägung in der Regel als Belange zu berücksichtigen. Eine strikte

---

[2320] *BVerwG*, Urt. v. 21. 10. 1999 – 4 C 1.99 – ZfBR 2000, 202 – Landschaftsschutzgebiet.
[2321] *OVG Münster*, Urt. v. 11. 1. 1999 – 7 A 2377/96 – NuR 1999, 704 = BauR 2000, 62 – Landschaftsplan.
[2322] S. Rdn. 2718, 2779, 2898.
[2323] Zu Lärmminderungsplänen s. Rdn. 2278, 2914, 2915.

Bindung ergibt sich allerdings für die Ausweisung von Flächen für Abfallbeseitigungsanlagen zur Endablagerung von Abfällen (Deponien) nach § 29 I 3 Nr. 2, IV KrW-/AbfG. Derartige Verbindlichkeitserklärungen haben Vorrang gegenüber der Bauleitplanung.[2324] Außerdem sind die Vorgaben des Hochwasserschutzes zu beachten.

1235 **f) Schutzgebiete nach der FFH-Richtlinie.** Höhere Anforderungen an die Bauleitplanung können sich auch aus der FFH-Richtlinie[2325] ergeben, die für besondere Schutzgebiete mit prioritären Biotopen oder Arten eine qualifizierte Abwägung verlangt (Art. 6 II UA 2 FFH-Richtlinie).[2326] § 1a IV BauGB setzt für den Bereich der Bauleitplanung die FFH-Richtlinie um. Soweit ein Gebiet von gemeinschaftlicher Bedeutung als Habitat oder Vogelschutzgebiet in seinen für die Erhaltungsziele oder den Schutzzweck maßgeblichen Bestandteilen erheblich beeinträchtigt werden kann, sind die Vorschriften §§ 32 bis 37 BNatSchG anzuwenden (§ 1a IV BauGB). Damit ist das Prüfungssystem dieser Vorschriften für die Bauleitplanung verbindlich. Die Länder wählen nach § 33 BNatSchG die fachlich geeignetsten Schutzgebiete von gemeinschaftlicher Bedeutung aus. Diese werden auf der Grundlage von Vorschlägen der Länder vom Bundesumweltministerium nach entsprechender Abstimmung mit fachlich betroffenen anderen Bundesministerien der EU-Kommission benannt. Die Kommission legt auf dieser Grundlage die Gebiete gemeinschaftlicher Bedeutung fest. Die Länder erklären sodann die in der Liste der Gebiete von gemeinschaftlicher Bedeutung eingetragenen Gebiete entsprechend den jeweiligen Erhaltungszielen zu geschützten Teilen von Natur und Landschaft (§ 33 II, 22 I BNatSchG). Die Unterschutzstellung kann unterbleiben, wenn nach anderen Rechtsvorschriften, nach Verwaltungsvorschriften, durch die Verfügungsbefugnis eines öffentlichen oder gemeinnützigen Trägers oder durch vertragliche Vereinbarungen ein gleichwertiger Schutz gewährleistet ist.

1236 Soweit sich Bauleitplanverfahren unmittelbar auf den räumlichen Geltungsbereich der Schutzgebiete nach der FFH-Richtlinie erstrecken sollen, ist schon durch die Schutzgebietsausweisung ein der allgemeinen bauplanerischen Abwägung entzogener Vorrang gegeben. Dies gilt auch für die Überplanung eines zwar noch nicht national unter Schutz gestellten, aber bereits in die sog. Gemeinschaftsliste (vgl. Art. 4 V FFH-Richtlinie) aufgenommenen Gebietes oder für Beeinträchtigungen aufgrund eines angrenzenden Bebauungsplans. Eine unterlassene Berücksichtigung derartiger Auswirkungen würde daher zu einem Fehler des entsprechenden Plans führen. Bei möglicherweise erheblichen Beeinträchtigungen des Habitates ist eine Verträglichkeitsprüfung durchzuführen (§ 34 BNatSchG, § 6 III FFH-Richtlinie). Ist das Vorhaben im Hinblick auf die Erhaltungsziele nicht verträglich, weil es das Gebiet als Ganzes oder wesentliche Bestandteile des Gebietes beeinträchtigt, ist es grundsätzlich unzulässig. Es kann allerdings beim Vorliegen besonderer Gründe zugelassen werden (§ 34 III BNatSchG, Art. 6 IV FFH-Richtlinie). Sind solche Gebiete ausgewiesen, kann bei einer nachhaltigen Beeinträchtigung prioritärer Gebiete oder Lebensgemeinschaften ein Konsultationsverfahren erforderlich sein. Auch sind an die Abwägung dann erhöhte Voraussetzungen zu stellen (§ 34 IV BNatSchG, Art. 6 IV UA 2 FFH-Richtlinie). § 1a IV BauGB stellt klar, dass im Rahmen von Flächennutzungs- und Bebauungsplanverfahren die Erhaltungsziele oder der Schutzzweck von Gebieten mit gemeinschaftlicher Bedeutung und der europäischen Vogelschutzgebiete[2327] zu beachten sind.

[2324] Fachkommission „Städtebau" der ARGEBAU, Muster-Einführungserlass zum BauROG, S. 22.
[2325] Richtlinie 92/43/EWG des Rates vom 21. 5. 1992 zur Erhaltung der natürlichen Lebensräume sowie der wild lebenden Tiere und Pflanzen, ABlEG Nr. L 206/7 v. 22. 7. 1992, abgedruckt bei *Stüer*, Bau- und Fachplanungsgesetze 1999, 823.
[2326] S. Rdn. 2823.
[2327] Zum Schutz faktischer Vogelschutzgebiete *BVerwG*, Urt. v. 1. 4. 2004 – 4 C 2.03 – DVBl. 2004, 1115 = NVwZ 2004, 1114 – Hochmoselbrücke.

Werden Gebiete mit prioritären Lebensraumtypen beeinträchtigt, so ist eine Planung 1237
trotz des negativen Ergebnisses der Verträglichkeitsprüfung nur zulässig, wenn der hierdurch vorbereitete Eingriff aus zwingenden Gründen des überwiegenden öffentlichen Interesses durchzuführen ist und eine Alternativlösung nicht vorhanden ist. In diesem Fall sind die erforderlichen Kompensationsmaßnahmen zu ergreifen, um sicherzustellen, dass die globale Kohärenz des Biotopverbundsystems geschützt ist. Außerdem ist eine Stellungnahme der Europäischen Kommission einzuholen. Gehen innerhalb dieser in die Abwägung zu integrierenden Verträglichkeitsprüfung die natur- und landschaftsbezogenen Belange den genannten Gründen des überwiegenden öffentlichen Interesses vor, so führt dies zur Unzulässigkeit der betreffenden Planung. Eine Überwindung der naturschutzrechtlichen Belange ist dann zu Gunsten des Vorhabens in der Bauleitplanung nicht möglich.

g) Naturschutzrechtliche Eingriffsregelung. Die naturschutzrechtliche Eingriffsrege- 1238
lung findet sich in § 1a III BauGB und wird durch weitere Vorschriften in den §§ 135a bis c, 200a BauGB und § 21 BNatSchG ergänzt.[2328] Über Kompensationsmaßnahmen für Eingriffe in Natur und Landschaft ist bereits im Bebauungsplan, also nicht erst im Baugenehmigungsverfahren zu entscheiden.[2329] Über erforderliche Ausgleichs- und Ersatzmaßnahmen wird daher in der Abwägung entschieden. Eine Verpflichtung zu Kompensationsmaßnahmen über die im Bebauungsplan getroffenen Festsetzungen hinaus besteht nicht. Der Bebauungsplan trifft dazu eine abschließende Regelung. Ein abstrakter Vorrang der Belange des Naturschutzes und der Landschaftspflege vor den in der Bauleitplanung zu berücksichtigenden anderen Belangen kommt im Gesetz nicht zum Ausdruck. Durch § 1a III 1 BauGB wird dabei deutlich, dass der **Baurechtskompromiss**,[2330] der auf einen Ausgleich zwischen Bauleitplanung und Naturschutz abzielt, fortgeschrieben wird. Eine materielle Änderung des bereits früher bestehenden Abwägungsmodells naturschutzrechtlicher Belange in der Bauleitplanung ist mit diesem Regelungstransfer in das Bauplanungsrecht nicht verbunden.[2331] Es bleibt daher bei dem gewohnten Unterschied zwischen der vom Grundsatz strikt bindenden Eingriffsregelung in den §§ 18 bis 20 BNatSchG einerseits und der von Abwägung geprägten Bewältigung der naturschutzrechtlichen Eingriffe in der Bauleitplanung andererseits.[2332] Die Gemeinden sind einerseits verpflichtet, nach dem Prüfungsschema des § 18 BNatSchG vorzugehen und danach zu prüfen, ob ein Eingriff vorliegt, ob er vermieden oder minimiert werden kann, ob ein Ausgleich erforderlich ist und ob das Vorhaben bei nicht ausgleichbaren Eingriffen an den umweltschützenden Belangen scheitert. Die Prüfung ist andererseits nicht strikt in dem Sinne, dass die in den §§ 18 bis 20 BNatSchG enthaltenen Vorgaben unmittelbar

---

[2328] Zum Verhältnis von Bauleitplanung und Naturschutz *Benz/Berkemann*, Natur- und Umweltschutz, 1989; *Berkemann* NuR 1993, 97; *Blume* NVwZ 1993, 941; *Bunzel* UPR 1991, 297; *Dürr* UPR 1991, 81; *Gaentzsch* NuR 1990, 1; *Gassner* NVwZ 1991, 26; *ders.* NuR 1993, 252; *Krautzberger/Runkel* DVBl. 1993, 456; *Mitschang*, Naturschutzrechtliche Eingriffsregelung und Bauplanungsrecht, 1989; *Petersen* NuR 1989, 205; *Ramsauer* (Hrsg.), Die naturschutzrechtliche Eingriffsregelung, 1995; *Reinhardt* NuR 1994, 417; *Runkel* NVwZ 1993, 1136; *Schulze* in: Stüer (Hrsg.) Verfahrensbeschleunigung, S. 85; *Schulze/Stüer* ZfW 1996, 269; *dies.* in: Stüer (Hrsg.) Verfahrensbeschleunigung, S. 62; *Stüer* DVBl. 1992, 1147; *ders.* DVBl. 1995, 1345; *ders.* in: Stüer (Hrsg.) Verfahrensbeschleunigung, S. 120.

[2329] OVG Münster, Urt. v. 13. 3. 1998 – 7a 374/98.NE – NVw-RR 1999, 113 = BauR 1998, 1195.

[2330] Vgl. *Koch* in: Ramsauer (Hrsg.), Die naturschutzrechtliche Eingriffsregelung, 1995, S. 199; sowie ebenda *Runkel* (S. 56); *Peine* (S. 39), *Berkemann* (S. 65); *Klinge* BauR 1995, 289; *Schink* UPR 1995, 281; *ders.* NuR 1993, 365; *Schmidt-Aßmann* in: UGB-BT, 1994, 394ff. zu §§ 179 bis 183 UGB-BT; *Steinfort* VerwArch. 86 (1995), 107; *Stollmann* UPR 1994, 170; *Wagner* UPR 1995, 203; *Carlsen* (Hrsg.), Naturschutz und Bauen, Eingriffe in Natur und Landschaft und ihr Ausgleich, insbesondere in der Bauleitplanung, 1995; *Schink* UPR 1995, 281ff.; *Matuschak* DVBl. 1995, 81.

[2331] *Bundesregierung*, Gesetzentwurf zum BauROG 1998, S. 43.

[2332] Aus dem bisher geltenden Recht übernommen ist die Bodenschutzklausel und die Bodenversiegelungsklausel in § 1a I BauGB. Danach soll mit Grund und Boden sparsam umgegangen werden. Bodenversiegelungen sind auf das notwendige Maß zu begrenzen.

bindend sind, sondern abwägungsdirigiert. Auch § 1a III BauGB verweist darauf, dass die planende Gemeinde nicht strikt gebunden ist, sondern die dort aufgeführten Belange in der Abwägung zu berücksichtigen hat.

1239 Den Belangen des Naturschutzes und der Landschaftspflege kommt gegenüber den anderen öffentlichen Belangen **kein absoluter Vorrang**, wohl eine herausgehobene Bedeutung zu.[2333] In der Bauleitplanung ist nicht nur darüber zu entscheiden, ob sich die Eingriffe in Natur und Landschaft im Planbereich überhaupt rechtfertigen lassen, sondern auch darüber, ob und in welchem Umfang für – angesichts vorrangiger städtebaulicher Erfordernisse – unvermeidbare Beeinträchtigungen Ausgleich zu leisten ist.[2334] Das Gesetz verpflichtet die Gemeinde, bei planerischen Eingriffen in Natur und Landschaft ein gesetzlich vorgeprägtes Entscheidungsprogramm abzuarbeiten und über ein Folgenbewältigungsprogramm abwägend zu entscheiden.[2335] Gleichwohl sei es – so das *BVerwG* – zumindest missverständlich, § 1a III BauGB[2336] als ein Optimierungsgebot zu bezeichnen. Es werde nicht vorgeschrieben, dass die Belange von Natur- und Landschaftsschutz unabhängig von ihrem Gewicht in der konkreten Situation und dem (Gegen-)Gewicht der anderen Belange zu optimieren seien. Die naturschutzrechtlichen Ermittlungen müssen eine sachgerechte Planungsentscheidung ermöglichen. Eine vollständige Erfassung der betroffenen Tier- und Pflanzenarten ist dazu regelmäßig nicht erforderlich.[2337] Vor allem lässt das *BVerwG* eine abgeschichtete Bewältigung der naturschutzrechtlichen Ausgleichserfordernisse in verschiedenen Rechtsakten zu. Ein „naturschutzrechtlicher Konflikttransfer"[2338] ermöglicht einerseits einen Transfer in Nachfolgeentscheidungen, stößt jedoch dort auf seine Grenzen, wo die Bewältigung der Kompensationserfordernisse in den Nachfolgeverfahren nicht mehr sichergestellt werden kann. Die naturschutzrechtlichen Regelungen erfordern keine optimierende Berücksichtigung der betroffenen Belange, wohl aber eine zusätzliche Befassung mit den zurückgestellten, nachteilig betroffenen naturschutzrechtlichen Belangen. Diese sind in der **Ausgleichsentscheidung** daraufhin zu prüfen, ob eine **Vermeidung** oder **Minderung** im Sinne eines **Schonungsgebotes** unter Wahrung der Planungsziele möglich ist oder ob für die danach zurückzustellenden Belange ein **Ausgleich** oder eine **Kompensation** in sonstiger Weise geschaffen werden kann. Die Prüfung unterliegt allerdings der planerischen Abwägungsentscheidung und ist hinsichtlich des Ergebnisses nicht von vornherein festgelegt.[2339]

1240 Rechtsgrundlage der naturschutzrechtlichen Eingriffsregelung sind die rahmensetzenden Regelungen der **§§ 18 bis 20 BNatSchG** und die entsprechenden naturschutzrechtlichen Regelungen der Naturschutzgesetze der Länder. Das BNatSchG ist ein Rahmenrecht des Bundes nach Art. 75 I 1 Nr. 3 GG. Es enthält Rahmenvorschriften, die durch das Landesrecht näher auszufüllen ist. Unmittelbar anwendbar sind die in § 11 BNatSchG

[2333] *BVerwG*, B. v. 31. 1. 1997 – 4 NB 27.96 – BVerwGE 104, 68 = DVBl. 1997, 1112 = NVwZ 1997, 1213.
[2334] Integritätsinteresse erweitert um das Kompensationsinteresse.
[2335] Die Gemeinde ist an die Ergebnisse eines standardisierten Verfahrens zur Eingriffsbewertung nicht gebunden. Das folgt schon aus dem Fehlen eines gesetzlich vorgeschriebenen Bewertungsverfahrens für die Entscheidung nach § 1a BNatSchG, zumal es in der Praxis auch verschiedene Bewertungsverfahren gibt, die zu unterschiedlichen Ergebnissen führen könnten. Es ist vielmehr Aufgabe der planenden Gemeinde, in eigener Verantwortung die zu erwartenden Eingriffe in Natur und Landschaft zu bewerten und über Vermeidung, Ausgleichs- und Ersatzmaßnahmen abwägend zu entscheiden, so *BVerwG*, B. v. 23. 4. 1997 – 4 NB 13.97 – NVwZ 1997, 1215.
[2336] Früher §§ 8a bis 8c BNatSchG 1993.
[2337] *BVerwG*, B. v. 21. 2. 1997 – 4 B 177.96 – BauR 1997, 459 = NVwZ-RR 1997, 607. Es kann vielmehr ausreichen, wenn aus dem Untersuchungsrahmen besonders bedeutsame Repräsentanten an Tier- und Pflanzengruppen festgestellt werden und wenn für die Bewertung des Eingriffs auf bestimmte Indikationsgruppen abgestellt wird.
[2338] Vgl. zur Konfliktbewältigung in der Bauleitplanung *BVerwG*, B. v. 17. 2. 1984 – 4 B 191.83 – BVerwGE 69, 30 = DVBl. 1984, 343 – Reuter-Kraftwerk.
[2339] S. Rdn. 1388.

im Einzelnen aufgeführten Regelungen. Die naturschutzrechtliche Eingriffsregelung in den §§ 18 bis 20 BNatSchG ist nicht unmittelbar anwendbar, sondern bedarf einer Umsetzung durch Landesrecht. Maßgebend ist daher die jeweils ausfüllende Vorschrift des Naturschutzesgesetzes bzw. Landschaftspflegegesetzes des Landes. Im Gegensatz dazu ist § 21 BNatSchG unmittelbar geltendes Recht, weil es in den Katalog der unmittelbar geltenden Rechtsvorschriften des § 11 BNatSchG aufgenommen worden ist. § 21 BNatSchG gilt daher unmittelbar und geht den landesrechtlichen Vorschriften vor. §§ 18 bis 20 BNatSchG bedürfen demgegenüber der Umsetzung in dem jeweiligen Landesrecht. Der Gesetzgeber darf allerdings nicht hinter den Vorgaben der §§ 18 bis 20 BNatSchG zurückbleiben.

1241 Das **Verhältnis der Bauleitplanung zum Naturschutz** findet in **§ 1a III BauGB** seine Grundlage, soweit es den eigentlichen städtebaulichen Planungsteil angeht. Die Bestimmung des naturschutzrechtlichen Eingriffs bleibt weiter dem BNatSchG als dem naturschutzrechtlichen Fachrecht vorbehalten. Das BauGB geht dabei davon aus, dass die planerischen Entscheidungen nicht strikt bindend, sondern abwägungsdirigiert sind (§ 1a III 1 BauGB). Dies gilt in voller Breite der naturschutzrechtlichen Belange. Die Gemeinde ist allerdings bei der Abwägung nicht gänzlich frei, sondern unterliegt dabei Bindungen, die sich auch aus dem Beispielskatalog des § 1a III BauGB und vergleichbaren Belangen ergeben. Die umweltschützenden Belange haben danach in der Bauleitplanung keinen absoluten oder relativen Vorrang, sondern sind abwägungsdirigiert in dem Sinne, dass sie aus der Sicht der planenden Gemeinde durch andere überwiegende Belange überwunden werden können. Natur- und umweltschützende Belange sind keine „roten Ampeln", die unter allen Umständen beachtet werden müssen, sondern in der Abwägung verfügbar, wenn nur die Krokodilstränen groß genug sind, die bei ihrer Überwindung vergossen werden. Durch § 1a III BauGB wird die naturschutzrechtliche Eingriffsregelung in die Bauleitplanung vorverlegt und im Gegensatz zur Rechtslage vor In-Kraft-Treten des InvWoBaulG 1993 nicht auf den tatsächlichen Eingriff bezogen. Die Vorverlagerung der Prüfung der naturschutzrechtlichen Eingriffsregelung erfolgt unter zwei Zielsetzungen: Die Prüfung der naturschutzrechtlichen Belange soll auf der Ebene der Bauleitplanung konzentriert werden. Die konzentrierte Prüfung naturschutzrechtlicher Belange in der Bauleitplanung soll dazu genutzt werden, die Anliegen der naturschutzrechtlichen Eingriffsregelung effektiver zu verwirklichen als im Rahmen der nachgeordneten einzelnen Zulassungsentscheidung.

1242 Die naturschutzrechtliche **Eingriffsregelung** nach **§ 1a III BauGB** ist anzuwenden, wenn aufgrund des Bauleitplans Eingriffe in Natur und Landschaft zu erwarten sind (§ 18 I BNatSchG). Dies gilt etwa für die erstmalige Zulassung einer baulichen oder sonstigen Nutzung, die durch den Bebauungsplan begründet wird. Auch die Ausweisung einer intensiveren Nutzung gegenüber einer bisherigen Innenbereichslage kann einen Eingriff darstellen. Aber auch die Aufhebung eines Bebauungsplans kann die Grundlage für einen Eingriff im Rechtssinne bewirken, wenn etwa nach dem Bebauungsplan bestehende Nutzungsbeschränkungen aufgehoben werden. Wird allerdings das bereits bisher bestehende Baurecht lediglich in den Bebauungsplan übernommen, sind die naturschutzrechtlichen Regelungen nicht anwendbar (§ 1a III 5 BauGB). Bedeutung hat diese Klarstellung etwa für nicht mehr genutzte Industriebrachen und Konversionsstandorte. Hier ist ein Ausgleich dann nicht erforderlich, wenn anstelle der alten, nicht mehr genutzten Bebauung eine neue Bebauung ohne zusätzliche Beeinträchtigung von Natur und Landschaft treten soll.

1243 Auch für die Bauleitplanung ist das systematische Vorgehen in den **§§ 18 bis 20 BNatSchG** verbindlich. Der Naturschutz muss in der Bauleitplanung **abgearbeitet** werden. Allerdings sind die einzelnen Stationen dieses Abarbeitungsprozesses **abwägungsdirigiert** und **nicht strikt** gebunden. Die Prüfung der Zulässigkeit des naturschutzrechtlichen Eingriffs erfolgt nach den §§ 18 bis 20 BNatSchG in einem **vierstufigen System**. Zunächst ist zu fragen, ob die Veränderungen der Gestalt oder Nutzung von Grundflächen und damit der durch die Bauleitpläne zugelassene Realakt die Leistungsfähigkeit des Naturhaushaltes oder das Landschaftsbild erheblich oder nachhaltig beeinträchtigt. Derartige Eingriffe sind sodann nach Möglichkeit zu vermeiden, wobei allerdings die Zielkonzeption der jeweiligen Maßnahme gewahrt werden muss. Danach nicht vermeidbare Eingriffe sind zu minimieren. Nicht vermeidbare und nicht zu minimierende Eingriffe sind auszugleichen (Ausgleichsmaßnahmen) oder in sonstiger Weise zu kompensieren (Ersatzmaßnahmen). Kann einem erforderlichen Kompensationserfordernis ganz oder teilweise nicht Rechnung getragen werden, erfolgt eine bipolare Abwägung, in die die für das Vorhaben sprechenden Gesichtspunkte und Belange des Natur- und Landschaftsschutzes einzustellen sind (§ 19 III BNatSchG). Ggf. ist nach Maßgabe des Landesrechts eine weitergehende Kompensation zu leisten. Geprüft werden diese Schritte i. d. R. nach dem sog. **„Huckepackverfahren"** im Rahmen der Planungs- und Zulassungsentscheidung, also z. B. bei der Aufstellung des Bauleitplans sowie im Baugenehmigungsverfahren oder im immissionsschutzrechtlichen Genehmigungsverfahren. Dabei ist die für den Naturschutz oder die Landschaftspflege zuständige Behörde nach Maßgabe des § 20 II BNatSchG zu beteiligen. Den naturschutzrechtlichen Anforderungen des Vermeidungsgebotes und der Ausgleichspflicht kann die Gemeinde allerdings nur gerecht werden, wenn der zugrunde liegende Sachverhalt im Einzelnen aufgearbeitet ist und die nach dem Bebauungsplan zugelassenen Eingriffe und ihre Auswirkungen ermittelt sind. Es bedarf daher einer Bestandsaufnahme von Natur und Landschaft in dem Bereich, der von dem Bauleitplan betroffen ist. Es kann dabei ausreichend sein, wenn für den Untersuchungszeitraum besonders bedeutsame Repräsentanten an Tier- und Pflanzengruppen festgestellt werden und für die Bewertung des Eingriffs auf bestimmte Indikatoren abgestellt wird. Die Gemeinden sind dabei nicht an standardisierte Bewertungsverfahren gebunden. Vielmehr ist es Aufgabe der planenden Gemeinde, in eigener Verantwortung die zu erwartenden Eingriffe in Natur und Landschaft zu bewerten und über Vermeidung und Kompensation abwägend zu entscheiden.

1244 Diese **Bestandsaufnahme** und **Bestandsbewertung** ist der Art und dem Umfang der zu erwartenden Eingriffe in Natur und Landschaft gegenüberzustellen. Dabei sind neben den zur Überbauung vorgesehenen Grundstücksflächen auch die vorgesehenen örtlichen Verkehrsflächen zu berücksichtigen. Die Intensität auch dieser Erhebung hängt von der Wertigkeit von Natur und Landschaft im Plangebiet ab. Der Bebauungsplan kann dabei eine gewisse Abstraktionsebene wahren und muss nicht parzellenscharfe Erhebungen gewährleisten. Zudem kann die Gemeinde bei der Ermittlung der Eingriffswirkungen von ihren Erfahrungswerten ausgehen, in welchem Umfang Bauherren Festsetzungen in Bebauungsplänen tatsächlich durch Vorhaben ausnutzen. Denn der Bebauungsplan bietet hier vielfach nur ein Angebot für eine Vielzahl städtebaulicher Nutzungen. Die Gemeinde ist daher bei der Ermittlung der Eingriffswirkungen nicht auf die Berücksichtigung der Maximalausnutzung des Bebauungsplans verpflichtet. Vielmehr kann sie, wenn dazu Anlass besteht, von einer geringeren wahrscheinlichen Eingriffswirkung ausgehen.

1245 Die Gemeinde hat sodann zu prüfen, ob die beabsichtigten Eingriffe **vermieden** werden können. Nicht zu vermeidende und nicht zu **minimierende** Eingriffe sind nach Möglichkeit zu **kompensieren**. Dabei ist zunächst zur prüfen, inwieweit zur Verwirklichung der Ziele des Naturschutzes und der Landschaftspflege Kompensationsmaßnahmen erforderlich sind. Darunter sind nicht nur Maßnahmen für eine gleichartige Kompensation der Eingriffsfolgen im räumlichen Zusammenhang mit dem Eingriff, sondern auch Maßnahmen zu verstehen, die traditionell als Ersatzmaßnahmen auf der Grundlage des jeweiligen Landesrechts begriffen werden. § 1a III BauGB unterscheidet dabei nicht zwischen **Ausgleich** und **Ersatz**. Daher ist die Gemeinde auch nicht auf eine vorrangige Prüfung von Ausgleichsmaßnahmen verpflichtet. Vielmehr kann sie zwischen der Art der Kompensationsmaßnahmen frei wählen. Auch ist die Gemeinde hinsichtlich des Umfangs der Kompensationsmaßnahmen nicht an eine volle Kompensation gebunden. Sind Kompensationsmaßnahmen naturschutzfachlich erforderlich, stellt sich für die Gemeinde im Rahmen der Abwägung die Frage, ob und in welchem Umfang ggf. darauf verzichtet werden kann. Die Gemeinde muss sich dabei allerdings konkret mit der Frage auseinander setzen, ob der mit der Planung verbundene Eingriff vermieden, minimiert oder ausgeglichen werden kann. Sie hat dabei zu prüfen, mit welchen Maßnahmen vernünftigerweise unter Wahrung einer geordneten städtebaulichen Entwicklung dem Anliegen der naturschutzrechtlichen Eingriffsregelung im Bauleitplan Rechnung getragen werden kann.[2340]

Die naturschutzrechtlichen Belange unterliegen dabei einer **Abwägung** der Gemeinde. **1246** Umfang und Art der jeweils gebotenen Kompensation ist von der Gemeinde nach Maßgabe der konkreten örtlichen Situation abzuwägen. Eine allgemeine Verpflichtung zur vollen Kompensation besteht im Rahmen der Bauleitplanung nicht. Wegen der Bedeutung der umweltschützenden Belange in der Bauleitplanung sind die wesentlichen Gesichtspunkte der Abwägung in der Begründung zum Flächennutzungsplan oder zum Bebauungsplan zu dokumentieren.

h) Freistellungsklausel zu Gunsten der Länder. Frühere Freistellungsklauseln zu **1247** Gunsten der Länder sind inzwischen weggefallen.[2341]

i) Instrumente. Für die Integration der umweltschützenden Belange in das Bauplanungsrecht verweist § 1a III BauGB auf ein Bündel verschiedener städtebaulicher Instrumente, die von Darstellungen im Flächennutzungsplan über Festsetzungen im Bebauungsplan bis hin zu städtebaulichen Verträgen reichen. Erleichterungen werden der Praxis vor allem auch dadurch angeboten, dass der Ausgleich auch an anderer Stelle als am Ort des Eingriffs erfolgen kann und die Gemeinde durch vorgezogene Maßnahmen bereits einen Ausgleich für Eingriffe vorwegnehmen kann, die erst später anstehen. Dadurch können naturschutzrechtliche Ausgleichsmaßnahmen zeitlich und räumlich entzerrt und instrumentell auf eine neue Grundlage gestellt werden. Hierdurch wird eine räumliche und zeitliche Abkoppelung von Beeinträchtigung und Ausgleich ermöglicht,[2342] solange dies mit den Zielen des Naturschutzes vereinbar ist. Die Praxis hat dies als hilfreich empfunden. Über allem schwebt der Gedanke, das Bauplanungsrecht mit seinem der Abwägung verpflichteten Entscheidungsverfahren für eine sachgerechte Bewältigung umweltschützender Belange zu nutzen.[2343]

Ein Bebauungsplan konnte sich nach Auffassung des *BVerwG*[2344] bereits unter Geltung **1249** des § 8a BNatSchG 1993 durchaus auf **zwei voneinander räumlich getrennte Gebiete**, also jeweils Teilgebiete eines räumlichen Geltungsbereichs, erstrecken.[2345] Auch insoweit kann der großräumigen Betrachtungsweise Rechnung getragen werden, wie sie die naturschutzrechtliche Kompensationsplanung erfordert.[2346] Das Gericht bejahte sodann die Befugnis der Gemeinde, auch andere Möglichkeiten der rechtstechnischen Umsetzung von Ausgleichs- und Ersatzmaßnahmen zu wählen als die der Festsetzung von gem. § 9 I BauGB. Die naturschutzrechtliche Zielsetzung bedinge zwar, dass im Gemeindegebiet Flächen zur Verfügung stehen, die als Ausgleichs- oder Ersatzflächen geeignet sind. Der darauf gerichtete Vollzug sei aber nicht auf die in § 19 II BNatSchG vorgesehenen

---

[2340] *BVerwG*, B. v. 23. 4. 1997 – 4 NB 13.97 – NuR 1997, 446 = UPR 1997, 409 = ZfBR 1997, 261 – Kompensationsbedarf; vorhergehend *OVG Münster*, Urt. v. 5. 12. 1996 – 7 A D 23/95 NE – BauR 1997, 607 – Kompensationsbedarf.

[2341] Nach § 246 VI BauGB 1998 konnten die Länder bestimmen, dass die Gemeinden bis zum 31. 12. 2000 die Eingriffsregelung nicht anwenden mussten, soweit den Belangen des Naturschutzes und der Landschaftspflege auf andere Weise Rechnung getragen werden konnte.

[2342] *Bundesregierung*, Gesetzentwurf zum BauROG 1998, S. 44.

[2343] *Stüer* DVBl. 1996, 177.

[2344] *BVerwG*, B. v. 31. 1. 1997 – 4 NB 27.96 – BVerwGE 104, 68 = DVBl. 1997, 1112 = NVwZ 1997, 1213.

[2345] Vgl. die Vorlage des *VGH Mannheim*, B. v. 26. 7. 1996 – 5 S 2054/95 – VBlBW 1996, 465.

[2346] *BVerwG*, B. v. 9. 5. 1997 – 4 N 1.96 – BVerwGE 104, 353 = DVBl. 1997, 1121 = NVwZ 1997, 1216.

Mittel begrenzt. Die Gemeinde könne demnach grundsätzlich die Ausgleichs- und Ersatzmaßnahmen auch durch vertragliche Regelungen erreichen.[2347] Ohne in der Sache zu entscheiden, hat das *BVerwG* aber zunächst Bedenken dagegen angemeldet, dass eine einseitige Verpflichtungserklärung der Plangeberin genügen könnte, um den Vollzug und die Wahrung der Belange des Naturschutzes sicherzustellen. In der Folgezeit hat das Gericht aber betont, dass die Gemeinde auch in anderer geeigneter Weise den naturschützenden Belangen Rechnung tragen könne.[2348]

1250 Für den Flächennutzungsplan und den Bebauungsplan sind enthalten § 5 IIa BauGB und § 9 Ia BauGB entsprechende Darstellungs- und Festsetzungsmöglichkeiten. Nach § 5 IIa BauGB können Flächen zum Ausgleich i. S. des § 1a III BauGB im Geltungsbereich des **Flächennutzungsplans** den Flächen, auf denen Eingriffe in Natur und Landschaft zu erwarten sind, ganz oder teilweise zugeordnet werden. Als Darstellungen kommen nach § 5 II BauGB insbesondere in Betracht: Grünflächen (§ 5 II Nr. 5 BauGB), Wasserflächen (§ 5 II Nr. 7 BauGB), Flächen für die Landwirtschaft (§ 5 II Nr. 9 BauGB), Wald (§ 5 II Nr. 9 b BauGB) sowie Flächen für Maßnahmen zum Schutz, zur Pflege und zur Entwicklung von Boden, Natur und Landschaft (§ 5 II Nr. 10 BauGB), die Zuordnungsdarstellung (§ 5 IIa BauGB). Bei Darstellungen für die Landwirtschaft könnte sich eine überlagernde Darstellung nach § 5 II Nr. 10 als Flächen für Maßnahmen zum Schutz, zur Pflege und zur Entwicklung von Boden, Natur und Landschaft empfehlen. Die Zuordnungsdarstellung nach § 5 IIa BauGB soll bereits auf der Ebene des Flächennutzungsplans eine überschlägige Bewertung der zu erwartenden Eingriffe und der erforderlichen Ausgleichsmaßnahmen ermöglichen. Aus den Darstellungen des Flächennutzungsplans kann insbesondere eine Verknüpfung von **Eingriffs- und Ausgleichsbebauungsplan**[2349] abgeleitet werden. Auch können sich aus den Darstellungen bereits Flächen für ein **Ökokonto** ergeben. Für die Rechtswirksamkeit des Bebauungsplans sind allerdings solche Darstellungen auf der Ebene des Flächennutzungsplans nicht erforderlich. Es reicht, dass dies im Bebauungsplan geschieht oder ggf. auch durch vertragliche Vereinbarungen oder Selbstverpflichtungen der Gemeinde geleistet wird.[2350]

1251 Im **Bebauungsplan** können Festsetzungen erfolgen für Grünflächen (§ 9 I Nr. 15 BauGB),[2351] Wasserflächen (§ 9 I Nr. 16 BauGB), Flächen für die Landwirtschaft (§ 9 I Nr. 18 a BauGB), Wald (§ 9 I Nr. 18 b BauGB), Flächen oder Maßnahmen zum Schutz, zur Pflege und zur Entwicklung von Natur und Landschaft (§ 9 I Nr. 20 BauGB), das Anpflanzen von Bäumen, Sträuchern und sonstigen Bepflanzungen und Bindungen für Bepflanzungen und für den Erhalt von Bäumen, Sträuchern und sonstigen Bepflanzungen sowie von Gewässern (§ 9 I Nr. 25 BauGB). Die Festsetzungen für die Landwirtschaft (§ 9 I Nr. 18 a BauGB) können mit Festsetzungen für Flächen oder Maßnahmen zum Schutz, zur Pflege und zur Entwicklung von Boden, Natur und Landschaft (§ 9 I Nr. 20 BauGB) kombiniert werden. Durch den Wegfall der Subsidiaritätsklausel können die Festsetzungen in § 9 I Nr. 16 und 20 BauGB auch dann erfolgen, wenn dies auch auf einer anderen Rechtsgrundlage möglich wäre. Die einzelnen Festsetzungen können auch kombiniert werden.[2352] Im Bebauungsplan können Flächen oder Maßnahmen zum Ausgleich

---

[2347] *BVerwG*, B. v. 9. 5. 1997 – 4 N 1.96 – BVerwGE 104, 353 = DVBl. 1997, 1121 = NVwZ 1997, 1216; ebenso zum planfeststellungsersetzenden Bebauungsplan *VGH Mannheim*, Urt. v. 22. 7. 1997 – 5 S 3391/94 – DVBl. 1998, 601.

[2348] *BVerwG*, B. v. 18. 11. 1997 – 4 BN 26.97 – ZfBR 1998, 158 = NuR 1998, 364; Urt. v. 19. 9. 2002 – 4 CN 1.02 – BVerwGE 117, 58 = DVBl. 2003, 204 = BauR 2003, 209.

[2349] Dazu *OVG Münster*, Urt. v. 17. 12. 1998 – 10 a D 186/96.NE – NVwZ 1999, 561 = NuR 1999, 52 – Ausgleichsfläche.

[2350] *BVerwG*, Urt. v. 19. 9. 2002 – 4 CN 1.02 – BVerwGE 117, 58.

[2351] *OVG Münster*, Urt. v. 17. 12. 1998 – 10 a D 186/96.NE – NVwZ 1999, 561 = NuR 1999, 52 – Ausgleichsfläche.

[2352] *OVG Münster*, Urt. v. 17. 12. 1998 – 10 a D 186/96.NE – NVwZ 1999, 561 = NuR 1999, 52 – Ausgleichsfläche, für eine Kombination von Festsetzungen nach § 9 I Nr. 15 und 20 BauGB.

naturschutzrechtlicher Eingriffe auf den Grundstücken, auf denen die Eingriffe in Natur und Landschaft zu erwarten sind, oder an anderer Stelle sowohl im sonstigen Geltungsbereich des Bebauungsplans als auch in einem anderen Bebauungsplan festgesetzt werden (§ 9 Ia 1 BauGB). Es bestehen danach für die Festsetzungen drei Möglichkeiten: Die Festsetzungen können (1) auf dem Grundstück, auf dem der Eingriff zu erwarten ist, (2) an anderer Stelle im sonstigen Geltungsbereich des Bebauungsplans oder (3) in einem anderen Bebauungsplan (Ausgleichsbebauungsplan)[2353] festgesetzt werden. Die Flächen oder Maßnahmen zum Ausgleich an anderer Stelle können den Grundstücken, auf denen Eingriffe zu erwarten sind, ganz oder teilweise zugeordnet werden. Dies gilt auch für Maßnahmen auf von der Gemeinde bereitgestellten Flächen. Die Zuordnungsmöglichkeit ist damit auch auf Festsetzungen für den Ausgleich in einem anderen Bebauungsplan erweitert worden. Voraussetzung für die Zuordnung von einem Bebauungsplan zum anderen ist jeweils, dass ein Zusammenhang zwischen Beeinträchtigungen und Ausgleich besteht. Dieser kann – soweit vorhanden – aus entsprechenden Darstellungen für Flächen zum Ausgleich im Flächennutzungsplan abgeleitet werden. Die Festsetzungen müssen die allgemeinen Anforderungen des Abwägungsgebotes § 1 VI, VII BauGB und im Hinblick auf den Flächennutzungsplan die Erfordernisse des Entwicklungsgebotes in § 8 II BauGB wahren.[2354] Die Zuordnungsfestsetzung dient vor allem auch der Finanzierung. Im Falle des Ausgleichsbebauungsplans erfolgt die Zuordnung über eine Zuordnungsfestsetzung im Eingriffsbebauungsplan, die auf Festsetzungen zum Ausgleich im Ausgleichsbebauungsplan zurückgreift.[2355] Auch kann der Eingriffsbebauungsplan auf von der Gemeinde bereitgestellte Flächen (§ 1a III 4 BauGB) verweisen. Dem Eingriffsbebauungsplan sollte in diesem Fall als Anlage zur Begründung eine Aufstellung der von der Gemeinde in eigener Verantwortung zu leistenden Maßnahmen für den Ausgleich auf die außerhalb des Bebauungsplans liegenden, von der Gemeinde bereitgestellten Flächen beigefügt werden. § 1a III 4 BauGB setzt bei der Festlegung von Ausgleichsmaßnahmen ein Mindestmaß an rechtlicher Bindung der Gemeinde voraus. Die Gemeinde darf unter Beachtung des Abwägungsgebots Ausgleichsmaßnahmen räumlich vom Eingriffsort trennen. Zur Verwirklichung von Ausgleichsmaßnahmen darf die Gemeinde auf ein bereits beschlossenes, aber noch nicht verwirklichtes Nutzungskonzept zurückgreifen.[2356] § 1a III 5 BauGB gilt auch für alte Bebauungspläne, bei deren Aufstellung die naturschutzrechtliche Eingriffsregelung noch nicht berücksichtigt werden musste.[2357]

1252 Die **Zuordnung** erfolgt in der Regel durch **textliche Darstellungen** oder **Festsetzungen**, mit denen bestimmt wird, welche Ausgleichsmaßnahmen welchen Eingriffen zugeordnet werden. Es sind alle Flächen im Plangebiet zu bezeichnen, auf denen Eingriffe zu erwarten sind, die nach Maßgabe der planerischen Abwägung an Ort und Stelle nicht ausgeglichen werden können. Zu den Flächen, auf denen Eingriffe zu erwarten sind, gehören neben den Bauflächen etwa auch Verkehrsflächen und Flächen für Nebenanlagen wie Stellplätze oder Garagen. Da die Festsetzungen in einem Bebauungsplan regelmäßig „flächenscharf" aber nicht grundstücksscharf erfolgen, kann dieser grobere Maßstab auch im Bereich der Ausgleichsmaßnahmen angewendet werden.

1253 j) Kompensationsraum. Der Ausgleich der zu erwartenden Eingriffe in Natur und Landschaft ist nicht auf das Grundstück oder das Plangebiet beschränkt. Er kann auch an

---

[2353] *OVG Münster*, Urt. v. 17. 12. 1998 – 10a D 186/96.NE – NVwZ 1999, 561 = NuR 1999, 52 – Ausgleichsfläche.
[2354] *Bundesregierung*, Gesetzentwurf zum BauROG, S. 49.
[2355] *OVG Münster*, Urt. v. 17. 12. 1998 – 10a D 186/96.NE – NVwZ 1999, 561 = NuR 1999, 52 – Ausgleichsfläche.
[2356] *BVerwG*, B. v. 18. 7. 2003 – 4 BN 37.03 – UPR 2003, 449 = NuR 2003, 750= NVwZ 2003, 1515 = BauR 2004, 40 = DVBl. 2003, 1471 (LS) mit Anmerkung *Kemm* IBR 2003, 575.
[2357] *BVerwG*, B. v. 20. 5. 2003 – 4 BN 57.02 – DVBl. 2003, 1462 = NVwZ 2003, 1259 mit Anmerkung *Ell* NVwZ 2004, 182= NuR 2003, 624 = BauR 2003, 1688 – Öffnungsklausel einer Landschaftsschutzverordnung.

einer anderen Stelle im Plangebiet oder außerhalb des Plangebietes in einem Ausgleichsbebauungsplan erfolgen.[2358] Der Ausgleich muss allerdings mit einer geordneten städtebaulichen Entwicklung, den Zielen der Raumordnung sowie des Naturschutzes und der Landschaftspflege vereinbar sein.[2359] Der Ausgleich kann auch außerhalb des Gemeindegebietes erfolgen, bedarf dann aber der bauplanerischen Mitwirkung der Nachbargemeinde. Die jeweiligen Maßnahmen müssen mit einer geordneten städtebaulichen Entwicklung vereinbar sein. Diese wird durch den Flächennutzungsplan zum Ausdruck gebracht. Die Maßnahmen dürfen daher nicht gegen das Grundkonzept des Flächennutzungsplans verstoßen. Ziele der Raumordnung können gem. § 7 II 2 ROG Vorgaben für Kompensationsräume an anderer Stelle enthalten. Der Regionalplan kann dazu bestimmen, dass in dem Gebiet unvermeidbare Beeinträchtigungen der Leistungsfähigkeit des Naturhaushaltes oder des Landschaftsbildes an anderer Stelle ausgeglichen, ersetzt oder gemindert werden können. Ziele des Naturschutzes und der Landschaftspflege können in einem Landschaftsplan gem. § 6 BNatSchG konkretisiert sein, der geeignete Kompensationsflächen darstellt.

1254 **k) Ausgleich umfasst auch Ersatz.** Die Unterscheidung zwischen dem am Ort des Eingriffs durchzuführenden Ausgleich und den im Landschaftsraum vorzunehmenden Ersatzmaßnahmen ist durch § 200a BauGB bereits mit dem BauROG 1998 für die Bauleitplanung aufgegeben worden. Darstellungen für Flächen zum Ausgleich und Festsetzungen für Flächen oder Maßnahmen zum Ausgleich i. S. des § 1a III BauGB umfassen danach auch Ersatzmaßnahmen nach den Vorschriften der Landesnaturschutzgesetze. Ein unmittelbarer räumlicher Zusammenhang zwischen Eingriff und Ausgleich ist nicht erforderlich, soweit dies mit einer geordneten städtebaulichen Entwicklung und den Zielen der Raumordnung sowie des Naturschutzes und der Landschaftspflege vereinbar ist (§ 200a 2 BauGB). Die nach dem BNatSchG gebotene Differenzierung zwischen Ausgleich und Ersatz ist dadurch für den Anwendungsbereich des BauGB vereinfacht und für die Bauleitplanung in dem planungsrechtlichen Begriff des „Ausgleichs" (Kompensation) zusammengefasst worden. Dem entspricht, dass in § 1a III BauGB nicht zwischen Ausgleich und Ersatz unterschieden wird, sondern nur noch von einem weiter gefassten planerischen Ausgleich die Rede ist. Hierunter fallen sowohl die Maßnahmen, die im Bereich des Eingriffs durchgeführt werden sollen und daher traditionell als Ausgleich bezeichnet werden, als auch Maßnahmen, die an anderer Stelle im Landschaftsraum festgesetzt werden und traditionell als Ersatz bezeichnet werden. Beide Maßnahmen (Ausgleich und Ersatz) werden daher durch den Begriff des planerischen Ausgleichs, von dem § 1a III BauGB ausgeht, erfasst. Durch die veränderte Terminologie will das Gesetz verdeutlichen, dass häufig ein „planerischer Ausgleich" aus städtebaulichen Gründen am Ort der erwarteten Beeinträchtigung oder in seiner unmittelbaren Umgebung nicht möglich und damit an anderer Stelle geboten ist. Beide Fallgestaltungen, der Ausgleich unmittelbar im Bereich des Eingriffs als auch der Ausgleich an anderer Stelle, sollen durch den Begriff des „planerischen Ausgleichs" umfasst werden. Dem entspricht, dass § 200a BauGB aus bundesrechtlicher Sicht die Unterscheidung zwischen dem Ausgleich und dem Ersatz aufgibt und daher auch Ersatzmaßnahmen als Ausgleichsmaßnahmen i. S. des Planungsrechts begreift.

1255 **Art und Umfang** der naturschutzrechtlichen Ausgleichsmaßnahmen unterliegt der **planerischen Abwägung.** Dabei kann die Gemeinde unter Beachtung des Abwägungsgebotes entscheiden, ob und in welchem Umfang ein Ausgleich erforderlich ist und welche Maßnahmen hierzu getroffen werden müssen. Sollen durch einen bauplanerischen Eingriff beeinträchtigte Belange von Natur und Landschaft zu Gunsten anderer Belange zurückgestellt werden, bedarf es regelmäßig Erwägungen des Plangebers auch zur Frage, ob im Plangebiet nicht vorgesehene Ausgleichsmaßnahmen zumindest außerhalb des

---
[2358] *OVG Münster*, Urt. v. 13. 3. 1998 – 7 a 374/98.NE – NVw-RR 1999, 113 = BauR 1998, 1195.
[2359] Fachkommission „Städtebau" der ARGEBAU, Muster-Einführungserlass zum BauROG, S. 36.

Plangebietes in Betracht zu ziehen sind.[2360] Denn das Abwägungsgebot eröffnet der Gemeinde nicht nur einen Spielraum, sondern beinhaltet vor allem auch das Gebot, die Eingriffsfolgen zu bedenken und das Programm der Eingriffsregelung in den §§ 18 bis 20 BNatSchG abzuarbeiten.

An eine **Rangfolge** von (vorrangigem) Ausgleich und (nachrangigem) Ersatz ist die Gemeinde anders als nach der Eingriffsregelung in den §§ 18 bis 20 BNatSchG nicht mehr gebunden. Allerdings kann im Rahmen der Abwägung ein Ausgleich an Ort und Stelle oder im unmittelbaren Umfeld des Eingriffs gegenüber einer Kompensation an weit entfernter Stelle Bedeutung gewinnen. Zwar wird ein enger räumlicher Bezug zwischen Eingriff und Ausgleich nicht gefordert. Gleichwohl dürfte es einem effektiven Natur- und Landschaftsschutz förderlich sein, wenn ein **funktionaler Zusammenhang** zwischen Eingriff und Ausgleich hergestellt werden kann. Sind Eingriffe in den Naturhaushalt unvermeidbar und auch nicht an Ort und Stelle ausgleichbar, werden ihre Auswirkungen in der Regel am wirkungsvollsten gemindert, wenn ein Ausgleich in dem beeinträchtigten Bereich oder jedenfalls in der Nähe des Eingriffs erfolgt. Je weiter die Kompensationsfläche entfernt ist, desto mehr gewinnt der Ausgleich die Bedeutung einer lediglich rechnerischen, vom Einzelfall gelösten Kompensierung.[2361] Zwar kann sich die Gemeinde mit einer derartigen Kompensation begnügen. Dies sollte jedoch aufgrund einer nachvollziehbaren Abwägung geschehen, bei der auch die Möglichkeiten räumlich enger am Eingriff liegender Ausgleichsmaßnahmen geprüft worden sind.

Bei der Auswahl geeigneter Flächen hat die Gemeinde zu bedenken, dass eine **Inanspruchnahme privaten Grundeigentums** nur zulässig ist, wenn gleich geeignete Flächen in öffentlicher Hand nicht zur Verfügung stehen. Denn es wäre ein Verstoß gegen den Grundsatz der Verhältnismäßigkeit, wenn der Plangeber zur Verwirklichung seiner Planung privates Eigentum in Anspruch nimmt, obwohl er mindestens über gleich gut geeignete für die Planung im Übrigen nicht erforderliche Grundstücke verfügt. Hält der Plangeber es für erstrebenswert, einen naturschutzrechtlichen Ausgleich für planungsbedingte Eingriffe nach Möglichkeit eingriffsnah zu verwirklichen, muss er von der Inanspruchnahme privater Ausgleichsflächen nur absehen, wenn er in ähnlicher Entfernung über geeignete Flächen verfügt, mit denen er den Ausgleich ebenso gut erreichen kann. Ein Zugriff auf öffentliche Flächen ist auch dann nicht sachgerecht, wenn der Betroffene durch die Planung eine Eingriffsmöglichkeit erst erhält und der Ausgleich einem durch die Planung zugelassenen Eingriff dient. Dann wird es dem Grundsatz der sachgerechten Lastenverteilung entsprechen, andere Flächen des Grundeigentümers für den erforderlichen Ausgleich in Anspruch zu nehmen und nicht auf Flächen der öffentlichen Hand zurückzugreifen.[2362]

In der Regel wird eine Festsetzung als **private Grünfläche** genügen. Die Festsetzung als öffentliche Grünfläche ist erst dann erforderlich, wenn aus der Sicht des Plangebers ein Erfordernis besteht, die Fläche auch tatsächlich der Öffentlichkeit zur Verfügung zu stellen. Ggf. kommt auch in Betracht, die Fläche im privaten Eigentum zu belasten und sie mit einem Recht i. S. des § 9 I Nr. 21 BauGB zu Gunsten eines beschränkten Personenkreises zu belasten. Die nicht erforderliche Festsetzung als öffentliche Grünfläche kann zur Unwirksamkeit des gesamten Bebauungsplans führen, wenn sich ein innerer Zusammenhang mit dem Gesamtkonzept des Bebauungsplans ergibt. Der Fehler kann allerdings nach § 214 IV BauGB durch ein ergänzendes Verfahren repariert werden.[2363]

[2360] *OVG Münster*, Urt. v. 13. 3. 1998 – 7 a B 374/98.NE – NVwZ-RR 1999, 113.
[2361] *OVG Münster*, Urt. v. 17. 12. 1998 – 10 a D 186/96.NE – NVwZ 1999, 561 = NuR 1999, 52 – Ausgleichsfläche.
[2362] *OVG Münster*, Urt. v. 17. 12. 1998 – 10 a D 186/96.NE – NVwZ 1999, 561 = NuR 1999, 52 – Ausgleichsfläche.
[2363] So *OVG Münster*, Urt. v. 17. 12. 1998 – 10 a D 186/96.NE – NVwZ 1999, 561 = NuR 1999, 52 – Ausgleichsfläche.

1259 Nicht alle Eingriffe sind **ausgleichsfähig**. So wird etwa eine in Natur und Landschaft erstmals gebaute Straße im Landschaftsbild regelmäßig dauernde Beeinträchtigungen des zuvor vorhandenen Landschaftsbildes auslösen, die wegen ihrer Intensität nicht wirklich ausgleichsfähig sind. Das versiegelte Straßenbild bleibt bestehen. Dieser dauerhafte Zustand kann zumeist nicht wirklich ausgeglichen werden. Er kann nur durch Ersatzmaßnahmen i. S. einer Gesamtbilanz aufgefangen werden. Dabei ist es allerdings unschädlich, wenn eine als Ersatz bezeichnete Maßnahme tatsächlich einen Ausgleich darstellt. Die fehlerhafte Bezeichnung konnte das Gericht korrigieren und spielt nach der Neufassung des Gesetzes ohnehin keine Rolle mehr.[2364] Werden Ersatzmaßnahmen für einen Eingriff in Natur und Landschaft als Gesamtmaßnahme für mehrere Abschnitte einer zu errichtenden Maßnahme geplant, kann es zulässig sein, die Entscheidung über die Ersatzmaßnahme für einen einzelnen Abschnitt der Planung des Folgeabschnitts zu überlassen.[2365]

1260 Die für den Ausgleich vorgesehenen Flächen müssen dafür geeignet und insbesondere **aufwertungsfähig und aufwertungsbedürftig** sein. Die Grundstücke müssen durch Ausgleichsmaßnahmen in einen aus der Sicht des Naturschutzes höherwertigen Zustand versetzt werden können.[2366] Lediglich solche Flächen bleiben außer Betracht, die ohnehin schon eine Qualität aufweisen, wie sie nach dem Sinn der Eingriffsregelung herbeigeführt werden soll, um die Folgen des Eingriffs wiedergutzumachen.[2367] Aufwertungsfähig und bedürftig sind danach insbesondere ausgeräumte, artenarme Kulturlandschaften und Flächen, die intensiv für Ackerbau genutzt werden.[2368]

1261 1) **Maßnahmen für den Naturschutz.** Die Regelungen für die bauleitplanerische Bewältigung der naturschutzrechtlichen Eingriffsfolgen werden durch Vorschriften über die zu treffenden Maßnahmen für den Naturschutz ergänzt.[2369] §§ 135a bis 135c BauGB, die aufgrund der Änderungen durch das BauROG 1998 aus den §§ 8a bis 8c BNatSchG 1993 hervorgegangen sind, regeln die Pflichten des Vorhabenträgers, die Durchführung durch die Gemeinde und die Kostentragung (§ 135a BauGB), die Verteilungsmaßstäbe für die Abrechnung (§ 135b BauGB) und das für die Umsetzung der naturschutzrechtlichen Ausgleichsmaßnahmen erforderliche Satzungsrecht (§ 135c BauGB). Die Regelungen knüpfen damit an § 1a III BauGB an. § 135a I BauGB schreibt für die Durchführung der naturschutzrechtlichen Ausgleichsmaßnahmen das Verursacherprinzip vor. Festgesetzte Maßnahmen zum Ausgleich nach § 1a III BauGB sind danach vom Verursacher durchzuführen. Sind Ausgleichsmaßnahmen an anderer Stelle den Grundstücken zugeordnet, soll, die Gemeinde diese anstelle und auf Kosten der Vorhabenträger oder der Eigentümer durchführen, wenn dies nicht auf andere Weise gesichert ist (§ 135a II BauGB). Dabei kann eine solche Zuordnung nach § 9 Ia BauGB an anderer Stelle sowohl im sonstigen Geltungsbereich des Bebauungsplans als auch in einem anderen Bebauungsplan erfolgen.[2370]

[2364] *BVerwG*, B. v. 4. 10. 1994 – 4 B 196.94 – Buchholz 406.401 § 8 BNatSchG Nr. 14.
[2365] *BVerwG*, B. v. 30. 8. 1994 – 4 B 195.94 – NuR 1995, 139 = RdL 1994, 328 – A 33.
[2366] *OVG Münster*, Urt. v. 17. 12. 1998 – 10a D 186/96.NE – NVwZ 1999, 561 = NuR 1999, 52 – Ausgleichsfläche.
[2367] *BVerwG*, B. v. 31. 1. 1997 – 4 NB 27.96 – BVerwGE 104, 68 = DVBl. 1997, 1112 = NVwZ 1997, 1213.
[2368] *OVG Münster*, Urt. v. 17. 12. 1998 – 10a D 186/96.NE – NVwZ 1999, 561 = NuR 1999, 52 – Ausgleichsfläche.
[2369] Das Gesetz geht dabei von dem Grundsatz aus, dass im Plan festgesetzte Maßnahmen vom Vorhabenträger durchzuführen sind (§ 155a I BauGB). Die Gemeinde kann die Ausgleichsmaßnahmen aber auch auf Kosten der Vorhabenträger oder Grundstückseigentümer durchführen (§ 155a II BauGB). Durch die in § 135b BauGB enthaltenen Verteilungsmaßstäbe und den Verweis auf das gemeindliche Satzungsrecht soll den Gemeinden ein vollziehbares Instrumentarium an die Hand gegeben werden. Vor allem ist den Gemeinden zu empfehlen, durch vertragliche Vereinbarungen einen komplizierten Abrechnungsstreit zu umgehen (§§ 1a III, 11 BauGB).
[2370] *BVerwG*, B. v. 16. 3. 1999 – 4 BN 17.98 – ZfBR 1999, 349 = BauR 2000, 242.

6. Teil. Abwägungsgebot

Durch **§§ 1a, 135a BauGB** werden die Belange des Naturschutzes und der Landschaftspflege im Baurecht in der Tendenz gestärkt. § 135a I BauGB regelt, dass erforderliche Ausgleichs- und Ersatzmaßnahmen grundsätzlich vom Vorhabenträger durchgeführt oder zumindest bezahlt werden. Damit können die mit baulichen Vorhaben verbundenen Eingriffe in Natur und Landschaft auch dann ausgeglichen oder gemildert werden, wenn die planende Gemeinde selbst die Kosten für Ausgleichs- und Ersatzmaßnahmen nicht aufbringen könnte. Mit dem Sinn von §§ 1a, 135a BauGB unvereinbar wäre es jedoch, der Gemeinde die Übernahme der Kosten zu untersagen. Eine freiwillige Kostenübernahme durch die planende Gemeinde – etwa mit dem Ziel, in ihrem Eigentum stehende Grundflächen auch in naturschutzrechtlicher Sicht „baureif" zu machen und sie dann zu einem entsprechend höheren Preis an Bauwillige zu veräußern, kann auch aus Gründen des Natur- und Landschaftsschutzes sinnvoll sein und wird durch das in § 135a BauGB enthaltene Verursacherprinzip nicht verboten.[2371] 1262

Anstelle von Darstellungen und Festsetzungen können auch **vertragliche Vereinbarungen** nach § 11 BauGB oder **sonstige geeignete Maßnahmen** zum Ausgleich auf von der Gemeinde bereitgestellten Flächen getroffen werden (§ 1a III 4 BauGB). Eine „sonstige geeignete Maßnahme" im Sinne dieser Vorschrift ist eine naturschutzrechtliche Ausgleichs- oder Ersatzmaßnahme dann, wenn die planende Gemeinde Eigentümerin der dafür vorgesehenen Grundstücksfläche ist, sie die Maßnahmen im Verfahren der Planaufstellung näher beschrieben, sich zur Durchführung der Maßnahme selbst verpflichtet hat und die Fläche Gegenstand der (überörtlichen) Regionalplanung ist.[2372] Die Gemeinde braucht allerdings nicht tätig zu werden, soweit die Durchführung an anderer Stelle etwa durch einen städtebaulichen Vertrag nach § 11 BauGB gesichert ist. Die Ausgleichsmaßnahmen können bereits vor den Baumaßnahmen und der Zuordnung durchgeführt werden.[2373] Dies ermöglicht eine zeitliche Streckung der Ausgleichsmaßnahmen und die Bildung eines **„Öko-Kontos"**: Die Gemeinde soll daher die Möglichkeit erhalten, im Vorgriff auf spätere Baugebietsfestsetzungen Maßnahmen zum Ausgleich durchzuführen und diese dann den neuen Baugebieten später zuzuordnen (**„Ablassmodell"**). Durch die Möglichkeit einer Anrechnung bereits früher erbrachter Ausgleichsleistungen soll die Kompensation damit auch in zeitlicher Hinsicht flexibilisiert werden.[2374] Nach § 135a III BauGB können die Kosten geltend gemacht werden, sobald die Grundstücke, auf denen Eingriffe zu erwarten sind, baulich oder gewerblich genutzt werden können. Die Gemeinde erhebt zur Deckung ihres Aufwandes für Maßnahmen zum Ausgleich einschließlich der Bereitstellung hierfür erforderlicher Flächen einen Kostenerstattungsbeitrag. Die Erstattungspflicht entsteht mit der Herstellung der Maßnahme zum Ausgleich durch die Gemeinde. Der Betrag ruht als öffentliche Last auf dem Grundstück (§ 135a III BauGB). Durch diese Regelungen ist eine Angleichung an das Erschließungsbeitragsrecht bewirkt worden. Dabei sind die landesrechtlichen Vorschriften über kommunale Beiträge einschließlich der Billigkeitsregelungen entsprechend anzuwenden (§ 135a IV BauGB).[2375] 1263

Die **Umsetzung** der naturschutzrechtlichen Festsetzungen des Bebauungsplans erfolgt in der Regel in der **Baugenehmigung**. Soweit der Bauantrag nicht bereits entsprechende Angaben enthält, können die dem naturschutzrechtlichen Ausgleich dienenden Festsetzungen als Auflagen oder andere Nebenbestimmungen Bestandteil der Baugenehmigung werden. Es handelt sich in der Regel um unselbständige Nebenbestimmungen zur Baugenehmigung, die mit dieser zusammen angefochten und vollzogen werden kön- 1264

[2371] So zu § 8a BNatSchG 1993 *BVerwG*, B. v. 21. 2. 2000 – 4 BN 43.99 – BauR 2000, 1460 – Kostenübernahme.
[2372] *BVerwG*, Urt. v. 19. 9. 2002 – 4 CN 1.02 – DVBl. 2003, 204 = BauR 2003, 209.
[2373] *BVerwG*, B. v. 16. 3. 1999 – 4 BN 17.98 – ZfBR 1999, 349 = BauR 2000, 242.
[2374] *Bundesregierung*, Gesetzentwurf zum BauROG 1998, S. 64.
[2375] Vgl. dazu auch den Rechtsgedanken in den §§ 135 VI und 155 V BauGB.

nen. Dies bedeutet zugleich, dass die Umsetzung der Festsetzungen vom Bauherrn oder Eigentümer erst verlangt werden kann, wenn dieser den Bau oder Eingriff durchführt. **Sammel-Ausgleichsmaßnahmen** können allerdings in der Regel nur einheitlich durchgeführt werden. § 135a II 1 BauGB entkoppelt daher den Vollzug solcher Sammel-Ausgleichsmaßnahmen vom Baugenehmigungsverfahren oder sonstigen Zulassungsverfahren. Die Vorschrift bestimmt, dass solche Festsetzungen für Maßnahmen von der Gemeinde anstelle und auf Kosten des Vorhabenträgers oder Eigentümers der Grundstücke durchgeführt werden soll. Eine solche Verpflichtung der Gemeinde besteht dann, wenn die Durchführung der Maßnahmen nicht auf andere Weise wie etwa durch städtebaulichen Vertrag gesichert ist.[2376] Nach § 135a II 2 BauGB können die Sammel-Ausgleichsmaßnahmen bereits vor dem (letzten) Eingriff durchgeführt werden.[2377]

1265 Beim „Ökokonto" werden der Vollzug von Eingriff und Ausgleich auch zeitlich voneinander abgekoppelt. Es können bereits vor dem Eingriff an anderer Stelle im Gemeindegebiet Maßnahmen im Hinblick auf den künftigen Eingriff verwirklicht werden. Sobald die im Bebauungsplan ausgewiesenen Flächen baulich nutzbar sind, können dann diese Maßnahmen als für den Eingriff zu leistender Ausgleich abgebucht werden. Die Darlegung der künftigen Ausgleichsfunktion kann in der Begründung des Flächennutzungsplans oder des Bebauungsplans erfolgen. Die Bildung eines „Ökokontos" kann auch in der Form eines vorgezogenen Ausgleichsbebauungsplans oder etwa in einem Landschaftsplan geschehen. § 135a II 2 BauGB ermöglicht den Vollzug des Ökokontos schon vor der Zuordnung, so dass ein Eingriffsbebauungsplan bereits zu diesem Zeitpunkt noch nicht erforderlich ist. Es ist allerdings nicht zulässig, in der Vergangenheit, d. h. vor In-Kraft-Treten der Gesetzesänderung durchgeführte Maßnahmen zu Gunsten des Naturschutzes nachträglich als Ausgleichsmaßnahmen umzuwidmen.[2378] Auch in umgekehrter Richtung kann eine **zeitliche Verbindung** von **Eingriff** und **Ausgleich** geboten sein. Während es im Regelfall genügen mag, die festgesetzten Ausgleichs- und Ersatzmaßnahmen angemessene Zeit nach der Vornahme der Eingriffe abzuschließen, deren Folgen zu kompensieren sie bestimmt sind, steht der Gemeinde lediglich ein engerer zeitlicher Rahmen zur Verfügung, wenn andernfalls die Gefahr besteht, dass der mit der Kompensation verfolgte Zweck verfehlt wird.[2379]

1266 Wird ein **Sammelausgleich** durchgeführt, so hat dies für die planungsrechtliche Zulässigkeit des Einzelvorhabens folgende Auswirkungen: Die Zulässigkeit eines Vorhabens nach den §§ 30 oder 33 BauGB kann nicht deshalb verneint werden, weil die zugeordneten Sammel-Ausgleichsmaßnahmen noch nicht verwirklicht sind. Dies dürfte selbst dann gelten, wenn die Durchführung der Ausgleichsmaßnahmen noch an Rechtsgründen scheitert, etwa weil die Gemeinde noch nicht Eigentümerin der entsprechenden Grundstücksflächen ist oder vertragliche Vereinbarungen[2380] mit dem Eigentümer der Flächen für die Ausgleichsmaßnahmen noch fehlen. Der Gesetzgeber hat durch die Entkoppelung von Eingriff und Ausgleich bewusst auf solche Abhängigkeiten verzichtet und den Vollzug der Ausgleichsmaßnahmen von den Zulassungsverfahren getrennt. Die Gemeinde soll allerdings diese Sammel-Ausgleichsmaßnahmen auf Kosten der Vorhabenträger oder Eigentümer durchführen, wenn die Durchführung der Maßnahmen nicht auf andere Weise gesichert ist.[2381]

[2376] *BVerwG*, Urt. v. 15. 12. 1989 – 7 C 6.88 – BVerwGE 84, 236 = DVBl. 1990, 376; Urt. v. 11. 2. 1993 – 4 C 18.91 – BVerwGE 92, 56.
[2377] Fachkommission „Städtebau" der ARGEBAU, Muster-Einführungserlass zum BauROG, S. 43.
[2378] Fachkommission „Städtebau" der ARGEBAU, Muster-Einführungserlass zum BauROG, S. 44.
[2379] *BVerwG*, B. v. 16. 3. 1999 – 4 BN 17.98 – ZfBR 1999, 349 = BauR 2000, 242.
[2380] *BVerwG*, Urt. v. 15. 12. 1989 – 7 C 6.88 – BVerwGE 84, 236 = DVBl. 1990, 376; Urt. v. 11. 2. 1993 – 4 C 18.91 – BVerwGE 92, 56.
[2381] Fachkommission „Städtebau" der ARGEBAU, Muster-Einführungserlass zum BauROG, S. 45.

1267 Nach § 135 b BauGB sind **Verteilungsmaßstäbe** der Kosten die überbaubare Grundstücksfläche, die zulässige Grundfläche, die zu erwartende Versiegelung oder die Schwere der zu erwartenden Eingriffe. Die Verteilungsmaßstäbe können miteinander verbunden werden. Die näheren Einzelheiten legt die Gemeinde durch Satzung nach § 135 c BauGB fest. Die Wahl der Verteilungsmaßstäbe sollte nach Zweckmäßigkeitsgesichtspunkten erfolgen und sich am Grundsatz der möglichst einfachen Handhabbarkeit ausrichten. Ist die Wertigkeit der Flächen im Plangebiet deutlich unterschiedlich, kann es sich empfehlen, als Verteilungsmaßstab auch die Schwere der zu erwartenden Beeinträchtigungen ganz oder teilweise zugrunde zu legen. Unberücksichtigt wird dabei bleiben, ob der Bauherr die Baurechte ausschöpft oder durch Befreiungen nach § 31 II BauGB sogar geringfügig überschreitet. Der Gesetzgeber hat sich bewusst für ein möglichst einfaches Verteilungssystem entschieden und dabei gewisse Einzelfallungerechtigkeiten in Kauf genommen.

1268 Das in § 135 c BauGB niedergelegte Satzungsrecht lässt der Gemeinde einen Spielraum, mit welchem **Detaillierungsgrad** sie die Festsetzungen für ausgleichende Maßnahmen festsetzt. Dabei kann die Gemeinde den Grundsatz der planerischen Zurückhaltung berücksichtigen. So kann die Gemeinde etwa für das gesamte Gemeindegebiet Grundsätze i. S. von Standards für die Ausgestaltung von größeren Ausgleichsmaßnahmen festlegen und in den Festsetzungen des einzelnen Bebauungsplans darauf verweisen.[2382]

1269 Für die festzusetzenden Maßnahmen kann auch ein **Landschaftsplan** von Bedeutung sein (§ 1 VI Nr. 7 g BauGB). Der Landschaftsplan kann einen wichtigen Fachbeitrag geben bei der Ermittlung und Bewertung des vorhandenen Zustandes von Natur und Landschaft im Plangebiet und bei den aus der Sicht des Naturschutzes und der Landschaftspflege für erforderlich gehaltenen Maßnahmen zur Vermeidung oder zum Ausgleich der zu erwartenden Einriffe. Vorhandene Landschaftspläne sind zu berücksichtigen. Eine Verpflichtung zur vorherigen Aufstellung von Landschaftsplänen ergibt sich aus § 1 VI Nr. 7 g BauGB nicht. Diese kann sich allerdings unabhängig von der Bauleitplanung aus dem Landesrecht ergeben.

1270 m) **Planungsrechtliche Zulässigkeit.** Das Verhältnis zum Baurecht ist in § 21 BNatSchG geregelt. Vor allem wird in § 21 BNatSchG die Berücksichtigung des Natur- und Landschaftsschutzes bei der planungsrechtlichen Zulässigkeit von Vorhaben sowie die Beteiligung der für Naturschutz und Landschaftspflege zuständigen Behörden geregelt. § 21 I BNatSchG regelt das Verhältnis der naturschutzrechtlichen Eingriffsregelung zur Bauleitplanung. § 21 II BNatSchG betrifft das Verhältnis der naturschutzrechtlichen Eingriffsregelung zu den Vorschriften über die planungsrechtliche Zulässigkeit von Vorhaben. § 21 III BNatSchG regelt die Beteiligung der Naturschutzbehörden im Vorhaben-Genehmigungsverfahren. Das BNatSchG unterscheidet die Aufstellung von Bauleitplänen oder von Ergänzungssatzungen nach § 34 IV 1 Nr. 3 BauGB (§ 21 I BNatSchG), für die § 1a III BauGB gilt, und die planungsrechtliche Zulässigkeit von Einzelvorhaben, mit denen naturschutzrechtliche Eingriffe verbunden sind (§ 21 II und III BNatSchG). Für Vorhaben im Geltungsbereich eines Bebauungsplans (§ 30 BauGB), während der Planaufstellung (§ 33 BauGB) und im nicht beplanten Innenbereich (§ 34 BauGB) sind die naturschutzrechtlichen Eingriffsregelungen des BNatSchG nicht anzuwenden (§ 21 I BNatSchG). Für anwendbar erklärt § 21 II 2 BNatSchG demgegenüber die naturschutzrechtlichen Eingriffsregelungen bei Vorhaben im Außenbereich nach § 35 BauGB sowie für Bebauungspläne, die eine Planfeststellung ersetzen. Außerdem ergehen Entscheidungen über Vorhaben im Innenbereich nach § 34 BauGB und im Außenbereich nach § 35 I und IV BauGB im Benehmen mit den für Naturschutz und Landschaftspflege zuständigen Behörden (§ 21 III BNatSchG). Ein die Baugenehmigungsbehörde im Falle der Verweigerung bindendes Einvernehmenserfordernis der für Naturschutz und Landschafts-

---
[2382] Fachkommission „Städtebau" der ARGEBAU, Muster-Einführungserlass zum BauROG, S. 42.

pflege zuständigen Behörden besteht daher nicht. Äußert sich in den Fällen des § 34 BauGB die naturschutzrechtliche Fachbehörde nicht binnen eines Monats, kann die Baugenehmigungsbehörde davon ausgehen, dass Belange des Naturschutzes und der Landschaftspflege von dem Vorhaben nicht berührt werden. Das Benehmen ist nicht erforderlich bei Vorhaben in Gebieten mit Bebauungsplänen und während der Planaufstellung nach den §§ 30, 33 BauGB sowie in Gebieten mit einer Ergänzungssatzung nach § 34 IV 1 Nr. 3 BauGB.

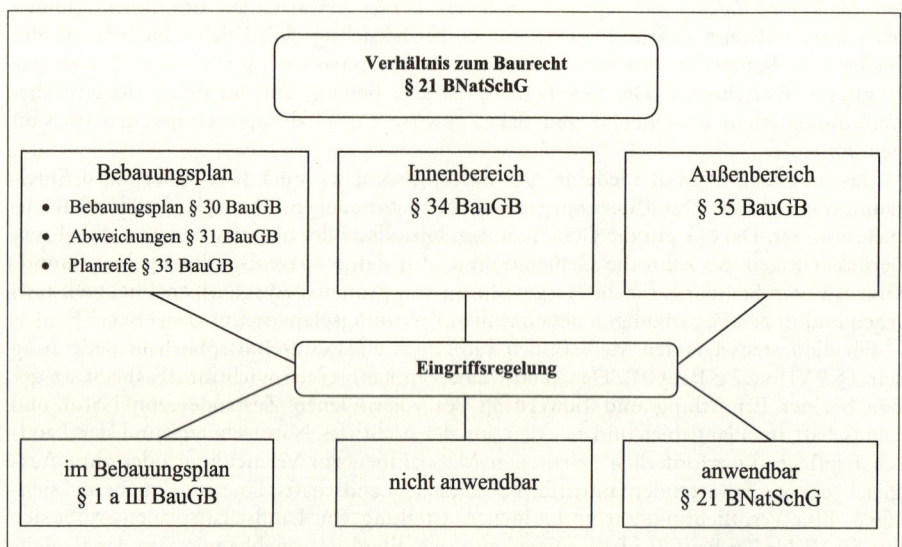

1271 Bei Vorhaben im Geltungsbereich eines **qualifizierten Bebauungsplans** wird der naturschutzrechtliche Ausgleichsbedarf im Bebauungsplan abgearbeitet. Die Einzelgenehmigung hat die Festsetzungen des Bebauungsplans entsprechend zu vollziehen. Soweit der Bebauungsplan in der Begründung auf naturschutzrechtliche Maßnahmen verweist, sind diese ebenfalls in der Baugenehmigung ggf. durch Auflagen oder andere Nebenbestimmungen umzusetzen. Unklar ist, ob der Bebauungsplan Einzelfragen in der Umsetzung der Baugenehmigung überlassen darf. Nach den Grundsätzen der Konfliktbewältigung hat der Bebauungsplan zwar die ihm zuzurechnenden Konflikte im Grundsatz auch durch planerische Festsetzungen zu bewältigen. Es besteht allerdings auch die Möglichkeit des Konflikttransfers in Nachfolgeverfahren, wenn diese die Nachsteuerung der Konfliktlage leisten können. Ob derartige Möglichkeiten des Konflikttransfers auch im Bereich der naturschutzrechtlichen Ausgleichsmaßnahmen bestehen, könnte nach dem Wortlaut des § 21 II 1 BNatSchG etwas zweifelhaft erscheinen. Denn danach sind auf Vorhaben in Gebieten mit Bebauungsplänen nach § 30 BauGB die Vorschriften über die Eingriffsregelung nicht anzuwenden. Damit sollte erreicht werden, dass der planerische Ausgleich umweltschützender Belange nach § 1a III BauGB der strengeren Eingriffs- und Ausgleichsregelung in § 18 BNatSchG vorgeht. Die Möglichkeiten einer naturschutzrechtlichen Nachsteuerung etwa durch die Baugenehmigung ist damit jedoch dann nicht ausgeschlossen sein, wenn der Bebauungsplan einen derartigen Verweis auf das Baugenehmigungsverfahren enthält. Es kann sich dabei allerdings nur um einzele Vollzugsregelungen handeln, die innerhalb des planerischen Gesamtkonzeptes des Bebauungsplans liegen.[2383]

[2383] *BVerwG*, B. v. 31. 1. 1997 – 4 NB 27.96 – BVerwGE 104, 68 = DVBl. 1997, 1112; B. v. 9. 5. 1997 – 4 N 1.96 – BVerwGE 104, 353 = DVBl. 1997, 1121.

Vorhaben im Geltungsbereich eines **einfachen Bebauungsplans** nach § 30 III BauGB **1272**
beurteilen sich hinsichtlich der naturschutzrechtlichen Anforderungen nach den Festsetzungen des Bebauungsplans, soweit der Plan hierzu Aussagen enthält. Die naturschutzrechtliche Eingriffsregelung ist nicht anzuwenden, wenn das Vorhaben im nicht beplanten Innenbereich liegt (§ 21 II 1 BauGB), während sie bei einer Außenbereichslage voll anzuwenden ist (§ 21 II 2 BauGB).

Die naturschutzrechtliche Eingriffs- und Ausgleichsregelung in § 1a III BauGB gilt **1273**
zwar nicht für Vorhaben im **nichtbeplanten Innenbereich** (§ 21 II BNatSchG). Gleichwohl können sich auch bei derartigen Vorhaben naturschutzrechtliche Anforderungen auf landesrechtlicher Grundlage ergeben. Denn § 21 II 1 BNatSchG, wonach für Vorhaben innerhalb der im Zusammenhang bebauten Ortsteile die Eingriffsregelung des § 18 BNatSchG nicht anzuwenden ist, verdrängt nicht einen nach Maßgabe des § 30 BNatSchG landesrechtlich angeordneten Schutz bestimmter Biotope.[2384] Neben dem Schutz des Naturhaushalts, den die §§ 18 bis 20 BNatSchG objektbezogen regulieren wollen, stehen der förmliche Gebietsschutz und der Artenschutz als selbstständig normierte Schutzverfahren. Ein Vorhaben im nichtbeplanten Innenbereich kann daher an entsprechenden naturschutzrechtlichen Festsetzungen, die ihre Grundlage im Landesrecht finden, trotz der Nichtanwendung der Eingriffsregelung in § 21 II BNatSchG scheitern. Dabei ist allerdings möglichst eine Auslegung des Landschaftsschutzrechts zu wählen, welche die grundsätzliche bauplanungsrechtliche Zulässigkeit von Vorhaben wahrt.[2385] Nach dem In-Kraft-Treten der naturschutzrechtlichen Regelungen für das Bauplanungsrecht bereits durch das **InvWoBauIG 1993** ist für landesrechtliche Sonderregelungen über die Erhebung von naturschutzrechtlichen Ausgleichsabgaben für Vorhaben im nicht

Naturschutz bei der Genehmigung von Vorhaben
Qualifizierter Bebauungsplan (§ 30 I BauGB) – Planreife (§ 33 BauGB)   Festsetzungen im Bebauungsplan   keine zusätzliche Anwendung der Eingriffsregelung   keine Benehmensherstellung mit der für Naturschutz und Landschaftspflege zuständigen Behörde
Vorhabenbezogener Bebauungsplan (§ 30 II BauGB)   Regelungen im vorhabenbezogenen Bebauungsplan   keine zusätzliche Anwendung der Eingriffsregelung   keine Benehmensherstellung mit der für Naturschutz und Landschaftspflege zuständigen Behörde
Einfacher Bebauungsplan (§ 30 III BauGB)   Festsetzungen des Bebauungsplans   ergänzend: §§ 34 oder 35 BauGB,   soweit keine abschließenden naturschutzrechtlichen Festsetzungen
Nicht beplanter Innenbereich § 34 BauGB   Keine Anwendung der naturschutzrechtlichen Eingriffsregelung   Vorhaben muss sich in die Eigenart der näheren Umgebung einfügen   Benehmensherstellung mit der für Naturschutz und Landschaftspflege zuständigen Behörde   bei Errichtung baulicher Anlagen (nicht bei Nutzungsänderungen) innerhalb eines Monats
Außenbereich (§ 35 BauGB)   Volle Anwendung der naturschutzrechtlichen Eingriffsregelung in den   §§ 18 bis 20 BNatSchG   Benehmensherstellung mit der für Naturschutz und Landschaftspflege zuständigen Behörde   bei privilegierten und teilprivilegierten Außenbereichsvorhaben (§ 35 I und IV BauGB)   innerhalb eines Monats

---

[2384] *BVerwG*, B. v. 21. 12. 1994 – 4 B 266.94 – ZfBR 1995, 102 = BauR 1995, 229 – Trockenbiotop.

[2385] *OVG Münster*, Urt. v. 11. 1. 1999 – 7 A 2377/96 – NuR 1999, 704 = BauR 2000, 62 – Landschaftsplan.

beplanten Innenbereich kein Raum mehr. Die bundesrechtliche Regelung über die Freistellung von Vorhaben im nicht beplanten Innenbereich von naturschutzrechtlichen Ausgleichsanforderungen ist vielmehr vorrangig.[2386] Für Vorhaben im Geltungsbereich einer **Innenbereichssatzung** nach § 34 IV 1 Nr. 1 und 2 BauGB ist die Eingriffsregelung nicht anzuwenden. Bei Vorhaben im Geltungsbereich einer Ergänzungssatzung nach § 34 IV 1 Nr. 3 BauGB ist über Eingriff und Ausgleich im Rahmen der planerischen Abwägung zu entscheiden (§ 1a III BauGB, § 21 I BNatSchG).

1274 n) **Naturschutz und Enteignung.** Die **naturschutzrechtlichen Eingriffsregelungen** sind vom Grundsatz her zulässige Inhalts- und Schrankenbestimmungen des Eigentums. Dies gilt jedenfalls dann, wenn die sich aus diesen Regelungen ergebenden Einschränkungen die Verfügungs- und Nutzungsbefugnis des Eigentümers nur in dem Rahmen einschränken, wie sie auch den Vorstellungen eines vernünftigen Eigentümers entsprechen. Darunter können auch Einschränkungen etwa der Fischerei- oder Jagdrechte fallen.[2387] Gehen die naturschutzrechtlichen Einschränkungen allerdings über diese Vorstellungen hinaus, kann darin eine Eigentumsbeeinträchtigung liegen, die nur durch eine entsprechende Kompensation verfassungsrechtlich zulässig ist.[2388] Die sachgerechte Abwägung der Belange des Naturschutzes und der Landschaftspflege setzt eine entsprechende Ermittlung der Belange voraus. Diese kann durch eine **ökologische Bestandsaufnahme** erfolgen, die zumeist über mindestens eine Vegetationsperiode durchgeführt wird.[2389] Es kann aber auch ausreichend sein, bei der Ermittlung der betroffenen ökologischen Belange auf bereits in anderem Zusammenhang erstellte ökologische Bestandskartierungen oder Literaturangaben zurückzugreifen, wenn sich diese Unterlagen als sachgerecht erweisen.[2390]

1275 Die naturschutzrechtlichen Regelungen sind vom Ansatz her zu begrüßen. Die Praxis findet im BauGB zum überwiegenden Teil ein **einheitliches Regelwerk** zur Integration der umweltschützenden Belange in die Bauleitplanung vor. Die Fortschreibung des Baurechtskompromisses ist durch die Beibehaltung der abwägungsdirigierten Entscheidungsstruktur in der Bauleitplanung gelungen. Zugleich klärt § 21 BNatSchG das Verhältnis des Naturschutzrechts zur planungsrechtlichen Vorhabenbeurteilung im beplanten Bereich, im nicht beplanten Innenbereich und im Außenbereich. Dieser Teil der naturschutzrechtlichen Regelungen hätte allerdings durchaus noch in das BauGB integriert werden können. Die eigentliche Frage, welche Maßnahmen als naturschutzrechtliche Eingriffe zu bewerten sind, muss weiterhin dem Fachrecht des BNatSchG vorbehalten bleiben. Auch die städtebauliche Planung kommt daher ohne einen Blick in das Naturschutzrecht zur Klärung planungsrechtlicher Vorfragen nicht aus.

1276 o) **Rechtsbetroffenheit.** Die naturschutzrechtliche Eingriffsregelung wird von der Rechtsprechung als lediglich objektives Recht verstanden, die nicht zugleich Rechte

---

[2386] *VGH Kassel*, Urt. v. 20. 10. 1998 – 4 UE 2082/96 – HSGZ 1999, 73 – Ausgleichsabgabe Innenbereich.

[2387] *BVerwG*, B. v. 9. 4. 1994 – 4 B 3.94 – NVwZ-RR 1994, 57 = NuR 1994, 486 – Kormoran.

[2388] *BVerwG*, Urt. v. 15. 2. 1990 – 4 C 47.89 – BVerwGE 84, 361 = *Hoppe/Stüer* RzB Rdn. 1049; Urt. v. 24. 6. 1993 – 7 C 26.92 – BVerwGE 94, 1 = DVBl. 1993, 1141 = NJW 1993, 2949 = *Hoppe/Stüer* RzB Rdn. 1055 – Herrschinger Moos; s. Rdn. 1694, 4053; vergleichbare Fragestellungen ergeben sich im Denkmalrecht oder bei der Altlastensanierung, *BVerfG*, B. v. 2. 3. 1999 – 1 BvL 7/91 – BVerfGE 100, 226 = NJW 1999, 2877 = DVBl. 1999, 1498 – Direktorenvilla; B. v. 16. 2. 2000 – 1 BvR 242/92 – BVerfGE 102, 1 = DVBl. 2000, 1275 – Altlastensanierung; *Stüer/Thorand* NJW 2000, 3232.

[2389] Zu einer ökologischen Bauleitplanung *Battis* NuR 1993, 1; *Mitschang* ZfBR 1994, 57; *Müller* NVwZ 1994, 224; *Ortloff* NVwZ 1985, 698; *ders.* Ökologisches Bauen 1994, Sp. 1512; *Rist* BWVPr. 1994, 271; *Schink* ZfW 1985, 1; *Steffen* ZUR 1993, 49.

[2390] *BVerwG*, B. v. 21. 12. 1995 – 11 VR 6.95 – NVwZ 1996, 896 = DVBl. 1996, 676 – Erfurt-Leipzig/Halle.

Dritter schützt. So kann die Aufhebung einer Ersatzfläche, die zur Entwicklung von Natur und Landschaft festgesetzt worden war, Rechte des Antragstellers in einem Normenkontrollverfahren nicht unmittelbar verletzen, weil der Natur- und Landschaftsschutz lediglich objektive, dem Einzelnen nicht zugeordnete Ziele des Gemeinwohls verfolgt. Eine geltend gemachte Rechtsverletzung durch Aufhebung einer zum naturschutzrechtlichen Ausgleich gedachten Ersatzfläche ist als geringwertig und daher unbeachtlich anzusehen, wenn die Anlegung einer in der Ersatzfläche vorgesehenen Streuobstwiese noch nicht erfolgt ist, die Fläche nach wie vor zum Außenbereich gehört, die Entfernung der Ersatzfläche zu dem nächstgelegenen bewohnten Gebäude 35 m beträgt und auf dem zwischen Ersatzfläche und Wohnbaufläche befindlichen Flurstück ohnehin eine landwirtschaftliche Nutzung zulässig ist.[2391]

p) Überleitungsregelung. Die Überleitungsregelungen in § 233 BauGB enthalten den allgemeinen Grundsatz, dass Verfahren, die vor dem In-Kraft-Treten der jeweiligen Neuregelung förmlich eingeleitet worden sind, nach den bisherigen Vorschriften fortgeführt werden. Dies gilt auch für die Berücksichtigung umweltschützender Belange in der Abwägung bei der Aufstellung von Bauleitplänen. Durch das In-Kraft-Treten des EAG Bau sind für die Bauleitplanung keine wesentlichen Änderungen in der Eingriffsregelung eingetreten. Für Planverfahren, die vor dem In-Kraft-Treten des BauROG 1998 förmlich eingeleitet worden sind, gilt grundsätzlich das bisherige Recht. Allerdings besteht die Möglichkeit, einzelne noch nicht begonnene Verfahrensschritte auf das neue Recht umzustellen. Für die naturschutzrechtlichen Anforderungen bestimmt § 243 II BauGB, dass bei Bauleitplanverfahren, die vor dem 1.1.1998 förmlich eingeleitet worden sind, die Eingriffsregelung nach dem BNatSchG a. F. weiter angewendet werden.[2392]

q) Landesrechtliche Anforderungen. Die Regelungen des Bauplanungsrechts sind im Bereich des Natur- und Landschaftsschutzes nicht abschließend. Sie können vielmehr durch **landesgesetzliche Regelungen** ergänzt werden.[2393] So regelt auch § 35 BauGB die Zulässigkeitsvoraussetzungen für Vorhaben im Außenbereich nicht abschließend, sondern kann durch landesgesetzliche Regelungen im nicht bodenrechtlichen Bereich ergänzt werden. Dies gilt insbesondere für das Natur- und Landschaftsschutzrecht, für das der Bundesgesetzgeber nach Art. 75 I 1 Nr. 3 GG nur eine Rahmengesetzgebung hat. Steht etwa ein nicht privilegiertes Vorhaben mit einer Landschaftsschutzverordnung in einer auch durch Ausnahmegenehmigung nicht zu behebenden Weise in Widerspruch, so kann es aufgrund dieser entgegenstehenden landesrechtlichen Vorgaben auch dann nicht zugelassen werden, wenn es im Übrigen nach dem materiellen Bauplanungsrecht der §§ 29 ff. BauGB[2394] zulässig wäre.[2395]

r) Einzelfälle. Zusätzliche naturschutzrechtliche Anforderungen können sich auch für **Tiergehege** ergeben. Nach § 24 BNatSchG bedürfen die Errichtung, Erweiterung und der Betrieb von Tiergehegen der Genehmigung der nach Landesrecht zuständigen Stelle. Die rahmenrechtliche Regelung des § 24 I 1 BNatSchG stellt allein darauf ab, ob eine Einrichtung die Merkmale des Tiergeheges erfüllt. Das Weitere überlässt sie, wie sich aus § 24 III BNatSchG ergibt, dem Landesgesetzgeber, dem es insbesondere unbenommen bleibt, die Genehmigung von weitergehenden Voraussetzungen abhängig zu machen, für

---

[2391] *VGH Kassel*, Urt. v. 29. 1. 2004 – 3 N 2585/01 – BauR 2004, 1044 – Ausgleichsfälle mit Hinweis auf *BVerwG*, Urt. v. 17. 1. 2001 – 6 CN 3.00 – Buchholz 406.401 § 15 BNatSchG Nr. 10.
[2392] Zu Überleitungsregelungen früherer Fassungen des BauGB *Stüer*, HBFPR 1998.
[2393] *OVG Münster*, Urt. v. 11. 1. 1999 – 7 A 2377/96 – NuR 1999, 704 = BauR 2000, 62 – Landschaftsplan.
[2394] Etwa für ein teilprivilegiertes Außenbereichsvorhaben nach § 35 IV BauGB. Der Umfang der rechtlichen Bindungen ist dabei dem jeweiligen Landesrecht zu entnehmen, so *OVG Münster*, Urt. v. 11. 1. 1999 – 7 A 2377/96 – NuR 1999, 704 = BauR 2000, 62 – Landschaftsplan.
[2395] *BVerwG*, Urt. v. 13. 4. 1983 – 4 C 21.79 – BVerwGE 67, 84 = *Hoppe/Stüer* RzB Rdn. 453; Urt. v. 19. 4. 1985 – 4 C 25.84 – BRS 44 Nr. 80 = *Hoppe/Stüer* RzB Rdn. 407.

bestimmte Tiergehege allgemeine Ausnahmen zuzulassen und Bestimmungen für eine Übergangsregelung zu treffen. Dem Gesichtspunkt der Zweckbestimmung kommt nach § 24 BNatSchG keine Bedeutung zu. Eine Einrichtung zur Haltung von Tieren wild lebender Arten[2396] ist nach Maßgabe der auf der Grundlage des § 24 BNatSchG erlassenen einschlägigen landesrechtlichen Vorschriften zulässig. Dies gilt auch dann, wenn die Tierhaltung die Merkmale der Landwirtschaft erfüllt. Ob für eine solche landwirtschaftliche Tierhaltung ein Privilegierungstatbestand eingreift, richtet sich nach dem jeweiligen Landesrecht. Bundesrechtlichen Vorgaben unterliegt der Landesgesetzgeber insoweit nicht.[2397] Von der naturschutzrechtlichen Privilegierung nicht mehr erfasst sind die Tätigkeiten, die über die Bodennutzung als solche hinausgehen.[2398] Die **Landwirtschaftsklausel** in § 1 III BNatSchG deckt nicht die Durchführung baulicher Maßnahmen, mögen diese auch in sachlichem Zusammenhang mit der landwirtschaftlichen Bodennutzung stehen. Ebenso wenig entbindet sie von der Beachtung etwaiger Genehmigungserfordernisse, die sich aus dem Naturschutzrecht oder aus anderen Rechtsvorschriften ergeben.[2399] Ob für naturschutzrechtliche Verbote eine Entschädigung oder eine Ausgleichszahlung geleistet werden muss, hängt von der Intensität des Eingriffs und der Frage ab, ob die Nutzungsmöglichkeiten des Eigentums, wie sie ein vernünftiger Eigentümer für sich in Anspruch nehmen würde, eingeschränkt werden.

8. Umweltverträglichkeitsprüfung nach dem ArtG 2001

1280 Durch das EAG Bau ist die nach dem UVP erforderliche Umweltverträglichkeitsprüfung auf eine **Umweltprüfung** nach dem BauGB umgestellt worden (§ 17 UVPG). UVP-pflichtige Bebauungspläne im Sinne des § 2 III Nr. 3 UVPG i.V. mit der Anlage 1 zum UVPG werden nach dem Verfahren der Bauleitplanung im BauGB einschließlich einer Umweltprüfung aufgestellt (§ 17 I UVPG). Wird eine Umweltprüfung durchgeführt, entfällt eine UVP aber auch eine Vorprüfung nach dem UVPG. Die Umweltprüfung nach dem BauGB ersetzt also für den Bereich der **Bauleitplanung** die nach dem UVPG erforderliche UVP.

1281 Die Regelungen des **UVPG** sind daher für die Bauleitplanung weitgehend durch die Vorschriften des **BauGB** ersetzt worden. Allerdings hat das **Prüfungsraster** der §§ 3a bis 3f UVPG noch für die Frage Bedeutung, ob bei einer Änderung eines Bauleitplans ein vereinfachtes Verfahren nach § 13 BauGB durchgeführt werden kann. Denn eine vereinfachte Änderung des Bauleitplans nach § 13 BauGB scheidet aus, wenn durch die Planänderung ein UVP-pflichtiges oder vorprüfungspflichtiges Vorhaben mit erheblichen Umweltauswirkungen ausgewiesen werden soll. Aus dieser Sicht hat die Einteilung der UVP-pflichtigen und vorprüfungspflichtigen Vorhaben nach §§ 3a bis 3f UVPG i.V. mit der Anlage 1 zum UVPG auch weiterhin Bedeutung. Weist der Bebauungsplan ein Vorhaben aus, für das nach der Anlage zu § 3 UVPG[2400] eine Umweltverträglichkeitsprüfung erforderlich ist, findet im Rahmen der Bauleitplanung nach Maßgabe des BauGB eine Umweltprüfung statt.[2401] Darunter fallen nach einer Änderung der Anlage 1 zum UVPG[2402] auch Einkaufszentren, großflächige Einzelhandelsbetriebe und sonstige großflächige Handelsbetriebe i. S. des § 11 III 1 BauNVO ab einer Geschossfläche von 5.000 qm sowie Vorhaben, für die nach Landesrecht eine UVP vorgesehen ist. Zudem fallen darunter Vorhaben, für die nach Landesrecht zur notwendigen Umsetzung der UVP-

---

[2396] Zur Definition der Tiere § 20a I Nr. 1 BNatSchG.
[2397] *BVerwG*, B. v. 30. 7. 1992 – 4 B 145.92 – *Hoppe/Stüer* RzB Rdn. 1058.
[2398] *BVerwG*, B. v. 18. 3. 1985 – 4 B 11.85 – Buchholz 406.401 § 8 BNatSchG Nr. 2.
[2399] *BVerwG*, B. v. 26. 2. 1992 – 4 B 38.92 – NVwZ-RR 1992, 467 = *Hoppe/Stüer* RzB Rdn. 1052; B. v. 30. 7. 1992 – 4 B 145.92 – *Hoppe/Stüer* RzB Rdn. 1058 – Tiergehege.
[2400] EG-Richtlinie zur UVP v. 27. 6. 1985, 85/337/EWG DVBl. 1987, 829, geändert durch die Richtlinie des Rates v. 3. 3. 1997 (97/11/EG) – ABl. EG Nr. L 73, 5 – (UVP-Richtlinie).
[2401] S. Rdn. 842, 1280, 1391, 2720.
[2402] Art. 8 des BauROG: Änderung des Gesetzes über die Umweltverträglichkeitsprüfung.

Richtlinie eine UVP vorgesehen ist. Die Ermittlung der umweltrelevanten Auswirkungen des Vorhabens durch Umweltprüfung ändert allerdings nichts daran, dass auch bauplanungsrechtliche Entscheidungen zu derartigen Vorhaben abwägungsdirigiert bleiben. Das wird durch § 1a III BauGB klargestellt. Ergänzend sind die Vorgaben der EG-Richtlinie über die UVP und das UVPG heranzuziehen. Die Integration der UVP in die Bauleitplanung geht auf das **InvWoBaulG 1993** zurück, das in Art. 11 die Rechtsgrundlagen für die UVP nach dem UVPG in der Bauleitplanung und bei anderen städtebaulichen Satzungen wie folgt geändert hat: Der Anwendungsbereich der UVP nach dem UVPG wurde auf bestimmte vorhabenbezogene Bebauungspläne und Satzungen über einen Vorhaben- und Erschließungsplan eingegrenzt. Die Geltung von § 2 I 1 bis 3 UVPG wurde für diese Satzungsverfahren angeordnet und damit die Verpflichtung zu einer sog. „umweltinternen" Ermittlung, Beschreibung und Bewertung der Auswirkungen eines Vorhabens auf die Umwelt, bei vorgelagerten Verfahren entsprechend dem Planungsstand angeordnet. Die Zulassungsverfahren wurden um die bereits auf der Ebene der Bauleitplanung durchgeführte UVP entlastet. Die UVP-Verwaltungsvorschrift wurde teilweise anwendbar. Das BauROG 1998 griff diese Änderungen auf: Die Umbenennung der Satzung über den Vorhaben- und Erschließungsplan in einen vorhabenbezogenen Bebauungsplan nach § 12 BauGB führt zur Entbehrlichkeit entsprechender Regelungen in den §§ 2, 17 UVPG. § 2 IV BauGB verdeutlichte, dass die UVP unselbstständiger Teil des Bauleitplanverfahrens ist.

a) Ausgangspunkte. Die **EG-Richtlinie** über die **UVP**[2403] verpflichtet die planende Stelle zur Ermittlung und Bewertung der Auswirkungen behördlicher Entscheidungen auf die Umwelt unter Beteiligung der Behörden und der Öffentlichkeit.[2404] Das BauGB geht davon aus, dass diese Ermittlung und Bewertung im Rahmen der planerischen Abwägung erfolgt und in den Vorschriften über die Aufstellung der Bauleitpläne enthalten ist. Die Verpflichtung zur Ermittlung und Bewertung der Belange ergibt sich bereits aus § 1 V und VI BauGB sowie dem in § 1 VII BauGB niedergelegten Abwägungsgebot. Diese **integrative UVP** ist nach Art. 2 der EG-Richtlinie zur UVP zulässig. Auch § 17 UVPG geht von einer Verzahnung der Bauleitplanung mit der UVP aus. Entgegen der ursprünglichen Fassung des UVPG sind Flächennutzungspläne vom Anwendungsbereich des UVPG ausgenommen.[2405] Im Rahmen der Aufstellung der Bebauungspläne wird die UVP als **unselbstständiger Teil** des Planungsverfahrens durchgeführt. Sie erfolgt unter Einbeziehung der Öffentlichkeit durch Ermittlung, Beschreibung und Bewertung der Auswirkungen des Vorhabens auf (1) Menschen, Tiere und Pflanzen, (2) Boden, Wasser, Luft, Klima und Landschaft, (3) Kultur- und sonstige Sachgüter sowie die Wechselwirkungen zwischen den vorgenannten Schutzgütern (§ 2 I 1 bis 4 UVPG).

b) UVP-Pflicht nach dem ArtG 2001 im Überblick. UVP-pflichtig sind Bebauungspläne, durch die die bauplanungsrechtliche Zulässigkeit bestimmter Vorhaben i. S. der Anlage 1 zum UVPG begründet werden. Es werden hiervon **drei Gruppen** erfasst:
– UVP-pflichtige Vorhaben nach **Anlage 1 zum UVPG**, wenn im Bebauungsplan eine Ausweisung eines **konkreten Vorhabens** erfolgt mit zweistufiger UVP (Gruppe 1),
– UVP-pflichtige Vorhaben nach **Nr. 18 der Anlage 1 zum UVPG**, wobei eine UVP nur im Bebauungsplanverfahren erfolgt (Gruppe 2),
– Bebauungspläne, die **Planfeststellungsbeschlüsse** für UVP-pflichtige Vorhaben **ersetzen** (grundsätzlich einstufige UVP, ggf. ergänzende UVP im ergänzenden Planfeststellungsverfahren (Gruppe 3).

UVP-Pflichten bestehen nach dem ArtG 2001 für Bebauungspläne, in denen **Industrie- und Gewerbegebiete** mit Standorten für nach § 4 BImSchG zuzulassende **konkrete**

[2403] Vom 27. 6. 1985, 85/337/EWG, DVBl. 1987, 829, geändert durch die Richtlinie des Rates v. 3. 3. 1997 (97/11/EG) – ABl Nr. L 73, 5 – (UVP-Richtlinie); s. u. Rdn. 1654.
[2404] *Hoppe/Püchel* DVBl. 1988, 1; *Stüer* DöV 1990, 197.
[2405] *Hoppe/Grotefels* § 5 Rdn. 122.

Vorhaben festgesetzt werden sollen. Nicht erfasst werden demgegenüber Bebauungspläne für Industrie- und Gewerbegebiete, bei denen im Sinne einer Angebotsplanung noch nicht feststeht, ob und welche UVP-pflichtige Vorhaben verwirklicht werden sollen. Zu der zweiten Gruppe von UVP-pflichtigen Vorhaben gehören Projekte nach Maßgabe von **Nr. 18 (18.1 bis 18.9) der Anlage 1 zum UVPG**. Die dritte Gruppe betrifft Projekte, bei denen der Bebauungsplan die auf bundes- oder landesrechtlicher Grundlage erforderliche **Planfeststellung ersetzt**. Die Schaltstelle der UVP zur Bauleitplanung ist in **§ 17 UVPG** geregelt. Werden Bebauungspläne, die sonstige Eingriffe in Natur und Landschaft beinhalten, aufgestellt, geändert oder ergänzt, wird die UVP einschließlich der Vorprüfung des Einzelfalls im Aufstellungsverfahren nach den Vorschriften des BauGB durchgeführt. Bei Vorhaben nach den Nr. 18.1 bis 18.9 der Anlage 1 zum UVPG wird die UVP einschließlich der Vorprüfung des Einzelfalls nur im Aufstellungsverfahren durchgeführt. Bei Planungen von Vorhaben, für die nach der Anlage 1 zum UVPG eine UVP im Zulassungsverfahren durchzuführen ist, erfolgt nach dem ArtG 2001 eine gestufte UVP im Bauleitplanverfahren (Stufe 1) und im Zulassungsverfahren (Stufe 2). Bei Bebauungsplänen, die eine Planfeststellung ersetzen, erfolgt eine abschließende UVP bereits in der Bauleitplanung. Soweit sich eine ergänzende Planfeststellung anschließt, findet dort ggf. auch eine ergänzende UVP statt.[2406]

1285 c) **UVP-pflichtige Vorhaben nach dem ArtG 2001.** Soll in einem Bebauungsplan ein **konkretes Vorhaben** ausgewiesen werden, für das nach der **Anlage 1 zum UVPG** eine UVP-Pflicht besteht (Gruppe 1), so muss bereits der Bebauungsplan eine UVP enthalten. Enthält der Bebauungsplan allerdings noch keine konkrete Standortentscheidung für ein in der Anlage 1 zum UVPG genanntes Vorhaben, sondern lediglich die eine spätere Standortentscheidung vorbereitende allgemeine Ausweisung, z. B. eines Gewerbe- oder Industriegebietes, so wird die Aufstellung oder Änderung eines solchen Bebauungsplanes vom UVPG ebenso wenig erfasst wie generell Flächennutzungspläne mit ihren für die UVP zu abstrakten Darstellungen.[2407] Die Anlage 1 zum UVPG erwähnt als UVP-pflichtige Projekte Vorhaben im Bereich der Wärmeerzeugung, des Bergbaus und der Energie (Nr. 1), der Steine und Erden, Glas, Keramik und der Baustoffe (Nr. 2), von Stahl, Eisen und sonstigen Metallen einschließlich deren Verarbeitung (Nr. 3), der chemischen Erzeugnisse, Arzneimittel, Mineralölraffination und Weiterverarbeitung (Nr. 4), der Oberflächenbehandlung von Kunststoff (Nr. 5), der Holz- und Zellstoffe (Nr. 6), der Nahrungs-, Genuss- und Futtermittel sowie landwirtschaftlicher Erzeugnisse (Nr. 7), der Verwertung und Beseitigung von Abfällen und sonstigen Stoffen (Nr. 8), der Lagerung von Stoffen und Zubereitung (Nr. 9), sonstiger Industrieanlagen (Nr. 10), Anlagen der Kernenergie (Nr. 11), Abfalldeponien (Nr. 12), für wasserwirtschaftliche Vorhaben mit Benutzung oder Ausbau eines Gewässer (Nr. 13), Verkehrsvorhaben (Nr. 14), bergbauliche Vorhaben (Nr. 15), die Flurbereinigung (Nr. 16), forstliche Vorhaben (Nr. 17) und neben den bauplanungsrechtlichen Vorhaben (Nr. 18) auch Leitungsanlagen und andere Anlagen. Soweit solche Projekte durch einen Bebauungsplan konkret festgesetzt werden sollen, ist im Bebauungsplanverfahren eine UVP vorzunehmen. Die UVP ist bei diesen Projekten zweistufig: Auf der ersten Stufe des Bebauungsplans geht es vor allem um die Standortfaktoren. Auf der zweiten Stufe des jeweiligen Zulassungsverfahrens treten konkrete Einzelfragen der UVP in den Vordergrund. Die Abgrenzung der Prüfinhalte erfolgt nach dem Gebot der Konfliktbewältigung. Danach sind alle der Planung und Zulassung zuzurechnenden Konflikte auch in diesen Verfahrensstufen zu entscheiden. Allerdings kann die Bauleitplanung die zweite Stufe der Zulassungsentscheidung nutzen, um Einzelfragen in das konkrete Zulassungsverfahren zu verlagern. Im Bebauungsplanverfahren muss daher in diesen Fällen (lediglich) das Grobkonzept vor allem hinsichtlich der um-

---

[2406] Fachkommission „Städtebau" der ARGEBAU, Muster-Einführungserlass zum BauROG, S. 51.
[2407] *Wagner* DVBl. 1993, 585.

weltrelevanten Standortfaktoren geprüft werden. Einzelheiten der Ausgestaltung des Vorhabens können dem nachfolgenden Zulassungsverfahren überlassen werden. § 17 UVPG trägt dem dadurch Rechnung, dass das dem Bebauungsplan nachfolgende Zulassungsverfahren auf zusätzliche oder andere erhebliche Umweltauswirkungen des Vorhabens beschränkt werden kann.

d) Bauplanungsrechtliche Vorhaben. Für bauplanungsrechtliche Vorhaben, die in Nr. 18 der Anlage 1 zum UVPG aufgelistet sind (Gruppe 2), besteht nach Maßgabe der §§ 3a bis 3f UVPG eine UVP-Pflicht im Bebauungsplan. Es handelt sich um Feriendörfer und Hotelkomplexe (Nr. 18.1), Campingplätze (Nr. 18.2), Freizeitparks (Nr. 18.3), Parkplätze (Nr. 18.4), Industriezonen (Nr. 18.5), Einkaufszentren und großflächige Handelsbetriebe (Nr. 18.6), Städtebauprojekte (Nr. 18.7) und UVP-pflichtige Vorhaben auf landesrechtlicher Grundlage (Nr. 18.9).

1286

e) Planfeststellungsersetzender Bebauungsplan. UVP-pflichtig sind auch planfeststellungsersetzende Bebauungspläne für Vorhaben, die nach der Anlage 1 zum UVPG UVP-pflichtig sind (Gruppe 3). Darunter fallen etwa Bebauungspläne, die planfeststellungspflichtige Bundesstraßen ausweisen (§ 17 III FStrG) sowie die Planung von Straßenbahntrassen nach § 28 III PersBefG. Hier findet die UVP im Rahmen der Aufstellung des Bebauungsplanes statt, da der Bebauungsplan in solchen Fällen nicht nur den Standort des Vorhabens festsetzt, sondern auch die Einzelheiten seiner Ausführung bestimmt. Soweit nachfolgend eine ergänzende Planfeststellung durchgeführt wird, können sich ergänzende UVP-Erfordernisse ergeben.

1287

f) Dreistufenmodell: Regel-UVP, Vorprüfung, Freistellung. Veranlasst durch die UVP-Änd-RL ergibt sich für die UVP-Pflicht ein dreistufiges Modell **(Ampelmodell)**, das in §§ 3a bis 3f UVPG geregelt ist.

1288

– Vorhaben oberhalb der Größen- oder Leistungswerte der Spalte 1 der Anlage zum UVPG **(Regel-UVP)**,
– Vorhaben, die eine untere Erheblichkeitsschwelle überschreiten und daher einer Vorprüfung unterzogen werden müssen **("Screening-Verfahren")**
– Vorhaben, die unterhalb der Vorprüfungsschwelle liegen, sind von der **UVP freigestellt**.

Die drei Vorhabengruppen sind nach dem Modell einer **dreiphasigen Ampel** angeordnet, die einen **grünen, gelben** und **roten Bereich** hat. Die Vorhaben im **grünen Bereich** sind ohne weitere Prüfung zulässig. Bei den Vorhaben im **gelben Bereich** findet eine Vorprüfung statt. Die Vorhaben im **roten Bereich** sind stets einer UVP zu unterziehen. An der Spitze stehen Projekte, die in jedem Fall einer UVP zu unterziehen sind (Regel-UVP) (Stufe 1). Projekte unterhalb dieser Schwelle werden in einem „Screening-Verfahren" einer Vorprüfung des Einzelfalls unterzogen („schaun wir mal") (Stufe 2). Die Vorprüfung kann allgemein oder standortbezogen sein. Projekte unterhalb einer Erheblichkeitsschwelle werden von der UVP-Pflicht generell freigestellt. Es handelt sich um Projekte, deren Auswirkungen auf Umweltbelange erfahrungsgemäß gering sind (Stufe 3).

1289

Regel-UVP. Eine UVP-Pflicht besteht für die in der Anlage 1 zum UVPG aufgeführten Vorhaben, wenn die zur Bestimmung seiner Art genannten Merkmale vorliegen. Sofern in der Anlage 1 zum UVPG Größen- oder Leistungswerte angegeben sind, ist eine UVP durchzuführen, wenn die Werte erreicht oder überschritten werden (§ 3b I UVPG). Die UVP ist daher bei solchen Vorhaben Pflicht und unterliegt nicht der individuellen Prüfung. Es handelt sich um Vorhaben, die in der Anlage 1 der Liste UVP-pflichtiger Vorhaben in Spalte 1 mit einem „X" gekennzeichnet sind. Wird ein solches Vorhaben durch einen Bebauungsplan ausgewiesen, muss eine UVP erfolgen. Auch auf Grund einer individuellen Prüfung wird die UVP nicht entbehrlich.

1290

Vorprüfung im Einzelfall. Vorhaben, die nicht in Spalte 1 mit einem „X" gekennzeichnet sind, unterliegen nach Maßgabe der Ausweisung in Spalte 2 einer Vorprüfung auf ihre UVP-Pflichtigkeit im Einzelfall (§ 3c UVPG). Dabei wird zwischen einer allge-

1291

meinen Vorprüfung (§ 3c I 1 UVPG) und einer standortbezogenen Vorprüfung (§ 3c I 2 UVPG) unterschieden. Die Art der Vorprüfung ergibt sich aus Spalte 2 der Anlage 1 zum UVPG durch die Angabe „A" (Allgemeine Vorprüfung) und „S" (Standortbezogene Vorprüfung). Für die bauplanungsrechtlichen Vorhaben nach Nr. 18 der Anlage 1 zum UVPG ist eine allgemeine Vorprüfung vorgeschrieben. Die Vorprüfung richtet sich an den Kriterien der Anlage 2 zum UVPG aus, wobei im Falle der standortbezogenen Vorprüfung nur die in der Anlage 2 Nr. 2 aufgeführten Schutzkriterien als Maßstab anzulegen sind (§ 3c I 2 UVPG). Eine Vorprüfung im Einzelfall ist nach § 3c I UVPG vorzunehmen, wenn dies in der Anlage 1 zum UVPG für das jeweilige Vorhaben vorgesehen ist. Dabei ist zu berücksichtigen, inwieweit Umweltauswirkungen durch die vom Träger des Vorhabens vorgesehenen Vermeidungs- und Verminderungsmaßnahmen offensichtlich ausgeschlossen werden (§ 3c I 3 UVPG). Bei der allgemeinen Vorprüfung ist nach § 3c I 1 UVPG eine überschlägige Prüfung durchzuführen, ob das Vorhaben erhebliche nachteilige Umweltauswirkungen haben kann, die bei der Entscheidung über die Genehmigung des Vorhabens oder den Beschluss des Bebauungsplans zu berücksichtigen sind. Die Prüfung erfolgt anhand der in Anlage 2 zum UVPG beispielhaft aufgeführten Kriterien, welche die Merkmale des Vorhabens, den Standort des Vorhabens und die Merkmale möglicher Auswirkungen des Vorhabens umfassen. Bei der allgemeinen Vorprüfung ist auch zu berücksichtigen, inwieweit Prüfwerte für Größe und Leistung, die eine Vorprüfung eröffnen, überschritten werden. Bei einer geringfügigen Überschreitung der Prüfwerte kann daher eher von einer UVP abgesehen werden als bei einem Vorhaben, das die Größen- oder Leistungswerte der Regel-UVP-Pflicht annähernd erreicht. Die standortbezogene Vorprüfung bezieht sich lediglich auf die standortbezogenen Faktoren, die einer überschlägigen Prüfung zu unterziehen sind. Hier sind lediglich die Schutzkriterien der Anlage 2 Nr. 2 zum UVPG zu berücksichtigen. Damit ist vor allem die ökologische Empfindlichkeit des Gebietes, das durch das Vorhaben möglicherweise beeinträchtigt wird, unter Berücksichtigung der Kumulierungen auch im Rahmen einer lediglich standortbezogenen Vorprüfung überschlägig zu prüfen.

1292 **Prüfungsumfang bei der Vorprüfung.** Bei der Vorprüfung im Einzelfall ist eine UVP durchzuführen, wenn das Vorhaben nach Einschätzung der Behörde aufgrund einer überschlägiger Prüfung unter Berücksichtigung der in der Anlage 2 zum UVPG aufgeführten Kriterien erhebliche nachteilige Umweltauswirkungen haben kann, die nach § 12 UVPG zu berücksichtigen wären. Der Prüfungsumfang ist damit geringer als im Rahmen der UVP selbst. Es muss lediglich eine überschlägige Prüfung durchgeführt werden, ob eine vertiefende Ermittlung, Beschreibung und Bewertung der unmittelbaren und mittelbaren Auswirkungen eines Vorhabens auf die in § 2 I 2 UVPG und § 1a II Nr. 3 BauGB benannten Schutzgüter wegen Besorgnis erheblicher nachteiliger Umweltauswirkungen des Vorhabens erforderlich ist. Die einzelnen Kriterien für die Vorprüfung des Einzelfalls sind in Anlage 2 zum UVPG benannt. Es handelt sich um Merkmale des Vorhabens zur Größe, Nutzung und Gestaltung von Wasser, Boden, Natur und Landschaft, der Abfallerzeugung und der Umweltverschmutzung und Belästigung sowie Unfallrisiken. Beim Standort des Vorhabens geht es um die ökologische Empfindlichkeit des Gebietes, das durch das Vorhaben möglicherweise beeinträchtigt wird. Die möglichen erheblichen Auswirkungen eines Vorhabens sind anhand vorhabenbezogener und standortbezogener Faktoren zu untersuchen. Der Kriterienkatalog in Anlage 2 zum UVPG ist nur beispielhaft.

1293 **g) Kumulierende Vorhaben und Hineinwachsen in die UVP-Pflicht.** Die Verpflichtung zur Durchführung einer UVP besteht nach § 3b II UVPG auch, wenn mehrere Vorhaben derselben Art, die gleichzeitig von demselben oder mehreren Trägern verwirklicht werden sollen und in einem engen Zusammenhang stehen, zusammen die maßgeblichen Größen- und Leistungswerte (§ 3b II 1 UVPG) oder Prüfwerte (§ 3c I 5 UVPG) erreichen oder überschreiten. Dabei müssen die einzelnen Vorhaben die Werte für eine Vorprüfung im Einzelfall überschreiten (§ 3b II 3 UVPG). Diese Regelung gilt sowohl für

Vorhaben, die einer Regel-UVP unterfallen (§ 3b UVPG) wie für Vorhaben mit einer UVP-Pflicht im Einzelfall (§ 3c I 5 UVPG). Wird der Größen- oder Leistungswert oder der Prüfwert durch eine Änderung oder Erweiterung eines bisher nicht UVP-pflichtigen Vorhabens erstmals erreicht oder überschritten, so ist bei einem solchen Hineinwachsen in die UVP-Pflicht für die Änderung oder Erweiterung bei Erreichen der Regel-UVP-Werte (§ 3b UVPG) eine UVP durchzuführen oder bei Überschreitung der Prüfwerte (§ 3c UVPG) ein Prüfverfahren vorzunehmen (§§ 3b III 1, 3c I 5 UVPG). Der jeweilige vor Ablauf der Umsetzungsfristen erreichte Bestand bleibt dabei unberücksichtigt und unterfällt nicht der UVP-Pflicht. Ausgenommen von einem solchen Hineinwachsen sind auch Industriezonen oder Städtebauprojekte. Hierdurch sollte vermieden werden, dass bei allen Städtebauprojekten, die im Anschluss an schon bebaute städtische Bereich verwirklicht werden sollen, eine UVP-Pflicht ausgelöst wird. Anderenfalls wäre für Industriezonen und Städtebauprojekte vor allem in Großstädten UVP-Pflichten entstanden, selbst wenn die jeweiligen Vorhaben selbst unter den Größen- und Leistungswerten oder Prüfwerten liegen.

h) Änderung und Erweiterung von UVP-pflichtigen Vorhaben. Auch die nachträgliche Änderung oder Erweiterung eines UVP-pflichtigen Vorhabens ist nach Maßgabe des § 3e UVPG UVP-pflichtig. Werden Größen- und Leistungswerte durch die Änderung oder Erweiterung des Vorhabens selbst erreicht oder überschritten, ergibt sich die UVP-Pflicht unmittelbar (§ 3e I Nr. 1 UVPG). Im Übrigen ist eine Einzelfallprüfung vorzunehmen, ob die Änderung oder Erweiterung erhebliche nachteilige Auswirkungen haben kann. In die Vorprüfung sind auch frühere Änderungen oder Erweiterungen des UVP-pflichtigen Vorhabens einzubeziehen, für die nach der jeweils geltenden Fassung des UVPG keine UVP durchgeführt worden ist. (§ 3e I Nr. 2 UVPG). Für die Erweiterung eines UVP-pflichtigen Außenbereichsvorhabens nach Nr. 18.1 bis 18.8 der Anlage 1 zum UVPG sowie die Änderung von UVP-pflichtigen Vorhaben im Bereich eines Bebauungsplans oder im nicht beplanten Innenbereich ist eine Einzelfallprüfung vorzunehmen, wenn der Prüfwert erreicht ist.

i) Die einzelnen UVP-pflichtigen Bauplanungsvorhaben. Die Gruppe der UVP-pflichtigen Bauplanungsvorhaben ist in Nr. 18 der Anlage 1 zum UVPG aufgezählt.

Die UVP-Pflicht besteht im Bereich der bauplanungsrechtlichen Vorhaben, wenn die einzelnen Projekte in der Spalte 1 mit einem „X" gekennzeichnet sind (Regel-UVP) oder wenn sie in der Spalte 2 mit einem „A" gekennzeichnet sind, weil der jeweilige Prüfwert überschritten ist. Es handelt sich im Einzelnen um folgende Vorhaben:

Feriendörfer, Hotelkomplexe und sonstige große Einrichtungen für die Ferien- und Fremdenbeherbergung (Nr. 18.1). UVP-pflichtig sind Feriendörfer, Hotelkomplexe und sonstige großflächige Einrichtungen für die Ferien- und Fremdenbeherbergung, für die ein Bebauungsplan aufgestellt wird. Eine UVP ist hier durchzuführen, wenn die Bettenzahl von jeweils insgesamt 300 oder eine Gästezimmerzahl von jeweils insgesamt 200 erreicht oder überschritten wird (Nr. 18.1.1). Eine Vorprüfung ist bei einer Bettenzahl von mindestens 100 oder einer Gästezimmerzahl von jeweils insgesamt 80 erforderlich (Nr. 18.2). Feriendörfer unterliegen auch dann ggf. einer UVP-Pflicht, wenn sie mit anderen Nutzungen (z. B. Wochenendhäusern) kombiniert werden.

Campingplätze (Nr. 18.2). Nach Nr. 18.2 ist der Bau eines ganzjährig betriebenen Campingplatzes UVP-pflichtig. Die UVP-Pflicht besteht bei einer Stellplatzzahl von mindestens 200 Plätzen (Nr. 18.2.1) Eine Vorprüfungspflicht ergibt sich bei einer Stellplatzzahl von insgesamt 50 (Nr. 18.2.2).

Freizeitparks (Nr. 18.3). UVP-pflichtig ist auch der Bau eines Freizeitparks (Nr. 18.3). Derartige Vorhaben unterliegen einer Regel-UVP, wenn sie eine Größe von 10 ha erreichen (Nr. 18.3.1). Eine Vorprüfung beginnt mit einer Größe von 4 ha (Nr. 18.3.2). Zu den Freizeitparks rechnen vor allem kommerzielle Freizeitgroßeinrichtungen wie großflächige Freizeit- und Vergnügungseinrichtungen, die in der Regel über mehrere stationäre Einzeleinrichtungen verfügen. Typischerweise wird das Angebot um Gastronomieeinrichtungen ergänzt. Reine Sport-, Kultur- oder Erholungsanlagen sowie Tierparks fallen nicht unter den Begriff des Freizeitparks.

1300 **Parkplätze (Nr. 18.4).** Auch Parkplatzanlagen zur Größe von 1 ha fallen unter die Regel-UVP-Pflicht (Nr. 18.4.1). Ein Vorprüfungsverfahren beginnt bei Parkplätzen zur Größe von 0,5 ha (Nr. 18.4.2). Zu den Parkplätzen rechnen grundsätzlich nur oberirdische Parkflächen, die ggf. auch überdacht sein können. Tiefgaragen, Parkhäuser und andere Hochbauten fallen nicht unter den Begriff des Parkplatzes, können aber als Bestandteil eines anderen UVP-pflichtigen Vorhabens UVP-pflichtig sein. So kann etwa eine Tiefgarage Teil eines Städtebauprojektes (Nr. 18.7), eines großflächigen Handelsbetriebes (Nr. 18.6) oder eine Industriezone (Nr. 18.5) sein und aus diesem Grunde UVP-pflichtig werden.

1301 **Industriezonen (Nr. 18.5).** Auch Industriezonen für Industrieanlagen, für die ein Bebauungsplan aufgestellt wird, ist eine UVP erforderlich, wenn die festgesetzte Größe der Grundfläche mindestens 100.000 qm beträgt (Nr. 18.5.1). Bei Vorhaben von mindestens 20.000 qm ist ein Vorprüfungsverfahren erforderlich (Nr. 18.5.2). Der Begriff der Industriezone kann in der Regel als ein durch Industriegebiete geprägter Bereich verstanden werden. Im Einzelfall kann eine Industriezone jedoch auch Gewerbe- oder Sondergebiete (z. B. Hafengebiete) einschließen. Auch für die Städtebauprojekte nach Nr. 18.7 gilt eine gleiche Größenordnung. Eine begriffliche Unterscheidung zwischen „Industriezonen" und „Städtebauprojekten" ist daher entbehrlich.

1302 **Großflächige Einzelhandelsbetriebe (Nr. 18.6).** Auch der Bau eines Einkaufszentrums, eines großflächigen Einzelhandelsbetriebes oder eines sonstigen großflächigen Handelsbetriebes i. S. des § 11 III 1 BauNVO ist UVP-pflichtig Eine UVP ist durchzuführen, wenn eine zulässige Geschossfläche von 5.000 qm erreicht wird (Nr. 18.6.1). Eine Vorprüfung beginnt bei 1.200 qm Geschossfläche (Nr. 18.6.2). Diese ist bereits bei Überschreitung der Schwellenwerte erforderlich. Dass das Vorhaben i. S. des § 11 III 3 BauNVO im Übrigen unverträglich ist, ist für die Vorprüfung nicht Voraussetzung.

1303 **Städtebauprojekte (Nr. 18.7).** Vergleichbar mit den Industriezonen sind auch Städtebauprojekte UVP-pflichtig. Eine Regel-UVP ist erforderlich, wenn die zulässige Grundfläche oder eine festgesetzte Größe der Grundfläche insgesamt 100.000 qm erreicht (Nr. 18.7.1). Eine Vorprüfung ist bei Städtebauprojekten ab einer Größenordnung von 20.000 qm erforderlich (Nr. 18.7.2). Die Vorschrift ist als Auffangtatbestand konzipiert. Darunter fallen alle Arten von baurechtlichen Vorhaben, insbesondere auch die Ausweisung von Wohnungsbauvorhaben oder Gewerbegebieten. Auch Bebauungspläne, in denen verschiedene Baugebiete ausgewiesen werden wie etwa Gewerbe-, Misch- und Wohngebiete fallen darunter. Eine UVP-Pflicht kann sich auch dann ergeben, wenn das einzelne Vorhaben unterhalb der vorgenannten Schwellenwerte liegt, jedoch in Verbindung mit anderen Vorhaben die Schwellenwerte überschritten werden.

1304 **Vorhaben im Geltungsbereich eines qualifizierten Bebauungsplans und im Innenbereich (Nr. 18.8).** Die UVP-Pflicht bezieht sich nicht nur auf Bebauungspläne, die im bisherigen Außenbereich aufgestellt werden. Bei Überschreitung der Prüfwerte ist eine Vorprüfung vielmehr auch bei einer Änderung eines Bebauungsplans oder im nicht beplanten Innenbereich erforderlich, für die ein Bebauungsplan aufgestellt, geändert oder ergänzt werden soll. Hier findet aber selbst dann nur eine Vorprüfung statt, wenn die Größen- und Leistungswerte der Spalte 1 der Anlage 1 zum UVPG („X") für eine Regel-UVP erreicht oder überschritten sind.

1305 **UVP-pflichtige Vorhaben nach Landesrecht (Nr. 18.9).** Eine UVP-Pflicht kann sich auch für Vorhaben auf landesrechtlicher Grundlage ergeben. Eine UVP-Pflicht besteht hier, wenn das Landesrecht dies anordnet oder ein Bebauungsplan eine Planfeststellung auf landesrechtlicher Grundlage ersetzt. Die UVP-Pflichten der EU-UVP-RL richten sich formal an die Mitgliedstaaten. Soweit die Gesetzgebungs- und Verwaltungskompetenzen auf die Länder übertragen sind, bezieht sich die UVP-Pflicht der EU-UVP-RL daher auch auf diese landesrechtlich zu regelnden Bereiche. Wird ein Bebauungsplan nicht aufgestellt, können sich Umsetzungserfordernisse in den Landesbauordnungen ergeben. Zwar unterfällt die Entscheidung über die Zulassung konkreter Vorhaben nicht der Plan-UP-Richtlinie, weil diese sich nur auf Pläne und Programme bezieht. Wird jedoch ein konkretes Vorhaben zugelassen, ist eine UVP nach den europarechtlichen Vorgaben erforderlich, wenn sie nicht bereits auf einer vorhergehenden Planungsstufe erfolgt ist. Die Länder sind daher europarechtlich verpflichtet, die BauO durch entsprechende Regelungen zur UVP bei Innen- und Außenbereichsvorhaben zu ergänzen. Diesen europarechtlichen Anforderungen sind bisher nur einige Länder nachgekommen. Solange ein Umsetzungsdefizit besteht, sind die europarechtlichen Vorgaben der UVP-RL bei den Zulassungsverfahren unmittelbar anzuwenden. Dabei könnte auch auf Regelungen zurückgegriffen werden, die der Gesetzgeber aus Anlass der Umsetzung der UVP-Änd-Richtlinie im ArtG 2001 getroffen hat.

Die **UVP** bei der Ausweisung UVP-pflichtiger Projekte in der Bauleitplanung geht nach § 17 UVPG in eine Umweltprüfung nach den Regelungen des BauGB auf. Bei der Änderung von Bauleitplänen (§ 13 BauGB), bei Innenbereichssatzungen (§ 35 V und VI BauGB) sowie bei Außenbereichssatzungen (§ 35 VI BauGB) kann die Einteilung nach dem ArtG 2001 für die Frage bedeutsam sein, ob auf eine Umweltprüfung verzichtet und ein vereinfachtes Verfahren durchgeführt werden kann. Nach dem europäischen Richtlinienrecht unterliegen Pläne und Programme der Umweltprüfung, während Zulassungsentscheidungen über Vorhaben nach Maßgabe der UVP-Richtlinie einer UVP zu unterziehen sind. Der Bebauungsplan unterfällt daher in der Regel der Plan-UP-Richtlinie und ist unter den dort aufgestellten Voraussetzungen einer Umweltprüfung zu unterziehen. Der UVP-Richtlinie unterfällt der Bebauungsplan nur dann, wenn er ein konkretes Projekt ausweist und zugleich dafür die abschließende Zulassungsentscheidung trifft. Dies gilt etwa für einen Bebauungsplan, der planfeststellungsersetzende Wirkungen hat, etwa weil er eine Fernstraße (§ 17 III FStrG) oder eine Landesstraße ausweist. Außerhalb derartiger planfeststellungsersetzender Wirkungen unterfällt der Bebauungsplan nicht den Anforderungen der UVP-Richtlinie, sondern ist an der Plan-UP-Richtlinie zu messen. Diese ist durch das EAG Bau 2004 mit der Umweltprüfung in der Bauleitplanung umgesetzt.

9. Immissionsschutz

§ 50 BImSchG konkretisiert das Gebot der Berücksichtigung von Umweltbelangen wie folgt: „Bei raumbedeutsamen Planungen und Maßnahmen sind die für eine bestimmte Nutzung vorgesehenen Flächen einander so zuzuordnen, dass schädliche Umwelteinwirkungen auf die ausschließlich oder überwiegend dem Wohnen dienenden Gebieten, sowie auf sonstige schutzbedürftige Gebiete so weit wie möglich vermieden werden."[2408] Für genehmigungsbedürftige Anlagen nach § 4 ff. BImSchG sind zudem die Technische Anleitung zum Schutz gegen Lärm (**TA-Lärm**)[2409] und die Technische Anleitung zur Reinhaltung der Luft (**TA-Luft**) zu berücksichtigen. Diese Regelwerke werden als **antizipiertes Sachverständigengutachten**[2410] oder **normkonkretisierende Verwaltungsvorschriften**[2411] bezeichnet.[2412] Aus dem Fehlen einer ausdrücklichen normativen Regelung als Grundlage dieser Regelwerke folgt nicht, dass die dort festge-

---

[2408] Zum Abwägungsspielraum *BVerwG*, Urt. v. 28. 1. 1999 – 4 CN 5.98 – UPR 1999, 268 = ZfBR 1999, 219.
[2409] Sechste allgemeine Verwaltungsvorschrift zum Schutz gegen Lärm (TA-Lärm) v. 26. 8. 1998 (GMBl. 1998, 503) = NVwZ 1999, Beilage 11/1999 zu Heft 2/1999.
[2410] *BVerwG*, Urt. v. 17. 2. 1978 – 1 C 102.76 – BVerwGE 55, 250 = *Hoppe/Stüer* RzB Rdn. 125 – Voerde.
[2411] *BVerwG*, B. v. 15. 2. 1988 – 4 B 219.87 – DVBl. 1988, 539 = *Hoppe/Stüer* RzB Rdn. 126 – TA-Luft.
[2412] *BVerwG*, B. v. 29. 10. 1984 – 4 C 7 B 149.84 – DVBl. 1985, 397 = *Hoppe/Stüer* RzB Rdn. 62 – Schiffswerft; Urt. v. 22. 5. 1987 – 4 C 33–35.83 – BVerwGE 77, 285 = *Hoppe/Stüer* RzB Rdn. 120 – Meersburg; B. v. 20. 1. 1989 – 4 B 116.88 – DVBl. 1989, 371 = *Hoppe/Stüer* RzB Rdn. 352 – Ge-

legten Immissionsgrenzwerte im Rahmen der gerichtlichen Kontrolle der Entscheidung der Genehmigungsbehörde bedeutungslos wären. Die Werte sind vielmehr für die Beantwortung der Frage, ob Immissionen geeignet sind, Gefahren, erhebliche Nachteile oder erhebliche Belästigungen für die Allgemeinheit oder die Nachbarschaft herbeizuführen, eine geeignete Erkenntnisquelle, weil sie auf den zentral durch die Bundesregierung ermittelten Erkenntnissen und Erfahrungen von Fachleuten verschiedener Fachgebiete beruhen und deswegen als schon die Entscheidung der Genehmigungsbehörde prägendes und insofern antizipiertes Sachverständigengutachten wegen ihres naturwissenschaftlich fundierten fachlichen Aussagegehaltes auch für das kontrollierende Gericht bedeutsam sind. Die Regelwerke können auch bei der Bestimmung der Zumutbarkeit von Immissionen im Nachbarklageverfahren Bedeutung gewinnen. Für die Bauleitplanung enthalten die Verwaltungsvorschriften wichtige Orientierungsmarken, an denen sich die planerischen Festsetzungen ausrichten können. Dabei kann es aber nur um die Grobstrukturen einer **Konfliktbewältigung** gehen. Die Feinabstimmung der Zulässigkeit des einzelnen Vorhabens erfolgt erst im immissionsschutzrechtlichen Genehmigungsverfahren.[2413] Der Gehalt normkonkretisierende Verwaltungsvorschriften wie die der TA-Luft ist allerdings wegen fehlender authentischer Interpretationen des Vorschriftengebers durch Auslegung zu ermitteln. Dabei hat die Entstehungsgeschichte ein besonders Gewicht, da die Vorschriften an die bei ihrem Erlass bestehenden Erkenntnisse in Wissenschaft und Technik anknüpfen.

1308 Das Immissionsschutzrecht zielt darauf ab, vor **schädlichen Umwelteinwirkungen** zu schützen und deren Entstehen vorzubeugen (§ 1 I BImSchG). Dies soll u. a. durch den Schutz und die Vorsorge gegen Gefahren, erhebliche Nachteile und erhebliche Belästigungen geschehen. Bei der Beurteilung, ob Immissionen zu Gesundheitsbeeinträchtigungen führen können, sind im Rahmen der Würdigung der konkreten Umstände auch dem Betroffenen zumutbare einfache Schutzvorkehrungen zu berücksichtigen.[2414] Bei Immissionen durch **ultrafeine Partikel** (Nanopartikel) ist nach der TA-Luft aus den Emissionen der Anlage im Wege einer Ausbreitungsrechnung auf die am Einwirkungsort zu erwartende Immissionszusatzbelastung zu schließen. Zudem ist festzustellen, ob dieser Wert in Verbindung mit einer bereits bestehenden Vorbelastung unter einem (normativ) vorgegebenen Grenz- bzw. Beurteilungswert für die Gefahrgeeignetheit bestimmter Immissionen bleibt.[2415] Die Emissionswerte der TA-Luft konkretisieren die Anforderungen, die im Regelfall an den Betrieb einer Anlage zu stellen sind. Die Feststellung, Regelungen der TA-Luft seien durch gesicherte Erkenntnisfortschritte in Wissenschaft und Technik überholt, setzt einen Vergleich des Erkenntnisstandes bei Erlass der Verwaltungsvorschrift mit dem derzeitigen Stand der Technik voraus, der nicht nur die technische Machbarkeit emissionsbegrenzender Maßnahmen, sondern auch den dafür notwendigen wirtschaftlichen Aufwand erfasst.[2416]

1309 Auch bei der Gewährung von **Nachbarschutz** kommt es auf die jeweiligen **konkreten Betroffenheiten** und deren **Zumutbarkeit** an.[2417] Die Bauleitplanung wäre auch überfordert, wenn bereits alle Einzelheiten des immissionsschutzrechtlichen Konfliktes in entsprechenden Festsetzungen geregelt werden müssten. Hinweise für die Bauleitplanung können auch der DIN 18 005 Schallschutz im Städtebau und dem Abstands- und Pla-

---

tränkemarkt; B. v. 18. 12. 1990 – 4 N 6.88 – DVBl. 1991, 442 = *Hoppe/Stüer* RzB Rdn. 179; zum Immissionsschutz s. Rdn. 3622.

[2413] *BVerwG*, B. v. 23. 6. 1989 – 4 B 100.89 – NVwZ 1990, 263 = DVBl. 1989, 1065 = *Hoppe/Stüer* RzB Rdn. 74 – Verbesserungsgebot.

[2414] *VGH Mannheim*, Urt. v. 23. 10. 2001 – 10 S 141/01 – DVBl. 2002, 709 – Backhaus.

[2415] *VGH Mannheim*, Urt. v. 18. 12. 2001 – 10 S 2184/99 – DVBl. 2002, 1142 (LS) = DÖV 2002, 871 – LAI, unter Bezugnahme auf das Urt. v. 28. 6. 1995 – 10 S 2509/93 – NVwZ 1996, 297.

[2416] *BVerwG*, Urt. v. 21. 6. 2001 – 7 C 21.00 – BVerwGE 114, 342 = DVBl. 2001, 1460, für die Festsetzung eines Emissionsgrenzwertes für Gesamtstaub auf 20 mg/cbm.

[2417] *OVG Greifswald*, Urt. v. 23. 6. 1998 – 3 L 209/96 – NordÖR 1998, 396 = LKV 1999, 66.

nungserlass NRW entnommen werden. Auch wenn derartige technische Regelwerke keine Rechtsnormen sind und ihnen auch eine unmittelbare gesetzliche Grundlage fehlt,[2418] können sie Anhaltspunkte i. S. von Orientierungswerten für Festsetzungen im Rahmen der Bauleitplanung geben,[2419] wenn eine schematische Anwendung vermieden wird.[2420]

Bestimmte Grenzwerte, die zum Schutz der Nachbarschaft vor schädlichen Umwelteinwirkungen durch Geräusche nicht überschritten werden dürfen, sind für die Bauleitplanung – abgesehen von der Verkehrslärmschutzverordnung (16. BImSchV) und der Sportanlagenlärmschutzverordnung (18. BImSchV) – normativ nicht festgelegt. Dementsprechend muss jeweils nach den Umständen des Einzelfalls und insbesondere der speziellen Schutzwürdigkeit des jeweiligen Baugebietes entschieden werden, welche Bedeutung dem Immissionsschutz zukommt.[2421] Insoweit kann es auch auf eine vorhandene Vorbelastung ankommen. Welche Bedeutung sie für die Abwägung der Gemeinde haben, wird sich jedoch regelmäßig erst im Zusammenhang mit allen übrigen abwägungserheblichen Faktoren ermitteln lassen.[2422]

Auch die vom **Deutschen Institut für Normung** erarbeiteten Normen im Bereich des technischen Sicherheitsrechts sind nicht unmittelbar geltendes Recht. Denn das DIN hat keine Rechtsetzungsbefugnis. Es ist ein eingetragener Verein, der es sich zur satzungsmäßigen Aufgabe gemacht hat, auf ausschließlich gemeinnütziger Basis durch Gemeinschaftsarbeit der interessierten Kreise zum Nutzen der Allgemeinheit Normen zur Rationalisierung, Qualitätssicherung, Sicherheit und Verständigung aufzustellen und zu veröffentlichen. Wie weit er diesem Anspruch im Einzelnen gerecht wird, ist keine Rechtsfrage, sondern eine Frage der praktischen Tauglichkeit der Arbeitsergebnisse für den ihnen zugedachten Zweck. Rechtliche Relevanz erlangen die von ihm erarbeiteten Normen im Bereich des technischen Sicherheitsrechts nicht, weil sie eigenständige Geltungskraft besitzen, sondern nur, soweit sie die Tatbestandsmerkmale von Regeln der Technik erfüllen, die der Gesetzgeber in seinen Regelungswillen aufnimmt. Werden sie vom Gesetzgeber übernommen, so nehmen sie an der normativen Wirkung in der Weise teil, dass die materielle Rechtsvorschrift durch sie näher konkretisiert wird.[2423] Verweist der Gesetzgeber auf die Regeln der Technik, werden diese nicht ihrerseits zu Rechtsnormen. Welche anerkannten Regeln der Technik bestehen, wie sie anzuwenden sind und ob sie ihre Aufgabe erfüllen können, ist im Einzelfall zu klären.[2424] Das Gericht kann die Verwaltung zudem nicht zu **bestimmten Grenzwerten** verpflichten, sondern muss den Abwägungsspielraum der Verwaltung beachten. Unter der Voraussetzung einer im Übrigen begründeten Klage kann die Verwaltung dann lediglich zu einer Neubescheidung verpflichtet werden.[2425]

[2418] *BVerwG*, Urt. v. 22. 5. 1987 – 4 C 33–35.83 – BVerwGE 77, 285 = *Hoppe/Stüer* RzB Rdn. 120 – Meersburg; vgl. auch *EuGH*, Urt. v. 30. 5. 1991 – C-361/88 – NVwZ 1991, 866 = DVBl. 1991, 869 – Schwefeldioxid-Richtlinie 80/779; Urt. v. 30. 5. 1991 – C-59/89 – NVwZ 1991, 868 = JZ 1991, 1032 – Benzin-Blei-Richtlinie 82/884.
[2419] *BVerwG*, Urt. v. 19. 1. 1989 – 7 C 77.87 – BVerwGE 81, 197 = *Hoppe/Stüer* RzB Rdn. 93 – Tegelsbarg.
[2420] *BVerwG*, B. v. 18. 12. 1990 – 4 N 6.88 – DVBl. 1991, 442 = UPR 1991, 151 – Gewerbegebiet-Nord; s. Rdn. 3636.
[2421] *BVerwG*, Urt. v. 20. 10. 1989 – 4 C 12.87 – BVerwGE 84, 31 = *Hoppe/Stüer* RzB Rdn. 216 – Eichenwäldchen.
[2422] *BVerwG*, B. v. 18. 12. 1990 – 4 N 6.88 – DVBl. 1991, 442 = *Hoppe/Stüer* RzB Rdn. 442 – Gewerbegebiet-Nord.
[2423] So *BVerwG*, B. v. 30. 9. 1996 – 4 B 175.96 – BauR 1997, 290 = UPR 1997, 101 – DIN, für die Bezugnahme auf die DIN 4261 Teil 1 und 2 – Kleinkläranlagen in § 18 b WHG.
[2424] *BVerwG*, B. v. 3. 9. 2003 – 7 B 6.03 – Buchholz 406.19 Nachbarschutz Nr. 167.
[2425] *BVerwG*, Urt. v. 5. 3. 1997 – 11 A 25.95 – BVerwGE 104, 123 = DVBl. 1997, 831 = NVwZ 1998, 513 – Sachsenwald; Urt. v. 21. 4. 1999 – 11 A 50.97 – NVwZ-RR 1999, 725 = NuR 2000, 36 – Schallschutzwand; vgl. auch B. v. 22. 9. 1999 – 4 B 68.98 – UPR 2000, 71 = NZV 2000, 138 – Schallschutz.

1312 Der Begriffsbestimmung „**Stand der Technik**" des § 3 VI BImSchG ist zu entnehmen, dass mehr gefordert wird, als sich aus den „**anerkannten Regeln der Technik**" ergibt.[2426] Es kommt nicht darauf an, ob sich bestimmte technische Verfahren und Einrichtungen in der Praxis bereits durchgesetzt und allgemeine Anerkennung gefunden haben. Vielmehr reicht es aus, dass die Eignung zur Begrenzung von Emissionen praktisch gesichert erscheint. Ein wichtiges Indiz hierfür kann sein, dass eine Maßnahme in einem Betrieb bereits mit Erfolg erprobt worden ist. Die Bewährung im Betrieb ist indessen nicht zwingende Voraussetzung. Auch Verfahren, deren praktische Eignung aufgrund anderer Umstände so weit gesichert ist, dass ihre Anwendung ohne unzumutbares Risiko möglich ist, entsprechen dem Stand der Technik. Für den Begriff „Stand der Technik" genügt es nicht, dass die Wissenschaft Lösungen für bestimmte Verfahren erforscht hat. Es muss sich vielmehr um Techniken handeln, die bereits entwickelt sind.[2427]

10. Gewässerschutz

1313 Bei der Aufstellung von Bauleitplänen soll auch der Belang des **Wassers** berücksichtigt werden (§ 1 VI Nr. 7a BauGB).[2428] Vor allem steht hier die Sicherung des Grundwassers und die Wahrung des Grundsatzes der **gemeinwohlorientierten Wasserbewirtschaftung** nach §§ 1 ff. WHG im Vordergrund.[2429] Aus den wasserrechtlichen Vorschriften können sich strikt zu beachtende Gebote i. S. von Planungsleitsätzen ergeben. So sind Gebote oder Verbote, die sich aus den Festsetzungen einer Wasserschutzgebietsverordnung nach § 19 WHG ergeben, in der Bauleitplanung als Planungsschranken zu beachten. Sie stellen zwingendes Recht dar, über das die Gemeinde sich nicht hinwegsetzen darf.[2430] Nach § 9 I Nr. 16 BauGB kann die Gemeinde im Bebauungsplan Wasserflächen sowie Flächen für die Wasserwirtschaft, für Hochwasserschutzanlagen und für die Regelung des Wasserabflusses festsetzen. Die Gemeinde kann derartige Festsetzungen zu Gunsten des Gewässerschutzes in den Bebauungsplan auch dann aufnehmen, wenn solche Festsetzungen Gegenstand wasserwirtschaftlicher Regelungen sein können. Der Bebauungsplan muss sich jedoch auf städtebauliche Aufgaben beschränken. Zur Umsetzung von Maßnahmen zum Ausgleich können gem. § 9 IV BauGB auf der Grundlage landesrechtlicher Regelungen zusätzliche Festsetzungen zum Schutz des Wassers in den Bebauungsplan aufgenommen werden. Außerdem können nach § 9 VI BauGB zum Schutz des Wassers nach anderen gesetzlichen Vorschriften getroffene Festsetzungen (beispielsweise nach den Wassergesetzen der Länder) nachrichtlich in den Bebauungsplan übernommen werden.[2431]

1314 Die Beachtung weitergehender Schutzvorschriften enthebt die Gemeinde nicht der Notwendigkeit, dem **Wasserschutz**, sofern hierzu Veranlassung besteht, schon im Vorfeld zwingender Ge- oder Verbote im Rahmen der Bauleitplanung als einem Belang Rechnung zu tragen, der mit den übrigen Belangen abzuwägen ist. Wann und in welchem

---

[2426] *BVerfG*, B. v. 8. 8. 1978 – 2 BvL 8/77 – BVerfGE 49, 89.
[2427] *BVerwG*, B. v. 4. 8. 1992 – 4 B 150.92 – Buchholz 406.25 § 3 BImSchG Nr. 9 = *Hoppe/Stüer* RzB Rdn. 1031. Zu technischen Normen im Recht *Asbeck-Schröder* DÖV 1992, 252; *Labudek* DAR 1995, 489; *Murswiek* Die staatliche Verantwortung für die Risiken der Technik 1985; *Neumann* RdE 1996, 40; *Roßnagel* (Hrsg.) Recht und Technik im Spannungsfeld der Kernenergiekontroverse 1984; *Schimmelpfeng* (Hrsg.) Altlasten, Deponietechnik, Kompostierung 1993; *Siegburg* BauR 1985, 367; *Stüer* DVBl. 1995, 1224; *Uwer* VersR 1995, 1420.
[2428] *BVerwG*, B. v. 28. 4. 2003 – 4 BN 21.03 – Grundwasserschutz in der Bauleitplanung, mit Hinweis auf B. v. 26. 3. 1993 – 4 NB 45.92 – NVwZ-RR 1993, 598 = Buchholz 406.11 § 1 BauGB Nr. 63 = BRS 55 Nr. 15.
[2429] Zu den Festsetzungsmöglichkeiten nach dem Gesetz zur Verbesserung des vorbeugenden Hochwasserschutzes s. Rdn. 3450.
[2430] §§ 10 II und 6 II BauGB; *BVerwG*, B. v. 18. 12. 1987 – 4 NB 1.87 – BRS 48, Nr. 32 = *Hoppe/Stüer* RzB Rdn. 1323 – Golfplatz; B. v. 28. 11. 1988 – 4 B 212.88 – NVwZ 1989, 662 = *Hoppe/Stüer* RzB Rdn. 155 – Taunus.
[2431] *Bundesregierung*, Gesetzentwurf zum BauROG, S. 48.

Umfang dieser Belang zu berücksichtigen ist, muss sich etwa nach dem von einer Bebauung ausgehenden Gefährdungspotenzial, der Wasserdurchlässigkeit des Bodens oder des Grundwasserstandes richten. Je handgreiflicher das Interesse daran ist, das Grundwasser vor etwaigen mit einer baulichen Nutzung verbundenen nachteiligen Einwirkungen zu schützen, desto unzweifelhafter ist seine Abwägungsrelevanz. Das Vorhandensein einer Wasserschutzgebietsverordnung kann in dieser Hinsicht als ein Indiz für eine potenzielle Konfliktlage zu werten sein, die es der Gemeinde zwar nicht verwehrt, den fraglichen Bereich unter Zurückstellung des in § 1 VI Nr. 7 a BauGB auch als städtebauliches Anliegen bezeichneten Gewässerschutzes zu überplanen. Gänzlich übergangen werden darf ein solcher Belang wegen der in solchen Fällen gesteigerten Schutzwürdigkeit eines Gewässers jedoch nicht.[2432] Zusätzliche Anforderungen ergeben sich für die Bauleitplanung aus der Hochwasserschutznovelle 2005.[2433]

11. Wirtschaft, Energie, Rohstoffvorkommen

Nach § 1 VI Nr. 8 BauGB hat die Gemeinde die Belange der Wirtschaft, auch ihrer mittelständischen Struktur im Interesse einer verbrauchernahen Versorgung der Bevölkerung, der Land- und Forstwirtschaft, der Erhaltung, Sicherung und Schaffung von Arbeitsplätzen, des Post- und Telekommunikationswesens, der Versorgung insbesondere mit Energie und Wasser und der Sicherung von Rohstoffvorkommen zu berücksichtigen. Durch die Berücksichtigung insbesondere der mittelständischen Struktur soll dem Interesse der Bevölkerung an einer **verbrauchernahen Versorgung** Rechnung getragen werden. Das BauGB spricht sich daher für die Konzentration des Einzelhandels an **städtebaulich integrierten Standorten** aus. Einkaufszentren, großflächige Einzelhandelsbetriebe und vergleichbare Handelsbetriebe sollen – wie sich aus § 11 III BauNVO ergibt – nur in Kerngebieten oder in für sie besonders ausgewiesenen Sondergebieten angesiedelt werden. Dies schließt Standorte solcher Einzelhandelsbetriebe **„auf der grünen Wiese"** zwar nicht von vornherein aus. Im Hinblick auf die besonderen Erschließungsanforderungen und mögliche nachteilige städtebauliche und infrastrukturelle Auswirkungen für die Innenstädte sind städtebaulich integrierte Standorte nach der Wertung des BauGB bei gleichwertiger Geeignetheit nicht integrierten Standorten in der Einzelhandelsversorgung vorzuziehen. Die Berücksichtigung mittelständischer Betriebsformen setzt auch der Größe von Einkaufszentren, großflächigen Einzelhandelsbetrieben und sonstigen großflächigen Handelsbetrieben Grenzen. Der Schutz der verbrauchernahen Versorgung ist auch im nichtbeplanten Innenbereich anzustreben.[2434]

Belange der **Land- und Forstwirtschaft** sind vor allem im Außenbereich zu berücksichtigen und können der Inanspruchnahme von Freiflächen für eine städtebauliche Nutzung entgegenstehen. Flächen für die Landwirtschaft und den Wald können im Flächennutzungsplan gem. § 5 II Nr. 9 BauGB dargestellt und im Bebauungsplan gem. § 9 I Nr. 18 BauGB festgesetzt werden. Auch die Bodenschutzklausel in § 1a II 1 BauGB, wonach mit Grund und Boden sparsam und schonend umzugehen ist und Bodenversiegelungen auf das notwendige Maß zu begrenzen sind, sowie die Umwidmungssperre in § 1a II 2 BauGB, wonach landwirtschaftlich, als Wald oder für Wohnzwecke genutzte Flächen nur im notwendigen Umfang für andere Nutzungsarten vorgesehen und in Anspruch genommen werden sollen, dient der Sicherung des Freiraumschutzes[2435] und den Belangen der Land- und Forstwirtschaft. Weitere planungsrechtliche Sicherungsinstrumente enthalten § 35 BauGB, der den Schutz des Außenbereichs vor nichtprivilegierten Nutzungen sicherstellt, und Sondervorschriften in den §§ 100, 135 IV, 136 IV 1 Nr. 2, 145 V, 168 I 2, 169 IV BauGB sowie §§ 187–191 BauGB. Auch durch die Ziele der Raum-

---

[2432] *BVerwG*, B. v. 26. 3. 1993 – 4 NB 45.92 – NVwZ-RR 1993, 598 = ZfW 1994, 275.
[2433] S. Rdn. 3450.
[2434] Vgl. dazu auch den durch das BauROG aufgehobenen § 34 III 2 BauGB 1986.
[2435] Zum Freiraumschutz *Appold* Freiraumschutz durch räumliche Planung – Rechtliche Möglichkeiten eines landesplanerischen Gesamtkonzepts 1988; *ders*. DVBl. 1989, 178.

ordnung wird dem **Freiraumschutz** und damit den Belangen der Land- und Forstwirtschaft Rechnung getragen. Durch die nach § 1 IV BauGB bestehende Pflicht zur Anpassung an die Ziele der Raumordnung wird sichergestellt, dass diese Vorgaben für die kommunale Bauleitplanung verbindlich sind.[2436] Der Begriff des Fernmeldewesens (BauROG 1998) ist an die allgemeine Terminologie der Telekommunikation angepasst und damit in Übereinstimmung mit dem Telekommunikationsgesetz zu verstehen.

12. Belange des Verkehrs

1317 Nach § 1 VI Nr. 9 BauGB sind die Belange des Personen- und Güterverkehrs und der Mobilität der Bevölkerung, einschließlich des öffentlichen Personennahverkehrs und des nicht motorisierten Verkehrs, unter besonderer Berücksichtigung einer auf Vermeidung und Verringerung von Verkehr ausgerichteten städtebaulichen Entwicklung zu berücksichtigen. Anknüpfend an die Vorgängerregelungen werden im EAG Bau auch die Belange des Personen- und Güterverkehrs, der Mobilität der Bevölkerung und des nicht motorisierten Verkehrs genannt. Das bereits in § 2 II Nr. 12 ROG verankerte Anliegen, Verkehr zu vermeiden und zu verringern, ist nun auch in der Bauleitplanung besonders zu berücksichtigen. Diese differenzierte Aufzählung verkehrlicher Belange ist Ausdruck des allgemeinen Ziels der Nachhaltigkeit. Es kann verwirklicht werden z. B. durch Nutzungsmischung und kompakte Zuordnung der Nutzungen zueinander („Stadt der kurzen Wege"), durch Verdichtung in bestehenden Strukturen, durch eine Dimensionierung des Straßennetzes, die keinen Anreiz zu motorisiertem Individualverkehr gibt.

1318 Belange des **Verkehrs** haben für die Bauleitplanung bereits deshalb eine besondere Bedeutung, weil die planungsrechtliche Zulässigkeit von Vorhaben sowohl im beplanten als auch nichtbeplanten Innenbereich, aber auch im Außenbereich, von einer gesicherten Erschließung abhängt. Belange des Verkehrs sind für die Bauleitplanung aber auch deshalb wichtig, weil es zu Konflikten insbesondere mit Wohnnutzungen kommen kann, die ggf. durch entsprechende Schutzauflagen gesichert werden müssen. Für den Neubau von Straßen ist dabei die 16. BImSchV **(Verkehrslärmschutzverordnung)** zu berücksichtigen.[2437] Die Bauleitplanung hat dabei auch bestehende Nutzungskonflikte zwischen verkehrlichen und anderen Belangen nach Möglichkeit auszugleichen und – soweit erforderlich – mit den Mitteln der Bauleitplanung Lärmsanierungsmaßnahmen[2438] an Straßen oder anderen Verkehrsanlagen, die ihrer Planungshoheit unterstellt sind, vorzusehen.[2439] Für die Belange des Verkehrs ist die gemeindliche Bauleitplanung jedoch nur insoweit zuständig, als sich nicht ein Vorrang der Fachplanung ergibt.[2440] Dieser Vorrang wird in § 38 BauGB für überörtliche Planungen auf den Gebieten des Verkehrs-, Wege- und Wasserrechts bei entsprechender Beteiligung der Gemeinden und bei Berücksichtigung städtebaulicher Belange angeordnet. § 38 BauGB regelt damit einen Vorrang der privilegierten Fachplanung in dem Sinne, dass die fachplanungsrechtlichen Regelungen i. S. einer materiellen Konzentration selbst bestimmen, in welchem Umfang die planungsrechtlichen Vorschriften des BauGB Anwendung finden. Soweit danach ein Vorrang der privilegierten Fachplanung besteht, hat die Gemeinde Fachplanungsentscheidungen ggf. in ihre Bauleitplanung nachrichtlich zu übernehmen.[2441]

13. Verteidigung und Zivilschutz

1319 Auch sind nach § 1 VI Nr. 10 BauGB die Belange der Verteidigung und des Zivilschutzes sowie der Belang der zivilen Anschlussnutzung von Militärliegenschaften zu berücksichtigen. Die gemeindliche Bauleitplanung hat dabei insbesondere den spezialge-

---

[2436] Zu weiteren Einzelheiten *Krautzberger* in: Battis/Krautzberger/Löhr § 1 Rdn. 82.
[2437] S. Rdn. 642.
[2438] Vgl. dazu *BVerwG*, B. v. 24. 8. 1999 – 4 B 58.99 – NVwZ 2000, 70.
[2439] *Fickert* BauR 1988, 678; *Stüer* DVBl. 1992, 547; *ders.* DVBl. 1992, 1528.
[2440] *BVerwG*, B. v. 5. 6. 1992 – 4 NB 21.92 – ZfBR 1992, 235 = *Hoppe/Stüer* RzB Rdn. 12.
[2441] S. Rdn. 309.

setzlichen Regelungen über die Belange der Verteidigung und des Schutzes der Zivilbevölkerung im Landbeschaffungsgesetz und im Schutzbereichsgesetz Rechnung zu tragen. Für Vorhaben, die der **Landesverteidigung**, dienstlichen Zwecken des **Bundesgrenzschutzes** oder dem **zivilen Bevölkerungsschutz** dienen, enthält § 37 II BauGB eine Sonderregelung. Macht die besondere öffentliche Zweckbestimmung für bauliche Anlagen des Bundes oder eines Landes erforderlich, von den Vorschriften des BauGB, der BauNVO oder der gemeindlichen Bauleitplanung abzuweichen, oder ist das gemeindliche Einvernehmen nach den §§ 14, 36 BauGB nicht erreicht worden, so entscheidet gem. § 37 I BauGB die höhere Verwaltungsbehörde. Vorhaben mit öffentlicher Zweckbestimmung für bauliche Anlagen des Bundes oder eines Landes sind daher von den planungsrechtlichen Vorschriften des BauGB insoweit privilegiert, als es die öffentliche Zweckbestimmung erfordert. Dabei hat jeweils eine Interessenabwägung zwischen den gemeindlichen Planungsbelangen und der öffentlichen Zwecksetzung stattzufinden. Der Vorrang ist daher nicht absolut, sondern in dem Sinne relativ, dass nur bei einem Überwiegen der öffentlichen Zwecksetzung ein Abweichen von den planungsrechtlichen Vorschriften zulässig ist. Für Vorhaben, die der Landesverteidigung, dienstlichen Zwecken des Bundesgrenzschutzes oder dem zivilen Bevölkerungsschutz dienen, ist nur die Zustimmung der höheren Verwaltungsbehörde erforderlich. Die Gemeinde ist allerdings vorher zu hören. Versagt die höhere Verwaltungsbehörde ihre Zustimmung oder widerspricht die Gemeinde dem beabsichtigten Bauvorhaben, so entscheidet gem. § 37 II 3 BauGB der zuständige Bundesminister im Einvernehmen mit den beteiligten Bundesministern und im Benehmen mit der zuständigen obersten Landesbehörde. Auch bei diesen Vorhaben der Landesverteidigung hat die Gemeinde daher im Anhörungsverfahren Gelegenheit, ihre Planungsvorstellungen in den Entscheidungsprozess einzubringen. Die von ihr geltend gemachten Planungsbelange können nur durch wichtigere Belange der Verteidigung überwunden werden.

Beispiel: Die Bundeswehr beabsichtigt, in einem ehemaligen Bundeswehrdepot Dekontaminationsmittel einzulagern, die im Verteidigungsfall zur Reinigung von kontaminierten Stoffen dienen sollen. Die Gemeinde beruft sich auf die Gefährdung des Trinkwassers und auf Planungsbelange. Die Einlagerung der Dekontaminationsmittel hat gegenüber den gemeindlichen Belangen den Vorrang, wenn Sicherheitsbedenken nicht bestehen und sich etwa eine zentrale Einlagerung gegenüber einer dezentralen Aufbewahrung in vielen Kasernen als vorteilhaft erweist.

Durch das EAG Bau sind die Belange der Verteidigung und des Zivilschutzes ergänzt worden um die **zivile Anschlussnutzung von Militärliegenschaften**. Die Regelung macht deutlich, dass die Klärung, welche Nutzung einer aufgegebenen oder aufzugebenden Militäranlage folgen soll, nicht dem Bund überlassen ist. Die Gemeinden müssen sich aus ihrer Planungshoheit heraus im eigenen Interesse an der städtebaulichen Entwicklung der Flächen beteiligen. Die Ermöglichung einer zivilen Anschlussnutzung vorrangig vor der Inanspruchnahme von Freiflächen entspricht auch dem Ziel einer nachhaltigen und flächensparenden Siedlungsentwicklung.

14. Informelle Planungen

Die Bauleitplanung hat auch die Ergebnisse eines von der Gemeinde beschlossenen städtebaulichen Entwicklungskonzepts oder einer von ihr beschlossenen städtebaulichen Planung zu berücksichtigen. Damit werden die informellen Planungen zwar nicht in den Rang der förmlichen Bauleitplanung erhoben. Zugleich wird aber herausgestellt, dass die informellen Planungen abwägungserhebliche Belange beinhalten können. Soweit diese Planungen von einer Umweltprüfung begleitet worden sind, können deren Ergebnisse in die Bauleitplanung integriert werden. Auch im Rahmen der Stadtumbaumaßnahmen (§§ 171a bis 171d BauGB) können informelle Planungen wie Stadtteilkonzepte oder Rahmenpläne bedeutsam sein. Der Plan-UP-Richtlinie unterliegen solche informellen Planungen nicht, weil sie nicht aufgrund von Rechts- oder Verwaltungsvorschriften aufgestellt werden müssen (Art. 2a Plan-UP-Richtlinie).

15. Hochwasserschutz

1322 In der Abwägung sind auch Belange des Hochwasserschutzes zu berücksichtigen (§ 1 VI Nr. 12 BauGB). Diese durch die **Hochwasserschutznovelle 2005** eingeführte Regelung will sicherstellen, dass die Belange des Hochwasserschutzes ausreichend in die Bauleitplanung eingehen. Diesem Ziel dienen im BauGB insgesamt fünf Regelungen: Bei den abwägungserheblichen Belangen werden zur Klarstellung die Erfordernisse des Hochwasserschutzes ausdrücklich erwähnt (§ 1 VI Nr. 12 BauGB). In den Flächennutzungsplan und in den Bebauungsplan sollen festgesetzte Überschwemmungsgebiete nachrichtlich übernommen und überschwemmungsgefährdete Gebiete vermerkt werden (§§ 5 IV a, 9 VI a BauGB). In Überschwemmungsgebieten und sonstigen Gebieten, die zum Zweck des vorbeugenden Hochwasserschutzes von Bebauung freizuhalten sind, besteht ein gemeindliches Verkaufsrecht (§ 24 I 1 Nr. 7 BauGB). Durch § 35 III 1 Nr. 6 VI BauGB wird klargestellt, dass öffentliche Belange auch beeinträchtigt sind, wenn der Hochwasserschutz gefährdet ist. Anlässlich der Neubekanntmachung eines Flächennutzungsplans sind Überschwemmungsgebiete und überschwemmungsgefährdete Gebiete nachrichtlich zu übernehmen oder zu vermerken **(§ 246 a BauGB)**. Die materiellen Anforderungen an den Hochwasserschutz sind in §§ 31 a bis 31 d WHG geregelt. Aus diesen Vorschriften ergeben sich unmittelbar Bindungswirkungen auch für die Bauleitplanung, die vor allem bei der Ausweisung neuer Baugebiete auf einen **hochwasserschutzrechtlichen Mindeststandard** verpflichtet ist.[2442]

16. Bodenschutzklausel

1323 Nach § 1a II 1 BauGB soll mit Grund und Boden sparsam und schonend umgegangen werden. Dabei sind Bodenversiegelungen auf das notwendige Maß zu begrenzen. Durch diese Bodenschutzklausel, die als Optimierungsgebot zu verstehen ist, soll dem sparsamen und schonenden Umgang mit Grund und Boden in der Abwägung Bedeutung erlangen. Die Erweiterung der Bodenschutzklausel auch auf die Begrenzung der Bodenversiegelung soll sicherstellen, dass die Bauleitplanung Bodenversiegelungen nur in dem erforderlichen Umfang ausweist. Der Vorrang ist zwar relativ in dem Sinne, dass im konkreten Einzelfall ein Bodenverbrauch und die Bodenversiegelung durch höherwertige andere öffentliche Belange gerechtfertigt werden kann. Die Gründe müssen jedoch von entsprechendem Gewicht sein, um die gesetzliche Wertung überwinden zu können. Denkbar ist etwa die Überwindung durch den früheren Grundsatz (§ 1 BauGB-MaßnG),[2443] wonach bei der Aufstellung, Änderung, Ergänzung und Aufhebung von Bauleitplänen nach dem BauGB einem dringenden Wohnbedarf der Bevölkerung besonders Rechnung zu tragen ist. Beide durchaus gegenläufigen Belange können nur im Einzelfall zu einem Ausgleich gebracht werden. Der letztgenannte Belang wird zwar seit dem BauROG 1998 im BauGB nicht mehr besonders hervorgehoben. Er hat jedoch dadurch als Element der Abwägung nicht an Bedeutung eingebüßt, so dass er sich je nach den Einzelfallumständen auch gegenüber der Bodenschutzklausel durchsetzen kann. Die Bodenschutzklausel entfaltet in der Ausgleichsentscheidung eine zusätzliche Prüfungsstation, die auf Schonung und ggf. Kompensation gerichtet ist. Wenn mit Grund und Boden sparsam umzugehen ist, dann fordert das in der Ausgleichsentscheidung die Prüfung, ob der Eingriff bei Wahrung der städtebaulichen Konzeption und Ziele vermieden oder vermindert werden kann. Sind die Belange des Bodenschutzes danach gegenüber anderen höherwertigen Belangen zurückzustellen, hat die planende Gemeinde zu prüfen, ob ein Ausgleich oder eine Kompensation in sonstiger Weise abwägungsgerecht erscheint.

[2442] S. Rdn. 3450.
[2443] Die Vorschrift ist durch das BauROG 1998 aufgehoben worden.

a) **Bundesbodenschutzgesetz.** Weitere Vorgaben zum Bodenschutz enthält das **Bun-** **1324** **des-Bodenschutzgesetz (BBodSchG).**[2444] Das Gesetz, das im Kern ein Altlastensanierungsgesetz ist, hat bundeseinheitliche rechtliche Grundlagen zum Schutz der Funktionen des Bodens geschaffen. Dies beinhaltet sowohl den Schutz vor schädlichen Bodenveränderungen als auch die Sanierung von Altlasten. Zugleich sind das KrW-/AbfG und das BImSchG an das BBodSchG angepasst worden. Der Bodenschutz ist dabei in die bestehenden Verfahren integriert worden. Vorbeugender Bodenschutz und Altlastensanierung werden dabei zusammengeführt. Konkretisiert wird dies durch verschiedene Verpflichtungen zum Schutz des Bodens, durch eine Regelung zur Beseitigung von Bodenversiegelung und durch ein umfassendes Handlungsinstrumentarium zur Abwehr von Gefahren für Mensch und Umwelt, die von Altlasten ausgehen. Auch enthält das BBodSchG Ermächtigungen für den Erlass eines untergesetzlichen Regelwerks in Form einer Bodenschutz- und Altlastenverordnung, in der Anforderungen des Gesetzes zu konkretisieren sind. Zweck des Gesetzes ist es, nachhaltig die Funktionen des Bodens zu sichern und wiederherzustellen. Hierzu sind schädliche Bodenverunreinigungen abzuwehren, der Boden und Altlasten sowie hierdurch verursachte Gewässerverunreinigungen zu sanieren und Vorsorge gegen nachteilige Einwirkungen auf den Boden zu treffen (§ 1 BBodSchG). Der Bodenschutz umfasst somit die Vorsorge und den Schutz gegen schädliche Einwirkungen (**qualitativer Bodenschutz**) und den Schutz vor einem Bodenverbrauch (**quantitativer Bodenschutz**).[2445] Als Zweck des Gesetzes folgt der quantitative Bodenschutz zwar nicht direkt aus dem Wortlaut des § 1 BBodSchG. Er ist aber in der Begründung des Bundestages ausdrücklich genannt[2446] und hat zudem in der Entsiegelungsvorschrift des § 5 BBodSchG seinen Niederschlag gefunden. Boden ist nach § 2 I BBodSchG die obere Schicht der Erdkruste, soweit sie Träger der Bodenfunktionen ist, einschließlich ihrer flüssigen und gasförmigen Bestandteile (Bodenlösung und Bodenluft). Ausgeklammert werden das Grundwasser und Gewässerbetten.[2447] Bei dieser Definition des Bodens tritt scheinbar ein Widerspruch mit § 1 BBodSchG auf, der auch die Sanierung von Gewässerverunreinigungen als Gesetzeszweck benennt. Diese Trennung von Boden und Grundwasser ist allerdings vor dem Hintergrund des Nassauskiesungs-Beschlusses des BVerfG[2448] konsequent, führt aber dort zu Abgrenzungsschwierigkeiten, wo die verschiedenen Aggregatzustände ineinander übergehen. Die **Funktionen** des Bodens sind in § 2 II BBodSchG beschrieben. Danach erfüllt der Boden, zu dem auch die flüssigen und gasförmigen Bestandteile ohne das Grundwasser gehören, Funktionen als (1) Lebensgrundlage und Lebensraum für Menschen, Tiere, Pflanzen und Bodenorganismen, (2) als Bestandteil des Naturhaushalts, insbesondere mit seinen Wasser- und Nährstoffkreisläufen, (3) als Abbau-, Ausgleichs- und Aufbaumedium für stoffliche Einwirkungen aufgrund der Filter-, Puffer- und Stoffumwandlungseigenschaften, insbesondere auch zum Schutz des Grundwassers, (4) als Archiv der Natur und Kulturgeschichte, (5) als Rohstofflagerstätte, (6) als Fläche für Siedlung und Erholung, (7) als Standort für die land- und forstwirtschaftliche Nutzung sowie (8) als Standort für sonstige wirtschaftliche und öffentliche Nutzungen, Verkehr, Ver- und Entsorgung. Die Gesetzgebungskompetenz des Bundes ergibt sich aus Art. 74 I Nr. 18 GG, wobei die Zuständigkeit zur Gesetzgebung auch die Regelung der Ordnungsgewalt in diesem Sachgebiet umfasst.[2449]

[2444] Bundes-Bodenschutzgesetz v. 17. 3. 1998 (BGBl. I 502). Das Gesetz ist am 1. 3. 1999 in Kraft getreten.
[2445] *Neun* NJ 1999, 123; *Peine* DVBl. 1998, 157.
[2446] BT-Drucks. 13/6701, S. 28.
[2447] § 2 I BBodSchG.
[2448] *BVerfG*, B. v. 15. 7. 1981 – 1 BvL 77/78 – BVerfGE 58, 300 = NJW 1982, 745 = DVBl. 1982, 340 = *Hoppe/Stüer* RzB Rdn. 1136 – Nassauskiesung.
[2449] *BVerfG*, Rechtsgutachten vom 16. 6. 1954 – 1 PBvV 2/52 – BVerfGE 3, 407; *BVerwG*, Urt. v. 12. 1. 1990 – 7 C 88.88 – BVerwGE 84, 247.

1325 Das Gesetz enthält eine Reihe weiterer **Definitionen**. So sind etwa schädliche Bodenveränderungen Beeinträchtigungen der Bodenfunktionen, die geeignet sind, Gefahren, erhebliche Nachteile oder erhebliche Belästigungen für den Einzelnen oder die Allgemeinheit herbeizuführen (§ 2 III BBodSchG). Zum Schutz der menschlichen Gesundheit und der Bodenfunktionen vor Langzeitrisiken[2450] können Anforderungen zur Vorsorge gegen schädliche Bodenveränderungen festgelegt werden.[2451] Der Schutzzweck ist allerdings schon durch die Definition der „schädlichen Bodenveränderung" auf den Menschen als primäres Schutzobjekt bezogen. Die Bodensanierung knüpft an keinen bestimmten Zeitpunkt in der Vergangenheit an, wie dies zum Beispiel im Westen der 11.6. 1972 (AbfG) und im Osten 1.7. 1990 (DDR-URG) hätte sein können.[2452] Verdachtsflächen sind Grundstücke, bei denen der Verdacht schädlicher Bodenveränderungen besteht (§ 2 IV BBodSchG). Altlasten sind (1) stillgelegte Abfallbeseitigungsanlagen sowie sonstige Grundstücke, auf denen Abfälle behandelt, gelagert oder abgelagert worden sind (Altablagerungen) sowie (2) stillgelegte Anlagen, ausgenommen Anlagen, deren Stilllegung einer Genehmigung nach dem AtG bedarf, und sonstige Grundstücke, auf denen mit umweltgefährdenden Stoffen umgegangen worden ist, soweit die Anlagen oder Grundstücke gewerblichen Zwecken dienten oder im Rahmen wirtschaftlicher Unternehmungen Verwendung fanden (Altstandorte), durch die schädliche Bodenveränderungen oder sonstige Gefahren für den einzelnen oder die Allgemeinheit hervorgerufen werden (§ 2 V BBodSchG). Altlastenverdächtige Flächen sind Altablagerungen und Altstandorte, bei denen der Verdacht schädlicher Bodenveränderungen oder sonstiger Gefahren für den einzelnen oder die Allgemeinheit besteht (§ 2 VI BBodSchG). Das BBodSchG räumt dabei dem Bauplanungs- und Bauordnungsrecht einen Vorrang ein: Nach § 3 I Nr. 9 BBodSchG findet das Gesetz auf schädliche Bodenveränderungen und Altlasten keine Anwendung, soweit Vorschriften des Bauplanungs- und Bauordnungsrechts die Bodennutzung oder wirtschaftliche Tätigkeit regeln. Dieser Vorrang gilt etwa auch für das KrW-/AbfG, das BWaldG, FlurbG, BBergG oder BImSchG. Das BBodSchG gilt ferner nicht für das Aufsuchen, Bergen, Befördern, Lagern, Behandeln und Vernichten von Kampfmitteln.

1326 Keine Subsidiarität liegt gegenüber dem **Wasser- und Naturschutzrecht** vor, obwohl beide Rechtsbereiche wie etwa die Eingriffsregelung in den §§ 18 bis 20 BNatSchG Bodenschutzregeln enthalten.[2453] Die Regelungen sind folglich nebeneinander anwendbar.[2454] Die parallele Anwendung wurde gewählt, da viele Bodenveränderungen gleichzeitig für das Grundwasser relevant sind, denn in der Regel führen schwerwiegende Bodenkontaminationen wegen des typischen Wirkungspfades (des Sickerwassers) auch zu Grundwasserschädigungen,[2455] und eine Abstimmung mit wasserrechtlichen Regelungen ist daher erforderlich.[2456] Die Grundwassersanierung ist daher – wie bisher – auf die Ermächtigungsgrundlagen in den Landeswassergesetzen – zum Teil in Verbindung mit den polizeilichen Generalklauseln oder dem Landesbodenschutzgesetz – zu stützen.[2457] In § 3 III BBodSchG wird dann festgelegt, dass eine „schädliche Bodenveränderung" i. S. dieses Gesetzes gleichzeitig eine „schädliche Umwelteinwirkung" i. S. des § 3 I BImSchG oder „sonstige Gefahr, erheblicher Nachteil oder erhebliche Belästigung" i. S. des § 5 I Nr. 1 BImSchG darstellt. Zur näheren Bestimmung der immissionsschutzrechtlichen Vorsorgepflichten sind die in der Rechtsverordnung nach § 8 BBodSchG bestimmten Emissionswerte heranzuziehen.

[2450] *Peine* DVBl. 1998, 157.
[2451] BT-Drucks. 13/6701, 1.
[2452] *Vierhaus* NJW 1998, 1262.
[2453] BR-Drucks 702/96, S. 7.
[2454] §§ 4 IV 3 und 7 S. 6 BBodSchG zum Wasserrecht, *Vierhaus* NJW 1998 1262.
[2455] *Neun* NJ 1999, 123.
[2456] BT-Drucks 13/6701, S. 28.
[2457] *Vierhaus* NJW 1998 1262; *Neun* NJ 1999, 123.

1327 Als eine der zentralen Vorschriften über Grundsätze und Pflichten regelt § 4 BBodSchG die Pflichten zur **Gefahrenabwehr**. Jeder, der auf den Boden einwirkt, hat sich so zu verhalten, dass schädliche Bodenveränderungen nicht hervorgerufen werden (§ 4 I BBodSchG). Der Grundstückseigentümer und der Inhaber der tatsächlichen Gewalt über ein Grundstück sind verpflichtet, Maßnahmen zur Abwehr der von ihrem Grundstück drohenden schädlichen Bodenveränderungen zu ergreifen (§ 4 II BBodSchG). Der Verursacher einer schädlichen Bodenverunreinigung oder Altlast, der Grundstückseigentümer und der Inhaber der tatsächlichen Gewalt über ein Grundstück sind verpflichtet, den Boden und Altlasten sowie durch schädliche Bodenveränderungen oder Altlasten verursachte Verunreinigungen von Gewässern so zu sanieren, dass dauerhaft keine Gefahren, erhebliche Nachteile oder erhebliche Belästigungen für den einzelnen oder die Allgemeinheit entstehen. Hierzu kommen bei Belastungen durch Schadstoffe neben Dekontaminations- auch Sicherungsmaßnahmen in Betracht, die eine Ausbreitung der Schadstoffe langfristig verhindern. Soweit dies nicht möglich oder unzumutbar ist, sind sonstige Schutz- und Beschränkungsmaßnahmen durchzuführen (§ 4 III BBodSchG). § 4 IV BBodSchG verweist dazu auf das Planungsrecht. Bei Erfüllung der boden- und altlastenbezogenen Pflichten nach § 4 I bis III BBodSchG ist die planungsrechtlich zulässige Nutzung des Grundstücks und das sich daraus ergebende Schutzbedürfnis zu beachten, soweit dies mit dem Schutz der Bodenfunktionen zu vereinbaren ist. Fehlen planungsrechtliche Festsetzungen, bestimmt die Prägung des Gebietes unter Berücksichtigung der absehbaren Entwicklung das Schutzbedürfnis. Die bei der Sanierung von Gewässern zu erfüllenden Anforderungen bestimmen sich nach dem Wasserrecht.

1328 Die Rechtsfrage, wer der **Verursachungsstörer** ist, beurteilt sich nach den allgemeinen Grundsätzen. Probleme können allerdings bei Altlasten auftreten. Als Verursachung gilt hierbei, die Herbeiführung einer Altablagerung oder eines Altstandortes, die gegenwärtigen gefahren oder Störungen sind Folge der Altlast und nicht einer gesonderten Verursachung. Daher ist Verursacher i. S. des § 4 III BBodSchG, wem die damalige Herbeiführung heute als Altlast zugerechnet werden kann. Problematisch kann dies bei alten Altlasten oder Ur-Altlasten werden. Seit dem In-Kraft-Treten des BBodSchG können stets neue Altlasten entstehen, infolge des weiten, nicht nur einen bestimmten Zeitpunkt der Verursachung umfassenden Altlastenbegriffs werden aber auch weit in der Vergangenheit entstandene Altlasten erfasst. Diese sind dann unter verschiedenen Rechtsregimen entstanden und werden anhand dieser unterteilt.[2458]

1329 Unterschieden werden folgende **Regelungsbereiche**: (1) nach 1972 dem AbfG und dem Landesabfallrecht und in den neuen Ländern dem damaligen DDR-Abfallrecht, (2) vor 1972 und nach 1960 unterliegen sie dem Abfallrecht des Gewerberechts und dem DDR-Recht, (3) vor 1960, da in der Regel jede Altlast bei ihrer Herbeiführung ein wasserbezogenes Geschehen aufwies oder aufweisen konnte, das geltende Landeswasserrecht wie zum Beispiel das Bay.WG oder das preuß. WG sowie die Vorläufer des DDR-WG von 1982 und (4) vor 1945 das Bay.WG von 1907, preuß. WG von 1913 oder das Hess. BachG. Die Altlasten könnten somit schon seit 1907 rechtswidrig entstanden sein woraus sich ein Zurechnungsproblem ergibt. Nach der herrschenden Theorie der Verursachung im Rechtssinne muss ein Verhalten vorliegen, das selbst unmittelbar eine Gefahr oder Störung setzt. Es muss daher eine ununterbrochene Kausalität zwischen der Herbeiführung und heutigen Gefahren oder Störungen bestehen,[2459] und es dürfen keine anderen Ursachen selbst verursachend dazwischen getreten sein.[2460] Ein entscheidender Zeitpunkt für Altablagerungen ist mit dem In-Kraft-Treten des AbfG das Jahr 1972. Ein Abfallgeschehen, das dem AbfG widersprach, ist ohne weiteres als rechtswidrige Verursachung i. S. des

---

[2458] *Becker* DVBl. 1999, 134.
[2459] *VG Göttingen,* Urt. v. 18. 9. 1997 – 4 A 4002/95 – NdsVBl. 1998, 195.
[2460] *OVG Münster,* Urt. v. 30. 5. 1996 – 20 A 2640/94 – DVBl. 1997, 570.

BBodSchG anzusehen und zurechenbar. Gleiches muss gelten, wenn eine Herbeiführung vor 1972 gegen geltendes Landesrecht verstieß, auch dann muss dies als rechtswidrige Verursachung i. S. des § 4 III BBodSchG angesehen werden. Hierin könnte ein Verstoß gegen den Grundsatz vom Verbot rückwirkender Gesetze gesehen werden. Rückwirkende Gesetze sind nur unzulässig, wenn sie eine Verschlechterung der Rechtsposition des einzelnen Verpflichteten bewirken.[2461] Der Verpflichtete muss darauf vertraut haben, dass sein nach geltendem Recht entsprechendes Handeln von der Rechtsordnung, mit allen ursprünglich damit verbundenen Rechtsfolgen, anerkannt bleibt.[2462] Die rechtswidrige Verursachung wird somit nicht als schutzwürdig anerkannt.[2463]

1330 **Zustandsstörer i. S.** des § 4 III BBodSchG sind der Eigentümer, der Inhaber der tatsächlichen Gewalt und der ehemalige Eigentümer eines aufgegebenen Grundstücks. Etwas anderes gilt nur für Liegenschaften der deutschen und verbündeten Streitkräfte gem. § 23 BBodSchG, für die Beseitigung von Kampfmitteln, die nach § 3 II BBodSchG vom § 4 III BBodSchG ausgenommen sind, und für Liegenschaften der ehemaligen Westgruppe, bei denen Haftungsfreistellungen nach dem UmweltrahmenG zu beachten sind. Die Aufgabe eines Grundstücks gem. § 928 I BGB ist für die öffentlich-rechtliche Haftung unbeachtlich. Damit wird eine Lücke im bisherigen allgemeinen Sicherheits- und Ordnungsrecht geschlossen. Der aufgebende Eigentümer ist nicht identisch mit dem früheren Eigentümer nach § 4 VI BBodSchG. Die Haftung gem. § 4 VI BBodSchG ist eine neue Pflicht, die den ehemaligen Eigentümer zur Sanierung verpflichtet, wenn er sein Eigentum nach dem 1. 3. 1999 übertragen hat und die Kontamination kannte oder kennen musste.[2464]

1331 Nach § 4 III 1 BBodSchG ist auch der Gesamtrechtsnachfolger des Verursachers einer schädlichen Bodenveränderung oder Altlast zur Sanierung verpflichtet. Die Haftung der Gesamtrechtsnachfolger ist aufgrund einer Initiative des Bundesrates in das Gesetz aufgenommen worden, um einerseits dem Verursacherprinzip stärker Rechnung zu tragen und andererseits um für den Anwendungsbereich dieses Gesetzes den Rechtsstreit zu klären, ob eine Gesamtrechtsnachfolge in die abstrakte Verhaltensverantwortlichkeit stattfindet.[2465] Des Weiteren wurde dadurch das BBodSchG an die Rechtslage der Länder angepasst, die schon eigene Bodenschutz- und Altlastengesetze erlassen haben. Die Gesamtrechtsnachfolge ist in unterschiedlichen Gesetzen geregelt. Bekannteste Gesamtrechtsnachfolge ist die Erbnachfolge nach § 1922 BGB. Weitere Fälle folgen aus §§ 2 UmwG und Spezialgesetzen der Länder wie beispielsweise Art. 68a BayWG oder § 12 Hess. AltlastenG. Zu unterscheiden ist die Gesamtrechtsnachfolge von der reinen Rechtsidentität, wie sie durch §§ 190 ff. UmwG möglich ist. Bei einem solchen Formwechsel liegt eine Rechtsidentität vor, die keine neue Haftung eines Gesamtrechtsnachfolgers bewirkt, sondern es bleibt bei der alten Verantwortlichkeit als Verursacher. Das bisherige Recht zur Gesamtrechtsnachfolge im allgemeinen Sicherheits- und Ordnungsrecht war nicht klar strukturiert. Besondere Probleme bereitete der Übergang nicht konkretisierter Handlungsstörerpflichten des Verursachers auf den Gesamtrechtsnachfolger.[2466] Die bereits durch Verwaltungsakt konkretisierten Pflichten hingegen gingen auf den Gesamtrechtsnachfolger über. Für die abstrakten Pflichten war diese Nachfolgepflicht nur bei gesellschaftsrechtlichen Vorgängen bejaht worden.[2467] Durch die Aufnahme der Gesamtrechtsnachfolgeklausel ist diese Problematik auch für Erbfolgen und andere Gesamtrechtsnachfolgen gleich geregelt.

[2461] *Becker* DVBl. 1999, 134.
[2462] *BVerfG*, Urt. v. 19. 12. 1961 – 2 BvL 6/59 – BVerfGE 13, 261.
[2463] *OVG Lüneburg*, B. v. 7. 3. 1997 – 7 M 3628/96 – NJW 1998, 97.
[2464] *Becker* DVBl. 1999, 134; *Neun* NJ 1999, 123.
[2465] BR-Drucks. 702/96, S. 9.
[2466] *Becker* DVBl. 1999, 134.
[2467] *VGH München*, Urt. v. 8. 11. 1988 – 8 B 88.00248 – ZfW 1989, 144.

6. Teil. Abwägungsgebot

Zur Frage der **Gesamtrechtsnachfolge** in abstrakte Polizeipflichten haben sich das *OVG Lüneburg*[2468] und der *VGH München*[2469] auf der Grundlage des bisherigen Rechts geäußert. Nach § 4 III BBodSchG wird der Kreis der Verantwortlichen nunmehr erheblich erweitert. Allerdings dürfte sich das Gesetz nicht auf Altfälle beziehen. Eine ausdrückliche Regelung enthält § 4 VI 1 BBodSchG, der die Haftung des Eigentümers auf die Fälle beschränkt, in denen das Eigentum nach dem 1. 3. 1999 übertragen wurde. Ebenso wird aber auch aus dem grundsätzlichen verfassungsrechtlichen Verbot einer echten Rückwirkung eine Anwendung auf die Altfälle der Gesamtrechtsnachfolge ausgeschlossen. Insoweit bleibt die Rechtslage zumindest für Altfälle nach wie vor unsicher, so dass vorrangig der Zustandsstörer mit einer Inanspruchnahme rechnen muss.[2470]

Nach § 4 III 4 BBodSchG besteht eine **Einstandspflicht**. Danach ist zur Sanierung verpflichtet, wer aus handelsrechtlichem oder gesellschaftlichem Grund für eine juristische Person einstehen muss. Durch diese Regelung wollte der Gesetzgeber auf Initiative des Bundesrates eine weitere Lücke im allgemeinen Sicherheits- und Ordnungsrecht für den Bereich des BBodSchG schließen.[2471] Als fremde juristische Person kommt nur ein eingetragener Verein, eine AG, eine GmbH, die KGaA, die eingetragene Genossenschaft, der Versicherungsverein auf Gegenseitigkeit oder die bergrechtliche Gewerkschaft sowie die juristischen Personen des öffentlichen Rechts in Betracht.[2472] Einstandsubjekt können alle natürlichen und rechtsfähigen juristischen Personen, sowie die juristischen Personen des öffentlichen Rechts sein. Die Einstandspflicht entsteht, wenn es einen handelsrechtlichen oder gesellschaftsrechtlichen Rechtsgrund gibt. Es kommen verschiedene Rechtsgründe in Betracht, die eine solche Haftung auslösen können.

Die **Durchgriffshaftung** lässt einen Zugriff auf den oder die Gesellschafter zu (§ 4 III 4 BBodSchG). Diese Haftung ist unabhängig von etwaigen Haftungsbegrenzungen. Die Durchgriffe sind aber nur in sehr eng umschriebenen Ausnahmen zulässig, da sonst die Regel der Haftungsbegrenzung auf die juristische Person umgangen würde. Anerkannte Ausnahmen sind (1) der Rechtsformmissbrauch, wenn also die juristische Person nur gegründet wurde um Eigentümerin des kontaminierten Grundstücks zu werden, (2) die Sphärenvermischung, wenn das kontaminierte Grundstück der bestehenden Gesellschaft durch einen Gesellschafter im Wissen um die Kontamination übertragen wurde und (3) wenn ein beherrschender Gesellschafter seinen Einfluss zum Erwerb des Grundstücks durch die Gesellschaft genutzt hat. Der Gesellschafter darf aber nicht organschaftlich gehandelt haben. Denn dann wäre er selbst Handlungsstörer.[2473]

Auch die **Unterkapitalisierung** kann eine Durchgriffshaftung begründen, wenn etwa eine Gesellschaft, die das kontaminierte Grundstück aufnehmen soll, nur mit dem Mindesthaftungskapital gegründet wird oder das altlastenbehaftete Grundstück in einer bestehenden Gesellschaft eingebracht wird, deren Stammkapital auf die gesetzlich vorgeschriebene Mindesthöhe gemindert wird.[2474] In beiden Fällen liegt ein Missbrauch des Gesellschaftsrechts vor, der einen Haftungsdurchgriff auf die Träger der juristischen Person erlaubt.[2475] **Spaltungen** von juristischen Personen regeln sich nach dem UmwG und werden für § 4 III 4 BBodSchG bedeutsam, wenn insbesondere nur ein Teil der neuen Rechtsträger mit den kontaminierten Flächen belastet wird. Als gesellschaftsrechtliche Spaltungsarten kommen die Aufspaltung, die Abspaltung und die Ausgliederung in Be-

---

[2468] *OVG Lüneburg*, B. v. 7. 3. 1997 – 7 M 8628/96 – NJW 1998, 97.
[2469] *VGH München*, B. v. 28. 11. 1988 – 8 CS 87.02 857 – ZfW 1989, 147.
[2470] *VGH Mannheim*, B. v. 25. 10. 1999 – 8 S 2407/99 – VBlBW 2000, 154.
[2471] BR-Drucks 702/96, S. 10.
[2472] *Becker* DVBl. 1999, 134.
[2473] *Becker* DVBl. 1999, 134.
[2474] *Vierhaus* NJW 1998, 1262.
[2475] BGH, Urt. v. 29. 3. 1993 – II ZR 265/91 – NJW 1993, 1200; BSG, Urt. v. 7. 12. 1983 – 7 RAr 20/82 – NJW 1984, 2117; *BSG*, Urt. v. 1. 2. 1996 – 2 RU 7/95 – NJW-RR 1997, 94; *OVG Lüneburg*, Urt. v. 22. 2. 1996 – 11 L 6450/92 – MDR 1996, 1024; Westermann, ZHR 155 (1991), 223.

tracht. Maßgebend für die Einstandspflichten ist der § 133 UmwG und der darin liegende allgemeine Rechtsgedanke. Gem. § 133 UmwG haften alle an der Spaltung beteiligten für die Verbindlichkeiten des übertragenden Rechtsträgers, die vor dem Wirksamwerden der Spaltung begründet worden sind. In direkter Anwendung des § 133 I UmwG muss lediglich der Rechtsgrund der Verbindlichkeit vor der Spaltung vorhanden gewesen sein.[2476] Für Sanierungspflichten muss also eine konkretisierte Sanierungspflicht vor der Spaltung bestanden haben. Lag noch keine Konkretisierung vor, kann in der Aufspaltung ein Missbrauchsvorgang liegen und damit ggf. § 4 III BBodSchG § 133 UmwG analog angewendet werden.[2477] Somit folgt bei Spaltungen eine gemeinschaftliche Haftung aller Beteiligten, wenn die Sanierungspflicht bereits konkretisiert war oder die Spaltung einen Rechtsmissbrauch darstellt. Im Falle einer **Konzernabhängigkeit** eines Unternehmens von einem anderen soll der beherrschende Konzern einstehen, wenn der beherrschte Konzern nicht in der Lage ist, seinen Verpflichtungen nachzukommen.[2478]

1336 Die Einstandspflichten aus **handelsrechtlichem Rechtsgrund** ergeben sich aus §§ 25 ff. HGB, in denen Erwerber- und Veräußererhaftungen geregelt sind. Für eine Haftung muss die Verbindlichkeit grundsätzlich schon vor dem Übergang begründet worden sein.[2479] Geht nur das kontaminierte Grundstück über, bleibt der Veräußerer in der Haftung, obwohl die Zustandshaftung übergegangen ist. Geht das gesamte Handelsgewerbe ohne das kontaminierte Grundstück über, haften ebenfalls der Veräußerer und der Erwerber. Bei rechtsmissbräuchlicher Übertragung greift daher eine generelle Einstandspflicht.

1337 Der **Sanierungspflichtige** muss nach § 4 III 2 BBodSchG dem **Inhalt** nach eine Sanierung i. S. des § 2 VII BBodSchG durchführen und zusätzlich dafür Sorge tragen, dass keine weiteren Gefahren, erheblichen Nachteile oder erheblichen Belästigungen von dem Boden ausgehen können. Eine Einschränkung dieser umfassenden Sanierungspflicht folgt aber aus § 4 III 3 BBodSchG, wonach die Pflichten bei Unzumutbarkeit oder Unmöglichkeit, auf sonstige Sicherungs- und Beschränkungsmaßnahmen beschränkt werden. Planungsrechtliche und tatsächliche Nutzungen des Grundstücks sind beim Sanierungsumfang zu berücksichtigen (§ 4 IV BBodSchG), wenn dies mit § 2 II Nr. 1 und 2 BBodSchG vereinbar ist. Ein Grundstück für ein Wohn- und Geschäftsnutzung unterliegt daher höheren Anforderungen an die Sanierung als ein Gewerbegrundstück oder ein Grundstück im Außenbereich. Durch § 4 V BBodSchG werden Kontaminierungen, die nach dem 1. 3. 1999 eingetreten sind, grundsätzlich einer Sanierungspflicht unterworfen. Diese ist allerdings ausgeschlossen, wenn die Beseitigung der Altlast unter der Berücksichtigung der Vorbelastung unverhältnismäßig wäre oder wenn der Verursacher auf Grund einer Genehmigung darauf vertrauen durfte, dass er den Boden belasten dürfe.

1338 Soweit die Vorschriften des Baurechts die Befugnisse der Behörden nicht regeln, wird die *Bundesregierung* in § 5 BBodSchG ermächtigt, nach Anhörung der beteiligten Kreise durch Rechtsverordnung mit Zustimmung des Bundesrates Grundstückseigentümer zu verpflichten, bei dauerhaft nicht mehr genutzten Flächen, deren Versiegelung im Widerspruch zu planungsrechtlichen Festsetzungen steht, den Boden in seiner Leistungsfähigkeit so weit wie möglich und zumutbar zu erhalten und wiederherzustellen. Die Ermächtigung der *Bundesregierung* bezieht sich auch auf Regelungen für das Auf- und Einbringen von Materialien auf oder in den Boden (§ 6 BBodSchG) sowie die Festlegung von Werten und Anforderungen (§ 8 BBodSchG). Es handelt sich dabei um Werte, bei deren Überschreiten unter Berücksichtigung der Bodennutzung eine einzelfallbezogene Prüfung durchzuführen und festzustellen ist, ob eine schädigende Bodenveränderung oder Altlast vorliegt **(Prüfwerte)**, Werte für Einwirkungen oder Belastungen, bei deren Über-

---

[2476] *Sagasser/Bula*, Umwandlungen, S. 215.
[2477] *Becker* DVBl. 1999, 134.
[2478] BR-Drucks. 702/96, S. 11.
[2479] *Becker* DVBl. 1999, 134.

schreiten unter Berücksichtigung der jeweiligen Bodennutzung in der Regel von einer schädlichen Bodenveränderung oder Altlast auszugehen ist und Maßnahmen erforderlich sind (**Maßnahmenwerte**) sowie Anforderungen an die Abwehr schädlicher Bodenveränderungen und die Sanierung des Bodens und von Altlasten. Auch ist die *Bundesregierung* ermächtigt, Vorsorgewerte nach § 7 BBodSchG festzulegen und Vorschriften über zulässige Zusatzbelastungen und Anforderungen zur Vermeidung oder Verminderung von Stoffeinträgen zu erlassen (§ 7 II BBodSchG). Den Grundstückseigentümer und Inhaber der tatsächlichen Gewalt treffen nach § 7 BBodSchG Vorsorgepflichten gegen schädliche Bodenveränderungen, die durch ihre Nutzung auf dem Grundstück oder in dessen Einwirkungsbereich hervorgerufen werden können Vorsorgemaßnahmen sind geboten, wenn wegen der räumlichen langfristigen oder komplexen Auswirkungen einer Nutzung auf die Bodenfunktionen die Besorgnis einer schädigenden Bodenveränderung besteht.

Liegen Anhaltspunkte für eine **schädliche Bodenveränderung** vor, veranlasst die zuständige Behörde eine Gefährdungsabschätzung und bei hinreichendem Verdacht weitere Untersuchungen. Diese sind ggf. auch von den Pflichtigen zu tragen. Zur Erfüllung der sich aus §§ 4, 7 BBodSchG und aus der Rechtsverordnung ergebenden Pflichten kann die Behörde sonstige Anordnungen erlassen. § 9 BBodSchG sieht zur Gefahrenermittlung ein Kaskadenmodell vor. Liegen Anhaltspunkte dafür vor, dass eine schädliche Bodenverunreinigung oder Altlast oder eine hierdurch verursachte Gewässerverunreinigung besteht, sind zunächst die zuständigen Behörden nach § 9 I BBodSchG zur Ermittlung verpflichtet. Bei dieser sog. Amtsermittlung können die potenziell Sanierungspflichtigen nach § 9 II BBodSchG zur Mitwirkung herangezogen werden, sobald konkrete Anhaltspunkte einen hinreichenden Gefahrenverdacht begründen. Die als Störer in Betracht kommenden Personen können verpflichtet werden, nähere Untersuchungen zur Bestätigung oder zur Widerlegung des Gefahrenverdachts durchzuführen. Die jeweils ermittelten Untersuchungsergebnisse sind von den zuständigen Behörden zu bewerten. Sie entscheidet über den Abschluss der Ermittlungen.

Bei der Bewertung der Untersuchungsergebnisse sind die **Prüf- und Maßnahmenwerte der BBodSchV** entscheidend. Werden Prüf- oder Maßnahmenwerte unterschritten, liegt keine schädliche Bodenverunreinigung oder Altlast vor. Maßnahmen zur Gefahrenabwehr sind nicht erforderlich. Der Gefahrenverdacht ist widerlegt; die Fläche steht ohne weiteres für künftige Nutzungen zur Verfügung. Werden die Prüfwerte überschritten, indiziert dies das Vorliegen einer schädlichen Bodenveränderung oder Altlast. Allerdings sind nach § 8 I 2 Nr. 1 BBodSchG weitere einzelfallbezogene Prüfungen erforderlich. Wenn Schadstoffe aufgrund von besonderen geologischen Formationen nicht mobil sind oder biologisch nicht wirksam werden, können trotz einer Überschreitung der Prüfwerte keine Gefahren, erhebliche Nachteile oder erhebliche Belästigungen vorliegen. Werden die Maßnahmewerte überschritten, ist im Gegensatz zu Prüfwerten nach § 8 I 2 Nr. 2 BBodSchG regelmäßig ohne weiteres vom Vorliegen schädliche Bodenveränderungen oder Altlasten auszugehen und es sind Gegenmaßnahmen durchzuführen. Der Gefahrenverdacht ist mit der Überschreitung der Maßnahmenwerte regelmäßig gegeben und kann nur bei ganz ungewöhnlichen Umständen widerlegt werden.

Der **dritte Abschnitt des BBodSchG** enthält ergänzende Vorschriften für die Altlasten. Darunter finden sich auch Regelungen über eine Sanierungsuntersuchung und Sanierungsplanung bei Sanierungserfordernissen (§ 12 BBodSchG). Auch in diesem Zusammenhang ist die *Bundesregierung* zu Rechtsverordnungen ermächtigt. Das Gesetz enthält zudem ein System der behördlichen Überwachung und der Eigenkontrolle (§ 15 BBodSchG) und ermöglicht ergänzende Anordnungen zur Altlastensanierung (§ 16 BBodSchG). Für die **Landwirtschaft** ist der Standard einer guten fachlichen Praxis vorgeschrieben, durch den die Vorsorgepflicht nach § 7 BBodSchG erfüllt wird (§ 17 BBodSchG). Ziel der guten fachlichen Praxis der landwirtschaftlichen Bodennutzung ist die nachhaltige Sicherung der Bodenfruchtbarkeit und Leistungsfähigkeit des Bodens als natürlicher Ressource. Hierzu enthält das Gesetz eine Reihe von Vorgaben, welche die Bodenbewirtschaftung betreffen (§ 17 II BBodSchG). Unterziele sind dann z. B. die Erhaltung und Verbesserung der Bodenstruktur, die Vermeidung von Bodenverdichtung sowie Bodenabträgen oder die Erhaltung der naturbetonten Strukturelemente der Feldflur. Als Handlungsanleitungen werden die standortangepasste Bodenbearbeitung unter Berücksichtigung der Witterung, der sachgerechte Einsatz von Geräten, die standortangepasste Nutzung des Bodens, die sachgerechte Fruchtfolgegestaltung sowie die sachgerechte Zufuhr von organischer Substanz angeführt. Die Regelung erkennt die Risiken, die der Bodenbewirtschaftung drohen und gibt Mittel, diese zu bewältigen. Ein Zuwiderhandeln ist allerdings nicht sanktioniert. Denn die Behörde kann keine entsprechenden Anordnungen treffen. Auch ist der Verstoß gegen das Gebot der guten fachlichen Praxis keine Ordnungswidrigkeit nach § 26 BBodSchG.[2480]

1342 § 25 BBodSchG sieht einen **Wertausgleich** vor, wenn durch den Einsatz öffentlicher Mittel bei Maßnahmen zur Erfüllung des § 4 BBodSchG der Verkehrswert des Grundstücks nicht unwesentlich erhöht wird und der Eigentümer die Kosten hierfür nicht oder nicht vollständig getragen hat. Dabei wird die Differenz aus dem Wert, der sich nach Durchführung der Sanierungsmaßnahme ergibt (Endwert), und dem Wert bei Beginn der Sanierungsmaßnahme (Anfangswert) gebildet (§ 25 II BBodSchG). Der Ausgleichsbetrag wird bei Abschluss der Sicherung oder Sanierung fällig (§ 25 III 1 BBodSchG). Der Ausgleichsbetrag ruht als öffentliche Last auf dem Grundstück. Es wird im Grundbuch dann in der zweiten Abteilung folgender Vermerk eingetragen: Bodenschutzlast. Auf dem Grundstück ruht ein Ausgleichsbetrag nach § 25 BBodSchG als öffentliche Last.[2481]

1343 Das BBodSchG wird durch die **Bundes-Bodenschutz- und Altlastenverordnung (BBodSchV)** ergänzt.[2482] Die Verordnung gilt für die Untersuchung und Bewertung von Verdachtsflächen und Altlasten sowie für Anforderungen an die Proben, Analytik und Qualitätssicherung nach den §§ 8 III und 9 BBodSchG. § 3 der BBodSchV regelt das Erfordernis der Untersuchung. Anhaltspunkte für das Vorliegen einer Altlast bestehen danach bei einem Altlastenstandort insbesondere, wenn auf Grundstücken über einen längeren Zeitraum oder in erheblicher Menge mit Schadstoffen umgegangen wurde und die jeweilige Betriebs-, Bewirtschaftungs- oder Verfahrensweise oder Störungen des bestimmungsgemäßen Betriebs nicht unerhebliche Einträge solcher Stoffe in den Boden vermuten lassen. Bei Altablagerungen sind diese Anhaltungspunke insbesondere dann gegeben, wenn die Art des Betriebs oder der Zeitpunkt der Stilllegung den Verdacht nahe legen, dass Abfälle nicht sachgerecht behandelt, gelagert oder abgelagert wurde. Liegen entsprechende Anhaltspunkte vor, soll die Verdachtsfläche oder altlastenverdächtige Fläche nach der Erfassung zunächst einer orientierenden Untersuchung unterzogen werden (§ 3 III BBodSchV). Konkrete Anhaltspunkte, die den hinreichenden Verdacht einer schädlichen Bodenveränderung oder Altlasten begründen, liegen in der Regel vor, wenn Untersuchungen eine Überschreitung von Prüfwerten ergeben oder wenn aufgrund einer Bewertung nach § 4 III BBodSchV eine Überschreitung von Prüfwerten zu erwarten ist. Besteht ein hinreichender Verdacht, soll eine Detailuntersuchung durchgeführt werden (§ 3 V BBodSchV). Ggf. ist dabei auch die Innenluft von Gebäuden in die Untersuchung einzubeziehen (§ 3 VI BBodSchV). Liegen der Gehalt oder die Konzentration eines Schadstoffs unterhalb des jeweiligen Prüfwertes, der in Anhang 2 der BBodSchV benannt ist, ist insoweit der Verdacht einer schädlichen Bodenveränderung ausgeräumt. Wird der Prüfwert überschritten, ist insbesondere auch anhand von Maßnahmenwerten zu beurteilen, inwieweit Maßnahmen nach § 2 VII oder VIII BBodSchG erforderlich sind. Die in der BBodSchV enthaltenen Prüf- und Maßnahmenwerte sind dabei zugrun-

---

[2480] *Peine* DVBl. 1998, 157.
[2481] Verordnung über die Eintragung des Bodenschutzlastvermerks v. 18. 3. 1999 (BGBl. I 497).
[2482] Bundes-Bodenschutz- und Altlastenverordnung (BBodSchV) v. 12. 6. 1999 (BGBl. I 1554).

de zu legen. Liegen diese Werte nicht vor, ist eine Beurteilung nach den Methoden und Maßstäben der BBodSchV vorzunehmen (§ 4 IV BBodSchV). Durch die BBodSchV wird klargestellt, dass beim Erreichen der **Prüfwerte** die Behörde durch Gefahrerforschungsmaßnahmen feststellen muss, ob eine schädliche Bodenveränderung oder Altlast vorliegt.[2483] Die Gefahrenerforschungen dienen somit der Risikovorsorge. Werden die Maßnahmenwerte erreicht, wird im Regelfall eine Sanierungspflicht begründet, die allerdings einer Konkretisierung durch die Sanierungsanordnung oder den Sanierungsvertrag bedarf. Der Maßnahmenwert legt somit die Gefahrenschwelle fest.[2484] Allein aufgrund des Erreichens der Schwelle kann eine Sanierung allerdings nicht angeordnet werden.[2485] Vielmehr ist im jeweiligen Einzelfall zu untersuchen, welche Maßnahme unter Berücksichtigung der etwaigen Vorbelastung und der künftigen Nutzung erforderlich ist.[2486]

Im **Anhang 2 der BBodSchV** werden Maßnahmen, Prüf- und Vorsorgewerte festgesetzt. Dabei werden die Wirkungspfade Boden-Mensch (direkter Kontakt), Boden – Nutzpflanzen sowie Boden – Grundwasser unterschieden. Bei der Möglichkeit der direkten Kontaktaufnahme im Wirkungspfad Boden–Mensch wird regelmäßig auf den jeweiligen Nutzungsbezug abgestellt. Es werden dabei Kinderspielflächen, Wohngebiete, Park- und Freizeitanlagen sowie Industrie- und Gewerbegrundstücke unterschieden. Kinderspielflächen sind Aufenthaltsbereiche für Kinder, die ortsüblich zum Spielen genutzt werden, ohne den Spielsand von Sandkästen. Amtlich ausgewiesene Kinderspielplätze sind ggf. nach Maßstäben des öffentlichen Gesundheitswesens zu bewerten. Wohngebiete sind den Wohnen dienende Gebiete einschließlich Hausgärten oder sonstiger Gärten entsprechender Nutzung, auch soweit sie nicht i. S. der BauNVO planungsrechtlich dargestellt oder festgesetzt sind, ausgenommen Park- und Feizeitanlagen, Kinderspielflächen sowie befestigte Verkehrsflächen. Park- und Freizeitanlagen sind Anlagen für soziale, gesundheitliche und sportliche Zwecke, insbesondere öffentliche und private Grünanlagen sowie unbefestigte Flächen, die regelmäßig zugänglich sind und vergleichbar genutzt werden. Industrie- und Gewerbegrundstücke sind unbefestigte Flächen von Arbeits- und Produktionsstätten, die nur während der Arbeitszeit genutzt werden. Für diese Nutzungen werden jeweils für Teilbereiche der Schadstoffe Maßnahmen- und Prüfwerte aufgeführt. So werden etwa Maßnahmenwerte für Dioxine/Furane (PCDD/F) und Prüfwerte für Arsen, Blei, Cadmium, Cyanide, Chrom, Nickel, Quecksilber, Aldrin, Benzo(a)pyren, DDT, Hexachlorbenzol, Hexachlorcyclohexan, Pentachlorphenol und Polychlorierte Biphenyle festgestellt. Im Wirkungspfad Boden-Nutzpflanzen wird zwischen Ackerbau, Nutzgarten und Grünland unterschieden. Auch für diesen Bereich sind teilweise Prüf- und Maßnahmewerte festgesetzt worden.

Für die Praxis wichtig sind auch die Regelungen über den **Sanierungsplan** und den **Sanierungsvertrag**, die durch die BBodSchV näher ausgestaltet werden. Die grundlegenden Vorgaben sind bereits in den §§ 13 und 14 BBodSchG enthalten, die allerdings nur für Altlasten im technischen Sinne gelten (§ 2 V BBodSchG). Nach § 13 I BBodSchG soll die Behörde bei besonders komplexen oder gefährlichen Sanierungsvorhaben die Vorlage eines Sanierungsplans verlangen. In Betracht kommt dies vor allem, wenn etwa verschiedene Gifte in den Boden gelangt sind oder auch verschiedene Medien (Luft, Boden oder Wasser) betroffen sind. Der Sanierungsplan sollte insbesondere eine Zusammenfassung der Gefahrenabschätzung und der Sanierungsuntersuchungen, Angaben über die bisherige und künftige Nutzung der zu sanierenden Grundstücke und eine Darstellung des

---

[2483] § 3 VII BBodSchG i.V. m. Anhang 2 Nr. 1.4, 2.1 BBodSchV; *Erbguth/Stollmann* NuR 1999, 127; *Vierhaus* NJW 1998, 1262.
[2484] *Erbguth/Stollmann* NuR 1999, 127; *Vierhaus* NJW 1998, 1262.
[2485] *Diehr* UPR 1998, 128.
[2486] *Erbguth/Stollmann* NuR 1999, 127. Dies wird auch durch § 4 V 1 BBodSchV unterstrichen, wonach eine schädliche Bodenveränderung bei Überschreiten der Werte nicht vorliegt, wenn die Böden naturbedingt hohe Schadstoffkonzentrationen enthalten.

Sanierungsziels und der hierzu erforderlichen Dekontaminations-, Sicherungs-, Schutz-, Beschränkungs- und Eigenkontrollmaßnahmen enthalten. Diese Aufgaben werden in dem Anhang 3, 2. der BBodSchV konkretisiert. Es ist eine textliche und zeichnerische Vorlage zu erstellen. Auch müssen vorangegangene Verwaltungsverträge und Verwaltungsakte, die sich auf die Maßnahmen auswirken könnten, angeführt werden. Der Sanierungsplan kann durch die zuständige Behörde für verbindlich erklärt werden.[2487] Die dadurch ausgelöste (formelle) Konzentrationswirkung schließt alle die Sanierung betreffenden behördlichen Entscheidungen ein mit Ausnahme der UVP-pflichtigen Vorhaben. Allerdings müssen die zuständigen Behörden ihr Einvernehmen erklären. Dies soll die Sanierungsverfahren beschleunigen,[2488] was allerdings wegen der einzuholenden fachbehördlichen Einvernehmenserklärungen nicht unumstritten ist.[2489]

1346 Der Sanierungsplan kann nach § 14 BBodSchG auch von der Behörde selbst oder durch einen Sachverständigen gem. § 18 BBodSchG erstellt und für verbindlich erklärt werden – allerdings nur unter der Voraussetzung, dass (1) der Plan nicht fristgerecht oder unzureichend eingereicht wurde, (2) ein Verpflichteter nicht oder nicht rechtzeitig herangezogen werden kann oder (3) das Ausmaß der Verunreinigung oder die Anzahl der Verpflichteten ein koordiniertes Vorgehen erfordert. Mit dem Sanierungsplan kann gem. § 13 IV BBodSchG ein **Sanierungsvertrag** eingereicht werden, durch den die Einzelheiten der Sanierung festgelegt und Dritte mit in die Sanierung einbezogen werden können. Der Sanierungspflichtige kann dadurch auch die teilweise sehr hohen Kosten für die Sanierung entsprechend seiner Leistungsfähigkeit verteilen.[2490] Die Einzelheiten dieses Sanierungsvertrags richten sich nach den §§ 54 bis 62 VwVfG.[2491]

1347 Für die Sanierung einer **stillgelegten Deponie** ist das BBodSchG anzuwenden und nicht § 36 II 1 KrW-/AbfG. Dies ergibt sich aus dem Ineinandergreifen des im BBodSchG normierten Vorrangs des KrW-/AbfG (§ 3 I Nr. 2 BBodSchG) mit der abfallrechtlichen Verweisung bestimmter Sachverhalte an das BBodSchG (§ 36 II 2 KrW-/AbfG). Danach sind die Pflichten der Inhaber von Deponien im Ansatz weiterhin im KrW-/AbfG geregelt, also im Rahmen der Zulassung nach § 32 IV S. 1 KrW-/AbfG, während des Betriebs nach den §§ 32 IV S. 2, 35 KrW-/AbfG und aus Anlass der Stilllegung nach § 36 I, II 1 KrW-/AbfG. Jedoch ist das BBodSchG anzuwenden, wenn der Verdacht besteht, dass von einer Deponie schädliche Bodeneinwirkungen oder sonstige Gefahren ausgehen.[2492] „Orientierende Untersuchungen", die den Anfangsverdacht einer schädlichen Bodenveränderung überprüfen sollen, obliegen nach § 9 I BBodSchG der dafür zuständigen Behörde.[2493]

1348 Bei der Bewertung von Altlasten können weiterhin Regelungen wie die sog. **„Hollandliste"**[2494] oder die **LAGA-Empfehlungen** für die Behandlung von Grundwasserschäden als Erkenntnisquelle und Entscheidungshilfe ergänzend herangezogen werden, soweit das BBodSchG und die Bundes-Bodenschutz- und Altlastenverordnung keine oder keine gegenteiligen Festlegungen enthalten.[2495]

1349 Sollen mit Hilfe bestimmter Grundstückseigentümer aufgegebener Maßnahmen zur Untersuchung des Bodens oder des Grundwassers, auch wesentliche Erkenntnisse darüber gewonnen werden, wie eine schon konkret vorgesehene Form der Sanierung sachgerecht durchzuführen ist, entspricht es nach Auffassung des *OVG Berlin* dem Verhältnis-

---

[2487] § 13 VI BBodSchG.
[2488] BT-Drucks. 13/6701, S. 42.
[2489] *Vierhaus* NJW 1998, 1262.
[2490] *Vierhaus* NJW 1998, 1262.
[2491] *Erbguth/Stollmann* NuR 1999, 127.
[2492] *OVG Münster*, Urt. v. 16. 11. 2000 – 20 A 1774/99 – UPR 2001, 194; bezugnehmend auf BT-Drs. 13/6701, S. 20f., 47.
[2493] *VGH München*, B. v. 9. 7. 2003 – 20 CS 03.103 – DVBl. 2003, 1468 – stillgelegte Deponie.
[2494] Dazu schon Nds. OVG, Urt. v. 7. 3. 1997 – 7 M 3628/96 – NJW 1998, 97.
[2495] *OVG Lüneburg*, B. v. 3. 5. 2000 – 7 M 550/00 – NdsVBl. 2001, 14.

mäßigkeitsgrundsatz, nur eine einheitliche Untersuchung durchzuführen, die sowohl die Detailuntersuchung zu Gefährdungsabschätzung als auch die Sanierungsuntersuchung umfasst.[2496]

b) Altlasten. Besondere Ermittlungspflichten kommen den Gemeinden bei der Beplanung altlastenverdächtiger Standorte zu. Flächen mit umweltgefährdenden Stoffen (**Altlasten**) sind bei der Bauleitplanung im Hinblick auf die allgemeinen Anforderungen an gesunde Wohn- und Arbeitsverhältnisse (§ 1 VI Nr. 1 BauGB) und Belange des Umweltschutzes (§ 1 VI Nr. 7 BauGB) besonders zu berücksichtigen.[2497] Im Flächennutzungsplan (§ 5 III Nr. 3 BauGB) und im Bebauungsplan (§ 9 V Nr. 3 BauGB) bestehen entsprechende Kennzeichnungsmöglichkeiten. Die Gemeinde hat daher bei dem Verdacht von Altlasten im Rahmen der Bauleitplanung in eine sorgfältige Überprüfung einzutreten, ob Gefahren für die in § 1 V, VI BauGB bezeichneten Schutzgüter bestehen und welche Folgerungen daraus für die planerischen Darstellungen und Festsetzungen zu ziehen sind. Die sich im Rahmen der Bauleitplanung ergebenden Ermittlungs- und Berücksichtigungspflichten bestehen nicht nur zu Gunsten der Allgemeinheit, sondern auch zu Gunsten betroffener Bewohner des Plangebietes oder anderer Beteiligter, die in vergleichbarer Weise in den Schutzbereich der sich aus dem Abwägungsgebot ergebenden Pflichten einbezogen sind. So haben die Amtsträger einer Gemeinde gem. Art. 34 GG, § 839 BGB die Amtspflicht, bei der Aufstellung von Bebauungsplänen Gesundheitsgefährdungen zu verhindern, die den zukünftigen Bewohnern des Plangebietes aus dessen Bodenbeschaffenheit drohen.[2498] Diese Amtspflichten bestehen auch gegenüber einem Grundstückseigentümer, der nach Aufstellung des Bebauungsplans ein Grundstück mit noch zu errichtendem Wohnhaus erwirbt. Die Haftung wegen einer Verletzung dieser Amtspflicht umfasst dabei auch Vermögensschäden, die der Erwerber dadurch erleidet, dass er im Vertrauen auf eine ordnungsgemäße Planung Wohnungen errichtet oder kauft, die nicht bewohnbar sind.

Aufgabe des Planungsträgers ist es, die **künftige Wohnbevölkerung** vor Umweltbelastungen und Gefahren zu schützen, die von dem Grund und Boden des Plangebietes ausgehen. Für die planende Gemeinde ist bereits bei der Aufstellung des Bebauungsplans erkennbar, dass die Ausweisung eines Wohngebietes, das den allgemeinen Anforderungen an gesunde Wohn- und Arbeitsverhältnisse nicht genügt, über den Kreis der derzeitigen Grundstückseigentümer hinaus auch deren Rechtsnachfolger oder Nutzungsberechtigte nachteilig berühren wird. In diesem Sinne ist mithin die planerische Ausweisung eines Geländes objektbezogen und nicht lediglich personenbezogen.[2499]

Nicht zu dem Kreis der geschützten Dritten zählen diejenigen **Eigentümer**, die überhaupt nicht die Absicht haben, die Grundstücke zu bebauen, bei denen also eine Verantwortlichkeit für die zu errichtenden Bauten von vornherein ausscheidet. Ebenso wenig werden solche Personen geschützt, die zwar an der Verwirklichung einer der Festsetzung

---

[2496] *OVG Berlin*, B. v. 19. 1. 2001 – 2 S 7.00 – UPR 2001, 196.
[2497] *Bielfeldt* DÖV 1989, 67; *Bork* StuGR 1989, 268; *Buchner* DJT Münster 1994, L 35; *Donner* UPR 1990, 406; *Henkel* Altlasten als Rechtsproblem 1987; *ders.* UPR 1988, 367; *Ipsen/Tettinger* Altlasten und kommunale Bauleitplanung 1988; *Kloepfer* DÖV 1988, 573; *Krautzberger* DWW 1986, 110; *Moog* FWW 1988, 170; *Ossenbühl* JZ 1990, 649; *Osterloh* JuS 1993, 780; *Pape* NJW 1994, 409; *Rat von Sachverständigen für Umweltfragen* Altlasten-Sondergutachten 1990; *Reiß-Schmidt* StuGB 1988, 127; *Schimmelpfeng* Altlasten, Deponietechnik, Kompostierung 1993; *Schink* NJW 1990, 351; *ders.* BauR 1987, 397; *ders.* DÖV 1988, 529; *Simon* BayVBl. 1988, 617; *Staupe* DVBl. 1988, 606; *Steiner* FS Weyreuther 1993, 137; *Stüer* StuGR 1989, 6; *ders.* NuR 1987, 267; *Wurm* UPR 1990, 201. Zu Konversionsflächen *Lüers* StuGR 1993, 14; *Tiemann* BBauBl. 1992, 811.
[2498] *BGH*, Urt. v. 26. 1. 1989 – III ZR 194/87 – BGHZ 106, 323 = NJW 1989, 976 = *Hoppe/Stüer* RzB Rdn. 43 – Bielefeld-Brake.
[2499] *BGH*, Urt. v. 6. 7. 1989 – III ZR 251/87 – NJW 1990, 381 = DVBl. 1990, 424 = *Hoppe/Stüer* RzB Rdn. 44 – Osnabrück; Urt. v. 21. 12. 1989 – III ZR 118/88 – NJW 1990, 1038 = DVBl. 1990, 358 – Dortmund-Dorstfeld.

des Planes entsprechenden Bebauung wirtschaftlich beteiligt sind, damit jedoch reine Vermögensinteressen verfolgen, ohne zugleich auch eine nach außen gerichtete Verantwortlichkeit zu übernehmen. Der *BGH* zählt hierzu insbesondere Kreditgeber der Bauträger oder Bauherren, die sich durch Grundpfandrechte an den als Bauland ausgewiesenen Grundstücken absichern lassen.[2500] Ebenso wird das bloße Vermögensinteresse, welches darin besteht, dass ein von Altlasten freies Grundstück einen höheren Marktwert hat als ein belastetes, durch die Pflicht, bei der Bauleitplanung die Anforderungen an gesunde Wohn- und Arbeitsverhältnisse zu berücksichtigen, nicht geschützt.[2501]

1353 Die Berücksichtigung der allgemeinen Anforderungen an gesunde Wohnverhältnisse und der Belange des Umweltschutzes gebietet, dass die Gemeinde schon bei der **Planung** und nicht erst bei der **bauaufsichtlichen Prüfung** der Zulässigkeit eines Bauvorhabens Gefahrensituationen ermittelt und in die planerische Abwägung einstellt, die als Folge der Planung entstehen oder verfestigt werden können. Daher hat die Gemeinde bereits bei der Zusammenstellung des Abwägungsmaterials (§ 2 III BauGB) Gefährdungen aufzuklären, die durch eine Überplanung mit Altlasten behafteter Flächen für die Gesundheit von Menschen oder die Standsicherheit von Bauwerken entstehen können. Eine solche Haftung aus einer Amtspflichtverletzung kommt dabei unabhängig von der Frage in Betracht, ob der Bebauungsplan den sich aus § 1 V und VI BauGB ergebenden Anforderungen entspricht oder wegen eines Verstoßes gegen das Abwägungsgebot[2502] in § 1 VII BauGB unwirksam ist. Für die **Verschuldensfrage** stellt der *BGH* auf die Kenntnisse und Einsichten ab, die für die Führung des übernommenen Amtes im Durchschnitt erforderlich sind, nicht auf die Fähigkeiten, über die der Beamte tatsächlich verfügt. Jeder Beamte muss die zur Führung seines Amtes erforderlichen Rechts- und Verwaltungskenntnisse besitzen oder sich verschaffen. Für Mitglieder kommunaler Vertretungskörperschaften gelten keine minderen Sorgfaltspflichten. Die Mitglieder von Ratsgremien müssen sich daher auf die zur Beratung anstehenden Entscheidungen sorgfältig vorbereiten. Sind sie dazu aufgrund fehlender Sachkunde nicht in der Lage, muss der Rat der Verwaltung, sonstiger Fachbehörden oder ggf. externer Sachverständiger eingeholt werden.

1354 In weiteren Entscheidungen hat der *BGH* allerdings einer **uferlosen Ausdehnung** der gemeindlichen **Ermittlungspflichten** und Haftungsrisiken Einhalt geboten.[2503] Danach ist die planerische Ausweisung eines ehemaligen Deponiegeländes zu Wohnzwecken als solche nicht rechtswidrig, wenn von der Deponie keine Gesundheitsgefahren ausgehen. Die plangebende Gemeinde kann jedoch verpflichtet sein, das Deponiegelände im Bebauungsplan zu kennzeichnen. Diese Kennzeichnungspflicht hat allerdings nicht den Schutzzweck, den Bauherrn vor finanziellen Mehraufwendungen zu bewahren, die durch den Aushub und Abtransport des Deponiegutes verursacht werden können.[2504]

Beispiel: Die Gemeinde weist auf einer ehemaligen Bauschuttdeponie ein Wohngebiet aus. Nach der Errichtung der Wohnhäuser stellt sich heraus, dass die Grundstücke zwar grundsätzlich für eine Wohnbebauung geeignet sind, jedoch in einzelnen Bereichen nachträglich zusätzliche Aufwendungen für einen Bodenaustausch in einer Tiefe von 30 cm entstehen, um eine Gefährdung durch die orale Aufnahme von Schadstoffen durch spielende Kleinkinder auszuschließen. Hier hätte zwar eine gemeindliche Pflicht zur Kennzeichnung dieser Altlastenflächen bestanden. Die nachträglichen Aufwendungen hat die Gemeinde jedoch nicht zu ersetzen, weil diese Kennzeichnungspflichten nur zu Gunsten der Allgemeinheit bestehen.[2505] Ersatzpflichten gegenüber den Erwerbern von Grund-

---

[2500] *BGH*, Urt. v. 6. 7. 1989 – III ZR 251/87 – NJW 1990, 381 = *Hoppe/Stüer* RzB Rdn. 44.
[2501] *BGH*, Urt. v. 17. 12. 1992 – III ZR 114/91 – BGHZ 121, 65; vgl. auch *Stüer* BauR 1995, 604.
[2502] Zum Abwägungsgebot s. Rdn. 1195.
[2503] *BGH*, Urt. v. 21. 2. 1991 – III ZR 245/89 – BGHZ 113, 367 = DVBl. 1991, 428 – Dinslaken; Urt. v. 19. 3. 1992 – III ZR 16/90 – BGHZ 117, 363 = NJW 1992, 1953 = DVBl. 1992, 1093 – Ziegelei; B. v. 9. 7. 1992 – III ZR 105/91 – UPR 1992, 439 = StT 1993, 365 – Gladbeck.
[2504] *Stüer* BauR 1995, 604.
[2505] So *BGH*, Urt. v. 21. 2. 1991 – III ZR 245/89 – BGHZ 113, 367 = BauR 1991, 428 = DVBl. 1991, 808 = *Hoppe/Stüer* RzB Rdn. 46 – Dinslaken.

stücken und Wohngebäuden bestehen demgegenüber, wenn die Gemeinde ein ehemaliges Zechengelände, das sie von der Bergbaufirma zunächst für eine industrielle Nutzung erworben hat, zu Wohnzwecken beplant und die Grundstücke sodann an private Dritte veräußert, obwohl sich das Gelände erkennbar nicht für eine Wohnbebauung eignete.

1355 Mit der planerischen Festsetzung eines Geländes zur Wohnbebauung erzeugt die Gemeinde ebenfalls **kein allgemeines Vertrauen** dahin, dass die betroffenen Grundstücke auch für jede gewünschte gärtnerische Nutzung geeignet sind.[2506] Ist etwa die im Bebauungsplan festgesetzte Nutzung verwirklichungsfähig, so hat der Bebauungsplan seine Funktion erfüllt, eine Verlässlichkeitsgrundlage dafür zu bilden, dass keine Flächen im Plangebiet mit Schadstoffen belastet sind, die für die Wohnbevölkerung gesundheitliche Gefahren hervorrufen könnten. Die Amtsträger der Gemeinde haben zwar die Amtspflicht, bei der Aufstellung von Bebauungsplänen Gesundheitsgefährdungen zu verhindern, die den zukünftigen Bewohnern des Plangebietes aus dessen Bodenbeschaffenheit drohen. Der Schutzzweck dieser Amtspflicht beschränkt sich jedoch auf die Verhinderung und die Abwehr solcher Schäden, bei denen eine unmittelbare Beziehung zu der Gesundheitsgefährdung besteht. Die vom Boden ausgehende Gefahr darf nicht zum völligen Ausschluss der Nutzungsmöglichkeit der errichteten oder noch zu errichtenden Wohnungen führen.[2507] Auch ist die Gemeinde nicht zu einer uferlosen Ermittlung und Planung „ins Blaue hinein" verpflichtet. Was die planende Stelle nicht sieht und was sie nach den ihr zur Verfügung stehenden Erkenntnisquellen auch nicht zu sehen braucht, muss von ihr nicht berücksichtigt werden. Überzogene Anforderungen an die Prüfungspflicht dürfen daher nicht gestellt werden.[2508]

1356 Einer Gemeinde obliegen bei der Aufstellung und Verabschiedung eines Bebauungsplans auch keine Amtspflichten zum Schutz derjenigen **Eigentümer**, deren Grundstücke schon früher bebaut waren und die eine weitere Bebauung nicht beabsichtigen. Daher steht auch dem Erwerber eines derartigen Grundstücks kein Amtshaftungsanspruch[2509] gegen die planende Gemeinde wegen fehlerhafter Bauleitplanung zu.[2510] Ist der Gemeinde bekannt, dass auf dem zu planenden Gebiet eine chemische Fabrik in erheblichem Umfang giftige Substanzen verarbeitet hat, so muss sie dieses Gefährdungspotenzial bei der Beschlussfassung über den Bebauungsplan berücksichtigen und sich im Einzelnen über die Art der damals hergestellten Stoffe und das Risiko, ob mit giftigen Rückständen gerechnet werden muss, vergewissern.[2511]

1357 Eine Haftung der Gemeinde für von ihr nicht beachtete Bodenkontaminationen tritt allerdings nur insoweit ein, als die Schäden in den Schutzbereich der bei der Planung wahrzunehmenden, auf die Abwehr von Gesundheitsgefahren gerichteten Amtspflichten fallen. Aufwendungen, die nicht durch die Giftstoffbelastung, sondern wegen mangelnder **Standsicherheit** erforderlich werden, sind auch dann nicht erstattungsfähig, wenn die mangelnde Standfestigkeit darauf beruht, dass in dem Boden Altlasten lagern. Denn anders als bei Gefahren infolge der Überplanung von Altlasten handelt es sich bei der mangelnden Standsicherheit eines Gebäudes um Gefahren, die vom Bauherrn be-

---

[2506] *BGH*, Urt. v. 25. 2. 1993 – III ZR 47/92 – BauR 1993, 297 = DVBl. 1993, 673 – Hausgarten.
[2507] *BGH*, Urt. v. 21. 12. 1989 – III ZR 118/88 – BGHZ 109, 380; Urt. v. 25. 2. 1993 – III ZR 47/92 – DVBl. 1993, 673 – Hausgarten.
[2508] *BGH*, Urt. v. 9. 7. 1992 – III ZR 78/91 – UPR 1992, 438 = StT 1993, 365; Urt. v. 9. 7. 1992 – III ZR 105/91 – UPR 1992, 438.
[2509] Zu Amtshaftungsansprüchen *Bielfeldt* DÖV 1989, 67; *Dörr/Schönfelder* NVwZ 1989, 933; *Ipsen/Tettinger* Altlasten und kommunale Bauleitplanung 1988; *Jochum* NVwZ 1989, 635; ders. Amtshaftung bei Abwägungs- und Prognosefehlern in der Bauleitplanung 1994; *Johlen* BauR 1983, 196; *Kröner* ZfBR 1984, 20; *Müller* NVwZ 1990, 1028; *Osterloh* JuS 1993, 780; *Schink* NJW 1990, 351; ders. DÖV 1988, 529; *de Witt/Burmeister* NVwZ 1992, 1039; *Wurm* JA 1992, 1.
[2510] *BGH*, Urt. v. 9. 7. 1992 – III ZR 87/91 – NJW 1993, 384 = UPR 1993, 439.
[2511] *BGH*, Urt. v. 14. 10. 1993 – III ZR 157/92 – chemische Fabrik.

herrschbar sind und deshalb zu den Risiken der wirtschaftlichen Nutzbarkeit von Grund und Boden gehören, die jeder Grundstückseigentümer grundsätzlich selbst zu tragen hat.[2512] Die Gemeinden sind allerdings nicht grenzenlos freigestellt. So hat die Gemeinde die Pflicht, bei der Aufstellung von Bebauungsplänen Gefahren für die Sicherheit der Wohn- und Arbeitsbevölkerung[2513] zu vermeiden. In den Schutzbereich dieser Amtspflicht fallen bei vom Bauherrn nicht beherrschbaren Berggefahren dann auch solche Schäden, die auf mangelnder Standsicherheit des Gebäudes infolge von Baugrundrisiken beruhen. Entsprechendes gilt für eine wegen Berggefahren rechtswidrig erteilte Baugenehmigung. Ein schutzwürdiges Vertrauen in die Festsetzungen des Bebauungsplans oder eines von der Gemeinde gebilligten Vorhaben- und Erschließungsplans kann grundsätzlich allerdings erst mit der Bekanntmachung der genehmigten Satzung entstehen. Die Erteilung einer wegen drohender Bergschäden rechtswidrigen Baugenehmigung begründet nur dann eine Haftung, wenn der Genehmigungsbehörde bei Anlegung eines objektiven Sorgfaltsmaßstabes Gefahren für die Standsicherheit des Bauwerks erkennbar waren.[2514]

1358 Die gemeindlichen Ermittlungspflichten sind dabei auf die mehr als geringfügigen, schutzwürdigen und erkennbaren Belange begrenzt.[2515] Was die Gemeinde nicht zu kennen braucht, weil es weder in der Öffentlichkeitsbeteiligung noch in der Behördenbeteiligung vorgetragen worden ist und was sich nach Lage der Dinge dem Planer auch nicht aufdrängt, kann bei der Zusammenstellung des Abwägungsmaterials (§ 2 III BauGB) unberücksichtigt bleiben. Für die planende Gemeinde nicht erkennbare Gefahren führen nicht zur Unwirksamkeit des Bebauungsplans und schließen ebenso eine Amtshaftung der Gemeinde aus.[2516] Die Gemeinde muss bei der Aufstellung von Bebauungsplänen einen **vorhandenen Verdacht von Bodenverunreinigungen** so weit aufklären, dass eine abschließende Entscheidung über die geplante Nutzung getroffen werden kann und die geplante Nutzung möglich ist. Die Gemeinde darf die Bewältigung von Folgeproblemen durch vorhandene Altlasten nur dann einem nachfolgenden Verwaltungsverfahren überlassen, wenn sie im Rahmen der Abwägung berechtigterweise davon ausgehen kann, dass die Probleme dort gelöst werden können.[2517]

1359 Eine mit einer zu hohen polycyclischen Kohlenwasserstoffen (PAK) behaftete Teerbzw. Asphaltdecke stellt weder eine schädliche Bodenveränderung (§ 2 III BBodSchG) noch eine Altlast (§ 2 V BBodSchG) dar, wenn ausgeschlossen ist, dass Regenwasserdurchsickerungen und damit verbundene vertikale Schadstoffverlagerungen in den darunter liegenden Boden bzw. in Grundwasserleiter möglich sind.[2518]

1360 c) **Störerauswahl.** Zur Sanierung der Altlasten können nach Maßgabe des jeweiligen Landesrechts über die Störerhaftung die Handlungs- und Zustandsstörer herangezogen

---
[2512] *BGH*, Urt. v. 9. 7. 1992 – III ZR 87/91 – UPR 1992, 439; *Stüer* BauR 1995, 604. Zur Haftung für Bodenkontaminationen im Bereich eines verpachteten Tankstellengrundstücks in den neuen Ländern *BGH*, Urt. v. 14. 2. 1995 – X ZR 5/93 – Tankstelle. Zur Haftung für durch die sowjetischen Streitkräfte verursachte sog. Belegungsschäden Urt. v. 8. 12. 1994 – III ZR 105/93 – MDR 1995, 480 = RdL 1995, 118.
[2513] Etwa aus Tagesbrüchen wegen Bergschäden.
[2514] *BGH*, Urt. v. 29. 7. 1999 – III ZR 234/97 – BGHZ 142, 259 = NJW 2000, 427 = DVBl. 1999, 1507 – bergschadengefährdetes Gebiet.
[2515] *BVerwG*, B. v. 9. 11. 1979 – 4 N 1.78 – BVerwGE 59, 87 – *Hoppe/Stüer* RzB Rdn. 26.
[2516] *BGH*, Urt. v. 21. 2. 1991 – III ZR 245/89 – BGHZ 113, 367 – Dinslaken; *Krohn* FS für Gelzer, 1991, S. 281.
[2517] *VGH Mannheim*, B. v. 7. 5. 1999 – 3 S 1265/98 und 1835/98 – VGHBW RSpDienst 1999, Beilage 9, B 1.
[2518] *OLG Karlsruhe*, Urt. v. 3. 3. 2003 – 1 U 67/02 – OLGR Karlsruhe 2003, 281 = Justiz 2003, 445 – Teerdecke mit zu hoher PAK-Konzentration. Zu den Anforderungen an die Qualifikation von Sachverständigen als Beauftragten im Sinne von § 209 I BauGB *OVG Münster*, B. v. 15. 8. 2001 – 10 A 3545/00 – BRS 64 Nr. 47 (2001) = NWVBl. 2003, 110 = BauR 2002, 1443 (LS) – Bodenuntersuchungen.

werden. Bei der **Störerauswahl** ist der Grundsatz der Verhältnismäßigkeit zu beachten. Eine landesrechtliche Regelung, nach der Eigentümer eines durch Teer- und Mineralöle verunreinigten Grundstücks als des Zustandsverantwortlichen für die Maßnahme zur Beseitigung von Gefahren für das Grundwasser in Anspruch genommen werden kann, wenn er beim Erwerb des Grundstücks von dem ordnungswidrigen Zustand wusste oder doch zumindest Tatsachen kannte, die auf das Vorhandensein eines solchen Zustandes schließen lassen konnten, ist eine – auch unter dem Gesichtspunkt des Grundsatzes der Verhältnismäßigkeit – zulässige Inhalts- und Schrankenbestimmung des Eigentums.[2519]

Der **Eigentümer** und der **Inhaber der tatsächlichen Gewalt** über ein Grundstück sind neben dem **Verursacher** einer schädlichen Bodenverunreinigung zur Sanierung verpflichtet (§ 4 II, III BBodSchG).[2520] Der Erwerber eines von dem früheren Eigentümer durch Chemikalien verunreinigten Grundstücks nimmt das Risiko seiner späteren Heranziehung zur Sanierung des Grundstücks bewusst in Kauf, wenn er die Art der früher auf dem Grundstück erfolgten Produktion sowie die dabei eingesetzten Chemikalien kannte und außerdem Grund zu der Annahme hatte, dass ein Teil dieser Substanzen in das Erdreich gelangt sein könnte.[2521] Der Verdacht einer Bodenverunreinigung durch Altlasten gibt dem Käufer des betroffenen Grundstücks kein Zurückbehaltungsrecht an dem vertraglich vereinbarten Kaufpreis, bis eine gutachterliche Untersuchung durchgeführt worden ist.[2522]

1361

Der **frühere Eigentümer** eines Grundstücks ist zur Sanierung verpflichtet, wenn er sein Eigentum nach dem 1. 3. 1999 übertragen hat und die schädliche Bodenveränderung oder Altlast hierbei kannte oder kennen musste. Nur bei einem entsprechend begründeten Vertrauen wird der neue Eigentümer weitergehend freigestellt (§ 4 VI BBodSchG). Hat eine Bauträgergesellschaft daher eine Eigentumswohnung vor dem Stichtag veräußert, ist sie nicht vorrangig vor dem Erwerber der Eigentumswohnungen heranzuziehen.[2523] Die Bodenschutzbehörden können sich bei der Ausübung des durch § 9 II BBodSchG in Verbindung mit § 4 III BBodSchG eröffneten Ermessens bei der Störerauswahl vom Verursacherprinzip leiten lassen. Dabei gibt es keinen allgemeinen Rechtssatz, nach dem bei der Störerauswahl immer sicher zu stellen ist, dass bei zwei gleichermaßen zur Gefahrenabwehr geeigneten Störern der Eingriff in die Zivilrechtsordnung immer so gering wie möglich zu halten ist. Es kann allerdings ermessensfehlerhaft sein, wenn die Behörde bei der Störerauswahl ihr bekannte und unstreitige Vereinbarungen zwischen den Störern über den internen Ausgleich völlig unberücksichtigt lässt.[2524] Eine Heranziehung von Zustandsverantwortlichen ist rechtmäßig, auch wenn die zuständige Behörde den von ihr erstrangig zur Sanierung herangezogenen tatsächlichen Verursacher durch langjährige Säumigkeit hat „untertauchen" lassen.[2525] Es kann dann allerdings die Anordnung des Sofortvollzuges unzulässig sein.[2526]

1362

d) Sanierung – Rekultivierung – Dekontamination. Die Auslegung öffentlich-rechtlicher Verträge zielt auf eine beiderseits interessengerechte Lösung nach der Zielsetzung

1363

[2519] *BVerwG*, B. v. 14. 11. 1996 – 4 B 205.96 – GewArch. 1997, 147 = UPR 1997, 193 – Teerverunreinigung; vgl. auch B. v. 14.12. 1990 – 7 B 134.90 – GewArch. 1991, 177 = UPR 1991, 192 – Altanlagen DDR.
[2520] Zur Kostentragung in Fällen, in denen ein Grundstückseigentümer auf nichtförmliche Aufforderung der Behörde hin sein Grundstück auf Altlasten untersuchen lässt *VGH München*, B. v. 14. 9. 2001 – 20 ZB 01.2394 – NVwZ 2002, 365 = DÖV 2001, 1052 = BayVBl. 2002, 637 – Altlastenuntersuchung.
[2521] *VGH Mannheim*, Urt. v. 13. 12. 2001 – 8 S 1340/00 – ZfW 2002, 264.
[2522] *LG Koblenz*, Urt. v. 2. 8. 2001 – 1 O 485/00 – ZMR 2002, 53.
[2523] *VGH München*, Urt. v. 7. 11. 2002 – 22 CS 02.2577 – NVwZ 2003, 1283.
[2524] *VGH Mannheim*, Urt. v. 29. 4. 2002 – 10 S 2367/01 – ESVGH 52, 253 (LS) = NVwZ 2002, 1260 = UPR 2002, 398.
[2525] *VGH München*, Urt. v. 22. 3. 2001 – 22 ZS 01.738 – NVwZ 2001, 821 = BayVBl. 2002, 470.
[2526] *OVG Greifswald*, Urt. vom 17. 9. 2003 – 3 L 196/99 –.

des Vertrags. Beiderseits interessengerecht ist es, die Verteilung der Sanierungslast an der vorausgehenden Verantwortungsverteilung für die Nutzung der Deponie auszurichten.[2527] Die Beseitigung von in den Boden eingebrachten und planierten Abfällen wird nach In-Kraft-Treten des BBodSchG nicht mehr auf der Grundlage entsprechender landesrechtlicher Regelungen[2528] angeordnet werden können. Der Bauherr einer bodenschutzrechtlich relevanten Rekultivierungsmaßnahme muss durch die zuständige Behörde in die Störerauswahl einbezogen werden.[2529] Die Inanspruchnahme einer Gemeinde in den neuen Bundesländern zur **Rekultivierung** und Sicherung von stillgelegten **Abfallbeseitigungsanlagen** nach § 36 II 1 KrW-/AbfG kann weder unter dem Gesichtspunkt der Rechtsnachfolge noch unter dem Gesichtspunkt der Funktionsnachfolge darauf gestützt werden, dass die Anlage zu DDR-Zeiten vom Rat der Gemeinde betrieben worden ist.[2530]

1364 Für die Anordnung von **Dekontaminationsmaßnahmen** ist auf der Grundlage zeitnaher Messungen der Nachweis einer Grundwasserverunreinigung und einer schädlichen Bodenveränderung oder Altlast erforderlich. Auf die unbedingte Einhaltung einer bestimmten Rangfolge bei der Störerauswahl besteht nach § 4 III 1 BBodSchG sowie nach dem den Befugnisnormen zugrunde liegenden Effektivitätsgrundsatz kein Anspruch.[2531] Die Sanierungsuntersuchung liefert Grundlagen für die Entscheidung, auf welche Weise der Verpflichtete die mit der Altlast verbundenen Gefahren abwenden soll. Die Anordnung der Sanierungsuntersuchung setzt auf der Grundlage einer Gefährdungsabschätzung voraus, dass die grundsätzliche Notwendigkeit der Sanierung bereits feststeht.[2532] Sollen durch die angeordneten Maßnahmen zur Untersuchung des Bodens oder des Grundwassers auch wesentliche Erkenntnisse über die konkrete Form der Sanierung gewonnen werden, handelt es sich nicht nur um eine bloße Untersuchung zur Gefährdungsabschätzung, sondern um eine Sanierungsuntersuchung. Diese ist nur rechtmäßig, wenn die Voraussetzungen des § 13 I 1 BBodSchG vorliegen und das der Behörde eingeräumte Ermessen fehlerfrei ausgeübt worden ist.[2533]

1365 **e) Höhe der Inanspruchnahme.** Bei der Frage, ob die Belastung mit Sanierungskosten angemessen und verfassungsrechtlich zulässig ist, sind neben dem Wert des zu sanierenden Grundstücks auch Grundstücke einzubeziehen, die mit ihm eine wirtschaftliche Einheit bilden und die zusammen erworben worden sind.[2534] Das finanzielle Interesse einer als Verursacher herangezogenen Person, von den Kosten bestimmter Erkundungsmaßnahmen zumindest so lange verschont zu bleiben, bis ihre Verantwortlichkeit sowie die Zweck- und Verhältnismäßigkeit der angeordneten Maßnahmen abschließend geklärt sind, wiegt im vorläufigen Rechtsschutz nicht so schwer, wenn fest steht, dass der Boden eines Grundstücks und das von ihm beeinflusste Grundwasser mit gesundheitsgefährdenden Stoffen durchsetzt ist. Allerdings darf die gesamte wirtschaftliche Existenz des Betroffenen nicht ernstlich gefährdet sein.[2535]

[2527] *OVG Saarlouis*, B. v. 6. 6. 2003 – 3 Q 49/02 – AbfallR 2003, 259.
[2528] § 12 II ThAbfG.
[2529] *VG Gera*, Urt. v. 8. 9. 2001 – 2 E 200/01 – mit Hinweis auf § 10 III ThürOBG.
[2530] *OVG Weimar*, Urt. v. 11. 6. 2001 – 4 KO 52/97 – DVBl. 2002, 283 (LS) = ThürVBl. 2002, 80 = NuR 2002, 172. Zur Kostenerstattungspflicht nach Durchführung von Gefahrerforschungsmaßnahmen im Wege der unmittelbaren Ausführung durch die Behörde und zur Verantwortlichkeit einer Gemeinde als früherer Eigentümerin *VGH Mannheim*, Urt. v. 18. 9. 2001 – 10 S 259/01 – ZUR 2002, 227 – Gefahrerforschung.
[2531] *VGH München*, Urt. v. 22. 3. 2001 – M 2 S 00.4678 – ZfW 2002, 35, mit Hinweis auf Art. 68 a I 2 Bay. WassG.
[2532] *VGH München*, B. v. 15. 1. 2003 – 22 CS 02.3223 – NVwZ 2003, 1137 = ZfBR 2003, 467.
[2533] *OVG Berlin*, Urt. v. 19. 1. 2001 – 2 S 7.00 – NVwZ 2001, 582 = UPR 2001, 196.
[2534] *VGH Mannheim*, B. v. 13. 12. 2001 – 8 S 1340/00 – ZfW 2002, 264, im Anschluss an *BVerfG*, B. v. 16. 2. 2000 – 1 BvR 242/91 – BVerfGE 102, 1 = DVBl. 2000, 1275 – Altlastensanierung.
[2535] *VGH Mannheim*, Urt. v. 3. 9. 2002 – 10 S 957/02 – NuR 2003, 29 = NVwZ-RR 2003, 103 = DÖV 2003, 421. Das etwaige Bestehen von Ausgleichsansprüchen des Antragstellers nach § 24 II BBodSchG führt in der Regel nicht zu einer Reduzierung des Streitwerts.

Zu den **Verantwortlichkeiten des Eigentümers** und ihren **Grenzen** hat das *BVerfG*[2536] **1366**
folgende Grundsätze aufgestellt: Die gesetzlichen Regelungen über die Zustandsverantwortlichkeit begründen in genereller und abstrakter Weise die Pflicht des Eigentümers, von seinem Grundstück ausgehende Gefahren für die Allgemeinheit zu beseitigen. Diese Vorschriften und die daran anknüpfenden Befugnisse der Behörden bestimmen somit in allgemeiner Form den Inhalt des Grundeigentums. Bei der Inhalts- und Schrankenbestimmung der als Eigentum grundrechtlich geschützten Rechtspositionen hat der Gesetzgeber sowohl der grundgesetzlichen Anerkennung des Privateigentums durch Art 14 I 1 GG als auch der Sozialpflichtigkeit des Eigentums aus Art 14 II GG Rechnung zu tragen und dabei die schutzwürdigen Interessen der Beteiligten in einen gerechten Ausgleich und in ein ausgewogenes Verhältnis zu bringen.

Es begegnet nach der Rechtsprechung des *BVerfG* keinen verfassungsrechtlichen Bedenken, die Vorschriften über die Zustandsverantwortlichkeit dahingehend auszulegen, dass der Eigentümer eines Grundstücks wegen seiner durch die Sachherrschaft vermittelten Einwirkungsmöglichkeit auf die Gefahren verursachende Sache verpflichtet werden kann, von dem Grundstück ausgehende Gefahren zu beseitigen, auch wenn er die Gefahrenlage weder verursacht noch verschuldet hat. **1367**

Auch wenn die **Zustandsverantwortlichkeit** des Eigentümers als solche mit der Verfassung in Einklang steht, so kann sie aber im Ausmaß dessen, was dem Eigentümer zur Gefahrenabwehr abverlangt werden darf, **begrenzt** sein. Besondere Bedeutung hat hierbei – so das *BVerfG* – der Grundsatz der Verhältnismäßigkeit. Die Belastung des Eigentümers mit den Kosten der Sanierungsmaßnahme ist nicht gerechtfertigt, soweit sie dem Eigentümer nicht zumutbar ist. Zur Bestimmung der Grenze dessen, was einem Eigentümer an Belastungen zugemutet werden darf, kann als Anhaltspunkt der Verkehrswert des Grundstücks nach Durchführung der Sanierung dienen. Eine die Grenzen überschreitende Belastung kann insbesondere dann unzumutbar sein, wenn die Gefahr, die von dem Grundstück ausgeht, aus Naturereignissen, aus der Allgemeinheit zuzurechnenden Ursachen oder von nicht nutzungsberechtigten Dritten herrührt. In diesen Fällen darf die Sanierungsverantwortlichkeit nicht unbegrenzt dem alle Sicherungspflichten einhaltenden Eigentümer zur Last fallen. Die Belastung des Zustandsverantwortlichen mit Sanierungskosten bis zur Höhe des Verkehrswertes kann ferner in Fällen unzumutbar sein, in denen das zu sanierende Grundstück den wesentlichen Teil des Vermögens des Pflichtigen bildet und die Grundlage seiner privaten Lebensführung einschließlich seiner Familie darstellt. Eine Kostenbelastung, die den Verkehrswert des sanierten Grundstücks übersteigt, kann allerdings zumutbar sein, wenn der Eigentümer das Risiko der entstandenen Gefahr bewusst in Kauf genommen oder in fahrlässiger Weise die Augen vor Risikoumständen verschlossen hat. Denn das freiwillig übernommene Risiko mindert die Schutzwürdigkeit des Eigentümers. In Fällen, in denen eine Kostenbelastung über den Verkehrswert hinaus an sich zumutbar ist, kann sie nicht auf die gesamte wirtschaftliche Leistungsfähigkeit des Eigentümers bezogen werden. Dem Eigentümer ist nicht zumutbar, unbegrenzt für die Sanierung einzustehen, das heißt auch mit Vermögen, das in keinem rechtlichen oder wirtschaftlichen Zusammenhang mit dem sanierungsbedürftigen Grundstück steht. **1368**

f) Kosten der Ersatzvornahme. Die Kosten angeordneter Maßnahmen sind unter den Voraussetzungen des § 24 I 1 BBodSchG von den zur Durchführung Verpflichteten zu tragen. Offen geblieben ist nach wie vor, ob diese Vorschrift auch auf Kosten der Ersatzvornahme anwendbar ist. Die Durchsetzung der Maßnahmen nach §§ 9 II und 10 I BBodSchG im Wege der Verwaltungsvollstreckung erfolgt nämlich grundsätzlich nach den einschlägigen Landesvollstreckungsgesetzen und insoweit könnte dies auch für die der Verwaltung entstehenden Kosten gelten.[2537] **1369**

[2536] *BVerfG*, B. v. 16. 2. 2000 – 1 BvR 242/91 – BVerfGE 102, 1 = DVBl. 2000, 1275 – Altlastensanierung.

[2537] *VGH München*, B. v. 14. 8. 2003 – 22 ZB 03.1661 – ZUR 2004, 51 – Heranziehung von Miteigentümern.

1370 g) **Ausgleichsansprüche.** Mehrere Verpflichtete haben unabhängig von ihrer Heranziehung einen Ausgleichsanspruch (§ 24 II 1 BBodSchG). Sofern nichts anderes vereinbart wird, hängt die Verpflichtung zum Ausgleich sowie der Umfang des zu leistenden Ausgleichs davon ab, wieweit die Gefahr oder der Schaden vorwiegend von dem einen oder dem anderen Teil verursacht worden ist (§ 24 II 2 BBodSchG). Die für bodenschutzrechtliche Ausgleichsansprüche nach § 24 II 3 BBodSchG grundsätzlich vorgesehene Verjährungsfrist von 3 Jahren berücksichtigt mögliche besondere vertragliche Beziehungen zwischen Ausgleichspflichtigen nicht und wird daher in Fällen, in denen über die sanierte Grundstücksfläche ein Mietverhältnis zwischen den Sanierungspflichtigen bestand, durch die vorrangigen mietrechtlichen Verjährungsvorschriften verdrängt. Ausgleichsansprüche verjähren dann in entsprechender Anwendung des § 548 BGB in der Fassung vom 19. 6. 2001 bzw. des § 558 BGB a. F. innerhalb der kurzen sechsmonatigen Frist.[2538]

1371 h) **Altlastenklausel.** Verpflichtet sich der Verkäufer in der Altlastenklausel eines Grundstückskaufvertrages, die Kosten für die Sanierung von Altlasten im Boden (Erdreich, Grundwasser) zu übernehmen, zählen dazu nicht die Kosten für die Beseitigung der kontaminierten Asphalt- und Tragschicht einer Straße. Bauliche Anlagen wie eine Straße unterfallen auch nicht der Legaldefinition des Bodens in § 2 III BBodSchG als obere Schicht der Erdkruste.[2539]

1372 i) **Drittschutz.** Regelungen des BBodSchG können drittschützende Wirkungen entfalten. Vor einem einstweiligen gerichtlichen Rechtsschutz ist allerdings regelmäßig ein Antrag bei der Behörde erforderlich, wenn dies in zeitlicher Hinsicht möglich ist (§§ 80a III 2, 80 V bis VIII VwGO).[2540] Hierfür fehlt das Rechtsschutzbedürfnis, wenn dem eingelegten Widerspruch bereits kraft Gesetzes aufschiebende Wirkung zukommt.[2541] Weder das Wasserrecht noch das BBodSchG sehen einen Drittschutz gegen eine behauptete Grundwasserverunreinigung zu Gunsten potentieller Trinkwasserkonsumenten vor. Wegen etwaiger Luftverunreinigungen können sich die Nachbarn eines Sanierungsgrundstücks auf drittschützende Normen des BImSchG berufen.[2542] Bei einer Altlastensanierung können sich aus dem Bodenschutzrecht drittschützende Normen ergeben.[2543]

17. Umwidmungssperre

1373 Nach § 1a II 3 BauGB sollen landwirtschaftlich, als Wald oder für Wohnzwecke genutzte Flächen nur im notwendigen Umfang für andere Nutzungen vorgesehen und in Anspruch genommen werden. Die **Umwidmungssperre** dient den Belangen der Land- und Forstwirtschaft, aber auch dem Wohnbedarf der Bevölkerung in Konkurrenz etwa zu einer gewerblichen Nutzung. Die Umwidmung solcher Nutzungen durch die Bauleitplanung bedarf daher einer besonderen Abwägungs- und Begründungspflicht.[2544] Soweit diese Belange angesichts des überwiegenden Gewichts der Planung nicht geschont werden können, ist eine Prüfung vorzunehmen, ob ein Ausgleich oder eine Kompensation in sonstiger Weise möglich ist.

[2538] *LG Frankenthal,* Urt. v. 27. 2. 2002 – 5 O 208/01 – NVwZ 2003, 507 = NJW-RR 2002, 1090.

[2539] *LG Karlsruhe,* Urt. v. 19. 10. 2001 – 2 O 219/01 – DÖV 2002, 349 = IBR 2003, 104 (LS), für eine mit hohen PAK-Konzentrationen (Policyclische Aromatische Kohlenwasserstoffe) behaftete Privatstraße.

[2540] So für § 4 III BBodSchG und § 5 I Nr. 1, § 222 I Nr. 1 BImSchG in Verbindung mit § 3 I Nr. 1, III BBodSchG *VG Gera,* B. v. 27. 8. 2003 – 2 E 762/03 GE –.

[2541] *VG Gera,* B. v. 8. 7. 2003 – 2 E 609/03 GE –.

[2542] *VG Schleswig,* B. v. 25. 9. 2001 – 14 B 79/01 – NVwZ 2002, 754.

[2543] *VG Gera,* B. v. 27. 8. 2003 – 2 E 762/03 GE –.

[2544] *Krautzberger* in: Battis/Krautzberger/Löhr § 1a Rdn. 11.

18. Gestaltungsfestsetzungen auf landesrechtlicher Grundlage

Die BauO der Länder sehen zumeist vor, dass **örtliche Bauvorschriften** auch als Festsetzungen in den Bebauungsplan oder in einen Vorhaben- und Erschließungsplan aufgenommen werden.[2545] Vielfach findet sich dazu auch der Hinweis im Landesrecht, dass in diesen Fällen die Vorschriften des BauGB über die Aufstellung, Änderung, Ergänzung und Aufhebung der Bebauungspläne einschließlich ihrer Genehmigung und Anzeige (§ 10 BauGB) über die Wirksamkeitsvoraussetzungen (§§ 214 bis 216 BauGB) anzuwenden sind (so etwa § 86 IV BauO NW). Die Rechtsgrundlage solcher Festsetzungsmöglichkeiten ist § 9 IV BauGB. Danach können die Länder durch Rechtsvorschriften bestimmen, dass auf Landesrecht beruhende Regelungen in den Bebauungsplan als Festsetzungen aufgenommen werden können und inwieweit auf diese Festsetzungen die Vorschriften des BauGB anzuwenden sind. Solche örtlichen Bauvorschriften auf landesrechtlicher Grundlage unterliegen nach Auffassung des *BVerwG* dem **Abwägungsgebot** des § 1 VII BauGB nur, wenn das Landesrecht dies ausdrücklich bestimmt. Anderenfalls ist das Abwägungsgebot auf solche Festsetzungen nicht anwendbar.[2546] Es stellt sich allerdings die Frage, ob sich nicht aus verfassungsrechtlichen Grundanforderungen die Beachtung des Abwägungsgebotes auch bei Satzungen auf landesrechtlicher Grundlage ergibt. Sonst wäre schließlich auch bei Satzungen auf bundesrechtlicher Grundlage das Ende des verfassungsrechtlich begründeten Abwägungsgebotes eingeleitet.[2547] Auf Landesrecht beruhende Gestaltungsfestsetzungen unterliegen – so das *BVerwG* weiter – aus bundesrechtlicher Sicht auch nicht einem Begründungszwang. Dies folgt nach Auffassung des *BVerwG* weder aus § 9 VIII BauGB noch aus dem Rechtsstaatsprinzip.[2548] Im Übrigen ist die Begründungspflicht des § 9 VIII BauGB auf die zentralen Regelungen des Bebauungsplans beschränkt.[2549]

IV. Struktur der Abwägung

Nach § 1 VII BauGB sind bei der Aufstellung der Bauleitpläne die öffentlichen und privaten Belange gegeneinander und untereinander gerecht abzuwägen. Das aus dem **Rechtsstaatsgebot**[2550] abzuleitende Abwägungsgebot ist kennzeichnend für jede rechtsstaatliche Planung und verpflichtet auch die planende Gemeinde bei der Aufstellung des Flächennutzungsplans, von Bebauungsplänen und anderen Satzungen nach dem BauGB. Das Abwägungsgebot ist auch an den Verhältnismäßigkeitsgrundsatz gebunden.[2551]

1. Planung und Gestaltungsfreiheit

Das Abwägungsgebot steht mit der in § 2 I 1 BauGB niedergelegten Gestaltungsfreiheit bei der Aufstellung der Bauleitpläne in engem Zusammenhang. Danach sind die Bauleitpläne von den Gemeinden in eigener Verantwortung aufzustellen, sobald und so weit es erforderlich ist. Diese Vorschriften enthalten die Anerkennung der gemeindlichen Planungshoheit, wie sie durch Art. 28 II GG verfassungsrechtlich garantiert ist. Das

---

[2545] S. Rdn. 376.
[2546] *BVerwG*, Urt. v. 16. 3. 1995 – 4 C 3.94 – NVwZ 1995, 899 = DVBl. 1995, 754 – Werbetafel.
[2547] Bisher ist die Geltung des Abwägungsgebotes für Bebauungspläne und andere städtebauliche Satzungen zugleich auch aus dem Verfassungsrecht abgeleitet worden, so *BVerwG*, Urt. v. 12. 12. 1969 – IV C 105.66 – BVerwGE 34, 301 = *Hoppe/Stüer* RzB Rdn. 23.
[2548] *BVerwG*, B. v. 3. 11. 1992 – 4 NB 28.92 – DVBl. 1993, 116 = UPR 1993, 67 = ZfBR 1993, 89; Urt. v. 16. 3. 1995 – 4 C 3.94 – NVwZ 1995, 899 = DVBl. 1995, 754 – Werbetafel.
[2549] Zur ungefragten Fehlersuche *BVerwG*, Urt. v. 7. 9. 1979 – IV C 7.77 – BauR 1980, 40 = BayVBl. 1980, 183 = DVBl. 1980, 230.
[2550] *Ossenbühl* DVBl. 1993, 753.
[2551] *BVerwG*, Urt. v. 7. 3. 1997 – 4 C 10.96 – BVerwGE 104, 144 = DVBl. 1997, 838 – A 94 Neuötting.

BVerwG hat daraus folgende vier **Konsequenzen** abgeleitet:[2552] Die Befugnis zur Planung schließt einen mehr oder weniger ausgedehnten Spielraum an Gestaltungsfreiheit ein, weil Planung ohne Gestaltungsfreiheit ein Widerspruch in sich wäre. Diese planerische Gestaltungsfreiheit lässt sich nicht auf einen bestimmten geistig-seelischen Vorgang zurückführen, sondern umfasst verschiedene Elemente des Erkennens, des Wertens und Bewertens sowie des Wollens. In Richtung auf die verwaltungsgerichtliche Kontrolle der Planung ergibt sich aus der Verbindung von Planung und Gestaltungsfreiheit unabweisbar die Beschränkung darauf, ob im Einzelfall die gesetzlichen Grenzen der Gestaltungsfreiheit überschritten sind oder von der Gestaltungsfreiheit in einer der Ermächtigung nicht entsprechenden Weise Gebrauch gemacht worden ist (§ 114 VwGO). Zudem kann die Planungsbeteiligung anderer Behörden in verschiedenartiger Weise und durchaus auch als eine echte Beteiligung an der jeweils bestehenden Gestaltungsfreiheit ausgestaltet sein, während sich die Genehmigungsbefugnisse der höheren Verwaltungsbehörde nach den §§ 6, 11 BauGB in einer Rechtskontrolle erschöpfen.[2553]

2. Abwägungsverfahren und Abwägungsergebnis

1377 Für die Bauleitplanung folgt aus dieser verfassungsrechtlichen Einbindung in das Rechtsstaatsgebot aber auch aus der Eigentumsgarantie in Art. 14 GG, dass der Gesetzgeber wie bei jeder anderen öffentlichen Planung verfahrensrechtliche Regelungen bereitstellen muss, mit denen eine ordnungsgemäße Abwägung sichergestellt wird. Dabei ist zwischen der Abwägung als Vorgang (**Abwägungsvorgang**) und dem Abwägungsprodukt (**Abwägungsergebnis**) zu unterscheiden.[2554] Dieser Unterschied kehrt bei fast allen Bestandteilen des Planes wieder, als Unterschied zwischen dem Abstimmen von Plänen und dem Abgestimmtsein dieser Pläne ebenso wie als Unterschied zwischen dem Abwägen von Belangen und dem inhaltlichen Abgewogensein des Plans. Der Abwägungsvorgang betrifft die Zusammenstellung des Abwägungsmaterials (§ 2 III BauGB), die Gewichtung und Einstellung der Belange und die Gesamtabwägung in dem Sinne, dass die gegenläufigen Belange gegeneinander und untereinander zu einem Ausgleich gebracht und dabei bestimmte Belange vorgezogen und andere zurückgestellt werden. Das Abwägungsergebnis ist das Resultat dieses Abwägungsverfahrens und beinhaltet die Gesamtentscheidung, die aufgrund des (fehlerfreien) Abwägungsverfahrens zu Stande kommt. Auch § 214 III 2 BauGB, wonach Mängel im Abwägungsvorgang nur erheblich sind, wenn sie offensichtlich und auf das Abwägungsergebnis von Einfluss gewesen sind, geht von dieser Unterscheidung zwischen Abwägungsverfahren als Vorgang und Abwägungsergebnis als Produkt der Abwägung aus. Sowohl das Abwägungsverfahren als auch das Abwägungsergebnis unterliegen im Genehmigungs- bzw. Anzeigeverfahren nach den §§ 6, 10 II BauGB und in der gerichtlichen Kontrolle der rechtlichen Nachprüfung auf Abwägungsfehler. Allerdings ist die Kontrolle des Abwägungsergebnisses, soweit dabei Wertungen, Erwägungen und Prognosen in Rede stehen, eingeschränkt. Die Kontrolle des Abwägungsverfahrens wird durch § 214 BauGB auf bestimmte Verfahrensfehler begrenzt.[2555] Die nach Maßgabe der vorstehenden Beschränkungen strengere gerichtliche Kontrolle des Abwägungsverfahrens entspricht darüber hinaus einem Kompensationserfordernis, weil das Abwägungsergebnis schon wegen des autonomen (kontrollfreien) Gestaltungsraums der planenden Gemeinde nur einer geringeren gerichtlichen Kontrolle zugänglich ist.[2556]

[2552] *BVerwG*, Urt. v. 12. 12. 1969 – IV C 105.66 – BVerwGE 34, 301 = *Hoppe/Stüer* RzB Rdn. 23.
[2553] *Stüer* DVBl. 1974, 361; s. Rdn. 993.
[2554] *BVerwG*, Urt. v. 5. 7. 1974 – IV C 50.72 – BVerwGE 45, 309 = *Hoppe/Stüer* RzB Rdn. 24 – Delog-Detag.
[2555] S. Rdn. 1113; *Hoppe* FG BVerwG 1978, 295.
[2556] *Stüer*, Funktionalreform und kommunale Selbstverwaltung, 1980, 157.

3. Die Bedeutung des Nachhaltigkeitsgedankens für die Abwägung

Das EAG Bau stellt die planenden Gemeinden durch die Umweltprüfung vor neue Herausforderungen. Bauleitpläne und deren Änderungen sind nach § 2 IV BauGB – abgesehen von bestandswahrenden Plänen[2557] – einer Umweltprüfung zu unterziehen. Der damit verbundene Nachhaltigkeitsgedanke wirkt auf die Zusammenstellung des Abwägungsmaterials und die planerische Ausgleichsentscheidung. Die Planung hat umweltschützende Belange zu ermitteln und zu bewerten und die Eingriffswirkungen nach Möglichkeit zu minimieren, umweltschützende Belange unter Wahrung des städtebaulichen Konzepts möglichst zu schonen oder durch Ausgleich sowie in sonstiger Weise zu kompensieren (2c der Anlage zum BauGB). Das gilt übrigens auch für durch die Planung nachteilig betroffene sozialen und wirtschaftliche Belange, die ebenfalls eine qualifizierte Befassung verlangen (§ 1 V 1 BauGB). Für diese zusätzlichen Abwägungselemente in der Augleichsentscheidung kann die naturschutzrechtliche Eingriffsregelung Pate stehen, bei der die Kompensation bereits seit mehr als einem Jahrzehnt durchgeführt wird. „Win-Win-Methode" oder „nachhaltige Trauerarbeit" stellen die planerische Ausgleichsentscheidung daher auf eine rechtssichere Grundlage.

1378

a) Gesetzliche Ausgangslage. Im EAG Bau wird das Abwägungsgebot vor allem in vier Vorschriften behandelt: Nach § 1 VII BauGB sind die öffentlichen und privaten Belange gegeneinander und untereinander gerecht abzuwägen. Nach § 2 III BauGB sind bei der Aufstellung der Bauleitpläne die Belange, die für die Abwägung von Bedeutung sind (Abwägungsmaterial), zu ermitteln und zu bewerten. Nach § 4a I BauGB dienen die Vorschriften über die Öffentlichkeits- und Behördenbeteiligung insbesondere der vollständigen Ermittlung und zutreffenden Bewertung der von der Planung berührten Belange.

1379

Zwei weitere Regelungen beziehen sich auf die Beachtlichkeit von Belangen in der Abwägung. Stellungnahmen, die im Verfahren der Öffentlichkeits- und Behördenbeteiligung nicht rechtzeitig abgegeben worden sind, können bei der Beschlussfassung über den Bauleitplan unberücksichtigt bleiben, sofern die Gemeinde deren Inhalt nicht kannte und nicht hätte kennen müssen und deren Inhalt für die Rechtmäßigkeit des Bauleitplans nicht von Bedeutung ist. Dies gilt für in der Öffentlichkeitsbeteiligung abgegebene Stellungnahmen nur, wenn darauf in der Bekanntmachung nach § 3 II 2 BauGB zur Öffentlichkeitsbeteiligung hingewiesen worden ist (§ 4a VI BauGB). Nach § 214 I 1 Nr. 1 BauGB ist eine Verletzung von Verfahrens- und Formvorschriften für die Rechtswirksamkeit des Flächennutzungsplans und der Satzungen nur beachtlich, wenn entgegen § 2 III BauGB die von der Planung berührten Belange, die der Gemeinde bekannt waren oder hätten bekannt sein müssen, in wesentlichen Punkten nicht zutreffend ermittelt oder bewertet worden sind und wenn der Mangel offensichtlich und auf das Ergebnis des Verfahrens von Einfluss gewesen ist. Mängel, die Gegenstand dieser Unbeachtlichkeitsregelung sind, können nicht als Abwägungsmangel geltend gemacht werden. Im Übrigen sind Mängel im Abwägungsvorgang nur erheblich, wenn sie offensichtlich und auf das Abwägungsergebnis von Einfluss gewesen sind.

1380

Die in der Abwägung zu berücksichtigenden Belange werden in § 1 V und VI BauGB benannt. Dazu gehört auch der Grundsatz der Nachhaltigkeit. So sollen die Bauleitpläne eine nachhaltige städtebauliche Entwicklung, die die sozialen, wirtschaftlichen und umweltschützenden Anforderungen auch in Verantwortung gegenüber künftigen Generationen miteinander in Einklang bringt, und eine dem Wohl der Allgemeinheit entsprechende sozialgerechte Bodennutzung gewährleisten und dazu beitragen, eine menschen-

1381

[2557] Es handelt sich vor allem um Planänderungen nach § 13 BauGB, durch die keine UVP-pflichtigen oder vorprüfungspflichtigen Vorhaben mit erheblichen Umweltauswirkungen ausgewiesen werden sollen, oder Bebauungspläne, die ohne erhebliche Änderung der planungsrechtlichen Zulässigkeit im bisher nicht beplanten Innenbereich aufgestellt werden.

würdige Umwelt zu sichern und die natürlichen Lebensgrundlagen zu schützen und zu entwickeln (§ 1 V 1 und 2 BauGB). Der Nachhaltigkeitsgedanke erfasst daher die gesamte städtebauliche Entwicklung und dabei die sozialen, wirtschaftlichen und umweltschützenden Belange und geht daher über die naturschutzrechtlichen und umweltschützenden Belange hinaus. Auch in der Bodenschutzklausel (§ 1a II BauGB) und bei der naturschutzrechtlichen Eingriffsregelung (§ 1a III BauGB) verbindet sich das Abwägungsgebot mit dem Nachhaltigkeitsgedanken. So soll mit Grund und Boden sparsam und schonend umgegangen werden; dabei sind zur Verringerung der zusätzlichen Inanspruchnahme von Flächen für bauliche Nutzungen die Möglichkeiten der Entwicklung der Gemeinde insbesondere durch Wiedernutzbarmachung von Flächen, Nachverdichtung und andere Maßnahmen zur Innenentwicklung zu nutzen sowie Bodenversiegelungen auf das notwendige Maß zu begrenzen. Landwirtschaftlich, als Wald oder für Wohnzwecke genutzte Flächen sollen nur im notwendigen Umfang umgenutzt werden. Die vorgenannten Grundsätze sind nach § 1 VII BauGB in der Abwägung zu berücksichtigen (§ 1a II BauGB). Soweit dies mit einer nachhaltigen städtebaulichen Entwicklung und den Zielen der Raumordnung sowie des Naturschutzes und der Landschaftspflege vereinbar ist, können die Darstellungen und Festsetzungen auch an anderer Stelle als am Ort des Eingriffs erfolgen (§ 1a III 3 BauGB). Der Nachhaltigkeitsgedanke ist auch in der Plan-UP-Richtlinie bereits grundgelegt, der die Pläne und Programme mit Rahmen setzenden Auswirkungen für konkrete Zulassungsentscheidungen UVP-pflichtiger Vorhaben oder Vorhaben mit Einwirkungen auf Habitat- oder Vogelschutzbelange zu einer am Nachhaltigkeitsgedanken orientierten Umweltprüfung verpflichtet.

1382 Die gesetzlich geregelte Verbindung von Abwägung, Umweltprüfung und Nachhaltigkeit im EAG Bau wirft die Frage auf, welchen Einfluss diese neuen Elemente auf die Abwägung haben[2558] oder ob es sich bei der Nachhaltigkeit für die städtebauliche Planung um einen ganz und gar inhaltsleeren Gemeinplatz handelt, so dass auch hinsichtlich der Abwägung alles beim Alten geblieben ist.[2559]

1383 **b) Die beiden Abteilungen der Abwägung.** In den gesetzlichen Regelungen erscheint die Abwägung in zwei Abteilungen: Die Zusammenstellung des Abwägungsmaterials, zu der die Ermittlung und Bewertung der für die Abwägung bedeutsamen Belange gehört (Abteilung 1), wird von der eigentlich planerischen Ausgleichsentscheidung gefolgt (Abteilung 2). Beide Abteilungen der Abwägung, die sich in weitere Einzelelemente untergliedern lassen, bauen aufeinander auf und enthalten jeweils verfahrensrechtliche und materiellrechtliche Teile. Die Zusammenstellung des Abwägungsmaterials ist dabei die Grundlage für die Ausgleichsentscheidung. Auch die Umweltprüfung ist mit der Ermittlung und Bewertung der Belange Teil der Zusammenstellung des Abwägungsmaterials (§ 2a I 2 BauGB). Das Abwägungsmaterial umfasst ermittelte und bewertete Belange, die für die Abwägung von Bedeutung sind. Es handelt sich um betroffene Interessen, deren Eintritt wahrscheinlich und die mehr als geringfügig, schutzwürdig und erkennbar sind.[2560] Bei der Erkennbarkeit haben die Verfahren der Öffentlichkeits- und Behördenbeteiligung eine wichtige Funktion (§ 4a I BauGB). Was in den Beteiligungsverfahren vorgetragen wird, ist für die planende Stelle erkennbar. Was dort nicht vorgetragen worden ist, muss nur berücksichtigt werden, wenn es hätte bekannt sein müssen und der Mangel offensichtlich und auf das Abwägungsergebnis von Einfluss gewesen ist (§ 214 I 1 Nr. 1 BauGB). Damit wird die verfahrensrechtliche Seite des Zusammenstellungsvorgangs beschrieben. Zur Zusammenstellung des Abwägungsmaterials gehört neben der Ermittlung auch die Bewertung der Belange. Hier sind gesetzliche Leitentscheidungen

---

[2558] Dazu auch die Beratungen der 28. Umweltrechtlichen Fachtagung mit den Vorträgen von *Schink* und *Uechtritz* am 5./6. 11. 2004 in Leipzig, zum Beratungsverlauf *Stüer*, DVBl. 2004, Heft 24.
[2559] Zu dieser Frage auch *Hoppe*, NVwZ 2004, 903.
[2560] BVerwG, Urt. v. 12. 12. 1969 – 4 C 105.66 – BVerwGE 34, 301 = DVBl. 1970, 414; B. v. 9. 11. 1979 – 4 N 1.78 – BVerwGE 59, 87 = DVBl. 1980, 233; *Hoppe*, DVBl. 1964, 165.

zu berücksichtigen. Im Übrigen muss die Bewertung angesichts der objektiven Gewichtigkeit der Belange angemessen sein. Darin kommt die inhaltliche Seite der Abwägung zum Ausdruck.

An die Zusammenstellung des Abwägungsmaterials schließt sich die Ausgleichsentscheidung an. Sie verarbeitet das Abwägungsmaterial zu einer abgewogenen planerischen Gesamtentscheidung. Hier vor allem ist der Ort autonomer Wertentscheidungen, die einer gerichtlichen Kontrolle nur eingeschränkt zugänglich sind. Das gilt vor allem für die „traditionelle Abwägung", die eine Ausgleichsentscheidung aus Rechtsgründen nur dann beanstandet, wenn die getroffenen Wertungen eindeutig widerlegbar oder offensichtlich fehlsam sind. Auch diese Ausgleichsentscheidung hat einen verfahrensrechtlichen und einen inhaltlichen Teil. Die Ausgleichsentscheidung muss verfahrensrechtlich einwandfrei zustande gekommen sein. Sie muss auch inhaltlich den Anforderungen an das Abwägungsgebot (§ 1 VII BauGB) entsprechen. Für beide verfahrensrechtlichen Teile bei der Zusammenstellung des Abwägungsmaterials und bei der Ausgleichsentscheidung gilt, dass Mängel im Abwägungsvorgang nur erheblich sind, wenn sie offensichtlich und auf das Abwägungsgebot von Einfluss gewesen sind (§ 214 III 2 BauGB). Bewertungsmängel im Abwägungsvorgang und im Abwägungsergebnis sind nur beachtlich, wenn die Annahmen der Gemeinde eindeutig widerlegbar oder offensichtlich fehlsam sind. Dies nimmt auf die kommunale Planungsautonomie Rücksicht.[2561] **1384**

c) Beachtensgebote und gesetzliche Prüfprogramme. Der weite autonome Gestaltungsspielraum der planenden Verwaltung besteht allerdings nicht überall. Die Abwägungsmöglichkeiten können durch Beachtensgebote verschlossen sein oder es bestehen gesetzliche Prüfprogramme, die der planenden Stelle im Rahmen der Abwägung ein festes Prüfprogramm vorschreiben. Die gesetzlichen Vorgaben können dabei sozusagen vor die Klammer gezogen sein in dem Sinne, dass sie durch Abwägung nicht überwindbar sind, oder nur einen relativen Vorrang oder ein striktes Prüfprogramm im Rahmen der Abwägung entwickeln. Die Belange sind dann zwar in der Abwägung überwindbar, aber nur nach Maßgabe des gesetzlichen Prüfprogramms. **1385**

Ein Beispiel dafür ist etwa die Erheblichkeits- oder Verträglichkeitsprüfung bei der Prüfung nach der FFH- und Vogelschutzrichtlinie. Möglicherweise erhebliche Eingriffe sind einer Verträglichkeitsprüfung zu unterziehen, die anhand der Erhaltungsziele durchzuführen ist. Ist der Eingriff für das Gebiet als Ganzes oder für wesentliche Teile des Gebietes unverträglich, so ist der Eingriff grundsätzlich nur aus Gründen der Wahrung von Leib und Leben oder aus Gründen des Gebietsschutzes selbst zulässig, aus anderen Gründen aber unzulässig. Ist das Projekt durch überwiegende Gründe des öffentlichen Wohls erforderlich und sind keine zumutbaren Alternativen vorhanden, kann das Vorhaben auch aus wirtschaftlichen Gründen zugelassen werden. Bei einer Betroffenheit prioritärer Lebensräume oder Arten muss allerdings zuvor eine Stellungnahme der EU-Kommission eingeholt werden (Prüfung nach der FFH-Richtlinie). Der Schutz nicht ordnungsgemäß unter Schutz gestellter faktischer Vogelschutzgebiete ist sogar noch größer. Hier sind erhebliche Eingriffe generell unzulässig. Der Weg zu einer Verträglichkeitsprüfung ist dann nach Auffassung des *BVerwG* versperrt.[2562] Dieses Prüfprogramm gilt übrigens auch für die Bauleitplanung (§ 1a IV BauGB). **1386**

Auch das Anpassungsgebot an die Ziele der Raumordnung dürfte zu den Regelungen rechnen, die nur bei Einhaltung eines gesetzlich vorgeschriebenen Prüfprogramms überwunden werden können (§ 1 IV BauGB).[2563] Weitere Vorrangregelungen oder Prüfprogramme können sich aus dem Fachrecht ergeben. **1387**

[2561] *Stüer*, DVBl. 1977, 1.
[2562] *BVerwG*, Urt. v. 1. 4. 2004 – 4 C 2.03 – BVerwGE 120, 238 = DVBl. 2004, 1151 – Hochmoselbrücke.
[2563] *BVerwG*, Urt. v. 17. 9. 2003 – 4 C 14.01 – BVerwGE 119, 25 = DVBl. 2004, 239 = NVwZ 2004, 220 – Mühlheim-Kärlich.

1388 **d) Die naturschutzrechtliche Eingriffsregelung.** Besondere Aufmerksamkeit verdient die seit dem Baurechtskompromiss[2564] auch in der Bauleitplanung eingeführte naturschutzrechtliche Eingriffsregelung, die der Gesetzgeber mit dem Grundsatz einer nachhaltigen städtebaulichen Entwicklung in Verbindung bringt. Dabei ist das System der naturschutzrechtlichen Eingriffs in §§ 18 bis 20 BNatSchG einerseits abzuarbeiten. Auf der anderen Seite besteht in der Bauleitplanung die Möglichkeit der Abwägung. Die aus vier Teilen bestehende naturschutzrechtliche Eingriffsregelung kann dabei zu zwei Phasen zusammengefasst werden. Erhebliche Eingriffe sind zu vermeiden bzw. zu minimieren **(Schonungsgebot)**. Die verbleibenden Eingriffe sind auszugleichen oder in sonstiger Weise zu kompensieren **(Kompensationsgebot)**. Die naturschutzrechtliche Eingriffsregelung enthält in der ersten Phase hinsichtlich der Belange von Natur und Landschaft ein Schonungsgebot in dem Sinne, dass bei Wahrung der Planungskonzeption die Belange von Natur und Landschaft möglichst gering beeinträchtigt werden sollen. Die naturschutzrechtliche Eingriffsregelung verleiht den von ihr geschützten Belangen indes kein besonderes Gewicht oder gar einen einseitigen Vorrang. Sie gehen auch nicht mit einer abstrakt stärkeren Gewichtung in das Abwägungsmaterial ein. Die eigentliche Bedeutung der naturschutzrechtlichen Eingriffsregelung zeigt sich erst auf der Ebene der Ausgleichsentscheidung. Hier ist die planende Stelle gehalten, bei ihren Maßnahmen nachteilige Einwirkungen auf Natur und Landschaft zu vermeiden oder als Kehrseite die Planung bei Wahrung der Planungskonzeption und der Planungsziele so einzurichten, dass sich möglichst geringe nachteilige Auswirkungen auf diese Belange ergeben. Die naturschutzrechtliche Eingriffsregelung verpflichtet die planende Stelle daher in dieser ersten Phase nicht ganz allgemein zu einer optimalen Planung, sondern umgekehrt dazu, nachteilige Auswirkungen auf Belange des Natur- und Landschaftsschutzes zu vermeiden bzw. gering zu halten. Nicht eine Optimierung, sondern eine Minimierung bzw. Schonung nachteilig betroffener Belange ist daher zu prüfen. Die Planung ist in dieser Hinsicht nur in dem Umfang anzupassen, als unter Wahrung der Zielkonzeption der Planung eine Schonung von Belangen des Natur- und Landschaftsschutzes möglich ist.

1389 Die zweite Phase der naturschutzrechtlichen Eingriffsregelung bezieht sich auf die **Kompensationsprüfung**. Verbleibende nachteilige Auswirkungen der Planung oder des Vorhabens auf Natur und Landschaft sind auszugleichen oder in sonstiger Weise zu kompensieren (§ 19 II BNatSchG). Während der Ausgleich gegenüber der Kompensation in sonstiger Weise im Naturschutzrecht vorrangig ist, wird in der Bauleitplanung zwischen diesen beiden Formen der Kompensation nicht unterschieden. Die Kompensation kann daher durch geeignete Maßnahmen an Ort und Stelle erfolgen **(Ausgleich)**. Eine **Kompensation** ist aber in der Bauleitplanung nach Einschätzung der Gemeinde auch **in sonstiger Weise** und damit auch an anderer Stelle zulässig.

1390 Gemeinsam ist den Eingriffsregelungen in der Fachplanung und in der Bauleitplanung, dass das dargestellte zweiphasige Vermeidungs-, Schonungs- und Kompensationsmodell abzuarbeiten ist. Im Unterschied zur Eingriffsregelung der §§ 18 bis 20 BNatSchG besteht in der Bauleitplanung allerdings keine strikte Bindung an eine volle Kompensation. Deren Umfang unterliegt vielmehr der planerischen **Abwägung**, so dass der Kompensationsbedarf in der Bauleitplanung durchaus geringer als bei Projekten der Fachplanung ausfallen kann. Dahinter steht die gesetzliche Wertung, dass Projekte aus dem Bereich der Fachplanung zumeist in der Hand öffentlicher Vorhabenträger verwirklicht werden, die mit einem guten Beispiel vorangehen sollen, während die Vorhaben der Bauleitplanung in der Regel in der Hand privater Träger liegen, deren Belastung sich in angemessenen Grenzen halten soll. Zudem stellt § 1a III BauGB den planenden Gemeinden eine Reihe von Instrumenten bereit, mit denen ein Gleichgewicht zwischen dem

---

[2564] Investitionserleichterungs- und Wohnbaulandgesetz v. 22. 4. 1993 (BGBl. I. 466) sowie die Bekanntmachung der Neufassung des Maßnahmengesetzes zum BauGB BGBl. I S 622.

Grundsatz der Konfliktbewältigung und den Möglichkeiten des Konflikttransfers in planbegleitende oder nachfolgende Verfahren hergestellt werden kann.[2565]

e) Die Umweltprüfung. Das EAG Bau macht die Umweltprüfung, in der die voraussichtlichen erheblichen Umweltauswirkungen ermittelt und in einem Umweltbericht beschrieben und bewertet werden, zum Regelbestandteil des Planaufstellungsverfahrens.[2566] Das Ergebnis der Umweltprüfung ist in der Abwägung zu berücksichtigen (§ 2 IV BauGB). Dabei ist auch das Nachhaltigkeitsprogramm, das bereits in § 1 V 1 BauGB angelegt ist und das sich als Programmsatz auch aus Art. 1 der Plan-UP-Richtlinie ergibt, für die Bauleitplanung als rahmensetzende Planung für konkrete Projektzulassungen verpflichtend.[2567] Es hat Auswirkungen auf die Zusammenstellung des Abwägungsmaterials und die Ausgleichsentscheidung. Nach der übergreifenden Verwirklichung des Nachhaltigkeitsprogramms in § 1 V 1 BauGB gilt dies übrigens nicht nur für umweltschützende Belange, sondern für die gesamte städtebauliche Entwicklung, also neben den umweltschützenden Belangen auch für die sozialen und wirtschaftlichen Belange.

§ 2 III und IV BauGB stellt dabei sicher, dass auch die umweltschützenden Belange über den Umweltbericht Bestandteil des Abwägungsmaterials werden. Die einzelnen Umweltfaktoren sind dabei nach Maßgabe der Anlage zum BauGB in den Umweltbericht einzuarbeiten. Hierdurch gewinnen die Umweltbelange allerdings keine herausgehobene Position und haben auch keinen Gewichtungsvorrang.[2568] Vielmehr sind sie mit dem Gewicht in die Abwägung einzustellen, das ihnen in der konkreten Situation vor dem Hintergrund der städtebaulichen und umweltschützenden Belange in § 1 V und VI BauGB und durch gesetzliche Wertentscheidungen zukommt. Die **materielle Wertigkeit** der Umweltbelange bei der Zusammenstellung des Abwägungsmaterials (Abteilung 1) hat sich daher durch das EAG Bau nicht verschoben. Die Zusammenstellung des Abwägungsmaterials unterliegt verschiedenen **Filtern**: Nur die im Eintritt wahrscheinlichen, mehr als geringfügigen und schutzwürdigen Belange sind einzustellen. Nicht in den Beteiligungsverfahren vorgebrachte Stellungnahmen unterliegen einer (eingeschränkten) Mitwirkungslast (§§ 4 a I, VI, 214 I 1 Nr. 1, III 2 BauGB).

f) Ausgleichsentscheidung zwischen minimierter Beeinträchtigung (Schonung) und Kompensation. Das Nachhaltigkeitsprogramm wirkt zudem auf die planerische Ausgleichsentscheidung ein (Abteilung II). Hier müssen Methoden entwickelt werden, die sicherstellen, dass die umweltschützenden Belange im Sinne einer nachhaltigen Entwicklung und mit dem Ziel eines hohen Umweltschutzniveaus in die Planung eingehen (Art. 1 der Plan-UP-Richtlinie) und die Ausgleichsentscheidung als Austarieren unter-

---

[2565] *BVerwG*, B. v. 17. 2. 1984 – 4 B 191.83 – BVerwGE 69, 30 = DVBl. 1984, 343; B. v. 31. 1. 1997 – 4 NB 27.96 – BVerwGE 104, 68 = DVBl. 1997, 1112; B. v. 9. 5. 1997 – 4 N 1.96 – BVerwGE 104, 353 = DVBl. 1997, 1121; Urt. v. 19. 9. 2002 – 4 CN 1.02 – BVerwGE 117, 58 = DVBl. 2003, 204.

[2566] Zur UVP und UP *Battis* NUR 1995, 448; *Ginzky* UPR 2002, S. 47; *Jarass* DÖV 1999, S. 661; *Kläne*, Strategische Umweltprüfung in der Bauleitplanung. Eine Untersuchung zur Umsetzung der Plan-UP-Richtlinie in das deutsche Recht, Diss. Osnabrück 2002; *Krautzberger* DVBl. 2002, S. 285; *Krautzberger/Stüer* DVBl. 2004, 781, *dies.* DVBl. 2004, 914; *Pietzcker*, Gutachten zum Umsetzungsbedarf der Plan-UP-Richtlinie und *Pietzcker/Fiedler* DVBl. 2002, 929; *Schink* UPR 2000, S. 127; *Spannowsky* UPR 2000, S. 201; *Wagner* UVP-Report 1996, S. 227.

[2567] Art. 1 der Plan-UP-Richtlinie: Ziel dieser Richtlinie ist es, im Hinblick auf die Förderung einer nachhaltigen Entwicklung ein hohes Umweltschutzniveau sicherzustellen und dazu beizutragen, dass Umwelterwägungen bei der Ausarbeitung und Annahme von Plänen und Programmen einbezogen werden, indem dafür gesorgt wird, dass bestimmte Pläne und Programme, die voraussichtlich erhebliche Umweltauswirkungen haben, entsprechend dieser Richtlinie einer Umweltprüfung unterzogen werden.

[2568] Vergleichbar zur UVP-Richtlinie *BVerwG*, Urt. v. 25. 1. 1996 – 4 C 5.95 – BVerwGE 100, 238 = DVBl. 1996, 677 – Eifelautobahn A 60; vgl. allerdings auch *EuGH*, E. v. 7. 1. 2004 – C-201/02 – DVBl. 2004, 370 = NVwZ 2004, 517 = EurUP 2004, 57 – Delena Wells; *Stüer/Hönig* DVBl. 2004, 481.

schiedlicher Interessen einschließlich der Kompensationsprüfung ihren Namen verdient. Ohne die Prüfung von Kompensationsmaßnahmen kommt eine Abwägung in der Reichweite des Nachhaltigkeitsgedankens im Hinblick auf alle städtebauliche Belange nicht mehr aus (§ 1 V 1 BauGB). Dabei kann die naturschutzrechtliche Eingriffsregelung mit ihren beiden Phasen der Schonung und der Kompensation als Vorbild dienen. Es bietet sich an, mit diesem bewährten Konzept auch die Integration der übrigen umweltschützenden Belange in die Bauleitplanung aber auch aller anderen städtebaulichen, dem Nachhaltigkeitsprogramm verpflichteten Belange (§ 1 V 1 BauGB) zu gewährleisten.

1394 Die Bauleitplanung soll nach den Vorgaben in Art. 1 der Plan-UP-Richtlinie eine **nachhaltige Entwicklung** und ein **hohes Umweltschutzniveau** gewährleisten. Nachteilige Umweltauswirkungen der Planung sollen daher nach Möglichkeit minimiert werden. Dies führt zu dem Gebot, die Umweltbelange entsprechend zu schonen, wenn hierdurch das Planungskonzept und die Zielvorstellungen der Planung nicht beeinträchtigt werden. Umweltbelangen ist daher aus dem Gedanken der Nachhaltigkeit ein möglichst großer Raum zu geben, soweit die Ziele und Zwecke der Planung hierdurch nicht berührt werden. Eine so verstandene schonende Planung, die ihre Ziele und Zwecke unter möglichster Schonung von Umweltbelangen wahrt, wird eine „**Win-Win-Lösung**" anstreben, die auf allen Seiten dauerhaft lachende Gesichter hinterlässt. Ist das nicht möglich und verbleiben nachteilige Auswirkungen, so steht in der Ausgleichsentscheidung die Prüfung von Kompensationsmaßnahmen an, durch die nachteilige Auswirkungen der Planung ausgeglichen oder in sonstiger Weise kompensiert werden. Diese auf Kompensation gerichtete „**nachhaltige Trauerarbeit**" braucht nicht einen vollen Ausgleich zu erreichen und ist auch nicht auf eine vollständige Kompensation der betroffenen umweltschützenden oder anderen städtebaulichen Belange in sonstiger Weise verpflichtet. Die planende Stelle muss aber nachvollziehbar darlegen, dass sie sich mit den betroffenen umweltschützenden und sonstigen städtebaulichen Belangen über eine reine Kenntnisnahme und ein Wegwägen dieser Belange hinaus befasst hat und die Möglichkeiten einer Schonung und Kompensation geprüft hat. Die Trauerarbeit setzt dort an, wo Belange durch die Planung nachteilig betroffen werden, der Eingriff nicht vermieden oder minimiert werden kann und die Frage nach einem Ausgleich oder einer anderweitigen Kompensation ansteht. Hier kommt ein entsprechender Verarbeitungsprozess in Gang.[2569] Das gilt nicht nur für naturschutzrechtliche und umweltschützende Belange, sondern auch für soziale, wirtschaftliche und andere städtebauliche Belange (§ 1 V 1 BauGB) gleichermaßen.

1395 Dabei ergeben sich aus dem Nachhaltigkeitsprogramm unmittelbar nur **verfahrensrechtliche Anforderungen**.[2570] Die planende Stelle muss prüfen, ob eine solche Kompensation von benachteiligten Belangen möglich ist. Hat sie dies nachvollziehbar geprüft, wird die von der planenden Stelle getroffene Ausgleichsentscheidung inhaltlich nur beanstandet werden können, wenn die Entscheidung offensichtlich fehlsam oder eindeutig widerlegbar ist. Diese Wertungsspielräume bei der inhaltlichen gerichtlichen Kontrolle ergeben sich aus den autonomen (kontrollfreien) Gestaltungsräumen aber auch aus dem europarechtlichen Grundsatz, die verfahrensrechtlichen Anforderungen im Vordergrund zu sehen, während die inhaltliche Kontrolle des Gerichts eher zurückhaltend ist.

1396 **g) Schlichtes Wegwägen hat ausgedient.** Die traditionelle Abwägungslehre war wohl etwas vom Bilde der Marktfrau geprägt. Die Marktfrau hatte ihre Ware, die Gewichte,

---

[2569] Die Methode ist auch bereits vom *BVerwG* angewendet worden, Urt. v. 15. 1. 2004 – 4 A 11.02 – BVerwGE 120, 1 = NVwZ 2004, 732 = DVBl. 2004, 642 – Vierzehnheiligen: „*Am schmerzlichsten hat der Senat den Eingriff in das Landschaftsbild empfunden, wie es sich vom Parkplatz an der Kreisstraße.. bei einem Blick in Richtung Nordosten darstellt.*"
[2570] Erwägensgrund 9 der Plan-UP-Richtlinie: „Diese Richtlinie betrifft den Verfahrensaspekt, und ihre Anforderungen sollten entweder in die in den Mitgliedstaaten bereits bestehenden Verfahren oder aber in eigens für diese Zwecke geschaffenen Verfahren einbezogen werden."

eine Waage und ihren Daumen. Die Ware wurde auf die eine Waagschale gelegt, die Gewichte auf die andere. Wenn die Ware nicht schwer genug war, was nicht selten vorkam, und die Gewichte wie schweres Blei erschienen, setzte die kluge Geschäftsfrau den Daumen ein und brachte die Waage trotz des Leichtgewichts ihrer Ware problemlos zum Ausgleich. So sollen gelegentlich auch Planungsentscheidungen zustande gekommen sein. Wenn die Planrechtfertigung nicht groß genug war, wurde noch etwas nachgelegt oder es wurden die entgegenstehenden Belange schlichtweg weggewogen. Denn das Ergebnis stand in der Regel sowieso schon vorher fest. Die für das Projekt sprechenden Belange wurden bevorzugt behandelt, die Projekt widersprechenden Belange wurden zurückgestellt, ohne dass sich auch nur ein Bedauern anschloss. Auch irgendein Kompensationsgedanke drängte sich nicht auf. So erschien die Szene jedenfalls vielfach aus der Sicht eines Projektentwicklers oder eines Beraters, der den Planungsvorgang aus der Perspektive des Investors begleitete (§ 4b BauGB). „Wir müssen das nur noch im Gemeinderat abnicken lassen", war da ein geradezu geflügeltes Wort.

Dieses Modell eines systemanalytischen Bewertungsverfahrens,[2571] bei dem jede der Lösungen eine Punktbewertung[2572] erhielt, die allerdings nur eine Scheinrationalität vorspiegelte, und das Prüfprogramm nach dem Zurückstellen der Belange beendet, erfüllt in Zeiten der Umweltprüfung die im Rahmen der Abwägung erforderlichen Arbeitsschritte allein nicht. Denn eigentlich fängt die planerische Ausgleichsentscheidung, die ihren Namen wirklich verdient, erst da an, wo das Abwägungsmaterial zusammengestellt und die Gewichte positioniert sind. Modelle der Schonung und Kompensation im Rahmen der Ausgleichsentscheidung sind hinzugetreten. Was früher eindimensional mit einer eindeutigen Punktbewertung und dem Vor- und Zurückstellen der Belange endete, muss sich heute sozusagen in einem weiteren Arbeitsschritt vor dem Hintergrund des Nachhaltigkeitsprogramms durch intelligente Ausgleichs- und Kompensationslösungen rechtfertigen. Auch das schlichte Wegwägen ohne den Kompensationsgedanken ist nicht mehr gefragt. Denn eines steht fest: Benachteiligte Umweltbelange können angesichts der Anforderungen an die Umweltprüfung und den Gedanken der Nachhaltigkeit im Hinblick auf alle städtebaulichen Belange (§ 1 V 1 BauGB) nicht mehr einfach weg gewogen werden, sondern müssen in der Abwägung nach Möglichkeit ihren Platz finden. Das ist bereits europarechtlich vorgegeben (Anhang 1d der Plan-UP-Richtlinie). Die planende Stelle muss sich daher in die Lage der anderen zu versetzen und darf die benachteiligten Belange nicht einfach überbügeln. Das ist (neuer) Bestandteil der Ausgleichsentscheidung. So gesehen ist in der Abwägung eben doch nicht alles beim Alten geblieben. Vor allem die **verfahrensrechtlichen Anforderungen** an die Zusammenstellung des Abwägungsmaterials und die Ausgleichsentscheidung sind angereichert und gehen wegen des Nachhaltigkeitsprogramms über das traditionelle Verständnis der reinen Zahlenarithmetik und dem Vor- und Zurückstellen der Belange hinaus. Die Abwägung erhält daher einen neuen (verfahrensrechtlichen) Standard und wird zu einer über den verfassungsrechtlichen Mindeststand einer Sparabwägung[2573] hinausgehenden Komfortabwägung.[2574] Vor dem Hintergrund des Nachhaltigkeitsprogramms ist daher mehr zu tun, als wie die Marktfrau nur die Gewichte zu zählen, eine Punktbewertung vorzunehmen und die zum Bild des Vorhabens nicht passenden Belange einfach zurückzustellen und ins Nichts verschwinden zu lassen. Vielmehr gibt der bereits im Naturschutzrecht und im Nachhaltigkeitsgedanken angelegte **Kompensationsgrundsatz** zusätzliche – vor allem verfahrensrechtliche – Anforderungen an die Ausgleichsentscheidung. Diese **Aus-**

[2571] Zur Kritik auch *Stüer*, KPBl. 1973, 1112.
[2572] Die Punktbewertung kann allerdings in anderen Bereichen durchaus Erfolg versprechend eingesetzt werden, so für den Prüfungsbereich *Stüer*, NVwZ 1985, 545.
[2573] *BVerwG*, Urt. v. 24. 6. 2004 – 4 C 11.03 und 15.03 – Taunus-Flugrouten; zur Vorinstanz *VGH Kassel*, Urt. v. 11. 2. 2003 – 2 A 1062/01 – NVwZ-2003, 875.
[2574] *Krautzberger/Stüer*, DVBl. 2004, 914.

gleichsentscheidung ist auf der Grundlage des Nachhaltigkeitsgedankens in § 1 V 1 BauGB auf alle städtebaulichen Belange erweitert.

1398   Auch bei nachteilig betroffenen wirtschaftlichen Belangen muss sich der Plangeber bereits bisher mit den **nachteiligen Folgewirkungen** besonders befassen und nach einem Ausgleich oder einer sonstigen Kompensation umsehen. Dabei ist in die Abwägung einzustellen, dass sich der Entzug der baulichen Nutzungsmöglichkeiten für den Betroffenen wie eine (Teil-)Enteignung auswirken kann.[2575] Dies ist gelegentlich als **Gebot der qualifizierten Abwägung** bezeichnet worden.[2576] Gehen von einer Neuplanung oder Planänderung erhebliche Nachteile auf wirtschaftliche Belange aus, so muss die Planung nach Möglichkeiten der Schonung oder der Kompensation suchen. Denn die Bauleitplanung operiert vor einem verfassungsrechtlichen Hintergrund.[2577] Wer sich auf den Fortbestand des Baurechts einstellen darf, der ist bei einem berechtigten Vertrauen in den Fortbestand der Planung schutzwürdig.[2578] Die Änderung der planerischen Ausweisung kann daher bei einem berechtigten Vertrauen in den Fortbestand der Planungskonzeption nur unter besonderer Berücksichtigung der nachteiligen Eingriffsfolgen vorgenommen werden. Dies schließt die Prüfung von Kompensationsentscheidungen mit ein. Das gilt übrigens auch, wenn durch die Bauleitplanung Baurecht entzogen werden soll. Hier müssen diese besonders betroffenen Belange nicht nur mit ihrem jeweiligen Gewicht eingestellt werden. Bei unvermeidbaren Eingriffen müssen Möglichkeiten der Kompensation geprüft werden. Das gilt ganz allgemein auch bei schweren und unerträglichen Auswirkungen der Planung, mit denen der Betroffene nicht einfach allein gelassen werden darf.[2579]

1399   **h) Abwägung in der Gerichtskontrolle.** In der gerichtlichen Kontrolle der Planungsentscheidung nimmt das Abwägungsgebot eine zentrale Stellung ein. Das hat sich auch durch den Nachhaltigkeitsgedanken nicht verändert. Dabei bezieht sich die gerichtliche Kontrolle auf die **Zusammenstellung des Abwägungsmaterials** (§ 1 IV BauGB) und die **planerische Ausgleichsentscheidung** (§ 1 VII BauGB). Das Gebot gerechter Abwägung ist nach der Rechtsprechung verletzt, wenn eine (sachgerechte) Abwägung überhaupt nicht stattfindet. Es ist verletzt, wenn in die Abwägung an Belangen nicht eingestellt wird, was nach Lage der Dinge in sie eingestellt werden muss. Es ist ferner verletzt, wenn die Bedeutung der betroffenen privaten Belange verkannt oder wenn der Ausgleich zwischen den von der Planung berührten öffentlichen Belangen in einer Weise vorgenommen wird, der zur objektiven Gewichtigkeit einzelner Belange außer Verhältnis steht. Innerhalb des so gezogenen Rahmens wird das Abwägungsgebot jedoch nicht verletzt, wenn sich die zur Planung berufene Gemeinde in der Kollision zwischen verschiedenen Belangen für die Bevorzugung des einen und damit notwendig für die Zurückstellung eines anderen entscheidet.[2580]

1400   Es unterliegt daher der Gerichtskontrolle, ob die nach Lage der Dinge einzustellenden Belange in die Abwägung einbezogen worden sind. Das sind die von der Planung wahrscheinlich betroffenen, mehr als geringfügigen, schutzwürdigen und erkennbaren Belange. Dabei haben die Öffentlichkeits- und Behördenbeteiligung eine wichtige Funktion, die sich mit entsprechenden Mitwirkungslasten für die Betroffenen verbindet (§§ 4a VI, 214 I Nr. 1, III 2 BauGB). Nach Ablauf der förmlichen Beteiligungsfristen kann die planende Gemeinde das Bauleitplanverfahren fortsetzen und in aller Regel in

---

[2575] *BVerfG*, B. v. 19. 12. 2002 – 2 BvR 1402/01 – NVwZ 2003, 727 = BauR 2003, 1328.
[2576] *Stüer* DVBl. 1977, 1.
[2577] *BVerfG*, B. v. 2. 3. 1999 – 1 BvL 7/91 – BVerfGE 100, 226 = NJW 1999, 2877 = DVBl. 1999, 1498 – Direktorenvilla; B. v. 16. 2. 2000 – 1 BvR 242/92 – BVerfGE 102, 1 = DVBl. 2000, 1275 – Altlastensanierung; *Stüer/Thorand* NJW 2000, 3232.
[2578] *BVerfG*, Urt. v. 10. 7. 1990 – 2 BvR 470/90 u. a. – BVerfGE 82, 310 = DVBl. 1990, 930; B. v. 12. 5. 1992 – 2 BvR 470/90 – BVerfGE 86, 90 = DVBl. 1992, 1141 – Papenburg.
[2579] *BVerfG*, B v. 14. 7. 1981 – 1 BvL 24/78 – BVerfGE 58, 137 – Pflichtexemplare; *BVerwG*, Urt. v. 21. 5. 1976 – IV C 80.74 – BVerwGE 51, 15; Urt. v. 29. 1. 1991 – 4 C 51.89 – BVerwGE 87, 332.
[2580] *BVerwG*, Urt. v. 12. 12. 1969 – IV C 105.66 – BVerwGE 34, 301.

der Beratung einfach zur Tagesordnung übergehen. Die Umweltprüfung hat dabei keinen Selbstzweck. Verfahrensfehler in der Umweltprüfung sind nur dann beachtlich, wenn sie offensichtlich und auf das Abwägungsergebnis von Einfluss gewesen sind (§ 214 III 2 BauGB). Die Umweltprüfung wird im Trägerverfahren der Bauleitplanung durchgeführt. Ein abstraktes Verfahrenserfordernis der Umweltprüfung unabhängig vom Abwägungsgebot besteht daher ebenso wie in der Fachplanung[2581] auch in der Bauleitplanung nicht.[2582]

1401 Der Gedanke der Trauerarbeit ist im geltenden Recht mit den gesetzlichen **Kompensationsregelungen** im Bereich des Naturschutzes bereits angelegt und wird von den Gemeinden seit mehr als einem Jahrzehnt durchaus erfolgreich mit Leben erfüllt. Die naturschutzrechtliche Eingriffsregelung in §§ 18 bis 20 BNatSchG verpflichtet dazu, nach einem vorgegebenen Prüfungsraster erhebliche Eingriffe zu vermeiden, zu vermindern, auszugleichen oder in sonstiger Weise zu kompensieren. Für **Habitat- oder Vogelschutzgebiete** ergibt sich aus §§ 32 bis 37 BNatSchG ein durchaus strengeres Prüfungsraster, das sogar auf einen Vorrang von Schutzgütern mit gemeinschaftlicher Bedeutung hinauslaufen kann. Die Eingriffsregelung in der Bauleitplanung in § 1a III BauGB verpflichtet die planende Gemeinde einerseits zum Abarbeiten des Prüfungsrasters der naturschutzrechtlichen Eingriffsregelung, andererseits eröffnet sie der Gemeinde einen Abwägungsspielraum und ersetzt das Prinzip der **Vollkompensation** der fachplanerischen Entscheidung in §§ 18 bis 20 BNatSchG durch ein **Abwägungsmodell**, mit dem die planende Stelle entsprechende autonome Entscheidungsspielräume nutzen kann.

1402 Die **Ausgleichsentscheidung** hat traditionell den Aspekt des Vor- und Zurückstellens der Belange. Ist dies in einer Weise erfolgt, die zur objektiven Gewichtigkeit der Belange außer Verhältnis steht, dann ist die Ausgleichsentscheidung fehlerhaft. Die dargestellten Modelle der naturschutzrechtlichen Kompensation erweitern die traditionelle Prüfung, ob in der Abwägung die Belange in einer Weise vor- und zurückgestellt sind, wie sie zur objektiven Gewichtigkeit außer Verhältnis stehen, vor allem für die zurückgestellten Belange um den weiteren Prüfungspunkt einer Kompensationsmöglichkeit. Diese Prüfung findet innerhalb der Ausgleichsentscheidung statt, die gerade aus diesen Gründen ihren Namen verdient. Wegen ihrer geringeren Wertigkeit zurückgestellte Belange dürfen in der planerischen Ausgleichsentscheidung nicht einfach weg gewogen werden, sondern müssen in der Reichweite der naturschutzrechtlichen Eingriffsregelungen einen **zusätzlichen planerischen Prüfungsschritt** mit dem Inhalt durchlaufen, ob die Eingriffe vermieden, verringert, ausgeglichen oder in sonstiger Weise kompensiert werden können. Dem Vor- und Zurückstellen der Belange folgt daher vor allem für die zurückgestellten Belange im Rahmen der Ausgleichsentscheidung ein weiterer Schritt der Kompensationsprüfung. Das war für den Bereich der naturschutzrechtlichen Belange schon nach bisherigem Recht so.

1403 Das EAG Bau erweitert die bisherige naturschutzrechtliche Kompensationsregelung in § 1a III BauGB zunächst auf alle umweltschützenden Belange. Denn nach Nr. 3b der Anlage zum BauGB umfasst der Umweltbericht auch geplante Maßnahmen zur Vermeidung, Verringerung und zum Ausgleich der nachteiligen Auswirkungen.[2583] Dies ist bereits durch den Anhang I g der Plan-UP-Richtlinie vorgegeben. Es sind danach im Umweltbericht Maßnahmen darzustellen, die geplant sind, um erhebliche negative Umweltauswirkungen aufgrund der Durchführung des Plans oder Programms zu verhindern, zu verringern und soweit wie möglich auszugleichen. Damit ist für die umweltschützenden Belange eine Ausgleichsentscheidung zu treffen, die auch die Prüfung von Vermeidungs-, Verminderungs- oder Ausgleichsmaßnahmen umfasst, so dass eine Entscheidung

---

[2581] *BVerwG*, Urt. v. 25. 1. 1996 – 4 C 5.95 – BVerwGE 100, 238 = DVBl. 1996, 677 – Eifelautobahn A 60.
[2582] *BVerwG*, Urteil vom 18. 11. 2004 – 4 CN 11.03 – DVBl. 2005, 386 = NVwZ 2004, 1237 – Diez.
[2583] Zum Umweltbericht s. Rdn. 249, 280, 385, 769, 809, 955, 1040, 1121, 1513, 2079, 2721, 2789.

über das Vor- und Zurückstellen der Belange allein nicht ausreicht. Die **Kompensation** in der Ausgleichsentscheidung ist nach der Anlage zur Plan-UP-Richtlinie sogar „**soweit wie möglich**" vorzunehmen. Über das Nachhaltigkeitsprogramm erweitert sich die Prüfung eines Kompensationsbedarfs auch auf alle anderen Belange der städtebaulichen Entwicklung im Hinblick auf soziale, wirtschaftliche und umweltschützende Anforderungen (§ 1 V 1 BauGB).

1404 Die gerichtliche Kontrolle der Ausgleichsentscheidung wird durch das Nachhaltigkeitsprogramm in der Tendenz allerdings vor allem verfahrensrechtlich erweitert. Die Prüfung bezieht sich nicht nur darauf, ob die Ausgleichsentscheidung in dem Vor- und Zurückstellen von Belangen proportional ist und ob der Abgleich der Belange im Verhältnis zur objektiven Gewichtigkeit der Belange erfolgt ist und daher rechnerisch ein Belang einen anderen nach Punkten überwiegt. Vielmehr hat das Gericht auch zu prüfen, ob die planende Stelle den Nachhaltigkeitsgedanken in der Ausgleichsentscheidung durch ein entsprechendes **methodisches Vorgehen** der **Kompensationsprüfung** ausreichend berücksichtigt hat. Dies schließt die Prüfung einer möglichst geringen Beeinträchtigung von Umweltbelangen im Sinne eines Schonungsgebotes umweltschützender Belange und die Kontrolle von Kompensationserwägungen mit ein, wie dies bereits aus der naturschutzrechtlichen Eingriffsregelung bekannt ist. Die planende Stelle kann daher sich ergebende Konfliktlagen bei umweltschützenden Belangen **nicht schlichtweg wegwägen** oder auf andere Weise ungelöst verschieben, sondern muss darlegen, dass sie die Konfliktlage erkannt und in der Ausgleichsentscheidung berücksichtigt hat. Lässt sich eine für alle befriedigende Lösung nicht erreichen („Win-Win-Lösung") und sollen die Belange am Ende tatsächlich zurückgestellt werden, ist eine „nachhaltige Trauerarbeit" angesagt. Dies stellt an die Planung zusätzliche verfahrensrechtliche Anforderungen. Die Trauerarbeit kann allerdings auch das Ergebnis haben, dass sich die planende Stelle mit dem Verlust nach Prüfung abfindet oder auch nach Lage der Dinge schweren Herzens abfinden muss. Gegenüber der traditionellen buchhalterischen Abwägung ist dies schon eine qualifizierte Abwägung, die sich auch den Belangen nachteilig betroffener Belange zuwendet und sie nicht ohne nochmalige Prüfung einfach im Nichts verschwinden lässt. Eine emotionale Teilnahme an diesen zurückgestellten Belangen ist daher durchaus angesagt.

1405 Das Nachhaltigkeitsprogramm hat darüber hinaus einen **Zeitaspekt** und das Bestreben, die Eingriffe auch im Hinblick auf künftige Generationen zu betrachten (§ 1 V 1 BauGB). Dem trägt das EAG Bau durch das **Baurecht auf Zeit** (§ 9 II BauGB)[2584] und in der **Rückbauverpflichtung** für privilegierte Außenbereichsvorhaben nach § 35 I Nr. 2 bis 6 BauGB (§ 35 V BauGB) Rechnung. In die Ausgleichsentscheidung sind daher bei entsprechender Veranlassung auch Überlegungen zur zeitlichen Befristung der Bauleitplanung, zur Folgenbegrenzung oder der späteren Folgenbeseitigung bzw. -kompensation einzustellen. Auch dies ist ggf. ein neues Element in der Ausgleichsentscheidung.

1406 Vor dem Hintergrund der europarechtlichen Anforderungen stehen vor allem die erweiterten verfahrensrechtlichen Anforderungen im Vordergrund. Die Ausgleichsentscheidung wird durch die Umsetzung des Nachhaltigkeitsprogramms mit Kompensationsüberlegungen angereichert. Sind diese zusätzlichen verfahrensrechtlichen Anforderungen erfüllt, ist es sachgerecht, die von der planenden Gemeinde getroffenen Wertentscheidungen in der **Gerichtskontrolle** nur auf **offensichtliche Fehler** und eindeutige Widerlegbarkeiten zu prüfen. Diese stärkere Ausrichtung an verfahrensrechtlichen Vorgaben und eine gerichtliche Zurückhaltung bei der inhaltlichen Prüfung der planerischen Ausgleichsentscheidung folgt dem europarechtlichen Ansatz der Betonung verfahrensrechtlicher Anforderungen und wird zugleich dem Grundsatz der kommunalen Planungsautonomie gerecht. Die stärkeren verfahrensrechtlichen Vorgaben werden vor dem Hintergrund europarechtlicher Anforderungen daher durch eine geringere materiell-rechtliche Kontrolle der Bauleitplanung eingetauscht.

[2584] Zum Baurecht auf Zeit s. Rdn. 402.

h) Kompensation als fester Bestandteil der Ausgleichsentscheidung. Vor allem die 1407 Ausgleichsentscheidung, in der die Belange vor- oder zurückgestellt werden, erfüllt in der Abwägung eine wichtige Funktion. Die Umweltbelange nehmen an dieser Ausgleichsentscheidung in dem Sinne teil, dass sie dort auch weiterhin verfügbar bleiben. Allerdings ist in der zusammenfassenden Erklärung zu erläutern, wie die Umweltbelange und die Ergebnisse der Öffentlichkeits- und Behördenbeteiligung im Flächennutzungsplan und im Bebauungsplan berücksichtigt wurden, und aus welchen Gründen der Plan nach Abwägung mit den geprüften, in Betracht kommenden anderweitigen Planungsmöglichkeiten gewählt wurde (§§ 6 V 2, 10 IV BauGB). Ein schlichtes Wegwägen von Umweltbelangen ohne den zusätzlichen dargestellten Verfahrensschritt ist daher nicht (mehr) möglich. Und auch eine „einfache Trauerarbeit" mit der ernsten Miene eines eigentlich ganz gut zufriedenen Beerdigungsunternehmers reicht da nicht mehr aus. Vielmehr ist im Rahmen der Ausgleichsentscheidung entweder ein „Win-Win"-Ergebnis[2585] zu erzielen, wie es auch in Mediationsverfahren angestrebt wird,[2586] mit im Sinne des „sustainable development"[2587] auf allen Seiten dauerhaft lachenden Gesichtern. Oder es ist bei der Überwindung von nachteilig betroffenen städtebaulichen Belangen eine „nachhaltige Trauerarbeit" mit echten „Krokodilstränen" angesagt. Vielleicht kann auch in Sternstunden des Planungsrechts das weinende und das lachende Auge miteinander verbunden werden.[2588] Wer dies vor dem Hintergrund des Nachhaltigkeitsprogramms erst einmal richtig eingeübt hat, dem wird es nicht schwer fallen, nach dieser Methode auf der Grundlage des Nachhaltigkeitsgedankens (§ 1 V 1 BauGB) in Zukunft in dem gebotenen Umfang mit allen abwägungserheblichen Belangen zu verfahren. Die Abwägung wird damit nicht prinzipiell anders, bezieht aber im Interesse des Nachhaltigkeitsprogramms die bereits aus der naturschutzrechtlichen Eingriffsregelung bewährte verfahrensrechtlichen Methoden der Minimierung der Eingriffswirkungen und der **Kompensation** als Prüfungsschritt in die Ausgleichsentscheidung ein. Für die Praxis erweitert sich dieser aus dem Naturschutzrecht bekannte methodische Ansatz zunächst auf andere umweltschützende Belange[2589] und wird über den Nachhaltigkeitsgedanken im Städtebau (§ 1 V 1 BauGB) damit zu einem **allgemeinen Standard der Bauleitplanung**. Betroffene wirtschaftliche Belangen sind bereits nach der bisherigen Rechtsprechung ebenso zu behandeln. Für den Planer, der so verfährt, ist Entwarnung angesagt.[2590] Die bisher für umweltschützende Belange bestehende Lücke wird daher durch entsprechende Kompensationserfordernisse in der Ausgleichsentscheidung geschlossen und in einem entsprechend angereicherten Abwägungsmodell ein einheitlicher verfahrensrechtlicher Standard erzielt.

Und noch eine weitere **Harmonisierung** des Planungsrechts könnte mit dem neuen 1408 methodischen Ansatz der Nachhaltigkeit verbunden werden: Der Nachhaltigkeitsgedanke verpflichtet (lediglich) zu einer abwägenden Berücksichtigung von Umweltbelangen und städtebaulichen Belangen in der Ausgleichsentscheidung, enthält jedoch nicht das strikte Gebot, die betroffenen Umweltbelange in vollem Umfang zu kompensieren, wie dies für das Fachplanungsrecht und Vorhaben im Außenbereich bei der naturschutzrechtlichen Eingriffsregelung erforderlich ist. Ist das **Abwägungsgebot** – wie vorstehend dargelegt – in der Ausgleichsentscheidung ganz allgemein um den verfahrensrechtlichen Schritt des Kompensationsgedankens erweitert, könnte auch in der **Fachplanung** auf eine **Vollkompensation** bei der naturschutzrechtlichen Eingriffsregelung **verzichtet** werden.

[2585] *Krautzberger*, UPR 2001, 130.
[2586] *Stüer/Hermanns*, DVBl. 2004, 746.
[2587] Konferenz der Vereinten Nationen über Umwelt und Entwicklung in Rio de Janeiro vom 3.–14. 6. 1992, Prinzip 4.
[2588] Derartige Modelle sind aus dem großen Theater bekannt.
[2589] *Krautzberger/Stüer*, DVBl. 2004, 781 (782 Fnte. 9); *dies.*, DVBl. 2004, 914.
[2590] Zu den Folgen der Nichtbeachtung europarechtlicher Verfahrensanforderungen *EuGH*, E. v. 7. 1. 2004 – C-201/02 – DVBl. 2004, 370 = NVwZ 2004, 517 = EurUP 2004, 57 – Delena Wells.

Es könnte sich daher empfehlen, bei der nächsten **Novelle des Naturschutzrechts** das Erfordernis der Vollkompensation in der naturschutzrechtlichen Eingriffsregelung nach §§ 18 bis 20 BNatSchG ebenso wie in der Bauleitplanung durch ein Abwägungsmodell zu ersetzen. Hierdurch könnten zugleich einheitliche Standards geschaffen und Wettbewerbsnachteile in Deutschland durch eine uneingeschränkte naturschutzrechtliche Kompensationspflicht im europäischen Vergleich vermieden werden. Denn die naturschutzrechtliche Eingriffsregelung gibt es in der deutschen Ausgestaltung in den anderen Mitgliedstaaten nicht.

1409 Das EAG Bau stärkt im Bereich der Zusammenstellung des Abwägungsmaterials durch die Öffentlichkeit- und Behördenbeteiligung sowie die Umweltprüfung und bei der Ausgleichsentscheidung durch die Prüfung von Kompensationserfordernissen die verfahrensrechtlichen Elemente der städtebaulichen Planungsprozesse. Damit war offenbar wohl auch etwas die durchaus berechtigte Annahme verbunden, dass hierdurch zugleich die Qualität der Bauleitplanung verbessert und die Legitimation der Entscheidungsträger[2591] gestärkt wird.[2592] Ein **hohes Umweltschutzniveau** im Sinne der Plan-UP-Richtlinie wird dabei nicht durch unmittelbare Gewichtungsvorgaben oder materielle Standards, sondern dadurch erreicht, dass bei der Ermittlung der umweltschützenden Belange die Zusammenstellung des Abwägungsmaterials und durch einen zusätzlichen Prüfungsschritt der Vermeidung, der Verminderung und der Kompensation die planerische Ausgleichsentscheidung angereichert wird. Die Umweltprüfung bringt daher die Bauleitplanung auf einen **neuen**, vom Richtlinienrecht geforderten **verfahrensrechtlichen Standard**, aus dem sich dann mittelbar – wenn alles gut geht – auch ein entsprechender **Mehrwert der Planung** ergibt. In diesem Sinne wird durch das qualifiziertere Verfahren einer Umweltprüfung mit dem Kompensationsgedanken zugleich auch ein besseres, gelegentlich sogar **optimales Ergebnis** erreicht werden können.

4. Abwägungsfehler

1410 Das *BVerwG* prüft die Bauleitplanung in der gerichtlichen Kontrolle auf folgende Abwägungsfehler:[2593]

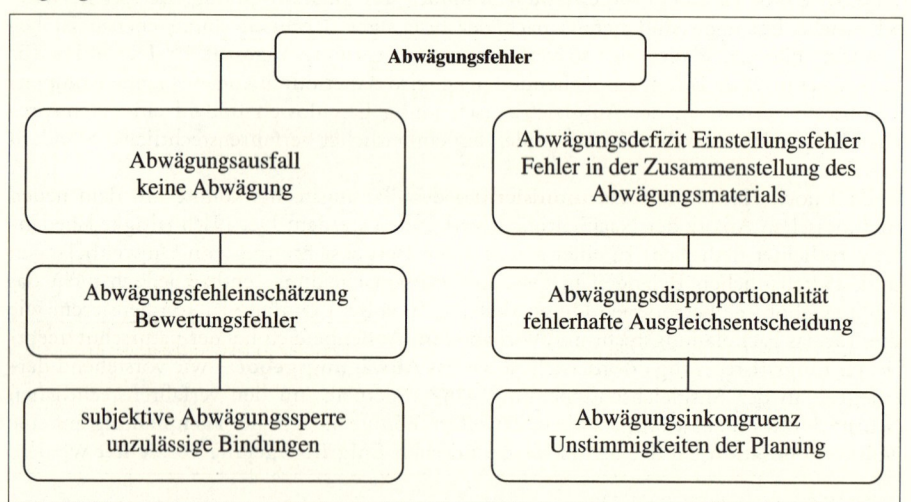

[2591] *Luhmann*, Legitimation durch Verfahren, 1969.
[2592] Nach Art. 1 der Plan-UP-Richtlinie ist die Umweltprüfung das Verfahren, durch das ein entsprechender Mehrwert erzielt wird: Die Förderung einer nachhaltigen Entwicklung und ein hohes Umweltschutzniveau wird dadurch erreicht, „indem dafür gesorgt wird", dass bestimmte Pläne und Programme einer Umweltprüfung unterzogen werden.
[2593] BVerwG, Urt. v. 12. 12. 1969 – IV C 105.66 – BVerwGE 34, 301 = *Hoppe/Stüer* RzB Rdn. 23.

- Das Gebot gerechter Abwägung ist verletzt, wenn eine sachgerechte Abwägung überhaupt nicht stattfindet (**Abwägungsausfall**).
- Es ist verletzt, wenn in die Abwägung an Belangen nicht eingestellt wird, was nach Lage der Dinge in sie eingestellt werden muss (**Abwägungsdefizit – Einstellungsfehler**).
- Es ist ferner verletzt, wenn die Bedeutung der betroffenen privaten Belange verkannt (**Abwägungsfehleinschätzung – Bewertungsfehler**)
- oder wenn der Ausgleich zwischen den von der Planung betroffenen öffentlichen Belangen in einer Weise vorgenommen wird, der zur objektiven Gewichtigkeit einzelner Belange außer Verhältnis steht (**Abwägungsdisproportionalität**). Die Ausgleichsentscheidung kann auch fehlerhaft sein, wenn die planende Stelle die ihr geringerwertig erscheinenden Belange ohne weitere **Prüfungsschritte** der Vermeidung, der Verminderung oder des Ausgleichs einfach zurückgestellt hat, obwohl eine entsprechende Prüfung nach Lage der Dinge erforderlich gewesen wäre (**fehlerhafte Ausgleichsentscheidung**).
- Die Abwägung ist fehlerhaft auch bei unzulässigen Bindungen und einseitigen Festlegungen, die ein ordnungsgemäßes Abwägungsverfahren nicht mehr gestatten (**subjektive Abwägungssperre**),[2594] oder
- bei einem rechtserheblichen Abweichen von Planregelungen und Abwägung (**Abwägungsdivergenz – Abwägungsinkongruenz**).

Die Gemeinde hat dabei einen **Bewertungs- und Abwägungsspielraum**. Ihr ist es in erster Linie aufgetragen, eine planerische Abwägung vorzunehmen und die Vor- und Nachteile der jeweiligen Lösungen gegeneinander und untereinander abzuwägen. Die getroffene Entscheidung ist nicht bereits deshalb fehlerhaft, weil die Gemeinde dabei den einen Belang dem anderen vorzieht.[2595] Denn es ist nicht Aufgabe der Verwaltungsgerichte, durch eigene Ermittlungen ersatzweise zu planen und sich hierbei von den Erwägungen einer besseren Planung leiten zu lassen.[2596]

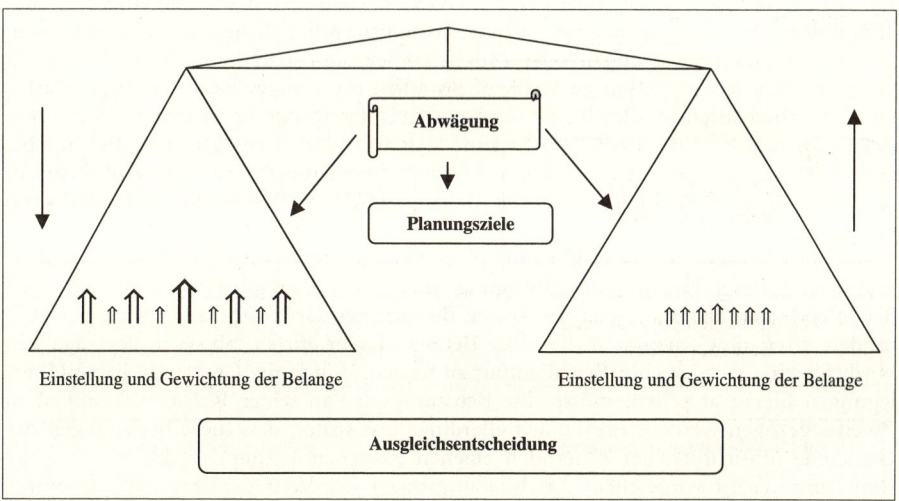

[2594] *Stüer* DVBl. 1995, 649.
[2595] *BVerwG*, Urt. v. 12. 12. 1969 – IV C 105.66 – BVerwGE 34, 301 = *Hoppe/Stüer* RzB Rdn. 23; Urt. v. 5. 7. 1974 – IV C 50.72 – BVerwGE 45, 309 = *Hoppe/Stüer* RzB Rdn. 24; Urt. v. 5. 12. 1986 – 4 C 13.85 – BVerwGE 74, 214.
[2596] *BVerwG*, Urt. v. 31. 3. 1995 – 4 A 1.93 – BVerwGE 98, 126 = DVBl. 1995, 1007 = NVwZ 1995, 901.

1412 **a) Abwägungsausfall.** Das Abwägungsgebot des § 1 VII BauGB ist verletzt, wenn eine Abwägung überhaupt nicht stattfindet. Es ist auch verletzt, wenn die Abwägung hinsichtlich rechtlich relevanter Bestandteile defizitär ist. Davon ist insbesondere auszugehen, wenn Belange nicht in die Abwägung eingestellt werden, die nach Lage der Dinge einzustellen sind, die also zum Abwägungsmaterial gehören (§ 2 III BauGB). Der Fehler eines Abwägungsausfalls kann etwa darin bestehen, dass die Ermittlung einzelner Belange im Hinblick auf andere als vorrangig erachtete Belange überhaupt nicht erfolgt.

Beispiel: Zur Hochwassersicherung des Rheins soll ein Damm geplant werden. Die Prüfung verschiedener Alternativtrassen wird mit Hinweis auf die besondere Dringlichkeit des Hochwasserschutzes nicht vorgenommen. In der gerichtlichen Prüfung stellt sich jedoch heraus, dass ein ausreichender Schutz gegen ein „hundertjähriges Hochwasser" bereits besteht und für den Deichbau daher kein unaufschiebbarer aktueller Handlungsbedarf gegeben ist. Mögliche Alternativtrassen hätten daher in die Abwägung eingestellt werden müssen, weil ein dringender Handlungsbedarf nicht bestand.[2597]

1413 **b) Zusammenstellung des Abwägungsmaterials – Einstellungsfehler.** Die planende Gemeinde hat die nach Lage der Dinge einzustellenden Belange bei der Abwägung zu ermitteln und zu bewerten (§ 2 III BauGB). Der Begriff „Belang" ist dabei weit auszulegen. Die **öffentlichen Belange** beziehen sich auf alle öffentlichen Interessen, die im Zusammenhang mit der Bodennutzung und mit der städtebaulichen Entwicklung und Ordnung stehen. Wesentliche Anhaltspunkte für öffentliche Belange ergeben sich aus den allgemeinen Planungsleitlinien in § 1 V BauGB und in den weiteren Planungsgrundsätzen und Optimierungsgeboten in den §§ 1 V, 1a I BauGB. Der private Belang ist ebenfalls weit zu fassen und umfasst insbesondere die verfassungsrechtlich geschützten Rechtspositionen wie das Grundeigentum und grundstücksgleiche Rechte, den Bestandsschutz, das Recht am eingerichteten und ausgeübten Gewerbebetrieb sowie dingliche und schuldrechtliche Rechte zur Bodennutzung. Die danach zum Abwägungsmaterial gehörenden **privaten Belange** beschränken sich nicht auf subjektiv öffentliche Interessen oder auf das, was nach Art. 14 GG oder Art. 2 II GG verfassungsrechtlich gegen einen entschädigungslosen Entzug geschützt ist. Auch verfassungsrechtlich nicht geschützte Interessen, Chancen, Gewinnerwartungen oder Möglichkeiten sind grundsätzlich zu den abwägungsbeachtlichen Interessen zu rechnen. So fallen etwa ungesicherte künftige Markt- und Erwerbschancen in aller Regel aus dem Kreis der abwägungsbeachtlichen privaten Belange heraus.[2598] Eine Betroffenheit kann sich auch daraus ergeben, dass Belange bei nach Lage der Dinge einzustellenden Alternativüberlegungen besonders übervorteilt oder benachteiligt würden. Auch die Beibehaltung des bisherigen Zustandes kann abwägungsrelevant sein.[2599]

1414 Auch die **Kosten** zur Verwirklichung eines Bebauungsplans hat die Gemeinde jedenfalls in den groben Zügen in die Abwägung einzustellen. Dies gilt sowohl für die Kosten der öffentlichen Hand als auch die Kosten der privaten Grundstückseigentümer. Insbesondere wird die Gemeinde nicht außer Betracht lassen dürfen, ob sie in der Lage sein wird, für eine sachgerechte Erschließung zu sorgen. Würde die Gemeinde keine Überlegungen hierzu anstellen, müsste ihr Bebauungsplan in seiner Rechtswirksamkeit in Zweifel gezogen werden. Ergibt sich allerdings erst später, dass die Überlegungen der Gemeinde hinsichtlich der dauernden eigenen Kostenentlastung verfehlt waren, etwa weil der zunächst vorgesehene Erschließungsträger den Vertrag nicht erfüllen konnte, lässt diese tatsächliche Entwicklung, die erst nach dem Zeitpunkt der Beschlussfassung entstand, die Rechtswirksamkeit des Bebauungsplans unberührt. Denn es wäre der erfor-

---

[2597] Zu den Festsetzungsmöglichkeiten nach dem Gesetz zur Verbesserung des vorbeugenden Hochwasserschutzes s. Rdn. 3452.
[2598] *BVerwG*, Urt. v. 24. 8. 1999 – 4 A 24.98 – Buchholz 407.4 § 17 FStrG Nr. 152 für die bei dem Neubau einer Kreuzung mögliche Verbesserung der Erreichbarkeit einer Tankstelle.
[2599] *BVerwG*, B. v. 20. 8. 1992 – 4 NB 3.92 – DVBl. 1992, 1441 = ZfBR 1992, 289.

derlichen Rechtssicherheit eines Bebauungsplans abträglich und entspräche nicht den gesetzlichen Wertungen, wenn sich die Gemeinde unter Hinweis auf einen sog. Motivirrtum einseitig und ohne den ihr möglichen äußeren Rechtsakt von einem rechtswirksam entstandenen Bebauungsplan sollte lösen können.[2600] Auch wasserrechtliche Genehmigungen eines privatrechtlich organisierten Wasserversorgungsunternehmens können bei der Ausweisung die Wasserrechte beeinträchtigender Nutzungen und damit einer Überplanung in einem Bebauungsplan abwägungsbeachtlich sein.[2601] Die bei der Abwägung zu berücksichtigenden Belange tendieren daher eher zur Weite.[2602] Es bedarf allerdings ungeachtet dieser Tendenz zur Ausweitung einer sachgerechten Beschränkung. Denn der Planer kann nicht alles berücksichtigen und auch nicht verpflichtet sein, alles zu berücksichtigen.[2603] Eine sachgerechte Begrenzung des Abwägungsmaterials (§ 2 III BauGB) ist daher erforderlich.

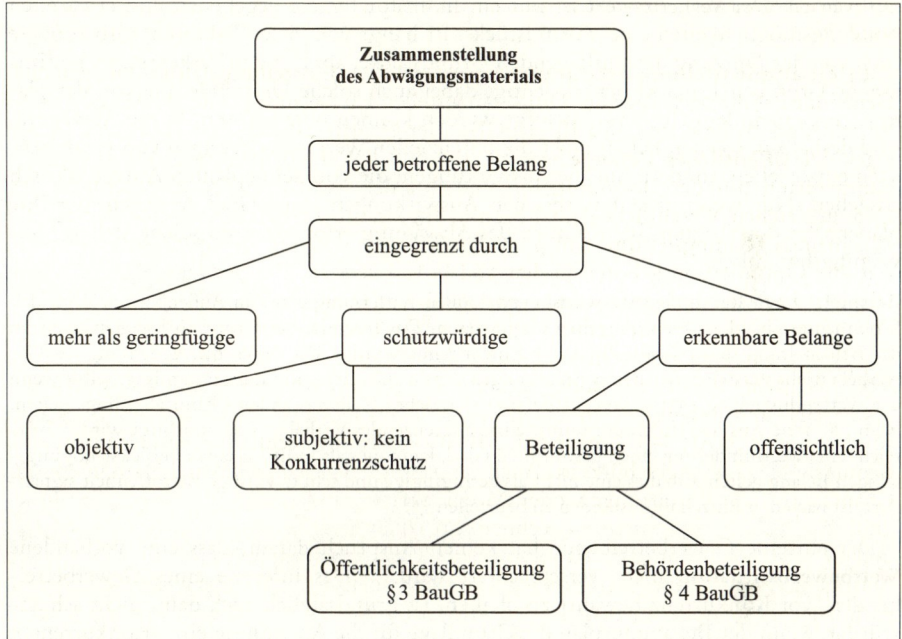

Innerhalb des grundsätzlich weiten Rahmens aller durch die Planung positiv oder negativ betroffenen Interessen wird das Abwägungsmaterial begrenzt durch die **mehr als geringfügigen**, **schutzwürdigen** und **erkennbaren** Belange **(Schrankentrias)**. Interessen, die entweder objektiv geringwertig oder aber – sei es überhaupt, sei es im gegebenen Zusammenhang – nicht schutzwürdig oder nicht erkennbar sind, brauchen in die Abwägung nicht eingestellt zu werden. Insbesondere kann dem Bestand oder dem Fortbestand etwa einer bestimmten Markt- oder Verkehrslage die **Schutzwürdigkeit** fehlen.[2604] Eine Grundstücksnutzung etwa, die nicht genehmigt ist und auch nicht genehmigt werden kann, weil sie dem materiellen Baurecht widerspricht, kann bei der planerischen Abwägung unbeachtlich sein.[2605] Denn einer solchen Nutzung versagt die Rechtsord-

---

[2600] *BVerwG*, B. v. 23. 12. 1993 – 4 B 212.92 – Buchholz 406.11 § 30 BauGB Nr. 35.
[2601] *BVerwG*, B. v. 18. 12. 1994 – 4 NB 19.94 – SächsVBl. 1995, 98.
[2602] *BVerwG*, B. v. 9. 11. 1979 – 4 N 1.78 – BVerwGE 59, 87 = *Hoppe/Stüer* RzB Rdn. 26.
[2603] *BVerwG*, B. v. 9. 11. 1979 – 4 N 1.78 – BVerwGE 59, 87; Urt. v. 27. 9. 1993 – 4 C 22.93 – DÖV 1994, 353 = NVwZ-RR 1994, 189 – Kleinflieger.
[2604] *BVerwG*, B. v. 9. 11. 1979 – 4 N 1.78 – BVerwGE 59, 87 = *Hoppe/Stüer* RzB Rdn. 26.
[2605] *BVerwG*, B. v. 20. 10. 1993 – 4 B 170.93 – DVBl. 1994, 344.

nung – abgesehen von Sonderfällen wie etwa der Duldung – die rechtliche Anerkennung. Die Unbeachtlichkeit solcher Belange mangels Schutzwürdigkeit kann selbst dann bestehen, wenn offensichtlich ist, dass sich das Planvorhaben nachteilig auf diese Nutzung auswirkt.[2606] Dasselbe kann für das Interesse eines Grundstückseigentümers gelten, dass die Aussicht in eine bisher unbebaute Landschaft nicht durch die Errichtung von in größerer Entfernung errichteten Gewerbebetrieben beeinträchtigt wird. Auch sich daraus ergebende **Wertverluste** des Grundstücks stellen dann keinen in der Abwägung beachtlichen Nachteil dar, wenn sie im Hinblick auf das Planvorhaben nur geringfügig sind.[2607] Die Frage der Wesentlichkeit der Auswirkungen einer Planung auf die engere und weitere Umgebung beurteilt sich grundsätzlich nicht nach dem Umfang einer möglichen Verkehrswertminderung, sondern nach dem Grad der faktischen und unmittelbaren, sozusagen in natura gegebenen Beeinträchtigungen, die durch die angegriffene Norm zugelassen werden. Der **Verkehrswert** ist nur ein Indikator für die gegebenen und erwarteten Nutzungsmöglichkeiten eines Grundstücks. Er hängt von vielen Faktoren, insbesondere auch von der Nutzung der umliegenden Grundstücke, ab. Der den Verkehrswert bestimmende Grundstücksmarkt berücksichtigt dabei auch solche Umstände, die von der planenden Gemeinde nicht berücksichtigt werden können oder müssen. In die Abwägung sind deshalb in solchen Fällen nicht die potenziellen Wertveränderungen von Grundstücken einzustellen, sondern nur die Auswirkungen, die von der geplanten Anlage faktisch ausgehen. Nur wenn diese tatsächlichen Auswirkungen einen Grad erreichen, der ihre planerische Bewältigung im Rahmen der Abwägung erfordert, sind solche Belange abwägungsbeachtlich.

Beispiel: Durch Bebauungsplan wird in etwa 300 m Entfernung eines im Außenbereich liegenden Wohnhauses ein neues Gewerbegebiet ausgewiesen. Das Interesse des Grundstückseigentümers an der Beibehaltung seiner freien Aussicht ist nicht schutzwürdig. Die durch die Ansiedlung der Gewerbebetriebe entstehenden Beeinträchtigungen des Grundstücks sind nur geringfügig, selbst wenn der Wertverlust einen Betrag von 20.000 Euro erreicht.[2608] Etwas anderes kann allerdings gelten, wenn die freie Aussicht durch ein unmittelbar angrenzendes Vorhaben beeinträchtigt wird.[2609] Erreicht eine Wertminderung einen bestimmten Grad, kann dies als Indiz für einen berücksichtigungsfähigen Belang gelten. Ob dies eine mehr als geringfügige und schutzwürdige Betroffenheit signalisiert, ist nach den Einzelfallumständen zu beurteilen.[2610]

1416 Der einzelne Gewerbetreibende hat keinen Anspruch darauf, dass eine vorhandene **Wettbewerbssituation** nicht verschlechtert wird.[2611] Das Interesse eines Gewerbetreibenden, vor Konkurrenz bewahrt zu bleiben, ist grundsätzlich auch dann nicht schutzwürdig, wenn der Bebauungsplan die Grundlage für die Ansiedlung eines Konkurrenten im Einzugsbereich der eigenen wirtschaftlichen Betätigung, ggf. sogar in der unmittelbaren Nachbarschaft, bildet. Der einzelne Gewerbetreibende hat weder einen Anspruch darauf, dass eine vorhandene Wettbewerbssituation nicht verschlechtert wird, noch ist sein dahin gehendes Interesse schutzwürdig, weil er mit neuer Konkurrenz ständig rechnen muss. Wie aus § 1 III BauGB zu ersehen ist, darf sich die Gemeinde des Mittels der Bauleitplanung nur bedienen, soweit es für die städtebauliche Entwicklung und Ordnung erforderlich ist. Hierzu gehört nicht die Wahrung von individuellen Wettbewerbs-

---

[2606] *BVerwG*, Urt. v. 18. 12. 1987 – 4 C 49.83 – Buchholz 407.4 § 17 FStrG Nr. 71; vgl. auch Urt. v. 25. 2. 1992 – 1 C 7.90 – BVerwGE 90, 53; Urt. v. 24. 9. 1992 – 7 C 6.92 – BVerwGE 91, 92 = *Hoppe/Stüer* RzB Rdn. 129.
[2607] *BVerwG*, B. v. 9. 2. 1995 – 4 NB 17.94 – NVwZ 1995, 895 = BauR 1995, 499 – Naturschutzverordnung.
[2608] *BVerwG*, B. v. 9. 2. 1995 – 4 NB 17.94 – NVwZ 1995, 895 = BauR 1995, 499 – Naturschutzverordnung.
[2609] *BVerwG*, Urt. v. 28. 10. 1993 – 4 C 5.93 – BauR 1994, 354 = NVwZ 1994, 686; *VGH München*, Urt. v. 28. 5. 1993 – 1 N 92.537 – BayVBl. 1993, 624 = NVwZ-RR 1994, 431.
[2610] *BVerwG*, B. v. 2. 8. 1993 – 4 NB 25.93 – *Hoppe/Stüer* RzB Rdn. 1318.
[2611] *BVerwG*, B. v. 16. 1. 1990 – 4 NB 1.90 – NVwZ 1990, 555 = UPR 1990, 222 – Einzelhandel.

interessen. Denn gegenüber solchen Interessen verhält sich das Bauplanungsrecht neutral.[2612]

Beispiel: Bei der Planung eines neuen Einkaufszentrums in der Innenstadt wird von einem Betreiber eines Tante-Emma-Ladens in einem Vorort der Stadt eine Existenzgefährdung geltend gemacht. Ein Möbelhändler wendet sich dagegen, dass auf der gegenüberliegenden Straßenseite ein weiterer Möbelmarkt entsteht. Die Belange von Konkurrenzunternehmen sind als private Belange nicht schutzwürdig und brauchen daher in dieser Blickrichtung nicht in die Planung eingestellt zu werden.[2613] Allerdings sind städtebauliche oder infrastrukturelle Auswirkungen i. S. des § 11 III BauNVO zu untersuchen und in die Abwägung einzubeziehen. Diese Belange haben jedoch keinen individuellen Rechtsträger, der sich auf deren Wehrfähigkeit berufen könnte. Schon nach der bisherigen Fassung des § 47 II VwGO fehlte dem Konkurrenten die Antragsbefugnis, da er nicht nachteilig in Belangen betroffen wurde, die i. S. einer subjektiven Wehrfähigkeit zum Abwägungsmaterial gehörten.[2614]

Bei **nicht schutzwürdigen Belangen** handelt es sich auch um betroffene Interessen, denen eine rechtliche Anerkennung zu versagen ist, weil sie unter Missachtung der Rechtsordnung nur faktisch entstanden sind. Interessen, welche die Rechtsordnung missbilligt, soll auch bei der planerischen Abwägung keine Erheblichkeit beigemessen werden, weil ihre Unerheblichkeit aus Rechtsgründen gegeben ist. Daneben kann es auch Interessen geben, denen gegenüber sich die Rechtsordnung – was ihre Relevanz in der Bauleitplanung betrifft – bewusst neutral verhält, wie z. B. den Wettbewerbsinteressen von Einzelhandelsunternehmern, obwohl solche wirtschaftlichen Belange in tatsächlicher Hinsicht nicht als geringfügig anzusehen sind. Zu berücksichtigen sind zwar grundsätzlich auch **Erweiterungswünsche** von Betrieben. Dies gilt aber regelmäßig nur dann, wenn sie in der Öffentlichkeitsbeteiligung vorgetragen worden sind oder auf der Hand liegen. Interne Vorstellungen der Betroffenen, etwa einen Gewerbebetrieb auf die Dauer erweitern zu wollen oder unklare Absichten müssen demgegenüber nicht in die Abwägung eingestellt werden. Nicht berücksichtigungsfähig sind daher etwa vom Betriebsinhaber selbst als noch unklar bezeichnete Absichten einer zukünftigen Erweiterung des Betriebes.[2615] Der Landwirt hat daher keinen Anspruch darauf, dass sich seine Erweiterungsabsichten in jedem Fall gegen die Planungen eines allgemeinen Wohn- und eines Mischgebietes durchsetzen und die Gemeinde dabei das hinter dem Stand der Technik zurückbleibende Aufstallungsniveau zugrunde legt.[2616]

Auch Belange, die für die planende Stelle als abwägungsbeachtlich nicht **erkennbar** sind, brauchen in die Abwägung nicht eingestellt zu werden. Was die planende Stelle nicht sieht und auch nicht zu sehen braucht, muss von ihr bei der Abwägung auch nicht berücksichtigt werden. In diesem Zusammenhang haben die Öffentlichkeitsbeteiligung nach § 3 BauGB und die Beteiligung der Behörden und sonstigen Träger öffentlicher Belange nach § 4 BauGB eine wichtige Funktion. Was in der vorgezogenen (§ 3 I BauGB) oder förmlichen (§ 3 II BauGB) Öffentlichkeitsbeteiligung von den Bürgern als Stellungnahmen vorgetragen worden ist, dürfte grundsätzlich für die planende Gemeinde erkennbar sein und gehört daher – soweit die Belange mehr als geringfügig und schutzwürdig sind – zum Abwägungsmaterial (§ 2 III BauGB). Dasselbe gilt für die Ergebnisse der Beteiligung der Träger öffentlicher Belange nach § 4 BauGB. Was in der Behördenbeteiligung an Stellungnahmen geäußert worden ist (§ 4 I und II BauGB), erweist sich für die Gemeinde regelmäßig als erkennbar und ist daher bei Nichtvorliegen der anderen

---

[2612] *BVerwG*, B. v. 26. 2. 1997 – 4 NB 5.97 – NVwZ 1997, 683 – Konkurrenzschutz.
[2613] *BVerwG*, B. v. 16. 1. 1990 – 4 NB 1.90 – NVwZ 1990, 555 = *Hoppe/Stüer* RzB Rdn. 1328.
[2614] *Stüer* DVBl. 1985, 469; *ders.* DVBl. 1989, 810.
[2615] *BVerwG*, B. v. 10. 11. 1998 – 4 NB 44.98 – NVwZ 1999, 428 – Betriebserweiterungsabsichten; Urt. v. 13. 9. 1985 – 4 C 64.80 – NVwZ 1986, 740 = *Hoppe/Stüer* RzB Rdn. 146 – Ledigenwohnheim.
[2616] *OVG Lüneburg*, Urt. v. 15. 1. 2004 – 1 KN 128/03 – BauR 2004, 716 – Erweiterungsabsichten eines Landwirts.

Ausschlusskriterien bei der Abwägung zu berücksichtigen. Hat es ein Betroffener unterlassen, seine Betroffenheiten im Beteiligungsverfahren vorzutragen, dann ist die Betroffenheit abwägungsbeachtlich nur dann, wenn sich der planenden Stelle die Tatsache dieser Betroffenheit aufdrängen musste, wenn der betroffene Belang sozusagen „offen auf der Hand" liegt.

1419 Aus dieser Filterfunktion der öffentlichen Beteiligungsverfahren nach den §§ 3, 4 BauGB ergeben sich **Mitwirkungslasten** vor allem der betroffenen Bürger, aber auch der Träger öffentlicher Belange (§ 4 a VI, 214 I 1 Nr. 1, III 2 BauGB).[2617] Wer für die planende Gemeinde nicht erkennbare Belange nicht im Rahmen der förmlichen Beteiligungsverfahren rechtzeitig vorträgt, geht das Risiko ein, dass diese Belange in der Abwägung zulässigerweise ausfallen, wenn sie nicht offensichtlich sind und sich dem Planer also geradezu aufdrängen.[2618] Zu einer uferlosen Überprüfung gleichsam „ins Blaue hinein" ist die planende Gemeinde danach nicht verpflichtet. Was die planende Stelle nicht sieht und was sie nach den ihr zur Verfügung stehenden Erkenntnisquellen auch nicht zu sehen braucht, kann von ihr nicht berücksichtigt werden und braucht von ihr auch nicht berücksichtigt zu werden. Überzogene Anforderungen an die Ermittlungs- und Prüfungspflicht dürfen daher nicht gestellt werden.[2619]

Beispiel: Ein Grundstückseigentümer will ein im Bebauungsplan eingeschossig ausgewiesenes Haus um zwei weitere Vollgeschosse erweitern. Im Normenkontrollverfahren wendet er ein, die Stadt habe eine höhere Geschossigkeit nicht ausreichend abgewogen. Solche Belange können unberücksichtigt bleiben, wenn sie im Beteiligungsverfahren nicht vorgetragen worden sind und sich auch nicht geradezu aufdrängen. Dasselbe gilt auch für innerbetriebliche Entwicklungen, die der planenden Gemeinde nicht erkennbar sind.[2620] Hat etwa ein Eigentümer ursprünglich erhobene Einwendungen gegen eine bestimmte Planausweisung zurückgenommen, so kann die Gemeinde grundsätzlich davon ausgehen, dass der Grundstückseigentümer mit der Planung einverstanden ist.[2621]

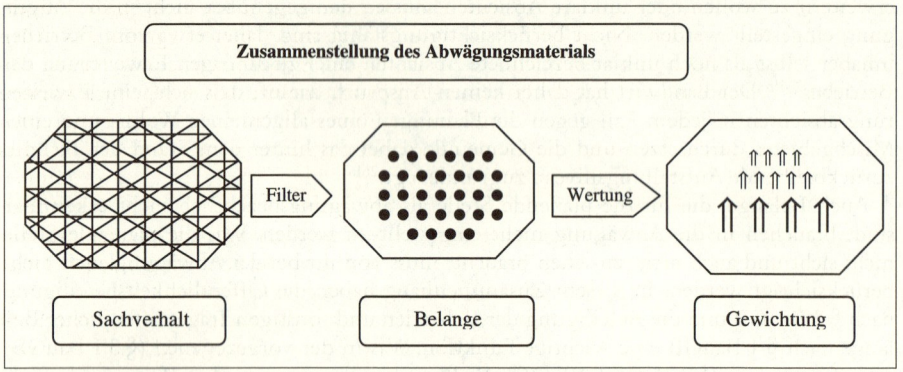

1420 Die **Mitwirkungslasten** sind durch die Neufassung der entsprechenden Regelungen durch das EAG Bau betont worden. Die Öffentlichkeits- und Behördenbeteiligung hat

---

[2617] *BVerwG*, Urt. v. 23. 8. 1996 – 4 A 30.95 – Buchholz 407.4 § 17 FStrG Nr. 122 – Berliner Autobahnring.
[2618] *BVerwG*, B. v. 9. 11. 1979 – 4 N 1.78 – BVerwGE 59, 87 = *Hoppe/Stüer* RzB Rdn. 26; Urt. v. 13. 9. 1985 – 4 C 64.80 – NVwZ 1986, 740 = *Hoppe/Stüer* RzB Rdn. 146 – Ledigenwohnheim; B. v. 23. 6. 1989 – 4 B 100.89 – NVwZ 1990, 263 = DVBl. 1989, 1065 = *Hoppe/Stüer* RzB Rdn. 74.
[2619] *BGH*, Urt. v. 21. 2. 1991 – III ZR 245/89 – BGHZ 113, 367 – Dinslaken; B. v. 9. 7. 1992 – III ZR 105/91 – UPR 1992, 438 = StT 1993, 365 – Gladbeck; *Krohn*, FS für Gelzer, 1991, S. 281; *Stüer* BauR 1995, 604; s. Rdn. 993.
[2620] *BVerwG*, Urt. v. 13. 9. 1985 – 4 C 64.80 – NVwZ 1986, 740 = *Hoppe/Stüer* RzB Rdn. 146 – Ledigenwohnheim.
[2621] *BGH*, Urt. v. 6. 5. 1982 – III ZR 24/81 – NVwZ 1983, 309 = ZfBR 1992, 264 = *Hoppe/Stüer* RzB Rdn. 17.

im Aufstellungsverfahren eine wichtige Funktion zur Aufbereitung des Abwägungsmaterials (§ 4 a I BauGB). Stellungnahmen, die im Verfahren der Öffentlichkeits- und Behördenbeteiligung nicht rechtzeitig abgegeben worden sind, können bei der Beschlussfassung über den Bauleitplan unberücksichtigt bleiben, sofern die Gemeinde deren Inhalt nicht kannte und nicht kennen musste und deren Inhalt für die Rechtmäßigkeit des Bauleitplans nicht von Bedeutung ist. Fehler in der Zusammenstellung des Abwägungsmaterials sind nach § 214 I 1 Nr. 1 BauGB nur beachtlich, wenn die Belange in wesentlichen Punkten nicht zutreffend ermittelt oder bewertet worden sind und wenn der Mangel offensichtlich und auf das Ergebnis des Verfahrens von Einfluss gewesen ist. Mängel, die hiernach unerheblich sind, können nicht als Mängel der Abwägung geltend gemacht werden. Im Übrigen sind Mängel im Abwägungsvorgang nur erheblich, wenn sie offensichtlich und auf das Abwägungsergebnis von Einfluss gewesen sind (§ 214 III BauGB). Aus dieser Vorschriftenkette ergibt sich, dass Belange, die in einem der Filter hängen bleiben, nicht als Fehler des Flächennutzungsplans oder der Satzung geltend gemacht werden können.[2622]

In die Abwägung einzustellen sind alle Belange, die **mehr als geringfügig, schutzwürdig und erkennbar** sind.[2623] Die Zusammenstellung des Abwägungsmaterials lehnt sich damit an den Nachteilsbegriff des § 47 II VwGO a. F. an und ist damit weiter als die mögliche Verletzung eigener Rechte in § 42 II VwGO oder in § 47 II VwGO i. d. F. des 6. VwGO-ÄndG. Abwägungsbeachtlich ist dabei ein solches Interesse u. a. nur, wenn es sich der Gemeinde aufdrängen musste oder vom Betroffenen geltend gemacht worden ist (§ 4 a VI BauGB). Auf das Vorliegen und die Erkennbarkeit mehr als geringfügiger und schutzwürdiger Belange kommt es allerdings für die Antragsbefugnis in einem Normenkontrollverfahren nach § 47 II VwGO nicht an. Hier ist vielmehr erforderlich, dass die Verletzung eigener Rechte geltend gemacht wird.[2624] Wird etwa einem Bauantrag auf Zulassung einer weiteren Wohnung nicht entsprochen, ergibt sich eine Klagebefugnis aus § 42 II VwGO nur, wenn eine eigene Rechtsverletzung geltend gemacht werden kann.[2625] In die Abwägung sind nicht nur Nachteile des Eigentümers, sondern auch von Mietern,[2626] Pächtern und anderen Nutzungsberechtigten einzustellen.[2627] Auch können Belange eines Bauherrn einzustellen sein, der im Einverständnis des Eigentümers einen Bauantrag stellt oder stellen will.[2628] Der Weite des Abwägungsmaterials entspricht, dass auch Belange des Anwohners einer Straße, die den Zu- und Abfahrtsverkehr für ein neu geplantes Baugebiet aufnehmen soll, zum Abwägungsmaterial gehören.[2629] Dies gilt auch dann, wenn die zu erwartende Erhöhung des Verkehrslärms geringfügig ist oder eine solche Entwicklung zu erwarten ist. Die bei der Abwägung zu berücksichtigenden Belange sind nach der Rechtsprechung des *BVerwG* nicht engherzig zu verstehen.[2630]

Für die Abwägung kommt es dabei grundsätzlich auf die Sach- und Rechtslage im Zeitpunkt der Beschlussfassung an.[2631] Ausnahmsweise kann wegen Zeitablaufs und veränderter Umstände ggf. auf einen späteren Zeitpunkt abzustellen sein.[2632]

[2622] S. Rdn. 895, 1126, 1142.
[2623] *BVerwG*, B. v. 9. 11. 1979 – 4 N 1.78 – BVerwGE 59, 87 = *Hoppe/Stüer* RzB Rdn. 26.
[2624] *BVerwG*, B. v. 17. 12. 1992 – 4 N 2.91 – BVerwGE 91, 318 = *Hoppe/Stüer* RzB Rdn. 171.
[2625] S. Rdn. 4146.
[2626] *OVG Münster*, Urt. v. 25. 11. 1997 – 10a D 131/97.NE – (unveröffentlicht) – Veränderungssperre.
[2627] *BVerwG*, B. v. 11. 11. 1988 – 4 NB 5.88 – BauR 1989, 304 = DVBl. 1989, 359 = *Hoppe/Stüer* RzB Rdn. 1324.
[2628] *BVerwG*, B. v. 18. 5. 1994 – 4 NB 27.93 – NVwZ 1995, 264 = DVBl. 1994, 875.
[2629] *BVerwG*, B. v. 18. 3. 1994 – 4 NB 24.93 – NVwZ 1994, 683 = *Hoppe/Stüer* RzB Rdn. 1320.
[2630] *BVerwG*, B. v. 20. 8. 1992 – 4 NB 3.92 – Buchholz 310 § 47 VwGO Nr. 69 = *Hoppe/Stüer* RzB Rdn. 215; B. v. 18. 3. 1994 – 4 NB 24.93 – NVwZ 1994, 683 = *Hoppe/Stüer* RzB Rdn. 1320.
[2631] § 214 III BauGB.
[2632] *BVerwG*, B. v. 9. 11. 1979 – 4 N 1.78 – BVerwGE 59, 87 = *Hoppe/Stüer* RzB Rdn. 26.

1423 Werden Belange, die nach den vorgenannten Grundsätzen zum Abwägungsmaterial gehören (§ 2 III BauGB), nicht ermittelt und in die Abwägung eingestellt, liegt ein Fehler in der Einstellung von Belangen (**Einstellungsfehler**) vor. Fehlerhaft ist dabei die Zusammenstellung des Abwägungsmaterials sowohl dann, wenn Belange, die zum Abwägungsmaterial gehören, nicht eingestellt worden sind (**Einstellungsdefizit**), als auch dann, wenn Belange eingestellt werden, die nach den vorgenannten Grundsätzen nicht zum Abwägungsmaterial gehören (**Abwägungsüberschuss**).[2633] Dabei muss der Gemeinde jedoch ein gewisser Bewertungsspielraum verbleiben. Nicht jede Einstellung von bei objektiver Prüfung nicht zum Abwägungsmaterial gehörenden Belangen führt zu einem Abwägungsfehler.[2634] Ebenso darf nicht die Nichteinstellung eines jeden zum Abwägungsmaterial gehörenden Belangs bereits zur Fehlerhaftigkeit der Bauleitplanung führen. Auch die fehlerhafte Nichtberücksichtigung der Einwendungen eines Betroffenen kann unschädlich sein, wenn die Gemeinde seine Belange kannte und in der Sache einwandfrei gewürdigt hat.[2635] Es muss sich vielmehr um Belange handeln, die in der Abwägung wichtig sind und insoweit einen Ausschlag in der Gesamtabwägung geben können. Belange, die zwar irgendwie zu berücksichtigen sind, aber keinen wesentlichen Beitrag in der Abwägung leisten, können nicht zu einer (Gesamt-)Rechtswidrigkeit und damit Unwirksamkeit eines Bebauungsplans führen.

Beispiel: Die Gemeinde erklärt in einem Kerngebiet Vergnügungsstätten gem. § 1 V BauNVO für nur ausnahmsweise zulässig. Zur Begründung verweist die Gemeinde auf städtebauliche Gründe, die sich aus der besonderen Struktur des Gebietes ergeben. Außerdem seien Spielhallen mit besonderen Gefährdungen der Jugend verbunden, die nach Möglichkeit vermieden werden müssten. Sind die Festsetzungen durch städtebauliche Gründe gerechtfertigt, so wäre es nicht schädlich, wenn die Gemeinde einzelne andere Begründungselemente hinzufügt. Sind allerdings die Motive, die für die Festsetzung nach § 1 V BauNVO maßgeblich waren, überhaupt nicht städtebaulicher Natur, sondern etwa ausschließlich Ausdruck einer „eigenen Spielhallenpolitik", so ist die Bauleitplanung nicht wirksam. Erweist sich aber die von der Gemeinde angegebene Begründung als tragfähig, so können einzelne möglicherweise zweifelhafte Formulierungen vernachlässigt werden. Die Gerichte haben hier auch nicht ungefragt in eine Fehlersuche oder Motivaufklärung einzutreten.

1424 **Umfang und Tiefe der Ermittlung** hängen von den konkreten örtlichen Verhältnissen und den Einzelfallumständen ab. Reichen die Darlegungen der Beteiligten und auch der Fachbehörden nicht aus, so hat die Gemeinde sich durch andere Quellen Gewissheit über die abwägungserheblichen Belange zu schaffen. Die Gemeinde kann sich bei der Zusammenstellung des Abwägungsmaterials und bei der Bewertung von Belangen der Mitwirkung von Fachgutachtern bedienen. Dies wird vor allem dann zweckmäßig sein, wenn es sich um komplizierte Sachverhalte handelt, die einer fachtechnischen Bewertung bedürfen. Die Gemeinde kann sich dabei auch auf **Gutachten** beziehen, die von Verfahrensbeteiligten oder Dritten in Auftrag gegeben oder vorgelegt worden sind.[2636] Der Grundsatz des fairen Verfahrens steht dem nicht entgegen.[2637] Er gebietet der planenden Gemeinde, Neutralität gegenüber den beteiligten Interessen zu wahren, verwehrt es ihr aber nicht, sämtliche Materialien zu verwerten, die sich aus ihrer Sicht als entscheidungsrelevant darstellen, unabhängig davon, von welcher Seite diese in das Verfahren eingeführt worden sind. Ob die Gemeinde ein ihr vorgelegtes Gutachten als bloßen Interessentenvortrag ohne weitere Folgen für das Abwägungsergebnis zur Kenntnis nimmt oder sich als eine maßgebliche Entscheidungsgrundlage zu Eigen macht, ist eine Frage der inhaltlichen Bewertung der gutachterlichen Stellungnahme, die nicht allein deshalb ein gerin-

---

[2633] *Hoppe* in: *Hoppe/Bönker/Grotefels* § 7 Rdn. 100.
[2634] *BVerwG*, B. v. 29. 7. 1991 – 4 B 80.91 – BauR 1991, 713 = DVBl. 1992, 32.
[2635] *BVerwG*, B. v. 16. 5. 1989 – 4 NB 3.89 – BauR 1989, 435 = DÖV 1989, 1047 = *Hoppe/Stüer* RzB Rdn. 33.
[2636] *BVerwG*, Urt. v. 5. 12. 1986 – 4 C 13.85 – BVerwGE 75, 214 = *Hoppe/Stüer* RzB Rdn. 191 – Erdinger Moos.
[2637] *BVerwG*, B. v. 23. 2. 1994 – 4 B 35.94 – DVBl. 1994, 763 = NVwZ 1994, 688.

geres Gewicht als ein von Fachbehörden eingeholtes Gutachten beanspruchen kann. Je unzweifelhafter ein Gutachten als Ausdruck der Sachkunde, Unparteilichkeit und Objektivität zu qualifizieren ist, desto unbedenklicher eignet es sich als maßgebliche Stütze für die gebotene Abwägungsentscheidung.[2638] Ob die Gemeinde es mit einem einzigen Gutachten bewenden lassen darf oder verpflichtet ist, vor dem Satzungsbeschluss noch einen anderen Sachverständigen einzuschalten oder ein von Beteiligtenseite angekündigtes weiteres Gutachten abzuwarten, hängt von der Überzeugungskraft der gutachterlichen Äußerung ab und ist damit eine Frage des Einzelfalls. Die Notwendigkeit, einen bereits durch Gutachten aufgehellten Sachverhalt noch weiter aufzuklären, muss sich der Gemeinde grundsätzlich nur dann aufdrängen, wenn das vorhandene Gutachten unvollständig, widersprüchlich oder aus anderen Gründen nicht überzeugend ist, wenn es erkennbar auf unzutreffenden tatsächlichen Annahmen beruht, wenn Zweifel an der Sachkunde oder Unparteilichkeit des Sachverständigen bestehen, wenn inzwischen neuere Forschungsmittel verfügbar sind oder wenn die Erkenntnisse, die in dem vorgelegten Gutachten ihren Niederschlag gefunden haben, durch substantiierte Einwände oder durch neuere Entwicklungen ernsthaft in Frage gestellt erscheinen.[2639]

Für die gerichtliche Kontrolle haben sich zur Verwertbarkeit von **Sachverständigengutachten** folgende Grundsätze herausgebildet:[2640] Die Verwertung eines gerichtlichen Sachverständigengutachtens ist unzulässig, wenn (1) das Gutachten unvollständig, widersprüchlich oder aus anderen Gründen nicht überzeugend ist, wenn (2) das Gutachten von unzutreffenden tatsächlichen Voraussetzungen ausgeht, wenn (3) der Sachverständige erkennbar nicht über die notwendige Sachkunde verfügt oder Zweifel an seiner Unparteilichkeit bestehen, wenn (4) sich durch neuen entscheidungserheblichen Sachvortrag der Beteiligten oder durch eigene Ermittlungstätigkeit des Gerichts die Bedeutung der vom Sachverständigen zu klärenden Fragen verändert, wenn (5) ein anderer Sachverständiger über neue oder überlegenere Forschungsmittel oder über größere Erfahrung verfügt oder wenn (6) das Beweisergebnis durch substantiierten Vortrag eines der Beteiligten oder durch eigene Überlegungen des Gerichts ernsthaft erschüttert wird. Es empfiehlt sich, dass auch die Gemeinde in der Bauleitplanung nach diesen für das Fachplanungsrecht vom *BVerwG* entwickelten Grundsätzen vorgeht.

c) Abwägungsfehleinschätzung – Bewertungsfehler. Auch die Bewertung der Belange durch die Gemeinde unterliegt in einem bestimmten Umfang der gerichtlichen Kontrolle. Werden Belange im Widerspruch zu einer normativ geregelten Bewertung oder Prioritätensetzung oder zu allgemein anerkannten Bewertungsgrundsätzen gewichtet und bewertet, so ist der Fehler einer Abwägungsfehleinschätzung gegeben. Solche Fehler treten etwa auf, wenn Belange von hohem Gewicht als geringfügig und als zu vernachlässigende Größe bezeichnet werden.

Beispiel: Die Gemeinde weist in der Nähe der Innenstadt im unmittelbaren Anschlussbereich an einen Industriebetrieb ein Wohngebiet und ein Kerngebiet aus. Zu den zwischen der Wohn- und Kerngebietsnutzung und der industriellen Nutzung auftretenden Konflikten verweist die Gemeinde auf die allerdings nicht näher konkretisierte Erwartung, dass der Industriebetrieb auf Dauer wohl ausgesiedelt werden könne. Der Grundsatz der Trennung unverträglicher Nutzungen sichert wichtige Belange und kann nicht durch nur allgemeine Bemerkungen „weggewertet" werden.[2641] Dasselbe gilt für Belange des Umweltschutzes oder des Natur- und Landschaftsschutzes, die nach Lage

---

[2638] Zum Fachplanungsrecht *BVerwG*, B. v. 23. 2. 1994 – 4 B 35.94 – DVBl. 1994, 763 = NVwZ 1994, 688; s. Rdn. 3898.
[2639] *BVerwG*, Urt. v. 6. 2. 1985 – 8 C 15.84 – BVerwGE 71, 38; B. v. 9. 3. 1993 – 4 B 190.92 – NVwZ-RR 1993, 330 = DÖV 1993, 832; B. v. 23. 2. 1994 – 4 B 35.94 – DVBl. 1994, 763 = NVwZ 1994, 688; zum Fachplanungsrecht s. Rdn. 3908.
[2640] *BVerwG*, Urt. v. 26. 6. 1992 – 4 C 1–11.92 – DVBl. 1992, 1435 = NVwZ 1993, 754 = *Hoppe/Stüer* RzB Rdn. 13.
[2641] *BVerwG*, Urt. v. 5. 7. 1974 – IV C 50.72 – BVerwGE 45, 309 = *Hoppe/Stüer* RzB Rdn. 24.

der Dinge ein besonderes Gewicht in der Abwägung haben müssen, etwa wenn eine innerstädtische Grünzone und Parkanlage einer Tiefgarage weichen soll.[2642]

1427 **Besondere** Grundsätze haben sich für die gerichtliche Kontrolle von **Prognoseentscheidungen** herausgebildet.[2643] Bei der Beurteilung ungewisser zukünftiger Ereignisse oder Geschehensverläufe räumt die Rechtsprechung der planenden Gemeinde ebenso wie der entscheidenden Fachverwaltung einen Prognosespielraum ein. Dabei wird zwischen Prognosebasis und Prognoseschluss unterschieden. Ist der Sachverhalt zutreffend ermittelt und damit die Prognosebasis fehlerfrei, so unterliegt der Prognoseschluss nur der eingeschränkten gerichtlichen Kontrolle darauf, ob er methodisch einwandfrei und der Sache nach nicht offensichtlich fehlsam oder eindeutig widerlegbar ist.[2644] Der spätere Nichteintritt des angenommenen Geschehensablaufs allein bewirkt nicht die Rechtswidrigkeit der Prognoseentscheidung. Ein nicht eingetretenes Prognoseergebnis kann allerdings Anlass sein, die seinerzeitige Prognosebildung besonders kritisch zu betrachten.[2645] Auch im Bereich dieser Bewertungsfehler muss es sich allerdings um bedeutsame Fehleinschätzungen handeln. Nicht jede abweichende Beurteilung in der Bewertung der Belange darf dazu führen, dass das Gericht die planerischen Festsetzungen für unwirksam erklärt.

1428 Auch wenn die Gemeinde ihre **eigenen Grundstücke** beplant, ist dies noch kein Beleg für die Annahme einer sachwidrigen Abwägung.[2646] Demgegenüber ist die Festsetzung einer „öffentlichen Verkehrsfläche – Wohnweg" als Erschließungsanlage in einem Wohngebiet, über die auch der gewerbliche Zufahrtsverkehr zu Gewerbebetrieben in einem angrenzenden Mischgebiet abgewickelt werden soll, abwägungsfehlerhaft.[2647] Die Gemeinde kann abwägungsfehlerfrei das in einem Bebauungsplan festgesetzte Verbot, in Vorgärten Garagen zu errichten, zu Gunsten von Eckgrundstücken ändern, wenn sich für die Eigentümer von Eckgrundstücken Härten gezeigt haben. Auch kann die Gemeinde einen Bebauungsplan mit dem Ziel ändern, ein bereits fertig gestelltes, formell und materiell illegales Vorhabens zu ändern und dadurch einem bis dahin begründeten Anspruch des Nachbarn auf bauaufsichtlichen Einschreitens die Grundlage zu entziehen.[2648] Auch die Ausweisung einer öffentlichen Grünfläche auf einem bereits bisher unbebauten Teil eines Wohngrundstücks ist nur dann im Ergebnis abwägungsfehlerfrei, wenn die sie grundsätzlich tragende städtebauliche Zielsetzung auch auf dem betreffenden Grundstücksteil erreichbar ist.[2649]

1429 Im Rahmen der Bauleitplanung sind nach Auffassung des BVerfG die Voraussetzungen der Zulässigkeit einer **Enteignung** noch nicht zu prüfen, weil der Bebauungsplan keine unmittelbaren enteignenden Wirkungen hat. Eine Überprüfung am Maßstab des Art. 14 III GG ist nicht etwa deshalb erforderlich, weil das Bebauungsplanverfahren als vorgelagerter Teil der städtebaulichen Enteignungsverfahren angesehen werden muss oder weil der Bebauungsplan selbst enteignende Wirkungen in Bezug auf die Bebaubarkeit des Grundstücks hätte. Allerdings ist das Gewicht des Eigentumsschutzes bei der Abwägung zu beachten. Eine darüber hinausgehende Prüfung aller Enteignungsvoraussetzungen ist hingegen nicht erforderlich, weil keine Enteignung i. S. einer vollständigen oder teilwei-

---

[2642] *OVG Koblenz*, Urt. v. 22. 1. 1992 – 10 C 10428/91 – NVwZ 1992, 1000 = BauR 1992, 365 – Eingriffsregelung.
[2643] *Breuer* Der Staat 1977, 21; *Jochum* Amtshaftung bei Abwägungs- und Prognosefehlern in der Bauleitplanung 1994; *Hoppe* FG BVerwG 1978, 295; *Ladeur* NuR 1985, 81; *Nierhaus* DVBl. 1977, 19; *Ossenbühl* FS Menger 1985, 731; *Tettinger* DVBl. 1982, 421.
[2644] *BVerwG*, Urt. v. 17. 1. 1986 – 4 C 6 u. 7.84 – BVerwGE 72, 365 = *Hoppe/Stüer* RzB Rdn. 91.
[2645] *BVerwG*, B. v. 25. 11. 1991 – 4 B 212.91 – Buchholz 406.11 § 33 BauGB Nr. 7 = *Hoppe/Stüer* RzB Rdn. 331; *Hoppe* FG BVerwG 1978, 295.
[2646] *VGH Mannheim*, B. v. 20. 5. 1999 – 8 S 1704/98 – VGHBW RSpDienst 1999, Beilage 8, B 4.
[2647] *VGH Mannheim*, Urt. v. 17. 5. 1999 – 3 S 311/98 – VGHBW 1999, Beilage 10, B 4.
[2648] *OVG Münster*, Urt. v. 20. 4. 1999 – 10 a D 170/98.NE – (unveröffentlicht).
[2649] *VGH Mannheim*, Urt. v. 5. 10. 1999 – 5 S 2624/96 – für einen Naherholungsbereich.

sen Entziehung konkreter subjektiver Rechtspositionen vorliegt.²⁶⁵⁰ Auch können sich im Hinblick auf das Verbot des enteignungsrechtlichen Konflikttransfers besondere Anforderungen an die Abwägung ergeben.²⁶⁵¹

d) Abwägungsdisproportionalität – fehlerhafte Ausgleichsentscheidung. Zur Rechtswidrigkeit der Planung kann auch eine fehlerhafte Gesamtabwägung führen. Ist das Abwägungsmaterial zwar richtig zusammengestellt und sind die Belange auch richtig bewertet (§ 2 III BauGB), wird aber die Gesamtbewertung in einer Weise vorgenommen, die zum objektiven Gewicht der Belange außer Verhältnis steht, so ist die Abwägung ebenfalls fehlerhaft.

Beispiel: Die Gemeinde stellt bei der Ausweisung eines neuen Gewerbegebietes den Schutz der benachbarten Wohnbevölkerung als Belang in die Abwägung ein und bezeichnet ihn als besonders wichtig. Die Interessen an der Ausweisung neuer Gewerbeflächen werden demgegenüber als eher gering bezeichnet. In der Gesamtabwägung soll sich dann aber die Waagschale zu Gunsten der Gewerbegebietsausweisung neigen, obwohl dieser Belang nur mit einem geringen Gewicht in die Abwägung eingestellt worden ist und die entgegenstehenden Belange der Wohnbevölkerung bei der Zusammenstellung des Abwägungsmaterials und der Bewertung der Belange ein wesentlich größeres Gewicht erhalten haben. Es handelt sich dabei zumeist um Fehler, die auf widersprüchlichen Bewertungen und Begründungen beruhen.

Die Ausgleichsentscheidung kann auch fehlerhaft sein, wenn die planende Stelle die ihr **geringerwertig erscheinenden Belange** ohne weitere **Prüfungsschritte** der **Vermeidung**, der **Verminderung** oder des **Ausgleichs** einfach zurückgestellt hat, obwohl eine entsprechende Prüfung nach Lage der Dinge erforderlich gewesen wäre. So müssen nach § 1a III BauGB benachteiligte naturschutzrechtliche Belange in eine Prüfung einbezogen werden, ob eine Vermeidung, Minderung oder ein Ausgleich geboten ist. Auch mit anderen umweltschützenden Belangen muss entsprechend verfahren werden (2c der Anlage zum BauGB). Dasselbe gilt für wirtschaftliche oder soziale Belange, die durch die Planung in besonderer Weise nachteilig betroffen werden. Diese Prüfung von Schonung und Kompensation ist nach dem EAG Bau über den Bereich der naturschutzrechtlichen Belange auch im Hinblick auf umweltschützende Belange aber auch andere von der Planung nachteilig betroffene Belange angesagt.²⁶⁵²

e) Subjektive Abwägungssperre. Der Planungsprozess darf nicht durch einseitige Bindungen der Gemeinde in eine Schieflage geraten. Dies setzt vor allem vertraglichen Bindungen im Hinblick auf die Bauleitplanung Grenzen. Eine vertragliche Verpflichtung der Gemeinde zur Aufstellung, Änderung, Ergänzung oder Aufhebung eines Bebauungsplans ist unwirksam, weil hierdurch der als ungebunden gedachte Planungsprozess einseitig vorgeprägt wäre (§ 1 III 2 BauGB).²⁶⁵³ Die Unwirksamkeit bezieht sich auch auf solche vertraglichen Regelungen, die Zusicherungen über einen bestimmten Planungsinhalt enthalten. Wäre die Gemeinde in der Lage, sich bereits vor Durchführung des förmlichen Bauleitplanverfahrens einseitig zu binden, so könnte das Verfahren nicht die ihm vom BauGB zugedachte und nach rechtsstaatlichen Grundsätzen gebotene Funktion wahrnehmen. Die Gemeinde soll frei und ungebunden und in diesem Sinne als neutraler Sachwalter die einzustellenden Belange ermitteln, bewerten und zu einer Gesamtentscheidung verarbeiten. Dabei haben die Beteiligungsregelungen in den §§ 3, 4 BauGB eine wichtige Funktion. Im Verfahren der Öffentlichkeits- und Behördenbeteiligung sollen die Belange und Interessen vorgetragen werden können in der Erwartung, dass die planende Gemeinde sozusagen als neutrale Stelle den Vortrag berücksichtigt und nicht nur in der Bewertung von Einzelheiten, sondern auch in der Gesamtentscheidung durch-

---

²⁶⁵⁰ *BVerfG* (1. Kammer des Ersten Senats), B. v. 22. 2. 1999 – 1 BvR 565/91 – DVBl. 1999, 704.
²⁶⁵¹ S. Rdn. 1469.
²⁶⁵² S. Rdn. 1392.
²⁶⁵³ *BVerwG*, Urt. v. 5. 7. 1974 – IV C 50.72 – BVerwGE 45, 309 = NJW 1975, 78 = *Hoppe/Stüer* RzB Rdn. 24 – Delog-Detag; *Stüer* DVBl. 1995, 649.

aus noch offen ist. Steht aber bereits das Ergebnis vorher fest, würde sich die Öffentlichkeitsbeteiligung oder die Behördenbeteiligung als Farce erweisen. Dies ist bei Planungsverfahren, bei denen die Einhaltung der Beteiligungsformen zu den unverzichtbar vorgegebenen Entscheidungsstrukturen gehört, mit rechtsstaatlichen Grundsätzen nicht vereinbar. Die Unzulässigkeit solcher subjektiven Abwägungssperren bezieht sich dabei sowohl auf die vertraglichen Vereinbarungen als auch auf die planerischen Aussagen im Flächennutzungsplan, im Bebauungsplan oder einer sonstigen gemeindlichen Satzung. Bei einseitigen vertraglichen Bindungen der Gemeinde wäre nicht nur die Bauleitplanung, die sich auf eine solche Bindung gründet, unwirksam. Es wäre auch die vertragliche Regelung selbst unwirksam. Die Unwirksamkeit bedingt sich sozusagen wechselseitig.

Beispiel: Die Gemeinde hat ein ihr gehörendes Grundstück, für das sie eine Wohnbebauung vorgesehen hat, gegen ein anderes Grundstück getauscht, auf dem das Rathaus gebaut werden soll. In dem Tauschvertrag hat sich die Gemeinde verpflichtet, das von ihr veräußerte Grundstück innerhalb von drei Jahren durch Bebauungsplan als allgemeines Wohngebiet auszuweisen. Die näheren Einzelheiten der Festsetzungen ergaben sich aus einem dem notariellen Vertrag beigefügten Kartenplan. Später scheitert die Ausweisung des Baugebietes an den von einer Bürgerinitiative im Rahmen der Öffentlichkeitsbeteiligung vorgebrachten Bedenken. Die vertraglichen Zusicherungen der Gemeinde sind unwirksam. Ebenso wäre der Bebauungsplan, der auf einer solchen Zusage beruht, unwirksam. Der danach unwirksame Vertrag ist bereicherungsrechtlich rückabzuwickeln mit dem Ergebnis, dass die Gemeinde das inzwischen mit dem Rathaus bebaute Grundstück zurückgeben muss und dafür das von ihr getauschte unbebaute Grundstück wieder erhält. Ggf. hat nach bereicherungsrechtlichen Grundsätzen eine Vorteilsausgleichung stattzufinden.[2654]

1433   Allerdings schließt die Unzulässigkeit einseitiger vertraglicher Bindungen im Hinblick auf die Bauleitplanung eine **Zusammenarbeit der Gemeinde mit Investoren** zur Verwirklichung bestimmter Projekte nicht aus. Ist etwa eine Abwägung deshalb unvollständig, weil ihr planerische, sich aus rechtlichen oder tatsächlichen Gründen bindend auswirkende Festlegungen vorangegangen sind, entspricht dies zwar grundsätzlich nicht dem Abwägungsgebot in § 1 VII BauGB. Ein auf diese Weise entstehendes Abwägungsdefizit kann jedoch unter Umständen dadurch ausgeglichen werden, dass die Vorwegnahme der Entscheidung sachlich gerechtfertigt war, bei der Vorwegnahme die planungsrechtliche Zuständigkeitsordnung gewahrt wurde und die vorgenommene Entscheidung auch inhaltlich nicht zu beanstanden ist.[2655] Das erfordert allerdings unter anderem, dass die vorweggenommene Entscheidung ihrerseits dem Abwägungsgebot des § 1 VII BauGB genügt. Auch ist ein Bebauungsplan nicht schon deshalb abwägungsfehlerhaft, weil die Gemeinde ihn auf der Grundlage eines vom künftigen Bauherrn vorgelegten Projektentwurfs für ein Großvorhaben aufgestellt hat, das im Geltungsbereich des Plans verwirklicht werden soll.[2656]

Beispiel: Ein Investor schlägt der Gemeinde vor, ein der Gemeinde gehörendes Grundstück im Ortskern mit einem Einkaufszentrum zu bebauen. Die Planungen werden von den Architekten des Investors ausgearbeitet, die auch das Bauleitplanverfahren begleiten. Eine solche Zusammenarbeit ist zulässig, solange die Gemeinde die Verantwortung für das Bauleitplanverfahren behält und sich nicht in vertragliche Bindungen über das Ob und Wie der Bauleitplanung begibt. Zerschlägt sich etwa das Projekt später, so könnte die Gemeinde ggf. aus dem Gesichtspunkt der culpa in contrahendo oder Amtshaftung ganz oder teilweise schadensersatzpflichtig werden.[2657]

[2654] *BVerwG*, Urt. v. 1. 2. 1980 – 4 C 40.77 – BauR 1980, 333 = ZfBR 1980, 88 = *Hoppe/Stüer* RzB Rdn. 27 – Rathaus Altenholz, s. dort auch zu den Grundsätzen der aufgedrängten Bereicherung; *Stüer* Verwaltungsrundschau 1986, 195; *ders.* DVBl. 1995, 649.

[2655] *BVerwG*, Urt. v. 5. 7. 1974 – IV C 50.72 – BVerwGE 45, 309 = *Hoppe/Stüer* RzB Rdn. 24 – Delog-Detag.

[2656] *BVerwG*, B. v. 28. 8. 1987 – 4 N 1.86 – DVBl. 1987, 1273 = NVwZ 1988, 351 = *Hoppe/Stüer* RzB Rdn. 63 – Volksfürsorge.

[2657] *Stüer* Verwaltungsrundschau 1986, 195; s. Rdn. 1939.

6. Teil. Abwägungsgebot   **1434–1436 A**

Zulässig sind auch **Folgekostenverträge**, in denen die Gemeinde mit einem priva- **1434** ten Bauherren oder Investor die **erschließungsrechtlichen Folgelasten** einer Bebauung regelt.[2658] Solche Vereinbarungen dürfen allerdings nicht die Zusicherung hinsichtlich bestimmter Ausweisungen in der Bauleitplanung enthalten. Auch kann eine Gemeinde bei der Veräußerung eines ihr gehörenden Grundstücks dem Erwerber durch zivilrechtliche Vereinbarung die Verpflichtung auferlegen, sich bei der Errichtung von Bauvorhaben an die Festsetzungen eines inhaltlich zulässigen, aber noch nicht bestandskräftigen Bebauungsplans zu halten. Durch eine zivilrechtliche Vereinbarung kann sich der Erwerber auch rechtswirksam verpflichten, ein nach öffentlichem Baurecht (materiell) legales Bauwerk zu verändern.[2659]

Durch § 12 BauGB ist mit dem **vorhabenbezogenen Bebauungsplan** auf der Grund- **1435** lage der entsprechenden Vorgängerregelungen in § 55 BauZVO und § 7 BauGB-MaßnG die Möglichkeit einer Zusammenarbeit zwischen Vorhabenträger und Gemeinde grundsätzlich anerkannt worden. Der Vorhabenträger muss sich nach § 12 I BauGB auf der Grundlage eines mit der Gemeinde abgestimmten Plans zur Durchführung des Vorhabens und der Erschließungsmaßnahmen innerhalb einer bestimmten Frist verpflichten. Die Satzung muss mit einer geordneten städtebaulichen Entwicklung, insbesondere mit den Grundsätzen des § 1 BauGB, vereinbar sein.[2660] Vor Erlass der Satzung ist den betroffenen Bürgern und berührten Trägern öffentlicher Belange Gelegenheit zur Stellungnahme innerhalb angemessener Frist zu geben.[2661] Die Vorschriften über den Vorhaben- und Erschließungsplan nach § 12 BauGB gehen von einer engen Zusammenarbeit zwischen Vorhabenträger und Gemeinde aus. Eine solche Kooperation ist zulässig, wenn die im BauGB niedergelegte Zuständigkeitsordnung gewahrt wird und die Gemeinde die verantwortliche Letztentscheidung über die vom Vorhabenträger vorgelegten Planungen trägt. Es wäre allerdings nicht zulässig, wenn die Gemeinde sich im Rahmen eines Vorhaben- und Erschließungsplans den Vorstellungen des Vorhabenträgers unterordnet und ihm gegenüber nur noch als Vollzugsinstanz erscheint.[2662] Die Gemeinde muss vielmehr die Planungen des Vorhabenträgers auf Plausibilität prüfen, in ihren eigenen Willen aufnehmen und in eine Gesamtabwägung einbeziehen. Würde die Gemeinde lediglich als Vollzugsinstanz fremdbestimmter Planungsentscheidungen handeln, wäre die Planung aufgrund einer subjektiven Abwägungssperre unwirksam.[2663]

f) **Abwägungsdivergenz (Abwägungsinkongruenz).** Die Abwägung ist auch fehler- **1436** haft, wenn die Festsetzungen mit dem von der Gemeinde Abgewogenen nicht übereinstimmen und die eigentliche **Ausgleichsentscheidung** fehlerhaft ist. Die Abwägung muss auf der Grundlage der im Bebauungsplan vorgesehenen Festsetzungen erfolgen. Diese müssen mit der Abwägung kongruent sein. Stimmen die Festsetzungen des Plans in wesentlichen Punkten mit der Abwägung nicht überein, so ist der Plan wegen einer Abwägungsdivergenz unwirksam.[2664]

Beispiel: Die Gemeinde weist im Bebauungsplan ein Sondergebiet für großflächige Einzelhandelsbetriebe aus. Nach den Festsetzungen des Plans können insgesamt 6000 m² Geschossfläche verwirklicht werden. Aus der Begründung des Bebauungsplans ergibt sich jedoch, dass die Gemeinde nur

---

[2658] *BVerwG*, Urt. v. 6. 7. 1973 – IV C 22.72 – BVerwGE 42, 331 = DVBl. 1973, 800; vgl. auch § 54 BauZVO.
[2659] *BGH*, Urt. v. 7. 2. 1985 – III ZR 179/83 – BGHZ 93, 372.
[2660] So ausdrücklich der durch das BauROG 1998 aufgehobene § 7 II BauGB-MaßnG. Die Bindung des vorhabenbezogenen Bebauungsplans an städtebauliche Grundsätze ergibt sich aus § 1 V und VI BauGB.
[2661] So auch der durch das BauROG 1998 aufgehobene § 7 III 2 BauGB-MaßnG. Die Notwendigkeit zur Bürger- und Trägerbeteiligung ergibt sich aus dem Charakter des Vorhaben- und Erschließungsplans als vorhabenbezogener Bebauungsplan.
[2662] *Stüer* DVBl. 1992, 266; *ders.* DVBl. 1995, 649; s. Rdn. 2103.
[2663] *Stüer* DVBl. 1995, 649.
[2664] *BVerwG*, Urt. v. 18. 3. 2004 – 4 CN 4.03 – BVerwGE 120, 239 = DVBl. 2004, 957.

von einer Gesamtgeschossfläche von 2500 m² ausgegangen ist. Hier stimmen Festsetzungen und die aus der Begründung sich ergebende Abwägung nicht überein. Wegen solcher Divergenzen zwischen Festsetzungen und Abwägung wäre der Bebauungsplan unwirksam. Auch wäre eine Abwägungsdivergenz gegeben, wenn die Gemeinde ein Sondergebiet ohne Einschränkungen hinsichtlich großflächiger Einzelhandelsbetriebe festsetzt, in der Begründung aber davon ausgeht, dass Betriebe oberhalb der Vermutungsgrenze des § 11 III BauNVO in dem Plangebiet unzulässig sind.

1437 Ein Bebauungsplan leidet an einem Abwägungsfehler, wenn seine Festsetzungen nicht dem Willen des Satzungsgebers entsprechen. Die Begründung des Bebauungsplans nimmt an dessen Charakter nicht teil und wird nicht rechtsverbindlich (§§ 9 VIII 1, 10 III 2 und 4 BauGB). Auch ist die Begründung eines Bebauungsplans kein Planbestandteil.[2665] Sie kann sich über eindeutige textliche oder auch zeichnerische Festsetzungen nicht hinwegsetzen und nur insoweit Bedeutung haben, als sie gegebenenfalls zur Auslegung und Erklärung unklarer Satzungsbestimmungen heranzuziehen ist. Ergeben sich daher zwischen den Festsetzungen und der Begründung des Bebauungsplans unüberbrückbare Widersprüche, so ist der Plan wegen Abwägungsdivergenzen oder Inkongruenzen unwirksam. Das kann auch im Verhältnis zwischen Bebauungsplan und Grünordnungsplan gelten. Enthält etwa der Bebauungsplan mit der Festsetzung wechselfeuchter Verrieselungsflächen zur Versickerung des Regenwassers aus den umliegenden Baugebieten eine Regelung enthält, die er nach dem Willen des Satzungsgebers nicht haben soll, dann liegt darin ein Abwägungsfehler, weil der Inhalt des Plans nicht von einer darauf ausgerichteten Abwägungsentscheidung getragen ist.[2666]

1438 In welchem Umfang dafür auf die **Materialien des Aufstellungsverfahrens** zurückgegriffen werden kann oder sogar muss, lässt sich nicht allgemein beantworten. Schon zur Auslegung der Festsetzungen eines Bebauungsplans können außer der Planbegründung auch weitere Hilfsmittel, etwa die Protokolle der Ratssitzungen oder andere Auszüge aus den Planungsvorgängen, herangezogen werden.[2667] Im Regelfall wird für die Genehmigungsbehörde oder das Gericht darüber hinaus kein Anlass bestehen, nach einer abweichenden Planungsabsicht des Gemeinderates zu forschen, wenn sich aus der Begründung ggf. unter Hinzuziehung der Beschlussvorlagen ein klares Bild ergibt. Daraus folgt jedoch kein Verbot für eine weitergehende Aufklärung, wenn konkrete Anhaltspunkte vorliegen oder wenn der Antragsteller im Normenkontrollverfahren substantiiert darlegt, dass Begründung und Beschlussvorlagen den wirklichen Planungswillen nicht zutreffend wieder geben.[2668]

5. Konfliktbewältigung – Konflikttransfer

1439 Die Bauleitplanung hat im Spannungsfeld raumrelevanter städtebaulicher Nutzungskonflikte einen am Abwägungsgebot orientierten Interessenausgleich vorzunehmen.

1440 **a) Gebot der Konfliktbewältigung.** Das Gebot der Konfliktbewältigung[2669] verlangt von der Bauleitplanung im Idealfall, dass alle der Planung zuzurechnenden Konflikte in

---

[2665] *BVerwG*, Urt. v. 18. 9. 2003 – 4 CN 3.02 – BVerwGE 119, 45 = DVBl. 2004, 247 = NVwZ 2004, 229.

[2666] *BVerwG*, Urt. v. 18. 3. 2004 – 4 CN 4.03 – BVerwGE 120, 239 = NVwZ 2004, 856 = EurUP 2004, 162 – Grünordnungsplan mit Hinweis auf *Stüer*, Handbuch des Bau- und Fachplanungsrechts, 2. Aufl., S. 333, Rdn. 794.

[2667] *BVerwG*, Urt. v. 7. 5. 1971 – IV C 76.68 – Buchholz 406.11 § 2 BBauG Nr. 7; B. v. 21. 2. 1986 – 4 N 1.85 – BVerwGE 74, 47 = *Hoppe/Stüer* RzB Rdn. 850 – Verfahrensfehler.

[2668] So *BVerwG*, B. v. 30. 3. 1993 – 4 NB 10.91 – NVwZ 1994, 270 = ZfBR 1993, 252 = *Hoppe/Stüer* RzB Rdn. 1314.

[2669] Grundlegend *Weyreuther* BauR 1975, 1; *Hoppe* FS Ernst 1980, 215; *ders.* in: *Hoppe/Bönker/Grotefels* § 7 Rdn. 141; *Sendler* UPR 1985, 211; *Krautzberger* in: Battis/Krautzberger/Löhr § 1 Rdn. 115; *Breuer* Die Bodennutzung im Konflikt zwischen Städtebau und Eigentumsgarantie 1976; *Gaentzsch* WiVerw. 1985, 235; *Gassner* DVBl. 1991, 355; *Gehrmann* GewArch. 1980, 353; *Gierke* DVBl. 1984, 149; *Groh* Konfliktbewältigung im Bauplanungsrecht 1988; *Henseler* DVBl. 1982, 390; *Menke* UPR 1985, 111; *ders.* NuR 1985, 137; *Pfeifer* Der Grundsatz der Konfliktbewältigung in der Bauleitplanung 1989;

6. Teil. Abwägungsgebot 1440 A

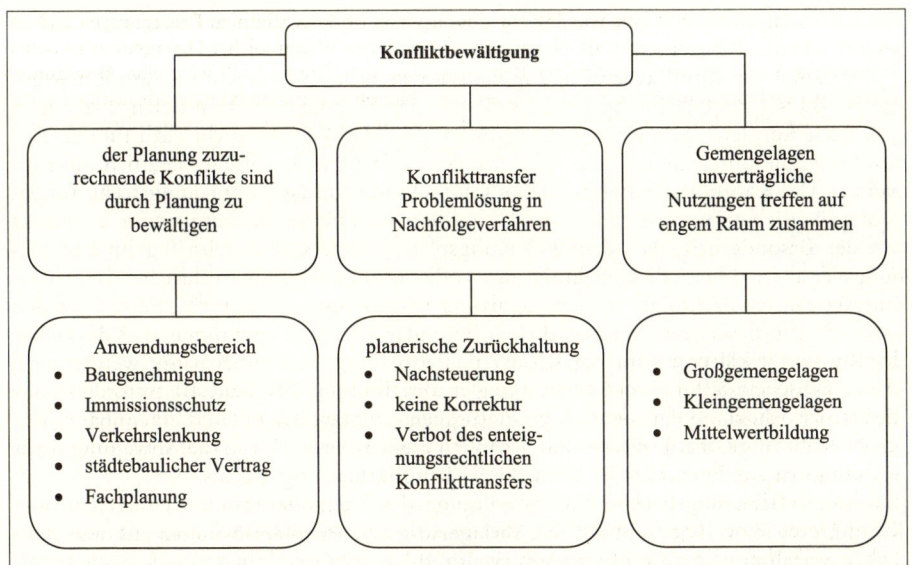

der Bauleitplanung möglichst einer Lösung zugeführt werden.²⁶⁷⁰ Derartige Konflikte können etwa aus **immissionsschutzrechtlichen Gemengelagen** entstehen, in denen sich verschiedene Nutzungen auf engem Raum gegenseitig beeinträchtigen.²⁶⁷¹ Baumaßnahmen können auch mit Eingriffen in Natur und Landschaft verbunden sein, die eine **naturschutzrechtliche Konfliktbewältigung** verlangen.²⁶⁷² Konflikte können sich aber auch jenseits des Immissionsschutzrechts und des Naturschutzrechts aus den vielfältigen Formen des nachbarschaftlichen Gemeinschaftsverhältnisses ergeben, das durch das Ge-

---

ders. DVBl. 1989, 337; *Sander* AnwBl. 1976, 277; *Schink* NJW 1990, 351; *Schlichter* JuS 1985, 898; *Schreiber* FoR 1995, 129; *Sendler* WiVerw. 1985, 211; *Simon* BayVBl. 1985, 737; *Steiger* FS Wolff 1973, 387; *Stüer* StuGR 1989, 6; *Stühler* VBlBW 1988, 201; *Ziegert* BauR 1974, 15, 138; *Zoubeck/Menke* UPR 1984, 249; *BGH*, Urt. v. 21. 12. 1989 – III ZR 49/88 – BGHZ 110, 1 = NJW 1990, 1042 = *Hoppe/Stüer* RzB Rdn. 585 – Asbestverarbeitung Buchholzer Berg; *BVerwG*, Urt. v. 5. 7. 1974 – IV C 50.72 – BVerwGE 45, 309 = NJW 1975, 70 = *Hoppe/Stüer* RzB Rdn. 24 – Delog-Detag; Urt. v. 14. 2. 1975 – IV C 21.74 – BVerwGE 48, 56 = DVBl. 1975, 713 = *Hoppe/Stüer* RzB Rdn. 50 – B 42; Urt. v. 12. 12. 1975 – IV C 71.73 – BVerwGE 50, 49 = NJW 1977, 1932 = *Hoppe/Stüer* RzB Rdn. 60 – Tunnelofen; Urt. v. 21. 5. 1976 – IV C 80.74 – BVerwGE 51, 15 = DVBl. 1976, 799 = *Hoppe/Stüer* RzB Rdn. 108 – Stuttgart-Degerloch; Urt. v. 15. 4. 1977 – IV C 100.74–52, 237 = NJW 1978, 119 = *Hoppe/Stüer* RzB Rdn. 109 – Plochinger Dreieck; Urt. v. 23. 1. 1981 – 4 C 4.78 – BVerwGE 61, 295 = NJW 1981, 2137 = *Hoppe/Stüer* RzB Rdn. 113; Urt. v. 23. 1. 1981 – 4 C 68.78 – BVerwGE 61, 307; Urt. v. 5. 8. 1983 – 4 C 96.79 – BVerwGE 67, 334 = DVBl. 1984, 143 = *Hoppe/Stüer* RzB Rdn. 969; B. v. 17. 2. 1984 – 4 B 191.83 – BVerwGE 69, 30 = NVwZ 1984, 235 = *Hoppe/Stüer* RzB Rdn. 61 – Reuter-Kraftwerk; Urt. v. 8. 12. 1987 – 4 NB 3.87 – BVerwGE 78, 305 = *Hoppe/Stüer* RzB Rdn. 64 – Asphalt-Mischanlage; B. v. 13. 7. 1989 – 4 B 140.88 – NVwZ 1990, 459 = BauR 1989, 703 = *Hoppe/Stüer* RzB Rdn. 67 – Schefenacker; Urt. v. 20. 10. 1989 – 4 C 12.87 – BVerwGE 84, 31 = NJW 1990, 925 = *Hoppe/Stüer* RzB Rdn. 216 – Eichenwäldchen; B. v. 18. 12. 1990 – 4 N 6.88 – DVBl. 1991, 442 = *Hoppe/Stüer* RzB Rdn. 179 – Gewerbegebiet-Nord; B. v. 12. 12. 1990 – 4 NB 13.90 – BauR 1991, 169 = *Hoppe/Stüer* RzB Rdn. 882; B. v. 30. 11. 1992 – 4 NB 41.92 –.

²⁶⁷⁰ *BVerwG*, Urt. v. 5. 7. 1974 – IV C 50.72 – BVerwGE 45, 309 = *Hoppe/Stüer* RzB Rdn. 24 – Delog-Detag; Urt. v. 14. 2. 1975 – IV C 21.74 – BVerwGE 48, 56 = *Hoppe/Stüer* RzB Rdn. 50 – B 42; vgl. auch *OVG Berlin*, Urt. v. 29. 8. 1983 – 2 A 3.81 – DVBl. 1984, 147.

²⁶⁷¹ Vgl. allgemein zur Typologie der Nutzungskonflikte *Müller* BauR 1994, 191.

²⁶⁷² *BVerwG*, B. v. 31. 1. 1997 – 4 NB 27.96 – BVerwGE 104, 68 = NVwZ 1997, 1213 = DVBl. 1997, 1112.

bot der nachbarlichen Rücksichtnahme geprägt ist, oder schlicht auf unterschiedlichen städtebaulichen Konzepten, Nutzungen oder Nutzungswünschen beruhen.[2673]

1441 Das Gebot der Konfliktbewältigung hat seine rechtlichen Wurzeln im Abwägungsgebot des § 1 VII BauGB und besagt, dass die von der Planung berührten Belange zu einem gerechten Ausgleich gebracht werden müssen. Die Planung darf nicht dazu führen, dass Konflikte, die durch sie hervorgerufen werden, zu Lasten Betroffener letztlich ungelöst bleiben. Das Konfliktbewältigungsgebot gilt nicht nur für das Fachplanungsrecht, für das es ursprünglich entwickelt worden ist,[2674] sondern auch für die Bauleitplanung, allerdings mit der Besonderheit, dass dem Bebauungsplan – anders als regelmäßig im Fachplanungsverfahren – ein Baugenehmigungs- oder immissionsschutzrechtliches Genehmigungsverfahren nachfolgt, in dem sozusagen eine **Feinsteuerung**[2675] geleistet werden kann.[2676] Mit dieser verfahrensrechtlichen Besonderheit hängt zusammen, dass das Gebot der Konfliktbewältigung im Bereich der Bauleitplanung nicht überspannt werden darf. Die Zusammenstellung des Abwägungsmaterials (§ 2 III BauGB) erfordert nur die Berücksichtigung der mehr als geringfügigen, schutzwürdigen und erkennbaren Belange.[2677] Belange, die in diesem Filter hängen bleiben, brauchen in die Abwägung nicht eingestellt zu werden und fallen auch bei der Konfliktbewältigung aus.

1442 In jedem Bebauungsplan sind die von ihm geschaffenen oder ihm sonst zurechenbaren Konflikte zu lösen. Dies schließt eine **Verlagerung** von **Problemlösungen** aus dem Bauleitplanverfahren auf nachfolgendes Verwaltungshandeln oder ein weiteres Bauleitplanverfahren indessen nicht zwingend aus. Von einer abschließenden Konfliktbewältigung im Bebauungsplan darf die Gemeinde Abstand nehmen, wenn die Durchführung der als notwendig erkannten Konfliktlösungsmaßnahmen außerhalb des Planungsverfahrens auf der Stufe der Verwirklichung der Planung sichergestellt ist. Die Grenzen zulässiger Konfliktverlagerung sind indessen überschritten, wenn bereits im Planungsstadium absehbar ist, dass sich der offen gelassene Interessenkonflikt auch in einem nachfolgenden Verfahren nicht sachgerecht lösen lassen wird.[2678]

1443 Die mit der Durchführung eines Bebauungsplans verbundenen **wirtschaftlichen und sozialen Folgeprobleme** können nur begrenzt von diesem selbst geregelt werden. Dazu müsste die Gemeinde ansonsten auch Festsetzungen über konkrete Maßnahmen treffen, zu denen sie bundesrechtlich nicht ermächtigt ist. Das Abwägungsgebot zwingt nicht dazu, die Satzung erst zu beschließen, wenn zugleich die Bewältigung dieser Probleme durch anderweitiges Verwaltungshandeln rechtlich gesichert ist. Vielmehr kann die Gemeinde die Durchführung entsprechender Maßnahmen dem späteren, dem Vollzug der Festsetzung dienenden Verwaltungsverfahren überlassen, wenn sie im Rahmen der Abwägung realistischerweise davon ausgehen kann, dass die Probleme in diesem Zusammenhang gelöst werden können.[2679] Ein Transfer von außerhalb des Bebauungsplan-

---

[2673] *Stüer/Schröder* BayVBl. 2000, 257.
[2674] *BVerwG*, Urt. v. 14. 2. 1975 – IV C 21.74 – BVerwGE 48, 56 – B 42; vgl. auch B. v. 5. 1. 1989 – 4 NB 31.88 – Buchholz 310 § 47 VwGO Nr. 32 = *Hoppe/Stüer* RzB Rdn. 10.
[2675] *BVerwG*, B. v. 13. 7. 1989 – 4 B 140.88 – BauR 1989, 703 = DVBl. 1989, 1065 = *Hoppe/Stüer* RzB Rdn. 67 – Schefenacker.
[2676] Zu den Grenzen der Nach- und Feinsteuerung bei typischen planbedingten Folgen *OVG Münster*, Urt. v. 2. 3. 1999 – 10 A 6491/96 – ZfBR 1999, 230 – Bolzplatz.
[2677] *BVerwG*, B. v. 9. 11. 1979 – 4 N 1.78 – BVerwGE 59, 87 – *Hoppe/Stüer* RzB Rdn. 26; s. Rdn. 1415.
[2678] *BVerwG*, B. v. 17. 2. 1984 – 4 B 191.83 – BVerwGE 69, 30 = DVBl. 1984, 343 – Reuter-Kraftwerk; *OVG Koblenz*, Urt. v. 8. 1. 2004 – 1 C 11444/03 – BauR 2004, 718 – Fußgängerzone.
[2679] So *BVerwG*, B. v. 25. 8. 1997 – 4 BN 4.97 – NuR 1998, 138; B. v. 30. 3. 1998 – 4 BN 2.98 – NVwZ-RR 1998, 711. Die Gemeinde muss daher nicht die dem Bebauungsplan zugrunde liegende Abwägung ständig „unter Kontrolle" halten. Auch Fragen der technischen Herstellung einer festgesetzten Straße müssen nach *VGH Mannheim*, B. v. 23. 12. 1997 – 8 S 627/97 – BauR 1998, 750 im Bebauungsplanverfahren nicht gesondert erörtert werden, wenn der Stand der Technik für die zu bewältigenden Probleme geeignete Lösungen zur Verfügung stellt.

gebietes zu lösenden Konflikten kann auch in einen anderen Bebauungsplan erfolgen, wenn die Planung dort in der Lage ist, die auftretenden Konflikte zu bewältigen. Diese Grundsätze gelten vor allem bei der Bauleitplanung in Abschnitten.[2680]

Die Konfliktbewältigung kann sich daher auf die Lösung der wirklich wichtigen und erkennbaren Probleme beschränken. Bei einem Grundbestand hinzunehmender Konflikte und Widersprüche darf das Gebot der **Konfliktbewältigung nicht überspannt** werden, wenn das Theoriegebäude nicht in sich zusammenfallen soll. Konfliktbewältigung darf nicht mit völliger Konfliktfreiheit und vollständiger Harmonie verwechselt werden. Vielmehr muss dem Plangeber ein gerüttelt Maß an autonomer, kontrollfreier Interessenbewertung zukommen. Er darf – ja muss sogar – einen erheblichen Anteil auseinander strebender Interessen in Kauf nehmen. Konfliktbewältigung in der Bauleitplanung ist daher nichts anderes als die Kunst, ein vielfach labil erscheinendes Gleichgewicht zwischen den anerkannten Grundsätzen des Städtebaus einerseits sowie hinzunehmenden städtebaulichen Widersprüchen und Nutzungskonflikten andererseits herzustellen. Bauleitplanung wird damit zum Balanceakt zwischen der reinen Lehre einer konfliktfreien, idealisierenden Reißbrettarchitektur und den städtebaulichen Realitäten.[2681] **1444**

Die Bauleitplanung steht zudem in einem **Stufensystem** vertikaler und horizontaler Planungs- und Zulassungsentscheidungen, die i. S. einer Lastenverteilung zusammenwirken. Raumordnung,[2682] Landesplanung und Gebietsentwicklungsplanung geben einen Rahmen, in den sich die gemeindliche Bauleitplanung einfügt (§ 1 IV BauGB, § 1 III ROG). Über den Flächennutzungsplan und den aus diesen übergeordneten Planungsvorstellungen zu entwickelnden Bebauungsplan wird der kommunale Städtebau konkretisiert. Das konkrete Einzelvorhaben wird auf der Grundlage des städtebaulichen Planungsrechts traditionell in einem individuellen Genehmigungsverfahren zugelassen und ggf. durch andere Nachfolgeverfahren flankiert. Bei dem Gebot der Konfliktbewältigung in der Bauleitplanung geht es daher vor allem auch um die Frage, auf welcher Stufe die städtebaulichen Probleme abgearbeitet werden und wie sich Raumordnung, Landesplanung, Gebietsentwicklungsplanung, Flächennutzungsplan, Bebauungsplan, Einzelgenehmigung und ggf. anderweitige Nachfolgeverfahren und auch die Fachplanung die Last der Konfliktbewältigung teilen. Konfliktbewältigung wird damit auch zu einem Problem der Lastenverteilung zwischen den verschiedenen Planungs- und Zulassungsebenen. **1445**

Auch dürfen an die **Feinkörnigkeit** der Festsetzungen[2683] keine überspannten Erwartungen gestellt werden. Die **planerische Zurückhaltung** kann dabei aus verschiedenen Gründen geboten sein und hängt von den jeweiligen Umständen des Einzelfalls ab. Der Bebauungsplan kann vielfach nicht alle Probleme, die sich aus der in ihm enthaltenen grundsätzlichen Zulassung bestimmter Nutzungen im Plangebiet ergeben, selbst abschließend bewältigen. Die Gemeinde bestimmt vielmehr in den durch das Abwägungsgebot gezogenen Grenzen im Rahmen ihrer planerischen Gestaltungsfreiheit, welches Maß an Konkretisierung von Festsetzungen angemessen ist.[2684] Dies gilt auch für Folgemaßnahmen, die im Bebauungsplan bereits angelegt sind.[2685] **1446**

[2680] *OVG Berlin*, Urt. v. 15. 5. 1998 – 2 S 1.98 – NVwZ-RR 1998, 720 = DÖV 1999, 169 – Planreife.
[2681] *Stüer/Schröder* BayVBl. 2000, 257.
[2682] Zur Raumordnung s. Rdn. 215.
[2683] *BVerwG*, Urt. v. 30. 6. 1989 – 4 C 16.88 – ZfBR 1990, 27 = UPR 1989, 436 = *Hoppe/Stüer* RzB Rdn. 887.
[2684] *BVerwG*, Urt. v. 11. 3. 1988 – 4 C 56.84 – DVBl. 1988, 845 = ZfBR 1988, 189 = *Hoppe/Stüer* RzB Rdn. 65 – soziale und sportliche Zwecke; B. v. 23. 12. 1988 – 4 NB 29.88 – Buchholz 310 § 47 VwGO Nr. 31; B. v. 13. 7. 1989 – 4 B 140.88 – BauR 1989, 703 = NVwZ 1990, 459 – Schefenacker; *BVerwG*, B. v. 25. 10. 1996 – 4 NB 28.96 – Buchholz 406.11 § 9 BauGB Nr. 81 – öffentliche Grünfläche.
[2685] *BVerwG*, B. v. 9. 7. 1992 – 4 NB 39.91 – DVBl. 1992, 1437 = ZfBR 1992, 291 = *Hoppe/Stüer* RzB Rdn. 1309 – Fußgängerzone.

Beispiel: Die Gemeinde setzt eine öffentliche Grünfläche mit dem Zusatz „Festplatz" fest. Weitere Regelungen hinsichtlich des Nutzungsumfangs, der Nutzungszeiten und der Nutzungsintensität enthält der Bebauungsplan nicht. Ob derartige Regelungen schon bei der Festsetzung des „Festplatzes" erforderlich sind, hängt von den Einzelfallumständen ab. Ermöglicht etwa die Größe des Platzes nur kleinere Veranstaltungen und sind für die umgebenden Nutzungen keine Schutzauflagen erforderlich, kann die Festsetzung ausreichend sein. Ggf. kann eine zeitliche Begrenzung der Festplatznutzung angebracht sein.[2686]

1447 Besondere Bedeutung hat das *BVerwG* dem Gebot der **Problem- und Konfliktbewältigung** übrigens bei straßenrechtlichen und anderen fachplanungsrechtlichen Planfeststellungsbeschlüssen beigemessen,[2687] die zu einer abschließenden und alle sonstigen Genehmigungen ersetzenden Entscheidung über die Zulässigkeit des Vorhabens führen. Auch hat das *BVerwG* seit dem Flachglas-Urteil[2688] den Trennungsgrundsatz (§ 50 BImSchG) entwickelt, d. h. die räumliche Trennung von Wohnnutzung und emittierendem Gewerbe gefordert. Der Grundsatz der Konfliktbewältigung darf aber nicht überspannt werden. Es spricht nach Auffassung des *BVerwG* einiges dafür, dass es nicht Aufgabe der Bauleitplanung ist, Entscheidungen zu treffen, die nach den Bestimmungen des BImSchG oder des AtG dem jeweiligen Genehmigungsverfahren, Vorbescheidsverfahren oder Anordnungsverfahren vorbehalten sind. Eine zu starke Verfeinerung der planerischen Aussagen würde das Planverfahren übermäßig – ggf. bis zur Grenze, an der die Aufstellung eines Bebauungsplans scheitern muss – belasten. Auch könnten die Ratsmitglieder, die für die Abwägung des Planes verantwortlich sind, überfordert werden, wenn sie bereits im Bebauungsplan Festsetzungen treffen müssten, die den Regelungen entsprechen, die Fachbehörden auf der Grundlage umfangreicher wissenschaftlicher Erhebungen und Begutachtungen im Rahmen des Genehmigungsverfahrens nach dem BImSchG oder nach den maßgeblichen Fachgesetzen zu treffen haben. Darüber hinaus wirft die Festschreibung immissionsrechtlicher Bestimmungen im Bebauungsplan die Frage auf, ob und unter welchen Voraussetzungen die für die Genehmigung nach § 4 BImSchG zuständige Behörde im Genehmigungs- oder Anhörungsverfahren höhere als die im Bebauungsplan festgesetzten immissionsschutzrechtlichen Anforderungen treffen darf. Eine solche Festschreibung der Emissionswerte kann der Anwendung des BImSchG zulasten der Bürger entgegenstehen. Insbesondere kann es nicht Aufgabe der Bauleitplanung sein, Änderungen des Standes der Technik fortlaufend durch Änderungen des Bebauungsplans umzusetzen.[2689]

1448 Seinen einfachgesetzlichen Ursprung hat das bauplanungsrechtliche Gebot der Konfliktbewältigung im **Abwägungsgebot** des § 1 VII BauGB. Die Zuordnung des Gebots der Konfliktbewältigung zum Regime der planerischen Abwägung besagt zwar, dass die Konfliktlösung sowohl im Abwägungsvorgang als auch im Abwägungsergebnis zu beachten ist.[2690] Aber dies geschieht nicht, indem den durch die Abwägung überwundenen Rechtspositionen mit Hilfe der Konfliktbewältigung wieder volle Geltung verschafft werden muss. Das Gebot steht damit nicht über dem Abwägungsgebot, sondern verlangt im Einklang mit dem Planziel einen Ausgleich widerstreitender Interessen. Es stellt sich

---

[2686] *BVerwG*, B. v. 25. 10. 1996 – 4 NB 28.96 – Buchholz 406.11 § 9 BauGB Nr. 81 – öffentliche Grünfläche.
[2687] *BVerwG*, Urt. v. 14. 2. 1975 – IV C 21.74 – BVerwGE 48, 56 = *Hoppe/Stüer* RzB Rdn. 50 – B 42; Urt. v. 21. 5. 1976 – IV C 80.74 – BVerwGE 51, 15 = *Hoppe/Stüer* RzB Rdn. 108 – Stuttgart-Degerloch; *Hoppe* FS Ernst 1980, 215.
[2688] *BVerwG*, Urt. v. 5. 7. 1974 – IV C 50.72 – BVerwGE 45, 309 = *Hoppe/Stüer* RzB Rdn. 24 – Delog-Detag.
[2689] *BVerwG*, B. v. 17. 2. 1984 – 4 B 191.83 – BVerwGE 69, 30 = *Hoppe/Stüer* RzB Rdn. 61 – Reuter-Kraftwerk.
[2690] *BVerwG*, Urt. v. 5. 7. 1974 – IV C 50.72 – BVerwGE 45, 309, stellt dies für die Abwägung als solche fest.

insbesondere als rechtliche Anforderung an den Planinhalt dar.[2691] Die Konfliktlösung und ihr Instrumentarium dienen als generellem Planungsziel einer geordneten städtebaulichen Entwicklung.[2692] Das Konfliktbewältigungsgebot kann allerdings auch strikt bindende Elemente haben, die durch Abwägung nicht überwindbar sind. Solche Bindungen können sich aus Gesetzen, Rechtsverordnungen oder einfachrechtlichen Interessenbewertungen ergeben, die vom Plangeber bei der Konfliktbewältigung als Planungsleitsätze zu beachten sind.

Der Grundsatz der Konfliktbewältigung überschneidet sich ferner mit dem ebenfalls im Abwägungsgebot beheimateten **Grundsatz der sachgerechten Planung**. Die Planung darf nicht nur einen isolierten Wirklichkeitsausschnitt regeln. Konstellationen, die aus der Natur der Sache und ihrem tatsächlichen Wesen nach zusammenhängen, muss der Plan auch im Zusammenhang bewältigen. Das Erfordernis der planerischen Konfliktbewältigung ist auch in dem Prinzip rechtsstaatlicher Planung verankert und damit auf die Rechtsstaatlichkeit verpflichtet.[2693] Die rechtliche Notwendigkeit, widerstreitende Interessen mittels der Planung zum Ausgleich zu bringen, gilt aufgrund dieser verfassungsrechtlichen Rahmengebung auch ohne eine einfachgesetzliche Positivierung. Das Gebot der Konfliktbewältigung und das Abwägungsgebot reichen sich daher auf der Ebene des Verfassungsrechts die Hand. Der mit der Konfliktbewältigung verknüpfte schonende Interessenausgleich wird auch aus dem verfassungsrechtlichen Gebot der Verhältnismäßigkeit staatlichen Handelns und dem Übermaßverbot abgeleitet. Denn eine Planung mit Raumrelevanz wirkt fast zwangsläufig auf die Grundrechte der Bürger ein. Die Planung muss sich daher in solchen Fällen auch angesichts möglicher Grundrechtseingriffe rechtfertigen.

Diese Stellung innerhalb der Abwägung beinhaltet auch, dass **andere Prinzipien** der Bauleitplanung mit dem Gebot zur Konfliktbewältigung konkurrieren können. So kann eine gebotene planerische Zurückhaltung die zeitliche Verschiebung oder kompetenzmäßige Verlagerung einer Konfliktbewältigung rechtfertigen. Diese Verlagerung der Konfliktbewältigung in ein anderes verwaltungsrechtliches Verfahren wird als Konflikttransfer bezeichnet. Der Konflikttransfer stellt damit eine unter Umständen zulässige Abweichung vom Gebot der Konfliktbewältigung dar – ja in einem mehrstufigen Planungs- und Zulassungsgeschehen sind Konflikttransfer und Konfliktbewältigung so gesehen zwei Seiten derselben Medaille und aufeinander angewiesen. Konfliktbewältigung und Konflikttransfer stehen daher in keinem Regel-Ausnahme-Verhältnis, sondern ergänzen sich. Dies schließt allerdings auch ein, die planerische Konfliktlösung nicht grundlos zu verschieben und damit die Konflikte unbewältigt zu hinterlassen.[2694] Dies gilt jedenfalls, insofern das Gebot der Problembewältigung eine einheitliche Planentscheidung verlangt. Einheitlich ist die Planentscheidung, wenn sie in einem einzigen Plan widerspruchsfrei und unter Ausschöpfung aller planungsrechtlichen Mittel erfolgt,[2695] wie dies für die fachplanerische Planfeststellung kennzeichnend ist. Die Einheitlichkeit der Planentscheidung entspricht unter diesen Voraussetzungen dem Gebot der möglichsten Ausschöpfung des dem Planungsrecht vorgegebenen Konfliktlösungspotenzials.[2696]

Vor dem Hintergrund der Vorgaben von **Raumordnung, Landesplanung** und **Gebietsentwicklungsplanung** auf der einen Seite und der **Fachplanung** auf der anderen Seite gliedert sich das öffentliche Bauplanungsrecht daher typischerweise in den Flächen-

---

[2691] *Söfker* ZfBR 1979, 10.
[2692] *Hoppe* in: Festschrift für Ernst, 215.
[2693] *BVerwG*, Urt. v. 14. 2. 1975 – IV C 21.74 – BVerwGE 48, 56, wo von einem für das Planungsrecht allgemein geltenden Grundsatz der gerechten Abwägung gesprochen wird.
[2694] *Hoppe* in: Festschrift für Ernst, 215.
[2695] Vgl. *BVerwG*, Urt. v. 23. 1. 1983 – 4 C 68.78 – BVerwGE 61, 307, für die Planfeststellung nach dem FStrG mit der Besonderheit, dass dort eine besonders ausgeprägte Konzentrationswirkung der Planfeststellung normiert ist.
[2696] *Hoppe* in: Festschrift für Ernst, 215.

nutzungsplan und den Bebauungsplan, auf den die konkrete Vorhabenzulassung im **Genehmigungsverfahren** folgt. Die Konfliktbewältigung in der Bauleitplanung muss diesem Stufenverhältnis zwischen Planung und Zulassung entsprechen. Der Flächennutzungsplan beschränkt sich auf Darstellungen, in denen die Konfliktbewältigung auf der Grundlage einer Grobanalyse in den wesentlichen Umrissen erkennbar wird. Der Bebauungsplan entwickelt aus diesem städtebaulichen Gesamtkonzept konkrete Festsetzungen. Im Einzelgenehmigungsverfahren werden die Vorgaben der Bauleitplanung in konkrete Zulassungsentscheidungen umgesetzt. Zu nennen sind hier die Baugenehmigung, das Zustimmungsverfahren aber auch die immissionsschutzrechtliche Genehmigung. Ggf. werden diese durch andere Nachfolgeverfahren oder flankierende Maßnahmen begleitet. Dazu zählen etwa verkehrslenkende Maßnahmen, ordnungsbehördliche oder gewerberechtliche Erlaubnisse, naturschutzrechtliche oder umweltschutzrechtliche Gebote oder Verbote oder städtebauliche Verträge. Die Konfliktbewältigung in der Bauleitplanung stellt sich daher als Kompetenz- und Verteilungsproblem dar, das der jeweiligen Planungs- und Zulassungsstufe angepasst ist. Dem entsprechen die jeweiligen Planungs- und Zulassungsinstrumente, die Breite und Tiefe der Sachverhalts- und Problemanalyse, die Grob- oder Feinkörnigkeit der Planung und ganz allgemein der Grad der Problembewältigung, der auf den jeweiligen Stufen geleistet werden kann und muss. Die Zuordnung der Konfliktbewältigung ist dabei den jeweiligen Ebenen nicht exakt vorgegeben, sondern verbindet sich mit der planerischen Gestaltungsfreiheit der Gemeinde. In einem gewissen Umfang kann daher die Gemeinde die Konfliktbewältigung den verschiedenen Planungs- und Zulassungsebenen zuweisen, soweit dies durch das Abwägungsgebot gerechtfertigt ist.

1452 Die Gemeinde kann etwa im Bebauungsplan bereits ein **konkretes Vorhaben** planen oder i. S. einer **Angebotsplanung** größere planerische Zurückhaltung walten lassen. So ist eine planerische Festsetzung nach § 9 I BauGB zwar grundsätzlich konkret zu treffen. Eine größere Abstraktion der Festsetzung und damit planerische Zurückhaltung können aber geboten sein, wenn damit den von der Planung betroffenen Eigentümern ein gesteigertes Maß an eigenen Gestaltungsmöglichkeiten belassen wird.[2697] Die planerische Gestaltungsfreiheit erlaubt es der Gemeinde, selbst zu bestimmen, welches Maß an Konkretisierung von Festsetzungen der jeweiligen Situation angemessen ist und dem Gebot gerechter Abwägung entspricht.[2698] Damit ist es auch legitim, dass der Bebauungsplan nicht nur zum Zwecke größerer Gestaltungsfreiheit der privaten Eigentümer Zurückhaltung wahrt. Denn er ist nicht zur abschließenden Bewältigung aller Probleme verpflichtet, die sich durch die von ihm für zulässig erklärten Nutzungen im Plangebiet im Einzelfall ergeben können.[2699]

1453 Dem Bebauungsplan kommt aber als kommunales Satzungsrecht eine wichtige Steuerungsfunktion zu, die sich mit einer entsprechenden **Gestaltungsbefugnis** verbindet. Die Leitlinien für die Konfliktbewältigung aufzustellen, ist Sache des Gesetzgebers. Er kann hierzu auch durch Rechtsverordnung den Verordnungsgeber ermächtigen. Fehlt eine solche konkrete Vorgabe, ist die Konfliktbewältigung unter Berücksichtigung der jeweiligen Einzelfallumstände vorzunehmen. Bei dieser Interessenbewertung kommt dem Satzungsgeber eine wichtige Aufgabe zu. Er kann unter Abwägung der jeweiligen betroffenen Belange einen sachgerechten Interessenausgleich leisten. An die Wertungen des Satzungsgebers sind Genehmigungsbehörden und Rechtsprechung gebunden, wenn die Wertungen nicht gegen bindende Vorgaben in Gesetzen oder Verordnungen verstoßen oder grob unangemessen, disproportional und eindeutig fehlsam erscheinen. Die gerichtliche Kontrolle beschränkt sich daher auf die sachgerechte Zusammenstellung des

---

[2697] *BVerwG*, Urt. v. 30. 1. 1976 – IV C 26.74 – BVerwGE 50, 114; Urt. v. 4. 10. 1974 – IV C 62 – 64.72 – Buchholz 406.11 § 9 BauGB Nr. 15 S. 34.
[2698] *BVerwG*, Urt. v. 11. 3. 1988 – 4 C 56.84 – Buchholz 406.11 § 9 BauGB Nr. 30.
[2699] *BVerwG*, B. v. 13. 7. 1989 – 4 B 140.88 – UPR 1989, 438.

6. Teil. Abwägungsgebot

Abwägungsmaterials und eindeutige Fehler in der Bewertung oder der Ausgleichsentscheidung. Konfliktbewältigung in der Bauleitplanung ist daher mit autonomer planerischer Gestaltungsbefugnis verbunden. Die Wertentscheidung des kommunalen Satzungsgebers kann übrigens auch in das Nachbarschaftsverhältnis hineinwirken und das Maß der nachbarlichen Rücksichtnahme neu bestimmen. Denn öffentlich-rechtliche und zivilrechtliche Bewertung des Nachbarschaftsverhältnisses sind auf Harmonisierung angelegt.[2700]

1454 Das Gebot der Konfliktbewältigung steht auch mit dem aus dem Abwägungsgebot abzuleitenden Gebot der **sachgerechten Planung** im Zusammenhang. Die Planung muss vernünftig und sachgerecht sein. Zusammenhängende Fragestellungen müssen auch letztlich durch die Planung im Zusammenhang bewältigt sein. Bei der Planung dürfen keine Teile ausgespart werden, die mit anderen Teilen der Planung in einem untrennbaren Zusammenhang stehen.

Beispiel: Bei der Ausweisung eines Wohngebiets auf einer bisher landwirtschaftlich genutzten Fläche im Außenbereich darf die Gemeinde einen inmitten des Wohngebiets liegenden kleineren Bereich (ca. 3500 m²) nicht allein deshalb unbeplant lassen, weil der Eigentümer nicht zum Verkauf an die Gemeinde bereit ist. Lässt sich eine städtebaulich sinnvolle Planung nicht ohne ein fremdes Grundstück durchführen, so muss die Gemeinde das Grundstück in ihre Planung einbeziehen und anschließend – auch wenn dies nicht ihrer üblichen Praxis entspricht – von dem durch das BauGB bereitgestellten Instrumentarium zur Realisierung der Planung Gebrauch machen. Will sie dies nicht, so muss sie von der Planung insgesamt absehen.[2701]

1455 Auch kann sich der Planung verschiedener Freileitungen, die eine Region durchqueren, eine Parallelführung als diejenige Trassenvariante aufdrängen, die regelmäßig Natur und Landschaft am wenigsten belastet.[2702] Dieser Grundsatz gilt allerdings nicht absolut. So ist etwa die Planungsbehörde auch durch § 19 II 1 BNatSchG nicht zur Wahl der ökologisch günstigsten Planungsalternative verpflichtet.[2703]

1456 Das Gebot der Konfliktbewältigung stellt an die planende Gemeinde entsprechende Anforderungen. Die Gemeinde muss sich bereits im Rahmen der Abwägung Klarheit darüber verschaffen, ob die Nutzungsinteressen der Eigentümer bebauter Grundstücke, die den mit der Planung verfolgten Zielen zuwiderlaufen, so gewichtig sind, dass sie im Range den übrigen Belangen vorgehen. Der insoweit gebotene Interessenausgleich darf nicht ausgeklammert und etwa in den Anwendungsbereich des **§ 31 II BauGB** verlagert werden. Die **Befreiungsvorschriften** bieten keine Handhabe dafür, eine defizitäre oder sonst fehlerhafte Planung im Nachhinein zu korrigieren.[2704] Sie sind nicht geeignet, die materiellrechtlichen Anforderungen an die Aufstellung von Bebauungsplänen zu modifizieren oder zu relativieren. Vor allem ist eine Befreiung dann ausgeschlossen, wenn die Grundzüge der Planung beeinträchtigt werden. Hier kann nur eine förmliche Bauleitplanung den erforderlichen planerischen Ausgleich leisten. Die Befreiungsvorschriften

---

[2700] Das Tennisplatz-Urteil *BGH*, Urt. v. 17. 12. 1982 – V ZR 55/82 – NJW 1983, 751 = *Hoppe/Stüer* RzB Rdn. 92 gilt daher allgemein zu Gunsten eines auf Harmonisierung zwischen öffentlich-rechtlicher und zivilrechtlicher Bewertung angelegten Nachbarschutzes als überwunden. Was öffentlich-rechtlich zumutbar erscheint, muss es auch zivilrechtlich sein, vgl. etwa *BVerwG*, Urt. v. 23. 3. 1990 – V ZR 58/89 – DVBl. 1990, 771 = DÖV 1990, 698 = UPR 1990, 261 = *Hoppe/Stüer* RzB Rdn. 76 – Volksfest.
[2701] *BVerwG*, B. v. 20. 11. 1995 – 4 NB 23.94 – RdL 1996, 51 = DVBl. 1996, 264 = BauR 1996, 318 – Enklave.
[2702] *BVerwG*, B. v. 15. 9. 1995 – 11 VR 16.95 – UPR 1996, 26 = DVBl. 1996, 270 = NuR 1996, 143 = NVwZ 1996, 396.
[2703] *BVerwG*, Urt. v. 7. 3. 1997 – 4 C 10.96 – BVerwGE 104, 144 = DVBl. 1997, 838 – A 94 Neuötting.
[2704] *BVerwG*, Urt. v. 14. 7. 1972 – IV C 69.70 – BVerwGE 40, 268; B. v. 6. 7. 1977 – 4 B 53.77 – Buchholz 406.11 § 31 BBauG Nr. 15.

finden daher auch an dem Planungserfordernis des § 1 III BauGB ihre Grenze. Ob eine Befreiung nach § 31 II BauGB erteilt werden kann, hängt nicht von Erwägungen ab, die auf der Ebene der Bebauungsplanung hätten angestellt werden müssen.[2705] Die Bauleitplanung der Gemeinde darf daher die Möglichkeit von Befreiungen nicht sozusagen als Regelfall in ihre Planung mit einstellen.

1457 Bei der Aufstellung eines Bebauungsplans lässt sich der durch ein Nebeneinander von allgemeinem Wohngebiet und Gewerbegebiet entstehender Konflikt durch Übernahme einer Baulast lösen, mit der sich der Eigentümer der im Gewerbegebiet liegenden Grundstücke verpflichtet, die Grundstücke nicht zur Unterbringung von das Wohnen wesentlich störenden Gewerbebetrieben zu nutzen.[2706]

1458 **b) Gemengelagen.** Richterliche Zurückhaltung in der Anwendung des Konfliktbewältigungsgebotes ist vor allem bei Gemengelagen am Platz – also Bereichen, in denen unterschiedliche, grundsätzlich unverträgliche Nutzungen auf engem Raum zusammentreffen, wie etwa nebeneinander liegende Industrie- und Wohngebiete, aber auch in den vielfältigen Formen der Durchmischung gewerblich-industrieller und wohnlicher Nutzung. In solchen Fällen sind Konfliktsituationen geradezu vorprogrammiert, und sie können durch eine auch noch so gute Planung häufig nicht völlig beseitigt werden. In vorhandenen Gemengelagen ist daher das Gebot der Konfliktbewältigung auf der Grundlage der **„Mittelwertrechtsprechung"**[2707] nach Maßgabe des Rücksichtnahmegebotes[2708] i. S. gesteigerter Duldungspflichten und verminderter Einwirkungsmöglichkeiten modifiziert und am **Verbesserungsgebot** ausgerichtet. Auch eine Zurückstellung von Umweltbelangen kann in solchen Fällen gerechtfertigt sein, wenn die bestehenden Konflikte gemildert und i. S. einer Verbesserung der Umweltsituation entschärft werden. Vorhandene Anlagen können durch Bauleitplanung auf den Bestand festgeschrieben oder ggf. durch nachträgliche Auflagen an den jeweiligen Stand der Technik angepasst werden. Der Mittelwert ist der Sache nach allerdings nicht das arithmetische Mittel zweier Richtwerte und auch nicht schematisch anzuwenden.[2709] Vielmehr handelt es sich um einen Zwischenwert für die Bestimmung der Zumutbarkeit, wobei die Ortsüblichkeit und die Einzelfallumstände zu berücksichtigen sind.[2710] Die Mittelwertrechtsprechung kann auch auf **Geruchsimmissionen** übertragen werden. Auch hier ist der Mittelwert nicht das arithmetische Mittel zweier Richtwerte.[2711]

1459 Bei der **Überplanung** wild gewachsener Baugebiete gilt danach das Gebot der Konfliktlösung nur mit Einschränkungen. So sind auch Konstellationen möglich, in denen das Verschlechterungsverbot ausnahmsweise durch die Planung durchbrochen werden darf.[2712] Die Bauleitplanung muss zwar vom Grundsatz her das Trennungsgebot beachten. Wenn aber eine gegebene Gemengelage, die sich durch Bestandsschutz und Duldungspflichten rechtlich behauptet, vollendete Tatsachen schafft, ist die gebotene Verbesserung der städtebaulichen Situation zunächst eine Verbesserung innerhalb der bestehenden Sied-

---

[2705] *BVerwG*, Urt. v. 12. 5. 1995 – 4 NB 5.95 – Buchholz 406.11 § 1 BauGB Nr. 81.
[2706] *VGH Mannheim*, Urt. v. 13. 2. 2004 – 3 S 2548/02 – VBlBW 2004, 383.
[2707] *BVerwG*, Urt. v. 12. 12. 1975 – IV C 71.73 – BVerwGE 50, 49 = *Hoppe/Stüer* RzB Rdn. 60 – Tunnelofen; B. v. 29. 10. 1984 – 7 B 149.84 – NVwZ 1985, 186 = DVBl. 1985, 397 – TA-Lärm; *OVG Bautzen*, Urt. v. 26. 1. 1998 – C 2247/96 – JMBl ST 1998, 419.
[2708] *BVerwG*, Urt. v. 23. 2. 1977 – IV C 22.75 – BVerwGE 52, 122 = *Hoppe/Stüer* RzB Rdn. 1151 – Rücksichtnahme Außenbereich; Urt. v. 26. 5. 1978 – IV C 9.77 – BVerwGE 55, 369 = *Hoppe/Stüer* RzB Rdn. 336 – Harmonie.
[2709] *BVerwG*, B. v. 29. 10. 1984 – 7 B 149.84 – DVBl. 1985, 397 = *Hoppe/Stüer* RzB Rdn. 62; s. Rdn. 609.
[2710] *BVerwG*, B. v. 28. 9. 1993 – 4 B 151.93 – NVwZ-RR 1994, 139 = *Hoppe/Stüer* RzB Rdn. 1290.
[2711] *BVerwG*, B. v. 28. 9. 1993 – 4 B 151.93 – NVwZ-RR 1994, 139 = *Hoppe/Stüer* RzB Rdn. 1290 – Geruchsimmissionen; s. Rdn. 3625.
[2712] *Sendler* UPR 1983, 73.

lungsstrukturen.²⁷¹³ Gleichwohl kann sich gerade auch im Zusammenhang mit dem Umweltschutz eine Pflicht für die Gemeinde ergeben, sich entwickelnde Umweltkonflikte durch den Einsatz von Planungsmitteln zu vermeiden oder zu mildern.²⁷¹⁴ Schlichtes Hoheitshandeln ließe hier den erforderlichen Grad an Verbindlichkeit vermissen. Das Konfliktvermeidungsgebot gilt dann nicht nur für die aus der Planung entstehenden Konflikte. Dieses Vorsorgeprinzip im Umweltbereich ist bereits § 1 V, VI Nr. 7, 1a BauGB in Verbindung mit § 1 III BauGB zu entnehmen. Zwar ist die Bauleitplanung auch nur Rahmenplanung, aber das Vorsorgeprinzip verlangt eine frühzeitige Vorbeugung von Umweltschäden.²⁷¹⁵ Die traditionell rein reaktive Auffangplanung wandelt sich so unter dem Eindruck des Umweltschutzes in eine zukunftsorientierte Entwicklungsplanung.

1460 Das **Verbesserungsgebot** ist allerdings nicht für die Bauleitplanung generell verpflichtend. Bei der Planung eines öffentlichen Infrastrukturvorhabens müssen die nachteiligen Folgen für die Anwohner zwar bedacht und abgewogen werden. Übersteigen sie das Maß des Zumutbaren, sind Schutzvorkehrungen zu treffen oder es ist ein Ausgleich in Geld zu gewähren. Führt jedoch eine tatsächliche Vorbelastung dazu, dass nachteilige Auswirkungen des Vorhabens die Anwohner nicht mehr erreichen, dann besteht kein Anlass für einen Ausgleich. Eine generelle Pflicht zur Verbesserung der vorgefundenen Situation obliegt der Planungsbehörde nicht.²⁷¹⁶

1461 c) **Konflikttransfer.** Das Gebot der Konfliktbewältigung darf nicht überspannt werden. Die Bauleitplanung hat mit dem städtebaulichen Instrumentarium des BauGB nur eine beschränkte Konfliktlösungskapazität, die sich nur auf die der Bauleitplanung zuzurechnenden Konflikte beziehen kann. Ein Konflikttransfer – also eine Verschiebung der Konfliktbewältigung in andere Verfahren – wird sich daher häufig nicht vermeiden lassen.²⁷¹⁷ Das *BVerwG* hat dazu deutlich gemacht, dass hier dem Baugenehmigungsverfahren, dem immissionsschutzrechtlichen Genehmigungsverfahren, dem Planungsverfahren anderer Planungsträger oder anderen **parallel durchgeführten Verfahren** oder **Nachfolgeverfahren** eine eigenständige Bedeutung auch im Rahmen der Lastenverteilung zukommen kann. Auch Fragen der Bauausführung müssen nicht notwendigerweise bereits in der Planung im Einzelnen festgelegt sein.²⁷¹⁸

1462 Im Verfahren **Kraftwerk Reuter** hat das *BVerwG* die Auffassung befürwortet, dass die Aufgabe der Bauleitplanung dort ende, wo die Bewältigungsmöglichkeiten des nachfolgenden immissionsschutzrechtlichen Genehmigungsverfahrens eingreifen.²⁷¹⁹ Denn es ist nicht die Aufgabe der Bauleitplanung, Entscheidungen zu treffen, die nach den Bestimmungen des BImSchG oder des AtG dem jeweiligen Genehmigungsverfahren, Vorbescheidsverfahren oder Anordnungsverfahren vorbehalten sind. Auch würde eine zu starke Verfeinerung der planerischen Aussagen das Planverfahren übermäßig – ggf. bis zur Grenze, an der die Aufstellung eines Bebauungsplans scheitern muss – belasten. Zudem würden die Ratsmitglieder, die für die Abwägung des Plans verantwortlich sind, überfordert, wenn sie bereits im Bebauungsplan Festsetzungen treffen müssten, die

---

²⁷¹³ *Ritter* NVwZ 1984, 609.
²⁷¹⁴ *Schlichter* NuR 1982, 121.
²⁷¹⁵ *OVG Bremen*, Urt. v. 15. 8. 1989 – 1 BA 4/89 – UPR 1990, 112.
²⁷¹⁶ *BVerwG*, B. v. 23. 6. 1989 – 4 B 100.89 – NVwZ 1990, 263 = DVBl. 1989, 1065 = *Hoppe/Stüer* RzB Rdn. 74.
²⁷¹⁷ *BVerwG*, Urt. v. 23. 1. 1981 – 4 C 4.78 – BVerwGE 61, 295 = *Hoppe/Stüer* RzB Rdn. 113.
²⁷¹⁸ *BVerwG*, Urt. v. 5. 3. 1997 – 11 A 5.96 – DVBl. 1997, 856 = NuR 1997, 503 – Bahnstromfernleitung Wörlsdorf – Roth. So ist auch die Praxis, die Bauausführung aus der Planfeststellung auszuklammern, rechtlich nicht zu beanstanden, soweit der Stand der Technik für die zu bewältigenden Probleme geeignete Lösungen zur Verfügung stellt und die Beachtung der entsprechenden technischen Regelwerke sichergestellt ist, Urt. v. 18. 6. 1997 – 11 A 70.95 – UPR 1997, 470 = NJ 1997, 615 – Staffelstein; *VGH Mannheim*, Urt. v. 23. 12. 1997 – 8 S 627/97 – VGHBWSpDienst 1998, Beilage 3, B 5.
²⁷¹⁹ *BVerwG*, B. v. 17. 2. 1984 – 4 B 191.83 – BVerwGE 69, 30 = *Hoppe/Stüer* RzB Rdn. 61 – Reuter-Kraftwerk.

den Regelungen entsprechen, welche die Fachbehörden auf der Grundlage umfangreicher wissenschaftlicher Erhebungen und Begutachtungen im Rahmen des fachbezogenen Genehmigungsverfahrens zu treffen haben. Auch kann es nicht Aufgabe der Bauleitplanung sein, auf Änderungen im Stand der Technik fortlaufend durch Änderungen des Bebauungsplans zu reagieren. Die eigene Planung der Gemeinde muss dabei auf der hinreichenden Wahrscheinlichkeit beruhen, dass der bisher ungelöst gebliebene Konflikt zumindest im Zeitpunkt der Plandurchführung durch andere Planungs- oder Verwaltungsträger in Übereinstimmung mit der eigenen planerischen Abwägung gelöst werden wird.[2720] Auch das Baugenehmigungsverfahren kann insbesondere durch die Prüfung am Maßstab des § 15 BauNVO Entlastungsfunktionen für die Bauleitplanung übernehmen und dazu beitragen, dass die Aufstellung des Bebauungsplans zwar die Grundzüge, nicht jedoch alle Unverträglichkeiten im Einzelfall bereits prüfen muss. Deshalb ist ein Bebauungsplan auch nicht nur deshalb unwirksam, weil er zwar in der Zuordnung der unterschiedlichen Gebiete[2721] im Grundsatz die richtige Weichenstellung vorgenommen hat, sich jedoch im Einzelfall unverträgliche Nutzungen ergeben können, die einer Genehmigungserteilung entgegenstehen.

Beispiel: Die Gemeinde weist in einem Bebauungsplan ein Gewerbegebiet mit Einschränkungen unter Verwendung des Abstandserlasses NRW aus. Das *OVG Münster* hatte dazu verlangt, dass bei Anwendung des Abstandserlasses alle Nutzungen der Abstandsliste im Einzelnen ausgeschlossen werden, die sich für das jeweilige Grundstück im Blick auf die benachbarte Bebauung als unverträglich herausstellen. Nach der Rechtsprechung des *BVerwG* reicht hier aus, dass sich die wesentlichen Grobstrukturen der Nutzung in dem Bebauungsplan wieder finden, Einzelfallunverträglichkeiten jedoch mit Hilfe des § 15 BauNVO ausgeglichen werden können.

1463 Nach § 15 I 2 BauNVO ist eine im Baugebiet an sich zulässige Nutzung im Einzelfall auch dann unzulässig, wenn sie sich unzumutbaren Belästigungen oder Störungen einer im Baugebiet an sich unzulässigen, jedoch bestandskräftig genehmigten Nutzung aussetzen würde. Bei der Beurteilung, ob **Immissionen**, denen sich ein Vorhaben aussetzen wird, i. S. des § 15 I 2 BauNVO unzumutbare Belästigungen oder Störungen sind, ist nicht auf die abstrakte Schutzwürdigkeit abzustellen, die dem jeweiligen Baugebiet gem. der den Baugebietsvorschriften der BauNVO zugrunde liegenden typisierenden Betrachtungsweise zukommt. Eine Baugenehmigung für ein Wohngebäude in einem allgemeinen Wohngebiet ist aufgrund des § 15 I 2 BauNVO zu versagen, wenn die auf das Wohnbaugrundstück einwirkenden Immissionen nicht so weit vermieden oder gemindert werden können, dass ungesunde Wohnverhältnisse nicht entstehen können. Dabei ist davon auszugehen, dass der Betreiber der emittierenden Anlage die ihm nach § 22 I 1 BImSchG obliegenden Grundpflichten uneingeschränkt erfüllt.[2722] Der Nachbar, der sich gegen hoheitliche Immissionen zur Wehr setzt, kann lediglich beanspruchen, vor schädlichen Umwelteinwirkungen bewahrt zu bleiben. § 22 I BImSchG bietet ebenso wenig wie § 15 I BauNVO oder § 906 I BGB eine Handhabe dafür, Geräuschimmissionen unterhalb der Schwelle der Erheblichkeit abzuwehren, selbst wenn nach dem Stand der Technik Lärmminderungsmaßnahmen möglich wären oder sich die Beeinträchtigung dadurch gänzlich vermeiden ließe, dass für die Anlage ein anderer Standort gewählt würde.[2723] Derartige Betroffenheiten können zwar in die Abwägung einzustellen sein, sind dort aber ohne Ausgleich überwindbar.

[2720] *BVerwG*, B. v. 28. 8. 1987 – 4 N 1.86 – DVBl. 1987, 1273 = *Hoppe/Stüer* RzB Rdn. 63 – Volksfürsorge; B. v. 7. 9. 1988 – 4 N 1.87 – BVerwGE 80, 184 = *Hoppe/Stüer* RzB Rdn. 177 – Schallschutzfenster.
[2721] Etwa ein Wohngebiet und ein heranrückendes Gewerbe.
[2722] *BVerwG*, Urt. v. 18. 5. 1995 – 4 C 20.94 – BVerwGE 98, 235 = BauR 1995, 807 = DVBl. 1996, 40 = NVwZ 1996, 379 – Autolackiererei.
[2723] *BVerwG*, B. v. 3. 5. 1996 – 4 B 50.96 – BauR 1996, 678 = NVwZ 1996, 1001 – Lärmminderungsmaßnahmen.

d) Feinkörnigkeit. Auch an die Feinkörnigkeit der Bauleitplanung dürfen keine überspannten Anforderungen gestellt werden. Ob der Bebauungsplan sich auf die Mindestfestsetzungen beschränkt oder schon sehr detaillierte Angaben enthält, ist eine Frage des Einzelfalls, vielfach auch der Zweckmäßigkeit. Angebotsplanungen, die sich an eine Vielzahl künftiger Nutzer richten, werden zumeist recht weit gehalten werden. Steht der Investor bereits fest, kann die Planung engere Fesseln anlegen und sehr konkrete Aussagen enthalten.[2724] Die planerische Zurückhaltung ist auch im Hinblick auf die betroffenen Grundstücksinteressen hinzunehmen, weil insbesondere zum Schutz nachbarlicher Interessen in § 15 BauNVO, der nachbarschützende Funktionen hat, ausreichende Nachsteuerungsmöglichkeiten bestehen.[2725]

Beispiel: Der Bebauungsplan setzt eine Gemeinbedarfsfläche mit dem Zusatz: „Schule und Anlagen für soziale und sportliche Zwecke" fest. Als in dem fraglichen Bereich ein Schulsportplatz errichtet wird, wendet sich ein Nachbar dagegen mit der Begründung, die Festsetzungen des Bebauungsplans seien nicht hinreichend konkret. Sollten sich hier im Einzelfall Unverträglichkeiten im Hinblick auf eine Nachbarnutzung ergeben, so kann gem. § 15 I BauNVO in dem Sinne nachgesteuert werden, dass auf die beabsichtigte Nutzung trotz genereller Zulässigkeit nach den Festsetzungen des Bebauungsplans verzichtet werden muss und eine Nutzung gewählt wird, die das Gebot der nachbarlichen Rücksichtnahme einhält.[2726]

Planerische Zurückhaltung kann durchaus der Funktion des Bebauungsplans entsprechen.[2727] Denn dessen spezifische Aufgabe ist es, gleichsam zwischen dem Flächennutzungsplan und der Genehmigung eines konkreten Vorhabens stehend einen verbindlichen Rahmen zu setzen, der dem Eigentümer noch Spielraum für eigene Gestaltung belässt und die konkrete Verwaltungsentscheidung über ein bestimmtes Vorhaben nicht vollständig vorwegnimmt. Der Bebauungsplan soll auch im Hinblick auf das Abwägungsgebot einen Rahmen setzen. Er braucht hingegen nicht alle Probleme, die sich aus der in ihm enthaltenen grundsätzlichen Zulassung bestimmter Nutzungen im Plangebiet im Einzelfall für andere und vor allem nachbarliche Belange ergeben können, schon selbst abschließend bewältigen. Insoweit enthalten vielmehr die Regelungen in § 15 I 2, II BauNVO ein geeignetes Instrumentarium, um im Einzelfall auftretende Konflikte zu lösen. Hiernach ist im Verfahren über die Genehmigung eines Vorhabens zu prüfen, ob eine Anlage oder deren Änderung, Nutzungsänderung oder Erweiterung, denen die Festsetzungen des Bebauungsplans an sich nicht entgegenstehen, im Einzelfall unzulässig ist, weil von ihr Belästigungen oder Störungen ausgehen können, die nach der Eigenart des Baugebietes selbst oder in dessen Umgebung unzumutbar sind. Auf diese Regelung, die u. a. eine Ausprägung des baurechtlichen Gebotes der Rücksichtnahme darstellt, können sich die in qualifizierter und individualisierter Weise in geschützten Rechtspositionen berührten Nachbarn berufen.[2728] Für die Anwendung des § 15 BauNVO spielt auch die dem Bebauungsplan beigegebene Begründung eine Rolle (§ 9 VIII BauGB).[2729]

[2724] *BVerwG*, B. v. 28. 8. 1987 – 4 N 1.86 – DVBl. 1987, 1273 = ZfBR 1988, 44 = *Hoppe/Stüer* RzB Rdn. 63 – Volksfürsorge.
[2725] *BVerwG*, B. v. 13. 7. 1989 – 4 B 140.88 – BauR 1989, 703 = DVBl. 1989, 1065 = *Hoppe/Stüer* RzB Rdn. 67 – Schefenacker.
[2726] *BVerwG*, Urt. v. 11. 3. 1988 – 4 C 56.84 – DVBl. 1988, 845 = *Hoppe/Stüer* RzB Rdn. 65.
[2727] *BVerwG*, B. v. 17. 2. 1984 – 4 B 191.83 – BVerwGE 69, 30 = *Hoppe/Stüer* RzB Rdn. 61 – Reuter-Kraftwerk; Urt. v. 28. 8. 1987 – 4 N 1.86 – DVBl. 1987, 1273 = UPR 1988, 65 = *Hoppe/Stüer* RzB Rdn. 63 – Volksfürsorge; B. v. 18. 10. 1991 – 4 NB 31.91 – *Hoppe/Stüer* RzB Rdn. 72.
[2728] *BVerwG*, Urt. v. 5. 8. 1983 – 4 C 96.79 – BVerwGE 67, 334 = *Hoppe/Stüer* RzB Rdn. 969; Urt. v. 3. 2. 1984 – 4 C 17.82 – BVerwGE 68, 369 = *Hoppe/Stüer* RzB Rdn. 310.
[2729] *BVerwG*, Urt. v. 11. 3. 1988 – 4 C 56, 448 = DVBl. 1988, 845 = *Hoppe/Stüer* RzB Rdn. 65; B. v. 13. 7. 1989 – 4 B 140.88 – BauR 1989, 703 = DVBl. 1989, 1065 = *Hoppe/Stüer* RzB Rdn. 67 – Schefenacker; B. v. 15. 11. 1989 – 4 NB 28.89 – *Hoppe/Stüer* RzB Rdn. 68 – Mischwerk; Urt. v. 29. 1. 1991 – 4 C 51.89 – BVerwGE 87, 322 = *Hoppe/Stüer* RzB Rdn. 69 – Flughafen München II.

1466 Allerdings können die **Festsetzungen** eines Bebauungsplans durch § 15 BauNVO nur **ergänzt**, nicht **korrigiert** werden.[2730] Leidet ein vorhabenbezogener Bebauungsplan an Mängeln der Abwägung, von der die Planung als Ganzes, d. h. die Grundzüge der Planung betroffen sind, scheidet eine „Nachsteuerung" im Baugenehmigungsverfahren oder durch eine nachträgliche Ergänzung eines Durchführungsvertrages zur Heilung des Abwägungsfehlers aus.[2731]

Beispiel: Der Bebauungsplan setzt ein Hotel und eine Tiefgarage fest. Die verkehrliche Erschließung ist ebenfalls genau festgesetzt. Da sich einige Nachbarn über die in ihrem Bereich vorgesehenen Ein- und Ausfahrten der Tiefgarage beschweren, wurde im Baugenehmigungsverfahren eine andere Verkehrserschließung der Tiefgarage genehmigt. Eine solche Abweichung von den Festsetzungen des Bebauungsplans ist nach § 15 I BauNVO nicht zulässig, da die planungsrechtlichen Festsetzungen nur „nachgesteuert", nicht jedoch im Baugenehmigungsverfahren korrigiert werden können.[2732]

1467 e) **Nachfolgendes Verwaltungshandeln.** Zurückhaltung der Bauleitplanung kann auch mit dem Hinweis auf nachfolgendes Verwaltungshandeln[2733] geboten sein. So kann etwa die Lösung der Verkehrsprobleme dem Straßenverkehrsrecht überlassen bleiben, wenn dieses in der Lage ist, nachbarlichen Unzuträglichkeiten entgegenzuwirken. Auch eine Konfliktverlagerung auf einen **anderen Planungsträger** ist zulässig, sofern die Problemregelung in dem hierfür vorgesehenen Planungs- und Genehmigungsverfahren zwar noch aussteht, aber nach den Umständen des Einzelfalles bei vernünftiger Betrachtungsweise objektiv zu erwarten ist.[2734] Die Planungsbehörde muss bei dem Verweis auf nachfolgendes Verwaltungshandeln ohne Abwägungsfehler ausschließen, dass eine Lösung des offen gehaltenen Problems durch die bereits getroffenen Festsetzungen in Frage gestellt wird. Außerdem dürfen die mit dem Vorbehalt unberücksichtigt gebliebenen Belange kein solches Gewicht haben, dass die Planungsentscheidung nachträglich als unausgewogen erscheinen kann. Der Vorbehalt setzt deswegen eine Einschätzung der Konfliktlage wenigstens in ihren Umrissen voraus. Auch ist ein Vorbehalt nur zulässig, wenn sich im Zeitpunkt der Entscheidung die für die Bewältigung des Problems notwendigen Kenntnisse mit vertretbarem Aufwand beschaffen lassen.[2735] Außerdem muss die Konfliktbewältigung durch Nachfolgeverfahren in Sicht geraten. Ein Bebauungsplan, der etwa Verkehrsprobleme aufwirft, die nur durch einen Straßenausbau bewältigt werden können, ist unwirksam, wenn er diese Lösung einem künftigen Planfeststellungsverfahren überlässt, obwohl nicht absehbar ist, ob eine solche Planfeststellung ergehen kann und wird.[2736]

1468 Von einer abschließenden Konfliktbewältigung im Bebauungsplan darf die Gemeinde allerdings Abstand nehmen, wenn die Durchführung der als notwendig erkannten Konfliktlösungsmaßnahmen außerhalb des Planungsverfahrens auf der Stufe der **Verwirklichung der Planung** sichergestellt ist. Die Grenzen zulässiger Konfliktverlagerung sind indes überschritten, wenn bereits im Planungsstadium absehbar ist, dass sich der offen

---

[2730] *OVG Münster*, Urt. v. 2. 3. 1999 – 10 A 6491/96 – ZfBR 1999, 230 – Bolzplatz.
[2731] *BVerwG*, B. v. 23. 6. 2003 – 4 BN 7.03 und 8.03 – BauR 2004, 975 – Abwägungsfehler, der die auf die Nachbarschaft einwirkenden Lärmimmissionen einer Tiefgaragenzufahrt betrifft.
[2732] *BVerwG*, B. v. 6. 3. 1989 – 4 NB 8.89 – BauR 1989, 306 = DVBl. 1989, 661 = *Hoppe/Stüer* RzB Rdn. 964.
[2733] *BVerwG*, B. v. 28. 8. 1987 – 4 N 1.86 – DVBl. 1987, 1273 = *Hoppe/Stüer* RzB Rdn. 63 – Volksfürsorge.
[2734] *BVerwG*, B. v. 30. 8. 1994 – 4 B 105.94 – NVwZ 1995, 322; B. v. 30. 10. 1992 – 4 A 4.92 – Buchholz 406.401 § 8 BNatSchG Nr. 13; Urt. v. 23. 1. 1981 – 4 C 68.78 – BVerwGE 61, 307 = DVBl. 1981, 935 = *Hoppe/Stüer* RzB Rdn. 114 – A 93; B. v. 21. 12. 1995 – 11 VR 6.95 – NVwZ 1996, 896 = DVBl. 1996, 676 – Erfurt-Leipzig/Halle.
[2735] *BVerwG*, B. v. 17. 12. 1985 – 4 B 214.85 – NVwZ 1986, 640 = *Hoppe/Stüer* RzB Rdn. 52.
[2736] *BVerwG*, B. v. 14. 7. 1994 – 4 NB 25.94 – DVBl. 1994, 1152 = NVwZ-RR 1995, 130.

gelassene Interessenkonflikt auch in einem nachfolgenden Verfahren nicht sachgerecht wird lösen lassen.[2737] Ob eine Konfliktbewältigung durch späteres Verwaltungshandeln gesichert oder wenigstens wahrscheinlich ist, hat die Gemeinde **prognostisch** zu beurteilen. In ihre Erwägungen kann sie auch flankierende planerische Maßnahmen anderer Planungsträger einbeziehen. Ist bereits im Zeitpunkt der Beschlussfassung die künftige Entwicklung hinreichend sicher abschätzbar, so darf die Gemeinde dem bei ihrer Abwägung Rechnung tragen. Je stärker sich dabei die externe Planung verfestigt hat, desto eher darf die Gemeinde sich eigener Festsetzungen enthalten. Berechtigten Anlass dazu hat die Gemeinde jedenfalls dann, wenn eine parallele Planung so weit fortgeschritten ist, dass an ihrer Verwirklichung sinnvoll nicht mehr zu zweifeln ist, etwa wenn bei einer straßenrechtlichen Planfeststellung bereits die öffentliche Auslegung erfolgt ist.[2738] Zudem muss die Möglichkeit bestehen, durch Selbstverpflichtung der Gemeinde oder privatrechtliche Vereinbarungen die Bauleitplanung zu entlasten, wenn dort die Konfliktbewältigung geleistet werden kann.

Beispiel: Die Gemeinde weist in einem Bebauungsplan eine innerörtliche Entlastungsstraße aus. Zum Ausgleich der zu erwartenden Lärmbeeinträchtigungen durch den Fahrzeugverkehr ist im Bebauungsplan eine Erstattung der Kosten für den Einbau von Schallschutzfenstern vorgesehen. Zwar kann eine Kostenerstattung für solche Schutzvorkehrungen nicht gem. § 9 I Nr. 24 BauGB festgesetzt werden, da diese Vorschrift nur zur Festsetzung von Vorkehrungen gegen schädliche Umwelteinwirkungen ermächtigt. Wird aber die Verkehrsanlage auf der Grundlage des Bebauungsplans errichtet, so besteht aufgrund der im Bebauungsplan zu ihrem Schutz getroffenen Festsetzungen ein Anspruch der Gebäudeeigentümer auf Ersatz ihrer Aufwendungen für die Ausführung solcher Maßnahmen nach einem allgemeinen Rechtssatz über den notwendigen Ausgleich zwischen störender und gestörter Nutzung im öffentlich-rechtlichen Nachbarschaftsverhältnis.[2739]

1469 Ein Transfer von Problemlösungen aus dem Planverfahren auf nachfolgendes Verwaltungshandeln ist jedenfalls dann zulässig, wenn die planende Stelle davon ausgehen darf, dass der zunächst ungelöst gebliebene Konflikt im Zeitpunkt der **Plandurchführung** in einem anderen Verfahren in Übereinstimmung mit ihrer eigenen planerischen Entscheidung **bewältigt** wird. Diese Voraussetzung ist erfüllt, wenn die Problemregelung in dem hierfür vorgesehenen Planungs- oder Genehmigungsverfahren zwar noch aussteht, aber nach den Umständen des Einzelfalls bei vernünftiger Betrachtungsweise objektiv zu erwarten ist. Dabei sind alle Teilfragen, die ihrer Natur nach von der Planungsentscheidung abtrennbar sind, grundsätzlich einer nachträglichen Lösung zugänglich.[2740] Dies hat die Rechtsprechung im Verhältnis von Bauleitplanung zu immissionsschutzrechtlichem Genehmigungsverfahren,[2741] der Bauleitplanung zu straßenbaulichen und verkehrslenkenden Maßnahmen,[2742] der straßenrechtlichen Planfeststellung zur eisenbahnrechtlichen Planfeststellung[2743] sowie der straßenrechtlichen Planfeststellung zur Flurbereinigung[2744] ausgesprochen. Auch bei zwei aufeinander folgenden straßenrechtlichen Planfeststellungsverfahren ist ein solcher Konfliktausgleich grundsätzlich möglich.[2745] Auch natur-

---

[2737] *BVerwG*, B. v. 17. 2. 1984 – 4 B 191.83 – BVerwGE 69, 30 = *Hoppe/Stüer* RzB Rdn. 61 – Reuter-Kraftwerk; Urt. v. 11. 3. 1988 – 4 C 56.84 – NVwZ 1988, 659 = *Hoppe/Stüer* RzB Rdn. 65.
[2738] *BVerwG*, Urt. v. 22. 3. 1985 – 4 C 63.80 – BVerwGE 71, 150 = *Hoppe/Stüer* RzB Rdn. 145; B. v. 14. 7. 1994 – 4 NB 25.94 – DVBl. 1994, 1152 – Verkehrsprobleme.
[2739] *BVerwG*, B. v. 7. 9. 1988 – 4 N 1.87 – BVerwGE 80, 184 = NJW 1989, 467 = *Hoppe/Stüer* RzB Rdn. 177 – Schallschutzfenster.
[2740] *BVerwG*, B. v. 30. 8. 1994 – 4 B 105.94 – RdL 1994, 328 = NuR 1995, 139 – A 33.
[2741] *BVerwG*, B. v. 17. 2. 1984 – 4 B 191.83 – BVerwGE 69, 30 = *Hoppe/Stüer* RzB Rdn. 61 – Reuter-Kraftwerk.
[2742] *BVerwG*, B. v. 28. 8. 1987 – 4 N 1.86 – DVBl. 1987, 1273 = *Hoppe/Stüer* RzB Rdn. 63 – Volksfürsorge.
[2743] *BVerwG*, B. v. 30. 10. 1992 – 4 A 4.92 – Buchholz 406.401 § 8 BNatSchG Nr. 13.
[2744] *BVerwG*, Urt. v. 18. 12. 1987 – 4 C 32.84 – DVBl. 1988, 536 = *Hoppe/Stüer* RzB Rdn. 53.
[2745] *BVerwG*, B. v. 30. 8. 1994 – 4 B 105.94 – RdL 1994, 328 = NuR 1995, 139 – A 33.

schutzrechtliche Ersatzmaßnahmen können einer solchen Regelung eines nachfolgenden Verfahrens vorbehalten werden. Sie sind abwägungserheblich und daher einem Konflikttransfer grundsätzlich zugänglich. Ist etwa eine abschließende Entscheidung über Ausgleichs- oder Ersatzmaßnahmen noch nicht möglich, kann in die Planung ein entsprechender Vorbehalt und Hinweis auf ein Nachfolgeverfahren aufgenommen werden. Allerdings muss sichergestellt sein, dass die naturschutzrechtlich erforderliche Kompensation zeitnah erfolgen wird.[2746]

1470 Auch die Anforderungen eines nachfolgenden **Enteignungs- und Entschädigungsverfahrens** müssen im Bebauungsplan grundsätzlich nicht vorweggenommen werden.[2747] Denn solche **enteignungsrechtlichen Vorwirkungen** hat der Bebauungsplan grundsätzlich nicht.[2748] Deshalb sind das Eigentum als privater Belang und die mit der Planung verfolgten Belange des Allgemeinwohls auf einer dem Enteignungsverfahren vorgelagerten Stufe in die planerische Abwägung einzustellen.[2749] Bei der Aufstellung eines Bebauungsplans sind alle mehr als geringfügig betroffenen, schutzwürdigen und erkennbaren privaten Interessen, insbesondere soweit sie sich aus dem Eigentum und seiner Nutzung herleiten lassen, zu berücksichtigen. Das **Grundeigentum** wird zwar an den im Plangebiet liegenden Flächen durch einen Bebauungsplan inhaltlich bestimmt und gestaltet (Art. 14 I GG). Dies kann in der Realität der Bauleitplanung eine eigentumsverteilende Wirkung haben.[2750] Das hat jedoch nicht zur Folge, dass schon für den Bebauungsplan die Enteignungsvoraussetzungen immer bereits (pauschal) zu prüfen sind.[2751] Ergeben sich Schwierigkeiten in der Umsetzung oder bei der späteren Bewältigung der in Nachfolgeverfahren „verschobenen" Konflikte, sind solche Defizite im Verwaltungsvollzug durch entschädigungsrechtliche Kompensationslösungen auszugleichen. Der (partielle) Konflikttransfer in andere Verfahren oder informelles Verwaltungshandeln kann dabei nur gelingen, wenn diese Regelungen auch konfliktlösungsfähig in dem Sinne gemacht werden, dass sie die sichere Gewähr für die Problembewältigung bieten. Mit den Festsetzungen im Bebauungsplan ist für die einzelnen vom Plan erfassten Grundstücke nur die zulässige Benutzungsart bestimmt. Damit steht aber noch nicht fest, dass das **Wohl der Allgemeinheit** es gebietet, ein bestimmtes Grundstück diesem Zweck zwangsweise durch Enteignung gerade im jetzigen Zeitpunkt zuzuführen. Die Enteignung ist danach nur zulässig, wenn es zur Erfüllung öffentlicher Aufgaben unumgänglich ist, das Eigentum in die Hand des Staates zu bringen. Es muss über das öffentliche Interesse an der Planung hinaus ein Zurücktreten des Eigentümers hinter das Gemeinwohl erforderlich sein.[2752] Soll durch Bebauungsplan allerdings **privates Eigentum** für öffentliche Zwecke in Anspruch genommen werden, ist in die Abwägung der durch den Bebauungsplan betroffenen Belange einzustellen, ob die Inanspruchnahme privaten Eigentums für den verfolgten öffentlichen Zweck erforderlich ist oder nicht auf Grundstücke

---

[2746] Zu den zeitlichen Bindungen *BVerwG*, Urt. v. 15. 1. 2004 – 4 A 11.02 – BVerwGE 120, 1 = DVBl. 2004, 642 – Vierzehnheiligen.

[2747] *BVerwG*, B. v. 21. 2. 1991 – 4 NB 16.90 – BauR 1991, 299 = UPR 1991, 235 = *Hoppe/Stüer* RzB Rdn. 70.

[2748] *BVerfG*, B. v. 24. 3. 1987 – 1 BvR 1046/85 – BVerfGE 74, 264 = *Hoppe/Stüer* RzB Rdn. 1137 – Boxberg; *BVerwG*, B. v. 21. 2. 1991 – 4 NB 16.90 – BauR 1991, 299 = *Hoppe/Stüer* RzB Rdn. 70; B. v. 18. 2. 1999 – 1 BvR 1367/88, 146 und 147/91 – DVBl. 1999, 701 – zur Zulässigkeit einer städtebaulichen Enteignung zur Errichtung einer Waldorfschule durch einen privaten Verein.

[2749] *OVG Bremen*, Urt. v. 25. 9. 2001 – 1 D 136/01 – BauR 2002, 753 = NordÖR 2002, 199, offen gelassen für Bebauungspläne, deren Verwirklichung unmittelbar bevorsteht.

[2750] *BVerwG*, Urt. v. 5. 7. 1974 – IV C 50.72 – BVerwGE 45, 309 = *Hoppe/Stüer* RzB Rdn. 24 – Delog-Detag; *BVerfG*, B. v. 14. 5. 1985 – 2 BvR 397/82–399/82 – BVerfGE 70, 35 = *Hoppe/Stüer* RzB Rdn. 1291 – Gesetzesform.

[2751] *BVerwG*, B. v. 21. 2. 1991 – 4 NB 16.90 – BauR 1991, 299 = UPR 1991, 235; vgl. auch unten Rdn. 850 ff.

[2752] *BGH*, Urt. v. 7. 7. 1988 – III ZR 134/87 – BGHZ 105, 94.

im Gemeindeeigentum zugegriffen werden kann.²⁷⁵³ Ist dies möglich, steht die Planung vor erhöhten **verfassungsrechtlichen Anforderungen**.²⁷⁵⁴

Anlieger sind bei den für den Bau von **Erschließungsstraßen** erforderlichen **Grundabtretungsverfahren** möglichst gleichmäßig zu belasten. Der Grundsatz bedeutet aber nicht, dass die von der Planung betroffenen Grundeigentümer stets gleich zu behandeln sind. Die berührten privaten Belange dürfen lediglich nicht ohne sachliche Rechtfertigung ungleich behandelt werden. Ob eine derartige sachliche Rechtfertigung gegeben ist, lässt sich jedoch nicht generalisierend festlegen. Eine sachliche Rechtfertigung für die ungleiche Behandlung kann in einer sinnvollen und übersichtlichen Linienführung der neuen Straße gesehen werden, so dass eine derartige Zielsetzung eine ungleichmäßige Inanspruchnahme von Nachbarn bei einer Straßenplanung rechtfertigen kann.²⁷⁵⁵ Die Festsetzung eines Grundstücks eines Privaten als Fläche für den Gemeinbedarf in einem Bebauungsplan ist abwägungsfehlerhaft, wenn dafür im Rahmen der planerischen Konzeption gleich geeignete Grundstücke der öffentlichen Hand zur Verfügung stehen.²⁷⁵⁶

Die Gemeinde muss sich daher bereits bei der Aufstellung des Bebauungsplans Kenntnis über die wesentlichen **Nutzungskonflikte** verschaffen und Vorstellungen zu deren planerischer Bewältigung entwickeln. Auch muss die Gemeinde bereits im Rahmen der Abwägung aufklären, ob der Planung zuwiderlaufenden Nutzungsinteressen so gewichtig sind, dass sie im Range den übrigen Belangen vorgehen. Der insoweit gebotene Interessenausgleich darf nicht ausgeklammert und etwa in den Anwendungsbereich der Dispensregelung des § 31 II BauGB verlagert werden. Die **Befreiungsvorschriften** bieten keine Handhabe dafür, eine defizitäre oder sonst fehlerhafte Planung im Nachhinein zu korrigieren. Auch ist eine Befreiung ausgeschlossen, wenn dadurch die Grundzüge der Planung berührt werden. Hier wäre nur eine förmliche Bauleitplanung in der Lage, den erforderlichen Interessenausgleich zu leisten (§ 1 III BauGB).²⁷⁵⁷

Ist der Bebauungsplan aufgrund eines Verstoßes gegen das Gebot der Konfliktbewältigung unwirksam, müssen die weiteren **Fehlerfolgen** einer Einzelfallbetrachtung vorbehalten bleiben. Mit der Unwirksamkeit des Bebauungsplans kann sich die Rechtsposition des betroffenen Grundstückseigentümers allerdings durchaus auch verschlechtern, weil ein Genehmigungsanspruch nach § 30 I BauGB dann nicht mehr besteht. Auch der Nachbarschutz kann sich nach einem gewonnenen Normenkontrollverfahren verringern, etwa weil nachbarschützende Festsetzungen gegenstandslos werden und das Gebot der nachbarlichen Rücksichtnahme im Innen- oder Außenbereich nur geringere Schutzansprüche gewährleistet. Soweit auf der Grundlage erteilter Genehmigungen bereits Bauvorhaben errichtet worden sind, wird dadurch die Rechtmäßigkeit der baulichen Nutzung nicht berührt. Ein Rechtsanspruch auf bestimmte Schutzmaßnahmen gegenüber anderen immissionsintensiven Anlagen ergibt sich daraus allerdings nicht ohne weiteres, da gem. § 1 III 2 BauGB ein Rechtsanspruch auf die Aufstellung von Bauleitplänen nicht besteht. Zwar kann sich nach Auffassung des *BVerwG* aufgrund der entstandenen Verhältnisse das Erfordernis einer Neuordnung durch eine neue Bauleitplanung ergeben. Auch dann besteht jedoch nach § 1 III BauGB lediglich eine objektive Rechtspflicht der Gemeinde, einen neuen Bebauungsplan aufzustellen. In welcher Weise die Gemeinde die entstandenen Konflikte löst, liegt aber in ihrer planerischen Entscheidungsfreiheit. So hat der einzelne Bürger grundsätzlich keinen Rechtsanspruch auf bestimmte Schutzvorkehrungen. Dies muss jedenfalls dann gelten, wenn der Bebauungsplan selbst keine Konflikte hervorgerufen und ein schutzwürdiges Vertrauen in bestimmte Schutzvorkehrungen auch nicht begründet hat. Der Anspruch der Wohneigentümer auf Schutzvorkeh-

---

²⁷⁵³ *OVG Münster*, Urt. v. 24. 9. 2001 – 7 a D 77/00.NE –.
²⁷⁵⁴ *BVerwG*, Urt. v. 6. 6. 2002 – 4 CN 6.01 – DVBl. 2002, 1500 (LS) = NVwZ 2002, 1506.
²⁷⁵⁵ *BVerwG*, B. v. 19. 4. 2000 – 4 BN 16.00 – NVwZ-RR 2000, 532.
²⁷⁵⁶ *BVerwG*, Urt. v. 6. 6. 2002 – 4 CN 6.01 – ZfBR 2002, 807 = NVwZ 2002, 1506 = BauR 2002, 1660.
²⁷⁵⁷ *BVerwG*, B. v. 12. 5. 1995 – 4 NB 5.95 – Buchholz 406.11 § 1 BauGB Nr. 81.

rungen kann sich auch nicht aus einem Folgenbeseitigungsanspruch ableiten, wenn es an einem hoheitlichen Eingriff fehlt. Dies gilt jedenfalls dann, wenn die immissionsträchtige Nutzung bereits bei Aufstellung des Bebauungsplans vorhanden gewesen ist und die in der Bauleitplanung zu Wohnzwecken ausgewiesenen Grundstücke mit einer entsprechenden Rücksichtnahmepflicht belastet sind.[2758]

1474 **f) Reparaturerfordernis.** Scheitert die in Aussicht genommene Konfliktbewältigung in dem dafür vorgesehenen Verfahren, stellt sich für die Gemeinde die Frage, ob eine Reparatur erforderlich ist. Bauleitpläne sind aufzustellen, sobald und soweit es erforderlich ist (§ 1 III BauGB). Zudem sind Bauleitpläne einem Monitoring zu unterziehen.[2759] Aus diesen Regelungen können sich Verpflichtungen der Gemeinden zu einem ergänzenden Verfahren ergeben, wenn die in Aussicht genommenen Kompensationsregelungen in anderen Verfahren endgültig scheitern. Die Einhaltung der objektiv-rechtlichen Verpflichtung der Gemeinde kann auch von der Kommunalaufsicht durch entsprechende Weisungen sichergestellt werden.[2760] Allerdings setzt dies ein entsprechend gewichtiges Erfordernis und das Vorliegen überwiegender Gemeinwohlgründe voraus.

1475 **g) Zeitschiene.** Erfolgt die Konfliktbewältigung auf mehreren Ebenen, stellt sich die Frage nach der zeitlichen Abfolge der Planungs-, Zulassungs- und Nachfolgeverfahren. Vor allem geht es darum, ob die Bauleitplanung bereits zu einem Zeitpunkt abgeschlossen werden darf, in dem die Konfliktlösung in Nachfolgeverfahren noch nicht verabschiedet ist und sich die genaue Form der Konfliktbewältigung dort auch noch nicht absehen lässt. Das Abwägungsgebot zwingt nicht dazu, die Satzung erst zu beschließen, wenn zugleich die Bewältigung dieser Probleme durch anderweitiges Verwaltungshandeln rechtlich gesichert ist. Vielmehr kann die Gemeinde die Durchführung entsprechender Maßnahmen dem späteren, dem Vollzug der Festsetzung dienenden Verwaltungsverfahren überlassen, wenn sie im Rahmen der Abwägung realistischerweise davon ausgehen kann, dass die Probleme in diesem Zusammenhang gelöst werden können.[2761] Allerdings birgt ein solches Vorgehen Probleme: Der Konflikttransfer in ein Nachfolgeverfahren darf nicht dazu führen, dass der Planung zuzurechnenden Konflikte am Ende ungelöst bleiben. Erweist sich die Prognose der Gemeinde als fehlerhaft und gelingt die Konfliktbewältigung im Nachfolgeverfahren nicht, ist die Gemeinde ggf. zur Reparatur verpflichtet.[2762] Sie darf nicht zulassen, dass der lösungsbedürftige Konflikt sich auf einem Verschiebebahnhof im Nichts wieder findet. Unter diesen Voraussetzungen können sich bei entsprechender Rechtsbetroffenheit auch Ansprüche von belasteten Dritten auf Ausgleichsmaßnahmen oder eine ergänzende Bauleitplanung ergeben. In der Regel wird diese Problematik allerdings dadurch entschärft, dass der Bebauungsplan das Vorhaben zwar planungsrechtlich absichert, die eigentliche Gestattungswirkung erst mit der nachfolgenden Zulassungsentscheidung verbunden ist, so dass vor der endgültigen Konfliktbewältigung in der Regel noch keine vollendeten Tatsachen geschaffen werden. Anders könnte sich die Lage schon in der Fachplanung darstellen, wenn der Planfeststellungsbeschluss die Lösung der aufgeworfenen Fragen in ein Nachfolgeverfahren verschiebt und mit der Verwirklichung des planfestgestellten Vorhabens bereits begonnen werden soll.

1476 **h) Freistellungstendenzen.** Die verstärkten Bestrebungen der Landesgesetzgeber, Bauvorhaben von einer Genehmigungspflicht freizustellen, könnten indessen geeignet sein, das Bild zu verändern. Wenn das Baugenehmigungsverfahren nur noch in ver-

---

[2758] *BVerwG*, B. v. 30. 3. 1995 – 4 B 48.95 – Buchholz 406.11 § 2 BauGB Nr. 38.
[2759] Zum Monitoring s. Rdn. 789, 1035, 1040, 2801.
[2760] *BVerwG*, Urt. v. 17. 9. 2003 – 4 C 14.01 – BVerwGE 119, 25 = DVBl. 2004, 239 = NVwZ 2004, 220 – Mühlheim-Kärlich.
[2761] So *BVerwG*, B. v. 25. 8. 1997 – 4 BN 4.97 – NuR 1998, 138; B. v. 30. 3. 1988 – 4 BN 2.98 – NVwZ-RR 1998, 711. Die Gemeinde muss allerdings die dem Bebauungsplan zugrunde liegende Abwägung nicht ständig „unter Kontrolle" halten, vgl. auch *VGH Mannheim*, B. v. 23. 12. 1997 – 8 S 627/97 – BauR 1998, 750.
[2762] *BVerwG*, B. v. 7. 9. 1988 – 4 N 1.87 – BVerwGE 80, 184 = NJW 1989, 467.

schlanker Form als vereinfachtes Genehmigungs- oder Anzeigeverfahren auftritt oder ganz ausfällt, dann entfällt auch die Möglichkeit einer Nachsteuerung des durch Typisierung offen gehaltenen Bebauungsplans im Genehmigungsverfahren. Der unmöglich gewordene Konflikttransfer müsste auf das Gebot der planerischen Konfliktbewältigung in dem Sinne zurückschlagen, dass die Konfliktbewältigung in diesen Fällen bereits abschließend im Bebauungsplan geleistet werden muss und nicht auf ein nachfolgendes Genehmigungsverfahren verschoben werden kann.

Das Baugenehmigungsverfahren ist zwar **nicht** mit einer **formellen Konzentrationswirkung** ausgestattet, doch setzte die Baugenehmigung nach Maßgabe des Landesrechts den zeitlichen Schlusspunkt für die verschiedenen Genehmigungsverfahren des Baunebenrechts.[2763] Denn es ist Sache des Landesbauordnungsrechts, zu bestimmen, was Prüfungsgegenstand des Baugenehmigungsverfahrens ist.[2764] Vor diesem Hintergrund liegt es nahe, dem Bebauungsplan nunmehr auch die Sicherstellung der mit diesen baunebenrechtlichen Verwaltungsverfahren verfolgten Ziele zuzuordnen.

1477

Die Planungskonformität des Vorhabens ist jedenfalls Voraussetzung seiner Zulässigkeit, auch wenn das Vorhaben genehmigungsfrei gestellt ist. Auch das § 15 BauNVO entnommene Rücksichtnahmegebot liegt bereits dem Bebauungsplan zu Grunde und gilt so ebenfalls für genehmigungsfreie Vorhaben. Ebenso werden die baunebenrechtlichen Vorschriften nicht dadurch unbeachtlich, dass ein Genehmigungsverfahren nicht stattfindet. Infolgedessen bleibt der Maßstab der bauplanungsrechtlichen und bauordnungsrechtlichen Zulässigkeit derselbe. Es ändert sich lediglich die Art und Weise der Bauaufsicht. Aus der präventiven Baugenehmigung wird eine repressive Baukontrolle.[2765] Die Bindungen, die sich hinsichtlich der Feinsteuerung und des Austarierens des Rücksichtnahmegebots ergeben, stellen sich daher so gesehen nicht erst im nachfolgenden Genehmigungsverfahren, sondern sind bereits im Bebauungsplan angelegt mit der Folge, dass sie auch dann gelten, wenn ein Genehmigungsverfahren nicht nachfolgt.[2766]

1478

Es hieße die Ziele der **Novellierung der Landesbauordnungen** einer Deregulierung und Verfahrensbeschleunigung auf den Kopf stellen, wollte man den Bebauungsplan mit Fragen des Baunebenrechts bis in die Regelungstiefe des Einzelfalls belasten. Dasselbe muss für die Feinsteuerungsmöglichkeiten gelten, die sich aus § 15 BauNVO und dem Gebot der nachbarlichen Rücksichtnahme ergeben. Das BauROG 1998 hat den Freistellungstendenzen der Länder im Übrigen dadurch Rechnung getragen, dass die Geltung der planungsrechtlichen Zulässigkeitsregelungen in den §§ 29 bis 37 BauGB nicht von der Durchführung eines landesrechtlich angeordneten Genehmigungs-, Zulassungs- oder Anzeigeverfahrens abhängig ist.[2767] Die Abnahme der bauaufsichtsrechtlichen Kontrolldichte ist daher nicht mit einer vertieften Regelungskompetenz der Bauleitplanung verbunden. Allerdings könnte es sich für die planende Gemeinde empfehlen, in der Begründung des Bebauungsplans sich auch der Frage zuzuwenden, welche Einschränkungen sich in der Nutzbarkeit der Grundstücke etwa aus dem Gebot der nachbarlichen Rücksichtnahme ergeben. Der Bauherr und betroffene Nachbarn könnten daraus zusätzliche Erkenntnisse für die nachbarliche Interessenbewertung gewinnen.[2768]

1479

[2763] *Ortloff* NVwZ 1995, 112; vgl. auch *Ritter*, Bauordnungsrecht in der Deregulierung, 9; OVG Berlin, B. v. 26. 8. 1998 – 2 B 15.94 – NVwZ-RR 1999, 231 = UPR 1999, 229 – Bauvorbescheid. Die Schlusspunkttheorie ist allerdings in den Landesbauordnungen auf dem Rückzug.

[2764] BVerwG, Urt. v. 19. 4. 1985 – 4 C 25.84 – BauR 1985, 544; B. v. 25. 10. 1995 – 4 B 216.95 – ZfBR 1996, 55; B. v. 2. 2. 2000 – 4 B 104.99 – Windenergieanlage.

[2765] *Jäde*, Das Genehmigungsfreistellungsverfahren in der Praxis, 59.

[2766] Zu den Aufgaben der Bauleitplanung OVG *Münster*, Urt. v. 2. 3. 1999 – 10 A 6491/96 – ZfBR 1999, 230 – Bolzplatz.

[2767] *Stüer/Ehebrecht-Stüer*, DVBl. 1996, 482; ITOBauplanungsrecht und Freistellungspolitik der Länder, Gutachten erstattet im Auftrag des Bundesbauministeriums, Zentralinstitut für Raumplanung, Münster 1996; *Wagner* UPR 1997, 387.

[2768] *Stüer/Schröder* BayVBl. 2000, 257.

6. Instrumente der Konfliktbewältigung

1480 Die Bauleitplanung verfügt mit dem **städtebaulichen Instrumentarium** des BauGB nur über beschränkte Mittel zur Konfliktlösung. Sie dienen zur Lösung von Konflikten, die dem Bebauungsplan zuzurechnen sind. Konflikte, zu deren Lösung dem Plangeber keine zulässige Festsetzung zur Verfügung steht, muss der Bebauungsplan auch nicht lösen.[2769] Wenn verwaltungsrechtliche Nachfolgeverfahren möglich sind, erscheint ein Konflikttransfer in dem Umfang zulässig, wie diese Verfahren geeignet sind, die auftretenden Konflikte zu bewältigen.

1481 a) **Festsetzung von Grenzwerten.** Vor allem in Gemengelagen stellt sich die Frage, ob die Konfliktbewältigung durch die Festsetzung von Emissions- und Immissionswerten im Bebauungsplan vorgenommen werden kann. Gerade hier kommt es zu einer Annäherung der Bauleitplanung an das immissionsschutzrechtliche Einzelverfahren.[2770] Die Festsetzung so genannter Zaunwerte, die auf die Summe der Emissionen eines Plangebiets abstellen, wird für unzulässig gehalten.[2771] Die Festsetzung flächenbezogener Schallleistungspegel hält das *BVerwG* demgegenüber für zulässig.[2772] Wenn § 9 I Nr. 24 BauGB nicht die dazu erforderliche Rechtsgrundlage enthält, findet sie sich jedenfalls in § 1 IV Nr. 2 und S. 2 BauNVO.[2773]

1482 b) **Festsetzung von Schutzvorkehrungen.** Durch Festsetzungen, die auf § 9 I Nr. 24 BauGB fußen, kann die Gemeinde Schutzflächen ausweisen, die von der Bebauung freizuhalten sind. Sie kann aufgrund derselben Ermächtigungsgrundlage auch Flächen festsetzen, die für besondere Anlagen und Vorkehrungen zum Schutz vor schädlichen Umwelteinwirkungen i. S. des BImSchG vorgesehen sind. Schließlich kann die Gemeinde auch diese Schutzvorkehrungen selbst im Bebauungsplan ausweisen. Die beiden letztgenannten Festsetzungsmöglichkeiten haben einen anlagenbezogenen Charakter und gehen mit der dadurch zulässigen Konkretheit in die Regelungstiefe der durch Schutzauflagen flankierten Genehmigung von Einzelvorhaben.[2774] Das durch die Festsetzungen eröffnete Instrumentarium muss sich jedoch zusätzlich im Rahmen der vorgesehenen Aufgabenteilung von Planung und nachfolgendem Verwaltungshandeln halten. Nur die Konflikte von Nutzungen im Zusammenhang mit der Bodennutzung oder dem Standort dürfen vom Bebauungsplan gelöst werden.

1483 c) **Gliederung des Plangebietes.** Auch die Gliederung von Baugebieten nach § 1 IV bis IX BauNVO dient der Konfliktmilderung vor allem auch in Gemengelagen. Durch Nutzungseinschränkungen können benachbarte Gebiete vor Beeinträchtigungen geschützt werden. Die V bis IX ermöglichen stufenweise verfeinert den Ausschluss von allgemein zulässigen Nutzungen der Baugebiete der §§ 2, 4 bis 9 und 13 BauNVO (§ 1 V BauNVO), von einzelnen oder allen ausnahmsweise zulässigen Nutzungen in den Baugebieten der §§ 2 bis 9 BauNVO (§ 1 VI BauNVO), von bestimmten Nutzungsarten in Teilen des Baugebiets (§ 1 VIII BauNVO) sowie von Anlagearten (§ 1 IX BauNVO). Auch diese kleinteilige Neustrukturierung durch Einteilung der Baugebiete in von der BauNVO nicht standardisiert vorgegebene Festsetzungen unterläuft die der Bauleitplanung eigene typisierende Methode zu Gunsten einer anlagenbezogenen Planung.[2775]

1484 d) **Naturschutzrechtliche Festsetzungen.** Der Bauleitplanung ist seit dem Baurechtskompromiss aus dem Jahre 1993[2776] auch die naturschutzrechtliche Konfliktbewältigung

---

[2769] *Söfker* ZfBR 1979, 10.
[2770] Vgl. *von Holleben* UPR 1983, 76.
[2771] *OVG Münster*, Urt. v. 15. 10. 1992 – 7 a D 80/91.NE – UPR 1993, 152; vgl. auch *Müller* UPR 1994, 294.
[2772] *BVerwG*, B. v. 18. 12. 1990 – 4 N 6.88 – NVwZ 1991, 881.
[2773] Zur Relevanz der Festlegung auf eine dieser Normen vgl. *Müller* UPR 1994, 294.
[2774] *Menke*, Bauleitplanung in städtebaulichen Gemengelagen, 165.
[2775] *Söfker*, ZRP 1980, 321; *ders.* ZfBR 1979, 10.
[2776] Eingeführt durch das InvWoBauG 1993.

aufgetragen. Eingriffe in Natur und Landschaft müssen nach Maßgabe der §§ 1a II, III, 135a bis 135c, 200a BauGB, § 21 BNatSchG in der Bauleitplanung bewältigt werden. Hierzu stellt das BauROG 1998 neben den bereits bekannten Instrumenten in §§ 5 IIa, 9 I 1a BauGB Zuordnungsdarstellungen und -festsetzungen für Flächen und Maßnahmen zum naturschutzrechtlichen Ausgleich zur Verfügung. Der Gedanke einer einheitlichen naturschutzrechtlichen Problembewältigung wird dadurch gestärkt, dass die strenge Trennung von naturschutzrechtlichem Ausgleich und Ersatz aufgegeben worden ist (§ 200a BauGB) und auch in zeitlicher Hinsicht eine sachgerechte Zuordnung von Eingriff und Ausgleich ermöglicht wird. Gerade bei der Bewältigung naturschutzrechtlicher Konflikte kommt aber auch dem städtebaulichen Vertrag erhöhte Bedeutung zu (§ 1a III 3 BauGB).

Die Konfliktbewältigung in der Bauleitplanung bleibt aktuell, solange es städtebauliche Planung gibt. Konfliktbewältigung gehört zwar zum Abwägungsgebot, versteht sich aber nicht von selbst aus der Abwägung heraus. Denn genauso wie Planung zukunftsorientiert angelegt ist, muss sich auch der Interessenausgleich vor der Kontrastfolie der Zukunft bewähren. Es werden nicht nur Interessen gegeneinander abgewogen, sondern Szenarien entworfen und Alternativen geprüft. Als eigenständige Kategorie des Abwägungserfordernisses hat die Konfliktbewältigung ihren dogmatischen Stellenwert. Sie ermöglicht die notwendige Balance zwischen ihrem Wesen nach weit ausgreifender Planung und der begrenzten Kompetenz der Gemeinde. Die grundsätzlichen Wertungen sind dabei in der Bauleitplanung vorzuzeichnen.[2777] Einzelfragen und fachliche Details können der Nachsteuerung durch Genehmigungsverfahren oder andere Nachfolgeverfahren überlassen werden. Seine städtebauliche Aktualität behält das Konfliktbewältigungsgebot schon angesichts der Vielzahl planungsbedürftiger Gemengelagen. Die Bodenschutzklausel des § 1a II 1 BauGB, wonach die Planung zum schonenden und sparsamen Umgang mit der natürlichen Ressource Boden verpflichtet ist, wird das Problem der Gemengelagen verschärfen. Die naturschutzrechtliche Konfliktbewältigung stellt daher neue Herausforderungen an Planung und Abwägung.[2778]

7. Rücksichtnahmegebot

Im Rahmen der Bauleitplanung ist auf nachteilig betroffene Belange nach Möglichkeit Rücksicht zu nehmen.[2779] Die planerische Entscheidung hat dabei einen Ausgleich zwischen den unterschiedlich betroffenen Interessen nach Maßgabe der planerischen Zielkonzeption anzustreben und vor allem die jeweiligen Planungsvorstellungen in die Umgebung einzubetten und auf diese Weise das eine dem anderen angemessen zuzuordnen.[2780] So gesehen hat das Rücksichtnahmegebot seine Wurzeln im verfassungsrechtlichen **Verhältnismäßigkeitsprinzip**.[2781] Das Rücksichtnahmegebot hat eine objektivrechtliche und eine subjektivrechtliche Seite. Dem objektiven Gebot der Rücksichtnahme kommt **drittschützende Wirkung** zu, soweit in qualifizierter und zugleich individualisierter Weise auf schutzwürdige Interessen eines erkennbar abgegrenzten Kreises Dritter Rücksicht zu nehmen ist.[2782] Das gilt allerdings nur für diejenigen Ausnahmefälle, in denen (1) die tatsächlichen Umstände handgreiflich ergeben, auf wen Rücksicht zu nehmen ist, und (2) eine besondere rechtliche Schutzwürdigkeit des Betroffenen

---

[2777] Vgl. *Stüer* DVBl. 1992, 1147.
[2778] *Stüer/Schröder* BayVBl. 2000, 257.
[2779] *Battis* in FS Weyreuther 1993, 305; *Breuer* DVBl. 1982, 1065; *Hauth* BauR 1993, 673; *Jäde* BayVBl. 1985, 577; *Lenz* BauR 1985, 402; *Peine* DÖV 1984, 963; *Redeker* DVBl. 1984, 870; *Sarnighausen* NVwZ 1993, 1054; *Weyreuther* BauR 1975,1.
[2780] *Weyreuther* BauR 1975, 1.
[2781] *Krautzberger* in: Battis/Krautzberger/Löhr § 1 Rdn. 122.
[2782] BVerwG, Urt. v. 23. 2. 1977 – IV C 22.75 – BVerwGE 52, 122 = *Hoppe/Stüer* RzB Rdn. 1151; Urt. v. 5. 8. 1983 – 4 C 96.79 – BVerwGE 67, 334 = *Hoppe/Stüer* RzB Rdn. 969 – Rücksichtnahme; Urt. v. 3. 4. 1984 – 4 C 17.82 – BVerwGE 68, 369 = *Hoppe/Stüer* RzB Rdn. 310 – SB-Warenhaus.

anzuerkennen ist.²⁷⁸³ Die Schutzwürdigkeit des Betroffenen, die Intensität der Beeinträchtigung, die Interessen des Bauherrn und das, was beiden Seiten billigerweise zumutbar oder unzumutbar ist, ist dann i. S. einer nachvollziehenden, nicht planerisch-gestalterischen Abwägung gegeneinander abzuwägen.²⁷⁸⁴ Welche Anforderungen das Gebot der nachbarlichen Rücksichtnahme (**objektiv-rechtlich**) begründet, hängt nach Auffassung des *BVerwG* wesentlich von den jeweiligen Einzelfallumständen ab. Je verständlicher und unabweisbarer die mit dem Vorhaben verfolgten Interessen sind, umso weniger braucht derjenige, der das Vorhaben verwirklichen will, Rücksicht zu nehmen. Es kommt dabei wesentlich auf eine Abwägung zwischen dem an, was einerseits dem Rücksichtnahmebegünstigten und andererseits dem Rücksichtnahmeverpflichteten nach Lage der Dinge zuzumuten ist. Dabei muss allerdings demjenigen, der sein eigenes Grundstück in einer sonst zulässigen Weise baulich nutzen will, insofern ein Vorrang zugestanden werden, als er berechtigte Interessen nicht schon deshalb zurückzustellen braucht, um gleichwertige fremde Interessen zu schonen. Das gilt noch verstärkt, wenn sich bei einem Vergleich der beiderseitigen Interessen derjenige, der das Vorhaben verwirklichen will, zusätzlich darauf berufen kann, dass das Gesetz durch die Zuerkennung einer planungsrechtlichen Bevorzugung seine Interessen grundsätzlich höher bewertet wissen will, als es für die Interessen derer zutrifft, auf die Rücksicht genommen werden soll.²⁷⁸⁵ Die dabei vorzunehmende Interessenabwägung hat sich an dem Kriterium der Zumutbarkeit auszurichten, wobei nicht eine enteignungsrechtliche Zumutbarkeit, sondern eine einfachgesetzliche Zumutbarkeit in dem Sinne gemeint ist, dass dem Betroffenen die nachteiligen Einwirkungen des Vorhabens billigerweise noch zugemutet werden können.²⁷⁸⁶ Das Rücksichtnahmegebot ist allerdings nach Auffassung des *BVerwG* Bestandteil des einfachen Rechts und steht sozusagen nicht als „allgemeine Härteklausel" über den speziellen Vorschriften des Städtebaurechts.²⁷⁸⁷ Das Gebot der nachbarlichen Rücksichtnahme gilt nach § 15 I BauNVO für beplante Gebiete nach § 30 BauGB,²⁷⁸⁸ aber auch im nicht beplanten Innenbereich²⁷⁸⁹ und im Außenbereich.²⁷⁹⁰ Im nicht beplanten Innenbereich geht das Rücksichtnahmegebot in dem Begriff des Einfügens in die Eigenart der näheren Umgebung nach § 34 I BauGB auf. Im Außenbereich gehört das Rücksichtnahmegebot zu den öffentlichen Belangen nach § 35 I, II und III BauGB. Eine Verletzung des Gebotes der nachbarlichen Rücksichtnahme ist allerdings ausgeschlossen, wenn die jeweiligen gesetzlichen Voraussetzungen für die Zulässigkeit von Vorhaben erfüllt sind, sich etwa das Vorhaben im nicht beplanten Innenbereich nach Art und Maß der baulichen Nutzung in die Eigenart der näheren Umgebung einfügt und die Erschließung gesichert ist (§ 34 I BauGB).

---

²⁷⁸³ *BVerwG*, Urt. v. 6. 10. 1989 – 4 C 14.87 – BVerwGE 82, 343 = NJW 1990, 1192 = *Hoppe/Stüer* RzB Rdn. 325.

²⁷⁸⁴ *BVerwG*, Urt. v. 5. 8. 1983 – 4 C 96.79 – BVerwGE 67, 334 = *Hoppe/Stüer* RzB Rdn. 969; Urt. v. 7. 2. 1986 – 4 C 49.82 – ZfBR 1986, 148; Urt. v. 6. 10. 1989 – 4 C 14.87 – BVerwGE 82, 343 = *Hoppe/Stüer* RzB Rdn. 325.

²⁷⁸⁵ *BVerwG*, Urt. v. 23. 2. 1977 – IV C 22.75 – BVerwGE 52, 122 = NJW 1978, 62 = *Hoppe/Stüer* RzB Rdn. 1151 – Rücksichtnahme Außenbereich; Urt. v. 26. 5. 1978 – IV C 9.77 – BVerwGE 55, 369 = NJW 1978, 2564 = *Hoppe/Stüer* RzB Rdn. 336 – Harmonie.

²⁷⁸⁶ *BVerwG*, Urt. v. 29. 1. 1991 – 4 C 51.89 – BVerwGE 87, 332 = DVBl. 1991, 1143 – München II.

²⁷⁸⁷ *BVerwG*, B. v. 11. 1. 1999 – 4 B 128.98 – NVwZ 1999, 879 = DVBl. 1999, 786 – Flachdachbungalow.

²⁷⁸⁸ *BVerwG*, Urt. v. 5. 8. 1983 – 4 C 96.79 – BVerwGE 67, 334 = DVBl. 1984, 143 = *Hoppe/Stüer* RzB Rdn. 969.

²⁷⁸⁹ *BVerwG*, Urt. v. 26. 5. 1978 – IV C 9.77 – BVerwGE 55, 369 = *Hoppe/Stüer* RzB Rdn. 336 – Harmonie; Urt. v. 13. 3. 1981 – 4 C 1.78 – DVBl. 1981, 928 = *Hoppe/Stüer* RzB Rdn. 395; B. v. 29. 7. 1991 – 4 B 40.91 – BauR 1991, 714 = DÖV 1992, 77 – Spielhalle Kerngebiet.

²⁷⁹⁰ *BVerwG*, Urt. v. 23. 2. 1977 – IV C 22.75 – BVerwGE 52, 122 = *Hoppe/Stüer* RzB Rdn. 1151; B. v. 25. 1. 1985 – 4 B 202.85 – NVwZ 1986, 469 = *Hoppe/Stüer* RzB Rdn. 1250; Urt. v. 23. 5. 1991 – 7 C 19.90 – BVerwGE 88, 210 = DVBl. 1991, 880 = *Hoppe/Stüer* RzB Rdn. 544 – Schießplatz.

6. Teil. Abwägungsgebot 1487 A

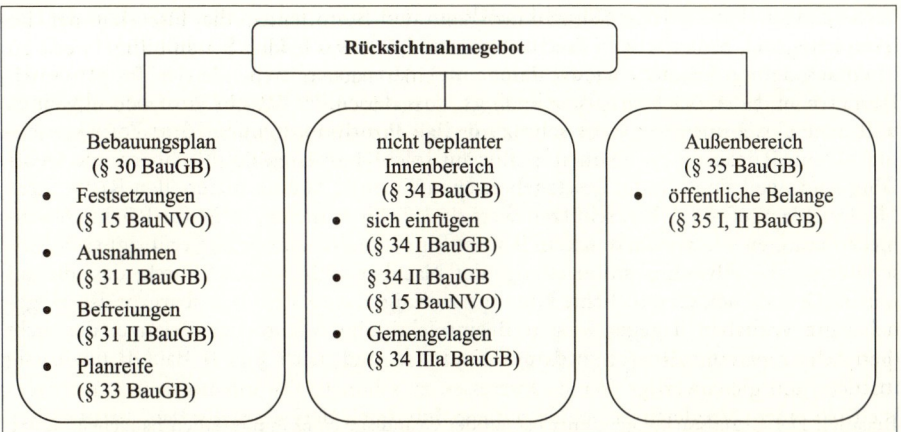

Das **baurechtliche Gebot der Rücksichtnahme**, das als Bestandteil des einfachen 1487
Rechts nachbarliche Nutzungskonflikte lösen helfen soll, verändert, soweit es um Immissionen oder immissionsähnliche Einwirkungen geht, seinen wesentlichen Inhalt nicht danach, ob die jeweiligen Nutzungen beide im **Außenbereich** oder beide im **Innenbereich** liegen oder aber an der Grenze von Außen- und Innenbereich in einem Fall dem einen und im anderen Fall dem anderen Bereich zuzuordnen sind.[2791] So kann der Eigentümer eines Grundstücks im Innenbereich gegenüber einer auf dem Nachbargrundstück im Außenbereich genehmigten Bebauung Rücksichtnahme auf seine Interessen im Rahmen der Abwägung mit den Interessen des Nachbarn nur insoweit verlangen, als er über eine schutzwürdige Abwehrposition verfügt. Eine solche Position erreicht er nicht allein dadurch, dass die auf seinem Grundstück verwirklichte Nutzung baurechtlich zulässig, das auf dem Nachbargrundstück genehmigte Vorhaben wegen einer Beeinträchtigung anderer öffentlicher Belange, die nicht private Interessen schützen, unzulässig ist.[2792] Denn eine erteilte Baugenehmigung schafft dem Bauherrn nicht die Befugnis, durch die Art und Weise der Bauausführung unmittelbar Einfluss auf die Bebauung der Nachbargrundstücke in dem Sinne zu nehmen, dass die Nachbarn der vorhandenen Bebauung den Vorrang einräumen müssen. Auch sind weitere Vorhaben nicht nur deshalb unzulässig, weil das Grundstück bisher Aussichtsmöglichkeiten eröffnete und gegenüber Einblicken von außen abgeschirmt war. Als Folge des Rechts, ein Grundstück in Übereinstimmung mit einer erteilten Baugenehmigung zu bebauen, müssen sich künftige Bauinteressenten daher nicht mit einer Nutzung begnügen, die weder zu einer Beschränkung der Aussicht noch zu einer Erweiterung von Einsichtsmöglichkeiten führt. Im Rahmen der gebotenen (Zumutbarkeits-)Abwägung können allerdings die Interessen der Beteiligten ein unterschiedliches Gewicht haben, je nachdem, ob es um ein Vorhaben geht, das grundsätzlich zulässig und nur ausnahmsweise unzulässig ist oder umgekehrt.[2793] Zwar können Eigentümer von Wohngrundstücken am Rande eines Außenbereichs nicht damit rechnen, dass in ihrer Nachbarschaft keine emittierenden Nutzungen oder ebenfalls nur eine Wohnnutzung entsteht. Sie dürfen aber darauf vertrauen, dass keine mit der Wohnnutzung unverträglichen Nutzungen entsteht. Besteht eine derartige unverträgliche Nutzung, so muss die Gemeinde durch die Art und Weise der planerischen

---

[2791] *BVerwG*, Urt. v. 10. 12. 1982 – 4 C 28.81 – Buchholz 406.11 § 34 BBauG Nr. 89; Urt. v. 28. 10. 1993 – 4 C 5.93 – BauR 1994, 354 = NVwZ 1994, 354; s. Rdn. 2370, 2660.
[2792] *BVerwG*, Urt. v. 28. 10. 1993 – 4 C 5.93 – BauR 1994, 354 = NVwZ 1994, 354.
[2793] *BVerwG*, Urt. v. 6. 10. 1989 – 4 C 14.87 – BVerwGE 82, 343 = *Hoppe/Stüer* RzB Rdn. 325; Urt. v. 27. 2. 1992 – 4 C 50.89 – Buchholz 406.19 Nachbarschutz Nr. 107 – BauR 1992, 491 = UPR 1992, 269 = *Hoppe/Stüer* RzB Rdn. 900 – Koranschule.

Festsetzungen den künftigen Konflikt auflösen und damit vermeiden. Dazu können beispielsweise auch planerische Festsetzungen gem. § 9 I Nr. 24 BauGB gehören.[2794]

1488 Voraussetzung für eine **(nachvollziehende) Abwägung** zwischen den Interessen des Bauherrn und des Nachbarn ist allerdings, dass derjenige, der ein Vorhaben abwehren will, eine abwägungserhebliche **schutzwürdige Position** gegenüber dem Vorhaben besitzt. Denn Rücksicht zu nehmen ist nur auf solche Interessen des Nachbarn, die wehrfähig sind, weil sie nach der gesetzgeberischen Wertung, die im materiellen Recht ihren Niederschlag gefunden hat, schützenswert sind. Fehlt es hieran, so ist für Rücksichtnahmeerwägungen von vornherein kein Raum. Eine Interessenabwägung erübrigt sich. Eine schützenswerte Abwehrposition erlangt der Nachbar nicht allein dadurch, dass die auf seinem Grundstück verwirklichte Nutzung zulässig, das auf dem Nachbargrundstück genehmigte Vorhaben dagegen wegen Beeinträchtigung öffentlicher Belange, die nicht dem Schutz privater Dritter zu dienen bestimmt sind, nach § 35 II BauGB unzulässig ist.[2795]

Beispiel: Der Grundstückseigentümer hat auf der Grundlage einer ihm erteilten Baugenehmigung ein Wohnhaus errichtet, dessen Baukonzept auf eine freie Aussicht in einer bestimmten Himmelsrichtung ausgerichtet ist. Die Bebauung des im Außenbereich gelegenen Nachbargrundstücks kann nicht lediglich mit dem Hinweis unterbunden werden, das Baukonzept des Wohnhauses sei auf eine freie Aussicht des Grundstücks angelegt. Auch kann sich der Eigentümer eines im Innenbereich gelegenen Grundstücks gegenüber der Bebauung eines benachbarten Außenbereichsgrundstücks nicht darauf berufen, die Entstehung oder Verfestigung einer Splittersiedlung stehe der Bebauung entgegen. Nur so lässt sich verhindern, dass § 35 BauGB mittelbar für Eigentümer von Grundstücken im Innenbereich am Rande zum Außenbereich die Funktion einer allgemein nachbarschützenden Norm erlangt.[2796]

1489 Für die Anwendung eines Bebauungsplans erweist sich das in § 15 I BauNVO niedergelegte Rücksichtnahmegebot als Mittel der **Nach- oder Feinsteuerung**, bei der es darum geht, eine nach dem Bebauungsplan zwar grundsätzlich zulässige Nutzung wegen der Besonderheiten des Einzelfalls auszuschließen, zu begrenzen oder nur unter Begleitung entsprechender Schutzauflagen zuzulassen.[2797]

Beispiel: Der Bebauungsplan einer Gemeinde weist ein Mischgebiet aus, an das auf der einen Seite ein Sondergebiet für eine Kurklinik anschließt. Im Mischgebiet wäre eine das Wohnen nicht wesentlich störende Schreinerei zwar grundsätzlich zulässig. Zur Seite der Kurklinik hin würde deren Errichtung oder Erweiterung jedoch ggf. gegen das Gebot der nachbarlichen Rücksichtnahme verstoßen. Würde die Baugenehmigung im Hinblick auf die Mischgebiets-Festsetzungen des Bebauungsplans gleichwohl erteilt, könnte der Eigentümer bzw. Betreiber der Kurklinik mit Erfolg Nachbarrechtsschutz gegen die erteilte Genehmigung suchen.[2798]

1490 Das Bebauungsrecht regelt die Nutzbarkeit der Grundstücke in öffentlich-rechtlicher Beziehung auf der Grundlage **objektiver Umstände** und Gegebenheiten mit dem Ziel einer möglichst dauerhaften städtebaulichen Ordnung und Entwicklung. Dementsprechend ist auch das baurechtliche Rücksichtnahmegebot nicht in dem Sinne personenbezogen, dass es in seinen Anforderungen davon abhängt, wie sich die Eigentumsverhältnisse zu einem bestimmten Zeitpunkt darstellen oder wer die gegenwärtigen Nutzer eines Grundstücks sind.[2799] Damit geht einher, dass die **persönlichen Verhältnisse** ein-

---

[2794] *BVerwG*, B. v. 30. 11. 1992 – 4 NB 41.92 –.
[2795] *BVerwG*, Urt. v. 28. 10. 1993 – 4 C 5.93 – NVwZ 1994, 686 = DVBl. 1994, 697.
[2796] *BVerwG*, Urt. v. 28. 10. 1993 – 4 C 5.93 – NVwZ 1994, 686.
[2797] *BVerwG*, Urt. v. 5. 8. 1983 – 4 C 96.79 – BVerwGE 67, 334 = *Hoppe/Stüer* RzB Rdn. 969 – Rücksichtnahme; Urt. v. 25. 11. 1983 – 4 C 21.83 – BVerwGE 68, 213 = NJW 1984, 1564 = *Hoppe/Stüer* RzB Rdn. 927; Urt. v. 26. 9. 1991 – 4 C 5.87 – BVerwGE 89, 69 = ZfBR 1992, 79 = *Hoppe/Stüer* RzB Rdn. 1111; Urt. v. 27. 2. 1992 – 4 C 50.89 – BauR 1992, 491 – Koranschule.
[2798] *BVerwG*, Urt. v. 7. 2. 1986 – 4 C 49.82 – NVwZ 1986, 642 = *Hoppe/Stüer* RzB Rdn. 905 – Tankstelle; s. Rdn. 2370.
[2799] *BVerwG*, B. v. 15. 7. 1987 – 4 B 151.87 – Buchholz 406.11 § 34 BBauG Nr. 121.

6. Teil. Abwägungsgebot

zelner Eigentümer oder Nutzer, wie z. B. besondere Empfindlichkeiten oder gesundheitliche Voraussetzungen, bei der Zumutbarkeitsbewertung von Belästigungen oder Störungen im Rahmen des Gebotes der Rücksichtnahme keine Rolle spielen können und dürfen.[2800] Damit steht im Einklang, dass bei der Zumutbarkeitsprüfung auf eine durchschnittliche Empfindlichkeit gegenüber nachbarlichen Beeinträchtigungen abgehoben wird.[2801]

In welchem Umfang auf die jeweiligen anderen Interessen Rücksicht zu nehmen ist, muss nach den **Einzelfallumständen** beurteilt werden. Für die Schutzwürdigkeit des nachbarlichen Abwehranspruchs eines privilegierten Außenbereichsvorhabens kann eine Rolle spielen, ob sich das privilegierte Vorhaben fernab von jeglicher Bebauung oder in einer dem Ortsrand benachbarten Lage befindet.[2802]

Der **Nachbarschutz** aus dem Rücksichtnahmegebot setzt allerdings eine **schutzwürdige Position** des Nachbarn gegenüber dem Vorhaben voraus. Denn Rücksicht zu nehmen ist nur auf solche Interessen des Nachbarn, die wehrfähig sind, weil sie nach der gesetzgeberischen Wertung, die im materiellen Recht ihren Niederschlag gefunden hat, schützenswert sind. Werden schützenswerte Interessen des Nachbarn nicht beeinträchtigt, greift das Rücksichtnahmegebot nicht. Die vom Nachbarn angefochtene Baugenehmigung kann daher objektiv rechtswidrig sein, ohne dass nachbarliche Rechte hierdurch beeinträchtigt werden. Dies gilt etwa für den nicht beplanten Innenbereich (§ 34 BauGB) und den Außenbereich (§ 35 BauGB) – Vorschriften, denen keine allgemein nachbarschützende Funktion zukommt.[2803] Der Nachbarschutz kann sich vielmehr lediglich aus der Verletzung subjektiver Elemente des Rücksichtnahmegebotes ergeben.[2804] Auch müssen sich aus der angegriffenen Maßnahme zusätzliche Beeinträchtigungen des Nachbarn ergeben. Eine weitere Verfestigung etwa einer Splittersiedlung können Nachbarn nicht mit Erfolg als Verletzung ihrer eigenen Rechte mit der Anfechtungsklage bekämpfen, wenn sie nicht dadurch spürbar beeinträchtigt werden. Liegt etwa eine unerwünschte, aber bereits verfestigte Splittersiedlung vor, kann die Erweiterung einer baulichen Anlage etwa durch eine Dachgaube zu Wohnzwecken zu einer weiteren Verfestigung nichts mehr beitragen, so dass auch ein Nachbarschutz über das Rücksichtnahmegebot nicht gegeben ist.[2805] So besteht insbesondere im Außenbereich ohne konkrete, das Rücksichtnahmegebot verletzende Beeinträchtigungen kein genereller Abwehranspruch gegen eine gebietsfremde Nutzung. Auch der Inhaber eines privilegierten Betriebes im Außenbereich hat gegenüber einer anderen Außenbereichsnutzung keinen generellen Gebietsabwehranspruch. Dieser setzt vielmehr voraus, dass gegen das Gebot der nachbarlichen Rücksichtnahme verstoßen worden ist.[2806] Für das Vorliegen der Verletzung des Gebotes der Rücksichtnahme trägt der Nachbar zudem die Darlegungs- und Beweislast.[2807]

Auch geht in die Bewertung grundsätzlich nur die **legal ausgeübte Nutzung** ein. In der Vergangenheit vorgenommene Nutzungsänderungen, die nicht genehmigt wurden

---

[2800] *BVerwG*, B. v. 5. 3. 1984 – 4 B 20.84 – Buchholz 406.11 § 34 BBauG Nr. 99 = *Hoppe/Stüer* RzB Rdn. 374 – Pumazwinger.
[2801] *BVerwG*, B. v. 14. 2. 1994 – 4 B 152.93 – GewArch. 1994, 250 = *Hoppe/Stüer* RzB Rdn. 366.
[2802] *BVerwG*, Urt. v. 1. 9. 1993 – 4 B 93.93 – *Hoppe/Stüer* RzB Rdn. 1288 – heranrückende Wohnbebauung.
[2803] *BVerwG*, B. v. 3. 4. 1995 – 4 B 47.95 – Buchholz 409.19 Nachbarschutz Nr. 126.
[2804] *BVerwG*, Urt. v. 23. 2. 1977 – IV C 22.75 – BVerwGE 52, 122 = *Hoppe/Stüer* RzB Rdn. 1151 – Außenbereich; Urt. v. 26. 5. 1978 – IV C 9.77 – BVerwGE 55, 369 = *Hoppe/Stüer* RzB Rdn. 336 – Harmonie.
[2805] *BVerwG*, B. v. 12. 12. 1992 – 4 B 150.72 – BRS 25, 164; B. v. 7. 7. 1994 – 4 B 131.94 – Dachausbau.
[2806] So *BVerwG*, Urt. v. 25. 2. 1977 – IV C 22.75 – BVerwGE 52, 122 = *Hoppe/Stüer* RzB Rdn. 1151.
[2807] *BVerwG*, B. v. 28. 7. 1993 – 4 B 120.93 – Buchholz 406.19 Nachbarschutz Nr. 117 = *Hoppe/Stüer* RzB Rdn. 1287 – Textilhaus.

und auch nicht genehmigungsfähig sind, bleiben bei der Betrachtung des nachbarschaftlichen Gemeinschaftsverhältnisses in aller Regel unberücksichtigt.[2808] Denn nur die Beeinträchtigungen, die eine legale Nutzung mit sich bringt, können im Rahmen des nachbarlichen Interessenausgleichs als Vorbelastung in Ansatz gebracht werden. Nutzungen, die zwar faktisch ausgeübt werden, aber nicht genehmigt worden sind und auch nicht hätten genehmigt werden können, unterliegen dagegen einer Rücksichtnahmeverpflichtung ebenso wenig wie Nutzungen, die noch nicht ausgeübt werden und ohne baurechtliche Genehmigung auch nicht ausgeübt werden dürfen, da sie über das hinausgehen, was durch die vorhandene Baugenehmigung gedeckt ist. Neu aufgeworfen wird dabei die Genehmigungsfrage immer dann, wenn für die neue Nutzung weitergehende Vorschriften gelten als für die alte oder die Zulässigkeit der neuen Nutzung nach den jeweiligen Vorschriften anders zu beurteilen ist als die frühere Nutzung. Bodenrechtlich relevant ist eine Nutzungsänderung auch dann, wenn sie formal für die Nachbarschaft erhöhte Belastungen mit sich bringt.[2809]

1494 Bei der Bewertung nachbarlicher Interessen kann auch Bedeutung gewinnen, ob der sich beeinträchtigt fühlende Nachbar gegen ihn störende Nutzungen **rechtzeitig Rechtsschutz** gesucht hat. Nutzungen, die mit Rechtsbehelfen nicht mehr abgewehrt werden können, sind zumindest in einem gewissen Umfang hinzunehmen. In Konfliktlagen ist nach einem angemessenen Ausgleich zu suchen. Nach § 15 I 2 BauNVO ist eine im Baugebiet an sich zulässige Nutzung im Einzelfall auch dann unzulässig, wenn sie sich unzumutbaren Belästigungen oder Störungen einer im Baugebiet an sich unzulässigen, jedoch bestandskräftig genehmigten Nutzung aussetzen würde. Dabei ist nicht auf eine abstrakte typisierende Betrachtungsweise, sondern auf die konkrete Grundstückssituation abzustellen. Eine Baugenehmigung für ein Wohngebäude in einem allgemeinen Wohngebiet ist nach § 15 I 2 BauNVO zu versagen, wenn die auf das Wohnbaugrundstück einwirkenden Immissionen ungesunde Wohnverhältnisse entstehen lassen.[2810]

1495 Die **Festsetzungen von Baugebieten** in einem Bebauungsplan haben grundsätzlich **nachbarschützende Funktion**. Hier besteht für den Nachbarn auch ohne eigene konkrete Betroffenheit durch das einzelne Vorhaben ein **Gebietswahrungsanspruch**. Der Nachbar kann sich daher dagegen wenden, dass Baugenehmigungen für Vorhaben erteilt werden, die zu einem „Umkippen" des Gebietes führen.[2811] Derselbe Nachbarschutz besteht übrigens auch im nicht beplanten Innenbereich, wenn die Eigenart der näheren Umgebung einem der Baugebiete der BauNVO entspricht (§ 34 II BauGB). Die Gemeinde hat zwar grundsätzlich einen Spielraum, ob sie bestimmte Festsetzungen auch zum Schutze Dritter treffen will.[2812] Dies gilt jedoch nicht ausnahmslos. Insbesondere bei der Festsetzung der Eigenart der Baugebiete kann es nicht vom Willen der Gemeinde abhängen, ob die Planfestsetzungen nachbarschützend sind. Die Gemeinde hat hier vielmehr einen sachgerechten Ausgleich der Nachbarinteressen unter Verwendung des planungsrechtlichen Instrumentariums durchzuführen. Bauplanungsrechtlicher Nachbarschutz beruht demgemäß auf dem Gedanken des wechselseitigen Austauschverhältnisses. Weil der Eigentümer eines Grundstücks in der Ausnutzung seines Grundstücks öffentlich-rechtlichen Beschränkungen unterworfen ist, kann er deren Beachtung grundsätzlich auch im Verhältnis zum Nachbarn durchsetzen.[2813] Der Hauptanwendungsfall im Bauplanungsrecht für

---

[2808] *BVerwG*, Urt. v. 14. 1. 1993 – 4 C 19.90 – NVwZ 1993, 1184 = *Hoppe/Stüer* RzB Rdn. 360.
[2809] *BVerwG*, B. v. 11. 7. 1994 – 4 B 134.94 – BRS 56 (1994), Nr. 164 – Schweinemast.
[2810] *BVerwG*, Urt. v. 15. 8. 1995 – 4 C 20.94 – BauR 1995, 807 = DVBl. 1996, 40; zu Nutzungszeiten von Biergärten *BVerwG*, Urt. v. 28. 1. 1999 – 7 CN 1.97 – NVwZ 1999, 651 = DVBl. 863; *Jahn* GewArch. 1996, 14.
[2811] *BVerwG*, B. v. 2. 2. 2000 – 4 B 87.99 – NVwZ 2000, 679 – Bauschuttrecyclinganlage.
[2812] *BVerwG*, B. v. 9. 10. 1991 – 4 B 137.91 – Buchholz 406.19 Nachbarschutz Nr. 104 = *Hoppe/Stüer* RzB Rdn. 1241 – Zweitwohnungsklausel.
[2813] *BVerwG*, Urt. v. 11. 5. 1989 – 4 C 1.88 – RdE 1988, 194 – *Hoppe/Stüer* RzB Rdn. 475 – Zwischenlager Ahaus.

diesen Grundsatz sind die Festsetzungen eines Bebauungsplans über die Art der Nutzung. Durch sie werden die Planbetroffenen im Hinblick auf die Nutzung ihrer Grundstücke zu einer rechtlichen Schicksalsgemeinschaft verbunden. Die Beschränkung der Nutzungsmöglichkeiten des eigenen Grundstücks wird dadurch ausgeglichen, dass auch die anderen Grundeigentümer diesen Beschränkungen unterworfen sind.[2814] Auf die Einhaltung dieses Austauschverhältnisses haben die jeweiligen Grundstückseigentümer einen Rechtsanspruch in dem Sinne, dass sie ein „Umkippen" des Gebietes durch eine Nachbarklage verhindern können.[2815] Demgegenüber haben Festsetzungen zum Maß der baulichen Nutzung durch Bebauungspläne – anders als die Festsetzungen von Baugebieten[2816] – kraft Bundesrechts grundsätzlich keine nachbarschützende Funktion.[2817] Drittschutz kann sich auch aus Festsetzungen übergeleiteter Bebauungspläne ergeben. So können städtebauliche Pläne, die gem. § 173 III 1 BBauG 1960 als Bebauungspläne übergeleitet sind, drittschützende Festsetzungen enthalten, auch wenn ihnen oder der zu ihnen ermächtigenden gesetzlichen Regelung seinerzeit ein nachbarschützender Gehalt nicht zuerkannt wurde. Das gilt insbesondere für Baustufenplänen, die nach den Vorschriften der BauregelungsVO[2818] erlassen wurde. Gebietsfestsetzungen in übergeleiteten Bebauungsplänen vermitteln daher nachbarlichen Drittschutz.[2819] Das gilt insbesondere für Baustufenpläne, die nach den Vorschriften der BauRegVO[2820] erlassen wurden. Eine vorkonstitutionelle Ermächtigungsgrundlage, die jeden Nachbarschutz ausschließt, sei – so das *BVerwG* – nicht verfassungsgemäß und bedürfe daher der verfassungskonformen Auslegung und lückenfüllenden Ergänzung. Auf diesem Wege kommt das *BVerwG* zur Annahme des nachbarschützenden Charakters von Planungsrecht, dessen Normgeber nachbarlicher Drittschutz völlig fremd war.[2821]

Allerdings ergeben sich für **übergeleitete Pläne** einige **Besonderheiten**: Ausnahmen i. S. des § 31 I BauGB müssen als solche ausdrücklich bestimmt und vom planerischen Willen umfasst sein. Übergeleitete Pläne können daher nicht in der Weise ausgelegt werden, dass sie mit ungeschriebenen Ausnahmen etwa mit den in der BauNVO für das entsprechende Baugebiet vorgesehenen Ausnahmen übergeleitet worden sind. Bei der Auslegung übergeleiteter Bebauungspläne kann allerdings die BauNVO Anhaltspunkte für die Konkretisierung unbestimmter Rechtsbegriffe bieten, mit denen die Zweckbestimmung eines Wohngebietes allgemein festgelegt wird.[2822] Auch die in übergeleiteten Bebauungsplänen festgesetzten Baugebiete müssen nach allgemeinen Merkmalen voneinander abgrenzbar sein.[2823] Das setzt bei der Bestimmung der in ihnen zulässigen Nutzungen durch Auslegung der Pläne eine typisierende Vorgehensweise (Differenzierung nach Nutzungsarten) voraus.[2824]

1496

Die **Eigenart eines einzelnen Baugebietes** ergibt sich nicht allein aus den typisierenden Regelungen der BauNVO. Die Eigenart eines in einem Bebauungsplan festgesetzten Bau-

1497

[2814] *BVerwG*, Urt. v. 16. 9. 1993 – 4 C 28.91 – BVerwGE 94, 151 = DVBl. 1994, 284 = *Hoppe/Stüer* RzB Rdn. 967 – Garagen.
[2815] *BVerwG*, B. v. 2. 2. 2000 – 4 B 87.99 – NVwZ 2000, 679 – Bauschuttrecyclinganlage.
[2816] *BVerwG*, Urt. v. 16. 9. 1993 – 4 C 28.91 – BVerwGE 94, 151 – Gebietswahrungsanspruch.
[2817] *BVerwG*, B. v. 23. 6. 1995 – 4 B 52.95 – BauR 1995, 823 = DVBl. 1995, 1025 = UPR 1995, 396.
[2818] Bauregelungsverordnung v. 1. 2. 1996 (RGBl. I S. 104).
[2819] *BVerwG*, Urt. v. 23. 8. 1996 – 4 C 13.94 – DVBl. 1997, 61 = BauR 1997, 72; Urt. v. 17. 12. 1998 – 4 C 16.97 – BVerwGE 108, 190 = DVBl. 1999, 782 – Hamburger Baustufenplan.
[2820] BauReg-VO vom 15. 2. 1936 (RGBl. I S. 104).
[2821] *BVerwG*, Urt. v. 23. 8. 1996 – 4 C 13.94 – DVBl. 1997, 61 m. Anm. *Niere*.
[2822] *BVerwG*, Urt. v. 17. 12. 1998 – 4 C 16.97 – BVerwGE 108, 190 = DVBl. 1999, 782 – Hamburger Baustufenplan.
[2823] *BVerwG*, Urt. v. 17. 12. 1998 – 4 C 9.98 – NVwZ 1999, 984 – Betriebskrankenkasse.
[2824] *BVerwG*, Urt. v. 17. 12. 1998 – 4 C 16.97 – BVerwGE 108, 190 = DVBl. 1999, 782 – Hamburger Baustufenplan, dort auch zur Zulässigkeit einer Abweichung nach § 31 II BauGB.

gebietes lässt sich vielmehr abschließend erst bestimmen, wenn zusätzlich auch die jeweilige örtliche Situation, in die ein Gebiet hineingeplant ist, und der jeweilige Planungswille der Gemeinde, soweit dieser in den zeichnerischen und textlichen Festsetzungen des Bebauungsplans zum Ausdruck gekommen ist, berücksichtigt werden.[2825] Es geht dabei um Einschränkungen hinsichtlich der Art der baulichen Nutzung. Zur Ergänzung des im Bebauungsplan festgesetzten **Maßes** der baulichen Nutzung kann § 15 BauNVO grundsätzlich nicht dienen. Hat die bisher im Baugebiet vorhandene Bebauung die Maßfestsetzung nicht voll ausgeschöpft, so verstößt ein Bauvorhaben, das das festgesetzte Maß ausnutzt, nicht gegen § 15 BauNVO.[2826] Wenn § 15 I 1 BauNVO bestimmt, dass ein Vorhaben im Einzelfall auch unzulässig ist, wenn es wegen seines Umfangs der Eigenart eines bestimmten Baugebietes widerspricht, so geht die Vorschrift nach Auffassung des *BVerwG* vielmehr davon aus, dass im Einzelfall Quantität in Qualität umschlagen kann, dass also die Größe einer baulichen Anlage[2827] die Art der baulichen Nutzung erfassen kann.

Beispiel: Ein nach der Art der baulichen Nutzung grundsätzlich zulässiger Gewerbebetrieb widerspricht wegen seiner Betriebsgröße der Eigenart eines bestimmten Baugebietes.[2828] Eine besonders große Vergnügungsstätte verändert den Charakter des Gebietes. Ein Warenhaus beeinflusst wegen seiner Größe die Verkehrsverhältnisse eines Baugebietes nachhaltig.[2829] Ob ein Gebäude dagegen ausnahmsweise auch wegen seiner Höhe nach § 15 I BauNVO unzulässig sein kann,[2830] erscheint dem *BVerwG* zweifelhaft.[2831] Dies führt dazu, den Anwendungsbereich des § 15 BauNVO auf Fallgestaltungen einzuschränken, in denen die Art der Nutzung betroffen ist. Das im Bebauungsplan ausgewiesene Maß der Nutzung kann nur dann über § 15 BauNVO Einschränkungen erfahren, wenn die Maßüberschreitung zugleich auf die Art der baulichen Nutzung durchschlägt und sozusagen einen Quantensprung in eine andere Qualität bewirkt.

1498 Aus **Wertminderungen** eines Grundstücks können nachbarliche Abwehrrechte vor dem Hintergrund des Rücksichtnahmegebots nur abgeleitet werden, wenn die Wertminderung die Folge einer dem Betroffenen unzumutbaren Beeinträchtigung der Nutzungsmöglichkeiten des Grundstücks ist.[2832] Für die Anwendung des § 15 I BauNVO im Bereich eines qualifizierten Bebauungsplans (§ 30 I BauGB) spielt auch die dem Bebauungsplan nach § 9 VIII BauGB beigegebene Begründung eine Rolle.[2833] Ein auf die Verletzung des Rücksichtnahmegebots gestützter **Rechtsschutz** wird bei Baugenehmigungen, die im Einklang mit den Festsetzungen des Bebauungsplans stehen, allerdings nur in Ausnahmefällen erfolgreich sein. Er wird aber dort eher zum Zuge kommen, wo die Baugenehmigung von den Planfestsetzungen im Wege der Ausnahmeerteilung (§ 31 I BauGB) oder sogar unter Verstoß gegen sie abweicht.[2834] Auch die Befreiung von den

---

[2825] *BVerwG*, Urt. v. 4. 5. 1988 – 4 C 34.86 – BVerwGE 79, 309 = *Hoppe/Stüer* RzB Rdn. 908 – Hofgarten.
[2826] *BVerwG*, Urt. v. 16. 3. 1995 – 4 C 3.94 – NVwZ 1995, 899 = DVBl. 1995, 754 – Werbetafel; *Fickert/Fieseler* § 15 Rdn. 8; *Rist* Anm. 1 zu § 15 BauNVO.
[2827] *BVerwG*, Urt. v. 5. 8. 1983 – 4 C 96.79 – BVerwGE 67, 334, 340; Urt. v. 3. 2. 1984 – 4 C 17.82 – BVerwGE 68, 369; B. v. 22. 11. 1984 – 4 B 244.84 – BRS 42 Nr. 206; B. v. 29. 7. 1991 – 4 B 40.91 – BRS 52 (1991), Nr. 56; ebenso *Bielenberg* in: Ernst/Zinkahn/Bielenberg/Krautzberger § 15 BauNVO Rdn. 23, 25, 27 a; *Fickert/Fieseler* Rdn. 8, 10.2 zu § 15 BauNVO; *Förster* Anm. 3.a.cc zu § 15 BauNVO; *Knaup/Stange* Anm. II.1.b.aa, c.cc zu § 15 BauNVO.
[2828] *BVerwG*, B. v. 22. 5. 1987 – 4 N 4.86 – BVerwGE 77, 308 = *Hoppe/Stüer* RzB Rdn. 883 – Vergnügungsstätte.
[2829] *BVerwG*, Urt. v. 3. 2. 1984 – 4 C 17.82 – BVerwGE 68, 369 = *Hoppe/Stüer* RzB Rdn. 310 – SB-Warenhaus.
[2830] *BVerwG*, Urt. v. 5. 8. 1983 – 4 C 96.79 – BVerwGE 67, 334 = *Hoppe/Stüer* RzB Rdn. 969.
[2831] *BVerwG*, Urt. v. 16. 3. 1995 – 4 C 3.94 – NVwZ 1995, 899 = DVBl. 1995, 754 – Werbetafel.
[2832] *BVerwG*, B. v. 24. 4. 1992 – 4 B 60.92 – Buchholz 406.19 Nachbarschutz Nr. 109; B. v. 6. 12. 1996 – 4 B 215.96 – ZfBR 1997, 227 = NVwZ-RR 1997, 516 – Wintergarten.
[2833] *BVerwG*, Urt. v. 11. 3. 1988 – 4 C 56.84 – NVwZ 1989, 659 = BauR 1988, 448 = *Hoppe/Stüer* RzB Rdn. 65 – Gemeinbedarfsfläche.
[2834] *BVerwG*, Urt. v. 5. 8. 1983 – 4 C 96.79 – BVerwGE 67, 334 = *Hoppe/Stüer* RzB Rdn. 969.

6. Teil. Abwägungsgebot   1499 A

Festsetzungen des Bebauungsplans nach § 31 II BauGB hat unter Würdigung nachbarlicher Interessen zu erfolgen und verletzt den Nachbarn in seinen Rechten, wenn die Behörde bei der Ermessensentscheidung nicht die gebotene Rücksicht auf die Interessen des Nachbarn genommen hat.[2835] Über § 15 BauNVO kann daher auch eine Ergänzung der Festsetzungen des Bebauungsplans erreicht werden. Voraussetzung ist allerdings dafür, dass der Bebauungsplan für eine Konfliktlösung im Bebauungsplan noch offen ist. Je konkreter die Festsetzungen sind, umso geringer ist die Gestaltungsfreiheit für den Betroffenen und damit der Spielraum für die Anwendung des § 15 BauNVO. Nur so weit der Bebauungsplan selbst keine abschließende planerische Entscheidung bereithält, ermöglicht § 15 BauNVO eine **„Nachsteuerung"** im Baugenehmigungsverfahren. § 15 BauNVO rechtfertigt damit zwar eine planerische Zurückhaltung, nicht aber eine planerische Fehleinschätzung.[2836]

Das *BVerwG* versteht das Rücksichtnahmegebot nicht als Ausdruck verfassungsrechtlicher Erfordernisse, sondern als einfachgesetzliches Gebot, das einzurichten und auszugestalten der Gesetzgeber von Verfassungs wegen nicht gehalten ist. Es ist damit Aufgabe des Gesetzgebers, dieses Gebot sachgerecht zu verwirklichen.[2837] Dem jeweils zuständigen Gesetzgeber obliegt es dabei, die von seiner Regelung erfassten oder auch nur berührten Interessen zu bewerten. Um vor der Verfassung Bestand zu haben, müssen allerdings die Gründe, die hierbei für eine das Privateigentum einschränkende Regelung angeführt werden können, vom geregelten Schutzbereich her geboten und auch in ihrer Ausgestaltung sachgerecht sein.[2838] Dabei ist auch die Eigentumsgarantie in Art. 14 I GG zu berücksichtigen, die eine Erhaltung der Substanz des Eigentums und die Beachtung des Gleichheitssatzes und des Verhältnismäßigkeitsprinzips umfasst. Unter Beachtung dieser verfassungsrechtlichen Vorgaben ist der Gesetzgeber frei darin, das Gebot der nachbarlichen Rücksichtnahme auszugestalten. Das Rücksichtnahmegebot kann vor dem Hintergrund dieser für den Gesetzgeber bestehenden Gestaltungsfreiheit auch nicht als allgemeines, das gesamte Planungsrecht gleichsam überwölbendes baurechtliches Gebot verstanden werden.[2839] Auch ist nicht jede Norm des öffentlichen Baurechts potenziell drittschützend.[2840] Daher sind jeweils die in den gesetzlichen Regelungen zum Ausdruck kommenden Wertungen zugrunde zu legen. Anlagen, deren Immissionen sich in den Grenzen des der Nachbarschaft gem. § 5 I Nr. 1 BImSchG Zumutbaren halten, sind nicht rücksichtslos.[2841]

1499

[2835] *BVerwG*, Urt. v. 19. 9. 1986 – 4 C 8.84 – DVBl. 1987, 476 = NVwZ 1987, 409 = *Hoppe/Stüer* RzB Rdn. 324; Urt. v. 6. 10. 1989 – 4 C 14.87 – BVerwGE 82, 343 = DVBl. 1990, 364 = *Hoppe/Stüer* RzB Rdn. 325.
[2836] *BVerwG*, Urt. v. 11. 3. 1988 – 4 C 56.84 – NVwZ 1989, 659 = DVBl. 1988, 845; *Krautzberger* in: Battis/Krautzberger/Löhr § 1 Rdn. 119.
[2837] *BVerfG*, Urt. v. 15. 1. 1969 – 1 BvL 3/66 – BVerfGE 25, 112 – Deichurteil; B. v. 23. 4. 1974 – 1 BvR 6/74 u. a. – BVerfGE 37, 132 – Kündigungsschutz; Urt. v. 8. 7. 1976 – 1 BvL 19/75 – BVerfGE 42, 263 – Hilfswerk Behinderte Kinder; B. v. 1. 3. 1979 – 1 BvR 532/77 u. a. – BVerfGE 50, 290 – Mitbestimmung; B. v. 12. 6. 1979 – 1 BvL 19/76 – BVerfGE 52, 1 – Kleingarten; B v. 14. 7. 1981 – 1 BvL 24/78 – BVerfGE 58, 137 – Pflichtexemplare; B. v. 15. 7. 1981 – 1 BvL 77/78 – BVerfGE 58, 300 = NJW 1982, 745 = DVBl. 1982, 340 = *Hoppe/Stüer* RzB Rdn. 1136 – Nassauskiesung; B. v. 8. 1. 1985 – 1 BvR 792/83 – BVerfGE 68, 361 – Kündigungsschutz; B. v. 12. 3. 1986 – 1 BvL 81/79 – BVerfGE 72, 66 – Salzburg; *BVerwG*, Urt. v. 16. 5. 1991 – 4 C 17.90 – BVerwGE 88, 191 = DVBl. 1991, 819 = *Hoppe/Stüer* RzB Rdn. 1207; s. Rdn. 1682.
[2838] *BVerfG*, B. v. 30. 11. 1988 – 1 BvR 1301/84 – BVerwGE 79, 174 = NJW 1989, 1271 = DVBl. 1989, 352 = *Hoppe/Stüer* Rdn. 98 – Verkehrslärmschutz.
[2839] *BVerwG*, B. v. 20. 9. 1984 – 4 B 181.84 – DVBl. 1985, 122 = NVwZ 1985, 37 = *Hoppe/Stüer* RzB Rdn. 970 – Drittschutz.
[2840] *BVerwG*, B. v. 16. 8. 1983 – 4 B 94.83 – DVBl. 1984, 145 = *Hoppe/Stüer* RzB Rdn. 1246; Urt. v. 19. 9. 1986 – 4 C 8.84 – NVwZ 1987, 409 = DVBl. 1987, 476 = *Hoppe/Stüer* RzB Rdn. 324.
[2841] *BVerwG*, Urt. v. 30. 9. 1983 – 4 C 74.78 – BVerwGE 68, 58 = NVwZ 1984, 509 = *Hoppe/Stüer* RzB Rdn. 1248; B. v. 18. 12. 1985 – 4 CB 49 u. 50.85 – NVwZ 1986, 468 = *Hoppe/Stüer* RzB Rdn.

1500 Auch ist für ein drittschützendes Gebot der nachbarlichen Rücksichtnahme im Hinblick auf eine ausreichende Belichtung, Besonnung oder Belüftung von Nachbargrundstücken kein Platz, wenn ein Wohnbauvorhaben die bauordnungsrechtlich hierfür gebotenen **Abstandsflächen** einhält.[2842] Die landesrechtlichen Abstandsvorschriften zielen im Interesse der Wahrung sozial verträglicher Verhältnisse nicht zuletzt darauf ab, eine ausreichende Belichtung und Besonnung von Gebäude- und sonstigen Teilen des Nachbargrundstücks sicherzustellen. Der Nachbar, der sich gegen die Verwirklichung seines Bauvorhabens zur Wehr setzt, kann unter diesem Blickwinkel grundsätzlich keine Rücksichtnahme verlangen, die über den Schutz des Abstandsflächenrechts hinausgeht. Denn die landesrechtlichen Grenzabstandsvorschriften stellen insoweit ihrerseits eine Konkretisierung des Gebots der nachbarlichen Rücksichtnahme dar.[2843] Eine Verletzung des Rücksichtnahmegebotes kommt allerdings im Hinblick auf zu wahrende Belange in Betracht, die nicht in den jeweiligen landesrechtlichen Vorschriften behandelt sind.[2844] Eine andere Beurteilung könnte sich auch dann ergeben, wenn die landesrechtlichen Regelungen zu den Abstandsflächen nicht den Anspruch auf eine abschließende Bewertung des nachbarlichen Inressenkonfliktes für sich in Anspruch nehmen. Davon könnte auszugehen sein, wenn der Landesgesetzgeber nur noch geringe nachbarliche Abstände festlegt, so dass im Übrigen für eine darüber hinausgehende Einzelfallbewertung Raum ist. **Wertminderungen** als Folge der Ausnutzung der einem Dritten erteilten Baugenehmigung bilden nicht für sich genommen einen Maßstab dafür, ob Beeinträchtigungen i. S. des Rücksichtnahmegebotes zumutbar sind oder nicht. Entscheidend ist vielmehr, wie schutzwürdig die baurechtliche Stellung des Betroffenen ist. Je weniger der Nachbar in dieser Hinsicht an Rücksichtnahme verlangen kann, mit desto geringerem Gewicht schlägt der Gesichtspunkt von Wertminderungen bei der gebotenen Interessenabwägung zu seinen Gunsten zu Buche. Die Genehmigung für ein Vorhaben, das den Anforderungen des Städtebaurechts unter Einschluss des Rücksichtnahmegebots entspricht, kann nicht deshalb versagt werden, weil der Nachbar darauf vertraut, der Bauherr werde von den rechtlichen Möglichkeiten, die ihm zu Gebote stehen, keinen weiteren Gebrauch machen als er selbst.[2845] Das Vorhaben kann allerdings im Hinblick auf andere Belange rücksichtslos und deshalb unzulässig sein.[2846]

Beispiel: Der Bebauungsplan setzt zum Nachbargrundstück eine 3 m breite, von der Bebauung grundsätzlich freizuhaltende Abstandsfläche fest. Der Nachbar wendet ein, dass sein Grundstück durch ein geplantes Wohnhaus trotz Einhaltung dieser Abstandsfläche unter Verstoß gegen das Rücksichtnahmegebot beeinträchtigt werde. Hinsichtlich der durch die Abstandsfläche im Bebauungsplan gesicherten nachbarlichen Belange ist eine Berufung auf das Gebot der nachbarlichen Rücksichtnahme bei Einhaltung der landesrechtlich erforderlichen Abstandsflächen ausgeschlossen.

1501 Ob das Gebot der nachbarlichen Rücksichtnahme verletzt ist, muss aufgrund der konkreten **Einzelfallumstände** entschieden werden. So kann etwa im Rahmen des erforder-

---

1224; vgl. auch B. v. 1. 3. 1989 – 4 B 24.89 – NVwZ 1989, 666 = DVBl. 1989, 371 – Kino in Spielhalle; vgl. aber auch Urt. v. 14. 4. 1989 – 4 C 52.87 – DVBl. 1989, 1050 = NVwZ 1990, 257 = *Hoppe/Stüer* RzB Rdn. 66 – Zementmahlanlage.

[2842] *BVerwG*, B. v. 22. 11. 1984 – 4 B 244.84 – NVwZ 1985, 653 = *Hoppe/Stüer* RzB Rdn. 961 – Abstandsflächen; Urt. v. 16. 5. 1991 – 4 C 17.90 – BVerwGE 88, 191 = DVBl. 1991, 819 = UPR 1991, 381 – Abstandsflächen; *VGH Mannheim*, Urt. v. 2. 3. 1998 – 8 S 535/98 – NVwZ-RR 1998, 551 = BauR 1998, 1217 – Gartenbaubetrieb.

[2843] Zu den landesrechtlichen Abstandsvorschriften *VGH Mannheim*, Urt. v. 29. 1. 1999 – 5 S 2971/98 – VGHBW RSprDienst 1999, Beilage 5 B 4–5 – Grenzbebauung.

[2844] *BVerwG*, B. v. 11. 1. 1999 – 4 B 128.98 – NVwZ 1999, 879 = DVBl. 1999, 786 – Flachdachbungalow.

[2845] *BVerwG*, B. v. 6. 12. 1996 – 4 B 215.96 – ZfBR 1997, 227 = NVwZ-RR 1997, 516 – Wintergarten.

[2846] So *BVerwG*, Urt. v. 23. 5. 1986 – 4 C 34.85 – NVwZ 1987, 128 = DVBl. 1986, 1271 = *Hoppe/Stüer* RzB Rdn. 397 – Siloanlage; B. v. 24. 4. 1989 – 4 B 72.89 – NVwZ 1989, 1060 = DÖV 1989, 860 = *Hoppe/Stüer* RzB Rdn. 354 – Einsichtsmöglichkeiten.

lichen Interessenausgleichs darauf abzustellen sein, dass zu den Tageszeiten, die gemeinhin als Feierabend bezeichnet werden, ein stärkeres Ruhebedürfnis als sonst besteht.[2847] Auch die immissionsschutzrechtlichen Regelungen gehen von einem verstärkten Ruhebedürfnis während dieser Zeiten aus.[2848] Selbst eine Unterschreitung der im Bebauungsplan festgesetzten Abstandsflächen führt nicht immer zu einem Erfolg der Nachbarklage. Auch ist eine tatsächlich spürbare Beeinträchtigung des Nachbarn Voraussetzung für eine erfolgreiche Nachbarklage.[2849]

Beispiel: Der Bebauungsplan lässt in einem Abstand von 17 m zur Nachbargrenze ein Gebäude mit einer Wandhöhe von 3 m zu. Durch eine Befreiung nach § 31 II BauGB wird im Baugenehmigungsverfahren ein Gebäude mit einer Wandhöhe von 4 m zugelassen. Im Rahmen des § 15 I BauNVO stellt sich – soweit es um den Umfang eines Vorhabens geht – nur die Frage, ob das Vorhaben in dieser Beziehung in Widerspruch zur Eigenart des Baugebietes tritt. Ein solcher Widerspruch entsteht nicht durch jede Abweichung vom Bebauungsplan, sondern nur durch eine solche, die sich im Verhältnis zu dem nach dem Plan zulässigen, die Eigenart des Baugebietes bestimmenden Vorhaben als Missgriff darstellt. Ein solcher Missgriff liegt aber bei der dispensierten Überschreitung der Wandhöhe um 1 m bei einem derartigen Abstand des Gebäudes von dem Nachbargrundstück nicht vor.[2850]

Bei der Bestimmung des Gebotes der nachbarlichen Rücksichtnahme hat der **Gesetzgeber** das erste Wort. Die von ihm getroffenen Wertungen sind grundsätzlich auch im Einzelfall verbindlich, wenn sich die gesetzliche Regelung nicht als verfassungswidrig erweist oder entsprechende Lücken lässt, die ausgefüllt werden können. Im nicht beplanten Innenbereich kann das Gebot der nachbarlichen Rücksichtnahme allerdings auch dann verletzt sein, wenn die landesrechtlichen Abstandsvorschriften eingehalten sind.[2851] Dies setzt aber eine Beeinträchtigung in Belangen voraus, die nicht durch die Abstandsvorschriften bereits geschützt sind. Eine Verletzung des Rücksichtnahmegebotes im nicht beplanten Innenbereich ist allerdings ausgeschlossen, wenn sich das Vorhaben in die Eigenart der näheren Umgebung einfügt.[2852] Durch die Richtwerte für Schallpegel nach der TA-Lärm[2853] ist nicht abschließend bestimmt, ob eine geltend gemachte Beeinträchtigung durch Geräusche von einer immissionsschutzrechtlich genehmigungsfreien Anlage die für eine Verletzung des Rücksichtnahmegebotes maßgebliche Zumutbarkeitsschwelle überschreitet. Ob die Anlage in einer die Rechte des Nachbarn verletzenden Weise rücksichtslos ist, kann vielmehr nur aufgrund einer einzelfallbezogenen Bewertung aller ihrer Auswirkungen beurteilt werden.[2854] Die Bestimmungen der LBauO über die **Stellplatzpflicht** haben nach Auffassung des *OVG Münster* keinen nachbarschützenden Charakter. Das gilt auch dann, wenn die Baugenehmigungsbehörde eine Baugenehmigung

---

[2847] *BVerwG*, Urt. v. 23. 2. 1977 – IV C 22.75 – BVerwGE 52, 122 = *Hoppe/Stüer* RzB Rdn. 1151 – Außenbereich; B. v. 8. 3. 1995 – 4 B 25.95 – Buchholz 406.19 – Nachbarschutz Nr. 125 – Feierabend.

[2848] § 2 I Verkehrslärmschutzverordnung; § 2 V Sportanlagenlärmschutzverordnung; Nr. 2 321 TA-Lärm.

[2849] *BVerwG*, B. v. 27. 12. 1984 – 4 B 278.84 – NJW 1985, 652 = UPR 1985, 137 – Rücksichtnahme.

[2850] *BVerwG*, B. v. 22. 11. 1984 – 4 B 244.84 – NJW 1985, 653 = *Hoppe/Stüer* RzB Rdn. 961 – Abstandsflächen.

[2851] Dazu *VGH Mannheim*, Urt. v. 2. 3. 1998 – 8 S 535/98 – RdL 1998, 149 = UPR 1998, 278. Ist nach dem Landesrecht eine Grenzbebauung zulässig, wird hierdurch das Gebot der nachbarlichen Rücksichtnahme regelmäßig nicht verletzt, *VGH Mannheim*, Urt. v. 13. 2. 1998 – 5 S 3202/96 – VFGBW RSpDienst 1998, Beilage 5, B 6.

[2852] *BVerwG*, B. v. 11. 1. 1999 – 4 B 128.98 – NVwZ 1999, 879 = DVBl. 1999, 786 – Flachdachbungalow.

[2853] Sechste allgemeine Verwaltungsvorschrift zum Schutz gegen Lärm (TA-Lärm) v. 26. 8. 1998 (GMBl. 1998, 503) = NVwZ 1999, Beilage 11/1999 zu Heft 2/1999.

[2854] *BVerwG*, B. v. 22. 9. 1998 – 4 B 88.98 – NVwZ-RR 1999, 431 – Gewächshaus; *OVG Greifswald*, Urt. v. 23. 6. 1998 – 3 L 209/96 – NordÖR 1998, 396 = LKV 1999, 66 – Immissionsprognose.

in eigener Sache erteilt.[2855] Der Mangel an Stellplätzen kann allerdings im Einzelfall gegen das Gebot der nachbarlichen Rücksichtnahme verstoßen. Dabei ist allerdings eine bereits vorhandene Geräuschvorbelastung durch Straßen- und Parksuchverkehr schutzmindernd zu berücksichtigen.[2856] Fehlende zusätzliche Stellplätze beim Umbau der Haupttribüne eines Sportstadions führen nicht zu einer Verletzung des Rücksichtnahmegebots, wenn die Nachbargrundstücke bereits vor dem Umbau durch den Besucherverkehr des Stadions und andere benachbarte öffentliche Einrichtungen stark vorbelastet waren und der Umbau weder zu einer Erhöhung der Gesamtkapazität des Stadions führt noch sonst eine Steigerung der Besucherzahlen und eine damit einhergehende Steigerung der verkehrsbedingten Beeinträchtigungen erwarten lässt. Gegen eine dem Nachbarn erteilte Baugenehmigung kann sich der benachbarte Eigentümer im Übrigen in der Regel nur erfolgreich wehren, wenn er durch eine objektiv rechtswidrige Baugenehmigung in seinen Rechten verletzt wird.[2857] Die **Zumutbarkeit von Lichtimmissionen**, die durch die Verglasung eines Wintergartens verursacht werden und Gegenstand einer Nachbarklage sind, beurteilt sich nach dem Grad der Schutzwürdigkeit und der Schutzbedürftigkeit der betroffenen Innen- und Außenwohnbereiche des Nachbarn. Dabei kann das Maß der Schutzbedürftigkeit im Einzelfall auch davon abhängen, ob der Nachbar ohne größeren Aufwand im Rahmen des Ortsüblichen und Sozialadäquaten zumutbare Abschirmmaßnahmen ergreifen kann.[2858]

1503 Auch können **Festsetzungen** eines Bebauungsplans durch § 15 BauNVO nur **ergänzt**, nicht jedoch **korrigiert** werden.[2859] § 15 I 1 BauNVO betrifft im Übrigen nur die Art der baulichen Nutzung. Er ist im Hinblick auf das Maß der im Bebauungsplan festgesetzten Nutzung nicht anwendbar. Großflächige Tafeln für wechselnde Plakatwerbung sind im Geltungsbereich qualifizierter Bebauungspläne regelmäßig zulässig.[2860] Das Rücksichtnahmegebot kann allerdings nicht nur aus einer unterschiedlichen Art der baulichen Nutzung abgeleitet werden. Auch eine Festsetzung eines Bebauungsplans, die beispielsweise eine bauliche Nutzung zu Gunsten einer Grünfläche ausschließt, kann – je nach den Umständen des Einzelfalls – Teil eines Austauschverhältnisses sein, wenn mit der Festsetzung die spezifische Qualität des Plangebietes und damit dessen Gebietscharakter begründet werden soll. Das in derartigen Festsetzungen begründete Austauschverhältnis muss allerdings durch eine entsprechende konzeptionelle Einbindung und Wechselbezüglichkeit der Grundstücksflächen zueinander verdeutlicht sein.[2861]

1504 Wenngleich in geringerem Maße als der Gesetzgeber sind auch die **Gemeinden** in der Lage, im Rahmen der Bauleitplanung die **Anforderungen** an das Rücksichtnahmegebot in gewissen Grenzen **selbst** zu **bestimmen**. So hat die Gemeinde mit den Festsetzungen des Bebauungsplans die Möglichkeit, unter Beachtung der Grundsätze der nachbarlichen Rücksichtnahme Belange neu zu bewerten und vor dem Hintergrund der gemeindlichen Planungsvorstellungen einem Ausgleich mit anderen Belangen zuzuführen. An diese Bewertung sind Baugenehmigungsbehörde und Gerichte, wenn dieser Ausgleich sachgerecht ist, grundsätzlich gebunden. Es müssen allerdings jeweils die nach Lage der Dinge beachtlichen Belange in die Abwägung eingestellt werden.

[2855] Die Gemeinde darf als Baugenehmigungsbehörde in eigener Sache tätig werden und über eigene Bauvorhaben entscheiden, *BVerwG*, B. v. 17. 3. 1998 – 4 B 25.98 – BauR 1998, 768.
[2856] *OVG Münster*, Urt. v. 10. 7. 1988 – 11 A 7238/95 – BauR 1999, 237 = UPR 1999, 120 – Sportstadion.
[2857] *BVerwG*, B. v. 28. 7. 1994 – 4 B 94.94 – ZfBR 1995, 53 = BayVBl. 1995, 92.
[2858] *BVerwG*, B. v. 17. 3. 1999 – 4 B 14.99 – BauR 1999, 1279 – verglaster Wintergarten.
[2859] *BVerwG*, B. v. 6. 3. 1989 – 4 NB 8.89 – DVBl. 1989, 661 = NVwZ 1989, 960 = *Hoppe/Stüer* RzB Rdn. 964 – Köln Parkhaus; *OVG Münster*, Urt. v. 2. 3. 1999 – 10 A 6491/96 – ZfBR 1999, 230 – Bolzplatz.
[2860] *BVerwG*, Urt. v. 16. 3. 1995 – 4 C 3.94 – NVwZ 1995, 899 = DVBl. 1995, 754 – Werbetafel.
[2861] *BVerwG*, B. v. 21. 12. 1994 – 4 B 261.94 –; vgl. auch Urt. v. 16. 9. 1993 – 4 C 28.91 – BVerwGE 94, 151 = *Hoppe/Stüer* RzB Rdn. 967.

Beispiel: Die Gemeinde will im Ortskern einen Versammlungsraum und einen Konzertsaal in einem Bereich ausweisen, in dem bisher eine Papiermühle gestanden hat. Bei der Planung solcher öffentlichen Infrastrukturvorhaben müssen die nachteiligen Folgen für die Anwohner bedacht und abgewogen werden. Übersteigen sie das Maß des Zumutbaren, so sind Schutzvorkehrungen zu treffen oder es ist ein Ausgleich in Geld zu gewähren. Führt jedoch eine tatsächliche Vorbelastung dazu, dass nachteilige Auswirkungen des Vorhabens die Anwohner nicht mehr erreichen, dann besteht kein Anlass für einen Ausgleich. Eine Pflicht zur Verbesserung der vorgegebenen Situation obliegt der Planungsbehörde in dieser Allgemeinheit nicht.[2862]

Auch höhere Belastungen der Umgebung durch **Verkehrslärm** können zu einer Verletzung des Rücksichtnahmegebotes führen. Würde etwa ein zu erwartender Kundenverkehr Anwohner mit höherem Verkehrslärm belasten, so kann das Vorhaben Spannungen mit der Folge einer Verletzung des Rücksichtnahmegebotes hervorrufen,[2863] ohne dass es auf die Frage der Unzumutbarkeit des erhöhten Verkehrslärms i. S. des § 5 I Nr. 1 BImSchG ankäme.[2864] Dabei hängt die Schutzwürdigkeit der Umgebung von dem Umfang der bereits gegenwärtig zulässigen Immissionen ab. Die daraus folgende Vorbelastung bestimmt mit das Maß der gebotenen Rücksichtnahme. Führt das hinzukommende Vorhaben zu keinen stärkeren und unzumutbaren Belastungen, so verstößt es auch grundsätzlich nicht gegen das Gebot der nachbarlichen Rücksichtnahme. Aber auch eine Erhöhung vorhandener Belastungen bedeutet noch nicht, dass deshalb ein Vorhaben rücksichtslos sein muss. Auch hier spielt der jeweilige Gebietscharakter eine Rolle. So ist in einem Mischgebiet mit gebietstypischen Störungen auch dann zu rechnen, wenn das Gebiet oder die nähere Umgebung bislang einen eher ruhigen Charakter besaß.[2865] Im Rahmen des Ausgleichs von Umweltschutzanforderungen vermag die Gemeinde durch ihre Bauleitplanung gebietsbezogen zu steuern, ob gewisse Benachteiligungen oder Belästigungen i. S. des § 3 BImSchG erheblich sind. Die Gemeinde ist dabei im Rahmen ihrer Bauleitplanung nicht auf die Abwehr von eingetretenen schädlichen Umwelteinwirkungen beschränkt, sondern darüber hinaus ermächtigt, entsprechend dem Vorsorgeprinzip des § 5 I Nr. 2 BImSchG schon vorbeugenden Umweltschutz zu betreiben.[2866] Ebenso wie der Gesetzgeber hat die planende Gemeinde bei ihren Regelungen allerdings die verfassungsrechtlichen Wertentscheidungen insbesondere der Eigentumsgarantie in Art. 14 I GG zu beachten. Ausweisungen des Bebauungsplans, die diese verfassungsrechtlichen Anforderungen nicht ausreichend berücksichtigen, sind nicht wirksam.[2867]

Soweit es daher um **Immissionen** geht, muss sich der durch das Gebot der **Rücksichtnahme** vermittelte Schutz am Immissionsschutzrecht und dort an dem Begriff der schädlichen Umwelteinwirkungen[2868] ausrichten. Denn der Schutz aufgrund des Rücksichtnahmegebotes reicht hinsichtlich der Immissionen vom Grundsatz her nicht weiter als der durch das Immissionsschutzrecht vermittelte Schutz.[2869] Die Kriterien bzw. werten-

---

[2862] *BVerwG*, B. v. 13. 7. 1989 – 4 B 140.88 – DVBl. 1989, 1065 = NVwZ 1990, 263 = *Hoppe/Stüer* RzB Rdn. 67 – Schefenacker.
[2863] *BVerwG*, B. v. 20. 1. 1989 – 4 B 116.88 – NVwZ 1989, 666 = *Hoppe/Stüer* RzB Rdn. 1266 – Getränkemarkt.
[2864] *BVerwG*, Urt. v. 22. 5. 1987 – 4 C 6 u. 7.85 – NVwZ 1987, 1078 = *Hoppe/Stüer* RzB Rdn. 945 – Fernwirkungen.
[2865] *BVerwG*, B. v. 17. 1. 1995 – 4 B 1.95 – Buchholz 310 § 162 VwGO Nr. 29.
[2866] *BVerwG*, B. v. 7. 9. 1988 – 4 N 1.87 – BVerwGE 80, 184 = NJW 1989, 467 = *Hoppe/Stüer* RzB Rdn. 177 – Schallschutzfenster; B. v. 16. 12. 1988 – 4 NB 1.88 – DVBl. 1989, 369 = NVwZ 1989, 664 = ZfBR 1989, 74 – Verbrennungsverbot; Urt. v. 14. 4. 1989 – 4 C 52.87 – DVBl. 1989, 1050 = NVwZ 1990, 257 = *Hoppe/Stüer* RzB Rdn. 66 – Zementmahlanlage.
[2867] *BVerwG*, Urt. v. 16. 5. 1991 – 4 C 17.90 – BVerwGE 88, 191 = DVBl. 1991, 819 = UPR 1991, 381 = *Hoppe/Stüer* RzB Rdn. 1207 – Abstandsflächen.
[2868] §§ 3 I, 5 I Nr. 1, 22 I Nr. 1 BImSchG; s. Rdn. 3626.
[2869] *BVerwG*, Urt. v. 25. 2. 1977 – IV C 22.75 – BVerwGE 52, 122 = *Hoppe/Stüer* RzB Rdn. 1151 – Außenbereich; Urt. v. 30. 9. 1983 – 4 C 74.78 – BVerwGE 68, 58 = *Hoppe/Stüer* RzB Rdn. 1284; Urt. v. 30. 9. 1983 – 4 C 18.80 – NJW 1984, 250; s. Rdn. 3679.

den Elemente, die bei einer immissionsschutzrechtlichen Betrachtung den Maßstab für die Zumutbarkeit bilden, müssen entsprechend auch bei der Bestimmung des Zumutbarkeitsmaßstabes des bauplanungsrechtlichen Rücksichtnahmegebotes beachtet werden.[2870] Selbst Vorhaben, mit denen gewichtige Interessen verfolgt werden oder die einem als schutzwürdig anzuerkennenden Bedürfnis Rechnung tragen, sind bauplanungsrechtlich grundsätzlich rücksichtslos, wenn ihre Immissionen für die Nachbarschaft die Zumutbarkeitsschwelle des § 3 I BImSchG überschreiten. Auf der anderen Seite wird auch das bauplanungsrechtliche Rücksichtnahmegebot eingehalten sein, wenn diese immissionsschutzrechtliche Zumutbarkeitsschwelle nicht überschritten ist. Bei dem im Rahmen des Rücksichtnahmegebots erforderlichen Interessenausgleich kann zu berücksichtigen sein, dass zu Feierabend-Zeiten ein stärkeres Ruhebedürfnis als sonst besteht. Die Tages- oder Nachtzeit der jeweiligen Geräuschbeeinträchtigungen spielt auch in immissionsschutzrechtlichen Regelungen[2871] eine Rolle.[2872]

1507 Für vorhandene oder nach dem Planungsrecht zulässige **Gemengelagen** ergeben sich besondere Prüfungsgrundsätze. Soll in unmittelbarer **Nachbarschaft** einer **immissionsträchtigen Nutzung** ein **schutzbedürftiges Vorhaben** etwa der Wohnnutzung verwirklicht werden, so sind die jeweiligen Einwirkungs- und Schutzinteressen gegeneinander abzuwägen. Dabei sind die planerischen Ausweisungen, aber auch die tatsächlich gegebene Situation in Rechnung zu stellen. Auch faktische Vorbelastungen können dazu führen, dass die Pflicht zur gegenseitigen Rücksichtnahme sich vermindert und Beeinträchtigungen in weitergehendem Maße zumutbar sind, als sie sonst in dem betreffenden Baugebiet hinzunehmen wären.[2873] So kann etwa ein ausgewiesenes allgemeines Wohngebiet, in dem das Baugrundstück liegt, von den tatsächlichen Gegebenheiten her durch die gewerbliche Nutzung des Nachbargrundstücks mitgeprägt sein. Dies gilt auch dann, wenn die gewerbliche Nutzung als **Fremdkörper** erscheint und selbst bei einem dem Stand der Technik vollauf entsprechenden Betrieb für die Umgebung unzumutbare Störungen i. S. des § 4 III Nr. 2 BauNVO hervorruft. Der Existenz solcher Betriebe ist aber gleichwohl Rechnung zu tragen, wenn sie genehmigt worden sind und daher baurechtlichen **Bestandsschutz** haben. In diesem Fall ist der durch die Genehmigung entstandene Bestandsschutz in die Abwägung der nachbarlichen Interessen einzubeziehen.[2874] Denn der Bestandsschutz, den eine Nutzung genießt, ist Bestandteil der Situation, in die das Grundstück und seine Umgebung hineingestellt sind.[2875]

1508 Der Bestandsschutz wirkt dabei nach der einen Seite als Situationsberechtigung, nach der anderen als Situationsbelastung. Bei entsprechender Vorbelastung ist das Duldungspotenzial der Wohnnutzung nach § 15 I 2 BauNVO höher als in einem nicht vorbelasteten Wohngebiet. § 15 I 2 BauNVO stellt – insofern vergleichbar mit § 34 I BauGB – auf die Eigenart des konkreten Baugebiets ab und nicht auf den abstrakten Gebietscharakter der Gebiete nach den §§ 2–11 BauNVO. Der Eigentümer eines ausgewiesenen Wohngrundstücks muss deshalb schutzmindernd hinnehmen, dass sein Grundstück

---

[2870] *BVerwG*, B. v. 16. 12. 1992 – 4 B 202.92 – Buchholz 406.11 § 3 BauGB Nr. 4 = *Hoppe/Stüer* RzB Rdn. 1285 – Rhein-Neckar-Stadion.

[2871] Vgl. z. B. § 2 I Verkehrslärmschutzverordnung; § 2 V Sportanlagenlärmschutzverordnung; Nr. 2 321 TA-Lärm.

[2872] *BVerwG*, B. v. 8. 3. 1995 – 4 B 25.95 – Buchholz 406.19 – Nachbarschutz Nr. 125 – Feierabend.

[2873] *BVerwG*, Urt. v. 12. 12. 1975 – IV C 71.73 – BVerwGE 50, 49 = NJW 1977, 1932 = DÖV 1976, 387 = *Hoppe/Stüer* RzB Rdn. 60 – Tunnelofen; B. v. 28. 9. 1993 – 4 B 151.93 – Buchholz 406.19 Nachbarschutz Nr. 119 = NVwZ-RR 1994, 139 = *Hoppe/Stüer* RzB Rdn. 1290 – Geruchsimmissionen; s. Rdn. 609.

[2874] *BVerwG*, Urt. v. 18. 5. 1995 – 4 C 20.94 – BVerwGE 98, 235 = DVBl. 1996, 40 = UPR 1996, 69 = BayVBl. 1996, 151 = NVwZ 1996, 379 – Autolackiererei.

[2875] *BVerwG*, B. v. 18. 12. 1990 – 4 N 6.88 – DVBl. 1991, 442 = UPR 1991, 151 = *Hoppe/Stüer* RzB Rdn. 179 – Gewerbegebiet-Nord.

aufgrund der baurechtlichen Zulassung eines emissionsträchtigen Betriebs auf dem Nachbargrundstück einer erheblichen Situationsbelastung unterliegt. In dieser Situation steht das sich aus dem Bebauungsplan ergebende Recht, ein Wohnhaus zu errichten, unter dem Vorbehalt, dass der Nachbar seinen emittierenden Betrieb fortführen und dadurch auch die Wohnqualität des Baugrundstücks beeinträchtigen darf. Dies darf jedoch nicht schrankenlos geschehen, sondern steht seinerseits unter dem Vorbehalt der Rücksichtnahme auf die für das Nachbargrundstück festgesetzte Nutzungsart. Beide Nutzungen müssen aufeinander so Rücksicht nehmen, dass sowohl die bestandskräftig genehmigte als auch die nach dem Bebauungsplan zulässige Nutzung ausgeübt werden können. Der Betreiber der emittierenden Anlage muss es hinnehmen, dass er einen Standort in einem allgemeinen Wohngebiet und damit in einer gegenüber Immissionen schutzbedürftigen Umgebung hat. Die ihm immissionsschutzrechtlich obliegenden Pflichten sind im Hinblick auf die in der Nachbarschaft zulässige Wohnnutzung näher zu konkretisieren. Das entspricht der inneren Wechselbeziehung, in der Bebauungsrecht und Immissionsschutzrecht zueinander stehen.[2876] Bei der Entscheidung nach § 15 I 2 BauNVO ist folglich zu prüfen, ob durch den Betreiber zumutbare Maßnahmen der Emissionsvermeidung und -minderung ein Zustand erreicht werden kann, der auf dem Nachbargrundstück ein Wohnen ohne Gesundheitsgefahren ermöglicht. Gesunde Wohnverhältnisse (vgl. § 1 VI Nr. 1 BauGB, § 34 I 2 BauGB) müssen gewahrt bleiben. Dann bietet § 15 I 2 BauNVO keine Handhabe, die Baugenehmigung für die auf dem Grundstück baurechtlich allgemein zulässige Nutzung zu versagen. Der Betreiber der emittierenden Anlage hat allerdings nicht nur die Grenze zu ungesunden Wohnverhältnissen zu wahren. Er bleibt auch zu einer weitergehenden Rücksichtnahme verpflichtet, soweit ihm dies vor allem durch technische Schutzvorkehrungen zumutbar ist. Die Grenze der Wohnunverträglichkeit markiert nur, dass oberhalb dieser Immissionsbelastungen eine Baugenehmigung gem. § 15 I 2, 2. Alt. BauNVO nicht mehr erteilt werden darf.[2877]

Welche **Maßnahmen** dem zur Rücksichtnahme auf seine Nachbarschaft verpflichteten Betreiber einer nicht immissionsschutzrechtlich genehmigungsbedürftigen Anlage zumutbar sind, bestimmt sich nach § 22 I 1 BImSchG.[2878] Danach sind immissionsschutzrechtlich nicht genehmigungsbedürftige Anlagen so zu errichten und zu betreiben, dass schädliche Umwelteinwirkungen verhindert werden, die nach dem Stand der Technik vermeidbar sind (Nr. 1), und dass nach dem Stand der Technik unvermeidbare schädliche Umwelteinwirkungen auf ein Mindestmaß beschränkt werden (Nr. 2). Der dem Gewerbebetrieb aufgrund der Baugenehmigung zukommende Bestandsschutz kann sich nur in den Grenzen entfalten, die ihm das Immissionsschutzrecht lässt. Dieses Recht ist dynamisch angelegt. Die Grundpflichten gem. § 22 I 1 BImSchG sind nicht nur im Zeitpunkt der Errichtung der Anlage, sondern in der gesamten Betriebsphase zu erfüllen. Sie wirken unmittelbar. Der Betreiber kann sich nicht darauf berufen, dass der Genehmigungsbescheid keine konkreten Anforderungen an den Schutz der Nachbar-

1509

[2876] *BVerwG*, Urt. v. 4. 7. 1986 – 4 C 31.84 – BVerwGE 74, 315 = DVBl. 1986, 1273 m. Anm. *Seibert* 1277 = NJW 1987, 1713 = NVwZ 1987, 789 = DÖV 1987, 293 = UPR 1987, 106 *Hoppe/Stüer* RzB Rdn. 1174 – Bergbau und Bebauungsplan; Urt. v. 14. 4. 1989 – 4 C 52.87 – DVBl. 1989, 1050 = DÖV 1989, 772 = NVwZ 1990, 257 = *Hoppe/Stüer* RzB Rdn. 66 – Hafengebiet Zementmahlanlage; Urt. v. 29. 4. 1988 – 7 C 33.87 – BVerwGE 79, 254 = BayVBl. 1989, 20 = BRS 48 (1988), Nr. 99 (S. 237) = *Hoppe/Stüer* RzB Rdn. 79 – Feueralarmsirene; Urt. v. 19. 1. 1989 – 7 C 77.87 – BVerwGE 81, 197 = BauR 1989, 172 = DVBl. 1989, 463 = DÖV 1989, 675 = NJW 1989, 1291 = *Hoppe/Stüer* RzB Rdn. 93 – Bezirkssportanlage Tegelsbarg; Urt. v. 24. 4. 1991 – 7 C 12.90 – BVerwGE 88, 143 = DVBl. 1991, 1151 = BauR 1991, 594 = *Hoppe/Stüer* RzB Rdn. 94 – Schulsportplatz.
[2877] *BVerwG*, Urt. v. 18. 5. 1995 – 4 C 20.94 – BVerwGE 98, 235 = DVBl. 1996, 40 = UPR 1996, 69 = BayVBl. 1996, 151 = NVwZ 1996, 379 – Autolackiererei.
[2878] *BVerwG*, Urt. v. 30. 9. 1983 – 4 C 74.78 – BVerwGE 68, 58; Urt. v. 24. 9. 1992 – 7 C 7.92 – Buchholz 406.12 § 15 BauNVO Nr. 22.

schaft stellt.²⁸⁷⁹ Die Baugenehmigungsbehörde hat bei der Entscheidung über die Genehmigung eines baurechtlich allgemein zulässigen Wohnbauvorhabens in der Nachbarschaft einer emittierenden Anlage davon auszugehen, dass deren Betreiber die ihm nach § 22 I 1 BImSchG obliegenden Pflichten erfüllt. Zwar ist die Durchsetzung dieser Pflicht nicht ohne weiteres gewährleistet, weil § 24 BImSchG ein Einschreiten gegen den die Grundpflichten nicht erfüllenden Betreiber in das Ermessen der zuständigen Behörde stellt. Jedoch wäre es nicht gerechtfertigt, demjenigen, der sein Grundstück in der baurechtlich allgemein zulässigen Weise bebauen will, dieses Recht nur deshalb vorzuenthalten, weil der Betreiber der emittierenden Anlage die ihm gesetzlich obliegenden Pflichten nicht erfüllt und die Behörde nichts tut, ihn dazu anzuhalten. Dabei wird das Ermessen umso mehr eingeschränkt, je mehr die den bauwilligen Nachbarn treffenden Immissionen sich der Grenze nähern, die zur Wohnunverträglichkeit führen würden und damit das Wohnbauvorhaben zum Scheitern bringen müssten. Der Gewerbebetrieb hat daher alle ihm zumutbaren Maßnahmen zu ergreifen, um das vom Grundsatz her zumutbare Wohnen in der Nachbarschaft erträglich zu machen. Ist dies der Fall, darf die Bebauung des Nachbargrundstücks mit einem Wohnhaus nicht verweigert werden.²⁸⁸⁰

Hinweis: Für die Nachbarklage auf Aufhebung einer Baugenehmigung wird von den Gerichten im Regelfall ein Streitwert zwischen 1.500 Euro und 15.000 Euro festgesetzt. Innerhalb dieses Rahmens ist der Streitwert nach Maßgabe der geltend gemachten Rechtsbeeinträchtigungen, die der Kläger abwehren will, und den Rechtsgütern, die geschützt werden sollen, zu bestimmen. Geht es dem Kläger vorwiegend um den Schutz seiner Wohnruhe, so rechtfertigt dieses Interesse es regelmäßig, den Streitwert auf 5.000 Euro festzusetzen.²⁸⁸¹

1510 Bauordnungsrechtliche Vorschriften über die Anordnung von Stellplätzen können die Anwendung des § 15 I 2 BauNVO nicht spezialgesetzlich ausschließen. Der in § 15 I 2 BauNVO nach Maßgabe des Rücksichtnamegebots angelegte Drittschutz des Nachbarn besteht grundsätzlich auch gegenüber Anlagen auf Grundstücken, die mit dem Grundstück des Nachbarn durch eine landesrechtliche Vereinigungsbaulast zusammengeschlossen sind.²⁸⁸² Der Eigentümer eines im Gewerbegebiet gelegenen Grundstücks kann unter Berufung auf § 15 I 1 BauNVO die Zulassung eines Seniorenpflegeheims auf dem Nachbargrundstück abwehren, selbst wenn in Folge verfügter Schallschutzmaßnahmen eine Unzulässigkeit des Vorhabens nach § 15 I 2 BauNVO nicht gegeben sein sollte.²⁸⁸³ Bei einer Anlage für soziale und gesundheitliche Zwecke ist im Rahmen von § 15 I 1 BauNVO neben den individuellen Interessen des Bauherrn und des Nachbarn ggf. auch das öffentliche Interesse zu berücksichtigen.²⁸⁸⁴ Bei der Prüfung, ob ein im Einwirkungsbereich einer emittierenden Anlage geplantes Wohngebäude die gebotene Rücksicht nimmt, können unter dem Gesichtspunkt der „architektonischen Selbsthilfe" schon aus Gründen der Praktikabilität allenfalls nahe liegende, sich unter den gegebenen Umständen aufdrängende bauliche Vorkehrungen verlangt werden. Zu einer Optimierung des

---

²⁸⁷⁹ *BVerwG*, B. v. 9. 3. 1988 – 7 B 34.88 – DVBl. 1988, 560 = NJW 1988, 2552 = *Hoppe/Stüer* RzB Rdn. 1033 – Schornsteinerhöhung; B. v. 26. 8. 1988 – 7 B 124.88 – NVwZ 1989, 257 = NuR 1989, 256; s. Rdn. 3675.
²⁸⁸⁰ *BVerwG*, Urt. v. 24. 9. 1992 – 7 C 6.92 – BVerwGE 91, 92 = *Hoppe/Stüer* RzB Rdn. 129 – Tankstelle; Urt. v. 18. 5. 1995 – 4 C 20.94 – BVerwGE 98, 235 = DVBl. 1996, 40 = UPR 1996, 69 = NVwZ 1996, 379 – Autolackiererei.
²⁸⁸¹ So *BVerwG*, Urt. v. 22. 3. 1995 – 4 C 28.91 – Buchholz 360 § 13 GKG Nr. 85 – sowie Streitwertkatalog für die Verwaltungsgerichtsbarkeit DVBl. 2004, 1499.
²⁸⁸² *BVerwG*, Urt. v. 7. 12. 2000 – 4 C 3.00 – DVBl. 2001, 645 = NVwZ 2001, 813 = BauR 2001, 914 – zu § 46 I 2 NBauO.
²⁸⁸³ *VGH Mannheim*, Urt. v. 27. 7. 2001 – 5 S 1093/00 – ZfBR 2002, 79 = DVBl. 2002, 282.
²⁸⁸⁴ *BVerwG*, B. v. 6. 12. 2000 – 4 B 4.00 – DVBl. 2001, 669 = NVwZ-RR 2001, 217 = BauR 2001, 605.

Vorhabens im Sinne einer möglichst nachbarfreundlichen Bauausführung ist der Bauherr nicht verpflichtet.[2885]

§ 15 I 1 BauNVO enthält nicht nur das Gebot der Rücksichtnahme, sondern vermittelt auch einen Anspruch auf Aufrechterhaltung der typischen Prägung eines Baugebietes[2886] **(Gebietsschutz)**. Der Eigentümer eines Grundstücks im durch Bebauungsplan festgesetzten Gewerbegebiet hat kraft Bundesrechts einen Abwehranspruch gegen die Genehmigung eines im Sinne des § 8 I BauNVO – seiner Art nach – erheblich belästigenden und daher nur in einem Industriegebiet nach § 9 BauNVO allgemein zulässigen Gewerbebetriebs. Darauf, ob die von dem Gewerbebetrieb ausgehenden Belästigungen unzumutbar im Sinne des § 15 I 2 BauNVO oder erheblich im Sinne des § 5 I Nr. 1 BImSchG sind, kommt es – anders als bei Abwehransprüchen von Betroffenen außerhalb des Gebiets – für den Schutz des Gebiets gegen „schleichende Umwandlung" nicht an.[2887]

Auf die Einhaltung der festgesetzten Nutzungsart haben die Nachbarn einen **Rechtsanspruch**. Als Eigentümer von Grundstücken, die durch denselben Bebauungsplan ebenfalls als Industriegebiet festgesetzt werden, können sie die Zulassung eines mit der Gebietsfestsetzung unvereinbaren Vorhabens abwehren, weil hierdurch das nachbarliche Austauschverhältnis gestört und eine Verfremdung des Gebiets eingeleitet wird. Nicht zu folgen ist der Rechtsauffassung, der Nachbarschutz könne entfallen, weil eine schutzniveauverschlechternde Entwicklung gar nicht eintreten könne. Zwar mag richtig sein, dass die in einem Industriegebiet vorhandenen Gewerbebetriebe durch eine Diskothek regelmäßig kaum oder nur geringfügig gestört werden dürften. Gleichwohl kann auch im Industriegebiet jede von der Gebietsfestsetzung abweichende Nutzung eine potenzielle Verschlechterung für den Nachbarn bedeuten.[2888]

8. Alternativenabwägung

Die Gemeinde hat sich **aufdrängende oder nahe liegende Alternativen** in die Abwägung einzustellen.[2889] Dies gilt vor allem bei einer nahe liegenden Alternativlösung, mit der die angestrebten Ziele unter geringeren Opfern an entgegenstehenden öffentlichen und privaten Belangen verwirklicht werden können.[2890] Die Pflicht zu einer solchen Alternativenüberprüfung ergibt sich vor allem aus dem Gebot der Proportionalität der

---

[2885] *VGH München*, Urt. v. 3. 8. 2001 – 1 B 99.2106 – BauR 2002, 435 = UPR 2002, 119 – Schreinerei. Zum Abwehranspruch eines Gewerbebetriebes gegenüber einem Wohnbauvorhaben *OVG Münster*, B. v. 25. 2. 2003 – 7 B 2374/02 – DVBl. 2003, 810 = NVwZ-RR 2003, 818 – Betriebsleiterwohnung. Zur entsprechenden Anwendung des § 15 BauNVO auf einen vorhabenbezogenen Bebauungsplan *VGH Mannheim*, B. v. 5. 5. 2003 – 8 S 783/03 –. Zum Schutzanspruch einer Wohnnutzung gegenüber heranrückender kommunaler Einrichtungen an eine Wohnbebauung *VGH Mannheim*, Urt. v. 26. 6. 2002 – 10 S 1559/01 – UPR 2003, 76 = BauR 2002, 1748 – kommunale Freizeiteinrichtung. Zur Verletzung des Rücksichtnahmegebotes durch einen Einzelhandelsbetrieb *VG Karlsruhe*, Urt. v. 10. 2. 2003 – 12 K 1099/00 – Lebensmitteleinkaufsmarkt. Zum Gebot der nachbarlichen Rücksichtnahme bei Bolzplätzen *VGH München*, Urt. v. 25. 11. 2002 – 1 B 97.1352 – Bolzplatz. Bei Verletzung des Rücksichtnahmegebotes kann die Gemeinde auch das Einvernehmen nach § 36 BauGB verweigern, so *VG Neustadt*, Urt. v. 4. 7. 2002 – 4 K 2517/01.NW – gemeindliches Einvernehmen.

[2886] *BVerwG*, B. v. 13. 5. 2002 – 4 B 86.01 – BauR 2002, 1499 = NVwZ 2002, 1384 – Seniorenpflegeheim im Gewerbegebiet im Anschluss an Urt. v. 16. 9. 1993 – 4 C 28.91 – BVerwGE 94, 151 = DVBl. 1994, 284.

[2887] *BVerwG*, B. v. 2. 2. 2000 – 4 B 87.99 – NVwZ 2000, 679 = BauR 2000, 1019 = DÖV 2000, 640 – Bauschuttrecyclinganlage.

[2888] *BVerwG*, Urt. v. 24. 2. 2000 – 4 C 23–98 – DVBl. 2000, 1340 = NVwZ 2000, 1054 = BauR 2000, 1306 – Diskothek.

[2889] *BVerwG*, B. v. 28. 8. 1987 – 4 N 1.86 – DVBl. 1987, 1273 = ZfBR 1988, 44 = *Hoppe/Stüer* RzB Rdn. 63 – Volksfürsorge; B. v. 20. 12. 1988 – 4 B 211.88 – BauR 1989, 507 = *Hoppe/Stüer* RzB Rdn. 40; s. Rdn. 3871.

[2890] *BVerwG*, Urt. v. 22. 3. 1985 – 4 C 15.83 – BVerwGE 71, 166 = *Hoppe/Stüer* RzB Rdn. 87 – B 16.

Abwägung und damit aus dem rechtsstaatlichen **Verhältnismäßigkeitsgrundsatz**. Die Alternativenprüfung ist auch im Rahmen des **Umweltberichts**[2891] angesagt. Darin sind die in Betracht kommenden anderweitigen Planungsmöglichkeiten darzustellen, wobei die Ziele und der räumliche Geltungsbereich des Bauleitplans zu berücksichtigen sind (2 d der Anlage zum BauGB). Dies entspricht den Vorgaben der Plan-UP-Richtlinie. Die Alternativenplanung umfasst damit auch die **Nullvariante**. Die Planung bedarf also bei einer Eingriffswirkung in nachteilig betroffene Belange einer Rechtfertigung. Alternativen, die vor dem Hintergrund der gemeindlichen Zielkonzeptionen eindeutig weniger eingreifen, verdienen in der Planung daher den Vorrang. Das gilt allerdings nur dann, wenn sich die gemeindliche Zielkonzeption dadurch gleich gut verwirklichen lässt. Die Zurückweisung solcher sich anbietender oder aufdrängender Planungsalternativen ist in der Begründung oder an anderer geeigneter Stelle im Planverfahren darzulegen. Werden solche Planungsalternativen nicht in den Planaufstellungsmaterialien behandelt, so kommt dem in aller Regel indizielle Bedeutung für das Vorhandensein eines materiellen Fehlers zu (§ 214 III 2 BauGB). Stellt sich bei der Prüfung heraus, dass eine Abwägung nicht oder auf der Grundlage eines nur unzureichend ermittelten oder bewerteten Abwägungsmaterials stattgefunden hat (§ 2 III BauGB), so ergeben sich dadurch materiellrechtliche Fehler, die unter den Voraussetzungen der §§ 214, 215 BauGB auf die Rechtswirksamkeit der Bauleitplanung durchschlagen.[2892] Ohne entsprechende Veranlassung in der Sache ist eine Alternativenabwägung allerdings nicht erforderlich. So ist die Gemeinde ohne greifbare Anhaltspunkte nicht verpflichtet, selbst alternative Planungsvorstellungen zu entwickeln oder sich im Rahmen eines Vorhaben- und Erschließungsplans alternative Projektentwürfe vorlegen zu lassen. Ein auf der Grundlage eines einzigen Projektentwurfs des künftigen Bauherrn aufgestellter Bebauungsplan ist nicht schon deswegen abwägungsfehlerhaft, weil die Gemeinde über die Erforderlichkeit alternativer Projektentwürfe keine selbstständige Entscheidung getroffen hat, obgleich Dienststellen oder Gremien der Gemeinde solche Alternativen gefordert haben. Die vorgenannten Umstände können jedoch auf einen Abwägungsfehler hindeuten.[2893] Der Grundsatz zur Alternativenabwägung gilt allerdings auch im Blick auf naturschutzrechtliche oder umweltschützende Belange nicht absolut. So ist etwa die Planungsbehörde bei der fachplanungsrechtlichen Entscheidung auch durch § 19 II 1 BNatSchG nicht zur Wahl der ökologisch günstigsten Planungsalternative verpflichtet.[2894] Eine solche Verpflichtung ergibt sich auch nicht im Hinblick auf andere umweltschützende Belange. Denn zu einer in jeder Hinsicht optimalen Planung ist die Gemeinde nicht verpflichtet.

9. Abschnittsbildung

1514   Die Bestimmung des **Geltungsbereichs** des Bebauungsplans liegt grundsätzlich im Ermessen der Gemeinde. Das Plangebiet ist zwar nach sachgerechten Gesichtspunkten abzugrenzen. Eindeutige Grundsätze bestehen in diesem Bereich jedoch nicht. Auch ein sehr kleines Plangebiet, das lediglich ein Grundstück erfasst (**„Briefmarkenbebauungsplan"**) kann Gegenstand eines Bebauungsplans sein.[2895] Grundsätze für die Abgrenzung des Plangebietes können sich jedoch aus dem Gebot der Konfliktbewältigung ergeben. So ist das Plangebiet nach Möglichkeit so abzugrenzen, dass die der Bauleitplanung zuzurechnenden Konflikte auch im Plangebiet bewältigt werden können. Dies kann dazu führen, dass der Sache nach zusammenhängende Probleme auch räumlich-gegenständlich in einem Plangebiet behandelt werden. Um der Gefahr zu großer Plangebiete und der

---

[2891] Zum Umweltbericht s. Rdn. 249, 280, 385, 769, 809, 955, 1040, 1121, 1403, 2079, 2721, 2789.
[2892] *BVerwG*, B. v. 28. 12. 1988 – 4 B 227.88 – NVwZ-RR 1989, 523 = *Hoppe/Stüer* RzB Rdn. 41.
[2893] *BVerwG*, B. v. 28. 8. 1987 – 4 N 1.86 – DVBl. 1987, 1273 = *Hoppe/Stüer* RzB Rdn. 63 – Volksfürsorge; s. Rdn. 867.
[2894] *BVerwG*, Urt. v. 7. 3. 1997 – 4 C 10.96 – BVerwGE 104, 144 = DVBl. 1997, 838 – A 94 Neuötting.
[2895] Zur Abgrenzung des Plangebietes s. Rdn. 325, 3874.

damit verbundenen Unübersichtlichkeit zu begegnen, kann die Gemeinde mehrere Abschnitte bilden, die Gegenstand eines jeweils eigenständigen Bebauungsplans sind.

Für die **Straßenplanung** hat das *BVerwG* an solche Abschnittsbildungen besondere Anforderungen aus der Sicht des Rechtsschutzes der Betroffenen gestellt.[2896] Die Rechtsfigur der planungsrechtlichen Abschnittsbildung stellt dabei eine richterrechtliche Ausprägung des allgemeinen rechtsstaatlichen Abwägungsgebots dar. Ihr liegt die Erwägung zugrunde, dass angesichts vielfältiger Schwierigkeiten, die mit einer detaillierten Streckenplanung verbunden sind, ein planerisches Gesamtkonzept häufig nur in Teilabschnitten verwirklicht werden kann. Das gilt auch in Fällen der sog. isolierten Straßenplanung durch einen Bebauungsplan (vgl. § 9 I Nr. 11 BauGB). Da die durch die Abschnittsbildung entstehenden sog. Zwangspunkte ihrerseits als Abwägungsinhalte in die Planung weiterer Teilabschnitte eingehen, rechtfertigt dies, einen Rechtsschutz gegenüber dem vorherigen Teilabschnitt auch für denjenigen zu begründen, der in seinen Rechten unmittelbar durch den weiteren Ausbau des ihn erst dann berührenden Teilabschnitts betroffen sein kann.[2897] Gleichwohl kann eine Abschnittsbildung auch dann rechtswidrig sein, wenn sie objektiv geeignet ist, die nach Art. 19 IV 1 GG gewährleisteten Rechtsschutzmöglichkeiten wegen übermäßiger „Parzellierung" des Planungsverlaufs faktisch unmöglich zu machen.[2898] Neben diesen eher verfahrensrechtlichen und prozessualen Gesichtspunkten muss sich die jeweils getroffene Abschnittsbildung auch inhaltlich rechtfertigen lassen. Zum einen hat die Bildung von Teilabschnitten ihrerseits das Ergebnis planerischer Abwägung zu sein. Auch hier gilt, dass Sachfragen, die sachgerecht nur einheitlich gelöst werden können, auch verfahrensrechtlich nur einheitlich geplant und entschieden werden dürfen.[2899] Zum anderen bedarf der Streckenabschnitt der eigenen Rechtfertigung, die allerdings vor dem Hintergrund der beabsichtigten Gesamtplanung zu sehen ist. Daher muss der jeweilige Teilabschnitt grundsätzlich eine insoweit selbstständige Verkehrsfunktion besitzen.[2900] Vor allem soll vermieden werden, dass durch eine nicht sachgerechte Abschnittsbildung ein Planungstorso entsteht. Deshalb muss jeder Straßenabschnitt vom Grundsatz her eine eigene Verkehrsbedeutung haben. Von diesem Grundsatz gibt es allerdings dann Ausnahmen, wenn im Ergebnis sichergestellt werden kann, dass ein Planungstorso vermieden wird.[2901] Diese für das straßenrechtliche Fachplanungsrecht entwickelten Grundsätze dürften auch dann anzuwenden sein, wenn durch **Bebauungsplan** eine Straßenplanung erfolgt oder ein sonstiges einheitliches Vorhaben in mehreren Bebauungsplänen verwirklicht werden soll. Die Bildung von Abschnitten durch die Aufteilung des Vorhabens in mehrere Bebauungspläne ist danach zulässig, wenn sie auf der Grundlage einer Gesamtabwägung erfolgt, die Abschnittsbildung sachgerecht ist und der einzelne Abschnitt eine eigenstän-

---

[2896] *BVerwG*, Urt. v. 25. 1. 1996 – 4 C 5.96 – BVerwGE 100. 238 = DVBl. 1996, 677 – Eifelautobahn A 60; Urt. v. 7. 3. 1997 – 4 C 10.96 – BVerwGE 104, 144 = DVBl. 1997, 838 – A 94 Neuötting; Urt. v. 14. 10. 1996 – 4 A 35.96 – Buchholz 407.4 § 17 FStrG Nr. 123 – A 38 Halle-Leipzig; Urt. v. 12. 12. 1996 – 4 C 29.94 – DVBl. 1997, 798 – Nesselwang-Füssen; für einen weiteren Rechtsschutz auch der nicht unmittelbar durch die Planfeststellung betroffenen Nachbarn *Blümel* in: Stüer (Hrsg.) Verfahrensbeschleunigung, S. 17.

[2897] *BVerwG*, Urt. v. 26. 6. 1981 – 4 C 5.78 – BVerwGE 62, 342 = Buchholz 407.4 § 16 FStrG Nr. 1 – NJW 1981, 2592; Urt. v. 6. 12. 1985 – 4 C 59.82 – BVerwGE 72, 282 = Buchholz 407.4 § 17 FStrG Nr. 62; s. Rdn. 3055.

[2898] *BVerwG*, Urt. v. 27. 7. 1990 – 4 C 26.87 – Buchholz 442.08 § 36 BBahnG Nr. 18 S. 37 – NVwZ 1991, 781.

[2899] *BVerwG*, B. v. 14. 9. 1987 – 4 B 176.87 u. a. – Buchholz 407.4 § 17 FStrG Nr. 67 – UPR 1988, 70.

[2900] *BVerwG*, Urt. v. 26. 6. 1992 – 4 B 1–11.92 – NVwZ 1993, 754 = DVBl. 1992, 1435 = *Hoppe/Stüer* RzB Rdn. 13.

[2901] *BVerwG*, Urt. v. 12. 12. 1996 – 4 C 29.94 – DVBl. 1997, 798 – Nesselwang-Füssen; Urt. v. 7. 3. 1997 – 4 C 10.96 – BVerwGE 104, 144 = DVBl. 1997, 838 – A 94 Neuötting; für einen umfassenden Rechtsschutz der Planbetroffenen *Blümel* in: Stüer (Hrsg.) Verfahrensbeschleunigung, S. 17.

dige Verkehrsfunktion hat.²⁹⁰² Der Planbetroffene kann dabei auch gegen Nachbarbebauungspläne Rechtsschutz suchen, wenn durch sie Zwangspunkte für die Betroffenheit des eigenen Grundstücks gesetzt werden. Eine fehlerhafte Abschnittsbildung kann ggf. durch eine Erklärung, den Baubeginn nur gemeinsam durchzuführen, geheilt werden.²⁹⁰³

1516 Die Rechtsgrundsätze der **Abschnittsbildung** im Fernstraßenrecht sind auch auf die **Straßenplanung** durch Bebauungsplan übertragbar. Die Gemeinde darf daher eine Straße, die sie in Abschnitten als Ersatz für eine als Ortszentrum durchfahrende Landesstraße plant, zunächst als Gemeindestraße planen, auch wenn später beabsichtigt ist, die Ortsumgehung nach vollständiger Fertigstellung aller Abschnitte als Landesstraße zu widmen.²⁹⁰⁴ Auch soweit der Bebauungsplan die Planfeststellung für den Bau einer Straße ersetzt, ist eine Planung in Abschnitten zulässig. Jedoch muss – wie bei der Planfeststellung²⁹⁰⁵ – jeder Abschnitt grundsätzlich eine eigene Verkehrsfunktion haben, um zu gewährleisten, dass die Teilplanung auch dann nicht sinnlos wird, wenn das Gesamtkonzept später nicht verwirklicht werden kann. Ferner muss die Prognose ergeben, dass der Verwirklichung des Gesamtvorhabens in den Folgeabschnitten keine von vornherein unüberwindbaren Schwierigkeiten entgegenstehen.²⁹⁰⁶

10. Abwägungsgrundsätze

1517 Die bei der Bauleitplanung zu berücksichtigenden **Belange** sind zwar prinzipiell **gleichgeordnet** oder haben – soweit sie einem Optimierungsgebot unterliegen – einen **relativen Vorrang**. Der Ausgleich zwischen den betroffenen Belangen erfolgt aber letztlich erst in einer Bewertung der konkreten Einzelfallumstände vor dem Hintergrund der jeweiligen städtebaulichen Konzeption. **Allgemein anerkannte Grundsätze des Städtebaus** in dem Sinne, dass sich aus solchen Handlungsmaximen zwingende und allgemein gültige Schlussfolgerungen für die Behandlung von Einzelproblemen der Stadtplanung ableiten ließen, sind kaum erkennbar. Die Frage nach den anerkannten Grundsätzen des Städtebaus muss daher verneint werden, wenn man hierunter unmittelbar in Rechtsnormen umsetzbare Planungsgrundsätze versteht.

Beispiel: Die Gemeinde plant ein neues Wohngebiet im Anschluss an eine bestehende Bebauung. Ob dort eine Bebauung mit freistehenden eingeschossigen Einfamilienhäusern oder mehrgeschossigen Hausgruppen vorgesehen wird, kann aus allgemeinen Grundsätzen des Städtebaus nicht abgeleitet werden. Vor allem sind solche Grundsätze ihrer Zeit verpflichtet und insoweit einem starken Wandel unterworfen. Allerdings können aus gesetzgeberischen Wertungen und allgemein anerkannten Grundüberzeugungen im Städtebau Abwägungsgrundsätze i. S. von **Leitlinien** abgeleitet werden.²⁹⁰⁷

1518 **a) Gebot der planerischen Konfliktbewältigung.** Es entspricht einem anerkannten Abwägungsgrundsatz, dass die mit der Planung verbundenen Konflikte so weit wie möglich auch durch die Planung gelöst werden sollen. Das Gebot stellt Grundanforderungen an die Bauleitplanung und verlangt, dass die danach zu berücksichtigenden

---

²⁹⁰² *BVerwG*, Urt. v. 26. 6. 1992 – 4 B 1–11.92 – NVwZ 1993, 754 = *Hoppe/Stüer* RzB Rdn. 13; zur Straßenplanung durch Bebauungsplan *OVG Münster*, Urt. v. 30. 12. 1997 – 10a D 41/95.NE – UPR 1998, 240.

²⁹⁰³ *BVerwG*, Urt. v. 25. 1. 1996 – 4 C 5.95 – BVerwGE 100, 238 = DVBl. 1996, 677 – Eifelautobahn A 60; vgl. zur Abschnittsbildung in der Fernstraßenplanung und zu den Heilungsmöglichkeiten bei fehlerhafter Abschnittsbildung u. Rdn. 3878.

²⁹⁰⁴ Zu den Anforderungen an den Planfeststellungsbeschluss, wenn bei einer Abschnittsbildung ein Abschnitt durch einen Bebauungsplan geregelt wird: *OVG Lüneburg*, Urt. v. 18. 11. 1998 – 7 K 912/98 – NuR 1999, 522.

²⁹⁰⁵ *BVerwG*, Urt. v. 25. 1. 1996 – 4 C 5.95 – BVerwGE 100, 238; Urt. v. 7. 3. 1997 – 4 C 10.96 – BVerwGE 104, 144.

²⁹⁰⁶ *BVerwG*, Urt. v. 10. 4. 1997 – 4 C 5.96 – BVerwGE 104, 236.

²⁹⁰⁷ *Hoppe* in: *Hoppe/Bönker/Grotefels* § 7 Rdn. 25, 102.

Belange in die Abwägung eingestellt werden. Der Plan darf dabei der Plandurchführung nur überlassen, was diese – etwa mit Hilfe des § 15 BauNVO – tatsächlich zu leisten vermag. Das Gebot der planerischen Konfliktbewältigung hat verschiedene **Ausprägungen:**
– Das Gebot der möglichsten **Ausschöpfung** des in dem Planungsrecht vorgegebenen **Konfliktlösungspotenzials**.
– Das Gebot der möglichsten Vermeidung der Verschiebung der planerischen Konfliktlösung (**planerischer Konflikttransfer**). Sich abzeichnende Konflikte sind nach Möglichkeit zu vermeiden oder in der Planung zu lösen, nicht jedoch von vornherein ohne sachliche Berechtigung zu verschieben.

b) Gebot der Rücksichtnahme auf schützenswerte Individualinteressen. Bei der Bauleitplanung sind zu schützende Individualinteressen zu berücksichtigen. Für die gemeindliche Bauleitplanung lassen sich aus dem Rücksichtnahmegebot folgende Einzelgebote ableiten:[2908]
– **Grundsatz der Differenzierung und Schonung.** Die Rücksichtnahme auf schutzwürdige Belange ist nicht i. S. absoluter Vorränge zu verstehen, sondern verlangt eine differenzierende Betrachtung nach dem jeweiligen Schutzgut und den sonst zu berücksichtigenden Belangen. Die Planung muss auf das jeweilige Schutzpotenzial ggf. mit differenzierenden Ausweisungen reagieren.
– **Grundsatz der Trennung unverträglicher Nutzungen.** Wohnnutzung und ihrem Wesen nach umgebungsbelastende Industrie sollen nach Möglichkeit nicht auf engem Raum zusammengeführt werden.[2909] In abgestufter Form gilt dieser Grundsatz auch für das Nebeneinander von Wohnen und Gewerbe.
– **Grundsatz der planerischen Vorbeugung.** Die Bauleitplanung soll möglichst Vorsorge dafür treffen, dass unerträgliche Nutzungen nicht auf engem Raum zueinander stoßen und auch im Übrigen keine Konflikte entstehen, die des späteren Ausgleichs bedürfen.
– **Grundsatz der Beherrschbarkeit von Emissionen.** Die planerischen Ausweisungen sollten jeweils eine verträgliche Einbindung der zugelassenen Nutzung in die Umgebung gewährleisten. Allerdings kann hier ggf. ein Ausgleich noch im Einzelgenehmigungsverfahren nach Maßgabe des § 15 I BauNVO erfolgen.
– **Grundsatz des Vorrangs der Konfliktvermeidung.** Die Bauleitplanung sollte bewältigungsbedürftige Konflikte nach Möglichkeit vermeiden und sie nicht erst entstehen lassen, um sie anschließend durch Schutzauflagen oder andere Maßnahmen abzumildern. Die Trennung von unverträglichen Nutzungen hat daher grundsätzlich einen Vorrang vor der Zusammenführung solcher Nutzungen und der Anordnung von Schutzauflagen.
– **Grundsatz der Berücksichtigung von Bestandsschutz- und Vertrauensschutzinteressen.** Soll in einen vorhandenen Bestand eingegriffen werden, so unterliegt die Planung dem qualifizierten Abwägungsgebot.[2910]

c) Verbot des enteignungsrechtlichen Konflikttransfers. Führt die Bauleitplanung zu schweren und unerträglichen Einwirkungen oder auf der Grundlage der Bauleitplanung zu einer unmittelbaren Inanspruchnahme des Grundstücks, so darf der sich daraus ergebende Interessenkonflikt nicht einfach unbewältigt bleiben. Die Gemeinde hat in solchen Fällen vielmehr ein Wahlrecht. Sie hat entweder die Beeinträchtigungen der Planung durch entsprechende Planänderungen zu reduzieren oder das jeweilige Grundeigentum durch planerische Festsetzungen in Anspruch zu nehmen und dadurch die Voraussetzun-

---

[2908] *Hoppe* in: *Hoppe/Bönker/Grotefels* § 7 Rdn. 160 ff.; s. Rdn. 1485.
[2909] *BVerwG*, Urt. v. 5. 7. 1974 – IV C 50.72 – BVerwGE 45, 309 = *Hoppe/Stüer* RzB Rdn. 24 – Delog-Detag.
[2910] *BVerfG*, Urt. v. 10. 7. 1990 – 2 BvR 470/90 u. a. – BVerfGE 82, 310 = DVBl. 1990, 930; B. v. 12. 5. 1992 – 2 BvR 470/90 – BVerfGE 86, 90 = DVBl. 1992, 1141 – Papenburg; *Stüer* DVBl. 1977, 1.

gen für eine Enteignung und Entschädigung zu schaffen.²⁹¹¹ Solche Anforderungen an die Bauleitplanung können sich auch bei Überschreitung einer einfachgesetzlichen Zumutbarkeitsgrenze, die unterhalb der enteignenden Wirkung i. S. des Art. 14 GG liegt, ergeben. Das Abwägungsgebot trägt in einer für planerische Entscheidungen spezifischen Art dem **Verhältnismäßigkeitsprinzip** Rechnung, aus dem sich u. a. auch der Grundsatz des geringstmöglichen Eingriffs ableiten lässt. Soll auf der Grundlage der Bauleitplanung ein Eingriff in das Grundstück durch Enteignung erfolgen, muss das Gewicht des Eigentums den Anforderungen des Art. 14 GG entsprechend in die Abwägung eingestellt werden. Das Eigentümerinteresse ist nur dann in einer Enteignung überwindbar, wenn das Vorhaben dem Wohl der Allgemeinheit dient.²⁹¹² Denn das durch Art. 14 I GG geschützte Eigentum gehört in hervorragender Weise zu den abwägungserheblichen Belangen, mit denen sich die planende Behörde auseinander zu setzen hat.²⁹¹³ Aus dem Abwägungsgebot lässt sich dabei auch die Forderung ableiten, dass ein bewertender Ausgleich der von der Planung berührten privaten und öffentlichen Interessen vorgenommen wird. Das schließt gerade bei beabsichtigten Eingriffen in das Eigentum, die durch die Bauleitplanung vorbereitet werden sollen, die Prüfung ein, ob sich das planerische Ziel mit geringerer Eingriffsintensität verwirklichen lässt.²⁹¹⁴ Soll das Eigentum nach der Bauleitplanung in der Hand des bisherigen Eigentümers verbleiben und sollen auch (Teil-)Eigentumsbefugnisse nicht auf die öffentliche Hand oder einen Dritten übergehen, so liegt nach der Rechtsprechung des *BVerfG* zwar keine Enteignung i. S. des Art. 14 III GG vor. Bei schweren und unerträglichen Eigentumsbeeinträchtigungen kann aber eine Inhalts- und Schrankenbestimmung nach Art. 14 I 2 GG gegeben sein, die nur bei einer entsprechenden Kompensation verfassungsrechtlich zulässig ist.²⁹¹⁵ Diese Prüfung wird durch die allgemeinen Grundsätze des Abwägungsgebotes vermittelt. Der Prüfung unterliegt nur, ob alle Belange mit einem nicht eindeutig fehlerhaften Gewicht eingestellt und mit den anderen zu berücksichtigenden Belangen zu einer sachgerechten Ausgleichsentscheidung verarbeitet worden sind. Der Prüfung geringer eingreifender Entscheidungsalternativen sind die planerischen Zielvorstellungen der Gemeinde zugrunde zu legen, so weit sie ihrerseits sachgerecht sind.²⁹¹⁶

1521 **d) Modifizierung der Grundsätze in Gemengelagen.** In vorhandenen Gemengelagen, also Bereichen, in denen unterschiedliche Nutzungen aufeinander stoßen oder sich mischen, sind die vorgenannten Grundsätze modifiziert.
- Es bestehen **gesteigerte Duldungspflichten** der schutzbedürftigen Nutzung und **verminderte Einwirkungsmöglichkeiten** belastender Nutzungen. Die Planung hat diese Probleme durch Verteilung von Last und Gunst zu bewältigen und möglichst auf eine Reduzierung und Milderung der Konflikte hinzuwirken.
- Das Einwirkungs- und Duldungspotenzial unterschiedlicher Nutzungen ist durch die Bildung einer Art von **Mittelwerten** zu bestimmen. Immissionsempfindliche Nutzungen haben einen im Vergleich zu anderen Baugebieten geringeren Schutzanspruch, Gewerbe und Industrie müssen auf schutzempfindliche Nutzungen mehr als sonst erforderlich Rücksicht nehmen, so dass sich im Übergangsbereich unterschiedlicher Nutzungen eine Art von Mittelwert bildet.²⁹¹⁷ Die Mittelwertbildung ist allerdings nicht schematisch, sondern einzelfallbezogen.

---

²⁹¹¹ S. Rdn. 1695.
²⁹¹² *BVerwG*, B. v. 16. 6. 1993 – 4 B 90.93 – *Hoppe/Stüer* RzB Rdn. 124 – Straßenbegradigung.
²⁹¹³ *BVerwG*, Urt. v. 12. 7. 1985 – 4 C 40.83 – BVerwGE 72, 15 = *Hoppe/Stüer* RzB Rdn. 1251 – Rhein-Main-Donau-Kanal.
²⁹¹⁴ *BVerwG*, Urt. v. 22. 3. 1985 – 44 C 15.83 – BVerwGE 71, 166 = *Hoppe/Stüer* RzB Rdn. 87 – B 16.
²⁹¹⁵ S. Rdn. 1681.
²⁹¹⁶ *BVerwG*, Urt. v. 26. 7. 1993 – 4 A 5.93 – Zschopau.
²⁹¹⁷ *BVerwG*, Urt. v. 5. 7. 1974 – IV C 50.72 – BVerwGE 45, 309 = *Hoppe/Stüer* RzB Rdn. 24 – Delog-Detag; Urt. v. 12. 12. 1975 – IV C 71.73 – BVerwGE 50, 49 = *Hoppe/Stüer* RzB Rdn. 61 – Tunnelofen; s. Rdn. 1457.

– Bei der Abwägung von Belangen im Verflechtungsbereich der unterschiedlichen Nutzungen sind die Möglichkeiten der **Gliederung** oder **Nutzungseinschränkungen** nach § 1 IV- X BauNVO zu nutzen.

e) Sonstige Grundsätze. Weitere Abwägungsgesichtspunkte ergeben sich aus folgenden Grundsätzen: **1522**
– Grundsatzkonkret individueller Planung,
– Grundsatz zielgerichteter Abwägung,
– Grundsatz fachlich optimaler Planung,
– Grundsatz möglichster Lastengleichheit und optimaler Interessenbefriedigung,
– Grundsatz sachgerechter Planungsprognosen.

Die vorgenannten Abwägungsgrundsätze sind nicht i. S. von strikt zu beachtenden, nicht ausnahmefähigen Regeln zu verstehen, sondern stellen im Abwägungsprozess eher **Orientierungsgrundsätze** und allgemeine Leitlinien dar, die bei einer Einzelabwägung zu berücksichtigen sind. Die Abwägungsgrundsätze unterliegen der gemeindlichen Bewertung und lassen Beurteilungsspielräume im Einzelfall zu. Auch für die gerichtliche Kontrolle können sich aus den vorgenannten Abwägungsgrundsätzen zwar allgemeine Orientierungsleitlinien ergeben, nicht jedoch feste Rechtsregeln, deren Verletzung ohne Prüfung des Einzelfalls auf die Rechtswidrigkeit der Bauleitplanung unmittelbar durchschlägt. Wird das Abwägungsgebot allerdings nicht beachtet, so können sich daraus gesteigerte Rechtfertigungszwänge ergeben, die in eine Rechtswidrigkeit der Planung etwa wegen einer nicht ordnungsgemäßen Zusammenstellung des Abwägungsmaterials oder einer Fehlgewichtung von Belangen umschlagen können (§ 2 III BauGB). **1523**

Beispiel: Die Gemeinde weist durch Bebauungsplan eine neue Straße aus, die zu einem nicht unerheblichen Landverbrauch führt. Der betroffene Grundstückseigentümer spricht sich für eine ihn weniger beeinträchtigende Alternativtrasse aus, die zu einem weniger umfangreichen Landverbrauch führt. Als von einer Enteignung Betroffener kann der Grundstückseigentümer zwar auch die Verletzung öffentlicher Belange geltend machen.[2918] Die landverbrauchende Durchquerung von Grundeigentum begründet aber erst dann einen Abwägungsfehler, wenn dem Verbrauch nicht zumindest gleichgewichtige Gründe gegenüberstehen. Die Gemeinde hat dabei einen Bewertungs- und Abwägungsspielraum. Ihr ist es in erster Linie aufgetragen, eine planerische Abwägung vorzunehmen und die Vor- und Nachteile der jeweiligen Lösungen gegeneinander und untereinander abzuwägen. Die getroffene Entscheidung ist nicht bereits deshalb fehlerhaft, weil die Gemeinde dabei den einen Belang dem anderen vorzieht.[2919] Denn es ist nicht Aufgabe der Verwaltungsgerichte, durch eigene Ermittlungen ersatzweise zu planen und sich hierbei von den Erwägungen einer „besseren Planung" leiten zu lassen.[2920]

f) Schonungs- und Kompensationserfordernisse. Die Bauleitplanung unterliegt im Rahmen der Ausgleichsentscheidung zusätzlichen Prüfschritten, die für zurückgestellte Belange die Prüfung der Vermeidung, der Minderung, des Ausgleichs oder der Kompensation in sonstiger Weise umfassen. Dies gilt nicht nur für die naturschutzrechtlichen Belange, für die ein solches Prüfungsraster in § 1a III BauGB angelegt ist, sondern auch für umweltschützende Belange, für die im Umweltbericht die geplanten Maßnahmen zur Vermeidung, Verringerung und zum Ausgleich der nachteiligen Auswirkungen darzustellen sind (Anlage 2c der Anlage zum BauGB). Auch andere von der Planung nachteilig betroffenen Belange sind in die Prüfung von Vermeidungs-, Minderungs- und Aus- **1524**

[2918] *BVerwG*, Urt. v. 18. 3. 1983 – 4 C 80.79 – BVerwGE 67, 74 = *Hoppe/Stüer* RzB Rdn. 1245 – Wittenberg; kritisch zur Begrenzung der Abwehrrechte auf den in: Anspruch genommenen Eigentümer *Blümel* in: Stüer (Hrsg.) Verfahrensbeschleunigung, S. 17; s. Rdn. 4300.

[2919] *BVerwG*, Urt. v. 12. 12. 1969 – IV C 105.66 – BVerwGE 34, 301 = *Hoppe/Stüer* RzB Rdn. 23 – Abwägung; Urt. v. 5. 7. 1974 – IV C 50.72 – BVerwGE 45, 309 = *Hoppe/Stüer* RzB Rdn. 24 – Delog-Detag.

[2920] *BVerwG*, Urt. v. 31. 3. 1995 – 4 A 1.93 – NVwZ 1995, 901 = DVBl. 1995, 1007.

gleichs- und sonstigen Kompensationsmöglichkeiten einzubeziehen. Hieraus ergeben sich zusätzliche Prüfungsschritte im Rahmen der Ausgleichsentscheidung, wobei das Ergebnis der Prüfung durch diese verfahrensrechtlichen Anforderungen allerdings nicht vorbestimmt ist.[2921]

1525 g) **Recht auf Abwägung.** Für den einzelnen Planbetroffenen ergibt sich aus dem Aufstellungsverfahren oder dem Abwägungsgebot in § 1 VII BauGB nach Auffassung des *BVerwG*[2922] wie im Fachplanungsrecht[2923] **ein Recht auf Abwägung der eigenen betroffenen Belange.**[2924] Bloße Interessen oder Belange sind zwar keine „materiellen Rechte", in die nur bei einer entsprechenden Kompensation eingegriffen werden darf.[2925] Das in § 1 VII BauGB enthaltene Abwägungsgebot hat aber nach Auffassung des *BVerwG* drittschützenden Charakter hinsichtlich solcher privater Belange, die für die Abwägung erheblich sind.[2926] Für die Zulässigkeit des Normenkontrollantrags nach § 47 II VwGO reicht daher bereits die Möglichkeit einer Verletzung im Recht auf Abwägung aus.[2927] In die Prüfung der Begründetheit der Sache selbst braucht das Gericht danach noch nicht im Einzelnen einzusteigen. Denn durch das Erfordernis einer möglichen eigenen Rechtsverletzung soll nach Auffassung des *BVerwG* nur die Popularklage ausgeschlossen werden. Zudem sei die Bauleitplanung ebenso wie die Planfeststellung durch autonome Abwägungselemente gekennzeichnet, die sie von der gebundenen Zulassungsentscheidung etwa des Immissionsschutzrechts oder auch der einzelnen Baugenehmigung unterscheide. Die Entscheidung des *BVerwG* zum Recht auf Abwägung in der Bauleitplanung stellt in der Sache die Antragsbefugnis in der Normenkontrolle mit der bisherigen Rechtsprechung zum Nachteilsbegriff gleich.[2928]

1526 h) **Das Eigentum in der Abwägung.** Bebauungspläne bestimmen gemäß Art. 14 I 2 GG Inhalt und Schranken des Eigentums.[2929] Der Satzungsgeber muss ebenso wie der Gesetzgeber bei der Bestimmung von Inhalt und Schranken des Eigentums die schutzwürdigen Interessen des Eigentümers und die Belange des Gemeinwohls in einen gerechten Ausgleich und ein ausgewogenes Verhältnis bringen.[2930] Das in § 1 VII BauGB festgelegte Abwägungsgebot erlaubt bei einer Planungsentscheidung einen besonders flexiblen und dem Einzelfall gerecht werdenden Interessenausgleich unter maßgeblicher Berücksichtigung des Grundsatzes der Verhältnismäßigkeit, die vom BVerfG nur

---

[2921] S. Rdn. 1393.

[2922] *BVerwG*, Urt. v. 24. 9. 1998 – 4 CN 2.98 – BVerwGE 107, 215 = DVBl. 1999, 100 m. Anm. *Schmidt-Preuß*, 103.

[2923] *BVerwG*, Urt. v. 14. 2. 1975 – IV C 21.74 – BVerwGE 48, 56 = DVBl. 1975, 713 = *Hoppe/Stüer* RzB Rdn. 50 – B 42; s. Rdn. 4301.

[2924] Kritisch im Hinblick auf diese Begrenzung *Blümel* in: Stüer (Hrsg.) Verfahrensbeschleunigung, S. 17.

[2925] *BVerwG*, Urt. v. 21. 5. 1976 – IV C 80.74 – BVerwGE 51, 15 = DVBl. 1976, 779; Urt. v. 29. 1. 1991 – 4 C 51.89 – BVerwGE 87, 332 = DVBl. 1991, 885; *BVerfG*, B. v. 14. 7. 1981 – 1 BvL 24/78 – BVerfGE 58, 137 = DVBl. 1982, 298 – Pflichtexemplare.

[2926] Und das *BVerwG* fügt im Urt. v. 24. 9. 1998 – 4 CN 2.98 – BVerwGE 107, 215 = DVBl. 1999, 100 hinzu: „Die Verpflichtung der planenden Gemeinde, unzumutbare Beeinträchtigungen benachbarter Grundstücke zu vermeiden, ergibt sich nach Maßgabe des in § 1 VII BauGB normierten Abwägungsgebots. Für ein davon gesondertes bauplanungsrechtliches Rücksichtnahmegebot – im Sinne einer eigenständigen rechtlichen Kategorie – ist kein Raum."

[2927] Zur Möglichkeitstheorie *BVerwG*, Urt. v. 22. 2. 1994 – 1 C 24.92 – BVerwGE 95, 133; B. v. 18. 3. 1994 – 4 NB 24.93 – NVwZ 1994, 683 = Buchholz 310 § 47 VwGO Nr. 88.

[2928] *BVerwG*, Urt. v. 29. 7. 1977 – IV C 51.75 – BVerwGE 54, 211 = *Hoppe/Stüer* RzB Rdn. 1293 – vorbeugender Rechtsschutz; B. v. 16. 12. 1992 – 4 B 202.92 – Buchholz 406.11 § 3 BauGB Nr. 4 – Fußballstadion; *Stüer* BauR 1999, 1221.

[2929] *BVerfG*, B. v. 30. 11. 1988 – 1 BvR 1301/84 – BVerfGE 79, 174.

[2930] Zu den dabei zu beachtenden Verfassungsgrundsätzen *BVerfG*, B. v. 2. 3. 1999 – 1 BvL 7/91 – BVerfGE 100, 226 = NJW 1999, 2877 = DVBl. 1999, 1498 – Direktorenvilla; *Stüer/Thorand* NJW 2000, 3232.

darauf zu prüfen ist, ob sie sich in den verfassungsrechtlich vorgezeichneten Grenzen hält.²⁹³¹

Dabei kann sich die Frage stellen, ob der mit der Festsetzung zulässigerweise verfolgte Zweck, das geplante Wohnviertel mit ausreichenden öffentlich zugänglichen Freiflächen zu versorgen, nicht auch unter Inanspruchnahme anderer, baulich nutzbarer Freiflächen und damit unter weitgehender Schonung des Grundbesitzes zu erreichen gewesen wäre. Der Stellenwert der betroffenen Belange wird sich sachgerecht nur ermitteln lassen, wenn über die Baulandqualität des betreffenden Grundstück Klarheit besteht. Denn der Entzug von Baurechten kann sich für den Betroffenen wie eine (Teil-)Enteignung auswirken und bedarf daher im Rahmen der Abwägung entsprechend gewichtiger Gründe.²⁹³²

Bestehen für die Festsetzung, die als Folge des gewählten Standorts die Nutzbarkeit nur bestimmter Grundstücke empfindlich beschneidet, gerade an dieser Stelle sachlich einleuchtende Gründe,²⁹³³ ist dem Erfordernis eines Mindestmaßes an Lastengleichheit genügt, wenn die planungsbedingten Ungleichbelastungen durch bodenordnende Maßnahmen ausgeglichen werden können.²⁹³⁴

7. Teil. Plansicherungsinstrumente

Zur Sicherung der Bauleitplanung stellt das BauGB den planenden Gemeinden umfangreiche Plansicherungsinstrumente zur Verfügung, die von der Veränderungssperre (§§ 14, 16 BauGB) und der Zurückstellung von Baugesuchen (§ 15 BauGB)²⁹³⁵ bis zu den gesetzlichen Vorkaufsrechten (§§ 24 ff. BauGB) reichen. Die Teilungsgenehmigungssatzung (§ 19 BauGB) ist allerdings durch das EAG Bau abgeschafft worden. Insoweit können sich Genehmigungserfordernisse bei der Teilung von Grundstücken nur noch aus dem Landesrecht ergeben.

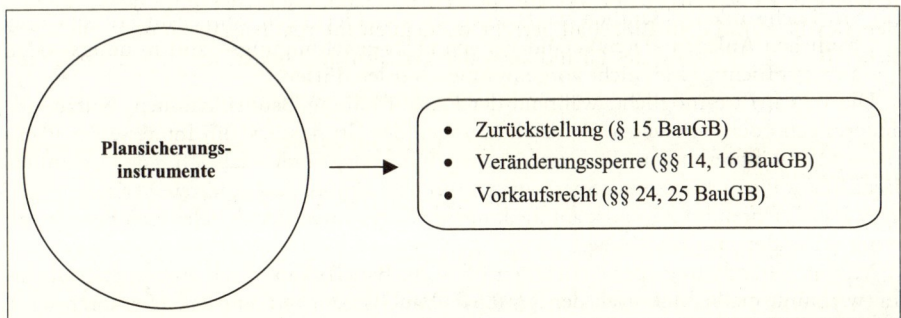

---

²⁹³¹ *BVerfG*, B. v. 23. 6. 1987 – 2 BvR 826/83 – BVerfGE 76, 107. Zur Beachtung von Bedeutung und Tragweite der Eigentumsgarantie nach Art. 14 I, II durch die Fachgerichte bei der Auslegung und Anwendung der Vorschriften *BVerfG*, B. v. 16. 2. 2000 – 1 BvR 242/91 – BVerfGE 102, 1 – Altlastensanierung.
²⁹³² *BVerfG*, B. v. 9. 1. 1991 – 1 BvR 929/89 – BVerfGE 83, 201.
²⁹³³ Vorzeichnung der Situierung des öffentlichen Grünzugs durch die am geplanten Standort vorhandene, von Bebauung freizuhaltende Kanalschutzzone sowie durch den Gehölzbestand auf den Grundstücken der Beschwerdeführer.
²⁹³⁴ *BVerfG*, B. v. 19. 12. 2002 – 1 BvR 1402/01 – NVwZ 2003, 727 = BauR 2003, 1338, mit Hinweis auf *BGH*, Urt. v. 11. 11. 1976 – III ZR 114/75 – BGHZ 67, 320.
²⁹³⁵ Zur Zurückstellung s. Rdn. 1581.

I. Veränderungssperre

1530 Die Aufstellung eines Bebauungsplans nimmt vielfach nicht unerhebliche Zeit in Anspruch. Wenn die Bauleitplanung daher nicht zu spät kommen will, ist es vielfach erforderlich, während der Planaufstellung durch ein entsprechendes **Sicherungsinstrumentarium** zu gewährleisten, dass nicht durch die Verwirklichung von Bauvorhaben oder durch Nutzungsänderungen vor Ort vollendete Tatsachen geschaffen werden, die das förmliche Planverfahren nutzlos erscheinen lassen. Das BauGB ermöglicht durch eine Veränderungssperre, dass die Bauleitplanung gegenüber Bauwünschen und Nutzungsänderungen die Oberhand behält.[2936]

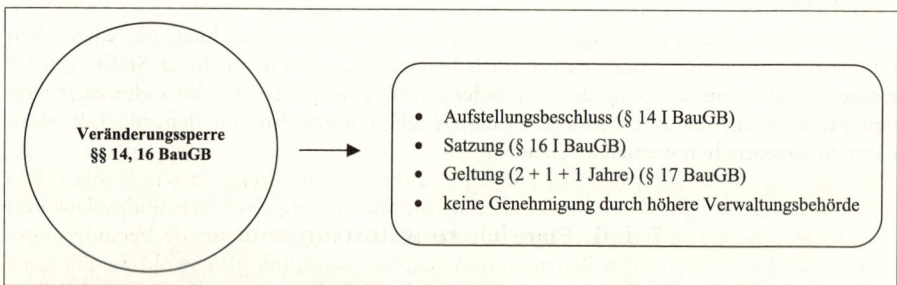

1. Voraussetzungen für die Veränderungssperre

1531 Nach § 14 I BauGB kann die Gemeinde, wenn ein Beschluss zur Aufstellung eines Bebauungsplans gefasst ist, zur Sicherung der Planung für den künftigen Planbereich eine **Veränderungssperre** mit dem **Inhalt** beschließen, dass

(1) Vorhaben i. S. des § 29 BauGB nicht durchgeführt oder bauliche Anlagen nicht beseitigt werden dürfen und

(2) erhebliche oder wesentlich wertsteigernde Veränderungen von Grundstücken und baulichen Anlagen, deren Veränderungen nicht genehmigungs-, zustimmungs- oder anzeigepflichtig sind, nicht vorgenommen werden dürfen.

Die Vorschrift ermöglicht, während der Planaufstellung Baumaßnahmen, Nutzungsänderungen oder wertsteigernde Veränderungen des Grundstücks im Interesse der Plansicherung zu unterbinden. Die Veränderungssperre begründet dabei für den gesamten Bereich des Plangebietes eine Sperrwirkung in dem Sinne, dass konkrete Veränderungs- oder Bauabsichten im Hinblick auf die künftigen Ergebnisse der eingeleiteten Bauleitplanung verhindert werden können.

1532 Mit der Veränderungssperre nach den §§ 14, 16 BauGB kann auch eine städtebauliche Entwicklungsmaßnahme nach den §§ 165 ff. BauGB gesichert werden. Hierdurch wird klargestellt, dass die Plansicherungsinstrumente auch in städtebaulichen Entwicklungsbereichen genutzt werden können. Allerdings sind die Vorschriften über die Veränderungssperre nicht anzuwenden, soweit für Vorhaben im förmlich festgelegten Sanierungsgebiet oder im städtebaulichen Entwicklungsbereich eine Genehmigungspflicht nach § 144 I BauGB besteht (§ 14 IV BauGB).

1533 **Voraussetzung** für den Erlass einer **Veränderungssperre** ist ein Beschluss zur Aufstellung, Änderung, Ergänzung oder Aufhebung eines Bebauungsplans (§ 2 I BauGB). Der **Aufstellungsbeschluss** muss dabei wirksam und ordnungsgemäß ortsüblich bekannt gemacht sein (§ 2 I 2 BauGB). Eine zunächst unterlassene Bekanntmachung des Aufstellungsbeschlusses kann allerdings nachgeholt werden.[2937] Der **Geltungsbereich der**

[2936] *Hoppe* in: *Hoppe/Bönker/Grotefels* § 5 Rdn. 197.
[2937] BVerwG, B. v. 6. 8. 1992 – 4 N 1.92 – BauR 1993, 59 = NVwZ 1993, 471 = *Hoppe/Stüer* RzB Rdn. 228; Urt. v. 20. 8. 1992 – 4 C 54.89 – NVwZ-RR 1993, 65 = BauR 1993, 51 = *Hoppe/Stüer* RzB Rdn. 90 – Billardcafé.

Veränderungssperre darf über den Bereich des Aufstellungsbeschlusses nicht hinausgehen. Denn die Veränderungssperre darf nur für den künftigen Planbereich beschlossen werden.[2938] Zwar ist ein wirksamer und ordnungsgemäß bekannt gemachter Aufstellungsbeschluss für die Rechtswirksamkeit des Bebauungsplans nicht erforderlich.[2939] Eine Veränderungssperre setzt jedoch einen wirksam gefassten und ordnungsgemäß bekannt gemachten Beschluss zur Aufstellung, Änderung, Ergänzung oder Aufhebung eines Bebauungsplans voraus. Ist dieser Aufstellungsbeschluss nicht wirksam gefasst oder nicht ordnungsgemäß öffentlich bekannt gemacht worden, so kann eine Veränderungssperre nach § 14 BauGB nicht wirksam erlassen werden.[2940] Die Satzung über eine Veränderungssperre, die eine Gemeinde in einem Zeitpunkt bekannt gemacht hat, bevor der zugrunde liegende Aufstellungsbeschluss bekannt gemacht wurde, kann allerdings im Wege der nachfolgenden Bekanntmachung des Aufstellungsbeschlusses und der erneuten Bekanntmachung der Satzung über die Veränderungssperre wirksam in Kraft gesetzt werden. Die Gemeinde ist nicht verpflichtet, die Satzung über die Veränderungssperre rückwirkend auf den Zeitpunkt ihres ursprünglich beabsichtigten In-Kraft-Tretens in Kraft zu setzen, wenn die Satzung über eine Veränderungssperre bekannt gemacht wurde, bevor der zugrunde zu legende Aufstellungsbeschluss bekannt gemacht wurde. Nach § 14 I BauGB ist der Beschluss der Gemeinde über die Aufstellung eines Bebauungsplans materielle Rechtmäßigkeitsvoraussetzung für die als Satzung zu erlassende Veränderungssperre.[2941] Fehlt ein derartiger Aufstellungsbeschluss, so ist eine gleichwohl beschlossene und gem. § 16 I BauGB als Satzung bekannt gemachte Veränderungssperre unwirksam. Ein Aufstellungsbeschluss liegt im Rechtssinne dann nicht vor, wenn er zwar gefasst, aber entgegen § 2 I 2 BauGB nicht ortsüblich bekannt gemacht wurde. Nur der ortsüblich bekannt gemachte Aufstellungsbeschluss ist beachtlich. Die Veröffentlichung ist Voraussetzung seiner Rechtswirksamkeit.[2942] Insoweit bedarf § 14 I BauGB der ergänzenden Auslegung.[2943]

Beispiel: Die Gemeinde beabsichtigt, die Spielhallenflut in der Innenstadt einzudämmen und einen Bebauungsplan aufzustellen, der für das vorgesehene Kerngebiet entsprechende Ausschlussregelungen nach § 1 V, IX BauNVO beinhaltet. Da bereits mehrere Anträge auf Nutzungsänderungen für Spielhallen vorliegen, beschließt die Gemeinde den Erlass einer Veränderungssperre, um sicherzustellen, dass durch die Genehmigung von Nutzungsänderungsanträgen nicht vollendete Tatsachen geschaffen werden. Die Veränderungssperre steht daher der beabsichtigten Nutzungsänderung nur entgegen, wenn der Beschluss zur Aufstellung des Bebauungsplans wirksam ist. Dies setzt die Einhaltung der entsprechenden Bekanntmachungserfordernisse unter Beachtung der landesrechtlichen Anforderungen voraus. Ein fehlerhafter Aufstellungsbeschluss kann jedoch geheilt werden.[2944]

Das Gesetz schreibt nicht vor, dass die Veränderungssperre gleichzeitig mit der Aufstellung eines Bebauungsplans beschlossen werden muss oder auf diesen Zeitraum zurückwirkt. Eine Veränderungssperre kann daher auch noch mehrere Jahre nach dem Aufstellungsbeschluss erlassen werden. Einzige Voraussetzung ist nach § 14 I BauGB ein vorheriger Beschluss über die Aufstellung des Bebauungsplans. Regelungen darüber, welche Zeitspanne längstens zwischen der Beschlussfassung über die Aufstellung des Bebauungs-

---

[2938] *OVG Bautzen*, Urt. v. 25.11.1997 – 1 S 339/96 – VwRR MO 1998, 143.
[2939] *BVerwG*, B. v. 14. 4. 1988 – 4 N 4.87 – BVerwGE 79, 200 = *Hoppe/Stüer* RzB Rdn. 193 – Befangenheit.
[2940] S. Rdn. 852.
[2941] *BVerwG*, B. v. 15. 4. 1988 – 4 N 4.87 – BVerwGE 79, 200 = *Hoppe/Stüer* RzB Rdn. 193.
[2942] *BVerwG*, B. v. 9. 2. 1989 – 4 B 236.88 – Buchholz 406.11 § 14 BauGB Nr. 13 = UPR 1989, 193 = ZfBR 1989, 171 = NVwZ 1989, 661.
[2943] *BVerwG*, B. v. 6. 8. 1992 – 4 N 1.92 – BauR 1993, 59 = NVwZ 1993, 471 = *Hoppe/Stüer* RzB Rdn. 228.
[2944] *BVerwG*, B. v. 6. 8. 1992 – 4 N 1.92 – ZfBR 1992, 292 = *Hoppe/Stüer* RzB Rdn. 228 – Veränderungssperre.

plans und dem Erlass der Veränderungssperre liegen darf, enthält das Gesetz nicht. Da es Ziel einer von der Gemeinde beschlossenen Veränderungssperre ist, die Bauleitplanung zu sichern, wird ein Beschlussbedarf für eine Veränderungssperre für die Gemeinde in aller Regel erst dann gegeben sein, wenn die Verwirklichung der gemeindlichen Planungsabsichten gefährdet oder erschwert werden könnte. Derartige Gefährdungen städtebaulicher Konzepte können bereits vorliegen, wenn der Aufstellungsbeschluss über den Bebauungsplan gefasst wird. Sie können aber auch erst später eintreten.[2945] Es ist dabei nicht erforderlich, dass der Planbereich, für den der Aufstellungsbeschluss gefasst wird, mit dem endgültigen Planbereich identisch ist. Der **Aufstellungsbeschluss** muss den **Planbereich** allerdings so **bezeichnen**, dass er **bestimmbar** ist, und somit den Anforderungen genügen, die das *BVerwG* an die Bekanntmachung und die Bestimmtheit des Aufstellungsbeschlusses gestellt hat.

1535 Nach § 16 I BauGB wird die **Veränderungssperre** als Satzung beschlossen. Das **Aufstellungsverfahren** richtet sich – soweit §§ 14 ff. BauGB keine Vorgaben enthalten – nach den landesrechtlichen Regeln. Die Gemeinde hat die Veränderungssperre ortsüblich bekannt zu machen. Für die Bekanntmachung gilt dabei das Verfahren der Bekanntmachung der Genehmigung eines Bebauungsplans nach § 10 III 2 bis 5 BauGB entsprechend (§ 16 II BauGB). Die Veränderungssperre bedarf nicht der Genehmigung durch die höhere Verwaltungsbehörde. Auch ein Anzeigeverfahren ist für eine Veränderungssperrensatzung nicht vorgesehen. Es kann auch landesrechtlich nicht eingeführt werden.

1536 § 14 I BauGB stellt keine besonderen Anforderungen an die **inhaltlichen Aussagen** zur künftigen Planung. Auch unterliegt die Veränderungssperre als Mittel der Sicherung der Bauleitplanung nicht dem allgemeinen Abwägungsgebot des § 1 VII BauGB, sondern der Prüfung, ob sie zur Erreichung des mit ihr verfolgten Sicherungszwecks erforderlich ist. Welchen sachlichen Inhalt eine Veränderungssperre haben kann, ist in § 14 I BauGB abschließend geregelt.[2946] Denn Aufgabe der Veränderungssperre ist nicht, die bauliche und sonstige Nutzung der Grundstücke in der Gemeinde i. S. des § 1 I BauGB vorzubereiten und zu leiten. Sie dient vielmehr der Sicherung der Bauleitplanung (§ 14 I BauGB).[2947] Auch das Ziel, einen Bebauungsplan zu ändern, erlaubt es der Gemeinde, die Veränderungssperre einzusetzen. Allerdings bedarf die **Veränderungssperre** einer entsprechenden **Rechtfertigung** durch städtebauliche Gründe. Eine Veränderungssperre ist daher unzulässig, wenn zurzeit ihres Erlasses der Inhalt der beabsichtigten Planung noch in keiner Weise abzusehen ist.[2948] Denn die nachteiligen Wirkungen einer Veränderungssperre sind im Hinblick auf die Eigentumsgarantie nicht erträglich, wenn die Sperre zur Sicherung einer Planung dienen soll, die in ihrem Inhalt noch in keiner Weise erkennbar ist.[2949] Wenn die Vorstellungen über die angestrebte Art der baulichen Nutzung der betroffenen Grundstücke fehlen, ist der Inhalt des zu erwartenden Bebauungsplans offen. Das Mindestmaß der Konkretisierung einer Planung ist dann nicht erreicht.[2950] Allerdings ist eine bereits konkrete, in Einzelheiten gehende Planung noch nicht erforderlich. Auch hängt die Wirksamkeit der Veränderungssperre nicht davon ab, ob der spätere Bebauungsplan in seinen einzelnen Festsetzungen von einer ordnungsgemäßen und gerechten Abwägung aller betroffenen Belange (§ 1 VII BauGB) getragen sein wird. Es reicht vielmehr für die Wirksamkeit einer Veränderungssperre aus, dass die beabsichtigte Planung überhaupt auf

---

[2945] *BVerwG*, B. v. 26. 6. 1992 – 4 NB 19.92 – NVwZ 1993, 475 = *Hoppe/Stüer* RzB Rdn. 237.
[2946] *BVerwG*, B. v. 30. 9. 1992 – 4 NB 35.92 – BauR 1993, 62 = NVwZ 1993, 473 = *Hoppe/Stüer* RzB Rdn. 230.
[2947] *BVerwG*, B. v. 30. 9. 1992 – 4 NB 35.92 – BauR 1993, 62 = NVwZ 1993, 473 = *Hoppe/Stüer* RzB Rdn. 230.
[2948] *BVerwG*, Urt. v. 10. 9. 1976 – IV C 39.74 – BVerwGE 51, 122 = *Hoppe/Stüer* RzB Rdn. 221; Urt. v. 16. 10. 1987 – 4 C 35.85 – BauR 1988, 188 = UPR 1988, 103 = *Hoppe/Stüer* RzB Rdn. 223.
[2949] *BVerwG*, Urt. v. 10. 9. 1976 – IV C 39.74 – BVerwGE 51, 121.
[2950] *BVerwG*, B. v. 5. 2. 1990 – 4 B 191.89 – DÖV 1990, 476 = BauR 1990, 334 = NVwZ 1990, 559 = *Hoppe/Stüer* RzB Rdn. 232.

ein Ziel gerichtet ist, das im konkreten Fall mit den Mitteln der Bauleitplanung zulässigerweise erreicht werden kann. Voraussetzung für eine Veränderungssperre ist daher lediglich, dass der ihr zugrunde liegende Planaufstellungsbeschluss ein Mindestmaß dessen erkennen lässt, was Inhalt des zu erwartenden Bebauungsplans sein soll.[2951] Das schließt es aus, ein detailliertes und abgewogenes Planungskonzept zu verlangen.[2952] Denn Sinn der Veränderungssperre ist es gerade, vorhandene planerische Ziele zu sichern und deren weitere Entwicklung zu ermöglichen. Die eintretende Sperre soll das bestehende Baugeschehen gewissermaßen für einen begrenzten Zeitraum konservieren und Veränderungen unterbinden. Die Veränderungssperre kann daher nicht von Voraussetzungen abhängig gemacht werden, die für den Bebauungsplan erst in einem späteren Stadium des Planaufstellungsverfahrens vorliegen müssen. Denn die Frage, ob der Bebauungsplan selbst abgewogen ist, lässt sich erst nach dessen Aufstellung verlässlich beantworten. Als Sicherungsmittel ungeeignet ist die Veränderungssperre daher nur dann, wenn sich das aus dem Aufstellungsbeschluss ersichtliche Planungsziel im Wege der planerischen Festsetzung nicht erreichen lässt, wenn der beabsichtigte Bauleitplan erkennbar einer positiven Planungskonzeption entbehrt oder der Förderung von Zielen dient, für deren Verwirklichung die Planungsinstrumente des BauGB nicht bestimmt sind, oder wenn rechtliche Mängel schlechterdings nicht behebbar sind.[2953] Im Normenkontrollverfahren gegen eine Veränderungssperre wird daher nur geprüft, ob die sich abzeichnende Planung schlechterdings unwirksam ist.[2954]

Im Hinblick auf das Abwägungsgebot ergeben sich allerdings Mindestanforderungen zur **Konkretisierung** der Bauleitplanung.[2955] Die Gründe für den Erlass der Veränderungssperre können im Rahmen des Abwägungsgebots von Bedeutung sein. Der Erlass der Veränderungssperre sollte deshalb möglichst durch entsprechende städtebauliche Gründe gerechtfertigt werden, um sicherzustellen, dass die Veränderungssperre nicht wegen eines Verstoßes gegen das Abwägungsgebot für unwirksam erklärt wird. Die Gründe für den Erlass der Veränderungssperre und ihre städtebauliche Rechtfertigung sollten in einer Begründung zur Veränderungssperren-Satzung niedergelegt werden.

Beispiel: Die Gemeinde beabsichtigt, in einem innenstadtnahen Mischgebiet Einzelhandelsbetriebe auszuschließen. Durch den Erlass einer Veränderungssperre soll verhindert werden, dass ein vorliegender Nutzungsänderungsantrag zur Errichtung eines Lebensmittelladens positiv beschieden werden muss. In der Begründung zum Erlass der Veränderungssperre sollten die wesentlichen Gründe für die Planungskonzeption der Gemeinde dargelegt werden.

Eine Veränderungssperre ist **nicht** schon deshalb **bedenklich**, weil sie nur für wenige Grundstücke oder gar nur für ein einziges Grundstück erlassen wurde. Auch ist eine Veränderungssperre nicht deshalb unwirksam, weil die durch sie gesicherte Planung auf gesamtstädtische oder überörtliche Gesichtspunkte zurückgeht, solange nur in einer insbesondere mit § 1 BauGB übereinstimmenden Weise gesichert ist, dass die Planung die Zulässigkeit der baulichen oder sonstigen Nutzung in dem von ihr erfassten Gebiet regeln soll.[2956]

[2951] *BVerwG,* Urt. v. 10. 9. 1976 – IV B 39.74 – BVerwGE 51, 121 = *Hoppe/Stüer* RzB Rdn. 221.
[2952] *BVerwG,* Urt. v. 12. 12. 1969 – IV C 105.66 – BVerwGE 34, 301 = *Hoppe/Stüer* RzB Rdn. 23; B. v. 21. 12. 1993 – 4 NB 40.93 – NVwZ 1994, 685 = DÖV 1994, 385.
[2953] *BVerwG,* Urt. v. 12. 12. 1969 – IV C 105.66 – BVerwGE 34, 301 = *Hoppe/Stüer* RzB Rdn. 23; B. v. 21. 12. 1993 – 4 NB 40.93 – NVwZ 1994, 685 = DÖV 1994, 385.
[2954] *OVG Lüneburg,* Urt. v. 17. 12. 1998 – 1 K 1103/98 – ZfBR 1999, 231 – Veränderungssperre.
[2955] *BVerwG,* Urt. v. 3. 2. 1984 – 4 C 25.82 – BVerwGE 68, 360 = *Hoppe/Stüer* RzB Rdn. 311; Urt. v. 24. 11. 1989 – 4 C 54.87 – DÖV 1990, 477 = NVwZ-RR 1990, 229 = BauR 1990, 185 = *Hoppe/Stüer* RzB Rdn. 257 – isolierter Einzelhandel; *OVG Münster,* Urt. v. 20. 4. 1999 – 10a D 161/98.NE – (unveröffentlicht).
[2956] *BVerwG,* Urt. v. 10. 9. 1976 – IV C 39.74 – BVerwGE 51, 122 = *Hoppe/Stüer* RzB Rdn. 221 – Veränderungssperre.

1539 Dabei steigen die **Anforderungen** an die **Konkretisierung** der städtebaulichen Ziele mit der **zeitlichen Dauer** der Veränderungssperre. Je länger das Bauleitplanverfahren andauert, umso konkreter müssen die städtebaulichen Ziele deutlich werden. Zu Beginn des Verfahrens[2957] reicht eine geringere Konkretisierung der Planungsziele aus.[2958] Jedoch sind mit fortschreitendem Verfahren höhere Anforderungen an die Konkretisierung zu stellen. Aus der anfänglich umfassenden Sperrwirkung der Veränderungssperre wird deswegen mit zunehmender Verdichtung der Planungsziele ein Rechtsinstitut, mit dessen Hilfe nur noch diejenigen Rechtsvorgänge und Vorhaben abgewehrt werden können, die den nunmehr detaillierten Planungsvorstellungen widersprechen. Ist eine Veränderungssperre vor längerer Zeit erlassen worden, ohne dass seither die Planung vorangetrieben wurde und ohne dass die Planungsziele zunehmend konkreter geworden sind, so muss ggf. eine Ausnahmegenehmigung von der Veränderungssperre erteilt werden.[2959] Während die entschädigungslose Sperrdauer einer Veränderungssperre auf einen Zeitraum von vier Jahren begrenzt ist, sieht das Gesetz für die Sanierungssatzung eine vergleichbare Sperrdauer nicht vor. Die städtebauliche Sanierung ist auch bei sehr langer Dauer keine Enteignung i. S. des Art. 14 III 1 GG. Sie bleibt vielmehr auch dann tatbestandlich eine Regelung von Inhalt und Schranken des Eigentums i. S. des Art. 14 I 2 GG. Sachliche Erwägungen rechtfertigen es, dass das Gesetz für die städtebauliche Sanierung – anders als bei der Veränderungssperre – keinen Zeitrahmen vorschreibt.[2960] Allerdings steigen die Anforderungen an die Sperrmöglichkeit mit zunehmender Zeitdauer in dem beschriebenen Umfang.

1540 § 14 BauGB macht den Erlass der Veränderungssperre zwar von einem Beschluss zur Aufstellung eines Bebauungsplans abhängig, verbietet aber nicht die **gleichzeitige Beschlussfassung**. Der Beschluss zur Aufstellung des Bebauungsplans und der Beschluss über die Veränderungssperre können daher in derselben Gemeinderatssitzung gefasst werden.[2961] Die Veränderungssperre ist ein eigenständiges Mittel zur Sicherung der Bauleitplanung, das auch nach Ablauf der Zweimonatsfrist für die Erteilung des gemeindlichen Einvernehmens nach § 36 BauGB fortbesteht.[2962] Faktische Bausperren, die sich aus dem Zeitablauf bei Nichtbearbeitung von Bauanträgen ergeben können, sind ggf. auf die Dauer der Veränderungssperre anzurechnen.

1541 Ist eine Veränderungssperre unter Verstoß gegen § 215a II BauGB 1998 rückwirkend in Kraft gesetzt worden, so verhindert dieser Mangel nur das **rückwirkende** In-Kraft-Treten der Satzung, nicht jedoch ihr In-Kraft-Treten mit Wirkung „**ex nunc**".[2963]

1542 Ist eine Veränderungssperre unwirksam, weil ihr räumlicher Geltungsbereich infolge einer nicht dem Bestimmtheitsgebot entsprechenden Darstellung in einer Karte nicht wirksam festgelegt ist, so muss in der **Planreparatur** die neue Karte mit der Grenzziehung von dem für den Satzungsbeschluss zuständigen Gremium gebilligt werden.[2964]

[2957] *BVerwG*, Urt. v. 7. 9. 1984 – 4 C 20.81 – BVerwGE 70, 83 = DVBl. 1985, 116 = Hoppe/Stüer RzB Rdn. 814 zu den vergleichbaren Anforderungen nach § 15 StBauFG; bestätigt durch; Urt. v. 4. 3. 1999 – 4 C 8.98 – ZfBR 1999, 228 = UPR 1999, 273.

[2958] *OVG Münster*, Urt. v. 3. 2. 1999 – 10a B 2353/98.NE – (unveröffentlicht) – Mindestmaß an Konkretisierung der zu sichernden städtebaulichen Ziele ist erforderlich.

[2959] Zur sanierungsrechtlichen Genehmigung nach § 15 StBauFG *BVerwG*, Urt. v. 7. 9. 1984 – 4 C 20.81 – BVerwGE 70, 83 = Hoppe/Stüer RzB Rdn. 814 – Sanierungsgenehmigung.

[2960] *BVerwG*, B. v. 7. 6. 1996 – 4 B 91.96 – NJW 1996, 2807 = DVBl. 1997, 78 – Sanierungssatzung.

[2961] *BVerwG*, B. v. 9. 2. 1989 – 4 B 236.88 – NVwZ 1989, 661 = BauR 1989, 432 = DVBl. 1989, 683 = Hoppe/Stüer RzB Rdn. 225 – Veränderungssperre.

[2962] *OVG Lüneburg*, Urt. v. 17. 12. 1998 – 1 K 1103/98 – ZfBR 1999, 231 – Veränderungssperre.

[2963] *BVerwG*, B. v. 1. 8. 2001 – 4 B 23.01 – DVBl. 2001, 1873 = NVwZ 2002, 205 = BauR 2002, 53.

[2964] *VGH München*, Urt. v. 11. 7. 2000 – 26 N 99.3185 – BauR 2000, 1716.

2. Vom Verbot erfasste Veränderungen

In die **Veränderungssperre** können alle in § 14 I Nr. 1 und 2 BauGB genannten Verbote aufgenommen werden, was sich bei entsprechender städtebaulicher Rechtfertigung empfiehlt. Die Gemeinde kann aber auch nur einzelne beabsichtigte Veränderungen der Veränderungssperre unterwerfen. Das zeitlich befristete Verbot, Vorhaben durchzuführen, ist als Ausdruck zulässiger Inhalts- und Schrankenbestimmung des Grundeigentums verfassungsrechtlich unbedenklich.[2965] Der Sperrwirkung des § 14 I Nr. 1 BauGB unterfallen alle Vorhaben i. S. des § 29 BauGB. Dazu zählen neben Neubaumaßnahmen auch Nutzungsänderungen, wenn sich die planungsrechtliche Frage neu stellt und solche Nutzungsänderungen daher nach § 29 BauGB genehmigungsbedürftig sind.

Beispiel: Die Änderung einer Lagerhalle in einen Lebensmittelladen ist eine genehmigungsbedürftige Nutzungsänderung und unterliegt daher einer von der Gemeinde erlassenen Veränderungssperre. Dasselbe gilt etwa für die Änderung eines Einzelhandelsgeschäftes in eine Spielhalle oder eine Diskothek. Die Vorhaben sind nach § 29 BauGB genehmigungspflichtig, weil sie planungsrechtliche Fragen neu aufwerfen, und werden daher im Falle des Erlasses einer Veränderungssperre von der Sperrwirkung des § 14 I Nr. 1 BauGB erfasst. Die frühere Fassung des § 14 I Nr. 3 BBauG hatte die Sperrwirkung dagegen nur auf genehmigungsbedürftige bauliche Anlagen bezogen, so dass etwa Nutzungsänderungen, die nicht zugleich mit Baumaßnahmen verbunden waren, nicht durch eine Veränderungssperre verhindert werden konnten.

Der Veränderungssperre unterliegen nach § 14 I Nr. 2 BauGB auch erhebliche oder wesentlich wertsteigernde Veränderungen von Grundstücken und baulichen Anlagen, deren Veränderungen nicht genehmigungs-, zustimmungs- oder anzeigepflichtig sind. Hierdurch soll sichergestellt werden, dass alle **erheblichen** oder **wesentlich wertsteigernden Veränderungen** der Sperrwirkung des § 14 BauGB unterfallen, auch wenn es sich dabei nicht um genehmigungspflichtige Vorhaben i. S. des § 29 BauGB handelt. Der Erlass einer Veränderungssperre hat auf die Rechtmäßigkeit einer Beseitigungsanordnung für Schwarzbauten grundsätzlich keinen Einfluss.[2966] Denn mit der Veränderungssperre soll eine von der Gemeinde beabsichtigte Bauleitplanung geschützt werden. Die Beseitigung bauordnungswidriger Zustände soll durch den Erlass einer Veränderungssperre nicht ausgeschlossen werden, wenn nicht erkennbar ist, dass das Vorhaben nach der künftigen Bauleitplanung zugelassen werden soll.

3. Ausnahmen von der Veränderungssperre

§ 14 II BauGB lässt die **Erteilung** einer **Ausnahmegenehmigung** zu, wenn überwiegende öffentliche Belange nicht entgegenstehen. Die Entscheidung trifft die Baugenehmigungsbehörde im Einvernehmen mit der Gemeinde. Ob eine solche Ausnahmegenehmigung erteilt werden kann, richtet sich nach den städtebaulichen Zielvorstellungen der Gemeinde. Auch aus diesen Gründen ist es erforderlich, dass die Gemeinde die Gründe für den Erlass der Veränderungssperre und die mit der Planung verfolgten städtebaulichen Zielvorstellungen im Satzungsverfahren festhält. Berührt ein Vorhaben die städtebauliche Zielkonzeption der Gemeinde, so sind die Voraussetzungen für die Erteilung einer Ausnahmegenehmigung nach § 14 II BauGB nicht gegeben.[2967]

Hinweis: Die in § 14 II 2 BauGB enthaltene Einvernehmensregelung bedeutet, dass die Ausnahmegenehmigung ohne das gemeindliche Einvernehmen nicht erteilt werden darf. Setzt sich die Baugenehmigungsbehörde darüber hinweg, so kann die Gemeinde gegen die gleichwohl erteilte Genehmigung klagen, weil die Gemeinde durch ein solches Verfahren in ihrer aus der Selbstverwaltungsgarantie abzuleitenden Planungshoheit verletzt wird. Wird die Ausnahmegenehmigung zu Unrecht

---

[2965] *BVerwG*, Urt. v. 10. 9. 1976 – IV C 39.74 – BVerwGE 51, 121; *BGH*, Urt. v. 14. 12. 1978 – III ZR 77/76 – BGHZ 73, 161.
[2966] *BVerwG*, B. v. 11. 8. 1992 – 4 B 161.92 – NVwZ 1993, 476 = *Hoppe/Stüer* RzB Rdn. 229.
[2967] *BVerwG*, B. v. 9. 2. 1989 – 4 B 236.88 – ZfBR 1989, 171 = *Hoppe/Stüer* RzB Rdn. 225.

versagt, so kann das Gericht das fehlende gemeindliche Einvernehmen allerdings ersetzen und die Verpflichtung der Baugenehmigungsbehörde zur Erteilung der Ausnahmegenehmigung aussprechen. Insoweit besteht eine Parallelität mit der Einvernehmensregelung in § 36 I BauGB.

Beispiel: Ein gemeinnütziger Träger will auf einer im Außenbereich gelegenen Hofstelle ein Heim zur gemeinsamen Unterbringung geistig und körperlich Schwerbehinderter und Nichtbehinderter einrichten. Zugleich sollen zur Therapie landwirtschaftsverwandte Nutzungen wie Fruchtanbau und Fruchtveredelung sowie ein Gartenbaubetrieb eingerichtet werden. Die Baugenehmigungsbehörde sieht in diesem Ansiedlungswunsch ein nach § 35 I Nr. 4 BauGB privilegiertes Vorhaben und erklärt, dass sie die Baugenehmigung erteilen wolle. Die Gemeinde beschließt daraufhin die Aufstellung eines Bebauungsplans, um einerseits die Ansiedlung der Behindertengemeinschaft zwar zu ermöglichen, zugleich aber andererseits die einzelnen Betriebszweige und die Größe des Vorhabens planerisch festzuschreiben. Wird die Veränderungssperre erlassen, ist die Baugenehmigungsbehörde gehindert, dem Vorhaben die Genehmigung zu erteilen. Wird die Genehmigung gleichwohl erteilt, kann die Gemeinde hiergegen den Verwaltungsrechtsweg beschreiten.[2968]

4. Geltungsdauer der Veränderungssperre

1546 Die **Veränderungssperre** tritt gem. § 17 I 1 BauGB nach Ablauf von **zwei Jahren** außer Kraft. Auf die Zweijahresfrist ist der seit der Zustellung der ersten Zurückstellung eines Baugesuchs nach § 15 I BauGB abgelaufene Zeitraum anzurechnen. Die Anrechnung ist auch in Fällen der faktischen Zurückstellung vorzunehmen. Diese beginnt mit dem Ablauf des Zeitraums, in dem eine ordnungsgemäße Bearbeitung des Bauantrags vorgenommen werden kann. Üblicherweise ist dies ein Zeitraum von drei Monaten nach Eingang des Genehmigungsantrags bei der Baugenehmigungsbehörde. Die Veränderungssperre hat daher eine allgemeine Geltung für Grundstücke, für die keine Genehmigungsanträge vorliegen, und eine individuelle Geltung für Grundstücke, für die bereits zuvor Genehmigungsanträge eingereicht worden sind. Die Veränderungssperre verhindert eine beabsichtigte Nutzung des Grundstücks. Sie muss sich daher in verfassungsrechtlicher Hinsicht an Art. 14 I GG messen lassen. Dies hat den Gesetzgeber bewogen, zwischen dem allgemeinen Institut der Veränderungssperre und der tatsächlich eintretenden Behinderung des einzelnen Grundstückseigentümers oder Bauwilligen zu unterscheiden. Mit der Regelung des § 17 I 2 BauGB, die eine Anrechnung des Zeitraums zwischen der erstmaligen Zurückstellung des Baugesuchs nach § 15 BauGB und dem In-Kraft-Treten der Veränderungssperre vorsieht, hat der Gesetzgeber den Beginn der Veränderungssperre individuell vorverlegt. § 17 I 2 BauGB wird dabei entsprechend auf Fälle angewandt, in denen es zu einer verzögerlichen Bearbeitung des Bauantrags gekommen und dadurch ein Zeitverlust entstanden ist.[2969] Die Veränderungssperre wirkt auch dann **auf den Zeitpunkt der Antragstellung** zurück, wenn im Zeitpunkt des Erlasses der Veränderungssperre der Zeitraum der ordnungsgemäßen Bearbeitung bereits überschritten ist.[2970]

Beispiel: Die Gemeinde beabsichtigt, ein am Rande der Innenstadt gelegenes Grundstück für eine innerörtliche Entlastungsstraße in Anspruch zu nehmen. Der Grundstückseigentümer ist hiermit nicht einverstanden und beantragt für das im nichtbeplanten Innenbereich gelegene Grundstück die nach § 34 I BauGB zulässige Bebauung mit einem Wohn- und Geschäftshaus. Die Gemeinde beschließt die Aufstellung eines Bebauungsplans, woraufhin die Baugenehmigungsbehörde den Antrag des Grundstückseigentümers auch auf mehrmalige Nachfrage zwei Jahre lang nicht bescheidet. Nunmehr beschließt Gemeinde den Erlass einer Veränderungssperre. Auf die Geltungsdauer der Veränderungssperre ist entsprechend § 17 I 2 BauGB der Zeitraum der unzulässigen Nichtbescheidung anzurechnen. Diese faktische Veränderungssperre beginnt dabei mit dem Ablauf der Frist, die für eine ordnungsgemäße Bearbeitung des Bauantrags anzusetzen ist. Je nach der Größe des Vorhabens und der Komplexität der im Genehmigungsverfahren zu beurteilenden Fragen ist dafür ein Zeitraum von etwa drei bis sechs Monaten seit Antragstellung zu veranschlagen. Die von der Gemeinde auf

---

[2968] *Stüer* Kommunalrecht NW 1977, S. 214.
[2969] *BVerwG*, B. v. 27. 4. 1992 – 4 NB 11.92 – DVBl. 1992, 1448 = ZfBR 1992, 185 = NVwZ 1992, 1090 = *Hoppe/Stüer* RzB Rdn. 236 – Lebensmittelmarkt; a. A. *Gaentzsch* § 17 Rdn. 3.
[2970] *VGH Mannheim*, Urt. v. 4. 2. 1999 – 8 S 39/99 – ZfBR 2000, 70 – Vertrauensschutz.

zwei Jahre beschlossene Veränderungssperre würde daher auf den Zeitpunkt der unzulässigen faktischen Zurückstellung des Baugesuches zeitlich zurückbezogen mit der Folge, dass sie bei einem angenommenen dreimonatigen ordnungsgemäßen Genehmigungsverfahren drei Monate nach Erlass im Hinblick auf das Baugesuch des Grundstückseigentümers bereits wieder außer Kraft tritt.

Beginn und Ende der Veränderungssperre im Einzelfall können jedoch nicht mit der verwaltungsgerichtlichen Normenkontrolle überprüft werden.[2971] Die Gemeinde kann die **Geltungsdauer** der **Veränderungssperre** um zwei weitere Sperrjahre **verlängern**. Die Veränderungssperre kann um ein drittes Sperrjahr (§ 17 I 3 BauGB) und, wenn besondere Umstände es erfordern um ein viertes Sperrjahr verlängert werden (§ 17 II BauGB). Das Gesetz macht die erste Verlängerung einer Veränderungssperre (§ 17 I 3 BauGB) nicht von besonderen, sondern nur von den allgemein für den Erlass einer Veränderungssperre geltenden Voraussetzungen abhängig. Der Gesetzgeber geht – wie § 17 II BauGB verdeutlicht – von einer üblichen Planungszeit von etwa drei Jahren aus, für die er ohne Voraussetzungen die Möglichkeit der Veränderungssperre einräumt. Erst nach Ablauf dieser Zeit verlangt das Gesetz das Vorliegen „besonderer Umstände".[2972]

Weiterhin ist die nach **§ 17 II BauGB BauROG 1998** vorgesehene Zustimmung der nach Landesrecht zuständigen Landesbehörde bei der weiteren Verlängerung der **Veränderungssperre** entfallen. Die Gemeinden können daher eine Veränderungssperre in das vierte Sperrjahr auch ohne Zustimmung der nach Landesrecht zuständigen Behörde verlängern oder eine außer Kraft getretene Veränderungssperre erneut beschließen (§ 17 III BauGB). Allerdings muss für die Veränderungssperre ein konkretes städtebauliches Konzept vorhanden sein. Die Planungsabsichten eines Bebauungsplanentwurfs können danach weiterhin auch für bisherige privilegierte Außenbereichsvorhaben mit einer Veränderungssperre gesichert werden (§§ 14, 16 BauGB). So ist eine Veränderungssperre für ein 560 ha großes Vorranggebiet Windenergie gerechtfertigt, wenn der Regionalplan wegen Verfahrensfehlern bei der gemeindlichen Beteiligung oder wegen fehlender Aussageschärfe keine Zielbindung entfaltet.[2973] Eine Veränderungssperre, die der Gemeinde allerdings erst **Zeit für die Entwicklung eines bestimmten Planungskonzepts** geben soll, ist nach Auffassung des *BVerwG* mangels eines beachtlichen Sicherungsbedürfnisses unwirksam.[2974] Die Gemeinde wollte für den Bereich eines im Regionalplan ausgewiesenen Windfeldes prüfen, ob und in welchem Umfang sich die Windenergieanlagen mit den Interessen eines benachbarten Reiterhofes vertragen, der auf die Dressur hochsensibler Reitpferde der amerikanischen Olympiamannschaft spezialisiert war,[2975] und die Entscheidung von einzuholenden **Sachverständigengutachten** abhängig machen. Durch die Eingrenzung werden die Sicherungsmöglichkeiten der gemeindlichen Bauleitplanung allerdings dort eingeschränkt, wo sich aus der Sicht der planenden Gemeinde noch Ermittlungsbedarf ergibt und eine abschließende Aussage zu dem genauen Umfang der Ausweisungen am Anfang der Bauleitplanung redlicherweise noch nicht getroffen werden kann.[2976]

[2971] *BVerwG*, B. v. 27. 4. 1992 – 4 NB 11.92 – NVwZ 1992, 1090 = DVBl. 1992, 1448 = *Hoppe/Stüer* RzB Rdn. 236 – Lebensmittelmarkt.
[2972] *BVerwG*, Urt. v. 10. 9. 1976 – IV C 39.74 – BVerwGE 51, 121 = *Hoppe/Stüer* RzB Rdn. 221 – Veränderungssperre.
[2973] *VGH Kassel*, Urt. v. 20. 2. 2003 – 3 N 1557/02 – ZfBR 2003, 482 = NuR 2003, 434 – Vorranggebiet Windenergie.
[2974] *BVerwG*, Urt. v. 19. 2. 2004 – 4 C 16.03 – NVwZ 2004, 858 = BauR 2004, 1046 – Rosendahl; Urt. v. 19. 2. 2004 – 4 CN 13.03 – NVwZ 2004, 984 = ZfBR 2004, 464 – Steinau.
[2975] Zum Konflikt zwischen Windenergieanlagen und Pferdehaltung *VG Minden*, Urt. v. 10. 2. 2004 – 1 K 4137/02 –, das von einer Verträglichkeit beider Nutzungen ausgeht.
[2976] Folgerichtig daher *OVG Münster*, Urt. v. 5. 5. 2003 – 7a D 1/02.NE; vgl. auch *Stüer/Stüer* NuR 2004, 341; zu Schadensersatz- oder Entschädigungsansprüchen bei fehlerhafter Anwendung des Planungsrecht für privilegierte Vorhaben *ders.* ZfBR 2004, 338.

1549 Eine Veränderungssperre kann auch noch nach Ablauf eines Zeitraumes, der länger ist als die längstmögliche Dauer der Sperre, beschlossen werden. Das Gesetz enthält keine Regelungen über die **zulässige Zeitspanne** zwischen Aufstellungsbeschluss und Erlass der Veränderungssperre. Hierfür gibt es einen sachlichen Grund: Ein Beschlussbedarf für eine Veränderungssperre kann aus der Sicht der Gemeinde in aller Regel erst dann gegeben sein, wenn Umstände für die Gemeinde erkennbar werden, welche die Verwirklichung der gemeindlichen Planungsabsichten gefährden oder erschweren können. Derartige Umstände, die das Sicherungsbedürfnis i. S. des § 14 I BauGB auslösen, können bereits vorliegen, wenn der Aufstellungsbeschluss über den Bebauungsplan gefasst wird. Sie können aber auch erst später eintreten. Die erste Verlängerung einer Veränderungssperre ist auch dann grundsätzlich zulässig, wenn innerhalb der Laufzeit der verlängerten Veränderungssperre das Bauleitplanverfahren voraussichtlich nicht abgeschlossen werden kann. Aus welchen Gründen es zu einer Verzögerung im Verfahren der Bauleitplanung kommt, ist für den Erlass einer Veränderungssperre grundsätzlich unerheblich.[2977]

1550 Ist eine Veränderungssperre außer Kraft getreten, kann die Gemeinde mit Zustimmung der höheren Verwaltungsbehörde die Veränderungssperre ggf. ganz oder teilweise **erneut beschließen** (§ 17 III BauGB). Eine erneute Veränderungssperre kommt auch dann in Betracht, wenn die Gemeinde die an sich beabsichtigte Verlängerung der Veränderungssperre in das dritte oder vierte Sperrjahr versäumt hat. Allerdings besteht dann die Gefahr, dass die Gemeinde die gesetzlichen Voraussetzungen, unter denen eine Verlängerung der erlassenen Veränderungssperre zulässig ist, umgeht. Dieser Gefahr muss im Hinblick auf die Eigentumsgarantie in Art. 14 GG begegnet werden. Die erneute Veränderungssperre ist daher nur dann zulässig, wenn sie auch bei rechtzeitig vorgenommener Verlängerung zulässig wäre.[2978] Eine die erste Verlängerung ersetzende Erneuerung der Veränderungssperre steht damit nur unter den Voraussetzungen des § 17 I 3 BauGB, eine die zweite Verlängerung ersetzende Erneuerung unter den besonderen Voraussetzungen des § 17 II BauGB. Sie erfordert damit das Vorliegen besonderer Umstände. § 17 III BauGB besagt nicht, dass ein bestimmter zeitlicher Abstand zwischen dem Außerkrafttreten der ersten Veränderungssperre und dem In-Kraft-Treten der erneuten Veränderungssperre liegen muss. Es muss allerdings ein gewisser zeitlicher und sachlicher Zusammenhang zwischen den beiden Veränderungssperren bestehen. So darf sich die ursprüngliche Planungssituation nicht geändert haben. Auch muss die Notwendigkeit der Sicherung dieser Planung im Zeitpunkt des Erlasses der erneuten Veränderungssperre nach wie vor bestehen. Eine Zustimmung der höheren Verwaltungsbehörde ist dazu allerdings seit dem EAG Bau 2004 nicht erforderlich (§ 17 III BauGB). Einen weiteren sachlichen oder zeitlichen Zusammenhang zwischen erster und zweiter Veränderungssperre fordert § 17 III BauGB nicht. Insbesondere lässt sich der Vorschrift nicht entnehmen, dass der zwischen dem Außerkrafttreten der ersten Veränderungssperre und dem Erlass der zweiten Veränderungssperre liegende Zeitraum in die Dauer der zweiten Veränderungssperre einzurechnen ist. Eine erneute Veränderungssperre, welche den festgelegten Zeitraum von drei Jahren nicht übersteigt, erfordert daher nicht, dass eine entstandene faktische Veränderungssperre zwischen dem Außerkrafttreten der ersten, nicht gem. § 17 I 3 BauGB verlängerten Veränderungssperre und dem Erlass der erneuten Veränderungssperre berücksichtigt wird. Eine solche Anrechnung wird sich jedoch ergeben, wenn ein Vorhaben bereits zuvor nach § 15 BauGB zurückgestellt oder im Hinblick auf die erste Veränderungssperre abgelehnt worden ist. Denn insoweit gilt ein individuelles Berechnungsverfahren.[2979] Auch die besonderen Voraussetzungen des § 17 III BauGB an den Erlass einer erneuten Veränderungssperre gelten nicht, wenn zwischenzeitlich ein Bebauungsplan in Kraft getreten und die erste Verände-

---

[2977] *BVerwG*, B. v. 8. 1. 1993 – 4 B 258.92 – Buchholz 406.11 § 17 BauGB Nr. 8.
[2978] *BVerwG*, Urt. v. 10. 9. 1976 – IV C 39.74 – BVerwGE 51, 121 – Veränderungssperre.
[2979] *BVerwG*, B. v. 30. 10. 1992 – 4 NB 44.92 – DVBl. 1993, 115 = DÖV 1993, 260 = *Hoppe/Stüer* RzB Rdn. 238.

rungssperre daher außer Kraft getreten ist. Will die Gemeinde den Bebauungsplan ändern, so kann sie erneut eine Veränderungssperre erlassen, ohne an § 17 III BauGB gebunden zu sein. Allerdings darf die erneute Veränderungssperre nicht unmittelbar an das In-Kraft-Treten des ersten Bebauungsplans anschließen. Schließen die Veränderungssperre zeitlich unmittelbar aneinander an, so sind die Sperrfristen zusammenzurechnen. Geht sie über vier Jahre hinaus, so ist eine Entschädigung zu zahlen (§ 18 BauGB).

Die **Veränderungssperre** tritt gem. § 17 V BauGB in jedem Fall **außer Kraft**, sobald und soweit die **Bauleitplanung rechtsverbindlich abgeschlossen** ist. Durch die Beendigung eines Bebauungsplan-Aufstellungsverfahrens tritt eine Veränderungssperre auch dann außer Kraft, wenn der Bebauungsplan selbst infolge Fehlerhaftigkeit keine Rechtsverbindlichkeit erlangt hat.[2980] Mit der Verabschiedung eines Bebauungsplans kann sich die Gemeinde daher auf eine Veränderungssperre auch dann nicht berufen, wenn der Bebauungsplan etwa aufgrund eines Form- oder Verfahrensfehlers oder wegen eines Abwägungsfehlers unwirksam ist.[2981]

1551

Beispiel: Die Gemeinde beabsichtigt, einen Bebauungsplan für ein Gewerbegebiet aus dem Jahre 1975[2982] auf die Einschränkungen der BauNVO 1990 umzustellen, um die Ansiedlung großflächiger Einzelhandelsbetriebe mit schädlichen Auswirkungen i. S. des § 11 III BauNVO auszuschließen. Da bereits ein Antrag auf Nutzungsänderung einer Lager- und Produktionshalle in einen Verbrauchermarkt mit einer Verkaufsfläche von 2000 m² vorliegt, beschließt die Gemeinde zur Sicherung der Planungsabsicht eine Veränderungssperre. Der Nutzungsänderungsantrag wird daraufhin von der Baugenehmigungsbehörde abgelehnt. In einem vom Bauherrn eingeleiteten Normenkontrollverfahren nach § 47 VwGO stellt sich heraus, dass die Umstellung des Bebauungsplans auf die BauNVO 1990 aufgrund von Abwägungsfehlern unwirksam ist, weil die Gemeinde es unterlassen hat, die Belange des Grundstückseigentümers ordnungsgemäß in die Abwägung einzustellen. Dieser macht nunmehr Schadensersatzansprüche geltend. Mit Abschluss des Bebauungsplan-Änderungsverfahrens ist die Veränderungssperre außer Kraft getreten, obwohl die Änderungsplanung nicht wirksam ist.

Tritt eine **Veränderungssperre** nach § 14 BauGB während der Anhänglichkeit eines nach § 47 II 1 VwGO zulässigen Antrags auf Feststellung ihrer Ungültigkeit **außer Kraft**, kann der Antragsteller die Feststellung begehren, dass die Veränderungssperre ungültig war.[2983] Der Fortsetzungsfeststellungsantrag setzt jedoch ein entsprechendes Rechtsschutzbedürfnis voraus, das etwa bei Schadensersatzansprüchen gegeben sein kann.[2984]

1552

Die **Veränderungssperre** gem. § 14 BauGB dient allein der Sicherung künftiger Planungen der Gemeinde, nicht einem zeitlich vorverlegten **Nachbarschutz**. Ein Nachbar kann sich daher nicht darauf berufen, dass eine Baugenehmigung im Hinblick auf eine erlassene Veränderungssperre nicht hätte erteilt werden dürfen.[2985]

1553

Beispiel: Ein Grundstückseigentümer in der Innenstadt wendet sich gegen die von einem Nachbarn beantragte Großraumdiskothek. Die Gemeinde beschließt die Änderung der Kerngebietsausweisung mit dem Ziel, dort gem. § 1 V BauNVO Vergnügungsstätten auszuschließen. Die Baugenehmigungsbehörde erteilt jedoch die Nutzungsänderungsgenehmigung mit dem Hinweis darauf, dass die Veränderungssperre unwirksam sei. Der Nachbar kann sich bei seiner Klage gegen die erteilte Genehmigung nicht auf die Veränderungssperre berufen, selbst wenn diese wirksam sein sollte.

[2980] *BVerwG*, Urt. v. 25. 10. 1984 – 4 C 53.80 – BVerwGE 70, 227 = NVwZ 1985, 563 = DVBl. 1985, 392 = *Hoppe/Stüer* RzB Rdn. 302 – Vollstreckungsabwehrklage.
[2981] *BVerwG*, B. v. 5. 2. 1990 – 4 B 191.89 – NVwZ 1990, 656 = BauR 1990, 334 = *Hoppe/Stüer* RzB Rdn. 232.
[2982] Unter Geltung der BauNVO 1968.
[2983] *BVerwG*, Urt. v. 2. 9. 1983 – 4 N 1.83 – BVerwGE 68, 12 = NJW 1984, 881 = DVBl. 1984, 145 = *Hoppe/Stüer* RzB Rdn. 222.
[2984] *BVerwG*, Urt. v. 19. 2. 2004 – 4 C 16.03 – NVwZ 2004, 858 = BauR 2004, 1046 – Rosendahl.
[2985] *BVerwG*, B. v. 5. 12. 1988 – 4 B 182.88 – NVwZ 1989, 453 = BauR 1989, 186 = *Hoppe/Stüer* RzB Rdn. 224.

5. Veränderungssperre zur Sicherung von Bebauungsplänen im Außenbereich

1554   Ein Normenkontrollverfahren wegen einer Veränderungssperre erledigt sich nicht nach zwei Jahren durch Zeitablauf, wenn die Gemeinde zuvor die Geltungsdauer der Veränderungssperre verlängert hat. Durch die Erteilung ihres Einvernehmens zu einem Bauvorhaben wird die Gemeinde nicht gehindert, eine dem Vorhaben widersprechende Bauleitplanung zu betreiben und sie durch eine Veränderungssperre zu sichern.[2986] Eine spätere entgegenstehende Bauleitplanung setzt sich sogar gegenüber einem inzwischen ergangenen **rechtskräftigen Verpflichtungsurteil** auf Erteilung einer Bebauungsgenehmigung durch.[2987] Das gemeindliche Einvernehmen muss allerdings bei der Aufstellung des Bebauungsplans in die Abwägung eingehen. Denn der Antragsteller hat einen gewissen Vertrauensschutz, der sich daraus ergibt, dass das beantragte Vorhaben nach Auffassung der Gemeinde nach damaliger Rechtslage planungsrechtlich zulässig war. Auch kann das einmal erteilte gemeindliche Einvernehmen nicht widerrufen oder zurückgenommen werden.[2988] Werden die Belange eines Bauherrn, zu dessen Bauvorhaben die Gemeinde gerade erst ihr unwiderrufliches Einvernehmen erklärt hat, bei der Planung nicht ausreichend berücksichtigt, so kann der Bebauungsplan an einem Abwägungsfehler leiden.

1555   Eine Veränderungssperre, die der Gemeinde erst die Zeit für die Entwicklung eines bestimmten Planungskonzeptes geben soll, kann jedoch nach Auffassung des *BVerwG* mangels eines beachtlichen Sicherungsbedürfnisses unwirksam sein.[2989] Eine Veränderungssperre darf erst erlassen werden, wenn die Planung, die sie sichern soll, ein **Mindestmaß** dessen erkennen lässt, was Inhalt des zu erwartenden Bebauungsplans sein soll.[2990]

1556   Beabsichtigt eine Gemeinde, für große Teile ihres Gemeindegebietes einen Bebauungsplan aufzustellen, so kann sie diese Planung ebenfalls nicht durch eine Veränderungssperre sichern, wenn die Bereiche, in denen unterschiedliche Nutzungen verwirklicht werden sollen, nicht einmal grob bezeichnet sind. Die Gemeinde muss im Zeitpunkt des Erlasses einer Veränderungssperre zumindest Vorstellungen über die Art der baulichen Nutzung entwickeln, indem sie einen bestimmten **Baugebietstyp** oder nach § 9 I BauGB festsetzbare Nutzungen in Aussicht nimmt.[2991] Es reicht daher nach Auffassung des *BVerwG* nicht aus, wenn die Gemeinde abgesehen von der Festsetzung von Standorten für Windenergieanlagen – Festsetzungen zugunsten bestimmter Schutzgüter wie Landschaftsschutz, Fremdenverkehr und Anwohnerschutz von Windenergieanlagen in Aussicht nimmt. Eine solche städtebauliche Zielsetzung lasse die unterschiedlichsten Festsetzungen der Nutzungsart zu und ein positives Planungskonzept nicht erkennen.[2992] Zudem darf die Bauleitplanung nicht die Funktion einer Verhinderungsplanung haben.[2993]

1557   Eine Veränderungssperre, die den **gesamten Bereich** des Gemeindegebietes erfasst, der nach den Vorarbeiten für die Änderung des Flächennutzungsplans als **Potenzialfläche für**

[2986] So bereits *BVerwG*, B. v. 26. 10. 1998 – 4 BN 43.98 – Buchholz 406.11 § 36 BauGB Nr. 53; *OVG Lüneburg*, Urt. v. 17. 12. 1998 – 1 K 1103/98 – NVwZ 1999, 1001.
[2987] *BVerwG*, Urt. v. 19. 9. 2002 – 4 C 10.01 – BVerwGE 117, 44 = DVBl. 2003, 201 = NuR 2003, 283 – Wangerland.
[2988] *BVerwG*, Urt. v. 12. 12. 1996 – 4 C 24.95 – ZfBR 1997, 216.
[2989] *BVerwG*, Urt. v. 19. 2. 2004 – 4 CN 16.03 – NVwZ 2004, 858 = BauR 2004, 1046 – Rosendahl für ein 200 ha großes Gebiet.
[2990] *BVerwG*, Urt. v. 10. 9. 1976 – IV C 39.74 – BVerwGE 51, 121; B. v. 27. 7. 1990 – 4 B 156.89 – ZfBR 1990, 302; B. v. 25. 11. 2003 – 4 BN 60.03 -NVwZ 2004, 477 = BauR 2004, 634.
[2991] *BVerwG*, B. v. 15. 8. 2000 – 4 BN 35.00 – BRS 64 Nr. 109; B. v. 27. 7. 1990 – 4 B 156.89 – ZfBR 1990, 302.
[2992] *BVerwG*, Urt. v. 19. 2. 2004 – 4 CN 13.03 – RdL 2004, 177 = ZfBR 2004, 464 = UPR 2004, 271 = KommJur 2004, 230 m. Anm. *Franz Dirnberger* – für ein Gebiet von 560 ha.
[2993] *OVG Lüneburg*, Urt. v. 18. 6. 2003 – 1 KN 56/03 – ZfBR 2003, 790 angenommen für einen Bebauungsplan, der fast das gesamte nicht bebaute Gemeindegebiet umfasste.

Windenergie in Frage kommt, wird in der Regel wegen unzureichender Konkretisierung der Planung unwirksam sein. Steht eine Veränderungssperre in Rede, genügt allein das Ziel der Vorhabenverhinderung nicht. Es müssen hinreichend konkrete positive planerische Ziele vorhanden sein. Genügend konkretisiert ist der Planungsinhalt etwa, wenn die künftige Nutzung des Gebietes der Art nach festgelegt ist.[2994]

Es ist Gemeinden durch **§ 245 b BauGB 1996** i.V. m. § 35 III 3 BauGB nicht verwehrt, auch nach dem 31. 12. 1998 Bebauungspläne für Gebiete aufzustellen, die im Flächennutzungsplan als Vorrangflächen für Windenergieanlagen dargestellt sind, und diese Pläne mit einer Veränderungssperre zu sichern.[2995] Die mit der Privilegierung der Windenergieanlagen damals eingeführte, bis Ende des Jahres 1998 befristete Zurückstellungsmöglichkeit sollte der Gemeinde eine gewisse Zeit der Planung geben, spätere planerische Entscheidungen der Gemeinde aber nicht ausschließen. Vielmehr sind die Gemeinden jederzeit berechtigt, ihre Bauleitplanung zu ändern und diese Planung durch eine Veränderungssperre zu sichern (§ 1 III BauGB). Auch das EEG[2996] hindert den Erlass einer Veränderungssperre nicht. § 2 I 1 EEG regelt die Abnahme und die Vergütung von Strom, jedoch keine bauplanungsrechtlichen Fragen.

§ 245 b BauGB 1996 bewahrt die Betreiber von Windenergieanlagen daher nicht davor, weiteren planungsrechtlichen Beschränkungen als denen des § 35 III 3 BauGB unterworfen zu werden. Sie müssen die Festsetzungen in einem Bebauungsplan hinnehmen, wenn und soweit die Aufstellung des Plans für die städtebauliche Entwicklung und Ordnung erforderlich war (§ 1 III BauGB) und die von ihm berührten öffentlichen und privaten Belange gegeneinander und untereinander gerecht abgewogen sind (§ 1 VII BauGB). Nach § 8 III 1 BauGB kann mit der Aufstellung, Änderung, Ergänzung oder Aufhebung des Bebauungsplans gleichzeitig auch der Flächennutzungsplan aufgestellt, geändert oder ergänzt werden. Dies gilt auch dann, wenn die Änderung des Flächennutzungsplans im Parallelverfahren die Darstellung von Konzentrationszonen für Windenergieanlagen betrifft; denn § 8 III BauGB macht von seinem Anwendungsbereich keine Ausnahme.[2997]

Eine **Zurückstellung** setzt die Voraussetzungen für den Erlass einer Veränderungssperre voraus (§ 15 I BauGB). Solange ein Aufstellungsbeschluss nicht vorliegt, muss ein Zurückstellungsantrag erfolglos bleiben. Das gilt auch, wenn ein früherer Aufstellungsbeschluss besteht, die entsprechende Planung aber aufgegeben worden ist. Dem Bundesrecht lässt sich auch kein fester Zeitraum entnehmen, innerhalb dessen über einen Bauantrag oder einen Vorbescheidsantrag zu entscheiden ist. Derartige Fristsetzungen enthalten allerdings einige Landesgesetze, die teilweise wiederum an den Eingang bestimmter Stellungnahmen anknüpfen.[2998] Zurückstellungsmöglichkeiten für an sich privilegierte Außenbereichsvorhaben nach § 35 I Nr. 2 bis 6 BauGB im Hinblick auf eine beabsichtigte Änderung eines Flächennutzungsplans enthält § 15 III BauGB.

Ziele der Raumordnung sind anders als die Grundsätze der Raumordnung nicht bloß Maßstab, sondern als räumliche und sachliche Konkretisierung der Entwicklung, Ordnung und Sicherung des Planungsraumes das Ergebnis landesplanerischer Abwägung. Einer weiteren Abwägung auf einer nachgeordneten Planungsstufe sind sie nicht zugänglich. Die planerischen Vorgaben, die sich ihnen entnehmen lassen, sind verbindlich.[2999]

Eine Veränderungssperre darf erst dann erlassen werden, wenn die Planung, die sie sichern soll, ein **Mindestmaß** dessen erkennen lässt, was Inhalt des zu erwartenden Be-

---

[2994] *OVG Lüneburg*, B. v. 21. 1. 2004 – 1 MN 295/03 – RdL 2004, 94 = NVwZ-RR 2004, 332 = BauR 2004, 717 – Potenzialfläche.
[2995] *BVerwG*, B. v. 25. 11. 2003 – 4 BN 60.03 – ZfBR 2004, 279 = UPR 2004, 148 = BauR 2004, 634 – Vorranggebiet für Windenergieanlagen im Flächennutzungsplan.
[2996] Gesetz über den Vorrang Erneuerbarer Energien vom 21. 7. 2004 (BGBl. I S. 1918).
[2997] *BVerwG*, B. v. 27. 11. 2003 – 4 BN 61.03, 62.03 – Veränderungssperre Windenergieanlagen.
[2998] *BVerwG*, B. v. 9. 4. 2003 – 4 B 75.02 – Zurückstellung von Bauanträgen.
[2999] *BVerwG*, B. v. 19. 5. 2004 – BN 22.04.

bauungsplans sein soll.³⁰⁰⁰ Die Gemeinde muss bereits positive Vorstellungen über den Inhalt des Bebauungsplans entwickelt haben. Eine Negativplanung, die sich darin erschöpft, einzelne Vorhaben auszuschließen, reicht demgegenüber nicht aus. Auch eine Planung, bei der in einem raumordnerisch für die Windenergie vorgesehenen Gebiet Festsetzungen zu Gunsten von Windenergieanlagen von „Null bis Hundert" möglich sind, also alles noch offen ist, kann nicht durch eine Veränderungssperre gesichert werden. Zweck der Veränderungssperre ist es, eine bestimmte Bauleitplanung zu sichern. Sie darf nicht eingesetzt werden, um lediglich die Planungszuständigkeit, die Planungshoheit der Gemeinde zu sichern. Die bloße „Absicht zu planen" genügt nicht. Beabsichtigt eine Gemeinde, für große Teile ihres Gemeindegebiets einen Bebauungsplan aufzustellen, so kann diese Planung nicht durch eine Veränderungssperre gesichert werden, wenn die Bereiche, in denen unterschiedliche Nutzungen verwirklicht werden sollen, nicht einmal grob bezeichnet sind.³⁰⁰¹ Das Mindestmaß der Konkretisierung der zu sichernden Planung hängt allerdings im Wesentlichen von den Umständen des Einzelfalls ab und ist deshalb einer revisionsgerichtlichen Klärung weitgehend entzogen.

6. Nicht erfasste Veränderungen – Bestandsschutz

1563 Vorhaben, die vor dem In-Kraft-Treten der Veränderungssperre baurechtlich genehmigt worden sind, Vorhaben, von denen die Gemeinde nach Maßgabe des Bauordnungsrechts Kenntnis erlangt hat und mit deren Ausführung vor dem In-Kraft-Treten der Veränderungssperre hätte begonnen werden dürfen, sowie Unterhaltungsarbeiten und die Fortführung einer bisher ausgeübten Nutzung werden von der Veränderungssperre nicht berührt (**§ 15 III BauGB**). Die Vorschrift stellt sicher, dass der Bestandsschutz eines Gebäudes und einer ausgeübten baulichen Nutzung durch den Erlass einer Veränderungssperre nicht beeinträchtigt wird. Zugleich wird damit den verfassungsrechtlichen Anforderungen der Eigentumsgarantie gem. Art. 14 GG Rechnung getragen.³⁰⁰²

1564 Ist bereits eine **Baugenehmigung erteilt** worden, so wird sie in ihrem Bestand durch eine Veränderungssperre nicht mehr beeinträchtigt (§ 14 III BauGB).³⁰⁰³ Dasselbe gilt für die Bindungswirkungen, die sich aus einer **Bebauungsgenehmigung** für das nachfolgende Baugenehmigungsverfahren ergeben.³⁰⁰⁴ Die Bebauungsgenehmigung setzt sich damit gegenüber einer anschließend erlassenen Veränderungssperre in dem Sinne durch, dass die Baugenehmigung wegen der erteilten Bebauungsgenehmigung auch dann erteilt werden muss, wenn zwischenzeitlich eine Veränderungssperre erlassen worden ist.³⁰⁰⁵ Denn die Bebauungsgenehmigung ist ein selbstständiger Ausschnitt aus der Baugenehmigung, durch welche die planungsrechtliche Zulässigkeit des Bauvorhabens geklärt wird. Die Bebauungsgenehmigung wird auch nicht etwa durch eine später erteilte Bau-

---

³⁰⁰⁰ *BVerwG*, Urt. v. 19. 2. 2004 – 4 CN 16.03 – NVwZ 2004, 858 = DVBl. 2004, 950 – Rosdendahl; vgl. auch *OVG Lüneburg*, Urt. v. 21. 1. 2004 – 1 MN 295/03 – RdL 2004, 94.
³⁰⁰¹ *BVerwG*, Urt. v. 19. 2. 2004 – 4 CN 13.03 – RdL 2004, 177 = ZfBR 2004, 464 = UPR 2004, 271 = KommJur 2004, 230 m. Anm. *Franz Dirnberger*.
³⁰⁰² *BVerwG*, Urt. v. 10. 9. 1976 – IV C 39.74 – BVerwGE 51, 121; *VGH Mannheim*, B. v. 7. 1. 1999 – 5 S 3075/98 – VGHBW RSprDienst 1999, Beilage 3 B 2 – Übergangsheim; *BGH*, Urt. v. 14. 12. 1978 – III ZR 77.76 – BGHZ 73, 161; *Dolde* NVwZ 1986, 873; *Fickert* FS Weyreuther 1993, 319; *Friauf* WiVerw. 1986, 87; *Lenz/Heintze* ZfBR 1989,142; *Ossenbühl* Bestandsschutz und Nachrüstung von Kernkraftwerken 1994; *Sarnighausen* DÖV 1993, 758; *Schenke* NuR 1989, 8; *Schlichter* ZfBR 1979, 53; *ders.* AgrarR 1982, 85; *Schneider/Steinberg* Schadensvorsorge im Atomrecht zwischen Genehmigung, Bestandsschutz und staatlicher Aufsicht 1991; *Sendler* UVP 1983; *ders.* WiVerw. 1993, 235; *Weyreuther* Die Situationsgebundenheit des Grundeigentums, Naturschutz – Eigentumsschutz – Bestandsschutz 1983; *Wickel* BauR 1994, 557; *Ziegler* ZfBR 1982, 146.
³⁰⁰³ *OVG Lüneburg*, B. v. 9. 3. 1999 – 1 M 405/99 – UPR 1999, 231.
³⁰⁰⁴ *BVerwG*, Urt. v. 3. 2. 1984 – 4 C 39.82 – BVerwGE 69, 1 = *Hoppe/Stüer* RzB Rdn. 301.
³⁰⁰⁵ *BVerwG*, Urt. v. 2. 9. 1983 – 4 N 1.83 – BVerwGE 68, 12 = NJW 1984, 881 = DVBl. 1984, 145 = *Hoppe/Stüer* RzB Rdn. 222; Urt. v. 3. 2. 1984 – 4 C 39.82 – BVerwGE 69, 1 = DVBl. 1984, 629 = BauR 1984, 384 = *Hoppe/Stüer* RzB Rdn. 301.

genehmigung konsumiert.³⁰⁰⁶ Der Vorrang gegenüber einer Veränderungssperre ergibt sich auch, wenn das Vorhaben aufgrund eines anderen baurechtlichen Verfahrens zulässig ist. Mit dieser Änderung durch das BauROG 1998 wird ein Vorhaben auch dann von der Veränderungssperre nicht erfasst, wenn es aufgrund eines anderen baurechtlichen Verfahrens zulässig ist. Dies gilt etwa für ein abgeschlossenes Anzeigeverfahren nach den landesrechtlichen Freistellungsvorschriften, mit dem die Bauerlaubnis verbunden ist.

§ 14 III BauGB reagiert bereits in der Fassung des BauROG 1998 auf die **Freistellungstendenzen** der Länder. Anderenfalls stünde der Bauherr, dessen Vorhaben etwa im Geltungsbereich eines Bebauungsplans von dem Erfordernis einer Baugenehmigung freigestellt ist, im Hinblick auf die Veränderungssperre schlechter als ein Bauherr, der über eine förmliche Baugenehmigung verfügt. § 14 III BauGB stellt daher klar, dass auch Vorhaben, die vor In-Kraft-Treten einer Veränderungssperre genehmigt worden sind, von der Veränderungssperre nicht erfasst werden. Hinzu treten alle Verfahren, nach deren Abschluss ein Bauvorhaben zulässig ist wie z. B. Anzeige- und Kenntnisgabeverfahren. Die Gemeinde muss allerdings nach Maßgabe des Bauordnungsrechts Kenntnis erlangt haben und mit der Ausführung des Bauvorhabens hätte begonnen werden dürfen. Der Zeitpunkt der Zulässigkeit des Beginns der Bauarbeiten bestimmt sich nach Landesrecht. Von diesem Zeitpunkt an kann eine Veränderungssperre dem Vorhaben nicht entgegengehalten werden. Zur Sicherung der gemeindlichen Rechte haben die Länder jedoch nach § 36 I 3 BauGB zu gewährleisten, dass die Gemeinde rechtzeitig vor Ausführung des Vorhabens über Maßnahmen zur Sicherung der Bauleitplanung nach den §§ 14, 15 BauGB entscheiden kann.³⁰⁰⁷ **Genehmigungsfreistellungsverfahren** nach Art. 64 BayBauO 1998 sind „andere baurechtliche Verfahren" i. S. des § 14 III BauGB. Eine erst nach Ablauf der Erklärungsfrist in Kraft tretende Veränderungssperre steht einem beantragten Bauvorhaben nicht entgegen.³⁰⁰⁸ Auch kann eine Veränderungssperre, die die Gemeinde erst während des Verfahrens des vorläufigen Rechtsschutzes gegen die Baugenehmigung erlässt, gegenüber dem bereits vorher genehmigten Vorhaben nicht mehr berücksichtigt werden.³⁰⁰⁹ § 14 III BauGB ist auf ein Vorhaben, das vor In-Kraft-Treten einer nachträglich beschlossenen Veränderungssperre nicht genehmigt worden ist, auch dann nicht anwendbar, wenn der Bauherr bis dahin eine Genehmigung erwarten konnte.³⁰¹⁰

Hat die Baugenehmigungsbehörde **zu Unrecht** eine **Bebauungsgenehmigung** oder eine **Baugenehmigung nicht erteilt**, so kann dies bei einer späteren Veränderungssperre zu einer Ermessensbindung der Baubehörde i. S. einer Verpflichtung zur Erteilung einer Ausnahmegenehmigung führen. Denn hätte die Baugenehmigungsbehörde ordnungsgemäß entschieden, wäre durch die Erteilung der Bebauungsgenehmigung eine Bindungswirkung für das anschließende weitere Baugenehmigungsverfahren eingetreten. Überwiegende öffentliche Belange dürfen dem Vorhaben allerdings nicht entgegenstehen. Ein öffentlicher Belang, der der Erteilung der Ausnahmegenehmigung entgegenstehen kann, kann darin liegen, dass das Vorhaben den Zielen der Planung eindeutig zuwiderläuft.³⁰¹¹

Planungsrechtlich relevante Nutzungsänderungen, die bisher nicht genehmigt sind, unterliegen der Neubeurteilung des Planungsrechts und können durch eine Veränderungssperre unterbunden werden. Beinhaltet die Änderung der Benutzung einer bau-

---

³⁰⁰⁶ *BVerwG*, Urt. v. 9. 2. 1995 – 4 C 23.94 – NVwZ 1995, 894 = DVBl. 1995, 760 = BauR 1995, 523 – Unwirtschaftlichkeit.
³⁰⁰⁷ Fachkommission „Städtebau" der ARGEBAU, Muster-Einführungserlass zum BauROG, Nr. 8.1.
³⁰⁰⁸ *VG Augsburg* 4. Kammer, B. v. 30. 6. 1999 – Au 4 S 99.343 – (unveröffentlicht).
³⁰⁰⁹ *OVG Lüneburg*, B. v. 9. 3. 1999 – 1 M 405/99 – NVwZ 1999, 1005 = UPR 1999, 231 = ZfBR 1999, 226 = BauR 1999, 884.
³⁰¹⁰ *VGH Mannheim*, Urt. v. 4. 2. 1999 – 8 S 39/99 – VBlBW 1999, 266.
³⁰¹¹ *BVerwG*, B. v. 17. 5. 1989 – 4 CB 6.89 – NVwZ 1990, 58 = DÖV 1989, 906 = *Hoppe/Stüer* RzB Rdn. 226.

lichen Anlage eine Nutzungsänderung i. S. von § 29 I BauGB, so liegt keine Fortführung der bisher ausgeübten Nutzung i. S. des § 14 III BauGB vor. Eine Veränderungssperre kann daher die beabsichtigte Nutzungsänderung unterbinden.[3012]

Beispiel: Ein Grundstückseigentümer beabsichtigt, in seinem bisherigen Kino eine Spielhalle einzurichten. Die Gemeinde hat durch den Erlass einer Veränderungssperre die Möglichkeit, diese Nutzungsänderung zu unterbinden, wenn sie aus städtebaulichen Gründen nicht wünschenswert erscheint. Voraussetzung für eine solche Veränderungssperre ist ein Beschluss zur Aufstellung eines Bebauungsplans. Auch die Aufstellung von acht Gewinnspielgeräten (Glücksspielautomaten) in einem Snooker-Billardsalon ist bauplanungsrechtlich als Nutzungsänderung i. S. von § 29 BauGB anzusehen,[3013] so dass die planungsrechtlichen Sicherungsinstrumentarien gegenüber solchen Nutzungsänderungen zur Verfügung stehen. Auch Betriebserweiterungen sowie Nutzungsintensivierungen können vom Bestandsschutz nicht mehr gedeckt sein. So wird etwa der Betrieb einer Autolackiererei, für den eine baurechtliche Genehmigung erteilt worden ist, vom Bestandsschutz nicht mehr gedeckt, wenn er einen Umfang erreicht, der eine immissionsschutzrechtliche Genehmigungsbedürftigkeit begründet.[3014]

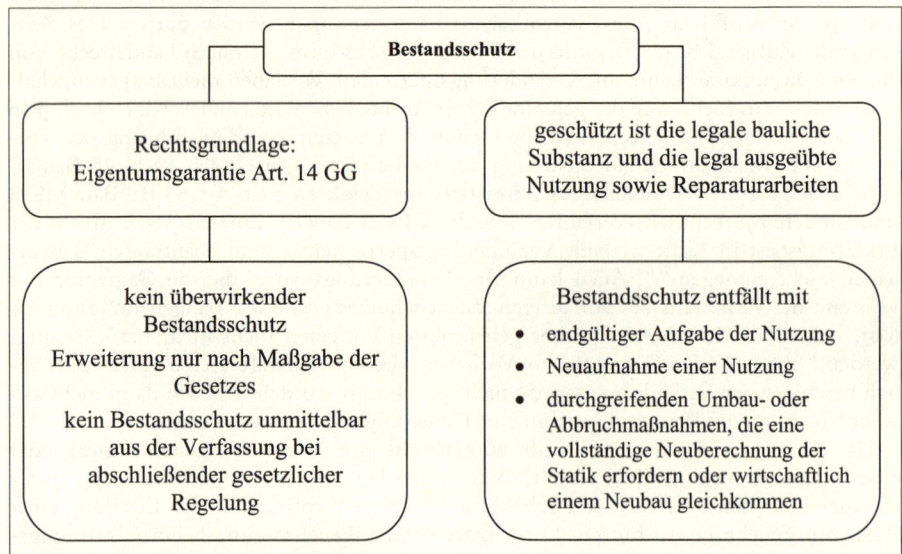

1568 Bei einer **Nutzungsaufgabe** ist hinsichtlich des **Bestandsschutzes** für Folgenutzungen zu unterscheiden: Wird eine neue auf Dauer angelegte Nutzung aufgenommen, so geht der Bestandsschutz für die alte Nutzung im Regelfall unter. Steht das Gebäude leer und wird eine neue Nutzung nicht aufgenommen, so kann die bisherige Nutzung auch über mehrere Jahre nachwirken, wenn nach der Verkehrsauffassung mit der Wiederaufnahme der bisherigen Nutzung zu rechnen ist (**nachwirkender Bestandsschutz**). Liegen allerdings Umstände vor, aus denen nach der Verkehrsauffassung eine endgültige Nut-

---

[3012] *BVerwG*, B. v. 1. 3. 1989 – 4 B 24.89 – NVwZ 1989, 666 = BauR 1989, 308 = *Hoppe/Stüer* RzB Rdn. 312 – Kino in Spielhalle.
[3013] So *BVerwG*, B. v. 19. 12. 1994 – 4 B 260.94 – Buchholz 406.11 § 39 BauGB Nr. 54 – Billardsalon. Zur Spielautomatensteuer *BVerwG*, Urt. v. 22. 12. 1999 – 11 CN 1.99 – BVerwGE 110, 237 = DVBl. 2000, 910; zu deren Vereinbarkeit mit europäischem Recht Urt. v. 22. 12. 1999 – 11 CN 3.99 – NVwZ 2000, 933 = DVBl. 2000, 913; zur erhöhten Besteuerung nicht verbotener Gewaltspielautomaten Urt. v. 22. 12. 1999 – 11 C 9.99 – BVerwGE 110, 248 = NVwZ 2000, 932 = DVBl. 2000, 914.
[3014] *BVerwG*, Urt. v. 18. 5. 1995 – 4 C 20.94 – BauR 1995, 807 = DVBl. 1996, 40. Die verstärkte Durchführung von Lackierarbeiten allein führt noch nicht zu einer Nutzungsänderung, so *OVG Münster*, B. v. 21. 4. 1998 – 10 B 617/98 – (unveröffentlicht) – Autolackiererei.

zungsaufgabe geschlossen werden kann, so reicht bereits, dass die Nutzung für mehr als ein Jahr nicht mehr ausgeübt wird. Der Betrieb einer Anlage, für den eine baurechtliche Genehmigung erteilt worden ist, wird vom Bestandsschutz auch dann nicht mehr gedeckt, wenn er einen Umfang erreicht, der eine immissionsschutzrechtliche Genehmigungsbedürftigkeit begründet. Ist die baurechtlich genehmigte Nutzung eines Gebäudes für mehr als ein Jahr nicht ausgeübt worden, so ist auch die vor Ablauf des zweiten Jahres wieder aufgenommene Nutzung nicht mehr vom Bestandsschutz gedeckt, wenn Umstände vorlagen, aus denen nach der Verkehrsauffassung geschlossen werden konnte, dass mit der Wiederaufnahme der ursprünglichen Nutzung nicht mehr zu rechnen war.[3015] Im Übrigen wird der Bestandsschutz im Hinblick auf die planungsrechtliche Zulässigkeit von Vorhaben in erster Linie durch den **Gesetzgeber** bestimmt. Einen eigentumsrechtlichen Bestandsschutz außerhalb des Gesetzes gibt es nach Auffassung des *BVerwG* nicht.[3016] Der Gesetzgeber habe im Städtebaurecht vielmehr abschließende Regelungen getroffen.

Ein Gebäude **verliert** den **Bestandsschutz**, wenn es so verändert wird, dass das veränderte Gebäude mit dem früheren nicht mehr identisch ist. Kennzeichen der (bestandsschutzrechtlichen) Identität eines Bauwerks, ist dass das ursprüngliche Gebäude nach wie vor als „Hauptsache" erscheint. Hieran fehlt es dann, wenn der mit der Instandsetzung verbundene Eingriff in den vorhandenen Bestand so intensiv ist, dass er die Standfestigkeit des gesamten Gebäudes berührt und eine statische Nachberechnung des gesamten Gebäudes erforderlich macht, oder wenn die für die Instandsetzung notwendigen Arbeiten den Aufwand für einen Neubau erreichen oder gar übersteigen, oder wenn die Bausubstanz ausgetauscht oder das Bauvolumen wesentlich erweitert wird.[3017]

7. Entschädigung bei Veränderungssperre

Dauert eine **Veränderungssperre länger als vier Jahre** über den Zeitpunkt ihres Beginns oder der ersten Zurückstellung eines Baugesuchs nach § 15 I BauGB hinaus, ist dem Betroffenen nach § 18 I BauGB für die dadurch eingetretenen Vermögensnachteile eine angemessene Entschädigung in Geld zu zahlen. Das Gesetz verweist dazu auf die Grundsätze in den §§ 93 bis 103 BauGB. Dabei ist der Grundstückswert zugrunde zu legen, der nach den §§ 39 bis 44 BauGB zu entschädigen wäre. Der Entschädigungsanspruch richtet sich gegen die Gemeinde, von der die über vier Jahre dauernde Veränderungssperre erlassen worden ist (§ 18 II 1 BauGB).

Die Regelung wird von der Rechtsprechung als **zulässige Inhalts- und Schrankenbestimmung** i. S. des Art. 14 I 2 GG verstanden.[3018] Der Gesetzgeber ist danach berechtigt, unter Wahrung der Institutsgarantie der privatnützigen Ausübung des Eigentums im Hinblick auf dessen Sozialverpflichtetheit Schranken zu setzen. Eine entschädigungslose vierjährige Bausperre wird im Hinblick auf das Erfordernis, den Gemeinden für eine bestimmte Zeit auch entschädigungslos ausreichende Planungsmöglichkeiten an die Hand zu geben, für zumutbar erachtet. Dauert die Veränderungssperre jedoch über einen längeren Zeitraum an, muss nach der Vorstellung des Gesetzgebers eine Entschädigung für den hierdurch eintretenden Rechtsverlust geleistet werden. Dabei stellt der *BGH* auch nicht mehr wie früher darauf ab, ob die Bausperre aus den örtlichen Gegebenheiten legitimiert

---

[3015] *BVerwG*, Urt. v. 18. 5. 1995 – 4 C 20.94 – BVerwGE 98, 235 = BauR 1995, 807 = DVBl. 1996, 40 = NVwZ 1996, 379 – Autolackiererei.
[3016] *BVerwG*, Urt. v. 1. 12. 1995 – 4 B 271.95 – BRS 57 (1995) Nr. 100 – Koppelschafhaltung, mit Hinweis auf B. v. 3. 12. 1990 – 4 B 145.90 – ZfBR 1991, 83 = BRS 50 Nr. 88; Urt. v. 15. 2. 1990 – 4 C 23.86 – NVwZ 1990, 775 = DVBl. 1990, 572; *OVG Saarlouis*, Urt. v. 25. 11. 1997 – 2 Q 9/97 – (unveröffentlicht) – Koppelschafhaltung; vgl. *Taegen* in: Berliner Komm. § 35 BauGB Rdn. 94; zum Bestandsschutz s. Rdn. 1729.
[3017] *BVerwG*, B. v. 21. 3. 2001 – 4 B 18.01 – NVwZ 2002, 92 = ZfBR 2001, 501, mit Hinweis auf Urt. v. 17. 1. 1986 – 4 C 80.82 – BVerwGE 72, 362 – Statik.
[3018] *BGH*, Urt. v. 14. 12. 1978 – III ZR 77/76 – BGHZ 73, 161 = *Hoppe/Stüer* RzB Rdn. 220.

war oder sich als sozusagen von außen kommende Konkretisierung übergeordneter Planungen darstellte, für die nur eine dreijährige Sperre für entschädigungslos zulässig angesehen wurde.[3019]

1572 Ist die Veränderungssperre schon nach einem kürzeren Zeitablauf nicht durch städtebauliche Gründe legitimiert oder wird ein Baugesuch ohne Vorliegen einer Veränderungssperre oder einer Zurückstellung nach § 15 BauGB über einen die ordnungsgemäße Bearbeitungszeit überschreitenden Zeitraum nicht beschieden, so ist auch in solchen Fällen der **faktischen Veränderungssperre** eine Entschädigung nach den Grundsätzen des enteignenden Eingriffs zu gewähren.[3020] Nach der Neukonzeption der Eigentumsgarantie durch das *BVerfG*[3021] unterscheidet Art. 14 GG zwischen der (echten) Enteignung in Art. 14 III GG, die den Zugriff auf privates Eigentum zur Verwirklichung öffentlicher Zwecke voraussetzt, und den Regelungen des Gesetzgebers, die sich als Inhalts- und Schrankenbestimmung i. S. des Art. 14 I 2 GG darstellen. Unter die **Enteignung** i. S. des Art. 14 III GG fällt dabei nur der enge Begriff der klassischen Enteignung i. S. des transitorischen Übergangs von Eigentümerrechten etwa bei der Landinanspruchnahme für den Bau einer Straße, einer Eisenbahnlinie oder eines sonstigen, sich durch Gründe des Gemeinwohls legitimierenden Vorhabens. Auch sieht Art. 14 GG für rechtswidrige Eingriffe in privates Eigentum keine Entschädigung vor, da solche Eingriffe keine Enteignung i. S. des Art. 14 III GG darstellen. Der Gesetzgeber kann allerdings bei der Bestimmung von **Inhalt und Schranken des Eigentums** nach Art. 14 I 2 GG verpflichtet sein, i. S. von **Kompensationsmaßnahmen** entsprechende Ausgleichsregelungen für rechtswidrig erlittene Vermögenseingriffe zu schaffen.[3022]

1573 Anders als bei rechtmäßigen Enteignungen hat der Bürger bei rechtswidrigen Hoheitsakten nach Auffassung des *BVerfG* **kein Wahlrecht** dahingehend, ob er den rechtswidrigen Hoheitsakt bestandskräftig werden lässt und eine Entschädigung in Anspruch nimmt, oder ob der Bürger sich gegen den rechtswidrigen Eingriff in sein Eigentum wendet. Nimmt der Bürger den rechtswidrigen Hoheitsakt hin, so verfällt damit auch ein Entschädigungsanspruch der Abweisung.[3023] Dieser **Grundsatz des Primärrechtsschutzes**[3024] ist allerdings von der Rechtsprechung vor allem aus Billigkeitsgründen in verschiedener Hinsicht eingeschränkt worden.[3025] Es bleibt aber bei dem Grundsatz, dass der durch eine faktische Veränderungssperre Betroffene sich zunächst darum bemühen muss, durch Widerspruch und ggf. Klage die Aufhebung des Bauverbotes zu erreichen, bevor nach den Grundsätzen des enteignenden Eingriffs für faktische Veränderungssperren Schadensersatz geleistet werden muss.

1574 **Entschädigung** ist nach diesen Grundsätzen auch für **rechtswidrige Veränderungssperren** zu gewähren, wobei zwischen den Gründen der Unwirksamkeit der Veränderungssperre zu unterscheiden ist. Erweist sich eine Veränderungssperre aus materiellen

---

[3019] *BGH*, Urt. v. 26. 11. 1954 – V ZR 58/53 – BGHZ 15, 268 – Stuttgarter Bausperre; Urt. v. 25. 6. 1959 – III ZR 220/57 – BGHZ 30, 338 – Freiburger Bausperre.

[3020] *BGH*, Urt. v. 26. 1. 1984 – III ZR 216/82 – BGHZ 90, 17 = DVBl. 1984, 98; *Hoppe* in: *Hoppe/Bönker/Grotefels* § 10 Rdn. 23.

[3021] *BVerfG*, B. v. 15. 7. 1981 – 1 BvL 77/78 – BVerfGE 58, 300 = NJW 1982, 745 = DVBl. 1982, 340 = *Hoppe/Stüer* RzB Rdn. 1136 – Nassauskiesung; s. Rdn. 1680.

[3022] *BVerwG*, Urt. v. 15. 2. 1990 – 4 C 47.89 – BVerwGE 84, 361 = DVBl. 1990, 585 = *Hoppe/Stüer* RzB Rdn. 1049 – Serriesteich; s. Rdn. 1681.

[3023] *BVerfG*, B. v. 15. 7. 1981 – 1 BvL 77/78 – BVerfGE 58, 300 = NJW 1982, 745 = DVBl. 1982, 340 = *Hoppe/Stüer* RzB Rdn. 1136 – Nassauskiesung.

[3024] *BGH*, Urt. v. 10. 6. 1985 – III ZR 2/84 – BGHZ 95, 28; Urt. v. 11. 7. 1985 – III ZR 62/84 – BGHZ 95, 238; Urt. v. 6. 2. 1986 – III ZR 96/84 – BGHZ 97, 114; Urt. v. 17. 4. 1986 – III ZR 202/84 – BGHZ 97, 361; Urt. v. 23. 10. 1986 – III ZR 112/85 – NVwZ 1978, 285 = BauR 1987, 426; Urt. v. 21. 12. 1989 – III ZR 132/88 – BGHZ 110, 12 = NJW 1990, 898; *BVerwG*, Urt. v. 16. 3. 1989 – 4 C 36.85 – BVerwGE 81, 329 = NVwZ 1989, 1157 = DVBl. 1989, 663 – Moers-Kapellen; zu weiteren Einzelheiten s. Rdn. 1681.

[3025] *BVerwG*, B. v. 9. 11. 1979 – 4 N 1.78 – BVerwGE 59, 87 = *Hoppe/Stüer* RzB Rdn. 26.

oder inhaltlichen Gründen als rechtswidrig, so beginnt der entschädigungspflichtige Zeitraum bereits mit Erlass der Veränderungssperre. Erweist sich die Veränderungssperre (nur) wegen eines Form- oder Verfahrensfehlers als unwirksam, so muss eine Sperrfrist zumindest von zwei Jahren entschädigungslos hingenommen werden. Dies gilt jedenfalls dann, wenn die Form- oder Verfahrensfehler bei Kenntnis von der Gemeinde hätten beseitigt werden können. Hier ist der Bürger hinsichtlich des Vertrauens darauf, dass die Gemeinde eine form- oder verfahrensfehlerhafte Veränderungssperre erlässt, nicht schutzwürdig (**Grundsatz des rechtmäßigen Alternativverhaltens**). Auch könnte die Gemeinde die Veränderungssperre bei später erkannter Fehlerhaftigkeit unter Wiederholung des fehlerhaften Teils nach § 214 IV BauGB ggf. rückwirkend neu in Kraft setzen. Der Bürger ist in seinem Vertrauen nicht schutzwürdig, dass so etwas nicht geschieht.

Die **angemessene Entschädigung** besteht in einer Bodenrente, die sich aus dem Unterschied des Wertes errechnet, den das Grundstück hätte, wenn es sofort bebaubar gewesen wäre, und dem Wert, den es hat, weil es durch die Sperre vorübergehend nicht bebaut werden kann.[3026]

Hinweis: Als jährliche Entschädigung kann etwa als grobe Orientierung eine 6 %ige Bodenrente angenommen werden.

Wird das Grundstück im Bebauungsplan endgültig als unbebaubar ausgewiesen, so stellt sich die durch die Veränderungssperre eingetretene zwischenzeitliche Bausperre als **dauerndes Bauverbot** dar, das sozusagen lediglich in der Zeit der Geltung der Veränderungssperre vorwirkte. Die hierdurch eingetretenen Rechtsverluste sind bei der Entschädigungsbemessung mit zu berücksichtigen.[3027] Wird eine Veränderungssperre erst geraume Zeit nach Eingang eines Baugesuchs erlassen, können sich aus der verspäteten Bearbeitung des Baugesuchs **Entschädigungsansprüche** gegen die Baugenehmigungsbehörde ergeben.[3028] Erledigt sich daher der Verpflichtungsantrag auf Erteilung einer Baugenehmigung für ein nach § 34 BauGB zulässiges Vorhaben dadurch, dass die Gemeinde die Aufstellung eines Bebauungsplans beschließt und eine Veränderungssperre in Kraft setzt, so kann dem darauf gestellten Fortsetzungsfeststellungsantrag nicht mit Erfolg entgegengehalten werden, der Antrag auf Erteilung der Baugenehmigung hätte abgelehnt oder zurückgestellt werden müssen, wenn die Gemeinde rechtzeitig eine Veränderungssperre beschlossen hätte.

Solange die Gemeinde die gesetzlich vorgesehenen **Sicherungsmittel** nicht nutzt, ist ein Baugenehmigungsantrag für ein Vorhaben, das planungsrechtlich nach den §§ 34, 35 BauGB zulässig ist, positiv zu bescheiden, selbst wenn das Vorhaben den Planungsabsichten der Gemeinde zuwiderlaufen sollte. Die Gegenansicht verkennt nach Auffassung des *BVerwG* die durch Art. 14 I GG geschützte Rechtsposition des Grundeigentümers. Die Sicherungsinstrumente der Zurückstellung von Baugesuchen und der Veränderungssperre entfalten ihre **Sperrwirkung** erst dann, wenn sie von der Gemeinde tatsächlich ergriffen werden. Hat die Bauaufsichtsbehörde verkannt, dass ein Vorhaben planungsrechtlich zulässig ist, und einen Bauantrag deshalb zu Unrecht abgelehnt, kann sie im verwaltungsgerichtlichen Streit um die Erteilung eines positiven Vorbescheids nicht mehr mit dem Einwand durchdringen, die Gemeinde hätte bei zutreffender Würdigung der Sach- und Rechtslage von den Sicherungsmitteln der §§ 14, 15 BauGB rechtzeitig Gebrauch gemacht.

Erwächst die Feststellung, dass die Ablehnung der Bebauungsgenehmigung rechtswidrig und die Baugenehmigungsbehörde verpflichtet gewesen ist, dem Bauherrn vor In-

---

[3026] Zu vergleichbaren Berechnungen bei Schadensersatz aus dem Gesichtspunkt des enteignungsgleichen Eingriffs *BGH*, Urt. v. 18. 6. 1998 – III ZR 100/97 – NVwZ 1998, 1329 = UPR 1998, 447.
[3027] *Stüer* DVBl. 1985, 469.
[3028] *OLG Frankfurt*, Urt. v. 29. 5. 1998 – 15 U 249/96 – Zeitschrift für Immobilienrecht 1999, 58.

Kraft-Treten der Veränderungssperre die beantragte Bebauungsgenehmigung zu erteilen, in **Rechtskraft**, so ist dies für die Zivilgerichte in einem Amtshaftungs- und Entschädigungsprozess bindend. Es ist sodann Aufgabe der Zivilgerichte darüber zu entscheiden, unter welchem rechtlichen Gesichtspunkt der Einwand des rechtmäßigen Alternativverhaltens im Rahmen einer Schadensersatzklage wegen Amtspflichtverletzung zu berücksichtigen ist.[3029] **Amtshaftungsansprüche** setzen dabei **Verschulden** voraus.[3030] Auch wenn die Ablehnung einer Bauvoranfrage objektiv rechtswidrig war, weil sie sich auf einen nicht wirksamen Bebauungsplan gründet, steht dem Grundstückseigentümer wegen der verzögerten Bescheidung seiner Bauvoranfrage kein Amtshaftungsanspruch zu, wenn die zuständigen Amtsträger bei der rechtswidrigen Entscheidung nicht schuldhaft gehandelt haben, weil sie die Unwirksamkeit des Bebauungsplans nicht ohne weiteres erkennen konnten und die Ablehnung der Bauvoranfrage bei unterstellter Wirksamkeit des Bebauungsplans rechtsfehlerfrei erfolgt ist.[3031]

8. Rechtsschutz gegen Veränderungssperre

1579   Die von der Gemeinde als Satzung zu beschließende Veränderungssperre (§ 16 BauGB) kann von dem dadurch Betroffenen[3032] in einem **Normenkontrollverfahren** nach § 47 VwGO zur gerichtlichen Überprüfung gestellt werden,[3033] wenn der Antragsteller geltend macht, durch die Satzung in eigenen Rechten verletzt zu sein. Im Normenkontrollverfahren gegen eine Veränderungssperre wird der künftige Bebauungsplan nur daraufhin überprüft, ob die sich abzeichnende Planung schlechterdings unwirksam ist.[3034] Die für die Zulässigkeit einer Veränderungssperre vorauszusetzende **hinreichend konkrete Planung**[3035] liegt vor, wenn der aufzustellende Bebauungsplan die Schaffung von Wohnungen ermöglichen soll.[3036] Allerdings ist die Veränderungssperre an das im Zeitpunkt ihres Erlasses verfolgte Planungskonzept gebunden. Ein Austausch der Planungsabsichten führt daher zur Unwirksamkeit der Veränderungssperre. Die nach Landesrecht zur Ersetzung des Einvernehmens der Gemeinde zuständige Behörde ist auch befugt, sich über eine unwirksame Veränderungssperre hinwegzusetzen.[3037]

Hinweis: Die Gerichte prüfen in solchen Fällen, ob ein ordnungsgemäßer, wirksam öffentlich bekannt gemachter Beschluss zur Aufstellung, Änderung, Ergänzung oder Aufhebung eines Bebauungsplans vorliegt und ob die Veränderungssperre ebenfalls den Form- und Verfahrensanforderungen der §§ 14 ff. BauGB genügt. Dabei ist die gerichtliche Prüfung auf die in § 214 I BauGB enthaltenen Wirksamkeitsvoraussetzungen beschränkt. Hinsichtlich einer vorliegenden Planungskonzeption findet (lediglich) eine Grobprüfung i. S. der Frage statt, ob die beabsichtigte Planungsmaßnahme durch städtebauliche Gründe gerechtfertigt sein kann. Die Prüfung der Einzelgründe erfolgt erst nach Abschluss des Planverfahrens.[3038]

1580   In einem **Normenkontrollverfahren** kann lediglich die Wirksamkeit der Veränderungssperre zur gerichtlichen Prüfung gestellt werden. Die nach § 17 I 2 BauGB gebotene Berücksichtigung anrechnungsfähiger Zeiten durch die Zurückstellung des Baugesuchs nach § 15 BauGB betrifft nicht die Rechtsgültigkeit einer satzungsrechtlichen

---

[3029] *BVerwG*, B. v. 2. 10. 1998 – 4 B 72.98 – NVwZ 1999, 523 = UPR 1999, 108 – rechtmäßiges Alternativverhalten mit Hinweis auf *BGH*, Urt. v. 24. 10. 1992 – III ZR 220/90 – BGHZ 119, 365 = DVBl. 1993, 105.
[3030] *BGH*, Urt. v. 18. 6. 1998 – III ZR 100/97 – NVwZ 1998, 1329 = UPR 1998, 447.
[3031] *BGH*, Urt. v. 18. 6. 1998 – III ZR 100/97 – NVwZ 1998, 1329 = UPR 1998, 447.
[3032] *BVerwG*, B. v. 9. 11. 1979 – 4 N 1.78 – BVerwGE 59, 87 = *Hoppe/Stüer* RzB Rdn. 26.
[3033] *Stüer* DVBl. 1985, 469.
[3034] *OVG Lüneburg*, Urt. v. 17. 12. 1998 – 1 K 1103/98 – Nds. Rpfl. 1999, 218.
[3035] *BVerwG*, B. v. 27. 7. 1990 – 4 B 156.89 – NVwZ 1991, 62; B. v. 21. 12. 1993 – 4 NB 40.93 – NVwZ 1994, 685; *OVG Münster*, Urt. v. 3. 2. 1999 – 10 a B 2353/98.NE – (unveröffentlicht).
[3036] *OVG Münster*, Urt. v. 20. 4. 1999 – 10 a D 161/98.NE – (unveröffentlicht).
[3037] *OVG Lüneburg*, B. v. 15. 10. 1999 – 1 M 3614/99 – BauR 2000, 73.
[3038] S. Rdn. 1538.

9. Veränderungssperre in den neuen Bundesländern

Im Gebiet der ehemaligen DDR war durch den Einigungsvertrag die Geltung einer **Veränderungssperre** für eine Übergangszeit bis zum 31.12. 1997 **auch auf schuldrechtliche Verträge** erweitert worden. Nach § 246a I Nr. 5 BauGB 1990 waren §§ 12, 17 BauZVO mit bestimmten Maßgaben weiter anzuwenden. § 12 I 2 BauZVO sah vor, dass eine Gemeinde eine Veränderungssperre auch beschließen kann, um Vereinbarungen, durch die ein schuldrechtliches Vertragsverhältnis über den Gebrauch oder die Nutzung eines Grundstücks, Gebäudes oder Gebäudeteils auf bestimmte Zeit von mehr als einem Jahr begründet wird, der Genehmigung bedürfen. Dies galt nicht für Mietverträge über die Nutzung von Wohnraum zu Wohnzwecken.

In Übereinstimmung mit § 14 III und IV BauZVO verlängerte § 246a I Nr. 5 BauGB 1990 die **Geltungsdauer** der erstmals erlassenen **Veränderungssperre** von zwei auf drei Jahre und die **entschädigungslose Gesamtgeltungsdauer** der Veränderungssperre von vier (§ 18 BauGB) auf fünf Jahre. Diese Sonderregelungen für die neuen Bundesländer sind inzwischen aufgehoben worden. § 246a I Nr. 5 BauGB 1990 ist bereits durch das InvWoBauG 1993 gestrichen worden. Auch in den neuen Bundesländern wird die Veränderungssperre daher für zwei, maximal vier Jahre erlassen.

II. Zurückstellung von Baugesuchen

Als vorläufiges Sicherungsmittel kann die Gemeinde auch einen Antrag nach § 15 BauGB auf Zurückstellung des Baugesuches bis zu einem Jahr stellen.[3040] Die Zurückstellung eines Baugesuches kommt in Betracht, wenn eine Veränderungssperre nach § 14 BauGB nicht beschlossen worden oder noch nicht in Kraft getreten ist. Wird kein Baugenehmigungsverfahren durchgeführt, wird auf Antrag der Gemeinde anstelle der Aussetzung der Entscheidung über die Zulässigkeit eine vorläufige Untersagung innerhalb einer durch Landesrecht festgesetzten Frist ausgesprochen. Die vorläufige Untersagung steht der Zurückstellung nach § 15 I 1 BauGB gleich (§ 15 I 3 BauGB).

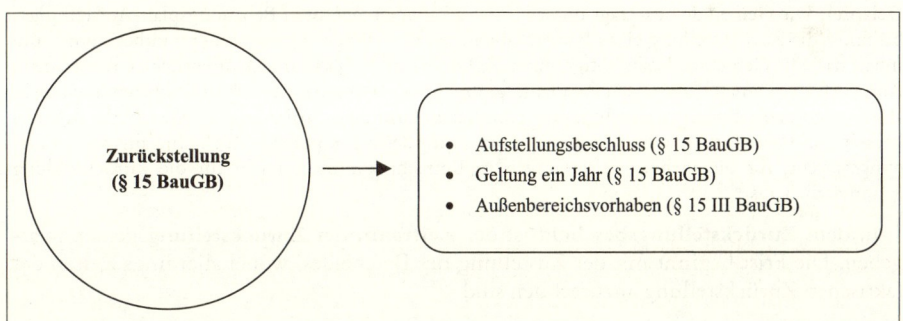

1. Voraussetzungen und Verfahren der Zurückstellung

Die Zurückstellung des Baugesuchs nach § 15 I BauGB setzt die öffentliche Bekanntmachung eines wirksamen Beschlusses zur Aufstellung, Änderung, Ergänzung oder Aufhebung eines Bebauungsplans voraus. Fehlt ein **ordnungsgemäßer Aufstellungsbeschluss** oder ist er nicht wirksam bekannt gemacht, so darf auch eine Zurückstellung

---

[3039] BVerwG, B. v. 27. 4. 1992 – 4 NB 11.92 – ZfBR 1992, 185 = Hoppe/Stüer RzB Rdn. 236.
[3040] Hoppe in: Hoppe/Bönker/Grotefels § 10 Rdn. 26.

nach § 15 BauGB nicht erfolgen.³⁰⁴¹ Die Zurückstellung wird auf Antrag der Gemeinde von der Baugenehmigungsbehörde ausgesprochen und erfasst Vorhaben, die genehmigungsbedürftig sind – also auch Nutzungsänderungen, bei denen sich die planungsrechtliche Frage neu stellt. Im Gegensatz zur Veränderungssperre, bei deren Bestehen ein Bauantrag nach Maßgabe des § 14 I BauGB abgelehnt werden kann, wird nach § 15 I BauGB (lediglich) die Zurückstellung des Baugesuchs für einen bestimmten Zeitraum ausgesprochen. Das Baugenehmigungsverfahren wird daher nicht endgültig mit negativem Ergebnis für den Antragsteller beendet, sondern die Entscheidung der Baugenehmigungsbehörde nur für einen bestimmten Zeitraum ausgesetzt. In dieser Zeit, die längstens ein Jahr ab erstmaliger Zustellung des Zurückstellungsbescheides dauern darf, hat die Gemeinde Gelegenheit, die begonnene Bauleitplanung zum Abschluss zu bringen oder – wenn dies in der verbleibenden Zeit nicht möglich erscheint – eine Veränderungssperre nach § 14 BauGB zu erlassen.

Beispiel: Bei der Gemeinde geht ein Antrag auf Nutzungsänderung eines Kinos in eine Diskothek ein. Die Gemeindevertretung fasst daraufhin den Beschluss zur Aufstellung eines Bebauungsplans und beschließt in derselben Ratssitzung eine Veränderungssperre. Die Veränderungssperre bedarf zu ihrer Wirksamkeit der Bekanntmachung. In der Zwischenzeit beantragt die Gemeinde bei der Baugenehmigungsbehörde, den Nutzungsänderungsantrag für einen Zeitraum von zwölf Monaten zurückzustellen.

1585 § 15 II BauGB lässt eine Zurückstellung von Baugesuchen auch zur Sicherung **einer Sanierungs- oder einer städtebaulichen Entwicklungsmaßnahme** nach den §§ 165 ff. BauGB zu.³⁰⁴² Damit wird klargestellt, dass die Plansicherungsinstrumente auch in Sanierungsgebieten oder städtebaulichen Entwicklungsbereichen genutzt werden können.

1586 Die Zurückstellung des Baugesuches ist bei entsprechendem Antrag der Gemeinde nach § 15 I 1 BauGB vorzunehmen, wenn zu befürchten ist, dass die **Durchführung** der **Planung** durch das Vorhaben **unmöglich** gemacht oder **wesentlich erschwert** werden würde. Insoweit ergeben sich die gleichen Prüfungsgrundsätze wie bei der Veränderungssperre nach § 14 I BauGB. Es handelt sich dabei um einen gerichtlich voll kontrollierbaren Rechtsbegriff, der keinen Ermessensspielraum beinhaltet. Allerdings kann die Gemeinde bei der Darstellung ihrer Planungskonzeption von den Grundsätzen des Planungsermessens Gebrauch machen, das ihr bei Beachtung des Abwägungsgebotes eingeräumt ist.

Beispiel: Die Gemeinde beantragt unter Hinweis auf einen gefassten Bebauungsplan-Aufstellungsbeschluss die Zurückstellung eines Bauvorhabens, das eine dreigeschossige Innenstadtbebauung zum Inhalt hat. Die Gemeinde beabsichtigt, einen Teil des Grundstücks für eine öffentliche Grünfläche in Anspruch zu nehmen. Lassen sich die Planungsabsichten der Gemeinde auch in Konturen noch nicht absehen, entbehrt eine Zurückstellung der rechtlichen Grundlage. Allerdings werden an die Erkennbarkeit von Planungsvorstellungen keine hohen Anforderungen gestellt. Auch eine allgemeine Planungsabsicht, für die mehrere Alternativen in Betracht kommen, reicht für die Zurückstellung grundsätzlich aus.³⁰⁴³

1587 In dem **Zurückstellungsbescheid** ist der **Zeitraum** der **Zurückstellung** genau anzugeben. Die Frist beginnt mit der Zustellung des Bescheides, wobei allerdings Zeiten der faktischen Zurückstellung anzurechnen sind.³⁰⁴⁴

Beispiel: Einem Bauherrn wird der auf ein Jahr befristete Zurückstellungsbescheid nach § 15 I 1 BauGB ein halbes Jahr nach Stellung des Baugesuchs zugestellt. Bei ordnungsgemäßer Bearbeitung hätte der Antrag in drei Monaten genehmigt werden können. Hier ist in den Zeitraum der Zurückstellung die Überschreitung der ordnungsgemäßen Bearbeitungsfrist einzurechnen, so dass der Zurückstellungszeitraum ab Zustellung des Bescheides noch neun Monate beträgt.

---

³⁰⁴¹ S. Rdn. 863; *BVerwG*, B. v. 23. 12. 1993 – 4 B 212.92 – Buchholz 406.11 § 30 BauGB Nr. 35 – Erschließung.
³⁰⁴² Die Vorschrift geht auf das InvWoBauIG zurück.
³⁰⁴³ S. Rdn. 1536.
³⁰⁴⁴ So *Krautzberger* in: Battis/Krautzberger/Löhr § 18 Rdn. 6.

Mit einer **Ergänzung des § 15 I 2 BauGB** durch das BauROG 1998 hat der Gesetzgeber auf die Freistellungstendenzen der Landesbauordnungen reagiert. Wird kein Baugenehmigungsverfahren durchgeführt, wird auf Antrag der Gemeinde anstelle der Aussetzung der Entscheidung über die Zulässigkeit eine vorläufige Untersagung innerhalb einer durch Landesrecht festgesetzten Frist ausgesprochen. Die vorläufige Untersagung steht nach § 15 I 3 BauGB der Zurückstellung gleich. Die Gemeinde soll hierdurch die Möglichkeit erhalten, auch genehmigungsfreie Bauvorhaben, wenn sie einer zukünftigen Bebauungsplanung zuwiderlaufen würden, zeitlich befristet zu verhindern. § 15 I 3 BauGB stellt sicher, dass auf die vorläufige Untersagung auch solche Vorschriften anwendbar sind, die ausdrücklich nur für die Zurückstellung von Baugesuchen nach § 15 I 1 BauGB gelten. Die Gemeinde kann daher auch dann durch einen entsprechenden Antrag an die Baugenehmigungsbehörde eingreifen, wenn das Baugenehmigungsverfahren aufgrund von Freistellungen des Landesrechts ausfällt. Die Regelung steht im Zusammenhang mit § 29 I BauGB 1998, wonach für Vorhaben der Errichtung, Änderung oder Nutzungsänderung von baulichen Anlagen und für Aufschüttungen und Abgrabungen größeren Umfangs sowie für Ausschachtungen und Ablagerungen einschließlich Lagerstätten die §§ 30 bis 37 BauGB gelten. Die Anwendung der planungsrechtlichen Vorschriften ist daher nicht von einem landesrechtlich angeordneten Genehmigungs-, Zustimmungs- oder Anzeigeverfahren abhängig. Wenn allerdings die Länder vor allem im Geltungsbereich des Bebauungsplans in größerem Umfang Freistellungen von der Baugenehmigung vornehmen, dann erscheint es im Hinblick auf die gemeindlichen Mitwirkungsrechte erforderlich, den Gemeinden nach § 15 BauGB entsprechende Antragsrechte zuzubilligen. Entspricht etwa das Vorhaben den Festsetzungen eines Bebauungsplans, kann die Gemeinde nach der vorläufigen Untersagung des Vorhabens nach § 15 I 2 BauGB ein Verfahren zur Änderung des Bebauungsplans einleiten und ggf. eine Veränderungssperre beschließen. Durch den Aussetzungsantrag nach § 15 I 2 BauGB sollen daher die Rechte der planenden Gemeinde auch in den Freistellungsfällen gewahrt werden.[3045]

2. Zurückstellung zur Sicherung des Darstellungsprivilegs

Im Zusammenhang mit zunehmenden Problemen bei der außenbereichsverträglichen Zulassung **privilegierter Vorhaben** (außer landwirtschaftlichen oder atomrechtlichen Vorhaben) wird den Gemeinden die Möglichkeit der **Plansicherung durch Zurückstellung** von Vorhaben im Hinblick auf planerische Darstellungen im Sinne des § 35 III 3 BauGB eingeräumt (§ 15 III BauGB). Die Gemeinde hat danach die Möglichkeit, für einen Zeitraum von bis zu einem Jahr die Aussetzung der Bearbeitung des Baugesuchs zu beantragen, wenn die Änderung eines dem Vorhaben entgegenstehenden Flächennutzungsplans eingeleitet worden ist. Die ordnungsgemäße Bearbeitungszeit wird der Jahresfrist hinzu gerechnet.

Voraussetzungen für eine Zurückstellung sind, dass
– die Gemeinde einen Beschluss zur Aufstellung, Änderung oder Ergänzung des Flächennutzungsplanes gefasst hat,
– im Flächennutzungsplan eine „Konzentrationsfläche" nach § 35 III 3 BauGB für privilegierte Vorhaben im Sinne des § 35 I Nr. 2 bis 6 (Neufassung) darstellen will, die der Errichtung solcher Vorhaben an anderer Stelle im Gemeindegebiet i. d. R. entgegensteht, und wenn
– zu befürchten ist, dass die Durchführung der Planung durch das Vorhaben unmöglich gemacht oder wesentlich erschwert wird.

Der Zeitraum der Zurückstellung ist in dem Zurückstellungsbescheid anzugeben und darf längstens ein Jahr ab Zugang des Bescheids betragen. Die Zeit zwischen dem Eingang des Baugesuchs bei der zuständigen Behörde bis zur Zustellung des Zurückstel-

---

[3045] Vgl. zu entsprechenden Gesetzgebungsvorschlägen *Stüer/Ehebrecht-Stüer*, Bauplanungsrecht und neue Landesbauordnungen, 1996, S. 127.

lungsbescheides wird auf die Jahresfrist nur insoweit nicht angerechnet, als dieser Zeitraum für die Bearbeitung des Baugesuchs erforderlich war (§ 15 III 2 BauGB). Die Gemeinde hat den Zurückstellungsantrag innerhalb von sechs Monaten zu stellen, nachdem sie in einem Verwaltungsverfahren förmlich (z. B. im Rahmen einer Beteiligung nach § 36) von dem Bauvorhaben Kenntnis erlangt hat (§ 15 III 3 BauGB). Der Zurückstellungsantrag ist nicht mehr möglich, wenn die Genehmigung erteilt ist. Diese Regelung gilt auch im Fall der Aufstellung eines sachlichen Teilflächennutzungsplanes nach § 5 IIb BauGB.[3046]

1592   Die **Zurückstellung von Baugesuchen** ist traditionell ebenso wie die Veränderungssperre ein Instrument zur Sicherung eines in Aufstellung oder in einem Änderungsverfahren befindlichen **Bebauungsplans**. Die Gemeinde soll danach für ein Jahr Gelegenheit erhalten, ihre Planungsvorstellungen zu entwickeln. Zugleich hat die Gemeinde die Möglichkeit, in diesen Fällen eine Veränderungssperre zu erlassen und hierdurch einen Zeitraum von bis zu vier Jahren für eine entsprechende Planung offen zu halten. Diese Möglichkeiten beziehen sich traditionell allerdings nur auf den Bebauungsplan, nicht auch auf den Flächennutzungsplan. **§ 15 III BauGB** sieht hierzu eine wichtige Ausnahme vor. Zur Sicherung des Darstellungsprivilegs nach § 35 III 3 BauGB kann die Gemeinde ebenfalls die Möglichkeit einer Zurückstellung nutzen. Damit erweitert sich das Instrument der Zurückstellung von Baugesuchen vom Sicherungsinstrument für Bebauungspläne auf den **Flächennutzungsplan**. Auf Antrag der Gemeinde hat die Baugenehmigungsbehörde die Entscheidung über die Zulässigkeit von Vorhaben nach § 35 I Nr. 2 bis 6 BauGB für einen Zeitraum bis zu längstens einem Jahr nach Zustellung der Zurückstellung des Baugesuchs auszusetzen, wenn die Gemeinde beschlossen hat, einen Flächennutzungsplan aufzustellen, zu ändern oder zu ergänzen, mit dem die Rechtswirkungen des § 35 III 3 BauGB erreicht werden sollen, und zu befürchten ist, dass die Durchführung der Planung durch das Vorhaben unmöglich gemacht oder wesentlich erschwert werden würde. Auf diesen Zeitraum ist die Zeit zwischen dem Eingang des Baugesuchs bei der zuständigen Behörde bis zur Zustellung der Zurückstellung des Baugesuchs nicht anzurechnen, soweit der Zeitraum für die Bearbeitung des Baugesuchs erforderlich ist. Der Antrag der Gemeinde ist nur innerhalb von sechs Monaten, nachdem die Gemeinde in einem Verwaltungsverfahren von dem Bauvorhaben förmlich Kenntnis erhalten hat, zulässig.

1593   Beabsichtigt die Gemeinde, im **Flächennutzungsplan** Darstellungen nach § 35 III 3 BauGB zu treffen, kann sie einen **Antrag auf Zurückstellung** von Bauvorhaben stellen und so ihre Planungsabsichten für einen Zeitraum von bis zu einem Jahr sichern. Die Zurückstellungsmöglichkeiten bestehen für privilegierte Vorhaben nach § 35 I Nr. 2 bis 6 BauGB, also in den Bereichen Gartenbaubetriebe (§ 35 I Nr. 2 BauGB), ortsgebundene Vorhaben (§ 35 I Nr. 3 und 4 BauGB), Anlagen der Wind- und Wasserenergie (§ 35 I Nr. 5 BauGB) und Biogasanlagen (§ 35 I Nr. 6 BauGB). Für Vorhaben im Bereich der Land- oder Forstwirtschaft (§ 35 I Nr. 1 BauGB) oder Anlagen im Zusammenhang mit der friedlichen Nutzung der Atomenergie (§ 35 I Nr. 7 BauGB) bestehen diese Zurückstellungsmöglichkeiten nicht. Gegenüber der Zurückstellung eines Baugesuchs nach § 15 I BauGB ist die Frist insoweit etwas verlängert, als der Zeitraum bis zum Erlass des Zurückstellungsbescheides nicht mitgerechnet wird, soweit er die ordnungsgemäße Bearbeitungszeit des Baugesuchs nicht überschreitet. Die Gemeinde hat sodann innerhalb dieses Zeitraums die Möglichkeit, ihre Planungen auf der Ebene des Flächennutzungsplans zum Abschluss zu bringen. Die Zeit ist allerdings im Hinblick auf den für die Aufstellung oder Änderung eines Flächennutzungsplans benötigten Zeitraum recht kurz bemessen, so dass die Gemeinden beim Vorliegen entsprechende Anträge zu einer zügigen Durchführung des Planverfahrens angehalten werden. Anderenfalls entfällt die Sperrwirkung der Zurückstellung. Vorstellungen des RegE EAG Bau, die Zurückstellungsmög-

---

[3046] Zum Teilflächennutzungsplan s. Rdn. 321.

lichkeiten bei Windenergieanlagen zusätzlich zeitlich einzuschränken, ist der Gesetzgeber nicht gefolgt.

Neben den Darstellungsmöglichkeiten im Flächennutzungsplan können die Gemeinden auch durch die Aufstellung von Bebauungsplänen regelnd in die Nutzung privilegierter Vorhaben nach § 35 I BauGB eingreifen. So können die Gemeinden etwa auch durch Bebauungsplan Regelungen über die Zulässigkeit von Windenergieanlagen treffen. Allerdings setzt dies ein entsprechendes städtebauliches Bedürfnis voraus § 1 III BauGB. Die Aufstellung eines Bebauungsplans kann auch mit einer Veränderungssperre nach § 14 BauGB gesichert werden. Allerdings muss hierfür die Aufstellung des Bebauungsplans und den Erlass der Veränderungssperre ein entsprechendes Planungsbedürfnis bestehen. Die Planungsvorstellungen müssen für den Erlass einer Veränderungssperre auch hinreichend konkret sein. Ist dies nicht der Fall, ist der Erlass einer Veränderungssperre nach Auffassung des *BVerwG* mangels hinreichender konkreter Planungsvorstellungen unzulässig.[3047]

3. Rechtsschutz gegen die Zurückstellung

Die Zurückstellung des Baugesuches nach § 15 BauGB erfolgt durch Verwaltungsakt, der vom Antragsteller mit **Widerspruch** und **Verpflichtungsklage** auf Erteilung der Baugenehmigung angegriffen werden kann. Die Klage ist begründet, wenn die Zurückstellung nicht hätte erfolgen dürfen, etwa weil der Aufstellungsbeschluss nicht wirksam bekannt gemacht ist, eine gemeindliche Planungskonzeption auch in Ansätzen nicht erkennbar ist und das Vorhaben planungsrechtlich zulässig ist. Für eine isolierte Anfechtungsklage fehlt das Rechtsschutzbedürfnis.[3048]

Folgt die Baugenehmigungsbehörde dem **Antrag** der **Gemeinde** nicht, kann diese wegen der Verletzung ihrer Antragsrechte in § 15 I BauGB gegen die erteilte Baugenehmigung klagen. Die Baugenehmigungsbehörde hat dem Antrag der Gemeinde zu entsprechen, wenn er ordnungsgemäß gestellt und die Voraussetzungen für eine Zurückstellung des Baugesuchs gegeben sind.

III. Teilungsgenehmigung

Die bisherige **Teilungsgenehmigung** nach § 19 BauGB[3049] ist durch das EAG Bau mit der Begründung gestrichen worden, dass hierfür kein Bedürfnis (mehr) besteht. Damit haben sich diejenigen Kräfte durchgesetzt, die schon im Vorfeld des BauROG 1998 eine Abschaffung der Teilungsgenehmigung gefordert haben.[3050] Übrigens verfolgte auch der RegE BauROG 1998 dieses Konzept. Erst im Vermittlungsverfahren kam es damals zu der Regelung des § 19 BauGB: Teilungsgenehmigung in Bebauungsplangebieten nach Maßgabe einer gemeindlichen Satzung, soweit die Landesregierungen diese Möglichkeit nicht durch Rechtsverordnung ausschließen. § 19 II BauGB sieht weiterhin eine Regelung vor, durch die sichergestellt werden soll, dass auch ohne Genehmigung durchgeführte Grundstücksteilungen mit den Festsetzungen des Bebauungsplans vereinbar sein müssen. Das Planungsrecht soll daher nicht durch eine geschickte Teilung umgangen werden können.[3051]

Mit der Abschaffung der Teilungsgenehmigung entfällt auch das Bedürfnis, für den Vollzug einer Teilung im Grundbuch auch bei fehlender Genehmigungspflicht stets ein

---

[3047] *BVerwG*, Urt. v. 19. 2. 2004 – 4 CN 16.03 – BVerwGE 120, 138 = NVwZ 2004, 858 = BauR 2004, 1046 – Rosendahl; *Stüer/Stüer* NuR 2004, 341.
[3048] *VGH Mannheim*, Urt. v. 8. 9. 1998 – 3 S 87/96 – VGHBW RSprDienst 1998, Beilage 11 B 1.
[3049] Hierzu *Stüer*, BFPR 1998.
[3050] So schon die sog. „Schlichter-Kommission" zur Vorbereitung des BauROG 1998 (Hrsg. Bundesministerium für Raumordnung, Bauwesen und Städtebau, Bonn 1996) und erneut die sog. „Gaentzsch-Kommission" zur Vorbereitung des EAG Bau 2004.
[3051] Zum Folgenden EAG Bau Mustererlass 2004.

Negativzeugnis auszustellen (§ 20 II 2 BauGB). § 19 BauGB 2004 beschränkt sich in Absatz 1 auf eine Definition des Begriffs der Grundstücksteilung sowie in Absatz 2 auf eine materiellrechtliche Regelung für Grundstücksteilungen im Geltungsbereich von Bebauungsplänen. Die Definition der Grundstücksteilung ist erforderlich, weil das Gesetz an anderen Stellen (§§ 51 I 1 Nr. 1, 109 I, 144 II Nr. 5 BauGB) auf diesen Begriff abstellt. Absatz 2 enthält eine materiellrechtliche Regelung, mit der sichergestellt werden soll, dass durch Grundstücksteilungen die Festsetzungen eines Bebauungsplans nicht unterlaufen werden. Dies betrifft solche Bebauungsplanfestsetzungen, bei denen die Größe eines Grundstücks von rechtserheblicher Bedeutung ist. Dies sind insbesondere Festsetzungen zur Mindestgröße von Baugrundstücken (§ 9 I Nr. 3 BauGB) sowie Festsetzungen über die Grundflächenzahl oder die Geschossflächenzahl (vgl. §§ 19 I, 20 II BauNVO.)

1599 § 19 II BauGB kann **bauaufsichtliche Maßnahmen** zur Herstellung baurechtsmäßiger Verhältnisse nach Grundstücksteilungen unterstützen. Ob und inwieweit hier bauaufsichtliche Anordnungen möglich sind, ist eine Frage des Vollzugs unter Berücksichtigung des jeweiligen landesrechtlich geregelten Bauordnungsrechts. Um durch Grundstücksteilungen hervorgerufene bebauungsplanwidrige Verhältnisse zu vermeiden, ist es auch möglich, solche grundstücksbezogenen Festsetzungen (GFZ, GRZ, Mindestgrundstücksgröße) durch andere, nicht grundstücksbezogene Festsetzungen (z. B. Baufenster, Höhe der baulichen Anlagen) zu ersetzen.

1600 Als **Teilung** eines Grundstücks wird die grundbuchmäßige Fortschreibung von Grundstücksteilen mit dem Ziel verstanden, diesen Grundstücksteil im Grundbuch als neues Grundstück eintragen zu lassen oder mit anderen Grundstücken oder Grundstücksteilen zu vereinigen (§ 19 I BauGB). Der Grundstücksbegriff orientiert sich an dem grundbuchrechtlichen Begriff eines Grundstücks,[3052] unter dem ein räumlich abgegrenzter Teil der Erdoberfläche verstanden wird, der auf einem besonderen Grundbuchblatt unter einer besonderen Nummer im Verzeichnis der Grundstücke gebucht ist. Ein Grundstück im Rechtssinne liegt dabei auch dann vor, wenn mehrere Parzellen unter einer Nummer als Grundstück im Grundbuch eingetragen sind, selbst wenn sie in der Örtlichkeit nicht aneinander grenzen. Die Teilung muss vom Eigentümer dem Grundbuchamt gegenüber angezeigt werden oder sonst wie erkennbar sein. Grundstückserwerber haben diese Erklärungsrechte nicht, wohl können sie das bodenverkehrsrechtliche Genehmigungsverfahren einleiten.[3053] Auch eine Erklärung gegenüber den Vermessungs- und Katasterbehörden kann als Teilungserklärung des Eigentümers verstanden werden, wenn die Vermessung eindeutig zum Zwecke der grundbuchmäßigen Abschreibung vorgenommen wird.

1601 § 19 II BauGB schließt eine Teilung von Grundstücken aus, wenn durch sie Verhältnisse entstehen, die den Festsetzungen eines **Bebauungsplans** widersprechen. Die Vorschrift will verhindern, dass durch die Teilung eines Grundstücks die planungsrechtliche Zulässigkeit eines Vorhabens verändert werden kann.

Beispiel: Der Bebauungsplan setzt in einem Allgemeinen Wohngebiet eine Grundflächenzahl (GRZ) von 0,4 fest. Die Teilung des Grundstücks wird so vorgenommen, dass ein bereits bebauter Teil des Grundstücks nunmehr eine GRZ von 0,8 aufweist mit der Folge, dass der abgetrennte Teil ebenfalls nach Maßgabe einer Grundflächenzahl von 0,4 bebaut werden könnte.

1602 Vergleichbare Fragestellungen ergeben sich auch im **Innen- und Außenbereich**. Auch hier dürfen durch die Teilung keine Verhältnisse entstehen, die dem materiellen Planungsrecht widersprechen.

Beispiel: Die Teilung eines im Außenbereich gelegenen Grundstücks ist danach materiell unzulässig, wenn hierdurch die Ausparzellierung eines Altenteilerwohnhauses bewirkt wird, das separat von dem landwirtschaftlichen Betrieb veräußert werden soll.

[3052] *BVerwG*, Urt. v. 13. 12. 1973 – IV C 48.72 – BVerwGE 44, 250.
[3053] *BVerwG*, Urt. v. 9. 4. 1976 – IV C 75.74 – BVerwGE 50, 311.

§ 244 V BauGB vervollständigt die Umgestaltung der Vorschriften über die Teilung von Grundstücken,[3054] indem er eine spezielle Überleitungsvorschrift für Teilungsgenehmigungssatzungen nach § 19 I BauGB vorsieht, die vor dem In-Kraft-Treten dieses Gesetzes wirksam beschlossen und bekannt gemacht worden sind. Ohne eine entsprechende Regelung würden die Teilungsgenehmigungssatzungen fortgelten, jedoch keine den bisherigen §§ 19 und 20 BauGB entsprechenden Verfahrensregelungen mehr bestehen. Die Gemeinden sind auch ohne nähere gesetzliche Regelung nicht ermächtigt, zur Lösung der sich ergebenden Anwendungsprobleme eigene Verfahrensvorschriften für die Teilungsgenehmigung zu erlassen. Die Gemeinden werden daher in Satz 1 ermächtigt, ihre Teilungsgenehmigungssatzungen, die vor dem In-Kraft-Treten des EAG Bau wirksam beschlossen und bekannt gemacht worden sind, durch Satzung aufzuheben und dies ortsüblich bekannt zu machen. Wahlweise können sie auch – wie im § 19 I 3 BauGB des bisherigen Rechts – die Ersatzverkündung nach § 10 III 2 bis 5 BauGB vornehmen. Soweit Gemeinden die Teilungsgenehmigungssatzungen noch nicht aufgehoben haben, ordnet Satz 3 die Nichtanwendbarkeit der Satzungen an. Die Hinweispflicht in Satz 4 soll zur erhöhten Transparenz in der Rechtsanwendungspraxis beitragen. Für die Gemeinden dürfte es sich jedoch anbieten, anstelle der ortsüblichen Bekanntgabe des Hinweises direkt die Möglichkeit zur Aufhebung der Satzungen zu nutzen. Da mit der Streichung des § 20 III BauGB die Rechtsgrundlage für einen im Grundbuch eingetragenen Widerspruch entfällt, sieht Satz 5 vor, dass der Widerspruch auf Ersuchen der Gemeinde zu löschen ist.

IV. Gemeindliche Vorkaufsrechte

Neben der Veränderungssperre (§§ 14 ff. BauGB) und der Zurückstellung von Baugesuchen (§ 15 BauGB) gehören auch die gemeindlichen Vorkaufsrechte zu den Plansicherungsinstrumenten, mit denen die gemeindliche Bauleitplanung flankierend gesichert werden soll. Die gemeindlichen Vorkaufsrechte dienen jedoch über diesen Sicherungszweck hinaus auch der Umsetzung der gemeindlichen Zielvorstellungen. Das Gesetz unterscheidet dabei zwischen dem **allgemeinen Vorkaufsrecht** nach § 24 BauGB und dem **besonderen Vorkaufsrecht** nach § 25 BauGB. Das allgemeine Vorkaufsrecht besteht beim Kauf von Grundstücken im Geltungsbereich eines Bebauungsplans bei entsprechender öffentlicher Zwecksetzung, in einem Umlegungsgebiet, in einem förmlich festgelegten Sanierungsgebiet und in einem städtebaulichen Entwicklungsbereich sowie im Geltungsbereich einer Erhaltungssatzung nach § 172 BauGB. Durch das BauROG 1998 ist das allgemeine Vorkaufsrecht auch auf unbebaute Flächen im Außenbereich, für die im Flächennutzungsplan eine Nutzung als Wohnbaufläche oder Wohngebiet dargestellt ist (§ 24 I 1 Nr. 5 BauGB) sowie Gebiete, die nach den §§ 30, 33 oder 34 II BauGB vorwiegend mit Wohngebäuden bebaut werden können, ausgedehnt worden. Das besondere Vorkaufsrecht kann die Gemeinde nach § 25 I BauGB[3055] durch Satzung im Geltungsbereich eines Bebauungsplans für unbebaute Grundstücke oder in Gebieten begründen, in denen sie städtebauliche Maßnahmen in Betracht zieht.

1. Allgemeines Vorkaufsrecht

Das allgemeine Vorkaufsrecht[3056] besteht für die Gemeinde nach § 24 I BauGB beim Kauf von Grundstücken
– im Geltungsbereich eines Bebauungsplans für Flächen, für die dort eine Nutzung für öffentliche Zwecke oder für Ausgleichsmaßnahmen nach § 1a III BauGB festgesetzt sind,
– in einem Umlegungsgebiet,
– in einem förmlich festgelegten Sanierungsgebiet und städtebaulichen Entwicklungsbereich,

---
[3054] Art. 1 Nr. 18 und 19 EAG Bau.
[3055] § 25 BauGB ist durch das BauROG nicht verändert worden.
[3056] *Grziwotz* NVwZ 1994, 215; *Stock* ZfBR 1987, 10; *Wolf* BauR 1991, 164.

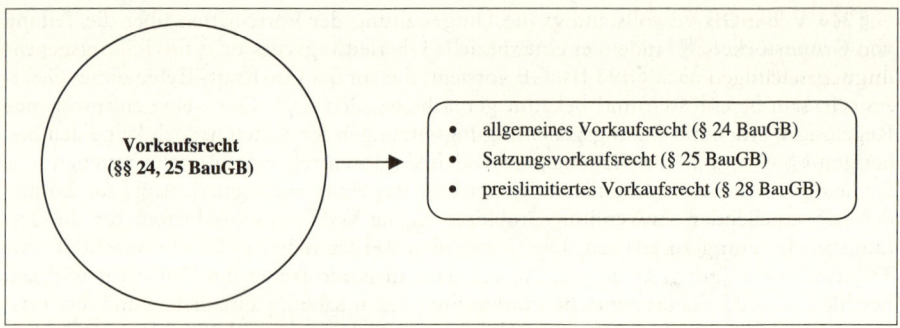

- im Geltungsbereich einer Erhaltungssatzung,
- im Geltungsbereich eines Flächennutzungsplans, soweit es sich um unbebaute Flächen im Außenbereich handelt, für die nach dem Flächennutzungsplan eine Nutzung als Wohnbaufläche oder Wohngebiet dargestellt ist,
- in Gebieten, die nach den §§ 30, 33 oder 34 II BauGB vorwiegend mit Wohngebäuden bebaut werden können, soweit die Grundstücke unbebaut sind, und
- in Gebieten, die zum Zweck des vorbeugenden Hochwasserschutzes von Bebauung freizuhalten sind, insbesondere in Überschwemmungsgebieten.

1606 Das Vorkaufsrecht besteht nur beim Kauf von Grundstücken aufgrund eines wirksamen Vertrages, nicht bei anderen Erwerbsvorgängen wie Schenkung oder Erbfolge, und bezieht sich in seinem **Anwendungsbereich** auch nicht auf den Kauf von Rechten nach dem Wohnungseigentumsgesetz oder von Erbbaurechten (§ 24 II BauGB). Das Vorkaufsrecht darf nach § 24 III BauGB nur ausgeübt werden, wenn das Wohl der Allgemeinheit dies rechtfertigt. Bei der Ausübung des Vorkaufsrechts hat die Gemeinde den Verwendungszweck des Grundstücks anzugeben (§ 24 III BauGB).

1607 Das allgemeine Vorkaufsrecht besteht danach vor allem für Grundstücke, für die in einem Bebauungsplan ein **öffentlicher Zweck** ausgewiesen ist. Zudem besteht es in den **Sonderfällen** des **förmlich festgelegten Sanierungsgebietes**, eines **städtebaulichen Entwicklungsbereichs** oder im Geltungsbereich einer **Erhaltungssatzung**. Das Vorkaufsrecht kann sich auch auf Flächen beziehen, für die **Ausgleichsmaßnahmen** nach § 1a BauGB vorgesehen sind (§ 24 I 1 Nr. 1 BauGB). Hierdurch soll sichergestellt werden, dass die in § 1a BauGB enthaltene Verzahnung der Bauleitplanung mit den naturschutzrechtlichen Ausgleichsmaßnahmen durch die Ausübung eines gemeindlichen Vorkaufsrechts umgesetzt werden kann.

1608 Das BauROG 1998 hat durch eine Ergänzung des **§ 24 I 1 BauGB** um die neuen **Nrn. 5 und 6** sowie § 24 I 3 BauGB die erweiterten Vorkaufsrechte des aufgehobenen § 3 BauGB-MaßnG 1993 weiterhin begrenzt auf Flächen für den Wohnungsbau in das Dauerrecht übernommen. Im Geltungsbereich eines Flächennutzungsplans kann das Vorkaufsrecht für unbebaute Flächen im Außenbereich ausgeübt werden, für die nach dem Flächennutzungsplan eine Nutzung als Wohnbaufläche oder Wohngebiet dargestellt ist (§ 24 I 1 Nr. 5 BauGB). Zudem kann das Vorkaufsrecht für unbebaute Grundstücke[3057] ausgeübt werden, die nach den §§ 30, 33 oder 34 II BauGB vorwiegend mit Wohngebäuden bebaut werden können. Voraussetzung für ein Vorkaufsrecht ist danach u. a., dass die entsprechenden Flächen oder Grundstücke **„unbebaut"** sind. Ein Grundstück ist dann „bebaut", wenn sich auf ihm eine bauliche Anlage i. S. des § 29 BauGB befindet. Bei der Beurteilung ist zunächst der tatsächliche Zustand zugrunde zu legen. Rechtliche Erwägungen können daneben dazu führen, dass etwa ein nicht genehmigter Schwarzbau oder eine funktions-

---

[3057] Ein Grundstück ist nur unbebaut, wenn es keinerlei bauliche Anlagen aufweist, so *BVerwG*, Urt. v. 24. 10. 1996 – 4 C 1.96 – DVBl. 1997, 432 = ZfBR 1997, 99 – zu dem durch das BauROG 1998 aufgehobenen Vorkaufsrecht in § 3 I BauGB-MaßnG.

los gewordene Bausubstanz, die keinen Bestandsschutz mehr hat, als Nichtbebauung im Rechtssinne zu beurteilen sind.[3058] Durch die Beschränkung des Vorkaufsrechts auf Innenbereichslagen nach § 34 II BauGB und die Herausnahme von Grundstücken, die in einem nicht beplanten Innenbereich nach § 34 I BauGB liegen, soll verdeutlicht werden, dass ein Vorkaufsrecht im nicht beplanten Innenbereich nur ausgeübt werden kann, wenn die Eigenart der näheren Umgebung einem Kleinsiedlungsgebiet, allgemeinen Wohngebiet oder besonderem Wohngebiet nach der BauNVO entspricht. Nur bei diesen Gebietstypen können die Grundstücke überwiegend mit Wohngebäuden bebaut werden. Entsprechend seiner Zielsetzung besteht das Vorkaufsrecht nach § 24 I 1 Nr. 6 BauGB in Dorf-, Misch-, Kern-, Gewerbe- und Industriegebieten ebenso wie im nicht beplanten Innenbereich mit unterschiedlicher Gebietsstruktur nach § 34 I BauGB nicht.[3059]

1609 Bereits § 3 BauGB-MaßnG 1993 enthielt ein Vorkaufsrecht, das sich auf unbebaute Grundstücke bezog, die für eine Wohnnutzung vorgesehen sind. Es soll mit diesen Vorschriften sichergestellt werden, dass unbebaute Grundstücke auch tatsächlich einer Wohnbebauung zugeführt werden.[3060] Speziell im Außenbereich kann die Vorschrift die Vorbereitung und Durchführung von Wohnbauvorhaben in solchen Gebieten erleichtern, in denen die Gemeinde Bebauungspläne mit Wohnnutzung aufstellen will.[3061] Allerdings bedarf das Vorkaufsrecht der **Rechtfertigung durch entsprechende Gründe des Gemeinwohls**, die etwa vorliegen können, wenn die Flächen für Zwecke des Wohnungsbaus benötigt werden. Es ist daher von der Gemeinde bei der Ausübung des Vorkaufsrechts ein erhöhter, wenn nicht sogar dringender Wohnbedarf darzulegen. Auch gelten die Vorschriften für den Ausschluss des Vorkaufsrechts (§ 26 BauGB), die Abwendung des Vorkaufsrechts (§ 27 BauGB) sowie das dabei einzuhaltende Verfahren (§ 28 BauGB) entsprechend.

1610 Durch § 24 I 2 BauGB wird die Möglichkeit der Ausübung des Vorkaufsrechts nach § 24 I 1 Nr. 1 BauGB zeitlich vorverlagert. Es kann bereits nach Beginn der öffentlichen Auslegung ausgeübt werden, wenn die Gemeinde einen Beschluss gefasst hat, einen Bebauungsplan aufzustellen, zu ändern oder zu ergänzen. Das Vorkaufsrecht für unbebaute Außenbereichsflächen mit einer beabsichtigten Wohnnutzung nach § 24 I 1 Nr. 5 BauGB kann bereits mit der Bekanntmachung des Aufstellungsbeschlusses für eine entsprechende Ausweisung im Flächennutzungsplan ausgeübt werden (§ 24 I 3 BauGB).

1611 In allen anderen Fällen besteht das allgemeine Vorkaufsrecht nach § 24 BauGB nicht. Soll ein Vorkaufsrecht nach § 24 Nr. 3 BauGB in einem förmlich festgelegten Sanierungsgebiet geltend gemacht werden, so schließt ein langer Zeitraum seit der Inkraftsetzung der Sanierungssatzung die Ausübung des gemeindlichen Vorkaufsrechts aus.[3062] Selbst eine Sanierungssatzung, die mehr als 20 Jahre zurückliegt, kann Grundlage für ein Vorkaufsrecht nach § 24 I Nr. 3 BauGB sein. Anders als bei der sanierungsrechtlichen Genehmigung[3063] sind an die Ausübung des Vorkaufsrechts nicht mit wachsendem Zeitablauf erhöhte Anforderungen zu stellen.[3064] Durch die Hochwasserschutznovelle

---

[3058] *BVerwG*, Urt. v. 24. 10. 1996 – 4 C 1.96 – DVBl. 1997, 432 – Gleise einer stillgelegten Werksbahn. Zur Entschädigung bei rechtswidriger Versagung einer Teilungsgenehmigung *BGH*, Urt. v. 23. 1. 1997 – III ZR 234/95 – NJW 1997, 1229. Dem Nachbarn fehlt ein Rechtsschutzbedürfnis für die Anfechtung einer Teilungsgenehmigung, wenn er mit der Teilung bezweckte Bebauung nicht mehr verhindern kann, so *BVerwG*, B. v. 7. 2. 1997 – 4 B 224.96 – NVwZ-RR 1997, 522.
[3059] *Bundesregierung*, Gesetzentwurf zum BauROG 1998, S. 54.
[3060] Begründung zum Gesetzentwurf der Koalitionsfraktionen, BT-Drs. 12/3844, S. 40.
[3061] Begründung zum Gesetzentwurf der Bundesregierung, BT-Drs. 11/6508, S. 11 zu § 3 BauGB-MaßnG.
[3062] *BVerwG*, B. v. 15. 3. 1995 – 4 B 33.95 – NVwZ 1995, 897 = BauR 1995, 663 = DÖV 1995, 833 = NJW 1996, 612 – Sanierungssatzung.
[3063] *BVerwG*, Urt. v. 7. 9. 1984 – 4 C 20.81 – BVerwGE 70, 83 = DVBl. 1985, 116 = BRS 42 Nr. 233; Urt. v. 6. 7. 1984 – 4 C 14.81 – BauR 1985, 184 = DVBl. 1985, 114 = BRS 42 Nr. 234.
[3064] *BVerwG*, B. v. 15. 3. 1995 – 4 B 33.95 – NVwZ 1995, 897 = BauR 1995, 663 – Sanierungssatzung.

2005 kann das Vorkaufsrecht auch in Gebieten ausgeübt werden, die zum Zweck des vorbeugenden Hochwasserschutzes von Bebauung freizuhalten sind, insbesondere im Überschwemmungsgebieten. Hierdurch soll die Durchsetzung von Hochwasserschutzmaßnahmen erleichtert werden.[3065]

1612 Die **Ausübung** des Vorkaufsrechts ist nur aus Gründen des öffentlichen Wohls zulässig. Dies gebietet die Eigentumsgarantie in Art. 14 GG, die neben dem Habendürfen und der privatorientierten Nutzbarkeit auch die grundsätzlich freie Verfügbarkeit des Grund und Bodens beinhaltet. Einschränkungen dieser Eigentümerbefugnisse sind allerdings als Inhalts- und Schrankenbestimmungen nach Art. 14 I 2 GG zulässig, soweit sie durch die Sozialpflichtigkeit des Grundeigentums nach Art. 14 II GG gerechtfertigt sind und vernünftige Gründe des Gemeinwohls die Einschränkung rechtfertigen. Dabei sind die Legitimationsanforderungen umso größer, je stärker die Maßnahme die Eigentümerbefugnisse einschränkt, und umso niedriger, je geringer sich der Eingriff auswirkt.[3066]

1613 Die Anforderungen an die Ausübung des Vorkaufsrechts sind zwar mit dem Hinweis auf die Rechtfertigung durch Gründe des Gemeinwohls (§ 24 III 1 BauGB) geringer als bei der Enteignung, die vom Wohl der Allgemeinheit erfordert sein muss (§ 87 I BauGB). Gleichwohl bedarf die **Ausübung** des **Vorkaufsrechts** einer **gemeinwohlorientierten Rechtfertigung**, die gegeben ist, wenn mit der Ausübung des Vorkaufsrechts die in § 24 I BauGB aufgeführten städtebaulichen Zwecke verwirklicht werden sollen. Durch die Verpflichtung der Gemeinde, den Verwendungszweck des Grundstücks bei Ausübung des Vorkaufsrechts anzugeben (§ 24 III 2 BauGB), wird angestrebt, dass die Gemeinde sich entsprechend legitimiert und Gründe vorträgt, die auch im gerichtlichen Verfahren nachprüfbar sind. Sind im Bebauungsplan Flächen für den Gemeinbedarf, Verkehrs-, Versorgungs-, Grünflächen oder ähnliche Flächen festgesetzt, so wird die Ausübung des Vorkaufsrechts regelmäßig einem öffentlichen Interesse entsprechen und vom Gemeinwohl gerechtfertigt sein. Im Umlegungsgebiet, Sanierungsgebiet, Entwicklungsbereich oder im Geltungsbereich einer Erhaltungssatzung ist eine entsprechende städtebauliche Begründung erforderlich, die aus der städtebaulichen Zielkonzeption der Gemeinde abgeleitet werden sollte.

Beispiel: Eine Großstadt hat für einen um die Altstadt liegenden Ring von Nebenzentren, die aus der Gründerzeit stammen, eine Erhaltungssatzung nach § 172 BauGB aufgestellt. Ein Kaufhauskonzern hat ein eingeschossig bebautes Grundstück erworben, um hier eine Einzelhandelsnutzung zu verwirklichen. Die Stadt kann bei Wirksamkeit der Erhaltungssatzung ein gemeindliches Vorkaufsrecht nach § 24 I 1 Nr. 4 BauGB ausüben, wenn sie zur Begründung darlegen kann, dass Gemeinwohlgründe dies rechtfertigen. Dabei könnte etwa auf einen städtebaulichen Rahmenplan verwiesen werden, der im Zusammenhang mit dem Erlass der Erhaltungssatzung aufgestellt worden ist. Die Schwäche des allgemeinen Vorkaufsrechts nach § 24 BauGB besteht allerdings darin, dass die Gemeinde in den Kaufvertrag nur zu den abgeschlossenen Bedingungen eintreten kann. Regelmäßig wird der vereinbarte Kaufpreis gerade in Problembereichen so hoch sein, dass die Gemeinde aus finanziellen Gründen das Vorkaufsrecht nicht ausüben kann. Das Vorkaufsrecht kann jedoch unter den Voraussetzungen des § 28 III BauGB preislimitiert ausgeübt werden.

1614 Bei der Ausübung des gemeindlichen Vorkaufsrechts nach § 24 III 2 BauGB ist im Rahmen der Ermessensentscheidung als Bestandteil der Gemeinwohlprüfung der jeweilige **Verwendungszweck**, den der Käufer mit dem Erwerb beabsichtigt, zu berücksichtigen. An die Darlegung des Verwendungszwecks sind erhöhte Anforderungen zu stellen. Dies gilt vor allem deshalb, weil der Käufer das Vorkaufsrecht nur nach § 27 BauGB abwenden kann, wenn er den Verwendungszweck des Grundstücks kennt. Vor allem bei einem Vorkaufsrecht nach § 24 I 1 Nr. 5 und 6 BauGB kann es dem Käufer Schwierigkeiten bereiten, den Verwendungszweck des Grundstücks zu erkennen. Es handelt sich um unbebaute Grundstücke, für die teilweise noch keine genau erkennbare Planung besteht.

[3065] S. Rdn. 3450.
[3066] S. Rdn. 1681.

Bei einem in Aufstellung oder in Änderung befindlichen Flächennutzungsplan ist die planungsrechtliche Zulässigkeit konkreter Vorhaben noch nicht abschließend erkennbar. Selbst während der Aufstellung eines Bebauungsplans bei entsprechender Planreife nach § 33 BauGB, im nichtbeplanten Innenbereich nach § 34 BauGB und sogar im Geltungsbereich eines qualifizierten Bebauungsplans lässt das Planungsrecht Spielräume, die der Konkretisierung im jeweiligen Bauantragsverfahren bedürfen. Die Gemeinde muss daher bei Ausübung des Vorkaufsrechts nach § 24 BauGB den Verwendungszweck des Grundstücks im Einzelnen angeben, um den Beteiligten hierdurch Klarheit zu verschaffen (§ 24 III 2 BauGB). Die Angabe des Verwendungszwecks des Grundstücks kann auch im Hinblick auf die Ausschlusstatbestände des § 26 BauGB von Bedeutung sein. Dazu können auch solche Belange gehören, die § 26 Nr. 2b BauGB nicht erfasst. Nach dieser Vorschrift ist die Ausübung des gemeindlichen Vorkaufsrechts u. a. ausgeschlossen, wenn das Grundstück von Kirchen und Religionsgesellschaften für Zwecke des Gottesdienstes oder der Seelsorge gekauft wird. Die Freiheit der in Art. 4 GG verbürgten Religionsausübung ist umfassend zu verstehen.[3067] Sie darf weder auf Religionsgemeinschaften, welche der Staat als Körperschaften des öffentlichen Rechts anerkannt hat, noch auf sakralkultusbezogene Bereiche beschränkt werden.

Beispiel: Ein Verein zur Betreuung ausländischer, insbesondere türkischer Muslime hat ein Grundstück erworben. Die Gemeinde wird bei der Entscheidung über die Ausübung des Vorkaufsrechts zu prüfen haben, ob der Verein den nach § 26 Nr. 2b BauGB vorgesehenen Status einer Kirche oder Religionsgesellschaft des öffentlichen Rechts nach Landesrecht erreichen könnte. In diesem Fall wäre die Ausübung des Vorkaufsrechts nach § 26 Nr. 2b BauGB ausgeschlossen, wenn das Grundstück für Zwecke des Gottesdienstes oder der Seelsorge erworben wurde. Selbst wenn der Verein nicht den Status einer Kirche oder Religionsgesellschaft erreicht, kann der besondere religiöse oder weltanschauliche Zweck bei der Prüfung der Allgemeinwohlrechtfertigung eine Bedeutung haben.[3068]

2. Besonderes Vorkaufsrecht gem. § 25 BauGB

Neben dem allgemeinen Vorkaufsrecht des § 24 BauGB kann die Gemeinde durch Satzung nach § 25 I BauGB ein Vorkaufsrecht für besondere städtebauliche Problembereiche begründen. Das Satzungsvorkaufsrecht kann für **unbebaute Grundstücke** im **Geltungsbereich** eines **Bebauungsplans** (§ 25 I 1 Nr. 1 BauGB) sowie in **Gebieten**, in denen die Gemeinde städtebauliche Maßnahmen in Betracht zieht, zur **Sicherung einer geordneten städtebaulichen Entwicklung** (§ 25 I 1 Nr. 2 BauGB) ausgeübt werden.[3069] Die Satzung ist gem. §§ 25 I 2, 16 II BauGB ordnungsgemäß bekannt zu machen. Wie beim allgemeinen Vorkaufsrecht steht der Gemeinde auch das Satzungsvorkaufsrecht nach § 25 BauGB nicht beim Kauf von Rechten nach dem Wohnungseigentumsgesetz und von Erbbaurechten zu. Es darf ebenfalls nur ausgeübt werden, wenn das Wohl der Allgemeinheit dies rechtfertigt (§§ 25 II 1, 24 III 1 BauGB). Der Verwendungszweck des Grundstücks ist anzugeben, soweit das bereits zum Zeitpunkt der Ausübung des Vorkaufsrechts möglich ist (§ 25 II 2 BauGB). Eine aufgrund des § 25 I 1 Nr. 2 BauGB erlassene Vorkaufssatzung ist allerdings rechtswidrig, wenn es eines gemeindlichen Grunderwerbs an den in den Geltungsbereich der Satzung einbezogenen Flächen nicht bedarf, um die mit der Bauleitplanung beabsichtigte städtebauliche Entwicklung in der Weise zu sichern, dass die künftige Umsetzung der planerischen Ziele zumindest erleichtert wird.[3070]

[3067] *BVerfG*, B. v. 16. 10. 1968 – 1 BvR 241/66 – BVerfGE 24, 236; B. v. 24. 3. 1980 – 2 BvR 208/76 – BVerfGE 53, 366 – KHG NW; Urt. v. 5. 2. 1991 – 2 BvR 263/86 – BVerfGE 83, 341 – Vereinsregister.
[3068] *BVerwG*, B. v. 26. 4. 1993 – 4 B 31.93 – NVwZ 1994, 282 = *Hoppe/Stüer* RzB Rdn. 284.
[3069] *OVG Fankfurt (Oder)*, Urt. v. 4. 2. 1998 – 3 D 5/97.NE – Vewaltungsrechtsreport MO 1998, 244.
[3070] *BVerwG*, B. v. 15. 2. 2000 – 4 B 10.00 – NVwZ 2000, 1044 – Vorkaufsrechtssatzung.

1616 Das Satzungsvorkaufsrecht nach § 25 BauGB ist deswegen ein besonderes Vorkaufsrecht, weil es der Gemeinde im Gegensatz zum allgemeinen Vorkaufsrecht des § 24 BauGB nicht bereits bei Vorliegen der Tatbestände von Gesetzes wegen zusteht, sondern erst durch **gemeindliche Satzung** begründet werden muss. Erlässt die Gemeinde eine solche Satzung nicht oder ist die Satzung unwirksam, so besteht das besondere Vorkaufsrecht des § 25 BauGB nicht.

1617 Das **Satzungsrecht im Geltungsbereich eines Bebauungsplans** ist auf unbebaute Grundstücke beschränkt. Es muss durch eine Vorkaufssatzung begründet werden, die allerdings – im Gegensatz zur früheren Regelung in § 25 II BBauG – weder genehmigungs- noch anzeigepflichtig ist.

Hinweis: Nach § 25 II BBauG unterlag die Vorkaufssatzung einer Genehmigungspflicht durch die höhere Verwaltungsbehörde, von der die Satzung auf formelle und materielle Wirksamkeit zu überprüfen war. Die Aufhebung dieser Genehmigungspflicht soll dem Interesse nach einem beschleunigten Verfahrensabschluss dienen. Außerdem setzt der Gesetzgeber Vertrauen in das eigenverantwortliche Handeln der Gemeinde.

1618 Das **Satzungsvorkaufsrecht** des § 25 I 1 Nr. 2 BauGB bezieht sich auf Flächen in Gebieten, in denen die Gemeinde städtebauliche Maßnahmen in Betracht zieht.[3071] Das Satzungsvorkaufsrecht ist daher seiner Funktion nach jedenfalls teilweise deckungsgleich mit dem früheren allgemeinen Vorkaufsrecht in § 24 I 1 Nr. 2 BBauG.[3072] Voraussetzung des besonderen Vorkaufsrechts ist allerdings der Erlass einer entsprechenden Satzung.[3073] Der Begriff der städtebaulichen Maßnahmen ist weit gefasst und geht über den engeren sanierungsrechtlichen Bereich hinaus. Städtebauliche Maßnahmen können etwa auch in der Erschließung eines neuen Baugebietes, in der Sicherung und Verbesserung des Wohnumfeldes oder in Verbesserungen der Stadtstruktur bestehen.[3074] Es muss sich dabei aber um konkrete städtebauliche Absichten und Maßnahmen handeln. Zu einer allgemeinen Bodenvorratspolitik lässt sich das besondere Vorkaufsrecht nicht einsetzen. Das Vorkaufsrecht besteht erst mit dem Erlass der Satzung und kann nicht rückwirkend auch für Verträge begründet werden, die bereits vor In-Kraft-Treten der Satzung abgeschlossen worden sind. Denn ohne die nach § 25 I 1 BauGB vorgeschriebene Satzung fehlt es an der gesetzlichen Grundlage, deren die Gemeinde bedarf, um in das Privatrechtsverhältnis eingreifen zu dürfen, das durch den Kaufvertrag zwischen dem Grundstückseigentümer und einem Dritten geschaffen wird.[3075]

1619 Im Übrigen entsprechen die **Voraussetzungen für die Ausübung** des besonderen Vorkaufsrechts nach § 25 BauGB weitgehend denen für die Ausübung des allgemeinen Vorkaufsrechts nach § 24 BauGB. Beide Vorkaufsrechte müssen aus verfassungsrechtlichen Gründen durch Gemeinwohlgründe legitimiert sein. Dabei gilt allgemein, dass die Ausübung des Vorkaufsrecht gerechtfertigt sein kann, wenn im Hinblick auf bestimmte gemeindliche Aufgaben überwiegende Vorteile für die Allgemeinheit angestrebt werden. Als überwiegender Vorteil für die Allgemeinheit kann es ausreichen, dass die Gemeinde konkrete Planungsabsichten hat und das Vorkaufsrecht ausübt, um das Grundstück einer Wohnnutzung zuzuführen (§ 24 I 1 Nr. 5, 3 BauGB). Ein weiterer Ausübungsfall kann vorliegen, wenn die Gemeinde das Grundstück als Tauschland benötigt, um an anderer Stelle ein Grundstück einer neuen Nutzung zuzuführen, die zum Wohl der Allgemein-

---

[3071] Zur städtebaulichen Maßnahme i. S. des § 25 I 1 Nr. 2 BauGB – Vorkaufsrechtssatzung; *OVG Münster*, Urt. v. 28. 7. 1997 – 10 a D 31/97 NE – DVBl. 1998, 61 = BauR 1998, 303.
[3072] Nach der Überleitungsregelung in § 234 II BauGB gelten Satzungen, die aufgrund des § 25 BBauG erlassen worden sind, als Satzungen nach § 25 I 1 Nr. 2 BauGB weiter.
[3073] *BVerwG*, B. v. 20. 6. 1993 – 4 B 100.93 – NVwZ 1994, 284 = *Hoppe/Stüer* RzB Rdn. 285.
[3074] *Krautzberger* in: Battis/Krautzberger/Löhr § 25 Rdn. 5.
[3075] *BVerwG*, B. v. 14. 4. 1994 – 4 B 70.94 – BauR 1994, 495 = DVBl. 1994, 871 = *Hoppe/Stüer* RzB Rdn. 288; allgemein zum gesetzlichen Vorkaufsrecht *BGH*, Urt. v. 15. 6. 1960 – V ZR 105/59 – BGHZ 32, 383.

heit gerechtfertigt ist. Diese Voraussetzung muss auch bei der Ausübung des Vorkaufsrechts zu Gunsten Dritter vorliegen. Die Gemeinwohlbezogenheit kann sich auch aus der Zielgruppe ergeben, zu Gunsten derer das Vorkaufsrecht ausgeübt wird wie etwa zu Gunsten des sozialen Wohnungsbaus, von Personengruppen mit besonderem Wohnbedarf, zu Gunsten öffentlicher Bedarfs- oder Erschließungsträger sowie Sanierungs- oder Entwicklungsträger.[3076] Wird ein unbebautes Grundstück in einem Gebiet, für das die Gemeinde die Aufstellung eines Bebauungsplans beschlossen hat und in dem sie städtebauliche Maßnahmen in Betracht zieht, entsprechend den gemeindlichen Planungsvorstellungen genutzt, so wird die Ausübung des Vorkaufsrechts nach § 25 I 1 Nr. 2 BauGB auch dann nicht durch das Wohl der Allgemeinheit gerechtfertigt, wenn der Erwerber Nutzungsänderungsabsichten geäußert hat.[3077] Denn die Gemeinde hat es in der Hand, ihre Planungsvorstellungen in derartigen Fällen durch eine Veränderungssperre oder eine Zurückstellung von Bauvorhaben zu sichern. Zudem bringt der Gesetzgeber in § 26 BauGB zum Ausdruck, dass es des Einsatzes der Vorkaufsrechte nicht bedarf, wenn ein Grundstück im Einklang mit den städtebaulichen Zielvorstellungen der Gemeinde bebaut ist und genutzt wird. Diese Überlegung gilt nicht nur für bebaute Grundstücke, sondern ist auch auf unbebaute Grundstücke anwendbar.[3078] Die Ausübung auch des Satzungsvorkaufsrechts setzt daher entsprechende städtebauliche Gründe und besondere städtebauliche Zwecke i. S. des § 25 I BauGB voraus. Die Gemeinde hat dies bei der Ausübung des Vorkaufsrechts im Einzelnen darzulegen, soweit ihr dies bereits möglich ist (§ 25 II 2 BauGB).[3079]

Hinweis: Die Einschränkung auf die bestehende Möglichkeit der Darlegung städtebaulicher Gründe darf allerdings nicht als „Freifahrtschein" für die Gemeinde fehlinterpretiert werden. So weit die städtebaulichen Gründe bereits erkennbar sind, müssen sie bei der Ausübung des Vorkaufsrechts dargelegt werden. Sind solche Gründe noch nicht erkennbar, wird es der Gemeinde regelmäßig schwer fallen, die Ausübung des Vorkaufsrechts zu begründen.

Auch die öffentliche Hand kann als Käufer eines Grundstücks einen Bescheid über die Ausübung des gemeindlichen Vorkaufsrechts anfechten. Eine aufgrund des § 25 I 1 Nr. 2 BauGB erlassene Vorkaufssatzung ist rechtswidrig, wenn es eines gemeindlichen Grunderwerbs an den in den Geltungsbereich der Satzung einbezogenen Flächen nicht bedarf, um die mit der Bauleitplanung beabsichtigte städtebauliche Entwicklung in der Weise zu sichern, dass die künftige Umsetzung der planerischen Ziele zumindest erleichtert wird.[3080] Der Geltungsbereich einer Satzung, mit der ein besonderes Vorkaufsrecht nach § 25 I 1 Nr. 2 BauGB begründet wird, darf allerdings nicht über das Gebiet hinausgehen, in dem die Gemeinde städtebauliche Maßnahmen in Betracht zieht.[3081]

3. Ausübung des Vorkaufsrechts zu Gunsten Dritter (§ 27a BauGB)

Die Gemeinde kann das Vorkaufsrecht nach Maßgabe des § 27a BauGB zu Gunsten Dritter ausüben. Durch diese mit dem BauROG 1998 eingeführte Regelung wurden die zuvor in § 28 IV BauGB a. F. und in § 3 IV BauGB-MaßnG bestehenden Möglichkeiten inhaltlich weitgehend unverändert zusammengeführt. Nach § 27a I BauGB kann die Gemeinde (1) das ihr zustehende Vorkaufsrecht zu Gunsten eines Dritten ausüben, wenn das Grundstück für den sozialen Wohnungsbau oder die Wohnbebauung für Personengrup-

---

[3076] Fachkommission „Städtebau" der ARGEBAU, Muster-Einführungserlass zum BauROG, Nr. 9.4.
[3077] *BVerwG*, B. v. 29. 6. 1993 – 4 B 100.93 – NVwZ 1994, 284 = Hoppe/Stüer RzB Rdn. 285.
[3078] *Lemmel* in: Berliner Kommentar § 26 Rdn. 9; *W. Schrödter* in: *Schrödter* § 26 Rdn. 12.
[3079] Der Streitwert richtet sich grundsätzlich nach dem zwischen Verkäufer und Käufer vereinbarten Kaufpreis, so *VGH München*, B. v. 20. 7. 1998 – 1 B 95.117 – BayVBl. 1999, 669.
[3080] *BVerwG*, B. v. 15. 2. 2000 – 4 B 10.00 – NVwZ 2000, 1044 = BauR 2000, 1027 = DÖV 2000, 641.
[3081] *OVG Koblenz*, Urt. v. 4. 3. 2003 – 8 A 10154/03 – Vorkaufsrechtssatzung.

pen mit besonderem Wohnbedarf genutzt werden soll oder (2) das Vorkaufsrecht zu Gunsten eines öffentlichen Bedarfs- oder Erschießungsträgers (§ 24 I 1 Nr. 1 BauGB) oder eines Sanierungs- oder Entwicklungsträgers (§ 24 I 1 Nr. 3 BauGB) erfolgen soll. Die Frist, innerhalb derer das Grundstück für die öffentliche Zwecksetzung zu verwenden ist, muss von der Gemeinde bezeichnet werden. Mit der Ausübung des Vorkaufsrechts durch die Gemeinde kommt der Vertrag zwischen dem Begünstigten und dem Verkäufer zustande. Kommt es nicht innerhalb der bestimmten Zeit zu einer entsprechenden Verwendung des Grundstücks, soll die Gemeinde in anderer Weise eine zweckentsprechende Verwendung des Grundstücks sicherstellen. Der in § 27a III BauGB verwendete Begriff der „Baumaßnahme" ist dabei entsprechend der weiten Definition des § 148 II BauGB zu verstehen und umfasst damit u. a. die Durchführung von auf den Baugrundstücken festgesetzten Ausgleichsmaßnahmen für Eingriffe in Natur und Landschaft.[3082] Das Vorkaufsrecht kann nach § 28 III BauGB preislimitiert ausgeübt werden. Außer in den Fällen, in denen sich die Bemessung der Entschädigung zwingend nach den Vorschriften des Enteignungsrechts bestimmt (§§ 24 I 1 Nr. 1, 28 IV BauGB), soll die Gemeinde generell die Möglichkeit haben, die Entschädigung nach dem Verkehrswert des Grundstücks zu berechnen. Hierdurch wird eine Regelung in § 28 III BauGB überführt, wie sie zu Gunsten des Wohnungsbaus in dem zum 1. 1. 1998 außer Kraft getretenen § 3 III BauGB-MaßnG enthalten war. Der zu zahlende Entschädigungsbetrag bemisst sich nach dem Verkehrswert des Grundstücks zum Zeitpunkt des Verkaufsfalles, wenn der vereinbarte Kaufpreis den Verkehrswert in einer dem Rechtsverkehr erkennbaren Weise deutlich übersteigt. Der Gemeinde wird dabei eine Wahlmöglichkeit eingeräumt, auf der Grundlage des Verkehrswertes zu entschädigen oder den im Kaufvertrag vereinbarten Kaufpreis zu zahlen. Entscheidet sich die Gemeinde dazu, auf der Grundlage des Verkehrswertes zu entschädigen, steht dem Verkäufer allerdings ein nicht auszuschließendes **Rücktrittsrecht** zu.

4. Ausschluss des Vorkaufsrechts gem. § 26 BauGB

1622 Das allgemeine und das besondere Vorkaufsrecht dienen der Erreichung städtebaulicher Ziele. Sind die Grundstücke für einen anderen überwiegend öffentlichen Zweck vorgesehen, besteht das gemeindliche Vorkaufsrecht nicht. Auch soll nach § 26 BauGB der Eigentumsschutz dann den Vorrang haben, wenn die Veräußerung an den Ehegatten oder einen nahen Verwandten (Verwandtenprivileg) erfolgt oder durch den Erwerb eines öffentlichen Bedarfsträgers eine zweckentsprechende Verwendung des Grundstücks gewährleistet ist.

1623 Nach § 26 BauGB ist die **Ausübung** des allgemeinen oder des besonderen gemeindlichen Vorkaufsrechts daher **ausgeschlossen**, wenn
– der Eigentümer das Grundstück an seinen Ehegatten oder an einen anderen nahen Angehörigen veräußert (Verwandtenprivileg),
– das Grundstück von einem öffentlichen Bedarfsträger für bestimmte öffentliche Zwecke oder von Kirchen oder Religionsgesellschaften des öffentlichen Rechts für ihre Zwecke gekauft wird,
– auf dem Grundstück Vorhaben errichtet werden sollen, für die ein in § 38 BauGB genanntes Verfahren eingeleitet oder durchgeführt worden ist[3083] oder
– das Grundstück entsprechend den Festsetzungen des Bebauungsplans oder entsprechend den das Vorkaufsrecht begründenden städtebaulichen Zielen und Zwecken bebaut und genutzt wird und auch keine städtebaulichen Missstände oder Mängel i. S. des § 177 II, III 1 BauGB vorliegen.

[3082] *Bundesregierung*, Gesetzentwurf zum BauROG, S. 54.
[3083] § 26 Nr. 3 BauGB ist als Folgeänderung der Neufassung des § 38 BauGB durch das BauROG 1998 geändert worden.

7. Teil. Plansicherungsinstrumente   1624–1627 A

Der Begriff der **Kirchen oder Religionsgesellschaften** umfasst die nach dem jewei- 1624
ligen Landesrecht anerkennungsfähigen religiösen Gemeinschaften.[3084] Die Zwecke des
Gottesdienstes und der Seelsorge sind herkömmlich weit zu verstehen. Auch eine religiös
motivierte Jugend- und Sozialarbeit kann nicht als von vornherein ausgeschlossen gelten.
Diese Zwecke müssen sich allerdings bereits aus dem Kaufvertrag oder aus anderen Umständen ergeben. Ggf. hat die Gemeinde die jeweiligen Zwecke zu ermitteln.[3085] Dabei ist
auf den Zeitpunkt des Abschlusses des Kaufvertrages abzustellen.

Das Vorkaufsrecht nach den §§ 24 ff. BauGB regelt allerdings nicht, wie sich die Ge- 1625
meinde dagegen sichert, dass zunächst bestehende Gründe, die der Ausübung des Vorkaufsrechts entgegenstanden, auch später noch gegeben sind. Die Gemeinden werden
daher vielfach bemüht sein, Anwendungsvereinbarungen in vertraglicher Form über
§ 27 BauGB hinausgehend zu treffen. Scheitern derartige Bemühungen, kann dies für die
Frage bedeutsam sein, ob die Gemeinde über die Ausübung des Vorkaufsrechts ermessensfehlerhaft entschieden hat. Dabei kann bedeutsam sein, aus welchen Gründen der
Käufer nicht bereit war, der Gemeinde entsprechend zumutbare Sicherheiten einzuräumen oder anderweitig durchsetzungsfähige Zusicherungen zu geben.[3086]

5. Abwendung des Vorkaufsrechts gem. § 27 BauGB

Die Ausübung des gemeindlichen Vorkaufsrechts ist im Hinblick auf die verfassungs- 1626
rechtlich erforderliche Rechtfertigung kein Selbstzweck, sondern dient der Verwirklichung städtebaulicher Zwecke. Der Käufer soll daher das allgemeine wie das besondere
Vorkaufsrecht abwenden können, wenn der die Ausübung rechtfertigende Zweck auch
durch den Käufer selbst verwirklicht werden kann und dies ausreichend gesichert ist.
Nach § 27 I BauGB[3087] kann daher der Käufer die Ausübung des Vorkaufsrechts abwenden, wenn die Verwendung des Grundstücks nach den baurechtlichen Vorschriften oder
städtebaulichen Zielen bestimmt oder mit hinreichender Sicherheit bestimmbar ist, der
Käufer in der Lage ist, das Grundstück binnen angemessener Frist entsprechend zu nutzen und er sich vor Ablauf der Zweimonatsfrist für die Ausübung des Vorkaufsrechts
(§ 28 II BauGB) hierzu verpflichtet. Bei bestehenden städtebaulichen Missständen oder
Mängeln kann der Käufer die Ausübung des Vorkaufsrechts durch deren Beseitigung
innerhalb angemessener Frist sowie durch eine entsprechende Verpflichtungserklärung
abwenden. Die Abwendungsmöglichkeit des § 27 I BauGB besteht allerdings nicht bei
Flächen, die im Bebauungsplan für einen öffentlichen Zweck ausgewiesen sind, oder
in einem Umlegungsgebiet, wenn das Grundstück für Zwecke der Umlegung benötigt wird (§ 27 II BauGB). Die Regelung will sicherstellen, dass die Verwirklichung des
öffentlichen Zwecks auch durch die öffentliche Hand gewährleistet wird. An die Nach-
weispflichten und Verpflichtungserklärungen sind entsprechende Anforderungen zu
stellen.[3088]

6. Verfahren und Entschädigung

Entschädigung und Verfahren für die Ausübung des gemeindlichen Vorkaufsrechts sind 1627
in § 28 BauGB geregelt. Das Vorkaufsrecht wird durch die **Gemeinde** innerhalb von zwei
Monaten nach Mitteilung des Kaufvertrages durch Verwaltungsakt gegenüber dem Verkäufer ausgeübt (§ 28 II 1 BauGB). Der Verwaltungsakt wird durch das für die Außenvertretung der Gemeinde zuständige Organ erlassen. Ob dazu ein Gemeinderatsbeschluss
erforderlich ist, bestimmt das jeweilige Landesrecht.[3089] Das Grundbuchamt darf bei

---
[3084] Art. 4 I, II, Art. 140 GG, Art. 137 WRV.
[3085] *BVerwG*, B. v. 26. 4. 1993 – 4 B 31.93 – NVwZ 1994, 282 = *Hoppe/Stüer* RzB Rdn. 284.
[3086] *BVerwG*, B. v. 26. 4. 1993 – 4 B 31.93 – NVwZ 1994, 282 = *Hoppe/Stüer* RzB Rdn. 284.
[3087] § 27 BauGB ist durch das BauROG 1998 und durch das EAG Bau nicht geändert worden.
[3088] *Krautzberger* in: Battis/Krautzberger/Löhr § 27 Rdn. 3.
[3089] *LG München*, Urt. v. 30. 11. 1998 – 1 T 18868/98 – MittBayNot 1999, 208.

Kaufverträgen den Käufer als Eigentümer in das Grundbuch nur eintragen, wenn ihm die Nichtausübung oder das Nichtbestehen des Vorkaufsrechts nachgewiesen ist. Besteht ein Vorkaufsrecht nicht oder wird es nicht ausgeübt, hat die Gemeinde auf Antrag eines Beteiligten unverzüglich ein Zeugnis auszustellen. Das Zeugnis gilt als Verzicht auf die Ausübung des Vorkaufsrechts (§ 28 I BauGB). Das Vorkaufsrecht kann nach § 28 II BauGB nur innerhalb von zwei Monaten nach Mitteilung des Kaufvertrages durch Verwaltungsakt gegenüber dem Verkäufer ausgeübt werden. Die zivilrechtlichen Vorschriften der §§ 504 ff. BGB sind anzuwenden. Ist die Zweimonatsfrist zur wirksamen Ausübung des Vorkaufsrechts abgelaufen, so hat die Gemeinde ein Negativattest zu erteilen. Erteilt die Gemeinde trotz abgelaufener Frist für die Ausübung des Vorkaufsrechts kein Negativattest, stellt dies eine Amtspflichtverletzung dar. Die Verpflichtung zur alsbaldigen Erteilung eines Negativattestes dient allerdings nicht dem Schutz des Käufers vor einer Zahlung trotz des Fehlens des Attestes.[3090]

7. Preislimitiertes Vorkaufsrecht

1628 Das Vorkaufsrecht kann nach § 28 III BauGB preislimitiert ausgeübt werden. Außer in den Fällen, in denen sich die Bemessung der Entschädigung zwingend nach den Vorschriften des Enteignungsrechts bestimmt (§§ 24 I 1 Nr. 1, 28 IV BauGB), soll die Gemeinde generell die Möglichkeit haben, die Entschädigung nach dem Verkehrswert des Grundstücks zu berechnen. Hierdurch ist eine Regelung in § 28 III BauGB 1998 überführt worden, wie sie zu Gunsten des Wohnungsbaus in dem zum 1. 1. 1998 außer Kraft getretenen § 3 III BauGB-MaßnG enthalten war. Der zu zahlende Entschädigungsbetrag bemisst sich nach dem Verkehrswert des Grundstücks zum Zeitpunkt des Verkaufsfalles, wenn der vereinbarte Kaufpreis den Verkehrswert in einer dem Rechtsverkehr erkennbaren Weise deutlich übersteigt. Der Gemeinde wird dabei eine Wahlmöglichkeit eingeräumt, auf der Grundlage des Verkehrswertes zu entschädigen oder den im Kaufvertrag vereinbarten Kaufpreis zu zahlen. Entscheidet sich die Gemeinde dazu, auf der Grundlage des Verkehrswertes zu entschädigen, steht dem Verkäufer allerdings ein nicht auszuschließendes **Rücktrittsrecht** zu.

1629 Das **Wahlrecht** einer **Preislimitierung** nach § 28 III BauGB tritt dann ein, wenn der vereinbarte Kaufpreis deutlich über dem auf dem Grundstücksmarkt erzielbaren Preis liegt.[3091] Die Regelung geht im Kern auf § 28 a BBauG 1976 zurück, der bereits ein preislimitiertes Vorkaufsrecht vorsah. Die Preisüberschreitung muss allerdings deutlich sein. Denn die Bestimmung des exakten Verkehrswertes eines Grundstücks wird kaum möglich sein. Die sich daraus ergebenden Risiken dürfen nicht den Vertragsparteien angelastet werden. Ebenso wie in den Fällen des § 28 a III BBauG 1976 ist der Verkäufer allerdings berechtigt, bis zum Ablauf eines Monats nach Unanfechtbarkeit des Verwaltungsaktes über die Ausübung des gemeindlichen Vorkaufsrechts von dem Vertrag zurückzutreten. Tritt der Verkäufer von dem Vertrag zurück, trägt die Gemeinde die Kosten des Vertrages auf der Grundlage des Verkehrswertes (§ 28 III 4 BauGB). Wie bei § 28 a BBauG 1976 hat die Gemeinde dabei ein Wahlrecht zwischen dem vertraglich vereinbarten Kaufpreis und dem Verkehrswert. Die Ausübung des Vorkaufsrechts bei Verträgen mit deutlich überhöhtem Verkehrswert ist daher für die Gemeinde mit Risiken behaftet: Der Verkäufer kann zurücktreten, was für die Gemeinde zu einer entsprechenden Belastung mit den Vertragskosten führt (§ 28 III 4 BauGB). Außerdem wird in solchen Fällen zumeist um die Höhe des Kaufpreises gestritten, was die zügige Verfahrensabwicklung zusätzlich belasten wird.[3092] Außerdem müssen entsprechende gemeindliche Finanzmittel verfügbar sein. § 28 III 6 BauGB stellt darüber hinaus durch eine Nachzahlungspflicht der Gemeinde

---

[3090] *OLG Naumburg*, Urt. v. 28. 7. 1998 – 12 U 24/98 – (unveröffentlicht) – Negativattest.
[3091] *BVerwG*, Urt. v. 24. 11. 1978 – IV C 56.76 – NJW 1979, 2578; Urt. v. 21. 8. 1981 – 4 C 16.78 – NJW 1982, 398 – Entwicklungsbereich.
[3092] *Hoppe* in: *Hoppe/Bönker/Grotefels* § 10 Rdn. 82.

sicher, dass das Grundstück dem von der Gemeinde angegebenen Verwendungszweck zugeführt wird.[3093]

Sind die Voraussetzungen mehrerer Vorkaufsrechtstatbestände gegeben, so bestehen diese Vorkaufsrechte nach den **§§ 24, 25 BauGB** nebeneinander. Die Gemeinde hat danach grundsätzlich ein Wahlrecht, ob sie – bei Vorliegen der jeweiligen Voraussetzungen – von dem Vorkaufsrecht nach § 24 BauGB oder dem Satzungsvorkaufsrecht nach § 25 BauGB Gebrauch macht. **1630**

Die Möglichkeiten des preislimitierten Erwerbs gelten in ganz Deutschland. Früher bestehende Sonderregelungen zu Gunsten des Wohnungsbaus (§ 3 BauGB-MaßnG) und zu Gunsten der neuen Länder (§ 246 a I Nr. 7 BauGB 1993) sowie für den Westteil von Berlin (§ 247 VI BauGB 1993) sind durch das BauROG 1998 aufgehoben worden. Hierdurch ist die Preislimitierung auf alle Verkaufsfälle erstreckt worden, bei denen nicht eine vorrangige Entschädigungspflicht nach Enteignungsgrundsätzen gem. §§ 24 I 1 Nr. 1, 28 IV BauGB besteht. Trotz dieses erweiterten Anwendungsbereichs wird die Gemeinde das Vorkaufsrecht wegen der finanziellen Folgen nur anwenden, wenn entsprechende gemeindliche Finanzmittel vorhanden sind. Die erfolgreiche Ausübung des preislimitierten Vorkaufsrechts ist zudem durch das dem Verkäufer eingeräumte Rücktrittsrecht geschwächt. **1631**

8. Rechtsschutz

Der in seinen Rechten Betroffene kann die Ausübung des Vorkaufsrechts mit **Widerspruch** und **Anfechtungsklage** anfechten. **Anfechtungsberechtigt** ist vor allem der Erwerber, der durch die Ausübung des Vorkaufsrechts seine Stellung als Käufer verliert. Wird das Vorkaufsrecht preislimitiert ausgeübt, kann der Verkäufer ohnehin vom Kaufvertrag zurücktreten. Auch die öffentliche Hand kann als Käufer eines Grundstücks einen Bescheid über die Ausübung des gemeindlichen Vorkaufsrechts anfechten.[3094] **1632**

Dem Erwerber eines Restgrundstücks steht nach Art. 14 I GG kein Erstreckungs- oder Übernahmeanspruch gegen den Vorkaufsberechtigten zu, wenn das Vorkaufsrecht nur hinsichtlich einer Teilfläche des verkauften Grundstücks ausgeübt wird. Wird das Vorkaufsrecht rechtmäßig ausgeübt, so verliert der Käufer nur eine Erwerbschance. Ein Entschädigungsanspruch besteht nicht, weil ihm alle privatrechtlichen Möglichkeiten (insbesondere aus §§ 323 ff. BGB) offen stehen. Erweist sich die Restfläche für sich als weniger wertvoll und der anteilige vereinbarte Kaufpreis deshalb als überhöht, so kann der Käufer den Schaden durch Wandlung oder Minderung abwenden.[3095] **1633**

8. Teil. Planverwirklichungsinstrumente

Neben den plansichernden Instrumenten stehen der Gemeinde auch planverwirklichende Maßnahmen zur Verfügung, um auf eine Verwirklichung der Bauleitplanung hinzuwirken. Bodenordnende Maßnahmen durch Umlegung (§§ 45 bis 79 BauGB) und vereinfachte Umlegung (§§ 80 bis 84 BauGB) dienen dazu, die Grundstücksgrenzen den städtebaulichen Zielvorstellungen anzupassen, um die Umsetzung der gemeindlichen Bauleitplanung sicherzustellen. Die **Enteignung** nach den §§ 39 bis 44, 85 ff. BauGB soll die Verwirklichung der gemeindlichen Planung durch Zugriff auf privates Eigentum sicherstellen. Die **Erhaltungssatzung** nach § 172 BauGB und die **städtebaulichen Gebote** (Baugebot, Modernisierungs- und Instandsetzungsgebot, Pflanzgebot und Rückbau- oder Entsiegelungsgebot, §§ 175 bis 179 BauGB) dienen der **Umsetzung städtebaulicher** **1634**

[3093] So schon § 3 III 6 BauGB-MaßnG. Zu weiteren Einzelheiten *Krautzberger* in: Battis/Krautzberger/Söfker § 284 Rdn. 13.
[3094] *BVerwG*, B. v. 15. 2. 2000 – 4 B 10.00 – NVwZ 2000, 1044 – Vorkaufsrechtssatzung.
[3095] *BVerwG*, B. v. 17. 10. 2001 – 4 B 68.01 – BauR 2002, 1216 = BRS 64 (2001) Nr. 114.

Zielvorstellungen, die sich aus einem Bebauungsplan oder im nichtbeplanten Innenbereich ergeben. Gemeinsam ist diesem Instrumentarium, dass es städtebauliche Planung in konkretes grundstücksbezogenes Handeln umsetzen will.

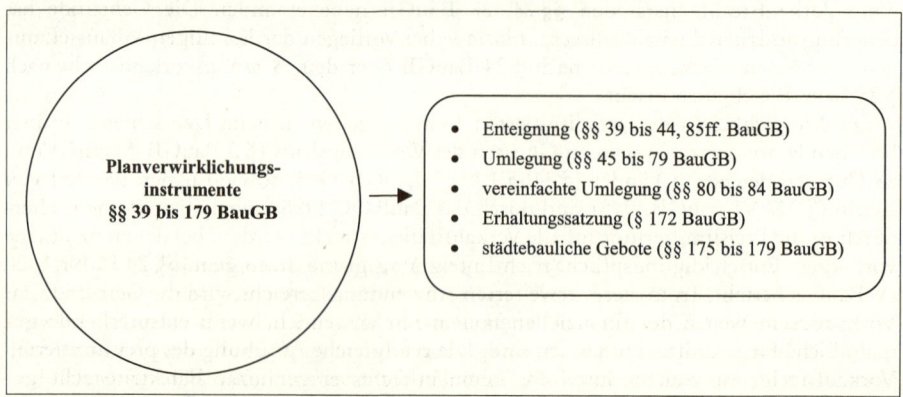

I. Bodenordnende Maßnahmen

1635 Der Bebauungsplan setzt die Nutzung unabhängig von dem Zuschnitt der Grundstücke fest. Vielfach ist es daher erforderlich, den Grundstückszuschnitt neu zu ordnen, um ihn für die von der Gemeinde beabsichtigte bauliche Nutzung vorzubereiten. Diesem Ziel dienen die **Umlegung** (§§ 45 bis 79 BauGB) und die **vereinfachte Umlegung** (§§ 80 bis 84 BauGB). Im Rahmen des EAG Bau ist vor allem die vereinfachte Umlegung in Erweiterung der vormaligen Grenzregelung eingeführt worden. Im Übrigen hat sich nach Einschätzung der Praxis wie des Gesetzgebers das bestehende Instrumentarium des Umlegungsrechts grundsätzlich bewährt und wird daher nur behutsam fortentwickelt. Auf eine Regelung zur freiwilligen Umlegung wurde verzichtet, da das bestehende Umlegungsrecht so flexibel ist, dass bereits nach geltender Rechtslage vielfältige Formen vertraglichen und konsensualen Zusammenwirkens zwischen den Eigentümern untereinander und gegebenenfalls mit der Gemeinde[3096] möglich sind.[3097]

1. Umlegung

1636 Maßnahmen der Bodenordnung werden vor allem durch die Umlegung nach den §§ 45 bis 79 BauGB verwirklicht.[3098] Dabei geht es darum, den **Grundstückszuschnitt** durch Neuaufteilung der Grundstücksflächen im Interesse der besseren baulichen Nutzbarkeit der Grundstücke neu zu ordnen. Die **Umlegungsbeteiligten** befinden sich dabei in einer Solidargemeinschaft, die sich daraus ergibt, dass im Umlegungsgebiet alle Grundstücke prinzipiell zur Disposition und Neuaufteilung anstehen. Neben der planmäßigen Bebauung der Grundstücke dient die Umlegung auch den privaten Grundstücksinteressen, indem bisher schlecht oder überhaupt nicht bebaute Grundstücksflächen einer plangemäßen städtebaulichen Nutzungsmöglichkeit zugeführt werden. Das öffentliche Interesse an einer planmäßigen Bebauung trifft sich dabei mit den privaten Interessen an einer besseren Verwertbarkeit der Grundstücke. Die Umlegung dient damit nicht nur dem öffentlichen Interesse, sondern zugleich auch dem Individualinteresse der

---

[3096] *BVerwG*, B. v. 17. 7. 2001 – 4 B 24.01 – DVBl. 2001, 1872 (LS) = BauR 2002, 57 = ZfBR 2002, 74, freiwillige Baulandumlegung, wie *BVerwG*, Urt. v. 6. 7. 1984 – 4 C 24.80 – NJW 1985, 989.

[3097] Zum Folgenden EAG Bau – Mustererlass 2004.

[3098] *Brenner* DVBl. 1993, 291; *Bryde* JuS 1993, 283; *Dieterich* Baulandumlegung 1990; *Grotefels* in: *Hoppe/Bönker/Grotefels* § 11 Rdn. 1ff.; *Kirchberg* Das Umlegungsverfahren 1992; *Mainczyk* DÖV 1986, 995; *Oehmen* LKV 1994, 80; *Rothe* Umlegung und Grenzregelung nach dem BBauG 1984; *ders.* LKV 1994, 86; *Schmidt-Aßmann* DVBl. 1982, 152.

8. Teil. Planverwirklichungsinstrumente

betroffenen Grundstückseigentümer. Aus dieser Sicht erfährt die Umlegung eine doppelte städtebauliche sowie privatrechtliche und damit zugleich auch verfassungsrechtliche Rechtfertigung.

Nach § 45 BauGB liegt der **Zweck der Umlegung** darin, im Geltungsbereich eines Bebauungsplans oder im nicht beplanten Innenbereich zur Erschließung oder Neugestaltung bestimmter Gebiete bebaute und unbebaute Grundstücke durch Umlegung in der Weise neu zu ordnen, dass nach Lage, Form und Größe für die bauliche oder sonstige Nutzung zweckmäßig gestaltete Grundstücke entstehen. **1637**

Die Umlegung setzt einen **qualifizierten oder einfachen Bebauungsplan** (§ 30 I oder III BauGB) voraus, dessen Verwirklichung sie dient. Die Einleitung des Umlegungsverfahrens kann auch bereits dann erfolgen, wenn der Bebauungsplan noch nicht rechtsverbindlich ist (§ 47 II BauGB), jedoch durch einen Aufstellungsbeschluss eingeleitet worden ist. Eine Umlegung kann auch im **nicht beplanten Innenbereich** erfolgen (§ 45 1 Nr. 2 BauGB). Dabei können der Beschluss zur Aufstellung eines Bebauungsplans mit der Anordnung der Umlegung in einem Ratsbeschluss zeitlich zusammengefasst werden. Wegen der engen Verknüpfung mit der Bauleitplanung ist es allerdings erforderlich, dass der Umlegungsplan im Ergebnis auf einem rechtsverbindlichen Bebauungsplan beruht, nicht jedoch, dass der Beschluss zur Aufstellung eines Bebauungsplans wirksam gefasst und bekannt gemacht ist. Die Umlegung kann bereits eingeleitet werden, wenn ein Beschluss zur Aufstellung eines Bebauungsplans gefasst worden ist. In diesem Fall muss der Bebauungsplan vor dem Beschluss über die Aufstellung des Umlegungsplans in Kraft getreten sein (§ 47 II BauGB). Es reicht daher aus, dass im Zeitpunkt der Aufstellung des Umlegungsplans nach § 66 I BauGB ein rechtswirksamer Bebauungsplan vorliegt. Auch spätere Heilungen oder Neuaufstellungsverfahren, die zu einem rechtsverbindlichen Bebauungsplan führen, sind daher als Grundlage des Umlegungsplans zu berücksichti- **1638**

Umlegungsverfahren
Beschluss der Gemeinde zur Durchführung des Umlegungsverfahrens Voraussetzungen: Bebauungsplan oder nicht beplanter Innenbereich (§ 45 BauGB) Rechtswirkungen gesetzliches Vorkaufsrecht, Verfügungs- und Veränderungssperre und Umlegungsvermerk im Grundbuch (§§ 24, 51, 54 BauGB)
Umlegungsstelle (§ 46 I BauGB)
Einleitung der Umlegung mit Angabe des Umlegungsgebietes und der betroffenen Grundstücke (§ 47 BauGB) ortsübliche Bekanntmachung
Bestandskarte und Bestandsverzeichnis der Umlegungsstelle (§ 53 BauGB) ortsübliche Bekanntmachung (§ 53 I BauGB)
Öffentliche Auslegung von Bestandskarte und Bestandsverzeichnis für einen Monat (§ 53 II BauGB)
Verteilungsmaßstab (Wertumlegung oder Flächenumlegung) (§§ 57, 58 BauGB)
Erörterung der Neuzuteilung mit den Eigentümern (§ 66 I BauGB)
Umlegungsplan (§ 66 I BauGB)
Beschluss über Umlegungskarte und Umlegungsgebiet (§ 66 I BauGB) mit öffentlicher Bekanntmachung (§ 69 BauGB) und Zustellung an die Beteiligten (§ 70 BauGB) Ortsübliche Bekanntmachung der Unanfechtbarkeit des Umlegungsplans (§ 71 I BauGB)
In-Kraft-Treten des Umlegungsplans kein gesetzliches Vorkaufsrecht, Aufhebung der Verfügungs- und Veränderungssperre, Löschen des Umlegungsvermerks im Grundbuch
Vollzug des Umlegungsplans finanzielle Abwicklung (§§ 64, 65 BauGB) Einweisung der neuen Eigentümer in den Besitz der zugeteilten Grundstücke (§ 74 BauGB) Berichtigung des Grundbuchs und des Liegenschaftskatasters (§ 74 BauGB).

gen. Ist der Bebauungsplan jedoch unwirksam, so kann er nicht die Grundlage für eine wirksame Umlegung bieten, so dass auch der auf dieser Grundlage aufgestellte Umlegungsplan unwirksam ist.[3099] Ist der Umlegungsplan allerdings bestandskräftig, so berührt die spätere Unwirksamkeitserklärung des Bebauungsplans die Wirksamkeit des Umlegungsplans nicht.

1639 Wird der einer Umlegung zugrunde liegende Bebauungsplan in einem **Normenkontrollverfahren** für unwirksam erklärt und kann der Umlegungszweck ohne diesen Bebauungsplan nicht verwirklicht werden, so besteht grundsätzlich ein Anspruch auf Änderung des Umlegungsplans. Ohne gültigen Bebauungsplan kann der Zweck der Umlegung im Regelfall nicht erreicht werden. Im nicht beplanten Innenbereich kann der Umlegungsplan allerdings unter den Voraussetzungen des § 45 II Nr. 2 BauGB erlassen werden. Die mit dem Umlegungsplan angestrebte städtebauliche Neuordnung liegt nicht schon in der Neuregelung der Eigentumsverhältnisse im Umlegungsgebiet, die mit der Bekanntmachung, dass der Umlegungsplan unanfechtbar geworden sei, eingetreten ist (vgl. § 72 I i.V. mit § 71 I BauGB). Der Zweck der Umlegung besteht vielmehr darin, den Umlegungsbetroffenen Grundstücke zur Verfügung zu stellen, die für die im Bebauungsplan festgesetzte bauliche oder sonstige Nutzung zweckmäßig gestaltet sind (§ 45 BauGB). Wird dieser Zweck verfehlt, weil wegen der Unwirksamkeit des Bebauungsplans die Erteilung von Baugenehmigungen zu dem im Umlegungsplan vorausgesetzten Nutzungszweck nicht möglich ist, so lässt sich auch die Neuverteilung der Flächen im Umlegungsplan nicht mehr rechtfertigen. Dies löst im Hinblick auf Art. 14 I GG einen Anspruch auf Beseitigung der Zweckverfehlung in Gestalt eines Anspruchs auf Änderung des Umlegungsplans aus. Für die gebotene Rückabwicklung kommt allein ein auf eine entsprechende Anwendung des § 73 BauGB gestützter Anspruch auf Änderung des Umlegungsplans in Betracht.[3100] Das allgemeine Rechtsschutzbedürfnis für einen Normenkontrollantrag gegen einen Bebauungsplan, der Grundlage eines Umlegungsplans ist, kann nicht allein wegen der Unanfechtbarkeit des Umlegungsplans verneint werden.[3101]

1640 Die früher nur im Geltungsbereich eines Bebauungsplans zulässige Umlegung ist bereits durch das InvWoBaulG 1993 auch auf den **nichtbeplanten Innenbereich** nach § 34 BauGB erweitert worden. Innerhalb eines im Zusammenhang bebauten Ortsteils kann eine Umlegung durchgeführt werden, wenn sich aus der Eigenart der näheren Umgebung hinreichende Kriterien für die Neuordnung der Grundstücke ergeben (§ 45 1 Nr. 2 BauGB). Zugleich können gem. § 46 IV BauGB die zur Durchführung der Umlegung erforderlichen vermessungs- und katastermäßigen Aufgaben öffentlich bestellten Vermessungsingenieuren übertragen werden. Im **Außenbereich** ist die Umlegung demgegenüber nicht möglich. Dies gilt auch, wenn die Absicht, einen Bebauungsplan aufzustellen, endgültig aufgegeben wird und die betroffenen Grundstücke im Außenbereich liegen.

1641 Die Umlegung ist von der Gemeinde (Umlegungsstelle) in eigener Verantwortung anzuordnen und durchzuführen (§ 46 I BauGB). Das gilt sowohl für die Gebiete eines qualifizierten oder einfachen Bebauungsplans als auch für den nicht beplanten Innenbereich. Die Landesregierungen können durch Rechtsverordnung nähere Bestimmungen erlassen.

1642 Die Umlegung kann sowohl der **Erschließung** der Grundstücke als auch ihrer **Neuordnung** dienen. Sie hat zum Ziel, den Zuschnitt der Grundstücke für eine planentsprechende Nutzung zweckmäßiger zu gestalten. Die bloße Überführung des Grundstückseigentums **(Rechtsumlegung)** oder die ausschließliche Überführung des Grundeigen-

---

[3099] *BGH*, Urt. v. 28. 5. 1976 – III ZR 137/74 – BGHZ 66, 322.
[3100] *BVerwG*, Urt. v. 22. 3. 1990 – 4 C 24.86 – BVerwGE 85, 96.
[3101] *BVerwG*, B. v. 17. 12. 1992 – 4 NB 25.90 – DVBl. 1993, 651 = ZfBR 1993, 200 = *Hoppe/Stüer* RzB Rdn. 620.

8. Teil. Planverwirklichungsinstrumente 1643–1645 A

tums in die öffentliche Hand zur Verwirklichung öffentlicher Zwecke **(Wertumlegung)** sind demgegenüber unzulässig. Allerdings bestehen nur begrenzte gerichtliche Kontrollmöglichkeiten hinsichtlich der Angemessenheit der Erschließung. So begründet der Einwand, es gebe eine sinnvollere und geeignetere Möglichkeit zur Erschließung des Umlegungsgebietes als die im Bebauungsplan vorgesehene, für sich nicht die Rechtswidrigkeit der vorzeitigen Besitzeinweisung oder ein überwiegendes Interesse an der Aussetzung der vorzeitigen Besitzeinweisung.[3102]

Neben der **Planverwirklichung** dient die Umlegung auch dazu, die **Verwendbarkeit** 1643 **und Nutzungsmöglichkeit** der Grundstücke besser zu gestalten. Immer muss sich aber die Umlegung durch öffentliche Zwecke legitimieren, die sich aus der gemeindlichen Bauleitplanung ableiten. Ist erkennbar, dass die Umlegung endgültig nicht mehr durchgeführt werden soll, so ist der Beschluss zur Einleitung der Umlegung entsprechend den Grundsätzen bei Abschluss der Sanierung nach den §§ 162 ff. BauGB aufzuheben. Durch die Bekanntmachung der Aufhebung des Einleitungsbeschlusses (§§ 45, 47 BauGB) erlischt die Verfügungs- und Veränderungssperre des § 51 BauGB.

Nach § 47 BauGB wird die Umlegung durch einen **Umlegungsbeschluss** der Um- 1644 legungsstelle eingeleitet. Im Umlegungsbeschluss ist das Umlegungsgebiet (§ 52 BauGB) zu bezeichnen. Die im Umlegungsgebiet gelegenen Grundstücke sind im Einzelnen aufzuführen (§ 47 BauGB). An den Umlegungsbeschluss knüpft das Gesetz zahlreiche Rechtsfolgen wie etwa die Stellung als Beteiligter (§ 48 I BauGB), die Verfügungs- und Veränderungssperre (§ 51 BauGB), die Eintragung des nach § 54 I BauGB dem Grundbuchamt mitzuteilenden Umlegungsbeschlusses in das Grundbuch, den Stichtag für die Wertermittlung[3103] der Einwurfsgrundstücke und für die Bemessung der Geldbeträge und Ausgleichsleistungen sowie für das nach § 24 I 1 Nr. 2 BauGB in Umlegungsgebieten bestehende gemeindliche Vorkaufsrecht an. Auch beginnt mit der Bekanntmachung des Umlegungsbeschlusses die Monatsfrist für die Anmeldung unbekannter Rechte (§ 50 II BauGB). Die Umlegungsstelle erhält nach § 209 BauGB das Recht, mit notwendigen Vorarbeiten auf dem Grundstück (Vermessungsarbeiten) zu beginnen. Das Umlegungsverfahren kann dabei nach § 47 II BauGB eingeleitet werden, auch wenn ein Bebauungsplan noch nicht aufgestellt worden ist. In diesem Fall muss der Bebauungsplan vor dem Beschluss über die Aufstellung des Umlegungsplans (§ 66 I BauGB) in Kraft treten (§ 47 II 2 BauGB).

Der **Umlegungsbeschluss** nach § 47 BauGB kann als Verwaltungsakt mit Widerspruch 1645 und ggf. Klage vor den Baulandkammern **angefochten** werden. Widerspruch und Klage kommen dabei keine aufschiebende Wirkung zu (§ 212 II 1 Nr. 1 BauGB). Der Umlegungsbeschluss ist nach § 50 I BauGB wegen der Vielzahl der Beteiligten ortsüblich bekannt zu machen. Gegen den Umlegungsbeschluss ist nach § 50 II BauGB innerhalb eines Monats seit öffentlicher Bekanntgabe Widerspruch einzulegen. Wird die Frist versäumt, so tritt eine relative Präklusionswirkung ein, die sich auf alle Rechte bezieht, die durch den Umlegungsbeschluss beeinträchtigt werden können. Dies gilt insbesondere für dingliche Rechte eines Beteiligten, die sich nicht aus dem Grundbuch ergeben. Werden solche Rechte nicht innerhalb der Monatsfrist nach Bekanntmachung des Umlegungsbeschlusses angemeldet oder innerhalb der nach § 48 III BauGB von der Umlegungsstelle gesetzten Nachfrist glaubhaft gemacht, so muss der Berechtigte die bisherigen Verhandlungen und Festsetzungen der Umlegungsstelle gegen sich gelten lassen, wenn die Umlegungsstelle dies bestimmt (§ 50 III BauGB). Auf diese Rechtswirkungen ist in der Bekanntmachung des Umlegungsbeschlusses hinzuweisen (§ 50 V BauGB). Das Gesetz enthält damit hinsichtlich der verspätet angemeldeten Rechte keine absolute Ausschlussfrist,

---

[3102] *OLG Frankfurt*, Urt. v. 12. 8. 1998 – 1 W (Baul) 5/98 – (unveröffentlicht); *LG Darmstadt*, Urt. v. 4. 5. 1998 – 9 O(B) 9/98 – (unveröffentlicht) – Besitzeinweisung.
[3103] Zur Wertermittlung *BVerwG*, B. v. 16. 1. 1996 – 4 B 69.95 – NVwZ-RR 1997, 155 = DVBl. 1996, 691 – Funktionsschwächensanierung.

sondern stellt die Berücksichtigung bzw. Nichtberücksichtigung des verspäteten Vortrags in das Ermessen der Umlegungsstelle. Hierdurch wird einerseits sichergestellt, dass rechtserhebliche Einwendungen, die noch ohne eintretende Zeitverzögerung berücksichtigt werden können, auch Beachtung finden. Andererseits ist gewährleistet, dass Verfahrensverzögerungen durch einen verspäteten Vortrag nicht hingenommen werden müssen. Die Umlegungsstelle wird also durch solche verspätet vorgetragenen Gesichtspunkte nicht daran gehindert, das Verfahren fortzusetzen und die nach Lage des Verfahrens erforderlichen weiteren Schritte zur Umlegung einzuleiten. Ist der verspätete Vortrag von dem Beteiligten nicht zu vertreten, so kann ihm auf seinen Antrag Wiedereinsetzung in den vorigen Stand nach § 210 BauGB i.V. mit § 32 VwVfG gewährt werden.

Beispiel: Der Eigentümer einer Splissparzelle wehrt sich dagegen, dass durch die Bekanntmachung des Umlegungsbeschlusses die Voraussetzungen für eine Vermessung seines Grundstücks geschaffen werden. Er befürchtet, dass die Umlegung ausschließlich dazu dient, sein Grundstück dem benachbarten Konkurrenzunternehmen zuzuweisen, das auf die Erweiterung seiner Produktionsflächen dringend angewiesen ist. Der Umlegungsbeschluss wird im gerichtlichen Verfahren lediglich darauf überprüft, ob die Voraussetzungen nach § 47 BauGB gegeben sind, nicht jedoch, ob die spätere Umlegung selbst gerechtfertigt ist. Diese Prüfung bleibt vielmehr der gerichtlichen Kontrolle des Umlegungsplans vorbehalten. Die Einleitung des Umlegungsverfahrens und die Bekanntmachung des Umlegungsbeschlusses besagen daher noch nichts darüber, wem das Eigentum an den im Umlegungsgebiet gelegenen Grundstücken im Umlegungsplan zugeteilt wird.

1646 Der Funktion des Umlegungsverfahrens entsprechend enthält § 48 BauGB eine umfangreiche **Beteiligungsregelung**. Am Umlegungsverfahren zu beteiligen sind danach die Eigentümer der im Umlegungsgebiet gelegenen Grundstücke, die Inhaber eingetragener dinglicher Rechte sowie bestimmter nicht eingetragener sowie schuldrechtlicher Ansprüche, die Gemeinde, ggf. der Bedarfsträger sowie die Erschließungsträger. Zu beteiligen sind daher neben den Grundstückseigentümern auch die Inhaber dinglich gesicherter Grundpfandrechte oder eingetragene Vorkaufsberechtigte, aber auch Mieter und Pächter. Bestehen Zweifel an einem angemeldeten Recht, so kann dem Anmeldenden eine Frist zur Glaubhaftmachung seiner Rechte gesetzt werden. Nach fruchtlosem Ablauf der Frist ist er bis zur Glaubhaftmachung seiner Rechte nicht mehr zu beteiligen (§ 48 III BauGB). Die Beteiligung im Umlegungsverfahren setzt daher bei unklarer Sach- und Rechtslage voraus, dass der Betroffene seine Rechte geltend macht und seinen Mitwirkungslasten nachkommt. Bei einer Rechtsnachfolge tritt dabei der Rechtsnachfolger in dem jeweiligen Zustand in das Umlegungsverfahren ein.

1647 Durch die Bekanntmachung des Umlegungsbeschlusses tritt nach § 51 BauGB eine weitgehende **Verfügungs- und Veränderungssperre** ein. Bis zur Bekanntmachung des In-Kraft-Tretens des Umlegungsplans (§ 71 BauGB) dürfen im Umlegungsgebiet nur mit schriftlicher Genehmigung der Umlegungsstelle Teilungen oder Verfügungen vorgenommen oder schuldrechtliche Vereinbarungen abgeschlossen werden, durch die einem anderen ein Recht zum Erwerb, zur Nutzung oder zur Bebauung eines Grundstücks oder Grundstücksteils eingeräumt wird oder Baulasten neu begründet, geändert oder aufgehoben werden. Die Verfügungs- und Veränderungssperre des § 51 BauGB umfasst auch erhebliche Veränderungen der Erdoberfläche oder wesentlich wertsteigernde sonstige Veränderungen der Grundstücke sowie die Errichtung von genehmigungs-, zustimmungs- oder anzeigebedürftigen baulichen Anlagen. Wie bei der allgemeinen Veränderungssperre nach § 14 BauGB bezieht sich auch die Verfügungs- und Veränderungssperre nach § 51 BauGB nicht auf Vorhaben, die vor In-Kraft-Treten der Veränderungssperre baurechtlich genehmigt worden sind, Vorhaben, von denen die Gemeinde nach Maßgabe des Bauordnungsrechts Kenntnis erlangt hat und mit deren Ausführung vor dem In-Kraft-Treten der Veränderungssperre hätte begonnen werden dürfen, sowie Unterhaltungsarbeiten und die Fortführung einer bisher ausgeübten baulichen Nutzung. Im Umlegungsgebiet besteht danach zwar einerseits eine weitgehende Veränderungs- und Verfügungssperre. Zugleich wird jedoch andererseits durch § 51 III BauGB sichergestellt, dass die Genehmigung nur versagt werden darf, wenn Grund zu der Annahme besteht, dass das Vorhaben die Durchführung der Umlegung unmöglich machen oder wesentlich erschweren würde. Eine Veränderung des Grundstücks oder eine Verfügung über das Grundstück bleibt daher möglich, wenn Zwecke der Umlegung nicht entgegenstehen. Auch bleiben baurechtlich genehmigungs- oder anzeigebedürftige Vorhaben grundsätzlich zulässig, die dem Umlegungszweck nicht widersprechen. Durch § 51 III 2 BauGB sind § 22 V 2 bis 5 BauGB entsprechend anwendbar. Über die Genehmigung ist daher binnen eines Monats nach Eingang des Antrags zu entscheiden. Kann die Prüfung nicht innerhalb der Frist abgeschlossen werden, ist die Frist vor ihrem Ablauf in einem dem Antragsteller zu erteilenden Zwischenbescheid auf insgesamt höchstens 3 Monate zu verlängern. Die Genehmigung gilt als erteilt, wenn sie nicht innerhalb der Frist versagt wird (§ 22 V 4 BauGB). Die Ausstellung eines Negativattestes ist entbehrlich geworden, da im Umlegungsrecht ein entsprechender Anwendungsfall nicht gegeben ist. Denn die Fälle, für die im Umlegungsverfahren eine Grundbuchsperre besteht, sind aus dem für das Bestehen einer Grundbuchsperre neben dem Umlegungsvermerk allein maßgeblichen Katalog des § 51 I BauGB ersichtlich.[3104] Die Genehmigung kann ggf. auch unter Auflagen und Bedingungen erteilt werden (§ 51 IV BauGB).

Das Umlegungsgebiet ist nach § 52 BauGB so **abzugrenzen**, dass die Umlegung sich **1648** zweckmäßig durchführen lässt. Es kann aus räumlich getrennten Flächen bestehen. Das Umlegungsgebiet darf nicht über die Grenzen eines Bebauungsplangebietes hinausreichen (§ 45 BauGB), jedoch kann das Umlegungsgebiet kleiner als das Bebauungsplangebiet sein. Bereits bei der Anordnung der Umlegung hat die Gemeinde den Bereich in etwa anzugeben. Die Umlegungsstelle kann bei der Festlegung des Umlegungsgebietes, die mit dem Umlegungsbeschluss nach § 47 I 2 BauGB zu erfolgen hat, nach Zweckmäßigkeitsgesichtspunkten die genaue Begrenzung des Umlegungsgebietes innerhalb der Grenzen des Bebauungsplangebietes anordnen

Beispiel: Die Gemeinde beabsichtigt, für einen bisher vorwiegend gewerblich genutzten Bereich einen Bebauungsplan aufzustellen und teilweise Kerngebietsnutzung, teilweise Wohngebietsnutzung auszuweisen. Der Zuschnitt der Grundstücke, der für die Neubebauung unbefriedigend ist, soll durch ein Umlegungsverfahren neu geordnet werden. In das Umlegungsgebiet sollten alle Grundstücke einbezogen werden, die für einen zweckmäßigen Grundstückszuschnitt innerhalb des Gebietes benötigt werden. Dabei sollten auch nach Möglichkeit als Austausch- oder Ersatzflächen in Betracht kommende Bereiche einbezogen werden, wenn sie sich räumlich anschließen.

§ 52 II und III BauGB gibt dabei die Möglichkeit, **einzelne Grundstücke**, welche die **1649** Umlegung erschweren würden, aus dem Umlegungsgebiet **auszunehmen** oder auch erforderliche unwesentliche Änderungen des Umlegungsgebietes bis zum Beschluss über die Aufstellung des Umlegungsplanes in einem vereinfachten Verfahren durchzuführen. Die Änderungen sind lediglich den betroffenen Grundstückseigentümern mitzuteilen. Eine öffentliche Bekanntmachung, wie sie § 50 I 1 BauGB vorschreibt, dürfte dabei nur erforderlich sein, wenn das Umlegungsgebiet vergrößert wird und neue Beteiligte durch das Umlegungsverfahren betroffen werden. Wird das Umlegungsgebiet jedoch verkleinert, kann eine öffentliche Bekanntmachung nach § 50 I BauGB entfallen.[3105] Allerdings dürfte dann eine eingeschränkte Beteiligung erforderlich sein, um die anderen Beteiligten zu informieren. Auch sind die Änderungen dem Grundbuchamt und dem Katasteramt mitzuteilen, um Neueintragungen zu bewirken oder entsprechende Entlassungen aus der Umlegung vorzunehmen (§ 54 I BauGB).

Zur Vorbereitung der Umlegungsmaßnahmen fertigt die Umlegungsstelle nach § 53 **1650** BauGB eine **Bestandskarte**, in der die bisherige Lage und Form der Grundstücke des Umlegungsgebietes und die auf ihnen befindlichen Gebäude sowie die Grundstückseigentümer bezeichnet sind, und für jedes Grundstück ein **Bestandsverzeichnis** an. Das

---

[3104] EAG BauGB – Mustererlass 2004.
[3105] *Löhr* in: Battis/Krautzberger/Löhr § 52 Rdn. 15.

Bestandsverzeichnis weist den jeweiligen Eigentümer, die grundbuch- und katastermäßige Bezeichnung, die Größe und die Nutzungsart nach dem Liegenschaftskataster unter Angabe von Straße und Hausnummer sowie die im Grundbuch in Abt. II eingetragenen Lasten und Beschränkungen aus. Die in Abteilung III des Grundbuchs enthaltenen Grundpfandrechte werden demgegenüber nicht in das Bestandsverzeichnis aufgenommen. Bestandskarte und Bestandsverzeichnis ohne die Belastungen in Abteilung II sind für die Dauer eines Monats nach vorheriger ortsüblicher Bekanntmachung in der Gemeinde öffentlich auszulegen. Betrifft die Umlegung nur wenige Grundstücke, so genügt anstelle der ortsüblichen Bekanntmachung eine Mitteilung an die Eigentümer und Inhaber von Rechten, die am Umlegungsverfahren teilnehmen. Einsichtsmöglichkeiten in diese Unterlagen hat jeder, der ein berechtigtes Interesse darlegt (§ 53 BauGB).

1651 § 54 I BauGB stellt durch die **Mitteilungspflicht** an das Grundbuchamt und die für die Führung des Liegenschaftskatasters zuständige Stelle sicher, dass die Einleitung des Umlegungsverfahrens in das Grundbuch eingetragen wird und die nach § 51 BauGB eingetretene Verfügungs- und Veränderungssperre bei Veräußerungen des Grundstücks, aber auch in Fällen der beabsichtigten Grundstücksteilung, beachtet wird. Das Grundbuchamt und die für die Führung des Katasteramts zuständige Stelle haben die Umlegungsstelle von allen Eintragungen zu benachrichtigen, die nach dem Zeitpunkt der Einleitung des Umlegungsverfahrens im Grundbuch der betroffenen Grundstücke oder im Liegenschaftskataster vorgenommen sind oder vorgenommen werden (§ 54 II BauGB).

1652 Nach § 54 II 2 BauGB ist § 22 VI BauGB entsprechend anzuwenden. Danach darf das Grundbuchamt Eintragungen nur vornehmen **(Grundbuchsperre)**, wenn der Genehmigungsbescheid oder ein Zeugnis über die Genehmigungsfiktion (§ 22 V 5 BauGB) vorgelegt wird. Ist dennoch eine Eintragung vorgenommen worden, kann die Gemeinde um Eintragung eines Widerspruchs ersuchen, der unter den in § 22 VI 3 BauGB geregelten Voraussetzungen wieder gelöscht werden kann. Insoweit ist zu beachten, dass für die dem Wortlaut des § 22 VI BauGB nach ebenfalls geregelte Freistellungserklärung der Gemeinde im Umlegungsrecht kein Anwendungsbereich besteht, da sich der Umfang des Genehmigungsvorbehalts ausschließlich nach § 51 I BauGB richtet und daher § 22 VIII BauGB im Umlegungsrecht keine Anwendung findet. Eine Freistellungserklärung hat die Gemeinde gemäß § 22 VIII BauGB dann zu erteilen, wenn die Voraussetzungen für den Genehmigungsvorbehalt einer Satzung zur Sicherung von Gebieten mit Fremdenverkehrsfunktion entfallen sind. In der Umlegung kann der Genehmigungsvorbehalt des § 51 I BauGB demgegenüber nur dann entfallen, wenn der Umlegungsbeschluss aufgehoben oder entsprechend geändert wird. In diesem Fall kann das Grundbuchamt um Löschung des Umlegungsvermerks im Grundbuch ersucht werden, so dass auch aus dem Grundbuch ersichtlich ist, dass eine Grundbuchsperre nicht mehr besteht und demnach auch keine Freistellungserklärung zu deren Überwindung erforderlich ist. Die entsprechende Anwendung des § 22 VI BauGB entspricht den Regelungen im Zusammenhang mit der Genehmigung in Gebieten mit Fremdenverkehrsfunktionen (§ 22 VI 1 und 2 BauGB), der sanierungsrechtlichen bzw. erhaltungsrechtlichen Genehmigung (§§ 145 VI bzw. 173 I BauGB).[3106]

1653 Eine umfangreiche **Verteilungsregelung** enthalten die Vorschriften der §§ 55 bis 65 BauGB. Sie stellen das Kernstück des Umlegungsverfahrens dar. Es gilt dabei, einen für die künftige Verwertbarkeit der Grundstücke zweckmäßigen Zuschnitt zu erreichen und zugleich durch eine interne Verteilungsregelung einen sachgerechten Ausgleich zwischen den Beteiligten sicherzustellen. Die im Umlegungsgebiet gelegenen Grundstücke werden dabei nach ihrer Fläche rechnerisch zu einer Masse vereinigt (§ 55 I BauGB). Aus dieser Umlegungsmasse sind vorweg bestimmte, für öffentliche Zwecke benötigte Flächen auszuscheiden und der Gemeinde oder dem sonstigen Erschließungsträger zuzuteilen. Die verbleibende Masse ist die Verteilungsmasse. Sonstige Flächen, für die nach dem Be-

---

[3106] EAG BauGB – Mustererlass 2004.

bauungsplan eine Nutzung für öffentliche Zwecke festgesetzt ist, können ausgeschieden und dem Bedarfs- und Erschließungsträger zugeleitet werden, wenn dieser geeignetes Ersatzland in die Verteilungsmasse einbringt.

§ 55 II 1 BauGB erstreckt die gesetzliche Ermächtigung für den Vorwegabzug von Flächen aus der Umlegungsmasse auf die im Zusammenhang bebauten Ortsteile. Zuvor war lediglich ein Vorwegabzug von Flächen in Bebauungsplangebieten innerhalb des Umlegungsgebietes möglich. Durch die Einbeziehung des im Zusammenhang bebauten Ortsteils ist der Anwendungsbereich der Vorschrift praxisgerecht erweitert worden. Somit können Flächen für Erschließungsanlagen und sonstige, den Bewohnern dienende Einrichtungen, wie z. B. Kinderspielplätze oder Schutzvorkehrungen vor Emissionen auch in im Zusammenhang bebauten Ortsteilen vorweg ausgeschieden werden. Die Änderung ist eine Konsequenz des mit dem BauROG 1998 eingeführten Verzichts auf das Vorliegen eines Bebauungsplans als Voraussetzung für die Herstellung von Erschließungsanlagen (§ 125 II BauGB). Sie soll eine städtebaulich sinnvolle Bodenordnung im unbeplanten Innenbereich auch dann ermöglichen, wenn zugleich die Änderung oder Herstellung von Erschließungsmaßnahmen erforderlich wird. Dabei kann sich die Erforderlichkeit der Inanspruchnahme bestimmter Flächen aus einfachen Bebauungsplänen (§ 30 III BauGB) oder sonst aus Gründen der geordneten städtebaulichen Entwicklung zur Verwirklichung einer nach § 34 BauGB zulässigen Nutzung, z. B. bei qualifizierten Anhaltspunkten aufgrund der örtlichen Situation oder Festsetzungen von Innenbereichssatzungen nach § 34 IV 1 Nr. 2 oder 3 BauGB ergeben.[3107]

Zu den vorweg auszuscheidenden Flächen gehören auch die **Flächen zum naturschutzrechtlichen Ausgleich** i. S. des § 1a III BauGB für die für nach § 55 II 1 BauGB erforderlichen Anlagen (§ 55 II 2 BauGB). Da die **Verkehrsanlagen** ihrerseits durch die Erschließung der Grundstücke privatnützig für deren Eigentümer wirken, ist es verfassungsrechtlich unbedenklich, die Verteilungsmasse durch den Vorwegabzug von Flächen zum Ausgleich für Verkehrsanlagen zu verkleinern.[3108] Grünflächen nach § 55 II 1 Nr. 2 BauGB können auch bauflächenbedingte Flächen zum Ausgleich i. S. von § 1a III BauGB umfassen (§ 55 II 3 BauGB).[3109] Dies dient der Klarstellung und soll Zweifel in der Praxis beseitigen. Flächen zum Ausgleich, die für die privaten Bauflächen ausgewiesen und diesen zugeordnet sind, lassen sich unter das Tatbestandsmerkmal „Flächen für Grünanlagen" fassen, so weit sie als Grünflächen i. S. des § 9 I Nr. 15 BauGB[3110] festgesetzt sind. Diese Flächen sind nach § 55 II 1 Nr. 2 BauGB vorweg auszuscheiden und der Gemeinde oder einem Erschließungsträger zuzuteilen. Nach § 55 V BauGB können über die Flächen nach § 55 II BauGB hinaus auch weitere Flächen, die für eine öffentliche Nutzung vorgesehen sind, gegen Einbringung geeigneten Ersatzlandes, das auch außerhalb des Umlegungsgebietes liegen kann, vorweg ausgeschieden und dem Bedarfs- oder Erschließungsträger zugeteilt werden. Auch Flächen zum Ausgleich naturschutzrechtlicher Anforderungen i. S. des § 1a III BauGB können dazu ausgeschieden werden.

Die **Verteilung der privat nutzbaren Flächen** folgt nach den Grundsätzen der §§ 56 bis 59 BauGB. In das Verteilungsverfahren wird dabei zunächst nur der Grund und Boden einbezogen, während für bauliche Anlagen, Anpflanzungen und sonstige Einrichtungen auf dem Grundstück lediglich eine Abfindung oder ein Geldausgleich gewährt wird (§ 60 BauGB). § 56 BauGB sieht als Verteilungsmaßstab entweder eine **Wertumlegung** (**§ 57 BauGB**) oder eine **Flächenumlegung** (**§ 58 BauGB**) vor. Der Maßstab ist von der

---

[3107] EAG BauGB – Mustererlass 2004.
[3108] Bundesregierung, Gesetzentwurf zum BauROG, S. 61.
[3109] Die Regelungen sind durch das BauROG 1998 eingefügt worden und dienen der Umsetzung der naturschutzrechtlichen Anforderungen aus § 1a BauGB in der Umlegung. Dasselbe gilt für die Ergänzung des § 55 V BauGB um Flächen zum Ausgleich von Eingriffen nach § 1a III BauGB.
[3110] *OVG Münster*, Urt. v. 17. 12. 1998 – 10a D 186/96.NE – NVwZ 1999, 561 = NuR 1999, 52 – Ausgleichsfläche.

Umlegungsstelle nach pflichtgemäßem Ermessen unter Beachtung des Abwägungsgebotes je nach Zweckmäßigkeit einheitlich zu bestimmen (§ 56 I 2 BauGB). Bei Einverständnis aller Beteiligten kann auch ein anderer Verteilungsmaßstab gewählt werden (§ 56 II BauGB). Die Zuteilung von Grundstücksflächen hat gegenüber der Wertumlegung grundsätzlich Vorrang.[3111] Die Neuordnung der Grundstücke kann sich auch in mehreren zeitlich zusammenhängenden Teilschritten vollziehen, die aus einem Vertrag der Grundeigentümer über den Tausch von Grundstücksflächen, einem Vertrag mit der Gemeinde über die Abgabe der für öffentliche Verkehrsflächen benötigten Grundstücksteile und aus der städtebaulichen Vereinbarung eines Vorteilsausgleichs in Gestalt eines Geldbeitrages nach § 58 I 3 BauGB bestehen. Grundeigentümer und Gemeinde sind bei der Vereinbarung des einen Flächenbeitrag ersetzenden Geldbeitrags nicht strikt an die für das gesetzliche Umlegungsverfahren geltenden Bemessungsgrenzen des § 58 I 2 BauGB gebunden. Die Gemeinde darf sich jedoch als Vorteilsausgleich nicht einen den Umständen nach unangemessen hohen Geldbetrag versprechen lassen.[3112]

1657 Sowohl die **Wertumlegung** als auch die **Flächenumlegung** gehen von einem theoretischen Anspruch jedes beteiligten Eigentümers (Sollanspruch) auf Zuteilung einer bestimmten Fläche (Sollzuteilung) aus. Bei der Wertumlegung ist ggf. ein Geldausgleich zu leisten (§ 57 BauGB).[3113] Bei der Flächenumlegung ist hiervon der in Fläche zu erbringende Vorteilsausgleich abzuziehen (§ 58 BauGB). Für die Zuteilung und Abfindung bestimmt § 59 BauGB, dass den Eigentümern aus der Verteilungsmasse dem Umlegungszweck entsprechend nach Möglichkeit Grundstücke in gleicher oder gleichwertiger Lage wie die eingeworfenen Grundstücke und entsprechend den durch die Flächen- oder Wertumlegung ermittelten Anteilen zuzuteilen sind. Soweit dies nicht möglich ist, findet nach § 59 II BauGB ein Geldausgleich nach den entschädigungsrechtlichen Vorschriften der §§ 93 bis 103 BauGB statt.

1658 Nach § 59 II 1 BauGB ist, soweit unter Berücksichtigung der öffentlich-rechtlichen Vorschriften eine Zuteilung der nach den §§ 57 und 58 BauGB errechneten Anteilsflächen nicht möglich ist, ein **Geldausgleich** vorzunehmen. Dies gilt auch für Umlegungsverfahren im nicht beplanten Innenbereich. Nach § 59 II 3 BauGB bemisst sich der Geldausgleich nach dem Verkehrswert, soweit die Zuteilung den Sollanspruch mehr als nur unwesentlich überschreitet und dadurch die bauplanungsrechtlich zulässige Nutzung ermöglicht. Der frühere Wortlaut „bauplanungsmäßige Nutzung" ist vom EAG Bau durch die „bauplanungsrechtlich zulässige Nutzung" ersetzt worden. Die Zuteilung der Grundstücksflächen kann neben dem Bebauungsplangebiet auch innerhalb eines im Zusammenhang bebauten Ortsteils zu einer wesentlichen Überschreitung des Soll-Anspruchs führen, so dass auch diese Fälle als von der bisherigen Regelung im Rahmen einer entsprechenden Auslegung des Gesetzestextes erfasst angesehen wurden. Die Neufassung erstreckt die Regelung auch auf zulässige Nutzungen im nicht beplanten Innenbereich. Auch die Änderung in § 59 III BauGB trägt der Erleichterung der Umlegung in einem im Zusammenhang bebauten Ortsteil Rechnung. Die bisherige ausdrückliche Anknüpfung an das Vorliegen eines Bebauungsplans ist entfallen, da sie keine zwingende Voraussetzung für eine vom Eigentümer beantragte Abfindung mit anderweitigen Rechten ist.[3114]

1659 Die **Entschädigung** kann mit Einverständnis des Eigentümers in Geld, Grundeigentum außerhalb des Umlegungsgebietes oder Miteigentum, grundstücksgleichen Rech-

---

[3111] *BGH*, Urt. v. 7. 11. 1991 – III ZR 161/90 – DVBl. 1992, 557.
[3112] *BVerwG*, B. v. 17. 7. 2001 – 4 B 24.01 – DVBl. 2001, 1872 (LS) = BauR 2002, 57 = ZfBR 2002, 74.
[3113] § 57 II 2 BauGB ist durch das BauROG 1998 zu Gunsten der Berücksichtigung auch naturschutzrechtlicher Ausgleichsmaßnahmen erweitert worden. Dasselbe gilt für die in § 59 I BauGB vorgenommene Ergänzung, vgl. *Bundesregierung*, Gesetzentwurf zum BauROG 1998, S. 63.
[3114] EAG BauGB – Mustererlass 2004.

8. Teil. Planverwirklichungsinstrumente   1660–1663 A

ten, Wohnungseigentum oder in sonstigen dinglichen Rechten innerhalb oder außerhalb des Umlegungsgebietes gewährt werden (§ 59 IV BauGB). Gegen den Willen des Eigentümers kann eine Abfindung in Geld oder mit außerhalb des Umlegungsgebietes gelegenen Grundstücken erfolgen, wenn er im Umlegungsgebiet keine bebauungsfähigen Grundstücke erhalten kann oder wenn eine derartige Abfindung sonst zur Erreichung der Ziele und Zwecke des Bebauungsplans erforderlich ist (§ 59 V BauGB). Die Regelung ist für Grundstücke im nicht beplanten Innenbereich nicht anwendbar. Dasselbe gilt für § 59 V und VIII BauGB, die ebenfalls auf Gebiete mit Bebauungsplan beschränkt sind.

Wird durch einen Umlegungsbeschluss eine **Flächenzuteilung** vorgenommen, wird die Regelung des § 58 II BauGB durch § 59 II BauGB überlagert. Der Betroffene hat demzufolge einen Anspruch auf **Geldausgleich**, wenn der Wert der Zuteilung der eingeworfenen Fläche oder mehr als nur unwesentlich den Sollanspruch nach § 55 IV BauGB unterschreitet.[3115] **1660**

Bei Zuteilung von Grundstücken können die Umlegungsstelle sowie der Umlegungsausschuss auf Antrag der Gemeinde zugleich ein Baugebot (§ 176 BauGB), ein Modernisierungs- oder Instandsetzungsgebot (§ 177 BauGB) oder ein Pflanzgebot (§ 178 BauGB) anordnen, wenn die gesetzlichen Voraussetzungen hierfür gegeben sind (§ 175 BauGB).[3116] Solche Gebote können nach § 68 I Nr. 7 BauGB auch in den Umlegungsplan aufgenommen werden. Hiergegen steht dem davon Betroffenen der Rechtsweg zu den Baulandgerichten offen. **1661**

Für **bauliche Anlagen**, **Anpflanzungen** und für **sonstige Einrichtungen** ist nach § 60 BauGB nur eine **Geldabfindung** zu gewähren und im Falle der Zuteilung ein Ausgleich in Geld festzusetzen, soweit das Grundstück wegen dieser Einrichtungen einen über den Bodenwert hinausgehenden Verkehrswert hat. Auch insoweit verweist das Gesetz auf die Entschädigungsregelungen der §§ 93 bis 103 BauGB. **1662**

Beispiel: Der Eigentümer eines Wohnhauses wird in ein Umlegungsverfahren einbezogen. Zunächst wird geprüft, ob dem Eigentümer das eingeworfene Grundstück an gleicher Stelle mit im Wesentlichen unverändertem Zuschnitt wieder zugeteilt werden kann. Ist dies nicht möglich, wird – wenn vorhanden – ein anderes Grundstück in vergleichbarer Lage zugeteilt. Für das aufstehende Gebäude ist dann ein Geldausgleich zu gewähren.

Nach § 61 BauGB können auch grundstücksgleiche Rechte oder andere Rechte an einem im Umlegungsgebiet gelegenen Grundstück oder auch schuldrechtliche Rechte aufgehoben, geändert oder neu begründet werden. Dies gilt auch für persönliche Erwerbs-, Besitz- und Nutzungsrechte, Gemeinschaftsanlagen sowie persönliche nutzungsbeschränkende Rechte und Baulasten. Für Vermögensvorteile oder -nachteile ist ein **Geldausgleich** vorzunehmen.[3117] Nach § 61 I 2 BauGB können sowohl im Geltungsbereich eines Bebauungsplans als auch innerhalb eines im Zusammenhang bebauten Ortsteils nach § 34 BauGB Flächen für überwiegend den Bewohnern dienende Anlagen festgelegt und ihre Rechtsverhältnisse geregelt werden. Damit wird eine Harmonisierung zu § 55 II BauGB erreicht, der die Möglichkeit der Vorwegausscheidung von Flächen auch auf den im Zusammenhang bebauten Ortsteil ausdehnt. Im Rahmen der Umlegung können auch gemeinschaftliches Eigentum begründet oder besondere rechtliche Verhältnisse in die Umlegung einbezogen werden (§ 62 BauGB). § 63 I 1 BauGB enthält als Ausfluss des **Surrogationsprinzips** die Regelung, dass die zugeteilten Grund- **1663**

[3115] *BGH*, Urt. v. 12. 3. 1998 – III ZR 37/97 – NVwZ 1998, 657.
[3116] S. Rdn. 1845.
[3117] Durch das BauROG 1998 sind auch Flächen zum Ausgleich naturschutzrechtlicher Eingriffe nach § 1a III BauGB in die Regelungsmöglichkeiten des § 61 I BauGB einbezogen worden. Hierdurch ist eine entsprechende Klarstellung erfolgt, da nach überwiegender Ansicht Flächen zum Ausgleich nach § 1a III BauGB zu den Flächen für Gemeinschaftsanlagen gehören, so *Bundesregierung*, Gesetzentwurf zum BauROG 1998, S. 63.

stücke hinsichtlich der Rechte an den alten Grundstücken und der diese Rechte betreffenden Rechtsverhältnisse, die nicht aufgehoben werden, an die Stelle der alten Grundstücke treten. Auch gehen örtlich gebundene öffentliche Lasten, die auf den alten Grundstücken ruhen, auf die in deren örtlicher Lage ausgewiesenen neuen Grundstücke über. Das Eigentum und die in den §§ 61, 62 BauGB benannten Rechte gehen daher nicht durch die Umlegung unter, sondern setzen sich an dem neuen Grundstück, das in gleicher örtlicher Lage begründet wird, fort. Die im Umlegungsplan festgesetzten Geldleistungen sind über die Gemeinde abzuwickeln. Sie ist nach § 64 I BauGB Gläubigerin und Schuldnerin dieser Geldleistungen.

1664 Ist das Konzept für die Neuverteilung der Grundstücke und für den erforderlichen Geldausgleich abgeschlossen, wird der **Umlegungsplan** von der Umlegungsstelle nach Erörterung mit den Eigentümern durch Beschluss nach § 66 I BauGB aufgestellt. Er kann auch für Teile des Umlegungsgebietes aufgestellt werden (§ 66 I 2 BauGB). Der Umlegungsplan enthält für die im Umlegungsgebiet gelegenen Grundstücke den in Aussicht genommenen Neuzustand mit allen tatsächlichen und rechtlichen Änderungen. Auch muss der Umlegungsplan nach Form und Inhalt zur Übernahme in das Liegenschaftskataster geeignet sein. Der Umlegungsplan besteht aus der **Umlegungskarte** (§ 67 BauGB) und dem **Umlegungsverzeichnis** (§ 68 BauGB). Die rechtlichen und tatsächlichen Änderungen treten mit der Unanfechtbarkeit des Umlegungsplans ein. Dies hat die Umlegungsstelle nach § 71 I BauGB ortsüblich bekannt zu machen. Nach Erstellung der Kartengrundlagen und Ermittlung der Einwurfswerte ist ein Konzept für die Neuregelung der Grundstücksgrenzen und die Zuweisung des Eigentums und der sonstigen dinglichen und schuldrechtlichen Rechte vorzubereiten. Das Konzept für die Neuordnung ist mit den Beteiligten des Umlegungsverfahrens zu erörtern. Der **Widerspruch** gegen die Bekanntmachung der Unanfechtbarkeit des Umlegungsplans hat keine aufschiebende Wirkung (§ 212 II 1 Nr. 2 BauGB).

1665 Besondere Regelungen enthält das Gesetz für die **nachträgliche Änderung** des Umlegungsplans (§ 73 BauGB), die Rechtsänderung außerhalb des Grundstücks (§§ 71, 72 BauGB), die Berichtigung von Grundbuch und Liegenschaftskataster (§§ 74, 75 BauGB), die Vorwegnahme der Entscheidung (§ 76 BauGB), die vorzeitige Besitzeinweisung (§ 77 BauGB) sowie die Kostenregelungen (§§ 78, 79 BauGB). So können nach § 76 BauGB mit Einverständnis der Beteiligten die Eigentums- und Besitzverhältnisse für einzelne Grundstücke sowie andere Rechte geregelt werden, bevor der Umlegungsplan aufgestellt worden ist. Regelungen zu künftigen Umlegungen sind auch vor förmlicher Einleitung des Umlegungsverfahrens denkbar. Voraussetzung für die Vorwegnahme der Entscheidung ist gem. **§ 76 BauGB** das Einverständnis der betroffenen Rechtsinhaber. Betroffen i. S. des § 76 BauGB sind zwar nicht alle Beteiligten des Umlegungsverfahrens, wohl aber alle Inhaber von Rechten, die von der Vorabregelung unmittelbar oder mittelbar betroffen werden. Dazu gehören die Eigentümer der Einwurfsgrundstücke, die des zuzuteilenden Grundstücks, Inhaber dinglicher und persönlicher Rechte an diesen Grundstücken und sonstige Rechtsinhaber, wenn sie von der Vorabregelung rechtlich berührt werden.[3118]

1666 Sofern die Umlegung im Geltungsbereich eines rechtsverbindlichen Bebauungsplan durchgeführt werden soll, kann bei entsprechenden Gemeinwohlgründen in Gebieten mit Bebauungsplan eine **vorzeitige Besitzeinweisung** erfolgen. Allerdings setzt dies entsprechend gewichtige Gemeinwohlgründe voraus, die in § 77 II BauGB als Regelbeispiele benannt werden. Derartige Gründe können etwa vorliegen, wenn die Grundstücksflächen für die Erschließung des Baugebietes benötigt werden. Zugunsten von privaten darf eine vorzeitige Besitzeinweisung nur erfolgen, wenn entsprechend gewichtige Gemeinwohlgründe, die über private Einzelinteressen hinausgehen, die vorzeitige Besitz-

---

[3118] *OLG Celle*, Urt. v. 19. 12. 1997 – 4 U (Baul) 120/97 – OLGR Celle 1998, 122.

einweisung dringend erfordern. Hier müssen die Anforderungen erfüllt sein, die das
BVerfG an die Enteignung zugunsten Privater stellt.[3119]

Für die Wirksamkeit solcher Regelungen gelten die allgemeinen Vorschriften über die **1667**
Wirksamkeit verwaltungsrechtlicher Verträge. Zudem sind ggf. die Formerfordernisse
des § 311b BGB zu beachten. Vereinbart ein Grundstückseigentümer etwa mit der Gemeinde im Zusammenhang mit dem Erlass einer Abrundungssatzung, die im Vorgriff auf
ein Bebauungsplan- und Umlegungsverfahren die Bebauung des Grundstücks ermöglichen soll, einen späteren unentgeltlichen Flächenabzug für Verkehrsflächen bzw. die
Zahlung eines Ausgleichsbetrages durch den Bauwilligen, so kann trotz der Unwirksamkeit der Vereinbarung eines Flächenabzuges die Zahlungsvereinbarung nach § 311b BGB
gültig sein. Eine solche Vereinbarung verstößt auch nicht gegen das Koppelungsverbot.[3120] Der Umlegungsplan tritt mit der ortsüblichen Bekanntmachung seiner Unanfechtbarkeit nach § 71 BauGB in Kraft. Mit dieser Bekanntmachung wird der bisherige
Rechtszustand durch den in dem Umlegungsplan vorgesehenen Rechtszustand ersetzt
(§ 72 I BauGB). Die Gemeinde hat den Umlegungsplan mit dessen Unanfechtbarkeit zu
vollziehen und die Beteiligten in die neuen Besitz- und Nutzungsrechte ggf. mit den
Mitteln des Verwaltungszwangs einzuweisen (§ 72 II BauGB).

Die Umlegung erweist sich damit als zwar recht komplexes und zeitaufwändiges, aber **1668**
durchaus handlungsfähiges **Vollzugsinstrument**, gemeindliche Planungsvorstellungen
durch die Neuordnung der Grundstücke und Neuzuteilung der dinglichen und schuldrechtlichen Grundstücksrechte umzusetzen.

2. Vereinfachte Umlegung

Neben der Umlegung bietet auch die vereinfachte Umlegung nach den §§ 80 ff. **1669**
BauGB rechtliche Möglichkeiten zur **Bodenordnung**. Während die frühere Grenzregelung auf die Beseitigung baurechtswidriger Zustände beschränkt war, kann mit der
durch das EAG Bau eingeführten vereinfachten Änderung ein vereinfachtes Verfahren
durchgeführt werden, auch wenn die Grundstücke nicht unmittelbar aneinander grenzen, sondern in **enger Nachbarschaft** liegen. Auch ist es in der vereinfachten Umlegung
möglich, Grundstücke, insbesondere Splittergrundstücke oder Teile von Grundstücken,
auszutauschen oder einseitig zuzuteilen. Der Anwendungsbereich der vereinfachte Umlegung geht daher über die Herbeiführung ordnungsgemäßer Bebauungen oder der Beseitigung baurechtswidriger Zustände (§ 80 BauGB 1998) hinaus. Die auszutauschenden
oder einseitig zuzuteilenden Grundstücke oder Grundstücksteile dürfen nicht selbstständig bebaubar sein.[3121] Die bisherige **Grenzregelung** ist durch die Neufassung der §§ 80
bis 84 BauGB durch das EAG Bau entsprechend erweitert und in eine **vereinfachte Umlegung** umbenannt worden.

Das vereinfachte Umlegungsverfahren ist für Fälle gedacht, bei denen nicht in stärke- **1670**
rem Maße in vorhandene Strukturen und Bestände eingegriffen werden soll, so dass die
Neuordnung der Grundstücke verhältnismäßig geringe Schwierigkeiten bereitet. In diesen Fällen kann die Bodenordnung in einem weniger aufwändigen Verfahren – dem
„Vereinfachten Umlegungsverfahren" – im Gegensatz zu dem umfassenden, „klassischen"
Umlegungsverfahren erfolgen. Die Grenzregelung wies zwar bereits gegenüber der Umlegung ein stark vereinfachtes Verfahren auf, hatte allerdings zugleich einen zu engen
Anwendungsbereich, um in dem erforderlichen Umfang zu einer Beschleunigung und
Erleichterung der Grundstücksneuordnung beizutragen. §§ 80 ff. BauGB sehen daher im
Wesentlichen vor, Zweck und Reichweite der vereinfachten Umlegung, wie auch im

---

[3119] *BVerfG*, B. v. 24. 3. 1987 – 1 BvR 1046/85 – BVerfGE 74, 264 = *Hoppe/Stüer* RzB Rdn. 1137 – Boxberg.
[3120] *BVerwG*, B. v. 13. 12. 1994 – 4 B 216.94 – Buchholz 316 § 59 VwVfG Nr. 11 – vorweggenommene Umlegung.
[3121] Zum Folgenden EAG BauGB – Mustererlass 2004.

normalen Umlegungsverfahren, zu Gunsten der Ermöglichung einer wirtschaftlichen und zweckmäßigen Bebauung durch Neuordnung der Grundstücksgrenzen auszugestalten und hierzu nicht nur einen Tausch von Grundstücksteilen bzw. Grundstücken unter unmittelbar aneinander grenzenden Grundstücken (wie im bisherigen Grenzregelungsrecht der §§ 80 ff. BauGB 1998), sondern auch unter Einbeziehung weiterer Grundstücke zu ermöglichen, die in enger Nachbarschaft liegen. Diese Verfahrenserleichterung bei der Bodenordnung mit dem Ziel einer wirtschaftlichen Ausnutzung von Grundstücken soll insbesondere auch einer Verringerung zusätzlicher Flächeninanspruchnahme zugute kommen.

1671 Nach § 80 I 1 Nr. 1 BauGB 1998 konnte eine **Grenzregelung** nur dann durchgeführt werden, wenn die Grundstücke oder Grundstücksteile „benachbart" waren (d. h. in enger Auslegung unmittelbar aneinander grenzten).[3122] Insoweit bestehen nunmehr erweiterte Möglichkeiten der vereinfachten Umlegung. Vielfach reicht es gerade nicht aus, die Grundstücke bzw. Grundstücksteile lediglich zwischen den unmittelbaren Nachbarn auszutauschen. Für eine sinnvolle Bodennutzung kann es vielmehr erforderlich sein, völlig neue Baugrundstücke zu bilden. Dies wird durch das vereinfachte Umlegungsverfahren erleichtert.

1672 Wie im bisherigen Recht dürfen auch im Rahmen der vereinfachten Umlegung die auszutauschenden Grundstücke bzw. Grundstücksteile nicht selbstständig bebaubar sein. Durch die Formulierung in § 80 I 2 BauGB („auszutauschenden oder einseitig zuzuteilenden Grundstücke oder Grundstücksteile") wird verdeutlicht, dass nur die für die Bodenordnung benötigten Wechselflächen nicht selbstständig bebaubar sein dürfen. Demnach kann der Teil eines bebauten Grundstücks, der nicht selbstständig bebaubar ist, als Wechselfläche einem anderen Grundstück zugeteilt werden, auch wenn der beim ursprünglichen Eigentümer verbleibende Grundstücksteil selbstständig bebaubar ist.

1673 Eine einseitige Zuteilung muss im öffentlichen Interesse geboten sein (§ 80 I 2 BauGB). Die vereinfachte Umlegung bietet in einem **vereinfachten Verfahren** die Möglichkeit, unzweckmäßige Grenzen auch nicht unmittelbar benachbarter Grundstücke neu zu ordnen und den städtebaulichen Anforderungen anzupassen. Die vereinfachte Umlegung darf allerdings für den Grundstückseigentümer ohne seine Zustimmung nur eine unerhebliche Wertminderung bewirken, die über 10 bis 15 % des Grundstückswertes nicht hinausgeht. Für den begünstigten Grundstückseigentümer darf der Wertzuwachs allerdings durchaus erheblich sein. Die Regelungen dienen dem Ziel, eine ordnungsgemäße Bebauung oder Erschließung der Grundstücke herbeizuführen oder baurechtswidrige Zustände zu beseitigen.[3123]

Beispiel: Durch vereinfachte Umlegung soll die Grenze zwischen zwei in der Innenstadt gelegenen Grundstücken so begradigt werden, dass die Bebauung beider Grundstücke möglich ist. Dabei wird die Grenze durch Flächenaustausch so verlegt, dass beide Grundstücke auch nach der vereinfachten Umlegung eine unveränderte Flächengröße haben (§ 80 I I Nr. 1 BauGB). Ebenso ist es durch vereinfachte Umlegung möglich, Grundstücke einseitig einem anderen Grundstück zuzuteilen (§ 80 I 1 Nr. 2 BauGB), wenn dies im öffentlichen Interesse geboten ist.

1674 § 80 II BauGB verdeutlicht, dass wie bei der früheren **Grenzregelung** die Vorschriften des Ersten Abschnitts nur eingeschränkt anwendbar sind. Da mit ist sichergestellt, dass zusätzliche Anforderungen an das vereinfachte Umlegungsverfahren nicht gestellt werden. Für die Durchführung der vereinfachten Umlegung bedarf es der Vorgabe von Verteilungsmaßstäben, um die Gleichbehandlung der Eigentümer zu sichern. In § 80 III 1 BauGB 2004 wird ein einfach zu handhabender Zuteilungsmaßstab geregelt, der den Grundprinzipien der Verteilungsmaßstäbe und Zuteilungsgrundsätze in der Umlegung gem. §§ 56 bis 59 BauGB (Zuteilung in gleicher oder gleichwertiger Lage entsprechend

---

[3122] Zum Folgenden EAG Bau – Mustererlass.
[3123] *Grotefels* in: *Hoppe/Bönker/Grotefels* § 11 Rdn. 34 ff.

8. Teil. Planverwirklichungsinstrumente

dem Verhältnis der früheren Grundstückswerte) entspricht. Wie im bisherigen Grenzregelungsverfahren dürfen auch im vereinfachten Umlegungsverfahren durch die Neuordnung bewirkte Grundstückswertminderungen nur unerheblich sein (§ 80 III 2 BauGB). Von diesen Zuteilungsgrundsätzen darf im Vereinbarungswege mit Zustimmung der Eigentümer abgewichen werden (§§ 80 III 3, 56 II BauGB).

Der **Anwendungsbereich** der vereinfachten Umlegung ist allerdings **begrenzt**. Sie kann sich nur auf benachbarte oder in enger Nachbarschaft gelegene Grundstücke und Grundstücksteile beziehen, die nicht selbstständig bebaubar sind. Gegen den Willen des Grundstückseigentümers darf der Wertverlust nur unerheblich sein. Die einseitige Zuteilung von Grundstücken ist wegen der enteignenden Wirkung nur zulässig, wenn sie im öffentlichen Interesse geboten ist. Zugleich muss der Eigentümer des begünstigten Grundstücks einverstanden sein. Eine Grundstückszuteilung gegen den Willen des begünstigten Eigentümers ist demgegenüber nicht zulässig.[3124] Ein vereinfachtes Umlegungsverfahren, das nicht dem dargestellten begrenzten Zweck dient, sondern andere Ziele verfolgt, z. B. die Beschaffung von Straßenland zwecks Erschließung anderer Grundstücke, beinhaltet einen unzulässigen Zugriff auf das Eigentum des betroffenen Grundstückseigentümers und ist deshalb fehlerhaft.[3125]

Die vereinfachte Umlegung ist so durchzuführen, dass jedem Eigentümer möglichst ein Grundstück in **gleicher oder gleichwertiger Lage** zugeteilt wird (§ 80 III 1 BauGB). Mit Zustimmung des Eigentümers kann allerdings davon abgewichen werden. **Vorteile**, die durch die vereinfachte Umlegung bewirkt werden, sind nach Maßgabe des § 81 BauGB zwischen den beteiligten Eigentümern in Geld auszugleichen. Der Ausgleich wird über die Gemeinde, die Gläubigerin und Schuldnerin der Geldansprüche ist, bewirkt. Dinglich Berechtigte sind auf den Geldanspruch des Eigentümers verwiesen. Die vereinfachte Umlegung soll sich daher für die beteiligten Eigentümer und sonstigen Beteiligten als im Ergebnis vermögensneutral erweisen.

In § 81 I 1 BauGB 1998 wurde hinsichtlich des von dem Eigentümer zu leistenden Geldausgleichs zwischen „Wertänderungen der Grundstücke, die durch die Grenzregelung bewirkt wurden" und „Wertunterschieden ausgetauschter Grundstücksteile" unterschieden. § 81 I 1 BauGB 2004 regelt die Ausgleichspflicht durch die Grundstückseigentümer in der vereinfachten Umlegung und in der Umlegung (§ 57 S. 4 BauGB) nach einem einheitlichen Maßstab. Er stellt auf sämtliche Vorteile hinsichtlich der Grundstücke ab, die durch das vereinfachte Umlegungsverfahren entstanden sind. Damit werden sowohl Wertänderungen, die sich infolge der Änderungen des Bodenwerts, wie auch sonstige Wertzuwächse, die sich aus der Veränderung des Bestands ergeben, erfasst.

Die vereinfachte Umlegung wird durch **Beschluss** der Gemeinde festgesetzt. Der Beschluss regelt – soweit erforderlich – auch die Neubegründung und Aufhebung von Dienstbarkeiten, Grundpfandrechten und Baulasten. In ihren Rechten Betroffenen, die der beabsichtigten vereinfachte Umlegung nicht zugestimmt haben, ist zuvor Gelegenheit zur Stellungnahme zu geben (§ 82 BauGB). Dadurch wird dem erweiterten Anwendungsbereich der vereinfachten Umlegung gegenüber der Grenzregelung im Hinblick auf die Beteiligung und Information der Betroffenen Rechnung getragen. Nach § 82 II 2 BauGB sind die Beteiligten zusammen mit der Zustellung des ihre Rechte betreffenden Auszugs aus dem Beschluss gem. § 82 II 1 BauGB darauf hinzuweisen sind, dass der Beschluss bei einer zu benennenden Stelle eingesehen werden kann. Dies entspricht der Regelung in § 69 I 2 BauGB. Nach § 83 III 2 BauGB wird das Grundstück oder der Grundstücksteil nur dann zum Bestandteil eines anderen Grundstücks, wenn es diesem im Beschluss über die vereinfachte Umlegung zugeteilt wird.

[3124] *Löhr* in: Battis/Krautzberger/Löhr § 80 Rdn. 19.
[3125] *OLG Hamm*, Urt. v. 7. 12. 1989 – 16 U(Baul.) 10/88 – NVwZ 1990, 1006.

1679 Der Beschluss über eine vereinfachte Umlegung kann als **Verwaltungsakt** mit dem Widerspruch und nach Zurückweisung des Widerspruchs ggf. mit einem Antrag auf gerichtliche Entscheidung nach § 217 BauGB angefochten werden. Dem Beschluss über eine vereinfachte Umlegung ist daher eine Rechtsmittelbelehrung nach § 212 BauGB beizufügen. Nach Eintritt der Unanfechtbarkeit hat die Gemeinde den Beschluss über die vereinfachte Umlegung ortsüblich bekannt zu machen. Mit diesem Zeitpunkt wird der bisherige Rechtszustand durch den neuen Rechtszustand ersetzt. Die Gemeinde hat die Eigentümer in die neuen Grundstücksverhältnisse einzuweisen. Das Eigentum an den ausgetauschten Flächen geht jeweils lastenfrei auf den neuen Eigentümer über und wird dort Bestandteil seines Grundstücks. Das Grundbuch und das Liegenschaftskataster sind auf Grund einer entsprechenden Mitteilung der Gemeinde gem. § 84 BauGB zu berichtigen. Die vereinfachte Umlegung ist daher eine in ihrem Anwendungsbereich zwar eingeschränkte, aber in Fällen minderer Bedeutung durchaus wirksame Möglichkeit, die Umsetzung städtebaulicher Zielvorstellungen mit den Mitteln der Bodenordnung vorzubereiten. Sie wird sich aber wohl nur bei Einverständnis der Beteiligten zeitnah verwirklichen lassen.

1680 Nach **§ 239 BauGB**, der **Überleitungsvorschrift** für die **Grenzregelung**, ist für Beschlüsse, die vor dem In-Kraft-Treten des EAG Bau am 20.7.2004 gefasst worden sind, das bisherige Recht der Grenzregelung (§ 80 BauGB 1998) weiterhin anzuwenden. Die Überleitungsregelung stellt damit sicher, dass bereits vor In-Kraft-Treten des EAG Bau weitgehend durchgeführte Grenzregelungsverfahren nach dem bisherigen Recht fortgeführt werden können. Die Gemeinde kann allerdings durch einen neuen Beschluss auf die aktuelle Rechtslage der vereinfachten Umlegung umstellen.

II. Enteignung und Entschädigung

1681 Wird durch die Bauleitplanung oder einen Vollzugsakt in das private Eigentum eingegriffen, so unterliegt diese Maßnahme **verfassungsrechtlichen Anforderungen**, die sich aus Art. 14 GG und allgemeinen rechtsstaatlichen Anforderungen ergeben.[3126] Enteignende Eingriffe in das Eigentum sind nur unter besonderen verfassungsrechtlichen Voraussetzungen zulässig. Außerdem muss in solchen Fällen eine angemessene Entschädigung gewährt werden. Entsprechende Regelungen sind in den §§ 39 bis 44 BauGB und §§ 85 bis 122 BauGB enthalten. Eine in ihrem Vollzug mit Enteignungen verbundene Planung muss allerdings nicht von vornherein scheitern. Vielmehr reicht es aus, dass die planende Gemeinde das Gewicht des Eingriffs in die Abwägung ordnungsgemäß einstellt und durch überwiegende Gemeinwohlgründe rechtfertigt. Dabei kann die Gemeinde bei der Ausweisung einer öffentlichen Verkehrsfläche auch berücksichtigen, dass eine Gleichbehandlung der Eigentümer in einem Umlegungsverfahren gewährleistet werden kann.[3127]

[3126] Zur Enteignung *Aust/Jacobs* Die Enteignungsentschädigung 1991; *Battis* FS Weyreuther 1993, 305; *Blümel* DÖV 1965, 297; *Boujong* UPR 1984, 137; *Braun* NVwZ 1994, 1187; *Brugge* ZfBR 1987, 61; *Brünneck* NVwZ 1986, 425; *Bryde* JuS 1993, 283; *Bullinger* Der Staat 1992, 449; *Frenzel* Das öffentliche Interesse als Voraussetzung für die Enteignung 1978; *Gelzer/Busse* Der Umfang des Entschädigungsanspruchs aus Enteignung und enteignungsgleichem Eingriff 1980; *Gohde/Voldt* LKV 1994, 210; *Groß* DVBl. 1995, 468; *Hartmann* AgarR 1993 33; *Ipsen* DVBl. 1983, 1029; *Kleinlein* DVBl. 1991, 365; *Krohn* FS Geiger 1989; *ders.* ZfBR 1994, 5; *Louis* ZUR 1993, 37; *Niehues* WiVerw. 1985, 250; *Nüssgens* Sozialbindung, Enteignung 1987; *Ossenbühl* NJW 1983, 1; *Osterloh* DVBl. 1991, 906; *Papier* JZ 1986, 183; *Schmidt-Aßmann* DVBl. 1982, 152; *ders.* JuS 1986, 833; *Schoch* Jura 1989, 113; *ders.* Jura 1989, 529; *Schwerdtfeger* JuS 1983, 104; *Wahl* FS Redeker 1993, 245; *Weidemann* DVBl. 1990, 592; *Weyreuther* Über die Verfassungswidrigkeit salvatorischer Entschädigungsklauseln im Enteignungsrecht 1980; *Wienke* BayVBl. 1983, 297; *de Witt/Burmeister* NVwZ 1994, 38; *Zimmer* BayVBl. 1984, 327.

[3127] BVerwG, B. v. 3.6.1998 – 4 BN 25.98 – Buchholz 406.11 § 1 BauGB Nr. 97 – Stichstraße.

8. Teil. Planverwirklichungsinstrumente 1682 A

Enteignungsverfahren
Antragstellung bei der Gemeinde (§ 105 BauGB) Voraussetzungen des § 87 BauGB Wohl der Allgemeinheit Enteignungszweck sonst nicht erreichbar vergebliches Angebot kein geeignetes anderes Land verfügbar Verwendung innerhalb angemessener Frist glaubhaft gemacht
Vorlage des Antrags mit der Stellungnahme der Gemeinde innerhalb eines Monats (§ 104 BauGB)
Prüfung des Antrags nach den §§ 85 bis 87 BauGB
Vorbereitung der mündlichen Verhandlung (§ 107 BauGB) und Erörterung mit den Beteiligten
Einleitung des Enteignungsverfahrens durch Anberaumung eines Termins zur mündlichen Verhandlung (§ 108 BauGB) Mitteilung an das Grundbuchamt: Eintragung Enteignungsvermerk (§ 108 BauGB) Rechtswirkungen: Genehmigungspflicht für Rechtsvorgänge, Vorhaben und Maßnahmen (§ 51 BauGB)
mündliche Verhandlung bei Enteignung (§ 110 BauGB), Teilenteignung (§ 111 BauGB) und Nichtenteignung (§ 112 BauGB)
Enteignung der Enteignungsbehörde durch Beschluss (§ 113 BauGB)
Anordnung und Ausführung des Enteignungsbeschlusses oder der Vorabentscheidung (§ 117 BauGB) Mitteilung an das Grundbuchamt Löschung des Enteignungsvermerks (§ 117 BauGB)
Zustellung der Ausführungsanordnung an die Beteiligten (§ 117 IV BauGB) Rechtwirkungen: neuer Rechtszustand (§ 117 V BauGB), Aufhebung der Genehmigungspflicht (§ 109 BauGB), Besitzeinweisung (§ 117 VI BauGB)

Das private **Eigentum** steht unter dem besonderen Schutz des GG.[3128] Nach Art. 14 **1682** I 1 GG sind Eigentum und Erbrecht gewährleistet. **Inhalt und Schranken** werden nach Art. 14 I 2 GG durch die Gesetze bestimmt. Eine Enteignung ist nach Art. 14 III 1 GG nur zum Wohle der Allgemeinheit zulässig. Sie darf nach Art. 14 III 2 GG nur durch Gesetz oder aufgrund eines Gesetzes erfolgen, das Art und Ausmaß der Entschädigung regelt (**Junktimklausel**). Die Entschädigung ist unter gerechter Abwägung der Interessen der Allgemeinheit und der Beteiligten zu bestimmen (Art. 14 III 3 GG). Das Eigentum ist dabei durch **Privatnützigkeit** und **Gemeinwohlbezogenheit** gekennzeichnet. Eigentum verpflichtet. Sein Gebrauch soll zugleich dem Wohl der Allgemeinheit dienen, beschreibt Art. 14 II GG die **Sozialpflichtigkeit** des Eigentums.[3129]

[3128] Zur Eigentumsgarantie *Bambey* NVwZ 1985, 248; *ders.* DVBl. 1983, 936; *Bender* DVBl. 1984, 301; *Bethge* NVwZ 1985, 402; *Böhmer* NJW 1988, 2561; *Brenner* DVBl. 1993, 291; *Breuer* Die Bodennutzung im Konflikt zwischen Städtebau und Eigentumsgarantie 1976; *Hendler* DVBl. 1983, 873; *Hoppe* DVBl. 1964, 165; *ders.* DVBl. 1993, 221; *Kastner* VerwArch. 80 (1989), 74; *ders.* DVBl. 1982, 669; *Köhler* DVBl. 1963, 618; *Korbmacher* DÖV 1982, 517; *Krohn* ZfBR 1994, 5; *Leibholz/Lincke* DVBl. 1975, 933; *Leisner* Sozialbindung des Eigentums 1972; *ders.* Situationsgebundenheit des Eigentums 1990; *ders.* NVwZ 1993, 935; *Mögele* NJW 1983, 805; *Niehues* WiVerw. 1985, 250; *Nüssgens/Boujong* Eigentum, Sozialbindung, Enteignung 1987; *Osterloh* DVBl. 1991, 906; *Rengeling* AöR 105 (1980), 423; *Rohde* DNotZ 1991, 186; *Schmidt-Aßmann* DVBl. 1982, 152; *ders.* DVBl. 1987, 216; *Schoch* Jura 1989, 113; *Schulte* Eigentum und öffentliche Interessen 1970; *Schwerdtfeger* JuS 1983, 104; *Sellmann* DVBl. 1992, 235; *Sendler* UPR 1983, 73; *Stich* ZfBR 1992, 256; *Stüer* NuR 1981, 149; *Weyreuther* Die Situationsgebundenheit des Grundeigentums, Naturschutz – Eigentumsschutz – Bestandsschutz 1983; *ders.* DÖV 1977, 419; *Ziegler* ZfBR 1982, 146.

[3129] Zur Baufreiheit und Eigentumsgarantie *Hoppe* in: *Hoppe/Bönker/Grotefels* § 1 Rdn. 15, § 2 Rdn. 55, § 8 Rdn. 35, 56, 75.

1. Eigentumsgarantie in Art. 14 GG

1683   Schutzgut der Eigentumsgarantie ist das private Eigentum, nicht bloße Chancen oder Gewinnerwartungen, die nicht unter die Eigentumsgarantie fallen. Handelt es sich nicht um Eigentum in diesem Sinne, so scheidet eine Anwendung des Art. 14 GG aus. Nicht eigentumsmäßig geschützte Rechtspositionen wie etwa einfache Belange sind verfassungsrechtlich nicht vor einem entschädigungslosen Entzug geschützt.

Beispiel: Der Produzent von Märchenfilmen muss es entschädigungslos hinnehmen, dass ein bestimmtes Mindestalter von Kindern für den öffentlichen Besuch von Filmen festgesetzt wird. Die Krabbenfischer haben keinen eigentumsrechtlichen Entschädigungsanspruch, wenn sie von ihren Fanggründen durch einen neu errichteten Elbeleitdamm getrennt werden. Die Wirtin einer „Soldatengaststätte" wird nicht in ihrem Eigentum betroffen, wenn durch den Bau einer Autobahn der Weg zur Kaserne abgeschnitten wird und die Landser ein anderes Lokal aufsuchen.[3130]

1684   Auch der **Anliegergebrauch** ist nur in seinem Kern als Eigentum verfassungsrechtlich geschützt. Da die Straße als öffentliche Einrichtung nicht allein der Erschließung der Anlieger, sondern auch dem allgemeinen Verkehrsbedürfnis in seinen unterschiedlichen Ausgestaltungen[3131] dient, muss ein Ausgleich zwischen einer Vielzahl von Interessen erfolgen. Die Bedürfnisse der Anlieger sind daher von Verfassungs wegen nur in ihrem Kern geschützt. Von Verfassungs wegen ist es nicht geboten, dass die Kunden des Restaurants, des Cafés, des Souvenirverkaufs und des Bootsverleihs diese Betriebe unmittelbar mit dem Pkw oder einem Bus ansteuern können. Dabei ist die Vorbelastung der Grundstücke durch die Situation, in die sie hineingestellt sind, zu beachten. Liegen sie etwa in einem besonders schutzwürdigen Kurgebiet, so sind sie von vornherein durch diese Situation geprägt. Chancen und Verdienstmöglichkeiten sind durch Art. 14 I GG nicht geschützt.[3132] Dies gilt auch für Vorteile, die sich aus dem bloßen Fortbestand einer günstigen Rechtslage ergeben.[3133]

1685   Der Anliegergebrauch vermittelt dabei nach Auffassung des *BVerwG* keine unmittelbar aus **Art. 14 I 1 GG** ableitbare Rechtsposition. Wie weit er gewährleistet ist, richtet sich vielmehr nach dem einschlägigen Straßenrecht, das insoweit i. S. des Art. 14 I 2 GG Inhalt und Schranken des Eigentums am Anliegergrundstück bestimmt.[3134] **Zufahrten** und **Zugänge** zu **Bundesstraßen** außerhalb geschlossener Ortschaften gelten nach § 8 a FStrG als Sondernutzung, wenn sie neu angelegt oder geändert werden. § 8 a FStrG bietet auch keine Gewähr dafür, dass ein Grundstück ohne jegliche Einschränkung angefahren werden kann. Der Schutzbereich der Norm ist nicht berührt, wenn infolge der Anlegung eines Mittelstreifens das Grundstück nur noch im Richtungsverkehr angefahren werden kann und der sonstige Zu- und Abgangsverkehr Umwege in Kauf nehmen muss.[3135] Auch Anliegerinteressen unterhalb der in § 8 a FStrG bezeichneten Schwelle sind, sofern sie

---

[3130] *BGH*, Urt. v. 5. 12. 1963 – III ZR 31/62 – DÖV 1964, 778 = NJW 1964, 769 – Märchenfilm; Urt. v. 31. 1. 1966 – III ZR 110/64 – NJW 1966, 1120 – Krabbenfischer; Urt. v. 31. 1. 1966 – III ZR 127/64 – BGHZ 45, 83 – Knäckebrot; Urt. v. 8. 2. 1971 – III ZR 33.68 – BGHZ 55, 261 – Soldatengaststätte.
[3131] Z. B. Fußgängerverkehr, Fahrzeugverkehr, Ziel- und Durchgangsverkehr, kommunikativer Verkehr.
[3132] *BVerfG*, B. v. 19. 3. 1975 – 1 BvL 20/73 – BVerfGE 39, 210; B. v. 19. 10. 1983 – 2 BvR 298/81 – BVerfGE 65, 196; B. v. 14. 1. 1987 – 1 BvR 1052/79 – BVerfGE 74, 129 – Unterstützungskasse; B. v. 18. 5. 1988 – 2 BvR 579/84 – BVerfGE 78, 205.
[3133] *BVerfG*, B. v. 31. 10. 1984 – 1 BvR 35/82 u. a. – BVerfGE 68, 193; B. v. 20. 1. 1988 – 2 BvL 23/82 – BVerfGE 77, 370 – Schwerbehinderte; B. v. 11. 9. 1990 – 1 BvR 988/90 – UPR 1991, 100 = *Hoppe/Stüer* RzB Rdn. 57 – Fußgängerzone; vgl. auch *BVerwG*, Urt. v. 26. 6. 1981 – 7 C 27.79 – BVerwGE 62, 376 = *Hoppe/Stüer* RzB Rdn. 58 – Fußgängerzone.
[3134] *BVerwG*, Urt. v. 11. 5. 1999 – 4 VR 7.99 – NVwZ 1999, 1341 = DVBl. 1999, 1513.
[3135] *BVerwG*, Urt. v. 8. 10. 1976 – VII C 24.73 – NJW 1977, 2367.

nicht als geringfügig ausnahmsweise außer Betracht zu bleiben haben, im Rahmen der Planfeststellung in die Abwägung einzustellen. Sie können jedoch durch überwiegende Gemeinwohlbelange zurückgedrängt werden.[3136] Ein neuer öffentlicher Geh- und Radweg etwa ist als solcher in der Regel keine unzumutbare Beeinträchtigung der Nutzungsmöglichkeit der zukünftigen Anliegergrundstücke. Dadurch bedingte Veränderungen ihres „Wohnmilieus" haben die betroffenen Grundeigentümer vielmehr in der Regel als Ausfluss der Sozialbindung des Eigentums hinzunehmen. Grundsätzlich haben die Grundeigentümer, die Anlieger eines neuen öffentlichen Weges geworden sind, auch keinen Anspruch auf eine Sichtschutz bietende Einzäunung.[3137]

1686 Das *BVerfG* unterscheidet die **Inhalts- und Schrankenbestimmung** des Gesetzgebers nach Art. 14 I 2 GG von der **Enteignung** in Art. 14 III GG, die am Bilde der Güterbeschaffung i. S. der klassischen Enteignung auf den vollständigen oder teilweisen Entzug des Eigentums gerichtet ist.[3138] Die Enteignung ist dabei wiederum durch Gesetz oder aufgrund eines Gesetzes zulässig. Der Gesetzgeber hat allerdings nicht die freie Wahl zwischen **Administrativ- und Legalenteignung**, wie der Wortlaut des Art. 14 III 2 GG nahe legen könnte. Das *BVerfG* hat vielmehr die Legalenteignung seit dem Deichurteil[3139] nur in eng begrenzten Ausnahmefällen für zulässig erklärt.[3140] Bei der Wahrnehmung des ihm in Art. 14 I 2 GG erteilten Regelungsauftrages, Inhalt und Schranken des Eigentums zu bestimmen, hat der Gesetzgeber sowohl die grundgesetzliche Anerkennung der Privatnützigkeit in Art. 14 I 1 GG als auch die Sozialpflichtigkeit in Art. 14 II GG zu beachten.[3141] Der Gesetzgeber muss dabei festlegen, wann eine Enteignung vorliegt, die eine Entschädigungspflicht i. S. des Art. 14 III 2 und 3 GG auslöst. Er darf dies nicht unentschieden lassen.[3142] Auch darf der Normgeber nicht unter dem Etikett einer an sich zulässigen Inhaltsbestimmung des Eigentums in Wahrheit eine Enteignung vornehmen.[3143]

1687 Die Inhaltsbestimmung ist im Gegensatz zur Enteignung die generelle, abstrakte Festlegung von Rechten und Pflichten durch den Gesetzgeber oder des von ihm ermächtigten Verordnungsgebers.[3144] Gegenstand der Festlegung ist damit, was inhaltlich als Eigentum i. S. des GG auf der Ebene des objektiven Rechts zu gelten hat. Ob diese Festlegung verfassungsgemäß ist, also insbesondere den Anforderungen des Art. 14 I 2 GG und den objektiven Verfassungsgrundsätzen einschließlich der in Art. 14 II GG normierten Sozialpflichtigkeit des Eigentums genügt, berührt die Frage der Tatbestandsmäßigkeit des Art. 14 I 2 GG in Abgrenzung zu Art. 14 III GG nicht. Jede Inhaltsbestimmung einer vermögenswerten Rechtsposition, die als Eigentum gelten will oder gelten soll, muss als elementarer Bestandteil die Strukturelemente des Privateigentums als Kern des Eigentumsrechts beachten, nämlich den substanziellen Gehalt der Privatnützigkeit des Eigentums und die grundsätzliche Verfügungsbefugnis über den Eigentumsgegenstand. Ist beides

---

[3136] *BVerwG*, Urt. v. 11. 5. 1999 – 4 VR 7.99 – NVwZ 1999, 1341 = DVBl. 1999, 1513.
[3137] *BVerwG*, Urt. v. 27. 10. 1999 – 11 A 31.98 – NVwZ 2000, 435 – Ersatzradweg.
[3138] *BVerfG*, B. v. 12. 6. 1979 – 1 BvL 19/76 – BVerfGE 52, 1 = *Hoppe/Stüer* RzB Rdn. 1104 – Kleingarten; B. v. 15. 7. 1981 – 1 BvL 77/78 – BVerfGE 58, 300 = NJW 1982, 745 = DVBl. 1982, 340 = *Hoppe/Stüer* RzB Rdn. 1136 – Nassauskiesung.
[3139] *BVerfG*, Urt. v. 18. 12. 1968 – 1 BvR 638/64 u. a. – *BVerfGE* 24, 267 = *Hoppe/Stüer* RzB Rdn. 1132.
[3140] *Stüer* DVBl. 1991, 1335.
[3141] *BVerfG*, B. v. 23. 4. 1974 – 1 BvR 6/74 – BVerfGE 37, 132 – Kündigungsschutz; B. v. 12. 6. 1979 – 1 BvL 19/76 – BVerfGE 52, 1 = *Hoppe/Stüer* RzB Rdn. 1104 – Kleingarten; B. v. 15. 7. 1981 – 1 BvL 77/78 – BVerfGE 58, 300 = NJW 1982, 745 = DVBl. 1982, 340 = *Hoppe/Stüer* RzB Rdn. 1136 – Nassauskiesung.
[3142] *BVerwG*, Urt. v. 15. 2. 1990 – 4 C 47.89 – BVerwGE 84, 361 = DVBl. 1990, 585 = DÖV 1991, 24 = *Hoppe/Stüer* RzB Rdn. 1049 – Serriesteich.
[3143] *BVerfG*, B. v. 8. 7. 1976 – 1 BvL 19/75 – BVerfGE 42, 263 – Hilfswerk Behinderte Kinder; B. v. 1. 3. 1979 – 1 BvR 532/77 – BVerfGE 50, 290 – Mitbestimmung; *BVerwG*, Urt. v. 15. 2. 1990 – 4 C 47.89 – BVerwGE 84, 361 – Serriesteich.
[3144] *BVerfG*, B. v. 12. 6. 1979 – 1 BvL 19/76 – BVerfGE 52, 1 = *Hoppe/Stüer* RzB Rdn. 1104 – Kleingarten.

auch aufgrund einer Rechtsänderung im Grundsatz unverändert vorhanden, liegt tatbestandsmäßig keine Enteignung, sondern eine Inhalts- und Schrankenbestimmung des Eigentums vor.[3145] Auf die Intensität des Eingriffs kommt es für die Abgrenzung zwischen Inhaltsbestimmung i. S. des Art. 14 I 2 GG und Enteignung i. S. von Art. 14 III GG nicht an. Der Gesetzgeber kann insbesondere eine zunächst eröffnete Nutzungsmöglichkeit einschränken oder zu einer derartigen Einschränkung ermächtigen. Daher sind Nutzungsbeschränkungen keine Enteignungen, sondern Bestimmungen des Inhalts und der Schranken des Eigentums.[3146] Der Gesetzgeber kann auch eine zunächst eröffnete Nutzungsmöglichkeit einschränken oder zu Einschränkungen ermächtigen, etwa durch Neufestsetzung aufgrund eines Bebauungsplans. Auch dies stellt keine Enteignung dar. Daher sind Nutzungsbeschränkungen keine Enteignungen, sondern Bestimmungen des Inhalts und der Schranken des Eigentums.[3147] Aus der Verkürzung von früheren Nutzungsmöglichkeiten kann daher nicht bereits der Tatbestand der Enteignung abgeleitet werden.[3148] Auch gleitende Übergänge zwischen Enteignung und Inhaltsbestimmung des Eigentums gibt es nicht, auch nicht im Falle extremer Einschränkungen oder Belastungen beim konkreten Vollzug eines inhalts- und schrankenbestimmenden Gesetzes.[3149] Allerdings kann die Inhalts- und Schrankenbestimmung nach Art. 14 I 2 GG ausgleichspflichtig in dem Sinne werden, dass es zur Rechtfertigung ihrer Regelungen einer **Kompensation** bedarf.

1688   Diese verfassungsrechtlichen Zusammenhänge prägen auch die **städtebauliche Gestaltungsbefugnis** der planenden Gemeinde. Nach § 1 III BauGB ist es Aufgabe der Gemeinde, die eigenen Vorstellungen der ihr gemäßen städtebaulichen Ordnung planerisch zu entwickeln und zu ihrer Verwirklichung beizutragen.[3150] Da die planerischen Festsetzungen zugleich den Inhalt des Grundeigentums festlegen, erfordert dies, dass der planerischen Entscheidung der Gemeinde auch hinsichtlich der konkreten Festsetzungen sachgerechte Erwägungen zu Grunde liegen. Regelungen, die den Inhalt des Eigentums bestimmen, müssen sowohl prinzipiell als auch konkret der grundgesetzlich garantierten Rechtsstellung des Eigentümers einerseits und den Anforderungen an eine sozial gerechte Eigentumsordnung und damit öffentlichen Belangen andererseits genügen.[3151]

[3145] *BVerwG*, B. v. 30. 9. 1996 – 4 NB 31.96 – NuR 1997, 240 = RdL 1997, 105 – Wasserschutzgebiet.
[3146] *BVerwG*, Urt. v. 13. 4. 1983 – 4 C 21.79 – BVerwGE 67, 84; B. v. 15. 6. 1993 – 7 B 122.91 – NVwZ 1993, 772 – Deichgrundstück; B. v. 10. 5. 1995 – 4 B 90.95 – NJW 1996, 409 – Landschaftspflegegesetz.
[3147] *BVerfG*, B. v. 15. 1. 1969 – 1 BvL 3/66 – BVerfGE 25, 112 = DÖV 1969, 281 – Nds. Deichgesetz.
[3148] *Krohn* FS Schlichter, 1995, 439; zum früheren Meinungsstand *Sellmann* DVBl. 1992, 235.
[3149] *BVerfG*, B. v. 8. 7. 1971 – 1 BvR 766/66 – BVerfGE 31, 275 = NJW 1972, 145 – Urheberrechtsgesetz; B. v. 15. 1. 1974 – 1 BvL 5/70 – BVerfGE 36, 281 = GRUR 1974, 143 – Akteneinsicht Patenterteilung; Urt. v. 8. 7. 1976 – 1 BvL 19/75 – BVerfGE 42, 263 – Hilfswerk Behinderte Kinder; B. v. 15. 7. 1981 – 1 BvL 77/78 – BVerfGE 58, 300 = NJW 1982, 745 = DVBl. 1982, 340 – *Hoppe/Stüer* RzB Rdn. 1136 – Nassauskiesung; B. v. 9. 1. 1991 – 1 BvR 929/89 – BVerfGE 83, 201 = NJW 1991, 1807 – Vorkaufsrecht ABG NW.
[3150] *BVerfG*, B. v. 19. 12. 1987 – 2 BvL 16/84 – BVerfGE 77, 288 = *Hoppe/Stüer* RzB Rdn. 133 – Stadtverband Saarbrücken.
[3151] *BVerfG*, B. v. 12. 6. 1979 – 1 BvL 19/76 – BVerfGE 52, 1 = *Hoppe/Stüer* RzB Rdn. 1104 – Kleingarten; B. v. 10. 3. 1981 – 1 BvR 92 u 96/71 – BVerfGE 56, 249 = NJW 1981, 1257 = DVBl. 1981, 542 = *Hoppe/Stüer* RzB Rdn. 1134 – Bad Dürkheimer Gondelbahn; B. v. 14. 7. 1981 – 1 BvL 24/78 – BVerfGE 58, 137 = *Hoppe/Stüer* RzB Rdn. 1135 – Pflichtexemplare; B. v. 15. 7. 1981 – 1 BvL 77/78 – BVerfGE 58, 300 = NJW 1982, 745 = DVBl. 1982, 340 = *Hoppe/Stüer* RzB Rdn. 1136 – Nassauskiesung; B. v. 19. 6. 1985 – 1 BvL 57/79 – BVerfGE 70, 191 – Fischereigenossenschaften; B. v. 30. 11. 1988 – 1 BvR 1301/84 – BVerfGE 79, 174 = *Hoppe/Stüer* RzB Rdn. 98 – Lärmschutz; vgl. auch *BVerwG*, Urt. v. 16. 5. 1991 – 4 C 17.90 – BVerwGE 88, 191 = *Hoppe/Stüer* RzB Rdn. 1207 – Abstandsflächen.

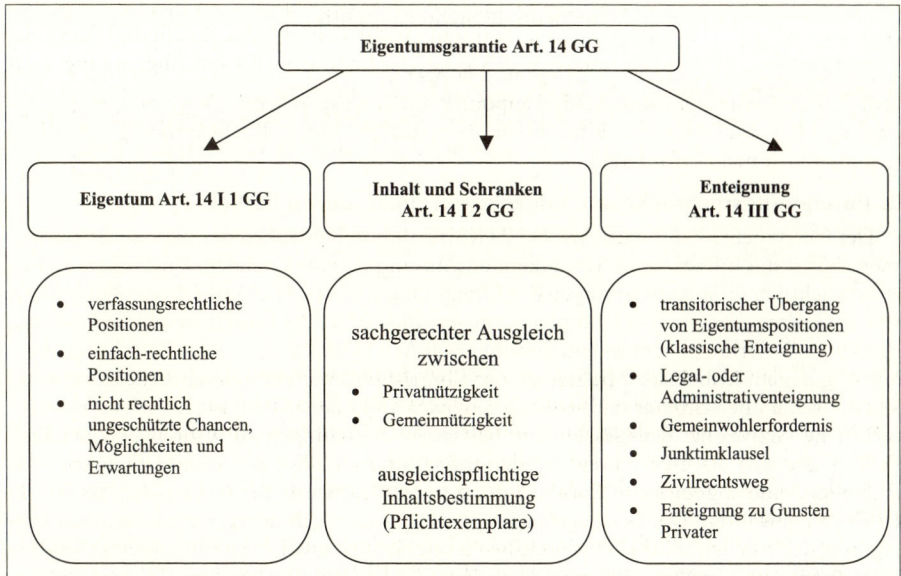

§ 1 VII BauGB, wonach die öffentlichen und privaten Belange gegeneinander und untereinander gerecht abzuwägen sind, setzt diese grundgesetzlichen Anforderungen in spezifischer Weise einfachgesetzlich um. Die vom Bundesgesetzgeber in § 1 V, VI BauGB dazu bestimmten einzelnen Vorgaben sind zwar detailliert, jedoch keineswegs abschließend. Soweit diese Bindungen oder rechtlich zu beachtenden Vorgaben nicht reichen, besteht für die Gemeinde unter dem Vorbehalt der Anpassungspflicht des § 1 IV BauGB gem. § 1 III BauGB die Befugnis, die ihr gemäße Städtebaupolitik zu betreiben. Wegen der Komplexität und der Gegenläufigkeit der zu berücksichtigenden Belange einerseits und wegen des kommunalpolitischen Entscheidungsvorrangs der Gemeinde sowie aus verfassungsrechtlichen Gründen andererseits verlangt der Bundesgesetzgeber die Beachtung eines Aufstellungsverfahrens, in dem die Entscheidungen der Gemeinde öffentlich begleitet werden können und an Transparenz gewinnen. Dies geschieht vielfach auch außerhalb des kommunalrechtlich vorgesehenen Verfahrens im Rahmen vielfältiger Möglichkeiten der politischen und öffentlichen Mitwirkung.

Die grundrechtliche, vor allem **gemeinwohlbezogene** und **eigentumsrechtliche Gebundenheit** der Gemeinde verlangt, dass die Aufstellung der Bauleitpläne nicht nur von der Öffentlichkeit begleitet werden kann, sondern die getroffenen planerischen Entscheidungen auch inhaltlich an den vorgenannten Werten orientiert sind und dadurch ihre Rechtfertigung erlangen. Wenn die Gemeinde durch die Bauleitplanung in der Lage ist, auf der Grundlage des BauGB an der Bestimmung von Inhalt und Schranken des Eigentums maßgeblich mitzuwirken (Art. 14 I 2 GG), so müssen die Bauleitpläne durch entsprechende Gemeinwohlgründe gerechtfertigt sein und auch vor der Eigentumsgarantie in Art. 14 GG Bestand haben. Die Gemeinde muss sich daher für jede der von ihr getroffenen Festsetzungen auf entsprechende rechtfertigende städtebauliche Gründe berufen können. Dabei ist das Eigentum bei der planerischen Abwägung in hervorgehobener Weise zu berücksichtigen.[3152] Zugleich ist die Gemeinde aber nicht auf eine nur formale Handhabung und Umsetzung der in § 1 V, VI BauGB benannten Belange verpflichtet. In

---

[3152] *BVerwG*, Urt. v. 16. 4. 1971 – IV C 66.67 – DVBl 1971, 746; Urt. v. 1. 11. 1974 – 4 C 38.71 – BVerwGE 47, 144 = *Hoppe/Stüer* RzB Rdn. 6 – Parkplatz; B. v. 11. 4. 1989 – 4 B 65.89 – NVwZ 1989, 1061 = *Hoppe/Stüer* RzB Rdn. 1109 – Fassadenreparatur; B. v. 5. 4. 1993 – 4 NB 3.91 – BVerwGE 92, 231 = *Hoppe/Stüer* RzB Rdn. 166 – Meerbusch.

diesem Sinne gibt es auch keine neutrale Städtebaupolitik, die nicht immer zugleich die vom Gesetzgeber in § 1 V, VI BauGB angeführten Belange berühren würde. Beachtet die Gemeinde die verfassungsrechtlichen und einfachgesetzlichen Vorgaben, kann sie in diesem Rahmen eine autonome Städtebaupolitik durch entsprechende Festsetzungen im Bebauungsplan umsetzen.[3153] Eine besondere städtebauliche Rechtfertigung ist dabei grundsätzlich nicht erforderlich.

2. Enteignungsrechtliche und einfachgesetzliche Zumutbarkeit

1691 Der Gesetzgeber kann nach Art. 14 I 2 GG Inhalt und Schranken des Eigentums bestimmen. Führt die Inhalts- und Schrankenbestimmung zu enteignenden Wirkungen und ist sie hinsichtlich ihrer Auswirkungen der Enteignung i. S. des Art. 14 III GG vergleichbar, so ist der Gesetzgeber zu einer Kompensation verpflichtet. Diese kann in einer Verringerung der Eingriffswirkungen, einer Enteignung nach Art. 14 III GG oder einer Entschädigungsleistung liegen. Dabei ist zu fragen, ob der Eingriff die enteignungsrechtliche Zumutbarkeitsschwelle überschreitet und sozusagen schwer und unerträglich ist. Diese verfassungsrechtliche Grenze hat der Gesetzgeber bei seinen Regelungen zu wahren und bei Eingriffen, die sich als Überschreitung der enteignungsrechtlichen Zumutbarkeitsschwelle darstellen, eine angemessene Entschädigung unter Beachtung der Grundsätze des Art. 14 III GG zu gewähren. Der Gesetzgeber ist allerdings nicht gehindert, unterhalb dieser enteignungsrechtlichen Zumutbarkeitsschwelle einfachgesetzliche Zumutbarkeitsschwellen einzurichten, die im Verwaltungsvollzug einzuhalten sind oder bei deren Überschreitung ein einfachgesetzlicher Ausgleichs- oder Entschädigungsanspruch besteht. Eine solche einfachgesetzliche Zumutbarkeitsschwelle unterhalb der Enteignung hat das *BVerwG* etwa §§ 41 ff., 50 BImSchG oder dem fachplanungsrechtlichen Schutzauflagengebot (§ 17 IV FStrG a. F./§ 74 II 2 VwVfG) entnommen.[3154] Auch das Gebot der nachbarlichen Rücksichtnahme markiert eine solche Grenze im Vorfeld der enteignenden Wirkung.[3155] Sie ist nicht erst überschritten, wenn sich der Eingriff als schwer und unerträglich und damit enteignend darstellt, sondern bereits dann, wenn die vom Gesetzgeber angeordnete Zumutbarkeitsschwelle unterhalb enteignungsrechtlichen Belastungsgrenze nicht eingehalten wird. Ob und in welchem Umfang der Gesetzgeber solche einfachgesetzlichen Zumutbarkeitsschwellen im Vorfeld der Enteignung einführt, obliegt seiner freien Entscheidung. Er kann dabei anordnen, dass solche Zumutbarkeitsschwellen nicht überwunden werden dürfen, oder auch regeln, dass bei Überschreitung dieser Grenzen ein entsprechender Ausgleich durch Schutzauflagen oder Entschädigung zu gewähren ist.

Beispiel: Die Gemeinde will in einem Bebauungsplan eine innerörtliche Entlastungsstraße ausweisen. Bei der Planung hat sie die sich aus §§ 41 ff., 50 BImSchG ergebenden einfachgesetzlichen Zumutbarkeitsschwellen zu wahren und durch entsprechende planerische Festsetzungen dafür Sorge zu tragen, dass – im Vorfeld der Enteignung – die Werte der aufgrund von § 43 I 1 Nr. 1 BImSchG erlassenen Verkehrslärmschutzverordnung (16. BImSchV) nicht überschritten werden.[3156]

[3153] *BVerwG*, B. v. 5. 4. 1993 – 4 NB 3.91 – BVerwGE 92, 231 = *Hoppe/Stüer* RzB Rdn. 166 – Meerbusch.

[3154] *BVerwG*, Urt. v. 14. 2. 1975 – IV C 21.74 – BVerwGE 48, 56 = *Hoppe/Stüer* RzB Rdn. 50 – B 42; Urt. v. 21. 5. 1976 – IV C 80.74 – BVerwGE 51, 15 = *Hoppe/Stüer* RzB Rdn. 108 – Stuttgart-Degerloch; Urt. v. 23. 2. 1977 – IV C 22.75 – BVerwGE 52, 122 = *Hoppe/Stüer* RzB Rdn. 1151; Urt. v. 17. 2. 1978 – 1 C 102.76 – BVerwGE 55, 250 – Voerde; Urt. v. 7. 7. 1978 – IV C 79.76 – BVerwGE 56, 110 = *Hoppe/Stüer* RzB Rdn. 1164 – Flughafen Frankfurt; Urt. v. 23. 1. 1981 – 4 C 4.78 – BVerwGE 61, 295 = *Hoppe/Stüer* RzB Rdn. 113; Urt. v. 5. 8. 1983 – 4 C 96.79 – BVerwGE 67, 334 = *Hoppe/Stüer* RzB Rdn. 969 – Rücksichtnahme § 15 BauNVO.

[3155] *BVerwG*, Urt. v. 23. 2. 1977 – IV C 22.75 – BVerwGE 52, 122 = *Hoppe/Stüer* RzB Rdn. 1151 – Außenbereich; Urt. v. 26. 5. 1978 – IV C 9.77 – BVerwGE 55, 369 = *Hoppe/Stüer* RzB Rdn. 336 – Harmonie.

[3156] S. Rdn. 643.

3. Vorrang des Primärrechtsschutzes

Mit der systematischen Aufteilung zwischen Inhalts- und Schrankenbestimmung einerseits und Legal- und Administrativenteignung andererseits verbindet sich der grundsätzliche Vorrang des **Primärrechtsschutzes**. Ist es vorrangig Aufgabe des Gesetzgebers, Inhalt und Schranken des Eigentums zu bestimmen und Enteignungen vorzunehmen oder dafür die verfassungsrechtliche Grundlage zu schaffen, so obliegt es auch dem Gesetzgeber, die tatbestandlichen Voraussetzungen und entschädigungsrechtlichen Folgen für eine Enteignung selbst festzulegen. Mit dem die Enteignung legitimierenden Gesetz sind zugleich nach Art. 14 III 2 GG Art und Ausmaß der Entschädigung festzusetzen. Fehlt es an einer solchen gesetzlichen Grundlage, so können die Gerichte eine Entschädigung nicht zusprechen. Art. 14 GG gibt hierfür keine Rechtsgrundlage. Die vom GG vorgesehene Folge einer wegen fehlender Entschädigungsregelung verfassungswidrigen „Enteignung" ist nicht die Gewährung eines Entschädigungsanspruchs, sondern die Aufhebung des Eingriffsaktes. Mit der Eröffnung des Verwaltungsrechtsweges besteht für den von einem solchen enteignungsgleichen Eingriff Betroffenen die Möglichkeit, den Verwaltungsakt selbst zu Fall zu bringen, wenn das zugrunde liegende Gesetz wegen fehlender Entschädigungsregelung oder aus anderen Gründen unwirksam ist.[3157] Eine Entschädigung kann allerdings in diesen Fällen einfachgesetzlich angeordnet sein.

Für die Entscheidungskompetenz der ordentlichen Gerichte bei Entschädigungsverfahren nach Art. 14 III 4 GG ergeben sich aus dieser Rechtslage **Konsequenzen**: Sieht der Bürger in der gegen ihn gerichteten Maßnahme eine Enteignung, so kann er eine Entschädigung nur einklagen, wenn hierfür eine gesetzliche Anspruchsgrundlage vorhanden ist. Fehlt sie, so muss er sich bei den Verwaltungsgerichten um die **Aufhebung des Eingriffsaktes** bemühen. Er kann aber nicht unter Verzicht auf die Anfechtung eine ihm vom Gesetz nicht zugebilligte Entschädigung beanspruchen. Mangels einer gesetzlichen Grundlage können die Gerichte in solchen Fällen auch eine Entschädigung nicht zusprechen. Der Betroffene hat hiernach **kein Wahlrecht**, ob er sich gegen eine wegen Fehlens einer gesetzlichen Entschädigungsregelung rechtswidrige „Enteignung" zur Wehr setzen oder unmittelbar Entschädigung verlangen will. Lässt er den Eingriffsakt unanfechtbar werden, so verfällt seine Entschädigungsklage der Abweisung. Wer von den ihm durch das GG eingeräumten Möglichkeiten, sein Recht auf Herstellung des verfassungsmäßigen Zustandes zu wahren, keinen Gebrauch macht, kann wegen eines etwaigen, von ihm selbst herbeigeführten Rechtsverlustes nicht anschließend von der öffentlichen Hand Geldersatz verlangen.[3158]

Beispiel: Der Bebauungsplan sieht für den Entzug einer Grundstückszufahrt eine angemessene Ersatzzufahrt vor. Wird dies in einem verwaltungsgerichtlichen Urteil rechtskräftig festgestellt und werden die gesetzlichen Voraussetzungen für einen Entschädigungsanspruch in Geld abgelehnt, so sind damit die Zivilgerichte gehindert, unter enteignungsrechtlichen Gesichtspunkten eine Entschädigung zuzusprechen.[3159]

Der grundsätzliche Vorrang des Primärrechtsschutzes bezieht sich jedoch nur auf **klassische Enteignungen**, die aufgrund eines hoheitlichen Zugriffs auf den vollständigen oder teilweisen Entzug des Eigentums i. S. eines transitorischen Übergangs von Eigen-

---

[3157] BVerfG, B. v. 10. 5. 1977 – 1 BvR 514/68 und 323/69 – BVerfGE 45, 297 = Hoppe/Stüer RzB Rdn. 1133 – U-Bahnbau.
[3158] So BVerfG, B. v. 15. 7. 1981 – 1 BvL 77/78 – BVerfGE 58, 300 = NJW 1982, 745 = DVBl. 1982, 340 = Hoppe/Stüer RzB Rdn. 1136 – Nassauskiesung; vgl. auch BGH, Urt. v. 26. 1. 1984 – III ZR 216/82 – BGHZ 90, 17 = Hoppe/Stüer RzB Rdn. 1120 – Nassauskiesung, der den Vorrang des Primärrechtsschutzes auch aus Grundsätzen des Mitverschuldens nach § 254 BGB ableitet; vgl. auch Urt. v. 9. 10. 1986 – III ZR 2/85 – BGHZ 99, 24 = Hoppe/Stüer RzB Rdn. 1024 – Blücher-Museum; Schlichter FS Sendler 1993, 241.
[3159] So BGH, Urt. v. 10. 6. 1985 – III ZR 3/84 – BGHZ 95, 28 = DVBl. 1985, 1133 = NJW 1985, 3025 = Hoppe/Stüer RzB Rdn. 1122 – B 61.

tumsbefugnissen gerichtet sind, und bezieht sich nur auf rechtswidrige Enteignungen, für die vom Gesetzgeber keine Entschädigung angeordnet ist. Außerdem entfällt der Vorrang des verwaltungsgerichtlichen Rechtsschutzes gegen die Eingriffsmaßnahme dann, wenn der Gesetzgeber auch in Fällen rechtswidriger Eigentumseingriffe eine Entschädigung angeordnet hat oder die Rechtsprechung über die Grundsätze des **enteignungsgleichen Eingriffs** aufgrund allgemeiner gesetzlicher Grundlagen (§§ 74, 75 Einl. Pr. AL) eine solche Entschädigung gewährt.[3160] Der BGH hält dabei an seiner Auffassung fest, dass für rechtswidrige hoheitliche Eingriffe in das Eigentum nach den von der Rechtsprechung für den enteignungsgleichen Eingriff entwickelten Grundsätzen Entschädigung zu leisten ist.[3161] Der Entschädigungsanspruch setzt dabei nicht voraus, dass der Nachteil atypisch oder unvorhergesehen ist.[3162] Der Anspruch aus enteignungsgleichem Eingriff wird dabei als öffentlich-rechtliches Gegenstück zum zivilrechtlichen Ausgleichsanspruch unter Nachbarn begriffen.[3163]

[3160] Zur älteren Rechtsprechung etwa *BGH*, Urt. v. 26. 11. 1954 – V ZR 58/53 – BGHZ 15, 268 – Bausperre; Urt. v. 20. 12. 1956 – III ZR 82/55 – BGHZ 23, 3 – Grünflächenverzeichnis; Urt. v. 25. 6. 1959 – III ZR 220/57 – BGHZ 30, 338 – Bausperre; Urt. v. 25. 1. 1971 – III ZR 208/68 – BGHZ 55, 229 – Rohrbruch; Urt. v. 20. 12. 1971 – III ZR 110/69 – BGHZ 57, 370 – Kanalisation; Urt. v. 25. 1. 1973 – III ZR 113/70 – BGHZ 60, 126 – Kiesgrube; Urt. v. 25. 1. 1973 – III ZR 118/70 – BGHZ 60, 145 – Wasserschutzgebiet; Urt. v. 24. 11. 1974 – III ZR 42/73 – BGHZ 63, 240 – Grünfläche; Urt. v. 20. 3. 1975 – III ZR 215/71 – BGHZ 64, 220 = *Hoppe/Stüer* RzB Rdn. 103 – Lärmschutz; Urt. v. 27. 1. 1977 – III ZR 153/74 – BGHZ 68, 100 = *Hoppe/Stüer* RzB Rdn. 664 – Planungsgewinn; Urt. v. 2. 10. 1978 – III ZR 9/77 – BGHZ 72, 273 – Verjährung; vgl. zur Rechtsprechung nach dem Nassauskiesungsbeschluss des BVerfG *BGH*, Urt. v. 3. 6. 1982 – III ZR 28/76 – BGHZ 84, 223 = *Hoppe/Stüer* RzB Rdn. 1118 – Nassauskiesung; Urt. v. 3. 6. 1982 – III ZR 107/78 – BGHZ 84, 230 – Trockenauskiesung; Urt. v. 23. 6. 1983 – III ZR 79/82 – BGHZ 88, 34 – Mineralwasserbrunnen; Urt. v. 26. 1. 1984 – III ZR 179/82 – BGHZ 90, 4 = *Hoppe/Stüer* RzB Rdn. 1119 – Kiesabbau; Urt. v. 26. 1. 1984 – III ZR 216/82 – BGHZ 90, 17 = *Hoppe/Stüer* RzB Rdn. 1120 – Nassauskiesung; Urt. v. 29. 3. 1984 – III ZR 11/83 – BGHZ 91, 20 = *Hoppe/Stüer* RzB Rdn. 1121 – Kläranlage; Urt. v. 10. 6. 1985 – III ZR 3/84 = *Hoppe/Stüer* RzB Rdn. 1122 – BGHZ 95, 28 – Ortsumgehung; Urt. v. 17. 4. 1986 – III ZR 96/84 – BGHZ 97, 114 = NJW 1986, 1980 – A 96; Urt. v. 17. 4. 1986 – III ZR 202/84 – BGHZ 97, 361 = NJW 1986, 2421 – Parallelverschiebung; Urt. v. 9. 10. 1986 – III ZR 2/85 – BGHZ 99, 24 = NJW 1987, 2069 = *Hoppe/Stüer* RzB Rdn. 1097 – Blücher-Museum; Urt. v. 23. 10. 1986 – III ZR 112/85 – NVwZ 1989, 285 = BauR 1987, 426 = *Hoppe/Stüer* RzB Rdn. 106 – Lärmschutz; Urt. v. 18. 12. 1986 – III ZR 174/85 – BGHZ 99, 262 = NJW 1987, 1320 = BauR 1987, 195 = *Hoppe/Stüer* RzB Rdn. 596 – heranrückende Wohnbebauung; Urt. v. 12. 3. 1987 – III ZR 216/85 – BGHZ 100, 136 = NJW 1987, 1875 – Kleingartenpachtrecht; Urt. v. 7. 7. 1988 – III ZR 198/87 – NJW 1989, 101 – legislatives Unrecht; Urt. v. 11. 2. 1988 – III ZR 64/87 – NVwZ 1988, 963 = BauR 1988, 458 = *Hoppe/Stüer* RzB Rdn. 1128 – Ackerbürgerhaus; Urt. v. 23. 6. 1988 – III ZR 8/87 – BGHZ 105, 15 = *Hoppe/Stüer* RzB Rdn. 1098 – Bodendenkmal; Urt. v. 7. 7. 1988 – III ZR 134/87 – BGHZ 105, 94 = *Hoppe/Stüer* RzB Rdn. 655 – Waldorfschule; Urt. v. 7. 7. 1988 – III ZR 198/87 – NJW 1989, 101 – Investitionshilfegesetz; Urt. v. 15. 3. 1990 – III ZR 149/89 – NJW 1990, 898 = DÖV 1990, 394 – Denkmalschutz; Urt. v. 22. 2. 1990 – III ZR 196/87 – BauR 1990, 461 = *Hoppe/Stüer* RzB Rdn. 1130 – Steigerung Grundstückspreise; Urt. v. 10. 5. 1990 – III ZR 84/89 – BauR 1990, 715 = ZfBR 1990, 1185 = *Hoppe/Stüer* RzB Rdn. 597 – Kraftfahrzeughalle; Urt. v. 27. 9. 1990 – III ZR 97/89 – NVwZ 1991, 404 = *Hoppe/Stüer* RzB Rdn. 837 – Bodenwert; Urt. v. 13. 12. 1990 – III ZR 240/89 – DVBl. 1991, 437 = BauR 1991, 206 – Bodenordnung.

[3161] *BGH*, Urt. v. 26. 1. 1984 – III ZR 216/82 – BGHZ 90, 17 = *Hoppe/Stüer* RzB Rdn. 1120 – Auskiesung; Urt. v. 29. 3. 1984 – III ZR 11/83 – BGHZ 91, 20 = *Hoppe/Stüer* RzB Rdn. 1121 – Kläranlage; *BGH*, Urt. v. 18. 6. 1998 – III ZR 100/97 – NVwZ 1998, 1329 = UPR 1998, 447.

[3162] *BGH*, Urt. v. 30. 1. 1986 – III ZR 34/85 – NJW 1986, 2423 = *Hoppe/Stüer* RzB Rdn. 1123 – Fluglärm.

[3163] *BGH*, Urt. v. 29. 3. 1984 – III ZR 11/83 – BGHZ 91, 20 = *Hoppe/Stüer* RzB Rdn. 1121 – Kläranlage; Urt. v. 30. 1. 1986 – III ZR 34/85 – NJW 1986, 2423 = *Hoppe/Stüer* RzB Rdn. 1123 – Militärflugplatz.

4. Verbot des enteignungsrechtlichen Konflikttransfers

Die im Anschluss an die gemeindliche Bauleitplanung oder aufgrund von Einzelakten **1695** vollzogenen Enteignungen stellen sich nicht als Legalenteignungen, sondern als **Administrativenteignungen** dar. Der Bebauungsplan ergeht zwar als Satzung und ist damit ein materielles, nicht jedoch ein formelles Gesetz, das in Art. 14 III GG gemeint ist. Auch bewirkt der Bebauungsplan keine unmittelbar enteignenden Eingriffe in privates Eigentum. Entschädigungsregelungen für eintretende Rechtsverluste sind in den §§ 39 bis 44 BauGB enthalten. Ist die Maßnahme nicht als Enteignung zu verstehen, weil sie nicht i. S. der klassischen Enteignung dem Bilde der Güterbeschaffung entspricht, so können sich die Regelungen als Inhalts- und Schrankenbestimmungen darstellen, die allerdings ebenfalls verfassungsrechtlichen Anforderungen genügen müssen. Dazu zählt, dass die Maßnahmen einen sachgerechten Ausgleich zwischen Gemeinwohlbezogenheit und Privatnützigkeit treffen müssen. Bei der Aufstellung des Bebauungsplans wird dies durch die Beachtung des Abwägungsgebotes sichergestellt. Inhalts- und Schrankenbestimmungen des Eigentums können sich jedoch schwer und unerträglich auswirken und daher wie eine Enteignung in privates Eigentum eingreifen. Für diesen Fall kann es geboten sein, den Ausgleich durch **Kompensations- und Ausgleichsregelungen** in dem Sinne abzufedern, dass der Eingriff erträglich wird.[3164] Enthält eine Maßnahme den danach erforderlichen Ausgleich nicht, genügt sie den verfassungsrechtlichen Anforderungen einer zulässigen Inhalts- und Schrankenbestimmung nicht.

Beispiel: Aufgrund einer Landschaftsschutzverordnung wird einem Landwirt verboten, in seinem Teich Fischfang zu betreiben. Ein solches Verbot kann sich ggf. nur bei Gewährung einer Geldentschädigung und die dadurch bewirkte Kompensationsregelung als zulässige Inhalts- und Schrankenbestimmung darstellen.[3165] Ein Kompensationsanspruch besteht allerdings dann nicht, wenn der Teich etwa als Folge einer vom Eigentümer durchgeführten Auskiesung entstanden ist und die Bewirtschaftungseinschränkungen sich als Teil der erforderlichen naturschutzrechtlichen Ausgleichsmaßnahmen darstellen.

Die Regelungen des Bebauungsplans bewirken zwar keine Enteignung i. S. des Art. 14 **1696** III GG, enthalten aber eine Inhalts- und Schrankenbestimmung des Eigentums i. S. des Art. 14 I 2 GG. Dies hat für die Aufstellung des Bebauungsplans unmittelbare Konsequenzen: Die Frage, ob der Bebauungsplan in diesem Sinne enteignend wirkende Festsetzungen enthält, darf in der planerischen Abwägung nicht offen bleiben. Macht der Planbetroffene geltend, dass ein für das Planvorhaben nicht unmittelbar in Anspruch genommenes Grundstück schwer und unerträglich in Anspruch genommen wird, so hat die Gemeinde ein **Wahlrecht**: Sie muss entweder dafür Sorge tragen, dass die Beeinträchtigungen unterhalb der enteignenden Wirkungen verbleiben oder das Grundstück durch Planung in Anspruch nehmen und hierdurch die Voraussetzungen für eine Enteignung und Entschädigung schaffen.[3166] Macht die Planung zur Verwirklichung der mit ihr verfolgten Ziele Festsetzungen erforderlich, die sich in ihren Auswirkungen auf Nachbargrundstücke materiell wie eine Enteignung darstellen, so darf der dadurch hervorgerufene Interessenkonflikt nicht einfach unbewältigt bleiben. In solchen Fällen bedarf es vielmehr einer Bewältigung der von der Bauleitplanung ausgelösten Kon-

---

[3164] *BVerwG*, Urt. v. 15. 2. 1990 – 4 C 47.89 – BVerwGE 84, 361 = DVBl. 1990, 585 = *Hoppe/Stüer* RzB Rdn. 1049 – Serriesteich im Anschluss an *BVerfG*, B. v. 15. 7. 1981 – 1 BvL 77/78 – BVerfGE 58, 137 = *Hoppe/Stüer* RzB Rdn. 1136 – Pflichtexemplare; *Schindler* NuR 1981, 160; *ders.* BayVBl. 1979, 360.
[3165] *BVerwG*, Urt. v. 15. 2. 1990 – 4 C 47.89 – BVerwGE 84, 361 = *Hoppe/Stüer* RzB Rdn. 1049 – Serriesteich; vgl. auch Urt. v. 24. 6. 1993 – 7 C 26.92 – BVerwGE 94, 1 = NJW 1993, 2949 = *Hoppe/Stüer* RzB Rdn. 1065 – Herrschinger Moos.
[3166] *BVerwG*, Urt. v. 23. 1. 1981 – 4 C 4.78 – BVerwGE 61, 295 = NJW 1981, 2137 = DVBl. 1981, 932 – Schallschutz.

flikte.³¹⁶⁷ Dieses **Verbot des enteignungsrechtlichen Konflikttransfers** ergibt sich aus den Grenzen einer gemeinwohlbezogenen Inhalts- und Schrankenbestimmung in Art. 14 I 2 GG. Hat der Gesetzgeber im Vorfeld der Enteignung eine einfachgesetzliche Zumutbarkeitsschwelle angeordnet, so gilt ein entsprechendes **Verbot des einfachgesetzlichen Konflikttransfers**. Es bedeutet, dass die nachteiligen Auswirkungen der Planung entweder entsprechend zu verringern sind oder für den eintretenden Rechtsverlust eine Kompensation zu gewähren ist.³¹⁶⁸

Beispiel: Die Gemeinde setzt durch Bebauungsplan eine Umgehungsstraße fest, die entlang eines Wohngebietes führt. Eines der Wohngebäude wurde aufgrund dieser Planungen von allen Seiten von Straßen umgeben. Bei einer solchen Insellage können die Auswirkungen der Planung so belastend sein, dass das Grundstück entweder überplant werden muss oder die Auswirkungen wesentlich abgemildert werden müssen. Enthält das einfache Gesetzesrecht eine unterhalb der Enteignung liegende Zumutbarkeitsschwelle,³¹⁶⁹ so hat die Planung diese niedrigere Schwelle entsprechend zu wahren.

5. Rechtfertigung der Enteignung

1697 Die belastenden eigentumsbezogenen Regelungen des Bebauungsplans unterliegt im Übrigen einer **speziellen Rechtfertigung**, die über die allgemeine Planrechtfertigung hinausgeht. Der Bebauungsplan bedarf bei entsprechenden gravierenden Auswirkungen einer besonderen Legitimation, aus der heraus sich die jeweilige Maßnahme rechtfertigt. Der Bebauungsplan muss zwar ganz allgemein gem. § 1 III BauGB erforderlich sein und seine Festsetzungen müssen dem Abwägungsgebot in § 1 VII BauGB genügen. Dies schafft aber nicht zugleich sozusagen automatisch eine Rechtsgrundlage für enteignende Maßnahmen. Erfolgt die Enteignung aufgrund eines Bebauungsplans durch vollziehenden Einzelakt, so bedarf die enteignende Maßnahme einer speziellen gemeinwohlbezogenen Rechtfertigung. Die Umsetzung des Bebauungsplans muss darüber hinaus dringend geboten, erforderlich und verhältnismäßig sein. Vor allem bedürfen enteignende Maßnahmen, die auf der Grundlage des Bebauungsplans getroffen werden sollen, im Lichte der Eigentumsgarantie einer besonderen verfassungsrechtlichen Legitimation und unterliegen erhöhten Anforderungen. Dabei ist auch zu beachten, dass Art. 14 I 1 GG den Bestand des konkreten Eigentums in der Hand des einzelnen Eigentümers sichert.³¹⁷⁰ Diese **Bestandsgarantie** geht einer **Wertgarantie**, die durch Ersatzlandbeschaffung oder Geldentschädigung lediglich den Wert des Eigentums sichert, vor.³¹⁷¹ Erst wenn die verfassungsrechtlichen Voraussetzungen für einen Eigentumseingriff vorliegen und ein ent-

---

³¹⁶⁷ Zum Straßenrecht *BVerwG*, Urt. v. 14. 2. 1975 – IV C 21.74 – BVerwGE 48, 56 = *Hoppe/Stüer* RzB Rdn. 50 – B 42; Urt. v. 21. 5. 1976 – IV C 80.74 – BVerwGE 51, 15 = *Hoppe/Stüer* RzB Rdn. 108 – Stuttgart-Degerloch; Urt. v. 7. 7. 1978 – IV C 79.76 – BVerwGE 56, 110 = *Hoppe/Stüer* RzB Rdn. 1164 – Flughafen Frankfurt; Urt. v. 23. 1. 1981 – 4 C 4.78 – BVerwGE 61, 295 = *Hoppe/Stüer* RzB Rdn. 113 – Schallschutz; *Blümel* in: Stüer (Hrsg.) Verfahrensbeschleunigung, S. 17.
³¹⁶⁸ Hoppe in: *Hoppe/Bönker/Grotefels* § 7 Rdn. 152.
³¹⁶⁹ §§ 41, 50 BImSchG.
³¹⁷⁰ *BVerfG*, Urt. v. 18. 12. 1968 – 1 BvR 638, 673/64 und 200, 238, 249/65 – BVerfGE 24, 367 = *Hoppe/Stüer* RzB Rdn. 1132 – Deichurteil; B. v. 3. 7. 1973 – 1 BvR 153/69 – BVerfGE 35, 348 – Armenrecht; Urt. v. 12. 11. 1974 – 1 BvR 32/68 – BVerfGE 38, 175; Urt. v. 8. 7. 1976 – 1 BvL 19 u. 20/75 – BVerfGE 42, 263 – Hilfswerk Behinderte Kinder; Urt. v. 1. 3. 1979 – 1 BvR 532/77 – BVerfGE 50, 290 – Mitbestimmung; B. v. 12. 6. 1979 – 1 BvL 19/76 – BVerfGE 52, 1 = *Hoppe/Stüer* RzB Rdn. 1104 – Kleingarten; B. v. 10. 3. 1981 – 1 BvR 92 u 96/71 – BVerfGE 56, 249 – Bad Dürkheimer Gondelbahn; B. v. 24. 3. 1987 – 1 BvR 1046/85 – BVerfGE 74, 264 – Boxberg; B. v. 18. 2. 1999 – 1 BvR 1367/88, 146 und 147/91 – DVBl. 1999, 701 – zur Zulässigkeit einer städtebaulichen Enteignung zur Errichtung einer Waldorfschule durch einen privaten Verein.
³¹⁷¹ *BVerwG*, Urt. v. 16. 3. 1989 – 4 C 36.85 – BVerwGE 81, 329 = DVBl. 1989, 663 = *Hoppe/Stüer* RzB Rdn. 1269 – Moers-Kapellen.

8. Teil. Planverwirklichungsinstrumente

sprechend legitimierter Zugriff auf das private Eigentum erfolgt, wandelt sich diese Bestandsgarantie in eine Wertgarantie um.[3172]

Soll der **Bebauungsplan** die Grundlage für eine spätere Enteignung bilden, so bedarf es allerdings nach der Rechtsprechung des BVerwG[3173] auch mit Rücksicht auf etwaige Entschädigungsansprüche nach den §§ 39 ff. BauGB im Rahmen der Abwägung grundsätzlich noch **keiner (vorgezogenen) Prüfung**, ob die Voraussetzungen für eine spätere **Enteignung** des Grundstücks erfüllt sind. Allerdings sind bei der Aufstellung eines Bebauungsplans alle betroffenen und schutzwürdigen privaten Interessen, insbesondere soweit sie sich aus dem Eigentum herleiten lassen, zu berücksichtigen. Das Grundeigentum wird zwar an den im Plangebiet liegenden Flächen durch einen Bebauungsplan inhaltlich bestimmt und gestaltet (Art. 14 I 2 GG). Auch kann der Bauleitplanung in der Realität eine eigentumsverwirklichende Wirkung zukommen.[3174] Dies hat nach Auffassung des BVerwG jedoch nicht die Folge, dass schon für den Bebauungsplan die Enteignungsvoraussetzungen zu prüfen sind.[3175] Der Bebauungsplan bewirkt zwar nicht unmittelbar einen transitorischen Übergang von Eigentum oder Eigentumsbestandteilen. Denn insoweit sind noch Vollzugsmaßnahmen erforderlich. Der Bebauungsplan trifft jedoch Regelungen, die sich als Inhalts- und Schrankenbestimmungen darstellen. Solche Regelungen bedürfen einer besonderen Legitimation, wenn sie sich als gravierend für den Bestand des Eigentums und vor allem seine Nutzungsmöglichkeiten erweisen. Außerdem ist eine Enteignung auf der Grundlage eines Bebauungsplans nur gerechtfertigt, wenn sie von überwiegenden Gemeinwohlgründen getragen werden. Der Bebauungsplan bedarf in solchen Fällen vor dem Hintergrund der Eigentumsgarantie einer **speziellen Planrechtfertigung**, die über die allgemeinen Anforderungen an die Aufstellung von Bebauungsplänen hinausgeht.[3176] Außerdem ist der Bebauungsplan auf **städtebauliche Belange** beschränkt und kann auch nur insoweit die Grundlage für Enteignungen geben. Für andere, nicht städtebauliche Zwecke kann der Bebauungsplan nicht als Enteignungsgrundlage dienen.

Beispiel: Der Bebauungsplan soll die Grundlage für den Bau einer Auto-Teststrecke bilden. Die dazu erforderliche Enteignung der Landwirte soll durch eine Unternehmensflurbereinigung gem. § 87 FlurbG erfolgen. Der Bebauungsplan kann nicht die Grundlage dafür bieten, über die Verbesserung der regionalen Wirtschaftsstruktur gem. § 87 I BauGB eine Enteignung zu rechtfertigen, die nicht städtebaulichen, sondern ganz allgemein wirtschaftspolitischen Zwecken dient.[3177]

6. Enteignung zu Gunsten Privater

Soll die Enteignung zu Gunsten Privater erfolgen, bedarf es zusätzlicher verfassungsrechtlicher Anforderungen. Da die Enteignung auch in diesen Fällen einer **besonderen**

[3172] BVerwG, Urt. v. 15. 2. 1990 – 4 C 47.89 – BVerwGE 84, 316 = Hoppe/Stüer RzB Rdn. 1049 – Serriesteich; BGH, Urt. v. 5. 3. 1981 – III ZR 9/80 – BGHZ 80, 111; Urt. v. 9. 10. 1986 – III ZR 2/85 – BGHZ 99, 24 = Hoppe/Stüer RzB Rdn. 1097 – Blücher-Museum.
[3173] BVerwG, B. v. 21. 2. 1991 – 4 NB 16.90 – BauR 1991, 299 = UPR 1991, 235 = Hoppe/Stüer RzB Rdn. 70 – öffentliche Grünfläche.
[3174] BVerwG, Urt. v. 5. 7. 1974 – IV C 50.72 – BVerwGE 45, 309 = Hoppe/Stüer RzB Rdn. 24; BVerfG, B. v. 14. 5. 1985 – 2 BvR 397/82–399/82 – BVerfGE 70, 35 = Hoppe/Stüer RzB Rdn. 1291 – Bebauungsplan in Gesetzesform.
[3175] BVerwG, B. v. 21. 2. 1991 – 4 NB 16.90 – BauR 1991, 299 = Hoppe/Stüer RzB Rdn. 70.
[3176] Battis in: Battis/Krautzberger/Löhr Vorb. §§ 39–44 Rdn. 5.
[3177] BVerfG, B. v. 24. 3. 1987 – 1 BvR 1046/85 – BVerfGE 74, 264 = Hoppe/Stüer RzB Rdn. 1137 – Boxberg im Gegensatz zu BVerwG, Urt. v. 14. 3. 1985 – 5 C 139.83 – NVwZ 1985, 739 = Hoppe/Stüer RzB Rdn. 1138 – Boxberg; vgl. auch BVerfG, B. v. 9. 6. 1987 – 1 BvR 510/87 – UPR 1987, 343 = Hoppe/Stüer RzB Rdn. 1106 – Flughafen München II; BVerwG, Urt. v. 3. 5. 1988 – 4 C 26.84 – NVwZ 1989, 149 = UPR 1989, 102 = Hoppe/Stüer RzB Rdn. 89 – Boxberg; B. v. 18. 2. 1999 – 1 BvR 1367/88, 146 und 147/91 – DVBl. 1999, 701 – zur Zulässigkeit einer städtebaulichen Enteignung zur Errichtung einer Waldorfschule durch einen privaten Verein; BGH, Urt. v. 13. 12. 1990 – III ZR 240/89 – DVBl. 1991, 437 = BauR 1991, 206 = Hoppe/Stüer RzB Rdn. 617 – Bodenordnung.

Gemeinwohlrechtfertigung unterliegt, sind in einem Gesetz Zwecke und Voraussetzungen der Enteignung im Einzelnen festzulegen.[3178] Ob und für welche Zwecke eine solche Enteignung statthaft sein soll, hat der Gesetzgeber klar zu entscheiden. Auch muss bei einer Enteignung zu Gunsten Privater gewährleistet sein, dass der im Allgemeininteresse liegende Zweck der Maßnahme erreicht und dauerhaft gesichert wird. Ergibt sich der Nutzen für das Gemeinwohl nicht aus dem Unternehmensgegenstand selbst, sondern nur als mittelbare Folge der Unternehmenstätigkeit, müssen besondere Anforderungen an die gesetzliche Konkretisierung des Enteignungszwecks und der verfassungsrechtlichen Legitimation gestellt werden.

Beispiel: Die Stadt weist in einem Bebauungsplan ein großes Güterverkehrszentrum aus, das als Verkehrsdrehscheibe von Straße, Schiene und Wasserstraße dienen soll.[3179] Der Eigentümer einer größeren, im Bebauungsplan gelegenen Fläche ist mit der Planung nicht einverstanden. Er widersetzt sich der von der Stadt beantragten Enteignung und verweist darauf, dass die Grundstücke an private Investoren weitergegeben werden sollen, die den gemeinwohlbezogenen Zweck nur mittelbar erfüllen. Auch fehle es an einer speziellen gesetzlichen Enteignungs- und Legitimationsgrundlage.[3180]

1700 Auch darf zu Gunsten eines Sonderlandeplatzes i. S. des § 49 II Nr. 2 LuftVZO, der ausschließlich Privatinteressen dient, nicht nach § 28 LuftVG enteignet werden.[3181] Die Enteignung ist vielmehr an das Vorliegen von Gründen des Gemeinwohls gebunden. Die Enteignung scheitert zwar nicht schon daran, dass der Antragsteller eine juristische Person des Privatrechts ist.[3182] Die Enteignung ist jedoch nach Art. 14 III GG nur zulässig, wenn das Wohl der Allgemeinheit sie erfordert.[3183] Diesem Erfordernis kommt bei der Enteignung zu Gunsten Privater gesteigerte Bedeutung zu. Der Gesetzgeber hat zudem Vorkehrungen zu treffen, durch die sichergestellt wird, dass der Enteignungszweck zum Nutzen der Allgemeinheit dauerhaft erreichbar bleibt.[3184] Auf dieser verfassungsrechtlichen Grundlage verstehen sich die einzelnen Regelungen des BauGB, die sich in das Planungsschadensrecht gem. §§ 39 bis 44 BauGB und die enteignungsrechtlichen Vorschriften der §§ 85 bis 122 BauGB gliedern.

1701 Das Wohl der Allgemeinheit erfordert keine Enteignung von Grundstücken nach § 87 I BauGB zur Durchführung von naturschutzrechtlichen Ausgleichsmaßnahmen für einen **Golfplatz**.[3185] Auch das Interesse an einer weiteren Auskiesung von Grundstücken ist verfassungsrechtlich nicht geschützt, kann aber als einfacher Belang in die Abwägung einzustellen sein. Das Gewicht dieses Belangs kann davon abhängen, ob sich eine Abgrabung aufdrängt und auch mit öffentlichen Belangen vereinbar ist.[3186]

[3178] *BVerfG*, B. v. 10. 3. 1981 – 1 BvR 92 u 96/71 – BVerfGE 56, 249 = *Hoppe/Stüer* RzB Rdn. 1134 – Bad Dürkheimer Gondelbahn; B. v. 24. 3. 1987 – 1 BvR 1046/85 – BVerfGE 74, 264 = *Hoppe/Stüer* RzB Rdn. 1137 – Boxberg; B. v. 18. 2. 1999 – 1 BvR 1367/88, 146 und 147/91 – DVBl. 1999, 701 – zur Zulässigkeit einer städtebaulichen Enteignung zur Errichtung einer Waldorfschule durch einen privaten Verein.
[3179] *Stüer* DVBl. 1992, 54.
[3180] Zur Einschaltung Privater *Stüer* DVBl. 1992, 1528.
[3181] *BVerwG*, B. v. 7. 11. 1996 – 4 B 170.96 – DVBl. 1997, 434 = UPR 1997, 106 – Sonderlandeplatz.
[3182] *BVerfG*, B. v. 20. 3. 1984 – 1 BvL 28/82 – BVerfGE 66, 248 = NJW 1984, 1872 – EnWG.
[3183] *BVerfG*, Urt. v. 10. 3. 1981 – 1 BvR 92, 96/71 – BVerfGE 56, 249 = NJW 1981, 1257 – Bad Dürkheimer Gondelbahn.
[3184] *BVerfG*, B. v. 24. 3. 1987 – 1 BvR 1046/85 – BVerfGE 74, 264 = NJW 1987, 1251 – Boxberg; *BVerwG*, B. v. 7. 11. 1996 – 4 B 170.96 – DVBl. 1997, 434 = UPR 1997, 106 – Sonderlandeplatz.
[3185] *BVerwG*, B. v. 3. 6. 2003 – 4 BN 26.03 – NuR 2004, 167 – Ausgleichsmaßnahmen für Golfplatz.
[3186] *BVerwG*, Urt. v. 18. 3. 2004 – 4 CN 4.03 – NVwZ 2004, 856 = EurUP 2004, 162 – Grünordnungsplan, mit Hinweis auf Urt. v. 24. 6. 1993 – 7 C 26.92 – BVerwGE 94, 1 – Herrschinger Moos.

III. Planungsschadensrecht gem. §§ 39 bis 44 BauGB

Das Planungsschadensrecht, das einen **Ausgleich für Eingriffe in die Bodennutzbarkeit** gewährt, ist in den Vorschriften der §§ 39 bis 44 BauGB unter der Abschnittsüberschrift „Entschädigung" zusammengefasst.[3187] Die Entschädigungsvorschriften gliedern sich in eine Generalnorm für Vertrauensschäden wegen vorgenommener Aufwendungen gem. § 39 BauGB, Entschädigungsvorschriften bei einer Grundstücksinanspruchnahme oder -entwertung für bestimmte öffentliche Zwecke gem. §§ 40, 41 BauGB, eine Generalnorm für die Entschädigung bei einer Änderung oder Aufhebung einer zulässigen Nutzung nach § 42 BauGB sowie Regelungen zum Entschädigungsverfahren gem. §§ 43, 44 BauGB. Die Vorschriften beziehen sich auf planerische Eingriffe in die Bodennutzbarkeit und unterscheiden sich hierdurch von den Entschädigungsvorschriften der §§ 85 bis 122 BauGB, die sich auf Administrativenteignungen durch Verwaltungsakt beziehen.

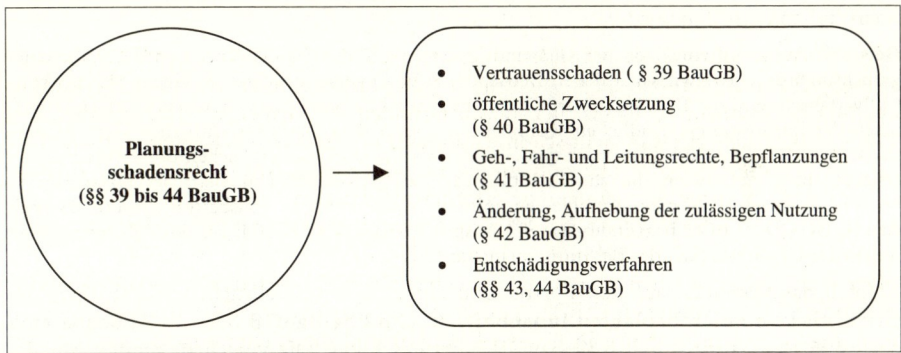

1. Entschädigung für Vertrauensschutz gem. § 39 BauGB

§ 39 BauGB schützt das **Vertrauen** in den Bestand eines Bebauungsplans. Haben Eigentümer oder Nutzungsberechtigte im berechtigten Vertrauen auf den Bestand eines **rechtsverbindlichen Bebauungsplans** Vorbereitungen für die Verwirklichung von Nutzungsmöglichkeiten getroffen, können sie eine angemessene Entschädigung in Geld verlangen, soweit die Aufwendungen durch die Änderung, Ergänzung oder Aufhebung des Bebauungsplans an Wert verlieren.

Entschädigungspflichtig können Aufwendungen sein, die im unmittelbaren Zusammenhang mit der Verwirklichung des Vorhabens stehen. Dazu rechnen etwa Kosten für Grundstücksteilungen, Grundstücksvermessungen, Bodenuntersuchungen, Architekten- und Ingenieurhonorare für Planentwürfe, Wirtschaftlichkeitsberechnungen, Bau- und Finanzierungskosten einschließlich Bereitstellungszinsen, Baugenehmigungsgebühren sowie Schadensersatzzahlungen wegen Auftragsannullierungen.[3188] Auch Abgaben, die für die Erschließung des Grundstücks erhoben wurden, können entschädigungspflichtig sein (vgl. § 39 2 BauGB). **Entschädigungsberechtigt** sind der Eigentümer und dinglich sowie schuldrechtlich Nutzungsberechtigte. Entschädigungspflichtig ist nach § 44 I BauGB die Gemeinde, wenn der Eingriff nicht im Interesse eines Begünstigten erfolgt.

Geschützt wird nach § 39 BauGB (nur) das Vertrauen in den Bestand eines **rechtsverbindlichen Bebauungsplans**. Darstellungen des Flächennutzungsplans sind daher ebenso wenig eine Vertrauensgrundlage, wie sich aus einem rechtsunwirksamen Bebauungsplan

---

[3187] *Kröner* ZfBR 1984, 117; *Mengele* BauR 1995, 193; *Papier* BauR 1976, 297; *Söfker* BBauBl. 1983, 735.

[3188] *Battis* in: Battis/Krautzberger/Löhr § 39 Rdn. 3.

Entschädigungsansprüche nach § 39 BauGB ergeben können.[3189] Auch Festsetzungen, die wegen **Funktionslosigkeit** außer Kraft getreten sind,[3190] geben keine Grundlage für Entschädigungsansprüche nach § 39 BauGB.[3191] Der zugrunde liegende Bebauungsplan muss mithin zum Zeitpunkt der Aufwendungen wirksam sein. Er darf nicht an einem formellen oder materiellen Mangel leiden, muss nach § 10 BauGB in Kraft getreten sein und darf nicht vor der fraglichen Anwendung durch gegenläufiges Gewohnheitsrecht oder Funktionslosigkeit außer Kraft getreten sein.[3192] Ein Entschädigungsanspruch entfällt allerdings nicht, wenn ein zunächst unwirksamer Bebauungsplan im Zeitpunkt der Aufwendungen von der Gemeinde geheilt war oder das Heilungsverfahren mit späterem Abschluss begonnen war. Einen allgemeinen **Plangewährleistungsanspruch** in dem Sinne, dass auch das Vertrauen in eine rechtsunwirksame Planung geschützt wird, hat die Rechtsprechung aus § 39 BauGB nicht abgeleitet.[3193] Auch ein Anspruch aus enteignungsgleichem Eingriff scheidet aus, wenn das einfache Gesetzesrecht einen solchen Anspruch nicht gewährt. Ein Entschädigungsanspruch kann jedoch dann bestehen, wenn der Einzelne durch den Erlass eines unwirksamen, aber vollzogenen Bebauungsplans schwer und unerträglich betroffen wird.[3194]

Beispiel: Aufgrund eines von der Gemeinde erlassenen Bebauungsplans wird in der Nähe eines geruchsintensiven landwirtschaftlichen Betriebes ein Wohngebiet errichtet. In einem Normenkontrollverfahren wird der Bebauungsplan für unwirksam erklärt, weil ein ausreichender Abstand zwischen der immissionsempfindlichen Wohnbebauung und dem landwirtschaftlichen Betrieb nicht gewahrt ist. Die Gemeinde kann nach den Grundsätzen des enteignungsgleichen Eingriffs schadensersatzpflichtig sein, wenn die zur Erhaltung des landwirtschaftlichen Betriebes erforderlichen Modernisierungsmaßnahmen unterbleiben müssen. Auch können Amtshaftungsansprüche nach Art. 34 GG, § 839 BGB begründet sein.[3195] Ansprüche nach § 39 BauGB scheiden demgegenüber wegen der Unwirksamkeit des Bebauungsplans aus.

1706 Auch das Vertrauen auf den Fortbestand einer planungsrechtlichen Nutzbarkeit des Grundstücks im **nichtbeplanten Innenbereich** nach § 34 BauGB oder im **Außenbereich** nach § 35 BauGB ist durch § 39 BauGB nicht geschützt. Die Vorschrift schützt nur das berechtigte Vertrauen auf den Bestand eines rechtsverbindlichen Bebauungsplans, nicht das Vertrauen auf die planungsrechtliche Zulässigkeit von Vorhaben im nichtbeplanten

---

[3189] *BGH*, Urt. v. 24. 6. 1982 – III ZR 169/80 – BGHZ 84, 292 = *Hoppe/Stüer* RzB Rdn. 588 – nichtiger Bebauungsplan.

[3190] S. Rdn. 1095.

[3191] *BGH*, Urt. v. 19. 9. 1985 – III ZR 162/84 – BGHZ 97, 1 = *Hoppe/Stüer* RzB Rdn. 590; Urt. v. 10. 4. 1986 – III ZR 209/84 – BauR 1987, 62 = NVwZ 1986, 168; Urt. v. 21. 12. 1989 – III ZR 49/88 – BGHZ 110, 1 = NJW 1990, 1042 = DVBl. 1990, 355 = *Hoppe/Stüer* RzB Rdn. 585 – Buchholzer Berg; zur Funktionslosigkeit von Festsetzungen eines Bebauungsplans Urt. v. 29. 4. 1977 – IV C 39.75 – BVerwGE 54, 5 = DVBl. 1977, 768 = NJW 1977, 2325 = *Hoppe/Stüer* RzB Rdn. 201; Urt. v. 29. 9. 1978 – IV C 30.76 – BVerwGE 56, 283 = DVBl. 1979, 151 = NJW 1979, 1516 = *Hoppe/Stüer* RzB Rdn. 25 – Kurgebiet; Urt. v. 5. 8. 1983 – 4 C 96.79 – BVerwGE 67, 334 = *Hoppe/Stüer* RzB Rdn. 969; B. v. 16. 2. 1988 – 4 B 26.88 – UPR 1988, 265 = ZfBR 1988, 144 = NVwZ 1989, 49 = *Hoppe/Stüer* RzB Rdn. 452 – Abgrabung; B. v. 31. 8. 1989 – 4 B 161.88 – NVwZ-RR 1990, 121 = UPR 1990, 27 = ZfBR 1990, 40 = *Hoppe/Stüer* RzB Rdn. 202 – Stellplätze; Urt. v. 22. 3. 1990 – 4 C 24.86 – BVerwGE 85, 96 = DVBl. 1990, 781 = *Hoppe/Stüer* RzB Rdn. 1150 – Rückenteignung; Urt. v. 3. 8. 1990 – 7 C 41.89 – BVerwGE 85, 273 = DVBl. 1991, 157.

[3192] *BGH*, Urt. v. 24. 6. 1982 – III ZR 169/80 – BGHZ 84, 292 = *Hoppe/Stüer* RzB Rdn. 588 – nichtiger Bebauungsplan; Urt. v. 21. 12. 1989 – III ZR 49/88 – BGHZ 110, 1 = *Hoppe/Stüer* RzB Rdn. 585 – Buchholzer Berg.

[3193] *BGH*, Urt. v. 24. 6. 1982 – III ZR 169/80 – BGHZ 84, 292 = *Hoppe/Stüer* RzB Rdn. 588; Urt. v. 21. 12. 1989 – III ZR 49/88 – BGHZ 110, 1 = *Hoppe/Stüer* RzB Rdn. 585 – Buchholzer Berg; B. v. 9. 10. 1996 – 4 B 180.96 – DÖV 1997, 251 = UPR 1997, 102 – Plangewährleistung; *Hoppe* DVBl. 1969, 246.

[3194] *BGH*, Urt. v. 28. 6. 1984 – III ZR 35/83 – BGHZ 92, 34 = *Hoppe/Stüer* RzB Rdn. 19 – nichtiger Bebauungsplan einerseits und BGHZ 110, 1 – Buchholzer Berg andererseits.

[3195] *BGH*, Urt. v. 28. 6. 1984 – III ZR 35/83 – BGHZ 92, 34 = *Hoppe/Stüer* RzB Rdn. 19.

Innenbereich oder im Außenbereich. Auch eine analoge Anwendung des § 39 BauGB muss in diesen Fällen ausscheiden, weil die Vorschrift insoweit abschließende, nicht erweiterungsfähige Regelungen enthält.

§ 39 BauGB schützt das berechtigte Vertrauen in den **Fortbestand der Festsetzungen** eines Bebauungsplans. Dieses Vertrauen ist nicht mehr geschützt, wenn eine Änderung, Ergänzung oder Aufhebung des Bebauungsplans erkennbar ist. **1707**

Beispiel: Die Gemeinde beschließt die Änderung des Bebauungsplans und beantragt bei der Baugenehmigungsbehörde, das Vorhaben nach § 15 BauGB für ein Jahr zurückzustellen. Aufwendungen, die erst nach erfolgter Zurückstellung des Bauvorhabens getätigt werden, sind nicht nach § 39 BauGB entschädigungspflichtig.

Geschützt ist nur der **Wertverlust**. Wird das Grundstück in anderer Weise gleichwertig verwertet, so tritt eine Entschädigungspflicht nach § 39 BauGB nicht ein. Führt die Gemeinde die Änderungsabsicht nicht durch, so entfällt ebenfalls eine Entschädigungspflicht, da ein Vertrauensschaden nach § 39 BauGB nur bei einer durchgeführten Entwertung von Nutzungsmöglichkeiten gewährt wird. Nach § 39 S. 1 BauGB ist ein angemessener Geldersatz zu leisten. Die Entschädigung bemisst sich der Höhe nach dabei gem. § 43 I 3 BauGB nach den §§ 93 ff. BauGB. **1708**

2. Entschädigung bei öffentlicher Zwecksetzung gem. §§ 40, 41 BauGB

a) **Gemeinwohlzwecke.** §§ 40, 41 BauGB enthalten Entschädigungsregelungen bei öffentlicher Zwecksetzung. Sind im Bebauungsplan Gemeinbedarfsflächen sowie Flächen für Sport- und Spielanlagen, Flächen für Personengruppen mit besonderem Wohnbedarf oder mit besonderem Nutzungszweck, von der Bebauung freizuhaltende Schutzflächen und Flächen für besondere Anlagen und Vorkehrungen zum Schutz vor Einwirkungen, Verkehrsflächen, Versorgungsflächen, Flächen für die Abfallentsorgung und Abwasserbeseitigung sowie für Ablagerungen, Grünflächen, Flächen für Aufschüttungen, Abgrabungen oder für die Gewinnung von Steinen, Erden und anderen Bodenschätzen, Flächen für Gemeinschaftsstellplätze und Gemeinschaftsgaragen, Flächen für Gemeinschaftsanlagen, von der Bebauung freizuhaltende Flächen, der Wasserwirtschaft dienende Flächen sowie Flächen für Maßnahmen zum Schutz, zur Pflege und zur Entwicklung von Natur und Landschaft festgesetzt, so ist der Eigentümer nach § 40 BauGB zu entschädigen, soweit ihm hierdurch Vermögensnachteile entstehen. **1709**

Nach § 40 BauGB wird eine Entschädigung für **Eingriffe in das Grundstück** gewährt, die fremdnützigen Zwecken, insbesondere den Interessen der Allgemeinheit, dienen. Ausgenommen von der Entschädigungspflicht werden nach § 40 I 2 BauGB bestimmte sozialgebundene, im Einzelfall nicht fremdnützige Festsetzungen, die dem Eigentümer im Hinblick auf die Sozialgebundenheit des Eigentums zuzumuten sind. Die entschädigungsauslösenden Festsetzungen müssen in einem rechtsverbindlichen Bebauungsplan enthalten sein. Bei Unwirksamkeit des Bebauungsplans scheidet § 40 BauGB als Anspruchsgrundlage aus. Auch im nichtbeplanten Innenbereich oder Außenbereich ist § 40 BauGB nicht anwendbar. Aus den Festsetzungen des Bebauungsplans oder in deren Folge[3196] müssen sich für den Grundstückseigentümer spürbare Vermögensnachteile ergeben.[3197] **1710**

Beispiel: Der Bebauungsplan weist ein Grundstück als Verkehrsfläche für eine geplante Straße aus. Der Eigentümer kann für sein Gebäude nur noch Mietverträge mit kurzfristiger Laufzeit abschließen und im Hinblick auf die vorgesehene Nutzung auch nur noch geringere Mieten erzielen.

Die Entschädigung wird nach § 40 II BauGB[3198] in erster Linie durch eine **Übernahme** der Flächen gewährt. Der Eigentümer kann die Übernahme verlangen, (1) wenn ihm das **1711**

[3196] *BGH*, Urt. v. 29. 4. 1968 – III ZR 80/67 – BGHZ 50, 93.
[3197] Durch das BauROG 1998 ist § 40 I 1 Nr. 7 und 14 BauGB ergänzt worden.
[3198] Dazu *BGH*, Urt. v. 9. 10. 1997 – III ZR 148/96 – DVBl. 1998, 34.

weitere Behalten oder die weitere Nutzung des Grundstücks nicht mehr zumutbar ist oder (2) wenn Nutzungsbeschränkungen auf künftigen Gemeinbedarfs-, Verkehrs-, Versorgungs- und Grünflächen gem. § 32 BauGB die Nutzung einer baulichen Anlage wesentlich beeinträchtigen. Die **Zumutbarkeit** ist aus der jeweiligen Sicht des Eigentümers zu beurteilen und bemisst sich daher nach einem **subjektiven Maßstab**. Dabei sind die finanziellen Auswirkungen der Festsetzungen und die wirtschaftlichen Verhältnisse des Eigentümers zu berücksichtigen. Es stellt sich allerdings die Frage, inwieweit die Bewertung über die grundstücksbezogenen Umstände hinaus auch die wirtschaftlichen und persönlichen Verhältnisse des Eigentümers einzubeziehen hat.[3199]

1712   Hat ein Grundstück bereits eine bestimmte **planungsrechtliche Qualität** erreicht, so ist diese auch Grundlage für eine Entschädigung im Falle der Übernahme des Grundstücks nach den §§ 40 II, 43 I BauGB. Dies gilt etwa für ein im bisherigen Bebauungsplan als Bauland ausgewiesenes Grundstück, das über sieben Jahre ungenutzt war und in einem neuen Bebauungsplan als Gemeinbedarfsfläche ausgewiesen wird. Bedeutsam kann dabei auch sein, dass die Bebaubarkeit der umliegenden Grundstücke weitgehend nicht aufgehoben wurde. Nach dem Wortlaut des § 43 I 3 BauGB i.V. m. § 95 II Nr. 7 BauGB und nach § 43 III 2 BauGB darf bei der Festsetzung der Entschädigung nur die tatsächlich ausgeübte Nutzung des Grundstücks berücksichtigt werden. Die frühere, über sieben Jahre nicht ausgenutzte Bebaubarkeit bliebe danach als Merkmal für die Wertbestimmung unberücksichtigt. Im Hinblick auf Art. 14 GG und den allgemeinen Gleichheitssatz ist allerdings nach Auffassung des *BGH* eine verfassungskonforme Auslegung der genannten Entschädigungsbestimmungen geboten. Es ist im Falle eines Übernahmeverlangens daher Enteignungsentschädigung nach derjenigen Grundstücksqualität zu leisten, die das enteignete Grundstück vor der es herabzonenden Ausweisung im Bebauungsplan hatte und die die übrigen Grundstücke im Plangebiet weiterhin aufweisen.[3200]

1713   Nach § 40 II 2 BauGB kann der Eigentümer anstelle der Übernahme die Begründung von **Miteigentum** oder eines geeigneten Rechts verlangen, wenn die Verwirklichung des Bebauungsplans nicht die Entziehung des Eigentums erfordert. Die Regelung entspricht dem Grundsatz der Verhältnismäßigkeit und trägt der Zielvorstellung in § 1 VI Nr. 2 BauGB Rechnung, die Eigentumsbildung weiter Bevölkerungskreise zu stützen.

1714   Nach § 40 III 1 BauGB tritt bei **Nutzungsbeschränkungen** auf künftigen Gemeinbedarfs-, Verkehrs-, Versorgungs- und Grünflächen gem. § 32 BauGB, wenn die bisherige Nutzung des Grundstücks hierdurch erschwert wird, an die Stelle des Übernahmeanspruchs ein **Entschädigungsanspruch in Geld**. Der Anspruch auf Geldentschädigung setzt voraus, dass die bisherige Nutzung durch Maßnahmen nach § 32 BauGB erschwert wird. Ist die Nutzung auf Dauer unrentabel, besteht nach § 40 II 1 BauGB ein Übernahmeanspruch.

1715   **b) Geh-, Fahr- und Leitungsrechte.** § 41 BauGB gewährt eine Entschädigung bei der **Begründung von Geh-, Fahr- und Leitungsrechten** und bei der **Bindung für Bepflanzungen**. Sind im Bebauungsplan Flächen festgesetzt, die mit Geh-, Fahr- und Leitungsrechten zu belasten sind, kann der Eigentümer unter den Voraussetzungen des § 40 II BauGB die Begründung der Rechte zu Gunsten des Berechtigten verlangen.

1716   Enthält der Bebauungsplan Festsetzungen über **Bindungen bei Bepflanzungen** und zur **Erhaltung von Gewässern**, so ist dem Eigentümer nach § 41 II BauGB eine angemessene Entschädigung in Geld zu gewähren, wenn infolgedessen besondere Aufwendungen erforderlich werden oder eine wesentliche Wertminderung des Grundstücks eintritt. Die Vorschrift gewährt danach nur dann eine Entschädigung, wenn die Festsetzungen über die Begründung von Geh-, Fahr- und Leitungsrechten sowie bei Bindungen für Bepflan-

---

[3199] Zu weiteren Einzelheiten *Battis* in: Battis/Krautzberger/Löhr § 40 Rdn. 8; *Schmidt-Aßmann* BauR 1976, 145.
[3200] *BGH*, Urt. v. 6. 5. 1999 – III ZR 174/98 – DVBl. 1999, 1282 m. krit. Anm. *Berkemann* = BauR 1999, 1001 = UPR 1999, 306 = ZfBR 1999, 273 = DÖV 1999, 824.

zungen zu unzumutbaren Beeinträchtigungen führt. Sie ist Ausdruck der Abgrenzung der Sozialpflichtigkeit des Eigentums einerseits und von dem Eigentümer nicht mehr zumutbaren, enteignend wirkenden Eingriffen andererseits. Im Rahmen einer Abwägung hat daher jeweils eine **Interessenbewertung** dahin gehend zu erfolgen, ob die mit den Festsetzungen verbundenen Eingriffe das zumutbare Maß übersteigen oder ob die Festsetzungen noch im Rahmen der Sozialgebundenheit des Eigentums liegen. Nur wenn sich eine unzumutbare, wesentliche Wertminderung ergibt, bestehen im Hinblick auf Festsetzungen zu Geh-, Fahr- und Leitungsrechten sowie Bepflanzungen Entschädigungsansprüche gem. § 41 BauGB.

3. Entschädigung bei Änderung oder Aufhebung einer zulässigen Nutzung gem. § 42 BauGB

Eine Entschädigungsregelung bei **Änderung** oder **Aufhebung** einer **zulässigen Nutzung** enthält § 42 BauGB. Wird die zulässige Nutzung eines Grundstücks aufgehoben oder geändert und tritt dadurch eine nicht nur unwesentliche Wertminderung des Grundstücks ein, kann der Eigentümer nach Maßgabe des § 42 BauGB eine angemessene Entschädigung in Geld verlangen. Die Vorschrift stellt innerhalb des Planungsschadensrechts die Generalnorm für die Entschädigung wegen Änderung oder Aufhebung einer zulässigen Nutzung dar. Gegenüber den Sondertatbeständen erweist sich die Regelung damit als subsidiärer Auffangtatbestand, der auch in nichtbeplanten Innenbereichs- oder Außenbereichslagen anzuwenden ist.

a) **Siebenjahresfrist.** Das Gesetz unterscheidet dabei zwischen Eigentumseingriffen, die innerhalb eines Zeitraums von **sieben Jahren** in die baurechtliche Nutzbarkeit erfolgen, und Änderungen oder Aufhebungen, die eine bereits länger bestehende Nutzungsmöglichkeit betreffen. Wird die zulässige Nutzung eines Grundstücks innerhalb von sieben Jahren ab Zulässigkeit aufgehoben oder geändert, so bemisst sich die Entschädigung gem. § 42 II BauGB nach dem Wertunterschied der jeweiligen Nutzungsmöglichkeiten. Wird nach Ablauf der **Siebenjahresfrist** die bisherige Nutzung nachteilig geändert oder aufgehoben, so wird nach § 42 III BauGB grundsätzlich nur Entschädigung für einen Eingriff in die **ausgeübte Nutzung** geleistet. Eine Entschädigung für bisher nicht ausgeübte Nutzungsmöglichkeiten erfolgt, abgesehen von Sonderfällen (vgl. dazu § 42 V bis VIII BauGB), nicht.[3201]

Diese in ihrem Kern auf die BBauG-Novelle 1976 zurückgehende Vorschrift will einen sachgerechten Ausgleich zwischen den **Gemeinwohlbelangen** und den **Individualinteressen** des Eigentümers sicherstellen. Erstmals wurde dabei die Siebenjahresfrist zur Begrenzung der Entschädigungsansprüche in nicht ausgeübte Nutzungen eingeführt. Im Vorfeld der Neuregelungen waren bereits weitergehende Modelle eines Planwertausgleichs oder Investitionsbeitrags mit dem Inhalt erörtert worden, dass Planungsgewinne ganz oder teilweise abgeschöpft oder finanzielle Beiträge zu den Investitionsaufwendungen der Gemeinden bei der Ausweisung neuen Baugeländes geleistet werden sollten.[3202] Die in § 42 BauGB enthaltene Begrenzung des Entschädigungsanspruchs für den Eingriff in nicht ausgeübte Nutzungen wird allgemein als verfassungsrechtlich zulässige Inhalts- und Schrankenbestimmung des Eigentums angesehen. Der Gesetzgeber hat sich dabei von dem Gedanken leiten lassen, die nicht verwirklichte Nutzung nur in einem zeitlich beschränkten Rahmen zu schützen und nach Ablauf einer bestimmten Frist solche Nutzungsmöglichkeiten ohne Entschädigungsverpflichtung erneut zur Disposition der planenden Gemeinde zu stellen. Anderenfalls bestünde die Gefahr, dass notwendige Planänderungen an finanziellen Entschädigungsfolgen scheitern könnten. Zu-

---

[3201] Zur rückwirkenden Planheilung *BVerwG*, B. v. 20. 8. 1992 – 4 NB 3.92 – ZfBR 1992, 289 = *Hoppe/Stüer* RzB Rdn. 215 – Baugrenzen.
[3202] Vorschläge dahingehend, den Planungsgewinn abzuschöpfen, sind auch im Rahmen des BauROG 1998 im Vermittlungsausschuss gescheitert.

gleich ist dabei das Vertrauensschutzinteresse des Eigentümers in einem notwendigen Umfang berücksichtigt: Der Eigentümer oder Erwerber eines Grundstücks kann sich darauf verlassen, dass innerhalb der Siebenjahresfrist ein Entzug der bestehenden Nutzungsmöglichkeiten nur gegen Entschädigung erfolgt. Ist die Nutzung bereits länger als sieben Jahre zulässig, so muss der Betroffene mit einer Planänderung rechnen und ist in diesem Fall auf eine Entschädigung für die ausgeübten Nutzungen beschränkt.

1720 **b) Eingriff in die zulässige Grundstücksnutzung.** Die Entschädigung nach § 42 BauGB setzt einen Eingriff in die **zulässige Grundstücksnutzung** voraus. Die planungsrechtliche Zulässigkeit kann sich dabei aus den Festsetzungen eines Bebauungsplans gem. § 30 BauGB, im nichtbeplanten Innenbereich aus § 34 BauGB oder im Außenbereich aus § 35 BauGB ergeben. Auch Möglichkeiten der Ausnahmen und Befreiungen nach § 31 BauGB oder planungsrechtliche Zulässigkeiten im Hinblick auf die formelle oder materielle Planreife nach § 33 I und II BauGB sind dabei zu berücksichtigen. Zudem muss die **Erschließung** gesichert sein.

Beispiel: Die Gemeinde hat vor einigen Jahren einen Bebauungsplan für ein neues Baugebiet rechtsverbindlich aufgestellt. Mit den Bauarbeiten ist noch nicht begonnen worden. Inzwischen besteht die Absicht, den Bebauungsplan zu ändern und ein anderes Baugebiet auszuweisen. Der Landwirt, dem die bisher landwirtschaftlich genutzten Flächen gehören, möchte an der Bebauung festhalten, jedenfalls aber für den Fall der Planaufhebung Entschädigungsansprüche geltend machen. Es ist ihm daher zu raten, rechtzeitig vor Ablauf der Siebenjahresfrist gem. § 42 VII BauGB einen planungsrechtlichen Vorbescheid zu beantragen. Auch sollte er der Gemeinde einen Vertrag zur Erschließung des Baugeländes unterbreiten. Die Gemeinde kann sich einem solchen Vertragsangebot nicht entziehen, ohne selbst erschließungspflichtig zu werden (§ 124 III BauGB).[3203]

1721 Die zulässige Nutzung muss durch einen **Bebauungsplan** der Gemeinde oder eine **vergleichbare Maßnahme** aufgehoben oder geändert werden. Dabei muss es sich um einen planungsrechtlichen Eingriff in die Bodennutzbarkeit mit bodenrechtlichen Wirkungen oder um eine entsprechende planersetzende Maßnahme handeln. Eine Umplanung der Gemeinde dahingehend, dass an die Stelle ursprünglich vorgesehener öffentlicher Erschließungsanlagen gleich geartete private Erschließungsanlagen treten, stellt die planungsrechtliche Nutzbarkeit als solche nicht in Frage und löst einen entsprechenden Entschädigungsanspruch nicht aus.[3204] Die Aufhebung oder Änderung der baulichen Nutzung kann auch durch den Erlass einer Erhaltungssatzung nach § 172 BauGB oder einer Innenbereichssatzung nach § 34 IV BauGB[3205] bewirkt werden oder in einer Änderung der BauNVO liegen, die eine bisher zulässige Nutzung entzieht oder ändert. Allerdings setzt dies voraus, dass die Änderung der BauNVO zulässigerweise in die Planungen der Gemeinde eingreift und dies mit der kommunalen Planungshoheit vereinbar ist. Aus dieser Sicht sind solchen rückwirkenden Eingriffen in den Bestand der Bauleitpläne durch Änderungen der BauNVO Grenzen gesetzt.

1722 Eine Entschädigung nach § 42 I BauGB kommt auch dann in Betracht, wenn die bisher zulässige bauliche Nutzung eines bebauten Grundstücks nicht durch einen Bebauungsplan, sondern aufgrund des **§ 34 BauGB** durch andere behördliche Akte aufgehoben oder geändert wird.[3206] Die Anwendung des § 42 BauGB auch auf diese Fälle der Erteilung von Baugenehmigungen und einer dadurch bewirkten Umstrukturierung des Gebietes wird vor allem mit der Überlegung begründet, dass es sich dabei um enteig-

---

[3203] *OVG Münster,* Urt. v. 29. 4. 1998 – 3 A 4191/93 – NWVBl 1999, 30 = DÖV 1999, 169 – Straßenlanderwerb.

[3204] *BGH,* Urt. v. 10. 4. 1997 – III ZR 104/96 – DVBl. 1997, 1055 = NJW 1997, 2115 (auch zu weiteren in Betracht kommenden Übernahme- und Entschädigungsansprüchen); siehe auch zur Entschädigung für Wertminderung bei Grundstücksteilung nach §§ 95, 96 BauGB *BGH,* Urt. v. 10. 4. 1997 – III ZR 111/96 – NJW 1997, 2119.

[3205] *Stüer* DVBl. 1995, 121.

[3206] *BGH,* Urt. v. 12. 6. 1975 – III ZR 158/72 – BGHZ 64, 366 = *Hoppe/Stüer* RzB Rdn. 599 – Sägewerk.

nende Eingriffe in eine ausgeübte Nutzung handeln kann und aus verfassungsrechtlichen Gründen eine Entschädigungsregelung für solche Eingriffe erforderlich ist.[3207] Ähnlich wie eine „verfestigte Anspruchsposition" nach der Rechtsprechung des *BVerwG* zu einem Anspruch auf Genehmigung führen könne,[3208] müsse auch die planungsrechtliche Rechtsstellung im nichtbeplanten Innenbereich gegen Entwertungen durch die Erteilung von Genehmigungen geschützt sein.[3209]

1723 Es spricht viel dafür, dass eine „zulässige Nutzung" gem. § 42 I BauGB bei einem Vorhaben im **Außenbereich** erst dann vorliegt, wenn sich diese Nutzungszulässigkeit aus einer Baugenehmigung oder einem Bauvorbescheid ergibt.[3210] Denn vor Erteilung einer Baugenehmigung besteht für den Grundstückseigentümer im Außenbereich nur eine allgemeine Chance der baulichen Nutzung. Die planungsrechtliche Zulässigkeit auch bei privilegierten Vorhaben steht hier unter dem Vorbehalt der nicht entgegenstehenden öffentlichen Belange, was eine Rechtsposition nach § 42 I BauGB noch nicht begründet.[3211] Denn bis zur Erteilung einer Bebauungsgenehmigung oder einer Baugenehmigung besteht für die bauliche Nutzung des Außenbereichs nur eine labile Lage, die nicht bereits eine zulässige Grundstücksnutzung erzeugt oder eine verfassungsrechtlich gefestigte Konsistenz hat.[3212] Zulässige Nutzung im Sinne des § 42 BauGB ist im Außenbereich daher nur die in einem bau- oder immissionsschutzrechtlichen Verfahren zugelassene Nutzung.[3213]

1724 Offen ist zudem, ob auch der **Flächennutzungsplan**, der an sich privilegierte Vorhaben durch seine Ausschlusswirkung regelmäßig für unzulässig erklärt, ein dem Bebauungsplan gleichwertiges Instrument ist, das vom Gesetz für einen Entschädigungsanspruch nach § 42 BauGB vorausgesetzt wird. Denn der Flächennutzungsplan hat im Allgemeinen keine abschließende rechtssatzmäßige Wirkung, sondern stellt vielmehr die bauliche und sonstige Nutzung der Grundstücke in den Grundzügen dar (§ 5 BauGB).[3214] Ob daher dem Flächennutzungsplan diese Qualität einer dem Bebauungsplan vergleichbaren Maßnahme zukommt, ist bisher in der Rechtsprechung nicht abschließend geklärt.[3215] Auch das *BVerwG* hat dies bisher im Ergebnis offen gelassen, allerdings die Anwendung des § 42 BauGB nicht von vornherein ausgeschlossen.[3216]

1725 Auch Regelungen der Gemeinde und der Regionalplanung im Zusammenhang mit dem **Darstellungsprivileg** des **§ 35 III 3 BauGB** lösen eine Entschädigungspflicht nach § 42 BauGB nicht aus. Mit der Ausweisung von **Konzentrationszonen** verbunden mit einer entsprechenden Ausschlusswirkung für die anderen Teile des Plangebietes nimmt der Ortsgesetzgeber seinen ihm nach § 35 III 1 Nr. 1 und 3 BauGB eingeräumten Gestaltungsspielraum wahr und beschreibt öffentliche Belange, die bei der nachvollziehenden Abwägung zu berücksichtigen sind. Ob die von der Gemeinde formulierten Belange sich tatsächlich als entgegenstehend erweisen, kann nur durch eine Einzelfallprüfung geklärt

---

[3207] *BGH*, Urt. v. 12. 6. 1975 – III ZR 158/72 – BGHZ 64, 366 = *Hoppe/Stüer* RzB Rdn. 599 – Sägewerk.
[3208] *BVerwG*, Urt. v. 27. 1. 1967 – 4 C 33.65 – BVerwGE 26, 111 = NJW 1967, 1099.
[3209] *BGH*, Urt. v. 12. 6. 1975 – III ZR 158/72 – BGHZ 64, 366 = *Hoppe/Stüer* RzB Rdn. 599 – Sägewerk.
[3210] *Gaentzsch*, § 42 BauGB, Rdn. 5; *Krohn* in: Schlichter/Stich, § 42, Rdn. 12; vgl. auch *Battis* in: Battis/Krautzberger/Löhr, § 42, Rdn. 4.
[3211] A. A. *Schenke*, WiV 1990, 226.
[3212] *Battis* in: Battis/Krautzberger/Löhr, § 42, Rdn. 4.
[3213] *Bielenberg/Runkel* in: Ernst/Zinkahn/Bielenberg/Krautzberger, § 42, Rdn. 35; *Stüer* ZfBR 2004, 338.
[3214] *BVerwG*, Urt. v. 22. 5. 1987 – 4 C 57.84 – BVerwGE 77, 300 = DVBl. 1987, 1008 = *Hoppe/Stüer* RzB Rdn. 449 – Kölner Auskiesungskonzentrationszone; *Stüer* ZfBR 2004, 338.
[3215] Ablehnend *Bielenberg/Runkel* in: Ernst/Zinkahn/Bielenberg/Krautzberger, § 42, Rdn. 55.
[3216] *BVerwG*, Urt. v. 19. 9. 2002 – 4 C 10.01 – BVerwGE 117, 44 = DVBl. 2003, 201 = NuR 2003, 283 – Wangerland.

werden. Denn das Darstellungsprivileg ermöglicht nur die Bezeichnung von Belangen, die in der Regel auch einem privilegierten Außenbereichsvorhaben entgegenstehen.[3217] Insoweit erzeugen die Darstellungen des Flächennutzungsplans keine abschließenden Rechtswirkungen,[3218] sondern verweisen nur auf Belange, die mittelbar zur Beurteilung der planungsrechtlichen Zulässigkeit eines Vorhabens herangezogen werden können. Eine solche planerische Konkretisierung durch den Flächennutzungsplan ist auch mit der Eigentumsgarantie vereinbar, da der Ortsgesetzgeber im Außenbereich eine entsprechende Gestaltungsfreiheit im Rahmen der entschädigungslos zulässigen Inhalts- und Schrankenbestimmung des Eigentums hat.[3219] Die Darstellung von Konzentrationszonen ist daher keine Maßnahme, die nach § 42 BauGB einen Entschädigungsanspruch begründen kann.[3220] Dasselbe gilt für Darstellungen nach § 35 III 3 BauGB in Regionalplänen.[3221]

1726 Die Siebenjahresfrist ab erstmaliger Zulässigkeit der Nutzung ist damit Ende des Jahres 2003 ausgelaufen. Wird daher nach diesem Zeitpunkt ein Vorhaben der Windenergie durch das Darstellungsprivileg ausgeschlossen, sind nur bei Entzug der ausgeübten Nutzung Entschädigungen zu gewähren. Die Siebenjahresfrist wird allerdings dann nicht als abgelaufen betrachtet, wenn innerhalb dieser Zeit eine Veränderungssperre erlassen worden ist oder ein Vorhaben befristet zurückgestellt wurde (§ 42 V BauGB) und später ein endgültiger Entzug der Baurechte erfolgt, eine Baugenehmigung oder eine Bebauungsgenehmigung erteilt worden sind (§ 42 VI BauGB), ein Antrag auf Erteilung einer Baugenehmigung oder einer Bebauungsgenehmigung rechtswidrig abgelehnt worden ist oder derartige Anträge nicht rechtzeitig beschieden worden sind, obwohl sie innerhalb der Siebenjahresfrist bescheidungsreif waren (§ 42 VII BauGB).[3222]

1727 c) **Entschädigungsanspruch.** Der **Entschädigungsanspruch** ist grundsätzlich auf einen **Geldausgleich** gerichtet. Wird die zulässige Nutzung eines Grundstücks gänzlich aufgehoben, so gewährt § 42 IX BauGB statt einer Geldentschädigung einen Anspruch auf Grundstücksübernahme. Im Hinblick auf die Verweisung auf § 40 II Nr. 1 BauGB setzt ein solcher Übernahmeanspruch allerdings voraus, dass es dem Eigentümer wegen des eingetretenen Wertverlustes und der beschränkten Nutzungsmöglichkeiten wirtschaftlich nicht zuzumuten ist, das Grundstück zu behalten.[3223]

1728 In welcher **Höhe** derartige Ansprüche bestehen, hängt daher von dem Ausmaß der Einschränkungen und der Frage ab, wie diese sich auf das Grundstück wertmindernd auswirken. Ist die Anlage wegen entgegenstehender anderer öffentlicher Belange ohnehin nicht an diesem Standort und in der konkreten Ausgestaltung planungsrechtlich, immissionsschutzrechtlich oder bauordnungsrechtlich zulässig, bestehen bei entsprechenden Einschränkungen durch die Änderung des Flächennutzungsplans oder in einem Bebauungsplan auch keine Entschädigungsansprüche nach § 42 BauGB. Der Höhe nach bemisst sich die Entschädigung nicht nach den Gewinnerwartungen der Anlagenbetreiber,

---

[3217] *BVerwG,* Urt. v. 22. 5. 1987 – 4 C 57.84 – BVerwGE 77, 300 = DVBl. 1987, 1008 = *Hoppe/Stüer* RzB Rdn. 449 – Kölner Auskiesungskonzentrationszone.

[3218] *Battis* in: Battis/Krautzberger/Löhr, § 42, Rdn. 5; *Bielenberg/Runkel* in: Ernst/Zinkahn/Bielenberg/Krautzberger, § 42, Rdn. 54.

[3219] *BVerwG,* Urt. v. 17. 12. 2002 – 4 C 15.01 – BVerwGE 117, 287 = DVBl. 2003, 797 = NVwZ 2003, 733 – Feigenblatt.

[3220] *Bielenberg/Runkel* in: Ernst/Zinkahn/Bielenberg/Krautzberger, § 42, Rdn. 55; ablehnend allgemein für die Ziele der Raumordnung als Maßnahme nach § 42 BauGB *Bielenberg/Runkel* in: Ernst/Zinkahn/Bielenberg/Krautzberger, § 42, Rdn. 65.

[3221] *Stüer* ZfBR 2004, 338; anders für § 35 III 2 HS 1 BauGB *Bielenberg/Runkel* in: Ernst/Zinkahn/Bielenberg/Krautzberger, § 42, Rdn. 65.

[3222] *Battis* in: Battis/Krautzberger/Löhr, § 42 BauGB Rdn. 10; *Krohn* in: Schlichter/Stich, § 42 BauGB Rdn. 29. Zur Bedeutung der Veränderungssperre für Planung und Entschädigung auch *Enders* ZfBR 2000, 29, s. dort auch zu faktischen Bausperren.

[3223] *Battis* in: Battis/Krautzberger/Löhr, § 42 BauGB Rdn. 14; *Krohn* in: Schlichter/Stich, § 43 BauGB Rdn. 3.

8. Teil. Planverwirklichungsinstrumente **1729, 1730 A**

sondern (nur) nach dem **Unterschiedsbetrag** des **Grundstückswertes**, der sich im Vergleich der alten und neuen planerischen Lage ergibt.³²²⁴ Allerdings kann über die Berechnung des Ertragswertes auch die jeweilige Nutzungsmöglichkeit über den Pachtzins in die Berechnung des Grundstückswertes eingehen. Der Unterschiedsbetrag ist ggf. durch Sachverständigengutachten zu ermitteln.

Der Wertverlust des Grundstücks muss sowohl hinsichtlich seines absoluten Betrages als auch im Hinblick auf den prozentualen Anteil am bisherigen Grundstückswert beachtlich sein.³²²⁵ Dabei ist der **Grundstückswert** anzusetzen, der sich bei einer entsprechenden Nutzungsmöglichkeit als Standort für eine Windkraftanlage gegenüber der sonst zulässigen, in der Regel landwirtschaftlichen Nutzung ergibt. Fraglich ist allerdings, an welche Tatbestandsmerkmale die allgemeine Verkehrsauffassung eine wahrnehmbare Erhöhung des Grundstückswerts im Hinblick auf die Nutzungsmöglichkeiten eines Grundstücks für **Windenergieanlagen** knüpft. Die durch die Gesetzesänderung zum 1.1. 1997 bewirkte Privilegierung der Windkraftanlagen hat jedenfalls nicht zu einer messbaren Werterhöhung aller landwirtschaftlichen Grundstücke geführt, auf denen Windenergieanlagen danach zulässig waren. Auch die Ausweisung von Windfeldern in der Regionalplanung (Gebietsentwicklungsplan) oder Darstellungen im Flächennutzungsplan führen wohl noch nicht zu einer entsprechenden Wertsteigerung. Etwas anderes könnte gelten, wenn für eine konkrete Anlage eine Bebauungsgenehmigung erteilt worden ist. Allerdings vermittelt die Bebauungsgenehmigung nicht eine Sicherheit, wie sie der Baugenehmigung zukommt.³²²⁶ Dies gilt vor allem auch dann, wenn die Gemeinde an entgegenstehenden Darstellungen im Flächennutzungsplan festhält und ein Reparaturverfahren zur Heilung von Mängeln des Flächennutzungsplans betreibt. Eine Bebauungsgenehmigung dürfte zu einer Werterhöhung des Grundstücks nur dann führen, wenn eine der Verwirklichung der Planung entgegenstehende Planungsabsicht der Gemeinde nicht erkennbar ist.³²²⁷

1729

d) **Bestandsschutz.** Zur **eigentumsrechtlich verfestigten Anspruchsposition** und zum **Bestandsschutz**³²²⁸ hat das *BVerwG* allerdings inzwischen den Vorrang gesetzgeberischer Wertentscheidungen betont. Eine eigenständige Anspruchsposition aus dem Gesichtspunkt des **Bestandsschutzes** besteht danach nicht, wenn eine gesetzliche Regelung i. S. des Art. 14 I 2 GG vorhanden ist. Es ist dabei in erster Linie Aufgabe des Gesetzgebers, das Gebot eines sachgerechten Interessenausgleichs zwischen der Privatnützigkeit und der Sozialpflichtigkeit des Eigentums (Art. 14 I und II GG) herzustellen.³²²⁹ Der Bestandsschutz setzt sich sowohl gegenüber den Festsetzungen eines Bebauungsplans, im nicht beplanten Innenbereich als auch im Außenbereich selbst für nicht privilegierte Vorhaben durch. Ein Bestandsschutz wird nach der Rechtsprechung nur für den vorhandenen Bestand gewährt. Ist der Bestand ganz oder überwiegend nicht mehr vorhanden, entfällt auch der Bestandsschutz. Der Bestandsschutz berechtigt allerdings nicht nur, eine rechtmäßig errichtete bauliche Anlage in ihrem Bestand zu erhalten und sie wie bisher zu nutzen. Er berechtigt auch dazu, die zur Erhaltung und zeitgemäßen Nutzung der baulichen Anlage notwendigen Maßnahmen durchzuführen.³²³⁰ Vom Bestandsschutz

1730

---

³²²⁴ Zur Aufhebung oder Änderung der Nutzung durch einen Bebauungsplan *Battis* in: Battis/Krautzberger/Löhr, § 42 BauGB Rdn. 5.
³²²⁵ *Battis* in: Battis/Krautzberger/Löhr, § 42 BauGB Rdn. 6; *Schenke*, WiV 1990, 226; *Enders/Bendermacher* ZfBR 2002, 29 (10 %), OLG Stuttgart, Urt. v. 27. 11. 1975 – 10 U (Baul) 5/75 – NJW 1976, 1696 (20 %); *Schrödter/Breuer*, § 42 BauGB Rdn. 96 (10–12 % nicht ausreichend); BGH, Urt. v. 30. 5. 1963 – III ZR 230/61 – NJW 1963, 1916 (4 % nicht ausreichend).
³²²⁶ Zum Auskunftsanspruch nach § 42 X BauGB *BGH*, Urt. v. 10. 4. 1997 – III ZR 104/96 – BGHZ 135, 192 = ZfBR 1997, 421: *Battis* in: Battis/Krautzberger/Löhr § 43 Rdn. 15.
³²²⁷ *Stüer* ZfBR 2004, 338.
³²²⁸ Zur Baufreiheit *Breuer* DÖV 1978, 189; *Grziwotz* AöR 113 (1988), 213; *Leisner* DVBl. 1992, 1065; *Schulte* DVBl. 1979, 133.
³²²⁹ *BVerwG*, Urt. v. 16. 5. 1991 – 4 C 17.90 – DVBl. 1991, 819 – Abstandsflächen.
³²³⁰ *BVerwG*, Urt. v. 18. 10. 1974 – IV C 75.71 – BVerwGE 47, 126 = *Hoppe/Stüer* RzB Rdn. 1076.

nicht mehr gedeckt sind aber solche Maßnahmen, die einer Neuerrichtung (Ersatzbau) gleichkommen.³²³¹ Die Identität des wieder hergestellten mit dem ursprünglichen Bauwerk muss gewahrt bleiben. Kennzeichen dieser Identität ist es, dass das ursprüngliche Gebäude nach wie vor als die Hauptsache erscheint. Hieran fehlt es dann, wenn der mit der Instandsetzung verbundene Eingriff in den vorhandenen Bestand so intensiv ist, dass er die Standfestigkeit des gesamten Bauwerks berührt und eine statische Nachberechnung des gesamten Gebäudes erforderlich macht, oder wenn die für die Instandsetzung notwendigen Arbeiten den Aufwand für einen Neubau erreichen oder gar übersteigen, oder wenn die Bausubstanz ausgetauscht oder das Bauvolumen wesentlich erweitert wird.³²³² Die vollständige Erneuerung der Fundamente, der Außenwände und des Daches eines Gebäudes ist auch bei teilweiser Verwendung alter Baumaterialien nicht mehr vom Bestandsschutz gedeckt. Es fehlt dann – unbeschadet des äußeren Erscheinungsbildes – an einer Identität des wieder hergestellten mit dem ursprünglichen Bauwerk.³²³³

1731 Ein **Rechtsanspruch** aus dem Gesichtspunkt des Bestandsschutzes ist danach zu verneinen, wenn eine **abschließende gesetzliche Grundlage** vorhanden ist.³²³⁴ Einen eigentumsrechtlichen Bestandsschutz außerhalb der gesetzlichen Regelungen gibt es nach Auffassung des *BVerwG* nicht.³²³⁵ Dies hat etwa im nichtbeplanten Innenbereich oder im Außenbereich i. S. des Vorrangs und der abschließenden Geltung der gesetzlichen Regelungen in § 34 BauGB und § 35 BauGB für die planungsrechtliche Beurteilung von Vorhaben unmittelbare Konsequenzen.³²³⁶ So werden die Vorschriften zur Außenbereichsbebauung in § 35 BauGB als abschließende gesetzliche Regelungen der planungsrechtlichen Zulässigkeit des Bauens im Außenbereich verstanden. Vorhaben, die danach nicht zulässig sind, können nach Auffassung des *BVerwG* auch nicht über den Gesichtspunkt des Bestandsschutzes zugelassen werden. Dies gilt sowohl für vormals privilegierte als auch für nicht privilegierte Außenbereichsvorhaben. Wird etwa ein Gebäude, das in der Vergangenheit einem land- oder forstwirtschaftlichen Betrieb diente, auf unabsehbare Zeit aus dem Betrieb herausgelöst und für Zwecke der Freizeitgestaltung genutzt, so liegt hierin nicht nur eine Nutzungsänderung, sondern zugleich auch eine Funktionsänderung, die zu einer Entprivilegierung führt.³²³⁷ Damit erledigt sich nach Auffassung des *BVerwG* auch der Bestandsschutz, der dem Gebäude zukommt.³²³⁸

---

³²³¹ *OVG Greifswald*, Urt. v. 18. 2. 1998 – 3 M 134/95 – (unveröffentlicht).
³²³² *BVerwG*, Urt. v. 17. 1. 1986 – 4 C 80.82 – BVerwGE 72, 362 = DVBl. 1986, 677 = *Hoppe/Stüer* RzB Rdn. 1077 – Statik; vgl. B. v. 19. 4. 1991 – 4 B 9.91 – Buchholz 406.16 Grundeigentumsschutz Nr. 56 = *Hoppe/Stüer* RzB Rdn. 1082 – Instandsetzung.
³²³³ *BVerwG*, B. v. 4. 12. 1992 – 4 B 229.92 – Buchholz 406.16 Grundeigentumsschutz Nr. 60 = *Hoppe/Stüer* RzB Rdn. 464.
³²³⁴ *BVerwG*, Urt. v. 15. 2. 1990 – 4 C 23.86 – BVerwGE 84, 322 = *Hoppe/Stüer* RzB Rdn. 388 – Unikat; Urt. v. 22. 2. 1991 – 4 CB 6.91 – GewArch. 1991, 179 – Verfristung Vorbescheid; Urt. v. 10. 8. 1990 – 4 C 3.90 – BVerwGE 85, 289 = *Hoppe/Stüer* RzB Rdn. 138; B. v. 3. 12. 1990 – 4 B 145.90 – ZfBR 1991, 83 = RdL 1991, 6 = *Hoppe/Stüer* RzB Rdn. 539 – § 35 IV BauGB; Urt. v. 27. 8. 1998 – 4 C 5.98 – BauR 1999, 152 = DVBl. 1999, 254 – Kur- und Gemeindehaus.
³²³⁵ *BVerwG*, Urt. v. 1. 12. 1995 – 4 B 271.95 – BRS 57 (1995) Nr. 100 – Koppelschafhaltung – mit Hinweis auf B. v. 3. 12. 1990 – 4 B 145.90 – ZfBR 1991, 83 = BRS 50 Nr. 88; Urt. v. 15. 2. 1990 – 4 C 23.86 – NVwZ 1990, 775 = DVBl. 1990, 572; vgl. *Taegen* in: Berliner Komm. § 35 BauGB Rdn. 94.
³²³⁶ *Stüer* DVBl. 1992, 266.
³²³⁷ *BVerwG*, Urt. v. 15. 11. 1974 – IV C 32.71 – BVerwGE 47, 185 = *Hoppe/Stüer* RzB Rdn. 402 – landwirtschaftsfremde Nutzung; Urt. v. 24. 10. 1980 – 4 C 81.77 – BVerwGE 61, 112 = *Hoppe/Stüer* RzB Rdn. 517 – Nutzungsänderung.
³²³⁸ *BVerwG*, Urt. v. 18. 5. 1990 – 4 C 49.89 – Buchholz 406.16 Grundeigentumsschutz Nr. 52 = *Hoppe/Stüer* RzB Rdn. 1080 – Diskothek; B. v. 27. 2. 1993 – 4 B 5.93 – *Hoppe/Stüer* RzB Rdn. 431 – Freizeitzwecke.

8. Teil. Planverwirklichungsinstrumente

Angesichts der umfassenden Außenbereichsregelungen scheidet ein Genehmigungsanspruch für Außenbereichsvorhaben aus dem Gesichtspunkt des **überwirkenden Bestandsschutzes** nach Auffassung des *BVerwG* aus.[3239] Auch die Genehmigung von Nutzungsänderungen im Anwendungsbereich der §§ 34 und 35 BauGB kommt nach Auffassung des *BVerwG* über die in § 34 BauGB und in § 35 IV BauGB geregelten Fälle hinaus aufgrund des überwirkenden Bestandsschutzes oder einer eigentumskräftig verfestigten Anspruchsposition grundsätzlich nicht in Betracht.[3240] Auch eine besonders alte Bausubstanz vermittelt daher als solche keinen Bestandsschutz, der sich über die gesetzlichen Regelungen der planungsrechtlichen Zulässigkeit von Vorhaben in den §§ 30 bis 37 BauGB hinwegsetzt.[3241] Dabei vermittelt nach Auffassung des *BVerwG* § 35 II BauGB keine Rechtsposition, die den Schutz des Art. 14 GG gegen neu auftretende öffentliche Belange genießt.[3242] Diese Position kann sich z. B. dadurch ändern, dass öffentliche Belange neu formuliert werden, etwa wenn ein Flächennutzungsplan aufgestellt oder geändert wird. Davor schützt § 35 II BauGB nicht. Der Eigentümer eines Grundstücks im Außenbereich muss vielmehr stets damit rechnen, dass so etwas geschieht. Denn nach der Entscheidung des Gesetzgebers, der Inhalt und Schranken des Eigentums gem. Art. 14 I 2 GG bestimmt, ist der Außenbereich grundsätzlich nicht für das Bauen freigegeben, sondern in erster Linie für die Land- und Forstwirtschaft und die Erholung der Allgemeinheit bestimmt. Der Bestandsschutz entfällt durch die Beseitigung der Bausubstanz. Auch die Zerstörung durch Brand oder Naturereignisse lässt den Bestandsschutz entfallen. Wird etwa ein rechtmäßig errichtetes Gebäude baulich so sehr verändert, dass die ursprüngliche Bausubstanz nicht mehr vorhanden ist, so ist auch der Bestandsschutz entfallen. Zugleich entfällt damit auch eine Anknüpfung an eine Privilegierungsmöglichkeit, die vom Bestandsschutz ihren Ausgangspunkt nimmt.[3243] Es widerspricht nach Auffassung des *BVerwG* dem Grundgedanken des Bestandsschutzes, gegenüber einer mittlerweile entgegenstehenden Gesetzeslage lediglich den ursprünglichen legalen Bestand zu schützen, wenn dieser Bestand in seiner Substanz gar nicht mehr vorhanden ist.[3244] Erweist sich als unaufklärbar, ob ein Gebäude aus Gründen der früheren formellen oder materiellen Legalität Bestandsschutz genießt, so geht das zulasten des Eigentümers.[3245]

Das Einschreiten gegen **Schwarzbauten** liegt im pflichtgemäßen Ermessen der Behörden. Ein Verstoß gegen den Gleichheitssatz kann nicht daraus abgeleitet werden, dass die

---

[3239] *BVerwG*, Urt. v. 15. 2. 1990 – 4 C 23.86 – BVerwGE 84, 322 = *Hoppe/Stüer* RzB Rdn. 833 – Unikat; Urt. v. 10. 8. 1990 – 4 C 3.90 – BVerwGE 85, 289 = *Hoppe/Stüer* RzB Rdn. 138; B. v. 21. 2. 1994 – 4 B 33.94 – NVwZ-RR 1994, 372 = *Hoppe/Stüer* RzB Rdn. 516; B. v. 11. 12. 1996 – 4 B 231.96 – NVwZ-RR 1997, 521 – alte Bausubstanz.

[3240] *BVerwG*, Urt. v. 15. 2. 1990 – 4 C 41.87 – BVerwGE 84, 322; Urt. v. 10. 8. 1990 – 4 C 3.90 – BVerwGE 85, 289; B. v. 19. 7. 1988 – 4 B 124.88 – Buchholz 406.11 § 35 BBauG/BauGB Nr. 250, B. v. 3. 12. 1990 – 4 B 145.90 – BRS 50 Nr. 88.

[3241] *BVerwG*, B. v. 11. 12. 1996 – 4 B 231.96 – NVwZ-RR 1997, 521 – alte Bausubstanz.

[3242] *BVerwG*, Urt. v. 17. 2. 1984 – 4 C 56.79 – NVwZ 1984, 434 = Buchholz 406.11 § 35 BBauG Nr. 211 = *Hoppe/Stüer* RzB Rdn. 338 – Streubebauung.

[3243] So für nach § 35 IV 1 Nr. 3 BauGB zulässigerweise errichtete Gebäude *BVerwG*, B. v. 27. 7. 1994 – 4 B 48.94 – ZfBR 1994, 297.

[3244] *BVerwG*, B. v. 24. 5. 1993 – 4 B 77.93 – Buchholz 406.16 Eigentumsschutz Nr. 63 = *Hoppe/Stüer* RzB Rdn. 1084.

[3245] *BVerwG*, B. v. 5. 8. 1991 – 4 B 130.91 – Buchholz 406.17 Bauordnungsrecht Nr. 35; B. v. 24. 5. 1993 – 4 B 77.93 – Buchholz 406.16 Eigentumsschutz Nr. 63 = *Hoppe/Stüer* RzB Rdn. 1984. Auch bei der Bescheidung eines Bauantrages kann nicht aus der Genehmigung in einem anderen Fall ein Genehmigungsanspruch abgeleitet werden. Wenn ein Bürger meint, dass er durch eine Verwaltungsbehörde benachteiligt ist, kann er Rechtsschutz bei den Verwaltungsgerichten suchen. Er kann jedoch nicht verlangen, dass ein anderer nur deshalb ebenfalls benachteiligt wird, weil ihm selbst Unrecht geschehen ist, so *BVerwG*, B. v. 18. 10. 1996 – 4 B 188.96 – (unveröffentlicht) – Bauantrag. Die gegen diese Entscheidung eingelegte Verfassungsbeschwerde hat das *BVerfG*, B. v. 10. 2. 1997 – 1 BvR 2383/96 – (unveröffentlicht), nicht zur Entscheidung angenommen.

Behörde bisher gegen andere Schwarzbauten noch nicht eingeschritten ist. Denn eine Gleichbehandlung im Unrecht lässt sich dem Gleichbehandlungsgrundsatz nicht entnehmen.[3246] Für die gerichtliche Beurteilung einer Beseitigungsanordnung kommt es dabei auf die Sach- und Rechtslage im Zeitpunkt der letzten behördlichen Entscheidung an. Nachträgliche Änderungen der Rechtslage sind gem. § 51 I Nr. 1 VwVfG in einem besonderen Verwaltungsverfahren zu berücksichtigen. Der Erlass einer Veränderungssperre hat auf die Rechtmäßigkeit einer Beseitigungsanordnung grundsätzlich keinen Einfluss.[3247] Der Behörde ist es allerdings verwehrt, einen Einzelfall willkürlich herauszugreifen. Sie ist vielmehr gehalten, sämtliche vergleichbare Fälle zu ermitteln und ein generelles Konzept i. S. einer systematischen Erfassung für ihr Vorgehen zu erarbeiten, bevor sie sich für eine Abbruchverfügung gegen einen bestimmten Schwarzbau entscheidet. Zwar muss die Behörde nicht insgesamt flächendeckend vorgehen, sondern darf sich auf die Regelung von Einzelfällen beschränken. Sie muss hierfür jedoch sachliche Gründe haben und entsprechende Erwägungen anstellen.[3248]

1734 Die **erweiterte Anwendung des § 42 BauGB** auch auf Einwirkungen auf die planungsrechtliche Zulässigkeit durch Erteilung von Baugenehmigungen in der Nachbarschaft ist zwar im Ergebnis sachgerecht, im Hinblick auf die vorgenannte neuere Sicht der Rechtsprechung zum Vorrang der gesetzgeberischen Wertentscheidung allerdings keinesfalls zwingend.[3249] Einen Anspruch aufgrund einer **eigentumskräftig verfestigten Anspruchsposition** hat das *BVerwG* im Hinblick auf die insoweit vorrangigen und abschließenden Regelungen im BauGB generell abgelehnt.[3250] Die Fallgruppen, für die ein Anspruch aus eigentumskräftig verfestigter Anspruchsposition ursprünglich gedacht gewesen sei, habe der Gesetzgeber inzwischen normiert. Das gilt insbesondere – so das *BVerwG* – auch für den Fall des Wiederaufbaus eines Gebäudes nach Brandzerstörung (§ 35 IV Nr. 3 BauGB). Fälle nicht ausgenutzter Baulandqualität von Grundstücken sind vom Planungsschadensrecht umfasst. Im Übrigen lassen sich im beplanten und im nicht beplanten Innenbereich oder im Außenbereich zumeist mit Hilfe der §§ 31, 34 und 35 BauGB angemessene Ergebnisse erreichen. Weitergehende Ansprüche können nach Auffassung des *BVerwG* aus der Eigentumsgarantie nicht abgeleitet werden.

1735 Auch der öffentlich-rechtliche Nachbarschutz findet seine Grundlage nach der Konzeption des *BVerwG*[3251] im einfachen Gesetzesrecht. Ein Abwehranspruch unmittelbar aus der Eigentumsgarantie in Art. 14 I 1 GG besteht danach jedenfalls dann nicht, wenn nicht direkt in das Eigentum eingegriffen wird, sondern sich lediglich mittelbare Auswirkungen für das betroffene Grundstück ergeben. Beruft sich ein Grundstückseigentümer gegenüber einer **Beseitigungsanordnung** auf Bestandsschutz, weil er behauptet, das Bauwerk sei genehmigt und deswegen formell baurechtmäßig, so macht er im Wege einer Einwendung ein Gegenrecht geltend. Erweist sich als unaufklärbar, ob eine solche Baugenehmigung erteilt worden ist, so geht das zu Lasten des Bürgers, der sich auf diese Einwendung beruft.[3252] Es ist unter verfassungsrechtlichen Gesichtspunkten auch zumutbar, dass sich beispielsweise der Käufer eines illegal errichteten Wochenendhauses selbst

---

[3246] *BVerwG*, B. v. 11. 1. 1994 – 4 B 231.93 – *Hoppe/Stüer* RzB Rdn. 1204.
[3247] *BVerwG*, B. v. 11. 8. 1992 – 4 B 161.92 – NVwZ 1993, 476 = *Hoppe/Stüer* RzB Rdn. 229; s. Rdn. 4277.
[3248] *VG Frankfurt (Oder)*, Urt. v. 28. 1. 1999 – 7 L 747/98 – (unveröffentlicht) Vorbescheid.
[3249] Kritisch *Battis* in: Battis/Krautzberger/Löhr § 42 Rdn. 5.
[3250] *BVerwG*, Urt. v. 10. 8. 1990 – 4 C 3.90 – BVerwGE 85, 289 = DVBl. 1990, 1182 = *Hoppe/Stüer* RzB Rdn. 138 – Planersetzung.
[3251] *BVerwG*, Urt. v. 26. 9. 1991 – 4 C 5.87 – DVBl. 1992, 564 = *Hoppe/Stüer* RzB Rdn. 1111 – Zweitwohnungsklausel.
[3252] *BVerwG*, Urt. v. 23. 2. 1979 – IV C 86.76 – NJW 1980, 252; B. v. 5. 8. 1991 – 4 B 130.91 – Buchholz 406.17 Bauordnungsrecht Nr. 35 = *Hoppe/Stüer* RzB Rdn. 1083; B. v. 23. 12. 1994 – 4 B 262.94 – Unaufklärbarkeit Baugenehmigung; zur Beseitigungsanordnung auch *VGH München*, B. v. 18. 2. 1999 – 1 B 97.804 – (unveröffentlicht) – Stellplatz für Landmaschinen.

über das Vorhandensein einer Baugenehmigung informiert und bei Unterlassung dieser Information sich nicht der Baugenehmigungsbehörde gegenüber auf Vertrauensschutz berufen kann.[3253] Dem jeweiligen Landesrecht ist dabei zu entnehmen, ob Duldungszusagen für illegale Bauten Schutzwirkungen haben und wie bei Erlass einer Beseitigungsanordnung das Ermessen entsprechend dem Zweck der Ermächtigung auszuüben ist oder wo die Grenzen des Ermessens liegen.[3254] Verlangt die Behörde die Beseitigung eines ungesetzlichen Bauwerks, so liegt es in der Regel nicht im Rahmen der Erforschungspflicht des Gerichts, die Möglichkeiten einer Abänderung des Bauwerks zur Behebung eines etwaigen Übermaßes des Abbruchgebotes von Amts wegen zu prüfen.[3255] Dem liegt die Erwägung zugrunde, dass das öffentliche Baurecht rechtswidriges Bauen grundsätzlich missbilligt.[3256] Einen Abriss kann die Behörde allerdings dann nicht erreichen, wenn der Bauherr nachweisen kann, dass das Gebäude zumindest während eines bestimmten Zeitabschnittes materiell legal war. Dann ergibt sich hieraus ein Bestandsschutz, der einem Abrissbegehren der Behörde entgegengehalten werden kann.

Ist ein Bauwerk ohne Baugenehmigung errichtet und entspricht es auch nicht dem materiellen Baurecht, so kann sich die **Abrissverfügung** eines derart formell und materiell illegalen Bauwerks auch gegen den **Mieter** richten. Beseitigungsansprüche können auch dem Nachbarn zustehen, der durch eine rechtswidrige und im gerichtlichen Verfahren aufgehobene Baugenehmigung in seinen Rechten verletzt wird. Solche Ansprüche des Nachbarn auf behördliches Einschreiten können sich aus der Eigentumsgarantie in Art. 14 GG ergeben.[3257] Für die Streitwertbemessung ist bei einer Beseitigungsanordnung neben den vom Grundstückseigentümer für den Abbruch und die Beseitigung aufzuwendenden Kosten der Wert der Investitionen zu berücksichtigen, die durch die Beseitigung wertlos geworden sind.[3258]

Erfolgt die Änderung oder Aufhebung der Nutzung innerhalb eines Zeitraums von sieben Jahren ab erstmaliger Zulässigkeit, so ist eine Entschädigung im Hinblick auf die Differenz der Grundstückswerte zwischen der bisherigen und der nach dem Eingriff zulässigen Nutzung in Geld zu gewähren. Die Siebenjahresfrist gilt **rückwirkend** auch für Bebauungspläne, die vor dem 1. 1. 1977 rechtsverbindlich geworden sind. Die Siebenjahresfrist ist also für solche älteren Bebauungspläne am 31. 12. 1983 abgelaufen. Für Planänderungen, die sich auf solche älteren Bebauungspläne beziehen, kann daher grundsätzlich nur eine Entschädigung für dadurch bewirkte Eingriffe in die ausgeübte Nutzung beansprucht werden. Auch für Grundstücke, die im Geltungsbereich später aufgestellter **Bebauungspläne** oder im **nichtbeplanten Innenbereich** gem. § 34 BauGB oder **Außenbereich** gem. § 35 BauGB liegen, beschränkt sich die Entschädigung auf die ausgeübte Nutzung, wenn zwischen der erstmaligen Zulässigkeit der Nutzung und dem Eingriff ein Zeitraum von mehr als sieben Jahren liegt.

e) **Verlängerung der Siebenjahresfrist aus Billigkeitsgründen.** In den in § 42 V bis VIII BauGB bezeichneten **Sonderfällen** wird aus **Billigkeitsgründen** trotz Überschreitens der Siebenjahresfrist eine Entschädigung auch für den Wertverlust im Hinblick auf nicht ausgeübte Nutzungen gewährt. Ist der Grundstückseigentümer etwa durch eine **Veränderungssperre** nach § 17 BauGB oder eine **befristete Zurückstellung** seines Baugesuchs nach § 15 BauGB an der rechtzeitigen Verwirklichung seines an sich planungs-

---

[3253] *BVerwG*, B. v. 11. 10. 1994 – 4 B 202.94 – (unveröffentlicht) – Beseitigungsanordnung.
[3254] *BVerwG*, B. v. 24. 5. 1988 – 4 B 93.88 – Buchholz 406.19 Nachbarschutz Nr. 80; B. v. 11. 10. 1994 – 4 B 202.94 – Beseitigungsanordnung; zur Beseitigungsanordnung auch *VGH München*, B. v. 18. 2. 1999 – 1 B 97.804 – (unveröffentlicht) – Stellplatz für Landmaschinen.
[3255] *BVerwG*, B. v. 29. 9. 1965 – 4 B 214.65 – Buchholz 406.11 § 35 BBauG Nr. 18 = DÖV 1966, 249.
[3256] *BVerwG*, B. v. 8. 2. 1994 – 4 B 21.94 – *Hoppe/Stüer* RzB Rdn. 1206.
[3257] *BVerwG*, B. v. 13. 7. 1994 – 4 B 129.94 – BauR 1994, 740 = UPR 1994, 450 – Beseitigungsanordnung.
[3258] *BVerwG*, B. v. 7. 2. 1994 – 4 B 9.94 –.

rechtlich zulässigen Baubegehrens gehindert worden und kann das Vorhaben wegen der inzwischen erfolgten Planungsänderung oder -aufhebung nicht mehr verwirklicht werden, so werden nach § 42 V BauGB auch Wertverluste für nicht ausgeübte Nutzungen entschädigt. Dasselbe gilt gem. § 42 VI BauGB auch bei einer innerhalb der Siebenjahresfrist erteilten **Baugenehmigung** oder eines **planungsrechtlichen Vorbescheides**. Eine Überschreitung der Siebenjahresfrist ist nach § 42 VII BauGB auch dann unbeachtlich, wenn ein Bauantrag oder planungsrechtlicher Vorbescheid vor Fristablauf **rechtswidrig abgelehnt** worden ist oder ein rechtzeitig gestellter begründeter Antrag **nicht** vor Fristablauf **positiv beschieden** wurde. In den vorgenannten Ausnahmefällen besteht ein Entschädigungsanspruch nach **§ 42 VIII BauGB** allerdings nicht, wenn der Eigentümer nicht bereit oder in der Lage war, das beabsichtigte Vorhaben zu verwirklichen. Der Eigentümer hat die Tatsachen darzulegen, die seine Bereitschaft und Möglichkeit hierzu aufzeigen (§ 42 VIII 2 BauGB). Diese Ausschlussklausel soll verhindern, dass mangels tatsächlicher Verwirklichungsmöglichkeiten nicht schützenswertes Vertrauen entschädigt wird.

1739 Der Entschädigungsanspruch ist grundsätzlich auf einen **Geldausgleich** gerichtet. Wird die zulässige Nutzung eines Grundstücks gänzlich aufgehoben, so gewährt **§ 42 IX BauGB** statt einer Geldentschädigung einen Anspruch auf Grundstücksübernahme. Im Hinblick auf die Verweisung auf § 40 II Nr. 1 BauGB setzt ein solcher **Übernahmeanspruch** allerdings voraus, dass es dem Eigentümer wegen des eingetretenen Wertverlustes und der beschränkten Nutzungsmöglichkeiten wirtschaftlich nicht zuzumuten ist, das Grundstück zu behalten.

1740 § 42 X BauGB gewährt dem Eigentümer auf Verlangen einen **Auskunftsanspruch**, ob ein vermögensrechtlicher Schutz nach § 42 BauGB besteht und wann dieser durch Ablauf der Siebenjahresfrist endet. Der Bürger soll damit die im Einzelfall komplizierte Beurteilung der Rechtslage nicht auf eigenes Risiko vornehmen und die nachteiligen Folgen einer Fristversäumung selbst tragen müssen. Vielmehr hat der Bürger einen Auskunftsanspruch darüber, ob und welche Entschädigungsansprüche nach § 42 BauGB bestehen. Die Auskunftserteilung wird allerdings nicht als Verwaltungsakt angesehen und ist auch nicht für ein späteres Baugenehmigungs- oder Entschädigungsverfahren bindend. Unterlässt der Bürger jedoch im Hinblick auf eine fehlerhafte Auskunft, einen Entschädigungsanspruch rechtzeitig geltend zu machen bzw. die Voraussetzungen für einen Entschädigungsanspruch zu schaffen, so können sich hieraus Schadensersatzansprüche aus Amtshaftung nach Art. 34 GG, § 839 BGB ergeben.[3259]

1741 f) **Anspruchskonkurrenz.** Ansprüche aus enteignungsgleichem Eingriff bestehen neben den gesetzlichen Regelungen in § 42 BauGB nicht. Solche Ansprüche können wegen des Vorrangs der gesetzgeberischen Entscheidung nicht unmittelbar auf Art. 14 GG gestützt werden.[3260] So kommen auch Ansprüche aus überwirkendem Bestandsschutz[3261] oder einer eigentumskräftig verfestigten Anspruchsposition neben den gesetzlichen Regelungen grundsätzlich nicht (mehr) in Betracht.[3262] Auch die Regelung über die Entschädigung für Maßnahmen der Ordnungsbehörden in § 39 OBG ist als Spezialregelung anzusehen, die einen Anspruch aus enteignungsgleichem Eingriff oder Aufopferung ausschließt.[3263] § 42 BauGB ist Ausdruck der Inhalts- und Schrankenbestimmung des Eigen-

---

[3259] *Battis* in: Battis/Krautzberger/Söfker § 42 Rdn. 15.
[3260] *BVerwG*, Urt. v. 15. 2. 1990 – 4 C 23.86 – BVerwGE 84, 322 = ZfBR 1990, 198 – Unikat; B. v. 22. 2. 1991 – 4 CB 6.91 – BauR 1991, 319 = NVwZ 1991, 984 – Rodalben.
[3261] *BVerwG*, Urt. v. 12. 12. 1975 – IV C 71.73 – BVerwGE 50, 49 = DVBl. 1976, 214 – Tunnelofen.
[3262] *BVerwG*, Urt. v. 15. 2. 1990 – 4 C 41.87 – BVerwGE 84, 322 = ZfBR 1990, 198 – Unikat; Urt. v. 10. 8. 1990 – 4 C 3.90 – BVerwGE 85, 289 = ZfBR 1990, 290 – Bebauungsplanersetzung; B. v. 19. 7. 1988 – 4 B 124.88 – Buchholz 406.11 § 35 BBauG/BauGB Nr. 250 – soziale Adäquanz; B. v. 3. 12. 1990 – 4 B 145.90 – BRS 50 Nr. 88.
[3263] *BGH*, Urt. v. 17. 12. 1981 – III ZR 88/80 – BGHZ 82, 361 = ZfBR 1982, 131 – Veränderungssperre.

8. Teil. Planverwirklichungsinstrumente   **1742, 1743** A

tums nach Art. 14 I 2 GG.³²⁶⁴ Die Entschädigung wird gewährt für den Wertverlust, der durch Einschränkungen von Grundstücksnutzungen eintritt.³²⁶⁵ Für nicht verwirklichte Nutzungen wird jedoch grundsätzlich eine Entschädigung nur gewährt, wenn sie innerhalb der Siebenjahresfrist ab erstmaliger Zulässigkeit der Nutzung entzogen oder eingeschränkt wird (§ 42 II BauGB). Soweit bereits verwirklichte Nutzungen entzogen werden, handelt es sich um eine kompensationspflichtige Inhalts- und Schrankenbestimmung, die verfassungsrechtlich geboten ist.³²⁶⁶

Auch noch nicht realisierte Grundstücksnutzungen, auf die ein Rechtsanspruch besteht, unterfallen zwar der Eigentumsgarantie des Art. 14 I 1 GG.³²⁶⁷ Begründet wird dies damit, dass die Baufreiheit nicht eine bloße hoheitlich verliehene Nutzungschance darstellt, sondern die Möglichkeit der baulichen Nutzung von Grundstücken eine besondere Ausprägung der Privatnützigkeit des Eigentums³²⁶⁸ und zumeist wirtschaftlich sinnvoll ist.³²⁶⁹ Bei nicht verwirklichten Nutzungen hat der Gesetzgeber jedoch im Rahmen der Inhalts- und Schrankenbestimmung³²⁷⁰ eine größere Gestaltungsfreiheit.³²⁷¹ Derartige Nutzungsmöglichkeiten können entschädigungslos entzogen werden. **1742**

Anders könnte sich die Rechtslage im Hinblick auf eine **rechtsfehlerhafte Behandlung eines Bauantrags** darstellen. Der *BGH* geht in derartigen Fällen davon aus, dass ein verschuldensunabhängiger Entschädigungsanspruch aus enteignungsgleichem Eingriff neben den Amtshaftungsanspruch treten kann.³²⁷² Der Entschädigungsanspruch aus enteignungsgleichem Eingriff setzt voraus, dass rechtswidrig in eine durch Art. 14 GG geschützte Rechtsposition von hoher Hand unmittelbar eingegriffen wird, hierdurch also unmittelbar das Eigentum beeinträchtigt wird, und dem Berechtigten dadurch ein besonderes, anderen nicht zugemutetes Opfer für die Allgemeinheit auferlegt wird. Die rechtswidrige Ablehnung eines Bauvorbescheides wird dabei vom *BGH* als enteignungsgleicher Eingriff gewertet. Wird ein Vorbescheid, auf dessen Erteilung der Eigentümer Anspruch hat, rechtswidrig versagt, so wird dadurch in die durch Art. 14 I GG geschützte Baufreiheit, die aus dem Grundeigentum abzuleiten ist, eingegriffen. Die verzögerte Be- **1743**

---

³²⁶⁴ *Kluth* in: Wolff/Bachof/Stober, VerwR/2, § 73, Rdn. 4.
³²⁶⁵ *Wahlhäuser*, Diss., 1. Teil, § 2, 1.; *Battis* in: Battis/Krautzberger/Löhr, Vorb. §§ 39–44 BauGB Rdn. 1; *Gaentzsch*, § 42, Rdn. 2.
³²⁶⁶ BVerfG, B. v. 14. 7. 1981 – 1 BvL 24/78 – BVerfGE 58, 137 = DVBl. 1982, 295 – Pflichtexemplare; B. v. 15. 7. 1981 – 1 BvL 77/78 – BVerfGE 58, 300 = NJW 1982, 745 = DVBl. 1982, 340 = *Hoppe/Stüer* RzB Rdn. 1136 – Nassauskiesung; BVerwG, Urt. v. 12. 12. 1975 – IV C 71.73 – BVerwGE 50, 49 = DVBl. 1976, 214 – Tunnelofen; BGH, Urt. v. 3. 3. 1983 – III ZR 93/81 – BGHZ 87, 66 = DVBl. 1983, 630 – Rheinauen; *Papier* in: Maunz/Dürig/Herzog, Art. 14, Rdn. 84; *Sachs/Wendt*, Art. 14 GG Rdn. 45.
³²⁶⁷ BVerfG, B. v. 19. 6. 1973 – 1 BvL 39/69 – BVerfGE 35, 263 = DVBl. 1973, 622 – Eilrechtsschutz; BGH, Urt. v. 25. 1. 1973 – III ZR 256/68 – BGHZ 60, 112 = NJW 1973, 386 – Fußbodenhöhe; BVerwG, Urt. v. 6. 7. 1975 – IV C 15.73 – BVerwGE 48, 271 = NJW 1976, 340 – Blockhütte; *Jarass* in: Jarass/Pieroth, Art. 14 GG Rdn. 25; *Wahlhäuser*, Diss., 2. Teil, § 3, II., 2.,a); *Detterbeck/Windthorst-Sproll*, Staatshaftungsrecht, 5. Teil, § 14, Rdn. 34; a. A. *Dreier/Wieland*, Art. 14 GG Rdn. 32.
³²⁶⁸ *Sproll* in: Detterbeck/Windthorst, Staatshaftungsrecht, 5. Teil, § 14, Rdn. 34; *Depenheuer* in: v. Mangoldt/Klein/Starck, Art. 14 GG Rdn. 119.
³²⁶⁹ *Wahlhäuser*, Diss., 2. Teil, § 3, II., 2., a).
³²⁷⁰ BVerfG, B. v. 2. 3. 1999 – 1 BvL 7/91 – BVerfGE 100, 226 = NJW 1999, 2877 = DVBl. 1999, 1498 – Direktorenvilla; BGH, Urt. v. 28. 1. 1965 – III ZR 38/64 – BGHZ 43, 120 – Zinsanspruch; BGH, Urt. v. 17. 12. 1992 – III ZR 112/91 – BGHZ 121, 73 = DVBl. 1993, 430 für die Einordnung von Nutzungsbeschränkungen im Naturschutzrecht und Denkmalschutzrecht als Inhalts- und Schrankenbestimmungen; *Stüer/Thorand* NJW 2000, 3737; *Hoppe/Bönker/Grotefels*, Öffentliches Baurecht, § 9, Rdn. 2; *Battis* in: Battis/Krautzberger/Löhr, Vorb. §§ 39–44, Rdn. 5; zweifelnd *Bielenberg/Runkel* in: Ernst/Zinkahn/Bielenberg/Krautzberger, Vorb. §§ 39–44, Rdn. 49.
³²⁷¹ Zu Grenzen *Schmidt-Aßmann* JuS 1986, 833; *Koch/Hendler* BauRecht, § 19, Rdn. 28, 31.
³²⁷² BGH, Urt. v. 23. 1. 1997 – III ZR 234/95 – BGHZ 134, 316 = NJW 1997, 1229; Urt. v. 3. 7. 1997 – III ZR 205/96 – BGHZ 136, 182 = ZfBR 1997, 329 – Seegrundstück; Urt. v. 18. 6. 1998 – III ZR 100/97 – ZfBR 1998, 321 – Bausperre; Urt. v. 12. 7. 2001 – III ZR 282/00 – ZfBR 2001, 555.

arbeitung einer nach geltendem Recht positiv zu bescheidenden, entscheidungsreifen Bauvoranfrage kann danach ebenso einen enteignungsgleichen Eingriff darstellen wie die rechtswidrige förmliche Ablehnung eines Bauvorbescheids.[3273]

1744 Während der Amtshaftungsanspruch auf vollen Schadensersatz gerichtet ist, gewährt der Anspruch aus **enteignungsgleichem Eingriff** allerdings lediglich eine **angemessene Entschädigung**. Der Antragsteller kann also lediglich eine Entschädigung für den Substanzverlust verlangen, den er dadurch erlitten hat, dass er zeitweise in der baulichen Ausnutzung seines Grundstücks behindert worden ist. Dabei ist regelmäßig auf eine Bodenrente (Miet-, Pacht- oder Erbbauzins) abzustellen, die sich in der Regel nach dem Betrag bemisst, den ein Bauwilliger für die Erlaubnis zeitlicher baulicher Nutzung gezahlt haben würde. Sie wird sich in der Regel mit einer angemessenen Verzinsung des nicht nutzbaren Teils des Substanzwertes decken.[3274]

Hinweis: Zur **Höhe** eines solchen Anspruchs würde sich für Windenergieanlagen wie bei § 42 BauGB auch hier die Frage stellen, unter welchen Voraussetzungen der Grundstücksmarkt einen erhöhten Wert derartiger Außenbereichsgrundstücke anerkennt. Die allgemeine Eignung der Fläche für solche Anlagen wird für einen Entschädigungsanspruch daher auch unter dem Blickwinkel des enteignungsgleichen Eingriffs nicht ausreichen.

4. Entschädigung und Verfahren gem. §§ 43, 44 BauGB

1745 §§ 43 und 44 BauGB enthalten Regelungen über die Entschädigung und das dabei zu beachtende Verfahren.

1746 a) **Verfahren.** § 43 BauGB hält für die Übernahme des Grundstücks und eine zu gewährende Geldentschädigung unterschiedliche **Verfahrensregelungen** bereit. Das Gesetz geht dabei zunächst von einer einverständlichen Regelung aus. Kommt eine **Einigung** zwischen den Beteiligten nicht zustande, kann der Eigentümer, wenn ihm ein entsprechender Rechtsanspruch nach den §§ 40 bis 42 BauGB zusteht, die Übernahme des Grundstücks oder der Begründung eines Rechts verlangen. Das Entschädigungsverfahren richtet sich nach den entsprechend anzuwendenden Vorschriften der §§ 93 bis 103 BauGB. Ist für die Festsetzung bestimmter öffentlicher Zwecke nach § 40 BauGB eine Entschädigung in Geld oder durch Übernahme des Grundstücks zu leisten oder nach § 41 I BauGB eine Entschädigung bei der Begründung von Geh-, Fahr- und Leitungsrechten zu gewähren, so richtet sich die Entschädigung nach diesen Vorschriften (§ 43 III BauGB). Bei der Bemessung der Enteignungsentschädigung für die Abgabe der Flächen, deren Höhe sich nach § 43 I 3 BauGB i.V. m. § 93 BauGB richtet, sind planungsbedingte Wertsteigerungen zu berücksichtigen, die daher rühren, dass das Restgrundstück des Eigentümers nunmehr (Roh-)Bauland geworden ist.[3275]

1747 § 43 IV BauGB schließt eine Entschädigung aus, soweit die Grundstücksnutzung den allgemeinen Anforderungen an **gesunde Wohn- und Arbeitsverhältnissen** nicht entspricht oder die Nutzung zu einem **städtebaulichen Missstand** wesentlich beiträgt. Die Regelung ist Ausdruck einer verfassungsrechtlich zulässigen Inhalts- und Schrankenbestimmung des Eigentums i. S. des Art. 14 I 2 GG und stellt sicher, dass Wertverluste, die auf solchen nicht von der Eigentumsgarantie umfassten Umständen beruhen, bei der Entschädigungsberechnung unberücksichtigt bleiben.[3276]

[3273] *BGH*, Urt. v. 11. 6. 1992 – III ZR 210/90 – NVwZ 1992, 1119 – Verzögerungsschaden.
[3274] *BGH*, Urt. v. 10. 3. 1994 – III ZR 9/93 – BGHZ 125, 258 = ZfBR 1994, 184 – Ruine.
[3275] *BGH*, Urt. v. 9. 10. 1997 – III ZR 148/96 – DVBl. 1998, 34.
[3276] *BGH*, Urt. v. 12. 6. 1975 – III ZR 158/72 – BGHZ 64, 366 = *Hoppe/Stüer* RzB Rdn. 599 – Entschädigung Innenbereich; Urt. v. 13. 7. 1967 – III ZR 1/65 – BGHZ 48, 193 – Kölner Hinterhaus; *BVerwG*, B. v. 9. 7. 1991 – 4 B 100.91 – DVBl. 1991, 1160 = BauR 1991, 737 = *Hoppe/Stüer* RzB Rdn. 831 – Modernisierungsgebot.

Beispiel: Sind etwa gesunde Wohn- und Arbeitsverhältnisse wegen einer zu engen Hinterhausbebauung nicht mehr gewahrt, kann im Hinblick auf Festsetzungen des Bebauungsplans, die zu einer erforderlichen städtebaulichen Verbesserung beitragen, keine Entschädigung beansprucht werden.[3277]

Das gilt auch für städtebauliche Missstände, vor allem bei Funktionsschwächensanierungen. Nach § 43 V BauGB sind bestimmte **nachträgliche Werterhöhungen** bei der Berechnung der Entschädigung nicht zu berücksichtigen. Durch diese Vorschrift soll verhindert werden, dass der Berechtigte nach Kenntnis von den zur Entschädigung verpflichtenden Umständen Werterhöhungen vornimmt und sich später diese sozusagen spekulativen Gewinne entschädigen lässt. **1748**

b) **Entschädigungspflichtige, Fälligkeit und Erlöschen der Entschädigungsansprüche.** § 44 BauGB enthält Regelungen zum Entschädigungspflichtigen, zur Fälligkeit und zum Erlöschen der Entschädigungsansprüche. **Entschädigungspflichtig** ist nach § 44 I 1 BauGB der Begünstigte, wenn er mit der Festsetzung zu seinen Gunsten einverstanden ist, im Übrigen die Gemeinde. Die Gemeinde haftet jedenfalls subsidiär (§ 44 I 2 BauGB). Als Ausfluss der Sozialpflichtigkeit des Eigentums ordnet § 44 II BauGB eine Haftung des Eigentümers als Veranlasser an, wenn er entweder mit den Festsetzungen einverstanden war oder aufgrund gesetzlicher Vorschriften zur Beseitigung oder Minderung eines Missstandes verpflichtet war. **1749**

In der Praxis wichtige Verfahrensregelungen enthält **§ 44 III und IV BauGB**. Der Entschädigungsberechtigte kann Entschädigung verlangen, wenn die in den §§ 39 bis 42 BauGB bezeichneten Vermögensnachteile eingetreten sind. Er kann die **Fälligkeit** des Anspruchs dadurch herbeiführen, dass er die Leistung der Entschädigung schriftlich bei dem Entschädigungspflichtigen beantragt. Geldentschädigungen sind ab Fälligkeit mit 2 % über dem Diskontsatz der Deutschen Bundesbank zu verzinsen. **1750**

Der **Entschädigungsanspruch erlischt** gem. § 44 IV BauGB, wenn nicht innerhalb von drei Jahren nach Eintritt der Vermögensnachteile die Fälligkeit des Anspruchs herbeigeführt wird. Stellt der Entschädigungsberechtigte daher nicht innerhalb von drei Jahren nach Eintritt des Planungsschadens beim Entschädigungspflichtigen einen schriftlichen Antrag auf Entschädigungsleistung, so ist der Entschädigungsanspruch verfallen. **1751**

5. Entschädigung bei Enteignung gem. §§ 85 bis 122 BauGB

Für die **förmliche Enteignung** durch **Verwaltungsakt** stellen §§ 85 bis 122 BauGB ein Instrumentarium bereit, das primär der Planverwirklichung dient, aber auch in anderen im Gesetz bezeichneten Fällen zur Verwirklichung bestimmter öffentlicher Zwecke die Entziehung konkreter subjektiver Eigentumspositionen i. S. des Art. 14 I 1 GG zulässt. Die Enteignung kann dabei zu Gunsten der öffentlichen Hand erfolgen, aber auch einem Durchgangserwerb dienen oder zu Gunsten eines Privaten angeordnet werden. Aus verfassungsrechtlichen Gründen ist eine Enteignung nur zulässig, wenn sie aus **Gründen des Gemeinwohls** erforderlich ist und durch einen entsprechenden **öffentlichen Zweck** legitimiert wird (vgl. §§ 85 bis 92 BauGB). Zugleich enthalten die §§ 93 bis 103 BauGB Regelungen über die Enteignungsentschädigung, die unter gerechter Abwägung der Interessen der Allgemeinheit und der betroffenen Individualinteressen zu gewähren ist. Aufgrund entsprechender Verweisungen gelten die **Entschädigungsregelungen** des zweiten Abschnitts **entsprechend** auch für weitere Entschädigungstatbestände, insbesondere nach § 43 II BauGB für das Planungsschadensrecht, die Veränderungssperre (§ 18 I 2 BauGB), die Vorkaufsrechte (§ 28 VI 2 BauGB), die Umlegung (§ 59 V 2 BauGB), die städtebaulichen Gebote (§§ 176 V, 179 III 2 BauGB) und die Sanierungs- und Entwicklungsgebiete. Regelungen zum Enteignungsverfahren enthalten §§ 104 bis 122 BauGB. **1752**

[3277] *BGH*, Urt. v. 13. 7. 1967 – III ZR 1/65 – BGHZ 48, 193 = DÖV 1967, 716 = NJW 1967, 1855 – Kölner Hinterhaus; Urt. v. 12. 6. 1975 – III ZR 158/72 – BGHZ 64, 366 = *Hoppe/Stüer* RzB Rdn. 599 – Entschädigung Innenbereich.

Hierzu zählen auch Restitutionsansprüche nach dem Vermögensgesetz und können damit auch Gegenstand der Enteignung sein.[3278]

1753 **a) Zulässigkeit der Enteignung.** Die Zulässigkeit der Enteignung setzt voraus, dass die Maßnahme einem in **§ 85 I BauGB** aufgeführten **Enteignungszweck** dient. Das Gesetz sieht dabei eine planakzessorische Enteignung entsprechend den Festsetzungen des Bebauungsplans, die Enteignung von Innenbereichsgrundstücken, die Beschaffung von Ersatzland oder als Ersatzrechte, die Verwirklichung eines Baugebotes und die Erhaltung einer baulichen Anlage als Enteignungszwecke vor.[3279]

1754 Nach **§ 85 I Nr. 1 BauGB** kann die Enteignung dazu dienen, ein Grundstück entsprechend den **Festsetzungen eines Bebauungsplans** zu nutzen oder eine solche Nutzung vorzubereiten. Diese planakzessorische Enteignung setzt rechtsverbindliche Festsetzungen eines Bebauungsplans voraus. Gem. § 108 II BauGB kann das Enteignungsverfahren bereits eingeleitet werden, wenn der Planentwurf nach § 3 II BauGB ausgelegen hat, der Plan aber selbst noch nicht rechtsverbindlich ist. Die Festsetzungen des Bebauungsplans müssen hinreichend bestimmt sein, um eine Enteignungsgrundlage zu bieten. Auch muss die Enteignung den Festsetzungen des Bebauungsplans entsprechen. Nicht zulässig wäre eine Enteignung, die von den Festsetzungen des Bebauungsplans abweicht.[3280] Zudem muss die Enteignung von einem besonders gewichtigen öffentlichen Zweck gerechtfertigt sein. Das Vorliegen eines Bebauungsplans reicht daher als Rechtfertigung für die Zulässigkeit der Enteignung nicht aus.

1755 **§ 85 I Nr. 2 BauGB** erstreckt die Enteignungsmöglichkeit auch auf unbebaute oder geringfügig bebaute Grundstücke, die in einem im Zusammenhang bebauten, **nichtbeplanten Innenbereich** nach § 34 BauGB liegen. Die Enteignung kann hier insbesondere der Schließung von Baulücken oder dem Wiederaufbau von Trümmergrundstücken dienen. Die Enteignung muss der Bebauung im Rahmen der nach § 34 BauGB bestehenden Baumöglichkeiten dienen.

1756 Eine Enteignung ist nach **§ 85 I Nr. 3 BauGB** auch zulässig, um Grundstücke für die Entschädigung in Land zu beschaffen. Die Voraussetzungen für die **Ersatzlandenteignung** im Einzelnen sind in § 90 BauGB geregelt. Danach ist die Ersatzlandenteignung zulässig, wenn (1) die Entschädigung eines Eigentümers nach § 100 BauGB in Land festzusetzen ist, (2) die Bereitstellung von Grundstücken als Ersatzland auf andere Weise nicht möglich und zumutbar ist sowie (3) ein freihändiger Erwerb nicht möglich ist. In den in § 90 II BauGB bezeichneten Fällen sind bestimmte Grundstücke, auf die der Eigentümer im Hinblick auf seine Berufs- oder Erwerbstätigkeit angewiesen ist, oder wenn das Grundstück bestimmten öffentlichen Zwecken dient, von der Möglichkeit einer Ersatzlandenteignung ausgenommen.

1757 Die Enteignung kann nach **§ 85 I Nr. 4 BauGB** auch dem Zweck dienen, durch Enteignung entzogene Rechte durch neue Rechte zu ersetzen (**Ersatzrechtsenteignung**). Diese besondere Art der Entschädigung ist in den §§ 97 II, 100 VI, 101 BauGB vorgesehen. Als **Ersatz für entzogene Rechte** ist eine Enteignung nach § 91 BauGB nur zulässig, soweit der Ersatz in den §§ 93 bis 102 BauGB vorgesehen ist. Hierdurch wird klargestellt, dass die Ersatzrechtsenteignung des Eigentümers nach § 101 I 1 Nr. 1 BauGB und des Nebenberechtigten gem. §§ 97 II, 100 VI BauGB sowie die Rückenteignung nach § 102 V BauGB die Enteignungsmöglichkeiten für diesen Zweck abschließend regeln. Auch kann nach den §§ 91 S. 2, 97 II 3, 90 I und II BauGB eine Ersatzrechtsenteignung in Fällen erfolgen, in denen für ein öffentliches Verkehrsunternehmen oder für Träger der öffentlichen Versorgung mit Elektrizität, Wasser oder Wärme Ersatzrechte auch an Grundstücken Dritter begründet werden.[3281]

[3278] Eine entsprechende Regelung enthielt der durch das BauROG 1998 aufgehobene § 246a I Nr. 10 BauGB 1993 für die neuen Länder.
[3279] *Hoppe* in: *Hoppe/Bönker/Grotefels* § 12 Rdn. 20 ff.
[3280] BGH, Urt. v. 16. 12. 1982 – III ZR 141/81 – DVBl. 1983, 627.
[3281] Zu Einzelheiten *Battis* in: Battis/Krautzberger/Löhr § 91.

8. Teil. Planverwirklichungsinstrumente   1758–1762 A

Das Mittel der Enteignung kann auch der Verwirklichung eines **Baugebotes** nach §176 I oder II BauGB dienen. Die Maßnahme kann dabei Grundstücke im Geltungsbereich eines Bebauungsplans und im nichtbeplanten Innenbereich betreffen. Allerdings ist die Enteignung nicht bereits dann zulässig, wenn der Eigentümer einem Baugebot nicht nachkommt. Vielmehr müssen zusätzliche Gemeinwohlgründe die Überwindung des privaten Eigentums rechtfertigen. Die Enteignung nach **§ 85 I Nr. 5 BauGB** kann auch im Interesse eines Bauwilligen beantragt werden, der bereit und in der Lage ist, das Grundstück entsprechend den Festsetzungen des Bebauungsplans oder den sich im nichtbeplanten Innenbereich ergebenden Bebauungsmöglichkeiten zu bebauen. **1758**

Die Enteignung kann nach **§ 85 I Nr. 6 BauGB** auch im Interesse der **Erhaltung einer baulichen Anlage** im Geltungsbereich einer Erhaltungssatzung nach § 172 III bis V BauGB erfolgen. Hier dient die Enteignung der Erhaltung der städtebaulichen Gestalt oder der Zusammensetzung der Wohnbevölkerung eines Gebietes oder der beabsichtigten städtebaulichen Umstrukturierung eines Gebietes. Enteignungsbegünstigt kann jeder sein, der die dauerhafte Erhaltung des Gebäudes gewährleistet. **1759**

Eine Enteignung kann auch im Zusammenhang mit Maßnahmen des Stadtumbaus erfolgen. **§ 85 I Nr. 7 BauGB** sieht eine Enteignungsmöglichkeit im Geltungsbereich einer Satzung zur Sicherung von Durchführungsmaßnahmen des Stadtumbaus vor mit dem Ziel, eine bauliche Anlage aus den in **§ 171d III BauGB** bezeichneten Gründen zu erhalten oder zu beseitigen. Diese durch das EAG Bau eingeführte zusätzliche Enteignungsmöglichkeit will sicherstellen, dass die Maßnahmen erforderlichenfalls auch mit Zwangsmitteln umgesetzt werden können und hierdurch mit vergleichbaren Regelungen des Sanierungsrechts und im Bereich von Erhaltungssatzungen gleichziehen. Die Enteignung wird allerdings wohl auch im Rahmen von Stadtumbaumaßnahmen nur als letzter Schritt verstanden werden können und setzt voraus, dass alle anderen Mittel erfolglos geblieben sind. **1760**

§ 85 I BauGB enthält eine **Sperrwirkung** dahin gehend, dass nur bei Vorliegen der in dieser Vorschrift benannten Enteignungszwecke auf der Grundlage des BauGB enteignet werden darf. Andere enteignungsrechtliche Regelungen bleiben gem. § 85 II BauGB jedoch unberührt. Die Sperrwirkung greift daher nur ein, wenn ausschließlich zu städtebaulichen Zwecken enteignet werden soll.[3282] Andere über die eigentlichen städtebaulichen Zwecke hinausgehende Enteignungen können durch andere Gesetze legitimiert werden. **1761**

Hinweis: Enteignungen etwa zu Gunsten eines Fachplanungsvorhabens[3283] sind auf der Grundlage der jeweiligen Fachplanungsgesetze zulässig.

Auch die **Enteignungsmöglichkeiten** aufgrund der landesrechtlichen **Denkmalschutzgesetze** oder anderer **landesrechtlicher Vorschriften** bleiben gem. § 85 II Nr. 2 BauGB unberührt. **Gegenständlich** kann sich die Enteignung nach § 86 I BauGB auf den Entzug oder die Belastung von **Grundeigentum** oder von anderen **dinglichen** oder **schuldrechtlichen Rechten** beziehen oder schuldrechtliche Rechtsverhältnisse begründen. Die für die Entziehung oder Belastung des Eigentums an Grundstücken geltenden Vorschriften sind gem. § 86 III BauGB auf die Entziehung, Belastung oder Begründung der in § 86 I Nr. 2 bis 4 BauGB bezeichneten Rechte entsprechend anzuwenden. Auf Zubehör gem. §§ 97, 98 BGB sowie Scheinbestandteile gem. § 95 I 1, II BGB erstreckt sich das Enteignungsrecht nach § 86 II BauGB nur, wenn dies wegen wirtschaftlicher Erfor- **1762**

[3282] *BVerwG*, Urt. v. 6. 3. 1987 – 4 C 11.83 – BVerwGE 77, 86 = *Hoppe/Stüer* RzB Rdn. 1; *BVerfG*, Urt. v. 18. 12. 1968 – 1 BvR 638/64 u. a. – BVerfGE 24, 367 – Deichurteil; B. v. 19. 6. 1969 – 1 BvR 353/67 – BVerfGE 26, 215 – Grundstücksverkehrsgesetz; B. v. 7. 7. 1981 – 1 BvR 765/66 – BVerfGE 31, 229; B. v. 23. 4. 1974 – 1 BvR 6/74 – BVerfGE 37, 132 – Kündigungsschutz; B. v. 8. 7. 1976 – 1 BvL 19/75 – BVerfGE 42, 263 – Hilfswerk Behinderte Kinder – Bürgerhaus; *BGH* Urt. v. 11. 6. 1978 – III ZR 170/76 – BGHZ 71, 375 = *Hoppe/Stüer* RzB Rdn. 652.

[3283] Straßenbau, Luftverkehr, Eisenbahn; s. Rdn. 3079, 3201, 4302.

dernisse oder aus Gründen der Zumutbarkeit dem Wunsch des Eigentümers entspricht (vgl. § 92 IV BauGB).

1763 Die Enteignung ist **aus verfassungsrechtlichen Gründen** nur zulässig, wenn sie durch das Wohl der Allgemeinheit erfordert wird und der Enteignungszweck auf andere zumutbare Weise nicht erreicht werden kann (§ 87 I BauGB).[3284] Außerdem setzt die Enteignung voraus, dass sich der Antragsteller ernsthaft um den **freihändigen Erwerb** des zu enteignenden Grundstücks zu angemessenen Bedingungen vergeblich bemüht hat. Der Antragsteller hat ferner glaubhaft zu machen, dass er das Grundstück innerhalb angemessener Frist zu dem vorgesehenen Zweck verwenden wird (§ 87 II BauGB). Die Enteignung ist damit in besonderer Weise **gemeinwohlbezogen**. Aus rein fiskalischen Zwecken ist sie verfassungsrechtlich unzulässig. Das überwiegende öffentliche Interesse an einer Enteignung kann dabei nur durch eine **Abwägung** der betroffenen Belange i. S. einer **nachvollziehenden Interessenbewertung** festgestellt werden. Erst wenn sich in dieser Abwägung zeigt, dass die Gemeinwohlbelange deutlich gewichtiger als die individuellen Interessen sind, kann die Enteignung Privateigentum überwinden mit der Folge, dass sich die Bestandsgarantie des Eigentums in eine Wertgarantie umwandelt.

1764 Diese **verfassungsrechtlich gebotene Schwelle** der besonderen Gemeinwohlverpflichtetheit kann nicht mit der planerischen Abwägung gem. § 1 VII BauGB gleichgestellt werden, wie sie für die Bauleitplanung kennzeichnend ist. Über die Einhaltung des planerischen Abwägungsgebotes hinaus muss die Enteignung vielmehr verfassungsrechtlich in dem Sinne geboten sein, dass sie in einer qualifizierten Weise **gerechtfertigt, geeignet, erforderlich** und **verhältnismäßig** ist. Der Grundsatz der Eignung verlangt, dass die Maßnahme die städtebaulichen Zielvorstellungen erfüllt. Dem Grundsatz der Erforderlichkeit wird nur Rechnung getragen, wenn andere weniger einschneidende Alternativen nicht zur Verfügung stehen und die Maßnahme dem Gebot des geringstmöglichen Eingriffs genügt. So darf nach § 92 I BauGB ein Grundstück nur in dem Umfang enteignet werden, in dem dies zur Verwirklichung des Enteignungszwecks erforderlich ist. Reicht eine Belastung des Grundstücks zur Verwirklichung des Enteignungszwecks, so geht dies der Gesamtenteignung des Grundstücks vor. Allerdings kann der Eigentümer gem. § 92 II bis IV BauGB die Vollenteignung des Grundstücks verlangen, wenn eine nur teilweise Enteignung für ihn unzumutbar ist. Der Grundsatz der Verhältnismäßigkeit verlangt, dass Aufwand und Ertrag in einem ausgewogenen Verhältnis zueinander stehen und die im Rahmen der Gemeinwohlprüfung vorzunehmende Schaden-Nutzen-Bilanz positiv ist. Diese verfassungsrechtlichen Gebote stellen an die Enteignung hohe Legitimationsanforderungen, die dazu führen, dass die Enteignung in der Verwaltungspraxis der städtebaulichen Planverwirklichung die Ausnahme bleibt.

1765 Die verfassungsrechtlichen Anforderungen an die Zulässigkeit der Enteignung, die in § 87 BauGB ihren Ausdruck finden, enthalten **unbestimmte Rechtsbegriffe ohne Beurteilungsspielräume** und unterliegen daher der **uneingeschränkten gerichtlichen Kontrolle**. Das Gericht muss daher im Streitfall überprüfen, ob die Enteignung durch das Wohl der Allgemeinheit gerechtfertigt ist und den verfassungsrechtlichen Prüfungsmaßstäben der Eignung, Erforderlichkeit und Verhältnismäßigkeit standhält. Die Gemeinde hat zwar bei der Aufstellung der Bauleitplanung und der Konkretisierung der städtebaulichen Zielvorstellungen einen gerichtlich nicht voll kontrollierbaren (autonomen) Gestaltungsraum.[3285] Vor dem Hintergrund dieser Zielvorstellungen obliegt es jedoch der uneingeschränkten gerichtlichen Kontrolle, ob die Gemeinwohlbelange eine das private Eigentum überwindende Kraft haben.

1766 Erfolgt die Enteignung aus zwingenden städtebaulichen Gründen oder im Zusammenhang mit einer Sanierung, so tritt gem. § 88 BauGB an die Stelle der in § 87 II BauGB enthaltenen Voraussetzungen der Nachweis, dass die Gemeinde sich **ernsthaft um**

[3284] *Hoppe* in: *Hoppe/Bönker/Grotefels* § 12 Rdn. 20 ff.
[3285] *Stüer* DVBl. 1974, 314.

8. Teil. Planverwirklichungsinstrumente 1767–1769 A

den freihändigen **Erwerb** des Grundstücks zu angemessenen Bedingungen vergeblich bemüht hat. Solche zwingenden städtebaulichen Gründe sind gegeben, wenn sich gerade die Enteignung des Grundstücks nach dem Inhalt des Bebauungsplans oder zur Beseitigung städtebaulicher Missstände zum gegenwärtigen Zeitpunkt als unaufschiebbar dringlich erweist.[3286]

§ 89 BauGB unterwirft die Gemeinde einer grundsätzlichen **Veräußerungspflicht** für Grundstücke, die sie durch Ausübung des Vorkaufsrechts erlangt hat oder die zu ihren Gunsten enteignet worden sind, um sie für eine bauliche Nutzung vorzubereiten oder der baulichen Nutzung zuzuführen. Austauschgelände für beabsichtigte städtebauliche Maßnahmen, Grundstücke zur Entschädigung in Land oder für sonstige öffentliche Zwecke sind von der Veräußerungspflicht ausgenommen. Die in der Praxis zwar nicht sehr bedeutsamen Fälle einer Veräußerungspflicht haben allerdings in der verfassungsrechtlichen Einordnung eine wichtige Funktion, weil sie vom Grundsatz der Privatnützigkeit des Eigentums geprägt sind und zugleich dem aus der Sozialpflichtigkeit des Eigentums ableitbaren Gesichtspunkt Rechnung tragen, dass privates Eigentum breiteren sozialen Schichten zur eigenen Verfügung zukommen soll. Zugleich ist durch eine entsprechende Zweckbindung gem. § 89 III BauGB sichergestellt, dass die beabsichtigten städtebaulichen Zwecke erfüllt werden.[3287] 1767

b) Entschädigung. Durch die in den **§§ 93 bis 103 BauGB** geregelte Entschädigung soll sichergestellt werden, dass der Junktimklausel in Art. 14 III 2 GG entsprochen wird, wonach eine Enteignung nur durch oder aufgrund eines Gesetzes erfolgen darf, das Art und Ausmaß der Entschädigung regelt.[3288] § 93 I BauGB bezeichnet es folgerichtig als allgemeinen **Entschädigungsgrundsatz**, dass für die Enteignung Entschädigung zu leisten ist. Diese wird nach § 93 II BauGB für den durch die Enteignung eintretenden Rechtsverlust und für andere durch die Enteignung eintretende Vermögensverluste gewährt. Sich bei der Enteignung ergebende Vermögensvorteile sind zu berücksichtigen. Bei dem Eintritt von Vermögensnachteilen kann Mitverschulden gem. § 83 III 2 BauGB, § 254 BGB den Entschädigungsanspruch mindern. Für die Bemessung der Entschädigung ist der Zustand des Grundstücks im Zeitpunkt der Entscheidung über den Entschädigungsantrag maßgeblich. Bei vorzeitiger Besitzeinweisung ist hinsichtlich des Grundstückszustandes auf diesen Zeitpunkt abzustellen.[3289] 1768

Nach **Art. 14 III 3 GG** ist die Entschädigung unter gerechter **Abwägung** der Interessen der Allgemeinheit und der Beteiligten zu bestimmen. Eine volle Entschädigung aller Vermögensnachteile i. S. einer umfassenden Verkehrswertentschädigung ist daraus nach Auffassung des BVerfG[3290] nicht abzuleiten, so dass die für den Eigentumsentzug zu gewährende Entschädigung im Einzelfall durchaus unter dem vollen **Verkehrswert** liegen kann. 1769

Beispiel: Die Gemeinde beabsichtigt, ein im Geltungsbereich einer Erhaltungssatzung gelegenes etwa 10.000 m² großes Grundstück, auf dem im vorderen Bereich eine „Alte Apotheke" steht, zu enteignen. Das im rückwärtigen Teil unbebaute Grundstück liegt im nichtbeplanten Innenbereich. Aufgrund der Umgebungsbebauung wäre eine sechs- bis achtgeschossige Bebauung zulässig. Im Hinblick auf den Verbleib der unter Denkmalschutz stehenden „Alten Apotheke" ist aber im vorderen Straßenbereich nur eine zweigeschossige Bebauung und im rückwärtigen Grundstücksteil eine drei- bis viergeschossige Bebauung möglich. Bei der verfassungsrechtlich gebotenen Enteignungsentschädigung könnte der Gesetzgeber einen Abschlag für die zumutbare Minderung des Grundstückswertes aufgrund der Denkmaleigenschaft berücksichtigen.

[3286] *Battis* in: Battis/Krautzberger/Löhr § 89 Rdn. 2.
[3287] *Hoppe* in: Hoppe/Bönker/Grotefels § 12 Rdn. 26 ff.
[3288] *Hoppe* in: Hoppe/Bönker/Grotefels § 30 Rdn. 30 ff.
[3289] BVerwG, Urt. v. 28. 10. 1993 – 4 C 15.93 – NVwZ-RR 1994, 305 = DVBl. 1994, 697.
[3290] BVerfG, Urt. v. 18. 12. 1968 – 1 BvR 638, 673/64 und 200, 238, 249/65 – BVerfGE 24, 367 = *Hoppe*/*Stüer* RzB Rdn. 1132 – Deichurteil; B. v. 12. 6. 1979 – 1 BvL 19/76 – BVerfGE 52, 1 = *Hoppe*/*Stüer* RzB Rdn. 1104 – Kleingarten; B. v. 15. 7. 1981 – 1 BvL 77/78 – BVerfGE 58, 300 = NJW 1982, 745 = DVBl. 1982, 340 = *Hoppe*/*Stüer* RzB Rdn. 1136 – Nassauskiesung.

1770 Der *BGH* geht jedoch entsprechend der gesetzlichen Regelung in § 95 I BauGB davon aus, dass die Entschädigungsregelungen des BauGB auf **Verkehrswertbasis** beruhen. Danach ist im Falle des Eingriffs grundsätzlich der vollständige Verkehrswert zu entschädigen. Vorabzüge im Hinblick auf die Sozialpflichtigkeit sind nicht vorzunehmen. Dem enteignungsrechtlich Betroffenen muss ein voller Wertausgleich geleistet werden. Dieser ist so zu bemessen, dass mit seiner Hilfe eine Sache gleicher Art und Güte erlangt werden kann.[3291] Maßgebend für die Höhe der Enteignungsentschädigung ist der Verkehrswert des Enteignungsobjekts in dem Zeitpunkt, in dem die Enteignungsbehörde über den Enteignungsantrag entscheidet (§ 95 I 2 BauGB). Wird vom Betroffenen nur die Höhe der Entschädigung angefochten und stellt sich heraus, dass die Entschädigung im Enteignungsbeschluss zu niedrig bemessen worden ist, so nimmt der Eigentümer in Zeiten steigender Preise am Wertzuwachs bis zur letzten mündlichen Verhandlung vor dem Tatrichter teil, es sei denn, dass die Verzögerung der Auszahlung in seinen Verantwortungsbereich fällt (sog. **Steigerungsrechtsprechung**). Derartige Verzögerungen gehen zu Lasten des Eigentümers, wenn und soweit sie durch eine unbegründete Anfechtung der Zulässigkeit der Enteignung verursacht worden sind. Bei entsprechend zurechenbaren Verzögerungen können auch sinkende Grundstückspreise ggf. berücksichtigt werden.[3292] Die Enteignungsentschädigung muss nicht einen vollen Schadensersatz beinhalten. Nach § 95 II BauGB bleiben vielmehr bei der Festsetzung der Entschädigung bestimmte Wertsteigerungen eines Grundstücks, die in der Aussicht auf eine Änderung der zulässigen Nutzung eingetreten sind, unberücksichtigt. Dies gilt für Wertänderungen, die infolge der bevorstehenden Enteignung eingetreten sind, Werterhöhungen, die nach den Grundstücksverhandlungen mit dem Entschädigungsberechtigten entstanden sind, bestimmte, später vorgenommene wertsteigernde Veränderungen, Vereinbarungen, die von den üblichen Vereinbarungen auffällig abweichen, oder für Bodenwerte, für die eine gesonderte Entschädigung nach den §§ 40 bis 42 BauGB etwa wegen ungesunder Wohn- und Arbeitsverhältnisse oder sonstiger städtebaulicher Missstände im Hinblick auf § 43 IV BauGB nicht geltend gemacht werden könnte. Die Regelung verhindert, dass nachträglich eintretende Wertsteigerungen noch in die Entschädigungsberechnung eingestellt werden müssen, und ist Ausdruck einer zulässigerweise zu berücksichtigenden **Vorwirkung der Enteignung**.[3293]

1771 Für **andere** durch die Enteignung eintretende **Vermögensnachteile** ist nach § 96 I BauGB eine Entschädigung nur zu gewähren, wenn und soweit diese Vermögensnachteile nicht bei der Bemessung der Entschädigung für den Rechtsverlust zu berücksichtigen sind und dies einer gerechten Abwägung zwischen den Interessen der Allgemeinheit und der Beteiligten entspricht. Entschädigungspflichtig könnten in diesem Zusammenhang etwa durch die Enteignung eintretende Verluste der Berufs- oder Erwerbstätigkeit oder Wertminderungen sein, die durch die Enteignung an anderen Grundstücksteilen oder wirtschaftlichen Grundstückseinheiten eintreten. Zu den sonstigen Vermögensnachteilen gehören auch die durch eine Enteignung erforderlich werdenden Umzugskosten (§ 96 I 2 Nr. 3 BauGB).

1772 **Rechte** an dem zu enteignenden Grundstück sowie persönliche Rechte können **aufrechterhalten** werden, soweit dies mit dem Enteignungszweck vereinbar ist. **Nicht aufrechtzuerhaltende Nebenrechte** sind gem. § 97 II BauGB durch Neubegründung zu ersetzen oder nach § 97 III BauGB ggf. durch Geldentschädigung auszugleichen. Hierzu

---

[3291] *BGH*, Urt. v. 26. 11. 1954 – VZR 58/53 – BGHZ 15, 268 = NJW 1955, 179 – Bausperre; Urt. v. 22. 1. 1959 – III ZR 186/57 – BGHZ 29, 217; Urt. v. 8. 11. 1962 – III ZR 86/61 – BGHZ 39, 198 – höherwertiges Ackerland; vgl. auch *Battis* in: Battis/Krautzberger/Löhr § 93 Rdn. 2.

[3292] *BGH*, Urt. v. 12. 4. 1992 – III ZR 108/90 – BGHZ 118, 25 = ZfBR 1992, 191 – *Hoppe/Stüer* RzB Rdn. 687 – Steigerungsrechtsprechung.

[3293] *BGH*, Urt. v. 22. 5. 1967 – III ZR 121/66 – NJW 1967, 2306 – Qualitätsänderung; Urt. v. 29. 1. 1968 – III ZR 2/67 – NJW 1968, 892.

8. Teil. Planverwirklichungsinstrumente

gehören etwa Erbbaurechte, Altenteilsrechte, Dienstbarkeiten oder Erwerbsrechte an dem Grundstück, persönliche Rechte, die mit dem Besitz verbunden sind oder zum Erwerb des Grundstücks berechtigen oder den Verpflichteten in der Nutzung des Grundstücks beschränken. Für andere Berechtigungen findet nach Maßgabe des § 97 IV BauGB eine Geldentschädigung statt. Für Hypotheken, Grund- oder Rentenschulden wird in § 98 BauGB ein Schuldübergang angeordnet.

Die Entschädigung ist nach § 99 I BauGB in einem einmaligen **Geldbetrag** zu leisten, wenn das Gesetz nichts anderes bestimmt. Dieser **Grundsatz der Kapitalentschädigung** wird den verfassungsrechtlichen Anforderungen in Art. 14 GG gerecht. Aus der Eigentumsgarantie kann nicht der Anspruch abgeleitet werden, als Ersatz für ein enteignetes Grundstück ein Grundstück in vergleichbarer Größe, Lage und Beschaffenheit zu erhalten. Die Entschädigung kann nach § 100 BauGB auf Antrag des Betroffenen auch **in Land** erfolgen, wenn er zur Sicherung seiner Berufstätigkeit, seiner Erwerbstätigkeit oder zur Erfüllung der ihm wesensgemäß obliegenden Aufgaben auf Ersatzland angewiesen ist und geeignetes Ersatzland zur Verfügung steht. Auf Antrag des betroffenen Grundstückseigentümers kann die Entschädigung gem. § 101 BauGB auch in anderer Weise, etwa durch Bestellung eines Miteigentumsrechts, von grundstücksgleichen Rechten oder Wohnungseigentum gewährt werden. **1773**

Wird das Grundstück nicht innerhalb einer angemessenen Frist zu dem bei der Enteignung angegebenen Zweck verwendet oder gegen die gemeindliche Veräußerungspflicht nach § 89 BauGB verstoßen, so hat der enteignete Grundstückseigentümer gem. **§ 102 BauGB** einen Rechtsanspruch auf **Rückenteignung**. Die Rückenteignung kann gem. § 102 II BauGB nicht verlangt werden, wenn der Enteignete selbst das Grundstück im Wege der Enteignung erworben hat oder ein Verfahren zur Enteignung des Grundstücks zu Gunsten eines anderen Bauwilligen eingeleitet worden ist. Der Antrag auf Rückenteignung ist nach § 102 III BauGB binnen zwei Jahren seit Entstehung des Anspruchs zu stellen. **1774**

Die Vorschrift konkretisiert den **verfassungsrechtlich gesicherten Rückübertragungsanspruch** für den Fall, dass der Enteignungszweck nicht innerhalb der vorgesehenen Frist erfüllt worden ist. Das BVerfG hat dies aus der Eigentumsgarantie in Art. 14 GG abgeleitet und dargelegt, dass ein solcher Rückenteignungsanspruch ggf. auch ohne ausdrückliche gesetzliche Grundlage unmittelbar aus der Verfassung entwickelt werden kann.[3294] Der Zweck der Enteignung erschöpfe sich nicht in dem Entzug des Eigentums oder in der Erlangung des Eigentums in der Hand des Staates oder der Gemeinde. Zweck und Legitimation der Enteignung seien vielmehr darin zu sehen, dass das enteignete Grundstück für die öffentliche Aufgabe, die mit dem Unternehmen erfüllt werden soll, zur Verfügung steht. Die Eigentumsentziehung und die Begründung des Eigentums für die öffentliche Hand seien nur Mittel zu diesem Zweck. Das Opfer, das der Enteignete zu bringen hat, sei daher an die Verwirklichung des öffentlichen Zwecks gebunden. Werde der Enteignungsgegenstand für die öffentliche Aufgabe nicht benötigt, so entfalte die Bestandsgarantie in Art. 14 I 1 GG wieder ihre Schutzfunktion. Ist in den Enteignungsgesetzen eine konkrete Frist für die Verwirklichung nicht geregelt, so könne nach Maßgabe von Einzelfallgesichtspunkten als Orientierungswert an einen Zeitraum von etwa fünf Jahren zwischen Rechtskraft der Enteignung und Durchführung des Vorhabens gedacht werden. **1775**

Vor diesem verfassungsrechtlichen Hintergrund gewährt § 102 BauGB einen **Rückenteignungsanspruch**, wenn das Grundstück nicht innerhalb der nach den §§ 113 II Nr. 3, 114 BauGB festgesetzten Frist dem Enteignungszweck zugeführt worden ist. Anspruchsberechtigt ist der frühere Grundstückseigentümer oder sein Rechtsnachfolger. Der Rückenteignungsanspruch setzt grundsätzlich eine durchgeführte **Enteignung** voraus. Ist das **1776**

[3294] *BVerfG*, B. v. 12. 11. 1974 – 1 BvR 32/68 – BVerfGE 38, 175 = NJW 1975, 37 gegen *BVerwG*, Urt. v. 8. 11. 1967 – IV C 101.65 – BVerwGE 28, 184 – Rückenteignung.

Grundstück aufgrund eines Vertrages **freiwillig** übertragen worden, besteht der Rückenteignungsanspruch bei Nichtverwirklichung des Enteignungszwecks grundsätzlich nicht. Hat der Grundstückseigentümer jedoch unter einer **Zwangslage** verkauft, die einer Enteignung in ihrer drohenden Wirkung gleichkam, so müssen die Rückenteignungsgrundsätze aus verfassungsrechtlichen Gründen entsprechend angewendet werden. Die Rechtsprechung stellt jedoch an die Nachweispflicht solcher Voraussetzungen hohe Anforderungen.[3295]

1777 Für die **Enteignung** von Grundstücken in der **ehemaligen DDR** hat das *BVerfG* im Falle der Nichtverwirklichung des Enteignungszwecks folgende Grundsätze entwickelt: Die Eigentumsgarantie des Art. 14 GG gewährt dem in der DDR enteigneten früheren Eigentümer keinen Rückerwerbsanspruch, wenn der Zweck der Enteignung nicht verwirklicht wurde. Dies gilt auch dann, wenn das Vorhaben, für das enteignet wurde, erst nach dem Beitritt der Deutschen Demokratischen Republik zur Bundesrepublik Deutschland endgültig aufgegeben worden ist. Aus der Eigentumsgarantie des Art. 14 GG folgt ein Rückerwerbsrecht des früheren Grundstückseigentümers, wenn der Zweck der Enteignung nicht verwirklicht wird.[3296] Das gilt jedoch nur für Enteignungen, die unter der Geltung des GG angeordnet und vollzogen worden sind. Dagegen lässt sich ein Rückübereignungsanspruch aus Art. 14 GG nicht auch für solche Fälle begründen, in denen vor dem In-Kraft-Treten des GG oder außerhalb seines räumlichen Geltungsbereichs eine dem GG nicht verpflichtete Staatsgewalt auf vermögenswerte Rechte zugegriffen hat.

1778 Ein auf **Art. 14 GG** gestützter **Anspruch** auf **Rückübereignung** kommt allein in Betracht, wenn bereits die Enteignung im Zeitpunkt ihrer Vornahme den Anforderungen des Art. 14 III 1 GG unterlag. Für Enteignungen, die in der DDR – hier nach dem BaulandG – durchgeführt wurden, galten die Voraussetzungen des Art. 14 III GG nicht, weil sich der Geltungsbereich des GG auf das Gebiet der DDR nicht erstreckte[3297] und das GG für dieses Gebiet auch nicht rückwirkend in Kraft getreten ist.[3298]

1779 Die Auffassung des *BVerwG*, die Existenz eines nach dem **Recht der DDR** entstandenen und nach deren Beitritt von der BRD zu erfüllenden **Anspruchs auf Rückübereignung** sei zu verneinen,[3299] verletzt die Eigentumsgarantie des Art. 14 GG nicht. Die ihr zugrunde liegenden Feststellungen zum Inhalt des DDR-Rechts sind jedoch nur am Maßstab des Art. 3 I GG verfassungsrechtlich überprüfbar. Für eine Verletzung des Willkürverbots ist jedoch nichts ersichtlich. Die Beurteilung der Rechtslage in der DDR durch das *BVerwG* ist nachvollziehbar begründet. Sie entspricht der Beurteilung anderer Gerichte.[3300] Der Bundesgesetzgeber war auch verfassungsrechtlich nicht verpflichtet, für in der DDR vollzogene Enteignungen, deren Zweck nach der Wiedervereinigung aufgegeben worden ist oder wird, einen Rückübereignungstatbestand zu schaffen.[3301]

1780 Vom Rückenteignungsanspruch ist der Anspruch zu unterscheiden, nach **Aufgabe der Nutzung** das für diesen Zweck enteignete Grundstück zurückzuerhalten. Ein solcher **Rückübertragungsanspruch** eines **enteigneten Grundstücks** ist verfassungsrechtlich nicht begründet,[3302] sondern findet nur im einfachen Recht bei entsprechender gesetz-

---

[3295] *BGH*, Urt. v. 29. 4. 1982 – III ZR 154/80 – BGHZ 84, 1 = NJW 1982, 2184; *BVerfG*, B. v. 9. 12. 1997 – 1 BvR 1611/94 – NVwZ 1998, 608 = DVBl. 1998, 467.
[3296] *BVerfG*, 12. 11. 1974 – 1 BvR 32/68 – BVerfGE 38, 175.
[3297] *BVerfG*, Urt. v. 23. 4. 1991 – BvR 1170/90 – BVerfGE 84, 90; Urt. v. 8. 4. 1997 – 1 BvR 48/94 – BVerfGE 95, 267.
[3298] Art 3 i.V. m. Art. 1 I des Einigungsvertrages.
[3299] *BVerwG*, Urt. v. 30. 6. 1994 – 7 C 19.93 – BVerwGE 96, 172.
[3300] *BGH*, Urt. v. 23. 2. 1995 – III ZR 58/94 – NJW 1995, 1280.
[3301] *BVerfG*, Urt. v. 23. 4. 1991 – 1 BvR 1170/90 – BVerfGE 84, 90 = NJW 1991, 1597 = DVBl. 1991, 575 – Einigungsvertrag; Urt. v. 8. 4. 1997 – 1 BvR 48/97 – BVerfGE 95, 267 = NJW 1997, 1379 – Altschulden.
[3302] *BVerwG*, B. v. 11. 11. 1993 – 7 B 180.93 – NVwZ 1994, 782 = DÖV 1994, 268 – Rückübereignung.

licher Anordnung seine Grundlage. Der im Falle der Verfehlung oder Nichterreichung des Enteignungszwecks anerkannte Rückenteignungsanspruch beruht auf der Erwägung, dass die verfassungsrechtliche Ermächtigung zum Eingriff in das Eigentum dazu dient, ein dem Wohl der Allgemeinheit dienendes Vorhaben auszuführen. Wird das beabsichtigte Vorhaben nicht verwirklicht oder das enteignete Grundstück nicht benötigt, so entfällt die aus Art. 14 III 1 GG herzuleitende Legitimation für den Zugriff auf das private Eigentum und damit auch der Rechtsgrund für den Eigentumserwerb durch die öffentliche Hand. Anders verhält es sich dann, wenn die Sache dem ihr zugedachten Zweck dauerhaft zugeführt worden ist und damit das Ziel der Enteignung nachhaltig erreicht wurde. In diesem Fall behält die Anordnung der Eigentumszuordnung ihre Rechtfertigung auch dann, wenn die Gemeinwohlaufgabe später entfallen ist.

c) Enteignungsverfahren. §§ 104 bis 122 BauGB regeln das Enteignungsverfahren. Die Enteignung wird dabei nach § 104 I BauGB von der höheren Verwaltungsbehörde durchgeführt. Diese bestimmt sich nach Landesrecht. In den Ländern ohne höhere Verwaltungsbehörde ist gem. § 206 II BauGB die oberste Landesbehörde zuständig. Der Enteignungsantrag wird gem. § 105 BauGB bei der **Gemeinde**, in deren Gemarkung das zu enteignende Grundstück liegt (Belegenheitsprinzip), eingereicht. Diese leitet ihn binnen eines Monats mit ihrer Stellungnahme an die Enteignungsbehörde weiter.

Hinweis: Die Gemeinde sollte zu den erkennbaren verfahrensrechtlichen und materiellen Fragen Stellung nehmen und dabei vor allem auch die ihr wichtig erscheinenden städtebaulichen Gesichtspunkte darlegen.

Verfahrensbeteiligt sind gem. § 106 BauGB der Antragsteller, der Eigentümer, die dinglich und – soweit mit Besitzrechten verbunden – die schuldrechtlich Berechtigten, bei Ersatzlandbereitstellung die hierdurch Betroffenen, die Eigentümer der Grundstücke, die durch eine Enteignung nach § 91 BauGB betroffen werden, sowie die Gemeinde, wenn sie nicht ohnehin als Antragstellerin beteiligt ist. Ungeklärte Beteiligungsrechte können ggf. in einem Anmeldeverfahren nach § 106 II bis IV BauGB geklärt werden. Dies gilt vor allem für nicht im Grundbuch eingetragene Rechtsinhaber.

§ 107 BauGB sieht eine **beschleunigte Durchführung** des Enteignungsverfahrens vor. Deshalb soll die Enteignungsbehörde gem. § 107 BauGB bereits vor der mündlichen Verhandlung alle Anordnungen treffen, die einen Abschluss des Verfahrens möglichst in einem Verhandlungstermin sicherstellen. Dem Eigentümer, dem Antragsteller sowie den beteiligten Behörden ist daher zu dem vorgelegten Enteignungsantrag, aber auch zu im Verfahren eingehenden Äußerungen Gelegenheit zur Stellungnahme zu geben.

Hinweis: Die Enteignungsbehörde sollte ggf. auch weitere Sachverhaltsaufklärungen vornehmen oder auf entscheidungserhebliche Fragestellungen hinweisen, zu denen vorab eine schriftliche Stellungnahme der Beteiligten eingeholt werden kann.

Als Grundlage für den festzusetzenden Entschädigungsbetrag hat die Enteignungsbehörde ein Gutachten des Gutachterausschusses einzuholen, wenn Eigentum entzogen oder ein Erbbaurecht bestellt wird. Bei landwirtschaftlichen Grundstücken außerhalb des räumlichen Geltungsbereichs eines Bebauungsplans ist die Landwirtschaftskammer zu hören. Eine Verbindung verschiedener Enteignungsverfahren ist zulässig (§ 107 III BauGB). Im Interesse der Beschleunigung darf die Enteignungsbehörde aussichtslose Enteignungsanträge auch ohne Anberaumung eines Verhandlungstermins zurückweisen.[3303]

Das **förmliche Enteignungsverfahren** wird nach § 108 BauGB durch die Anberaumung eines Termins zur mündlichen Verhandlung mit den Beteiligten eingeleitet. Hierzu sind der Antragsteller, der Eigentümer des betroffenen Grundstücks, die sonstigen aus dem Grundbuch ersichtlichen Beteiligten und die Gemeinde mit einer Ladungsfrist von einem Monat zu laden. Zu Gunsten der Gemeinde kann das förmliche Enteignungsver-

---

[3303] *Battis* in: Battis/Krautzberger/Löhr § 107 Rdn. 7.

fahren mit der Bestimmung eines Verhandlungstermins bereits auf der Grundlage eines Bebauungsplans eingeleitet werden, wenn die förmliche Öffentlichkeitsbeteiligung nach § 3 II BauGB stattgefunden hat. Die dort von den Verfahrensbeteiligten vorgebrachten Stellungnahmen sind mit ihnen zu erörtern. Der Enteignungsbeschluss selbst darf aber gem. § 108 II 3 BauGB erst nach Vorliegen der Rechtsverbindlichkeit des Bebauungsplans ergehen. Die Einleitung des Enteignungsverfahrens ist gem. § 108 V BauGB ortsüblich bekannt zu machen und dem Grundbuchamt mitzuteilen. In der Bekanntmachung sind gem. § 108 V BauGB alle Beteiligten aufzufordern, ihre Rechte spätestens in der mündlichen Verhandlung wahrzunehmen, verbunden mit dem Hinweis, dass auch bei ihrem Nichterscheinen mündlich verhandelt und entschieden werden kann. Mit dem Zeitpunkt der Bekanntmachung der Einleitung des Enteignungsverfahrens tritt eine Verfügungs- und Veränderungssperre ein, der die in § 51 BauGB bezeichneten Rechtsvorgänge, Vorhaben und Teilungen unterliegen.[3304]

1786 In dem **Termin zur mündlichen Verhandlung** hat die Enteignungsbehörde nach § 110 BauGB auf eine **Einigung** zwischen den Beteiligten hinzuwirken und im Falle der Einigung eine Niederschrift darüber aufzunehmen. Die Niederschrift muss den Anforderungen eines Enteignungsbeschlusses nach § 113 BauGB genügen. Die Einigung ist ein öffentlich-rechtlicher Vertrag, der in seinen Rechtswirkungen einem rechtskräftigen Enteignungsbeschluss gleichsteht. Auch eine Teilenteignung ist nach § 111 BauGB möglich, wobei das Enteignungsverfahren im Übrigen seinen Fortgang nimmt.

1787 Kommt eine Einigung nicht zu Stande, **entscheidet** die Enteignungsbehörde nach § 112 BauGB aufgrund der mündlichen Verhandlung durch den Beteiligten gem. § 113 I 2 BauGB mit Rechtsmittelbelehrung zuzustellenden **Beschluss über den Enteignungsantrag**, die übrigen gestellten Anträge sowie über die erhobenen Einwendungen. Ist der Enteignungsantrag zulässig und begründet, so ist ihm (ganz oder teilweise) stattzugeben, anderenfalls ist er zurückzuweisen. Im Falle der stattgebenden Entscheidung hat die Enteignungsbehörde gem. § 112 BauGB zugleich über die Aufrechterhaltung von Berechtigungen nach § 97 BauGB, die Belastung mit Rechten, die zu begründenden Rechtsverhältnisse und im Falle der Entschädigung in Ersatzland über den Eigentumsübergang oder die Enteignung des Ersatzlandes zu entscheiden.

1788 Auf Antrag eines Beteiligten hat die Enteignungsbehörde eine **Vorabentscheidung** zu treffen und dabei eine Vorauszahlung in Höhe der zu erwartenden Entschädigung anzuordnen. Die Vorabentscheidung ermöglicht eine getrennte Entscheidung über den Grund der Enteignung und die Höhe der zu leistenden Entschädigung. Dies ist insbesondere dann sinnvoll, wenn über die Entschädigungshöhe zwischen den Beteiligten Streit und ggf. noch weiterer Aufklärungsbedarf besteht, während über die Enteignung dem Grunde nach bereits abschließend entschieden werden kann.

1789 Der **Enteignungsbeschluss**, der gem. § 122 BauGB als vollstreckbarer Titel verwendungsfähig ist, muss unabhängig von dem Entscheidungstenor die in **§ 113 II BauGB** genannten **Angaben und Bestandteile** enthalten. Stehen die endgültigen Grundstücksbezeichnungen noch nicht fest, so sind nach § 113 IV BauGB vorläufige Bezeichnungen zu wählen. In dem Enteignungsbeschluss ist auch der Lauf der Verwendungsfrist für die Erreichung des Enteignungszwecks zu bestimmen. Die Frist ist unter Berücksichtigung des Grundsatzes der Erforderlichkeit der Enteignung in einem angemessenen zeitlichen Rahmen zu bestimmen. Fristverlängerungen sind gem. § 114 II BauGB aufgrund rechtzeitig gestellter Anträge möglich. Wird ein Verlängerungsantrag abgelehnt, so kann der Antragsteller hiergegen das Anfechtungsverfahren nach § 217 BauGB einleiten. Ist die Entschädigung durch die Gewährung anderer Rechte zu leisten, so bestimmt sich das Enteignungsverfahren nach § 115 BauGB.

[3304] Zur Veränderungssperre s. Rdn. 1529; vgl. auch *Hoppe* in: Hoppe/Bönker/Grotefels § 12 Rdn. 45 ff.

8. Teil. Planverwirklichungsinstrumente

In der Praxis wichtig ist die nach § 116 BauGB bestehende Möglichkeit der **vorzeitigen Besitzeinweisung**. Ist die sofortige Ausführung der beabsichtigten Baumaßnahme aus Gründen des öffentlichen Wohls dringend geboten, kann die Enteignungsbehörde nach § 116 I BauGB den Antragsteller auf Antrag durch Beschluss in den Besitz des von dem Enteignungsverfahren betroffenen Grundstücks einweisen.[3305] Die vorzeitige Besitzeinweisung ist nur aufgrund einer mündlichen Verhandlung zulässig. Auch kann die vorzeitige Besitzeinweisung gem. § 116 II BauGB von einer Sicherheitsleistung in Höhe der voraussichtlich zu zahlenden Entschädigung und der Erfüllung anderer Bedingungen abhängig gemacht werden. Da die Anordnung der vorzeitigen Besitzeinweisung die tatsächlichen Wirkungen des Enteignungsbeschlusses vorwegnimmt, ist sie aus verfassungsrechtlichen Gründen nur zulässig, wenn die sofortige Ausführung der Enteignung besonders dringlich und auch im Hinblick auf die Eigentumsinteressen vorrangig ist. Es genügt daher nicht, dass die Enteignung selbst geboten ist. Vielmehr müssen die überwiegenden öffentlichen Interessen einen sofortigen Beginn der Maßnahme als unaufschiebbar ausweisen. Dies ist vom Antragsteller und in der Begründung des Beschlusses über die sofortige Besitzeinweisung im Einzelnen darzulegen. Die besondere Dringlichkeit wird sich dabei nur bei wesentlichen Nachteilen, die mit erheblichen Zeitverzögerungen verbunden sind, dokumentieren lassen. Es liegt dann im Ermessen der Enteignungsbehörde, ob eine vorzeitige Besitzeinweisung angeordnet wird. Wegen der verfassungsrechtlich bedingten hohen Anforderungen wird die vorzeitige Besitzeinweisung nur dann in Betracht kommen, wenn durch das Warten auf den Abschluss des Enteignungsverfahrens schwere Nachteile für wichtige Gemeinwohlbelange auf dem Spiel stehen. So gesehen ist die Anordnung der vorzeitigen Besitzeinweisung, die gem. § 217 BauGB durch den Antrag auf gerichtliche Entscheidung angefochten werden kann, nur in besonders gelagerten Ausnahmefällen zulässig.

Ist der Enteignungsbeschluss unanfechtbar geworden, so ordnet auf Antrag eines Beteiligten die Enteignungsbehörde gem. **§ 117 BauGB** die Ausführung des Enteignungsbeschlusses oder der Vorabentscheidung an. Durch die Ausführungsanordnung wird u. a. die Voraussetzung für die Leistung der Entschädigung und die Grundbuchberichtigung geschaffen. Geldentschädigungen sind ggf. unter Verzicht auf das Recht der Rücknahme gem. § 118 BauGB zu hinterlegen. Bei mehreren Berechtigten findet nach Maßgabe des § 119 BauGB ein Verteilungsverfahren statt. Leistet der durch die Enteignung Begünstigte die ihm auferlegten Zahlungen nicht innerhalb eines Monats nach Unanfechtbarkeit des Enteignungsbeschlusses, so hat die Enteignungsbehörde den Enteignungsbeschluss gem. § 120 BauGB auf Antrag aufzuheben.

In der Entscheidung über den Enteignungsantrag oder in einem gesonderten Beschluss ist eine **Kostenentscheidung** unter Beachtung der Grundsätze des § 121 BauGB zu treffen. Wird der Enteignungsantrag abgelehnt oder zurückgenommen, hat der Antragsteller die Verfahrenskosten zu tragen. Wird dem Enteignungsantrag stattgegeben, hat der Entschädigungsverpflichtete die Kosten zu tragen. Hierzu zählen nach § 121 II BauGB auch die **Kosten** für eine **zweckentsprechende Rechtsverfolgung**. Die gesetzlichen Gebühren und Auslagen eines hinzugezogenen Rechtsanwalts oder eines sonstigen Bevollmächtigten sind erstattungsfähig, wenn die Zuziehung eines Bevollmächtigten erforderlich war. Davon ist angesichts der rechtlich komplizierten Materie in Enteignungsverfahren regelmäßig auszugehen. Die Enteignungsbehörde bestimmt gem. § 121 IV BauGB durch Beschluss, ob die Zuziehung eines Rechtsanwalts oder sonstigen Bevollmächtigten notwendig war.

[3305] Zu den Voraussetzungen für die Errichtung von Regierungsgebäuden im Regierungsviertel von Berlin *KG Berlin*, Urt. v. 17. 4. 1998 – U 702/98 (Baul) – NJW 1998, 3064 – Hauptstadt Berlin.

IV. Amtshaftung

1793 Die Pflicht zur korrekten Verwaltungsentscheidung ist für Bauverwaltungen und Gemeinden durchaus nicht ohne Risiko. Fehlerhafte Entscheidungen über Baugesuche können **Amtshaftungsansprüche** nach § 839 BGB, Art. 34 GG begründen, für die die Anstellungskörperschaft einzustehen hat. Das gilt sowohl für die fehlerhafte Ablehnung eines Bauantrages wie für seine rechtswidrige positive Bescheidung. Ändert sich etwa die Sach- und Rechtslage während eines anhängigen Streites um die Erteilung einer Baugenehmigung, so sind solche Rechtsänderungen zu berücksichtigen. Die Ablehnung eines Baugesuchs kann daher etwa durch eine im Verfahren erlassene Veränderungssperre nachträglich ihre Rechtfertigung erfahren. Wäre der Bauantrag ordnungsgemäß behandelt worden, wäre die Baugenehmigung allerdings längst erteilt und die nachträglich erlassene Veränderungssperre käme zu spät.

1794 Die Baugenehmigungsbehörden sind verpflichtet, innerhalb einer angemessenen Bearbeitungszeit über vorliegende Bauanträge zu befinden und eine Baugenehmigung zu erteilen, wenn das Vorhaben öffentlich-rechtlichen Vorschriften entspricht. Eine Bebauungsgenehmigung ist zu erteilen, wenn das Vorhaben planungsrechtlich zulässig ist. Diese Amtspflichten bestehen gegenüber dem Bauherren als dem Antragsteller aber auch gegenüber Dritten, die in den Schutzbereich der Vorschrift einbezogen sind.[3306]

1795 Ein Amtshaftungsanspruch setzt neben dem Bestehen einer Amtspflicht eine rechtswidrige und schuldhafte Amtspflichtverletzung voraus. Das Handeln der Bauaufsichtsbehörden ist rechtswidrig, wenn nach den öffentlich-rechtlichen Vorschriften ein Genehmigungsanspruch bestand, dem nach Vorliegen der vollständigen Antragsunterlagen in einer angemessenen Bearbeitungszeit nicht entsprochen worden ist.

1796 Allerdings stellt sich die Frage, ob die **Bauaufsichtsbehörden** einen Flächennutzungsplan oder einen Bebauungsplan einfach für unwirksam behandeln und seine Darstellungen oder Festsetzungen außer Acht lassen dürfen. Vergleichbare Fragestellungen ergeben sich bei anderen städtebaulichen Satzungen. In der Literatur werden „alle denkbaren"[3307] Auffassungen vertreten. Teilweise wird eine behördliche Inzident-Verwerfungskompetenz angenommen.[3308] Wegen der Beteiligungs-[3309] und Anfechtungsmöglichkeiten der

---

[3306] Zur Drittgerichtetheit des Abwägungsgebots *BGH*, Urt. v. 28. 6. 1984 – III ZR 35/83 – BGHZ 92, 34 = ZfBR 1984, 249; B. v. 27. 9. 1990 – III ZR 67/89 – BayVBl. 1991, 187 – Pflicht, Entwürfe von Bauleitplänen öffentlich auszurichten, ist nicht drittgerichtet; ebenso Urt. v. 11. 5. 1989 – III ZR 88/87 – ZfBR 1990, 211 = DVBl. 1989. Zur Altlastenrechtsprechung Urt. v. 26. 1. 1989 – III ZR 194/87 – BGHZ 106, 323 = ZfBR 1989, 119 – Bielefeld-Brake; Urt. v. 6. 7. 1989 – III ZR 251/87 – BGHZ 108, 224 = ZfBR 1989, 261 – Osnabrück; B. v. 25. 1. 1990 – III ZR 102/88 – BGHR BGB § 839 I 1 Gemeinderat 3 – Bodenbeschaffenheit; Urt. v. 21. 2. 1991 – III ZR 245/89 – BGHZ 113, 367 = ZfBR 1991, 167 – Dinslaken; Urt. v. 19. 3. 1992 – III ZR 16/90 – BGHZ 117, 363 = ZfBR 1992, 188 – Bielefeld II; Urt. v. 17. 12. 1992 – III ZR 114/91 – BGHZ 121, 65 = ZfBR 1992, 130 – Rosengarten; B. v. 18. 2. 1999 – III ZR 272/96 – BGHZ 140, 380 = ZfBR 1999, 298 – hochwassergefährdetes Grundstück; Urt. v. 25. 2. 1993 – III ZR 47/92 – ZfBR 1993, 194 = NVwZ 1994, 91 – Grefrath; B. v. 9. 7. 1992 – III ZR 87/91 – NJW 1993, 384 – Siegburg; Urt. v. 9. 7. 1992 – III ZR 78/91 und 105/91 – UPR 1992, 438 – Gladbeck; Urt. v. 13. 7. 1993 – III ZR 22/92 – BGHZ 122, 191 – Recklinghausen; Urt. v. 14. 10. 1993 – III ZR 156/92 – BGHZ 123, 363 = ZfBR 1993, 292 – Mülheim am Rhein; Urt. v. 23. 6. 1994 – III ZR 54/93 – BGHZ 126, 279 = ZfBR 1994, 299 – Dinslaken; B. v. 25. 9. 1997 – III ZR 273/96 – ZfBR 1998, 108 = NVwZ 1998, 318 – Osnabrück II; Urt. v. 29. 7. 1999 – III ZR 234/97 – BGHZ 143, 259 – Bergschaden; Urt. v. 4. 4. 2002 – III ZR 70/01 – NVwZ 2002, 1143 = ZfBR 2002, 593 = DVBl. 2002, 927 – Überschwemmungsgebiet; *Wurm* in: Staudinger § 839 BGB, Rdn. 545 (2002).

[3307] *Maurer*, Allg. VwR, § 4 Rdn. 46 m. zahlr. w. N.; vgl. auch die Literaturübersicht bei *Wehr* Inzidente Normverwerfung durch die Exekutive, Berlin 1998, S. 96.

[3308] *Bielenberg*, in: Ernst/Zinkahn/Bielenberg/Krautzberger, BauGB, § 10 Rdn. 55; *Gaentzsch*, in: § 10 BauGB Rdn. 19; *Gierke*, in: Brügelmann, § 10 BauGB Rdn. 496.

[3309] Etwa über § 36 BauGB, wenn die Behörde das Vorhaben nach den §§ 34 oder 35 BauGB genehmigen will.

Gemeinde sei auch die Planungshoheit nicht unverhältnismäßig betroffen.[3310] Dagegen wird von anderen Autoren eine Verwerfungskompetenz für nicht vereinbar mit der Planungshoheit der Gemeinde gehalten.[3311] Auch das Gebot einer ausreichenden Rechtssicherheit stehe einer Verwerfungskompetenz entgegen.[3312] Die Widerspruchsbehörde sei nicht befugt, sich über einen von ihr für unwirksam gehaltenen Bebauungsplan hinwegzusetzen.[3313] Auch aus § 214 IV BauGB sei eine Verwerfungsbefugnis nicht ableitbar,[3314] weil die Vorschrift gerade der Planerhaltung diene.[3315]

Der *VGH München* verneint mit sorgfältiger Begründung ausdrücklich ein eigenes Verwerfungsrecht der Verwaltungsbehörde hinsichtlich eines Bebauungsplanes aus Gründen der Rechtssicherheit und Rechtsklarheit.[3316] Dasselbe muss für eine Veränderungssperre gelten. Das *OVG Lüneburg* hat allerdings eine behördliche Verwerfungskompetenz hinsichtlich einer Veränderungssperre angenommen.[3317] Das *BVerwG* hat die Frage der Verwerfungskompetenz demgegenüber bisher noch nicht abschließend entschieden.[3318] Es spricht allerdings einiges dafür, der Behörde eine Verwerfungskompetenz hinsichtlich eines Flächennutzungsplans oder einer städtebaulichen Satzung nur dann zu gewähren, wenn die Unwirksamkeit der Pläne und Satzungen offensichtlich ist, etwa weil sie bereits in einem anderen Verfahren gerichtlich festgestellt wurde.[3319] Bei städtebaulichen Satzungen kann die Behörde den Betroffenen zudem auf einen Normenkontrollantrag verweisen, so dass sich in diesen Fällen die Frage der Verwerfungskompetenz erst stellt, wenn die Zweijahresfrist für den Normenkontrollantrag abgelaufen ist.

Zudem scheidet ein **Verschulden** der Behörden regelmäßig aus, wenn ein **Kollegialgericht** die Handlung des Amtswalters als rechtmäßig beurteilt hat.[3320] Ausnahmsweise wird in derartigen Fällen ein Verschulden dann angenommen, wenn das Gericht von einem unzutreffenden Sachverhalt ausgegangen ist oder die gerichtliche Beurteilung offenkundig fehlerhaft und unvertretbar war. Aber auch bei einer den behördlichen Standpunkt nicht bestätigenden Gerichtsentscheidung ist das Verschulden nicht sozusagen automatisch gegeben. Vielmehr sind die beteiligten Behörden berechtigt, gegen anders lautende Gerichtsentscheidungen Rechtsmittel einzulegen und zunächst den Ausgang dieser Verfahren abzuwarten. Dies gilt umso mehr in einem Bereich, der erst seit einiger Zeit Gegenstand der obergerichtlichen Rechtsprechung gewesen ist und in dem eine vollständige gerichtliche Klärung noch nicht vorliegt.[3321]

Wird einem **Baugesuch zu Unrecht stattgegeben**, kann sich darauf ein **Vertrauen** gründen, das bei einer nachträglichen Aufhebung der Baugenehmigung enttäuscht wird. Der Käufer eines Baugrundstücks etwa sieht sich bei der erfolgreichen Anfechtung der

---

[3310] *Diedrich* BauR 2000, 819 [823]; *Kopp* DVBl. 1983, 823 [828]; *Pietzcker* DVBl. 1986, 806 [808]; anders noch in AöR (101) 1976, 374 [384]; *Renck* BayVBl. 1983, 66 [67].; *Schlichter/Stich*, § 215 BauGB Rdn. 2; *Gierke*, in: Brügelmann, § 10 BauGB Rdn. 500 ff.

[3311] *Löhr*, in: Battis/Krautzberger/Löhr, § 10 BauGB Rdn. 10; *Schrödter*, § 2 BauGB Rdn. 64.

[3312] *Dolde* BauR 1978, 153 [155 ff.]; *Jung* NVwZ 1985, 790 [795]; *Schmiemann*, FS Weyreuther, S. 235 [243].

[3313] *Pietzner*, in: Pietzner/Ronellenfitsch, § 39 Rdn. 14 f.; *Gril* JuS 2000, 1080 [1086].

[3314] *Engel* NVwZ 2000, 1258.

[3315] Vgl. auch BT-Drs. 13/6392, S. 38 [74].

[3316] *VGH München*, Urteil v. 1. 4. 1982 – 15 N 81 A/1679 – BayVBl. 1982, 654 = NVwZ 1983, 481.

[3317] So *OVG Lüneburg*, B. v. 15. 10. 1999 – 1 M 3614/991062 – NVwZ 2000, 1061.

[3318] *BVerwG*, Urt. v. 31. 1. 2001 – 6 CN 2.00 – BVerwGE 112, 373 = DVBl. 2001, 931 = NVwZ 2001, 1035.

[3319] *BVerwG*, Urt. v. 31. 1. 2001 – 6 CN 2.00 – BVerwGE 112, 373.

[3320] *BGH*, Urt. 2. 4. 1998 – III ZR 111/97 – NVwZ 1998, 879 – Zwangsvollstreckung; *BVerwG*, Urt. v. 11. 1. 2001 – 4 C 6.00 – BVerwGE 112, 321 = ZfBR 2001, 271 – Polizeipräsidium Magdeburg.

[3321] Zur Verjährung *BGH*, Urt. v. 11. 2. 1988 – III ZR 221/86 – BGHZ 103, 242; Urt. v. 6. 5. 1993 – III ZR 2/92 – BGHZ 122, 317; Urt. v. 12. 10. 2000 – III ZR 121/99 – NVwZ 2001, 468.

von der Baugenehmigung erteilten Baugenehmigung durch einen Nachbarn vor einem Scherbenhaufen. Auch die Rücknahme der Baugenehmigung durch die Behörde kann den Eigentümer und vor allem einen Erwerber in einen finanziellen Ruin stürzen, weil sein Grundstück ohne Baugenehmigung nahezu wertlos ist. Für diese klassischen Fälle hat die Rechtsprechung den Rechtsgrundsatz entwickelt, dass Baugenehmigungsbehörde und Gemeinde für die Richtigkeit ihres Handelns einstehen müssen und den so Betroffenen einen gerechten Schadensausgleich zu gewähren haben.

1800 Nicht ganz so einfach ist die Rechtslage, wenn der Bauherr sich mit einer **Bauvoranfrage** begnügt. Denn im Rahmen einer solchen eingeschränkten Antragstellung werden nicht alle öffentlich-rechtlichen Fragen abschließend beurteilt, die für die Erteilung einer Baugenehmigung zu prüfen sind. Bei einer Bauvoranfrage stehen nur einzelne Ausschnitte aus dem öffentlich-rechtlichen Prüfungskatalog zur Entscheidung an. Vor allem enthält der positive Bauvoranfragebescheid noch keine Baufreigabe in einem verfügenden Teil. Sollen auch hier die vollen Entschädigungspflichten der Baugenehmigungsbehörden und der Gemeinden drohen oder sind die Haftungsrisiken der öffentlichen Hand hier nur eingeschränkt? Denn der positive Bauvoranfragebescheid berechtigt noch nicht, mit den Baumaßnahmen zu beginnen, sondern beinhaltet nur die Klärung bestimmter Vorfragen. Wegen dieses beschränkten Prüfungsausschnittes erscheint es sachgerecht, die Behörden auch nicht in dem Umfang in die Pflicht zu nehmen wie dies bei einer rechtswidrigen Entscheidung über einen Bauantrag üblich ist.

1801 Mit dem **Bauvorbescheid** ist über die **planungsrechtliche Zulässigkeit** des beantragten Vorhabens abschließend entschieden. Gegen Änderungen in der planungsrechtlichen Situation ist der Bauherr durch die Bebauungsgenehmigung geschützt. Allerdings nehmen die anderen Fragen, die im Rahmen der Prüfung einer Baugenehmigung zu untersuchen sind, nicht an der Bestandskraft der Bebauungsgenehmigung teil. Abgesehen von der planungsrechtlichen Zulässigkeit des Vorhabens ist die Vereinbarkeit des Vorhabens mit anderen öffentlich-rechtlichen Vorschriften daher auch nach Erteilung der Bebauungsgenehmigung zu prüfen und steht auch im Hinblick auf Änderungen der Sach- und Rechtslage zur vollen Disposition.

1802 Etwa zwischenzeitlich eingetretene **Änderungen** sind deshalb in die Prüfung der Vereinbarkeit mit öffentlich-rechtlichen Vorschriften einzubeziehen. Die Bebauungsgenehmigung bindet nur hinsichtlich der Beurteilung der planungsrechtlichen Zulässigkeit, nicht im Hinblick auf andere öffentlich-rechtliche Vorschriften, deren Beurteilung nicht Gegenstand der Bebauungsgenehmigung gewesen sind. Daher kann die Erteilung der Baugenehmigung etwa an der Unvereinbarkeit mit Vorschriften des Landesrechts oder immissionsschutzrechtlichen Regelungen scheitern, die nicht Gegenstand der planungsrechtlichen Beurteilung gewesen sind. Auch die Nichtverfügbarkeit des Grundstücks kann ein solcher Umstand sein, der zur Nichterteilung der Baugenehmigung aus anderen als planungsrechtlichen Gesichtspunkten führen kann. Derartige Prüfungsfelder sind durch die Bebauungsgenehmigung noch nicht abgearbeitet und stehen daher im Rahmen der Erteilung der Baugenehmigung erneut zur Prüfung und zur Disposition. Die Erteilung einer Baugenehmigung kann daher trotz der positiven Bebauungsgenehmigung etwa an immissionsschutzrechtlichen Bedenken oder landesrechtlichen Abstandsvorschriften scheitern. Auch die mangelnde Verfügbarkeit des Grundstücks durch den Bauherrn kann ein Gesichtspunkt sein, an dem die Baugenehmigung scheitert.

1803 Die Rechtsprechung hat sich wiederholt mit **Amtshaftungsansprüchen** bei **rechtswidrigem Bauvorbescheid** befasst und dazu folgende Grundsätze entwickelt: Die Baugenehmigungsbehörden haben die Amtspflicht, den Antrag auf Bauvoranfrage innerhalb der für das jeweilige Vorhaben üblichen Bearbeitungszeiten zu bescheiden. Verletzen sie diese Pflichten schuldhaft, so können sich vom Grundsatz her daraus Schadensersatzansprüche aus Amtshaftung nach § 839 BGB, Art. 34 GG ergeben. Bei verweigerten gemeindlichen Einvernehmen können auch die Gemeinden schadensersatzpflichtig sein. Allerdings ist die Rechtsstellung aufgrund einer Bauvoranfrage schwächer als bei dem

8. Teil. Planverwirklichungsinstrumente   1804–1806 A

Antrag auf Erteilung einer Baugenehmigung. Denn anders als die Baugenehmigung berechtigt die Bebauungsgenehmigung nicht zur Ausführung von Bauarbeiten.

Schadensersatz kann sich vor allem im Hinblick auf die **Veränderung der Rechtslage** 1804
ergeben, wenn die Baugenehmigungsbehörde eine Bauvoranfrage nicht zeitgerecht beschieden hat und sich die Rechtslage später zu Ungunsten des Antragstellers ändert und daher der ursprünglich bestehende Bauanspruch entfällt oder eingeschränkt wird. Wird etwa eine Bauvoranfrage im Hinblick auf eine beabsichtigte gemeindliche Veränderungssperre nicht beschieden, und der Antrag später mit Hinweis auf die inzwischen in Kraft getretene Veränderungssperre abgewiesen, so liegt darin eine Amtspflichtverletzung.[3322] In derartigen Fällen ist ein Fortsetzungsfeststellungsantrag vor dem Verwaltungsgericht statthaft mit dem Ziel, die Rechtswidrigkeit der Nichterteilung der Bebauungsgenehmigung festzustellen.[3323] Dem Feststellungsantrag kann nicht der Einwand des rechtmäßigen Alternativverhaltens in dem Sinne entgegengehalten werden, dass die Gemeinde, wenn sie die Rechtslage erkannt hätte, einen Antrag auf Zurückstellung nach § 15 BauGB gestellt oder eine Veränderungssperre nach den §§ 16, 17 BauGB erlassen hätte.[3324]

Bedeutsam sind die **Prüfungsgegenstände**, wie sie sich aufgrund der Bauvoranfrage 1805
ergeben. Lehnt die Behörde eine beantragte Bauvoranfrage zu mehreren Planungsvarianten mit unterschiedlicher baulicher Ausnutzung insgesamt ab, obwohl das Bauvorhaben jedenfalls nach einem der Vorschläge genehmigungsfähig gewesen wäre, so kann aus dem Umstand allein, dass die Antragsteller im Klageweg vorrangig auch die weitergehende Planung verfolgt haben, nicht zwingend der Schluss gezogen werden, sie hätten von der Genehmigung einer Variante mit geringerer baulicher Ausnutzung nicht Gebrauch gemacht. War die Bereitschaft erkennbar, sich jedenfalls auch mit einem Bauvorbescheid hinsichtlich einer genehmigungsfähigen Planung zu begnügen, ist die Pflichtverletzung für den Schaden ursächlich geworden, der ihnen dadurch entstanden ist, dass sie das Grundstück nicht unter Verwendung des Vorbescheids nach Ablauf einer zur Entscheidung über die Bauvoranfrage angemessenen Bearbeitungszeit veräußern konnten.[3325] Unter diesen Voraussetzungen kann daher die nicht rechtzeitig festgestellte Baulandqualität zu einem Schadensersatzanspruch führen. Derartige Ansprüche bestehen jedoch nur eingeschränkt. Bezogen auf die Bebauungsgenehmigung bestehen solche Ansprüche nur, wenn gerade die positive Entscheidung über die planungsrechtliche Zulässigkeit von Vorhaben Anknüpfungspunkt für den Schaden gewesen ist. Die Entschädigungspflicht bezieht sich nicht auf Schäden, die erst an die Baugenehmigung geknüpft sind und eine Baufreigabe voraussetzen.

Vor allem sind **nicht alle Schäden**, die sich in diesem Zusammenhang ergeben können, in den Schutzbereich der Amtspflichten einbezogen. Das gilt etwa für die Maklerprovision, die ein Dritter im Falle des zustande gekommenen Veräußerungsvertrages erhalten hätte.[3326] Denn die Amtspflichten bestehen in aller Regel nur gegenüber dem Antragsteller der Bauvoranfrage, nicht gegenüber Dritten, zu denen auch der Grundstückseigentümer rechnet. Schäden, die dieser im Hinblick auf die zögerliche Behandlung einer Bauvoranfrage erleidet, sind daher nicht in den Schutzbereich der behördlichen Amtspflichten aufgenommen. So verliert der Grundsatz, dass der Grundstückseigentümer trotz eines erheblichen wirtschaftlichen Interesses an der Durchführung des Bauvorhabens[3327] in aller Regel nicht „Dritter" i. S. des § 839 I BGB ist, sofern ein ande- 1806

[3322] *OLG Frankfurt*, Urt. v. 29. 5. 1998 – 15 U 249/96 – ZfBR 1999, 58.
[3323] *BVerwG*, B. v. 27. 3. 1998 – 4 C 14.96 – BVerwGE 106, 295 = DVBl. 1998, 896.
[3324] *BVerwG*, B. v. 2. 10. 1998 – 4 B 72.98 – NVwZ 1999, 523 – rechtmäßiges Alternativverhalten.
[3325] *BGH*, Urt. v. 9. 6. 1994 – III ZR 37/93 – NJW-RR 1994, 1171.
[3326] *BGH*, Urt. v. 10. 3. 1994 – III ZR 9/93 – BGHZ 125. 258 = DVBl. 1994, 695.
[3327] Etwa durch Verknüpfung der Bedingungen eines Veräußerungsvertrages mit dem Erlass eines Bauvorbescheides (Rücktrittsrecht, Fälligkeit der Kaufpreisforderungen).

rer einen Antrag auf einen Bauvorbescheid gestellt hat, auch dann nicht seine Geltung, wenn der Eigentümer in dem Verwaltungsrechtsstreit des Antragstellers über die Rechtmäßigkeit des Bauverwaltungsaktes beigeladen worden ist.[3328] Denn besteht auf Seiten des Grundstückseigentümers oder -käufers kein konkretes Interesse an der Durchführung eines bestimmten Bauvorhabens, vermag das nur allgemeine wirtschaftliche Interesse an der Bebaubarkeit des Grundstücks diese nicht in den Schutzbereich der Amtspflichten eines Verwaltungsverfahrens einzubeziehen, an dem sie nicht beteiligt sind.[3329] Umgekehrt kann allerdings die Amtspflicht der Bauaufsichtsbehörde, einen inhaltlich unrichtigen positiven Bauvorbescheid nicht zu erteilen, drittschützende Wirkung auch zugunsten eines künftigen Käufers entfalten, der das Grundstück in Vertrauen auf jenen Bescheid von dessen ursprünglichem Adressaten erwirbt.

1807 Bei Bauverwaltungsakten[3330] ist der **Kreis der geschützten Dritten** unterschiedlich zu bestimmen, je nachdem ob es um die Erteilung oder um die Versagung des betreffenden Bescheides geht. Die Versagung einer Baugenehmigung oder eines Bauvorbescheides wirkt nur im Hinblick auf den Antragsteller. Anderen gegenüber entfaltet der Versagungsbescheid grundsätzlich keine materielle Bestandskraft i. S. einer Feststellungswirkung. Die bestandskräftige Versagung einer Baugenehmigung berechtigt die Behörde vor allem nicht, einen neuen Bauantrag eines anderen Antragstellers ohne Sachprüfung abzulehnen.[3331] Deswegen entfalten derartige ablehnende Bescheide eine Drittbezogenheit i. S. des Amtshaftungsrechtes grundsätzlich[3332] nur zu Lasten des jeweiligen Antragstellers, nicht jedoch zu Lasten Dritter, selbst wenn der Bescheid deren wirtschaftliches Interesse berührt.

1808 Im Gegensatz dazu ist die **Baugenehmigung** oder der entsprechende Bauvorbescheid nicht an die **Person des Antragstellers** gebunden, sondern auf das Grundstück und das Bauvorhaben bezogen. Bei der Erteilung des Vorbescheides ist daher nicht nur auf die Interessen des Antragstellers selbst, sondern auch auf diejenigen Rücksicht zu nehmen, die im berechtigten, schutzwürdigen Vertrauen auf den Bescheid unmittelbar die Verwirklichung des konkreten Bauvorhabens in Angriff nehmen wollen und zu diesem Zwecke konkrete Aufwendungen für die Planung des Vorhabens tätigen. Dies gilt jedenfalls in den Grenzen eines überschaubaren zeitlichen und sachlichen Zusammenhangs und auch dort, wo eine Rechtsnachfolge in die durch den Bauvorbescheid begründete Rechtsposition nach dem Landesrecht nicht möglich ist.[3333] Unabhängig von der Möglichkeit einer Rechtsnachfolge ist ein Bauvorbescheid „objektbezogen" und nicht lediglich personenbezogen, jedenfalls soweit er die Feststellung trifft, dass das Vorhaben planungsrechtlich zulässig ist, weil das Grundstück im Bereich eines rechtsverbindlichen Bebauungsplans liegt. In den sachlichen Schutzbereich der Amtshaftung wegen der Erteilung des rechtswidrigen Bauvorbescheides können dann auch die Aufwendungen fallen, die der Erwerber im Vertrauen auf die durch den Bescheid bestätigte Baulandqualität für den Erwerb des Grundstücks vorgenommen hat. Allerdings ist dieses Vertrauen nur während der Bindungswirkung des Bauvorbescheides geschützt.[3334]

1809 Amtshaftungsansprüche gegen die **Gemeinde** wegen Nichterteilung des gemeindlichen Einvernehmens sind nur gegeben, wenn der Bauherr auf die Erteilung der beantragten Bebauungsgenehmigung einen Anspruch hat. Ist das Vorhaben planungsrechtlich unzulässig, besteht keine Notwendigkeit zur Erteilung des gemeindlichen Einver-

---

[3328] *BGH*, Urt. 24. 2. 1994 – III ZR 3/93 – NJW 1994, 2091 = DVBl. 1994, 1132.
[3329] *BGH*, Urt. v. 6. 6. 1991 – III ZR 221/90 – NJW 1991, 2596 = DVBl. 1991, 1140.
[3330] Baugenehmigungen oder Bauvorbescheiden.
[3331] *BGH*, Urt. v. 6. 6. 1991 – III ZR 221/90 = BGHR BGB § 839 I 1 Dritter 37; Urt. v. 6. 5. 1993 – III ZR 2/92 – BGHZ 122, 317 = NJW 1993, 2307.
[3332] Von Ausnahmen abgesehen, Urt. v. 15. 11. 1984 – III ZR 70/83 – BGHZ 93, 87; Urt. v. 28. 10. 1992 – III ZR 220/92 – BGHZ 119, 365 = DVBl. 1993, 105.
[3333] *BGH*, Urt. v. 6. 5. 1993 – III ZR 2/92 – BGHZ 122, 317 = NJW 1993, 2307.
[3334] *VGH München*, Urt. v. 5. 7. 1993 – 22 RR 260/92 – NVwZ 1995, 931 = BayVBl. 1993, 635.

nehmens. Auch sind Amtshaftungsansprüche gegen die Gemeinde nicht gegeben.[3335] Schadensersatzansprüche scheiden ebenfalls wegen fehlender Kausalität aus, wenn das Bauvorhaben, auf das sich die Bauvoranfrage bezog, aus anderen Gründen nicht genehmigungsfähig war, also kein Anspruch auf einen positiven Bauvorbescheid bestand, selbst wenn die Baugenehmigungsbehörde die Bauvoranfrage mit unzutreffenden Gründen abgelehnt hat.[3336]

Im Falle der **rechtswidrigen Ablehnung einer Bauvoranfrage** bestimmt sich die haftungsrechtliche Zurechnung danach, wie sich die Entscheidung der Bauaufsichtsbehörde im Außenverhältnis zu dem Antragsteller darstellt. Wird der Bescheid zutreffend nur damit begründet, dass die Gemeinde das erforderliche Einvernehmen verweigert hat, hat grundsätzlich allein die Gemeinde für den dem Antragsteller entstehenden Schaden aufzukommen. Geht hingegen aus dem ablehnenden Bescheid der Bauaufsichtsbehörde hervor, dass sie das Vorhaben auch aufgrund einer eigenen Sachprüfung und Überzeugungsbildung für unzulässig hält, ist je nachdem, ob sie sich auf die Versagung des gemeindlichen Einvernehmens als zusätzlichen Grund für die rechtswidrige Ablehnung stützt oder nicht, eine gemeinschaftliche Verantwortlichkeit zusammen mit der Gemeinde oder eine alleinige Haftung der Bauaufsichtsbehörde gegeben.[3337] Die Gemeinde ist an ihr früheres, im Rahmen einer Bauvoranfrage erteiltes Einvernehmen gebunden und darf daher dem Bauvorhaben nicht mehr mit der Begründung widersprechen, dass sich der Bau in die Bebauung der Umgebung und in das Landschaftsbild nicht einfüge. Dabei ist es unerheblich, ob das Einvernehmen der Gemeinde überhaupt erforderlich gewesen war. Es genügt vielmehr, dass die Beaufsichtigungsbehörde die Gemeinde am Baugenehmigungsverfahren beteiligt hat, weil sie deren Einvernehmen für erforderlich hielt und die Gemeinde ihr Einvernehmen nicht rechtzeitig versagt hat.[3338]

Die zuständigen **Amtsträger** der **Gemeinde** haben auch die Amtspflicht gegenüber einem Bauwilligen, die Erteilung der von ihm begehrten Baugenehmigung, auf die er einen Anspruch hat, nicht durch ein Verhalten zu hindern, das die Bauaufsichtsbehörde als unberechtigte Verweigerung des für erforderlich gehaltenen Einvernehmens nach § 36 BauGB werten muss. Dabei macht es keinen Unterschied, aus welchem Rechtsgrund das Einvernehmen der Gemeinde entbehrlich war. Auch wenn die Ablehnung einer Bauvoranfrage objektiv rechtswidrig war, weil sie sich auf einen nicht wirksamen Bebauungsplan gründet, steht dem antragstellenden Grundstückseigentümer wegen der verzögerten Bescheidung seiner Bauvoranfrage kein Amtshaftungsanspruch gegen die Gemeinde zu, wenn die zuständigen Amtsträger bei der rechtswidrigen Entscheidung nicht schuldhaft gehandelt haben, weil sie die Unwirksamkeit des Bebauungsplans nicht ohne weiteres erkennen konnten und weil die Ablehnung der Bauvoranfrage bei unterstellter Wirksamkeit des Bebauungsplans rechtsfehlerfrei erfolgt ist.[3339]

Da die **Bebauungsgenehmigung keine Baufreigabe** beinhaltet und daher nicht zum Beginn der Baumaßnahmen berechtigt, können **Verzögerungsschäden** aus der Nichterteilung der Bebauungsgenehmigung grundsätzlich nicht abgeleitet werden. Die Verpflichtung zur Erteilung der Bebauungsgenehmigung schützt daher nicht vor Schäden, die durch Verzögerungen in der Realisierung der beabsichtigten Baumaßnahme eintreten. Denn die Bebauungsgenehmigung berechtigt nicht zum Beginn der Bauausführung. Verzögerungsschäden im Hinblick auf eine verspätet erteilte Bebauungsgenehmigung sind daher entschädigungsrechtlich ohne Belang. Wenn der Bauherr daher keine Bau-

---

[3335] *OLG Koblenz*, Urt. v. 27. 1. 1998 – 1 U 73/96 – OLGR Koblenz 1998, 240 = Immobilien- und Baurecht 1998, 451.
[3336] *BGH*, Urt. v. 26. 3. 1997 – III ZR 114/96 – BGHR BGB § 839 I 1 Kausalität 12.
[3337] *BGH*, Urt. v. 1. 7. 1993 – III ZR 36/92 – NJW 1993, 3065; Urt. v. 21. 5. 1992 – III ZR 14/91 – BGHZ 118, 263 = DVBl. 1992, 1430.
[3338] *BGH*, Urt. v. 25. 10. 1990 – III ZR 249/89 – BRS 53 (1991), Nr. 40.
[3339] *BGH*, Urt. v. 18. 6. 1996 – III ZR 100/97 – NVwZ 1998, 1329.

genehmigung beantragt und lediglich einen Antrag auf Bauvoranfrage stellt, tauscht er das geringere Kostenrisiko gegen einen Verlust von Ansprüchen ein, die sich aus möglichen Verzögerungsschäden ergeben. Denn solange eine Baugenehmigung nicht erteilt ist, darf – abgesehen von Freistellungsfällen – mit der Realisierung des Vorhabens nicht begonnen werden. Verzögerungsschäden sind daher im Zusammenhang mit einer fehlerhaft behandelten Bauvoranfrage aus Amtshaftungsgesichtspunkten nicht zu erstatten.

1813 Auch schützt die erteilte Bebauungsgenehmigung nicht vor **Änderungen der Sach- oder Rechtslage** außerhalb des durch sie festgestellten Umfangs der planungsrechtlichen Zulässigkeit. Widerspricht das Vorhaben daher außerhalb des durch die Bebauungsgenehmigung festgestellten Inhalts öffentlich-rechtlichen Vorschriften, so ergeben sich daraus keine Amtshaftungsansprüche. Dies gilt nicht nur für den Fall, dass das Vorhaben von Anfang an öffentlich-rechtlichen Vorschriften außerhalb des Planungsrechts nicht entsprach. Auch bei einer nachträglichen Änderung der Sach- oder Rechtslage außerhalb der planungsrechtlichen Zulässigkeit kann das Vorhaben abgelehnt werden, ohne dass sich damit ein Amtshaftungsanspruch begründen ließe. Denn die Bebauungsgenehmigung schützt nicht vor einer Änderung der Sach- oder Rechtslage außerhalb ihres festgestellten Inhalts. Auch hier gilt der Grundsatz, dass der Bauherr das geringere Kostenrisiko einer Bebauungsgenehmigung gegen einen Verlust von Schadensersatzansprüchen aus dem Gesichtspunkt der Amtshaftung eintauscht, wenn sich im Nachhinein die Sach- oder Rechtslage zu seinen Ungunsten ändert. Der Bauherr muss sich daher entscheiden: Will er gegen eine Änderung der Sach- oder Rechtslage auch außerhalb der eigentlichen planungsrechtlichen Zulässigkeit geschützt sein, so muss er durch einen Bauantrag sicherstellen, dass entweder eine Baugenehmigung erreicht wird oder bei entsprechendem Verschulden Schadensersatz aus Amtshaftung zu leisten ist, wenn sich im Nachhinein die Sach- oder Rechtslage zu Ungunsten des Bauherrn ändert. Beschränkt sich der Bauherr dagegen auf eine Bauvoranfrage, so hat er ein geringeres Kostenrisiko, ist allerdings auch nicht geschützt dagegen, dass sich außerhalb der zur Prüfung gestellten Fragen die Sach- oder Rechtslage im Nachhinein zu Ungunsten des Bauherrn ändert.

1814 Legt ein Bauherr gegen die auf § 15 BauGB gestützte **Zurückstellung seines Baugesuches** Widerspruch ein, so hat die Bauaufsichtsbehörde mit Rücksicht auf dessen aufschiebende Wirkung die Amtpflicht, die Bearbeitung fortzusetzen, solange kein Sofortvollzug angeordnet ist.³³⁴⁰ Eine Gemeinde ist auch nicht berechtigt, die Entscheidung über eine Bauvoranfrage über die angemessene Bearbeitungszeit hinauszuzögern, wenn das Bauvorhaben nach der noch gültigen Rechtslage planungsrechtlich zulässig, aber ein noch nicht verkündeter Beschluss über die Aufstellung eines Bebauungsplans mit anders gearteten Zielen vorliegt.³³⁴¹

V. Verschuldensunabhängige Haftung der Bauordnungsbehörden

1815 Verschuldensunabhängige Ansprüche können sich aus dem Gefahrenabwehrrecht der Länder ergeben. Die Länderregelungen sind allerdings unterschiedlich. Während in NRW für das Handeln der Bauaufsichtsbehörden auf das Ordnungsbehördenrecht und damit auch auf das Entschädigungsrecht verwiesen wird, ist die Rechtslage in anderen Bundesländern nicht so eindeutig. § 80 NSOG³³⁴² etwa ordnet einen angemessenen Ausgleich an, wenn jemand durch eine rechtswidrige Maßnahme der Verwaltungsbehörde oder der Polizei einen Schaden erleidet. Die Haftung geht damit über Ansprüche hinaus, die ein

---

³³⁴⁰ *BGH*, Urt. v. 26.7.2000 – III ZR 206/00 – BauR 2001, 1887 = NVwZ 2002, 123.
³³⁴¹ *BGH*, Urt. v. 12.7.2001 – III ZR 282/00 – DVBl. 2001, 1619 = NVwZ 2002, 124. Zur Beteiligung eines Dritten *BVerwG*, B. v. 25.3.2003 – 4 B 9.03 – Buchholz 506.11 § 17 BauGB Nr. 9 Veränderungssperre.
³³⁴² Erleidet jemand infolge einer rechtmäßigen Inanspruchnahme nach § 8 einen Schaden, so ist ihm ein angemessener Ausgleich zu gewähren. Das Gleiche gilt, wenn jemand durch eine rechtswidrige Maßnahme der Verwaltungsbehörde oder der Polizei einen Schaden erleidet.

8. Teil. Planverwirklichungsinstrumente   **1816, 1817 A**

Nichtstörer im Falle einer rechtmäßigen Inanspruchnahme durch die Polizei schon nach dem Allgemeinen Polizeirecht hatte[3343] und bezieht sich auch auf Schäden durch rechtswidrige behördliche Maßnahmen. Unklar ist dabei allerdings, ob darunter auch das Handeln der Bauaufsichtsbehörden oder nur das Handeln der Polizei bei Maßnahmen der Gefahrenabwehr fällt. Denn in unterschiedlicher Weise und teilweise auch mit unterschiedlichem Inhalt sprechen die Polizeigesetze von Maßnahmen der Polizei (§ 56 I 2 BremPolG; § 68 I 2 SPolG; § 68 I 2 ThürPAG), Maßnahmen der Gefahrenabwehr- oder der Polizeibehörden (§ 64 I 2 HSOG), Maßnahmen der Verwaltungsbehörde(n) oder der Polizei (§ 80 NSOG; § 69 I 2 SOG LSA 1991), Maßnahmen der allgemeinen Ordnungsbehörde(n) oder der Polizei (§ 59 II i.V. m. I Nr. 2 ASOG Bln; § 68 I 2 PolG RP) oder Maßnahmen der Sicherheitsbehörden oder der Polizei (§ 69 I 2 SOG LSA 2003).[3344]

Der *BGH* hat sich mit den Entschädigungsregelungen in § 39 OBG NRW und § 67 **1816** Rh.-Pf. klärend befasst und eine Entscheidung zu § 59 II ASOG Bln. offen gelassen.[3345] Während der *BGH* eine verschuldensunabhängige Haftung der Bauaufsichtsbehörden nach § 39 OBG NRW bejaht hat, hat er einen Entschädigungsanspruch gegen die Bauaufsichtsbehörden in Rheinland-Pfalz verneint.

1. Verschuldensunabhängiger Entschädigungsanspruch nach § 39 OBG NRW

Nach § 39 I b OBG NRW[3346] haben die Ordnungsbehörden für rechtswidrige Maß- **1817** nahmen zu haften. Das gilt auch für Bauaufsichtsbehörden, die als Sonderordnungsbehörden auf dem Gebiete der Gefahrenabwehr tätig werden (§ 1 OBG NRW; gleich lautend § 1 Bbg OBG). Denn der Begriff der „Maßnahme" ist bewusst weit gefasst. Es rechnet hierzu die rechtswidrige Versagung von Baugenehmigungen oder positive Bauvorbescheide gegenüber dem Bauherrn[3347] und rechtswidriger Erteilung gegenüber dem Nachbarn,[3348] die Erteilung einer Baugenehmigung und die Befreiung von den Festsetzungen eines Bebauungsplans durch die Baugenehmigungsbehörde,[3349] die Inanspruchnahme eines Grundstücks zur Abwehr einer vom Nachbargrundstück drohenden Gefahr,[3350] sowie die Zurückstellung nach § 15 BauGB und die Ablehnung eines Baugesuchs durch die Baugenehmigungsbehörde.[3351] In NRW ist daher die Bauaufsichts-

---

[3343] § 70 Preußisches Polzeiverwaltungsgesetz v. 1. 6. 1931: „In den Fällen des § 21 (Inanspruchnahme eines Nichtstörers) kann, sofern die Entschädigungspflicht nicht in anderen gesetzlichen Vorschriften geregelt ist, derjenige, gegen den die polizeiliche Maßnahme getroffen ist, Ersatz des ihm durch die Maßnahme entstandenen Schadens verlangen. Dies gilt nicht, soweit die Maßnahme zum Schutz seiner Person oder seines Vermögens getroffen ist." § 72 Pr. Polizeiverwaltungsgesetz ordnete einen Erstattungsanspruch des In Anspruch Genommenen gegen den Handlungs- oder Zustandsstörer an.
[3344] *Stüer* ZfBR 2004, 338.
[3345] *BGH*, Urt. v. 11. 7. 1996 – III ZR 133/95 – NJW 1996, 3151 = DVBl. 1996, 1312 – diclo 75 – Haftung offen geblieben.
[3346] § 41 OBG NW a. F.
[3347] *BGH*, Urt. v. 2. 10. 1978 – III ZR 9/77 – BGHZ 72, 273 – Gärtnerei; Urt. v. 17. 12. 1981 – III ZR 88/80 – BGHZ 82, 361 = ZfBR 1982, 131 – Veränderungssperre; Urt. v. 24. 6. 1982 – III ZR 169/80 – BGHZ 84, 292 = BauR 1982, 457 – nichtiger Bebauungsplan; Urt. v. 13. 7. 1993 – III ZR 22/92 – BGHZ 123, 191 = ZfBR 1993, 292 – Haldengelände; Urt. v. 21. 12. 1989 – III ZR 118/88 – BGHZ 109, 380 ZfBR 1990, 88 – Dortmund-Dorstfeld; Urt. v. 23. 6. 1994 – III ZR 54/93 – BGHZ 126. 279 = NJW 2994, 2355 – Inanspruchnahme eines Nichtstörers – Erdaushub.
[3348] *BGH*, Urt. v. 12. 10. 1978 – III ZR 162/76 – NJW 1979, 34 = BauR 1979, 44 – zu Unrecht erteilte Baugenehmigung.
[3349] *BGH*, Urt. v. 2. 10. 1978 – III ZR 9/77 = BGHZ 72, 273 = DVBl. 1979, 114 – Gewächshaus; Urt. v. 12. 10. 1978 – III ZR 162/76 = BauR 1979, 44 – Nachbarbebauung.
[3350] *BGH*, B. v. 31. 1. 1980 – IX ZR 90/78 – RzW 1981, 155 – Zwangsarbeit.
[3351] *BGH*, Urt. v. 17. 12. 1981 – III ZR 88/80 – BGHZ 82, 316 = ZfBR 1982, 131 – Gemeinbedarf; Urt. v. 24. 6. 1982 – III ZR 169/80 – BGHZ 84, 292 = DVBl. 1982, 1092 – Wohnhaus; ebenso Urt. v. 21. 12. 1989 – III ZR 118/88 – BGHZ 109, 380 = ZfBR 1990, 88 – Dortmund-Dorstfeld.

behörden eine Ordnungsbehörde im Sinne des § 39 Ib OBG NRW.³³⁵² Dabei ist nicht entscheidend, aus welchen rechtlichen Gründen die Bauaufsichtsbehörde tätig wurde. Daher kann eine Haftung nach § 39 Ib OBG sowohl für die Erteilung als auch für die Versagung einer Baugenehmigung gegeben sein.³³⁵³ Auch im Bereich des Ausländerrechts, des Straßenverkehrsrechts,³³⁵⁴ des Gaststätten- und Gewerberechts³³⁵⁵ oder des Naturschutzrechts können sich daher in NRW Schadensersatzansprüche ergeben, wenn die Behörden auf dem Gebiet der umfassend zu verstehenden Gefahrenabwehr tätig werden. Umfasst sind danach in NRW auch auf anderer gesetzlicher Grundlage als der des OBG alle behördlichen Maßnahmen mit dem Ziel der Gefahrenabwehr.

2. Kein Ersatzanspruch nach § 68 I PVG Rh.-Pf.

1818 Im Gegensatz dazu hat der *BGH* für § 68 I PVG Rh.-Pf. a. F. eine Haftung der Baugenehmigungsbehörden verneint.³³⁵⁶ Die Vorschrift bezog sich nur auf Maßnahmen der Polizei, zu der die Bauordnungsbehörden nicht rechnen.³³⁵⁷ Auch in der Literatur herrscht die Auffassung vor, dass es für die Möglichkeit eines Schadensersatzanspruchs gegenüber der Bauaufsichtsbehörde auf den jeweiligen Wortlaut der einschlägigen landesrechtlichen Regelungen ankommt. Nur bei entsprechenden ausdrücklichen gesetzlichen Regelungen können auch andere Verwaltungsbehörden außerhalb der Polizei den Schadensersatzregelungen unterliegen.³³⁵⁸

3. Haftung bei spezifischer Gefahrenabwehr

1819 Für die mit § 80 NSOG³³⁵⁹ gleich lautende Vorschrift des § 69 SOG LSA 1991 hat das *LG Magdeburg*³³⁶⁰ Entschädigungsansprüche abgelehnt und dies damit begründet, dass die Baugenehmigungsbehörden nicht aus Gründen der Gefahrenabwehr tätig werden. Das Handeln der Verwaltungsbehörden sei mit den Eingriffen der Polizei nicht gleich zu setzen. Soweit die Bauaufsicht lediglich als allgemeine Verwaltungsbehörde tätig werde und keine polizeilichen Befugnisse der Gefahrenabwehr wahrnehme, greife die auf das Handeln der Polizeibehörden begrenzte Haftung des § 69 SOG LSA 1991 nicht ein. § 69 SOG LSA ist zudem inzwischen dahin gehend geändert worden, dass er das Handeln der Bauordnungsbehörden nicht umfasst.

1820 Eine Haftung der Baugenehmigungsbehörden nach § 80 NSOG ist auf die Fälle zu begrenzen, in denen die Behörden speziell aus Gründen der Gefahrenabwehr einschreiten und etwa eine Baugenehmigung aus Gründen der Gefahrenabwehr im Bereich des Naturschutzes zurücknehmen.³³⁶¹ Im Übrigen kann auf § 80 NSOG eine Haftung der Baugenehmigungsbehörden nicht gestützt werden.

---

³³⁵² § 57 I Nr. 3 a BauO NRW.
³³⁵³ Ebenso *BGH*, Urt. v. 13. 7. 1993 – III ZR 22/92 – BGHZ 123, 191 = ZfBR 1993, 292 – Haldengelände; *BGH*, Urt. v. 10. 3. 1994 – III ZR 9/93 – BGHZ 125, 258 = ZfBR 1994, 184 – Reihenhäuser.
³³⁵⁴ *BGH*, Urt. v. 18. 12. 1986 – III ZR 242/85 – BGHZ 99, 249 – feindliches Grün als Maßnahme gem. § 37 StVO.
³³⁵⁵ *BGH*, Urt. v. 30. 10. 1984 – IV ZR 18/83 – NJW 1986, 182 – Entziehung der Erlaubnis zum Betrieb einer Gaststätte gem. § 15 GastG.
³³⁵⁶ „Erleidet jemand infolge einer rechtmäßigen Inanspruchnahme nach § 7 einen Schaden, ist ihm ein angemessener Ausgleich zu gewähren. Das Gleiche gilt, wenn jemand durch eine rechtswidrige Maßnahme der Polizei einen Schaden erleidet."
³³⁵⁷ *BGH*, Urt. v. 10. 3. 1994 – III ZR 9/93 – BGHZ 125, 258 = ZfBR 1994, 184 – Reihenhäuser.
³³⁵⁸ *Ossenbühl*, Staatshaftungsrecht, 5. Aufl., München 1998, S. 408; vgl. auch *Rachor*, in: Lisken/Denninger*, Handbuch des Polizeirechts, 3. Aufl., München 2001, Kap. L, Rdn. 8 f.
³³⁵⁹ NSOG v. 11. 12. 2003 (Nds. GVBl. S. 414).
³³⁶⁰ *LG Magdeburg*, Urt. v. 3. 9. 2003 – 10 O 595/03 (104) – mit Hinweis auf *BGH*, Urt. v. 22. 1. 1998 – III ZR 168/96 – BGHZ 138, 15 = NJW 1998, 2289.
³³⁶¹ *BVerwG*, Urt. v. 11. 1. 2001 – 4 C 6.00 – BVerwGE 112, 321 = ZfBR 2001, 271 – Polizeipräsidium Magdeburg – § 42 BNatSchG.

4. Umfang der Entschädigung

Nach § 80 NSOG/§ 69 SOG LSA 1991 ist zudem nicht ein voller Schadensersatz, sondern nur ein **angemessener Ausgleich** zu gewähren. Der in der Vorschrift niedergelegte Anspruch ist daher Ausdruck eines allgemeinen Aufopferungsgedankens, der nicht an einem vollen Schadensersatz, sondern an einer angemessenen Entschädigung ausgerichtet ist. Gewinnerwartungen etwa oder Folgeschäden werden von dem Gedanken eines angemessenen Ausgleichs nur erfasst, wenn sie im Bereich der üblichen Geschehensabläufe liegen. Ein voller Schadensersatz wird daher nach dieser Vorschrift nicht gewährt.

VI. Wertermittlung

Zur Ermittlung von Grundstückswerten und für sonstige Wertermittlungen werden nach § 192 BauGB selbstständige, unabhängige **Gutachterausschüsse** bestellt. Die Gutachterausschüsse bestehen aus einem Vorsitzenden und weiteren ehrenamtlichen Gutachtern. Die Gutachterausschüsse, die bei den Gebietskörperschaften gebildet werden, bedienen sich einer Geschäftsstelle (§ 192 IV BauGB), die zumeist bei den Trägern der kommunalen Selbstverwaltung gebildet wird. Der Gutachterausschuss erstattet Gutachten über den Verkehrswert von bebauten und unbebauten Grundstücken sowie Rechten an Grundstücken in den in § 193 I BauGB genannten Fällen. Der Gutachterausschuss führt eine Kaufpreissammlung, wertet sie aus und ermittelt Bodenrichtwerte und sonstige zur Wertermittlung erforderliche Daten (§ 193 III BauGB). Die Gutachten des Gutachterausschusses haben allerdings keine bindende Wirkung, soweit nichts anderes bestimmt oder vereinbart ist (§ 193 IV BauGB).

Zur Führung der **Kaufpreissammlung** ist jeder Vertrag, durch den sich jemand verpflichtet, Eigentum an einem Grundstück gegen Entgelt zu übertragen oder ein Erbbaurecht zu begründen, von der beurkundenden Stelle in Abschrift dem Gutachterausschuss zu übersenden (§ 195 I BauGB). Die Kaufpreissammlung darf nur dem zuständigen Finanzamt für Zwecke der Besteuerung übermittelt werden (§ 195 II BauGB). Aufgrund der Kaufpreissammlung werden für jedes Gemeindegebiet im Zuständigkeitsbereich des Gutachterausschusses Bodenrichtwerte gebildet, die den durchschnittlichen Lagewert des Bodens unter Berücksichtigung des unterschiedlichen Entwicklungszustandes wieder geben. Die Bodenrichtwerte dienen auch als Grundlage für die Bewertung des Grundvermögens durch die Finanzverwaltung. Zur Durchführung ihrer Aufgaben haben die Gutachterausschüsse verschiedene Befugnisse, die sich aus § 197 BauGB ergeben. Bei Bedarf können obere Gutachterausschüsse für den Bereich einer oder mehrerer höherer Verwaltungsbehörden gebildet werden (§ 198 BauGB). Der Obere Gutachterausschuss hat auf Antrag eines Gerichts ein Obergutachten zu erstatten, wenn schon das Gutachten eines Gutachterausschusses vorliegt (§ 198 II BauGB).

Der Gutachterausschuss wendet dabei die Wertermittlungsverordnung an, die von der Bundesregierung auf der Ermächtigungsgrundlage des § 199 I BauGB erlassen worden ist. Die Einrichtung und Organisation der Gutachterausschüsse erfolgt auf der Grundlage entsprechender Rechtsverordnungen der jeweiligen Landesregierung (§ 199 II BauGB). Die Rechtsverordnung regelt u. a. die Bildung und das Tätigwerden der Gutachterausschüsse und der oberen Gutachterausschüsse, die Aufgaben des Vorsitzenden, die Einrichtung und die Aufgaben der Geschäftsstelle, die Führung und Auswertung der Kaufpreissammlung und die Ermittlung der Bodenrichtwerte, die Übermittlung von Daten der Flurbereinigungsbehörden zur Führung und Auswertung der Kaufpreissammlung, die Übertragung weiterer Aufgaben auf den Gutachterausschuss und die Entschädigung der Mitglieder des Gutachterausschusses.

Gewisse Mobilisierungswirkungen auf den Grundstücksmarkt können von § 200 III BauGB ausgehen, wonach die Gemeinden in einem **Baulandkataster** sofort oder in absehbarer Zeit bebaubare Flächen in Karten oder Listen auf der Grundlage eines Lageplans erfassen, der Flur- und Flurstücksnummern, Straßennummern, Straßennamen und Angaben zur Grundstücksgröße enthält. Derartige Möglichkeiten werden allerdings durch ein dem Grundstückseigentümer eingeräumtes Widerspruchsrecht eingeschränkt.

VII. Erhaltungssatzung und städtebauliche Gebote

1826 Zu den Planverwirklichungsinstrumenten gehören auch die Erhaltungssatzung nach § 172 BauGB und die städtebaulichen Gebote der §§ 175 bis 179 BauGB.[3362] Zu ihnen zählen das Baugebot (§ 176 BauGB), das Modernisierungs- und Instandsetzungsgebot (§ 177 BauGB), das Pflanzgebot (§ 178 BauGB) und das Rückbau- und Entsiegelungsgebot (§ 179 BauGB). Die Instrumente dienen – wie die Bodenordnung und die Enteignung – der Umsetzung der städtebaulichen Planungsvorstellungen der Gemeinde und damit dem Planvollzug.

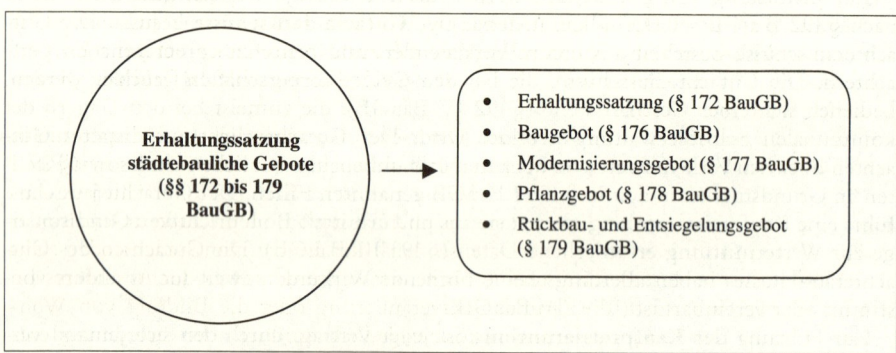

1. Erhaltungssatzung gem. § 172 BauGB

1827 Nach § 172 I BauGB kann die Gemeinde in einem **Bebauungsplan** oder durch eine **sonstige Satzung** Gebiete bezeichnen, in denen
(1) zur Erhaltung der städtebaulichen Eigenart des Gebiets auf Grund seiner städtebaulichen Gestalt,
(2) zur Erhaltung der Zusammensetzung der Wohnbevölkerung oder
(3) bei städtebaulichen Umstrukturierungen
der Rückbau, die **Änderung** oder die **Nutzungsänderung** baulicher Anlagen der Genehmigung bedürfen.[3363] Die Vorschrift dient damit der Erhaltung und Erneuerung von Stadt- und Ortsteilen. Dient die Erhaltungssatzung der Erhaltung der städtebaulichen Eigenart des Gebietes, so bedarf auch die **Errichtung** baulicher Anlagen der Genehmigung. § 172 I BauGB beschreibt den notwendigen Inhalt einer Erhaltungssatzung. Welchen Anforderungen eine Satzung im Übrigen zu genügen hat, ist eine Frage der gerechten Abwägung nach § 1 VII BauGB.[3364] Die Satzung ist nach Maßgabe von §§ 16 II, 10 III BauGB **ortsüblich bekannt zu machen**. Nach den §§ 16 II, 172 I 3 BauGB hat die Gemeinde dabei die Wahl, ob sie die Erhaltungssatzung ortsüblich bekannt macht (§ 16 II 1 BauGB) oder ob sie ortsüblich bekannt macht, dass eine Erhaltungssatzung beschlossen worden ist (§ 16 II 2 BauGB). Entscheidet sie sich für den zweiten Weg, so ist § 10 III BauGB entsprechend anzuwenden. Auf der Grundlage des § 172 BauGB beschlossene

---

[3362] Zur städtebaulichen Erhaltung *Battis* DVBl. 1981, 497; *Bracher* Erhaltung der städtebaulichen Gestalt eines Gebiets durch Erhaltungssatzung 1991; *Dierkes* Gemeindliche Satzungen als Instrumente der Stadterhaltung und -gestaltung 1991; *Erbguth* DVBl. 1985, 1352; *Henke* Stadterhaltung als kommunale Aufgabe 1985; *ders.* DÖV 1983, 402; *Kiepe* Der Städtetag 1983, 409; *Knopp* BayVBl. 1983, 524; *Lüers* WiVerw. 1995, 259; *Müller* BauR 1988, 169; *Stich* ZfBR 1983, 61; *Wurster* Denkmalschutz und Erhaltung in: HdBöffBauR Kap. D.

[3363] S. Rdn. 2117.

[3364] *BVerwG*, B. v. 23. 6. 1992 – 4 NB 9.92 – (unveröffentlicht) – Erhaltungsgebot.

8. Teil. Planverwirklichungsinstrumente   1828 **A**

Satzungen haben wie sonstige gemeindliche Satzungen Rechtsnormcharakter. Aus dem Rechtsstaatsprinzip lässt sich ableiten, dass förmlich gesetzte Rechtsnormen verkündet werden müssen. Dagegen lässt § 16 II 1 BauGB ungeregelt, welchen Anforderungen im Einzelnen die Bekanntmachung genügen muss. Der Vorschrift kann insbesondere nicht entnommen werden, mit welchem Inhalt und in welcher Form die Satzung bekannt zu machen ist. Vielmehr stellt § 16 II BauGB insoweit ausdrücklich auf die Ortsüblichkeit ab. Ortsüblich ist diejenige Art der Verkündung, die in der Gemeinde für örtliche Rechtsvorschriften, und insbesondere für Satzungen, nach den einschlägigen landes- oder ortsrechtlichen Bestimmungen maßgebend ist.[3365] Aus rechtsstaatlichen Gründen ist das Verkündungsverfahren so auszugestalten, dass es die ihm zugedachte Funktion erfüllen kann. Die betreffende Rechtsnorm ist der Öffentlichkeit so zugänglich zu machen, dass sich die Betroffenen von ihr verlässlich Kenntnis verschaffen können.[3366] Das setzt voraus, dass die Rechtsnorm nicht mit einem anderen als dem vom Normgeber gewollten Inhalt veröffentlicht wird.[3367] Der bekannt gemachte Wortlaut darf nur ganz ausnahmsweise von dem beschlossenen abweichen, ohne dass die zur Normsetzung berufene Körperschaft nochmals eingeschaltet wird.[3368] Der materielle Normgehalt darf auch in diesem Falle nicht angetastet werden.[3369]

a) Genehmigungspflichtige Vorhaben. Der Genehmigungspflicht unterliegen die in **1828** § 172 I 2 BauGB aufgeführten baulichen Maßnahmen an baulichen Anlagen (§ 29 I BauGB). Der Begriff der Änderung ist dabei weit zu verstehen. Darunter fällt jede Änderung der Substanz der baulichen Anlage unabhängig davon, ob die äußere Gestalt oder die innere bauliche Einrichtung betroffen ist. Auch der Einbau von Bädern oder elektrischen Einrichtungen fällt darunter.[3370] Nicht erfasst werden etwa der Abschluss von Miet- oder Pachtverträgen, die Grundstücksveräußerung oder die Bildung von Wohnungseigentum. Die Landesregierungen können jedoch durch Rechtsverordnung entsprechende Genehmigungstatbestände einführen (§ 172 I 4 BauGB).[3371] Mit der Erhaltungssatzung unterliegen alle in § 172 I 2 BauGB genannten baulichen Maßnahmen der Genehmigungspflicht. Die Satzung kann dabei nicht auf einzelne bauliche Maßnahmen begrenzt werden oder einen Teil der baulichen Maßnahmen aus der Genehmigungspflicht generell ausnehmen. Die Vorschrift schafft einen **selbstständigen Genehmigungstatbestand**, der neben die ggf. aufgrund anderer Vorschriften erforderlichen Genehmigungen oder Unbedenklichkeitsbescheinigungen (Negativatteste) tritt. **Genehmigungsbedürftig** sind der Rückbau, die Änderung wie etwa der Umbau, der Ausbau, die Modernisierung und Instandsetzung oder die Erweiterung einer baulichen Anlage, die Nutzungsänderung wie etwa die Umwandlung von Wohnungen in Büronutzung sowie die Umnutzung von gewerblichen Flächen, soweit sich die planungsrechtliche Frage neu stellt.

Beispiel: In einem Erhaltungsgebiet soll eine Gaststätte in eine Vergnügungsstätte (Spielhalle) umgewandelt werden. Hier stellt sich die planungsrechtliche Frage neu, so dass die danach städtebaulich relevante Nutzungsänderung der Genehmigungspflicht unterliegt. Die Vorschrift will auch eine „schleichende" Umwidmung von städtebaulich bedeutsamen Gebäuden verhindern. Die Neuvermietung eines kleineren Haushaltswarengeschäfts an ein Textilgeschäft im Geltungsbereich einer Erhaltungssatzung ist demgegenüber nicht genehmigungspflichtig, weil sich die planungsrechtliche Frage nicht neu stellt.

[3365] *BVerwG*, B. v. 23. 9. 1974 – 4 B 113.74 – Buchholz 406.11 § 12 BBauG Nr. 4.
[3366] *BVerfG*, B. v. 2. 4. 1963 – BVerfGE 16, 6; B. v. 22. 11. 1983 – BVerfGE 65, 283; *BVerwG*, Urt. v. 5. 12. 1986 – 4 C 31.85 und 4 C 29.86 – BVerwGE 75, 262 = *Hoppe/Stüer* RzB Rdn. 211.
[3367] *BVerwG*, B. v. 16. 5. 1991 – 4 NB 26.90 – BVerwGE 88, 204 = *Hoppe/Stüer* RzB Rdn. 213 – Bebauungsplanausfertigung.
[3368] *BVerfG*, B. v. 15. 2. 1978 – 2 BvL 8/74 – BVerfGE 48, 1.
[3369] *BVerwG*, B. v. 8. 7. 1992 – 4 NB 20.92 – NVwZ-RR 1993, 262 = *Hoppe/Stüer* RzB Rdn. 823.
[3370] *VG München*, Urt. v. 15. 6. 1998 – M 8 K 87.8559 – IBR 1999, 31 – Carrara-Marmor.
[3371] *Krautzberger* in: Battis/Krautzberger/Löhr § 172 Rdn. 11.

1829 Die Genehmigungsfähigkeit eines Vorhabens kann im Laufe der Zeit im Einzelfall **unterschiedlich zu beurteilen** sein – beispielsweise, wenn die Bausubstanz verfallen ist oder sich die planerische Konzeption ändert. Derartige Einzelfallgesichtspunkte sind auf der Grundlage der Erhaltungssatzung oder des Bebauungsplans (1. Stufe) und bei der Entscheidung über die Genehmigungsfähigkeit des Vorhabens (2. Stufe) zu bewerten.[3372] Neben die gemeindliche Erhaltungssatzung kann nach § 172 I 4 BauGB eine Rechtsverordnung der Landesregierung treten, die sich auf Wohnungseigentum und Teileigentum gem. § 1 des WEG bezieht. Nach § 172 I 4 BauGB sind die Landesregierungen ermächtigt, für die Grundstücke in Gebieten einer Erhaltungssatzung nach § 172 I 1 Nr. 2 BauGB durch Rechtsverordnung mit einer Geltungsdauer von höchstens fünf Jahren zu bestimmen, dass die Begründung von Sondereigentum an Gebäuden, die ganz oder teilweise Wohnzwecken zu dienen bestimmt sind, nicht ohne Genehmigung erfolgen darf. Die Landesregierungen haben dadurch die Möglichkeit, auf der Grundlage einer gemeindlichen Erhaltungssatzung auch die Begründung von Sondereigentum, Wohnungseigentum und Teileigentum nach § 1 WEG von einer Genehmigung abhängig zu machen. Durch eine Rechtsverordnung der Landesregierung kann daher eine Genehmigungspflicht für die Begründung von Sondereigentum erreicht werden. Die Rechtsverordnung der Landesregierung setzt allerdings eine gemeindliche Erhaltungssatzung nach § 172 BauGB voraus.[3373]

1830 **b) Erhaltungsziele.** Die Erhaltungsziele sind in § 172 I, III bis V BauGB abschließend beschrieben. Die Erhaltungssatzung nach **§ 172 I 1 Nr. 1 BauGB** dient der Erhaltung der städtebaulichen Eigenart des Gebietes aufgrund seiner städtebaulichen Gestalt. Die Genehmigung darf versagt werden, wenn die bauliche Anlage allein oder im Zusammenhang mit anderen baulichen Anlagen das Ortsbild, die Stadtgestalt oder das Landschaftsbild prägt oder sonst von städtebaulicher, insbesondere geschichtlicher oder künstlerischer Bedeutung ist. Zum Schutzgegenstand gehören dabei das Straßenbild, die Baustruktur und das Landschaftsbild. Dabei können auch Belange des städtebaulichen Denkmalschutzes und der Denkmalpflege sowie Belange von erhaltenswerten Ortsteilen, Straßen und Plätzen von geschichtlicher, künstlerischer oder städtebaulicher Bedeutung berücksichtigt werden. **Erhaltungssatzung** und **Denkmalschutz** reichen sich dabei im Bereich des **städtebaulichen Denkmalschutzes** die Hand.[3374] Die Erhaltungssatzung soll Störungen der städtebaulichen Eigenart des Gebietes aufgrund seiner städtebaulichen Gestalt verhindern. Die Genehmigung zur Errichtung baulicher Anlagen darf nach § 172 III 2 BauGB nur versagt werden, wenn die städtebauliche Gestalt des Gebietes durch die beabsichtigte bauliche Anlage beeinträchtigt wird.

Beispiel: Ein Vorhaben im nichtbeplanten Innenbereich kann im Hinblick auf eine Erhaltungssatzung wegen einer Beeinträchtigung der vorhandenen städtebaulichen Struktur unzulässig sein, obwohl es sich in die Eigenart der näheren Umgebung einfügt und daher im nichtbeplanten Innenbereich nach § 34 BauGB grundsätzlich planungsrechtlich zulässig wäre.

1831 Den Gemeinden ist es allerdings verwehrt, im Gewande des Städtebaurechts Denkmalschutz zu betreiben. **Bauplanerische Festsetzungen**, die nur **vorgeschoben** sind, in Wirklichkeit aber Zwecken des Denkmalschutzes dienen, sind rechtswidrig (§ 1 I und III BauGB).[3375] Ein Bebauungsplan, der auf die Erhaltung eines historisch gewachsenen, denkmalgeschützten oder (einfach) erhaltenswerten Ortsteils gerichtet ist, überschreitet

---

[3372] *BVerwG*, B. v. 23. 6. 1992 – 4 NB 9.92 – (unveröffentlicht) – Erhaltungssatzung.
[3373] § 172 I 4 bis 6 BauGB ist im Rahmen der Beratungen des BauROG durch den Vermittlungsausschuss eingeführt worden.
[3374] *BVerfG*, Urt. v. 26. 1. 1987 – 1 BvR 969/83 – DVBl. 1987, 465 = *Hoppe/Stüer* RzB Rdn. 821; *BVerwG*, Urt. v. 3. 7. 1987 – 4 C 26.85 – BVerwGE 78, 23 = NVwZ 1987, 357 = *Hoppe/Stüer* RzB Rdn. 822.
[3375] *BVerwG*, Urt. v. 18. 5. 2001 – 4 CN 4.00 – BVerwGE 114, 247 = DVBl. 2001, 1455 = NVwZ 2001, 1043 = BauR 2001, 1692 – Böhmisches Dorf in Berlin-Neukölln.

8. Teil. Planverwirklichungsinstrumente **1832, 1833 A**

den Rahmen städtebaulicher Zielsetzungen nicht, wenn er darauf zielt, die überkommene Nutzungsstruktur oder prägende Bestandteile des Orts- und Straßenbildes um ihrer städtebaulichen Qualität willen für die Zukunft festzuschreiben. Die Festsetzung privater Grünflächen mit der Zweckbestimmung „Hausgärten" nach § 9 I Nr. 15 BauGB kann auch dazu dienen, die künftige städtebauliche Funktion ortsbildprägender Freiflächen zu bestimmen. Die Instrumente der Bauleitplanung und die Erhaltungssatzung (§ 172 I Nr. 1 BauGB) können nebeneinander zur Erhaltung der städtebaulichen Eigenart des Gebiets eingesetzt werden. Ob sie gemeinsam zum Einsatz kommen, beurteilt sich nach den städtebaulichen Zielen des Plangebers.[3376] § 172 III 2 BauGB enthält einen selbstständigen materiellen Versagungsgrund für die Errichtung einer baulichen Anlage. Durch eine Erhaltungssatzung kann die Errichtung eines nach § 34 I BauGB zulässigen Gebäudes verhindert werden,[3377] sondern erst dann, wenn die in der BauNVO durchscheinende geordnete städtebauliche Entwicklung verletzt ist.

Auch die Freihaltung von Flächen kann aus den Schutzgründen des § 172 I BauGB gerechtfertigt sein. **§ 172 III BauGB** konkretisiert damit das allgemeine Schutzziel in § 172 I 1 Nr. 1 BauGB. Die beabsichtigten Änderungen müssen allerdings jeweils **städtebaulich relevant** sein. Bauliche Änderungen wie Farbgebungen, die Unterteilung von Fenstern oder das Material der Dachhaut betreffen i. d. R. nur gestalterische Fragen und können daher eine Genehmigungsversagung nicht rechtfertigen. **1832**

Beispiel: Der Eigentümer eines im Erhaltungsgebiet gelegenen Gebäudes beabsichtigt, die alten Sprossenfenster durch moderne, sprossenlose Kunststofffenster zu ersetzen oder Fenster mit innen liegenden Sprossen einzubauen. Solche Maßnahmen können nur mit den Mitteln des (landesrechtlichen) Denkmalschutzes verhindert werden.[3378]

Die Milieuschutzsatzung nach **§ 172 I 1 Nr. 2 BauGB** dient der Erhaltung der Zusammensetzung der Wohnbevölkerung. Auch das Verbot der Begründung von Sondereigentum nach § 1 WEG durch eine entsprechende Rechtsverordnung der Landesregierung (§ 172 I 4 BauGB) hat gleichgerichtete Ziele. Die Genehmigung darf nach **§ 172 IV 1 BauGB** nur versagt werden, wenn die Zusammensetzung der Wohnbevölkerung aus besonderen städtebaulichen Gründen erhalten werden soll. Die Erhaltungssatzung soll insbesondere dem **Milieuschutz** dadurch dienen, dass eine Verdrängung der Bevölkerung durch eine schleichende Umstrukturierung vermieden wird.[3379] Eine Milieuschutzsatzung kann für ein Gebiet mit jeder Art von Wohnbevölkerung erlassen werden, soweit deren Zusammensetzung aus besonderen städtebaulichen Gründen erhalten werden soll. Bei der Prognose einer Verdrängungsgefahr darf sich die Gemeinde auf nach der Lebenserfahrung typische Entwicklungen stützen. Mietbelastungsobergrenzen können geeignete Indikatoren sein. Die Gemeinde muss Ermessenserwägungen nur anstellen, wenn Anhaltspunkte für eine atypische Fallgestaltung vorliegen.[3380] Die Genehmigung ist zu erteilen, wenn auch unter Berücksichtigung des Allgemeinwohls die Erhaltung der baulichen Anlage oder ein Absehen von der Begründung von Sondereigentum wirtschaftlich nicht mehr zumutbar ist. Die Gemeinde hat daher bei der Entscheidung über die Erteilung der Genehmigung die wirtschaftliche Zumutbarkeit der Eigentümerbeeinträchtigungen zu berücksichtigen. Eine wirtschaftliche Unzumutbarkeit ist etwa gege- **1833**

[3376] *BVerwG*, Urt. v. 18. 5. 2001 – 4 CN 4.00 – BVerwGE 114, 247 = DVBl. 2001, 1455 = NVwZ 2001, 1043 = BauR 2001, 1692 – Böhmisches Dorf in Berlin-Neukölln; Urt. v. 3. 7. 1987 – 4 C 26.85 –. BVerwGE 78, 23 = DVBl. 1987, 1013 – städtebaulicher Denkmalschutz.
[3377] *BVerwG*, B. v. 3. 12. 2002 – 4 B 47.02 – NVwZ-RR 2003, 259 = ZfBR 2003, 265 – Erhaltungssatzung.
[3378] *VGH Mannheim*, Urt. v. 23. 7. 1990 – 1 S 2998/89 – DVBl. 1990, 1113; zu den Voraussetzungen einer sog. Milieuschutzsatzung *BVerwG*, Urt. v. 18. 6. 1997 – 4 C 2.97 – DVBl. 1998, 40 – Loggia im Dachgeschoss.
[3379] *VGH Kassel*, Urt. v. 28. 4. 1992 – 3 TG 647/92 – ESVGH 42, 276 = DVBl. 1992, 1445.
[3380] *BVerwG*, Urt. v. 18. 6. 1997 – 4 C 2.97 – DVBl. 1998, 40 – Loggia im Dachgeschoss.

ben, wenn Modernisierungsmaßnahmen unterlassen werden müssen, ohne die eine wirtschaftliche Rentabilität des Grundstücks nicht gesichert ist. § 172 IV 3 BauGB schränkt die Versagung der Genehmigung weiter ein. Dabei soll vor allem die Begründung von Sondereigentum nicht verwehrt werden, wenn dies durch soziale Gesichtspunkte gerechtfertigt ist. Der Gesetzgeber wollte dabei einen sachgerechten Ausgleich von städtebaulichen Belangen einerseits und persönlichen bzw. sozial gerechtfertigten Eigentümerbelangen andererseits erreichen.

Beispiel: In einem Stadtteil, dessen Bebauung in der Gründerzeit entstanden ist, soll durch die Erhaltungssatzung verhindert werden, dass billiger Wohnraum vernichtet wird, infolge baulicher Veränderungen Wohnungseigentum entsteht oder in die Erdgeschosse Spielhallen oder andere Vergnügungsstätten einziehen. Die städtebaulichen Gründe müssen allerdings bezogen auf die jeweilige Erhaltungssituation ein besonderes Gewicht haben, um sich gegenüber den Eigentümerbelangen durchsetzen zu können.

1834 Die Satzung nach **§ 172 I 1 Nr. 3 BauGB** will soziale Fehlentwicklungen bei städtebaulichen Umstrukturierungen verhindern. Die Genehmigung baulicher Maßnahmen darf hier nach **§ 172 V BauGB** nur versagt werden, um einen den sozialen Belangen Rechnung tragenden Ablauf auf der Grundlage eines Sozialplans nach § 180 BauGB zu sichern. Die Erhaltungssatzung bietet daher in solchen Fällen städtebaulicher Umstrukturierungen einen zeitlich begrenzten Schutz.

Beispiel: Die Gemeinde beabsichtigt, im Rahmen eines Sozialplans städtebauliche Missstände eines Gebietes durch Sanierung und teilweise Neubauung zu beheben. In die Maßnahmen ist auch eine bisherige Werkssiedlung einbezogen, die einer Firmenerweiterung weichen soll. Die hierdurch zusätzlich entstehenden Kosten können dem Unternehmen im Rahmen des § 180 III BauGB auferlegt werden. In der Erhaltungssatzung kann die zeitliche Abfolge der Sanierungsmaßnahme festgelegt werden. Die Erhaltungssatzung kann zugleich einen Beitrag dazu leisten, unerwünschte städtebauliche Entwicklungen in der Umsetzung dieses Umstrukturierungsprozesses zu vermeiden – etwa indem der Abbruch der Häuser genehmigt wird, nachdem geeigneter Ersatzwohnraum geschaffen worden ist.

1835 c) **Erhaltungsgebiet.** Das Erhaltungsgebiet kann in einem **Bebauungsplan** oder in einer **sonstigen Erhaltungssatzung** festgelegt werden. Das Gebiet, für das die Erhaltungssatzung gilt und das auch aus einem einzelnen Gebäude bestehen kann,[3381] ist genau und mit ausreichender Eindeutigkeit zu bezeichnen. Sofern die Gebietsfestlegung nicht in einem Bebauungsplan erfolgt, sind bei der Gebietsfestlegung vergleichbare Anforderungen an die Bezeichnung zu stellen.[3382]

1836 Die Gemeinde hat dabei anzugeben, welche der in § 172 I BauGB genannten Gründe die Erhaltungssatzung rechtfertigen. Es genügt eine Bezugnahme auf das Gesetz. Nicht erforderlich ist eine Darlegung und Subsumtion der einzelnen Tatbestandsmerkmale.[3383] Allerdings empfiehlt sich eine Darlegung der wesentlichen städtebaulichen Zielvorstellungen in der **Begründung**. Anderenfalls besteht die Gefahr, dass die Satzung an **Abwägungsmängeln** scheitert. Denn jede städtebauliche Maßnahme bedarf vor dem Hintergrund der Eigentumsgarantie in Art. 14 GG der Rechtfertigung, die sich in einer entsprechenden Begründung niederschlagen sollte. Die sich aus der Erhaltungssatzung ergebenden. Belastungen hat der **Eigentümer** grundsätzlich **hinzunehmen**.[3384] Auch die Unterschutzstellung unter Denkmalschutz liegt in der Regel im Rahmen der Sozialpflichtigkeit des Eigentums.[3385] Dies gilt auch für die daraus entstehenden Genehmi-

---

[3381] *VGH Mannheim*, Urt. v. 28. 11. 1991 – 8 S 1476/91 – UPR 1992, 458 = ZfBR 1992, 295.
[3382] S. Rdn. 856.
[3383] So entgegen *OVG Münster BVerwG*, Urt. v. 3. 7. 1987 – 4 C 26.85 – BVerwGE 78, 23 = NVwZ 1988, 357 = *Hoppe/Stüer* RzB Rdn. 822 – Kölner Erhaltungssatzung.
[3384] Zur Zumutbarkeit der Erhaltung einer baulichen Anlage *VGH Mannheim*, B. v. 13. 10. 1998 – 5 S 2134/98 – NVwZ-RR 1999, 565.
[3385] Zur Bewertung von Denkmalbelangen in der Bauleitplanung *OVG Lüneburg*, Urt. v. 21. 7. 1999 – 1 K 5855/96 – NVwZ-RR 2000, 200.

gungs- und Erlaubnisvorbehalte. Derartige Belastungen sind keine Enteignung, weil das Eigentum oder auch Eigentumspositionen nicht auf einen anderen Rechtsträger übergehen, sondern eine in der Regel verfassungsrechtlich zulässige Inhalts- und Schrankenbestimmung.

Allerdings können die Inhalts- und Schrankenbestimmungen zu **schweren Belastungen** führen, die vor dem Hintergrund der Privatnützigkeit des Eigentums nicht mehr zu rechtfertigen sind.[3386] Wird daher die enteignungsrechtliche Zumutbarkeitsgrenze überschritten, so haben Gesetzgeber oder Verwaltung ein Wahlrecht: Sie muss die Beeinträchtigungen entweder so reduzieren, dass eine enteignungsgleiche Wirkung nicht mehr besteht. Oder sie muss eine Entschädigung für die verfassungsrechtlich nicht mehr hinzunehmende Belastung des Eigentums gewähren. Das kann entweder durch eine Kompensation der unzumutbaren Beeinträchtigungen sein oder auch dadurch geschehen, dass die Voraussetzungen für eine Enteignung geschaffen werden. **1837**

Dabei hat das BVerfG für den Bereich des **Denkmalschutzes** klargestellt,[3387] dass auch für diese entschädigungsrechtlichen Kompensationsregelungen bei der Inhalts- und Schrankenbestimmung des Gesetzgebers das Gebot klarer gesetzgeberischer Regelungen gilt. Der Gesetzgeber darf vor allem die Frage, ob der einzelne Eingriff die enteignende Zumutbarkeitsschwelle überschreitet, nicht offen lassen, sondern muss klar festlegen, in welchen Fällen eine Entschädigung erforderlich ist, um die Schwere des Eingriffs abzufedern. Zudem hat der Gesetzgeber keine freie Entscheidungsmöglichkeit, ob er einen schweren Eingriff ermöglicht. Vielmehr muss sich das gesetzgeberische Handeln mit der Schwere der jeweiligen Auswirkungen einer Inhalts- und Schrankenbestimmung jeweils legitimieren. Damit ist das Ende der salvatorischen Klauseln nicht nur im Bereich des Denkmalschutzes, sondern wohl auch im Natur- und Landschaftsschutzrecht eingeläutet. **1838**

Beispiel: Ein um die Jahrhundertwende entstandener Stadtteil soll mit der Erhaltungssatzung vor einer schleichenden städtebaulichen Umstrukturierung geschützt werden. Zugleich soll die Zusammensetzung der Wohnbevölkerung erhalten werden. Die Erhaltungssatzung kann auf die in § 172 I Nr. 1 und 2 BauGB genannten Erhaltungsgründe Bezug nehmen. Dabei ist auch eine Kombination mehrerer Erhaltungsgründe zulässig. Die einzelnen städtebaulichen Zielvorstellungen sollten in der Begründung, die üblicherweise Bestandteil der Verwaltungsvorlage ist, niedergelegt werden. Darin sollten Ausführungen zur Eignung, Erforderlichkeit und Verhältnismäßigkeit der beabsichtigten Erhaltungssatzung eingeschlossen sein.[3388] Vielfach wird es auch sinnvoll sein, die Ergebnisse einer städtebaulichen Rahmenplanung einzubeziehen.

d) Zweistufigkeit: Gebietsfestlegung und Genehmigungsverfahren. Das Gesetz geht von einem **zweistufigen Ablaufprogramm** aus.[3389] Anders als der Bebauungsplan trifft die Erhaltungssatzung selbst noch keine rechtsverbindliche Nutzungsregelung für die einzelnen Grundstücke. Die **Gebietsfestlegung** begründet nur ein **präventives Verbot mit Genehmigungsvorbehalt**. Die Beurteilung der Zulässigkeit bestimmter Vorhaben erfolgt erst im Rahmen des **Genehmigungsverfahrens**. Daraus ergibt sich auch eine Zweiteilung des Abwägungsverfahrens: Bei der Gebietsfestlegung reicht eine (allgemeine) Befassung der Gemeinde mit den die Erhaltungssatzung rechtfertigenden Gründen. Erst im Genehmigungsverfahren stellt sich die Frage, ob auch im Einzelfall die städ- **1839**

[3386] *BGH*, Urt. v. 26. 1. 1985 – III ZR 217/82 – DVBl. 1984, 391 = BGHZ 90, 17 – Sandabbau; Urt. v. 29. 3. 1984 – III ZR 11/83 – DVBl. 1984, 624 = BGHZ 91, 20 – Kläranlage; Urt. v. 9. 10. 1986 – III ZR 2/85 – DVBl. 1987, 568 = BGHZ 99, 24 – Blücher-Museum; *RG*, Urt. v. 11. 3. 1927 – VI 346/26 – RGZ 116, 268 – Galgenberg.
[3387] *BVerfG*, B. v. 2. 3. 1999 – 1 BvL 7/91 – BVerfGE 100, 226 = NJW 1999, 2877 = DVBl. 1999, 1498 – Direktorenvilla; *Stüer/Thorand* NJW 2000, 3232.
[3388] *BVerwG*, Urt. v. 3. 7. 1987 – 4 C 26.85 – BVerwGE 78, 23 = NVwZ 1987, 357 = *Hoppe/Stüer* RzB Rdn. 822 – Kölner Erhaltungssatzung.
[3389] *Krautzberger* in: Battis/Krautzberger/Löhr § 172 Rdn. 29.

tebaulichen Ziele der Erhaltungssatzung dem geplanten Vorhaben entgegenstehen. Auch die **verwaltungsgerichtliche Kontrolle** ist insoweit **zweigeteilt**.

Beispiel: Die Gemeinde stützt die Erhaltungssatzung auf die Erhaltung der städtebaulichen Gestalt (§ 172 I 1 Nr. 1 BauGB). Es werden auch Gebäude einbezogen, die gemessen an diesen Zielvorstellungen nicht erhaltungswürdig sind. Die generelle Gebietsfestlegung in der Erhaltungssatzung kann in diesen Fällen dem Abwägungsgebot genügen. Allerdings muss die mangelnde Schutzwürdigkeit einzelner Gebäude ggf. bei Abbruchanträgen berücksichtigt werden. Es hat dabei eine Abwägung zwischen den Erhaltungsinteressen der Allgemeinheit und den Eigentümerbelangen stattzufinden. Bei dieser Abwägung können sich dann im Einzelfall berechtigte Eigentümerinteressen durchsetzen.

1840 Liegen Versagungsgründe nicht vor, besteht ein **Rechtsanspruch** auf die beantragte Genehmigung. Die Gemeinde kann zwar im Rahmen des Erlasses der Erhaltungssatzung städtebauliche Zielvorstellungen entwickeln und dabei den ihr in der Bauleitplanung zustehenden **autonomen Planungs- und Gestaltungsraum** nutzen.[3390] Im Rahmen des Genehmigungsverfahrens finden jedoch zusätzliche, nur eingeschränkt gerichtlich kontrollierbare Ermessensbetätigungen keinen Platz.[3391]

1841 e) **Genehmigungsverfahren und Rechtskontrolle.** Die Genehmigung wird nach § 173 I BauGB durch die **Gemeinde** erteilt. Ist eine baurechtliche Genehmigung oder an ihrer Stelle eine baurechtliche Zustimmung erforderlich, wird die Genehmigung im **Baugenehmigungsverfahren** im Einvernehmen mit der Gemeinde erteilt. Im Baugenehmigungs- oder Zustimmungsverfahren wird dabei über die in § 172 III bis V BauGB bezeichneten Belange entschieden (§ 173 III BauGB). Die Genehmigung ist regelmäßig abzulehnen, wenn ein gesetzlicher Versagungsgrund vorliegt. § 172 III 1 BauGB schließt eine Ermessensentscheidung zu Gunsten des Antragstellers bei atypischen Fallgestaltungen allerdings nicht aus. Die wirtschaftliche Unzumutbarkeit der Erhaltung der baulichen Anlage stellt keinen atypischen Ausnahmefall dar. Der Eigentümer kann dann allerdings von der Gemeinde die Übernahme des Grundstücks nach § 173 II 1 BauGB verlangen.[3392]

1842 Dient die Erhaltungssatzung der Zusammensetzung der Wohnbevölkerung (§ 172 I 1 Nr. 2 BauGB) oder ist sie Teil eines Konzepts zur städtebaulichen Umstrukturierung (§ 172 I 1 Nr. 3 BauGB), so darf die beantragte Genehmigung nur versagt werden, wenn dies dem Eigentümer der baulichen Anlage **wirtschaftlich zumutbar** ist. Bei Überschreitung der Zumutbarkeitsgrenze ist demgegenüber die Genehmigung zu erteilen. Diese Regelungen sind entsprechenden Vorschriften im Bereich des **Denkmalschutzes** vergleichbar, bei denen die Erhaltungs-, Nutzungs- oder Erlaubnistatbestände auch vielfach unter dem Vorbehalt der wirtschaftlichen Zumutbarkeit stehen.[3393] Wird die Zumutbarkeitsgrenze bei einer Erhaltungssatzung nach **§ 172 I 1 Nr. 1 BauGB** überschritten, ist dem Eigentümer aus verfassungsrechtlichen Gründen eine Entschädigung zu gewähren. § 173 II BauGB sieht in diesen Fällen einen Anspruch des Eigentümers auf **Übernahme** des Grundstücks vor. Enteignende Wirkung geht dabei allerdings nicht bereits von der Erhaltungssatzung aus. Diese konkretisiert mit dem Genehmigungsvorbehalt lediglich eine verfassungsrechtlich zulässige Pflichtenstellung. **Enteignende Wirkungen** können sich erst aus der Versagung einer auf die Erhaltungssatzung gestützten **Genehmigung** ergeben. Auch insoweit ist die Rechtslage dem Denkmalschutzrecht vergleichbar.[3394]

1843 Im Geltungsbereich einer Erhaltungssatzung besteht darüber hinaus ein **gemeindliches Vorkaufsrecht** nach § 24 I 1 Nr. 4 BauGB. Auch kann im Einzelfall zur Umsetzung

---

[3390] *Stüer* DVBl. 1974, 314.
[3391] Ebenso *Bielenberg/Stock* Rdn. 50.
[3392] *VGH Mannheim*, Urt. v. 13. 10. 1998 – 5 S 2134/98 – VGHBW RSprDienst 1999, Belage 1 B 5.
[3393] *Wurster* in: HdBöffBauR Kap. D Rdn. 241.
[3394] *BVerfG*, B. v. 2. 3. 1999 – 1 BvL 7/91 – BVerfGE 100, 226 = NJW 1999, 2877 = DVBl. 1999, 1498 – Direktorenvilla; *Stüer/Thorand* NJW 2000, 3232.

der städtebaulichen Zielvorstellungen der Gemeinde auf der Grundlage einer Erhaltungssatzung eine **Enteignung** nach § 85 I Nr. 1 BauGB zulässig sein. Der Gebäudeabbruch im Geltungsbereich einer Erhaltungssatzung ohne die erforderliche Genehmigung stellt eine Ordnungswidrigkeit dar, die nach § 213 II BauGB mit einer Geldbuße geahndet werden kann.

Die Erhaltungssatzung nach § 172 BauGB unterliegt als gemeindliche Satzung gem. § 47 I Nr. 1 VwGO der **Normenkontrolle**. Antragsbefugt ist jeder, der die Voraussetzungen des § 47 II VwGO i. d. F. des 6. VwGO-ÄndG erfüllt,[3395] also geltend macht, in eigenen Rechten verletzt zu sein. Wird eine Genehmigung versagt, ist hiergegen ein Rechtsschutz zu den **Verwaltungsgerichten** auf **Genehmigungserteilung** gegeben.

Beispiel: Der Eigentümer eines Grundstücks, das im Geltungsbereich einer Erhaltungssatzung liegt, beantragt beim zuständigen *OVG/VGH* die Feststellung der Unwirksamkeit der Satzung mit der Begründung, dass die von der Gemeinde angegebenen städtebaulichen Zielsetzungen den Erlass der Satzung nicht rechtfertigen. Außerdem könnte der Eigentümer gegen den Bescheid zur Versagung einer Abrissgenehmigung mit der verwaltungsgerichtlichen Verpflichtungsklage vorgehen.

2. Städtebauliche Gebote

Neben die Erhaltungssatzung stellt das BauGB mit dem **Baugebot** gem. § 176 BauGB, dem **Modernisierungs- und Instandsetzungsgebot** gem. § 177 BauGB, dem **Pflanzgebot** gem. § 178 BauGB und dem **Rückbau- und** Entsiegelungsgebot gem. § 179 BauGB vier städtebauliche Gebote bereit, die der Planverwirklichung dienen. In der Praxis haben diese „**Planverwirklichungsgebote**" allerdings zumeist nicht die wünschenswerte Bedeutung erreicht. Die Regelungen gehen auf §§ 19 bis 21 StBauFG 1971 zurück, mit denen das Abbruchgebot,[3396] das Baugebot und das Modernisierungsgebot im Rahmen sanierungsrechtlicher Verfahren eingeführt wurden. Durch die Novelle 1986 wurden die Gebote im StBauFG gestrichen und mit weiteren Regelungen in das BauGB übertragen. Die städtebaulichen Gebote sind dadurch veranlasst, dass der Bebauungsplan selbst zwar Bebauungsmöglichkeiten eröffnen, nicht jedoch deren **Realisierung** festsetzen kann. Weigert sich daher der Eigentümer, die im Bebauungsplan enthaltenen Festsetzungen zu realisieren, so bedarf es eines Umsetzungsinstrumentes, das die Verwirklichung der städtebaulichen Entwicklung und Ordnung nach den Vorstellungen der Gemeinde sicherstellt. Die städtebaulichen Gebote in den §§ 175 bis 179 konkretisieren die **Sozialpflichtigkeit des Eigentums** in Art. 14 II GG. Die Zulässigkeit der Maßnahmen setzt daher einerseits eine entsprechende **Gemeinwohlrechtfertigung** voraus. Andererseits folgt aus

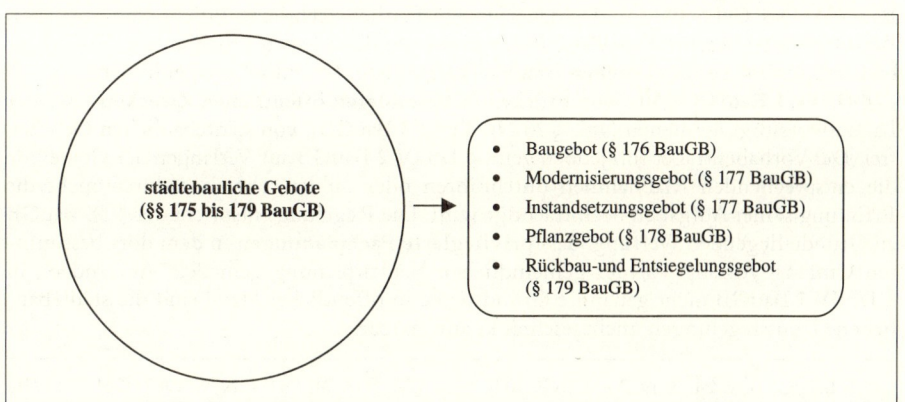

[3395] S. Rdn. 4171; zur Antragsbefugnis nach der bisherigen Fassung des § 47 II VwGO *Stüer* DVBl. 1985, 469; *ders.* BauR 1999, 1221.

[3396] Nunmehr Rückbau- und Entsiegelungsgebot.

der Sozialgebundenheit des Eigentums, dass der Eigentümer oder Nutzungsberechtigte die städtebaulichen Gebote im Hinblick auf die Sozialpflichtigkeit des Eigentums bei einer entsprechenden Rechtfertigung zu dulden hat. Wenn die städtebaulichen Gebote gleichwohl in der Praxis nur selten angewendet und durchgesetzt werden, so liegt dies wohl vor allem an dem hohen Verwaltungsaufwand und der vielfach bestehenden Rechtsunsicherheit. Die Regelungen können jedoch als Verfahrensanleitung genutzt werden, um nach Art einer **„strengeren Moderation"** die Bereitschaft der betroffenen Grundstückseigentümer und Nutzungsberechtigten zur „freiwilligen" Mitwirkung zu wecken.

1846 a) **Allgemeine Anforderungen.** Städtebauliche Gebote unterliegen den allgemeinen Anforderungen des § 175 BauGB. Die Gemeinde hat danach vor Erlass solcher Gebote die Maßnahme mit den Betroffenen zu erörtern. Die Eigentümer, Mieter, Pächter und sonstigen Nutzungsberechtigten sollten dabei von der Gemeinde im Rahmen ihrer Möglichkeiten beraten werden, wie die Maßnahme durchgeführt werden kann und welche Finanzierungsmöglichkeiten aus öffentlichen Kassen bestehen. Vor Anwendung von Zwangsmaßnahmen sollten daher alle Möglichkeiten einer Kooperation zwischen den Betroffenen und der Gemeinde ausgeschöpft werden. Vielfach zeichnen sich bereits im Rahmen dieser Beratungen einverständliche Regelungen ab. § 175 II BauGB bringt den verfassungsrechtlich gebotenen Grundsatz zum Ausdruck, dass städtebauliche Gebote nur angeordnet werden dürfen, wenn die **alsbaldige Durchführung** der Maßnahme aus **städtebaulichen Gründen erforderlich** ist. Die Ausweisung in einem Bebauungsplan ist zwar – abgesehen von der Baulückenschließung durch Baugebot nach § 176 II BauGB und dem Modernisierungs- und Instandsetzungsgebot gem. § 177 BauGB – Voraussetzung für den Erlass eines städtebaulichen Gebotes. Die Planverwirklichung bedarf jedoch einer darüber hinausgehenden städtebaulichen Legitimation, die sich nur aus besonders gravierenden öffentlichen Interessen ableiten kann.[3397]

Beispiel: Die Gemeinde erlässt ein Baugebot für ein Grundstück in zentraler Lage im Ortskern, das sich als Baulücke darstellt. Die Nichtbebauung kann hier als Ausdruck besonderer bodenrechtlicher Spannungen verstanden werden, denen gegenüber die Eigentümerbelange zurückstehen müssen.[3398] Der Erlass eines Baugebotes für ein Grundstück im Vorort einer Großstadt dürfte dagegen anders zu beurteilen sein.

1847 Genügt der Erlass des städtebaulichen Gebotes diesen sich aus der Eigentumsgarantie ergebenden verfassungsrechtlichen Anforderungen, so müssen auch Mieter, Pächter und sonstige **Nutzungsberechtigte** die Durchführung der Maßnahmen **dulden** (§ 175 III BauGB). Das Gebot begründet daher eine öffentlich-rechtliche Pflicht, die von allen Betroffenen zu beachten ist. Zugleich ergeben sich daraus auch Pflichten der Nutzungsberechtigten im **zivilrechtlichen Innenverhältnis** zum Grundstückseigentümer.

1848 **§ 175 IV 1 BauGB** stellt Grundstücke, die **besonderen öffentlichen Zwecken** etwa der Landesverteidigung dienen (vgl. § 26 Nr. 2 und 3 BauGB), von städtebaulichen Geboten frei. Der Vorhabenträger soll jedoch gem. § 175 IV 2 BauGB auf Verlangen der Gemeinde die entsprechenden Maßnahmen durchführen oder dulden, soweit dadurch nicht die Erfüllung seiner Aufgaben beeinträchtigt wird. Die Regelung entspricht der § 38 BauGB zu Grunde liegenden Wertung, dass **privilegierte Fachplanungen** in dem dort bestimmten Umfang Vorrang vor der gemeindlichen Bauleitplanung genießen. Auf andere, in § 175 IV 1 BauGB nicht genannte Grundstücke in öffentlicher Hand sind die städtebaulichen Gebotsregelungen uneingeschränkt anwendbar.

[3397] *BVerfG*, B. v. 24. 3. 1987 – 1 BvR 1046/85 – BVerfGE 74, 264 = NJW 1987, 1251 = DVBl. 1987, 466 = *Hoppe/Stüer* RzB Rdn. 1137 – Boxberg; *BGH*, Urt. v. 13. 12. 1990 – III ZR 240/89 – BauR 1991, 206 = DVBl. 1991, 437 = *Hoppe/Stüer* RzB Rdn. 617 – Bodenordnung; *BVerfG*, B. v. 18. 2. 1999 – 1 BvR 1367/88, 146 und 147/91 – DVBl. 1999, 701 – zur Zulässigkeit einer städtebaulichen Enteignung zur Errichtung einer Waldorfschule durch einen privaten Verein.

[3398] *Krautzberger* in: Battis/Krautzberger/Löhr § 175 Rdn. 5.

Nach **§ 175 V BauGB** bleiben denkmalrechtliche und andere **landesrechtliche Vor-** 1849
schriften unberührt. Dies bedeutet einerseits, dass auch bei dem Erlass städtebaulicher
Gebote der Denkmalschutz zu beachten ist. Anderseits können weitergehende Gebote
oder Verbote eine eigenständige Rechtsgrundlage im Denkmalrecht oder in anderen landesrechtlichen Vorschriften erhalten.[3399]

Beispiel: Die Gemeinde erlässt ein Rückbaugebot für ein Gebäude, das in die Denkmalliste eingetragen ist. Der Gebäudeabbruch ist nur zulässig, wenn die Belange des Denkmalschutzes gewahrt
sind und daher auch eine ggf. erforderliche denkmalrechtliche Erlaubnis bzw. Genehmigung vorliegt.[3400]

b) Baugebot.[3401] Durch das Baugebot kann die Gemeinde den Eigentümer gem. 1850
§ 176 I BauGB im Geltungsbereich eines **Bebauungsplans** verpflichten, innerhalb einer
bestimmten angemessenen Frist sein Grundstück entsprechend den Festsetzungen des
Bebauungsplans zu bebauen oder ein vorhandenes Gebäude oder eine vorhandene sonstige Anlage den Festsetzungen des Bebauungsplans anzupassen.[3402] Bei der Anordnung
eines Baugebotes kann auch ein dringender Wohnbedarf der Bevölkerung berücksichtigt
werden (§ 175 II HS 2 BauGB). Das Baugebot kann gem. **§ 176 II BauGB** auch im **nichtbeplanten Innenbereich** angeordnet werden, um unbebaute oder geringfügig bebaute
Grundstücke – insbesondere zur Schließung von Baulücken – entsprechend den baurechtlichen Vorschriften zu nutzen oder einer baulichen Nutzung zuzuführen. Ist die
Durchführung des Vorhabens **objektiv wirtschaftlich nicht zumutbar**, hat die Gemeinde nach § 176 III BauGB von dem Baugebot abzusehen. Macht der Eigentümer die **subjektive wirtschaftliche Unzumutbarkeit** glaubhaft, kann er gem. § 176 IV 2 BauGB von
der Gemeinde die Übernahme verlangen. Setzt die Durchführung des Baugebotes den
vollständigen oder teilweisen Abriss einer baulichen Anlage voraus, so ist dem Eigentümer dies mit Erlass des Baugebotes aufzugeben (§ 176 V BauGB).

Der Erlass eines Baugebotes nach § 176 BauGB steht unter dem **allgemeinen Vorbe-** 1851
halt der in **§ 175 BauGB** aufgestellten Voraussetzungen. Die alsbaldige Durchführung der
mit dem Baugebot aufgegebenen baulichen Maßnahmen muss aus städtebaulichen Gründen erforderlich sein (§ 175 II BauGB). Dies setzt nicht nur hinreichend **konkrete Gebote**, sondern auch ein **besonderes öffentliches Interesse** an der alsbaldigen Planverwirklichung voraus. Ein Baugebot, ein Grundstück entsprechend den Festsetzungen des
Bebauungsplans zu bebauen, erfordert daher **städtebauliche Gründe**, die in ihrem Gewicht und in ihrer Dringlichkeit über diejenigen Gründe hinausgehen, die den Bebauungsplan selbst tragen.[3403]

Das Baugebot muss auf der einen Seite hinreichend **bestimmt** sein.[3404] Auf der ande- 1852
ren Seite muss dem Eigentümer der nach dem Planungsrecht eingeräumte **Gestaltungsfreiraum** bei Verwirklichung der baulichen Anlage verbleiben. In das Baugebot sind daher die (zwingenden) planungsrechtlichen Vorgaben aufzunehmen. Im Übrigen sind dem
Bauherrn Wahlmöglichkeiten hinsichtlich der Ausgestaltung des Bauvorhabens offen zu
halten. Im nichtbeplanten Innenbereich ist der Rahmen festzusetzen, der sich aufgrund
einer Auslegung des § 34 BauGB ergibt. Die Einhaltung der richtigen Mitte zwischen
hinreichend konkreten Verpflichtungen und Wahrung des eigenen Gestaltungsraums des

---

[3399] *Krautzberger* in: Battis/Krautzberger/Löhr § 175 Rdn. 12.
[3400] Zum Verhältnis von Denkmalschutz und Bauleitplanung *Stüer* BauR 1989, 251; vgl. auch *OVG Münster*, Urt. v. 4. 12. 1991 – 7 A 1113/90 – BauR 1992, 614.
[3401] *Grziwotz* DVBl. 1991, 1348; *Loddenkämper* BauR 1985, 489; *Runkel* ZfBR 1990, 163; *Schlichter* FS Weyreuther 1993, 349; *Stüer* DÖV 1988, 337.
[3402] *Stüer* DÖV 1988, 337.
[3403] *BVerwG*, B. v. 3. 8. 1989 – 4 B 70.89 – NVwZ 1990, 60 = ZfBR 1990, 265 = *Hoppe/Stüer* RzB Rdn. 827.
[3404] *Krautzberger* in: Battis/Krautzberger/Söfker § 176 Rdn. 4; *Lemmel* in: Berliner Kommentar § 176 Rdn. 11–14.

Eigentümers stellt die Gemeinden in der Praxis nicht selten vor erhebliche Umsetzungsschwierigkeiten.

Beispiel: Die Gemeinde will für ein Grundstück in zentraler Ortskernlage im nicht beplanten Innenbereich ein Baugebot aussprechen. Die maßgebliche Umgebung ist teilweise zweigeschossig, teilweise bis zu viergeschossig bebaut. Die Gebäude werden als Wohnungen, in den Erdgeschossen teilweise aber auch gewerblich genutzt. Die Bautiefe reicht von 10 bis 14 m. Verpflichtet die Gemeinde den Eigentümer etwa, ein dreigeschossiges Wohnhaus mit einer Bautiefe von 12 m zu errichten, so könnte der Eigentümer einwenden, dass er beabsichtige, ein viergeschossiges Gebäude mit gewerblicher Nutzung im Erdgeschoss und einer Bautiefe von 14 m zu errichten. Lässt die Gemeinde die Ausführung des Gebäudes im Baugebot offen, so könnte der Eigentümer die mangelnde Bestimmtheit der Verfügung rügen. Die Gemeinde sollte sich in diesen Fällen auf die Festschreibung des planungsrechtlich zulässigen Rahmens beschränken und dem Eigentümer im Übrigen eigene Gestaltungsbefugnisse bei der Planung und Errichtung einräumen. Als Zwangsmittel kann das Baugebot mit einem Zwangsgeld verbunden werden.

1853 Ein Baugebot ist bereits dann **hinreichend bestimmt**, wenn es die Verpflichtung des Eigentümers ausspricht, innerhalb einer angemessenen Frist die notwendigen Maßnahmen für eine Bebauung seines Grundstücks zu ergreifen, die sich im Rahmen der im Einzelfall jeweils zulässigen Bebauung hält. Die dem Eigentümer offen stehenden Möglichkeiten, sein Grundstück in Übereinstimmung mit geltendem Baurecht baulich zu nutzen, darf ein Baugebot dabei nicht einschränken.[3405] Mit einem Baugebot darf dem Eigentümer auch aufgegeben werden, innerhalb einer bestimmten Frist den notwendigen Bauantrag zu stellen. Soll sich das Baugebot nicht als stumpfes Schwert erweisen,[3406] so muss das Baugebot einschließlich einer in ihm ausgesprochenen Verpflichtung, einen notwendigen Bauantrag zu stellen, im Wege des **Verwaltungszwanges** durchgesetzt werden können. Vor allem kann die Festsetzung eines Zwangsgeldes angedroht und im Anschluss daran angeordnet werden.[3407]

1854 Vor einer **wiederholten Androhung** eines **Zwangsgeldes** zur Durchsetzung des Baugebotes hat die Vollstreckungsbehörde zu prüfen, ob zur Verwirklichung der mit dem Baugebot angestrebten Bebauung das Grundstück zu enteignen ist.[3408] Dies gebietet der Grundsatz der Verhältnismäßigkeit. Diese sog. **Anschlussenteignung** unterliegt jedoch den eigenständigen Anforderungen des § 85 I Nr. 5 BauGB. Danach kann enteignet werden, um Grundstücke einer baulichen Nutzung zuzuführen, wenn ein Eigentümer den Verpflichtungen aus einem Baugebot nach § 176 I oder II BauGB nicht nachkommt. Aus verfassungsrechtlichen Gründen ist eine Enteignung in diesen Fällen aber nur zulässig, wenn die Inanspruchnahme des Grundstücks durch Hoheitsakt dringlich ist und durch entsprechend gewichtige öffentliche Interessen legitimiert wird. Die dabei zu überwindende Hürde ist höher als die für den Erlass eines Baugebotes. Die Inanspruchnahme privaten Eigentums zu Zwecken der Umsetzung eines Baugebotes ist nur zulässig, wenn die städtebaulichen Gründe nicht nur den Erlass eines Baugebotes, sondern auch die Überwindung des privaten Eigentums rechtfertigen. Ein **gemeinschaftliches Baugebot** erfordert, dass sich das zusammenhängende Bauvorhaben auf Grundstücke bezieht, die jedes für sich entsprechend den vorhandenen baurechtlichen Vorschriften bebaubar sind.[3409]

1855 Das Baugebot darf nach § 176 III BauGB bei **objektiver wirtschaftlicher Unzumutbarkeit** nicht erlassen werden. Ist die angeordnete Maßnahme dem Eigentümer **subjektiv**

[3405] *BVerwG*, Urt. v. 15. 2. 1990 – 4 C 41.87 – NVwZ 1990, 658 = DVBl. 1990, 576 = *Hoppe/Stüer* RzB Rdn. 828 – Köln Baugebot.

[3406] *Stüer* DÖV 1988, 337.

[3407] *BVerwG*, Urt. v. 15. 2. 1990 – 4 C 45.87 – BVerwGE 84, 354 = NVwZ 1990, 663 = DVBl. 1990, 583 = *Hoppe/Stüer* RzB Rdn. 829 – Baugebot.

[3408] *BVerwG*, Urt. v. 15. 2. 1990 – 4 C 45.87 – BVerwGE 84, 354 = *Hoppe/Stüer* RzB Rdn. 829 – Baugebot.

[3409] *BVerwG*, Urt. v. 11. 4. 1991 – 4 C 7.90 – BVerwGE 88, 97 = DVBl. 1991, 817 = *Hoppe/Stüer* RzB Rdn. 830.

wirtschaftlich unzumutbar, so kann er nach § 176 IV BauGB von der Gemeinde die Übernahme des Grundstücks gegen eine angemessene Entschädigung verlangen. **Objektiv** wirtschaftlich unzumutbar ist die Bebauung des Grundstücks, wenn sie einen vernünftig denkenden Eigentümer wirtschaftlich überfordern würde, weil das Bauobjekt auf Dauer einen erheblichen finanziellen Zuschuss erfordern würde.[3410] **Subjektiv** wirtschaftlich unzumutbar kann das Baugebot sein, wenn speziell der Eigentümer aufgrund seiner persönlichen Verhältnisse nicht in der Lage ist, die Baumaßnahme durchzuführen.[3411] Dabei sind Möglichkeiten der Inanspruchnahme öffentlicher Mittel und Steuervergünstigungen zu berücksichtigen.

Beispiel: Durch ein Baugebot soll erreicht werden, dass ein bisher nur ebenerdig bebautes Grundstück am historischen Marktplatz dreigeschossig bebaut wird und wie die Nachbargrundstücke einen Giebel erhält. Das Erdgeschoss wird von einer Fastfood-Kette genutzt. Der Einwand des Eigentümers, die Obergeschosse könnten nur zu Wohnzwecken vermietet werden und dies sei für sich genommen unrentabel, führt nicht zu einer objektiven wirtschaftlichen Unzumutbarkeit, wenn Mindereinnahmen aus den Obergeschossnutzungen durch entsprechende Mehreinnahmen aus der Geschäftsnutzung im Erdgeschoss ausgeglichen werden. Das Baugebot könnte jedoch für den Eigentümer subjektiv unzumutbar sein, etwa wenn er glaubhaft macht, dass er nicht zu einer Finanzierung der erforderlichen Fremdmittel in der Lage wäre und auch öffentliche Mittel nicht zur Verfügung stehen. In diesem Fall könnte er nach § 176 IV BauGB von der Gemeinde die Übernahme des Grundstücks gegen eine angemessene Entschädigung verlangen, wenn diese am Baugebot festhält.

Durch das InvWoBaulG 1993 ist die Bereitstellung von Wohnbauland als zusätzliche Zielsetzung des Baugebotes eingeführt worden. Zudem sind durch die damalige Ergänzung des § 176 VII bis IX BauGB die Wechselbeziehungen zwischen Baugebot und Enteignung weiter verdeutlicht worden. Die Vorschriften knüpfen damit an die Rechtsprechung des *BVerwG*[3412] zur Zulässigkeit und verwaltungsrechtlichen Umsetzung von Baugeboten an. Durch die Möglichkeit, das Baugebot mit Maßnahmen der Verwaltungsvollstreckung umzusetzen, wird sichergestellt, dass das Baugebot in der Praxis als städtebauliches Gebot Durchschlagskraft besitzt.[3413] Nach § 176 VII BauGB kann mit dem Baugebot die Verpflichtung verbunden werden, innerhalb einer zu bestimmenden Frist den für eine bauliche Nutzung des Grundstücks erforderlichen Antrag auf Erteilung einer bauaufsichtlichen Genehmigung zu stellen. Kommt der Eigentümer dieser Verpflichtung nicht nach, kann das Enteignungsverfahren nach § 85 I Nr. 5 BauGB eingeleitet werden. In dem Enteignungsverfahren ist davon auszugehen, dass die Voraussetzungen des Baugebots vorliegen (§ 176 IX BauGB). Zudem wird ausgeschlossen, dass sich Werterhöhungen, die nach Unanfechtbarkeit des Baugebotes eingetreten sind, auf die Höhe der Entschädigung auswirken (§ 176 IX 2 BauGB).

c) **Modernisierungs- und Instandsetzungsgebot.** Unabhängig vom Bestehen eines Bebauungsplans kann die Gemeinde zur Behebung städtebaulicher Missstände ein Modernisierungs- und Instandsetzungsgebot erlassen, wenn eine bauliche Anlage nach ihrer inneren oder äußeren Beschaffenheit Missstände oder Mängel aufweist. In dem Bescheid sind die einzelnen **Missstände** und **Mängel** sowie die baulichen Maßnahmen zu **bezeichnen** und es ist eine **angemessene Frist** für deren Durchführung zu bestimmen (§ 177 I 3

[3410] *BGH*, Urt. v. 9. 10. 1986 – III ZR 2/85 – BGHZ 99, 24 = NJW 1987, 2069 = *Hoppe/Stüer* RzB Rdn. 1097 – Blücher-Museum.
[3411] Zum Begriff der Zumutbarkeit *BGH*, Urt. v. 26. 11. 1954 – V ZR 58/53 – BGHZ 15, 268; Urt. v. 20. 12. 1956 – III ZR 82/55 – BGHZ 23, 31 – Grünflächenverzeichnis; Urt. v. 26. 1. 1984 – III ZR 216/82 – BGHZ 90, 17 = *Hoppe/Stüer* RzB Rdn. 1120; Urt. v. 28. 6. 1984 – III ZR 35/83 – BGHZ 92, 34 = *Hoppe/Stüer* RzB Rdn. 19; Urt. v. 13. 12. 1984 – III ZR 175/83 – BGHZ 93, 165; Urt. v. 18. 9. 1986 – III ZR 83/85 – BGHZ 98, 341 = *Hoppe/Stüer* RzB Rdn. 1126; Urt. v. 13. 12. 1984 – III ZR 175/83 – BGHZ 105, 94 = *Hoppe/Stüer* RzB Rdn. 589; Urt. v. 21. 12. 1989 – III ZR 132/88 – NJW 1990, 898 = *Hoppe/Stüer* RzB Rdn. 1129 – DSchG.
[3412] *BVerwG*, B. v. 3. 8. 1989 – 4 B 70.89 – NVwZ 1990, 60 = *Hoppe/Stüer* RzB Rdn. 827.
[3413] *Stüer* DÖV 1988, 337.

BauGB).³⁴¹⁴ Missstände liegen nach § 177 II BauGB insbesondere vor, wenn die bauliche Anlage nicht den allgemeinen Anforderungen an gesunde Wohn- und Arbeitsverhältnisse entspricht. Mängel sind nach § 177 III BauGB insbesondere gegeben, wenn durch Abnutzung, Alterung, Witterungseinflüsse oder Einwirkung Dritter die bestimmungsgemäße Nutzung der baulichen Anlage beeinträchtigt ist, die bauliche Anlage nach ihrer äußeren Beschaffenheit das Straßen- oder Ortsbild beeinträchtigt oder die bauliche Anlage erneuerungsbedürftig ist und wegen ihrer städtebaulichen, insbesondere geschichtlichen oder künstlerischen Bedeutung erhalten bleiben soll. Bei Bauwerken, die dem Denkmalschutz unterfallen, darf das Gebot gem. § 177 III 2 BauGB nur mit Zustimmung der zuständigen Landesbehörde erlassen werden. Das Modernisierungs- und Instandsetzungsgebot verpflichtet den Eigentümer zum Ersatz der Kosten, soweit sie aus den Erträgen der baulichen Anlage aufgebracht werden können (§ 177 IV BauGB). Jenseits dieser Zumutbarkeitsgrenze sind die Kosten von der Gemeinde zu erstatten, wenn ihre Vornahme wirtschaftlich unvertretbar oder unzumutbar war. Maßgeblich für den vom Eigentümer zu tragenden Kostenanteil sind nach § 177 V 1 BauGB die Erträge, die für die modernisierte oder in Stand gesetzte bauliche Anlage bei ordentlicher Bewirtschaftung nachhaltig erzielt werden können. Im Rahmen der Sozialpflichtigkeit des Eigentums können dabei die mit einem Bebauungsplan, einem Sozialplan, einer städtebaulichen Sanierungsmaßnahme oder einer sonstigen städtebaulichen Maßnahme verfolgten Ziele und Zwecke berücksichtigt werden. Auch das Modernisierungs- und Instandsetzungsgebot steht dabei unter dem Vorbehalt der allgemeinen Anforderungen, die sich aus § 175 BauGB ergeben.³⁴¹⁵

1858 Schließen die Gemeinde und der betroffene Grundstückseigentümer über Modernisierungs- und Instandsetzungsmaßnahmen vertragliche Regelungen ab, so finden über den nach den §§ 233 III BauGB, § 245 XI BauGB 1986 weiterhin anwendbaren § 43 III 1 StBauFG die Bestimmungen über die Kostentragung entsprechende Anwendung. Der Modernisierungs- und Instandsetzungsvertrag ersetzt in diesen Fällen ein entsprechendes Gebot nach § 177 BauGB. Vom Gesetz abweichende Kostenregelungen sind möglich (§ 43 III 1 StBauFG).

1859 **d) Pflanzgebot.** Zur Umsetzung entsprechender Festsetzungen im Bebauungsplan kann die Gemeinde gegenüber dem Eigentümer gem. **§ 178 BauGB** ein Pflanzgebot erlassen. Das Gebot kann sich darauf beziehen, das Grundstück innerhalb einer zu bestimmenden angemessenen Frist entsprechend den nach § 9 I Nr. 25 BauGB getroffenen Festsetzungen etwa mit Bäumen und Sträuchern zu bepflanzen. Ein Übernahmeanspruch des Eigentümers besteht nicht. Kommt der Eigentümer einem Pflanzgebot nicht nach, können Ersatzvornahme und Zwangsgeld angeordnet werden. Wegen seiner geringeren rechtlichen Anforderungen ist das Pflanzgebot gerade im Zusammenhang mit naturschutzrechtlichen Ausgleichs- oder Ersatzmaßnahmen in der Praxis etwas häufiger anzutreffen.³⁴¹⁶

1860 **e) Rückbau- und Entsiegelungsgebot.** Widerspricht eine bauliche Anlage den Festsetzungen des Bebauungsplans oder weist sie nicht behebbare Mängel auf, so kann die Gemeinde gem. **§ 179 BauGB** ein Abbruchgebot in der Form des Rückbaugebotes erlassen. Ziel der Vorschrift ist es, durch den Abbruch der baulichen Anlage die Festsetzungen des Bebauungsplans umzusetzen (§ 179 I 1 Nr. 1 BauGB) oder eingetretene Missstände (§ 179 I 1 Nr. 2 BauGB) zu beseitigen. Ein solches Gebot kann nicht auf die vollständige Beseitigung, sondern auch auf den teilweisen Rückbau gerichtet sein.³⁴¹⁷ Das Rückbau-

---

³⁴¹⁴ Zu Fragen der Stadterneuerung *Altenmüller* VBlBW 1987, 441; *Löhr* NVwZ 1982, 19. Zu Kostenerstattungsansprüchen für Modernisierungs- und Instandsetzungsarbeiten nach § 3 III 4 VermG *KG Berlin*, Urt. v. 2. 3. 1998 – 24 U 6734/97 – ZfIR 1998, 309.
³⁴¹⁵ Zu weiteren Einzelheiten *Krautzberger* in: Battis/Krautzberger/Löhr § 177 Rdn. 3 ff.
³⁴¹⁶ *Krautzberger* in: Battis/Krautzberger/Löhr § 178 Rdn. 1–3.
³⁴¹⁷ *Bundesregierung*, Gesetzentwurf zum BauROG 1998, S. 72.

8. Teil. Planverwirklichungsinstrumente

gebot ist durch § 179 I 2 BauGB auf ein allgemein anwendbares Entsiegelungsgebot erweitert worden. Die Vorschrift gilt danach entsprechend für die sonstige Wiedernutzbarmachung von dauerhaft nicht mehr genutzten Flächen, bei denen der durch Bebauung oder Versiegelung beeinträchtigte Boden in seiner Leistungsfähigkeit erhalten oder wieder hergestellt werden soll. Die sonstige Wiedernutzbarmachung steht der Beseitigung nach § 179 I 1 BauGB gleich. Durch die Erweiterung auf ein Entsiegelungsgebot sind auch sonstige Maßnahmen, die der Wiedernutzbarmachung dauerhaft nicht mehr genutzter Flächen dienen und bei denen der Boden in seiner Leistungsfähigkeit erhalten oder wieder hergestellt werden soll, einbezogen worden. Erfasst werden nur Maßnahmen, die der Entsiegelung bebauter oder sonst wie versiegelter Flächen dienen. Das Rückbau- und Entsiegelungsgebot ist planakzessorisch und setzt damit eine entsprechende Festsetzung im Bebauungsplan voraus. Hierbei kommen insbesondere die Festsetzungsmöglichkeiten nach § 9 I Nr. 10, 16, 18 b, 20, 25 a und 25 b BauGB in Betracht.[3418]

Adressat der Verpflichtung ist der Eigentümer der baulichen Anlage.[3419] Der Eigentümer kann allerdings nicht selbst zum Rückbau verpflichtet werden. Er hat lediglich den Rückbau zu dulden. Das Recht des Eigentümers, den Rückbau bzw. die Entsiegelung selbst vorzunehmen, bleibt unberührt. Der betroffene Eigentümer hat als Ausgleich für den durch das Rückbau- und Entsiegelungsgebot eingetretenen Vermögensschaden einen Anspruch auf angemessene Entschädigung in Geld. Wenn er den Rückbau bzw. die Entsiegelung selbst vornimmt, erfolgt der Ausgleich von Rückbau- und Entsiegelungskosten als Teil der Vermögensnachteile. Ein durch den Rückbau oder die Entsiegelung bewirkter Vermögensvorteil mindert im Übrigen die Entschädigungsforderung des Eigentümers nicht.[3420] Die dinglich Berechtigten sollen nach § 179 I 3 BauGB von dem Rückbau- und Entsiegelungsgebot unterrichtet werden. Das Gebot darf bei Wohnraum nur vollzogen werden, wenn angemessener Ersatzraum zur Verfügung steht (§ 179 II BauGB). Bei Geschäftsräumen soll ebenfalls angemessener Ersatzraum zur Verfügung stehen. Nach § 179 III BauGB hat die Gemeinde dem Eigentümer, Mieter, Pächter oder sonstigen Nutzungsberechtigten eine angemessene Entschädigung in Geld zu leisten. Stattdessen kann der Eigentümer bei wirtschaftlicher Unzumutbarkeit auch die Übernahme des Grundstücks verlangen. Auch der Erlass des Rückbaugebotes steht unter den allgemeinen rechtlichen Voraussetzungen, wie sie sich aus § 175 BauGB ergeben. Vor allem muss auch das Rückbau- und Entsiegelungsgebot durch überwiegende städtebauliche Gründe gerechtfertigt sein. Die nach § 179 I BauGB an den Grundeigentümer gerichtete Anordnung, die Beseitigung einer baulichen Anlage zu dulden, schließt es im Rahmen der Ermessensbetätigung aus, private Interessen eines Nachbarn zu dessen Gunsten zu berücksichtigen.[3421] Das Gebot kann vielmehr nur im Allgemeininteresse erlassen werden.

Wegen ihrer **hohen rechtlichen Anforderungen** spielen die städtebaulichen Gebote in der **Praxis** nur eine untergeordnete Rolle. Sie sind zwar geeignet, einverständliche Lösungen i. S. einer **„strengeren Moderation"** vorzubereiten, zumeist jedoch nicht in der Lage, in Konfliktfällen gegen den Willen der Betroffenen städtebauliche Anliegen in kurzer Zeit umzusetzen. Hierzu müsste das gesetzliche Instrumentarium wesentlich erweitert werden.

VIII. Städtebauliche Verträge (§ 11 BauGB)

Die rasante städtebauliche Entwicklung in den neuen Bundesländern in den Aufbruchjahren seit der Wende wäre mit den traditionellen Instrumenten der städtebaulichen

---
[3418] *Bundesregierung*, Gesetzentwurf zum BauROG 1998, S. 73.
[3419] *BVerwG*, B. v. 10. 11. 1992 – 4 NB 216.92 – NVwZ-RR 1994, 9 = DVBl. 1993, 125 = *Hoppe/Stüer* RzB Rdn. 833.
[3420] *Bundesregierung*, Gesetzentwurf zum BauROG 1998, S. 73.
[3421] *BVerwG*, B. v. 10. 11. 1992 – 4 B 216.92 – NVwZ-RR 1994, 9 = *Hoppe/Stüer* RzB Rdn. 833.

Planung kaum zu bewältigen gewesen. Neben die herkömmlichen Formen der durch die Gemeinde aufgestellten Bauleitplanung trat zunächst noch für das Gebiet der damaligen DDR der Vorhaben- und Erschließungsplan nach § 55 BauZVO,[3422] dessen Verwirklichung durch einen Erschließungs- und Durchführungsvertrag gesichert wurde. Kooperation zwischen Gemeinde und Investor statt hoheitlicher Planung war das neue Losungswort. Die BauZVO geht auf den Staatsvertrag vom 18. 5. 1990 über die Schaffung einer Währungs-, Wirtschafts- und Sozialunion zwischen der Bundesrepublik Deutschland und der Deutschen Demokratischen Republik zurück.[3423] Mit dem Beitritt der DDR zum 3. 10. 1990 ist das BauGB auch in den neuen Ländern in Kraft gesetzt worden. Der städtebauliche Vertrag ist nach einer Regelung in § 6 BauGB-MaßnG 1993 seit dem BauROG in § 11 BauGB geregelt. Es gilt für städtebauliche Verträge daher schon seit dem InvWoBaulG 1993 für das Gebiet der gesamten Bundesrepublik ein einheitliches Regelwerk.

1. Rechtsgrundlagen

1864 Das geltende Recht stellt auf der Grundlage der gewonnenen Erfahrungen zwei Regelungen zu städtebaulichen Verträgen bereit: den Erschließungsvertrag in § 124 BauGB und den städtebaulichen Vertrag nach § 11 BauGB, der vielfach von einem vorhabenbezogenen Bebauungsplan nach § 12 BauGB begleitet wird.[3424]

1865 **a) Erschließungsvertrag.** Nach § 124 BauGB kann die Gemeinde die Erschließung durch Vertrag auf einen Dritten übertragen.[3425] Gegenstand des Erschließungsvertrages können nach Bundes- oder Landesrecht beitragsfähige sowie nicht beitragsfähige Erschließungsanlagen in einem bestimmten Erschließungsgebiet in der Gemeinde sein.[3426] Der Dritte kann sich gegenüber der Gemeinde verpflichten, die Erschließungskosten ganz oder teilweise zu tragen. Dies gilt unabhängig davon, ob die Erschließungsanlagen nach Bundes- oder Landesrecht beitragsfähig sind. Die vertraglichen Leistungen müssen den gesamten Umständen nach angemessen sein und in sachlichem Zusammenhang mit der Erschließung stehen. Hat die Gemeinde einen qualifizierten Bebauungsplan nach § 30 I BauGB erlassen und lehnt sie das zumutbare Angebot eines Dritten ab, die im Bebauungsplan vorgesehene Erschließung vorzunehmen, ist sie verpflichtet, die Erschließung selbst durchzuführen. Der Erschließungsvertrag bedarf der Schriftform, soweit nicht durch Rechtsvorschrift eine andere Form vorgeschrieben ist.

1866 Mit der Möglichkeit, die Erschließung durch **Vertrag** einem **Dritten** zu übertragen, anstatt diese Aufgabe selbst zu übernehmen, eröffnet das BauGB der Gemeinde eine weichenstellende Entscheidung über das Rechtsregime, nach dem die Anlieger an den Kosten der Herstellung der Erschließungsanlage beteiligt werden. Hiernach beurteilt sich, ob dies auf privater Grundlage im Rechtsverhältnis zwischen dem Erschließungsunternehmer und dem Eigentümer eines Baugrundstücks oder über die öffentlich-rechtliche Refinanzierung durch Erhebung von Erschließungsbeiträgen nach den §§ 127 ff. BauGB erfolgt. Wird bei einer Anbaustrecke eine Teilstrecke von einem Unternehmer aufgrund eines Erschließungsvertrages, die andere Teilstrecke dagegen von der Gemeinde selbst hergestellt, ist die gemeindliche Strecke nach den §§ 127 ff. BauGB abrechnungsfähige Erschließungsanlage und nicht etwa nur Abschnitt einer solchen Anlage.[3427]

[3422] Bauplanungs- und Zulassungsverordnung vom 20. 6. 1990, GBl. der DDR I Nr. 45, S. 739.
[3423] Zur BauZVO *Bielenberg/Krautzberger/Söfker*, Das neue Städtebaurecht der DDR, Berlin 1990; *Stüer* DVBl. 1992, 266.
[3424] Zu neuen Formen des Verwaltungshandelns in den Formen des nicht formalisierten Verwaltungshandeln *Schulte* in: Stüer (Hrsg.) Verfahrensbeschleunigung, S. 57.
[3425] *VGH Mannheim*, Urt. v. 5. 12. 1985 – 2 S 2833/83 – NJW 1986, 2452 – Fremdanlieger; *LG Mönchengladbach*, Urt. v. 22. 1. 1988 – 2 S 338/87 – ZMR 1988, 307 – ergänzende Vertragsauslegung.
[3426] BT-Drs. 12/3944, S. 24 ff.
[3427] *OVG Münster*, Urt. v. 24. 11. 1998 – 3 A 706/91 – NWVBl 1999, 262.

8. Teil. Planverwirklichungsinstrumente

b) Städtebaulicher Vertrag (Überblick). § 11 BauGB regelt den **städtebaulichen Vertrag**,[3428] der als Durchführungsvertrag auf der Grundlage eines Vorhaben- und Erschließungsplans[3429] auch im Zusammenhang mit einem vorhabenbezogenen Bebauungsplan stehen kann. Nach § 11 I BauGB kann die Gemeinde städtebauliche Verträge schließen.[3430] Der Anwendungsbereich des städtebaulichen Vertrages nach § 11 BauGB ist weit und kann sich etwa auf (1) die Vorbereitung oder Durchführung städtebaulicher Maßnahmen durch den Vertragspartner auf eigene Kosten, (2) die Förderung und Sicherung der mit der Bauleitplanung verfolgten Ziele, insbesondere die Grundstücksnutzung, auch hinsichtlich einer Befristung oder einer Bedingung, die Durchführung von Ausgleichsmaßnahmen, die Deckung des Wohnbedarfs von Bevölkerungsgruppen mit besonderen Wohnraumversorgungsproblemen sowie des Wohnbedarfs der ortsansässigen Bevölkerung und (3) die Übernahme von Kosten oder sonstigen Aufwendungen beziehen, die der Gemeinde für städtebauliche Maßnahmen entstehen oder entstanden sind und die Voraussetzung oder Folge des geplanten Vorhabens sind. Dazu gehört auch die Bereitstellung von Grundstücken. Zudem kann der städtebauliche Vertrag (4) entsprechend den mit den städtebaulichen Planungen und Maßnahmen verfolgten Zielen und Zwecken die Nutzung von Netzen und Anlagen der Kraft-Wärme-Kopplung sowie von Solaranlagen für die Wärme-, Kälte- und Elektrizitätsversorgung betreffen. Die Aufzählung in § 11 I 2 BauGB ist dabei nur beispielhaft und hat keinen abschließenden Charakter. Städtebauliche Verträge sind vielmehr im gesamten Anwendungsbereich des Städtebaurechts zulässig, soweit die vertraglichen Gegenstände eine bodenrechtliche Relevanz haben. Auch im Zusammenhang mit der Satzung über einen Vorhaben- und Erschließungsplan nach § 12 BauGB ist der Abschluss eines städtebaulichen Vertrages zur Sicherung der Durchführung des Vorhabens und zur Regelung der Erschließungskosten erforderlich **(Durchführungsvertrag)**. Die in § 11 I BauGB benannten Regelungsgegenstände können jedoch als **gesetzliche Leitbilder** bei der Bestimmung der Angemessenheit der vertraglichen Vereinbarungen eine Rolle spielen (§ 11 II 1 BauGB).

Der städtebauliche Vertrag hat sich damit zu einem zentralen Instrumentarium des Städtebaus entwickelt, das über den aus den alten Bundesländern bereits in der Vergangenheit bekannten klassischen Erschließungsvertrag weit hinausreicht. Der städtebauliche Vertrag ist ein öffentlich-rechtliches Handlungsinstrumentarium. Daneben sind auch zivilrechtliche oder gemischt öffentlich-rechtliche und zivilrechtliche vertragliche Regelungen denkbar.[3431] Eine Vereinbarung zwischen einer Gemeinde und einem Dritten kann auch aus einer Mischung öffentlich-rechtlicher und privatrechtlicher Bestandteile bestehen.[3432]

Ob der Vertrag **öffentlich-rechtlicher** oder **zivilrechtlicher Natur** ist, muss im Einzelfall entschieden werden.[3433] Der **Erschließungsvertrag** zwischen einer Gemeinde und dem Erschließungsträger ist auch dann ein öffentlich-rechtlicher Vertrag, wenn darin eine Sicherungsabrede für den Fall der Nichterfüllung des Vertrages aufgenommen ist. Aus einer solchen Sicherungsabrede abgeleitete Ansprüche sind öffentlich-rechtlicher

---

[3428] *Bielenberg* DVBl. 1990, 1314; *Birk* Die neuen städtebaulichen Verträge 1994; *ders.* VBlBW 1993, 456; *ders.* VBlBW 1994, 4, 89, 133; *Grziwotz* DVBl. 1994, 1048; *Krautzberger* UPR 1992, 1; *Runkel* 1990, 616; *Stüer* DVBl. 1995, 649.

[3429] *Döring* NVwZ 1994, 853; *Hauth* LKV 1991, 363; *Jahn* LKV 1992, 124; *Kniep* DWW 1994, 43; *Krautzberger* DWW 1994, 129; *Lenz* BauR 1993, 513; *Löhr* NVwZ 1987, 545; *Pietzcker* DVBl. 1992, 658; *Runkel* LKV 1993, 78; *Söfker* ZfBR 1992, 149; *Stich* BauR 1991, 413; *Uechtritz* DVBl. 1993, 181; *Weidemann/Deutsch* NVwZ 1991, 956.

[3430] *Birk* SächsVBl. 1994, 7, 51.

[3431] BVerwG, Urt. v. 11. 2. 1993 – 4 C 18.91 – BVerwGE 92, 56 = DVBl. 1993, 654 = NJW 1993, 2695 = BayVBl. 1993, 405 = *Hoppe/Stüer* RzB Rdn. 156 – Weilheimer Einheimischenmodell.

[3432] BVerwG, B. v. 24. 2. 1994 – 4 B 40.94 – BBauBl. 1994, 490 = *Hoppe/Stüer* RzB Rdn. 880 – Messegebäude.

[3433] BVerwG, Urt. v. 11. 2. 1993 – 4 C 18.91 – BVerwGE 92, 56 = DVBl. 1993, 654 – Weilheimer Einheimischenmodell; s. Rdn. 1911.

Natur. Die dreijährige Erlöschensfrist des Art. 71 I 1 BayAGBGB findet auf Zahlungsansprüche aus einem öffentlich-rechtlichen Vertrag keine Anwendung. Vielmehr gelten insoweit die Verjährungsvorschriften des BGB entsprechend.[3434]

1870 **c) Rechtliche Problemfelder.** Die rechtlichen Problemfelder des vertraglichen Instrumentariums liegen auf der Hand: Das traditionelle Verständnis der Bauleitplanung war von dem Bilde einer hoheitlich handelnden, durch vertragliche Regelungen nicht gebundenen planenden Gemeinde geprägt. Das Erschließungsbeitragsrecht wurde herkömmlich als bindender, nicht dispositiver Rahmen für die Beitragspflichtigen verstanden, so dass auch nur in diesem Umfang gesetzgeberischer und satzungsrechtlicher Regelungen vertragliche Vereinbarungen zwischen Gemeinde und Investor rechtlich für zulässig gehalten wurden.[3435] Vertragliche Vereinbarungen mit der öffentlichen Hand unterliegen zudem dem sog. **Koppelungsverbot.** Danach darf durch einen verwaltungsrechtlichen Vertrag nichts miteinander verknüpft werden, was nicht ohnedies schon in einem Zusammenhang steht. Außerdem darf eine hoheitliche Entscheidung ohne entsprechende gesetzliche Ermächtigung nicht von wirtschaftlichen Gegenleistungen abhängig gemacht werden, es sei denn, erst die Gegenleistung würde ein der Entscheidung entgegenstehendes rechtliches Hindernis beseitigen. Denn ein „Verkauf von Hoheitsakten" wird allgemein als unzulässig angesehen.[3436] Die Grenzen sind hier allerdings fließend.

Beispiel: Verkauft ein Grundstückseigentümer einen Teil seiner im Außenbereich liegenden Grundstücksfläche für einen marktgerechten Preis (Bauerwartungsland) an die Gemeinde zur Beschaffung von Bauland im Rahmen eines Einheimischenmodells,[3437] und stellt sie ihm dafür in Aussicht, sie werde das ganze Grundstück in den Bebauungsplan aufnehmen, so liegt darin kein unzulässiges Koppelungsgeschäft.[3438] Es verstößt grundsätzlich nicht gegen das Koppelungsverbot des § 56 I 2 VwVfG, § 11 II 1 BauGB, wenn die Gemeinde ihre zustimmende Stellungnahme zu einem Baugesuch[3439] davon abhängig macht, dass der Bauwerber die nach dem Bebauungsplan für die Erschließung des Baugrundstücks vorgesehenen Erschließungsflächen unter Anrechnung auf den späteren Erschließungsbeitrag und die spätere Umlegung an die Gemeinde abtritt.[3440] Es wird aber gegen das Koppelungsgebot verstoßen, wenn eine Gemeinde die Ausweisung von Bauland an wirtschaftliche Gegenleistungen des Grundstückseigentümers wie den Verkauf einer Teilfläche unter Verkehrswert knüpft, ohne dass dies der Realisierung der Bauleitplanung dient.[3441] Dagegen ist es zulässig, dass die Gemeinde im Zusammenhang der Ausweisung eines Gesamtgrundstücks zu Bauland eine Teilfläche zu einem marktgerechten Preis erwirbt.[3442]

1871 Eine weitere Grenze für vertragliche Regelungen wurde im Verbot des Machtmissbrauchs der öffentlichen Hand und des Übermaßverbotes bei der Festlegung der Gegenleistung gesehen. Besteht dagegen auf die hoheitliche Entscheidung ein Rechtsanspruch

---

[3434] *OLG München*, Urt. v. 25. 5. 2004 – 1Z RR 005/03, 1Z RR 5/03 – BayObLGZ 2004, Nr. 28.

[3435] *BVerwG*, Urt. v. 23. 8. 1991 – 8 C 61.90 – BVerwGE 89, 7 = DVBl. 1992, 372 = NJW 1993, 1642 = *Hoppe/Stüer* RzB Rdn. 758 – Abwasserbeseitigung.

[3436] *BVerwG*, Urt. v. 16. 12. 1993 – 4 C 27.92 – NVwZ 1994, 485 = DVBl. 1994, 710.

[3437] *VGH München*, Urt. v. 22. 12. 1998 – 1 B 94.3288 – BayVBl. 1999, 399 = GewArch. 1999, 302; *OLG Celle*, Urt. v. 13. 2. 1998 – 4 U 87/97 – DNotI-Report 1999, 79.

[3438] *BGH*, Urt. v. 2. 10. 1998 – V ZR 45/98 – NJW 1999, 208 = DVBl. 1999, 233.

[3439] Art. 86 I 2 BayBauO 1962.

[3440] *BVerwG*, Urt. v. 16. 12. 1993 – 4 C 27.92 – NVwZ 1994, 485 = Buchholz 316 § 56 Nr. 9 = BRS 56 Nr. 241 = ZfBR 1994, 140 für ein Eckgrundstück. Ob und ggf. unter welchen Voraussetzungen eine Gemeinde städtebauliche Verträge über nicht zweckgebundene Geldleistungen eines bauwilligen Bürgers als Gegenleistung für die Bereitschaft zur Aufstellung eines Bebauungsplans abschließen darf und ggf. unter welchen Voraussetzungen bei etwaiger Nichtigkeit eines solchen Vertrags die Rückforderung einer bereits geleisteten Zahlung wegen Verstoßes gegen Treu und Glauben ausgeschlossen sein kann, wenn die Rückabwicklung des Vertrags aus tatsächlichen Gründen ausgeschlossen ist, wird noch geklärt, *BVerwG*, Urt. v. 28. 4. 1999 – 4 C 4.98 – BVerwGE 109, 74 = NVwZ 1999, 1105 = DVBl. 1999, 1291 zu *VGH München*, Urt. v. 11. 11. 1998.

[3441] *OLG München*, B. v. 12. 4. 1999 – 31 U 5443/98 – NotBZ 1999, 177 = DNotI-Report 1999, 131.

[3442] *BGH*, Urt. v. 2. 10. 1998 – V ZR 45/95 – DVBl. 1999, 233.

ohne jeden Spielraum, so darf sie nicht von einer Gegenleistung abhängig gemacht werden.³⁴⁴³ Auch kann durch Vereinbarungen der Gemeinde mit einem Dritten die Auslegung oder Anwendung von ortsrechtlichen Normen nicht abgeändert werden.³⁴⁴⁴ Überhaupt wurde eine zu große Nähe zwischen planender Gemeinde und Investoren schon wegen der **subjektiven Abwägungssperren** für bedenklich gehalten.³⁴⁴⁵ Im Zweifel handelte der Investor ohne Netz und doppelten Boden und auf eigenes Risiko.³⁴⁴⁶ Der städtebauliche Vertrag könnte sich damit als Balanceakt zwischen Vertragsfreiheit, strikter Gesetzesbindung und einseitiger vertraglicher Bindung erweisen. Das Instrumentarium des städtebaulichen Vertrages wirft daher die Frage auf, ob das traditionelle Verständnis von Bauleitplanung und Erschließungsbeitragsrecht im Hinblick auf diese neuen Rechtsgrundlagen der Korrektur bedarf oder in umgekehrter Richtung die Regelungsmöglichkeiten des städtebaulichen Vertrages auf Grenzen der Bauleitplanung und des Erschließungsbeitragsrechtes stoßen.

2. Erschließungsvertrag

§ 124 BauGB stellt als Vertragstyp den Erschließungsvertrag bereit, der im Zusammenhang mit städtebaulichen Maßnahmen abgeschlossen werden kann. Ergänzend zu § 124 BauGB sind die Regelungen über die städtebaulichen Verträge in § 11 BauGB heranzuziehen. Der Erschließungsvertrag nach § 124 BauGB ist durch das InvWoBauLG 1993³⁴⁴⁷ neu gefasst worden. Danach kann die Gemeinde die Erschließung durch Vertrag auf einen Dritten übertragen. Hintergrund ist das Erfordernis der Sicherstellung einer ausreichenden Erschließung, die für die planungsrechtliche Zulässigkeit von Vorhaben erforderlich ist. Traditionell finanziert die Gemeinde die Kosten vor und trägt die nicht beitragsfähigen Kosten sowie einen Eigenanteil von 10 % nach § 129 I 3 BauGB selbst. Der Erschließungsvertrag bietet eine Möglichkeit, die Kosten insgesamt auf den Vorhabenträger abzuwälzen.³⁴⁴⁸

1872

a) **Grundkonzeption.** Der klassische Erschließungsvertrag ist durch § 124 BauGB dahin gehend gefasst, dass die Gemeinde die Erschließung auf einen Dritten übertragen kann.³⁴⁴⁹ Der Erschließungsvertrag ist – auch wenn er (privatrechtliche) Sicherungsabreden für den Fall der Nichterfüllung des Vertrages oder des Scheiterns der Bebauungsplanung enthält – ein öffentlich-rechtlicher Vertrag.³⁴⁵⁰ Der Erschließungsbegriff in § 124 BauGB umfasst die öffentliche Erschließung schlechthin und geht damit insbesondere über den für § 127 I BauGB kennzeichnenden Erschließungsbegriff hinaus. Der Dritte kann sich gegenüber der Gemeinde verpflichten, die Erschließung zu übernehmen und

1873

---

³⁴⁴³ *BVerwG*, B. v. 25. 11. 1980 – 4 B 140.80 – Buchholz 406.11 § 36 BBauG Nr. 27.
³⁴⁴⁴ *BVerwG*, B. v. 24. 8. 1992 – 4 B 143.92 – (unveröffentlicht) – Nutzungsuntersagung.
³⁴⁴⁵ *BVerwG*, Urt. v. 12. 12. 1969 – IV C 105.66 – BVerwGE 34, 301 = *Hoppe/Stüer* RzB Rdn. 213 – Abwägungsgebot; Urt. v. 6. 7. 1973 – IV C 22.72 – BVerwGE 42, 331 = DVBl. 1973, 800 = BauR 1973, 285 = *Hoppe/Stüer* RzB Rdn. 713 – Folgekostenvertrag; Urt. v. 5. 7. 1974 – IV C 50.72 – BVerwGE 45, 309 = DVBl. 1975, 767 = *Hoppe/Stüer* RzB Rdn. 24 – Delog-Detag; B. v. 9. 11. 1979 – 4 N 1.78 – BVerwGE 59, 87 = *Hoppe/Stüer* RzB Rdn. 26 – Normenkontrolle; Urt. v. 1. 2. 1980 – 4 C 40.77 – DVBl. 1980, 686 = BauR 1980, 333 = ZfBR 1980, 88 = *Hoppe/Stüer* RzB Rdn. 27 – Rathaus Altenholz; B. v. 28. 8. 1987 – 4 N 1.86 – DVBl. 1987, 1273 = ZfBR 1988, 44 = *Hoppe/Stüer* RzB Rdn. 63 – Volksfürsorge; *BGH*, Urt. v. 7. 2. 1985 – III ZR 179/83 – BGHZ 94, 372 = UPR 1985, 419 = *Hoppe/Stüer* RzB Rdn. 330 – Bauverpflichtung; *OVG Koblenz*, Urt. v. 28. 11. 1992 – 1 A 10312/89. – BauR 1992, 479 – Koppelungsverbot; *VGH München*, Urt. v. 11. 4. 1990 – 1 B 85 A.1400 – BayVBl. 1991, 47 – Einheimischenmodell; *Stüer* DVBl. 1995, 649.
³⁴⁴⁶ *BVerwG*, B. v. 13. 2. 1992 – 8 B 1.92 – NVwZ 1992, 672 = *Hoppe/Stüer* RzB Rdn. 734 – Erschließungsvertrag.
³⁴⁴⁷ Investitionserleichterungs- und Wohnbaulandgesetz v. 22. 4. 1993 (BGBl. I 466).
³⁴⁴⁸ *Finkelnburg/Ortloff*, ÖffBauR, Bd. I, S. 177; *Quaas* in: *Schrödter*, § 124 BauGB Rdn. 1.
³⁴⁴⁹ *Löhr* in: Battis/Krautzberger/Löhr § 124 BauGB Rdn. 3; *Döring* NVwZ 1994, 853.
³⁴⁵⁰ BT-Drs. 12/3944, S. 30; zur Abgrenzung zu anderen Verträgen *Löhr* in: Battis/Krautzberger/Löhr § 124 Rdn. 2; Ernst/Zinkahn/Bielenberg/Krautzberger Rdn. 10 zu § 124 BauGB.

die Erschließungskosten ganz oder teilweise zu tragen. Nicht ein öffentlich-rechtlicher Erschließungsvertrag, sondern ein privatrechtlicher Werkvertrag i. S. der §§ 631 ff. BGB ist der mit einem Bauunternehmer geschlossene Vertrag, durch den die Gemeinde dem Bauunternehmer (lediglich) die Baudurchführung überträgt. Die Gemeinde bleibt dann selbst Trägerin der Erschließungsmaßnahme.[3451] Gegenstand des Erschließungsvertrages können nach Bundes- oder Landesrecht beitragsfähige sowie nicht beitragsfähige Erschließungsanlagen in einem bestimmten Erschließungsgebiet in der Gemeinde sein. Ein echter Erschließungsvertrag zeichnet sich dadurch aus, dass ein Unternehmer von der Gemeinde die Erschließung eines bestimmten Gebietes im eigenen Namen und auf eigene Rechnung übernimmt und die fertig gestellten Erschließungsanlagen der Gemeinde überträgt.[3452] Der Erschließungsvertrag ist darauf gerichtet, die Erschließung der Grundstücke sicherzustellen. Welche Maßnahmen dazu erforderlich sind, ist eine Frage des Einzelfalls.[3453]

1874 Ein **zumutbares Erschließungsangebot** nach § 124 BauGB kann auch die Pflicht der Gemeinde zur Erschließung eines beplanten Grundstücks verdichten (**Erschließungspflicht**). Ob ein Erschließungsangebot nach Art und Umfang den Anforderungen des § 124 III 2 BauGB genügt, ist eine Frage des Einzelfalls. Die Anforderungen an die Substantiierung des Angebots richten sich dabei auch nach der Kooperationsbereitschaft der Gemeinde.[3454] Anlieger sind bei den für den Bau von Erschließungsstraßen erforderlichen Grundabtretungen möglichst gleichmäßig zu belasten. Der Grundsatz bedeutet aber nicht, dass die von der Planung betroffenen Grundeigentümer stets gleich zu behandeln seien: Die berührten privaten Belange dürfen lediglich nicht ohne sachliche Rechtfertigung ungleich behandelt werden. Eine sachliche Rechtfertigung für die ungleiche Behandlung kann in einer sinnvollen und übersichtlichen Linienführung der neuen Straße gesehen werden, so dass eine derartige Zielsetzung eine ungleichmäßige Inanspruchnahme von Nachbarn bei einer Straßenplanung rechtfertigen kann.[3455] Das Modell des Erschließungsvertrages nach § 124 BauGB hat daher auch für die Pflichtenverdichtung der Gemeinde in nach § 30 BauGB beplanten Gebieten einen wichtigen Stellenwert (§ 124 III 2 BauGB).[3456] Dazu reicht allerdings das Angebot des Investors, in Vertragsverhandlungen einzutreten, nicht aus.[3457] Auch kann das Erschließungsangebot eines Dritten deshalb unzumutbar sein, weil der Vertragsentwurf keine Regelung vorsieht, die einen rechtzeitigen Straßenlanderwerb durch die Gemeinde sicherstellt.[3458] Verpflichtungen zum Erwerb oder zur Veräußerung von Grundstücken bedürfen dabei der notariellen Beurkundung.[3459] Im Übrigen ist Schriftform geboten.[3460]

[3451] *Löhr* in: Battis/Krautzberger/Löhr § 124 Rdn. 2.
[3452] *OVG Saarlouis*, Urt. v. 7. 11. 1988 – 1 R 322/87 – DÖV 1989, 861.
[3453] *BVerwG*, Urt. v. 26. 8. 1993 – 4 C 24.91 – BVerwGE 94, 100 = DVBl. 1993, 1357 = *Hoppe/Stüer* RzB Rdn. 102 – Bargteheide; B. v. 23. 12. 1993 – 4 B 212.92 – Buchholz 406.11 § 30 BauGB Nr. 35.
[3454] *BVerwG*, B. v. 13. 2. 2002 – 4 B 88.01 – NVwZ-RR 2002, 413 = BauR 2002, 1060.
[3455] *BVerwG*, B. v. 19. 4. 2000 – 4 BN 16.00 – NVwZ-RR 2000, 532 = ZfBR 2001, 287.
[3456] *BVerwG*, Urt. v. 4. 10. 1974 – 4 C 59.72 – Buchholz 406.11 § 123 BBauG Nr. 11 S. 20; Urt. v. 30. 8. 1985 – 4 C 48.81 – Buchholz 406.11 § 35 BBauG Nr. 228; Urt. v. 7. 2. 1986 – 4 C 30.84 – BVerwGE 74, 19; Urt. v. 3. 5. 1991 – 8 C 77.89 – BVerwGE 88, 166; Urt. v. 22. 1. 1993 – 8 C 46.91 – BVerwGE 92, 8 = DVBl. 1993, 669 = DÖV 1993, 713 = BauR 1993, 585; *OVG Lüneburg*, Urt. v. 22. 1. 1999 – 9 L 6980/96 – Nds. RPfl. 1999, 273.
[3457] *BVerwG*, B. v. 18. 5. 1993 – 4 B 65.93 – NVwZ 1993, 1101 = DÖV 1993, 918 = UPR 1993, 305.
[3458] *OVG Münster*, Urt. v. 29. 4. 1998 – 3 A 4191/93 – NWVBl 1999, 30 = DÖV 1999, 169 – Straßenlanderwerb.
[3459] *BVerwG*, Urt. v. 9. 11. 1984 – 8 C 77.83 – NVwZ 1985, 346 – Erschließungsvertrag; *BGH*, Urt. v. 5. 5. 1972 – VZR 63/70 – BGHZ 58, 386 = NJW 1972, 1364 – Formzwang; *OVG Saarlouis*, Urt. v. 7. 11. 1988 – 1 R 322/87 – DÖV 1989, 861; *Kopp/Ramsauer* Rdn. 7 zu § 57 VwVfG.
[3460] §§ 54, 57 VwVfG, *BVerwG*, Urt. v. 15. 12. 1989 – 7 C 6.88 – BVerwGE 84, 236 = DVBl. 1990, 376 = NVwZ 1990, 665 = *Hoppe/Stüer* RzB Rdn. 136 – gemeindenachbarlicher Immissionsschutz.

Die Obliegenheit der Gemeinde zur Annahme eines entsprechenden Erschließungsangebotes besteht allerdings nur im Geltungsbereich eines **rechtsverbindlichen Bebauungsplans**. Ist der Bebauungsplan unwirksam, besteht eine derartige Erschließungslast nicht. Denn ein Bebauungsplan führt in der Kombination mit der Ablehnung eines Erschließungsangebotes nur dann zu einer Verdichtung der Erschließungslast, wenn sich der Bebauungsplan als rechtswirksam erweist. Ebenso wenig wie ein rechtlich unbeachtliches Erschließungsangebot geeignet ist, eine gemeindliche Erschließungspflicht zu begründen, muss eine Gemeinde den Erlass eines qualifizierten Bebauungsplans als ersten Schritt zur Verdichtung ihrer Erschließungsaufgabe gegen sich gelten lassen, wenn dieser Plan unwirksam ist. Bestimmt sich die Bebaubarkeit eines im Geltungsbereich eines unwirksamen Bebauungsplans gelegenen Grundstücks in Wahrheit nach § 35 BauGB, darf die Gemeinde das Erschließungsangebot für ein privilegiertes Außenbereichsvorhaben auch dann ablehnen, wenn die Ausführung öffentliche Belange nach § 35 III BauGB nicht beeinträchtigt. Denn die Entscheidung über die Erschließung ist der Gemeinde nicht nur aus Kostengründen, sondern auch deshalb überlassen, weil ihr damit ein Instrument an die Hand gegeben ist, das es ihr ermöglicht, die städtebauliche Entwicklung zu lenken und den Außenbereich vor einem unerwünschten Siedlungsdruck zu bewahren.[3461] Auch aus der Erteilung einer Baugenehmigung kann in aller Regel keine Verpflichtung der Gemeinde zur Erschließung des Grundstücks hergeleitet werden.[3462]

Der Erschließungsvertrag nach § 124 BauGB lehnt sich in mehrfacher Hinsicht an das **Erschließungsbeitragsrecht** an und erfährt hierdurch **Begrenzungen**.[3463] Er muss sich auf beitragsfähige oder nicht beitragsfähige Erschließungsanlagen in einem bestimmten Erschließungsgebiet in der Gemeinde richten. Das Erschließungsgebiet muss zwar nicht mit dem Plangebiet eines Vorhaben- und Erschließungsplanes identisch sein. Auch ist nicht erforderlich, dass die Grundstücke, auf denen die Erschließung erfolgt, im Eigentum des Dritten stehen. Nicht nur die innere Erschließung des Vorhabengebietes, sondern auch die äußere Erschließung eines Vorhabens kann Gegenstand des Erschließungsvertrages nach § 124 BauGB sein. Allerdings muss sich der Vertrag auf ein bestimmtes Erschließungsgebiet richten, das räumlich abgegrenzt ist. Auch die einzelnen Erschließungsmaßnahmen müssen in dem Vertrag konkret benannt sein.[3464] Es wird wohl auch erforderlich sein, dass die Erschließungsmaßnahmen, zu deren Durchführung oder Übernahme sich der Dritte gegenüber der Gemeinde verpflichtet, einen unmittelbaren Bezug zu dem Vorhaben haben. Erfüllt der Vertragspartner seine Verpflichtungen zur Erschließung nicht, kann die Gemeinde an seiner Stelle die Erschließung durchführen und den Vertragspartner mit den Kosten belasten.[3465]

Nach **§ 124 II BauGB** können sowohl nach Bundes- oder Landesrecht beitragsfähige als auch nicht beitragsfähige Erschließungsanlagen Gegenstand des Erschließungsvertrages sein. Der Dritte kann sich dazu verpflichten, deren Kosten ganz oder teilweise zu tragen. § 124 II Nr. 3 BauGB ermöglicht auch die Übertragung der Kosten auf den Privaten, soweit die Gemeinde nach § 129 I 3 BauGB bei der Erhebung von Erschließungsbeiträgen 10 % der Kosten selbst tragen müsste. Damit wird eine umfassende Übertragung aller Erschließungsaufgaben auf den Privaten ermöglicht, auch wenn es sich nicht um nach den §§ 127 ff. BauGB beitragsfähige Anlagen handelt. So können die Kosten für Anlagen zur Ver- und Entsorgung mit Elektrizität, Gas, Wärme und Wasser übertragen werden, aber z. B. auch die Kosten für Kinderspielplätze oder Sammelstraßen.[3466] Dies

---

[3461] *BVerwG*, B. v. 22. 3. 1999 – 4 B 10.99 – ZfBR 2000, 70 – mit Hinweis auf Urt. v. 7. 6. 1986 – 4 C 30.84 – BVerwGE 74, 19.
[3462] *OVG Lüneburg*, Urt. v. 22. 1. 1999 – 9 L 6980/96 – Nds. RPfl. 1999, 273.
[3463] *Weyreuther* UPR 1994, 121; vgl. auch *BVerwG*, Urt. v. 23. 8. 1991 – 8 C 61.90 – BVerwGE 89, 7.
[3464] *BVerwG*, B. v. 11. 1. 1988 – 4 B 258.87 – Buchholz 406.11 § 34 BBauG Nr. 122.
[3465] *OVG Münster*, Urt. v. 29. 6. 1992 – 3 A 1079/91 – NVwZ-RR 1993, 507 = ZMR 1993, 38.
[3466] *Quaas* in: *Schrödter*, § 124 BauGB Rdn. 5.

steht im Gegensatz zur früheren Rechtsprechung, wonach sich der Erschließungsvertrag im Wesentlichen am Beitragsrecht, insbesondere an der 10 %-Klausel des § 129 I 3 BauGB zu orientieren hatte.[3467] Private können allerdings nur zu konkreten Erschließungsmaßnahmen in einem abgegrenzten Planungsgebiet herangezogen werden. Dies ist eine Ausprägung des Kausalitätsgrundsatzes, der auch im Rahmen der Folgekostenverträge eingreift.[3468]

1878 Wie in der Generalklausel des § 11 BauGB steht der **Erschließungsvertrag nach § 124 III 1 BauGB** unter dem Vorbehalt der Angemessenheit der Gegenleistungen. Diese müssen in sachlichem Zusammenhang mit der Erschließung stehen. Der Umfang der Erschließungslast der Gemeinde nach den §§ 123, 129 BauGB bestimmt und begrenzt daher den möglichen Inhalt eines Erschließungsvertrages.[3469] So kann der Ausbau einer bereits hergestellten Straße nicht Gegenstand des Erschließungsvertrages sein, wohl aber eines Folgelastenvertrages nach § 11 I 2 Nr. 3 BauGB.[3470]

1879 Der Vorhabenträger kann nach der durch das BauROG 1998 übernommenen Regelung des **InvWoBauLG 1993**[3471] auch den sonst üblichen Gemeindeanteil von 10 % und damit die Erschließungskosten voll übernehmen. Das war nach der vorher geltenden Regelung nicht möglich.[3472] Enthielt der Vertrag eine Erstattungsregelung des gemeindlichen 10 %-Anteils nicht, stand dem Investor gegen die Gemeinde ein auf § 129 I 3 BauGB gestützter gesetzlicher Anspruch zu.[3473] § 124 II Nr. 3 BauGB stellt die volle Kostenübernahme dadurch sicher, dass die Vorschrift über die mindestens 10 %ige Kostentragung durch die Gemeinde in § 129 I 3 BauGB für nicht anwendbar erklärt wird. Die volle Übernahme der Erschließungskosten durch einen Dritten ist damit ohne weitere Voraussetzungen möglich. Der Gesetzgeber wollte mit dieser Regelung erreichen, dass auch in Zeiten leerer Gemeindekassen eine zeitnahe Durchführung von Erschließungsmaßnahmen durch Private erfolgen kann[3474] und die Gemeinden nicht durch finanzielle Verpflichtungen belastet werden. Dieses Anliegen ist zugleich eine Angelegenheit der kommunalen Selbstverwaltung und damit verfassungsrechtlich in Art. 28 II GG abgesichert.

1880 Zu den gemeindlichen Betätigungsfeldern gehört auch die Befugnis, die Ansiedlung und Erweiterung von Wohnsiedlungen und Gewerbeansiedlungen zur Verbesserung der örtlichen Wirtschaftsstruktur und zur Schaffung und Erhaltung von Arbeitsplätzen zu fördern. Solche Ziele kann die Gemeinde neben der Bauleitplanung auch mit vertraglichen Mitteln zu erreichen suchen.[3475] Die rasche Umsetzung von Vorhaben einschließlich der dazu erforderlichen Erschließung war für den Gesetzgeber offenbar wichtiger als die Gefahr, die im Einzelfall mit einer zu starken Bindung des bauwilligen Investors ver-

---

[3467] *BVerwG*, Urt. v. 23. 8. 1991 – 8 C 61.90 – BVerwGE 89, 7 = DVBl. 1992, 372 = NJW 1992, 1642; Urt. v. 23. 4. 1969 – 4 C 69.67 – BVerwGE 32, 37 = DVBl. 1969, 699 = NJW 1969, 2162.

[3468] *Quaas* in: *Schrödter*, § 124 BauGB Rdn. 6; *Löhr* in: *Battis/Krautzberger/Löhr*, § 124 BauGB Rdn. 5.

[3469] *Finkelnburg/Ortloff*, ÖffBauR, Bd. I, S. 179.

[3470] *Quaas* in: *Schrödter*, § 124 BauGB Rdn. 5.

[3471] Investitionserleichterungs- und Wohnbaulandgesetz v. 22. 4. 1993, BGBl. I 466; *Busse* BayVBl. 1993, 193; *Engel* UPR 1993, 209; *Fluck* Der Betrieb 1993, 2011; *Grziwotz* DNotZ 1993, 488; *Hoffmann* LKV 1993, 281; *Krautzberger* NVwZ 1993, 520; *Lüers* LKV 1993, 185; *ders.* ZfBR 1993, 106; *Moormann* UPR 1993, 286; *Rist* VwPrBW 1993, 169; *Schink* NuR 1993, 365; *Stollmann* UPR 1994, 170; *Thoma* BayVBl. 1994, 137.

[3472] *BGH*, Urt. v. 5. 5. 1983 – III ZR 177/81 – WM IV 1983, 993 = MDR 1984, 126 = ZfBR 1984, 52; *BVerwG*, Urt. v. 23. 8. 1991 – 8 C 61.90 – NVwZ 1992, 1642; *Battis/Krautzberger/Löhr* § 124 Rdn. 6.

[3473] *BVerwG*, Urt. v. 19. 10. 1984 – 8 C 52.83 – NJW 1985, 642; Urt. v. 9. 11. 1984 – 8 C 1.84 – NJW 1985, 643.

[3474] BT-Drs. 12/3944, S. 24 ff.; *Klein/Steinfort* Der Städtetag 1993, 211.

[3475] *BVerwG*, Urt. v. 15. 12. 1989 – 7 C 6.88 – BVerwGE 84, 236 = DVBl. 1990, 376 = *Hoppe/Stüer* RzB Rdn. 59 – gemeindenachbarlicher Immissionsschutz.

8. Teil. Planverwirklichungsinstrumente

bunden sein kann. Denn gerade in den neuen Bundesländern würden ohne eine weitgehende Inpflichtnahme von Privaten größere Investitionsvorhaben an nicht vorhandenen personellen, sachlichen und finanziellen Mitteln der Gemeinden scheitern. Eine stärker an den gesetzlichen Abgabenregelungen orientierte Sichtweise hatte das *BVerwG* noch in einer Entscheidung[3476] ein knappes Jahr nach der deutschen Einheit mit dem Hinweis darauf vertreten, dass bei einer Überforderung des privaten Investors viele begonnene Erschließungsmaßnahmen – namentlich infolge eines Konkurses des Erschließungsunternehmers – stecken bleiben und die Gemeinden sich in einem solchen Fall unerwartet eigenen Erschließungspflichten ausgesetzt sehen. Es sei daher – so das *BVerwG* – eher zu begrüßen als zu bedauern, wenn das eine oder andere Projekt nicht zu Stande komme. Ohnehin war der 10%-Anteil der Gemeinde in § 129 I 3 BauGB eine mehr oder weniger gegriffene Größe und kann nicht als exakter Ausgleich für die der Allgemeinheit entstehenden Vorteile einer Erschließungsmaßnahme angesehen werden. Die der Allgemeinheit erwachsenden Vorteile können vielmehr im Einzelfall wesentlich höher oder auch gar nicht vorhanden sein.

1881 Der Gesetzgeber ist auch aus **verfassungsrechtlichen Gründen** nicht verpflichtet, es bei dem **10%-Anteil** der Gemeinde zu belassen oder dessen Streichung von weiteren Voraussetzungen abhängig zu machen.[3477] Auch der Gleichbehandlungsgrundsatz oder die Eigentumsgarantie verpflichten nicht zu einer einengenden Auslegung der gesetzlich eröffneten Möglichkeit zu einer vollen Kostenübernahme durch den Dritten. Die gegenüber anderen Fällen einer gemeindlichen Beteiligung entstehende Ungleichbehandlung ist schon deshalb gerechtfertigt, weil der Dritte die Erschließungskosten durch vertragliche Vereinbarungen freiwillig übernimmt. Der Gesetzgeber wäre zwar nicht daran gehindert gewesen, die gesetzlichen Grundlagen für die vertraglichen Vereinbarungen so zu fassen, dass diese lediglich die ansonsten bestehenden beitragsrechtlichen Regelungen abbilden. Ebenso ist der Gesetzgeber aber verfassungsrechtlich nicht gehindert, den vertraglichen Regelungsmöglichkeiten einen wesentlich weiteren Spielraum einzuräumen und sich – wo ihm dies zweckmäßig erscheint – von dem Bilde der satzungsrechtlichen Beitragserhebung mehr oder weniger weit zu entfernen. Die frühere Rechtsprechung des *BVerwG*, die eine enge Bindung der vertraglichen Regelungen an das satzungsrechtliche Erschließungsbeitragsrecht angenommen hat,[3478] ist daher durch die gesetzliche Neuregelung zumindest teilweise überholt.

1882 Die **Lösung** von den **beitragsrechtlichen Regelungen** auf bundes- und landesrechtlicher Grundlage kommt auch dadurch zum Ausdruck, dass die Erschließungskosten nach § 123 II 2 HS 2 BauGB durch Vertrag unabhängig davon übernommen werden können, ob die Erschließungsanlage nach Bundes- oder Landesrecht beitragspflichtig ist. Selbst wenn also auf gesetzlicher Grundlage eine Beitragspflicht nicht oder nicht in vollem Umfang besteht, können die Erschließungskosten durch den Dritten ganz oder teilweise übernommen werden. Die gesetzgeberische Regelung zeigt, dass der Erschließungsvertrag sich von der beitragsrechtlichen Regelung auf gesetzlicher Grundlage lösen kann. Überhaupt verbieten es die Regelungen über die gemeindliche Bauleitplanung der planenden Gemeinde nicht, sich zur Ergänzung ihrer bauleitplanerischen Festsetzungsmöglichkeiten städtebaulicher Verträge zu bedienen.[3479]

[3476] *BVerwG*, Urt. v. 23. 8. 1991 – 8 C 61.90 – BVerwGE 89, 7 = DVBl. 1992, 372 = *Hoppe/Stüer* RzB Rdn. 758.
[3477] Einschränkend *Löhr* in: Battis/Krautzberger/Löhr Rdn. 2 zu § 124 BauGB, der eine Streichung des gemeindlichen Eigenanteils nur bei Vorliegen besonderer Gründe für zulässig hält.
[3478] *BVerwG*, Urt. v. 23. 8. 1991 – 8 C 61.90 – BVerwGE 89, 7 = DVBl. 1992, 372: Das Abgabenrecht sei seiner Tendenz nach dispositionsfeindlich.
[3479] *VGH München*, Urt. v. 11. 4. 1990 – 1 B 85 A.1480 – NVwZ 1990, 979; *BVerwG*, Urt. v. 11. 2. 1993 – 4 C 18.91 – BVerwGE 92, 56 = DVBl. 1993, 654 = *Hoppe/Stüer* RzB Rdn. 156 – Weilheimer Einheimischenmodell.

1883 Es gilt allerdings der **Angemessenheitsgrundsatz** des § 124 III BauGB, der an die Stelle der vormals bestehenden strikten Bindung an das satzungsrechtliche Beitragsrecht getreten ist.[3480] Die vertraglichen Leistungen müssen den gesamten Umständen nach angemessen sein und in sachlichem Zusammenhang mit der Erschließung stehen. Das Gesetz geht dabei offenbar davon aus, dass die jeweiligen Erschließungsmaßnahmen einen Bezug zu dem städtebaulichen Vorhaben aufweisen.

Beispiel: Ein Ablösevertrag ist als unwirksam anzusehen, wenn die vereinbarte Ablösesumme das Doppelte oder mehr bzw. die Hälfte oder weniger des sich bei Entstehung sachlicher Beitragspflichten ergebenden Erschließungsbeitrages beträgt (sog. „absolute Missbilligungsgrenze"). Die Ablösevereinbarung ist nichtig, wenn bei der Ermittlung des Ablösebetrages von den Ablösebestimmungen abgewichen wurde.[3481]

1884 Der städtebauliche Vertrag nach § 124 BauGB kann sich im Rahmen der Sachgerechtigkeit und Angemessenheit auch auf **Erschließungsmaßnahmen** beziehen, die im **Zusammenhang** mit dem städtebaulichen Vorhaben stehen. Dies gilt vor allem im Hinblick auf Fremdanlieger, die in den Vorteil einer Erschließungsmaßnahme kommen. Liegen in einem Gebiet, dessen Erschließung ein Unternehmer durch einen Erschließungsvertrag übernommen hat, Grundstücke Dritter, so ist es Sache des Unternehmers, mit diesen Fremdanliegern Vereinbarungen zu treffen, ob und ggf. in welchem Umfang sich diese an den Kosten der Erschließung beteiligen.[3482] Soweit die für das Vorhaben erforderlichen Erschließungsmaßnahmen zugleich auch Fremdanliegergrundstücken zugute kommen, kann der Investor auch die Kosten dieser Erschließung übernehmen. Dafür bietet § 124 BauGB eine entsprechende gesetzliche Grundlage. Die Erschließungsmaßnahmen sind einem bestimmten Vorhaben zugeordnet.[3483] Wenn zugleich Fremdgrundstücke erschlossen werden, ist dies für die Wirksamkeit der vertraglichen Regelungen unschädlich, solange die vereinbarten Maßnahmen angemessen sind.

1885 Die Übernahme der **Erschließung von Fremdgrundstücken** nach § 124 BauGB kann aber auch dann zulässig sein, wenn diese Maßnahmen sich nicht lediglich als Abfallprodukt der dem Vorhaben zugute kommenden Erschließungsmaßnahmen darstellen. Verträge zur Übernahme von Erschließungsmaßnahmen, die für das Vorhaben nicht erforderlich sind und ausschließlich Fremdanliegern zugute kommen, können nach § 124 BauGB dann übernommen werden, wenn die Regelungen angemessen sind und die Maßnahmen in sachlichem Zusammenhang mit der Erschließung stehen. So könnte es etwa sachgerecht und angemessen erscheinen, wenn ein Investor neben den unmittelbar für sein Vorhaben erforderlichen Erschließungsmaßnahmen auch die Erschließung einzelner Fremdgrundstücke übernimmt, weil eine einheitliche Durchführung der gesamten Baumaßnahme zweckmäßig ist und zwischen den einzelnen Maßnahmen ein sachlicher Zusammenhang besteht. Die Angemessenheit ist etwa dann gegeben, wenn durch die einheitliche Durchführung der Gesamtmaßnahme zugleich auch eine städtebauliche Aufwertung des Vorhabens und seiner Umgebung erfolgt. Auch kann der Gesichtspunkt einer schnelleren Abwicklung der Gesamtmaßnahme im Rahmen der Angemessenheitsprüfung eine Rolle spielen.

1886 **b) Heranziehung von Fremdanliegern.** Übernimmt der Investor Erschließungsmaßnahmen, die zugleich auch **Fremdanliegern** zugute kommen, so entsteht der Gemeinde allerdings kein Aufwand mit der Folge, dass eine Heranziehung von Fremdanliegern auf

---

[3480] *Stüer* DVBl. 1995, 649.
[3481] *BVerwG*, Urt. v. 9. 11. 1990 – 8 C 36.89 – BVerwGE 87, 77 = DVBl. 1991, 447; *OVG Münster*, B. v. 5. 3. 1998 – 3 B 961/96 – (unveröffentlicht) – Ablösevertrag; vgl. auch *OVG Saarlouis*, Urt. v. 12. 2. 1998 – 1 Q 67/97 – KStZ 1998, 138.
[3482] So *OVG Saarlouis*, Urt. v. 7. 11. 1988 – 1 R 322/87 – DÖV 1989, 861 – Erschließungsvertrag.
[3483] Zum Bestimmtheitsgrundsatz des § 56 VwVfG *BVerwG*, Urt. v. 15. 12. 1989 – 7 C 6.88 – BVerwGE 84, 236 = DVBl. 1990, 376 = *Hoppe/Stüer* RzB Rdn. 59 – gemeindlicher Immissionsschutz.

8. Teil. Planverwirklichungsinstrumente

gesetzlicher und satzungsrechtlicher Grundlage nicht möglich ist.[3484] Eventuell bereits erhobene Vorausleistungen hat die Gemeinde zu erstatten.[3485] Auch der übernehmende Investor hat keine gesetzliche Grundlage für eine Heranziehung von Fremdanliegern, die durch die von ihm durchgeführten Erschließungsmaßnahmen Vorteile erhalten.[3486] Fremdanlieger können daher in einem solchen Fall der vertraglichen Übernahme der Kosten durch einen Dritten Vorteile erhalten und gleichwohl einer Beitragspflicht nicht unterliegen.

Um eine Heranziehung von Fremdanliegern zu ermöglichen, könnte es sich daher empfehlen, die Erschließungsmaßnahmen, die zugleich Fremdanliegern zugute kommen, in der Hand der Gemeinde zu belassen und dieser so die Möglichkeit der Verteilung der Kosten auf die Beitragspflichtigen einzuräumen. Um dem gemeindlichen Interesse an einer Kostenfreistellung Rechnung zu tragen, könnte der Vorhabenträger sich verpflichten, die mit den Erschließungsmaßnahmen verbundenen Kosten vorzufinanzieren.[3487] Der **Vorfinanzierungsvertrag** wird, wenn der Investor zugleich auch die Bauarbeiten durchführt, als Werkvertrag mit Fälligkeitsabrede eingestuft.[3488] Die aufgewendeten Beträge könnten im Übrigen als Darlehen angesehen werden und als Ausfallbürgschaft,[3489] wenn die Erstattung durch den begünstigten Eigentümer von Fremdanliegergrundstücken ausfällt. So kann der **Bauträger** in einer vertraglichen Regelung mit der Gemeinde **einen Teil der Erschließungsanlagen** auf eigene Kosten herstellen und die entsprechenden Kosten beim Verkauf der einzelnen Bauplätze auf die Erwerber abwälzen. Die Gemeinde kann, nachdem sie die Erschließungsanlage insgesamt endgültig hergestellt hat, im Zuge der Beitragserhebung die dem Bauträger entstandenen Kosten dadurch zum Erschließungsaufwand übernehmen, dass sie anteilige Gutschriften auf die Beitragsschuld derjenigen vornimmt, die Bauplätze erworben haben. Ein derartiger Vorfinanzierungsvertrag mit Anrechnung ist erschließungsbeitragsrechtlich nicht zu beanstanden.[3490]

Hinweis: Hierzu sind verschiedene Modelle der Vorfinanzierung und Kostenerstattung denkbar: Eine solche vertragliche Regelung könnte etwa wie folgt gefasst sein: Die Erschließung des Baugebietes wird durch die Gemeinde durchgeführt. Die Gemeinde wird die danach umlagefähigen Kosten ggf. unter Abzug öffentlicher Zuschüsse nach Maßgabe des jeweiligen Satzungsrechts auf bundes- bzw. landesrechtlicher Grundlage von den Beitragspflichtigen und – so weit möglich – auch Vorausleistungen erheben. Die danach auf den Vorhabenträger für die Baugrundstücke im Satzungsgebiet entfallenden Kostenanteile der Erschließung werden unmittelbar von diesem getragen. Ebenso trägt der Vorhabenträger die Gemeindeanteile. Bis zur Entstehung der Beitragspflicht finanziert der Vorhabenträger auch diese anteiligen Kosten vor. So weit durch die Gemeinde Beiträge für Fremdanliegergrundstücke von beitragspflichtigen Dritten erhoben und bezahlt werden, werden die Zahlungen dem Vorhabenträger erstattet. Im Übrigen kann der Vorhabenträger von der Gemeinde nur die Abtretung der Ansprüche gegen die vorgenannten Dritten verlangen. Der Eigentümer übernimmt dabei die Vorfinanzierung der Erschließung seiner und ggf. anderer Grundstücke. Bei entsprechender vertraglicher Gestaltung könnte vielleicht sogar von der Möglichkeit der Fortfaitierung Gebrauch gemacht werden, umso die günstigeren Zinssätze für Kommunalkredite auch dem privaten Investor zugute kommen zu lassen. Entsprechende vertragliche Konstruktionen, bei denen der Investor die Ansprüche gegen die öffentliche Hand einredefrei an Banken abtritt, sind für die Privat-

---

[3484] *Löhr* in: Battis/Krautzberger/Löhr § 124 Rdn. 2; Ernst/Zinkahn/Bielenberg/Krautzberger Rdn. 11 zu § 124 BauGB.
[3485] *Lenz* KStZ 1983, 121.
[3486] *VGH Mannheim*, Urt. v. 5. 12. 1985 – 2 S 2833/83 – NJW 1986, 2452; *Driehaus* Erschließungs- und Ausbaubeiträge, Rdn. 149.
[3487] *BGH*, Urt. v. 29. 11. 1990 – III ZR 365/89 – BGHR BGB § 305 Risikoübernahme 1; *OVG Münster*, Urt. v. 25. 1. 1994 – 3 A 1721/89.
[3488] *Löhr* in: Battis/Krautzberger/Löhr § 124 Rdn. 2; *OVG Saarlouis*, Urt. v. 7. 11. 1988 – 1 R 322/87 – DÖV 1989, 861.
[3489] *OVG Münster*, Urt. v. 12. 7. 1988 – 3 A 1207/85 – KStZ 1989, 94 = StuGR 1989, 129 = ZMR 1989, 75 – Vertragserfüllungsbürgschaft.
[3490] *OVG Saarlouis*, Urt. v. 9. 2. 1998 – 1 W 29/97 – (unveröffentlicht) – Tilgungswirkung.

finanzierung des Verkehrswegebaus erstmalig in Rheinland-Pfalz entwickelt worden.[3491] Nach Abschluss der Erschließungsarbeiten erstattet die Gemeinde dem Eigentümer die vorfinanzierten Kosten, so weit sie nicht von ihm als Erschließungsbeitrag endgültig zu tragen sind. Die Gemeinde hat dann einen Aufwand, den sie auf die beitragspflichtigen Grundstücke nach Maßgabe des satzungsrechtlichen Beitragsrechts auf bundes- bzw. landesrechtlicher Grundlage umlegen kann. Zu dem beitragsfähigen Erschließungsaufwand i. S. des § 128 BauGB gehören dabei auch die Fremdfinanzierungskosten, namentlich auch in Gestalt von Zinsen auf von der Gemeinde für beitragsfähige Erschließungsanlagen eingesetztes Fremdkapital.[3492] Allerdings muss, wenn eine Heranziehung Dritter beabsichtigt ist, dafür Sorge getragen werden, dass der Vorfinanzierungsvertrag sich nicht in Wahrheit als volle Übernahme der Erschließung und der Erschließungskosten durch den Investor darstellt, so dass die Eigentümer von Fremdanliegergrundstücken mangels Aufwand der Gemeinde im Ergebnis doch nicht herangezogen werden können.[3493]

1888 c) **Bindung an den Bebauungsplan.** Die Herstellung der Erschließungsanlagen setzt nach § 125 I BauGB zwar grundsätzlich einen Bebauungsplan voraus. Liegt ein Bebauungsplan nicht vor, so dürfen diese Anlagen nur hergestellt werden, wenn sie den in § 1 IV bis VII BauGB bezeichneten Anforderungen entsprechen (§ 125 II BauGB). Bereits das BauROG 1998 hat mit dieser Erweiterung einen Beitrag zur Stärkung der kommunalen Planungshoheit leisten wollen. Die Regelung steht im Zusammenhang mit dem grundsätzlichen Wegfall des Anzeigeverfahrens für diejenigen Bebauungspläne, die aus dem Flächennutzungsplan entwickelt worden sind. Die im früheren § 125 II 3 BauGB genannten Prüfkriterien sollen nunmehr von den Gemeinden in eigener Verantwortung überprüft werden. Mit der Streichung kommt der Gemeinde eine höhere Verantwortung zu. Voraussetzung für eine rechtmäßig hergestellte Erschließungsanlage sind danach eine Anpassung an die Ziele der Raumordnung (§ 1 IV BauGB) sowie eine fehlerfreie Abwägung (§ 1 VII BauGB) der privaten und öffentlichen Belange (§ 1 V und VI BauGB). Wie diese Prüfung erfolgt, hat die Gemeinde selbst zu bestimmen. Es ist jedoch zweckmäßig, dass die Gemeinde die Prüfergebnisse schriftlich niederlegt. Erschließungsanlagen, die vor In-Kraft-Treten des BauROG 1998 ohne Zustimmung der höheren Verwaltungsbehörde hergestellt wurden, gelten insoweit als rechtmäßig hergestellt. Seit dem In-Kraft-Treten des BauROG 1998 ist eine Genehmigung nicht mehr erforderlich. Sollte die Genehmigung nach § 125 II BauGB a. F. die letzte fehlende Rechtmäßigkeitsvoraussetzung für die Erhebung von Erschließungsbeiträgen sein, beginnt mit diesem Zeitpunkt die Festsetzungsverjährung.[3494]

1889 Die Tatsache, dass der Dritte die Erschließung übernimmt, ändert freilich nichts daran, dass der **Gemeinde** nach § 123 I BauGB die **Erschließungspflicht** obliegt. Kommt es nicht zur Fertigstellung der privat getragenen Erschließungsmaßnahmen, beispielsweise infolge der Insolvenz des Unternehmers, ist die Gemeinde daher verpflichtet, die Erschließung zu Ende zu führen.[3495] Lässt sich die Gemeinde auf einen nicht finanzkräftigen oder unseriösen Unternehmer ein, kann darin ein erhebliches finanzielles Risiko liegen. Das BVerwG hat daher die Zulässigkeit von Erschließungsverträgen in der Vergangenheit eher restriktiv gehandhabt, um Gemeinden und Erschließungsbeitragspflichtige zu schützen.[3496]

[3491] *Bruns* bei *Stüer* DVBl. 1993, 1300.; *ders.* in Stüer (Hrsg.), Verfahrensbeschleunigung 1997, S. 35; s. auch Rdn. 3088.
[3492] *BVerwG*, Urt. v. 21. 6. 1974 – IV C 41.72 – BVerwGE 45, 215; Urt. v. 23. 8. 1990 – 8 C 4.89 – BVerwGE 85, 306; Urt. v. 29. 1. 1993 – 8 C 3.92 – Buchholz 406.11 § 128 BauGB Nr. 47 = ZMR 1993, 296 = KStZ 1993, 118; Urt. v. 26. 2. 1993 – 8 C 4.91 – Buchholz 406.11 § 133 BauGB Nr. 117 = NVwZ 1993, 1205 = BWGZ 1993, 331.
[3493] *OVG Saarlouis*, Urt. v. 9. 2. 1998 – 1 W 29/97 – (unveröffentlicht).
[3494] Fachkommission „Städtebau" der ARGEBAU, Muster-Einführungserlass zum BauROG, Nr. 12.
[3495] *Quaas* in: *Schrödter*, § 124 BauGB Rdn. 1.
[3496] *BVerwG*, Urt. v. 23. 8. 1991 – 8 C 61.90 – BVerwGE 89, 7 = DVBl. 1992, 372 = NJW 1992, 1642.

3. Vertrag zur Vorbereitung und Durchführung städtebaulicher Maßnahmen (Bauplanungsvertrag)

Eine **General- und Auffangbestimmung** der städtebaulichen Verträge, die auch für Erschließungsverträge nach § 124 BauGB ergänzend heranzuziehen ist, enthält § 11 BauGB. Nach § 11 I Nr. 1 BauGB kann die Gemeinde städtebauliche Verträge schließen. Die möglichen Vertragsgegenstände können sich aus allen Bereichen des Städtebaurechts ergeben. Keine Grundlage in § 11 BauGB finden Verträge außerhalb des Städtebaurechts oder Verträge, mit denen die Gemeinde ihre Entscheidungskompetenzen im Städtebau unzulässig aufgibt. § 11 I BauGB zählt ohne abschließenden Charakter drei Gruppen von städtebaulichen Verträgen auf: Die Vorbereitung und Durchführung städtebaulicher Maßnahmen durch den Vertragspartner auf eigene Kosten (§ 11 I 2 Nr. 1 BauGB), die Förderung und Sicherung der mit der Bauleitplanung verfolgten Ziele (§ 11 I 2 Nr. 2 BauGB) und die Übernahme von Kosten oder sonstigen Aufwendungen (§ 11 I 2 Nr. 3 BauGB). Gegenstand des städtebaulichen Vertrages kann insbesondere die Vorbereitung oder Durchführung städtebaulicher Maßnahmen durch den Vertragspartner auf eigene Kosten sein (§ 11 I 2 Nr. 1 BauGB). Dazu gehören auch die Neuordnung der Grundstücksverhältnisse, die Bodensanierung und sonstige vorbereitende Maßnahmen sowie die Ausarbeitung der städtebaulichen Planungen. Die Verantwortung der Gemeinde für das gesetzlich vorgesehene Planaufstellungsverfahren bleibt unberührt.

Der **Vertragspartner** kann der Gemeinde den Entwurf eines Bebauungsplans ausarbeiten, die planungsrechtlich erheblichen Belange nach § 1 V, VI BauGB ermitteln, einzelne Schritte des **Planaufstellungsverfahrens**, so zum Beispiel die Öffentlichkeitsbeteiligung vorbereiten und organisieren, Grundstücke erwerben und in ihrem Zuschnitt neu ordnen oder freilegt oder auch Altlasten ermitteln und entsorgen.[3497] Die Verantwortung der Gemeinde für das gesetzlich vorgeschriebene Planaufstellungsverfahren kann allerdings nicht übertragen werden (§ 11 I 2 Nr. 1 BauGB). Denn der Bebauungsplan beruht auf einer staatlichen Normsetzung, die nicht auf Private übertragbar ist.[3498] Die wesentlichen Verfahrensschritte wie der Aufstellungsbeschluss (§ 2 I 2 BauGB), die öffentliche Auslegung des Planentwurfes nach § 3 II 1 BauGB, die Abwägung der öffentlichen und privaten Belange nach § 1 VII BauGB und der Satzungsbeschluss nach § 10 I BauGB können daher nicht auf Private übertragen werden.[3499] Die Gemeinde muss die Letztverantwortung behalten. Dies ist für die öffentliche Akzeptanz des Bebauungsplan unverzichtbar. Denn trotz aller Kooperation mit Privaten muss die Interessenneutralität der Gemeinde gewahrt bleiben. Subjektive Abwägungssperren, die sich aus einer einseitigen vertraglichen Bindung oder auch aus faktischen Bindungen ergeben können, sind daher unzulässig. Vor allem darf nicht der Eindruck entstehen, dass der Bebauungsplan auf einer augenzwinkernden Absprache zwischen Investor und Gemeinde zulasten Dritter beruht.[3500]

a) Grundstücksneuordnung. Gegenstand des Vertrages kann nach § 11 I 2 Nr. 1 BauGB die Neuordnung der Grundstücksverhältnisse sein. Der Vertrag ersetzt dabei die Regelungen des gesetzlichen Umlegungsverfahrens bzw. der gesetzlichen vereinfachte Umlegung. Die vertragliche Regelung steht im Zusammenhang mit dem Ankauf der Grundstücke durch die Gemeinde oder den Dritten. Die Grundstücke werden dann nach Anweisung der Gemeinde so zugeschnitten, dass die entstehenden Grundstücke nach Lage, Form und Größe für die in Aussicht genommene Nutzung zweckmäßig sind. Außerdem ist im Umlegungsvertrag die Übertragung der für öffentliche Zwecke erforderlichen Flächen an die Gemeinde, die Verteilung der verbleibenden Flächen an die Teilnehmer

---

[3497] *Quaas* in: *Schrödter*, § 11 BauGB Rdn. 10 ff.; *Löhr* in: *Battis/Krautzberger/Löhr*, § 11 BauGB Rdn. 6 ff.
[3498] *Finkelnburg/Ortloff*, ÖffBauR, Bd. I, S. 174.
[3499] *Quaas* in: *Schrödter*, § 11 BauGB Rdn. 15; *Löhr* in: *Battis/Krautzberger/Löhr*, § 11 BauGB Rdn. 6; *Stüer*, Bau- und FachplanungsR, Rdn. 1136; *Oerder* BauR 1998, 22.
[3500] *Stüer* DVBl. 1995, 649; *Löhr* in: *Battis/Krautzberger/Löhr*, § 11 BauGB Rdn. 3.

des vertraglichen Umlegungsverfahrens und die Verteilung der Verfahrenskosten zu regeln. Die Grundstücksneuordnung auf der Basis eines städtebaulichen Vertrages wird allerdings nur dann gelingen, wenn die Grundstücke verfügbar sind, also die Grundstückseigentümer einer derartigen vertraglichen Regelung hinsichtlich des Eigentumserwerbs zustimmen.

1893 **b) Bodensanierung und sonstige vorbereitende Maßnahmen.** Der städtebauliche Vertrag kann auch die Bodensanierung und sonstige vorbereitende Maßnahmen regeln. Die Bodensanierung umfasst insbesondere die Gefahrenermittlung, Untersuchung und die Beseitigung von Bodenverunreinigungen, insbesondere von Altlasten. Zur Freilegung gehört der Abbruch baulicher Maßnahmen und die Entsiegelung.

1894 **c) Ausarbeitung städtebaulicher Planungen.** Der städtebauliche Vertrag kann auch die Ausarbeitung städtebaulicher Planungen betreffen. Hierzu zählt die Ausarbeitung von Flächennutzungsplänen und Bebauungsplänen sowie anderen städtebaulichen Satzungen, mit denen sich eine städtebauliche Planung verbindet. Auch Landschafts- und Grünordnungspläne oder ergänzende Gutachten wie Lärmschutzgutachten, Emissionsgutachten, Feststellung von Bodenverunreinigungen oder andere Fachgutachten können durch einen städtebaulichen Vertrag übertragen werden. Mit dem Vertrag geht nur die technische Erstellung der städtebaulichen Planungen auf den Vertragspartner über. Die städtebauliche Verantwortung bleibt weiter bei der Gemeinde. Dies gilt vor allem für die Zuständigkeit im Hinblick auf die gesetzlich vorgeschriebenen Verfahrensschritte städtebaulicher Planungen. Erforderlich sind weiterhin sämtliche nach dem BauGB und der GO notwendigen Beschlüsse, die Abwägung, insbesondere die Entscheidung über die vorgebrachten Stellungnahmen und die Behandlung der Stellungnahmen der Träger öffentlicher Belange sowie die Entscheidung über die Vorlage des Plans zur Genehmigung.[3501]

4. Vertrag zur Förderung und Sicherung der Planziele (Baurealisierungsvertrag)

1895 Der städtebauliche Vertrag kann sich nach **§ 11 I 2 Nr. 2 BauGB** auch auf die Förderung und Sicherung der mit der Bauleitplanung verfolgten Ziele, insbesondere die Grundstücksnutzung, die Durchführung des Ausgleichs nach § 1a III BauGB, die Deckung des Wohnbedarfs von Bevölkerungsgruppen mit besonderen Wohnraumversorgungsproblemen sowie des Wohnbedarfs der ortsansässigen Bevölkerung beziehen. Dabei kann die vertragliche Verpflichtung übernommen werden, einen Teil der neu zu errichtenden Wohnfläche als Sozialwohnungen zu gestalten.[3502] Auch städtebauliche Ziele, die nicht im Festsetzungskatalog des § 9 BauGB oder in der BauNVO enthalten sind, können in einem Vertrag festgelegt werden, etwa hinsichtlich der Nutzung und des Betrieb der Gebäude. Der Vertrag wird zumeist im Zusammenhang mit der Aufstellung eines Bebauungsplans nach § 30 BauGB oder einer Innenbereichssatzung nach § 34 IV BauGB sein. Er setzt zudem voraus, dass noch kein Rechtsanspruch auf die im Bebauungsplan ausgewiesene Bebauung besteht. Denn die Vereinbarung einer vom Vertragspartner zu erbringenden Leistung ist unzulässig, wenn er auch ohne seine Leistung einen Bauanspruch hätte (§ 11 II 2 BauGB).

1896 **a) Verpflichtung zur Vorhabendurchführung.** Der städtebauliche Vertrag kann sich auf die Sicherung der Grundstücksnutzung beziehen. Dazu gehört insbesondere die Verpflichtung des Vorhabenträgers, das im Vertrag beschriebene Vorhaben innerhalb einer bestimmten Zeit zu errichten und einer entsprechenden Nutzung zuzuführen. Hierfür kann es verschiedene Gründe geben. Die städtebaulichen Planungen sind auf Realisierung ausgerichtet. Als planerisches Ziel kommt etwa die Schaffung von Wohnraum und gewerblichen Arbeitsplätzen oder die Auslastung von in der Gemeinde vorhandenen Einrichtungen der Infrastruktur in Betracht. Die zeitlichen Verpflichtungen sollten dabei ggf.

[3501] Fachkommission „Städtebau" der ARGEBAU, Muster-Einführungserlass zum BauROG, S. 57.
[3502] *Quaas* in: *Schrödter*, § 11 BauGB Rdn. 20; *Löhr* in: *Battis/Krautzberger/Löhr*, § 11 BauGB Rdn. 13.

8. Teil. Planverwirklichungsinstrumente

in Einzelfristen aufgeteilt werden, die z. B. den Bauantrag, den Beginn der Arbeiten nach Erteilung der Baugenehmigung, den Abschluss der Rohbauarbeiten, die Bezugsfertigkeit und die Nutzung betreffen. Die Durchsetzung der Verpflichtungen kann ggf. durch eine angemessene Vertragsstrafe gesichert werden. Auch ist es vom Ansatz her zulässig, zu Gunsten der Gemeinde ein dinglich gesichertes Ankaufsrecht vorzusehen. Die Verpflichtungen können sich aber auch auf eine Befristung oder eine Bedingung für die Grundstücksnutzung beziehen. Hierdurch soll die Schaffung von bedingtem oder befristetem Baurecht geschaffen werden. Derartige Regelungen stehen allerdings unter dem Vorbehalt der Angemessenheit (§ 11 II 1 BauGB). Vertragliche Regelungen, die sich vor allem vor dem Hintergrund der Eigentumsgarantie und dem Abwägungsgebot nicht als angemessen erweisen, dürfen auch nicht in einem Durchführungsvertrag vereinbart werden. Dies stellt die Prüfung derartiger Verträge vor erhöhte Anforderungen. Die Beschränkung von Baurechten etwa, die sich aus wirtschaftlicher Sicht als offensichtlich untragbar und deshalb nicht als angemessen erweist, führt zur Unwirksamkeit derartiger Regelungen und kann im Ergebnis das gesamte vertragliche Regelwerk in eine Schieflage bringen.

b) Bevölkerungsgruppen mit besonderen Wohnraumversorgungsproblemen. Der städtebauliche Vertrag kann die Verpflichtung des Vertragspartners beinhalten, Mittel des sozialen Wohnungsbaus zu beantragen und auf bestimmten Flächen für Sozialwohnungen mit den entsprechenden Mietpreisbindungen einzusetzen. Dabei kann sich die Verpflichtung auch auf die Errichtung familiengerechter oder altengerechter Wohnungen sowie auf Wohnungen für Studenten oder betreutes Wohnen beziehen.

c) Deckung des Wohnbedarfs der ortsansässigen Bevölkerung. Der städtebauliche Vertrag kann auch Regelungen über die Deckung des Wohnbedarfs der ortsansässigen Bevölkerung enthalten. Dies wird vor allem in Großstädten und Fremdenverkehrsgemeinden in Betracht kommen, in denen eine Nachfrage gerade von Auswärtigen nach Wohnraum besteht. Die Gemeinden können daher durch vertragliche Regelungen ein sog. „Einheimischenmodell" verwirklichen. Ziel des Vertrages ist es, dass der Vertragspartner nur an Einheimische veräußert. Geschieht dies nicht, kann sich die Gemeinde ein Ankaufsrecht vorbehalten und grundbuchlich sichern lassen. Die Gemeinde kann dabei die Grundstücke durch Vertrag von dem Eigentümer erwerben und sie sodann an Einheimische weiterveräußern. Es kann aber auch in einem städtebaulichen Vertrag vereinbart werden, dass der Eigentümer die Grundstücke unmittelbar an Einheimische zu einem bestimmten Kaufpreis veräußert.[3503]

Für diese **„Einheimischenmodelle"** sind verschiedene Formen entwickelt worden: Das **„Weilheimer Einheimischenmodell"** beinhaltet einen städtebaulichen Vertrag, der vor Aufstellung des Bebauungsplans mit dem Grundstückseigentümer geschlossen wird. Die Gemeinde macht die Aufstellung des Bebauungsplans davon abhängig, dass der Grundstückseigentümer der Gemeinde ein auf 10 Jahre befristetes, notariell beurkundetes Kaufangebot macht. Das Kaufangebot wird durch eine Auflassungsvormerkung gesichert. Die Gemeinde darf das Kaufangebot nur annehmen, wenn der Eigentümer das Grundstück über den vereinbarten Kaufpreis oder an einen Auswärtigen veräußert. Beim **„Traunsteiner-Einheimischenmodell"** verpflichtet sich der Grundstückseigentümer, die Grundstücke nur mit Zustimmung der Gemeinde zu veräußern. Die gemeindliche Zustimmung ist zu erteilen, wenn das Grundstück an Einheimische zu einem limitierten Preis veräußert wird. Die Vereinbarung wird durch ein preislimitiertes Vorkaufsrecht zu Gunsten der Gemeinde dinglich gesichert. Beim **Echinger Modell** wird die Baulandausweisung von einem vorherigen Verkauf der Grundstücke an die Gemeinde oder an einen von der Gemeinde benannten Dritten abhängig gemacht. Die Gemeinde bestätigt dem Grundstückseigentümer in dem Vertrag die Absicht, einen Bebauungsplan aufzustellen. Der Grundstückseigentümer hat ein Rücktrittsrecht vom Vertrag, wenn nicht innerhalb

---

[3503] Derartige Vertragsmodelle verstoßen nicht gegen das Koppelungsverbot, *BGH*, Urt. v. 2. 10. 1998 – V ZR 45/98 – NJW 1999, 208 = DVBl. 1999, 233.

eines Zeitraums von fünf Jahren kein rechtsverbindlicher Bebauungsplan aufgestellt sein sollte. Der Eigentümer tritt etwa 20 % seiner Grundstücksflächen für öffentliche Zwecke (Straßen, Wege, Plätze, Lärmschutzreinrichtungen oder Straßenbegrünung) ab. Weitere Flächen werden an die Gemeinde zur Deckung des örtlichen Bedarfs abgetreten. Hiefür wird ein Kaufpreis auf der Basis von Straßenland oder Bauerwartungsland vereinbart. Der Kaufpreis wird nach Rechtsverbindlichkeit des Bebauungsplans oder mit Eintritt der Planreife[3504] zur Zahlung fällig. Die Gemeinde vergibt die Grundstücke nach einer von ihr erarbeiteten Kriterienliste. Die Vergabe erfolgt nach einem Punktesystem, bei dem die Dauer des Wohnsitzes und/oder des Arbeitsplatzes, die familiäre Situation, die wirtschaftlichen Verhältnisse und das Vorhandensein von Immobilienvermögen eine Rolle spielen. Beim **Forchheimer Modell** veräußert der Grundstückseigentümer einen Miteigentumsanteil von 45 % seiner Grundstücksflächen an die Gemeinde. Durch die Veräußerung des Miteigentumsanteils können die Kosten der Vermessung von Teilflächen gespart werden. Die bei der Gemeinde verfügbaren Grundstücke werden für die Bereitstellung der öffentlichen Verkehrs- und Grünflächen sowie für die Bereitstellung von preiswerten Baugrundstücken verwendet. Die Neuordnung der Grundstücke erfolgt in einem Umlegungsverfahren. Die Grundstückseigentümer sind berechtigt, vom Kaufvertrag zurückzutreten, wenn innerhalb von 10 Jahren nach Vertragsschluss keine Planreife eintritt. Die Modelle dürfen nach Auffassung des *BVerwG* allerdings nicht dazu führen, Auswärtige generell auszuschließen. Es müssen daher auch für Auswärtige Baugrundstücke zur Verfügung stehen.[3505] Beim **Pfaffenhofener Modell** erwirbt die Gemeinde von dem Grundstückseigentümer ein Drittel seiner Flächen und bringt sie in die von der Stadt gegründete Wohnungsbaugesellschaft ein. Der Grundstückspreis liegt im unteren Bereich des tatsächlichen Wertes. Die Vergabe der Grundstücke erfolgt auch hier nach einem Punktesystem zu einem Preis, der an der unteren Grenze des Verkehrswertes liegt. Mit den Erwerbsflächen nimmt die Gemeinde an dem Umlegungsverfahren teil. Der spätere Verkauf sieht eine Bau- und Selbstnutzerverpflichtung vor. Bei Verstößen wird ein Wiederkaufrecht vorbehalten.

1900 Die Gemeinde kann daher **über das Instrument der städtebaulichen Festsetzungen hinaus** Möglichkeiten der vertraglichen Gestaltung nutzen. Allerdings müssen die vertraglichen Regelungen durch städtebauliche Gründe gerechtfertigt sein. Einheimischenmodelle sind daher nur dann gerechtfertigt, wenn sie eine Benachteiligung der Einheimischen bei der Versorgung mit Bauland beheben sollen. Es wäre nicht durch kommunale Aufgaben gerechtfertigt, die Einheimischen ganz einseitig zu bevorzugen und ihnen allein den Erwerb von Grundstücken im Gemeindegebiet zu ermöglichen. Vertragliche Regelungen müssen vor allem angemessen sein. Auch dürfen die vertraglichen Regelungen nicht unzulässig den gemeindlichen Planungsraum einschränken. Denn eine solche subjektive Abwägungssperre würde das Planungsgeschehen einseitig und unzulässig binden und vor allem eine auch die Interessen anderer Planbetroffener einbeziehende Abwägung nicht ermöglichen.[3506] Veräußert eine Gemeinde im Rahmen eines Einheimischenmodells Bauland für die Hälfte des Grundstücksverkehrswertes, benachteiligt eine formularmäßige Vertragsstrafenregelung für den Fall des Verstoßes gegen die Verpflichtung zur Eigennutzung den Erwerber nicht unangemessen.[3507]

1901 Einheimischenmodelle sind auch zur Förderung des örtlichen **Gewerbes** zulässig. Zur Durchsetzung des mit dem Einheimischenmodell verfolgten Zwecks sind allerdings nur solche vertraglichen Bindungen gerechtfertigt, die den Erwerber an der vorzeitigen Ab-

---

[3504] Zur Planreife s. Rdn. 2315.
[3505] *BVerwG*, Urt. v. 11. 2. 1993 – 4 C 18.91 – BVerwGE 92, 56 = *Hoppe/Stüer* RzB Rdn. 156 – Weilheimer Einheimischenmodell; *VG München*, Urt. v. 18. 11. 1997 – M 1 K 96.5647 – NJW 1998, 2070 – Einheimischenmodell.
[3506] *VG München*, Urt. v. 18. 11. 1997 – M 1 K 96.5647 – NJW 1998, 2070 – Einheimischenmodell.
[3507] *OLG Celle*, Urt. v. 13. 2. 1998 – 4 U 87/97 – DNotI-Report 1999, 79.

schöpfung des Planungsgewinns hindern und die Durchführung des Einheimischenmodells sichern. Sie sind aber nicht mehr gerechtfertigt und damit ungültig, wenn sie zur Durchsetzung des genannten Ziels nicht angemessen sind und den Erwerber unverhältnismäßig belasten.[3508] Eine Gemeinde darf nach Auffassung des *OVG Lüneburg* die Berücksichtigung des Wunsches des Eigentümers, für sein Grundstück allgemeines Wohngebiet festgesetzt zu erhalten, bei der Abwägungsentscheidung jedenfalls dann nicht von der Abtretung von über der Hälfte der bislang unbebauten Flächen abhängig machen, wenn dieses Grundstück überplant ist. Das gilt auch dann, wenn die Gemeinde diese Flächen zu einem marktgerechten Preis übernehmen und zur Bildung von Wohneigentum an einkommensschwächere Bevölkerungskreise abgeben will.[3509]

d) Naturschutzrechtliche Ausgleichsmaßnahmen. Gegenstand des städtebaulichen Vertrages können Ausgleichsmaßnahmen für naturschutzrechtliche Eingriffe sein, die im Zusammenhang mit der Bauleitplanung stehen. Nach § 135 a II BauGB soll die Gemeinde bei Ausgleichsmaßnahmen, die an anderer Stelle den Grundstücken zugeordnet sind, die Maßnahmen anstelle und auf Kosten der Vorhabenträger oder der Eigentümer der Grundstücke durchführen, sofern dies nicht auf andere Weise gesichert ist. Zu dieser Vorbehaltsklausel in § 135 a II 1 BauGB gehört auch der städtebauliche Vertrag, der die entsprechenden Regelungen hinsichtlich der Ausgleichsmaßnahmen enthalten kann. Der Vorhabenträger kann sich daher in einem städtebaulichen Vertrag verpflichten, die im Rahmen der Bauleitplanung aufgrund einer Abwägung nach § 1a BauGB erforderlichen Ausgleichsmaßnahmen durchzuführen. So könnte sich etwa der Investor eines durch Bebauungsplan ausgewiesenen Vorhabens in einem städtebaulichen Vertrag zur Durchführung der erforderlichen naturschutzrechtlichen Maßnahmen verpflichten und eine zeitnahe Ausführung zusichern. Die Sicherung bestimmter Verpflichtungen durch zusätzliche Eintragung einer Baulast hat dabei den Vorteil, dass sie nach Maßgabe des jeweiligen Landesrechts auch in der Zwangsversteigerung nicht untergeht.[3510]

Nach **§ 135 a II 2 BauGB** können Ausgleichsmaßnahmen schon vor Beginn der Bauarbeiten und vor Zuordnung der Ausgleichsflächen zu den Eingriffsflächen durchgeführt werden. Die Gemeinde kann daher auch ggf. auf frühere Maßnahmen zurückgreifen und erforderliche Ausgleichsmaßnahmen aus einem **Ökokonto** bestreiten. Dabei können von dem Vorhabenträger auch Kosten übernommen werden, die der Gemeinde bereits entstanden sind (§ 11 I 2 Nr. 3 BauGB). Einer vertraglichen Vereinbarung bedarf es auch, wenn Ausgleichsflächen in anderen Gemeinden in Anspruch genommen werden sollen.

e) Sonstige Vereinbarungen zur Zielsicherung. Neben den vorgenannten Gegenständen kann sich der städtebauliche Vertrag auch auf die Förderung und Sicherung anderer mit der Bauleitplanung verfolgten Ziele beziehen. Regelungsgegenstände können etwa Maßnahmen sein, die nicht durch Festsetzungen gesichert werden können und die sich daher einem qualifizierten Bebauungsplan entziehen. So kann etwa festgelegt werden, dass der Vorhabenträger über die Festsetzungsmöglichkeiten in § 9 BauGB und der BauNVO hinaus Verpflichtungen etwa zur Nutzung oder zum Betrieb bestimmter Einrichtungen übernimmt. Das gilt auch etwa für sonst nicht festsetzbare Nutzungseinschränkungen etwa einer sportlichen Anlage. Die Vereinbarungen können sich auch auf gestalterische Regelungen oder die Abstimmung des Baugeschehens mit einem im Einvernehmen mit der Gemeinde zu erstellenden Architektenentwurf beziehen.

5. Vertrag zur Übernahme von Aufwendungen (Folgekostenvertrag)

Nach **§ 11 I 2 Nr. 3 BauGB** kann sich der städtebauliche Vertrag auch auf die Übernahme von Kosten oder sonstigen Aufwendungen, die der Gemeinde für städtebauliche

---

[3508] *VGH München*, Urt. v. 22. 12. 1998 – 1 B 94.3288 – BayVBl. 1999, 399 = GewArch. 1999, 302.
[3509] *OVG Lüneburg*, Urt. v. 21. 7. 1999 – 1 K 4974/97 – NVwZ-RR 2000, 201.
[3510] *BVerwG*, B. v. 29. 10. 1992 – 4 B 218.92 – DVBl. 1993, 114 = NJW 1993, 480.

Maßnahmen entstehen oder entstanden sind und die Voraussetzung oder Folge des geplanten Vorhabens sind, beziehen. So können beispielsweise die Kosten für Kindergärten, Krankenhäuser, Schulen, Kläranlagen oder Freizeitflächen übertragen werden.[3511] Die Kostenübernahme kann auch durch die Bereitstellung von Grundstücken erfolgen. Auch bereits vor Abschluss des Vertrages entstandene Kosten dürfen dabei auf den Investor abgewälzt werden. Voraussetzung dafür ist jedoch, dass ein ursächlicher Zusammenhang zwischen dem Projekt und den Kosten besteht. Dazu gehört auch die Bereitstellung von Grundstücken. Hierunter fallen alle Aufwendungen, die im Zusammenhang mit der Durchführung städtebaulicher Vorhaben stehen.

1906 In Ergänzung zu den Erschließungsverträgen gibt § 11 I 2 Nr. 3 BauGB daher auch die Rechtsgrundlage für den Folgekostenvertrag, der sich auf die Übernahme von Infrastrukturkosten bezieht.[3512] Es zählen dazu Kosten und sonstige Aufwendungen, die der Gemeinde für städtebauliche Planungen, andere städtebauliche Maßnahmen sowie Anlagen und Einrichtungen entstehen, die der Allgemeinheit dienen. Dazu gehört auch die Bereitstellung von Grundstücken. Die städtebaulichen Maßnahmen, Anlagen und Einrichtungen können auch außerhalb des Gebietes liegen.

1907 Zu den Gegenständen derartiger Verträge rechnen vor allem **Infrastrukturmaßnahmen** wie etwa Schulen,[3513] Kindergärten, Feuerwehrgerätehaus, Kläranlagen[3514] oder andere kommunale Einrichtungen und Maßnahmen, die im Zusammenhang mit dem Bauvorhaben stehen. Die Kosten und Aufwendungen sowie die Planungen, städtebaulichen Maßnahmen, Anlagen und Einrichtungen müssen allerdings Voraussetzung oder Folge des vom Bauwilligen geplanten Vorhabens sein. Es muss daher ein direkter Zusammenhang zwischen dem Bauvorhaben und den Aufwendungen oder Maßnahmen bestehen. Unzulässig wäre eine Übernahme von Kosten, die nicht durch das Vorhaben ausgelöst werden.[3515] Eine allgemeine Wertabschöpfung der durch die Planung erlangten Vorteile und Gewinne findet daher in § 11 BauGB keine Grundlage.[3516] Für solche Folgekostenverträge gilt das **Koppelungsverbot** mit dem Inhalt, dass hoheitliche Entscheidungen in der Regel nicht von zusätzlichen wirtschaftlichen Geldleistungen abhängig gemacht werden dürfen.[3517]

1908 Aus dem Kausalitätserfordernis für den Folgekostenvertrag in § 11 I 2 Nr. 3 BauGB ist zudem abzuleiten, dass nur Kostenerstattungen für solche städtebauliche Maßnahmen vereinbart werden dürfen, die Voraussetzung oder Folge des vom Investor gewünschten Vorhabens sind. Auch bereits entstandene Folgekosten fallen darunter. Allerdings dürfen dem Eigentümer oder Investor keine Kosten auferlegt werden, die nicht im Zusammen-

---

[3511] *Quaas* in: *Schröder,* § 11 BauGB Rdn. 26.

[3512] Zu Folgekostenverträgen *BVerwG,* Urt. v. 6. 7. 1973 – IV C 22.72 – BVerwGE 42, 331 – Erschließungsbeitrag; B. v. 19. 1. 1981 – 8 B 6.81 – Buchholz 406.11 § 123 Nr. 19 – Finanzierung; B. v. 24. 2. 1994 – 4 B 40.94 – BBauBl. 1994, 490 = ZfBR 1994, 232 – Messegebäude; *OVG Lüneburg,* Urt. v. 26. 2. 1976 – VI A 199/75 – DÖV 1977, 208 – abstraktes Schuldversprechen; *BGH,* Urt. v. 8. 6. 1978 – III ZR 48/76 – BGHZ 71, 386 = DVBl. 1978, 798 = BauR 1978, 368 – Folgelastenvertrag; Urt. v. 3. 10. 1985 – III ZR 60/84 – DVBl. 1986, 409 = NJW 1986, 1109; Urt. v. 13. 6. 1991 – III ZR 143/90 – BayVBl. 1991, 700 = BRS 53 (1991), Nr. 70.

[3513] *OVG Münster,* Urt. v. 6. 10. 1977 – III A 793/75 – OVGE 33, 147 = DVBl. 1978, 305 = NJW 1978, 1542 – Schulbaukostenbeiträge.

[3514] Zu Folgekostenverträgen über einen Abwasserkanal *VGH München,* Urt. v. 25. 11. 1981 – 183 IV 78 – DVBl. 1982, 906 = BayVBl. 1982, 177.

[3515] *BVerwG,* Urt. v. 14. 8. 1992 – 8 C 19.90 – BVerwGE 90, 310 = DVBl. 1993, 263 = NJW 1993, 1810 – Folgekostenbeitrag.

[3516] *BVerwG,* B. v. 24. 11. 1980 – 4 B 140.80 – NJW 1981, 1747 = DÖV 1981, 269 = VR 1981, 367 – Folgekostenvertrag.

[3517] *BVerwG,* Urt. v. 6. 7. 1973 – IV C 22.72 – BVerwGE 42, 331 – Folgekostenvertrag; *OVG Koblenz,* Urt. v. 28. 11. 1992 – 1 A 10312/89 – BauR 1992, 479 – Geldleistung: Eine Gemeinde darf sich für die Erteilung des gemeindlichen Einvernehmens keine finanziellen Gegenleistungen versprechen lassen.

hang mit seinem Vorhaben stehen, sondern durch ganz andere Maßnahmen veranlasst werden. Dies gilt für Planungen ebenso wie für Infrastruktureinrichtungen, die nicht durch das Vorhaben veranlasst sind. Die Übernahme von derartigen Kosten ist allerdings dann zulässig, wenn sie im Zusammenhang mit dem Vorhaben stehen und das Vorhaben etwa ohne diese Kosten nicht durchgeführt werden könnte. Dies gilt etwa für übergreifende Planungen, die ohne das Vorhaben nicht erforderlich gewesen wären.

6. Vertrag zur Nutzung erneuerbarer Energien

Der Vertrag kann nach § 11 I Nr. 4 BauGB entsprechend den mit den städtebaulichen Planungen und Maßnahmen verfolgten Zielen und Zwecken auch die Nutzung von Netzen und Anlagen der Kraft-Wärme-Kopplung sowie von Solaranlagen für die Wärme-, Kälte- und Elektrizitätsversorgung betreffen. Die Vorschrift hat klarstellenden Charakter.

7. Nicht typisierte Verträge

Nach § 11 IV BauGB bleibt die Zulässigkeit anderer städtebaulicher Verträge unberührt. So sind im BauGB verschiedene weitere städtebauliche Verträge angesprochen:
– **§ 12 I 1 BauGB:** Der Durchführungsvertrag zum vorhabenbezogenen Bebauungsplan. Ein Erschließungsunternehmer stimmt mit der Gemeinde einen Vorhaben- und Erschließungsplan ab. In einem Durchführungsvertrag verpflichtet er sich zur Durchführung der ihm obliegenden Planungs- und Erschließungsmaßnahmen innerhalb einer bestimmten Frist[3518] sowie zur vollständigen oder teilweisen Kostentragung. Der Durchführungsvertrag muss nach § 12 I 1 a. E. BauGB vor dem Satzungsbeschluss nach § 10 I BauGB abgeschlossen werden.[3519] Ziel dieser Regelung ist es, die ordnungsgemäße Abwägung nach § 1 VII BauGB sicherzustellen.[3520]
– **§ 154 III 2 BauGB:** Die Ablösungsvereinbarung über Ausgleichsbeträge für Sanierungsverfahren.
– **§ 157 BauGB:** Die Durchführung von Sanierungsmaßnahmen durch einen Sanierungsträger.
– **§ 166 III 3 Nr. 2 BauGB:** Die Verpflichtung, ein Grundstück entsprechend einer städtebaulichen Entwicklungsmaßnahme zu nutzen, um den Erwerb durch die Gemeinde abzuwenden.
– **§ 167 BauGB:** Die Durchführung von Entwicklungsmaßnahmen durch einen Entwicklungsträger.

Daneben steht es der Gemeinde frei, **weitere städtebauliche Verträge** abzuschließen, so weit dem nicht zwingende gesetzliche Bestimmungen entgegenstehen. § 11 IV BauGB hat insofern die Bedeutung einer allgemeinen Öffnungsklausel.[3521]

8. Rechtsnatur des Vertrages

Der städtebauliche Vertrag ist nicht notwendigerweise ein **öffentlich-rechtlicher Vertrag**. Vielmehr können städtebauliche Ziele auch in der Rechtsform des **privatrechtlichen Vertrages** verfolgt werden.[3522] Ob ein Vertrag dem öffentlichen oder dem privaten Recht zuzuordnen ist, entscheidet nach § 40 I 1 VwGO darüber, ob im Streitfall der Verwal-

---

[3518] Die Frist kann im Einvernehmen mit der Gemeinde verlängert werden *Quaas* in: *Schrödter*, § 12 BauGB Rdn. 27.
[3519] Dies wurde teilweise früher nicht für erforderlich gehalten *VGH Mannheim*, B. v. 25. 11. 1996 – 8 S 1151/96 – DVBl. 1997, 841 = ZfBR 1997, 162, a. A. *OVG Bautzen*, Urt. v. 8. 12. 1993 – 1 S 81/93 – LKV 1995, 84; *OVG Bautzen*, Urt. v. 14. 7. 1994 – 1 S 142/93 – NVwZ 1995, 181 = BRS 56, Nr. 244.
[3520] *Quaas* in: *Schrödter*, § 12 BauGB Rdn. 24.
[3521] *Finkelnburg/Ortloff*, ÖffBauR, Bd. I, S. 176.
[3522] *BVerwG*, Urt. v. 11. 2. 1993 – 4 C 18.91 – BVerwGE 92, 56 = DVBl. 1993, 654 = NJW 1993, 2695; *BGH*, Urt. v. 2. 10. 1998 – V ZR 45/98 – NJW 1999, 208 = DVBl. 1999, 233.

tungs- oder der Zivilrechtsweg eröffnet ist. Bei Verträgen ist grundsätzlich anhand objektiver Kriterien zu entscheiden, ob der Vertragsgegenstand dem öffentlichen oder dem Privatrecht zuzuordnen ist. Dabei ist sowohl der Zweck des Vertrages als auch der jeweilige Sachzusammenhang zu berücksichtigen.[3523]

1913 Die Einordnung städtebaulicher Verträge anhand dieser Kriterien wirft oft erhebliche **Probleme** auf. Zwar fällt es nicht schwer, den Erschließungsvertrag nach § 124 BauGB als öffentlich-rechtlich einzustufen, wird doch mit ihm die Ausführung der nach § 123 BauGB der Gemeinde obliegenden Erschließung auf einen Privaten geregelt. Die in § 11 BauGB aufgezählten Vertragstypen sind dem öffentlichen Recht zuzuordnen, wenn der gemeinsame städtebauliche Zwecke im Vordergrund steht, so beim Folgekostenvertrag oder bei der privaten Umlegung von Grundstücken.[3524] Doch wie steht es beispielsweise mit den Verträgen, die Gemeinden im Rahmen der Einheimischenmodelle abschließen? Vordergründig handelt es sich um die Abgabe eines Angebotes auf Abschluss eines Grundstückskaufvertrages, welches unter einer Bedingung steht. Der Vertragsinhalt selbst ist also rein zivilrechtlich. Andererseits verfolgt die Gemeinde mit ihm jedoch ein städtebauliches Ziel. Hier ist die Motivation nicht ausreichend, dem Vertrag ein öffentlich-rechtliches Gepräge zu geben.[3525] Vielmehr sind die im Vertrag geregelten gegenseitigen Pflichten entscheidend. Betreffen sie allein zivilrechtliche Gegenstände, ist auch der Vertrag als ganzer dem Privatrecht zuzuordnen, auch wenn öffentlich-rechtliche Ziele mit ihm verfolgt werden. Werden dagegen etwa im Bereich der Erschließung oder Planvorbereitung Aufgaben übertragen, die traditionell bei der Gemeinde liegen, ist der Vertrag öffentlich-rechtlicher Natur.[3526]

1914 Die Rechtsnatur des städtebaulichen Vertrages ist zwar für die Bestimmung des **Rechtsweges** von Bedeutung, nicht aber für die Frage der **materiellrechtlichen Zulässigkeit**.[3527] Auch ein privatrechtlicher städtebaulicher Vertrag muss sich etwa über § 134 BGB an den Anforderungen des BauGB messen lassen. Ein gesetzliches Verbot in diesem Sinne kann sich auch aus dem Gesamtinhalt des BauGB nach dessen Sinn, Zweck und Systematik ergeben.[3528] Auch die übrigen Grundsätze, die für öffentlich-rechtliche Verträge maßgebend sind, so das Koppelungsverbot (§ 59 II Nr. 4 VwVfG), fließen über die zivilrechtlichen Generalklauseln wie § 138 BGB in die Beurteilung eines privatrechtlichen städtebaulichen Vertrages ein.[3529] Der städtebauliche Vertrag kann auch gemischter Natur sein, der Elemente des öffentlichen Rechts und des Zivilrechts vereint.[3530]

9. Formvorschriften

1915 Nach den §§ 11 III, 124 IV BauGB sind städtebauliche Verträge schriftlich abzuschließen, soweit nicht durch Rechtsvorschrift eine andere Form vorgeschrieben ist. Dies wird in aller Regel **§ 311b BGB** sein, wonach ein Vertrag, durch den sich der eine Teil verpflichtet, das Eigentum an einem Grundstück zu übertragen oder zu erwerben, der notariellen Beurkundung bedarf. Diese Formvorschrift ist nach § 62 S. 2 VwVfG auch auf öffentlich-rechtliche Verträge anwendbar. Sie erlangt erhebliche Bedeutung nicht nur im

---

[3523] *GmS-OGB*, B. v. 10. 4. 1986 – GmS-OGB 1/85 – BVerwGE 74, 368, 370 = BGHZ 97, 312 = NJW 1986, 2359; *Maurer*, Allg VerwR, § 14, Rdn. 10f.

[3524] *Oerder* BauR 1998, 22.

[3525] *BVerwG*, Urt. v. 11. 2. 1993 – 4 C 18.91 – BVerwGE 92, 56 = DVBl. 1993, 654 = NJW 1993, 2695.

[3526] *Hien* FS Schlichter, S. 140.

[3527] *Krautzberger* in: Ernst/Zinkahn/Bielenberg/Krautzberger, § 11 BauGB Rdn. 189; *Hien* FS Schlichter, S. 141.

[3528] *BVerwG*, Urt. v. 11. 2. 1993 – 4 C 18.91 – BVerwGE 92, 56 = DVBl. 1993, 654 = NJW 1993, 2695.

[3529] *BVerwG*, Urt. v. 11. 2. 1993 – 4 C 18.91 – BVerwGE 92, 56 = DVBl. 1993, 654 = NJW 1993, 2695.

[3530] *BVerwG*, Urt. v. 1. 2. 1980 – 4 C 40.77 – NJW 1980, 2538 = BRS 36, Nr. 30; *BVerwG*, B. v. 24. 2. 1994 – 4 B 40.94 – BBauBl. 1994, 490 = UPR 1994, 232 = NVwZ 1994, 1012.

8. Teil. Planverwirklichungsinstrumente

Zusammenhang mit den Einheimischenmodellen, sondern auch vielfach bei Erschließungsverträgen, in denen sich der Investor verpflichtet, die Grundstücke mit den fertig gestellten Erschließungsanlagen auf die Gemeinde zu übertragen. Im Übrigen sind die Anforderungen des jeweiligen Kommunalrechts vor allem an die Zeichnungsberechtigung und an die zusätzlichen Wirksamkeitsanforderungen wie etwa zwei Unterschriften und Beifügung eines Dienstsiegels zu beachten.

10. Anwendbare Vorschriften

Auf öffentlich-rechtliche städtebauliche Verträge sind subsidiär die **§§ 54 ff. VwVfG** anzuwenden.[3531] Umstritten ist in diesem Zusammenhang, ob es sich beim städtebaulichen Vertrag um einen koordinationsrechtlichen Vertrag zwischen gleichgeordneten Rechtssubjekten oder um einen subordinationsrechtlichen Vertrag nach § 54 S. 2 VwVfG handelt.[3532] Für subordinationsrechtliche Verträge gelten die Vorschriften der §§ 55 (Vergleichsvertrag), 56 (Koppelungsverbot, Angemessenheit und Vertragsverbot bei Anspruch auf die Leistung der Behörde), 59 II (Nichtigkeitsvoraussetzungen) und 61 VwVfG (Unterwerfung unter die sofortige Vollstreckung). Die praktische Relevanz dieser Frage ist allerdings gering, da die Regelungen der §§ 56, 59 VwVfG auch in den §§ 11, 124 BauGB enthalten sind.

Subsidiär sind auf den öffentlich-rechtlichen Vertrag nach § 62 **VwVfG** die Vorschriften des **BGB** anzuwenden. Die besondere Bedeutung liegt in den Vorschriften über die Schlecht- und Nichterfüllung von Verträgen sowie gegebenenfalls über die Sachmängelgewährleistung im Werkvertragsrecht, wenn der Private Anlagen herzustellen hat. Die Verwaltung hat bei einem städtebaulichen Vertrag nicht die Möglichkeit, derartige, sich aus der Vertragsabwicklung ergebende Fragen durch Verwaltungsakt zu regeln.[3533] Sie ist vielmehr auf die gerichtliche Geltendmachung ihrer Ansprüche beschränkt. Ob über § 62 VwVfG nur das BGB heranzuziehen ist oder auch dessen Nebengesetze, hat nicht nur akademische Bedeutung. Denn für privatrechtliche städtebauliche Verträge, auf die die §§ 54 ff. VwVfG nicht anwendbar sind, könnte dann das AGBG gelten, wie dies die Zivilgerichte annehmen.[3534]

11. Gesetzesbindung der Verwaltung

Städtebauliche Verträge können nicht die gesamte Reichweite der zivilrechtlichen Vertragsfreiheit für sich in Anspruch nehmen, die nur durch gesetzliche Verbote nach **§ 134 BGB** oder die guten Sitten nach **§ 138 BGB** begrenzt ist. Denn die öffentliche Gewalt unterliegt nach Art. 20 III GG der Gesetzesbindung. Die Behörde kann daher Verträge nicht nach freiem Belieben abschließen, sondern ist durch die Kompetenzverteilung innerhalb der öffentlichen Gewalt und an das Gesetzesrecht gebunden.[3535] Städtebauliche

---

[3531] *Oerder* BauR 1998, 22.
[3532] Für subordinationsrechtlichen Vertrag: *Krautzberger* in: *Ernst/Zinkahn/Bielenberg/Krautzberger*, § 11, Rdn. 157; *Obermayer* BayVBl. 1977, 546; *Knack,* VwVfG, § 54, Rdn. 4.2.1; für koordinationsrechtlichen Vertrag: *Neuhausen* in: *Brügelmann,* § 11 BauGB Rdn. 13; *Meyer* in: *Meyer/Borgs,* VwVfG, § 54, Rdn. 42; *Weyreuther* UPR 1994, 121; *Driehaus* in: Berliner Kommentar zum BauGB, § 124, Rdn. 7.
[3533] BVerwG, Urt. v. 13. 2. 1976 – IV C 44.74 – DÖV 1976, 353 = BRS 37, Nr. 11; *Finkelnburg/Ortloff* BauR, Bd. I, S. 176; *Löhr* in *Battis/Krautzberger/Löhr,* § 124 BauGB Rdn. 16.
[3534] OLG Hamm, Urt. v. 11. 1. 1996 – 22 U 67/95 – DWW 1996, 214; OLG Karlsruhe, Urt. v. 14. 3. 1991 – 9 U 260/89 – NJW-RR 1992, 18; *Stober* DÖV 1977, 398, 400f.; *Baur* FS Mallmann, S. 33. Gegen eine Anwendung des AGBG auf städtebauliche Verträge *Bonk* in: *Stelkens/Bonk/Sachs,* VwVfG, § 62, Rdn. 11; *Ehlers,* S. 355; *Krautzberger* in: Ernst/Zinkahn/Bielenberg/Krautzberger, § 11 BauGB Rdn. 171; *Stich,* in: Berliner Kommentar zum § 11 BauGB Rdn. 22; in diese Richtung auch, ohne eine analoge Anwendung des AGBG grundsätzlich auszuschließen: BVerwG, Urt. v. 6. 3. 1986 – 2 C 41.85 – BVerwGE 74, 78 = DVBl. 1986, 945 = NJW 1986, 2589.
[3535] BVerwG, Urt. v. 6. 7. 1973 – IV C 22.72 – BVerwGE 42, 331 = DVBl. 1973, 800 = NJW 1973, 1895; *Krautzberger* in: Ernst/Zinkahn/Bielenberg/Krautzberger, § 11 BauGB Rdn. 170; *Grziwotz* DVBl. 1994, 1048; *Huber* DÖV 1999, 173; *Huber,* S. 45.

Verträge können als Mittel der Bauleitplanung im gesamten Bereich des Städtebaurechts genutzt werden. Dies gibt den Gemeinden Handlungsmöglichkeiten über die traditionellen städtebaulichen Instrumente hinaus. Die Gemeinde kann daher den städtebaulichen Vertrag für Regelungen nutzen, die über die Festsetzungsmöglichkeiten des § 9 BauGB hinausgehen. Zugleich ist der Vertrag aber an die Verfolgung **städtebaulicher Ziele** gebunden.[3536] Nur allgemein sozialpolitische Ziele außerhalb des Städtebaus können mit städtebaulichen Verträgen nicht verfolgt werden.[3537] Von besonderer Bedeutung ist die strikte Gesetzesbindung der Verwaltung auch im Rahmen der Abwägung der verschiedenen Interessen bei der Aufstellung des Bebauungsplans nach § 1 V, VI BauGB. Hier muss die Gemeinde mit strikter Interessenneutralität die gebotene Abwägung vornehmen. Eine unzulässige Bindung in einem vorhergehenden Vertrag sowie eine zu große Nähe von Gemeinde und Investor können die Abwägung fehlerhaft machen, so dass der Bebauungsplan nach § 1 VII BauGB unwirksam sein kann.[3538] Ebenso hat die Gemeinde die nach dem BauGB vorgesehenen Beteiligungsverfahren durchzuführen und deren Ergebnisse bei der Abwägung angemessen zu berücksichtigen.

12. Verhältnis zum Kommunalabgabenrecht

1919   Ein weiteres Problemfeld ist das Verhältnis zu den landesrechtlichen Vorschriften des KAG, insbesondere zu den beispielsweise nach § 8 KAG NRW für das Kanalnetz zu erhebenden Beiträgen. Da nach § 124 II 2 BauGB auf den Unternehmer auch die Herstellung nach Landesrecht nicht beitragsfähiger Anlagen übertragen werden kann, sind städtebauliche Verträge nicht an den Vollzug der landesrechtlichen Regelungen des Beitragsrechts gebunden.[3539] Für diese Regelung hatte der Bund im Zeitpunkt des In-Kraft-Tretens der Neufassung von § 124 BauGB am 1.4.1993 nach Art. 74 Nr. 18 GG a. F. die Gesetzgebungskompetenz.[3540] Die Abweichung von dem Beitragsrecht muss allerdings besonders begründet werden, so dass die vertragliche Regelung in der Regel an den gesetzlichen Regelungen zu orientieren ist.[3541]

13. Angemessenheitsklausel

1920   Für die städtebaulichen Verträge gelten neben § 11 BauGB ergänzend §§ 54 ff. VwVfG bzw. der VwVfG der Länder. Ein Vertrag scheidet daher aus, soweit auf die Leistung der Behörde bereits ein Anspruch besteht (§ 11 II BauGB, § 56 II VwVfG). Dies wird auch aus dem Koppelungsverbot abgeleitet. Voraussetzung für den Abschluss eines öffentlich-rechtlichen Vertrages ist nach § 56 I 1 VwVfG weiter, dass die Gegenleistung für einen bestimmten Zweck vereinbart wird und der Behörde zur Erfüllung ihrer öffentlichen Aufgaben dient. Vor allem aber müssen die vereinbarten Leistungen den gesamten Umständen entsprechend angemessen sein. Diese **Angemessenheitsklausel** in § 11 II 1 BauGB bringt eine wichtige inhaltliche Begrenzung.[3542] Die Vereinbarung einer vom Bauwilligen zu erbringenden Leistung ist unzulässig, wenn er auch ohne sie einen Anspruch auf Erteilung der Genehmigung hätte und sie auch nicht als Nebenbestimmung

---

[3536] *Löhr* in: *Battis/Krautzberger/Löhr*, § 11 BauGB Rdn. 13; *Huber*, S. 89 f.
[3537] *Huber*, S. 89.
[3538] (nicht belegt)
[3539] *Ernst* in: Ernst/Zinkahn/Bielenberg/Krautzberger, § 124, Rdn. 8; a. A. *Quaas* in: *Schrödter*, § 124 BauGB Rdn. 12; *Fischer* in: Handbuch des öffentlichen Baurechts, Kap. F, Rdn. 39; *Löhr* in: *Battis/Krautzberger/Löhr*, § 124 BauGB Rdn. 9; *Battis/Krautzberger/Löhr* NVwZ 1997, 1145; *Quaas* BauR 1995, 780; *Huber*, S. 74.
[3540] BVerwG, Urt. v. 27.6.1997 – 8 C 23.96 – NJW 1997, 3257; *Klausing* in: *Driehaus*, KAG, § 8, Rdn. 1070.
[3541] *Driehaus* in: Berliner Kommentar, § 124 BauGB Rdn. 24; *Klausing* in: *Driehaus*, KAG, § 8, Rdn. 1070; *Oerder* BauR 1998, 22.
[3542] BGH, Urt. v. 13.6.1991 – III ZR 143/90 – BayVBl. 1991, 700 = BRS 53 (1991), Nr. 70 – Folgekostenvertrag; *Stüer* DVBl. 1995, 649; *Stüer/König* ZfBR 2000, 524.

8. Teil. Planverwirklichungsinstrumente

gefordert werden könnte. Damit können allerdings nur solche Ansprüche gemeint sein, die auch ohne den Abschluss des Vertrages nach dem geltenden Planungsrecht bestehen. Hat der Investor etwa bereits aufgrund eines rechtsverbindlichen Bebauungsplans nach § 30 I BauGB oder im nichtbeplanten Innenbereich nach § 34 BauGB einen Genehmigungsanspruch, darf die Baugenehmigungsbehörde die Erteilung der Baugenehmigung nicht von der Übernahme zusätzlicher vertraglicher Verpflichtungen in einem städtebaulichen Vertrag abhängig machen. Werden Genehmigungsansprüche erst durch den Abschluss des Folgekostenvertrages begründet, gelten diese Einschränkungen nicht. Anderenfalls könnten Infrastruktureinrichtungen nicht zum Gegenstand städtebaulicher Folgekostenverträge gemacht werden, da die Gemeinde auf eine Kostenübernahme für solche Einrichtungen außerhalb vertraglicher Vereinbarungen keinen Rechtsanspruch begründen kann.

a) Maßstäbe für die Angemessenheit. Einer der zentralen Gesichtspunkte bei der Frage, ob ein städtebaulicher Vertrag zulässig ist, ist die Angemessenheit der Gegenleistungen, §§ 11 II 1, 124 III 1 BauGB.[3543] Auf den ersten Blick mag dieses Erfordernis erstaunen, denn vielfach ist die „Gegenleistung" der Gemeinden bei städtebaulichen Verträgen die Aufstellung eines Bebauungsplans. Darauf aber kann vertraglich nach § 1 III 2 BauGB kein Anspruch begründet werden, so dass ein Vertrag der diese Bestimmung der Gegenleistung enthielte, nichtig wäre. Gleichwohl steht die Aufstellung eines Bebauungsplans im Hintergrund vieler städtebaulicher Verträge, ja ist deren eigentlicher Sinn. Häufig geht es eben darum, den Gemeinden durch den Abschluss eines Vertrages über die Kosten die Aufstellung eines Bebauungsplans überhaupt erst finanziell zu ermöglichen. Es handelt sich also um die Geschäftsgrundlage des Vertrages, so dass die Nichtaufstellung die Möglichkeit einer Anpassung oder Kündigung nach § 60 VwVfG eröffnet.[3544] Es liegt eine Art „hinkendes Synallagma" vor.[3545] Im Rahmen einer wirtschaftlichen Gesamtbetrachtung ist der Vorteil, den der Private aus der Leistung der Behörde zieht, gegen seine Belastungen abzuwägen.[3546] In diese Überlegungen geht die Aufstellung des Planes ein, obwohl auf sie keine vertragliche Verpflichtung begründet werden kann (§ 1 III 2 BauGB).

Die Rechtsprechung nahm hinsichtlich der Angemessenheit früher eine eher **restriktive Auffassung** ein. So wurde im Rahmen der Erschließungsverträge verlangt, dass die Leistungen im Wesentlichen den Vorgaben des Beitragsrecht folgten. Dieses sei nämlich dispositionsfeindlich.[3547] Gerade gegen solche Vorstellungen hat sich der Gesetzgeber in § 124 BauGB gewandt, wonach die Kosten sowohl für beitragsfähige als auch nicht beitragsfähige Anlagen auf den Privaten übergewälzt werden können. Auch den traditionellen 10 %igen Kostenanteil der Gemeinde kann der Investor tragen (§ 124 III 3 BauGB).[3548] Denn es käme in vielen Fällen gar nicht zur Ausweisung eines Gebietes als Bauland, wenn sich der Eigentümer nicht zur weit gehenden Übernahme der Kosten ver-

---

[3543] BVerwG, Urt. v. 6. 7. 1973 – IV C 22.72 – BVerwGE 42, 331 = DVBl. 1973, 800 = NJW 1973, 1895.
[3544] VGH München, Urt. v. 11. 4. 1990 – 1 B 85 A. 1480 – NVwZ 1990, 979; Quaas in: Schrödter, § 11 BauGB Rdn. 40; Grziwotz DVBl. 1994, 1048.
[3545] Grziwotz DVBl. 1994, 1048.
[3546] BVerwG, Urt. v. 6. 7. 1973 – IV C 22.72 – BVerwGE 42, 331 = DVBl. 1973, 800 = NJW 1973, 1895; VGH Mannheim, Urt. v. 5. 8. 1996 – 8 S 380/96 – UPR 1997, 78.
[3547] BVerwG, Urt. v. 23. 8. 1991 – 8 C 61.90 – BVerwGE 89, 7 = DVBl. 1992, 372 = NJW 1992, 1642; Urt. v. 14. 8. 1992 – 8 C 19.90 – BVerwGE 90, 310 = DVBl. 1993, 263 = NJW 1993, 1810; VGH Mannheim, Urt. v. 22. 8. 1996 – 2 S 2320/94 – NVwZ-RR 1997, 675.
[3548] Das BVerwG hat dies für verfassungsrechtlich zulässig erklärt, so BVerwG, Urt. v. 27. 6. 1997 – 8 C 23.96 – NJW 1997, 3257; vgl. auch VGH Mannheim, Urt. v. 5. 8. 1996 – 8 S 380/96 – UPR 1997, 78; Hien FS Schlichter, S. 137; Kopp/Ramsauer, Rdn. 13 zu § 56 VwVfG; a. A. Löhr in Battis/Krautzberger/Löhr, § 124 BauGB Rdn. 8; vgl. auch Oerder BauR 1998, 22; Schmidt-Eichstaedt BauR 1996, 1.

pflichtete. Durch diese Ausweisung hat der Eigentümer aber ebenfalls einen erheblichen wirtschaftlichen Vorteil.

1923 Trotz dieser damals erfolgten Gesetzesänderung finden sich weiterhin im BauGB hinsichtlich des Erschließungsrechts Regeln, die für die Angemessenheit von Erschließungsverträgen Bedeutung haben. So können nach § 129 I 1 BauGB Beiträge nur für erforderliche Erschließungsanlagen erhoben werden. Diese Regel ist auch im Rahmen der Angemessenheit eines Erschließungsvertrages von Bedeutung.[3549]

1924 Neben der eindeutigen gesetzlichen Regelung spricht auch sonst einiges dafür, den Vertragsparteien **größere Gestaltungsfreiheit** zu gewähren und bei der Beurteilung der Angemessenheit der Gegenleistungen nicht zu kleinlich zu verfahren.[3550] Es kann jedoch bei der Beurteilung der Angemessenheit eines städtebaulichen Vertrages kein allgemein gültiger Maßstab aufgestellt werden. Zu unterschiedlich sind die Machtverhältnisse zwischen Gemeinden und Investoren, auch wenn die Gemeinden die Planungshoheit haben. Auf der einen Seite gibt es Gemeinden, die eine hohe Nachfrage nach Bauland von Seiten finanzkräftiger Bauwilliger verzeichnen und die infolgedessen die Bedingungen für die Aufstellung eines Bebauungsplans fast „diktieren" können. So stellt eine süddeutsche Großstadt nach einem Ratsbeschluss nur noch Bebauungspläne auf, wenn sich die Eigentümer verpflichten, die Kosten für Planung, Erschließung und Folgelasten an die Stadt abzuführen, wodurch bis zu $^2/_3$ des Bodenwertgewinnes den Eigentümern verloren gehen können. In strukturschwachen Gebieten dagegen stehen die Gemeinden in einem scharfen Wettbewerb um die Investoren, so dass die tatsächlichen Machtverhältnisse dort eher umgekehrt sind und einiges dafür spricht, dass der Investor, der dem Vertrag zustimmt, keine unangemessenen Leistungen erbringen wird.

1925 Es ist also bei der Frage der Angemessenheit auf die **konkrete Fallgestaltung** abzustellen, auf das Machtverhältnis der Parteien und darauf, ob sich dieses in einer unangemessenen Vertragsgestaltung ausgewirkt hat. Pauschalierende Lösungen verbieten sich insoweit.[3551] Nach dem Willen des Gesetzgebers liegt auch nicht schon bei einer Abweichung vom Beitragsrecht eine Unangemessenheit vor. Die verfassungsrechtliche Rechtfertigung für diese Differenzierung findet sich darin, dass beim städtebaulichen Vertrag der Eigentümer nicht über das Beitragsrecht zwangsweise herangezogen wird, sondern sein Einverständnis zum Vertragsschluss gegeben hat. Erklärung der Parteien im Vertrag, sie würden ihre Leistungen für angemessen halten, sind allerdings rechtlich nicht von Bedeutung.[3552] Es könnte sich jedoch empfehlen, die Gründe für die Angemessenheit der Regelungen und in den Akten schriftlich festzuhalten.

1926 **b) Gesetzliche Leitbilder.** Die Angemessenheit muss sich nach Inhalt und Zweck des gesamten Regelungspaketes bestimmen. Dafür können die Wertungen herangezogen werden, wie sie in verschiedenen vom Gesetzgeber angebotenen städtebaulichen Modellen niedergelegt sind.[3553] Im förmlich festgelegten **Sanierungsgebiet** etwa hat der Eigentümer nach Maßgabe der §§ 152 ff. BauGB an die Gemeinde einen Ausgleichsbetrag zu leisten, der der durch die Sanierung bedingten Bodenwertsteigerung entspricht (§ 154 I BauGB). Die durch die Sanierung bedingte Erhöhung des Bodenwerts des Grundstücks besteht nach § 154 II BauGB aus dem Unterschied zwischen dem Bodenwert, der sich für das Grundstück ergeben würde, wenn eine Sanierung weder beabsichtigt noch durchgeführt worden wäre (Anfangswert), und dem Bodenwert, der sich für das Grundstück durch die rechtliche und tatsächliche Neuordnung des förmlich festgelegten Sanierungs-

---

[3549] *Quaas* in: *Schrödter*, § 124 BauGB Rdn. 12; *Löhr* in *Battis/Krautzberger/Löhr*, § 124 BauGB Rdn. 7.
[3550] *Stüer*, Bau- und FachplanungsR, Rdn. 1150.
[3551] BVerwG, B. v. 27. 12. 1994 – 8 B 205, 294; *Quaas* in: *Schrödter*, § 11 BauGB Rdn. 41; *Löhr* in: *Battis/Krautzberger/Löhr*, § 11 BauGB Rdn. 3.
[3552] *Krautzberger* in: Ernst/Zinkahn/Bielenberg/Krautzberger, § 11 BauGB Rdn. 167; *Quaas* in: *Schrödter*, § 11 BauGB Rdn. 39; *Hien* FS Schlichter, S. 136; *Oerder* BauR 1998, 22.
[3553] *Stüer* DVBl. 1995, 649; *Stüer/König* ZfBR 2000, 524.

gebiets ergibt (Endwert). Der Ausgleichsbetrag ist nach Abschluss der Sanierung zu entrichten (§ 154 III BauGB). Die Erhebung des Ausgleichsbetrags dient der Finanzierung der Sanierung. Überschüsse sind nach § 156a BauGB auf die Eigentümer zu verteilen. Bei einem besonderen Gemeinwohlinteresse kann nach § 165 BauGB ein städtebaulicher **Entwicklungsbereich** festgelegt werden, in dem ebenfalls die durch die Planung eintretenden Bodenwertsteigerungen der Gemeinde zur Finanzierung der Maßnahme verbleiben. Die Gemeinde soll dabei die Grundstücke zu dem Anfangswert erwerben und sie nach Durchführung der Entwicklungsmaßnahme an Bauwillige veräußern (§ 169 BauGB). Einnahmen, die bei der Vorbereitung und Durchführung der Entwicklungsmaßnahme entstehen, sind zur Finanzierung der Entwicklungsmaßnahme zu verwenden (§ 171 BauGB). Ergibt sich nach der Durchführung der städtebaulichen Entwicklungsmaßnahme ein Überschuss der bei der Vorbereitung und Durchführung der städtebaulichen Entwicklungsmaßnahme erzielten Einnahmen über die hierfür getätigten Ausgaben, so ist dieser Überschuss wie bei der Sanierung zu verteilen. Wertsteigerungen, die sich bei der Veräußerung von Grundstücken realisieren, fließen daher nicht dem bisherigen Eigentümer zu, sondern können in vollem Umfang zur Finanzierung der Entwicklungsmaßnahme eingesetzt werden. Die volle Abschöpfung der Wertsteigerung im Bereich einer Entwicklungsmaßnahme verbunden mit der Enteignungsmöglichkeit ist allerdings an qualifizierte Gemeinwohlerfordernisse gebunden. Die Durchführung der Entwicklungsmaßnahme muss im besonderen öffentlichen Interesse geboten sein. Die im Umlegungsgebiet gelegenen Grundstücke werden nach ihren Flächen rechnerisch zu einer **Umlegungsmasse** verbunden (§ 55 I BauGB). Nach Abzug der für die Verwirklichung der Planung benötigten öffentlichen Flächen (§ 55 II BauGB) wird die Verteilungsmasse nach dem Verhältnis der eingebrachten Flächen oder Werte verteilt (§ 56 BauGB). Bei der Wertumlegung ist der jeweilige Einwurfswert für die Zuteilung maßgeblich. Wertsteigerungen, die das zugeteilte Grundstück durch die Umlegung erfahren hat, verbleiben der Gemeinde zur Finanzierung der entstandenen Kosten. Bei der Flächenumlegung wird neben dem Flächenabzug des § 55 II BauGB ein entsprechender Flächenbeitrag festgesetzt oder ein Geldbeitrag erhoben (§ 58 BauGB).

Diese **gesetzlichen Modelle** können auch für städtebauliche Verträge herangezogen werden. Eine obere Begrenzung dürften Kostenbelastungen des Investors auch bei einem städtebaulichen Vertrag durch die Abschöpfung der (vollen) Wertsteigerung oder der mit der Maßnahme verbundenen Aufwendungen erfahren. Vertragliche Vereinbarungen, die im Ergebnis zu einer darüber hinausgehenden Belastung des Investors führen, sind unzulässig. Vor allem darf die Gemeinde den städtebaulichen Vertrag nicht als willkommene Gelegenheit nutzen, von dem Investor Leistungen zu verlangen, die nicht durch das Vorhaben verursacht werden. Auch wird eine volle Abschöpfung der durch die Planung eintretenden Wertsteigerungen nur in Sondersituationen zulässig sein. Denn bei der Entwicklungsmaßnahme etwa ist eine volle Wertabschöpfung an das Vorliegen besonderer Gemeinwohlgründe gebunden.

Im Gegensatz dazu können die **naturschutzrechtlichen Ausgleichs- und Ersatzmaßnahmen** in vollem Umfang dem Vertragspartner auferlegt werden. Hier geht das Gesetz von einer vollen Kostenübernahme durch den Investor aus. Festgesetzte Ausgleichsmaßnahmen sind nach § 135a I BauGB vom Vorhabenträger durchzuführen. Soweit Ausgleichsmaßnahmen an anderer Stelle den Grundstücken nach § 9 Ia BauGB zugeordnet sind, soll die Gemeinde diese anstelle und auf Kosten der Vorhabenträger oder der Grundstückseigentümer durchführen und auch die hierfür erforderlichen Flächen bereitstellen (§ 135a II BauGB). Die Verteilung der Kosten ist dem Erschließungsbeitragsrecht nachgebildet, soweit keine anderen Regelungen getroffen werden (§§ 135b, 135c BauGB). Allerdings besteht diese Verpflichtung zur Durchführung und Finanzierung der Ausgleichsmaßnahmen nur nach Maßgabe des Ergebnisses der gemeindlichen Abwägung. Denn § 1a BauGB verpflichtet im Gegensatz zur Eingriffsregelung in §§ 18 bis 20 BNatSchG nicht zu einem vollständigen Ausgleich, sondern stellt Art und Umfang der

Ausgleichsmaßnahmen in die abwägende Entscheidung der gemeindlichen Planung. Die Ergebnisse dieser naturschutzrechtlichen Ausgleichsentscheidung sind allerdings nach der gesetzlichen Regelung von den Begünstigten voll zu tragen. Auch soweit die Gemeinde naturschutzrechtliche Maßnahmen durchführt, erfüllt sie damit nicht eigene Primärverpflichtungen, sondern wird im Interesse der Investoren oder sonst Begünstigten tätig. An diesem Modell der naturschutzrechtlichen Vollkostenübernahme kann sich auch der städtebauliche Vertrag orientieren. Allerdings wäre es unzulässig, wenn der Vertragspartner nach dem Vertrag mehr als den durch die Maßnahme verursachten Ausgleichsbedarf übernehmen würde.

1929 Bei der Bestimmung der Angemessenheit sollte allerdings **nicht kleinlich** verfahren werden.[3554] Es darf auch berücksichtigt werden, dass der Investor vielfach ein erhebliches wirtschaftliches Interesse an einer schnellen Durchführung des Projektes hat. Dies gilt vor allem im Hinblick auf die hohen Vorlaufkosten und die Gefahr, dass sich solche Kosten im Falle des Scheiterns als Fehlinvestitionen erweisen könnten. Hinzu kommt vielfach die nicht unerhebliche Zinsbelastung, die mit der Länge der Planungsverfahren und der Bauausführung steigt. Eine schnelle Projektabwicklung ist daher ein erheblicher wirtschaftlicher Faktor, der durchaus bei der Berechnung der Angemessenheit berücksichtigt werden kann. Auch das Interesse des Vorhabenträgers, sein Vorhaben in eine gute Infrastruktur und in eine ansprechende Umgebung eingebettet zu sehen, kann bei der vertraglichen Gestaltung eine Rolle spielen. Auf der anderen Seite entstehen den Gemeinden durch neue Bauvorhaben Folgelasten, die sie berechtigterweise zumindest zu einem Teil abwälzen können. Die Angemessenheitsklausel muss hier **Spielräume** für sachgerechte Ausgleichsregelungen eröffnen. Eine strikte Bindung an die gesetzlichen Abrechnungsmodelle war vom Gesetzgeber nicht gewollt und würde auch den geänderten städtebaulichen und wirtschaftlichen Ausgangslagen nicht gerecht. Auch muss vermieden werden, dass der Investor zunächst die gemeindlichen Leistungen in Anspruch nimmt und etwa das von der Gemeinde geschaffene Baurecht ausnutzt, sich aber später mit Hinweis auf die Nichtigkeit der Vereinbarungen seinen im städtebaulichen Vertrag übernommenen Verpflichtungen zu entziehen sucht. Hier kann es gegen Treu und Glauben verstoßen, wenn der private Vertragspartner die von ihm an die Gemeinde erbrachten Leistungen mit Hinweis auf die Nichtigkeit des Vertrages zurückfordert – vor allem, wenn der Vertrag im Hinblick auf die von der Gemeinde erbrachten (hoheitlichen) „Leistungen" nicht mehr zurück abgewickelt werden kann.

Hinweis: In den Vertrag könnte dazu etwa folgende Regelung aufgenommen werden: Der Investor kann sich auf die Nichtigkeit des städtebaulichen Vertrages (Durchführungsvertrages) nicht mehr berufen, wenn mit der Verwirklichung des Vorhabens begonnen worden ist.

1930 **c) Einzelfragen.** Die Angemessenheit beurteilt sich vor dem Hintergrund der städtebaulichen Leitbilder. Je mehr sich der Vertrag an diese Leitbilder anlehnt, umso mehr wird er angemessen im Sinne dieser Vorschrift sein. Je weiter sich der Vertrag von den gesetzlichen Leitbildern entfernt, umso wichtiger und überzeugender müssen die städtebaulichen Gründe sein, mit denen sich die vertragliche Regelung rechtfertigt.[3555]

1931 Bauleitpläne sind aufzustellen, zu ändern, zu ergänzen oder aufzuheben, sobald und soweit es für die städtebauliche Entwicklung und Ordnung erforderlich ist (§ 1 III BauGB). Dieses Gebot wird nicht dadurch in Frage gestellt, dass die Gemeinde einen Vertrag über die Durchführung eines Bebauungsplans abgeschlossen hat. Das ergibt sich

---

[3554] *Stüer* DVBl. 1995, 649. Zu eng daher zur früheren Rechtslage *VG Köln*, Urt. v. 4. 8. 1983 – 7 K 5047/78 – KStZ 1983, 234: Nur ein atypischer Verlauf der Entwicklung, z. B. ein besonderer sprunghafter Anstieg der Bevölkerungszahl, rechtfertige eine Abwälzung der Folgekosten auf den dafür ursächlichen Bauträger. Ähnlich auch *VGH München*, Urt. v. 2. 4. 1980 – 290 IV 76 – BayVBl. 1980, 719 = KStZ 1981, 93 – Ansiedlungsprojekt.
[3555] *Stüer* DVBl. 1995, 649; *Stüer/König* ZfBR 2000, 528.

aus § 1 III 2 BauGB, wonach ein Anspruch auf Aufstellung eines Bauleitplans nicht besteht und auch durch Vertrag nicht begründet werden kann. Ebenso wenig besteht ein Anspruch auf Nicht-Aufstellung oder Nicht-Änderung eines Bauleitplans. Folglich ist die Gemeinde befugt, einen Bebauungsplan um Festsetzungen zu ergänzen, wenn sie feststellt, dass die bisher getroffenen Festsetzungen nicht ausreichen, um die von ihr im Rahmen des § 1 III BauGB verfolgten Vorstellungen für die städtebauliche Entwicklung und Ordnung durchzusetzen.[3556]

1932 Einen allgemeinen Grundsatz dahingehend, es sei stets rechtsmissbräuchlich, wenn eine Gemeinde einem Investor die volle Ausschöpfung der Nutzungsmöglichkeiten eines Bebauungsplans mit weiten Festsetzungen planerisch sperre, obwohl sie vorher die Möglichkeit gehabt hätte, engere Festsetzungen zu treffen oder zumindest doch sich vertraglich engere Bindungen auszubedingen, gibt es nicht. Die Frage des Rechtsmissbrauchs beurteilt sich vielmehr nach den Umständen des Einzelfalls.[3557]

1933 Macht eine Gemeinde die Änderung eines Bebauungsplans in einem verwaltungsrechtlichen Vertrag davon abhängig, dass der bauwillige Eigentümer an Stelle eines nicht mehr festsetzbaren Erschließungsbeitrages an sie einen Geldbetrag für einen gemeinnützigen Zweck leistet,[3558] so verletzt sie damit das sog. Koppelungsverbot. Der Vertrag ist gemäß § 59 II Nr. 4 VwVfG nichtig. Dem auf einem nichtigen verwaltungsrechtlichen Vertrag beruhenden Erstattungsanspruch eines Beteiligten steht der Grundsatz von Treu und Glauben nicht schon deshalb entgegen, weil eine Rückabwicklung der vom anderen Teil erbrachten Leistung aus rechtlichen oder tatsächlichen Gründen nicht möglich ist.[3559]

1934 Eine Regelung bei Verkauf eines Grundstücks im Rahmen eines Einheimischenmodells, die die Käufer im Fall einer Weiterveräußerung innerhalb von zehn Jahren nach Vertragsschluss zur Abführung der Differenz zwischen Ankaufspreis und Bodenwert verpflichtet, stellt keine unangemessene Vertragsgestaltung dar. Die Gemeinde hat jedoch bei ihrer Ermessensentscheidung über die Einforderung des Mehrerlöses auch die persönlichen Verhältnisse der Käufer zu berücksichtigen.[3560]

1935 Der städtebauliche Vertrag hat durch diese Entscheidung des *BGH* den Freiraum erhalten, der ihm gebührt. Der Vertrag muss sich nicht als kleinlicher Nachvollzug der gesetzlichen Regelungen verstehen, sondern kann durchaus eigene Wege gehen. Vor allem ist eine Gesamtbetrachtung zulässig, die nicht jede einzelne vertragliche Regelung isoliert betrachtet, sondern in dem Gesamtzusammenhang belässt, der ihr durch den Vertrag zugewiesen wird. Der städtebauliche Vertrag kann sich daher nach dieser erfreulichen Klarstellung durch den *BGH* auch weiterhin als eigenständige Rechtsquelle verstehen, auf die die städtebauliche Praxis vor allem bei maßgeschneiderten Einzelfallregelungen dringend angewiesen ist.

1936 Das in § 1 VII BauGB enthaltene Gebot der Konfliktbewältigung gibt der Gemeinde, die sich dazu entschlossen hat, die bauliche Nutzung bestimmter Flächen öffentlich-rechtlich in der Handlungsform eines Bebauungsplans städtebaulich zu entwickeln und zu ordnen, auf, einen durch diese Planung ausgelösten Konflikt unterschiedlicher Nutzungsinteressen mit dem ihr durch das BauGB zur Verfügung gestellten städtebaurechtlichen Instrumentarium zu bewältigen, soweit dies planungsrechtlich zulässig und im Einzelfall möglich ist. Auf privatrechtliche Gestaltungsformen soll die Gemeinde bei der

---

[3556] *BVerwG*, B. v. 28. 12. 2000 – 4 BN 37.00 – BauR 2001, 1060 = ZfBR 2001, 356.
[3557] *BVerwG*, B. v. 28. 12. 2000 – 4 BN 37.00 – BauR 2001, 1060 = ZfBR 2001, 356.
[3558] Unterhaltung städtischer Kinderspielplätze.
[3559] *BVerwG*, Urt. v. 16. 5. 2000 – 4 C 4.99 – BVerwGE 111, 162 = DVBl. 2000, 1853 mit Anm. *Bick* DVBl. 2001, 154 = NVwZ 2000, 1285 = JA 2001, 200 mit Anm. *Hermanns* = IBR 2000, 562 mit Anm. *Lauer* = ZfIR 2000, 725 mit Anm. *Grziwotz* = VA 2001, 8 mit Anm. *Gerstacker* – Ausweisung eines Außenbereichsgrundstücks als Wohngebiet; vgl. auch B. v. 19. 9. 2000 – 4 B 65.00 – Buchholz 310 § 137 I VwGO Nr. 15 = ZfBR 2001, 501.
[3560] *BGH*, Urt. v. 29. 11. 2002 – V ZR 105/02 – DVBl. 2003, 519 = NJW 2003, 888.

14. Zulässigkeit einer Bodenwertabschöpfung

1937 Einige Regelungen könnten den Eindruck nahe legen, das eigentliche Ziel solcher städtebaulicher Verträge sei die Abschöpfung des Gewinns, den der Eigentümer aus der Ausweisung als Bauland zieht. Nach der Rechtsprechung des *BVerfG* unterfällt aber auch der **Bodenwertzugewinn** der **Eigentumsgarantie des Art. 14 GG**, so dass für seine Abschöpfung nach dem Vorbehalt des Gesetzes eine gesetzliche Grundlage erforderlich ist.[3562] Die Vorschriften über den städtebaulichen Vertrag können aber allein als Instrument der Planungsverwirklichung der Gemeinden eingesetzt werden, nicht um andere Zwecke zu verfolgen. Einen solchen anderen, nämlich sozialpolitischen Zweck verfolgt aber eine Bodenwertabgabe. Sie ist auf der Grundlage der §§ 11, 124 BauGB nicht gestattet. Mangels anderer gesetzlicher Ermächtigungsgrundlagen darf also die Abschöpfung des Bodenwertes nicht durch städtebauliche Verträge verfolgt werden.[3563] Zulässig ist dagegen die Berücksichtigung des Bodenwertzuwachses bei der Beurteilung der Angemessenheit der Gegenleistungen im Rahmen eines Folgelastenvertrages.[3564] Bei der gebotenen umfassenden wirtschaftlichen Betrachtungsweise ergibt sich ein erheblicher Vermögenszuwachs aus der Aufstellung eines Bebauungsplans, auch wenn dies nicht dessen direkte juristische Folge ist.[3565] Unklar ist, ab welchem Grad der faktischen Abschöpfung durch Übernahme von Kosten im städtebaulichen Vertrag die Leistungen unangemessen werden. Teilweise wird die Münchener Regelung,[3566] wonach bis zu $^2/_3$ des Wertes der Stadt zukommen können, für unbedenklich gehalten,[3567] teilweise für problematisch.[3568] Vorgeschlagen wird, 50 % als äußerste Grenze festzuhalten, der Entscheidung des *BVerfG* zum Halbteilungsgrundsatz bei Art. 14 I GG[3569] folgend.[3570] Bei allem berechtigten Bedürfnis nach Rechtssicherheit dürften auch bei dieser Frage pauschale Richtwerte zu kurz greifen. Die Bodenwertsteigerung ist nur einer von vielen Faktoren, die bei der Beurteilung der Angemessenheit des Vertrages eine Rolle spielen.

15. Konfliktbewältigung durch städtebauliche Verträge

1938 Der städtebauliche Vertrag kann als Instrument der Lastenverteilung eigenständige Funktionen der **Konfliktbewältigung** übernehmen.[3571] Nach dem Grundsatz der Konfliktbewältigung sind die der Planung zuzurechnenden Konflikte durch Planung zu bewältigen. Dieser Grundsatz gilt allerdings nicht grenzenlos. Vielmehr kann die Lösung der aufgeworfenen Fragen i. S. der **Lastenverteilung** auf andere Teile, vor allem auch **Nachfolgeverfahren**, verschoben werden. In diesem Konzept kann auch der städtebauliche Vertrag eigenständige Funktionen erfüllen, die neben die Bauleitplanung und ver-

---

[3561] *VGH Mannheim*, Urt. v. 8. 11. 2001 – 5 S 1218/99 – zweifelhaft. Es könnte mehr dafür sprechen, die privatrechtlichen Handlungsmöglichkeiten als allgemeine Ergänzung zu den öffentlich-rechtlichen Regelungen zu begreifen.

[3562] *Huber*, S. 90.
[3563] *Birk*, S. 49 f.; *Huber* DÖV 1999, 173.
[3564] *Krautzberger* in: Ernst/Zinkahn/Bielenberg/Krautzberger, § 11 BauGB Rdn. 168; *Huber*, S. 95; *Hien* FS Schlichter, S. 135; *Oerder* BauR 1998, 22.
[3565] *Hien* FS Schlichter, S. 135.
[3566] B. v. 23. 3. 1994, abgedruckt bei: *Huber*, S. 12.
[3567] *Hien* FS Schlichter, S. 135.
[3568] *Huber*, S. 94 f.
[3569] *BVerfG*, B. v. 22. 6. 1995 – 2 BvL 37/91 – BVerfGE 93, 121 = DVBl. 1995, 1078 = NJW 1995, 2615.
[3570] *Quaas* in: *Schrödter*, § 11 BauGB Rdn. 45; *Huber* DÖV 1999, 173.
[3571] *Stüer* DVBl. 1995, 649.

8. Teil. Planverwirklichungsinstrumente

schiedene Formen von Nachfolgeverfahren treten. So kann etwa der städtebauliche Vertrag planbegleitend sicherstellen, dass die planerische Konzeption umgesetzt wird. Denn die Bauleitplanung hat von Natur aus eine Schwäche: Sie unterbreitet zwar ein städtebauliches Angebot, verpflichtet aber nicht zu dessen Umsetzung. Bauleitplanung ist daher auf Umsetzung angewiesen. So kann auch vom Prinzip her nicht ausgeschlossen werden, dass lediglich einzelne Teile des Bebauungsplans realisiert werden, während andere Teile nicht verwirklicht werden. Hier kann stärker noch als Auflagen in der Baugenehmigung der städtebauliche Vertrag Abhilfe schaffen. Er ermöglicht nicht nur, die zeitnahe Realisierung eines Vorhabens zu gewährleisten, sondern auch, zwischen verschiedenen Teilen eines als Einheit begriffenen Vorhabens eine verbindliche Klammer herzustellen. Dies ist nicht nur für naturschutzrechtliche Ausgleichsmaßnahmen, die an anderer Stelle als der des Eingriffs verwirklicht werden sollen, von unschätzbarem Wert.[3572] Die vertraglichen Regelungen können daher die satzungsrechtlichen Festsetzungen entlasten, wie der vorhabenbezogene Bebauungsplan deutlich macht. Hier wird durch den Durchführungsvertrag die Umsetzung der Planung sichergestellt (§ 12 I BauGB). Die vertraglichen Regelungen müssen allerdings nach § 11 II 1 BauGB angemessen in dem Sinne sein, dass sie bei einer Gesamtbetrachtung vor dem Hintergrund des Städtebaurechts und der jeweils übernommenen Verpflichtungen sachgerecht erscheinen. Auf dieser Grundlage der Angemessenheit kann sich daher der städtebauliche Vertrag als eigenständige Legitimationsquelle des Städtebaus und der Konfliktbewältigung entwickeln, der neben die gesetzlichen Regelungen tritt, ja diese durchaus auch modifizieren kann.

16. Leistungsstörungen

Leistungsstörungen in städtebaulichen Verträgen sind grundsätzlich wie im Zivilrecht **"über das Dreieck"** abzuwickeln. Ansprüche können daher nur jeweils gegenüber dem Vertragspartner geltend gemacht werden. Die Vertragsbeziehungen zwischen Gemeinde, Erschließungsunternehmer und Grundstückserwerbern führen daher nicht zu einem einzigen „dreipoligen" Rechtsverhältnis, dem die gesetzlich geregelte Erschließungsbeitragspflicht unter- oder nachzuordnen wäre. Ein Anlieger kann daher aus einer früheren unentgeltlichen Abtretung von Straßenland über die vertraglichen Vereinbarungen hinaus im Hinblick auf seine Erschließungsbeitragspflicht keine Rechtsfolgen zu seinen Gunsten ableiten.[3573] Werden von dem Erschließungsunternehmer die vertraglich übernommenen Erschließungsmaßnahmen wegen Zahlungsunfähigkeit nicht zu Ende geführt, ist die Gemeinde berechtigt, die zur endgültigen Herstellung der Erschließungsanlagen erforderlichen Arbeiten selbst vorzunehmen und hierfür einen Erschließungsbeitrag zu erheben.[3574]

17. Vertragliche Haftung der Gemeinde

Die Gemeinde sollte bei dem Abschluss von Verträgen mit Investoren sicherstellen, dass sie nicht in unübersehbare Haftungsrisiken gerät. Gemeindliche Haftungsverpflichtungen können sich etwa ergeben, wenn die Gemeinde durch Vertrag das Risiko eines bestimmten Erfolges übernommen hat (Garantievertrag) oder der Vertragspartner durch die Gemeinde in seinem Vertrauen getäuscht worden ist.[3575] Bei einer entsprechenden vertraglichen Risikoübernahme[3576] kann die Gemeinde verpflichtet sein, für den Fall des Fehlschlagens der Planung aus Gründen, die in der Rechtssphäre der Gemeinde liegen,

---

[3572] *BVerwG*, B. v. 31. 1. 1997 – 4 NB 27.96 – BVerwGE 104, 68 = DVBl. 1997, 1112 = NVwZ 1997, 1213; B. v. 9. 5. 1997 – 4 N 1.96 – BVerwGE 104, 353 = DVBl. 1997, 1121 = NVwZ 1997, 1216.
[3573] *OVG Münster*, B. v. 21. 7. 1999 – 3 B 1788/98 – NWVBl 2000, 26.
[3574] *VGH Mannheim*, B. v. 17. 6. 1999 – 2 S 3245/96 – VGHBW RSpDienst 1999, Beilage 8, B 3 = BWGZ 1999, 600.
[3575] *BGH*, Urt. v. 29. 11. 1990 – III ZR 365/89 – BGHR BGB § 305 Risikoübernahme 1.
[3576] *BGH*, Urt. v. 1. 12. 1983 – III ZR 38/82 – BayVBl. 1984, 284 = ZfBR 1984, 146 – Fehlgeschlagene Bauleitplanung.

einen **finanziellen Ausgleich** für nutzlos erbrachte Aufwendungen zu gewähren. Verletzt die Gemeinde etwa bei der Erteilung von Auskünften oder bei der Planung ihre einem Dritten gegenüber bestehenden Amtspflichten, so können sich Amtshaftungsansprüche nach § 839 BGB, Art. 34 GG ergeben.[3577] Kommt es nicht zum Abschluss eines Vertrages, können Ansprüche aus culpa in contrahendo bestehen.[3578] Dies gilt auch, wenn die Gemeinde die Verhandlungen über den Abschluss eines Erschließungsvertrages, von dem die Erteilung der Baugenehmigung allein noch abhing, ohne triftigen Grund aus sachfremden Erwägungen schuldhaft abbricht[3579] oder die Gemeinde ihrem Vertragspartner unrichtige, seine Vermögensdispositionen nachhaltig beeinflussende Angaben über den Stand der Bauleitplanung macht oder ihm Tatsachen verschweigt, deren Kenntnis ihn veranlasst hätten, sich von dem Vertrag früher als geschehen zu lösen.[3580] Eine Haftung der Gemeinde tritt allerdings nicht schon deshalb ein, weil der von ihr aufgestellte Bebauungsplan die im Vertrag vorausgesetzte bauliche Nutzung von Grundstücken nicht oder nicht in dem gewünschten Maße ermöglicht.[3581] Der Schadensersatz geht dabei in der Regel auf das negative Interesse (sog. **kleiner Schaden**).[3582] Das positive (Erfüllungs-) Interesse (sog. **großer Schaden**) kann nur dann geltend gemacht werden, wenn die Gemeinde die Garantie für den Eintritt eines bestimmten Erfolges übernommen hat. Die Wirksamkeit einer solchen Garantieübernahme setzt allerdings voraus, dass die Belange der Bauleitplanung dem nicht entgegenstehen[3583] oder ein solcher Vertrag nicht im Hinblick auf das Abwägungsgebot nichtig ist.

18. Verbot subjektiver Abwägungssperren

1941 Die Regelungsmöglichkeiten des städtebaulichen Vertrages stoßen zudem auf rechtsstaatliche Grenzen, die sich vor allem aus dem Abwägungsgebot[3584] und der Eigentumsgarantie ergeben: Rechtsstaatliche Planung muss ein hohes Maß an Neutralität wahren und darf den Bürgern nicht als „abgekartetes Spiel" von Interessengruppen erscheinen. Eine einseitige Inpflichtnahme der öffentlichen Hand durch private Investoren ist nicht zulässig. Verträge, durch die die Planung einseitig gebunden wird und den übrigen Bürgern und Planbetroffenen nicht mehr neutral erscheint, verstoßen gegen das Abwägungs-

---

[3577] *BGH*, Urt. v. 11. 5. 1989 – III ZR 88/87 – DVBl. 1989, 1094 = NJW 1990, 245 – Terrassenwohnstadt; Urt. v. 21. 12. 1989 – III ZR 49/88 – BGHZ 110, 1 = DVBl. 1990, 355 – Wohnqualität; Urt. v. 21. 12. 1989 – III ZR 118/88 – BGHZ 109, 380.

[3578] *BGH*, Urt. v. 8. 6. 1978 – III ZR 48/76 – BGHZ 71, 386 = DVBl. 1978, 798 = BauR 1978, 368 – Folgelastenvertrag; Urt. v. 22. 11. 1979 – III ZR 186/77 – BGHZ 76, 16 = DVBl. 1980, 679 = NJW 1980, 826 = BauR 1980, 327; Urt. v. 7. 2. 1980 – III ZR 23/78 – BGHZ 76, 343 = NJW 1980, 1683 – Teilungsgenehmigung; Urt. v. 22. 10. 1981 – III ZR 37/80 – NVwZ 1982, 98 = DÖV 1982, 417 = UPR 1982, 229 – Sanatorium; Urt. v. 20. 9. 1984 – III ZR 47/83 – BGHZ 92, 164 = NJW 1985, 1778 – Kooperationsvertrag; Urt. v. 9. 4. 1987 – III ZR 181/85 – BGHZ 100, 329 = BauR 1987, 429 = DÖV 1987, 742 – Holzpresserei. Der Anspruch ist vor den Zivilgerichten geltend zu machen, so *BGH*, Urt. v. 3. 10. 1985 – III ZR 60/84 – DVBl. 1986, 409 = NJW 1986, 1109.

[3579] *BGH*, Urt. v. 7. 2. 1980 – III ZR 23/78 – BGHZ 76, 343.

[3580] Derartige Ansprüche gehören nach § 40 II VwGO vor die Zivilgerichte, vgl. *BGH*, Urt. v. 18. 6. 1978 – III ZR 48/76 – BGHZ 71, 386; Urt. v. 22. 11. 1979 – III ZR 186/77 – BGHZ 76, 16; Urt. v. 17. 2. 1980 – III ZR 23/78 – BGHZ 76, 343; Urt. v. 11. 12. 1983 – III ZR 38/82 – LM Nr. 54 zu § 133 (C) BGB; Urt. v. 17. 2. 1980 – III ZR 23/78 – BGHZ 76, 343; Urt. v. 13. 10. 1985 – III ZR 60/84 – NJW 1986, 1109 = DVBl. 1986, 409 = NVwZ 1986, 420 – culpa in contrahendo, zum Anspruch eines Bauträgers gegen eine Gemeinde auf Ersatz von Aufwendungen im Zusammenhang mit einer fehlgeschlagenen Bauleitplanung.

[3581] *BGH*, Urt. v. 8. 6. 1978 – III ZR 48/76 – BGHZ 71, 386 = DVBl. 1978, 798 – Folgelastenvertrag.

[3582] *BGH*, Urt. v. 18. 6. 1998 – III ZR 100/97 – NVwZ 1998, 1329 = UPR 1998, 447.

[3583] *BGH*, Urt. v. 22. 11. 1979 – III ZR 186/77 – BGHZ 76, 16 = DVBl. 1980, 679.

[3584] *BVerwG*, Urt. v. 12. 12. 1969 – IV C 105.66 – BVerwGE 34, 301 = *Hoppe/Stüer* RzB Rdn. 23 – Abwägungsgebot; Urt. v. 5. 7. 1974 – IV C 50.72 – BVerwGE 45, 309 = *Hoppe/Stüer* RzB Rdn. 24 – Delog-Detag; B. v. 9. 11. 1979 – 4 N 1.78 – BVerwGE 59, 87 = *Hoppe/Stüer* RzB Rdn. 26 – Normenkontrolle; s. auch o. Rdn. 1195, 661.

gebot.³⁵⁸⁵ Vor allem ist eine subjektive Abwägungssperre, bei der sich die öffentliche Hand einseitig bindet, verfassungsrechtlich nicht hinnehmbar.³⁵⁸⁶ Die Beteiligten stehen in der Gefahr, dass die nichtigen Verträge rückabzuwickeln sind.³⁵⁸⁷ So ist nicht nur die Verpflichtung der Gemeinde, einen Bebauungsplan aufzustellen, nichtig.³⁵⁸⁸ **Unzulässige Bindungen** können auch zur Unwirksamkeit der Bauleitplanung führen.³⁵⁸⁹ Jedenfalls kann eine zu enge Nähe von Gemeinde und Investor Indiz für einen Abwägungsfehler sein. Ein auf einer unzulässigen Vorwegnahme planerischer Entscheidungen beruhender Abwägungsmangel kann allerdings geheilt werden, wenn die zuständige Gemeindevertretung die bisherige Fehlerhaftigkeit der Planung gerade wegen der unzulässigen Vorwegnahme der planerischen Entscheidung erkannt hat, die Gemeinde aus der Erkenntnis dieser Fehlerhaftigkeit die erforderlichen Schlüsse gezogen hat und die dann getroffene Entscheidung selbst sowohl vom Abwägungsvorgang als auch vom Abwägungsergebnis her dem Abwägungsgebot genügt.³⁵⁹⁰

Die Abgrenzung von zulässiger **Einschaltung von Privaten** und **Interessenneutralität** der öffentlichen Hand ist schwierig, im Gesetz nicht geleistet und setzt im Einzelfall behutsames Handeln voraus. Eine Mitwirkung Dritter im Planungsverfahren darf nicht dazu führen, dass die planende Gemeinde die **Letztentscheidung** und **Gesamtverantwortung** aus der Hand gibt und die betroffenen Bürger sich einseitigen Interessenentscheidungen anderer am Planungsgeschehen Interessierter ausgeliefert sehen. Dies ist auch im Blick auf die Eigentumsgarantie in Art. 14 GG nicht hinnehmbar. Hat der Dritte keine eigenen Planungsinteressen, kann großzügiger verfahren werden als in Fällen, in denen der Investor selbst als Dritter an der Planung mitwirkt.

Vertragliche Regelungen dürfen die planende **Gemeinde** daher **nicht einseitig binden** und Entscheidungen vorwegnehmen, die erst auf der Grundlage der förmlichen Beteiligungsverfahren getroffen werden. Die Gesamtverantwortung der Planung muss daher bei der planenden Gemeinde liegen. Diese verfassungsrechtlichen Anforderungen an eine rechtsstaatliche Planung können durch vertragliche Vereinbarungen nicht beseitigt werden. Im Hinblick auf diese unverzichtbaren verfassungsrechtlichen Vorgaben ist beim Abschluss städtebaulicher Verträge im Hinblick auf einseitig begünstigende, das Planverfahren belastende Wirkungen und bei der Mitwirkung am Planungsgeschehen selbst Interessierter Vorsicht am Platze: **Rechte Dritter** dürfen durch derartige Vorgänge nicht auf der Strecke bleiben. Dies gilt vor allem für einen entsprechenden Vorbehalt hinsichtlich der förmlichen Beteiligungsverfahren, die durch einseitige vertragliche Bindungen der planenden Gemeinde und durch die Mitwirkung Dritter im Planungsverfahren nicht „ausgehebelt" werden dürfen.

19. Fehlerheilung

Ist ein städtebaulicher Vertrag etwa wegen Verstoßes gegen die Angemessenheitsklausel oder das Koppelungsverbot unwirksam, steht eine **Rückabwicklung** des Vertrages an. Bei den synallagmatischen Verträgen sind die jeweiligen Leistungen nach Bereicherungsrecht

---

³⁵⁸⁵ *OLG München*, Urt. v. 9. 3. 1976 – BayOLGZ 1976, 47 = BayVBl. 1976, 378 = DÖV 1976, 573.
³⁵⁸⁶ Zur bereicherungsrechtlichen Rückabwicklung solcher Verträge *BVerwG*, Urt. v. 1. 2. 1980 – 4 C 40.77 – DVBl. 1980, 686 = *Hoppe/Stüer* RzB Rdn. 27 – Rathaus Altenholz.
³⁵⁸⁷ Zu den Grenzen der Rückabwicklung *BVerwG*, Urt. v. 14. 4. 1978 – IV C 6.76 – BVerwGE 55, 337 = BRS 37 Nr. 15 = KStZ 1980, 74 – Folgekostenvertrag; *OVG Münster*, Urt. v. 6. 10. 1977 – III A 793/75 – DVBl. 1978, 305 – Schulbaukostenbeiträge; Urt. v. 14. 11. 1979 – III A 942/77 – KStZ 1980, 72.
³⁵⁸⁸ *BGH*, Urt. v. 22. 11. 1979 – III ZR 186/77 – DVBl. 1980, 679.
³⁵⁸⁹ *VG München*, Urt. v. 18. 11. 1997 – M 1 K 96.5647 – NJW 1998, 2070 – Einheimischenmodell.
³⁵⁹⁰ *OVG Münster*, Urt. v. 25. 11. 1976 – VIII A 1625/76 – OVGE 32, 174 = BauR 1977, 100; vgl. auch *BVerwG*, B. v. 28. 8. 1987 – 4 N 1.86 – DVBl. 1987, 1273 = *Hoppe/Stüer* RzB Rdn. 63 – Volksfürsorge; s. Rdn. 1431.

zurückzuerstatten.³⁵⁹¹ Eine vollständige Rückabwicklung städtebaulicher Verträge ist aber vielfach nicht möglich, weil die von der Gemeinde erbrachte „Leistung", die etwa in der Aufstellung eines Bebauungsplans besteht, nicht rückabgewickelt werden kann. Die nur einseitige Rückabwicklung derartiger Verträge kann jedoch gegen den Grundsatz von Treu und Glauben verstoßen.³⁵⁹² Auch wenn der Vertrag keine entsprechende Klausel enthält, kann die Berufung des Investors auf die Nichtigkeit des Vertrages nach Vertragsdurchführung rechtsmissbräuchlich sein.³⁵⁹³

1945 Bei den Beratungen zur **Neufassung des § 11 BauGB** im Zusammenhang mit dem BauROG 1998 wurde daher im **Bundesrat** der Vorschlag eingebracht, einen § 216a BauGB in das BauGB aufzunehmen, wonach beim städtebaulichen Vertrag Fehler unter gewissen Umständen unbeachtlich sein sollten. Danach sollte nach der Genehmigung oder dem Beginn der Durchführung eines Vorhabens nicht mehr geltend gemacht werden können, dass übernommene Leistungen nicht Voraussetzung oder Folge des Vorhabens oder dass sie unangemessen sind. Auch Verfahrensfehler sollten ab diesem Zeitpunkt unbeachtlich werden. Dagegen wurde von der **Bundesregierung** vorgebracht, das Erfordernis der Angemessenheit sei Ausfluss des verfassungsrechtlich verankerten Gebotes der Verhältnismäßigkeit sowie des Übermaßverbotes, so dass als Fehlerfolge die Nichtigkeit erforderlich sei. Im Bereich privatrechtlicher städtebaulicher Verträge würde es bei der Aufnahme einer entsprechenden Regelung in das BauGB zudem zu einer Abkopplung vom allgemeinen Vertragsrecht kommen.³⁵⁹⁴

1946 Das *BVerwG* hat sich dem angeschlossen und eine Rückabwicklung unwirksamer Verträge nicht an dem Grundsatz von **Treu und Glauben** scheitern lassen.³⁵⁹⁵ Eine Gemeinde hatte mit dem Eigentümer eines Außenbereichsgrundstücks eine Vereinbarung über die Zahlung fiktiver Erschließungsbeitragskosten für die nachträgliche Einbeziehung des Grundstücks in den Geltungsbereich eines Bebauungsplans getroffen. Eine derartige Vereinbarung verstoße gegen das Koppelungsverbot. Die Rückforderung einer solchen Geldleistung sei – so das *BVerwG* – auch nicht ganz allgemein durch den Grundsatz von Treu und Glaube ausgeschlossen.³⁵⁹⁶

1947 Die Entscheidung zu Gunsten einer **einseitigen Rückabwicklung** derartiger Verträge wirft jedoch Probleme auf. Denn es muss vermieden werden, dass der Investor zunächst die gemeindlichen Leistungen in Anspruch nimmt und etwa das von der Gemeinde geschaffene Baurecht ausnutzt, sich aber später mit Hinweis auf die Nichtigkeit der Vereinbarungen seinen im städtebaulichen Vertrag übernommenen Verpflichtungen zu entziehen sucht.³⁵⁹⁷

1948 Eine Korrekturmöglichkeit Not leidender öffentlich-rechtlicher Verträge durch den Grundsatz von Treu und Glauben ist vor allem bei **nicht synallagmatischen Vereinbarungen** erforderlich. Denn anders als bei Austauschverträgen stehen vor allem im Bereich des Städtebaurechts vertragliche Leistungen vielfach nicht in einem Austauschverhältnis. So kann sich etwa die Gemeinde nicht verpflichten, einen Bebauungsplan aufzustellen, so dass schon aus diesem Grunde die im Vertrag versprochenen Zahlungen nicht eine „Gegenleistung" für die Aufstellung des Bebauungsplans sind. Derartige „hinkende Aus-

---

³⁵⁹¹ *BVerwG*, Urt. v. 1. 2. 1980 – 4 C 40.77 – BauR 1980, 333 = ZfBR 1980, 88 = *Hoppe/Stüer* RzB Rdn. 27 – Rathaus Altenholz, s. dort auch zu den Grundsätzen der aufgedrängten Bereicherung; *Stüer* Verwaltungsrundschau 1986, 195; *ders.* DVBl. 1995, 649; *Stüer/König* ZfBR 2000, 524.
³⁵⁹² *Neuhausen* in: *Brügelmann*, § 11 BauGB Rdn. 108.
³⁵⁹³ *VGH Mannheim*, Urt. v. 22. 8. 1996 – 2 S 2320/94 – NVwZ-RR 1997, 675.
³⁵⁹⁴ BT-Drucksache 13/6392, S. 138.
³⁵⁹⁵ *BVerwG*, Urt. v. 16. 5. 2000 – 4 C 4.99 – BVerwGE 111, 162 = DVBl. 2000, 1853.
³⁵⁹⁶ *Stüer/König* ZfBR 2000, 524.
³⁵⁹⁷ In den Vertrag könnte dazu etwa folgende Regelung aufgenommen werden: Der Investor kann sich auf die Nichtigkeit des städtebaulichen Vertrages (Durchführungsvertrages) nicht mehr berufen, wenn mit der Verwirklichung des Vorhabens begonnen worden ist.

tauschverhältnisse", die nicht i. S. der üblichen synallagmatischen Leistungen zurück abgewickelt werden können, bedürfen in besonderer Weise der Prüfung nach den Maßstäben von Treu und Glauben, wenn die Verträge Not leidend werden. Denn die in der Aufstellung des Bebauungsplans bestehende „Leistung" der Gemeinde kann im Falle der Nichtigkeit des Vertrages nicht zurück abgewickelt werden. Wegen dieser Besonderheiten solcher nicht synallagmatischen Leistungen erscheint es geboten, eine Rückabwicklung Not leitender Verträge dann auszuschließen, wenn das Ergebnis einer nur einseitigen Rückabwicklung nicht vertretbar erscheint.

1949 Nicht nur bei der Nichtigkeit derartiger Verträge aufgrund von Form- und Verfahrensfehlern, sondern auch bei Verstößen gegen das materielle Recht würde die Rückabwicklung dazu führen, dass der Vertragspartner der Gemeinde seine Leistung zurückerhält, die von der Gemeinde durch die Aufstellung des Bebauungsplans erbrachte Leistung jedoch bei dem Vertragspartner verbleibt. Eine Rückabwicklung derartiger „einseitiger" echter Verpflichtungen erscheint daher nicht sachgerecht und widerspricht dem Grundsatz von **Treu und Glauben**. Müsste die Gemeinde in derartigen Fällen mit einer einseitigen Rückabwicklung der Verträge rechnen, so würde sie wohl nur mit großen Vorbehalten derartige Verträge schließen können und der Zweck des Gesetzes, durch vertragliches Handeln eine eigenständige öffentlich-rechtliche Handlungsform zu schaffen, würde nur teilweise erreicht. Vor allem würde aber in der Praxis Unsicherheit entstehen, wenn jederzeit mit der einseitigen Rückabwicklung derartiger Verträge gerechnet werden müsste. Denn jede Fehlbeurteilung der Wirksamkeit des Vertrages würde bereits die einseitige Rückabwicklung zur Folge haben, so dass die Gemeinde nach Abschluss des Vertrages sich nicht darauf verlassen könnte, dass die von dem Vertragspartner versprochene Leistung auch tatsächlich erbracht wird. Dies gilt vor allem auch für die Frage der Angemessenheit der Leistungen, die bei vertraglichen Regelungen erforderlich ist (§ 11 II BauGB, Art. 56 I VwVfG). Nach Aufstellung des Bebauungsplans und Erteilung der Baugenehmigung verstößt daher das Berufen auf die Nichtigkeit des Vertrages gegen Treu und Glauben. Dies gilt auch bei dem vom *BVerwG* entschiedenen Fall,[3598] bei dem die vertragliche Regelung die Gerechtigkeitslücke bei den anderen Grundstückseigentümern entstanden ist und daher die verbleibende Verwendung der Gelder für andere öffentliche Zwecke aus ihrer Sicht nicht unbedingt als sachgerechter Lückenschluss dieser Gerechtigkeitsdefizite erscheint.

1950 Die gesetzliche Regelung des städtebaulichen Vertrages gibt der Praxis ein hilfreiches Instrumentarium an die Hand, das vor allem bei konkreten Investitionsvorhaben neue Perspektiven eröffnet. Aus Gründen der Wahrung des rechtsstaatlich gebotenen Planungsprozesses sollte jedoch mit diesem Instrumentarium bezogen auf beteiligte Drittinteressen behutsam umgegangen werden. Planung darf sich weder als „obrigkeitliche Hoheitsverwaltung" noch als „Spielball privatwirtschaftlicher Interessen" verstehen. Städtebauliche Planung steht im Dienste aller Bürger und muss sich vor allem durch Offenheit und Ausgewogenheit der Planungsprozesse und durch überzeugende Konzepte legitimieren. Dies setzt die strikte Beachtung förmlicher Verfahren und das Bemühen der politischen Entscheidungsträger um größtmögliche Akzeptanz bei den Betroffenen voraus.

20. Mediation

1951 Das Prozessieren wird immer weniger attraktiv, wird vielfach beklagt. Das liegt zunächst an der **„Dreiklassengesellschaft"** der Verwaltungsprozesse. Über Großverfahren urteilt erst- und letztinstanzlich das *BVerwG*. Bedeutendere Prozesse vor allem in Fachplanungsverfahren entscheidet das *OVG* als Tatsacheninstanz und das *BVerwG* – bei Zulassung der Revision – als Revisionsinstanz. Das Gros aller durchschnittlichen verwaltungsgerichtlichen Verfahren vom kleinen Nachbarstreit bis zur Abrissverfügung bei

---

[3598] *BVerwG*, Urt. v. 16. 5. 2000 – 4 C 4.99 – BVerwGE 111, 162 = DVBl. 2000, 1853.

Schwarzbauten beginnt demgegenüber nach der 6. VwGO-Novelle beim Einzelrichter der ersten Instanz und endet dort auch zumeist. Wenn der Prozess dort nicht abgeschlossen ist und wider Erwarten ein Zulassungsantrag Erfolg hat, steht der endgültige Ausgang des Prozesses zumeist selbst nach Jahren noch nicht fest. Statt die Akte in solchen Fällen sofort als erledigt ins Archiv bringen zu lassen oder eine kanonische Frist zu verfügen („Wiedervorlage in 300 Jahren"), könnte hier eine außergerichtliche Streitentscheidung durch Mediation durchaus ihre Chancen haben.[3599] Aber Mediation muss gelernt sein. Vor allem müssen die Anwälte, wenn sie sich dieser Aufgabe stellen, von Grund auf umdenken. Denn es geht dann in erster Linie nicht darum, Ansprüche des Mandanten durchzusetzen, sondern nach vermittelnden Lösungen zu suchen. Auch die alte Anwaltsweisheit, *„wenn du gewinnen kannst, darfst du dich nicht vergleichen"* hat dann für das Verwaltungsrecht weitgehend ausgedient.[3600] Nicht anwaltliche Haudegen, sondern der smarte Konfliktmittler sind da wohl in Zukunft eher gefragt. Aber vielleicht wäre das ja ein durchaus sympathischer Zug in der Veränderung des Anwaltsbildes, die seit den Bastille-Entscheidungen des *BVerfG*[3601] mit der Etablierung großer überörtlicher Anwaltsfirmen, einer bröckelnden Singularzulassung und dem Fall des anwaltlichen Werbeverbotes – von manchem eher skeptisch beurteilt – allenthalben um sich gegriffen hat.

1952 Ob **§ 4b BauGB** ein Einfallstor für eine derartige Mediation im öffentlichen Baurecht sein kann, erscheint fraglich. Nach dieser Vorschrift kann die Gemeinde einem Dritten die Vorbereitung und Durchführung von Verfahrensschritten der Bauleitplanung nach den §§ 3 bis 4a BauGB übertragen. Unklar ist etwa, wer dieser Dritte sein soll bzw. sein darf. Denn es gibt im BauGB mindestens zwei verschiedene Modelle des „Dritten". Der „zivilrechtliche" Dritte steht außerhalb eines Vertragsverhältnisses und außerhalb eines städtebaulichen Vertrages zwischen Gemeinde und Investor. Dieser „zivilrechtliche" Dritte findet sich im BauGB z. B. in den §§ 159 III, 160 IV, 161 I. Der „öffentlich-rechtliche" Dritte steht außerhalb eines Über- und Unterordnungsverhältnisses, das etwa zwischen der Gemeinde und Bürgern bestehen kann. Bei § 4b BauGB stellt sich die Frage, ob ein Vorhabenträger, ein Vertragspartner der Gemeinde nach § 11 BauGB, zugleich ein Dritter i. S. des § 4b BauGB sein kann; ob die Gemeinde also dem Investor die Vorbereitung und Durchführung der Öffentlichkeits- und Behördenbeteiligung in einem Bauleitplanverfahren übertragen darf, das dessen Vorhaben betrifft. Selbst wenn man das vom Grundsatz her für zulässig erachtet, muss die Gemeinde sorgfältig abwägen, ob der Vorhabenträger tatsächlich ein geeigneter Dritter i. S. des § 4b BauGB ist (vgl. „geeigneter Beauftragter" i. S. des § 167 I BauGB). Je umstrittener das Vorhaben ist, desto eher werden daran Zweifel aufkommen müssen. Auch dürfte die Gemeinde zumeist nicht gut beraten sein, wenn sie dem Vorhabenträger die Durchführung von Verfahrensschritten überlässt. Selbstverständlich darf dieser keine materiellen Entscheidungsbefugnisse wahrnehmen.

1953 Für Mediation ist aber im Planungsbereich vor allem aus **Anwaltssicht** ein durchaus reizvolles Betätigungsfeld. Bereits in der Mandantenberatung kann der Anwalt als Mediator auftreten, indem er sozusagen als Sparringspartner seines Mandanten die gewünschten Ergebnisse auf ihre Durchsetzbarkeit befragt und gemeinsam mit ihm überlegt, ob und wie den Belangen unter weitmöglicher Wahrung der Interessen anderer Beteiligter entsprochen werden kann. Denn die Durchsetzung eigener Interessen wird für den Mandanten umso einfacher sein, je mehr die Sicht auch der anderen Beteiligten und insbesondere auch der Verwaltung und verfahrensbeteiligter Dritter in die Beurteilung eingeht und mit je geringeren Widerständen daher zu rechnen ist. Der Anwalt wird dann auch keine überzogenen Forderungen stellen, sondern nach Möglichkeit bereits zu Beginn der Verhandlung einen Weg vorschlagen, der auch aus der Sicht der anderen Beteiligten

---

[3599] *Stüer/Rude* DVBl. 1998, 630.
[3600] *Stüer* Anwaltserfahrungen NJW 1995, 2142.
[3601] *BVerfG*, B. v. 14. 7. 1987 – 1 BvR 537/81 – BVerfGE 76, 171 = DVBl. 1988, 188 – Sachlichkeitsgebot; B. v. 14. 7. 1987 – 1 BvR 362/79 – BVerfGE 76, 196 = NJW 1988, 194 – Werbeverbot.

gangbar erscheint. Denn nicht die einseitige Durchsetzung von Interessen ist das Ziel, sondern ein an Ausgleich und Optimierung aller Belange orientiertes Ergebnis, mit dem jede Seite leben kann. So scheidet etwa bei vorhabenbezogenen Bebauungsplänen oder städtebaulichen Verträgen das übliche Denken in Anspruchsgrundlagen und das Modell der gerichtlichen Streitentscheidung von vornherein aus. Denn der Anspruch des Investors, über seinen Antrag auf Aufstellung eines vorhabenbezogenen Bebauungsplans „nach pflichtgemäßem Ermessen" zu entscheiden (§ 12 II BauGB), steht im Ergebnis nur auf dem Papier und ist am Ende wohl auch kaum mehr wert als ein missratener Heiratsantrag. Vielmehr stehen „Win-Win-Ergebnisse" hoch im Kurs.

9. Teil. Städtebauliche Sanierung[*]

1954 Das Instrumentarium des Sanierungsrechts gem. §§ 136 bis 164 b BauGB ist auf Maßnahmen zur Behebung städtebaulicher Missstände zugeschnitten. Die Behebung dieser Missstände ist verbunden mit erheblichen Eingriffen in das Eigentum, dem gemeindlichen Grunderwerbsbedarf, der Umschichtung von Nutzungen, gravierenden Änderungen des Grundstückswertgefüges und einem hohen Kostenaufwand. In den letzten Jahrzehnten bestand stets ein Sanierungsbedarf und er wird auch in Zukunft bestehen. Der hohe Finanzaufwand, die Komplexität der erforderlichen Planung über viele Jahre hinweg und die umfangreichen Durchführungsmaßnahmen stellen die Gemeinden in der Praxis vor große Probleme und erfordern einen enormen Abstimmungsaufwand in den kommunalen Gremien.

I. Historische Entwicklung der städtebaulichen Sanierung

1955 Die städtebauliche Sanierung wurde in der zweiten Hälfte des vorigen Jahrhunderts entdeckt, nachdem die Kriegsschäden des Zweiten Weltkriegs repariert und hierdurch ein städtebauliches Gefälle zwischen den neuen Stadtzentren und Wohnbauvierteln einerseits und den vom Städtebau der Nachkriegszeit vernachlässigten Quartieren mit schlechter Bausubstanz und zumeist sozialen Brennpunkten entstanden war. Das hierdurch entstandene städtebauliche Ungleichgewicht und die aufgetretenen städtebaulichen Missstände sollten durch eine zunächst als Flächensanierung verstandene städtebauliche Sanierung beseitigt werden.

1. Trümmergesetze und Aufbaugesetze 1948–1950

1956 Nach dem Zweiten Weltkrieg standen die Städte und Gemeinden angesichts der katastrophalen Zerstörungen in Deutschland und einen Strom von ca. 11 Millionen Flüchtlingen aus den Ostgebieten vor einem völligen Neubeginn. Es herrschte ein Fehlbestand an Wohnungen in der Größenordnung von 4–5 Millionen.[3602] Ein geeignetes rechtliches Instrumentarium zum Wiederaufbau war allerdings nicht vorhanden. Somit bestand die Aufgabe der Baugesetzgebung darin, die entsprechenden Rechtsgrundlagen für den Wiederaufbau zu schaffen. Da es an einer bundeseinheitlichen Regelung fehlte, wurden in der unmittelbaren Nachkriegszeit von den sich herausbildenden Ländern (mit den Ausnahmen Bayern[3603] und Berlin[3604]) in den Jahren 1948–1950 zunächst die so genannten Trümmergesetze und darauf die so genannten Aufbaugesetze erlassen. Diese Gesetze sahen eine vollkommene Planung der städtebaulichen Nutzung vor, die den Städten über-

---

[*] An dem Teil „Städtebauliche Sanierung" hat *Christian Adam* (Münster) mitgewirkt.
[3602] BT-Drucksache IV, 1492, 5–6; *Roloff* BBauBl. 1956, 526; *Kessler*, BB 1955, 73.
[3603] Der in Bayern 1950 ausgearbeitete Entwurf eines Baugesetzes wurde mit Rücksicht auf eine erwartete bundeseinheitliche Regelung zurückgestellt.
[3604] Von einer vorbereitenden Gesamtregelung des Baurechts wurden nur Teile beraten und verabschiedet: Plenargesetz v. 22. 8.1949 (VOBl. I 301); Baulandumlegungsgesetz v. 3. 3.1950 (VOBl.I 71).

tragen war (in Hessen den Kreisen). Die städtebauliche Sanierung verstanden als die bauliche und funktionale Wiederbelebung städtebaulicher Missstände war sozusagen überall am Platz.

2. BauGB 1960

1957 Das BBauG bildete die erste große Kodifikation des Städtebaurechts in Deutschland und regelte das Planungsinstrumentarium und die Nutzung von Grund und Boden eingehend.[3605] Zur Zeit der Beratungen zum BBauG ging es primär immer noch um den Wiederaufbau bzw. den Neubau von Wohnungen und Betriebsstätten. Die Sanierung und Erneuerung prinzipiell noch nutzbarer Gebäude und Flächen stand eher im Hintergrund.[3606] Das BBauG enthielt daher auch keine Sanierungsregelungen.

3. Städtebauförderungsgesetz 1971

1958 Ende der 60er Jahre waren die meisten Kriegszerstörungen und die einhergehende Wohnungsnot beseitigt. Die in der Folge des Wirtschaftswunders bezüglich des Einkommens erstarkten Mittelschichten konnten es sich leisten, in immer größeren Zahlen in die Randgebiete der Städte zu ziehen. Damit die Attraktivität der Städte nicht verloren ging und um einer Entvölkerung der Innenstädte entgegenzuwirken, sollten Bausubstanz und das Wohnumfeld in den Innenstädten modernisiert und verbessert werden. Die Notwendigkeit der Schaffung eines neuen Gesetzesinstrumentariums ergab sich somit aus den jahrzehntelangen unzureichend geordneten baulichen Entwicklungen und der Erkenntnis, dass die Schaffung einer funktionsfähigen gemeindlichen Infrastruktur eines besonderen bodenrechtlichen Instrumentariums für Sanierungsmaßnahmen bedarf.[3607] Die Entwicklung des Planungsrechts zur Lenkung und Steuerung der städtebaulichen Entwicklung wurde 1965 durch das Raumordnungsgesetz[3608] eingeleitet und durch das Städtebauförderungsgesetz[3609] von 1971 fortgeführt. Durch diese Gesetze wurde den Städten und Gemeinden erstmals die Möglichkeit gegeben, ganze Stadtteile zum Sanierungsgebiet zu erklären und in diesen Gebieten sämtliche Grundstücke in einem Zuge zu modernisieren oder abzubrechen.[3610] Denn vor allem durch den Wiederaufbau nach dem Kriege war ein Gegensatz zwischen den nach damaligen Maßstäben modern errichteten Stadtteilen und Stadtquartieren entstanden, die aufgrund ihrer überalterten Bausubstanz und ihren gravierenden Nutzungsmängeln als städtebauliche Missstände empfunden wurden.

1959 Das StBauFG schuf ein Sonderrecht. Sachlich war es beschränkt auf städtebauliche Sanierungs- und Entwicklungsmaßnahmen. Damit war die Anwendung auch räumlich auf diese Maßnahmen und zeitlich auf deren Vorbereitung und Durchführung beschränkt. Das StBauFG enthielt durch diese Beschränkungen keine abschließenden bodenrechtlichen Regelungen, so dass auch bodenrechtliche Vorschriften andere Gesetze anzuwenden waren. Dies galt vor allem für das BBauG, das in Sanierungs- und Entwicklungsmaßnahmen neben den Vorschriften des StBauFG z.T. erheblich modifiziert anzuwenden war.[3611] Die Sanierung war in ihrer Anfangszeit vor allem an dem Gedanken ausgerichtet, die alte Bausubstanz völlig zu beseitigen und durch eine Neubebauung zu ersetzen. Von Flächensanierung und negativ von Kahlschlag war vielfach die Rede.

[3605] *Stüer*, Der Bebauungsplan, Rdn. 5.
[3606] *Schmidt-Eichstaedt*, Städtebaurecht, 294.
[3607] *Kauther* JuS 1981, 557.
[3608] ROG v. 8. 4. 1965 (BGBl. I 306).
[3609] Gesetz über die städtebaulichen Sanierungs- und Entwicklungsmaßnahmen in den Gemeinden v. 27. 7. 1971 (BGBl. I 1125).
[3610] *Brohm*, Öffentliches Baurecht, § 33, Rdn. 4.
[3611] *Krautzberger* NVwZ 1987, 647; *Battis/Krautzberger/Löhr*, Vorbem. zu §§ 136–164, Rdn. 1.

4. Baugesetzbuch 1987 und heutiger Stand

Seit Mitte der 70er Jahre hat sich die Ansicht durchgesetzt, dass i. d. R. nicht die Flächenentwicklung- und Sanierung, sondern zugleich auch die Erhaltung der Bausubstanz gefördert werden sollte. Insofern ging die Entwicklung von der Neuplanung über die Flächensanierung zur mehr objektbezogenen Erhaltung unter Einbeziehung von Wohnbestand und Stadtbildpflege.[3612] Aufgrund der gewandelten Einstellung wurden in allen Bundesländern entsprechende Denkmalschutzgesetze erlassen und die Reichweite des Denkmalschutzes durch einen Umgebungsschutz erweitert. Der Bundesgesetzgeber übernahm den Gedanken der Substanzerhaltung 1976 auch in das Bauplanungsrecht. Die entsprechenden Regelungen finden sich heute noch in § 1 VI Nr. 5 BauGB (Planungsleitlinie auf Erhaltung städtebaulich bedeutsamer Bausubstanz) und §§ 172 ff. BauGB (Erhaltungssatzung) wieder. Mit den Novellen zum BBauG 1976 und 1979 und der Novelle zum StBauFG 1984[3613] wurden die beiden Gesetze noch stärker verzahnt.[3614] Das Nebeneinander von BBauG und StBauFG begründete die rechtspolitische Absicht, beide zusammenzufassen.[3615] Mit dem Baugesetzbuch[3616] wurde dieses Ziel 1987 erreicht.[3617] Durch die Übernahme des städtebaulichen Sanierungsrechts in das Baugesetzbuch hat der Gesetzgeber die Stadterneuerung als Daueraufgabe anerkannt.[3618]

Durch die Wohnungsnot der 80er Jahre und durch die Revolution in der damaligen DDR von 1989 entstand für den Gesetzgeber ein erneuter Handlungsbedarf. Am 1. 6. 1990 trat in den alten Bundesländern das Wohnungsbau-Erleichterungsgesetz[3619] in Kraft. Es enthielt das Maßnahmengesetz zum BauGB,[3620] das speziell der Wohnraumbeschaffung diente. Durch den Staatsvertrag vom 18. 5. 1990 wurde durch die Schaffung einer Währungs-, Wirtschafts- und Sozialunion am 20. 6. 1990 die Bauplanungs- und Zulassungsverordnung[3621] für den Bereich der ehemaligen DDR erlassen. Sie enthielt wesentliche Regelungen zur Bauleitplanung, zur Zulässigkeit von Vorhaben und zur städtebaulichen Sanierung. Seit dem 3. 10. 1990 gilt das BauGB, zunächst mit den bis zum 31. 12. 1997 befristeten Sondervorschriften der § 246 a BauGB,[3622] auch in den neuen Bundesländern.[3623] Das BauGB wurde durch das Investitionserleichterungs- und Wohnbaulandgesetz[3624] 1993 geändert, und gleichzeitig damit das BauGB-MaßnG bis zum 31.12 1997 verlängert. Weitere Änderungen im BauGB erfolgten zum einen 1996[3625] und zum anderen 1998 durch das Bau- und Raumordnungsgesetz.[3626] Zugleich trat das BauGB-MaßnG außer Kraft. Die gesetzlichen Neuregelungen betrafen teilweise auch das Sanierungsrecht, dessen Bedeutung aber vor allem durch die geringeren öffentlichen Fördermittel abnahm. Durch das EAG Bau sind Regelungen zum Stadtumbau und zur sozialen Stadt hinzugefügt worden (§§ 171 a bis 171 e BauGB).

[3612] Materialien zum Baugesetzbuch, Schriftenreihe des BMBau, Nr. 03.108, August 1984, 91 f.; *Köhler* BBauBl. 1983, 135; *Gronemeyer* NVwZ 1985, 143.
[3613] Gesetz zur Änderung des StBauFG v. 5. 11. 1984 (BGBl. I 1321).
[3614] *Krautzberger* DVBl. 1984, 1149.
[3615] *Krautzberger* NVwZ 1987, 647.
[3616] Baugesetzbuch i. d. F. der Bekanntmachung v. 8. 12. 1986 (BGBl. I 2253).
[3617] Gemäß Art. 2 Nr. 1 des Gesetzes über das Baugesetzbuch ist mit dem In-Kraft-Treten des Baugesetzbuches das StBauFG aufgehoben worden.
[3618] RegE, BT-Drucksache 10/4630, 50.
[3619] Gesetz vom 17. 5. 1990 (BGBl. I 926).
[3620] BauGB-MaßnG i. d. F. der Neubekanntmachung v. 17. 5. 1990 (BGBl. I 926).
[3621] Verordnung v. 20. 6. 1990, (GBl. DDR I 739).
[3622] Eingefügt durch den Einigungsvertrag, Gesetz v. 23. 9. 1990 (BGBl. II 885).
[3623] *Stüer*, Der Bebauungsplan, Rdn. 7.
[3624] Gesetz v. 22. 4. 1993 (BGBl. I, 466).
[3625] Gesetz zur Änderung des BauGB v. 30. 7. 1996 (BGBl. I 1189).
[3626] Gesetz zur Änderung des BauGB und zur Neuregelung des Rechts der Raumordnung v. 18. 8. 1997 (BGBl. I 2081).

II. Sanierungsrecht (Überblick)

1962 Das städtebauliche Sanierungsrechts stellt sich heute als Sonderrecht des Bauplanungsrechts dar, für das einerseits das allgemeine Recht der städtebaulichen Planung gilt, das aber zugleich in den §§ 136 bis 164b BauGB über Sonderregelungen verfügt, die speziell auf die bauliche Nutzung von Bereichen mit städtebaulichen Missständen und mit sozialen Brennpunkten ausgerichtet ist.

1. Systematik: §§ 136 bis 164b BauGB

1963 Die städtebauliche Sanierungsmaßnahme ist als besonderes bodenrechtliches Instrument in den §§ 136–164b BauGB geregelt. Im Ersten Abschnitt (§§ 136 bis 139 BauGB) sind allgemeine Vorschriften zusammengefasst. Im Zweiten Abschnitt (§§ 140 bis 151 BauGB) sind die Vorbereitung und Durchführung der Sanierung geregelt. Die – außer in den Fällen des „vereinfachten" Verfahrens – anzuwendenden besonderen sanierungsrechtlichen Vorschriften des Dritten Abschnitts (§§ 152 bis 156a BauGB) umfassen vor allem die besonderen entschädigungsrechtlichen Regelungen, die Preisprüfung und den Ausgleichsbetrag. Im Vierten Abschnitt (§§ 157 bis 161 BauGB) sind Bestimmungen über Sanierungsträger und andere Beauftragte enthalten und der Fünfte Abschnitt (§§ 162 bis 164 BauGB) enthält die Bestimmungen über den Abschluss der Sanierung. Der Sechste Abschnitt (§§ 164a bis 164b BauGB) regelt den Einsatz von Städtebauförderungsmitteln. Weiterhin regeln die durch das BauROG 1998 neu gefassten Überleitungsvorschriften der §§ 233 und 235 BauGB die Anwendung des ab 1.1. 1998 geltenden Sanierungsrechts.[3627]

2. Anwendungsbereich des Sanierungsrechts

1964 Die städtebauliche Sanierungsmaßnahme dient der Gemeinde dazu, städtebauliche Missstandsituationen zu verbessern und möglichst zu beheben.[3628] Dabei ist die Sanierungsmaßnahme eine komplexe Gesamtmaßnahme.[3629] Die Sanierungsmaßnahme besteht aus mehreren Einzelmaßnahmen, deren einheitliche Vorbereitung und Durchführung gem. § 136 I BauGB im öffentlichen Interesse liegen muss. Das Sanierungsrecht der §§ 136 bis 164b BauGB ist weiterhin in seiner sachlichen, räumlichen und zeitlichen Anwendung beschränkt:[3630]

1965 **a) Sachlicher Anwendungsbereich.** Durch § 136 I BauGB wird der sachliche Anwendungsbereich des Sanierungsrechts festgelegt. Danach werden „nach den Vorschriften dieses Teils" städtebauliche Sanierungsmaßnahmen in Stadt und Land, deren einheitliche Durchführung im öffentlichen Interesse liegt, vorbereitet und durchgeführt.[3631]

1966 **b) Räumlicher Anwendungsbereich.** Gemäß § 142 I 2 BauGB ist das Sanierungsgebiet so zu begrenzen, dass sich die Sanierung zweckmäßig durchführen lässt (**Zweckmäßigkeitsgebot**). Daraus ergibt sich eine räumliche Begrenzung. Zudem ist auch das Untersuchungsgebiet gem. § 141 BauGB räumlich begrenzt. Ferner das Sanierungsrecht nach § 142 II BauGB in Ersatz und Ergänzungsgebieten anzuwenden.[3632]

1967 **c) Zeitlicher Anwendungsbereich.** Das Sanierungsrecht ist vom Zeitpunkt der Bekanntmachung des Beschlusses über den Beginn der vorbereitenden Untersuchungen gem. § 141 III 2 BauGB bis zur Aufhebung der Sanierungssatzung gem. § 162 II 2 u. 3 BauGB anzuwenden. Für einzelne Grundstücke sind nach § 163 BauGB Ausnahmen möglich.[3633]

[3627] *Battis/Krautzberger/Löhr* NVwZ 1997, 1145.
[3628] *Ernst/Zinkahn/Bielenberg/Krautzberger,* Vorbem. zu §§ 136–171, Rdn. 29.
[3629] *BVerwG,* Urt. v. 7.7.1996 – 4 B 91.96 – NJW 1996, 2807.
[3630] *Krautzberger* NVwZ 1987, 647; *Battis,* Öffentliches Baurecht und Raumplanungsrecht, 202.
[3631] *Schrödter/Köhler,* § 136 BauGB, Rdn. 20.
[3632] *Battis/Krautzberger/Löhr,* Vorbem. zu §§ 136 bis 164, Rdn. 29.
[3633] *Schrödter/Köhler,* § 136 BauGB, Rdn. 19.

III. Städtebauliche Sanierungsmaßnahmen

Die Sanierung dient der Revitalisierung mit Substanz- und Funktionsschwächen. Die Maßnahmen setzen ein qualifiziertes öffentliches Interesse voraus, müssen dem Abwägungsgebot entsprechen und kommen den Städten und Gemeinden als Selbstverwaltungsaufgabe zu.

1. Begriff der städtebaulichen Sanierung

Städtebauliche Sanierungsmaßnahmen zielen darauf ab, städtebauliche Missstände wesentlich zu verbessern oder umzugestalten. § 136 II BauGB unterscheidet zwischen Missständen in der Substanz und in der Funktionsfähigkeit eines Gebietes.

a) Substanzschwäche. Städtebauliche Missstände liegen gem. § 136 II Nr. 1 BauGB vor, wenn ein Gebiet nach seiner vorhandenen Bebauung oder nach seiner sonstigen Beschaffenheit den allgemeinen Anforderungen an gesunde Wohn- und Arbeitsverhältnisse oder an die Sicherheit der in ihm wohnenden oder arbeitenden Menschen nicht entspricht. § 136 III Nr. 1 BauGB enthält einen Katalog, anhand dessen das Vorliegen eines solchen Missstandes zu beurteilen ist.[3634]

b) Funktionsschwäche. Ein städtebaulicher Missstand hinsichtlich der mangelnden Funktionsfähigkeit eines Gebietes liegt gem. § 136 II Nr. 2 BauGB vor, wenn ein Gebiet in der Erfüllung seiner Aufgaben, die ihm nach seiner Lage und Funktion obliegen, erheblich beeinträchtigt ist. Bei der Beurteilung dieser Frage ist der Kriterienkatalog des § 136 III Nr. 2 BauGB heranzuziehen. Die Funktionsschwäche folgt dabei nicht nur der bereits bestehenden Situation, sondern kann sich auch aus der zukünftigen Funktion oder Struktur des jeweiligen Gebietes ergeben.[3635]

2. Qualifiziertes öffentliches Interesse

Gemäß § 136 I BauGB muss die einheitliche Vorbereitung und Durchführung der Sanierungsmaßnahmen im öffentlichen Interesse liegen. Der unbestimmte Rechtsbegriff des öffentlichen Interesses wird zum einen durch die Tatbestandsmerkmale „einheitliche Vorbereitung" und „zügige Durchführung" konkretisiert.[3636] Zum anderen wird das qualifizierte öffentliche Interesse durch die allgemeine Zielsetzung des § 136 IV 2 Nr. 1 bis 4 BauGB weiter konkretisiert. Danach soll die städtebauliche Sanierung die Bau- und Siedlungsstruktur im Hinblick auf die sozialen, ökonomischen, hygienischen und kulturellen Erfordernissen entwickeln und fördern.[3637] Es bedarf von der Vorbereitung über die Durchführung bis zum Abschluss der Sanierungsmaßnahme eines qualifizierten öffentlichen Interesses.[3638] Dazu muss das Wohl der Allgemeinheit (§ 136 IV 1 BauGB) gerade eine einheitliche Vorbereitung und Durchführung der Sanierungsmaßnahmen mit den hierfür vorgesehenen intensiven Beschränkungen der Rechte des Einzelnen rechtfertigen. Dementsprechend trifft § 136 IV BauGB die programmatische Aussage, dass Sanierungsmaßnahmen dem Wohl der Allgemeinheit dienen. In dieser Bestimmung liegt keine gesetzliche Fiktion, sondern eine Anforderung, die mit § 136 IV 2 Nr. 1 bis 4 BauGB in Zusammenhang steht.[3639] Wegen der erforderlichen Allgemeinwohlbindung besteht das öffentliche Interesse i. S. des § 136 I BauGB nicht bereits dann, wenn eine städtebauliche Sanierungsmaßnahme entweder in ihrer Gesamtheit oder in Einzelmaßnahmen vor allem in Verfolg privater Interessen vorbereitet und durchgeführt werden soll.[3640]

[3634] *Schrödter/Köhler*, § 136, BauGB Rdn. 56.
[3635] *BVerwG*, Urt. v. 6. 7. 1984 – 4 C 14.81 – NVwZ 1985, 184.
[3636] Bielenberg/Koopmann/Krautzberger, § 136 BauGB, Rdn. 6.
[3637] *Brohm*, Öffentliches Baurecht, § 34, Rdn. 1.
[3638] *BGH*, Urt. v. 8. 5. 1980 – III ZR 27/77 – NJW 1980, 2814, 2815; Ernst/Zinkahn/Bielenberg/Krautzberger, § 136, Rdn. 10; *Battis/Krautzberger/Löhr*, § 136 BauGB, Rdn. 3.
[3639] *Battis/Krautzberger/Löhr*, § 136 BauGB, Rdn. 27.
[3640] Ernst/Zinkahn/Bielenberg/Krautzberger, § 136 BauGB, Rdn. 12.

3. Abwägungsgebot

1973 Nach Maßgabe des in § 136 IV 3 BauGB normierten sanierungsrechtlichen Abwägungsgebots sind die öffentlichen und privaten Belange gegeneinander und untereinander gerecht abzuwägen. Dem Abwägungsgebot kommt insofern besondere Bedeutung zu, weil es dem einzelnen Sanierungsbetroffenen den als subjektives Rechts ausgestalteten Anspruch auf eine gerechte Abwägung gerade wegen seiner rechtlich geschützten Belange einräumt.[3641] Angesichts der bedeutenden Auswirkungen, die jede Abwägung in der Planung für den einzelnen Bürger insbesondere im Hinblick auf grundrechtlich geschützte Positionen wie die Eigentumsgarantie des Art. 14 GG mit sich bringt, darf eine planerische Gestaltungsfreiheit schon von Verfassungs wegen nicht ohne rechtliche Bindung eingeräumt werden.[3642] Das Abwägungsgebot ist somit Ausfluss des Rechtsstaatsgebotes des Art. 20 III GG und die Abwägungsgrundsätze sind daher nicht nur für die Bauleitplanung, sondern auch für jede andere staatliche Planung verbindlich.[3643]

1974 Auf die Sanierungsplanung können die für die **Bauleitplanung** entwickelten Abwägungsgrundsätze entsprechend angewendet werden. Im Verhältnis zum allgemeinen Abwägungsgebot der Bauleitplanung gem. § 1 VII BauGB ist jedoch das sanierungsrechtliche Abwägungsgebot (§ 136 IV 2 BauGB) die speziellere Regelung.[3644] Die **Behördenbeteiligung** erfolgt in entsprechender Anwendung der allgemeinen Beteiligungsvorschriften in § 4, 4a BauGB. Die Behörden und sonstigen Träger öffentlicher Belange sind daher wie bei der förmlichen Behördenbeteiligung zu beteiligen. Die Behörden haben ihrerseits die Gemeinden auch über Änderungen ihrer Absichten zu informieren. Bei Änderungen der Planungen sind Konsultationsverfahren zwischen den Trägern öffentlicher Belange und der Gemeinde vorgesehen.

1975 **Zeitpunkt der Abwägung** ist in entsprechender Anwendung des § 214 III 1 BauGB für die anfängliche Abwägung nach Abschluss der vorbereitenden Untersuchungen die Sach- und Rechtslage im Zeitpunkt der Beschlussfassung über die Sanierungssatzung. § 214 III 2 BauGB gibt durch Abwägungsvorgang, Abwägungsergebnis und Abwägungsmangel den Ablauf jeder Abwägung nach dem BauGB vor. Entsprechendes gilt für die Abwägung bei der späteren Konkretisierung der Sanierungsziele.[3645]

4. Sanierung als Selbstverwaltungsaufgabe der Gemeinden

1976 Vorbereitung, Durchführung und Abschluss der städtebaulichen Sanierungsmaßnahme ist eine Selbstverwaltungsaufgabe der Gemeinden i. S. des Art. 28 II GG[3646] und i. S. des § 73 I 2 Nr. 3 VwGO. Selbstverwaltungsangelegenheiten i. S. von § 73 I 2 Nr. 3 VwGO sind nur solche des eigenen Wirkungskreises, nicht auch die Aufgaben des übertragenen Wirkungskreises oder Aufgaben nach Weisung.[3647] Die Zuständigkeit der Gemeinden wird im Sanierungsrecht an zahlreichen Stellen festgelegt (§§ 140 1, 141 I, 142 I, 142 III, 144, 145, 145, 154 III 2, 154 IV, 157 I, 163 I BauGB). Widerspruchsbescheide erlässt daher die Gemeinde, wenn es sich um eine sanierungsrechtliche Selbstverwaltungsangelegenheit handelt.

IV. Sanierungsverfahren

1977 Das Sanierungsverfahren gliedert sich in die Vorbereitung, die Durchführung und den Abschluss der Sanierung.

[3641] *Korbmacher* DÖV 1982, 517.
[3642] *Ibler* JuS 1990, 7; *Koch/Hendler* BauRecht, Raumordnungs- und Landesplanungsrecht, § 17, Rdn. 1.
[3643] *BVerwG*, Urt. v. 12. 12. 1969 – IV C 105.66 – BVerwGE 34, 301; Urt. v. 14. 2. 1975 – 4 C 63.80 – BVerwGE 48, 56; *Stüer/Rude* DVBl. 1999, 210.
[3644] *Fieseler*, Städtebauliche Sanierungsmaßnahmen, Rdn. 53.
[3645] *Fieseler*, Städtebauliche Sanierung, Rdn. 55.
[3646] BK/*Fislake*, § 142, Rdn. 2.
[3647] *Kopp/Schenke*, Rdn. 4 zu § 73 VwGO.

9. Teil. Städtebauliche Sanierung

1. Vorbereitung der Sanierung

Die Vorbereitung der Sanierung ist gem. § 140 BauGB Aufgabe der Gemeinde. Die Vorbereitung umfasst die in § 140 Nr. 1 bis 7 BauGB aufgeführten Aufgaben. In den §§ 141 ff. BauGB werden diese Aufgaben im Detail geregelt. **1978**

a) Vorbereitende Untersuchungen. Die Gemeinde hat vor der förmlichen Festlegung des Sanierungsgebietes vorbereitende Untersuchungen gem. § 141 I 1 BauGB durchzuführen oder zu veranlassen, um Beurteilungsunterlagen über die Erforderlichkeit einer Sanierung, die sozialen, strukturellen und städtebaulichen Verhältnisse und Zusammenhänge sowie die anzustrebenden allgemeinen Ziele und die Durchführbarkeit der Sanierung im Allgemeinen zu gewinnen. Weiterhin sollen sich die vorbereitenden Untersuchungen gem. § 141 I 2 BauGB auch auf nachteilige Auswirkungen erstrecken, die sich für die von der beabsichtigten Sanierung unmittelbar Betroffenen in ihren persönlichen Lebensumständen im wirtschaftlichen oder sozialen Bereich voraussichtlich ergeben. **1979**

Die Gemeinde hat gem. § 141 III 1, 2 BauGB den **Beginn der vorbereitenden Untersuchungen** durch einen ortsüblich bekannt gemachten Beschluss festzulegen. In diesem Beschluss muss der Untersuchungsgegenstand eindeutig bezeichnet[3648] und gem. § 141 III 3 BauGB auf die Auskunftspflichten der Betroffenen gem. § 138 BauGB hingewiesen werden. Mit dem Beschluss sind gem. § 141 IV BauGB die Vorschriften über die Beteiligung und über Pflichten Betroffener und der öffentlichen Aufgabenträger gem. §§ 137, 138 und 139 BauGB anzuwenden. Entsprechendes gilt für erste Sicherungsmaßnahmen gegen hinderliche Veränderungen, wie die mögliche Zurückstellung von Baugesuchen bzw. die vorläufige Untersagung von baugenehmigungsfreien Vorhaben nach § 15 BauGB.[3649] **1980**

Der **Bund**, einschließlich seiner Sondervermögen, die Länder, die Gemeindeverbände und die sonstigen Körperschaften, Anstalten und Stiftungen des öffentlichen Rechts sollen im Rahmen der ihnen obliegenden Aufgaben die Vorbereitung und Durchführung von städtebaulichen Sanierungsmaßnahmen unterstützen (§ 13I BauGB). Die Träger öffentlicher Belange haben die Gemeinden auch über Änderungen ihrer Absichten zu unterrichten (§ 139 II 2 BauGB). Die Beteiligung dieser Behörden richtet sich nach den §§ 4 und 4a BauGB (§ 139 II 1 BauGB). **1981**

Zwischen der Durchführung der vorbereitenden Untersuchungen und der Gewinnung von Beurteilungsunterlagen muss ein **Kausalzusammenhang** bestehen (§ 141 I 1 BauGB). Anderenfalls sind die vorbereitenden Untersuchungen mangels Ermächtigungsgrundlage rechtswidrig.[3650] Die Sanierung ist notwendig, wenn in dem zu untersuchenden Gebiet städtebauliche Missstände i. S. von § 136 II, III BauGB vorhanden sind oder drohen, die einheitliche Vorbereitung und zügige Durchführung gem. § 136 I BauGB im öffentlichen Interesse liegen und städtebauliche Missstände nicht ausschließlich durch Maßnahmen andere öffentlicher Aufgabenträger oder Inanspruchnahme anderer Förderungsmittel aus anderen Programmen oder Anwendung anderer Bestimmungen des BauGB oder andere Vorschriften behoben werden können.[3651] Die Prüfung der Notwendigkeit stellt eine Bestandsaufnahme der Gemeinden hinsichtlich der in § 136 II 2 BauGB und § 136 III BauGB aufgeführten städtebaulichen Missstände dar, wobei in diesem Rahmen die in den §§ 137, 138, 139 festgelegten Beteiligungs- und Mitwirkungsrechte ihre Wirkung entfalten. **1982**

Gemäß § 137 1 BauGB soll die Sanierung i. S. einer **Betroffenenbeteiligung** möglichst frühzeitig mit den Eigentümern, Mietern, Pächtern und sonstigen Betroffenen erörtert werden. Die Betroffenen sollen gem. § 137 2 BauGB zur Mitwirkung bei der Sanierung **1983**

[3648] Battis/Krautzberger/Löhr, § 141 BauGB, Rdn. 9.
[3649] Battis/Krautzberger/Löhr NVwZ 1997, 1145.
[3650] *Fieseler*, Städtebauliche Sanierungsmaßnahmen, Rdn. 133.
[3651] BGH, Urt. v. 8. 5. 1980, III ZR 27/77 – DVBl. 1981, 90; BK/*Fislake*, § 14 I GG Rdn. 9.

und zur Durchführung der erforderlichen baulichen Maßnahmen angeregt und hierbei im Rahmen des Möglichen beraten werden. Die Vorschrift gilt sowohl für die Vorbereitung der Sanierung, als auch für deren Durchführung.[3652] Sanierungsbetroffene sind Eigentümer, Mieter, Pächter und sonstige Betroffene. Die Aufzählung ist nicht abschließend und unter dem Begriff der sonstigen Betroffenen fallen im weitesten Sinne diejenigen natürlichen und juristischen Personen, die von der Sanierungsmaßnahme in ihren tatsächlich bestehenden und rechtlich geschützten Positionen betroffen sind; das sind z. B. Arbeitnehmer, Betriebsinhaber, Erbbauberechtigte, aber auch außerhalb des Sanierungsgebietes liegende Personen (z. B. durch Immissionen betroffen).[3653] Der Begriff der Betroffenheit ist aber auch nicht unbeschränkt zu sehen. Die Beteiligungsvorschrift des § 137 1 BauGB ist als eine „Soll-Vorschrift" gefasst, um sicherzustellen, dass ein Verstoß gegen die Beteiligung von möglichen Betroffenen nicht zugleich zur Ungültigkeit der sich anschließenden Maßnahmen führt. Die Gemeinde soll den Kreis der Betroffenen Personen allerdings möglichst großzügig bemessen, weil ansonsten abwägungsrelevante Belange bei der gem. § 136 IV 3 BauGB durchzuführenden Abwägung unberücksichtigt bleiben könnten. In der Praxis ist es aber für die Gemeinde fast unmöglich und viel zu aufwändig, alle denkbaren Beteiligten bei einer Vielzahl der in Frage kommenden Betroffenen Personen zu berücksichtigen. Möglicherweise würde dies auch ausgenutzt werden und eine Sanierung könnte verzögert werden. Die Grenze ist vielmehr entsprechend den Grundsätzen zu bestimmen, die für die Abwägungsbeachtlichkeit privater Interessen und Belange gelten.[3654]

1984 Die **Sanierungsmaßnahme** soll **möglichst frühzeitig** mit den Betroffenen **erörtert** werden. Dadurch soll sichergestellt werden, dass die nach § 136 IV 3 BauGB vorgeschriebene Abwägung sachgerecht vorgenommen werden kann.[3655] Um der Bedeutung dieses Grundsatzes durch die Beteiligung von Betroffenen gerecht zu werden, sind in der Praxis Maßnahmen erforderlich, die über die bloße ortsübliche Bekanntmachung des Beschlusses über den Beginn der vorbereitenden Untersuchungen hinausgehen.

1985 Die **Kontaktaufnahme** mit den Betroffenen und ihre Überzeugung gestaltet sich in der Praxis häufig schwierig, wenn die Betroffenen z. B. nicht vor Ort leben oder überhaupt kein Interesse an der Sanierung aufbringen oder nicht einem möglicherweise nötigen Umzug aus dem Sanierungsgebiet zustimmen. Hier sind Überzeugungs- und Motivationsarbeit und gelegentlich wohl auch etwas Fantasie der Gemeinden gefragt. Wiederholte Hinweise nicht nur in den amtlichen Bekanntmachungsblättern, sondern auch in den Medien und maßgeschneiderte Konzepte wie etwa Lokalwettbewerbe, Ausstellungen, Aktionstage in Fußgängerzonen oder anderen öffentlichen Plätzen, Workshops, Kontaktnahme zu Banken, die für Sanierungsmaßnahmen Sonderkonditionen gewähren, können hier hilfreich sein. Weiterhin können regelmäßig abgehaltene Bürgerversammlungen oder eine unmittelbare Kontaktaufnahme mit den Betroffenen durch die Gemeinde oder den Sanierungsbeauftragten auch über Fragebögen zweckmäßig sein. Auch kann die Gemeinde die Vorbereitung und Durchführung von Wahlen zu Betroffenenvertretungen unterstützen oder über Grundsatzfragen zur Betroffenenbeteiligung wie z. B. der Einrichtung eines Sanierungsbeirates aufklären. Solche Maßnahmen sind zumeist recht werbewirksam und bauen bei den Betroffenen Zurückhaltung oder Widerstände in der Mitwirkung ab. Hilfreich und in der Praxis bewährt haben sich auch Ortstermine und persönliche Gespräche mit den Betroffenen, um ihnen an Ort und Stelle das Vorhaben zu erklären. Die Gemeinde kann durch eine Vielzahl dieser Maßnahmen den Betroffenen Mittel und Wege an die Hand geben, ihre Stellungnahmen in die Sanierungsplanung einzubringen. Zugleich kann den Betroffenen der Eindruck vermittelt werden, dass sie bei der Durchführung der Sanierung nicht auf sich allein gestellt sind.

[3652] Ernst/Zinkahn/Bielenberg/Krautzberger, § 137 BauGB, Rdn. 1.
[3653] Battis/Krautzberger/Löhr, § 137 BauGB, Rdn. 6.
[3654] *Fieseler*, Städtebauliche Sanierung, Rdn. 79.
[3655] *Schrödter/Köhler*, § 137 BauGB, Rdn. 11.

9. Teil. Städtebauliche Sanierung   1986–1990 **A**

Gegenstand der Erörterungen nach § 137 S. 1 BauGB ist die **Sanierungsmaßnahme** in **1986**
ihrer Gesamtheit, insbesondere die von der Gemeinde verfolgten Ziele, wobei für die
Erörterung keine bestimmte Form vorgeschrieben ist.[3656] Es biete sich aber an, in die
Erörterung durch Kombination von mehreren Darstellungsmethoden ansprechend zu
gestalten, um auch dadurch eine Akzeptanz aller Beteiligten aus Politik, Verwaltung und
Bevölkerung zu erreichen. Nach § 137 S. 2 BauGB sollen die Betroffenen nach Möglichkeit beraten werden. Dabei liegt der Schwerpunkt der Stellungnahmen auf der
konkreten Durchführung der zur Sanierung erforderlichen privaten Baumaßnahmen
nach den §§ 146, 148 BauGB. Eine gesetzliche Verpflichtung zur Mitwirkung seitens des
Betroffenen besteht allerdings nicht.[3657] Unter die Beratungspflicht fallen die in der
Praxis häufig vorkommenden Beratungen von Eigentümern im jeweiligen Sanierungsgebiet bezüglich der Finanzierung und den Möglichkeiten zum Erhalt von Fördermitteln sowie den damit zusammenhängenden steuerlichen Auswirkungen. Zu beraten sind
auch Mieter im Sanierungsgebiet, die sich um Mieterhöhungen sorgen und möglicherweise einen neuen Wohnraum suchen. Aus der Sicht von Unternehmen umfasst die Beratungspflicht der Gemeinde z. B. die mögliche Ausweisung von Ausweichstandorten für
diese Unternehmen, wenn es durch die Sanierung bedingt zu Betriebsverlagerungen
kommt.

Die Gemeinde kann auch nach **§ 138 BauGB** von den Betroffenen **Auskunft** über Tat- **1987**
sachen verlangen, deren Kenntnis zur Beurteilung der Sanierungsbedürftigkeit eines Gebietes oder zur Vorbereitung oder Durchführung der Sanierung erforderlich sind.

Öffentlichen Aufgabenträger, insbesondere die **Träger öffentlicher Belange**, die nach **1988**
§ 4 BauGB zu beteiligen sind, haben die Gemeinde zu unterstützen und bei der Sanierung entsprechend ihrem Aufgabenbereich mitzuwirken (§ 138 BauGB). Die vorbereitenden Untersuchungen richten sich auch auf die **sozialen und strukturellen Verhältnisse** der Menschen, die im Sanierungsgebiet wohnen, arbeiten oder sonst in ihrem
unmittelbaren Lebenskreis betroffen sind. Bei der Bestandsaufnahme sind die städtebaulichen Verhältnisse und Zusammenhänge nach dem Kriterienkatalog des § 136 II 2
BauGB i.V.m § 136 III BauGB abzuarbeiten.[3658]

Die Sanierung will **städtebauliche Missstände** beheben (§ 136 I, II 1 BauGB). Diese **1989**
allgemeine Zielsetzung wird durch die **Gemeinwohlklausel** des § 136 IV 1 BauGB ergänzt. Ferner gehören die in § 136 IV 2 BauGB dargestellten Sanierungszielsetzungen
zum Untersuchungskatalog der Gemeinde. Die Darstellung der allgemeinen Ziele stellt
eine Art Rohfassung des später zu konkretisierenden Sanierungskonzepts dar. Bereits in
diesem Verfahrensstadium sind die Grundsätze der sanierungsrechtlichen Abwägung zu
beachten.[3659] Die vorbereitenden Untersuchungen beziehen sich auch auf die **Durchführbarkeit der Sanierung**, also auf die Einschätzung der Gemeinde, inwieweit die beabsichtigte Maßnahme städtebaulich, rechtlich und finanziell verwirklicht werden kann.[3660]
Darüber hinaus muss die Gemeinde festlegen, ob die Sanierung im sog. **klassischen Verfahren** oder im **vereinfachten Verfahren** i. S. von § 143 IV BauGB durchgeführt werden soll.[3661] Daneben muss die Gemeinde das Sanierungsgebiet gem. § 142 I, II BauGB
genauer bezüglich seiner Ausmaße festlegen und die voraussichtliche Dauer der Sanierungsmaßnahme unter dem Gesichtspunkt der Durchführbarkeit beurteilen.[3662]

Nach **§ 141 I 2 BauGB** sollen sich die Untersuchungen auch auf **nachteilige Auswir-** **1990**
kungen in persönlicher, wirtschaftlicher und sozialer Hinsicht, die sich für die Betrof-

---

[3656] *Schrödter/Köhler*, § 137 BauGB, Rdn. 3.
[3657] *Bielenberg/Koopmann/Krautzberger,* § 137 BauGB, Rdn. 56.
[3658] *Schrödter/Köhler*, § 141 BauGB, Rdn. 7.
[3659] Bielenberg/Koopmann/Krautzberger, § 141 BauGB, Rdn. 32.
[3660] Bielenberg/Koopmann/Krautzberger, § 141 BauGB, Rdn. 34.
[3661] Bielenberg/Koopmann/Krautzberger, § 142 BauGB, Rdn. 33.
[3662] *Fieseler* NVwZ 1998, 903.

fenen von der beabsichtigten Sanierung voraussichtlich ergeben, erstrecken. Stellt die Gemeinde nachteilige Auswirkungen fest, hat sie zu prüfen, inwieweit diese Auswirkungen abwägungsrelevant i. S. des sanierungsrechtlichen Abwägungsgebots gem. § 136 IV 3 BauGB sind. Auch hat die Gemeinde mit den Betroffenen zu erörtern, wie nachteilige Auswirkungen möglichst vermieden oder wenigstens minimiert werden können. Darüber hinaus dienen die Vorschriften über die Aufstellung eines Sozialplanes gem. § 180 BauGB und die Aufhebung von Miet- und Pachtverhältnissen nach den §§ 182 ff. BauGB als Prüfungsmaßstab für die Frage voraussichtlich nachteiliger Auswirkungen gem. § 141 I 2 BauGB.[3663] Die vorbereitende Untersuchungspflicht besteht gem. **§ 141 II BauGB** nicht, wenn hinreichende Beurteilungsunterlagen bereits vorliegen, wobei an die Frage, ob die Unterlagen ausreichend sind, ein strenger Maßstab anzulegen ist.[3664]

1991 b) **Förmliche Festlegung des Sanierungsgebietes.** Folgt aus den Ergebnissen der vorbereitenden Untersuchungen, dass eine städtebauliche Sanierungsmaßnahme durchgeführt werden soll, kann die Gemeinde das betreffende Gebiet gem. § 141 I 1 BauGB durch Beschluss förmlich als Sanierungsgebiet festlegen. Die Entscheidung über die förmliche Festlegung liegt nach der zwingenden Abwägung[3665] aller abwägungsrelevanten öffentlichen und privaten Belange im Ermessen der Gemeinde.[3666] In Übereinstimmung mit § 1 I 1 StBauFG ergibt sich aus § 136 I BauGB ein grundsätzlicher Anwendungszwang der sanierungsrechtlichen Vorschriften, wenn die Voraussetzungen für deren Anwendung gegeben sind.[3667] Daher folgt auch aus der „kann"-Bestimmung des § 142 I 1 BauGB, dass die Gemeinde eigenverantwortlich entscheiden kann, in welcher Reihenfolge und in welchem Umfang, d. h. wie sie die Sanierungsmaßnahmen durchführen will.[3668] Der grundsätzliche Anwendungszwang ist somit ein relativer, da das Sanierungsrecht der Gemeinde insgesamt einen weiten Ermessensspielraum einräumt.[3669]

1992 Gemäß § 142 I 1 BauGB erfolgt die förmliche Festlegung des Sanierungsgebietes durch die **gemeindliche Sanierungssatzung**.[3670] Zur Erfüllung der **formellen Voraussetzungen** muss die vorgesehene Beteiligung und Mitwirkung durch §§ 137 bis 139 BauGB von Betroffenen Personen und öffentlichen Aufgabenträgern gewahrt sein. Weiterhin müssen die vorbereitenden Untersuchungen gem. § 141 BauGB durchgeführt und eine Satzung durch das nach der jeweiligen Gemeindeordnung zuständige Organ gem. § 142 I 1 BauGB beschlossen worden sein.[3671] **In materieller Hinsicht** ist erforderlich, dass ein städtebaulicher Missstand gem. § 136 BauGB vorliegt. Weiterhin müssen das Zügigkeitsgebot gem. § 136 I BauGB, das Abwägungsgebot gem. § 136 IV 3 BauGB, sowie das Zweckmäßigkeitsgebot des § 142 I 2 BauGB gewahrt sein. Gem. § 142 III 2 BauGB ist das Sanierungsgebiet in der **Sanierungssatzung** zu **bezeichnen**. Es ist so genau zu bezeichnen, dass sich die Sanierung zweckmäßig durchführen lässt, wobei sich die Grenzen des Sanierungsgebietes aus dem Ergebnis der vorbereitenden Untersuchung ergeben. Es hat sich in der Praxis bewährt, einen Übersichtsplan als Anlage der Sanierungssatzung hinzuzufügen.[3672] Durch den Begriff der Zweckmäßigkeit wird der Gemeinde ein gewisser planerischer Spielraum eingeräumt.[3673] Im Übrigen unterliegt die Abgrenzung des Sanie-

---

[3663] *Hoppe/Bönker/Grotefels*, Öffentliches Baurecht, § 13, Rdn. 14.
[3664] *Hoppenberg/Becker*, Handbuch des öffentlichen Baurechts, Rdn. 186.
[3665] *BVerwG*, B. v. 10. 11. 1998 – 4 BN 38.98 – NVwZ 1999, 420.
[3666] *Grabis/Kauther/Rabe/Steinfort*, Bau- und Planungsrecht, 191; *Battis/Krautzberger/Löhr*, § 141 BauGB, Rdn. 7.
[3667] Bielenberg/Koopmann/Krautzberger, § 136 BauGB, Rdn. 7.
[3668] *BVerwG*, B. v. 10. 11. 1998 – 4 BN 38.98 – NVwZ 1999, 420; *OVG Münster*, Urt. v. 9. 4. 1990 – 22 A 1185/89 – NVwZ-RR 1990, 635.
[3669] Battis/Krautzberger/Löhr, § 142 BauGB, Rdn. 6.
[3670] S. Rdn. 2118.
[3671] Zur Bekanntmachung s. Rdn. 1026.
[3672] *Gronemeyer* NVwZ 1986, 92.
[3673] *BVerwG*, B. v. 16. 1. 1996 – 4 B 69.95 – BauR 1996 522 = DVBl. 1996, 691.

9. Teil. Städtebauliche Sanierung

rungsgebietes dem Abwägungsgebot,[3674] wobei eine Vielzahl von baulichen, wirtschaftlichen, sozialen und finanziellen Gesichtspunkten zu berücksichtigen sind. Von besonderer Bedeutung sind auch die im Rahmen der vorbereitenden Untersuchungen festgelegten allgemeinen Ziele.[3675] Durch § 142 I 2 BauGB wird die Gemeinde schließlich auch ermächtigt, aus Zweckmäßigkeitsgründen einzelne Grundstücke, auf denen keine Sanierungsmaßnahmen durchgeführt werden sollen, in den Geltungsbereich miteinzubeziehen, bei der Funktionsschwächesanierung können dies sogar mehrere einzelne Grundstücke sein. Im Einzelfall kommt es auf die städtebauliche Situation des Grundstücks hinsichtlich des Vorliegens eines städtebaulichen Missstands an. Wirken sich dagegen städtebauliche Missstände nicht einmal mittelbar auf das nicht selbst sanierungsbedürftige Grundstück aus, so wird die Einbeziehung in der Regel nicht gerechtfertigt sein.[3676] Es kann sich sogar eine Pflicht zur Auslassung ergeben.[3677]

Die Gemeinde wird durch § 142 II BauGB ermächtigt, **Ersatz- und Ergänzungsgebiete** außerhalb des Sanierungsgebietes miteinzubeziehen, sofern sich aus den Zielen der Sanierung ergibt, dass Flächen außerhalb des Sanierungsgebietes für Ersatzbauten oder Ersatzanlagen zur räumlich zusammenhängenden Unterbringung von Bewohnern und Betrieben aus dem Sanierungsgebiet oder für die durch die Sanierung bedingten Gemeinbedarfs- oder Folgeeinrichtungen in Anspruch genommen werden müssen. Unter den Voraussetzungen des § 142 IV BauGB gehört die **Wahl des Sanierungsverfahrens** zum Inhalt der Satzung. Gem. § 142 IV BauGB ist in der Sanierungssatzung die Anwendung der Vorschriften des Dritten Abschnitts (§§ 152 bis 156a BauGB) auszuschließen, wenn sie für die Durchführung der Sanierung nicht erforderlich ist und die Durchführung hierdurch voraussichtlich nicht erschwert wird (vereinfachtes Verfahren). Fällt diese Erforderlichkeitsprüfung oder die Prognosefeststellung („voraussichtlich") hingegen anders aus, ist die Sanierung im umfassenden Verfahren (so genanntes „klassisches Verfahren") durchzuführen. Auch wenn die Gemeinde kein Ermessen bei der Entscheidung über das Verfahren hat, so hat sie zumindest einen gewissen Beurteilungsspielraum über den unbestimmten Rechtsbegriff der Erforderlichkeit.[3678]

Im Hinblick auf die Anwendung der „besonderen sanierungsrechtlichen Vorschriften" bezieht sich die Prüfung der Erforderlichkeit auf die Beurteilung der Bodenwertentwicklung im Sanierungsgebiet, mithin also auf die Frage, ob sanierungsbedingte Werterhöhungen eintreten. Bodenwertsteigerungen können allein durch die Absicht, Sanierungsmaßnahmen durchzuführen, ausgelöst werden.[3679] Die dadurch eintretende voraussichtliche Erschwerung der Sanierungsdurchführung setzt eine Prognoseentscheidung der Gemeinde voraus, die auf der Grundlage der vorbereitenden Untersuchungen und eines Sanierungskonzepts zu treffen ist.[3680]

Darüber hinaus kann in der Satzung gem. § 142 IV HS. 2 BauGB auch die **Genehmigungspflicht** nach § 144 BauGB ganz oder teilweise **ausgeschlossen** werden. So weit ein Ausschluss stattfindet, finden die allgemeinen Vorschriften der §§ 14 bis 21 BauGB sowie § 51 BauGB Anwendung. Auf diese Weise ist den Gemeinden die Möglichkeit einer bedarfsgerechten Anwendung der besonderen bodenrechtlichen Vorschriften eingeräumt worden.[3681] Ein Wechsel vom klassischen zum vereinfachten Verfahren oder umgekehrt

---

[3674] *BVerwG*, B. v. 10. 11. 1998 – 4 BN 38.98 – NVwZ 1999, 420; Urt. v. 4. 3. 1999 – 4 C 8.98 – NVwZ 1999, 1336.
[3675] *Schrödter/Köhler*, § 142 BauGB, Rdn. 11.
[3676] *BVerwG*, Urt. v. 6. 7. 1984 – 4 C 14.81 – NVwZ 1985, 184; B. v. 16. 1. 1996 – 4 B 69.95 – BauR 1996, 522, = DVBl. 1996, 691.
[3677] Bielenberg/Koopmann/Krautzberger, § 142 BauGB, Rdn. 11.
[3678] *Portz/Runkel* BauRecht für die kommunale Praxis, Rdn. 518.
[3679] *Portz/Wachter*, StGB 1987, 405.
[3680] *Portz/Runkel* BauRecht für die kommunale Praxis, Rdn. 521.
[3681] *Hoppe/Bönker/Grotefels*, Öffentliches Baurecht, § 13, Rdn. 17.

1996 Nach § 143 I 1 BauGB ist die Sanierungssatzung **ortsüblich bekannt zu machen**. Mit der Bekanntmachung erlangt die Satzung Rechtsverbindlichkeit.[3683] Im Gegensatz zur früheren Rechtslage ist die Sanierungssatzung nicht mehr der höheren Verwaltungsbehörde anzuzeigen, die diese auf ihre Rechtmäßigkeit zu prüfen hatte.[3684] Eine Begründung sowie eine Öffentlichkeits- und Behördenbeteiligung sieht das Gesetz nicht vor.[3685]

1997 Die förmliche Festlegung des Sanierungsgebietes zieht weitreichende **rechtliche Folgen** nach sich: Nach **§ 143 II BauGB** trägt das Grundbuchamt einen **Sanierungsvermerk** in die Grundbücher der betroffenen Grundstücke ein, sofern eine Genehmigungspflicht in der Sanierungssatzung nicht gem. § 144 II BauGB ausgeschlossen worden ist. Der Sanierungsvermerk hat allerdings nur deklaratorische Wirkung.[3686] Auch ohne die Eintragung des Vermerks unterliegt ein betroffenes Grundstück den Rechtswirkungen der Sanierung.[3687] Darüber hinaus löst die förmliche Festlegung des Sanierungsgebietes eine **Veränderungs- und Verfügungssperre** gemäß § 144 BauGB aus. Die Vorschrift enthält ein präventives Verbot mit Erlaubnisvorbehalten, d. h. die an die Erlaubnis nach § 144 BauGB gebundenen Vorhaben und Rechtsvorgänge sollen einer wirksamen vorherigen Verwaltungskontrolle unterworfen werden.[3688] Die Veränderungs- und Verfügungssperre dient der Gemeinde zum einen zur Unterrichtung über potenzielle sanierungshemmende Vorgänge und gibt ihr so die Möglichkeit, frühzeitig gegen solche Vorhaben einzuschreiten. Damit verfolgt die Genehmigungspflicht im Hinblick auf die nach § 136 I BauGB zügig durchzuführende Sanierung eine Steuerungsfunktion.[3689] Zum anderen dient § 144 BauGB dazu, der Gemeinde einen angemessenen Zeitraum für die Verwirklichung der Sanierungsziele zu verschaffen und somit der Planungssicherung. Darüber hinaus bezweckt die Vorschrift den Schutz betroffener Bürger vor unnützen Dispositionen im Sanierungsgebiet.[3690] Für die Dauer der Sanierung verdrängt § 144 BauGB als speziellere Norm die allgemeinen Regelungen über die Veränderungssperre (§§ 14 IV, 17 VI BauGB), die Zurückstellung von Baugesuchen (§ 15 II BauGB) und die Verfügungs- und Veränderungssperre im Umlegungsgebiet (§ 51 I 2 BauGB). Nach **§ 144 I und II BauGB** bedürfen alle Vorhaben und Rechtsvorgänge, welche die Sanierung erschweren können, einer sanierungsrechtlichen Genehmigung. Diese sind z. B. die der Veränderungssperre gem. § 14 I BauGB unterliegenden Vorhaben und sonstigen Maßnahmen, die Beseitigung baulicher Anlagen, die Teilung eines Grundstücks, die rechtsgeschäftliche Veräußerung oder Belastung von Grundstücken oder die Begründung von schuldrechtlichen Verpflichtungen. Die in **§ 144 IV BauGB** aufgeführten Vorhaben und Rechtsvorgänge bedürfen hingegen keiner Genehmigung und sind daher von der **Genehmigungspflicht ausgenommen**. Durch § 144 III BauGB wird die Gemeinde ermächtigt, für bestimmte Fälle die Genehmigung auch allgemein zu erteilen (sog. **Vorweggenehmigung**). Dazu ist eine ortsübliche Bekanntmachung erforderlich. **Nicht genehmigungsbedürftig** sind danach (1) Vorhaben und Rechtsvorgänge, bei denen die Gemeinde oder der Sanierungsträger für das Treuhandvermögen als Vertragsteil oder Eigentümer beteiligt sind, (2) Rechtsvorgänge zur Vorwegnahme der gesetzlichen Erbfolge, (3) vor förmlicher Festlegung des

---

[3682] *Gronemeyer* NVwZ 1985, 145; *Gaentzsch* NJW 1985, 881.
[3683] *BGH*, Urt. v. 30. 6. 1994 – III ZR 109/93 – UPR 1994, 390.
[3684] *Stüer*, Der Bebauungsplan, Rdn. 761.
[3685] *BVerwG*, B. v. 25. 2. 1993 – 4 NB 26.93 = *Hoppe/Stüer*, RzB, Rdn. 809.
[3686] *Schrödter/Köhler*, § 143 BauGB, Rdn. 8.
[3687] *OVG Lüneburg*, Urt. v. 19. 9. 1979 – VI OVG C 12/19 – ZfBR 1980, 97.
[3688] *Brügelmann/Neuhausen*, § 144 BauGB, Rdn. 3.
[3689] *BVerwG*, Urt. v. 6. 7. 1984 – 4 C 14.81 – NVwZ 1985, 184; Urt. v. 7. 9. 1984 – 4 C 20.81 – NJW 1985, 278 = DVBl. 1985, 116.
[3690] *BVerwG*, Urt. v. 6. 7. 1984 – 4 C 14.81 – NVwZ 1985, 184; Urt. v. 7. 9. 1984 – 4 C 20.81 – NJW 1985, 278 = DVBl. 1985, 116.

Sanierungsgebietes baurechtlich genehmigte Vorhaben oder freigestellte Vorhaben, wenn die Gemeinde davon Kenntnis hatte und nicht rechtzeitig reagiert hat, (4) Rechtsvorgänge, die der Landesverteidigung dienen und (5) der rechtsgeschäftliche Erwerb durch einen Bedarfsträger im Verfahren nach § 38 BauGB. Unterliegt ein Rechtsvorgang einer Genehmigungspflicht, darf das **Grundbuchamt** eine Eintragung in das Grundbuch nur vornehmen, wenn der Genehmigungsbescheid oder eine entsprechende Erklärung der Gemeinde vorliegt (§§ 145 VI, 22 VI BauGB).

Die Genehmigung nach § 144 BauGB ist eine gegenüber der Baugenehmigung **eigenständige Genehmigung**, die selbstständig beantragt werden muss und erst bei deren Vorliegen darf eine für das Vorhaben erforderliche Baugenehmigung erteilt werden.[3691] Über die Genehmigung ist binnen eines Monats gem. § 145 I 1 BauGB nach Eingang des Antrags bei der Gemeinde zu entscheiden. Gem. § 145 I 1 BauGB kann die Frist aber gem. § 22 V 4 BauGB maximal um drei Monate verlängert werden. Wird die Genehmigung nicht innerhalb dieser Frist versagt, so gilt sie entsprechend § 22 V 5 BauGB als erteilt. Sie kann auch nach § 145 IV BauGB unter Auflagen und in den Fällen des § 144 I BauGB auch befristet oder bedingt erteilt werden.

Nach § 145 I 2 BauGB wird im Falle einer baurechtlichen Genehmigung oder an ihrer Stelle einer baurechtlichen Zustimmung die Sanierungsgenehmigung nicht von der Gemeinde, sondern von der Baugenehmigungsbehörde in Einvernehmen mit der Gemeinde erteilt. Die (landesbehördliche) Bestätigung der Eignung eines Unternehmens als Sanierungsträger entfällt, d. h. die Gemeinde prüft die Geeignetheit selbst abschließend. Städtebauliche Entwicklungsmaßnahmen bedürfen keiner Genehmigung durch die höhere Verwaltungsbehörde. Die Länder können allerdings gemäß § 246 Ia BauGB bestimmen, dass die Satzungen dem Anzeigeverfahren unterliegen. Ein Antrag auf die Erteilung eines Bauvorbescheids durch die Baugenehmigungsbehörde enthält nicht schon als solcher zugleich einen an die Gemeinde gerichteten Antrag auf Erteilung einer sanierungsrechtlichen Genehmigung. Ein gewichtiges Kennzeichen für das Erfordernis eines selbstständigen, auf die Erteilung der sanierungsrechtlichen Genehmigung gerichteten Antrags ist gerade in der Fristen- und Fiktionsregelung des § 145 I BauGB i.V. mit § 19 III 3 bis 5 BauGB zu sehen.

Im Interesse einer bürgerfreundlichen Praxis besteht eine **Zuständigkeitskonzentration** des sanierungs- und bauordnungsrechtlichen Genehmigungsverfahrens.[3692] Für Vorhaben, die die Errichtung, Änderung oder Nutzungsänderung von baulichen Anlagen zum Inhalt haben und für die eine baurechtliche Genehmigung oder an ihrer Stelle eine Zustimmung erforderlich ist, wird die sanierungsrechtliche Genehmigung durch die Baugenehmigungsbehörde erteilt. Die sanierungsrechtliche Genehmigung ist weiterhin ein eigenständiger Genehmigungstatbestand und kein aufgedrängtes Recht i. S. v. §§ 63, 64 MBO. Sie ist daher vom Antragsteller auch mit den für die sanierungsrechtliche Beurteilung des Vorhabens erforderlichen Antragsunterlagen zu **beantragen**. Eine das behördliche Verfahren so stark beschränkende Regelung ist sowohl aus der Sicht der Verwaltung als auch aus der Sicht des Bürgers nur gerechtfertigt, wenn sie an einen Antrag geknüpft wird, der sich so deutlich auf eine sanierungsrechtliche Genehmigung richtet, dass die angerufene Behörde dies erkennen muss.[3693]

Die Genehmigungsfrist bzw. die Genehmigungsfiktion (§§ 145 I i.V. m. 22 V 2 bis 6 BauGB) bezieht sich nur auf das **sanierungsrechtliche Genehmigungsverfahren** und nicht auf das bauordnungsrechtliche Verfahren. Im Fall der **Zuständigkeitskonzentration** hat die Baugenehmigungsbehörde über die Genehmigung innerhalb eines Monats nach Eingang der prüffähigen Antragsunterlagen im Einvernehmen mit der Gemeinde zu entscheiden. Die Genehmigung gilt als erteilt, wenn sie nicht innerhalb der Frist versagt

---

[3691] *BVerwG*, Urt. v. 15. 1. 1982 – 4 C 94.79 – NJW 1982, 2787.
[3692] Zum Folgenden EAG – Mustererlass 2004.
[3693] *BVerwG*, B. v. 8. 3. 2001 – 4 B 76.00 – BauR 2001, 1723 = ZfBR 2002, 79.

wird (§ 22 V 2 und 4 BauGB). Die Genehmigungsfiktion als Folge des Verstreichens der Genehmigungsfrist tritt im Fall der Zuständigkeitskonzentration unabhängig davon ein, ob die Entscheidung unterblieb, weil die Baugenehmigungsbehörde die Angelegenheit noch nicht abschließend bearbeiten konnte oder weil die Gemeinde ihre Einvernehmenserklärung nicht rechtzeitig abgab. Über die Genehmigungsfiktion hat die Baugenehmigungsbehörde auf Antrag eines Beteiligten ein Zeugnis auszustellen (§ 22 V 5 BauGB). Für die Entscheidung über die Baugenehmigung bestehen demgegenüber längere Fristen. Insoweit kann es zu **unterschiedlichen Fristläufen** kommen, so dass über die sanierungsrechtliche Genehmigung grundsätzlich bereits innerhalb eines Monats zu entscheiden ist, während über den Baugenehmigungsantrag regelmäßig erst innerhalb von drei Monaten nach Vollständigkeit der Unterlagen entschieden werden muss.

2002   Nach **§ 22 V 3 BauGB** kann die **Monatsfrist verlängert** werden, wenn die Prüfung des Antrags in dieser Zeit nicht abgeschlossen werden kann, höchstens jedoch um **drei Monate**. Die Bauaufsichtsbehörde hat dies dem Antragsteller vor Ablauf der Frist in einem Zwischenbescheid mitzuteilen. Der Zwischenbescheid ist als unselbständige Verfahrenshandlung kein Verwaltungsakt und kann deshalb nicht selbständig angefochten werden. Im Falle der Zuständigkeitskonzentration kann von dieser Verlängerungsmöglichkeit bei entsprechender Sachlage z. B. zur Klärung des gemeindlichen Einvernehmens Gebrauch gemacht werden. Nach **§ 22 V 6 BauGB** gilt das Einvernehmen der Gemeinde als erteilt, wenn es nicht binnen zwei Monaten verweigert wird. Der Fristbeginn richtet sich nach dem Eingang des Ersuchens bei der Gemeinde. Eine abweichende Regelung dazu enthält § 22 V 6 BauGB. Danach steht dem Ersuchen nach dem Einvernehmen gegenüber der Gemeinde die Einreichung des Antrags bei der Gemeinde gleich, wenn dies nach Landesrecht vorgeschrieben ist. Diese Regelung hat nur dann eine Bedeutung, wenn die Monatsfrist für die Genehmigungsfiktion verlängert wurde, da im Übrigen bereits nach einem Monat dem Antragsteller gegenüber die Genehmigungsfiktion eintritt.

2003   Die **Ersetzung** des gemeindlichen Einvernehmens durch die Baugenehmigungsbehörde sieht das BauGB nicht vor, sie wäre auch im Hinblick auf § 145 III Nr. 1, IV und V BauGB im Einzelfall problematisch. Wird die Genehmigung nach § 145 V BauGB versagt, unter Auflagen, befristet, bedingt erteilt oder vom Abschluss eines städtebaulichen Vertrages abhängig gemacht, richtet sich Widerspruch oder Klage gegen die Baugenehmigungsbehörde. Zuständig für den Widerspruchsbescheid ist die nach Landesrecht bestimmte Behörde.

2004   Kann ein Sanierungsziel ohne rechtskräftigen Bebauungsplan nicht durchgesetzt werden, gehört zu der für das Vorliegen eines Versagungsgrundes nach § 145 II BauGB erforderlichen zunehmenden Konkretisierung der Sanierungsziele auch die Durch- und Fortführung des Bebauungsplanverfahrens. Sind seit dem Aufstellungsbeschluss 15 Jahre vergangen, ohne dass das Bebauungsplanverfahren fortgeführt worden ist, kann ein Sanierungsziel, das nur auf der Grundlage eines Bebauungsplans durchgesetzt werden kann, einem Vorhaben nicht mehr entgegen gehalten werden.[3694]

2005   Da es sich bei der sanierungsrechtlichen Genehmigung jedoch um eine **gebundene Entscheidung** handelt, sind die besonderen Voraussetzungen des § 36 VwVfG zu beachten. Danach sind Nebenbestimmungen bei gebundenen Entscheidungen immer nur dann zulässig, wenn sie durch Rechtsvorschrift zugelassen werden oder wenn sie sicherstellen sollen, dass die gesetzlichen Voraussetzungen des Verwaltungsaktes erfüllt werden. Ferner sind sie immer nur dann zulässig, wenn sie dem Zweck des Verwaltungsaktes nicht zuwiderlaufen (§ 36 III VwVfG). Die zulässigen Nebenbestimmungen ergeben sich aus dem mit den §§ 144, 145 BauGB verfolgten Zweck, eine Erschwerung der Sanierung durch bestimmte Vorhaben und Rechtsvorgänge zu verhindern.[3695] Anders ist dies jedoch in den Fällen des § 144 I BauGB, für die § 145 IV 1 BauGB ausdrücklich die Befristung

---

[3694] *VGH Mannheim*, Urt. v. 7. 12. 2001 – 3 S 2657/00 –.
[3695] *Brügelmann/Neuhausen*, § 145 BauGB, Rdn. 40.

9. Teil. Städtebauliche Sanierung

und Bedingung zulässt. Das heißt, dass in diesen Fällen trotz des Bestehens eines Anspruchs auf Erteilung der sanierungsrechtlichen Genehmigung diese mit einer Auflage, Befristung oder Bedingung erteilt werden kann.

Solche Bedingungen und Auflagen stoßen bei vielen Betroffenen auf Unverständnis. Häufig wollen die Sanierungsbetroffenen ihr Eigentum auch nach ihren Vorstellungen sanieren, die nicht den Vorgaben z. B. des Denkmalschutzes oder einer von der Gemeinde aufgestellten Gestaltungssatzung entsprechen. Auch in diesen Fällen liegt es an der Gemeinde, frühzeitig aufzuklären, zu verhandeln und mit den Betroffenen gegebenenfalls mit Unterstützung eines Architekten oder Stadtplaners die Sanierung in ihren Einzelheiten vor Ort mit den Betroffenen durchzusprechen und zu planen, wobei auch die Vorstellungen der Betroffenen im Rahmen des möglichen berücksichtigt werden sollen. Die Genehmigungsverfahren verursachen durch ihre Vielzahl einen hohen Verwaltungsaufwand, da jeder Antrag auf Genehmigung einzelfallbezogen geprüft werden muss. **2006**

Die Entscheidung der Behörde über den Genehmigungsantrag ist in den **Genehmigungsvoraussetzungen** teils rechtlich gebunden, teils steht sie in ihrem pflichtgemäßen Ermessen. Diese folgt aus dem Wortlaut des § 145 II BauGB, der nur bestimmt, wann die Genehmigung versagt werden muss. Danach darf diese nur versagt werden, wenn Grund zu der Annahme besteht, dass das Vorhaben, der Rechtsvorgang einschließlich der Teilung eines Grundstücks oder die damit erkennbar bezweckte Nutzung die Durchführung oder Sanierung unmöglich machen oder wesentlich erschweren würde oder den Zielen und Zwecken der Sanierung zuwiderlaufen würde. Die sanierungsrechtliche Genehmigung ist hingegen zu erteilen, wenn die wesentlichen Erschwerungen durch Maßnahmen nach § 145 III BauGB beseitigt wird. Wird eine nach § 144 BauGB erforderliche Genehmigung versagt, kann der Eigentümer von der Gemeinde gem. § 145 V BauGB die Übernahme des Grundstücks verlangen, wenn und soweit es ihm mit Rücksicht auf die Durchführung der Sanierung wirtschaftlich nicht mehr zuzumuten ist, das Grundstück zu behalten oder es in der bisherigen oder einer anderen zulässigen Weise zu nutzen. Kommt eine Einigung über die Übernahme nicht zustande, kann der Eigentümer die Entziehung des Eigentums an dem Grundstück verlangen. Hierfür gelten die Vorschriften der §§ 85 ff. BauGB entsprechend.[3696] **2007**

Die **Verfassungsmäßigkeit** der §§ 144, 145 BauGB beurteilt sich im Lichte der Eigentumsgarantie des Art. 14 GG. Schutzfähiges Eigentum i. S. von Art. 14 GG sind alle eigentumsfähigen Positionen in ihrem konkreten, gesetzlich ausgestaltetem Bestand, wobei Innehabung, Nutzung und Verfügung geschützt werden.[3697] Inhalt und Funktion des Eigentums sind der Anpassung an die gesellschaftlichen und wirtschaftlichen Verhältnisse fähig und auch bedürftig.[3698] Gem. Art. 14 I 2 GG werden Inhalt und Schranken des Eigentums durch Gesetze festgelegt. Vor diesem Hintergrund stellt sich die Frage, ob die Regelungen der §§ 144, 145 BauGB eine zulässige Inhalts- und Schrankenbestimmung des Eigentums i. S. des Art. 14 I 2 GG darstellen. Grundsätzlich kann die Inhalts- und Schrankenbestimmung durch jede Rechtsnorm erfolgen, auf der Grundlage einer entsprechenden Ermächtigung auch durch Verordnung[3699] oder Satzung.[3700] Jede Inhalts- und Schrankenbestimmung muss den Grundsatz der Verhältnismäßigkeit beachten.[3701] Die Regelung muss demnach geeignet, erforderlich und angemessen sein. Dabei ist die Anerkennung des Privateigentums durch Art. 14 I 1 GG aber auch das Sozialgebot des **2008**

[3696] *Finkelnburg/Ortloff*, Öffentliches Baurecht, Bd. I, 393.
[3697] *Jarass/Pieroth*, Art. 14 GG, Rdn. 6.
[3698] *Schmidt-Aßmann* DVBl. 1972, 627.
[3699] *BVerfG*, B. v. 10. 7. 1958 – 1 BvF 1/58 – BVerfGE 8, 71.
[3700] *BGH*, Urt v. 22. 5. 1980 – III ZR 186/78 – BGHZ 77, 179.
[3701] *BVerfG*, B. v. 10. 7. 1958 – 1 BvF 1/58 – BVerfGE 8, 71; *BVerfG*, B. v. 8. 4. 1987 – 1 BvR 564, 684, 877, 886, 1134, 1636, 1711/84 – BVerfGE 75, 78; *BVerfG*, B. v. 15. 7. 1987 – 1 BvR 488, 1220, 628, 1278/86 und 1 BvL 11/86 – BVerfGE 76, 220; *BVerfG*, B. v. 26. 4. 1995 – 1 BvL 19/94 und 1 BvR 2454/94 – BVerfGE 92, 262.

Art. 14 II GG zu beachten. Der Gesetzgeber hat folglich im Rahmen des Art. 14 I 2 GG den verfassungsrechtlichen Auftrag, für eine sozial ausgewogene Eigentumsordnung zu sorgen.[3702] Das schließt jedoch Belastungen für den einzelnen Grundeigentümer nicht aus, zumal Sozialbindung und Eigentumsgarantie als gleichrangig anzusehen sind.[3703] Insoweit ist bei der Verhältnismäßigkeitsabwägung der soziale Bezug der betreffenden Eigentumspositionen bedeutsam.[3704] Je stärker der soziale Bezug und die soziale Funktion des betroffenen Eigentumsobjekts ist, umso weiter ist die Befugnis des Gesetzgebers zu belastenden Inhalts- und Schrankenbestimmungen.[3705] Eine Sanierungsmaßnahme gem. § 136 I BauGB bezieht sich auf die Beseitigung städtebaulicher Missstände und ist im (qualifizierten) öffentlichen Interesse. Somit liegt offenkundig die soziale Funktion des entsprechenden Grundeigentums vor.[3706] Insofern ist die Einschränkung der Eigentumsfreiheit durch §§ 144, 145 BauGB geeignet, erforderlich und angemessen, mithin verhältnismäßig. Die Regelungen der §§ 144, 145 BauGB sind somit zulässige Inhalts- und Schrankenbestimmung des Eigentums i. S. von Art. 14 I 2 GG. In einer Genehmigungsversagung liegt folglich die Konkretisierung der Sozialpflichtigkeit des Eigentums i. S. von Art. 14 II GG.[3707] Die Grenzen der Sozialpflichtigkeit werden allerdings überschritten, wenn die Sanierung nicht mehr sachgemäß und nicht hinreichend zügig durchgeführt wird.

2009 Bei unzumutbaren Nachteilen kann der Eigentümer unter den Voraussetzungen des § 145 V BauGB ein **Übernahmeverlangen** stellen. Hingegen gibt es keine Regelung darüber, ob und in welchem Maße für den Grundeigentümer eine finanzielle Entschädigung für möglicherweise erlittene Nachteile zu leisten ist. Solche Nachteile können z. B. im vorzeitigen Abbruch der Arbeiten liegen, ohne dass es mittlerweile für das Grundstück zu einer Verbesserung gekommen ist. Aber auch die übermäßige Dauer der Sanierungsmaßnahme kann ein Nachteil sein, wenn dem letztlich kein gleichwertiger Vorteil gegenübersteht. Art. 14 I 2 GG legt nicht fest, wie der Gesetzgeber eine „übermäßige" Beeinträchtigung des Eigentums ausgleichen muss. Art. 14 I 2 GG gibt im Grundsatz nur das Ziel vor, nicht aber die Art und Weise der Erfüllung. Durch § 145 V BauGB wurde ein Ausgleich für wirtschaftlich unzumutbare Nachteile dadurch geschaffen, dass der Grundeigentümer danach gegenüber der Gemeinde einen Anspruch auf Übernahme des Grundstücks hat. Auch bei sehr langer Dauer ist die Sanierung aber keine Enteignung i. S. von Art. 14 III 1 GG und bleibt tatbestandlich eine Inhalts- und Schrankenbestimmung i. S. von Art. 14 I 2 GG.[3708] Eine rein finanzielle Entschädigung, die sich aus dem Sanierungsrecht ergibt, fehlt somit. Diese Frage wurde während der Beratungen und Verabschiedung des StBauFG gesehen.[3709] Es wurde aber von einer Regelung einer finanziellen Entschädigung abgesehen. Bei den Beratungen aus Anlass der Übernahme des StBauFG in das BauGB wurde diese Problematik nicht wieder aufgegriffen. Eine finanzielle Entschädigungsregelung ist jedoch aus der Sicht der Grundeigentümer wünschens-

---

[3702] *BVerfG*, B. v. 12. 6. 1979 – 1 BvL 19/76 – BVerfGE 52, 1; B. v. 8. 1. 1985 – 1 BvR 792/83 – BVerfGE 68, 361; B. v. 12. 3. 1986 – 1 BvL 81/79 – BVerfGE 72, 66; B. v. 30. 11. 1988 – 1 BvR 1301/84 – BVerfGE 79, 174; B. v. 9. 10. 1991 – 1 BvR 227/91 – BVerfGE 84, 382; B. v. 22. 11. 1994 – 1 BvR 351.91 – BVerfGE 91, 294.
[3703] *Bielenberg* DVBl. 1971, 441.
[3704] *Jarass/Pieroth*, Art. 14 GG, Rdn. 37.
[3705] *BVerfG*, B. v. 7. 7. 1971 – 1 BvR 765/66 – BVerfGE 31, 229 = NJW 1971, 2163; B. v. 15. 1. 1974 – 1 BvL 5/70 – BVerfGE 36, 281; Urt. v. 8. 7. 1976 – 1 BvL 19/75 – BVerfGE 42, 263; B. v. 1. 3. 1979 – BvR 532/77 – BVerfGE 50, 290; Urt. v. 28. 2. 1980 – BvL – BVerfGE 53, 257; B. v. 19. 6. 1985 – BvL 57/79 – BVerfGE 70, 191; B. v. 9. 10. 1991 – 1 BvR 227/91 – BVerfGE 84, 382 = NJW 1992, 361.
[3706] *BVerwG*, B. v. 7. 7. 1996 – 4 B 91.96 = NJW 1996, 280 = NVwZ 1996, 1210.
[3707] BK/*Stich*, § 144, Rdn. 6.
[3708] *BVerwG*, B. v. 7. 7. 1996 – 4 B 91.96 – NVwZ 1996, 1210 = NJW 1996, 2807.
[3709] BT, 127. Sitzung v. 16. 6. 1971, VI WP, StenBer. 7381 B ff. m. Anl. 6, Umdruck 180.

wert, um unbillige Härten zu vermeiden und den benachteiligten Grundeigentümer nicht auf die Übernahmeregelung des § 145 V BauGB verweisen zu müssen. In vielen Fällen hat der Benachteiligte kein Interesse daran, sein Eigentum abzugeben. Der Betroffene will sein Eigentum vielmehr auch weiterhin nutzen, wird daran allerdings durch die Belastungen der Sanierung gehindert. Aber aus der Sicht der Gemeinden würde eine solche Regelung eine erhebliche Belastung bedeuten, denn diese Regelung würde sicherlich eine Vielzahl an Forderungen und Klagen seitens der betroffenen Grundeigentümer nach sich ziehen.

Durch **§ 145 VI 1 BauGB** wird § 22 VI BauGB über die Grundbuchsperre für entsprechend anwendbar erklärt. Darüber hinaus wird in § 145 VI 2 BauGB z. B. für den Fall einer allgemein erteilten Genehmigung nach § 144 III BauGB bzw. einer Genehmigungsfreistellung nach § 44 IV das für den Grundbuchvollzug erforderliche Zeugnis geregelt.

Für das Verhältnis zwischen **sanierungsrechtlicher Genehmigung** und **Baugenehmigung** ist das jeweilige Landesrecht entscheidend. Ob in einem förmlich festgelegten Sanierungsgebiet auch vor der Erteilung einer sanierungsrechtlichen Genehmigung über einen Bauantrag entschieden werden kann, richtet sich nach dem jeweiligen Landesrecht.[3710] Bundesrecht schreibt nicht vor, dass in einem förmlich festgelegten Sanierungsgebiet vor Erteilung einer sanierungsrechtlichen Genehmigung für ein Vorhaben eine Baugenehmigung nicht erteilt werden darf. In einigen Ländern wird eine vorherige Baugenehmigung zugelassen, während in anderen zunächst eine sanierungsrechtliche Genehmigung erforderlich ist.[3711] Die Baugenehmigung wird in diesem Fall als Schlusspunkt der verschiedenen Zulassungsentscheidungen angesehen **(Schlusspunkttheorie)**.[3712] Probleme ergeben sich eher aus der Sicht des Bauherrn, wenn dieser zwischen Baugenehmigung und sanierungsrechtlicher Genehmigung unterscheiden muss. Für den Bauherren ist letztlich nur entscheidend, wann er mit dem Bau beginnen kann. Zu Streitigkeiten kommt es in der Praxis häufig, wenn eine Genehmigung gem. § 145 IV 1 BauGB unter Auflagen erteilt wird und diese nicht vom Bauherren beachtet werden.

Nach **§ 24 I Nr. 3** BauGB steht der Gemeinde im Sanierungsgebiet ein **Vorkaufsrecht** an allen bebauten und unbebauten Grundstücken zu. Sie kann dieses Recht auch zu Gunsten eines Sanierungsträgers ausüben. In der Sanierungspraxis hat die Ausübung des Vorkaufsrechts meist wenig Bedeutung. Die Verwirklichung eines Sanierungskonzepts beruht regelmäßig auf den Vereinbarungen und Verhandlungen mit Eigentümern und Investoren. Eine Absicherung des Konzepts wird von den Gemeinden meist über das Steuerungsinstrument der Genehmigungen gem. §§ 144, 145 BauGB erreicht. Im Sanierungsgebiet gelten die bodenrechtlichen Vorschriften des BauGB, aber mit den sich aus §§ 153 V, 155 II BauGB ergebenden Änderungen. Auch das Enteignungsrecht der §§ 85 ff. BauGB ist modifiziert anwendbar (§§ 87 III 3, 88 2 BauGB). Die förmliche Festlegung eines Sanierungsgebietes kann auch starke Auswirkungen auf Miet- und Pachtverhältnisse haben. Solche Folgen werden in den §§ 182 bis 186 BauGB näher beschrieben.[3713]

c) Sanierungsziele und Sanierungszwecke. Nach § 140 Nr. 3 BauGB gehört zur Vorbereitung der Sanierung die Bestimmung der Ziele und Zwecke der Sanierung. Schon bei der Formulierung von Sanierungszielen während der vorbereitenden Untersuchungen und zu Beginn der Sanierung kann die gem. § 136 II BauGB vorausgesetzte Behebung städtebaulicher Missstände weit ausgelegt werden und damit eine effiziente und Kosten sparende Sanierung gewährleistet werden.[3714] Art und Umfang der Sanierung richten sich dabei nach dem gemeindlichen Sanierungskonzept. Es enthält die Ziele und

---

[3710] *BVerwG*, B. v. 25. 10. 1995 – 4 B 216.95 – BVerwGE 99, 351 = NVwZ 1996, 377.
[3711] *OVG Münster*, Urt v. 20. 3. 1992 – 11 A 610/90 – BauR 1992, 610; *OVG Lüneburg*, Urt. v. 28. 6. 1985 – 6 A 8/84 – UPR 1986, 226.
[3712] *BVerwG*, Urt. v. 20. 11. 1995 – 4 C 10.95 – NVwZ 1996, 378.
[3713] *Clasen* NJW 1973, 678.
[3714] *Fieseler* NVwZ 1997, 867.

Zwecke der Sanierung und umfasst, je nach den konkreten Bedürfnissen des zu sanierenden Gebietes Teil- und Einzelplanungen wie Rahmenpläne (§ 140 Nr. 4 BauGB), Stadtteilentwicklungspläne, Strukturpläne, Kosten- und Finanzierungsübersichten (§ 149 BauGB).

2014   **d) Städtebauliche Planung im Sanierungsgebiet.** Gemäß § 140 Nr. 4 BauGB umfasst die Vorbereitung der Sanierung auch die städtebauliche Planung. Dazu gehören insbesondere die Rahmenplanung, die Finanzplanung und die Bauleitplanung.[3715] Im StBauFG erfolgte die Bauleitplanung durch den in § 10 StBauFG vorgesehenen Sanierungsbebauungsplan. Heute erfolgt die Bauleitplanung aufgrund eines Bebauungsplans gem. § 10 BauGB. Vor allem bei einer bestandsorientierten Sanierung können neben den Bebauungsplan weitere Maßnahmen wie eine Erhaltungssatzung gem. § 172 BauGB, Gestaltungssatzungen oder denkmalschutzrechtliche Anordnungen treten.[3716]

2015   **e) Sozialplan.** Nach § 140 Nr. 6 BauGB gehört zur Planung der Sanierungsmaßnahmen auch die Erstellung und ständige Fortschreibung eines Sozialplanes. Dabei ist der Sozialplan nicht auf die Sanierung begrenzt. Ein Sozialplan soll vielmehr auch aufgestellt werden, wenn sich Bebauungspläne, städtebauliche Sanierungsmaßnahmen, städtebauliche Entwicklungsmaßnahmen oder Stadtumbaumaßnahmen voraussichtlich nachteilig auf die persönlichen Lebensumstände der in dem Gebiet wohnenden oder arbeitenden Menschen auswirken. Die Gemeinde hat daher gem. § 180 BauGB zu prüfen, ob sich die Sanierungsmaßnahmen voraussichtlich nachteilig auf die persönlichen Lebensumstände der in dem Sanierungsgebiet wohnenden und arbeitenden Menschen auswirken werden. Die Gemeinde hat mögliche Hilfsmaßnahmen, beispielsweise bei einem erforderlichen Umzug oder Arbeitsplatzwechsel, mit den Betroffenen zu erörtern (§ 180 I 1 BauGB), diese dabei zu unterstützen und Hilfe zu leisten (§ 180 I 2 BauGB). Das Ergebnis dieser Erörterungen ist schließlich im maßnahmenbezogenen Sozialplan darzustellen (§ 180 II BauGB). Dabei ist auch auf den ggf. zu gewährenden Härteausgleich hinzuweisen (§ 181 BauGB). Der Sozialplan ist aber kein rechtsverbindlicher Plan mit normativer Wirkung. Er verpflichtet die Gemeinde nicht zu Leistungen gegenüber den Betroffenen, womit diese auch keine Rechte aus dem Sozialplan herleiten können.[3717]

2. Durchführung der Sanierung

2016   **a) Allgemeines.** Die wesentlichen Durchführungsinstrumente städtebaulicher Sanierungsmaßnahmen werden in § 146 BauGB beschrieben. Die Instrumente sind die Ordnungsmaßnahmen und die Baumaßnahmen, die nach den Zielen und Zwecken der Sanierung erforderlich sind (§ 146 I BauGB). Die Durchführung der Sanierung stellt in der Praxis häufig den zeitaufwändigsten Teil des Sanierungsverfahrens dar und kann je nach Umfang des Sanierungsgebietes u. U. auch bis zu 30 Jahre beanspruchen.

2017   **b) Ordnungsmaßnahmen nach § 147 BauGB.** Der **Begriff** der Ordnungsmaßnahme wird in § 147 BauGB definiert. Danach gehören zu den Ordnungsmaßnahmen die Bodenordnung einschließlich des Erwerbs von Grundstücken, der Umzug von Bewohnern und Betrieben, die Freilegung von Grundstücken, die Herstellung und Änderung von Erschließungsanlagen sowie sonstigen Maßnahmen, die notwendig sind, um Baumaßnahmen durchführen zu können. Die **Durchführung der Ordnungsmaßnahme** ist Aufgabe der Gemeinde nach § 147 1 BauGB. Sie kann diese Aufgaben aber auch ganz oder teilweise an einen Sanierungsträger (§§ 157 ff. BauGB) übertragen, was in der Praxis meist passiert. Insbesondere kleinere Gemeinden greifen häufig auf die auf Sanierungen spezialisierten und auch erfahrenen Gesellschaften zurück, denen die Aufgabe als Sanierungsträger übertragen wird, weil zumindest in kleineren Gemeinden der personelle und zeitliche Aufwand sehr groß ist und u. U. eine kleinere Gemeinde damit überfordert

---

[3715] *Hoppenberg/Becker*, Handbuch des öffentlichen Baurechts, Rdn. 227.
[3716] *Gaentzsch*, § 140 BauGB, Rdn. 6.
[3717] *Finkelnburg/Ortloff*, Öffentliches Baurecht, Bd. I, 394.

ist. Möglich ist aber auch, die Durchführung der Ordnungsmaßnahmen nach § 146 III 1 BauGB ganz oder teilweise durch Abschluss eines öffentlich-rechtlichen Vertrages auf die Eigentümer zu übertragen und so eine gewisse Entlastung herbeizuführen. Die Gemeinde ist aber verpflichtet, die nach den Zielen und Zwecken der Sanierung erforderlichen Maßnahmen zügig durchführen zu lassen. Ist dies nicht gewährleistet, hat die Gemeinde nach § 146 III 2 BauGB für die Durchführung der Maßnahmen zu sorgen oder sie selbst zu übernehmen. Die Verantwortung liegt daher bei der Gemeinde. Aus § 147 BauGB und der Zuständigkeit der Gemeinde für die Durchführung der Ordnungsmaßnahmen ergibt sich, dass die **Gemeinde** auch **Kostenträger** der Ordnungsmaßnahme ist.[3718] Die Gemeinde kann für die Durchführung sanierungsbedingter Ordnungsmaßnahmen Städtebauförderungsmittel einsetzen (§ 164 a II Nr. 2 BauGB).

An die Ordnungsmaßnahmen schließt sich die Phase der **Baumaßnahmen** an. Die Baumaßnahme wird durch § 148 BauGB geregelt. § 148 II 1 BauGB enthält eine abschließende Regelung. Danach gehören zu den Baumaßnahmen die Modernisierung und Instandsetzung, die Neubebauung und die Ersatzbauten, die Errichtung und Änderung von Gemeinbedarfs- und Folgeeinrichtungen sowie die Verlagerung oder Änderung von Betrieben. Weiterhin gelten nach § 148 II 2 BauGB als Baumaßnahmen auch naturschutzrechtliche Maßnahmen zum Ausgleich i. S. von § 1a III BauGB, soweit sie auf Grundstücken durchgeführt werden, auf denen Eingriffe in die Natur und Landschaft zu erwarten sind. Im Unterschied zu den Ordnungsmaßnahmen bleibt die Durchführung der Baumaßnahmen nach § 148 I 1 BauGB den **Eigentümern** überlassen, soweit eine zügige und zweckmäßige Durchführung durch sie gewährleistet ist. Nach § 148 I 1 Nr. 1 und Nr. 2 BauGB ist die Gemeinde nur zuständig für die Errichtung und Änderung der Gemeinbedarfs- und Folgeeinrichtungen sowie die Durchführung sonstiger Baumaßnahmen, sofern Grundstücke der Gemeinde gehören oder die zügige und zweckmäßige Durchführung durch den Eigentümer nicht sichergestellt ist. **Kostenträger** ist nach § 148 I 1 BauGB grundsätzlich der jeweilige **Eigentümer**, außer die Gemeinde ist für die Baumaßnahme nach § 148 I Nr. 1 und Nr. 2 BauGB zuständig. Auch bezüglich der Baumaßnahme kommen **Städtebauförderungsmittel** gemäß § 164 a II Nr. 3, III BauGB zur Finanzierung in Betracht.

c) **Formen der Sanierung.** In der Praxis werden zwei Arten der Sanierung unterschieden, die jeweils unterschiedlichen Zielen dienen: Die Sanierung kann als **Flächensanierung** bodenordnerische und wachstumsorientierte Ziele verfolgen. Die Sanierung besteht dann häufig darin, in bestimmten Gebieten Flächen zu erschließen, umzuordnen und ihre zulässige Nutzung zu erweitern. In der Praxis geht es häufig darum, vorhanden marode Bebauung zu entfernen und durch Neubauten zu ersetzen. Die Gemeinden nutzen im Rahmen der Flächensanierung zumeist die Ordnungsmaßnahmen nach § 147 BauGB. Die **objektbezogene Sanierung**, in der heute vielfach der Schwerpunkt der Sanierungsmaßnahmen liegt, umfasst vor allem Maßnahmen der Modernisierung und der Instandhaltung bebauter Flächen. Im Zuge der objekterhaltenden Erneuerung kommt es dabei häufig zu Fassadenmodernisierungen, Schaffung von Fußgängerzonen, öffentlichen Plätzen, Parks und anderer Grünflächen, Schaffung neuer Fußgängerwege, Entkernung von störender Bausubstanz, Schaffung von Verkehrseinrichtungen für den ruhenden Verkehr wie Parkplätze, Parkhäuser und Tiefgaragen, Einrichtung von Busspuren oder Verlagerung von störenden Betrieben (etwa durch Emissionen) in andere Gebiete. Bei dieser Art der Sanierung bleibt die vorhandene Bebauung zum größten Teil erhalten und auch die Nutzung der Flächen bleibt zumeist unverändert. Die objektbezogene Sanierung dient nicht selten auch der Steigerung der Attraktivität der Innenstädte. Bei der objektbezogenen Sanierung überwiegen folglich auch die Baumaßnahmen nach § 148 BauGB. Bei der **Mischsanierung** werden Flächensanierung und objektbezogene Sanierung kombiniert. Ein häufig vorkommendes Beispiel dafür ist die Neunutzung und Um-

---

[3718] *Ernst/Hoppe*, Öffentliches Bau- und Bodenrecht, Rdn. 847.

gestaltung von früher militärisch genutzten Flächen (Konversion), sofern eine sinnvolle Nutzung für Kasernengebäude, Hallen, Mannschaftsquartiere etc. gefunden wird und die Gebäude nicht zurückgebaut werden müssen.

2020 **d) Finanzierung.** Eine städtebauliche Sanierung ist häufig so kostenintensiv, dass sie von der durchführenden Gemeinde oder den betroffenen Eigentümern im Sanierungsgebiet allein nicht finanziert werden kann. Aus diesem Grund kann die Sanierung durch ein begleitendes Finanzierungssystem von Bund, Ländern und Gemeinden unterstützt werden (Anteilsfinanzierung). Sowohl Bund und Länder als auch die Gemeinden haben dabei im Rahmen der nach den jeweiligen Haushalten zur Verfügung stehenden Mittel anteilig die in der Kosten- und Finanzierungsübersicht nach § 149 I, II 1 BauGB für die Gesamtmaßnahme voraussichtlich anfallenden Kosten aufzubringen. In der Regel handelt es sich bei den Kosten einer städtebaulichen Sanierungsmaßnahme um so genannte unrentierliche Kosten, die durch verlorene Zuschüsse aus Bundes-, Landes- und Kommunalmitteln aufgebracht werden müssen. Dabei liegen keine deckungsgleichen Einnahmen vor.[3719] Die Städtebauförderung ist ein Instrument einer qualifizierten Standortpolitik. Sie ist Kern einer modernen Strukturpolitik. Die Städtebauförderung trägt dazu bei, eine sozialpolitisch geprägte und verantwortungsbewusste Baukultur zu stärken, historische Bauten zu erhalten, die Stadtteile als Lebensmittelpunkte zu stärken und Arbeitsplätze zu schaffen.

2021 **Instrumente der Förderung des Bundes und der Länder** sind die einzelnen Förderprogramme. Die Programme des Bundes sind dabei begrenzt auf die vom Bundestag beschlossenen Finanzhilfen. Die Landesprogramme sind in ihrem Umfang Bestandteil des Bundesprogramms. Sie umfassen zudem auch die bereitzustellenden Mittel des Landes an die Gemeinden.[3720] Die Anteilsfinanzierung durch das Land kann für manche Maßnahmen bis zu 90 % des Gesamtkostenvolumens betragen. Aber auch der Bund hat häufig einen Großteil der Kosten einer Maßnahme getragen. Die Finanzierungsverantwortung liegt auch hier bei den Gemeinden. Die Finanzierung und Förderung einzelner Sanierungsmaßnahmen richtet sich nach den Finanzierungs- und Förderungsrichtlinien bzw. Verwaltungsvorschriften der Länder.[3721] Darin werden für die Gemeinden, die zuständigen Mittelbehörden sowie die Landesministerien die Voraussetzungen für eine Förderung, das entsprechende Verfahren zur Aufnahme in das jeweilige Jahresprogramm sowie die Abrechnung geregelt. Es besteht kein Anspruch auf Gewährung von Städtebauförderungsmitteln, sondern lediglich bei mehreren Bewerbern, insbesondere im Verhältnis Dritter zur Gemeinde, ein Anspruch auf fehlerfreie Ermessensausübung. Die Gemeinde hat unter mehreren Bewerbern nach sachgerechten Kriterien die Mittel zu vergeben.[3722]

2022 Gemäß **§ 164 a I 1 BauGB** werden zur Deckung der Kosten einer einheitlichen Vorbereitung und zügigen Durchführung der städtebaulichen Sanierungsmaßnahme als Einheit **Finanzierungs- und Förderungsmittel** eingesetzt. Damit ist die Vergabe von solchen Fördermitteln zugleich zweckgebunden. Auch für den Einsatz von Fördermitteln ist die Gemeinde verantwortlich.[3723] Voraussetzung für die Städtebauförderung ist, dass die Sanierungsmaßnahme nach § 149 IV 2 BauGB finanziell gesichert scheint und die Grundsätze der Wirtschaftlichkeit und Sparsamkeit beachtet wurden. Der Einsatz von Städtebauförderungsmitteln ist subsidiär, sofern entstehende Kosten anderweitig gedeckt werden können (§ 164 a I 2 BauGB). Weiterhin dürfen Städtebauförderungsmittel grundsätzlich nur für noch nicht begonnene Einzelmaßnahmen eingesetzt werden, außer die zuständige Landesbehörde macht davon eine Ausnahme. Ferner sind die personellen und

---

[3719] Bielenberg/Koopmann/Krautzberger, § 164a BauGB, Rdn. 23.
[3720] Abgeordnetenhaus von Berlin – Drucksache 13/3536, 50.
[3721] *Bielenberg/Koopmann/Krautzberger*, § 164a BauGB, Rdn. 25.
[3722] *BVerwG*, B. v. 8. 4. 1997 – 3 C 6.95 – NVwZ 1998, 273.
[3723] Bielenberg/Koopmann/Krautzberger, § 164a BauGB, Rdn. 23.

sachlichen Kosten der Gemeindeverwaltung nicht förderfähig.³⁷²⁴ Die Gemeinde kann die ihr zugewiesenen Mittel zur Finanzierung ihrer Sanierungsaufgaben oder als Zuschüsse oder Darlehen zur Finanzierung der von Dritten vorzunehmenden Maßnahmen verwenden. Grundlage dafür sind entweder entsprechende Bewilligungsbescheide oder abzuschließende öffentlich-rechtliche Verträge. Problematisch ist für viele Gemeinden angesichts knapper eigener Finanzen, überhaupt einen kommunalen Eigenanteil aufzubringen. Dementsprechend ist auch die Vorfinanzierung einer Sanierungsmaßnahme häufig schwierig, wenn Fördermittel nicht in abgerufener Höhe zur Verfügung gestellt werden.

Durch **§ 164a II BauGB** werden die **Einsatzzwecke** von Städtebauförderungsmitteln im Einzelnen geregelt. Sie können eingesetzt werden für: die Vorbereitung von Sanierungsmaßnahmen (§ 140 BauGB), die Durchführung von Ordnungsmaßnahmen nach § 147 BauGB einschließlich Entschädigung, soweit durch sie kein bleibender Gegenwert erlangt wird, jedoch nicht die persönlichen und sachlichen Kosten der Verwaltung, die Durchführung der Baumaßnahmen nach § 148 BauGB, die Gewährung einer angemessenen Vergütung von den nach Maßgabe dieses Gesetzes beauftragten Dritten, die Verwirklichung des Sozialplans nach § 180 BauGB sowie die Gewährung des Härteausgleiches nach § 181 BauGB. Darüber hinaus können Städtebauförderungsmittel auch nach § 164a III BauGB für Modernisierungs- und Instandsetzungsmaßnahmen zur Beseitigung baulicher Missstände und Mängel i. S. von § 177 BauGB eingesetzt werden. In der Praxis beruhen solche Mängel häufig zum einen auf mangelnden Innenausstattung von Gebäuden (veraltete Heizungssysteme, unzumutbare Wohnungsgrundrisse, mangelhafte Wärmedämmung, Belichtung, Belüftung, sanitäre Anlagen) zum anderen auf erheblichen Instandhaltungsmängeln (Schäden an Dächern, Fassaden, Geschossdecken, Treppenhäusern).³⁷²⁵ Modernisierungs- und Instandsetzungsvereinbarungen werden in der Regel auf der Grundlage eines öffentlich-rechtlichen Vertrages nach § 177 IV 4 BauGB i.V. m. § 148 I, II Nr. 1 BauGB mit den jeweiligen Eigentümern geschlossen.³⁷²⁶

§ 164b I 1 BauGB ermächtigt den Bund, den Ländern nach Maßgabe des jeweiligen Haushaltsgesetzes Finanzhilfen für die Investitionen der Gemeinden und Gemeindeverbände zur Förderung städtebauliche Maßnahmen zu gewähren.³⁷²⁷ § 164b I 2 BauGB verweist hierzu auf **Verwaltungsvereinbarungen** zwischen Bund und Ländern zur Förderung städtebaulicher Sanierungsmaßnahmen. § 164b II BauGB benennt die Förderungsschwerpunkte, welche die Absicht des Bundes bekunden, eine nachhaltige Stadtentwicklungspolitik zu betreiben.³⁷²⁸

Nach § 164b I 1 BauGB kann der **Bund** zur Förderung städtebaulicher Sanierungsmaßnahmen den Ländern nach Art. 104a IV GG nach Maßgabe des jeweiligen Haushaltsgesetzes Finanzhilfen für Investitionen der Gemeinden und Gemeindeverbände nach einem in gleicher Weise geltenden, allgemeinen und sachgerechten Maßstab gewähren. Nach Art. 104 IV 1 GG kann der Bund den Ländern Finanzhilfen für besonders bedeutsame Investitionen gewähren, die zur Abwehr einer Störung des gesamtwirtschaftlichen Gleichgewichts oder zum Ausgleich unterschiedlicher Wirtschaftskraft im Bundesgebiet oder zur Förderung des wirtschaftlichen Wachstums erforderlich sind. Nach Art. 104 IV 2 GG wird insbesondere die Arten der zu fördernden Investitionen durch Bundesgesetz, das der Zustimmung des Bundesrates bedarf, oder aufgrund des Bundeshaushaltsgesetzes durch Verwaltungsvereinbarungen geregelt.

Der **Maßstab** und das Nähere für den Einsatz der Finanzhilfen werden nach § 164b I 2 BauGB durch **Verwaltungsvereinbarung** zwischen Bund und Ländern festgelegt. Auf-

---

³⁷²⁴ Ernst/Zinkahn/Bielenberg/Krautzberger, § 164a BauGB, Rdn. 14–18.
³⁷²⁵ Abgeordnetenhaus von Berlin – Drucksache 13/3536, 61.
³⁷²⁶ *Fieseler* NVwZ 1997, 867.
³⁷²⁷ *Fieseler* NVwZ 1998, 903.
³⁷²⁸ *Fieseler* NVwZ 1998, 903.

grund einer solchen Vereinbarung ist durch die Länder für das jeweilige Bundesförderprogramm ein Landesprogramm aufzustellen. Es umfasst die städtebaulichen Sanierungsmaßnahmen und andere Gebiete des „Besonderen Städtebaurechts", deren Mitfinanzierung durch den Bund erwartet wird. Die Zuteilung der Finanzhilfen des Bundesprogramms hat die Aufnahme des Landesprogramms in das Bundesprogramm zur Grundlage. Der Bund kann aber auch das Landesprogramm von der Aufnahme ausschließen.[3729]

2027 Die komplexen sozialen, wirtschaftlichen und städtebaulichen Probleme in bestimmten Stadtteilen sind mit diesen Mitteln allein nicht zu lösen. Deshalb wurde im Jahre 1999 erstmals das **Programm „die soziale Stadt"** geschaffen, das eine Förderung aus einer Hand ermöglicht und versucht, die sozialen Brennpunkte, die eine Sanierung erschweren zu beseitigen. In einem Stadtgebiet etwa, in dem eine hohe Arbeitslosigkeit herrscht, die privaten Haushalte über ein geringes Einkommen verfügen und die Jugendlichen durch Kriminalität und Perspektivlosigkeit benachteiligt sind, wird eine Sanierung langfristig schon allein aufgrund mangelnder Mitwirkungsfähigkeit der Sanierungsbetroffenen erheblich erschwert. In der Praxis sollen die jeweils vorhandenen Brennpunkte durch entsprechende Maßnahmen beseitigt werden. Diese können z. B. in der Aktivierung örtlicher Potenziale liegen. Weiterhin kommt ein Stadtteilmanagement, Angebote für Existenzgründer, Jugendwerkstätten, Jobvermittlung, Neu- und Umgestaltung von öffentlichen Plätzen oder Parks in Betracht. Insbesondere sollen Impulse für die Beschäftigung, soziale Impulse sowie ökologische Impulse in den betroffenen Gebieten durch das Programm „die soziale Stadt" gesetzt werden. Weiterhin sind auch andere Ressorts wie z. B. das für Bildung und Forschung mit seinem Programm für benachteiligte Jugendliche und das Ressort für Arbeit und Soziales bei Lohnkostenzuschüssen für Arbeitslose in der Denkmalpflege und der städtebaulichen Sanierung beteiligt. Durch **§ 164b II Nr. 1 bis 3 BauGB** werden die **Schwerpunkte** der Finanzhilfen festgelegt. Danach sind Schwerpunkte die Stärkung von Innenstädten und Ortsteilzentren in ihrer städtebaulichen Funktion unter besondere Berücksichtigung des Wohnungsbaus sowie der Belange des Denkmalschutzes und der Denkmalpflege (Nr. 1), die Wiedernutzung von Flächen unter Berücksichtigung ihrer funktional sinnvollen Zuordnung (Nutzungsmischung) sowie von umweltschonenden, kosten- und flächensparenden Bauweisen (Nr. 2), und städtebauliche Maßnahmen zur Behebung sozialer Missstände (Nr. 3). Diese Förderschwerpunkte beziehen sich ausschließlich auf die durch den Bund bereitzustellenden Finanzhilfen.[3730] Die Gemeinden und die Länder können durch eigene Mittel andere Schwerpunkte setzen.[3731]

2028 Nach Abschluss der Sanierung findet eine **Abrechnung der Gesamtmaßnahmen** zwischen den Gemeinden und dem Land einerseits sowie dem Land und dem Bund andererseits statt. In diese Abrechnung fließen alle Einnahmen, Ausgaben und Vermögenswerte ein, die bei der Vorbereitung und Durchführung der Sanierungsmaßnahme entstanden sind. Auf der Grundlage dieser Abrechnung wird entschieden, ob der Bund dem Land und entsprechend das Land der Gemeinde die als Vorauszahlung gewährten Mittel endgültig als Zuschuss oder aber als Darlehen gewährt.[3732] Um einen Überblick über den Kosten- und Finanzierungsrahmen zu bekommen und die zügige Durchführung zu sichern, hat die Gemeinde nach § 149 I BauGB nach dem Stand der Planung eine **Kosten- und Finanzierungsübersicht** zu erstellen, die mit den Kosten- und Finanzierungsvorstellungen anderer Träger öffentlicher Belange abzustimmen und der höheren Verwaltungsbehörde vorzulegen ist. Nach den §§ 136 ff. BauGB hat die **Gemeinde** insbesondere die Kosten für die Vorbereitung der Sanierung (§ 140 BauGB), für die Ordnungsmaß-

---

[3729] Abgeordnetenhaus Berlin – Drucksache 13/3536, 54.
[3730] Bielenberg/Koopmann/Krautzberger, § 164b BauGB, Rdn. 20.
[3731] Bielenberg/Koopmann/Krautzberger, § 164b BauGB, Rdn. 19.
[3732] Abgeordnetenhaus von Berlin – Drucksache 13/3536, 53.

nahmen (§ 147 BauGB), für bestimmte einzelne Baumaßnahmen (§ 148 I Nr. 2 BauGB) und die Kosten für Gemeinbedarfs und Folgeeinrichtungen (§ 148 I Nr. 1 BauGB) zu tragen.

Die **Europäische Kommission** entwarf 1994 erstmals eine neue Politik, um städtische Probleme mit integrierten Konzepten innerhalb von bestimmten großstädtischen Gebieten anzugehen. Es wurde die Gemeinschaftsinitiative „URBAN" gegründet, um insbesondere in benachteiligten Regionen soziale und ökologisch ausgerichtete Einrichtungen zu fördern. Für die Projektfinanzierungen wurden aus dem Europäischer Fonds für regionale Entwicklung (EFRE) und dem Europäischen Sozialfonds (ESF) Mittel bereitgestellt. Die Finanzierung besteht aus diesen Mitteln sowie einer nationalen Ko-Finanzierung.[3733] Gefördert werden dadurch z. B. Jugendeinrichtungen für Jugendliche in Konfliktsituationen (Jugendarbeitslosigkeit, Obdachlosigkeit, Alkoholismus, Delinquenz), Musikübungs- und Veranstaltungsräume, Abenteuerspielplätze mit einem erheblichen Grünanteil unter sozialpädagogischer Betreuung oder die Schaffung von Kindertagesstätten als ökologisch-pädagogische Lern- und Erfahrungsorte unter städtischen Bedingungen (Tierhaltung, Pflanzenzucht oder Bau von Weidenhütten). Aber auch direkt aus den genannten Fonds können bestimmte Projekte gefördert werden.

Mit der Durchführung der Sanierung stellt sich auch die Frage der **Bodenwertabschöpfung** und der **Ausgleichsbeträge**. Nach den allgemeinen Erfahrungen steigen in der Praxis die Grundstückspreise deutlich an, sobald bekannt wird, dass Sanierungsmaßnahmen geplant werden. Solche Wertzuwächse ergeben sich aber nicht durch ein Handeln des jeweiligen Eigentümers, sondern aufgrund der gemeindlichen Planung, so dass dieser Zuwachs vielfach unverdient ist[3734] und durch Maßnahmen der Allgemeinheit entstanden ist.[3735] Wären die Gemeinden nicht in der Lage, diesen Wertzuwachs in irgendeiner Weise abzuschöpfen, so würden sich die Kosten für das Sanierungsverfahren unter Umständen stark erhöhen.[3736] Dem wirkt das BauGB mit einem System aufeinander abgestimmter bodenpolitischer, enteignungs- und abgabenrechtlicher[3737] Maßnahmen in den §§ 152 bis 156a BauGB entgegen, um vorzeitigen Preissteigerungen und unverdienten Bodenwertsteigerungen zu verhindern und der Allgemeinheit zuzuführen.[3738] Dabei ist die Durchführung der Sanierung im so genannten klassischen Verfahren nach § 152 BauGB Voraussetzung für die Anwendung der §§ 153 bis 156a BauGB.[3739] Dieses System kann als Kernbereich des Besonderen Städtebaurechts bezeichnet werden.[3740] Die Sozialbindungsklausel des Art. 14 II GG rechtfertigt dieses System verfassungsrechtlich.[3741]

Regelungszweck des § 153 I 1 BauGB ist es, sanierungsbedingte Bodenwertsteigerungen nicht dem Betroffenen zufließen zu lassen, wenn diesem schon Ausgleichs- und Entschädigungsleistungen nach dem BauGB durch die Gemeinde zu leisten sind. Der bei der Gewährung von Ausgleichs- und Entschädigungsleistungen nach § 95 I BauGB zugrunde zu legende Verkehrswert (Marktwert, § 194 BauGB) wird deshalb um sämtliche sanierungsbedingten Wertsteigerungen bereinigt.[3742] Die durch das EAG Bau bewirkte Änderung dient der Klarstellung, dass es keinen Bedeutungsunterschied zwischen den

---

[3733] Abgeordnetenhaus von Berlin – Drucksache 13/3436, 27.
[3734] *Grabis/Kauther/Rabe/Steinfort*, Bau- und Planungsrecht, 199.
[3735] BGH, Urt. v. 8. 5. 1980 – III ZR 27/77 – BGHZ 77, 338 = NJW 1980, 2814; *BVerwG*, Urt. v. 21. 8. 1981 – 4 C 16.78 – NJW 1982, 389.
[3736] *Gaentzsch*, Die Bodenwertabschöpfung im Städtebauförderungsrecht, 57 ff.
[3737] *BVerwG*, Urt. v. 17. 12. 1992 – 4 C 30.90 – DVBl. 1993, 441.
[3738] *Ernst/Hoppe*, Öffentliches Bau- und Bodenrecht, Rdn. 843.
[3739] *Mampel* DÖV 1992, 556.
[3740] *Kleiber* ZfBR 1986, 263.
[3741] BGH, Urt. v. 12. 1. 1984 – III ZR 103/82 – BGHZ 89, 338; *BVerwG*, Urt. v. 3. 7. 1998 – 4 CN 5.97 – ZfBR 1999, 100; *Erbguth/Wagner*, Bauplanungsrecht, 14.
[3742] *BVerwG*, Urt. v. 21. 8. 1981 – 4 C 16.78 – NJW 1982, 389.

Begriffen Verkehrswert und Marktwert, der insbesondere bei Gemeinschaftsrechtsakten[3743] vorrangig gebraucht wird, gibt. Die Regelung stellt i.V. m. § 145 II BauGB bei der rechtsgeschäftlichen Veräußerung eines Grundstücks sowie bei der Bestellung oder Veräußerung eines Erbbaurechts einen speziellen gesetzlichen Versagungsgrund dar (Preisprüfung). Dabei erfolgt die Preisprüfung durch den Vergleich des vereinbarten Gegenwertes für ein Grundstück oder das Erbbaurecht einerseits mit dem sanierungsbedingten Verkehrswert nach § 153 I BauGB andererseits. Die wesentliche Erschwerung der Sanierung i. S. des § 145 II BauGB wird nach § 153 II BauGB vermutet. Dies gilt allerdings nicht, wenn die Verpflichtung zur Zahlung eines Ausgleichsbetrages erloschen ist (§§ 153 II, 154 III 2, 3 BauGB). Diese Regelung genügt den Erfordernissen des Art. 14 I 2 GG. Sie ist eine zulässige Inhalts- und Schrankenbestimmung. Der Eigentümer wird schließlich nicht daran gehindert, sein Grundeigentum zu veräußern. Es wird ihm lediglich eine Begrenzung auferlegt, sich an den Verkehrswert zu halten.[3744] Nach § 153 III 1 BauGB darf die Gemeinde oder der Sanierungsträger beim Erwerb eines Grundstücks keinen höheren Kaufpreis vereinbaren, als er sich in entsprechender Anwendung des § 153 I BauGB ergibt. Nach § 153 III 2 BauGB gilt dasselbe für den Bedarfsträger in den Fällen des § 144 IV Nr. 4 und Nr. 5 BauGB (Preisüberschreitungsgebot). § 153 IV 1 BauGB hat die Gemeinde oder ihr Sanierungsträger ein Grundstück, welches sie nach den §§ 89 und 159 III BauGB veräußert, zu dem Verkehrswert zu veräußern, der sich durch die rechtliche und tatsächliche Neuordnung des förmlich festgelegten Sanierungsgebietes ergibt (Privatisierungspflicht).[3745] § 153 V BauGB trifft für den Fall, dass im förmlich festgelegten Sanierungsgebiet eine öffentlich-rechtliche Umlegung nach den §§ 45 bis 79 BauGB durchgeführt wird, besondere Modifikationen im Hinblick auf umlegungsrechtliche Entschädigungs-, Abfindungs- und Ausgleichsleistungen der Gemeinde gegenüber den Umlegungsbetroffenen.

2032 Nach § 154 BauGB sind durch städtebauliche Sanierungsmaßnahmen bedingte **Bodenwertsteigerungen** unter bestimmten Bedingungen **abzuschöpfen**. Diese Regelung dient dazu, die Eigentümer, denen ihr im Sanierungsgebiet liegendes Grundstück verbleibt, mit den Eigentümern gleichzustellen, die ihre Grundstücke im Verlauf der Sanierung unter Ausschluss sanierungsbedingter Werterhöhungen abgegeben haben.[3746] Es wäre mit Rücksicht auf den Gleichheitsgrundsatz und des erheblichen Einsatzes von Fördergeldern des Bundes, des jeweiligen Landes und der Gemeinden nicht zu vertreten, bei den Eigentümern von Grundstücken im förmlich festgelegten Sanierungsgebiet die durch die Sanierung bedingten Wertsteigerungen zu belassen, so weit sie nicht mit eigenen Aufwendungen daran beteiligt waren.[3747] Der Ausgleichsbetrag wird nach § 154 I 1 BauGB zur Sanierungsfinanzierung erhoben. Damit sollen auch die Eigentümer an den Gesamtkosten beteiligt werden.[3748] Die Abschöpfung maßnahmenbedingter Wertsteigerungen wird als Inhalts- und Schrankenbestimmung nach Art. 14 I 2 GG, aber auch im Hinblick auf den Gleichheitssatz nach Art. 3 I GG verfassungsrechtlich als unbedenklich angesehen. Weiterhin gibt es auch keinen Verfassungsrechtsgrundsatz des Inhalts, dass die Abschöpfung planungsbedingter Gewinne allein den Grundstückseigentümern vorbehalten ist.[3749] Eine Vorauszahlung auf einen Ausgleichsbetrag nach § 154 BauGB kann bereits verlangt werden, wenn für ein entwicklungskonformes Vorhaben, dessen planungsrechtliche Zulässigkeit zweifelhaft ist, eine baurechtliche Genehmigung erteilt worden

---

[3743] Richtlinie 91/674/EWG des Rates vom 19. Dezember 1991, ABl. EG Nr. L 374 S. 7; Mitteilung der Kommission, ABl. EG Nr. C 209 S. 3.
[3744] *BVerwG*, B. v. 8. 1. 1998 – 4 B 221.97 – DÖV 1998, 516 = BauR 1998, 406.
[3745] BK/*Stich*, § 153 BauGB, Rdn. 14.
[3746] *Wollny* DÖV 1993, 740.
[3747] *Brügelmann/Friederich*, § 154, Rdn. 1; *Bielenberg/Koopmann/Krautzberger/Kleiber*, § 154 BauGB, Rdn. 1.
[3748] *Wollny* DÖV 1993, 740.
[3749] *BVerwG*, Urt. v. 3. 7. 1998 – 4 CN 5.97 – DVBl. 1998, 1294 = DÖV 1999, 156.

ist. Bei der Ermittlung des Anfangswertes für den Ausgleichsbetrag im städtebaulichen Entwicklungsbereich ist im Regelfall nach den Grundsätzen der WertV zu verfahren. Auf den gezahlten Kaufpreis ist grundsätzlich nicht abzustellen.[3750]

Der Eigentümer eines im förmlich festgelegten Sanierungsgebiet gelegenen Grundstücks ist nach **§ 154 I BauGB** zur Entrichtung eines Ausgleichsbetrages zur Finanzierung der Sanierungsmaßnahmen verpflichtet. Die Höhe dieses Betrages bemisst sich gem. § 154 II BauGB nach der Differenz zwischen dem Bodenwert, der sich für das Grundstück durch die rechtliche und tatsächliche Neuordnung des förmlich festgelegten Sanierungsgebietes ergibt (Endwert) und dem Bodenwert, der sich für das Grundstück ergäbe, wenn eine Sanierung weder beabsichtigt, noch durchgeführt worden wäre (Anfangswert).[3751] Durch § 155 BauGB wird festgelegt, dass bestimmte Beträge auf den Ausgleichsbetrag anzurechnen sind und der Ausgleichsbetrag auch in bestimmten Fällen ganz entfallen kann. Der Ausgleichsbetrag ist nach § 153 III 1 BauGB nach Abschluss der Sanierung zu entrichten (§§ 162 und 163 BauGB). Die Ermittlung der sanierungsbedingten Bodenwerterhöhung i. S. von § 154 II BauGB erfolgt auf der Grundlage der allgemeinen Vorschriften der §§ 192 bis 199 BauGB i.V.m den sie ergänzenden Wertermittlungsvorschriften der §§ 26 ff. WertV.[3752] Wenn in einem förmlich festgelegten Sanierungsgebiet der Eigentümer seinen Beitrag zur Finanzierung der Sanierungskosten durch den Ausgleichsbetrag – sei es durch eine Vereinbarung nach § 154 III 2 BauGB oder durch vorzeitige Festsetzung nach § 154 III 3 BauGB – bereits geleistet hat, stellt § 154 II 2 BauGB klar, dass bei einer anschließenden rechtsgeschäftlichen Veräußerung von Grundstücken oder Erbbaurechten bzw. deren Bestellung keine Preisprüfung i. S. v. § 153 I BauGB mehr erforderlich ist. Denn nach Entrichtung des Ausgleichsbetrages können diese Rechtsgeschäfte die Durchführung der Sanierung nicht mehr erschweren.[3753]

Nach § 28 I WertV sind für die zur Bemessung der Ausgleichsbeträge nach § 154 I BauGB zu ermittelnden **Anfangs- und Endwerte** die §§ 26 und 27 WertV entsprechend anzuwenden. Bei der Ermittlung des Anfangs- und Endwerts ist nach § 28 III 1 WertV der Wert des Bodens ohne Bebauung durch Vergleich mit dem Wert vergleichbarer unbebauter Grundstücke zu ermitteln. Nach § 28 III 2 WertV sind Beeinträchtigungen der zulässigen Nutzbarkeit, die sich aus einer bestehen bleibenden Bebauung auf dem Grundstück ergeben, zu berücksichtigen, wenn es bei wirtschaftlicher Betrachtungsweise oder aus sonstigen Gründen geboten erscheint, das Grundstück in bisheriger Weise zu nutzen. Vor der Anwendung einzelner Wertermittlungsverfahren müssen aber zunächst die Anfangs- und Endwertqualitäten des Grundstücks festgestellt werden. Das Grundstück ist dabei in seinen wertbeeinflussenden Merkmalen zu beschreiben. Eine Aufzählung einiger bedeutsamer Merkmale enthalten §§ 4, 5 WertV. Erst danach werden diese Qualitäten unter Heranziehung verschiedener Wertermittlungsverfahren bewertet.[3754] Als solche kommen nach der WertV das Vergleichsverfahren nach § 13 WertV und das Ertragswertverfahren nach § 16 WertV in Betracht. Möglich ist auch das so genannte Bodenrichtwertverfahren nach § 13 II WertV. Die WertV gibt für die Praxis keine abschließenden Wertermittlungsmethoden vor.[3755] Somit haben sich auch außerhalb der WertV Wertermittlungsmethoden[3756] oder die so genannte Zielbaummethode herausgebildet.[3757]

[3750] *BVerwG*, Urt. v. 17. 5. 2002 – 4 C 6.01 – DVBl. 2002, 1479 = NVwZ 2003, 211 = BauR 2002, 1811 – Ausgleichsbetrag.
[3751] *BVerwG*, Urt. v. 21. 8. 1981 – 4 C 16.78 – ZfBR 1981, 290; *Schindhelm/Wilde* NVwZ 1992, 747.
[3752] Wertermittlungsverordnung vom 6. 12. 1988 (BGBl. I 1988, 2209).
[3753] EAG Bau – Mustererlass 2004.
[3754] *Schindhelm/Wilde* NVwZ 1992, 747.
[3755] *BVerwG*, B. v. 16. 1. 1996 – 4 B 69.95 – BauR 1996 522 = DVBl. 1996, 691.
[3756] Z. B. nach *Lappe/Hagedorn/Schmalgemeier*, „Modell Niedersachsen", *Schindhelm/Wilde*, Die Abschöpfung des Sanierungsmehrwertes, 37.
[3757] *VG Berlin*, B. v. 11. 11. 1998 – 19 A 86/98 – NVwZ 1999, 568; *Aurnhammer* BauR 1978, 356.

2035 Liegen alle Voraussetzungen für die Erhebung von Ausgleichsbeträgen vor, so ist die Gemeinde zur Erhebung verpflichtet und ihr steht **kein Ermessen** zu.[3758] Ausnahmen bestehen nur bei geringfügigen Werterhöhungen nach § 155 III BauGB oder wenn eine Nichterhebung im öffentlichen Interesse liegt oder zur Vermeidung unbilliger Härten nach § 155 IV BauGB geboten ist. Da die Gemeinden keinen Ermessensspielraum bezüglich der Erhebung von Ausgleichsbeträgen haben,[3759] bedarf die Erhebung auch keines entsprechenden allgemeinen Beschlusses der Gemeindevertretung oder gar einer Satzung der Gemeinde.[3760] Die Grundstückswertermittlung stellt keine mathematisch exakt ermittelbare Größe, sondern nur eine Schätzungsmethode dar.[3761] In der Praxis wird diese Festlegung von den Betroffenen häufig bezweifelt und angegriffen. Somit kann in der Schätzung des Bodenwertes ein erhebliches Konfliktpotenzial liegen. Die Erhebung ist darum auch in vielen Gemeinden ein politisch brisantes Thema. Allerdings haben die Gemeinden angesichts der erheblichen Reduzierung der Fördergelder kaum eine andere Möglichkeit, als den Ausgleichsbetrag zu erheben. Um solche Schwierigkeiten zu vermeiden, sollten die Gemeinden so früh wie nur möglich mit allen Beteiligten die Erhebung von Ausgleichsbeträgen besprechen und die Erhebung von Ausgleichsbeträgen zeitnah durchführen. Häufig werden die Widerstände seitens der Betroffenen schon durch die Nutzung der durch § 154 V BauGB geregelten Zahlungsmodalitäten ausgeräumt, wenn der Ausgleichsbetrag in ein Darlehen umgewandelt werden kann und so Grundstückseigentümer entlastet werden, die kurzfristig nicht in der Lage sind, den entsprechenden Betrag aufzubringen. Weitere Einzelheiten im Zusammenhang mit der Erhebung des Ausgleichsbetrages sind in den §§ 154 III bis VI BauGB geregelt. Ein möglicherweise erwirtschafteter Überschuss bei der Vorbereitung und Durchführung der Sanierungsmaßnahme ist nach § 156a BauGB auf die Eigentümer der im Sanierungsgebiet gelegenen Grundstücke zu verteilen. In der Sanierungspraxis hat die Regelung des § 156a BauGB indes kaum Bedeutung. Denn Überschüsse werden zumeist nicht erzielt.

2036 **e) Sanierung durch andere Sanierungsträger und Beauftragte (§§ 157 bis 161 BauGB).** Durch § 157 I BauGB wird den Gemeinden ermöglicht, sich bei der Erfüllung von Aufgaben, die ihr bei der Vorbereitung oder Durchführung der Sanierung obliegen, eines geeigneten Beauftragten zu bedienen. Diese Regelung hilft den Gemeinden, die Sanierung zu bewältigen und sich Sanierungsfachleuten zu bedienen, die sich sowohl mit der Stadtplanung, als auch mit den Finanzierungs- und Fördermöglichkeiten auskennen. In der Praxis wird von dieser Möglichkeit häufig Gebrauch gemacht, insbesondere von kleinen Gemeinden, die dem intensiven Arbeits- und Planungsaufwand einer Sanierung schon personell nicht gewachsen sind. Die Aufgaben und die Rechtsstellung der Beauftragten sind in den §§ 157 bis 161 BauGB geregelt. Das Aufgabenfeld eines Beauftragten kann z. B. in der Durchführung der vorbereitenden Untersuchungen oder den Verhandlungen mit den Betroffenen liegen.[3762] Nach § 157 I 2 BauGB darf die Gemeinde bestimmte Aufgaben nur an einen Beauftragten übertragen, der die Voraussetzungen des § 158 BauGB erfüllt. Dies sind die Ordnungs- und Baumaßnahmen nach den §§ 146 bis 148 BauGB, der Erwerb von Grundstücken und Rechten zur Vorbereitung und Durchführung der Sanierung und die Bewirtschaftung von Sanierungsmitteln. Allerdings bedarf es keiner Bestätigung des Vorliegens der Voraussetzungen des § 158 BauGB durch die vormals nach Landesrecht zuständige Stelle (§ 158 III BauGB 1998). Vielmehr kann die Gemeinde selbst über das Vorliegen der Voraussetzungen des § 158 BauGB entscheiden und eine entsprechende Beauftragung des Sanierungsträgers auch mit Aufgaben vorneh-

---

[3758] *Schindhelm/Wilde* NVwZ 1992, 747.
[3759] *BVerwG*, Urt. v. 21. 10. 1983 – 8 C 29.82 – DVBl. 1984, 188.
[3760] *OVG Münster*, Urt. v. 9. 4. 1990 – 22 A 1185/89 – NVwZ-RR 1990, 635.
[3761] *BVerwG*, B. v. 16. 1. 1996 – 4 B 69.95 – BauR 1996, 522.
[3762] *Battis/Krautzberger/Löhr*, § 157 BauGB, Rdn. 5.

men, die in § 157 I 2 BauGB benannt sind. Die Prüfung der Voraussetzungen des § 158 BauGB ist nur auf die Gemeinde verlagert.

Das **Bestätigungsverfahren für Sanierungs- und Entwicklungsträger** durch die Landesbehörden wurde daher durch das EAG Bau abgeschafft (§§ 157 I, 158 BauGB). Für einmal erteilte Bestätigungen ist § 43 II VwVfG zu beachten. Die Landesbehörden erteilen künftig keine Bestätigungen mehr. Die materiellen Voraussetzungen der Tätigkeit haben sich nicht verändert. Das bedeutet für Kommunen, die sich eines Sanierungs- oder Entwicklungsträgers bedienen wollen, dass sie dessen Eignung vor Vertragsschluss selbst kontrollieren müssen. Darüber hinaus sollten sie während der Laufzeit des Vertrages kontinuierlich überprüfen, ob die Voraussetzungen des § 158 weiterhin vorliegen. Bei bereits geschlossenen Vertragsverhältnissen sollten zusätzliche Berichtspflichten (z. B. jährliche Vorlage des Prüfberichts der Geschäftstätigkeit, Mitteilungen über personelle Veränderungen der zur Vertretung berufenen Personen sowie der leitenden Angestellten) vertraglich vereinbart werden.

Sanierungsträger werden nach **§ 159 I 1 BauGB** entweder als Treuhänder der Gemeinde oder als Unternehmensträger tätig. Der **Treuhänder** handelt im eigenen Namen für Rechnung der Gemeinde. Er ist eine Art verlängerte Hand der Gemeinde.[3763] Rechtlich ist der Treuhänder zwar Eigentümer des Sondervermögens, wirtschaftlich gesehen aber nur Verwalter dieses Vermögens (§ 160 II BauGB). Der **Unternehmensträger** wird im eigenen Namen für eigene Rechnung tätig. Er hat eine eigene Verantwortung und trägt auch das wirtschaftliche Risiko. Er tritt der Gemeinde deshalb selbstständig gegenüber und vertritt dabei auch seine eigenen wirtschaftlichen Interessen.[3764] Die Einzelheiten der Vertragsgestaltung werden in einer Vereinbarung zwischen der Gemeinde und dem Sanierungsträger festgelegt. Der Vertrag ist nicht beurkundungspflichtig (§ 159b II 2 BauGB, § 311b BGB).

3. Abschluss der Sanierung

a) **Voraussetzungen.** Ist der festgelegte Sanierungszweck erreicht, erweist sich die Erreichung als unmöglich oder wird die Sanierungsabsicht aus anderen Gründen aufgegeben, so wird die Sanierungssatzung aufgehoben (§ 162 I 1 BauGB). Nach § 162 I 2 BauGB ist die Sanierungssatzung auch teilweise aufzuheben, falls die genannten Voraussetzungen nur für einen Teil des förmlich festgelegten Sanierungsgebietes gegeben sind. Trifft dies auch nur für einzelne Grundstücke zu, so kann die Gemeinde für diese Grundstücke die Sanierung nach § 163 I 1 BauGB als abgeschlossen erklären. Die Sanierungssatzung wird nach § 162 II BauGB ganz oder teilweise durch eine neuerliche Satzung aufgehoben. Durch bloßen Zeitablauf oder wegen unzureichender Förderung der Sanierung hingegen tritt die Satzung nicht von selbst außer Kraft.[3765]

Eine Sanierungssatzung, die wegen eines Mangels im Abwägungsvorgang im Wege der Normenkontrolle für unwirksam erklärt worden ist, kann nach Durchführung eines ergänzenden Verfahrens bei unverändertem Planinhalt auch **rückwirkend** in Kraft gesetzt werden.[3766] Die förmliche Festlegung als Sanierungsgebiet setzt voraus, dass die zügige Durchführung der Sanierungsmaßnahmen innerhalb eines absehbaren Zeitraums gewährleistet ist. Als undurchführbar i. S. des § 162 I 1 Nr. 2 BauGB kann sich eine Sanierung im Nachhinein auch dann erweisen, wenn keine Aussicht mehr besteht, die Sanierungsmaßnahmen zügig durchzuführen und innerhalb eines absehbaren Zeitraums seit der förmlichen Festlegung als Sanierungsgebiet abzuschließen. Ein Sanierungsgebiet, für das die Sanierungssatzung nach § 162 I 1 Nr. 2 BauGB aufzuheben ist, darf grundsätzlich nicht in den Geltungsbereich einer neuen Sanierungssatzung einbezogen werden. Da-

---

[3763] *Grabis/Kauther/Rabe/Steinfort*, Bau- und Planungsrecht, 198.
[3764] *Battis*, Öffentliches Bau- und Raumordnungsrecht, 212.
[3765] BVerwG, Urt. v. 20. 10. 1978 – IV C 48.76 – NJW 1997, 2577.
[3766] BVerwG, Urt. v. 10. 7. 2003 – 4 CN 2.02 – NVwZ 2003, 1389 = DVBl. 2003, 1464 = UPR 2003, 447 = BauR 2004, 53 – rückwirkende Inkraftsetzung einer Sanierungssatzung.

gegen ist es unbedenklich, ein zu einem früheren Zeitpunkt festgelegtes Sanierungsgebiet, in dem der ursprüngliche Sanierungszweck erreicht ist, in den Geltungsbereich einer neuen Sanierungssatzung einzubeziehen, mit der als Reaktion auf veränderte Verhältnisse andere Ziele verfolgt werden.[3767]

2041 Die Gemeinde muss die Sanierung nach § 163 I 2 BauGB für abgeschlossen erklären, wenn der Eigentümer eines Grundstücks im förmlich festgelegten Sanierungsgebiet dies beantragt und das Grundstück entsprechend den Zielen und Zwecken der Sanierung bebaut ist oder in sonstiger Weise genutzt wird oder das Gebäude modernisiert oder instand gesetzt ist. Bereits vor diesem Zeitpunkt ist eine Abgeschlossenheitserklärung für einzelne Grundstücke möglich, wenn die den Zielen und Zwecken der Sanierung entsprechende Bebauung oder sonstige Nutzung, Modernisierung oder Instandsetzung auch ohne Gefährdung der Ziele und Zwecke der Sanierung zu einem späteren Zeitpunkt möglich ist. Die Abgeschlossenheitserklärung erfolgt dann durch Bescheid gegenüber dem Eigentümer. In der Praxis beantragen vor allem Investoren von größeren Bauvorhaben frühzeitig die Abschlusserklärung, weil der im Grundbuch eingetragene Sanierungsvermerk dann nach § 163 III 2 BauGB aufgehoben wird und ansonsten mögliche Kaufinteressenten den Sanierungsvermerk als wertmindernd empfinden könnten.[3768]

2042 **b) Rechtsfolgen der Aufhebung und Aufgabe der Abwicklung.** Mit der förmlichen Aufhebung sind speziell folgende Auswirkungen und Aufgaben der Abwicklung verbunden: Durch die Abgeschlossenheitserklärung entfällt nach § 163 III 1 BauGB die Anwendung der §§ 144, 145 und 153 BauGB. Die Gemeinde ersucht nach § 163 III 2 BauGB das Grundbuchamt, den Sanierungsvermerk zu löschen. Nur bis zur Gebietsaufhebung sind Bundesfinanzhilfen einsetzbar. Die Sanierungsverträge sind mit den in den Gebieten eingesetzten Sanierungsträgern abzuwickeln. Die Schlussabrechnung der Sanierungsmaßnahmen insgesamt einschließlich der Abrechnung der Bundesfinanzhilfen ist aufzustellen. Die Ausgleichsbeträge sind nach § 154 I BauGB zu ermitteln und zu erheben.

4. Rechtsschutz

2043 Nach Maßgabe des § 47 VwGO kann die Rechtmäßigkeit der Sanierungssatzung entweder isoliert im Wege des Normenkontrollantrags vor den zuständigen *OVG* oder inzidenter als Vorfrage im Rahmen der Anfechtungs- und Verpflichtungsklage nach § 42 I VwGO überprüft werden. Im Normenkontrollverfahren kann das zuständige *OVG* nach § 47 I Nr. 1 und VI VwGO allgemeinverbindlich über die Gültigkeit der Sanierungssatzung entscheiden und gegebenenfalls deren Unwirksamkeit feststellen. Betrifft die Fehlerhaftigkeit der Sanierungssatzung nur abtrennbare Teile der Sanierungssatzung, so kann sich das Gericht darauf beschränken, nur diese Teile der Satzung für unwirksam zu erklären.[3769] Sofern ein Widerspruch im Widerspruchsverfahren nach § 68 VwGO im Falle der Festsetzung des Ausgleichsbetrages nach § 154 IV BauGB erfolglos geblieben ist, kann Anfechtungsklage nach § 42 I Alt. 1 VwGO mit dem Ziel der Aufhebung des Festsetzungsbescheides erhoben werden. Geht es um die Versagung einer Sanierungsgenehmigung, so kann der Betroffene Verpflichtungsklage nach § 42 I Alt. 2 VwGO auf Erteilung der entsprechenden Genehmigung erheben. Schließlich kommt die Erhebung der Verfassungsbeschwerde unter den Voraussetzungen des Art. 93 I Nr. 4a GG i.V.m. §§ 13 Nr. 8a, 80 f. BVerfGG in Betracht.[3770]

[3767] Anders zur früheren Rechtslage nach § 215a II BauGB 1998 *BVerwG*, Urt. v. 10. 7. 2003 – 4 CN 2.02 – NVwZ 2003, 1389 = DVBl. 2003, 1464 = UPR 2003, 447 = BauR 2004, 53 – rückwirkende Inkraftsetzung einer Sanierungssatzung.
[3768] *Fieseler* NVwZ 1997, 867.
[3769] *OVG Bremen*, B. v. 26. 11. 1987 – 1 B 84/87 – UPR 1988, 193.
[3770] *Fieseler*, Städtebauliche Sanierung, Rdn. 730.

V. Ausblick

2044 Die praktischen Probleme der Gemeinden bei der städtebaulichen Sanierung können meist behoben oder gemildert werden, wenn die Gemeinden sich darauf einlassen, frühzeitig alle Beteiligten und Betroffenen bezüglich der Planung, Durchführung und auch der Finanzierung der Sanierung miteinzubeziehen. Je intensiver dabei der Dialog mit den Betroffenen ist und je mehr diese in den Sanierungsprozess eingebunden werden, desto größer ist die Wahrscheinlichkeit, die auftretenden Probleme zu bewältigen und die Sanierung erfolgreich abzuschließen. Dabei hat es sich von der Vorbereitung bis hin zum Abschluss der Sanierung bewährt, durch kreative Ideen seitens der Gemeinden die Betroffenen vom Wert und dem Nutzen der Sanierung zu überzeugen und zur Mitarbeit anzuregen. Einer sozialen Abwärtsbewegung in bestimmten Stadtbezirken und der fehlenden Bereitschaft bestimmter Bevölkerungsgruppen, an der städtebaulichen Sanierung mitzuwirken, kann wohl nur durch die Förderprogramme entgegengewirkt werden. Für die städtebauliche Sanierung und für die Stadtentwicklungspolitik insgesamt sind diese Programme ein möglicher Lösungsansatz. Die Fördermittel sollten daher nicht nach dem „Gießkannenprinzip" verteilt werden, sondern nach dem jeweils örtlichen, ganz spezifischen Bedarf. Es sollte dabei auch nicht nach West- oder Ostdeutschland unterschieden werden. So könnte verhindert werden, dass in bestimmten Städten „Prestigeobjekte" gefördert werden, während in andere Städten und Gemeinden nicht einmal Geld zur Sanierung des infrastrukturellen Grundbedarfs vorhanden ist.

10. Teil. Stadtumbau und Soziale Stadt

2045 Neue Impulse dürfen vielleicht auch von den Regelungen über den Stadtumbau und die Soziale Stadt erwartet werden. Die bisherigen Instrumente des **besonderen Städtebaurechts** waren in Zeiten des „goldenen Zügels" durchaus wirkungsvoll. In Zeiten leerer Kassen werden neue Ideen gebraucht. Auch die massiven Leerstände führen zu einer früher nicht gekannten Problemlage. Zudem sind vor allem in den neuen Bundesländern zahlreiche Plattenbauten angesichts des teilweise vorhandenen Wohnungsüberangebots nicht mehr vermietbar und auch wegen der schlechten Bausubstanz abgängig. Das BauGB 2004 setzt auf die Mitwirkungsbereitschaft der Betroffenen und will dazu ein vor allem flexibles Instrument an die Hand stellen, das nicht ausschließlich auf eine strikte Bindung an gesetzlich vorgeschriebene Modelle setzt. Das EAG Bau regelt erstmals den **Stadtumbau** und die **Soziale Stadt**. Durch die gesetzlichen Neuregelungen sind die bisherigen eher starren Regelungen um ein flexibles Instrument erweitert worden. Allerdings ist auch klar, dass ohne eine angemessene Finanzierung von Stadtumbaumaßnahmen die neuen Regelungen nur Stückwerk bleiben.[3771] Zudem ist der Stadtumbau außerhalb rechtlicher Regelungen auf günstige Rahmenbedingungen etwa im Bereich des wirtschaftlichen Umfeldes angewiesen.

I. Ursachen und Probleme

2046 Seit Anfang der 1970er Jahre werden in Deutschland weniger Kinder geboren als zur langfristigen Erhaltung der Bevölkerung notwendig wären. Dieser Schrumpfungsprozess wurde in Westdeutschland durch die Zuwanderung von Ausländern, von Deutschstämmigen aus Osteuropa und der ehemaligen Sowjetunion sowie seit 1990 durch die Binnenwanderung von Ostdeutschen in den Westen nicht nur ausgeglichen, sondern positiv überdeckt.[3772] Während die Bevölkerung in den westlichen Bundesländern seit

---

[3771] Planspiel BauGB-Novelle 2004, S. 111.
[3772] So verlor die Stadt Halle in Sachsen-Anhalt seit der Wiedervereinigung knapp ein Viertel ihrer Bevölkerung, dies sind über 80.000 Einwohner *Schmidt-Eichstadt*, vhw Forum Wohneigentum Dez. 2003, S. 282.

1990 um ca. vier Millionen Einwohner zunahm, ging sie im Osten Deutschlands um über eine Million zurück. Die Folge: Leerstand von Wohnungen und wirtschaftliche Probleme vor allem bei der langfristigen Sicherung der Sozialsysteme.

2047 In den letzten Jahren wurden zunehmend Tendenzen deutlich, die eine großflächig angelegte städtebauliche Gegensteuerung erfordern. In vielen Städten nahm die Bevölkerung in hohem Maße ab. Hierdurch entstand vielerorts ein erhebliches Wohnungsüberangebot. Etliche Wohnungen bis hin zu ganzen Häuserblocks stehen leer. Wer es sich leisten kann, entflieht dieser Umgebung. Zurück bleiben viel Leerstand und sozial Benachteiligte. Dies widerspricht dem Idealbild einer homogenen Einwohnerstruktur einer Siedlung. Verfallende Geisterstädte passen ebenfalls nicht in das von der Politik gewünschte Bild einer sich in einer wohlstandsgeprägten Zivilisation befindlichen Stadt. Dieses sich noch vornehmlich in den neuen Bundesländern abspielende Szenario wird, wenn sich die Prognosen bezüglich der Bevölkerungsentwicklung Deutschlands bewahrheiten sollten und es zu einem erheblichen Rückgang der Einwohner kommen sollte, bald deutschlandweit auftreten. Je größer die Leerstände werden, umso mehr schlägt das wohnungswirtschaftliche Problem in ein städtebauliches um.[3773]

II. Das Konzept

2048 Zur Bewältigung städtebaulicher Missstände steht den planenden Gemeinden ein umfangreiches Instrumentarium zur Verfügung. Dies gilt auch für den Stadtumbau. Allerdings bedarf es zur Bewältigung der damit verbundenen Aufgaben nicht immer des vollen Einsatzes der gesetzlichen Regelungen. Durch die Regelungen des Stadtumbaus sollen den Gemeinden daher zusätzliche Instrumente zur Verfügung gestellt werden, die mehr als die anderen Regelungen auf konsensuales Handeln setzen. Dementsprechend setzen die Regelungen einen rechtlichen Rahmen für die durchzuführenden Stadtumbaumaßnahmen und die dafür erforderliche Gebietsfestlegung sowie die Regelungsgegenstände städtebaulicher Verträge.[3774]

2049 Die **§§ 171a bis 171d BauGB** enthalten folgende, aufeinander aufbauende Regelungen:[3775]
– Beschreibung der Stadtumbaumaßnahmen als Maßnahmen, die sowohl anstelle als auch ergänzend zu sonstigen Maßnahmen nach dem BauGB (insbesondere Sanierung und Entwicklung) durchgeführt werden können (§ 171a I BauGB);
– Beschreibung der Voraussetzungen sowie der Ziele von Stadtumbaumaßnahmen (§ 171a II und III BauGB);
– Festlegung eines Stadtumbaugebiets aufgrund eines Gemeinderatsbeschlusses verbunden mit einem unter Einbeziehung der Beteiligten erstellten städtebaulichen Entwicklungskonzept (§ 171b BauGB);
– Verpflichtung der Gemeinde zur zügigen Durchführung (§ 171a I BauGB) und Betonung der Notwendigkeit des einvernehmlichen Vorgehens einschließlich städtebaulicher Verträge („Stadtumbauvertrag"), z. B. mit den Wohnungsunternehmen (§ 171c BauGB);
– Verknüpfung der Gebietsfestlegung mit den Förderbestimmungen der §§ 164a und 164b BauGB (§ 171b IV BauGB);
– Ermächtigung der Gemeinden zum Erlass einer Satzung, mit der im Stadtumbaugebiet kontraproduktive Entwicklungen – wie der Rückbau oder auch die Modernisierung an falscher Stelle – nach Einzelfallprüfung unterbunden werden können (§ 171d BauGB).

2050 Ähnlich wird bei der **sozialen Stadt** (§ 171e BauGB) wird das Verhältnis zu den sonstigen Instrumenten des BauGB, die Beschreibung der Voraussetzungen und Maßnahmen,

---
[3773] Bericht der unabhängigen Expertenkommission zur Novellierung des BauGB, Rdn. 258.
[3774] Planspiel BauGB-Novelle 2004, S. 111.
[3775] Zum Folgenden EAG BauGB – Mustererlass 2004.

10. Teil. Stadtumbau und Soziale Stadt

die Gebietsfestlegung, die Mitwirkung der Beteiligten, die Verknüpfung mit den Förderbestimmungen einschließlich der Bündelung des Mitteleinsatzes geregelt.

Mit der Einfügung von Regelungen zum Stadtumbau in einem eigenen Dritten Teil des Zweiten Kapitels (§§ 171 a bis 171 d BauGB) wendet sich das Gesetz einer neuen städtebaulichen Aufgabe zu, nämlich der besonderen und in Zukunft zunehmenden Bedeutung von Stadtumbaumaßnahmen in Reaktion auf die Strukturveränderungen vor allem in Demografie und Wirtschaft und den damit einhergehenden Auswirkungen auf die städtebauliche Entwicklung. Hierzu steht den Gemeinden zwar neben den allgemeinen Instrumenten des Städtebaurechts, wie Bauleitplanung und ihre Sicherung, insbesondere im Besonderen Städtebaurecht, vor allem mit den städtebaulichen Sanierungs- und Entwicklungsmaßnahmen,[3776] ein umfangreiches Instrumentarium zur Verfügung. Oftmals bedarf es des Einsatzes dieser Instrumente jedoch nicht bzw. nicht in vollem Umfang.

Hat die Gemeinde ein Stadtumbaugebiet festgelegt (§ 171b I BauGB), so kann sie durch **Satzung** für das gesamte Gebiet oder für Teilbereiche eine Genehmigungspflicht einführen (**§ 171 d I BauGB**) und nach Beschlussfassung bereits die Möglichkeiten einer **Zurückstellung** nach § 15 BauGB nutzen. Die Genehmigung darf nur im Interesse städtebaulicher oder sozialer Belange versagt werden (§ 171 III BauGB). Die Genehmigung ist gleichwohl zu erteilen, wenn ein Absehen von dem Vorhaben oder der Maßnahme dem Betroffenen wirtschaftlich nicht zumutbar ist. Hierdurch soll erreicht werden, dass mit dem Genehmigungserfordernis die Schwelle der verfassungsrechtlich unzumutbaren Betroffenheit nicht überschritten wird und die Gemeinde ggf. zu einer Kompensation für die Inhalts- und Schrankenbestimmung verpflichtet wäre. Allerdings kann die Gemeinde mit dem Ziel der Erhaltung oder des Abrisses eines Gebäudes auch das Instrumentarium der Enteignung anwenden (§ 87 I Nr. 7 BauGB). Dies wird allerdings nur dort in Betracht kommen, wo mildere Instrumente nicht erfolgreich gewesen sind.

Die Vorschriften bezwecken deshalb, den Gemeinden die rechtlichen Grundlagen für die Durchführung von Stadtumbaumaßnahmen auch in solchen Gebieten zu geben, in denen es des Einsatzes der bisherigen städtebaurechtlichen Instrumente nicht oder nicht flächendeckend bedarf und der Stadtumbau besonders auch aufgrund konsensualer Regelungen – vor allem mit den betroffenen Eigentümern – durchgeführt werden kann. Demgemäß schaffen die neuen Vorschriften vor allem einen rechtlichen Rahmen für die durchzuführenden Stadtumbaumaßnahmen einschließlich der dafür erforderlichen Gebietsfestlegung, für die Städtebauförderung sowie für die Regelungsgegenstände städtebaulicher Verträge. Die Möglichkeit, durch städtebauliche Satzung ergänzend die Durchführung von Stadtumbaumaßnahmen vor gegenläufigen Entwicklungen zu sichern, ist dabei auf das unbedingt Erforderliche begrenzt. Dazu wurde in § 171 d BauGB eine Satzung zur Steuerung von Vorhaben und Rückbau entsprechend dem städtebaulichen Entwicklungskonzept oder eines Sozialplans eingeführt. Bei Bedarf kann zur Umsetzung von Maßnahmen der sozialen Stadt auch ein **Sozialplan** aufgestellt werden (§ 180 I BauGB).

Das im Jahr 1999 eingeleitete Bund-Länder-Programm „**Soziale Stadt**" soll Städten, Orts- und Stadtteilen helfen, in denen sich soziale, wirtschaftliche und städtebauliche Probleme verschärfen. Diese Stadtteile sind zumeist durch hohe Arbeitslosigkeit, wirtschaftliche Probleme des mittelständischen Gewerbes, Defizite bei der Integration ausländischer Mitbürger, Vernachlässigung von Gebäuden und der öffentlichen Räume, Vandalismus und ähnlichen Erscheinungen belastet. Die Programmziele der Sozialen Stadt

---

[3776] *BVerfG*, B. v. 4. 7. 2002 – 1 BvR 30/01 – DVBl. 2002, 1467 = NVwZ 2003, 71; *BVerwG*, B. v. 30. 1. 2001 – 4 BN 72.00 – DVBl. 2001, 670 = NVwZ 2001, 558 = BauR 2001, 931; B. v. 16. 2. 2001 – 4 BN 56.00 – DVBl. 2001, 1444 = NVwZ 2001, 1053; Urt. v. 12. 12. 2002 – 4 CN 7.01 – BVerwGE 117, 138 = DVBl. 2003, 531 – MERO-Gesetz. Zur gerichtlichen Kontrolldichte bei der Überprüfung, ob die Voraussetzungen für die förmliche Festlegung eines städtebaulichen Entwicklungsbereichs (§ 165 BauGB) gegeben sind, *BVerwG*, B. v. 5. 8. 2002 – 4 BN 32.02 – NVwZ-RR 2003, 7 = BauR 2003, 73; Urt. v. 18. 5. 2001 – 4 CN 4.00 – BVerwGE 114, 247 = DVBl. 2001, 1455 = BauR 2001, 1692 – Böhmisches Dorf in Berlin-Neukölln.

werden durch § 171e BauGB unterstützt. Ziel ist dabei insbesondere die Verankerung geeigneter Beteiligungs- und vor allem Mitwirkungsmöglichkeiten und eine bessere Bündelung des Mitteleinsatzes. § 245 II BauGB enthält eine Überleitung für Gebietsfestlegungen und Entwicklungskonzepte für die bereits nach dem Bund-Länder-Programm „Soziale Stadt" festgelegten Fördergebiete auf Gebiete im Sinne des § 171e BauGB.

2055 § 245 I BauGB enthält die **Überleitung** für bereits vor In-Kraft-Treten des EAG Bau nach den einschlägigen Verwaltungsvereinbarungen zur Städtebauförderung bereits beschlossene Gebiete für den Stadtumbau und die bereits aufgestellten städtebaulichen Entwicklungskonzepte. Diese sollen als Stadtumbaugebiete und als städtebauliche Entwicklungskonzepte im Sinne des neuen § 171b BauGB gelten, so dass laufende Maßnahmen ohne Umstellungsschwierigkeiten auch nach dem neu eingeführten Dritten Teil des Zweiten Kapitels fortgeführt werden können, soweit dies erforderlich ist und sie nicht bereits im Rahmen der städtebaulichen Sanierung bzw. Entwicklung durchgeführt werden.

III. Verhältnis zu anderen städtebaurechtlichen Instrumenten

2056 Mit den §§ 171a bis 171e BauGB werden für den Stadtumbau und die soziale Stadt jeweils eigenständige Regelungen zur Verfügung gestellt. Die bisherigen städtebaulichen Vorschriften – insbesondere des Besonderen Städtebaurechts – mit ihrem planerischen und durchführungsbezogenen Instrumentarium zur Steuerung der Stadtentwicklung bedürfen vielfach nicht ihres kompletten Einsatzes. Für die Bauleitplanung besteht hinsichtlich des Stadtumbaus z. B. vielfach kein Planungserfordernis im Sinne des § 1 III BauGB. Denn sowohl der Rückbau als auch die Modernisierung und Sanierung von Gebäuden verlangen z. B. nicht unbedingt die Änderung des planungsrechtlichen Zulässigkeitsmaßstabs. Auch das Sanierungs- bzw. Entwicklungsmaßnahmerecht kommt im Rahmen der Aufgaben des Stadtumbaus in Betracht. Die Praxis der Städtebauförderung hat sich dem Bedarf angepasst, den Stadtumbau auch außerhalb von nach dem Besonderen Städtebaurecht förmlich festgesetzten Gebieten in solchen Gebieten zu fördern, die allein durch Beschluss der Gemeindevertretung zu Stadtumbaugebieten erklärt worden sind. Grundsätzlich bedarf es weder beim Stadtumbau nach den §§ 171a ff. BauGB noch bei der sozialen Stadt nach § 171e BauGB eines förmlichen Verfahrens und hoheitlicher Eingriffe, wie der Verfügungs- und Veränderungssperre nach den §§ 144, 145 BauGB oder der Erhebung von Ausgleichsbeiträgen nach den §§ 153ff. BauGB.

IV. Stadtumbaumaßnahmen (§ 171a BauGB)

2057 **§ 171a BauGB** mit der Überschrift „Stadtumbaumaßnahmen" enthält Regelungen über den Zweck, die Aufgabe und den Anwendungsbereich von Stadtumbaumaßnahmen. Stadtumbaumaßnahmen in Stadt- und Ortsteilen, deren einheitliche und zügige Durchführung im öffentlichen Interesse liegen, können auch anstelle von oder ergänzend zu sonstigen Maßnahmen nach diesem Gesetzbuch nach den Vorschriften dieses Teils durchgeführt werden (§ 171a I BauGB). Stadtumbaumaßnahmen sind Maßnahmen, durch die in von erheblichen städtebaulichen Funktionsverlusten betroffenen Gebieten Anpassungen zur Herstellung nachhaltiger städtebaulicher Strukturen vorgenommen werden. Erhebliche städtebauliche Funktionsverluste liegen insbesondere vor, wenn ein dauerhaftes Überangebot an baulichen Anlagen für bestimmte Nutzungen, namentlich für Wohnzwecke, besteht oder zu erwarten ist (§ 171a II BauGB). Das dauerhafte Überangebot von Wohnraum ist allerdings nur ein gesetzlich benanntes Beispiel von erheblichen städtebaulichen Funktionsverlusten. Auch Leerstände im Bereich gewerblicher Flächen können Anlass für Stadtumbaumaßnahmen sein. Hier geht es vor allem um ein Konzept für attraktive Nachnutzungen, das auch in Innenstädten oder Randlagen von Innenstädten zu entwickeln ist.[3777]

[3777] Planspiel BauGB-Novelle 2004, S. 112.

10. Teil. Stadtumbau und Soziale Stadt

Vergleichbar mit dem **Sanierungsrecht** (§ 136 I BauGB) wird der Charakter von Stadtumbaumaßnahmen als eine Gesamtmaßnahme beschrieben, deren einheitliche und zügige Durchführung im öffentlichen Interesse liegt. Wie im Sanierungsrecht erfordert die Durchführung von Stadtumbaumaßnahmen danach ein qualifiziertes öffentliches Interesse, das sich aus den jeweiligen Zielen und Zwecken der Maßnahme ergeben muss. Stadtumbaumaßnahmen können auch anstelle oder ergänzend zu sonstigen Maßnahmen nach dem BauGB durchgeführt werden. Die Instrumente der Stadtsanierung und des Stadtumbaus dienen daher keinen gegensätzlichen Zielvorstellungen, sondern können sich gegenseitig ergänzen. Auch die alleinige Anwendung der Regelungen über den Stadtumbau ist selbst bei vorhandenen städtebaulichen Missständen möglich. Die Gemeinde kann daher die Instrumente nebeneinander anwenden, sich aber auch nur für eine Stadtumbaumaßnahme entscheiden.

Durch die Stadtumbaumaßnahme soll erheblichen städtebaulichen **Funktionsverlusten** entgegengewirkt werden (§ 171a II 1 BauGB). Diese liegen insbesondere bei einem dauerhaften Überangebot an baulichen Anlagen für bestimmte Nutzungen, namentlich für Wohnzwecke, vor. Aber auch ein dauerhaftes Überangebot an baulichen Anlagen für Handel und Gewerbe kann Grund für eine Stadtumbaumaßnahme sein. Mit dieser Zielrichtung wird insbesondere auch den besonderen Umständen des Stadtumbaus in den so genannten „Rückbaugebieten" Rechnung getragen. Insoweit sind einerseits „Anpassungen" zur Herstellung nachhaltiger städtebaulicher Strukturen ausreichend, andererseits genügt für die Anwendung der Vorschriften zum Stadtumbau auch, dass erhebliche städtebauliche Funktionsverluste lediglich zu „erwarten" sind.

Die **Ziele** und **Aufgaben** des Stadtumbaus werden in § 171a III BauGB beispielhaft konkretisiert. Maßnahmen des Stadtumbaus sollen dazu beitragen, dass
– die Siedlungsstruktur den Erfordernissen der Entwicklung von Bevölkerung und Wirtschaft angepasst wird,
– die Wohn- und Arbeitsverhältnisse sowie die Umwelt verbessert werden,
– innerstädtische Bereiche gestärkt werden,
– nicht mehr bedarfsgerechte bauliche Anlagen einer neuen Nutzung zugeführt werden,
– einer anderen Nutzung nicht zuführbare bauliche Anlagen zurückgebaut werden,
– freigelegte Flächen einer nachhaltigen städtebaulichen Entwicklung oder einer hiermit verträglichen Zwischennutzung zugeführt werden,
– innerstädtische Altbaubestände erhalten werden.

Zugleich dienen die Stadtumbaumaßnahmen dem Wohl der Allgemeinheit. Dieser Programmsatz verweist zwar auf eine allgemeine Gemeinwohlbindung, fordert allerdings nicht die Qualität an Gemeinwohlgründen, wie sie vor dem Hintergrund der Eigentumsgarantie für eine Enteignung erforderlich sind. Die einzelnen Maßnahmen bedürfen allerdings einer eigenen gesetzlichen Grundlage. Bei der Anwendung städtebaulicher Gebote etwa müssen die Voraussetzungen für deren Erlass gegeben sein (§§ 175 bis 179 BauGB).

V. Stadtumbaugebiet, städtebauliches Entwicklungskonzept (§ 171 b BauGB)

Die Gemeinde legt das Gebiet, in dem Stadtumbaumaßnahmen durchgeführt werden sollen, durch Beschluss als Stadtumbaugebiet fest. Es ist in seinem räumlichen Umfang so festzulegen, dass sich die Maßnahmen zweckmäßig durchführen lassen. Grundlage für den Beschluss ist ein von der Gemeinde aufzustellendes städtebauliches Entwicklungskonzept, in dem die Ziele und Maßnahmen (§ 171a III BauGB) im Stadtumbaugebiet schriftlich darzustellen sind. Die öffentlichen und privaten Belange sind gegeneinander und untereinander gerecht abzuwägen (§ 171b BauGB). Die Vorschrift regelt neben der Gebietsfestlegung für das Stadtumbaugebiet die Anforderung an das städtebauliche Entwicklungskonzept sowie die Anwendung der förderrechtlichen Bestimmungen der §§ 164a und 164b BauGB. Das Stadtumbaugebiet wird durch einfachen Beschluss der

Gemeinde festgelegt. In seinem räumlichen Umfang ist das Gebiet so festzulegen, dass sich die Stadtumbaumaßnahmen zweckmäßig durchführen lassen. Die Gebietsabgrenzung ist daher maßgeblich unter Vollziehbarkeitsgesichtspunkten vorzunehmen. Insoweit bildet vor allem § 171a I BauGB mit der „einheitlichen und zügigen Durchführung" einen Maßstab. In dem städtebaulichen Entwicklungskonzept, das Grundlage für die Beschlüsse zum Stadtumbaugebiet ist, sind die Ziele und Maßnahmen einschließlich der planerischen (konzeptionellen) stadtentwicklungspolitischen Vorstellungen im Stadtumbaugebiet schriftlich darzustellen. Das städtebauliche Entwicklungskonzept ist in das Gesamtkonzept der Gemeinde einzufügen. Dabei sind vor allem auch die Auswirkungen auf die Infrastruktur zu berücksichtigen. Es kann auch erforderlich werden, das städtebauliche Entwicklungskonzept im Laufe der Zeit den aktuellen Entwicklungen anzupassen. Das Entwicklungskonzept selbst unterliegt dem Abwägungsgebot, wobei die Anforderungen daran allerdings im Hinblick auf seine fehlende unmittelbare Rechtsverbindlichkeit für den Bürger gelockert sind.

2063   Es empfiehlt sich, das Stadtentwicklungskonzept vor dem Hintergrund einer gesamtstädtischen Betrachtung aufzustellen und dabei etwa die Rahmenbedingungen zu berücksichtigen, wie sie sich aus dem Flächennutzungsplan ergeben. Schon auf dieser konzeptionellen Ebene sollte ein Abgleich mit entsprechenden Förderprogrammen erfolgen, um eine Finanzierung des Stadtumbaus sicherzustellen.[3778]

2064   Die Betroffenen und die öffentlichen Aufgabenträger sind nach Maßgabe der sanierungsrechtlichen Vorschriften zu beteiligen (§§ 137, 139 BauGB). Dies gilt auch für die Aufstellung des städtebaulichen Entwicklungskonzepts. Der Kreis der zu Beteiligenden richtet sich jeweils nach den Betroffenheiten. Die Städtebauförderungsmittel können entsprechend §§ 164a und 164b BauGB auch im Stadtumbaugebiet eingesetzt werden.

VI. Stadtumbauvertrag (§ 171c BauGB)

2065   Der Stadtumbau ist in erster Linie auf konsensuales Handeln angelegt. Städtebauliche Zwangsmittel sollen nach Möglichkeit vermieden werden. Dieser Konzeption entspricht es, vertraglichen Regelungen einen wichtigen Stellenwert einzuräumen. Denn ohne die Mitwirkungsbereitschaft der Betroffenen wird der Stadtumbau nicht gelingen. Es gilt dabei, durch intelligente Lösungen Angebote für Investoren und Bewohner eines Gebietes zu unterbreiten, die eine Stadtumbaumaßnahme aus der Sicht der Betroffenen vorteilhaft erscheinen lässt. Die Gemeinde soll daher – soweit erforderlich – zur Umsetzung ihres städtebaulichen Entwicklungskonzeptes die Möglichkeit nutzen, Stadtumbaumaßnahmen auf der Grundlage von städtebaulichen Verträgen im Sinne des § 11 BauGB insbesondere mit den beteiligten Eigentümern durchzuführen. Durch die Formulierung „soll" wird klargestellt, dass der Stadtumbauvertrag ein grundsätzlich vorrangiges Mittel der Stadtumbaumaßnahmen ist. Es besteht zwar für die Gemeinde kein Kontrahierungszwang. Sie soll aber die Möglichkeiten vertraglicher Regelungen vorrangig ausloten. Mit dieser Zielrichtung geht § 171c BauGB weiter als § 11 BauGB, der nicht von einer vorrangigen Prüfung städtebaulicher Regelungen zur Umsetzung städtebaulicher Ziele ausgeht.

2066   Gegenstände der Verträge können insbesondere auch sein (1) die Durchführung des Rückbaus baulicher Anlagen innerhalb einer bestimmten Frist und die Kostentragung für den Rückbau, (2) der Verzicht auf die Ausübung von Ansprüchen nach den §§ 39 bis 44 BauGB, (3) der Ausgleich von Lasten zwischen den beteiligten Eigentümern. Städtebauliche Verträge wird die Gemeinde in erster Linie mit den Eigentümern und Investoren schließen. Dabei sind die Vertragsparteien an die Angemessenheitsregelung des § 11 II 1 BauGB gebunden. Die vertraglichen Regelungen müssen danach den gesamten Umstän-

---

[3778] Planspiel BauGB-Novelle 2004, S. 114.

den nach angemessen sein.³⁷⁷⁹ Zudem dürfen die vertraglichen Regelungen nicht gegen das Koppelungsverbot verstoßen. Für die Angemessenheit der Vereinbarungen erweitert § 171c BauGB die gesetzlichen Leitbilder des § 11 I BauGB. Der Investor kann danach im Rahmen der Angemessenheit auch Kosten für den Rückbau übernehmen, auf Entschädigungsansprüche nach den §§ 39 bis 44 BauGB verzichten oder sich an einem internen Lastenausgleich zwischen den Eigentümern beteiligen. Allerdings können die Verpflichtungen nicht grenzenlos sein, sondern müssen einen angemessenen Lastenausgleich zwischen der Gemeinde und den Eigentümern einerseits aber auch unter den verschiedenen Eigentümern andererseits widerspiegeln.

Beispiel: Die Übernahme von Kosten für den Rückbau kann etwa sachgerecht sein, wenn die Bausubstanz bei einer wirtschaftlichen Betrachtung wegen hoher Leerstände nur noch einen geringen Verkehrswert hat und im Zusammenhang mit den Abbruchmaßnahmen neue Baumöglichkeiten geschaffen werden, die über den Grundstückswert einen entsprechenden finanziellen Ausgleich sicherstellen. Angemessen könnte es etwa auch sein, wenn ein Investor, der über einen größeren Anteil von Grundstücken in einem Gebiet verfügt, andere Grundstückseigentümer von Erschließungskosten freistellt und hierdurch sicherstellt, dass die von ihm beabsichtigte größere Neubaumaßnahme verwirklicht werden kann.

Die jeweiligen Regelungen müssen sich dabei an den **gesetzlichen Leitbildern** orientieren. So kann auch in einem Stadtumbauvertrag ein allgemeiner Infrastrukturkostenbeitrag nur vereinbart werden, wenn die damit zu finanzierenden Maßnahmen mit dem Stadtumbauvorhaben in Zusammenhang stehen. Eine allgemeine Abschöpfung von Planungsgewinnen ist demgegenüber auch bei Maßnahmen des Stadtumbaus nicht vorgesehen.

VII. Sicherung von Durchführungsmaßnahmen (§ 171d BauGB)

§ 171d BauGB enthält die Ermächtigung für die Gemeinden zum Erlass einer Satzung über die Sicherung von Durchführungsmaßnahmen des Stadtumbaus. Die Gemeinde kann durch Satzung ein Gebiet bezeichnen, das ein festgelegtes Stadtumbaugebiet oder Teile davon umfasst und in dem zur Sicherung und sozialverträglichen Durchführung von Stadtumbaumaßnahmen die in § 14 I BauGB bezeichneten Vorhaben und sonstigen Maßnahmen der Genehmigung bedürfen (§ 171d I BauGB). Vorhaben, die von einer Veränderungssperre erfasst werden, unterliegen damit einer Genehmigungspflicht. Damit sind Vorhaben im Sinne des § 29 BauGB, die Beseitigung baulicher Anlagen und auch sonstige erhebliche oder wesentlich wertsteigernde Veränderungen von Grundstücken und baulichen Anlagen der Genehmigungspflicht unterworfen. Dies betrifft beispielsweise Investitionen an falscher Stelle oder auch die Beseitigung von baulichen Anlagen, soweit diese mit dem städtebaulichen Entwicklungskonzept oder einem Sozialplan (zurzeit) nicht vereinbar sind. Bezweckt ist also eine „Ablaufsicherung". Zudem kann das Vorhaben nach § 15 BauGB zurückgestellt werden. Die Regelungen sind den Sicherungsvorschriften im Zusammenhang mit einer Erhaltungssatzung nach § 172 I 1 Nr. 3 BauGB vergleichbar. Eine zeitliche Befristung des Genehmigungsvorbehalts ist gesetzlich, wie auch im Recht der Erhaltungssatzung, nicht geregelt. Eine Befristung ist hingegen durch den Verweis auf § 15 I BauGB in den Fällen des § 171d II BauGB vorgesehen, wonach Baugesuche bis zu 12 Monate zurückgestellt werden können, wenn der Beschluss über die Aufstellung der Satzung nach § 171d I BauGB gefasst ist. Mit der Satzung nach § 171d I BauGB wird ein Genehmigungsvorbehalt eingeführt. Die Berücksichtigung der konkret betroffenen Eigentümerinteressen erfolgt im Rahmen des Genehmigungsverfahrens. Die Genehmigung kann nur aus den in § 171d BauGB genannten städtebaulichen oder sozialplanerischen Gründen versagt werden. Damit besteht ein

---

³⁷⁷⁹ Zum Angemessenheitsgrundsatz s. Rdn. 1919.

2069 In den Satzungsgebieten ist die Auskunftspflicht nach § 138 BauGB entsprechend anzuwenden (§ 171d IV BauGB). Hierdurch soll die Vorbereitung und Durchführung der Stadtumbaumaßnahmen erleichtert werden. Auf die Satzung nach § 171d BauGB sind auch die Regelungen über das Allgemeine Vorkaufsrecht (§ 24 I 1 Nr. 4 BauGB), die Enteignungszwecke (§ 85 I Nr. 7 BauGB) und den Katalog der Ordnungswidrigkeiten (§ 213 I Nr. 4 BauGB) anzuwenden. Hierdurch wird die Satzung zum Stadtumbau mit der Erhaltungs- (bzw. Umstrukturierungs-)Satzung harmonisiert.

VIII. Soziale Stadt (§ 171e BauGB)

2070 Soziale Städte sollten eigentlich eine Selbstverständlichkeit sein. Sie sind es in Wirklichkeit aber nicht. Vielerorts treten Probleme auf, deren Häufung in manchen Blocks, Straßen bis hin zu ganzen Stadtvierteln oder Städten Missstände besonders offenbart. Verödende Zentren wegen Leerstands (hier wird die Notwendigkeit des Ineinandergreifens der Regelungen zum Stadtumbau und zur Sozialen Stadt ganz besonders deutlich), wachsende Armut aufgrund zunehmender Arbeitslosigkeit, Probleme zwischen Menschen unterschiedlicher Nationalitäten und steigende Gewaltbereitschaft und Kriminalität sind Anzeichen dafür, dass immer mehr Menschen eine sinnvolle Aufgabe oder aber eine annehmbare Perspektive fehlen.

2071 Um dieser Entwicklung entgegenzusteuern wurde im Jahre 1999 das **Bund-Länder-Programm** „Stadtteile mit besonderem Entwicklungsbedarf – Die Soziale Stadt" aufgelegt. Ziel dieses Programmansatzes der Städtebauförderung ist die Verbesserung der Lebensqualität in den Städten durch gemeinsame Anstrengungen öffentlicher Einrichtungen, Unternehmen und vor allem der Bürgerinnen und Bürger. Rechtliche Grundlage der Förderung sind die Verwaltungsvereinbarungen über die Gewährung von Finanzhilfen des Bundes an die Länder nach Art. 104a IV GG. Mit § 171e BauGB ist bezweckt, diese Programmziele wirkungsvoll zu unterstützen und dabei insbesondere geeignete Beteiligungs- und vor allem Mitwirkungsmöglichkeiten zu verankern und die Bündelung des Mitteleinsatzes zu verbessern. In § 171e BauGB werden diese Zwecke mit einer gesetzlichen Formulierung des Anwendungsbereichs sowie des Gebietsbezuges in das besondere Städtebaurecht integriert und somit ihr bodenrechtlicher Bezug verdeutlicht.

2072 Städtebauliche Maßnahmen der sozialen Stadt sind **Maßnahmen** zur **Stabilisierung und Aufwertung** von durch soziale Missstände benachteiligten Ortsteilen oder anderen Teilen des Gemeindegebiets, in denen ein besonderer Entwicklungsbedarf besteht. Soziale Missstände liegen insbesondere vor, wenn ein Gebiet aufgrund der Zusammensetzung und wirtschaftlichen Situation der darin lebenden und arbeitenden Menschen erheblich benachteiligt ist. Ein besonderer Entwicklungsbedarf liegt insbesondere vor, wenn es sich um benachteiligte innerstädtische oder innenstadtnah gelegene Gebiete oder verdichtete Wohn- und Mischgebiete handelt, in denen es einer aufeinander abgestimmten Bündelung von investiven und sonstigen Maßnahmen bedarf (§ 171e II BauGB). Nicht selten handelt es sich um hoch verdichtete, einwohnerstarke Stadtteile in städtischen Räumen, die im Hinblick auf ihre Sozialstruktur, den baulichen Bestand, das Arbeitsplatzangebot, das Ausbildungsniveau, die Ausstattung mit sozialer und stadtkultureller Infrastruktur sowie die Qualität der Wohnungen, des Wohnumfeldes und der Umwelt erhebliche Defizite aufweisen, oder um Gebiete in Gemeinden, die z. B. aufgrund ihrer peripheren Lage und ihrer Einwohnerstruktur ähnliche Defizite aufweisen.[3780]

[3780] Planspiel BauGB-Novelle 2004, S. 116.

§ 171 e II 2 BauGB beschreibt die gebietsbezogenen sozialen Missstände im Sinne einer erheblichen Benachteiligung des Gebiets aufgrund der Zusammensetzung und wirtschaftlichen Situation der darin lebenden und arbeitenden Menschen. Eine Stigmatisierung der Gebiete durch negativ besetzte Begriffe wird dabei vermieden. Soziale Missstände können angenommen werden, wenn das betreffende Gebiet z. B. durch hohe Arbeitslosigkeit, wirtschaftliche Probleme, Integrationsdefizite und Vernachlässigung der Bausubstanz sowie der öffentlichen Räume betroffen ist. In solchen Gebieten wird in der Regel auch ein in § 171e II BauGB geforderter besonderer Entwicklungsbedarf vorliegen, der im Sinne einer Regelvermutung „insbesondere" für den Fall angenommen wird, dass es sich um benachteiligte innerstädtische oder Innenstadt nahe gelegene Gebiete oder verdichtete Wohn- und Mischgebiete handelt, in denen es einer aufeinander abgestimmten Bündelung von investiven und sonstigen (nicht-investiven) Maßnahmen bedarf.

Das Gesetz stellt zudem klar, dass die Maßnahmen auch ergänzend zu städtebaulichen Maßnahmen auf anderer Grundlage durchgeführt werden können. Zu Maßnahmen der Sanierung oder des Stadtumbaus etwa ergeben sich daher keine Gegensätze. Wie bei Stadtumbaumaßnahmen legt die Gemeinde das Gebiet in dem Maßnahmen der Sozialen Stadt durchgeführt werden sollen, durch Beschluss fest (§ 171e III BauGB). Zuvor sind die Betroffenen und die öffentlichen Aufgabenträger unter schriftlicher Darstellung der Ziele und Maßnahmen zu beteiligen (§§ 137, 139 BauGB). Das Entwicklungskonzept soll insbesondere Maßnahmen enthalten, die der Verbesserung der Wohn- und Arbeitsverhältnisse sowie der Schaffung und Erhaltung sozial stabiler Bewohnerstrukturen dienen. Die Beteiligung soll das gesamte Verfahren begleiten. Auch soll die Gemeinde mit den Eigentümern und sonstigen Maßnahmeträgern städtebauliche Verträge schließen. Die Regelungen sind insoweit mit denen der Stadtumbaumaßnahmen vergleichbar und zielen auf ein konsensuales Handeln ab.

Für Maßnahmen der Sozialen Stadt können **Städtebauförderungsmittel** und **Bundesfinanzhilfen** eingesetzt werden (§ 171e VI BauGB). Damit kann das Bund-Länder-Programm „Soziale Stadt" auch im Maßnahmengebiet eingesetzt werden. Durch den Verweis auf §§ 164a und 164b BauGB wird klargestellt, dass der Einsatz von Finanzierungs- und Förderungsmitteln auf anderer gesetzlicher Grundlage möglich ist.[3781]

11. Teil. Städtebauliche Satzungen

Im BauGB werden insgesamt 19 städtebauliche Satzungen geregelt.[3782] Es können dabei zulassungsbegründende Satzungen, plansichernde Satzungen, Innenbereichssatzungen, maßnahmenbegleitende Satzungen und weitere Satzungen unterschieden werden. Im Einzelnen ergibt sich dabei folgendes Bild:[3783]

[3781] Planspiel BauGB-Novelle 2004, S. 119.
[3782] *Boecker* BauR 1979, 361; *Bönker* Harmonisierung des Rechts der städtebaulichen Satzungen 1995; *Bundesministerium für Raumordnung, Bauwesen und Städtebau (Hrsg.)* Erhaltung der städtebaulichen Gestalt eines Gebietes durch Erhaltungssatzung 1991; *Degenhart* DVBl. 1993, 177; *Dierkes* Gemeindliche Satzungen als Instrumente der Stadterhaltung und -gestaltung 1991; *Gassner* BauR 1993, 33; *Gerhards* BauR 1990, 667; *Henke* DÖV 1993, 402; *Kiepe* Der Städtetag 1983, 409; *Lübbe-Wolf (Hrsg.)* Umweltschutz durch kommunales Satzungsrecht 1993; *Müller/Wollmann* Erhaltung der städtebaulichen Gestalt eines Gebietes durch Erhaltungssatzung; *Peine* DÖV 1992, 85; *Runkel* Die Satzung über den Vorhaben- und Erschließungsplan 1994, 27; *ders.* LKV 1993, 78; *ders.* StuGR 1993, 204; *Stich* BauR 1991, 412; *Stüer* DVBl. 1995, 121; *Westbomke* Der Anspruch auf Erlass von Rechtsverordnungen und Satzungen 1976; *Ziegler* DVBl. 1987, 280.
[3783] *Bönker* Harmonisierung des Rechts der städtebaulichen Satzungen 1994; *Stüer* DVBl. 1995, 121.

Städtebauliche Satzungen

zulassungsbegründende Satzungen
- Bebauungsplan (§ 30 I BauGB)
- vorhabenbezogener Bebauungsplan (§ 12 BauGB)
- einfacher Bebauungsplan (§ 30 III BauGB)

Innenbereichssatzungen
- Klarstellungssatzung (§ 34 IV 1 Nr. 1 BauGB)
- Entwicklungssatzung (§ 34 IV 1 Nr. 2 BauGB)
- Ergänzungssatzung
- (§ 34 IV 1 Nr. 3 BauGB)

plansichernde Satzungen
- Vorkaufsrechtssatzung (§ 25 BauGB)
- Veränderungssperre (§§ 14, 16 BauGB)

maßnahmenbegleitende Satzungen
- Erhaltungssatzung (§ 172 BauGB)
- Sanierungssatzung (§ 142 BauGB)
- Entwicklungsbereichssatzung (§ 165 BauGB)
- Anpassungsgebietssatzung (§ 170 BauGB)
- Stadtumbausatzung (§ 171d BauGB)
- Satzung zur Sozialen Stadt (§ 171e BauGB)

weitere Satzungen
- Fremdenverkehrssatzung (§ 22 BauGB)
- Erschließungsbeitragssatzung (§ 132 BauGB)
- Außenbereichssatzung (§ 35 VI BauGB)
- Kostenerstattungssatzung (§ 135c BauGB)

- *Zulassungsbegründende Satzungen:*
  - qualifizierter Bebauungsplan (§ 10 I BauGB),
  - vorhabenbezogener Bebauungsplan (§ 12 BauGB),
  - einfacher Bebauungsplan (§ 30 III BauGB)

- *Plansichernde Satzungen:*
  - Vorkaufsrechtssatzung (§ 25 BauGB),
  - Veränderungssperre (§§ 14, 16 BauGB),

- *Innenbereichssatzungen:*
  - Klarstellungssatzung (§ 34 IV 1 Nr. 1 BauGB),
  - Entwicklungssatzung (§ 34 IV 1 Nr. 2 BauGB),
  - Ergänzungssatzung (§ 34 IV 1 Nr. 3 BauGB),

- *Maßnahmenbegleitende Satzungen:*
  - Erhaltungssatzung (§ 172 BauGB),
  - Sanierungssatzung (§ 142 BauGB),
  - Entwicklungsbereichssatzung (§ 165 VI BauGB),
  - Anpassungsgebietssatzung (§ 170 BauGB),
  - Stadtumbausatzung (§ 171d BauGB),
  - Satzung zur Sozialen Stadt (§ 171e BauGB),

- *weitere Satzungen:*
- Fremdenverkehrssatzung (§ 22 II BauGB),
- Erschließungsbeitragssatzung (§ 132 BauGB),
- Außenbereichssatzung (§ 35 VI BauGB) und
- Kostenerstattungssatzung (§ 135 c BauGB).

Die verschiedenen Satzungen werden in mehr oder weniger voneinander abweichenden Verfahren aufgestellt und verfolgen unterschiedliche städtebauliche Zielsetzungen.[3784]

I. Zulassungsbegründende Satzungen

Zu den zulassungsbegründenden Satzungen zählen der Bebauungsplan und der Vorhaben- und Erschließungsplan.

1. Bebauungsplan

Der Bebauungsplan als die traditionelle Hauptform der städtebaulichen Satzungen hat zum Ziel, die planungsrechtliche Zulässigkeit von Vorhaben nach § 30 BauGB zu begründen. Es werden dabei der **qualifizierte** Bebauungsplan, der die Mindestfestsetzungen des § 30 I BauGB enthält, und der **einfache** Bebauungsplan nach § 30 III BauGB unterschieden. Das förmliche Verfahren zur Aufstellung des Bebauungsplans beginnt regelmäßig mit einem Aufstellungsbeschluss, der die Grundlage für eine Zurückstellung nach § 15 BauGB oder eine Veränderungssperre nach den §§ 14, 16 BauGB bilden kann. Dem Bebauungsplan ist eine Begründung mit einem Umweltbericht (§ 2a BauGB) beizufügen (§ 9 VIII 1 BauGB).[3785] Wie jede städtebauliche Satzung muss sich auch der Bebauungsplan durch städtebauliche Gründe legitimieren.

Die Öffentlichkeitsbeteiligung gliedert sich in eine vorgezogene (§ 3 I BauGB) und eine förmliche (§ 3 II BauGB) Öffentlichkeitsbeteiligung. Die Beteiligung der Träger öffentlicher Belange erfolgt nach § 4 BauGB. Die Träger haben ihre Stellungnahme grundsätzlich innerhalb eines Monats abzugeben. Äußern sie sich nicht rechtzeitig, kann die Gemeinde davon ausgehen, dass die von diesen Beteiligten wahrzunehmenden öffentlichen Belange durch den Bauleitplan nicht berührt werden.[3786]

Nach Abwägung der betroffenen Belange und Bescheidung der vorgebrachten Stellungnahmen wird der Bebauungsplan gem. **§ 10 I BauGB** als Satzung beschlossen. Es schließt sich unter den Voraussetzungen des § 10 II BauGB ein Genehmigungsverfahren an. Ein Anzeigeverfahren ist nur nach Maßgabe landesrechtlicher Regelungen erforderlich (§ 246 Ia BauGB). Wird der Bebauungsplan nicht aus einem Flächennutzungsplan entwickelt, bedarf der Bebauungsplan einer Genehmigung. Im Übrigen ist er in den alten Bundesländern anzuzeigen. Über die Genehmigung oder Anzeige hat die höhere Verwaltungsbehörde grundsätzlich innerhalb von drei Monaten zu entscheiden. Der Bebauungsplan wird nach § 10 III BauGB mit Bekanntmachung der Genehmigung oder des Satzungsbeschlusses rechtsverbindlich.

2. Vorhabenbezogener Bebauungsplan

Der planungsrechtlichen Zulassung von Vorhaben dient der vorhabenbezogene Bebauungsplan, der auf der Grundlage eines Vorhaben- und Erschließungsplans von der Gemeinde als Satzung beschlossen wird (§ 12 BauGB). Ursprünglich war der Vorhaben- und Erschließungsplan nur im Gebiet der ehemaligen DDR und sodann in den fünf neuen Bundesländern verfügbar (vgl. Bauplanungs- und Zulassungsverordnung – BauZVO[3787]).

[3784] *Krautzberger/Wagner* DVBl. 1994, 1025.
[3785] Zum Umweltbericht s. Rdn. 249, 280, 385, 769, 809, 955, 1040, 1121, 1501, 1403, 2079, 2721, 2789.
[3786] Zu Verfahrensvereinfachungen nach dem durch das BauROG aufgehobenen BauGB-MaßnG s. Rdn. 324. Zu den Folgen einer Fehlbeurteilung *Stemmler* BauR 1991, 423.
[3787] V. 20. 7. 1990, GBl. DDR I, 739.

Durch das **InvWoBaulG 1993**[3788] wurde der Vorhaben- und Erschließungsplan neu gefasst und in seinem Anwendungsbereich auf das gesamte Bundesgebiet ausgedehnt.[3789] Nach § 12 I BauGB kann die Gemeinde durch einen vorhabenbezogenen Bebauungsplan die Zulässigkeit von Vorhaben bestimmen, wenn der Vorhabenträger auf der Grundlage eines mit der Gemeinde abgestimmten Plans zur Durchführung der Vorhaben und der Erschließungsmaßnahmen (Vorhaben- und Erschließungsplan) bereit und in der Lage ist und sich zur Durchführung innerhalb einer bestimmten Frist und zur Tragung der Planungs- und Erschließungskosten ganz oder teilweise vor dem Satzungsbeschluss verpflichtet (Durchführungsvertrag). Die Begründung des Planentwurfs hat zugleich die nach § 2a BauGB erforderlichen Angaben zu enthalten. Für die grenzüberschreitende Beteiligung ist eine Übersetzung der Angaben vorzulegen, soweit dies nach den Vorschriften des Gesetzes über die Umweltverträglichkeitsprüfung notwendig ist. Der vorhabenbezogene Bebauungsplan wird nach dem Verfahren zur Aufstellung eines Bebauungsplans erstellt, hat allerdings einige verfahrensrechtliche und inhaltliche **Besonderheiten**, die sich aus § 12 II bis VI BauGB ergeben. Der Vorhaben- und Erschließungsplan ist nicht auf bestimmte Vorhaben etwa des Wohnungsbaus oder der Gewerbeansiedlung begrenzt, sondern kann nach **§ 12 BauGB** auch auf alle anderen städtebaulichen Vorhaben gerichtet sein. Der Durchführungsvertrag unterliegt als städtebaulicher Vertrag den Regelungen in § 11 BauGB. Die Hauptvorteile des vorhabenbezogenen Bebauungsplans ergeben sich aus dem konkreten Vorhabenbezug und der dadurch möglichen Eingrenzung des Abwägungsmaterials sowie der vollzugsorientierten Mitverantwortung des Vorhabenträgers. Durch das BauROG 1998 ist der **Vorhaben- und Erschließungsplan** in seinem Kern in das Dauerrecht übernommen worden, aber i. S. einer Klarstellung als Unterfall eines Bebauungsplans ausgestaltet worden. Der vorhabenbezogene Bebauungsplan wird auf der Grundlage eines mit der Gemeinde abgestimmten Vorhaben- und Erschließungsplans und auf der Grundlage eines **Durchführungsvertrages** aufgestellt. Vorhaben- und Erschließungsplan einerseits und Durchführungsvertrag andererseits sind daher notwendige Bestandteile des vorhabenbezogenen Bebauungsplans, die bereits im Zeitpunkt des Beschlusses über die Satzung vorliegen müssen. Fehlt etwa der Vorhaben- oder Erschließungsplan oder aber auch der Durchführungsvertrag, so ist der Satzungsbeschluss fehlerhaft.[3790] Derartige Fehler können allerdings durch ein ergänzendes Verfahren behoben werden (§ 214 IV BauGB).

2083 a) **Inhalt.** Der vorhabenbezogene Bebauungsplan wird auf der Grundlage des Vorhaben- und Erschließungsplans als Satzung beschlossen und hat die Rechtswirkungen eines Bebauungsplans. Er muss auf die Verwirklichung eines konkreten Vorhabens gerichtet sein. Im Unterschied zum sonstigen Bebauungsplan nach § 30 I und III BauGB, der an die Festsetzungen in § 9 BauGB und an die BauNVO gebunden ist, bestehen diese Bindungen beim vorhabenbezogenen Bebauungsplan nicht. Vorhabenträger und Gemeinde sind daher frei darin, anstatt von Festsetzungen die bauliche und sonstige Nutzung der einbezogenen Grundstücke sachgerecht zu bestimmen. Dabei können die Regelungen auch durchaus über die Festsetzungsmöglichkeiten hinausgehen.

[3788] Investitionserleichterungs- und Wohnbaulandgesetz v. 22. 4. 1993, BGBl. I, 466; *Busse* BayVBl. 1993, 193; *Lüers* ZfBR 1993, 106.

[3789] *Birk* FS Weyreuther 1993, 213; *Grundei* Grundeigentum 1993, 228; *Hamberger* Der Vorhaben- und Erschließungsplan i. S. des § 7 BauGB-MaßnG 1994; *Hauth* LKV 1991, 363; *Jahn* LKV 1992, 124; *ders.* ThürVBl. 1992, 29; *Kniep* DWW 1994, 43; *Lenz* BauR 1993, 513; *Ortloff* LKV 1992, 218; *Pietzcker* DVBl. 1992, 658; *ders.* Der Vorhaben- und Erschließungsplan 1993; *Runkel* LKV 1993, 78; *ders.* Die Satzung über den Vorhaben- und Erschließungsplan nach § 7 BauGB-MaßnG 1994, 27; *Scharmer* Der Vorhaben- und Entschließungsplan nach § 55 BauZVO 1991; *Söfker* ZfBR 1992, 149; *Stich* BauR 1991, 413; *Stüer* DVBl. 1995, 121; *Uechtritz* DVBl. 1993, 181; *Weidemann/Deutsch* NVwZ 1991, 956.

[3790] Zur Rechtslage nach § 7 BauGB-MaßnG *OVG Bautzen*, Urt. v. 31. 7. 1997 – 1 S 56/94 – SächsVBl. 1998, 59: Eine Satzung über einen Vorhaben- und Erschließungsplan ist unwirksam, wenn der Durchführungsvertrag nicht zum Zeitpunkt der Beschlussfassung über die Satzung vorliegt; vgl. aber auch *VGH Mannheim*, B. v. 25. 11. 1996 – 8 S 1151/96 – DVBl. 1997, 841.

Beispiel: Der Vorhaben- und Erschließungsplan enthält Flächen für Wohngebäude, die mit Mitteln des sozialen Wohnungsbaus gefördert werden oder Flächen für Eigentumswohnungen. Auch kann in dem zu Grunde liegenden Durchführungsvertrag eine Zeitachse für die Durchführung der Maßnahmen festgelegt werden. Ebenso können baugestalterische Festsetzungen aufgenommen werden.

Das Vorhaben muss ausreichend **konkretisiert** sein und über eine abstrakt-generelle Beschreibung von Baugebieten hinausgehen.[3791] Dazu rechnet auch die Durchführung der inneren und äußeren Erschließung. Sollen die planungsrechtlichen Voraussetzungen für die Errichtung eines Fachmarktzentrums geschaffen werden, kann das Plangebiet auch als Kerngebiet i. S. des § 8 BauNVO ausgewiesen werden, soweit das Vorhaben z. B. durch textliche Festsetzungen oder einen zugehörigen Projektplan hinreichend konkretisiert festgelegt ist.[3792] An den Festsetzungskatalog des § 9 BauGB ist die Gemeinde allerdings nicht gebunden. Sie kann auch in anderer geeigneter Weise das Vorhaben konkret beschreiben. Dies kann auch in der Form eines Projektplans geschehen.[3793] Der vorhabenbezogene Bebauungsplan ist unwirksam, wenn ihm nicht ein Vorhaben- und Erschließungsplan zu Grunde liegt, der in zeichnerischer Form das Projekt beschreibt. Skizzen, Schemazeichnungen oder Fotografien über Gebäudemodelle reichen dazu nicht aus. Auch genügt nicht, dass erst nach dem Satzungsbeschluss anhand dieser Unterlagen Planzeichnungen des Vorhabens angefertigt worden sind.[3794] Ein vorhabenbezogener Bebauungsplan ist ebenfalls unwirksam, wenn der **Durchführungsvertrag** nicht zum Zeitpunkt der Beschlussfassung über die Satzung vorliegt. Allerdings ist der Mangel nach § 214 IV BauGB durch ein ergänzendes Verfahren heilbar. Der vorhabenbezogene Bebauungsplan kann auch zu einer Umgestaltung des bisherigen Gebietscharakters führen und etwa in einem bisher reinen Wohngebiet einen größeren Lebensmittelladen zulassen. Die Planausweisungen stehen allerdings unter dem Vorbehalt einer gerechten Abwägung.[3795]

Der Vorhabenträger muss sich zur Durchführung des Vorhabens innerhalb einer angemessenen Frist verpflichten. Als Bebauungsplan unterliegt der vorhabenbezogene Bebauungsplan auch den Erfordernissen der **naturschutzrechtlichen Eingriffsregelung** in § 1a III BauGB. §§ 135 a bis 135 c BauGB sind nicht anzuwenden. Vielmehr ist die Kostentragungspflicht im Durchführungsvertrag zu regeln. Der notwendige Ausgleich muss entweder durch den Vorhabenträger durchgeführt werden oder der Vorhabenträger muss sich in dem Durchführungsvertrag zur Übernahme der Kosten für die Durchführung der Ausgleichsmaßnahmen durch die Gemeinde oder Dritte verpflichten. Die Gemeinde kann den erforderlichen Ausgleich auch in einem **Ausgleichsbebauungsplan** regeln. In diesem Fall muss die Kostentragung im Durchführungsvertrag geregelt sein. Die Planzeichnung muss auf einer geeigneten Planunterlage erstellt werden. Das Vorhaben muss darin ausreichend bestimmt festgelegt sein. Der Vorhaben- und Erschließungsplan kann auch wie ein Bebauungsplan mit Festsetzungen nach § 9 BauGB ausgestaltet sein.[3796]

b) Aufstellungsverfahren und Rechtswirkungen des vorhabenbezogenen Bebauungsplans sind dem Bebauungsplan angeglichen.[3797] Dies gilt auch für die Rechtsschutzmöglichkeiten.[3798] Der Vorhaben- und Erschließungsplan wird auf der Grundlage eines mit der Gemeinde abgestimmten Plans als Satzung beschlossen, dessen Umsetzung durch

---

[3791] *BVerwG*, Urt. v. 6. 6. 2002 – 4 CN 4.01 – BVerwGE 116, 296 = DVBl. 2002, 1494 – Aachen.
[3792] *OVG Münster*, Urt. v. 16. 10. 1997 – 11a D 116/96.NE – DVBl. 1998, 602 = UPR 1998, 359.
[3793] *VGH Mannheim*, Urt. v. 25. 11. 1996 – 8 S 1151/96 – NVwZ-RR 1997, 699 = DVBl. 1997, 841 – Wohnanlage.
[3794] *OVG Bautzen*, Urt. v. 31. 7. 1997 – 1 S 567/94 – SächsVBl. 1998, 59 – Planskizzen.
[3795] *VGH Mannheim*, Urt. v. 11. 11. 1996 – 5 S 2595/96 – BauR 1997, 271.
[3796] Fachkommission „Städtebau" der ARGEBAU, Muster-Einführungserlass zum BauROG, Nr. 7.
[3797] *BVerwG*, B. v. 30. 11. 1992 – 4 NB 41.92 – Konfliktbewältigung.
[3798] Zum Abwägungsgebot und zu interkommunalen Normenkontrollanträgen gegen Vorhaben- und Erschließungspläne *BVerwG*, Urt. v. 9. 5. 1994 – 4 NB 18.94 – BauR 1984, 492 = DVBl. 1994, 1155 = NVwZ 1995, 266 – Einzelhandel mit Hinweis auf Urt. v. 8. 9. 1992 – 4 C 17.71 – BVerwGE 40, 323 – Krabbenkamp; Urt. v. 15. 12. 1989 – 4 C 36.86 – BVerwGE 84, 209 – gemeindenachbarlicher

einen Durchführungsvertrag gesichert wird (§ 12 I BauGB). Wer den Vorhaben- und Erschließungsplan aufstellt, ist in § 12 I BauGB nicht geregelt. Nach der durch das BauROG 1998 aufgehobenen Fassung des § 7 BauGB-MaßnG wurde der Plan von dem **Vorhabenträger** vorgelegt. Auch nach der Neuregelung in § 12 I BauGB wird der Vorhaben- und Erschließungsplan in der Regel von dem Vorhabenträger erarbeitet und der Gemeinde vorgelegt werden. Das Gesetz geht wie bisher davon aus, dass eine solche durchaus eigenständige Mitwirkung des Vorhabenträgers zulässig ist. Allerdings kann Gegenstand des vorhabenbezogenen Bebauungsplans auch ein Plan sein, den die Gemeinde selbst oder auch ein Dritter aufgestellt hat oder der in Kooperation entstanden ist. Zumindest muss die Gemeinde allerdings den Plan in ihren Willen aufnehmen, weshalb ein entsprechendes **Abstimmungserfordernis** mit der Gemeinde in § 12 I 1 BauGB geregelt ist. Auch müssen bei der Aufstellung des Plans die einfachrechtlichen Aufstellungsregeln sowie verfassungsrechtliche Anforderungen eingehalten werden. Der vorhabenbezogene Bebauungsplan ist aus dem Flächennutzungsplan zu entwickeln (§ 8 II 1 BauGB). Für die Öffentlichkeits- und Behördenbeteiligung gelten §§ 3, 4, 4a BauGB. Bei Planänderungen im Verfahren ist ggf. eine erneute Offenlegung vorzusehen oder das vereinfachte Verfahren mit einer Betroffenenbeteiligung durchzuführen (§ 4a III BauGB). Im Falle der Offenlegung kann die Frist angemessen verkürzt werden (§ 4a III BauGB). Die Behördenbeteiligung richtet sich nach § 4 BauGB, wobei die Behördenbeteiligung ggf. zeitgleich mit der Öffentlichkeitsbeteiligung durchgeführt werden kann (§ 4a II BauGB).

2087 Der vorhabenbezogene Bebauungsplan muss die allgemeinen Anforderungen an die **Umweltprüfung** und den **Umweltbericht** erfüllen (§ 12 I 2 BauGB).[3799] Auf Antrag des Vorhabenträgers, oder sofern die Gemeinde es nach Einleitung des Bebauungsplanverfahrens für erforderlich hält, informiert die Gemeinde diesen über den voraussichtlich erforderlichen Untersuchungsrahmen der Umweltprüfung nach § 2 IV BauGB unter Beteiligung der Behörden nach § 4 I BauGB (§ 12 II 2 BauGB). Hierdurch soll der Vorhabenträger über die entsprechenden Informationen verfügen, die ihn in die Lage versetzen, die erforderlichen Vorarbeiten für die Aufstellung des Umweltberichts einzuleiten. Diese Maßnahmen zur Vorbereitung eines vorhabenbezogenen Bebauungsplans können daher auch auf Initiative der Gemeinde hin durchgeführt werden. Für die grenzüberschreitende Beteiligung ist eine Übersetzung der Angaben vorzulegen, soweit dies nach dem UVPG notwendig ist (§ 12 I 3 BauGB). Dem vorhabenbezogenen Bebauungsplan ist zudem eine **zusammenfassende Erklärung** beizufügen (§ 10 IV BauGB). Die Umwelterklärung muss über die Art und Weise Auskunft geben, wie die Umweltbelange und die Ergebnisse der Öffentlichkeits- und Behördenbeteiligung in dem Bebauungsplan berücksichtigt wurden, und aus welchen Gründen der Plan nach Abwägung mit den geprüften, in Betracht kommenden anderweitigen Planungsmöglichkeiten gewählt wurde.

2088 An den Satzungsbeschluss schließt sich ein **Genehmigungsverfahren** an, wenn der vorhabenbezogene Bebauungsplan nicht aus einem Flächennutzungsplan entwickelt ist (§ 10 II BauGB). Im Übrigen ist er genehmigungsfrei. Die **Länder** können allerdings nach § 246 Ia BauGB bestimmen, dass Bebauungspläne, die nicht genehmigungsbedürftig sind, vor ihrem In-Kraft-Treten der höheren Verwaltungsbehörde anzuzeigen sind. Die höhere Verwaltungsbehörde hat in diesem Fall die Verletzung von Rechtsvorschriften innerhalb eines Monats nach Eingang der Anzeige geltend zu machen. Der vorhabenbezogene Bebauungsplan darf dann nur in Kraft gesetzt werden, wenn innerhalb der Monatsfrist die Verletzung von Rechtsvorschriften durch die höhere Verwaltungsbehörde nicht geltend gemacht worden ist. Im Übrigen ist sodann der Beschluss über den vorhabenbezogenen Bebauungsplan nach § 10 III BauGB ortsüblich bekannt zu machen. Der

---

Immissionsschutz; B. v. 23. 9. 1993 – 4 NB 31.93 – Buchholz 310 § 47 VwGO Nr. 83 – Wolfen-Nord; *KreisG Suhl*, Urt. v. 23. 7. 1991 – SU 1 S 91.52 – ThürVBl. 1992, 42 – Einkaufszentrum.

[3799] Zum Umweltbericht s. Rdn. 249, 280, 385, 769, 809, 955, 1040, 1121, 1403, 1501, 1079, 2721, 2789.

Vorhaben- und Erschließungsplan tritt sodann mit der Bekanntmachung des Beschlusses in Kraft (§ 10 III 4 BauGB). Der vorhabenbezogene Bebauungsplan ist mit der Begründung einschließlich Umweltbericht und zusammenfassender Erklärung zu jedermanns Einsicht bereitzuhalten; über den Inhalt ist auf Verlangen Auskunft zugeben (§ 10 III 2 BauGB). In den **Rechtsfolgen** sind der vorhabenbezogene Bebauungsplan sowie Bebauungsplan weitgehend gleichgestellt. Dies gilt insbesondere für Ausnahmen und Befreiungen nach § 31 BauGB, die Vorabgenehmigung bei formeller Planreife nach § 33 BauGB,[3800] die Anwendung des § 36 BauGB und die Änderungsmöglichkeiten nach § 13 BauGB.[3801] Dies ergibt sich aus dem Charakter des vorhabenbezogenen Bebauungsplans als Unterfall des Bebauungsplans.

c) **Vorhabenträger.** Der Vorhabenträger muss auf der Grundlage des von ihm vorgelegten Plans bereit und in der Lage sein, die Maßnahme innerhalb einer bestimmten Frist durchzuführen. Die Gemeinde muss sich darüber Gewissheit verschaffen und entsprechende Sicherungen in den Durchführungsvertrag aufnehmen. Vorhabenträger können **natürliche** oder **juristische Personen** sein. Gesellschaften des bürgerlichen Rechts (z. B. Arbeitsgemeinschaften) können nur Vorhabenträger werden, wenn sich jeder Gesellschafter gesamtschuldnerisch verpflichtet. Jeder der Gesellschafter muss bereit und in der Lage sein, das Vorhaben und die Erschließung insgesamt durchzuführen. Der Vorhabenträger muss auch die Möglichkeit haben, das Vorhaben durchzuführen. Dazu gehören die erforderlichen Geldmittel und die Verfügbarkeit der Grundstücke. Die finanzielle Leistungsfähigkeit kann durch eine entsprechende schriftliche Kreditzusage von geeigneten Banken oder auch durch eine **Bankbürgschaft** erbracht werden. Die Bürgschaft kann dabei auch auf einen Teil der Gesamtmaßnahme beschränkt werden, um das Vorhaben nicht unnötig mit Kosten zu belasten. Eine entsprechende Absicherung der Erschließungsanlagen im öffentlichen Raum erscheint allerdings sinnvoll.

d) **Vorhaben- und Erschließungsplan.** Der Vorhaben- und Erschließungsplan wird Bestandteil des vorhabenbezogenen Bebauungsplans (§ 12 III 1 BauGB). Bei der Bestimmung der planungsrechtlichen Zulässigkeit der Vorhaben ist die Gemeinde nicht an die Festsetzungen nach § 9 BauGB und der BauNVO gebunden. Eine Bindung ist allerdings dann gegeben, wenn einzelne Flächen außerhalb des Bereichs des Vorhaben- und Erschließungsplans in den vorhabenbezogenen Bebauungsplan einbezogen werden (§ 12 IV BauGB). Der Vorhaben- und Erschließungsplan ist also nicht auf den Numerus clausus der Festsetzungsinstrumente verpflichtet. Es entfällt damit etwa die Bindung an die Ausweisung der in der BauNVO normierten Baugebiete. Auch sind die Regeln über die Festsetzung des Maßes der baulichen Nutzung nicht unmittelbar anwendbar. Allerdings müssen die Ausweisungen des vorhabenbezogenen Bebauungsplans dem Abwägungsgebot genügen. Daraus ergeben sich Bindungen an das städtebauliche Konzept, wie es dem BauGB und der BauNVO zu Grunde liegt. Vor allem dürfen auch durch den vorhabenbezogenen Bebauungsplan keine Konflikte hervorgerufen oder verstärkt werden, die sich als Verstoß gegen das Abwägungsgebot darstellen. In diese Bewertung gehen auch Nachbarinteressen und umweltschützende Belange gem. § 1a BauGB ein. Für nicht anwendbar erklärt § 12 III 2 BauGB wie bereits zuvor der am 1.1.1998 außer Kraft getretene § 7 BauGB-MaßnG die Vorschriften zur Veränderungssperre und zur Zurückstellung von Baugesuchen, zum Vorkaufsrecht, zum Planungsschadensrecht, zur Umlegung, zur Enteignung, soweit nicht nach § 9 BauGB Festsetzungen für öffentliche Zwecke getroffen werden, zum Erschließungsbeitragsrecht, zu den städtebaulichen Geboten, zum Sozialplan und zum Härteausgleich. Auch die gesetzlichen Finanzierungsregelungen für Ausgleichsmaßnahmen nach den §§ 135a bis 135c BauGB sind im Hinblick auf das Erfordernis eines Durchführungsvertrages beim vorhabenbezogenen Bebauungsplan nicht erforderlich. Der Ausschluss des Planungsschadensrechts der §§ 39 bis 44 BauGB bezieht sich

---

[3800] Zur Planreife s. Rdn. 2315.
[3801] *Stüer* DVBl. 1995, 121.

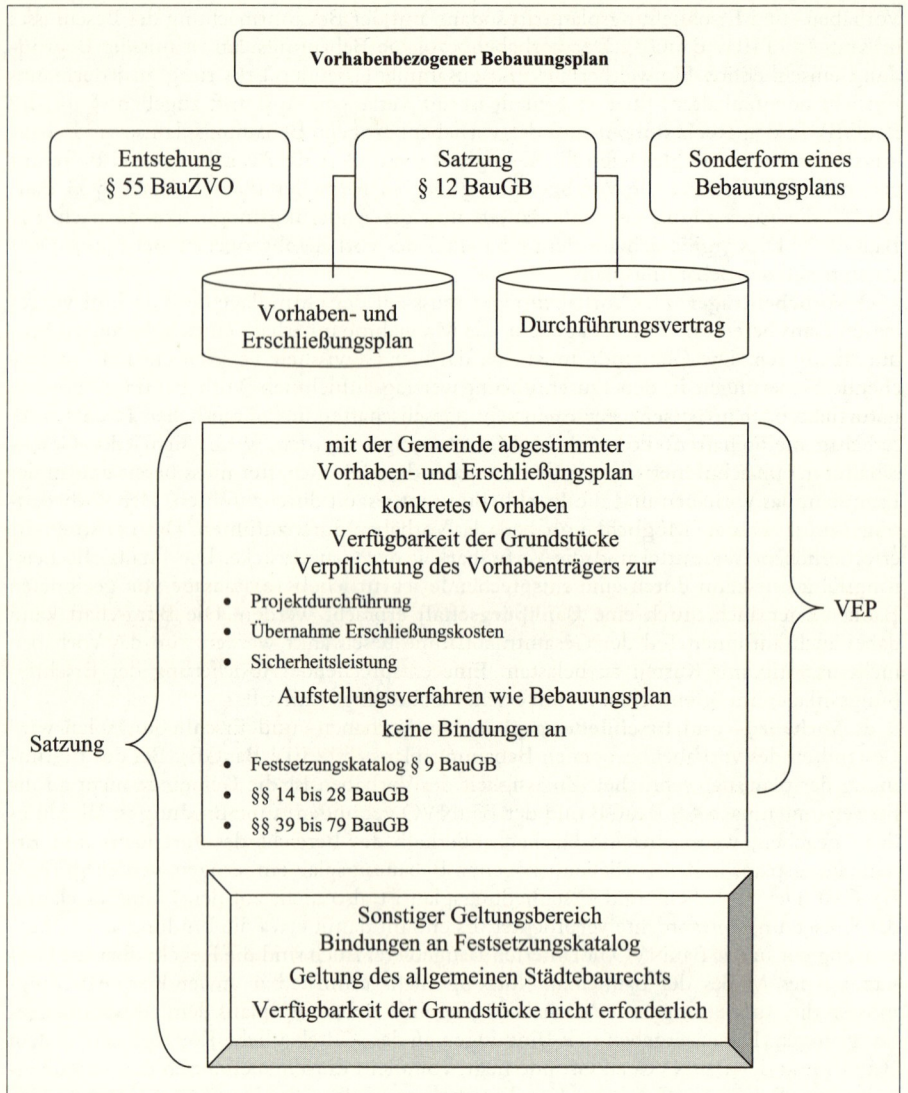

allerdings nur auf Nutzungsänderungen bei der Aufstellung oder Änderung eines vorhabenbezogenen Bebauungsplans, nicht aber auf die Fälle der späteren Änderung der vereinbarten Nutzung außerhalb eines Verfahrens nach § 12 BauGB. § 12 III 3 BauGB ermöglicht eine Enteignung zu Gunsten öffentlicher Zwecke auch im Geltungsbereich eines vorhabenbezogenen Bebauungsplans, wenn entsprechende Festsetzungen nach § 9 BauGB getroffen werden.

2091 Nach § 12 IV BauGB können einzelne Flächen außerhalb des Bereichs des Vorhaben- und Erschließungsplans in den vorhabenbezogenen Bebauungsplan einbezogen werden. Hierdurch kann der Bereich des Vorhaben- und Erschließungsplans abgerundet und behutsam erweitert werden. Allerdings sind in diesem Teil des Bebauungsplans die Regelungen über die Festsetzungsmöglichkeiten nach § 9 BauGB und der BauNVO anzuwenden. Auch können die im Geltungsbereich des Vorhaben- und Erschließungsplans nach § 12 III 2 BauGB ausgeschlossenen Regelungen angewendet werden.

Ebenso wie bei einem Bebauungsplan hat die Gemeinde auch bei Aufstellung des Vor- 2092 haben- und Erschließungsplans die der öffentlichen Hand oder dem privaten Investor entstehenden **Kosten für die Erschließung** zumindest in den groben Zügen abwägend zu bedenken. Insbesondere wird die Gemeinde erwägen müssen, ob sie oder der private Dritte in der Lage sind, eine sachgerechte Erschließung der Baugrundstücke sicherzustellen. Dabei reicht allerdings eine grobe Abschätzung aus, da Fragen der Erschließungskosten keine primäre städtebauliche Relevanz haben.[3802] Der Vorhaben- und Erschließungsplan ist auf die **unmittelbare und zeitnahe Verwirklichung** eines bestimmten Vorhabens gerichtet, das in der **Zusammenarbeit** zwischen Gemeinde und Investor geplant und ausgeführt wird. Der Bebauungsplan schafft demgegenüber lediglich ein Angebot, ohne die betroffenen Grundstückseigentümer oder Dritte zu einer Umsetzung der städtebaulichen Planung zu verpflichten. Die hinsichtlich der Umsetzung unverbindliche Angebotsplanung des Bebauungsplans wird damit zu einer auf unmittelbare Verwirklichung gerichteten Vorhabenplanung im Vorhaben- und Erschließungsplan.

Satzungen über einen Vorhaben- und Erschließungsplan sind nicht unmittelbar und 2093 strikt an die **Vorschriften der BauNVO** gebunden. Die BauNVO enthält jedoch eine **Leitlinien- und Orientierungsfunktion** bei der Konkretisierung der Anforderungen an eine geordnete städtebauliche Entwicklung, denen Vorhaben- und Erschließungspläne unterliegen. Eine Überschreitung der in § 17 I BauNVO festgelegten Obergrenzen der Grundflächenzahl führt nicht schematisch und zwangsläufig zu einer Beeinträchtigung der allgemeinen Anforderungen an gesunde Wohn- und Arbeitsverhältnisse.[3803]

Ein für das Abwägungsergebnis relevanter Fehler im Abwägungsvorgang liegt nicht 2094 vor, wenn ein durch die Planung geschaffenes Problem noch während des **Vollzugs des Bebauungsplans** bewältigt werden kann, ohne die Konzeption der Planung zu berühren. Ein vorhabenbezogener Bebauungsplan erfordert bauleitplanerische Festsetzungen für ein oder mehrere Vorhaben; die Festsetzung eines Baugebiets allein reicht nicht aus. Enthält ein als vorhabenbezogen bezeichneter Bebauungsplan keinen Hinweis auf das beabsichtigte Vorhaben, so kann dieser Mangel nicht durch Heranziehung des Durchführungsvertrages beseitigt werden. Die Unbestimmtheit der Festsetzungen über die zulässigen baulichen Nutzungen macht einen vorhabenbezogenen Bebauungsplan noch nicht unwirksam, wenn es lediglich einiger klarstellender Ergänzungen bedarf, um diesen Mangel zu beheben. Dies kann im ergänzenden Verfahren geschehen. Bis zur Behebung des Mangels ist der Bebauungsplan jedoch unwirksam.[3804]

§ 12 BauGB erfordert die planerische Festlegung eines oder mehrerer **konkreter Vor-** 2095 **haben** im Sinne von § 29 I BauGB. Es spricht einiges dafür, dass auch mehrere konkrete Vorhaben alternativ zugelassen werden können. Der Begriff „Vorhaben" im Sinne von § 12 BauGB ist identisch mit dem Vorhabenbegriff in § 29 I BauGB, kann jedoch auch mehrere Vorhaben umfassen. Ein vorhabenbezogener Bebauungsplan, der in Bezug auf die Art der baulichen Nutzung planungsrechtlich eine unbestimmte Anzahl unterschiedlichster Vorhaben im Sinne von § 29 I BauGB zulässt, bewegt sich außerhalb der zulässigen Bandbreite an Nutzungsmöglichkeiten, die ein Vorhaben im Sinne von § 12 BauGB umfassen darf. Das im vorhabenbezogenen Bebauungsplan festzulegende Vorhaben kann allerdings hinsichtlich anderer planerischer Festsetzungen wie etwa hinsichtlich der überbaubaren Grundstücksfläche und des Maßes der baulichen Nutzung eine gewisse Band-

---

[3802] *BVerwG*, B. v. 23. 12. 1993 – 4 B 212.92 – Buchholz 406.11 § 30 BauGB Nr. 35; vgl. auch *VGH Mannheim*, Urt. v. 15. 6. 1992 – 8 S 204/91 – UPR 1994, 200 – unbeachtlicher Motivirrtum.
[3803] *BVerwG*, Urt. v. 6. 6. 2002 – 4 CN 4.01 – BVerwGE 116, 296 = DVBl. 2002, 1494 – Aachen, für § 7 BauGB-MaßnG.
[3804] *BVerwG*, Urt. v. 18. 9. 2003 – 4 CN 3.02 – BVerwGE 119, 45 = NVwZ 2004, 229 = DVBl. 2004, 247 – vorhabenbezogener Bebauungsplan; so auch *BVerwG*, B. v. 12. 3. 1999 – 4 B 112.98 –; im Anschluss an Urt. v. 11. 2. 1993 – 4 C 18.91 – BVerwGE 92, 56 = DVBl. 1993, 654 – Weilheimer Einheimischenmodell.

breite umfassen. Das Vorhaben im Sinne von § 12 BauGB muss nicht im Vorhaben- und Erschließungsplan, sondern kann auch unmittelbar in dem vorhabenbezogenen Bebauungsplan bestimmt werden.[3805]

2096 **e) Durchführungsvertrag.** Wesentliches Sicherungselement für eine zeitnahe Umsetzung des Vorhabens ist der **Durchführungsvertrag**, in dem der Vorhabenträger sich zur Durchführung des Vorhabens innerhalb einer bestimmten Frist verpflichtet und die Planungs- und Erschließungskosten ganz oder teilweise übernimmt. Bei einem vorhabenbezogenen Bebauungsplan muss im Zeitpunkt des Satzungsbeschlusses ein wirksamer Durchführungsvertrag vorhanden sein. Das fehlende Eigentum des Vorhabenträgers an den vom vorhabenbezogenen Bebauungsplan erfassten Grundstücken berührt die Wirksamkeit des Durchführungsvertrags dann nicht, wenn der Vorhabenträger eine qualifizierte Anwartschaft auf den Eigentumserwerb hat. Beim Fehlen eines nach dem Kommunalrecht notwendigen Gemeinderatsbeschlusses ist der Durchführungsvertrag schwebend unwirksam. Der hierin liegende Mangel kann in einem ergänzenden Verfahren gemäß § 214 IV BauGB behoben werden.[3806]

2097 Das Gesetz verlangt zumindest eine **Teilübernahme** der entstehenden **Planungs- und Erschließungskosten**. Nähere Regelungen über Art und Umfang dieser Kostentragung enthält § 12 BauGB nicht. Aus dem Regelungszusammenhang ist abzuleiten, dass der Vorhabenträger nicht sämtliche **Erschließungsmaßnahmen**, die dem Vorhaben dienen, vollständig übernehmen muss. Wenn § 12 I BauGB auch die Übernahme eines Teils der Planungs- und Erschließungskosten durch den Vorhabenträger zulässt, dann muss auch die Möglichkeit bestehen, dass Teile der Erschließung von der Gemeinde oder von Dritten übernommen werden. Dies könnte vor allem dann zweckmäßig sein, wenn die Erschließungsmaßnahmen zugleich auch der Erschließung anderer Grundstücke dienen. Die Gemeinde könnte dann die auf solche Erschließungsmaßnahmen entfallenden Kosten nach Beitragsrecht auf sämtliche Grundstücke verteilen, die durch die Maßnahme einen Vorteil haben. Im Übrigen sind in Ergänzung des § 12 BauGB die generellen Regelungen über die städtebaulichen Verträge in § 11 BauGB heranzuziehen.

2098 **f) Baurecht auf Zeit.** Der vorhabenbezogene Bebauungsplan kann auch ein **Baurecht auf Zeit** gewähren. Der Durchführungsvertrag kann als städtebaulicher Vertrag mit einer Befristung oder einer Bedingung verknüpft sein (§ 11 I 2 Nr. 2 BauGB). Der Vorhaben- und Erschließungsplan, der Bestandteil der Satzung wird, kann entsprechende Festsetzungen nach § 9 II BauGB enthalten oder in sonstiger Weise die zeitlich befristeten oder bedingten Regelungen zum Ausdruck bringen (§ 12 III 2 BauGB). Die Regelungen müssen allerdings angemessen sein und sich auf besondere Fälle beschränken (§ 9 II BauGB).[3807]

2099 **g) Verfahrenseinleitung nach Ermessen.** Auf den Erlass eines Vorhaben- und Erschließungsplans besteht **kein Rechtsanspruch**. Allerdings hat die Gemeinde nach § 12 II BauGB auf Antrag des Vorhabenträgers über die Einleitung des Satzungsverfahrens nach pflichtgemäßem Ermessen zu entscheiden. Die Vorschrift verpflichtet die Gemeinde einerseits, über einen vorliegenden Antrag ermessensgerecht zu entscheiden, gewährt aber dem Antragsteller keinerlei Rechtsanspruch, auch nicht für den Fall, dass aus sachwidrigen Gründen entschieden worden ist. Die Entscheidung der Gemeinde ist kein anfechtbarer oder zu erstreitender Verwaltungsakt, weil mit der Entscheidung nichts geregelt wird.[3808] Durch die Entscheidung nach § 12 II BauGB wird ein Recht des Vorhabenträgers weder begründet noch festgestellt. Der Anspruch des Vorhabensträgers erschöpft sich darin, dass die Gemeinde überhaupt entscheidet. Gegenstand eines vorhabenbezogenen Bebauungsplans kann grundsätzlich auch ein bereits verwirklichtes

---

[3805] *OVG Münster*, Urt. v. 11. 3. 2004 – 7 a D 51/02.NE – ZfBR 2004, 575 = DVBl. 2004, 975.
[3806] *VGH München*, Urt. v. 24. 7. 2001 – 1 N 00.1574 – BauR 2001, 1870 = UPR 2002, 38.
[3807] Zum Baurecht auf Zeit s. Rdn. 402.
[3808] *VGH Mannheim*, B. v. 22. 3. 2000 – 5 S 444/00 – BauR 2000, 1704.

Vorhaben sein. In einem solchen Fall kann unter Umständen auf eine Fristbestimmung im Durchführungsvertrag verzichtet werden.[3809] Es handelt sich daher mehr um eine allgemeine Appellvorschrift, die in der Praxis im Hinblick auf die sich aus ihr ergebenden Rechtsfolgen vielleicht mehr Probleme aufwirft, als sie gewiss in guter Absicht lösen will.

h) Wechsel des Vorhabenträgers. Ein Wechsel des Vorhabenträgers bedarf nach § 12 V 1 BauGB der Zustimmung der Gemeinde. Die Zustimmung darf nur verweigert werden, wenn Tatsachen die Annahme rechtfertigen, dass die Durchführung des Vorhaben- und Erschließungsplans innerhalb der vereinbarten Frist gefährdet ist. Die Gemeinde kann aber ggf. zu einer Zustimmung zum Trägerwechsel verpflichtet sein, wenn die Verweigerung gegen den Grundsatz von Treu und Glauben verstoßen würde. Die Gemeinde hat daher bei ihrer Entscheidung die Gesamtumstände zu berücksichtigen. Wird der Vorhaben- und Erschließungsplan nicht innerhalb der vereinbarten Frist durchgeführt, soll die Gemeinde den Bebauungsplan aufheben. Aus der Aufhebung können in diesem Fall keine Ansprüche des Vorhabenträgers gegen die Gemeinde hergeleitet werden. Die Aufhebung kann im vereinfachten Verfahren nach § 13 BauGB erfolgen. Eine vorgezogene Öffentlichkeitsbeteiligung ist nicht erforderlich (§ 13 II Nr. 1 BauGB). Es erfolgt wahlweise eine förmliche Öffentlichkeitsbeteiligung nach § 3 II BauGB oder eine eingeschränkte Betroffenenbeteiligung (§ 13 II Nr. 2 BauGB) sowie wahlweise eine Behördenbeteiligung nach § 4 II BauGB oder eine eingeschränkte Beteiligung der betroffenen Träger (§ 13 II Nr. 3 BauGB).

i) Nicht anwendbare Vorschriften. Der vorhabenbezogene Bebauungsplan hat zwar die Rechtswirkungen des Bebauungsplans. Verschiedene Vorschriften, die im Zusammenhang mit der Aufstellung eines Bebauungsplans gelten, sind jedoch nicht anwendbar. § 12 III BauGB bestimmt dazu, dass §§ 14 bis 28, 39 bis 79 sowie §§ 127 bis 135c BauGB nicht anwendbar sind. Einer Veränderungssperre bedarf es nicht, weil der Vorhabenträger ein bestimmtes Vorhaben verwirklichen möchte. Ist die Gemeinde allerdings nicht gewillt, einen vorhabenbezogenen Bebauungsplan aufzustellen, kann sie eine Veränderungssperre erlassen, wenn sie den Aufstellungsbeschluss für einen Bebauungsplan gefasst und bekannt gemacht hat. Vergleichbares gilt auch für die Zurückstellung von Baugesuchen nach § 15 BauGB. Ein Vorkaufsrecht ist nicht erforderlich, da das Vorhaben durch den Vorhabenträger durchgeführt werden soll. Auch das Planungsschadensrecht und die Bestimmungen über die Umlegung sind nicht anwendbar. Dasselbe gilt für die Finanzierungsregelungen für Ausgleichsmaßnahmen nach § 135 a bis § 135 c BauGB, da die erforderlichen Regelungen hinsichtlich der naturschutzrechtlichen Ausgleichsmaßnahmen in dem Durchführungsvertrag geregelt sind. Wird allerdings der vorhabenbezogene Bebauungsplan durch einen neuen Bebauungsplan geändert bzw. aufgehoben, gelten die Einschränkungen des § 12 III BauGB nicht mehr.[3810]

Satzungen über einen Vorhaben- und Erschließungsplan sind nicht unmittelbar und strikt an die Vorschriften der **BauNVO** gebunden. Die BauNVO besitzt jedoch eine Leitlinien- und Orientierungsfunktion bei der Konkretisierung der Anforderungen an eine geordnete städtebauliche Entwicklung, denen Vorhaben- und Erschließungspläne unterliegen. Eine Überschreitung der in § 17 I BauNVO festgelegten Obergrenzen der Grundflächenzahl führt nicht schematisch und zwangsläufig zu einer Beeinträchtigung der allgemeinen Anforderungen an gesunde Wohn- und Arbeitsverhältnisse.[3811]

j) Zulassung von Vorhaben. Zur Verwirklichung des Vorhabens bedarf es neben dem vorhabenbezogenen Bebauungsplan nach Maßgabe des Landesrechts einer Zulassungs-

---
[3809] *OVG Koblenz*, Urt. v. 30. 8. 2001 – 1 C 11768/00 – BauR 2001, 1874 = UPR 2002, 39.
[3810] Fachkommission „Städtebau" der ARGEBAU, Muster-Einführungserlass zum BauROG, Nr. 7.
[3811] *BVerwG*, Urt. v. 6. 6. 2002 – 4 CN 4.01 – BVerwGE 116, 296 = DVBl. 2002, 792 = NVwZ 2003, 98 – Aachen.

entscheidung durch Baugenehmigung. Im Geltungsbereich eines vorhabenbezogenen Bebauungsplans ist ein Vorhaben zulässig, wenn es dem Plan nicht widerspricht und die Erschließung gesichert ist. § 30 II BauGB stellt damit den vorhabenbezogenen Bebauungsplan dem qualifizierten Bebauungsplan nach § 30 I BauGB gleich.

2104 k) **Wahrung rechtsstaatlicher Anforderungen.** Der vorhabenbezogene Bebauungsplan hat sich zunächst in den **neuen Bundesländern**, inzwischen aber auch in den alten Bundesländern neben dem Bebauungsplan zu einem wichtigen Planungsinstrument entwickelt, mit dessen Hilfe zeitnah herzustellende, sichere Rechtsgrundlagen für wichtige Investitionsentscheidungen geschaffen werden können. Allerdings bieten die inzwischen erlassenen Vorhaben- und Erschließungspläne ein durchaus farbenprächtiges Bild, das von eher kurz geratenen Handzetteln bis zu umfangreichen Planwerken reicht. Die Zusammenarbeit zwischen Gemeinde und Vorhabenträger gestaltet sich dabei nicht selten zu einer Gratwanderung zwischen notwendiger Kooperation und unzulässiger **subjektiver Abwägungssperre** durch vertragliche Bindungen und Einflussnahmen des Vorhabenträgers. Zwar hat die Rechtsprechung die Möglichkeiten der Zusammenarbeit zwischen Gemeinde und Investor gegenüber der früheren härteren Linie gelockert und auch **Kooperationsverträge** für zulässig erachtet, durch die Gemeinde und Vorhabenträger im Hinblick auf die Verwirklichung eines bestimmten Projektes zusammenarbeiten.[3812] Die vertraglichen Bindungen dürfen jedoch nicht so weit gehen, dass eine rechtsstaatlich gebotene Abwägung dabei auf der Strecke bleibt. Auch darf die bestimmende Einflussnahme des Vorhabenträgers die Gemeinde nicht lediglich in einer Zuschauerrolle erscheinen lassen. Die hiermit zusammenhängenden Probleme bereiten in der Praxis oft erhebliche Schwierigkeiten und können nur durch behutsames Vorgehen bewältigt werden. Vor allem aber muss der Gemeinderat den Planungs- und Entscheidungsprozess begleiten und die Ausführung des Projektes in seinen Willen aufnehmen. Anderenfalls besteht die Gefahr, dass die Einflussnahme des Projektträgers die Oberhand gewinnt und damit die rechtsstaatlichen Mindestanforderungen der Planung auf der Strecke bleiben. Um dies sicherzustellen, sollte eine ausführliche Beschreibung des Projektes und eine sorgfältige Begründung, die sich auch mit nachteilig betroffenen Belangen einschließlich der Umweltbelange (§§ 1 VI Nr. 7, 2 IV, 2a BauGB) befasst, Auskunft über die Zusammenstellung des Abwägungsmaterials (§ 2 III BauGB), die Projektlegitimation und die wesentlichen Abwägungsgesichtspunkte geben. Eine Vorbereitung dieser Unterlagen durch den Vorhabenträger stößt so lange nicht auf rechtsstaatliche Bedenken, wie die planende Gemeinde an diesem Zusammenstellungs- und Entscheidungsprozess letztverantwortlich mitwirkt und durch entsprechende Willensbekundungen die Vorarbeiten als eigene Entschließungen übernimmt. Auf der Seite des Vorhabenträgers sind dabei Behutsamkeit und Zurückhaltung oberstes Gebot. Dies gilt vor allem im Umgang mit Stellungnahmen, die ggf. von anderen planungsbeteiligten Behörden, Nachbargemeinden sowie betroffenen Bürgern vorgebracht werden.[3813]

2105 Besondere Probleme ergeben sich auch in Fällen, in denen das Projekt nicht zustande kommt. Zwar besteht auf die Aufstellung eines Vorhaben- und Erschließungsplanes kein Anspruch (§ 1 III 2 BauGB). Dieser kann auch nicht durch einen städtebaulichen Planungs-, Erschließungs- und Vorhabendurchführungsvertrag begründet werden. Aus solchen vertraglichen Bindungen können sich jedoch Ansprüche auf Ersatz zumindest des negativen Interesses (**Vertrauensschadens**) ergeben, wenn die Planung an Gründen

---

[3812] *BVerwG*, Urt. v. 6. 7. 1973 – IV C 22.72 – BVerwGE 42, 331 = *Hoppe/Stüer* RzB Rdn. 713; Urt. v. 5. 7. 1974 – IV C 50.72 – BVerwGE 45, 309 = *Hoppe/Stüer* RzB Rdn. 24 – Delog-Detag; Urt. v. 1. 2. 1980 – 4 C 40.77 – BauR 1980, 333 = *Hoppe/Stüer* RzB Rdn. 27; B. v. 28. 8. 1987 – 4 N 1.86 – DVBl. 1987, 1273 = *Hoppe/Stüer* RzB Rdn. 63 – Volksfürsorge.

[3813] *BVerwG*, B. v. 21. 4. 1994 – 4 B 193.93 – NVwZ 1995, 271 = BauR 1994, 601 – Wohnungseigentum; Urt. v. 7. 7. 1994 – 4 C 21.93 – BVerwGE 96, 217 = DVBl. 1994, 1149 – Fremdenverkehrssatzung.

scheitert, die nicht der Projektträger, sondern die Gemeinde zu vertreten hat.[3814] Ersatzpflichten der Gemeinde bestehen jedoch nur dann, wenn sie durch die vertraglichen Vereinbarungen eine Garantie für das Zustandekommen eines bestimmten Erfolges übernommen hat oder in sonstiger Weise beim Vertragspartner ein Vertrauen erzeugt hat, auf das dieser sich redlicherweise hat verlassen können. Scheitert das Vorhaben an Umständen, die von keinem der Vertragspartner zu vertreten sind, kommt eine Haftung der Gemeinde nur bei der Begründung eines entsprechenden Vertrauens in Betracht. Dabei muss der Projektträger von der Erkenntnis ausgehen, dass die vorbereitenden Investitionen grundsätzlich auf eigenes Risiko erfolgen und nur dann Ersatzansprüche auslösen, wenn ein berechtigtes, von der Gemeinde erzeugtes Vertrauen enttäuscht worden ist.

II. Plansichernde Satzungen

In einem vereinfachten Verfahren werden die plansichernden Satzungen (Veränderungssperre und Vorkaufsrechtssatzungen) aufgestellt. **2106**

1. Veränderungssperre

Die Veränderungssperre nach § 14 BauGB dient dazu, die **Durchsetzung einer künftigen Planung** zu sichern.[3815] Sie kann sich darauf beziehen, die Durchführung von Vorhaben nach § 29 BauGB zu sperren oder auch erhebliche oder wesentlich wertsteigernde Veränderungen von Grundstücken und baulichen Anlagen zu unterbinden. Die Veränderungssperre wird von der Gemeinde auf der Grundlage eines Aufstellungsbeschlusses für einen Bebauungsplan nach § 16 BauGB als Satzung beschlossen. Die Veränderungssperre kann auch noch erheblich später als der Aufstellungsbeschluss zum Bebauungsplan beschlossen werden.[3816] Der Beschluss über die Aufstellung eines Bebauungsplans und der Beschluss der Veränderungssperre können in derselben Gemeinderatssitzung gefasst werden.[3817] Bei vorzeitiger Bekanntmachung der Veränderungssperre kann das Verfahren durch gleichzeitige Bekanntmachung wiederholt werden.[3818] Der Aufstellungsbeschluss braucht über die genauen Planungsinhalte noch keine Auskunft zu geben.[3819] Es muss allerdings die allgemeine Zielkonzeption erkennbar sein.[3820] Wird ein Bauantrag rechtswidrig abgelehnt, so kann hierdurch eine Bindung der Baugenehmigungsbehörde zur Erteilung einer Ausnahme eintreten.[3821] Eine Öffentlichkeits- oder Behördenbeteiligung findet nicht statt. Der Nachbar kann sich auch nicht darauf berufen, dass eine Baugenehmigung im Hinblick auf eine Veränderungssperre nicht hätte erteilt werden dürfen.[3822] Auch das Entwicklungsgebot des § 8 BauGB ist nicht zu beachten. Das Gesetz schreibt **2107**

[3814] *BGH*, Urt. v. 22. 2. 1973 – VII ZR 119/71 – NJW 1973, 752 – Bauvertrag; Urt. v. 8. 6. 1978 – III ZR 48/76 – BGHZ 71, 386 = NJW 1978, 1802 – Folgelastenvertrag; Urt. v. 22. 11. 1979 – III ZR 186/77 – BGHZ 76, 16 = NJW 1980, 826 – Gewährleistung für Grundstücksbebaubarkeit.
[3815] S. Rdn. 1629.
[3816] *BVerwG*, B. v. 26. 6. 1992 – 4 NB 19.92 – NVwZ 1993, 475 = Buchholz 406.11 § 14 BauGB Nr. 21 = BRS 54 (1992), Nr. 73 = *Hoppe/Stüer* RzB Rdn. 237 – Sicherungsbedürfnis.
[3817] *BVerwG*, B. v. 9. 2. 1989 – 4 B 236.88 – DVBl. 1989, 683 = NVwZ 1989, 661 = BauR 1989, 432 = *Hoppe/Stüer* RzB Rdn. 225.
[3818] *BVerwG*, B. v. 6. 8. 1992 – 4 N 1.92 – DVBl. 1992, 1448 = BauR 1993, 50 = NVwZ 1993, 471 = *Hoppe/Stüer* RzB Rdn. 228 – Veränderungssperre.
[3819] *BVerwG*, B. v. 9. 8. 1991 – 4 B 135.91 – Buchholz 406.11 § 14 BBauG/BauGB Nr. 17 = *Hoppe/Stüer* RzB Rdn. 227.
[3820] *BVerwG*, Urt. v. 10. 9. 1976 – IV C 39.74 – BVerwGE 51, 121 = BauR 1977, 31 = DÖV 1977, 290 = NJW 1977, 400 – Geschäftshaus; B. v. 5. 2. 1990 – 4 B 191.89 – NVwZ 1990, 559 = DVBl. 1990, 789 = *Hoppe/Stüer* RzB Rdn. 232 – Tankstellengrundstück.
[3821] *BVerwG*, B. v. 17. 5. 1989 – 4 CB 6.89 – NVwZ 1990, 58 = BRS 49 Nr. 115 = *Hoppe/Stüer* RzB Rdn. 226 – Niveauabsenkung Stadtstruktur.
[3822] *BVerwG*, B. v. 5. 12. 1988 – 4 B 182.88 – BauR 1989, 186 = NVwZ 1989, 453 = *Hoppe/Stüer* RzB Rdn. 224.

auch keine Begründung der Satzung vor. Eine Zustimmung der höheren Verwaltungsbehörde ist auch bei einer Verlängerung der Geltungsdauer im vierten Jahr nicht erforderlich.[3823] Die Zeitspanne zwischen dem Bebauungsplan-Aufstellungsbeschluss und dem Beschluss über die Veränderungssperre ist gesetzlich nicht geregelt.[3824] Eine solche nochmalige Verlängerung setzt voraus, dass besondere Umstände dies rechtfertigen.[3825] Die Veränderungssperre ist ortsüblich bekannt zu machen. Die Gemeinde kann auch bekannt machen, dass eine Veränderungssperre erlassen worden ist (§ 16 II BauGB). Als Mittel der Sicherung der Bauleitplanung unterliegt die Veränderungssperre nicht dem allgemeinen Abwägungsgebot, sondern der Prüfung, ob sie zur Erreichung des mit ihr verfolgten Sicherungszwecks erforderlich ist.[3826] Die Bestimmung von Beginn und Ende der Veränderungssperre ist im jeweiligen Einzelfall vorzunehmen und ist daher nicht Gegenstand einer Normenkontrolle.[3827] Mit der das Planverfahren abschließenden Bekanntmachung des Bebauungsplans tritt die Veränderungssperre außer Kraft.[3828]

2. Vorkaufsrechtssatzung

2108 Nach § 25 BauGB kann die Gemeinde durch Satzung ein Vorkaufsrecht begründen.[3829] Das Satzungsvorkaufsrecht besteht im Geltungsbereich eines Bebauungsplans an unbebauten Grundstücken (§ 25 I 1 Nr. 1 BauGB) und in Gebieten, in denen die Gemeinde städtebauliche Maßnahmen in Betracht zieht, zur Sicherung einer geordneten städtebaulichen Entwicklung. Das Vorkaufsrecht bezieht sich nur auf Verträge, die nach In-Kraft-Treten der Vorkaufsrechtssatzung geschlossen worden sind.[3830] Das Gesetz verlangt keine Begründung, nicht die Beachtung des Entwicklungsgebotes in § 8 BauGB[3831] und keine Öffentlichkeits- oder Behördenbeteiligung. Wie bei einer Veränderungssperre ist die Satzung ortsüblich bekannt zu machen. Die Gemeinde kann auch bekannt machen, dass eine Vorkaufsrechtssatzung beschlossen worden ist (§ 25 I 2 BauGB). Das Vorkaufsrecht besteht allerdings nur, wenn das Grundstück nicht entsprechend den städtebaulichen Absichten der Gemeinde genutzt wird.[3832]

III. Innenbereichssatzungen

2109 Das Gesetz kennt drei verschiedene Innenbereichssatzungen, die in § 34 IV BauGB geregelt sind:[3833] Die Klarstellungs-, Entwicklungs- und Ergänzungssatzung.[3834] Die Ergänzungssatzung ist durch das BauROG 1998 aus der vormaligen Abrundungssatzung

---

[3823] Zur früheren Rechtslage vor In-Kraft-Treten des EAG Bau *BVerwG*, B. v. 8. 1. 1993 – 4 B 258.92 – Buchholz 406.11 § 17 BauGB Nr. 8 = *Hoppe/Stüer* RzB Rdn. 239.
[3824] Zum erneuten Erlass einer Veränderungssperre *BVerwG*, B. v. 30. 10. 1992 – 4 NB 44.92 – DVBl. 1993, 155 = NVwZ 1993, 474 = *Hoppe/Stüer* RzB Rdn. 238.
[3825] *BVerwG*, Urt. v. 10. 9. 1976 – IV C 39.74 – BVerwGE 51, 121 = NJW 1977, 400 = BauR 1977, 31 = *Hoppe/Stüer* RzB Rdn. 221.
[3826] *BVerwG*, B. v. 30. 9. 1992 – 4 NB 35.92 – BauR 1993, 62 = UPR 1993, 29 = ZfBR 1993, 22 = NVwZ 1993, 473 = *Hoppe/Stüer* RzB Rdn. 230 – Abwägungsgebot.
[3827] *BVerwG*, B. v. 27. 4. 1992 – 4 NB 11.92 – DVBl. 1992, 1448 = NVwZ 1992, 1090 = BauR 1992, 746 = *Hoppe/Stüer* RzB Rdn. 236 – Veränderungssperre.
[3828] *BVerwG*, B. v. 28. 2. 1990 – 4 B 174.89 – BauR 1990, 334 = DÖV 1991, 122 = ZfBR 1990, 158 = BRS 50 Nr. 99.
[3829] S. Rdn. 1614.
[3830] *BVerwG*, B. v. 14. 4. 1994 – 4 B 70.94 – BauR 1994, 495 = DVBl. 1994, 1155 = NVwZ 1995, 165 = *Hoppe/Stüer* RzB Rdn. 288.
[3831] Zum Entwicklungsgebot s. Rdn. 390.
[3832] *BVerwG*, B. v. 29. 6. 1993 – 4 B 100.93 – NVwZ 1994, 284 = DVBl. 1993, 1100 = *Hoppe/Stüer* RzB Rdn. 285 – Umlegungsgebiet.
[3833] S. Rdn. 2403.
[3834] Die erweiterte Abrundungssatzung nach § 4 II a BauGB-MaßnG und die Vergnügungsstättensatzung als einfacher Bebauungsplan im nicht beplanten Innenbereich sind durch das BauROG 1998 aufgehoben worden, vgl. zu diesen Satzungen *Gerhards* BauR 1990, 667; s. Rdn. 1596.

des § 34 IV 1 Nr. 3 BauGB 1986 und der erweiterten Abrundungssatzung des § 4 Ia BauGB-MaßnG gebildet worden. Die letztgenannten Regelungen sind zum 1.1.1998 außer Kraft getreten.

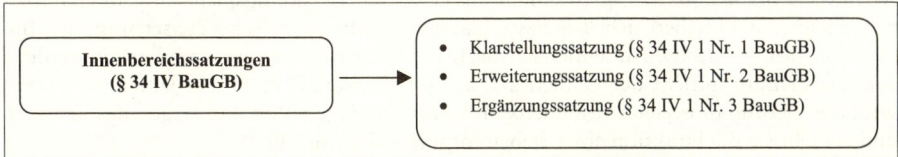

1. Klarstellungssatzung

Die Gemeinde kann nach § 34 IV 1 Nr. 1 BauGB durch Satzung die Grenzen für im Zusammenhang bebaute Ortsteile festlegen. Die Satzung dient allerdings lediglich der Klarstellung und ist auf die Darstellung der ohnehin geltenden Rechtslage zum nicht beplanten Innenbereich beschränkt.

2. Entwicklungssatzung

Durch die Entwicklungssatzung kann die Gemeinde nach § 34 IV 1 Nr. 2 BauGB bebaute Bereiche im Außenbereich als im Zusammenhang bebaute Ortsteile festlegen, wenn die Flächen im Flächennutzungsplan als Baufläche dargestellt sind.

3. Ergänzungssatzung

Nach § 34 IV 1 Nr. 3 BauGB kann die Gemeinde einzelne Außenbereichsflächen in die im Zusammenhang bebauten Orteile einbeziehen, wenn die einbezogenen Flächen durch die bauliche Nutzung des angrenzenden Bereichs entsprechend geprägt sind.[3835] Die Ergänzungssatzung ist an die Stelle der vormals in § 34 IV 1 Nr. 3 BauGB geregelte Abrundungssatzung und die vormals in § 4 Ia BauGB-MaßnG geregelte erweiterte Abrundungssatzung zu Gunsten einer Wohnnutzung getreten. Die Abrundung nach § 34 IV 1 Nr. 3 BauGB 1986 wurde nach Auffassung des *BVerwG* regelmäßig auf geringfügige Korrekturen beschränkt.[3836] Die Abrundung betraf nur solche Fälle, in denen eine räumliche Grenzziehung vereinfacht und damit die Länge der Grenzziehung in der Regel verkürzt oder die Grenze in anderer Weise begradigt wird. Die räumliche Reichweite einer derartigen Satzung war deshalb von vornherein begrenzt und von tatsächlichen Verhältnissen abhängig. Die Gemeinde konnte eine Abrundungssatzung nach § 34 IV 1 Nr. 2 BauGB nicht zum Anlass nehmen, Außenbereichsflächen, die das Merkmal der Abrundung sprengen, gewissermaßen zu erleichterten Bedingungen dem Innenbereich zuzuschlagen. Ein durch eine Abrundungssatzung geschaffener treppenartiger Grenzverlauf, der nicht durch topografische oder sonstige Besonderheiten gerechtfertigt war, stellte regelmäßig keine Abrundung i. S. von § 34 IV 1 Nr. 3 BauGB 1986 dar.[3837] Mit der Abrundungssatzung nach § 34 IV 1 Nr. 3 1986 BauGB konnten auch zugleich Festsetzungen i. S. des § 9 BauGB getroffen werden.[3838] Werden einzelne Außenbereichsgrundstücke zur Abrundung der Klarstellungssatzung einbezogen, so können nach Auffassung des *VGH Mannheim* planungsrechtliche Festsetzungen nur für die einbezogenen Flächen getroffen werden.[3839]

[3835] *Jäde* BayVBl. 1994, 118.
[3836] *BVerwG*, Urt. v. 18. 5. 1990 – 4 C 37.87 – DVBl. 1990, 1112 = BauR 1990, 451 = UPR 1990, 388 = NVwZ 1991, 61 = *Hoppe/Stüer* RzB Rdn. 393 – Abrundungssatzung; B. v. 16. 3. 1994 – 4 NB 34.93 – UPR 1994, 394 = *Hoppe/Stüer* RzB Rdn. 394 – Abrundungssatzung.
[3837] *BVerwG*, B. v. 16. 3. 1994 – 4 NB 34.93 – UPR 1994, 394 = *Hoppe/Stüer* RzB Rdn. 394 – Abrundungssatzung.
[3838] *BVerwG*, B. v. 2. 8. 1993 – 4 NB 25.93 = *Hoppe/Stüer* RzB Rdn. 1318.
[3839] *VGH Mannheim*, Urt. v. 13. 2. 1998 – 5 S 2945/96 – ESVGH 48, 315 = ZfBR 1998, 267 – Abrundungssatzung.

2113 In der Entwicklungs- oder Ergänzungssatzung nach § 34 IV 1 Nr. 2 und 3 BauGB können auch einzelne Festsetzungen nach § 9 I, II und IV BauGB getroffen werden. Das Maß dieses nach § 34 IV 3 Hs. 2 BauGB Zulässigen ist nicht erst dann überschritten, wenn die Ergänzungssatzung zu einem qualifizierten Bebauungsplan wird. Ihrer Funktion entsprechend haben sich ihre Festsetzungen auf die spezifische Zielsetzung, den Innenbereich um einzelne Außenbereichsflächen zu ergänzen, zu beschränken. Außerdem darf die Planungspflicht der Gemeinden aus § 1 III BauGB nicht leer laufen.[3840] Daher wird die Satzung umso eher zu Bedenken Anlass geben, je höher ihre Regelungsdichte ist und je mehr sie die Funktion eines Bebauungsplans übernimmt.[3841]

2114 Über die vorgenannten Fallgestaltungen hinaus konnte die Gemeinde durch eine erweiterte Abrundungssatzung nach § 4 Ia BauGB-MaßnG[3842] Außenbereichsflächen in die Gebiete einer Klarstellungs- oder Entwicklungssatzung einbeziehen, wenn sie nach Maßgabe der Vorschrift einen engen Bezug zur Wohnbebauung hatten. Die vormals geregelte Abrundungssatzung und die erweiterte Abrundungssatzung sind in die Ergänzungssatzung des § 34 IV 1 Nr. 3 BauGB integriert.

2115 Nach **§ 244 I BauGB** gilt § 233 I 1 BauGB nur für Verfahren für Bauleitpläne und Satzungen nach § 34 IV 1 BauGB, die vor dem 21. 7. 2004 eingeleitet und vor dem 21. 7. 2006 abgeschlossen worden sind. Damit wird die von Art. 13 III der Plan-UP-Richtlinie vorgegebene Übergangsfrist für die Anwendung der Bestimmungen der Richtlinie umgesetzt. Auf die von der genannten Richtlinienbestimmung außerdem eröffnete Möglichkeit, nach dem 20. 7. 2006 angenommene Pläne und Programme ebenfalls von der Anwendung der Richtlinienbestimmungen auszunehmen, wenn die Mitgliedstaaten im Einzelfall entscheiden, dass die Anwendung der Richtlinie nicht durchführbar ist, wurde im Interesse der Rechtssicherheit abgesehen. Eine solche Ausnahmebestimmung ist auch nicht erforderlich, da mit der vorgesehenen Übergangsfrist eine ausreichend bemessene Frist für die Kommunen zur Verfügung steht, sich auf die neuen Bestimmungen einzustellen. Auf der Grundlage des EAG Bau aufgestellte Innenbereichssatzungen bedürfen einer Umweltprüfung nicht, weil die Satzungen keine UVP-pflichtigen Vorhaben ausweisen können.

4. Vergnügungsstättensatzung

2116 Nicht mehr ausdrücklich erwähnt wird die Vergnügungsstättensatzung, die nach dem durch das BauROG 1998 aufgehobenen § 2a BauGB-MaßnG im nicht beplanten Innenbereich nach § 34 BauGB erlassen werden konnte und aus besonderen städtebaulichen Gründen Bestimmungen über die Zulässigkeit von Vergnügungsstätten enthalten konnte, um eine Beeinträchtigung schutzbedürftiger Nutzungen zu verhindern. Die Vergnügungsstättensatzung wurde als einfacher Bebauungsplan mit vorgezogener und förmlicher Öffentlichkeitsbeteiligung und Behördenbeteiligung aufgestellt (§ 2a BauGB-MaßnG). Die Vergnügungsstättensatzung kann trotz Streichung der rechtlichen Grundlagen in Verbindung mit einem einfachen Bebauungsplan nach wie vor erlassen werden. Sie muss sich allerdings durch städtebauliche Gründe rechtfertigen.

IV. Maßnahmenunterstützende städtebauliche Satzungen

2117 Die Gruppe der maßnahmenunterstützenden städtebaulichen Satzungen gliedert sich in die Erhaltungssatzung und die Sanierungssatzung.

1. Erhaltungssatzung

2118 Zum Zwecke der Erhaltung baulicher Anlagen und der Eigenart von Gebieten kann die Gemeinde nach § 172 BauGB eine Erhaltungssatzung aufstellen.[3843] Die Satzung

---

[3840] *OVG Bautzen*, Urteil vom 4. 10. 2000 – 1 D 683/99 – NVwZ 2001, 1070.
[3841] *BVerwG*, B. v 13. 3. 2003 – 4 BN 20.03 – Ergänzungssatzung.
[3842] Die Vorschrift ist durch das BauROG 1998 aufgehoben worden.
[3843] Rdn. 1827.

dient der Erhaltung der **städtebaulichen Eigenart** des Gebietes aufgrund seiner städtebaulichen Gestalt, der Erhaltung der Zusammensetzung der Wohnbevölkerung **(Milieuschutz)**[3844] sowie der Begleitung städtebaulicher **Umstrukturierungsmaßnahmen**.[3845] Gründe für die Versagung der Genehmigung hat die Gemeinde nicht regelnd zu benennen.[3846] Die Satzung löst eine Genehmigungspflicht aus, über die nach Maßgabe des § 172 III bis V BauGB zu entscheiden ist. Auf der Grundlage eines Aufstellungsbeschlusses kann eine Zurückstellung von Bauvorhaben nach § 15 BauGB erfolgen. Das Gesetz sieht ausdrücklich weder eine Begründung der Satzung[3847] noch eine Öffentlichkeits- oder Behördenbeteiligung vor. Allerdings können sich aus dem Abwägungsgebot Anforderungen an die Satzungsbegründung ergeben.[3848] Auch ein Genehmigungs- oder Anzeigeverfahren ist nicht erforderlich. Es erfolgt nach dem Satzungsbeschluss lediglich eine Bekanntmachung der Satzung (§ 172 I 3, § 16 II, § 10 BauGB). Dem Landes- und Ortsrecht bleibt bei der Bestimmung der Ortsüblichkeit ein Regelungsspielraum, der bundesrechtlich nicht eingeengt ist.[3849]

2. Sanierungssatzung

Das **Recht der städtebaulichen Sanierung** wurde erstmals durch das **StBauFG 1971** geregelt. Durch das BauGB 1986 wurde das StBauFG aufgehoben und das Recht der städtebaulichen Sanierung in das BauGB integriert.[3850] Städtebauliche Sanierungsmaßnahmen zielen darauf ab, städtebauliche Missstände wesentlich zu verbessern oder umzugestalten (§ 136 II BauGB). Städtebauliche Missstände liegen vor, wenn (1) das Gebiet nach seiner vorhandenen Bebauung oder nach seiner sonstigen Beschaffenheit den allgemeinen Anforderungen an gesunde Wohn- und Arbeitsverhältnisse oder an die Sicherheit der in ihm wohnenden oder arbeitenden Menschen nicht entspricht oder (2) das Gebiet in der Erfüllung der Aufgaben erheblich beeinträchtigt ist, die ihm nach seiner Lage und Funktion obliegen (§ 136 II BauGB). Städtebauliche Maßnahmen sollen die bauliche Struktur verbessern, die Wirtschafts- und Agrarstruktur unterstützen, die Siedlungsstruktur den städtebaulichen Erfordernissen anpassen und die vorhandenen Ortsteile erhalten, erneuern und fortentwickeln (§ 136 IV BauGB). Bereits das StBauFG war von der Absicht geprägt, die Betroffenen in die Planung und Durchführung der Sanierungsmaßnahmen einzubeziehen und entsprechende Mitwirkungs- und Beteiligungsrechte einzuräumen (§ 137 BauGB).

Die **Vorbereitung der Sanierung** umfasst die vorbereitenden Untersuchungen, die förmliche Festlegung des Sanierungsgebietes die Bestimmung der Ziele und Zwecke der Sanierung, die städtebauliche Planung mit der Bauleitplanung und einer städtebaulichen Rahmenplanung, die Erörterung der beabsichtigten Sanierung, die Erarbeitung und Fortschreibung des Sozialplans sowie einzelne Ordnungs- und Baumaßnahmen, die vor einer förmlichen Festlegung des Sanierungsgebiets durchgeführt werden (§ 140 BauGB).

Im Rahmen der Vorbereitung der Sanierung erlässt die Gemeinde nach § 142 BauGB eine Sanierungssatzung, in der das Gebiet, in dem eine städtebauliche Sanierungsmaß-

---

[3844] *Peine* DÖV 1992, 85.
[3845] Grundlegend *BVerwG*, Urt. v. 3. 7. 1987 – 4 C 26.85 – BVerwGE 78, 23 = DVBl. 1987, 1013 = BauR 1987, 676 = BRS 51 (1989), Nr. 1339, 1340 = *Hoppe/Stüer* RzB Rdn. 822 – Kölner Erhaltungssatzung.
[3846] *Dierkes* BauR 1993, 129; *Schöpfer* NVwZ 1991, 551; *Stich* ZfBR 1991, 52.
[3847] *BVerwG*, B. v. 3. 11. 1992 – 4 NB 28.92 – DVBl. 1993, 116 = DÖV 1993, 251 = BRS 54 (1992), Nr. 111 = *Hoppe/Stüer* RzB Rdn. 186 – Gestaltungssatzung.
[3848] *BVerwG*, B. v. 23. 6. 1993 – 4 NB 26.92 – NVwZ 1993, 361 = *Hoppe/Stüer* RzB Rdn. 858.
[3849] *BVerwG*, B. v. 8. 7. 1992 – 4 NB 20.92 – NVwZ-RR 1993, 262 = *Hoppe/Stüer* RzB Rdn. 823 – Erhaltungssatzung.
[3850] Rdn. 1991.

nahme durchgeführt werden soll, förmlich als **Sanierungsgebiet** festgelegt wird.[3851] Die Abgrenzung des Sanierungsgebietes richtet sich nach dem Sanierungszweck, den die Gemeinde mit Erlass der Sanierungssatzung anstrebt. Die Zweckmäßigkeit der Begrenzung des Sanierungsgebietes unterliegt dabei der gemeindlichen Abwägung (§ 136 IV 3 BauGB).[3852] Ein Grundstück kann in ein förmlich festgelegtes Sanierungsgebiet aber auch dann einbezogen werden, wenn auf ihm selbst keine Sanierungsmaßnahmen durchgeführt werden sollen. Das ist insbesondere bei der sog. Funktionsschwächensanierung der Fall (vgl. § 136 III Nr. 2 BauGB).[3853] Fehler bei der Abgrenzung des Sanierungsgebietes sind unbeachtlich, wenn sie nicht in der Siebenjahresfrist des § 215 I Nr. 2 BauGB 1998 geltend gemacht worden sind. Dies gilt im Hinblick auf die Überleitungsregelung in § 244 II 1 BauGB 1986 auch für Sanierungsverfahren, mit denen bereits vor In-Kraft-

Vorbereitung einer Sanierung (umfassendes Verfahren)
Städtebauliche Missstände (Substanz- oder Funktionsschwäche) (§ 136 II BauGB)
Ermittlungen der Gemeinde, des künftigen Sanierungsträgers oder sonstigen Beauftragten über die vorläufige Abgrenzung des Untersuchungsgebiets Notwendigkeit und Durchführbarkeit der Sanierung voraussichtliche Gesamtkosten und deren Finanzierung **Grobanalyse**
Gemeinderatsbeschluss über den Beginn der vorbereitenden Untersuchungen mit Festlegung des Untersuchungsgebietes (§ 141 III BauGB) ortsübliche Bekanntmachung des Beschlusses (§ 141 III BauGB) mit Hinweis auf die Auskunftspflicht nach § 138 BauGB
Vorbereitende Untersuchungen durch Gemeinde, Sanierungsträger oder sonstigen Beauftragten **Bestandserhebung.** Sie erfolgt über die Notwendigkeit einer Sanierung, die sozialen, strukturellen und städtebaulichen Verhältnisse und Zusammenhänge sowie die anzustrebenden allgemeinen Ziele und die Durchführbarkeit der Sanierung im Allgemeinen. Die vorbereitenden Untersuchungen sollen sich auch auf nachteilige Auswirkungen erstrecken, die sich für die von der beabsichtigten Sanierung unmittelbar Betroffenen in ihren persönlichen Lebensumständen im wirtschaftlichen und sozialen Bereich voraussichtlich ergeben (§ 141 I BauGB). **Sanierungskonzept.** Struktur- und Rahmenplanung mit Modernisierungs- und Instandsetzungsmaßnahmen, Nutzungsänderungen, Abbruch und Neubau von Gebäuden, Gestaltung von öffentlich zugänglichen Flächen (Straßen, Plätze, Grünflächen). Sozialplan zur Vermeidung sozialer und wirtschaftlicher Härten. Finanzplan mit einer überschlägigen Kosten- und Finanzierungsübersicht. Vorschlag für die förmliche Festlegung des Sanierungsgebietes **Feinanalyse**
Vorstellung der Ergebnisse der vorbereitenden Untersuchungen Erörterung in Ausschüssen und Gemeinderat Erörterung mit den Betroffenen (§ 137 BauGB) Beteiligung der sonstigen Öffentlichkeit Beteiligung der Träger öffentlicher Belange (§ 139 BauGB)
Beschluss über die förmliche Festlegung des Sanierungsgebiets (§§ 142, 143 BauGB) als Satzung mit genauer Bezeichnung und Abgrenzung des Sanierungsgebiets, Auflistung der betroffenen Grundstücke Ortsübliche Bekanntmachung der Sanierung (§ 143 II BauGB)

[3851] Zur Sanierung und Städtebauförderung *Gaentzsch* NJW 1985, 881; *Krautzberger* DVBl. 1984, 1149; *ders.* NVwZ 1987, 647; *Löhr* ZfBR 1984, 267. Die Voraussetzungen für den Erlass einer Sanierungssatzung i. S. des § 142 BauGB sind durch Subsumtion und nicht im Wege der Abwägung zu ermitteln, so *OVG Koblenz*, Urt. v. 27. 1. 1998 – 6 A 12252/97 – BauR 1998, 754.
[3852] *BVerwG*, Urt. v. 4. 3. 1999 – 4 C 8.98 – ZfBR 1999, 228 = UPR 1999, 273.
[3853] *BVerwG*, B. v. 16. 1. 1996 – 4 B 69.95 – NVwZ-RR 1997, 155 = DVBl. 1996, 691 – Funktionsschwächensanierung.

11. Teil. Städtebauliche Satzungen

Treten des BauGB begonnen worden ist.[3854] Entsprechendes gilt für Fehler nach § 215 I BauGB, wenn sie nicht innerhalb von zwei Jahren seit Bekanntmachung der Satzung schriftlich gegenüber der Gemeinde unter Darlegung des Sachverhalts geltend gemacht worden sind.

In der Sanierungssatzung ist das Sanierungsgebiet zu bezeichnen (§ 142 III BauGB). Zur Bezeichnung des Gebietes genügt es nach Auffassung des *BVerwG* nicht, dass in der Sanierungssatzung die in ihrem Geltungsbereich liegenden Grundstücke einzeln aufgeführt sind. Ein Verstoß gegen § 142 III 2 BauGB kann jedoch nach Heilungsvorschriften des BauGB unbeachtlich sein.[3855] Redaktionelle Fehler bei der Bezeichnung des Gebietes in einer Sanierungssatzung führen nicht zur Gesamtunwirksamkeit, wenn trotz einzelner Ungenauigkeiten kein Zweifel an ihrem räumlichen Geltungsbereich besteht.[3856] Eine Begründung sowie eine Öffentlichkeits- oder Behördenbeteiligung sieht das Gesetz nicht vor.[3857] Allerdings können nach Auffassung des *BVerwG* im Rahmen der erforderlichen Abwägung schriftlich festgelegte Begründungen sinnvoll sein.[3858] Ob und ggf. in welchem Umfang das in den vorbereitenden Untersuchungen enthaltene Sanierungskonzept vom Rat der Gemeinde beim Erlass der Satzung übernommen wird, lässt sich dagegen nicht allgemein beantworten. Immerhin dürfte davon auszugehen sein, dass die Gemeinde, wenn sie eine Sanierungssatzung auf der Grundlage und in Übereinstimmung mit dem Ergebnis der vorbereitenden Untersuchungen erlässt, sich auch die in ihr aufgeführten Ziele und Zwecke der Sanierung zu Eigen macht.[3859]

Im Gegensatz zur früheren Rechtslage (§ 143 I BauGB 1993) ist die Sanierungssatzung der höheren Verwaltungsbehörde nicht mehr anzuzeigen.[3860] Die Sanierungssatzung tritt mit förmlicher Bekanntmachung in Kraft.[3861] Den Gemeinden ist ein angemessener Zeitraum für die Verwirklichung ihrer Sanierungsziele einzuräumen.[3862] Genehmigungsbedürftige Vorhaben nach § 29 I BauGB, aber auch die Teilung eines Grundstücks und andere in § 144 I und II BauGB bezeichnete Rechtsvorgänge bedürfen der schriftlichen Genehmigung der Gemeinde. Die Anforderungen an die Konkretisierung der Sanierungsziele steigen dabei mit zunehmender zeitlicher Geltungsdauer der Sanierungssatzung.[3863] Auf der Grundlage der Sanierungssatzung werden für das förmlich festgesetzte Sanierungsgebiet Bebauungspläne aufgestellt. Für diese gelten die beschriebenen Verfahrensanforderungen einschließlich Entwicklungsgebot, Begründung, Öffentlichkeits- und Behördenbeteiligung sowie Genehmigungs- bzw. Anzeigeverfah-

---

[3854] *BVerwG*, Urt. v. 4. 3. 1999 – 4 C 8.98 – ZfBR 1999, 228 = UPR 1999, 273.
[3855] So *BVerwG*, B. v. 25. 2. 1993 – 4 NB 18.92 – DVBl. 1993, 673 = UPR 1993, 266.
[3856] *BVerwG*, B. v. 1. 2. 1994 – 4 NB 44.93 – *Hoppe/Stüer* RzB Rdn. 188.
[3857] *BVerwG*, B. v. 23. 7. 1993 – 4 NB 26.93 – Buchholz 406.15 § 5 StBauFG Nr. 4 = *Hoppe/Stüer* RzB Rdn. 809 – Sanierungssatzung.
[3858] *BVerwG*, B. v. 23. 6. 1992 – 4 NB 26.92 – BauR 1993, 64 = NVwZ 1993, 361 = BRS 54 (1992), Nr. 22 = *Hoppe/Stüer* RzB Rdn. 858 – Heilung.
[3859] *BVerwG*, Urt. v. 4. 3. 1999 – 4 C 8.98 – ZfBR 1999, 228 = UPR 1999, 273.
[3860] Unter Geltung des Anzeigeerfordernisses bedurfte es eines Beitrittsbeschlusses der Gemeinde, wenn ihr die Genehmigungsbehörde lediglich einen bestimmten zeitlichen Rahmen für die Durchführung der Sanierungsmaßnahme vorgegeben hatte, so *BVerwG*, B. v. 3. 5. 1993 – 4 NB 15.93 – NVwZ-RR 1994, 9 = DÖV 1993, 921 = UPR 1993, 357 = *Hoppe/Stüer* RzB Rdn. 817 – Beitrittsbeschluss.
[3861] Zum Außerkrafttreten der Sanierungssatzung infolge eines längeren Zeitablaufs *BVerwG*, B. v. 23. 7. 1993 – 4 NB 26.93 – Buchholz 406.15 § 5 StBauFG Nr. 4; vgl. auch *Becker* in: HdBÖff-BauR Kap. C Rdn. 216.
[3862] *BVerwG*, Urt. v. 7. 9. 1984 – 4 C 20.81 – BVerwGE 70, 83 = DVBl. 1985, 116 = NVwZ 1985, 109 = BauR 1985, 189 – Konkretisierung Sanierungsziele.
[3863] *BVerwG*, Urt. v. 7. 9. 1984 – 4 C 20.81 – BVerwGE 70, 83 = DVBl. 1985, 116 = NVwZ 1985, 109 = *Hoppe/Stüer* RzB Rdn. 814 – Konkretisierung Sanierungsziele; B. v. 10. 9. 1990 – 4 B 126.90 – *Hoppe/Stüer* RzB Rdn. 816; Urt. v. 20. 10. 1978 – IV C 48.76 – BauR 1979, 139 = DVBl. 1989, 153 = NJW 1979, 2577.

ren. Zu **Beginn des Sanierungsverfahrens** sind an die Konkretisierung der Sanierungsziele keine hohen Anforderungen zu stellen. So muss nicht im Zeitpunkt des Erlasses der Sanierungssatzung bereits erkennbar sein, wie das Sanierungsgebiet im Einzelnen genutzt werden soll.[3864] Die Anforderungen an die Konkretisierung der Sanierungsziele steigen jedoch mit dem weiteren Fortschreiten insbesondere im Hinblick auf die Genehmigungserfordernisse des § 145 BauGB. Eine förmliche Begründung ist im Übrigen für die Sanierungssatzung nicht vorgeschrieben, so dass eine Dokumentation der Vorstellungen des Rates keine Wirksamkeitsvoraussetzung für die Satzung darstellt.[3865] Auch die Zweckmäßigkeit der Begrenzung des Sanierungsgebiets (§ 142 I 2 BauGB) unterliegt der Abwägung (§ 136 IV 3 BauGB). Fehler der Abwägung werden nach § 215 I BauGB unbeachtlich.[3866]

2124 Im förmlich festgelegten Sanierungsgebiet besteht eine **Genehmigungspflicht** nach **§ 144 BauGB**. Danach bedürfen der schriftlichen Genehmigung der Gemeinde (1) die der Veränderungssperre nach § 14 I BauGB unterliegenden Vorhaben und sonstigen Maßnahmen sowie (2) Vereinbarungen, durch die ein schuldrechtliches Vertragsverhältnis über den Gebrauch oder die Nutzung eines Grundstücks, Gebäudes oder Gebäudeteils auf bestimmte Zeit von mehr als einem Jahr eingegangen oder verlängert wird (§ 144 I BauGB).[3867] Zudem bedürfen der schriftlichen Genehmigung der Gemeinde (1) die rechtsgeschäftliche Veräußerung eines Grundstücks und die Bestellung und Veräußerung eines Erbbaurechts, (2) die Bestellung eines das Grundstück belastenden Rechts sowie (3) ein schuldrechtlicher Vertrag, durch den eine Verpflichtung zu einem der vorgenannten Rechtsgeschäfte begründet wird. Außerdem sind (4) die Begründung, Änderung oder Aufhebung einer Baulast sowie (5) die Teilung eines Grundstücks genehmigungspflichtig (§ 144 II BauGB).[3868]

2125 Die Genehmigung darf nach **§ 145 II BauGB** nur versagt werden, wenn Grund zu der Annahme besteht, dass das Vorhaben, der Rechtsvorgang einschließlich der Teilung eines Grundstücks oder die damit erkennbar bezweckte Nutzung die Durchführung der Sanierung unmöglich machen oder wesentlich erschweren würde oder den Zielen und Zwecken der Sanierung zuwiderlaufen würde. Die sanierungsrechtliche Genehmigung ist zu erteilen, wenn die wesentliche Erschwerung durch Maßnahmen nach § 145 III BauGB beseitigt wird. Die Genehmigung kann nach § 145 III BauGB auch unter Auflagen, in den Fällen des § 144 I BauGB auch befristet oder bedingt erteilt werden (§ 145 IV 1 BauGB). Die Genehmigung kann auch vom Abschluss eines städtebaulichen Vertrages abhängig gemacht werden, wenn dadurch Versagungsgründe ausgeräumt werden können (§ 145 IV 2 BauGB). Die sanierungsrechtliche Genehmigung nach § 144 BauGB tritt ggf. neben andere Genehmigungen wie etwa die Baugenehmigung. Ein planungsrechtlich zulässiges Vorhaben muss daher nicht auch im sanierungsrechtlichen Sinne zulässig sein.

2126 Die Gemeinde kann daher die sanierungsrechtliche Genehmigung auch dann **verweigern**, wenn das Vorhaben nach dem bisherigen Planungsrecht zulässig wäre. Denn die sanierungsrechtlichen Zielvorstellungen der Gemeinde sollen gerade durch das Erfordernis einer Genehmigung nach § 144 BauGB gesichert werden.[3869] Wird im Sanierungsgebiet ein Mietvertrag über länger als ein Jahr abgeschlossen, wobei zum Schein eine

---

[3864] *BVerwG*, Urt. v. 7. 9. 1984 – 4 C 20.81 – BVerwGE 70, 83 = DVBl. 1985, 116 = *Hoppe/Stüer* RzB Rdn. 814.

[3865] *BVerwG*, Urt. v. 4. 3. 1999 – 4 C 8.98 – NVwZ 1999, 1336 = ZfBR 1999, 228 = BauR 1999, 888 = UPR 1999, 273.

[3866] Zu § 215 I Nr. 2 BauGB 1998 *BVerwG*, Urt. v. 4. 3. 1999 – 4 C 8.98 – NVwZ 1999, 1336.

[3867] Umgehungsgeschäfte sind nichtig, so *AG Tiergarten*, Urt. v. 11. 1. 1999 – 5 C 484/98 – Grundeigentum 1999, 255.

[3868] Die Genehmigungspflichten des § 144 II BauGB können auch durch andere Vertragsgestaltung nicht umgangen werden, so *OLG Oldenburg*, Urt. v. 19. 2. 1998 – 5 W 7/98 – NJW-RR 1998, 1239.

[3869] *BVerwG*, B. v. 7. 6. 1996 – 4 B 91.96 – NJW 1996, 2807 = DVBl. 1997, 78 – Sanierungsdauer.

zweite Vertragsurkunde über eine kürzere Laufzeit aufgesetzt wird, liegt ein unwirksames Umgehungsgeschäft vor. In diesem Fall hat der Vermieter auch keine Ansprüche auf Nutzungsentgelt aus ungerechtfertigter Bereicherung.[3870]

Die **förmliche Festlegung eines Sanierungsgebiets** durch eine Sanierungssatzung erzeugt für die Grundstücke, die im Sanierungsgebiet liegen, **verfahrensrechtliche** und **inhaltliche Beschränkungen** (§§ 144, 145 BauGB).[3871] Dabei handelt es sich um nicht zu beanstandende Inhaltsbestimmungen des Eigentums i. S. des Art. 14 I 2 GG.[3872] Die Grenze der Sozialbindung (Art. 14 II GG) wird aber überschritten, wenn die Sanierung nicht mehr sachgemäß und nicht hinreichend zügig durchgeführt wird. 2127

Eine Sanierungssatzung leidet daher nicht an einem Rechtsfehler, wenn die **Sanierungsziele** im Zeitpunkt des Erlasses der Satzung noch nicht konkretisiert sind. Die Sanierungsziele müssen sich jedoch im Laufe des Sanierungsverfahrens verdichten und konkretisiert werden.[3873] Auch bei sehr langer Dauer wird die Sanierung jedoch nicht zu einer Enteignung i. S. des Art. 14 III 1 GG. Im Unterschied zur Veränderungssperre (§§ 14, 16 BauGB) legt das BauGB für die städtebauliche Sanierung keinen Zeitrahmen fest. Diese vom Gesetzgeber bewusst vorgenommene Differenzierung ist durch sachliche Erwägungen gerechtfertigt, weil mit der Sanierung zumeist auch eine Verbesserung des Planungsrechts und des städtebaulichen Umfeldes einhergeht.[3874] Aus dem sanierungsrechtlichen Genehmigungserfordernis in § 144 I BauGB kann allerdings kein Nachbarschutz abgeleitet werden.[3875] 2128

Wird ein Vorhaben im förmlich festgelegten Sanierungsgebiet **ohne** die nach § 144 I Nr. 1 BauGB neben der Baugenehmigung erforderliche **sanierungsrechtliche Genehmigung** verwirklicht, hat die Bauaufsichtsbehörde nach dem jeweiligen Landesrecht die Befugnis, die Einstellung der Bauarbeiten anzuordnen, ohne dass es auf die Frage der Genehmigungsfähigkeit ankommt. Von dem ihr eingeräumten Ermessen hat die Baugenehmigungsbehörde in diesem Fall zur Sicherung der gemeindlichen Planungsvorstellungen regelmäßig durch Erlass einer Baueinstellungsverfügung[3876] Gebrauch zu machen. Dieser Pflicht der Baugenehmigungsbehörde zum Einschreiten entspricht ein Anspruch der Gemeinde, den diese ggf. sogar im Wege der einstweiligen Anordnung durchsetzen kann.[3877] Die Genehmigung für einen Kaufvertrag im Sanierungsgebiet gilt nicht als erteilt, wenn die Behörde vor Ablauf der Regelfrist durch Zwischenbescheid davon Kenntnis gibt, dass sie zu ihrer Entscheidung ein Verkehrswert-Gutachten einholt.[3878] 2129

Für das **Verhältnis** zwischen **sanierungsrechtlicher Genehmigung** und **Baugenehmigung** gilt: Ob in einem förmlich festgelegten Sanierungsgebiet auch vor Erteilung einer sanierungsrechtlichen Genehmigung über einen Bauantrag durch Baugenehmigung ent- 2130

[3870] *AG Tiergarten*, Urt. v. 11. 1. 1999 – 5 C 484/98 – Grundeigentum 1999, 255.
[3871] Nach Auffassung des *OVG Koblenz*, Urt. v. 27. 1. 1998 – 6 A 12252/97 – BauR 1998, 754 ist die Frage, ob die Voraussetzungen für den Erlass einer Sanierungssatzung i. S. des § 142 I 1 BauGB i. V. m. § 136 II BauGB vorliegen, durch einen Subsumtionsvorgang und nicht im Wege der Abwägung zu ermitteln. Die Abgrenzung des Sanierungsgebiets erfolge demgegenüber aufgrund einer Abwägung; vgl. auch *BVerwG*, B. v. 10. 11. 1998 – 4 BN 38.98 – DVBl. 1999, 255. Dem für den Erlass einer Sanierungssatzung geltenden Abwägungsgebot (§ 136 IV 3 BauGB) unterliegen die Bestimmungen der Ziele und Zwecke der Sanierung und die Abgrenzung des Sanierungsgebiets aber noch nicht, welche planerischen Festsetzungen für die einzelnen Grundstücke letztlich getroffen werden sollen.
[3872] Das gilt auch für die Annahme in § 153 II BauGB, dass eine Veräußerung zu einem wesentlich über dem Verkehrswert liegenden Preis die Sanierung wesentlich erschwert, so *BVerwG*, B. v. 8. 1. 1998 – 4 B 221.97 – NVwZ 1988, 954 = BauR 1998, 527.
[3873] *BVerwG*, B. v. 27. 5. 1997 – 4 B 98.96 – NVwZ-RR 1998, 216.
[3874] *BVerwG*, Urt. v. 7. 6. 1996 – 4 B 91.96 – NJW 1996, 2807 = DVBl. 1997, 78.
[3875] *BVerwG*, B. v. 7. 5. 1997 – 4 B 73.97 – NVwZ 1997, 991.
[3876] Dazu *OVG Bautzen*, Urt. v. 17. 11. 1998 – 1 S 669/98 – SächsVBl. 1999, 131.
[3877] *OVG Weimar*, B. v. 22. 10. 1998 – 1 ED 1056/98 – BauR 1999, 164 = ThürVBl. 1999, 19.
[3878] *OVG Magdeburg*, Urt. v. 20. 1. 1999 – A 2 S 130/97 – VwRR MO 1999, 182.

schieden werden kann, bestimmt sich nach den Regeln des jeweiligen Landesrechts.[3879] Bundesrecht nötigt jedenfalls nicht dazu, eine Baugenehmigung ohne vorherige Erteilung der sanierungsrechtlichen Genehmigung zu versagen. Hierzu hat sich in den einzelnen Bundesländern eine unterschiedliche Praxis herausgebildet,[3880] die teilweise eine vorherige Baugenehmigungserteilung zulässt, teilweise aber auch zunächst eine Entscheidung über die sanierungsrechtliche Genehmigung für erforderlich hält. Die Baugenehmigung wird dann als der Schlusspunkt der verschiedenen Zulassungsentscheidungen angesehen („**Schlusspunkttheorie**").[3881] Diese Funktion der Baugenehmigung ist in den BauO der Länder aber eher auf dem Rückzug.

Durchführung der Sanierung nach dem umfassenden Verfahren
Einrichtung Sanierungsbüro Fortschreibung Rahmenplan Städtebauliche Wettbewerbe Aufstellung von Bebauungsplänen und Sozialplan (§ 180 BauGB)
Ordnungsmaßnahmen (§ 147 BauGB) Bodenordnung mit Grundstückserwerb Umzug der Bewohner und der Betriebe Freilegung der Grundstücke Bau und Ergänzung der Erschließungsanlagen weitere die Bebauung vorbereitende Maßnahmen
Baumaßnahmen (§ 148 BauGB) Modernisierung und Instandsetzung Neubau und Ersatzbau Gemeinbedarfs- und Folgeeinrichtungen Betriebsverlagerungen
Kosten- und Finanzierungsübersicht
Erhebung von Ausgleichsbeträgen (§ 154 BauGB)
Gesamtabrechnung
Abschluss der Sanierung (§§ 162 bis 164 BauGB) Beschluss über Aufhebung der förmlichen Festlegung des Sanierungsgebiets (§ 162 BauGB) Ortsübliche Bekanntmachung der Satzung
Reprivatisierung der Grundstücke

Einnahmen, Ausgaben und Finanzierungsgrundlagen	
Einnahmen Verkauf von Grundstücken und Gebäuden Ausgleichsbeträge Bewirtschaftungsüberschüsse	**Ausgaben** Vorbereitende Untersuchungen weitere Vorbereitungen mit Fachbeiträgen Erwerb von Grundstücken und Gebäuden Ordnungsmaßnahmen sonstige Kosten

---

[3879] So *BVerwG*, B. v. 25. 10. 1995 – 4 B 216.95 – BVerwGE 99, 351 = NVwZ 1996, 377, unter Aufgabe der im B. v. 15. 7. 1994 – 4 B 109.94 – NVwZ-RR 1995, 66, vertretenen Rechtsauffassung.

[3880] *VGH München*, B. v. 18. 3. 1993 – GrS 1/1992 – DVBl. 1993, 665 = BayVBl 1993, 370; *OVG Münster*, Urt. v. 20. 3. 1992 – 11 A 610/90 – BauR 1992, 610; *OVG Lüneburg*, Urt. v. 28. 6. 1985 – 6 A 8/84 – UPR 1986, 226 = BRS 44 Nr. 233; *VGH Kassel*, Urt. v. 4. 2. 1985 – 4 OE 24/83 – NuR 1986, 185; *VG Gera*, Urt. v. 18. 5. 1998 – 4 E 785/98 GE – (unveröffentlicht).

[3881] *BVerwG*, Urt. v. 19. 4. 1985 – 4 C 25.84 – BauR 1985, 544; Urt. v. 20. 11. 1995 – 4 C 10.95 – NVwZ 1996, 378 = BauR 1996, 227; B. v. 2. 2. 2000 – 4 B 104.99 – Windenergieanlage; *OVG Berlin*, B. v. 26. 8. 1998 – 2 B 15.94 – NVwZ-RR 1999, 231 = UPR 1999, 229 – Bauvorbescheid.

Die förmliche Festlegung eines Sanierungsgebiets durch eine Sanierungssatzung erzeugt für die Grundstücke, die im Sanierungsgebiet liegen, verfahrensrechtliche und inhaltliche Beschränkungen (vgl. §§ 144, 145 BauGB). Diese sind als Bestimmung des Inhalts des Eigentums i. S. des Art. 14 I 2 GG zu beurteilen.[3882] Das Regelungssystem ist als solches verfassungsrechtlich nicht zu beanstanden. Die gesetzlich angeordneten Verfügungsbeschränkungen sind Ausdruck der **Sozialbindung i. S.** des Art. 14 II GG. Die Grenze der Sozialbindung wird überschritten, wenn die Sanierung nicht mehr sachgemäß und nicht hinreichend zügig durchgeführt wird.[3883] In diesem Fall entfällt die Rechtsgültigkeit der Sanierungssatzung. Es kann auch – namentlich im Bereich der Genehmigungspflicht – geboten sein, im Wege verfassungskonformer Handhabung die eigentumsrechtliche Ausgangslage zu beachten.[3884]

Wie bei städtebaulichen Entwicklungsmaßnahmen und zur Verwirklichung von städtebaulichen Geboten nach den §§ 176 bis 179 BauGB können auch zur Verwirklichung der Ziele der Sanierung in einem förmlich festgelegten Sanierungsgebiet **Miet- oder Pachtverhältnisse** von der Gemeinde aufhoben werden (§ 182 I BauGB). Die Gemeinde darf ein Mietverhältnis über Wohnraum nur aufheben, wenn im Zeitpunkt der Beendigung des Mietverhältnisses angemessener Ersatzwohnraum für den Mieter und die zu seinem Hausstand gehörenden Personen zu zumutbaren Bedingungen zur Verfügung steht (§ 182 II BauGB). Die gemeindlichen Möglichkeiten zur Aufhebung des Miet- oder Pachtverhältnisses nach § 182 BauGB stehen dabei gleichrangig und gleichwertig neben dem zivilrechtlichen Kündigungsrecht.[3885]

Die Sanierungssatzung erfüllt – so das *BVerwG*[3886] – mit ihren Genehmigungsvorbehalten der Sache nach auch den Zweck der Sicherung der Planung, den sonst die Instrumente der §§ 14, 15 BauGB erfüllen.[3887] Während das Gesetz für die Veränderungssperre einen **Zeitrahmen** festlegt (§§ 17, 18 I BauGB), fehlt es für die Sanierungssatzung allerdings an vergleichbaren Regelungen. Zwingender Inhalt einer Sanierungssatzung ist es zudem nicht, einen Zeitraum für die Durchführung der Sanierung anzugeben.[3888] Dieser Unterschied ist indes gesetzgeberisch gewollt. § 14 IV BauGB schließt für Vorhaben in förmlich festgelegten Sanierungsgebieten die Anwendung der Vorschriften über die Veränderungssperre ausdrücklich aus. Dieser unterschiedlichen Regelung liegen sachgerechte Erwägungen zugrunde. Will die Gemeinde ihre beabsichtigte Bauleitplanung durch eine Veränderungssperre sichern, so wird sie hierdurch in einen zeitlichen Rahmen gestellt. Das ist erforderlich, um die Gemeinde wirksam anzuhalten, innerhalb angemessener Frist die selbst gesetzten Ziele städtebaulicher Politik in einem Bebauungsplan rechtsverbindlich zu konkretisieren (vgl. § 1 III BauGB). Ziele und gesetzlicher Auftrag der Gemeinde sind bei einer städtebaulichen Sanierung anders. Die gebotene Behebung vorhandener städtebaulicher Missstände (§ 136 II BauGB) soll planerisch vorbereitet und

---

[3882] *BVerwG*, B. v. 7. 6. 1996 – 4 B 91.96 – NJW 1996, 2807 = DVBl. 1997, 78 – Sanierungsdauer mit Hinweis auf *Roeser* in: Schlichter/Stich Rdn. 9 zu § 136; a. A. *Bielenberg*, Rdn. 32 zu § 145 BauGB.
[3883] *BVerwG*, Urt. v. 6. 7. 1984 – 4 C 14.81 – Buchholz 406.15 § 15 StBauFG Nr. 6 = DVBl. 1985, 114; *BGH*, Urt. v. 17. 12. 1981 – III ZR 72/80 – DVBl. 1982, 535; Urt. v. 17. 9. 1987 – III ZR 176/86 – BRS 53 (1991), Nr. 160.
[3884] *BVerwG*, Urt. v. 21. 8. 1981 – 4 C 16.78 – Buchholz 406.15 § 15 StBauFG Nr. 3 = NJW 1982, 398; *BGH*, Urt. v. 17. 12. 1981 – III ZR 72/80 – DVBl. 1982, 535 mit krit. Anm. *Krautzberger* ZfBR 1982, 135; B. v. 7. 6. 1996 – 4 B 91.96 – NJW 1996, 2807 = DVBl. 1997, 78 – Sanierungsdauer.
[3885] *VGH Kassel*, Urt. v. 15. 12. 1997 – 4 TG 4597/96 – StädteT 1998, 518.
[3886] *BVerwG*, B. v. 7. 6. 1996 – 4 B 91.96 – NJW 1996, 2807 = DVBl. 1997, 78 – Sanierungsdauer.
[3887] *BVerwG*, B. v. 15. 7. 1994 – 4 B 109.94 – Buchholz 406.11 § 34 BauGB Nr. 170 = ZfBR 1994, 294.
[3888] *BVerwG*, Urt. v. 7. 9. 1984 – 4 C 20.81 – BVerwGE 70, 83; B. v. 3. 5. 1993 – 4 NB 15.93 – NVwZ-RR 1994, 9.

durch städtebauliche Maßnahmen durchgeführt und deren Finanzierung gesichert werden (§§ 147, 148, 149 BauGB). Vor allem die Durchführung der städtebaulichen Sanierung ist ein sehr komplexer Vorgang (vgl. § 136 III BauGB). Für ihn lassen sich – trotz ausführlicher Vorbereitung (§ 140 BauGB) – schwerlich abstrakt nähere zeitliche Vorgaben festlegen. Sanierung ist nach den Vorstellungen des Gesetzgebers ein Prozess, der als Gesamtmaßnahme eine Koordination sehr unterschiedlicher Einzelmaßnahmen erfordert.[3889] Ferner erfährt der einzelne Grundstückseigentümer aufgrund der durchgeführten Sanierung in der Regel eine Wertverbesserung seines Grundstücks (§§ 153, 154 BauGB). Hiervon geht der Gesetzgeber jedenfalls in typisierender Betrachtung aus. Auch dieser Vorteil rechtfertigt eine längere Dauer der Sanierungsmaßnahmen als sie dem Zeitrahmen der Veränderungssperre entspricht.

2134 Nach § 153 IV 1 BauGB ist das Grundstück zu dem Verkehrswert zu veräußern, der sich durch die sanierungsbedingte Neuordnung ergibt.[3890] Der Vertragspartner der Gemeinde oder des Sanierungsträgers hat im Falle des Grundstückskaufs nach § 154 IV 1 BauGB keinen Anspruch darauf, dass der sanierungsbedingte Wertzuwachs ermittelt und offen gelegt wird.[3891] Der sanierungsrechtliche Genehmigungsvorbehalt entwickelt auch keinen Nachbarschutz.[3892]

2135 Der Gesetzgeber hat im Rahmen des **Art. 14 I 2 GG** den verfassungsrechtlichen Auftrag, für eine sozial ausgewogene Eigentumsordnung zu sorgen.[3893] Das schließt Belastungen für den Grundstückseigentümer nicht aus. Je stärker der soziale Bezug und die soziale Funktion des betroffenen Eigentumsobjekts ist, umso weiter ist die Befugnis des Gesetzgebers zu belastenden Inhalts- und Schrankenbestimmungen.[3894]

2136 Die **Sozialpflichtigkeit des Art. 14 II GG** ist ein legitimierender Grund für ein Zurückdrängen der Privatnützigkeit und der autonomen Verfügungsbefugnis des Eigentümers. Derartige Gründe liegen bei einer den gesetzlichen Anforderungen entsprechenden Sanierungssatzung vor. Das BVerwG hat hierzu folgende Grundsätze aufgestellt: Da sich die Sanierung auf die Beseitigung städtebaulicher Missstände bezieht, ist die soziale Funktion des Grundeigentums offenkundig. Gleichwohl muss der Gesetzgeber den

---

[3889] *BVerwG*, Urt. v. 23. 5. 1986 – 8 C 42.84 – Buchholz 406.15 § 1 StBauFG Nr. 1 = NVwZ 1986, 917.
[3890] Bei der Bewertung ist die verfassungsrechtlich gebotene Willkürgrenze erst überschritten, wenn die Gründe der Entscheidung bei verständiger Würdigung nicht mehr einleuchten und sich der Schluss aufdrängt, dass sie auf sachfremden Erwägungen beruhen, so *BVerfG*, B. v. 9. 3. 1998 – 1 BvR 1041/92 – (unveröffentlicht) – Grundstückswerterhöhung.
[3891] *BVerwG*, B. v. 19. 11. 1997 – 4 B 182.97 – Buchholz 406.11 § 153 BauGB Nr. 1.
[3892] *BVerwG*, B. v. 7. 5. 1997 – 4 B 73.97 – NVwZ 1997, 991. Mit der baurechtlichen Nachbarklage kann daher nicht geltend gemacht werden, dass eine für ein Bauvorhaben in einem förmlich festgelegten Sanierungsgebiet erteilte Baugenehmigung nicht im Einklang mit dem Sanierungskonzept der Gemeinde stehe.
[3893] *BVerfG*, B. v. 12. 6. 1979 – 1 BvL 19/76 – BVerfGE 52, 1 = *Hoppe/Stüer* RzB Rdn. 1104 – Kleingarten; B. v. 8. 1. 1985 – 1 BvR 792/83 – BVerfGE 68, 361 – Kündigungsschutz; B. v. 12. 3. 1986 – 1 BvL 81/79 – BVerfGE 72, 66 – Salzburg; B. v. 30. 11. 1988 – 1 BvR 1301/84 – BVerfGE 79, 174 = NJW 1989, 1271 = DVBl. 1989, 352 = *Hoppe/Stüer* RzB Rdn. 98 – Verkehrslärm; B. v. 9. 10. 1991 – 1 BvR 227/91 – BVerfGE 84, 382 = NJW 1992, 361; B. v. 22. 11. 1994 – 1 BvR 351.91 – BVerfGE 91, 294 = NJW 1995, 511 – Mietpreisbindung.
[3894] *BVerfG*, B. v. 7. 7. 1971 – 1 BvR 765/66 – BVerfGE 31, 229 = NJW 1971, 2163 – Urheberrecht; B. v. 15. 1. 1974 – 1 BvL 5/70 – BVerfGE 36, 281 = GRUR 1974, 143 – Akteneinsicht Patenterteilung; B. v. 23. 4. 1974 – 1 BvR 6/74 u. a. – BVerfGE 37, 132 – Kündigungsschutz; Urt. v. 8. 7. 1976 – 1 BvL 19/75 – BVerfGE 42, 263 – Hilfswerk Behinderter Kinder; B. v. 1. 3. 1979 – 1 BvR 532/77 – BVerfGE 50, 290 = NJW 1979, 833 – Mitbestimmung; B. v. 12. 6. 1979 – 1 BvL 19/76 – BVerfGE 52, 1 = *Hoppe/Stüer* RzB Rdn. 1104 – Kleingarten; Urt. v. 28. 2. 1980 – 1 BvL – BVerfGE 53, 257 – Altehen; B. v. 14. 7. 1981 – 1 BvL 24/78 – BVerfGE 58, 137 – Pflichtexemplare; B. v. 10. 5. 1983 – 1 BvR 820/79 – BVerfGE 64, 87 – Rentenanpassung; B. v. 19. 6. 1985 – 1 BvL 57/79 – BVerfGE 70, 191 – Fischereigenossenschaften; B. v. 9. 10. 1991 – 1 BvR 227/91 – BVerfGE 84, 382 = NJW 1992, 361.

Grundsatz der Verhältnismäßigkeit wahren. Hierzu kommt es auf die Intensität des Eingriffs an, welche die förmlich festgelegte Sanierung für den Grundeigentümer auslöst. Der Eingriff verwirklicht sich unter anderem dann, wenn dem Grundeigentümer eine genehmigungsbedürftige Verfügung versagt wird und dadurch die wirtschaftliche Nutzung des Grundstücks – wie sie ohne förmliche Sanierung rechtlich möglich wäre – in übermäßiger Weise eingeschränkt wird. Indes ist der Gesetzgeber auch in diesem Fall nicht verpflichtet, für einen finanziellen Ausgleich zu sorgen. Art. 14 I 2 GG legt nicht fest, wie der Gesetzgeber eine „übermäßige" Beeinträchtigung ausgleicht. Art. 14 I 1 GG gibt im Grundsatz nur das Ziel vor, nicht aber die Art und Weise der Erfüllung. Der Gesetzgeber hat in § 145 V BauGB einen Ausgleich für wirtschaftlich unzumutbare Nachteile dadurch geschaffen, dass er dem Grundeigentümer gegenüber der Gemeinde einen Anspruch auf Übernahme des Grundstücks einräumt. Damit hat er eine ausgleichende Regelung getroffen, die den Anforderungen des Art. 14 I 2 GG grundsätzlich entspricht. Ggf. kommt daneben auch ein gewohnheitsrechtlich begründeter Aufopferungsanspruch in Betracht.[3895]

Die durch die Sanierung bewirkten Wertsteigerungen sollen durch einen **Ausgleichsbetrag** abgeschöpft werden. Der Eigentümer hat an die Gemeinde einen Ausgleichsbetrag zu leisten, der der durch die Sanierung bedingten Bodenwertsteigerung entspricht (§ 154 I BauGB).[3896] Die durch die Sanierung bedingte Erhöhung des Bodenwerts des Grundstücks besteht nach § 154 II BauGB aus dem Unterschied zwischen dem Bodenwert, der sich für das Grundstück ergeben würde, wenn eine Sanierung weder beabsichtigt noch durchgeführt worden wäre (Anfangswert), und dem Bodenwert, der sich für das Grundstück durch die rechtliche und tatsächliche Neuordnung des förmlich festgelegten Sanierungsgebiets ergibt (Endwert). Der Ausgleichsbetrag ist nach Abschluss der Sanierung zu entrichten (§ 154 III BauGB). Die Erhebung des Ausgleichsbetrags dient der Finanzierung der Sanierung. Überschüsse sind nach § 156a BauGB auf die Eigentümer zu verteilen. Bei der Ermittlung der sanierungsbedingten Bodenwerterhöhung steht der Behörde sowohl hinsichtlich der für die Ermittlung des Anfangs- und Endwertes maßgebenden Faktoren als auch hinsichtlich des Verfahrensweges ein Einschätzungsspielraum zu.[3897]

Bestehen **keine Aussichten**, die städtebauliche Sanierungsmaßnahme innerhalb eines angemessenen Zeitraums durchzuführen, tritt die Sanierungssatzung außer Kraft. Dies ergibt sich aus dem allgemeinen Grundsatz, wonach eine Planung, deren Realisierung nicht zu erwarten ist, rechtswidrig ist. Was danach als absehbar zu gelten hat, entzieht sich allerdings einer Verallgemeinerung, sondern muss im Einzelfall bestimmt werden. Eine Sanierungssatzung kann etwa außer Kraft treten, wenn die Gemeinde ihr Sanierungskonzept tatsächlich aufgibt oder der Verwirklichung später rechtliche oder tatsächliche Hindernisse entgegenstehen.[3898]

Die Voraussetzungen, unter denen eine Sanierungssatzung gem. **§ 162 I BauGB** teilweise aufzuheben ist, sind andere als die, unter denen gem. **§ 163 I BauGB** die Sanierung für ein einzelnes Grundstück für abgeschlossen erklärt werden kann und auf Antrag des Eigentümers für abgeschlossen zu erklären ist. Die Zielsetzungen beider Bestimmungen

---

[3895] Hierfür grundsätzlich *BGH*, Urt. v. 26. 1. 1984 – III ZR 216/82 – BGHZ 90, 17; vgl. allerdings auch *BVerwG*, Urt. v. 15. 2. 1990 – 4 C 47.89 – BVerwGE 84, 361 = *Hoppe/Stüer* RzB Rdn. 1049; Urt. v. 24. 6. 1993 – 7 C 26.92 – BVerwGE 94, 1 = DVBl. 1993, 1141 = NJW 1993, 2949 = *Hoppe/Stüer* RzB Rdn. 1055 – Naturschutzverordnung Herrschinger Moos.
[3896] *VG Berlin*, Urt. v. 11. 11. 1998 – 19 A 86.98 – NVwZ 1999, 568 = Grundeigentum 1999, 51; Zur Beitragsfreiheit einer Erschließungsanlage innerhalb eines förmlich festgesetzten Sanierungsgebietes als Ordnungsmaßnahme *BVerwG*, Urt. v. 28. 4. 1999 – 8 C 7.98 – ZfBR 1999, 276; *OVG Münster*, Urt. v. 9. 4. 1998 – 15 A 7071/95 – UPR 1998, 471 – straßenbaubeitragsrechtlicher Ausbau.
[3897] *VG Berlin*, Urt. v. 11. 11. 1998 – 19 A 86.98 – NVwZ 1999, 568 = Grundeigentum 1999, 51.
[3898] So *BVerwG*, B. v. 23. 7. 1993 – 4 NB 26.93 – Buchholz 406.15 § 15 StBauFG Nr. 4 = *Hoppe/Stüer* RzB Rdn. 809.

sind verschieden. Der Gesetzgeber hat mit § 163 I 2 BauGB vorausgesetzt, der Eigentümer werde im eigenen Interesses beizeiten einen Antrag stellen, für sein Grundstück das Sanierungsverfahren für beendet zu erklären. Damit soll die Gemeinde nicht in die Lage geraten, nur für einzelne Grundstücke ein Satzungsverfahren und damit nur jeweils punktuell für einen Teil des förmlichen Sanierungsgebietes die Sanierungssatzung aufzuheben. Für die unterschiedlichen Regelungen sind also Gründe der Praktikabilität und der Verhältnismäßigkeit maßgeblich.[3899] Mit der Erklärung über den Abschluss der Sanierung nach § 163 III 1 BauGB entfällt das sanierungsrechtliche Genehmigungserfordernis nach § 144 BauGB insgesamt.[3900]

3. Entwicklungsbereichssatzung

2140   Die **Erschließung neuer Baugebiete oder die Umstrukturierung vorhandener Baugebiete** kann in ausgewählten Bereichen durch städtebauliche Entwicklungsmaßnahmen erfolgen.[3901] Sie dienen dazu, Ortsteile und andere Teile des Gemeindegebietes entsprechend ihrer besonderen Bedeutung für die städtebauliche Entwicklung und Ordnung der Gemeinde oder entsprechend der angestrebten Entwicklung des Landesgebietes oder der Region erstmalig zu entwickeln oder im Rahmen einer städtebaulichen Neuordnung einer neuen Entwicklung zuzuführen (§ 165 II BauGB).[3902] Die Maßnahmen sollen der Errichtung von Wohn- und Arbeitsstätten sowie von Gemeinbedarfs- und Folgeeinrichtungen dienen. Die einzelnen Ziele der städtebaulichen Entwicklungsmaßnahme sind in § 165 III 1 BauGB beschrieben: Danach kann die Gemeinden einen Bereich, in dem eine städtebauliche Entwicklungsmaßnahme durchgeführt werden soll, durch Beschluss förmlich als städtebaulichen Entwicklungsbereich festlegen, wenn (1) die Maßnahme den Zielen und Zwecken des § 165 II BauGB entspricht, (2) das Wohl der Allgemeinheit die Durchführung der städtebaulichen Entwicklungsmaßnahme erfordert, insbesondere zur Deckung eines erhöhten Bedarfs an Wohn- und Arbeitsstätten, zur Errichtung von Gemeinbedarfs-, und Folgeeinrichtungen oder zur Wiedernutzung brachliegender Flächen, (3) die mit der städtebaulichen Entwicklungsmaßnahme angestrebten Ziele und Zwecke durch städtebauliche Verträge nicht erreicht werden können oder die Eigentümer der von der Maßnahme betroffenen Grundstücke unter entsprechender Berücksichtigung des § 166 III BauGB nicht bereit sind, ihre Grundstücke an die Gemeinde oder den von ihr beauftragten Entwicklungsträger zu einem angemessenen Wert zu veräußern (§ 169 I Nr. 6 und IV BauGB), und (4) die zügige Durchführung der Maßnahme innerhalb eines absehbaren Zeitraums gewährleistet ist.[3903]

[3899] *BVerwG*, B. v. 12. 12. 1995 – 4 B 281.95 – DVBl. 1996, 270 = ZfBR 1996, 114 = UPR 1996, 148 – Abgeschlossenheitsbescheinigung.
[3900] *VG Gera*, Urt. v. 14. 1. 1999 – 4 K 1884/97 GE – (unveröffentlicht).
[3901] Battis/Krautzberger/Löhr § 165 Rdn. 12; *Degenhart* DVBl. 1994, 1041; *Gaentzsch* NVwZ 1991, 921; *Leisner* NVwZ 1993, 935; *Krautzberger* LKV 1992, 84; *ders.* DÖV 1992, 92; *ders.* WuV 1993, 85; *Müller/Wollmann* Erhaltung der städtebaulichen Gestalt eines Gebietes durch Erhaltungssatzung, S. 183; *Runkel* ZfBR 1991, 19; *Schmidt-Eichstaedt* BauR 1993, 38; *Stich* WuV 1993, 104.
[3902] Zu städtebaulichen Entwicklungsmaßnahmen *Degenhart* DVBl. 1994, 1041; *Gaentzsch* NVwZ 1991, 921; *Krautzberger* LKV 1992, 84; *ders.* WuV 1993, 85; *Leisner* NVwZ 1993, 935; *Neuhausen* DÖV 1991, 146; *Runkel* ZfBR 1991, 91; *ders.* BBauBl. 1990, 252; *Schmidt-Eichstaedt* BauR 1983, 38; *Stich* WiVerw. 1993, 104.
[3903] Zu den Voraussetzungen einer vorzeitigen Besitzeinweisung für die Errichtung von Regierungsgebäuden im Regierungsviertel von Berlin *KG Berlin*, Urt. v. 17. 4. 1998 – U 702/98 (Baul) – NJW 1998, 3064 – Hauptstadt Berlin.

11. Teil. Städtebauliche Satzungen 2141 A

Verfahren	Beteiligte	Rechtsgrundlagen
Vorbereitung		
Beschluss über den Beginn der Voruntersuchungen Ortsübliche Bekanntmachung unter Hinweis auf allgemeine Auskunftspflicht	Gemeinderat und Gemeindeverwaltung	§ 165 IV BauGB
Voruntersuchungen zur Abgrenzung des Entwicklungsbereichs, zu Kosten und Finanzierung Beteiligung der Betroffenen und der Träger öffentlicher Belange Einschaltung eines Planers oder Entwicklungsträgers	Gemeindeverwaltung	§ 165 II und IV BauGB
Satzungsbeschluss Förmliche Festlegung und Bezeichnung des städtebaulichen Entwicklungsbereichs	Gemeinderat	§ 165 VI BauGB
Genehmigung durch höhere Verwaltungsbehörde ortsübliche Bekanntmachung der Entwicklungsbereichssatzung mit Erteilung der Genehmigung	Gemeindeverwaltung	§ 165 VII und VIII BauGB
Durchführung		
Aufstellung von Bebauungsplänen	Gemeinderat, Gemeindeverwaltung oder Entwicklungsträger	§ 166 I BauGB
Grundstückserwerb	Gemeinde, Gemeindeverwaltung oder Entwicklungsträger	§ 166 III BauGB
Kosten- und Finanzierungsübersicht	Gemeindeverwaltung	§ 171 II BauGB
Rückveräußerung von Grundstücken	Gemeinderat und Gemeindeverwaltung	§ 169 BauGB
Erschließungsmaßnahmen	Gemeindeverwaltung oder Erschließungsträger	§ 169 BauGB
Bebauung	Eigentümer, Entwicklungsträger, Bauträger	§ 169 BauGB
Ausgleichsbeträge	Gemeindeverwaltung	§ 169 BauGB
Beschluss über die Aufhebung der städtebaulichen Entwicklungsbereichssatzung mit ortsüblicher Bekanntmachung	Gemeinderat und Gemeindeverwaltung	§ 169 BauGB

Das Gesetz verweist also darauf, dass die städtebauliche Entwicklungsbereichssatzung 2141 gegenüber vertraglichen (freiwilligen) Regelungen **nachrangig** ist. Lässt sich eine vertragliche Regelung erreichen, ist eine (zwangsweise) Entwicklungsbereichssatzung nicht erforderlich. Sowohl der Gemeinde wie auch betroffenen Eigentümern wird regelmäßig zu raten sein, einverständlichen Lösungen den Vorrang zu geben. Der Erwerb der Grundstücke zu angemessenen Bedingungen wird die Gemeinde in die Lage versetzen, ihre städtebaulichen Ziele ohne das Mittel der zwangsweisen Umsetzung zu erreichen. Der Eigentümer wird bei einer freiwilligen Regelung zumeist bessere Konditionen erreichen, als wenn er es auf eine rechtliche Auseinandersetzung ankommen lässt. Dies setzt allerdings eine entsprechende Kompromissbereitschaft der Beteiligten voraus. Die Gemeinde kann sich dabei auf das gesetzliche Instrumentarium berufen, sollte es allerdings nur anwenden, wenn es sich nicht umgehen lässt. Auch aus gemeindlicher Sicht wird daher einer einverständlichen Regelung zumeist der Vorrang einzuräumen sein. Es bieten sich daher vor allem städtebauliche Verträge als Möglichkeit der sozialgerechten Bodennutzung an.[3904]

2142 Entwicklungsmaßnahmen sind auf **qualitativ Neues** ausgerichtet. Sie beziehen sich im Gegensatz zu sanierungsrechtlichen Maßnahmen, bei denen trotz teilweisem Abriss und Neubebauung zur Beseitigung städtebaulicher Missstände die weitgehende Erhaltung der vorhandenen Substanz und des Gebietscharakters angestrebt wird, auf Gebiete mit größeren Freiflächen, die baulich noch entwickelt werden können, oder auf Bereiche, deren weitere Bebauung die Entwicklung insgesamt noch in eine andere Richtung führen kann. In Zweifelsfällen ist entscheidend, welche bodenrechtlichen Instrumente zur Verwirklichung der städtebaulichen Ziele erforderlich sind.[3905] Dagegen eignen sich Entwicklungsmaßnahmen nicht als Mittel dafür, zur Ankurbelung der Wirtschaft private Investoren zu fördern. Maßnahmen, die nicht den besonderen Zielen des § 165 BauGB dienen und insbesondere nicht zur Deckung eines erhöhten Bedarfs an Wohn- und Arbeitsstätten, zur Errichtung von Gemeinbedarfs- und Folgeeinrichtungen oder zur Wiedernutzbarmachung brachliegender Flächen dienen, sind unzulässig. Vor allem muss sich die Entwicklungsmaßnahme durch einen entsprechenden Gemeinwohlbezug rechtfertigen.[3906]

2143 Vor der förmlichen Festlegung des Entwicklungsbereichs durch Satzung hat die Gemeinde grundsätzlich **Voruntersuchungen** durchzuführen oder zu veranlassen. Der Beschluss über den Beginn der Voruntersuchungen ist öffentlich bekannt zu machen mit der Folge, dass die Qualitätsmerkmale des Grund und Bodens auf diesen Zeitpunkt „einfrieren" und nachträgliche Qualitätserhöhungen bei der Berechnung der Ausgleichs- und Entschädigungsleistungen (§§ 169 I Nr. 4, 153 BauGB) sowie der Ausgleichsbeträge (§ 166 III BauGB)[3907] nicht berücksichtigt werden. Auch kann auf der Grundlage des Beschlusses über die Voruntersuchungen eine Zurückstellung von Vorhaben nach § 15 BauGB erfolgen. Die Entwicklungsbereichssatzung, in der der städtebauliche Entwicklungsbereich zu bezeichnen ist, ist zu begründen (§ 165 VII BauGB). Einen **Umweltbericht** (§ 2a 1 Nr. 2 BauGB) muss die Begründung der Entwicklungsbereichssatzung nicht enthalten, weil es sich bei der Entwicklungsbereichssatzung nicht um einen Bauleitplan handelt.[3908]

2144 Die förmliche Festlegung eines städtebaulichen Entwicklungsbereichs durch Entwicklungssatzung bedarf bundesrechtlich keiner Genehmigung.[3909] Hiervon unberührt bleibt eine etwaige rechtliche Überprüfung im Rahmen der Kommunalaufsicht oder der fördernden Stelle bei der Feststellung der Fördervoraussetzungen. Im Übrigen können die Länder gem. § 246 Ia 1 Hs. 1 BauGB 2004 bestimmen, dass Entwicklungssatzungen vor ihrem In-Kraft-Treten der höheren Verwaltungsbehörde anzuzeigen sind. Bisher war im Rahmen des Genehmigungsverfahrens von der Gemeinde ein Bericht über die Gründe, die die förmliche Festlegung des entwicklungsbedürftigen Bereichs rechtfertigen, beizufügen. Der Wegfall des Genehmigungsverfahrens entbindet die Gemeinde nicht von der

---

[3904] *Grziwotz* DVBl. 1994, 1048.
[3905] So *OVG Berlin*, Urt. v. 28. 11. 1997 – 2 A 7.94 – ZfBR 1998, 211 = DVBl. 1998, 909.
[3906] *BVerwG*, B. v. 19. 4. 1999 – 4 BN 10.99 – ZfBR 1999, 277 = UPR 1999, 390 – Entwicklungsbereich zur städtebaulichen Entwicklungsmaßnahme nach § 53 I StBauFG i.V. m. § 235 I 2 BauGB.
[3907] *BVerwG*, Urt. v. 17. 12. 1992 – 4 C 30.90 – DVBl. 1993, 441 = ZfBR 1993, 145 = UPR 1993, 218 = NVwZ 1993, 1112; *Kleiber* ZfBR 1986, 263; *Schindhelm* NVwZ 1992, 747.
[3908] Zum Umweltbericht s. Rdn. 249, 280, 385, 769, 809, 955, 1040, 1121, 1403, 1501, 2079, 2721, 2789.
[3909] Anders noch § 165 VII 2 BauGB 1998. Weitere Folgeänderungen ergaben sich für § 165 VIII 1 und 2 sowie für § 203 III BauGB 2004.

Pflicht, in darlegbarer Weise die Gründe zu prüfen, die die förmliche Festlegung des entwicklungsbedürftigen Bereichs rechtfertigen. Vielmehr ist nach § 165 VII 2 BauGB eine entsprechende Begründung der Entwicklungssatzung beizufügen.

Die Entwicklungsbereichssatzung ist ortsüblich bekannt zu machen (§ 165 VIII BauGB). Die in § 144 BauGB bezeichneten Vorhaben und Rechtsvorgänge unterliegen hierdurch einer Genehmigungspflicht. Die Gemeinde stellt für den Entwicklungsbereich Bebauungspläne in dem zuvor beschriebenen Verfahren auf[3910] und teilt dem **Grundbuchamt** die rechtsverbindliche Entwicklungssatzung mit. Das Grundbuchamt trägt daraufhin einen entsprechenden Entwicklungsvermerk ein (§ 165 IX BauGB). Mit der Bekanntmachung der Entwicklungssatzung unterliegen Rechtsvorgänge nach Maßgabe der sanierungsrechtlichen Vorschriften der §§ 144, 145 und 153 II BauGB einer **Genehmigungspflicht** § 165 VIII 3 BauGB). 2145

In nichtbeplanten Innenbereichen kann die Gemeinde nach § 170 BauGB durch Satzung ein **Anpassungsgebiet** festlegen. Ergeben sich aus den Zielen und Zwecken der städtebaulichen Entwicklungsmaßnahme in einem im Zusammenhang bebauten Gebiet Maßnahmen zur Anpassung an die vorgesehene Entwicklung, kann die Gemeinde dieses in der Entwicklungssatzung förmlich festlegen. Das Anpassungsgebiet ist in der Entwicklungssatzung zu bezeichnen. Die förmliche Festlegung darf erst nach Durchführung vorbereitender Untersuchungen erfolgen. In dem Anpassungsgebiet sind die Regelungen über die Entwicklungsmaßnahme und die städtebauliche Sanierung entsprechend anzuwenden. 2146

In einer Reihe von Entscheidungen hat sich das *BVerwG* inzwischen mit dem Recht der städtebaulichen Entwicklungsmaßnahmen befasst. Das Instrument der Entwicklungsmaßnahme ist zur Lösung von besonderen städtebaulichen Problemen bestimmt.[3911] Dessen Einsatz setzt einen qualifizierten städtebaulichen Handlungsbedarf voraus, der aus Gründen des öffentlichen Interesses ein planmäßiges und aufeinander abgestimmtes Vorgehen i. S. einer Gesamtmaßnahme erfordert.[3912] 2147

Die Anforderungen an die Festlegung von **Entwicklungsbereichen** gehen daher über allgemeine städtebauliche Gründe hinaus.[3913] Die Durchführung der städtebaulichen Entwicklungsmaßnahme wird nicht schon allgemein und in jedem Fall vom Wohl der Allgemeinheit erfordert. Es ist vielmehr ein **erhöhter Bedarf** an Wohnraum oder gewerblichen Nutzungen erforderlich. Ein derartiger dringender Bedarf i. S. des § 165 III BauGB ist nur anzunehmen, wenn sich die Nachfrage nach Wohnungen oder Gewerbebetrieben in einer Gemeinde in einer Weise erhöht hat, dass sie mittelfristig nicht ohne die Verwirklichung der Entwicklungsmaßnahme gedeckt werden kann.[3914] Prognosen über die zu- 2148

[3910] Zu weiteren Einzelheiten *Degenhart* DVBl. 1993, 1041. Durch das BauROG 1998 sind die Vorschriften über die Entwicklungsbereichssatzung in verschiedener Hinsicht ergänzt worden, vgl. etwa §§ 165 III Nr. 3, IV 2, VIII, 167 I, 169, und 171 BauGB.

[3911] Zur Abgrenzung zwischen Sanierungs- und Entwicklungsmaßnahmen *BVerwG*, B. v. 8. 7. 1998 – 4 BN 22.98 – NVwZ 1998, 1298 = UPR 1998, 454.

[3912] *VGH Mannheim*, Urt. v. 12. 9. 1994 – 8 S 3002/93 – BauR 1996, 523 für ein freigewordenes größeres Kasernengelände in einer unter starkem Siedlungsdruck stehenden Universitätsstadt; *OVG Bremen*, Urt. v. 23. 6. 1998 – 1 N 5/97 – NordÖR 1998, 386 zur Abwanderung von Einwohnern aus einer Großstadt in das benachbarte Umland, wenn hierdurch die städtebauliche Entwicklung und Ordnung beeinträchtigt wird.

[3913] Zu den Anforderungen an eine städtebauliche Entwicklungsmaßnahme zur Schaffung eines Wohngebiets für Einfamilienhäuser und eines Landschaftsparks für die Naherholung *BVerwG*, B. v. 17. 12. 2003 – 4 BN 54.03 – NVwZ-RR 2004, 325 = NuR 2004, 365 – Anforderungen an städtebauliche Entwicklungsmaßnahme, im Anschluss an *BVerwG*, B. v. 30. 1. 2001 – 4 BN 72.00 – NVwZ 2001, 558 = BauR 2001, 931 und *BVerfG*, B. v. 4. 7. 2002 – 1 BvR 390/01 – NVwZ 2003, 71 = BauR 2003, 70.

[3914] Das *OVG Bremen*, Urt. v. 23. 6. 1998 – 1 N 5/97 – NordÖR 1998, 386, verweist etwa auf eine hohe Abwanderungsrate der Bevölkerung in das Umland als Indiz für ein besonderes städtebauliches Erfordernis.

künftige Entwicklung der Nachfrage müssen auf einer sorgfältig aufbereiteten realistischen Tatsachenermittlung basieren und hinsichtlich des Prognoseschlusses nachvollziehbar sein. Fehler in der Ermittlung des zukünftigen Bedarfs führen zur Unwirksamkeit der Entwicklungsbereichssatzung.[3915] Wenn die Entwicklungsmaßnahme auf voneinander getrennten Teilflächen verwirklicht werden soll, ist der Gesamtmaßnahmecharakter nach Auffassung des *BVerwG* nur gewahrt, wenn die Teilflächen untereinander in einer funktionalen Beziehung stehen, die die gemeinsame Überplanung und einheitliche Durchführung zur Erreichung des Entwicklungsziels nahe legt.[3916] Im durch die Entwicklungssatzung (§ 165 VI BauGB)[3917] festgelegten städtebaulichen Entwicklungsbereich ist insbesondere die Enteignung zu Gunsten der Gemeinde aufgrund der Regelung des § 169 III BauGB gegenüber der allgemeinen städtebaulichen Enteignung erleichtert möglich.[3918] Diese Vorschrift hat das *BVerwG* für verfassungsrechtlich unbedenklich gehalten.[3919]

2149 In den Entwicklungsbereich dürfen auch **Flächen für einen Ausgleich von Eingriffen in Natur und Landschaft** einbezogen werden. Die Festlegung eines städtebaulichen Entwicklungsbereichs zur Deckung eines erhöhten Bedarfs an Arbeitsstätten kann im Einzelfall unzulässig sein, wenn das Wohl der Allgemeinheit die Durchführung der städtebaulichen Maßnahme nicht erfordert, weil Planungsalternativen vorhanden sind.[3920] Ist die Festsetzung eines Entwicklungsbereichs aus städtebaulichen Gründen erforderlich, so kann die nähere Ausgestaltung der Problembewältigung zu benachbarten Gebieten den dafür aufzustellenden Bebauungsplänen vorbehalten werden.[3921] Aus dem Gesamtzusammenhang der Normen ergibt sich nach Auffassung des *OVG* Berlin, dass die Eigentümer an der Entwicklungsmaßnahme nicht verdienen sollen, die Wertsteigerungen vielmehr der Gemeinde und den von ihr verwirklichten Zwecken zugute kommen sollen. Es entspreche daher den Zielen des Entwicklungsbereichsrechts und sei nicht rechtsmissbräuchlich, wenn die Gemeinde die nach den rechtlichen und wirtschaftlichen Gegebenheiten für sie günstigste Form des kommunalen Zwischenerwerbs wähle.[3922]

2150 Da mit der Festlegung der Entwicklungssatzung zugleich die Grundlage für eine Enteignung geschaffen wird, ergeben sich jedoch nicht unerhebliche verfassungsrechtliche Anforderungen, wie das *BVerfG* am Beispiel einer Entwicklungssatzung für einen beabsichtigten Landschaftspark dargelegt hat. Dies hat dazu geführt, dass es um neue Entwicklungssatzungen gegenwärtig nicht sonderlich gut bestellt ist. Die Entwicklungssatzung legt mit Bindungswirkung für ein nachfolgendes Enteignungsverfahren fest, dass das Wohl der Allgemeinheit den Eigentumsentzug generell rechtfertigt, während dem Enteignungsverfahren die Prüfung verbleibt, ob das so konkretisierte Gemeinwohl den

---

[3915] *OVG Münster*, Urt. v. 1. 12. 1997 – 10a D 62/94.NE – DVBl. 1998, 351 – Allerheiligen Neuss.

[3916] *BVerwG*, Urt. v. 3. 7. 1998 – 4 CN 2.97 – DVBl. 1998, 1293 = UPR 1998, 453 – Teilbarkeit von Entwicklungsmaßnahmen.

[3917] Die Nichtigkeit einer Entwicklungssatzung führt nach der Rechtsprechung des *BVerwG*, B. v. 31. 3. 1998 – 4 BN 5.98 – NVwZ-RR 1998, 543 = BauR 1998, 750 = ZfBR 1998, 251 nicht ohne weiteres auch zur Nichtigkeit eines für dasselbe Gebiet beschlossenen Bebauungsplans, zuvor bereits *VGH Mannheim*, Urt. v. 21. 10. 1997 – 8 S 609/97 – NVwZ-RR 1998, 720.

[3918] Angesichts dieser enteignenden Vorwirkung habe die Gemeinde bei der Festsetzung eines Entwicklungsbereichs Planungsalternativen zu berücksichtigen, wenn diese im Einzelfall ernsthaft in Betracht kommen, so *BVerwG*, B. v. 31. 3. 1998 – 4 BN 4.98 – NVwZ-RR 1998, 544 = DVBl. 1998, 909 = BauR 1998, 751 = ZfBR 1998, 252.

[3919] *BVerwG*, Urt. v. 3. 7. 1998 – 4 CN 5.97 – DVBl. 1998, 1294 = DÖV 1999, 156; so auch *OVG Münster*, Urt. v. 1. 12. 1997 – 10a D 62/94.NE – DVBl. 1998, 351.

[3920] *BVerwG*, B. v. 31. 3. 1998 – 4 BN 4.98 – DVBl. 1998, 909 = BauR 1998, 751 = ZfBR 1998, 252.

[3921] So für die Lösung immissionsschutzrechtlicher Konflikte *OVG Berlin*, Urt. v. 15. 5. 1998 – 2 S 1.98 – NVwZ-RR 1998, 720 – Entwicklungsbereich.

[3922] *OVG Berlin*, Urt. v. 28. 11. 1997 – 2 A 7.94 – ZfBR 1998, 211 = DVBl. 1998, 909.

Zugriff auf das einzelne Grundstück erfordert.³⁹²³ Wegen dieser enteignungsrechtlichen Vorwirkungen muss bereits der Erlass der Entwicklungssatzung den enteignungsrechtlichen Anforderungen des Art. 14 GG genügen. Das private Eigentum kann nur dann im Wege der Enteignung entzogen werden, wenn es im konkreten Fall benötigt wird, um besonders schwerwiegende und dringliche öffentliche Interessen zu verwirklichen.³⁹²⁴ Hoheitliche Eigentumsverschiebungen im allein privaten Interesse lässt Art. 14 GG nicht zu.³⁹²⁵ Der Enteignungsbetroffene hat einen aus Art. 14 I GG folgenden verfassungsrechtlichen Anspruch auf effektive gerichtliche Prüfung, ob der konkrete Zugriff auf sein Eigentum diesen Anforderungen genügt.³⁹²⁶

Auch der Belang „Naherholung" kann ausreichend gewichtig sein, um eine Enteignung zu rechtfertigen. Den Gemeinden gebührt bei der Wahrnehmung der städtebaulichen Planung, insbesondere wenn Wertungen und Prognosen auf einer den Zugriff auf das einzelne Grundeigentum vorgelagerten Ebene in Rede stehen, ein gerichtlich nicht vollständig nachprüfbarer Gestaltungsfreiraum. Die Gerichte haben jedoch Feststellungen zur konkreten Gemeinwohldienlichkeit des zu entwickelnden Vorhabens zu treffen, die dem verfassungsrechtlich verbürgten Anspruch auf effektiven, am Umfang der enteignungsrechtlichen Vorwirkung der Entwicklungssatzung ausgerichteten Rechtsschutz gegen den hoheitlichen Entzug des Grundeigentums genügen. Soll etwa ein Landschaftspark in der Entwicklungssatzung ausgewiesen werden, so ist eine ausreichende gerichtliche Bedarfsprüfung dafür erforderlich, dass, abgesehen von dem mit dem Vorhaben verfolgten Belang der „Naherholung", die Enteignung auch durch den Gemeinwohlbelang der „Erhaltung und Sicherung des Landschaftsraumes" gerechtfertigt ist. Auch muss geprüft werden, ob die konkrete Verwirklichung der Enteignungsziele dem Gemeinwohlerfordernis entspricht. So muss etwa im Hinblick Flächen, die für „Reitsport" oder „Dauerkleingärten" vorgesehen sind, die Eignung und Erforderlichkeit der jeweiligen Nutzungen für die Verwirklichung eines bestimmten Enteignungsziels von der Gemeinde und den Gerichten geprüft werden.³⁹²⁷

Die von der Gemeinde aufzustellende Kosten- und Finanzierungsübersicht (§ 171 II 1 BauGB) ist nicht Bestandteil der förmlichen Festlegung des Entwicklungsbereichs, die nach § 165 VI 1 BauGB als Satzung zu beschließen ist. Erweist sich die Entwicklungsmaßnahme im Nachhinein mangels Finanzierbarkeit als undurchführbar, so hat dies keinen Einfluss auf die Gültigkeit der Entwicklungssatzung. Die Gemeinde hat vor der förmlichen Festlegung eines Entwicklungsbereichs zu prüfen, ob sich die angestrebten Entwicklungsziele durch den Abschluss städtebaulicher Verträge erreichen lassen. Erklären sich die von der Maßnahme Betroffenen nach anfänglicher Weigerung zur Kooperation erst bereit, nachdem die Gemeinde die Durchführung der Entwicklungsmaßnahme beschlossen hat, so bleibt die Gültigkeit der Entwicklungssatzung hiervon unberührt.³⁹²⁸

Eine Gemeinbedarfseinrichtung kann auch dann Gegenstand einer städtebaulichen Entwicklungsmaßnahme sein, wenn sie dazu bestimmt ist, nicht allein den künftigen Bewohnern des Wohngebiets zu dienen, sondern einem größeren Bevölkerungskreis. Ein der Naherholung der Bevölkerung dienender Landschaftspark ist eine Gemeinbedarfseinrichtung im Sinne des § 165 III 1 Nr. 2 BauGB. Das Wohl der Allgemeinheit kann eine

---

³⁹²³ *BVerwG*, Urt. v. 15. 1. 1982 – 4 C 94.79 – NJW 1982, 2787 – Landschaftspark.
³⁹²⁴ *BVerfG*, B. v. 10. 5. 1977 – 1 BvR 514/68 – BVerfGE 45, 297.
³⁹²⁵ Vgl. *BVerfG*, B. v. 24. 3. 1987 – 1 BvR 1046/85 – BVerfGE 74, 264.
³⁹²⁶ *BVerfG*, B. v. 4. 7. 2002 – 1 BvR 30/01 – DVBl. 2002, 1467 = NVwZ 2003, 71 = BauR 2003, 70, mit Hinweis auf *BVerfG*, Urt. v. 10. 5. 1977 – 1 BvR 514/68 – BVerfGE 45, 297 = DVBl. 1978, 44.
³⁹²⁷ *BVerfG*, B. v. 4. 7. 2002 – 1 BvR 30/01 – DVBl. 2002, 1467 = NVwZ 2003, 71 = BauR 2003, 70.
³⁹²⁸ *BVerwG*, B. v. 16. 2. 2001 – 4 BN 56.00 – DVBl. 2001, 1444 = NVwZ 2001, 1053 = BauR 2001, 1689.

solche Einrichtung auch dann nach § 165 III 1 Nr. 2 BauGB erfordern, wenn ein erhöhter Bedarf an Gemeinbedarfseinrichtungen dieser Art nicht besteht.[3929]

2154 Die Gemeinde kann auch ein baulich genutztes sanierungsbedürftiges Gebiet, das innerhalb eines größeren, grundlegend neuzustrukturierenden Bereichs liegt, in eine Entwicklungsmaßnahme einbeziehen. Ob die Gemeinde in einem solchen Gebiet Sanierungsmaßnahmen nach § 136 ff. BauGB durchführt oder das Gebiet in den größeren Zusammenhang einer Entwicklungsmaßnahme nach § 170 BauGB einbezieht, obliegt im Rahmen der gesetzlichen Voraussetzungen ihrer Entscheidung.[3930]

2155 Städtebauliche Entwicklungsmaßnahmen sind nicht davon abhängig, dass die betroffenen Eigentümer bauwillig sind. Die Gemeinde ist nicht genötigt, sich auf eine entsprechende Prüfung und Erörterung einzulassen. § 165 BauGB ermächtigt die Gemeinde gerade, eine umfassende städtebauliche Strukturmaßnahme zu ergreifen. Eine Entwicklungsmaßnahme setzt daher einen qualifizierten städtebaulichen Handlungsbedarf voraus, der aus Gründen des öffentlichen Interesses ein planmäßiges und aufeinander abgestimmtes Vorgehen im Sinne einer Gesamtmaßnahme erfordert.[3931]

2156 Ein erhöhter Bedarf an Wohn- und Arbeitsstätten im Sinne des § 165 III 1 Nr. 2 BauGB ist gegeben, wenn die Nachfrage das Angebot aus strukturellen Gründen längerfristig deutlich übersteigt. Allgemeine konjunkturelle Entwicklungen oder Schwankungen im Wohnungsmarkt reichen zur Begründung nicht aus. Bundesweite oder große Teile des Bundesgebietes betreffende Entwicklungen können für sich genommen einen erhöhten Bedarf für den maßgeblichen Bereich nicht begründen. Ein erhöhter Bedarf muss sich nicht allein auf das Gebiet der einzelnen Gemeinde erstrecken. Er ist nicht deswegen zu verneinen, weil ein derartiger Bedarf auch in einer Nachbargemeinde besteht, und wird auch nicht allein dadurch in Frage gestellt, dass der in einer Region vorhandene Bedarf ebenso in einer anderen Gemeinde dieser Region befriedigt werden könnte.

2157 Eine städtebauliche Entwicklungsmaßnahme steht mit dem Erfordernis des Wohls der Allgemeinheit nicht im Einklang, wenn sie mit den Zielen und Grundsätzen der Raumordnung und Landesplanung einschließlich der Regionalplanung nicht vereinbar ist. Besteht ein erhöhter Bedarf an Wohnstätten und rechtfertigt dies eine städtebauliche Entwicklungsmaßnahme, darf die Planung zugleich auch einem erhöhter Bedarf an Arbeitsstätten Rechnung tragen, dem isoliert betrachtet möglicherweise nicht das für eine städtebauliche Entwicklungsmaßnahme gebotene Gewicht zukommen würde.[3932] Die quantitativen Anforderungen an einen Entwicklungsbereich i. S. des § 165 II BauGB lassen einen Vergleich der Flächengröße des Entwicklungsbereiches im Verhältnis zur Gesamtfläche des Gemeindegebietes zu. Je kleiner der projektierte Entwicklungsbereich im Gesamtgefüge der Gemeinde ist, umso stärker werden qualitative Merkmale maßgebend sein. Die Zahl der vorgesehenen Wohneinheiten kann ein geeignetes Beurteilungskriterium für die beabsichtigte Entwicklung anderer Teile des Gemeindegebietes im Gesamtgefüge der Gemeinde sein (§ 165 II BauGB).

2158 Einer beabsichtigten Konversion ehemals militärisch genutzter Flächen kommt im Rahmen der §§ 165 ff. BauGB nicht von vornherein ein besonderes Gewicht zu und

---

[3929] *BVerwG*, B. v. 30. 1. 2001 – 4 BN 72.00 – DVBl. 2001, 670 (LS) = NVwZ 2001, 558 = BauR 2001, 931.

[3930] *BVerwG*, B. v. 2. 11. 2000 – 4 BN 51.00 – DVBl. 2001, 405 (LS) = NVwZ 2001, 434 = BauR 2001, 375 – Rummelsburger Bucht, im Anschluss an Urt. v. 3. 7. 1998 – 4 CN 5.97 – DVBl. 1998, 1294 = NVwZ 1999, 407.

[3931] *BVerwG*, B. v. 2. 11. 2000 – 4 BN 51.00 – DVBl. 2001, 405 (LS) = NVwZ 2001, 434 = BauR 2001, 375 – Rummelsburger Bucht.

[3932] *BVerwG*, Urt. v. 12. 12. 2002 – 4 CN 7.01 – BVerwGE 117, 248 = NVwZ 2003, 746 = DVBl. 2003, 1056 – Entwicklungsmaßnahme. Zur gerichtlichen Kontrolldichte bei der Überprüfung, ob die Voraussetzungen für die förmliche Festlegung eines städtebaulichen Entwicklungsbereichs (§ 165 BauGB) gegeben sind *BVerwG*, B. v. 5. 8. 2002 – 4 BN 32.02 – NVwZ-RR 2003, 7 = BauR 2003, 73.

rechtfertigt daher nicht ohne weiteres eine städtebauliche Entwicklungsmaßnahme. Der städtebaulich unerwünschte Zustand, der durch eine Nutzungsaufgabe eingetreten ist, legt zwar eine Umnutzung nahe. Dieses legitime Ziel begründet aber – für sich genommen – noch nicht, dass deshalb die durchaus strengen Anforderungen des § 165 III 1 Nr. 2 BauGB erfüllt sind.[3933]

Neben den in § 165 III 1 Nr. 2 BauGB benannten Gründen, aufgrund derer die Durchführung einer städtebaulichen Entwicklungsmaßnahme vom **Wohl der Allgemeinheit** erfordert werden kann, kann eine Vielzahl weiterer **öffentlicher Interessen** bedeutsam sein. Vom Wohl der Allgemeinheit erfordert wird die Durchführung einer Entwicklungsmaßnahme, wenn sie durch ein dringendes, im Verhältnis zu entgegenstehenden öffentlichen – wie auch privaten – Interessen überwiegendes öffentliches Interesse gerechtfertigt ist. Die danach gebotene Bilanzierung, die zur Annahme eines solchermaßen qualifizierten öffentlichen Interesses führt, ist nicht mit einer planerischen Abwägung gleichzusetzen. Ob ein erhöhter Bedarf an Wohnstätten im Sinne des § 165 III 1 Nr. 2 BauGB besteht, hat die Gemeinde im Wege einer Prognose unter Ausschöpfung aller ihr mit zumutbarem Aufwand zugänglichen Erkenntnisquellen zu ermitteln.

Nach Auffassung des *OVG Bremen* ist eine Entwicklungsmaßnahme nicht erforderlich, wenn das mit ihr verfolgte **Ziel auch ohne Einsatz** der Instrumente des besonderen Städtebaurechts erreichen lässt. Dafür kommt insbesondere der Abschluss eines städtebaulichen Vertrages mit den Grundeigentümern in Betracht. Die Gemeinde braucht sich allerdings nur auf solche Verträge einzulassen, die sie im Hinblick auf die Kosten der Entwicklungsmaßnahme nicht schlechter stellen als bei eigener Durchführung der Entwicklungsmaßnahme. Nach Durchführung der Entwicklungsmaßnahme ist der Verkehrswert, zu dem die Grundstücke an Bauwillige veräußert werden sollen, so zu bemessen, dass eine alsbaldige Veräußerung der Grundstücke gewährleistet ist.[3934]

Ein durch **Rechtsverordnung der Landesregierung** förmlich festgelegter städtebaulicher Entwicklungsbereich kann, solange die Entwicklungsmaßnahme noch nicht abgeschlossen ist, nach § 235 I 2 BauGB, §§ 1, 53 StBauFG durch Änderungsverordnung erweitert werden.[3935] In welchem Umfang spätere Entwicklungen die Entwicklungsbereichssatzung in Frage stellen können, ist noch nicht abschließend geklärt. Der *VGH Mannheim* vertritt dazu die Auffassung, dass die städtebauliche Entwicklungsmaßnahme weder durch eine bloße Änderung der Planungskonzeption noch durch eine allgemeine Veränderung der Marktsituation im Hinblick auf den Bedarf an Wohnraum in Frage gestellt werden könne.[3936]

Ergeben sich aus den Zielen und Zwecken der städtebaulichen Entwicklungsmaßnahme in einem im Zusammenhang bebauten Gebiet Maßnahmen zur Anpassung an die vorgesehene Entwicklung, kann die Gemeinde dieses Gebiet in der Entwicklungssatzung förmlich festlegen (§ 170 I 1 BauGB). Das Anpassungsgebiet ist in der Entwicklungssatzung förmlich zu bezeichnen.

Der **Sozialplan**, den die Gemeinde gemäß § 180 BauGB zur Bewältigung nachteiliger Auswirkungen einer städtebaulichen Entwicklungsmaßnahme zu erstellen hat, ist nicht Teil der Satzung über die förmliche Festlegung des Entwicklungsbereichs gemäß § 165 VI 1 BauGB.

Eine Entwicklungssatzung tritt nicht wegen **Funktionslosigkeit** dadurch außer Kraft, dass sich die mit der Entwicklungsmaßnahme verfolgten Ziele im Nachhinein als uner-

---

[3933] *BVerwG*, B. v. 9. 11. 2001 – 4 BN 51.01 – BauR 2002, 1360 – Entwicklungsbereich.
[3934] *OVG Bremen*, Urt. v. 23. 6. 1998 – 1 N 5/97 – NordÖR 1998, 386.
[3935] *BVerwG*, B. v. 19. 4. 1999 – 4 BN 10.99 – NVwZ-RR 1999, 624 = ZfBR 1999, 277 = UPR 1999, 390 – siehe dort auch zur Dauer einer Entwicklungsmaßnahme. Der spätere Wegfall der Enteignungsvoraussetzungen des Art. 14 GG soll nach *VGH Mannheim*, B. v. 16. 9. 1998 – 8 S 3120/97 – NVwZ-RR 1999, 564 – Backnang, keinen Einfluss auf die Wirksamkeit der Verordnung haben.
[3936] *VGH Mannheim*, Urt. v. 16. 9. 1998 – 8 S 3120/97 – NVwZ-RR 1999, 564 – Backnang.

4. Satzung zum Stadtumbau (§ 171 d BauGB)

2165 Im Zusammenhang mit Maßnahmen zum Stadtumbau kann die Gemeinde eine Satzung erlassen, um entsprechende Sicherungseffekte oder Maßnahmen begleitende Effekte zu erzielen.[3938]

V. Weitere Satzungen

2166 Die Fremdenverkehrssatzung, die Erschließungsbeitragssatzung, die Außenbereichssatzung und die Kostenerstattungssatzung (§ 135 c BauGB) runden das städtebauliche Satzungsrecht ab.

1. Fremdenverkehrssatzung

2167 Die Gemeinden können durch Satzung (Bebauungsplan oder sonstige Satzung) einen Genehmigungsvorbehalt für die in § 22 I BauGB erfassten Rechtsvorgänge nach dem Wohnungseigentumsgesetz einführen. Die Satzung muss sich dabei auf das Gemeindegebiet oder Teile des Gemeindegebietes beziehen, soweit diese überwiegend durch den Fremdenverkehr geprägt sind (§ 22 I 1 BauGB). Dabei ist der erreichte Entwicklungsstand maßgeblich. Orte mit Fremdenverkehr i. S. des § 22 BauGB sind solche Gemeinden, die Fremdenverkehrsaufgaben erfüllen und dabei auf Beherbergungsmöglichkeiten nicht nur für den kurzfristigen Aufenthalt von Gästen angewiesen sind. Der Begriff der Prägung erfordert eine Wertung, bei der auf die wesentlichen Merkmale unter Vernachlässigung einzelner, gleichsam aus dem Gesamtbild herausfallender Nutzungsformen abzustellen ist. Es müssen Gründe vorliegen, die zur Sicherung der Zweckbestimmung von Gebieten mit Fremdenverkehrsfunktion einen Genehmigungsvorbehalt für die beschriebenen Rechtsvorgänge erforderlich machen. Die Begründung oder Teilung der Rechte muss die vorhandene oder vorgesehene Zweckbestimmung des Gebietes für den Fremdenverkehr und dadurch die geordnete städtebauliche Entwicklung beeinträchtigen. § 22 I 4 BauGB präzisiert die Zweckbestimmung in drei Fallgruppen. Die Zweckbestimmung eines Gebietes für den Fremdenverkehr ist insbesondere anzunehmen bei Kurgebieten, Gebieten für die Fremdenbeherbergung, Wochenend- und Ferienhausgebieten, die im Bebauungsplan festgesetzt sind und bei im Zusammenhang bebauten Ortsteilen, deren Eigenart solchen Gebieten entspricht, sowie bei sonstigen Gebieten mit Fremdenverkehrsfunktionen, die durch Beherbergungsbetriebe und Wohngebäude mit Fremdenbeherbergung geprägt sind.[3939] Als problematisch hat sich dabei lediglich die Fallgruppe der **sonstigen Gebiete** erwiesen, bei der entscheidend auf die „Prägung" des Gebietes durch Beherbergungsbetriebe und Wohngebäude mit Fremdenbeherbergung abgestellt wird. Maßgeblich ist dabei nicht eine quantitative Gegenüberstellung der für Fremdenbeherbergung und der auf andere Weise genutzten Grundstücke, sondern eine wertende Betrachtung, welche die städtebauliche Besonderheit des vorgesehenen Satzungsgebiet erfasst. Die Prägung wird grundsätzlich nicht dadurch aufgehoben, dass sich in ihm auch Gemeinbedarfsflächen und Flächen öffentlicher Nutzung befinden.[3940]

[3937] *BVerwG*, B. v. 16. 2. 2001 – 4 BN 55.00 – DVBl. 2001, 1440 = NVwZ 2001, 1050 = BauR 2001, 1684 – Sozialplan.

[3938] S. Rdn. 2068.

[3939] *Schmaltz* in: *Schrödter* § 22 Rdn. 16; *Krautzberger* in: Battis/Krautzberger/Löhr § 22 Rdn. 1 ff. Vgl. auch *VGH München*, B. v. 26. 6. 1998 – 26 B 95.3337 – (unveröffentlicht) – Fremdenverkehrsgemeinde.

[3940] *BVerwG*, Urt. v. 15. 5. 1997 – 4 C 9.96 – DVBl. 1997, 1126. Zur Berechnung der Dauer der Zurückstellung nach § 22 VII 3 BauGB a. F. (§ 22 VI 3 BauGB n. F.) Urt. v. 21. 8. 1997 – 4 C 6.96 – DVBl. 1998, 42 = UPR 1998, 109.

11. Teil. Städtebauliche Satzungen

Über die Genehmigung entscheidet die Baugenehmigungsbehörde im Einvernehmen mit der Gemeinde in entsprechender Anwendung der Verfahrensregelungen für die Satzungen für die Sicherung von Gebieten mit Fremdenverkehrsfunktionen (§ 22 BauGB). Über den Antrag ist binnen eines Monats nach Eingang eines Antrags bei der Gemeinde zu entscheiden. Die Frist kann bis auf höchstens drei Monate verlängert werden. Nach Ablauf der Frist gilt die Genehmigung als erteilt. Das gilt auch für die Erteilung des Einvernehmens, wenn es nicht binnen zwei Monaten nach Eingang des Ersuchens der Genehmigungsbehörde verweigert wird. Sofern die Landesbauordnungen vorschreiben, dass Anträge bei den Gemeinden einzureichen sind, ist für den Fristbeginn der Zeitpunkt des Eingangs des Antrags bei der Gemeinde maßgeblich. § 22 VI BauGB verpflichtet das Grundbuchamt zur Beachtung des Genehmigungserfordernisses. Dies gilt mit dem In-Kraft-Treten der Satzung nach § 22 II BauGB und bezieht sich auf alle Grundstücke, die im Bereich der Satzung liegen.

Gegen die **Wirksamkeit** des **§ 22 BauGB** bestehen keine verfassungsrechtlichen Bedenken.[3941] Die Sicherung des Fremdenverkehrs kann ein legitimes städtebauliches Ziel darstellen.[3942] Die Vorschrift ist vor dem Hintergrund von Erfahrungen entstanden, dass die Begründung und Teilung von Wohnungseigentum oder Teileigentum in Fremdenverkehrsorten vielfach zur Umwandlung von Räumen, die bisher dem Fremdenverkehr dienten, in Zweitwohnungen geführt und damit die Fremdenverkehrsfunktion der Gemeinde geschwächt sowie eine städtebaulich unerwünschte Zersiedlung der Landschaft durch Ausweisung neuer Baugebiete bewirkt hat. Ohne den Genehmigungsvorbehalt nach § 22 BauGB könnte auf die Bildung von Wohnungseigentum nicht unmittelbar eingewirkt werden.[3943] Eine Prägung durch den Fremdenverkehr ist dann anzunehmen, wenn die öffentliche und private Infrastruktur der Gemeinde oder des Gemeindeteils auf die Fremdenverkehrsbedürfnisse ausgerichtet ist.[3944] Wird die Genehmigungspflicht durch Bebauungsplan begründet, so gelten die verfahrensrechtlichen Anforderungen für die Aufstellung eines Bebauungsplans mit Begründungs- und Entwicklungsgebot,[3945] Öffentlichkeits- und Behördenbeteiligung sowie Genehmigungsverfahren und ggf. bei landesrechtlicher Rechtsgrundlage ein Anzeigeverfahren. Wird eine (isolierte) Fremdenverkehrssatzung aufgestellt, so ist auch diese Satzung zu begründen (§ 22 X BauGB). Soll neben der Bestimmung des Genehmigungsvorbehalts die höchstzulässige Zahl der Wohnungen in Wohngebäuden festgesetzt werden, ist den betroffenen Bürgern und in ihren Belangen berührten Behörden sowie sonstigen Trägern öffentlicher Belange innerhalb angemessener Frist Gelegenheit zur Stellungnahme zu geben. Eine Beschränkung der Wohnungszahl ist auch im Hinblick auf den Grundsatz des sparsamen Umgangs mit Grund und Boden (§ 1a II 1 BauGB) und dem vom Gesetzgeber herausgestellten Belang der Deckung eines dringenden Wohnbedarfs zulässig.[3946] An den Satzungsbeschluss schließt sich die ortsübliche Bekanntmachung an (§ 22 II, 10 III 2 bis 5 BauGB). Das vormals in § 22 III BauGB 1986 geregelte Anzeigeverfahren ist entfallen.[3947]

Die Regelungen zur **Fremdenverkehrssatzung** und die sich daraus für die Eigentümer ergebenden Einschränkungen stellen sich als verfassungsrechtlich grundsätzlich zulässige

---

[3941] *BVerwG*, B. v. 21. 4. 1994 – 4 B 193.93 – BauR 1994, 601 = NVwZ 1995, 271 = *Hoppe/Stüer* RzB Rdn. 272; *VGH Mannheim*, Urt. v. 2. 10. 1992 – 8 S 2849/91 – NJW 1993, 3216 = DVBl. 1993, 673 = ZfBR 1993, 241.
[3942] So *BVerwG*, Urt. v. 29. 9. 1978 – IV C 30.76 – BVerwGE 56, 283 = DVBl. 1979, 151 = BauR 1978, 449 = *Hoppe/Stüer* RzB Rdn. 25 – Appartementgebäude; *Gaentzsch* ZfBR 1991, 192.
[3943] *Söfker* in: *Bielenberg/Krautzberger/Söfker* BauGB 1994, 107.
[3944] *BVerwG*, B. v. 21. 4. 1994 – 4 B 193.93 – BauR 1994, 601 = NVwZ 1995, 271 = *Hoppe/Stüer* RzB Rdn. 272; *Krautzberger* in: Battis/Krautzberger/Löhr § 22 Rdn. 4.
[3945] Zum Entwicklungsgebot s. Rdn. 390.
[3946] *BVerwG*, B. v. 21. 12. 1993 – 4 NB 40.93 – UPR 1994, 152 = StT 1994, 300 = ZfBR 1994, 145 = Buchholz 406.11 § 14 BauGB Nr. 23 – Beschränkung Wohnungszahl.
[3947] Zum vormals geregelten Anzeigeverfahren *Hiltl* BayVBl. 1993, 385.

Inhalts- und Schrankenbestimmungen i. S. des Art. 14 I 2 GG dar. Die nach § 22 I BauGB ermöglichte Maßnahme zur Sicherung der Fremdenverkehrsfunktion erfordert von der Gemeinde eine Beurteilung, ob und in welcher Hinsicht sie von dem ihr eingeräumten Ermessen Gebrauch machen will, die in § 22 I BauGB aufgeführten Gebietsteile vor Beeinträchtigungen zu schützen. Die Gemeinde hat bei dieser Einschätzung einen autonomen Bewertungsfreiraum, der durch die Gerichte nicht vollständig überprüfbar ist.[3948] Die Gemeinde hat dabei zu beurteilen, welche Gebiete sie aus welchen städtebaulichen Erwägungen heraus als in ihrer Fremdenverkehrsfunktion schutzbedürftig ansieht. Diese auch kommunalpolitisch zu verantwortende Entscheidung darf das Gericht der Gemeinde nicht abnehmen.[3949] § 22 I BauGB ermächtigt die Gemeinde allerdings im Regelfall nicht, eine Fremdenverkehrssatzung für das gesamte Gemeindegebiet zu erlassen.[3950]

2171 Ist die gesamte bebaute Ortslage einer Gemeinde mit Ausnahme eines Gewerbegebiets durch Beherbergungsbetriebe und Wohngebäude mit **Fremdenbeherbergung** geprägt (§ 22 I 4 letzte Variante BauGB), kann die so geprägte **Ortslage** insgesamt (ohne das Gewerbegebiet) in den Geltungsbereich einer Fremdenverkehrssatzung einbezogen werden. Eine einzelne kleine Straße, in der weder ein Beherbergungsbetrieb noch ein Wohngebäude mit Fremdenbeherbergung vorhanden ist, muss nicht aus dem Geltungsbereich der Satzung ausgenommen werden. Die Zweckbestimmung eines durch Beherbergungsbetriebe und Wohngebäude mit Fremdenbeherbergung geprägten Gebiets für den Fremdenverkehr und dadurch die städtebauliche Entwicklung und Ordnung kann auch beeinträchtigt werden, wenn ein bisher nur für Dauerwohnzwecke genutztes Gebäude in Eigentumswohnungen aufgeteilt wird. Es gibt keinen allgemeinen Erfahrungssatz, dass große Eigentumswohnungen[3951] in Fremdenverkehrsorten nicht als Zweitwohnungen genutzt werden.[3952]

2172 § 22 BauGB liegt die tatsächliche Vermutung des Gesetzgebers zugrunde, dass die Begründung von Wohnungseigentum in Fremdenverkehrsgebieten regelmäßig zu Zweitwohnungsnutzungen führt. Für den Fremdenverkehr hat dies die negative Folge, dass Wohnraum der wechselnden Benutzung durch Besucher und Gäste entzogen wird und die Tendenz zu sog. **Rollladensiedlungen** entsteht. Diese Vermutung des Gesetzgebers kann nicht durch die erklärte Absicht widerlegt werden, das Wohnungseigentum nicht als Zweitwohnung nutzen zu wollen. Die Zweckbestimmung eines Gebiets für den Fremdenverkehr wird dann i. S. von § 22 IV 1 BauGB beeinträchtigt, wenn durch die beantragte Begründung von Wohnungseigentum eine (weitere) Verschlechterung der städtebaulichen Situation eintritt. Dies kann sich auch aus einer negativen Vorbildwirkung ergeben.[3953] Fällt ein Grundstück in ein für den Fremdenverkehr einer Gemeinde besonders bedeutsames Gebiet, so zieht es hieraus auch einen besonderen wirtschaftlichen Vorteil. Dieser besondere Lagevorteil rechtfertigt eine gewisse Beschränkung der privatrechtlichen Gestaltungsmöglichkeit.[3954]

2173 Eine **besondere Härte** i. S. von § 22 IV 3 BauGB setzt besondere Umstände voraus. Es müssen ungewollte und unverhältnismäßige Belastungen des Eigentümers vorliegen.[3955]

[3948] *BVerwG*, B. v. 20. 8. 1991 – 4 NB 3.91 – NVwZ 1992, 567 = *Hoppe/Stüer* RzB Rdn. 196.
[3949] *BVerwG*, Urt. v. 7. 7. 1994 – 4 C 21.93 – DVBl. 1994, 1149 = NVwZ 1995, 375 – Fremdenverkehrssatzung.
[3950] *BVerwG*, Urt. v. 7. 7. 1994 – 4 C 21.93 – DVBl. 1994, 1149 – Fremdenverkehrssatzung.
[3951] In dem vom *BVerwG* entschiedenen Fall betrug die Wohnfläche 124 bzw. 174 m², vgl. *BVerwG*, Urt. v. 7. 7. 1994 – 4 C 21.93 – DVBl. 1994, 1149 = NVwZ 1995, 375 – Fremdenverkehrssatzung.
[3952] *BVerwG*, Urt. v. 27. 9. 1995 – 4 C 28.94 – DVBl. 1996, 48 = UPR 1996, 30 = ZfBR 1996, 48 – Kampen.
[3953] *BVerwG*, B. v. 21. 4. 1994 – 4 B 193.93 – BauR 1994, 601 = NVwZ 1995, 271 = UPR 1994, 306 – Wohnungseigentum; Urt. v. 7. 7. 1994 – 4 C 21.93 – BVerwGE 96, 217 = DVBl. 1994, 1149 = NVwZ 1995, 375 – Oberstdorf.
[3954] *BVerwG*, Urt. v. 27. 9. 1995 – 4 C 12.94 – DVBl. 1996, 55 = ZfBR 1996, 51 = BauR 1996, 72.
[3955] *Krautzberger* in: Battis/Krautzberger/Löhr § 22 Rdn. 16.

Daran fehlt es, wenn ein Eigentümer ein Wohnhaus errichtet und später feststellt, dass eine gewinnbringende Veräußerung nur bei einer Aufteilung in Wohnungs- und Teileigentum möglich ist, zumal wenn er in Kenntnis der Beschränkungen einer vorhandenen Satzung nach § 22 BauGB gehandelt hat. Die Fehlkalkulation eines Bauträgers allein kann die Erteilung einer Genehmigung nach der Härteklausel nicht rechtfertigen.[3956]

Die **Änderungen durch das EAG Bau** sind darauf gerichtet, das Grundbuchverfahren in den Fällen zu erleichtern, in denen eine Gemeinde – wie dies im überwiegenden Teil des Bundesgebiets der Fall ist – von der Ermächtigung zum Erlass einer solchen Satzung keinen Gebrauch gemacht hat.[3957] Die Praxis der Grundbuchämter ging nämlich häufig dahin, in jedem Fall der Begründung oder Teilung von Wohnungseigentum oder Teileigentum die Vorlage einer Genehmigung oder eines Negativattestes zu verlangen, selbst wenn die Gemeinde keine Fremdenverkehrssatzung erlassen hatte. Die Neuregelung soll dieses ggf. in jedem Einzelfall erforderliche Negativattest entbehrlich machen und damit den Grundstücksverkehr entlasten. Die Erleichterung wird dadurch herbeigeführt, dass künftig die Gemeinde dem Grundbuchamt den Satzungsbeschluss, die hiervon betroffenen Grundstücke sowie das Datum des In-Kraft-Tretens der Satzung rechtzeitig mitteilt (§ 22 II 3 BauGB). Damit wird das Grundbuchamt allgemein vom Genehmigungsvorbehalt in Kenntnis gesetzt, so dass in allen Fällen, in denen ihm eine entsprechende Mitteilung nicht vorliegt, ein Negativattest nicht mehr erforderlich ist. Wesentlich ist die Mitteilung eines genauen In-Kraft-Tretens-Termins, damit für das Grundbuchamt eindeutig ist, ab welchem Zeitpunkt bei der Begründung oder Teilung von Wohnungseigentum eine Genehmigung erforderlich ist. Im Hinblick auf den Wegfall des Negativattestes entfällt auch das bisher in § 22 VI 3 BauGB 1998 geregelte Aussetzungsverfahren. Für die Aufhebung des Genehmigungsvorbehalts durch die Gemeinde gilt eine entsprechende Regelung: Die Gemeinde teilt dem Grundbuchamt die Aufhebung des Genehmigungsvorbehalts sowie die hiervon betroffenen Grundstücke unverzüglich mit (§ 22 VIII 2 BauGB). Mit Eingang dieser Mitteilung beim Grundbuchamt erlischt der Genehmigungsvorbehalt (§ 22 VIII 3 BauGB).

Das im Genehmigungsfalle durchzuführende **Verfahren** wird in § 22 V 2 bis 5 BauGB geregelt.

Mit **§ 244 VI BauGB** wird sichergestellt, dass den Gemeinden, die von § 22 BauGB vor In-Kraft-Treten des EAG Bau Gebrauch gemacht haben, ein ausreichender Zeitraum zur Umstellung, insbesondere für die nach neuem Recht vorgesehene Mitteilung an das Grundbuchamt, verbleibt (**Überleitungsvorschrift**). Satz 1 erklärt daher die bisherige Fassung des § 22 BauGB auf schon bestehende Satzungen in dem Übergangszeitraum bis zum 30. 6. 2005 für weiterhin anwendbar. Satz 2 sieht vor, dass die Gemeinde eine den Anforderungen des neuen Rechts genügende Mitteilung an das Grundbuchamt bis zum Ende des Übergangszeitraums nachholen kann, damit der Genehmigungsvorbehalt auch nach neuem Recht weiterhin wirksam bleibt. Macht die Gemeinde hiervon keinen fristgerechten Gebrauch, ist nach Satz 3 die nach der Satzung bestehende Genehmigungspflicht ab dem 30. 6. 2005 nicht mehr anwendbar. Satz 4 enthält die erforderliche Überleitungsregelung für vor In-Kraft-Treten des EAG Bau ausgesprochene Aussetzungen der Zeugniserteilung (§ 22 VI 3 BauGB), die, soweit sie nicht schon früher durch Fristablauf unwirksam geworden sind, längstens bis zum 30. 6. 2005 wirksam gewesen sind. Mit der Festlegung eines einheitlichen Stichtags für die Satzungen wie für das Aussetzungsverfahren wird erreicht, dass nunmehr keine Negativatteste für entsprechende Grundbucheintragungen mehr erforderlich sind. Da aufgrund der vorgenannten Regelungen die Rechtsgrundlage für einen gegebenenfalls auf Antrag der Baugenehmigungsbehörde im Grundbuch eingetragenen Widerspruch entfällt, wenn die Gemeinde die vorgesehene

---

[3956] *BVerwG*, Urt. v. 27. 9. 1995 – 4 C 28.94 – DVBl. 1996, 48 = UPR 1996, 30 = ZfBR 1996, 48.
[3957] Zum Folgenden EAG Bau – Mustererlass 2004.

Mitteilung unterlässt oder die Aussetzung unwirksam wird, ist in Satz 5 vorgesehen, dass die Baugenehmigungsbehörde in diesen Fällen das Grundbuchamt um die Löschung des Widerspruchs zu ersuchen hat.

2. Erschließungsbeitragssatzung

2177 Die Erhebung der Erschließungsbeiträge erfolgte bisher auf bundesrechtlicher Grundlage in einer Erschließungsbeitragssatzung, die Art und Umfang der Erschließungsanlagen, die Art der Ermittlung und der Verteilung des Aufwandes sowie die Höhe des Einheitssatzes, die Kostenspaltung und die Merkmale der endgültigen Herstellung einer Erschließungsanlage regelt (§ 132 BauGB). Die Erschließungsbeitragssatzung wird ohne Öffentlichkeits- und Behördenbeteiligung und ohne Genehmigungs- oder Anzeigeverfahren aufgestellt. Auch eine Begründung der Satzung ist nicht erforderlich. Durch die Änderung des GG durch das Verfassungsreformgesetz 1994 hat der Bundesgesetzgeber für diesen Teil des städtebaulichen Satzungsrechts wie auch das gesamte Erschließungsbeitragsrecht seine Gesetzgebungskompetenz verloren, so dass neue Vorschriften nur von den Ländern erlassen werden können (Art. 74 I Nr. 18 GG). Die bisherigen Rechtsvorschriften des BauGB bleiben jedoch weiterhin als Rechtsgrundlage für Erschließungsbeitragssatzungen erhalten.

3. Außenbereichssatzung

2178 Für bebaute Bereiche im Außenbereich, die nicht überwiegend landwirtschaftlich geprägt sind und in denen eine Wohnbebauung von einigem Gewicht vorhanden ist, kann die Gemeinde gem. § 35 VI BauGB durch Satzung bestimmen, dass Wohnzwecken dienenden Vorhaben bestimmte, in der Vorschrift benannte öffentliche Belange nicht entgegengehalten werden können.[3958] Die Satzung kann auch auf Vorhaben erstreckt werden, die kleineren Handwerks- und Gewerbebetrieben dienen. Durch die Außenbereichssatzung soll die planungsrechtliche Zulässigkeit von nicht privilegierten Vorhaben im Außenbereich maßvoll erweitert werden.

VI. Fehlerunbeachtlichkeit nach den §§ 214, 215 BauGB

2179 Für alle städtebaulichen Satzungen gelten die eingeschränkten Wirksamkeitsvoraussetzungen in den §§ 214, 215 BauGB[3959] und die Heilungsmöglichkeiten durch ein ergänzendes Verfahren nach § 214 IV BauGB. § 214 I und II BauGB macht die Wirksamkeit der Satzungen von der Einhaltung bestimmter Verfahrens- und Formvorschriften abhängig.[3960] Die einzelnen Verfahrens- und Formerfordernisse werden dabei zu Gruppen zusammengefasst.[3961]

2180 Für die Abwägung ist die **Sach- und Rechtslage** im Zeitpunkt der Beschlussfassung über den Bauleitplan maßgebend (§ 214 III 1 BauGB). Mängel im Abwägungsvorgang sind nur erheblich, wenn sie offensichtlich und auf das Abwägungsergebnis von Einfluss gewesen sind (§ 214 III 2 BauGB).[3962] Eine Heilung der städtebaulichen Satzung kann unter den Voraussetzungen des § 13 BauGB auch in einem vereinfachten Verfahren durchgeführt werden.[3963] Neben einem Numerus clausus der Fehler in § 214 BauGB sind nach

---

[3958] S. Rdn. 2671. § 35 VI BauGB ist aus dem durch das BauROG aufgehobenen § 4 IV BauGB-MaßnG hervorgegangen, vgl. zu den Außenbereichssatzungen *Degenhart* DVBl. 1993, 177.
[3959] *Battis* in: Battis/Krautzberger/Löhr Vorbem. 4 zu § 214–216; *Hoppe* in: Hoppe/Bönker/Grotefels § 16 Rdn. 32 ff. Zu Bestrebungen, die Fehlerquellen des Satzungsrechts auf ein sinnvolles Maß zu begrenzen, *Stüer* DVBl. 1985, 469.
[3960] *Dolde* BauR 1990, 1; *Schmaltz* DVBl. 1990, 77.
[3961] S. Rdn. 1113.
[3962] BVerwG, B. v. 20. 1. 1992 – 4 B 71.90 – DVBl. 1992, 577 = UPR 1992, 188 = BauR 1992, 344 = BRS 54 (1992), Nr. 18 = *Hoppe/Stüer* RzB Rdn. 855.
[3963] BVerwG, B. v. 22. 9. 1989 – 4 NB 24.89 – DVBl. 1990, 364 = NVwZ 1990, 361 = BRS 51 (1989), Nr. 32 = *Hoppe/Stüer* RzB Rdn. 853.

§ 215 BauGB bestimmte Fehler nur auf eine Rüge hin beachtlich und nach Ablauf einer Rügefrist von zwei Jahren unbeachtlich.[3964] So gehört etwa der Mangel einer fehlenden Ausfertigung des Bebauungsplans zu den sonstigen Verfahrens- und Formfehlern, die nach § 214 IV BauGB geheilt werden können.[3965] Für städtebauliche Satzungen gilt ganz allgemein der Grundsatz, dass sich die Verwaltungsgerichte in ihrer Sachaufklärungspflicht nicht gleichsam ungefragt auf eine Suche nach Fehlern in der Vorgeschichte und Entstehungsgeschichte einer städtebaulichen Satzung begeben sollten.[3966]

12. Teil. Städtebaurecht in den Ländern – Überleitungsrecht

Das BauROG 1998 hat in den alten und neuen Ländern ein einheitliches Städtebaurecht geschaffen. Die bisher bestehenden Sonderregelungen für die neuen Länder sind bereits durch das BauROG 19998 gestrichen worden. Allerdings haben die Länder in einigen Bereichen des Städtebaurechts die Möglichkeit, abweichende Regelungen zu schaffen.

I. Sonderregelungen in den Ländern

Sonderregelungen für einzelne Länder sind in § 246 BauGB enthalten. Dabei ist zwischen den Sonderregelungen für die Stadtstaaten Berlin, Bremen und Hamburg und Ermächtigungen zu Sonderregelungen für die einzelnen Länder zu unterscheiden.

1. Sonderregelungen für die Stadtstaaten

Für die Stadtstaaten Berlin, Bremen und Hamburg enthält § 246 BauGB fünf Sonderregelungen: In den beiden Ländern Berlin und Hamburg entfallen nach § 246 I BauGB die in den §§ 6 I, 10 II und III, 34 V 2, 35 VI 2, 165 VII und 190 I BauGB vorgesehenen Genehmigungen oder Zustimmungen. Das Land Bremen kann bestimmen, dass die Genehmigungen und Zustimmungen entfallen. Genehmigungs- und zustimmungsfrei sind danach die Aufstellung des Flächennutzungsplans, des Bebauungsplans, die Verlängerung der Veränderungssperre in das vierte Sperrjahr und ein erneuter Beschluss über eine Veränderungssperre, die Ergänzungssatzung nach § 34 IV 1 Nr. 3 BauGB, die Außenbereichssatzung, die städtebauliche Entwicklungsmaßnahme nach § 165 BauGB und die Einleitung eines Flurbereinigungsverfahrens nach § 190 BauGB, § 87 FlurbG. Auch können die Stadtstaaten Berlin, Bremen und Hamburg nach § 246 II BauGB bestimmen, welche Form der Rechtsetzung an die Stelle der städtebaulichen Satzung tritt.

Diese Länder können nach § 246 II 2 BauGB auch abweichende Regelungen von verschiedenen weiteren Regelungen treffen. Im Lande Berlin ist nach § 246 III BauGB ein vorzeitiger Bebauungsplan nach Maßgabe des § 8 IV BauGB auch zulässig, bevor der Flächennutzungsplan geändert oder ergänzt ist. Der Flächennutzungsplan ist dann im Wege der Berichtigung anzupassen. Anpassungsermächtigungen sind den Stadtstaaten Berlin, Bremen und Hamburg hinsichtlich der Zuständigkeit von Behörden in § 246 IV BauGB eingeräumt. Das Land Hamburg gilt nach § 246 V BauGB hinsichtlich der Anwendung des BauGB als Gemeinde. Die Sonderregelungen in § 246 I, II, III, IV und V BauGB sollen eine Umsetzung des Städtebaurechts auch im Hinblick auf die besonderen Strukturen der Stadtstaaten gewährleisten.

[3964] *Peine* NVwZ 1989, 637; *Gassner* BauR 1993, 33.
[3965] *BVerwG*, B. v. 24. 5. 1989 – 4 NB 10.89 – NVwZ 1990, 258; s. Rdn. 1155.
[3966] So mit dem Charme einer begrüßenswerten Handlungsanweisung für die Praxis jenseits einer dogmatischen Begründung *BVerwG*, Urt. v. 7. 9. 1979 – IV C 7.77 – BauR 1980, 40 = BayVBl. 1980, 183 = DVBl. 1980, 230.

2. Sonderregelungen für die Länder

2185 Neben die Regelungen für die Stadtstaaten treten in § 246 **BauGB** Sonderregelungen für einzelne Länder. Die Regelungen enthalten dabei Ermächtigungen, von denen in allen Ländern Gebrauch gemacht werden kann. Im Gegensatz zu früheren Regelungen sind die Sonderregelungen auch nicht nur auf die neuen Länder beschränkt. § 246 Ia BauGB ermächtigt die Länder zur Einführung eines Anzeigeverfahrens für die aus dem Flächennutzungsplan entwickelten Bebauungspläne, Innenbereichssatzungen nach § 34 IV 1 BauGB, Außenbereichssatzungen nach § 35 VI BauGB und Entwicklungsbereichssatzungen nach § 165 BauGB. Führen die Länder in diesen Fällen ein Anzeigeverfahren ein, so hat die höhere Verwaltungsbehörde die Verletzung von Rechtsvorschriften, die eine Versagung der Genehmigung nach § 10 II BauGB rechtfertigen würden, innerhalb eines Monats nach Eingang geltend zu machen. Der Bebauungsplan oder die Satzung dürfen nur in Kraft gesetzt werden, wenn die höhere Verwaltungsbehörde die Verletzung von Rechtsvorschriften nicht innerhalb der Monatsfrist geltend macht. Die Länder haben danach die Möglichkeit, in den vorgenannten Fällen das Anzeigeverfahren wieder einzuführen.

2186 Nach § 246 VII BauGB konnten die Länder bestimmen, dass § 34 I 1 BauGB bis zum 31.12. 2004 nicht für Einkaufszentren, großflächige Einzelhandelsbetriebe und sonstige großflächige Handelsbetriebe i. S. von § 11 III BauGB anzuwenden war. Hierdurch wurde den Ländern die Möglichkeit eröffnet, nach § 34 I BauGB zu beurteilende großflächige Einzelhandelsvorhaben im nicht beplanten Innenbereich für unzulässig zu erklären. Allerdings war in diesen Fällen ggf. nach den §§ 238, 246 VII 2 BauGB eine Entschädigung zu leisten. Die Vorschrift ist durch das EAG Bau 2004 im Hinblick auf die Neuregelung in § 34 III BauGB aufgehoben worden.

II. Städtebaurecht in den neuen Ländern

2187 Die vormals geltenden Sonderregelungen für die neuen Länder in § 246a BauGB 1990/1993[3967] sind bereits durch das BauROG 1998 zum 1.1. 1998 abgeschafft worden. Sonderregelungen für die neuen Länder können sich danach nur noch im Hinblick auf die Übergangsregelungen in § 233 ff. BauGB und Sonderregelungen für einzelne Länder nach § 246 BauGB ergeben. Verschiedene Sonderregelungen ergeben sich darüber hinaus für die Bundeshauptstadt Berlin (§§ 246, 247 BauGB).

2188 Die bisherigen Regelungen vor In-Kraft-Treten des BauROG 1998 können jedoch noch für früher aufgestellte Bauleitpläne und städtebauliche Satzungen sowie im Hinblick auf die Übergangsregelung in den **§§ 233 ff. BauGB** teilweise noch für früher eingeleitete Verfahren bedeutsam sein. Verfahren, die vor dem 1.1. 1998 förmlich eingeleitet worden sind, werden gem. § 233 I 1 BauGB nach den bisherigen Rechtsvorschriften fortgesetzt.[3968]

[3967] Vgl. *Stüer*, Bau- und Fachplanungsrecht, 1. Aufl. 1997, Rdn. 1024, 2. Aufl. 1998, Rdn. 1024.

[3968] Zur historischen Rechtsentwicklung in den neuen Ländern *Benz* DÖV 1993, 85; *Battis/Krautzberger/Söfker* § 246a Rdn. 1ff.; *Bielenberg* DVBl. 1990, 841; *ders.* DVBl. 1990, 1314; *Bielenberg/Krautzberger/Söfker* Das Städtebaurecht in den neuen Bundesländern 1991, S. 19 ff.; *Birk* DVBl. 1992, 702; *Böckenförde/Temme/Krebs* (Hrsg.) Musterbauordnung für die Länder der Bundesrepublik Deutschland 1994; *Boecker* ThürVBl. 1992, 25; *Bülow* LKV 1994, 33; *Bundesministerium für Raumordnung, Bauwesen und Städtebau* (Hrsg.) Hinweise zur Anwendung des BauGB in den neuen Bundesländern 1991; *Busse* BayVBl. 1993, 231; *Cholewa/David/Dyong/von der Heide* Das BauGB in den neuen Ländern 1991; *Cholewa/Dyong/von der Heide/Arenz* Raumordnung in Bund und Ländern 1993; *Erbguth* Rechtliche Grundlagen für ein Raumordnungsverfahren in den neuen Bundesländern 1993, 4; *ders.* LKV 1993, 145; *von Feldmann* NJ 1990, 527; *Fickert* FS Gelzer 1991, 15; *Gaentzsch*, BauGB, Erläuterungen der in den neuen Bundesländern gem. § 246a BauGB geltenden Besonderheiten, S. 855 ff.; *Hendler* NJ 1994, 342; *Horst* DWW 1993, 213; *Kamphausen* DDR Report 1990, 3136; *Kern/Friedrich* ThürVBl. 1994, 25; *Kodal/Krämer* (Hrsg.) Straßenrecht 1995; *Koppitz* DVBl. 1992, 704; *Kratzenberg* DVBl. 1992,

12. Teil. Städtebaurecht in den Ländern – Überleitungsrecht

Das im Gebiet der neuen Bundesländer geltende Städtebaurecht war durch eine enge 2189
Verzahnung von im gesamten Bundesgebiet geltenden Baurechtsvorschriften und einem
bis Ende 1997 befristeten, sich aus § 246a BauGB 1993 ergebenden **Sonderrecht** für die
neuen Länder gekennzeichnet. Abgesehen von dem Übergangsrecht in den §§ 233 ff.
BauGB und den Sonderregelungsmöglichkeiten der Länder in § 246 BauGB gilt in ganz
Deutschland ein **einheitliches Städtebaurecht**.

III. Berlin als Hauptstadt

Im Interesse der Herstellung der Einheit Deutschlands wird dem Bund durch § 247 2190
BauGB ein Mitspracherecht bei der kommunalen Bauleitplanung in der Bundeshauptstadt
eingeräumt. Dabei galt es, die Interessen des Bundes an einer weitgehenden Mitsprache
und Mitentscheidung bei Vorhaben, die der Entwicklung Berlins als Hauptstadt Deutschland dienen und sich aus den Erfordernissen der Verfassungsorgane des Bundes ergeben,
mit Belangen der örtlichen Stadtplanung zum Ausgleich zu bringen. Die Baumaßnahmen
im Bereich des Deutschen Reichstags und des Spreebogens sowie die Diskussionen um die
Wiedererrichtung des Berliner Stadtschlosses und die Entscheidungen für den Umzug
von Bundespräsidenten, Bundestag, Bundesrat und Bundesregierung[3969] sind nur einige
herausragende Beispiele für die tief greifenden Veränderungen, in denen Berlin als Metropole Deutschlands begriffen war.[3970]

§ 247 BauGB sieht zur Abstimmung der gegenseitigen Interessen zwischen Bund und 2191
Berlin einen gemeinsamen Ausschuss vor (§ 247 II BauGB), dem allerdings keine Entscheidungsbefugnisse zustehen. Kommt es in dem Ausschuss zu keiner Übereinstimmung, können Bundespräsident, Deutscher Bundestag, Bundesrat und Bundesregierung
als Verfassungsorgane des Bundes ihre Erfordernisse unter Berücksichtigung einer geordneten städtebaulichen Entwicklung Berlins eigenständig feststellen. Dabei ist allerdings
auf die geordnete städtebauliche Entwicklung Berlins Rücksicht zu nehmen. Die Bauleitpläne und sonstigen städtebaulichen Satzungen sind entsprechend anzupassen (§ 247
III BauGB). Das Anpassungsgebot an die Entwicklung Berlins ist dem in § 1 IV BauGB
enthaltenen Anpassungsgebot der kommunalen Bauleitplanung an die Raumordnung
vergleichbar. Im Interesse eines Umzuges der Verfassungsorgane nach Berlin wurden die

---

697; *Krautzberger* UPR 1991, 41; *ders.* DÖV 1992, 92; *ders.* FWW 1990, 150; *ders.* LKV 1991, 229; *ders.*
DWW 1991, 294; *Leder/Scholtissek* DtZ 1991, 116; *Leder/Heintze* Öffentliches Baurecht nach der
Rechtslage in den neuen Bundesländern 1992; *Lüers* LKV 1993, 185; *Ortloff* Öffentliches Baurecht in
den neuen Bundesländern 1991; *Peine* SächsVBl. 1995, 8; *Rohde* DNotZ 1991, 186; *Ronellenfitsch* DVBl.
1991, 920; *Rothe* LKV 1994, 86; *Runkel* BBauBl. 1991, 203; *Sarnighausen* NVwZ 1993, 424; *Scharmer*
Der Vorhaben und Entschließungsplan nach § 55 BauZVO 1991; *Schmidt-Eichstaedt* DVBl. 1992, 652;
Schmitz LKV 1993, 291; *Scholtissek* GewArch. 1991, 15; *ders.* UPR 1991, 96; *Schweer* LKV 1994, 201;
Steinfort StädteT 1993, 655; *Stich* DVBl. 1981, 354; *ders.* UPR 1991, 361; *ders.* BauR 1991, 412; *Stüer*
DVBl. 1992, 266; *Stüer/Ehebrecht-Stüer* Bauplanungsrecht und Freistellungspolitik der Länder 1996;
dies. DVBl. 1996, 482; *Töpfer* der landkreis 1991, 473.

[3969] Zum Schutz der Bundesorgane vgl. das Gesetz zur Neuregelung des Schutzes von Verfassungsorganen des Bundes (BefBezG) v. 11. 8. 1999 (BGBl. I 1818). Es werden danach für die Bundesorgane befriedete Bezirke gebildet, in denen Versammlungen unter freiem Himmel nur nach Maßgabe des § 5 des Gesetzes zulässig sind. Öffentliche Versammlungen unter freiem Himmel und Aufzüge innerhalb der befriedeten Bezirke müssen spätestens eine Woche vorher beim Bundesministerium des Innern angemeldet werden. Die Versammlungen sind zuzulassen, wenn die Tätigkeit der Bundesorgane nicht beeinträchtigt wird. Davon ist in der Regel auszugehen, wenn die Versammlungen nicht an einem Sitzungstag stattfinden sollen. Der Verstoß gegen das BefBezG stellt eine Ordnungswidrigkeit dar (§ 29a Versammlungsgesetz).

[3970] Gesetz zur Umsetzung des Beschlusses des Deutschen Bundestages v. 20. 6. 1991 zur Vollendung der Einheit Deutschlands (Berlin/Bonn-Gesetz) (BGBl. I 918). Der Deutsche Bundestag hat inzwischen festgestellt, dass die erforderlichen Voraussetzungen für die Arbeitsfähigkeit des Deutschen Bundestages in Berlin, Platz der Republik, mit Wirkung vom 1. 9. 1999 hergestellt sind (BGBl. I 1632).

Regelungen über städtebauliche Entwicklungsmaßnahmen für entsprechend anwendbar erklärt (§ 247 V BauGB).[3971] Auch sollte den Belangen der Verfassungsorgane des Bundes bei allen Genehmigungs-, Zustimmungs- oder sonstigen Verfahren nach Möglichkeit Vorrang eingeräumt werden (§ 247 VI BauGB). §§ 247 V und VI BauGB sind durch das EAG Bau aufgehoben worden.[3972]

IV. Überleitungsrecht

2192
Die bisherigen Überleitungsregelungen sind durch zahlreiche Novellierungen des BBauG und des BauGB unübersichtlich und teilweise durch Zeitablauf überflüssig geworden. **§§ 233 bis 245 b BauGB** ordnen daher das Überleitungsrecht neu und wollen dadurch zu einer vereinfachten Anwendung beitragen. Im Mittelpunkt steht dabei die Generalklausel für förmliche Verfahren nach dem BauGB und den Grundsatz der Planerhaltung. Besondere Überleitungsregelungen betreffen das Vorkaufsrecht (§ 234 BauGB), städtebauliche Sanierungs- und Entwicklungsmaßnahmen (§ 235 BauGB), das Baugebot und die Erhaltung baulicher Anlagen (§ 236 BauGB), die Entschädigungsregelungen (§ 238 BauGB), die Bodenordnung (§ 239 BauGB), die Erschließung (§ 242 BauGB), das BauGB-MaßnG und das BNatSchG (§ 243 BauGB), das EAG Bau (§ 244 BauGB), der Stadtumbau und die Soziale Stadt (§ 245 BauGB) und Vorhaben im Außenbereich (§ 245 b BauGB). Die allgemeine Überleitungsvorschrift für das Städtebaurecht enthält § 233 BauGB. Die Fortführung eingeleiteter Verfahren wird in § 233 I BauGB behandelt. Der Grundsatz der Planerhaltung wird nach § 233 II BauGB auch auf alte Pläne und Satzungen erstreckt. Alte Pläne, Satzungen und Entscheidungen gelten nach § 233 III BauGB fort.[3973]

1. Eingeleitete Verfahren

2193
Verfahren nach dem BauGB, die vor dem In-Kraft-Treten einer Gesetzesänderung förmlich eingeleitet worden sind, werden nach den bisher geltenden Rechtsvorschriften abgeschlossen, soweit in den **Überleitungsregelungen der §§ 233 bis 245 b BauGB** nichts anderes bestimmt ist. Ist mit gesetzlich vorgeschriebenen einzelnen Verfahrensschritten noch nicht begonnen worden, können diese auch nach den jeweils geänderten Regelungen fortgeführt werden. § 233 I BauGB enthält damit den allgemeinen, auch für künftige Änderungen des BauGB geltenden Grundsatz, dass begonnene Verfahren nach den bisherigen Vorschriften zu Ende geführt werden. Dies gilt etwa für die Aufstellung des Flächennutzungsplans oder der städtebaulichen Satzungen. Sind diese vor der Gesetzesänderung zum 1.1.1998 förmlich eingeleitet worden, werden sie nach dem bis zu dieser Gesetzesänderung geltenden Recht fortgeführt und abgeschlossen. Die Gemeinde kann daher etwa eine erweiterte Abrundungssatzung auf der Grundlage des bisherigen § 4 Ia BauGB-MaßnG erlassen, wenn das Satzungsverfahren bereits vor dem 1.1.1998 förmlich eingeleitet worden ist. Dasselbe gilt für Gemeinden in den neuen Ländern etwa im Hinblick auf einen Teil-Flächennutzungsplan oder einen vorzeitigen Bebauungsplan (§ 246 a I Nr. 1, 3 BauGB), wenn das Verfahren vor dem 1.1.1998 förmlich eingeleitet wurde. § 233 I BauGB räumt der Gemeinde allerdings ein Wahlrecht ein. Sie kann die vor dem In-Kraft-Treten des BauROG 1998 begonnenen Verfahren auf das neue Recht umstellen und die weiteren förmlichen Verfahrensschritte unter Anwendung der neuen Vorschriften fortsetzen. Dann kommt insoweit nicht mehr das bisherige, sondern das neue Recht zur Anwendung. So konnte etwa ein auf der Grundlage des § 7 BauGB-MaßnG begonnenes

---

[3971] Auch die vormals in § 247 VI BauGB 1993 enthaltene Regelung über Vorkaufsrechte zu Gunsten von Bundeseinrichtungen ist durch das BauROG 1998 aufgehoben worden.
[3972] Die vormals in § 247 IX BauGB zu Gunsten von Bundesvorhaben in Berlin enthaltene Sonderregelung konnte daher durch das BauROG 1998 aufgehoben werden.
[3973] Fachkommission „Städtebau" der ARGEBAU, Muster-Einführungserlass zum BauROG, Nr. 15.

Verfahren zur Aufstellung eines Vorhaben- und Erschließungsplans nach In-Kraft-Treten des BauROG als vorhabenbezogener Bebauungsplan nach § 12 BauGB fortgesetzt werden. Die Gemeinde sollte die Umstellung auf das neue Recht, die in ihrem freien Ermessen steht, bei der Durchführung des Planverfahrens durch entsprechende Beschlüsse dokumentieren. Für das Erfordernis einer Umweltprüfung aus Anlass des EAG Bau 2004 gilt die Sonderregelung des § 244 BauGB.[3974]

2. Erstreckung der Planerhaltung auf alte Pläne

Die Grundsätze der Planerhaltung sind nach **§ 233 II BauGB** auch auf Flächennutzungspläne und Satzungen entsprechend anzuwenden, die auf der Grundlage der bisherigen Fassungen des BBauG und des BauGB in Kraft getreten sind. § 233 II BauGB erstreckt daher den Grundsatz der Planerhaltung auch auf alte Pläne, die vor dem In-Kraft-Treten des EAG Bau aufgestellt worden sind. Gerade auch Flächennutzungspläne oder Satzungen, die noch auf der Grundlage früherer Fassungen des BBauG oder des BauGB in Kraft getreten sind, sollen daher in den Genuss der aktuellen Planerhaltungsvorschriften kommen.

3. Fortgeltung alter Pläne, Satzungen und Entscheidungen

Nach **§ 233 III BauGB** gelten auf der Grundlage der bisherigen Fassungen des BBauG und des BauGB wirksame oder übergeleitete Pläne, Satzungen und Entscheidungen auch nach Änderung des BauGB durch das EAG Bau fort. Die Regelung betrifft mehrere Fallgestaltungen: Alte Pläne, Satzungen und Entscheidungen aus der Zeit vor In-Kraft-Treten des BBauG und seiner Fortschreibung durch das BauGB sind durch entsprechende Vorschriften in ihrem Bestand bestätigt oder übergeleitet worden. Diese alten Überleitungsvorschriften werden zwar nicht mehr in die fortgeschriebenen Fassungen des BauGB übernommen. Die in der Vergangenheit auch ggf. durch entsprechende Überleitungsregelungen wirksam gewordenen Pläne, Satzungen und Entscheidungen behalten jedoch ihre bisherige Wirksamkeit.[3975]

[3974] S. Rdn. 129.
[3975] Erfasst werden auch auf der Grundlage des bisherigen § 246a V 1 Nr. 1 BauGB noch fortgeltende Generalbebauungspläne, Leitpläne und Ortsgestaltungskonzepte, die ursprünglich auf der Grundlage des ehemaligen DDR-Rechts aufgestellt worden sind. Auch behalten Pläne, Satzungen und Entscheidungen, die auf einer früheren Gesetzesgrundlage getroffen worden sind, weiterhin ihre Gültigkeit, soweit sich daraus für die Gegenwart oder Zukunft noch Rechtsfolgen ergeben. Außerdem wird in Ergänzung der allgemeinen Überleitungsregelung in § 233 I BauGB klargestellt, dass Pläne oder Satzungen, die auf der bisherigen Rechtsgrundlage fortgesetzt werden, die vom bisherigen Recht für sie vorgesehenen Rechtswirkungen entfalten.

B. Baugenehmigung

Die Zulässigkeit des Bauens wird in der Regel in einem **Baugenehmigungsverfahren** geprüft. Das Bauen ist danach vom Grundsatz her verboten, kann aber durch eine Baugenehmigung[1] zugelassen werden **(präventives Verbot mit Erlaubnisvorbehalt).**[2] Gegenstand des bauordnungsrechtlichen Genehmigungsverfahrens ist die Prüfung der öffentlich-rechtlichen Vorschriften.[3] Durch das Genehmigungsverfahren soll eine präventive Kontrolle erfolgen. Bei Vorhaben von geringer städtebaulicher Bedeutung ist demgegenüber eine repressive Kontrolle durch nachträgliche Eingriffsmaßnahmen gegen rechtswidrige Bauwerke oder Nutzungen ausreichend. Das Baugenehmigungsverfahren ist antragsgebunden und wird durch den jeweiligen Antrag bestimmt. Dies gilt vor allem hinsichtlich des zur Genehmigung gestellten Vorhabens. Baurechtliche Vorhaben, die nicht beantragt sind, können von der Bauverwaltung auch nicht beschieden werden. Ggf. kann der Bauherr auch durch Haupt- und Hilfsanträge mehrere Vorhaben in einer von ihm bestimmten Rangfolge zur Entscheidung stellen. Ob und in welchem Umfang dies geschieht, entscheidet der Bauherr. Die Antragsgebundenheit des Baugenehmigungsverfahrens hat auch für das Gerichtsverfahren Folgewirkungen. Vorhaben, die nicht Gegenstand des Verwaltungsverfahrens gewesen sind, sind auch nicht Gegenstand der Gerichtsentscheidung. Denn die baurechtliche Prüfung ist im Gegensatz zum Planfeststellungsrecht an das aus dem Bauantrag ersichtliche Vorhaben gebunden. Entspricht das Vorhaben den planungsrechtlichen Zulässigkeitsanforderungen, kann es nicht mit dem Hinweis auf einen besseren Alternativstandort zu Fall gebracht werden.[4]

Beispiel: Der Bauherr beantragt eine Bebauungsgenehmigung für die Errichtung eines zweigeschossigen Bürogebäudes. Die Bauvoranfrage wird abgelehnt. Im Gerichtsverfahren möchte der Bauherr eine Bebauungsgenehmigung für ein eingeschossiges Wohnhaus erreichen. Das Verwaltungsgericht ist gehindert, über den geänderten Antrag zu entscheiden, da er noch nicht Gegenstand der Verwaltungsentscheidung war und insoweit eine Vorgreiflichkeit des Verwaltungsverfahrens besteht.

Auf der Grundlage der Antragsunterlagen hat die Baugenehmigungsbehörde sodann eigenständige **Entscheidungsbefugnisse**. Die Bauaufsichtsbehörde bestimmt daher Inhalt und Reichweite der von ihr erteilten Baugenehmigung. Teil dieser Entscheidung ist es, anhand der vom Bauherrn eingereichten Bauvorlagen den Genehmigungsgegenstand im Einzelnen zu bezeichnen. Greift die Bauaufsichtsbehörde hierbei in Anwendung des Landesrechts auf das Mittel individueller Genehmigungsvermerke zurück, so bringt sie in hinreichend bestimmter Form zum Ausdruck, welche Bauzeichnungen und sonstigen Unterlagen von der Genehmigungswirkung erfasst werden und welche nicht. Weiterreichende Anforderungen lassen sich weder aus dem GG noch aus § 37 I VwVfG ableiten.[5]

---

[1] Zur Baugenehmigung *Buchreiter-Schulz* NuR 1991, 107; *Eidenmüller* JA 1992, 250; *Fluck* VerwArch. 80 (1989), 223; *Gaentzsch* NuR 1990, 1; *Hertwig* WiB 1996, 363; *Hollederer/Engels/Köthner*, Baugenehmigungsverfahren in NW, 1994; *Kröner* ZfBR 1984, 20; *Lederer/Scholtissek* DtZ 1991, 116; *von Mutius* DVBl. 1992, 1469; *Ortloff* NJW 1987, 1665; *ders.* NVwZ 1995, 112; *Papier* FS Weyreuther 1993, 291; *Schenke* VBLBW 1985, 442; *ders.* DÖV 1980, 489; *Schliemann* FS Weyreuther 1993, 235; *Schmaltz* BauR 1977, 95; *Schmiemann* FS Weyreuther 1993, 235; *Schulte* BauR 1995, 174; *Schwerdtfeger* DÖV 1966, 494; *Skouris/Tschasching* NuR 1983, 92; *Stich* DVBl. 1984, 905; *Uechtritz* Das Baugenehmigungsverfahren Kap. 2; *Wahl* DVBl. 1982, 51; *Weidemann* BauR 1987, 9.

[2] *Ortloff*, Öffentliches Baurecht, Bd. II, 1994, 69. Gelegentlich ist vorgeschlagen worden, das Baurecht im Außenbereich in zwei Paragrafen zusammenzufassen: Das Bauen ist überall verboten. Ausnahmen bestimmt der Stadtbaurat, so *Stüer/Ehebrecht-Stüer* DVBl. 1996, 482.

[3] *Upmeier* Zulässigkeit von Vorhaben HdBöffBauR Kap. A Rdn. 1ff.

[4] BVerwG, B. v. 26. 6. 1997 – 4 B 97.97 – NVwZ-RR 1998, 357.

[5] BVerwG, B. v. 7. 1. 1997 – 4 B 240.96 – (unveröffentlicht) – fehlender Prüfvermerk.

1. Teil. Genehmigungs-, Zustimmungs- oder Anzeigeverfahren

2198 Die **planungsrechtlichen Zulässigkeitsvorschriften** der §§ 30 bis 37 BauGB gelten nach § 29 I BauGB für Vorhaben, welche die Errichtung, Änderung oder Nutzungsänderung von baulichen Anlagen zum Inhalt haben.[6] Das Baugenehmigungsverfahren ist jedoch bundesrechtlich nicht angeordnet. Nach der Änderung des § 29 I BauGB durch das BauROG 1998 ist es den Ländern freigestellt, ob und in welchem Umfang sie die Verwirklichung von Vorhaben von einem zuvor durchgeführten präventiven Zulassungsverfahren abhängig machen.[7] Auch Vorhaben von einigem städtebaulichen Gewicht müssen daher nicht mehr durch entsprechende landesrechtliche Regelungen einem Genehmigungs-, Anzeige- oder Zustimmungsverfahren unterzogen werden.[8] Den Ländern steht es vielmehr frei, ob und in welchem Umfang sie ein präventives Kontrollverfahren für die Zulässigkeit von Vorhaben einführen bzw. beibehalten und in welchem Maße sie die Verwirklichung von städtebaulich relevanten Vorhaben von förmlichen Präventivverfahren freistellen.

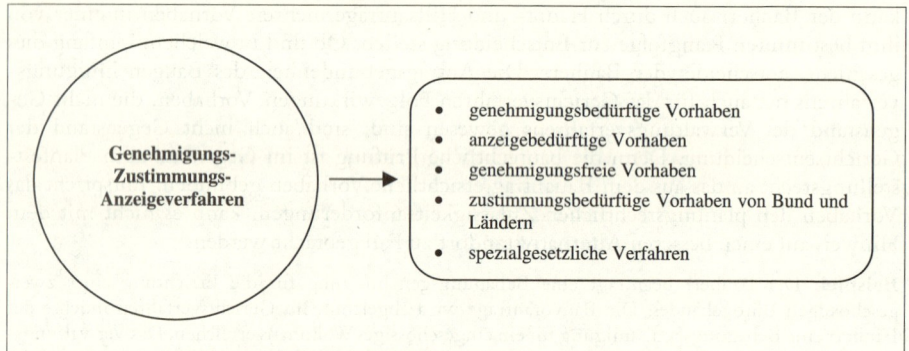

I. Genehmigungsbedürftige Vorhaben

2199 Nach den **Bauordnungen der Länder**[9] ist jedes Vorhaben, das die Errichtung, Änderung, Nutzungsänderung oder den Abbruch baulicher Anlagen betrifft, genehmigungs-

---

[6] *Upmeier* Zulässigkeit von Vorhaben HdBöffBauR Kap. A Rdn. 17; *Bönker* Beiträge zum Siedlungs- und Wohnungswesen und zur Raumplanung, Bd. 166, 1996.

[7] Zur bis zum BauROG geltenden Fassung des § 29 BauGB *BVerwG*, Urt. v. 19. 12. 1985 – 7 C 65.82 – BVerwGE 72, 300 = DVBl. 1986, 265 = DÖV 1986, 431 = NVwZ 1986, 208 = *Hoppe/Stüer* RzB Rdn. 1253 – Wyhl; *Stüer/Ehebrecht-Stüer* DVBl. 1996, 482; *dies.*, Bauplanungsrecht und Freistellungspolitik der Länder, S. 23.

[8] *Stüer/Ehebrecht-Stüer* DVBl. 1996, 482; *dies.*, Bauplanungsrecht und Freistellungspolitik der Länder, 23; *Bunzel* ZfBR 1995, 173; *Upmeier* Zulässigkeit von Vorhaben HdBöffBauR Kap. A Rdn. 17.

[9] *Böckenförde* FS Konrad 1991, 181; *Böckenförde/Temme/Krebs* (Hrsg.) Musterbauordnung für die Länder der Bundesrepublik Deutschland 1994; *Boeddinghaus* ZfBR 1988, 7; *Boeddinghaus/Hahn/Schulte* BauO NW; *Boeddinghaus* UPR 1991, 280; *Bork* StuGR 1995, 227; *Busse* Die neue BayBauO; *Ewer* SchlHA 1995, 57; *Finkelnburg/Ortloff* Öffentliches Baurecht, Bd. II: Bauordnungsrecht 1996; *Fley* BauR 1995, 303; *Gädtke/Böckenförde/Temme* BauO NW 1986; *Grosse-Suchsdorf/Schmaltz/Wiechert* NBauO; *Jäde* UPR 1995, 81; *ders.* ZfBR 1996, 18; *Krist* BauR 1993, 516; *Kronenbitter* BWGZ 1994, 632; *Kühne* NVwZ 1986, 620; *Mampel* UPR 1995, 328; *Möllgaard* LKV 1994, 429; *Ortloff* NVwZ 1985, 698; *ders.* NVwZ 1991, 627; *ders.* NVwZ 1992, 224; *ders.* NVwZ 1993, 326; *ders.* NVwZ 1993, 713; *Schenke* Bauordnungsrecht 1990, 433; *Scholtissek* UPR 1991, 96; *Schönleiter* GewArch. 1988, 113; *Schulte* Rechtsgüterschutz durch Bauordnungsrecht 1982; *ders.* BauR 1995, 174; *Schulte* BauR 1996, 26; *Simon* BayVBl. 1994, 332; *ders.* BayVBl. 1994, 581; *StuGB NW* StuGR 1994, 317; *Steffen* ZUR 1993, 49; *Stelkens* BauR 1978, 158; *ders.* BauR 1986, 390; *Stich* DVBl. 1981, 354; *Stollmann* NWVBl. 1995, 41; *ders.*

bedürftig, soweit nichts anderes bestimmt ist.[10] Die Ausführung von Vorhaben mit städtebaulicher Relevanz ist daher nur auf der Grundlage einer Genehmigung zulässig. Durch das vorgeschaltete Genehmigungsverfahren sollen die materiellen bauplanungsrechtlichen und bauordnungsrechtlichen Anforderungen sichergestellt werden. Die Ausführung von Vorhaben mit bodenrechtlicher Relevanz bedarf daher grundsätzlich der formellen Legalisierung durch ein vorgeschaltetes Genehmigungsverfahren. Die Landesbauordnungen sehen allerdings in größerem Umfang Erleichterungen vor. Für Vorhaben mit nicht wesentlicher städtebaulicher Bedeutung ist vielfach lediglich ein Anzeigeverfahren vorgesehen. Vorhaben von geringer städtebaulicher Bedeutung sind sogar vielfach ganz von der Genehmigung oder einer Anzeige freigestellt. Die neuen Freistellungsregelungen der Landesbauordnungen sollen einer Vereinfachung des Baurechts dienen und einen Beitrag dazu leisten, Verfahren und Investitionen zu beschleunigen. Es liegt allerdings auf der Hand, dass dies nicht ohne Beachtung der materiellen Anforderungen des Bauplanungs- und Bauordnungsrechts geschehen kann.

Das Verhältnis der **Baugenehmigung** zu **anderen Genehmigungen, Erlaubnissen** 2200 oder **Zulassungen** bestimmt sich, soweit der Bundesgesetzgeber hierzu Regelungen erlassen hat, nach diesen Vorschriften. Im Übrigen bestimmt das Landesrecht das Verhältnis zu anderen behördlichen Entscheidungen. So richtet sich etwa das Verhältnis von Baugenehmigung und Zweckentfremdungsgenehmigung nach Landesrecht.[11] Die Landesbauordnungen enthalten teilweise eine Schlusspunkttheorie dahin gehend, dass die Erteilung einer Baugenehmigung bei dem Erfordernis anderer Genehmigungen, Erlaubnisse oder Zulassungen von der danach vorherigen behördlichen Entscheidung abhängig ist. Die Baugenehmigung kann jedenfalls dann versagt werden, wenn klar ist, dass eine andere, ebenfalls erforderliche Zulassung nicht erteilt werden kann oder rechtskräftig versagt ist,[12] weil dann kein Sachbescheidungsinteresse für den Bauantrag besteht. Durch die Baugenehmigung können allerdings nicht unbeschränkt Probleme in Nachfolgeverfahren verschoben werden. Denn der Zweck der Baugenehmigung besteht darin, die Erfüllung aller im Verfahren zu prüfenden öffentlich-rechtlichen Voraussetzungen umfassend sicherzustellen. Diese Funktion der Baugenehmigung steht einer zu weit gehenden Ausklammerung von Genehmigungsverfahren und ihrem „Abschieben" in eine Nebenbestimmung entgegen. Aus diesen Gründen kommen nur solche Bedingungen in Betracht, bei denen sich der Bedingungseintritt eindeutig feststellen lässt und die weitere baurechtliche Abwicklung deshalb nicht mit Rechtsunsicherheiten belastet wird.[13]

II. Anzeigebedürftige Vorhaben

Vorhaben mit **nicht wesentlicher städtebaulicher Bedeutung** sind nach Maßgabe der 2201 Landesbauordnungen von einem Genehmigungsverfahren freigestellt und lediglich einem Anzeigeverfahren unterstellt.[14] Der Bauherr ist zumeist vor Durchführung des Vorhabens verpflichtet, eine Bauanzeige mit allen für die Beurteilung relevanten Unterlagen bei der Bauaufsichtsbehörde oder bei der Gemeinde einzureichen. Die Behörden haben sodann die Möglichkeit der Prüfung. Verstößt das Vorhaben gegen öffentlich-rechtliche Vorschriften, kann die Baugenehmigungsbehörde die Ausführung untersagen. Verschie-

---

VR 1993, 221; *Upmeier* Zulässigkeit von Vorhaben nach Bebauungs- und Bauordnungsrecht HdBöffBauR Kap. A Rdn. 1; *Ziegler* DVBl. 1984, 378.

[10] *Upmeier* Zulässigkeit von Vorhaben HdBöffBauR Kap. A Rdn. 17.
[11] BVerwG, B. v. 25. 10. 1995 – 4 B 216.95 – BVerwGE 99, 351 = NVwZ 1996, 377 = DVBl. 1996, 57; B. v. 6. 11. 1996 – 4 B 213.96 – DVBl. 1997, 433 = NJW 1997, 1085.
[12] BVerwG, B. v. 6. 11. 1996 – 4 B 213.96 – NJW 1997, 1085 = DVBl. 1997, 433 – Zweckentfremdungsgenehmigung; OVG Berlin, B. v. 26. 8. 1998 – 2 B 15.94 – NVwZ-RR 1999, 231 = UPR 1999, 229 – Bauvorbescheid.
[13] VGH München, Urt. v. 15. 9. 1998 – 20 ZB 98.2402 – BauR 1998, 1221 – Nebenbestimmung.
[14] *Ortloff*, Öffentliches Baurecht, Bd. II, 1994, 70.

dene BauO sehen zudem vor, dass die Gemeinden die Möglichkeit haben, die Einleitung eines förmlichen Baugenehmigungsverfahrens zu verlangen. Auch können die Gemeinden dann von dem städtebaulichen Sicherungsinstrumentarium des Antrags auf Zurückstellung eines Baugesuchs (§ 15 BauGB) und der Veränderungssperre (§§ 14, 16 BauGB) Gebrauch machen. Anzeigeverfahren sind zumeist unter diesen Voraussetzungen auch für Vorhaben eingeführt worden, die eine nicht unerhebliche städtebauliche Bedeutung haben. Wird kein Baugenehmigungsverfahren durchgeführt, wird nach § 15 I 2 BauGB auf Antrag der Gemeinde anstelle der Aussetzung der Entscheidung über die Zulässigkeit eine vorläufige Untersagung innerhalb einer durch Landesrecht festgesetzten Frist ausgesprochen. Die vorläufige Untersagung steht der Zurückstellung nach § 15 I 1 BauGB gleich (§ 15 I 3 BauGB). Hierdurch ist sichergestellt, dass die Gemeinden auch in Fällen, in denen der Landesgesetzgeber von einer Baugenehmigung freistellt, ihre ggf. von dem bisherigen Planungsrecht abweichenden Vorstellungen durchsetzen.

III. Genehmigungsfreie Vorhaben

2202   Vorhaben von zumeist geringer städtebaulicher Bedeutung werden in den **Landesbauordnungen** vielfach ganz von einem Genehmigungs- oder Anzeigeverfahren freigestellt.[15] Derartige Vorhaben bedürfen keiner präventiven Kontrolle und sind genehmigungs- und anzeigefrei. Allerdings müssen solche Vorhaben den Anforderungen des materiellen Bauordnungsrechts entsprechen. Auch müssen solche Vorhaben, wenn sie städtebaulich relevant sind, die planungsrechtlichen Zulässigkeitsanforderungen der §§ 30 bis 37 BauGB erfüllen. Denn § 29 I BauGB erklärt die vorgenannten Vorschriften unabhängig davon für anwendbar, ob das Vorhaben einem Genehmigungs-, Zustimmungs- oder Anzeigeverfahren unterliegt. Die Festsetzungen eines Bebauungsplans oder einer sonstigen städtebaulichen Satzung sind zudem ohnehin als gemeindliches Satzungsrecht zu berücksichtigen. Dies ergibt sich aus dem Rechtsnormcharakter des Bebauungsplans (§ 10 I BauGB) und der sonstigen städtebaulichen Satzungen. Auch andere rechtliche Anforderungen etwa des Immissionsschutzrechts[16] sind zu beachten, weil auch sie nicht an das Erfordernis eines Genehmigungs-, Zustimmungs- oder Anzeigeverfahrens gebunden sind.

IV. Zustimmungsbedürftige Vorhaben des Bundes und der Länder

2203   Für bauliche Anlagen des Bundes und der Länder ist ein **bauaufsichtliches Genehmigungsverfahren** nicht erforderlich, wenn der öffentliche Bauherr einen entsprechend **qualifizierten Bediensteten** mit der Leitung der Entwurfsarbeiten und der Bauausführung betraut. Die Baugenehmigung wird in diesen Fällen ersetzt durch ein Zustimmungsverfahren, in dem die obere (höhere) Baubehörde dem Bauvorhaben zustimmt.[17] Für das Zustimmungsverfahren gelten teilweise die Vorschriften über das Genehmigungsverfahren. Die Vorhaben müssen den materiellrechtlichen Anforderungen des öffentlichen Baurechts entsprechen. Gewisse Bereiche des Bauordnungsrechts – die bautechnischen Anforderungen – sind jedoch von der Prüfung im Rahmen des Zustimmungsverfahrens ausgenommen und unterliegen der allgemeinen Verantwortung des öffentlichen Bauherrn. Die Zustimmung ist in ihren Rechtswirkungen der Genehmigung vergleichbar und ist wie sie Verwaltungsakt mit Außenwirkung.

V. Spezialgesetzliche Genehmigungs- und Planfeststellungsverfahren

2204   Besondere Anlagen wie z. B. Wasserbauten, öffentliche Verkehrs- und Versorgungsanlagen werden von einem bauaufsichtlichen Genehmigungsverfahren ausgenommen,

---

[15] *Ortloff*, Öffentliches Baurecht, Bd. II, 71.
[16] Vgl. etwa § 22 BImSchG.
[17] *Ortloff*, Öffentliches Baurecht, Bd. II, 72.

wenn diese Anlagen bereits in einem anderen gesetzlichen Verfahren zugelassen werden. Ein bauaufsichtliches Genehmigungsverfahren ist auch dann nicht erforderlich, wenn die bauliche Anlage in einem spezialgesetzlichen Genehmigungs- oder Planfeststellungsverfahren zugelassen wird. Vor allem Planfeststellungs- und Genehmigungsverfahren mit Konzentrationswirkung ersetzen ein Baugenehmigungsverfahren (§ 75 VwVfG). Die entsprechenden Regelungen in den Landesbauordnungen haben teilweise klarstellenden Charakter, teilweise handelt es sich aber auch um echte Kompetenzregelungen, die den Vorrang der entsprechenden fachgesetzlichen Zulassung begründen.[18]

2. Teil. Freistellungen und vereinfachte Genehmigungsverfahren

Das Bauen ist zu kompliziert geworden und wird durch zu viele Hemmnisse erschwert, wird landauf landab beklagt. Dabei sind es nicht einmal in erster Linie die bauplanungsrechtlichen Vorgaben, sondern es ist vor allem ein vielfach als zu kompliziert empfundenes und zu langwieriges Genehmigungsverfahren oder auch das umfangreiche Baunebenrecht, das den am Baugeschehen Beteiligten Sorgen bereitet. Dieses vor allem von leidgeprüften Bauherrn, Architekten und der Bauwirtschaft einstimmig erhobene Klagelied hat die Gesetzgeber der 16 Bundesländer auf den Plan gerufen, die durch neue Landesbauordnungen einen Beitrag zur Vereinfachung des Baurechts leisten wollten. Die Länder haben daher in den letzten Jahren Vorhaben verstärkt von Baugenehmigungen freigestellt oder nur einem vereinfachten Genehmigungsverfahren unterzogen. Die **Freistellung** soll das Bauen vereinfachen und Investitionen fördern, wo dies aus städtebaulicher und bauordnungsrechtlicher Sicht vertretbar ist.[19] Allerdings ergeben sich für solche Freistellungstendenzen Grenzen vor allem dadurch, dass auf die Beachtung planungsrechtlicher Zulässigkeitsanforderungen in städtebaulich relevanten Bereichen nicht verzichtet werden kann. Auch haben Brandkatastrophen und andere Unglücksfälle den Blick dafür geschärft, dass der Rückzug des Baurechts nicht unbegrenzt möglich ist und ein Mindestmaß an behördlicher Kontrolle zum Schutz der Allgemeinheit unverzichtbar ist. Nach § 29 I BauGB sind die planungsrechtlichen Zulässigkeitsvorschriften der §§ 30 bis 37 BauGB anwendbar auf Vorhaben, welche die Errichtung, Änderung oder Nutzungsänderung von baulichen Anlagen zum Inhalt haben. Ein landesrechtlich angeordnetes Genehmigungs-, Anzeige- oder Zustimmungsverfahren ist daher nach § 29 I BauGB für die Anwendbarkeit der planungsrechtlichen Zulässigkeitsregelungen nicht erforderlich. Auch wenn ein Vorhaben durch das Landesrecht völlig genehmigungs- oder anzeigefreigestellt wird, kann es den materiellen planungsrechtlichen Zulässigkeitsanforderungen der §§ 30 bis 37 BauGB unterliegen, wenn es sich um ein Vorhaben nach § 29 I BauGB handelt.

---

[18] *Ortloff*, Öffentliches Baurecht, Bd. II, 73; zum Fachplanungsrecht s. Rdn. 752; zur Konzentrationswirkung s. Rdn. 1713.
[19] Zu den neuen Landesbauordnungen *Baumanns* BauR 1992, 556; *Bork* StuGR 1995, 227; *Broß* VerwArch. 85 (1994), 129; *Busse*, Die neue BayBauO, Art. 70 Rdn. 1; *Ewer* SchlHA 1995, 57; *Gassner* UPR 1995, 85; *Fley* BauR 1995, 303; *Hollederer/Engels/Köthner* Grenzen, Möglichkeiten und Auswirkungen innovativer gesetzlicher Regelungen auf Baugenehmigungsverfahren in NW 1994; *Jäde* BayVBl. 1994, 363; *ders.* UPR 1995, 81; *Kronenbitter* BWGZ 1994, 632; *Lichtenauer* BBauBl. 1994, 898; *Meendermann/Lassek* NJW 1993, 424; *Meyer* Wohnungswirtschaft 1994, 12; *Möllgaard* LKV 1994, 429; *Ortloff* NVwZ 1991, 630; *ders.* NVwZ 1992, 224; *ders.* NVwZ 1993, 326; *ders.* NVwZ 1993, 713; *ders.* NVwZ 1995, 112; *Schulte* BauR 1995, 174; *Simon* BayVBl. 1994, 332; *ders.* BayVBl. 1994, 581; *Steffen* ZUR 1993, 49; *Stelkens* NVwZ 1995, 325; *Stollmann* NWVBl. 1995, 41; *Stüer* DVBl. 1996, 96; *Stüer/Ehebrecht-Stüer* DVBl. 1996, 482.

I. Musterbauordnung

2206 Die Musterbauordnung unterscheidet zwischen folgenden Formen:
- verfahrensfreie Vorhaben (§ 61 MBauO),
- Genehmigungsfreistellungen (§ 62 MBauO),
- das vereinfachte Genehmigungsverfahren (§ 63 MBauO) und
- das Baugenehmigungsverfahren (§ 64 MBauO).

1. Verfahrensfreie Vorhaben

2207 Zu den nach § 62 MBauO genehmigungsfrei gestellten Anlagen und Einrichtungen gehören:
- bestimmte Gebäude mit einem geringen Umfang (§ 61 I Nr. 1 MBauO),[20]
- Anlagen der technischen Gebäudeausrüstung (§ 61 I Nr. 2 MBauO),[21]
- bestimmte Anlagen der Ver- und Entsorgung (§ 61 I Nr. 3 MBauO),[22]
- Masten, Antennen und ähnliche Anlagen (§ 61 I Nr. 4 MBauO),[23]
- bestimmte Behälter (§ 61 I Nr. 5 MBauO),[24]
- einzelne Mauern und Einfriedigungen (§ 61 I Nr. 6 MBauO),[25]
- private Verkehrsanlagen einschließlich Brücken und Durchlässen mit einer lichten Weite bis zu 5 m und Untertunnelungen mit einem Durchmesser bis zu 3 m (§ 61 I Nr. 7 MBauO),

---

[20] a) eingeschossige Gebäude mit einer Brutto-Grundfläche bis zu 10 m², außer im Außenbereich, b) Garagen einschließlich überdachter Stellplätze mit einer mittleren Wandhöhe bis zu 3 m und einer Brutto-Grundfläche bis zu 30 m², außer im Außenbereich, c) Gebäude ohne Feuerungsanlagen mit einer traufseitigen Wandhöhe bis zu 5 m, die einem land- oder forstwirtschaftlichen Betrieb im Sinne der §§ 35 Abs. 1 Nrn. 1 und 2, 201 BauGB dienen, höchstens 100 m² Brutto-Grundfläche haben und nur zur Unterbringung von Sachen oder zum vorübergehenden Schutz von Tieren bestimmt sind, d) Gewächshäuser mit einer Firsthöhe bis zu 5 m, die einem landwirtschaftlichen Betrieb im Sinne der §§ 35 Abs. 1 Nrn. 1 und 2, 201 BauGB dienen und höchstens 100 m² Brutto-Grundfläche haben, e) Fahrgastunterstände, die dem öffentlichen Personenverkehr oder der Schülerbeförderung dienen, f) Schutzhütten für Wanderer, die jedermann zugänglich sind und keine Aufenthaltsräume haben, g) Terrassenüberdachungen mit einer Fläche bis zu 30 m² und einer Tiefe bis zu 3 m, h) Gartenlauben in Kleingartenanlagen im Sinne des § 1 Abs. 1 des Bundeskleingartengesetzes, i) Wochenendhäuser auf Wochenendplätzen.

[21] a) Abgasanlagen in und an Gebäuden sowie freistehende Abgasanlagen mit einer Höhe bis zu 10 m, b) Solarenergieanlagen und Sonnenkollektoren in und an Dach- und Außenwandflächen sowie gebäudeunabhängig mit einer Höhe bis zu 3 m und einer Gesamtlänge bis zu 9 m, c) sonstige Anlagen der technischen Gebäudeausrüstung.

[22] a) Brunnen, b) Anlagen, die der Telekommunikation, der öffentlichen Versorgung mit Elektrizität, Gas, Öl oder Wärme dienen, mit einer Höhe bis zu 5 m und einer Brutto-Grundfläche bis zu 10 m².

[23] a) unbeschadet der Nummer 3 b Antennen einschließlich der Masten mit einer Höhe bis zu 10 m und zugehöriger Versorgungseinheiten mit einem Brutto-Rauminhalt bis zu 10 m³ sowie, soweit sie in, auf oder an einer bestehenden baulichen Anlage errichtet werden, die damit verbundene Änderung der Nutzung oder der äußeren Gestalt der Anlage, b) Masten und Unterstützungen für Fernsprechleitungen, für Leitungen zur Versorgung mit Elektrizität, für Seilbahnen und für Leitungen sonstiger Verkehrsmittel, für Sirenen und für Fahnen, c) Masten, die aus Gründen des Brauchtums errichtet werden, d) Signalhochbauten für die Landesvermessung, e) Flutlichtmasten mit einer Höhe bis zu 10 m.

[24] a) ortsfeste Behälter für Flüssiggas mit einem Fassungsvermögen von weniger als 3 t, für nicht verflüssigte Gase mit einem Brutto-Rauminhalt bis zu 6 m³, b) ortsfeste Behälter für brennbare oder wassergefährdende Flüssigkeiten mit einem Brutto-Rauminhalt bis zu 10 m³, c) ortsfeste Behälter sonstiger Art mit einem Brutto-Rauminhalt bis zu 50 m³ und einer Höhe bis zu 3 m, d) Gärfutterbehälter mit einer Höhe bis zu 6 m und Schnitzelgruben, e) Fahrsilos, Kompost- und ähnliche Anlagen, f) Wasserbecken mit einem Beckeninhalt bis zu 100 m³.

[25] a) Mauern einschließlich Stützmauern und Einfriedigungen mit einer Höhe bis zu 2 m, außer im Außenbereich, b) offene, sockellose Einfriedigungen für Grundstücke, die einem land- oder forstwirtschaftlichen Betrieb im Sinne der §§ 35 Abs. 1 Nrn. 1 und 2, 201 BauGB dienen.

2. Teil. Freistellungen und vereinfachte Genehmigungsverfahren **2208 B**

– Aufschüttungen und Abgrabungen mit einer Höhe oder Tiefe bis zu 2 m und einer Grundfläche bis zu 30 m², im Außenbereich bis zu 300 m² (§ 61 I Nr. 8 MBauO),
– Anlagen in Gärten und zur Freizeitgestaltung (§ 61 I Nr. 9 MBauO),[26]
– einzelne tragende und nicht tragende Bauteile (§ 61 I Nr. 10 MBauO),[27]
– Werbeanlagen (§ 61 I Nr. 11 MBauO),[28]
– vorübergehend aufgestellte oder benutzbare Anlagen (§ 61 I Nr. 12 MBauO),[29]
– Plätze (§ 61 I Nr. 13 MBauO),[30]
– sonstige Anlagen (§ 61 I Nr. 14 MBauO),[31]

Verfahrensfrei ist teilweise auch die Nutzungsänderung (§ 61 II MBauO)[32] oder die Beseitigung von Gebäuden (§ 61 III MBauO).[33] **2208**

---

[26] a) Schwimmbecken mit einem Beckeninhalt bis zu 100 m³ einschließlich dazugehöriger luftgetragener Überdachungen, außer im Außenbereich, b) Sprungschanzen, Sprungtürme und Rutschbahnen mit einer Höhe bis zu 10 m, c) Anlagen, die der zweckentsprechenden Einrichtung von Spiel-, Abenteuerspiel-, Bolz- und Sportplätzen, Reit- und Wanderwegen, Trimm- und Lehrpfaden dienen, ausgenommen Gebäude und Tribünen, d) Wohnwagen, Zelte und bauliche Anlagen, die keine Gebäude sind, auf Camping-, Zelt- und Wochenendplätzen, e) Anlagen, die der Gartennutzung, der Gartengestaltung oder der zweckentsprechenden Einrichtung von Gärten dienen, ausgenommen Gebäude und Einfriedungen.

[27] a) nichttragende und nichtaussteifende Bauteile in baulichen Anlagen, b) die Änderung tragender oder aussteifender Bauteile innerhalb von Wohngebäuden der Gebäudeklassen 1 und 2, c) Fenster und Türen sowie die dafür bestimmten Öffnungen, d) Außenwandverkleidungen, ausgenommen bei Hochhäusern, Verblendungen und Verputz baulicher Anlagen.

[28] a) Werbeanlagen mit einer Ansichtsfläche bis zu 1 m², b) Warenautomaten, c) Werbeanlagen, die nach ihrem erkennbaren Zweck nur vorübergehend für höchstens zwei Monate angebracht werden, außer im Außenbereich, d) Schilder, die Inhaber und Art gewerblicher Betriebe kennzeichnen (Hinweisschilder), wenn sie vor Ortsdurchfahrten auf einer einzigen Tafel zusammengefasst sind, e) Werbeanlagen in durch Bebauungsplan festgesetzten Gewerbe-, Industrie und vergleichbaren Sondergebieten an der Stätte der Leistung mit einer Höhe bis zu 10 m.

[29] a) Baustelleneinrichtungen einschließlich der Lagerhallen, Schutzhallen und Unterkünfte, b) Gerüste, c) Toilettenwagen, d) Behelfsbauten, die der Landesverteidigung, dem Katastrophenschutz oder der Unfallhilfe dienen, e) bauliche Anlagen, die für höchstens drei Monate auf genehmigtem Messe und Ausstellungsgelände errichtet werden, ausgenommen Fliegende Bauten, f) Verkaufsstände und andere bauliche Anlagen auf Straßenfesten, Volksfesten und Märkten, ausgenommen Fliegende Bauten.

[30] a) unbefestigte Lager- und Abstellplätze, die einem land- oder forstwirtschaftlichen Betrieb im Sinne der §§ 35 Abs. 1 Nrn. 1 und 2, 201 BauGB dienen, b) nicht überdachte Stellplätze mit einer Fläche bis zu 30 m² und deren Zufahrten, c) Kinderspielplätze im Sinne des § 8 Abs. 2 Satz 1 MBauO.

[31] a) Fahrradabstellanlagen mit einer Fläche bis zu 30 m², b) Zapfsäulen und Tankautomaten genehmigter Tankstellen, c) Regale mit einer Höhe bis zu 7,50 m Oberkante Lagergut, d) Grabdenkmale auf Friedhöfen, Feldkreuze, Denkmäler und sonstige Kunstwerke jeweils mit einer Höhe bis zu 4 m, e) andere unbedeutende Anlagen oder unbedeutende Teile von Anlagen wie Hauseingangsüberdachungen, Markisen, Rollläden, Terrassen, Maschinenfundamente, Straßenfahrzeugwaagen, Pergolen, Jägerstände, Wildfütterungen, Bienenfreistände, Taubenhäuser, Hofeinfahrten und Teppichstangen.

[32] § 61 II MBauO: „Verfahrensfrei ist die Änderung der Nutzung von Anlagen, wenn (1) für die neue Nutzung keine anderen öffentlich-rechtlichen Anforderungen als für die bisherige Nutzung in Betracht kommen oder (2) die Errichtung oder Änderung der Anlagen nach Absatz 1 verfahrensfrei wäre.

[33] § 61 III MBauO: „Verfahrensfrei ist die Beseitigung von (1) Anlagen nach Absatz 1, (2) freistehenden Gebäuden der Gebäudeklassen 1 und 3, (3) sonstigen Anlagen, die keine Gebäude sind, mit einer Höhe bis zu 10 m. Im Übrigen ist die beabsichtigte Beseitigung von Anlagen mindestens einen Monat zuvor der Bauaufsichtsbehörde anzuzeigen. Bei Gebäuden der Gebäudeklasse 2 muss die Standsicherheit des Gebäudes oder der Gebäude, an die das zu beseitigende Gebäude angebaut ist, von einem Tragwerksplaner im Sinne des § 66 Abs. 2 Sätze 1 und 2 bestätigt sein. Bei sonstigen nicht freistehenden Gebäuden muss die Standsicherheit des Gebäudes oder der Gebäude, an die das zu

2209 Es handelt sich dabei zumeist um Vorhaben, die geringe städtebauliche Auswirkungen haben oder an die lediglich bauordnungsrechtliche Anforderungen etwa des Brandschutzes zu stellen sind. Allerdings werden auch in einem gewissen Umfang Gebäude genehmigungsfrei gestellt.

2. Genehmigungsfreistellung mit Anzeigepflicht

2210 Weitere Vorhaben sind in verschiedenen Landesbauordnungen lediglich anzuzeigen. Ein förmliches Genehmigungsverfahren entfällt. Mit dem Bau darf ggf. innerhalb einer bestimmten Frist nach der Anzeige begonnen werden. Die Anzeigepflicht bezieht sich dabei sowohl auf Vorhaben im Geltungsbereich eines Bebauungsplans als auch auf Vorhaben im nicht beplanten Innenbereich oder Außenbereich.

2211 Genehmigungsfrei, aber anzeigepflichtig sind vor allem bestimmte Vorhaben im Geltungsbereich eines qualifizierten oder vorhabenbezogenen Bebauungsplans nach § 30 I, II BauGB. Das Vorhaben darf den Festsetzungen des Bebauungsplans nicht widersprechen; die Erschließung muss gesichert sein und die Gemeinde darf innerhalb einer Frist von einem Monat nicht eine Erklärung zur Durchführung eines vereinfachten Baugenehmigungsverfahrens abgegeben haben oder eine vorläufige Untersagung nach § 15 I 2 BauGB beantragt haben.

2212 Von der Genehmigungsfreistellung werden nach § 62 I MBauO vor allem Wohngebäude der Gebäudeklasse 1 bis 3 und Nebengebäude und bauliche Anlagen, die keine Gebäude sind, erfasst.

2213 Der Bauherr hat die erforderlichen Unterlagen bei der Gemeinde einzureichen. Die Gemeinde hat dann innerhalb einer Frist von einem Monat die Möglichkeit, ein vereinfachtes Genehmigungsverfahren zu verlangen oder eine vorläufige Untersagung nach § 15 I 2 BauGB zu beantragen. In diesen Fällen darf der Bauherr mit dem Vorhaben nicht beginnen.[34]

3. Vereinfachtes Baugenehmigungsverfahren

2214 § 63 MBauO ordnet vor allem für bestimmte Wohngebäude und Nebengebäude sowie Nebenanlagen ein vereinfachtes Baugenehmigungsverfahren an.

---

beseitigende Gebäude angebaut ist, [bauaufsichtlich geprüft/durch einen Prüfsachverständigen bescheinigt] sein; Halbsatz 1 gilt entsprechend, wenn die Beseitigung eines Gebäudes sich auf andere Weise auf die Standsicherheit anderer Gebäude auswirken kann. Sätze 3 und 4 gelten nicht, soweit an verfahrensfreie Gebäude angebaut ist. § 72 Abs. 6 Nr. 3, Abs. 8 MBauO gilt entsprechend." § 61 IV MBauO: „Verfahrensfrei sind Instandhaltungsarbeiten."

[34] § 62 III MBauO: „Der Bauherr hat die erforderlichen Unterlagen bei der Gemeinde einzureichen; die Gemeinde legt, soweit sie nicht selbst Bauaufsichtsbehörde ist, eine Fertigung der Unterlagen unverzüglich der unteren Bauaufsichtsbehörde vor. Mit dem Bauvorhaben darf einen Monat nach Vorlage der erforderlichen Unterlagen bei der Gemeinde begonnen werden. Teilt die Gemeinde dem Bauherrn vor Ablauf der Frist schriftlich mit, dass kein Genehmigungsverfahren durchgeführt werden soll und sie eine Untersagung nach § 15 I 2 BauGB nicht beantragt wird, darf der Bauherr mit der Ausführung des Bauvorhabens beginnen; von der Mitteilung nach Halbsatz 1 hat die Gemeinde die Bauaufsichtsbehörde zu unterrichten. Will der Bauherr mit der Ausführung des Bauvorhabens mehr als drei Jahre, nachdem die Bauausführung nach den Sätzen 2 und 3 zulässig geworden ist, beginnen, gelten die Sätze 1 bis 3 entsprechend." § 62 IV MBauO: „Die Erklärung der Gemeinde nach Absatz 2 Nr. 4 erste Alternative kann insbesondere deshalb erfolgen, weil sie eine Überprüfung der sonstigen Voraussetzungen des Absatzes 2 oder des Bauvorhabens aus anderen Gründen für erforderlich hält. Darauf, dass die Gemeinde von ihrer Erklärungsmöglichkeit keinen Gebrauch macht, besteht kein Rechtsanspruch. Erklärt die Gemeinde, dass das vereinfachte Baugenehmigungsverfahren durchgeführt werden soll, hat sie dem Bauherrn die vorgelegten Unterlagen zurückzureichen. Hat der Bauherr bei der Vorlage der Unterlagen bestimmt, dass seine Vorlage im Fall der Erklärung nach Absatz 2 Nr. 4 als Bauantrag zu behandeln ist, leitet sie die Unterlagen gleichzeitig mit der Erklärung an die Bauaufsichtsbehörde weiter." § 62 V MBauO: „§ 66 bleibt unberührt. §§ 68 Abs. 2 Satz 1, Abs. 4 Sätze 1 und 2, 72 Abs. 6 Nr. 2, Abs. 7 und 8 sind entsprechend anzuwenden."

Im vereinfachten Baugenehmigungsverfahren werden nur geprüft **2215**
- die Übereinstimmung mit den Vorschriften über die Zulässigkeit der baulichen Anlage nach §§ 29 bis 38 BauGB,
- beantragte Abweichungen,
- andere öffentlich-rechtliche Anforderungen, soweit wegen der Baugenehmigung eine Entscheidung nach anderen öffentlich-rechtlichen Vorschriften entfällt oder ersetzt wird.

Es handelt sich dabei um Vorhaben, die über eine geringfügige städtebauliche Relevanz **2216** hinausgehen dürfen. Allerdings werden diese Vorhaben nicht völlig genehmigungsfrei gestellt, sondern einem vereinfachten Baugenehmigungsverfahren unterzogen, bei dem auch die planungsrechtliche Zulässigkeit der Vorhaben nach den §§ 29 ff. BauGB nach Maßgabe des § 63 MBauO zur Prüfung steht. Die Bauordnungen der Länder enthalten vergleichbare Regelungen, teilweise gehen die Bauordnungen hinsichtlich der Freistellung oder eines vereinfachten Verfahrens über die Vorschläge der MBauO noch hinaus. Einige Landesbauordnungen sehen auch eine Genehmigungsfiktion vor.[35] Die Genehmigung gilt danach als erteilt, wenn sie nicht innerhalb einer bestimmten Frist versagt worden ist.

Die erforderlichen Standsicherheitsnachweise und die erforderlichen Nachweise über **2217** den Schall- und Wärmeschutz werden von sachkundigen Architekten und Ingenieuren erbracht (§ 66 MBauO). Außerdem haben die Entwurfsverfasser und Sachverständigen die Erklärung abzugeben, dass die von ihnen gefertigten Bauvorlagen den öffentlichen Vorschriften entsprechen.

4. Genehmigungsbedürftige Vorhaben

Für die nicht unter die Freistellung oder das vereinfachte Genehmigungsverfahren fal- **2218** lenden baulichen Anlagen sieht die MBauO eine Genehmigungspflicht für die Errichtung, Änderung, Nutzungsänderung und den Abbruch baulicher Anlagen vor (§ 64 MBauO). Bei genehmigungsbedürftigen baulichen Anlagen, die nicht unter § 63 MBauO fallen, prüft die Bauaufsichtsbehörde (1) die Übereinstimmung mit den Vorschriften über die Zulässigkeit der baulichen Anlagen nach den §§ 29 bis 38 BauGB, (2) Anforderungen nach den Vorschriften dieses Gesetzes und aufgrund dieses Gesetzes, (3) andere öffentlich-rechtliche Anforderungen, soweit wegen der Baugenehmigung eine Entscheidung nach anderen öffentlich-rechtlichen Vorschriften entfällt oder ersetzt wird.

II. Bauordnungen in den Ländern

Die verschiedenen Landesbauordnungen bieten ein recht buntes Bild, orientieren sich **2219** aber an der Grundkonzeption der MBauO. Teilweise betreffen die Freistellungen Vorhaben ohne bodenrechtlichen Bezug oder Vorhaben mit nur geringfügigen städtebaulichen Auswirkungen. Eine Freistellung ist in solchen Fällen rechtlich zulässig. Soweit die Freistellungsregelungen vor allem bei Vorhaben im Bereich eines qualifizierten Bebauungsplans oder einer anderen städtebaulichen Satzung über eine geringfügige Bedeutung hinausgehen, sind zumeist Anzeige- oder Prüfverfahren vorgesehen, die eine Wahrung der planungsrechtlichen Zulässigkeitsanforderungen in den §§ 29 ff. BauGB sicherstellen. Allerdings fehlt es hier teilweise an einer rechtlich angezeigten gemeindlichen Beteiligung. Zumindest eine Information über die beabsichtigte Baumaßnahme ist bei Vorhaben von einigem städtebaulichen Gewicht im Hinblick auf die verfassungsrechtliche Sicherung der kommunalen Selbstverwaltung in Art. 28 II GG rechtlich angezeigt. Denn nach § 36 I 3 BauGB haben die Länder bei Vorhaben im Geltungsbereich eines qualifizierten Bebauungsplans nach § 30 I BauGB sicherzustellen, dass die Gemeinde rechtzeitig vor der Ausführung des Vorhabens über Maßnahmen zur Sicherung der Bauleitplanung nach den §§ 14, 15 BauGB entscheiden kann. Soweit die Landesbauordnungen kein förmliches Prüfverfahren mehr erfordern, fehlt allerdings auch die Legalisierungswir-

---

[35] Vgl. etwa § 67 V HessBauO.

3. Teil. Baugenehmigungsverfahren

2220 Eine zentrale Rolle zur Beurteilung der öffentlich-rechtlichen Zulässigkeit eines Vorhabens spielt das **Baugenehmigungsverfahren**. Es soll in einem geordneten Verfahren klären, ob das Bauvorhaben oder die planungsrechtlich relevante Nutzungsänderung den planungsrechtlichen und bauordnungsrechtlichen Vorschriften entspricht. Zugleich erfolgt durch die Erteilung der Baugenehmigung die Baufreigabe, die das präventive Verbot durch eine öffentlich-rechtlichen Erlaubnis überwindet. Die Regelung des Baugenehmigungsverfahrens obliegt, auch soweit in diesem Verfahren über die bodenrechtliche Zulässigkeit von Vorhaben entschieden wird, dem Landesgesetzgeber. Dies betrifft auch die Regelung der Bindungswirkung der Baugenehmigung, soweit mit ihr über die bundesrechtlichen Anforderungen an landesrechtlich genehmigungs-, anzeige- oder zustimmungsbedürftige Vorhaben entschieden wird.[36] Die im BauGB bundesrechtlich geregelte Materie des Bodenrechts steuert das Baugeschehen unter anderen Sachgesichtspunkten als die Landesbauordnungen. Ein Vorhaben muss allen Anforderungen beider

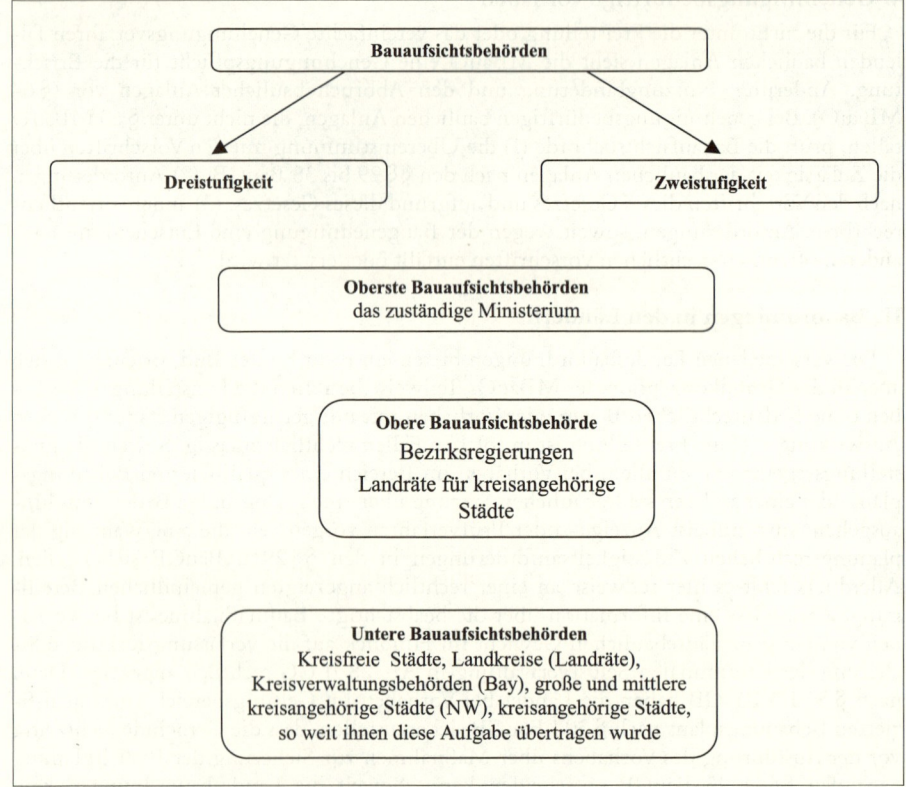

Vor der vorstehenden Darstellung kennzeichnend sind die Begriffe Dreistufigkeit und Zweistufigkeit (Bauaufsichtsbehörden: Oberste Bauaufsichtsbehörden - das zuständige Ministerium; Obere Bauaufsichtsbehörde - Bezirksregierungen, Landräte für kreisangehörige Städte; Untere Bauaufsichtsbehörden - Kreisfreie Städte, Landkreise (Landräte), Kreisverwaltungsbehörden (Bay), große und mittlere kreisangehörige Städte (NW), kreisangehörige Städte, so weit ihnen diese Aufgabe übertragen wurde).

---

[36] *BVerwG*, Urt. v. 3. 2. 1984 – 4 C 39.82 – BVerwGE 69, 1 = DVBl. 1984, 629 = BauR 1984, 384 = DÖV 1984, 852 – Veränderungssperre Bebauungsgenehmigung.

Regelungsbereiche genügen. Das gilt auch, wenn sie in ihrem sachlichen Gehalt teilweise übereinstimmen.[37] Eine Bebauungsgenehmigung darf unter Berufung auf Hindernisse, die dem Vorhaben **landesbaurechtlich** entgegenstehen, nur dann versagt werden, wenn sich diese Hindernisse schlechthin nicht ausräumen lassen.[38]

I. Verfahrensbeteiligte

Die Verantwortlichkeit für das Baugeschehen verteilt sich auf verschiedene Schultern. Neben den Baugenehmigungsbehörden und den planenden Gemeinden sind vor allem der Bauherr und die von ihm beauftragten Personen für die Einhaltung der allgemeinen ordnungsrechtlichen Vorschriften, aber auch der sonstigen öffentlich-rechtlichen Vorschriften verantwortlich. Neben den Bauherren treten daher der Entwurfsverfasser, der Bauleiter, der Unternehmer und die privaten Sachverständigen.[39]

1. Bauherr

Für das Baugeschehen ist in erster Linie der Bauherr verantwortlich. Er veranlasst die Baumaßnahme, führt sie durch und bezahlt sie. Der Bauherr muss nicht mit dem Eigentümer identisch sein. Auch dingliche oder schuldrechtliche Beziehungen zum Grundstückseigentümer reichen für die Bauherreneigenschaft aus. Für die Dauer des Genehmigungsverfahrens – also vor Durchführung der Baumaßnahme – sind rechtliche Beziehungen des Bauherrn zum Grundstückseigentümer nicht erforderlich. Der Bauherr muss zur Vorbereitung, Überwachung und Ausführung eines genehmigungsbedürftigen Vorhabens weitere Personen bestellen, soweit er nicht selbst über die erforderliche Sachkunde verfügt. Dazu zählen der Entwurfsverfasser, der Bauleiter, der Unternehmer und der private Sachverständige. Diese sind im Rahmen ihrer jeweiligen Aufgabenbereiche für die ordnungsgemäße Baudurchführung verantwortlich. Sie können durch weitere fachkundige Personen unterstützt werden.[40] Auf den vorgenannten Personenkreis kommen nicht nur im Verfahren zur Erteilung einer Baugenehmigung, sondern vor allem in den Freistellungsfällen und im vereinfachten Genehmigungsverfahren zusätzliche Aufgaben und eine gesteigerte Verantwortung zu.

2. Entwurfsverfasser

Neben dem Bauherrn hat der Entwurfsverfasser eine wichtige Verantwortung für die Baudurchführung zu übernehmen.[41] Der Entwurfsverfasser muss über eine entsprechende Qualifikation verfügen und bauvorlageberechtigt sein. Der Entwurfsverfasser hat neben dem Bauherrn den Bauantrag zu unterschreiben. Besonders aber im vereinfachten Genehmigungsverfahren und den Freistellungsfällen sind entsprechende Erklärungen des Entwurfsverfassers beizubringen. Diese beziehen sich etwa auf die Einhaltung der öffentlich-rechtlichen Vorschriften des Bauplanungs- und Bauordnungsrechts wie die planungsrechtliche Zulässigkeit des Vorhabens oder seine Übereinstimmung mit bauordnungsrechtlichen Vorschriften etwa des Brandschutzes oder der Gebäudeabstände. Die vermehrte Freistellung von der Genehmigungspflicht geht daher mit einer stärkeren Verlagerung der Verantwortung von der Baugenehmigungsbehörde auf den Entwurfsverfasser und die anderen am Baugeschehen Beteiligten einher. Die Verantwortlichkeit der vor-

---

[37] *BVerwG*, B. v. 14. 6. 1988 – 4 B 87.88 – *Hoppe/Stüer* RzB Rdn. 303 – Bodenrecht. Auch nachbarrechtliche Ansprüche können deshalb zugleich aus bundesrechtlichen und aus landesrechtlichen Vorschriften gegeben sein.
[38] *BVerwG*, Urt. v. 24. 10. 1980 – 4 C 3.78 – BVerwGE 61, 128 = *Hoppe/Stüer* RzB Rdn. 1340 – Fortsetzungsfeststellungsklage, im Anschluss an Urt. v. 23. 5. 1975 – IV C 28.72 – BVerwGE 48, 242 = *Hoppe/Stüer* RzB Rdn. 299 – Bebauungsgenehmigung; *OVG Saarlouis*, Urt. v. 23. 2. 1999 – 2 R 7/98 – (unveröffentlicht).
[39] *Upmeier* Zulässigkeit von Vorhaben HdBöffBauR Kap. A Rdn. 17.
[40] *Ortloff*, Öffentliches Baurecht, Bd. II, S. 80.
[41] *Upmeier* Zulässigkeit von Vorhaben HdBöffBauR Kap. A Rdn. 23.

genannten Personen betrifft das Geschehen bis zur Fertigstellung des Bauvorhabens. Für den weiteren dem öffentlichen Recht entsprechenden Zustand der baulichen Anlage ist nach allgemeinem Polizei- und Ordnungsrecht der Zustandsstörer bzw. der Handlungsstörer verantwortlich. Ob und in welchem Umfang sich daraus Verpflichtungen der am Bau Beteiligten ergeben, beurteilt sich nach diesen Maßstäben.

2224 Auf die **Architekten** kommen dabei vor allem bei einem Rückzug der Bauaufsicht aus dem förmlichen Genehmigungsverfahren **erhöhte Anforderungen** zu. Von den Architekten wird erwartet, dass sie die Genehmigungsfähigkeit von Vorhaben zutreffend beurteilen und nur Vorhaben verwirklichen, die auch dem materiellen Bauplanungs- und Bauordnungsrecht entsprechen. So schuldet ein Architekt, der sich zur Erstellung der Genehmigungsplanung verpflichtet, als Werkerfolg eine dauerhaft genehmigungsfähige Planung. Die Parteien eines Architektenvertrages können zwar im Rahmen der Vertragsfreiheit vereinbaren, dass und in welchen Punkten die vom Architekten zu erstellende Planung nicht genehmigungsfähig sein muss. Von einer solchen Vereinbarung kann jedoch nur in Ausnahmefällen ausgegangen werden. Die Unsicherheit der Beurteilung der bauplanungsrechtlichen Chancen eines Vorhabens bei der Genehmigung rechtfertigt es nach Auffassung des *BGH* nicht, den Architekten im Verhältnis zum Bauherrn von vornherein von seiner eingegangenen Verpflichtung zur Erbringung einer genehmigungsfähigen Planung freizustellen. Der Architekt habe seine Planung so zu erstellen, dass sie als bauplanungsrechtlich zulässig beurteilt werden könne. Erst dann habe er seine vertraglichen Verpflichtungen erfüllt.[42]

2225 Die **Pflichten des Architekten** dürfen allerdings auch **nicht überspannt** werden. Denn der Entwurfsverfasser kann nicht bei einem Rückzug des Staates aus der Bauaufsicht alle Prüfungserfordernisse und Risiken übernehmen, die mit dem Baugeschehen verbunden sind und die von der öffentlichen Hand zu einem Großteil abgedeckt wurden. Gerade in kritischen Fällen muss daher der Bauherr selbst Verantwortung übernehmen. Denn er zieht auch den Nutzen, wenn die von ihm gewünschten Vorhaben verwirklicht werden. Die Risiken dürfen daher nicht einseitig auf den Architekten verlagert werden, wenn sich die öffentliche Hand aus der Kontrolle des Baugeschehens verabschiedet. Ein Gutteil der dadurch entstehenden Unsicherheit wird daher wohl auch der Bauherr selbst tragen müssen.

3. Unternehmer

2226 Auch der Unternehmer trägt für die ordnungsgemäße Verwirklichung des Bauvorhabens Verantwortung.[43] Dies gilt insbesondere hinsichtlich des verwendeten Materials und der Bauausführung. Zudem wird der Unternehmer in der Regel verpflichtet sein, sich von dem Erfordernis und dem Vorliegen einer Baugenehmigung zu informieren, bevor die Bauarbeiten beginnen. Bei fehlender Baugenehmigung kann auch der Bauunternehmer nach Maßgabe des Ordnungswidrigkeitenrechts belangt werden.

4. Bauleiter

2227 Neben dem Entwurfsverfasser ist auch der Bauleiter an einer wichtigen Stelle in das Baugeschehen einbezogen.[44] Er hat darauf zu achten, dass die Unternehmer das Bauvorhaben nach den genehmigten Plänen ausführen und – soweit erforderlich – im Rahmen einer Baugenehmigung handeln. Abweichungen, die baugenehmigungspflichtig sind, bedürfen einer Nachtragsbaugenehmigung. Kommt der Bauleiter seinen Verpflichtungen nicht nach, kann er ordnungsbehördlich herangezogen werden. Ggf. haftet er auch dem Bauherrn zivilrechtlich.

---

[42] *BGH*, Urt. v. 25. 3. 1999 – VII ZR 398/97 – NJW-RR 1999, 1105 = WM 1999, 1837 = MDR 1999, 1062, im Anschluss an Urt. v. 19. 2. 1998 – VII ZR 236/96 – NJW-RR 1998, 952 = ZfBR 1998, 186; Urt. v. 25. 2. 1999 – VII ZR 190/97 – NJW 1999, 2112 = BauR 1999, 934.

[43] *Upmeier* Zulässigkeit von Vorhaben HdBöffBauR Kap. A Rdn. 24.

[44] *Upmeier* Zulässigkeit von Vorhaben HdBöffBauR Kap. A Rdn. 25.

5. Sachverständiger

Die BauO sehen in stärkerem Maße als bisher eine **eigenverantwortliche Beteiligung** von privaten **Sachverständigen** vor. Der Gesetzgeber geht dabei von der Überlegung aus, dass der erforderliche fachtechnische Sachverstand nicht nur in Amtsstuben der Behörden, sondern auch in den Büros der freischaffenden Architekten, Ingenieure und bauberatenden Berufe vorhanden ist. Die BauO NRW etwa unterscheidet dabei verschiedene Gruppen von Sachverständigen, die entweder von der Behörde oder dem Bauherrn beauftragt werden.[45] Nach § 61 III BauO NRW können die Bauaufsichtsbehörden zur Erfüllung ihrer Aufgaben Sachverständige und sachverständige Stellen heranziehen. Hierüber befindet die Bauaufsichtsbehörde nach pflichtgemäßem Ermessen. Die Beteiligung von Sachverständigen ändert im Übrigen nichts an der Behördenverantwortlichkeit. Bei von der Behörde hinzugezogenen Sachverständigen ist das Rechtsverhältnis als öffentlich-rechtliche Amtshilfe zu qualifizieren. Private Sachverständige treten zur Behörde in privatrechtliche Beziehungen. Aus der weiteren Verantwortlichkeit der Baubehörde folgt, dass auch Ersatzansprüche nicht gegenüber dem Sachverständigen, sondern gegenüber der Behörde geltend zu machen sind, wenn der Sachverständige von der Behörde eingeschaltet wird.

2228

Die BauO NRW regelt den **staatlich anerkannten Sachverständigen**, der in den Bereichen Standsicherheit, Brandschutz sowie Schall- und Wärmeschutz als eine Art „Baunotar" wichtige Entlastungsfunktionen für die Behörden wahrnehmen kann. Legt ein Bauherr eine entsprechende Bescheinigung eines staatlich anerkannten Sachverständigen vor, so ist die Behörde zu einer eigenen Prüfung der bestätigten Fragen grundsätzlich nicht mehr verpflichtet (§ 72 VII BauO NW). Durch die weitgehende Verlagerung der Prüfaufgaben auf die privaten Sachverständigen wird die Bauaufsichtsbehörde von Aufgaben freigestellt, die nicht notwendigerweise öffentlich-rechtlich organisiert werden müssen. Zugleich wird hierdurch mehr Zeit für die eigentlich öffentlich-rechtlichen Aufgaben der Bauaufsicht gewonnen. Die Befugnis zur Anerkennung ist in NRW nach einer entsprechenden Verordnung der Architektenkammer und der Ingenieurkammer Bau übertragen worden. Als Sachverständiger kann nur anerkannt werden, wer Mitglied der Architektenkammer oder der Kammer Bau ist und eine mehrjährige Berufserfahrung nachweist. Für die Frage der Verantwortlichkeit ist entscheidend, ob die Sachverständigen in eigener Verantwortung Entscheidungen treffen, durch welche die Bauaufsichtsbehörden von Pflichten und Prüftätigkeiten entbunden werden, oder ob die Sachverständigen nur zur Vorbereitung und Unterstützung behördlicher Entscheidungen tätig werden.[46]

2229

Die staatlich anerkannten Sachverständigen werden im Rahmen bauaufsichtlicher Verfahren unmittelbar vom Bauherrn auf **privatrechtlicher Grundlage** beauftragt. Sie treffen in eigener Verantwortung abschließende Entscheidungen, an die kraft gesetzlicher Regelung auch die Bauaufsichtsbehörden gebunden sind. Insofern entfalten die Bescheinigungen und Nachweise der Sachverständigen öffentlich-rechtliche Wirkung, ohne dass sie organisatorisch in den staatlichen Kompetenzbereich einbezogen werden. Es handelt sich um die Verlagerung behördlicher Aufgaben in den privaten Bereich bei gleichzeitigem Verzicht auf die Wahrnehmung staatlicher Kompetenzen. Daher haftet bei mangelhafter Auftragserfüllung der staatlich anerkannte Sachverständige dem Bauherrn ausschließlich nach zivilrechtlichen Grundsätzen, die Bauaufsichtsbehörde kann nicht im Wege der Amtshaftung in Anspruch genommen werden.[47] Wenn der Staat seine eigene Bauaufsichtskompetenz zurücknimmt und auf Private überträgt, muss er zugleich kompensatorisch dafür sorgen, dass die neuen Aufgabenträger über eine ausreichende fachliche Qualifikation sowie Unabhängigkeit verfügen und von staatlicher Seite ein System wirksamer staatlicher Kontrolle bereitgestellt wird. Das System der staatlichen Kontrolle

2230

---

[45] *Stüer* DVBl. 1996, 96.
[46] *Dahlke* bei *Stüer* DVBl. 1996, 96.
[47] Dazu *BGH*, Urt. v. 18. 6. 1998 – III ZR 100/97 – NVwZ 1998, 1329 = UPR 1998, 447.

kann allerdings durch eine berufsständische Selbstkontrolle wahrgenommen werden. Die veränderten gesetzlichen Regelungen des Bauordnungsrechts setzen daher auf eine erweiterte Verantwortung der am Bau Beteiligten.[48] Wegen der erforderlichen Unabhängigkeit ist es nicht zulässig, dass ein hauptberuflich im Dienst der Behörde stehender Mitarbeiter in Nebentätigkeit als anerkannter Sachverständiger Planungs- und Prüfaufgaben wahrnimmt.

6. Beteiligung von Nachbarn

2231 Greift das Vorhaben in **schützenswerte nachbarliche Belange** ein, so ist eine Beteiligung des Nachbarn nach Maßgabe der Regelungen in den Landesbauordnungen erforderlich. Eine nachbarliche Beteiligung ist insbesondere erforderlich, wenn öffentlich-rechtlich geschützte nachbarliche Belange durch das Vorhaben betroffen werden. Die bauordnungsrechtlichen Verfahrensvorschriften gehen als speziellere Normen den Regelungen des allgemeinen Verfahrensrechts vor, das zwischen Anhörung (vgl. § 28 VwVfG) und Beteiligung (§ 13 VwVfG) unterscheidet. Die Landesbauordnungen regeln eine Beteiligung bzw. eine Anhörung betroffener Nachbarn in den Fällen der Ausnahme oder Befreiung sowie in Fällen der Abweichung. Darüber hinaus wird zwischen dem formellen Nachbarbegriff (Angrenzern) und dem materiellen Nachbarbegriff unterschieden. Es ist daher im Einzelfall denkbar, dass eine Nachbarbeteiligung zwar nicht nach der jeweiligen BauO, wohl aber nach § 13 VwVfG erforderlich ist. In welchem Umfang neben den Beteiligungsrechten der LBauO ein Beteiligungsrecht des Nachbarn nach § 13 VwVfG besteht, muss dem Geltungsbereich des jeweiligen Landesrechts entnommen werden. Ist das Landesrecht hinsichtlich der Nachbarbeteiligung abschließend, ist eine Nachbarbeteiligung nach § 13 II VwVfG nicht erforderlich.

2232 Nach § 13 II 1 VwVfG kann die Behörde von Amts wegen oder auf Antrag diejenigen, deren rechtliche Interessen durch den Ausgang des Verfahrens berührt werden können, als **Beteiligte** hinzuziehen. Hat der Ausgang des Verfahrens rechtsgestaltende Wirkung für einen Dritten, so ist dieser nach § 13 II 2 VwVfG auf Antrag als Beteiligter zu dem Verfahren hinzuzuziehen. Soweit er der Behörde bekannt ist, hat diese ihn von der Einleitung des Verfahrens zu benachrichtigen. Eine Beteiligung der Nachbarn kommt nach § 13 II VwVfG in Betracht, wenn die Erteilung einer Baugenehmigung zugleich Nachbarinteressen betrifft. Die Baugenehmigung hat vielfach eine Doppelwirkung, indem sie einerseits den Bauherrn begünstigt, andererseits aber den Nachbarn belastet. Eine solche Belastung liegt insbesondere vor, wenn die Baugenehmigung bei ihrer Ausnutzung nachteilige Auswirkungen auf die Nutzung oder Nutzbarkeit eines anderen Grundstücks hat. Das Gesetz unterscheidet dabei die fakultative Beteiligung nach § 13 II 1 VwVfG und die obligatorische Beteiligung nach § 13 II 2 VwVfG.

2233 Die **fakultative Beteiligung** eines Nachbarn nach § 13 II 1 VwVfG ist möglich, wenn dessen rechtliche Interessen durch den Ausgang des Verfahrens berührt sind. Solche Drittinteressen können in einem Baugenehmigungsverfahren insbesondere in folgenden Fällen betroffen werden:[49]
– Gebundener Vollzug generell und partiell nachbarschützender Normen des Bauplanungs- und Bauordnungsrechts,
– Befreiung von nicht nachbarschützenden Festsetzungen eines Bebauungsplans,
– Ausnahmen und Befreiungen von nicht nachbarschützenden Vorschriften des Bauordnungsrechts, so weit dabei nachbarliche Belange zu würdigen sind.

2234 Die **obligatorische Beteiligung** des Nachbarn nach § 13 II 2 VwVfG ist vorzunehmen, wenn die Baugenehmigung für diesen rechtsgestaltende Wirkungen hat. Dabei wird nicht jede Berücksichtigung nachbarlicher Interessen bei Erteilung einer Baugenehmigung in diesem Sinne rechtsgestaltende Wirkungen haben. Diese setzen vielmehr voraus,

---

[48] *Dahlke* bei *Stüer* DVBl. 1996, 96.
[49] *Ortloff*, Öffentliches Baurecht, Bd. II, S. 208.

dass rechtlich geschützte nachbarliche Interessen durch die Erteilung von Ausnahmen oder Befreiungen rechtlich neu gestaltet werden. Nur bei einer solchen Gestaltungswirkung ist die Beteiligung des Nachbarn nach § 13 II 2 VwVfG obligatorisch. Die Nachbarbeteiligung nach § 13 II 2 VwVfG ist daher erforderlich bei[50]
– Ausnahmen und Befreiungen von generell nachbarschützenden Normen des Bauplanungs- und Bauordnungsrechts,
– Ausnahmen und Befreiungen von partiell nachbarschützenden Normen des Bauplanungs- und Bauordnungsrechts hinsichtlich des in seiner subjektiven Rechtsposition geschützten Nachbarn,
– Ausnahmen und Befreiungen gem. § 34 II 2. HS. BauGB, so weit es um Abweichungen von der Art der baulichen Nutzung geht, die als Festsetzung im Bebauungsplan nachbarschützenden Charakter hätte,
– Abweichungen im bauaufsichtlichen Zustimmungsverfahren gem. § 37 BauGB, soweit nachbarschützende Normen betroffen sind.

Ist der Nachbar als Beteiligter in das Baugenehmigungsverfahren einbezogen worden, stehen ihm die **Rechte eines Verfahrensbeteiligten** zu.[51] Er hat Rechte der Beratung und Auskunft durch die Behörde (§ 25 VwVfG), der Anhörung (§ 28 VwVfG), der Akteneinsicht (§ 29 VwVfG) sowie der Bekanntgabe des Verwaltungsakts (§ 41 I 1 VwVfG) und seiner Begründung (§ 39 VwVfG). Ist eine nach § 13 II 2 VwVfG erforderliche Beteiligung des Nachbarn unterblieben, kann die Baugenehmigung wegen eines **Verfahrensfehlers** rechtswidrig sein. Der Fehler ist allerdings nur beachtlich, wenn er für die Entscheidung von Bedeutung gewesen ist (vgl. §§ 45, 46 VwVfG). Die formale Verletzung obligatorischer nachbarlicher Beteiligungsrechte reicht daher für die Aufhebung einer Baugenehmigung nicht aus, solange die Kausalität des Fehlers nicht gegeben ist.[52]

7. Beteiligung von Gemeinden

Wird die Baugenehmigung nach den §§ 31 bis 35 BauGB erteilt, ist das **Einvernehmen** der Gemeinde erforderlich (§ 36 I BauGB). Werden Ausnahmen und Befreiungen von den Festsetzungen des Bebauungsplans nach § 31 I oder II BauGB erforderlich, soll eine Baugenehmigung während der Aufstellung des Bebauungsplans bei entsprechender Planreife erteilt werden (§ 33 I BauGB) oder steht eine Baugenehmigung im nichtbeplanten Innenbereich (§ 34 BauGB) oder im Außenbereich (§ 35 BauGB) an, so ist das gemeindliche Einvernehmen nach § 36 I BauGB erforderlich. Wird das gemeindliche Einvernehmen versagt, darf die Baugenehmigungsbehörde die Baugenehmigung nicht erteilen. Versagt die Gemeinde zu Unrecht das Einvernehmen, so ist sie ggf. aus Amtshaftungsgrundsätzen (Art. 34 GG, § 839 BGB) schadensersatzpflichtig. Zur Erklärung des gemeindlichen Einvernehmens kann die Gemeinde im Rahmen der Kommunalaufsicht oder aufgrund spezialgesetzlicher Regelungen in den Landesbauordnungen angehalten werden. Ein rechtswidrig versagtes Einvernehmen kann die nach Landesrecht zuständige Behörde auch nach § 36 II 3 BauGB ersetzen. Im Übrigen kann das fehlende gemeindliche Einvernehmen im verwaltungsgerichtlichen Klageverfahren auf Erteilung einer Genehmigung überwunden werden. Gibt die Gemeinde innerhalb von zwei Monaten keine Erklärung ab, so gilt das gemeindliche Einvernehmen nach § 36 II 2 BauGB als erteilt. Die Erteilung der Baugenehmigung hängt dann vom Vorliegen der weiteren Genehmigungsvoraussetzungen ab. Eine Bindung dahin gehend, dass die Baugenehmigungsbehörde eine Baugenehmigung bei vorliegendem gemeindlichem Einvernehmen erteilen muss, besteht nicht.[53]

---

[50] *Ortloff*, Öffentliches Baurecht, Bd. II, S. 210.
[51] *Ortloff*, Öffentliches Baurecht, Bd. II, S. 210.
[52] BVerwG, Urt. v. 21. 5. 1997 – 11 C 1.97 – DVBl. 1997, 1127 – Nachtflugbeschränkung Köln/Bonn. Zur Fehlerheilung s. Rdn. 3919; zu Einschränkungen des § 46 VwVfG durch das Umwelt-Rechtsbehelfsgesetz s. Rdn. 2719.
[53] Zu weiteren Einzelheiten *Grotefels* in: *Hoppe/Bönker/Grotefels* § 15 Rdn. 28.

8. Zustimmung der höheren Verwaltungsbehörde und anderer Fachbehörden

2237 In den Fällen des § 36 I 3 BauGB ist zudem die Zustimmung der höheren Verwaltungsbehörde erforderlich. Darüber hinaus kann die Zustimmung der höheren Verwaltungsbehörde ggf. nach Landesrecht erforderlich sein. Daneben ist auch die Zustimmung anderer Fachbehörden erforderlich, soweit dies gesetzlich angeordnet ist. Dies gilt vor allem für bauliche Anlagen an Bundesstraßen (§ 9 II 1 FStrG) und Straßen nach den jeweiligen Landesstraßengesetzen sowie im Bauschutzbereich von Flughäfen (§ 12 III und IV LuftVG).[54]

II. Baulast

2238 Die meisten Landesbauordnungen haben das Institut der Baulast eingeführt, mit der öffentlich-rechtliche Hindernisse, die einem Bauvorhaben entgegenstehen können, beseitigt werden. Die Baulast beinhaltet als ein eigenständiges **Institut des Landesrechts**[55] eine freiwillig gegenüber der Baugenehmigungsbehörde übernommene öffentlich-rechtliche Verpflichtung des Grundstückseigentümers zu einem bestimmten Tun, Dulden oder Unterlassen, das sich auf sein Grundstück bezieht und sich nicht schon aus öffentlich-rechtlichen Vorschriften ergibt. Die Baulast ist grundstücksbezogen und wirkt daher auch gegenüber dem Rechtsnachfolger. Vielfach bezieht sich die Baulast auf ein anderes Grundstück, dessen Benutzbarkeit durch die Baulasterklärung verbessert wird. Der bauplanungsrechtliche Grundstücksbegriff kann durch die (landesrechtliche) Baulast nicht verändert werden. Allerdings können durch die Bestellung von Baulasten im Einzelfall die tatsächlichen Voraussetzungen für die Genehmigung einer Grundstücksteilung im Wege der Befreiung nach § 31 II BauGB geschaffen werden, wenn grundstücksbezogene Besonderheiten vorliegen.[56] Ist die Baulast eingetragen, so sind im Hinblick auf die übernommenen Verpflichtungen die öffentlich-rechtlichen Anforderungen erfüllt. Der bundesrechtliche Begriff der gesicherten Erschließung nach den §§ 30 bis 35 BauGB verlangt nicht, dass neben der öffentlich-rechtlichen Baulast auch noch eine privatrechtliche Dienstbarkeit bestellt wird.[57] Umgekehrt setzt die gesicherte Erschließung nicht die Eintragung einer Baulast voraus. Auch eine Grunddienstbarkeit, durch die eine Zufahrt zum öffentlichen Straßennetz gewährleistet ist, kann für die gesicherte Erschließung ausreichen.[58]

1. Entstehen der Baulast

2239 Die Baulast entsteht durch **formgebundene Erklärung** des Grundstückseigentümers gegenüber der Bauaufsichtsbehörde, eine bestimmte Verpflichtung im Hinblick auf das belastete Grundstück zu übernehmen. Einer zusätzlichen Mitwirkung der Behörde bedarf es nicht. Die Baulast wird in das Baulastenverzeichnis eingetragen, das bei der Baugenehmigungsbehörde geführt wird. Die Eintragung hat nach Maßgabe des jeweiligen Landesrechts keine rechtsbegründende, sondern lediglich eine deklaratorische Bedeutung. Sie ist jedoch ein beurkundender Verwaltungsakt. Die Eintragung einer Baulast darf abgelehnt werden, wenn die Baulast als öffentlich-rechtliche Sicherung funktionslos wäre, weil eine Bebauung des Grundstücks aus anderen Gründen nicht in Betracht kommt.[59] Denn es besteht weder ein öffentliches noch ein schutzwürdiges privates Interesse daran, Erklärungen eines Eigentümers über sein Grundstück betreffende öffentlich-rechtliche Verpflichtungen durch Eintragung in ein behördliches Register wirksam

---

[54] *Ortloff*, Öffentliches Baurecht, Bd. II, 1994, S. 86.
[55] *BVerwG*, B. v. 8. 6. 1994 – 4 B 34.94 – (unveröffentlicht) – Überraschungsentscheidung.
[56] *BVerwG*, Urt. v. 14. 2. 1991 – 4 C 51.87 – BVerwGE 88, 24 = DVBl. 1991, 812 = BauR 1991, 582 = *Hoppe/Stüer* RzB Rdn. 1213.
[57] *BVerwG*, B. v. 27. 9. 1990 – 4 B 34.90 – BauR 1991, 62 = NJW 1991, 713 = ZfBR 1991, 31.
[58] So *BVerwG*, Urt. v. 3. 5. 1988 – 4 C 54.85 – BauR 1988, 576 = NVwZ 1989, 353; *BGH*, Urt. v. 21. 5. 1992 – III ZR 14/91 – BGHZ 118, 263.
[59] *BVerwG*, B. v. 4. 10. 1994 – 4 B 175.94 – BauR 1995, 224 = NVwZ 1995, 377 = ZfBR 1995, 55.

werden zu lassen, wenn überhaupt nicht absehbar ist, dass solche Erklärungen jemals (öffentlich-)rechtliche Bedeutung erlangen werden. Der Eigentümer kann sich durch Eintragung einer Baulast hinsichtlich der baurechtlich zulässigen Nutzung seines Grundstücks allerdings enger binden, als ihn möglicherweise die Bauaufsichtsbehörde einseitig binden könnte. Auch können sich solche Bindungen auf einen Bereich erstrecken, für den im Geltungsbereich eines gültigen Bebauungsplans das nachbarliche Rücksichtnahmegebot des § 15 BauNVO einschlägig ist.[60] Die Baulast geht durch einen **Verzicht** der Baugenehmigungsbehörde unter. Der Verzicht wird dem Eigentümer ggf. auf seinen Antrag erklärt. Der Verzicht ist auszusprechen, wenn ein öffentliches Interesse an der Baulast etwa wegen veränderter tatsächlicher oder rechtlicher Verhältnisse nicht mehr besteht. Der Zuschlag in der Zwangsversteigerung (§ 90 I ZVG) führt demgegenüber nicht zum Untergang der Baulast.[61] Es könnte sich jedoch empfehlen, zur Klarstellung die öffentliche Baulast im Zwangsversteigerungsverfahren in das geringste Gebot aufzunehmen oder in anderer Weise für ihre Publizität zu sorgen.

2. Inhalt der Baulast

Der Inhalt der Baulast kann sich auf Verpflichtungen beziehen, die im öffentlichen Interesse zur Verwirklichung eines Vorhabens gesichert sein müssen. Dabei richtet sich die Baulast in der Regel auf bauordnungsrechtliche Voraussetzungen für die Genehmigungsfähigkeit des Vorhabens. Der Gegenstand einer Baulasterklärung kann im Bereich tatsächlicher Verhältnisse, des Bauordnungsrechts, des Bauplanungsrechts oder des Immissionsschutzrechts liegen.

3. Wirkung der Baulast

Die Wirkung der Baulast beschränkt sich auf den öffentlich-rechtlichen Bereich. Unmittelbare **privatrechtliche Wirkung** hat die Baulast nicht.[62] Der durch die Baulast Begünstigte hat daher weder einen Nutzungsanspruch, noch ist der Eigentümer des belasteten Grundstücks gegenüber dem Begünstigten zivilrechtlich zur Duldung verpflichtet. Der Eigentümer eines Grundstücks, der öffentlich-rechtlich durch eine Baulast gebunden ist, kann daher gegen den Baulastbegünstigten, der das Grundstück baulastgemäß, aber ohne zivilrechtlichen Rechtsgrund nutzt, einen Bereicherungsanspruch wegen unbefugter Inanspruchnahme seines Eigentums haben. Die Baulast selbst stellt keinen Rechtsgrund für die Nutzung dar.[63] So kann etwa die im öffentlichen Baurecht begründete Begünstigung des Bauherrn durch eine Stellplatzbaulast Grundlage eines bereicherungsrechtlichen Anspruchs sein. Der vermögenswerte Vorteil einer Stellplatzbaulast liegt darin, dass der zur baurechtlichen Zulässigkeit des Bauvorhabens erforderliche Nachweis von Stellplätzen erbracht werden kann. Der durch eine Stellplatzbaulast begründete Vermögensvorteil kann dadurch herausgegeben werden, dass der Begünstigte für die Löschung der Baulast Sorge trägt, indem er durch einen Stellplatznachweis an anderer Stelle oder durch Zahlung von Ausgleichsbeträgen die Voraussetzungen für einen Verzicht der Bauaufsichtsbehörde schafft.[64] Allerdings können sich aus der Baulast mittelbare Wirkungen etwa auf Grund der Einrede der **Arglist** oder des Rechtsmissbrauchs ergeben.[65]

Beispiel: Ist etwa ein Grundstückseigentümer aufgrund einer Baulast zur Duldung einer Garage zu Gunsten des jeweiligen Eigentümers eines Nachbargrundstücks verpflichtet, so handelt er rechtsmissbräuchlich, wenn er klageweise vom Baulastbegünstigten Herausgabe und Räumung der Ga-

---

[60] *BVerwG*, B. v. 12. 11. 1987 – 4 B 216.87 – Buchholz 406.17 Bauordnungsrecht Nr. 24.
[61] *BVerwG*, B. v. 29. 10. 1992 – 4 B 218.92 – DVBl. 1993, 114 = NJW 1993, 480.
[62] *BGH*, Urt. v. 8. 7. 1983 – V ZR 204/82 – BGHZ 88, 97 = DVBl. 1983, 1149 = NJW 1984, 124 – Kfz-Einstellplatz.
[63] *BGH*, Urt. v. 19. 4. 1985 – V ZR 152/83 – BGHZ 94, 160 = DVBl. 1985, 1131 = NJW 1985, 1952 – Baulast.
[64] *BGH*, Urt. v. 7. 10. 1994 – V ZR 4/94 – NJW 1995, 53 = BauR 1995, 283.
[65] *BGH*, Urt. v. 9. 1. 1981 – V ZR 58/79 – DVBl. 1981, 922 – Teilungsgenehmigung.

rage verlangt, solange die Baulast besteht und keine Anhaltspunkte dafür vorhanden sind, die Baubehörde werde sie nicht durchsetzen oder auf sie verzichten.[66]

2242 Auch kann der Grundstückseigentümer im Hinblick auf die Bestellung einer **Grunddienstbarkeit** zu einer Baulasterklärung verpflichtet sein. Bezweckt etwa eine Grunddienstbarkeit die Sicherung der Bebaubarkeit eines Grundstücks, hängt diese aber noch von der Übernahme einer deckungsgleichen Baulast ab, so kann der Eigentümer des belasteten Grundstücks verpflichtet sein, die Baulast zu übernehmen.[67] Dabei ist darauf abzustellen, ob die Grunddienstbarkeit zu dem Zweck bestellt wurde, das betreffende Grundstück baulich zu nutzen, ob die Übernahme der Baulast zwingende Voraussetzung für die Bebauung des Grundstücks ist, ob eine Befreiung vom Baulastzwang in Betracht kommt, ob bei der Bestellung der Grunddienstbarkeit bereits Anlass bestand, die Übernahme einer Baulast zu erwägen, oder ob Inhalt und Umfang der geforderten Baulast der Dienstbarkeit entsprechen. Der Eigentümer des herrschenden Grundstücks hat im Rahmen einer Interessenabwägung einen Anspruch auf Übernahme der Baulast nur dann, wenn er allein mit der begehrten Baulast die gewünschte Baugenehmigung erreichen könnte.[68] Rechte auf Bestellung einer Baulast können sich auch aus einem Miteigentümer-Gemeinschaftsverhältnis ergeben. So kann etwa der Miteigentümer einer Wegeparzelle einen Anspruch auf Bewilligung einer öffentlich-rechtlichen Zufahrtsbaulast geltend machen. Das gilt auch, wenn von der Bewilligung der Baulast die Bebaubarkeit eines an die Wegeparzelle angrenzenden Grundstücks nicht abhängig ist.[69] Im Rechtsstreit auf Übernahme einer Baulast sind beklagte Wohnungseigentümer notwendige Streitgenossen, es sei denn, die Baulast berührt nur die aus dem Sondereigentum fließenden Befugnisse.[70] Die Baulast kann allerdings nicht einen schweren **Verstoß gegen öffentliche oder private Belange** ausräumen. Liegt etwa ein Verstoß gegen das Gebot der nachbarlichen Rücksichtnahme vor, so hilft eine übernommene Baulast jedenfalls dann nicht weiter, wenn schwere Beeinträchtigungen etwa der Gesundheit zu erwarten sind.[71]

III. Bauantrag

2243 Der Bauantrag ist schriftlich bei der unteren Bauaufsichtsbehörde oder bei der Gemeinde einzureichen. Mit dem Bauantrag sind alle für die Beurteilung des Bauvorhabens und die Bearbeitung des Bauantrags erforderlichen Unterlagen (**Bauvorlagen**) einzureichen. Der Bauantrag legt zugleich den Verfahrensgegenstand fest. Die Baugenehmigung wird auf der Grundlage des Bauantrags erteilt, so dass für den Inhalt der Baugenehmigung der Bauantrag heranzuziehen ist.[72] Die Behörde muss im Verwaltungsverfahren nach § 24 I VwVfG den Sachverhalt von Amts wegen aufklären. Den Gegenstand des Verfahrens bestimmt aber der Bürger durch seinen Antrag. Lässt der Antrag das eigentlich Gewollte nicht erkennen, so besteht weder eine Aufklärungspflicht der Behörde, noch kann die – wahre aber nicht erkennbare – Absicht des Antragstellers Inhalt der ihm erteilten Genehmigung werden.[73] Einzelne Bauvorlagen können nachgereicht werden. In

---

[66] *BGH*, Urt. v. 9. 1. 1981 – VR 58/79 – BGHZ 79, 201 = NJW 1981, 980 – Garage.
[67] *BGH*, Urt. v. 3. 2. 1989 – V ZR 224/87 – BGHZ 106, 348 – Grunddienstbarkeit.
[68] *BGH*, Urt. v. 6. 10. 1989 – V ZR 127/88 – WM IV 1990, 320; Urt. v. 3. 7. 1992 – V ZR 218/91 – NJW 1992, 2885.
[69] *BGH*, Urt. v. 3. 12. 1990 – II ZR 107/90 – BauR 1991, 227 = DVBl. 1991, 452 – Zufahrtsbaulast.
[70] *BGH*, Urt. v. 26. 10. 1990 – V ZR 105/89 – JZ 1991, 252 = NJW-RR 1991, 333 – Wohnungseigentum.
[71] Für eine noch weitergehende Unbeachtlichkeit der Baulast *OVG Greifswald*, Urt. v. 9. 2. 1999 – 3 M 133/98 – VwRR MO 1999, 302 – Milchviehanlage.
[72] *Stelkens* NuR 1985, 213.
[73] *BVerwG*, B. v. 19. 1. 1988 – 4 B 2.88 – Buchholz 316 § 24 VwVfG Nr. 5 = *Hoppe/Stüer* RzB Rdn. 451 – Pferdestall.

besonderen Fällen kann zur Beurteilung der Einwirkung der baulichen Anlage auf die Umgebung verlangt werden, dass die bauliche Anlage in geeigneter Weise auf dem Grundstück dargestellt wird. Der Bauherr und der Entwurfsverfasser haben den Bauantrag, der Entwurfsverfasser die Bauvorlage zu unterschreiben. Die von den Sachverständigen bearbeiteten Unterlagen müssen auch von diesen unterschrieben sein. Ist der Bauherr nicht Grundstückseigentümer, so kann die Zustimmung des Grundstückseigentümers zu dem Bauvorhaben gefordert werden. Treten bei einem Bauvorhaben mehrere Personen als Bauherren auf, so kann die Bauaufsichtsbehörde verlangen, dass ihr gegenüber ein Vertreter bestellt wird, der die dem Bauherrn nach öffentlich-rechtlichen Vorschriften obliegenden Verpflichtungen zu erfüllen hat.[74]

4. Teil. Baugenehmigung als Verwaltungsentscheidung

Am Ende des Baugenehmigungsverfahrens steht die Entscheidung über die Erteilung der Baugenehmigung. Sie hat eine zentrale Stellung an der Schnittstelle zwischen Bauplanungs- und Bauordnungsrecht. **2244**

I. Rechtsnatur der Baugenehmigung

Die Baugenehmigung ist zu erteilen, wenn das Vorhaben den öffentlich-rechtlichen Vorschriften entspricht bzw. öffentlich-rechtliche Vorschriften dem Vorhaben nicht entgegenstehen. Die Baugenehmigung hat einen feststellenden und einen verfügenden Teil. **2245**

1. Feststellender Teil

Die Baugenehmigung stellt fest, dass das Vorhaben den öffentlich-rechtlichen Vorschriften entspricht. Die Feststellung ist dabei umfassend in dem Sinne, dass die Vereinbarkeit des Vorhabens mit allen öffentlich-rechtlichen Vorschriften festgestellt und damit zum Inhalt der Genehmigung wird. Die Bauordnungen können allerdings auch vorsehen, dass mit dem Bau erst begonnen werden darf, wenn nach anderen Gesetzen erforderliche Erlaubnisse, Genehmigungen oder sonstige Zulassungsentscheidungen vorliegen. Die Baugenehmigung verleiht dem Bauherrn auch nicht die Rechtsmacht, durch die Art und Weise der Bauausführung unmittelbaren Einfluss auf die Bebaubarkeit der Nachbargrundstücke zu nehmen. Sie schafft auch keine Grundlage dafür, weitere Vorhaben mit dem Argument zunichte zu machen, für das behördlich gebilligte eigene Baukonzept sei von ausschlaggebender Bedeutung gewesen, dass das Grundstück Aussichtsmöglichkeiten eröffne und gegen Einblicke von außen abgeschirmt sei. Als Folge des Rechts, ein Grundstück in Übereinstimmung mit einer erteilten Baugenehmigung zu bebauen, müssen sich künftige Bauinteressenten daher nicht mit einer Nutzung begnügen, die weder zu einer Beschränkung der Aussichtslage noch zu einer Erweiterung von Einsichtsmöglichkeiten führt.[75] **2246**

2. Verfügender Teil

Auf den feststellenden Teil der Baugenehmigung baut deren verfügender Teil auf. Die Baugenehmigung gibt die Ausführung des Vorhabens frei und hat insoweit rechtsgestaltende Wirkung. Die mit dem präventiven Verbot verbundene Sperrwirkung wird daher durch die Baugenehmigung aufgehoben (**Baufreigabe**). **2247**

Die (positive) bauaufsichtliche Genehmigung regelt nach dem Bauordnungsrecht der Länder nicht nur, dass ein bestimmtes Bauvorhaben ausgeführt werden darf. Neben die- **2248**

---

[74] So § 63 MBauO.
[75] So BVerwG, Urt. v. 29. 10. 1993 – 4 C 5.93 – BauR 1994, 354 = DVBl. 1994, 697 = NVwZ 1994, 686 – Familienwohnheim. Zum Verhältnis von Baugenehmigung und Zweckentfremdungsgenehmigung BVerwG, B. v. 6. 11. 1996 – 4 B 213.96 – DVBl. 1997, 433 = NJW 1997, 1085.

sem gestattenden Teil hat die Baugenehmigung vielmehr eine umfassende Feststellung der Vereinbarkeit des Bauvorhabens einschließlich der ihm zugedachten Nutzung mit den öffentlich-rechtlichen Vorschriften zum Inhalt, soweit sie für die baurechtliche Prüfung einschlägig sind.[76] Diese feststellende Regelung entfaltet etwa im gaststättenrechtlichen Erlaubnisverfahren insoweit **Bindungswirkung**, als es um Rechtsfragen geht, deren Beurteilung in die originäre Regelungskompetenz der Bauaufsichtsbehörde fällt oder zu ihr zumindest den stärkeren Bezug hat.[77] Eine entsprechende Bindungswirkung kommt einem ablehnenden Bescheid, mit dem die baurechtliche Genehmigung für eine über 22.00 Uhr hinausgehende Nutzung abgelehnt wird, nicht zu, wenn dies nicht so im Landesrecht geregelt ist.[78]

II. Anspruch auf Erteilung einer Baugenehmigung

2249　Entspricht das Vorhaben öffentlich-rechtlichen Vorschriften, so ist nach den Landesbauordnungen die Baugenehmigung zu erteilen. Der Bauherr hat daher bei Vorliegen der Genehmigungsvoraussetzungen einen Anspruch auf Erteilung der Genehmigung, der ggf. klageweise durch Verpflichtungsklage durchgesetzt werden kann. Zu den öffentlich-rechtlichen Vorschriften gehören die Regelungen über die planungsrechtliche Zulässigkeit nach den §§ 29 ff. BauGB, aber auch die bauordnungsrechtlichen Vorschriften und die des Baunebenrechts. In Einzelfällen kann das Gesetz der Baugenehmigungsbehörde Ermessen einräumen. Dies gilt etwa bei Entscheidungen über Befreiungen nach § 31 II BauGB, bei einer Planreife nach § 33 II, III BauGB und bei Befreiungen nach § 34 II BauGB im nichtbeplanten Innenbereich.[79]

III. Form und Inhalt der Baugenehmigung

2250　Die Erteilung der Baugenehmigung bedarf der **Schriftform**. Sie erfolgt durch Bekanntgabe gegenüber dem Bauherrn. Die Genehmigungsurkunde selbst wird als **Bauschein** bezeichnet. Die Zustellung richtet sich nach den Verwaltungszustellungsgesetzen der Länder. Zu begründen ist die Baugenehmigung nur, wenn von nachbarschützenden Vorschriften abgewichen wird und der Nachbar nicht zugestimmt hat. Die Baugenehmigung ist dem **Nachbarn** zuzustellen, wenn seine rechtlich geschützten Belange beeinträchtigt werden können. Über die dazu in den Landesbauordnungen geregelten Fälle hinaus ist eine Zustellung der Baugenehmigung in allen Fällen sinnvoll, in denen nachbarliche Rechte betroffen sein können. Die Zustellung der Baugenehmigung mit Rechtsmittelbelehrung löst eine Monatsfrist für die Erhebung eines Nachbarwiderspruchs aus. Legt der Nachbar nicht rechtzeitig Widerspruch ein, ist die Baugenehmigung ihm gegenüber bestandskräftig. Ferner besteht eine Unterrichtungspflicht gegenüber der **Gemeinde**, die nicht selbst Baugenehmigungsbehörde ist. Auch die **Versagung** einer Baugenehmigung ist ein Verwaltungsakt, der schriftlich zu ergehen hat.

2251　Die Baugenehmigung hat die Feststellung zum **Inhalt**, dass das Vorhaben in der Reichweite der behördlichen Kompetenzen mit öffentlich-rechtlichen Vorschriften übereinstimmt. Außerdem enthält die Baugenehmigung die Baufreigabe. Die Sachentscheidungskompetenz der Baugenehmigungsbehörde findet jedoch dort ihre Grenzen, wo nach anderen Gesetzen die Fachkompetenz anderer Behörden und gesonderte Zulassungsverfahren angeordnet sind. Die Baugenehmigung kann in solchen Fällen lediglich das Vorliegen spezialbehördlicher Genehmigungen feststellen. **Maßgeblicher Zeitpunkt**

---

[76] *BVerwG*, Urt. v. 11. 5. 1989 – 4 C 1.88 – RdE 1988, 194 – *Hoppe/Stüer* RzB Rdn. 475 – Zwischenlager Ahaus.
[77] *BVerwG*, Urt. v. 4. 10. 1988 – 1 C 72.86 – BVerwGE 80, 259.
[78] *BVerwG*, Urt. v. 17. 10. 1989 – 1 C 18.87 – BVerwGE 84, 11 = DVBl. 1990, 206 = *Hoppe/Stüer* RzB Rdn. 305 – Gaststättenerlaubnis.
[79] *Ortloff*, Öffentliches Baurecht, Bd. II, 1994, S. 95.

für die zugrunde zu legende Sach- und Rechtslage ist der Zeitpunkt der behördlichen Entscheidung über den Bauantrag. Änderungen der Sach- und Rechtslage während des Baugenehmigungsverfahrens sind nach Maßgabe der gesetzlichen Regelungen sowohl zu Gunsten als auch zu Lasten des Antragstellers zu beachten.[80]

IV. Wirkungen der Baugenehmigung

Die Baugenehmigung stellt die Vereinbarkeit des Vorhabens mit den öffentlich-rechtlichen Vorschriften fest und erlaubt die Ausführung des Vorhabens. Ist die Baugenehmigung **bestandskräftig**, so bleiben nachfolgende Rechtsänderungen zu Lasten des Bauherrn unberücksichtigt. Der Bauherr kann vielmehr auf der Grundlage einer bestandskräftigen Baugenehmigung das Vorhaben verwirklichen, selbst wenn sich die Rechtslage inzwischen zu seinen Ungunsten geändert hat. Solange die Baugenehmigung vollziehbar ist, kann die Behörde auch nicht mit Hinweis auf eine entgegenstehende materielle Rechtslage die Verwirklichung des Vorhabens untersagen. Die vollziehbare Baugenehmigung geht vielmehr, solange sie in dieser Form besteht, der materiellen Rechtslage vor. Solange und soweit die Baugenehmigung nicht aufgehoben wird (§ 43 II VwVfG), ist das entsprechend der Baugenehmigung errichtete Vorhaben formell rechtmäßig und darf daher auch dann weiter genutzt werden, wenn sich nachträglich die materielle Illegalität herausstellt oder wenn es nach geänderter Rechtslage nicht hätte gebaut werden dürfen.[81] Darüber hinaus verleiht die rechtmäßig erteilte Baugenehmigung dem entsprechend verwirklichten Vorhaben einen **Bestandsschutz**, der auf einer verfassungsrechtlich verfestigten Anspruchsposition nach Art. 14 I GG beruht. Vom Bestandsschutz umfasst werden allerdings nur Vorhaben, die im Wesentlichen fertig gestellt sind. Wird das Vorhaben nicht verwirklicht oder bleibt es „im Rohbau" stecken, ist nach der Rechtsprechung des *BVerwG* ein Bestandsschutz nicht gegeben.[82] Die Eigentumsgarantie könnte jedoch den Anspruch umfassen, das auf der Grundlage einer rechtmäßigen Baugenehmigung Verwirklichte nicht mehr abreißen zu müssen. Dann könnte von der Eigentumsgarantie auch der Anspruch auf Weiterbau umfasst sein.

Die Baugenehmigung hat **keine privatrechtsgestaltende Wirkung**. Die Baugenehmigung wird vielmehr unbeschadet privater Rechte Dritter erteilt. Insbesondere werden Nachbarn keine privatrechtlichen Duldungspflichten auferlegt. Die Baugenehmigungsbehörde hat also die Frage, ob der Nachbar in seinen privaten Rechten beeinträchtigt wird oder das Bauvorhaben zivilrechtlich dulden muss, nicht in die Prüfung einzubeziehen. Allerdings ergeben sich mittelbar privatrechtliche Rechtswirkungen. Die Baugenehmigung regelt eine öffentlich-rechtliche Duldungspflicht auch gegenüber dem Nachbarn. Ist die Baugenehmigung ihm gegenüber bestandskräftig, so kann der Nachbar öffentlich-rechtliche Abwehransprüche gegen das Bauvorhaben nicht mehr durchsetzen. Zivilrechtliche Abwehransprüche dürften dann nur noch gegeben sein, wenn sie auf besonderen privatrechtlichen Titeln beruhen.

Beispiel: Die Baugenehmigungsbehörde erteilt dem Bauherrn eine Baugenehmigung für die Errichtung eines Tennisplatzes. Der gegen die Baugenehmigung eingelegte Widerspruch wird rechtskräftig zurückgewiesen. Damit steht nicht nur fest, dass der Nachbar keine öffentlich-rechtlichen Abwehransprüche gegen das Vorhaben hat.[83] Auch zivilrechtliche Ansprüche dürften nicht mehr be-

---

[80] Zu weiteren Einzelheiten *Grotefels* in: *Hoppe/Bönker/Grotefels* § 15 Rdn. 37 ff.
[81] Zu weiteren Einzelheiten *Grotefels* in: *Hoppe/Bönker/Grotefels* § 15 Rdn. 47.
[82] So *BVerwG*, B. v. 22. 2. 1991 – 4 CB 6.91 – BauR 1991, 319 = DÖV 1991, 556 = NVwZ 1991, 984 – Rodalben; s. Rdn. 1730.
[83] Zur Zumutbarkeit im Nachbarschaftsverhältnis *BVerwG*, Urt. v. 24. 4. 1991 – 7 C 12.90 – BVerwGE 88, 143 = DVBl. 1991, 1151 = BauR 1991, 594 = UPR 1991, 340 = *Hoppe/Stüer* RzB Rdn. 94 – Schulsportplatz; Urt. v. 27. 2. 1992 – 4 C 50.89 – BauR 1992, 491 = UPR 1992, 269 = ZfBR 1992, 184 = *Hoppe/Stüer* RzB Rdn. 900 – Betsaal und Koranschule; B. v. 3. 3. 1992 – 4 B 70.91 – BauR 1992, 340 = ZfBR 1992, 143 = *Hoppe/Stüer* RzB Rdn. 97 – Bolzplatz.

stehen, soweit es um Fragen der Zumutbarkeit und Ortsüblichkeit (§§ 906, 1004 BGB)[84] geht und diese Beeinträchtigungen bereits im Baugenehmigungsverfahren Prüfungsgegenstand gewesen sind.

2254 Die **Geltungsdauer** der **ausgenutzten Baugenehmigung** bezieht sich auf die gesamte Zeit, in der das Bauwerk und seine Nutzung besteht. Die Geltungsdauer der noch nicht ausgenutzten Baugenehmigung ist nach Maßgabe des Landesrechts beschränkt. Die Landesbauordnungen sehen zumeist einen Zeitraum zwischen zwei und vier Jahren vor, auf den die Geltungsdauer der Baugenehmigung begrenzt ist. Es bestehen allerdings Möglichkeiten der Verlängerung der Baugenehmigung, worüber durch gebundene Entscheidung zu befinden ist. Liegen die Voraussetzungen für eine Verlängerung vor, so hat der Bauherr einen Rechtsanspruch auf Genehmigung. Eine bauordnungsrechtliche Bestimmung, nach der eine erteilte Baugenehmigung nach einer bestimmten Frist erlischt, wenn bis zu diesem Zeitpunkt das Vorhaben nicht verwirklicht wurde, stellt nach Auffassung des *BVerwG* eine Regelung i. S. des Art. 14 I 2 GG dar. Daneben scheidet ein Rückgriff auf das allgemeine Rechtsinstitut des Bestandsschutzes aus. Die vom Landesgesetzgeber geschaffene Regelung über die zeitliche Begrenzung einer erteilten Baugenehmigung ist das Ergebnis einer sachgerechten Abwägung privater und öffentlicher Interessen. Es kann aber aus Gründen des Bestandsschutzes ein Anspruch auf Erteilung einer Baugenehmigung zur Vollendung eines innerhalb einer Baugenehmigungsfrist nicht mehr fertig gestellten Bauwerks bestehen, um in gewissem Umfang Abschlussarbeiten zu ermöglichen und damit einem Verfall der vorhandenen und seinerzeit rechtmäßig entstandenen Bausubstanz zu begegnen.[85]

2255 Die Baugenehmigung wirkt auch für den **Rechtsnachfolger** des Bauherrn, da es sich um einen grundstücksbezogenen, nicht an die Person des Bauherrn gebundenen Verwaltungsakt handelt. Fraglich könnte die Rechtsnachfolge allerdings sein, soweit besondere Bauherreneigenschaften in die Entscheidung über den Genehmigungsantrag eingehen.

Beispiel: Der Eigentümer eines Wohngebäudes im Außenbereich hat unter den Voraussetzungen des § 35 IV Nr. 2 BauGB eine Baugenehmigung zur Errichtung eines Ersatzbaus erhalten. Vor Errichtung des genehmigten Neubaus veräußert der Eigentümer das Grundstück. Hier ist fraglich, ob die dem ursprünglichen Eigentümer erteilte Baugenehmigung auf den neuen Eigentümer übergeht. Zumindest käme eine Rücknahme (§ 48 VwVfG) oder ein Widerruf (§ 49 VwVfG) der Baugenehmigung in Betracht.

2256 Zwar ist eine Rechtsnachfolge in die durch die Baugenehmigung gestaltete Rechtsposition möglich, da es sich um eine sachbezogene Regelung handelt. Dagegen kommt der Versagung einer Baugenehmigung gegenüber einem Dritten, der einen Bauantrag gestellt hat, keine materielle Bestandskraft i. S. einer **Feststellungswirkung gegenüber dem Eigentümer** zu. Die bestandskräftige Versagung einer Baugenehmigung berechtigt die Behörde nicht, einen neuen Bauantrag ohne Sachprüfung abzulehnen.[86] Etwas anderes gilt nur, wenn die Klage auf Erteilung der Genehmigung rechtskräftig abgewiesen worden ist, auch dann aber nur zwischen den Beteiligten des Verwaltungsgerichtsverfahrens und ihren Rechtsnachfolgern (§ 121 VwGO). Zu ihnen gehört der Grundstückseigentümer nicht, wenn ein Dritter die Baugenehmigung beantragt und nach Ablehnung des Antrags Verpflichtungsklage erhoben hat.[87]

---

[84] Zum Verhältnis einer öffentlich-rechtlichen und zivilrechtlichen Bewertung der Zumutbarkeit *BGH*, Urt. v. 17. 12. 1982 – V ZR 55/82 – NJW 1983, 751 m. Anm. *Stüer* BauR 1985, 148 = *Hoppe/Stüer* RzB Rdn. 92 – Tennisplatz; Urt. v. 23. 3. 1990 – V ZR 58/89 – DVBl. 1990, 771 = DÖV 1990, 698 = UPR 1990, 261 = *Hoppe/Stüer* RzB Rdn. 76 – Volksfest; s. o. Rdn. 834.
[85] *BVerwG*, B. v. 22. 2. 1991 – 4 CB 6.91 – BauR 1991, 319 = *Hoppe/Stüer* RzB Rdn. 306 – Steckengebliebenes Bauvorhaben.
[86] *BVerfG*, Urt. v. 9. 5. 1978 – 2 BvC 2.77 – BVerfGE 48, 271.
[87] *BGH*, B. v. 30. 10. 1986 – III ZR 10/86 – NVwZ 1987, 356 = *Hoppe/Stüer* RzB Rdn. 298 – Ablehnung Bauantrag.

V. Nebenbestimmungen

Die Sicherung bestimmter öffentlich-rechtlicher Anforderungen kann durch Nebenbestimmungen gewährleistet werden.[88] Die Zulässigkeit von Nebenbestimmungen ergibt sich, soweit das Bauordnungsrecht keine Spezialregelungen enthält, aus § 36 VwVfG. Nach § 36 I VwVfG darf ein Verwaltungsakt, auf den ein Rechtsanspruch besteht, mit Nebenbestimmungen nur versehen werden, wenn er durch Rechtsvorschriften zugelassen ist oder wenn er sicherstellen soll, dass die gesetzlichen Voraussetzungen des Verwaltungsakts erfüllt werden. § 36 II VwVfG erwähnt sodann unbeschadet dieser Regelungen für Verwaltungsakte, auf deren Erlass kein Anspruch besteht, die Befristung, Bedingung, den Widerrufsvorbehalt und die Auflage. 2257

1. Auflage

Durch die Auflage wird dem Begünstigten ein Tun, Dulden oder Unterlassen vorgeschrieben (§ 36 II Nr. 4 VwVfG).[89] Die Genehmigung kann auch den Vorbehalt einer **nachträglichen Auflage** enthalten, die aufgenommen, ergänzt oder geändert werden kann (**Auflagenvorbehalt**) (§ 36 II Nr. 5 VwVfG). Die Auflage stellt eine selbstständig durchsetzbare und anfechtbare Verpflichtung des Bauherrn dar. Im Gegensatz zur Bedingung hängt von der Erfüllung der Auflage die Wirksamkeit der Baugenehmigung nicht ab. 2258

2. Bedingung

Durch die Bedingung wird die Wirksamkeit der Genehmigung an den ungewissen Eintritt eines zukünftigen Ereignisses geknüpft (§ 36 II Nr. 2 VwVfG). Bei der aufschiebenden Bedingung wird die Genehmigung erst mit dem Eintritt des Ereignisses wirksam. Bei der auflösenden Bedingung endet die Wirkung mit dem Eintritt des Ereignisses. Die Bedingung enthält im Gegensatz zur Auflage keinen Befehl und ist daher nicht selbstständig vollziehbar. Vielmehr beschränkt die Bedingung die Wirksamkeit der Baugenehmigung. Die Bedingung ist auch nicht selbstständig anfechtbar, sondern steht in untrennbarem Zusammenhang mit der Baugenehmigung.[90] 2259

3. Befristung

Die Befristung regelt die Geltungsdauer der Genehmigung, die danach zu einem bestimmten Zeitpunkt beginnt, endet oder für einen bestimmten Zeitraum gilt (§ 36 II Nr. 1 VwVfG). Die Befristung wird vor allem bei bereits ausgenutzten Baugenehmigungen und beim Baurecht auf Zeit (§ 9 II BauGB) in Betracht kommen.[91] 2260

Beispiel: Der Konzern K beabsichtigt, in den neuen Bundesländern ein Warenhaus zu errichten. Um einem aktuellen Bedarf Rechnung zu tragen, erteilt die Baugenehmigungsbehörde befristet auf drei Jahre eine Genehmigung, ein ehemaliges LPG-Gebäude zu Verkaufszwecken zu nutzen. Zugleich ist damit die Auflage verbunden, die Nutzung nach Errichtung des neuen Warenhauses einzustellen und das LPG-Gebäude abzubrechen.

4. Widerrufsvorbehalt

Der Widerrufsvorbehalt stellt die Baugenehmigung unter den Vorbehalt eines späteren Widerrufs (§ 36 II Nr. 3 VwVfG). Auflagen- und Widerrufsvorbehalt stehen nicht im Belieben der Behörde, sondern bedürfen sachlicher Gründe, die in der Regel in dem Bescheid darzulegen sind, wenn sie sich nicht aus sich selbst heraus begründen. Der Widerrufsvorbehalt kommt insbesondere dann in Betracht, wenn zurzeit der Genehmigung des 2261

---

[88] *Upmeier* Zulässigkeit von Vorhaben HdBöffBauR Kap. A Rdn. 85; zu Auslegung, Bindung, Widerruf und Anfechtung von den Genehmigungen zu Grunde liegenden Anträgen *Kluth* NVwZ 1990, 608.
[89] *Ehlers* VerwArch. 67 (1976), 369; *Weyreuther* DVBl. 1984, 365.
[90] Zu weiteren Einzelheiten *Grotefels* in: *Hoppe/Bönker/Grotefels* § 15 Rdn. 44.
[91] Zum Baurecht auf Zeit s. Rdn. 402.

5. Abgrenzung

2262 Die Abgrenzung der einzelnen Arten von Nebenbestimmungen bietet in der Praxis nicht selten Schwierigkeiten. Es ist dabei nicht auf die Bezeichnung der Nebenbestimmung, sondern auf ihren Inhalt abzustellen.

2263 Im Gegensatz zu den vorgenannten Nebenbestimmungen stellt die **modifizierende Auflage** einen wesentlichen Inhalt der Baugenehmigung dar. Die modifizierende Auflage ändert sozusagen den Bauantrag als die Basis der Baugenehmigung ab. Die ursprünglich beantragte Genehmigung wird teilweise versagt und gleichzeitig ein anderes, so nicht beantragtes Vorhaben genehmigt. In derartigen Fällen wird eine **modifizierte Genehmigung** erteilt, die zumindest teilweise von dem ursprünglichen Bauantrag abweicht.

Beispiel: Der Bauherr beantragt ein dreigeschossiges Gebäude mit Flachdach. Die modifizierte Genehmigung betrifft ein zweigeschossiges Gebäude mit Satteldach und ausgebautem Dachgeschoss.

VI. Besondere Arten der Baugenehmigung

2264 In den Landesbauordnungen sind besondere Arten der Baugenehmigung geregelt, zu denen der Bauvorbescheid,[92] vor allem in der Sonderform der Bebauungsgenehmigung, die Teilbaugenehmigung, die Typengenehmigung, die Benutzungsgenehmigung und die Genehmigung „Fliegender Bauten" gehören.

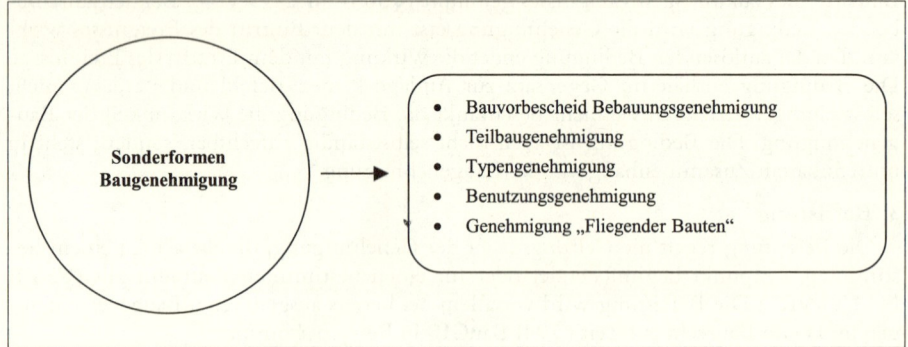

1. Bauvorbescheid

2265 Zur Klärung bestimmter Fragen, die in der Baugenehmigung zu entscheiden sind, kann eine Bauvoranfrage gestellt werden.[93] Sie wird durch **Bauvorbescheid** beschieden. Die Bauvoranfrage dient dazu, bereits vor endgültiger Bescheidung des Bauantrages einzelne Fragen der Zulässigkeit des Bauvorhabens zu klären. Vielfach wird eine solche Bauvoranfrage zur Klärung der Frage der Bebaubarkeit des Grundstücks überhaupt gestellt.[94] Die planungsrechtliche Zulässigkeit des Vorhabens kann durch eine Bebauungsgenehmigung bestätigt werden. Mit der Bauvoranfrage können aber auch andere Teilfragen der Zulässigkeit des Vorhabens geklärt werden. Der Entscheidungsgegenstand wird dabei durch den Antrag bestimmt. Dies gilt vor allem auch hinsichtlich der Detailschärfe, die

---

[92] *Upmeier* Zulässigkeit von Vorhaben HdBöffBauR Kap. A Rdn. 96. Zum Verhältnis von Bauvorbescheid und Baugenehmigung *OVG Münster*, B. v. 9. 12. 1996 – 11a B 1710/96.NE – NVwZ 1006.
[93] *Drescher* Rechtsprobleme des baurechtlichen Vorbescheids 1993; *Goerlich* NVwZ 1985, 90; *Jarass* UPR 1983, 241; *Ortloff* NVwZ 1983, 705; *Schenke* VBlBW 1985, 442; *ders.* DÖV 1980, 489; *Schneider* BauR 1988, 13.
[94] Zur Prüfung des Landschaftsschutzes in einem Bauvorbescheidsverfahren für ein Vorhaben in einem festgesetzten Landschaftsschutzgebiet *BVerwG*, Urt. v. 19. 4. 1985 – C 25.84 – UPR 1985, 424.

dem positiven Bauvoranfragebescheid zukommt. Allerdings muss der jeweilige Antrag den **Bestimmtheitsanforderungen** genügen.

Beispiel: Bezieht sich der Vorbescheidsantrag auf die Frage der verkehrlichen Erschließungssicherung, so ist dieser bei einem Fachmarkt mit ca. 700 qm und ca. 130 Stellplätzen nur bescheidungsfähig, wenn die Art und Weise des Anschlusses an die öffentliche Verkehrsfläche im Vorbescheidsantrag und den beigefügten Bauvorlagen hinreichend bestimmt dargestellt wird.[95]

Die **Bebauungsgenehmigung**[96] ist ihrem Wesen nach ein Ausschnitt aus dem feststellenden Teil der Baugenehmigung, der die Frage der bodenrechtlichen Bebauungsfähigkeit eines Grundstücks regelt.[97] Damit nimmt der Vorbescheid bereits einen Teil der sachlichen Prüfung des Baugenehmigungsverfahrens vorweg und regelt ihn abschließend. Seiner Rechtsnatur nach ist der **Vorbescheid** ein **feststellender Verwaltungsakt** und ein vorweggenommener Teil der Baugenehmigung. Die Vorschriften über die Baugenehmigung sind daher weitgehend auf den Vorbescheid anwendbar. Allerdings enthält der Bauvorbescheid noch keine Freigabe der Ausführung. Hierzu bedarf es vielmehr einer abschließenden Baugenehmigung.[98] Ist ein Bauvorbescheid noch nicht bestandskräftig, so ist in dem gegen die spätere Baugenehmigung gerichteten Anfechtungsprozess des Nachbarn auch die im Vorbescheid bejahte bebauungsrechtliche Zulässigkeit des Vorhabens Gegenstand der gerichtlichen Kontrolle.[99] Ficht der Nachbar bei noch nicht bestandskräftigem Vorbescheid richtigerweise auch die Baugenehmigung an, so ist bei deren gerichtlicher Prüfung zu beachten, dass die Baugenehmigung nicht nur feststellend die weiteren Fragen der baurechtlichen Zulässigkeit des Vorhabens beantwortet, die nicht schon Gegenstand des Vorbescheides waren, sondern darüber hinaus verfügend die Durchführung des Bauvorhabens – und zwar in seinem gesamten Umfang – freigibt. Diese Verfügung ist nur rechtmäßig, wenn alle einschlägigen bauplanungs- und bauordnungsrechtlichen Einzelfragen zu Gunsten des Antragstellers zu beantworten sind. Durch den verfügenden Teil der Baugenehmigung darf daher das Bauen nicht freigegeben werden, ohne dass durch den feststellenden Teil der Baugenehmigung über die bebauungsrechtliche Zulässigkeit des Vorhabens entschieden wird. Was prüffähiger Inhalt eines Vorbescheides als eines „vorweggenommenen" Teils einer späteren Baugenehmigung sein kann, entscheidet ausschließlich das Landesrecht. Dem gemäß bestimmt sich nach Landesrecht, was als „einzelne Frage" im Sinne eines beantragten Vorbescheides anzusehen ist. Das Bundesrecht nimmt auch auf die Frage keinen Einfluss, was ein etwa notwendiger Inhalt eines Vorbescheides zu sein hat.[100]

Die positive Bescheidung der Bauvoranfrage hat **Bindungswirkungen** für das nachfolgende Baugenehmigungsverfahren. Ein Bauvorbescheid, der die bauplanungsrechtliche Zulässigkeit eines Vorhabens feststellt und ein vorweggenommener Teil der Baugenehmigung ist, setzt sich gegenüber nachfolgenden Rechtsänderungen durch das In-Kraft-Treten einer Veränderungssperre oder eines Bebauungsplans durch.[101] Als vorweggenommener Teil der Baugenehmigung wirkt der Vorbescheid ebenso wie die Baugenehmigung für und gegen den Rechtsnachfolger. Die Bebauungsgenehmigung ist nicht Zusage, sondern teilweise Genehmigung. Sie erfasst die bodenrechtliche Zulässigkeit eines bestimmten Vorha-

---

[95] *OVG Münster*, Urt. v. 7. 6. 1999 – 10 A 828/99 – (unveröffentlicht).
[96] *BVerwG*, Urt. v. 23. 5. 1975 – IV C 28.72 – BVerwGE 48, 242 = *Hoppe/Stüer* RzB Rdn. 299; Urt. v. 9. 12. 1983 – 4 C 44.80 – BVerwGE 68, 241.
[97] *BVerwG*, Urt. v. 9. 12. 1983 – 4 C 44.80 – BVerwGE 68, 241 = BauR 1984, 189 = NJW 1984, 1474 = *Hoppe/Stüer* RzB Rdn. 300 – Bebauungsgenehmigung.
[98] *BVerwG*, Urt. v. 23. 5. 1975 – IV C 28.74 – BVerwGE 48, 242 = *Hoppe/Stüer* RzB Rdn. 299.
[99] *BVerwG*, Urt. v. 9. 12. 1983 – 4 C 44.80 – BVerwGE 68, 241 – Bebauungsgenehmigung.
[100] *BVerwG*, B. v. 27. 9. 2000 – 4 B 61.00 – Buchholz 406.17 Bauordnungsrecht Nr. 71 = BRS 63 Nr. 175 (2000) = ZfBR 2001, 501.
[101] *BVerwG*, Urt. v. 3. 2. 1984 – 4 C 39.82 – BVerwGE 69, 1 = DVBl. 1984, 629 = BauR 1984, 384 = DÖV 1984, 852 = *Hoppe/Stüer* RzB Rdn. 301 – Veränderungssperre.

bens nach Planungsrecht.¹⁰² Die Bindungswirkung kann nach allgemeinen Verfahrensgrundsätzen durch Rücknahme (§ 48 VwVfG) oder Widerruf (§ 49 VwVfG) beseitigt werden. Ist der Bauvorbescheid noch nicht erteilt, so erzeugt die Verpflichtung der Behörde zum Erlass eines Bauvorbescheides allerdings keine vergleichbare Bindungswirkung. Eine inzwischen eingetretene Rechtsänderung kann die Behörde mit der Vollstreckungsgegenklage geltend machen.¹⁰³ Gegenüber der Vollstreckung aus einem rechtskräftigen Verpflichtungsurteil auf Erteilung einer Bebauungsgenehmigung kann die Behörde die Vollstreckungsabwehrklage darauf stützen, dass nach Rechtskraft des Verpflichtungsurteils ein der Genehmigungserteilung entgegenstehender Bebauungsplan in Kraft getreten ist.¹⁰⁴

2268   Der **Inhalt** einer noch nicht bestandskräftigen Bebauungsgenehmigung muss in der Baugenehmigung erneut geregelt werden. Eine Baugenehmigung, die keinen anders lautenden Zusatz enthält, genügt diesen Anforderungen. Sie ist im Hinblick auf die Bebauungsgenehmigung ein Zweitbescheid. Eine schon bestandskräftige Bebauungsgenehmigung braucht hingegen aus bundesrechtlicher Sicht nur redaktionell in die Baugenehmigung übernommen zu werden.¹⁰⁵ Mit der Erteilung der Baugenehmigung wird ein zuvor erteilter Bauvorbescheid nicht automatisch gegenstandslos. Zwar wird der Inhalt einer noch nicht bestandskräftigen Bebauungsgenehmigung in der Baugenehmigung erneut geregelt.¹⁰⁶ Die Bebauungsgenehmigung hat jedoch gleichwohl eigene Rechtswirkungen.¹⁰⁷ Bei der Erteilung der Baugenehmigung ist die Behörde gegenüber dem Bauherrn an den Inhalt der Bebauungsgenehmigung gebunden. Einem Dritten (Nachbarn) gegenüber besteht diese Bindung nur, soweit die Bebauungsgenehmigung ihm gegenüber bei der Erteilung der Baugenehmigung bestandskräftig war.¹⁰⁸ Bundesrechtlich ist nicht geregelt, dass die Bebauungsgenehmigung von der später erteilten Baugenehmigung konsumiert wird. Es wäre vielmehr Sache des landesrechtlichen Bauordnungsrechts, ggf. eine Regelung zu treffen, nach der sich ein Bauvorbescheid mit der Erteilung der Baugenehmigung erledigt.¹⁰⁹ Eine Bebauungsgenehmigung wird auch nicht dadurch wirkungslos, dass das Grundstück inzwischen anders bebaut ist. Dies gilt jedenfalls dann, wenn ein Abbruch des inzwischen errichteten Gebäudes möglich ist und dadurch das ursprünglich beantragte Vorhaben verwirklicht werden kann.

Beispiel: Die Baugenehmigungsbehörde erteilt dem Bauherrn eine Bebauungsgenehmigung für die Errichtung eines großen Freizeitbades mit einem Investitionsvolumen von ca. 15 Mio. Euro. Der Nachbar legt gegen die Bebauungsgenehmigung Widerspruch ein und rügt die Verletzung des Gebotes der nachbarlichen Rücksichtnahme. Zwischenzeitlich wird das Grundstück mit einigen Garagen und einem Verwaltungsgebäude bebaut. Die Bebauungsgenehmigung ist durch die inzwischen erfolgte anderweitige Bebauung des Grundstücks nicht wirkungslos geworden, da die Bausubstanz abgebrochen und hierdurch das ursprüngliche Vorhaben verwirklicht werden könnte. Der Nachbar verliert daher auch dann nicht das Rechtsschutzinteresse für eine Nachbarklage gegen die Bebauungsgenehmigung oder eine inzwischen erteilte Baugenehmigung, wenn die Verwirklichung der

---

¹⁰² *BVerwG*, Urt. v. 23. 5. 1975 – IV C 28.72 – BVerwGE 48, 242 = *Hoppe/Stüer* RzB Rdn. 299 – Bebauungsgenehmigung.
¹⁰³ *BVerwG*, Urt. v. 26. 10. 1984 – 4 C 53.80 – BVerwGE 70, 227 = NVwZ 1985, 563 = BauR 1985, 176 = DVBl. 1985, 392 = *Hoppe/Stüer* RzB Rdn. 302 – Vollstreckungsabwehrklage; *Grotefels* in: *Hoppe/Bönker/Grotefels* § 15 Rdn. 59.
¹⁰⁴ *BVerwG*, Urt. v. 26. 10. 1984 – 4 C 53.80 – BVerwGE 70, 227 = NVwZ 1985, 563 = BauR 1985, 176 = DVBl. 1985, 392 = *Hoppe/Stüer* RzB Rdn. 302 – Vollstreckungsabwehrklage.
¹⁰⁵ *BVerwG*, Urt. v. 17. 3. 1989 – 4 C 14.85 – BauR 1989, 454 = DVBl. 1989, 673 = NVwZ 1989, 963 = ZfBR 1989, 170 = DÖV 1990, 37 = *Hoppe/Stüer* RzB Rdn. 304 – Bindungswirkung Bebauungsgenehmigung.
¹⁰⁶ *BVerwG*, Urt. v. 17. 3. 1989 – 4 C 14.85 – DVBl. 1989, 673 = NVwZ 1989, 863.
¹⁰⁷ *BVerwG*, Urt. v. 9. 2. 1995 – 4 C 23.94 – DVBl. 1995, 760 = NVwZ 1995, 894 – Freizeitbad Köln.
¹⁰⁸ *BVerwG*, Urt. v. 17. 3. 1989 – 4 C 14.85 – DVBl. 1989, 673 = NVwZ 1989, 863.
¹⁰⁹ *BVerwG*, Urt. v. 9. 2. 1995 – 4 C 23.94 – DVBl. 1995, 760 = NVwZ 1995, 894 – Freizeitbad Köln.

ursprünglichen Konzeption wirtschaftlich unsinnig wäre. Die Beurteilung der wirtschaftlichen Auswirkungen seines Handelns obliegt vielmehr ausschließlich dem Bauherrn.[110]

2. Teilbaugenehmigung

Der Beginn von Bauarbeiten kann durch eine Teilbaugenehmigung gestattet werden. Im Unterschied zum Vorbescheid enthält die Teilbaugenehmigung eine **endgültige Entscheidung** über die Zulässigkeit zumindest eines Teils des Bauvorhabens und gibt seine Ausführung frei. Teilbaugenehmigungen werden etwa für den Bodenaushub oder die Ausführung einzelner Bauteile oder Bauabschnitte erlassen. Die Teilbaugenehmigung setzt voraus, dass ein Bauantrag für das gesamte Vorhaben bereits eingereicht ist und ein **positives Gesamturteil** über die Verwirklichungsfähigkeit des gesamten Vorhabens möglich ist. Dabei können allerdings noch einzelne Unterlagen wie etwa statische Nachweise für weitere Bauabschnitte nachgereicht werden. Die Teilbaugenehmigung dient vor allem dazu, den Beginn der Bauausführung für einzelne Vorhabenteile bereits zuzulassen, obwohl die Entscheidung über die Freigabe weiterer Bauteile etwa wegen noch nachzureichender Unterlagen noch nicht getroffen werden kann. Die Entscheidung über eine Teilbaugenehmigung steht im Ermessen der Behörde. Der Bauherr hat allerdings einen Anspruch auf fehlerfreie Ermessensausübung (§ 40 VwVfG). Die Teilbaugenehmigung entfaltet in der Reichweite ihrer Regelungen die gleichen Wirkungen wie die endgültige Baugenehmigung. Außerdem ergeben sich aus der Teilbaugenehmigung **Bindungswirkungen**. Die Baugenehmigungsbehörde ist an die vorentschiedenen Fragen in dem Sinne gebunden, dass sie bei der Entscheidung über weitere Bauabschnitte davon nicht abweichen darf. Die Teilbaugenehmigung kann daher vergleichbare Vertrauenswirkungen wie der Vorbescheid erzeugen.

2269

3. Typengenehmigung

Die Landesbauordnungen sehen vielfach sog. Typengenehmigungen vor. Sie werden auf schriftlichen Antrag von der dafür zuständigen Behörde für bauliche Anlagen erteilt, die **in derselben Ausführung** an mehreren Stellen zu verschiedenen Zeiten errichtet werden sollen. Es fallen hierunter etwa Fertighäuser, Fertiggaragen, Gewächshäuser, Bohrtürme, Masten oder Windkrafträder. Die Typengenehmigung ist – dem Vorbescheid vergleichbar – ein vorweggenommener Teil der Baugenehmigung. Gegenstand der Typengenehmigung ist die bauordnungsrechtliche Beurteilung des Vorhabens. Auch hier wird allerdings die Baufreigabe nicht vorweggenommen. Zudem ist die bauplanungsrechtliche Beurteilung offen und von den jeweiligen Standorten und dem dort geltenden Planungsrecht abhängig. Die Entscheidung über die Typengenehmigung steht im Ermessen der Behörde. Die Typengenehmigung bedarf der Schriftform und kann unter Widerrufsvorbehalt oder befristet erfolgen. Die Typengenehmigung kann auch in anderen Ländern nach Maßgabe der jeweiligen Landesbauordnungen Bindungswirkungen erzeugen.

2270

4. Benutzungsgenehmigung

Einzelne bauliche Anlagen wie etwa Heizungen, Wärmepumpen und Abwasseranlagen bedürfen keiner vorherigen Baugenehmigung. Erst nach Fertigstellung oder Änderung der Anlage ist vor ihrer Benutzung aufgrund einer **Bauzustandsbesichtigung** eine Benutzungsgenehmigung zu erteilen. Die entsprechenden Vorschriften der Landesbauordnungen sollen zu einer Vereinfachung, Beschleunigung und Entlastung des Baugenehmigungsverfahrens beitragen.

2271

5. Genehmigung „Fliegender Bauten"

Besonderheiten gelten für „Fliegende Bauten". Es handelt sich dabei um bauliche Anlagen, die geeignet und bestimmt sind, an verschiedenen Orten wiederholt aufgestellt und

2272

---

[110] *BVerwG*, Urt. v. 9. 2. 1995 – 4 C 23.94 – DVBl. 1995, 760 = NVwZ 1995, 894 – Freizeitbad Köln.

zerlegt zu werden, wie etwa Fest- und Zirkuszelte, Karussells oder ähnliche zugängliche Einrichtungen etwa auf Jahrmärkten. Baustelleneinrichtungen und Baugerüste gelten allerdings nicht als „Fliegende Bauten". Derart vorübergehend aufgestellte Anlagen gelten nicht als bauliche Anlagen i. S. des § 29 I BauGB, weil ihnen die städtebauliche Relevanz fehlt. Gleichwohl sind solche Anlagen vor allem wegen der möglichen Gefährdung von Besuchern in bauordnungsrechtlicher Hinsicht von Bedeutung. „Fliegende Bauten" bedürfen daher, bevor sie erstmals aufgestellt und in Gebrauch genommen werden, einer **Ausführungsgenehmigung (Herstellungsgenehmigung)**. Dies gilt in der Regel nicht für untergeordnete Bauten, an die besondere Standsicherheitsanforderungen nicht zu stellen sind und die von Besuchern nicht betreten werden. Die Ausführungsgenehmigung wird von der zuständigen Bauaufsichtsbehörde für eine bestimmte Frist erteilt und in ein Prüfbuch eingetragen. „Fliegende Bauten" dürfen unbeschadet anderer Vorschriften nur in Gebrauch genommen werden, wenn ihre Aufstellung der Bauaufsichtsbehörde des Aufstellungsortes unter Vorlage des Prüfbuches angezeigt ist und die „Fliegenden Bauten" von ihr abgenommen worden sind. Das Ergebnis dieser **Gebrauchsabnahme** ist in dem Prüfbuch zu vermerken. Die Gebrauchsabnahme, mit der die örtlich zuständige Baugenehmigungsbehörde Aufstellung und Betrieb freigibt, kann bei Bedarf unter Auflagen oder sonstigen Nebenbestimmungen erfolgen.

6. Rücknahme und Widerruf der Baugenehmigung

2273   Eine **rechtswidrige Baugenehmigung** kann unter den Voraussetzungen des § 48 VwVfG zurückgenommen werden. Eine rechtmäßige Baugenehmigung kann nach § 48 VwVfG widerrufen werden. Da die Baugenehmigung aus der Sicht des Bauherrn regelmäßig einen begünstigenden Verwaltungsakt darstellt, darf sie nur unter den Voraussetzungen des § 48 II VwVfG zurückgenommen werden. Ein Widerruf der Baugenehmigung kann nach § 49 VwVfG nach Unanfechtbarkeit nur für die Zukunft erfolgen. Dabei sind die zusätzlichen Anforderungen des § 49 II VwVfG zu beachten. Vor allem kann sich das Erfordernis eines teilweisen Widerrufs bei nachträglichen Anforderungen aufgrund einer geänderten Sach- oder Rechtslage ergeben. So könnte etwa ein heranrückendes Wohngebiet[111] Veranlassung sein, an einen Gewerbebetrieb durch nachträgliche Auflagen zusätzliche Anforderungen an den Immissionsschutz zu stellen. Eine Baugenehmigung kann auch teilweise zurückgenommen oder widerrufen werden, wenn sie teilbar ist. Es muss der herauszulösende Teil eindeutig beschrieben werden und vom Gesamtvorhaben räumlich-gegenständlich oder innerhalb des rechtlichen Gefüges der Genehmigung abgrenzbar sein. Zudem muss der verbleibende Teil noch ein sinnvoll nutzbares Vorhaben umfassen. Dagegen kommt es nicht darauf an, dass der Bauherr ursprünglich das gesamte Vorhaben verwirklichen wollte und daher den verbleibenden Teil nicht isoliert beantragt hat. Die Teilbarkeit einer Baugenehmigung muss rechtlich sowohl im Zeitpunkt, auf den sich die Wirkung der Teilrücknahme oder des Teilwiderrufes bezieht, als auch in dem Zeitpunkt des Erlasses des Rücknahmebescheides bestehen. Jedoch sind spätere die Teilbarkeit betreffende Rechtsänderungen im gerichtlichen Verfahren zu berücksichtigen.[112]

---

[111] Zum Rechtsschutz *OVG Greifswald*, Urt. v. 9. 2. 1999 – 3 M 133/98 – VwRR MO 1999, 302 – Milchviehanlage; *OVG Münster*, B. v. 2. 2. 1999 – 10 B 2558/98 – (unveröffentlicht) – Lärmschutzwand.
[112] *OVG Berlin*, Urt. v. 16. 1. 1998 – 2 S 15.97 – UPR 1998, 320.

C. Planungsrechtliche Zulässigkeit von Vorhaben

Die planungsrechtliche Zulässigkeit von Vorhaben ist in den §§ 29 bis 38 BauGB geregelt.[1]   2274

1. Teil. Planungsrechtliche Genehmigungstatbestände im Überblick

Nach § 29 I BauGB gelten für Vorhaben, welche die Errichtung, Änderung oder Nutzungsänderung von baulichen Anlagen zum Inhalt haben, die §§ 30 bis 37 BauGB. Unter die danach genehmigungsbedürftigen Vorhaben fallen auch Nutzungsänderungen, wenn sie eine planungsrechtliche Relevanz haben. Das ist dann der Fall, wenn sich bei der beabsichtigten Nutzungsänderung die Genehmigungsfrage neu stellt. Die planungsrechtliche Zulässigkeit solcher Vorhaben beurteilt sich sodann nach den §§ 30 bis 37 BauGB. Das Gesetz unterscheidet dabei drei Bereiche: 2275
– Vorhaben im Geltungsbereich eines qualifizierten Bebauungsplans (§ 30 I BauGB),
– Vorhaben im nichtbeplanten Innenbereich (§ 34 BauGB) und
– Vorhaben im Außenbereich (§ 35 BauGB).

I. Qualifizierter Bebauungsplan nach § 30 I BauGB und vorhabenbezogener Bebauungsplan (§ 30 II BauGB)

Im Geltungsbereich eines qualifizierten Bebauungsplans ist ein Vorhaben zulässig, wenn es den Festsetzungen des Bebauungsplans nicht widerspricht und die Erschließung gesichert ist (§ 30 I BauGB). Für die planungsrechtliche Zulässigkeit von Vorhaben sind daher die Festsetzungen des qualifizierten Bebauungsplans maßgeblich. Stehen diese dem Vorhaben nicht entgegen und ist die Erschließung gesichert, ist es nach § 30 I BauGB planungsrechtlich zulässig. Ausnahmen und Befreiungen sind unter den Voraussetzungen des § 31 I und II BauGB genehmigungsfähig. Während der Planaufstellung ist eine Genehmigung (auch) bei formeller (§ 33 I BauGB) oder materieller (§ 33 II BauGB) Planreife möglich. Neben den qualifizierten Bebauungsplan tritt der vorhabenbezogene Bebauungsplan, der auf der Grundlage eines Vorhaben- und Erschließungsplans und eines Durchführungsvertrages erlassen wird. In diesem Fall richtet sich die Zulässigkeit von Vorhaben nach den Ausweisungen des vorhabenbezogenen Bebauungsplans (§ 30 II BauGB).   2276

II. Nichtbeplanter Innenbereich nach § 34 BauGB

Nach § 34 I BauGB ist ein Vorhaben innerhalb der im Zusammenhang bebauten Ortsteile zulässig, wenn es sich nach Art und Maß der baulichen Nutzung, der Bauweise und der Grundstücksfläche, die überbaut werden soll, in die Eigenart der näheren Umgebung einfügt und die Erschließung gesichert ist. Die Anforderungen an gesunde Wohn- und   2277

---

[1] Zur planungsrechtlichen Zulässigkeit von Vorhaben *Bielenberg* BBauBl. 1977, 473; *Birk* DVBl. 1992, 702; *Blümel* VerwArch. 83 (1992), 146; *Bönker* DVBl. 1993, 134; *Erbguth/Stollmann* NuR 1993, 249; *Hoppe* NJW 1978, 1229; *Huber* NVwZ 1986, 279; *Kniep* GewArch. 1983, 149; *Krieger* RdE 1995, 155; *Kronke* UPR 1992, 10; *Lenz* BauR 1987, 1; *ders.* ZfBR 1986, 14; *ders.* ZfBR 1987, 132; *Mampel* UPR 1995, 328; *von Mutius* VerwArch. 65 (1974), 201; *ders.* Jura 1989, 245; *Olbert* ArchivPT 1993, 399; *Ronellenfitsch* VerwArch. 75 (1984), 407; *Schink* DVBl. 1987, 545; *Schlichter* AgrarR 1985, 245; *Sendler* BBauBl. 1968, 12; *Sommer* ZfBR 1990, 54; *Spindler* NVwZ 1992, 125; *Upmeier* Zulässigkeit von Vorhaben nach Bauplanungs- und Bauordnungsrecht in: HdBöffBauR Kap. A; *Veelken* BauR 1993, 149; *Ziekow* NVwZ 1991, 345.

```
┌─────────────────────────────────┐      ┌─────────────────────────────────┐
│  Anwendungsvoraussetzungen      │      │   Bebauungsplan § 30 BauGB      │
│         § 29 BauGB              │      │ • qualifizierter Bebauungsplan  │
│                                 │      │   (§ 30 I BauGB)                │
│ • Vorhaben (§ 29 BauGB)         │      │ • vorhabenbezogener Bebauungsplan│
│ • keine privilegierte Fachplanung│     │   (§ 30 II BauGB)               │
│   (§ 38 BauGB)                  │      │ • einfacher Bebauungsplan       │
│                                 │      │   (§ 30 III BauGB i.V.m. §§ 34, 35 BauGB)│
│                                 │      │   Abweichungen § 31 BauGB       │
│                                 │      │ • Ausnahmen (§ 31 I BauGB)      │
│                                 │      │ • Befreiungen (§ 31 II BauGB)   │
│                                 │      │   Planreife (§ 33 BauGB)        │
│                                 │      │ • formelle Planreife (§ 33 I BauGB)│
│                                 │      │ • materielle Planreife (§ 33 II BauGB)│
└─────────────────────────────────┘      └─────────────────────────────────┘
                       \                    /
                        ┌──────────────────────┐
                        │ Planungsrechtliche   │
                        │ Zulässigkeit         │
                        │ von Vorhaben         │
                        │ (§§ 29 bis 37 BauGB) │
                        └──────────────────────┘
                       /                    \
┌─────────────────────────────────┐      ┌─────────────────────────────────┐
│  nicht beplanter Innenbereich   │      │   Außenbereich § 35 BauGB       │
│         § 34 BauGB              │      │ • privilegierte Vorhaben        │
│ • Anwendung (§ 34 I BauGB)      │      │   (§ 35 I BauGB)                │
│ • Zulässigkeit (§ 34 I, II BauGB)│     │ • nicht privilegierte Vorhaben  │
│ • keine schädlichen Auswirkungen auf│  │   (§ 35 II BauGB)               │
│   zentrale Versorgungsbereiche (§ 34 III│ • teilprivilegierte Vorhaben  │
│   BauGB)                        │      │   (§ 35 IV BauGB)               │
│ • Innenbereichssatzungen        │      │ • Außenbereichssatzungen (§ 35 VI│
│   (§ 34 IV BauGB)               │      │   BauGB)                        │
└─────────────────────────────────┘      └─────────────────────────────────┘
```

Arbeitsverhältnisse müssen gewahrt bleiben; das Ortsbild darf nicht beeinträchtigt werden. Die Vorschrift ist für Vorhaben anzuwenden, die in einem im Zusammenhang bebauten Ortsteil liegen und für die kein qualifizierter Bebauungsplan (§ 30 I BauGB) und kein vorhabenbezogener Bebauungsplan besteht. Neben einfachen Bebauungsplänen (§ 30 III BauGB) ist für ein Vorhaben im nichtbeplanten Innenbereich § 34 BauGB ergänzend anzuwenden.[2]

2278 Ein Vorhaben liegt in einem **im Zusammenhang bebauten Ortsteil**, wenn das Grundstück, auf dem gebaut werden soll, einem Bebauungszusammenhang zurechnet, der zu einem Ortsteil gehört. Aus der Umgebung, zu der auch das Baugrundstück selbst rechnet, ist ein Rahmen zu entnehmen, der sich nach der tatsächlich vorhandenen Bebauung und Nutzung richtet. Der aus der Umgebung hervorgehende Rahmen für die bauliche Nutzung ist bei einheitlicher Umgebung eng, bei unterschiedlicher Umgebung weit. Hält sich ein Vorhaben innerhalb des Umgebungsrahmens, so fügt es sich grundsätzlich

---

[2] *Fickert* BauR 1985, 1; *von der Heide* der landkreis 1988, 220; *Lenz* ZfBR 1986, 14; *Scharmer* Das Bebauungsrecht im unbeplanten Innenbereich 1992; *Schlichter* Bauen im Planbereich, im unbeplanten Innenbereich und im Außenbereich 1978; *Schmidt-Aßmann* JuS 1981, 731; *Ziergert* BauR 1974, 15, 138; *Zoubeck/Menke* UPR 1984, 249.

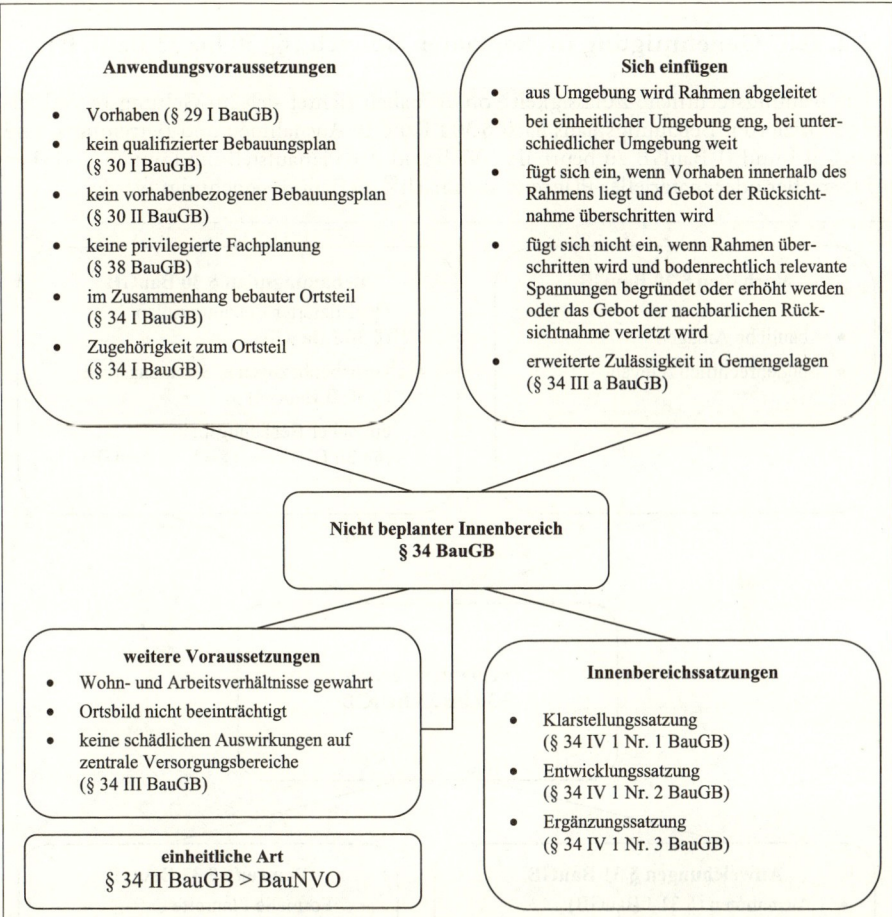

ein. Allerdings ist das Gebot der nachbarlichen Rücksichtnahme zu beachten. Wird der aus der Umgebung hervorgehende Rahmen überschritten, so fügt sich das Vorhaben nicht ein, wenn bodenrechtlich beachtliche Spannungen begründet oder erhöht werden[3] oder gegen das Gebot der nachbarlichen Rücksichtnahme verstoßen wird.

III. Außenbereich nach § 35 BauGB

Liegt das Vorhaben nicht im Geltungsbereich eines qualifizierten Bebauungsplans (§ 30 I BauGB) oder eines vorhabenbezogenen Bebauungsplans (§ 30 II BauGB) und ist es auch nicht einem nichtbeplanten Innenbereich (§ 34 BauGB) zuzuordnen, so ist die planungsrechtliche Beurteilung solcher Vorhaben nach § 35 BauGB vorzunehmen. § 35 BauGB unterscheidet dabei zwischen den **privilegierten Außenbereichsvorhaben** nach § 35 I BauGB und den **nichtprivilegierten Außenbereichsvorhaben** nach § 35 II BauGB, bei denen wiederum die in § 35 III BauGB genannten Belange beeinträchtigt sein können. § 35 IV BauGB enthält für bestimmte Vorhaben sog. **Teilprivilegierungen**, bei denen bestimmte öffentliche Belange nicht als beeinträchtigt gelten.

---

[3] *BVerwG*, B. v. 25. 3. 1999 – 4 B 15.99 – DVBl. 1999, 1293 = UPR 1999, 352 = ZfBR 1999, 279 – nachträglicher Ausschluss von Nutzungen.

2. Teil. Genehmigung im beplanten Bereich (§§ 30 bis 33 BauGB)

2280 Die planungsrechtliche Zulässigkeit von Vorhaben richtet sich im Geltungsbereich eines qualifizierten Bebauungsplans nach § 30 I BauGB. Ausnahmen und Befreiungen sind nach § 31 I und II BauGB zu beurteilen. Während der Planaufstellung können Vorhaben bei formeller oder materieller Planreife auch nach § 33 BauGB genehmigt werden.

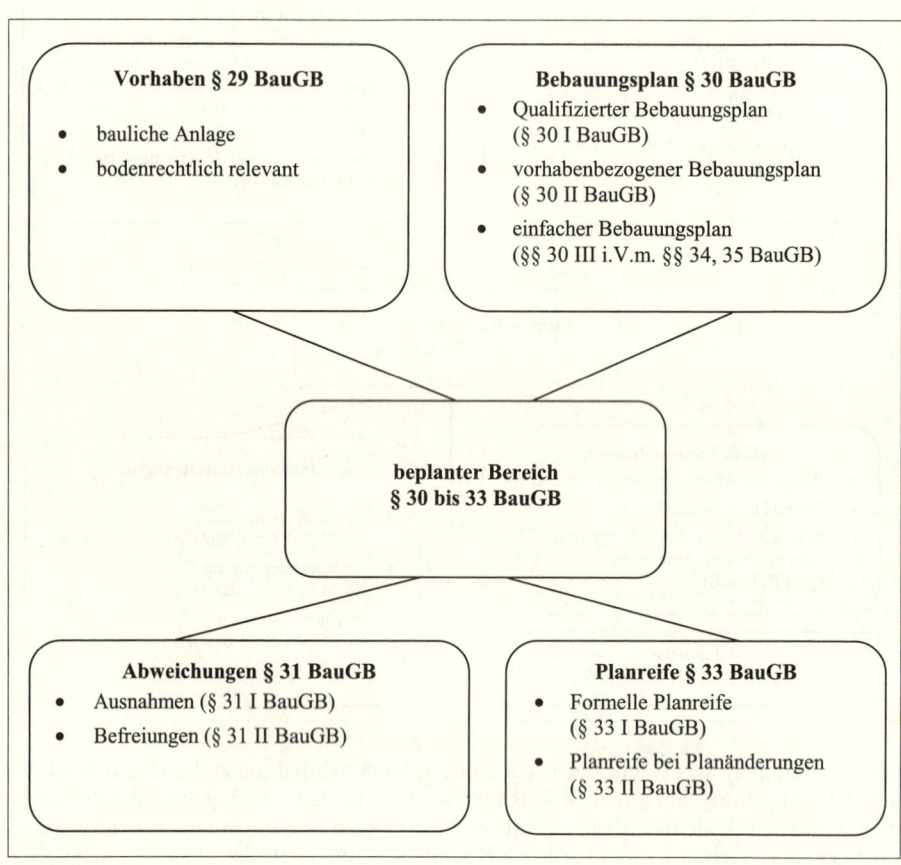

I. Vorhaben nach § 29 I BauGB

2281 Die planungsrechtlichen Zulässigkeitsvorschriften der §§ 30 bis 37 BauGB gelten für Vorhaben i. S. des § 29 I BauGB.[4] Unter den **Begriff der baulichen Anlage** i. S. von § 29 I BauGB fallen alle Anlagen, die in einer auf Dauer gedachten Weise künstlich mit dem Erdboden verbunden werden und infolgedessen die in § 1 V und VI BauGB genannten Belange in einer Weise berühren können, die geeignet ist, das Bedürfnis nach einer ihre Zulässigkeit regelnden verbindlichen Bauleitplanung hervorzurufen.[5]

---

[4] *Löhr* in: Battis/Krautzberger/Löhr § 29 Rdn. 1ff.; *Brügelmann* § 29 Rdn. 1ff.; *Cholewa/David/Dyong/von der Heide* § 29 Rdn. 1ff.; *Zinkahn* in: Ernst/Zinkahn/Bielenberg/Krautzberger § 29 BauGB Rdn. 1ff.; *Gaentzsch* § 29 Rdn. 1ff.; *Schlichter/Stich* BK § 29 Rdn. 1ff.; *Schrödter* § 29 Rdn. 1ff.; *Schütz/Frohberg* § 29 Rdn. 1ff.

[5] BVerwG, Urt. v. 31. 8. 1973 – IV C 33.71 – BVerwGE 44, 59 = *Hoppe/Stüer* RzB Rdn. 296 – Wohnboot als bauliche Anlage.

Beispiel: Ein Holzlagerplatz, bei dem der vorhandene Untergrund abgeschoben und sodann eine Packlage aufgebracht worden ist, wird vom Anwendungsbereich des § 29 BauGB erfasst.[6] Lagerplätze, die allerdings „völlig unbefestigt"[7] sind und „keine den ursprünglichen Zustand verändernde Befestigung"[8] aufweisen oder nicht „mit Baumaterial aufgefüllt oder sonst befestigt" sind,[9] werden vom Anwendungsbereich des § 29 I BauGB nicht erfasst, da es sich bei ihnen nicht um Vorhaben handelt, welche die Merkmale einer baulichen Anlage erfüllen.

Ebenso ist der im Vorhabenbegriff des § 29 I BauGB enthaltene Begriff der **Lagerstätte** weit auszulegen. Er umfasst Grundstücksflächen, auf denen dauerhaft Gegenstände im weitesten Sinne gelagert, d. h. abgelegt oder abgestellt werden.[10] Auch im Übrigen tendiert der Vorhabenbegriff eher zur Weite. Die Umstellung des bisher auf die Winterzeit beschränkten Betriebs einer Alm-Gaststätte für Skiläufer und Wanderer auf einen ganzjährigen Betrieb beispielsweise, der zusätzliche Gäste (Auto- und Bustouristen) anziehen wird, stellt eine städtebaulich erhebliche Nutzungsänderung dar.[11] Wird eine bauliche Anlage i. S. von § 29 I BauGB geändert, so ist Gegenstand der planungsrechtlichen Prüfung das Gesamtvorhaben in seiner geänderten Gestalt.[12] Die bauplanungsrechtliche Prüfung hat sich auf das Vorhaben i. S. von § 29 I BauGB zu beziehen. Dabei kann es sich – in der Begriffsbildung dieser Vorschrift – um die Errichtung, Änderung oder Nutzungsänderung einer baulichen Anlage handeln.[13] **Nutzungsänderungen** fallen unter den Begriff des Vorhabens i. S. des § 29 BauGB, wenn sich die planungsrechtliche Frage neu stellt, also die in § 1 V und VI BauGB benannten Belange anders oder stärker als bisher betroffen sind. Gebäude und Nutzung bilden bei der Beurteilung im planungsrechtlichen Sinne eine Einheit. Beide Bestandteile können nicht voneinander getrennt werden. So kann etwa bei der Prüfung des Vorhabens der (unverändert bleibende) äußere Baukörper bauplanungsrechtlich nicht von der beabsichtigten jeweiligen Nutzung getrennt werden und die Frage nach der Zulässigkeit dieser Nutzungsänderung losgelöst von der vorhandenen Bausubstanz beantwortet werden. Dies folgt aus den vom *BVerwG* zum Begriff des Vorhabens in den §§ 29 ff. BauGB entwickelten Grundsätzen.[14] Vorhaben i. S. dieser Vorschriften ist die bauliche Anlage in ihrer durch die Nutzung bestimmten Funktion als Einheit. Mit einer Änderung der Funktion (des Nutzungszwecks) verliert ein Vorhaben deshalb als Ganzes seine Identität.

Beispiel: Gegenstand der Beurteilung und Genehmigung ist deshalb bei einem Dachgeschossausbau nicht erstens ein Baukörper und zweitens die ihm nunmehr zugedachte Nutzung zu Wohnzwecken, sondern das Dachgeschoss gerade in seiner geänderten Funktion mit der Folge, dass die Zulässigkeit der Nutzungsänderung auch in Hinblick auf das Maß der baulichen Nutzung erneut zu beurteilen ist. Dieser rechtlichen Betrachtungsweise steht nicht entgegen, dass das Gebäude, dessen Dachgeschoss nunmehr zu Wohnzwecken genutzt werden soll, in seinen äußeren Abmessungen bereits bauaufsichtlich genehmigt ist. Denn die Feststellungswirkung der Baugenehmigung verleiht der baulichen Anlage Bestandsschutz nur im Umfang der genehmigten Nutzung.[15] Auch ist etwa die Umwandlung

---

[6] *BVerwG*, B. v. 18. 12. 1995 – 4 B 260.95 – RdL 1996, 65 = UPR 1996, 153 – Holzlagerplatz.
[7] *BVerwG*, Urt. v. 21. 1. 1977 – IV C 28.75 – BRS 32 Nr. 92.
[8] *BVerwG*, Urt. v. 7. 9. 1979 – IV C 45.77 – BRS 35 Nr. 157.
[9] *BVerwG*, Urt. v. 7. 10. 1977 – 4 C 47.75 – BRS 32 Nr. 176.
[10] *BVerwG*, B. v. 29. 6. 1999 – 4 B 44.99 – BauR 1999, 1133 = ZfBR 1999, 284 = UPR 1999, 357; Auch die hüttenähnliche Einhausung eines Holzstapels kann eine bauliche Anlage sein, *BVerwG*, B. v. 10. 8. 1999 – 4 B 57.99 – ZfBR 2000, 214.
[11] *BVerwG*, B. v. 6. 9. 1999 – 4 B 74.99 – ZfBR 2000, 133 = VwRR BY 2000, 140.
[12] *BVerwG*, Urt. v. 14. 5. 1969 – 4 C 19.68 – BVerwGE 34, 1 = *Hoppe/Stüer* RzB Rdn. 401 – Fischereibetrieb Landwirtschaft.
[13] *BVerwG*, Urt. v. 17. 6. 1993 – 4 C 17.91 – Buchholz 406.11 § 34 BauGB Nr. 158 = ZfBR 1994, 37 = BauR 1994, 81 = NVwZ 1994, 294 = *Hoppe/Stüer* RzB Rdn. 361 – Verbrauchermarkt-Erweiterung.
[14] *BVerwG*, Urt. v. 15. 11. 1974 – IV C 32.71 – BVerwGE 47, 185; Urt. 11. 11. 1988 – 4 C 50.87 – Buchholz 406.11 § 35 BauGB Nr. 252.
[15] *BVerwG*, B. v. 30. 1. 1997 – 4 B 172.96 – NVwZ-RR 1997, 519 – Dachgeschossausbau.

von Wohnungen für Aufsichts- und Bereitschaftspersonen sowie für Betriebsleiter und Betriebsinhaber in allgemeine (frei verfügbare) Wohnungen in einem durch gewerbliche und industrielle Nutzungen geprägten Gebiet eine Nutzungsänderung i. S. des § 29 I BauGB, für welche die §§ 30 bis 37 BauGB gelten.[16] Soll etwa ein für den **Großhandel** genehmigtes Gebäude für den **Einzelhandel** genutzt werden, so stellt dies ebenfalls eine Nutzungsänderung i. S. des § 29 BauGB dar.[17] Auch die Umwandlung eines **Kinos** in eine **Spielhalle** ist eine planungsrechtlich relevante Nutzungsänderung.[18]

Beispiel: Die Umwandlung vorhandener Lagerräume in eine Zahnarztpraxis wirft bauplanungsrechtlich die Genehmigungsfrage neu auf, weil bodenrechtliche Belange durch die Aufnahme der veränderten Nutzung neu berührt werden können. Von einer Zahnarztpraxis gehen andere städtebauliche Wirkungen aus als von gewerblichen Lagerräumen. Für ihre Zulässigkeit gelten unterschiedliche bauplanungsrechtliche Regelungen.[19] Auch die Umnutzung eines Kinderheims in ein Altenheim ist eine genehmigungspflichtige Nutzungsänderung i. S. des § 29 BauGB.[20]

2283   Den Begriff der **Erweiterung** kennt das Gesetz nicht. Er ist einer der genannten Vorhabenskategorien zuzuordnen. Denkbar ist, dass sich eine Erweiterung als Errichtung einer weiteren baulichen Anlage darstellt, nämlich wenn es sich um ein selbstständiges, abtrennbares Vorhaben handelt. Fehlt es jedoch an der Abtrennbarkeit, handelt es sich um die Änderung einer baulichen Anlage. Ob sie zulässig ist, kann nicht isoliert geprüft werden. Denn Gegenstand der bauplanungsrechtlichen Beurteilung nach § 29 BauGB ist nicht nur die Absicht oder die Durchführung der Errichtung, Änderung oder Nutzungsänderung einer baulichen Anlage, sondern vor allem das vom Bauherrn angestrebte Ergebnis seiner Baumaßnahme. Insoweit kommt es bei einer Änderung darauf an, ob die geänderte bauliche Anlage den bauplanungsrechtlichen Vorschriften entspricht. Eine Beschränkung auf den hinzukommenden Teil würde außer Acht lassen, dass auch der bereits vorhandene Teil der erweiterten Anlage zur Disposition steht, wenn er in der neuen Gesamtanlage aufgeht. Immer dann, wenn eine Erweiterung zugleich den Bestand der vorhandenen baulichen Anlage verändert, ist eine isolierte Beurteilung nicht möglich. Dies gilt etwa für einen Eingriff in die bestehende Anlage und für eine aus der Erweiterung resultierende Qualitätsveränderung des Bestandes, wenn beispielsweise eine nicht kerngebietstypische Spielhalle kerngebietstypisch wird, ein Einzelhandelsbetrieb die Grenze zur Großflächigkeit überschreitet[21] oder wenn sich die Immissionslage ändert. Ebenso wie bei einer Nutzungsänderung die bauliche Anlage in ihrer geänderten Funktion als Einheit zu prüfen ist,[22] muss bei der Änderung einer baulichen Anlage das Gesamtvorhaben in seiner durch die Erweiterung geänderten Gestalt geprüft werden.

2284   Eine Baugenehmigung, die auf ein Baugesuch zurückgeht, in dem die **Größe des Baugrundstücks** unrichtig angegeben ist, ist nicht i. S. von § 44 II Nr. 4 VwVfG tatsächlich unausführbar oder allein im Hinblick auf die unrichtige Größenangabe mit einem die Nichtigkeit der Baugenehmigung bewirkenden besonders schweren Fehler i. S. von § 44 I VwVfG behaftet.[23]

---

[16] *BVerwG*, Urt. v. 27. 5. 1983 – 4 C 67.83 – BauR 1983, 443 = *Hoppe/Stüer* RzB Rdn. 309 – Betriebsleiterwohnung.

[17] *BVerwG*, Urt. v. 3. 2. 1984 – 4 C 17.82 – BVerwGE 68, 369 = DVBl. 1984, 632 = BauR 1984, 369 = NJW 1984, 1775 = *Hoppe/Stüer* RzB Rdn. 310 – Verbrauchermarkt SB-Warenhaus.

[18] *BVerwG*, B. v. 1. 3. 1989 – 4 B 24.89 – BauR 1989, 308 = NVwZ 1989, 666 = DÖV 1989, 725 = *Hoppe/Stüer* RzB Rdn. 312 – Kino in Spielhalle.

[19] *BVerwG*, Urt. v. 6. 5. 1993 – 4 C 15.91 – Buchholz 406.11 § 1 BauGB Nr. 66 = BauR 1993, 688 = ZfBR 1994, 28 = UPR 1994, 65 = NVwZ 1994, 274 = *Hoppe/Stüer* RzB Rdn. 313 – Arztpraxis.

[20] *BVerwG*, B. v. 3. 8. 1995 – 4 B 155.95 – Buchholz 406.11 § 29 BauGB Nr. 55 – Umnutzung Kinderheim.

[21] *BVerwG*, Urt. v. 22. 5. 1987 – 4 C 19.85 – Buchholz 406.12 § 11 BauNVO Nr. 9 = DVBl. 1987, 1006.

[22] *BVerwG*, Urt. v. 15. 11. 1974 – IV C 32.71 – BVerwGE 47, 185.

[23] *BVerwG*, Urt. v. 26. 9. 1991 – 4 C 36.88 – DVBl. 1992, 568 = ZfBR 1992, 147 = *Hoppe/Stüer* RzB Rdn. 308 – Größenangabe Baugrundstück; *Stüer* DÖV 1988, 337. Zum Begriff des Grund-

II. Qualifizierter Bebauungsplan (§ 30 I BauGB)

Liegt ein Vorhaben im Geltungsbereich eines rechtsverbindlichen qualifizierten Bebauungsplans, richtet sich die planungsrechtliche Zulässigkeit des Vorhabens nach § 30 I BauGB.

1. Zulässigkeitsvoraussetzungen

Im Geltungsbereich eines **qualifizierten Bebauungsplans** nach § 30 I BauGB ist ein Vorhaben zulässig, wenn es den Festsetzungen des Bebauungsplans nicht widerspricht und die Erschließung gesichert ist.[24] Der Bebauungsplan muss, um i. S. des § 30 I BauGB qualifiziert zu sein, mindestens Festsetzungen über die Art und das Maß der baulichen Nutzung, die überbaubaren Grundstücksflächen und die örtlichen Verkehrsflächen enthalten. Ein solcher qualifizierter Bebauungsplan schließt die Anwendbarkeit der §§ 34 und 35 BauGB aus. Art und Maß der baulichen Nutzung werden nach § 9 I Nr. 1 BauGB i.V. mit den Regelungen der BauNVO festgesetzt. Die überbaubaren Grundstücksflächen werden nach § 23 BauNVO durch Baulinien, Baugrenzen[25] oder Bebauungstiefen bestimmt. Die überbaubaren Grundstücksflächen brauchen dabei nicht nach allen Seiten festgesetzt zu sein. Es reicht vielmehr, wenn nur die vordere Baugrenze oder eine Baulinie festgesetzt wird. Die örtlichen Verkehrsflächen werden nach § 9 I Nr. 11 BauGB festgesetzt. Enthält der Bebauungsplan die vorgenannten Mindestfestsetzungen nach § 30 I BauGB nicht, so handelt es sich um einen einfachen Bebauungsplan, der nach § 30 III BauGB zu beurteilen ist und neben dem die für den nichtbeplanten Innenbereich (§ 34 BauGB) oder Außenbereich (§ 35 BauGB) geltenden Vorschriften Anwendung finden.

Im Geltungsbereich eines qualifizierten Bebauungsplans ist ein Vorhaben zulässig, wenn es den **Festsetzungen** des Bebauungsplans **nicht widerspricht** und die Erschließung gesichert ist (§ 30 I BauGB). Da die Festsetzungen des Bebauungsplans vielfach einen Rahmen lassen, reicht es für die Zulässigkeit des Vorhabens aus, wenn es sich in diesem Rahmen hält.

Beispiel: Sieht der Bebauungsplan eine zwei- bis viergeschossige Bebauung vor, so ist ein Vorhaben zulässig, das diesen Rahmen einhält. Ergeben sich aus dem Bebauungsplan ggf. i.V. mit der BauNVO Höchstwerte für das Maß der baulichen Nutzung (§ 17 BauNVO), so sind diese durch das Vorhaben einzuhalten.

2. Gesicherte Erschließung

Außerdem muss die Erschließung gesichert sein. Das BauGB verfolgt einen **grundstücksbezogenen**, nicht einen gebietsbezogenen Erschließungsbegriff. Soweit der Bebauungsplan erschließungsrelevante Festsetzungen enthält, richten sich die Anforderungen an die Erschließung nach dem Bebauungsplan. Diese Festsetzungen können hinter dem zurückbleiben, was als beitragsfähige Erschließungsanlage nach § 127 BauGB bestimmt ist. Die Erschließung des Grundstücks muss mindestens den Anschluss der Baugrundstücke an das öffentliche Straßennetz, die Versorgung mit Elektrizität und Wasser und die Abwasserbeseitigung umfassen. Hierbei können landesrechtliche und örtliche Gegebenheiten maßgeblich sein. Die Erschließung ist gesichert, wenn nach objektiven

---

stücks *Fliegauf* NVwZ 1991, 748; *Höver* BauR 1987, 495; *Kleiber* NVwZ 1989, 33; *Murswiek* JuS 1991, 1067; *Oehmen* LKV 1994, 80; *Osterloh* JuS 1993, 780; *Praml* DVBl. 1980, 218; *Sarnighausen* NVwZ 1993, 424; *Stollmann* DÖV 1993, 706; *de Witt* NVwZ 1995, 31; *Ziegler* ZfBR 1983, 169; *Upmeier* Zulässigkeit von Vorhaben HdBöffBauR Kap. A Rdn. 158.

[24] *Löhr* in: Battis/Krautzberger/*Löhr* § 30 Rdn. 1ff.; *Brügelmann* § 30 Rdn. 1ff.; *Cholewa*/*David*/*Dyong*/*von der Heide* § 30 Rdn. 1ff.; *Söfker* in: Ernst/Zinkahn/Bielenberg/Krautzberger § 30 BauGB Rdn. 1ff.; *Gaentzsch* § 30 Rdn. 1ff.; *Schlichter*/*Stich* BK § 30 Rdn. 1ff.; *Schrödter* § 30 Rdn. 1ff.; *Schütz*/*Frohberg* § 30 Rdn. 1ff.

[25] *Sarnighausen* UPR 1994, 330.

Kriterien erwartet werden kann, dass die Erschließungsanlage spätestens bis zur Fertigstellung des Vorhabens benutzbar ist. Die Erschließung muss im Zeitpunkt der Fertigstellung der baulichen Anlage bis an die Grundstücksgrenze heranreichen. § 30 BauGB verlangt bei qualifiziert beplanten Wohngebieten als wegemäßige Erschließung i. d. R. nur, dass mit Personen- und Versorgungsfahrzeugen an die Grenze bzw. – ebenfalls durch einen zur öffentlichen Straße gehörenden Geh- und/oder Radweg getrennt – bis fast an die Grenze der einzelnen Baugrundstücke herangefahren werden kann.[26] Bauordnungsrechtliche Anforderungen an die Zugänglichkeit von Baugrundstücken bleiben von den Regelungen des Baurechts nur unberührt (§ 29 II BauGB), wenn und so weit sie geeignet sind, die Anforderungen, die das Bebauungsrecht an das Erschlossensein von Baugrundstücken stellt, zu ergänzen. Daran fehlt es, wenn bauordnungsrechtlich im Hinblick auf Wohngrundstücke für das gesamte Gebiet eines Bundeslandes ohne Differenzierung eine Regelung getroffen wird, die über das bundesrechtliche Erschließungserfordernis hinausgeht und dadurch die insoweit vom Bundesrecht geübte Zurückhaltung generell leer laufen lässt.[27] Auch ein Bebauungsplan, der als einzige Zuwegung zu einem Wohngrundstück nur einen nicht befahrbaren Treppenweg festsetzt, braucht deshalb nicht gegen das Abwägungsgebot zu verstoßen.[28] Zum bundesrechtlichen Begriff der gesicherten Erschließung gehört ihre Sicherung in rechtlicher und tatsächlicher Hinsicht. Die Erschließung muss auf Dauer zur Verfügung stehen. Einer besonderen rechtlichen Sicherung bedarf es nur dann nicht, wenn das Baugrundstück eine unmittelbare Zufahrt zum öffentlichen Wegenetz besitzt. Fehlt diese, so muss die Zugänglichkeit abgesichert werden. Aus der Notwendigkeit, die Erschließung auf Dauer zu sichern, folgt, dass eine rein schuldrechtliche Vereinbarung des Bauherrn mit einem privaten Nachbarn nicht ausreicht. Dagegen bestehen aus bundesrechtlicher Sicht keine Bedenken, eine gesicherte Zufahrt nicht nur anzunehmen, wenn die Zufahrt zum öffentlichen Straßennetz öffentlich-rechtlich, z. B. durch Baulast,[29] gesichert ist.[30] Eine Erschließung ist nicht gesichert, wenn die Gemeinde eigene Maßnahmen zu Recht ablehnt und sie gegenüber demjenigen, der die Erschließung durchführen will, rechtlich nicht verpflichtet ist.[31]

2289 Ein **Anspruch auf Erschließung** besteht grundsätzlich nicht. Ebenso wenig besteht ein Anspruch auf Aufstellung von Bauleitplänen oder städtebaulichen Satzungen (§ 1 III 2 BauGB). Allerdings kann sich die allgemeine, im öffentlichen Interesse bestehende **Erschließungslast** der Gemeinde zu einer **Pflicht** verdichten. Hat die Gemeinde einen Bebauungsplan erlassen, so kann sie sich einem den gesetzlichen Vorschriften entsprechenden Erschließungsangebot eines Dritten nicht entziehen, ohne selbst erschließungspflichtig zu werden (§ 124 III 2 BauGB). Der Dritte hat dann einen Anspruch darauf, dass die Gemeinde ein zumutbares Angebot nicht grundlos ablehnt. Auch das Zusammentreffen von qualifizierter Bebauungsplanung und Ablehnung eines Erschließungsangebots der Interessenten kann eine Verdichtung der gemeindlichen Erschließungslast ergeben.[32] Die gemeindliche Erschließungsaufgabe verdichtet sich nach Treu und Glauben zu einer Erschließungspflicht, wenn sich die Gemeinde nach Erlass eines qualifizierten Bebauungsplans entschließt, den Plan zwar nicht aufzugeben, aber von der Durchführung der

---

[26] Im Anschluss an *BVerwG*, Urt. v. 1. 3. 1991 – 8 C 59.89 – BVerwGE 88, 70 = DVBl. 1991, 593 = *Hoppe/Stüer* RzB Rdn. 775 – Mischgebiet.

[27] *BVerwG*, Urt. v. 29. 11. 1991 – 8 C 105.89 – BVerwGE 89, 222 = DVBl. 1992, 374 = ZfBR 1992, 147 = *Hoppe/Stüer* RzB Rdn. 318 – Pirolstraße.

[28] *BVerwG*, B. v. 23. 1. 1992 – 4 NB 2.90 – BauR 1992, 187 = DVBl. 1992, 577 = *Hoppe/Stüer* RzB Rdn. 319 – Treppenweg.

[29] *Di Fabio* BauR 1990, 25.

[30] *BVerwG*, B. v. 22. 11. 1995 – 4 B 224.95 – Buchholz 406.11 § 35 BauGB Nr. 314 – Erschließung.

[31] *BVerwG*, B. v. 11. 1. 1988 – 4 B 258.87 – Buchholz 406.11 § 34 BBauG Nr. 122 = *Hoppe/Stüer* RzB Rdn. 376 – gesicherte Erschließung.

[32] *BVerwG*, Urt. v. 22. 1. 1993 – 8 C 46.91 – *Hoppe/Stüer* RzB Rdn. 320 – Erschließungsrecht.

Erschließung abzusehen. Dem steht es gleich, wenn sie unter diesen Voraussetzungen die Durchführung der Erschließung ungebührlich verzögert. Eine Gemeinde, die einen qualifizierten Bebauungsplan erlassen hat, dann jedoch erkennen muss, aus wirtschaftlichen Gründen zur Erschließung außer Stande zu sein, kann ein Angebot der Erschließung durch die Betroffenen, dessen Annahme weder aus sachlichen noch persönlichen Gründen unzumutbar ist, nicht ablehnen, ohne dadurch selbst erschließungspflichtig zu werden.[33] Ein Bauvorhaben ist auch dann wegen fehlender Erschließung nicht genehmigungsfähig, wenn die Gemeinde zwar von vornherein den Abschluss eines Erschließungsvertrages ablehnt, der Bauherr sich jedoch darauf beschränkt, Vertragsverhandlungen anzubieten, und kein Erschließungsangebot macht, das auf seine Zumutbarkeit für die Gemeinde überprüft werden kann.[34] Um im Anwendungsbereich des § 30 BauGB den Nachweis zu führen, dass die Erschließung gesichert ist, kommt es nicht darauf an, dass die Gemeinde bereits Erschließungsmaßnahmen ergriffen oder der Bauinteressent die Erschließungsaufgabe vertraglich übernommen hat. Vielmehr genügt es, dass der Gemeinde ein zumutbares Erschließungsangebot vorgelegen hat. Ein solches Angebot hat eine Ersetzungsfunktion. Schon mit seiner Hilfe kann sich der Bauherr die Möglichkeit verschaffen, das Genehmigungshindernis der fehlenden Erschließung zu überwinden. Das Angebot muss so konkret sein, dass es auf seine Eignung überprüft werden kann und die gleiche Gewähr der Verlässlichkeit bietet, wie wenn das Baugrundstück bereits erschlossen wäre. Das gilt auch, wenn die Gemeinde sich so unnachgiebig zeigt, dass Vertragsverhandlungen keinen Erfolg versprechen. Vom Grad der Kooperationsbereitschaft der Gemeinde hängt allenfalls ab, welchen Substantiierungsanforderungen das Angebot gerecht werden muss. Lässt die Gemeinde keinen Zweifel daran aufkommen, dass sie bereit ist, aktiv am Zustandekommen eines Erschließungsvertrages mitzuwirken, so hat der Bauinteressent seinerseits durch ein entsprechend detailliertes Angebot eine möglichst breite Verhandlungsgrundlage als Voraussetzung dafür zu schaffen, dass eine Übereinstimmung in sämtlichen Fragen erzielt werden kann, die einer Regelung bedürfen. Verharrt die Gemeinde dagegen in einem Zustand der Passivität, so kann es der Bauherr im Allgemeinen damit bewenden lassen, ihr ein Angebot zu unterbreiten, durch das sie in die Lage versetzt wird, sich über den Umfang seiner Leistungsbereitschaft ein Urteil zu bilden.

3. Rücksichtnahmegebot

Einschränkungen der planungsrechtlichen Zulässigkeit von Vorhaben im Geltungsbereich eines Bebauungsplans ergeben sich aus dem **Gebot der nachbarlichen Rücksichtnahme**. Nach § 15 I 2 BauNVO[35] sind die in den §§ 2 bis 14 BauNVO aufgeführten baulichen Anlagen trotz Übereinstimmung mit den konkreten planerischen Festsetzungen unzulässig, wenn von ihnen Belästigungen oder Störungen ausgehen können, die nach der Eigenart des Baugebiets im Baugebiet selbst oder in dessen Umgebung unzumutbar sind, oder wenn sie solchen Belästigungen oder Störungen ausgesetzt werden.[36] Die Ergänzung des § 15 I 2 BauNVO durch die BauNVO 1990 entspricht „der für die Berücksichtigung von Immissionsschutzbelangen im Genehmigungsverfahren bedeutsamen Gegenseitigkeit der Rücksichtnahme als einem allgemeinen Grundsatz des Bauplanungsrechts".[37] § 15 I BauNVO stellt sich im überplanten Bereich als eine besondere Ausprägung des Rücksichtnahmegebots dar,[38] das gewährleisten soll, spannungs- und störungsbegründende

---

[33] *BVerwG*, Urt. v. 15. 2. 1991 – 8 C 46.89 – *Hoppe/Stüer* RzB Rdn. 9 – Erschließungsbeitrag.
[34] *BVerwG*, B. v. 18. 5. 1993 – 4 B 65.93 – DÖV 1993, 918 = ZfBR 1993, 305 = NVwZ 1993, 1101 = *Hoppe/Stüer* RzB Rdn. 321 – Erschließungsangebot.
[35] S. Rdn. 1486; der letzte HS ist durch die 4. Verordnung zur Änderung der BauNVO vom 23. 1. 1990 – BGBl. I 132 – angefügt worden.
[36] *Fickert/Fieseler* § 15 BauNVO Rdn. 24.1.
[37] So die Begründung des Regierungsentwurfs, BR-Drucks. 354/89, S. 59.
[38] *BVerwG*, Urt. v. 5. 8. 1983 – 4 C 96.79 – BVerwGE 67, 334 = DVBl. 1984, 143 = BauR 1983, 543 = *Hoppe/Stüer* RzB Rdn. 969 – Rücksichtnahmegebot § 15 BauNVO.

Nutzungen einander so zuzuordnen, dass Konflikte möglichst vermieden werden.[39] Welche Anforderungen sich hieraus im Einzelnen ergeben, hängt maßgeblich davon ab, was dem Rücksichtnahmebegünstigten einerseits und dem Rücksichtnahmeverpflichteten andererseits nach Lage der Dinge zuzumuten ist.[40] Dies beurteilt sich nach der jeweiligen Situation der benachbarten Grundstücke. Ist die Grundstücksnutzung aufgrund der konkreten Gegebenheiten mit einer spezifischen gegenseitigen Pflicht zur Rücksichtnahme belastet, so führt dies nicht nur zu einer Pflichtigkeit desjenigen, der Immissionen verursacht, sondern auch desjenigen, der sich den Wirkungen solcher Immissionen aussetzt.[41] So gesehen stellt sich § 15 I 2 BauNVO ebenso wie die übrigen Tatbestandsalternativen des § 15 I BauNVO als eine zulässige Bestimmung des Eigentumsinhalts i. S. des Art. 14 I GG dar. Soweit er in Einzelfällen die Folge nach sich zieht, dass ein planungsrechtlich an sich zulässiges Vorhaben nicht ausgeführt werden darf, folgt er einem Regelungsmuster, das auch sonst für § 15 I BauNVO charakteristisch ist.[42]

2291 Welches Maß an Rücksichtnahme sich für die Nachbarn ergibt, ist im Übrigen eine Frage der **Einzelfallbewertung**. Aus der Lage in einem Wohngebiet etwa folgt nicht ohne weiteres, dass Immissionen, die für ein solches Gebiet untypisch sein mögen, unzumutbar i. S. des § 15 I 2 BauNVO sind.[43] Allerdings spielt die Gebietsart bei der Beurteilung der Zumutbarkeit eine Rolle. Die Zuordnung zu einer der in den §§ 2 bis 11 BauNVO genannten Gebietskategorien gibt aber nicht allein den Ausschlag dafür, ob bestimmte, für die jeweilige Gebietskategorie untypische Immissionen „nach der Eigenart des Baugebiets" in diesem unzumutbar sind. Nach § 15 I 2 BauNVO sind bei der Beurteilung der Zumutbarkeit auch etwaige Besonderheiten zu berücksichtigen, die sich aus der spezifischen Eigenart oder der Umgebung des Baugebiets ergeben. Auf diese Weise wird dem Umstand Rechnung getragen, dass Baugebiete hinsichtlich ihrer inneren Struktur und ihrer äußeren Rahmenbedingungen in eine jeweils verschiedene örtliche Situation hineingeplant werden.[44]

Beispiel: Liegt das Baugrundstück in einem allgemeinen Wohngebiet, in dem die Gemeinde die Errichtung von Gewerbebetrieben nicht ausgeschlossen hat, oder in der Nachbarschaft eines Gebiets, in dem dem Schutz des Wohnens ein geringerer Stellenwert zukommt, so ist der Eigentümer situationsbedingt nicht in demselben Maße schutzwürdig, wie er es in einem gegen gewerbliche Nutzungen vollständig abgeschirmten Gebiet wäre. Ein solches baurechtlich zulässiges Nebeneinander von Wohnen und gewerblicher Betätigung schlägt sich auch bei der Festlegung der Zumutbarkeitsgrenze in der Bildung eines Mittelwerts nieder.[45] Auch faktische Vorbelastungen können da-

---

[39] *BVerwG,* Urt. v. 13. 3. 1981 – 4 C 1.78 – DVBl. 1981, 928 = *Hoppe/Stüer* RzB Rdn. 395 – Geschossflächenzahl.

[40] *BVerwG,* Urt. v. 25. 2. 1977 – IV C 22.75 – BVerwGE 52, 122 = NJW 1978, 62 = DVBl. 1977, 722 = DÖV 1977, 752 = BauR 1977, 244 = *Hoppe/Stüer* RzB Rdn. 1151 – Außenbereich Rücksichtnahme.

[41] *BVerwG,* Urt. v. 12. 12. 1975 – IV C 71.73 – BVerwGE 50, 49 = NJW 1977, 1932 = DÖV 1976, 387 = *Hoppe/Stüer* RzB Rdn. 60 – Tunnelofen; Urt. v. 16. 3. 1984 – 4 C 50.80 – NVwZ 1984, 511 = BauR 1984, 612 = DÖV 1984, 857 = *Hoppe/Stüer* RzB Rdn. 926 – Betriebsleiterwohnung.

[42] *BVerwG,* Urt. v. 18. 5. 1995 – 4 C 20.94 – BVerwGE 98, 235 = BauR 1995, 807 = DVBl. 1996, 40 = NVwZ 1996, 379 – Autolackiererei; s. Rdn. 1486.

[43] *BVerwG,* Urt. v. 18. 5. 1995 – 4 C 20.94 – BVerwGE 98, 235 = BauR 1995, 807 = DVBl. 1996, 40 = NVwZ 1996, 379 – Autolackiererei.

[44] *BVerwG,* Urt. v. 3. 2. 1984 – 4 C 17.82 – BVerwGE 68, 369 = DVBl. 1984, 632 = BauR 1984, 369 = NJW 1984, 1775 = *Hoppe/Stüer* RzB Rdn. 310 – Verbrauchermarkt SB-Warenhaus; B. v. 16. 8. 1989 – 4 B 242.88 – Buchholz 406.12 § 15 BauNVO Nr. 14 = *Hoppe/Stüer* RzB Rdn. 965 – Eigenart eines Baugebiets.

[45] *BVerwG,* Urt. v. 12. 12. 1975 – IV C 71.73 – BVerwGE 50, 49 = NJW 1977, 1932 = DÖV 1976, 387 = *Hoppe/Stüer* RzB Rdn. 60 – Tunnelofen; B. v. 5. 3. 1984 – 4 B 171.83 – NVwZ 1984, 646 = BauR 1985, 172 = ZfBR 1984, 147 = DÖV 1984, 856 = *Hoppe/Stüer* RzB Rdn. 339 – Auslieferungslager Molkerei; Urt. v. 29. 10. 1984 – 4 C 7 B 149.84 – DVBl. 1985, 397 = UPR 1985, 29 = *Hoppe/Stüer* RzB Rdn. 62 – Schiffswerft.

zu führen, dass die Pflicht zur gegenseitigen Rücksichtnahme sich vermindert und Beeinträchtigungen in weiter gehendem Maße zumutbar sind, als sie sonst in dem betreffenden Baugebiet hinzunehmen wären.[46]

Der Nachbar, der sich gegen hoheitliche Immissionen zur Wehr setzt, kann allerdings lediglich beanspruchen, vor schädlichen Umwelteinwirkungen bewahrt zu bleiben. § 22 I BImSchG bietet ebenso wenig wie § 15 I BauNVO oder § 906 I BGB eine Handhabe dafür, Geräuschimmissionen unterhalb der Schwelle der Erheblichkeit abzuwehren, selbst wenn nach dem Stand der Technik Lärmminderungsmaßnahmen möglich wären oder sich die Beeinträchtigung dadurch gänzlich vermeiden ließe, dass für die Anlage ein anderer Standort gewählt würde.[47]

4. Nachbarschutz

Festsetzungen eines Bebauungsplans können nachbarschützenden Charakter haben. Dies gilt vor allem hinsichtlich der Art und des Maßes der baulichen Nutzung. Hinsichtlich der Art der baulichen Nutzung kann im Einzelfall sogar ein abstrakter Nachbarschutz in dem Sinne gewährt werden, dass eine konkrete eigene Betroffenheit des Nachbarn nicht erforderlich ist. Nachbarschutz kann vor allem dann gegeben sein, wenn das Gebiet aufgrund des genehmigten Vorhabens oder seiner Vorbildwirkung „umkippt".[48] Ob Festsetzungen eines Bebauungsplans über das Maß der baulichen Nutzung und über die überbaubaren Grundstücksflächen drittschützend sind, hängt im beplanten Bereich vom **Willen der Gemeinde** als Planungsträger ab.[49] In den durch Bebauungsplan festgesetzten Baugebieten kann der Nachbarschutz auf Wahrung des Gebietscharakters gerichtet sein. Im Mischgebiet kann sich der Nachbarschutz auf Wahrung des Mischungsverhältnisses richten. Dies hat das *BVerwG* am Beispiel eines faktischen Mischgebietes verdeutlicht. Denn in Fällen eines faktischen Mischgebietes gelten keine anderen Anforderungen an die gebotene Durchmischung als bei einer unmittelbaren Anwendung des § 6 BauNVO. Entspricht daher die Umgebung einem Mischgebiet, so beurteilt sich die planungsrechtliche Zulässigkeit von Vorhaben der Art nach über § 34 II BauGB nach § 6 BauNVO. Auch in einem solchen faktischen Mischgebiet muss ein entsprechendes Mischungsverhältnis vorhanden sein und durch neue Vorhaben gewahrt werden. § 34 II BauGB besitzt dabei grundsätzlich nachbarschützende Qualität.[50] Der Nachbar hat daher auf die Bewahrung der Gebietsart einen Schutzanspruch, der über das Rücksichtnahmegebot hinausgeht. Der Nachbarschutz aus der Festsetzung eines Baugebiets geht weiter als der Schutz aus dem Rücksichtnahmegebot in § 15 I BauNVO. Dieser setzt voraus, dass der Nachbar in unzumutbarer Weise konkret in schutzwürdigen Interessen betroffen wird. Auf die Bewahrung der Gebietsart hat der Nachbar einen Anspruch jedoch auch dann, wenn das baugebietswidrige Vorhaben im jeweiligen Einzelfall noch nicht zu einer tatsächlich spürbaren und nachweisbaren Beeinträchtigung des Nachbarn führt.[51] Aus dem sanierungsrechtlichen Genehmigungserfordernis in § 144 I BauGB kann demgegenüber kein Nachbarschutz abgeleitet werden.[52] Auch gewährt das Sondereigentum nach

---

[46] *BVerwG*, B. v. 28. 9. 1993 – 4 B 151.93 – Buchholz 406.19 Nachbarschutz Nr. 119 = NVwZ-RR 1994, 139 = *Hoppe/Stüer* RzB Rdn. 1290 – Geruchsimmissionen; Urt. v. 18. 5. 1995 – 4 C 20.94 – BVerwGE 98, 235 = BauR 1995, 807 = DVBl. 1996, 40 = NVwZ 1996, 379 – Autolackiererei.

[47] *BVerwG*, B. v. 3. 5. 1996 – 4 B 50.96 – BauR 1996, 678 = NVwZ 1996, 1001 – Lärmminderungsmaßnahmen.

[48] Es bestehen dann auch entsprechende Abwehransprüche von Nachbarn im Plangebiet *BVerwG*, B. v. 2. 2. 2000 – 4 B 87.99 – NVwZ 2000, 679 – Bauschuttrecyclinganlage.

[49] *BVerwG*, B. v. 19. 10. 1995 – 4 B 215.95 – Mitt NW StGB 1995, 398 = UPR 1996, 73.

[50] *BVerwG*, Urt. v. 16. 9. 1993 – 4 C 28.91 – BVerwGE 94, 151 = NJW 1994, 1546.

[51] *BVerwG*, B. v. 11. 4. 1996 – 4 B 51.96 – Buchholz 406.11 § 34 BauGB Nr. 179 = ZfBR 1997, 51 – faktisches Mischgebiet. Mit Hinweis auf B. v. 10. 9. 1984 – 4 B 147.84 – Buchholz 406.19 Nachbarschutz Nr. 61; B. v. 9. 10. 1991 – 4 B 137.91 – Buchholz 406.19 Nachbarschutz Nr. 104.

[52] *BVerwG*, B. v. 7. 5. 1997 – 4 B 73.97 – NVwZ 1997, 991.

dem WEG keine öffentlich-rechtlichen Nachbarschutzansprüche innerhalb der Gemeinschaft der Miteigentümer. Dies gilt auch gegenüber Störungen, die bei der baulichen Nutzung des gemeinschaftlichen Grundstücks von einem außenstehenden Dritten verursacht werden.[53]

2294 Die Festsetzungen des **Maßes** der baulichen Nutzung durch Bebauungspläne haben allerdings – anders als die Festsetzung von Baugebieten[54] – kraft Bundesrechts grundsätzlich keine abstrakt nachbarschützende Funktion.[55] Es muss vielmehr eine konkrete Beeinträchtigung nachbarlicher Belange hinzukommen. Die Erwägungen, die das BVerwG veranlasst haben, den Festsetzungen eines Bebauungsplans über die Art der baulichen Nutzung nachbarschützende Funktion unabhängig davon zuzusprechen, ob der Nachbar durch ein baugebietswidriges Vorhaben tatsächlich spürbar beeinträchtigt wird,[56] lassen sich nicht in gleicher Weise auf die Festsetzungen über das Maß der baulichen Nutzung übertragen. Zwar gilt auch insoweit, dass der Nachbarschutz auf dem Gedanken des wechselseitigen Austauschverhältnisses beruht. Der Grundstückseigentümer kann deshalb grundsätzlich die Beachtung öffentlich-rechtlicher Baubeschränkungen auch im Verhältnis zum Nachbarn durchsetzen, weil und soweit er selbst in der Ausnutzung seines Grundstücks solchen Beschränkungen unterworfen ist. Allerdings werden die Planbetroffenen durch die Maßfestsetzungen eines Bebauungsplans nicht in gleicher Weise zu einer „Schicksalsgemeinschaft" verbunden, wie das für die Festsetzung der Art der Nutzung anzunehmen ist. Das gilt vor allem für die Frage, ob der Nachbarschutz eine spürbare Beeinträchtigung im jeweiligen Einzelfall voraussetzt. Das hat das BVerwG für eine baugebietsfremde Nutzungsart deshalb grundsätzlich verneint, weil durch das baugebietswidrige Vorhaben, das zwar für sich gesehen noch nicht zu einer tatsächlich spürbaren und nachweisbaren Beeinträchtigung des Nachbarn führen mag, gleichwohl typischerweise eine „schleichende" Verfremdung des Gebiets eingeleitet wird. Eine solche später nur schwer korrigierbare Entwicklung soll der Nachbar, der sich seinerseits an die Art der vorgeschriebenen Nutzung halten muss, rechtzeitig verhindern können.[57] Mit dieser Situation sind Abweichungen von den Festsetzungen über das Maß der baulichen Nutzung nicht vergleichbar. Sie lassen in aller Regel den Gebietscharakter unberührt und haben nur Auswirkungen auf das Baugrundstück und die unmittelbar anschließenden Nachbargrundstücke. Zum Schutz der Nachbarn ist daher das drittschützende Rücksichtnahmegebot des § 31 II BauGB[58] ausreichend, das eine Abwägung der nachbarlichen Interessen ermöglicht und den Nachbarn vor unzumutbaren Beeinträchtigungen schützt. Ein darüber hinausgehender, von einer realen Beeinträchtigung unabhängiger Anspruch des Nachbarn auf Einhaltung der Festsetzungen über das Maß der baulichen Nutzung kann dagegen dem Bundesrecht nicht entnommen werden.

III. Vorhabenbezogener Bebauungsplan (§ 30 II BauGB)

2295 Im Geltungsbereich eines vorhabenbezogenen Bebauungsplans nach § 12 BauGB richtet sich die planungsrechtliche Zulässigkeit nach den verbindlichen Regelungen des Vorhaben- und Erschließungsplans. Ein Vorhaben ist nach § 30 II BauGB planungsrechtlich zulässig, wenn es dem Bebauungsplan nicht widerspricht und die Erschließung gesichert

---

[53] BVerwG, Urt. v. 12. 3. 1998 – 4 C 3.97 – DVBl. 1998, 893.
[54] BVerwG, Urt. v. 16. 9. 1993 – 4 C 28.91 – BVerwGE 94, 151.
[55] BVerwG, B. v. 23. 6. 1995 – 4 B 52.95 – DVBl. 1995, 1025 = BauR 1995, 823 = UPR 1995, 396.
[56] BVerwG, Urt. v. 16. 9. 1993 – 4 C 28.91 – BVerwGE 94, 151.
[57] BVerwG, B. v. 23. 6. 1995 – 4 B 52.95 – DVBl. 1995, 1025 = BauR 1995, 823 = UPR 1995, 396.
[58] BVerwG, Urt. v. 19. 9. 1986 – 4 C 8.84 – Buchholz 406.19 Nachbarschutz Nr. 71; vgl. auch Urt. v. 6. 10. 1989 – 4 C 14.87 – BVerwGE 82, 343 = Buchholz 406.19 Nachbarschutz Nr. 93 bei Verstoß gegen nicht nachbarschützende Vorschriften eines Bebauungsplans.

ist. Die auf das BauROG 1998 zurückgehende Regelung versteht sich vor dem Hintergrund, dass der vorhabenbezogene Bebauungsplan, der auf der Grundlage eines Vorhaben- und Erschließungsplans erlassen wird, häufig nicht alle vorausgesetzten Merkmale eines qualifizierten Bebauungsplans nach § 30 I BauGB erfüllt. Durch § 30 II BauGB wird daher klargestellt, dass neben dem in § 12 BauGB geregelten vorhabenbezogenen Bebauungsplan nicht ergänzend auf die Vorschriften für den nicht beplanten Innenbereich (§ 34 BauGB) bzw. Außenbereich (§ 35 BauGB) zurückzugreifen ist. Im Geltungsbereich eines vorhabenbezogenen Bebauungsplans ist daher ein Vorhaben planungsrechtlich immer schon dann zulässig, wenn es diesem nicht widerspricht und die Erschließung gesichert ist. Vorhabenbezogener Bebauungsplan und qualifizierter Bebauungsplan werden daher hinsichtlich ihrer Rechtswirkungen gleichgestellt. Auch § 12 BauGB trägt dazu bei, dass der vorhabenbezogene Bebauungsplan dem Bebauungsplan nach § 30 I BauGB weitgehend gleichgestellt wird.[59]

IV. Einfacher Bebauungsplan (§ 30 III BauGB)

Im Geltungsbereich eines einfachen Bebauungsplans, der nicht die Merkmale eines qualifizierten Bebauungsplans nach § 30 I BauGB erfüllt, ist ein Vorhaben zulässig, wenn es den Festsetzungen des Plans nicht widerspricht. Im Übrigen sind die Vorschriften über den nichtbeplanten Innenbereich (§ 34 BauGB) oder den Außenbereich (§ 35 BauGB) anzuwenden, die neben die Festsetzungen des einfachen Bebauungsplans treten.

V. Ausnahmen und Befreiungen (§ 31 BauGB)

Widerspricht das Vorhaben den Festsetzungen des Bebauungsplans, so kann sich die planungsrechtliche Zulässigkeit aus § 31 BauGB ergeben.[60] Die Vorschrift unterscheidet Ausnahmen (§ 31 I BauGB) und Befreiungen (§ 31 II BauGB). Nach § 31 I BauGB können im Einvernehmen mit der Gemeinde von den Festsetzungen des Bebauungsplans solche Ausnahmen zugelassen werden, die in dem Bebauungsplan nach Art und Umfang vorgesehen sind.[61] Unter den Voraussetzungen des § 31 II BauGB kann von den Festsetzungen des Bebauungsplans ebenfalls im Einvernehmen mit der Gemeinde Befreiung erteilt werden. Die Vorschrift dient vor allem der **Einzelfallgerechtigkeit** und will in einem gewissen Umfang Flexibilität in das Baugeschehen einbringen. Dies kann aus Gründen der Rechtssicherheit und Vorhersehbarkeit allerdings nur in bestimmten Grenzen geschehen. Anwendbar ist § 31 BauGB bei einfachen und qualifizierten Bebauungsplänen. Denn auch beim einfachen Bebauungsplan besteht das Bedürfnis, von den Festsetzungen des Bebauungsplans durch Ausnahmen und Befreiungen abweichen zu können. Abweichungsmöglichkeiten nach § 31 I und II BauGB bestehen auch bei formeller oder materieller Planreife nach § 33 I und II BauGB.[62] Ausnahmen sind im Bebauungsplan selbst vorgesehen und daher **planimmanent**. Befreiungen sind im Bebauungsplan nicht enthalten und daher **planextern**.

1. Ausnahmen

Von den Festsetzungen des Bebauungsplans können nach § 31 I BauGB solche Ausnahmen zugelassen werden, die in dem Bebauungsplan nach Art und Umfang **ausdrücklich** vorgesehen sind. Der Ausnahmevorbehalt muss sich aus dem Bebauungsplan ausdrücklich ergeben. Allerdings kann dies auch durch eine Bezugnahme auf die Regelungen der

---

[59] S. Rdn. 2082.
[60] *Upmeier* Zulässigkeit von Vorhaben HdBöffBauR Kap. A Rdn. 457.
[61] *Löhr* in: Battis/Krautzberger/Löhr § 31 Rdn. 1 ff.; *Brügelmann* § 31 Rdn. 1 ff.; *Cholewa/David/Dyong/von der Heide* § 31 Rdn. 1 ff.; *Söfker* in: Ernst/Zinkahn/Bielenberg/Krautzberger § 31 BauGB Rdn. 1 ff.; *Gaentzsch* § 31 Rdn. 1 ff.; *Hoppe* DVBl. 1969, 340; *ders.* DVBl. 1991, 1277; *Schlichter/Stich* BK § 31 Rdn. 1 ff.; *Schrödter* § 31 Rdn. 1 ff.; *Schütz/Frohberg* § 31 Rdn. 1 ff.
[62] *Löhr* in: Battis/Krautzberger/Löhr § 31 Rdn. 9.

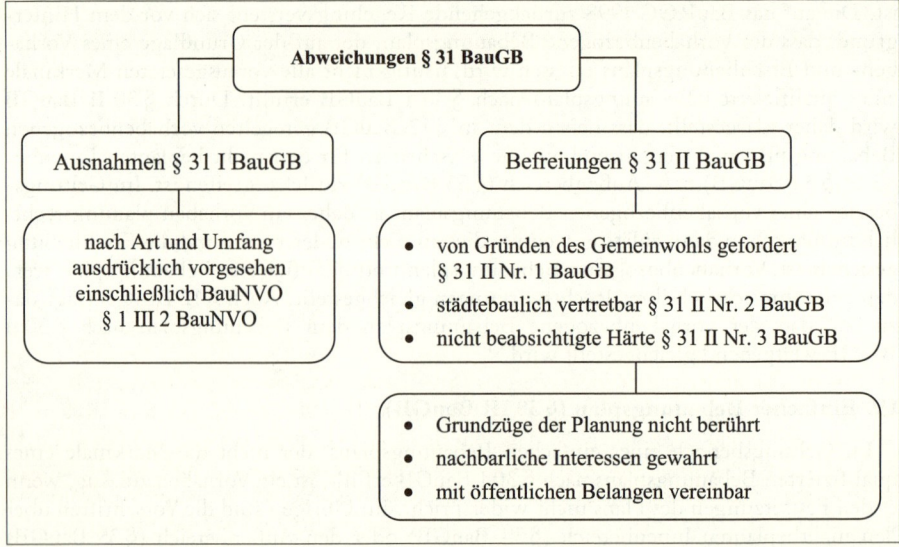

BauNVO geschehen, die mit der Festsetzung von Baugebieten Gegenstand des Bebauungsplans werden (§ 1 III 2 BauNVO). So werden die jeweiligen Ausnahmeregelungen der BauNVO zugleich auch Bestandteil des Bebauungsplans, wenn sie durch die Festsetzung eines Baugebietes in Bezug genommen werden. Will die Gemeinde diese Ausnahmemöglichkeiten ausschließen, muss sie dies nach § 1 VI BauNVO im Bebauungsplan eigens festlegen. Die Festsetzung von Ausnahmemöglichkeiten findet jedoch in dem jeweiligen **Gebietscharakter** ihre Grenzen. Wird das Regel-Ausnahme-Verhältnis des jeweiligen Baugebietes nicht mehr gewahrt und wird die Zweckbestimmung des Baugebietes grundlegend geändert, so sind die Festsetzungen des Bebauungsplans einschließlich der Ausnahmeregelungen unwirksam.

2299 **Ausnahmen** i. S. des § 31 I BauGB müssen als solche **ausdrücklich im Bebauungsplan** bestimmt[63] und vom planerischen Willen umfasst sein. Bei Inkrafttreten des BBauG bestehende baurechtliche Vorschriften und festgestellte städtebauliche Pläne mit verbindlichen Regelungen der in § 9 BBauG/BauGB bezeichneten Art können nicht in der Weise ausgelegt werden, dass sie mit ungeschriebenen Ausnahmen, etwa mit den in der BauNVO für das entsprechende Baugebiet vorgesehenen Ausnahmen, übergeleitet worden sind. Ob eine Abweichung von den Festsetzungen eines übergeleiteten Bebauungsplans i. S. des § 31 II Nr. 2 BauGB städtebaulich vertretbar ist, ist anhand der konkreten Gegebenheiten danach zu beurteilen, ob die Abweichung unter Beachtung des § 1 BauGB auch Inhalt des Bebauungsplans sein könnte, von dessen Festsetzungen im Einzelnen abgewichen werden soll.[64]

2. Befreiungen

2300 Von den Festsetzungen des Bebauungsplans kann unter den Voraussetzungen des § 31 II BauGB befreit werden.[65] Das Gesetz sieht einen solchen Dispens vor, wenn die Grund-

---

[63] Vgl. allerdings § 1 III 2 BauNVO.
[64] *BVerwG*, Urt. v. 17. 12. 1998 – 4 C 16.97 – DVBl. 1999, 782; vgl. zur Auslegung eines übergeleiteten Bebauungsplans, *BVerwG*, Urt. v. 17. 12. 1998 – 4 C 9.98 – NVwZ 1999, 984.
[65] *Krautzberger* in: Battis/Krautzberger/Löhr § 33 Rdn. 1 ff.; *Brügelmann* § 33 Rdn. 1 ff.; *Cholewa/David/Dyong/von der Heide* § 33 Rdn. 1 ff.; *Zinkahn* in: Ernst/Zinkahn/Bielenberg/Krautzberger § 33 BauGB Rdn. 1 ff.; *Gaentzsch* § 33 Rdn. 1 ff.; *Hoppe* DVBl. 1983, 1077; *ders.* FS Lukes, 1989, 687; *Schlichter/Stich* BK § 33 Rdn. 1 ff.; *Schrödter* § 33 Rdn. 1 ff.; *Schütz/Frohberg* § 33 Rdn. 1 ff.

züge der Planung nicht berührt werden und (1) Gründe des Wohls der Allgemeinheit die Befreiung erfordern, (2) die Abweichung städtebaulich vertretbar ist (3) oder die Durchführung des Bebauungsplans zu einer offenbar nicht beabsichtigten Härte führen würde. Die Abweichung muss auch unter Würdigung nachbarlicher Belange mit den öffentlichen Belangen vereinbar sein. Der Gesetzgeber wollte mit § 31 II BauGB die Möglichkeit eines praktischen Kompromisses eröffnen. Der Bebauungsplan besitzt den Charakter einer verbindlichen Rechtsnorm.[66] Aufgrund der vorhandenen bauplanerischen Festsetzungen besteht daher für das Baugenehmigungsverfahren im Grundsatz eine strikte Rechtsbindung. Diese Bindung entfällt in aller Regel erst dann, wenn der Plan in einem mit spezifischen Garantien versehenen Verfahren geändert worden ist.

a) Grundzüge der Planung. Die Befreiung setzt zunächst voraus, dass die **Grundzüge** **2301** der Planung nicht berührt werden. Führt die Befreiung oder die von ihr ausgehende Vorbildwirkung zu einer Änderung der Grundzüge der Planung, kann dies nur durch eine förmliche Planänderung bewirkt werden (§ 1 III BauGB). Zu den Grundzügen der Planung werden auch regelmäßig Sammelausgleichsmaßnahmen i. S. von § 1a III BauGB i.V. mit § 9 Ia BauGB gehören, so dass von diesen Festsetzungen keine Befreiung erteilt werden kann. Die durch das BauROG 1998 geänderte Fassung sollte im Wege der Befreiung nicht nur Randkorrekturen der Planung[67] erfassen, sondern deutlich darüber hinausgehen, wenn städtebauliche Planungsvorstellungen gewahrt sind. Werden die Grundzüge der Planung nicht berührt, kann eine Befreiung auch dann erteilt werden, wenn sie sich nicht nur auf einen **Einzelfall**, sondern auf mehrere Fälle bezieht. Eine „Atypik" in dem Sinne, dass nur ein Einzelfall betroffen ist, muss daher nach § 31 II BauGB nicht mehr vorliegen. Die Befreiung kann daher auch in mehreren vergleichbaren Fällen erfolgen.[68] Die Anwendung der Befreiungsvorschrift setzt daher **nicht** voraus, dass ein **atypischer Sachverhalt** besteht.[69] Auch wird die Befreiung nicht dadurch ausgeschlossen, dass die Gründe, die für eine Befreiung streiten, für jedes oder für nahezu jedes Grundstück im Planbereich gegeben sind.[70] Die Grenze für mehrere Befreiungen ist jedoch dann erreicht, wenn es sich umso viele zu regelnde Fälle handelt, dass gem. § 1 III BauGB ein Planungsbedürfnis besteht und dadurch die Grundzüge der Planung betroffen werden.[71] Die Erteilung einer Befreiung von den Festsetzungen eines Bebauungsplans setzt nicht voraus, dass der Bauwerber einen ausdrücklichen, gerade hierauf zielenden Antrag gestellt hat.[72] Vor diesem Hintergrund eröffnet § 31 II BauGB drei Befreiungstatbestände: Gründe des Wohls der Allgemeinheit, städtebauliche Vertretbarkeit und nicht beabsichtigte Härte.

Ob die Grundzüge der Planung im Sinne von § 31 II BauGB berührt werden, hängt **2302** von der jeweiligen Planungssituation ab. Entscheidend ist, ob die Abweichung dem planerischen Grundkonzept zuwider läuft. Je tiefer die Befreiung in das Interessengeflecht der Planung eingreift, desto eher liegt der Schluss auf eine Änderung in der Planungskonzeption nahe, die nur im Wege der (Um-)Planung möglich ist.[73] Ein Anspruch auf

---

[66] *BVerfG*, B. v. 14. 5. 1985 – 2 BvR 397/82–399/82 – BVerfGE 70, 35 = UPR 1985, 330 = DÖV 1985, 972 = *Hoppe/Stüer* RzB Rdn. 1291 – Bebauungsplan Gesetzesform.
[67] So § 31 II BauGB 1986 *OLG Koblenz*, Urt. v. 27. 1. 1998 – 1 U 73/96 – OLG Koblenz 1998, 240.
[68] Vgl. zu dem durch das BauROG 1998 aufgehobenen § 4 Ia BauGB-MaßnG *BVerwG*, B. v. 12. 2. 1996 – 4 B 199.95 – Buchholz 406.11 § 31 BauGB Nr. 34 – übergeleiteter Durchführungsplan.
[69] *BVerwG*, B. v. 31. 9. 1989 – 4 B 161.88 – UPR 1990, 27.
[70] *BVerwG*, B. v. 20. 11. 1989 – 4 B 163.89 – NVwZ 1990, 556 = ZfBR 1990, 148 = DÖV 1990, 746 = DVBl. 1990, 383 = *Hoppe/Stüer* RzB Rdn. 327 – Befreiung.
[71] Fachkommission „Städtebau" der ARGEBAU, Muster-Einführungserlass zum BauROG, Nr. 10.2.
[72] *BVerwG*, B. v. 28. 5. 1990 – 4 B 56.90 – ZfBR 1990, 250 = UPR 1990, 345 = DÖV 1991, 33 = *Hoppe/Stüer* RzB Rdn. 328 – Befreiungsantrag.
[73] *BVerwG*, B. v. 19. 5. 2004 – 4 B 35.04.

Erteilung einer Befreiung gemäß § 31 II BauGB für ein Wohnbauvorhaben auf einer als „Öffentliche Grünfläche/Parkanlage" festgesetzten Fläche scheidet aus, wenn sich der Plangeber im Planaufstellungsverfahren aufgrund von entsprechenden Anregungen mit der Frage einer Bebauung des fraglichen Grundstücks befasst und sich unter Abwägung der widerstreitenden privaten und öffentlichen Interessen bewusst gegen eine Ausweisung als Bauland entschieden hat.[74]

2303 **b) Gründe des Gemeinwohls.** Nach § 31 II Nr. 1 BauGB kann befreit werden, wenn Gründe des Wohls der Allgemeinheit die Befreiung erfordern. Zugleich dürfen die Grundzüge der Planung nicht berührt werden. Denn § 31 II Nr. 1 BauGB dient nicht dazu, vorhandene planerische Festsetzungen geänderten Auffassungen anzupassen. Das dafür rechtlich vorgesehene Mittel ist das der Planänderung.[75] Die Gründe des Wohls der Allgemeinheit beschränken sich nicht auf spezifisch bodenrechtliche Belange, sondern erfassen alles, was gemeinhin unter den öffentlichen Belangen oder insoweit gleich bedeutend den öffentlichen Interessen (z. B. auch die Förderung sozialer und kultureller Einrichtungen) zu verstehen ist. Gründe des öffentlichen Wohls erfordern eine Befreiung, wenn es zur Erfüllung oder Wahrnehmung öffentlicher Interessen oder Aufgaben **vernünftigerweise geboten** ist, mit Hilfe der Befreiung das Vorhaben am vorgesehenen Standort zu verwirklichen.[76] Die Befreiung aus Gründen des Wohls der Allgemeinheit setzt ebenso wie die Befreiung bei städtebaulicher Vertretbarkeit oder wegen einer nicht beabsichtigten Härte voraus, dass sie „unter Würdigung der nachbarlichen Interessen mit den öffentlichen Belangen vereinbar ist."[77] Die Befreiungsvorschrift des § 31 II Nr. 1 BauGB setzt auch weiterhin voraus, dass Gründe des Wohls der Allgemeinheit die Befreiung erfordern und die Befreiung auch unter Würdigung nachbarlicher Interessen mit den öffentlichen Belangen vereinbar sein muss.[78] Gründe des Wohls der Allgemeinheit „erfordern" eine Befreiung dabei nicht erst dann, wenn den Belangen der Allgemeinheit auf keine andere Weise als durch eine Befreiung entsprochen werden könnte, sondern schon dann, wenn es zur Wahrnehmung des jeweiligen öffentlichen Interesses vernünftigerweise geboten ist, mit Hilfe der Befreiung das Vorhaben zu verwirklichen. Der Begriff der Erforderlichkeit ist damit weniger streng.[79] Die Befreiung muss nicht schlechthin das einzig denkbare Mittel für die Verwirklichung des jeweiligen öffentlichen Interesses sein. Dessen Erfüllung muss also nicht – anders ausgedrückt – mit der Erteilung der Befreiung „stehen und fallen".

2304 Auch dann, wenn andere auch weniger nahe liegende Möglichkeiten zur Erfüllung des Interesses zur Verfügung stehen, kann eine Befreiung zur Wahrnehmung des öffentlichen Interesses in dem vorstehend erläuterten Sinne „vernünftigerweise geboten" sein. Dass die Befreiung dem Gemeinwohl nur irgendwie nützlich oder dienlich ist, reicht allerdings nicht aus. Diese weniger strenge Auslegung des Begriffs „erfordert" ist deshalb gerecht-

---

[74] *VGH Mannheim*, Urt. v. 20. 2. 2004 – 10 A 4840/01 – BauR 2004, 1125 – Bauvorbescheid.
[75] *BVerwG*, B. v. 12. 2. 1996 – 4 B 199.95 – Buchholz 406.11 § 31 BauGB Nr. 34.
[76] Die nach § 4 Ia BauGB-MaßnG bestehende Befreiungsmöglichkeit bei Vorliegen eines dringenden Wohnbedarfs ist durch das BauROG gestrichen worden. Allerdings kann in diesen Fällen nach § 31 II Nr. 2 BauGB befreit werden, wenn das Vorhaben städtebaulich vertretbar ist und die Grundzüge der Planung nicht berührt werden; zur zwischenzeitlich aufgehobenen Regelung in § 4 Ia BauGB-MaßnG *BVerwG*, B. v. 5. 10. 1993 – 4 B 134.93 – *Hoppe/Stüer* RzB Rdn. 329 – dringender Wohnbedarf; B. v. 12. 2. 1996 – 4 B 199.95 – Buchholz 406.11 § 31 BauGB Nr. 34 – übergeleiteter Durchführungsplan.
[77] *BVerwG*, Urt. v. 9. 6. 1978 – IV C 54.75 – BVerwGE 56, 71 = NJW 1979, 989 = DÖV 1978, 921 = BauR 1978, 383 = *Hoppe/Stüer* RzB Rdn. 323 – Befreiung Nachbarklage; *Hoppe* FS Lukes 1989, 687.
[78] *BVerwG*, B. v. 12. 2. 1996 – 4 B 199.95 – Buchholz 406.11 § 31 BauGB Nr. 34 – übergeleiteter Durchführungsplan.
[79] *BVerwG*, B. v. 6. 3. 1996 – 4 B 14.95 – BauR 1996, 518 = NVwZ-RR 1997, 82 – Notwohnung.

fertigt, weil sonst die Wahrnehmung der in Betracht kommenden atypischen Gemeinwohlinteressen unangemessen erschwert würde, weil daneben noch ein weiteres die Befreiungsmöglichkeiten einschränkendes Kriterium zu beachten ist. Die Abweichung muss auch unter Würdigung nachbarlicher Belange mit den öffentlichen Interessen vereinbar sein.[80] Maßgebend dafür, ob die Befreiung „vernünftigerweise geboten" ist, sind die Umstände des Einzelfalls. Dabei kann es auch auf nach objektiven Kriterien zu beurteilende Fragen der Zumutbarkeit und Wirtschaftlichkeit ankommen. Das gilt auch für nach § 173 BBauG übergeleitete Bebauungspläne auf damaliger landesrechtlicher Grundlage.[81]

Zu der insoweit vergleichbaren, durch das BauROG 1998 aufgehobenen Vorgängerregelung des § 4 Ia BauGB-MaßnG (nunmehr §34 III a BauGB), wonach die Befreiung aus Gründen des dringenden Wohnbedarfs nicht auf Einzelfälle beschränkt ist,[82] hat das *BVerwG* folgende Grundsätze aufgestellt: Die gesetzliche Regelung, dass auch in „mehreren vergleichbaren Fällen" befreit werden konnte, deutet zwar auf eine gesetzgeberische Zielrichtung hin, die einer zu restriktiven Auslegung begegnen will. Das kann jedoch nicht dazu führen, auf das Merkmal der „Erforderlichkeit" in einer Weise zu verzichten, dass die gemeindliche Planungshoheit generalisierend beiseite geschoben wird.[83] In Fällen dieser Art bedarf es eines Ausgleichs zwischen einander widerstreitenden Gemeininteressen. Ein solcher Ausgleich bedarf gleichsam der Einbettung in die gesamte Interessenlage. Die Befreiung ist nicht das geeignete Mittel, dies zu erreichen. Steht der Befreiung ein bodenrechtlicher Belang in beachtlicher Weise entgegen, so vermag sich gegen ihn weder der atypische – obschon vielleicht gewichtige – Gemeinwohlgrund durchzusetzen, noch ist ganz allgemein eine **„Kompensation"** i. S. einer Saldierung aller betroffenen, für und gegen das Vorhaben sprechenden Belange möglich. Für eine Kompensation oder Saldierung der öffentlichen Belange i. S. einer Bevorzugung des einen Belanges unter Zurücksetzung anderer Belange lässt das Gesetz bei der Anwendung des § 31 II Nr. 1 und Nr. 3 BauGB daher keinen Raum.[84] Eine solche Saldierung widerstreitender Belange setzt nach Auffassung des *BVerwG* eine planerische Abwägung voraus. Eine derartige Abwägung ist gekennzeichnet durch die Gewichtung der einzelnen Belange und durch ihren zur Gewichtung der einzelnen Belange nicht außer Verhältnis stehenden Ausgleich.[85] Sie erfordert notwendig den Einsatz einer spezifisch planerischen Gestaltungsfreiheit.[86] Eine derart „planerische" Abwägung kann in den Fällen des § 31 II Nr. 1 und 3 BauGB nicht im Zuge einer von der Baugenehmigungsbehörde auszusprechenden Befreiung vorgenommen werden.[87]

---

[80] *BVerwG*, B. v. 6. 3. 1996 – 4 B 14.95 – BauR 1996, 518 = NVwZ-RR 1997, 82 – Notwohnung.
[81] *BVerwG*, B. v. 12. 2. 1996 – 4 B 199.95 – Buchholz 406.11 § 31 BauGB Nr. 34 – übergeleiteter Durchführungsplan; B. v. 5. 2. 2004 – 4 B 110.03 – BauR 2004, 1124 = ZfBR 2004, 471 – Befreiung von Bebauungsplanfestsetzung zu Gunsten einer Mobilfunksendeanlage.
[82] Dieser Befreiungstatbestand ist nunmehr von § 31 I Nr. 2 BauGB i. d. F. des BauROG 1998 mitumfasst.
[83] *BVerwG*, B. v. 12. 2. 1996 – 4 B 199.95 – Buchholz 406.11 § 31 BauGB Nr. 34 – übergeleiteter Durchführungsplan.
[84] Zu § 34 BauGB *BVerwG*, Urt. v. 26. 5. 1978 – IV C 9.77 – BVerwGE 55, 369 = NJW 1978, 2564 = DVBl. 1978, 815 = *Hoppe/Stüer* RzB Rdn. 336 – Harmoniurteil; zu § 35 BauGB Urt. v. 16. 2. 1973 – IV C 61.70 – BVerwGE 42, 8; *Hoppe* FS Lukes 1989, 687.
[85] *BVerwG*, Urt. v. 5. 7. 1974 – IV C 50.72 – BVerwGE 45, 309 = DVBl. 1975, 767 = DÖV 1975, 308 = NJW 1975, 70 = *Hoppe/Stüer* RzB Rdn. 24 – Delog-Detag Flachglas.
[86] *BVerwG*, Urt. v. 12. 12. 1969 – IV C 105.66 – BVerwGE 34, 301 = DVBl. 1970, 414 = DÖV 1970, 277 = BauR 1970, 31 = *Hoppe/Stüer* RzB Rdn. 23 – Abwägungsgebot Selbstverwaltung.
[87] So *VGH Mannheim*, Urt. v. 16. 6. 1998 – 8 S 1522/98 – VGHBW RSprDienst 1998, Beilage 8 B 4 – dringender Wohnbedarf.

2306 **c) Städtebauliche Vertretbarkeit.** Von den Festsetzungen des Bebauungsplans kann nach § 31 II Nr. 2 BauGB befreit werden, wenn die Abweichung städtebaulich vertretbar ist, die Grundzüge der Planung nicht berührt werden und die Abweichung auch unter Würdigung nachbarlicher Interessen mit den öffentlichen Belangen vereinbar ist. Es müssen für § 31 II Nr. 2 BauGB solche – vor allem städtebauliche – Gründe vorliegen, die ein Abweichen im Planbereich unter Hintansetzung des Vertrauens anderer Grundeigentümer in den Bestand der bauplanerischen Festsetzungen als vertretbar erscheinen lassen.

2307 Die Befreiung nach § 31 II Nr. 2 BauGB setzt voraus, dass die Abweichung **städtebaulich vertretbar** ist. Eine Befreiung, mit der einem bestimmten öffentlichen Interesse Rechnung getragen werden soll, verbietet sich, wenn dadurch die **geordnete städtebauliche Entwicklung** beeinträchtigt würde.

2308 Für die Befreiung bei städtebaulicher Vertretbarkeit nach § 31 II Nr. 2 BauGB gelten **Besonderheiten.** Die Abweichung ist bereits dann zulässig, wenn sie **planbar** in dem Sinne ist, dass die städtebaulichen Grundsätze des Abwägungsgebotes nach § 1 VII BauGB gewahrt sind. Auch ein gewisser Ausgleich verschiedener gegenläufiger Interessen ist daher im Rahmen der städtebaulichen Vertretbarkeit möglich.[88] Die mit der **Novellierung des § 31 II BauGB** durch das BauROG 1998 verbundenen strukturelle Änderung der Befreiungsregelung hat das bereits in der früheren Fassung enthaltene Tatbestandsmerkmal der „**Grundzüge der Planung**" nach Auffassung des *BVerwG* allerdings unberührt gelassen. Der Gesetzgeber hat sich insoweit lediglich veranlasst gesehen, das Erfordernis, dass die Grundzüge der Planung nicht berührt werden dürfen, das nach altem Recht formal nur bei der Tatbestandsalternaive des § 31 II Nr. 2 BauGB eine Rolle spielte, gleichsam vor die Klammer zu ziehen und zur allgemeinen Zulässigkeitsvoraussetzung zu erheben, die für alle Befreiungsfälle Geltung beansprucht. Damit hat er klargestellt, dass unabhängig davon, wie die weiteren Tatbestandsmerkmale im Einzelnen auszulegen sein mögen, eine Befreiung jedenfalls dann nicht in Betracht kommen kann, wenn hierdurch die Grundzüge der Planung nicht berührt werden.[89] Sind die Grundzüge der Planung berührt, ist eine Befreiung nach § 31 II BauGB nicht möglich. Die Maßstäbe zur Beurteilung dieser Anforderungen finden sich in der Rechtsprechung des *BVerwG*.[90] Die Festsetzungen des Bebauungsplans dürfen danach nicht beliebig durch einen von dem Plan abweichenden Verwaltungsakt außer Kraft gesetzt werden. Die Änderung eines Bebauungsplans obliegt nach § 1 VIII BauGB der Gemeinde und nicht der Bauaufsichtsbehörde. Das Änderungsverfahren geht einher mit einer Beteiligung von Bürgern und Trägern öffentlicher Belange. Diese Regelungen dürfen nicht durch eine großzügige Befreiungspraxis aus den Angeln gehoben werden. Ob die Grundzüge der Planung berührt werden, hängt von der jeweiligen Planungssituation ab. Entscheidend ist, ob die Abweichung dem planerischen Grundkonzept zuwiderläuft. Je tiefer die Befreiung in das Interessengeflecht der Planung eingreift, desto eher liegt der Schluss auf eine Änderung der Planungskonzeption nahe, die nur im Wege der Umplanung möglich ist. Die Befreiung von tragenden Festsetzungen[91] darf nach Auffassung des *BVerwG* nicht aus Gründen erteilt werden, die sich bei einer Vielzahl gleich gelagerter Fälle oder gar für alle von einer bestimmten Festsetzung betroffenen Grundstücke anführen ließen.

2309 Auch wenn es das gesetzgeberische Ziel der Neufassung des § 31 II BauGB 1998 war, der Vorschrift einen im Vergleich zum früheren Rechtszustand weiteren Anwendungs-

---

[88] Zu vergleichbaren Fragestellungen im Rahmen des § 34 III BauGB 1986 *BVerwG*, Urt. v. 15. 2. 1990 – 4 C 23.86 – BVerwGE 84, 322 = DVBl. 1990, 572 = BauR 1990, 328 = *Hoppe/Stüer* RzB Rdn. 388 – Zimmereibetrieb als Unikat; s. Rdn. 124.
[89] *BVerwG*, B. v. 5. 3. 1999 – 4 B 5.99 – NVwZ 1999, 1110.
[90] *BVerwG*, B. v. 5. 3. 1999 – 4 B 5.99 – NVwZ 1999, 1110 = BauR 1999, 1280 = ZfBR 1999, 283.
[91] So *BVerwG* für die Erhaltung eines Bodenreliefs.

bereich zu erschließen, so beansprucht nunmehr doch das Tatbestandsmerkmal, dass „die Grundzüge der Planung nicht berührt werden" dürfen, ausdrücklich Geltung für alle Befreiungsfälle. Das kann, je nach Fallgestaltung, die Frage erübrigen, ob das Erfordernis der **„Atypik",**[92] nach wie vor gilt.[93] Ob eine Abweichung i. S. des § 31 II Nr. 2 BauGB städtebaulich vertretbar ist, beurteilt sich anhand der konkreten Gegebenheiten und zwar danach, ob die Abweichung unter Beachtung des § 1 BauGB auch Inhalt des Bebauungsplans sein könnte, von dessen Festsetzungen im Einzelnen abgewichen werden soll.[94] Der Nachbar kann sich dabei nur auf seine nachbarlichen Belange berufen.[95] Aus Gründen des Wohls der Allgemeinheit kann nach Auffassung des *VG Berlin* für den Bau eines Botschaftsgebäudes von den Festsetzungen des Bebauungsplans befreit werden. Mögliche Beeinträchtigungen und Gefährdungen der Nachbarn sind danach bodenrechtlich nicht zu berücksichtigen.[96]

d) Nicht beabsichtigte Härte. Eine Abweichung von den Festsetzungen des Bebauungsplans ist auch dann möglich, wenn seine Durchführung zu einer nicht beabsichtigten Härte führt (§ 31 II Nr. 3 BauGB). Die Vorschrift wird von der Rechtsprechung eng ausgelegt. Regelmäßig ist die mit den Festsetzungen des Bebauungsplans verbundene Härte vom Plangeber beabsichtigt, so dass eine Befreiung nicht erfolgen kann. Nicht beabsichtigt ist eine Härte vielmehr lediglich, wenn es sich um eine besondere atypische Lage handelt, die über eine Einzelfallabweichung nicht hinausgeht.

Die Befreiung steht im **Ermessen** der Behörde. Die Absicht der Gemeinde, einen bestehenden Bebauungsplan zu ändern, kann die Versagung einer Befreiung im Rahmen der Ermessensausübung rechtfertigen. Kann ein den planerischen Vorstellungen der Gemeinde widersprechendes Vorhaben nur im Wege einer Befreiung zugelassen werden, so bedarf es zu seiner Verhinderung keiner Veränderungssperre oder Zurückstellung, wenn die Befreiung rechtmäßig versagt wird.[97]

e) Nachbarschutz. Die Abweichung muss nach § 31 II BauGB auch unter Würdigung nachbarlicher Interessen mit den öffentlichen Belangen vereinbar sein. Zwar ist nicht jede Norm des öffentlichen Baurechts potenziell drittschützend.[98] § 31 II BauGB hat jedoch mit dem Gebot der **Würdigung nachbarlicher Interessen** drittschützende Wirkung. Die Befreiung verletzt den Nachbarn in seinen Rechten, wenn die Behörde bei der Ermessensentscheidung nicht die gebotene Rücksicht auf die Interessen des Nachbarn genommen hat. Dies ist nach Maßgabe der Einhaltung des Rücksichtnahmegebotes[99] zu beurteilen.[100] Gegen eine unter Verstoß gegen nicht nachbarschützende Festsetzungen eines

---

[92] *BVerwG*, Urt. v. 14. 7. 1972 – IV C 69.70 – BVerwGE 40, 268 = DÖV 1972, 824 = BauR 1972, 358; Urt. v. 9. 6. 1978 – IV C 54.75 – BVerwGE 56, 71 = B. v. 20. 11. 1989 – 4 B 163.89 – DÖV 1990, 746 = NVwZ 1990, 546.
[93] *BVerwG*, B. v. 5. 3. 1999 – 4 B 5.99 – NVwZ 1999, 1110 = BauR 1999, 1280 = ZfBR 1999, 283, mit Hinweis auf B. v. 8. 5. 1989 – 4 B 78.89 – DVBl. 1989, 1064 = NVwZ 1989, 1060; BauR 1989, 440.
[94] *BVerwG*, Urt. v. 17. 12. 1998 – 4 C 16.97 – DVBl. 1999, 782.
[95] *BVerwG*, B. v. 8. 7. 1998 – 4 B 64.98 – NVwZ-RR 1999, 8 = Buchholz 406.19 Nr. 153 = BauR 1998, 1206 = BRS 59 Nr. 33 = ZfBR 1999, 54 = UPR 1998, 455 = BayVBl 1999, 26.
[96] *VG Berlin*, Urt. v. 20. 5. 1999 – 13 A 245.98 – Grundeigentum 1999, 993 – für die Israelische Botschaft in Berlin.
[97] *BVerwG*, Urt. v. 19. 9. 2002 – 4 C 13.01 – ZfBR 2003, 260 = UPR 2003, 146 – Befreiung und Planänderungsabsicht der Gemeinde.
[98] *BVerwG*, B. v. 16. 8. 1983 – 4 B 94.83 – DVBl. 1984, 145.
[99] *BVerwG*, Urt. v. 25. 2. 1977 – IV C 22.75 – BVerwGE 52, 122 = NJW 1978, 62 = DVBl. 1977, 722 = DÖV 1977, 752 = BauR 1977, 244 = *Hoppe/Stüer* RzB Rdn. 1151 – Außenbereich Rücksichtnahme. Änderung der bisherigen Rechtsprechung, u. a. Urt. v. 12. 1. 1968 – 4 C 10.66 – Buchholz 406.11 § 31 BBauG Nr. 4.
[100] *BVerwG*, Urt. v. 19. 9. 1986 – 4 C 8.84 – NVwZ 1987, 409 = DVBl. 1987, 476 = DÖV 1987, 296 = BauR 1987, 70 = *Hoppe/Stüer* RzB Rdn. 324 – Nachbarschutz bei Dispens.

Bebauungsplans erteilte Baugenehmigung kann daher Nachbarschutz in entsprechender Anwendung des § 15 BauNVO unter Berücksichtigung der Interessenbewertung des § 31 II BauGB gegeben sein.[101]

2313 Bei einer fehlerhaften Befreiung von einer nachbarschützenden Festsetzung eines Bebauungsplans ist danach auch ein nachbarliches Abwehrrecht gegeben, das dazu führt, dass jeder Fehler bei der Bewertung nachbarlicher Belange zur Aufhebung einer Baugenehmigung führt. Aber auch eine fehlerhafte Befreiung von einer nicht nachbarschützenden Festsetzung vermittelt dem Nachbarn einen Abwehranspruch, wenn die Behörde bei ihrer Ermessensentscheidung über die vom Bauherrn beantragte Befreiung nicht die gebotene Rücksicht auf die Interessen des Nachbarn genommen hat. Bei der Erteilung einer Befreiung nach § 31 II BauGB von einer nicht nachbarschützenden Festsetzung eines Bebauungsplans hat der Nachbar daher über den Anspruch auf „Würdigung nachbarlicher Interessen" hinaus keinen Anspruch auf ermessensfehlerfreie Entscheidung der Baugenehmigungsbehörde.[102]

2314 Nach der Rechtsprechung des *BVerwG* kommt dem in § 15 I BauNVO verankerten Gebot der Rücksichtnahme drittschützende Wirkung zu, soweit in qualifizierter und zugleich individualisierter Weise auf schutzwürdige Interessen eines erkennbar abgegrenzten Kreises Dritter Rücksicht zu nehmen ist. Das gilt nur für diejenigen Ausnahmefälle, in denen (1) die tatsächlichen Umstände handgreiflich ergeben, auf wen Rücksicht zu nehmen ist, und (2) eine besondere rechtliche Schutzwürdigkeit des Betroffenen anzuerkennen ist. Die Schutzwürdigkeit des Betroffenen, die Intensität der Beeinträchtigung, die Interessen des Bauherrn und das, was beiden Seiten billigerweise zumutbar oder unzumutbar ist, ist dann gegeneinander abzuwägen.[103] Darüber hinaus darf dieser Nachbarschutz nicht hinter § 31 II BauGB zurückbleiben. Die Vorschrift hat mit dem Gebot der Würdigung nachbarlicher Interessen drittschützende Wirkung. § 31 II BauGB vermittelt insoweit Drittschutz auch gegenüber einer Befreiung von nicht nachbarschützenden Festsetzungen eines Bebauungsplans.[104]

VI. Planreife (§ 33 BauGB)

2315 Bereits während der Aufstellung eines Bebauungsplans sind Vorhaben im Hinblick auf die künftige Planung zulässig, wenn die formelle Planreife erreicht ist (§ 33 I BauGB). Dies setzt die förmliche Öffentlichkeits- und Behördenbeteiligung und die Fertigstellung des Umweltberichts voraus. Vorhaben können auch bei Planänderungen im Verfahren (§ 33 II BauGB) oder im Falle der vereinfachten Änderung von Plänen zulässig sein (§ 33 III BauGB).[105]

1. Formelle Planreife

2316 In Gebieten, für die ein Beschluss über die Aufstellung eines Bebauungsplans gefasst ist, ist ein Vorhaben nach § 33 I BauGB zulässig, wenn (1) die Öffentlichkeits- und Behördenbeteiligung nach § 3 II, 4 II und 4a II bis V BauGB durchgeführt worden ist, (2) anzunehmen ist, dass das Vorhaben den künftigen Festsetzungen des Bebauungsplans

---

[101] *BVerwG*, Urt. v. 6. 10. 1989 – 4 C 14.87 – BVerwGE 82, 343 = DVBl. 1990, 364 = NJW 1990, 1192 = BauR 1989, 710 = *Hoppe/Stüer* RzB Rdn. 325 – Nachbarschutz bei Befreiungen nach § 31 II BauGB.
[102] *VG Sigmaringen*, Urt. v. 20. 3. 2003 – 9 K 2272/02 –.
[103] *BVerwG*, Urt. v. 5. 8. 1983 – 4 C 96.79 – BVerwGE 67, 334 = DVBl. 1984, 143 = DÖV 1984, 295 = BauR 1983, 543 = *Hoppe/Stüer* RzB Rdn. 969 – Rücksichtnahmegebot § 15 BauNVO; Urt. v. 7. 2. 1986 – 4 C 49.82 – ZfBR 1986, 148.
[104] *BVerwG*, Urt. v. 6. 10. 1989 – 4 C 14.87 – BVerwGE 82, 343 = DVBl. 1990, 364 = NJW 1990, 1192 = BauR 1989, 710 = *Hoppe/Stüer* RzB Rdn. 325 – Nachbarschutz bei Befreiungen nach § 31 II BauGB.
[105] *Upmeier* Zulässigkeit von Vorhaben HdBöffBauR Kap. A Rdn. 486.

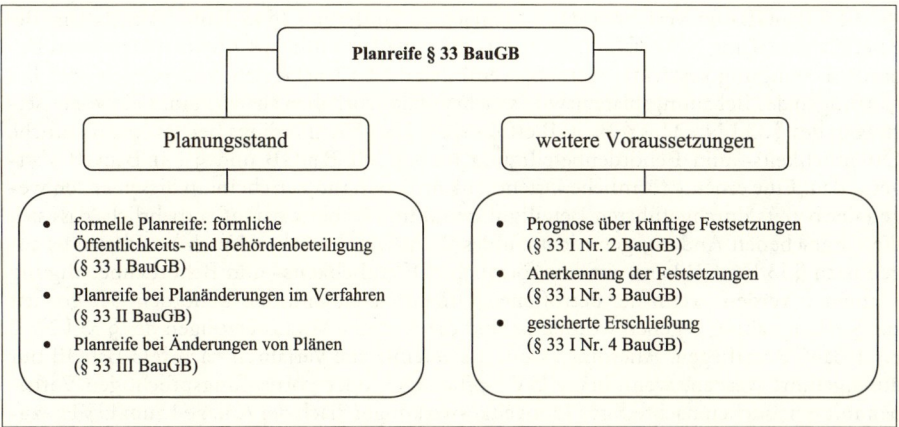

nicht entgegensteht, (3) der Antragsteller diese Festsetzungen für sich und seine Rechtsnachfolger schriftlich anerkennt und (4) die Erschließung gesichert ist.[106]

a) Durchführung der förmlichen Öffentlichkeits- und Behördenbeteiligung. Die formelle Planreife setzt nach § 33 I BauGB die Durchführung der förmlichen Öffentlichkeits- und Behördenbeteiligung und die Annahme voraus, dass das Vorhaben den künftigen Festsetzungen des Bebauungsplans nicht entgegensteht. Dies wird sich regelmäßig erst nach entsprechender Abwägung der eingegangenen Stellungnahmen und damit regelmäßig erst im Zeitpunkt des Satzungsbeschlusses verlässlich voraussagen lassen. Die Genehmigungsmöglichkeiten bei formeller Planreife nach § 33 I BauGB umfassen daher den Zeitraum zwischen Satzungsbeschluss und Bekanntmachung der Genehmigung bzw. des auf landesrechtlicher Grundlage angeordneten Anzeigeverfahrens. Eine Planreife kann auch für Teile eines Bebauungsplans gegeben sein.[107] Ist die förmliche Öffentlichkeits- und Behördenbeteiligung noch nicht durchgeführt und sind die eingegangenen Stellungnahmen noch nicht abgewogen, liegt eine formelle Planreife nach § 33 I Nr. 1 BauGB nicht vor. Auf das Vorliegen der anderen Voraussetzungen des § 33 I Nr. 2 bis 4 BauGB kommt es dann nicht an. Die Regelung in § 33 II BauGB 1998 über eine materielle Planreife, bei deren Vorliegen bereits vor Durchführung der förmlichen Offenlage ein Vorhaben zulässig sein konnte, ist durch das EAG Bau 2004 abgeschafft worden. Eine materielle Planreife ohne einen entsprechenden Stand des Verfahrens (formelle Planreife) reicht daher im Gegensatz zur früheren Rechtslage nicht mehr für die Zulässigkeit von Vorhaben aus. Der Grund dafür liegt in den europarechtlichen Vorgaben der Plan-UP-Richtlinie, die vom Grundsatz her eine Öffentlichkeitsbeteiligung von umweltrelevanten Vorhaben verlangt.[108]

Eine Öffentlichkeits- oder Behördenbeteiligung kann nur bei einer Änderung der Planung im Aufstellungsverfahren (§ 33 II BauGB) oder bei der Änderung verbindlicher Pläne

---

[106] *Krautzberger* in: Battis/Krautzberger/Löhr § 33 Rdn. 1 ff.; *Brügelmann* § 33 Rdn. 1 ff.; *Cholewa/David/Dyong/von der Heide* § 33 Rdn. 1 ff.; *Zinkahn* in: Ernst/Zinkahn/Bielenberg/Krautzberger § 33 BauGB Rdn. 1 ff.; *Gaentzsch* § 33 Rdn. 1 ff.; *Schlichter/Stich* BK § 33 Rdn. 1 ff.; *Schrödter* § 33 Rdn. 1 ff.; *Schütz/Frohberg* § 33 Rdn. 1 ff.
[107] *VGH Mannheim*, Urt. v. 9. 3. 1998 – 5 S 3203/97 – VGHBW RSprDienst 1998, Beilage 6 B 5 = DÖV 1998, 935.
[108] Zu § 33 II BauGB 1998 *BVerwG*, B. v. 25. 11. 1991 – 4 B 212.91 – Buchholz 406.11 § 33 BBauG/BauGB Nr. 7 = *Hoppe/Stüer* RzB Rdn. 331 – materielle Planreife; vgl. bereits B. v. 6. 12. 1963 – 1 B 171.63 – Buchholz 406.11 § 33 BBauG Nr. 1 – BRS 15, 13; B. v. 2. 3. 1978 – 4 B 26.78 – Buchholz 406.11 § 33 BBauG Nr. 5. Zur Teilplanreife *VGH Mannheim*, B. v. 9. 3. 1998 – 5 S 3203/97 – VGHBW RSpDienst 1998, Beilage 6, B 5.

(§ 33 III BauGB) im Verfahren der vereinfachten Änderung (§ 13 BauGB) entfallen. Bei einer Planänderung im Verfahren kann auf eine erneute förmliche Öffentlichkeits- und Behördenbeteiligung verzichtet werden, wenn sich die beabsichtigten Änderungen oder Ergänzungen des Bebauungsplanentwurfs nicht auf das Vorhaben auswirkt und die Voraussetzungen des § 33 I Nr. 2 bis 4 BauGB erfüllt sind. Hier hat allerdings bereits eine förmliche Öffentlichkeits- und Behördenbeteiligung nach § 3 II BauGB und § 4 II BauGB stattgefunden. Eine erneute förmliche Öffentlichkeitsbeteiligung erscheint in diesen Fällen wegen der bereits durchgeführten Beteiligung und im Hinblick darauf entbehrlich, dass sich die vorgesehenen Änderungen nicht auf das Vorhaben auswirken. Auch bei Planänderungen nach § 13 BauGB kann auf eine förmliche Öffentlichkeits- und Behördenbeteiligung verzichtet werden, wenn der betroffenen Öffentlichkeit und den Behörden Gelegenheit zur Stellungnahme gegeben worden ist und die weiteren Voraussetzungen des § 33 I Nr. 2 bis 4 BauGB vorliegen. Allerdings kann das vereinfachte Verfahren nach § 13 BauGB nur durchgeführt werden, wenn keine UVP-pflichtigen oder vorprüfungspflichtigen Vorhaben mit erheblichen nachteiligen Umweltauswirkungen nach der Anlage 1 zum UVPG zugelassen werden sollen und auch keine Belange des Habitat- oder Vogelschutzes in Gebieten von gemeinschaftlicher Bedeutung beeinträchtigt werden können (§ 13 I BauGB). Es kann in diesen Fällen zwar auf eine förmliche Öffentlichkeits- und Behördenbeteiligung verzichtet werden. Eine Beteiligung der in ihren Interessen betroffenen Öffentlichkeit und der Betroffenen Behörden muss allerdings stattfinden. Wegen dieser Beschränkungen auf nicht UVP-pflichtige oder vorprüfungspflichtige Vorhaben mit erheblichen nachteiligen Umweltauswirkungen und einer in der Regel ohnehin erforderlichen Beteiligung hat die Möglichkeit einer planungsrechtlichen Zulässigkeit bei nur materieller Planreife an Bedeutung eingebüßt. Planänderungen im Verfahren oder die Änderung rechtsverbindlicher Bebauungspläne haben den Stand des § 33 BauGB daher in aller Regel erst erreicht, wenn eine förmliche Öffentlichkeits- und Behördenbeteiligung durchgeführt worden ist.

2319 **b) Verbindliche Anerkennung der Festsetzungen.** Der Vorhabenträger muss die künftigen Festsetzungen des Bebauungsplans für sich und seine Rechtsnachfolger verbindlich anerkennen. Die Genehmigung von Bauvorhaben während der Planaufstellung kann durch einseitige Erklärung oder entsprechende vertragliche Regelungen flankierend abgesichert werden. Neben öffentlich-rechtliche Verpflichtungen können auch **zivilrechtliche vertragliche Regelungen** treten. Eine Gemeinde kann bei der Veräußerung eines ihr gehörenden Grundstücks dem Erwerber durch zivilrechtliche Vereinbarung die Verpflichtung auferlegen, sich bei der Errichtung eines Bauvorhabens an die Festsetzungen eines inhaltlich zulässigen, aber noch nicht bestandskräftigen Bebauungsplans zu halten. Durch eine derartige zivilrechtliche Abmachung kann sich der Erwerber auch rechtswirksam verpflichten, ein nach öffentlichem Baurecht (materiell) legales Bauwerk zu verändern.[109] Das Anerkenntnis hat insoweit eine dingliche Wirkung, als damit eine öffentliche Last auf dem Grundstück liegt, die in planungsrechtlicher Hinsicht den baurechtlichen Status des Grundstücks festlegt. Aufgrund des Anerkenntnisses wird das In-Kraft-Treten des Bebauungsplan-Entwurfs im Verhältnis zwischen dem Antragsteller und der Baugenehmigungsbehörde (einschließlich der Gemeinde) im praktischen Ergebnis vorverlegt.[110] das Ortsrecht wird vorab verbindlich, wobei sich diese vorgezogene Wirkung sowohl auf die – gemessen an der bisherigen Rechtslage – den Antragsteller künftig beschränkenden als auch auf die ihn begünstigenden Festsetzungen bezieht.[111] Wegen des Anerkenntnisses der künftigen Festsetzungen des Bebauungsplans sind diese Festsetzungen für den Träger des Vorhabens bereits zum Zeitpunkt des Anerkenntnisses als verpflichtend anzusehen. Baut etwa der Antragstel-

---

[109] *BGH*, Urt. v. 7. 2. 1985 – III ZR 179/83 – BGHZ 94, 372 = *Hoppe/Stüer* RzB Rdn. 330 – zivilrechtliche Bauverpflichtung.
[110] *Dürr* in: Brügelmann, Rdn. 11 zu § 33 BauGB.
[111] *Ernst/Zinkahn/Bielenberg/Krautzberger*, Rdn. 17 zu § 33 BauGB, ähnlich *Schlichter* in: Schlichter/Stich, Rdn. 9 a. E. zu § 33 BauGB; vgl. auch Urt. v. 7. 3. 1986 – 8 C 103.84 – Buchholz 406.11 § 125 BBauG Nr. 20, der auf eine Vorwirkung des Bebauungsplans verweist.

ler anders als in der Weise, zu der er die künftigen Festsetzungen des Bebauungsplans nach § 33 I Nr. 3 BauGB anerkannt hat, so kann er sich bei einer davon abweichenden Bauausführung nicht auf Bestandsschutz berufen. Dies gilt selbst dann, wenn sich der Bebauungsplan etwa aus formellen Gründen als rechtswidrig erweist.[112]

Beispiel: Ein Bauherr erkennt die künftigen Festsetzungen eines Bebauungsplans nach § 33 I Nr. 3 BauGB an und erhält im Hinblick darauf eine Baugenehmigung. Das Bauvorhaben führt der Bauherr jedoch abweichend aus. Gegenüber der Abbruchverfügung beruft der Bauherr sich darauf, dass der Bebauungsplan unwirksam sei und die Bauausführung der Rechtslage im nicht beplanten Innenbereich nach § 34 BauGB entsprochen habe. Die Abbruchanordnung ist rechtmäßig, weil sich der Bauherr im Hinblick auf seine Baugenehmigung nicht auf die Unwirksamkeit des Bebauungsplans berufen kann. Dies gilt selbst dann, wenn das Landesrecht hinsichtlich gestalterischer Festsetzungen, die mit dem Bebauungsplan nach § 9 IV BauGB verbunden werden, die Vorschrift über die Planreife in § 33 BauGB nicht für anwendbar erklärt.[113]

c) **Gesicherte Erschließung.** Die planungsrechtliche Zulässigkeit eines Vorhabens nach § 33 BauGB setzt eine gesicherte Erschließung voraus.[114]   2320

d) **Wille zum Verfahrensabschluss.** Der Praxis vieler Gemeinden, den Bebauungsplan nur bis zur Planreife zu führen und das Aufstellungsverfahren sodann nicht weiterzuführen, hat das *BVerwG* allerdings einen Riegel vorgeschoben. § 33 I BauGB ist nicht anwendbar, wenn der Planungsträger erklärt, alles zum Abschluss des Planaufstellungsverfahrens Erforderliche getan zu haben, aber den Bebauungsplan nicht durch öffentliche Bekanntmachung nach § 10 III 1 BauGB in Kraft setzt.[115] Allein das Interesse, Klarheit über die Rechtslage zu erlangen, rechtfertigt es nicht, ein Verfahren, das das Stadium der Abschlussreife erlangt hat, offen zu halten. Sieht der Planungsträger gleichwohl davon ab, mit dem Formalakt der Bekanntmachung einen Schlussstrich unter seine Planung zu ziehen, so macht er von § 33 BauGB einen unzulässigen dysfunktionalen Gebrauch.[116] § 33 I BauGB daher ist nicht anwendbar, wenn der Planungsträger erklärt, alles zum Abschluss des Planaufstellungsverfahrens Erforderliche getan zu haben, aber den Bebauungsplan nicht durch öffentliche Bekanntmachung nach § 10 III 1 BauGB in Kraft setzt.[117]   2321

2. Materielle Planreife

Eine Zulassung eines Vorhabens vor einer formellen Planreife ist im Vergleich zur früheren Rechtslage nur noch bei Planänderungen und damit nur noch eingeschränkt möglich (§ 33 II BauGB). Ändert sich die Planung, so ist grundsätzlich eine erneute Öffentlichkeits- und Behördenbeteiligung durchzuführen (§§ 3 II, 4 II BauGB). Eine Zulassung ohne vorherige erneute Öffentlichkeits- und Behördenbeteiligung ist nur zulässig, wenn sich die vorgenommenen Änderungen nicht auf das Vorhaben auswirken und die übrigen Voraussetzungen einer Zulassung des Vorhabens bei formelle Planreife vorliegen (§ 33 I Nr. 2 bis 4 BauGB).   2322

---

[112] *BVerwG*, Urt. v. 18. 4. 1996 – 4 22.94 – BVerwGE 101, 58 = NVwZ 1996, 892 = DVBl. 1996, 920 – Anerkenntnis.

[113] *BVerwG*, Urt. v. 18. 4. 1996 – 4 22.94 – BVerwGE 101, 58 = NVwZ 1996, 892 = DVBl. 1996, 920 – Anerkenntnis.

[114] *Krautzberger* in: Battis/Krautzberger/Löhr § 33 Rdn. 1ff.; *Brügelmann* § 33 Rdn. 1ff.; *Cholewa/David/Dyong/von der Heide* § 33 Rdn. 1ff.; *Zinkahn* in: Ernst/Zinkahn/Bielenberg/Krautzberger § 33 Rdn. 1ff.; *Gaentzsch* § 33 Rdn. 1ff.; *Schlichter/Stich* BK § 33 Rdn. 1ff.; *Schrödter* § 33 BauGB Rdn. 1ff.; *Schütz/Frohberg* § 33 Rdn. 1ff.

[115] *BVerwG*, Urt. v. 1. 8. 2002 – 4 C 5.01 – BVerwGE 117, 25 = DVBl. 2003, 62 = NVwZ 2003, 86 – FOC Zweibrücken.

[116] *BVerwG*, Urt. v. 1. 8. 2002 – 4 C 5.01 – BVerwGE 117, 25 = DVBl. 2003, 62 = NVwZ 2003, 86 – FOC Zweibrücken.

[117] *BVerwG*, Urt. v. 1. 8. 2002 – 4 C 5.01 – BVerwGE 117, 25 = DVBl. 2003, 62 = NVwZ 2003, 86 – FOC Zweibrücken.

3. Planreife bei vereinfachten Änderungen

2323 Auch bei einer vereinfachten Änderung des Bebauungsplans kann ein Vorhaben vor Durchführung der Öffentlichkeits- und Behördenbeteiligung zugelassen werden (§ 33 III BauGB). Dann ist allerdings der betroffenen Öffentlichkeit und den berührten Behörden und sonstigen Trägern öffentlicher Belange vor Erteilung der Genehmigung Gelegenheit zur Stellungnahme innerhalb angemessener Frist zu geben. Auch hierdurch wird eine Vorabgenehmigung bei Planänderungen im vereinfachten Verfahren eingeschränkt.

4. Rechtsschutz

2324 Wird die Genehmigung nach § 33 BauGB nicht erteilt, so kann der Bauherr eine Verpflichtungsklage erheben, die begründet ist, wenn die Voraussetzungen des **§ 33 BauGB** vorliegen. In den Fällen der Planänderung nach § 33 II und III BauGB besteht allerdings ein Ermessen. Auch der Nachbar kann gegen eine dem Bauherrn nach § 33 BauGB erteilte Baugenehmigung klagen. Die Klage ist begründet, wenn die erteilte Baugenehmigung wegen Nichtvorliegens der Voraussetzungen des § 33 BauGB rechtswidrig ist und der Nachbar dadurch in seinen Rechten verletzt wird. Die Klage kann allerdings zurückgewiesen werden, wenn trotz einer nach den bisherigen Planungsarbeiten gegebenen Abwägungsfehlerhaftigkeit erwartet werden kann, dass unter Berücksichtigung der bis zur Rechtswirksamkeit der Planung noch möglichen und nahe liegenden Fehlerkorrektur der Rechtsbehelf letzten Endes erfolglos bleiben wird.[118]

3. Teil. Zulässigkeit von Vorhaben im nichtbeplanten Innenbereich (§ 34 BauGB)

2325 Nach § 34 I BauGB ist ein Vorhaben innerhalb der im Zusammenhang bebauten Ortsteile zulässig, wenn es sich nach Art und Maß der baulichen Nutzung, der Bauweise und der Grundstücksfläche, die überbaut werden soll, in die Eigenart der näheren Umgebung einfügt und die Erschließung gesichert ist.[119] Die Anforderungen an gesunde Wohn- und Arbeitsverhältnisse müssen gewahrt bleiben; das Ortsbild darf nicht beeinträchtigt werden.[120] Die Vorschrift ist für Vorhaben anzuwenden, die in einem im Zusammenhang bebauten Ortsteil liegen und für die kein qualifizierter Bebauungsplan (§ 30 I BauGB) oder ein vorhabenbezogener Bebauungsplan (§ 30 II BauGB) gilt. Neben einfachen Bebauungsplänen (§ 30 III BauGB) ist für ein Vorhaben im nichtbeplanten Innenbereich § 34 BauGB ergänzend anzuwenden. Ein Vorhaben liegt in einem im Zusammenhang bebauten Ortsteil, wenn das Grundstück, auf dem gebaut werden soll, einem Bebauungszusammenhang zurechnet, der zu einem Ortsteil gehört. Ein Bebauungszusammenhang wird durch eine tatsächlich zusammenhängende Bebauung gekennzeichnet. Das Baugrundstück muss an diesem Bebauungszusammenhang teilnehmen. Außerdem muss der Bebauungszusammenhang Bestandteil eines Ortsteils sein, der durch ein entsprechendes bauliches Eigengewicht gekennzeichnet ist. Die Länder konnten nach § 246 VII 1 BauGB bestimmen, dass § 34 I 1 BauGB bis zum 31.12.2004 nicht für Einkaufszentren, groß-

---

[118] So für das einstweilige Rechtsschutzverfahren *OVG Berlin*, B. v. 15. 5. 1998 – 2 S 1.98 – NVwZ-RR 1998, 720 = UPR 1999, 119 – Planreife.
[119] *Upmeier* Zulässigkeit von Vorhaben HdBöffBauR Kap. A Rdn. 490.
[120] *Krautzberger* in: Battis/Krautzberger/Löhr § 34 Rdn. 1ff.; *Brügelmann* § 34 Rdn. 1ff.; *Cholewa/David/Dyong/von der Heide* § 34 Rdn. 1ff.; *Dyong* in: Ernst/Zinkahn/Bielenberg/Krautzberger § 34 BauGB Rdn. 1ff.; *Fickert* BauR 1985, 1; *Gaentzsch* § 34 Rdn. 1ff.; *von der Heide* der landkreis 1988, 220; *Hoppe* BauR 1973, 79; *ders.* Zur baurechtlichen Beurteilung von großen Freiflächen im unbeplanten Innenbereich gem. § 34 BBauG 1983; *Lenz* ZfBR 1986, 14; *Scharmer* Das Bebauungsrecht im unbeplanten Innenbereich 1992; *Schlichter/Stich* BK § 34 Rdn. 1ff.; *Schrödter* § 34 Rdn. 1ff.; *Schütz/Frohberg* § 34 Rdn. 1ff.; *Stüer* StuGR 1985, 192.

flächige Einzelhandelsbetriebe und sonstige großflächige Handelsbetriebe i. S. von § 11 III BauNVO anzuwenden sind. Wird durch eine Regelung nach § 246 VII 1 BauGB die bis dahin zulässige Nutzung eines Grundstücks aufgehoben oder wesentlich geändert, ist nach Maßgabe des § 238 BauGB eine Entschädigung zu gewähren. Eine entsprechende Regelung enthält § 34 III BauGB i. d. F. des EAG Bau.

Aus der Umgebung, zu der auch das Baugrundstück selbst rechnet, ist ein **Rahmen** zu entnehmen, der sich nach der tatsächlich vorhandenen Bebauung und Nutzung richtet.[121] Auch ein inzwischen beseitigter Altbestand kann weiterhin prägende Wirkungen haben. Der aus der Umgebung hervorgehende Rahmen für die bauliche Nutzung ist bei einheitlicher Umgebung eng, bei unterschiedlicher Umgebung weit. Hält sich ein Vorhaben **innerhalb des Umgebungsrahmens**, so fügt es sich grundsätzlich ein. Allerdings ist das Gebot der nachbarlichen **Rücksichtnahme** zu beachten. Wird der aus der Umgebung hervorgehende Rahmen **überschritten**, so fügt sich das Vorhaben nicht ein, wenn bodenrechtlich beachtliche Spannungen begründet oder erhöht werden oder gegen das Gebot der nachbarlichen Rücksichtnahme verstoßen wird. Dabei geht es allerdings weniger um Einheitlichkeit als um **Harmonie**. Ein Vorhaben fügt sich daher auch dann ein, wenn es zwar den Umgebungsrahmen überschreitet, es jedoch harmonisch zu der Umgebung zugeordnet werden kann und auch das Gebot der nachbarlichen Rücksichtnahme nicht beeinträchtigt wird. Der Ausgleich bodenrechtlich bewältigungsbedürftiger Spannungen ist der Bauleitplanung vorbehalten und kann daher nicht über eine Vorhabengenehmigung im nichtbeplanten Innenbereich erfolgen. Das Erfordernis einer Bauleitplanung hat daher für die Unzulässigkeit eines Vorhabens nach § 34 I BauGB indizielle Bedeutung.

2326

Bei der Beurteilung eines Vorhabens nach § 34 BauGB ist zwischen **Anwendungsvoraussetzungen** und **Zulässigkeitsvoraussetzungen** zu unterscheiden. Die Vorschrift findet nur Anwendung, wenn das Grundstück, auf dem das Vorhaben verwirklicht werden soll, in einem im Zusammenhang bebauten Ortsteil liegt und ein rechtsverbindlicher qualifizierter Bebauungsplan für den Bereich nicht vorhanden ist. § 34 I bis V BauGB regelt für diese Vorhaben die planungsrechtlichen Zulässigkeitsvoraussetzungen.

2327

I. Anwendungsvoraussetzungen

§ 34 BauGB gilt für Vorhaben, die in einem im Zusammenhang bebauten Ortsteil liegen. Es muss sich zunächst um ein **Vorhaben i. S. des § 29 BauGB** handeln. Darunter fällt die Errichtung, Änderung oder Nutzungsänderung von baulichen Anlagen, die städtebaulich relevant sind. Außerdem darf im Bereich des beabsichtigten Vorhabens kein qualifizierter Bebauungsplan (§ 30 I BauGB) und auch kein vorhabenbezogener Bebauungsplan (§ 30 II BauGB) gelten. Wohl aber ist § 34 BauGB neben einem einfachen Bebauungsplan (§ 30 III BauGB) ergänzend heranzuziehen, soweit der Bebauungsplan keine Festsetzungen enthält. Das Grundstück, auf dem das Vorhaben verwirklicht werden soll, muss in einem **im Zusammenhang bebauten Ortsteil** liegen. Der Begriff des im Zusammenhang bebauten Ortsteils setzt sich aus zwei Elementen zusammen, dem Ortsteil und dem Bebauungszusammenhang.

2328

1. Vorhandensein eines Ortsteils

Ein Ortsteil setzt ein entsprechendes städtebauliches Gewicht der vorhandenen Bebauung voraus.[122] Außerdem muss die Bebauung das Bild einer organischen Siedlungsstruktur darstellen.[123] Daran kann es fehlen, wenn die Bebauung über keinerlei Infrastruktureinrichtungen verfügt.[124] Mit dem Begriff der Bebauung ist nichts anderes gemeint, als

2329

---

[121] *BVerwG*, B. v. 8. 11. 1999 – 4 B 85.99 – BauR 2000, 1171 – Bebauungszusammenhang.
[122] *BVerwG*, B. v. 8. 11. 1999 – 4 B 85.99 – BauR 2000, 1171 – Bebauungszusammenhang.
[123] *BVerwG*, Urt. v. 6. 11. 1968 – IV C 31.66 – BVerwGE 31, 22 = DVBl. 1979, 72.
[124] *BVerwG*, Urt. v. 19. 4. 1994 – 4 B 77.94 – *Hoppe/Stüer* RzB Rdn. 370 – Streubebauung.

dass die betreffenden Anlagen und Flächen dem ständigen Aufenthalt von Menschen dienen sollen. Baulichkeiten, die ausschließlich landwirtschaftlichen Zwecken dienen (z. B. Scheunen oder Ställe), sind für sich allein genommen keine Bauten, die einen im Zusammenhang bebauten Ortsteil bilden können.[125] Auch ein befestigter Reitplatz stellt keinen Ortsteil i. S. von § 34 I BauGB dar.[126]

2330 Der im Zusammenhang bebaute Ortsteil ist dabei von der **Splittersiedlung** abzugrenzen, die ein eigenständiges städtebauliches Gewicht als Ortsteil nicht besitzt.[127] Selbst wenn im Gebiet der Stadt vergleichbare Streubebauungen mehrfach vorhanden sind, führt das nicht dazu, dass diese Streubebauungen als typische Siedlungsweise anzusehen und deshalb jeweils als im Zusammenhang bebaute Ortsteile i. S. von § 34 BauGB zu bewerten wären. Jedenfalls dann, wenn deutliche Siedlungsschwerpunkte in der näheren Umgebung vorhanden sind, bleibt eine solche Streubebauung eine Splittersiedlung und damit insgesamt dem Außenbereich zugeordnet.[128] Auf die mehr oder weniger große Häufigkeit der Splittersiedlungen kommt es dabei – von atypischen Fallgestaltungen vielleicht abgesehen – nicht an.[129] Vorhaben, die erst unter Auffüllung von Freiflächen einen Ortsteil entstehen lassen sollen, sind nicht dem Innenbereich, sondern dem Außenbereich zuzuordnen.[130] Ob eine Bebauung eine Splittersiedlung (§ 35 III 1 Nr. 7 BauGB) und damit Teil des Außenbereichs oder Ortsteil (§ 34 I 1 BauGB) und damit bebauungsrechtlicher Innenbereich ist, beurteilt sich nach der Siedlungsstruktur im Gebiet der jeweiligen Gemeinde.[131]

2. Zugehörigkeit zum Ortsteil (Bebauungszusammenhang)

2331 Das Vorhaben ist nur nach § 34 BauGB zu beurteilen, wenn das Grundstück, auf dem es verwirklicht werden soll, zu dem Bebauungszusammenhang des Ortsteils rechnet. Ein **Bebauungszusammenhang** i. S. von § 34 I BauGB verlangt eine aufeinander folgende Bebauung, die trotz vorhandener Baulücken den Eindruck der Geschlossenheit (Zusammengehörigkeit) vermittelt.[132]

2332 a) **Grenze zwischen Innen- und Außenbereich.** Wo die Grenze eines im Zusammenhang bebauten Ortsteils und damit die **Grenze zwischen Innen- und Außenbereich** verläuft, lässt sich nicht unter Anwendung von geografisch-mathematischen Maßstäben bestimmen, sondern bedarf einer Beurteilung aufgrund einer Bewertung des konkreten Sachverhalts.[133] Bei dieser Bewertung kann nur eine komplexe, die gesamten örtlichen Gegebenheiten erschöpfend würdigende Betrachtungsweise im Einzelfall zu einer sachgerechten Entscheidung führen.[134] Dabei ist eine Beurteilung aufgrund einer „echten Wertung und Bewertung des konkreten Sachverhalts" erforderlich.[135] So kann etwa eine

---

[125] *BVerwG*, Urt. v. 17. 2. 1984 – 4 C 55.81 – Buchholz 406.11 § 34 BBauG Nr. 97.
[126] *BVerwG*, B. v. 6. 3. 1992 – 4 B 35.92 – Buchholz 406.11 § 34 BauGB Nr. 149 = *Hoppe/Stüer* RzB Rdn. 382 – Reitplatz.
[127] *BVerwG*, B. v. 11. 10. 1999 – 4 B 77.99 – Splittersiedlung; *VGH Mannheim*, Urt. v. 10. 9. 1998 – 3 S 1866/98 – VGHBW RSprDienst 1998, Beilage 12 B 7.
[128] *BVerwG*, B. v. 11. 10. 1999 – 4 B 77.99 – Splittersiedlung.
[129] *BVerwG*, Urt. v. 19. 4. 1994 – 4 B 77.94 – *Hoppe/Stüer* RzB Rdn. 370.
[130] *BVerwG*, B. v. 11. 10. 1999 – 4 B 77.99 – Splittersiedlung.
[131] *BVerwG*, B. v. 19. 9. 2000 – 4 B 49.00 – NVwZ-RR 2001, 83 = BauR 2001, 79 = UPR 2001, 107, im Anschluss an *BVerwG*, Urt. v. 3. 12. 1998 – 4 C 7.98 – Buchholz 406.11 § 34 BauGB Nr. 193.
[132] *BGH*, Urt. v. 14. 10. 1982 – III ZR 65/82 – WM IV 1982, 1315 – Bebauungszusammenhang.
[133] *BVerwG*, Urt. v. 14. 11. 1991 – 4 C 1.91 – RdL 1992, 79 = NVwZ-RR 1992, 227 = *Hoppe/Stüer* RzB Rdn. 358 – Ortsbesichtigung.
[134] *BVerwG*, Urt. v. 6. 12. 1967 – IV C 94.66 – BVerwGE 28, 268; Urt. v. 6. 11. 1968 – IV C 2.66 – BVerwGE 31, 20; B. v. 27. 5. 1988 – 4 B 71.88 – Buchholz 406.11 § 34 BBauG/BauGB Nr. 127 = DÖV 1988, 840; Urt. v. 22. 6. 1990 – 4 C 6.87 – Buchholz 406.11 § 35 BauGB Nr. 261 – ZfBR 1990, 293.
[135] *BVerwG*, B. v. 1. 4. 1997 – 4 B 11.97 – NVwZ 1997, 899 = BauR 1997, 616 – einseitig bebaute Straße; Urt. v. 15. 5. 1997 – 4 C 23.95 – NVwZ 1998, 58 = BauR 1997, 988 – einsehbarer Hang; siehe auch *OVG Lüneburg*, Urt. v. 3. 9. 1996 – 1 L 4375/95 – BauR 1997, 86.

viel befahrene Straße eine trennende Wirkung haben,[136] ebenso wie von ihr gerade in Fällen beidseitiger Bebauung eine verbindende Wirkung ausgehen kann. Auch ein Hanggrundstück kann wegen der besonderen Geländeverhältnisse nicht mehr zum Innenbereich zählen, obwohl es sich bei einer Betrachtung rein nach einem katastermäßigen Lageplan so darstellen könnte.[137] Dieser Grundsatz kann im Einzelfall zur Unbeachtlichkeit von Baulücken innerhalb einer zusammenhängenden Bebauung führen[138] wie andererseits ein an den Bebauungszusammenhang angrenzendes Grundstücks nicht mehr an diesem teilnehmen kann.[139]

Ein **unbebautes Grundstück**, das auf der einen Seite an einen im Zusammenhang bebauten Ortsteil grenzt, gehört nicht schon deshalb zum Bebauungszusammenhang, weil es auf der anderen Seite an die Gemeindegrenze reicht.[140] Bei der Abgrenzung des Ortsteils sind nach Auffassung des *BVerwG* die Gemeindegrenzen zu beachten, da die Planungshoheit der Gemeinde an den Grenzen ihres Gebietes ende.[141] Denn die Innenbereichsvorschrift habe „Planersatzcharakter". Der Gemeinde sei als gesetzgeberische Ersatzplanung nur zuzurechnen, was sie durch eigene Planung auch abwehren könnte. Zudem habe der Begriff „Ortsteil", der Ausdruck einer organischen Siedlungsstruktur ist, einen unmittelbaren Bezug zur gemeindlichen Planungshoheit. Eine nicht **genehmigte Bebauung** gehört jedoch nur dann zum Bebauungszusammenhang, wenn sich die zuständigen Behörden mit dem Vorhandensein der Bauten zweifelsfrei abgefunden haben.[142]

Auch ein unbebautes Grundstück **unmittelbar am Waldrand** kann innerhalb eines nach dem Landeswaldrecht nicht bebaubaren Zone Bestandteil eines im Zusammenhang bebauten Ortsteils sein. Bei einem am Waldrand gelegenen Wohngebäude sind die Anforderungen an gesunde Wohnverhältnisse gewahrt, wenn es nur abstrakt der Baumwurfgefahr ausgesetzt ist.[143] Auf der anderen Seite können topografische Besonderheiten dazu führen, dass die Bebauung auf einem angrenzenden Grundstück nicht mehr an diesem Bebauungszusammenhang teilnimmt, etwa weil ein in Hanglage oberhalb eines Ortsteils gelegenes Gebäude von der benachbarten Bebauung horizontal und vertikal deutlich abgesetzt ist.[144]

Ein Grundstück liegt nicht schon deshalb im Innenbereich, weil es von Bebauung umgeben ist. Erforderlich ist weiter, dass das Grundstück selbst einen Bestandteil des Bebauungszusammenhangs bildet. Größere unbebaute Grundstücksbereiche können daher zum **Außenbereich im Innenbereich** werden. Eine feste Flächenmindestgröße lässt sich dafür nicht ansetzen. Vielmehr kommt es auch auf die Umgebung an. Bei großflächigen Nut-

---

[136] *BVerwG*, Urt. v. 26. 5. 1989 – 8 C 6.88 – BVerwGE 82, 102 = DVBl. 1982, 1205 = NVwZ 1990, 165; *VGH Kassel*, Urt. v. 21. 9. 1981 – IV OE 32/79 – HessVGRspr. 1982, 59 = NuR 1982, 228 = Urt. v. 8. 7. 1989 – 4 UE 1360/85 – NVwZ-RR 1990, 295 = ZfBR 1990, 307. Selbst ein Wirtschaftsweg kann aber den Innenbereich vom Außenbereich trennen, so *BVerwG*, B. v. 8. 9. 1983 – 4 B 159.83 – (unveröffentlicht).
[137] *BVerwG*, Urt. v. 15. 5. 1997 – 4 C 23.95 – NVwZ 1998, 58 = BauR 1997, 988 – einsehbarer Hang.
[138] *BVerwG*, Urt. v. 12. 6. 1970 – IV C 77.68 – BVerwGE 35, 256.
[139] *BVerwG*, Urt. v. 15. 5. 1997 – 4 C 23.95 – NVwZ 1998, 58 = BauR 1997, 988 – einsehbarer Hang.
[140] *BVerwG*, B. v. 15. 5. 1997 – 4 B 74.97 – NuR 1998, 91.
[141] *BVerwG*, Urt. v. 3. 12. 1998 – 4 C 2.98 – VwRR BY 1999, 145; Urt. v. 3. 12. 1998 – 4 C 7.98 – DVBl. 1999, 249 = DÖV 1999, 340 = BauR 1999, 232; a. A. in den Vorinstanzen *VGH München*, Urt. v. 18. 12. 1997 – 1 B 95.2014 – BayVBl. 1998, 466; *OVG Koblenz*, Urt. v. 23. 4. 1998 – 1 A 12598/96.OVG – NVwZ-RR 2000, 103.
[142] *BVerwG*, B. v. 23. 11. 1998 – 4 B 29.98 – NVwZ-RR 1999, 364 = ZfBR 1999, 229 – vordere Baulinie.
[143] *BVerwG*, B. v. 18. 6. 1997 – 4 B 238.96 – NVwZ-RR 1998, 157 = BauR 1997, 807.
[144] *BVerwG*, Urt. v. 15. 5. 1997 – 4 C 23.95 – NVwZ 1998, 58 = BauR 1997, 988 – einsehbarer Hang.

zungen – wie etwa einer industriellen Bebauung – rechnen auch größere Flächen noch zum Innenbereich. Bei einer kleinteiligen Flächenstruktur – etwa einer Reihenhaussiedlung – führt eine geringere Flächengröße bereits zu einem Außenbereich. Denn eine nach § 34 BauGB bebaubare Baulücke ist nicht mehr gegeben, wenn die Fläche so groß ist, dass sie in den Möglichkeiten ihrer Bebauung von der bereits vorhandenen Umgebungsbebauung nicht mehr geprägt wird.[145] Unbebaute Flächen zwischen im Zusammenhang bebauten Gebieten können gerade bei zunehmender Verdichtung wichtige Außenbereichsfunktionen etwa als land-, forstwirtschaftliche oder gärtnerisch genutzte Flächen erfüllen.[146] Dabei lässt sich nichts Allgemein gültiges darüber sagen, wie sich etwa die Größe eines solchen unbebauten Grundstücks auf die Anwendbarkeit des § 34 BauGB auswirkt. Zwar findet die Möglichkeit, eine den Bebauungszusammenhang wahrende **Baulücke** anzunehmen, auch in dessen Größe eine obere Grenze. Jedoch lässt sich eine absolute Zahl als Obergrenze nicht festlegen.[147] Auch signifikante Unterschiede in der Bebauungsstruktur unterbrechen dabei einen Bebauungszusammenhang nicht.[148] Freiflächen ehemals militärischer Liegenschaften, vielfach als Konversionsflächen bezeichnet,[149] dürften danach dem Außenbereich zugehören.[150] Dies gilt etwa für typische Kasernenanlagen umgebende große Freiflächen.[151] Der Gebäudebestand selbst kann demgegenüber bei entsprechendem baulichen Gewicht einen Innenbereich darstellen.

2336 Die Grenzziehung zwischen Außen- und Innenbereich kann dabei nur an **äußerlich erkennbare**, mit dem Auge wahrnehmbare Gegebenheiten der vorhandenen Bebauung und der übrigen Geländeverhältnisse anknüpfen. Der Verkehrslärm einer Straße etwa steht grundsätzlich außerhalb dieses Zusammenhangs.[152] Auch Eintragungen in Karten oder nicht verwirklichte Bebauungspläne in der Umgebung des Vorhabengrundstücks zählen nicht zur näheren Umgebung und haben daher keine prägende Wirkung auf das Grundstück. Allerdings bleibt die eigenmächtige Veränderung der außenbereichs-typischen Gestaltung eines Grundstücks bei der Ermittlung der Grenze zwischen Innen- und Außenbereich grundsätzlich unberücksichtigt. Das gilt nicht, wenn die zuständige Behörde erkennen lässt, dass sie sich mit dem Vorhandensein ungenehmigter Bauten abgefunden hat und eine außenbereichsfremde Nutzung auf Dauer dulden will.[153] Ein im Zusammenhang bebauter Ortsteil kann nach Auffassung des *BVerwG* auch nur auf dem Gemarkungsgebiet der planungsbefugten Gemeinde bestehen. Eine Erstreckung auf die bebauten Gebiete einer angrenzenden Gemeinde sieht die gesetzliche Regelung demgegenüber nach Auffassung des *BVerwG* nicht vor.[154] Ebenso kann ein größeres

---

[145] *BVerwG*, Urt. v. 1. 12. 1972 – 4 C 6.71 – BVerwGE 41, 227 = BauR 1973, 99 = DVBl. 1993, 641 – Baulücke.
[146] *BVerwG*, Urt. v. 26. 5. 1967 – 4 C 38.66 – Buchholz 406.11 § 35 BBauG Nr. 40 = DWW 1968, 109.
[147] *BVerwG*, Urt. v. 1. 12. 1972 – 4 C 6.71 – BVerwGE 41, 227; B. v. 3. 5. 1990 – 4 B 68.90 – (unveröffentlicht); Urt. v. 22. 6. 1990 – 4 C 6.87 – Buchholz 406.11 § 35 BauGB Nr. 261.
[148] *VGH München*, Urt. v. 27. 9. 1991 – 1 B 91.738 – NVwZ-RR 1992, 341 = UPR 1992, 118 – Bebauungsstruktur.
[149] *Kleiber* ZfBR 1993, 269; *Moog* FWW 1988, 170; *Stich* WiVerw. 1990, 163; *Thiemann* BBauBl. 1992, 811, der zwischen dem historischen Beschaffenheitszustand und einer etwaigen Umgestaltung der Liegenschaft unterscheidet.
[150] Zur Umnutzung eines für die zivile Nutzung vorgesehenen, aus der militärischen Trägerschaft entlassenen ehemaligen Militärflugplatzes *BVerwG*, B. v. 7. 11. 1996 – 4 B 170.96 – DVBl. 1997, 434 = UPR 1997, 106 – Sonderlandeplatz.
[151] *Uechtritz* BauR 1996, 485.
[152] *BVerwG*, Urt. v. 1212.1990 – 4 C 40.87 – BauR 1991, 308 = DVBl. 1991, 810 = NVwZ 1991, 879 – Lärmbelastung im Innenbereich. Zur planungsrechtlichen Einschätzung des Verkehrslärms s. Rdn. 642.
[153] *VGH Kassel*, Urt. v. 22. 6. 1989 – 4 UE 1332/86 – AgrarR 1990, 332 = NuR 1990, 277.
[154] *BVerwG*, Urt. v. 26. 5. 1967 – 4 C 25.66 – BVerwGE 27, 137 = DVBl. 1968, 43 = DÖV 1968, 56 – gemeindeübergreifender Innenbereich.

Grundstück teilweise dem Innenbereich und teilweise dem Außenbereich angehören.[155]

2337 Bei Anwendung dieser Grundsätze wird sich dem Gericht bei der Prüfung, ob eine aufeinander folgende Bebauung trotz dazwischenliegender unbebauter Flächen den Eindruck der Geschlossenheit oder Zusammengehörigkeit vermittelt und das zur Bebauung anstehende Grundstück an diesem Bebauungszusammenhang teilhat, häufig eine **Ortsbesichtigung** zur sachgerechten und umfassenden Tatsachenfeststellung anbieten. Dies bedeutet freilich nicht, dass über die Frage der Zugehörigkeit eines Grundstücks zum Innen- oder Außenbereich durch das Gericht stets nur auf der Grundlage eines Augenscheins entschieden werden darf. Vielmehr gilt auch hier der allgemeine Grundsatz, dass das Gericht Umfang und Art der Tatsachenermittlung nach pflichtgemäßem Ermessen bestimmt.[156] Die Überzeugungsbildung kann dabei auch auf **Kartenmaterial**, Fotos und Luftbilder oder auch auf Schilderungen ortskundiger Verfahrensbeteiligter gestützt werden.[157] Maßgeblich für die Beurteilung im Rahmen von § 86 I 1 VwGO ist allein, ob die dem Gericht bereits vorliegenden Erkenntnisquellen für die bei der Abgrenzung des Innenbereichs vom Außenbereich vorzunehmende Bewertung der örtlichen Gegebenheiten im Einzelfall ausreichen. Lichtbilder sind im Rahmen des § 86 VwGO unbedenklich verwertbar, wenn sie die Örtlichkeit in ihren für die gerichtliche Beurteilung maßgeblichen Merkmalen so eindeutig ausweisen, dass sich der mit einer Ortsbesichtigung erreichbare Zweck mit ihrer Hilfe ebenso zuverlässig erfüllen lässt. Ist dies der Fall, bedarf es unter dem Aspekt des Untersuchungsgrundsatzes zusätzlich der Durchführung einer Ortsbesichtigung nur dann, wenn ein Beteiligter geltend macht, dass die Fotos in Bezug auf bestimmte, für die Entscheidung wesentliche Merkmale keine Aussagekraft besitzen.[158] Einer Einordnung in den Innen- oder Außenbereich bedarf es nicht, wenn das beantragte Vorhaben nach beiden für sie geltenden Regelungsbereichen unzulässig ist.[159]

2338 Ein Bebauungszusammenhang zwischen zwei mit Gebäuden versehenen Bereichen wird nicht notwendig immer ausgeschlossen, wenn es infolge eines Geländehindernisses an einer **optischen Verbindung** zwischen den beiden Bebauungskomplexen fehlt.[160] Auf die Grundstücksgrenzen kommt es für die Ausdehnung des Bebauungszusammenhangs nicht entscheidend an.[161] Dies gilt auch hinsichtlich des Merkmals der „Grundstücksfläche, die überbaut werden soll"[162] Der unbebaute Teil eines bebauten Grundstücks kann aber im Einzelfall den Bebauungszusammenhang unterbrechen.[163]

---

[155] *BVerwG*, Urt. v. 11. 3. 1977 – IV C 45.75 – BauR 1977, 241 = DVBl. 1977, 529 = NJW 1977, 1979. In diesen Fällen scheitert ein Teilungsbegehren zum Zwecke der Bebauung des Innenbereichsgrundstücksteils nicht an der Größe des zu teilenden Grundstücks.

[156] *BVerwG*, B. v. 3. 9. 1980 – 2 B 63.79 – Buchholz 310 § 86 I VwGO Nr. 130; B. v. 1. 4. 1997 – 4 B 11.97 – NVwZ 1997, 899 = BauR 1997, 616 – einseitig bebaute Straße.

[157] So bereits *BVerwG*, B. v. 8. 12. 1966 – 4 B 184.65; ferner B. v. 20. 11. 1990 – 4 B 171.90; B. v. 11. 7. 1991 – 4 B 93.91.

[158] *BVerwG*, B. v. 30. 10. 1996 – 4 B 195.96 – (unveröffentlicht) – Bienenhaus.

[159] *BVerwG*, B. v. 17. 10. 1983 – 4 B 88.83 – (unveröffentlicht); Urt. v. 14. 11. 1991 – 4 C 1.91 – Buchholz 310 § 86 I VwGO Nr. 236 = RdL 1992, 79 = NVwZ-RR 1992, 227 = *Hoppe/Stüer* RzB Rdn. 358 – Ortsbesichtigung; *OVG Schleswig*, Urt. v. 23. 9. 1993 – 1 L 328/91 – (unveröffentlicht) – Lagerhalle.

[160] So etwa für einen Felsen, der einen bebauten Uferstreifen durchbricht *BVerwG*, B. v. 27. 5. 1988 – 4 B 71.88 – DÖV 1988, 840 = BauR 1988, 444 = NuR 1990, 22 = *Hoppe/Stüer* RzB Rdn. 350 – Felsen.

[161] *BVerwG*, Urt. v. 6. 11. 1968 – IV C 47.68 – Buchholz 406.11 § 19 BBauG Nr. 20 und Urt. v. 12. 6. 1970 – IV C 77.68 – BVerwGE 35, 256 – Buchholz 406.11 § 34 BBauG Nr. 27; B. v. 30. 3. 1989 – 4 B 1.89; Urt. v. 15. 2. 1990 – 4 B 24.90; B. v. 11. 6. 1992 – 4 B 88.92 – Buchholz 406.11 § 34 BauGB Nr. 151 = *Hoppe/Stüer* RzB Rdn. 359 – Bebauungszusammenhang.

[162] *BVerwG*, B. v. 28. 9. 1988 – 4 B 175.88 – BauR 1989, 60 = UPR 1989, 78 = NVwZ 1989, 354 = ZfBR 1989, 39 = *Hoppe/Stüer* RzB Rdn. 351 – Grenzen des Baugrundstücks.

[163] *BVerwG*, B. v. 22. 7. 1993 – 4 B 78.93 – *Hoppe/Stüer* RzB Rdn. 362 – Außenbereichslage.

2339 Die Grenzen der näheren Umgebung im Sinne des § 34 BauGB lassen sich nicht schematisch festlegen, sondern sind nach der tatsächlichen städtebaulichen Situation zu bestimmen, in die das für die Bebauung vorgesehene Grundstück eingebettet ist. Diese kann so beschaffen sein, dass die Grenze zwischen näherer und fernerer Umgebung dort zu ziehen ist, wo zwei jeweils einheitlich geprägte Bebauungskomplexe mit voneinander verschiedenen Bau- und Nutzungsstrukturen aneinander stoßen. Der Grenzverlauf der näheren Umgebung ist nicht davon abhängig, dass die unterschiedliche Bebauung durch eine künstliche oder natürliche Trennlinie (Straße, Schienenstrang, Gewässerlauf, Geländekante etc.) entkoppelt ist. Eine solche Linie hat bei einer beidseitig andersartigen Siedlungsstruktur nicht stets eine trennende Funktion. Umgekehrt führt ihr Fehlen nicht dazu, dass benachbarte Bebauungen stets als miteinander verzahnt anzusehen sind und insgesamt die nähere Umgebung ausmachen.[164]

2340 **b) Unbebaute Grundstücke, Straßen und Wege.** Ob ein **unbebautes Grundstück**, das sich einem Bebauungszusammenhang anschließt, diesen Zusammenhang fortsetzt oder ihn unterbricht, hängt davon ab, inwieweit nach der maßgeblichen Betrachtungsweise der „Verkehrsauffassung" die aufeinander folgende Bebauung trotz der vorhandenen Baulücke den Eindruck der Geschlossenheit oder der Zusammengehörigkeit vermittelt.[165] Dabei lässt sich keine allgemein gültige Aussage darüber treffen, wie sich etwa die Größe eines solchen unbebauten Grundstücks auf die Anwendbarkeit des § 34 BauGB auswirkt. Zwar findet die Möglichkeit, eine den Bebauungszusammenhang wahrende **Baulücke** anzunehmen, auch in dessen Größe eine obere Grenze. Jedoch lässt sich eine absolute Zahl als Obergrenze nicht festlegen.[166] So können etwa zwei ursprünglich getrennte Bebauungszusammenhänge zu einer Einheit werden, wenn sie aufgrund der zwischenzeitlich eingetretenen Entwicklung den Eindruck der Zusammengehörigkeit und Geschlossenheit vermitteln.[167] Ein Grundstück gehört aber nicht schon deshalb zum Innenbereich, weil es an einen im Zusammenhang bebauten Ortsteil angrenzt oder weil es zwischen zwei solchen Ortsteilen liegt, deren bauliche Verbindung städtebaulich erwünscht sein mag. Vielmehr ist darauf abzustellen, ob das Grundstück selbst Bestandteil des Bebauungszusammenhangs ist.[168]

2341 Ob **Straßen oder Wege** geeignet sind, einen Bebauungszusammenhang herzustellen, eine trennende Funktion erfüllen oder für die Abgrenzung von Innen- und Außenbereich ohne jegliche Aussagekraft sind, ist ebenfalls eine Frage der Einzelfallbewertung.[169] Auch eine Regelvermutung für eine trennende Wirkung einseitig bebauter Straßen zwischen Innenbereich und Außenbereich macht die Berücksichtigung der konkreten örtlichen Gegebenheiten nicht überflüssig.[170] Grundsätzlich endet der Bebauungszusammenhang mit dem **letzten bebauten Grundstück**.[171] Auch die erste Errichtung eines Wohngebäudes im Außenbereich kann daher den nach § 35 III Nr. 7 BauGB zu missbilligenden Vor-

---

[164] *BVerwG*, B. v. 28. 8. 2003 – 4 B 74.03 – nähere Umgebung.
[165] *BVerwG*, Urt. v. 17. 2. 1994 – 4 B 29.94 – *Hoppe/Stüer* RzB Rdn. 367 – Innenbereich.
[166] *BVerwG*, Urt. v. 1. 12. 1972 – 4 C 6.71 – BVerwGE 41, 227; B. v. 3. 5. 1990 – 4 B 68.90; Urt. v. 22. 6. 1990 – 4 C 6.87 – Buchholz 406.11 § 35 BauGB Nr. 261.
[167] *BVerwG*, Urt. v. 21. 1. 1972 – IV C 49.69 – Buchholz 406.11 § 35 BBauG Nr. 29 = ZMR 1972, 241.
[168] *BVerwG*, Urt. v. 12. 9. 1980 – 4 C 77.77 – BauR 1981, 54 = BBauBl. 1981, 50 = ZMR 1981, 278 – Bebauungszusammenhang.
[169] *BVerwG*, Urt. v. 6. 12. 1967 – IV C 94.66 – BVerwGE 28, 268; B. v. 27. 5. 1988 – 4 B 71.88 – Buchholz 406.11 § 34 BBauG/BauGB Nr. 127; Urt. v. 10. 3. 1994 – 4 B 50.94 – *Hoppe/Stüer* RzB Rdn. 368.
[170] *BVerwG*, B. v. 16. 2. 1988 – 4 B 19.88 – BRS 48 (1988), Nr. 44 (S. 124) = BauR 1988, 315 = *Hoppe/Stüer* RzB Rdn. 348 – einseitig bebaute Straße.
[171] *BVerwG*, Urt. v. 13. 2. 1976 – IV C 72.74 – Buchholz 406.11 § 35 BBauG Nr. 123 = ZMR 1977, 217 – Wohnhaus am Ortsrand; B. v. 18. 12. 1987 – 4 B 249.87 – (unveröffentlicht); *KreisG Gera-Stadt*, Urt. v. 23. 9. 1991 – 2 D 31/91 – LKV 1992, 30.

gang der Zersiedlung der Landschaft einleiten und damit die Befürchtung des Entstehens einer Splittersiedlung begründen.[172] Bei besonderen Lageverhältnissen können aber auch noch unmittelbare **Anschlussbereiche**, die von dem übrigen Außenbereich abgesetzt sind, zum Innenbereich zählen. Der Bebauungszusammenhang reicht so weit, wie die zusammenhängende Bebauung den Eindruck der Geschlossenheit vermittelt und die zur Bebauung vorgesehene Fläche selbst diesem Zusammenhang angehört. Dabei können auch die topografischen Gegebenheiten eine Rolle spielen. Der Bebauungszusammenhang kann durch Geländehindernisse, Erhebungen oder Einschnitte (Dämme, Böschungen, Flüsse und dergleichen) beeinflusst werden.[173] Die Berücksichtigung solcher äußerlich erkennbarer Umstände kann dazu führen, dass der Bebauungszusammenhang im Einzelfall abweichend von der Regel nicht am letzten Baukörper endet, sondern noch ein oder mehrere unbebaute Grundstücke bis zu einer sich aus der örtlichen Situation ergebenden natürlichen Grenze mit einschließt.

Nicht jede noch so unbedeutende bauliche Anlage ist eine „**Bebauung**" i. S. des § 34 I BauGB. Unter diesen Begriff fallen nur Anlagen, die – außer optisch wahrnehmbar zu sein – von solchem Gewicht sind, dass sie ein Gebiet als einen Ortsteil mit einem bestimmten Charakter prägen. Hierzu gehören am Rande der Ortslage gelegene, mit Schotter befestigte Stellplätze[174] oder sonstige befestigte Flächen, wie etwa Reitplätze, unbeschadet ihrer Eigenschaft als bauliche Anlage i. S. des § 29 I BauGB, regelmäßig nicht, da sie nicht maßgeblich zum Eindruck der Geschlossenheit beitragen.[175] Eine zusammenhängende Bebauung setzt allerdings keine ununterbrochene Aufeinanderfolge von Baulichkeiten voraus.[176] Auch unbebaute Flächen, die zwischen bebauten Grundstücken liegen, können am Bebauungszusammenhang teilhaben, sofern durch sie der Eindruck der Zusammengehörigkeit und Geschlossenheit nicht verloren geht. Ob eine Unterbrechung des Zusammenhangs vorliegt oder nicht, lässt sich nicht unter Anwendung von geografisch-mathematischen Maßstäben bestimmen. Vielmehr bedarf es einer am konkreten Sachverhalt orientierten Wertung und Bewertung.[177] Bei dieser Bewertung ist nur eine komplexe, die gesamten örtlichen Gegebenheiten erfassende Betrachtung sachgerecht. Ob ein unbebautes Grundstück, das sich einem Bebauungszusammenhang anschließt, diesen Zusammenhang fortsetzt oder unterbricht, hängt davon ab, inwieweit nach der „Verkehrsauffassung" die aufeinander folgende Bebauung trotz der vorhandenen Baulücke den Eindruck der Geschlossenheit oder der Zusammengehörigkeit vermittelt. Dabei lassen sich keine allgemein gültigen Erkenntnisse darüber gewinnen, wie sich namentlich die Größe eines solchen unbebauten Bereichs auf die Anwendbarkeit des § 34 I BauGB auswirkt.[178] Können selbst Flächen, die keinerlei bauliche Nutzung aufweisen, einen Bestandteil des Bebauungszusammenhangs bilden, so gilt dies nicht minder für Grundstücke, auf denen sich zwar keine Hochbauten befinden, auf denen sich aber eine

---

[172] *BVerwG*, Urt. v. 28. 4. 1964 – I C 64.62 – BVerwGE 18, 242 = DVBl. 1964, 530 – Bodenverkehrsgenehmigung. *VGH Mannheim*, Urt. v. 17. 12. 1998 – 5 S 52/97 – VGHBWSPrDienst 1999, Beilage 3 B 2 – Gewann Rimbach.
[173] *BVerwG*, Urt. v. 6. 11. 1968 – IV C 2.66 – BVerwGE 31, 26; Urt. v. 19. 9. 1986 – 4 C 15.84 – BVerwGE 75, 34; Urt. v. 22. 6. 1990 – 4 C 6.87 – Buchholz 406.11 § 35 BauGB Nr. 261.
[174] *BVerwG*, Urt. v. 14. 9. 1992 – 4 C 15.90 – Buchholz 406.11 § 34 BauGB Nr. 152 = DVBl. 1993, 111 = UPR 1993, 56 = BauR 1993, 300 = *Hoppe/Stüer* RzB Rdn. 383 – Abstellplatz für Wohnwagen.
[175] *BVerwG*, Urt. v. 14. 9. 1992 – 4 C 15.90; Urt. v. 17. 6. 1993 – 4 C 17.91 – Buchholz 406.11 § 34 BauGB Nrn. 152 und 158; B. v. 6. 3. 1992 – 4 B 35.92 – Buchholz 406.11 § 34 BauGB Nr. 149.
[176] *BVerwG*, Urt. v. 6. 11. 1968 – IV C 2.66 – BVerwGE 31, 20.
[177] *BVerwG*, Urt. v. 6. 11. 1968 – IV C 2.66 – BVerwGE 31, 20; Urt. v. 1. 12. 1972 – 4 C 6.71 – BVerwGE 41, 227; B. v. 16. 2. 1988 – 4 B 19.88 – Buchholz 406.11 § 34 BBauG Nr. 123; B. v. 27. 5. 1988 – 4 B 71.88 – Buchholz 406.11 § 34 BBauG/BauGB Nr. 127.
[178] *BVerwG*, B. v. 1. 4. 1997 – 4 B 11.97 – NVwZ 1997, 899 = BauR 1997, 616 – einseitig bebaute Straße.

Bautätigkeit immerhin in einer sichtbaren Veränderung der Geländeoberfläche niedergeschlagen hat.[179]

2343 Unter den Begriff der Bebauung im Sinne des § 34 I BauGB fällt **nicht jede beliebige bauliche Anlage**. Gemeint sind vielmehr Bauwerke, die für die angemessene Fortentwicklung der vorhandenen Bebauung maßstabsbildend sind. Dies trifft ausschließlich für Anlagen zu, die optisch wahrnehmbar und nach Art und Gewicht geeignet sind, ein Gebiet als einen Ortsteil mit einem bestimmten städtebaulichen Charakter zu prägen. Baulichkeiten, die nur vorübergehend genutzt zu werden pflegen, sind unabhängig davon, ob sie landwirtschaftlichen Zwecken (z. B. Scheunen oder Ställe), Freizeitzwecken (z. B. kleine Wochenendhäuser, Gartenhäuser) oder sonstigen Zwecken dienen, in aller Regel keine Bauten, die für sich genommen als ein für die Siedlungsstruktur prägendes Element zu Buche schlagen. Dass sie bauliche Anlagen im Sinne des § 29 I BauGB sind, ändert nichts an dieser Beurteilung. Für die Frage, ob ein Grundstück im Sinne von § 34 I BauGB bebaut ist, kommt es allein auf die vorhandene Anlage an. Ob das geplante neue Gebäude der in der Umgebung vorhandenen Bebauung entsprechen würde, ist dafür unerheblich. Erst wenn das Baugrundstück zum unbeplanten Innenbereich gehört, stellt sich unter dem Merkmal des „Einfügens" die Frage, ob das neue Gebäude der vorhandenen Bebauung entspricht.[180] Gleichwohl kann ein Gebäude, das nur vorübergehend (z. B. nur zu bestimmten Jahreszeiten) dem Aufenthalt von Menschen dient, nach Art und Gewicht eine den städtebaulichen Charakter der Umgebung mitbestimmende Baulichkeit darstellen.[181]

2344 Angrenzende **Verkehrsflächen** gehören grundsätzlich nicht zur näheren Umgebung im Sinne des § 34 I BauGB, weil sie für eine Bebauung nicht zur Verfügung stehen.[182] Ein **Sportplatz** stellt keinen Bebauungszusammenhang im Sinne des § 34 I BauGB her, auch wenn auf ihm einzelne untergeordnete bauliche Nebenanlagen[183] vorhanden sind. Zu der maßstabsbildenden „vorhandenen Bebauung" kann auch qualifiziert beplantes Gebiet gehören. Unbebaute Grundstücke des beplanten Gebietes sind allerdings nicht deshalb wie eine bereits vorhandene Bebauung zu behandeln, weil sie nach § 30 I BauGB bebaut werden dürfen.[184] Das unterstreicht auch der Wortlaut von § 34 I 1 BauGB, der ersichtlich als (im Zusammenhang) „bebaut" die Grundstücke mit „vorhandener Bebauung" begreift. Auf die „Möglichkeit" einer Bebauung kommt es nicht an.[185] Auch ein Gebäude, das wegen der Aufgabe der **militärischen Nutzung** seinen Bestandsschutz verloren hat, kann für die Beurteilung, ob ein Grundstück zum unbeplanten Innenbereich gehört, zu berücksichtigen sein.[186]

2345 c) **Bebaute Grundstücke, beseitigter Altbestand**. Ein **bebautes Grundstück** unterbricht nicht den Bebauungszusammenhang, es sei denn, die Bebauung ist im Verhältnis zur Größe des Grundstücks nur von ganz untergeordneter Bedeutung. So wird etwa ein Kleingartengebiet nicht dadurch zu einem im Zusammenhang bebauten Ortsteil i. S. des § 34 I BauGB, dass die Einzelgärten durchgehend mit Lauben bebaut sind.[187] Die Bebau-

---

[179] BVerwG, B. v. 6. 3. 1992 – 4 B 35.92 – Buchholz 406.11 § 34 BauGB Nr. 149 = *Hoppe/Stüer* RzB Rdn. 382 – Reitplatz.
[180] BVerwG, B. v. 2. 8. 2001 – 4 B 26.01 – ZfBR 2002, 69 = BauR 2002, 277.
[181] BVerwG, B. v. 11. 7. 2002 – 4 B 30.01–4 B 30.02 – ZfBR 2002, 808 = BauR 2002, 1827 – Sanitärgebäude eines Campingplatzes.
[182] BVerwG, B. v. 20. 4. 2000 – 4 B 25.00 – BauR 2001, 212 = ZfBR 2001, 142.
[183] Wie etwa Kassenhäuschen oder Flutlichtmasten.
[184] So bereits BVerwG, Urt. v. 31. 10. 1975 – IV C 16.73 – Buchholz 406.11 § 34 BBauG Nr. 50.
[185] BVerwG, B. v. 10. 7. 2000 – 4 B 39.00 – DVBl. 2000, 1881 (LS) = NVwZ 2001, 70 = DÖV 2000, 1010 = JuS 2001, 405 mit Anm. *Selmer*.
[186] BVerwG, Urt. v. 17. 5. 2002 – 4 C 6.01 – DVBl. 2002, 1479 = NVwZ 2003, 211 = BauR 2002, 1814 – früher militärisch genutztes Gebiet.
[187] BVerwG, Urt. v. 17. 2. 1984 – 4 C 55.81 – NJW 1984, 1576 = DÖV 1984, 855 = *Hoppe/Stüer* RzB Rdn. 501 – Laubengärten.

ung des Grundstücks braucht sich nach Art und Maß der Nutzung, Bauweise und der überbaubaren Grundstücksfläche nicht von der Umgebungsbebauung zu unterscheiden. Bei der Frage, ob ein parkartiges Grundstück innerhalb eines Bebauungszusammenhangs liegt, kann der zwecks Wiederbebauung des Grundstücks **beseitigte Altbestand** als rechtlich fortwirkend zu berücksichtigen sein.[188] Ein zum Zweck der Wiederherstellung eines Innenbereichsgrundstücks beseitigter Altbestand verliert nicht dadurch seine die Innenbereichsqualität des Grundstücks wahrende und die Eigenart der näheren Umgebung mitprägende Wirkung, dass über die Art und Weise der Bebauung mit Gemeinde und Bauaufsichtsbehörde jahrelang verhandelt wird.[189] Ist der Altbestand schon über längere Zeit beseitigt, kann für die Frage der fortwirkenden Innenbereichsqualität des Grundstücks auch das Verhalten des Grundstückseigentümers von Bedeutung sein. Es reicht für den Fortbestand der Innenbereichsqualität des Grundstücks aus, dass der Bauwillige sich fortlaufend um eine Bebauung seines Grundstücks bemüht hat. Ein Altbestand wirkt daher rechtlich fort, solange noch ein Verwaltungsstreitverfahren anhängig ist.[190] Auch vor einem Verwaltungsstreitverfahren unternommene ernsthafte Versuche zur Wiederbebauung eines freigelegten Innenbereichsgrundstücks, das von seiner Größe geeignet ist, sich zur Außenbereichsinsel im Innenbereich zu wandeln, lässt dessen Rechtsqualität nicht untergehen. Dies gilt jedenfalls dann, wenn die Versuche letztlich an behördlichen Einwendungen gegen das Vorhaben scheitern und erst danach der Verwaltungsrechtsweg beschritten wird.[191] Eine **widerruflich oder befristet genehmigte Bebauung**, bei der die zuständige Behörde stets zu erkennen gegeben hat, dass sie diese nicht auf Dauer genehmigen oder auch nur dulden werde, ist nicht als vorhandene, die Umgebung prägende Bebauung zu berücksichtigen, wenn es um die Beurteilung der Zulässigkeit eben dieser Bebauung geht. Ergibt sich aus der vorhandenen Bebauung eine faktische Baulinie, so kann eine dahinter zurückspringende Bebauung sich nach der „überbaubaren Grundstücksfläche" nicht mehr in die Eigenart der näheren Umgebung einfügen.[192]

2346 Eine **tatsächlich beendete Nutzung** kann noch den Rahmen der näheren Umgebung i. S. des § 34 I BauGB mitbestimmen, unabhängig davon, ob die Nutzung noch Bestandsschutz (Art. 14 I GG) genießen würde.[193] Eine ursprünglich vorhandene Prägung der näheren Umgebung wirkt auch noch für eine gewisse Zeit nach Aufgabe einer Nutzung nach. Ist sie jedoch endgültig aufgegeben, eine neue Nutzung aufgenommen und muss nach der Verkehrsauffassung nicht mehr mit einer Wiederaufnahme der vormaligen Nutzung gerechnet werden, dann verliert diese Nutzung auch ihre vormalige prägende Wirkung.[194]

2347 Für die Beurteilung des im Zusammenhang bebauten Ortsteils sind die **tatsächlichen Verhältnisse** vor Ort, nicht die Darstellungen des **Flächennutzungsplans** oder von Nach-

---

[188] Im Anschluss an *BVerwG*, Urt. v. 12. 9. 1980 – 4 C 75.77 – Buchholz 406.11 § 34 BBauG Nr. 75.
[189] *BVerwG*, Urt. v. 19. 9. 1986 – 4 C 15.84 – BVerwGE 75, 34 = NVwZ 1987, 406 = BauR 1987, 52 = DVBl. 1987, 478 – Sanatorium; Urt. v. 15. 1. 1982 – 4 C 58.79 – Buchholz 406.11 § 34 BBauG Nr. 8; Urt. v. 3. 2. 1984 – 4 C 25.82 – BVerwGE 68, 360 – Verbrauchermarkt.
[190] *BVerwG*, Urt. v. 3. 2. 1984 – 4 C 25.82 – BVerwGE 68, 360 – Verbrauchermarkt.
[191] *BVerwG*, Urt. v. 19. 9. 1986 – 4 C 15.84 – BVerwGE 75, 34 = NVwZ 1987, 406 = BauR 1987, 52 = DVBl. 1987, 478 – Sanatorium.
[192] *BVerwG*, B. v. 23. 11. 1998 – 4 B 29.98 – NVwZ-RR 1999, 364 = Buchholz 406.11 § 34 Nr. 192 = BauR 1999, 233; ZfBR 1999, 229 = BBauBl. 1999, 95 = NuR 1999, 275.
[193] *BVerwG*, Urt. v. 15. 1. 1982 – 4 C 58.79 – NVwZ 1982, 312; Urt. v. 19. 9. 1986 – 4 C 15.84 – BVerwGE 75, 34 = NVwZ 1987, 406 = BauR 1987, 52 = DVBl. 1987, 478 = *Hoppe/Stüer* RzB Rdn. 344 – Sanatorium; Urt. v. 24. 5. 1988 – 4 CB 12.88 – BauR 1988, 574 = BBauBl. 1989, 535 = BRS 48 (1988), Nr. 46 (S. 128) = *Hoppe/Stüer* RzB Rdn. 349 – Schweinehaltung im Innenbereich; Urt. v. 17. 1. 1986 – 4 C 80.82 – BVerwG DÖV 1986, 72, 362; Urt. v. 25. 3. 1988 – 4 C 21.85 – NVwZ 1989, 667 = BayVBl. 1989, 218 = *Hoppe/Stüer* RzB Rdn. 1079 – Altersheim.
[194] *BVerwG*, Urt. v. 15. 1. 1982 – 4 C 58.79 – NVwZ 1982, 312; Urt. v. 19. 9. 1986 – 4 C 15.84 – BVerwGE 75, 34.

barbebauungsplänen von Bedeutung.¹⁹⁵ Auch die Frage, ob eine bauliche Anlage einem im Zusammenhang bebauten Ortsteil zuzurechnen ist, hängt von den tatsächlichen Verhältnissen vor Ort und nicht davon ab, ob sie Bestandsschutz genießt.¹⁹⁶ Auch für die Beurteilung dessen, was als prägende nähere Umgebung zu gelten hat, ist grundsätzlich die tatsächlich vorhandene Nutzungsweise maßgeblich. Dasselbe gilt für die Frage der planungsrechtlichen Vorbelastung durch in der näheren Umgebung bereits vorhandene Anlagen.¹⁹⁷ Den Maßstab für die Zulassung weiterer Bebauung bilden ausschließlich die äußerlich erkennbaren, mit dem Auge wahrnehmbaren Gegebenheiten. Ein Bereich, der nach seinem tatsächlichen Erscheinungsbild unbebaut ist, weist daher nicht allein deshalb, weil er in einem Landschaftsplan als Baugebiet dargestellt ist, die Merkmale eines Bebauungszusammenhangs auf.¹⁹⁸ Zu einer Bebauung i. S. von § 34 I BauGB zählen nur Bauwerke, die genügendes Gewicht besitzen, um der näheren Umgebung ein bestimmtes Gepräge zu verleihen. Hierzu gehören befestigte Stell- oder Tennisplätze nicht, da ihnen die maßstabsbildende Kraft fehlt, auch wenn sie bauliche Anlagen i. S. des § 29 BauGB sind.¹⁹⁹ Die Rechtsprechung zur Abgrenzung des Innen- und Außenbereichs kann dabei auf die Abgrenzung der näheren Umgebung i. S. des § 34 BauGB sinngemäß übertragen werden. Infolge topografischer Gegebenheiten können unmittelbar aneinander grenzende bebaute Grundstücke gleichwohl zu zwei unterschiedlichen Baugebieten gehören, etwa wenn einem Steilhang im Grenzbereich eine trennende Funktion zukommt.²⁰⁰

2348 Eine Erweiterung der Bebauung vom Innenbereich in den Außenbereich hinein ist nicht nach § 34 BauGB, sondern nach § 35 BauGB zu beurteilen. Derartige Erweiterungen sind grundsätzlich unzulässig, wenn sie nicht nach § 35 I BauGB privilegiert sind und öffentliche Belange durch das Vorhaben beeinträchtigt werden. So kann etwa die Erweiterung eines im Innenbereich gelegenen Sanatoriums in den Außenbereich hinein öffentliche Belange beeinträchtigen.²⁰¹ Beurteilt sich die planungsrechtliche Zulässigkeit eines Vorhabens nach den Außenbereichsvorschriften, weil das Antragsgrundstück weder im Bereich eines qualifizierten Bebauungsplans noch in einem im Zusammenhang bebauten Ortsteil liegt, so können in einem **einfachen Bebauungsplan** nach § 30 III BauGB Festsetzungen nach § 9 BauGB getroffen werden.²⁰² Derartige Festsetzungen sind aber nur in einem Bebauungsplan möglich. Davon unabhängig gibt es keine Rechtsgrundlage für isolierte Festsetzungen nach § 1 IX BauNVO, wenn diese nicht in einem einfachen Bebauungsplan nach § 30 III BauGB erfolgen.²⁰³

---

¹⁹⁵ *BVerwG*, B. v. 8. 11. 1999 – 4 B 85.99 – BauR 2000, 1171 – Bebauungszusammenhang.
¹⁹⁶ *BVerwG*, Urt. v. 14. 9. 1992 – 4 C 15.90 – DVBl. 1993, 111 = UPR 1993, 56 = VRS 84, 385 = BauR 1993, 300 = *Hoppe/Stüer* RzB Rdn. 383 – Abstellplatz für Wohnwagen.
¹⁹⁷ *BVerwG*, Urt. v. 14. 12. 1979 – IV C 10.77 – BVerwGE 59, 253; Urt. v. 7. 2. 1986 – 4 C 49.82 – Buchholz 406.12 § 6 BauNVO Nr. 5.
¹⁹⁸ *BVerwG*, B. v. 8. 11. 1999 – 4 B 85.99 – BauR 2000, 1171 – Bebauungszusammenhang.
¹⁹⁹ *BVerwG*, Urt. v. 8. 11. 1999 – 4 B 85.99 – (unveröffentlicht) – mit Hinweis auf Urt. v. 12. 12. 1990 – 4 C 40.87 – NVwZ 1991, 879; B. v. 18. 6. 1997 – 4 B 238.96 – Buchholz 406.11 § 34 BAUGB Nrn. 138 und 186.
²⁰⁰ *BVerwG*, B. v. 20. 8. 1998 – 4 B 79.98 – NVwZ-RR 1999, 105 = Buchholz 406.11 § 34 Nr. 191 = BauR 1999, 32; UPR 1999, 26.
²⁰¹ *BVerwG*, Urt. v. 28. 10. 1983 – 4 C 60.78 – BayVBl. 1984 = DÖV 1984, 308 = ZfBR 1984, 152 – Moorschlammtaschen; *Dyong* in: *Ernst/Zinkahn/Bielenberg/Krautzberger*, Rdn. 72 zu § 35 BauGB; *Krautzberger* in: *Battis/Krautzberger/Löhr*, Rdn. 48 zu § 35 BauGB; *Taegen* in: Schlichter/Stich, Rdn. 51 zu § 35 BauGB.
²⁰² Zur Anwendung des § 35 BauGB neben einem einfachen Bebauungsplan *Krautzberger* in: *Battis/Krautzberger/Löhr*, Rdn. 10 zu § 35 BauGB. Festsetzungen eines einfachen Bebauungsplans sind nur insoweit geeignet, einem öffentlichen Belang die gegen das Außenbereichsvorhaben sprechende Wirkung zu nehmen, als sie in Bezug auf diesen Belang eine Aussage treffen, so *BVerwG*, B. v. 21. 6. 1983 – 4 B 68.83 – Buchholz 406.11§ 35 BBauG Nr. 203 – Splittersiedlung.
²⁰³ *VGH Mannheim*, Urt. v. 16. 12. 1991 – 8 S 14/89 – ESVGH 42, 239 = NVwZ-RR 1993, 122 = UPR 1992, 359 – Vergnügungsstätte.

II. Zulässigkeitsvoraussetzungen

Innerhalb der im Zusammenhang bebauten Ortsteile ist ein Vorhaben nach § 34 I BauGB zulässig, wenn es sich nach Art und Maß der baulichen Nutzung, der Bauweise und der Grundstücksfläche, die überbaut werden soll, in die Eigenart der näheren Umgebung einfügt und die Erschließung gesichert ist. Die Anforderungen an gesunde Wohn- und Arbeitsverhältnisse müssen gewahrt bleiben; das Ortsbild darf nicht beeinträchtigt werden.

1. Sich-Einfügen (§ 34 I BauGB)

Das Vorhaben muss sich nach § 34 I BauGB in die Eigenart der näheren Umgebung einfügen. Dazu ist zunächst aus der **Umgebung** des Vorhabens ein **Rahmen** zu ermitteln. Berücksichtigt werden muss bei der Ermittlung des Rahmens die Umgebung einmal insoweit, als sich die Ausführung des Vorhabens auf sie auswirken kann, und zweitens insoweit, als die Umgebung ihrerseits den bodenrechtlichen Charakter des Baugrundstücks prägt oder doch beeinflusst.[204] Abzustellen ist auf das, was in der Umgebung des Vor-

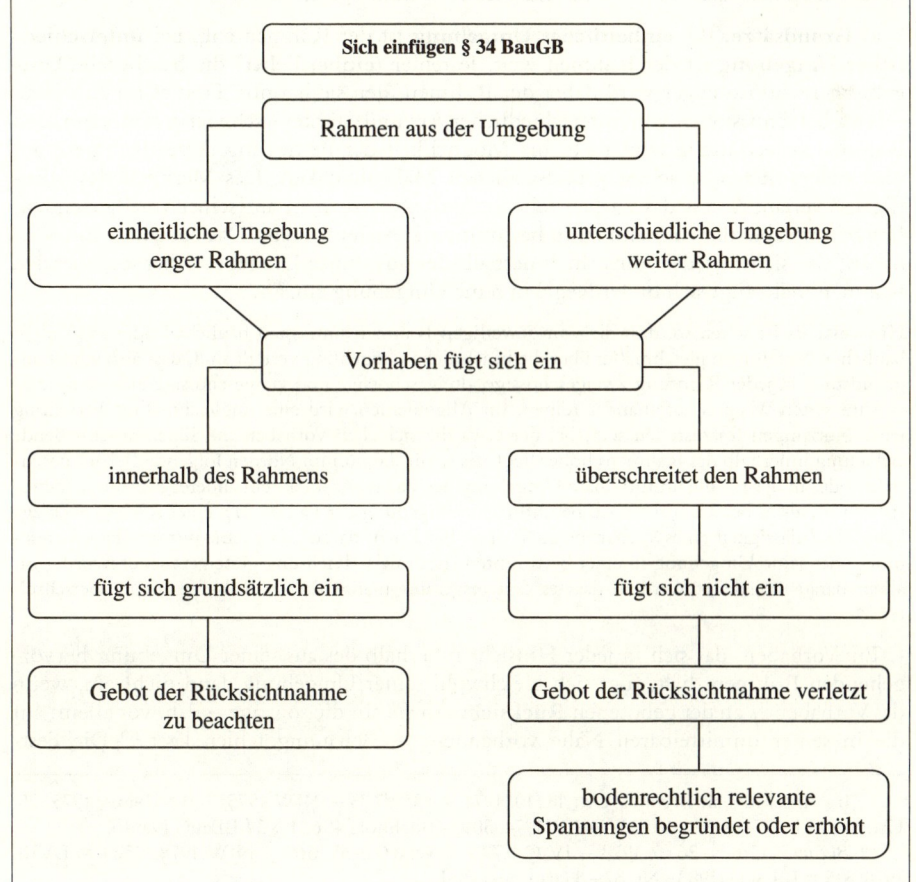

[204] *BVerwG*, Urt. v. 18. 10. 1974 – IV C 77.73 – NJW 1975, 460 = DÖV 1975, 103 = BayVBl. 1975, 370 – Fremdkörper; Urt. v. 26. 5. 1978 – IV C 9.77 – BVerwGE 55, 369 = NJW 1978, 2564 = DVBl. 1978, 815 – Harmonieurteil.

habens tatsächlich vorhanden ist.²⁰⁵ Ein Vorhaben, das sich in jeder Hinsicht innerhalb des aus seiner Umgebung hervorgehenden Rahmens hält, fügt sich in der Regel seiner Umgebung ein. Auch ein Vorhaben, das sich nicht in jeder Hinsicht innerhalb des aus seiner Umgebung hervorgehenden Rahmens hält, kann sich der Umgebung einfügen. Das ist der Fall, wenn es weder selbst noch infolge einer nicht auszuschließenden Vorbildwirkung geeignet ist, bodenrechtlich beachtliche Spannungen zu begründen oder vorhandene Spannungen zu erhöhen.²⁰⁶

Beispiel: Der jeweils beachtlichen Umgebung muss ein Rahmen für Art und Maß der baulichen Nutzung sowie die weiteren Merkmale des § 34 I BauGB entnommen werden. Sind in der als Maßstab beachtlichen Umgebung Wohngebäude, Gewerbebetriebe ohne erhebliche Nachteile für die Umgebung, aber auch Gewerbebetriebe von stärker emittierender Art vorhanden, so reicht in der Art der Bebauung der Rahmen vom Mischgebiet bis zum Industriegebiet. Sind in der als Maßstab beachtlichen Umgebung die Grundstücke mindestens zu einem Viertel, höchstens aber zur Hälfte bebaut, so reicht im Maß der Bebauung der Rahmen von der Grundflächenzahl 0,25 bis zur Grundflächenzahl 0,5. Haben die Häuser in der als Maßstab beachtlichen Umgebung zwei, drei oder vier Vollgeschosse, so schließt der Rahmen in dieser Richtung zwei bis vier Vollgeschosse ein. Liegen die bebauten Grundstücksflächen jeweils an der Straße oder bis zu 12 m von ihr entfernt, so ist damit in Bezug auf die überbaubaren Grundstücksflächen der Rahmen gegeben.²⁰⁷

2351 **a) Grundsätze.** Bei **einheitlicher Umgebung** ist der Rahmen eng, bei **unterschiedlicher Umgebung** ist der Rahmen weit. Je reiner (**einheitlicher**) die beachtliche **Umgebung** ist, umso enger wird daher der Rahmen, den sie hergibt. Dass es im Einzelfall – etwa bei Emissionen von unterschiedlicher Art und Stärke – schwierig sein kann, den Rahmen zu ermitteln, hebt nicht die Möglichkeit der Festlegung dieses Rahmens auf und ändert nichts an seiner grundsätzlichen Maßgeblichkeit. Das Merkmal des „Einfügens" verlangt, dass das zu beurteilende Vorhaben zu dem aus seiner (maßgebenden) Umgebung ableitbaren Rahmen in bestimmter Beziehung steht. Das bedeutet: Ein Vorhaben, das sich in jeder Hinsicht innerhalb des aus seiner Umgebung hervorgehenden Rahmens hält, fügt sich in der Regel in seine Umgebung ein.²⁰⁸

Hinweis: Es ist selten so, dass die vom jeweiligen Rahmen umfassten baulichen oder auch nicht baulichen Nutzungen gleichmäßig über die beachtliche Umgebung verteilt sind, dass also vom Baugrundstück in jeder Richtung zweigeschossige, dreigeschossige und viergeschossige Häuser sozusagen im steten Wechsel aufeinander folgen. Im Allgemeinen wird eine ungleichmäßige Verteilung jener Nutzungen festzustellen sein, bei der etwa die sich dem Vorhaben im Süden anschließende Bebauung innerhalb des Rahmens höher liegt, als es für die ihm im Norden folgende Bebauung zutrifft, oder in der für die unmittelbare Umgebung des Baugrundstücks ein anderer Akzent charakteristisch ist, als es bei der sonst noch beachtlichen Umgebung der Fall ist. Bei einer solchen Sachlage kann die Zulässigkeit eines Vorhabens nicht ohne Rücksicht darauf, dass seine unmittelbare Umgebung oder seine Umgebung in einer bestimmten (Himmels-)Richtung gesteigert schutzwürdig ist, allein daraus abgeleitet werden, dass es den insgesamt maßgebenden Rahmen nicht überschreitet.²⁰⁹

2352 Ein Vorhaben, das sich in jeder Hinsicht innerhalb des aus seiner Umgebung hervorgehenden Rahmens hält, fügt sich gleichwohl seiner Umgebung dann nicht ein, wenn das Vorhaben es an der gebotenen **Rücksichtnahme** auf die sonstige – d. h. vor allem: auf die in seiner unmittelbaren Nähe vorhandene – Bebauung fehlen lässt.²¹⁰ Die Fest-

---

[205] Im Anschluss an *BVerwG*, Urt. 18. 10. 1974 – 4 C 77.73 – NJW 1975, 460 = BauR 1975, 29; Urt. v. 29. 11. 1974 – IV C 10.73 – DVBl. 1974, 509 = Buchholz 406.11 § 34 BBauG Nr. 46.
[206] *BVerwG*, Urt. v. 26. 5. 1978 – IV C 9.77 – BVerwGE 55, 369 = NJW 1978, 2564 = DVBl. 1978, 815 = BRS 33 (1983), Nr. 37 – Harmonieurteil.
[207] *BVerwG*, Urt. v. 26. 5. 1978 – IV C 9.77 – BVerwGE 55, 369 = NJW 1978, 2564 = DVBl. 1978, 815 = BRS 33 (1983), Nr. 37 – Harmonieurteil.
[208] *BVerwG*, Urt. v. 26. 5. 1978 – IV C 9.77 – BVerwGE 55, 369 – Harmonieurteil.
[209] *BVerwG*, Urt. v. 26. 5. 1978 – IV C 9.77 – BVerwGE 55, 369 – Harmonieurteil.
[210] *BVerwG*, Urt. v. 18. 10. 1974 – IV C 77.73 – Buchholz 406.11 § 34 BBauG Nr. 45 S. 111.

stellung, dass sich alle Vorhaben, die den durch ihre Umgebung gesetzten Rahmen einhalten, in der Regel in diese Umgebung einfügen, erschöpft die Möglichkeit des Einfügens nicht. Auch Vorhaben, die den aus ihrer Umgebung ableitbaren Rahmen überschreiten, können sich einfügen. Denn bei der Einfügung geht es weniger um Einheitlichkeit als um **Harmonie**. Daraus, dass ein Vorhaben in seiner Umgebung – überhaupt oder doch in dieser oder jener Beziehung – ohne ein Vorbild ist, folgt noch nicht, dass es ihm an der harmonischen Einfügung fehlt. Auch schließt das Erfordernis des Einfügens nicht schlechthin aus, etwas zu verwirklichen, was es in der Umgebung bisher nicht gibt.[211]

Beispiel: In ein bisher tatsächlich nur dem Wohnen dienendes Gebiet kann sich ein außerhalb dieses Rahmens liegendes Kurheim einfügen. Auch ist nicht ausgeschlossen, dass sich ein Bauwerk mit einer hinter der maßgebenden Umgebung zurückbleibenden Geschossflächenzahl oder mit einem zusätzlichen halben Geschoss in seine Umgebung einfügt. Auch kann etwa ein Jugendheim, das im Zusammenhang mit seiner besonderen Funktion einen größeren Freiplatz benötigt, hinter die in der Umgebung eingehaltene Baufluchtlinie zurücktreten und sich dennoch in die Umgebung einfügen.[212]

Das Gebot des Einfügens soll nicht als starre Festlegung auf den gegebenen Rahmen allen individuellen Ideenreichtum blockieren. Es zwingt **nicht** zur **Uniformität**. Das Erfordernis des Einfügens hindert daher nicht schlechthin daran, den vorgegebenen Rahmen zu überschreiten. Aber es hindert daran, dies in einer Weise zu tun, die – sei es schon selbst oder sei es infolge der Vorbildwirkung – geeignet ist, **bodenrechtlich beachtliche** und erst noch ausgleichsbedürftige **Spannungen** zu begründen oder die vorhandenen Spannungen zu erhöhen.[213] Auf diese mehr formelle Verschlechterung, auf das Vorliegen einer Störung oder Belastung in dieser Hinsicht[214] kommt es für die Zulässigkeit eines den vorgegebenen Rahmen überschreitenden Vorhabens an. In dieser Ausrichtung steht das Erfordernis des Einfügens nicht nur in Beziehung zu den in § 1 V, VI BauGB angeführten öffentlichen Belangen, sondern darin liegt zugleich seine Beziehung zur Bauleitplanung: Ein Vorhaben, das im Verhältnis zu seiner Umgebung bewältigungsbedürftige Spannungen begründet oder erhöht, das in diesem Sinne verschlechtert, stört oder belastet, bringt die ihm vorgegebene Situation gleichsam in Bewegung. Es stiftet eine Unruhe, die potenziell ein **Planungsbedürfnis** nach sich zieht. Soll es zugelassen werden, kann dies sachgerecht nur unter Einsatz der jene Unruhe gewissermaßen wieder auffangenden Mittel der Bauleitplanung geschehen. Ein Vorhaben, das um seiner Wirkung willen selbst schon planungsbedürftig ist oder doch das Bedürfnis einer Bauleitplanung nach sich zieht, fügt sich seiner Umgebung nicht ein.[215] So schließen auch grenzüberschreitende Wirkungen eine Zulässigkeit des Vorhabens nach § 34 I BauGB nicht aus.[216] Allerdings kann das nur allgemeine Interesse der Gemeinde, Planungsmöglichkeiten offen zu halten, die Zulässigkeit eines Vorhabens nach § 34 BauGB nicht ausschließen.[217] Auch ein Vor-

---

[211] *BVerwG*, Urt. v. 26. 5. 1978 – IV C 9.77 – BVerwGE 55, 369 – Harmonieurteil.
[212] *BVerwG*, Urt. v. 26. 5. 1978 – IV C 9.77 – BVerwGE 55, 369 – Harmonieurteil.
[213] *BVerwG*, Urt. v. 3. 6. 1977 – IV C 37.75 – BVerwGE 54, 73; B. v. 25. 3. 1999 – 4 B 15.99 – DVBl. 1999, 1293 = UPR 1999, 352 = ZfBR 1999, 279 – nachträglicher Ausschluss von Nutzungen.
[214] Zu diesen Ausdrücken im Zusammenhang mit § 1 BauGestVO *BVerwG*, Urt. v. 28. 6. 1955 – I C 146.53 – BVerwGE 2, 172.
[215] *BVerwG*, Urt. v. 26. 5. 1978 – IV C 9.77 – BVerwGE 55, 369 = NJW 1978, 2564 = DVBl. 1978, 815 – Harmonieurteil; B. v. 23. 7. 1993 – 4 B 59.93 – *Hoppe/Stüer* RzB Rdn. 353 – Planungsbedürfnis.
[216] *BVerwG*, Urt. v. 18. 2. 1983 – 4 C 18.81 – BVerwGE 67, 23 = DVBl. 1983, 886 = NJW 1983, 2713 = UPR 1983, 301 = *Hoppe/Stüer* RzB Rdn. 373 – Windenergieanlage; vgl. zur grenzüberschreitenden Unterrichtung der Gemeinden und Träger öffentlicher Belange § 4a BauGB.
[217] *BVerwG*, Urt. v. 18. 2. 1983 – 4 C 18.81 – BVerwGE 67, 23 – Windenergieanlage. Zum Außenbereich Urt. v. 26. 10. 1979 – IV C 22.77 – Buchholz 406.11 § 183a BBauG Nr. 1; Urt. v. 12. 9. 1980 – 4 C 77.77 – Buchholz 406.11 § 35 BBauG Nr. 169; Urt. v. 26. 10. 1979 – IV C 22.77 – Buchholz 406.11 § 183a BBauG Nr. 1; Urt. v. 12. 9. 1980 – 4 C 77.77 – Buchholz 406.11 § 35 BBauG Nr. 169.

haben, das den durch seine Umgebung gesetzten Rahmen hinsichtlich des Maßes der baulichen Nutzung überschreitet, kann sich ausnahmsweise i. S. von § 34 I BauGB einfügen. Die Überschreitung des Rahmens kann zulässig sein, wenn das Vorhaben keine bodenrechtlich beachtlichen Spannungen begründet oder schon vorhandene Spannungen nicht erhöht.[218] Diese Grundsätze gelten nicht nur für eine Überschreitung des vorgegebenen Rahmens hinsichtlich der Art der baulichen Nutzung, sondern auch für ein Überschreiten des Maßes der baulichen Nutzung.[219] Auch ein von seinem Bauvolumen her den Rahmen überschreitendes Vorhaben kann ausnahmsweise in eine harmonische Beziehung zur vorhandenen Bebauung treten.[220]

Hinweis: Ein sich aus Auswirkungen i. S. des § 11 III BauNVO ergebendes **Planungsbedürfnis** ist für sich gesehen kein sonstiger öffentlicher Belang, der gem. § 34 I BauGB einem Vorhaben entgegensteht.[221]

2354 Beurteilungsmaßstab für das „Sich-Einfügen" eines Vorhabens gem. § 34 I 1 BauGB ist das **tatsächlich** in der Umgebung **Vorhandene**, soweit es prägende Wirkung hat.[222] Daran ändert sich im Grundsatz auch dann nichts, wenn die vorhandene Orts- bzw. Bebauungsstruktur das Ergebnis der Verwirklichung eines **unwirksamen Bebauungsplans** ist. Dass in derartigen Fällen der „Planersatz" des § 34 I 1 BauGB einem als Rechtssatz ungültigen gemeindlichen Planungskonzept mittelbar und in begrenztem Maße zu einer weiteren Durchsetzung, aber auch zu einer Korrektur verhelfen kann, ist in Struktur und Zielsetzung der Norm mit angelegt. Das gilt allerdings nur für die Anwendung der nach § 34 I 1 BauGB maßgeblichen Faktoren Art und Maß der baulichen Nutzung, Bauweise und überbaubare Grundstücksfläche. Entscheidend ist daher nicht, ob und ggf. inwieweit die in der Umgebung vorhandene Orts- bzw. Bebauungsstruktur das ursprünglich geplante Konzept tatsächlich erkennen lässt, sondern ob und inwieweit diese Struktur als Eigenart der näheren Umgebung prägend wirkt.[223]

2355 Das Vorhaben kann auch im Hinblick auf seine **Vorbildwirkung** unzulässig sein. Bei der Beurteilung der planungsrechtlichen Zulässigkeit eines Vorhabens ist daher nicht nur das Vorhaben selbst, sondern auch die weitere Entwicklung zu berücksichtigen, die aufgrund einer erteilten Genehmigung eingeleitet werden könnte. Ein bodenrechtlich relevanter Widerspruch kann auch bei einer nur geringfügigen Verschlechterung der gegenwärtig gegebenen Situation dann vorliegen, wenn nach Lage der Dinge mit dem künftigen Eintritt von negativen Folgewirkungen gerechnet werden muss.[224]

Beispiel: So kann die Aufstockung (nur) eines einzelnen Gebäudes innerhalb einer Reihenhauszeile zumindest zu städtebaulichen Spannungen innerhalb dieser Reihenhauszeile führen. Denn durch die Vergrößerung (nur) eines der Reihenhäuser würde sich die Situation der übrigen Grundstücke, die mit dem Grundstück des Bauherrn durch die Reihenhausbebauung in der Art einer „bodenrechtlichen Lebens- und Schicksalsgemeinschaft"[225] verbunden sind, nachteilig verändern. Dies gilt vor allem, wenn sich keine einheitliche (harmonische) städtebauliche Lösung erreichen lässt.

---

[218] *BVerwG*, Urt. v. 26. 5. 1978 – IV C 9.77 – BVerwGE 55, 369 – Harmonieurteil.
[219] *BVerwG*, B. v. 23. 5. 1986 – 4 B 83.86 – Buchholz 406.11 § 34 BBauG Nr. 113.
[220] *BVerwG*, B. v. 4. 2. 1986 – 4 B 7–9.86 – Buchholz 406.11 § 34 BBauG Nr. 110.
[221] *BVerwG*, Urt. v. 3. 2. 1984 – 4 C 25.82 – BVerwGE 68, 360 = BauR 1984, 373 = DVBl. 1984, 634 = NJW 1984, 1771 – *Hoppe/Stüer* RzB Rdn. 312 – Planungsbedürfnis Verbrauchermarkt.
[222] *VGH Mannheim*, B. v. 19. 11. 1997 – 8 S 2832/97 – VBlBW. 1998, 107 – Einfügen eines Ziegenstalls im Wohngebiet; Urt. v. 6. 5. 1997 – 5 S 2394/96 – NVwZ-RR 1998, 715 – Einfügen trotz Rahmenüberschreitung.
[223] *BVerwG*, Urt. v. 10. 1. 1994 – 4 B 158.93 – *Hoppe/Stüer* RzB Rdn. 364 – Reihenhausaufstockung.
[224] *BVerwG*, Urt. v. 25. 1. 1974 – IV C 72.72 – BVerwGE 44, 302 – bodenrechtlich relevanter Widerspruch.
[225] *BVerwG*, Urt. v. 10. 1. 1994 – 4 B 158.93 – *Hoppe/Stüer* RzB Rdn. 364 – Reihenhausaufstockung.

Die Bestimmung des **Rahmens**, in den sich ein Vorhaben nach § 34 I BauGB einfügen **2356** muss, richtet sich grundsätzlich nach den in der **BauNVO** für die einzelnen Baugebiete typisierenden Nutzungsarten, soweit diese in der näheren Umgebung tatsächlich vorzufinden sind.[226] Die Prüfung des Bauvorhabens bezieht sich auch auf die beabsichtigte **Nutzung**. So muss etwa die Baugenehmigungsbehörde prüfen, ob ein Vorhaben so errichtet und betrieben werden kann, dass es den Anforderungen des § 22 BImSchG genügt. Überschreitet ein Bauvorhaben im nicht beplanten Innenbereich zwar die in der Umgebungsbebauung vorhandene Traufhöhe, jedoch nicht die Firsthöhe, schließt dies ein Einfügen im Hinblick auf das Maß der baulichen Nutzung nicht von vornherein aus. Die Überschreitung der in der Umgebungsbebauung vorhandenen Traufhöhe kann allerdings zu einer Beeinträchtigung des Ortsbildes mit bodenrechtlicher Relevanz führen.[227]

b) Blockinnenbebauung. Die Zulässigkeit eines Bauvorhabens gem. § 34 I BauGB, **2357** das im Blockinnern errichtet werden soll, bestimmt sich nicht nur danach, ob und in welcher Tiefe Gebäude im Blockinnern bereits vorhanden sind und ob es sich dabei um Haupt- oder Nebengebäude handelt, sondern auch vorrangig danach, welche Art der baulichen Nutzung die im Blockinnern vorhandene Bebauung aufweist.[228] Im Blockinnenbereich vorhandene Nebengebäude vermitteln daher nicht ohne weiteres die Möglichkeit der Bebauung mit Wohnhäusern.

c) Hinterlandbebauung. Im nicht beplanten Innenbereich kann auch eine Hinterland- **2358** bebauung zulässig sein, wenn sie sich in den aus der Umgebung hervorgehenden Rahmen einfügt. Ist etwa bereits in der Umgebung eine Hinterlandbebauung vorhanden, so kann sich daraus eine Vorbildwirkung für die Zulässigkeit einer weiteren Hinterlandbebauung ableiten.[229] Unerheblich ist hingegen, dass vorhandene straßenseitig errichtete Gebäude aus einem bestimmten Blickwinkel den optischen Eindruck einer Bebauung in zweiter Reihe erwecken können.[230] Auch wenn der Rahmen überschritten ist, kann eine Hinterlandbebauung zulässig sein, wenn bodenrechtlich beachtliche oder erst noch ausgleichsbedürftige Spannungen nicht begründet oder erhöht werden.[231] Für solche hindernden Spannungen müssen konkrete Anhaltspunkte bestehen.[232]

d) Fremdkörper. Bei der Ermittlung der Eigenart der näheren Umgebung i. S. von **2359** § 34 I und II BauGB sind singuläre Anlagen, die in einem auffälligen Kontrast zu der sie umgebenden, im Wesentlichen homogenen Bebauung stehen, regelmäßig als Fremdkörper unbeachtlich, soweit sie nicht ausnahmsweise ihre Umgebung beherrschen oder mit ihr eine Einheit bilden.[233] Nach § 34 I und II BauGB richtet sich die planungsrechtliche Zulässigkeit baurechtlicher Vorschriften im unbeplanten Innenbereich nach dem sich aus der vorhandenen Bebauung ergebenden Maßstab. Auf der ersten Stufe der Betrachtung ist nach Auffassung des *BVerwG* alles in den Blick zu nehmen, was in der näheren Umgebung **tatsächlich vorhanden** ist. Eine Beschränkung auf das, was von der vorhandenen Bebauung städtebaulich wünschenswert oder auch nur vertretbar ist, darf insoweit nicht vorgenommen werden. Auch eine städtebaulich unerwünschte Bebauung darf bei der

---

[226] *BVerwG*, Urt. v. 3. 4. 1987 – 4 C 41.84 – BauR 1987, 538 = DVBl. 1987, 903 = ZfBR 1987, 260 = *Hoppe/Stüer* RzB Rdn. 345 – Bauvorbescheid.
[227] *VGH Mannheim*, Urt. v. 4. 3. 1999 – 3 S 201/99 – VGHBW 1999, 375.
[228] *BVerwG*, B. v. 4. 2. 1986 – 4 B 7–9.86 – NVwZ 1986, 740 – Blockinnenbereich.
[229] *BVerwG*, B. v. 4. 10. 1995 – 4 B 68.95 – NVwZ-RR 1996, 375 = UPR 1996, 120 = ZfBR 1996, 103.
[230] *BVerwG*, B. v. 28. 11. 1989 – 4 B 43 u. 44.89 – NVwZ-RR 1990, 294 – Hinterlandbebauung optischer Eindruck.
[231] *BVerwG*, B. v. 25. 3. 1999 – 4 B 15.99 – DVBl. 1999, 1293 = UPR 1999, 352 = ZfBR 1999, 279 – nachträglicher Ausschluss von Nutzungen.
[232] *BVerwG*, Urt. v. 18. 2. 1983 – 4 C 18.81 – BVerwGE 67, 23 = DVBl. 1983, 886 = NJW 1983, 2713 = UPR 1983, 301 = *Hoppe/Stüer* RzB Rdn. 373 – Windenergieanlage.
[233] *BVerwG*, Urt. v. 15. 2. 1990 – 4 C 23.86 – BVerwGE 84, 322 = DVBl. 1990, 572 = BauR 1990, 328 = *Hoppe/Stüer* RzB Rdn. 388 – Unikat.

Bildung des Maßstabes nicht einfach von vornherein vernachlässigt werden.[234] Nicht jegliche vorhandene Bebauung in der näheren Umgebung bestimmt jedoch ihren Charakter. Vielmehr muss die Betrachtung **auf das Wesentliche zurückgeführt** werden. Es muss alles außer Acht gelassen werden, was die vorhandene Bebauung nicht prägt oder ihr gar als Fremdkörper erscheint. Diese Rechtsauffassung ist bereits zu § 34 I BBauG 1960, nach dem es auf die „vorhandene Bebauung" ankam, entwickelt worden.[235] Sie ist erst recht gerechtfertigt, seitdem es – seit der BBauG-Novelle 1976 und auch bei § 34 I BauGB – nicht mehr unmittelbar auf die Bebauung, sondern auf die durch sie vermittelte „Eigenart" der näheren Umgebung ankommt.

2360 Für die Beurteilung der Umgebung hat das *BVerwG* folgende Grundsätze entwickelt: Auszusondern sind zum einen solche baulichen Anlagen, die von ihrem quantitativen Erscheinungsbild (Ausdehnung, Höhe oder Zahl) nicht die Kraft haben, die Eigenart der näheren Umgebung zu beeinflussen, die der Betrachter also nicht oder nur am Rande wahrnimmt. Ihre Aussonderung hat mit dem Begriff des Fremdkörpers nichts zu tun, sondern ist das Ergebnis der Beschränkung auf das **Wesentliche**. Schon diese Beschränkung ist zwar nicht ganz frei von wertenden Elementen. Sie knüpft aber noch stärker an die Feststellung des tatsächlich Gegebenen an. Zum anderen können auch solche Anlagen aus der Bestimmung der Eigenart der näheren Umgebung auszusondern sein, die zwar quantitativ die Erheblichkeitsschwelle überschreiten, aber nach ihrer **Qualität** völlig aus dem Rahmen der sonst in der näheren Umgebung anzutreffenden Bebauung herausfallen. Das wird namentlich dann anzunehmen sein, wenn eine singuläre Anlage in einem auffälligen Kontrast zur übrigen Bebauung steht. In Betracht kommen insbesondere solche baulichen Anlagen, die nach ihrer auch äußerlich erkennbaren Zweckbestimmung in der näheren Umgebung einzigartig sind. Sie erlangen die Stellung eines **Unikats** umso eher, je einheitlicher die nähere Umgebung im Übrigen baulich genutzt ist. Trotz ihrer deutlich in Erscheinung tretenden Größe und ihres nicht zu übersehenden Gewichts in der näheren Umgebung bestimmen sie nicht deren Eigenart, weil sie wegen ihrer mehr oder weniger ausgeprägten vom übrigen Charakter der Umgebung abweichenden Struktur gleichsam isoliert dastehen. Grundlage für ein solches Ausklammern ist zwar auch das tatsächlich Festgestellte. Als Ergebnis beruht es aber auf einer überwiegend wertenden Betrachtung. Derartige Anlagen dürfen bei der Bestimmung der Eigenart der näheren Umgebung aber nur dann als Fremdkörper ausgeklammert werden, wenn sie wegen ihrer Andersartigkeit und Einzigartigkeit den Charakter ihrer Umgebung nicht beeinflussen können. Ob dies der Fall ist, muss auf der dritten Stufe unter Würdigung des tatsächlich Vorhandenen ermittelt werden. Ausschlaggebend kann auch hier die Größe der andersartigen Anlage sein.

2361 Sowohl in einem durch Bebauungsplan festgesetzten reinen Wohngebiet als auch in einem im unbeplanten Innenbereich liegenden Gebiet, in dem nur gewohnt wird, kann auf hinreichend großen Grundstücken ein privater **Tennisplatz** zulässig sein, wenn er sich als untergeordnete Nebenanlage darstellt und nach seiner Lage auf dem Grundstück zu Störungen der Wohnruhe der Nachbarn nicht stört. Führen die von einem privaten Tennisplatz ausgehenden Geräusche zu Störungen der Wohnruhe der Nachbarn, so kann das Vorhaben i. S. des § 34 BauGB nach der vorhandenen Bebauung bedenklich sein. Ein Tennisplatz wird sich unter diesen Umständen nicht einfügen. Zudem kann das Rücksichtnahmegebot verletzt sein.[236] Es kommt also jeweils auf die Beurteilung des beabsichtigten konkreten Vorhabens an.[237] Die planungsrechtliche Zulässigkeit von baulichen An-

---

[234] *BVerwG*, Urt. v. 26. 5. 1978 – BVerwGE 55, 369; Urt. v. 18. 10. 1974 – IV V 77.73 – Buchholz 406.11 § 34 BBauG Nr. 45.
[235] *BVerwG*, Urt. v. 23. 4. 1969 – 4 C 12.67 – BVerwGE 32, 31.
[236] *BVerwG*, Urt. v. 30. 8. 1985 – 4 C 50.82 – NJW 1986, 393 – privater Tennisplatz.
[237] Zur unterschiedlichen bebauungsrechtlichen Beurteilung von Wochenendhäusern und Wohnwagen *BVerwG*, Urt. v. 3. 4. 1987 – 4 C 43.84 – NVwZ 1987, 144 = BRS 47 (1987), Nr. 76 (S. 206) = *Hoppe/Stüer* RzB Rdn. 346 – Wochenendhaus oder Wohnwagen.

lagen für die **Tierhaltung** richtet sich ebenfalls nach der Eigenart der näheren Umgebung und dem Gebot der nachbarlichen Rücksichtnahme. § 14 I 2 BauNVO ermöglicht als Annex zum Wohnen eine Kleintierhaltung nur, wenn sie in dem betreffenden Baugebiet üblich und ungefährlich ist und den Rahmen der für eine Wohnnutzung typischen Freizeitbetätigung nicht sprengt.[238]

Beispiel: Ein Pumazwinger fügt sich in die Eigenart einer fast ausschließlich durch Wohnbebauung geprägten näheren Umgebung nicht ein. Ein Puma ist kein Kleintier i. S. des § 14 I 2 BauNVO.[239] Auch die massenhafte Haltung von Ozeloten ist in einem Wohngebiet unzulässig. Ob sie geeignet ist, die Nachbarschaft psychisch zu belasten, hängt von einer spezifisch städtebaulichen Bewertung ab, für die allerdings nicht das Ergebnis einer Umfrage unter der Dorfbevölkerung den Ausschlag geben kann.[240]

Bei der Beurteilung der Frage, ob sich ein Vorhaben nach der Grundstücksfläche, die bebaut werden soll, in die Eigenart der näheren Umgebung einfügt, kann es auch auf die konkrete Größe der **Grundfläche** der baulichen Anlage i. S. einer absoluten Zahl ankommen. Auch eine in der Umgebung vorherrschende **Lage** der Gebäude kann sich grundsätzlich rahmenbildend auswirken. Städtebauliche Maßstäbe, die sich aus der in der Umgebung vorhandenen Bebauung ergeben, sind bei der Anwendung des § 34 BauGB nur für die Frage von Bedeutung, ob das Vorhaben sich in dem vorgegebenen Rahmen hält.[241]

2362

Die **Anzahl der Wohnungen** in einem Gebäude und regelmäßig auch die Möglichkeit, von dem zu errichtenden Gebäude in andere Grundstücke Einsicht zu nehmen, sind keine Kriterien zur Beurteilung der Frage, ob sich ein Vorhaben i. S. von § 34 I BauGB einfügt.[242] Der Begriff des Einfügens stellt (nur) auf die Merkmale Nutzungsart, Nutzungsmaß, Bauweise und Grundstücksüberbauung ab.[243] Die Anzahl der in einem Gebäude vorhandenen Wohnungen ist – von krassen Ausnahmefällen abgesehen – ebenso wenig ein Kriterium[244] wie die Möglichkeit, von dem zu errichtenden Gebäude in andere Grundstücke Einsicht nehmen zu können.[245] Auch gebietet das im Einfügen aufgehende Rücksichtnahmegebot nicht, Abstände einzuhalten, die über die hierfür landesrechtlich festgesetzten Maße hinausreichen. Denn der Landesgesetzgeber hat durch die Festsetzung von **Mindestabständen** abschließend entschieden, was im Hinblick auf Besonnung, Belichtung und Belüftung im nachbarlichen Verhältnis zumutbar ist.[246] Sind daher die Vorschriften des Landesrechts etwa hinsichtlich der einzuhaltenden Abstände eingehalten, so scheidet eine Verletzung des Rücksichtnahmegebotes im Hinblick auf diese Belange aus. Das setzt allerdings voraus, dass der Landesgesetzgeber den Ausgleich nachbarlicher Belange in den Abstandsvorschriften abschließend bewertet hat. Zieht sich der Landesgesetzgeber aus einer abschließenden Bewertung der nachbarlichen Interessenkonflikte zurück, indem er nur noch einen absoluten Mindeststandard bauordnungsrechtlich festschreibt oder auf Abstandsregelungen ganz verzichtet, lebt das allgemeine Rücksichtnahmegebot wieder auf.

2363

---

[238] *BVerwG*, B. v. 15. 10. 1993 – 4 B 165.93 – DVBl. 1994, 292 = UPR 1994, 103 = DÖV 1994, 266 = *Hoppe/Stüer* RzB Rdn. 387 – Ozelothaltung; B. v. 5. 3. 1984 – 4 B 20.84 – Buchholz 406.11 § 34 BBauG Nr. 99; *VGH Mannheim*, Urt. v. 19. 11. 1997 – 8 S 2832/97 – UPR 1998, 273 = NuR 1998, 488 – Ziegenstall.
[239] *BVerwG*, B. v. 5. 3. 1984 – 4 B 20.84 – NVwZ 1984, 647 = *Hoppe/Stüer* RzB Rdn. 374 – Pumazwinger.
[240] *BVerwG*, B. v. 5. 3. 1984 – 4 B 20.84 – Buchholz 406.11 § 34 BBauG Nr. 99.
[241] *BVerwG*, B. v. 15. 4. 1987 – 4 B 60.87 – BauR 1987, 533 = ZfBR 1987, 258 = *Hoppe/Stüer* RzB Rdn. 347 – Lebensmittelladen.
[242] *BVerwG*, B. v. 24. 4. 1989 – 4 B 72.89 – DÖV 1989, 860 = NVwZ 1989, 1060 = UPR 1989, 430 = *Hoppe/Stüer* RzB Rdn. 354 – Nachbarschutz Einsichtsmöglichkeiten.
[243] *BVerwG*, Urt. v. 22. 5. 1987 – 4 C 6 und 7.85 – BauR 1987, 531.
[244] *BVerwG*, Urt. v. 13. 6. 1980 – 4 C 98.77 – NJW 1981, 473 = BauR 1981, 45.
[245] *BVerwG*, B. v. 3. 1. 1983 – 4 B 224.82 – BRS 40 (1980), Nr. 192 (S. 431).
[246] *BVerwG*, B. v. 22. 11. 1984 – 4 B 244.84 – NVwZ 1985, 653 = UPR 1985, 136.

2364 Abgesehen von den Sonderregelungen in § 34 II BauGB können die Vorschriften der **BauNVO** im unbeplanten Innenbereich für Art und Maß der baulichen Nutzung lediglich als Auslegungshilfe berücksichtigt werden.[247] Maßgeblich bleibt die konkrete, am tatsächlich Vorhandenen ausgerichtete Betrachtung. Die vorhandene Bebauung kann eine planerische Ausweisung als Maßstab regelmäßig nicht ersetzen. Insbesondere fehlen im unbeplanten Innenbereich konkrete Maßfestsetzungen, an denen das jeweilige Vorhaben gemessen werden könnte. Der aus der vorhandenen Bebauung zu gewinnende Maßstab ist daher notwendig grob und ungenau. Zudem sprechen Gründe einer praktisch handhabbaren Rechtsanwendung dafür, in erster Linie auf solche Maße abzustellen, die nach außen wahrnehmbar in Erscheinung treten und anhand derer sich die vorhandenen Gebäude in der näheren Umgebung leicht in Beziehung zueinander setzen lassen. Ihre absolute Größe nach Grundfläche, Geschosszahl und Höhe, bei offener Bebauung zusätzlich auch ihr Verhältnis zur umgebenden Freifläche, prägen das Bild der maßgeblichen Umgebung und bieten sich deshalb vorrangig als Bezugsgrößen zur Ermittlung des zulässigen Maßes der baulichen Nutzung an. Damit ist eine Berücksichtigung der anderen Maßfaktoren zwar nicht ausgeschlossen. Soweit sie eine prägende Wirkung auf das Baugrundstück haben, sind auch sie zur Beurteilung der Frage, ob sich das Vorhaben einfügt, heranzuziehen. Die relativen Maßstäbe – die Grundflächen- und die Geschossflächenzahl – werden allerdings vielfach nur eine untergeordnete Bedeutung oder auch gar keine Bedeutung für die Frage des Einfügens haben, weil sie in der Örtlichkeit häufig nur schwer ablesbar sind, vielmehr erst errechnet werden müssen. Auch gewisse Erweiterungen einer an sich störenden Nutzung kann noch innerhalb des vorgegebenen Rahmens zulässig sein.

Beispiel: Eine Tagungsstätte, die von Wohngebäuden umgeben ist, selbst aber den Rahmen mit prägt, kann in einem gewissen Umfang erweitert werden.[248] Dieser Rahmen ist aber überschritten, wenn sich neue bodenrechtlich relevante Spannungen ergeben oder bestehende Spannungen erheblich verstärken.

2365 Bei einem **Dachgeschossausbau** kommt es für das Einfügen nach dem Maß der baulichen Nutzung daher nicht auf die Feinheiten der **Berechnungsregeln** der BauNVO für die Geschossfläche an. Entscheidend ist allein, ob sich das Gebäude als solches in die Eigenart der näheren Umgebung einfügt. Für die Frage, ob bei einer starken baulichen Ausnutzung eines Grundstücks die Anforderungen an gesunde Wohn- und Arbeitsverhältnisse gewahrt sind, kann es auch auf die Verhältnisse in der Umgebung ankommen.[249] Für den Ausbau eines bereits vorhandenen Dachgeschosses zu Wohnzwecken ohne größere von außen erkennbare bauliche Veränderungen bedeutet dies, dass er sich im Hinblick auf das Maß der baulichen Nutzung regelmäßig schon deshalb in die Eigenart der näheren Umgebung einfügen wird, weil das Gebäude in seinen Ausmaßen unverändert bleibt. Zwar ist die mit dem Dachgeschossausbau verbundene Nutzungsänderung nach denselben Kriterien wie ein Neubauvorhaben zu beurteilen.[250] Ein Dachgeschoss, das sich als ein Fremdkörper schon bisher nicht in die Eigenart der Umgebung eingefügt hat, kann daher wegen des mit seinem Ausbau verbundenen Verlustes des Bestandsschutzes mangels Einfügens planungsrechtlich unzulässig werden. Regelmäßig wird jedoch der Rahmen der maßgeblichen Bebauung im Hinblick auf das Nutzungsmaß auch durch das bereits vorhandene Dachgeschoss bestimmt. Denn Dachgeschosse, die sich von ihren baulichen Ausmaßen her zum Ausbau für Wohnzwecke eignen, bieten sich nach der Ver-

---

[247] *BVerwG*, Urt. v. 23. 4. 1969 – 4 C 12.67 – BVerwGE 32, 31; Urt. v. 13. 6. 1969 – 4 C 234.65 – BVerwGE 32, 173.
[248] *VGH Mannheim*, Urt. v. 13. 2. 1998 – 5 S 2945/96 – VGHBWRSpDienst 1998, Beilage 5 B6 – Tagungsstätte.
[249] *BVerwG*, Urt. v. 23. 3. 1994 – 4 C 18.94 – ZAP EN-Nr. 470/94 = *Hoppe/Stüer* RzB Rdn. 369 – Dachgeschossausbau. Auch die Zahl der Wohneinheiten ist kein Bestimmungsmerkmal des Sicheinfügens, so *VG München*, Urt. v. 28. 4. 1998 – M 1 K 97.2995 – (unveröffentlicht).
[250] *BVerwG*, Urt. v. 15. 11. 1974 – IV C 32.71 – BVerwGE 47, 185.

kehrsauffassung als mögliche Erweiterungsfläche für die in dem Gebäude ausgeübte Nutzung an. Daher ist die Nutzung vorhandener Dachgeschosse, die nur im Innern ausgebaut werden müssen, bereits durch die Eigenart der näheren Umgebung nach der Verkehrsauffassung angelegt. Die Verkehrsauffassung ist aber für die Beurteilung der näheren Umgebung von ausschlaggebender Bedeutung. Bei einem auf der Grundlage eines unwirksamen Bebauungsplans in seinen äußeren Abmessungen genehmigten Wohngebäude kann dem späteren Antrag auf Dachgeschossausbau zu Wohnzwecken u. U. entgegengehalten werden, der Dachausbau füge sich nach dem Maß der baulichen Nutzung nicht i. S. des § 34 I BauGB in die Eigenart der näheren Umgebung ein.[251]

Für das Einfügen nach dem **Maß** der baulichen Nutzung kommt es auch nicht auf die Feinheiten der an landesrechtliche Begriffe (**Vollgeschoss**) und die Art der baulichen Nutzung (**Aufenthaltsräume**) anknüpfenden Berechnungsregeln der BauNVO für die Geschossfläche an. Entscheidend ist vielmehr allein, ob sich das Gebäude als solches in die Eigenart der näheren Umgebung einfügt. Allerdings hat sich das BVerwG in seiner Rechtsprechung zu § 34 BBauG 1976/79 auch an den Grund- und Geschossflächenzahlen orientiert.[252] Ausschlaggebend hierfür war, dass die Grund- und Geschossflächenzahlen zu den in § 16 II BauNVO genannten Kriterien des Maßes der baulichen Nutzung gehören und als solche auch für die Beurteilung des Nutzungsmaßes im unbeplanten Innenbereich von Bedeutung sein können.[253] Diese Bezugnahme ist jedoch nicht rein schematisch verstanden worden. Es kam vielmehr auch auf die konkrete Größe der Grundfläche der baulichen Anlage i. S. einer absoluten Zahl und auf die räumliche Lage innerhalb der vorhandenen Bebauung an.[254] Die relativen Ausnutzungszahlen der BauNVO – GRZ und GFZ – konnten bereits nach der früheren Fassung in § 34 III 2 und 3 BBauG 1976/79 für die Beurteilung des Einfügens im Grundsatz nur bei etwa gleich großen Grundstücken und auch dann nur unterstützend herangezogen werden. Mit der seit 1986 geänderten Fassung des § 34 BauGB, der in § 34 II BauGB nur noch hinsichtlich der Art der baulichen Nutzung auf die BauNVO verweist, sind die Regelungen der BauNVO für das Maß der baulichen Nutzung nach § 34 I und II BauGB nunmehr in keinem Fall unmittelbar von Bedeutung. Ob ein Vorhaben zulässig ist, richtet sich immer allein nach dem Merkmal des „Einfügens" in § 34 I BauGB. Das Maß der Nutzung soll stets nach den konkreten Verhältnissen beurteilt werden.[255] Der Ausbau eines Dachgeschosses ohne wesentliche (äußere) Veränderungen fügt sich daher hinsichtlich seines Nutzungsmaßes ebenso ein wie vor dem Ausbau. Diese Gesichtspunkte könnten auch für Wohn- und Gewerbenutzungen in anderen Geschossen von Bedeutung sein. Die Merkmale, nach denen sich ein Vorhaben einfügen muss, sind jeweils **unabhängig voneinander** zu prüfen. Fügt sich etwa ein Vorhaben seiner Art nach ein, so kommt es bei der weiteren Prüfung des Maßes nicht erneut auf die Frage an, welches Maß von anderen baulichen Anlagen gleicher Art in der näheren Umgebung bereits verwirklicht ist. Eine beabsichtigte rückwärtige Bebauung mit einem Hauptgebäude fügt sich nach der bebaubaren Grundstücksfläche nicht in die Eigenart der näheren Umgebung ein, wenn im hinteren Bereich der umliegenden Grundstücke nur Nebenanlagen vorhanden sind.[256]

In die Eigenart einer vorwiegend durch eine Schwermetallgießerei geprägten Umgebung fügt sich eine Bebauung mit mehreren **Reihenwohnhäusern** dann nicht ein, wenn

---

[251] *BVerwG*, B. v. 30. 1. 1997 – 4 B 172.96 – NVwZ-RR 1997, 519 – Dachgeschossausbau.
[252] *BVerwG*, Urt. v. 26. 5. 1978 – IV C 9.77 – BVerwGE 55, 369.
[253] *BVerwG*, Urt. v. 13. 6. 1980 – 4 C 98.77 – Buchholz 406.16 Eigentumsschutz Nr. 19; B. v. 31. 10. 1986 – 4 B 224.86.
[254] *BVerwG*, B. v. 17. 9. 1985 – 4 B 167.85 – Buchholz 406.11 § 34 BBauG Nr. 107; B. v. 15. 4. 1987 – 4 B 60.87 – Buchholz 406.11 § 34 BBauG Nr. 119; B. v. 28. 9. 1988 – 4 B 175.88 – Buchholz 406.11 § 34 BBauG Nr. 128.
[255] BT-Drucks. 10/4630, S. 87.
[256] *BVerwG*, B. v. 6. 11. 1997 – 4 B 172.97 – ZfBR 1998, 164 = Buchholz 406.11 § 34 BauGB Nr. 188.

sie auf einem der Gießerei benachbarten Grundstück errichtet werden soll, auf dem sich bisher noch keine Wohnbebauung befand. Die neue Wohnbebauung fügt sich auch dann nicht ein, wenn die Gießerei an der entgegengesetzten, nicht mehr zur näheren Umgebung des zu bebauenden Grundstücks gehörenden Seite an eine vorhandene Wohnbebauung angrenzt.[257] Eine **private Windenergieanlage** für den Eigenbedarf eines Einfamilienhauses kann als untergeordnete Nebenanlage nach § 14 I 1 BauNVO in einem weiträumig aufgelockert bebauten bzw. bebaubaren Gebiet zulässig sein. Eine solche Anlage kann sich je nach den konkreten Umständen des Einzelfalls in die Eigenart der näheren Umgebung einfügen, auch wenn es bisher vergleichbare Anlagen dort nicht gibt.[258] Eine **Werbeanlage** der Außenwerbung, die eine bauliche Anlage i. S. des § 29 I BauGB ist und Fremdwerbung zum Gegenstand hat, ist als eigenständige Hauptnutzung gem. § 34 I BauGB unzulässig, wenn sie sich nicht in die Eigenart der näheren Umgebung einfügt.[259]

2368 Für die Frage des Einfügens in die Umgebung nach der Bauweise können die Begriffsbestimmungen des **§ 22 BauNVO** herangezogen werden. Dies gilt für die offene oder geschlossene Bauweise (§ 22 I BauNVO) ebenso wie für die in der offenen Bauweise vorgesehenen Einzelhäuser, Doppelhäuser oder Hausgruppen.

Beispiel: Ist im nicht beplanten Innenbereich die Eigenart der näheren Umgebung durch die offene Bauweise (Einzelhäuser und Doppelhäuser) geprägt, dann fügt sich eine Doppelhaushälfte an der Grundstücksgrenze nur dann ein, wenn auch der Anbau an die Grundstücksgrenze auf dem Nachbargrundstück gewährleistet ist. Anderenfalls darf nicht an die Grundstücksgrenze gebaut werden, sondern unter Einhaltung eines entsprechenden Grenzabstandes.[260] Ist die Doppelhaushälfte bereits an der Grenze errichtet, so wirft die einseitige Aufstockung einer Doppelhaushälfte die Frage nach der Abstandsfläche zur gemeinsamen Grundstücksgrenze nicht neu auf.[261]

2369 Ist nach der vorhandenen Umgebungsbebauung an die **Grenze** zu bauen, muss das Gebäude an der Nachbargrenze errichtet werden. Dasselbe gilt auch, wenn die Gestaltung des Ortsbildes in einem überwiegenden Bereich Grenzbebauung erfordert. Sich daraus ergebende Nachbarbeeinträchtigungen müssen im Hinblick auf die Umgebungsprägung hingenommen werden.[262] Im nichtbeplanten Innenbereich können auch **Stellplätze und Garagen** errichtet werden (§ 12 BauNVO). Auch sind untergeordnete **Nebenanlagen und Einrichtungen** zulässig, die dem Nutzungszweck der Grundstücke entsprechen. Allerdings ist das Gebot der nachbarlichen Rücksichtnahme zu beachten. Nach Aufhebung der Reichsgaragenordnung am 1. 7. 1987 richtet sich die Zulässigkeit von Stellplätzen und Garagen im unbeplanten Innenbereich in städtebaulicher Hinsicht allein nach § 34 BauGB.[263]

2370 Die nähere Umgebung, in die sich ein **großflächiger Einzelhandelsbetrieb** i. S. des § 34 I BauGB einfügen muss, reicht nicht so weit, wie die in § 11 III BauNVO bezeichneten städtebaulichen Auswirkungen des Betriebes reichen können. Insbesondere bleiben **Fernwirkungen** bei der Bestimmung der näheren Umgebung außer Betracht.[264] Das gilt vor allem auch für Einzelhandelsnutzungen.[265]

---

[257] *BVerwG*, B. v. 2. 12. 1985 – 4 B 189.85 – NVwZ 1986, 641 – Wohnbebauung neben Industriebebauung, Abgrenzung zu B. v. 5. 3. 1984 – 4 B 171.83 – NVwZ 1984, 646.
[258] *BVerwG*, Urt. v. 18. 2. 1983 – 4 C 18.81 – BVerwGE 67, 23 = DVBl. 1983, 886 = NJW 1983, 2713 = UPR 1983, 301 = *Hoppe/Stüer* RzB Rdn. 373 – Windenergieanlage.
[259] *BVerwG*, Urt. v. 3. 12. 1992 – 4 C 26.91 – *Hoppe/Stüer* RzB Rdn. 384 – Schaukasten zur Fremdwerbung; Urt. v. 3. 12. 1992 – 4 C 27.91.
[260] *OVG Berlin*, Urt. v. 8. 4. 1998 – 2 S 3.98 – LKV 1998, 357 = UPR 1998, 320.
[261] *OVG Greifswald*, Urt. v. 11. 12. 1997 – 3 M 153/97 – VwRR MO 1998, 55.
[262] *VGH Mannheim*, Urt. v. 13. 2. 1998 – 5 S 3202/96 – VGHBW RSpDienst 1998, Beilage 5 B 6.
[263] *BVerwG*, B. v. 18. 1. 1988 – 4 B 245.87 – *Hoppe/Stüer* RzB Rdn. 377 – Nachbarschutz.
[264] *BVerwG*, Urt. v. 3. 2. 1984 – 4 C 17.82 – BVerwGE 68, 369 = DVBl. 1984, 632 = BauR 1984, 369 = NJW 1984, 1775 = *Hoppe/Stüer* RzB Rdn. 310 – Verbrauchermarkt SB-Warenhaus.
[265] *BVerwG*, Urt. v. 3. 2. 1984 – 4 C 17.82 – BVerwGE 68, 369 = DVBl. 1984, 632 = BauR 1984, 369 = NJW 1984, 1775 = *Hoppe/Stüer* RzB Rdn. 310 – Verbrauchermarkt SB-Warenhaus.

e) **Rücksichtnahme.** Vorhaben im nicht beplanten Innenbereich haben das Gebot der **2371** nachbarlichen Rücksichtnahme zu beachten. Welche Anforderungen das planungsrechtliche Gebot der Rücksichtnahme begründet, hängt vom Einzelfall ab.[266] Die Rechtsprechung hat hierzu folgende Grundsätze entwickelt:[267] Je empfindlicher und schutzwürdiger die Stellung derer ist, denen die Rücksichtnahme im gegebenen Zusammenhang zugute kommt, umso mehr kann an Rücksichtnahme verlangt werden. Je verständlicher und unabweisbarer die mit dem Vorhaben verfolgten Interessen sind, umso weniger braucht derjenige, der das Vorhaben verwirklichen will, Rücksicht zu nehmen.[268] Im Rahmen der hiernach gebotenen (Zumutbarkeits-)Abwägung können allerdings die Interessen der Beteiligten ein unterschiedliches Gewicht haben, je nachdem, ob es um ein Vorhaben geht, das grundsätzlich zulässig und nur ausnahmsweise unzulässig ist oder umgekehrt.[269] Voraussetzung für eine solche Abwägung ist aber, dass derjenige, der ein Vorhaben abwehren will, eine abwägungserhebliche schutzwürdige Position gegenüber dem Vorhaben besitzt. Eine solche Abwehrposition erlangt der Nachbar nicht allein dadurch, dass die auf seinem Grundstück verwirklichte Nutzung zulässig, das auf dem Nachbargrundstück genehmigte Vorhaben dagegen wegen Beeinträchtigung öffentlicher Belange unzulässig ist.[270] Für die Beachtung des Gebotes der Rücksichtnahme kann auch der Grad der **schädlichen Umwelteinwirkungen** bedeutsam sein.[271] Das baurechtliche Gebot der Rücksichtnahme, das als Bestandteil des einfachen Rechts nachbarliche Nutzungskonflikte lösen helfen soll, verändert – soweit es um Immissionen oder immissionsähnliche Einwirkungen geht – seinen wesentlichen Inhalt nicht danach, ob die jeweiligen Nutzungen beide im Innenbereich oder beide im **Außenbereich** liegen oder aber – an der Grenze von Außen- und Innenbereich – in einem Fall dem einen und im anderen Fall dem anderen Bereich zuzuordnen sind.[272]

Für die nachvollziehende Abwägung zwischen den (vor allem nachbarlichen) Interessen **2372** sind die **Entscheidungen** des **Gesetz- und Verordnungsgebers** einzubeziehen. Dazu gehören auch die Regelungen des **Bauordnungsrechts**. Hat etwa der Landesgesetzgeber mit dem erkennbaren Ziel einer abschließenden Regelung eine verbindliche Entscheidung über einzuhaltende Grenzabstände getroffen, so ist diese Bewertung auch dem nachbarlichen Interessenausgleich zugrunde zu legen. Soweit es um die Einhaltung der bauordnungsrechtlich für die ausreichende Belichtung, Besonnung und Belüftung erforderlichen **Abstandsflächen** geht, ist daher bei einer abschließenden landesrechtlichen Regelung für ein hierüber hinausgehendes Gebot der Rücksichtnahme kein Raum.[273] Ob ein Vorhaben sich i. S. des § 34 I BauGB in die Eigenart der näheren Umgebung einfügt,[274]

---

[266] *BVerwG*, Urt. v. 25. 2. 1977 – IV C 22.75 – BVerwGE 52, 122 = NJW 1978, 62 = DVBl. 1977, 722 = DÖV 1977, 752 = BauR 1977, 244 = *Hoppe/Stüer* RzB Rdn. 1151 – Außenbereich Rücksichtnahme.
[267] Zusammenfassend dargestellt *BVerwG*, Urt. v. 14. 2. 1994 – 4 B 152.93 – GewArch. 1994, 250 – Rücksichtnahme; s. Rdn. 1486.
[268] Grundlegend *BVerwG*, Urt. v. 25. 2. 1977 – IV C 22.75 – BVerwGE 52, 122 = *Hoppe/Stüer* RzB Rdn. 1151 – Außenbereich.
[269] *BVerwG*, Urt. v. 6. 10. 1989 – 4 C 14.87 – BVerwGE 82, 343; Urt. v. 27. 2. 1992 – 4 C 50.89 – Buchholz 406.19 Nachbarschutz Nr. 107.
[270] *BVerwG*, Urt. v. 28. 10. 1993 – 4 C 5.93 – UPR 1994, 148 – Splittersiedlung.
[271] *BVerwG*, Urt. v. 13. 3. 1981 – 4 C 1.78 – DVBl. 1981, 928; B. v. 3. 2. 1989 – 4 B 13.89 – *Hoppe/Stüer* RzB Rdn. 353 – Umwelteinwirkungen.
[272] *BVerwG*, Urt. v. 10. 12. 1982 – 4 C 28.81 – Buchholz 406.11 § 34 BBauG Nr. 89.
[273] *BVerwG*, B. v. 22. 11. 1984 – 4 B 244.84 – NVwZ 1985, 653 = ZfBR 1985, 95; B. v. 24. 4. 1989 – 4 B 72.89 – Buchholz 406.11 § 34 BBauG/BauGB Nr. 130 = BRS 49 (1989), Nr. 85; s. Rdn. 1486.
[274] Die Rechtsprechung zur Abgrenzung des Innen- und Außenbereichs kann auf die Abgrenzung der näheren Umgebung im Sinne von § 34 BauGB sinngemäß übertragen werden, so *BVerwG*, B. v. 20. 8. 1998 – 4 B 79.98 – NVwZ-RR 1999, 105 = BauR 1999, 32; vgl. auch B. v. 29. 4. 1997 – 4 B 67.97 – BauR 1997, 804 = NVwZ-RR 1998, 94.

beurteilt sich allerdings nur nach den Merkmalen Nutzungsart, Nutzungsmaß, Bauweise und Grundstücksüberbauung.[275] Daraus folgt, dass bauordnungsrechtliche Bestimmungen des Landesrechts, die sich auf andere Fragestellungen beziehen, mögen sie auch ihrerseits nachbarschützend sein, nicht als solche vom Rücksichtnahmegebot nach § 34 I BauGB erfasst werden.[276] Fügt sich ein Vorhaben allerdings nicht ein, weil es aus anderen Gründen die gebotene Rücksicht vermissen lässt, und wirkt das Rücksichtnahmegebot im Einzelfall drittschützend, so steht dem Erfolg der Nachbarklage nicht entgegen, dass das Vorhaben die bauordnungsrechtlichen Abstandsvorschriften einhält.[277]

2373 Eine Nachbarklage gegen einen gem. § 34 BauGB planungsrechtlich unzulässigen **Getränkemarkt** kann wegen der von dem Vorhaben ausgehenden Lärmbelästigungen, zu denen auch durch den Betrieb ausgelöste zusätzliche Verkehrsgeräusche gehören, begründet sein. Bei genehmigungsbedürftigen Anlagen und bei nicht genehmigungsbedürftigen Anlagen i. S. des § 22 I BImSchG werden die einzuhaltenden Richtwerte in der TA-Lärm[278] bestimmt. Ein ergänzender Rückgriff auf die allgemeinen Grundsätze des Rücksichtnahmegebotes ist daher nicht mehr erforderlich.[279] Auch bei einer nicht genehmigungsbedürftigen Anlage nach § 22 BImSchG können daher die Richtwerte der TA-Lärm zur Beurteilung, ob das Gebot der nachbarlichen Rücksichtnahme eingehalten ist, herangezogen werden. So kann sich ein Gewächshaus in eine durch Wohnhäuser mit Nebenanlagen sowie durch einen dominierenden Gartenbaubetrieb mit anderen Gewächshäusern geprägte Umgebung einfügen und auch nicht wegen der durch Naturereignisse wie Regen verursachten Geräusche rücksichtslos sein.[280]

2374 Die **persönlichen Verhältnisse** einzelner Eigentümer oder Nutzer, wie z. B. besondere Empfindlichkeiten oder gesundheitliche Voraussetzungen, spielen bei der Zumutbarkeitsbewertung von Belästigungen oder Störungen im Rahmen des Gebotes der Rücksichtnahme keine Rolle. Damit steht im Einklang, dass bei der Zumutbarkeitsprüfung auf eine durchschnittliche Empfindlichkeit gegenüber nachbarlichen Beeinträchtigungen abgehoben wird.[281]

2375 Das Bebauungsrecht regelt die Nutzbarkeit der Grundstücke in öffentlich-rechtlicher Beziehung auf der Grundlage objektiver Umstände und Gegebenheiten mit dem Ziel einer möglichst dauerhaften städtebaulichen Ordnung und Entwicklung. Dementsprechend ist auch das baurechtliche Rücksichtnahmegebot **nicht** in einem Sinne **personenbezogen**, dass es in seinen Anforderungen davon abhängt, wie sich die Eigentumsverhältnisse zu einem bestimmten Zeitpunkt darstellen oder wer die gegenwärtigen Nutzer eines Grundstücks sind.[282]

2376 f) **Bestandsschutz.** Auch im nicht beplanten Innenbereich ist nach Auffassung des BVerwG die Entscheidung des Gesetzgebers vorrangig. Auf Bestandsschutz kann sich der

---

[275] *BVerwG*, Urt. v. 23. 5. 1986 – 4 C 34.85 – NVwZ 1987, 128 = BauR 1986, 542 = UPR 1987, 34 = DVBl. 1986, 1271 = *Hoppe/Stüer* RzB Rdn. 397 – Düngekalk-Siloanlage.

[276] *BVerwG*, B. v. 7. 4. 1988 – 4 B 56.88 – Buchholz 406.19 Nachbarschutz Nr. 78 = *Hoppe/Stüer* RzB Rdn. 378 – Nachbarschutz.

[277] *BVerwG*, Urt. v. 23. 5. 1986 – 4 C 34.85 – NVwZ 1987, 128 – Nachbarschutz; B. v. 11. 1. 1999 – 4 B 128.98 – DVBl. 1999, 786 = DÖV 1999, 558 = NVwZ 1999, 879 = BauR 1999, 615 – Flachdachbungalow; Urt. v. 25. 3. 1999 – 4 B 15.99 – NVwZ 1999, 1110 = BauR 1999, 1280 = ZfBR 1999, 283.

[278] Sechste allgemeine Verwaltungsvorschrift zum Schutz gegen Lärm (TA-Lärm) v. 26. 8. 1998 (GMBl. 1998, 503) = NVwZ 1999, Beilage 11/1999 zu Heft 2/1999.

[279] *BVerwG*, B. v. 20. 1. 1989 – 4 B 116.88 – DVBl. 1989, 371 = UPR 1989, 226 = BauR 1989, 320 = NVwZ 1989, 666 = *Hoppe/Stüer* RzB Rdn. 352 – Getränkemarkt; s. Rdn. 1307.

[280] *BVerwG*, B. v. 22. 9. 1999 – 4 B 95.99 – ZfBR 1999, 231.

[281] *BVerwG*, Urt. v. 14. 2. 1994 – 4 B 152.93 – GewArch. 1994, 250 = *Hoppe/Stüer* RzB Rdn. 366 – Rücksichtnahme.

[282] *BVerwG*, B. v. 5. 3. 1984 – 4 B 20.84 – Buchholz 406.11 § 34 BBauG Nr. 99; B. v. 15. 7. 1987 – 4 B 151.87 – Buchholz 406.11 § 34 BBauG Nr. 121.

Bauherr daher nur in dem Umfang erfolgreich berufen, wie der Gesetzgeber diesen in § 34 BauGB ausgestaltet hat. Erfüllt die bauliche Erweiterung und teilweise Änderung der Nutzung einer baulichen Anlage daher innerhalb eines im Zusammenhang bebauten Ortsteils den Vorhabensbegriff des § 29 BauGB, so darf die erforderliche Baugenehmigung nur erteilt werden, wenn alle tatbestandlichen Voraussetzungen des § 34 BauGB erfüllt sind. Für eine erleichterte Zulässigkeit des Vorhabens unter dem Gesichtspunkt des Bestandsschutzes ist nach Auffassung des *BVerwG* kein Raum.[283]

2. Einheitliche Art der Umgebung (§ 34 II BauGB)

Entspricht die Eigenart der näheren Umgebung einem der Baugebiete der BauNVO, beurteilt sich die Zulässigkeit des Vorhabens gem. § 34 II BauGB nach seiner Art allein danach, ob es nach der Verordnung in dem Baugebiet allgemein zulässig wäre. Auf die nach der BauNVO ausnahmsweise zulässigen Vorhaben ist § 31 I BauGB, im Übrigen ist § 31 II BauGB entsprechend anzuwenden.[284] Bei Anwendung des § 34 II BauGB ist hinsichtlich der Art der Nutzung ein Rückgriff auf § 34 I BauGB ausgeschlossen. Eine durchgängige vertikale (geschossweise) Gliederung von Nutzungsarten kann auf der Grundlage von § 34 II BauGB, § 15 BauNVO nicht erreicht werden. Eine solche besondere Gliederung setzt vielmehr einen Bebauungsplan und entsprechende Festsetzungen gem. § 9 III BauGB, § 1 VII BauNVO voraus.[285] Die Frage der überwiegenden Prägung durch gewerbliche Nutzungen i. S. des § 6 II Nr. 8 BauNVO ist nicht stets dann schon zu verneinen, wenn der prozentuale Anteil der jeweils grundstücksbezogen ermittelten gewerblich genutzten Geschossflächen gegenüber dem Anteil der der Wohnnutzung dienenden Geschossflächen rechnerisch kein Übergewicht hat.[286] Die Beurteilung einer prägenden Wirkung erfordert eine Gesamtbetrachtung und dabei die Einbeziehung auch weiterer gebietsprägender Faktoren. Dabei kann auch von Bedeutung sein, in welchem Maße die Erdgeschossebene gewerblich genutzt ist und inwieweit die gewerbliche Nutzung bis in die Obergeschosse reicht. Wesentliches Merkmal einer Gebietsfestsetzung nach § 4a BauNVO ist eine in die Zukunft gerichtete planerische Absicht der Gemeinde. Eine Anwendung des § 4a BauNVO über § 34 II BauGB scheidet deshalb aus.[287] Wohl kann die Eigenart der näheren Umgebung einem Mischgebiet entsprechen, so dass sich das Vorhaben der Art nach gem. § 6 BauNVO beurteilt.

§ 34 II BauGB ist nur anwendbar, wenn die Eigenart der näheren Umgebung einem der in der BauNVO bezeichneten Baugebiete entspricht. Der danach zu bestimmende Gebietscharakter wird durch Ausnahmen noch nicht in Frage gestellt, solange beispielsweise die erkennbaren „Grundzüge der Planung" nicht berührt werden (§ 31 I BauGB). Dass in einem allgemeinen Wohngebiet nach § 4 III BauNVO Vorhaben nur ausnahmsweise zulässig sind, steht mithin der Annahme eines allgemeinen „faktischen" Wohn-

---

[283] *BVerwG*, Urt. v. 27. 8. 1998 – 4 C 5.98 – DVBl. 1999, 254 = BauR 1999, 152 – Kur- und Gemeindehaus.
[284] *Krautzberger* in: Battis/Krautzberger/Löhr § 34 Rdn. 1 ff.; *Brügelmann* § 34 Rdn. 1 ff.; *Cholewa/David/Dyong/von der Heide* § 34 Rdn. 1 ff.; *Dyong* in: Ernst/Zinkahn/Bielenberg/Krautzberger § 34 BauGB Rdn. 1 ff.; *Fickert* BauR 1985, 1; *Gaentzsch* § 34 Rdn. 1 ff.; *von der Heide* der landkreis 1988, 220; *Lenz* ZfBR 1986, 14; *Scharmer* Das Bebauungsrecht im unbeplanten Innenbereich 1992; *Schlichter/Stich* BK § 34 Rdn. 1 ff.; *Schrödter* § 34 Rdn. 1 ff.; *Schütz/Frohberg* § 34 Rdn. 1 ff.
[285] *BVerwG*, B. v. 12. 2. 1990 – 4 B 240.89 – DÖV 1990, 474 = BauR 1990, 326 = ZfBR 1990, 157 = NVwZ 1990, 557 = *Hoppe/Stüer* RzB Rdn. 385 – Nutzungsänderung Obergeschosswohnung; Urt. v. 4. 5. 1988 – 4 C 34.86 – BVerwGE 79, 309 = BauR 1988, 440 = *Hoppe/Stüer* RzB Rdn. 908 – Hofgarten.
[286] *BVerwG*, B. v. 7. 2. 1994 – 4 B 179.93 – ZAP EN-Nr. 469/94 = BBauBl. 1994, 492 = *Hoppe/Stüer* RzB Rdn. 365 – Mischgebiet.
[287] *BVerwG*, B. v. 11. 12. 1992 – 4 B 209.92 – Buchholz 406.11 § 34 BauGB Nr. 154 = UPR 1993, 146 = ZfBR 1993, 144 = DÖV 1993, 621 = *Hoppe/Stüer* RzB Rdn. 386 – besonderes Wohngebiet.

gebiets nicht entgegen. Das ist dann anders, wenn die vorhandenen Vorhaben sich nicht auf wirkliche Ausnahmefälle beschränken, sondern gerade als „Ausnahmen" eine eigene prägende Wirkung auf die Umgebung ausüben. § 4 III Nr. 3 BauNVO meint jedenfalls keine Gebäude, die in ihrer Ausgestaltung und Funktionalität einem Büro- oder Verwaltungsgebäude gleichkommen. Dies verbietet sich angesichts des durch § 4 I BauNVO umschriebenen Gebietscharakters.[288]

3. Weitere Zulässigkeitsvoraussetzungen

2379 Als weitere Zulässigkeitsvoraussetzung nennt § 34 I 1 HS 2 eine gesicherte **Erschließung**. Außerdem müssen nach § 34 I 2 BauGB die Anforderungen an **gesunde Wohn- und Arbeitsverhältnisse** gewahrt bleiben, und das **Ortsbild** darf nicht beeinträchtigt werden. Die Vereinbarkeit mit weiteren **öffentlichen Belangen** wird im Gegensatz zur früheren Fassung der Vorgängervorschrift des § 34 BBauG nicht mehr genannt. Werden die vorgenannten Merkmale nicht erfüllt, ist das Vorhaben unzulässig. Daneben ist nach Ansicht des *BVerwG* für eine gegenüber § 34 I und II BauGB erleichterte Zulässigkeit des Vorhabens unter dem Gesichtspunkt des Bestandsschutzes kein Raum.[289]

2380 Für die planungsrechtliche Zulässigkeit eines Innenbereichsvorhabens muss dessen **Erschließung** gesichert sein.[290] Welche Anforderungen an die Erschließung eines **Innenbereichsgrundstücks** zu stellen sind, richtet sich nach den Einzelfallumständen. Wenn das geltende Bundesrecht in seinen Vorschriften über die Regelung der baulichen Nutzung die Sicherung der Erschließung als Voraussetzung für die Zulässigkeit baulicher Anlagen aufstellt, will es einmal gewährleisten, dass die Grundstücke für Kraftfahrzeuge, besonders auch solche der Polizei, der Feuerwehr, des Rettungswesens und der Ver- und Entsorgung, erreichbar sind, und zum anderen, dass der Gemeinde nicht als Folge der Genehmigung von Vorhaben unangemessene Erschließungsaufgaben aufgedrängt werden.[291] Es ist für die Frage der öffentlich-rechtlich erforderlichen Erschließung grundsätzlich unerheblich, ob ein Nachbar gegenüber dem anderen Nachbarn entsprechende privatrechtliche Ansprüche auf Zuwegung besitzt. Müsste eine für das geplante Bauvorhaben erforderliche private Zuwegung zunächst über andere Grundstücke führen und wäre sie gerade in diesem Bereich nicht hinreichend gesichert, würde die Ausführung des nicht ausreichend erschlossenen Vorhabens eine ungeordnete städtebauliche Entwicklung einleiten. Maßgebend ist vielmehr allein die bestehende öffentlich-rechtliche Rechtslage. Diese beurteilt sich im Einzelnen auch nach Landesrecht.[292] Die Erschließung eines Vorhabens ist durch eine vorhandene Straße gesichert, wenn diese den durch das Vorhaben ausgelösten Verkehr im Regelfall bewältigen kann. Die „Spitzenzeiten des Verkehrs" können deshalb nur dann vernachlässigt werden, wenn sie die Ausnahme bleiben, wenn also der zur Überlastung der Straße führende Verkehr nur gelegentlich oder zwar täglich, aber nur kurzfristig, stattfindet.[293] Dabei ist der durch die Nutzung einer baulichen Anlage bedingte Zu- und Abgangsverkehr dem Vorhaben auch dann zuzurechnen, wenn er auf der öffentlichen Verkehrsfläche im Bereich der baulichen Anlage stattfindet. Für die Beurteilung der Zumutbarkeit des vom Zu- und Abgangsverkehr ausgehenden Lärms ist aller-

---

[288] *BVerwG*, B. v. 11. 2. 2000 – 4 B 1.00 – Buchholz 406.11 § 34 BauGB Nr. 197 = BRS 63 Nr. 102 (2000).
[289] *BVerwG*, Urt. v. 27. 8. 1998 – 4 C 5.98 –. BauR 1999, 152 = DVBl. 1999, 254 – Kur- und Gemeindehaus.
[290] *BVerwG*, B. v. 3. 4. 1996 – 4 B 253.95 – NVwZ 1997, 389 – gesicherte Erschließung eines Einzelhandelsbetriebs, s. dort auch zur Streitwertfestsetzung bei einer Klage auf Erteilung einer Baugenehmigung für einen Einzelhandelsbetrieb: regelmäßig 100 Euro je qm Verkaufsfläche.
[291] *BVerwG*, B. v. 2. 9. 1999 – 4 B 47.99 – ZfBR 2000, 213 = Buchholz 406.11 § 34 BauGB Nr. 195.
[292] *BVerwG*, B. v. 8. 7. 1991 – 4 B 115.91 – *Hoppe/Stüer* RzB Rdn. 357 – gesicherte Erschließung.
[293] *BVerwG*, B. v. 3. 4. 1996 – 4 B 253.95 – NVwZ 1997, 389 – UPR 1996, 316 – Fachmarkt.

dings die Verkehrslärmschutzverordnung (16. BImSchV) weder unmittelbar noch mittelbar anwendbar.[294]

Eine Erschließung ist nicht gesichert, wenn die Gemeinde eigene Maßnahmen zu **2381** Recht ablehnt und der Bauwillige, der die Erschließung durchführen will, einen durchsetzbaren Rechtsanspruch nicht besitzt.[295] Ob eine Bundesstraße i. S. des § 9 I 1, VI 1 FStrG zur Erschließung der anliegenden Grundstücke bestimmt ist, ist vorrangig nach straßenrechtlichen Gesichtspunkten zu entscheiden. Im Einzelfall ist aus den tatsächlichen Gegebenheiten auf eine bestimmte Funktion der Straße zu schließen. Nicht allein ausreichend ist, dass ein Bebauungszusammenhang nach § 34 BauGB besteht.[296]

Nach § 34 I 2 HS 1 BauGB müssen die Anforderungen an gesunde **Wohn- und Ar-** **2382** **beitsverhältnisse** gewahrt bleiben. Ist ein Grundstück **Verkehrslärm** ausgesetzt, der die aufgrund der §§ 41 I, 43 I Nr. 1 BImSchG und § 2 I der Verkehrslärmschutzverordnung festgesetzten Grenzwerte überschreitet, folgt daraus nicht notwendigerweise, dass die Anforderungen an gesunde Wohnverhältnisse i. S. des § 34 I 2 HS 1 BauGB nicht gewahrt sind. Denn diese Bestimmung bezeichnet mit dem Erfordernis der Wahrung gesunder Wohnverhältnisse – als Bestimmung von Inhalt und Schranken des Eigentums i. S. von Art. 14 I 2 GG – nur eine äußerste Grenze der zulässigen Bebauung von Grundstücken im Innenbereich.[297] Für die Erheblichkeit von Lärmbelastungen einer neu hinzukommenden Nutzung ist die durch vorhandene Nutzungen vorgegebene Situation von Bedeutung.[298] Immissionsbedingt unzulässig ist eine Wohnnutzung vor allem dann, wenn Räume nach den Vorschriften des jeweiligen Landesrechts unbewohnbar sind.[299] In einem **dörflich geprägten Gebiet** bietet weder das in § 34 I BauGB enthaltene noch im Falle des § 34 II BauGB das in § 15 BauNVO enthaltene Rücksichtnahmegebot eine Grundlage dafür, dass sich ein **Landwirt** gegen eine heranrückende Wohnbebauung erfolgreich mit dem Argument zur Wehr setzt, durch eine Wohnnutzung in der Nachbarschaft werde ihm für die Zukunft die Möglichkeit abgeschnitten, seinen Betrieb zu erweitern oder umzustellen.[300] In einer Innenbereichslage, die durch ein Nebeneinander von landwirtschaftlichen Betrieben samt dazugehörigen Wohnungen bzw. Wohngebäuden gekennzeichnet ist, lässt § 34 I BauGB es nicht zu, dass sich die landwirtschaftlichen Betriebe gegen konkurrierende Wohnnutzung „abschotten". § 34 I BauGB bietet keine Handhabe, überkommene Strukturen unabänderlich festzuschreiben. Der Gedanke der strikten Wahrung eines Mindestmaßes an qualitativer und quantitativer Mischung, wie er etwa § 6 BauNVO zugrunde liegt,[301] ist § 34 I BauGB fremd.[302]

---

[294] *BVerwG*, Urt. v. 27. 8. 1998 – 4 C 5.98 – DVBl. 1999, 1288 = NVwZ 1999, 523; Buchholz 406.11 § 34 Nr. 190 = BauR 1999, 152 = ZfBR 1999, 49; UPR 1999, 68 für eine Kur- und Gemeindehaus.

[295] *BVerwG*, B. v. 11. 1. 1988 – 4 B 258.87 – Buchholz 406.11 § 34 BBauG Nr. 122 = *Hoppe/Stüer* RzB Rdn. 376 – gesicherte Erschließung.

[296] *BVerwG*, B. v. 5. 3. 1984 – 4 B 20.84 – NVwZ 1984, 647 = *Hoppe/Stüer* RzB Rdn. 374 – Pumazwinger; vgl. auch Urt. v. 4. 4. 1975 – IV C 55.74 – BVerwGE 48, 123 = NJW 1975, 2083 – Anbauverbot.

[297] *BVerwG*, Urt. v. 11. 5. 1994 – 8 B 50.91 – *Hoppe/Stüer* RzB Rdn. 371 – Zweckentfremdung.

[298] *BVerwG*, B. v. 12. 6. 1990 – 7 B 72.90 – DVBl. 1990, 1185 = ZfBR 1990, 305 = *Hoppe/Stüer* RzB Rdn. 380 – planersetzende Abwägung.

[299] *BVerwG*, Urt. v. 11. 5. 1994 – 8 B 50.91 – *Hoppe/Stüer* RzB Rdn. 371 – Zweckentfremdung.

[300] *OVG Münster*, B. v. 2. 2. 1999 – 10 B 2558/98 – (unveröffentlicht) – Lärmschutzwand. Zum Rechtsschutz in einer Außenbereichslage *OVG Greifswald*, Urt. v. 9. 2. 1999 – 3 M 133/98 – VwRR MO 1999, 302 – Milchviehanlage.

[301] *BVerwG*, Urt. v. 4. 5. 1988 – 4 C 34.86 – BVerwGE 79, 309 = DVBl. 1989, 848 = NJW 1988, 3199 = BauR 1988, 440 = DÖV 1988, 839 = *Hoppe/Stüer* RzB Rdn. 908 – Mischgebiet Hofgarten.

[302] *BVerwG*, Urt. v. 14. 1. 1993 – 4 C 19.90 – Buchholz 406.11 § 34 BauGB Nr. 155 = UPR 1993, 221 = DVBl. 1993, 652 = ZfBR 1993, 243 = NVwZ 1993, 1184 = *Hoppe/Stüer* RzB Rdn. 360 – künftige Betriebserweiterungen.

2383 Ist bei der Ungültigkeit eines Bebauungsplans die Zulässigkeit eines Vorhabens nach § 34 I BauGB zu beurteilen, darf die Genehmigungsbehörde auch nicht aufgrund einer **planersetzenden Abwägung** nach Maßgabe des § 50 BImSchG die Genehmigung versagen.[303]

2384 Ein Vorhaben, das sich in die Eigenart der näheren Umgebung einfügt, kann gleichwohl das **Ortsbild** beeinträchtigen.[304] § 34 I 2 BauGB wäre überflüssig, wenn er ausschließlich auf den sich aus der vorhandenen Bebauung ergebenden Maßstab abstellen würde. Sein Sinn besteht vielmehr darin, zusätzliche Beeinträchtigungen des Ortsbildes – und ebenso weitere Verstöße gegen die Anforderungen an gesunde Wohn- und Arbeitsverhältnisse – auch dann zu verhindern, wenn die Umgebung schon in vergleichbarer Weise im Widerspruch zu den Planungsgrundsätzen des § 1 V, VI BauGB geprägt ist. Eine andere Frage ist dagegen, ob das hinzukommende Vorhaben das Ortsbild überhaupt beeinträchtigt.

Beispiel: Das Ortsbild einer mittelalterlichen Stadt ist stärker schutzwürdig als ein durch Industriebauten geprägtes Ortsbild. Die Frage nach der Beeinträchtigung des Ortsbildes durch ein bestimmtes Vorhaben lässt sich dabei nur mit Blick auf die konkrete Situation der Umgebung beantworten.

2385 **Maßstab des Ortsbildes** ist der Ort, also das Erscheinungsbild zumindest eines größeren Bereichs der Gemeinde. Der maßstabbildende Bereich ist größer als die für das Einfügensgebot maßgebliche nähere Umgebung. Die Gestaltung des Bauwerks selbst ist im Unterschied zum Bauordnungsrecht nicht wichtig. Auch ein „schönes" Bauwerk kann das Ortsbild beeinträchtigen. Es sind nur solche Beeinträchtigungen beachtlich, die städtebauliche Qualität haben. Durch § 34 BauGB wird das Ortsbild nur in dem Umfang geschützt, wie dies im Geltungsbereich eines Bebauungsplans durch Festsetzungen nach § 9 I BauGB und den ergänzenden Vorschriften der BauNVO möglich wäre. Das Ortsbild muss, um schützenswert zu sein und die Bau(gestaltungs)freiheit des Eigentümers einschränken zu können, eine gewisse Wertigkeit für die Allgemeinheit haben. Dies ist nicht das Ortsbild, wie es überall anzutreffen sein könnte. Es muss einen besonderen Charakter, eine gewisse Eigenheit haben, die dem Ort oder dem Ortsteil eine aus dem Üblichen herausragende Prägung verleiht. Ob das Ortsbild in diesem Sinne beeinträchtigt ist, unterliegt in erster Linie der wertenden Beurteilung durch das Tatsachengericht.[305]

2386 Die **Darstellungen des Flächennutzungsplans** enthalten keine öffentlichen Belange, die einem sich einfügenden Innenbereichsvorhaben entgegenstehen.[306] Auch die **Ziele der Raumordnung**[307] gehören nicht zu öffentlichen Belangen, die einem sonst nach § 34 I BauGB zulässigen Bauvorhaben entgegenstehen können.[308] So scheitert ein Vorhaben, das nach § 34 I BauGB zulässig ist, nicht daran, dass es auf der Grundlage eines an die Ziele der Raumordnung angepassten Bebauungsplans nicht genehmigungsfähig wäre.[309] Denn die Eigenart der näheren Umgebung äußert sich in Merkmalen, die nur der tatsächlich vorhandenen Bebauung entnommen werden können. Grundstückseigenschaf-

---

[303] *BVerwG*, B. v. 12. 6. 1990 – 7 B 72.90 – DVBl. 1990, 1185 = ZfBR 1990, 305 – planersetzende Abwägung.
[304] *BVerwG*, B. v. 16. 7. 1990 – 4 B 106.90 – BauR 1990, 688 = ZfBR 1990, 306 – Beeinträchtigung des Ortsbildes.
[305] *BVerwG*, Urt. v. 11. 5. 2000 – 4 C 14.98 – DVBl. 2000, 1851 = NVwZ 2000, 1169 = BauR 2000, 1848.
[306] *BVerwG*, Urt. v. 3. 4. 1981 – 4 C 61.78 – BVerwGE 62, 152 = *Hoppe/Stüer* RzB Rdn. 372 – Einfügen § 34 I BBauG.
[307] Zur Raumordnung s. Rdn. 215.
[308] *BGH*, Urt. v. 30. 6. 1983 – III ZR 73/82 – BGHZ 88, 51 = DVBl. 1984, 332 = NJW 1984, 2703 – landesplanerische Untersagungsverfügung.
[309] *BVerwG*, Urt. v. 11. 2. 1993 – 4 C 15.92 – Buchholz 406.11 § 34 BauGB Nr. 156 = DVBl. 1993, 658 = NVwZ 1994, 285 = *Hoppe/Stüer* RzB Rdn. 1286 – interkommunale Nachbarklage.

ten, die in den optisch wahrnehmbaren Gegebenheiten keinen Niederschlag gefunden haben, bleiben außer Betracht.[310] Dies gilt auch für raumordnerische Standortfestlegungen in überörtlichen Planungen. § 34 III BauGB i. d. F. des EAG Bau hat hier allerdings insoweit eine Korrektur vorgenommen, als von Innenbereichsvorhaben keine schädlichen Auswirkungen auf zentralörtliche Versorgungsbereiche in den Gemeinden zu erwarten sein dürfen. Eine nach § 34 BauGB zulässige Bebauung kann ebenso wenig durch Vorschriften des **Landschaftsschutzes** entschädigungslos ausgeschlossen werden.[311] Denn die §§ 30 ff. BauGB hindern den Landesgesetzgeber, diesen Vorschriften weitere einschränkende bodenrechtliche Regelungen hinzuzufügen.[312]

Das Planungsrecht bildet nicht die einzige **Zulassungsschranke** für die Verwirklichung städtebaulich relevanter Vorhaben. Daneben können **andere Vorschriften** treten, die ebenfalls zu beachten sind und durchaus auch zu einem Ausschluss des nach dem Bauplanungsrecht zulässigen Vorhabens führen können. Zu diesen anderen rechtlichen Vorschriften gehören auch **naturschutzrechtliche Regelungen**. So kann etwa die Errichtung baulicher Anlagen im bebauten Innenbereich ein Eingriff in Natur und Landschaft im Sinne des § 18 I BNatSchG sein.[313] Der bundesrechtliche Begriff des Eingriffs in Natur und Landschaft steht grundsätzlich nicht zur Disposition des Landesgesetzgebers.[314] Vorhaben im nicht beplanten Innenbereich sind allerdings nach § 21 II 1 BNatSchG von der naturschutzrechtlichen Eingriffsregelung in den §§ 18, 19 BauGB freigestellt. Auch in bebauten Ortslagen gilt der **naturschutzrechtliche Artenschutz**. Er hindert aber nach Rechtsprechung des BVerwG nicht schlechthin die nach § 34 BauGB zulässige Bebauung. Der Bauherr muss jedoch sein Bauvorhaben so planen, dass Nist-, Brut-, Wohn- oder Zufluchtstätten der nach deutschem und europäischem Recht besonders geschützten Arten wild lebender Tiere nicht mehr als unvermeidbar beeinträchtigt werden. Das stellt vor allem Anforderungen an die Dimensionierung des Baukörpers, seine Lage auf dem Grundstück sowie die Art und Weise, wie auch die Zeit der Bauausführung.[315]

Durch das Verbot des § 42 I Nr. 1 BNatSchG[316] werden nicht allgemein die Lebensräume oder Lebensstätten wild lebender Tierarten der besonders geschützten Arten geschützt, sondern nur die ausdrücklich genannten **Nist-, Brut-, Wohn- oder Zufluchtstätten**. Insbesondere die Nahrungsreviere der Tiere fallen nicht unter das Beschädigungs- und Zerstörungsverbot der Vorschrift. Innerhalb eines im Zusammenhang bebauten Ortsteils kann dieser naturschutzrechtliche Artenschutz eine baurechtlich zulässige Bebauung einer Baulücke, die mit Bäumen und Sträuchern bewachsen ist, in denen heimische Vögel nisten und brüten, nicht schlechthin hindern. Allerdings dürfen durch die Bebauung Tiere oder Pflanzen der besonders geschützten Arten nicht absichtlich beeinträchtigt werden. Verboten sind gezielte Beeinträchtigungen von Tieren und Pflanzen, nicht dagegen Beeinträchtigungen, die sich als unausweichliche Konsequenz rechtmäßigen Handelns ergeben. Die Baugenehmigungsbehörde hat gegebenenfalls die erforderlichen Anordnungen zu treffen, damit die geschützten Lebensstätten durch das Bauvorhaben nicht mehr als unvermeidbar beeinträchtigt werden.

---

[310] *BVerwG*, Urt. v. 12. 12. 1990 – 4 C 40.87 – Buchholz 406.11 § 34 BauGB Nr. 138.
[311] Zu den Bindungen einer Landschaftsschutzverordnung für die Bauleitplanung und die planungsrechtliche Zulässigkeit von Vorhaben *OVG Münster*, Urt. v. 11. 1. 1999 – 7 A 2377/96 – NuR 1999, 704 = BauR 2000, 62 – Landschaftsplan.
[312] *BVerwG*, Urt. v. 24. 2. 1978 – IV C 12.76 – BVerwGE 55, 272 – Uferbauverbot.
[313] *BVerwG*, Urt. v. 31. 8. 2000 – 4 CN 6.99 – BVerwGE 112, 41 = DVBl. 2001, 377= NVwZ 2001, 560 = BauR 2001, 358 = NuR 2001, 374 mit Anm. *Uechtritz*.
[314] *BVerwG*, Urt. v. 31. 8. 2000 – 4 CN 6.99 – BVerwGE 112, 41 = DVBl. 2001, 377.
[315] *BVerwG*, Urt. v. 11. 1. 2001 – 4 C 6.00 – BVerwGE 112, 321 = DVBl. 2001, 646 – Polizeipräsidium Magdeburg.
[316] § 20f I Nr. 1 BNatSchG 1993.

2389 Die Bebauung einer **Baulücke** ist ein durch § 21 II BNatSchG[317] zugelassener Eingriff im Sinne von § 43 IV 1 BNatSchG.[318] Aus dem Beeinträchtigungsverbot auf das Unvermeidbare können sich Anforderungen an das Vorhaben, insbesondere an die Dimensionierung des Baukörpers, an seine Lage auf dem Baugrundstück sowie an die Art und Weise und die Zeit der Bauausführung ergeben. Die Baugenehmigungsbehörde hat, wenn die Bauabsichten des Bauherrn den artenschutzrechtlichen Anforderungen nicht entsprechen, die erforderlichen Anordnungen zu treffen, etwa im Hinblick auf die Verringerung der Bebauung oder auf die Erhaltung oder Neuanpflanzung von Bäumen und Sträuchern mit Nist- und Brutmöglichkeiten.[319]

III. Keine schädlichen Auswirkungen auf zentrale Versorgungsbereiche

2390 Vorhaben im nicht beplanten Innenbereich sind nur zulässig, wenn von ihnen keine schädlichen Auswirkungen auf zentrale Versorgungsbereiche in der Gemeinde oder in anderen Gemeinden zu erwarten sind (34 III BauGB). Durch diese durch das EAG Bau bewirkte Neuregelung soll sichergestellt werden, dass Vorhaben im nicht beplanten Innenbereich planungsrechtlich nur zulässig sind, wenn die Einzelhandelsstrukturen in der Gemeinde aber auch im interkommunalen Bereich nicht beeinträchtigt werden. Die Vorschrift hat durchaus Wirkungen. Ist die Umgebung unterschiedlich strukturiert, ist ein Innenbereichsvorhaben planungsrechtlich zulässig, wenn es sich in die Umgebung einfügt und die übrigen Zulässigkeitsvoraussetzungen des § 34 I BauGB vorliegen. Bei einem weiten Umgebungsrahmen wären daher nach § 34 I BauGB auch Nutzungen zulässig, die schädliche Auswirkungen auf zentrale Versorgungsbereiche haben könnten. Dasselbe gilt für Vorhaben, die auf eine einheitlich strukturierte Umgebung treffen und die daher im Hinblick auf die Art der baulichen Nutzung nach § 34 II BauGB nach den Maßstäben der BauNVO zu beurteilen sind. § 34 III BauGB beschneidet daher die planungsrechtliche Zulässigkeit von Vorhaben, die sich zwar in die nähere Umgebung einfügen, aber schädliche Auswirkungen auf zentrale Versorgungsbereiche haben.[320]

2391 Soweit ein Vorhaben schädliche Auswirkungen auf zentrale Versorgungsbereiche in der Gemeinde oder in anderen Gemeinden erwarten lässt, ist es bauplanungsrechtlich unzulässig. Zentrale Versorgungsbereiche können sich insbesondere aus entsprechenden Darstellungen und Festsetzungen in Bauleitplänen bzw. in Raumordnungsplänen ergeben, wenn sie an tatsächlich vorhandene Versorgungsstrukturen anknüpfen. Sie können sich aber auch aus sonstigen raumordnerischen oder städtebaulichen Konzeptionen (z. B. Zentrenkonzepten) ergeben, nicht zuletzt auch aus nachvollziehbar eindeutigen tatsächlichen Verhältnissen.[321] Inwieweit das neue Vorhaben „schädliche Auswirkungen" auf zentrale Versorgungsbereiche erwarten lässt, ist insbesondere unter dem Aspekt der verbrauchernahen Versorgung der Bevölkerung anhand der Maßstäbe des § 11 III BauNVO nachvollziehbar zu ermitteln und zu begründen. Dabei wird es entscheidend darauf ankommen, ob sich die durch das neue Vorhaben zu erwartende Kaufkraftabschöpfung in den zentralen Versorgungsbereichen in einem vertretbaren Rahmen bewegt.

IV. Innenbereichsgemengelagen

2392 Vom Erfordernis des Einfügens in die Eigenart der näheren Umgebung nach 34 I 1 BauGB kann im Einzelfall abgewichen werden, wenn die Abweichung (1) der Erweiterung, Änderung, Nutzungsänderung oder Erneuerung eines zulässigerweise errichteten

---

[317] § 8 a VI BNatSchG 1993.
[318] § 20 f III 1 BNatSchG 1993.
[319] *BVerwG*, Urt. v. 11. 1. 2001 – 4 C 6.00 – BVerwGE 112, 321 = DVBl. 2001, 646 = NVwZ 2001, 1040 = NuR 2001, 388 mit Anm. *Louis* = JA 2001, 754 mit Anm. *Aulehner* = JuS 2001, 1233 mit Anm. *Murswiek*.
[320] Zum Folgenden EAG Bau Mustererlass 2004.
[321] Begründung des Regierungsentwurfs, BT-Drs. 15/2250, S. 54.

Gewerbe- oder Handwerksbetriebs dient, (2) städtebaulich vertretbar ist und (3) auch unter Würdigung nachbarlicher Interessen mit den öffentlichen Belangen vereinbar ist (§ 34 IIIa BauGB). Die Vorschrift findet keine Anwendung auf Einzelhandelsbetriebe, die die verbrauchernahe Versorgung der Bevölkerung beeinträchtigen oder schädliche Auswirkungen auf zentrale Versorgungsbereiche in der Gemeinde oder in anderen Gemeinden haben können.

Die durch das EAG Bau eingeführte Vorschrift greift den durch das BauROG 1998 gestrichenen **§ 34 III BauGB 1986** wieder auf und erweitert die planungsrechtliche Zulässigkeit von bestimmten Vorhaben im nichtbeplanten Innenbereich, wenn bereits ein Gewerbe- oder Handwerksbetrieb vorhanden war.[322]

Die **Streichung** des **§ 34 III BauGB 1986** durch das **BauROG 1998** wurde damit begründet, dass die Befreiungsmöglichkeiten des § 31 II BauGB im Vergleich zu der vormals geltenden Rechtslage weiter gefasst worden sind. Zudem seien die nach § 34 III BauGB 1986 erreichbaren Effekte auch durch die Aufstellung eines vorhabenbezogenen Bebauungsplans nach § 12 BauGB und einen entsprechenden Durchführungsvertrag zu erzielen. Es sei auch sachgerecht, einer grundlegenden planerischen Lösung der städtebaulichen Konflikte den Vorzug gegenüber lediglich kurzfristig greifenden, systemfremden Befreiungsmöglichkeiten zu geben.[323]

Die **Neuregelung in § 34 IIIa BauGB** bezieht ihren Anwendungsbereich auf zulässigerweise errichtete Gewerbe- oder Handwerksbetriebe und wie bereits in der Vorgängerregelung auf städtebaulich vertretbare Vorhaben, die auch weiterhin unter Würdigung nachbarlicher Interessen mit den öffentlichen Belangen vereinbar sind. Wegen der hohen Hürden und damit einer nur geringen praktischen Bedeutung ist der Zulassungstatbestand des Erfordernisses durch Gründe des Wohls der Allgemeinheit gestrichen worden.

1. Gewerbe- oder Handwerksbetrieb

§ 34 IIIa BauGB bezieht sich auf Vorhaben, die sich nicht in die Eigenart der näheren Umgebung einfügen, etwa weil der Umgebungsrahmen überschritten wird und bodenrechtliche Spannungen begründet oder erhöht werden. Derartige Vorhaben, die typischerweise Teil einer **Gemengelage** sind, konnten nach Streichung des § 34 III BauGB 1986 nur durch einen Bebauungsplan zugelassen werden, der auf der Grundlage einer entsprechenden Abwägung der unterschiedlichen Nutzungsinteressen aufgestellt worden war. § 34 IIIa BauGB greift die frühere gesetzliche Regelung wieder auf und bezieht sie auf **Gewerbe- und Handwerksbetriebe**, die zulässigerweise errichtet worden sind. Die Zulassung eines Vorhabens nach § 34 IIIa BauGB setzte somit einen bereits **bestehenden Betrieb** voraus.[324] Die Erweiterung, Änderung, Nutzungsänderung oder Erneuerung muss einem solchen Betrieb dienen. Anderen Vorhaben wie etwa einer Erweiterung einer Wohnbebauung oder eines Alten- und Pflegeheims in der Nachbarschaft einer gewerblich-industriellen Nutzung kommt § 34a III BauGB nicht zu Gute. Durch das Merkmal des „Dienens" wird zugleich ein gewisser Rahmen der Erweiterung abgesteckt. Es darf sich nur um Vorhaben handeln, die an den vorhandenen Betrieb anknüpfen und in ihm sozusagen bereits angelegt sind.

2. Städtebauliche Vertretbarkeit

Nach § 34 IIIa BauGB können nach § 34 I und II BauGB unzulässige Erweiterungen von zulässigerweise errichteten baulichen und sonstigen Anlagen im Einzelfall zugelassen werden, wenn das Vorhaben **städtebaulich vertretbar** ist und wenn die Abweichung auch

---

[322] *Upmeier* Zulässigkeit von Vorhaben HdBöffBauR Kap. A Rdn. 531; *Dyong* FS Weyreuther 1993, 341.
[323] *Bundesregierung*, Gesetzentwurf zum BauROG, S. 57.
[324] BVerwG, B. v. 7. 5. 1991 – 4 B 52.91 – BauR 1991, 572 = UPR 1991, 312 = *Hoppe/Stüer* RzB Rdn. 389 – Betriebserweiterung Innenbereich.

unter Würdigung nachbarlicher Interessen mit den öffentlichen Belangen vereinbar und die Erschließung gesichert ist. Die Vorschrift dient damit der Standortsicherung von Gewerbe- oder Handwerksbetrieben in **Gemengelagen**. Städtebaulich vertretbar ist die Weiterentwicklung dann, wenn sie mit den in § 1 VI BauGB beispielhaft erwähnten Belangen und dem Abwägungsgebot in § 1 VII BauGB vereinbar ist.[325] Eine solche Vereinbarkeit kann gegeben sein, wenn die mit der Erweiterung des Betriebes verbundenen Spannungen zugleich gemindert oder wenigstens ausgeglichen werden. Das Tatbestandsmerkmal der städtebaulichen Vertretbarkeit ermöglicht, Vor- und Nachteile des Vorhabens in einer – dem Baugenehmigungsverfahren sonst fremden[326] – kompensatorischen Weise gegeneinander abzuwägen (**kompensatorische Abwägung**). Damit wird ein planerisches Element in die Entscheidung über ein einzelnes Vorhaben einbezogen. Die Zulassung eines Vorhabens nach § 34 III a BauGB setzt somit voraus, dass die Planungsleitsätze des § 1 VI BauGB und das Abwägungsgebot des § 1 VII BauGB beachtet werden. Was nicht in einem Bebauungsplan geplant werden kann, also **nicht planbar** ist, ist auch **nicht städtebaulich vertretbar**.

2398 Ob darüber hinaus in dem Begriff der städtebaulichen Vertretbarkeit ein **Verschlechterungsverbot** oder gar ein **Verbesserungsgebot** enthalten ist, lässt sich dagegen – so das *BVerwG* zu dem insoweit gleich lautenden § 34 III 1986 – nicht allgemein beantworten. Im Regelfall kommt es wohl darauf an, ob die bestehenden und die durch die Betriebserweiterung möglicherweise verstärkten bodenrechtlichen Spannungen durch städtebauliche Maßnahmen – bei Einhaltung der oben genannten absoluten Grenze – gemindert oder wenigstens ausgeglichen werden kann.[327]

3. Einzelhandelsbetriebe mit schädlichen Auswirkungen

2399 § 34 IIIa 2 BauGB nimmt von diesen Zulassungsmöglichkeiten Einzelhandelsbetriebe aus, welche die verbrauchernahe Versorgung der Bevölkerung beeinträchtigen oder schädliche Auswirkungen auf zentrale Versorgungsbereiche in der Gemeinde oder in anderen Gemeinden haben. Damit sind Erweiterungen von Einzelhandelsnutzungen unzulässig, wenn sie sich mit den städtebaulichen oder infrastrukturellen Belangen des § 11 III BauNVO nicht vereinbaren lassen. Was nach dieser Vorschrift in ein Sondergebiet oder Kerngebiet verwiesen ist, das bedarf weiterhin einer entsprechenden Bauleitplanung und kann nicht in städtebaulichen Gemengelagen über § 34 IIIa BauGB zugelassen werden. Der nach § 34 I und II BauGB gegebene Rahmen für die Zulässigkeit derartiger Vorhaben wird daher auf das Merkmal des „Sich Einfügens" begrenzt und nicht durch § 34 IIIa BauGB erweitert. In welchem Umfang eine Erweiterung, Änderung, Nutzungsänderung oder Erneuerung von Einzelhandelsnutzungen im nicht beplanten Innenbereich zulässig ist, bestimmt sich damit ausschließlich nach dem Einfügensgebot des § 34 I BauGB und – bei der Art der Nutzung einheitlichen Umgebung – nach § 34 II BauGB und damit nach den Artmaßstäben der BauNVO.

4. Ermessen

2400 § 34 IIIa BauGB stellte die Erteilung der Baugenehmigung unter den Vorbehalt einer Einzelfallprüfung und räumt der Baugenehmigungsbehörde bei der Entscheidung ein Ermessen ein. Grundsätzlich steht deshalb auch dann, wenn die tatbestandlichen Voraussetzungen dieser Vorschrift gegeben sind, nur ein Anspruch auf ermessensfehlerfreie Bescheidung. Der Ermessensspielraum ist aber umso kleiner, je mehr die städtebauliche Situation durch die beantragten baulichen Maßnahmen verbessert werden kann. Der Ermessensspielraum kann darüber hinaus sogar gegen Null tendieren, wenn das Vorhaben

---

[325] Zum Abwägungsgebot s. Rdn. 1195.
[326] *BVerwG*, Urt. v. 26. 5. 1978 – IV C 9.77 – BVerwGE 55, 369 = NJW 1978, 2564 = DVBl. 1978, 815 = *Hoppe/Stüer* RzB Rdn. 336 – Harmonieurteil.
[327] *BVerwG*, Urt. v. 15. 2. 1990 – 4 C 23.90 – BVerwGE 84, 322 = *Hoppe/Stüer* RzB Rdn. 388 – Unikat; s. Rdn. 2306.

nach den Grundsätzen über den auf Art. 14 I 1 GG zurückgehenden **Bestandsschutz**[328] an sich genehmigungsfähig ist.

5. Erweiterte Zulässigkeit für Wohnnutzung

Der durch das **BauROG 1998 aufgehobene** § 4 II BauGB-MaßnG erweiterte die planungsrechtliche Zulässigkeit von Vorhaben im nicht beplanten Innenbereich auch für **Wohnnutzungen** und stellte diese in dieser Hinsicht mit gewerblichen Nutzungen gleich. Nach § 34 I und II BauGB unzulässige Erweiterungen, Änderungen, Nutzungsänderungen und Erneuerungen von zulässigerweise errichteten baulichen und sonstigen Anlagen konnten danach im Einzelfall zugelassen werden, wenn das Vorhaben Wohnzwecken diente und **städtebaulich vertretbar** war und wenn die Abweichung auch unter Würdigung nachbarlicher Interessen mit den öffentlichen Belangen vereinbar und die Erschließung gesichert war. Es konnten daher entsprechende Erweiterungen oder Nutzungsänderungen im nichtbeplanten Innenbereich zugelassen werden, die sich zwar nicht in die Eigenart der näheren Umgebung einfügte, aber städtebaulich vertretbar i. S. von planbar waren. Allerdings mussten die nachbarlichen Interessen gewahrt werden. Wie bei der gewerblichen Nutzung waren auch hier **Kompensationen** i. S. einer Abbildung planerischer **Ausgleichsentscheidungen** möglich.[329] 2401

V. Nachbarschutz

§ 34 I BauGB vermittelt Drittschutz nur nach Maßgabe der Grundsätze des in dem Begriff des Einfügens aufgehenden **Rücksichtnahmegebots**,[330] hat im Übrigen aber keinen nachbarschützenden Charakter.[331] In welchem Umfang sich aus dem Gebot der nachbarlichen Rücksichtnahme daher Drittschutz ableitet, muss jeweils unter Berücksichtigung der Einzelfallumstände beurteilt werden. Je mehr der Nachbar dabei bereits selbst verwirklicht hat, desto mehr muss er auch in der Umgebung hinnehmen. Je zurückhaltender die Nutzung auf dem Nachbargrundstück ist, desto mehr an Rücksichtnahme kann der Nachbar auch in seiner Umgebung verlangen. Die Sicherung der Erschließung betrifft allein öffentliche Belange, ihre Verletzung begründet keine nachbarlichen Abwehrrechte.[332] Soweit durch die Verweisung in § 34 II BauGB auf § 15 BauNVO in Ausnahmefällen Drittschutz gewährt werden kann, reicht dieser nicht weiter als der Drittschutz, den § 34 I BauGB dadurch vermittelt, dass der Begriff des „Einfügens" das Rücksichtnahmegebot umfasst.[333] Insoweit ergeben sich gegenüber § 34 I BauGB keine Änderungen.[334] 2402

Der **baurechtliche Nachbarschutz** muss im nichtbeplanten Innenbereich allerdings nicht denselben Grundsätzen folgen wie im Geltungsbereich eines Bebauungsplans.[335] Ob dort ein Vorhaben zulässig ist, richtet sich nach den von der Gemeinde getroffenen konkreten planerischen Festsetzungen. Diese Anknüpfung versagt im nichtbeplanten In- 2403

---

[328] *BVerwG*, Urt. v. 17. 1. 1986 – 4 C 80.82 – BVerwGE 72, 362 = DVBl. 1986, 677 = BauR 1986, 302 = *Hoppe/Stüer* RzB Rdn. 1077 – Wohnhausumbau.
[329] *BVerwG*, B. v. 17. 9. 1991 – 4 B 161.91 – Buchholz 406.11 § 35 BauGB Nr. 275 – NVwZ 1992, 477 zu § 35 IV 1 Nr. 6 BauGB; B. v. 16. 3. 1993 – 4 B 253.92 – UPR 1993, 268 = DVBl. 1993, 884 = DÖV 1993, 916 = NVwZ 1994, 266 = *Hoppe/Stüer* RzB Rdn. 390 – Erweiterung und Erneuerung Wohngebäude.
[330] *BVerwG*, Urt. v. 25. 2. 1977 – IV C 22.75 – BVerwGE 52, 122 = NJW 1978, 62 = DVBl. 1977, 722 = *Hoppe/Stüer* RzB Rdn. 1151 – Außenbereich Rücksichtnahme; s. Rdn. 1486.
[331] *BVerwG*, Urt. v. 13. 3. 1981 – 4 C 1.78 – Buchholz 406.19 Nachbarschutz Nr. 44 = DVBl. 1981, 928.
[332] *BVerwG*, B. v. 21. 4. 1989 – 4 B 85.89 – *Hoppe/Stüer* RzB Rdn. 1271 – Nachbarschutz.
[333] *BVerwG*, Urt. v. 18. 10. 1985 – 4 C 19.82 – BauR 1986, 61 = DVBl. 1986, 187 = *Hoppe/Stüer* RzB Rdn. 396 – Nachbarschutz § 34 III BBauG.
[334] *BVerwG*, B. v. 20. 1. 1992 – 4 B 229.91 – *Hoppe/Stüer* RzB Rdn. 381 – Nachbarschutz.
[335] *BVerwG*, B. v. 19. 10. 1995 – 4 B 215.95 – Mitt NW StGB 1995, 398 = UPR 1996, 73.

nenbereich. § 34 I BauGB dient insoweit als Planersatz. Er enthält einen eigenständigen Zulässigkeitsmaßstab, der notwendigerweise weniger scharf ist, da er sich an der Umgebungsbebauung zu orientieren hat. Dies hat zur Folge, dass Vorhaben zulässig sein können, deren Verwirklichung auf der Grundlage der Festsetzungen eines Bebauungsplans ausgeschlossen werden könnte. Dem ist beim Nachbarschutz entsprechend Rechnung zu tragen. Angesichts der unterschiedlichen Ausgangssituation besteht für den Nachbarn im Falle des § 34 BauGB kein Schutzdefizit gegenüber beplanten Bereichen. Der Schutz des Nachbarn unterliegt übrigens auch im Geltungsbereich eines Bebauungsplans Einschränkungen. Denn Festsetzungen über das Maß der baulichen Nutzung oder die überbaubare Grundstücksfläche haben nicht schlechthin nachbarschützende Wirkung. § 30 BauGB begründet aus sich heraus keine subjektiv-öffentlichen Rechte zu Gunsten des Nachbarn. Ob Festsetzungen auf der Grundlage der §§ 16 ff. BauNVO und des § 23 BauNVO auch darauf gerichtet sind, dem Schutz des Nachbarn zu dienen, hängt vom Willen der Gemeinde als Planungsträger ab.[336] Auch die **Nachbargemeinden** können gegenüber Innenbereichsvorhaben erfolgreich Nachbarschutz suchen, wenn ihre in § 34 BauGB gesicherten Belange verletzt sind. So dürfen von Innenbereichsvorhaben keine schädlichen Auswirkungen auf zentrale Versorgungsbereiche in den Gemeinden und den Nachbargemeinden ausgehen. Auch die **Standortgemeinde** kann sich mit diesem Argument gegen ein Innenbereichsvorhaben und etwa die Ersetzung des gemeindlichen Einvernehmens wehren.

VI. Innenbereichssatzungen

2404 Die Abgrenzung des Innenbereichs vom Außenbereich führt in der Praxis nicht selten zu erheblichen Schwierigkeiten. Der Gemeinde wird daher in § 34 IV BauGB ein Instrument bereitgestellt, den Innenbereich vom Außenbereich i. S. einer Klarstellung abzugrenzen, aber auch darüber hinaus einzelne Außenbereichsflächen in den Innenbereich einzubeziehen.[337] Nach § 34 IV BauGB kann die Gemeinde verschiedene **Innenbereichssatzungen** erlassen.[338] Es handelt sich um die Klarstellungssatzung (§ 34 IV 1 Nr. 1 BauGB), die Entwicklungssatzung (§ 34 IV 1 Nr. 2 BauGB) und die Ergänzungssatzung (§ 34 IV 1 Nr. 3 BauGB). Die Ergänzungssatzung ist durch das BauROG 1998 aus der vormaligen Abrundungssatzung des § 34 IV 1 Nr. 3 BauGB 1986 und der erweiterten Abrundungssatzung des § 4 Ia BauGB-MaßnG gebildet worden.

2405 Die Gemeinde kann durch **Innenbereichssatzung**[339]
– die Grenzen für im Zusammenhang bebaute Ortsteile festlegen (§ 34 IV 1 Nr. 1 BauGB) (Klarstellungssatzung),
– bebaute Bereiche im Außenbereich als im Zusammenhang bebaute Ortsteile festlegen, wenn die Flächen im Flächennutzungsplan als Bauflächen dargestellt sind (§ 34 IV 1 Nr. 2 BauGB) (Entwicklungssatzung),
– einzelne Außenbereichsflächen in die im Zusammenhang bebauten Ortsteile einbeziehen (§ 34 IV 1 Nr. 3 BauGB) (Ergänzungssatzung).

1. Klarstellungssatzung (§ 34 IV 1 Nr. 1 BauGB)

2406 Durch die Klarstellungssatzung kann die Gemeinde die Grenzen für die im Zusammenhang bebauten Ortsteile oder Teile davon festlegen. Die Satzung hat allerdings nur **dekla-**

---

[336] *BVerwG*, Urt. v. 18. 10. 1985 – 4 C 19.82 – Buchholz 406.19 Nachbarschutz Nr. 66; B. v. 23. 6. 1995 – 4 B 52.95 – DVBl. 1995, 1025 = BauR 1995, 823 – Maßfestsetzungen.
[337] S. auch Rdn. 2109.
[338] *Krautzberger* in: Battis/Krautzberger/Löhr § 34 Rdn. 1 ff.; *Brügelmann* § 34 Rdn. 1 ff.; *Cholewa/David/Dyong/von der Heide* § 34 Rdn. 1 ff.; *Dyong* in: Ernst/Zinkahn/Bielenberg/Krautzberger § 34 BauGB Rdn. 1 ff.; *Gaentzsch* § 34 Rdn. 1 ff.; *Schlichter/Stich* BK § 34 Rdn. 1 ff.; *Schröder* § 34 Rdn. 1 ff.; *Schütz/Frohberg* § 34 Rdn. 1 ff.
[339] *Upmeier* Zulässigkeit von Vorhaben HdBöffBauR Kap. A Rdn. 539; s. Rdn. 2109.

ratorische Bedeutung. Für jedes Grundstück, das in die Klarstellungssatzung einbezogen wird, muss die Innenbereichsqualität bestehen. Die Gemeinde kann über die Klarstellungssatzung den Innenbereich weder erweitern noch Innenbereichsgrundstücke von der Anwendung des § 34 BauGB ausschließen. Auch hat die Gemeinde bei der Festlegung der Klarstellungssatzung keinen planerischen Gestaltungsraum in dem Sinne, dass sie eigenverantwortlich oder letztverbindlich die Grenzen des Innenbereichs bestimmen könnte. Die Klarstellungssatzung hat sich vielmehr auf der Grundlage einer reinen Rechtsprüfung zu verstehen. Die Beurteilung hat keine konstitutive Wirkung. Aus dieser Begrenzung folgt, dass die Klarstellungssatzung zwar für die Praxis eine **Indizwirkung** hinsichtlich der Abgrenzung des Innenbereichs haben kann, darüber aber nicht hinausgeht.

2. Entwicklungssatzung (§ 34 IV 1 Nr. 2 BauGB)

Die Gemeinde kann durch Satzung bebaute Bereiche im Außenbereich als im Zusammenhang bebaute Ortsteile festlegen, wenn die Flächen im **Flächennutzungsplan** als Bauflächen dargestellt sind (§ 34 IV 1 Nr. 2 BauGB). Damit wird die Gemeinde in die Lage versetzt, Außenbereichsgrundstücke konstitutiv zum Innenbereich zu erklären. Die Flächen müssen allerdings im Flächennutzungsplan als Bauflächen dargestellt sein. Die Ausweisung im Flächennutzungsplan kann etwa als Wohnbauflächen oder als gemischte Bauflächen, aber auch als Baugebiete erlassen werden. Ohne eine entsprechende Darstellung im Flächennutzungsplan kann die Ausweisung in der Entwicklungssatzung nicht erfolgen.[340] Auch müssen die Bereiche bereits bebaut sein. Unbebaute Bereiche im Außenbereich können nach dieser Vorschrift nicht zum Innenbereich erklärt werden.

3. Ergänzungssatzung (§ 34 IV 1 Nr. 3 BauGB)

Aus den früheren Formen der Ergänzungssatzung des § 34 IV 1 Nr. 3 BauGB a. F. und der erweiterten Abrundungssatzung in § 4 Ia BauGB-MaßnG hat das BauROG 1998 eine Ergänzungssatzung gebildet. Danach kann die Gemeinde einzelne Außenbereichsflächen in die im Zusammenhang bebauten Ortsteile einbeziehen, wenn die einbezogenen Flächen durch die bauliche Nutzung des angrenzenden Bereichs entsprechend geprägt sind. Die Satzungen können miteinander verbunden werden. Zudem muss die Ergänzungssatzung mit einer geordneten städtebaulichen Entwicklung vereinbar sein. In ihr können einzelne Festsetzungen nach § 9 I, II und IV BauGB getroffen werden. Auf die Ergänzungssatzung sind ergänzend die §§ 1a, 9 Ia und VIII BauGB entsprechend anzuwenden.

Mit der Ergänzungssatzung können einzelne Außenbereichsgrundstücke in die im Zusammenhang bebauten Ortsteile eigenständig einbezogen werden. Die vormals in § 4 Ia BauGB-MaßnG enthaltene Einschränkung, dass die Festsetzungen ausschließlich zu Wohnzwecken erfolgen muss, ist durch die Neufassung des § 35 IV 1 Nr. 3 BauGB entfallen. Eine Integration von einzelnen Außenbereichsgrundstücken in den im Zusammenhang bebauten Ortsteil ist daher schon dann möglich, wenn die einbezogenen Grundstücksflächen durch die bauliche Nutzung des angrenzenden Bereichs entsprechend geprägt sind. Hierdurch sollen angrenzende Außenbereichsflächen städtebaulich sinnvoll und maßvoll in Ortsteile nach § 34 BauGB einbezogen werden können. Dies kann auch durch eine selbstständige Satzung in dem Sinne geschehen, dass diese nicht zugleich als Klarstellungs- und Entwicklungssatzung auch zum Innenbereich gehörige Flächen erfassen muss. Die Satzungstypen können nach § 34 IV 2 BauGB miteinander kombiniert werden, so dass eine Ergänzungssatzung mit einer Klarstellungs- oder Entwicklungssatzung verbunden werden kann.

Eine solche „**selbstständige Abrundungssatzung**" sah die vor dem BauROG 1998 geltende Fassung des § 34 IV BauGB, § 4 Ia BauGB-MaßnG nicht vor. Eine Erweiterung des Innenbereichs über seinen gesetzlich festgelegten Rahmen hinaus ist auch nach der

---

[340] Anders § 34 IIa 2 BBauG, wonach eine Entwicklungssatzung ausnahmsweise auch ohne vorherige Aufstellung eines verbindlichen Flächennutzungsplans erlassen werden konnte.

Neufassung des § 34 IV 1 Nr. 3 BauGB nur in bestimmten Grenzen möglich. § 34 IV 1 Nr. 3 BauGB ermächtigt nicht, den Innenbereich in größerem Umfang in den Außenbereich hinein zu erweitern. Es muss sich vielmehr um einzelne Außenbereichsflächen handeln. Der Anwendungsbereich der Regelungen über die Ergänzungssatzung erstreckt sich daher vor allem auf auch größere Baulücken im Innenbereich oder einzelne Grundstücke des Außenbereichs, die in den Innenbereich einbezogen werden sollen. Die Einbeziehung einzelner Außenbereichsflächen stellt nach der Rechtsprechung des *BVerwG* zur Abrundungssatzung in § 34 IV 1 Nr. 3 BauGB a. F. nur dann eine Abrundung des Innenbereichs dar, wenn dadurch die Grenzlinie zwischen Innenbereich und Außenbereich begradigt oder in anderer Weise vereinfacht wird.[341] Unter dem Begriff der „Abrundung" i. S. von § 34 IV 1 Nr. 3 BauGB a. F. waren nur solche Fälle zu verstehen, in denen eine räumliche Grenzziehung vereinfacht und damit die Länge der Grenzlinie in der Regel verkürzt oder die Grenze in anderer Weise „begradigt" wird. Die räumliche Reichweite einer derartigen Satzung war deshalb von vornherein begrenzt und von tatsächlichen Verhältnissen abhängig. Die Gemeinde konnte eine Abgrenzungssatzung nach § 34 IV 1 Nr. 2 BauGB nicht zum Anlass nehmen, um Außenbereichsflächen, die das Merkmal der „Abrundung" sprengen, gewissermaßen zu erleichterten Bedingungen dem Innenbereich zuzuschlagen. Ein durch eine Abrundungssatzung geschaffener „treppenartiger" Grenzverlauf, der nicht durch topografische oder sonstige Besonderheiten gerechtfertigt ist, stellte nach der Rechtsprechung des *BVerwG* regelmäßig keine „Abrundung" i. S. von § 34 IV 1 Nr. 3 BauGB a. F. dar.[342] Die gemeindlichen Planungsbefugnisse zur Abrundung enden dabei an den Gemeindegrenzen. Soweit die Möglichkeiten der Innenbereichssatzungen überschritten sind, kommt ggf. die förmliche Bauleitplanung in Betracht. Denn auch in ländlich strukturierten Gebieten ist die Gemeinde grundsätzlich nicht gehindert, ihre Ortslage im Rahmen der Vorgaben der Raumordnung durch Bebauungspläne, die z. B. im Anschluss an eine vorhandene Bebauung ein weiteres Wohngebiet festsetzen, zu erweitern und abzurunden, wenn die Ziele der Raumordnung beachtet sind.[343] Der Begriff der Abrundung ist zwar in der durch das BauROG 1998 geänderten Fassung des § 34 IV 1 Nr. 3 BauGB nicht mehr enthalten. Die Begrenzung der Satzungsmöglichkeiten liegt aber darin, dass es sich nur um einzelne Außenbereichsflächen handeln darf, so dass umfangreichere Flächen nicht einbezogen werden können. In kritischen Fällen wird wohl nach wie vor nur eine förmliche Bauleitplanung weiterhelfen.

2411 Werden **Grundstücksflächen** in die **Innenbereichssatzung** einbezogen, obwohl die allgemeinen Anforderungen an gesunde Wohn- und Arbeitsverhältnisse nicht gewahrt sind, und sind die Grundstücke daher für eine Wohnbebauung ungeeignet, so können sich daraus Amtshaftungsansprüche[344] für nachteilig betroffene Grundstücksnachbarn ergeben.[345] Nur Flächen im Anschluss an Innenbereichsgrundstücke nach § 34 IV 1 Nr. 1 und 2 BauGB können daher in eine Ergänzungssatzung nach § 34 IV 1 Nr. 3 BauGB einbezogen

---

[341] *BVerwG*, Urt. v. 18. 5. 1990 – 4 C 37.87 – DVBl. 1990, 1112 = BauR 1990, 451 = ZfBR 1990, 248 = NuR 1991, 14 = NVwZ 1991, 61 = *Hoppe/Stüer* RzB Rdn. 393 – Abrundungssatzung.

[342] *BVerwG*, Urt. v. 18. 5. 1990 – 4 C 37.87 – DVBl. 1990, 1112 = *Hoppe/Stüer* RzB Rdn. 393 – Abrundungssatzung.

[343] *BVerwG*, B. v. 2. 2. 1988 – 4 NB 2.88 – *Hoppe/Stüer* RzB Rdn. 392 – Abrundung Ortslage.

[344] Zu Amtshaftungsansprüchen gegenüber der Baugenehmigungsbehörde wegen fehlerhafter Entscheidungen einer Bauvoranfrage *BGH*, Urt. v. 26. 3. 1997 – III ZR 114/96 – BGHR § 839 I 1 BGB Kausalität 12. Es muss nachgewiesen werden, dass das Bauvorhaben ohne Änderung des Bauantrags hätte genehmigt werden müssen. Es ist jedoch nicht Aufgabe der Baugenehmigungsbehörde, ein nicht genehmigungsfähiges Bauvorhaben so weitgehend umzuplanen, dass daraus ein anderes, genehmigungsfähiges Vorhaben entsteht.

[345] *BGH*, Urt. v. 29. 1. 1989 – III ZR 194/87 – BGHZ 106, 323; Urt. v. 21. 12. 1989 – III ZR 111/88 – BGHZ 109, 380; Urt. v. 21. 12. 1989 – III ZR 49/88 – BGHZ 110, 1; Urt. v. 15. 12. 1991 – III ZR 167/90 – BGHZ 116, 215 = NJW 1992, 431 = UPR 1992, 108 = NVwZ 1992, 298 = DVBl. 1992, 558 = DÖV 1992, 361 = BauR 1992, 201 = *Hoppe/Stüer* RzB Rdn. 391 – Abrundungssatzung.

werden. Der Außenbereich kann demgegenüber ohne Anbindung an einen vorhandenen oder zu entwickelnden Innenbereich nicht zum Innenbereich erklärt werden.[346]

Die vormals für die Gemeinde nach § 4 Ia BauGB-MaßnG bestehende Möglichkeit, Außenbereichsflächen in die Gebiete der Klarstellungs- oder Entwicklungssatzung einzubeziehen, wenn (1) die einbezogenen Flächen durch eine überwiegende Wohnnutzung des angrenzenden Bereichs geprägt sind, (2) die Einbeziehung ausschließlich zu Gunsten Wohnzwecken dienender Vorhaben erfolgt und (3) für die einbezogenen Flächen nach BauGB festgelegt wird, dass ausschließlich Wohngebäude zulässig sind, ist durch das BauROG 1998 aufgehoben worden. 2412

4. Weitere Voraussetzungen der Innenbereichssatzungen

Die Baurecht begründenden Innenbereichssatzungen (§ 34 IV 1 Nr. 2 und 3 BauGB) müssen mit einer geordneten städtebaulichen Entwicklung vereinbar sein. Die Zulässigkeit von Vorhaben, die einer UVG oder Vorprüfung mit nachteiligen Auswirkungen unterliegen (Anlage 1 zum UVPG), darf nicht begründet werden. Anhaltspunkte für eine Beeinträchtigung von Belangen in Vogelschutz- oder Habitatgebieten von gemeinschaftlicher Bedeutung dürfen nicht vorhanden sein (§ 34 V BauGB). 2413

Die Innenbereichssatzungen nach § 34 IV BauGB können miteinander verbunden werden und müssen die landesrechtlichen Erfordernisse an die Aufstellung der Satzungen erfüllen. Die Innenbereichssatzungen sind von einer Genehmigung freigestellt. Die Länder haben allerdings nach § 246 Ia BauGB die Möglichkeit, für die Satzungen das Anzeigeverfahren einzuführen. Der Beschluss über die Innenbereichssatzung ist ortsüblich bekannt zu machen (§§ 34 VI 2, 10 III BauGB). 2414

Auch unterliegen die Innenbereichssatzungen **nicht** den Bestimmungen über die **Umweltprüfung**, wobei jedoch ihr Anwendungsbereich demgemäß entsprechend der Ausnahmeregelung der UP-Richtlinie so eingegrenzt wird, dass durch die Satzungen nicht die Zulässigkeit UVP-pflichtiger Vorhaben begründet und keine Schutzgüter im Sinne der FFH-Richtlinie beeinträchtigt werden dürfen. Die Innenbereichssatzungen sind damit auch unter Geltung des neuen EG-Rechts von der Umweltprüfung freigestellt, wenn sie keine UP-pflichtigen und vorprüfungspflichtigen Projekte mit erheblichen nachteiligen Umweltauswirkungen der Anlage 1 zum UVPG betreffen. Das ist europarechtlich zulässig, weil Art. 3 III Plan-UP-Richtlinie ausdrücklich die Umweltprüfung für die Nutzung kleiner Gebiete auf lokaler Ebene in die Entscheidungskompetenz der Mitgliedstaaten stellt. 2415

Zudem sind für die **Entwicklungs- und Ergänzungssatzung** weitere Voraussetzungen einzuhalten: Die Satzungen müssen mit einer geordneten **städtebaulichen Entwicklung** vereinbar sein (§ 34 V 1 Nr. 1 BauGB). Die Innenbereichssatzungen dürfen nicht die Zulässigkeit von Vorhaben begründen, die UVP-pflichtig oder vorprüfungspflichtig mit erheblichen nachteiligen Umweltauswirkungen nach der Anlage 1 zum UVPG sind. Auch dürfen keine Belange von Gebieten mit gemeinschaftlicher Bedeutung nach den §§ 32 bis 37 BNatSchG beeinträchtigt werden. In ihnen können **einzelne Festsetzungen** nach § 9 I, III 1 sowie IV BauGB getroffen werden. Auch können mit der Satzung **landesrechtliche Festsetzungen** verbunden werden (§ 9 VI BauGB). 2416

Für die Satzungen ist eine **Öffentlichkeits- und Behördenbeteiligung** nach den §§ 13 II Nr. 2 und 3 BauGB oder wahlweise eine Beteiligung nach den §§ 3, 4, 4a BauGB durchzuführen. Die Beteiligung kann daher auf die betroffene Öffentlichkeit beschränkt werden. Die Gemeinde kann danach wählen, welches Verfahren sie durchführt. Dieses Wahlrecht besteht bei jedem Verfahrensschritt. Die Entscheidung wird bei der Öffentlichkeitsbeteiligung vor allem davon abhängen, inwieweit die möglichen Betroffenen bekannt sind und dadurch eine Beschleunigung oder Erleichterung erzielt werden kann. Denn es müssen in dem vereinfachten Verfahren nach § 13 BauGB nicht nur die betroffe- 2417

---

[346] *BVerwG,* Urt. v. 18. 5. 1990 – 4 C 37.78 – DVBl. 1990, 1112 = BauR 1990, 451 = ZfBR 1990, 248 = NuR 1991, 14 = NVwZ 1991, 61 – *Hoppe/Stüer* RzB Rdn. 393 – Abrundungssatzung.

nen Eigentümer, sondern auch sonstige betroffene Öffentlichkeit beteiligt werden. Dazu können etwa auch Mieter oder sonstige lediglich schuldrechtlich Berechtigte im Plangebiet oder in angrenzenden Bereichen gehören. Der Widerspruch der Beteiligten hat allerdings im Gegensatz zur früheren Rechtslage bis zum In-Kraft-Treten des BauROG 1998 keine besondere verfahrensrechtliche Bedeutung mehr. Insbesondere wird durch den Widerspruch von Trägern öffentlicher Belange oder von beteiligten Bürgern im Gegensatz zur früheren Rechtslage keine Genehmigungsnotwendigkeit ausgelöst.

2418 Für die **Klarstellungssatzung** richtet sich das Erfordernis der Beteiligung nach Landesrecht. Es dürfte sich aber empfehlen, auch für die Klarstellungssatzung eine Öffentlichkeits- und Behördenbeteiligung nach diesen Maßstäben durchzuführen. Hierdurch könnten etwa bestehende unterschiedliche Auffassungen über die Anwendungsvorausset-

Anwendungsvoraussetzungen
- Vorhaben (§ 29 BauGB)
- kein qualifizierter Bebauungsplan (§ 30 I BauGB),
- kein vorhabenbezogener Bebauungsplan (§ 30 II BauGB)
- kein nicht beplanter Innenbereich (§ 34 BauGB)
- keine privilegierte Fachplanung (§ 38 BauGB)

privilegierte Vorhaben
- Landwirtschaft (§ 35 I Nr. 1 BauGB)
- Gartenbau (§ 35 I Nr. 2 BauGB)
- EVU und ortsgebundene Betriebe (§ 35 I Nr. 3 BauGB)
- Anforderungen Zweckbestimmung (§ 35 I Nr. 4 BauGB)
- Wind- und Wasserenergie (§ 35 I Nr. 5 BauGB)
- energetische Nutzung von Biomasse (§ 35 I Nr. 6 BauGB)
- Atomenergie (§ 235 I Nr. 7 BauGB)

Abwägungsabschichtungsklausel (§ 35 III 2 BauGB)
Darstellungsprivileg (§ 35 III 3 BauGB)

Außenbereich § 35 BauGB

Grundsatz des flächensparenden, außenbereichsschonenden Bauens § 35 V 1 BauGB

nicht privilegierte Vorhaben
- regelmäßig unzulässig
- Beeinträchtigung öffentlicher Belange (§ 35 II, III 1 BauGB)

teilprivilegierte Vorhaben
- landwirtschaftliche Folgenutzung (§ 35 IV Nr. 1 BauGB)
- Neuerrichtung Wohngebäude (§ 35 IV Nr. 2 BauGB)
- durch außergewöhnliche Ereignisse zerstörtes Gebäude (§ 35 IV Nr. 3 BauGB)
- erhaltenswertes Gebäude (§ 35 IV Nr. 4 BauGB)
- Erweiterung Wohngebäude (§ 35 IV Nr. 5 BauGB)
- Erweiterung Gewerbebetrieb (§ 35 IV Nr. 6 BauGB)

Außenbereichssatzung
- bebaute Bereiche im Außenbereich
- nicht überwiegend landwirtschaftlich
- Wohnbebauung von einigem Gewicht
- auch kleinere Handwerks- und Gewerbebetriebe
- geordnete städtebauliche Entwicklung

zungen und die Reichweite einer Klarstellungssatzung bereits in das Aufstellungsverfahren einbezogen werden.

Für die **Ergänzungssatzung** bedarf es zusätzlich einer Befassung mit der Bodenschutzklausel den naturschutzrechtlichen Kompensationsregelungen in § 1a II und III BauGB. Hierzu können Festsetzungen nach § 9 Ia BauGB in die Satzung aufgenommen werden. Zudem muss der Ergänzungssatzung eine Begründung beigefügt werden, die entsprechende Aussagen über die Zusammenstellung und Bewertung der Umweltbelange im Umweltbericht enthält (§ 2a 2 Nr. 1 BauGB). § 34 V 4 BauGB stellt damit sicher, dass die Eingriffsregelung einen Bestandteil der Abwägung darstellt und setzt die Gemeinde in die Lage, von den Zuordnungsfestsetzungen des § 9 I Nr. 1a, VIII BauGB Gebrauch zu machen. Damit zieht die Ergänzungssatzung hinsichtlich der Berücksichtigungsfähigkeit umweltschützender Belange mit dem Bebauungsplan gleich. Ein Ausgleich ist allerdings nur nach Maßgabe der Abwägung im Rahmen der satzungsrechtlichen Regelungen erforderlich. Insoweit stehen die naturschutzrechtlichen Belange unter einem Abwägungsvorbehalt.

2419

Da die für **Naturschutz** und **Landschaftspflege** zuständigen Behörden bereits als Träger öffentlicher Belange beteiligt worden sind, bedarf es bei der Ergänzungssatzung nach § 34 IV 1 Nr. 3 BauGB keiner zusätzlichen Beteiligung der Naturschutz- und Landschaftspflegebehörden im Rahmen des Einzelgenehmigungsverfahrens (§ 21 III 3 BNatSchG). Bei den übrigen Entscheidungen über Einzelvorhaben ist die Beteiligung der für Naturschutz und Landschaftspflege zuständigen Behörden erforderlich. Äußern sich die Behörden nicht innerhalb eines Monats, kann die für die Entscheidung zuständige Behörde davon ausgehen, dass Belange des Naturschutzes und der Landschaftspflege nicht berührt werden (§ 21 III 2 BNatSchG). Die Naturschutz- und Landschaftspflegebehörden haben damit lediglich ein Anhörungsrecht, jedoch kein förmliches Vetorecht, wie es etwa den Gemeinden bei der Einvernehmenserteilung nach § 36 BauGB zusteht.

2420

Die **Bekanntmachung** der Innenbereichssatzung erfolgt unter Anwendung des § 10 III BauGB, auf den § 34 VI BauGB verweist. Danach ist der Satzungsbeschluss durch die Gemeinde ortsüblich bekannt zu machen. Die Bekanntmachung tritt an die Stelle der sonst für Satzung vorgeschriebenen Veröffentlichung.

2421

4. Teil. Bauen im Außenbereich (§ 35 BauGB)*

Im Außenbereich[347] wird zwischen den privilegierten Vorhaben (§ 35 I BauGB), die unter gewissen Voraussetzungen und Vorbehalten vor allem hinsichtlich ihres Standortes regelmäßig zulässig sind, den nicht privilegierten Vorhaben (§ 35 II BauGB), die regelmäßig unzulässig sind (§ 35 III BauGB), und den teilprivilegierten Vorhaben (§ 35 IV BauGB), bei denen bestimmte Belange überwunden werden können, unterschieden.[348]

2422

---

* Bearbeitet von Rechtsanwältin Dr. Eva-Maria *Ehebrecht-Stüer*.
[347] Zum Außenbereich *Bielenberg* BBauBl. 1977, 473; *ders.* ZfBR 1989, 49; *Degenhart* DVBl. 1993, 177; *Dolde* NVwZ 1984, 158; *Hoppe* NJW 1978, 1229; *ders.* DVBl. 1982, 913; *ders.* DVBl. 1990, 1009; *ders.* FS Gelzer 1991, 43; *ders.* FS Weyreuther 1993, 89; *ders.* DVBl. 1993, 1109; *Jäde* UPR 1991, 401; *Knöpfle* Das Einvernehmen der Gemeinden nach § 36 BBauG und raumordnungsrechtliche Vorgaben 1984; *Knuth* NuR 1984, 289; *ders.* NuR 1985, 8; *König* BayVBl. 1990, 650; *Passlick* Die Ziele der Raumordnung und Landesplanung 1986; *Remmert* DVBl. 1995, 221; *Roesch* ZfBR 1989, 187; *Scheder* NJW 1981, 2104; *Schink* BauR 1988, 169; *Schlez* JZ 1974, 699; *Schlichter* Bauen im Planbereich, im unbeplanten Innenbereich und im Außenbereich 1978; *ders.* AgrarR 1985, 245; *Schneider* DÖV 1988, 858; *Söfker* ZfBR 1989, 91; *Stollmann* NVwZ 1994, 43; *Trendel* BauR 1982, 201; *Weyreuther* Bauen im Außenbereich 1979; *Ziegert* BauR 1974, 15, 138; *Ziegler* DVBl. 1990, 629.
[348] *Krautzberger* in: Battis/Krautzberger/Löhr § 35 Rdn. 1ff.; *Brügelmann* § 35 Rdn. 1ff.; *Cholewa/David/Dyong/von der Heide* § 35 Rdn. 1ff.; *Dyong* in: Ernst/Zinkahn/Bielenberg/Krautzberger § 35 BauGB Rdn. 1ff.; *Gaentzsch* § 35 Rdn. 1ff.; *Schlichter/Stich* BK § 35 Rdn. 1ff.; *Schrödter* § 35 Rdn. 1ff.; *Schütz/Frohberg* § 35 Rdn. 1ff.; *Upmeier* Zulässigkeit von Vorhaben HdBöffBauR Kap. A Rdn. 550.

Für die Anwendung des § 35 BauGB muss das Vorhaben im **Außenbereich** liegen. Ein rechtsverbindlicher qualifizierter Bebauungsplan oder ein vorhabenbezogener Bebauungsplan schließt die Anwendung des § 35 BauGB daher aus. Ebenso ist § 35 BauGB nicht anwendbar, wenn das Vorhaben im nicht beplanten Innenbereich liegt. Ein qualifizierter Bebauungsplan sperrt die Anwendung des § 35 BauGB nur, wenn der Plan rechtsverbindlich ist. Ist der Plan demgegenüber unwirksam, erzeugt er für die planungsrechtliche Beurteilung keine Wirkungen, so dass § 34 BauGB oder auch § 35 BauGB anwendbar ist. Ein Vorhaben, das sich plötzlich im Außenbereich wieder findet, weil der entsprechende Bebauungsplan unwirksam ist, steht nicht besser da als andere Vorhaben im Außenbereich. Die Festsetzungen eines unwirksamen Bebauungsplans und auch das auf eine jahrelange behördliche Anwendung gestützte Vertrauen sind nicht geschützt.[349]

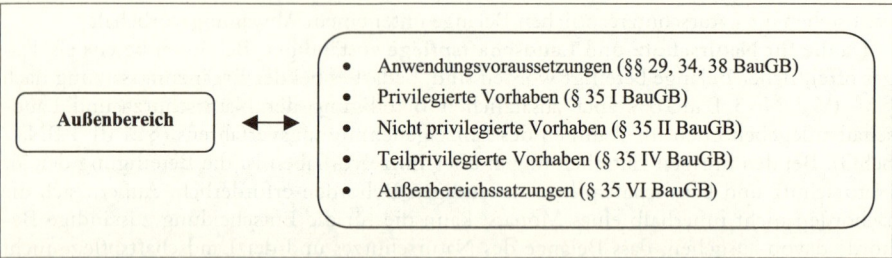

I. Privilegierte Außenbereichsvorhaben (§ 35 I BauGB)

2423 Das Gesetz unterscheidet insgesamt sechs verschiedene Privilegierungsfälle. Nach § 35 I BauGB ist im Außenbereich ein Vorhaben nur zulässig, wenn öffentliche Belange nicht entgegenstehen, die ausreichende Erschließung gesichert ist und wenn es (1) einem **land- oder forstwirtschaftlichen Betrieb dient** und nur einen untergeordneten Teil der Betriebsfläche einnimmt, (2) einem Betrieb der **gartenbaulichen Erzeugung** dient, (3) dem Fernmeldewesen, der öffentlichen Versorgung mit Elektrizität, Gas, Wärme und Wasser, der Abwasserwirtschaft oder einem **ortsgebundenen gewerblichen Betrieb** dient, (4) wegen seiner **besonderen Anforderungen** an die Umgebung, wegen seiner nachteiligen Wirkung auf die Umgebung oder wegen seiner besonderen Zweckbestimmung nur im Außenbereich ausgeführt werden soll, (5) der Erforschung, Entwicklung oder Nutzung der Wind- oder Wasserenergie oder (6) der energetischen Nutzung von Biomasse sowie (7) der Erforschung, Entwicklung oder Nutzung der Kernenergie oder der Entsorgung radioaktiver Abfälle dient. Privilegiert ist seit der Neufassung des § 35 BauGB durch die BauGB-Novelle 1996 auch die **Wind- und Wasserenergie** (§ 35 I Nr. 5 BauGB) sowie seit dem EAG Bau die **energetische Nutzung von Biomasse**. Die privilegierten Vorhaben nach § 35 I Nr. 2 bis 6 BauGB sind jedoch mit einem Planungsvorbehalt zu Gunsten der Gemeinden und der Raumordnung ausgestattet worden (§ 35 III 3 BauGB). Wenn die in § 35 I BauGB bestimmten Voraussetzungen für ein Vorhaben im Außenbereich gegeben sind, besteht ein Rechtsanspruch auf Zulassung dieses Vorhabens.[350] Die rechtswidrige Versagung einer Baugenehmigung kann daher einen Entschädigungsanspruch auslösen.[351] Ausgangspunkt der Überlegungen ist, dass der Außen-

---
[349] *BVerwG*, B. v. 25. 8. 1997 – 4 B 139.97 – UPR 1998, 111 = NuR 1998, 93.
[350] *BGH*, Urt. v. 26. 10. 1970 – III ZR 132/67 – NJW 1971, 97 = DVBl. 1971, 464 = *Hoppe/Stüer* RzB Rdn. 399 – privilegiertes Außenbereichsvorhaben.
[351] *BGH*, Urt. v. 26. 10. 1970 – III ZR 132/67 – NJW 1971, 97 = MDR 1971, 115 = BB 1971, 499 = DVBl. 1971, 464 = *Hoppe/Stüer* RzB Rdn. 399 – privilegiertes Außenbereichsvorhaben. Ebenso ist die Genehmigung zu versagen, wenn die Genehmigungsvoraussetzungen nicht vorliegen, *BVerwG*, B. v. 20. 5. 1966 – 4 B 77.66 – Buchholz 406.11 § 35 BBauG Nr. 28a.

bereich grundsätzlich von einer Bebauung freigehalten werden soll. Sie soll nur dort zugelassen werden, wo der Gesetzgeber eine besondere Berechtigung i. S. der Privilegierung von Vorhaben (§ 35 I, IV BauGB) anerkannt hat.[352]

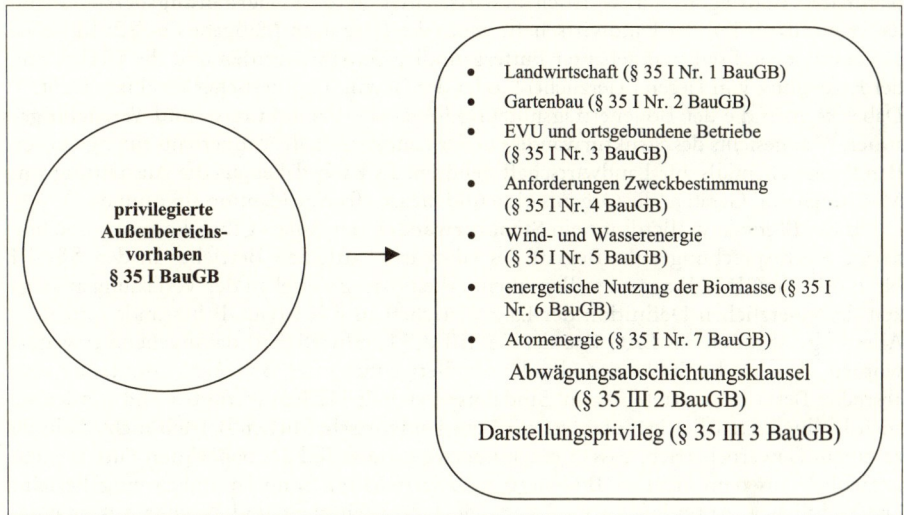

1. Land- oder forstwirtschaftlicher Betrieb

Nach § 35 I Nr. 1 BauGB wird ein Vorhaben privilegiert, das einem land- oder forstwirtschaftlichen Betrieb dient und nur einen untergeordneten Teil der Betriebsfläche einnimmt. Die Regelung ist unverändert in das BauROG 1998 übernommen worden.

Zur **Landwirtschaft** rechnet nach § 201 BauGB insbesondere den Ackerbau, die Wiesen- und Weidewirtschaft einschließlich Tierhaltung, soweit das Futter überwiegend auf den zum landwirtschaftlichen Betrieb gehörenden, landwirtschaftlich genutzten Flächen erzeugt werden kann, die gartenbauliche Erzeugung,[353] den Erwerbsobstgartenbau,[354] den Weinbau,[355] die berufsmäßige Imkerei[356] und die berufsmäßige Binnenfischerei.[357]

---

[352] *OVG Schleswig*, Urt. v. 22. 5. 1993 – 1 L 37/92 – NuR 1994, 204 = SchlHA 1993, 189.

[353] *Gelzer* BauR 1987, 485; *Taegen* in: Schlichter/Stich, Rdn. 19 zu § 35 BauGB.

[354] *OVG Saarlouis*, Urt. v. 30. 11. 1992 – 2 W 32/92 – RdL 1993, 109 – Obstanbau; Urt. v. 15. 12. 1992 – 2 W 34/92 – (unveröffentlicht) – Obstanbau; Urt. v. 6. 9. 1993 – 2 R 6/93 – (unveröffentlicht) – Obst- und Beerenanbau.

[355] Hütten im Weinberg, die nach Ausstattung und baulicher Beschaffenheit auch die Durchführung von öffentlichen Weinfesten im Rahmen einer Straußwirtschaft ermöglichen, sind nicht nach § 35 I Nr. 1 BauGB privilegiert, so *VGH Mannheim*, Urt. v. 30. 8. 1988 – 3 S 2917/87 – ESVGH 39, 238.

[356] *OVG Schleswig*, Urt. v. 10. 6. 1993 – 1 L 117/92 – (unveröffentlicht) – Container; *Dyong* in: Ernst/Zinkahn/Bielenberg/Krautzberger, Rdn. 19 zu § 35 BauGB; *Weyreuther*, Bauen im Außenbereich, 1979, 269. Die Imkerei wurde vom *BVerwG* auf der Grundlage des § 146 BBauG nicht als Landwirtschaft angesehen. Die Imkerei sei als Wirtschaftsart nicht von einer Bodenertragsnutzung im eigentlichen Sinne gekennzeichnet, so *BVerwG*, B. v. 15. 9. 1970 – 4 B 219.69 – Buchholz 406.11 § 35 BBauG Nr. 89 – Imkerei; Urt. v. 13. 12. 1974 – IV C 22.73 – Buchholz 406.11 § 35 BBauG Nr. 115 = BauR 1975, 104 = DVBl. 1975, 504 – Imkerei. Zur Privilegierung einer Bienenhaltung auf einem Außenbereichsgrundstück *BVerwG*, B. v. 22. 6. 1983 – 4 B 71.83 – AgrarR 1983, 279; B. v. 9. 10. 1992 – 4 B 189.92 – (unveröffentlicht) – Imkerei; *VGH Mannheim*, Urt. v. 3. 2. 1989 – 8 S 3035/88 – BRS 49 (1989), Nr. 107 = NuR 1991, 251 – Bienenhaus; *VGH Kassel*, Urt. v. 13. 9. 1990 – 3 UE 125/86 – AgrarR 1991, 351 = BRS 50 (1990) Nr. 92 = NuR 1991, 436 – Wanderimkerei; *OVG Saarlouis*, Urt. v. 24. 4. 1989 – 2 R 367/86 – (unveröffentlicht).

[357] Anders noch auf der Rechtsgrundlage des § 146 BBauG 1960 *BVerwG*, Urt. v. 4. 1. 1977 – IV C 30.75 – BauR 1978, 118 = Buchholz 406.11 § 35 BBauG Nr. 143 = DÖV 1978, 336 – Schuppen.

Auch die seit dem EAG Bau nicht mehr ausdrücklich erwähnte Pensionstierhaltung[358] erfüllt den Begriff der Landwirtschaft. Die Landwirtschaft setzt eine **unmittelbare Bodenertragsnutzung** voraus,[359] bei der der Boden zum Zwecke der Nutzung seines Ertrages planmäßig und eigenverantwortlich bewirtschaftet wird.[360] **Tierhaltungsbetriebe** sind daher nur dann Teil der Landwirtschaft, wenn die Tiere nach Maßgabe des § 201 BauGB auf überwiegend selbst angebauter Futtergrundlage ernährt werden und die Tierhaltung der Erzeugung von Tieren (Tierzucht)[361] oder der Gewinnung tierischer Produkte dient.[362] Dabei können die der Bodenertragsnutzung folgenden **Produktions- und Veredelungsstufen**[363] angesichts des Strukturwandels in der Landwirtschaft[364] innerhalb einer gewissen Bandbreite ebenfalls zur Landwirtschaft gehören. Es kann dabei auf die Ausstattung mit Maschinen und Geräten, die Organisation und die langfristige Planung ankommen.[365]

2426 Für das *BVerwG* ist allerdings ein **Strukturwandel**, der Anlass geben könnte, seine bisherige Rechtsprechung zum Begriff des landwirtschaftlichen Betriebes in den §§ 35 I Nr. 1, 201 BauGB in Frage zu stellen, nicht erkennbar. Zweifel an der Verfassungsmäßigkeit der gesetzlichen Definition der Landwirtschaft in § 201 BauGB bestünden nicht.[366] Allerdings ist durch das EAG Bau der Begriff der Landwirtschaft dahingehend erweitert worden, dass an die Stelle einer konkreten Betrachtung der Bodenertragsnutzung eine abstrakte Betrachtung treten kann. Sind entsprechende Flächen verfügbar und werden sie auch landwirtschaftlich genutzt, so wird ein landwirtschaftlicher Betrieb nicht dadurch zu einem Gewerbebetrieb, dass er einen überwiegenden Teil des benötigten Futters nicht tatsächlich aus dem eigenen Bodenertrag erwirtschaftet, sondern anderweitig bezieht. Die rechtlichen Anforderungen, die an die Lebensfähigkeit und Nachhaltigkeit eines landwirtschaftlichen Betriebes zu stellen sind, hängen von den unterschiedlichen Erscheinungsformen der Betriebe ab, wechseln von Betriebsart zu Betriebsart und sind abhängig von den Gegebenheiten und Gewohnheiten der jeweiligen Region, in der die Landwirtschaft betrieben wird.[367]

2427 Nicht privilegierte Nebennutzungen können von der Privilegierung **„mitgezogen"** werden,[368] wenn das Vorhaben im Verhältnis zu dem privilegierten Betrieb bodenrechtlich als Nebensache erscheint und sich ihm dienend unterordnet.[369] Die Voraussetzun-

---

[358] *OVG Schleswig*, Urt. v. 25. 11. 1991 – 1 L 27/91 – AgrarR 1993, 157 = SchlHA 1993, 175 – Pensionstierhaltung; *Schink* BauR 1988, 169; *Upmeier* HdBöffBauR Kap. A Rdn. 556.

[359] *Hoppe* in: *Hoppe/Bönker/Grotefels*, ÖffBauR § 8 Rdn. 93; *Taegen* in: Schlichter/Stich, Rdn. 17 zu § 35 BauGB.

[360] *BVerwG*, Urt. v. 13. 12. 1974 – IV C 22.73 – Buchholz 406.11 § 35 BBauG Nr. 115 = BauR 1975, 104 = DVBl. 1975, 504 – Imkerei. Die Begriffsbestimmung der Landwirtschaft in § 201 BauGB ist auch weiterhin aktuell. Sie kann nicht als überholt oder als nicht mehr zeitgemäß betrachtet werden, so *BVerwG*, B. v. 6. 1. 1997 – 4 B 256.96 – NVwZ 1997, 590 – Strukturwandel.

[361] Zur Nachhaltigkeit einer Galloway-Rinderzucht auf ca. 7 ha Eigenland und ca. 45 ha Pachtland mit einem Bestand von 50 Rindern *OVG Schleswig*, Urt. v. 7. 2. 1995 – 1 L 121/94 – (unveröffentlicht).

[362] *Hoppe* in: *Hoppe/Bönker/Grotefels*, ÖffBauR § 8 Rdn. 93.

[363] *Taegen* in: Schlichter/Stich, Rdn. 18 zu § 35 BauGB.

[364] *BVerwG*, B. v. 29. 9. 1987 – 4 B 191.87 – DÖV 1988, 381 = NVwZ 1988, 357 – Nutzungsänderung; *Bielenberg/Söfker/Roesch* ZfBR 1989, 49; *Lau* BauR 1986, 1; *Roesch* ZfBR 1989, 187; *Söfker* ZfBR 1989, 91; *Scholtissek* AgrarR 1991, 268; *Taegen* in: Schlichter/Stich, Rdn. 18 zu § 35 BauGB.

[365] *OVG Saarlouis*, Urt. v. 15. 12. 1992 – 2 W 34/92 – (unveröffentlicht) – Obstanbau; *Taegen* in: Schlichter/Stich, Rdn. 32 zu § 35 BauGB.

[366] *BVerwG*, B. v. 6. 1. 1997 – 4 B 256.96 – NVwZ-RR 1997, 590.

[367] *BVerwG*, B. v. 6. 7. 2001 – 4 B 50.01 – richterliche Hinweispflicht.

[368] *BVerwG*, B. v. 23. 6. 1995 – 4 B 22.95 – BRS 57 (1995), Nr. 102; vgl. aber *OVG Münster*, Urt. v. 25. 5. 1998 – 7 A 1056/98 – AgrarR 1999, 63 für die Errichtung von Ferienwohnungen auf dem Bauernhof.

[369] *BVerwG*, B. v. 28. 8. 1998 – 4 B 66.98 – NVwZ-RR 1999, 106 = BauR 1999, 33 – Sägewerk: verneint für eine forstwirtschaftliche Nebenerwerbsstelle.

gen, unter denen einzelne, bei isolierter Betrachtung im Außenbereich nicht privilegiert zulässige (Neben-)Nutzungen durch ihre Zuordnung zu einem landwirtschaftlichen Betrieb an dessen Privilegierung nach § 35 I Nr. 1 BauGB teilnehmen, gelten auch für die Beurteilung der Frage, ob die Errichtung von Anlagen für die Holzverarbeitung von der Privilegierung eines forstwirtschaftlichen Betriebs „mitgezogen" werden.[370] Ob das Vorhaben im Verhältnis zu dem privilegiert zulässigen Betrieb bodenrechtlich eine „Nebensache" ist, sich ihm dienend unterordnet und gegenüber der Hauptnutzung im Hintergrund steht, ist aufgrund einer konkreten und nicht einer typisierenden Betrachtungsweise des privilegierten Betriebs und der ihm zugeordneten Nebennutzung zu beurteilen.[371] Wohneinheiten für Feriengäste, die das Leben auf und in einem Bauernhof kennen lernen wollen, können als sog. mitgezogene landwirtschaftliche Betriebsbestandteile an der Privilegierung eines landwirtschaftlichen Betriebes teilhaben. Dies gilt i. d. R. nur für einzelne Wohneinheiten in bestehenden Gebäuden. Ein eigenes Gebäude für eine solche Wohnnutzung kann nur dort zugelassen werden, wo ansonsten keine Möglichkeiten bestehen, Gäste mit dem genannten Urlaubsziel unterzubringen.[372]

Nur **untergeordnete Tätigkeiten** der Bodenbewirtschaftung ohne nennenswerten wirtschaftlichen Ertrag erfüllen den Begriff der Landwirtschaft nicht.[373] Auch müssen die für das Vorhaben aufzuwendenden Kosten in einem angemessenen Verhältnis zu den zu erwartenden Erträgen stehen. Soll etwa ein Wohngebäude errichtet werden, so muss der dafür entstehende Aufwand einem entsprechend zu erzielenden Ertrag gegenüberstehen.[374] Für landwirtschaftliche Hilfsbetriebe wie Werkstatt für Landmaschinen, Lohnfuhrunternehmen[375] oder Lagerhallen[376] einer Genossenschaft gilt die Privilegierung ebenso wie für Lohnunternehmen[377] nicht.

Beispiel: Eine Genossenschaft, die für die Landwirtschaft bestimmte Waren ankauft und an Landwirte weiterveräußert, beabsichtigt, eine Lagerhalle für Dünge- und Pflanzenschutzmittel zu errichten. Das Vorhaben gehört nicht zur Landwirtschaft.[378] Vielmehr nimmt die Genossenschaft aus der landwirtschaftlichen Betriebsorganisation ihrer Mitglieder herausgelöste Aufgaben wahr. Sie be-

---

[370] Verneint für ein Sägewerk nebst Tischlerei und Schreinerei als forstwirtschaftlichen Nebenerwerbsbetrieb.
[371] *BVerwG*, B. v. 28. 8. 1998 – 4 B 66.98 – DÖV 1999, 32 = NVwZ-RR 1999, 106 = Buchholz 406.11 § 35 Nr. 336 = BauR 1999, 33 = BBauBl. 1999, 60 = UPR 1999, 71; RdL 1998, 287, mit Hinweis auf *BVerwG*, Urt. v. 30. 11. 1984 – 4 C 27.81 – DVBl. 1985, 397; Urt. v. 19. 4. 1985 – 4 C 54.82 – NVwZ 1986, 200; B. v. 23. 6. 1995 – 4 B 22.95 – BRS 57 Nr. 102.
[372] *VG Trier*, Urt. v. 29. 1. 2004 – 5 K 1533/03 – BauR 2004, 718 – Strohhaus.
[373] *OVG Saarlouis*, Urt. v. 30. 11. 1992 – 2 W 32/92 – RdL 1993, 102 – Obstanbau; *BVerwG*, B. v. 26. 2. 1981 – 4 B 176.80 – Buchholz 406.11 § 146 BBauG Nr. 5 – Großsittiche.
[374] Dies ist etwa nicht darstellbar für ein Wohnhaus, das einer Imkerei-Nebenerwerbsstelle dienen soll. Bei der Ermittlung der Gewinnerzielungsabsicht sind die Kosten des Wohnhauses mit zu berücksichtigen, so *BVerwG*, B. v. 22. 6. 1983 – 4 B 71.83 – AgrarR 1983, 279 – Imkerei; B. v. 23. 12. 1983 – 4 B 175.83 – AgrarR 1984, 163 = BayVBl. 1984, 345 = NuR 1984, 146 = ZfBR 1984, 152.
[375] *BVerwG*, B. v. 11. 8. 1989 – 4 B 151.89 – NVwZ-RR 1990, 64 = NVwZ 1990, 161 = NuR 1990, 121 = *Hoppe/Stüer* RzB Rdn. 420 – Lohnunternehmen – Privilegierung; zur multifunktionalen landwirtschaftlichen Nutzung *Hölzl/Bocklet/Lammel* AgrarR Beilage 1995, Nr. 1, 1.
[376] Lagerhallen für Speditionsbetriebe sind nicht privilegiert, so *BVerwG*, Urt. v. 13. 6. 1974 – 4 B 7.74 – BRS 28 Nr. 43; *Taegen* in: Schlichter/Stich, Rdn. 51 zu § 35 BauGB. Dasselbe gilt für einen Lagerplatz für Autowracks. Lagerhallen können allerdings als Teil eines landwirtschaftlichen Betriebes privilegiert sein, so *OVG Münster*, Urt. v. 26. 9. 1991 – 11 A 1604/89 – NWVBL 1992, 176 = RdL 199, 65 = UPR 1992, 385; *Dyong* in: *Ernst/Zinkahn/Bielenberg/Krautzberger*, Rdn. 72 zu § 35 BauGB.
[377] Auch ein Lohnfuhrunternehmen ist nicht als landwirtschaftlicher Betrieb privilegiert, so *Taegen* in: Schlichter/Stich, Rdn. 51 zu § 35 BauGB m. w. Nachw.
[378] *BVerwG*, B. v. 16. 3. 1993 – 4 B 15.93 – UPR 1993, 303 = NVwZ-RR 1993, 396 = ZfBR 1993, 251 = DÖV 1993, 869 = *Hoppe/Stüer* RzB Rdn. 433 – Lagerhalle.

zweckt nach der Definition des § 1 I GenG als Gesellschaft die Förderung des Erwerbs oder der Wirtschaft ihrer Mitglieder mittels gemeinschaftlichen Geschäftsbetriebs. Der Betrieb der Genossenschaft ist nicht in der Art eines Nebenbetriebes den landwirtschaftlichen Betrieben der Genossen zugeordnet. Vielmehr hebt er sich von diesen durch das Merkmal der Eigenständigkeit ab. Weist die landwirtschaftliche Genossenschaft nicht die Komponente der unmittelbaren Bodenertragsnutzung auf, so stellt sie keinen landwirtschaftlichen Betrieb dar, auch wenn sie den Landwirten, die sie tragen, dienlich ist. Denn für die Anwendung des § 35 I Nr. 1 BauGB genügt nicht schon, dass Vorhabenträger ein Landwirt ist oder ein Vorhaben verwirklicht werden soll, das, ohne einem konkreten landwirtschaftlichen Betrieb zu dienen, für die Landwirtschaft allgemein von Nutzen ist[379] oder einem unbestimmten Kreis von landwirtschaftlichen Betrieben dient.

2429 Ein Vorhaben dient einem **landwirtschaftlichen Betrieb** nur dann, wenn ein vernünftiger Landwirt[380] – auch und gerade unter Berücksichtigung des Gebots größtmöglicher Schonung des Außenbereichs[381] – dieses Vorhaben mit etwa gleichem Verwendungszweck und mit etwa gleicher Gestalt und Ausstattung für einen entsprechenden Betrieb errichten würde und das Vorhaben durch diese Zuordnung zu dem konkreten Betrieb auch äußerlich geprägt ist.[382] Der Begriff des „Dienens" hat in den verschiedenen Alternativen des § 35 I BauGB eine im Wesentlichen gleiche Bedeutung.[383] Das Vorhaben dient nur dann einem privilegierten Zweck, wenn es gerade auch im Hinblick auf entgegenstehende öffentliche Belange an dem Standort verwirklicht werden muss. Es muss daher zumindest vernünftigerweise geboten sein. Die nur behauptete Zweckbestimmung des Vorhabens genügt schon deshalb nicht, weil sonst seine Zulässigkeit nicht von seiner tatsächlich dienenden Funktion abhinge.[384] Das Vorhaben muss vielmehr von der jeweiligen Privilegierung entscheidend geprägt werden. Die Baugenehmigungsbehörde hat daher von Amts wegen die wirkliche Funktion des Bauvorhabens zu ermitteln. Das Vorhaben muss sich dabei dem jeweiligen privilegierten Zweck unterordnen.[385]

2430 Die landwirtschaftliche Nutzung muss nachhaltig betrieben werden[386] und auf einen auskömmlichen **Ertrag** angelegt sein. Erwerbsmäßiges Handeln ist auch auf einer **landwirtschaftlichen Nebenerwerbsstelle** möglich.[387] Es muss sich jedoch um eine **nachhaltig betriebene Tätigkeit** handeln, die über eine Liebhaberei[388] oder die Deckung des

---

[379] *BVerwG*, Urt. v. 14. 4. 1978 – IV C 85.75 – Buchholz 406.11 § 35 BBauG Nr. 148; B. v. 11. 8. 1989 – 4 B 151.89 – Buchholz 406.11 § 201 BauGB Nr. 1.
[380] *Taegen* in: Schlichter/Stich, Rdn. 30 zu § 35 BauGB. Zur funktionalen Zuordnung des Vorhabens zum Privilegierungszweck *BVerwG*, Urt. v. 11. 4. 1986 – 4 C 67.82 – BauR 1986, 419 = ZfBR 1986, 192.
[381] *Dyong* in: Ernst/Zinkahn/Bielenberg/Krautzberger, Rdn. 33 zu § 35 BauGB; *Taegen* in: Schlichter/Stich, Rdn. 8 zu § 35 BauGB.
[382] *BVerwG*, Urt. v. 3. 11. 1972 – 4 C 9.72 – BVerwGE 41, 138 = BauR 1973, 101 = DVBl. 1973, 643 – Bauvorhaben im Außenbereich; Urt. v. 11. 12. 1976 – IV C 34.75 – BVerwGE 51, 310 = BayVBl. 1977, 409 = NJW 1977, 1894 – reformatio in peius. Zu vergleichbaren Anforderungen bei ortsgebundenen gewerblichen Betrieben nach § 35 I Nr. 4 BauGB *BVerwG*, Urt. v. 7. 5. 1976 – IV C 43.74 – BVerwGE 50, 346 = BayVBl. 1977, 20 = NJW 1977, 119 = RdL 1976, 231 – Transportbetonanlage, *Taegen* in: Schlichter/Stich, Rdn. 51 zu § 35 BauGB.
[383] *Dyong* in: Ernst/Zinkahn/Bielenberg/Krautzberger, Rdn. 33 zu § 35 BauGB.
[384] *Taegen* in: Schlichter/Stich, Rdn. 28 zu § 35 BauGB.
[385] *Taegen* in: Schlichter/Stich, Rdn. 28 zu § 35 BauGB.
[386] *BVerwG*, Urt. v. 3. 11. 1972 – 4 C 9.70 – BVerwGE 41, 138 = BauR 1973, 101 = DVBl. 1983, 643 – landwirtschaftlicher Betrieb.
[387] *BVerwG*, Urt. v. 27. 1. 1967 – 4 C 41.65 – BVerwGE 26, 121 = BBauBl. 1967, 487 = Buchholz 406.11 § 35 BBauG Nr. 35; *Blendel* AgrarR 1983, 281; *Dyong* in: Ernst/Zinkahn/Bielenberg/Krautzberger, Rdn. 23, 24, 26 zu § 35 BauGB, vgl. dort auch zu einem forstwirtschaftlichen Nebenerwerbsbetrieb und zur Abgrenzung zu einer Kleinsiedlung; *Mainczyk*, Rdn. 8 zu § 35 BauGB; *Upmeier* HdBöffBauR Kap. A Rdn. 561; *H. Schrödter* in: Schrödter, Rdn. 10 zu § 35 BauGB; *Taegen* in: Schlichter/Stich, Rdn. 23 zu § 35 BauGB.
[388] *OVG Münster*, Urt. v. 15. 8. 1996 – 7 A 631/95 – Liebhaberei; *Weyreuther*, Bauen im Außenbereich, 1979, 295.

Eigenbedarfs hinausgeht.³⁸⁹ Dies gilt vor allem, wenn umfangreiche bauliche Anlagen zugelassen werden sollen. Der dauernde Bestand des Betriebes muss gewährleistet sein.³⁹⁰ Das Fehlen der Voraussetzungen für eine Privilegierung kann nicht durch eine Baulasteintragung ersetzt werden.³⁹¹ Sind die Voraussetzungen für eine Privilegierung nicht gegeben, werden sie auch nicht durch anders lautende Erklärungen oder Verpflichtungen des Antragstellers ausgeglichen.³⁹² Für die Nachhaltigkeit ist die **Gewinnerzielungsabsicht** ein wichtiges Indiz. Gerade Nebenerwerbsstellen setzen begrifflich voraus, dass sie dem Inhaber einen nachhaltigen Beitrag zur Sicherung seiner Existenz bieten³⁹³ und ihm entsprechende zusätzliche Einnahmen oder Ersparnisse vermitteln.³⁹⁴ Gewinnerzielung ist jedoch nicht notwendige Bedingung für eine Nebenerwerbsstelle.³⁹⁵ Die Nachhaltigkeit kann sich auch aus der Größe der Betriebsflächen,³⁹⁶ der Betriebsform und -organisation, dem aufgewendeten Kapital und dem Bestand an Maschinen und Tieren sowie der Zahl der Arbeitnehmer ergeben. Von Bedeutung wird sein, dass nicht der Wunsch, im Außenbereich zu wohnen, im Vordergrund steht.³⁹⁷ Je mehr der Betrieb von einem **Vollerwerbsbetrieb** abweicht, umso größere Anforderungen sind an die Nachhaltigkeit der Tätigkeit zu stellen.³⁹⁸

Die Betätigung muss in gesicherter Weise **auf Dauer**³⁹⁹ angelegt sein und regelmäßig Erträge abwerfen, die bei einer nebenberuflichen Ausübung neben den Einkünften aus dem Hauptberuf ein Eigengewicht haben. Eine nur vorübergehende Nutzung nach § 35 I BauGB rechtfertigt eine Privilegierung nicht.⁴⁰⁰ Allerdings gehört die Gewinnerzielung nicht zwingend zu den Voraussetzungen, die an die Eigenschaft eines landwirtschaftlichen Betriebes geknüpft sind. Sie ist nur Indiz für die Betriebseigenschaft.⁴⁰¹ ihr kommt umso geringere Bedeutung zu, je größer die landwirtschaftliche Nutzfläche und je höher der Kapitaleinsatz und damit die Zahl der Tiere und landwirtschaftlichen Maschinen ist.⁴⁰² Daher

---

³⁸⁹ *BVerwG*, Urt. v. 11. 4. 1986 – 4 C 67.82 – NVwZ 1986, 916 = *Hoppe/Stüer* RzB Rdn. 412 – landwirtschaftliche Nebenerwerbsstelle.
³⁹⁰ *BVerwG*, B. v. 31. 8. 1988 – 4 B 153.88 – Buchholz 303 § 295 ZPO Nr. 8 = NJW 1989, 601 = AgrarR 1989, 344 = *Hoppe/Stüer* RzB Rdn. 413 – Gewinnerzielungsabsicht.
³⁹¹ Zur Bedeutung der Baulasterklärung oder der Einräumung einer beschränkt persönlichen Dienstbarkeit bei der Beurteilung der planungsrechtlichen Zulässigkeit eines Vorhabens *Stollmann* VR 1993, 155. Zur Baulast bei teilprivilegierten Vorhaben nach § 35 IV BauGB *Dürr* in: Brügelmann, Rdn. 168 zu § 35 BauGB; *Dyong* in: Ernst/Zinkahn/Bielenberg/Krautzberger, Rdn. 208 zu § 35 BauGB; *Krautzberger* in: Battis/Krautzberger/Löhr, Rdn. 102 zu § 35 BauGB; *H. Schrödter* in: Schrödter, Rdn. 115 zu § 35 BauGB. Zur Bedeutung von Baulasten *Krawietz* DVBl. 1973, 605. Zur Vorgängerregelung in § 35 VII BBauG 1976 *Weyreuther*, Bauen im Außenbereich, 1979, 424.
³⁹² *BVerwG*, B. v. 28. 10. 1977 – 4 B 138.77 – Buchholz 406.11 § 35 BBauG Nr. 141.
³⁹³ *VGH Mannheim*, Urt. v. 16. 3. 1994 – 8 S 1716/93 – VGHBW RspDienst 1994, Beilage 7, B8.
³⁹⁴ *BVerwG*, B. v. 20. 1. 1981 – 4 B 167.80 – BauR 1981, 358 = Buchholz 406.11 § 35 BBauG Nr. 175.
³⁹⁵ *BVerwG*, B. v. 31. 8. 1988 – 4 B 153.88 – Buchholz 303 § 295 ZPO Nr. 8 = NJW 1989, 601 = AgrarR 1989, 344 = *Hoppe/Stüer* RzB Rdn. 413 – Gewinnerzielungsabsicht.
³⁹⁶ *Dyong* in: Ernst/Zinkahn/Bielenberg/Krautzberger, Rdn. 29 zu § 35 BauGB.
³⁹⁷ *BVerwG*, Urt. v. 11. 4. 1986 – 4 C 67.82 – BauR 1986, 419 = NVwZ 1986, 916 – Gewinnerzielung; B. v. 31. 8. 1988 – 4 B 153.88 – Buchholz 303 § 295 ZPO Nr. 8 = NJW 1989, 601 = AgrarR 1989, 344 = *Hoppe/Stüer* RzB Rdn. 413 – Gewinnerzielungsabsicht.
³⁹⁸ *Krautzberger* in: Battis/Krautzberger/Löhr, Rdn. 16 zu § 35 BauGB.
³⁹⁹ *BVerwG*, Urt. v. 24. 8. 1979 – IV C 3.77 – Buchholz 406.11 § 35 BBauG Nr. 158 = BauR 1979, 481 = DÖV 19; 79, 905 – Grundstücksteilung; *OVG Schleswig*, Urt. v. 28. 10. 1991 – 1 L 69/91 – AgrarR 1993, 156 = RdL 1992, 176 = SchlHA 1993, 173 – Pferdestall.
⁴⁰⁰ *Dyong* in: Ernst/Zinkahn/Bielenberg/Krautzberger, Rdn. 35 zu § 35 BauGB.
⁴⁰¹ *BVerwG*, Urt. v. 11. 4. 1986 – 4 C 67.82 – ZfBR 1986, 192 = Buchholz 406.11 § 35 BBauG Nr. 234.
⁴⁰² *BVerwG*, B. v. 9. 12. 1993 – 4 B 196.93 – Buchholz 406.11 § 35 BauGB Nr. 289 = BRS 55 (1993), Nr. 79; B. v. 11. 3. 1997 – 4 B 13.97 – (unveröffentlicht) – landwirtschaftlicher Vollerwerbsbetrieb.

erfüllt ein landwirtschaftlicher Vollerwerbsbetrieb die Merkmale eines nach § 35 I Nr. 1 BauGB privilegierten Betriebes auch dann, wenn er i. S. einer Steuer- oder Handelsbilanz oder einer Einnahmen/Ausgaben-Überschussrechung keinen Gewinn erwirtschaftet. Der Außenbereich darf nach Auffassung des *BVerwG* grundsätzlich nur einer ernsthaften,[403] in seiner Beständigkeit auf Dauer angelegten landwirtschaftlichen Betätigung „geopfert" werden. Anhaltspunkte dafür sind neben der (objektiven) Möglichkeit der Gewinnerzielung der mehr oder minder dauernd gesicherte Zugriff auf die nutzbare Fläche, die in landwirtschaftlicher Weise Gegenstand der unmittelbaren Bodenertragsnutzung sein soll.[404] Bei Nebenerwerbstätigkeit, die in besonderer Weise von persönlichen Merkmalen abhängig ist,[405] ist die Dauerhaftigkeit des Betriebes eher zweifelhaft.[406] Derartige Zweifel an der Dauerhaftigkeit steigern sich, wenn die für den Betrieb vorgesehene Fläche nicht im Eigentum des Bauherrn steht, sondern hinzugepachtet wurde.[407]

2432 Auch **forstwirtschaft**liche Nebenerwerbsbetriebe können forstwirtschaftliche Betriebe i. S. des § 35 I Nr. 1 BauGB sein. Es muss allerdings eine erwerbswirtschaftliche Betätigung gegeben sein. Ein Betrieb, der forstwirtschaftliche Arbeiten für Dritte ausführt, ist kein forstwirtschaftlicher Betrieb i. S. des § 35 I Nr. 1 BauGB und damit nicht privilegiert im Außenbereich zulässig.[408] Hinsichtlich der Dauerhaftigkeit der landwirtschaftlichen Betätigung muss eine Prognose erstellt werden. Die bloße Möglichkeit, ein beabsichtigtes landwirtschaftliches Wohn- und Wirtschaftsgebäude irgendwann in ein Mehrfamilienhaus umzuwandeln, nimmt ihm allerdings nicht die dienende Funktion i. S. des § 35 I Nr. 1 BauGB, wenn es tatsächlich den gegenwärtigen und auf Dauer absehbaren Betriebserfordernissen angemessen ist.[409] Anders als bei einem Nebenerwerbsbetrieb gehört die Gewinnerzielung bei einem Vollerwerbsbetrieb nicht in dem Maße zu den Voraussetzungen einer Privilegierung. Zwar ist sie auch für einen Vollerwerbsbetrieb ein wichtiges Indiz,[410] jedoch keine zwingende Voraussetzung. Der Gewinnerzielungsabsicht kommt eine umso geringere Bedeutung zu, je größer die landwirtschaftliche Nutzfläche und je höher die Anzahl der Tiere und landwirtschaftlichen Maschinen und damit der Kapitaleinsatz ist.[411] Selbst wenn mit dem eingesetzten Kapital für einen Obstbaubetrieb kein Zinsgewinn erzielt wird, können der Betriebserweiterung dienende Investitionen einem nachhaltig und ernsthaft geführten landwirtschaftlichen Unternehmens dienen. Die nach § 35 I Nr. 1 BauGB privilegierte Obsterzeugung kann auch die direkte Obstvermarktung vom Hof aus umfassen.[412]

---

[403] *BVerwG*, Urt. v. 27. 1. 1967 – 4 C 41.65 – BVerwGE 26, 121 = BBauBl. 1967, 487 = Buchholz 406.11 § 35 BBauG Nr. 35.
[404] *BVerwG*, Urt. v. 14. 5. 1969 – 4 C 19.68 – BVerwGE 34, 1 = Buchholz 406.11 § 35 BBauG Nr. 83 – Fischerhütte; B. v. 3. 2. 1989 – 4 B 14.89 – BauR 1989, 182 = ZfBR 1989, 177 = NuR 1989, 306 = UPR 1989, 425 = *Hoppe/Stüer* RzB Rdn. 415 – Nebenerwerbslandwirt.
[405] *BVerwG*, Urt. v. 27. 1. 1967 – 4 C 41.65 – BVerwGE 26, 121 = BBauBl. 1967, 487 = Buchholz 406.11 § 35 BBauG Nr. 35.
[406] So können etwa bei Rentnern, die sich nach ihrem aktiven Berufsleben landwirtschaftlich betätigen wollen, keine geringeren Anforderungen an die Nachhaltigkeit der landwirtschaftlichen Betätigung gestellt werden, so *BVerwG*, B. v. 2. 7. 1987 – 4 B 107.87 – (unveröffentlicht). Aus den jeweiligen persönlichen Merkmale kann in der Regel bauplanungsrechtlich kein Anspruch auf Privilegierung abgeleitet werden, so *BVerwG*, B. v. 9. 10. 1992 – 4 B 189.92 – (unveröffentlicht) – Imkerei.
[407] *BVerwG*, B. v. 1. 12. 1995 – 4 B 271.95 – BRS 57 (1995) Nr. 100 – Koppelschafhaltung.
[408] *BVerwG*, B. v. 19. 2. 1996 – 4 B 20.96 – NVwZ-RR 1997, 9; zu den Voraussetzungen einer privilegierten Jagdhütte B. v. 30. 8. 1996 – 4 B 117.96 – NVwZ-RR 1997, 273; zur Zulässigkeit eines Damwildgeheges *OVG Lüneburg*, Urt. v. 8. 2. 1996 – 3 L 1754/94 – UPR 1997, 113.
[409] *BVerwG*, Urt. v. 22. 11. 1985 – 4 C 71.82 – NVwZ 1986, 644 = DVBl. 1986, 413 = *Hoppe/Stüer* RzB Rdn. 411 – landwirtschaftliches Gebäude.
[410] *BVerwG*, Urt. v. 11. 4. 1986 – 4 C67.83 – ZfBR 1986, 192.
[411] *BVerwG*, B. v. 11. 3. 1997 – 4 B 13.97 – (unveröffentlicht) – Vollerwerb.
[412] *OVG Münster*, B. v. 21. 7. 1999 – 7 A 10/98 – BauR 2000, 245 = RdL 1999, 314.

2433 Das öffentliche Baurecht regelt nicht, ob ein Vorhaben bei wirtschaftlicher Betrachtungsweise „sinnvoll" ist. Derartige Entscheidungen über die **Wirtschaftlichkeit** des Vorhabens überlässt es grundsätzlich dem Eigentümer, der sein Grundstück verwerten will. Erklärt ein Bauherr ausdrücklich und aus nachvollziehbaren Gründen, an der ihm erteilten Baugenehmigung festhalten zu wollen, so darf das Gericht das Rechtsschutzinteresse für die Anfechtungsklage des Nachbarn nicht mit der Begründung verneinen, es halte die Verwirklichung der Baugenehmigung etwa für ein Außenbereichsvorhaben deshalb für äußerst unwahrscheinlich, weil sie wirtschaftlich unsinnig wäre.[413]

Beispiel: Der Nachbar wendet sich gegen eine dem Bauherrn erteilte Baugenehmigung. Das Gericht darf die Klage nicht mit der Begründung abweisen, dass die Verwirklichung des Vorhabens im Hinblick auf die geringe Ertragsmöglichkeit unwahrscheinlich sei. Ob eine Nachbarklage nutzlos, nämlich überflüssig, ist, weil der Bauherr von der Baugenehmigung keinen Gebrauch machen wird, mag sich zwar grundsätzlich nach objektiven Kriterien einschätzen lassen. Die Entscheidung über die Ausnutzung der Genehmigung trifft aber nur der Bauherr. Das Gericht kann die Entscheidung des Bauherrn zwar nach rationalen Gründen prognostizieren. Der Bauherr ist aber nicht gehalten, seine Entscheidung nach rationalen Gründen zu treffen. Ein Rechtsschutzinteresse für die Anfechtungsklage des Nachbarn besteht deshalb so lange, wie nicht mit letzter Sicherheit ausgeschlossen werden kann, dass der Bauherr von der ihm erteilten Baugenehmigung Gebrauch machen wird. Allerdings kann der Bauherr für sich und seine Rechtsnachfolger verbindlich erklären, von einer ihm erteilten Baugenehmigung keinen Gebrauch zu machen.[414]

2434 Es wäre auch mit dem Grundrecht der Berufsfreiheit in Art. 12 I GG und der Eigentumsgarantie in Art. 14 I GG kaum zu vereinbaren, wenn die Bauaufsichtsbehörde ohne gesicherte Rechtsgrundlage mittelbar eine Kontrolle wirtschaftlicher Vernunft übernehmen dürfte.[415] Ihr Auftrag ist neben der Gemeinde (vgl. § 1 III BauGB) die Durchsetzung städtebaulicher Ziele. Ergibt sich also, dass eine an sich baurechtlich zulässige Nutzung keinen Gewinn erbringen wird, so überlässt es das öffentliche Baurecht der Entscheidung des Eigentümers, ob er gleichwohl an dem Vorhaben festhalten will.[416] Soweit die Rechtsprechung in der Frage, ob ein landwirtschaftlicher Nebenerwerbsbetrieb vorliegt, auch auf einen hinreichend gesicherten Ertrag abstellt, dient dies nur der Beurteilung, ob überhaupt ein **landwirtschaftlicher „Betrieb"** i. S. des § 35 I Nr. 1 BauGB vorliegt. Nur unter dieser Voraussetzung will der Gesetzgeber es nämlich hinnehmen, dass das von ihm kraft Gesetzes privilegierte Vorhaben zu einer Beeinträchtigung des Außenbereichs führt oder doch führen kann.[417] Im Übrigen ist die Wirtschaftlichkeit eines Vorhabens nicht Voraussetzung für seine planungsrechtliche Zulässigkeit.

2435 Auch die **Tierhaltung** fällt unter die Landwirtschaft, soweit die Tiere überwiegend durch Futter ernährt werden, das auf den zum Betrieb gehörenden landwirtschaftlichen Grundstücken erzeugt wird.[418] Auch die **Pensionstierhaltung**, worunter die Unterbringung und Fütterung fremder Tiere gegen Entgelt zu verstehen ist, fällt unter die Landwirtschaft nach § 201 BauGB.[419] Die Tierhaltung kann etwa in der Erzeugung von Tieren (Tierzucht) oder in der Gewinnung tierischer Produkte liegen. Aber auch nachfolgende **Produktions- und Veredelungsstufen** können unter den Begriff der landwirtschaftlichen Tierhaltung fallen.[420]

---

[413] *BVerwG*, Urt. v. 9. 2. 1995 – 4 C 23.94 – DVBl. 1995, 760 = NVwZ 1995, 894 – Freizeitbad Köln.
[414] *BVerwG*, Urt. v. 9. 2. 1995 – 4 C 23.94 – DVBl. 1995, 760 – Freizeitbad Köln.
[415] Zum Grundeigentum als Schutzobjekt der Eigentumsgarantie und als Gegenstand verwaltungsrechtlicher Planung, Gestaltung und Schrankensetzung *Rengeling* AöR 105 (1980), 423.
[416] *BVerwG*, Urt. v. 9. 2. 1995 – 4 C 23.94 – DVBl. 1995, 760 – Freizeitbad Köln.
[417] *BVerwG*, B. v. 5. 1. 1996 – 4 B 306.95 – RdL 1996, 64 = UPR 1996, 154.
[418] *Dyong* in: Ernst/Zinkahn/Bielenberg/Krautzberger, Rdn. 13 zu § 35 BauGB.
[419] Zur früheren Rechtslage *BVerwG*, Urt. v. 19. 4. 1985 – 4 C 54.82 – NVwZ 1986, 201 = UPR 1985, 425 = *Hoppe/Stüer* RzB Rdn. 408 – Pensionspferdehaltung.
[420] *H. Schrödter* in: Schrödter, Rdn. 17 zu § 35 BauGB.

Beispiel: Eine Pferdezucht aufgrund eigener Bodenertragsnutzung kann einschließlich einer reiterlichen Erstausbildung der Jungpferde zur Landwirtschaft gehören. Eine Reit- und Bewegungshalle kann einem landwirtschaftlichen Betrieb, der auf Pferdezucht ausgerichtet ist, dienen.[421] Das Halten von lediglich zwei Reitpferden stellt allerdings keinen landwirtschaftlichen Betrieb dar.[422] Eine etwa 20 Tiere umfassende Pferdezucht auf überwiegend eigener Futtergrundlage kann auch bei einem Eigenlandanteil von nur knapp der Hälfte der bewirtschafteten Fläche und größerer Entfernung zu einem Teil der Ländereien ein landwirtschaftlicher Betrieb sein.[423] Ein Trainingsstall für Rennpferde ist nicht wie ein Pferdestall einer Pferdezucht zu beurteilen und daher nicht nach § 35 I Nr. 1 BauGB im Außenbereich privilegiert zulässig.[424] Eine Privilegierung liegt ebenfalls nicht vor, wenn ein landwirtschaftlicher Betrieb i. S. des § 35 I Nr. 1 BauGB um einen landwirtschaftsfremden Betriebsteil erweitert wird.[425] Eine Pensionspferdehaltung, die nur geringe Gewinne erwarten lässt, wird die Errichtung aufwändiger Gebäude nicht rechtfertigen.[426] Das gilt auch für eine Pferdezucht, die überwiegend auf hinzugepachteten Futterflächen betrieben werden soll.[427] Dies gilt jedenfalls dann, wenn nicht aus anderen Umständen auf die Dauerhaftigkeit des Betriebes geschlossen werden kann.[428] Offene Unterstände[429] – etwa für Pferde, Rinder oder Schafe[430] – können jedoch nach § 35 I Nr. 4 BauGB privilegiert sein.[431]

2436 Für die **Pferdehaltung** als landwirtschaftliche Betätigung hat das *VG Düsseldorf*[432] folgende Grundsätze aufgestellt:[433] Eine Pferdehaltung ist nur Landwirtschaft i. S. des § 201 BauGB, wenn das Futter in der Form der unmittelbaren Bodenertragsnutzung erzeugt wird. Ein ausgewachsenes Warmblutpferd wird auf überwiegend eigener Futtergrundlage gehalten, wenn mindestens 0,5 ha an Weidefläche pro Jahr für das Tier zur Verfügung stehen. Die landwirtschaftliche Ausgestaltung eines Nebenerwerbsbetriebes der Pferdezucht erfordert einen ausreichenden Tierbestand in einer charakteristischen Zusammensetzung. Daran fehlt es, wenn nicht annähernd 20 bis 25 Pferde gehalten werden. Eine Weidetier-

---

[421] *BVerwG*, Urt. v. 19. 4. 1985 – 4 C 25.84 – BauR 1985, 544 = *Hoppe/Stüer* RzB Rdn. 407 – Reit- und Bewegungshalle; B. v. 25. 4. 1985 – 4 B 48.85 – UPR 1985, 340 = *Hoppe/Stüer* RzB Rdn. 409 – Tierzuchtbetrieb.
[422] *BVerwG*, B. v. 29. 8. 1989 – 4 B 61.89 – ZfBR 1989, 268 = UPR 1989, 458 = DÖV 1989, 1095 = NVwZ 1990, 161 = *Hoppe/Stüer* RzB Rdn. 421 – Unterstand für Reitpferde.
[423] *OVG Saarlouis*, Urt. v. 11. 2. 1992 – 2 R 19/91 – (unveröffentlicht) – Pferdezucht; *OVG Schleswig*, Urt. v. 19. 1. 1994 – 1 L 149/92 – (unveröffentlicht) – Zuchtstuten.
[424] *BVerwG*, Urt. v. 18. 12. 1995 – 4 B 286.95 – Buchholz 406.11 § 35 BauGB Nr. 318 – Trainingsstall.
[425] *BVerwG*, Urt. v. 19. 4. 1985 – 4 C 13.82 – DÖV 1985, 1015 = *Hoppe/Stüer* RzB Rdn. 446 – Pferdezucht.
[426] *VGH Mannheim*, Urt. v. 3. 8. 1995 – 5 S 3229/94 – RdL 1996, 92 = VGHBW RspDienst 1995, Beilage 11, B5; *VG Aachen*, Urt. v. 2. 12. 1987 – 3 K 491/81 – MittStuGBNW 1989, 31 – Pferdeunterstand.
[427] So für ein Wohngebäude mit Wirtschaftsteil und zwei Stallgebäuden mit je 10 Pferdeboxen für Trabrennpferde auf einem 2,6 ha großen Grundstück und 12 ha Pachtland, *BVerwG*, B. v. 19. 7. 1994 – 4 B 140.94 – Buchholz 406.11 § 35 BauGB Nr. 301 – Pensionspferdehaltung.
[428] *VGH Mannheim*, Urt. v. 7. 11. 1994 – 8 S 976/94 – NuR 1995, 355 = RdL 1995, 90 = ZfBR 1995, 278 – Pferdezucht.
[429] *Taegen* in: Schlichter/Stich, Rdn. 51 zu § 35 BauGB.
[430] *OVG Saarlouis*, Urt. v. 22. 10. 1991 – 2 R 44/89 – ESLR 2 ÖR 9 – Schafhaltung als Ruhestandsbeschäftigung; Urt. v. 4. 11. 1993 – 2 R 9/93 – Schafhaltung, regelmäßig ist dazu nur eine einfache Einzäunung der Weiden erforderlich; so auch *VGH München*, Urt. v. 7. 12. 1992 – 15 B 91.1505 – (unveröffentlicht) – Schafunterstellhalle; *Krautzberger* in: Battis/Krautzberger/Löhr, Rdn. 48 zu § 35 BauGB; *Taegen* in: Schlichter/Stich, Rdn. 51 zu § 35 BauGB. Die reine Hobby-Tierhaltung ist allerdings keine Landwirtschaft *OVG Schleswig*, Urt. v. 31. 8. 1994 – 1 L 143/93 – (unveröffentlicht) – Schafhaltung.
[431] *BVerwG*, Urt. v. 10. 5. 1985 – 4 C 9.84 – UPR 1985, 426 = *Hoppe/Stüer* RzB Rdn. 410 – Reithalle im Landschaftsschutzgebiet.
[432] *VG Düsseldorf*, Urt. v. 4. 5. 1994 – 7 K 5002/91 – RdL 1994, 234 – Pferdehaltung.
[433] Vgl. auch *VGH Mannheim*, Urt. v. 16. 3. 1994 – 8 S 1716/93 – VGHBW RspDienst 1994, Beilage 7, B8.

haltung, die nach ihrem objektiven Zuschnitt darauf angelegt ist, einer Liebhaberei zu dienen, ist nicht gem. § 35 I Nr. 4 BauGB privilegiert. In derartigen Fällen gewinnen auch entgegenstehende bzw. beeinträchtigte öffentliche Belange ein größeres Gewicht.[434]

Die Landwirtschaft muss auf **überwiegend eigener Futtergrundlage** betrieben werden oder zumindest über landwirtschaftlich genutzte Flächen verfügen, auf denen eine entsprechende Futtergrundlage erzeugt werden könnte. Ein Betrieb ohne entsprechende Flächen für eine eigene Futtergrundlage fällt nicht unter den Begriff der Landwirtschaft i. S. des § 201 BauGB.

Beispiel: Bei einer Geflügelvermehrungszucht, die ganz oder überwiegend auf zugekaufter Futtergrundlage betrieben wird und die auch nicht über entsprechende landwirtschaftliche Flächen verfügt, handelt es sich nicht um Landwirtschaft i. S. von § 35 I Nr. 1 BauGB,[435] sondern um einen nach § 35 II BauGB zu beurteilenden nicht privilegierten Gewerbebetrieb.

In aller Regel genügt eine landwirtschaftliche Betätigung, die ausschließlich oder weit überwiegend auf fremdem Grund und Boden zu verwirklichen ist, nicht den Voraussetzungen für eine Privilegierung i. S. des § 35 I Nr. 1 BauGB. Die **Pacht** vermag zwar zur Privilegierung beizutragen,[436] kann aber regelmäßig nicht alleinige Grundlage eines landwirtschaftlichen Betriebes i. S. des § 35 I Nr. 1 BauGB sein.[437] Denn schon wegen der begrenzten Dauer der Pacht wird vielfach die Nachhaltigkeit der landwirtschaftlichen Tätigkeit in solchen Fällen fehlen.[438] Je umfangreicher eine derartige Hinzupacht ist, umso unsicherer wird, ob angesichts der spezifischen Schwäche des Pachtlandes als einer nur schuldrechtlichen und von den Vertragsparteien jederzeit aufhebbaren Zuordnung die erforderliche Nachhaltigkeit gewährleistet ist.[439] In aller Regel wird daher eine landwirtschaftliche Betätigung, die nur oder im Wesentlichen auf fremdem Grund und Boden verwirklicht ist, gegen eine Privilegierung nach § 35 I 1 BauGB sprechen.[440] Bei der Berücksichtigung von Pachtflächen bedarf es daher langfristiger Sicherungen. Bei dem Verhältnis von Eigentums- und Pachtflächen handelt es sich allerdings stets nur um ein Indiz für die Beantwortung der Frage, ob ein landwirtschaftlicher Betrieb vorliegt.[441] Auch insoweit lassen sich keine schematischen oder abstrakten Berechnungsformeln aufstellen. Allerdings können etwa enge verwandtschaftliche Beziehungen zwischen Pächter und Verpächter für die Langfristigkeit der Nutzung sprechen. Dies gilt auch für einen Nebenerwerbsbetrieb, wenn der Hauptbetrieb und die Landwirtschaft in engem Zusammenhang stehen.[442]

Die Merkmale, die einen landwirtschaftlichen Betrieb kennzeichnen, sind grundsätzlich **bodenbezogen** und nicht personenbezogener Natur. Eine Privilegierung ergibt sich

---

[434] *VGH Mannheim*, Urt. v. 16. 3. 1994 – 8 S 1716/93 – VGHBW RspDienst 1994, Beilage 7, B8.
[435] *BVerwG*, B. v. 14. 11. 1989 – 4 B 194.89 – *Hoppe/Stüer* RzB Rdn. 423 – Geflügelzuchtbetrieb.
[436] *BVerwG*, B. v. 13. 5. 1991 – 4 B 66.91 – Buchholz 406.11 § 35 BauGB Nr. 271 = *Hoppe/Stüer* RzB Rdn. 427 – landwirtschaftlicher Pachtbetrieb.
[437] *BVerwG*, Urt. v. 3. 11. 1972 – 4 C 9.70 – BVerwGE 41, 138; Urt. v. 13. 4. 1983 – 4 C 62.78 – Buchholz 406.11 § 35 BBauG Nr. 200 = RdL 1983, 173; B. v. 3. 2. 1989 – 4 B 14.89 – BauR 1989, 182; B. v. 22. 2. 1991 – 4 B 124.90 – *Hoppe/Stüer* RzB Rdn. 426 – Nebenerwerbsbetrieb.
[438] *BVerwG*, Urt. v. 24. 8. 1979 – IV C 3.77 – BRS 35, 60 = DÖV 1979, 905; Urt. v. 11. 4. 1986 – 4 C 67.82 – Buchholz 406.11 § 35 BBauG Nr. 234 = BauR 1986, 419; B. v. 3. 2. 1989 – 4 B 14.89 – Buchholz 406.11 § 35 BauGB Nr. 253 = RdL 1989, 149 = ZfBR 1989, 177.
[439] *BVerwG*, Urt. v. 3. 11. 1972 – 4 C 9.70 – BVerwGE 41, 138 = DVBl. 1973, 643 = BauR 1973, 101 – landwirtschaftlicher Betrieb.
[440] So für die beabsichtigte Ponyzucht eines Zahnarztes auf ausschließlich gepachteten Flächen *OVG Saarlouis*, Urt. v. 31. 5. 1994 – 2 R 4/93 – (unveröffentlicht). Im Übrigen hält das Gericht im Hinblick auf das Nutzungspotenzial die Zulassung eines einfachen Weideunterstandes für ausreichend.
[441] *BVerwG*, Urt. v. 19. 5. 1995 – 4 B 107.95 – Buchholz 406.11 § 35 BauGB Nr. 310.
[442] *VGH Mannheim*, Urt. v. 21. 6. 1993 – 8 S 2970/92 – AgrarR 1995, 387 = NuR 1994, 140 = UPR 1994, 160.

daher nicht allein aus einer sonst bestehenden Existenzgefährdung. Auch eine Erkrankung kann nicht berücksichtigt werden. Lediglich bei der Prüfung der Ernsthaftigkeit und Nachhaltigkeit der Betriebsführung können persönliche Merkmale[443] eine Rolle spielen.[444] So können etwa frühere Absichten eines Bauwilligen Schlüsse auf die Ernsthaftigkeit seiner nunmehr verfolgten Pläne zulassen.[445]

2440 Nicht der Landwirtschaft, sondern dem **Gewerbe** unterfallen auf Stallhaltung beschränkte Anlagen der **Schweine- oder Hühnerzucht**,[446] die nicht auf eine entsprechende eigene Futtergrundlage zurückgreifen können.[447] Wird etwa das Futter ganz überwiegend zugekauft, so fehlt es an der erforderlichen eigenen Futtergrundlage und damit an der Bodenertragsnutzung. Wird das Futter dagegen überwiegend auf eigener Futtergrundlage gewonnen, so steht selbst einem erheblichen Zukauf von Futter die landwirtschaftliche Betätigung nicht entgegen. Die Privilegierungsvoraussetzungen des § 35 I Nr. 1 BauGB müssen auch bei der Umsiedlung eines landwirtschaftlichen Betriebes auf andere Außenbereichsflächen oder bei einer Aussiedlung aus einer Ortslage in den Außenbereich gegeben sein.[448] Allerdings kann der bereits bestehende Betrieb überzeugende Anhaltspunkte dafür geben, dass eine nachhaltige landwirtschaftliche Bodenertragsnutzung erfolgt. Der Fortbestand eines solchen landwirtschaftlichen Betriebes darf bei der Beurteilung der Privilegierungsvoraussetzungen zur Rechtfertigung des Vorhabens eingestellt werden.

2441 Der **Gartenbau** dient der Gewinnung pflanzlicher Erzeugnisse über den Eigenbedarf hinaus zur Gewinnerzielung.[449] Auch eine **Champignonzucht** gehört als gartenbauliche Erzeugung zur Landwirtschaft i. S. des § 201 BauGB, selbst wenn eine unmittelbare Bodennutzung fehlen sollte.[450] Der Gartenbaubetrieb muss allerdings speziell auf den Außenbereich angewiesen sein und einen entsprechenden Zuschnitt haben.[451] Das Vorhaben darf nur einen untergeordneten Teil der gartenbaulichen Betriebsfläche einnehmen. Weitergehende Privilegierungsmöglichkeiten ergeben sich aus § 35 I Nr. 2 BauGB. Ein Betrieb zur Anlage und Pflege privater Gärten bzw. öffentlicher Anlagen (Landschaftsbaubetrieb) ist daher als allgemeiner gewerblicher Betrieb nicht nach § 35 I Nr. 1 BauGB im Außenbereich privilegiert bevorrechtigt zulässig. Vorhaben, die dieser Betätigung dienen, können allerdings privilegiert sein, wenn eine angegliederte Baumschule[452] einen bedeutenden Betriebszweig eines Landschaftsbaubetriebes bildet.[453]

---

[443] *BVerwG*, B. v. 3. 2. 1989 – 4 B 14.89 – BauR 1989, 182 = UPR 1989, 425 = *Hoppe/Stüer* RzB Rdn. 415 – Nebenerwerbslandwirt; B. v. 16. 2. 1989 – 4 B 30.89 – *Hoppe/Stüer* RzB Rdn. 416 – Existenzgefährdung.

[444] *BVerwG*, B. v. 16. 2. 1989 – 4 B 30.89 – *Hoppe/Stüer* RzB Rdn. 416 – Existenzgefährdung.

[445] *BVerwG*, B. v. 16. 9. 1988 – 4 B 165.88 – *Hoppe/Stüer* RzB Rdn. 414 – Nebenerwerbsbetrieb.

[446] *BVerwG*, B. v. 14. 11. 1989 – 4 B 194.89 – *Hoppe/Stüer* RzB Rdn. 423 – Geflügelzuchtbetrieb; *OVG Lüneburg*, Urt. v. 14. 7. 1989 – 6 A 152/87 – OVGE 41, 412 = NVwZ-RR 1990, 232 – Putenmaststall; *Upmeier* HdBöffBauR Kap. A Rdn. 583.

[447] *BVerwG*, Urt. v. 26. 11. 1969 – IV C 20.69 – Buchholz 406.11 § 35 BBauG I Nr. 4 Hühnerhaltung; *OVG Saarlouis*, Urt. v. 2. 12. 1991 – 2 R 71/89 – (unveröffentlicht) – Schweinezucht.

[448] *OVG Lüneburg*, Urt. v. 28. 9. 1994 – 1 L 155/93 – AgrarR 1995, 315 = RdL 1995, 315 – Aussiedlung.

[449] *Gelzer* BauR 1987, 485; *Hasse* BauR 1986, 168; *Hauth* BauR 1993, 673; *Herder* AgrarR 1985, 102.

[450] *OVG Lüneburg*, Urt. v. 12. 11. 1992 – 1 L 248/69 – DVBl. 1993, 674 = NuR 1993, 395 = ZfBR 1993, 149; *Krautzberger* in: Battis/Krautzberger/Löhr, Rdn. 48 zu § 35 BauGB.

[451] *BVerwG*, B. v. 15. 7. 1996 – 4 NB 23.96 – BauR 1996, 816 = NVwZ-RR 1997, 9. Der Begriff des Gartenbaubetriebes wird auch in der BauNVO als eigenständiger städtebaulicher Nutzungsbegriff verstanden.

[452] Zur Nachhaltigkeit des Betriebes einer Baumschule als landwirtschaftlicher Nebenerwerbsbetrieb *OVG Schleswig*, Urt. v. 28. 3. 1995 – 1 L 156/94 – (unveröffentlicht).

[453] *BVerwG*, Urt. v. 30. 11. 1984 – 4 C 27.81 – ZfBR 1995, 93; *VGH Mannheim*, Urt. v. 13. 11. 1989 – 8 S 1087/89 – AgrarR 1991, 80 = NuR 1991, 134 = UPR 1990, 459.

Berufsmäßige **Binnenfischerei** ist die Aneignung wild lebender Tiere in natürlichen Gewässern, wenn die Tätigkeit nachhaltig und erwerbswirtschaftlich ist.[454] Ein Fischereibetrieb mit Fischzuchtanlage ist allerdings kein landwirtschaftlicher Betrieb i. S. des § 201 BauGB.[455] Der Wechsel von der landwirtschaftlichen zur fischereiwirtschaftlichen Nutzung einer Fläche durch Herstellung von Fischteichen fällt nicht unter den Begriff der guten fachlichen Praxis i. S. des § 18 II BNatSchG.[456] Privilegiert zulässig nach § 35 I Nr. 1 BauGB sind nur Fischerhütten und sonstige erforderliche Gebäude für die berufsmäßige Binnenfischerei.[457] Nicht der berufsmäßigen Binnenfischerei dienende Fischerhütten können privilegiert ausschließlich nach § 35 I Nr. 3 BauGB zulässig sein und unterliegen damit strengeren Maßstäben, als sie für die für die Zulässigkeit von der Landwirtschaft dienenden Vorhaben nach § 35 I Nr. 1 BauGB gelten.[458] Privilegiert nach § 35 I Nr. 3 BauGB sind Fischerhütten nur, wenn sie zur Ausübung der auf Ertrag angelegten Fischerei erforderlich sind, nicht aber solche Hütten,[459] die einer ausschließlichen Liebhaberei dienen.[460] Denn Bauvorhaben, deren Zweck letztlich nur auf eine individuelle und die Allgemeinheit ausschließende Nutzung des Außenbereichs hinausläuft,[461] sollen im Außenbereich grundsätzlich nicht errichtet werden.[462] Darüber hinaus können nach § 35 I Nr. 3 oder 4 BauGB auch Fischerhütten zulässig sein, die dazu dienen, einer landesrechtlich angeordneten Verpflichtung zur Fischpflege nachzukommen.[463] Eine Fischerei, die über einen recht geringfügigen Umfang nicht hinausgeht, wird nicht erwerbswirtschaftlich betrieben und ist daher nicht nach § 35 I Nr. 1 BauGB privilegiert.[464] Eine Fischzuchtanlage ist ebenfalls nicht privilegiert, wenn der Fischbesatz ohne die nach dem Landesrecht erforderliche Genehmigung eingebracht ist.[465] Auch grundsätzlich privilegierte Anlagen zur Fischzucht können im Einzelfall unzulässig sein, wenn sie die Eigenart der natürlichen Landschaft beeinträchtigen und ihnen daher öffentliche Belange entgegenstehen.[466]

---

[454] *Taegen* in: Schlichter/Stich, Rdn. 19 zu § 35 BauGB.
[455] *BVerwG*, Urt. v. 14. 5. 1969 – 4 C 19.68 – BVerwGE 34, 1 = *Hoppe/Stüer* RzB Rdn. 401 – Fischereibetrieb.
[456] *BVerwG*, B. v. 29. 11. 1985 – 4 B 213.85 – Buchholz 406.401 § 8 BNatSchG Nr. 3 = DÖV 1986, 576 = NuR 1991, 98 = ZfBR 1986, 197, so für die ordnungsgemäße landwirtschaftliche oder fischereiwirtschaftliche Bodennutzung (§ 8 VII BNatSchG 1993).
[457] *Taegen* in: Schlichter/Stich, Rdn. 51 zu § 35 BauGB; *VGH München*, Urt. v. 25. 11. 1997 – 27 B 95.3466 – RdL 1998, 117 = NuR 1998, 373 – Fischerhütte; Urt. v. 9. 12. 1997 – 2 B 94.1245 – RdL 1998, 175 – Fischereihütte.
[458] Dienen Fischerhütten lediglich der Freizeitgestaltung, sind sie nicht privilegiert zulässig, so *Taegen* in: Schlichter/Stich, Rdn. 48 zu § 35 BauGB.
[459] Zu Hütten für einen Nebenerwerbsbetrieb *OVG Schleswig*, Urt. v. 16. 12. 1993 – 1 L 58/92 – (unveröffentlicht).
[460] *BVerwG*, B. v. 29. 9. 1965 – 4 B 199.65 – Buchholz 406.11 § 35 Nr. 18b – Fischerhütte; B. v. 29. 11. 1965 – 4 B 48.65 – BBauBl. 1966, 213 = Buchholz 406.11 zu § 35 BBauG Nr. 19 – Sommerhaus. Zu einer Hobby-Teichanlage *VG Koblenz*, Urt. v. 29. 10. 1990 – 1 K 207/89 – NuR 1991, 196; *VGH Mannheim*, Urt. v. 7. 7. 1988 – 8 S 2327/87 – (unveröffentlicht); *BVerwG*, B. v. 9. 3. 1973 – 4 B 110.72 – (unveröffentlicht) – Fischzucht; *Krautzberger* in: Battis/Krautzberger/Löhr, Rdn. 48 zu § 35 BauGB.
[461] Zur Bedeutung der Gemeinwohlbezogenheit bei der öffentlich-rechtlichen Beurteilung *Ule*, Wohl der Allgemeinheit und öffentliche Interessen 1968, 125.
[462] *BVerwG*, B. v. 21. 6. 1994 – 4 B 113.94 – (unveröffentlicht) – Fischerhütte.
[463] *BVerwG*, Urt. v. 4. 11. 1977 – 4 C 30.75 – Buchholz 406.11 § 35 BBauG Nr. 143 = BRS 32 Nr. 64.
[464] *OVG Saarlouis*, Urt. v. 26. 10. 1993 – 2 R 22/92 – AS RP-SL 24, 267.
[465] *VGH Mannheim*, Urt. v. 19. 11. 1987 – 5 S 721/87 – ESVGH 38, 317 = AgrarR 1989, 136 = NuR 1989, 38 – Fischzuchtanlage.
[466] *BVerwG*, B. v. 1. 4. 1993 – 7 B 148.92 – RdL 1993, 251.

2443 Die nicht unter den Begriff Landwirtschaft fallende **Forstwirtschaft**,[467] für die das BauGB im Gegensatz zur Landwirtschaft (§ 201 BauGB) keine Legaldefinition enthält, beinhaltet die planmäßige Bewirtschaftung des Waldes. Die Forstwirtschaft i. S. des § 35 I Nr. 1 BauGB ist durch folgende Merkmale gekennzeichnet: Ähnlich wie bei der Landwirtschaft ist die Privilegierung an eine bestimmte Form der Bodenbewirtschaftung und Bodennutzung geknüpft.[468] Die Bewirtschaftung erstreckt sich darauf, Wald im Rahmen der gesetzlichen Zweckbestimmung (vgl. § 1 BWaldG) unter Berücksichtigung seiner Schutz- und Erholungsfunktion zu pflegen, zu nutzen und für die Wiederaufforstung kahl geschlagener oder verlichteter Flächen zu sorgen. Damit § 35 I Nr. 1 BauGB tatbestandlich eingreift, muss hinzukommen, dass die forstwirtschaftliche Bodennutzung in betrieblich organisierter Form planmäßig und eigenverantwortlich ausgeübt wird.[469] Die forstwirtschaftlichen Betriebe müssen eine entsprechende Größe haben, um die Basis für eine bauliche Maßnahme zu geben. Kleinere forstwirtschaftliche Betriebe genügen diesen Anforderungen nicht. Es ist daher eine erhebliche Flächengröße erforderlich, die eine privilegierte Gebäudeerrichtung rechtfertigen würde. Zudem muss bei Art und Größe der dadurch gerechtfertigten baulichen Anlagen auf den besonderen Privilegierungszweck der Forstwirtschaft Rücksicht genommen werden. Ein Jagdhaus mit Wohnteil etwa wird nur dann für einen forstwirtschaftlichen Betrieb erforderlich sein, wenn die forstwirtschaftliche Betriebsfläche mehrere 100 ha umfasst.[470] Denn eine hauptberuflich betriebene Forstwirtschaft setzt eine entsprechende Wirkungsstätte voraus. Die Größe einer Eigenjagd (75 ha) wird dazu als forstwirtschaftliche Fläche nicht ausreichen. Hinsichtlich der Dauerhaftigkeit der forstwirtschaftlichen Betätigung muss eine Prognose erstellt werden. Die bloße Möglichkeit, ein beabsichtigtes privilegiertes Wohn- und Wirtschaftsgebäude irgendwann in ein Mehrfamilienhaus umzuwandeln, nimmt ihm allerdings nicht die dienende Funktion i. S. des § 35 I Nr. 1 BauGB, wenn es tatsächlich den gegenwärtigen und auf Dauer absehbaren Betriebserfordernissen angemessen ist.[471] Ein forstwirtschaftlicher Betrieb muss gegenüber einem Gewerbebetrieb abgegrenzt werden. So ist etwa ein Unternehmen, das sich mit Holzhandel und Holzeinschlag befasst, kein forstwirtschaftlicher Betrieb i. S. des § 35 I Nr. 1 BauGB, sondern ein forstwirtschaftlicher Lohn- oder Dienstleistungsbetrieb, der nicht nach § 35 I Nr. 1 BauGB privilegiert ist.[472] Auch ein Betrieb, der forstwirtschaftliche Arbeiten für Dritte ausführt, ist kein forstwirtschaftlicher Betrieb i. S. des § 35 I Nr. 1 BauGB.[473] Auch **forstwirtschaftliche Nebenerwerbsbetriebe** können forstwirtschaftliche Betriebe i. S. des § 35 I Nr. 1 BauGB

---

[467] *Dyong* in: Ernst/Zinkahn/Bielenberg/Krautzberger, Rdn. 16 zu § 35 BauGB; *Krautzberger* in: Battis/Krautzberger/Löhr, Rdn. 12 zu § 35 BauGB; *H. Schrödter* in: Schrödter, Rdn. 16 zu § 35 BauGB; *Taegen* in: Schlichter/Stich, Rdn. 19 zu § 35 BauGB.
[468] *BVerwG*, Urt. v. 13. 1. 1967 – 4 C 47.65 – BRS 18 Nr. 32; Urt. v. 16. 5. 1991 – 4 C 2.89 – Buchholz 406.11 § 35 BauGB Nr. 272.
[469] *BVerwG*, Urt. v. 4. 3. 1983 – 4 C 69.79 – Buchholz 406.11 § 35 BBauG Nr. 198; vgl. für die Landwirtschaft auch Urt. v. 13. 12. 1984 – 4 C 22.73 – Buchholz 406.11 § 35 BBauG Nr. 115; Urt. v. 19. 4. 1985 – 4 C 54.82 – Buchholz 406.11 § 35 BBauG Nr. 226; Urt. v. 11. 4. 1986 – 4 C 67.82 – Buchholz 406.11 § 35 BBauG Nr. 234.
[470] Im Übrigen ist ein Jagdhaus nicht vernünftigerweise geboten, vgl. zur Jagdkanzel *OVG Lüneburg*, Urt. v. 17. 10. 1988 – 1 A 108/85 – NuR 1989, 299 – Hochsitz.
[471] *BVerwG*, Urt. v. 22. 11. 1985 – 4 C 71.82 – NVwZ 1986, 644 = DVBl. 1986, 413 = Hoppe/Stüer RzB Rdn. 411 – landwirtschaftliches Gebäude.
[472] So *OVG Saarlouis*, Urt. v. 7. 11. 1995 – 2 R 17/94 – (unveröffentlicht) – Holzhandel. Die Frage, ob der Grundstückseigentümer zur Abhaltung des Wildes auch einen Zaun errichten darf, bestimmt sich nach den Vorschriften des Bauplanungs-, Bauordnungs- und Naturschutzrechts *VGH Mannheim*, Urt. v. 18. 9. 1991 – 3 S 1960/91 – NuR 1992, 187 – Wildschutzzaun: Ein dicht am Wald gelegenes Außenbereichsgrundstück ist zur kleingärtnerischen Nutzung ungeeignet, wenn ohne Einfriedigung die Gefahr erheblicher Wildverbissschäden besteht.
[473] *BVerwG*, B. v. 19. 2. 1996 – 4 B 20.96 – NVwZ-RR 1997, 9 = BauR 1996, 521 – Lohnunternehmen.

sein. Es muss allerdings eine erwerbswirtschaftliche Betätigung gegeben sein. So kann etwa eine Gerätehalle, die einem forstwirtschaftlichen Nebenerwerbsbetrieb dient, nach § 35 I Nr. 1 BauGB privilegiert sein.[474]

Gemischt-landwirtschaftliche Betriebe müssen nach ihren jeweiligen Schwerpunkten beurteilt werden.[475] Wird ein landwirtschaftlicher Betrieb durch Angliederung eines nicht-landwirtschaftlichen Betriebsteils erweitert (Landschaftsgärtnerei),[476] so kann dieser Betriebsteil in gewissen Grenzen an der Privilegierung teilnehmen.[477] Auch kann ein landwirtschaftlicher Betrieb einen **Nebenbetrieb** eines gewerblichen Betriebes darstellen. Dies gilt etwa für den Erwerbsgartenbau als Nebenbetrieb eines Blumengeschäfts.[478]

Schank- und Speisewirtschaften dienen einem landwirtschaftlichen Betrieb in der Regel nicht, sondern sind eigenständige Betriebsformen.[479] So nimmt etwa die Gaststätte eines Winzerbetriebes im Außenbereich nicht an der Privilegierung nach § 35 I Nr. 1 BauGB teil.[480] Ländliche **Verkaufsstellen** etwa für selbsterzeugte landwirtschaftliche Produkte (Kartoffeln, Schinken und Wurstwaren, Spargel, Milch, Bienenhonig[481]) oder **Probierstuben** können dann dem landwirtschaftlichen Betrieb dienen, wenn im landwirtschaftlichen Direktverkauf ganz überwiegend eigene Produkte vermarktet werden.

Beispiel: In einer ländlichen Verkaufsstelle werden überwiegend selbsterzeugte landwirtschaftliche Produkte verkauft. Die Verkaufsstelle nimmt daher als **Sebstvermarktung aus eigener Bodenbewirtschaftung**[482] in der Regel an der Privilegierung der Landwirtschaft teil. Ein gastronomischer Betrieb, in dem überwiegend fremderzeugte Produkte abgesetzt werden, übersteigt demgegenüber das Maß dessen, was als „bodenrechtliche Nebensache" an der Privilegierung eines landwirtschaftlichen Betriebs teilhaben könnte.[483] Andernfalls könnte praktisch jeder landwirtschaftliche Betrieb um einen „Gaststättenteil" erweitert werden, wenn darin auch eigenerzeugte Produkte zum Verzehr angeboten werden.[484] Auch eine Ausflugsgaststätte ist kein nach § 35 I Nr. 1 oder 5 BauGB privilegierter Betrieb.[485] Derartige Vorhaben bedürfen vielmehr regelmäßig einer sie zulassenden Bauleitplanung.[486]

In einem gewissen Umfang kann allerdings die Vermietung an **Pensionsgäste** als Teil eines landwirtschaftlichen Betriebes privilegiert sein.[487] Derartige Modelle von „Ferien auf dem Bauernhof"[488] sind allerdings nur dann privilegiert, wenn sie über einen gewissen Umfang nicht hinausgehen und im Verhältnis zum landwirtschaftlichen Kernbetrieb

---

[474] *VGH Kassel*, Urt. v. 11. 12. 1991 – UE 372/89 – NuR 1992, 283 = RdL 1992, 203 – Haubergswirtschaft.
[475] *Krautzberger* in: Battis/Krautzberger/Löhr, Rdn. 14 zu § 35 BauGB; *Nies* AgrarR 1986, 207; *H. Schrödter* in: Schrödter, Rdn. 16 zu § 35 BauGB.
[476] *Taegen* in: Schlichter/Stich, Rdn. 51 zu § 35 BauGB.
[477] *BVerwG*, Urt. v. 30. 11. 1984 – 4 C 27.81 – DÖV 1985, 830 = *Hoppe/Stüer* RzB Rdn. 406 – gemischte Tätigkeit.
[478] *Dyong* in: Ernst/Zinkahn/Bielenberg/Krautzberger, Rdn. 21 zu § 35 BauGB.
[479] So für eine Besenwirtschaft als Nebenerwerbsbetrieb *VGH Mannheim*, Urt. v. 6. 2. 1991 – 3 S 2873/90 – NuR 1991, 431 = RdL 1991, 431.
[480] *BVerwG*, B. v. 24. 2. 1989 – 4 B 23.89 – BRS 49 (1989), Nr. 96 (S. 232) = *Hoppe/Stüer* RzB Rdn. 417 – Winzerbetrieb.
[481] *BVerwG*, B. v. 9. 10. 1992 – 4 B 189.92 – *Hoppe/Stüer* RzB Rdn. 430 – Imkerei.
[482] *VGH Mannheim*, Urt. v. 15. 2. 1996 – 3 S 233/95 – NuR 1996, 610 – Selbstpflücker.
[483] *BVerwG*, B. v. 24. 2. 1989 – 1 B 23.89 – NVwZ 1989, 559.
[484] *Weyreuther*, Bauen im Außenbereich, 1979, 239.
[485] *BVerwG*, Urt. v. 16. 6. 1994 – 4 C 20.93 – DVBl. 1994, 1141; B. v. 23. 6. 1995 – 4 B 22.95 – Buchholz 406.11 § 35 BauGB Nr. 312 – Fischzuchtbetrieb.
[486] *BVerwG*, B. v. 23. 6. 1995 – 4 B 22.95 – Buchholz 406.11 § 35 BauGB Nr. 312 – Fischzuchtbetrieb.
[487] *Mainczyk*, Rdn. 8 zu § 35 BauGB.
[488] *OVG Schleswig*, Urt. v. 2. 12. 1993 – 1 L 130/92 – (unveröffentlicht).

nur eine untergeordnete Bedeutung haben.[489] Auch ist erforderlich, dass bei der Bewirtung der Pensionsgäste die Versorgung mit eigenen landwirtschaftlichen Produkten im Vordergrund steht. Auch darf durch die Unterbringung der Gäste nicht einen solchen Umfang erreichen, dass zusätzliches Personal erforderlich wird. Im Übrigen ergeben sich erleichterte Zulässigkeitsmöglichkeiten nach § 35 IV 1 Nr. 1 BauGB, wenn ein vorhandenes, bisher landwirtschaftlich genutztes Gebäude zu Wohnzwecken umgebaut werden soll.[490]

2447 Das Vorhaben muss dem landwirtschaftlichen Betrieb **dienen**, sich also dem eigentlichen Betriebszweck unterordnen, einfügen und angemessen sein. Dabei muss die gesetzgeberische Wertung eines Außenbereichsschutzes im Vordergrund stehen. Es reicht daher nicht aus, dass die Verwirklichung eines Vorhabens aus der Sicht des Eigentümers zweckmäßig ist. Ein Vorhaben dient einem landwirtschaftlichen Betrieb nur dann, wenn ein **vernünftiger Landwirt**, auch und gerade unter Berücksichtigung des Gebots größtmöglicher Schonung des Außenbereichs, dieses Vorhaben mit etwa gleichem Verwendungszweck und mit etwa gleicher Gestaltung und Ausstattung für einen entsprechenden Betrieb errichten würde[491] und das Vorhaben durch diese Zuordnung zu dem konkreten Betrieb auch äußerlich erkennbar geprägt wird.[492] Vernünftig ist danach ein Vorhaben, wenn für seine Ausführung sachgerechte und einleuchtende Gründe sprechen, wobei der Landwirt nicht verpflichtet ist, die aus seiner Sicht beste Entscheidung zu treffen. Es muss sich vielmehr um eine vernünftige betriebliche Lösung handeln. So kann etwa ein Vorhaben, das zwar nach landwirtschaftlichen Erkenntnissen für einen Betrieb nicht unbedingt erforderlich ist, einem Betrieb dienen, wenn es nach der individuellen Wirtschaftsweise tatsächlich dem Betrieb gewidmet ist und durch diese Widmung gekennzeichnet ist.[493] Ein Aussiedlungsvorhaben kann auch dann dem landwirtschaftlichen Betrieb dienen, wenn die Möglichkeit der Althofsanierung in der Ortslage bestünde.[494] Stehen die **Errichtungskosten** eines Vorhabens in keinem angemessenen Verhältnis zu den betrieblichen Vorteilen, so wird das Vorhaben regelmäßig einem land- oder forstwirtschaftlichen Betrieb nicht dienen.[495] Ein Bauwerk, das von seinen Dimensionen her nicht auf die betrieblichen Bedürfnisse abgestimmt ist, wird diesen Anforderungen[496] nicht gerecht.[497] Vor allem erfüllen **„Tarnvorhaben"** die Privilegierung nicht.[498]

Beispiel: In einem großen, ungenehmigt errichteten Gewächshaus sollen einige Gänseküken aufgezogen werden. Ein „vernünftiger Landwirt" richtet seine Betriebsplanung danach aus, ob die Aufzucht von Gänseküken in einem zuvor für den Gemüseanbau erstellten Gewächshaus generell geeignet und kostenmäßig gewinnbringend ist, und nicht danach, ob mit besonderem Aufwand[499] die

---

[489] *OVG Münster*, Urt. v. 25. 5. 1998 – 7 A 1056/98 – AgrarR 1999, 63: Die Vermietung von Ferienwohnungen stellt keine von der eigentlichen landwirtschaftlichen Tätigkeit mitgezogene, privilegierte Nutzung dar.
[490] Hier sind neben den landwirtschaftlich zweckgebundenen Wohnungen drei weitere Wohnungen zulässig, *Dyong* in: Ernst/Zinkahn/Bielenberg/Krautzberger, Rdn. 40 zu § 35 BauGB.
[491] *BVerwG*, Urt. v. 3. 11. 1972 – 4 C 9.70 – BVerwGE 41, 138 – landwirtschaftlicher Betrieb; B. v. 12. 6. 1989 – 4 B 110.89 – *Hoppe/Stüer* RzB Rdn. 418 – Heulager.
[492] *BVerwG*, Urt. v. 3. 11. 1972 – 4 C 9.70 – BVerwGE 41, 138 – landwirtschaftlicher Betrieb; Urt. v. 16. 5. 1991 – 4 C 2.89 – Buchholz 406.11 § 35 BauGB Nr. 272.
[493] *BVerwG*, Urt. v. 30. 6. 1964 – I C 80.62 – Buchholz 406.11 § 35 BBauG Nr. 11; Urt. v. 13. 1. 1967 – 4 C 47.65 – DVBl. 1967, 287 = Buchholz 406.11 § 35 BBauG Nr. 34.
[494] *VGH Koblenz*, Urt. v. 22. 9. 1989 – 8 A 68/88 – RdL 1989, 317 – Aussiedlung.
[495] *BVerwG*, B. v. 10. 3. 1993 – 4 B 254.92 – Buchholz 406.11 § 35 BauGB Nr. 284 = *Hoppe/Stüer* RzB Rdn. 432 – Landarbeiterwohnhaus.
[496] *BVerwG*, B. v. 16. 3. 1993 – 4 B 15.93 – UPR 1993, 303 = NVwZ-RR 1993, 396 = ZfBR 1993, 251 = DÖV 1993, 869 = NuR 1993, 389 = *Hoppe/Stüer* RzB Rdn. 433 – Lagerhalle; B. v. 31. 8. 1993 – 4 B 150.93 – *Hoppe/Stüer* RzB Rdn. 434 – Schutzhütte für Pferde.
[497] *BVerwG*, B. v. 31. 8. 1993 – 4 B 150.93 – *Hoppe/Stüer* RzB Rdn. 434 – Schutzhütte für Pferde.
[498] *BVerwG*, B. v. 12. 6. 1989 – 4 B 110.89 – *Hoppe/Stüer* RzB Rdn. 418 – Heulager.
[499] Hilfe durch zusätzliche Wärmequellen oder Lüftungshilfen.

Aufzucht solcher Tiere im Einzelfall möglich und angesichts des sonst abzubrechenden Gewächshauses ausnahmsweise sogar wirtschaftlich günstig sein mag.[500] Dabei ist die Reichweite der jeweiligen Genehmigung zu berücksichtigen. Wer die Genehmigung einer Terrasse mit Unterstellraum beantragt, erhält, wenn seinem Antrag entsprochen wird, nicht die Genehmigung eines Pferdestalls.[501]

Es ist allerdings nicht erforderlich, dass das Vorhaben für die landwirtschaftliche Betriebsführung unerlässlich ist oder die landwirtschaftliche Nutzung mit der Vorhabenverwirklichung „steht und fällt". Ist eine bestimmte landwirtschaftliche Nutzung privilegiert, so kann ein Vorhaben auch dann zulässig sein, wenn es aus betriebswirtschaftlicher Sicht nicht zwingend, aber zweckmäßig ist. Es reicht bereits aus, dass es nach der individuellen Betriebsweise tatsächlich dem Betrieb gewidmet ist und durch diese Widmung auch geprägt wird.[502] Unter die Privilegierung fallen dabei **Betriebsgebäude** des Landwirts ebenso wie **Wohngebäude**, die der Unterbringung des Landwirts und seiner Familie dienen. Nicht privilegiert sind etwa Freizeitgebäude außerhalb der Hofstelle. Ein Vorhaben dient einem landwirtschaftlichen Betrieb nicht, wenn es nach seiner Beschaffenheit, Gestaltung oder Ausgestaltung nicht durch diesen Verwendungszweck geprägt wird.

Das Vorhaben muss auch in seiner **räumlichen Zuordnung** zu den landwirtschaftlichen Flächen dem Betrieb dienen. Der Gebäudestandort im Außenbereich muss daher durch die betrieblichen Erfordernisse veranlasst sein. Dies setzt allerdings nicht voraus, dass sich die Betriebsgebäude stets mitten in der Betriebsfläche oder in deren unmittelbarer Nähe befinden.[503] Ein Vorhaben dient einem land- oder forstwirtschaftlichen Betrieb, wenn es nach der konkreten Wirtschaftsweise dem Betrieb funktional zugeordnet und nach seiner Gestalt und Ausstattung durch den betrieblichen Verwendungszweck geprägt ist. Liegen diese Voraussetzungen vor, kann die privilegierte Zulässigkeit eines Vorhabens auf den Betriebsflächen im Außenbereich nicht mit der Begründung verneint werden, der Betrieb könne ohne nennenswerte Nachteile auch von einem im Innenbereich gelegenen Gebäude aus bewirtschaftet werden.[504] Je mehr der Landwirt auf den von ihm gewählten Standort im Außenbereich angewiesen ist, umso stärker schlägt die Privilegierung gegenüber den öffentlichen Belangen zu Buche. Für einen landwirtschaftlichen Betrieb mit verstreut liegenden Betriebsflächen kann die Privilegierung der Hofstelle auf einer Außenbereichsfläche gegenüber den öffentlichen Belangen ein geringeres Gewicht haben, wenn in der Ortslage nach § 30 BauGB oder § 34 BauGB Flächen für landwirtschaftliche Hofstellen zur Verfügung stehen. Umgekehrt gewinnt die Privilegierung einer Hofstelle im Außenbereich auch bei verstreut liegendem landwirtschaftlichen Besitz an Gewicht, wenn in der bebauten Ortslage keine ausreichenden Flächen für Hofstellen bauplanungsrechtlich bereitstehen.[505] Die Privilegierung eines landwirtschaftlichen Vorhabens hängt nicht von seinem **Standort** ab. Einem privilegierten Vorhaben können aber wegen seines Standortes öffentliche Belange entgegenstehen.[506] Die **öffentlichen Belange**, eine Beeinträchtigung der natürlichen Eigenart der **Landschaft** sowie das Ziel, die Entstehung einer Splittersiedlung zu vermeiden, können auch einem privilegierten landwirtschaftlichen Vorhaben an dem vorgesehenen Standort

---

[500] BVerwG, B. v. 14. 11. 1989 – 4 B 194.89 – Hoppe/Stüer RzB Rdn. 423 – Geflügelzuchtbetrieb; B. v. 8. 3. 1990 – 4 B 209.89 – Hoppe/Stüer RzB Rdn. 424 – Gewächshaus.
[501] BVerwG, B. v. 19. 1. 1988 – 4 B 2.88 – Buchholz 316 § 24 VwVfG Nr. 5 = Hoppe/Stüer RzB Rdn. 451 – Pferdestall.
[502] BVerwG, Urt. v. 13. 1. 1967 – 4 C 47.65 – DVBl. 1967, 287 – forstwirtschaftlicher Betrieb.
[503] BVerwG, Urt. v. 22. 11. 1985 – 4 C 71.82 – NVwZ 1986, 644 = DVBl. 1986, 413 = Hoppe/Stüer RzB Rdn. 411 – landwirtschaftliches Gebäude.
[504] BVerwG, Urt. v. 16. 5. 1991 – 4 C 2.89 – BauR 1991, 576 = DÖV 1992, 73 = Hoppe/Stüer RzB Rdn. 428 – forstwirtschaftlicher Betrieb.
[505] BVerwG, Urt. v. 22. 11. 1985 – 4 C 71.82 – NVwZ 1986, 644 = DVBl. 1986, 413 = Hoppe/Stüer RzB Rdn. 411 – landwirtschaftliches Gebäude.
[506] BVerwG, Urt. v. 19. 6. 1991 – 4 C 11.89 – BauR 1991, 579 = Hoppe/Stüer RzB Rdn. 429.

entgegenstehen.⁵⁰⁷ Ist ein Vorhaben an einem bestimmten Standort planungsrechtlich unzulässig, so ist es nicht Sache der Baugenehmigungsbehörde oder des Gerichts, der Frage nachzugehen, ob das Vorhaben möglicherweise an einem anderen Standort zugelassen werden könnte.⁵⁰⁸

2450 Eine Verunstaltung des **Landschaftsbildes** durch ein privilegiertes Außenbereichsvorhaben kann allerdings nur dann angenommen werden, wenn die Umgebung wegen ihrer Schönheit und Funktion besonders schutzwürdig ist oder es sich um einen besonders groben Eingriff in das Landschaftsbild handelt.⁵⁰⁹ Bloße nachteilige Veränderungen oder Beeinträchtigungen des Landschaftsbildes führen demgegenüber nicht zur Unzulässigkeit eines privilegierten Vorhabens.⁵¹⁰ So stellt etwa in einer nicht förmlich unter Natur- oder Landschaftsschutz gestellten Außenbereichslandschaft die Beeinträchtigung des Landschaftsbildes oder des Interesses der Gemeinde an der Erhaltung eines bestimmten Orts- und Landschaftsbildes keine Beeinträchtigung eines öffentlichen Belangs i. S. des § 35 II BauGB dar, wenn das Vorhaben nicht zu einer Verunstaltung des Landschafts- und Ortsbildes führt.⁵¹¹ Dies gilt auch, wenn sich das Baugrundstück an einem harmonischen Übergang zu einem von der Bebauung zur Landschaft freien und gut einsehbaren Hang befindet.⁵¹² Wann diese Schwelle überschritten ist, muss im jeweiligen Einzelfall beurteilt werden.

2451 Das Natur- und Landschaftsschutzrecht stellt dabei eine Regelung i. S. des Art. 14 I 2 GG dar⁵¹³ und ist vom Ansatz her mit der Eigentumsgarantie vereinbar, wenn ein ausgewogenes Verhältnis zwischen Privatnützigkeit (Art. 14 I 1 GG) und Sozialpflichtigkeit (Art. 14 II GG) des Eigentums gewährleistet ist.⁵¹⁴ Normative Maßnahmen des Natur- und Landschaftsschutzes können daher die allgemeine Sozialpflichtigkeit des Eigentums konkretisieren, die dem Grundstück aufgrund seiner Lage und seines Zustandes bereits anhaftet und die es prägt. Dabei kann sich der Gesetz- und Verordnungsgeber auch an dem in **Art. 20 a GG** niedergelegten **Staatsziel Umweltschutz**⁵¹⁵ oder an landesverfassungsrechtlich begründeten Schutzgeboten zu Gunsten von Natur und Landschaft⁵¹⁶ oder zum Schutz der natürlichen Lebensgrundlagen orientieren.⁵¹⁷ Diese beruhen auf bundesgesetzlicher Regelung, deren Maßgeblichkeit der Bundes- und der Landesgesetzgeber im

---

⁵⁰⁷ Zur Schweinehaltung *BVerwG*, Urt. v. 22. 11. 1985 – 4 C 71.82 – NVwZ 1986, 644 = DVBl. 1986, 413 = *Hoppe/Stüer* RzB Rdn. 411 – landwirtschaftliches Gebäude.
⁵⁰⁸ *BVerwG*, B. v. 13. 11. 1996 – 4 B 210.96 – (unveröffentlicht) – Standortbindung. Dies folgt aus der Antragsgebundenheit des Bauantrags.
⁵⁰⁹ *BVerwG*, Urt. v. 15. 5. 1997 – 4 C 23.95 – NVwZ 1998, 58 = BauR 1997, 988 – einsehbarer Hang; *Taegen* in: Schlichter/Stich, Rdn. 75 zu § 35 BauGB. Gegenüber nicht privilegierten Außenbereichsvorhaben ist der Begriff der Verunstaltung des Landschaftsbildes allerdings weiter: Nach § 35 III BauGB ist nicht nur das reizvolle oder schöne Landschaftsbild gegen Verunstaltung durch Bauten geschützt *BVerwG*, B. v. 15. 10. 1964 – I B 174.64 – Buchholz 406.11 § 35 BBauG Nr. 14; B. v. 19. 1. 1978 – 4 B 90.77 – Buchholz 406.11 § 35 BBauG Nr. 146. Zum Landschaftsbild *Hagemann* AgrarR 1978, 35.
⁵¹⁰ *VGH Mannheim*, Urt. v. 25. 6. 1991 – 8 S 2110/90 – BauR 1992, 204 = DÖV 1992, 501 = NuR 1992, 329.
⁵¹¹ Zu den Bindungen an eine Landschaftsschutzverordnung *OVG Münster*, Urt. v. 11. 1. 1999 – 7 A 2377/96 – NuR 1999, 704 = BauR 2000, 62 – Landschaftsplan.
⁵¹² *BVerwG*, Urt. v. 15. 5. 1997 – 4 C 23.95 – NVwZ 1998, 58 = BauR 1997, 988 – einsehbarer Hang.
⁵¹³ *BVerwG*, Urt. v. 13. 4. 1983 – 4 C 76.80 – BVerwGE 67, 84; Urt. v. 14. 10. 1988 – 4 C 58.84 – Buchholz 406.401 § 1 BNatSchG Nr. 3; B. v. 6. 11. 1989 – 4 B 203.89 – *Hoppe/Stüer* RzB Rdn. 422 – Abtorfung.
⁵¹⁴ *Böhmer* NJW 1988, 2561; s. Rdn. 1681.
⁵¹⁵ S. Rdn. 2690.
⁵¹⁶ *Schlichter* AgrarR 1978, 291.
⁵¹⁷ *VerfGH München*, Urt. v. 30. 4. 1991 – Vf 1-VII-90 – BayVerfGHE 44, 41 = NVwZ-RR 1992, 12 = NuR 1992, 227 – Naturparkverordnung. Zur Berücksichtigung von Umweltbelangen bei der Bauleitplanung und der planungsrechtlichen Zulässigkeit von Vorhaben *Kunig* Jura 1992, 311.

Rahmen seiner jeweiligen Zuständigkeiten zu Gunsten des Natur- und Landschaftsschutzes abweichend bestimmen kann. So kann etwa eine landesrechtliche Naturparkverordnung, die bestimmte Handlungen in der Schutzzone verbietet oder unter einen Erlaubnisvorbehalt stellt, die Sozialpflichtigkeit des Grundeigentums konkretisieren und auch einem privilegierten Vorhaben entgegenstehen oder zumindest Einschränkungen auferlegen. Auch können sich aus einer Landschaftsschutzverordnung entgegenstehende öffentliche Belange ergeben, wenn diese ein derartiges Gewicht haben, dass sie die in § 35 I BauGB angeordnete grundsätzliche Privilegierung zu überwinden in der Lage sind.[518] Die landschaftsschutzrechtlichen Regelungen müssen allerdings ihrerseits formell und materiell wirksam sein.[519]

Ebenso kann eine **Wasserschutzgebietsverordnung** zu beachtende Anforderungen an die Zulässigkeit von Vorhaben stellen.[520] Auch können sich aus landschaftsschutzrechtlichen oder forstwirtschaftlichen Regelungen Abstände zum Wald ergeben, die auch ein privilegiertes Vorhaben als entgegenstehende öffentliche Belange zu beachten hat.[521] Auch das Angebot an den Waldbesitzer auf Haftungsverzicht samt Haftungsfreistellung ist nicht geeignet, die Vereinbarkeit einer geplanten Bebauung mit den öffentlichen Belangen herzustellen. Bei Fachplanungen muss es sich um konkrete, verbindliche Aussagen handeln. Darstellungen etwa in Regional- und Landschaftsrahmenplänen können deshalb privilegierten Vorhaben nur dann entgegenstehen, wenn sie raumbedeutsame und unüberwindbare, verbindliche Aussagen mit Außenwirkung haben.[522]

In § 19 II, III BNatSchG wird bundesgesetzlich die ordnungsgemäße Landwirtschaft privilegiert („**Landwirtschaftsklausel**"). Die land-, forst- und fischereiwirtschaftliche Bodennutzung ist danach nicht als Eingriff anzusehen, soweit dabei die Ziele und Grundsätze des Naturschutzes und der Landschaftspflege berücksichtigt werden. Eine gute landwirtschaftliche Praxis widerspricht danach in der Regel nicht den vorgenannten Zielen und Grundsätzen (§ 18 II BNatSchG). Dieses Privileg der Landwirtschaft gebietet allerdings nicht, von Verboten auch solche Veränderungen der Landschaft freizustellen, die eine landwirtschaftliche Nutzung erst ermöglichen oder diese effektiver gestalten sollen.[523] Eine ausschließlich ökonomisch verstandene Auslegung landesrechtlicher Landwirtschaftsklauseln wird durch das BNatSchG ohnehin ausgeschlossen. Die Landwirtschaftsklausel bezieht sich hinsichtlich der in ihr enthaltenen Freistellungsmöglichkeiten von den Anforderungen des Natur- und Landschaftsschutzes auch nur auf eine landwirtschaftliche Nutzung i. S. der Bodenbewirtschaftung in Form der täglichen Wirtschaftsweise des Landwirts.[524] Dazu zählt die Errichtung baulicher Anlagen nicht.[525]

---

[518] *VGH München*, B. v. 15. 4. 1991 – 1 B 88.03196 – BayVBl. 1991, 659 = NVwZ 1991, 1008 = NuR 1991, 492 – Chiemsee-Schutzverordnung; *OVG Münster*, Urt. v. 2. 5. 1988 – 10 A 1109/84 – NuR 1989, 230 – Landschaftsplan; vgl. aber auch Urt. v. 11. 1. 1999 – 7 A 2377/96 – NuR 1999, 704 = BauR 2000, 62 – Landschaftsplan.
[519] *BVerwG*, Urt. v. 27. 1. 1967 – 4 C 105.65 – BVerwGE 26, 129 = NJW 1967, 1244 – DVBl. 1967, 694 – Rheintalschutzverordnung: Verweist eine Landschaftsschutzverordnung für ihr örtliches Geltungsgebiet lediglich auf eine nicht mit veröffentlichte Landschaftsschutzkarte, so ist sie wegen Verstoßes gegen das Rechtsstaatsgebot nichtig.
[520] *VGH München*, Urt. v. 8. 11. 1990 – 2 B 90.310 – BayVBl. 1991, 247 = RdL 1991, 80; *Linden*, Gewässerschutz und landwirtschaftliche Bodennutzung, 1993.
[521] *VGH Mannheim*, Urt. v. 2. 11. 1989 – 3 S 1927/89 – BRS 49 (1989), Nr. 82 = NuR 1990, 273 – Waldrandzone.
[522] *VG Schleswig*, Urt. v. 17. 2. 1989 – 1 A 107/88 – UPR 1990, 75 – Landschaftsrahmenplan; *Ecker/Engel/Schäfer*, VBlBW 1994, 217; *Lüers* StuGR 1993, 172; *Mitschang* ZfBR 1993, 259; ders. UPR 1994, 206.; *Runkel* StuGR 1993, 204. Zur gemeindlichen Anpassungspflicht an die Regionalpläne *Deckart* BayVBl. 1977, 238.
[523] *BVerwG*, B. v. 14. 4. 1988 – 4 B 55.88 – Buchholz 406.401 § 15 BNatSchG Nr. 4.
[524] *Dyong* in: Ernst/Zinkahn/Bielenberg/Krautzberger, Rdn. 13 zu § 35 BauGB.
[525] *VGH Kassel*, Urt. v. 5. 12. 1994 – 4 TH 2165/94 – DVBl. 1995, 524 = DÖV 1995, 390 = NuR 1995, 296.

Deren Zulässigkeit richtet sich nach § 35 I Nr. 1 BauGB sowie hinsichtlich einer Nutzungsänderung und im Hinblick auf Umbaumaßnahmen nach § 35 IV BauGB. Unter den Begriff der ordnungsgemäßen Landwirtschaft fällt nach Maßgabe des jeweiligen Landesrechts auch nur eine erwerbswirtschaftliche, am nachhaltigen Ertrag und an betriebswirtschaftlichen Erfordernissen ausgerichtete Bodennutzung. Eine Betätigung, welche die Merkmale der Landwirtschaft i. S. des § 201 BauGB nicht erfüllt, kann für sich auch nicht die Privilegierung der naturschutzrechtlichen Landwirtschaftsklausel in Anspruch nehmen.[526] Das naturschutzrechtliche Privileg für die ordnungsgemäße Landwirtschaft gilt nicht für solche **Veränderungen der Landschaft**, die eine landwirtschaftliche Nutzung erst ermöglichen oder diese effektiver gestalten sollen. Die sog. Landwirtschaftsklausel will die „tägliche Wirtschaftsweise" des Landwirts von naturschutzrechtlichen Anordnungen freistellen; dazu gehört der Wechsel einer landwirtschaftlichen Nutzungsart nicht.[527]

2454 Auch sind die **immissionsschutzrechtlichen Anforderungen**[528] an den Standort zu wahren.[529] Die Festsetzungen in einem Bebauungsplan, aus denen sich Anhaltspunkte für die Bewertung von Interessenkonflikten und damit auch für die Zumutbarkeit[530] und Ortsüblichkeit ergeben können, fallen allerdings bei Außenbereichsvorhaben aus.[531] An ihre Stelle ist die gesetzliche Bewertung der im Außenbereich betroffenen Belange zu setzen. Ein danach privilegiertes Außenbereichsvorhaben ist zwar vom Grundsatz her planungsrechtlich zulässig, hinsichtlich des genauen Standortes jedoch noch variationsfähig.[532] An dem konkreten Standort kann ein an sich privilegiertes Außenbereichsvorhaben daher im Einzelfall durchaus noch scheitern.

Beispiel: Ein Landwirt beabsichtigt, im Zusammenhang mit seiner Schweinehaltung eine Güllelagune anzulegen. Sofern der landwirtschaftliche Betrieb eine solche Anlage erfordert, ist sie grundsätzlich privilegiert, hinsichtlich des Standortes aber noch variationsfähig.[533] Vor allem wäre bei der Standortbestimmung das Gebot des sparsamen Umgangs mit Grund und Boden (§ 1a II 1 BauGB) sowie das Gebot der nachbarlichen Rücksichtnahme etwa auf eine in der Umgebung vorhandene Wohnbebauung zu beachten. Zudem kann verlangt werden, einen hofnahen Standort zu wählen. Auch bei einem Putenmaststall[534] am Rande einer Dorflage ist die Zumutbarkeit von Geräusch- und

---

[526] *VGH Kassel*, Urt. v. 5. 12. 1994 – 4 TH 2165/94 – DVBl. 1995, 524 = DÖV 1995, 390 = NuR 1995, 296.

[527] *BVerwG*, B. v. 4. 6. 2003 – 4 BN 27.03 – ZfBR 2004, 390 – Landwirtschaftsklausel.

[528] Zum Immissionsschutz *Boeddinghaus* BauR 1994, 713; *Brack*, VZ GStB RP 1981, 1; *Engelhardt*, § 22 BImSchG 1993; *Hagen* NVwZ 1991, 817; *Hansmann* FS Sendler 1991, 285; *Himmelmann* DÖV 1993, 497; *Jarass*, § 22 BImSchG. 1995; *Johlen* BauR 1984, 134; *Klett* NuR 1993, 421; *Kracht* UPR 1993, 369; *Krauß* NVwZ 1995, 959; *Moormann* UPR 1993, 286; *Mülbert* BauR 1984, 442; *Murswiek* JuS 1993, 520; *Rahner* ZuR 1993, 200; *Rebentisch* DVBl. 1995, 495; *Rengeling*, Die immissionsschutzrechtliche Vorsorge, 1982; *Roth* JR 1994, 64; *Schenke* NuR 1989, 8; *Schlichter* NuR 1982, 201; *Schlotterbeck* NJW 1991, 2669; *Sellner*, Immissionsschutzrecht, 1988; *Ule*, 1974; *Wagner* NJW 1991, 3247; *Weidemann*, Die immissionsschutzrechtliche Abfallentsorgungsanlage 1994; *Ziegler* KStZ 1981, 165.

[529] Zur Anwendung des Vorsorgegebotes in Bezug auf Geruchsbelästigungen, die von einer Schweinehaltung ausgehen *BVerwG*, B. v. 10. 5. 1990 – 7 B 57.90 – DVBl. 1990, 1185 = Hoppe/Stüer RzB Rdn. 425 – Schweinehaltung.

[530] Zum Begriff der „Rücksichtnahme" im Bundesrecht und dem der „Zumutbarkeit" im Landesrecht *Sarnighausen* NVwZ 1993, 1054. Zum Gebot der Rücksichtnahme bei einem Folien-Gewächshaus *BVerwG*, B. v. 22. 9. 1998 – 4 B 8.98 – NVwZ 1999, 431 – Gewächshaus.

[531] *Roth* JR 1994, 64.

[532] *BVerwG*, B. v. 13. 11. 1996 – 4 B 210.96 – (unveröffentlicht) – Flugzeughalle.

[533] *BVerwG*, B. v. 13. 11. 1996 – 4 B 210.96 – (unveröffentlicht) – Flugzeughalle. Ist das Vorhaben etwa wegen Beeinträchtigung öffentlicher Belange an diesem Standort unzulässig, so ist es nicht Sache der Bauordnungsbehörden oder des Gerichts, der Frage nachzugehen, ob es an einem anderen Standort genehmigungsfähig wäre.

[534] *VGH München*, Urt. v. 17. 12. 1992 – 20 B 90.1374 – BayVGHE 46, 24 = UPR 1993, 320 = ZfBR 1993, 203.

Geruchsbeeinträchtigungen[535] zu prüfen. Dabei können meteorologische Daten eines Zehnjahreszeitraums hilfreich sein.[536] Auch ist etwa auf Wasserschutzzonen Rücksicht zu nehmen.[537] Allerdings ist dabei zu berücksichtigen, dass im Außenbereich höhere Geruchs- aber auch Geräuschimmissionen im Vergleich zum als Wohngebiet beplanten Innenbereich hinzunehmen sind.[538]

Schutzgut der **VDI-Richtlinie 3472 (Hühner)** und der **VDI-Richtlinie 3471 (Schweine)** ist vorrangig die Wohnbebauung, wobei eine standardisierte Beurteilung des Konflikts zwischen immissionsträchtigen Betrieben und Gebieten, in denen sich Menschen dauerhaft aufhalten, vorgenommen wird. Durch die Bezugnahme auf Gewerbe- und Industriegebiete, für die eine Sonderbeurteilung erforderlich ist, werden zwar auch Gebiete mit in den Anwendungsbereich aufgenommen, in denen nicht vorrangig Wohnen stattfindet. Auch insoweit ist aus dem Regelungszusammenhang der VDI-Richtlinien aber abzuleiten, dass es auch dort auf den vermuteten dauerhaften Aufenthalt von Menschen ankommt. In einem Dorfgemeinschaftshaus mit einer schon nicht gegebenen durchgängigen Nutzung unterliegen die jeweiligen wechselnden Nutzergruppen keiner Dauerexposition, was abgesenkte Schutzstandards im Vergleich zu einer Wohnnutzung rechtfertigt.[539] Ein Gericht hat für die Beurteilung erforderlicher Abstände zwischen Wohnbebauung und landwirtschaftlicher Tierhaltung die immissionsschutzfachlich anerkannten Methoden zu beachten und gegebenenfalls immissionsschutzfachlichen Sachverstand heranzuziehen.[540] Eine Massierung von Stallanlagen für Intensivtierhaltung kann ein Indiz für das Vorliegen städtebaulicher Missstände darstellen. Es fehlen bislang allerdings ausreichende Erkenntnisse, bei welcher Viehdichte die Belastung der Umwelt eine Größenordnung erreicht, dass öffentliche Belange der Zulassung eines weiteren Stalles entgegenstehen.[541]

Entgegenstehende öffentliche Belange können sich auch aus **anderen Rechtsvorschriften** ergeben. So hat etwa auch ein privilegiertes Außenbereichsvorhaben zwingende Regelungen über das Anbauverbot an Straßen einzuhalten. Dies gilt nicht nur im Hinblick auf Autobahnen und Bundesstraßen,[542] sondern auch gegenüber einem landesrechtlich begründeten Anbauverbot.[543] Entgegenstehende öffentliche Belange können sich auch aus dem Kurinteresse eines in seiner wirtschaftlichen Existenz von der Sicherung der Gästefrequenz abhängigen Badeortes ergeben.[544] Auch bei der **Verwirklichung des Vorhabens** kann die Wahrung öffentlicher Belange Bedeutung gewinnen. Dies gilt nicht nur hinsichtlich des gewählten Standortes, sondern auch bei der konkreten Umsetzung der Baupläne und nicht zuletzt bei der Einbindung des Vorhabens in die Umgebung. So kön-

---

[535] Zur baurechtlichen Zulässigkeit landwirtschaftlicher Tiergerüche *Sarnighausen* UPR-spezial 1994, 115; vgl. auch *Franke* AgrarR 1981, 60; *ders.* AgrarR 1987, 1; *H. Schrödter* in: Schrödter, Rdn. 53 zu § 35 BauGB; *Ziegler* AgrarR 1993, 297; *OVG Bautzen*, Urt. v. 15. 7. 1998 – 1 S 257/98 – SächsVBl. 1998, 292.
[536] *OVG Lüneburg*, Urt. v. 19. 1. 1995 – 1 L 166/90 – NuR 1996, 42 = UPR 1996, 74 – Putenmaststall.
[537] *Becker* Jura 1996, 604.
[538] *VGH Kassel*, Urt. v. 26. 4. 1996 – 4 UE 1920/93 – RdL 1997, 63 – für ein Wohnhaus in Randlage zum Außenbereich.
[539] *VGH Kassel*, Urt. v. 26. 2. 2004 – 3 N 739/02 – BauR 2004, 1047 – Dorfgemeinschaftshaus.
[540] *BVerwG*, B. v. 29. 12. 2000 – 4 BN 47.00 – BRS 63 (2000) Nr. 60 = ZfBR 2001, 287.
[541] *OVG Lüneburg*, Urt. v. 15. 1. 2003 – 1 ME 325/02 – ZfBR 2003, 272 = DVBl. 2003, 552 – Hähnchenmaststall.
[542] Zur Ausübung des den Straßenverkehrsbehörden zustehenden Ermessens zu Gunsten von im Außenbereich gelegenen Tankstellen *BVerwG*, Urt. v. 27. 2. 1970 – IV C 48.67 – BayVBl. 1971, 267 = Buchholz 407.4 § 9 Nr. 10 = DÖV 1970, 388 – Zapfsäulen.
[543] *BVerwG*, B. v. 13. 5. 1991 – 4 B 62.91 – Buchholz 406.11 § 35 BauGB Nr. 270 – Anbauverbot; *OVG Münster*, Urt. v. 27. 2. 1991 – 23 A 1500/89 – OVGE 42, 165 = NWVBL 1991, 267 = NVwZ-RR 1991, 528.
[544] *BVerwG*, Urt. v. 6. 12. 1968 – IV C 71.67 – Buchholz 406.11 § 35 BBauG Nr. 79 = DVBl. 1969, 250.

nen öffentliche Belange, auch wenn sie insgesamt dem gewählten Standort des Vorhabens nicht entgegenstehen, gleichwohl noch Bedeutung für die Gestaltung des Vorhabens im Einzelnen haben. Der Belang, eine Verunstaltung des Landschaftsbildes zu vermeiden, kann die äußere Gestalt des Vorhabens betreffen oder auch Anforderungen an die Höchstmaße des Gebäudes stellen.[545] Öffentliche Belange können daher Bedeutung in einer zweistufigen Prüfung gewinnen: Zunächst stellt sich die Frage, ob das Vorhaben im Hinblick auf entgegenstehende öffentliche Belange überhaupt am Standort verwirklicht werden kann. Sodann ist bei der Ausführung des Vorhabens auf öffentliche Belange weitgehend Rücksicht zu nehmen. Sie entfalten dabei auf dieser Stufe nicht erst als entgegenstehende unüberwindbare Belange Gewicht, sondern bereits dann, wenn ihnen durch zumutbare Maßnahmen entsprochen werden kann. Es spricht daher viel dafür, öffentlichen Belangen bei der konkreten Ausgestaltung des Vorhabens mit dem Ziel einer gewissen Projektoptimierung[546] einen weiten Einflussbereich auf das Vorhaben einzuräumen.

2457 Das Vorhaben darf nur einen **untergeordneten Teil der Betriebsfläche** in Anspruch nehmen. Die in Anspruch genommene Fläche muss daher im Verhältnis zur Gesamtanlage eher geringfügig sein und darf nicht den Schwerpunkt annehmen. Bei der landwirtschaftlichen und forstwirtschaftlichen Nutzung sind in dieser Hinsicht strengere Anforderungen zu stellen als etwa beim Erwerbsgartenbau, bei dem ein größerer Anteil der Betriebsfläche auf die bauliche Nutzung entfallen kann (vgl. auch § 35 I Nr. 1 BauGB). Auch **Pachtland** kann in die Berechnungen eingestellt werden, wenn es langfristig angepachtet ist und die Annahme eines landwirtschaftlichen Betriebes nicht an einem zu großen Anteil an Pachtland scheitert.[547]

2458 Auch **Altenteilerhäuser** können dem landwirtschaftlichen Betrieb dadurch dienen, dass sie den Generationswechsel auf dem Bauernhof erleichtern. Das Altenteilerhaus muss in seiner Ausführung zur Betriebsgröße und zu den Wohnbedürfnissen **angemessen** sein. Es muss zudem an den besonderen Zweck gebunden werden. Die freie Verfügbarkeit und Veräußerlichkeit dieses Teils des landwirtschaftlichen Betriebes muss durch Baulast oder in ähnlicher Weise ausgeschlossen werden. Auch ist eine **Abteilung** des Altenteilers von dem landwirtschaftlichen Betrieb nicht zulässig. Von einem im Außenbereich gelegenen Grundstück darf eine mit einem Altenteilerhaus bebaute Parzelle nicht abgetrennt werden, wenn nach Aufgabe des landwirtschaftlichen Betriebes und Fortfall der Privilegierung des Altenteilerhauses die Fortführung der Wohnnutzung einem Bebauungsplan widerspricht. Auch unter Berücksichtigung von § 35 IV 1 Nr. 1 BauGB ist eine solche Grundstücksteilung mit einer geordneten städtebaulichen Entwicklung unvereinbar. Unerheblich ist dabei, ob wegen des inzwischen weggefallenen Bezugs der Wohnnutzung zur Landwirtschaft eine Nutzungsänderung eingetreten ist, die einer Baugenehmigung bedurft hätte.[548] Das *OLG Stuttgart* will jedoch für die Abtrennung von Gebäuden eine Ausnahme machen, die für den landwirtschaftlichen Betrieb eine untragbare Belastung wären.[549] Bei landwirtschaftlichen Nebenerwerbsstellen ist die Errichtung eines

---

[545] BVerwG, Urt. v. 22. 11. 1985 – 4 C 71.82 – NVwZ 1986, 644 = DVBl. 1986, 413 = *Hoppe/Stüer* RzB Rdn. 411 – landwirtschaftliches Gebäude.

[546] Zum Optimierungsgebot in der Bauleitplanung Grundlegend *Hoppe* DVBl. 1992, 853, mit Hinweis auf den Unterschied zwischen der durch Abwägung nicht überwindbaren Regel und dem der Abwägung zugänglichen Prinzip; vgl. auch *Bartlsperger* DVBl. 1996, 1; *Alexy* Rechtstheorie 1979 (Beiheft 1), 59, 76; s. Rdn. 1205.

[547] VG München, Urt. v. 5. 5. 1998 – M 1 K 96.5643 – BayVBl. 1999, 220, mit Hinweis auf Strukturveränderungen in der Landwirtschaft, die sogar eine kürzere Verpachtung für die Nachhaltigkeit des landwirtschaftlichen Betriebes als ausreichend erscheinen lassen.

[548] BVerwG, B. v. 14. 9. 1988 – 4 B 131.88 – BauR 1988, 697 = UPR 1989, 39 = DÖV 1989, 228 = NJW 1989, 729 = *Hoppe/Stüer* RzB Rdn. 521 – Altenteilerhaus Bebauungsplan.

[549] So *OLG Stuttgart*, Urt. v. 3. 11. 1998 – 10 WLw 3/98 – RdL 1999, 68. Im Interesse der Gesunderhaltung des landwirtschaftlichen Betriebes sei eine separate Veräußerung des Gebäudes dem Fortbestand des Gesamtbetriebes sogar dienlich.

Altenteilerhauses in aller Regel nicht zulässig, weil die betriebliche Basis zu gering ist.[550] Ein Altenteilerhaus dient i. S. des § 35 I Nr. 1 BauGB nicht einem **Gartenbaubetrieb**, der auf – verglichen mit herkömmlichen landwirtschaftlichen Betrieben – verhältnismäßig kleiner Betriebsfläche[551] überwiegend unter Glas anbaut. Es ist deshalb nicht privilegiert im Außenbereich zulässig.[552]

Bis zur Neuregelung des § 35 BauGB durch das BauROG 1998 umfasste die Privilegierung in § 35 I Nr. 2 BauGB 1986 auch Vorhaben, die einem Landwirt zu Wohnzwecken dienen, dessen Betrieb nach Übergabe zum Zweck der Vorwegnahme der Erbfolge später aufgegeben worden ist **(unechter Altenteiler)**. Die Vorschrift wollte die Privilegierung dem Altbauern auch dann erhalten, wenn die landwirtschaftliche Hofstelle später aufgegeben wurde. Das Gesetz knüpfte an die Errichtung eines solchen „Altenteilers" zusätzliche Anforderungen: Vor der Übergabe des Betriebs musste die Errichtung eines Altenteilerhauses nach § 35 I Nr. 1 BauGB zulässig gewesen und im Übergabevertrag musste die Errichtung eines Altenteilerhauses vereinbart worden sein. Das Vorhaben musste in unmittelbarer Nähe der Hofstelle errichtet werden. Es musste rechtlich gesichert sein, dass die Fläche, auf der das Altenteilerhaus errichtet werden sollte, nicht ohne das Hofgrundstück veräußert wurde. Die rechtliche Sicherung konnte durch eine Grundbucheintragung oder eine Baulasterklärung erfolgen. Zur rechtlichen Sicherung konnte die Baugenehmigungsbehörde nach § 35 VI 2 BauGB anordnen, dass die Veräußerung des Grundstücks nur mit ihrer Zustimmung zulässig war. Diese Anordnung wurde mit der Eintragung im Grundbuch wirksam. Die Eintragung erfolgte auf Ersuchen der für die Erteilung der Genehmigung zuständigen Behörde. Für die Aufhebung des § 35 I Nr. 2 BauGB a. F. durch das BauROG 1998 war entscheidend, dass die Privilegierungsregelung in der Praxis nur eine **geringe Bedeutung hatte**, da sie nur den Fall erfasste, dass das Altenteil nach Übergabe des Hofes errichtet werden sollte und der Hof bereits aufgegeben worden war. Wird der Hof fortgeführt, so dient die Errichtung eines Altenteils auch dann dem landwirtschaftlichen Betrieb nach § 35 I 1 BauGB, wenn dieser bereits zuvor auf den Hoferben übergegangen ist. Die Privilegierungsregelung in § 35 I Nr. 1 BauGB stellt sich daher aus der Sicht des Gesetzgebers als ausreichend dar, den Belangen der Landwirtschaft hinsichtlich der Errichtung neuer Wohn- und Betriebsgebäude Rechnung zu tragen. Auf Sondervorschriften zu Gunsten der sog. unechten oder sog. nachgezogenen Altenteiler konnte daher verzichtet werden.

Aus den gleichen Gründen aufgehoben wurde durch das BauROG 1998 auch die Privilegierung des § 35 I Nr. 3 BauGB 1986 zu Gunsten einer Landarbeiterstelle. Auch dieser Privilegierungstatbestand hatte in der Praxis geringe Bedeutung. Es handelte sich dabei um ein in seinem Eigentum stehendes Wohnhaus eines Landarbeiters, der in dem landwirtschaftlichen Vollerwerbsbetrieb tätig war.[553] Von der Nebenerwerbsstelle unterschied sich die Landarbeiterstelle dadurch, dass diese einem anderen landwirtschaftlichen Betrieb dient, während jene dem eigenen landwirtschaftlichen Betrieb zugehört (Heuerlingshaus). Die Landarbeiterstelle war nur für den hauptberuflich in der Landwirtschaft tätigen Landarbeiter zulässig. Nebenberufliche Tätigkeiten oder eine Beschäftigung als Hilfskraft reichten für die Privilegierung als Landarbeiterstelle nicht aus.[554] Das Landarbeiterhaus musste in angemessener räumlicher Nähe zur Hofstelle errichtet werden, um die Gewähr dafür zu geben, dass die Arbeitsstätte auch bei ungünstigen Witterungs- und

---

[550] *BVerwG*, Urt. v. 24. 10. 1980 – 4 C 35.78 – ZfBR 1981, 38 = *Hoppe/Stüer* RzB Rdn. 403 – Altenteilerhaus.

[551] *BVerwG*, Urt. v. 4. 3. 1983 – 4 C 69.79 – BauR 1983, 343 = UPR 1983, 380 = *Hoppe/Stüer* RzB Rdn. 404 – Forsthaus.

[552] *BVerwG*, Urt. v. 20. 1. 1984 – 4 C 72.80 – BauR 1984, 386 = *Hoppe/Stüer* RzB Rdn. 405 – Altenteilerhaus Gartenbaubetrieb.

[553] Die Landarbeiterstelle konnte auch in größerer Entfernung zur Hofstelle errichtet werden, *OVG Münster*, Urt. v. 29. 3. 1999 – 10 A 5615/98 – (unveröffentlicht) – Landarbeiterstelle.

[554] *BVerwG*, B. v. 31. 10. 1984 – 4 B 232.84 – Buchholz 406.11 § 35 BBauG Nr. 218.

Wegeverhältnissen ohne übermäßigen Zeitaufwand erreicht werden konnte. Die Privilegierung setzte zudem die Prognose voraus, dass die konkrete Zweckbestimmung als Landarbeiterstelle auf Dauer bestehen blieb.[555] Eine Landarbeiterstelle war auch nur dann nach § 35 I Nr. 3 BauGB 1986 privilegiert, wenn ein konkreter Bedarf für sie bestand und ein vernünftiger Landwirt ein zusätzliches Gebäude durch einen Landarbeiter hätte errichten lassen.[556] Der künftige Hoferbe war dabei nicht Inhaber einer Landarbeiterstelle i. S. des § 35 I Nr. 3 BauGB.[557] Es kam zwar im Hinblick auf den Generationenwechsel die Errichtung eines Altenteilerwohnhauses in Betracht, das unter den Voraussetzungen des § 35 I Nr. 1 BauGB privilegiert war. Daran fehlte es aber, wenn auf der Hofstelle ausreichend Wohnraum vorhanden war, um die Wohnbedürfnisse der Familie unter Einschluss der ersten und der zweiten Altenteilergeneration zu befriedigen.[558] Von der Nebenerwerbsstelle unterschiede sich die Landarbeiterstelle durch ihre dienende Zuordnung zu einem fremden Betrieb. Demgegenüber ruhte der Nebenerwerbsbetrieb als Betrieb gleichsam in sich.[559] Für die Frage der Angemessenheit der Wohnungsgröße einer einem Landarbeiter dienenden Landarbeiterwohnung konnte als Anhaltspunkt auf das II. WoBauG zurückgegriffen werden.[560]

2461 Die vormals bestehende Privilegierung der Landarbeiterstelle nach **§ 35 I Nr. 3 BauGB 1986** ist durch das BauROG 1998 gestrichen worden. Da den landwirtschaftlichen Betriebsinteressen ausreichend durch § 35 I Nr. 1 BauGB Rechnung getragen ist. Einer zusätzlichen Privilegierung einer Landarbeiterstelle bedurfte es daher nicht. Für die neuen Länder waren diese Regelungen ohnehin wegen der anderen Tradition der landwirtschaftlichen Betriebsführung in großen LPG-Betrieben nicht aktuell. Aber auch in den alten Ländern wurden in den letzten Jahren kaum noch Anwendungsfälle der Sondervorschrift des § 35 I Nr. 3 BauGB 1986 bekannt. Weiterhin nach § 35 I Nr. 1 BauGB privilegiert ist das sog. „Heuerlingswohnhaus", das der Landwirt für einen auf seinem Hof tätigen Landarbeiter errichtet. Ein solches Vorhaben ist zulässig, wenn es einem landwirtschaftlichen Betrieb dient und einen untergeordneten Teil der Betriebsfläche einnimmt. Mit der Streichung der bisherigen Fassungen des § 35 I Nr. 2 und 3 BauGB 1986 durch das BauROG 1998 sind Folgeänderungen in § 35 I, III, IV und V BauGB verbunden, die der heutigen Rechtslage entsprechend angepasst worden sind.

2462 Die Gemeinden versuchen schon seit langer Zeit, missliebigen Auswüchsen der Landwirtschaft mit der **Aufstellung von Bebauungsplänen** zu begegnen. Ein Bebauungsplan, der bei immissionsträchtiger Tierhaltung auch im Außenbereich eine erhebliche Geruchsminderung zur Reinhaltung der Luft festsetzt, kann allerdings problematisch sein, wenn ein gemeindeweites Konzept zur Luftreinhaltung fehlt. Überdies kann die Gemeinde nicht unabhängig vom bundesrechtlichen Immissionsschutzrecht eine Emissionsschutzrecht auf der Ebene der Bauleitplanung anordnen.[561]

2463 Ermöglicht ein Bebauungsplan zusätzliche Wohnbebauung in der Nähe mehrerer stark emittierender landwirtschaftlicher Betriebe mit grundsätzlich gleicher Geruchscharakteristik, fehlt es für die Abwägung der betroffenen Belange in der Regel an einer hinreichenden sachlichen Grundlage, wenn der Plangeber lediglich die von den Betrieben gemeinsam verursachte Immissionsbelastung des Plangebiets ermittelt und nicht feststellt, in welchem Umfang die Betriebe zu der ermittelten Gesamtimmissionsbelastung jeweils

---

[555] *BVerwG*, Urt. v. 24. 8. 1979 – IV C 3.77 – BauR 1979, 481 = DÖV 1979, 905 – Landarbeiterstelle.
[556] *Taegen* in: Schlichter/Stich, Rdn. 35 zu § 35 BauGB.
[557] *VGH München*, Urt. v. 6. 12. 1993 – 14 B 91.2262 – BayVBl. 1994, 340 – Austragshaus.
[558] *BVerwG*, B. v. 20. 6. 1994 – 4 B 120.94 – BauR 1994, 607 = NVwZ-RR 1994, 607 = ZfBR 1994, 298.
[559] *Krautzberger* in: Battis/Krautzberger/Löhr, Rdn. 33 zu § 35 BauGB.
[560] *BVerwG*, Urt. v. 23. 1. 1981 – 4 C 82.77 – ZfBR 1981, 94; B. v. 19. 7. 1994 – 4 B 147.94 – Buchholz 406.11 § 35 BauGB Nr. 303; *Krautzberger* in: Battis/Krautzberger/Löhr, Rdn. 34 zu § 35 BauGB.
[561] *OVG Lüneburg*, Urt. v. 3. 7. 2000 – 1 K 1014/00 – DVBl. 2000, 1871.

beitragen. Soll durch einen Bebauungsplan Wohnbebauung auf Flächen ermöglicht werden, die erkanntermaßen durch von benachbarten landwirtschaftlichen Betrieben ausgehende Geruchsemissionen erheblich belastet sind, ist es abwägungsfehlerhaft, wenn der Plangeber den künftigen Bewohnern des geplanten Wohngebiets die Geruchsbelästigungen mit der alleinigen Erwägung zumutet, in angrenzenden Wohnbereichen sei eine noch höhere Geruchsbelastung festzustellen.[562]

2. Betriebe der gartenbaulichen Erzeugung

Privilegiert sind auch Betriebe der gartenbaulichen Erzeugung. Die gartenbauliche Erzeugung, die zwar bereits als Teil der Landwirtschaft nach § 35 I Nr. 1 BauGB privilegiert ist, ist unabhängig von der bisherigen Privilegierung nach § 35 I Nr. 1 BauGB in einem eigenen Privilegierungstatbestand des § 35 I Nr. 2 BauGB zusammengefasst. Hiermit verbunden ist der Wegfall des einschränkenden Erfordernisses, dass das Vorhaben nur einen untergeordneten Teil der Betriebsfläche einnehmen durfte. Der Begriff der gartenbaulichen Erzeugung umfasst allerdings nur Betätigungen mit selbst erzeugten Pflanzen, nicht aber solche mit fremd erzeugten Pflanzen wie beispielsweise ein so genanntes **Pflanzenleasing** mit zu diesem Zweck erworbenen Palmen. Das Tatbestandsmerkmal des „Dienens" in § 35 I Nr. 1 und Nr. 2 BauGB muss auch dann erfüllt sein, wenn ein vorhandener Baubestand im Außenbereich, der bislang andere Zwecke erfüllt hat, in eine landwirtschaftliche oder gartenbauliche Nutzung übernommen werden soll.[563]

2464

Um den **Gemeinden** im Falle einer drohenden Massierung von derartigen Anlagen ein Instrument zur Konzentration der Vorhaben zur gartenbaulichen Erzeugung an geeigneten Stellen im Gemeindegebiet zu geben, ist der Planungsvorbehalt in § 35 III 3 BauGB auch auf die gartenbaulichen Betriebe erweitert worden. Hierdurch kann verhindert werden, dass aus der Sicht der Gemeinde an falscher Stelle große Flächen „unter Glas oder Folie" entstehen.[564] Dieselben Befugnisse hat die **Regionalplanung**, wenn es sich um entsprechend übergreifende raumrelevante Vorhaben handelt.

2465

3. Öffentliche Versorgung – ortsgebundene Betriebe

Die Privilegierung nach § 35 I Nr. 3 BauGB umfasst Vorhaben, die dem Fernmeldewesen,[565] der öffentlichen Versorgung mit Elektrizität,[566] Gas, Wärme und Wasser, der Abwasserwirtschaft oder einem ortsgebundenen gewerblichen Betrieb dienen.[567] Das Gesetz

2466

---

[562] *OVG Münster*, Urt. v. 23. 10. 2001 – 10 a D 123/99.NE – DVBl. 2002, 717 = BauR 2002, 901 emittierender landwirtschaftlicher Betrieb.
[563] *OVG Saarlouis*, Urt. v. 25. 9. 2001 – 2 Q 23/01 – Umwandlung eines nach seiner Ausgestaltung auf Freizeit- oder gar Wohnnutzung hindeutenden Gebäudes in Räumlichkeiten zur Zucht und Aufbewahrung von Pflanzen eines behaupteten Gartenbaubetriebes, im Anschluss an *BVerwG*, Urt. v. 12. 3. 1998, BRS 60 Nr. 98; zur Teilprivilegierung eines Gartenbaubetriebes nach § 35 IV Nr. 1 BauGB *OVG Münster*, B. v. 31. 3. 2003 – 7 B 28/03 – RdL 2003, 116.
[564] Zum Gebot der Rücksichtnahme bei einem Folien-Gewächshaus *BVerwG*, B. v. 22. 9. 1998 – 4 B 8.98 – NVwZ 1999, 431 – Gewächshaus.
[565] *Hoppe* in: *Hoppe/Bönker/Grotefels*, ÖffBauR § 8 Rdn. 96; *Krautzberger* in: *Battis/Krautzberger/Löhr*, Rdn. 37 zu § 35 BauGB; *Mainczyk*, Rdn. 15 zu § 35 BauGB; *Taegen* in: Schlichter/Stich, Rdn. 51 zu § 35 BauGB; *Upmeier* HdBöffBauR Kap. A Rdn. 573.
[566] Zur Energieversorgung *Krauß* NVwZ 1995, 959. Zu Freileitungen *Krautzberger* in: *Battis/Krautzberger/Löhr*, Rdn. 48 zu § 35 BauGB. Zur öffentlich-rechtlichen Absicherung von Hochspannungsfreileitungen über 100 Kilovolt *Götz* SchlHA 1996, 268; *Weidig* SchlHA 1996, 261. Es sind dabei neben § 35 I Nr. 4 BauGB ggf. auch das EnWiG, das LPlG, das NatSchG und das WaldG zu berücksichtigen. Zur planungsrechtlichen Zulässigkeit von Funksendeanlagen *Bork* StuGR 1993, 361, s. dort auch zum Nachbarschutz. Zu Planfeststellungsverfahren für Freileitungen RdE 1995, 181.
[567] *Dyong* in: Ernst/Zinkahn/Bielenberg/Krautzberger, Rdn. 55 zu § 35 BauGB; *Krautzberger* in: *Battis/Krautzberger/Löhr*, Rdn. 36 zu § 35 BauGB; *Mainczyk*, Rdn. 16 zu § 35 BauGB; *H. Schrödter* in: Schrödter, Rdn. 27 zu § 35 BauGB; *Taegen* in: Schlichter/Stich, Rdn. 36 zu § 35 BauGB. Zur privilegierten Zulässigkeit eines Strahlgittermastes zur Nutzung als Funksendestelle *OVG Lüneburg*, Urt. v. 2. 12. 1993 – 1 M 3997/92 – NVwZ 1993, 1117 = UPR 1993, 155. Zu Gesundheitsrisiken elektroma-

geht davon aus, dass die in der Vorschrift genannten Vorhaben eine besondere **Ortsgebundenheit** aufweisen und wegen der öffentlichen Interessenlage privilegiert im Außenbereich zulässig sind. Ortsgebunden i. S. des § 35 I Nr. 3 BauGB ist ein gewerblicher Betrieb nur dann, wenn das betreffende Gewerbe nach seinem Wesen und nach seinem Gegenstand auf die geografische Eigenart der fraglichen Stelle angewiesen ist.[568] Nicht ausreichend ist, dass die Verwirklichung des Vorhabens fernab einer Ortslage lediglich zweckmäßig erscheint. Der Begriff ist vielmehr eher eng auszulegen[569] und erfordert, dass der Betrieb auf den Standort geradezu angewiesen ist. Die Standortanforderungen können sich etwa durch die geografische oder geologische Eigenart des Bodens ergeben.[570] Die Standortgebundenheit kann sich dabei aus dem Vorkommen bestimmter Bodenschätze wie Kies,[571] Sand, Gesteinsmaterial, Öl oder Torf aber auch aus besonderen Anforderungen an die Aufarbeitung oder Verarbeitung von im Boden befindlichen Rohstoffen ergeben.[572] Die besondere Standortgebundenheit muss nicht nur bei den ortsgebundenen gewerblichen Betrieben, sondern auch bei den in der Vorschrift genannten Vorhaben der öffentlichen Versorgung gegeben sein. Ist eine Verwirklichung im Außenbereich nicht erforderlich, so gebietet der Grundsatz der größtmöglichen Schonung des Außenbereichs, in bebaute Bereiche auszuweichen. Zu den privilegierten Vorhaben der **öffentlichen Versorgung**[573] rechnen etwa Leitungsmasten, Hochspannungsmasten,[574] Gas-, Wärme- oder Wasserleitungen, Talsperren und Kraftwerke.[575] Privilegierte Vorhaben der **Abwasserwirtschaft** sind etwa Kläranlagen, Klärteiche oder Rückhaltebecken.[576] Privilegiert sind auch Anlagen des **Fernmeldewesens** wie Rundfunk-[577] und Fernsehtürme, Fernmeldetürme[578] und Telefonleitungen.[579] Vorhaben, die der öffentlichen Versorgung dienen, sind nach § 35 I Nr. 3 BauGB nur dann privilegiert, wenn sie zu dem vorgesehenen Standort eine der Ortsgebundenheit gewerblicher Betriebe vergleichbare Beziehung haben.[580] Die Errichtung des der öffentlichen Versorgung dienenden Vorhabens muss daher auf die Nutzung des Standortes angewiesen sein. Ein **Holzlagerplatz** ist demgegenüber nicht deshalb nach § 35 I Nr. 3 BauGB im Außenbereich privilegiert, weil sein Standort ökologische und ökonomische Vorteile bietet.[581] Im Übrigen ist die planungsrechtliche Zulässigkeit von Lagerplätzen,[582] die nicht einem nach § 35 I BauGB privilegierten Vor-

---

gnetischer Felder *VG Regensburg*, Urt. v. 5. 12. 1995 – RN 6 K 94.1769 – RdE 1996, 190, mit Hinweis auf die DIN-Norm VDE 0848 und die Empfehlungen der International Radiation Protection Association (IRPA) als Konkretisierungsmaßstäbe für § 22 BImSchG; *Di Fabio* DÖV 1995, 1; *Determann* Jura 1995, 602, s. dort auch zum Nachbarschutz; *Weyreuther*, Bauen im Außenbereich, 1979, 343.

[568] *BVerwG*, Urt. v. 5. 7. 1974 – IV C 76.71 – Buchholz 406.11 § 35 BBauG Nr. 112 = DÖV 1974, 814 = NJW 1975, 550 – Beiladung; *Krautzberger* in: *Battis/Krautzberger/Löhr*, Rdn. 36 zu § 35 BauGB; *H. Schrödter* in: Schrödter, Rdn. 29 zu § 35 BauGB.
[569] *Taegen* in: Schlichter/Stich, Rdn. 37 zu § 35 BauGB.
[570] *BVerwG*, Urt. v. 5.71974 – 4 C 76.71 – DÖV 1974, 814 = NJW 1975, 550.
[571] *Taegen* in: Schlichter/Stich, Rdn. 51 zu § 35 BauGB.
[572] *BVerwG*, Urt. v. 18. 3. 1983 – 4 C 17.81 – NVwZ 1984, 303 = BRS 40 (1980), NR. Nr. 92 = DVBl. 1983, 893 = *Hoppe/Stüer* RzB Rdn. 316 – Diabasgänge Bestwig; *Taegen* in: Schlichter/Stich, Rdn. 37 zu § 35 BauGB.
[573] *Weyreuther*, Bauen im Außenbereich, 1979, 388.
[574] *Weyreuther*, Bauen im Außenbereich, 1979, 265.
[575] *Taegen* in: Schlichter/Stich, Rdn. 51 zu § 35 BauGB.
[576] *Dyong* in: Ernst/Zinkahn/Bielenberg/Krautzberger, Rdn. 72 zu § 35 BauGB.
[577] *Upmeier* HdBöffBauR Kap. A Rdn. 584.
[578] *Upmeier* HdBöffBauR Kap. A Rdn. 583.
[579] *Hoppe* in: Hoppe/Bönker/Grotefels, ÖffBauR § 8 Rdn. 96.
[580] *BVerwG*, Urt. v. 21. 1. 1977 – IV C 28.75 – Buchholz 406.11 § 35 BBauG Nr. 38 = DVBl. 1977, 526 = DÖV 1977, 328 – Bodenverkehrsgenehmigung.
[581] *BVerwG*, B. v. 18. 12. 1995 – 4 B 260.95 – RdL 1996, 65 = UPR 1996, 153.
[582] *BVerwG*, Urt. v. 21. 1. 1977 – IV C 28.75 – DVBl. 1977, 526 = DÖV 1977, 328 – Bodenverkehrsgenehmigung; Urt. v. 7. 9. 1979 – IV C 45.77 – BBauBl. 1980, 107 = DVBl. 1980, 232 = ZfBR 1980, 43 – Bestandsschutz Lagerplatz; *Weyreuther*, Bauen im Außenbereich, 1979, 287.

haben dienen, nach § 35 II BauGB zu beurteilen.[583] Dies muss jedoch nicht zwingend zur planungsrechtlichen Unzulässigkeit des Vorhabens führen, wenn öffentliche Belange nicht beeinträchtigt werden. Auch größere Teiche, die ausschließlich Freizeitzwecken dienen, sind nicht nach § 35 I Nr. 3 BauGB privilegiert.[584] Dasselbe gilt für Tankstellen,[585] Containerlagerplätze,[586] Autofriedhöfe[587] oder die Lagerung von Altreifen.

Gewerbliche Betriebe sind nach § 35 I Nr. 3 BauGB privilegiert, wenn sie **ortsgebunden** sind, also „hier und so nur an der fraglichen Stelle betrieben werden" können.[588] Zu den gewerblichen Betrieben rechnen – im Unterschied zum Gewerberecht – auch solche der Urproduktion (z. B. Abbau von Naturrohstoffen).[589] Es handelt sich etwa um Bergwerksanlagen, Bohrtürme, Kiesgruben,[590] Torfstechereien, sonstige Abgrabungen,[591] Steinbrüche, Windmühlen oder Ziegeleien.[592] Auch ein Autokino kann als ortsgebundener gewerblicher Betrieb privilegiert sein.[593] Ein Gewerbe ist ortsgebunden i. S. des § 35 I Nr. 3 BauGB nur dann, wenn es nach seinem Gegenstand und seinem Wesen ausschließlich an der fraglichen Stelle betrieben werden kann. Hierfür genügt nicht, dass sich der Standort aus Gründen der Rentabilität anbietet oder gar aufdrängt. Erforderlich ist vielmehr, dass der Betrieb auf die geografische oder die geologische Eigenart der Stelle angewiesen ist, weil er an einem anderen Ort seinen Zweck verfehlen würde.[594] Ein Unternehmen mit einem ortsgebundenen Betriebszweig ist dann insgesamt ein ortsgebundener Betrieb, wenn er als Folge nicht nur wirtschaftlicher Zweckmäßigkeit, sondern technischer Erfordernisse dem typischen Erscheinungsbild eines Betriebes dieser Art entspricht[595] und der im engeren Sinne ortsgebundene Betriebszweig den gesamten Betrieb

---

[583] *VGH Mannheim*, Urt. v. 14. 10. 1991 – 8 S 623/91 – UPR 1992, 158 = ZfW 1992, 441 – Lagerplatz.
[584] *OVG Lüneburg*, B. v. 3. 1. 1991 – 1 M 90/90 – BRS 52 (1990), Nr. 142 für einen ca. 2.500 qm großen Teich.
[585] *OVG Lüneburg*, Urt. v. 24. 3. 1988 – 1 A 111/87 – BRS 48 (1988), Nr. 67 – Tankstelle, auch wenn gelegentlich die vorbeiführende Kreisstraße als Ausweich-Grenzübergang empfohlen wird; *Dyong* in: Ernst/Zinkahn/Bielenberg/Krautzberger, Rdn. 72 zu § 35 BauGB; *Taegen* in: Schlichter/Stich, Rdn. 51 zu § 35 BauGB.
[586] *OVG Saarlouis*, Urt. v. 10. 2. 1989 – 2 R 193/86 – BRS 49 (1989), Nr. 154.
[587] *OVG Saarlouis*, Urt. v. 26. 9. 1988 – 2 R 297/85 – (unveröffentlicht) – LKW-Aufbauten.
[588] *BVerwG*, Urt. v. 16. 6. 1994 – 4 C 20.93 – BVerwGE 96, 95 = DVBl. 1994, 1141 – Windenergieanlage.
[589] *BVerwG*, Urt. v. 18. 3. 1983 – 4 C 21.79 – BVerwGE 67, 84 = DVBl. 1983, 893 = *Hoppe/Stüer*, RzB Rdn. 435; *Hoppe* in: Hoppe/Bönker/Grotefels, ÖffBauR § 8 Rdn. 96.
[590] *Bröll* BayVBl. 1979, 137; Zur Unzulässigkeit eines Kiesabbauvorhabens wegen Widerspruchs zu – im Regionalplan festgelegten – Zielen der Raumordnung und Landesplanung *VGH München*, Urt. v. 12. 2. 1993 – 26 B 89.1573 – Kiesabbau; *OVG Lüneburg*, Urt. v. 23. 8. 1990 – 3 L 209/89 – NuR 1991, 145. *Koch* Gemeinde 1980, 194. Zur planungsrechtlichen Zulässigkeit von Werbeanlagen für ein Kieswerk *Lange* VW 1994, 317; vgl. auch *Gläss*, Verwaltungsorganisation 1993, Nr. 11/12, 20.
[591] *BVerwG*, Urt. v. 18. 3. 1983 – 4 C 17.81 – BRS 40 (1980), Nr. 92 = DVBl. 1983, 893 = NuR 1983, 270 – Abgrabung; *Dyong* in: Ernst/Zinkahn/Bielenberg/Krautzberger, Rdn. 72 zu § 35 BauGB; *Stüer* VR 1985, 77; *Weyreuther*, Bauen im Außenbereich, 1979, 16.
[592] *Taegen* in: Schlichter/Stich, Rdn. 51 zu § 35 BauGB.
[593] *BVerwG*, Urt. v. 10. 4. 1968 – 4 C 3.67 – BVerwGE 29, 286 = DVBl. 1969, 267 = DÖV 1969, 149 – Autokino; *Dyong* in: Ernst/Zinkahn/Bielenberg/Krautzberger, Rdn. 72 zu § 35 BauGB; *Taegen* in: Schlichter/Stich, Rdn. 41 zu § 35 BauGB. *Upmeier* HdBöffBauR Kap. A Rdn. 582. Allerdings können die Interessen der Bewohner einer angrenzenden Wohnsiedlung an der Freihaltung von Verkehrslärm dem Vorhaben entgegenstehen, *Krautzberger* in: Battis/Krautzberger/Löhr, Rdn. 59 zu § 35 BauGB; *Weyreuther*, Bauen im Außenbereich, 1979, 48.
[594] *BVerwG*, Urt. v. 5. 7. 1975 – IV C 76.71 – Buchholz 406.11 § 35 BBauG Nr. 112; Urt. v. 7. 5. 1976 – IV C 43.74 – BVerwGE 50, 346.
[595] *BVerwG*, Urt. v. 9. 6. 1976 – IV C 42.74 – AgrarR 1977, 68 = BauR 1976, 262 = DVBl. 1977, 198 – Splittersiedlung; Urt. v. 3. 6. 1977 – IV C 29.75 – Buchholz 406.11 § 35 BBauG Nr. 11 = BauR

prägt.⁵⁹⁶ Ein Vorhaben dient einem ortsgebundenen Betrieb, wenn es dem Betrieb zugeordnet und untergeordnet ist und darüber hinaus angenommen werden kann, dass ein vernünftiger Unternehmer – auch und gerade unter Berücksichtigung einer größtmöglichen Schonung des Außenbereichs – das Vorhaben mit etwa gleichem Verwendungszweck und mit etwa gleicher Gestaltung und Ausführung verwirklichen würde.⁵⁹⁷ An der vorausgesetzten spezifischen Gebundenheit fehlt es, wenn der Standort im Vergleich mit anderen Stellen zwar Lagevorteile bietet, das Vorhaben aber nicht damit steht oder fällt, ob es hier und so und nirgendwo anders ausgeführt werden kann.⁵⁹⁸ Nicht privilegiert sind etwa Konservenfabriken, Sägewerke oder Zuckerfabriken, die zwar zweckmäßigerweise fernab einer Wohnbebauung errichtet werden können, die aber nicht zwingend auf den Außenbereich angewiesen sind. Das Vorhaben dient einem gewerblichen Betrieb, wenn es den Betriebszweck fördert und darüber hinaus dem Betrieb zu- und untergeordnet ist. Maßgeblich ist auch hier die Frage, ob ein **vernünftiger** Eigentümer das Vorhaben mit der vorgesehenen Verwendung, Gestaltung und Ausgestaltung an dem vorgesehenen Standort auch unter Berücksichtigung einer möglichsten Schonung des Außenbereichs verwirklichen würde.⁵⁹⁹ Die endgültige Einstellung des ortsgebundenen gewerblichen Betriebes führt nach Auffassung des *BVerwG* in aller Regel zum Verlust der Privilegierung und auch dazu, dass die entsprechenden Darstellungen im Flächennutzungsplan an Aussagekraft verlieren.⁶⁰⁰

Hinweis: Öffentliche Belange, die nur für die Dauer der Abgrabung bis zur rechtlich gesicherten Rekultivierung nachteilig berührt werden, haben in der Regel gegenüber einer Abgrabung als privilegiertem Vorhaben geringeres Gewicht und stehen ihr dann nicht entgegen.⁶⁰¹

2468 Die Unzulässigkeit des privilegierten ortsgebundenen Betriebes kann sich aus dem Entgegenstehen **öffentlicher Belange** ergeben. Dies gilt auch für **Abgrabungsvorhaben**, die vom Grundsatz her nach § 35 I Nr. 3 BauGB privilegiert sind. Das BauGB regelt zwar die bodenrechtlichen Anforderungen an Abgrabungen abschließend. In dieser Hinsicht kann das **Landesrecht** keine weiteren Anforderungen stellen. Dadurch ist aber nicht ausgeschlossen, dass landschaftspflegerische Ziele der Raumordnung bei einer Entscheidung über die Zulässigkeit einer Abgrabung nach Landesnaturschutzrecht berücksichtigt werden.⁶⁰² Die öffentlichen Belange „natürliche Eigenart der Landschaft" und „Natur- und Landschaftsschutz" können auch einem privilegierten Vorhaben entgegenstehen.⁶⁰³ Eine

---

1977, 402 = DÖV 1977, 830; B. v. 7. 9. 1984 – 4 B 188.84 – Buchholz 406.11 § 35 BBauG Nr. 215 – Splittersiedlung.
⁵⁹⁶ *BVerwG*, Urt. v. 7. 5. 1976 – IV C 43.74 – BVerwGE 50, 346 = BayVBl. 1977, 20 = NJW 1977, 119 = RdL 1976, 231.
⁵⁹⁷ *BVerwG*, Urt. v. 7. 5. 1976 – IVC 43.74 – BVerwGE 50, 346 = BayVBl. 1977, 20 = NJW 1977, 119 = RdL 1976, 231; Urt. v. 18. 3. 1983 – 4 C 17.81 – BRS 40 (1980), Nr. 92 = DVBl. 1983, 893 = NuR 1983, 270 – Abgrabung. Zu vergleichbaren Anforderungen bei privilegierten landwirtschaftlichen Vorhaben *BVerwG*, Urt. v. 3. 11. 1972 – 4 C 9.70 – BVerwGE 41, 138 = BauR 1973, 101 = DVBl. 1973, 643.
⁵⁹⁸ *BVerwG*, Urt. v. 16. 6. 1994 – 4 C 20.93 – BVerwGE 96, 95.
⁵⁹⁹ *BVerwG*, Urt. v. 7. 5. 1976 – IV C 43.74 – BVerwGE 50, 346 = NJW 1977, 119 – ortsgebundener Betrieb.
⁶⁰⁰ So für ein Ziegelwerk mit Tonabbau *BVerwG*, B. v. 6. 9. 1993 – 4 B 32.93 – *Hoppe/Stüer* RzB Rdn. 437.
⁶⁰¹ *BVerwG*, Urt. v. 18. 3. 1983 – 4 C 17.81 – NVwZ 1984, 303 = BRS 40 (1980), Nr. 92 = DVBl. 1983, 893 = *Hoppe/Stüer* RzB Rdn. 316 – Diabasgänge Bestwig.
⁶⁰² *BVerwG*, Urt. v. 24. 2. 1978 – IV C 12.76 – BVerwGE 55, 272 = DVBl. 1978, 610 = BauR 1978, 378 – Uferbauverbot; Urt. v. 18. 3. 1983 – 4 C 17.81 – BRS 40 (1980), Nr. 92; B. v. 16. 2. 1988 – 4 B 26.88 – UPR 1988, 265 = BRS 48 (1988), Nr. 213 (S. 486) = ZfBR 1988, 144 = NVwZ 1989, 49 = *Hoppe/Stüer* RzB Rdn. 452 – Abgrabung LandschaftsschutzVO.
⁶⁰³ *BVerwG*, Urt. v. 10. 4. 1968 – 4 C 3.67 – BVerwGE 29, 286 = DVBl. 1969, 267 = DÖV 1969, 149 – Autokino; *OVG Lüneburg*, Urt. v. 3. 5. 1995 – 3 L 1428/91 – RdL 1996, 21 – Fischteich.

Beeinträchtigung des Belanges „Natur- und Landschaftsschutz" setzt eine förmliche Unterschutzstellung des Gebietes nicht voraus.[604] Dass derartige öffentliche Belange ein besonderes Gewicht haben, ergibt sich nicht nur aus ihrer Erwähnung in § 35 III 1 BauGB. Dies folgt auch aus der gesetzlichen Wertung der §§ 1, 2 BNatSchG. Bundesrechtliches Bauplanungsrecht und landesrechtliches Naturschutzrecht treten also nebeneinander und können jeweils eigenständige Zulässigkeitsanforderungen an die Bodennutzung formulieren.[605] Eine im Außenbereich gem. § 35 I Nr. 3 BauGB privilegierte Abgrabung (Auskiesung)[606] größeren Umfangs,[607] die nach dem **Landschaftsschutzrecht** in einer durch Ausnahmegenehmigung nicht zu behebenden Weise unzulässig ist, ist auch bauplanungsrechtlich nicht genehmigungsfähig.[608] Auch eine an sich nach § 35 I Nr. 3 BauGB privilegierte **Abtorfung** muss Belange des Natur- und Landschaftsschutzes wahren.[609] Dies ist auch verfassungsrechtlich hinzunehmen. Das in einer **Landschaftsschutzverordnung** enthaltene grundsätzliche Verbot von Abgrabungen zur Gewinnung von Bodenschätzen kann eine zulässige Inhaltsbestimmung des Eigentums i. S. des Art. 14 I 2 GG auch dann sein, wenn es Zweck des Verbots ist, eine Beeinträchtigung des Naturgenusses zu vermeiden.[610] Eigentum kann nach Inhalt und Schranken auch durch eine Landschaftsschutzverordnung bestimmt werden. Das GG hat dem Gesetzgeber den Auftrag zugewiesen, eine Eigentumsordnung zu schaffen, die sowohl den privaten Interessen des Einzelnen als auch denen der Allgemeinheit gerecht wird.[611] Dies gilt in besonderer Weise auch für den Bereich des Natur- und Landschaftsschutzes, den das Landesrecht nicht, ohne gegen Bundesverfassungsrecht zu verstoßen, unangemessen verkürzen darf. Das Grundeigentum umfasst in seinem verfassungsrechtlich geschützten Kern nicht alle Befugnisse, die von der Sache her möglich sind und die sich einem wirtschaftlich denkenden Eigentümer als die lohnendste und ertragreichste Nutzung anbieten. Der Gesetzgeber kann zur Wahrung übertragener Gemeinwohlbelange im Rahmen des Art. 14 I 2 GG einzelne Befugnisse vom Eigentum ausklammern, ohne die Institutsgarantie des privaten Eigentums anzutasten. Soweit diese Befugnisse sich in der Hand des einzelnen Eigentümers noch nicht eigentumsmäßig verfestigt haben, greift der Gesetzgeber auch nicht in die Individualrechtsgarantie des Eigentums ein.[612] Neben der Prüfung der planungsrechtlichen Zulässigkeit können sich **sonstige Genehmigungserfordernisse** ergeben. So bedarf etwa der **Gipsabbau** als privilegiertes Außenbereichsvorhaben der immissionsschutzrechtlichen Genehmigung.[613] Die Erteilung dieser Genehmigung ist u. a. davon abhängig, dass der Anlage auch andere öffentlich-rechtliche Vorschriften nicht entgegenstehen.[614] Sie

---

[604] *BVerwG*, Urt. v. 13. 4. 1984 – 4 C 69.80 – NVwZ 1985, 340 = BauR 1984, 614 = ZfBR 1984, 203 = UPR 1985, 88 = *Hoppe/Stüer* RzB Rdn. 445 – Fischteich.

[605] *BVerwG*, Urt. v. 16. 5. 1991 – 4 C 2.89 – BauR 1991, 576 = DÖV 1992, 73 = *Hoppe/Stüer* RzB Rdn. 428 – forstwirtschaftlicher Betrieb.

[606] *VGH München*, Urt. v. 25. 11. 1991 – 14 B 89.3207 – NuR 1993, 326 = BayVBl. 1992, 529 – Trockenauskiesung; *VGH Mannheim*, Urt. v. 15. 2. 1990 – 10 S 2893/88 – (unveröffentlicht).

[607] *OVG Saarlouis*, Urt. v. 28. 1. 1992 – 2 R 58/89 – UPR 1993, 39.

[608] *BVerwG*, Urt. v. 13. 4. 1983 – 4 C 21.79 – BVerwGE 67, 84 = DVBl. 1983, 895 = *Hoppe/Stüer*, RzB Rdn. 435.

[609] *BVerwG*, Urt. v. 13. 4. 1983 – 4 C 76.80 – BVerwGE 67, 84; Urt. v. 14. 10. 1988 – 4 C 58.84 – Buchholz 406.401 § 1 BNatSchG Nr. 3; B. v. 6. 11. 1989 – 4 B 203.89 – *Hoppe/Stüer* RzB Rdn. 422 – Abtorfung.

[610] *BVerwG*, Urt. v. 13. 4. 1983 – 4 C 21.79 – BVerwGE 67, 84 = *Hoppe/Stüer* RzB Rdn. 435 – Auskiesung Teutoburger Wald; s. Rdn. 1681.

[611] *BVerfG*, B. v. 15. 7. 1981 – 1 BvL 77/78 – BVerfGE 58, 300 = NJW 1982, 745 = DVBl. 1982, 340 = *Hoppe/Stüer* RzB Rdn. 1136 – Nassauskiesung.

[612] *BVerwG*, Urt. v. 14. 11. 1975 – IV C 2.74 – BVerwGE 49, 365 = Buchholz 406.40 § 4 RNatSchG Nr. 2 – Naturschutzgebiet.

[613] Auch kann für ein derartiges Vorhaben eine konkrete standortbezogene Aussage des Flächennutzungsplans von Bedeutung sein, so *Taegen* in: Schlichter/Stich, Rdn. 62 zu § 35 BauGB.

[614] § 6 Nr. 2 BImSchG.

2469 An sich privilegierte ortsgebundene Betriebe nach § 35 I Nr. 3 BauGB sind noch hinsichtlich des **Standortes** in einem bestimmten Rahmen variationsfähig. Aus der grundsätzlich privilegierten Zulässigkeit folgt daher nicht, dass die Vorhaben an jedem Standort des Außenbereichs verwirklicht werden können. Auch hat die Standortgemeinde in einem bestimmten Umfang die Möglichkeit, auf die Privilegierung regelnd einzuwirken. Dies kann durch **konkrete, standortbezogene Aussagen im Flächennutzungsplan** erfolgen. Allgemeine Aussagen des Flächennutzungsplans reichen hierzu allerdings nicht aus. So steht die Darstellung aller für eine landwirtschaftliche Nutzung in Betracht kommenden Außenbereichsflächen als Fläche für die Landwirtschaft im Flächennutzungsplan der Gemeinde einem privilegierten Vorhaben regelmäßig nicht als öffentlicher Belang entgegen. Dies gilt auch, soweit sich die Gemeinde auf ein allgemeines Interesse an der Freihaltung von Flächen für zukünftige Planungen beruft.[616] Denn die Darstellung als Fläche für die Landwirtschaft enthält im Allgemeinen keine qualifizierte Standortzuweisung, sondern weist dem Außenbereich nur die ihm ohnehin nach dem Willen des Gesetzgebers (§ 35 II und III BauGB) in erster Linie zukommende Funktion zu, der Land- und Forstwirtschaft und dadurch zugleich auch der allgemeinen Erholung zu dienen.[617] Eine konkrete Standortbezogenheit der Darstellung „Fläche für die Landwirtschaft" ist regelmäßig nur für bestimmte Außenbereichsflächen in Betracht zu ziehen, für die besondere Verhältnisse in Bezug auf deren landwirtschaftliche Nutzung vorliegen. Etwas anderes kann gelten, wenn sich in der Begründung greifbare Anhaltspunkte dafür finden, dass mit dem Flächennutzungsplan bewusst und gewollt eine größere, geschlossene, nur landwirtschaftlich zu nutzende Fläche mit dem Ziel der Erhaltung einer besonders schützenswerten ländlichen Siedlungsstruktur dargestellt worden ist. Fehlt es aber an solchen besonderen Umständen, die für sämtliche im Flächennutzungsplan für die Landwirtschaft dargestellten Flächen eine positive planerische Aussage begründen können, so kommt der Darstellung nicht das Gewicht zu, im Gesamten oder nahezu gesamten Außenbereich einer Gemeinde andere gem. § 35 I BauGB privilegierte Vorhaben außerhalb der Landwirtschaft zu verdrängen.

2470 Die Gemeinde kann jedoch durch die Ausweisung von **„Abgrabungskonzentrationszonen"** im Flächennutzungsplan konkrete standortbezogene Aussagen treffen. Die Gemeinde ist daher befugt, Abgrabungsflächen im Flächennutzungsplan mit dem Ziel darzustellen, den Abbau von Kies und Sand am ausgewiesenen Standort zu konkretisieren und im übrigen Außenbereich zu vermeiden. Welches Gewicht dem öffentlichen Belang einer Konzentration von Abgrabungen auf bestimmten Flächen im Außenbereich im Verhältnis zum Gewicht der Privilegierung der Abgrabung als Außenbereichsnutzung zukommt, bestimmt sich nach den Einzelfallumständen. Ein Planungsvorbehalt für die nach § 35 I Nr. 2 bis 6 BauGB privilegierten Vorhaben ist in § 35 III 3 BauGB geregelt.[618]

---

[615] *BVerwG*, Urt. v. 6. 10. 1989 – 4 C 28.86 – UPR 1990, 30 = ZfBR 1990, 41 = NVwZ 1991, 161 = NuR 1990, 79 = *Hoppe/Stüer* RzB Rdn. 436 – privilegierter Gipsabbau.

[616] *BVerwG*, Urt. v. 6. 10. 1989 – 4 C 28.86 – NVwZ 1991, 161 = *Hoppe/Stüer* RzB Rdn. 436 – privilegierter Gipsabbau.

[617] *BVerwG*, Urt. v. 20. 1. 1984 – 4 C 43.81 – BVerwGE 68, 311 = DVBl. 1984, 627 = NVwZ 1984, 367 – Gärtnerei; Urt. v. 22. 5. 1987 – 4 C 57.84 – BVerwGE 77, 300 = DVBl. 1987, 1008 = *Hoppe/Stüer* RzB Rdn. 449 – Kölner Auskiesungskonzentrationszone; Urt. v. 4. 5. 1988 – 4 C 22.87 – BVerwGE 79, 318 = NJW 1989, 242 = *Hoppe/Stüer* RzB Rdn. 575 – ortsgebundener Kiesabbau.

[618] *BVerwG*, Urt. v. 22. 5. 1987 – 4 C 57.84 – BVerwGE 77, 300 = DVBl. 1987, 1008 = *Hoppe/Stüer* RzB Rdn. 449 – Kölner Auskiesungskonzentrationszone – Kölner Abgrabungskonzentration.

4. Teil. Bauen im Außenbereich

Es muss sich dabei allerdings um konkrete standortbezogene Aussagen der Gemeinde oder der Regionalplanung handeln.[619]

4. Vorhaben mit besonderen Anforderungen, Auswirkungen oder Zweckbestimmungen

Nach § 35 I Nr. 4 BauGB sind Vorhaben privilegiert, die wegen ihrer besonderen Anforderungen an die Umgebung, wegen ihrer nachteiligen Wirkung auf die Umgebung oder wegen ihrer besonderen Zweckbestimmung nur im Außenbereich ausgeführt werden sollen. Die Norm ist im Verhältnis zu den anderen Privilegierungstatbeständen in § 35 I BauGB generalklauselartig und recht weit ausgefallen. Sie erfüllt die Funktion eines Auffangtatbestandes.[620] Es ist dabei eine dreifache Prüfung angezeigt: Zunächst muss festgestellt werden, ob die in der Vorschrift genannten Kriterien eine gewisse Zuordnung zum Außenbereich nahe legen. Sodann ist zu fragen, ob das Vorhaben wegen dieser privilegierenden Merkmale nur im Außenbereich ausgeführt werden soll. Zudem ist eine wertende, den gesetzlichen Privilegierungstatbestand nachvollziehende Abwägung im Einzelfall erforderlich, ob das Vorhaben auch im Hinblick auf etwa betroffene öffentliche Belange und den generellen Schutz des Außenbereichs i. S. einer Bevorzugung des Außenbereichs billigenswert ist.[621] Wegen ihrer besonderen nachteiligen Wirkungen auf die Umgebung können etwa Zementfabriken, Sprengstofffabriken oder Sprengstofflager nach § 35 I Nr. 4 BauGB privilegiert zugelassen werden.[622] Die Beantwortung der Frage, ob ein Vorhaben wegen seiner besonderen Zweckbestimmung „nur im Außenbereich ausgeführt werden soll", setzt eine Wertung voraus, dass das Vorhaben in einer Weise billigenswert ist, die es rechtfertigt, es bevorzugt im Außenbereich zuzulassen.[623] Dies setzt in der Regel voraus, dass das Vorhaben der Allgemeinheit zur Verfügung steht oder für die Allgemeinheit einen anderen Nutzen hat.[624] Insbesondere die Haltung und Aufzucht von Nutztieren in großen Stallanlagen in Form gewerblicher Intensivtierhaltung ist im Regelfall in Gewerbegebieten zulässig. Sie kann aber auch in konkreten städtebaulichen Situationen nach § 35 I Nr. 4 BauGB privilegiert zulässig sein; auf sie bezieht sich dann aber der (insbesondere kommunale) Planvorbehalt des § 35 III 3 BauGB.

Ein Vorhaben „soll" jedenfalls nur dann im Außenbereich ausgeführt werden, wenn es nach Art, Umfang und Gestaltung für seine konkrete Zweckbestimmung erforderlich ist.[625] Aus der Tatsache allein, dass ein Vorhaben einem zulässigen und sinnvoll nur im nicht bebauten Bereich zu verwirklichenden Zweck dient, folgt noch nicht, dass es auch bevorzugt im Außenbereich ausgeführt werden soll.[626] Die im Merkmal des Sollens in

---

[619] So ist etwa aus der Darstellung einiger Wohnbauflächen außerhalb der bereits baulich genutzten Bereiche geschlossen worden, dass die Gemeinde auf den übrigen Flächen Wohnbauvorhaben ausschließen wollte, so *OVG Schleswig*, Urt. v. 7. 9. 1994 – 1 L 125/93 – (unveröffentlicht). Dieser Planungswille kann allerdings nur zur Beeinträchtigung öffentlicher Belange durch nicht privilegierte Vorhaben führen, vgl. auch *OVG Schleswig*, Urt. v. 31. 8. 1994 – 1 L 55/94 – (unveröffentlicht); *Schmidt*, Wirkungen von Raumordnungszielen, 1997, S. 67.
[620] *Hoppe* in: *Hoppe/Bönker/Grotefels*, ÖffBauR § 8 Rdn. 97.
[621] *Hoppe* in: *Hoppe/Bönker/Grotefels*, ÖffBauR § 8 Rdn. 97.
[622] *Dyong* in: Ernst/Zinkahn/Bielenberg/Krautzberger, Rdn. 60 zu § 35 BauGB.
[623] Vgl. z. B. *BVerwG*, Urt. v. 18. 2. 1983 – 4 C 19.81 – BVerwGE 67, 33 = Buchholz 406.11 § 35 BBauG Nr. 197 = NJW 1983, 2716.
[624] So für ein Freizeitheim *BVerwG*, Urt. v. 7. 5. 1976 – IV C 62.74 – Buchholz 406.11 § 35 BBauG Nr. 127 = BayVBl. 1977, 23 = DVBl. 1977, 196 – Freizeitheim: Für die vorrangige Zulässigkeit eines Jugendheims kommt es auch darauf an, ob es für einen größeren Benutzerkreis zugänglich ist – z. B. für Jugendliche allgemein – und nicht etwa durch die Voraussetzung einer Mitgliedschaft oder durch Eintrittsgebühren der Kreis der Benutzer beschränkt wird.
[625] *OVG Münster*, Urt. v. 22. 5. 1991 – 7 A 822/89 – AgrarR 1992, 146 = NuR 1992, 137 – Tierpflegestation.
[626] *BVerwG*, Urt. v. 14. 3. 1975 – IV C 41.73 – BVerwGE 48, 109 = Buchholz 406.11 § 35 BBauG Nr. 117; Urt. v. 11. 1. 1994 – 4 B 122.93 – *Hoppe/Stüer* RzB Rdn. 465 – Flugzeugunterstellhalle.

§ 35 I Nr. 4 BauGB enthaltene Wertung umschließt auch die Frage, ob die Privilegierung als Bevorzugung in Richtung auf den Gleichheitssatz zu rechtfertigen ist. Daran fehlt es immer dann, wenn gegenüber dem allgemeinen Bedürfnis nach Erholung in der freien Natur,[627] das dem Außenbereich zugeordnet ist,[628] individuelle Freizeitwünsche[629] oder gewerbliche Nutzungsabsichten bevorzugt werden sollen.[630] Das gilt auch für eine Hobby-Tierhaltung.[631] Auch Sanatorien,[632] Lungenheilstätten oder Kurkliniken lassen sich regelmäßig in beplanten Gebieten verwirklichen und sind daher nicht auf einen Außenbereichsstandort angewiesen.[633] Nicht jedes Vorhaben, das sinnvoll nur im Außenbereich errichtet werden kann, ist schon deshalb nach § 35 I Nr. 4 BauGB im Außenereich privilegiert. Zu fragen ist vielmehr zusätzlich, ob es i. S. dieser Vorschrift auch im Außenbereich zugelassen werden soll.[634] Dementsprechend ist § 35 I Nr. 4 BauGB nach ständiger Rechtsprechung nicht anwendbar, wenn ein Vorhaben aus Liebhaberei errichtet wird.[635] Privilegiert sind etwa Vorhaben, die von ihrem Zweck her die Funktion des Außenbereichs als Erholungslandschaft für die **Allgemeinheit** erschließen[636] wie z. B. Schutzhütten in Naturparks,[637] der Allgemeinheit zur Verfügung stehende Berg- und Skihütten[638] oder Badehütten. Aber auch Bienenhäuser können nach § 35 I Nr. 4 BauGB privilegiert sein.[639] Nicht privilegiert sind demgegenüber Vorhaben, die nicht der Allgemeinheit zur Verfügung stehen,[640] wie **private Wochenendhäuser**,[641] Ferienhäuser,[642]

[627] *Kniep* GewArch. 1982, 45.
[628] *BVerwG*, Urt. v. 24. 8. 1979 – 4 C 8.78 – BauR 1980, 49 = BayVBl. 1980, 309 = ZfBR 1979, 259 – Erholungsanlage.
[629] Dazu *BVerwG*, B. v. 30. 11. 1992 – 4 NB 41.92 – Buchholz 406.16 Grundeigentumsschutz Nr. 60.
[630] *BVerwG*, B. v. 13. 9. 1989 – 4 B 93.89 – Buchholz 406.11 § 35 BauGB Nr. 257 m. w. Nachw.
[631] *VGH Kassel*, Urt. v. 23. 1. 1992 – 4 UE 2804/86 – RdL 1992, 202 – Pferde- und Schafhaltung; *OVG Schleswig*, Urt. v. 31. 8. 1994 – 1 L 143/93 – (unveröffentlicht) – Schafhaltung.
[632] *Weyreuther*, Bauen im Außenbereich, 1979, 257.
[633] *Taegen* in: Schlichter/Stich, Rdn. 41 zu § 35 BauGB.
[634] Auch Baulichkeiten, die geeignet sind, dem Schutz der Zivilbevölkerung zu dienen, gehören nicht generell zu den Vorhaben, die nach § 35 I Nr. 5 BauGB im Außenbereich bevorrechtigt zulässig sind, so *BVerwG*, B. v. 12. 6. 1987 – 4 B 84.87 – (unveröffentlicht).
[635] *BVerwG*, Urt. v. 14. 5. 1969 – 4 C 19.68 – BVerwGE 34, 1 – Fischerhütte; Urt. v. 14. 3. 1975 – IV C 41.73 – BVerwGE 48, 109 – Camping- und Zeltplätze; B. v. 19. 9. 1995 – 4 B 208.95 – UPR 1996, 29 = RdL 1996, 7 = BBauBl 1996, 155 – Fischteich.
[636] *BVerwG*, Urt. v. 24. 8. 1979 – 4 C 8.78 – BauR 1980, 49 = BayVBl. 1980, 309 = ZfBR 1979, 259 – Erholungsanlage; *Fischer/Hagen* BauR 1979, 181; *Mainczyk*, Rdn. 8 zu § 35 BauGB.
[637] *Dyong* in: Ernst/Zinkahn/Bielenberg/Krautzberger, Rdn. 64 zu § 35 BauGB. Zur Zulässigkeit einer Wetterschutzhütte für einen gewerblichen Angelteich *OVG Schleswig*, Urt. v. 19. 4. 1995 – 1 L 57/95 – (unveröffentlicht).
[638] *Dyong* in: Ernst/Zinkahn/Bielenberg/Krautzberger, Rdn. 64 zu § 35 BauGB.
[639] *BVerwG*, Urt. v. 13. 12. 1974 – IV C 22.73 – Buchholz 406.11 § 35 BauGB Nr. 115 = BauR 1975, 104 = DVBl. 1975, 504 – Imkerei, soweit sie nicht bereits den berufsmäßigen Imkerei dienen und daher nach § 201 BauGB den Begriff der Landwirtschaft erfüllen; *Krautzberger* in: *Battis/Krautzberger/Löhr*, Rdn. 48 zu § 35 BauGB; *Taegen* in: Schlichter/Stich, Rdn. 51 zu § 35 BauGB. Zur Größe von Bienenhäusern *BVerwG*, B. v. 30. 10. 1996 – 4 B 195.96 – (unveröffentlicht) – Bienenhaus.
[640] Der Gemeinwohlbezug ist als rechtfertigender Zweck für die Privilegierung von Vorhaben besonders wichtig, *BVerwG*, B. v. 15. 12. 1966 – 4 B 114.66 – Buchholz 406.11 § 35 BBauG Nr. 33 – Ferienhaus.
[641] *BVerwG*, Urt. v. 29. 4. 1964 – I C 30.62 – BVerwGE 18, 247 = DVBl. 1964, 527 = DÖV 1964, 383; B. v. 1. 12. 1964 – I B 196.64 – Buchholz 406.11 § 35 BBauG Nr. 16 – Wochenendhaus; B. v. 3. 3. 1966 – 4 B 30.66 – Buchholz 406.11 § 35 BBauG Nr. 26 – Wochenendhaus; B. v. 30. 5. 1967 – 4 B 23.66 – Buchholz 406.11 § 35 BBauG Nr. 42; B. v. 23. 8. 1968 – 4 C 226.65 – Buchholz 406.11 § 35 BBauG Nr. 74 – Wochenendhaus; *Dyong* in: Ernst/Zinkahn/Bielenberg/Krautzberger, Rdn. 69 zu § 35 BauGB; *Klein* DÖV 1964, 658; *Menger* VerwArch. 56 (1965), 56.
[642] *BVerwG*, B. v. 15. 12. 1966 – 4 B 114.66 – Buchholz 406.11 § 35 BBauG Nr. 33 – Ferienhaus; Urt. v. 22. 11. 1968 – IV C 85.66 – Buchholz 406.11 § 35 BBauG Nr. 76 – Ferienhaus; *Bielenberg/Söf-*

4. Teil. Bauen im Außenbereich   2472 C

private Berg-[643] und Skihütten,[644] Anlagen der Freikörperkultur[645] oder die der Gewinnerzielung dienen wie **Gaststätten**, Hotels,[646] Motels,[647] Campingplätze,[648] Abstellplätze für Wohnwagen[649] oder Wochenendplätze.[650] Auch Vorhaben von **Kirchen** und **karitativen Organisationen** können privilegiert zulässig sein wie etwa Jugendheime[651] oder Erholungsheime.[652] Auch **Jagdhütten** können nach § 35 I Nr. 4 BauGB privilegiert zulässig sein, wenn sie für die Jagdausübung erforderlich sind und über eine angemessene Größe nicht hinausgehen.[653] Es muss sich dabei um einen möglichst einfachen Bau handeln, des-

---

ker/*Roesch* ZfBR 1989, 49; *Roesch* ZfBR 1989, 187; *Söfker* ZfBR 1989, 91. Zu Ferienwohnungen auf dem Bauernhof *Krautzberger* in: *Battis/Krautzberger/Löhr*, Rdn. 14 zu § 35 BauGB; *Taegen* in: Schlichter/Stich, Rdn. 51 zu § 35 BauGB.

[643] *OLG München*, Urt. v. 29. 6. 1994 – 3 ObOWi 56/94 – BayVBl. 1994, 760 = NuR 1995, 581 – Blockhütte.

[644] *BVerwG*, B. v. 27. 10. 1964 – I B 35.63 – Buchholz 406.11 § 35 BBauG Nr. 15 – Skihütte.

[645] *BVerwG*, Urt. v. 10. 11. 1978 – IV C 80.76 – BauR 1979, 123 = Buchholz 406.11 § 35 BBauG Nr. 152 = BayVBl. 1989, 280; Urt. v. 10. 11. 1978 – IV 24.78 – Buchholz 406.11 § 35 BBauG Nr. 154 = ZMR 1981, 160; *OVG Schleswig*, Urt. v. 10. 8. 1994 – 1 L 33/94 – (unveröffentlicht) für ein Heim mit einem Versammlungsraum von 100 qm Größe; *Taegen* in: Schlichter/Stich, Rdn. 51 zu § 35 BauGB; *Weyreuther*, Bauen im Außenbereich, 1979, 31. Eine derartige Anlage ist auch dann nicht privilegiert, wenn sie an einer anderen Stelle des Außenbereichs öffentlichen Interessen hat weichen müssen, so *BVerwG*, B. v. 7. 8. 1980 – 4 B 61.80 – Buchholz 406.11 § 35 BBauG Nr. 166 = BRS 36, Nr. 94; *Krautzberger* in: *Battis/Krautzberger/Löhr*, Rdn. 48 zu § 35 BauGB; *Taegen* in: Schlichter/Stich, Rdn. 45 zu § 35 BauGB.

[646] *BVerwG*, Urt. v. 8. 11. 1967 – IV C 76.65 – Buchholz 406.11 § 35 BBauG Nr. 56 – Hotelbau.

[647] *Taegen* in: Schlichter/Stich, Rdn. 51 zu § 35 BauGB.

[648] *BVerwG*, Urt. v. 14. 3. 1975 – IV C 41.73 – BVerwGE 48, 109 = Buchholz 406.11 § 35 BBauG Nr. 117; *OVG Berlin*, Urt. v. 18. 2. 1988 – 2 S 55.87 – OVGE 18, 93 = UPR 1988, 275 – Campingplatz. *Ote* BauR 1978, 109; *Taegen* in: Schlichter/Stich, Rdn. 51, 77 zu § 35 BauGB. Bei illegalen Nutzungen eines Campingplatzes kann die Bauaufsichtsbehörde nach Maßgabe des jeweiligen Landesrechts von dem Pächter eines Grundstücks die Angabe der Namen und Anschriften der Inhaber der einzelnen Stellplätze fordern, um gegen diese mit Beseitigungsanordnungen vorzugehen, so *OVG Berlin*, Urt. v. 18.2,1988 – 2 S 54.87 – NVwZ 1988, 750 = NuR 1988, 254 = UPR 1988, 278 – Campingplatznutzer.

[649] *BVerwG*, B. v. 21. 3. 1966 – 4 B 297.65 – BayVBl. 1966, 316 = BlGBW 1966, 198 = Buchholz 406.11 § 35 BBauG Nr. 27 – Wohnwagen; *Taegen* in: Schlichter/Stich, Rdn. 51 zu § 35 BauGB. Für einen Wohnwagen mit mehreren Schlafgelegenheiten, Beleuchtung und Kochgelegenheiten *BVerwG*, B. v. 6. 8. 1968 – 4 B 225.67 – Buchholz 406.11 § 35 BBauG Nr. 73 – Wohnwagen. Zur unterschiedlichen bauplanungsrechtlichen Beurteilung von Wochenendhäusern und zur Wochenenderholung aufgestellten Wohnwagen *BVerwG*, Urt. v. 3. 4. 1987 – 4 C 43.84 – NVwZ 1988, 144 = UPR 1987, 383 = ZfBR 1987, 296; *Krautzberger* in: *Battis/Krautzberger/Löhr*, Rdn. 48 zu § 35 BauGB.

[650] Solche Plätze bedürfen jedenfalls dann einer förmlichen Planung, wenn sie mit einer baulichen Verfestigung verbunden sind wie etwa mit Errichtung eines Wasch- oder Toilettengebäudes, so *BVerwG*, Urt. v. 14. 3. 1975 – IV C 41.73 – BVerwGE 48, 109 = Buchholz 406.11 § 35 BBauG Nr. 117; *VGH München*, Urt. v. 14. 11. 1994 – 2 CS 94.3111 – BayVBl. 1995, 631 = NuR 1995, 291 – Wochenendhausplatz.

[651] *Taegen* in: Schlichter/Stich, Rdn. 51 zu § 35 BauGB.

[652] *BVerwG*, Urt. v. 7. 5. 1976 – IV C 62.74 – Buchholz 406.11 § 35 BBauG Nr. 127 = BayVBl. 1977, 23 = DVBl. 1977, 196 – Freizeitheim; *Taegen* in: Schlichter/Stich, Rdn. 46 zu § 35 BauGB. Schullandheime sind demgegenüber grundsätzlich nicht nach § 35 I Nr. 5 BauGB privilegiert, so *OVG Lüneburg*, Urt. v. 13. 9. 1990 – 1 L 204/89 – BRS 50 (1990), Nr. 90.

[653] *BVerwG*, B. v. 14. 9. 1967 – 4 B 33.67 – Buchholz 406.11 § 35 BBauG Nr. 47; B. v. 30. 8. 1996 – 4 B 117.96 – BauR 1996, 828 = NuR 1997, 141 – Jagdhütte. Dabei ist ein strenger Maßstab anzulegen, *Dyong* in: Ernst/Zinkahn/Bielenberg/Krautzberger, Rdn. 62 zu § 35 BauGB; *Krautzberger* in: Battis/Krautzberger/Löhr, Rdn. 42c zu § 35 BauGB; *Taegen* in: Schlichter/Stich, Rdn. 47 zu § 35 BauGB; *Weyreuther*, Bauen im Außenbereich, 1979, 277; *Upmeier* HdBöffBauR Kap. A Rdn. 584: Liegt in der Reviernähe eine Ortschaft, kann der Jagdpächter auf eine dort bestehende Übernachtungsmöglichkeit verwiesen werden.

sen Errichtung, örtliche Lage, Größe, Einteilung und Ausstattung sich ausschließlich nach den Erfordernissen der ordnungsgemäßen Jagdausübung bestimmt.[654] Eine Jagdhütte im Außenbereich ist aber dann nicht privilegiert zulässig, wenn der Jagdausübungsberechtigte im Jagdrevier selbst oder so in dessen Nähe wohnt, dass er die Jagd von seinem Wohnort aus in angemessen kurzer Zeit erreichen kann[655] oder bereits eine Jagdhütte vorhanden ist.[656] Die Baugenehmigung kann dabei auf die Nutzung durch eine bestimmte Person (etwa den Jagdpächter, der nicht im Jagdbezirk oder dessen Nähe wohnt) beschränkt werden. Außerdem kann bestimmt werden, dass das in der Baugenehmigung festgestellte Nutzungsrecht nicht auf einen Dritten übergeht, der die für die Beschränkung maßgebenden Voraussetzungen nicht erfüllt.[657]

2473 Am Merkmal des Sollens fehlt es immer dann, wenn gegenüber dem allgemeinen Bedürfnis nach Erholung in der freien Natur, dem der Außenbereich dient, individuelle Freizeitwünsche bevorzugt werden sollen.

Beispiel: Wohnt ein Jagdinhaber innerhalb seines Jagdreviers oder in einer solchen räumlichen Nähe zu ihm, dass er das Revier in angemessen kurzer Zeit erreichen kann, so ist die Errichtung einer Jagdhütte (oder auch die Nutzung eines ungenehmigt errichteten Wochenendhauses zu Jagdzwecken) nicht für die Jagdausübung „erforderlich".[658]

2474 Auch bei einem **Wildgehege**, in dem aus Liebhaberei gezähmte, im Eigentum des Besitzers stehende und nicht der Jagd zugängliche Tiere gehalten werden, handelt es sich nicht notwendig um ein nach § 35 I Nr. 4 BauGB bevorrechtigtes Vorhaben.[659] Ob **Damwildgehege** zulässig sind, ergibt sich aus den Landesnaturschutzgesetzen. Das BNatSchG lässt als Rahmenrecht dem Landesgesetzgeber für unterschiedliche Regelungen einen hinreichenden Spielraum.[660] Auch ein **Geflügelmaststall** mit 180 000 Mastplätzen kann ein i. S. des § 35 I Nr. 4 BauGB im Außenbereich privilegiert zulässiges Vorhaben

---

[654] *BVerwG*, B. v. 8. 2. 1963 – I B 165.62 – Jagdhütte; Urt. v. 27. 1. 1967 – 4 41.65 – BVerwGE 26, 121; B. v. 1. 2. 1971 – 4 B 73.70 – BRS 24 (1974), Nr. 64 – Jagdhütte. Darüber hinausgehende Gebäude sind planungsrechtlich nicht zulässig, B. v. 25. 10. 1967 – 4 B 64.67 – Buchholz 406.11 § 35 BBauG Nr. 51 – Jagdhütte; B. v. 13. 11. 1967 – 4 B 142.67 – Buchholz 406.11 § 35 BBauG Nr. 58 – Jagdhütte; B. v. 2. 7. 1968 – 4 B 182.67 – Buchholz 406.11 § 35 BBauG Nr. 71 – Jagdhütte. Unzulässig ist der Ausbau einer Jagdhütte zu einem repräsentativen Wohnhaus, so *BVerwG*, B. v. 28. 11. 1968 – 4 B 110.68 – Buchholz 406.11 § 35 BBauG Nr. 78. Der Bestandsschutz der Jagdhütte rechtfertigt auch nicht, die Nutzung in eine allgemeine Wohnnutzung zu ändern, so *BVerwG*, B. v. 14. 2. 1985 – 4 B 20.85 – Jagdrechtliche Entscheidungen XII Nr. 69.
[655] So *BVerwG*, Urt. v. 18. 10. 1985 – 4 C 56.82 – NVwZ 1986, 645 = *Hoppe/Stüer* RzB Rdn. 447 – Jagdhütte, für eine Entfernung von Wohnung und Jagd von 6 km; ebenso *VG Meinigen*, Urt. v. 8. 5. 1995 – 5 K 249/94.Me – (unveröffentlicht) – Blockhütte; vgl. auch *BVerwG*, B. v. 17. 7. 1967 – 4 B 180.66 – Buchholz 406.11 § 35 BBauG Nr. 45 – Jagdhütte.
[656] *BVerwG*, Urt. v. 10. 12. 1982 – 4 C 52.78 – BayVBl. 1982, 185 = BauR 1983, 137 = NVwZ 1983, 472 – Jagdhütte außerhalb des Reviers; B. v. 19. 4. 1990 – 4 B 69.90 – (unveröffentlicht); Urt. v. 10. 12. 1982 – 4 C 52.78 – NVwZ 1983, 472; B. v. 19. 4. 1990 – 4 B 69.90 – *Hoppe/Stüer* RzB Rdn. 459 – zweite Jagdhütte.
[657] *BVerwG*, B. v. 23. 11. 1995 – 4 B 209.95 – BauR 1996, 374 = UPR 1996, 108; vgl. auch B. v. 23. 12. 1964 – I B 219.64 – Buchholz 406.11 § 35 BBauG Nr. 17. Die Privilegierung muss im Vordergrund stehen. Dies gilt etwa nicht für ein Wochenendhaus, das nur gelegentlich auch als Jagdhütte dienen könnte; B. v. 29. 9. 1965 – 4 B 199.65 – Buchholz 406.11 § 35 Nr. 18b – Fischerhütte; vgl. auch *VGH Mannheim*, Urt. v. 17. 9. 1998 – 3 S 1934/96 – VGHBW RSprDienst 1998, Beilage 12 B 5 – Geräteschuppen.
[658] *BVerwG*, Urt. v. 23. 11. 1995 – 4 B 209.95 – UPR 1996, 108.
[659] *BVerwG*, B. v. 10. 4. 1987 – 4 B 58 u. 63.87 – BRS 47 (1987), Nr. 74 (S. 199) = *Hoppe/Stüer* RzB Rdn. 448 – Wildgehege.
[660] *BVerwG*, B. v. 16. 2. 1989 – 4 B 29.89 – *Hoppe/Stüer* RzB Rdn. 508 – Damwildgehege. Zur Unzulässigkeit einer Wohnung als Teil eines Damwildgeheges *BVerwG*, B. v. 21. 6. 1996 – 4 B 89.96 – Buchholz 406.11 § 35 BauGB Nr. 322 – Damtiergehege.

sein.⁶⁶¹ Daran wird es jedoch in der Regel fehlen, wenn das Vorhaben in einem Gewerbegebiet ausgewiesen werden kann und als privilegierter landwirtschaftlicher Betrieb scheitert, weil es nicht über eine ausreichende Futtergrundlage und damit Bodenertragsnutzung verfügt. Ebenso ist ein aus Liebhaberei angelegter Fischteich auch dann kein im Außenbereich gem. § 35 I Nr. 4 BauGB privilegiertes Vorhaben, wenn er zu einem Biotop entwickelt werden soll.⁶⁶² **Fischerhütten** oder Schuppen können im Außenbereich nach § 35 I Nr. 4 BauGB privilegiert sein, wenn sie einer auf Ertrag ausgerichteten Fischerei dienen oder einem rechtlichen Erfordernis entsprechen.⁶⁶³ Verpflichtet etwa das Landesfischereirecht den Eigentümer eines Baggersees, einen der Größe und Beschaffenheit des Gewässers entsprechenden Fischbestand durch künstlichen Bestand zu erhalten und zu hegen, kann ein für die Erfüllung dieser Pflicht erforderlicher Schuppen privilegiert sein.⁶⁶⁴

Ein aus Liebhaberei angelegter **Fischteich** ist demgegenüber auch dann kein im Außenbereich gem. § 35 I Nr. 4 BauGB privilegiertes Vorhaben, wenn er zu einem Biotop entwickelt werden soll.⁶⁶⁵ Zudem kann sich bei der Anlage von Fischteichen⁶⁶⁶ das Erfordernis eines wasserrechtlichen Verfahrens ergeben.⁶⁶⁷ Denn derartige Vorhaben sind Maßnahmen des Gewässerausbaus, die nach Maßgabe der wasserrechtlichen Bestimmungen einer vorherigen Planfeststellung oder Plangenehmigung bedürfen.⁶⁶⁸ Der Planfeststellungsbehörde (Wasserbehörde) ist dabei ein Ermessen i. S. einer planerischen Gestaltungsfreiheit eingeräumt, die nur einer eingeschränkten gerichtlichen Kontrolle offen steht. Dies gilt jedenfalls für die privatnützige wasserrechtliche Planfeststellung. Das *BVerwG*⁶⁶⁹ unterscheidet zwischen der **gemeinnützigen** und der **privatnützigen Planfeststellung**.⁶⁷⁰ Die wasserrechtliche Planfeststellung betrifft einerseits Planungen zum Gewässerausbau aus Gründen des Wohls der Allgemeinheit **(gemeinnützige Planfeststellung)**. Die Zulassung erstreckt sich andererseits auf Ausbauvorhaben, die allein im privaten Interesse des Ausbauunternehmers ausgeführt werden **(privatnützige Planfeststellung)**. Insofern unterscheidet sich § 31 WHG von anderen fachplanungsrechtlichen Vorschriften, insbesondere von § 17 FStrG, wonach eine fernstraßenrechtliche Planung voraussetzungsgemäß nur dann zulässig ist, wenn sie i. S. des Art. 14 III GG Aufgaben „zum Wohle der Allgemeinheit" erfüllt. Auch der Fischfang bzw. die Fischzucht selbst kann nach den Vorschriften des WHG erlaubnis- oder bewilligungsbedürftig sein. Widerspricht die Betätigung den gesetzlichen Vorschriften, ist sie auch nicht nach § 35 I BauGB privilegiert.⁶⁷¹ Das gilt auch für andere Vorhaben,

---

⁶⁶¹ *BVerwG*, B. v. 27. 6. 1983 – 4 B 206.82 – DÖV 1984, 294 = NVwZ 1984, 169 = UPR 1983, 381 = *Hoppe/Stüer* RzB Rdn. 443 – Massentierhaltung.
⁶⁶² *BVerwG*, B. v. 19. 9. 1995 – 4 B 208.95 – UPR 1996, 29 = RdL 1996, 7 = BBauBl. 1996, 155.
⁶⁶³ *Dyong* in: Ernst/Zinkahn/Bielenberg/Krautzberger, Rdn. 63 zu § 35 BauGB.
⁶⁶⁴ *BVerwG*, Urt. v. 4. 1. 1977 – IV C 30.75 – BauR 1978, 118 = Buchholz 406.11 § 35 BBauG Nr. 143 = DÖV 1978, 336 – Sportfischerei.
⁶⁶⁵ *BVerwG*, B. v. 19. 9. 1995 – 4 B 208.95 – UPR 1996, 29 = RdL 1996, 7 = BBauBl 1996, 155; *OVG Lüneburg*, Urt. v. 12. 5. 1989 – 6 A 212/86 – BRS 49 (1989), Nr. 100 = RdL 1990, 6 – Fischteich.
⁶⁶⁶ Zur Beseitigungsanordnung eines nicht privilegierten Hauses an einem Fischteich *VGH Kassel*, Urt. v. 28. 1. 1992 – 4 UE 2797/89 – Fischteich.
⁶⁶⁷ *BVerwG*, Urt. v. 4. 11. 1977 – 4 C 77.76 – Buchholz 406.11 § 35 BBauG Nr. 142 = BauR 1978, 121 – Binnenfischerei; *Huster* NuR 1992, 56.
⁶⁶⁸ *OVG Koblenz*, Urt. v. 5. 3. 1992 – 1 A 10010/90 – (unveröffentlicht) – Fischteich.
⁶⁶⁹ *BVerwG*, Urt. v. 10. 2. 1978 – IV C 25.75 – BVerwGE 55, 220 = DVBl. 1979, 63 = NJW 1978, 2308 = VR 1979, 144 = *Hoppe/Stüer* RzB Rdn. 466 – Kiesweiher.
⁶⁷⁰ Zur privatnützigen Planfeststellung *Achenbach*, Zur Frage der selbstständigen rechtlichen Bedeutung der privatnützigen Planfeststellung 1992; *Büllesbach* NuR 1991, 190; *Kühling* FS Sendler 1991, 391; *Weidemann* DVBl. 1990, 592.
⁶⁷¹ *BVerwG*, Urt. v. 4. 11. 1977 – 4 C 77.76 – Buchholz 406.11 § 35 BBauG Nr. 142 = BauR 1978, 121 – Binnenfischerei.

2476 **Sportanlagen**[673] wie Go-Kart-Bahnen,[674] Motor-Cross-Anlagen,[675] Golf,[676] Minigolf,[677] Tennis[678] oder Schießsport[679] werden in der Regel nach § 35 I Nr. 4 BauGB nicht privilegiert sein. Dabei sind ggf. auch die immissionsschutzrechtlichen Vorgaben zu berücksichtigen.[680] Auch Bauvorhaben für Camping- oder Zeltplätze[681] sind in aller Regel nicht privilegiert.[682] Sie bedürfen jedenfalls dann einer förmlichen Planung, wenn sie mit einer baulichen Verfestigung wie etwa einem Wasch- oder Toilettengebäude verbunden sind.[683] Auch ein privater Sportboothafen ist nicht nach § 35 I Nr. 4 BauGB im Außenbereich privilegiert.[684] Ebenso sind **Tennisplätze** regelmäßig nicht im Außenbereich privilegiert zulässig.[685] Sie gehören trotz der mit ihnen verbundenen Lärmeinwirkungen nicht generell zu den Vorhaben, die nur im Außenbereich ausgeführt werden sollen. Vielmehr ist für sie Raum im beplanten oder unbeplanten Innenbereich. Die Änderungen in der BauNVO 1990 haben die ausnahmsweise bzw. die regelmäßige Zulässigkeit von Anlagen für sportliche Zwecke speziell in Wohngebieten erweitert.[686] Im Einzelfall auftretende Konflikte zwischen den Auswirkungen einer Sportanlage auf die Umgebung und dem

---

[672] *BVerwG*, Urt. v. 2. 12. 1977 – 4 C 75.75 – BVerwGE 55, 118 = BauR 1978, 124 = DVBl. 1978, 710 = DÖV 1978, 406 – Kabelabbrennung.

[673] *Mößle* BayVBl. 1991, 609, der eine pauschale Betrachtung ablehnt und eine Unterscheidung der verschiedenen Sportanlagen auch im Hinblick auf einen Gemeinwohlnutzen für erforderlich hält. *Kastens* SchlHA 1985, 97, rät demgegenüber davon ab, Sportanlagen ohne Bauleitplanung im Außenbereich nach § 35 BauGB einzurichten; vgl. auch *Birk* NVwZ 1985, 689; *Krautzberger* in: Battis/Krautzberger/Löhr, Rdn. 42 c zu § 35 BauGB, *Viehweg* JZ 1987, 1104.

[674] *VG Schleswig*, Urt. v. 13. 4. 1994 – 12 A 15/93 – NuR 1994, 458 – Go-Kart.

[675] *VGH Mannheim*, Urt. v. 15. 3. 1993 – 10 S 380/92 – ESVGH 43, 182 – Motor-Cross-Anlage.

[676] *BVerwG*, B. v. 29. 11. 1991 – 4 B 209.91 – NVwZ 1992, 476 = UPR 1992, 111 = ZfBR 1992, 90 – Golfplatz; *OVG Lüneburg*, Urt. v. 26. 2. 1988 – 1 C 41.86 – BRS 48 (1988), Nr. 65 = NuR 1989, 45 = UPR 1988, 459 – Golfplatz; *Erbguth* NuR 1987, 214; *Hagemann* AgrarR 1988, 308; *Schulze Hage* BauR 1986, 6.

[677] *BVerwG*, Urt. v. 3. 3. 1972 – IV C 4.69 – Buchholz 406.11 § 35 BBauG Nr. 97 = DVBl. 1972, 684 – Minigolf; *Taegen* in: Schlichter/Stich, Rdn. 51 zu § 35 BauGB; *Upmeier* HdBöffBauR Kap. A Rdn. 584. Durch den Zu- und Abgangsverkehr oder die Spielgeräusche können öffentliche Belange beeinträchtigt oder das Gebot der nachbarlichen Rücksichtnahme verletzt werden, *Dyong* in: Ernst/Zinkahn/Bielenberg/Krautzberger, Rdn. 72 zu § 35 BauGB; *Krautzberger* in: Battis/Krautzberger/Löhr, Rdn. 59 zu § 35 BauGB.

[678] *VG Wiesbaden*, Urt. v. 30. 5. 1988 – III G 493/88 – DWW 1989, 120 – Zweiplatz-Tennis-Anlage; *Krautzberger* in: Battis/Krautzberger/Löhr, Rdn. 48 zu § 35 BauGB.

[679] Zur Zulässigkeit eines privaten Schießplatzes, der an mehrere Vereine vermietet werden soll, *BVerwG*, Urt. v. 28. 4. 1978 – IV C 53.76 – BauR 1978, 385 = Buchholz 406.11 § 35 BBauG Nr. 150 = DÖV 1978, 774; *Krautzberger* in: Battis/Krautzberger/Löhr, Rdn. 48 zu § 35 BauGB.

[680] *BVerwG*, Urt. v. 28. 4. 1978 – IV C 53.76 – Buchholz 406.11 § 35 BBauG Nr. 150 = BauR 1978, 385 = DÖV 1978, 774 – Schießplatz; *VGH Mannheim*, Urt. v. 15. 3. 1993 – 10 S 380/92 – ESVGH 43, 182 – Motor-Cross-Anlage; *H. Schrödter* in: Schrödter, Rdn. 57 zu § 35 BauGB.

[681] *Taegen* in: Schlichter/Stich, Rdn. 49 zu § 35 BauGB.

[682] Seilbahnen können nach § 35 I Nr. 4 BauGB privilegiert sein, wenn sie am Standort erforderlich sind und ein landesrechtliches Planfeststellungsverfahren nicht vorgesehen ist, *Krautzberger* in: Battis/Krautzberger/Löhr, Rdn. 48 zu § 35 BauGB.

[683] *BVerwG*, Urt. v. 14. 3. 1975 – IV C 41.73 – BVerwGE 48, 109 = Hoppe/Stüer RzB Rdn. 439 – Campingplatz.

[684] *BVerwG*, Urt. v. 13. 9. 1989 – 4 C 93.89 – DÖV 1990, 476 = ZfBR 1990, 43 = UPR 1990, 63 = NuR 1990, 164 = Hoppe/Stüer RzB Rdn. 458 – Sportboothafen.

[685] *BVerwG*, B. v. 3. 12. 1990 – 4 B 144.90 – BauR 1991, 178 = DÖV 1991, 335 = ZfBR 1991, 80 = UPR 1991, 187 = NVwZ 1991, 878 = Hoppe/Stüer RzB Rdn. 512 – Tennisplatz.

[686] § 3 III Nr. 2, § 4 II Nr. 3 BauNVO 1990; vgl. im Übrigen auch § 9 I Nr. 5 und Nr. 15 BauGB.

angemessenen Ruhebedürfnis der Anwohner sind nach § 15 I BauNVO zu beurteilen. Ebenso kann sich ein Tennisplatz auch in einem unbeplanten Innenbereich je nach seiner Lage innerhalb der vorhandenen Wohnbebauung dem Charakter der näheren Umgebung einfügen.[687] **Hundesportplätze**, die der Erholung und Freizeitgestaltung eines bestimmten Personenkreises dienen, sind nicht nach § 35 I Nr. 4 BauGB im Außenbereich privilegiert.[688] Demgegenüber kann im Einzelfall eine Hundezucht[689] bzw. eine Hundeschule oder Hundepension sowie ein **Tierheim** ein privilegiertes Vorhaben i. S. von § 35 I Nr. 4 BauGB sein.[690] Zu fragen ist vielmehr, ob es i. S. dieser Vorschrift auch zugelassen werden „soll". Das Merkmal des Sollens erfordert eine zusätzliche Bewertung. Eine Privilegierung muss als Bevorzugung in Richtung auf den Gleichheitssatz zu rechtfertigen sein. Daran fehlt es, wenn gegenüber dem allgemeinen Bedürfnis nach Erholung in der freien Natur, das dem Außenbereich zugeordnet ist, individuelle Erholungs- und Freizeitwünsche bevorzugt werden sollen.[691] Das BVerwG hat deshalb bereits die Privilegierung von Wochenendhäusern,[692] von baulichen Anlagen für Camping- und Zeltplätze[693] sowie der Anlage eines Sporthafens[694] verneint. Auch ein **Golfübungsplatz** mit Abschlaghütte (sog. „driving range") ist nicht gem. § 35 I Nr. 4 BauGB privilegiert.[695] Ob, in welchem Umfang und zu welchem Zweck Anlagen zur Freizeitgestaltung im Außenbereich geschaffen werden sollen, ist Sache der planenden Gemeinde.[696] Ebenso wenig ist eine **Bootshütte** zur Unterbringung von Booten, Surfbrettern und vergleichbaren Wassersportgeräten ein nach § 35 I Nr. 4 BauGB privilegiertes Vorhaben.[697] Es widerspräche der Zweckbestimmung des Außenbereichs, individuelle Erholungs- und Freizeitwünsche zu bevorzugen, mag sich auch ein Grundstück im Hinblick auf seine Lage oder seine sonstigen Eigenschaften aus der Sicht des Grundstückseigentümers für eine bestimmte Freizeitnutzung geradezu anbieten. Denn nicht die individuellen Gestaltungswünsche des Eigentümers sind maßgeblich, sondern die objektive Zweckbestimmung, die der Gesetzgeber dem Außenbereich zugedacht hat. Auch eine **Flugzeugunterstellhalle** für einen bestehenden Verkehrslandeplatz, die nicht der luftverkehrsrechtlichen Zulassung bedarf, stellt nicht ein privilegiertes Vorhaben gem. § 35 I Nr. 4 BauGB dar. Da Flugzeugunterstellhallen nicht funktionell notwendig zum typischen Erscheinungsbild eines Verkehrslandeplatzes gehören, sind sie auch nicht als untergeordnete Nebenanlage zum bestehenden Verkehrs-

---

[687] *BVerwG*, Urt. v. 30. 8. 1985 – 4 C 50.82 – Buchholz 406.11 § 34 BBauG Nr. 106 = NJW 1986, 393.

[688] *BVerwG*, B. v. 4. 7. 1991 – 4 B 109.91 – BauR 1991, 717 = ZfBR 1991, 276 = NVwZ-RR 1992, 172 = *Hoppe/Stüer* RzB Rdn. 461 – Hundeübungsplatz.

[689] Vgl. aber auch *BVerwG*, B. v. 25. 10. 1996 – 4 B 191.96 – (unveröffentlicht). Danach umfasst der Landwirtschaftsbegriff nicht eine gewerbliche Hundezuchtanlage. Sie ist vielmehr je nach den Einzelfallumständen als störender oder nicht störender Gewerbebetrieb i. S. des § 5 II Nr. 6 BauNVO anzusehen.

[690] *BVerwG*, Urt. v. 10. 9. 1976 – IV C 89.75 – RdL 1977, 39 = Buchholz 406.11 § 35 BBauG Nr. 130; B. v. 5. 12. 1988 – 4 B 209.88 – *Hoppe/Stüer* RzB Rdn. 456 – Hundeschule.

[691] *BVerwG*, B. v. 13. 9. 1989 – 4 B 93.89 – Buchholz 406.11 § 35 BauGB Nr. 257.

[692] *BVerwG*, Urt. v. 29. 4. 1969 – 1 C 30.62 – BVerwGE 18, 247. Die Änderung der Nutzung eines im Außenbereich gelegenen Wochenendhauses in eine dauerhafte Wohnnutzung kann im Übrigen auch die Erweiterung einer Splittersiedlung befürchten lassen, so *BVerwG*, Urt. v. 28. 10. 1983 – 4 C 70.78 – NVwZ 1984, 510 = *Hoppe/Stüer* RzB Rdn. 499 – Nutzungsänderung Wochenendhaus.

[693] *BVerwG*, Urt. v. 14. 3. 1975 – IV C 41.73 – BVerwGE 48, 109 – Zeltplatz.

[694] *BVerwG*, B. v. 13. 9. 1989 – 4 B 93.89 – Buchholz 406.11 § 35 BauGB Nr. 257.

[695] *BVerwG*, B. v. 9. 10. 1991 – 4 B 176.91 – BauR 1992, 52 = DÖV 1992, 119 = ZfBR 1992, 45 = *Hoppe/Stüer* RzB Rdn. 462 – driving range.

[696] *BVerwG*, B. v. 29. 11. 1991 – 4 B 209.91 – DÖV 1992, 313 = ZfBR 1992, 90 = *Hoppe/Stüer* RzB Rdn. 463 – Golfplatz.

[697] *BVerwG*, B. v. 4. 12. 1992 – 4 B 229.92 – Buchholz 406.16 Grundeigentumsschutz Nr. 60 = *Hoppe/Stüer* RzB Rdn. 464 – Bootshütte.

landeplatz privilegiert.⁶⁹⁸ Betriebe, die nur **teilweise** die Anforderungen des § 35 I Nr. 4 BauGB erfüllen, sind nur dann **privilegiert**, wenn sie als Folge nicht nur wirtschaftlicher Zweckmäßigkeit, sondern technischer Erfordernisse dem typischen Erscheinungsbild eines Betriebes dieser Art entsprechen und der privilegierte Betriebszweig den gesamten Betrieb prägt.⁶⁹⁹

2477 Nicht jedes Vorhaben, das sinnvoll im Außenbereich errichtet werden kann, ist schon deshalb nach § 35 I Nr. 4 BauGB im Außenbereich privilegiert zuzulassen. Es bedarf vielmehr einer nachvollziehenden abwägenden Beurteilung der betroffenen öffentlichen Belange. Dabei kann es auch erforderlich werden, die vorgesehene Nutzung durch entsprechende Auflagen in der Baugenehmigung auf den privilegierten Gemeinwohlzweck zu begrenzen.

Beispiel: Die Funktion einer Gaststätte als „Versorgungsstützpunkt" für Skiläufer und Wanderer kann eine Beschränkung des Betriebes auch in jahreszeitlicher Hinsicht erfordern, um sicherzustellen, dass der Rahmen der privilegierten Zulässigkeit der Anlage im Außenbereich nach § 35 I Nr. 4 BauGB nicht überschritten wird.⁷⁰⁰

2478 Ob Abfallentsorgungsanlagen unter § 35 I Nr. 4 BauGB gefasst werden können,⁷⁰¹ erscheint zweifelhaft, weil derartige Vorhaben förmlich geplant werden können. Auch Justizvollzugsanstalten oder Einrichtungen des Maßregelvollzuges sind keine im Außenbereich privilegierten Anlagen.⁷⁰² Das Gleiche gilt für **Tankstellen**, die allenfalls dann privilegiert sein können, wenn sie etwa an Bundesautobahnen oder Ausflugsgaststätten Teil einer Hauptanlage sind.⁷⁰³ Demgegenüber können Sternwarten nach § 35 I Nr. 4 BauGB privilegiert sein.⁷⁰⁴ Auch ein Vorhaben mit an sich **außenbereichsadäquater Funktion** genießt dann keine Privilegierung nach § 35 I Nr. 4 BauGB, wenn es nicht erforderlich ist.⁷⁰⁵

Beispiel: Die Privilegierung eines als „Ökostation" bezeichneten Außenbereichsvorhabens als landwirtschaftliches Vorhaben gem. § 35 I Nr. 4 BauGB rechtfertigt nicht die Errichtung einer Betriebsleiterwohnung zum dauernden Aufenthalt sowie eines Betriebsgebäudes, wenn eine entsprechende Bewirtschaftungsfläche nicht vorhanden ist.⁷⁰⁶

2479 Ebenso kann ein nach § 35 I Nr. 4 BauGB grundsätzlich privilegiertes Vorhaben an **entgegenstehenden öffentlichen Belangen** scheitern. Vorhaben, von denen das Unvermeidbare überschreitende **nachteilige Umwelteinwirkungen** ausgehen, sind daher nicht nach § 35 I Nr. 4 BauGB privilegiert.⁷⁰⁷ Eine Privilegierung nach § 35 I Nr. 4 BauGB kann entfallen, wenn sich ein Vorhaben mit geringeren Emissionen betreiben lässt und dann auch im Innenbereich untergebracht werden kann.⁷⁰⁸ **Tierkörpersammelstellen** können gem. § 35 I Nr. 4 BauGB im Außenbereich privilegiert zugelassen werden. Ob Sammelstellen,

---

⁶⁹⁸ *BVerwG*, Urt. v. 11. 1. 1994 – 4 B 122.93 – *Hoppe/Stüer* RzB Rdn. 465 – Flugzeugunterstellhalle.
⁶⁹⁹ *BVerwG*, Urt. v. 9. 6. 1976 – IV C 42.74 – BauR 1976, 344.
⁷⁰⁰ *BVerwG*, B. v. 6. 9. 1999 – 4 B 74.99 – ZfBR 2000, 133 = VwRR BY 2000, 140.
⁷⁰¹ So *Burghi* UPR 1992, 136; zu Recyclinghöfen *Eidenmüller* JA 1992, 250.
⁷⁰² *Dyong* in: Ernst/Zinkahn/Bielenberg/Krautzberger, Rdn. 72 zu § 35 BauGB; *Krautzberger* in: Battis/Krautzberger/Löhr, Rdn. 48 zu § 35 BauGB.
⁷⁰³ *Krautzberger* in: Battis/Krautzberger/Löhr, Rdn. 48 zu § 35 BauGB; *Taegen* in: Schlichter/Stich, Rdn. 51 zu § 35 BauGB.
⁷⁰⁴ *Dyong* in: Ernst/Zinkahn/Bielenberg/Krautzberger, Rdn. 59, 72 zu § 35 BauGB; *Krautzberger* in: Battis/Krautzberger/Löhr, Rdn. 48 zu § 35 BauGB.
⁷⁰⁵ *BVerwG*, Urt. v. 14. 5. 1969 – 4 C 20.68 – RdL 1970, 24 – Fischerhütte; B. v. 12. 12. 1969 – 4 B 14.69 – BRS 23 (1973), Nr. 75 = Buchholz 406.11 § 35 BBauG Nr. 87 – Bienenhaus; B. v. 15. 9. 1970 – 4 B 219.69 – Buchholz 406.11 § 35 BBauG Nr. 89 – Imkerei; B. v. 23. 3. 1988 – 4 B 40.88 – AgrarR 1989, 136 = *Hoppe/Stüer* RzB Rdn. 453 – Bienenhütte.
⁷⁰⁶ *BVerwG*, Urt. v. 18. 4. 1988 – 4 B 68.88 – *Hoppe/Stüer* RzB Rdn. 454 – Ökostation.
⁷⁰⁷ *BVerwG*, Urt. v. 2. 12. 1977 – 4 C 75.75 – BVerwGE 55, 118 = DÖV 1978, 406 = *Hoppe/Stüer* RzB Rdn. 440 – Legalisierungswirkung.
⁷⁰⁸ *BVerwG*, Urt. v. 2. 12. 1977 – 4 C 4.75 – BVerwGE 55, 118.

die Geruchsbelästigungen nicht oder nur in einem nicht nennenswerten Umfang erwarten lassen, auch im Innenbereich errichtet werden dürfen, unterliegt der Einzelfallbeurteilung.[709] Ein allgemeines Planungserfordernis kann einem gem. § 35 I Nr. 4 BauGB im Außenbereich privilegiert zulässigen Einzelvorhaben allerdings nicht als öffentlicher Belang entgegenstehen.[710] Auch Vorhaben nach § 35 I Nr. 4 BauGB unterliegen dem **Darstellungsprivileg** der Gemeinden und der Raumordnung mit der Folge, dass an sich privilegierte Vorhaben an konkreten standortbezogenen Aussagen des Flächennutzungsplans oder landesplanerischer Ausweisungen scheitern können (§ 35 III 3 BauGB).

5. Windenergie

Privilegiert ist nach § 35 I Nr. 5 BauGB[711] auch ein Vorhaben, das der Erforschung, Entwicklung oder Nutzung der **Wind- oder Wasserenergie** dient.[712] Die Privilegierung von Windenergieanlagen war bereits durch die Novelle 1996 bewirkt und hier in § 35 I Nr. 7 BauGB 1996 geregelt worden. Durch das BauROG 1998 wurde die Privilegierung der Wind- und Wasserenergie aus redaktionellen Gründen in § 35 I Nr. 6 BauGB 1998 verschoben. Durch das EAG Bau ist die Privilegierung der Wind- und Wasserenergie nunmehr in § 35 I Nr. 5 BauGB geregelt. Vor ihrer Privilegierung durch die Novelle 1996 waren Windenergieanlagen als ortsgebundene gewerbliche Betriebe oder wegen ihrer besonderen Standortanforderungen nach § 35 I Nr. 3 oder 5 BauGB nicht allgemein privilegiert.[713] Sie konnten nur als Nebenanlagen an einer sonst bestehenden Privilegierung teilnehmen. So können Windenergieanlagen als Nebenanlagen eines landwirtschaftlichen Betriebes nach § 35 I Nr. 1 BauGB privilegiert sein, wenn sie der Energieerzeugung des landwirtschaftlichen Betriebes dienen.[714] Auch kann eine im Außenbereich gelegene private Windenergieanlage für die Versorgung eines nach § 35 I Nr. 4 BauGB privilegierten Betriebes als untergeordnete Nebenanlage von der Privilegierung des Betriebes gedeckt sein.[715] Eine im Außenbereich gelegene private Windenergieanlage für den Eigenbedarf eines im Innenbereich gelegenen Hotelbetriebes ist dagegen weder nach § 35 I Nr. 3 BauGB noch nach § 35 I Nr. 4 BauGB zulässig. Auch kam eine Privilegierung einer Windkraftanlage nach diesen Vorschriften nur in Betracht, wenn der erzeugte Strom ganz oder zumindest überwiegend für die privilegierte Nutzung verwendet wurde. Die Errichtung einer Windkraftanlage, deren Strom teilweise der Versorgung eines landwirt-

---

[709] *BVerwG*, B. v. 1. 8. 1989 – 4 B 120.89 – *Hoppe/Stüer* RzB Rdn. 458 – Tierkörpersammelstelle.
[710] *BVerwG*, B. v. 27. 6. 1983 – 4 B 206.82 – DÖV 1984, 294 = NVwZ 1984, 169 = UPR 1983, 381 = *Hoppe/Stüer* RzB Rdn. 443 – Massentierhaltung.
[711] Gesetz zur Änderung des BauGB v. 30. 7. 1996 (BGBl. I 1189).
[712] Gesetzentwurf der CDU/CSU- und FDP-Fraktion (BT-Drs. 13/1773) sowie Beschlussempfehlung und Bericht des Ausschusses für Raumordnung, Bauwesen und Städtebau (18. Ausschuss) BT-Drs. 13/4978 v. 19. 6. 1996; *Ogiermann* Rechtsfragen der Errichtung von Windkraftanlagen 1992. Zur Problematik von Windkraftanlagen im Außenbereich vor 1997 *BVerwG*, B. v. 5. 1. 1996 – 4 B 306.95 – NVwZ 1996, 597; B. v. 3. 6. 1998 – 4 B 6.98 – NVwZ 1998, 960; vgl. auch zur Errichtung einer Windenergieanlage in der Schutzzone eines Naturparks *VGH München*, Urt. v. 25. 3. 1996 – 14 B 94.119 – NVwZ 1997, 1010; Mobilfunksendemast im Außenbereich *VGH Mannheim*, B. v. 25. 8. 1997 – 8 S 1861/97 – BauR 1998, 313; *OVG Bautzen*, Urt. v. 17. 12. 1997 – 1 S 746/96 – DÖV 1998, 431 = LKV 1998, 353; vgl. auch *Stüer/Vildomec* BauR 1998, 427. *BVerwG*, Urt. v. 16. 6. 1994 – 4 C 20.43 – BVerwGE 96, 95 – DVBl. 1994, 1141 – NVwZ 1995, 64 – Windenergieanlage.
[713] *BVerwG*, Urt. v. 16. 6. 1994 – 4 C 20.93 – BVerwGE 96, 95 = DVBl. 1994, 1141 = NVwZ 1995, 64 – Windenergieanlage.
[714] *OVG Schleswig*, Urt. v. 5. 8. 1993 – 1 L 23/92 – (unveröffentlicht). Die Privilegierung nach § 35 I Nr. 1 BauGB besteht aber nicht, wenn lediglich die Absicht besteht, die Erlöse aus der Einspeisung des in einer privaten Windenergieanlage erzeugten Stroms in das öffentliche Versorgungsnetz zum Ausbau eines landwirtschaftlichen Betriebes zu verwenden, so *VGH München*, B. v. 25. 3. 1996 – 14 B 94.119 – (unveröffentlicht).
[715] *BVerwG*, Urt. v. 18. 2. 1983 – 4 C 10.82 – BVerwGE 67, 41 = NJW 1983, 2718 = *Hoppe/Stüer* RzB Rdn. 441 – Windenergieanlage Hundezuchtbetrieb.

schaftlichen Betriebes dienten, überwiegend aber ins öffentliche Netz eingespeist werden sollte, stellte kein nach § 35 I BauGB privilegiertes Vorhaben dar.[716] Ist die Windenergieanlage allerdings privilegiert, so scheitert deren Zulässigkeit im Außenbereich nicht an einem Planungserfordernis als öffentlichem Belang.[717] Wirtschaftspolitische oder energiepolitische Überlegungen sind dabei nach Auffassung des *BVerwG* nicht entscheidungserheblich: So gehört der Anschluss einer Windenergieanlage an ein Verbundnetz zum Zweck der Stromeinspeisung nicht zum bauplanungsrechtlichen Inhalt der Erschließung.[718] Ob die Investitionen für die Stromerzeugung durch eine Windenergieanlage im Außenbereich (einschließlich des zur Stromeinspeisung erforderlichen Anschlusses) wirtschaftlich oder energiepolitisch sinnvoll sind, ist keine von der Bauaufsichtsbehörde im Baugenehmigungsverfahren zu entscheidende Frage der planungsrechtlichen Zulässigkeit der Anlage. Einer Windenergieanlage im Außenbereich, die als sonstiges Vorhaben gem. § 35 II BauGB einzustufen ist, kann nicht ein Planungserfordernis i. S. einer erforderlichen „Außenkoordination" als allgemeiner öffentlicher Belang (§ 35 III BauGB) entgegengehalten werden.[719] Planungserfordernisse bedürfen vielmehr der Konkretisierung durch gemeindliche Bauleitplanung oder Ziele der Raumordnung einschließlich Regionalplanung,[720] um als öffentlicher Belang, etwa als Ausweisung von Flächen zur Windenergienutzung, rechtliche Wirkung gegenüber Einzelvorhaben entfalten zu können.[721] Auch das Landschaftsbild muss nicht notwendigerweise beeinträchtigt sein.[722]

2481 Ob eine Windenergieanlage auf der Grundlage der früheren Fassung des § 35 BauGB die **natürliche Eigenart der Landschaft** oder ihre Aufgabe als Erholungslandschaft auch dann beeinträchtigen konnte, wenn in der Umgebung weitere Anlagen dieser Art vorhanden waren, ließ sich nur unter Würdigung der jeweiligen örtlichen Verhältnisse beantworten. Abzuheben war darauf, ob der für das Vorhaben vorgesehene Standort seine Prägung durch die naturgegebene Bodennutzung oder die Erholungsrelevanz erhält. Von einer Beeinträchtigung öffentlicher Belange konnte nur dann keine Rede sein, wenn das Baugrundstück sich wegen seiner natürlichen Beschaffenheit weder für die Bodennutzung noch für Erholungszwecke eignete oder seine Schutzwürdigkeit durch bereits erfolgte andere Eingriffe eingebüßt hat.[723] Auch brauchte eine Naturschutzverordnung den Nachteil für das Landschaftsbild nicht deshalb als ausgeglichen zu behandeln, weil die Windenergieanlage nach Auffassung ihrer Befürworter zum Schutz des Klimas beiträgt und die natürlichen Ressourcen schont.[724] Auf der anderen Seite konnte eine Windkraftanlage, deren Standort bereits von weiteren Windkraftanlagen umgeben war, im Einzelfall zulässig sein.[725]

---

[716] *OVG Schleswig*, Urt. v. 10. 1. 1995 – 1 L 129/93 – SchlHA 1995, 160.
[717] *BVerwG*, Urt. v. 18. 2. 1983 – 4 C 19.81 – BVerwGE 67, 33 = NJW 1983, 2716 = *Hoppe/Stüer* RzB Rdn. 442 – Windenergieanlage Hotel; B. v. 8. 2. 1991 – 4 B 10.91 – BauR 1991, 179 = NVwZ-RR 1991, 456 = *Hoppe/Stüer* RzB Rdn. 460 – Windkraftanlagen; B. v. 8. 7. 1996 – 4 B 120.96 – Buchholz 406.11 § 35 BauGB Nr. 323 – Windkraftanlage.
[718] *OVG Koblenz*, Urt. v. 26. 5. 1994 – 1 A 11669/93 – (unveröffentlicht) – Landschaftsschutzgebiet.
[719] *BVerwG*, B. v. 5. 1. 1996 – 4 B 306.95 – RdL 1996, 64 = UPR 1996, 154 = ZfBR 1996, 166 – Windenergieanlage Kronprinzenkoog; B. v. 8. 7. 1996 – 4 B 120.96 – Buchholz 406.11 § 35 BauGB Nr. 323; *Krautzberger* in: Battis/Krautzberger/Löhr, Rdn. 70 zu § 35 BauGB, vgl. dort auch zur Binnenkoordination eines Außenbereichsvorhabens, aus der sich ein Planungsbedürfnis ergeben kann.
[720] *Erbguth* NVwZ 1988, 289; *Schulte* HSGZ 1987, 338; vgl. auch *Krautzberger* in: Battis/Krautzberger/Löhr, Rdn. 74 zu § 35 BauGB.
[721] *BVerwG*, B. v. 5. 1. 1996 – 4 B 306.95 – RdL 1996, 64 = UPR 1996, 154 = NJ 1996, 223 – Kronprinzenkoog, vgl. auch Urt. v. 16. 6. 1994 – 4 C 20.93 – BVerwGE 96, 95 = DVBl. 1994, 1141 = NVwZ 1995, 64 – Windenergieanlage.
[722] *VG Meiningen*, Urt. v. 13. 7. 1994 – 2 K 18/93.Me – ThürVBl. 1995, 18 = ZUR 1995, 157.
[723] *BVerwG*, B. v. 8. 7. 1996 – 4 B 120.96 – Buchholz 406.11 § 35 BauGB Nr. 323 – Windenergie.
[724] *VGH München*, B. v. 25. 3. 1996 – 14 B 94.119 – (unveröffentlicht).
[725] *OVG Schleswig*, Urt. v. 23. 11. 1994 – 1 L 39/93 – (unveröffentlicht).

a) Privilegierung und Darstellungsprivileg. Das **Konzept** sieht einerseits eine Privilegierung von Anlagen der Wind- und Wasserenergie nach § 35 I Nr. 5 BauGB vor. Andererseits haben Gemeinden und Raumordnung die Möglichkeit, die Privilegierung auf bestimmte **Standorte** zu konzentrieren.[726] Die vom BauROG 1998 übernommene Novelle zu Gunsten der Wind- und Wasserenergie beruht daher auf drei Säulen: Windenergieanlagen werden gem. § 35 I Nr. 5 BauGB privilegiert. Sie werden unter einen umfassenden Planungsvorbehalt der Gemeinden und der Raumordnung nach § 35 III 3 BauGB gestellt. Die Gemeinde kann nach § 15 III BauGB einen Zurückstellungsantrag stellen, wenn sie beabsichtigt, entsprechende Darstellungen im Flächennutzungsplan zu treffen. Bereits auf der Grundlage des früheren Rechts konnte die Gemeinde beantragen, Baugesuche bis zum 31.12.1998 auszusetzen. Weisen Gemeinden oder Raumordnung bestimmte Standorte für Windkraftanlagen aus, sind derartige Vorhaben an anderen Standorten im Gemeindegebiet wegen entgegenstehender öffentlicher Interessen regelmäßig unzulässig. Die Gemeinde hat damit die Möglichkeit, nach § 35 I Nr. 5 BauGB privilegierte Windkraftanlagen und Wasserkraftanlagen auf bestimmte Standorte zu konzentrieren, sie jedoch nicht gänzlich für das gesamte Gemeindegebiet auszuschließen. Dieselben Befugnisse kommen auch der Raumordnung zu. Sowohl die Gemeinde als auch die Raumordnung haben damit die Möglichkeit, durch Ausweisung von Konzentrationszonen die Privilegierung zu reglementieren. Durch positive Standortzuweisungen an einer oder auch mehreren Stellen im Plangebiet erhalten die Gemeinden und die Regionalplanung die Möglichkeit, den übrigen Planungsraum von den an sich privilegierten Anlagen freizuhalten. Gemeinden und Raumordnung sind danach zu einer **Windenergieanlagen-Konzeption** aufgerufen.

Werden bestimmte Standorte ausgewiesen, so ist diese planerische Vorgabe auch bei der Bescheidung konkreter Vorhaben zu respektieren. Eine ausschließliche „**Verhinderungsplanung**" der Gemeinde ohne gleichzeitige Standortausweisung im Gemeindegebiet reicht allerdings nicht aus.[727] Kommt die Gemeinde nach sachgerechter Prüfung zu dem Ergebnis, dass im gesamten Gemeindegebiet geeignete Standorte für Windenergieanlagen fehlen, so kann sie nach der Gesetzesbegründung ihr gemeindliches Einvernehmen versagen. Vor allem aber sind die Regionalplanung oder – soweit vorhanden – die gemeindeübergreifende Flächennutzungsplanung aufgerufen, einen entsprechenden Ausschluss auf Gemeindeebene zu bewirken.[728] Die Ausschlussfunktion für Windkraftanlagen kommt allerdings nur einem wirksamen Flächennutzungsplan, nicht aber planreifen Entwürfen zu.[729]

Die Neuregelung wurde begründet mit der Überlegung, dass die Wind- und Wasserenergie einen wichtigen Beitrag zum Klimaschutz leisten könne und daher planungsrechtlich so gestellt werden müsse, dass sie an geeigneten Standorten auch eine Chance habe. Es könne zwar zu einem Konflikt mit anderen schützenswerten Nutzungen wie etwa dem Fremdenverkehr, dem Naturschutz und dem Landschaftsschutz kommen. Welchem Belang dabei der Vorrang zukomme, könne – so wurde bei den Gesetzesberatungen deutlich – nicht generell, sondern nur im Einzelfall entschieden werden. Hier sind die gemeindliche Bauleitplanung und die Landes- bzw. Regionalplanung gleichermaßen gefordert. **Andere erneuerbare Energien** sind demgegenüber nicht privilegiert worden. Maßgebend dafür war, dass der Begriff der erneuerbaren Energien für eine klare Abgren-

---

[726] *BVerwG*, Urt. v. 22.5.1987 – 4 C 57.84 – BVerwGE 77, 300 = DVBl. 1987, 1008 = *Hoppe/Stüer* RzB Rdn. 449 – Kölner Auskiesungskonzentrationszone – Kölner Abgrabungskonzentration.

[727] *BVerwG*, B. v. 4.10.2001 – 4 BN 45.01 – BRS 64 (2001) Nr. 28 = ZfBR 2002, 597. Die gegen diese Entscheidung erhobene Verfassungsbeschwerde hat das *BVerfG* mit B. v. 26.2.2002 – 1 BvR 2068.01 – nicht zur Entscheidung angenommen.

[728] Gesetzentwurf der CDU/CSU- und FDP-Fraktion (BT-Drs. 13/1773) sowie Beschlussempfehlung und Bericht des Ausschusses für Raumordnung, Bauwesen und Städtebau (18. Ausschuss) BT-Drs. 13/4978 v. 19.6.1996.

[729] *OVG Lüneburg*, B. v. 22.1.1999 – 1 L 5538/97 – NuR 1999, 150 = RdL 1999, 91.

zung zum Schutz des Außenbereichs zu ungenau ist und dass ein Teil der sonstigen erneuerbaren Energien außer Wind- und Wasserkraftanlagen auf den Außenbereich nicht angewiesen ist. Dies gilt insbesondere für die **Solaranlagen**, die vor allem auch im Innenbereich – etwa auf Flachdächern und an Fassaden – einen ausreichenden Platz finden können. Eine Privilegierung der Solarenergie im Außenbereich ist daher nach Auffassung des Gesetzgebers nicht erforderlich. Auch Wind- und Wasserkraftanlagen haben das Gebot der nachbarlichen **Rücksichtnahme** zu beachten.[730] Ein privilegiertes Vorhaben kann daher planungsrechtlich unzulässig sein, wenn es nicht die gebotene Rücksichtnahme auf die Nachbarschaft nimmt.[731] Denn Windkraftanlagen sind zwar nach § 35 I Nr. 5 BauGB privilegiert. Sie können aber unzulässig sein, wenn sie das Gebot der nachbarlichen Rücksichtnahme nicht ausreichend wahren. Ein Windpark muss daher die Wohnruhe von Nachbargrundstücken wahren. Unzumutbare Beeinträchtigungen können sich auch etwa aus erhöhten Rotordrehzahlen bei Mitwind und hohen Windgeschwindigkeiten oder aus den von der Anlage hervorgerufenen Lichteffekten in Form eines Schattenwurfes ergeben.[732] Insgesamt hat die Privilegierung von Windkraftanlagen im Außenbereich den Ausbau der Windenergie „stark beflügelt".[733] Hierin wird ein wenn auch bescheidener Beitrag zur Förderung der regenerativen Energien und zum Klimaschutz gesehen. Umso wichtiger ist es, dass die Regional- und Bauleitplanung Steuerungsfunktionen wahrnehmen, um die Windkraftanlagen nicht über die gesamte Landschaft ausufern zu lassen, sondern auf vertretbare Standorte zu begrenzen.

2485 **b) Auswirkungen.** Obwohl Windenergieanlagen grundsätzlich eine umweltfreundliche und wirtschaftliche Form der Energiegewinnung darstellen, können sie doch unerwünschte Auswirkungen auf die Umwelt, insbesondere auf ihre nähere Umgebung haben. Wegen der außerordentlichen Bedeutung des Allgemeinwohlgebotes, des Verhältnismäßigkeitsgebotes und des Gebotes der nachbarlichen Rücksichtnahme sind diese Umweltauswirkungen z. T. als private Belange in jeder Phase der Gesetzgebung, Raumordnung sowie der Landes- und Bauleitplanung angemessen zu berücksichtigen,[734] d. h. entsprechend ihrer Bedeutsamkeit und Erkennbarkeit im jeweiligen Planungsstadium.[735] Im Rahmen der konkreten Vorhabenplanung und der hierbei erforderlichen Abwägung sind die Belange des Umweltschutzes ohnehin als öffentliche Belange, die dem Vorhaben entgegenstehen könnten, gem. § 35 III 1 Nr. 3 BauGB zu beachten. Allerdings reicht auch hier nicht jede Beeinträchtigung dieser Belange aus. Es muss vielmehr ein erheblicher Eingriff durch die Realisierung des Vorhabens zu befürchten sein. Vor allem kommen dabei Störungen der Vogelwelt, Gesundheitsschäden durch akustische und optische Beeinträchtigungen, Störungen des Landschaftsbildes und Gefährdungen durch mangelnde Stabilität der Anlagen als entgegenstehende öffentliche Belange in Betracht.[736]

2486 Die Windkraftgegner verweisen gelegentlich darauf, dass **Vögel** von Windenergieanlagen im Umkreis von mehr als 500 m vertrieben würden.[737] Dabei ist beobachtet worden, dass die Anlagen tagsüber und auch nachts von Vögeln meist weiträumig umflogen wer-

---

[730] *OVG Schleswig*, Urt. v. 20. 7. 1995 – 1 L 181/94 – (unveröffentlicht). Eine 30 kW Windkraftanlage in einem Abstand von 170 m von einem im Innenbereich gelegenen Wohngebäude kann sich als rücksichtslos erweisen.
[731] *OVG Schleswig*, B. v. 20. 5. 1992 – 1 M 7/92 – NuR 1994, 148 = SchlHA 1992, 219.
[732] *OVG Münster*, B. v. 13. 7. 1998 – 7 B 956/98 – NVwZ 1998, 980 = BauR 1998, 1212 – Windenergie; *VGH Mannheim*, Urt. v. 26. 6. 1998 – 8 S 882/98 – NuR 1999, 43 = VGHBW RSpDienst 1998, Beilage 9, B 3–4 für eine insgesamt ca. 20 m hohe Windkraftanlage in einem parkartig angelegten Wohngebiet mit maximal 6,5 m hohen Gebäuden.
[733] Zu entsprechenden Erwartungen *Krautzberger* NVwZ 1996, 847; *Lüers* ZfBR 1996, 297.
[734] Runderlass NRW, IV. 2.4.
[735] *Runkel*, S. 7.
[736] *Stüer/Vildomec* BauR 1998, 427.
[737] *Wolfrum*, S. 28.

den. So komme es nur selten zu unmittelbaren Kollisionen.[738] Diese Aspekte sind im Genehmigungsverfahren natürlich angemessen zu berücksichtigen, erfordern aber keineswegs, auf die Planung und Errichtung von Windenergieanlagen völlig zu verzichten.

Windenergieanlagen arbeiten nicht völlig geräuschlos und können daher zu **akustischen Beeinträchtigungen** führen. Je nach Windstärke und -richtung ist im Umkreis von bis zu 1.500 m bei den größten Einzelanlagen und bei Windparks das Summen des Getriebes, das Rauschen der Rotorblätter und bei höheren Windgeschwindigkeiten zusätzlich ein rhythmisches „Schlagen" (Blattspitzengeräusche) hörbar.[739] Darüber hinaus werden angeblich hochfrequente Schwingungen und Infraschall erzeugt. Insofern kann keine Rede davon sein, dass für die Umwelt nur die Geräuschentwicklung der Anlage bei niedrigen und mittleren Windgeschwindigkeiten maßgeblich sei, da die Geräusche bei höheren Windgeschwindigkeiten vom Windgeräusch überlagert würden.[740] Alle drei soeben genannten Schwingungsarten (hörbare Schallwellen, Hochfrequenz, Infraschall) sollen über einen längeren Zeitraum zu Kopfschmerzen, Stress-Symptomen und nervösen Störungen führen können. Infraschall soll sogar in der Lage sein, Körperzellen zu zerstören, da er der Resonanzfrequenz der im Körper zahlreich vorhandenen OH-Brücken entsprechen kann.[741] Auch Tiere sollen durch die Geräuschimmissionen negativ beeinflusst werden.[742] Längst haben auch die Befürworter erkannt, dass die Bevölkerung auf Dauer nur geräuscharme Windenergieanlagen akzeptieren wird.[743]

Neben den akustischen Beeinträchtigungen werden **optische Beeinträchtigungen** geltend gemacht, die aus Belangen des Landschaftsschutzes,[744] aus der Bewegung, dem Schattenwurf und Lichtreflexen abgeleitet werden. Eine Verunstaltung des Orts- und Landschaftsbildes i. S. von § 35 III 1, Spiegelstrich 6 BauGB ist gegeben, wenn der Gegensatz zwischen Orts- bzw. Landschaftsbild und Windenergieanlage von einem für ästhetische Eindrücke offenen Durchschnittsbetrachter als belastend oder verletzend empfunden wird.[745] Die natürliche Eigenart der Landschaft i. S. von § 35 III 1, Spiegelstrich 7 BauGB ist beeinträchtigt, wenn ein Vorhaben seiner Umgebung wesensfremd ist, sich nicht organisch einfügt und als Fremdkörper wirkt.[746] Die Gegner der Windenergieanlagen weisen unter dem Gesichtspunkt des Landschaftsschutzes auf die angebliche Hässlichkeit der „Windradmonster" hin und sprechen gerne von einer „Verspargelung der Landschaft". Dieser These wird von den Befürwortern heftig widersprochen, und man behauptet, den Anblick der Anlagen als „schön" zu empfinden. Die optische Wirkung von Windrädern ist

---

[738] Eine Studie des Bundesministeriums für Bildung, Wissenschaft, Forschung und Technologie (BMBF) aus den Jahren 1989/90 habe im Vergleich zu anderen Bauwerken eine niedrigere „Opferrate" ermittelt. Allerdings seien Brut- und Rastplätze in der Nähe von Windenergieanlagen von einigen Vogelarten verlassen worden. Windpark-Flächen würden von ca. 1,1 % weniger Zugvögeln überflogen als zuvor, da ihr Orientierungssystem (und auch das von Bienen) durch die Magnetfelder der Anlagen gestört werde (*Nyegaard*, Abschnitt 9; *Wolfrum*, S. 28 in Bezug auf Brieftauben). Eine Studie des Energieversorgungsunternehmens Vestkraft aus den Jahren 1987–1990 nennt einen Rückgang der brütenden Vogelpaare um 25 % in der unmittelbaren Nähe der untersuchten Anlage im dänischen Wattenmeer. Anfliegende Vögel haben nach dieser Untersuchung Richtungswechsel um bis zu 30 Grad vollzogen, um der Anlage auszuweichen. Kollisionen mit der Anlage kamen im Vergleich zu Freileitungen nur sehr selten vor (Handbuch Windenergie, S. 95f.; Kreisnaturschutzring Plön, Anspruch und Wirklichkeit der Nutzung von Windenergie in der Bundesrepublik Deutschland (AGNL), S. 3).
[739] *Nyegaard*, Abschnitte 7 und 8.
[740] So aber Handbuch Windenergie, S. 94.
[741] *Nyegaard*, Abschnitt 7; *Wolfrum*, S. 33.
[742] *Nyegaard*, Abschnitte 7 und 10.
[743] Handbuch Windenergie, S. 94.
[744] Zu deren Reichweite *OVG Münster*, Urt. v. 11. 1. 1999 – 7 A 2377/96 – NuR 1999, 704 = BauR 2000, 62 – Landschaftsplan.
[745] *BVerwG*, Urt. v. 28. 6. 1955 – I C 146.53 – BVerwGE 2, 172.
[746] Handbuch Windenergie, S. 95, 240.

also offensichtlich ganz überwiegend vom jeweiligen ästhetischen Empfinden des Beobachters abhängig, daneben von der Art der Landschaft und der Anlagengröße.[747] Nach ständiger Rechtsprechung führt die technische Neuartigkeit von Windenergieanlagen und die damit einhergehende objektive Gewöhnungsbedürftigkeit jedenfalls nicht ohne weiteres zur Beeinträchtigung eines Ortsbildes.[748] Vielmehr ist wiederum auf die Umstände des Einzelfalles abzustellen.[749] Diese Grundsätze lassen sich auch dann anwenden, wenn die Frage nach der Beeinträchtigung des Landschaftsbildes zu beantworten ist.[750]

2489 Gegner der Windenergieanlagen erklären, dass die gleichmäßige Bewegung des Rotors einer solchen Anlage zu einem biologisch determinierten, zwanghaften Ansehen desselben führe (sog. Drehschwindel).[751] Dadurch werde ein **„optischer Stress"** ausgelöst. Die rotierenden Flügel einer Windenergieanlage bewirken bei Sonnenschein in der näheren Umgebung einen rhythmischen Schattenwurf. Ebenso kann bei den meisten der heutigen Anlagen je nach Sonnenstand und Standort des Beobachters eine rhythmische Spiegelung des Sonnenlichtes auf den Rotorblättern erfolgen. Das letztgenannte Phänomen ist unter dem Schlagwort „Disco-Effekt" bekannt. Computerunterstützte Simulationen vor dem Bau der Anlage sollen diesen Effekt jedoch ausschließen können. Auch durch eine Beschichtung der Rotorblätter kann die Spiegelung des Sonnenlichtes vermieden werden.[752] Der Schattenwurf und der „Disco-Effekt" können von den Betroffenen als Störungen empfunden werden.[753] Unterschiedlich wird allerdings beurteilt, ob die Belästigungen, die aufgrund der im Tagesverlauf sich kontinuierlich verändernden Sonneneinstrahlung und der u. U. wechselnden Winkelung der Rotorblätter entstehen, für die Nachbarschaft zumutbar sind.[754] Windenergieanlagen können in Einzelfällen Mikrowellenverbindungen und **Radarsysteme** stören.[755] Sind solche Kollisionen möglich, müssen diese bereits im Planungsstadium berücksichtigt werden.[756]

2490 Zur **planungsrechtlichen Ausweisung** von Windenergieanlagen durch das Darstellungsprivileg in § 35 III 3 BauGB hat das *OVG Lüneburg* folgende Grundsätze aufgestellt: Geht die Gemeinde bei der Suche nach geeigneten Standorten für Windparks davon aus, dass Windenergieanlagen von Einzelhöfen und Weilern einen Abstand von 500 m einhalten müssen, verengt sie die Ermittlungen in unzulässiger Weise. Pauschalen Abstandszonen von 800 m bis 1.200 m um die Ortslagen, die von Windenergieanlagen freigehalten werden sollen, fehlt eine städtebauliche Rechtfertigung. Abstände zwischen Vorrangstandorten für Windenergienutzung von 5 km sind jedenfalls in der Küstenregion erforderlich. Die Ausschlusswirkung der Darstellung von Windenergieanlagen an anderer Stelle im Flächennutzungsplan nach § 35 III 3 BauGB greift nur dann nicht, wenn die Gemeinde bei der positiven Darstellung die Ausschlusswirkung nicht bedacht hat.[757]

2491 Bei der Bewertung von **Lärmimmissionen**, die von Windenergieanlagen ausgehen, kann keine allgemein gültige Formel angewendet werden. Die Entscheidung der Frage, ob das bauplanungsrechtliche Gebot der Rücksichtnahme verletzt ist, setzt stets eine Be-

---

[747] Handbuch Windenergie, S. 96.
[748] *BVerwG*, Urt. v. 18. 2. 1983 – 4 C 18.81 – BVerwGE 67, 23; *OVG Lüneburg*, Urt. v. 23. 9. 1986 – 6 A 182/84 – BauR 87, 297, 298; Runderlass NRW, IV. 2.3.3.
[749] *BVerwG*, B. v. 8. 2. 1991 – 4 B 10.91 – ZfBR 91, 131, 132.
[750] *Stüer/Vildomec* BauR 1998, 427.
[751] AGNL, S. 2.
[752] Runderlass NRW, IV. 2.4.
[753] Handbuch Windenergie, S. 95.
[754] Handbuch Windenergie, S. 230.
[755] *Nyegaard*, Abschnitt 9.
[756] Hierbei sollte die länger bestehende Nutzung den Vorrang genießen, es sei denn, eine Verlagerung oder Änderung ist mit vertretbarem Aufwand durchzuführen. Die Kosten hierfür sollte der Betreiber der Windenergieanlage übernehmen. Ferner lassen sich Empfangsstörungen durch die Verwendung nichtmetallischer Werkstoffe (Glasfaser- oder Carbonmaterialien, Holz) für die Windenergieanlage vermeiden bzw. minimieren (Handbuch Windenergie, S. 97).
[757] *OVG Lüneburg*, Urt. v. 20. 7. 1999 – 1 L 5203/96 – NuR 2000, 49 = ZfBR 2000, 61.

4. Teil. Bauen im Außenbereich 2492 C

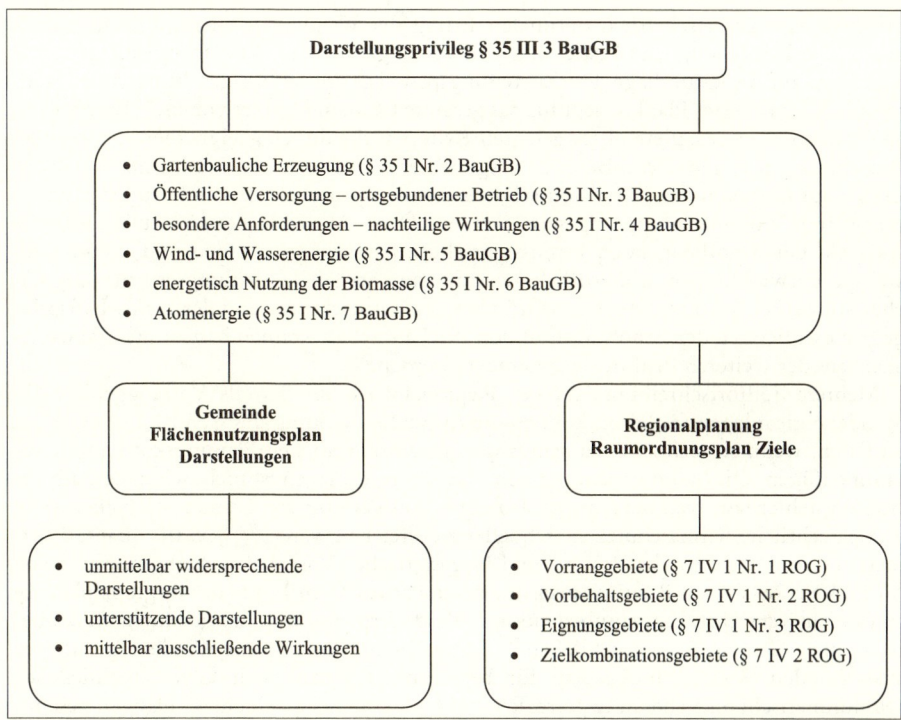

wertung der Einzelfallumstände voraus. Bei der Frage, welche Lärmimmissionen einem Nachbarn noch zuzumuten sind, kann auf die TA-Lärm als Anhaltspunkt zurückgegriffen werden. Bei der rechtlichen Bewertung der Auswirkungen durch Schattenwurf kann als Anhaltspunkt für die Zumutbarkeit dienen, dass Benutzer von Wohn- und Büroräumen an einem sonnigen Tag nicht länger als 30 Minuten je Tag und nach der statistischen Wahrscheinlichkeit maximal 30 Stunden im Jahr durch Schattenwurf beeinträchtigt werden. Dabei ist aber auch die Schattenintensität, die mit zunehmender Entfernung abnimmt, zu berücksichtigen.[758]

Auf diesen allgemeinen Grundlagen hat sich zur planungsrechtlichen Zulässigkeit von Windenergieanlagen eine umfangreiche Rechtsprechung entwickelt.[759] Die Gemeinden haben keine besondere Pflicht zur Förderung der Windenergie; sie sind auch nicht ver- **2492**

---

[758] *OVG Greifswald*, Urt. v. 8. 3. 1999 – 3 M 85/98 – DVBl. 1999, 1528 = NVwZ 1999, 1238 = NordÖR 1999, 361 = NuR 1999, 654.

[759] Zu Windenergieanlagen *BVerwG*, Urt. v. 19. 7. 2001 – 4 C 4.00 – BVerwGE 115, 17 = NuR 2002, 49 – Gipsabbau; B. v. 15. 10. 2001 – 4 B 69.01 – BauR 2002, 1052 BRS 64 (2001) Nr. 100 – Verunstaltung; Urt. v. 13. 12. 2001 – 4 C 3.01 – NVwZ 2002, 1112 = DVBl. 2002, 706 = DöV 2002, 574; B. v. 2. 8. 2002 – 4 B 36.02 – BauR 2003, 837; Urt. v. 19. 9. 2002 – 4 C 10.01 – BVerwGE 117, 44 = DVBl. 2003, 201 = NuR 2003, 283 – Wangerland; Urt. v. 17. 12. 2002 – 4 C 15.01 – BVerwGE 117, 287 = DVBl. 2003, 797 = NVwZ 2003, 733 – Feigenblatt; Urt. v. 13. 3. 2003 – 4 C 3.02 – BauR 2003, 1172 = NVwZ 2003, 1261 – Entwürfe von Regional- und Flächennutzungsplänen; Urt. v. 13. 3. 2003 – 4 C 4.02 – BVerwGE 118, 33 = NVwZ 2003, 738 = DVBl. 20031064; B. v. 18. 3. 2003 – 4 B 7.03 – Buchholz 406.11 § 35 BauGB Nr. 358 – Verunstaltung des Landschaftsbildes; B. v. 22. 10. 1993 – 4 B 84.03 – NVwZ 2004, 343 = BauR 2004, 262 – Konzentrationszone; *OVG Münster*, Urt. v. 30. 11. 2001 – 7 A 4857/00 – NuR 2002, 431 = BauR 2002, 886 – Tabuflächen; *OVG Lüneburg*, Urt. v. 24. 3. 2003 – 1 LB 3571/01 – RdL 2003, 234 = BauR 2003, 1443 – Windpark Borsum; Urt. v. 19. 2. 2004 – 4 CN 13.03 – NVwZ 2004, 984 = ZfBR 2004, 464 – Steinau; *OVG Koblenz*, Urt. v. 20. 2. 2003 – 1 A 11406/01 – NuR 2003, 556; *VGH Kassel*, Urt. v. 20. 2. 2003 – 3 N 1557/02 – NuR 2003, 434 = ZfBR 2003, 482 – Vorranggebiet; *Stüer* DVBl. 2003, 1030.

pflichtet, einen wirtschaftlich optimalen Ertrag der Windenergienutzung sicherzustellen.[760] Die Ermittlung und Festlegung von Vorrangzonen für Windenergieanlagen setzt allerdings auf der Grundlage des Darstellungsprivilegs ein schlüssiges, hinreichend städtebaulich motiviertes Plankonzept für das gesamte Gemeindegebiet voraus.[761] Dieses kann an global und pauschalierend festgelegten Kriterien für die Ungeeignetheit der von der Ausschlusswirkung erfassten Bereiche ausgerichtet werden. Bei der Festlegung von Tabu-Zonen aus Gründen des Immissionsschutzes können pauschale Abstände zu jeder schützenswerten Wohnbebauung angesetzt werden. Diese Abstände können zulässigerweise auch auf einen vorbeugenden Immissionsschutz ausgerichtet werden und konkret für weitere Entwicklungen in den Blick genommene potenzielle Siedlungserweiterungsflächen mitberücksichtigen. Auch aus Gründen des Naturschutzes und der Landschaftspflege[762] einschließlich der Erholungsfunktion der Landschaft können bestimmte „Tabu-Flächen" aus der weiteren Prüfung ausgesondert werden.[763]

2493 Mehrere Teilfortschreibungen eines Regionalplans, die jeweils Vorranggebiete für Windenergieanlagen festlegen, können die Ausschlusswirkung des § 35 III 3 BauGB erst entfalten, wenn sie sich zu einer schlüssigen gesamträumlichen Planungskonzeption zusammenfügen. Die Standortplanung von Windenergieanlagen ist nicht schon deshalb abwägungsfehlerhaft, weil bei einer großzügigen Ausweisung von Standorten völker- oder europarechtliche Klimaschutzziele schneller zu erreichen wären.[764] § 35 III 3 BauGB verbietet es, in der Bilanz der Positiv- und Negativflächen Vorbehaltsgebiete im Sinne von § 7 IV 1 Nr. 2 ROG als Positivausweisungen zu werten. Dem Träger der Regionalplanung ist es nicht verwehrt, die raumbedeutsame Windenergienutzung im gesamten Außenbereich einer Gemeinde auszuschließen.[765] Ist in einem Standort für Windenergieanlagen ausweisenden Raumordnungsplan für bestimmte Flächen noch keine abschließende raumordnerische Entscheidung getroffen und fehlt es daher an einem schlüssigen gesamträumlichen Planungskonzept, kann der Raumordnungsplan die Ausschlusswirkung des § 35 III 3 BauGB für Windkraftanlagen nicht entfalten.[766] Entwürfe von Flächennutzungsplänen sind keine auf die Zulässigkeit von privilegierten Außenbereichsvorhaben einwirkenden Rechtsänderungen.[767]

2494 Unterliegt die Wirksamkeit der Änderung eines Flächennutzungsplanes der Inzidentprüfung, hat der Planbetroffene Anspruch darauf, dass nicht nur die von ihm geltend gemachten eigenen Belange, sondern auch sonstige öffentliche und private Belange gerecht abgewogen werden. Reduziert die Gemeinde zwei dargestellte Flächen für Windenergie durch Änderung des Flächennutzungsplanes auf einen Standort, wird dieser umfassende Anspruch auf Abwägung nach der bisherigen Rechtsprechung nicht dadurch in Frage gestellt, dass nach dem Beschluss über die Änderung des Flächennutzungsplans die

---

[760] *BVerwG*, Urt. v. 17. 12. 2002 – 4 C 15.01 – BVerwGE 117, 287 = DVBl. 2003, 797 = NVwZ 2003, 733 – Feigenblatt.

[761] *OVG Koblenz*, Urt. v. 20. 2. 2003 – 1 A 11406/01 – NuR 2003, 556; *Krautzberger* in: Battis/Krautzberger/Löhr, § 35 BauGB Rdnr. 75.

[762] Zur Zulässigkeit einer Windenergieanlage in einem Landschaftsschutzgebiet *BVerwG*, B. v. 2. 2. 2000 – 4 B 104.99 – ZfBR 2000, 428 = BauR 2000, 1311; zum Klagerecht einer Nachbargemeinde *VG Koblenz*, B. v. 24. 7. 2000 – 1 L 1756/00 – BauR 2000, 1714; zu den (mangelnden) Beurteilungsgrundlagen für Störungen durch Windenergieanlagen für Personen in der freien Landschaft *OVG Hamburg*, B. v. 28. 8. 2000 – 2 Bs 180/00 – NuR 2001, 52 = NVwZ 2001, 98.

[763] *OVG Münster*, Urt. v. 30. 11. 2001 – 7 A 4857/00 – DVBl. 2002, 723 = ZUR 2002, 300.

[764] Im Anschluss an *BVerwG*, Urt. v. 17. 12. 2002 – 4 C 15.01 – BVerwGE 117, 287 = DVBl. 2003, 797 = NVwZ 2003, 733 – Feigenblatt.

[765] *BVerwG*, Urt. v. 13. 3. 2003 – 4 C 4.02 – BVerwGE 118, 33 = NVwZ 2003, 738 = DVBl. 2003, 1064.

[766] Im Anschluss an *BVerwG*, Urt. v. 17. 12. 2002 – 4 C 15.01 – BVerwGE 117, 287 = DVBl. 2003, 797 = NVwZ 2003, 733 – Feigenblatt; Urt. v. 13. 3. 2003 – 4 C 4.02 – BVerwGE 118, 33 = NVwZ 2003, 738 = DVBl. 2003, 1064.

[767] *BVerwG*, Urt. v. 13. 3. 2003 – 4 C 3.02 – NVwZ 2003, 1261 = BauR 2003, 1172 – weiße Flächen.

Windenergieanlagen an dem dargestellten Standort nach Erteilung bestandskräftiger Baugenehmigungen bereits errichtet wurden.[768]

Stellt die Gemeinde nach Abwägung der beachtlichen Belange zwei Gebiete für die Windenergienutzung dar, muss sie im Falle der beabsichtigten Aufhebung eines Standortes erneut in die Abwägung der für und gegen die beiden Flächen sprechenden Belange eintreten. Im Einzelfall kann dabei die hohe avifaunistische Wertigkeit eines Standorts von besonderem Gewicht sein. Nach Ansicht des *OVG Lüneburg* ist es fraglich, ob eine vorübergehend als Spülfeld für Hafenschlick dienende Fläche, die gegenwärtig als Nahrungsplatz für einzelne schützenswerte Vogelarten geeignet ist, zu den „zahlen- und flächenmäßig geeignetsten Gebieten" im Sinne von Art. 4 Vogelschutz-Richtlinie zählt.[769] Einem in einer Konzentrationszone für Windenergie geplanten Vorhaben der Errichtung von zwei Windenergieanlagen kann der öffentliche Belang des Vogelschutzes als Unterfall des Naturschutzes gemäß § 35 III 1 Nr. 5 BauGB entgegenstehen.[770] Nach Auffassung der Lüneburger Richter unterliegt die dem Flächennutzungsplan zugrunde liegende Abwägung im Nachhinein auch dann noch der vollen gerichtlichen Kontrolle, wenn in dem ausgewiesenen Windfeld inzwischen bereits zahlreiche Windenergieanlagen errichtet worden sind, mit deren Beseitigung nicht gerechnet werden kann. Auch in diesem Fall soll sich ein Antragsteller für Windkraftanlagen an einem anderen Standort noch darauf berufen können, dass die damalige Auswahlentscheidung fehlerhaft war und hierdurch der ursprünglich ausgeschlossene Standort für Windkraftanlagen wieder geöffnet wird. Ein solches Ergebnis würde aber die Grundsatzentscheidung der Gemeinde missachten, die Windkraftanlagen nur auf einen der beiden Standorte zu konzentrieren, und an der Tatsache vorbeigehen, dass die Entscheidung der Gemeinde bereits durch den Bau von Windkraftanlagen umgesetzt ist. In derartigen Fällen muss die inzwischen eingetretene Kraft des Faktischen bei der Beurteilung der Planauswseisungen berücksichtigt werden.[771] Zudem ist wegen der Neuregelung von Teilflächennutzungsplänen (§ 5 IIb BauGB) jeweils zu prüfen, ob sich der festgestellte Fehler in seinen Auswirkungen räumlich begrenzen lässt, so dass der übrige Teil des Flächennutzungsplans wirksam bleibt. Grundsätzlich zulässig im Rahmen der Abwägung ist die Festlegung von „Tabuflächen", bezüglich derer von vornherein feststeht, dass sie aus städtebaulichen Gründen als Standorte für Windenergieanlagen nicht in Betracht kommen. Dem Plangeber steht insoweit ein Gestaltungsspielraum zu. Gleichwohl muss die Abgrenzung derartiger „Tabuflächen" städtebaulich begründbar sein.[772]

Nach § 35 III 1 Nr. 5 BauGB ist ein privilegiertes Außenbereichsvorhaben unzulässig, wenn das Vorhaben das Orts- und Landschaftsbild verunstaltet. Gegenstand der Beurteilung und Genehmigung ist dabei die Bausubstanz und ihre vorgesehene Nutzung. Diese umfassende rechtliche Betrachtungsweise ist auch dann geboten, wenn es zu klären gilt, ob eine Windkraftanlage dem Orts- und Landschaftsbild in ästhetischer Hinsicht grob unangemessen ist und auch von einem für ästhetische Eindrücke offenen Betrachter als belastend empfunden wird. Auch die anlagentypische Drehbewegung der Rotorblätter als Blickfang muss berücksichtigt werden.[773] Bei der Einzelfallentscheidung ist die grund-

---

[768] *OVG Lüneburg*, Urt. v. 24. 3. 2003 – 1 LB 3571/01 – RdL 2003, 234 = BauR 2003, 1443 – Windpark Borsum.

[769] Zum hohen Schutz faktischer Vogelschutzgebiete *BVerwG*, Urt. v. 1. 4. 2004 – 4 C 2.03 – DVBl. 2004, 1115 = NVwZ 2004, 1114 – Hochmoselbrücke; zur Vorinstanz *OVG Koblenz*, Urt. v. 9. 1. 2003 – 1 C 10392/01 – NuR 2003, 438 – B 50n – Abschnitt 1; Urt. v. 9. 1. 2003 – 1 C 10187/01 – NuR 2003, 441 = DVBl. 2003, 200 – B 50n Abschnitt 2 Hochmoselbrücke.

[770] *OVG Lüneburg*, Urt. v. 24. 3. 2003 – 1 LB 3571/01 – RdL 2003, 234 = BauR 2003, 1443 – Windpark Borsum.

[771] Zum umgekehrten Fall der Funktionslosigkeit der Planung durch von der Planung abweichende tatsächliche Entwicklungen *BVerwG*, Urt. v. 29. 4. 1977 – IV C 39.75 – BVerwGE 54, 5; Urt. v. 3. 12. 1998 – 4 C 3.97 – NuR 1999, 299 = BVerwGE 108, 71.

[772] *OVG Koblenz*, Urt. v. 20. 2. 2003 – 1 A 11406/01 – NuR 2003, 556.

[773] *BVerwG*, B. vom 15. 10. 2001 – 4 B 69.01 – BauR 2002, 1052 = BRS 64 (2001) Nr. 100.

sätzliche Privilegierung der Windkraftanlagen in die nachvollziehende Abwägung einzustellen. Eine zur Verunstaltung führende Wirkung von Windenergieanlagen ist nur anzunehmen, wenn es sich bei dem optisch betroffenen Bereich um eine wegen ihrer Schönheit und Funktion besonders schutzwürdige Umgebung handelt oder wenn ein besonders grober Eingriff in das Landschaftsbild in Rede steht.[774] Eine Verunstaltung des Landschaftsbildes durch Windenergieanlagen ist daher nur im Ausnahmefall anzunehmen.[775] Gegenüber der Vollstreckung aus einem rechtskräftigen Verpflichtungsurteil auf Erteilung eines Bauvorbescheides für eine Windenergieanlage kann die Behörde die Vollstreckungsabwehrklage darauf stützen, dass nach Rechtskraft des Urteils durch eine Änderung des Flächennutzungsplans die Voraussetzungen des § 35 III 3 BauGB geschaffen wurden.[776]

2497 **c) Einzelfragen.** Mit der gesetzlichen Privilegierung sind weitere Fragestellungen verbunden: Der Planungsvorbehalt zu Gunsten der Gemeinden und der Raumordnung nach § 35 III 3 BauGB bezieht sich nicht auf Anlagen der Wind- und Wasserenergie, die als Nebenanlagen einem landwirtschaftlichen Betrieb dienen und daher nach § 35 I Nr. 1 BauGB privilegiert sind. Denn die landwirtschaftlichen Betriebe nach § 35 I Nr. 1 BauGB sind nicht in den Planungsvorbehalt des § 35 III 3 BauGB einbezogen. Weitere Probleme können sich im Vollzug des Planungsvorbehalts auf gemeindlicher und landesplanerischer Ebene vor allem im Hinblick auf das Konkurrenzverhältnis dieser beiden Ebenen ergeben. Die Regelungen verstehen sich vor dem Hintergrund, dass die Gemeinde Anlagen der Wind- und Wasserenergie zwar auf bestimmte Standorte im Gemeindegebiet konzentrieren kann, jedoch ganz allgemein nicht in der Lage ist, eine eigene „Windenergiepolitik" zu betreiben. Der Vergleich mit den Spielhallen liegt hier nahe. Die Gemeinde ist daher grundsätzlich nicht berechtigt, Anlagen der Wind- und Wasserenergie für ihr gesamtes Gemeindegebiet auszuschließen. Auch die Regionalplanung muss im Bereich ihres Planungsraums geeignete Flächen für die Windenergie ausweisen, dies allerdings nicht in jeder Gemeinde. Soweit in der Regionalplanung Ziele der Raumordnung festgelegt sind, ist die Gemeinde hieran gebunden (§ 1 IV BauGB). Hiervon werden allerdings nur regionalplanerisch bedeutsame Anlagen erfasst, während für weniger bedeutsame Anlagen die Regionalplanung keine Bindungswirkungen für die gemeindliche Planung erzeugt.

2498 Das **Darstellungsprivileg** besteht gegenüber **allen** privilegierten Vorhaben nach **§ 35 I Nr. 2 bis 6 BauGB.** Nicht nur Anlagen der Wind- und Wasserenergie, sondern auch etwa die ortsgebundenen Betriebe unterliegen dem Darstellungsprivileg der Gemeinden und der Landesplanung. Vorhaben von regionaler Bedeutung unterliegen dem Darstellungsprivileg der Raumordnung.[777] Hier kann die Gebiets- und Regionalplanung die nach § 35 I Nr. 2 bis 6 BauGB privilegierten Vorhaben auf bestimmte Standorte konzentrieren und damit ganze Gemeinden von den Privilegierungsfällen ausnehmen. Unterhalb der regionalplanerischen Bedeutung kann sodann die Gemeinde nach eigenen Vorstellungen privilegierte Vorhaben nach § 35 I Nr. 2 bis 6 BauGB von geringerer Bedeutung zulassen.

2499 Bei **kleineren Gemeinden** könnte auch einiges für die Auffassung sprechen, dass dieser Ausschluss für das gesamte Gemeindegebiet ausgesprochen wird. Denn die Begrenzung der Gemeinde auf eine planerische Bündelung privilegierter Vorhaben, die das *BVerwG* in beplanten Bereichen zu den Vergnügungsstätten[778] und im Außenbereich zu den Auskie-

---

[774] *BVerwG*, B. v. 15. 10. 2001 – 4 B 69.01 – BauR 2002, 1052 = ZfBR 2002, 597 – Verunstaltung; *OVG Münster*, Urt. v. 30. 11. 2001 – 7 A 4857/00 – BauR 2002, 886 = NuR 2002, 431 = DVBl. 2002, 723.
[775] *BVerwG*, B. v. 18. 3. 2003 – 4 B 7.03 – BauR 2004, 295 – Verunstaltung.
[776] *BVerwG*, Urt. v. 19. 9. 2002 – 4 C 10.01 – BVerwGE 117, 44 = DVBl. 2003, 201 = NuR 2003, 283 – Wangerland, Fortführung von *BVerwG*, Urt. v. 26. 10. 1984 – 4 C 53.80 – BVerwGE 70, 227 = DVBl. 1985, 392 – Vollstreckungsabwehrklage.
[777] So auch *Wagner* BBauBl. 1996, 833; *ders.* UPR 1996, 370.
[778] *BVerwG*, B. v. 22. 5. 1987 – 4 N 4.86 – BVerwGE 77, 308 = BauR 1987, 520 = NVwZ 1987, 1072 = BRS 47 (1987), Nr. 54 (S. 143) = DVBl. 1987, 1001 = ZfBR 1987, 249 – Nummerndogma – Vergnügungsstätten im Kerngebiet.

sungsvorhaben[779] entwickelt hat, verstand sich vor dem Hintergrund größerer Gemeinden, bei denen die Ausweisung solcher Vorhaben in Betracht kam. Gerade in den neuen Bundesländern könnte allerdings wegen der teilweise erheblich geringeren Gemeindegrößen nach anderen Grundsätzen zu verfahren sein. Unterschreitet daher eine Gemeinde eine gewisse Größe oder ist aus anderen Gründen eine Ausweisung privilegierter Vorhaben nicht sachgerecht, so ist sie berechtigt, für das gesamte Gemeindegebiet Windenergieanlagen auszuschließen. Dies gilt vor allem dann, wenn in der Gemeinde keine planerisch vertretbaren, sinnvollen Standorte für privilegierte Vorhaben nach § 35 I Nr. 2 bis 6 BauGB in Betracht kommen. Die Ausschlussmöglichkeiten sind daher nach der regionalplanerischen Bedeutung gestuft: Regionalplanerisch bedeutsame privilegierte Vorhaben nach § 35 I Nr. 2 bis 6 BauGB könnte die Regionalplanung auch über die Gemeindegrenzen hinweg für mehrere Gemeinden ausschließen und auf einige Standorte in ihrem Planungsgebiet beschränken. Vorhaben mit geringeren Auswirkungen können durch die Gemeinde auf bestimmte Standorte konzentriert werden. Gemeinden können die privilegierten Vorhaben nach § 35 I Nr. 2 bis 6 BauGB auch für das gesamte Gemeindegebiet auszuschließen, wenn sich ein entsprechender Standort auf Grund der tatsächlichen Gegebenheiten oder aus nachvollziehbaren planerischen Gründen nicht anbietet. Dies könnte häufig bei kleineren Gemeinden der Fall sein.

Privilegierten Vorhaben können die Darstellungen des Flächennutzungsplans oder der Landesplanung nur entgegengehalten werden, wenn sie konkrete **standortbezogene Aussagen** enthalten. Dies stellt an die Ermittlungs- und Begründungspflichten entsprechende Anforderungen. Nicht jede planerische Aussage der Gemeinde oder der Landesplanung ist daher geeignet, ein nach § 35 I Nr. 2 bis 6 BauGB privilegiertes Vorhaben auszuschließen. Konkrete standortbezogene Aussagen setzen zunächst die genaue Ermittlung des Sachverhalts voraus. Auf dieser Grundlage sind die jeweiligen planerischen Überlegungen der Gemeinde oder der Landesplanung überzeugend darzulegen. Das Gericht wird sich derartigen Aussagen allerdings nur dann verschließen, wenn die Datenbasis nicht überzeugend aufgearbeitet ist oder die planerischen Konzepte nicht plausibel sind. Im Rahmen dieser Wertungsmöglichkeiten haben Gemeinden und Landesplanung einen gewissen planerischen Spielraum, den der Gesetzgeber über § 35 III 3 BauGB eingeräumt hat. Dabei haben die Planungsträger auch etwa den Gesichtspunkt der Vorrangentscheidung des Gesetzgebers zu Gunsten einer Rohstoffsicherungsklausel zu berücksichtigen.[780] Die gemeindliche Planung hat sich dabei konkret formulierten Zielen der Raumordnung anzupassen.[781] Hat die Landesplanung konkrete Standorte für nach § 35 I Nr. 2 bis 6 BauGB ausgewiesen, so ist die gemeindliche Planung hieran in der Regel gebunden.[782] Die Ausschlussfunktion für privilegierte Vorhaben durch das Darstellungsprivileg nach § 35 III 3 BauGB kommt allerdings nur einem wirksamen Flächennutzungsplan, nicht aber planreifen Entwürfen zu.[783]

Zu Gunsten der **Gemeinden** und der **Raumordnung** gab **§ 245 b I BauGB 1997** eine Übergangsfrist: Die Baugenehmigungsbehörde hatte auf Antrag die Entscheidung über die Zulässigkeit von Windenergieanlagen bis längstens zum 31. 12. 1998 auszusetzen, wenn die Gemeinde beschlossen hatte, einen Flächennutzungsplan aufzustellen, zu ändern oder zu ergänzen, und beabsichtigte zu prüfen, ob Darstellungen zu Windenergieanlagen i. S. des § 35 III 3 BauGB in Betracht kommt. Dieselben Befugnisse wurden nach § 245 b I 2 BauGB 1997 auch den für die Raumordnung zuständigen Stellen zugestanden. Die Zurückstellungsmöglichkeiten sind inzwischen ausgelaufen. An deren Stelle sind Zurückstellungsmöglichkeiten nach § 15 III BauGB getreten.

---

[779] *BVerwG*, Urt. v. 22. 5. 1987 – 4 C 57.84 – BVerwGE 77, 300 = DVBl. 1987, 1008 = *Hoppe/Stüer* RzB Rdn. 449 – Kölner Auskiesungskonzentrationszone.
[780] *OVG Koblenz*, Urt. v. 14. 11. 1991 – 1 A 10016/90 – NVwZ-RR 1992, 463.
[781] Zum Anpassungsgebot s. Rdn. 222.
[782] *OVG Koblenz*, Urt. v. 14. 11. 1991 – 1 A 10016/90 – NVwZ-RR 1992, 463.
[783] *OVG Lüneburg*, B. v. 22. 1. 1999 – 1 L 5538/97 – NuR 1999, 150 = RdL 1999, 91.

2502 Es empfiehlt sich, bei der **Auswahl** von Standorten für die Wind- und Wasserenergie in **Stufen** vorzugehen. Zunächst sind Standortbereiche zu ermitteln, die aufgrund entsprechender Windverhältnisse geeignet sind. Diese von der Windhöffigkeit theoretisch geeigneten Standorte sind in weiteren Arbeitsschritten anhand von **Ausschlusskriterien** auf ihre Raumverträglichkeit hin zu überprüfen. Die Anlaufgeschwindigkeit von Windkraftanlagen wird nach dem heutigen Stand der Technik mit 3 m/s in Nabenhöhe angegeben. Eine wirtschaftliche Rentabilität stellt sich jedoch erst bei einer deutlich höheren Windgeschwindigkeit ein. Ein kostendeckender Betrieb wird unter den derzeitigen Bedingungen bei einer mittleren Jahresgeschwindigkeit von ca. 5 m/s in Nabenhöhe angenommen. In einem Negativverfahren sind alle windhöffigen Bereiche auszuschließen, die zu unüberbrückbaren Nutzungskonflikten mit technischen, ökologischen oder raumordnungspolitischen Ansprüchen führen würden. Als Ausschlusskriterien sind geeignet: Abstand zu Siedlungen von 500 oder auch 950 m, Überschneidung mit Freizeitanlagen oder ähnlichen Einrichtungen im Außenbereich, Abstände zu Straßen, Eisenbahntrassen Hochspannungsleitungen und Richtfunktrassen unter 100 m (Kipphöhe), Bauschutzbereich von Flughäfen und Flugplätzen und Schutzbereich von militärischen Anlagen, Abstände zu Naturschutzgebieten,[784] flächenhaften Naturdenkmalen unter 200 m, zu Vogelzug- und -brutgebieten sowie Vogelschutzgebieten, Abstände zu Biotopen und FFH-Gebieten, Waldabstand unter 200 m, Kultur- oder Bodendenkmale, Retentionsbereiche von Gewässern und Flüssen, Wasserschutzzone I und II eines Wasserschutzgebietes, schutzbedürftige Bereiche für Naturschutz und Landschaftspflege, für Erholung und für oberflächennahen Rohstoffabbau des Regionalplans, Regionale Grünzüge und Grünzäsuren des Regionalplans sowie eine Mindestgröße von 10 ha bis 40 ha (Windparks).

2503 Auf die Schritte des Ausschlusses folgt eine **Beurteilung nach Abwägungskriterien**. Hiezu zählen etwa Wasserschutzgebiete der Zone III, Landschaftsschutzgebiete, Naturparks, Sicherungsbereiche für Erholung, schutzbedürftige Bereiche für Bodenerhaltung und Landwirtschaft, Sicherungsbereiche für oberflächennahen Rohstoffabbau, Abstände zu Aussiedlerhöfen und Wohnplätzen, Netzanbindung und Landschaftsbild. Die Abwägungsentscheidung auf der Ebene der Regionalplanung kann dabei auch Wünsche und Vorstellungen der betroffenen Gemeinden einbeziehen. So kann durch Vorranggebiete (§ 7 IV 1 Nr. 2 ROG) in Kombination mit Eignungsgebieten (§ 7 IV 1 Nr. 3 ROG) eine grundsätzliche Eignung der Standorte ausgewiesen werden, der Gemeinde im Rahmen der Flächennutzungsplanung aber noch einen Abwägungsspielraum eröffnet werden. Auch privilegierten Wind- und Wasserenergieanlagen dürfen öffentliche Belange nicht entgegenstehen. Zudem darf das Gebot der nachbarlichen Rücksichtnahme nicht verletzt sein. So kann etwa eine grundsätzlich privilegierte Windkraftanlage daran scheitern, dass sie an einem für die Umgebung ungünstigen Standort errichtet werden soll. Solche Standortnachteile können sich etwa im Hinblick auf Belange des Ortsbildes, des Landschafts- oder Naturschutzes oder aber auch aus Beeinträchtigungen der Nachbarschaft ergeben. Auch kann sich anbieten, eine Windkraftanlage in unmittelbarer Standortnähe zu einem landwirtschaftlichen Betrieb vorzusehen, wenn die Anlage der Versorgung des Betriebes dienen soll. Dabei kann vor allem der Gesichtspunkt der größtmöglichen Schonung des Außenbereichs in den Vordergrund treten.

2504 Wichtige finanzielle Rahmenbedingungen für die Nutzung der Windenergie werden im Gesetz über den Vorrang Erneuerbarer Energien (EEG) geregelt.[785] Das EEG will den Vorrang der Erneuerbaren Energien durch entsprechende finanzielle Subventionsregelungen gewährleisten und dazu beitragen, den Anteil Erneuerbarer Energien an der Stromversorgung bis zum Jahre 2010 auf mindestens 12,5 % und bis zum Jahre 2020 auf mindestens 20 % zu erhöhen (§ 1 II EEG). Zu den erneuerbaren Energien zählen die

---

[784] Zum Schutz von Randzonen und Einwirkungsbereichen *OVG Hamburg*, Urt. v. 26. 2. 1998 – Bf II 52/94 – NordÖR 1998, 443.

[785] Vom 21. 7. 2004 (BGBl. I S. 1918).

Wind- und Wasserenergie, solare Strahlungsenergien, Geothermie, Energie aus Biomasse einschließlich Biogas, Deponiegas und Klärgas sowie aus dem biologisch abbaubaren Anteil von Abfällen aus Haushalten und Industrie. Der jeweilige Netzbetreiber hat eine Abnahme- und Übertragungspflicht (§ 4 EEG). Zudem besteht eine Vergütungspflicht für den eingespeisten Strom, die für Strom aus Wasserkraft (§ 6 EEG), Deponiegas, Klärgas und Grubengas (§ 7 EEG), Biomasse (§ 8 EEG), Geothermie (§ 9 EEG), Windenergie (§ 10 EEG) und solare Strahlungsenergie (§ 11 EEG) unterschiedlich ist. Die Mindestvergütungen sind vom Zeitpunkt der Inbetriebnahme für die Dauer von 20 Kalenderjahren zuzüglich der Inbetriebnahmejahre zu zahlen (§ 12 III EEG).

d) Rechtsschutz. Darstellungen des Flächennutzungsplans können nicht unmittelbar angefochten werden. Ein Normenkontrollantrag ist nur gegen städtebauliche Satzungen statthaft (§ 47 I Nr. 1 VwGO). Regionalpläne können von betroffenen Städten und Gemeinden ggf. mit der Verfassungsbeschwerde angefochten werden.[786] Nach Maßgabe des Landesrechts kann auch eine Normenkontrolle statthaft sein. Der Bauinteressent und der Nachbar kann Rechtsschutz dadurch suchen, dass im Baugenehmigungsverfahren eine Inzidentprüfung des maßgeblichen Punkts des Flächennutzungsplans durchzuführen ist.[787] Der Bauherr kann eine Verpflichtungsklage erheben. Vom Nachbarn kann eine erteilte Baugenehmigung für eine Windenergieanlage mit einer Anfechtungsklage angefochten werden. Windenergieanlagen können vor allem im Hinblick auf schutzbedürftige Nutzungen in der Nachbarschaft unzulässig sein. Eine Verletzung des Gebotes der **nachbarlichen Rücksichtnahme** kann durch eine Nachbarklage gegen die Baugenehmigung und im einstweiligen Rechtsschutzverfahren geltend gemacht werden. Die einzuhaltenden Mindestabstände werden von den unterschiedlichen Größen der Anlagen und den Immissionen im Einzelfall bestimmt. Deshalb ist der Schutz einer Wohnbebauung gegen Immissionen einer Windkraftanlage nicht nach abstrakten Mindestabständen wie etwa ein Vielfaches der Gesamthöhe der Anlage – sondern nach den konkret zu ermittelnden Immissionen zu bemessen.[788] Das *OVG Münster* hat erwogen, für eine Windkraftanlage von 500 kW und einer Rotorhöhe von 65 m einen Abstand zur Wohnbebauung von 950 m zu verlangen.[789] Teilweise wird für Anlagen von 300 kW ein Mindestabstand von 500 m für erforderlich gehalten.[790] Die auf bloßen abstrakten Berechnungen unter Vorgabe normierter Bedingungen beruhenden Herstellerangaben lassen danach eine verlässliche Prognose über die zu erwartenden Geräuschimmissionen nicht zu.

Beeinträchtigt werden kann die Wohnnutzung nach Auffassung des *OVG Münster* etwa durch einen sog. **„Disco-Effekt"**. Dabei wird Sonnenlicht von den Rotorflügeln als Blitzlicht reflektiert und auf die umliegenden Grundstücke geworfen. Insoweit kann es klärungsbedürftig sein, wie häufig derartige Effekte je nach Sonnenstand und nach dem Stand des Rotors auftreten können. Die Rücksichtslosigkeit des Vorhabens kann sich auch durch die Eigenart der Anlage als solcher ergeben, etwa wenn besonders intensiv genutzte Wohnbereiche beeinträchtigt werden, von denen aus die Anlage in den Blick gerät. Beeinträchtigungen können sich auch durch Spiegelreflexe in Fensterscheiben ergeben. Es ist – so das Gericht – nicht von der Hand zu weisen, dass eine derartige stete Bewegung im oder am Rande des Blickfeldes schon nach kurzer Zeit, erst recht auf Dauer unerträglich werden kann. Ein sich bewegendes Moment ziehe den Blick des Menschen

---

[786] *VerfGH Münster*, Urt. v. 15. 12. 1989 – VerfGH 5/88 – OVGE 40, 310 = NVwZ 1990, 456 = DVBl. 1990, 417 (GEP Düsseldorf); Urt. v. 18. 6. 1991 – VerfGH 5/90 – OVGE 42, 297 = NVwZ 1991, 371 – GEP Köln; Urt. v. 28. 1. 1992 – VerfGH 2/91 – NVwZ 1992, 875 = DVBl. 1992, 710 – Marburg; Urt. v. 11. 2. 1992 – VerfGH 6/91 – NVwZ 1992, 874 = DVBl. 1992, 732 – Gescher; Urt. v. 9. 2. 1993 – VerfGH 2/92 – NVwZ-RR 1993, 542 = DVBl. 1993, 649 – Meerbusch.
[787] *Halama*, S. 2 und 8.
[788] *OVG Lüneburg*, B. v. 18. 12. 1998 – 1 M 4727/98 – NVwZ 1999, 444; *VG Oldenburg*, B. v. 1. 7. 1998 – 4 B 1807/98 – ZUR 1998, 260 – Windenenergieanlage.
[789] *OVG Münster*, B. v. 23. 1. 1998 – 7 B 2983/97 – BauR 1998, 407.
[790] *OVG Münster*, B. v. 22. 10. 1996 – 10 B 2385/96 – BauR 1997, 297.

nahezu zwanghaft auf sich. Dies könne Irritationen hervorrufen. Eine Konzentration auf andere Tätigkeiten werde wegen der steten, kaum vermeidbaren Ablenkung erschwert. Der Aufenthalt in geschlossenen Räumen bei heruntergelassenen Rollläden stelle keine zumutbare Alternative dar, um sich dieser Einwirkung der Anlage zu entziehen.[791]

2507 Ausreichende **Mindestabstände** sollten nach Anhörung der Naturschutz- und Betreiberverbände einerseits sowie der Landschaftsschutzverbände andererseits und einer anschließenden intensiven Beratung von Fachleuten beider Seiten durch Rechtsverordnung bundesweit einheitlich festgelegt werden. Zur Vorbereitung einer solchen Entscheidung des Verordnungsgebers sollten die beteiligten Kreise von ihren Partikularinteressen abrücken und sich bewusst werden, dass das Wohl des Einzelnen nur durch die Sicherung des Allgemeinwohls zu erreichen ist, nicht umgekehrt. Nach heutigen Erkenntnissen sollten die Mindestabstände in der Größenordnung von 5 bis 8 x Gesamthöhe der Anlage liegen, also unmittelbar an die Anlagenhöhe gekoppelt sein. Die Einteilung der Anlagen in nur zwei Größenklassen, für die dann jeweils ein starrer Mindestabstand vorgeschrieben wird, ist wegen fehlender Flexibilität nicht sachgerecht.[792] Insbesondere bei kleineren Anlagen sollte ausnahmsweise die Unterschreitung dieser Mindestabstände möglich sein – vor allem, wenn alle Betroffenen dem Projekt zustimmen.[793] Ferner ergeben sich durch die einzuhaltenden Schallimmissionsrichtwerte gem. § 22 BImSchG[794] i.V. mit der TA-Lärm Mindestabstände.[795] Diese sollten zur weiter gehenden Vermeidung von akustischen Beeinträchtigungen durch Schallgrenzwerte ergänzt werden, die etwa aus den Vorschriften zum Schutz vor Straßenverkehrslärm übernommen werden könnten. Innerhalb eines bestimmten Intervalls von Schallpegeln zwischen allgemeiner Zulässigkeit und völliger Unzulässigkeit der Anlage sollten den Anwohnern die Mittel für Schallschutzfenster oder andere schallmindernde Vorrichtungen zur Verfügung gestellt werden. Jede Entscheidung für oder gegen ein „Windrad" sollte unter Beachtung der Vorgaben über die in einer Rechtsverordnung festzulegenden erforderlichen Abstände eine gerechte, nachvollziehbare Einzelfallentscheidung sein.[796]

6. Biogasanlagen

2508 Privilegiert nach § 35 I Nr. 6 BauGB ist der energetischen Nutzung von **Biomasse** im Rahmen eines Betriebes nach § 35 I Nr. 1 oder 2 BauGB oder eines Betriebes nach § 35 I Nr. 4 BauGB, der Tierhaltung betreibt, sowie dem Anschluss solcher Anlagen an das öffentliche Versorgungsnetz dient, unter folgenden Voraussetzungen:
– das Vorhaben steht in einem räumlich-funktionalen Zusammenhang mit dem Betrieb,
– die Biomasse stammt überwiegend aus dem Betrieb oder überwiegend aus diesem und aus nahe gelegenen Betrieben nach den Nummern 1, 2 oder 4, soweit letzterer Tierhaltung betreibt,
– es wird je Hofstelle oder Betriebsstandort nur eine Anlage betrieben und
– die installierte elektrische Leistung der Anlage überschreitet nicht 0,5 MW.

2509 Die Vorschrift erweitert daher die planungsrechtliche Zulässigkeit von Biogasanlagen, die als mitgezogener Betriebsteil einer landwirtschaftlichen Nutzung nach § 35 I Nr. 1 BauGB privilegiert sind. Denn Landwirtschaft im Sinne von § 201 BauGB kann auch die Erzeugung von Biogas durch Vergärung von Biomasse sein. Das gilt auch dann, wenn

---

[791] *Stüer/Vildomec* BauR 1998, 427.
[792] So aber *Nyegaard*, Abschnitt 8, mit der Forderung eines Mindestabstandes von 400 m für Anlagen bis 250 kW und 1.500 m für alle größeren Anlagen und Windparks. Wie gerade mit einer derartigen Grobeinteilung der an sich begrüßenswerte Schallgrenzwert von 40 dB(A) für die Anwohner erreicht werden soll, ist nicht ersichtlich.
[793] Handbuch Windenergie, S. 244.
[794] Einzelheiten: Runderlass NRW, V. 2.
[795] *Alt*, S. 15, *Rehfeldt*, S. 6 f.
[796] Der Gedanke der „nachvollziehenden Abwägung" der vom Gesetzgeber für den konkreten Einzelfall angeblich vorgegebenen Lösung wurde oben bereits abgelehnt.

die Biomasse unter anderem von Flächen gewonnen wird, die dem Betrieb zur Bewirtschaftung unter Auflagen in landespflegerischem Interesse und unter Gewährung einer Beihilfe überlassen werden.[797] Die Biogasanlage muss allerdings dem landwirtschaftlichen Betrieb dienen, was voraussetzt, dass in der Anlage nur Biomasse verarbeitet wird, die überwiegend aus dem landwirtschaftlichen Betrieb stammt.

Durch § 35 I Nr. 6 BauGB wird diese Privilegierung der Biogasanlagen als mitgezogener Betriebsteil eines landwirtschaftlichen Betriebes erweitert. Die Zulässigkeitsvoraussetzungen sind flexibler gestaltet. Die Biomasse muss nicht überwiegend aus dem landwirtschaftlichen Betrieb stammen, sondern kann auch in nahe gelegenen Betrieben erzeugt werden. Allerdings sind die Biogasanlagen auf eine Anlage je Betrieb mit einer elektrischen Leistung von 0,5 MW beschränkt.[798]

Mit der Regelung des § 35 I Nr. 6 BauGB soll der Strukturwandel in der Landwirtschaft unterstützt werden. Zugleich soll dabei dem Gebot des Außenbereichsschutzes so weit wie möglich Rechnung getragen werden. Es wird nicht nur die Herstellung und Nutzung der Energie von aus Biomasse erzeugtem Gas, sondern jede energetische Nutzung von Biomasse (einschließlich der thermischen Energienutzung der Biomasse) privilegiert. Voraussetzung ist, dass die Anlage auf der Hofstelle eines landwirtschaftlichen Betriebs oder im räumlich-funktionalen Zusammenhang mit einem forstwirtschaftlichen Betrieb, einem Gartenbaubetrieb oder einem gewerblichen, Tier haltenden Betrieb errichtet wird. Zum Schutz des Außenbereichs wird die Privilegierung jedoch auf Biomasseanlagen beschränkt, deren installierte elektrische Leistung 0,5 MW (entspricht etwa 2,0 MW Eingangsleistung oder auch Feuerungswärmeleistung der eingesetzten Biomasse) nicht überschreitet. Auf der Grundlage des EEG werden die Rahmenbedingungen für die Stromerzeugung und die dabei einzuhaltenden Umweltanforderungen in der **BiomasseV** geregelt.[799] Zur Biomasse zählen Pflanzen und Pflanzenbestandteile, daraus hergestellte Energieträger, Abfälle und Nebenprodukte pflanzlicher und tierischer Herkunft aus der Land-, Forst- und Fischereiwirtschaft, Bioabfälle nach § 2 der BioabfallV, aus Biomasse erzeugte Gase und Alkohole. Als Biomasse gelten Altholz, daraus erzeugtes Gas, Pflanzenölmethylester, Treibsel und durch anerobe Vergärung erzeugtes Biogas (§ 2 II und III BiomasseV). Bei der Verbrennung der Biomasse sind die umweltrechtlichen Anforderungen einzuhalten (§ 5 BiomasseV).

Nach der vormaligen Rechtslage konnten Anlagen zur Nutzung von Biomasse unter bestimmten Umständen im Außenbereich als dienende oder „mitgezogene" Nutzung genehmigt werden. Die Erweiterung der Privilegierungstatbestände erfasst ausdrücklich auch die Nutzung der aus Biomasse erzeugten Energie im räumlich-funktionalen Zusammenhang mit einem Betrieb, wenn mehrere Biomasse erzeugende Betriebe kooperieren. Die Einschränkung auf nahe liegende Betriebe soll aus ökologischen und auch aus volkswirtschaftlichen Gründen einen überregionalen Transport des Rohmaterials verhindern. Die Regelung bildet gegenüber der nach bisherigem Recht möglichen Privilegierung nach § 35 I Nr. 1 BauGB aufgrund der „dienenden Funktion" oder als „mitgezogene Nebennutzung" die speziellere Vorschrift und ist insofern abschließend.

7. Kernenergie

Nach § 35 I Nr. 7 BauGB sind Außenbereichsvorhaben privilegiert, die der Erforschung, Entwicklung oder Nutzung der Kernenergie zu friedlichen Zwecken oder der Entsorgung radioaktiver Abfälle dienen.[800] Dazu gehören Kernkraftwerke, Forschungsreaktoren, Prototypen oder Wiederaufbereitungsanlagen. Privilegiert sind weiterhin Vorhaben, die der Entsorgung radioaktiver Abfälle dienen. Hierzu gehören Landessammel-

---

[797] *OVG Koblenz*, Urt. v. 24. 10. 2001 – 8 A 10125/01 – RdL 2003, 295.
[798] Zum Folgenden EAG Bau – Mustererlass 2004.
[799] Verordnung über die Erzeugung von Strom aus Biomasse (Biomasseverordnung – BiomasseV) v 21. 6. 2002 (BGBl. I S. 1234).
[800] *Hoppe* DVBl. 1982, 913; s. Rdn. 3511, 3705.

stellen für radioaktive Abfälle sowie Zwischen- und Endlager. Ob und in welchem Umfang diese Anlagen bereits als ortsgebundene Vorhaben nach § 35 I Nr. 3 BauGB oder nach § 35 I Nr. 4 BauGB zulässig sind, wird unterschiedlich beurteilt. Aufgrund der ausdrücklichen Erwähnung dieser Anlagen in § 35 I Nr. 5 BauGB kann dies dahinstehen. Die Vorschrift ist veranlasst durch den Widerstand einiger Gemeinden gegen Atomkraftwerke und die Weigerung, für derartige Kernenergieanlagen einen Bebauungsplan aufzustellen. Ihre eigentliche Durchschlagskraft gewinnt die Vorschrift durch den in § 35 III 2 BauGB – übrigens gegen den Willen der damaligen Opposition – eingeführten Vorrang der Raumordnung vor der gemeindlichen Bauleitplanung.[801]

8. Planvorbehalt bei Vorhaben nach § 35 I Nr. 2 bis 6 BauGB (Darstellungsprivileg)

2514 Nach § 35 BauGB besteht ein **Planvorbehalt** und damit eine stärkere Einwirkungsmöglichkeit der Flächennutzungsplanung und der Raumordnung bei privilegierten Vorhaben nach § 35 I Nr. 2 bis 6 BauGB.[802] An sich privilegierte Vorhaben gartenbaulicher Betriebe (§ 35 I Nr. 2 BauGB), des Fernmeldewesens, der öffentlichen Versorgung und der ortsgebundenen gewerblichen Betriebe (§ 35 I Nr. 3 BauGB), Vorhaben mit besonderen Anforderungen, Auswirkungen oder Zweckbestimmungen (§ 35 I Nr. 4 BauGB), Anlagen der Wind- und Wasserenergie (§ 35 I Nr. 5 BauGB), Biogasanlagen (§ 35 I Nr. 6 BauGB) und Kernenergieanlagen (§ 35 I Nr. 7 BauGB) sind nur dann privilegiert auszuführen, wenn nicht öffentliche Belange als Darstellungen des Flächennutzungsplans oder landesplanerische Ausweisungen entgegenstehen (§ 35 III 3 BauGB). Öffentliche Belange stehen einem nach § 35 I Nr. 2 bis 6 BauGB an sich privilegierten Vorhaben in der Regel auch dann entgegen, so weit hierfür durch Darstellungen im Flächennutzungsplan oder als Ziele der Raumordnung eine Ausweisung an anderer Stelle erfolgt ist. Gemeinde und Raumordnung haben daher die Möglichkeit, die Privilegierungen nach § 35 I Nr. 2 bis 6 BauGB durch entsprechende Ausweisungen zu unterbinden. Allerdings ist dazu eine konkrete standortbezogene Ausweisung erforderlich. Sofern eine Ausweisung nach § 35 III 3 BauGB nicht erfolgt ist, können den privilegierten Vorhaben gleichwohl anderweitige Darstellungen des Flächennutzungsplans entgegenstehen.[803]

2515 Standortbezogene Ausweisungen können sich sowohl aus der gemeindlichen **Flächennutzungsplanung** als auch aus der **Regionalplanung** ergeben.[804]

2516 a) **Flächennutzungsplan.** Im Flächennutzungsplan kann durch eine **Kombination** von **Zulassung** und **Ausschluss** eine Bündelung von privilegierten Anlagen erreicht werden. Die Ausweisung kann vergleichbar dem Modell des § 7 IV ROG vor allem durch Vorrangflächen oder durch Eignungsflächen erfolgen.[805] Vorrangflächen geben den Anlagen eine besondere Bevorrechtigung. Bei Eignungsflächen können sich andere Nutzungsinteressen in der nachvollziehenden Abwägung noch eher behaupten. Die mit diesen Standortausweisungen verbundenen Ausschlusswirkungen für das übrige Gemeindegebiet sind allerdings nicht strikt, sondern gelten nur für den Regelfall. Auch in den Ausschlussbereichen kann daher ein privilegiertes Vorhaben zulässig sein, wenn es sich im Ausnahmefall gegenüber der gemeindlichen Planung durchsetzt. Dabei darf allerdings die Gesamtkonzeption des Flächennutzungsplans nicht in Frage gestellt werden.

2517 Die **negativen** und die positiven **Komponenten** der Darstellungen bedingen einander.[806] Das Zurücktreten der Privilegierung in Teilen des Plangebiets lässt sich nach der Wertung des Gesetzgebers nur dann rechtfertigen, wenn die Gemeinde sicherstellt, dass sich die betroffenen Vorhaben an anderer Stelle gegenüber konkurrierenden Nutzungen

---

[801] *Taegen* in: Schlichter/Stich, Rdn. 50 zu § 35 BauGB.
[802] Gesetz zur Änderung des BauGB v. 30. 7. 1996 (BGBl. I 1189).
[803] *BVerwG*, B. v. 3. 6. 1998 – 4 B 6.98 – NVwZ 1998, 960 = UPR 1998, 452.
[804] *Stüer/Vildomec* BauR 1998, 427.
[805] So § 5 II Nr. 11 BauGB-Regierungsentwurf.
[806] *BVerwG*, Urt. v. 17. 12. 2002 – 4 C 15.01 – BVerwGE 117, 287 = DVBl. 2003, 797 = NVwZ 2003, 733 – Feigenblatt.

durchsetzen. § 35 III 3 BauGB bietet der Gemeinde die Möglichkeit, privilegierte Vorhaben mit Ausnahme von land- und forstwirtschaftlichen Betrieben auf bestimmte Standorte zu konzentrieren. Der Gemeinde ist es aber grundsätzlich verwehrt, eine vom Gesetzgeber privilegiert zugelassene Nutzung für das gesamte Gemeindegebiet auszuschließen und damit von der Gemeinde insgesamt fern zu halten und in andere Planungsräume zu verweisen.[807] Sie darf jedoch öffentliche Belange formulieren, die einem an sich privilegierten Vorhaben in bestimmten Bereichen des Gemeindegebietes entgegenstehen können, wenn dies durch eine nachvollziehbare Konzeption gerechtfertigt ist.[808]

Eine Beeinträchtigung öffentlicher Belange liegt gem. § 35 III 1 Nr. 1 BauGB insbesondere dann vor, wenn das Vorhaben den Darstellungen des Flächennutzungsplans widerspricht (**unmittelbar widersprechende Darstellungen**).[809] Dem Vorhaben entgegenstehen können öffentliche Belange nur dann, wenn die der Errichtung widersprechenden Darstellungen im Einzelfall bereits vorhandene entgegenstehende Belange unterstützen und die Darstellungen hinreichend konkret sind.[810] Auch im Rahmen der nach § 35 BauGB erforderlichen „nachvollziehenden Abwägung" können sich die Darstellungen eines Flächennutzungsplans nur dann gegen die Zulässigkeit eines privilegierten Vorhabens durchsetzen, wenn sie dieser Nutzung an dieser Stelle sachlich und räumlich eindeutig widersprechen. Das ist nicht schon dann der Fall, wenn an der beantragten Stelle eine Fläche für Land- oder Forstwirtschaft nach § 5 II Nr. 9 BauGB dargestellt ist, da dem Außenbereich ohnehin vorrangig diese Funktion zukommt. Nur eine konkrete andere Nutzungszuweisung, die auch in der Begründung zum Ausdruck gekommen ist – beispielsweise die Darstellung einer Fläche zum Schutz, zur Pflege und zur Entwicklung von Natur und Landschaft nach § 5 II Nr. 10 BauGB – vermag einen Widerspruch zwischen dem privilegierten Vorhaben und Flächennutzungsplan zu begründen. Das ist aber nur dann der Fall, wenn das konkrete Vorhaben die im Flächennutzungsplan vorgesehene Nutzung unmöglich machen würde. Sind beide Nutzungen nebeneinander möglich, so widersprechen sie sich nicht.

Zwar hat auch die **positive Darstellung** einer konkreten Nutzung im Flächennutzungsplan eine lediglich unterstützende Wirkung für diese Nutzungsform, doch werden einer beantragten Windenergieanlage unter Berücksichtigung ihrer Privilegierung i. d. R. keine öffentlichen Belange mehr entgegenstehen, wenn der beantragte Standort im Flächennutzungsplan für die Windkraftnutzung ausgewiesen ist (**unterstützender Darstellungen**). Im Rahmen der Standortplanung durch die Gemeinden sind etwa für die Windenergieanlagen folgende Kriterien zu berücksichtigen: die Windverhältnisse, die anzustrebende Konzentration der Anlagen, günstige Einspeisemöglichkeiten in das Stromnetz, die leichte Erschließbarkeit durch bereits vorhandene Wege und die vorrangige Nutzung solcher Standorte, die schon durch technische Anlagen vorbelastet sind.[811] Ausgeschlossen ist die Errichtung von Windkraftanlagen in Natur- und Vogelschutzgebieten,[812] Nationalparks usw. In Landschaftsschutzgebieten ist die Windkraftnutzung nur unter besonderen Voraussetzungen ausnahmsweise zulässig.[813]

Das *BVerwG* hat schon im Zusammenhang mit dem Kiesabbau eine **mittelbar ausschließende Wirkung** unterstützender Darstellungen im Flächennutzungsplan hinsichtlich der nicht für diese Nutzung ausgewiesenen Flächen hergeleitet (**mittelbar ausschließende Wirkung unterstützender Darstellungen im Flächennutzungsplan**). Danach

---

[807] *BVerwG*, Urt. v. 17. 12. 2002 – 4 C 15.01 – BVerwGE 117, 287.
[808] *BVerwG*, Urt. v. 17. 12. 2002 – 4 C 15.01 – BVerwGE 117, 287.
[809] *BVerwG*, B. v. 8. 11. 1999 – 4 B 85.99 – BauR 2000, 1171 – Bebauungszusammenhang.
[810] *Stüer*, Bau- und Fachplanungsrecht, 1997, Rdn. 1358.
[811] *Wagner* UPR 1996, 373 mwN; Runderlass NRW, II. 3.4.
[812] Vgl. dazu die EG-Vogelschutz-Richtlinie abgedruckt bei *Stüer*, Bau- und Fachplanungsgesetze 1999, 881.
[813] Einzelheiten dazu: *Wagner* UPR 1996, 373; Runderlass NRW, V. 1.2. Die Reichweite der Bindungen einer Landschaftsschutzverordnung regelt das jeweilige Landesrecht, *OVG Münster*, Urt. v. 11. 1. 1999 – 7 A 2377/96 – NuR 1999, 704 = BauR 2000, 62 – Landschaftsplan.

kann die unterstützende Darstellung eines konkreten Standortes für ein privilegiertes Vorhaben die Unzulässigkeit ähnlicher Projekte im übrigen Außenbereich der Gemeinde wegen des Entgegenstehens öffentlicher Belange dann bewirken, wenn die Begründung die Absicht erkennen lässt, dass nur der ausgewiesene Standort für diese Vorhaben zur Verfügung stehen soll.[814] Das *BVerwG* begründet dies u. a. mit der Planungshoheit der Gemeinden. In der Literatur wurden gegen diese Auffassung des *BVerwG* Bedenken dahin gehend geltend gemacht, dass die weitreichenden mittelbar ausschließenden Wirkungen des Flächennutzungsplans ohne eine entsprechende gesetzliche Ermächtigung nicht mit dem Gesetzesvorbehalt des Art. 14 III GG für Eingriffe in das Eigentum vereinbar seien. Der Gesetzgeber hat dem Rechnung getragen, indem er mit § 35 III 3 BauGB eine entsprechende Befugnisnorm geschaffen hat. Die Vorschrift legt ausdrücklich fest, dass einem privilegierten Vorhaben nach § 35 I Nr. 2 bis 6 BauGB in der Regel öffentliche Belange entgegenstehen, wenn im Flächennutzungsplan eine Ausweisung an anderer Stelle dargestellt ist. Dies soll allerdings nur dann gelten, wenn der Flächennutzungsplan und die Begründung erkennen lassen, dass die Gemeinde die Zulässigkeit weiterer Anlagen außerhalb der Konzentrationszone zwar erwogen, aber ausdrücklich abgelehnt hat.[815] Selbst unter diesen Voraussetzungen ist die Errichtung nicht generell, sondern nur „in der Regel" wegen des Entgegenstehens öffentlicher Belange unzulässig (§ 35 III 3 BauGB).[816] Die Unzulässigkeit von an sich privilegierten Anlagen setzt daher eine gemeindliche Flächennutzungsplanung voraus, die konkrete und nachvollziehbare Standortaussagen trifft.

2521 Bestimmte „Anliegen" oder **Wunschvorstellungen** der **Gemeinde** sind – so das *BVerwG* – keine beachtlichen öffentlichen Belange, sofern sie nicht bereits ihren Niederschlag in konkreten Planungen gefunden haben. In § 35 III BauGB nicht aufgeführte öffentliche Belange müssen zumindest deren Gewichtigkeit teilen. So stellt etwa das gemeindliche Interesse, einen harmonischen Übergang zwischen Bebauung und freier Landschaft zu erhalten, gegenüber privilegierten Vorhaben keinen entgegenstehender öffentlichen Belang dar. Nur die Verunstaltung des Landschaftsbildes, nicht dessen bloße Beeinträchtigung könne einem privilegierten Vorhaben entgegengehalten werden.[817]

2522 Auch ist die Gemeinde nach § 35 III 3 BauGB grundsätzlich nicht in der Lage, privilegierte Vorhaben nach § 35 I Nr. 2 bis 6 BauGB generell für das **ganze Gemeindegebiet** auszuschließen. Solche Vorhaben können allerdings durch konkrete standortbezogene Aussagen auf bestimmte Teile des Gemeindegebietes konzentriert und damit für das übrige Gemeindegebiet ausgeschlossen werden. Einen generellen Ausschluss an sich nach § 35 I Nr. 2 bis 6 BauGB privilegierter Vorhaben im gesamten Gemeindegebiet ist grundsätzlich nicht möglich. Denn die Darstellungen eines Flächennutzungsplans stehen dem nach § 35 I Nr. 2 bis 6 BauGB privilegierten Vorhaben nur dann entgegen, wenn eine Ausweisung an anderer Stelle erfolgt ist. Dies dürfte sich für den gemeindlichen Planungsbereich auf den jeweiligen gemeindlichen Flächennutzungsplan beziehen. Denn die Planungskompetenz einer Gemeinde geht nicht über ihren Planungsraum hinaus.[818] Etwas anderes könnte allerdings für kleine Gemeinden gelten. Hier könnte einiges dafür sprechen, dass die Gemeinde auch für das gesamte Gemeindegebiet nach § 35 I Nr. 2 bis 6 BauGB grundsätzlich privilegierte Vorhaben ausschließt. Denn vor allem in den neuen Ländern

---

[814] *BVerwG*, Urt. v. 22. 5. 1987 – 4 C 57.84 – BVerwGE 77, 300 = DVBl. 1987, 1008 = *Hoppe/Stüer* RzB Rdn. 449 – Kölner Auskiesungskonzentrationszone; *Krautzberger*, S. 3.
[815] Runderlass NRW, III. 2.2.1 und III. 2.2.2.
[816] *Wagner* UPR 1996, 373. Dort finden sich auch Einzelheiten zur (zeichen)technischen Ausführung der Darstellung; *Krautzberger*, S. 3; Runderlass NRW, III. 2.2.1.
[817] *BVerwG*, Urt. v. 15. 5. 1997 – 4 C 23.95 – NVwZ 1998, 58 = BauR 1997, 988 – einsehbarer Hang; Darstellungen eines Flächennutzungsplans können einem Außenbereichsvorhaben auch dann widersprechen, wenn sie mit der gegenwärtigen tatsächlichen Situation nicht übereinstimmen, B. v. 1. 4. 1997 – 4 B 11.97 – NVwZ 1997, 899 = BauR 1997, 616 – einseitig bebaute Straße.
[818] *BVerwG*, Urt. v. 26. 5. 1967 – 4 C 25.66 – BVerwGE 27, 137 – Innenbereich; vgl. aber auch *OVG Lüneburg*, Urt. v. 31. 3. 1995 – 1 L 4063/93 – BauR 1995, 824.

gibt es noch zahlreiche Gemeinden, die teilweise nicht einmal 100 Einwohner haben und über ein nur gering ausgedehntes Gemeindegebiet verfügen. Hier wäre es angezeigt, die Möglichkeiten der Begrenzung an sich privilegierter Vorhaben auf bestimmte Stellen im Zuständigkeitsbereich der jeweils höheren Verwaltungseinheit (Amt, Verwaltungsgemeinschaft) zu beziehen. Dasselbe muss gelten, wenn sich aus anderen nachvollziehbaren Gründen keine Standorte in der Gemeinde für die an sich privilegierten Vorhaben anbieten. Im Übrigen kann allenfalls die für die Landesplanung zuständige Stelle einen generellen Ausschluss der an sich nach § 35 I Nr. 2 bis 6 BauGB privilegierte Vorhaben bezogen auf das einzelne Gemeindegebiet anordnen. Sie könnte festlegen, dass auf der Ebene der Regional- oder Gebietsentwicklungsplanung nur bestimmte Standorte in einzelnen Gemeinden für regionalplanerisch bedeutsame privilegierte Vorhaben nach § 35 I Nr. 2 bis 6 BauGB zur Verfügung stehen, im Übrigen jedoch in den anderen Teilen des Planungsgebietes ausgeschlossen sind. Vorhaben von geringerem Gewicht unterfallen allerdings nur dem gemeindlichen Darstellungsprivileg, so dass insoweit ein Ausschluss durch die Regionalplanung nicht erfolgen kann. Zudem sind solche planungsrechtlichen Ausweisungen in Konzentrationszonen nur dann wirksam, wenn sie entsprechend durch städtebauliche Gründe legitimiert sind. Ein Ausschluss von an sich privilegierten Vorhaben ist daher weder durch die Gemeinde noch durch die Landesplanung zulässig, wenn nicht städtebauliche Gründe von entsprechendem Gewicht die Unzulässigkeit derartiger Vorhaben legitimieren.

b) Regionalplanung. Neben der kommunalen Flächennutzungsplanung kann auch die Regionalplanung standortbezogene Aussagen zu an sich privilegierten Vorhaben nach § 35 I Nr. 2 bis 6 BauGB enthalten. Bei der räumlichen Steuerung durch einen Regionalplan ist zwischen der Festlegung von Zielen und Grundsätzen der Raumordnung zu unterscheiden. Ziele der Raumordnung sind verbindliche Vorgaben in Form von räumlich und sachlich bestimmten und bestimmbaren, vom Träger der Landes- oder Regionalplanung abschließend abgewogenen textlichen oder zeichnerischen Festlegungen in Raumordnungsplänen zur Entwicklung, Ordnung und Sicherung des Raumes (§ 3 Nr. 2 ROG). Ziele der Raumordnung entfalten gegenüber der kommunalen Bauleitplanung gem. § 1 IV BauGB Bindungswirkung in Form einer Anpassungspflicht. Grundsätze der Raumordnung sind hingegen allgemeine Aussagen zur Entwicklung, Ordnung und Sicherung des Raums in oder aufgrund von § 2 ROG als Vorgaben für nachfolgende Abwägungs- oder Ermessensentscheidungen (§ 3 Nr. 3 ROG).[819] Sie sind im Rahmen der kommunalen Bauleitplanung gem. § 1 V, VI BauGB als öffentliche Belange in die Abwägung einzustellen und dort nach Lage des Einzelfalls durch andere, überwiegende Belange überwindbar. Sowohl Ziele als auch Grundsätze entfalten zudem gegenüber konkreten Außenbereichsvorhaben Bindungswirkung.[820]

Ferner wird zwischen **Vorrang-, Vorbehalts- und Eignungsgebieten** differenziert (§ 7 IV ROG). Vorranggebiete sind für bestimmte, raumbedeutsame Funktionen oder Nutzungen vorgesehen und schließen andere raumbedeutsame Nutzungen aus, soweit diese mit den vorrangigen Funktionen, Nutzungen oder Zielen der Raumordnung nicht vereinbar sind (§ 7 IV 1 Nr. 1 ROG). In Vorbehaltsgebieten soll bestimmten, raumbedeutsamen Funktionen oder Nutzungen bei der Abwägung mit konkreten raumbedeutsamen Nutzungen besonderes Gewicht beigemessen werden (§ 7 IV 1 Nr. 2 ROG). Eignungsgebiete sind Außenbereichsflächen, die für bestimmte, raumbedeutsame Maßnahmen geeignet sind und die an anderer Stelle im Planungsraum ausgeschlossen werden (§ 7 IV 1 Nr. 3 ROG). Vorrang- und Eignungsgebiete, die kombiniert werden können (§ 7 IV 2 ROG) sind Ziele der Raumordnung, sind also strikt bindend und nicht durch Abwägung nicht überwindend.[821]

---

[819] *Runkel*, S. 4; Runderlass NRW, III. 2.1.
[820] Ausführlich zum verbleibenden Konkretisierungsspielraum der Gemeinden: *Runkel*, S. 8 ff.; vgl. auch *Stüer/Vildomec* BauR 1998, 427.
[821] Ausführlich dazu: *Runkel*, S. 5 f. und S. 13 f.

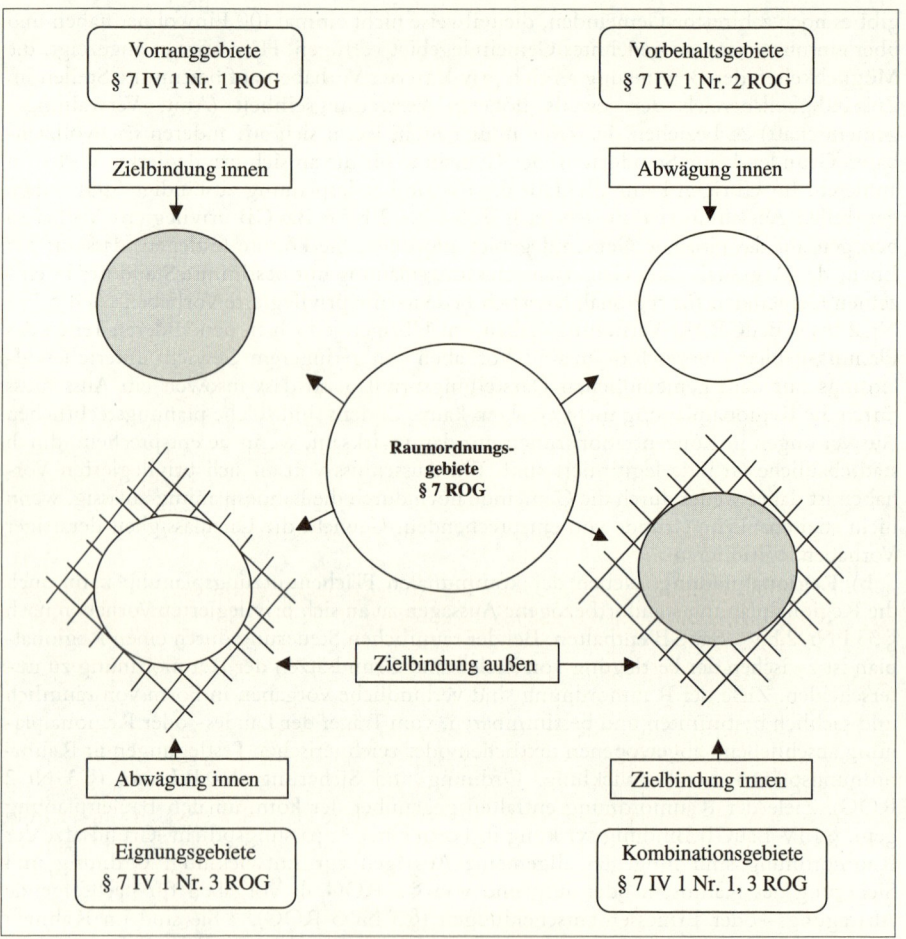

2525 Bei der Regionalplanung ergeben sich allerdings einige Besonderheiten: Gem. § 35 III 2 BauGB dürfen **raumbedeutsame Vorhaben** nach § 35 I und II BauGB den Zielen der Raumordnung nicht widersprechen. Ein solcher Widerspruch bewirkt nicht etwa nur eine Beeinträchtigung öffentlicher Belange, sondern führt zur Unzulässigkeit des Vorhabens. Damit hat der Gesetzgeber den Zielen der Raumordnung eine grundsätzlich stärkere Wirkung gegenüber Außenbereichsvorhaben zugemessen als den Darstellungen des Flächennutzungsplans. Das Darstellungsprivileg in § 35 III 3 BauGB stellt aber in seinem Anwendungsbereich gegenüber der Vorrangklausel in § 35 III 2 BauGB eine Sonderregelung dar. Die Ausweisung von Zielen der Raumordnung im Zusammenhang mit dem Darstellungsprivileg steht einem raumbedeutsamen privilegierten Außenbereichsvorhaben nur in der Regel entgegen,[822] hat also keine ausnahmslose Ausschlusswirkung. Deshalb ist auch eine allgemeine Öffentlichkeitsbeteiligung oder auch eine Beteiligung der betroffenen Eigentümer und Nutzungsberechtigten nicht erforderlich.[823] In die Ab-

---

[822] *BVerwG*, Urt. v. 13. 3. 2003 – 4 C 4.02 – BVerwGE 118, 33 = NVwZ 2003, 738 = DVBl. 2003 1064 – Vorranggebiete.
[823] *BVerwG*, Urt. v. 19. 7. 2001 – 4 C 4.00 – NuR 2002, 49 = BVerwGE 115, 17 – Gipsabbau, einerseits und Urt. v. 13. 3. 2003 – 4 C 4.02 – BVerwGE 118, 33 = NVwZ 2003, 738 = DVBl. 2003, 1064, andererseits. Eine Öffentlichkeits- und Behördenbeteiligung ist allerdings inzwischen durch § 7 V bis X ROG durch das EAG Bau eingeführt worden.

wägung sind gleichwohl auch die privaten Belange der von der beabsichtigten Ausschlusswirkung betroffenen Grundstückseigentümer einzubeziehen. Dabei ist zu berücksichtigen, dass eine entsprechende regionale Raumordnungsplanung private Grundeigentümer unmittelbar bindet, weshalb an die Abwägung hier höhere Anforderungen zu stellen sind, als sie üblicherweise an die Raumordnungsplanung gestellt werden.[824]

Sofern im Einzelfall private Belange aufgrund der Tatsache unberücksichtigt bleiben, dass die Raumordnungsplanung in der Regel nicht derart detailgenau sein kann wie die Flächennutzungsplanung und der Bebauungsplan, ist das im Rahmen der Rechtsanwendung durch eine nachvollziehende Abwägung ausgleichbar. Dabei ist allerdings der Grundsatz der Planerhaltung zu beachten. Der Raumordnungsplanung kommt deshalb nur dann keine Ausschlusswirkung zu, wenn bei Berücksichtigung der übersehenen privaten Belange ein anderes Abwägungsergebnis nahe gelegen hätte.[825]

Die gemeindliche Bauleitplanung hat sich gem. § 1 IV BauGB den Zielen der Raumordnung anzupassen, so dass die verbindlichen Vorgaben eines Regionalplans nicht durch eine gemeindliche Flächennutzungsplanung überwunden werden können.[826] Auch ein Bauvorhaben, das der Regionalplanung widerspricht, ist nicht zwangsläufig, sondern gem. § 35 III 3 BauGB nur „in der Regel" unzulässig. Eine strikte Bindungswirkung der Ziele der Raumordnung ist ausnahmsweise zu verneinen, wenn bei ihrer Festsetzung maßgebliche Kriterien, die im Rahmen der gem. § 35 BauGB gebotenen Abwägung für oder gegen die Errichtung der beantragten Windenergieanlage sprechen, noch nicht in die Entscheidung eingeflossen sind oder die Abweichung aufgrund der Grobkörnigkeit der Regionalplanung möglich erscheint.

Die Vorgaben der Regionalplanung erfassen nur „raumbedeutsame Vorhaben" (§ 35 III 2 Halbs. 1 BauGB).[827] Das sind Vorhaben, durch die Raum in Anspruch genommen oder die räumliche Entwicklung oder Funktion eines Gebietes beeinflusst wird, einschließlich des Einsatzes der hierfür vorgesehenen öffentlichen Finanzmittel. Mehrere Windenergieanlagen an einem Standort beispielsweise haben einen so großen Platzbedarf, dass in der Regel eine Raumbedeutsamkeit i. S. von § 3 Nr. 6 ROG angenommen werden kann. Die Raumbedeutsamkeit einer einzelnen Windenergieanlage kann sich etwa aus ihrer Größe (Höhe, Rotordurchmesser), aus ihrem Standort oder aus ihren Auswirkungen auf bestimmte Ziele der Raumordnung (Schutz von Natur und Landschaft, Erholung und Fremdenverkehr) ergeben. Maßgeblich hierfür ist die Größe der Anlage und die „Empfindlichkeit" des jeweiligen Standortes.[828] Sensibel sind beispielsweise Standorte in der Nähe von bedeutenden Naturdenkmälern, von Brut- und Rastplätzen seltener Vogelarten oder auf Bergkuppen, da die Anlagen in diesem Fall weithin sichtbar sind.[829]

Die Vorbildwirkung für weitere Anlagen allein bewirkt demgegenüber die Raumbedeutsamkeit noch nicht automatisch. Eine raumordnungsrechtliche Gesamtbetrachtung für sich genommen nicht raumbedeutsamer Windenergieanlagen kann gerechtfertigt sein, wenn mehrere Anlagen in einem engen zeitlichen und räumlichen Zusammenhang errichtet werden sollen. Sie können zu einer raumbedeutsamen Einheit zusammenwachsen. Bestehen diese Voraussetzungen nicht, bietet § 35 III 3 BauGB keine Handhabe, die Genehmigung einer nicht raumbedeutsamen Anlage allein wegen einer „Vorbildwirkung" für weitere Anlagen zu versagen. Es bleibt die Möglichkeit, die Anträge auf Genehmigung weiterer Anlagen mit der Begründung abzulehnen, dass sie zusammen mit

---
[824] *OVG Koblenz*, Urt. v. 20. 2. 2003 – 1 A 11406/01 – NVwZ-RR 2003, 619 = DVBl. 2003, 820 = NuR 2003, 556 – Konzentrationszone.
[825] *OVG Koblenz*, Urt. v. 20. 2. 2003 – 1 A 11406/01 – NuR 2003, 556.
[826] *Wagner* UPR 1996, 374.
[827] *Krautzberger* in: Battis/Krautzberger/Löhr, § 35 BauGB Rdnr. 73.
[828] *BVerwG*, Urt. v. 13. 3. 2003 – 4 C 4.02 – BVerwGE 118, 33 = NVwZ 2003, 738 = DVBl. 20031064 – Vorranggebiete; *OVG Koblenz*, Urt. v. 20. 2. 2003 – 1 A 11406/01 – NuR 2003, 556.
[829] *Wagner* UPR 1996, 375 m. w. N.

2530 **c) Gemeinsamkeiten und Unterschiede von Flächennutzungs- und Regionalplanung.** Das Darstellungsprivileg des § 35 III 3 BauGB ist vom Ansatz her flächendeckend angelegt. Es lebt von seiner den Planungsraum grundsätzlich insgesamt umfassenden Darstellung.[831] In den Konzentrationsflächen sind privilegierte Vorhaben grundsätzlich zulässig, während in den anderen Teilen des Planungsraums die grundsätzliche Ausschlusswirkung greift.[832] Allerdings besteht die Ausschlusswirkung nur in der Regel und ist von dem Ergebnis einer nachvollziehenden Abwägung im Einzelfall abhängig.

2531 Die Abwägung ist dabei gestuft: Die planerischen Ausweisungen müssen den Anforderungen an eine autonome planerische Abwägung entsprechen. Nur soweit das Abwägungsgebot die einzelne Ausweisung rechtfertigt, können sie öffentliche Belange nach § 35 III Nr. 1 BauGB erzeugen, die einem privilegierten Vorhaben entgegenstehen können.[833] Bei der Einzelprüfung ist sodann eine (nachvollziehende) Abwägung erforderlich. Denn die Ausweisungen im Flächennutzungsplan und Regionalplan stehen einem privilegierten Vorhaben nur „in der Regel" entgegen. In der nachvollziehenden Abwägung sind die planerischen Aussagen den gesetzlichen Wertungen und den Interessen des Vorhabenträgers an der Verwirklichung des (an sich) privilegierten Vorhabens[834] gegenüberzustellen.

2532 Die Regionalplanung ist allerdings bei der Abwägung nicht auf das Gebiet einer Gemeinde begrenzt, sondern bezieht seine Festlegungen auf den gesamten regionalen Planungsraum. Im Gegensatz zur Gemeinde kann daher der Träger der Regionalplanung raumbedeutsame Vorhaben in einzelnen Gemeinden ganz ausschließen, wenn in anderen Bereichen des Planungsraums entsprechende Vorranggebiete ausgewiesen worden sind.[835] Vorbehaltsgebiete nach § 7 IV 1 Nr. 2 ROG können die Ausschlusswirkung für das übrige Plangebiet allerdings nicht erzeugen, wenn sie nicht zugleich mit einer ausdrücklichen Aussage zur Unzulässigkeit privilegierter Vorhaben im übrigen Plangebiet kombiniert werden, wie dies bei den Eignungsgebieten geschieht. Denn Vorbehaltsgebiete haben eine Aussagekraft nur hinsichtlich der Eignung des ausgewiesenen Gebietes, nicht jedoch zugleich eine negative Ausschusswirkung für andere Teile des Plangebietes.[836]

2533 Mit der Größe des Planungsgebietes wachsen allerdings auch die räumlichen Anforderungen an ein derartiges Gesamtkonzept. Dem Träger der Regionalplanung steht es zwar frei, ein so umfangreiches Abwägungsprogramm wie die erstmalige gesamträumliche Auswahl und Zuordnung der Standortbereiche für die Windenergienutzung in mehreren Planungsschritten zu bewältigen. Teilfortschreibungen, die (noch) kein vollständiges ausgewogenes Gesamtkonzept der Konzentrationsflächen („Positiv- und Negativflächen") im Plangebiet erkennen lassen, weil dieses noch in der Entwicklung begriffen ist, können die Ausschlusswirkung von Vorranggebieten jedoch nicht für sich in Anspruch nehmen. In diesem Fall bleiben festgelegte Vorranggebiete bis zur Erstellung einer gesamträumlichen Konzeption auf den innergebietlichen Vorrang der Windenergienutzung beschränkt.[837]

---

[830] *BVerwG*, Urt. v. 13. 3. 2003 – 4 C 4.02 – BVerwGE 118, 33 = NVwZ 2003, 738 = DVBl. 2003 1064 – Vorranggebiete.

[831] *BVerwG*, Urt. v. 13. 3. 2003 – 4 C 3.02 – NVwZ 2003, 1261 = BauR 2003, 1172 – weiße Flächen; Urt. v. 13. 3. 2003 – 4 C 4.02 – BVerwGE 118, 33; Urt. v. 17. 12. 2002 – 4 C 15.01 – BVerwGE 117, 287 = DVBl. 2003, 797 = NVwZ 2003, 733 – Feigenblatt.

[832] *BVerwG*, Urt. v. 13. 3. 2003 – 4 C 4.02 – BVerwGE 118, 33 = NVwZ 2003, 738 = DVBl. 2003 1064 – Vorranggebiete.

[833] *BVerwG*, Urt. v. 13. 3. 2003 – 4 C 3.02 – NVwZ 2003, 1261 = BauR 2003, 1172 – weiße Flächen; Urt. v. 13. 3. 2003 – 4 C 4.02 – BVerwGE 118, 33.

[834] *BVerwG*, Urt. v. 20. 1. 1984 – 4 C 42.81 – NuR 1985, 275 = BVerwGE 68, 311; Urt. v. 24. 8. 1979 – 4 C 3.77 – BauR 1979, 481; Urt. v. 22. 5. 1987 – 4 C 57.84 – BVerwGE 77, 300 = DVBl. 1987, 1008 = *Hoppe/Stüer* RzB Rdn. 449 – Kölner Auskiesungskonzentrationszone.

[835] *Krautzberger* in: Battis/Krautzberger/Löhr, § 35 BauGB Rdnr. 78.

[836] *BVerwG*, Urt. v. 13. 3. 2003 – 4 C 4.02 – BVerwGE 118, 33.

[837] *BVerwG*, Urt. v. 13. 3. 2003 – 4 C 4.02 – BVerwGE 118, 33.

Die Träger der Regional- und Bauleitplanung ebenso wie die Baugenehmigungsbehörden tragen damit nach der bisherigen Rechtsprechung das Risiko für den Bestand einer den gesamten Planungsraum umfassenden Planungskonzeption. Erwies sie sich auch nur in einzelnen Teilräumen als nicht ausreichend abgewogen, stand damit die Wirksamkeit des gesamten Plans zur Disposition und zwar auch in Bereichen, in denen das Konzept nachvollziehbar und für sich betrachtet ausgewogen erscheint. Allein im Zuständigkeitsbereich des Kommunalen Schadensausgleichs Hannover hat diese Umkehr der Planungsgewichte bereits zu Entschädigungsforderungen der Windenergieanlagenbetreiber in einer Gesamthöhe von 870 Mio. Euro geführt, von denen etwa 150 Mio. Euro mit Amtshaftungsansprüchen und ca. 720 Mio. Euro mit Entschädigungsansprüchen nach § 42 BauGB oder § 80 NGefAG begründet werden. 2534

d) **Öffentliche Belange außerhalb des Darstellungsprivilegs.** § 35 III 3 BauGB lässt andere öffentliche Belange unberührt, nach denen ebenfalls die Zulässigkeit privilegierter Anlagen im Außenbereich zu beurteilen ist. Das gilt auch für anderweitige Darstellungen in einem Flächennutzungsplan.[838] Ein an sich nach § 35 I Nr. 2 bis 6 BauGB privilegiertes Vorhaben kann daher selbst dann aufgrund besonderer Standortfaktoren unzulässig sein, wenn die Gemeinde oder die Regionalplanung von dem Darstellungsprivileg keinen Gebrauch macht und konkrete standortbezogene Planungen dem Vorhaben nicht entgegenstehen. Zu denken ist etwa an andere konkrete Standortfaktoren wie etwa die Nähe zum Wald, die Lage in einem Naturschutz- oder Landschaftsschutzgebiet oder im Bereich einer Wasserschutzzone. 2535

e) **Zurückstellungsmöglichkeiten nach § 15 III BauGB.** Die **Steuerungsmöglichkeiten** der Gemeinden für privilegierte Vorhaben im Außenbereich (§ 35 I BauGB) wird zusätzlich durch eine Regelung in § 15 BauGB ergänzt, die den **Gemeinden** die Möglichkeit einräumt, Baugesuche bezüglich Vorhaben nach § 35 I Nr. 2 bis 6 BauGB für eine Frist von bis zu einem Jahr **zurückzustellen**, wenn im Zusammenhang mit der Aufstellung, Änderung oder Ergänzung eines Flächennutzungsplans entsprechende Darstellungen geprüft werden. Hierdurch soll die Wirksamkeit des Steuerungsinstruments gegen eventuelle gegenläufige faktische Entwicklungen in dem betreffenden Gebiet während der Planungsphase abgesichert werden. Eine solche Sicherung entspricht dem tragenden Grundsatz des Baurechts, nach dem während eines Planungsverfahrens dieses vor gegenläufigen baulichen Entwicklungen geschützt wird (vgl. insbesondere §§ 14, 15 BauGB). Diese Ergänzung, die an die seinerzeit in § 245 b BauGB 1997 für Planungen im Zusammenhang mit der Privilegierung von Windenergieanlagen getroffenen Regelung angelehnt ist, greift eine Empfehlung der Unabhängigen Expertenkommission zur Novellierung des BauGB auf. Die im RegE noch vorgesehene Sonderregelung für Windkraftanlagen im Sinne einer nur „einmaligen" Zurückstellungsmöglichkeit von einem Jahr ab In-Kraft-Treten des EAG Bau ist entfallen, d. h. auch Windkraftanlagen können wie sonstige Vorhaben entsprechend den planerischen Absichten der Gemeinde für ein Jahr zurückgestellt werden. 2536

f) **Sachliche Teilflächennutzungspläne.** Die Gemeinden können Teilflächennutzungspläne mit den Rechtswirkungen des § 35 III 3 BauGB aufzustellen (§ 5 IIb BauGB). Teilflächennutzungspläne können somit auch unbeschadet eines bestehenden Flächennutzungsplans erlassen werden und sind daher nicht von dem Bestand des Ursprungsflächennutzungsplans abhängig. Versteht man die Vorschrift dahin, dass dies weiterhin in räumlicher Hinsicht ein Gesamtkonzept voraussetzt, so wird die Gemeinde auch künftig nicht davon befreit, in eine räumlich umfassende Abwägung einzutreten. Denn nach Auffassung des *BVerwG*[839] lassen Fehler in der Abwägung die Ausschlusswirkung des Flächennutzungsplans entfallen. Die planerische Steuerung von privilegierten Außenbereichsvorhaben gerät damit bildlich in die Nähe eines Luftballons, der bereits dann platzt, wenn er sich auch 2537

---

[838] *BVerwG*, B. v. 3. 6. 1998 – 4 B 6.98 – NVwZ 1998, 960 = UPR 1998, 452.
[839] *BVerwG*, Urt. v. 13. 3. 2003 – 4 C 4.02 – BVerwGE 118, 33.

nur an einer einzigen Stelle irgendwie als löchrig erweist.⁸⁴⁰ Die übrigen Planaussagen, in denen ein vernünftiges und nachvollziehbares Planungskonzept zum Ausdruck kommt, bleiben daher von einzelnen Abwägungsfehlern unberührt und bewirken nur eine Teilunwirksamkeit des Plans. Fehler in der Abwägung führen daher nur dann zu einer Gesamtunwirksamkeit des Planes, wenn sie sich auf das Gesamtkonzept der Planung auswirken und die übrigen Darstellungen oder Festlegungen des Plans isoliert betrachtet nicht mehr aussagekräftig sind. Im Übrigen können Fehler in der Abwägung nach § 214 IV BauGB auch rückwirkend geheilt werden, wodurch etwaigen Amtshaftungsansprüchen in der Reichweite dieser Reparaturmöglichkeiten im Nachhinein die Grundlage entzogen werden kann. Die Gemeinde muss dabei auch in der Lage sein, einzelne Teile von der Rückwirkung auszunehmen, die etwa im Hinblick auf Abwägungsfehler geändert werden müssen und denen aus diesen Gründen keine Rückwirkung beigelegt werden kann.

2538 **g) Steuerung von Außenbereichsvorhaben durch Bebauungsplan.** Die Gemeinde kann zur Steuerung privilegierter Außenbereichsvorhaben auch einen Bebauungsplan aufstellen. Daran wird sie auch durch die vorherige Erteilung des gemeindlichen Einvernehmens zu bestimmten privilegierten Außenbereichsvorhaben nicht gehindert.⁸⁴¹ Allerdings ergeben sich für die verbindliche Bauleitplanung Grenzen. Der Bebauungsplan muss erforderlich sein (§ 1 III BauGB). Dies setzt ein planerisches Regelungsbedürfnis voraus, das über die Möglichkeiten eines Flächennutzungsplans hinausgeht. Ein solches Erfordernis kann etwa aus konkreten Festsetzungen abgeleitet werden, die den Standort der Anlagen oder dessen Ausführung betreffen. Zur allgemeinen Verhinderung privilegierter Vorhaben ist ein Bebauungsplan demgegenüber nicht erforderlich und damit unzulässig.

2539 Der Bebauungsplan kann auch mit einer Veränderungssperre gesichert werden (§§ 14, 16 BauGB). So ist eine Veränderungssperre für ein 560 ha großes Vorranggebiet Windenergie gerechtfertigt, wenn der Regionalplan wegen Verfahrensfehlern bei der gemeindlichen Beteiligung oder wegen fehlender Aussageschärfe keine Zielbindung entfaltet.⁸⁴² Eine Veränderungssperre, die der Gemeinde allerdings erst Zeit für die Entwicklung eines bestimmten Planungskonzepts geben soll, ist nach Auffassung des *BVerwG* mangels beachtlichen Sicherungsbedürfnisses unwirksam.⁸⁴³ Die Gemeinde wollte für den Bereich eines im Regionalplan ausgewiesenen Windfeldes prüfen, ob und in welchem Umfang sich die Windenergieanlagen mit den Interessen eines benachbarter Reiterhofes vertragen, der auf die Dressur hochsensibler Reitpferde der amerikanischen Olympiamannschaft spezialisiert war,⁸⁴⁴ und die Entscheidung von einzuholenden Sachverständigengutachten abhängig machen. Durch die Eingrenzung werden die Sicherungsmöglichkeiten der gemeindlichen Bauleitplanung allerdings stark dort eingeschränkt, wo sich aus der Sicht der planenden Gemeinde noch Ermittlungsbedarf ergibt und eine abschließende Aussage zu dem genauen Umfang der Ausweisungen am Anfang der Bauleitplanung redlicherweise noch nicht getroffen werden kann.⁸⁴⁵

2540 **h) Planerische Steuerung durch Einzeldarstellungen.** Das Darstellungsprivileg in § 35 III 3 BauGB ist nicht abschließend.⁸⁴⁶ Die Gemeinden können auch durch andere Dar-

---

⁸⁴⁰ *Stüer/Stüer* NuR 2004, 341.
⁸⁴¹ *BVerwG*, Urt. v. 19. 2. 2004 – 4 CN 16.03 – BVerwGE 120, 138 = NVwZ 2004, 858 = BauR 2004, 1046 – Rosendahl; Urt. v. 19. 2. 2004 – 4 CN 13.03 – NVwZ 2004, 984 = ZfBR 2004, 464 – Steinau.
⁸⁴² *VGH Kassel*, Urt. v. 20. 2. 2003 – 3 N 1557/02 – ZfBR 2003, 482 = NuR 2003, 434 – Vorranggebiet Windenergie.
⁸⁴³ *BVerwG*, Urt. v. 19. 2. 2004 – 4 CN 16.03 – BVerwGE 120, 138 = NVwZ 2004, 858 = BauR 2004, 1046 – Rosendahl; Urt. v. 19. 2. 2004 – 4 CN 13.03 – NVwZ 2004, 984 = ZfBR 2004, 464 – Steinau.
⁸⁴⁴ Zum Konflikt zwischen Windenergieanlagen und Pferdehaltung *VG Minden*, Urt. v. 10. 2. 2004 – 1 K 4137/02 –, das von einer Verträglichkeit beider Nutzungen ausgeht.
⁸⁴⁵ Folgerichtig daher *OVG Münster*, Urt. v. 5. 5. 2003 – 7 a D 1/02.NE.
⁸⁴⁶ So ausdrücklich die Begründung der Drs. 15/2996 v. 28. 4. 2004.

stellungen Belange formulieren, die einem Außenbereichsvorhaben entgegenstehen.[847] Der Flächennutzungsplan darf dabei auch konkrete und differenzierende Darstellungen enthalten und vor allem auch öffentliche Belange formulieren, die speziell einem privilegierten Vorhaben entgegenstehen können, wenn es sich dabei um die Grundzüge der Planung handelt (§ 5 I BauGB). Denn die Darstellungen des Flächennutzungsplans sind für Außenbereichsvorhaben nach der Konzeption des Gesetzgebers und der Rechtsprechung[848] gerade auf konkrete Rechtswirkungen angelegt. Wird etwa in bestimmten Bereichen des Gemeindegebietes eine Abgrabung ausgeschlossen, so hat das konkrete Auswirkungen für einzelne Vorhaben, die dann in der Regel planungsrechtlich unzulässig sind.

Derartige Darstellungen beruhen auf dem **allgemeinen Konzept**, das in den gesetzlichen Außenbereichsregelungen zum Ausdruck kommt. Ein privilegiertes Außenbereichsvorhaben ist danach planungsrechtlich zulässig, wenn öffentliche Belange nicht entgegenstehen (§ 35 I 1 BauGB). Dazu können auch die Darstellungen des Flächennutzungsplans zählen, wenn sie eine genügende Konkretheit und einen entsprechenden Detaillierungsgrad aufweisen. Diese Steuerungsmöglichkeiten des Flächennutzungsplans bestehen unabhängig von dem Darstellungsprivileg in § 35 III 3 BauGB. Sie sind daher weder auf flächendeckende Aussagen zum gesamten Gemeindegebiet verpflichtet noch ist es bei derartigen Darstellungen ausgeschlossen, dass sie sich auf privilegierte land- oder forstwirtschaftliche Betriebe nach § 35 I 1 BauGB beziehen. Denn das Darstellungsprivileg in § 35 III 3 BauGB regelt die Steuerungsmöglichkeiten des Flächennutzungsplans nicht abschließend und schließt insbesondere nicht aus, dass die Gemeinde in anderer geeigneter Weise im Flächennutzungsplan öffentliche Belange formuliert, die bei der nachvollziehenden Abwägung im Rahmen der Einzelfallprüfung zu berücksichtigen sind.

In der Praxis besteht Bedarf auch für die Steuerung von Konfliktlagen zwischen unterschiedlichen Nutzungen im Außenbereich aber auch im Verhältnis zu beplanten oder nicht beplanten Innenbereichslagen. Im Rahmen des Gesetzgebungsverfahrens wurde hierzu die Darstellung von **Belastungsflächen** vorgeschlagen.[849] Begründet wurde dies vor allem mit den nachteiligen Auswirkungen der Intensivtierhaltung. Denn die Aufzucht und das Halten von Nutztieren in großen Stallanlagen, insbesondere von Geflügel und Schweinen, haben die Entwicklungsmöglichkeiten in einzelnen Gemeinden für Siedlungszwecke, aber auch die Funktionen des Außenbereichs nachhaltig gestört. Da den öffentlichen Belangen im Bezug auf schädliche Umwelteinwirkungen zumeist kein weitergehender Umgebungsschutz als nach den entsprechenden Vorschriften des Immissionsschutzrechts zukommt, wurde die Ausweitung der gemeindlichen Steuerungsmöglichkeiten durch die Ausweisung von Belastungsgebieten vorgeschlagen. Auf eine ausdrückliche Regelung von Belastungsgebieten ist jedoch am Ende mit der Begründung verzichtet worden, dass die Gemeinden bereits auf der Grundlage der bestehenden gesetzlichen Regelungen ausreichende Möglichkeiten haben, durch Darstellungen des Flächennutzungsplans auf den immissionsschutzrechtlichen Konflikt zwischen privilegierten Außenbereichsvorhaben und anderen Nutzungen im Innen- und Außenbereich einzuwirken. Zugleich wird damit die Erwartung verbunden, das die Praxis stärker als bisher die Möglichkeiten nutzt, die sich aus Darstellungen nach § 5 II Nr. 6 BauGB ergeben. Danach können Flächen für Nutzungsbeschränkungen oder für Vorkehrungen zum Schutz gegen schädliche Umwelteinwirkungen im Sinne des BImSchG im Flächennutzungsplan dargestellt werden. Das bestehende Recht gibt daher bereits die Möglichkeit, Belastungsflächen auszuweisen, die Nutzungsbeschränkungen unterliegen oder zum Schutz anderer Nutzungen entsprechende immissionsschutzrechtliche Vorkehrungen erforderlich sind.

---

[847] *BVerwG*, Urt. v. 22. 5. 1987 – 4 C 57.84 – BVerwGE 77, 300 = DVBl. 1987, 1008 = *Hoppe/Stüer* RzB Rdn. 449 – Kölner Auskiesungskonzentrationszone; vgl. bereits Urt. v. 20. 1. 1984 – 4 C 43 u. 70.79 – NuR 1984, 237 = BVerwGE 68, 311.
[848] *BVerwG*, Urt. v. 22. 5. 1987 – 4 C 57.84 – BVerwGE 77, 300 = DVBl. 1987, 1008 = *Hoppe/Stüer* RzB Rdn. 449 – Kölner Auskiesungskonzentrationszone.
[849] § 5 II Nr. 12 BauGB-Regierungsentwurf.

2543 Der Flächennutzungsplan kann somit bei der planerischen Steuerung von Einzelanlagen auch differenzierende Regelungen enthalten. So muss die Gemeinde in der Lage sein, privilegierte Vorhaben nur in einer bestimmten Größe oder in einem bestimmten Abstand von schutzbedürftigen anderen Nutzungen auszuweisen und im Übrigen auszuschließen. Das gilt auch für detaillierte Regelungen etwa im Bereich der Intensivtierhaltung. So kann die Gemeinde zur Sicherung der Fremdenverkehrsfunktionen innerhalb von Belastungsgebieten ein bestimmtes Konzept zulässiger und unzulässiger Nutzungen entwickeln und vorschreiben, dass bestimmte Geruchsschwellen oder Staubemissionen in bestimmten Abständen zum Emissionsschwerpunkt in der Regel nicht überschritten werden dürfen.[850] Dabei könnte die Gemeinde auch zwischen der Erweiterung vorhandener landwirtschaftlicher und gewerblicher Betriebe einerseits und der Neuansiedlung von Gewerbebetrieben andererseits unterscheiden. Die Differenzierungen müssen allerdings nach dem Grundsatz der Erforderlichkeit an einem plausiblen Beurteilungskonzept ausgerichtet sein. Dies kann vor allem für diejenigen privilegierten Außenbereichsvorhaben geboten sein, bei denen ein vollständiger Ausschluss der jeweiligen Nutzung nicht sachgerecht wäre, sondern der Maßstab der Erforderlichkeit eine differenzierende Betrachtung geradezu verlangt.[851]

2544 Für die Flächennutzungsplanung bestehen daher **zwei Darstellungsmöglichkeiten**: Die **Eignungsfläche** und die **Belastungsfläche**. Weist die Gemeinde in einem Flächennutzungsplan eine Eignungsfläche etwa für Intensivtierhaltung aus, wird darin zum Ausdruck gebracht, dass diese Fläche grundsätzlich für solche Vorhaben geeignet ist. Zugleich hat diese Darstellung im Außenbereich in der Regel den Ausschluss für Vorhaben der Intensivtierhaltung außerhalb der Eignungsfläche zur Folge. Stellt die Gemeinde im Flächennutzungsplan auf der Grundlage des § 5 II Nr. 6 BauGB eine Belastungsfläche Intensivtierhaltung dar, steht dies einem entsprechenden Vorhaben auf dieser Fläche in der Regel als öffentlicher Belang entgegen. Gleiche Rechtswirkungen wie durch die Darstellung im Flächennutzungsplan werden auch erzielt, wenn entsprechende Festlegungen als Ziele der Raumordnung erfolgt sind.

2545 Zudem erweitert § 201 **BauGB** den **Begriff der Landwirtschaft** auch auf solche Betriebe, die das Futter überwiegend auf den bewirtschafteten Flächen erzeugen können und schließt daher auch bisher als gewerbliche Nutzungen geltende Betriebe ein. Die Regelung soll in Anpassung an die geänderten landwirtschaftlichen Produktionsbedingungen die konkrete Betrachtungsweise einer auch tatsächlichen Verfütterung des auf den eigenen Flächen gewonnenen Bodenertrags durch eine abstrakte Betrachtung ersetzen. Es reicht danach aus, wenn genügend zum Betrieb gehörende landwirtschaftlich genutzte Flächen zur überwiegenden Futtererzeugung vorhanden sind. Auf die unmittelbare Verfütterung des erzeugten Futters an die Tiere kommt es für den baurechtlichen Begriff der Landwirtschaft demgegenüber nicht an. Damit werden auch Nutzungsformen unter den Begriff der Landwirtschaft gefasst, die bisher als gewerbliche Betriebe nur unter den Voraussetzungen des § 35 I Nr. 4 BauGB wegen ihrer besonderen nachteiligen Auswirkungen auf die Umgebung privilegiert sein konnten.

2546 **i) Grundzüge der Planung.** Die Darstellungen des Flächennutzungsplans müssen sich auf die Art der Bodennutzung und deren allgemeines Maß sowie auf die Grundzüge der Planung beschränken (§ 5 I 1, II Nr. 1 BauGB, § 16 BauNVO). Über die Ausweisung von

---

[850] Die textlichen Darstellungen können etwa wie folgt gefasst sein: „In der fremdenverkehrlichen Schutzzone müssen vorhandene Betriebe (Gewerbebetriebe und landwirtschaftliche Betriebe) folgende Nutzungsbeschränkungen einhalten: In 200 m Entfernung zum Emissionsschwerpunkt des Betriebes darf die Geruchsschwelle von (1 Geruchseinheit/cbm Luft) nur in maximal 3 % der Jahresstunden (Gesamtbelastung) überschritten werden. In 50 m Entfernung zum Emissionsschwerpunkt des Betriebes darf der 1-h-Mittelwert der Schwebstaubkonzentration von maximal 500 Mikrogramm/cbm Luft (MIK-Wert gemäß VDI 2310 Blatt 19) nicht überschritten werden" – Wangerland.
[851] Ablehnend *OVG Lüneburg*, Urt. v. 8. 6. 2003 – 1 LB 143/02 – Wangerland.

Flächen hinaus können textlichen Darstellungen etwa verschiedene Zonen unterscheiden, für die ein Grundkonzept zulässiger Immissionen von landwirtschaftlichen Betrieben und Gewerbebetrieben dargestellt wird. Dabei können auch Geruchsschwellenwerte und Schwebstoffkonzentrationen aufgeführt werden, die in bestimmten Entfernungen von dem Emissionsschwerpunkt eingehalten werden sollen. Es handelt sich dabei im Grunde um die nähere Ausgestaltung des Gebotes der nachbarlichen Rücksichtnahme für Nutzungen in einer Konfliktlage vor dem Hintergrund einer städtebaulichen Planung, die auf der einen Seite von der grundsätzlichen Privilegierung der landwirtschaftlichen Betriebe (§ 35 I Nr. 1 BauGB) und bestimmter Gewerbebetriebe (§ 35 I Nr. 3 und 4 BauGB) sowie einer Teilprivilegierung der Erweiterung von Gewerbebetrieben (§ 35 IV Nr. 6 BauGB) ausgeht, zugleich aber auch die städtebaulichen Vorstellungen einer fremdenverkehrlichen Schwerpunktzone mit dem notwendigen Gewicht in die Abwägung einstellt.

Dabei kommt der Gemeinde auch zugute, dass die Darstellungsmöglichkeiten im Flächennutzungsplan in § 5 II BauGB nicht abschließend aufgeführt sind, sondern dort nur beispielhaft bestimmte Darstellungsmöglichkeiten erwähnt werden. Hierin liegt ein wichtiger Unterschied zum Bebauungsplan, dessen Festsetzungsmöglichkeiten in § 9 BauGB i. V. mit der BauNVO abschließend aufgeführt werden. Immerhin werden in § 5 II Nr. 6 BauGB Flächen für Nutzungsbeschränkungen oder für Vorkehrungen zum Schutz gegen schädliche Umwelteinwirkungen im Sinne des BImSchG ausdrücklich erwähnt. Der Gesetzgeber sieht damit entsprechende Darstellungen für durchaus zulässig an. Die Gemeinde wird auch nicht etwa durch die Erwähnung dieser Darstellungsmöglichkeiten in § 5 II Nr. 6 BauGB daran gehindert, weitere Konkretisierungen oder Detaillierungen vorzunehmen, wenn dies nach Lage der Dinge aus städtebaulichen Gründen gerechtfertigt ist.

Die Gemeinde ist auch bei den Darstellungen des Flächennutzungsplans im Hinblick auf Regelungen zu privilegierten Außenbereichsvorhaben nicht an die Baugebietskategorien der BauNVO und die dort jeweils genannten Vorhaben gebunden. Vielmehr sind hier Regelungen zulässig, die sich nach Abwägung als sachgerecht erweisen, diese Steuerungsfunktion zu übernehmen.[852] Soweit der Grundsatz der Erforderlichkeit zu einem abgestuften Konzept zwingt, muss die Gemeinde in der Lage sein, für ein solches abgestuftes Konzept entsprechende Belange zu formulieren, die bei der Baugenehmigung zu berücksichtigen sind.[853]

j) Darstellungen haben keine rechtssatzmäßige Wirkung. Die Darstellungen des Flächennutzungsplans und die Festlegungen des Raumordnungsplans werden trotz ihrer ggf. konkreten und detaillierten Aussagen nicht zu Rechtssätzen, sondern behalten ihren Charakter als Rahmen bildende Vorgaben. Nach der Konzeption des *BVerwG* werden im Flächennutzungsplan öffentliche Belange ausgedrückt, die in der nachvollziehenden Abwägung im Rahmen der jeweiligen Zulassungsentscheidung von Bedeutung sind. Diese Belange werden nicht rechtssatzmäßig festgelegt. Damit ist zugleich eine gewisse Freiheit des Plangebers verbunden, der gerade nicht wie beim Bebauungsplan auf bestimmte Festsetzungen und entsprechende Förmlichkeiten verpflichtet ist. Es kann daher auch nicht um die Frage gehen, ob die Bezeichnung der Belange im Flächennutzungsplan zu konkret oder detailliert ist, sondern nur darum, ob diese Belange sich in der nachvollziehenden Abwägung im einzelnen Zulassungsverfahren durchsetzen. Da es sich immer um Darstellungen handelt, können diese Ausweisungen keine rechtssatzmäßigen Bindungswirkungen entfalten, sondern nur Belange thematisieren, die in der nachvollziehenden Abwägung im Zulassungsverfahren Bedeutung entfalten können.

---

[852] *BVerwG*, Urt. v. 22. 5. 1987 – 4 C 57.84 – BVerwGE 77, 300 = DVBl. 1987, 1008 = *Hoppe/Stüer* RzB Rdn. 449 – Kölner Auskiesungskonzentrationszone.

[853] Die Darstellungen dürfen danach allerdings nicht zu einer Verhinderungsplanung werden, so *BVerwG*, Urt. v. 17. 12. 2002 – 4 C 15.01 – BVerwGE 117, 287 = DVBl. 2003, 797 = NVwZ 2003, 733 – Feigenblatt; *Krautzberger* in: Battis/Krautzberger/Löhr, § 35 BauGB Rdnr. 77.

2550 Vor allem werden noch so konkrete und detaillierte Darstellungen des Flächennutzungsplans oder des Regionalplans nicht zugleich zu Festsetzungen, wie sie mit ihren rechtssatzmäßigen Wirkungen für den Bebauungsplan kennzeichnend sind. In welchem Umfang die Belange konkret und detailliert formuliert werden, muss sich nach den Erfordernissen der jeweils betroffenen Belange und der mit der Planung verfolgten Zielvorstellungen bestimmen. Ein größerer Konkretisierungs- und Detaillierungsumfang der Darstellungen ist unschädlich, weil die von der Gemeinde im Flächennutzungsplan oder die in der Regionalplanung formulierten Belange ohnehin nur durch eine nachvollziehende Abwägung in die jeweilige Zulassungsentscheidung eingehen.

2551 k) **„Darstellungsüberschuss" führt nur zur Teilunwirksamkeit des Flächennutzungsplans.** Selbst wenn entsprechende Darstellungen im Flächennutzungsplan über die Grundzüge der Planung hinausgehen würden, so würde daraus nicht die Gesamtunwirksamkeit der Planausweisung folgen. Die Planänderung wäre dann insoweit wirksam, als sie die Grundzüge der Planung zum Ausdruck bringt. Denn es handelt sich für diesen unterstellten Fall eines „Darstellungsüberschusses" um einen wirksamen Kernbereich von planerisch zulässigen Aussagen, die bei der Zulassungsentscheidung im Einzelfall berücksichtigt werden müssen. Dies kann auch dem Wertungskonzept entnommen werden, das hinter der Unbeachtlichkeitsregelung des § 214 BauGB steht. So ist etwa nach § 214 I 1 Nr. 1 BauGB für die Wirksamkeit des Flächennutzungsplans unbeachtlich, wenn im Verfahren der Planaufstellung bei Planänderungen ein vereinfachtes Beteiligungsverfahren durchgeführt worden ist, obwohl die Grundzüge der Planung betroffen waren (§§ 4a III, 13 BauGB). Dasselbe gilt für das Beteiligungsverfahren bei der vereinfachten Änderung von Planungen (§ 13 BauGB). Aus diesen Regelungen kann der allgemeine Grundsatz abgeleitet werden, dass die Gemeinde bei der Bestimmung der Grundsätze der Planung einen Entscheidungsspielraum hat und die Überschreitung dieses Entscheidungsspielraums nicht zur Unwirksamkeit der Planung führt.

2552 l) **Gleichgewicht zwischen Vorhabeprivilegierung und planerischer Steuerung.** Durch die Änderungen des Außenbereichsparagrafen ist der Katalog der privilegierten Vorhaben gegenüber der ursprünglichen Gesetzesfassung in § 35 BBauG 1960 in fast jeder der inzwischen neun Novellen erweitert worden. Zugleich sind die planenden Gemeinden und die Träger der Regionalplanung ermächtigt worden, durch Darstellungen im Flächennutzungsplan und im Raumordungsplan im Interesse entgegenstehender öffentlicher Belange gegenzusteuern. Die planerische Steuerung durch Windfelder und Belastungsgebiete erfordert daher ein effektives Planungsinstrumentarium. Die notwendige Beschränkung wird dadurch gewahrt, dass die planerischen Steuerungsinstrumente dem Abwägungsgebot verpflichtet sind und keine rechtssatzmäßigen Bindungen erzeugen, sondern bei der planungsrechtlichen Zulässigkeit von Vorhaben nur als öffentliche Belange in die das Planungskonzept nachvollziehende und örtliche Besonderheiten berücksichtigende Einzelfallbeurteilung eingehen.

9. Entgegenstehen öffentlicher Belange

2553 Einem privilegierten Vorhaben dürfen öffentliche Belange nicht entgegenstehen. Das privilegierte Vorhaben, das die Voraussetzungen des § 35 I Nr. 1 bis 6 BauGB erfüllt, ist zwar danach grundsätzlich planungsrechtlich zulässig. Es besteht auch vom Grundsatz her ein Genehmigungsanspruch.[854] Es kann jedoch im Einzelfall bei entgegenstehenden öffentlichen Belangen unzulässig sein. So kann etwa eine Wasserschutzgebietsverordnung oder eine Landschaftsschutzverordnung auch einem privilegierten Vorhaben entgegenstehen, wenn sich konkrete standortbezogene Ausweisungen daraus ergeben und die Privilegierung dadurch vom Grundsatz her in Frage gestellt wird. Ebenso können Belange des Naturschutzes und der Landschaftspflege die Verwirklichung eines privilegierten Vorhabens ausschließen, wenn die entgegenstehenden Belange ein entsprechendes Gewicht

---

[854] *BVerwG*, B. v. 8. 12. 1965 – 4 B 74.65 – Buchholz 406.11 § 35 BBauG Nr. 22.

haben.⁸⁵⁵ Auch künftige Ausweisungen im Bereich des Naturschutzes, Landschaftsschutzes oder des Gewässerschutzes können dabei berücksichtigt werden, so weit sie nach den jeweiligen Fachgesetzen eine entsprechende Planreife erreicht haben und eine vorwirkende Verbindlichkeit erlangen.⁸⁵⁶

Die **Darstellungen eines Flächennutzungsplans** stehen einem privilegierten Vorhaben als öffentlicher Belang nur dann entgegen, wenn sie den vorgesehenen Standort des Vorhabens sachlich und räumlich eindeutig einer anderen Nutzung vorbehalten, diesen Standort also in einer qualifizierten Weise positiv anderweitig verplant haben.⁸⁵⁷ 2554

Privilegierte und sonstige raumbedeutsame Vorhaben dürfen den **Zielen der Raumordnung** nicht widersprechen (**§ 35 III 2 HS 1 BauGB**). Diese **Zielbindungsklausel** greift ein, wenn die Ziele der Raumordnung⁸⁵⁸ einen entsprechenden Konkretisierungsgrad haben.⁸⁵⁹ Daran sind allerdings erhöhte Anforderungen zu stellen, da es anders als in § 1 IV BauGB nicht um die Beeinflussung einer gemeindlichen Bauleitplanung, sondern um die Einflussnahme auf die Zulassung von Einzelvorhaben geht. In der vorherigen Fassung des § 35 BBauG waren die Ziele der Raumordnung lediglich als entgegenstehende bzw. öffentliche Belange erwähnt. Demgegenüber hat § 35 III 3 BauGB eine verstärkte Durchsetzungskraft der Ziele der Raumordnung im Genehmigungsverfahren bewirkt. Die Ziele der Raumordnung sind nicht mehr nur als „Unterstützung und einleuchtende Fortschreibung bestimmter tatsächlicher Gegebenheiten"⁸⁶⁰ bei der Einzelgenehmigung zu berücksichtigen.⁸⁶¹ § 35 III 2 HS 1 BauGB stellt vielmehr eine echte **Raumordnungsklausel** dar, die Verbindlichkeit für sich beansprucht.⁸⁶² So kann etwa das in einem Regionalplan festgelegte Ziele, den Charakter eines besonders geschützten Landschaftsteils zu erhalten, der Errichtung eines Erwerbsgartenbaubetriebes am Rande der Rodungsinsel entgegenstehen.⁸⁶³ 2555

Raumbedeutsamen privilegierten Vorhaben können öffentliche Belange insoweit nicht entgegenhalten werden, als die Belange bei der Darstellung dieser Vorhaben als Ziele der Raumordnung abgewogen worden sind (**§ 35 III 2 HS 2 BauGB**). Diese **„Abwägungsabschichtungsklausel"**⁸⁶⁴ bewirkt, dass überörtliche Belange, die in einer vorgelagerten planerischen Abwägung abgeschichtet worden sind, dem Vorhaben nicht entgegengehalten werden können. Das gilt auch im Verhältnis zu den gemeindlichen Interessen. Als überörtliche Belange kommen dabei nur standortbezogene Belange wie etwa Standortfestlegungen für Wasserschutzgebiete, Grünzüge, Kiesabbauflächen,⁸⁶⁵ Flächendarstellun- 2556

---

⁸⁵⁵ *OVG Lüneburg*, Urt. v. 11. 6. 1993 – 1 L 344/91 – BRS 55 (1993), Nr. 89 = NuR 1994, 93 für einen geplanten Wirtschaftsweg im Moor.
⁸⁵⁶ So *VGH München*, Urt. v. 20. 5. 1994 – 1 B 92.2574 – BayVBl. 1995, 18 = UPR 1994, 356, für eine noch nicht in Kraft getretene Wasserschutzgebietsverordnung.
⁸⁵⁷ *VGH Mannheim*, Urt. v. 7. 2. 2003 – 8 S 2422/02 – VBlBW 2004, 144 – Schweinezucht, dort auch zum empirischen Modell zur Abschätzung der Immissionshäufigkeiten im Umfeld von Tierhaltungen.
⁸⁵⁸ Zur Raumordnung s. Rdn. 215.
⁸⁵⁹ *Hoppe* in: *Hoppe/Bönker/Grotefels*, ÖffBauR § 8 Rdn. 84; *Dyong* in: Ernst/Zinkahn/Bielenberg/Krautzberger, Rdn. 98 zu § 35 BauGB.
⁸⁶⁰ Zum Flächennutzungsplan *Dyong* in: Ernst/Zinkahn/Bielenberg/Krautzberger, Rdn. 87 zu § 35 BauGB.
⁸⁶¹ So noch zur früheren Rechtslage *BVerwG*, Urt. v. 20. 1. 1984 – 4 C 43.81 – BVerwGE 68, 311.
⁸⁶² *Hoppe* in: *Hoppe/Bönker/Grotefels*, ÖffBauR § 8 Rdn. 84; *Dyong* in: Ernst/Zinkahn/Bielenberg/Krautzberger, Rdn. 100 zu § 35 BauGB; *H. Schrödter* in: Schrödter, Rdn. 76 zu § 35 BauGB; *Weyreuther*, Bauen im Außenbereich, 1979, 511.
⁸⁶³ *VGH München*, B. v. 18. 3. 1996 – 1 B 93.3291 – NuR 1997, 97 = UPR 1996, 319 – Rodungsinsel.
⁸⁶⁴ Der Begriff geht auf *Hoppe* zurück, vgl. *Hoppe* in: *Hoppe/Bönker/Grotefels*, ÖffBauR § 8 Rdn. 79.
⁸⁶⁵ *OVG Schleswig*, Urt. v. 24. 10. 1995 – 1 L 166/94 – NVwZ-RR 1997, 14; *VG Freiburg*, Urt. v. 20. 9. 1995 – 2 K 910/93 – ZfW 1997, 60.

gen für Großkraftwerke oder Hochspannungsleitungen in Betracht. Sind derartige Abwägungen auf der Stufe der Raumordnung in Raumordnungsplänen abgewogen worden, so haben sie nicht nur eine dem Vorhaben ggf. entgegenstehende, sondern auch eine dasselbe ggf. **positiv zulassende Wirkung** in dem Sinne, dass die Ziele der Raumordnung dem Vorhaben nicht entgegenstehen und im Hinblick auf das konkrete Einzelvorhaben ausgeräumt sind.[866]

2557 Entgegenstehende öffentliche Belange können sich auch aus einem zwar als Satzung beschlossenen, aber noch nicht bekannt gemachten **Bebauungsplan** ergeben. Ist ein Bebauungsplan allerdings fünf Jahre nach dem Satzungsbeschluss noch nicht in Kraft gesetzt, kann er regelmäßig einem privilegierten Außenbereichsvorhaben nicht als öffentlicher Belang entgegengehalten werden.[867] Das allgemeine Interesse einer Gemeinde, sich Planungsmöglichkeiten offen zu halten und damit zugleich ihre Planungshoheit zu sichern,[868] stellt ebenfalls keinen einem privilegierten Vorhaben entgegenstehenden Belang dar.[869] Öffentliche Belange können sich etwa auch aus Altlastensanierungsnotwendigkeiten ergeben.[870]

2558 Öffentliche Belange können sich auch aus der **Fachplanung** ergeben. Gegenüber privilegierten Vorhaben dürfte sich eine Fachplanung als entgegenstehender öffentlicher Belang allerdings nur dann durchsetzen, wenn die Fachplanung bereits entsprechend konkretisiert ist.[871] Davon ist jedenfalls dann auszugehen, wenn die Fachplanung nach Maßgabe des jeweiligen Fachrechts einen entsprechenden Konkretisierungsgrad erreicht hat, dass sie als öffentlicher Belang durchsetzungsfähig ist. Entsprechende Rechtswirkungen ergeben sich etwa aus einer Veränderungssperre, die mit der öffentlichen Auslegung der Pläne nach dem Fachrecht vielfach verbunden ist. Entgegenstehende öffentliche Belange können sich auch aus Planfeststellungsbeschlüssen einer privilegierten Fachplanung ergeben, soweit sie sich auf ein bestimmtes Gebiet beziehen und gegenüber der planungsrechtlichen Zulässigkeit von Vorhaben nach § 38 BauGB Vorrang entwickeln.[872]

2559 Die bauplanungsrechtlichen und die **naturschutzrechtlichen Zulassungsvoraussetzungen** für Vorhaben im Außenbereich haben einen eigenständigen Charakter und sind unabhängig voneinander zu prüfen. Im Falle eines privilegierten Außenbereichsvorhabens (§ 35 I BauGB) unterliegt die Frage, ob dem Vorhaben öffentliche Belange entgegenstehen, und die naturschutzrechtliche Entscheidung nach § 19 III BNatSchG in Verbindung mit den entsprechenden landesrechtlichen Bestimmungen der vollen gerichtlichen Kontrolle.[873] Belange des Naturschutzes und der Landschaftspflege im Sinne von

---

[866] *Hoppe* in: *Hoppe/Bönker/Grotefels*, ÖffBauR § 8 Rdn. 84; *Dyong* in: Ernst/Zinkahn/Bielenberg/Krautzberger, Rdn. 100 zu § 35 BauGB; *H. Schrödter* in: Schrödter, Rdn. 79 zu § 35 BauGB.

[867] VGH Mannheim, Urt. v. 28. 2. 1994 – 8 S 2242/93 – ESVGH 44, 314 = NVwZ-RR 1995, 133 = UPR 1994, 457.

[868] Zur gemeindlichen Planungshoheit als wesentlicher Bestandteil der kommunalen Selbstverwaltung, *BVerwG*, Urt. v. 12. 12. 1969 – IV C 105.66 – BVerwGE 34, 301 = DVBl. 1970, 414 – Abwägungsgebot; *Blümel* VVDStRL Bd. 36 (1977), 625; *Hoppe* DVBl. 1964, 165; *Stüer*, Funktionalreform und kommunale Selbstverwaltung, 1980, 62, 165.

[869] *BVerwG*, Urt. v. 26. 10. 1979 – IV C 22.77 – Buchholz 406.11 § 35 BBauG Nr. 160 = BBauBl. 1980, 108 = NJW 1980, 1537 – Auflassungsgenehmigung; Urt. v. 12. 9. 1980 – 4 C 77.77 – BauR 1981, 55 = BBauBl. 1981, 50 = VR 1981, 213; *Dyong* in: Ernst/Zinkahn/Bielenberg/Krautzberger, Rdn. 145 zu § 35 BauGB.

[870] Zur Altastensanierung vgl. das BBodSchG sowie *Bielfeldt* DÖV 1989, 67; *Bork* StuGR 1989, 268; *Ipsen/Tettinger* Altlasten und kommunale Bauleitplanung 1988; *Kloepfer* DÖV 1988, 573; *Krautzberger* DWW 1986, 110; *Moog* FWW 1988, 170; *Ossenbühl* JZ 1990, 649; *Rat von Sachverständigen für Umweltfragen* Altlasten-Sondergutachten 1990; *Schink* BauR 1987, 397; *ders.* NJW 1990, 351; *Simon* BayVBl. 1988, 617; *Staupe* DVBl. 1988, 606; *Stüer* StuGR 1989, 6; *ders.* BauR 1995, 604. Zu Konversionsflächen *Lüers* StuGR 1993, 14; *Tiemann* BBauBl. 1992, 811; s. Rdn. 1323.

[871] *Hoppe* in: *Hoppe/Bönker/Grotefels*, ÖffBauR § 8 Rdn. 85.

[872] *Hoppe* in: *Hoppe/Bönker/Grotefels*, ÖffBauR § 8 Rdn. 85.

[873] *BVerwG*, Urt. v. 13. 12. 2001 – 4 C 3.01 – DVBl. 2002, 706 = BauR 2002, 751 = NVwZ 2002, 1112.

4. Teil. Bauen im Außenbereich

§ 35 III 1 Nr. 5 BauGB stehen einem im Außenbereich privilegierten Vorhaben entgegen, wenn das Vorhaben in nicht durch Ausnahmegenehmigung oder Befreiung zu behebender Weise in Widerspruch zu einer gültigen Landschaftsschutzverordnung steht. Dabei entscheidet das jeweilige Landesrecht, ob die Prüfung des Vorhabens auf seine Vereinbarkeit mit einer Landschaftsschutzverordnung verfahrensmäßig der bebauungsrechtlichen Prüfung vorzuschalten ist oder ob über ein landschaftsschutzrechtliches Bauverbot im Rahmen einer beantragten Baugenehmigung mit zu entscheiden ist.[874]

Die Verbotsvorschriften einer **Wasserschutzgebietsverordnung** haben nicht lediglich den Charakter öffentlicher Belange, die einem privilegierten Bauvorhaben nach § 35 III 1 BauGB entgegenstehen können. Sie wirken vielmehr als eigenständige normative Zulassungsschranke, die nach § 29 II BauGB von den §§ 30 bis 37 BauGB unberührt bleibt.[875] Die Schutzvorschriften einer Wasserschutzgebietsverordnung schließen die Anwendung der nach § 19g WHG maßgeblichen allgemeinen wasserrechtlichen Regelungen über das Lagern von Jauche, Gülle und Silagesickersäften nicht aus. Der Entwurf einer Wasserschutzgebietsverordnung kann unter der Voraussetzung, dass die geologischen und die hydrologischen Verhältnisse entsprechende Schlüsse rechtfertigen, als Indiz für eine Beeinträchtigung der künftigen Schutzziele und damit von Belangen der Wasserwirtschaft i. S. des § 35 III 1 Nr. 6 BauGB gewertet werden. Das gilt auch für Belange des Hochwasserschutzes.[876] § 19 WHG bezeichnet zwar die materiellrechtlichen Voraussetzungen, unter denen eine Wasserschutzverordnung erlassen werden darf.[877] Zum Inhalt etwaiger Schutzanordnungen verhält sich diese Vorschrift aber nicht. Durch welche Verbote die in § 19 I WHG genannten Zwecke gesichert werden, richtet sich nach dem Schutzbedürfnis, das je nach den örtlichen Verhältnissen von unterschiedlichem Gewicht sein kann. § 35 III 1 Nr. 6 BauGB hat im Verhältnis zu den wasserrechtlichen Vorschriften, die nach § 29 II BauGB unberührt bleiben, eine Auffangfunktion. Sein Zweck ist es, unabhängig von wasserrechtlichen Normierungen und Planungen ein Mindestmaß an Gewässerschutz zu gewährleisten. § 35 III 1 Nr. 6 BauGB greift daher als Zulassungshindernis ein, wenn die örtlichen Gegebenheiten außerhalb des Anwendungsbereichs wasserrechtlicher Schutzvorschriften die Annahme rechtfertigen, dass die Wasserwirtschaft gefährdet wird.[878]

10. Gesicherte Erschließung

Die privilegierte Zulässigkeit setzt weiter voraus, dass die Erschließung des Vorhabens gesichert ist.[879] Für die privilegierten Vorhaben ergibt sich dies aus § 35 I BauGB, für nicht privilegierte Vorhaben aus einer klarstellenden Ergänzung des § 35 II BauGB durch das BauROG 1998. Der Begriff der gesicherten Erschließung in den §§ 30 bis 35 BauGB ist ein bundesrechtlicher Begriff,[880] der nicht durch Landesrecht konkretisiert wird.[881]

---

[874] *BVerwG*, B. v. 2. 2. 2000 – 4 B 104.99 – ZfBR 2000, 428 = BauR 2000, 1311 = BRS 63 Nr. 111 (2000) mit Hinweis auf Urt. v. 19. 4. 1985 – 4 C 25.84 – BauR 1985, 544 m. w. N.
[875] *BVerwG*, Urt. v. 20. 10. 1972 – IV C 1.70 – Buchholz 406.11 § 35 BBauG Nr. 100.
[876] S. Rdn. 3450.
[877] *BVerwG*, B. v. 30. 9. 1996 – 4 NB 31 und 32.96 – Buchholz 445.4 § 19 WHG Nr. 7.
[878] *BVerwG*, Urt. v. 12. 4. 2001 – 4 C 5.00 – DVBl. 2001, 1446 = NVwZ 2001, 1048 = BauR 2001, 1701, mit Hinweis auf *BVerwG*, Urt. v. 20. 10. 1972 – IV C 1.70 – Buchholz 406.11 § 35 BBauG Nr. 100.
[879] *Creutz* BauR 1977, 237; *Dyong* in: Ernst/Zinkahn/Bielenberg/Krautzberger, Rdn. 161 zu § 35 BauGB; *H. Schrödter* in: Schrödter, Rdn. 36 zu § 35 BauGB; *Weyreuther*, Bauen im Außenbereich, 1979, 43. Die gesicherte Erschließung ist demgegenüber im Verfahren zur Erteilung einer Bodenverkehrsgenehmigung nicht zu prüfen und nimmt dementsprechend auch nicht an der Bindungswirkung der Genehmigung teil *BVerwG*, Urt. v. 6. 9. 1968 – IV C 12.66 – BVerwGE 30, 203 = DVBl. 1969, 259 = DÖV 1968, 881.
[880] *Krautzberger* in: Battis/Krautzberger/Löhr, Rdn. 7 zu § 35 BauGB; *Taegen* in: Schlichter/Stich, Rdn. 12 zu § 35 BauGB.
[881] *BVerwG*, Urt. v. 3. 5. 1988 – 4 C 54.85 – BauR 1988, 576 = BRS 48 (1988), Nr. 92 (S. 218) = NVwZ 1989, 353 = *Hoppe/Stüer* RzB Rdn. 455 – Vogelpark.

Welche Anforderungen an die gesicherte Erschließung eines Außenbereichsvorhabens zu stellen sind, hängt von dem jeweiligen Vorhaben ab.[882] Bei Vorhaben, die einem landwirtschaftlichen Betrieb dienen, schlägt sich die Privilegierung auch in den Anforderungen daran nieder, was zur wegemäßigen Erschließung ausreicht. Es reicht ein **außenbereichsgemäßer Standard** aus.[883] Da die ausreichende Erschließung nach § 35 I BauGB Zulässigkeitsvoraussetzung für die Erteilung der Genehmigung ist, muss ihr Vorliegen spätestens im Zeitpunkt der Genehmigungserteilung nachgewiesen werden.[884] Grundsätzlich muss vom beabsichtigten Baugrundstück eine unmittelbare Anbindung an das öffentliche Verkehrsnetz bestehen. Die verkehrliche Erschließung eines Baugrundstücks, das zum zusammenhängenden Grundbesitz eines einzelnen Grundstückseigentümers gehört, ist daher nicht schon dann gesichert, wenn ein anderes Grundstück des Grundbesitzes an eine öffentliche Straße angrenzt.[885] Aufwendungen für zusätzliche technische Einrichtungen zur Sicherung einer ordnungsgemäßen Wasserversorgung sind i. S. des § 35 BauGB dann unwirtschaftlich, wenn sie im Verhältnis zum angestrebten Zweck unangemessen hoch sind und wenn sie für die geordnete Entwicklung der Gemeinde ohne oder nur von geringer Bedeutung sind, also überwiegend oder allein den Interessen des Bauwilligen zugute kommen.[886]

2562 Zu den **Mindestanforderungen** der wegemäßigen Erschließung eines Außenbereichsvorhabens[887] zählt neben der jederzeitigen Erreichbarkeit des Grundstücks durch Fahrzeuge, deren Einsatz im öffentlichen Interesse erfolgt, auch, dass etwaige vorhandene Wege nicht überlastet werden dürfen und der Verkehr nicht zur Schädigung des Straßenzustandes führt.[888] Die Anforderungen an die Erschließung erhöhen sich umso mehr, je stärker der von dem privilegierten Betrieb zu erwartende Ziel- und Quellverkehr sein wird. Insoweit können sich bei der Prüfung der Mindestvoraussetzungen die Größe des Betriebes, seine spezielle Ausprägung, die Zugehörigkeit von Wohnnutzung und das hiernach zu erwartende Verkehrsaufkommen auswirken.[889] Für eine intensive landwirtschaftliche Nutzung kann ein lediglich drei Meter breiter Zufahrtsweg nicht ausreichend sein.[890] Auch ist etwa die Erschließung eines privilegierten Abbauvorhabens nicht gesichert, wenn die vorhandenen Wirtschaftswege und Gemeindestraßen den erforderlichen LKW-Verkehr nicht aufnehmen können und die Gemeinde es ablehnt, die Verkehrsverbindungen auszubauen. Eine Erschließungssicherung über eine Bundesstraße liegt nicht

---

[882] *BVerwG*, Urt. v. 13. 2. 1976 – IV C 53.74 – AgrarR 1977, 35 = Buchholz 406.11 § 34 BBauG Nr. 52 – Wochenendhaussiedlung; Urt. v. 30. 8. 1985 – 4 C 48.81 – BauR 1985, 661 = NJW 1986, 394 = DVBl. 1986, 186 – Erschließungsanlage.

[883] Zur Sicherung der ausreichenden wegemäßigen Erschließung eines landwirtschaftlichen Wohn- und Wirtschaftsgebäudes im Außenbereich *BVerwG*, Urt. v. 30. 8. 1995 – 4 C 48.81 – NVwZ 1986, 38; Urt. v. 22. 11. 1985 – 4 C 71.82 – NVwZ 1986, 644 = DVBl. 1986, 413 = *Hoppe/Stüer* RzB Rdn. 411 – landwirtschaftliches Gebäude. Zur Bedeutung historisch gewachsener Siedlungsformen im Rahmen des § 35 BauGB *BVerwG*, B. v. 25. 3. 1986 – 4 B 41.86 – NVwZ 1986, 1014 = *Hoppe/Stüer* RzB Rdn. 503 – Moorsiedlung; *Sarnighausen* NVwZ 1993, 424, dort auch zur Bedeutung des landesrechtlich geprägten Erschließungsbegriffs für die planungsrechtliche Zulässigkeit von Vorhaben.

[884] *OVG Lüneburg*, Urt. v. 3. 11. 1988 – 3 A 341/87 – NuR 1991, 99 – Abbauvorhaben.

[885] *BVerwG*, B. v. 11. 4. 1990 – 4 B 62.90 – BauR 1990, 337 = ZfBR 1990, 205 – Binnenerschließung; *OVG Saarlouis*, Urt. v. 8. 12. 1989 – 2 R 245/86 – (unveröffentlicht).

[886] *BVerwG*, Urt. v. 22. 3. 1972 – IV C 121.68 – AgrarR 1973, 229 = BayVBl. 1972, 557 = BauR 1972, 222 – Wasserversorgung.

[887] *Taegen* in: Schlichter/Stich, Rdn. 13 zu § 35 BauGB.

[888] *OVG Lüneburg*, Urt. v. 3. 11. 1988 – 3 A 341/87 – NuR 1991, 99 – Abbauvorhaben.

[889] So für einen land- oder forstwirtschaftlichen Betrieb *BVerwG*, Urt. v. 30. 8. 1985 – 4 C 48.81 – BauR 1985, 661 = NJW 1986, 394 = DVBl. 1986, 186 – Erschließungsanlage.

[890] *OVG Lüneburg*, Urt. v. 29. 8. 1988 – 1 A 5/87 – BRS 48 (1988), Nr. 79 – Bullenmastbetrieb und Schweinemastbetrieb; *VGH Mannheim*, Urt. v. 18. 3. 1988 – 5 S 377/87 – VBlBW 1989, 108: keine ausreichende Erschließung eines größeren Gewerbebetriebes über einen lediglich 3,20 m breiten Feldweg. Zur Zufahrtsmöglichkeit auch *Krautzberger* in: Battis/Krautzberger/Löhr, Rdn. 8 zu § 35 BauGB.

vor, wenn das Anlegen einer neuen Zufahrt zu der Bundesstraße als erlaubnispflichtige Sondernutzung nach § 8a FStrG zulassungspflichtig ist und eine entsprechende straßenrechtliche Erlaubnis nicht erteilt wird.[891]

Die Erschließung muss zudem den jeweiligen **technischen Anforderungen** entsprechen. Das gilt hinsichtlich des jeweiligen Ausbaustandards der Straße aber auch für die Abwasserbeseitigung.[892] So verfügt etwa ein im Außenbereich geführter Teppichreinigungsbetrieb über keine ausreichende Erschließung, wenn eine ordnungsgemäße Abwasserbeseitigung nicht gewährleistet ist, sondern stark verunreinigte Abwässer im Boden versickern.[893]

Grundsätzlich besteht auch für ein privilegiertes Außenbereichsvorhaben **kein Anspruch** gegen die Gemeinde **auf Erschließung**.[894] Zu Gunsten eines privilegierten Außenbereichsvorhabens kann allerdings ein Anspruch auf Gestattung der Benutzung einer vorhandenen Erschließungsanlage bestehen, wenn die Gestattung der Gemeinde zumutbar ist.[895] Unterbreitet der Bauherr daher ein hinreichend zuverlässiges Angebot, seinen landwirtschaftlichen Betrieb im Außenbereich selbst ausreichend zu erschließen, so kann dies der Gemeinde je nach den Umständen des Einzelfalls zugemutet werden. Dies schließt in der Regel die Übernahme des durch den Ausbau entstehenden Unterhaltungsaufwandes durch den Bauherrn ein.[896] Wird für ein Außenbereichsgrundstück ein Bebauungsplan erlassen, so verdichtet sich die gemeindliche Erschließungsaufgabe nur dann zu einem Erschließungsanspruch des Grundstückseigentümers, wenn eine dadurch bisher bestehende und beabsichtigte Bebauungsmöglichkeit durch den Bebauungsplan gesperrt wird und andererseits die nach dem Plan vorgesehene Nutzung mangels hinreichender Erschließung nicht verwirklicht werden darf.[897]

Die ausreichende Erschließung ist nicht nur Voraussetzung für die Verwirklichung eines privilegierten Vorhabens. Auch umgekehrt kann bei der Prüfung der Zulässigkeit einer Erschließungsmaßnahme die planungsrechtliche Zulässigkeit eines Vorhabens von Bedeutung sein. So ist etwa bei der bau- und wasserrechtlichen Genehmigung von Abwasseranlagen, die der Erschließung eines im Außenbereich nicht privilegierten Wochenend- und Ferienhauses dienen soll, zu prüfen, ob die beabsichtigte Nutzung baurechtlich zulässig ist. Anderenfalls ist die Zulassung der Abwasseranlage selbst dann zu verweigern, wenn sie für sich betrachtet rechtlich unbedenklich wäre.[898]

---

[891] *OVG Lüneburg*, Urt. v. 3. 11. 1988 – 3 A 341/87 – NuR 1991, 99 – Abbauvorhaben. Zum Anliegergebrauch *BVerwG*, Urt. v. 11. 5. 1999 – 4 VR 7.99 – NVwZ 1999, 1341 = DVBl. 1999, 1513.
[892] *VGH Kassel*, Urt. v. 4. 9. 1987 – 4 UE 1693/85 – RdL 1988, 234 – Abwasserentsorgung.
[893] *VGH Mannheim*, Urt. v. 12. 10. 1990 – 8 S 1763/90 – BWVPr. 1991, 215 = ZfBR 1991, 182 – Abwasserversickerung.
[894] *Taegen* in: Schlichter/Stich, Rdn. 14, 16 zu § 35 BauGB. Dies gilt auch, wenn der Eigentümer für Erschließungsmaßnahmen Grundstücksflächen zur Verfügung gestellt hat, so *BVerwG*, B. v. 4. 9. 1987 – 4 B 169.87 – (unveröffentlicht); vgl. auch Urt. v. 22. 2. 1992 – 8 C 46.91 – (unveröffentlicht); *Geiger* JA 1993, 250. Zum Anspruch auf Erschließung für bergrechtlich zugelassene Abbauvorhaben *Reimus* DVBl. 1984, 82.
[895] *BVerwG*, Urt. v. 30. 8. 1985 – 4 C 48.81 – BauR 1985, 661 = NJW 1986, 394 = DVBl. 1986, 186 – Erschließungsanlage *OVG Saarlouis*, Urt. v. 28. 1. 1992 – 2 R 58/89 – UPR 1993, 39; vgl. auch *Krautzberger* in: Battis/Krautzberger/Löhr, Rdn. 9 zu § 35 BauGB.
[896] *BVerwG*, Urt. v. 30. 8. 1985 – 4 C 48.81 – AgrarR 1986, 145 = BauR 1985, 661 = NVwZ 1986, 38 = DVBl. 1986, 186 – landwirtschaftlicher Betrieb; *Krautzberger* in: Battis/Krautzberger/Löhr, Rdn. 45 zu § 35 BauGB.
[897] *BVerwG*, Urt. v. 21. 2. 1986 – 4 C 10.83 – Buchholz 406.11 § 30 BBauG Nr. 25; Urt. v. 3. 5. 1991 – 8 C 77.89 – BVerwGE 88, 166 = NVwZ 1991, 1086 = ZfBR 1991, 227; die gegen diese Entscheidung erhobene Verfassungsbeschwerde hat das *BVerfG* nicht zur Entscheidung angenommen, vgl. *BVerfG*, B. v. 23. 1. 1995 – 1 BvR 966/91 – (unveröffentlicht); *VGH Mannheim*, Urt. v. 29. 6. 1989 – 2 S 2737/88 – ESVGH 39, 281.
[898] *VGH Mannheim*, Urt. v. 18. 4. 1991 – 5 S 2562/89 – NuR 1993, 83 = ZfW 1992, 437 – Bahnhofsumbau; *VGH Kassel*, Urt. v. 8. 2. 1990 – 3 UE 1698/89 – BauR 1991, 200 = VR 1990, 247 – Bahnhofsgebäude.

11. Rückbauverpflichtung

2566 Die Grundgedanken der „Flexibilisierung" von Baurechten wird im EAG Bau auch für bestimmte Außenbereichsvorhaben durch eine **Rückbauverpflichtung** nutzbar gemacht: Der Schutz des Außenbereichs soll dadurch gestärkt werden, dass in § 35 V BauGB als weitere Zulässigkeitsvoraussetzung für Vorhaben nach § 35 I Nr. 2 bis 6 BauGB eine Verpflichtung zu übernehmen ist, das Vorhaben nach dauerhafter Aufgabe der zulässigen Nutzung zu beseitigen und den Boden zu entsiegeln. Ausgenommen sind zulässige Nutzungsänderungen von Anlagen, die einem landwirtschaftlichen Betrieb dienen (§ 35 I Nr. 1 BauGB) oder zulässige Nutzungsänderungen nicht privilegierter Außenbereichsvorhaben (§ 35 II BauGB). Durch die Rückbauverpflichtung soll die bisherige Rechtslage fortentwickelt und insbesondere einer Beeinträchtigung der Landschaft durch aufgegebene Anlagen erheblichen Umfangs mit einer zeitlich nur begrenzten Nutzungsdauer entgegengewirkt werden.

2567 Die Rückbauverpflichtung soll die Baugenehmigungsbehörde durch Baulast oder in anderer Weise (z. B. durch Grunddienstbarkeit oder Sicherheitsleistung) sicherstellen (§ 35 V 3 BauGB). Die Übernahme der Rückbauverpflichtung ist eine weitere Zulässigkeitsvoraussetzung. Eine darüber hinausgehende als Zulässigkeitsvoraussetzung normierte Rückbauverpflichtung für Vorhaben nach § 35 I Nr. 1 BauGB und für sonstige Vorhaben nach § 35 II BauGB besteht nicht. Eine bereits begründete Rückbauverpflichtung ist zu übernehmen, wenn ein Vorhaben nach § 35 I Nr. 2 bis 6 BauGB in ein anderes Vorhaben nach § 35 I Nr. 2 bis 6 BauGB umgenutzt wird. Eine Rückbauverpflichtung ist auch zu übernehmen, wenn ein Vorhaben nach § 35 I Nr. 1 BauGB in ein Vorhaben nach § 35 I Nr. 2 bis 6 BauGB umgewandelt wird. Sie entfällt, wenn ein Vorhaben nach § 35 I Nr. 2 bis 6 BauGB in ein solches nach § 35 I Nr. 1 oder II BauGB umgenutzt wird. Als Folge dieser Änderung soll durch § 244 VII BauGB sicherstellen, dass bauliche Anlagen, deren Nutzung bereits vor dem In-Kraft-Treten des EAG Bau zulässigerweise aufgenommen worden ist, auch bei einer Nutzungsänderung nicht nach § 35 V 2 zurückgebaut werden müssen.[899]

II. Nicht privilegierte Außenbereichsvorhaben (§ 35 II BauGB)

2568 Sonstige Vorhaben, die nicht nach § 35 I BauGB privilegiert sind, können nach § 35 II BauGB im Einzelfall zugelassen werden, wenn ihre Ausführung oder Benutzung öffentliche Belange nicht beeinträchtigt und die Erschließung gesichert ist.[900] Das Erfordernis der gesicherten Erschließung von nicht privilegierten Außenbereichsvorhaben ist durch eine klarstellende Ergänzung des § 35 II BauGB in das BauGB ausdrücklich aufgenommen worden. Eine inhaltliche Änderung bedeutet dies allerdings nicht, da auch nach der früheren Fassung des § 35 II BauGB die Erschließung gesichert sein musste. Eine Beeinträchtigung öffentlicher Belange liegt nach § 35 III BauGB insbesondere vor, wenn das Vorhaben den Darstellungen des Flächennutzungsplans widerspricht,[901] den Darstellungen eines Landschaftsplans oder sonstiger Pläne insbesondere des Wasser-, Abfall- oder Immissionsschutzrechts widerspricht, schädliche Umwelteinwirkungen hervorrufen kann oder ihnen ausgesetzt wird, unwirtschaftliche Aufwendungen für Straßen oder andere Verkehrseinrichtungen, für Anlagen der Versorgung oder Entsorgung, für die Sicherheit oder Gesundheit oder für sonstige Aufgaben erfordert, Belange des Naturschutzes und der Landschaftspflege, des Bodenschutzes, des Denkmalschutzes oder die natürliche Eigenart der Landschaft und ihren Erholungswert beeinträchtigt oder das Orts- und Landschaftsbild verunstaltet, Maßnahmen zur Verbesserung der Agrarstruktur beeinträchtigt oder die Wasserwirtschaft gefährdet oder die Entstehung, Verfestigung oder Erweiterung einer

---
[899] EAG BauGB – Mustererlass 2004.
[900] *Upmeier* Zulässigkeit von Vorhaben HdBöffBauR Kap. A Rdn. 582.
[901] BVerwG, Urt. v. 15. 5. 1997 – 4 C 23.95 – NVwZ 1998, 58 = BauR 1997, 988 – einsehbarer Hang.

Splittersiedlung befürchten lässt. Die durch das BauROG 1998 hinsichtlich verschiedener Belange redaktionell neu gefasste Vorschrift enthält trotz der Formulierung „können im Einzelfall zugelassen werden" keinen Ermessensspielraum für die Baugenehmigungsbehörde. Es besteht vielmehr ein Rechtsanspruch auf Genehmigung, wenn die Voraussetzungen des § 35 II, III BauGB gegeben sind. Dies setzt allerdings voraus, dass durch ein nicht privilegiertes Vorhaben öffentliche Belange nicht beeinträchtigt werden. Zuzulassen ist ein Vorhaben trotz der Wendung „im Einzelfall" auch dann, wenn in mehreren vergleichbaren Fällen öffentliche Belange nicht beeinträchtigt werden. Raumbedeutsame Vorhaben nach § 35 II BauGB dürfen ebenso wie privilegierte Außenbereichsvorhaben nach § 35 I BauGB den Zielen der Raumordnung nicht widersprechen (§ 35 III 2 BauGB). Der Begriff der öffentlichen Belange ist in § 35 III BauGB nicht generell oder abschließend bestimmt.[902] Er wird lediglich durch den nicht abschließenden Katalog des § 35 III BauGB erläutert. Es handelt sich dabei um einen unbestimmten Gesetzesbegriff. Neben die in § 35 III BauGB erwähnten Belange können auch andere öffentliche Belange treten, wenn sie in einem konkreten Bezug zur städtebaulichen Ordnung stehen.

1. Beeinträchtigung öffentlicher Belange

Der wesentliche **Unterschied** zwischen den privilegierten Vorhaben nach § 35 I BauGB und den nicht privilegierten Vorhaben in § 35 II BauGB besteht darin, dass privilegierte Vorhaben an öffentlichen Belangen nur scheitern, wenn sie **entgegenstehen**, während nicht privilegierte Vorhaben bereits dann planungsrechtlich unzulässig sind, wenn sie öffentliche Belange **beeinträchtigen**. Davon ist in der Regel auszugehen, wenn öffentliche Belange durch das Vorhaben auch nur nachteilig berührt werden.[903] Die öffentlichen Belange in § 35 III BauGB sind allerdings nur beispielhaft erwähnt. Der Katalog ist nicht abschließend.[904] Für eine Interessenabwägung ist dabei nur insofern Raum, als die öffentlichen Belange in ihrer Wertigkeit von den ihnen gegenüberstehenden privaten Belangen beeinflusst werden können.[905] Privilegierte Vorhaben sind im Vergleich zu sonstigen Vorhaben gegenüber den öffentlichen Belangen nicht absolut, sondern nur insofern bevorzugt, als bei der Abwägung ihrer Privilegierung in Rechnung zu stellen ist.[906] Der Katalog der beeinträchtigten öffentlichen Belange in § 35 III BauGB bezieht sich dabei auf die nicht privilegierten Außenbereichsvorhaben des § 35 II BauGB, macht jedoch nicht in gleicher Weise auch privilegierte Vorhaben nach § 35 I BauGB unzulässig. Die Privilegierung nach § 35 I BauGB verleiht dem Vorhaben ein grundsätzlich stärkeres Gewicht und Durchsetzungsvermögen gegenüber öffentlichen Belangen. Durch die generelle Verweisung dieser Vorhaben in den Außenbereich hat der Gesetzgeber selbst eine planerische Entscheidung zu Gunsten dieser Vorhaben getroffen und sozusagen selbst geplant. Zugleich hat er damit eine gewisse Beeinträchtigung öffentlicher Belange in Kauf genommen. Bei der gebotenen (nachvollziehenden) Abwägung zwischen den jeweils berührten Belangen muss daher eine Privilegierung zu Gunsten des Vorhabens ins Gewicht fallen.

Bei den **nicht privilegierten Vorhaben** geht das Gesetz grundsätzlich von einer Unzulässigkeit bodenrechtlich relevanter Vorhaben aus. Es reicht daher jede Beeinträchtigung öffentlicher Belange.[907] Werden durch die Ausführung oder Benutzung eines Bauvorha-

---

[902] *BVerwG*, Urt. v. 15. 5. 1997 – 4 C 23.95 – NVwZ 1998, 58 = BauR 1997, 988 – einsehbarer Hang.
[903] *BVerwG*, B. v. 26. 7. 1972 – 4 B 49.72 – Buchholz 406.11 § 1 BBauG Nr. 4; *OVG Lüneburg*, Urt. v. 15. 9. 1994 – 1 L 127/94 – NuR 1995, 315 – Windenergieanlage; *Birk* BayVBl. 1977, 625.
[904] Dies ergibt sich aus dem Merkmal „insbesondere" in § 35 III BauGB, *Taegen* in: Schlichter/Stich, Rdn. 56 zu § 35 BauGB.
[905] *BVerwG*, B. v. 20. 10. 1971 – 4 B 41.70 – Buchholz 406.11 § 35 BBauG Nr. 93 – Zusage.
[906] *BVerwG*, B. v. 22. 12. 1971 – 4 B 140.70 – Buchholz 406.11 § 35 BBauG Nr. 94.
[907] *BVerwG*, B. v. 16. 11. 1965 – 4 B 274.65 – BBauBl. 1966, 212 = BlGBW 1966, 132 – Wochenendhaus. Dies gilt auch für von ihrer Gestaltung an die Landschaft angepasste Vorhaben; B. v. 21. 11. 1967 – 4 B 79.67 – Buchholz 406.11 § 35 BBauG Nr. 59 – Kleinstbauwerk. *Ziegler* ZfBR 1979, 149.

bens im Außenbereich öffentliche Belange allerdings nicht beeinträchtigt, so besteht ein Rechtsanspruch auf Zulassung dieses Vorhabens.[908] Ob eine Beeinträchtigung vorliegt, muss im Einzelfall durch nachvollziehende, nicht planerische **Abwägung** ermittelt werden.[909] § 35 II BauGB stellt mit der Frage, ob öffentliche Belange beeinträchtigt werden, nicht allein auf den baulichen Bestand des Vorhabens ab. Beachtlich sind vielmehr alle bodenrechtlich relevanten Auswirkungen des Vorhabens.[910] Die Abwägung zwischen den Interessen an der Durchführung des Vorhabens und den entgegenstehenden oder beeinträchtigten Belangen findet jedoch ihre Grenze dann, wenn eine **Kompensation**, also eine Saldierung der Vor- und Nachteile erforderlich würde. Dies käme im Ergebnis einer **planerischen Abwägung**[911] und **Konfliktbewältigung**[912] gleich, die im Außenbereich ohne förmliche Bauleitplanung nicht geleistet werden kann.[913] Planerische Kompensati-

---

[908] *BGH*, Urt. v. 15. 2. 1981 – III ZR 119/79 – NJW 1981, 982 = BauR 1981, 357 = *Hoppe/Stüer* RzB Rdn. 405 – Außenbereichsvorhaben.

[909] *Taegen* in: Schlichter/Stich, Rdn. 56 zu § 35 BauGB. Das Gesetz lässt dabei wegen des fehlenden Ermessensspielraums nur eine richtige Antwort zu.

[910] *BVerwG*, B. v. 19. 7. 1988 – 4 B 124.88 – Buchholz 406.11 § 35 BBauG/BauGB Nr. 250 = *Hoppe/Stüer* RzB Rdn. 5505 – Nutzungsänderung.

[911] *Blumenberg* DVBl. 1989, 86; *Dreier* Die normative Steuerung der planerischen Abwägung 1995; *Erbguth* DVBl. 1986, 1230; *Hoppe* DVBl. 1964, 165; *ders.* BauR 1970, 15; *ders.* DVBl. 1974, 641; *ders.* DVBl. 1994, 1030; *Hoppe* in: Hoppe/Bönker/Grotefels ÖffBauR § 7; *ders.* DVBl. 1988, 469; *ders.* DVBl. 1996, 12; *ders.* Abwägung im Recht 1996, 133; *Ibler* JuS 1990, 7; *Jochum* Amtshaftung bei Abwägungs- und Prognosefehlern in der Bauleitplanung 1994; *Just* Ermittlung und Einstellung von Belangen bei der planerischen Abwägung 1996; *Koch* DVBl. 1983, 1125; *ders.* DVBl. 1989, 399; *Pfeifer* DVBl. 1989, 337; *Schlink* Abwägung im Verfassungsrecht 1976; *Schmidt-Aßmann* Die Berücksichtigung situationsbestimmter Abwägungselemente in der Bauleitplanung 1981; *Schwerdtfeger* JuS 1983, 270; *Sendler* UPR 1995, 41; *Stüer* DVBl. 1977, 1; *ders* NuR 1981, 149; *ders.* DVBl. 1995, 912; *Stühler* VBlBW 1986, 122; *Weidemann* DVBl. 1994, 263; *Weyreuther* DÖV 1977, 419.

[912] Grundlegend *Weyreuther* BauR 1975, 1; *ders.* BauR 1977, 293; *Hoppe* FS Ernst 1980, 215; *ders.* in: Hoppe/Bönker/Grotefels § 7 Rdn. 141; *Sendler* UPR 1985, 211; *Krautzberger* in: Battis/Krautzberger/Löhr § 1 Rdn. 115; *Blümel* in: Stüer (Hrsg.) Verfahrensbeschleunigung, S. 17; *Boeddinghaus* ZfBR 1984, 167; *Bleicher* BlGBW 1983, 45; *Breuer* Die Bodennutzung im Konflikt zwischen Städtebau und Eigentumsgarantie 1976; *Gaentzsch* WiVerw. 1985, 235; *Groh* Konfliktbewältigung im Bauplanungsrecht 1988; *Kleinlein* DVBl. 1989, 184; *Pfeifer* Der Grundsatz der Konfliktbewältigung in der Bauleitplanung 1989; *ders.* DVBl. 1989, 337; *Schink* NJW 1990, 351; *Schlichter* JuS 1985, 898; *Schreiber* FoR 1995, 129; *Sendler* WiVerw. 1985, 211; *Stüer* StuGR 1989, 6; *Stühler* VBlBW 1988, 201; *Ziegert* BauR 1984, 15; *BGH*, Urt. v. 21. 12. 1989 – III ZR 49/88 – BGHZ 110, 1 = NJW 1990, 1042 = *Hoppe/Stüer* RzB Rdn. 585 – Asbestverarbeitung Buchholzer Berg; *BVerwG*, Urt. v. 5. 7. 1974 – IV C 50.72 – BVerwGE 45, 309 = NJW 1975, 70 = *Hoppe/Stüer* RzB Rdn. 24 – Delog-Detag; Urt. v. 14. 2. 1975 – IV C 21.74 – BVerwGE 48, 56 = DVBl. 1975, 713 = *Hoppe/Stüer* RzB Rdn. 50 – B 42; Urt. v. 12. 12. 1975 – IV C 71.73 – BVerwGE 50, 49 = NJW 1977, 1932 = *Hoppe/Stüer* RzB Rdn. 60 – Tunnelofen; Urt. v. 21. 5. 1976 – IV C 80.74 – BVerwGE 51, 15 = DVBl. 1976, 799 = *Hoppe/Stüer* RzB Rdn. 108 – Stuttgart-Degerloch; Urt. v. 15. 4. 1977 – IV C 100.74 – BVerwGE 52, 237 = NJW 1978, 119 = *Hoppe/Stüer* RzB Rdn. 109 – Plochinger Dreieck; Urt. v. 23. 1. 1981 – 4 C 4.78 – BVerwGE 61, 295 = NJW 1981, 2137 = *Hoppe/Stüer* RzB Rdn. 113; Urt. v. 23. 1. 1981 – 4 C 68.78 – BVerwGE 61, 307; Urt. v. 5. 8. 1983 – 4 C 96.79 – BVerwGE 67, 334 = DVBl. 1984, 143 = *Hoppe/Stüer* RzB Rdn. 969; B. v. 17. 2. 1984 – 4 B 191.83 – BVerwGE 69, 30 = NVwZ 1984, 235 = *Hoppe/Stüer* RzB Rdn. 61 – Reuter-Kraftwerk; B. v. 8. 12. 1987 – 4 NB 3.87 – BVerwGE 78, 305 = *Hoppe/Stüer* RzB Rdn. 64 – Asphalt-Mischanlage; B. v. 13. 7. 1989 – 4 B 140.88 – NVwZ 1990, 459 = BauR 1989, 703 = *Hoppe/Stüer* RzB Rdn. 67 – Schefenacker; Urt. v. 20. 10. 1989 – 4 C 12.87 – BVerwGE 84, 31 = NJW 1990, 925 = *Hoppe/Stüer* RzB Rdn. 216 – Eichenwäldchen; B. v. 18. 12. 1990 – 4 N 6.88 – DVBl. 1991, 442 = *Hoppe/Stüer* RzB Rdn. 179 – Gewerbegebiet-Nord; B. v. 12. 12. 1990 – 4 NB 13.90 – BauR 1991, 169 = *Hoppe/Stüer* RzB Rdn. 882; B. v. 30. 11. 1992 – 4 NB 41.92 – (unveröffentlicht).

[913] *BVerwG*, B. v. 13. 10. 1976 – 4 B 149.76 – Buchholz 406.11 § 35 BBauG Nr. 131 – Erweiterung gewerbliche Anlage. Zu den in der Bauleitplanung zu beachtenden Abwägungsgesichtspunkten *VGH Mannheim*, Urt. v. 5. 12. 1991 – 5 S 976/91 – NVwZ-RR 1993, 97 = NuR 1992, 335 = ZfBR 1992, 247.

onsmaßnahmen bedürfen daher im Außenbereich einer konkretisierenden Bauleit- oder Fachplanung.[914] Auf entgegenstehende oder beeinträchtigte öffentliche Belange kann auch nicht verzichtet werden. In der Überschreitung des in der Nachbarschaft verwirklichten Maßes der baulichen Nutzung durch ein Vorhaben im Außenbereich liegt allerdings für sich allein genommen noch keine Beeinträchtigung öffentlicher Belange i. S. von § 35 III BauGB. Die bauliche Erweiterung eines Gewerbebetriebes im Außenbereich ist nicht schon dann planungsrechtlich unzulässig, wenn sie eine Expansion des Betriebes ermöglicht. Öffentliche Belange werden nur dann beeinträchtigt, wenn von der Erweiterung konkrete nachteilige Wirkungen auf die Umgebung ausgehen.[915] Das ist allerdings bei einer Raum in Anspruch nehmenden Erweiterung anzunehmen. Allerdings kann eine vorübergehende Beeinträchtigung öffentlicher Belange im Einzelfall hingenommen werden, wenn sie durch entsprechende andere öffentliche Belange gerechtfertigt ist. Die Errichtung von Wohncontainern für die Aufnahme von Aussiedlern kann etwa im Außenbereich dann zugelassen werden, wenn dies lediglich für einen Zeitraum von zwei Jahren geschieht.[916] Auch kann das besondere öffentliche Interesse an der Unterbringung von Aussiedlern oder Asylbewerbern[917] im Falle eines erhöhten Handlungszwangs bei der Bewertung der nachbarlichen Zumutbarkeitsgrenze berücksichtigt werden.[918]

Die **Freiheit der Kunst (Art. 5 III 1 GG)** hindert grundsätzlich nicht daran, eine baurechtliche Genehmigung für die Aufstellung von Monumentalfiguren der Baukunst im Außenbereich wegen Widerspruchs zu Darstellungen des Flächennutzungsplans, wegen einer Verunstaltung des Landschaftsbilds oder wegen einer Beeinträchtigung der natürlichen Eigenart der Landschaft[919] gem. § 35 II und III BauGB zu versagen.[920] Eine Grundlage dafür, die Grundrechtsgewährleistung des Art. 5 III 1 GG im Bereich des Bauplanungsrechts einzugrenzen, bietet – neben den baurechtlichen Verunstaltungsverboten – Art. 20a GG. Die Verpflichtung zum Schutz der natürlichen Lebensgrundlagen nach Art. 20a GG ist als Staatsziel ausgestaltet. Sie beansprucht als objektiv-rechtlicher Verfassungssatz unmittelbare Geltung, auch wenn sie keine subjektiven Rechte begründet. Art. 20a GG wendet sich in erster Linie an den Gesetzgeber, den die Verpflichtung trifft, den in dieser Norm enthaltenen Gestaltungsauftrag umzusetzen. Durch die ausdrückliche Einordnung der Staatszielbestimmung in die verfassungsmäßige Ordnung wird insoweit klargestellt, dass der Umweltschutz keinen absoluten Vorrang genießt, sondern in Ausgleich mit anderen Verfassungsprinzipien und -rechtsgütern zu bringen ist. Dies trifft auch für den Fall der Kollision mit Grundrechtsverbürgungen zu, die, wie Art. 5 III 1 GG, keinem Vorbehalt unterliegen.[921]

Beispiel: Auf einem im Außenbereich gelegenen Hanggrundstück, dessen Umgebung vorwiegend land- und forstwirtschaftlich genutzt wird, sollen zwei vermutlich Ende der 30er Jahre entstandene

---

[914] *BVerwG*, Urt. v. 16. 2. 1973 – IV C 61.70 – BVerwGE 42, 8 = DVBl. 1973, 451.
[915] *BVerwG*, Urt. v. 22. 6. 1990 – 4 C 6.87 – BauR 1990, 689 = NVwZ 1991, 64 = DVBl. 1990, 1122 = *Hoppe/Stüer* RzB Rdn. 513 – Abbundhalle.
[916] *VGH München*, Urt. v. 12. 8. 1992 – 1 CS 92/2058 – NVwZ 1993, 278 – Wohncontainer.
[917] *VGH München*, Urt. v. 24. 1. 1992 – 1 CS 91.3190 – BRS 54 (1992), Nr. 155 = BayVBl. 1992, 434 = NVwZ 1992, 1099 – Asylbewerberheim; *OVG Schleswig*, Urt. v. 5. 12. 1991 – 1 M 66/91 – SchlHA 1992, 48 – Asylbewerberheim; *OVG Saarlouis*, Urt. v. 1. 10. 1990 – 2 W 29/90 – BRS 50 (1990), Nr. 170; *Heermann* ThürVBl. 1994, 92; *Sarnighausen* NVwZ 1994, 741 s. dort jeweils auch zum Nachbarschutz. Einen allgemeinen Milieuschutz kennt das Baurecht nicht.
[918] *OVG München*, B. v. 31. 7. 1992 – 10 B 3144/92 – (unveröffentlicht) – Asylbewerberheim.
[919] *BVerwG*, B. v. 1. 12. 1980 – 4 B 144.80 – Buchholz 406.11 § 35 BBauG Nr. 174; *VGH Mannheim*, Urt. v. 10. 2. 1989 – 8 S 3411/88 – ESVGH 40, 151 = BRS 49 (1989), Nr. 101 = NuR 1991, 251 – Ortsrandlage. Ob ein Bauwerk die natürliche Eigenart der Landschaft beeinträchtigt, kann ohne Augenscheinseinnahme beurteilt werden, so *BVerwG*, B. v. 22. 6. 1966 – 4 B 57.66 – Buchholz 406.11 § 35 BBauG Nr. 30.
[920] *BVerwG*, Urt. v. 13. 4. 1995 – 4 B 70.95 – NuR 1995, 253 = UPR 1995, 309 = DVBl. 1995, 1008 = BauR 1995, 665 – Arno Breker.
[921] *BVerwG*, Urt. v. 13. 4. 1995 – 4 B 70.95 – DVBl. 1995, 1008 – Arno Breker.

Monumentalfiguren aufgestellt werden. Es handelt sich um die Darstellungen von Artemis und Aurora, die Arno Breker zugerechnet werden. Die Figuren sind 6 m hoch und 7 m lang und sollen auf ca. 7 m hohe Sockel aus Beton und Quadersteinen gesetzt werden. Das nicht privilegierte Außenbereichsvorhaben ist planungsrechtlich unzulässig, wenn öffentliche Belange beeinträchtigt sind. Dazu können auch Belange des Natur- und Landschaftsschutzes oder andere Umweltbelange gehören.

2572 Im Übrigen zulässige Vorhaben nach § 35 BauGB scheitern allerdings in aller Regel nicht an dem Erfordernis einer **Außenkoordination**. Denn soweit bei einem Vorhaben im Außenbereich eine Koordination nach außen notwendig ist, bedarf es regelmäßig keiner förmlichen Planung, die sich als Zulassungshindernis erweisen könnte. Die Außenkoordination wird grundsätzlich durch die in § 35 III BauGB angeführten öffentlichen Belange gewährleistet, zu denen nicht zuletzt die Vermeidung schädlicher Umwelteinwirkungen, der Naturschutz sowie das Verbot der Beeinträchtigung der natürlichen Eigenart oder der Erholungsfunktion der Landschaft gehören.[922] Die Zulassung eines Außenbereichsvorhabens kann allerdings am öffentlichen Belang eines **Planungserfordernisses** scheitern. Ein solches Erfordernis liegt vor, wenn das Vorhaben einen Koordinierungsbedarf auslöst, dem nicht das Konditionalprogramm des § 35 BauGB, sondern nur eine Abwägung im Rahmen einer förmlichen Planung angemessen Rechnung zu tragen vermag. Besteht im Verhältnis benachbarter Gemeinden ein qualifizierter Abstimmungsbedarf im Sinne des § 2 II BauGB, so ist dies ein starkes Anzeichen dafür, dass die in § 35 III BauGB aufgeführten Zulassungsschranken nicht ausreichen, um ohne Abwägung im Rahmen einer förmlichen Planung eine Entscheidung über die Zulässigkeit des benachbarten Vorhabens treffen zu können. Von einem qualifizierten Abstimmungsbedarf ist dann auszugehen, wenn das Vorhaben die in § 11 III Atz 1 BauNVO bezeichneten Merkmale aufweist,[923]

2573 Aus dem **Bestandsschutz**, den eine bauliche Anlage wegen und in einer bestimmten Funktion genießt, lässt sich nichts zu Gunsten einer Änderung dieser Funktion herleiten. Die Zulässigkeit einer **Nutzungsänderung** muss daher jeweils anhand der gesetzlichen Regelungen geprüft werden. § 35 III BauGB ermöglicht nicht, die landwirtschaftsfremde Nutzungsänderung landwirtschaftlicher Baulichkeiten zu erleichtern.[924] Dies ist nur nach Maßgabe der § 35 IV BauGB möglich. Allerdings entfällt der Bestandsschutz einer Anlage durch eine Nutzungsänderung erst dann, wenn eine andere Nutzung aufgenommen worden ist und nach der Verkehrsauffassung die bisherige Nutzung endgültig aufgegeben worden ist.[925] Gewisse Variationen oder neue Teilnutzungen, die den Charakter der bisherigen Nutzung nicht durchgreifend beeinträchtigen, führen nicht dazu, dass der Bestandsschutz entfällt. Eine Jagdhütte etwa verliert durch die Änderung ihrer Nutzung in eine Hütte für Freizeitzwecke ihren Bestandsschutz,[926] wenn die Nutzungsänderung auf Dauer angelegt und mit der Wiederaufnahme der Nutzung für Jagdzwecke wegen durchgeführter Umbaumaßnahmen und Gestaltveränderung nicht gerechnet werden kann. Einzelne öffentliche Belange sind in § 35 III BauGB durch das BauROG 1998 neu gruppiert aufgeführt.

---

[922] *BVerwG*, Urt. v. 3. 4. 1987 – 4 C 43.84 – Buchholz 406.11 § 34 BBauG Nr. 118; vgl. auch B. v. 27. 6. 1983 – 4 B 201.82 – Buchholz 406.11 § 35 BBauG Nr. 204; B. v. 5. 1. 1996 – 4 B 306.95 – RdL 1996, 64 = UPR 1996, 154 = NJ 1996, 223.
[923] *BVerwG*, Urt. v. 1. 8. 2002 – 4 C 5.01 – BVerwGE 117, 25 = DVBl. 2003, 62 = NVwZ 2003, 86 – FOC Zweibrücken.
[924] *BVerwG*, Urt. v. 15. 11. 1974 – IV C 32.71 – BVerwGE 47, 185 = *Hoppe/Stüer* RzB Rdn. 402 – landwirtschaftsfremde Nutzung.
[925] *VGH Kassel*, Urt. v. 20. 2. 1994 – 3 TH 2631/94 – RdL 1995, 83 = BRS 56 (1996), Nr. 77 – Jagdhütte.
[926] *BVerwG*, B. v. 21. 6. 1994 – 4 B 108.94 – BauR 1994, 737 = NVwZ-RR 1995, 312 = RdL 1994, 269 = UPR 1994, 447 – Jagdhütte.

2. Widerspruch zu den Darstellungen des Flächennutzungsplans

Nach § 35 III 1 Nr. 1 BauGB liegt eine Beeinträchtigung öffentlicher Belange vor, wenn das Vorhaben den Darstellungen des Flächennutzungsplans widerspricht. Dabei kommt den Darstellungen des Flächennutzungsplans regelmäßig eine unüberwindbare Ausschlussfunktion zu.[927] Das nicht privilegierte Vorhaben widerspricht daher den Darstellungen des **Flächennutzungsplans**, wenn seine Verwirklichung gegen Aussagen des Flächennutzungsplans verstößt. Diese können auch allgemein gefasst sein.

Beispiel: Die Darstellung einer Fläche für die Landwirtschaft schließt etwa einen Campingplatz auch dann aus, wenn der Flächennutzungsplan keine weiteren konkreten standortbezogenen Aussagen hinsichtlich der Schutzbedürftigkeit der Flächen trifft.

Den Darstellungen des Flächennutzungsplans würde auch widersprechen, wenn eine dort als Fläche für die Landwirtschaft ausgewiesene Fläche aus der landwirtschaftlichen Nutzung herausgetrennt und einem bebauten Hausgrundstück als Gartenbereich angegliedert werden soll.[928] Dies gilt vor allem dann, wenn sich für vergleichbare Außenbereichsfälle Vorbildwirkungen ergeben können.[929] Denn das planerische Konzept der Gemeinde findet bereits in dem Flächennutzungsplan seinen Ausdruck und enthält öffentliche Belange, die bei der Bewertung von Außenbereichsvorhaben eine Rolle spielen.[930]

Der Flächennutzungsplan kann genügend konkretisierte planerische Vorstellungen über **Beschränkungen** der Bebauung im Außenbereich enthalten. Er kann dabei öffentliche Belange dadurch zum Ausdruck bringen, dass er die örtlichen Gegebenheiten wie etwa die natürliche Beschaffenheit des Geländes oder die soziale Struktur widerspiegelt. Dabei können planerische Vorstellungen für die künftige Gemeindeentwicklung dargestellt werden, mit denen sich das beabsichtigte Vorhaben nicht verträgt.[931] Der Flächennutzungsplan ist nicht deshalb bedeutungslos, weil seine Darstellungen mit den **tatsächlichen Verhältnissen** nicht vollständig übereinstimmen. Die Veränderung der tatsächlichen Gegebenheiten kann allerdings dazu führen, dass sich das Gewicht der Aussagen des Flächennutzungsplans abschwächt und er die ihm zugewiesene Bedeutung als Konkretisierung öffentlicher Belange verliert.[932] Flächennutzungspläne dienen insoweit nur zur „Unterstützung und einleuchtenden Fortschreibung bestimmter tatsächlicher Gegebenheiten."[933] Auf die tatsächlichen Gegebenheiten abzustellen, bedeutet allerdings nicht, dass der Flächennutzungsplan nur dann ein beachtlicher öffentlicher Belang ist, wenn seine Darstellungen mit der tatsächlichen Situation übereinstimmen. Dann liefe seine Erwähnung als öffentlicher Belang weitgehend leer. Vielmehr soll lediglich klargestellt werden, dass der Flächennutzungsplan dort nicht mehr maßgeblich sein kann, wo seine Darstellungen den besonderen örtlichen Verhältnissen nicht mehr gerecht werden, diese also etwa durch die zwischenzeitliche Entwicklung überholt sind.[934]

---

[927] BVerwG, B. v. 31. 10. 1997 – 4 B 185.97 – Buchholz 406.11 § 35 BauGB Nr. 333.
[928] *VGH München*, Urt. v. 24. 11. 1994 – 2 B 93.1653 – BayVBl. 1995, 307 = NuR 1996, 41 = ZfBR 1995, 109.
[929] Eine Vorbildwirkung für eine Splittersiedlung kann auch bei dem ersten Bauvorhaben bestehen, *BVerwG*, B. v. 1. 12. 1967 – 4 B 23.67 – Buchholz 406.11 § 35 BBauG Nr. 63; *OVG Lüneburg*, Urt. v. 23. 9. 1991 – 6 L 46/90 – OVGE 42, 414 = UPR 1992, 200 = RdL 1992, 33 = ZfBR 1992, 94; *Dyong* in: Ernst/Zinkahn/Bielenberg/Krautzberger, Rdn. 126 zu § 35 BauGB; *Taegen* in: Schlichter/Stich, Rdn. 80, 82 zu § 35 BauGB.
[930] *BVerwG*, Urt. v. 15. 3. 1967 – 4 C 205.65 – *BVerwGE* 26, 287 = *Hoppe/Stüer* RzB Rdn. 497 – Außenbereich Flächennutzungsplan.
[931] *BVerwG*, Urt. v. 15. 3. 1967 – 4 C 205.65 – *BVerwG*E 26, 287 = *Hoppe/Stüer* RzB Rdn. 497 – Außenbereich Flächennutzungsplan.
[932] *BVerwG*, B. v. 1. 4. 1997 – 4 B 11.97 – NVwZ 1997, 899 = BauR 1997, 616 – einseitig bebaute Straße.
[933] *BVerwG*, Urt. v. 15. 3. 1966 – 4 C 205.65 – BVerwGE 26, 287.
[934] *BVerwG*, B. v. 1. 4. 1997 – 4 B 11.97 – NVwZ 1997, 899 = BauR 1997, 616 – einseitig bebaute Straße.

2577 Ein **Flächennutzungsplan** kann zwar im Rahmen der Prüfung sonstiger **öffentlicher Belange** beachtlich sein. Er ist jedoch ungeeignet, die einem Vorhaben etwa entgegenstehenden materiellen öffentlichen Belange wirksam auszuräumen.[935] Derartige öffentliche Belange, die gem. § 35 III BauGB kraft Gesetzes einem Vorhaben entgegenstehen, sollen nur durch eine die wechselseitigen öffentlichen und privaten Interessen berücksichtigende verbindliche Bauleitplanung überwunden werden können. Der Flächennutzungsplan trifft als nur vorbereitender Bauleitplan (§ 1 II BauGB) eine Aussage über die allgemeinen planerischen Vorstellungen der Gemeinde, normiert indes nicht, in welcher Art und Weise im Einzelnen gebaut werden soll. Dies unter Abwägung der berührten Belange und in Übereinstimmung mit der BauNVO festzulegen, ist erst Aufgabe des Bebauungsplans.[936] Auch ein einfacher Beschluss des Gemeinderates, ein bestimmtes Vorhaben zu befürworten, führt noch nicht zu einer Änderung des Flächennutzungsplans und kann auch nicht die planungsrechtliche Zulässigkeit eines nicht privilegierten Außenbereichsvorhabens bewirken.[937] Denn die Darstellungen des Flächennutzungsplans können nur durch förmliches gemeindliches Änderungsverfahren einen anderen Inhalt erhalten. Die Darstellungen des Flächennutzungsplans können ein Außenbereichsgrundstück auch im entschädigungsrechtlichen Sinne nicht zu Bauland aufwerten.[938] Allerdings kann sich aus der Darstellung des Flächennutzungsplans eine Bodenwertsteigerung in Richtung auf Bauerwartungsland ergeben, die im Entschädigungsfall zu berücksichtigen ist. Auf der anderen Seite widerspricht ein Vorhaben den Darstellungen des Flächennutzungsplans nicht, wenn es hinsichtlich der überbaubaren Flächen in einem **einfachen Bebauungsplan** ausgewiesen ist. Hier gehen die Festsetzungen des Bebauungsplans den Darstellungen des Flächennutzungsplans vor.[939] Auch würde ein solches Vorhaben die natürliche Eigenart der Landschaft nicht beeinträchtigen und auch das Entstehen, die Verfestigung oder Erweiterung einer Splittersiedlung nicht befürchten lassen.[940] Auch aus einem in Aufstellung befindlichen **Bebauungsplan** können sich nachteilig betroffene gemeindliche Belange ergeben. Der Bebauungsplan muss allerdings einen Verfahrensstand erreicht haben, der hinreichende Schlüsse auf seine Verwirklichung gestattet.[941]

2578 Auch **Ziele der Raumordnung**[942] können als beeinträchtigte öffentliche Belange die Zulässigkeit eines nicht privilegierten Vorhabens ausschließen, wenn sie sachlich und räumlich hinreichend konkret für die Beurteilung eines Einzelvorhabens sind.[943] So dürfen nach

---

[935] *BVerwG*, Urt. v. 10. 5. 1968 – 4 C 18.66 – Buchholz 406.11 § 19 Nr. 17 = NJW 1969, 68 – Flächennutzungsplan; B. v. 5. 6. 1975 – 4 B 43.75 – Buchholz 406.11 § 35 BBauG Nr. 119 – Flächennutzungsplan; Urt. v. 25. 1. 1985 – 4 C 29.81 – Buchholz 406.11 § 35 BBauG Nr. 223 = ZfBR 1985, 141 – Flächennutzungsplanentwurf; B. v. 17. 3. 1992 – 4 B 56.92 – Buchholz 406.11 § 35 BauGB Nr. 279 = *Hoppe/Stüer* RzB Rdn. 513 – Außenbereichsvorhaben.
[936] *BGH*, Urt. v. 12. 2. 1976 – III ZR 184/73 – MDR 1977, 32 = *Hoppe/Stüer* RzB Rdn. 494 – Sonderbaufläche für Ferienhäuser.
[937] *BVerwG*, Urt. v. 20. 1. 1984 – 4 C 43.81 – BVerwGE 68, 311 = DVBl. 1984, 627 = NVwZ 1984, 367 – Gärtnerei; B. v. 10. 10. 1991 – 4 B 167.91 – Buchholz 406.11 § 36 BauGB Nr. 45; *Dyong* in: Ernst/Zinkahn/Bielenberg/Krautzberger, Rdn. 94 zu § 35 BauGB.
[938] *BGH*, Urt. v. 17. 1. 1991 – III ZR 94/90 – BGHR § 42 I BauGB – zulässige Nutzung; zur Bewertung landwirtschaftlicher Hofstellen im Rahmen der Flurbereinigung *BVerwG*, Urt. v. 16. 9. 1975 – V C 32.75 – Buchholz 424.01 § 37 FlurbG Nr. 2 = RdL 1976, 74.
[939] So *VGH Mannheim*, Urt. v. 17. 2. 1995 – 8 S 2183/94 – UPR 1995, 280 = ZfBR 1995, 279.
[940] Die Befürchtung des Entstehens einer Splittersiedlung ist allerdings nicht schon deshalb unbegründet, weil das Vorhaben den Darstellungen des Flächennutzungsplans entspricht, so *BVerwG*, B. v. 5. 6. 1975 – 4 B 43.75 – Buchholz 406.11 § 35 BBauG Nr. 119; B. v. 18. 11. 1982 – 4 B 152.82 – Buchholz 406.11§ 35 BBauG Nr. 192.
[941] *Dyong* in: Ernst/Zinkahn/Bielenberg/Krautzberger, Rdn. 95 zu § 35 BauGB.
[942] Zur Raumordnung s. Rdn. 215.
[943] *BVerwG*, Urt. v. 20. 1. 1984 – 4 C 43.81 – BVerwGE 68, 311 = NVwZ 1984, 367 = DVBl. 1984, 627 = NJW 1984, 1577 = DÖV 1984, 846 = BauR 1984, 269 = *Hoppe/Stüer* RzB Rdn. 444 – Flughafen Nürnberg; Urt. v. 25. 10. 1967 – IV C 86.66 – BVerwGE 28, 148.

§ 35 III 2 BauGB raumbedeutsame Vorhaben den Zielen der Raumordnung nicht widersprechen. Ziele der Raumordnung, die über den Ausgleich des § 35 II und III BauGB nicht hinausgehen, haben keine Bedeutung als öffentlicher Belang i. S. dieser Vorschrift.[944] Auch ein allgemeiner Handlungsbedarf auf der Ebene der Raumordnung lässt sich nicht als öffentlicher Belang einstufen, an dem ein im Übrigen zulässiges Vorhaben scheitern kann. § 35 III 2 1. HS BauGB setzt raumordnerische Vorgaben mit Zielqualität (vgl. § 3 Nr. 2 ROG) voraus. Dies wird auch durch eine Abgrenzung von bindenden Zielen und durch Abwägung überwindbaren Grundsätzen im ROG deutlich. Fehlt es daran etwa in den neuen Bundesländern noch, kann dies auch nicht durch ministerielle Richtlinien ersetzt werden. Ist die Aufstellung von Zielen der Raumordnung eingeleitet, so kann die für die Raumordnung zuständige Landesbehörde nach § 7 I ROG raumbedeutsame Planungen, die Gemeinden als sonstige Stellen i. S. des § 4 V ROG beabsichtigen, für eine bestimmte Zeit untersagen, wenn zu befürchten ist, dass die Durchführung der Ziele unmöglich gemacht oder wesentlich erschwert wird. Eine solche Untersagung erzeugt indes keine unmittelbare Rechtswirkung gegenüber einzelnen Bauinteressenten. Ebenso wenig binden den Bürger sonstige Maßnahmen der für die Raumordnung zuständigen Behörde im Stadium der Zielerarbeitung. Derartige Planungsaktivitäten wirken sich im Rahmen des § 35 BauGB weder positiv noch negativ auf die Zulassung eines Einzelvorhabens aus.[945]

3. Darstellungen eines Landschaftsplans oder sonstigen Plans

2579 Durch die Ergänzung des § 35 III 1 Nr. 2 BauGB im BauROG 1998 ist ausdrücklich klargestellt, dass eine Beeinträchtigung öffentlicher Belange auch vorliegt, wenn das Vorhaben den Darstellungen eines Landschaftsplans oder sonstigen Plans insbesondere des Wasser-, Abfall- oder Immissionsschutzrechts widerspricht. Die Darstellungen in Landschafts- oder sonstigen Fachplänen sind damit als Prüfbelange ausdrücklich erwähnt worden. In Bezug auf die Erwähnung der Landschaftsbelange soll damit zugleich eine Harmonisierung mit § 35 IV BauGB, der ebenfalls auf den Landschaftsplan verweist, bewirkt werden. Die gesetzliche Regelung stellt klar, dass entsprechende Darstellungen in Fachplänen zur Unzulässigkeit von nicht privilegierten Außenbereichsvorhaben führen. Wird etwa in einem Landschaftsplan eine Fläche als Landschaftsschutzgebiet ausgewiesen, so führt dies zugleich zu einer Beeinträchtigung öffentlicher Belange und damit zu einer grundsätzlichen planungsrechtlichen Unzulässigkeit eines nicht privilegierten Außenbereichsvorhabens.[946] Das gilt auch für andere Fachpläne, die zumeist mittelbare Rechtswirkungen gegenüber dem Bürger erzeugen können wie etwa Fachpläne des Wasser-, Abfall- oder Immissionsschutzrechts. Es muss sich dabei allerdings um Fachpläne handeln, die (auf landesrechtlicher Grundlage) in einem förmlichen Verfahren aufgestellt worden sind und eine entsprechende Verbindlichkeit haben. Informelle Planungen etwa der Gemeinde ohne eine solche Verbindlichkeit (§ 1 VI Nr. 11 BauGB) können auch einem nicht privilegierten Außenbereichsvorhaben nicht entgegengehalten werden.

4. Schädliche Umwelteinwirkungen

2580 Öffentliche Belange werden beeinträchtigt, wenn das Vorhaben **schädliche Umwelteinwirkungen** hervorrufen kann oder ihnen ausgesetzt ist (§ 35 III 1 Nr. 3 BauGB). Die Beeinträchtigung von Umweltbelangen ist durch das BauROG 1998 und das EAG Bau unverändert aus der vormals geltenden Fassung des § 35 III BauGB übernommen worden. Bei der Bestimmung der Zumutbarkeit von Immissionen haben die gesetzlichen

---

[944] *BVerwG*, Urt. v. 20. 1. 1984 – 4 C 70.79 – BVerwGE 68, 319 = NJW 1984, 1367 = BBauBl. 1984, 721 = *Hoppe/Stüer* RzB Rdn. 500 – Fremdenverkehrsgebiet.
[945] *BVerwG*, B. v. 5. 1. 1996 – 4 B 306.95 – RdL 1996, 64 = UPR 1996, 154 = NJ 1996, 223, mit Hinweis auf Urt. v. 16. 6. 1994 – 4 C 20.93 – BVerwGE 96, 95 = NVwZ 1995, 64.
[946] Die Reichweite der Bindungswirkungen einer Landschaftsschutzverordnung ist dem jeweiligen Landesrecht zu entnehmen, *OVG Münster*, Urt. v. 11. 1. 1999 – 7 A 2377/96 – NuR 1999, 704 = BauR 2000, 62 – Landschaftsplan.

Wertungen Bedeutung. Immissionen, die das nach § 5 Nr. 1 BImSchG zulässige Maß nicht überschreiten, begründen weder einen schweren noch unerträglichen Eingriff in das Eigentum noch verletzen sie das baurechtliche Rücksichtnahmegebot.[947] Die Bedeutung der **schädlichen Umwelteinwirkungen** steht mit dem **Gebot der nachbarlichen Rücksichtnahme** in engem Zusammenhang. Ein bereits vorhandener immissionsträchtiger Industriebetrieb kann gegenüber einer heranrückenden Wohnbebauung aufgrund des Gebotes nachbarlicher Rücksichtnahme ebenso wie im nicht beplanten Innenbereich auch im Außenbereich Abwehrrechte geltend machen.[948] Das in § 35 III 1 Nr. 3 BauGB enthaltene Rücksichtnahmegebot[949] kann auch verletzt sein, wenn eine Kleinfeuerungsanlage trotz Einhaltung der Emissionsgrenzwerte der 1. BImSchV aufgrund der konkreten örtlichen Verhältnisse zu erheblichen Belästigungen der Nachbarschaft führt.[950] Ob ein Bauvorhaben schädliche Umwelteinwirkungen hervorrufen kann, ist ausschließlich nach dem Gegenstand des konkreten Genehmigungsverfahrens zu beurteilen. Ob eine zu erwartende Folgebebauung zusätzliche Probleme aufwerfen wird, bleibt dagegen außer Betracht.[951]

5. Unwirtschaftliche Aufwendungen für öffentliche Einrichtungen

2581 Öffentliche Belange werden nach § 35 III 1 Nr. 4 BauGB auch dann beeinträchtigt, wenn das Vorhaben unwirtschaftliche Aufwendungen für Straßen oder andere Verkehrseinrichtungen, für Anlagen der Versorgung oder Entsorgung, für die Sicherheit oder Gesundheit oder für sonstige Aufgaben erfordert. Die Regelung will sicherstellen, dass durch nicht privilegierte Außenbereichsvorhaben kein unwirtschaftlicher Aufwand an öffentlichen Einrichtungen entsteht. Dies gilt nicht nur für erforderliche Erschließungseinrichtungen, deren Fehlen zur planungsrechtlichen Unzulässigkeit auch eines nicht privilegierten Vorhabens führt (§ 35 II BauGB). Auch andere öffentliche Einrichtungen der Infrastruktur, wie etwa erforderliche Straßen und andere Verkehrseinrichtungen oder Anlagen der Ver- und Entsorgung sowie Einrichtungen der Sicherheit und Gesundheit müssen im Zeitpunkt der Verwirklichung des Vorhabens bereits vorhanden sein, wenn ein nicht privilegiertes Außenbereichsvorhaben planungsrechtlich zulässig sein soll. So kann die Gemeinde etwa nicht verpflichtet werden, für ein nicht privilegiertes Außenbereichsvorhaben Straßen oder andere Verkehrseinrichtungen zu bauen. Die Regelung geht allerdings noch weiter: Auch unwirtschaftliche Aufwendungen, die der Bauherr selbst übernehmen will, führen zur planungsrechtlichen Unzulässigkeit eines nicht privilegierten Außenbereichsvorhabens. Denn nach dem Gesetzeswortlaut kommt es lediglich auf die objektive Unwirtschaftlichkeit der Aufwendungen an – unabhängig davon, ob die Investitionen von öffentlicher oder privater Hand getragen werden.

6. Belange des Naturschutzes und der Landschaftspflege

2582 Nach § 35 III 1 Nr. 5 BauGB liegt eine Beeinträchtigung öffentlicher Belange auch vor, wenn das Vorhaben Belange des Naturschutzes und der Landschaftspflege, des Boden-

---

[947] *OVG Greifswald*, Urt. v. 23. 6. 1998 – 3 L 209/96 – NordÖR 1998, 396 = LKV 1999, 66.
[948] *BVerwG*, B. v. 25. 11. 1985 – 4 B 202.85 – NVwZ 1986, 469 = UPR 1986, 142 = ZfBR 1986, 46 – Geruchsbelästigung; B. v. 11. 1. 1988 – 4 CB 49.87 – Buchholz 406.19 Nachbarschutz Nr. 75 = *Hoppe/Stüer* RzB Rdn. 504 – Nachbarschutz; *VGH Mannheim* Urt. v. 31. 5. 1989 – 8 S 107/89 – BWVPr. 1989, 225 = UPR 1990, 104 = ZfBR 1990, 106 – heranrückende Wohnbebauung; *OVG Münster*, B. v. 2. 2. 1999 – 10 B 2558/98 – Lärmschutzwand: *von Holleben* DVBl. 1981, 903; *Selmer* JuS 1986, 915. Zu den Abwehrrechten eines emittierenden Chemieunternehmens *Birk* NuR 1982, 1.
[949] Zum Umfang des Rücksichtnahmegebots im Außenbereich *VGH München*, Urt. v. 8. 9. 1998 – 27 B 96.1407 – BauR 1999, 617.
[950] *BVerwG*, B. v. 28. 7. 1999 – 4 B 38.99 – BauR 1999, 1439 = ZfBR 1999, 351 – Kleinfeuerungsanlage.
[951] *VGH Mannheim*, Urt. v. 7. 2. 2003 – 8 S 2422/02 – VBlBW 2004, 144 – Schweinezucht, dort auch zum empirischen Modell zur Abschätzung der Immissionshäufigkeiten im Umfeld von Tierhaltungen.

schutzes, des Denkmalschutzes oder die natürliche Eigenart der Landschaft und ihren Erholungswert beeinträchtigt oder das Orts- und Landschaftsbild verunstaltet. Auch **Belange des Natur- und Landschaftsschutzes** oder des **Denkmalschutzes**[952] können daher durch ein nicht privilegiertes Außenbereichsvorhaben beeinträchtigt werden. In § 35 BauGB wird die Zulässigkeit von Außenbereichsvorhaben nicht in jeder Hinsicht abschließend geregelt. Es bleibt Raum für die Zulässigkeit einschränkende oder ausschließende landesrechtliche Regelungen im nicht-bodenrechtlichen Bereich. Das gilt insbesondere für das Natur- und Landschaftsschutzrecht, für das dem Bundesgesetzgeber nur die Rahmenkompetenz zusteht (Art. 75 I 1 Nr. 3 GG). Ist deshalb ein Vorhaben nach landesrechtlichem Natur- bzw. Landschaftsschutzrecht nicht genehmigungsfähig, vermag sich auch die bebauungsrechtliche Erleichterung des Vorhabens im Außenbereich nicht durchzusetzen.[953] Liegt eine Außenbereichsfläche in einem durch Rechtsverordnung festgesetzten Landschaftsschutzgebiet, so kann eine Vorbildwirkung für weitere Bauvorhaben nicht allein mit Hinweis auf das ausgewiesene Landschaftsschutzgebiet und das in ihm grundsätzlich bestehende Bauverbot ausgeschlossen werden.[954]

7. Belange der Agrarstruktur, der Wasserwirtschaft und des Hochwasserschutzes

2583 Die Neufassung des § 35 III 1 Nr. 6 BauGB durch das BauROG 1998 erwähnt auch die Beeinträchtigung von Maßnahmen zur Verbesserung der Agrarstruktur oder eine Gefährdung der Wasserwirtschaft als beeinträchtigte öffentliche Belange. Durch die Hochwasserschutznovelle 2005 ist auch der Hochwasserschutz als öffentliche Belange erwähnt worden. Nicht privilegierte Außenbereichsvorhaben sind daher planungsrechtlich unzulässig, wenn etwa Maßnahmen der Flurbereinigung beeinträchtigt würden oder Belange der Wasserwirtschaft gefährdet sind. Dies kann auch zur Unzulässigkeit von nicht privilegierten Vorhaben in Wasserschutzgebieten oder Überschwemmungsgebieten[955] führen. Neben den Überschwemmungsgebieten werden auch überschwemmungsgefährdete Gebiete nach § 31c WHG erfasst. Sind die wasserwirtschaftlichen Belange entsprechend gewichtig, kann auch ein privilegiertes Vorhaben daran scheitern. § 31 IV 3 und 4 BauGB sieht hier ein entsprechendes Genehmigungserfordernis und materielle Maßstäbe vor, durch deren Einhaltung ausgeschlossen werden muss, dass Belange des Hochwasserschutzes beeinträchtigt werden. Die Genehmigung darf nur erteilt werden, wenn im Einzelfall das Vorhaben (1) die Hochwasserrückhaltung nicht oder nur unwesentlich beeinträchtigt und der Verlust von verloren gehendem Rückhalteraum zeitgleich ausgeglichen wird, (2) den Wasserstand und den Abfluss bei Hochwasser nicht beeinträchtigt und (3) hochwasserangepasst ausgeführt wird.

Beispiel: In einem Überschwemmungsgebiet soll ein Windpark errichtet werden. Die Windenergie ist zwar nach § 35 I Nr. 5 BauGB grundsätzlich privilegiert. Werden jedoch Belange des Hochwasserschutzes erheblich beeinträchtigt, kann dies auch einem privilegierten Vorhaben entgegenstehen. Ein Windpark könnte etwa scheitern, wenn die Anlagen durch Hochwasser gefährdet werden oder nachteilige Auswirkungen auf den störungsfreien Abfluss des Hochwassers haben.

2584 Dabei kann das jeweilige Fachrecht bestimmen, in welchem Umfang fachrechtliche Belange durch die Verwirklichung eines nicht privilegierten Vorhabens beeinträchtigt werden. Aber auch wenn das Fachrecht keine Verbotstatbestände enthält, können sich aus den fachrechtlichen Belangen beeinträchtigte öffentliche Belange nach § 35 III 1 Nr. 6 BauGB ergeben.

---

[952] *Wurster* Denkmalschutz und Erhaltung HdBöffBauR Kap. d Rdn. 379.
[953] *BVerwG*, Urt. v. 13. 4. 1983 – 4 C 21.79 – BVerwGE 67, 84 = DVBl. 1983, 895 = NVwZ 1985, 42 – Auskiesungsverbot im Landschaftsschutzgebiet; Urt. v. 19. 4. 1985 – 4 C 25.84 – Buchholz 406.11 § 36 BauGB Nr. 33.
[954] *BVerwG*, B. v. 2. 9. 1999 – 4 B 27.99 – Buchholz 406.11 § 35 BauGB Nr. 340.
[955] S. Rdn. 3450.

8. Splittersiedlung

2585 Öffentliche Belange werden nach § 35 III 1 Nr. 7 BauGB auch beeinträchtigt, wenn das Entstehen oder die Verfestigung einer **Splittersiedlung**[956] zu befürchten ist.[957] Der Begriff der Splittersiedlung beschränkt sich dabei nicht auf die zu Wohnzwecken bestimmten Gebäude.[958] Auch darüber hinaus können alle baulichen Anlagen den Begriff der Splittersiedlung erfüllen, die zum auch nur gelegentlichen Aufenthalt von Menschen bestimmt sind.[959] Hierzu können auch Lagerschuppen gehören, in denen sich notwendigerweise Menschen gelegentlich aufhalten können. Auch die Umnutzung etwa einer Soldatenunterkunft in ein Asylbewerberheim kann die Entstehung einer Splittersiedlung befürchten lassen, wenn sich aus der Nutzungsänderung eine entsprechende Vorbildfunktion für andere städtebaulich relevante Vorhaben ableitet.[960] **Lauben**, die größer sind als für die kleingärtnerische Nutzung erforderlich, sind nach § 35 II und III BauGB unzulässig, weil sie die Entstehung einer Splittersiedlung befürchten lassen. Die Beschränkung der zulässigen Höhe von Lauben auf Maße, die es ausschließen, dass Aufenthaltsräume eingerichtet werden können, die den landesbaurechtlichen Anforderungen an die lichte Höhe entsprechen, stehen im Einklang mit § 3 II BKleingG.[961] Mit dem Begriff der Splittersiedlung wird der Gegensatz benannt zu dem Begriff des Ortsteils, der eine organische Siedlungsstruktur kennzeichnet.[962] § 35 III BauGB gestattet auch nicht, eine Streubauweise, die sich als herkömmliche Siedlungsform privilegierter Baulichkeiten darstellt, zu Gunsten sonstiger Vorhaben fortzusetzen.[963] Auch ist zur Beeinträchtigung öffentlicher Belange nicht der Nachweis erforderlich, dass die vermutete Befürchtung der Entstehung einer Splittersiedlung auch im Einzelfall tatsächlich besteht.[964] Denn aus dem Vordringen einer Bebauung in den bisher von Bebauung freien Außenbereich hat die Rechtsprechung schon zu den Vorgängerfassungen des § 35 BauGB die Vermutung abgeleitet, dass damit der Vorgang einer mit der Funktion des Außenbereichs unvereinbaren Zersiedlung eingeleitet oder gar schon vollzogen wird.[965]

2586 Die Befürchtung, durch ein Vorhaben im Außenbereich könne eine Splittersiedlung entstehen, sich verfestigen oder erweitern, gilt nach § 35 III Nr. 7 BauGB als Beeinträchtigung öffentlicher Belange und zwar auch, wenn durch das Vorhaben ein im Zusammenhang bebauter Ortsteil entstehen würde.[966] Wird eine Splittersiedlung um die Hälfte ihres Bestandes vergrößert, ist regelmäßig i. S. des § 35 III 1 Nr. 7 BauGB die Verfestigung

---

[956] Zum Begriff der Splittersiedlung *BVerwG*, Urt. v. 3. 6. 1977 – IV C 37.75 – BVerwGE 54, 73 = *Hoppe/Stüer* RzB Rdn. 498 – Splittersiedlung im Außenbereich.
[957] Nach Auffassung des *OVG Münster*, Urt. v. 27. 2. 1996 – 11 A 1897/94 – BauR 1996, 688, ist die Verfestigung einer Splittersiedlung i. S. des § 35 III. 1 Nr. 7 BauGB nicht zu befürchten, wenn sich ein Wohnbauvorhaben der vorhandenen Bebauung unterordnet, sich ohne zusätzliche Spannungen, Vorbildwirkung oder auslösende Ansprüche organisch in eine bestehende Baulücke einfügt.
[958] *BVerwG*, B. v. 11. 9. 1989 – 4 B 170.89 – *Hoppe/Stüer* RzB Rdn. 509 – Lagerschuppen.
[959] *BVerwG*, Urt. v. 9. 6. 1976 – IV C 42.74 – Buchholz 406.11 § 35 BBauG Nr. 128.
[960] *OVG Greifswald*, Urt. v. 12. 12. 1996 – 3 M 103/96 – RAnB 1997, 102.
[961] *BVerwG*, Urt. v. 17. 2. 1984 – 4 C 55.81 – NJW 1984, 1576 = DÖV 1984, 855 = *Hoppe/Stüer* RzB Rdn. 501 – Laubengärten.
[962] *BVerwG*, Urt. v. 10. 8. 1980 – 4 C 3.90 – BRS 50 (1990), Nr. 2; *OVG Schleswig*, Urt. v. 22. 4. 1993 – 1 L 252/91 – SchlHA 1993, 191; vgl. auch *BVerwG*, B. v. 17. 3. 1989 – 4 B 43.88 – Buchholz 406.11 § 35 BBauG Nr. 81 = BRS 22 Nr. 72. Zu Veränderungen in der Bewertung historisch gewachsener Strukturen *BVerwG*, B. v. 25. 3. 1986 – 4 B 41.86 – NVwZ 1986, 1014 = *Hoppe/Stüer* RzB Rdn. 503 – Moorsiedlung.
[963] *BVerwG*, B. v. 13. 11. 1973 – 4 B 81.73 – Buchholz 108 = RdL 1974, 61.
[964] *BVerwG*, B. v. 1. 4. 1997 – 4 B 11.97 – NVwZ 1997, 899 = BauR 1997, 616 – einseitig bebaute Straße.
[965] *BVerwG*, Urt. v. 26. 5. 1967 – 4 C 25.65 – BVerwGE 27, 137; B. v. 1. 4. 1997 – 4 B 11.97 – NVwZ 1997, 899 = BauR 1997, 616 – einseitig bebaute Straße.
[966] *BVerwG*, B. v. 11. 10. 1999 – 4 B 77.99 – ZfBR 2000, 425.

einer Splittersiedlung zu befürchten. Die erleichterte Zulässigkeit der Änderung der Nutzung eines landwirtschaftlichen Gebäudes gemäß § 35 IV 1 Nr. 1 BauGB setzt nach Buchstabe e der Vorschrift einen räumlich-funktionalen Zusammenhang mit der Hofstelle des landwirtschaftlichen Betriebes voraus, von dem das Gebäude seine bisherige Privilegierung nach § 35 I Nr. 1 BauGB ableitet.[967]

Auch eine **Zersiedlung der Landschaft** ist ein öffentlicher Belang, der durch nicht privilegierte Vorhaben beeinträchtigt werden kann. So führt etwa die Errichtung eines **Wochenendhauses** im Außenbereich in aller Regel zu einem Vorgang der Zersiedlung der Landschaft und ist daher planungsrechtlich unzulässig.[968] Auch Erweiterungen von Wochenendhäusern im Außenbereich sind nicht privilegiert und als privilegierte Nutzungen planungsrechtlich unzulässig. Dabei ist der bauliche und funktionale Zusammenhang entscheidend. Ein solcher Zusammenhang bestimmt sich nach objektiven Kriterien, nämlich danach, ob der Anbau nach den bestehenden Verhältnissen geeignet ist, der Wochenendwohnnutzung zu dienen.[969] Demgegenüber spielen die leicht veränderbare Weise der tatsächlichen Benutzung sowie die ebenfalls austauschbare Ausstattung und vorgeschlagene Änderungen bei dem zu Grunde zu legenden objektiven Maßstab keine Rolle.[970]

Die **Verfestigung einer Splittersiedlung** nach § 35 III 1 Nr. 7 BauGB kann sich auch daraus ergeben, dass mit der Genehmigung ein **Berufungsfall** geschaffen würde. Mit der Versagung der Genehmigung soll bereits „den Anfängen gewehrt" werden.

Beispiel: Bei der Beurteilung, ob die Verfestigung einer Splittersiedlung zu befürchten ist, darf die Möglichkeit, dass auf dem Grundstück zwei Wohngebäude unter Beseitigung eines Schwimmbeckens und zweier Pferdeställe errichtet werden können, nicht außer Betracht bleiben. Denn Wohngebäude haben unter siedlungsstrukturellen Gesichtspunkten eine andere Bedeutung und ein anderes Gewicht als Nebenanlagen zu einem vorhandenen Wohnhaus. Ein Wohnbauvorhaben kann daher auch dann öffentliche Belange i. S. des § 35 III 1 Nr. 7 BauGB beeinträchtigen, wenn im Flächennutzungsplan für das vorgesehene Baugrundstück Wohnbebauung dargestellt ist. Bei der Beurteilung, ob die Genehmigung eines Vorhabens im Außenbereich im Hinblick auf eine Vorbildwirkung für weitere Bauvorhaben zur Verfestigung einer Splittersiedlung führt, kommt es daher nicht auf eine abschließende bauplanungsrechtliche Prüfung zu „befürchtender" Folgevorhaben und dadurch entstehender Beeinträchtigungen anderer öffentlicher Belange an.[971]

Die Verfestigung einer Splittersiedlung i. S. des § 35 III 1 Nr. 7 BauGB ist allerdings nicht zu befürchten, wenn sich ein Wohnbauvorhaben der vorhandenen Bebauung unterordnet, sich – ohne zusätzliche Ansprüche oder Spannungen auszulösen – organisch in eine bestehende Baulücke einfügt und keine Vorbildwirkung hat.[972] Es muss sich dabei allerdings um **einzelne Baulücken** handeln. Ein größerer unbebauter Bereich im Außenbereich kann nach diesen Grundsätzen nicht baulich geschlossen werden. Dies gilt auch für Grundstücke, die an landwirtschaftliche Flächen angrenzen, selbst aber nicht landwirtschaftlich genutzt werden. Denn regelmäßig ist das Merkmal des Entstehens oder der Erweiterung einer Splittersiedlung bei einer Erweiterung oder Verdichtung des baulichen Bestandes in derartigen Fällen gegeben.[973] Bei einer Verfestigung einer Splittersiedlung, also einer Vergrößerung des Baubestandes innerhalb einer Splittersiedlung ohne zusätzliche Ausdehnung in die freie Landschaft hinein, ist konkret zu prüfen, worin die

---

[967] *BVerwG*, Urt. v. 18. 5. 2001 – 4 C 13.00 – NVwZ 2001, 1282 = BauR 2001, 1560 – Hofstelle.
[968] *BVerwG*, B. v. 22. 8. 1988 – 4 CB 28.88 – *Hoppe/Stüer* RzB Rdn. 506 – Beseitigungsverfügung Wochenendhaus.
[969] *BVerwG*, Urt. v. 18. 8. 1989 – 4 C 12.86 – Buchholz 406.12 § 17 BauNVO Nr. 2.
[970] *BVerwG*, B. v. 27. 2. 1990 – 4 B 246.89 – *Hoppe/Stüer* RzB Rdn. 510 – Wochenendhaus.
[971] *VGH Mannheim*, Urt. v. 29. 7. 1999 – 5 S 1916/97 – (unveröffentlicht).
[972] *OVG Münster*, Urt. v. 27. 2. 1996 – 11 A 1897/94 – (unveröffentlicht); *Dyong* in: Ernst/Zinkahn/Bielenberg/Krautzberger, Rdn. 126 zu § 35 BauGB.
[973] *VGH Mannheim*, Urt. v. 23. 3. 1992 – 3 S 3103/91 – VGHBW RspDienst, Beilage 6, B4.

siedlungsstrukturell zu missbilligende Wirkung liegt.⁹⁷⁴ Derartige **Nachverdichtungen** im Außenbereich können dann zulässig sein, wenn es sich nur um eine Baulücke handelt und eine Vorbildwirkung für eine Vielzahl an Bezugsfällen ausgeschlossen ist.⁹⁷⁵ Dies gilt vor allem für kleinere Grundstücksbereiche, die – zumeist von Bebauung umschlossen – abweichend von der Regel nicht land- oder forstwirtschaftlich nutzbar sind und auch nicht als Erholungslandschaft für die Allgemeinheit in Betracht kommen.⁹⁷⁶ Die beabsichtigten Maßnahmen dürfen allerdings nicht Zersiedlungstendenzen begründen oder verstärken.⁹⁷⁷ Liegt eine zwar unerwünschte, aber bereits verfestigte Splittersiedlung vor, dann kann das Hinzutreten einer weiteren baulichen Anlage wie etwa einer Dachgaube bei einem vorhandenen Gebäude zu Wohnzwecken – zu einer weiteren Verfestigung nichts mehr beitragen.⁹⁷⁸ Auch ein Nachbarschutz würde in diesen Fällen nicht erfolgreich sein, weil die durch die Erweiterung der Wohnnutzung im Gebäudeinnern hinzutretenden Beeinträchtigungen von der Nachbarschaft in aller Regel hinzunehmen sind.

9. Funktionsfähigkeit von Funkstellen und Radaranlagen

2590 Öffentliche Belange sind auch beeinträchtigt, wenn das Vorhaben die Funktionsfähigkeit von Funkstellen und Radaranlagen stört. Diese durch das EAG Bau eingeführten Belange sollen sich gegenüber nicht privilegierten Außenbereichsvorhaben durchsetzen. Aber auch gegenüber privilegierten Vorhaben kann die Funktionsfähigkeit von Funkstellen und Radaranlagen einen Vorrang für sich beanspruchen, wenn diese Belange ein entsprechendes Gewicht haben. Die Vorschrift dient insbesondere dem Anliegen der Flugsicherheit, das als öffentlicher Belang bereits nach geltendem Recht vor allem bei der Errichtung von Windenergieanlagen zu berücksichtigen ist. So kann durch Windenergieanlagen zum Beispiel die Funkverbindung gestört werden; dies kann zu einem (vorübergehenden) Ausfall von Funkstrecken führen und die Flugsicherheit beeinträchtigen. Von den Wehrbereichsverwaltungen werden mittelfristig diesbezügliche Unterlagen zur Verfügung gestellt. Im Baugenehmigungsverfahren sind daher gegebenenfalls die für die Flugsicherheit zuständigen Stellen, insbesondere die Wehrbereichsverwaltungen, zu beteiligen. Nach der früheren Regelung wurde auch vertreten, dass diese Funk- und Radaranlagen an hinzutretende Windkraftanlagen angepasst werden müssten.

10. Planungsbedürfnis

2591 Eine Beeinträchtigung öffentlicher Belange ist auch dann gegeben, wenn das nicht privilegierte Außenbereichsvorhaben bewältigungsbedürftige Spannungen erzeugt, die nur durch eine Bauleitplanung koordiniert und kompensiert werden können. Ein solches **Planungsbedürfnis** ist dann als öffentlicher Belang i. S. von § 35 II BauGB anerkannt, wenn ein Vorhaben wegen seines Umfangs eine Binnenkoordination erfordert.⁹⁷⁹ Die Errichtung vor allem eines Großvorhabens⁹⁸⁰ kann wegen der besonderen Art der baulichen

---

⁹⁷⁴ *OVG Schleswig*, Urt. v. 21. 7. 1994 – 1 L 133/93 – NuR 1995, 482 – Splittersiedlung; vgl. auch *BVerwG*, B. v. 17. 3. 1989 – 4 B 43.88 – Buchholz 406.11 § 35 BBauG Nr. 81 = BRS 22 Nr. 72.

⁹⁷⁵ *VGH Mannheim*, Urt. v. 17. 8. 1990 – 8 S 994/90 – BRS 50 (1990), Nr. 96 = RdL 1990, 314 = UPR 1991, 280 – Splittersiedlung.

⁹⁷⁶ *BVerwG*, B. v. 8. 9. 1977 – 4 B 41.77 – BauR 1977, 403 – Erholungslandschaft; B. v. 18. 1. 1993 – 4 B 230.82 – Buchholz 406.11 § 35 BBauG Nr. 195.

⁹⁷⁷ *BVerwG*, B. v. 14. 9. 1967 – 4 B 42.66 – DVBl. 1968, 955 = HGBR 1968, 156 – Erholungsflächen; *OVG Schleswig*, Urt. v. 22. 5. 1993 – 1 L 37/92 – NuR 1994, 204 = SchlHA 1993, 189.

⁹⁷⁸ *BVerwG*, B. v. 7. 7. 1994 – 4 B 131.94 – Dachgaube; vgl. auch B. v. 12. 12. 1972 – 4 B 150.72 – Buchholz 406.11 § 35 BauGB Nr. 103 = BRS 25 (1973), 164.

⁹⁷⁹ *BVerwG*, Urt. v. 26. 11. 1976 – IV C 69.74 – Buchholz 406.11 § 34 BBauG Nr. 58; Urt. v. 3. 4. 1987 – 4 C 43.84 – ZfBR 1987, 296; B. v. 2. 10. 1988 – 4 B 195.88 – BRS 48 (1988), Nr. 357 = *Hoppe/Stüer* RzB Rdn. 507 – Sporthalle.

⁹⁸⁰ Aber auch eines sonst wuchtigen Baukörpers für ein Grundstück in einem Übergang zwischen einen Bebauungszusammenhang und der freien Landschaft, *BVerwG*, vgl. Urt. v. 15. 5. 1997 – 4 C 23.95 – NVwZ 1998, 58 = BauR 1997, 988 – einsehbarer Hang.

Nutzung, wegen der Größe der zu überbauenden Fläche, wegen der Höhe des Baukörpers, wegen der beträchtlichen Auswirkungen oder wegen der Präzedenzwirkung des Projekts in vielfältiger und nachhaltiger Weise eine große Anzahl öffentlicher und privater Belange berühren. Ein angemessener Ausgleich dieser Belange untereinander kann dann nur in einem förmlichen Bauleitplanverfahren hergestellt werden. Das Erfordernis einer förmlichen Bauleitplanung bringt für den Vorhabensträger und den Nachbarn den Vorteil, dass auf der Grundlage eines wesentlich umfangreicheren Verfahrens zur Ermittlung von Belangen ein planerisches Austarieren und Ausbalancieren betroffener Interessen möglich ist. Diese Koordination unterschiedlicher Belange kann von der Einzelfallgenehmigung eines privilegierten Außenbereichsvorhabens nicht erwartet werden.[981] Allgemeine planungsrechtliche „Anliegen" der Gemeinde sind demgegenüber kein öffentlicher Belang i. S. des § 35 III BauGB. So sind bloße Wunschvorstellungen der Gemeinde, sofern sie nicht bereits ihren Niederschlag in konkreten Planungen gefunden haben, für die planungsrechtliche Beurteilung von Vorhaben im Außenbereich unbeachtlich. Auf derartige Vorstellungen kann es nur ankommen, wenn sie nicht nur in einer konkreten Beziehung zur städtebaulichen Ordnung stehen, sondern auch in den örtlichen Umständen eine Stütze finden.[982] Gegenüber privilegierten Außenbereichsvorhaben kann sich der Nachbar dagegen nicht auf ein Planungsbedürfnis berufen.[983] Sind öffentliche Belange allerdings so gewichtig, dass sie selbst einem privilegierten Vorhaben entgegenstehen, kann offen bleiben, ob das Vorhaben privilegiert oder nicht privilegiert ist.[984]

Die Zulassung eines Außenbereichsvorhabens kann am öffentlichen Belang des **Planungserfordernisses** scheitern. Dies gilt vor allem für nicht privilegierte Außenbereichsvorhaben. Ein solches Erfordernis liegt vor, wenn das Vorhaben einen **Koordinierungsbedarf** auslöst, dem nicht das Konditionalprogramm des § 35 BauGB, sondern nur eine Abwägung im Rahmen einer förmlichen Planung angemessen Rechnung zu tragen vermag. Besteht im Verhältnis benachbarter Gemeinden ein qualifizierter Abstimmungsbedarf i. S. des § 2 II 1 BauGB, so ist dies ein starkes Anzeichen dafür, dass die in § 35 III BauGB aufgeführten Zulassungsschranken nicht ausreichen, um ohne Abwägung im Rahmen förmlichen Planung eine Entscheidung über die Zulässigkeit des beabsichtigten Vorhabens treffen zu können. Von einem qualifizierten Abstimmungsbedarf ist dann auszugehen, wenn das Vorhaben die in § 11 III 1 BauNVO bezeichneten Merkmale aufweist. Die Bedeutung des § 2 II 1 BauGB im Rahmen des allgemeinen Abwägungsgebots liegt darin, dass eine Gemeinde die ihre eigenen Vorstellungen selbst um den Preis von gewichtigen Auswirkungen für die Nachbargemeinde durchsetzen möchte, einem erhöhten Rechtfertigungszwang in Gestalt der Pflicht zur (formellen und materiellen) Abstimmung im Rahmen einer förmlichen Planung unterliegt. Die Missachtung eines solchermaßen begründeten Planungserfordernisses berührt zugleich den durch § 2 II

2592

---

[981] Es kann allerdings geboten sein, über die Binnenkoordination hinaus auch im Hinblick auf die Außenkoordination ein Planungsbedürfnis anzunehmen mit der Folge, dass in solchen Fällen eine förmliche Bauleitplanung erforderlich ist und eine Privilegierung des Vorhabens nach § 35 I BauGB scheitert, so *Hoppe* in: *Hoppe/Bönker/Grotefels*, ÖffBauR § 8 Rdn. 91. Der Grundsatz der Binnenkoordination gilt sowohl für die privilegierten als auch sonstigen Vorhaben, wobei das stärkere Gewicht der Privilegierung auch bei dem Planungserfordernis zu berücksichtigen ist.
[982] BVerwG, Urt. v. 15. 5. 1997 – 4 C 23.95 – NVwZ 1998, 58 = BauR 1997, 988 – einsehbarer Hang. Aus nachvollziehbaren Vorstellungen der Gemeinde können sich jedoch sozusagen unabhängig davon öffentliche Belange ergeben, etwa wenn ein Grundstück in einer Übergangszone vom Innenbereich zur freien Landschaft bebaut werden soll, das gut einsehbar ist und der Baukörper auch von einem für ästhetische Eindrücke offenen Betrachter als das Orts- und Landschaftsbild störend empfunden wird, so BVerwG, Urt. v. 22. 6. 1990 – 4 C 6.87 – ZfBR 1990, 293; *Weyreuther*, Bauen im Außenbereich, 1979, 487.
[983] BVerwG, B. v. 24. 4. 1997 – 4 B 65.97 – BauR 1997, 810 = NVwZ-RR 1997, 682.
[984] BVerwG, B. v. 13. 11. 1996 – 4 B 210.96 – BauR 1997, 444 – Flugzeughalle.

BauGB erfassten Rechtskreis und verletzt dadurch die Nachbargemeinde in eigenen Rechten.[985]

2593 § 11 III BauNVO erfasst Betriebe, die entgegen dem städtebaulichen Leitbild, durch die Standorte des Einzelhandels eine funktionsnahe Beziehung zum Wohnen herstellen, an wohnungsfernen, verkehrlich schlecht oder nur mit dem Auto erreichbaren Standorten auf großer Fläche ein Warenangebot für den privaten Bedarf der Allgemeinheit bereithalten. Er zielt darauf ab, den Einzelhandel an den Standorten zu sichern, die in das städtebauliche Ordnungssystem funktionsgerecht eingebunden sind. Dass auf diese Weise die Wirtschaftsstruktur in den zentralen Versorgungsbereichen gestärkt wird, ist nicht Selbstzweck. Der Schutz der mittelständischen Wirtschaft dient nicht als Mittel dafür, bestimmte Wettbewerbsverhältnisse zu stabilisieren. Vielmehr soll sichergestellt werden, dass durch die Ansiedlung von Einzelhandelsbetrieben an peripheren Standorten nicht die wirtschaftliche Existenz derjenigen Betriebe bedroht oder gar vernichtet wird, die eine verbrauchernahe Versorgung gewährleisten.

11. Einzelfälle

2594 Auch die hinreichend **verfestigte (vorbereitende) Planung** einer Bundesfernstraße kann als ein öffentlicher Belang durch ein nicht privilegiertes Vorhaben beeinträchtigt werden. Der durch Anwendung des § 35 II BauGB zu erzielende Schutz der straßenrechtlichen Planung vor störenden baulichen Maßnahmen erschöpft sich ab Auslegung der Pläne im Planfeststellungsverfahren allerdings in den Beschränkungen, die sich aus § 9a FStrG ergeben.[986]

2595 Wird in dem Gebäude einer aufgegebenen Pumpstation im Außenbereich eine Wohnung genehmigt mit der Folge, dass ein Berufungsfall dafür geschaffen wird, auch die Nutzung der früheren Pumpenwärterwohnung für (allgemeine) Wohnzwecke zuzulassen, so liegt darin ein Vorgang der vom Gesetz missbilligten unorganischen Siedlungsentwicklung (Zersiedlung) im Außenbereich, unabhängig davon, ob es sich um einen Fall einer (zu befürchtenden) Entstehung oder Verfestigung einer Splittersiedlung oder einen anderen Fall der Zersiedlung handelt.[987]

12. Gesicherte Erschließung

2596 Auch bei nicht privilegierten Vorhaben muss die **Erschließung** gesichert sein. Dies ergibt sich aus der klarstellenden Ergänzung des § 35 II BauGB durch das BauROG 1998. Ist die Erschließung nicht gesichert, führt dies zur Unzulässigkeit des Vorhabens.[988] Dabei ist ein außenbereichsadäquater Standard anzulegen. Zu den Mindestanforderungen der Erschließung eines nicht privilegierten Vorhabens gehört wie bei den privilegierten Vorhaben die verkehrliche Erschließung, die das Grundstück für den Fahrzeugverkehr vor allem im öffentlichen Interesse etwa mit Feuerwehrfahrzeugen erreichbar macht. Ferner muss zumindest der Anschluss an die Stromversorgung,[989] die Versorgung mit gesundheitlich einwandfreiem Trinkwasser und Wasser für Löschzwecke sowie die unschädliche Beseitigung der Abwässer und der festen Abfallstoffe gewährleistet sein. Dabei ist der jeweiligen Nutzung Rechnung zu tragen. Bei privilegierten Vorhaben kann allerdings ein geringerer Anforderungsstand genügen, während für die nicht privilegierten Außenbe-

---

[985] *BVerwG*, Urt. v. 1.8.2002 – 4 C 5.01 – BVerwGE 117.25 = DVBl. 2003, 62 = NVwZ 2003, 86 – FOC Zweibrücken.
[986] *BGH*, Urt. v. 7.3.1985 – III ZR 126/83 – BGHZ 94, 77 = NVwZ 1986, 78 = DÖV 1986, 299 = *Hoppe/Stüer* RzB Rdn. 398 – Außenbereich Straßenplanung.
[987] *BVerwG*, B. v. 24.2.1994 – 4 B 15.94 – ZfBR 1994, 151 = BBauBl. 1994, 494 = *Hoppe/Stüer* RzB Rdn. 514 – Pumpstation.
[988] *BVerwG*, B. v. 9.3.1990 – 4 B 145.88 – (unveröffentlicht).
[989] Die Frage, ob der durch eine Windkraftanlage erzeugte Strom abgenommen werden kann, berührt die Erschließung nicht, so *OVG Schleswig*, Urt. v. 20.7.1995 – 1 L 165/95 – (unveröffentlicht).

reichsvorhaben in der Regel der Standard eines entsprechenden Innenbereichsvorhabens eingehalten werden muss.[990] In einer Splittersiedlung mit einer Vielzahl von Wochenendhäusern mit zentraler Wasserversorgung und Abwasserentsorgung etwa ist ein Wochenendhaus durch eine Kleinkläranlage[991] auf dem Grundstück hinsichtlich der Abwasserentsorgung nicht ausreichend erschlossen.[992] Gesichert ist eine Erschließung, wenn die Anlage den Erfordernissen der Bebauung entsprechend hergestellt und bis zur Fertigstellung der anzuschließenden Bauten benutzbar sein wird.[993] Die Gemeinde darf das **Erschließungsangebot** für ein im Außenbereich nicht privilegiertes Vorhaben auch dann ablehnen, wenn das Vorhaben öffentliche Belange nicht beeinträchtigt.[994]

Hinsichtlich der Erfordernisse der Erschließung von Außenbereichsvorhaben muss eine Einzelfallbetrachtung Platz greifen. So besteht etwa zu einer Milderung der Anforderungen an die Sicherheit der Erschließung bei gewerblichen Vorhaben im Außenbereich anders als bei Vorhaben, die einem forst- oder landwirtschaftlichen Betrieb dienen, in der Regel keine Veranlassung.[995]

13. Nachbarschutz

Nachbarschutz kann gegenüber nicht privilegierten Außenbereichsvorhaben nur verlangt werden, wenn das Vorhaben gegen das **Gebot der nachbarlichen Rücksichtnahme** verstößt. Der Nachbarschutz, der sich aus dem in § 35 III BauGB verankerten Rücksichtnahmegebot ergibt, setzt dabei eine schutzwürdige Position des Nachbarn gegenüber dem Vorhaben voraus. Denn Rücksicht zu nehmen ist nur auf solche Interessen des Nachbarn, die wehrfähig sind, weil sie nach der gesetzgeberischen Wertung, die im materiellen Recht ihren Niederschlag gefunden hat, schützenswert sind. Werden in diesem Sinn schutzwürdige Interessen des Nachbarn nicht beeinträchtigt, greift das Rücksichtnahmegebot nicht. Dabei kommt es nicht darauf an, ob die vom Nachbarn angefochtene Baugenehmigung objektiv-rechtlich rechtswidrig ist. Denn § 35 BauGB kommt nicht die Funktion einer allgemein nachbarschützenden Norm zu.[996]

Beispiel: Die Ausweisung eines eingeschränkten Industriegebiets, in dem nur Lagerhäuser, Lagerplätze, Betriebstankstellen sowie Stellplätze und Garagen zulässig sind, in unmittelbarer Nachbarschaft zu einer im Außenbereich gelegenen Junghennen-Aufzuchtanlage verstößt zu Lasten ihres Betreibers gegen das Rücksichtnahmegebot.[997] Anders könnte sich die Rücksichtnahme eines heranrückenden Industriebetriebes auf eine im Außenbereich vorhandene Wohnbebauung darstellen.

III. Teilprivilegierte Außenbereichsvorhaben (§ 35 IV BauGB)

Nach § 35 IV BauGB sind bestimmte Vorhaben **teilprivilegiert** (begünstigt) in dem Sinne, dass ihnen einzelne öffentliche Belange nicht entgegengehalten werden können.[998] Das Gesetz unterscheidet insgesamt sechs Teilprivilegierungsfälle. Es fallen darunter Folgenutzungen bisher landwirtschaftlich privilegierter Gebäude (§ 35 IV 1 Nr. 1 BauGB), die Neuerrichtung eines gleichartigen Wohngebäudes an gleicher Stelle (§ 35 IV 1 Nr. 2 BauGB), die alsbaldige Neuerrichtung eines durch außergewöhnliche Ereignisse zerstör-

---

[990] *Hoppe* in: *Hoppe/Bönker/Grotefels*, ÖffBauR § 8 Rdn. 109.
[991] *VGH Kassel*, Urt. v. 4. 9. 1987 – 4 UE 1693/85 – RdL 1988, 234 – Abwasserentsorgung.
[992] *VGH Kassel*, Urt. v. 24. 8. 1995 – 4 UE 2664/90 – (unveröffentlicht) – Wochenendhaus.
[993] *Hoppe* in: *Hoppe/Bönker/Grotefels*, ÖffBauR § 8 Rdn. 109.
[994] *BVerwG*, Urt. v. 7. 2. 1986 – 4 C 30.84 – BVerwGE 74, 19 = BauR 1986, 421 = DVBl. 1986, 682 = NJW 1986, 2775 = *Hoppe/Stüer* RzB Rdn. 502 – Innenbereich/Außenbereich; anders im Geltungsbereich eines qualifizierten Bebauungsplans, s. Rdn. 2289.
[995] So für Fragen der Abwasserbeseitigung *VGH Mannheim*, Urt. v. 15. 12. 1994 – 8 S 2613/94 – VGHBW RSDienst 1995, Beilage 3, B9.
[996] *BVerwG*, B. v. 3. 4. 1995 – 4 B 47.95 – Buchholz 406.19 Nachbarschutz Nr. 126.
[997] *VGH Mannheim*, B. v. 20. 5. 1999 – 8 S 2652/98 – VGHBW RSpDienst 1999, Beilage 8, B 4.
[998] *Upmeier* Zulässigkeit von Vorhaben HdBöffBauR Kap. A Rdn. 603.

ten Gebäudes (§ 35 IV 1 Nr. 3 BauGB), die Änderung oder Nutzungsänderung von erhaltenswerten, das Bild der Kulturlandschaft prägenden Gebäuden (§ 35 IV 1 Nr. 4 BauGB), die Erweiterung von Wohngebäuden (§ 35 IV 1 Nr. 5 BauGB) und die angemessene bauliche Erweiterung eines zulässigerweise errichteten gewerblichen Betriebes (§ 35 IV 1 Nr. 6 BauGB). Die Regelungen haben bereits durch das BauROG 1998 eine neue Fassung erhalten, während sie vom EAG Bau weitgehend unverändert übernommen worden sind. Dabei ging es vor allem darum, die unterschiedlichen Einzelregelungen in § 35 IV BauGB und in dem bis Ende 1997 befristeten § 4 III BauGB-MaßnG zu einem neuen Regelungsbündel zusammenzufassen. Es handelt sich bei den teilprivilegierten Vorhaben um vom Grundsatz her nicht privilegierte Vorhaben nach § 35 II BauGB, die aber nicht daran scheitern, dass sie den Darstellungen des Flächennutzungsplans oder eines Landschaftsplans widersprechen, die natürliche Eigenart der Landschaft beeinträchtigen oder die Entstehung, Verfestigung oder Erweiterung einer Splittersiedlung befürchten lassen, soweit sie im Übrigen außenbereichsverträglich i. S. des § 35 III BauGB sind. Alle übrigen Belange werden auch bei den teilprivilegierten Außenbereichsvorhaben nach § 35 IV BauGB nicht für unbeachtlich erklärt.[999] Dies wird durch den Verweis auf die Übrigen erforderliche Außenbereichsverträglichkeit in § 35 IV 1 ausdrücklich klargestellt. So kann ein nach § 35 IV BauGB im Außenbereich an sich begünstigtes Vorhaben nicht zugelassen werden, wenn es Belange des Natur- und Landschaftsschutzes beeinträchtigt.[1000]

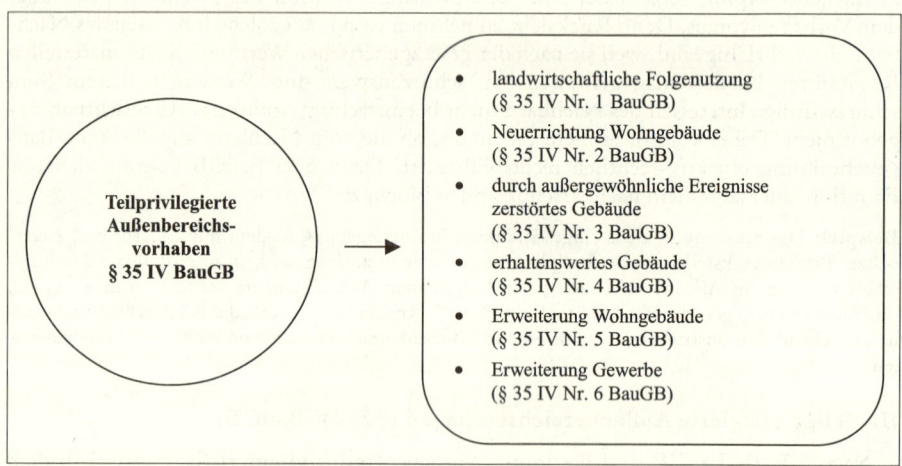

1. Ausgangspunkt: Bestandsschutz

2600 Den Teilprivilegierungsvorschriften des § 35 IV BauGB liegt der Gedanke des **erweiterten Bestandsschutzes** zugrunde. Die engeren Voraussetzungen der eigentumskräftig verfestigten Anspruchsposition brauchen demgegenüber nicht erfüllt zu sein. **Bestandsschutz** i. S. der Eigentumsgarantie des Art. 14 GG rechtfertigt grundsätzlich nur die Wahrung des baulichen Bestandes und der bisherigen Nutzung in einer gewissen Variationsbreite, nicht jedoch eine durchgreifende **Nutzungsänderung**, bei der sich die planungsrechtliche Frage neu stellt. Wird die bisherige Nutzung aufgegeben, so ist wie folgt zu unterscheiden: Wird eine neue Nutzung aufgenommen, die nach der Verkehrsauffassung die bisherige Nutzung endgültig ersetzt, so entfällt der Bestandsschutz für die bisherige Nutzung. Wird keine neue Nutzung oder nur eine vorübergehend neue Nutzung aufgenommen, wirkt die bisherige Nutzung grundsätzlich fort, solange nach der Ver-

---

[999] *BVerwG*, B. v. 29. 8. 1991 – 4 B 136.91 – *Hoppe/Stüer* RzB Rdn. 523 – Naturschutz.
[1000] *BVerwG*, B. v. 21. 2. 1994 – 4 B 33.94 – BBauBl. 1994, 493 = *Hoppe/Stüer* RzB Rdn. 516 – Rebhütte.

kehrsauffassung mit einer Wiederaufnahme der vormaligen Nutzung gerechnet werden kann. Auch der Bestandsschutz für die bisherige Nutzung entfällt in diesen Fällen nicht. Vom Bestandsschutz sind solche Maßnahmen nicht mehr gedeckt, die einer Neuerrichtung oder einem **Ersatzbau** gleichkommen.[1001] Wenn die für die Instandsetzung notwendigen Arbeiten den Aufwand für einen Neubau erreichen, verlassen sie den Bereich zulässiger Erhaltungsmaßnahmen.

Beispiel: Werden etwa die Außenwände und das Dach einer Bootshütte vollständig entfernt und hat die wiedererrichtete neue Bootshütte obendrein ein komplett neues Fundament erhalten, fehlt es – selbst bei unverändertem äußerem Erscheinungsbild – an einer Identität des wieder hergestellten Bauwerks mit dem ursprünglichen Bauwerk.[1002] Wird ein Gebäude, das in der Vergangenheit einem land- oder forstwirtschaftlichen Betrieb diente, auf unabsehbare Zeit aus dem Betrieb herausgelöst und für Zwecke der Forst- und Waldpflege weitergenutzt, die über den Rahmen der Freizeitgestaltung nicht hinausgehen, so liegt hierin nicht nur eine Nutzungs-, sondern zugleich auch eine Funktionsänderung, die zu einer Entprivilegierung führt. Damit entfällt auch der Bestandsschutz, der dem Gebäude zukommt.[1003] Wird demgegenüber eine Gaststätte geschlossen, ohne dass eine neue Nutzung aufgenommen wird, wirkt die bisherige Nutzung nach der Verkehrsauffassung fort.

Die **Teilprivilegierungen** werden vom *BVerwG* als zulässige **Inhalts- und Schrankenbestimmungen** des **Eigentums** betrachtet, die einen unmittelbaren Rückgriff auf Art. 14 I 1 GG verschließen. Denn nach Auffassung des *BVerwG* gibt es ein Recht auf Zulassung eines Vorhabens außerhalb der gesetzlichen Regelungen nicht.[1004] Auch die Baufreiheit, die vom Schutzbereich des Eigentumsgrundrechts umfasst wird, ist nur nach Maßgabe des einfachen Rechts gewährleistet.[1005]

Ob eine im Außenbereich **aufgegebene Bebauung** weiterhin genutzt werden kann, entscheidet nach Auffassung des *BVerwG* § 35 IV BauGB.[1006] Der sog. passive Bestandsschutz entfällt danach, wenn der ursprünglich legale Bestand in seiner Substanz nicht mehr vorhanden ist. So kann etwa die Verwendung moderner Wiederherstellungsmaterialien zu einer Änderung der Bausubstanz führen und den Bestandsschutz entfallen lassen.[1007] Auf eine ursprüngliche Legalität kann sich nicht berufen, wer ein genehmigungsfreies Vorhaben verwirklicht hat, das nach § 29 BauGB 1986 nicht den Zulässigkeitsvoraussetzungen der §§ 30 bis 37 BauGB unterlag.[1008] Dem Gesetzgeber ist es nach Auffassung des *BVerwG* nicht verwehrt, Eigentumsrechten einen neuen Inhalt zu geben. Dies schließt auch die Ermächtigung ein, die bisherige Rechtslage zu Lasten der betroffenen Eigentümer zu ändern. So könne der Gesetzgeber das Entstehen von Rechten, die nach früherem Recht möglich waren, für die Zukunft ausschließen, und Befugnisse, die

---

[1001] *BVerwG*, Urt. v. 17. 1. 1986 – 4 C 80.82 – BVerwGE 72, 362 = Buchholz 406.16 Eigentumsschutz Nr. 41; zum Bestandsschutz s. Rdn. 1730.
[1002] *BVerwG*, B. v. 19. 4. 1991 – 4 B 9.91 – Buchholz 406.16 Grundeigentumsschutz Nr. 56; B. v. 4. 12. 1992 – 4 B 229.92 – Buchholz 406.16 Grundeigentumsschutz Nr. 60 = *Hoppe/Stüer* RzB Rdn. 464 Bootshütte; *VGH Mannheim*, Urt. v. 17. 9. 1998 – 3 S 1934/96 – VGHBW RSprDienst 1998, Beilage 12 B 5 – Geräteschuppen.
[1003] *BVerwG*, B. v. 22. 2. 1993 – 4 B 5.93 – *Hoppe/Stüer* RzB Rdn. 431 – Freizeitzwecke.
[1004] *BVerwG*, Urt. v. 12. 3. 1998 – 4 C 10.97 – BVerwGE 106, 228.
[1005] *BVerfG*, B. v. 19. 6. 1973 – 1 BvL 39/69 u. a. – BVerfGE 35, 263; *BVerwG*, Urt. v. 19. 6. 1991 – 4 C 11.89 – BRS 52 Nr. 78; Urt. v. 19. 2. 2004 – 4 C 4.03 – BVerwGE 120, 130 = ZfBR 2004, 456 = BauR 2004, 1045 (LS) – Zwillingshaus.
[1006] Die Errichtung einer vom Wohngebäude räumlich abgesetzten Garage ist nicht nach § 35 IV Nr. 5 BauGB unter erleichterten Voraussetzungen zulässig, so *BVerwG*, Urt. v. 12. 3. 1998 – 4 C 10.97 – BauR 1998, 760 = NVwZ 1998, 842 = ZfBR 1998, 259.
[1007] *BVerwG*, B. v. 11. 12. 1996 – 4 B 231.96 – NVwZ-RR 1997, 521 – alte Bausubstanz. Bei der Entscheidung über eine Beseitigungsanordnung kann allerdings das besondere Alter einer baulichen Anlage bedeutsam sein.
[1008] *BVerwG*, Urt. v. 8. 10. 1998 – 4 C 6.97 – NVwZ 1999, 297 = DVBl. 1999, 241 = BauR 1999, 159.

bisher mit dem Recht verbunden waren, einschränken oder ganz ausschließen.[1009] Eine wiederholte Erweiterung eines Wohngebäudes, die zur Schaffung einer dritten Wohnung führt, kann nicht unter den erleichterten Voraussetzungen des § 35 IV 1 Nr. 5 BauGB zugelassen werden. Dabei sind alle Gebäudeteile eines Hauses als Einheit zu betrachten. Für die Frage der deutlichen Unterordnung eines Vorhabens unter einen vorhandenen Bestand (d. h. Nichtverfestigung einer Splittersiedlung) kommt es auf das Verhältnis des hinzutretenden Vorhabens zu der bereits vorhandenen Splittersiedlung an.

2603 Eine „**weitreichende Vorbildwirkung**", die ebenso eine Verfestigung einer **Splittersiedlung** befürchten lässt, liegt immer dann vor, wenn sich das Vorhaben und die weiteren Vorhaben, die nicht verhindert werden könnten, zusammen der vorhandenen Splittersiedlung nicht unterordnen, sondern diese erheblich verstärken und dadurch eine weitergehende Zersiedlung des Außenbereichs bewirken würden. Die Vorbildwirkung ist bereits dann gegeben, wenn bei einer Zulassung des Vorhabens weitere ähnliche Vorhaben in der Splittersiedlung nicht verhindert werden könnten und dadurch der Außenbereich zersiedelt würde. Weitreichend ist die Vorbildwirkung deshalb immer dann, wenn sich das Vorhaben und die weiteren Vorhaben, die nicht verhindert werden können, zusammen der vorhandenen Splittersiedlung nicht unterordnen, sondern diese erheblich verstärken und dadurch eine weit gehende Zersiedlung des Außenbereichs bewirken würden.[1010]

2604 **Bauliche Substanz und Nutzung** unterliegen nicht unabhängig voneinander unterschiedlichen rechtlichen Regelungen. Bestandsschutz genießt die bauliche Anlage in ihrer durch die Nutzung bestimmten Funktion. Ist die Zulässigkeit der Errichtung von der Nutzungsweise abhängig, so bewahrt die Eigentumsgarantie vorbehaltlich des Grundsatzes der Verhältnismäßigkeit den Eigentümer bei Fortfall dieser Nutzung nach Auffassung des *BVerwG* nicht davor, das Bauwerk wieder zu beseitigen.[1011] Reicht eine Nutzungsuntersagung aus, um einen rechtmäßigen Zustand herbeizuführen, so hat die Bauordnungsbehörde es hiermit bewenden zu lassen. Dies setzt jedoch voraus, dass eine rechtmäßige Nutzung überhaupt in Betracht kommt. Lässt das geltende materielle Baurecht hierfür keinen Raum, so schließt das öffentliche Interesse an einer Durchsetzung der veränderten bebauungsrechtlichen Ordnung nach Auffassung des *BVerwG* auch das Mittel der Beseitigungsanordnung ein.[1012] Dies kann jedoch in Einzelfällen zu unbefriedigenden Ergebnissen führen.

Beispiel: In einer ehemaligen Ziegelei sind die Rohstoffe der Tongrube erschöpft. Der Betrieb fällt in Konkurs. Ein Erwerber fragt, ob er die aufstehenden Gebäude nutzen kann oder abbrechen muss. Ist keine privilegierte Nutzung nach § 35 I BauGB oder teilprivilegierte Nutzung nach § 35 IV BauGB in Aussicht, so könnte die Beseitigung der Gebäude verlangt werden, obwohl die Bebauung und Nutzung in der Vergangenheit legal war.

2. Zusammenführung des § 35 IV BauGB und des § 4 III BauGB-MaßnG

2605 Die bis zum In-Kraft-Treten des BauROG 1998 geltende Rechtslage war durch unterschiedliche gesetzliche Fassungen gekennzeichnet. Allgemein galt § 35 IV BauGB 1986 als Regelung für die Teilprivilegierung. Besondere Maßgaben enthielt allerdings § 4 III BauGB-MaßnG für Vorhaben, die **Wohnzwecken** dienten. Für diese war ausschließlich die Fassung des § 4 III BauGB-MaßnG anzuwenden. Keine Unterschiede bestanden zwischen § 35 IV BauGB 1986 und dem durch das BauROG 1998 aufgehobenen § 4 III

[1009] *BVerwG*, B. v. 3. 12. 1997 – 4 B 193.97 – Buchholz 11 Art. 14 GG Nr. 317 für die Anwendung der naturschutzrechtlichen Eingriffs- und Ausgleichsregelung auf die Erweiterung eines Torfabbaus, die ohne Genehmigung, aber materiell rechtmäßig begonnen worden war.
[1010] *BVerwG*, Urt. v. 27. 8. 1998 – 4 C 13.97 – DVBl. 1999, 235 = RdL 1999, 34 – Dachgeschossausbau als dritte Wohnung.
[1011] *BVerwG*, Urt. v. 22. 1. 1971 – IV C 22.66 – Buchholz 11 Art. 14 GG Nr. 114; Urt. v. 15. 11. 1974 – IV C 32.71 – BVerwGE 47, 185.
[1012] *BVerwG*, Urt. v. 15. 11. 1974 – IV C 32.71 – BVerwGE 47, 185.

BauGB-MaßnG hinsichtlich der Regelungen in § 35 IV 1 Nr. 3 und 4 BauGB. § 35 IV 1 Nr. 5 BauGB war lediglich redaktionell anders gefasst. Abweichungen enthielt § 4 III 1 Nr. 1 und 2 BauGB-MaßnG hinsichtlich der Vorhaben in § 35 IV 1 Nr. 1 und 2 BauGB. Durch die Neufassung des § 35 IV BauGB durch das BauROG 1998 hat die Teilprivilegierung eine einheitliche rechtliche Grundlage erhalten. Die in § 4 III BauGB-MaßnG enthaltenen Sondervorschriften zu Gunsten des Wohnungsbaus sind damit in einer durch das BauROG 1998 bewirkten Neuregelung aufgegangen, die unabhängig vom Wohnungsbau vor allem auch einer gewerblichen Nutzungsmöglichkeit im Außenbereich Rechnung tragen will. Die Teilprivilegierung kommt nicht nur der beabsichtigten Nutzungsänderung zugute, sondern auch der bereits **durchgeführten Nutzungsänderung**. Denn die Anwendbarkeit des § 35 IV BauGB hängt nicht davon ab, dass die Nutzungsänderung in dem Zeitpunkt, in dem die Genehmigung bauaufsichtlich beantragt wird, noch nicht vollzogen und erst noch beabsichtigt ist.[1013] Der Gesetzgeber hat in § 35 IV BauGB den Grundsatz der Trennung von materieller und formeller Baurechtmäßigkeit nicht durchbrechen wollen. Schon zur früheren Fassung des § 35 IV 1 Nr. 1 BauGB hatte das *BVerwG* klargestellt: Das Wort „beabsichtigt" in § 35 IV BauGB sei nur eine sprachliche Verdeutlichung dafür, dass das Baurecht Anforderungen an Vorhaben, nämlich an beabsichtigte Maßnahmen, stelle, ohne allerdings damit bereits ausgeführte Maßnahmen nur deshalb für materiell rechtswidrig zu erklären, weil versäumt worden sei, einen Genehmigungsantrag zu stellen.

3. Änderungen landwirtschaftlicher Nutzungen

Teilprivilegiert ist nach § 35 IV 1 Nr. 1 BauGB die Änderung der bisherigen Nutzung eines privilegierten landwirtschaftlichen Zwecken dienenden Gebäudes nach § 35 I Nr. 1 BauGB unter verschiedenen Voraussetzungen, die das Gesetz wie folgt benennt: Das Vorhaben dient einer zweckmäßigen Verwendung erhaltenswerter Bausubstanz, die äußere Gestalt des Gebäudes bleibt im Wesentlichen gewahrt, die Aufgabe der bisherigen Nutzung liegt nicht länger als sieben Jahre zurück, das Gebäude ist vor mehr als sieben Jahren[1014] zulässigerweise errichtet worden, das Gebäude steht im räumlich-funktionalen Zusammenhang mit der Hofstelle des land- oder forstwirtschaftlichen Betriebes, im Falle der Änderung zu Wohnzwecken entstehen neben den bisher nach § 35 I Nr. 1 BauGB zulässigen Wohnungen höchstens drei Wohnungen je Hofstelle und es wird die Verpflichtung übernommen, keine Neubebauung als Ersatz für die aufgegebene Nutzung vorzunehmen, es sei denn, die Neubebauung wird im Interesse der Entwicklung des Betriebes i. S. des § 35 I Nr. 1 BauGB erforderlich. Die durch das BauROG 1998 neu gefasste, im Kern aus § 35 IV 1 Nr. 1 BauGB/§ 4 III BauGB-MaßnG entwickelte Vorschrift will den Strukturwandel in der Landwirtschaft erleichtern. Den Landwirten und früheren Landwirten soll ein Wechsel von der bisher privilegierten Nutzung zu einer nicht privilegierten Nutzung ermöglicht werden.

Der **Begünstigungstatbestand** zur Umnutzung landwirtschaftlicher Bausubstanz dient der **Rechtsvereinheitlichung** und soll den anhaltenden Prozess des landwirtschaftlichen **Strukturwandels** unterstützen. Erhaltenswerte Bausubstanz soll nach den Vorstellungen des Gesetzgebers auch dann weitergenutzt werden, wenn diese nicht mehr für landwirtschaftliche Zwecke erforderlich ist. Das Erfordernis einer ausreichenden Erschließung bei der Nutzungsumwandlung muss allerdings gesichert sein. Die Neufassung des § 35 IV 1 Nr. 1 BauGB durch das BauROG 1998 hat die im Vergleich zu § 3 IV 1 Nr. 1 BauGB a. F. günstigeren Voraussetzungen für eine erleichterte Umnutzung landwirt-

---

[1013] *BVerwG*, Urt. v. 7. 2. 1986 – 4 C 28.84 – BVerwGE 74, 15 = NVwZ 1986, 832 = BauR 1986, 315 = DVBl. 1986, 680 = NJW 1986, 2267 = *Hoppe/Stüer* RzBRdn. 519 – Mühlengebäude, unter Aufgabe der früheren Rechtsprechung Urt. v. 24. 10. 1980 – 4 C 81.77 – BVerwGE 61, 112.

[1014] So die Änderung durch das EAG Bau. Das BauROG 1998 stellte demgegenüber auf den Stichtag vom 27. 8. 1996 ab.

schaftlicher Gebäude aus § 4 III 1 Nr. 1 BauGB-MaßnG ohne Beschränkung auf den Wohnungsbau in das Dauerrecht überführt. Dabei hat der Gesetzgeber vor allem den Gesichtspunkt herausgestellt, dass das jeweilige Vorhaben einer zweckmäßigen Verwendung dienen muss (§ 35 IV 1 Nr. 1a BauGB). Dieser bereits im Ansatz in den bisherigen Regelungen enthaltene Gedanke soll sicherstellen, dass das jeweilige Vorhaben einer zweckmäßigen Verwendung erhaltenswerter Bausubstanz dienen muss. Zur Vermeidung von Missbrauch besteht die Verpflichtung, künftig keine Ersatzbebauung für die aufgegebene Nutzung zu errichten.[1015] Die Teilprivilegierung in § 35 IV 1 Nr. 1 BauGB hat insgesamt acht Voraussetzungen.

2608 **a) Änderung einer bisher privilegierten landwirtschaftlichen Nutzung.** Teilprivilegiert ist nach § 35 IV 1 Nr. 1 BauGB die Änderung der bisher privilegierten Nutzung eines Gebäudes i. S. des § 35 I Nr. 1 BauGB. Die Teilprivilegierung bezieht sich daher (ausschließlich) auf vormals privilegierte landwirtschaftliche Gebäude nach § 35 I Nr. 1 BauGB. Außerdem muss es sich um Nutzungsänderungen von derartigen Gebäuden handeln, wobei keine Rolle spielt, in welchem Umfang mit der Nutzungsänderung bauliche Maßnahmen verbunden sind.

2609 Die Gebäude müssen einem privilegierten landwirtschaftlichen Zweck nach § 35 I Nr. 1 BauGB gedient haben. Die vormals ebenfalls privilegiert zulässigen unechten Altenteilerhäuser (§ 35 I Nr. 2 BauGB a. F.) und Landarbeiterstellen (§ 35 I Nr. 3 BauGB a. F.) nehmen an der Teilprivilegierung des § 35 IV 1 Nr. 1 BauGB nicht teil. Die von der Nutzungsänderung betroffenen Gebäude müssen von dem Privilegierungszweck des § 35 I Nr. 1 BauGB in dem Sinne gedeckt sein, dass sie einer privilegierten landwirtschaftlichen Nutzung gedient haben. Nicht erforderlich ist, dass ein Genehmigungsanspruch zur Errichtung der Gebäude im Hinblick auf eine landwirtschaftliche Nutzung bestanden hätte. Daher ist eine privilegierte landwirtschaftliche Nutzung auch dann gegeben, wenn sie sich auf ein Gebäude bezieht, für das keine Neuerrichtungsgenehmigung hätte ausgesprochen werden müssen. Es reicht vielmehr als Voraussetzung für die Anwendbarkeit des § 35 IV 1 Nr. 1 BauGB, wenn das Gebäude in eine landwirtschaftliche Nutzung einbezogen worden ist. Bei den Voraussetzungen für eine teilprivilegierte Nutzungsänderung nach § 35 IV 1 Nr. 1 BauGB ist daher ein großzügigerer Maßstab hinsichtlich der vormaligen Privilegierung als landwirtschaftliche Nutzung anzulegen.[1016]

2610 § 35 IV BauGB erklärt in den dort benannten Teilprivilegierungsfällen die Beeinträchtigung bestimmter öffentlicher Belange für unbeachtlich. Teilprivilegiert ist etwa die Aufgabe der Landwirtschaft unter Beibehaltung der Wohnnutzung (§ 35 IV 1 Nr. 1 BauGB). Aus der vormals im Zusammenhang mit dem landwirtschaftlichen Betrieb nach § 35 I Nr. 1 BauGB privilegierten Wohnnutzung wird bei Aufgabe der Landwirtschaft eine Wohnnutzung, die nach § 35 IV 1 Nr. 1 BauGB teilprivilegiert ist.[1017]

2611 **b) Zweckmäßige Verwendung erhaltenswerter Bausubstanz.** Die Nutzungsänderung bisher landwirtschaftlich genutzter Gebäude muss einer zweckmäßigen Verwendung erhaltenswerter Bausubstanz dienen (§ 35 IV 1 Nr. 1a BauGB). Durch diese auf das BauROG 1998 zurückgehende Neufassung soll klargestellt werden, dass Nutzungsänderungen nur eine erhaltenswerte Bausubstanz betreffen kann. Der Begriff ist allerdings vergleichsweise konturenlos und wird abschließend wohl erst durch die Rechtsprechung geklärt werden können. Der Gesetzgeber hat damit einerseits dem Strukturwandel der Landwirtschaft Rechnung tragen wollen, zugleich aber die Begrenzung der Teilprivilegierungsregelung dort gesehen, wo eine erhaltenswerte Bausubstanz nicht mehr vorhanden ist oder die Nutzungsänderung im Hinblick auf die vorhandene Bausubstanz und vielleicht auch andere öffentliche Belange nicht zweckmäßig erscheint.

[1015] *Bundesregierung*, Gesetzentwurf zum BauROG 1998, S. 59.
[1016] *VGH Mannheim*, Urt. v. 20. 2. 1997 – 5 S 3135/96 – VGHBW RSprDienst 1997, Beilage 5, B 7.
[1017] *BVerwG*, Urt. v. 19. 2. 2004 – 4 C 4.03 – RdL 2004, 179 = ZfBR 2004, 456 = BauR 2004, 1045 (LS) – Zwillingshaus.

Die vormals lediglich zu Gunsten des Wohnungsbaus bestehende erweiterte Teilprivilegierung ist bereits durch das BauROG auch auf andere und damit vor allem gewerbliche Nutzungen erstreckt worden. Dient das Vorhaben einer zweckmäßigen Verwendung erhaltenswerter Bausubstanz und sind die übrigen in § 35 IV 1 Nr. 1 BauGB genannten Voraussetzungen erfüllt, so sind auch Nutzungsänderungen, die nicht Wohnzwecken dienen, teilprivilegiert. Vor allem wird dies zu einer erleichterten planungsrechtlichen Zulässigkeit von gewerblichen Nutzungen in vormals landwirtschaftlich genutzten Gebäuden führen, soweit dies einer zweckmäßigen Verwendung einer erhaltenswerten Bausubstanz dient und die weiteren Voraussetzungen des § 35 IV 1 Nr. 1 BauGB erfüllt sind.

c) Wahrung der äußeren Gestalt. Nach § 35 IV 1 Nr. 1b BauGB muss bei der Nutzungsänderung die äußere Gestalt des Gebäudes im Wesentlichen gewahrt werden. Dies setzt Umnutzungen Grenzen, die sich im Erscheinungsbild nach außen hin bemerkbar machen.[1018] Vor allem wird dies auch dazu führen, dass gewerbliche Nutzungen ehemals landwirtschaftlicher Gebäude im Außenbereich nicht aus dem Rahmen fallen. Denn Nutzungsänderungen, die zu einer durchgreifenden Umgestaltung des äußeren Erscheinungsbildes des bisher landwirtschaftlichen Gebäudebestandes führen, sind danach planungsrechtlich nicht zulässig. Die Grenze der zulässigen Nutzungsänderung ist auch für eine beabsichtigte gewerbliche Nutzung dann überschritten, wenn das äußere Erscheinungsbild der Gebäudesubstanz wesentlich verändert wird. Damit soll die äußere Erscheinung der überkommenen landwirtschaftlichen Struktur erhalten bleiben. Soll etwa in einem ehemaligen Stallgebäude eine Autoreparaturwerkstatt eingerichtet werden, so würde diese Nutzungsänderung an den einschränkenden Voraussetzungen des § 35 IV 1 Nr. 1b BauGB scheitern, wenn zugleich bisher landwirtschaftlich genutzte Freiflächen in größerem Umfang etwa als Abstellplatz genutzt werden müssten. Teilprivilegiert nach § 35 IV 1 Nr. 1 BauGB sind daher nur Nutzungsänderungen, die sich vorwiegend innerhalb des Gebäudes abspielen und nicht das äußere Erscheinungsbild der Gebäudesubstanz verändern. Das ist allerdings im Vergleich zu den bisherigen Teilprivilegierungsmöglichkeiten in § 35 IV 1 Nr. 1/§ 4 III 1 Nr. 1 BauGB-MaßnG schon eine erhebliche Erweiterung vor allem für Nutzungsänderungen, die sich nicht auf eine Wohnnutzung beziehen. Die Begünstigung wurde daher durch § 35 IV 1 Nr. 1 BauGB zu Gunsten der zweckentsprechenden Nachfolgenutzung einer vormals landwirtschaftlichen Nutzung durchaus deutlich gegenüber seinen Vorgängerregelungen erweitert.

d) Siebenjahresfrist. Die **Nutzungsänderung** muss sich als einheitlicher Lebensvorgang darstellen,[1019] wobei die Aufgabe der Nutzung nach § 35 IV 1 Nr. 1c BauGB nicht länger als sieben Jahre zurückliegen darf.[1020] Eine bereits länger als sieben Jahre zurückliegende landwirtschaftliche Nutzung kann daher grundsätzlich nicht Anknüpfungspunkt für die Teilprivilegierung nach § 35 IV 1 Nr. 1 BauGB sein. So kommt die Privilegierung nicht einem Gebäude zugute, das bereits seit mehr als sieben Jahren nicht mehr landwirtschaftlich genutzt wurde oder in dem eine auf Dauer angelegte neue Nutzung aufgenommen worden ist. Eine nur vorübergehende Einstellung der landwirtschaftlichen Tätigkeit etwa bei Todesfällen oder bei Eigentumswechsel oder auch in Fällen vorübergehender wirtschaftlicher Schwierigkeiten führt nach der Verkehrsauffassung nicht zur Aufgabe der Nutzung und steht daher einer Ausnutzung der Teilprivilegierung nicht entgegen.

§ 35 IV 1 Nr. 1c BauGB ermöglicht dabei die Nutzungsänderung einzelner Gebäude unter Fortführung der land- oder forstwirtschaftlichen Hauptnutzung, aber auch die Fol-

---

[1018] Ob bereits der Einbau von zusätzlichen Dachgauben oder eine neue Fassade die äußere Gestaltung unzulässig verändert, ist eine Frage der wertenden Einschätzung im Einzelfall.
[1019] Zum zeitlichen Zusammenhang zwischen der Aufgabe der landwirtschaftlichen Nutzung und der angestrebten Nachfolgenutzung *Hoppe* in: *Hoppe/Bönker/Grotefels*, ÖffBauR. § 8 Rdn. 102.
[1020] Zu den nach § 4 III 1 Nr. 1 BauGB-MaßnG vormals geltenden Fristen *Krautzberger* in: Battis/Krautzberger/Löhr, Rdn. 79 zu § 35 BauGB.

genutzung zu Wohnzwecken bei **Betriebsaufgabe**. Wird der Betrieb aufgegeben, so muss die Nachfolgenutzung innerhalb von 7 Jahren beantragt werden. Dies gilt allerdings nicht für Gebäude der Hofstelle, die für Landwirtschaftszwecke verpachtet waren und noch darüber hinaus vom Pächter privilegiert genutzt worden sind. Hier läuft die Fünfjahresfrist für die Nachfolgenutzung mit der Aufgabe der land- oder forstwirtschaftlichen Nutzung in dem einzelnen Gebäude.

2616 Nach der Übergangsregelung des **§ 245 b II BauGB** können die Länder jedoch bestimmen, dass die Siebenjahresfrist bis zum 31.12.2008 nicht anzuwenden ist. Treffen die Länder eine entsprechende Nichtanwendungsregelung, so fallen in die Teilprivilegierungsmöglichkeit des § 35 IV 1 Nr. 1 BauGB auch Nutzungsänderungen von Gebäuden, deren landwirtschaftliche Nutzung vor mehr als sieben Jahren aufgegeben worden ist. Dann können auch länger anderweitig genutzte ehemals landwirtschaftlichen Zwecken dienende Gebäude an der Teilprivilegierungsmöglichkeit teilnehmen mit der Folge, dass Nutzungsänderungen nach Maßgabe der übrigen Voraussetzungen der Vorschrift die dort erwähnten Belange nicht entgegengehalten werden können. Die Entscheidung hierzu liegt bei den Ländern.

2617 **e) Zulässigerweise Errichtung.** Die Teilprivilegierung soll nur einer Gebäudesubstanz zugute kommen, die vor mehr als sieben Jahren **zulässigerweise errichtet** worden ist. Dies setzt voraus, dass die Bausubstanz, die umgenutzt werden soll, bereits vor mehr als sieben Jahren vorhanden war und nicht etwa durch Verfall inzwischen den Bestandsschutz verloren hat. Für die bisherige landwirtschaftliche Nutzung muss in der Regel eine (unanfechtbare) Baugenehmigung erteilt worden sein.

2618 Aber auch wenn das Vorhaben ohne Erteilung einer Baugenehmigung den materiellen Zulässigkeitsvorschriften des § 35 I Nr. 1 BauGB entsprach, das Gebäude also einem landwirtschaftlichen Betrieb diente und nur einen untergeordneten Teil der Betriebsfläche einnahmen, ist das Vorhaben i. S. des § 35 IV 1 Nr. 1d BauGB zulässigerweise errichtet und kann daher nach dieser Vorschrift teilprivilegiert sein. Übergangsweise geduldete Bauvorhaben sind demgegenüber nicht zulässigerweise errichtet.[1021] Es reicht allerdings auch aus, dass das Gebäude nicht nur für ganz kurze Zeit materiell legal war.

2619 **f) Räumlich-funktionaler Zusammenhang mit der Hofstelle.** Die Nutzungsänderung muss sich auf ein Gebäude beziehen, das in einem räumlich-funktionalen Zusammenhang mit der Hofstelle des land- oder forstwirtschaftlichen Betriebes steht (§ 35 IV 1 Nr. 1d BauGB). Teilprivilegiert sind daher nur Gebäude, die eine räumliche und funktionale Nähe zur Hofstelle haben. Von der Hofstelle weit entfernt liegende Gebäude wie etwa Viehhütten oder frei in der Landschaft stehende Schuppen sind daher nicht teilprivilegiert. Der Gesetzgeber wollte damit der Bodenschutzklausel ausreichend Rechnung tragen und sicherstellen, dass nur eine Gebäudesubstanz in räumlich-funktionaler Zuordnung zur Hofstelle teilprivilegiert ist. Allerdings kann auch eine bereits aufgegebene Hofstelle entsprechende Nachwirkungen entfalten, so dass auch derartige Anlagen Teilprivilegierungswirkungen auslösen können. Ist etwa die landwirtschaftliche Hofstelle aufgegeben, so kann innerhalb der im Gesetz vorgesehenen Siebenjahresfrist (§ 35 IV 1 Nr. 1c BauGB) eine Nutzungsänderung im räumlich-funktionalen Zusammenhang mit der ehemaligen Hofstelle erfolgen. Ehemals landwirtschaftlich genutzte Gebäude, die einen solchen Zusammenhang nicht aufweisen, sind demgegenüber nicht nach § 35 IV 1 Nr. 1 BauGB teilprivilegiert. Einzelliegende Nebengebäude wie etwa Ställe oder Scheunen, die keinen räumlichen Bezug zur Hofstelle haben, werden von der Teilprivilegierung nicht erfasst.

Beispiel: Zu der Hofstelle gehört auch ein Misthaufen, auf dem ein Hahn kräht. So weit der Hahn zu hören ist, besteht ein räumlich funktionaler Zusammenhang.

[1021] *BVerwG*, B. v. 3. 11. 1967 – 4 B 170.66 – Buchholz 406.11 § 35 BBauG Nr. 55 zu einem „für die Dauer des Krieges" erlaubtes Holzhaus.

g) Begrenzung auf drei Wohnungen. § 35 IV 1 Nr. 1f BauGB übernimmt die bereits bisher bestehende Begrenzung auf drei Wohnungen, wobei klargestellt wird, dass drei Wohnungen[1022] neben den nach § 35 I Nr. 1 BauGB privilegierten, der Landwirtschaft zugeordneten Wohnungen zulässig sind. Die nach dieser Vorschrift privilegierten landwirtschaftlichen Betriebswohnungen werden daher bei der Berechnung der nach § 35 IV 1 Nr. 1f BauGB teilprivilegiert zulässigen Wohnungen nicht hinzugerechnet. Durch diese gesetzliche Regelung ist ein vormals bestehender Streit entschieden, der sich auf die Einbeziehung von bereits vorhandenen privilegierten Wohnungen bezog. Will etwa ein Landwirt in ehemaligen Betriebsgebäuden Wohnungen einrichten, so sind in die Teilprivilegierung nach § 35 IV 1 Nr. 1e BauGB die vorhandenen privilegierten Wohnungen nicht einzubeziehen. Neben den durch die landwirtschaftliche Betriebsführung gerechtfertigten Wohnungen können daher in ehemals landwirtschaftlich genutzten Betriebsgebäuden drei Wohnungen errichtet werden. Ist der landwirtschaftliche Betrieb aufgegeben, so können im Umgriff der Hofstelle nach § 35 IV 1 Nr. 1f BauGB drei Wohnungen teilprivilegiert errichtet werden. Die im land- oder forstwirtschaftlichen Nutzungsbereich privilegierten Wohnungen behalten dabei ihren Sonderstatus, selbst wenn die Hofstelle aufgegeben wird. Für diesen Fall dürfen neben den bereits zulässigerweise vorhandenen, vormals privilegierten Wohnungen drei weitere Wohnungen ohne eine Zweckbindung an die Landwirtschaft errichtet werden. Die Privilegierung entfällt nicht deshalb, weil die Maßnahme bereits durchgeführt und daher nicht „beabsichtigt" ist.[1023]

h) Verpflichtungserklärung. In Fortschreibung der bisher geltenden Rechtslage fordert § 35 IV 1 Nr. 1g BauGB, dass der Grundstückseigentümer die Verpflichtung übernimmt, keine Neubebauung als Ersatz für die aufgegebene Nutzung vorzunehmen, es sei denn, die Neubebauung wird im Interesse der Entwicklung des nach § 35 I Nr. 1 BauGB privilegierten landwirtschaftlichen Betriebes erforderlich. Hierdurch soll sichergestellt werden, dass nicht zunächst von den Vorteilen der Teilprivilegierung Gebrauch gemacht wird und im Anschluss daran eine neue (privilegierte) Gebäudesubstanz errichtet wird. Ganz allerdings ist der Ausschluss einer weiteren baulichen Entwicklung nicht gelungen. Eine Erweiterung der baulichen Substanz ist dann planungsrechtlich zulässig, wenn dies im Interesse der Entwicklung eines nach § 35 I Nr. 1 BauGB privilegierten landwirtschaftlichen Betriebes erforderlich ist. Die Verpflichtungserklärung schließt damit lediglich bauliche Erweiterungen aus, die nicht für sich nach § 35 I Nr. 1 BauGB privilegiert sind.

i) Einzelfragen. § 35 IV 1 Nr. 1 BauGB erleichtert die Nutzungsänderung nur für solche baulichen Anlagen, die bisher tatsächlich i. S. des § 35 I Nr. 1 BauGB genutzt worden sind. Fehlt es hieran, so genügt es nicht, dass die bauliche Anlage nur für eine der bezeichneten privilegierten Nutzungen genehmigt worden ist.[1024] Denn Voraussetzung für

---

[1022] Die Regelung in § 35 IV 3 BauGB 1986, die eine Begrenzung auf höchstens zwei Wohnungen enthielt, wurde bereits durch den durch das BauROG aufgehobenen § 4 III 1 Nr. 1 BauGB-MaßnG für den zeitlichen Anwendungsbereich des BauGB-MaßnG (bis Ende 1997) außer Kraft gesetzt.

[1023] Anders noch auf der Rechtsgrundlage des § 35 IV BBauG 1976/1979 *BVerwG*, Urt. v. 13. 3. 1981 – 4 C 2.78 – BVerwGE 62, 32 = *Hoppe/Stüer* RzB Rdn. 527 – Ersatzwohngebäude im Anschluss an Urt. v. 24. 10. 1980 – 4 C 81.77 – BVerwGE 61, 112 = DVBl. 1981, 39: Das Ersatzbauvorhaben bzw. das Wiederaufbauvorhaben erfüllt das Tatbestandsmerkmal beabsichtigt nur dann, wenn es im Zeitpunkt des Genehmigungsantrages nicht bereits errichtet war. Diese Rechtsauffassung hat das *BVerwG* später aufgegeben, Urt. v. 24. 10. 1980 – 4 C 81.77 – BVerwGE 61, 112 = DVBl. 1981, 397 = DÖV 1981, 359, so dass auch bereits durchgeführte Baumaßnahmen die Teilprivilegierung nicht entfallen ließen, vgl. auch *Dürr* in: Brügelmann, Rdn. 126 zu § 35 BauGB; *Geiger* JA 1981, 514; *Lau* BauR 1982, 340; *Scheder* NJW 1981, 2104. Inzwischen ist das Gesetz entsprechend geändert worden.

[1024] *BVerwG*, Urt. v. 31. 5. 1983 – 4 C 16.79 – DÖV 1984, 293 = BauR 1983, 448 = *Hoppe/Stüer* RzB Rdn. 529 – Brandzerstörung; Urt. v. 29. 10. 1982 – 4 C 6.78 – Buchholz 406.11 § 35 BBauG Nr. 191.

die Begünstigung einer nicht privilegierten Nutzungsänderung einer baulichen Anlage im Außenbereich nach § 35 IV 1 Nr. 1 BauGB ist, dass die bauliche Anlage oder der für die Nutzungsänderung vorgesehene Anlageteil „bisher" tatsächlich nach § 35 I Nr. 1 BauGB privilegiert war und entsprechend genutzt worden ist.[1025] Sinn und Zweck der erweiterten Genehmigungsmöglichkeit nach § 35 IV 1 Nr. 1 BauGB besteht darin, die Nutzung „aufgegebener" landwirtschaftlicher Betriebsgebäude im Rahmen einer zweckmäßigen Verwendung erhaltenswerter Bausubstanz[1026] auch im Falle wesentlicher baulicher Änderungen zu erfassen und zu verbessern. Nur in diesem konkreten Rahmen – d. h. in den sog. Entprivilegierungsfällen – und nicht ganz allgemein soll die Vorschrift unter Erhaltung vorhandener Bausubstanz einen Beitrag zum erleichterten Strukturwandel in der Landwirtschaft im ländlichen Raum leisten.[1027] § 35 IV 1 Nr. 1 BauGB erleichtert für Gebäude, die i. S. des § 35 I Nr. 1 BauGB genutzt worden sind, die Nutzungsänderung auch dann, wenn ihr Umbau für landwirtschaftliche Zwecke genehmigt und begonnen, jedoch infolge Aufgabe des landwirtschaftlichen Betriebes nicht mehr genutzt worden ist.[1028] § 35 IV BauGB hat dabei den Charakter einer abschließenden Ausnahmevorschrift. Soweit diese enumerative Regelung nicht greift, verbleibt es bei dem Begriff des Vorhabens einer Nutzungsänderung, der Gebäude und Funktion umgreift. Mit der Teilprivilegierung wollte der Gesetzgeber Schwierigkeiten bei der Umstrukturierung der Landwirtschaft begegnen.[1029] Deshalb sollten bisher landwirtschaftliche Gebäude auch anderen Zwecken zugeführt werden dürfen, weil sie anderenfalls nach Betriebsaufgabe zu verfallen drohten. Eine Zersiedlung der Landschaft war dadurch nach Meinung des Gesetzgebers nicht zu befürchten, weil nur vorhandene Gebäude einer anderen Nutzung zugeführt werden durften.[1030] Liegen die Voraussetzungen der Teilprivilegierungsregelung in § 35 IV BauGB nicht vor, verbleibt es dabei, dass nicht privilegierte Vorhaben nach § 35 II BauGB zu beurteilen sind. Die Anwendung der Privilegierung des § 35 IV 1 Nr. 1 BauGB kommt allerdings nicht in Betracht, wenn die Frist zwischen der Aufgabe der Wohnnutzung und der Nutzungsänderung mehr als 7 Jahre beträgt[1031] (§ 35 IV 1 Nr. 1c BauGB), wenn die Länder nach der Überleitungsvorschrift des § 245b II BauGB keine anders lautende Regelung schaffen.[1032] Hat ein Gebäude teils landwirtschaftlichen, teils nicht landwirtschaftlichen Zwecken gedient, hängt die erleichterte Nutzungsänderung nach § 35 IV 1 Nr. 1 BauGB von dem Schwerpunkt der Nutzung ab. Ein Behelfsheim etwa, das überwiegend zur Unterbringung von Flüchtlingen genutzt worden ist, wird nicht dadurch zu einem landwirtschaftlich genutzten Gebäude, dass es zeitweise auch der Unterbringung eines landwirtschaftlichen Gehilfen diente.[1033]

2623 Von einer **Nutzungsänderung** im bebauungsrechtlichen Sinne ist immer dann auszugehen, wenn durch die Verwirklichung des Vorhabens die jeder Art von Nutzung eigene Variationsbreite verlassen wird und wenn ferner durch die Aufnahme dieser veränderten

---

[1025] *BVerwG*, Urt. v. 10. 1. 1994 – 4 B 192.93 – UPR 1994, 153 = BauR 1994, 343 = *Hoppe/Stüer* RzB Rdn. 515 – Ferienwohnung im Anschluss an *BVerwG*, Urt. v. 29. 10. 1982 – 4 C 6.78 – Buchholz 406.11 § 35 BauGB Nr. 191.
[1026] So die Neufassung des BauROG.
[1027] Vgl. auch *Jäde* UPR 1991, 401.
[1028] *BVerwG*, Urt. v. 25. 1. 1985 – 4 C 35.81 – NVwZ 1985, 825 = DÖV 1985, 831 = *Hoppe/Stüer* RzB Rdn. 518 – Erleichterte Nutzungsänderung.
[1029] *BVerwG*, Urt. v. 15. 11. 1974 – IV C 32.71 – BVerwGE 47, 185 = *Hoppe/Stüer* RzB Rdn. 402 – landwirtschaftsfremde Nutzung.
[1030] *BVerwG*, Urt. v. 11. 11. 1988 – 4 C 50.87 – ZfBR 1989, 72 = UPR 1989, 458 – Heim für therapeutische Nachkuren Quellenhof.
[1031] *BVerwG*, B. v. 15. 6. 1994 – 4 B 121.94 – NVwZ 1995, 296 = BauR 1994, 609 = ZfBR 1994, 295; *VGH Mannheim*, Urt. v. 10. 11. 1995 – 3 S 863/95 – RdL 1996, 37 – Ferienwohnung.
[1032] So zur vormals geltenden Fassung des § 4 III 1 Nr. 1 BauGB-MaßnG, die auf den 1. 5. 1990 abstellte *OVG Lüneburg*, Urt. v. 12. 3. 1993 – 1 L 270/91 – BauR 1993, 576 = RdL 1993, 576.
[1033] *OVG Schleswig*, Urt. v. 8. 6. 1994 – 1 L 121/93 – (unveröffentlicht).

Nutzung bodenrechtliche Belange neu berührt werden, so dass sich die Genehmigungsfrage neu stellt.[1034]

Beispiel: Soll ein im Außenbereich gelegenes ehemals landwirtschaftlich genutztes Gebäude, in dem nachfolgend eine Pension betrieben worden ist, einer neuen, nicht privilegierten Nutzung zugeführt werden, so sind bei der bebauungsrechtlichen Beurteilung, ob das Vorhaben mit öffentlichen Belangen vereinbar ist, das Gebäude und die beabsichtigte Nutzungsänderung als Einheit zu betrachten.[1035]

Die durch das BauROG 1998 geänderte Vorgängerfassung des § 35 IV 1 Nr. 1 BauGB 1986 ermöglichte lediglich Nutzungsänderungen, die nicht mit einer **wesentlichen Änderung** der baulichen Anlage verbunden waren. Dazu sind von der Rechtsprechung folgende Grundsätze entwickelt worden: Durchgreifende Umbauarbeiten und eine grundlegende Umgestaltung des Gebäudes wurden dadurch nicht gedeckt. Die Prüfung der planungsrechtlichen Zulässigkeit bestand in einem Vergleich des bisherigen Zustandes mit dem neuen Zustand.[1036] Eine Änderung der baulichen Anlage war dann wesentlich, wenn sie nach der jeweiligen Situation und der auf sie reagierenden Verkehrsauffassung den von der Nutzungsänderung ausgehenden Eingriff in die in § 35 III BauGB genannten Belange mehr als nur geringfügig verstärkte.[1037] Bloße Reparatur- und Instandsetzungsmaßnahmen erfüllten nicht das Merkmal einer wesentlichen Änderung des Gebäudes, wohl aber Maßnahmen, die zu einem grundlegenden Eingriff in das Gebäude führen und die vom **Bestandsschutz** nicht mehr gedeckt waren. Das waren Maßnahmen, die einer Neuerrichtung und einem Ersatzbau gleichkommen. Die Identität des wieder hergestellten Bauwerks mit dem ursprünglichen Bauwerk musste gewahrt bleiben. Kennzeichen dieser Identität ist es, dass das ursprüngliche Gebäude nach wie vor als die Hauptsache erscheint.[1038] Hieran fehlt es, wenn der mit der Instandsetzung verbundene Eingriff in den vorhandenen Bestand so intensiv ist, dass er die Standfestigkeit des gesamten Bauwerks berührt und eine statische Nachberechnung des gesamten Gebäudes erforderlich macht, oder wenn die für die Instandsetzung notwendigen Arbeiten den Aufwand für einen Neubau erreichen oder gar übersteigen oder wenn die Bausubstanz ausgetauscht oder das Bauvolumen wesentlich erweitert wird.[1039] Die **begrenzte Reichweite** des § 35 IV 1 Nr. 1 BauGB 1986 hat das *BVerwG* mehrfach betont.[1040] Voraussetzung für die Begünstigung nach § 35 IV 1 Nr. 1 BauGB 1986 war stets, dass die bauliche Anlage, deren bisher landwirtschaftsbezogene Nutzung geändert werden sollte, nach Konstruktion und Substanz generell für die Aufnahme der neuen Nutzung geeignet war. § 35 IV 1 Nr. 1 BauGB a. F. erleichterte die Nutzungsänderung, um den Strukturwandel in der Landwirtschaft zu fördern. Es sollte ein Verlust des in das Gebäude investierten Kapitals und zugleich ein Verfall der Bausubstanz verhindert werden. Die Vorschrift sollte es jedoch nicht ermöglichen, bauliche Anlagen, die nach ihrer baulichen Konstruktion und Sub-

---

[1034] *BVerwG*, Urt. v. 25. 3. 1988 – 4 C 21.85 – ZfBR 1988, 195 = BRS 48 (1988), Nr. 138 (S. 343).
[1035] *BVerwG*, Urt. v. 11. 11. 1988 – 4 C 50.87 – ZfBR 1989, 72 = UPR 1989, 458 = *Hoppe/Stüer* RzB Rdn. 522 – Heim für therapeutische Nachkuren Quellenhof.
[1036] *BVerwG*, Urt. v. 25. 1. 1985 – 4 C 35.81 – NVwZ 1985, 825 = DÖV 1985, 831 = *Hoppe/Stüer* RzB Rdn. 518 – Erleichterte Nutzungsänderung.
[1037] *BVerwG*, Urt. v. 24. 10. 1980 – 4 C 81.77 – BVerwGE 61, 112 – Nutzungsänderung Außenbereich.
[1038] Zur Abgrenzung von Reparatur- und Instandsetzungsmaßnahmen zu solchen Maßnahmen, die der Neuerrichtung eines Gebäudes gleichstehen, *BVerwG*, Urt. v. 24. 10. 1980 – 4 C 81.77 – BVerwGE 61, 112 = *Hoppe/Stüer* RzB Rdn. 517 – Nutzungsänderung Außenbereich, im Anschluss an Urt. v. 18. 10. 1974 – IV C 75.71 – BVerwGE 47, 126 = DVBl. 1975, 501 = BauR 1975, 114 – Wiederaufbau Wohnhaus.
[1039] *BVerwG*, Urt. v. 17. 1. 1986 – 4 C 80.82 – BVerwGE 72, 362 = DVBl. 1986, 677 = BauR 1986, 302 = *Hoppe/Stüer* RzB Rdn. 1077 – Wohnhausumbau.
[1040] *BVerwG*, Urt. v. 7. 2. 1986 – 4 C 30.83 – NVwZ 1986, 740 = BauR 1986, 312 = *Hoppe/Stüer* RzB Rdn. 520 – Scheune in Wohnhaus.

stanz für bestimmte Nutzungen – wie etwa für die Wohnnutzung – gar nicht geeignet waren, gleichsam als äußere Hülle für eine Baumaßnahme zu verwenden, die einem Neubau gleichkommt. So konnte etwa eine Scheune in eine Lagerhalle, einen Abstellraum für Maschinen, eine Werkstätte oder Ähnliches umgewandelt werden. Eine Umwandlung eines landwirtschaftlichen Betriebsgebäudes in ein Wohnhaus setzte aber so erhebliche bauliche Maßnahmen voraus, wie die Herstellung von Decken, Böden, Wänden oder Grundinstallationen, dass es sich nicht nur um eine unwesentliche bauliche Änderung für die neue Nutzung handelte, sondern um eine Baumaßnahme in einer vorhandenen äußeren Schale, die einem Neubau nahe kam. § 35 IV 1 Nr. 1 BauGB privilegiert auch in seiner Neufassung durch das BauROG 1998 im Übrigen lediglich die **erstmalige Nutzungsänderung**. Die erneute Umnutzung eines ursprünglich privilegierten, aber bereits geänderten Vorhabens ist mithin nach § 35 II BauGB zu beurteilen. Nach der Inanspruchnahme einer Nutzungsänderung zu erleichterten Bedingungen wird der Landwirt bei künftigen Nutzungsänderungen Antragstellern für sonstige Bauvorhaben gleichgestellt.[1041]

2625 Die Teilprivilegierungsmöglichkeit nach § 35 IV 1 Nr. 1 BauGB besteht auch für Vorhaben, die keiner Baugenehmigung oder **Bauanzeige** bedürfen. Ist etwa die Änderung der Nutzung eines Weideunterstandes vom halb offenen Witterungsschutz für Weidevieh zur nichtbetrieblichen und dabei teilweise ständigen Unterbringung von Tieren sowie von Heuvorräten und Strohvorräten ohne wesentliche bauliche Veränderung vor sich gegangen, so kommt der Anlage die Vergünstigung des § 35 IV 1 Nr. 1 BauGB zugute. Auch eine derartige Anlage könnte daher unter den Voraussetzungen dieser Vorschriften umgebaut und umgenutzt werden.[1042]

2626 Es muss sich allerdings um bisher **landwirtschaftlich genutzte Gebäudesubstanz** nach § 35 I Nr. 1 BauGB handeln. Andere vormals privilegierte Gebäude wie etwa Gebäude, die einem ortsgebundenen gewerblichen Betrieb gedient haben, werden von der erleichterten Teilprivilegierungsmöglichkeit in § 35 IV 1 Nr. 1 BauGB nicht erfasst.[1043]

2627 § 35 IV 1 Nr. 1 BauGB ist nicht nur anzuwenden, wenn der landwirtschaftliche Betrieb ganz oder teilweise aufgegeben wird, sondern auch, wenn erhaltenswerte Bausubstanz durch eine nachhaltige Betriebsumstellung frei wird. Begünstigt ist nicht nur die Entprivilegierung ganzer Gebäude, sondern auch die von **Gebäudeteilen**. Wird ein Teil eines Gebäudes umgenutzt, dann kommt es regelmäßig nicht darauf an, ob die Bausubstanz dieses Teils, sondern ob die des gesamten Gebäudes erhaltenswert ist.[1044] Der Tatbestand des § 35 IV 1 Nr. 1 BauGB setzt allerdings voraus, dass das Gebäude, das durch einen gleichartigen Neubau ersetzt werden soll, noch vorhanden ist.[1045]

2628 § 35 IV 1 Nr. 1 BauGB erfasst nur die Änderung der Nutzung eines Gebäudes im Sinne von § 35 I Nr. 1 BauGB, nicht die Nutzungsänderung von Anlagen, die möglicherweise nach § 35 I Nrn. 2 bis 5 BauGB privilegiert waren. Begünstigt ist nach § 35 IV 1 Nr. 1 BauGB nur die erstmalige Nutzungsänderung. Jede weitere Umnutzung eines ursprünglich nach § 35 I Nr. 1 BauGB privilegiert gewesenen, aber bereits geänderten Vorhabens beurteilt sich allein nach § 35 II BauGB.[1046]

2629 Ein Gebäude war zu dem nach § 35 IV 1 Nr. 1 BauGB maßgeblichen Zeitpunkt bis zum 27. 8. 1996 nur dann errichtet, wenn es so weit fertig gestellt war, dass es bestim-

---

[1041] *BVerwG*, B. v. 1. 2. 1995 – 4 B 14.95 – Buchholz 406.11 § 35 BauGB Nr. 307.
[1042] *OVG Saarlouis*, Urt. v. 10. 11. 1992 – 2 R 25/91 – RdL 1993, 148.
[1043] *VGH Mannheim*, Urt. v. 8. 10. 1991 – 5 S 1372/90 – UPR 1992, 387 = ZfBR 1992, 146 – Bahnwärterhaus.
[1044] *VGH München*, B. v. 28. 9. 2001 – 1 B 00.2504 – BauR 2002, 48.
[1045] *VGH Mannheim*, Urt. v. 2. 4. 2003 – 8 S 712/03 – VBlBW 2003, 320.
[1046] *OVG Saarlouis*, Urt. v. 25. 9. 2001 – 2 Q 23/01 – (unveröffentlicht) Umwandlung eines nach seiner Ausgestaltung auf Freizeit- oder gar Wohnnutzung hindeutenden Gebäudes in Räumlichkeiten zur Zucht und Aufbewahrung von Pflanzen eines behaupteten Gartenbaubetriebes, im Anschluss an *BVerwG*, Urt. v. 12. 3. 1998, BRS 60 Nr. 98.

mungsgemäß genutzt werden konnte.¹⁰⁴⁷ Ein Antrag auf Erlass eines baurechtlichen Vorbescheides, in dem nicht über alle klärungsbedürftigen Fragen mit Bindungswirkung für das nachfolgende Baugenehmigungsverfahren entschieden wurde, wahrt nicht die Übergangsfrist des § 35 IV 1 Nr. 1 BauGB.¹⁰⁴⁸

4. Ersatzbau für mängelbehaftete Gebäudesubstanz

§ 35 IV 1 Nr. 2 BauGB, der an die Vorgängerregelung in § 4 III 1 Nr. 2 BauGB-MaßnG angelehnt ist und durch das BauROG 1998 im Kern übernommen wurde, schafft Erleichterungen für die Zulässigkeit von Ersatzbauten.¹⁰⁴⁹ Nach dieser Vorschrift ist die Neuerrichtung eines gleichartigen Wohngebäudes an gleicher Stelle teilprivilegiert zulässig, wenn (a) das vorhandene Gebäude zulässigerweise errichtet worden ist, (b) das vorhandene Gebäude Missstände aufweist und (c) vom Eigentümer längere Zeit genutzt wird sowie (d) Tatsachen die Annahme rechtfertigen, dass das neu errichtete Gebäude für den Eigenbedarf des bisherigen Eigentümers oder seiner Familie genutzt wird. Hat der Eigentümer das vorhandene Gebäude im Wege der Erbfolge von einem Voreigentümer erworben, der es seit längerer Zeit selbst genutzt hat, reicht es aus, wenn Tatsachen die Annahme rechtfertigen, dass das neu errichtete Gebäude für den Eigenbedarf des Eigentümers oder seiner Familie genutzt wird.¹⁰⁵⁰ Die Vorschrift ermöglicht damit einen Ersatzbau für eine zu Wohnzwecken genutzte Gebäudesubstanz, die Missstände oder Mängel aufweist. Nicht erforderlich sind so erhebliche Mängel, dass eine Sanierung mit wirtschaftlich vertretbaren Maßnahmen nicht mehr durchgeführt werden kann.¹⁰⁵¹ Teilprivilegiert sind nur Wohngebäude, die vom Eigentümer selbst seit längerer Zeit genutzt worden sind. Ferien- oder Wochenendhäuser sind nicht nach dieser Vorschrift privilegiert.¹⁰⁵²

§ 35 IV 1 Nr. 2 BauGB ermöglicht den Ersatz „abgängiger" Bausubstanz¹⁰⁵³ und geht mit diesem Inhalt über den Bestandsschutz hinaus. Danach endet der Bestandsschutz mit dem Untergang der Bausubstanz. Ein Wiederaufbau eines Gebäudes wird demgegenüber vom Bestandsschutz nicht gedeckt.¹⁰⁵⁴ Hat der Eigentümer das Wohngebäude im Wege der Erbfolge von einem Voreigentümer erworben, der es seit längerer Zeit selbst genutzt hat, reicht es aus, wenn Tatsachen die Annahme rechtfertigen, dass das neu errichtete Wohngebäude für den Eigenbedarf des Eigentümers oder seiner Familie genutzt wird. Geringfügige Erweiterungen des neuen Gebäudes gegenüber dem beseitigten Gebäude

---

¹⁰⁴⁷ *BVerwG*, B. v. 15. 6. 2000 – 4 B 30.00 – NVwZ-RR 2000, 758 = BauR 2000, 1852 = ZfBR 2001, 60.
¹⁰⁴⁸ *BVerwG*, B. v. 8. 10. 2002 – 4 B 54.02 – NVwZ-RR 2003, 173 = BauR 2003, 221 – Bauvoranfrage.
¹⁰⁴⁹ *Dürr* in: Brügelmann, Rdn. 132 zu § 35 BauGB; *Dyong* in: Ernst/Zinkahn/Bielenberg/Krautzberger, Rdn. 177 zu § 35 BauGB; *Hoppe* in: *Hoppe/Bönker/Grotefels*, ÖffBauR § 8 Rdn. 103; *H. Schrödter* in: Schrödter, Rdn. 95 zu § 35 BauGB.
¹⁰⁵⁰ *Krautzberger* in: Battis/Krautzberger/Löhr, Rdn. 81 zu § 35 BauGB; *Schink* DVBl. 1987, 545.
¹⁰⁵¹ Diese Einschränkung hatte bereits § 4 III 1 Nr. 2 BauGB-MaßnG i. d. F. des InvWoBauIG aufgehoben, vgl. dazu *Dürr* in: Brügelmann, Rdn. 136 zu § 35 BauGB; *Weyreuther*, Bauen im Außenbereich, 1979, 301. Zum Begriff der Missstände *Becker* Sanierung und Modernisierung HdBöffBauR Kap. C Rdn. 269.
¹⁰⁵² *BVerwG*, Urt. v. 12. 3. 1982 – 4 C 59.78 – BauR 1982, 359 = NJW 1982, 2512 = DÖV 1982, 1031 – Ferienhaus.
¹⁰⁵³ *BVerwG*, B. v. 10. 3. 1988 – 4 B 41.88 – NVwZ 1989, 355; *Hoppe* in: *Hoppe/Bönker/Grotefels*, ÖffBauR § 8 Rdn. 103.
¹⁰⁵⁴ *VGH Mannheim*, Urt. v. 29. 1. 1993 – 8 S 37/93 – BauR 1993, 439 = NVwZ-RR 1993, 599 = ZfBR 1993, 203; vgl. allerdings *BVerwG*, Urt. v. 18. 10. 1974 – IV C 75.71 – BVerwGE 47, 126 = BauR 1975, 114 = DVBl. 1975, 501. Danach kann der Wiederaufbau einer durch Brand oder ähnliche Ereignisse zerstörten baulichen Anlage sich ausnahmsweise aus dem Gesichtspunkt der eigentumskräftig verfestigten Anspruchsposition rechtfertigen.

sowie geringfügige Abweichungen vom bisherigen Standort des Gebäudes[1055] sind zulässig (§ 35 IV 1 Nr. 2 BauGB).

2632 Nach **§ 35 IV 2 BauGB** sind in den Fällen des § 35 IV 1 Nr. 2 und 3 BauGB, also bei der Neuerrichtung mängelbehafteter Wohngebäudesubstanz oder bei Ersatzbauten für durch außergewöhnliche Ereignisse zerstörte Gebäude geringfügige Erweiterungen des neuen Gebäudes gegenüber dem beseitigten oder zerstörten Gebäude sowie geringfügige Abweichungen vom bisherigen Standort des Gebäudes zulässig. Die Erweiterung oder Standortverschiebung darf sich nicht mehr als geringfügig auf die vom Ersatzbau betroffenen öffentlichen Belange auswirken.[1056] Die Vorschrift ermöglicht einen Ersatzbau bei Gebäuden, die **Mängel oder Missstände** aufweisen. Die strengeren Voraussetzungen des vormaligen § 35 IV 1 Nr. 2 BauGB, wonach ein Ersatzbau nur zulässig ist, wenn das vorhandene Gebäude durch wirtschaftlich vertretbare Modernisierungsmaßnahmen[1057] den allgemeinen Anforderungen an gesunde Wohnverhältnisse nicht angepasst werden kann, sind bereits durch das InvWoBaulG 1993 entfallen und auch durch das BauROG 1998 nicht übernommen worden. Die vorherige Fassung beschränkte die Zulässigkeit des Ersatzbaus auf abgängige Gebäude, bei denen aufgrund einer Wirtschaftlichkeitsberechnung nachgewiesen war, dass die Kosten der Modernisierung in keinem Verhältnis zu dem erreichbaren Zweck standen. Nach der seit dem 1. 5. 1993 geltenden Fassung bedarf es also keiner Wirtschaftlichkeitsberechnung mehr. Es reicht vielmehr die Feststellung von Missständen oder Mängeln, welche die Nutzbarkeit der Gebäudesubstanz erheblich beeinträchtigen. Allerdings rechtfertigen nur gravierende, das Gebäude erheblich beeinträchtigende Mängel eine Ersatzbaumaßnahme. Bei leichteren Mängeln kommt lediglich eine Reparatur oder Gebäudesanierung in Betracht.[1058]

2633 Erleichtert wird der Ersatzbau für **Wohngebäude**, also Gebäude, die überwiegend Wohnzwecken dienen. Einzelne Räume können jedoch durchaus anderen (etwa gewerblichen) Zwecken dienen. Nicht erleichtert zugelassen wird nach § 35 IV 1 Nr. 2 BauGB die Wiedererrichtung anderer Gebäude, die nicht Wohnzwecken gedient haben. So ist etwa der Abbruch und die Neuerrichtung eines Behelfsheims, das nach dem Kriege nur vorübergehend zur Unterbringung von Vertriebenen genutzt wurde, nicht nach § 35 IV 1 Nr. 2 BauGB erleichtert zulässig.[1059] Denn Behelfsbauten, die über lange Zeit keinen Wohnzwecken mehr gedient haben, nehmen an der erleichterten Zulässigkeit dieser Vorschrift nicht teil.[1060] Für derartige Behelfsheime kann daher auch nicht unter Inanspruchnahme der Teilprivilegierungsregelung in § 35 IV 1 Nr. 2 BauGB ein Ersatzgebäude errichtet werden. Auch die Errichtung eines Ersatzbaus für eine Ferien- oder Wochenendhausnutzung sollte nicht erleichtert werden. Dies gilt auch dann, wenn ein Gebäude u. a. von fünf Familienmitgliedern in der Weise abwechselnd genutzt wurde. Mit der Teilprivilegierung sollte die Verbesserung unzureichender Wohnverhältnisse durch Errichtung eines Ersatzbaus ermöglicht, nicht aber die Schaffung oder Erhaltung einer Erholungsmöglichkeit im Außenbereich gefördert werden.[1061]

[1055] *BVerwG*, Urt. v. 23. 1. 1981 – 4 C 85.77 – BVerwGE 61, 290 = BauR 1981, 249 = DÖV 1981, 459. Zur Standortabweichung auch *Weyreuther*, Bauen im Außenbereich, 1979, 20.

[1056] *BVerwG*, Urt. v. 23. 1. 1981 – 4 C 85.77 – BauR 1981, 245; Urt. v. 9. 10. 1981 – 4 C 66.80 – NVwZ 1982, 374; Urt. v. 31. 10. 1990 – 4 C 45.88 – DVBl. 1991, 217; *Dürr* in: Brügelmann, Rdn. 163 zu § 35 BauGB; *Hoppe* in: *Hoppe/Bönker/Grotefels*, ÖffBauR § 8 Rdn. 103.

[1057] Modernisierungsmaßnahmen selbst sind zumeist durch den Bestandsschutz gerechtfertigt, so *BVerwG*, B. v. 20. 3. 1981 – 4 B 195.80 – DVBl. 1982, 906 = NVwZ 1982, 38.

[1058] *Dyong* in: Ernst/Zinkahn/Bielenberg/Krautzberger, Rdn. 182 zu § 35 BauGB.

[1059] *OVG Schleswig*, Urt. v. 31. 1. 1997 – 1 L 170/96 – (unveröffentlicht) – Behelfsheim.

[1060] So für die Vorgängerregelung des § 4 III 1 Nr. 2 BauGB-MaßnG *OVG Schleswig*, Urt. v. 27. 4. 1994 – 1 L 104/93 – NuR 1996, 44 = SchlHA 1995, 103.

[1061] *BVerwG*, B. v. 25. 6. 2001 – 4 B 42.01 – BauR 2002, 1059 = Buchholz 406.11 § 35 BauGB Nr. 348, mit Hinweis auf *Dürr*, in: Brügelmann, Rdn. 133 zu § 35 BauGB.

4. Teil. Bauen im Außenbereich

2634 Das Gebäude muss **zulässigerweise errichtet** gewesen sein. Dies setzt in aller Regel eine Baugenehmigung voraus. Übergangsweise geduldete Bauvorhaben sind demgegenüber nicht zulässigerweise errichtet.[1062] Es reicht allerdings auch aus, dass das Gebäude nicht nur für ganz kurze Zeit materiell legal war. Eine auf der Grundlage der früheren Fassung des § 19 BauGB erteilte Teilungsgenehmigung für ein Außenbereichsgrundstück verleiht allerdings einem vorhandenen, materiell illegalen und in dem Teilungsantrag ausgewiesenen Gebäude keine über die Rechtswirkungen des § 21 I BauGB 1986 hinausgehende materielle Legalität. Das Gebäude wird daher durch die Teilungsgenehmigung nicht zu einem „zulässigerweise errichteten" Gebäude i. S. von § 35 IV 1 Nr. 2 BauGB.[1063]

2635 Die Teilprivilegierung kommt dem **Eigentümer** des mängelbehafteten Gebäudes zugute, der das Gebäude bereits seit längerer Zeit **selbst genutzt** hat. Dies setzt etwa eine vierjährige eigene Nutzung voraus.[1064] Erwirbt ein langjähriger Mieter das Grundstück, so muss die Eigennutzung zumindest bis zur Eigentumsübertragung andauern.[1065] Es reicht aus, dass der neue Eigentümer das Gebäude über längere Zeit selbst genutzt hat.[1066] Auf die längere Zeit, die der Eigentümer das abgängige Wohngebäude eigengenutzt haben muss, sind Wohnzeiten des Voreigentümers grundsätzlich nicht anzurechnen.[1067] Außerdem müssen Tatsachen die Annahme rechtfertigen, dass das Gebäude dem Eigenbedarf des Eigentümers oder seiner Familie dient. Besondere Regelungen enthält das Gesetz für den Fall der Erbfolge, bei der die Nutzungszeit des Voreigentümers angerechnet wird und Tatsachen die Annahme rechtfertigen, dass das neu errichtete Gebäude für den Eigenbedarf des Eigentümers oder seiner Familie genutzt wird. Die Baugenehmigungsbehörde soll die künftige Eigennutzung bei Erteilung der Baugenehmigung etwa durch Eintragung einer Baulast sicherstellen (§ 35 V BauGB).[1068] Die Art dieser Sicherstellung wird allerdings in § 35 V 3 BauGB nicht im Einzelnen festgelegt. Wer zur **Familie** gehört, bestimmt sich nach § 8 II des II. WoBauG.[1069]

2636 § 35 IV 1 Nr. 2 BauGB lässt nur die Neuerrichtung eines gleichartigen Wohngebäudes an gleicher Stelle zu. Die Gleichartigkeit bezieht sich auf jede bodenrechtlich beachtlichen Beziehung, also insbesondere auf den Standort, das Bauvolumen, die Nutzung und die Funktion.[1070] Ein Gebäude, das bisher sowohl Wohnzwecken als auch landwirtschaftlichen Zwecken diente, kann danach durch ein ausschließlich Wohnzwecken die-

---

[1062] *BVerwG*, B. v. 3. 11. 1967 – 4 B 170.66 – Buchholz 406.11 § 35 BBauG Nr. 55 zu einem „für die Dauer des Krieges" erlaubtes Holzhaus.

[1063] *OVG Lüneburg*, Urt. v. 16. 10. 1989 – 1 A 137/88 – OVGE 41, 437 = BauR 1990, 194 = BRS 49 (1989), Nr. 104; vgl. auch *BVerwG*, Urt. v. 19. 11. 1987 – 4 C 42.85 – AgrarR 1988, 201 = DÖV 1988, 382 = NVwZ 1988, 532 – Teilungsgenehmigung.

[1064] Eine Eigennutzung von weniger als zwei Jahren ist zu kurz, *BVerwG*, B. v. 22. 2. 1996 – 4 B 25.96 – Buchholz 406.11 § 35 BauGB Nr. 321. Es kommt auch nicht darauf an, durch welche Umstände der Eigentümer an einem längeren Eigennutzungszeitraum gehindert war; vgl. auch *Gelzer/Birk* Rdn. 1423.

[1065] *BVerwG*, B. v. 10. 3. 1988 – 4 B 41.88 – NVwZ 1989, 355 = ZfBR 1988, 198 = BauR 1988, 324 = *Hoppe/Stüer* RzB Rdn. 525 – Ersatzbau.

[1066] *BVerwG*, B. v. 10. 3. 1988 – 4 B 41.88 – NVwZ 1989, 355 = ZfBR 1988, 198 = BauR 1988, 324 = *Hoppe/Stüer* RzB Rdn. 525 – Ersatzbau.

[1067] *BVerwG*, Urt. v. 13. 3. 1981 – 4 C 2.78 – BVerwGE 62, 32 = *Hoppe/Stüer* RzB Rdn. 527 – Ersatzwohngebäude, im Anschluss an Urt. v. 24. 10. 1980 – 4 C 81.77; zu Ausnahmen *BVerwG*, Urt. v. 23. 1. 1981 – 4 C 82.77 – BVerwGE 61, 285 = NJW 1981, 1225 = BauR 1981, 245 – Erweiterung Wohnhaus.

[1068] Zu dieser Missbrauchsabwehr *Hoppe* in: *Hoppe/Bönker/Grotefels*, ÖffBauR § 8 Rdn. 100; *Dyong* in: Ernst/Zinkahn/Bielenberg/Krautzberger, Rdn. 208 zu § 35 BauGB.

[1069] *BVerwG*, Urt. v. 23. 1. 1981 – 4 C 82.77 – BVerwGE 61, 285 = *Hoppe/Stüer* RzB Rdn. 535 – Erweiterung Außenbereich; *Hoppe* in: *Hoppe/Bönker/Grotefels*, ÖffBauR § 8 Rdn. 102.

[1070] *BVerwG*, Urt. v. 19. 2. 2004 – 4 C 4.03 – BVerwGE 120, 130 = ZfBR 2004, 456 = BauR 2004, 1045 (LS) – Zwillingshaus, mit Hinweis auf Urt. v. 8. 6. 1979 – IV C 23.77 – BVerwGE 58, 124; Urt. v. 23. 1. 1981 – 4 C 85.77 – BVerwGE 61, 290.

nendes Gebäude gleicher Größe ersetzt werden. Ein als Wohnhaus genutztes ehemaliges Bauernhaus mit einer Wohneinheit ist einem Ersatzgebäude mit zwei Wohnungen in zwei aneinander gesetzten, selbstständig nutzbaren Haushälften nicht gleichartig im Sinne des § 35 IV 1 Nr. 2 BauGB. Es darf auch nicht nach § 35 IV 1 Nr. 5 BauGB in einen derartigen Zwillingsbau umgebaut werden.[1071] Mit der Zahl der Wohneinheiten steigt die Zahl der Haushalte und damit typischerweise die Zahl der Bewohner, nimmt der Kraftfahrzeugverkehr zu und wird die Ver- und Entsorgung aufwändiger. Die zweite Wohneinheit verleiht dem Neubau im Vergleich zum vorhandenen Altbau mithin eine andere Qualität.[1072] Das ist mit dem Tatbestandsmerkmal der Gleichartigkeit nicht vereinbar.[1073] Bei Ersatzbauten nach § 35 IV Nr. 2 BauGB sind allerdings angemessene Erweiterungen der Wohnfläche zulässig. So können in die Berechnung auch Flächen der Altbausubstanz einbezogen werden, die bisher nicht Wohnzwecken gedient haben.[1074]

2637 § 35 IV 1 Nr. 2 c BauGB kann nicht über den Wortlaut der Vorschrift hinaus dahin ausgelegt werden, dass die erleichterte Zulassung eines Ersatzbaus schon dann in Frage kommt, wenn nicht der Eigentümer selbst, sondern **Familienangehörige** des Eigentümers das vorhandene Gebäude längere Zeit bewohnt haben. Lediglich dann, wenn der Eigentümer das vorhandene Gebäude längere Zeit selbst als Mieter oder Angehöriger des früheren Eigentümers bewohnt hat und im Anschluss daran das Eigentum erwirbt, kommt eine erweiternde Auslegung der Vorschrift in Betracht.[1075]

2638 Der Ersatzbau muss an der gleichen Stelle errichtet werden. Allerdings ist eine **geringfügige Standortabweichung** möglich. Diese kann sogar im Einzelfall aus Gründen der Wahrung öffentlicher Belange geboten sein. Dabei ist auf eine abwägende Bilanz der betroffenen öffentlichen Belange abzustellen.

Beispiel: Für ein abgängiges Gebäude soll ein Ersatzbau errichtet werden. Der bisherige Standort direkt am Wald wird um etwa 20 m verlegt. Für die neu in Anspruch genommene Fläche wird die bisher bebaute Fläche renaturiert. Die Standortverschiebung an eine exponiertere Stelle darf allerdings nicht zu einer zusätzlichen Beeinträchtigung etwa des Landschaftsbildes führen.[1076]

2639 Das neue Gebäude muss dem bisherigen Gebäude gleichartig sein. Das neue Gebäude ist dem zerstörten Gebäude vor allem dann nicht „vergleichbar", d. h. nicht hinreichend gleichartig, wenn es von dessen objektiver Zweckbestimmung und Funktion wesentlich abweicht.[1077] **Geringfügige Erweiterungen** des neuen Gebäudes gegenüber dem Altbestand sind allerdings nach § 35 IV 2 BauGB zulässig. Hier wird es auf die Angemessenheit der Erweiterung auch im Hinblick auf die dadurch zusätzlich betroffenen öffentlichen Belange ankommen. Die Grenze für die Geringfügigkeit der Erweiterung lässt sich nicht in Prozentsätzen bestimmen. Ausschlaggebend ist vielmehr eine wertende Betrachtung, in die der Altbestand und das neue Gebäude einzustellen sind. Dabei sind Standort, Bauvolumen, Nutzung, Funktion und Auswirkungen des Gebäudes in eine bodenrechtliche Sicht einzustellen.[1078] Erweiterungsmaßnahmen sind im Falle ihrer Zulässigkeit ggf. durch naturschutzrechtliche Ausgleichs- oder Ersatzmaßnahmen zu kompensieren (§§ 18

[1071] *BVerwG*, Urt. v. 19. 2. 2004 – 4 C 4.03 – BVerwGE 120, 130 = ZfBR 2004, 456 = BauR 2004, 1045 (LS) – Zwillingshaus.
[1072] *BVerwG*, Urt. v. 23. 1. 1981 – 4 C 82.77 – BVerwGE 61, 285.
[1073] *BVerwG*, Urt. v. 23. 5. 1980 – 4 C 84.77 – DÖV 1980, 765.
[1074] *BVerwG*, Urt. v. 19. 2. 2004 – 4 C 4.03 – RdL 2004, 179 = ZfBR 2004, 456 = BauR 2004, 1045 (LS) – Zwillingshaus, etwa für Sortier- oder Kompressorräume der ursprünglichen Bausubstanz, die nicht zum Bewohnen geeignet waren.
[1075] *VGH Mannheim*, B. v. 13. 2. 2004 – 10 A 4715/02 – RdL 2004, 145 = BauR 2004, 977 = NVwZ-RR 2004, 480 = UPR 2004, 280.
[1076] *BVerwG*, Urt. v. 23. 1. 1981 – 4 C 85.77 – BVerwGE 61, 290.
[1077] *BVerwG*, Urt. v. 8. 6. 1979 – IV C 23.77 – BVerwGE 58, 124 = *Hoppe/Stüer* RzB Rdn. 524 – Wiederaufbau eines zerstörten Gebäudes.
[1078] *BVerwG*, Urt. v. 31. 10. 1990 – 4 C 45.88 – DVBl. 1991, 217 = *Hoppe/Stüer* RzB Rdn. 526 – Ersatzbau-Erschließung.

bis 20 BNatSchG). § 35 IV 1 Nr. 2 BauGB enthält nicht das zusätzliche Merkmal der **beabsichtigten** Neuerrichtung. Auch durch eine bereits durchgeführte Baumaßnahme geht die Teilprivilegierung daher nicht verloren.

Beispiel: Die Baugenehmigungsbehörde erteilt eine Baugenehmigung für eine durchgreifende Renovierungsmaßnahme. Bei den Bauarbeiten fällt das Gebäude in sich zusammen. Wies das Gebäude durchgreifende Mängel auf, die einen Ersatzbau nach § 35 IV 1 Nr. 2 BauGB gerechtfertigt hätten, so entfallen die Teilprivilegierungsmöglichkeiten nach dieser Vorschrift nicht dadurch, dass das Gebäude bereits abgebrochen und erst teilweise wieder aufgebaut ist.

Ein Anspruch nach § 35 IV 1 Nr. 2 BauGB besteht allerdings nicht, wenn der durch die Vorschrift angestrebte Zweck bereits durch eine Genehmigung für einen Ersatzbau schon erreicht ist oder nur deshalb nicht erreicht werden konnte, weil der Antragsteller den Ersatzbau nicht der Genehmigung entsprechend nutzt.[1079]

5. Ersatzbau für Brandzerstörung

Teilprivilegiert nach § 35 IV 1 Nr. 3 BauGB ist die alsbaldige Neuerrichtung eines zulässigerweise errichteten, durch Brand, Naturereignisse oder andere außergewöhnliche Ereignisse zerstörten, gleichartigen Gebäudes an gleicher Stelle. Geringfügige Erweiterungen des neuen Gebäudes gegenüber dem zerstörten Gebäude sowie geringfügige Abweichungen vom bisherigen Standort des Gebäudes sind zulässig (§ 35 IV 2 BauGB). Die Vorschrift wurde durch das BauROG 1998 unverändert in das BauGB übernommen. Die erleichterte Wiederaufbaumöglichkeit setzt eine Zerstörung des Gebäudes voraus und kommt auch anderen als privilegierten Gebäuden zugute.[1080] Es muss sich auch nicht um ein Wohngebäude gehandelt haben.[1081] Ein Gebäude ist i. S. des § 35 IV 1 Nr. 3 BauGB dann nicht durch **Brand** zerstört, wenn es trotz der entstandenen Schäden unter Wahrung seiner Identität wieder hergestellt werden kann, ohne dass sich die Frage seiner Standsicherheit insgesamt stellt. Wird ein Gebäude durch vom Eigentümer veranlasste Abriss- und Umbauarbeiten zerstört, liegt darin kein außergewöhnliches Ereignis i. S. des § 35 IV 1 Nr. 3 BauGB. § 35 IV 1 Nr. 3 BauGB erfasst auch nicht Baumaßnahmen an einem verfallenen und als Ruine zu bezeichnenden Gebäude, die praktisch einem Wiederaufbau gleichkommen. Eine Ruine ist dann gegeben, wenn der wesentliche Gestaltwert des Gebäudes zerstört ist.[1082] Vor allem ist der altersbedingte Verfall eines Gebäudes oder der im Laufe von Instandsetzungsarbeiten eintretende Einsturz eines morschen Mauerwerks kein außergewöhnliches Ereignis, das einen erleichterten Wiederaufbau rechtfertigt.[1083]

Das zerstörte Gebäude muss **zulässigerweise errichtet** worden sein.[1084] Dazu zählt jedes Gebäude, das zu irgendeinem Zeitpunkt genehmigt wurde und damit **formell legal** war oder über einen mehr als nur kurzen Zeitraum den öffentlich-rechtlichen Vorschriften entsprach und damit **materiell legal** war. Wurde das Altgebäude genehmigt, so war es formell legal und damit zulässigerweise errichtet – selbst dann, wenn die erteilte Genehmigung sich bei rückschauender Betrachtung als rechtswidrig erweisen sollte. Auch ein Gebäude, das nicht genehmigt wurde, ist dann zulässigerweise errichtet, wenn es den im Zeitpunkt seines Bestehens geltenden öffentlich-rechtlichen Vorschriften entsprach. Dabei reicht eine materiellrechtliche Übereinstimmung mit dem öffentlichen

---

[1079] *VGH München*, Urt. v. 12. 5. 1987 – 20 B 85 A.1602 – BRS 47 (1987), 217.
[1080] *VGH Mannheim*, Urt. v. 14. 9. 1987 – 8 S 3226/86 – (unveröffentlicht) – Wochenendhaus.
[1081] *Hoppe* in: *Hoppe/Bönker/Grotefels*, ÖffBauR § 8 Rdn. 104.
[1082] *OVG Saarlouis*, Urt. v. 24. 6. 1988 – 2 R 203/84 – BRS 48 (1988), Nr. 74 = DÖV 1989, 1048 – Kohlengrube.
[1083] *BVerwG*, Urt. v. 12. 3. 1982 – 4 C 59.78 – BauR 1982, 359 = NJW 1982, 2512 = DÖV 1982, 1031.
[1084] *BVerwG*, B. v. 4. 9. 1987 – 4 CB 34.87 – BRS 47 (1987), Nr. 83 (S. 220) = *Hoppe/Stüer* RzB Rdn. 531 – Brandzerstörung.

Baurecht über einen mehr als nur ganz kurzen Zeitraum. Wich ein zerstörtes Gebäude allerdings von der Baugenehmigung erheblich ab und war es hinsichtlich der Abweichungen auch materiellrechtlich nicht genehmigungsfähig, war es nicht zulässigerweise errichtet. Auch von der Bauaufsicht lediglich geduldete Gebäude sind nicht zulässigerweise errichtet.

2643 Wird ein ursprünglich rechtmäßig errichtetes Gebäude baulich so sehr verändert, dass der Bestandsschutz des Altbestandes erlischt, so ist das veränderte Gebäude ebenfalls nicht i. S. von § 35 IV 1 Nr. 3 BauGB „zulässigerweise errichtet".[1085] Wird ein legal errichtetes Gebäude vor der Zerstörung durch ein Naturereignis durch ungenehmigte Umbaumaßnahmen verändert, so ist aufgrund eines Vergleiches zwischen dem genehmigten und dem s. Zt. geänderten Bestand zu beurteilen, ob das inzwischen zerstörte Gebäude noch zulässigerweise errichtet war.[1086] Nutzungsänderungen ohne erhebliche Umbaumaßnahmen lassen die Teilprivilegierung nicht entfallen. Wird etwa eine landwirtschaftliche Scheune zwischenzeitlich ohne erhebliche bauliche Veränderungen als Abstellplatz für Autos einer Autoreparaturwerkstatt genutzt, hindert dies eine Teilprivilegierung bei Brandzerstörung des Gebäudes nicht. Denn die landwirtschaftliche Nutzung hätte ohne Umbauarbeiten in der Scheune wieder aufgenommen werden können. Auch sind durch § 35 IV 1 Nr. 3 BauGB nicht nur landwirtschaftlichen Zwecken dienende Gebäude nach § 35 I Nr. 1 BauGB teilprivilegiert, sondern jede Bausubstanz, die durch ein außergewöhnliches Ereignis zerstört worden ist. Bestandsschutz soll dabei übrigens der Bausubstanz unabhängig von der Nutzung zukommen. Reine Nutzungsänderungen ohne durchgreifenden Eingriff in die Bausubstanz lassen daher die erleichterte Wiederaufbaumöglichkeit nicht entfallen. Ist etwa ein Gebäude ursprünglich zu landwirtschaftlichen Zwecken genutzt worden und ist die Privilegierung wegen Aufgabe der Landwirtschaft entfallen, so hindert dies nicht, das entprivilegierte Gebäude nach einer Zerstörung durch Brand oder durch ein anderes außergewöhnliches Ereignis wieder aufzubauen. Das Gebäude kann dann auch an der Teilprivilegierungsregelung in § 35 IV BauGB teilnehmen. Das wiedererrichtete Gebäude könnte daher auch unter den Voraussetzungen der vorgenannten Vorschriften erleichtert umgenutzt und etwa Wohnzwecken zugeordnet werden. Es könnte aber auch weiterhin landwirtschaftlichen Zwecken zur Verfügung stehen, selbst wenn der vormals bestehende eigenständige landwirtschaftliche Betrieb inzwischen aufgegeben ist und die Flächen und Gebäude verpachtet sind oder nur noch als Nebenerwerb genutzt werden.

2644 Das Gebäude muss durch **außergewöhnliche Ereignisse** zerstört worden sein. Hierzu nennt das Gesetz Brand oder Naturereignisse, zu denen etwa Sturmschäden, Erdbeben, Erdrutsch oder Überschwemmungen gehören. Auch andere außergewöhnliche Ereignisse wie etwa Explosion, Einwirkungen durch Manöver oder Flugzeugabsturz fallen darunter. **Eigeneinwirkungen des Eigentümers** sind jedoch kein außergewöhnliches Ereignis. Vor allem die Gebäudezerstörung bei Umbaumaßnahmen rechnet nicht zu den außergewöhnlichen Ereignissen, die eine Teilprivilegierung rechtfertigen. Allerdings kann der Gebäudeeinsturz bei Umbaumaßnahmen einen Anhaltspunkt dafür darstellen, dass der Altbestand erhebliche Missstände oder Mängel aufwies, der ggf. einen Wiederaufbau nach § 35 IV 1 Nr. 3 BauGB rechtfertigt. Sind mehrere Ursachen für den Gebäudeeinsturz ursächlich, muss nach dem Schwerpunkt der Ursache gefragt werden. Auch kann entscheidend sein, ob das außergewöhnliche Ereignis auch allein den Einsturz bewirkt hätte, wenn eine weitere Ursache nicht hinzugekommen wäre.

Beispiel: Die Baugenehmigungsbehörde erteilt eine Genehmigung zum Umbau eines im Außenbereich gelegenen Gebäudes. Während der Umbauarbeiten wird das Dach teilweise abgefangen. Durch einen außergewöhnlichen Sturm, der in seiner Stärke nur jeweils in einigen Jahren auftritt, wird das

---

[1085] *BVerwG*, B. v. 27. 7. 1994 – 4 B 48.94 – BauR 1994, 738 = UPR 1994, 454 = ZfBR 1994, 297 – Wochenendhaus.
[1086] *VGH München*, Urt. v. 5. 11. 1993 – 26 B 92.1795 – Brandzerstörung nach Umbau.

Gebäude zerstört. Wird durch Sachverständigengutachten oder auch auf der Grundlage einer Auskunft des zuständigen Wetteramtes nachgewiesen, dass das Gebäude ohne den Sturm nicht eingestürzt wäre und die Stützmaßnahmen für normale Witterungsverhältnisse ausreichend waren, besteht ein Genehmigungsanspruch nach § 35 IV 1 Nr. 3 BauGB.

Ein außergewöhnliches Ereignis kann auch in **rechtswidrigen Einwirkungen Dritter** 2645 auf das Gebäude liegen, die nicht vom Bauherrn veranlasst worden sind. Ein außergewöhnliches Ereignis (der Zerstörung des alten Bauwerks) liegt allerdings nicht vor bei dem allmählichen Verfall eines etwa 100 Jahre alten Hauses, der bei Reparaturarbeiten offenkundig geworden ist und zur Zerstörung des Hauses geführt hat. Die Beseitigung des Gebäudes im Rahmen einer öffentlichen Planung oder einer Enteignung stellt auch deshalb kein außergewöhnliches Ereignis dar, weil Planung und Enteignung selbst keine unmittelbare Einwirkung auf das Gebäude bewirken, sondern nur die rechtliche Grundlage dafür schaffen. Für derart abgebrochene Gebäude kann daher nicht nach § 35 IV 1 Nr. 3 BauGB ein gleichwertiger Ersatz in der Nähe des Altstandortes beansprucht werden. Es kann jedoch ein Genehmigungsanspruch nach § 35 IV 1 Nr. 2 BauGB gegeben sein, wenn die Gebäudesubstanz mit durchgreifenden Mängeln behaftet war. Ein rechtswidriger Eingriff eines Dritten ist nur dann ein außergewöhnliches Ereignis, wenn dessen Handeln darauf gerichtet ist, Zerstörung um ihrer selbst willen zu bewirken. Ein Wiederaufbauanspruch besteht nicht, wenn er sich auf ein Gebäude bezieht, das unter dem Grenzregime der ehemaligen DDR staatlich angeordnet oder zugelassen worden ist.[1087] Die Teilprivilegierung bezieht sich allerdings nicht auf die **Erschließung**. Hinsichtlich der gesicherten Erschließung enthält § 35 IV 1 Nr. 3 BauGB keine Erleichterungen. Insbesondere kann den Vorschriften nicht entnommen werden, dass die rechtliche Sicherung der Erschließung bei einem Ersatzbau generell von geringeren Anforderungen abhängt.[1088]

Der Wiederaufbau des Gebäudes muss „**alsbald**" erfolgen. Die Absicht, für ein zerstör- 2646 tes Gebäude einen Neubau zu errichten, muss rechtzeitig bekundet worden sein. Ob ein Grundstück für den Wiederaufbau noch aufnahmefähig ist, entscheidet sich nach der Verkehrsauffassung. Diese rechnet innerhalb eines Jahres nach Zerstörung eines Bauwerks durch Brand, Naturereignisse oder andere außergewöhnliche Ereignisse stets mit dem Wiederaufbau, in der Regel aber auch noch im folgenden Jahr.[1089] Der Wiederaufbau eines Gebäudes, das durch außergewöhnliche Ereignisse zerstört wurde, ist regelmäßig dann alsbald beabsichtigt, wenn der Betroffene seine Absicht des Wiederaufbaus durch einen entsprechenden Genehmigungsantrag oder durch eine gleichwertige Erklärung in einem Zeitpunkt zu erkennen gegeben hat, in dem die bodenrechtliche Situation des Grundstücks infolge nachwirkender Prägung durch das zerstörte Gebäude für den Wiederaufbau noch aufnahmefähig war.[1090] Lässt ein Bauherr nach der Zerstörung eines im Außenbereich gelegenen Gebäudes **zwei Jahre** verstreichen, so muss er, um die Voraussetzungen des § 35 IV 1 Nr. 3 BauGB zu erfüllen, besondere Gründe dafür darlegen, dass die Zerstörung noch keinen als endgültig erscheinenden Zustand herbeigeführt hat.[1091] Das gilt auch dann, wenn ihm zwischenzeitlich aufgrund einer Erklärung, er wolle das Gebäude wieder aufbauen, ein Bauvorbescheid erteilt worden ist, den er aber nicht fristge-

---

[1087] *OVG Greifswald*, Urt. v. 22. 1. 1998 – 3 L 234/96 – VwRR MO 1998, 147 – Angerdorf.
[1088] *BVerwG*, Urt. v. 31. 10. 1990 – 4 C 45.88 – BauR 1991, 55 = DVBl. 1991, 217 = NVwZ 1991, 1076. Die gegen diese Entscheidung erhobene Verfassungsbeschwerde hat das *BVerfG* (B. v. 31. 10. 1990 – 1 BvR 1669/91) nicht zur Entscheidung angenommen. An die Erschließung dürfen allerdings keine überzogenen Anforderungen gestellt werden, *VGH Mannheim*, Urt. v. 14. 9. 1987 – 8 S 3226/86 – (unveröffentlicht).
[1089] *BVerwG*, Urt. v. 21. 8. 1981 – 4 C 65.80 – BVerwGE 64, 42 = NJW 1982, 400 = *Hoppe/Stüer* RzB Rdn. 528 – alsbaldiger Neubau.
[1090] *BVerwG*, Urt. v. 8. 6. 1979 – IV C 23.77 – BVerwGE 58, 124 = *Hoppe/Stüer* RzB Rdn. 524 – Wiederaufbau eines zerstörten Gebäudes.
[1091] *BVerwG*, Urt. v. 21. 8. 1981 – 4 C 65.80 – BVerwGE 64, 42.

recht ausgenutzt hat.¹⁰⁹² Die Dauer eines gerichtlichen Verfahrens darf sich allerdings nicht nachteilig für ihn auswirken. Ebenso können mehrjährige Verhandlungen mit der Behörde die Lage offen halten.¹⁰⁹³ Auch können persönliche Umstände, wie etwa eine einjährige Wehrdienstzeit die Frist entsprechend verlängern.¹⁰⁹⁴ Wird der Anspruch erst 10 Jahre nach Zerstörung des Gebäudes gegenüber der Behörde geltend gemacht, sind die Fristen verstrichen.¹⁰⁹⁵ Denn bei der zeitlichen Bewertung bleiben nur Zeitspannen völlig außer Betracht, in denen der Betroffene durch eine ablehnende Haltung der Behörden an der Umsetzung seines Wiederaufbauwillens gehindert wird.¹⁰⁹⁶

2647 Ein **gleichartiges Gebäude** liegt nur vor, wenn es im Standort, im Bauvolumen, in der Nutzung und in der objektiven Zweckbestimmung (Funktion) nicht wesentlich vom zerstörten Gebäude abweicht.¹⁰⁹⁷ An der Gleichartigkeit der Funktion fehlt es, wenn im Rahmen des Neubauvorhabens ein gegenüber der bisherigen Bausubstanz etwa doppelt so großes Gebäude entstehen soll.¹⁰⁹⁸ Auch muss das neue Gebäude hinsichtlich seiner Funktion und Nutzung mit dem zerstörten Gebäude vergleichbar sein.¹⁰⁹⁹ Eine Erweiterung, die dazu führt, dass das neue Gebäude den Charakter des ursprünglichen Gebäudes verliert, ist planungsrechtlich nicht zulässig.¹¹⁰⁰ Wurde das zerstörte Gebäude etwa lediglich als Notunterkunft nach dem Kriege genutzt, so wäre die Errichtung eines neuen Gebäudes auch nur im Rahmen dieser Zweckbestimmung durch § 35 IV 1 Nr. 3 BauGB gerechtfertigt. Ein vergleichbares neues Gebäude i. S. des § 35 IV 1 Nr. 3 BauGB ist ein solches, das im Bauvolumen vergleichbar ist. Die Gleichartigkeit des Bauvolumens hängt nicht von der inneren Einteilung des Gebäudes oder der früheren Art der Nutzung einzelner Räume ab.¹¹⁰¹ „An gleicher Stelle" wird ein abgebranntes Gebäude dann wiedererrichtet, wenn das Bauwerk am bisherigen Standort gebaut wird. Ob eine „geringfügige Abweichung vom bisherigen Standort" zulässig ist, hängt davon ab, ob die in § 35 IV BauGB genannten Belange durch die Standortverschiebung zusätzlich nicht mehr als geringfügig betroffen werden.¹¹⁰²

6. Erhaltenswerte, kulturlandschaftsprägende Gebäude

2648 Nach § 35 IV 1 Nr. 4 BauGB ist teilprivilegiert die Änderung oder Nutzungsänderung von erhaltenswerten, das Bild der Kulturlandschaft prägenden Gebäuden, auch wenn sie aufgegeben sind, wenn das Vorhaben einer zweckmäßigen Verwendung der Gebäude und der Erhaltung des Gestaltwerts dient. Auch dieser Teilprivilegierungs-

---

¹⁰⁹² *BVerwG*, B. v. 17. 5. 1988 – 4 B 82.88 – Buchholz 406.11 § 35 BBauG Nr. 248 = *Hoppe/Stüer* RzB Rdn. 532 – Gebäudezerstörung.
¹⁰⁹³ Vgl. *BVerwG*, Urt. v. 19. 9. 1986 – 4 C 15.84 – BVerwGE 75, 34 = NJW 1987, 1656 = BauR 1987, 52 – Wiederaufbau Innenbereichsgrundstück.
¹⁰⁹⁴ *VGH Mannheim*, Urt. v. 7. 9. 1989 – 8 S 1135/88 – AgrarR 1990, 106 = RdL 1989, 318 = ZfBR 1990, 106 für ein teilprivilegiertes Vorhaben nach § 35 IV 1 Nr. 1 a. F.
¹⁰⁹⁵ *VGH München*, Urt. v. 16. 11. 1992 – 15 B 91.1546 – (unveröffentlicht) – Brandzerstörung.
¹⁰⁹⁶ *OVG Münster*, Urt. v. 30. 1. 1991 – 10 A 285/88 – (unveröffentlicht); *VGH Mannheim*, Urt. v. 10. 5. 1990 – 8 S 3077/89 – BRS 50 (1990), Nr. 93.
¹⁰⁹⁷ *BVerwG*, Urt. v. 23. 1. 1981 – 4 C 85.77 – BVerwGE 61, 290 = BRS 38 (1988), Nr. 97; Urt. v. 13. 6. 1980 – 4 C 63.77 – BauR 1980, 553 = Buchholz 406.11 § 35 BBauG Nr. 164 = DÖV 1980, 765 – Wiederaufbau; *Dürr* in: Brügelmann, Rdn. 146 zu § 35 BauGB; *Dyong* in: Ernst/Zinkahn/Bielenberg/Krautzberger, Rdn. 191 zu § 35 BauGB; *H. Schrödter* in: Schrödter, Rdn. 103 zu § 35 BauGB.
¹⁰⁹⁸ Nach § 35 IV 1 Nr. 3 BauGB 1986 und der Vorgängerfassung in § 35 V 1 Nr. 2 BBauG 1979 war bereits eine mehr als geringfügige Erweiterung des Gebäudes nicht zulässig, *BVerwG*, Urt. v. 23. 5. 1980 – 4 C 84.77 – BauR 1980, 552 = DÖV 1980, 765 = NJW 1981, 1524.
¹⁰⁹⁹ *BVerwG*, Urt. v. 8. 6. 1979 – IV C 23.77 – BVerwGE 58, 124 = DVBl. 1979, 626 = DÖV 1979, 672 – Wiederaufbau Brandzerstörung.
¹¹⁰⁰ *OVG Schleswig*, Urt. v. 15. 6. 1994 – 1 L 89/93 – (unveröffentlicht).
¹¹⁰¹ *BVerwG*, Urt. v. 23. 1. 1981 – 4 C 85.77 – BVerwGE 61, 290 = BauR 1981, 249 = DÖV 1981, 459 = NJW 1981, 2828.
¹¹⁰² *H. Schrödter* in: Schrödter, Rdn. 105 zu § 35 BauGB.

tatbestand wurde durch das BauROG 1998 unverändert aus dem bisherigen BauGB übernommen. Das Gesetz will die Weiternutzung wertvoller Gebäudesubstanz wie etwa von Burgen, Fachwerkhäusern oder Windmühlen, die von Verfall bedroht sind, ermöglichen.[1103] § 35 IV 1 Nr. 4 BauGB erleichtert als „Änderung von erhaltenswerten Gebäuden" nicht den Wiederaufbau eines zur Ruine verfallenen Gebäudes.[1104] Soll eine Änderung oder Nutzungsänderung eines Gebäudes im Außenbereich begünstigt werden, weil es Teil einer kulturhistorisch bedeutsamen, die Landschaft prägenden Anlage ist, so muss eine erhaltenswerte, die Kulturlandschaft prägende Wirkung auch von dem Gebäude selbst ausgehen.[1105] Das Gebäude muss nach seinem äußeren Erscheinungsbild für die Baugestaltung und Baukultur einer Epoche aussagekräftig und für den Charakter der es umgebenden Kulturlandschaft typisch sein. Zwischen dem Bauwerk und der Kulturlandschaft muss eine erkennbare Wechselbeziehung in dem Sinne bestehen, dass die Kulturlandschaft ihre besondere Eigenart auch durch das Bauwerk erhält. Demgegenüber soll die historische Bedeutung des Standortes eines Gebäudes, die im äußeren Erscheinungsbild des Bauwerks keinen Niederschlag findet, für sich allein nicht ausreichend sein, um eine die Kulturlandschaft prägende Wirkung zu begründen.[1106] Die Gebäude müssen nicht unter Denkmalschutz stehen. Auch andere Gebäude können eine kulturhistorische oder landschaftsprägende Bedeutung haben.[1107]

Beispiel: Ein ehemaliger Bauernhof kann ebenso bedeutsam und landschaftsprägend sein wie eine alte Eisenbahnanlage des 19. Jahrhunderts. Die erleichterte Zulassung eines Außenbereichsvorhabens nach § 35 IV 1 Nr. 4 BauGB ist nicht auf unwesentliche Änderungen oder Nutzungsänderungen beschränkt. Ausgeschlossen sind indes Veränderungen, die einer Neuerrichtung oder Erweiterung i. S. des § 35 IV 1 Nr. 2, 3, 5 und 6 BauGB gleichkommen.[1108] Durch § 35 IV 1 Nr. 4 BauGB soll dem drohenden Verfall von Baudenkmälern und anderen kulturell bedeutsamen Bauwerken vorgebeugt werden. Vorausgesetzt wird allerdings, dass ein Gebäude vorhanden ist, bei dem für Erhaltungsmaßnahmen überhaupt noch Raum ist. Dies schließt den Wiederaufbau von Ruinen oder von Anlagen, die jegliche Funktion verloren haben, ebenso aus wie Bauarbeiten an verfallenen Gebäuden, die einem Wiederaufbau gleichkommen.[1109] Nichts anderes gilt, wenn ein noch vorhandenes Gebäude in der Weise umgestaltet wird, dass an seiner Stelle ein Ersatzbau geschaffen wird. Das gilt auch für ein teilweise abgebrochenes und wieder errichtetes Gebäude. Denn auch Änderungen dieser Art sind nicht darauf ausgerichtet, die vorgefundene Bausubstanz zu erhalten. Das wieder hergestellte Gebäude muss mit dem ursprünglich noch vorhandenen identisch sein. Daran fehlt es, wenn der mit der Umgestaltung verbundene Eingriff so intensiv ist, dass der frühere Baubestand im Gesamtgefüge der veränderten Anlage nicht mehr als Hauptsache erscheint. Eine Schrankenfunktion erfüllt bei der erleichterten Zulassung von Änderungen nach § 35 IV 1 Nr. 4 BauGB darüber hinaus das Tatbestandselement der Erhaltung des Gestaltwerts. Hierdurch werden Umgestaltungen ausgeschlossen, die zwar die Identität der Anlage nicht verändern, dem Gebäude aber ein im Vergleich zum früheren Zustand grundlegend anderes Erscheinungsbild verleihen.

Die besondere Bauweise eines „Strohhauses" ist nicht nach § 35 I 1 Nr. 4 BauGB privilegiert, da sich ein solches Bauvorhaben in einem Baugebiet verwirklichen lässt und nicht auf den Außenbereich oder bestimmte Abstände zu Baugebieten angewiesen ist. Die Anordnung der Beseitigung eines formell und materiell illegal errichteten „Strohhauses" im

---

[1103] *Hoppe* in: Hoppe/Bönker/Grotefels, ÖffBauR § 8 Rdn. 104.
[1104] *BVerwG*, B. v. 18. 9. 1984 – 4 B 203.84 – NVwZ 1985, 184 = *Hoppe/Stüer* RzB Rdn. 530 – Wiederaufbau Ruine.
[1105] *BVerwG*, B. v. 17. 1. 1991 – 4 B 186.90 – BauR 1991, 181 = *Hoppe/Stüer* RzB Rdn. 533 – Bahnhofsgebäude.
[1106] *OVG Münster*, Urt. v. 13. 11. 1998 – 11 A 2641/94 – IBR 1999, 81.
[1107] Der Umstand, dass ein Gebäude nicht unter Denkmalschutz gestellt wird, ist nicht mehr als ein Indiz gegen die Annahme von § 35 IV 1 Nr. 4 BauGB und kann jederzeit widerlegt werden, so *OVG Schleswig*, Urt. v. 10. 8. 1994 – 1 L 140/93 – (unveröffentlicht).
[1108] *BVerwG*, B. v. 18. 10. 1993 – 4 B 160.93 – BauR 1994, 83 = DVBl. 1994, 292 = DÖV 1994, 266 = *Hoppe/Stüer* RzB Rdn. 534 – Umbau eines Kulturdenkmals.
[1109] *BVerwG*, B. v. 18. 9. 1984 – 4 B 203.84 – ZfBR 1984, 302.

Außenbereich ist ermessensfehlerfrei, da auf andere Art und Weise rechtmäßige Zustände nicht hergestellt werden können.[1110]

7. Erweiterung von Wohngebäuden

2650 Teilprivilegiert ist nach dem durch das BauROG 1998 neu gefassten **§ 35 IV 1 Nr. 5 BauGB** auch die Erweiterung von zulässigerweise errichteten Wohngebäuden. Die Erweiterung steht unter der Voraussetzung, dass (a) das Gebäude zulässigerweise errichtet worden ist, (b) die Erweiterung im Verhältnis zum vorhandenen Gebäude und unter Berücksichtigung der Wohnbedürfnisse angemessen[1111] und (c) bei der Errichtung einer weiteren Wohnung rechtfertigen Tatsachen die Annahme, dass das Gebäude vom bisherigen Eigentümer oder seiner Familie selbst genutzt wird.[1112] § 35 IV 1 Nr. 5 BauGB erleichtert nur die Erweiterung von Wohngebäuden. Nach dem allgemeinen Sprachgebrauch sind hierunter Gebäude zu verstehen, die zum Wohnen bestimmt sind.[1113] Für die Errichtung oder Erweiterung einer Ferienwohnung ist diese Vorschrift nicht anwendbar.[1114] Die Erweiterung eines zulässigerweise im Außenbereich errichteten Wohngebäudes ist nur dann nach § 35 IV 1 Nr. 5 BauGB erleichtert zuzulassen, wenn auch der erweiterte Teil vom bisherigen Eigentümer und seiner Familie bewohnt werden soll.[1115]

2651 Der Begriff der „**Familie**" i. S. von § 35 IV 1 Nr. 5 BauGB stimmt mit der Definition in § 8 II des II. WoBauG überein. Ein geschiedener Ehepartner gehört nicht zur Familie.[1116] Für die Frage, ob die Erweiterung eines Wohngebäudes i. S. von § 35 IV 1 Nr. 5 BauGB unter Berücksichtigung der Wohnbedürfnisse **angemessen** ist, kommt es nicht auf die selbstbestimmten Bedürfnisse der Bewohner an. Eine Orientierung für das Angemessene gibt § 39 I und II des II. WoBauG.[1117] Eine Wohnhauserweiterung gilt nur dann als angemessen, wenn sie gerade der Wohnraumversorgung der Familienangehöri-

---

[1110] *VG Trier*, Urt. v. 29. 1. 2004 – 5 K 1533/03 – BauR 2004, 718 – Strohhaus.
[1111] Zur Vorgängerregelung des § 35 IV 1 Nr. 5 BauGB/§ 4 III 1 Nr. 5 BauGB-MaßnG *OVG Schleswig*, Urt. v. 11. 8. 1993 – 1 L 76/92 – (unveröffentlicht) – Wochenendhaus; *Dürr* in: Brügelmann, Rdn. 151 zu § 35 BauGB; *Dyong* in: *Ernst/Zinkahn/Bielenberg/Krautzberger*, Rdn. 194 zu § 35 BauGB; *Hoppe* in: *Hoppe/Bönker/Grotefels*, ÖffBauR § 8 Rdn. 106; *Krautzberger* in: Battis/Krautzberger/Löhr, Rdn. 95 zu § 35 BauGB; *Schink* DVBl. 1987, 545; *H. Schrödter* in: Schrödter, Rdn. 107 zu § 35 BauGB; *Stüer*, Bau- und Fachplanungsrecht, 1997, Rdn. 1395; *Upmeier* HdBöffBauR Kap. A Rdn. 613.
[1112] Zur Vorgängerregelung des § 35 IV 1 Nr. 5 BauGB/§ 4 III 1 Nr. 5 BauGB-MaßnG *VGH München*, Urt. v. 13. 7. 1989 – 2 B 88.00891 – BRS 49 (1989), Nr. 106; *Dyong* in: Ernst/Zinkahn/Bielenberg/Krautzberger, Rdn. 72 zu § 35 BauGB.
[1113] *Dyong* in: Ernst/Zinkahn/Bielenberg/Krautzberger, Rdn. 196 zu § 35 BauGB. Befindet sich in dem Gebäude zugleich ein Gewerbebetrieb, der nicht nur einen geringfügigen Raum einnimmt, so handelt es sich nicht um ein Wohngebäude, so dass die Teilprivilegierungsvorschrift des § 35 IV 1 Nr. 5 BauGB/§ 4 III 1 Nr. 5 BauGB-MaßnG nicht zum Zuge kommt. Es ist aber ggf. eine Kombination mit der Teilprivilegierungsregelung in § 35 IV 1 Nr. 6 BauGB möglich.
[1114] *BVerwG*, B. v. 6. 10. 1994 – 4 B 178/94 – BauR 1995, 218 = UPR 1995, 107 = ZfBR 1995, 54; *VGH München*, Urt. v. 3. 1. 1996 – 2 CS 95.3641 – NuR 1996, 411 = ZMR 1996, 230 – Ferienhaus.
[1115] *BVerwG*, B. v. 31. 5. 1988 – 4 B 88.88 – DÖV 1989, 723 = BauR 1988, 698 = NVwZ 1989, 355 = *Hoppe/Stüer* RzB Rdn. 537 – Wohngebäude im Außenbereich; Urt. v. 28. 4. 1989 – 6 A 228/86 – BRS 49 (1989), Nr. 105 = RdL 1990, 9.
[1116] *OVG Lüneburg*, Urt. v. 17. 12. 1998 – 1 L 7125/96 – NVwZ 1999, 1362 = BauR 1999, 880 = RdL 1999, 117, siehe dort zu Voraussetzungen eines Ersatzbaus im Außenbereich; zur Erweiterung eines Gewerbebetriebes *OVG Schleswig*, Urt. v. 10. 12. 1998 – 1 L 136/97 – NVwZ 1999, 1363; zur Nutzungsänderung nach § 35 IV S. 1 Nr. 1 BauGB *OVG Lüneburg*, Urt. v. 21. 1. 1999 – 1 L 2065/96 – NVwZ-RR 1999, 493.
[1117] *BVerwG*, B. v. 31. 5. 1988 – 4 B 88.88 – DÖV 1989, 723 = BauR 1988, 698 = NVwZ 1989, 355 = *Hoppe/Stüer* RzB Rdn. 537 – Wohngebäude im Außenbereich.

gen zu dienen bestimmt ist.[1118] Für § 35 IV 1 Nr. 5 BauGB gilt grundsätzlich nichts anderes. Unverändert ist Zweck der Vorschrift eine bessere Wohnraumversorgung.

Beispiel: Diese Angemessenheit dürfte bei einer kleinen Familie überschritten sein, wenn die vorhandene Fläche von 120 m^2 auf 250 m^2 (ohne Doppelgarage) vergrößert wird und das Haus zusätzlich einen Dachausbau erhalten soll. Auch darf ein zulässigerweise errichtetes Wohngebäude mit einer Wohnfläche von 90 qm nicht um ein Zweifamilienhaus mit ca. 280 qm Wohnfläche erweitert werden.[1119]

Die Erweiterung eines **Wochenendhauses** ist nur dann angemessen i. S. von § 35 IV 1 Nr. 5 BauGB, wenn sie gerade der Wohnraumversorgung der Familienangehörigen dient.[1120] **2652**

Angemessen ist eine Erweiterung eines Wohnhauses nicht, wenn das Vorhaben über durchschnittliche Wohnerwartungen hinausgeht.[1121] So stellt etwa ein Schwimmhallenanbau[1122] nicht eine erforderliche und angemessene Erweiterung eines nicht privilegierten Außenbereichsvorhabens dar.[1123] Ein Wochenendhaus ist grundsätzlich nicht teilprivilegiert nach § 35 IV BauGB, weil sich diese Vorschriften nur auf eine Wohnnutzung beziehen.[1124] Ein Wochenendhaus dient aber in aller Regel bestimmungsgemäß nicht einer (Dauer-)Wohnnutzung, sondern nur dem vorübergehenden Aufenthalt.[1125] Deshalb ist weder die Errichtung noch die Erweiterung eines Wochenendhauses nach § 35 I BauGB privilegiert oder nach § 35 IV BauGB teilprivilegiert.[1126] Die Erweiterung eines **Wochenendhauses** wäre im Übrigen nur dann angemessen i. S. von § 35 IV 1 Nr. 5 BauGB, wenn sie gerade der Wohnraumversorgung der Familienangehörigen dient.[1127] Mehrmalige Erweiterungen, die zusammengenommen nicht mehr angemessen wären, sind nach § 35 IV 1 Nr. 5 BauGB nicht teilprivilegiert. Das gilt vor allem dann, wenn ein entsprechender Wohnbedarf nicht besteht.[1128] Nach § 35 IV 1 Nr. 5 BauGB sind unter den dort genannten Voraussetzungen höchstens zwei Wohnungen zulässig. Das Wohngebäude muss vom bisherigen Eigentümer oder seiner Familie selbst genutzt werden.[1129] Auch kann eine wiederholte Erweiterung eines Wohngebäudes, die zur Schaffung einer dritten Wohnung **2653**

[1118] *BVerwG*, B. v. 12. 2. 1988 – 4 B 21.88 – BRS 48 (1988), Nr. 75 (S. 190) = *Hoppe/Stüer* RzB Rdn. 536 – Wohnhauserweiterung; *OVG Lüneburg*, Urt. v. 17. 12. 1998 – 1 L 7125/96 – RdL 1999, 117. Zur früheren Fassung des § 35 V Nr. 4a BBauG *BVerwG*, Urt. v. 23. 1. 1981 – 4 C 82.77 – BauR 1981, 245.
[1119] *OVG Lüneburg*, Urt. v. 17. 12. 1998 – 1 L 7125/96 – RdL 1999, 117.
[1120] *BVerwG*, B. v. 13. 9. 1988 – 4 B 155.88 – UPR 1989, 77 = BauR 1988, 699 = BRS 48 (1988), Nr. 78 (S. 196) = *Hoppe/Stüer* RzB Rdn. 538 – Erweiterung Wochenendhaus.
[1121] *OVG Lüneburg*, Urt. v. 28. 4. 1989 – 6 A 228/86 – BRS 49 (1989), Nr. 105 = RdL 1990, 9; *OVG Schleswig*, Urt. v. 21. 3. 1995 – 1 L 116/94 – (unveröffentlicht); *Krautzberger* in: Battis/Krautzberger/Löhr, Rdn. 97 zu § 35 BauGB.
[1122] Zum Bau eines Schwimmbeckens im Außenbereich als nicht privilegiertes Vorhaben *Taegen* in: Schlichter/Stich, Rdn. 51 zu § 35 BauGB.
[1123] *OVG Münster*, Urt. v. 2. 8. 1993 – 11 A 1347/91 – BauR 1994, 85 = NWVBL 1994, 61 = UPR 1994, 80 = ZfBR 1994, 152.
[1124] *OVG Lüneburg*, Urt. v. 23. 8. 1993 – 6 L 3026/91 – NVwZ-RR 1994, 71 = UPR 1993, 460 = ZfBR 1993, 309.
[1125] *OVG Bremen*, Urt. v. 15. 2. 1994 – 1 BA 1/93 – NVwZ 1995, 606 – Wochenendhaus.
[1126] *BVerwG*, B. v. 13. 9. 1988 – 4 B 155.88 – BauR 1988, 699 – Wochenendhaus.
[1127] *BVerwG*, B. v. 13. 9. 1988 – 4 B 155.88 – UPR 1989, 77 = BauR 1988, 699 = BRS 48 (1988), Nr. 78 (S. 196) = *Hoppe/Stüer* RzB Rdn. 538 – Erweiterung Wochenendhaus. Zum Begriff B. v. 12. 8. 1980 – 4 B 16.80 – Buchholz 406.11 § 35 BBauG Nr. 167 = BRS 36, Nr. 104 – Erweiterung Wohngebäude.
[1128] *Krautzberger* in: Battis/Krautzberger/Löhr, Rdn. 98 zu § 35 BauGB.
[1129] *Krautzberger* in: Battis/Krautzberger/Löhr, Rdn. 99 zu § 35 BauGB, der zur bisherigen Fassung des § 35 IV 1 Nr. 5 BauGB/§ 4 III 1 Nr. 5 BauGB-MaßnG die Auffassung vertritt, dass die Errichtung einer zweiten Wohnung zur Unterbringung von Pflegepersonal oder einer Familie, durch die der Eigentümer gepflegt werden soll, nicht nach diesen Vorschriften teilprivilegiert sei.

führt, nicht unter den erleichterten Voraussetzungen des § 35 IV 1 Nr. 5 BauGB zugelassen werden.[1130]

8. Erweiterung gewerblicher Betriebe

2654 Ebenso teilprivilegiert ist nach der durch das BauROG 1998 und das EAG Bau unverändert übernommenen Vorschrift in § 35 IV 1 Nr. 6 BauGB die bauliche Erweiterung eines zulässigerweise errichteten gewerblichen Betriebs, wenn die Erweiterung im Verhältnis zum vorhandenen Gebäude und Betrieb angemessen ist.[1131] Zulässig errichtet ist ein gewerblicher Betrieb, wenn er formell legal errichtet worden ist, also für seine Errichtung s. Zt. eine (inzwischen bestandskräftige) Baugenehmigung erteilt worden ist.[1132] Zulässig errichtet worden ist ein Betrieb aber auch dann, wenn er zwar nicht baurechtlich genehmigt worden ist, er aber wegen seiner materiellen Legalität Bestandsschutz genießt.[1133] Dies wird vor allem für gewerbliche Nutzungen eine Bedeutung haben, deren Baugenehmigungen nicht mehr auffindbar sind. In derartigen Fällen hätte derjenige, der sich auf die formelle Legalität des Bauwerks beruft, dafür die Beweislast. Ist das Vorhaben materiell legal, können die erleichterten Zulässigkeitsregelungen in § 35 IV 1 Nr. 6 BauGB für Erweiterungsvorhaben in Anspruch genommen werden.

2655 Eine betriebliche Einheit[1134] nach § 35 IV 1 Nr. 6 BauGB setzt einen **funktionalen Zusammenhang** zwischen dem vorhandenen Gebäude und der beabsichtigten baulichen Erweiterung voraus.[1135] In quantitativer Hinsicht ist zunächst auf den vorhandenen Gebäudebestand abzustellen, der für betriebliche Erweiterungen einen Rahmen gibt.[1136] Zudem muss die Erweiterung im Hinblick auf die Betriebsinteressen geboten sein. § 35 IV 1 Nr. 6 BauGB gilt nur für die Erweiterung von im Außenbereich gelegenen Gewerbebetrieben, nicht jedoch für die Erweiterung von im Innenbereich gelegenen Betrieben in den Außenbereich hinein.[1137] Allerdings ist nicht erforderlich, dass die gesamten bestehenden Betriebsanlagen sich ebenfalls im Außenbereich befinden.[1138] Derartige Erweiterungen unterliegen als sonstige Vorhaben i. S. von § 35 II BauGB den Beschränkungen des § 35 III BauGB.[1139]

2656 Bei der Beurteilung der **Angemessenheit** der baulichen Erweiterung eines zulässigerweise errichteten gewerblichen Betriebes im Außenbereich im Verhältnis zum vorhande-

---

[1130] *BVerwG*, Urt. v. 27. 8. 1998 – 4 C 13.97 – DVBl. 1999, 235 = NVwZ-RR 1999, 295 = Buchholz 406.11 § 35 Nr. 338 = BauR 1999, 373 = BBauBl. 1999, 79 = ZfBR 1999, 110 = NuR 1999, 210 = RdL 1999, 34.

[1131] *OVG Münster*, Urt. v. 17. 9. 1992 – 7 A 1955/91 – BauR 1993, 201 = NWVBl 1993, 145 – Betriebserweiterung Außenbereich; *Dürr* in: Brügelmann, Rdn. 155 zu § 35 BauGB; *Guldi* NVwZ 1996, 849; *Dyong* in: Ernst/Zinkahn/Bielenberg/Krautzberger, Rdn. 200 zu § 35 BauGB; *Hoppe* in: Hoppe/Bönker/Grotefels, ÖffBauR § 8 Rdn. 107; *Lau* BauR 1981, 420; *Krautzberger* in: Battis/Krautzberger/Löhr, Rdn. 100 zu § 35 BauGB; *Mainczyk*, Rdn. 51 zu § 35 BauGB; *Schink* DVBl. 1987, 545; *H. Schrödter* in: Schrödter, Rdn. 111 zu § 35 BauGB; *Hoppe* DVBl. 1990, 1009.

[1132] *Dürr* in: Brügelmann, Rdn. 156 zu § 35 BauGB. Zur planungsrechtlichen Ausweisung von Gewerbebetrieben *Stich* GewArch. 1996, 441.

[1133] *VGH Mannheim*, Urt. v. 1. 9. 1994 – 8 S 86/94 – NuR 1995, 143 = ZfBR 1995, 224 – Mosterei. Formell und materiell illegale Gewerbebetriebe im Außenbereich sind nicht teilprivilegiert, so *BVerwG*, B. v. 27. 6. 1980 – 4 B 102.80 – Buchholz 406.11 § 35 BBauG Nr. 165 = BRS 36 (1986); Nr. 105.

[1134] *Dürr* in: Brügelmann, Rdn. 157 zu § 35 BauGB.

[1135] *BVerwG*, B. v. 17. 9. 1991 – 4 B 161.91 – BauR 1991, 725 = ZfBR 1992, 45 = *Hoppe/Stüer* RzB Rdn. 540 – Betriebserweiterung im Außenbereich; *Hoppe* DVBl. 1990, 1009.

[1136] *Dürr* in: Brügelmann, Rdn. 158 zu § 35 BauGB.

[1137] *BVerwG*, Urt. v. 14. 1. 1993 – 4 C 33.90 – DVBl. 1993, 653 = ZfBR 1993, 249 = NVwZ 1994, 293 = *Hoppe/Stüer* RzB Rdn. 542 – Erweiterung Lagerplatz.

[1138] *VGH Mannheim*, Urt. v. 30. 1. 1991 – 3 S 1067/90 – VGHBW RSpDienst 1991, Beilage 5, B11.

[1139] *VGH Kassel*, Urt. v. 9. 11. 1987 – 4 UR 44/86 – ESVGH 38, 314 = RdL 1988, 183 = UPR 1988, 315 – Betriebsleiterwohnung.

nen Bestand ist nur das vorhandene Betriebsgebäude in Betracht zu ziehen, nicht auch das auf dem Betriebsgelände vorhandene Wohnhaus des Betriebsinhabers.[1140] Die Erweiterung muss auch in einem angemessenen Verhältnis zum vorhandenen Betrieb stehen. Ein genaues prozentuales Verhältnis im Vergleich zum vorhandenen Bestand wird sich nicht angeben lassen. Eine Betriebserweiterung, die den bisherigen Betrieb verdoppelt, dürfte daher an der Angemessenheit der Erweiterung scheitern. Es wird dabei eine Vergrößerung um ein Drittel[1141] oder um die Hälfte des vorhandenen Bestandes als Obergrenze bezeichnet. Teilweise wird die Grenze auch nur durch wirtschaftliche Gründe markiert. Auch die Vergrößerung einer (nicht privilegierten) Hundepension von der Fläche und Zahl der unterzubringenden Hunde auf mehr als das Doppelte übersteigt die Grenzen einer angemessenen baulichen Erweiterung. Der Gesetzgeber verlangt ausdrücklich, dass die Erweiterung gerade im Verhältnis zu dem bereits vorhandenen Gebäude und Betrieb angemessen ist. Nur unter diesen Voraussetzungen erscheint es dem Gesetzgeber gerechtfertigt, die an sich gegebene Beeinträchtigung öffentlicher Belange zu Gunsten einer weiteren betrieblichen Entwicklung zurückzustellen.[1142] Allerdings kann bei einer Betriebserweiterung auch berücksichtigt werden, dass diese zugleich eine Verbesserung der bislang gegebenen Immissionslage bewirkt und damit auf eine Reduzierung der nachbarlichen Belastungen angelegt ist. Einen unmittelbaren Bezug auf schützenswerte Nachbarbelange hat § 35 IV 1 Nr. 6 BauGB allerdings nicht.[1143]

Die Vorschrift ermöglicht auch nicht die **mehrfache Erweiterung** des Gewerbebetriebes innerhalb kurzer Zeit. Vielmehr kann die Teilprivilegierung des § 35 IV 1 Nr. 6 BauGB nur jeweils einmal innerhalb deutlicher zeitlicher Abstände genutzt werden.[1144] So ist etwa die wiederholte Erhöhung der Bettenzahl eines im Außenbereich gelegenen Beherbergungsbetriebes innerhalb kurzer Zeit nicht angemessen i. S. von § 35 IV 1 Nr. 6 BauGB. Denn diese Vorschrift ermöglicht dem Bauherrn nicht, eine in quantitativer Hinsicht unangemessene bauliche Erweiterung dadurch zu erreichen, dass das einheitlich gedachte Vorhaben etwa i. S. einer „Salamitaktik" in verschiedene Abschnitte aufgespalten und dadurch formal als angemessen dargestellt wird.[1145] Es wird dazu vorgeschlagen, die mehrmalige Erweiterung dann zuzulassen, wenn sich die erste Erweiterung als geschäftlich erfolgreich erweist und hierdurch die folgende Erweiterung veranlasst ist.[1146]

Die Vorgängerregelung des § 35 IV 1 Nr. 6 BauGB, der 1979 eingefügte § 35 V 1 Nr. 5 BBauG, ermöglichte die angemessene bauliche Erweiterung eines zulässigerweise errichteten gewerblichen Betriebs, sofern die Erweiterung notwendig war, um die Fortführung des Betriebs zu sichern. § 35 IV 1 Nr. 6 BauGB weicht von dieser Bestimmung

---

[1140] *BVerwG*, Urt. v. 16. 12. 1993 – 4 C 19.92 – BauR 1994, 149 = DÖV 1994, 879 = UPR 1994, 226; *Krautzberger* in: Battis/Krautzberger/Löhr, Rdn. 101 zu § 35 BauGB. Bloße Förderlichkeit für die Interessen des Bauherrn reicht nicht aus.
[1141] *Guldi* NVwZ 1996, 849.
[1142] *BVerwG*, B. v. 5. 12. 1988 – 4 B 209.88 – Hoppe/Stüer RzB Rdn. 456 – Hundeschule.
[1143] *OVG Münster*, B. v. 15. 4. 1994 – 10 B 1443/93 – BauR 1995, 80 = NWVBl 1994, 332.
[1144] *Guldi* NVwZ 1996, 849 setzt etwa einen Zeitraum von 10 Jahren für eine erneute Betriebserweiterung an.
[1145] *VGH Mannheim*, Urt. v. 23. 9. 1993 – 8 S 2561/92 – GewArch. 1994, 342 = UPR 1994, 235; *Dürr* in: Brügelmann, Rdn. 160 zu § 35 BauGB.
[1146] So *Hoppe* in: Hoppe/Bönker/Grotefels, ÖffBauR § 8 Rdn. 107, mit Hinweis auf *Dürr* in: Brügelmann, Rdn. 160 zu § 35 BauGB: „Hier erscheint eine differenzierende Betrachtungsweise geboten. Unangemessen sind sicherlich Betriebserweiterungen, bei denen es dem Betriebsinhaber von Anfang an darum ging, den Betrieb in einem Umfang oder in einer Art auszuweiten, die über die Angemessenheit hinausgeht und der Betriebsinhaber dieses nach § 35 IV 1 Nr. 6 BauGB unzulässige Vorhaben daher nur im Wege der Salamitaktik erreichen will. Dagegen kann man es nicht von vornherein als unangemessen bezeichnen, wenn ein erfolgreicher Gewerbebetrieb einige Jahre nach einer Erweiterungsmaßnahme erneut eine Ausweitung beabsichtigt. Ein genauer zeitlicher Rahmen lässt sich dafür nicht angeben; er muss jedenfalls deutlich über der Frist von 2 Jahren für eine alsbaldige Baumaßnahme i. S. des § 35 IV 1 Nr. 3 BauGB liegen."

lediglich insofern ab, als er auf das Erfordernis verzichtet, dass die Erweiterung zur Fortführung des Betriebs notwendig ist. Dies beruht auf der Erkenntnis, dass dieses Zulässigkeitsmerkmal für die Genehmigungsbehörden nur unter erheblichem Aufwand nachvollziehbar war. An der grundsätzlichen Tendenz, Erweiterungsmaßnahmen im Interesse der Schonung des Außenbereichs enge Grenzen zu setzen, hat sich durch diese Modifikation nichts geändert. Das Tatbestandsmerkmal der Angemessenheit in § 35 IV 1 Nr. 6 BauGB lässt es nicht nur zu, sondern gebietet es, darauf Bedacht zu nehmen, ob eine Erweiterung sich als eine bloße durch frühere Erweiterungen zwangsläufig vorprogrammierte Folgemaßnahme erweist oder dazu dient, nachträglich veränderten betrieblichen Erfordernissen Rechnung zu tragen. Sind mehrere Erweiterungen miteinander innerlich verknüpft, so müssen sie bei der Angemessenheitsprüfung nach § 35 IV 1 Nr. 6 BauGB als Einheit bewertet werden. Soll ein im Außenbereich genehmigtes Gebäude teilweise zu einem anderen, nicht privilegierten Zweck genutzt werden, so ist über die Frage, ob dieses Vorhaben einer Nutzungsänderung öffentliche Belange beeinträchtigt, ebenfalls auf Grund einer einheitlichen Beurteilung zu entscheiden.[1147] Die Erleichterung der Zulassung von baulichen Erweiterungen zulässigerweise errichteter gewerblicher Betriebe gem. § 35 IV 1 Nr. 6 BauGB gilt nicht für Nutzungsänderungen.[1148] Eine Berufung auf die Ausnahmeregelung des § 35 IV 1 Nr. 6 BauGB entfällt auch dann, wenn der Betriebsinhaber bei wiederholten Betriebserweiterungen das Ziel verfolgt, ein Gesamtvorhaben, das den Rahmen des Angemessenen sprengt, in Teilakte zu zerlegen und zeitlich gestaffelt auszuführen.[1149]

2659 Die Erweiterung eines im **Innenbereich** gelegenen Gewerbebetriebs in den Außenbereich hinein wird durch § 35 IV 1 Nr. 6 BauGB nicht erleichtert.[1150] Allen Fallgruppen des § 35 IV BauGB ist gemeinsam, dass die erleichterte Zulassung der durch ihn begünstigten Vorhaben eine bereits im Außenbereich bestehende bauliche Anlage voraussetzt. Eine Erstreckung der Begünstigung auch auf im Innenbereich gelegene Gewerbebetriebe würde das System der Abgrenzung von § 34 BauGB und § 35 BauGB sprengen.

IV. Rücksichtnahmegebot

2660 Auch im Außenbereich ist das Gebot der nachbarlichen **Rücksichtnahme** zu beachten. Es ergibt sich aus den öffentlichen Belangen, die dem Vorhaben nicht entgegenstehen oder durch das Vorhaben nicht beeinträchtigt werden dürfen.[1151] In Bereichen, in denen Nutzungen unterschiedlicher Art und mit unterschiedlicher Schutzwürdigkeit zusammentreffen, ist die Grundstücksnutzung mit einer gegenseitigen Pflicht zur Rücksichtnahme belastet. Das gilt sowohl für privilegierte als auch nicht privilegierte Vorhaben.[1152] Die Rücksichtnahme auf eine bereits vorhandene immissionsträchtige Nutzung kann dabei gerade verlangen, eine andere als die beabsichtigte Wohnnutzung zu wählen. Nach Auffassung des *BVerwG* wird **Nachbarschutz** nur nach Maßgabe der Bestimmungen des einfachen Rechts gewährt. Unmittelbar aus der Eigentumsgarantie kann Nachbarschutz

---

[1147] Im Anschluss an *BVerwG*, Urt. v. 11. 11. 1988 – 4 C 50.87 – Buchholz 406.11 § 35 BauGB Nr. 252.
[1148] *BVerwG*, B. v. 3. 12. 1990 – 4 B 145.90 – ZfBR 1991, 83 = UPR 1991, 271 = *Hoppe/Stüer* RzB Rdn. 539 – Verkaufsstätte.
[1149] *BVerwG*, B. v. 28. 9. 1992 – 4 B 175.92 – BauR 1993, 200 = NVwZ-RR 1993, 176 = *Hoppe/Stüer* RzB Rdn. 541 – wiederholte Betriebserweiterung.
[1150] *BVerwG*, Urt. v. 14. 1. 1993 – 4 C 33.90 – DVBl. 1993, 653 = ZfBR 1993, 249 = NVwZ 1994, 293 = *Hoppe/Stüer* RzB Rdn. 542 – Erweiterung Lagerplatz.
[1151] S. Rdn. 1486; zur Bedeutung des Gebotes der Rücksichtnahme, wenn ein im Außenbereich vorhandener Stahlbaubetrieb um zwei Lagerhäuser erweitert werden soll, die einer zur Nachbargemeinde gehörenden Wohnbebauung gegenüberliegen, *BVerwG*, Urt. v. 21. 1. 1983 – 4 C 59.79 – BauR 1983, 143 = *Hoppe/Stüer* RzB Rdn. 543 – Lagerhäuser.
[1152] *BVerwG*, B. v. 25. 1. 1985 – 4 B 202.85 – NVwZ 1986, 469 = *Hoppe/Stüer* RzB Rdn. 1250 – heranrückende Wohnbebauung.

demgegenüber nicht abgeleitet werden.[1153] Nachbarschutz kann sich dabei vor allem aus dem Bauplanungsrecht, dem Bauordnungsrecht, dem Immissionsschutzrecht oder dem Gaststättenrecht und weiteren Vorschriften ergeben,[1154] die auch das Interesse haben, die Belange des Nachbarn rechtlich zu schützen.[1155]

Die Beantwortung der Frage, ob das Rücksichtnahmegebot verletzt ist und sich nachbarliche Abwehransprüche ergeben, setzt eine **Einzelfallbeurteilung** voraus.[1156]   2661

Beispiel: Wer im Einwirkungsbereich eines **Schießplatzes** baurechtlich genehmigte Anlagen errichtet, obwohl ihm die erheblichen Lärmeinwirkungen und die Absicht der uneingeschränkten Fortsetzung des Schießbetriebes bekannt sind, kann nicht unter dem Gesichtspunkt der Verwirkung verlangen, dass nunmehr der Betreiber, der die Baugenehmigung nicht angefochten hat, den Schießbetrieb auf ein Maß unterhalb der bestehenden Vorbelastung einschränkt.[1157] Der Eigentümer eines mit einem Landhaus bebauten Grundstücks kann allerdings verlangen, dass der von einem Truppenübungsplatz im Außenbereich ausgehende Lärm die Wohnnutzung des Gebäudes auch weiterhin zulässt. Im Rahmen des Gebotes gegenseitiger Rücksichtnahme kann es für die Bestimmung der Schutzwürdigkeit des nachbarlichen Abwehrinteresses von Bedeutung sein, ob sich das nach § 35 I BauGB privilegierte Vorhaben fernab von jeglicher Bebauung oder in einer dem Ortsrand benachbarten Lage befindet.[1158]

Das Vorhaben kann allerdings im Hinblick auf andere Belange rücksichtslos und deshalb unzulässig sein.[1159] Ein **privilegiertes Vorhaben** ist nach Maßgabe des Rücksichtnahmegebotes auch gegen eine **heranrückende Wohnbebauung** geschützt.[1160] Dies gilt vor allem dann, wenn das privilegierte Vorhaben aufgrund der heranrückenden neuen (schutzbedürftigen) Nutzung mit Auflagen und Einschränkungen der privilegierten Nutzung rechnen muss.[1161] So kann sich etwa ein landwirtschaftlicher Betrieb gegen eine heranrückende Wohnbebauung erfolgreich wehren, wenn die erforderlichen Schutzabstände zwischen landwirtschaftlicher Produktionsstätte und Wohnbebauung nicht eingehalten sind. Das gilt vor allem dann, wenn etwa der Bebauungsplan, auf den sich die heranrückende Wohnbebauung gründet, wegen eines Abwägungsfehlers unwirksam ist.[1162] Die verstärkten Abwehrrechte kann der Inhaber einer privilegierten Nutzung allerdings nur für sich in Anspruch nehmen, wenn die Privilegierung auch tatsächlich noch besteht. Das Abwehrrecht des Eigentümers im Hinblick auf die Privilegierung entfällt jedoch, wenn die Privilegierung aufgegeben worden ist.   2662

[1153] *Bönker* DVBl. 1994, 506; *Thiele* DÖV 1979, 236.
[1154] *Schröer* DVBl. 1984, 426.
[1155] *Van den Hövel* JA 1993, 336. Zum Rechtsschutz der Nachbarn gegen Sperrzeitverkürzungen *VG Düsseldorf*, B. v. 19. 3. 1998 – 18 L 5554/97 – DWW 1998, 153 – Sperrzeitverkürzung.
[1156] *BVerwG*, Urt. v. 23. 5. 1991 – 7 C 19.90 – BVerwGE 88, 210 = DVBl. 1991, 880 = UPR 1991, 347 = *Hoppe/Stüer* RzB Rdn. 543 – Truppenübungsplatz.
[1157] *BVerwG*, Urt. v. 23. 5. 1991 – 7 C 19.90 – BVerwGE 88, 210 = DVBl. 1991, 880 = UPR 1991, 347 = *Hoppe/Stüer* RzB Rdn. 543 – Truppenübungsplatz.
[1158] *BVerwG*, B. v. 1. 9. 1993 – 4 B 93.93 – *Hoppe/Stüer* RzB Rdn. 1288 – Landwirt.
[1159] So *BVerwG*, Urt. v. 23. 5. 1986 – 4 C 34.85 – NVwZ 1987, 128 = DVBl. 1986, 1271 = *Hoppe/Stüer* RzB Rdn. 397 – Siloanlage; B. v. 24. 4. 1989 – 4 B 72.89 – NVwZ 1989, 1060 = DÖV 1989, 860 = *Hoppe/Stüer* RzB Rdn. 354 – Einsichtsmöglichkeiten.
[1160] Zum Abwehranspruch der Landwirtschaft gegen heranrückende Wohnbebauung *OVG Greifswald*, Urt. v. 9. 2. 1999 – 3 M 133/98 – VwRR MO 1999, 302 – Milchviehanlage; *Battis/Diehl* AgrarR 1993, 197; *Krautzberger* in: Battis/Krautzberger/Löhr, Rdn. 111 zu § 35 BauGB. Bei der Konfliktentscheidung sind planungsrechtliche, immissionsschutzrechtliche und ggf. polizeirechtliche Gesichtspunkte zu berücksichtigen. Zum Abwehranspruch eines Industriebetriebes gegenüber einer heranrückenden Wohnbebauung *Gubelt* VR 1980, 200.
[1161] *BVerwG*, Urt. v. 10. 12. 1982 – 4 C 28.81 – AgrarR 1983, 189 = BauR 1983, 140 = DVBl. 1983, 349 – Außenbereich – Innenbereich; B. v. 25. 4. 1985 – 4 B 48.85 – UPR 1985, 340 = ZfBR 1985, 192 = *Hoppe/Stüer* RzB Rdn. 409 – Tierzuchtbetrieb.
[1162] *VGH München*, Urt. v. 2. 10. 1992 – 2 CS 92.2647 – AgrarR 1993, 364 – landwirtschaftlicher Betrieb.

Beispiel: Hat etwa der Landwirt die landwirtschaftliche Nutzung aufgegeben, die Tierhaltung eingestellt und die Milchkontingente verkauft, dann ist eine eigenständige Privilegierung entfallen. Daran würde auch die weitere Funktionsfähigkeit der Gebäude und die Wiederaufnahme des Betriebes mit Viehhaltung nichts ändern.[1163]

2663 Ein privilegiertes Außenbereichsvorhaben kann auch gegen eine **weitere privilegierte Nutzung** geschützt sein, wenn hierdurch die bisherige privilegierte Nutzung nicht mehr möglich ist oder Einschränkungen unterliegt. So kann sich etwa der Inhaber eines landwirtschaftlichen Betriebes dagegen wehren, dass in der Nachbarschaft eine weitere immissionsträchtige Nutzung zugelassen wird, wenn dadurch die bisherigen Nutzungsmöglichkeiten der vorhandenen landwirtschaftlichen Nutzung **beeinträchtigt** werden.[1164] § 35 I Nr. 1 BauGB verleiht allerdings kein Recht auf Verhinderung eines ebenfalls privilegierten landwirtschaftlichen Vorhabens mit der Begründung, das Immissionspotenzial sei nach Genehmigung des weiteren Vorhabens möglicherweise erschöpft, so dass weitere emittierende Vorhaben nicht mehr genehmigt oder der Einwendungsführer seinen Betrieb nicht über den vorhandenen Bestand erweitern könnte.[1165] Insofern ist die Rechtslage vergleichbar mit der planungsrechtlichen Situation im ausgewiesenen oder faktischen Dorfgebiet, bei dem ebenfalls ein Abwehranspruch eines landwirtschaftlichen Betriebes gegenüber einem anderen landwirtschaftlichen Betrieb nicht besteht.[1166] Es muss vielmehr dargelegt werden, dass die bisherige privilegierte Nutzung im Hinblick auf die beabsichtigte neue Nutzung Einschränkungen zu erwarten hat.[1167] Ebenso besteht für einen privilegierten landwirtschaftlichen Betrieb kein Abwehranspruch gegenüber einer Einrichtung der öffentlichen Freizeitbetätigung wie etwa dem Wintersport.[1168] Auch hat der Eigentümer eines im Außenbereich gelegenen Waldes keinen Rechtsanspruch darauf, dass ein im Innenbereich gelegenes Grundstück als Schutzstreifen für den Wald von Bebauung freigehalten wird.[1169] Zwar ist die forstwirtschaftliche Nutzung nach § 35 I Nr. 1 BauGB im Außenbereich privilegiert und vermittelt ebenso wie die landwirtschaftliche Nutzung eine bevorrechtigte Zulässigkeit. Diese erstreckt sich jedoch nicht darauf, auch den Innenbereich für die privilegierte Nutzung in Anspruch zu nehmen.[1170] Der Eigentümer eines bestehenden Gewerbebetriebes kann sich auch dann nicht gegen eine hinzukommende Wohnbebauung wenden, wenn in der Umgebung bereits Wohngebäude vorhanden sind, auf die der Betrieb in gleicher Weise Rücksicht nehmen muss.[1171] Das gilt

---

[1163] *VGH München*, B. v. 29. 3. 1996 – 2 B 92.3953 – AgrarR 1997, 86 = BayVBl. 1997, 150 = RdL 1996, 230.
[1164] *OVG Münster*, Urt. v. 29. 9. 1988 – 11 A 1537/86 – AgrarR 1989, 138 – Schweinemaststall; *BVerwG*, B. v. 22. 2. 1988 – 7 B 28.88 – DÖV 1988, 559 = NVwZ 1988, 1019 = RdL 1988, 204 = UPR 1988, 344 – Asphalt-Mischanlage.
[1165] *VGH Mannheim*, Urt. v. 3. 11. 1994 – 8 S 2376/94 – VGHBW RspDienst 1995, Beilage 1, B6. Auch gegenüber ebenfalls privilegierten Vorhaben der öffentlichen Hand besteht nur ein eingeschränkter Abwehranspruch, so *BVerwG*, Urt. v. 1. 7. 1968 – IV C 53.66 – Buchholz 406.11 § 35 BBauG Nr. 69 = DVBl. 1969, 258 – militärischer Schießplatz.
[1166] So für eine Intensivschweinemasthaltung im faktischen Dorfgebiet *BVerwG*, Urt. v. 14. 1. 1993 – 4 C 19.90 – BauR 1993, 203 = DVBl. 1993, 652 = NVwZ 1993, 1184 = ZfBR 1993, 243; *Taegen* in: Schlichter/Stich, Rdn. 4 zu § 35 BauGB.
[1167] *OVG Lüneburg*, Urt. v. 26. 2. 1988 – 1 A 56/86 – BRS 48 (1988), Nr. 156 = NVwZ 1989, 269 – Jagdausübungsberechtigter.
[1168] *VGH München*, Urt. v. 9. 11. 1992 – 2 CS 92.1869 – BauR 1993, 66 – Schneekanone.
[1169] *VGH Kassel*, Urt. v. 20. 7. 1989 – I OE 89/92 – NVwZ-RR 1990, 127 – Wohnhaus Landschaftsschutzgebiet.
[1170] *VGH München*, Urt. v. 27. 11. 1992 – 2 B 89.278 – NuR 1993, 311 = RdL 1993, 146 = UPR 1993, 311.
[1171] *BVerwG*, B. v. 5. 3. 1984 – 4 B 171.83 – NVwZ 1984, 646; *VGH Mannheim* Urt. v. 31. 5. 1989 – 8 S 107/89 – BWVPr. 1989, 225 = UPR 1990, 104 = ZfBR 1990, 106 – heranrückende Wohnbebauung.

auch für einen landwirtschaftlichen Betrieb.[1172] Auch steht dem Inhaber eines landwirtschaftlichen Betriebes im Außenbereich ein Abwehranspruch gegen den Ausbau eines benachbarten ehemaligen landwirtschaftlichen Anwesens in eine Gaststätte nicht zu, wenn er keine betrieblichen Einschränkungen oder sonstigen Beeinträchtigungen zu befürchten hat.[1173]

Ein privilegiertes Vorhaben muss ggf. auch auf ein **ausgewiesenes Wohngebiet** Rücksicht nehmen, selbst wenn der der Wohngebietsausweisung zugrunde liegende **Bebauungsplan** noch nicht verwirklicht ist. Denn die Rücksichtnahme kann sich auch auf Vorhaben beziehen, die planungsrechtlich zulässig, aber noch nicht verwirklicht sind.[1174] Im Außenbereich wird man hinsichtlich der zumutbaren Immissionsbelastung etwa von **Mischgebietswerten** ausgehen können.[1175] So müssen Belastungen bauplanungsrechtlicher Art wie etwa Geräuschimmissionen auf der Grundlage zulässiger Benutzung in einer Siedlungsrandlage im Übergang zum Außenbereich bis zum Grad einer im Mischgebiet zulässigen Belastung hingenommen werden.[1176] Eine Unterscheidung nach schutzbedürftigen Wohngebieten bebaut etwa mit Einfamilienhäusern und weniger schutzbedürftigen Wohngebieten etwa mit Mehrfamilienhäusern findet im Baurecht nicht statt.[1177] Dies gilt auch für das Rücksichtnahmegebot im Außenbereich. Allerdings kann je nach Schutzbedürftigkeit des privilegierten Betriebes auch ein strengerer Maßstab anzulegen sein. Dies wird etwa bei Heilstätten oder Kliniken[1178] anzunehmen sein.

Auch ein **nicht privilegiertes Vorhaben** im Außenbereich kann Nachbarschutz für sich geltend machen. Allerdings ist der Nachbarschutz über das Gebot der nachbarlichen Rücksichtnahme in derartigen Fällen nur eingeschränkt.[1179] Die nicht privilegierte Außenbereichsnutzung hat vielmehr andere Nutzungen des Außenbereichs grundsätzlich hinzunehmen, soweit die Zumutbarkeitsschwelle nicht überschritten ist.[1180] Auch muss der Eigentümer eines Außenbereichsgrundstücks damit rechnen, dass außerhalb seines Grundstücks öffentliche Verkehrswege gebaut werden.[1181] Der Eigentümer eines nicht privilegierten Sägewerks mit teilweise formell und materiell unzulässigen baulichen Anlagen ist vom Grundsatz her allerdings nicht mit allen Abwehrsprüchen gegen eine heranrückende Wohnbebauung ausgeschlossen. Soweit die Wohnbebauung aber im Zusammenhang mit einer privilegierten landwirtschaftlichen Nutzung steht, sind jedoch lediglich geringere Abwehrmöglichkeiten gegeben.[1182] Auch der Betreiber einer nicht privilegierten Motorsportanlage hat keinen umfassenden Abwehranspruch gegen eine heranrückende Wohnbebauung. Diese ist vielmehr von einer nicht privilegierten Nutzung im Rahmen der Zumutbarkeit grundsätzlich hinzunehmen.[1183] Ein Wohnnachbar hat keinen Abwehranspruch gegenüber einer ebenfalls zu einem Wohnhaus gehörenden

---

[1172] *VGH München*, Urt. v. 28. 7. 1988 – 2 B 87.03651 – AgrarR 1989, 346 = BRS 48 (1988), 165 – landwirtschaftlicher Betrieb.
[1173] *VGH München*, Urt. v. 28. 7. 1988 – 2 B 87.0365 – BRS 48 (1988), Nr. 165 – Gaststätte.
[1174] *VGH Mannheim*, Urt. v. 22. 9. 1989 – 5 S 1373/89 – AgrarR 1991, 114 = NuR 1990, 414 = NVwZ-RR 1990, 233 = ZfBR 1990, 106 – Viehstall.
[1175] *VGH München*, Urt. v. 9. 11. 1992 – 2 CS 92.1869 – BauR 1993, 66 = NuR 1993, 283 = UPR 1993, 78 – Schneekanone.
[1176] *OVG Münster*, B. v. 28. 2. 1992 – 10 B 950/92 –; B. v. 9. 4. 1992 – 10 B 816/92 –; B. v. 14. 5. 1992 – 10 B 950/92 – (unveröffentlicht); B. v. 31. 7. 1992 – 10 B 3144/92 – Asylbewerberheim.
[1177] *OVG Münster*, B. v. 31. 7. 1992 – 10 B 3144/92 – (unveröffentlicht) Asylbewerberheim.
[1178] Zur privilegierten Zulässigkeit einer Privatklinik *BVerwG*, B. v. 9. 1. 1985 – 4 B 279.84 – Buchholz 406.11 § 35 BBauG Nr. 222 – Privatklinik.
[1179] *VGH München*, Urt. v. 17. 11. 1994 – 14 CS 94.3426 – (unveröffentlicht) – Speditionsbetrieb.
[1180] *VGH Mannheim*, Urt. v. 3. 8. 1995 – 5 S 3229/94 – RdL 1996, 92 = VGHBW RspDienst 1995, Beilage 11, B5; Urt. v. 25. 6. 1996 – 10 S 200/96 – BauR 1996, 830 = UPR 1996, 396 – Schlachthof.
[1181] *BVerwG*, Urt. v. 24. 5. 1996 – 4 A 39.95 – DVBl. 1997, 78 = NVwZ 1997, 165.
[1182] *OVG Münster*, Urt. v. 26. 7. 1995 – 7 A 2179/93 – Sägewerk.
[1183] *VGH Mannheim*, Urt. v. 20. 8. 1993 – 10 S 2022/92 – DVBl. 1994, 354 = NuR 1994, 142.

Garage und einer Werkstatt, die in 65 m Entfernung liegt.[1184] Auch eine nicht privilegierte Wohnnutzung hat keinen umfassenden Schutz gegenüber den Lärm- und Geruchsimmissionen eines heranrückenden Schlachthofes.[1185]

2666 Soweit für das Gebot der nachbarlichen Rücksichtnahme gesetzgeberische Wertungen nicht bestehen, ist im **Einzelfall** festzulegen, in welchem Umfang auf schutzbedürftige Nutzungen in der Nachbarschaft Rücksicht zu nehmen ist. Dabei können auch technische Regelwerke[1186] als grobe Orientierungen dienen. So ist es etwa vertretbar, für die Frage des gebotenen Mindestabstandes zwischen einem bestehenden Rinderzuchtbetrieb[1187] und einer geplanten Wohnbebauung auf den Entwurf der VDI-Richtlinie 3473 – „Emissionsminderung Tierhaltung – Rinder"[1188] oder auch die VDI-Richtlinie 3471 „Emissionsminderung Tierhaltung – Schweine"[1189] – zurückzugreifen,[1190] um die Frage der Zumutbarkeit von Geruchsemissionen[1191] und damit verbundene Gefahren betriebseinschränkender Auflagen zu Gunsten des landwirtschaftlichen Betriebes zu klären.[1192] Dabei kann es allerdings unzulässig sein, die zwischen Rinderzuchtbetrieb und Wohnnutzung erforderlichen Mindestabstände zu halbieren. Auch enthält die VDI-Richtlinie 3471 zur Bestimmung des erforderlichen Abstandes nur Anhaltspunkte, die der Prüfung nach den konkreten Umständen des Einzelfalls bedürfen.[1193] Dabei spielt vor allem die Frage der Zumutbarkeit aufgrund der vorhandenen bauplanungsrechtlichen Situation, der jeweiligen Gebietsprägung und ggf. einer bestehenden Vorbelastung eine

---

[1184] *VGH Mannheim*, Urt. v. 7. 9. 1989 – 8 S 1184/88 – AgrarR 1990, 171 = RdL 1990, 37 = UPR 1990, 40.

[1185] *VGH Mannheim*, Urt. v. 25. 6. 1996 – 10 S 200/96 – BauR 1996, 830 = UPR 1996, 396 – Schlachthof; *VGH Kassel*, Urt. v. 26. 4. 1996 – 4 UE 1920/93 – RdL 1997, 63 – für ein Wohnhaus in Randlage zum Außenbereich; *VGH Kassel*, Urt. v. 4. 6. 1998 – 4 TG 1705/98 – UPR 1999, 236 = ZfBR 1999, 112.

[1186] Zu technischen Normen im Baurecht *Battis*, Umweltrechtliche Studien, Bd. 3 (1988); *Gusy* VerwArch. 79 (1988), 68; *Jarass* NJW 1987, 1225; *Schellhoss* BBauBl. 1985, 18; *Siegburg* BauR 1985, 367; *Uwer* VersR 1995, 1420; *Vahle* VW 1984, 257.

[1187] Zur Zulässigkeit der Erweiterung eines im Außenbereich gelegenen Rinderstalls in der Nähe des Wohnhauses eines anderen Landwirts, der auf seinem Grundstück ebenfalls Rinder hält, *VGH Mannheim*, Urt. v. 26. 3. 1997 – 8 S 411/97 – VBlBW 1997, 343 = RdL 1997, 237 – Rinderstall.

[1188] *BVerwG*, B. v. 8. 7. 1998 – 4 B 38.98 – Schweinehaltung im Nahbereich einer Wohnbebauung; *VGH Mannheim*, Urt. v. 27. 5. 1994 – 5 S 2193/93 – AgrarR 1995, 316 = NuR 1995, 408 = UPR 1995, 110; *VG Weimar*, Urt. v. 23. 9. 1998 – 1 E 2186/98.We – ThürVBl. 1999, 22; *OVG Lüneburg*, Urt. v. 31. 7. 1998 – 1 M 2978/98 – RdL 1999, 90 – Rinderstall.

[1189] *OVG Münster*, Urt. v. 23. 5. 1995 – 3 D 16/93.NE – NVwZ-RR 1996, 3; Urt. v. 19. 6. 1996 – 7 A 1222/94 – AgrarR 1996, 329; *VGH München*, Urt. v. 31. 10. 1989 – 20 B 85 A.2535 – BRS 50 (1990), Nr. 191 = NVwZ-RR 1990, 529 zu einer unzulässigen Wohnbebauung in Ortsrandlage und in unmittelbarer Nähe eines im Innenbereich gelegenen landwirtschaftlichen Betriebes; vgl. auch Urt. v. 29. 9. 1988 – 11 A 1537/86 – AgrarR 1989, 138 – Schweinemaststall; *Sarnighausen* UPR-spezial 1994, 115; *Ziegler* AgrarR 1993, 297.

[1190] Zur Beurteilung der Zumutbarkeit einer Schafhaltung nach der VDI-Richtlinie 3473 „Emissionsminderung Tierhaltung – Rinder" *OVG Münster*, Urt. v. 15. 8. 1996 – 7 A 1727/93 – (unveröffentlicht) – Schafhaltung; vgl. auch *VGH Mannheim*, Urt. v. 7. 1. 1998 – 8 S 1337/97 – VGHBWRsDienst 1998, Beilage 3, B 1–2.

[1191] *Dyong* in: Ernst/Zinkahn/Bielenberg/Krautzberger, Rdn. 156 zu § 35 BauGB; *Krautzberger* in: Battis/Krautzberger/Löhr, Rdn. 59 zu § 35 BauGB; *Taegen* in: Schlichter/Stich, Rdn. 65 zu § 35 BauGB.

[1192] Zur Zumutbarkeit der durch Tierhaltung verursachten Lärmbelästigung und Geruchsbelästigung für die Bewohner eines Dorfgebietes mit landwirtschaftlicher Nutzung *VG Trier*, Urt. v. 9. 8. 1991 – 1 K 214/88 – WuM 1992, 202 – Tierhaltung; zur immissionsschutzrechtlichen Genehmigung für eine Massentierhaltung *BVerwG*, B. v. 23. 6. 1989 – 4 B 87.89 – DVBl. 1990, 57 = NVwZ-RR 1989, 621 = UPR 1989, 355; *Sarnighausen* UPR-spezial 1994, 115; *Selmer* JuS 1989, 237.

[1193] *VGH München*, Urt. v. 22. 11. 1994 – 20 CS 94.2535 – BayVBl. 1995, 344 = NVwZ-RR 1995, 430 = ZfBR 1995, 224 – Schafhaltung.

Rolle.[1194] Die Empfehlungen der VDI-Richtlinie 3471 beziehen sich auf Abstände der Tierhaltung zur Wohnbebauung und nicht zu Wohngrundstücken. Ein Schweinestall im Außenbereich ist nicht deshalb unzulässig, weil ein anderer Standort auf dem Baugrundstück den Nachbarn weniger beeinträchtigt. Ein landwirtschaftlicher Betrieb mit Reiterhof und Pension genießt gegenüber einem Schweinestall im Außenbereich keinen höheren Schutz als eine Wohnbebauung.[1195]

In einem **Dorfgebiet** ist etwa vorrangig auf die Belange der land- und forstwirtschaftlichen Betriebe Rücksicht zu nehmen (§ 5 I 2 BauNVO). Diese Rücksichtnahme gilt vor allem für andere Nutzungen, die sich durch die landwirtschaftliche Nutzung beeinträchtigt fühlen. Landwirtschaftliche Betriebe im Dorfgebiet sind daher nicht als „latente Störer" anzusehen.[1196] Vielmehr haben die anderen Nutzungen auf die landwirtschaftliche Nutzung Rücksicht zu nehmen. Nachbarbelange sind nur dann einzustellen, wenn sie konkret beeinträchtigt werden können. Liegt allerdings ein Verstoß gegen das Gebot der nachbarlichen Rücksichtnahme vor, so hilft eine übernommene Baulast jedenfalls dann nicht weiter, wenn schwere Beeinträchtigungen etwa der Gesundheit zu erwarten sind.[1197]

2667

Eine **Kleinfeuerungsanlage** kann auch bei Einhaltung der Emissionsgrenzwerte der 1. BImSchV im Einzelfall aufgrund der konkreten örtlichen Verhältnisse zu erheblichen Belästigungen der Nachbarschaft führen und damit auch das in § 35 III Nr. 3 BauGB enthaltene baurechtliche Rücksichtnahmegebot verletzen.[1198] Die Pflicht, eine Wiederholungsmessung an einer Kleinfeuerungsanlage durchführen zu lassen, stellt allerdings eine Duldungs- und keine Handlungspflicht dar. Hiergegen wird nicht verstoßen, wenn der Anlagenbetreiber dem Schornsteinfegermeister keinen Termin für die Durchführung der Messung benennt.[1199] Auch liegt darin keine Ordnungswidrigkeit nach § 62 I Nr. 7 BImSchG.

2668

Der Nachbarschutz bestimmt sich im Außenbereich ausschließlich nach dem in § 35 BauGB niedergelegten Rücksichtnahmegebot. Aus **§ 1 III BauGB**, wonach die Gemeinden Bauleitpläne aufzustellen haben, sobald und so weit es erforderlich ist, aus dem § 1 VII BauGB niedergelegten Abwägungsgebot oder aus den Beteiligungsmöglichkeiten in der Öffentlichkeitsbeteiligung nach § 3 BauGB lässt sich ein Nachbarschutz nicht herleiten. Gegen die Erteilung einer Baugenehmigung verleiht daher weder § 1 III und VI BauGB noch § 3 BauGB dem Nachbarn ein mit der Anfechtungsklage durchsetzbares Abwehrrecht.[1200] Zwar würde im Falle der Aufstellung eines Bebauungsplans eine Öffentlichkeitsbeteiligung nach § 3 BauGB erforderlich. Der Nachbar hätte in einem derartigen Planaufstellungsverfahren die Möglichkeit, seine Belange und Vorstellungen zur planungsrechtlichen Ausweisung der planbetroffenen Grundstücksflächen in die Planungsentscheidung einzubringen. Wird aber ein solches Planverfahren nicht durchgeführt, bestehen solche Mitwirkungsmöglichkeiten von betroffenen Nachbarn nicht. Ob eine Gemeinde ein Vorhaben im Außenbereich zum Anlass dafür nimmt, ein Bauleit-

2669

[1194] *Taegen* in: Schlichter/Stich, Rdn. 66 zu § 35 BauGB. So kann etwa eine Schweinemast größere Abstände verlangen als eine Rinderhaltung, weil von letzterer wesentlich geringere Geruchsbelästigungen ausgehen, so *OVG Lüneburg*, Urt. v. 10. 3. 1993 – 6 M 531/93 – UPR 1993, 234 = ZfBR 1993, 202. Zu den Nachbarrechten einer Schweinemästerei gegenüber einem Ferienhaus *Puhl* JuS 1989, 126.
[1195] *OVG Lüneburg*, Urt. v. 4. 8. 1999 – 1 M 2974/99 – BauR 2000, 364 = RdL 1999, 260.
[1196] *VG Weimar*, Urt. v. 23. 9. 1998 – 1 E 2186/98.We – ThürVBl. 1999, 22; *OVG Lüneburg*, Urt. v. 31. 7. 1998 – 1 M 2978/98 – RdL 1999, 90 – Rinderstall.
[1197] Für eine noch weitergehende Unbeachtlichkeit der Baulast *OVG Greifswald*, Urt. v. 9. 2. 1999 – 3 M 133/98 – VwRR MO 1999, 302 – Milchviehanlage.
[1198] *BVerwG*, B. v. 28. 7. 1999 – 4 B 38.99 – ZfBR 1999, 351 = RdL 1999, 285 – Kleinfeuerungsanlage.
[1199] *OLG München*, Urt. v. 25. 10. 1999 – 3 ObOWi 109/99 –.
[1200] *BVerwG*, B. v. 24. 4. 1997 – 4 B 65.97 – NVwZ-RR 1997, 682 = BauR 1997, 810 – Verschattung Wintergarten.

planverfahren einzuleiten, liegt in ihrer eigenen Verantwortung. Rechtsansprüche des Nachbarn auf Einleitung eines solchen Verfahrens bestehen nicht.[1201]

2670 Auch eine **Nachbargemeinde** kann sich gegen ein Außenbereichsvorhaben erfolgreich wehren, wenn interkommunale Belange[1202] verletzt werden.[1203] Eine Klagebefugnis gegen Baugenehmigungen im Bereich einer Nachbargemeinde besteht allerdings nur dann, wenn die klagende Gemeinde sich auf hinreichend bestimmte eigene Planungen berufen kann. An hinreichend konkreten Planungen fehlt es, wenn die klagende Gemeinde lediglich darauf verweisen kann, dass ihr Flächennutzungsplan Anschlussbereiche als Flächen für die Landwirtschaft oder Wald darstellt. Denn die planerische Aussage, die sich aus einer solchen Darstellung ergibt, geht nicht über den Regelungsgehalt des § 35 II BauGB hinaus. Knüpft der Flächennutzungsplan lediglich an die Funktionen an, die der Gesetzgeber dem Außenbereich ohnehin zuweist, so fehlt es an einer qualifizierten Standortzuweisung, über die sich die Nachbargemeinde nur unter erschwerten Voraussetzungen hinwegsetzen dürfte.[1204]

V. Außenbereichssatzung (§ 35 VI BauGB)

2671 Für bebaute Bereiche im Außenbereich, die nicht überwiegend landwirtschaftlich geprägt sind und in denen eine Wohnbebauung von einigem Gewicht vorhanden ist, kann die Gemeinde gem. § 35 VI BauGB durch Satzung bestimmen, dass Wohnzwecken dienenden Vorhaben bestimmte, in der Vorschrift benannte öffentliche Belange nicht entgegengehalten werden können.[1205] Die Vorschrift ist durch das BauROG 1998 aus der Vorgängerregelung in § 4 IV BauGB-MaßnG entwickelt und im Kern unverändert auch durch das EAG Bau übernommen worden. Der Bau von Wohnhäusern im Außenbereich ist nur bei einer entsprechenden Außenbereichssatzung begünstigt.[1206] Die Satzung kann auch auf Vorhaben erstreckt werden, die kleineren Handwerks- und Gewerbebetrieben dienen. Durch die Außenbereichssatzung soll die planungsrechtliche Zulässigkeit von nicht privilegierten Vorhaben im Außenbereich[1207] maßvoll erweitert werden. Sie rechtfertigt sich nach Auffassung ihrer Befürworter aus dem Schutz vor Zersiedlung des Außenbereichs, weil mit diesem Instrument insbesondere in von Streusiedlungen geprägten Bereichen ein städtebaulich angemessener Ausgleich gefunden werden kann.

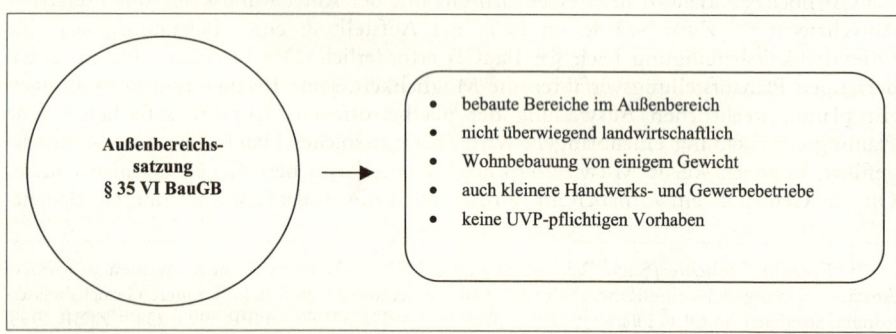

[1201] *BVerwG*, B. v. 24. 4. 1997 – 4 B 65.97 – NVwZ-RR 1997, 682 = BauR 1997, 810 – Verschattung Wintergarten.
[1202] Zur interkommunalen Abstimmung s. Rdn. 206.
[1203] *Bröll* BayVBl. 1979, 353; *Reidt* LKV 1994, 93.
[1204] So für die Fachplanung *BVerwG*, B. v. 22. 6. 1993 – 4 B 45.93 – VkBl. 1995, 210.
[1205] S. Rdn. 2178. § 35 VI BauGB ist aus dem durch das BauROG aufgehobenen § 4 IV BauGB-MaßnG hervorgegangen, vgl. zu den Außenbereichssatzungen *Degenhart* DVBl. 1993, 177.
[1206] *BVerwG*, B. v. 4. 7. 1990 – 4 B 103.90 – NVwZ 1990, 962 = BayVBl. 1991, 473 = *Hoppe/Stüer* RzB Rdn. 879 – Außenbereichssatzung.
[1207] *Hoppe* DVBl. 1990, 1009.

2672 Im dünn besiedelten ländlichen Raum kann nach den örtlichen Gegebenheiten eine Wohnbebauung von einigem Gewicht bei fünf Häusern noch angenommen werden. Der Geltungsbereich einer Außenbereichssatzung darf nicht über die vorhandene Bebauung hinausgreifen. Eine Außenbereichssatzung darf nicht zur Folge haben, dass im Falle der Bebauung der von ihr erfassten Grundstücke ein Ortsteil entsteht.[1208] An das in § 35 VI 1 BauGB enthaltene Tatbestandsmerkmal der „Wohnbebauung von einigem Gewicht" dürfen nicht dieselben Anforderungen gestellt werden wie an den gleichen Begriff, der in § 34 I BauGB zur Definition des Ortsteils verwendet wird. Für eine Wohnbebauung von einigem Gewicht im Sinn dieser Vorschrift genügt es daher, dass in dem betreffenden Bereich eine Wohnbebauung vorhanden ist, die nach Zahl und Größe der Gebäude im Verhältnis zu der sonstigen Bebauung nicht völlig untergeordnet ist. Eine aus vier Wohnhäusern und fünf größeren Wirtschaftsgebäuden bestehende Bebauung ist überwiegend landwirtschaftlich geprägt, wenn zumindest zwei der Wohnhäuser noch existierenden landwirtschaftlichen Betrieben zugeordnet sind und zumindest vier der Wirtschaftsgebäude derzeit immer noch landwirtschaftlich genutzt werden.[1209]

2673 Das **Aufstellungsverfahren** ist dem für **Innenbereichssatzungen** angenähert. Die Satzung muss mit einer geordneten städtebaulichen Entwicklung vereinbar sein (§ 35 VI 1 Nr. 1 BauGB). Die Zulässigkeit von UVP-pflichtigen oder vorprüfungspflichtigen Vorhaben mit erheblichen nachteiligen Umweltauswirkungen nach Anlage 1 zum UVPG darf nicht begründet werden. Auch dürfen keine Belange von Habitat- oder Vogelschutzgebieten beeinträchtigt werden. Bei der Aufstellung kann eine vereinfachte Öffentlichkeits- und Behördenbeteiligung nach § 13 II Nr. 2 und 3 BauGB durchgeführt werden. Die vereinfachte Öffentlichkeitsbeteiligung wird sich vor allem dann empfehlen, wenn die Betroffenen bekannt sind und daher einzeln beteiligt werden können. Eine Genehmigung der höheren Verwaltungsbehörde ist nicht erforderlich. In der Satzung können nähere Bestimmungen über die planungsrechtliche Zulässigkeit getroffen werden (§ 35 VI 3 BauGB). Daraus kann geschlossen werden, dass ohne ausdrückliche Erwähnung in § 35 VI BauGB auch ergänzende Festsetzungen getroffen werden können, die über die eigentliche Wohnbebauung hinausgehen. Die planungsrechtliche Zulässigkeit eines Vorhabens im Geltungsbereich einer Außenbereichssatzung richtet sich nach § 35 BauGB. Das Satzungsgebiet wird also – im Gegensatz zu den Innenbereichssatzungen nach § 34 IV 1 Nr. 1, 2 und 3 BauGB – nicht Innenbereich, sondern bleibt Außenbereich. Im Unterschied zu den Innenbereichssatzungen des § 34 IV BauGB begründet die Außenbereichssatzung unmittelbar kein Baurecht. Sie führt nur zur erleichterten Zulassung bestimmter Vorhaben, indem sie bestimmte in § 35 III BauGB benannte, von Außenbereichsvorhaben regelmäßig beeinträchtigte öffentliche Belange ausräumt. Die teilprivilegierten Vorhaben nach § 35 IV BauGB sind durch den Gesetzgeber enumerativ benannt und betreffen im Wesentlichen die Umnutzung und den Umbau vorhandener Bausubstanz. Im Unterschied dazu entscheidet bei der Außenbereichssatzung die einzelne Gemeinde im Rahmen ihrer Planungshoheit über die erleichterte Zulässigkeit von Bauvorhaben, die vor allem auch Neubauten sein können.

2674 Begünstigt werden Vorhaben, die **Wohnzwecken** dienen. Nach § 35 VI 2 BauGB kann die Satzung aber auch auf Vorhaben erstreckt werden, die kleinere Handwerks- und Gewerbebetriebe dienen. Der Begriff „klein" ist städtebaulich-strukturell zu verstehen. Die Vorhaben müssen der kleinteiligen Baustruktur von Außenbereichssiedlungen (Splittersiedlungen, Weilern) entsprechen. Die gewerbliche Nutzung soll jedoch gegenüber der Wohnnutzung nachrangig sein.

[1208] *OVG Greifswald*, Urt. v. 5. 10. 2001 – 3 L 306/98 – BauR 2002, 135 (LS) – für Vorpommern.
[1209] *VGH Mannheim*, Urt. v. 27. 2. 2003 – 8 S 2681/02 – BWGZ 2003, 535 – Außenbereichssatzung.

2675 Die Außenbereichssatzung kann nur in einem sehr begrenzten Umfang **Konfliktsituationen** bewältigen, wie sie in Übergangsbereichen zwischen Innen- und Außenbereichen auftreten. Sie kann zudem ihrerseits Konfliktstoff bergen, der sich aus der Inanspruchnahme von Freiflächen im Außenbereich ergibt. Werden hierdurch jedoch zusätzliche städtebauliche Probleme aufgeworfen, ist die Außenbereichssatzung nicht das geeignete Instrument, da sie zu einer generellen Bewältigung von Konfliktlagen nicht in der Lage ist.[1210] Bei derartigen Konfliktsituationen bedarf es vielmehr einer förmlichen Bauleitplanung und entsprechender Festsetzungen in einem Bebauungsplan oder entsprechender Regelungen in einem Vorhaben- oder Erschließungsplan.

2676 Die Außenbereichssatzung hat ausschließlich eine positive, die Zulässigkeit bestimmter nicht privilegierter Vorhaben unterstützende, aber keine negative Wirkung. Sie lässt die Anwendbarkeit des § 35 I BauGB hinsichtlich der dort benannten privilegierten Vorhaben unberührt. Die Privilegierung nach § 35 I BauGB kann daher durch eine Satzung nach § 35 VI BauGB nicht ausgeschlossen werden.[1211]

2677 Die Außenbereichssatzung hat aus gemeindlicher Sicht den Vorteil, dass die für Flächennutzungs- und Bebauungspläne geltenden Bindungen an die Ziele der Raumordnung nicht in gleicher Weise bestehen. Nach § 1 IV BauGB sind die Bauleitpläne den Zielen der Raumordnung anzupassen. Zu den Bauleitplänen gehören nach § 1 II BauGB (nur) der Flächennutzungsplan und der Bebauungsplan, nicht jedoch die anderen städtebaulichen Satzungen. Eine strikte Bindung der Außenbereichssatzung an die Ziele der Raumordnung besteht nicht. Auch im Flächennutzungsplan müssen die Flächen nicht als Bauflächen ausgewiesen sein. Allerdings muss die Außenbereichssatzung nach § 35 VI 4 1 Nr. 1 BauGB mit einer geordneten städtebaulichen Entwicklung vereinbar sein. Zudem dürfen durch Außenbereichssatzungen keine **UVP-pflichtigen Vorhaben** zugelassen werden

2678 **§ 244 VII BauGB** stellt sicher, dass Verfahren zur Aufstellung von Außenbereichssatzungen nach § 35 VI BauGB in der bisher geltenden Fassung, die noch vor In-Kraft-Treten des EAG Bau förmlich eingeleitet worden sind, auch nach Inkrafttreten des EAG Bau noch bis zum 20. 7. 2006 nach bisherigem Recht abgeschlossen werden können. Die Satzungen gelten nach § 233 II BauGB fort und entfalten entsprechend ihren Bestimmungen unter anderem die Rechtsfolge, dass Wohnzwecken dienenden Vorhaben im Sinne des § 35 II BauGB nicht entgegengehalten werden kann, sie würden einer Darstellung im Flächennutzungsplan über Flächen für die Landwirtschaft oder Wald widersprechen oder die Entstehung oder Verfestigung einer Splittersiedlung befürchten lassen.

[1210] *Degenhart* DVBl. 1993, 177.
[1211] *BVerwG*, B. v. 1. 9. 2003 – 4 BN 55.03 – BauR 2004, 1131 = Buchholz 406.11 § 35 BauGB Nr. 359 – Außenbereichssatzung.

D. Planungsvorgaben des Europäischen Umweltrechts

Das Planungsrecht wird mehr und mehr durch **europäisches Recht** bestimmt. Dies gilt etwa für das Verwaltungsrecht allgemein[1] ebenso wie speziell für das Umweltrecht.[2] Die europäische Einigung wurde durch die Gründung der **Europäischen Wirtschaftsgemeinschaft**, der Gemeinschaft für Kohle und Stahl und der Euratom[3] zwischen sechs europäischen Staaten in den Römischen Verträgen grundgelegt. Einen weiteren Bedeutungsgewinn konnte die Europäische Gemeinschaft durch die Einheitliche Europäische Akte (EEA)[4] erreichen. Das bisherige System der Einstimmigkeit bei Beschlüssen der Mitgliedstaaten wurde durch ein Mehrheitsprinzip ergänzt, die Rechte der Europäischen Kommission gegenüber dem Rat erheblich erweitert und ein gemeinsamer europäischer Binnenmarkt für Waren, Personen, Dienstleistungen und Kapital bereits zum 31.12.1992 eingeführt. In weiteren Etappen erfolgte im Jahre 2004 eine Osterweiterung auf inzwischen fünfundzwanzig Mitgliedstaaten. Damit besitzen ca. 450 Mio. Europäer eine gemeinsame Rechtsordnung, gemeinsame Institutionen und einen gemeinsamen Markt. Der **Europäische Unionsvertrag** von Maastricht[5] hat die Rechte der Europäischen Ge-

2679

---

[1] *Everling* BDVR 1987, 17; *Hoppe* NVwZ 1990, 816; *Rengeling* FS Scupin 1983, 474; *ders.* Gedanken zur „Europäisierung" des Rechts 1995, 1; *Schmidt-Aßmann* FS Lerche 1993, 513; *Schoch* JZ 1994, 109; *Zuleeg* VVdStRL H 53 (1994), 154.

[2] *Bleicher* der landkreis 1992, 463; *Bückmann/Dreißigacker/Elevelt/Gerner/Lee/Mackensen/Maier* Umwelt und Siedlung 1994; *Coenen/Jörissen* UVP in der Europäischen Gemeinschaft 1989; *Cupei* DVBl. 1985, 813; *David* DÖV 1993, 1021; *Di Fabio* DVBl. 1994, 1269; *Dieckmann* Das Abfallrecht der Europäischen Gemeinschaft 1994; *Engel* Die UI-Richtlinie, 1993; *Erichsen/Scherzberg* UI-Richtlinie 1992; *Everling* Auf dem Wege zu einem europäischen Verwaltungsrecht 1987, 17; *Fluck/Theuer* UIG; *Fromm* TranspR 1992, 256; *Jarass* Grundfragen der innerstaatlichen Bedeutung des EG-Rechts 1994; *Jahns-Böhm* Umweltschutz durch europäisches Gemeinschaftsrecht am Beispiel der Luftreinhaltung 1994; *Jarass/Naumann* Umweltschutz und Europäische Gemeinschaften 1992; *Kahl* Umweltprinzip und Gemeinschaftsrecht 1993; *Krautzberger* StuGB 1989, 111; *Lenz* (Hrsg.) EG-Handbuch 1991; *Matuschak* Europäisches Gemeinschaftsrecht im Verhältnis zum deutschen Städtebaurecht 1994; *Pieper* in: *Bleckmann* Europarecht 1990, 758; *Rengeling* EuR 1974, 216; *ders.* DÖV 1977, 19; *ders.* JZ 1978, 453; *ders.* DÖV 1980, 207; *ders.* Europäisches Gemeinschaftsrecht und nationaler Rechtsschutz 1981, 197; *ders.* DÖV 1981, 366; *ders.* DVBl. 1982, 140; *ders.* FS Scupin 1983, 474; *ders.* FS Carstens 1984, 247; *ders.* DVBl. 1984, 773; *ders.* EuR 1984, 331; *ders.* DVBl. 1985, 600; *ders.* DVBl. 1986, 306; *ders.* (Hrsg.) Europäisches Umweltrecht und europäische Umweltpolitik 1988; *ders.* DVBl. 1990, 893; *ders.* DVBl. 1990, 1307; *ders.* Grundrechtsschutz in der Europäischen Gemeinschaft 1993; *ders.* VVdStRL Bd. 53 (1994), 202; *ders.* DVBl. 1993, 1250; *ders.* ZG 1994, 277; *ders.* (Hrsg.) Kreislaufwirtschafts- und Abfallrecht 1994; *ders.* Gedanken zur „Europäisierung" des Rechts 1995, 1; *ders.* DVBl. 1995, 945; *ders.* in: Stüer (Hrsg.) Verfahrensbeschleunigung, S. 45; *Rengeling/Szczekalla* FS Everling 1995, 1187; *Rengeling/Heinz* JuS 1990, 613; *Rengeling/Middeke/Gellermann* Rechtsschutz in der Europäischen Union 1994; *Rengeling/Jakobs* DÖV 1983, 369; *ders.* Grundrechtsschutz in der Europäischen Gemeinschaft 1993; *ders.* VVdStRL Bd. 53 (1994), 202; *ders.* (Hrsg.) Kreislaufwirtschafts- und Abfallrecht 1994; *ders.* Gedanken zur Europäisierung des Rechts 1995, 1 ff.; *Ress* (Hrsg.) Grenzüberschreitende Verfahrensbeteiligung im Umweltrecht der Mitgliedstaaten der EG 1985; *Röger* UIG 1995; *Schwarze* Europäisches Verwaltungsrecht 1988; *Scharmer* ZfBR 1993, 52; *Scheuing* Grenzüberschreitende atomare Wiederaufarbeitung im Lichte des europäischen Gemeinschaftsrechts 1991; *Schmidt-Aßmann* FS Lerche 1993, 513; *Schmidt-Eichstaedt* DÖV 1995, 969; *Schneider* RaumPlanung 1993, 71; *Schoch* JZ 1994, 109; *Schellhoss* ZfBR 1988, 254; *Siedentopf* RuR 1992, 163; *Strübel* Internationale Umweltpolitik 1992; *Stüer* DVBl. 1996, 847; *Wahl* Staatsaufgabe Prävention und Vorsorge 1995; *Winter* (Hrsg.) Öffentlichkeit von Umweltinformationen 1990; *Zuleeg* VVdStRL H 53 (1994), 154.

[3] BGBl. II 1957, 766.

[4] Vom 28. 2. 1986 (BGBl. II 1986, 1104), in Kraft seit dem 1. 7. 1987.

[5] Vom 7. 2. 1992 (BGBl. II 1992, 1253); vgl. dazu *BVerfG*, Urt. v. 12. 7. 1994 – 2 BvE 3/92, 5/93, 7/93, 8/93 – BVerfGE 90, 286 = NJW 1994, 2207 = DVBl. 1994, 999 – Maastricht.

meinschaft erheblich erweitert und brachte als wesentliche Änderungen neue politische Ziele wie die Wirtschafts- und Währungsunion und die Unionsbürgerschaft.

2680 In Fortentwicklung des Unionsvertrages fand im Jahre 1996/1997 eine Konferenz zur Revision des Unionsvertrages statt. Sie führte am 2.10.1997 zur Unterzeichnung des **Vertrages von Amsterdam**. Dieser Vertrag begründet einen weiteren Schritt zur Festigung der Union und zur Vorbereitung neuer Erweiterungen. Er ist am 1.5.1999 in Kraft getreten. Grundlage der Union sind die Europäischen Gemeinschaften ergänzt durch die mit dem EU-Vertrag eingeführten Politiken und Formen der Zusammenarbeit. Der Vertrag von Maastricht enthält in Titel I gemeinsame Bestimmungen und in Titel VIII Schlussbestimmungen. Beide Titel gelten für die Gesamtheit der Union. Titel II, II und IV ändern die bestehenden Verträge zur Gründung der drei Europäischen Gemeinschaften (EG, EAG und EGKS). Die Europäische Wirtschaftsgemeinschaft (EWG) hat die Bezeichnung Europäische Gemeinschaft (EG) erhalten. Die neuen Formen der Zusammenarbeit zwischen den Mitgliedstaaten der Gemeinschaft sind in Titel V hinsichtlich der gemeinsamen Außen- und Sicherheitspolitik und in Titel VI hinsichtlich der polizeilichen und justiziellen Zusammenarbeit in Strafsachen geregelt. Ein weiterer Titel VII enthält Regeln über eine verstärkte Zusammenarbeit einzelner Staaten. Zugleich wurde durch den Vertrag von Amsterdam der EG-Vertrag ergänzt und redaktionell überarbeitet.

2681 Die Ziele sind einmal in Art. 2 EGV enthalten. Es ist danach Aufgabe der Gemeinschaft, durch die „Errichtung eines Gemeinsamen Marktes" und einer „Wirtschafts- und Währungsunion" und die Durchführung der in Art. 3 und 4 EGV genannten gemeinsamen Politiken oder Maßnahmen ihre Ziele zu erreichen. Zugleich müssen nach Art. 6 EGV die Erfordernisse des Umweltschutzes bei der Festlegung und Durchführung der in Art. 3 EGV genannten Gemeinschaftspolitiken und -maßnahmen insbesondere zur Förderung einer nachhaltigen Entwicklung einbezogen werden. In Art. 14 EGV wird das Ziel „Gemeinsamer Markt" durch den „Binnenmarkt" ergänzt. Es soll eine schrittweise Annäherung der Wirtschaftspolitik erreicht werden, die zu einer Wirtschafts- und Währungsunion führt. Dazu gibt Art. 3 EGV eine Reihe von Zielen vor: das Verbot von Zöllen und mengenmäßige Beschränkungen bei der Ein- und Ausfuhr von Waren sowie aller sonstigen Maßnahmen gleicher Wirkung zwischen den Mitgliedstaaten, eine gemeinsame Handelspolitik, einen Binnenmarkt, der durch die Beseitigung der Hemmnisse für den freien Waren-, Personen-, Dienstleistungs- und Kapitalverkehr zwischen den Mitgliedstaaten gekennzeichnet ist, Maßnahmen hinsichtlich der Einreise in den Binnenmarkt nach Titel IV (Art. 61 bis 69 EGV), eine gemeinsame Politik auf dem Gebiet der Landwirtschaft und Fischerei und des Verkehrs, ein System, das den Wettbewerb innerhalb des Binnenmarktes vor Verfälschungen schützt, die Angleichung der innerstaatlichen Rechtsvorschriften, soweit dies für das Funktionieren des Gemeinsamen Marktes erforderlich ist, die Förderung der Koordination der Beschäftigungspolitik der Mitgliedstaaten im Hinblick auf die Verstärkung ihrer Wirksamkeit durch die Entwicklung einer koordinierten Beschäftigungsstrategie, eine Sozialpolitik mit einem Europäischen Sozialfonds, die Stärkung des wirtschaftlichen und sozialen Zusammenhalts, eine Politik auf dem Gebiet der Umwelt, die Stärkung der Wettbewerbsfähigkeit der Industrie der Gemeinschaft, die Förderung der Forschung und technologischen Entwicklung, des Auf- und Ausbaus transeuropäischer Netze, einen Beitrag zur Erreichung eines hohen Gesundheitsschutzniveaus und zu einer qualitativ hoch stehenden allgemeinen und beruflichen Bildung sowie zur Entfaltung des Kulturlebens in den Mitgliedstaaten, eine Politik auf dem Gebiet der Entwicklungszusammenarbeit, die Assoziierung der überseeischen Länder und Hoheitsgebiete, um den Handelsverkehr zu steigern und die wirtschaftliche und soziale Entwicklung durch gemeinsame Bemühungen zu fördern, einen Beitrag zur Verbesserung des Verbraucherschutzes sowie Maßnahmen in den Bereichen Energie, Katastrophenschutz und Fremdenverkehr. Damit werden der Europäischen Union über die traditionellen Politikbereiche hinaus neue europäische Ziele und Politikbereiche zugrunde gelegt.

1. Teil. Umwelt- und naturschutzbezogene EG-Richtlinien   **2682, 2683** **D**

Wird der Rat kraft des EGV auf Vorschlag der Kommission tätig, so kann er nach **2682**
Art. 250 EGV[6] grundsätzlich nur einstimmig beschließen. Art. 251 EGV ergänzt dieses
Einstimmigkeitsprinzip durch das Verfahren der **Mitentscheidung** zwischen Rat und
Europäischem Parlament nach Einschaltung eines Vermittlungsausschusses. Art. 252 EGV
verweist auf das Verfahren der Zusammenarbeit zwischen Rat, Kommission und Europäischem Parlament. Zu den 11 wichtigen Sachbereichen, auf die sich das Verfahren der
Mitentscheidung bezieht, gehören auch einige Umweltaktionsprogramme (Art. 175 III
EGV).

Zur Durchführung der Programme erließ der Rat zahlreiche Rechtsakte, die bis 1987 **2683**
auf Art. 100 EGV oder Art. 100 i.V. mit Art. 235 EGV gestützt waren und seit 1987 auf
Art. 130 s EGV oder Art. 100 a EGV bzw. nunmehr auf 175 EGV oder Art. 95 EGV gestützt
sind. Ferner beteiligt sich die Gemeinschaft an zahlreichen internationalen Umweltübereinkommen. Der *EuGH* hat bereits vor der Einheitlichen Europäischen Akte[7] anerkannt,
dass der Umweltschutz eines der wesentlichen Ziele der Gemeinschaft[8] und ein zwingendes Erfordernis ist.[9] Durch die Einheitliche Europäische Akte (EEA) hat die Gemeinschaft mit den Art. 174 bis 176 EGV (früher Art. 130 r, s, t EGV) ausdrückliche Rechtsgrundlagen für eine spezifische Umweltpolitik erhalten. Die Umweltpolitik der Gemeinschaft trägt nach **Art. 174 EGV** zur Verfolgung der nachstehenden Ziele bei: Erhaltung
und Schutz der Umwelt sowie Verbesserung ihrer Qualität, Schutz der menschlichen
Gesundheit, umsichtige und rationale Verwendung der natürlichen Ressourcen und Förderung von Maßnahmen auf internationaler Ebene zur Bewältigung regionaler oder
globaler Umweltprobleme. Ferner hat die EEA das Vorsorge-, Verursacher- und Subsidiaritätsprinzip ausdrücklich verankert (Art. 174 II 1, IV EGV). Die Umweltpolitik der Gemeinschaft zielt unter Berücksichtigung der unterschiedlichen Gegebenheiten in den
einzelnen Regionen der Gemeinschaft auf ein hohes Schutzniveau ab. Sie beruht auf den
Grundsätzen der Vorsorge und Vorbeugung, auf dem Grundsatz, Umweltbeeinträchtigungen mit Vorrang an ihrem Ursprung zu bekämpfen, sowie auf dem Verursacherprin-

---

[6] Art. 250 EGV: „(1) Wird der Rat kraft dieses Vertrages auf Vorschlag der Kommission tätig, so kann er vorbehaltlich des Art. 189 b IV und V Änderungen dieses Vertrages nur einstimmig beschließen. (2) Solange ein Beschluss des Rates nicht ergangen ist, kann die Kommission ihren Vorschlag jederzeit im Verlauf der Verfahren zur Annahme eines Rechtsakts der Gemeinschaft ändern."

[7] Nach Annahme durch den Ministerrat trat die EEA am 1. 7. 1987 in Kraft (ABl. EG 1 987 L 169/1); vgl. auch das deutsche Zustimmungsgesetz v. 19. 12. 1986 (BGBl. 1986 II 1102). Die EEA hat den EWG-V in einigen wesentlichen Punkten geändert und ergänzt, ohne jedoch zu einem neuen Verfassungssystem der Gemeinschaft zu führen.

[8] *EuGH*, Urt. v. 7. 2. 1985 – Rs. 173/83 – EuGHE 1985, 500 – Altölausfuhr; Urt. v. 7. 2. 1985 – Rs. 302/86 – EuGHE 1988, 4607 = NVwZ 1989, 849 – Pfandflasche – Dänemark; Urt. v. 9. 7. 1992 – C-2/90 – EuGHE I 1992, 4431 = DVBl. 1992, 1427 – grenzüberschreitende Abfallverbringung.

[9] Aus der Rechtsprechung etwa *EuGH*, Urt. v. 7. 2. 1985 – Rs. 240/83 – Altölbeseitigung; Urt. v. 11. 6. 1987 – Rs. 14/86 – EuGHE 1987, 2565 – strafrechtliche Verantwortung; Urt. v. 14. 10. 1987 – Rs. 278/85 – Kennzeichnungspflicht für gefährliche Stoffe; Urt. v. 20. 9. 1988 – Rs. 302/86 – EuGHE 1988, 4607 = NJW 1989, 3084 = JuS 1990, 613 m. Bespr. *Rengeling* – Mehrwegverpackungen für dänisches Bier; Urt. v. 22. 9. 1988 – Rs. 187/87 – EuGHE 1988, 5013 = NVwZ 1988, 1117 = DVBl. 1989, 813 – radioaktive Stoffe; Urt. v. 13. 7. 1989 – Rs. 380/87 – EuGHE 1989, 2491 = NVwZ 1990, 251 – Kunststofftüten; Urt. v. 28. 2. 1991 – C-57/89 – EuGHE I 1991, 883 = NVwZ 1991, 559 = NuR 1991, 249 – Vogelschutzrichtlinie; Urt. v. 30. 5. 1991 – C-361/88 – EuGHE I 1991, 2567 = DVBl. 1991, 869 = NVwZ 1991, 866 – Schwefeldioxid-Richtlinie; Urt. v. 11. 6. 1991 – C-300/89 – EuGHE I 1991, 2867 = EuZW 1991, 473 = NVwZ 1992, 157 = DVBl. 1993, 148 – Titandioxid-Abfälle; Urt. v. 7. 4. 1992 – C-45/91 – EuGHE 1992, 2509 – Abfallverbringung Griechenland; Urt. v. 9. 7. 1992 – C-2/90 – EuGHE I 1992, 4431 = NVwZ 1992, 871 = DVBl. 1992, 1427 – grenzüberschreitende Abfallverbringung; Urt. v. 23. 2. 1994 – C 236/92 – NVwZ 1994, 885 = EuZW 1994, 282 – Haushaltsmüll; Urt. v. 9. 8. 1994 – C-396/92 – EuGHE I 1994, 3717 = DVBl. 1994, 1126 = NVwZ 1994, 1093 – § 22 UVPG; Urt. v. 10. 5. 1995 – C-422/92 – EuZW 1995, 614 = DVBl. 1995, 1003 – grenzüberschreitende Abfallverbringung; *Dienes* in: Hoppe (Hrsg.) Rdn. 6 zu § 22 UVPG.

zip. Im Hinblick darauf umfassen die den Erfordernissen des Umweltschutzes entsprechenden Harmonisierungsmaßnahmen ggf. eine Schutzklausel, mit der die Mitgliedstaaten ermächtigt werden, aus nicht wirtschaftlich bedingten umweltpolitischen Gründen vorläufige Maßnahmen zu treffen, die einem gemeinschaftlichen Kontrollverfahren unterliegen. Die Umweltpolitik der Gemeinschaft soll sich in ein Gesamtkonzept einfügen. Es sollen dabei die verfügbaren wissenschaftlichen und technischen Daten, die Umweltbedingungen in den einzelnen Regionen der Gemeinschaft, die Vorteile und die Belastung aufgrund des Tätigwerdens bzw. eines Nichttätigwerdens sowie die wirtschaftliche und soziale Entwicklung der Gemeinschaft insgesamt und die ausgewogene Entwicklung ihrer Regionen berücksichtigt werden (Art. 174 III EGV). Die Gemeinschaft kann gem. Art. 174 IV 2 EGV auch Abkommen mit Drittstaaten und internationalen Organisationen beschließen. Der Rat beschließt gem. **Art. 175 I EGV** im Mitentscheidungsverfahren des Art. 251 EGV und nach Anhörung des Wirtschafts- und Sozialausschusses sowie des Ausschusses der Regionen über das Tätigwerden der Gemeinschaft zur Erreichung der in Art. 174 EGV genannten Ziele. Das Mitentscheidungsverfahren nach Art. 251 EGV sieht unter bestimmten Voraussetzungen eine Mehrheitsentscheidung des Rates (Art. 205 EGV) vor. Einstimmigkeit des Rates ist für Vorschriften überwiegend steuerlicher Art, für Maßnahmen im Bereich der Raumordnung, der Bodennutzung – mit Ausnahme der Abfallbewirtschaftung und allgemeiner Maßnahmen – sowie der Bewirtschaftung der Wasserressourcen und für Maßnahmen, welche die Wahl eines Mitgliedstaates zwischen verschiedenen Energiequellen und die allgemeine Struktur seiner Energieversorgung erheblich berühren (Art. 175 II EGV). Im Mitentscheidungsverfahren nach Art. 251 EGV beschließt der Rat in anderen Bereichen allgemeine Aktionsprogramme, in denen die vorrangigen Ziele der Umweltpolitik festgelegt werden. Die Umweltpolitik ist danach eine europäische Querschnitts- und Daueraufgabe.[10] Art. 175 EGV ist dabei Generalklausel zu Gunsten von Maßnahmen auf dem Gebiet des Umweltschutzes. Der Vorschrift sind auch keine Vorgaben für die Wahl der Erlassform zu entnehmen. Vielmehr kann der Rat unter den verschiedenen Maßnahmen des Art. 249 EGV frei wählen und damit u. a. auch Richtlinien erlassen. Er bleibt im Allgemeinen nur verfahrensrechtlich an die Bestimmung des Art. 251 EGV und die Anhörung des Wirtschafts- und Sozialausschusses sowie des Ausschusses der Regionen gebunden. Auf das Einstimmigkeitsprinzip ist der Rat nur in den in Art. 175 II EGV genannten Fällen verpflichtet.

2684 Ergänzend kann **Art. 95 EGV** herangezogen werden, der die Rechtsangleichung bezüglich des Binnenmarktes regelt. Danach erlässt der Rat im Mitentscheidungsverfahren des Art. 251 EGV und nach Anhörung des Wirtschafts- und Sozialausschusses die Maßnahmen zur Angleichung der Rechts- und Verwaltungsvorschriften der Mitgliedstaaten, welche die Errichtung und das Funktionieren des Binnenmarktes zum Gegenstand haben. Die Vorschrift zielt ihrem Zweck nach über die Angleichung der jeweiligen Binnenrechtsordnungen auf eine Harmonisierung der Wirtschaftsordnungen der Mitgliedstaaten. Dieses Ziel der Rechtsangleichung soll zugleich unter Wahrung der Querschnittsaufgabe Umweltschutz erreicht werden. Nach Art. 95 III EGV geht die Kommission in ihren Vorschlägen in den Bereichen Gesundheit, Sicherheit, Umweltschutz und Verbraucherschutz von einem hohen Schutzniveau aus und berücksichtigt dabei insbesondere alle auf wissenschaftliche Ergebnisse gestützten neuen Entwicklungen. Im Rahmen ihrer jeweiligen Befugnisse streben das Europäische Parlament und der Rat dieses Ziel ebenfalls an. Will ein Mitgliedstaat der grundsätzlich bestehenden Umsetzungspflicht für Harmonisierungsmaßnahmen nicht Rechnung tragen, hat er die entsprechenden Regelungen und

---

[10] Vgl. dazu *Rengeling* (Hrsg.) Osnabrücker Gespräche zum Deutschen und Europäischen Umweltrecht, Umweltschutz und andere Politiken der Europäischen Gemeinschaft Schriften zum deutschen und europäischen Umweltrecht 1993; *Stüer* NVwZ 1993, 456; *ders.* ET 1994, 159; Integrierter und betrieblicher Umweltschutz, 1996; Beschleunigung von Planungs- und Genehmigungsverfahren – Deregulierung; *Stüer* DVBl. 1996, 847.

die Gründe für ihre Beibehaltung zu benennen. Hierbei können nur wichtige Erfordernisse i. S. des Art. 30 EGV oder Gründe mit dem Ziel des Schutzes der Arbeitsumwelt oder des Umweltschutzes angeführt werden (Art. 95 IV EGV). Auch umgekehrt hat ein Mitgliedstaat beabsichtigte weitergehende Regelungen im Interesse des Umweltschutzes oder der Arbeitsumwelt der Kommission mitzuteilen (Art. 95 V EGV). In beiden Fällen der Abweichung beschließt die Kommission innerhalb von 6 Monaten über die Billigung bzw. Ablehnung der Abweichung (Art. 95 VI EGV). Auch Art. 95 EGV enthält damit für den Bereich des Umweltschutzes eine generelle Ermächtigungsnorm für den Erlass aller geeignet erscheinenden Maßnahmen. Auch in seinem Anwendungsbereich eröffnet sich damit das Gesamtinstrumentarium des Art. 249 EGV allerdings unter verfahrensrechtlicher Rückbindung an das Mitentscheidungsverfahren des Art. 251 EGV. Anders als im Anwendungsbereich des Art. 175 EGV ist bei Maßnahmen auf der Grundlage des Art. 95 EGV eine Anhörung des Ausschusses der Regionen nicht erforderlich.[11]

Zugleich ist allerdings auch das **Subsidiaritätsprinzip** in Art. 5 EGV zu beachten. Danach wird die Gemeinschaft innerhalb der Grenzen der ihr im EGV zugewiesenen Befugnisse und gesetzten Ziele tätig. In den Bereichen, die nicht in ihre ausschließliche Zuständigkeit fallen, wird die Gemeinschaft nach dem Subsidiaritätsprinzip nur tätig, sofern und soweit die Ziele der in Betracht gezogenen Maßnahmen auf der Ebene der Mitgliedstaaten nicht ausreichend erreicht werden können und daher wegen ihres Umfangs oder ihrer Wirkungen besser auf Gemeinschaftsebene verwirklicht werden können. Die Maßnahmen der Gemeinschaft gehen nicht über das für die Erreichung der Ziele des EGV erforderliche Maß hinaus. Im Bereich des Umweltschutzes lassen sich einheitliche Regelungen vielfach im Hinblick auf die grenzüberschreitenden Auswirkungen rechtfertigen. Handlungsmöglichkeiten auf Gemeinschaftsebene werden bereits dann als gegeben angesehen, wenn die Maßnahme insgesamt zu einer Verbesserung der jeweiligen Umweltpolitik führt oder im Hinblick auf grenzüberschreitende Phänomene wie den freien Personen- und Warenverkehr innerhalb der Gemeinschaft eine einheitliche Regelung sinnvoll erscheint. So wurden etwa Regelungen zur Begrenzung der Lärmimmissionen bestimmter Produkte, die im grenzüberschreitenden Verkehr auch in andere Mitgliedstaaten verbracht werden, nach In-Kraft-Treten der EEA auf die Verwirklichung des gemeinsamen Binnenmarktes und damit auf Art. 95 I EGV (ex Art. 100a EGV) gestützt.

Das **Verhältnis** zwischen **Europarecht** und **innerstaatlichem Recht** ist durch wechselseitige **Verwobenheit** gekennzeichnet. Nach der Rechtsprechung des *EuGH* geht das unmittelbar anwendbare Gemeinschaftsrecht i. S. eines Anwendungsvorrangs dem nationalen Recht vor, und zwar dem nationalen Recht jeden Rangs, eingeschlossen also Verfassungsrecht und damit auch den Grundrechten.[12] Das *BVerfG* sieht einen solchen generellen Anwendungsvorrang des Europarechts nicht. Der Vorrang des Europarechts ist vielmehr durch die sog. **Struktursicherungsklausel** in Art. 23 I GG eingeschränkt. Danach wirkt die Bundesrepublik Deutschland (nur) an der Verwirklichung eines vereinten Europas mit, das demokratischen, rechtsstaatlichen, sozialen und föderativen Grundsätzen und dem Grundsatz der Subsidiarität verpflichtet ist und einen dem GG im Wesentlichen vergleichbaren Grundrechtsschutz gewährleistet.[13] Das Europarecht findet dabei vor allem an der „Ewigkeitsklausel" in Art. 79 III GG seine Schranken. Das *BVerfG* hat dazu im Anschluss an die *Solange-I-*[14] und *Solange-II-*Entscheidung[15] in der *Maastricht*-Entschei-

---

[11] Schulte/Schröder DVBl. 2000, 1085.
[12] Rengeling, Gedanken zur „Europäisierung" des Rechts, 1995, 3.
[13] Rengeling, Gedanken zur „Europäisierung" des Rechts, 1995, 4.
[14] BVerfG, Urt. v. 23. 6. 1981 – 2 BvR 1107/77 – BVerfGE 58, 1 = NJW 1982, 507 = DVBl. 1982, 185 – Eurocontrol.
[15] BVerfG, Urt. v. 8. 4. 1987 – 2 BvR 687/85 – BVerfGE 75, 223 = NVwZ 1988, 621 = DVBl. 1988, 38 – Umsatzsteuer.

dung folgende Grundsätze aufgestellt:[16] Das *BVerfG* gewährleistet auch künftig durch seine Zuständigkeit, dass ein wirksamer Schutz der Grundrechte für die Einwohner Deutschlands auch gegenüber der Hoheitsgewalt der Gemeinschaft generell sichergestellt ist und dieser dem vom GG als unabdingbar gebotenen Grundrechtsschutz im Wesentlichen gleich zu achten ist und vor allem den Wesensgehalt der Grundrechte generell verbürgt. Zudem will das *BVerfG* prüfen, ob Rechtsakte der europäischen Einrichtungen und Organe sich in den Grenzen der ihnen eingeräumten Hoheitsrechte halten oder aus ihnen ausbrechen. Würden etwa europäische Einrichtungen und Organe den Unionsvertrag in einer Weise handhaben oder fortbilden, die von dem Vertrag, wie er dem deutschen Zustimmungsgesetz zum Maastricht-Vertrag zuGrunde liegt, nicht mehr gedeckt wäre, so wären die daraus hervorgehenden Rechtsakte im deutschen Hoheitsbereich nicht verbindlich. Die deutschen Staatsorgane wären aus verfassungsrechtlichen Gründen gehindert, diese Rechtsakte gegenüber Deutschen anzuwenden.[17]

2687   Die **Rechtsquellen des Europarechts** ergeben sich nach Art. 249 EGV[18] aus europäischen Verordnungen, Richtlinien, Entscheidungen, Empfehlungen und Stellungnahmen. **Europäische Verordnungen** sind in allen Teilen verbindlich und gelten unmittelbar in jedem Mitgliedstaat.[19] Eine Umsetzung durch die Mitgliedstaaten ist also nicht erforderlich. Wichtiger sind für das Planungsrecht zumeist die **europäischen Richtlinien**, die sich an die Mitgliedstaaten wenden und von diesen innerhalb der in der Richtlinie genannten Fristen durch Gesetz, Verordnung oder sonstige nach außen wirkende Handlungen in das nationale Recht umgesetzt werden müssen. Die Entscheidungen sind in allen Teilen für diejenigen verbindlich, die sie bezeichnen. Die Empfehlungen und Stellungnahmen sind nicht verbindlich. Weitere Rechtsquellen ergeben sich aus den Entscheidungen des *EuGH* vor allem deshalb, weil nicht vollständig bzw. nicht zeitgerecht umgesetzte europäische Richtlinien durch den *EuGH* vielfach als unmittelbar geltendes Recht für die Unionsbürger und daher mit Außenwirkung für verbindlich erklärt worden sind.

1. Teil. Umwelt- und naturschutzbezogene EG-Richtlinien

2688   Wichtige Vorgaben für die umweltrechtliche Planung enthalten die umwelt- und naturschutzbezogenen EG-Richtlinien mit ihren Umsetzungsakten in Bundes- und Landesrecht. Es gehören hierzu Richtlinien auf den Gebieten UVP und Umweltprüfung, über den freien Zugang zu Umweltinformationen, zur Erhaltung der natürlichen Lebensräume sowie der wildlebenden Tiere und Pflanzen, die Vogelschutz-Richtlinie[20] und Richtlinien über Luftqualitätsnormen und Grenzwerte. Gemeinschaftsrechtliche Regelungen beeinflussen das deutsche Recht nicht nur in einzelnen Punkten, sondern ver-

---

[16] *BVerfG*, Urt. v. 12. 10. 1993 – 2 BvR 2134/92 – BVerfGE 89, 155 = DVBl. 1993, 1254 – Maastricht.

[17] Vgl. auch *BVerfG*, Urt. v. 12. 7. 1994 – 2 BvE 3/92, 5/93, 7/93, 8/93 – BVerfGE 90, 286 = NJW 1994, 2207 = DVBl. 1994, 999 – Maastricht.

[18] Art. 189 EGV: „Zur Erfüllung ihrer Aufgaben und nach Maßgabe dieses Vertrages erlassen das Europäische Parlament und der Rat gemeinsam, der Rat und die Kommission Verordnungen, Richtlinien und Entscheidungen, sprechen Empfehlungen aus oder geben Stellungnahmen ab. Die Verordnung hat allgemeine Geltung. Sie ist in allen ihren Teilen verbindlich und gilt unmittelbar in jedem Mitgliedstaat. Die Richtlinie ist für jeden Mitgliedstaat, an den sie gerichtet wird, hinsichtlich des zu erreichenden Ziels verbindlich, überlässt jedoch den innerstaatlichen Stellen die Wahl der Form und der Mittel. Die Entscheidung ist in allen ihren Teilen für diejenigen verbindlich, die sie bezeichnet. Die Empfehlungen und Stellungnahmen sind nicht verbindlich."

[19] Die europäischen Verordnungen haben bisher für das Planungsrecht noch keine Bedeutung erlangt.

[20] Abgedruckt bei *Stüer*, Bau- und Fachplanungsgesetze 1999, 881.

ändern auch Systeme und Strukturen des nationalen Rechts.[21] Dies mag man als „Innovationen"[22] begrüßen, die Konsequenzen müssen jedoch gesehen und bedacht werden, zumal sie nicht selten mit Rechtsunklarheiten und Rechtsunsicherheiten verbunden sind.[23] Vorgaben für das Umweltrecht ergeben sich auch aus dem UN ECE-Übereinkommen über den Zugang zu Informationen, die Öffentlichkeitsbeteiligung an Entscheidungsverfahren und den Zugang zu Gerichten (**Århus-Konvention**). Diese wurde im Jahre 1998 in der dänischen Kleinstadt Århus von allen EG-Mitgliedstaaten und der Europäischen Gemeinschaft unterzeichnet und ist am 30. 10. 2001 in Kraft getreten. Die Konvention hat weitreichende Folgen für das Umweltrecht und beruht auf einem Dreisäulenmodell: Die Vertragsparteien verpflichten sich darin, das Recht der Öffentlichkeit auf Zugang zu Umweltinformationen (**Säule 1**), auf Beteiligung an umweltbezogenen Entscheidungsverfahren (**Säule 2**) und auf Zugang zu Gerichten in Umweltangelegenheiten (**Säule 3**) zu gewährleisten. Die Århus-Konvention wird durch drei EU-Richtlinien und eine Verordnung umgesetzt: Die Richtlinie 2003/4/EG über den Zugang der Öffentlichkeit zu Umweltinformationen, die Richtlinie 2003/35/EG über die Beteiligung der Öffentlichkeit bei der Ausarbeitung bestimmter umweltbezogener Pläne und Programme und zur Änderung der Richtlinie 85/337/EWG und 96/61/EG, Die Richtlinie über den Zugang zu Gerichten in Umweltangelegenheiten (Entwurf) und die Verordnung über die Anwendung der Bestimmungen des Århus-Konvention auf Organe und Einrichtungen der Europäischen Gemeinschaft (Entwurf). Die Richtlinie über den **Zugang der Öffentlichkeit zu Umweltinformationen** und die **Richtlinie über die Beteiligung der Öffentlichkeit** bei umweltrelevanten Plänen und Programmen und zur Änderung der UVP- und der IVU-Richtlinie sind bereits in Kraft getreten. Die **Umweltinformationsrichtlinie** wurde durch die Novellierung des Umweltinformationsgesetzes umgesetzt. Durch das neue Umweltinformationsgesetz werden alle Stellen der öffentlichen Verwaltung zur Herausgabe von Umweltinformationen verpflichtet. Die Richtlinie über die Beteiligung der Öffentlichkeit bei umweltrelevanten Plänen und Programmen war bis Juni 2005 in nationales Recht umzusetzen. Ziel der **Öffentlichkeitsbeteiligungsrichtlinie** ist es, das Recht auf Beteiligung der Öffentlichkeit an Entscheidungsverfahren in Umweltangelegenheiten zu gewährleisten sowie den Zugang zu Gerichten in den umweltrechtlichen Verfahren zu eröffnen, in denen Beteiligungsrechte der Öffentlichkeit vorgesehen sind. Die Öffentlichkeitsbeteiligungsrichtlinie sieht zu diesem Zweck eine eingeschränkte Verbandsklage für Umweltverbände vor. Zur Umsetzung der Öffentlichkeitsbeteiligungsrichtlinie sind Entwürfe eines Gesetzes über die Öffentlichkeitsbeteiligung in Umweltangelegenheiten (**Öffentlichkeitsbeteiligungsgesetz**) und eines Gesetzes über ergänzende Vorschriften zu Rechtsbehelfen in Umweltangelegenheiten (**Umwelt-Rechtsbehelfsgesetz**) vorgelegt worden. Zudem liegen die Vorschläge der Kommission für eine **Richtlinie über den Zugang zu Gerichten in Umweltangelegenheiten** und für eine **Verordnung** über die Anwendung der Bestimmungen des Århus-Konvention auf Organe und Einrichtungen der Europäischen Gemeinschaft vor. Mit dem Richtlinien- und dem Verordnungsvorschlag der Kommission soll das Verbandsklagerecht für Um-

---

[21] Vgl. dazu etwa *Rengeling* in: Stüer (Hrsg.) Verfahrensbeschleunigung, S. 45; *Schmidt-Aßmann*, Zur Europäisierung des allgemeinen Verwaltungsrechts FS *Lerche*, 1993, S. 513; *Classen* NJW 1995, S. 2457; jetzt umfassend: *von Danwitz*, Verwaltungsrechtliches System und Europäische Integration, 1996, S. 194.

[22] Vgl. dazu etwa *Scheuing* in: Hoffmann-Riem/Schmidt-Aßmann (Hrsg.), Innovation und Flexibilität des Verwaltungshandelns, 1994, S. 289; vgl. zu der Thematik „Innovation" auch *Schulte* (Hrsg.), Technische Innovation und Recht – Antrieb oder Hemmnis?, 1996; vgl. auch das vom Bundesministerium für Bildung, Wissenschaft, Forschung und Technologie durchgeführte Vorhaben „Abschätzung der Innovation – Wirkungen umweltpolitischer Instrumente" (Forschungsverbund Innovative Auswirkungen Umweltpolitischer Instrumente – FIU).

[23] Vgl. auch die kritischen Überlegungen bei *Breuer*, Entwicklungen des europäischen Umweltrechts – Ziele, Wege und Irrwege, 1993.

weltverbände eingeführt werden. Das Verbandsklagerecht soll auf alle wichtigen Bereiche des Umweltrechts ausgeweitet werden.

I. UVP-Richtlinie

2689 Die Zulassung bestimmter Vorhaben wird von einer Umweltverträglichkeitsprüfung begleitet. Dies ist europarechtlich vorgeschrieben und inzwischen im UVPG und im Artikelgesetz 2001 umgesetzt.

1. Europarechtliche Vorgaben

2690 Die Richtlinie über die Umweltverträglichkeitsprüfung bei bestimmten öffentlichen und privaten Projekten (UVP-Richtlinie) ist in ihrer Ursprungsfassung im Jahre 1985 erlassen und wurde durch die UVP-Änd-Richtlinie im Jahre 1997 sowie die Richtlinie 2003/35/EG inzwischen zweimal geändert.[24] Die UVP-Richtlinie schreibt in Art. 4 I den Mitgliedstaaten für bestimmte Projekte, die in ihrem Anhang I aufgeführt sind, die Durchführung einer UVP vor.[25] Es handelt sich dabei um ein rechtlich geordnetes, mehr-

---

[24] Vom 27. 6. 1985 (85/337/EWG), geändert durch die Richtlinie des Rates v. 3. 3. 1997 (97/11/EG) – ABl. Nr. L 73, 5 – (UVP-Änderungs-Richtlinie) sowie die Richtlinie des Europäischen Parlaments und des Rates vom 26. 5. 2003 (2003/35/EG); *Coenen/Jörissen* UVP 1989; *Cupei* UVP 1986; *Erbguth/Schink* UVPG; *Laudel* UVP 1995; *Peters* UVP-Richtlinie und Umsetzung in das deutsche Recht 1994; *Schoeneberg* UVP 1993; *Schneider* UVP 1990; *Weber* UVP-Richtlinie 1989.

[25] Grundlegend bereits *Hoppe* VVDStRL 38 (1980), 211; *Appold* in: *Hoppe* (Hrsg.) UVPG 1995; *Asbeck-Schröder* DÖV 1992, 252; *Bartlsperger* DVBl. 1987, 1; *Battis* NuR 1988, 57; *ders.* NuR 1995, 448; *Beck* ET 1992, 404; *Becker* ZögU 1990, 255; *Beckmann* Verwaltungsgerichtlicher Rechtsschutz im raumbedeutsamen Umweltrecht 1987; *ders.* in: *Hoppe* (Hrsg.) UVPG 1995; *Bender/Sparwasser/Engel* Umweltrecht 1995; *Benz/Berkemann* Natur- und Umweltschutzrecht 1989; *Berger* Grundfragen umweltrechtlicher Nachbarklagen 1992; *Birk* NVwZ 1985, 689; *Blümel* DVBl. 1977, 301; *Boeddinghaus* UPR 1991, 280; *Böhm* Die Wirksamkeit von Umweltlenkungsabgaben 1990; *Bohne* VerwArch. 75 (1984), 343; *Bönker* Umweltstandards in Verwaltungsvorschriften 1992; *Böttcher* Umweltverträglichkeitsprüfung und planerische Abwägung in der wasserrechtlichen Fachplanung 1983; *Brandt/Fouquet* LKV 1995, 201; *Braun* UVP in der Bauleitplanung 1987; *Breuer* Verfahrens- und Formfehler der Planfeststellung für raum- und umweltrelevante Großvorhaben; *ders.* FS Sendler 1991, 357; *ders.* Umweltrecht 1995, 433; *ders.* in Umweltschutz, 601; *Bückmann/Dreißigacker/Elevelt/Gerner/Lee/Mackensen/Maier* Bodenschutz in der europäischen Gemeinschaft 1994; *Burgi* JZ 1994, 654; *Cansier* Umweltökonomie 1993; *Coenen* UVP in der EG 1989; *Cupei* UVP-Richtlinie 1986; *ders.* DVBl. 1985, 813; *Di Fabio* DVBl. 1994, 1269; *Dienes* in: *Hoppe* (Hrsg.) UVPG 1995; *Dohle* NVwZ 1989, 697; *Eberhardt* ZAU 1993, 105; *Enderle* ZUR 1994, 70; *Engel* Akteneinsichtsrecht und Recht auf Information über umweltbezogene Daten 1993; *Engelhardt* BayVBl. 1988, 294; *Erbguth* BayVBl. 1983, 129; *ders.* Raumbedeutsames Umweltrecht 1986; *ders.* Rechtssystematische Grundfragen des Umweltrechts 1987; *ders.* UPR 1987, 409; *ders.* VerwArch. 81 (1990), 327; *ders.* VR 1990, 293; *ders.* Die Verwaltung 1991, 283; *ders.* NVwZ 1993, 956; *Erbguth/Schink* EuZW 1990, 531; *dies.* UVPG 1996; *Erbgut/Schoeneberg* WiVerw. 1985, 102; *Erbguth/Stollmann* NuR 1993, 249; *dies.* UPR 1994, 81; *Erichsen/Scherzberg* Zur Umsetzung der EG-UI-Richtlinie 1992; *Fisahn* NJ 1996, 63; *Fluck* Der Betrieb 1993, 2011; *Fluck/Theuer* UIG; *Fouquet* ZUR 1994, 190; *Friesecke* NuR 1993, 6; *Führ* EuZW 1992, 468; *ders.* NVwZ 1993, 858; *Funke* DVBl. 1987, 511; *Gaentzsch* NuR 1990, 1; *ders.* NVwZ 1986, 601; *Gassner* FS Lorenz 1991, 81; *ders.* UPR 1993, 241; *Geulen* KJ 1980, 170; *Giehl* Jura 1989, 628; *Ginzky* UPR 1991, 428; *Gornig* JZ 1992, 308; *Grooterhorst* DVBl. 1987, 654; *Haneklaus* in: *Hoppe* (Hrsg.) UVPG 1995; *Hansmeyer/Schneider* Umweltpolitik 1990; *Heide* DÖV 1985, 461; *Heinz* NuR 1994, 1; *Himmelmann/Pohl/Tünnesen-Harms* Hd. Umweltrecht; *Hoecht* NuR 1989, 379; *Hofmann-Hoeppel* ZUR 1992, 68; *Hoppe* FS Scupin 1983, 737; *Hoppe/Appold* DVBl. 1991, 1221; *Hoppe/Beckmann/Kauch* Umweltrecht 2000; *Hoppe/Püchel* DVBl. 1988, 1; *Jahns-Böhm* Umweltschutz durch europäisches Gemeinschaftsrecht 1994; *Jankowski* UPR 1995, 340; *Jarass* UVP bei Industrieanlagen 1987; *ders.* UVP bei Industrievorhaben 1987; *ders.* Auslegung und Umsetzung der UVP-Richtlinie 1989; *Jarass/Kloepfer/Kunig/Papier/Peine/Rehbinder/Salzwedel/Schmidt-Aßmann* UGB-BT 1992; *Jarass/Neumann* Umweltschutzrecht und EG 1994; *Kahl* Umweltprinzipien und Gemeinschaftsrecht 1993; *Kamphausen* DB DDR Report 1990, 3136; *Kemper* LKV 1996, 87; *Ketteler* JuS 1994, 909; *Ketteler/Kippels* Umweltrecht 1988; *Kimminich/von Lersner/Storm* HdUR 1994; *Kloepfer* Umweltrecht 1989; *ders.* Umweltrecht 1992, 587; *ders.* Jura 1993, 583; *ders.* Zur Geschichte des deut-

phasiges Verfahren zur frühzeitigen Ermittlung und Bewertung möglicher Auswirkungen eines Projektes auf die Umwelt. Die UVP erfasst die verschiedenen Wechselwirkungen der betroffenen Umweltfaktoren untereinander. Die Ergebnisse der UVP sollen in einem möglichst frühzeitigen Zeitpunkt bei der Entscheidung berücksichtigt werden, worin das umweltrechtliche Vorsorgeprinzip zum Ausdruck kommt. Für Projekte des Anhangs II bestimmen die Mitgliedstaaten demgegenüber anhand einer Einzelfallprüfung oder anhand der von den Mitgliedstaaten festgelegten Schwellenwerte bzw. Kriterien, ob das Projekt einer UVP unterzogen werden muss. **Gegenstand der Richtlinie** ist die UVP bei öffentlichen und privaten Projekten, die möglicherweise erhebliche Auswirkungen auf die Umwelt haben (Art. 1 I UVP-Richtlinie). Projekte betreffen die Errichtung von baulichen und sonstigen Anlagen und sonstige Eingriffe in Natur und Landschaft einschließlich derjenigen zum Abbau von Bodenschätzen (Art. 1 II UVP-Richtlinie). Projekte, die der **nationalen Verteidigung** dienen, fallen nicht unter die Richtlinie (Art. 1 IV UVP-Richtlinie). Dazu gehören allerdings nicht Projekte, die neben

schen Umweltrechts 1994; *Kloepfer/Bosselmann* Umweltchemikalienrecht 1985; *Kloepfer/Messerschmidt* Innere Harmonisierung des Umweltrechts 1986; *Kloepfer/Rehbinder/Schmidt-Aßmann/Kunig* UGB-AT 1990; *Köck* Die Sonderabgabe als Instrument des Umweltschutzes 1991; *Kollmer* UPR 1995, 132; *ders.* BayVBl. 1995, 449; *Krautzberger* UPR 1992, 1; *ders.* StuGB 1989, 111; *Kremer* NVwZ 1990, 736; *Kröger* NuR 1995, 72; *Kühne* UPR 1989, 326; *Kunig* FS Weyreuther 1993, 157; *ders.* Jura 1992, 311; *Labudek* DAR 1995, 489; *Landmann/Rohmer* (Hrsg.) Umweltrecht; *Lange* DÖV 1992, 780; *Laudel* Die UVP in parallelen Zulassungsverfahren 1995; *Lenz* BauR 1989, 267; *Lübbe-Wolff* (Hrsg.) Umweltschutz durch kommunales Satzungsrecht 1993; *Marburger* Gutachten C zum 56. DJT Berlin 1986; *Menke* NuR 1985, 137; *Messerschmidt* Umweltabgaben als Rechtsproblem 1986; *Metzger* UVP 1989; *Michler* DVBl. 1987, 410; *Murswiek* DVBl. 1994, 77; *ders.* JuS 1991, 1067; *von Mutius* BayVBl. 1988, 641; *Nagel* Umwelt und Verkehr – Umweltgerechter Verkehr oder Recht auf Mobilität? 1993; *Neumann* RdE 1996, 40; *Olzen* Jura 1991, 281; *Ortloff* NVwZ 1985, 698; *Osterloh* DVBl. 1991, 906; *Papier* UPR 1985, 73; *Passlick* in: *Hoppe* (Hrsg.) UVPG 1995; *Peper* UPR 1992, 9; *Peters* Die UVP-Richtlinie der EG und ihre Umsetzung in das deutsche Recht 1990; *Peters* DÖV 1977, 56; *ders.* VR 1990, 185; *Peters* VBlBW 1989, 325; *Peters/Schenk/Schlabach* Umweltverwaltungsrecht 1994; *Prümm* Umweltschutzrecht 1989; *Rat von Sachverständigen für Umweltfragen* DVBl. 1988, 21; *Rausch* Umwelt- und Planungsrecht beim Bergbau 1990; *Rees* (Hrsg.) Grenzüberschreitende Verfahrensbeteiligung im Umweltrecht der Mitgliedstaaten der EG 1985; *Rengeling* Europäisches Umweltrecht und europäische Umweltpolitik 1988; *ders.* KrW-/AbfG 1994; *Röger* UIG 1995; *Ronellenfitsch* NJW 1986, 1955; *Runkel* StuGR 1993, 204; *Salis* Gestufte Verwaltungsverfahren im Umweltrecht 1991; *Salzwedel* (Hrsg.) Grundzüge des Umweltrechts 1982; *Scherzberg* DVBl. 1994, 733; *Schimmelpfeng* (Hrsg.) Altlasten, Deponietechnik, Kompostierung: praktizierter Umweltschutz als Vorsorge und Nachsorge 1993; *Schink* NVwZ 1991, 935; *Schmidt* ZUR 1993, 197; *Guido Schmidt* in: *Hoppe* (Hrsg.) UVPG 1995; *Reiner Schmidt* JZ 1993, 1086; *ders.* JZ 1995, 545; *ders.* Umweltrecht 1995; *Schmidt-Aßmann* DÖV 1979, 1; *ders.* in: Umweltschutz im Recht der Raumplanung 1982, 117; *ders.* NVwZ 1987, 265; *ders.* DÖV 1990, 169; *Schneider* Nachvollziehende Amtsermittlung bei der Umweltverträglichkeitsprüfung 1990; *Schneider* DVBl. 1995, 837; *Schoeneberg* UVP und Raumordnungsverfahren 1984; *ders.* UVP 1993; *Schreiber* FoR 1995, 129; *Schroer* UVP im Bauplanungsrecht. Zur Umsetzung der UVP-Richtlinie 1987; *ders.* DVBl. 1987, 1096; *Schulte* ZfB 128 (1987), 178; *Schwab* VR 1989, 190; *Sellner* NVwZ 1993, 928; *Selmer* Betriebsberater 1988, Beilage 15 zu Heft 30, 1; *Sendler* UVP 1983, 73; *ders.* UPR 1991, 241; *ders.* UPR 1993, 321; *ders.* FS Weyreuther 1993; *ders.* UPR 1995, 41; *Sittel-Czypionka* DÖV 1992, 737; *Söfker* UPR 1987, 201; *Steiger* (Hrsg.) Umwelt-Auditing 1991; *ders.* (Hrsg.) Handbuch des Umweltmanagements, Anforderungs- und Leistungsprofile von Unternehmen und Gesellschaft 1992; *Steinberg* UPR 1984, 350; *ders.* Fachplanung 1993; *ders.* NuR 1992, 164; *ders.* DÖV 1992, 321; *ders.* NuR 1996, 6; *Steinebach* UPR 1990, 125; *Steiner* DAR 1996, 121; *Stich* UPR 1986, 205; *ders.* UPR 1990, 121; *ders.* UPR 1991, 361; *ders.* NuR 1992, 164; *ders.* WiVerw. 1994, 83; *Storm* ChemG 1984; *Strubelt* Internationale Umweltpolitik 1988; *ders.* Gifte in unserer Umwelt 1992; *Strucken* StuGR 1990, 50; *Stüer* DVBl. 1988, 181; *ders.* NuR 1988, 182; *ders.* DVBl. 1990, 197; *ders.* DVBl. 1996, 93; *Töpfer* der landkreis 1991, 473; *Uwer* VersR 1995, 1420; *Vallendar* UPR 1993, 417; *Wagner* DVBl. 1993, 583; *ders.* in: *Hoppe* (Hrsg.) UVPG 1995; UPR 1995, 203; *Weber* UPR 1988, 206; *ders.* Die UVP-Richtlinie im deutschen Recht 1989; *Weber/Hellmann* NJW 1990, 1625; *Wicke* Umweltökonomie 1993; *Wolf* ZUR 1994, 1; *Zahn* StuGR 1992, 417; *Zimmerling* UVP-report 1991, 84.

der militärischen Nutzung überwiegend zivil genutzt werden.²⁶ Art. 1 II UVP-Richtlinie enthält weitere Definitionen. Dabei wird die allgemeine Öffentlichkeit und die betroffene Öffentlichkeit unterschieden. Die allgemeine Öffentlichkeit besteht aus natürlichen oder juristischen Personen und, in Übereinstimmung mit den innerstaatlichen Rechtsvorschriften oder der innerstaatlichen Praxis, deren Vereinigungen, Organisationen oder Gruppen. Der Begriff der allgemeinen Öffentlichkeit hat vor allem für die erstmalige Verfahrensbeteiligung Bedeutung. Davon unterscheidet Art. 1 II UVP-Richtlinie die betroffene Öffentlichkeit. Es handelt sich dabei um die von umweltbezogenen Entscheidungsverfahren gem. Art. 2 II UVP-Richtlinie betroffene oder wahrscheinlich betroffene Öffentlichkeit oder die (allgemeine) Öffentlichkeit mit einem Interesse daran. Im Sinne dieser Begriffsbestimmung haben Nichtregierungsorganisationen, die sich für den Umweltschutz einsetzen und allen nach innerstaatlichem Recht geltenden Voraussetzungen erfüllen, ein Interesse. Ist also die betroffene Öffentlichkeit zu beteiligen, so sind dies in ihren abwägungserheblichen Belangen betroffene Bürger sowie die anerkannten Naturschutzverbände. Die allgemeine Öffentlichkeitsbeteiligung umfasst daher nach Maßgabe der jeweiligen Regelungen in den Mitgliedstaaten alle Bürger, während die Beteiligung der betroffenen Öffentlichkeit auf denjenigen Personenkreis begrenzt werden kann, der in seinen abwägungserheblichen Belangen betroffen ist. Zudem sind die anerkannten Verbände zu beteiligen. Gem. Art. 2 I UVP-Richtlinie treffen die Mitgliedstaaten die erforderlichen Maßnahmen, damit vor der Erteilung der Genehmigung Projekte, bei denen insbesondere aufgrund ihrer Art, ihrer Größe oder ihres Standortes mit erheblichen Auswirkungen auf die Umwelt zu rechnen ist, eine Prüfung in Bezug auf ihre Auswirkungen unterzogen werden (Art. 2 I UVP-Richtlinie). Die Projekte sind in Art. 4 UVP-Richtlinie definiert.

2691 Nach **Art. 2 II UVP-Richtlinie** kann die UVP in den Mitgliedstaaten im Rahmen der **bestehenden Verfahren** zur Genehmigung der Projekte durchgeführt werden oder – falls solche nicht bestehen – im Rahmen anderer Verfahren oder der Verfahren, die einzuführen sind, um den Zielen dieser Richtlinie zu entsprechen. Aus dieser Vorschrift ergibt sich, dass die UVP-Richtlinie nicht verbietet, das durch sie eingeführte Prüfungsverfahren in ein bestehendes oder zu schaffendes nationales Verfahren einzugliedern, wobei jedoch die Ziele der Richtlinie zu beachten sind. Ist bei einem Projekt jedoch eine Prüfung i. S. der UVP-Richtlinie erforderlich, so darf ein Mitgliedstaat, soll die Erreichung des Zieles der Richtlinie nicht beeinträchtigt werden, ein alternatives Verfahren, auch wenn es in ein bestehendes oder zu schaffendes nationales Verfahren eingegliedert ist, nicht dazu verwenden, dieses Projekt den Anforderungen der Art. 3 und 5 bis 10 UVP-Richtlinie zu entziehen.²⁷ Die Mitgliedstaaten können auch ein einheitliches Verfahren für die Erfüllung der Anforderungen im Zusammenhang mit der IVU-Richtlinie vorsehen. Wollen die Mitgliedstaaten ein einzelnes Projekt ganz oder teilweise von den Bestimmungen der UVP-Richtlinie ausnehmen, so unterliegen sie hierbei erhöhten verfahrensrechtlichen und inhaltlichen Anforderungen (Art. 2 III UVP-Richtlinie).

2692 Nach Art. 1 V UVP-Richtlinie gilt die RL nicht für Projekte, die im Einzelnen durch einen besonderen einzelstaatlichen **Gesetzgebungsakt** genehmigt worden sind, da die mit der UVP-Richtlinie verfolgten Ziele, einschließlich des Ziels der Bereitstellung von Informationen, im Wege des Gesetzgebungsverfahrens erreicht werden. Ein Projekt wird allerdings nicht in diesem Sinne durch ein **Gesetz** genehmigt, wenn das Gesetz zum einen nicht die zur Prüfung der Auswirkungen des Projekts auf die Umwelt erforderlichen Angaben enthält, sondern die Durchführung einer entsprechenden Studie vorschreibt, und zum anderen vorsieht, dass der Projektträger das Recht zur Durchführung des Projekts aufgrund des Erlasses anderer Akte erhält. Ein Projekt, das zwar in einer programmatischen Gesetzesnorm vorgesehen ist, aber in einem eigenen Verwaltungsverfahren ge-

---

²⁶ *EuGH*, Urt. v. 16. 9. 1999 – Rs. C-435/97 – WWF gegen Autonomie Provinz Bozen.
²⁷ *EuGH*, Urt. v. 16. 9. 1999 – Rs. C-435/97 – WWF gegen Autonomie Provinz Bozen.

nehmigt worden ist oder genehmigt werden muss, wird nicht nach Art. 1 V UVP-Richtlinie von der UVP befreit. Die Anforderungen, denen eine solche Norm sowie das Verfahren, in dem sie erlassen worden ist, entsprechen muss, damit die Ziele der Richtlinie einschließlich des Zieles der Bereitstellung von Informationen erreicht werden, bestehen in der Genehmigung dieses Projekts durch einen besonderen Gesetzgebungsakt, der alle Angaben enthält, die im Hinblick auf die Prüfung der Auswirkungen dieses Projekts auf die Umwelt erheblich sein können. Das Gesetz muss daher selbst auf der Grundlage einer entsprechenden UVP ergehen. Anderenfalls besteht die UVP-Pflicht fort.[28]

Die UVP soll die **Beeinträchtigungen** und **Auswirkungen** eines Vorhabens vor dessen Durchführung überprüfen. Sie ist umfassend, integrativ und fachübergreifend. Hierdurch soll den Schwächen einer lediglich sektoralen Betrachtung entgegengewirkt werden. Dieses Ziel soll über eine Identifikation, Beschreibung und Bewertung der unmittelbaren und mittelbaren Auswirkungen eines Vorhabens verwirklicht werden. Dabei muss sich die Prüfung auch auf mögliche ökologische Wechselwirkungen erstrecken. Das Ergebnis der UVP ist dann gem. Art. 8 UVP-Richtlinie im Rahmen der nachfolgenden Zulassungsentscheidung zu berücksichtigen. Die UVP ist nach Art. 1 I, II, Art. 4 UVP-Richtlinie grundsätzlich vorhabenbezogen. Dabei wird zwischen Vorhaben, die zwingend einer UVP unterzogen werden müssen (Art. 4 I UVP-Richtlinie), und solchen Vorhaben unterschieden, bei denen die Durchführung einer UVP im Ermessen des Mitgliedstaates steht (Art. 4 II UVP-Richtlinie). Die Klassifizierung rechtfertigt sich damit, dass die Projekte des Anhangs I (z. B. Raffinerien, Wärmekraftwerke und Autobahnen) sozusagen automatisch mit erheblichen Umweltbeeinträchtigungen verbunden sind. Bei den Projekten des Anhangs II findet demgegenüber nach Maßgabe des nationalen Rechts eine Vorprüfung statt, nach deren Ergebnis sich entscheidet, ob eine Projekt-UVP erforderlich ist. Die UVP dient vor allem der **Informationsbeschaffung** und soll gewährleisten, dass die Umweltbelange ausreichend bei der Entscheidung berücksichtigt werden. Damit ist eine stärkere Behörden- und Öffentlichkeitsbeteiligung verbunden (Art. 6 und 9 UVP-Richtlinie). Die umweltrechtlichen Belange sind nach Art. 3, 8 UVP-Richtlinie zu bewerten und bei der Entscheidung zu berücksichtigen. **Bewertungskriterien** sind die in Art. 3 UVP-Richtlinie genannten Schutzgüter Mensch, Fauna, Flora, Boden und Wasser. Die Berücksichtigung von Umweltbelangen hat im Rahmen der Gesamtentscheidung zu erfolgen. Dabei ist über eine lediglich begutachtende Funktion hinaus eine abwägende Bewertung der Umweltbelange in der Abwägung mit anderen Belangen erforderlich.[29] Allerdings liefert die UVP-Richtlinie keine Maßstäbe, welche diese Pflichten konkretisieren. Mit der Bewertung ist keine Präjudizierung der späteren Entscheidung i. S. eines einseitigen Vorrangs verbunden. So gehört es auch nicht zur Aufgabe der Bewertung, unter Abwägung mit gegenläufigen wirtschaftlichen und anderen Belangen festzustellen, ob ein Umweltrisiko zumutbar ist. Bewertungskriterien sind die in Art. 3 UVP-Richtlinie genannten Rechtsgüter wie Menschen, Fauna, Flora, Boden und Wasser. Die Berücksichtigung der UVP und die in diesem Rahmen vorzunehmende Bewertung der Umweltbelange ist in die **Gesamtentscheidung** einzubringen. Dabei ist eine Abwägung zwischen den verschiedenen gegenläufigen Belangen unter Einstellung der Umweltbelange vorzunehmen. Die UVP führt allerdings nicht dazu, dass die Umweltbelange einen prinzipiellen oder relativen Vorrang genießen. Die ökologischen Belange sind vielmehr neben anderen in die abwägende Gesamtentscheidung einzubringen und dort zu verarbeiten.[30]

Die Bundesrepublik Deutschland hat allerdings z. Zt. ihren sich aus der UVP-Richtlinie ergebenden **Umsetzungsverpflichten** nicht ausreichend entsprochen, wie der *EuGH* in einem Vertragsverletzungsverfahren auf Antrag der Kommission festgestellt

---

[28] *EuGH*, Urt. v. 16. 9. 1999 – Rs. C-435/97 – WWF gegen Autonomie Provinz Bozen.
[29] Zu weiteren Einzelheiten *Schmidt* Einführung in das Umweltrecht § 1 Rdn. 27.
[30] *Schmidt* Einführung in das Umweltrecht § 1 Rdn. 27.

hat.³¹ Nach Art. 12 II der RL hätte die Bundesrepublik der Kommission alle Rechtsvorschriften mitteilen müssen, die auf dem unter die RL fallenden Gebiet erlassen worden sind. Das ist nicht ausreichend geschehen. Auch ist die Übergangsregelung in § 22 I UVPG, nach der bereits begonnene Zulassungsverfahren nach den Vorschriften des UVPG zu Ende zu führen sind, wenn das betreffende Vorhaben bei In-Kraft-Treten des UVPG (1. 8. 1990) noch nicht öffentlich bekannt gemacht worden ist, nicht ausreichend. Denn die Regelung erfasst nicht Genehmigungsverfahren, die vor dem 1. 8. 1990 aber nach Ablauf der Umsetzungsfrist der UVP-Richtlinie am 3. 7. 1988 begonnen worden sind. Die UVP-Richtlinie unterscheidet zwischen Projekten des **Anhangs I**, für die vorbehaltlich des Art. 2 III UVP-Richtlinie eine Umweltverträglichkeitsprüfung durchzuführen ist, und Projekten des **Anhangs II**, für die eine Umweltverträglichkeitsprüfung durchgeführt wird, wenn ihre Merkmale dies nach Auffassung der Mitgliedstaaten erfordern.³² Die nach dem Anhang I grundsätzlich UVP-pflichtigen Projekte können von den Mitgliedstaaten aufgrund einer Einzelfallprüfung ganz oder teilweise ausgenommen werden (Art. 2 III UVP-Richtlinie). In diesem Fall müssen die Mitgliedstaaten (a) prüfen, ob eine andere Form der Prüfung angemessen ist und ob die so gewonnenen Informationen der Öffentlichkeit zur Verfügung gestellt werden sollen, (b) der Öffentlichkeit die Informationen betreffend diese Ausnahme zur Verfügung stellen und sie über die Gründe für die Gewährung der Ausnahme unterrichten, (c) die Kommission vor Erteilung der Genehmigung über die Gründe für die Gewährung dieser Ausnahme unterrichten und ihr die Informationen übermitteln, die sie ggf. ihren eigenen Staatsangehörigen zur Verfügung stellen.

2695 Bei den **Anhang-II-Projekten** haben die Mitgliedstaaten eine größere Eigenverantwortung. Zu diesem Zweck können die Mitgliedstaaten insbesondere bestimmte Arten von Projekten, die einer Prüfung zu unterziehen sind, bestimmen oder Kriterien und/oder Schwellenwerte aufstellen, anhand deren bestimmt werden kann, welche von den Projekten der im Anhang II aufgezählten Klassen einer Umweltverträglichkeitsprüfung unterzogen werden sollen (Art. 4 UVP-Richtlinie). Die Mitgliedstaaten sind allerdings zu einer sorgfältigen Prüfung verpflichtet und dürfen nicht von vornherein ganze Klassen der Projekte nach Anhang II aus der UVP-Pflicht ausnehmen. Denn nach der Rechtsprechung des EuGH verleiht Art. 4 II UVP-Richtlinie den Mitgliedstaaten nicht die Befugnis, bei einer oder mehreren Klassen des Anhangs II die Möglichkeit einer Prüfung vollständig und endgültig auszuschließen.³³ Dabei ist zu klären, wie der Begriff „Klassen von Projekten" i. S. des Art. 4 UVP-Richtlinie auszulegen ist. Der *EuGH* hat gerade aufgrund dieses Grundsatzes entschieden, dass der den Mitgliedstaaten durch Art. 4 II UVP-Richtlinie eingeräumte Ermessensspielraum durch die in Art. 2 I UVP-Richtlinie festgelegte Prüfungspflicht begrenzt wird³⁴ und dass mit den in Art. 4 II UVP-Richtlinie erwähnten Kriterien und/oder Schwellenwerten das Ziel verfolgt wird, die Beurteilung der konkreten Merkmale eines Projekts zu erleichtern, damit bestimmt werden kann, ob es der Prüfungspflicht unterliegt. Dagegen ist es nicht ihr Zweck, bestimmte Klassen der in Anhang II aufgeführten Projekte, die im Gebiet eines Mitgliedstaats in Betracht kommen, von vornherein insgesamt von dieser Pflicht auszunehmen.³⁵ Die UVP-Richtlinie räumt den Mitgliedstaaten in diesem Zusammenhang folglich ein Ermessen ein. Sie hindert sie daher nicht daran, andere Methoden zu verwenden, um die Projekte zu bestimmen, bei denen eine Umweltverträglichkeitsprüfung gemäß der RL erforderlich ist. Die

---

[31] *EuGH*; Urt. v. 22. 10. 1998 – Rs C-301/95 – Kommission gegen Deutschland; vgl. bereits Urt. v. 9. 8. 1994 – Rs. C-396/92 – Slg. 1994, I 3717 – BUND Bayern; Urt. v. 21. 1. 1999 – Rs. C-150/97 – Kommission gegen Portugiesische Republik.
[32] *EuGH*, Urt. v. 16. 9. 1999 – Rs. C-435/97 – WWF gegen Autonomie Provinz Bozen.
[33] *EuGH*, Urt. v. 2. 5. 1996 – Rs. C-133/94 – Kommission/Belgien Slg. 1996, I-2323, Rdn. 43.
[34] *EuGH*, Urt. v. 24. 10. 1996 – Rs. C-72/95 – Kraaijeveld, Slg. 1996, I-5403, Rdn. 50.
[35] *EuGH*, Urt. v. 22. 10. 1998 – Rs C-301/95 – Kommission gegen Deutschland.

UVP-Richtlinie schließt also eine Methode nicht aus, die nach der auf der Grundlage einer individuellen Untersuchung jedes einzelnen betroffenen Projekts oder aufgrund eines nationalen Gesetzes ein spezifisches, unter Anhang II der UVP-Richtlinie fallendes Projekt als ein Projekt bestimmt wird, das einem Verfahren zur Prüfung seiner Auswirkungen auf die Umwelt nicht unterzogen zu werden braucht. Daher darf die gewählte Methode unabhängig davon, welche Methode ein Mitgliedstaat wählt, die Erreichung des Zieles der Richtlinie nicht beeinträchtigen. Ein Projekt, das erhebliche Auswirkungen auf die Umwelt i. S. der UVP-Richtlinie haben könnte, darf einer UVP nicht entzogen werden, es sei denn, das von der Prüfung ausgenommene Projekt lässt nach einer Gesamtbeurteilung keine erheblichen Auswirkungen auf die Umwelt besorgen. Dabei ist es Sache des nationalen Gerichts festzustellen, ob die zuständigen Behörden auf der Grundlage der von ihnen durchgeführten Einzelfallprüfung, die dazu geführt hat, dass das betreffende spezifische Projekt von dem durch die Richtlinie geschaffenen Prüfungsverfahren ausgenommen wird, die Erheblichkeit der Auswirkungen des Projekts auf die Umwelt entsprechend der Richtlinie richtig beurteilt haben.[36] Auch eine **Änderung eines Projektes des Anhangs II** kann unter die Prüfungspflicht fallen.[37] Auch sind die Mitgliedstaaten nicht berechtigt, bei den Projekten des **Anhangs II Schwellenwerte** einzuführen, bei deren Nichterreichen eine UVP nicht erforderlich ist. Art. 4 II UVP-Richtlinie räumt den Mitgliedstaaten zwar einen Ermessensspielraum ein. Die Kriterien und/oder Schwellenwerte dürfen aber nicht ausschließlich nach der Größe der Projekte bestimmt werden, sondern müssen auch die Art und den jeweiligen Standort berücksichtigen. Denn tatsächlich kann auch ein Projekt von geringer Größe erhebliche Auswirkungen auf die Umwelt haben, wenn es etwa an einem Standort verwirklicht werden soll, an dem die in Art. 3 UVP-Richtlinie genannten Umweltfaktoren wie Fauna und Flora, Boden, Wasser, Klima oder kulturelles Erbe empfindlich auf die geringste Veränderung reagieren. Ebenso ist bei einem Projekt mit erheblichen Auswirkungen auf die Umwelt zu rechnen, das wegen seiner Art und ungeachtet seiner Größe diese Umweltfaktoren grundlegend zu verändern droht.

Beispiel: Eine Aufforstung, die in Gebieten aktiver Flächenmoore ihrem Wesen und ihrem Standort nach die Ökosysteme der Moore zerstört und den irreversiblen Verlust intakter, seltener und wissenschaftlich wertvoller Biotope nach sich zieht, kann erhebliche Auswirkungen auf Umweltbelange haben. Ein derartiges Projekt kann außerdem zu einer Übersäuerung und Eutrophierung der Gewässer führen.[38]

So würde ein Mitgliedstaat, der die **Kriterien** und/oder **Schwellenwerte** so festlegte, dass in der Praxis alle Projekte einer bestimmten Art von vornherein von der Pflicht zur Untersuchung ihrer Auswirkungen ausgenommen wären, den Ermessensspielraum überschreiten, über den er nach den Art. 2 I und 4 II UVP-Richtlinie verfügt, es sei denn, aufgrund einer Gesamtbeurteilung aller ausgenommenen Projekte wäre davon auszugehen, dass bei ihnen nicht mit erheblichen Auswirkungen auf die Umwelt zu rechnen ist.[39] Eine solche Überschreitung läge vor, wenn ein Mitgliedstaat lediglich ein Kriterium der Projektgröße festlegte, ohne sich außerdem zu vergewissern, dass das Regelungsziel nicht durch die Aufsplitterung von Projekten umgangen würde. Bleibt die kumulative Wirkung von Projekten unberücksichtigt, so hat dies praktisch zur Folge, dass sämtliche Projekte einer bestimmten Art der Verträglichkeitsprüfung entzogen werden können, obgleich sie zusammengenommen erhebliche Auswirkungen auf die Umwelt i. S. von Art. 2 I der Richtlinie haben können.[40]

---

[36] *EuGH*, Urt. v. 16. 9. 1999 – Rs. C-435/97 – WWF gegen Autonomie Provinz Bozen.
[37] *EuGH*, Urt. v. 16. 9. 1999 – Rs. C-435/97 – WWF gegen Autonomie Provinz Bozen.
[38] *EuGH*, Urt. v. 21. 9. 1999 – Rs. C-382/96 – Kommission gegen Irland.
[39] *EuGH*, Urt. v. 24. 10. 1996 – Rs. C-72/95 – Kraaijeveld, Slg. 1996, I-5403, Rdn. 52.
[40] *EuGH*, Urt. v. 21. 9. 1999 – Rs. C-382/96 – Kommission gegen Irland.

2697 Die im Jahre 1997 in Kraft getretene **UVP-Änderungsrichtlinie**[41] hat den Katalog der UVP-pflichtigen Vorhaben erweitert und neben die zwingend UVP-pflichtigen Vorhaben in Anhang I eine weitere Gruppe von Vorhaben in Anhang II gestellt, die nach Maßgabe des jeweiligen Rechts der Mitgliedstaaten einer Vorprüfung zu unterziehen ist. Die UVP-Änd-Richtlinie war bis März 1999 in nationales Recht umzusetzen. Die UVP-Änd-Richtlinie zielte darauf ab, die UVP-Richtlinie unter Berücksichtigung der bei deren Anwendung gewonnenen Erfahrungen weiterzuentwickeln. Insbesondere wurden die Vorschriften für das Prüfverfahren deutlicher gefasst, ergänzt und verbessert, um sicherzustellen, dass die UVP-Richtlinie in zunehmend harmonisierter und effizienter Weise angewandt wird. Zur Erreichung dieses Ziels wurde es für erforderlich gehalten, die Liste der Projekte, die erhebliche Auswirkungen auf die Umwelt haben können und die aus diesem Grunde einer UVP zu unterziehen sind, zu vervollständigen. Hauptänderungspunkte der UVP-Änd-Richtlinie waren eine Erweiterung der in Anhang I aufgeführten Projekte, die einer UVP bedürfen, sowie die Einführung von „Screening"-Bestimmungen durch den Projektkatalog in Anhang II. **Anhang I**, in dem die Projektarten aufgeführt werden, die in jedem Fall einer UVP zu unterziehen sind, hat statt vormals 9 durch die Neufassung 21 Projektarten erhalten. **Anhang II**, der die Projektarten enthält, bei denen die Mitgliedstaaten zumindest für eine Teilmenge jeder Projektart eine UVP vorsehen müssen, enthält 82 Projektarten, wobei teilweise auch bereits bestehende Projektarten erweitert worden sind. Art. 4 II UVP-Richtlinie stellt für die Vorprüfung verschiedene Modelle zur Verfügung. Danach haben die Mitgliedstaaten für jede Projektart entweder im Wege der Einzelfallprüfung oder durch Festlegung von Schwellenwerten bzw. Kriterien oder durch eine Kombination dieser Verfahren zu entscheiden, ob ein Vorhaben einer UVP zu unterziehen ist. Die Verfahren müssen jedoch die Auswahlkriterien – allerdings nur die relevanten Kriterien – des Anhangs III der UVP-Änd-Richtlinie berücksichtigen. Diese **„Screening"-Vorschrift** mit einem **Auswahlverfahren** sieht vor, dass die Mitgliedstaaten – entweder von Fall zu Fall oder durch Setzung von Schwellenwerten oder Kriterien – die Notwendigkeit zur Durchführung einer UVP für Anhang-II-Projekte der Richtlinie festlegen (Art. 4 II UVP-Richtlinie). Zusätzlich wurde ein **Anhang III** der Richtlinie hinzugefügt, der Auswahlkriterien, wie beispielsweise Standort der Projekte oder Merkmale der potenziellen Auswirkungen, zur Durchführung dieses „Screenings" enthält (Art. 4 III UVP-Richtlinie). Aus Art. 4 II UVP-Richtlinie ergibt sich im Übrigen, dass die Mitgliedstaaten nicht berechtigt sind, eine Projektart des Anhangs II vollständig von der UVP-Pflichtigkeit auszunehmen.[42]

2698 Nach der **UVP-Änd-Richtlinie** kann das **„Scoping"-Verfahren** auf Antrag eines Projektbewerbers bereits vor Einreichung eines Genehmigungsantrages erfolgen. Von der zuständigen Behörde ist dann unter Hinzuziehung der Umweltbehörden und des Projektträgers bereits vor der Antragstellung der Untersuchungsrahmen festzulegen. Hierdurch soll ein früher Kontakt und eine Zusammenarbeit der im UVP-Verfahren Beteiligten in einem schnelleren und problemloseren Verfahren erreicht werden. Eine weitere Änderung bezieht sich auf Projekte mit voraussichtlich **grenzüberschreitenden Auswirkungen** und die damit verbundenen Ausgleichsmaßnahmen. Hier werden die Hauptvorschriften der Espoo-Konvention, die im Rahmen der UN-Wirtschaftskommission für Europa (ECE) im Jahre 1991 von 27 Staaten und der EG unterzeichnet wurde und im September 1997 in Kraft trat, in die europarechtlichen Vorgaben übernommen (Art. 7 UVP-Richtlinie). Der Inhalt der UVP-Richtlinie hat sich in den Grundzügen nicht verändert. Die Änderungsrichtlinie will vielmehr erreichen, die mit der Anwendung der

---

[41] Richtlinie zur Änderung der Richtlinie 85/337/EWG über die Umweltverträglichkeitsprüfung bei bestimmten öffentlichen und privaten Projekten (97/11/EG) v. 3. 3. 1997 (ABl. EG Nr. L 73/5), abgedruckt bei *Stüer*, Bau- und Fachplanungsgesetze 1999, 809.
[42] *EuGH*, Urt. v. 22. 10. 1998 – Rs C-301/95 – NVwZ 1999, 1281 = DVBl. 1999, 232 – Kommission gegen Deutschland – zu den Projektklassen i. S. des Art. 4 II UVP-Richtlinie.

UVP-Richtlinie aufgetretenen Schwierigkeiten zu bewältigen und die Anforderungen zur Durchführung einer UVP der Projekte des Anhangs II durch das „Screening"-Verfahren deutlich werden zu lassen.[43] Außerdem wird die Zulassungsbehörde verpflichtet, in der der Öffentlichkeit bekannt und zugänglich zu machenden Begründung der Entscheidung über die Zulässigkeit des Vorhabens erforderlichenfalls die Vermeidungs-, Verminderungs-, Ausgleichs- und Ersatzmaßnahmen darzustellen (Art. 9 I UVP-Richtlinie). Für den nationalen Gesetzgeber ergeben sich damit vor allem folgende **Grundlagen** für die Umsetzung: Die UVP kann wie bisher in die bestehenden verwaltungsbehördlichen Verfahren integriert werden. Die Einführung eines eigenständigen UVP-Verfahrens ist nicht erforderlich. Auch die Errichtung besonderer UVP-Behörden ist europarechtlich nicht geboten. Es ergibt sich jedoch vor allem in folgenden Bereichen ein Umsetzungsbedarf: Zur Festlegung der UVP-Pflichtigkeit von Vorhaben des Anhangs II der UVP-Änd-Richtlinie im Einzelfall ist ein „Screening"-Verfahren einzuführen, in dem die Auswahlkriterien entsprechend Anhang III der UVP-Richtlinie zu berücksichtigen sind. Dabei ist zwischen einer allgemeinen, sämtliche Kriterien umfassenden Einzelfallprüfung und einer besonderen standortbezogenen Einzelfallprüfung zu unterscheiden.

Durch die weitere Änderung der UVP-Richtlinie mit In-Kraft-Treten der **Richtlinie 2003/35/EG** im Jahre 2003 sind die Beteiligungsrechte der Öffentlichkeit bei UVP-pflichtigen Verfahren erweitert worden. Nach Art. 6 II UVP-Richtlinie wird die Öffentlichkeit durch öffentliche Bekanntmachung oder auf anderem geeignetem Wege, wie durch elektronische Medien, soweit diese zur Verfügung stehen, frühzeitig im Rahmen umweltbezogener Entscheidungsverfahren, spätestens jedoch, sobald die Informationen nach vernünftigem Ermessen zur Verfügung gestellt werden können, über den Inhalt des Genehmigungsantrags und weitere sachdienliche Angaben informiert (Art. 6 II UVP-Richtlinie). Zugleich sind der betroffenen Öffentlichkeit innerhalb eines angemessenen zeitlichen Rahmens weitere Informationen über das Projekt zur Verfügung zu stellen. Die betroffene Öffentlichkeit erhält frühzeitig und in effektiver Weise die Möglichkeit, sich an den umweltbezogenen Entscheidungen zu beteiligen. Es müssen zum Zeitpunkt der Beteiligung die Optionen noch offen sein (Art. 6 IV UVP-Richtlinie). Die Öffentlichkeitsbeteiligung muss durch Information und Stellungnahmemöglichkeit (beispielsweise durch eine Anhörung) effektiv gestaltet werden (Art, 6 V UVP-Richtlinie). Dabei muss der Öffentlichkeit ein ausreichender Zeitraum für die Beteiligung eingeräumt werden (Art. 6 VI UVP-Richtlinie). Hat ein Projekt voraussichtlich Auswirkungen auf einen anderen Mitgliedstaat, ist dieser mit den entsprechenden Informationen in einem Konsultationsverfahren zu beteiligen (Art. 7 UVP-Richtlinie). Die Einzelheiten der Beteiligung werden von den Mitgliedstaaten festgelegt. Die Ergebnisse der Beteiligungsverfahren sind beim Genehmigungsverfahren zu berücksichtigen (Art. 8 UVP-Richtlinie). Die von der Behörde getroffene Entscheidung über den Genehmigungsantrag ist der Öffentlichkeit mit Angaben über (1) den Inhalt der Entscheidung und ggf. die mit der Entscheidung verbundenen Bedingungen, (2) der wesentlichen Entscheidungsbegründung und (3) erforderlichenfalls einer Beschreibung der Vermeidungs-, Minderungs- oder Kompensationsmaßnahmen bekannt zu geben (Art. 9 UVP-Richtlinie).

Zudem werden in der Tendenz die **Klagerechte** der **Öffentlichkeit** und der **Verbände** erweitert. Nach Art. 10 a UVP-Richtlinie stellen die Mitgliedstaaten im Rahmen ihrer innerstaatlichen Rechtsvorschriften sicher, dass Mitglieder der betroffenen Öffentlichkeit, die ein ausreichendes Interesse haben oder eine Rechtsverletzung geltend machen, Zugang zu einem Überprüfungsverfahren vor einem Gericht oder einer anderen auf gesetzlicher Grundlage geschaffenen unabhängigen und unparteiischen Stelle haben, um die materiellrechtliche und verfahrensrechtliche Rechtmäßigkeit von Entscheidungen, Handlungen oder Unterlassungen anzufechten, für die die Bestimmungen der UVP-Richtlinie über die Öffentlichkeitsbeteiligung gelten. Die Mitgliedstaaten haben hier

---

[43] *Rengeling* (Hrsg.), Auf dem Wege zum UGB I, 1998; *Stüer/Müller* DVBl. 1998, 1011.

einen gewissen Entscheidungsspielraum. Sie legen fest, in welchem Verfahrensstadium die Entscheidungen, Handlungen oder Unterlassungen angefochten werden können. Auch können sie in einem gewissen Rahmen bestimmen, was als ausreichendes Interesse und als Rechtsverletzung gilt. Allerdings sind die Mitgliedstaaten zugleich auf das Ziel eines weiten Zugangs der Öffentlichkeit zu Gericht verpflichtet. Das Interesse der anerkannten Verbände gilt dabei als ausreichendes Interesse, das zur einer gerichtlichen Prüfung berechtigt. Die Verfahren müssen fair, gerecht, zügig und nicht übermäßig teuer durchgeführt werden. Die Mitgliedstaaten müssen der Öffentlichkeit im Sinne eines effektiven Rechtsschutzes praktische Informationen über den Zugang zu verwaltungsbehördlichen und gerichtlichen Überprüfungsverfahren zur Verfügung stellen.

2. Umsetzung durch das UVPG und das ArtG 2001

2701 Die **UVP-Richtlinie** ist durch das **UVPG** und das ArtG 2001 in das deutsche Recht umgesetzt worden.[44] Die UVP ist danach unselbstständiger Teil verwaltungsbehördlicher Verfahren, die der Entscheidung über die Zulässigkeit von Vorhaben dienen.[45] Die UVP ist in bestehende Verfahrensabläufe integriert worden. Es sind daher weder neue Behörden, noch gesonderte UVP-Verfahren eingeführt worden. Die Ergebnisse der UVP können aber nur dann nach Art. 8 UVP-Richtlinie bei der Zulassungsentscheidung berücksichtigt werden, wenn sie zu einem möglichst frühen Zeitpunkt vorliegen und in die Entscheidung einfließen können.

2702 **UVP-pflichtig** sind nach der **Anlage zu § 3 UVPG** alle bedeutsamen Planfeststellungsverfahren. Auch verschiedene immissionsschutzrechtliche Vorhaben sind UVP-pflichtig. Es gehören dazu:
– Errichtung und Betrieb einer Anlage, die der Genehmigung in einem Verfahren unter Einbeziehung der Öffentlichkeit nach § 4 BImSchG bedarf und die im Anhang zur Anlage zu § 3 UVPG aufgeführt ist, sowie die wesentliche Änderung der Lage, der Beschaffenheit oder des Betriebs einer solchen Anlage, wenn von der Einbeziehung der Öffentlichkeit nach § 15 II BImSchG nicht abgesehen wird und die Änderung erhebliche nachteilige Auswirkungen auf die in § 2 II 2 UVPG genannten Schutzgüter haben kann (Nr. 1),
– Errichtung, Betrieb, Stilllegung, der sichere Einschluss oder der Abbau einer ortsfesten kerntechnischen Anlage sowie die wesentliche Änderung der Anlage oder ihres Betriebes, die der Genehmigung in einem Verfahren unter Einbeziehung der Öffentlichkeit nach § 7 AtG bedürfen (Nr. 2),
– Errichtung und Betrieb einer Anlage zur Sicherstellung und zur Endlagerung radioaktiver Abfälle sowie die wesentliche Änderung einer solchen Anlage oder ihres Betriebes, die einer Planfeststellung nach § 9b AtG bedürfen (Nr. 3),
– Errichtung und Betrieb einer Deponie sowie die wesentliche Änderung einer solchen Anlage oder ihres Betriebes, die der Planfeststellung nach § 31 II KrW-/AbfG bedürfen (Nr. 4),
– Bau und Betrieb sowie die wesentliche Änderung einer Abwasserbehandlungsanlage, die einer Zulassung nach § 18c WHG bedürfen (Nr. 5),
– Herstellung, Beseitigung und wesentliche Umgestaltung eines Gewässers oder seiner Ufer sowie von Deich- und Dammbauten, die einer Planfeststellung nach § 31 WHG bedürfen (Nr. 6),
– Bergbauliche Vorhaben, die einer Planfeststellung nach dem BBergG bedürfen (Nr. 7),
– Bau und Änderung einer Bundesfernstraße, die der Planfeststellung nach § 17 FStrG oder eines Bebauungsplans nach § 9 BauGB bedürfen (Nr. 8),

---

[44] Verkündet als Art. 1 des Gesetzes zur Umsetzung der Richtlinie des Rates vom 27. 6. 1985 über die Umweltverträglichkeitsprüfung bei bestimmten öffentlichen und privaten Vorhaben (85/337/ EWG) v. 12. 2. 1990 (BGBl. I, S. 205), geändert durch die Richtlinie des Rates v. 3. 3. 1997 (97/11/ EG) – ABl. Nr. L 73, 5 – (UVP-Richtlinie).
[45] *Appold* in: *Hoppe* (Hrsg.) Rdn. 1ff. zu § 2 UVPG.

— Bau und Änderung von Anlagen einer Eisenbahn des Bundes, die einer Planfeststellung nach dem AEG bedürfen (Nr. 9),
— Errichtung und jede Änderung einer Versuchsanlage, die nach den §§ 2 und 12 des Gesetzes über den Bau und den Betrieb von Versuchsanlagen zur Erprobung von Techniken für den spurgeführten Verkehr der Planfeststellung bedürfen (Nr. 10),
— Bau und Änderung einer Straßenbahn, die der Planfeststellung nach § 28 PBefG oder eines Bebauungsplans nach § 9 BauGB bedürfen (Nr. 11),
— Ausbau, Neubau und Beseitigung einer Bundeswasserstraße, die der Planfeststellung nach § 14 WaStrG bedürfen (Nr. 12),
— Anlage und Änderung eines Flugplatzes, die der Planfeststellung nach § 8 LuftVG bedürfen (Nr. 13),
— Schaffung der gemeinschaftlichen und öffentlichen Anlagen sowie Änderung, Verlegung oder Einziehung vorhandener Anlagen, soweit dafür eine Planfeststellung nach § 41 FlurbG erforderlich ist (Nr. 14),
— Errichtung von Feriendörfern, Hotelkomplexen und sonstigen großen Einrichtungen für die Ferien- und Fremdenbeherbergung, für die Bebauungspläne aufgestellt werden (Nr. 15),
— Errichtung und Betrieb einer Rohrleitungsanlage für den Ferntransport von Öl oder Gas sowie die wesentliche Änderung der Anlage oder ihres Betriebes, die der Genehmigung nach § 19 a WHG bedürfen (Nr. 16) sowie
— Bau und Änderung von Anlagen einer Magnetschwebebahn, die der Planfeststellung nach dem Magnetschwebebahngesetz bedürfen (Nr. 17).
— Errichtung von Einkaufszentren, großflächigen Einzelhandelsbetrieben und sonstigen großflächigen Handelsbetrieben i. S. des § 11 III BauNVO ab einer Geschossfläche von 5.000 m³, für die Bebauungspläne aufgestellt werden (Nr. 18), sowie
— Errichtung und Erweiterung von Vorhaben, für die nach Landesrecht eine UVP vorgesehen ist, sofern die Zulässigkeit der Vorhaben durch Bebauungsplan begründet wird oder ein Bebauungsplan einen Planfeststellungsbeschluss ersetzt (Nr. 19).

Im Anhang zu Nr. 1 der Anlage zu § 3 UVPG sind die UVP-pflichtigen **immissionsschutzrechtlichen Vorhaben** verzeichnet. Es handelt sich u. a. um Kraftwerke, Heizkraftwerke, Kühltürme, Anlagen im Zusammenhang mit der Kohle-, Gas- oder Ölgewinnung und -verarbeitung, Asbesterzeugung, Klinkerwerke, Anlagen zur Eisengewinnung und Stahlerzeugung, Raffinerien für Erdöl, Anlagen zum Brikettieren von Braun- oder Steinkohle, Gasherstellung, Blei-, Zinn- oder Zinkverarbeitung, Schiffswerften, Anlagen zur Herstellung von Pflanzenschutzmitteln oder Schädlingsbekämpfungsmitteln, zur Zellstoffgewinnung, Anlagen unter Verwendung explosionsgefährlicher Stoffe, Hühnerfarmen oder Schweinemastbetriebe, Anlagen zur Herstellung von Fischmehl oder Fischöl, Müllverbrennungsanlagen und Abfallentsorgungsanlagen.

Durch die **Überleitungsregelung** in § 22 UVPG[46] hat der nationale Gesetzgeber bestimmte Projekte von der UVP-Pflicht ausgenommen. Bereits begonnene Verfahren sind danach nach den Vorschriften des UVPG nur dann zu Ende zu führen, wenn das Vorhaben bei In-Kraft-Treten des UVPG noch nicht öffentlich bekannt gemacht worden ist. Darunter wird die Offenlegung der Pläne im Rahmen der öffentlichen Auslegung verstanden. Nach einer Entscheidung des *EuGH*[47] gestattet Art. 12 I der UVP-Richtlinie nicht, dass ein Mitgliedstaat, der diese Richtlinie nach dem 3. 7. 1988 – dem Tag des Ablaufs der Umsetzungsfrist – in seine nationale Rechtsordnung umgesetzt hat, Projekte,

---

[46] *Dienes* in: *Hoppe* (Hrsg.) Rdn. 1 ff. zu § 22 UVPG.
[47] Vgl. zur Frage der fristgerechten Umsetzung der EG-Richtlinie 85/337/EWG vom 27. 6. 1985 *EuGH*, Urt. v. 9. 8. 1994 – Rs. C-396/92 – DVBl. 1994, 1126 = ZfRV 1995, 28 = BImSchG-Rspr. § 41 Nr. 23. Der deutsche Gesetzgeber hat sich danach durch die verspätete Umsetzung der UVP-Richtlinie europarechtswidrig verhalten, ebenso *EuGH*, Urt. v. 11. 8. 1995 – C-431/92 – EuGHE I 1995, 2189 = NuR 1996, 102 = EuZW 1995, 743 – Wärmekraftwerk Großkrotzenburg; *Stüer* in: Stüer (Hrsg.) Verfahrensbeschleunigung, S. 120.

für die das Genehmigungsverfahren vor In-Kraft-Treten des nationalen Gesetzes zur Umsetzung dieser Richtlinie, aber nach dem 3. 7. 1988 eingeleitet wurde, durch eine Übergangsvorschrift von der in der RL vorgeschriebenen UVP auszunehmen.[48] § 22 UVPG ist daher wegen Verstoßes gegen die UVP-Richtlinie europarechtswidrig.[49] Ist die Überleitungsregelung in § 22 UVPG europarechtswidrig, so kann diese Lücke nicht durch eine entsprechende Anwendung des nationalen UVP-Rechts geschlossen werden.[50] Für einen entsprechenden Willen gibt das Gesetz nichts her. Der nationale Gesetzgeber wollte vielmehr die Vorhaben, die bereits vor In-Kraft-Treten des UVPG bekannt gemacht waren, nicht in die UVP-Pflicht nach dem UVPG einbeziehen. Diese Freistellungsabsicht des nationalen Gesetzgebers kann auch durch die Feststellung der Europarechtswidrigkeit dieser Regelung nicht durch nationales Recht gefüllt werden.[51]

2705 Ist eine **UVP** trotz der europarechtlich bestehenden Verpflichtung **nicht durchgeführt** worden, führt dies allerdings nur dann zu einer Rechtswidrigkeit des Planfeststellungsbeschlusses, wenn der Fehler kausal für die Entscheidung war.[52] Probleme ergeben sich insoweit nur für Verfahren, die nach Ablauf der Umsetzungsfrist der UVP-Richtlinie (3. 7. 1988) eingeleitet worden sind.[53] Ist das Verfahren vor diesem Zeitpunkt eingeleitet worden, bedarf es nach der UVP-Richtlinie der Durchführung einer UVP nicht. Dies gilt auch dann, wenn später weitere Trassenvarianten erörtert worden sind oder sich ohne Änderung des Vorhabens bestimmte abwägungserhebliche Belange geändert haben. Selbst eine grundlegende Änderung der Abwägungsstruktur führt in diesen Fällen nicht zum Erfordernis einer UVP.[54] Denn Vorhaben, die vor dem 3. 7. 1988 bei der zuständigen Planfeststellungsbehörde beantragt worden sind, unterliegen der UVP-Pflicht nicht, da für sie die Richtlinie 85/337/EWG vom 27. 6. 1985 nicht gilt. Auch wenn die Planfeststellungsbehörde das Verfahren in der Folgezeit für geraume Zeit ausgesetzt hat, entsteht keine UVP-Pflicht, solange an dem eigentlichen Vorhaben festgehalten wird.[55] Eine we-

---

[48] Vgl. zu den Folgen der Europarechtswidrigkeit *OVG Koblenz*, Urt. v. 29. 12. 1994 – 1 C 10893/92.OVG – Eifelautobahn A 60; *BVerwG*, Urt. v. 25. 1. 1996 – 4 C 5.95 – BVerwGE 100, 238 = DVBl. 1996, 677 – Eifelautobahn A 60; Urt. v. 21. 3. 1996 – 4 C 19.94 – DVBl. 1996, 907; Urt. v. 21. 3. 1996 – 4 C 26.94 – BVerwGE 100, 388 = DVBl. 1996, 914 – Autobahnring München-West – Allach; Urt. v. 21. 3. 1996 – 4 C 1.95 – DVBl. 1996, 915 – Autobahnring München A 99; Urt. v. 18. 11. 2004 – 4 CN 4.03 – DVBl. 2005, 386 = NVwZ 2004, 1237 – Diez; vgl. auch *VGH München*, Urt. v. 4. 2. 1994 – 8 AS 94.40 007 – DVBl. 1994, 764 = NVwZ 1994, 706 = DÖV 1994, 565; Urt. v. 5. 7. 1994 – 8 A 93.40 056 – DVBl. 1994, 1198; *Stüer*, EurUP 2004, 46.

[49] Vorhaben, die bereits vor Ablauf der Umsetzungsfrist bekannt gemacht worden sind, fallen nicht unter die EG-UVP RL und sind daher auch aus der Sicht der UVP-Richtlinie nicht UVP-pflichtig, so *BVerwG*, Urt. v. 21. 3. 1996 – 4 C 19.94 – DVBl. 1996, 907; Urt. v. 21. 3. 1996 – 4 C 26.94 – BVerwGE 100, 388 = DVBl. 1996, 914 – Autobahnring München-West–Allach; Urt. v. 21. 3. 1996 – 4 C 1.95 – DVBl. 1996, 915 – Autobahnring München A 99.

[50] So aber noch *OVG Koblenz*, Urt. v. 29. 12. 1994 – 1 C 10893/92.OVG – DVBl. 1996, 667 – Eifelautobahn A 60; vgl. *BVerwG*, Urt. v. 21. 3. 1996 – 4 C 19.94 – DVBl. 1996, 907; Urt. v. 21. 3. 1996 – 4 C 26.94 – BVerwGE 100, 388 = DVBl. 1996, 914 – Autobahnring München-West–Allach; Urt. v. 21. 3. 1996 – 4 C 1.95 – DVBl. 1996, 915 – Autobahnring München A 99; Urt. v. 12. 12. 1996 – 4 C 29.94 – DVBl. 1997, 798 – Nesselwang-Füssen.

[51] Vgl. *BVerwG*, Urt. v. 25. 1. 1996 – 4 C 5.95 – BVerwGE 100, 238 = DVBl. 1996, 677 – Eifelautobahn A 60.

[52] *BVerwG*, Urt. v. 10. 4. 1997 – 4 C 5.96 – BVerwGE 104, 236 = DVBl. 1997, 1115 = NVwZ 1998, 508 – B 15 neu, im Anschluss an Urt. v. 25. 1. 1996 – 4 C 5.95 – BVerwGE 100, 238 = DVBl. 1996, 677 – Eifelautobahn A 60, mit Hinweis auf die verfahrensrechtlichen Anforderungen des Abwägungsgebotes; vgl. auch *VGH München*, Urt. v. 21. 4. 1998 – 20 B 91.3253 u. a. – NVwZ-RR 1998, 737; *BVerwG*, Urt. v. 18. 11. 2004 – 4 CN 4.03 – DVBl. 2005, 386 = NVwZ 2004, 1237 – Diez; *Stüer*, EurUP 2004, 46.

[53] *BVerwG*, Urt. v. 12. 12. 1996 – 4 C 29.94 – DVBl. 1997, 798 – Nesselwang-Füssen.

[54] *BVerwG*, Urt. v. 12. 12. 1996 – 4 C 29.94 – DVBl. 1997, 798 – Nesselwang-Füssen.

[55] *BVerwG*, B. v. 14. 4. 1997 – 4 B 30.97 – UPR 1998, 21 = NVwZ 1997, 992 = NuR 1997, 445 – Ahaus.

sentliche Änderung des Projekts ist unschädlich, solange die Identität des Projekts gewahrt bleibt.[56] Allerdings ist ein Projekt nicht von der UVP-Pflicht befreit, wenn es zwar vor dem Umsetzungszeitpunkt des 3.7.1988 genehmigt worden war, jedoch wegen Nichtdurchführung ein neues Genehmigungsverfahren durchgeführt werden muss.[57]

Die **UVP-Richtlinie** ist dabei **unmittelbar** anzuwenden, soweit sie nicht durch den nationalen Gesetzgeber rechtzeitig umgesetzt worden ist. Im Gegensatz zu Verordnungen, die unmittelbare Geltung auch für die Bürger der Mitgliedstaaten entfalten, richten sich die Richtlinien grundsätzlich nicht unmittelbar an die Bürger, sondern (nur) an die Mitgliedstaaten. Richtlinien entfalten nur dann eine unmittelbare Wirkung auch zu Gunsten der Bürger, wenn die europarechtlichen Regelungen sich an den Bürger richten und so konkret sind, dass es keiner zusätzlichen Umsetzung durch den nationalen Gesetzgeber bedarf. Die UVP-Richtlinie enthält verschiedene verfahrensrechtliche Bestimmungen zur Durchführung einer UVP im jeweiligen nationalen Zulassungsrecht. Die europarechtlichen Bestimmungen sind ausreichend konkret, wenden sich (auch) unmittelbar an den Bürger und bedürfen insoweit keines zusätzlichen Vollzuges.[58] Ob die UVP-Richtlinie auch materiellrechtliche Auswirkungen hat, ist fraglich. Unmittelbare materiellrechtliche Wirkungen kommen der UVP-Richtlinie wohl nicht zu. Nach der Rechtsprechung des *BVerwG* hat das Umweltrecht durch die UVP-Richtlinie keine materielle Anreicherung erfahren. Vielmehr enthält sich die gemeinschaftsrechtliche Regelung materiellrechtlicher Vorgaben. Sie beschränkt sich – so das *BVerwG* – auf verfahrensrechtliche Anforderungen im Vorfeld der Sachentscheidung, zu der ein Bezug nur insoweit hergestellt wird, als das Ergebnis der Umweltverträglichkeitsprüfung gemäß Art. 8 „im Rahmen des Genehmigungsverfahrens" zu berücksichtigen ist. Insoweit unterscheidet die UVP-Richtlinie sich deutlich von anderen Richtlinien, durch die die Mitgliedstaaten mit Hilfe von Schutzstandards dazu angehalten werden, konkrete Maßnahmen zum Schutz der Umwelt zu ergreifen. Sie verlangt nur, dass die Zulassungsbehörde das Ergebnis der Umweltverträglichkeitsprüfung in ihre Erwägungen einbezieht, schreibt aber nicht vor, welche Folgerungen hieraus zu ziehen sind.[59] Dass der Rat der Europäischen Gemeinschaften in der Präambel der UVP-Richtlinie mitteilt, er habe die Richtlinie unter anderem in der Erwägung erlassen, dass die Umweltauswirkungen eines Projekts auch mit Rücksicht auf die Bestrebung beurteilt werden müssten, die menschliche Gesundheit zu schützen, ändert daran nichts.[60]

Haben Gesetzgeber oder Verwaltung eines Mitgliedstaats das ihnen durch Art. 4 II und Art. 2 I UVP-Richtlinie eingeräumte Ermessen überschritten, so kann sich der hierdurch Betroffene vor dem Gericht eines Mitgliedstaats gegenüber den nationalen Stellen auf diese Bestimmungen berufen und dadurch erreichen, dass diese nationale Vorschriften oder Maßnahmen außer Betracht lassen, die mit diesen Bestimmungen unvereinbar sind. In einem solchen Fall ist es Sache der Träger öffentlicher Gewalt eines Mitgliedstaats, im Rahmen ihrer Zuständigkeiten alle erforderlichen allgemeinen oder besonderen Maßnahmen zu treffen, um die Projekte im Hinblick darauf zu überprüfen, ob bei ihnen erhebliche Auswirkungen auf die Umwelt zu besorgen sind, und sie bejahendenfalls einer Untersuchung ihrer Auswirkungen zu unterziehen.[61]

---

[56] *VGH München*, Urt. v. 21.4.1998 – 20 B 91.3253 u.a. – NVwZ-RR 1998, 737.
[57] *EuGH*, Urt. v. 18.6.1998 – Rs. C-81/96 – Burgemeester en Wethouders von Haarlemmerliede en Spaarnwoude gegen Gedeputeerde Staten von Noord-Holand.
[58] *BVerwG*, Urt. v. 25.1.1996 – 4 C 5.95 – BVerwGE 100, 238 = DVBl. 1996, 677 – Eifelautobahn A 60; Urt. v. 12.12.1996 – 4 C 29.94 – DVBl. 1997, 798 – Nesselwang-Füssen.
[59] *BVerwG*, Urt. v. 25.1.1996 – 4 C 5.95 – BVerwGE 100, 23 = DVBl. 1996, 677 – Eifelautobahn A 60; Urt. v. 21.3.1996 – 4 C 19.94 – Buchholz 407.4 § 17 FStrG Nr. 113 S. 108.
[60] *BVerwG*, Urt. v. 23.4.1997 – 11 A 7.97 – DVBl. 1997, 1119 = NuR 1997, 504 – Rheinbek-Wentorf.
[61] *EuGH*, Urt. v. 16.9.1999 – Rs. C-435/97 – WWF gegen Autonomie Provinz Bozen.

2708 Zudem reicht eine **abstrakte Verletzung der UVP-Richtlinie für einen Klageerfolg gegen ein Fachplanungsvorhaben nicht** aus.[62] Die Verletzung der eigenen Rechtsstellung des Klägers muss vielmehr konkret belegbar sein. Es spricht überwiegendes dafür, dass die UVP-Richtlinie hinsichtlich der Verfahrensgarantien keine weitergehenden Rechte schaffen wollte als das nationale Recht. Die Verletzung nationaler Verfahrensvorschriften führt aber nur dann zu einer Rechtswidrigkeit der Zulassungsentscheidung, wenn konkret dargelegt wird, dass durch den Verfahrensfehler die Rechte des Klägers nachteilig betroffen sind.[63] Die Versagung einer kausalitätsunabhängigen Klagemöglichkeit stellt die gerichtliche Durchsetzbarkeit von Verfahrensanforderungen der UVP-Richtlinie vor deutschen Gerichten entsprechenden nationalen Verfahrensanforderungen gleich. Sie erschwert die Geltendmachung von Verstößen gegen die UVP-Richtlinie auch nicht übermäßig, da bei möglichen Ermittlungs- und Bewertungsdefiziten in Bezug auf Umweltauswirkungen infolge des Verfahrensverstoßes die Berufung des enteignend Betroffenen darauf Erfolg hat. Mehr fordert EG-Recht nicht.[64] Die Verletzung von Verfahrensbestimmungen zur UVP ist daher nur dann beachtlich, wenn sich der Fehler auf das Abwägungsergebnis auswirkt.[65] Es ist daher im Einzelfall zu prüfen, ob als Folge der Unterlassung einer europarechtlich vorgeschriebenen UVP abwägungserhebliche Umweltbelange außer Acht gelassen oder fehlgewichtet worden sind. Die UVP-Richtlinie ist auch nicht geeignet, fehlende Umweltstandards zu ersetzen oder Defizite im Bereich der Untersuchungsmethoden und der Bewertungsmaßstäbe zu kompensieren.[66] An dem Kausalitätserfordernis für die Annahme einer Rechtsverletzung kann auch der Aspekt nichts ändern, dass das UVP-Gesetz besondere verfahrensrechtliche Anforderungen an die Ermittlung, Darstellung und Bewertung der Umweltauswirkungen eines Vorhabens stellt. Diese Anforderungen zu erfüllen, ist nicht Selbstzweck, sondern dient der besseren Durchsetzung von Umweltbelangen. Auch so weit ein enteignend Betroffener sich diese Belange zur Verteidigung seines Eigentums zu Nutze machen kann, kann das seine Rechtsposition nicht verbessern, wenn sein Eigentum auch bei Wahrung der Verfahrenserfordernisse in Anspruch genommen worden wäre.[67]

Beispiel: Wer als Eigentümer eines für eine Bundesfernstraße in Anspruch zu nehmenden Grundstücks den Planfeststellungsbeschluss mit der Begründung angreift, es sei eine UVP erforderlich gewesen, kann mit einem solchen Einwand dann nicht die Aufhebung des Planfeststellungsbeschlusses

---

[62] So *BVerwG*, Urt. v. 8. 6. 1995 – 4 C 4.94 – BVerwGE 98, 339 = DVBl. 1995, 1012 – Bernhardswald; Urt. v. 25. 1. 1996 – 4 C 5.95 – BVerwGE 100, 238 = DVBl. 1996, 677 – Eifelautobahn A 60.

[63] Die UVP ist kein allgemeines „Suchverfahren", in dem alle nur erdenklichen Auswirkungen auf die Umweltgüter und deren Wertigkeit bis in alle Einzelheiten und feinste Verästelungen zu untersuchen sind und gar Antworten auf in der Wissenschaft noch ungeklärte Fragen gefunden werden müssen, so *BVerwG*, Urt. v. 28. 2. 1996 – 4 A 27.95 – NVwZ 1996, 1011 = UPR 1996, 270 – Berlin Tempelhof A 100.

[64] So *BVerwG*, Urt. v. 8. 6. 1995 – 4 C 4.94 – BVerwGE 98, 339 = DVBl. 1995, 1012 = UPR 1995, 391 = DÖV 1995, 951 – Bernhardswald mit Hinweis auf *EuGH*, Urt. v. 19. 11. 1991 – C-6/90 und C-9/90 – EuGHE 1991, 5357 – Frankovich. Die gegen die Entscheidung des *BVerwG* erhobenen Verfassungsbeschwerden hat das *BVerfG* mit B. v. 9. 2. 1996 – 1 BvR 1752/95 und 1 BvR 1820/95 – nicht zur Entscheidung angenommen.

[65] *BVerwG*, B. v. 30. 10. 1992 – 4 A 4.92 – NVwZ 1993, 565; B. v. 21. 7. 1994 – 4 VR 1.94 – DVBl. 1994, 1197 = NVwZ 1995, 383 = UPR 1994, 453 B 16.

[66] Vgl. *BVerwG*, Urt. v. 25. 1. 1996 – 4 C 5.95 – BVerwGE 100, 238 = DVBl. 1996, 677 – Eifelautobahn A 60; Urt. v. 21. 3. 1996 – 4 C 19.94 – DVBl. 1996, 907; Urt. v. 21. 3. 1996 – 4 C 26.94 – BVerwGE 100, 388 = DVBl. 1996, 914 – Autobahnring München-West – Allach; Urt. v. 21. 3. 1996 – 4 C 1.95 – DVBl. 1996, 915 – Autobahnring München A 99; Urt. v. 12. 12. 1996 – 4 C 29.94 – DVBl. 1997, 798 – Nesselwang-Füssen.

[67] Zu Einschränkungen des § 46 VwVfG durch das Umwelt-Rechtsbehelfsgesetz s. Rdn. 2719.

erreichen, wenn es keinerlei Anhaltspunkte dafür gibt, dass die Durchführung einer UVP zu einer anderen als der planfestgestellten Trasse geführt hätte.[68]

Selbst im Atomrecht, in dem die ordnungsgemäße Verfahrensdurchführung in besonderer Weise grundrechtsgewährleistende Funktion hat, muss der Kläger zur Begründung einer Rechtsverletzung geltend machen, dass sich der von ihm gerügte Verfahrensfehler auf seine materiellrechtliche Position ausgewirkt haben könnte.[69] Die UVP-Richtlinie enthält keinerlei Anhalt dafür, dass der nationale Gesetzgeber verpflichtet gewesen wäre, privaten Dritten eine weitergehende Klagemöglichkeit zu eröffnen, als sie das nationale Recht allgemein bei der Verletzung von Verfahrensvorschriften eröffnet.

Zweck des UVPG ist es sicherzustellen, dass bei den in der Anlage 1 zu § 3 UVPG ausgeführten Vorhaben zur wirksamen Umweltvorsorge nach einheitlichen Grundsätzen (1) die Auswirkungen auf die Umwelt frühzeitig und umfassend ermittelt, beschrieben und bewertet werden und (2) das Ergebnis der UVP so früh wie möglich bei allen behördlichen Entscheidungen über die Zulässigkeit berücksichtigt wird (§ 1 UVPG). Es soll dabei sichergestellt werden, dass möglichst frühzeitig Auswirkungen auf die Umwelt umfassend ermittelt, beschrieben und bewertet werden. Die UVP ist nach § 2 I UVPG allerdings nur ein unselbständiger Teil verwaltungsbehördlicher Verfahren, die der Entscheidung über die Zulässigkeit von Vorhaben dienen. Die UVP umfasst die Ermittlung, Beschreibung und Bewertung der Auswirkungen eines Vorhabens auf (1) Menschen, Tiere, Pflanzen, Boden, Wasser, Luft, Klima und Landschaft, einschließlich der jeweiligen Wechselwirkungen, sowie (2) Kultur- und sonstiger Sachgüter. Die UVP wird unter Einbeziehung der Öffentlichkeit durchgeführt. Das UVPG findet nach der Subsidiaritätsklausel des § 4 UVPG nur dann Anwendung, soweit andere Rechtsvorschriften die UVP nicht näher bestimmen oder in ihren Anforderungen dem UVPG nicht entsprechen.

Die UVP beginnt mit der **Abgrenzung des Untersuchungsrahmens**. Sobald der Träger des Vorhabens die zuständige Behörde über das geplante Vorhaben unterrichtet, soll diese mit ihm entsprechend dem jeweiligen Planungsstand und auf der Grundlage geeigneter, vom Träger des Vorhabens vorgelegter Unterlagen den Gegenstand, Umfang und die Methoden der UVP sowie sonstige für die Durchführung der UVP erhebliche Fragen erörtern (**Scoping-Verfahren**, § 5 UVPG). Hierzu können auch andere Behörden, Sachverständige und Dritte hinzugezogen werden (§ 5 S. 2 UVPG). Die zuständige Behörde soll den Träger des Vorhabens über den voraussichtlichen Untersuchungsrahmen der UVP sowie über Art und Umfang der nach § 6 UVPG voraussichtlich beizubringenden Unterlagen unterrichten. Der Träger des Vorhabens hat die entscheidungserheblichen Unterlagen über die Umweltauswirkungen des Vorhabens der zuständigen Behörde zu Beginn des Vorhabens vorzulegen, in dem die UVP geprüft wird. Inhalt und Umfang der Unterlagen nach § 6 I UVPG bestimmen sich nach den Rechtsvorschriften, die für die Entscheidung über die Zulässigkeit des Vorhabens maßgeblich sind. Zudem regelt § 6 UVP den **Mindestinhalt der Angaben**, die den Unterlagen beigefügt werden müssen:
– Beschreibung des Vorhabens mit Angabe über Standort, Art und Umfang sowie Bedarf an Grund und Boden,
– Beschreibung von Art und Menge der zu erwartenden Emissionen und Reststoffe, insbesondere der Luftverunreinigungen, der Abfälle und des Anfalls von Abwasser sowie sonstigen Angaben, die erforderlich sind, um erhebliche Beeinträchtigungen der Umwelt durch das Vorhaben feststellen und beurteilen zu können,
– Beschreibung der Maßnahmen, mit denen erhebliche Beeinträchtigungen der Umwelt vermieden, vermindert oder so weit wie möglich ausgeglichen werden, sowie der Ersatzmaßnahmen bei nicht ausgleichbaren aber vorrangigen Eingriffen in Natur und Landschaft,

---

[68] *BVerwG*, B. v. 23. 2. 1994 – 4 B 35.94 – DVBl. 1994, 763 = NVwZ 1994, 688 – Spiegelvariante.
[69] *BVerwG*, Urt. v. 7. 6. 1991 – 7 C 43.90 – BVerwGE 88, 286.

– Beschreibung der zu erwartenden erheblichen Auswirkungen des Vorhabens auf die Umwelt unter Berücksichtigung des allgemeinen Kenntnisstandes und der allgemein anerkannten Prüfungsmethoden.

2712 Eine **allgemein verständliche Zusammenfassung** der vorgenannten Angaben ist beizufügen (§ 6 III UVPG). Außerdem sind den Unterlagen Beschreibungen der technischen Verfahren, der Umwelt, der geprüften Alternativen sowie technische Lücken oder fehlende Kenntnisse beizufügen (§ 6 IV UVPG). Nach § 6 III Nr. 4 UVPG müssen die Unterlagen des Vorhabenträgers eine Beschreibung der zu erwartenden erheblichen Auswirkungen des Vorhabens auf die Umwelt unter Berücksichtigung des allgemeinen Kenntnisstandes und der allgemein anerkannten Prüfungsmethoden enthalten. Nach § 2 II 1 UVPG sind bei der UVP auch Wechselwirkungen zu berücksichtigen. Dem Gesetz ist jedoch nicht zu entnehmen, dass die Umweltverträglichkeitsstudie eine **textliche Darstellung** auch der **Wechselwirkungen** enthalten muss. Davon ist in § 6 III Nr. 4 UVPG nicht die Rede.[70] Der Vorhabenträger ist daher nicht verpflichtet, bereits dem Antrag auf Planfeststellung die erforderlichen Angaben über die Umweltauswirkungen des Vorhabens beizufügen. Den Mindestanforderungen des § 6 III, IV UVPG kann auch durch eine Umweltverträglichkeitsstudie und eine Raumwiderstandsanalyse entsprochen werden. Die Darstellungsart bleibt dem Vorhabenträger überlassen, solange die inhaltliche Anforderungen gewahrt sind.[71] Auch ist der Vorhabenträger im Planfeststellungsverfahren im Hinblick auf § 6 IV Nr. 4 UVPG nicht verpflichtet, nochmals eine **Alternativenprüfung** zu sämtlichen Trassenvarianten vorzulegen, sofern bereits ein Raumordnungsverfahren durchgeführt wurde (§ 16 II UVPG).[72] Auch ist eine **Abschichtung von Alternativen** in dem Sinne zulässig, dass bereits in früheren Verfahrensstadien ausgeschiedene Alternativen nicht erneut in die abschließende Entscheidung mit einer entsprechenden Neubewertung aufgenommen werden müssen.[73] Und es besteht auch keine Verpflichtung, alle denkbaren Möglichkeiten der Trassenführung einer gleich intensiven Prüfung zu unterziehen.[74] Nicht zu beanstanden ist vielmehr, wenn in einem gestuften Planungsverfahren eine schrittweise Reduzierung der Anzahl der Varianten unter gleichzeitiger Intensivierung der Untersuchung erfolgt.[75]

2713 Bei der **Trassenwahl** sind ernsthaft in Betracht kommende Alternativlösungen im Rahmen der Abwägung zwar in die Gesamtplanung einzubeziehen. Sie sind jedoch nicht gleichermaßen detailliert und umfassend wie die Hauptvariante zu planen. Vielmehr steht der Planfeststellungsbehörde bei der Erörterung von Planungsvarianten ein Recht zur Vorauswahl auf der Grundlage erster grober Bewertungskriterien zu. Bei der Festlegung der Planungsvarianten ist die Planfeststellungsbehörde im Rahmen der allgemeinen rechtlichen und fachgesetzlichen Bindungen grundsätzlich frei. Auch kann auf hinreichend aussagefähige Variantenuntersuchungen im Verfahren der Linienbestimmung[76] zu-

---

[70] *BVerwG*, B. v. 21. 12. 1995 – 11 VR 6.95 – NVwZ 1996, 869 = DVBl. 1996, 676 – Erfurt-Leipzig/Halle.
[71] *BVerwG*, Urt. v. 19. 5. 1998 – 4 C 11.96 – NVwZ 1999, 528 = UPR 1998, 388 = NuR 1998, 649 – B 15 neu; B. v. 17. 2. 1997 – 4 VR 17.96 – LKV 1997, 328 = NuR 1998, 35 – A 20.
[72] *BVerwG*, B. v. 21. 12. 1995 – 11 VR 6.95 – NVwZ 1996, 867 = DVBl. 1996, 676 – Erfurt-Leipzig/Halle.
[73] *BVerwG*, Urt. v. 8. 6. 1995 – 4 C 4.94 – BVerwGE 98, 339 = DVBl. 1995, 1012 = UPR 1995, 391 = NuR 1995, 537 – Bernhardswald; Urt. v. 25. 1. 1996 – 4 C 5.95 – BVerwGE 100, 238 = DVBl. 1996, 677 – Eifelautobahn A 60; Urt. v. 21. 3. 1996 – 4 C 19.94 – DVBl. 1996, 907; Urt. v. 21. 3. 1996 – 4 C 26.94 – BVerwGE 100, 388 = DVBl. 1996, 914 – Autobahnring München-West – Allach; Urt. v. 21. 3. 1996 – 4 C 1.95 – DVBl. 1996, 915 – Autobahnring München A 99.
[74] *BVerwG*, B. v. 26. 6. 1992 – 4 B 1-11.92 – Buchholz 407.4 § 17 FStrG Nr. 89; B. v. 16. 8. 1995 – 4 B 92.95.
[75] *BVerwG*, B. v. 21. 12. 1995 – 11 VR 6.95 – NVwZ 1996, 896 = DVBl. 1996, 676 – Erfurt-Leipzig/Halle.
[76] Zur Linienbestimmung s. Rdn. 2765, 3014, 3494, 3949.

1. Teil. Umwelt- und naturschutzbezogene EG-Richtlinien   2714–2716 D

rückgegriffen werden.[77] Ein Abwägungsfehler liegt daher nicht schon dann vor, wenn eine verworfene Lösung ebenso gut hätte verwirklicht werden können. Die Alternativplanung muss sich vielmehr bereits aufgrund einer Grobanalyse als vorzugswürdig aufdrängen.[78] So kann sich eine Behörde etwa für den Ausbau eines Schienenwegs im Bereich der bisherigen Trasse und gegen eine völlige Neutrassierung an anderer Stelle entscheiden.[79]

Weiter gehende Anforderungen ergeben sich auch nicht aus dem **Naturschutzrecht** in §§ 18 bis 20 BNatSchG. Das **Vermeidungsgebot** des § 19 I **BNatSchG** zwingt die Planungsbehörde nicht dazu, unter mehreren möglichen Planungsalternativen die ökologisch günstigste und damit eine Alternative zu wählen, die Natur und Landschaft am wenigsten beeinträchtigt.[80] Denn die Eingriffsregelung des BNatSchG ergänzt lediglich die fachrechtlichen Zulassungstatbestände eines Vorhabens. Die durch die Inanspruchnahme von Natur und Landschaft am Ort des Eingriffs selbst zwangsläufig hervorgerufenen Beeinträchtigungen nimmt das Naturschutzrecht als unvermeidbar hin. Die in § 19 I BNatSchG normierten Verpflichtungen knüpfen an die im Rahmen fachrechtlicher Abwägung getroffene Trassenwahl an. So werden die mit der Eingriffsregelung verbundenen Rechtsfolgen erst dadurch ausgelöst, dass das **Fachrecht** den Weg für die Zulassung des Vorhabens frei macht. Unabhängig von der hohen Bedeutung der Belange des Naturschutzes und der Landschaftspflege in der Abwägung bestimmt § 17 I 2 FStrG lediglich, dass die von dem Vorhaben berührten öffentlichen und privaten Belange im Rahmen der Abwägung zu berücksichtigen sind. Eine Gewichtung der Belange wird in § 17 I 2 FStrG jedoch nicht vorgenommen.[81] Die gerichtliche Kontrolle beschränkt sich daher nur auf die Prüfung, ob die tatsächlich ausgewählte Trasse rechtsfehlerfrei geplant worden ist.[82] Die zuständige Behörde holt sodann die Stellungnahmen der Behörden ein, deren Aufgabenbereich durch das Vorhaben berührt wird (§ 7 UVPG). Besondere Vorschriften enthält § 8 UVPG für eine grenzüberschreitende Behördenbeteiligung.[83]

Auf der Grundlage der Unterlagen ist eine **Beteiligung der Öffentlichkeit** nach § 9 UVPG vorzunehmen. Die zuständige Behörde hat danach die Öffentlichkeit zu den Umweltauswirkungen des Vorhabens auf der Grundlage der ausgelegten Unterlagen nach § 6 UVPG anzuhören. Das Anhörungsverfahren muss den Anforderungen des § 73 III bis VII VwVfG entsprechen. Werden die Verfahrensunterlagen geändert, so kann von einer erneuten Öffentlichkeitsbeteiligung abgesehen werden, wenn keine zusätzlichen oder anderen erheblichen Auswirkungen auf die Umwelt zu besorgen sind (§ 9 I UVPG). Die bekannten Betroffenen und Einwendungsführer sollen von dem Ergebnis der Prüfung unterrichtet werden (§ 9 II UVPG).

Für das **Verhältnis** zwischen **UVP-Richtlinie** und dem **UVPG** gilt im Übrigen: § 9 I 1 und 2 UVPG gebietet die Einbeziehung der allgemeinen Öffentlichkeit in die Umwelt-

2714

2715

2716

---

[77] *BVerwG*, Urt. v. 19. 5. 1998 – 4 A 9.97 – BVerwGE 107, 1 = NVwZ 1998, 961 = DVBl. 1998, 900 – Ostseeautobahn A 20.
[78] *BVerwG*, B. v. 24. 9. 1997 – 4 VR 21.96 – UPR 1998, 72 = NVwZ-RR 1998, 297.
[79] *BVerwG*, Urt. v. 5. 3. 1997 – 11 A 25.95 – BVerwGE 104, 123 = DVBl. 1997, 831 = NVwZ 1998, 513 – Sachsenwald; B. v. 30. 12. 1996 – 11 VR 21.95 – NVwZ-RR 1998, 284 = UPR 1997, 153; Urt. v. 21. 4. 1999 – 11 A 50.97 – NVwZ-RR 1999, 725 = NuR 2000, 36 – Schallschutzwand; vgl. auch B. v. 22. 9. 1999 – 4 B 68.98 – UPR 2000, 71 = NZV 2000, 138 – Schallschutz.
[80] *BVerwG*, Urt. v. 27. 8. 1997 – 11 A 61.95 – DVBl. 1998, 356 = NuR 1998, 138 – Staffelstein; Urt. v. 7. 3. 1997 – 4 C 10.96 – BVerwGE 104, 144 = DVBl. 1997, 838 = NVwZ 1997, 914 – A 94 Neuötting.
[81] *BVerwG*, Urt. v. 7. 3. 1997 – 4 C 10.96 – BVerwGE 104, 144 = DVBl. 1997, 838 = NVwZ 1997, 914 – A 94 Neuötting.
[82] *BVerwG*, Urt. v. 19. 5. 1998 – 4 A 9.97 – BVerwGE 107, 1 = NVwZ 1998, 961 = DVBl. 1998, 900 – Ostseeautobahn A 20.
[83] Vgl. zur grenzüberschreitenden Unterrichtung der Gemeinden und Träger öffentlicher Belange in der Bauleitplanung § 4a BauGB.

verträglichkeitsprüfung nur für die „Unterrichtung" (Art. 6 II erster Teilstrich, III UVP-Richtlinie) durch ortsübliche Bekanntmachung sowie Auslegung der Planunterlagen zur Einsichtnahme für jedermann, während er für die „Anhörung" i. S. des Gelegenheit-Gebens zur Äußerung (Art. 6 II zweiter Teilstrich, III UVP-Richtlinie) die Einschränkung auf die „betroffene Öffentlichkeit" gestattet. Der Hinweis auf das befristete Einwendungsrecht potenziell Planbetroffener (§ 9 I 2 UVPG, § 73 IV 1 VwVfG) in der ortsüblichen Bekanntmachung der Planauslegung schränkt die Öffentlichkeitsbeteiligung nicht unzulässig ein.[84] § 9 I UVPG setzt Art. 6 II und III der UVP-Richtlinie um. Art. 6 II und III der UVP-Richtlinie unterscheidet zwischen der (allgemeinen) Öffentlichkeit, der jeder Genehmigungsantrag und die nach Art. 5 eingeholten Informationen zugänglich gemacht werden müssen (Unterrichtung), und der „betroffenen Öffentlichkeit", der Gelegenheit gegeben werden muss, sich vor Durchführung des Projekts dazu zu äußern (Anhörung). Die Einzelheiten der Unterrichtung und Anhörung werden von den Mitgliedstaaten festgelegt. Sie können dabei z. B. auch den betroffenen Personenkreis bestimmen. § 9 I UVPG bezeichnet diese beiden Phasen der Öffentlichkeitsbeteiligung zusammenfassend als Anhörung. Mit Satz 1 spricht er die in Art. 6 II und III der UVP-Richtlinie vorgeschriebene Unterrichtung der Öffentlichkeit an, die nicht auf die von dem Vorhaben betroffenen Personen eingeschränkt werden darf, während er mit S. 2 die in Art. 6 II und III der UVP-Richtlinie vorgeschriebene Anhörung der betroffenen Öffentlichkeit regelt. Zur Unterrichtung der Öffentlichkeit gehört nicht nur die ortsübliche Bekanntmachung des Vorhabens und der Auslegung der Planunterlagen, sondern auch die Möglichkeit, Einsicht in die ausgelegten Unterlagen zu nehmen. Die Einsichtnahmemöglichkeit ist notwendiger Bestandteil der Unterrichtung der Öffentlichkeit. Sie darf nicht eingeschränkt werden auf in ihren Belangen betroffene Personen, sondern muss jedermann gegeben sein. Sie darf z. B. nicht von dem Nachweis einer Betroffenheit oder der Möglichkeit eines Betroffenseins abhängig gemacht werden.[85] Das Recht, sich zu äußern, also Einwendungen zu erheben, darf hingegen auf Betroffene beschränkt werden. Um beurteilen zu können, ob eine Betroffenheit vorliegt, ist in der Regel eine Einsichtnahme in die ausgelegten Unterlagen erforderlich. Das Recht der Einsichtnahme muss daher jedermann offen stehen. Die Beschränkung des Einwendungsrechts auf Personen, deren Belange durch das Vorhaben berührt werden, ist aber gerade nicht gleichbedeutend mit einer entsprechenden Beschränkung der Einsichtnahmemöglichkeit.[86]

2717 **Mängel** der ausgelegten Unterlagen nach § 6 UVPG können im Laufe des weiteren Verfahrens der UVP ausgeglichen werden. § 11 1 UVPG fordert mit der zusammenfassenden Darstellung der Umweltauswirkungen des Vorhabens einschließlich der Wechselwirkungen nicht ohne weiteres auch eine rechenhafte und saldierende Gegenüberstellung der von dem Vorhaben zu erwartenden Einwirkungen auf die verschiedenen Umweltschutzgüter nach standardisierten Maßstäben. Für die Frage, ob bei der Planfeststellung eines UVP-pflichtigen Vorhabens die gebotene Umweltverträglichkeitsprüfung durchgeführt worden ist, kommt es darauf an, ob das Verfahren so, wie es tatsächlich durchgeführt worden ist, den Anforderungen von UVPG und UVP-Richtlinie genügt. Die UVP-Richtlinie verbietet übrigens nicht die Planfeststellung (und Umweltverträglichkeitsprüfung) einer Bundesfernstraße in Abschnitten.[87] Auf der Grundlage der vom Vor-

---

[84] *BVerwG*, Urt. v. 8. 6. 1995 – 4 C 4.94 – BVerwGE 98, 339 = DVBl. 1995, 1012 = UPR 1995, 391 = DÖV 1995, 951.
[85] *Erbguth/Schink* Rdn. 9 zu § 9 UVPG.
[86] *BVerwG*, Urt. v. 8. 6. 1995 – 4 C 4.94 – BVerwGE 98, 339 = DVBl. 1995, 1012 = UPR 1995, 391 = DÖV 1995, 951 – Bernhardswald.
[87] *BVerwG*, Urt. v. 26. 6. 1981 – 4 C 5.78 – BVerwGE 62, 342 = DVBl. 1981, 936 = DÖV 1981, 921 = *Hoppe/Stüer* RzB Rdn. 115 – Plochinger Dreieck; B. v. 2. 11. 1992 – 4 B 205.92 – Buchholz 407.4 § 17 FStrG Nr. 92; Urt. v. 8. 6. 1995 – 4 C 4.94 – DVBl. 1995, 1012 = UPR 1995, 391 = DÖV 1995, 951 – Bernhardswald; Urt. v. 12. 12. 1996 – 4 C 29.94 – DVBl. 1997, 798 – Nesselwang-Füssen.

habenträger eingereichten Unterlagen (§ 6 UVPG), der behördlichen Stellungnahmen (§§ 7, 8 UVPG) sowie den Äußerungen der Öffentlichkeit (§ 9 UVPG) erarbeitet die zuständige Behörde eine **zusammenfassende Darstellung** der Auswirkungen des Vorhabens auf die in § 2 I 2 UVPG genannten Schutzgüter einschließlich deren Wechselwirkungen. Die zusammenfassende Darstellung kann in der Begründung der Entscheidung über die Zulässigkeit des Vorhabens erfolgen (§ 11 S. 4 UVPG). Die zuständige Behörde bewertet die Umweltauswirkungen des Vorhabens sodann auf der Grundlage der zusammenfassenden Darstellung nach § 11 UVPG und berücksichtigt diese Bewertung bei der Entscheidung über die Zulässigkeit des Vorhabens im Hinblick auf eine wirksame Umweltvorsorge i. S. der §§ 1, 2 I 2 und 4 UVPG nach Maßgabe der geltenden Gesetze (§ 12 UVPG)[88] **Sondervorschriften** enthält das UVPG für die Linienbestimmung für Bundesfernstraßen[89] und die Genehmigung von Flugplätzen (§ 15 UVPG)[90] sowie Raumordnungsverfahren und Zulassungsverfahren (§ 16 UVPG),[91] die Aufstellung von Bebauungsplänen (§ 17 UVPG),[92] für bergrechtliche Verfahren (§ 18 UVPG)[93] und Flurbereinigungsverfahren (§ 19 UVPG).[94] Bei Planungsentscheidungen, die dem Abwägungsgebot unterliegen, können die Ergebnisse der UVP unmittelbar in die Bewertung eingestellt werden. Es handelt sich dabei um Belange, die Bestandteil der Abwägung werden und dort mit anderen Belangen in der eigentlichen Ausgleichsentscheidung abgewogen werden können. Bei gebundenen Zulassungsentscheidungen wie etwa im Immissionsschutzrecht ist diese Integration schwieriger, vor allem dann, wenn ein Versagungsermessen nicht besteht, der Antragsteller vielmehr bei Erfüllen der Voraussetzungen einen Rechtsanspruch auf Genehmigung hat.[95] Ist die **UVP unvollständig**, so führt dies allein nicht zur Rechtswidrigkeit der darauf ergangenen Planfeststellung. Es ist vielmehr erforderlich, dass die Planfeststellung selbst infolge von **Abwägungsmängeln** rechtswidrig ist. Außerdem kann ein Abwägungsfehler ggf. durch **Planergänzung** oder **ergänzendes Verfahren** geheilt werden.[96] Im Übrigen bestimmt die UVP-Richtlinie das Erfordernis einer UVP projektbezogen. Ein Projekt, das bereits Gegenstand einer umfassenden UVP war, muss dieser nicht deswegen teilweise erneut unterzogen werden, weil in einer vorweggenommenen Zulassungsentscheidung bestimmte Teilaspekte des Projekts einer abschließenden Regelung zugeführt worden sind. Eine die Vermeidung von Doppelprüfungen einschränkende Vorgabe ist der UVP-Richtlinie nicht zu entnehmen.[97]

3. Vorgeschlagene Umsetzung durch Entwürfe für ein Öffentlichkeitsbeteiligungsgesetz und ein Umwelt-Rechtsbehelfsgesetz

Durch die **Århus-Konvention** haben sich die Signatarstaaten zur Umsetzung eines Dreisäulen-Modells verpflichtet.[98] Die betroffene Öffentlichkeit soll über umweltrelevante Vorhaben informiert werden (Säule 1). Sie ist bei Zulassungsverfahren zu solchen

---

[88] *BVerwG*, B. v. 21. 12. 1995 – 11 VR 6.95 – NVwZ 1996, 896 = DVBl. 1996, 676 – Erfurt-Leipzig/Halle; B. v. 8. 1. 1997 – 11 VR 30.95 – NuR 1998, 221 – Staffelstein; zum Hauptsacheverfahren Urt. v. 18. 6. 1997 – 11 A 70.95 – UPR 1997, 470 = NJ 1997, 615 – Staffelstein.
[89] Zur Linienbestimmung s. Rdn. 2765, 3014, 3494, 3949.
[90] *Wagner* in: Hoppe (Hrsg.) Rdn. 1ff. zu § 15 UVPG.
[91] *Wagner* in: Hoppe (Hrsg.) Rdn. 1ff. zu § 16 UVPG.
[92] *Passlick* in: Hoppe (Hrsg.) Rdn. 1ff. zu § 17 UVPG.
[93] *Haneklaus* in: Hoppe (Hrsg.) Rdn. 1ff. zu § 18 UVPG.
[94] *Passlick* in: Hoppe (Hrsg.) Rdn. 1ff. zu § 19 UVPG.
[95] Kritisch auch *Jarass* UVP bei Industrievorhaben 1987, 5ff.; *Weber* UPR 1988, 206.
[96] *BVerwG*, Urt. v. 5. 3. 1997 – 11 A 25.95 – BVerwGE 104, 123 = DVBl. 1997, 831 = NuR 1997, 435 – Sachsenwald; Urt. v. 21. 4. 1999 – 11 A 50.97 – NVwZ-RR 1999, 725 = NuR 2000, 36 – Schallschutzwand; vgl. auch B. v. 22. 9. 1999 – 4 B 68.98 – UPR 2000, 71 = NZV 2000, 138 – Schallschutz.
[97] *BVerwG*, Urt. v. 14. 5. 1997 – 11 A 43.96 – DVBl. 1997, 1123 = NuR 1997, 506 – Rheinbek-Wohltorf-Aumühle.
[98] S. Rdn. 771, 2688, 2698, 2718.

Vorhaben zu beteiligen (Säule 2). Sie hat bei einem entsprechenden Interesse Klagerechte. Als berechtigtes Interesse gilt auch das Interesse von Verbänden (Säule 3). Der Umsetzung der zweiten und dritten Säule der Århus-Konvention dient der Entwurf eines Öffentlichkeitsbeteiligungsgesetzes[99] und eines Umwelt-Rechtsbehelfsgesetzes.[100] Durch das **Öffentlichkeitsbeteiligungsgesetz** soll das **UVPG** und das **BImSchG** mit dem Ziel einer erweiterten Öffentlichkeitsbeteiligung geändert werden. Zudem soll der Sprachgebrauch an die Vorgaben der Öffentlichkeitsbeteiligungsrichtlinie angepasst werden. Der Entwurf eines Öffentlichkeitsbeteiligungsgesetzes besteht aus den Änderungen des UVPG, des BImSchG, der 9. BImSchV, der AtVfV, des DüngMG, des FlurbG und des BauGB sowie des Gesetzes über die Beteiligung der Öffentlichkeit bei der Aufstellung von Batterieprogrammen. Die Beteiligungsvorschriften betreffen Pläne und Programme, die nicht bereits einer Strategischen Umweltprüfung mit Öffentlichkeitsbeteiligung bedürfen, sowie Verfahren für Industrieanlagen und Infrastrukturmaßnahmen nach der UVP-Richtlinie und der IVU-Richtlinie. Die gerichtliche Kontrolle eines Vorprüfungsverfahrens soll darauf beschränkt werden, ob die Vorprüfung entsprechend den Vorgaben des § 3 c UVPG durchgeführt worden ist und ob das Ergebnis nachvollziehbar ist (§ 3 a S. 4 UVPG-E). Hierdurch soll eine eingeschränkte gerichtliche Kontrolle ermöglicht werden. Die Regelung berücksichtigt zugleich das Urteil des *EuGH*,[101] wonach „eine Entscheidung der zuständigen nationalen Behörde, nach der ein Projekt aufgrund seiner Merkmale keiner UVP unterzogen zu werden braucht, alle Angaben enthalten muss, die erforderlich sind, um kontrollieren zu können, dass sie auf eine angemessene, den Anforderungen der UVP-Richtlinie entsprechende Vorprüfung gestützt ist. Zudem sollen die Durchführung und das Ergebnis der Vorprüfung dokumentiert werden (§ 3 c I UVPG-E). Die Öffentlichkeitsbeteiligung nach § 9 UVPG soll auf der Grundlage einer Bekanntmachung stattfinden, die entsprechende Informationen enthalten muss (§ 9 Ia UVPG-E). Die Unterlagen nach § 6 UVPG sowie die wichtigsten Berichte und Empfehlungen der Behörden sind offen zu legen (§ 9 Ib UVPG-E). Die Öffentlichkeitsbeteiligung im vorgelagerten Verfahren soll entsprechend angepasst werden (§ 9III UVPG-E). Dasselbe gilt für die grenzüberschreitende Behörden- und Öffentlichkeitsbeteiligung (§§ 9a, 9b UVPG-E). Zudem soll durch eine Ergänzung klargestellt werden, dass die Linienbestimmung nach § 16 I BFStrG[102] und nach § 13 I WaStrG sowie das Ergebnis des Raumordnungsverfahrens nach § 15 ROG nur im Rahmen des Rechtsbehelfsverfahrens gegen die nachfolgende Zulassungsentscheidung überprüft werden kann (§§ 15 V, 16 VI UVPG-E). Weitere Änderungen sollen das BImSchG betreffen. Hier soll das Offenlageverfahren im Genehmigungsverfahren nach § 10 BImSchG entsprechend erweitert werden. Auch bei einer Änderung der Genehmigung für Anlagen nach § 10 BImSchG soll eine Offenlage der Unterlagen erfolgen, wenn durch den Erlass einer nachträglichen Anordnung Grenzwerte für Emissionen neu festgelegt werden sollen (§ 17 Ia BImSchG-E). Bei der Aufstellung oder Änderung der Luftreinhaltepläne[103] soll ebenfalls eine Öffentlichkeitsbeteiligung stattfinden (§ 47 Va BImSchG-E). Ist eine Umweltprüfung durchzuführen, soll die Öffentlichkeitsbeteiligung im Rahmen der Strategischen Umweltprüfung stattfinden. Bei einer Bauleitplanung mit grenzüberschreitenden Auswirkungen soll auf die grenzüberschreitende Beteiligung bei der Bekanntmachung hingewiesen

---

[99] Entwurf eines Gesetzes über die Öffentlichkeitsbeteiligung in Umweltangelegenheiten nach der EG-Richtlinie 2003/35/EG (Öffentlichkeitsbeteiligungsgesetz), Referentenentwurf vom 21. 2. 2005.
[100] Entwurf eines Gesetzes über ergänzende Vorschriften zu Rechtsbehelfen in Umweltangelegenheiten nach der EG-Richtlinie 2003/35/EG (Umweltrechtsbehelfsgesetz), Referentenentwurf v. 21. 2. 2005.
[101] *EuGH*, Urt. v. 10. 6. 2004 – C 87/02 – Kommission gegen Italien.
[102] Zur Linienbestimmung s. Rdn. 2765, 3014, 3494, 3949.
[103] S. Rdn. 1098, 2779, 2898.

werden (§ 4 a V 3 BauGB-E). Der unterlassene Hinweis soll für die Wirksamkeit des Bauleitplans entsprechende Auswirkungen haben (§ 214 I 1 Nr. 2 BauGB-E).

Der Entwurf eines **Umwelt-Rechtsbehelfsgesetzes** (URG-E) dient der Umsetzung der Århus-Konvention und der Öffentlichkeitsbeteiligungs-Richtlinie vor allem im Hinblick auf den Zugang zu Gerichten. Das Gesetz soll sich auf **Vorhaben** beziehen, die nach dem UVPG, dem BBergG oder landesrechtlichen Vorschriften UVP-pflichtig sind, dem großen immissionsschutzrechtlichen Genehmigungsverfahren nach der 4. BImSchV unterliegen oder nach dem §§ 2, 7 I WHG bzw. § 31 KrW-AbfG (für Deponien) einer Planfeststellung bedürfen. Ein **anerkannter Naturschutzverein** oder ein **anderer Verein**, der nicht nur vorübergehend vorwiegend Ziele des Umweltschutzes fördert, soll danach, ohne eine Verletzung in eigenen Rechten geltend machen zu müssen, Rechtsbehelfe gegen Entscheidungen über die Zulässigkeit von UVP-pflichtigen Vorhaben (§ 1 I 1 URG-E) oder deren Unterlassen einlegen können. Der Verein muss geltend machen, dass die ergangene oder unterlassene Entscheidung Rechtsvorschriften, die dem Umweltschutz dienen, widerspricht, der Verein in seinem satzungsmäßigen Aufgabenbereich der Förderung der Ziele des Umweltschutzes berührt wird, zur Mitwirkung im Verfahren berechtigt war und sich in der Sache geäußert hat oder daran gehindert worden ist. Mit nicht vorgetragenen Einwendungen ist der Verein im Gerichtsverfahren ausgeschlossen (§ 2 IV URG-E). Der Rechtsbehelf ist nach dem URG-E begründet, wenn die Entscheidung oder deren Unterlassen gegen dem Umweltschutz dienende Rechtsvorschriften verstößt und dadurch der Verein in seinem satzungsmäßigen Aufgabenbereich der Förderung der Ziele des Umweltschutzes berührt wird. Bei Bebauungsplänen für UVP-pflichtige Vorhaben soll der Rechtsbehelf unter den gleichen Voraussetzungen begründet sein (§ 2 VI URG-E). Für Rechtsbehelfe gegen Verwaltungsakte, die sich auf UVP-pflichtige Vorhaben nach § 1 I URG-E beziehen, soll es in bestimmten Fällen im Gegensatz zu § 46 VwVfG auf die Kausalität des Verfahrensfehlers für das Ergebnis nicht mehr ankommen. Vielmehr soll der in seinen Rechten Betroffene auch dann erfolgreich rügen können, dass wesentliche Verfahrensfehler verletzt worden sind, wenn der Fehler die Entscheidung in der Sache nicht beeinflusst hat. Wesentlich ist ein Verfahrensfehler, wenn eine nach den gesetzlichen Vorschriften erforderliche UVP nicht durchgeführt worden ist oder eine erforderliche Vorprüfung des Einzelfalls über die UVP-Pflichtigkeit unterblieben ist. Auch soll danach wesentlich sein, wenn einer oder mehrere Verfahrensschritte der UVP nicht durchgeführt worden ist. Hierzu gehören die Vorlage der entscheidungserheblichen Unterlagen über die Umweltauswirkungen des Vorhabens (§ 6 UVPG), die Beteiligung anderer Behörden (§ 7 UVPG), die grenzüberschreitende Behörden- und Öffentlichkeitsbeteiligung (§§ 8, 9a UVPG), die Beteiligung der Öffentlichkeit (§ 9 UVPG), oder die Bewertung der Umweltauswirkungen nach § 12 UVPG. Entsprechendes soll für bergrechtliche Verfahren oder Verfahren auf entsprechender landesrechtlicher Grundlage gelten. Für UVP-pflichtige und planfeststellungsersetzende Bebauungspläne soll es bei den Regelungen in §§ 214, 215 BauGB verbleiben.

Da die **Umsetzungsfristen** für die Öffentlichkeitsbeteiligungs-Richtlinie 2003 inzwischen abgelaufen sind, gilt bis zu einer ausreichenden innerstaatlichen Umsetzung das **europäische Richtlinienrecht unmittelbar**. Für die der UVP-Richtlinie unterfallenden Projekte und die der IVU-Richtlinie unterfallenden Genehmigungsverfahren sind daher die Vorgaben der Öffentlichkeitsbeteiligungs-Richtlinie unmittelbar anzuwenden. Die Öffentlichkeit hat daher die sich aus der geänderten UVP- und IVU-Richtlinie ergebenden Beteiligungsrechte. Zudem bestehen die in der Öffentlichkeits-Beteiligungsrichtlinie enthaltenen Klagerechte. Diese beziehen sich einerseits auf die anerkannten Verbände, andererseits auch auf die betroffene Öffentlichkeit, die ein ausreichendes eigenes Interesse geltend machen kann. Solange die Umsetzung des europäischen Richtlinienrechts noch nicht erfolgt ist, haben daher die anerkannten Naturschutzverbände Klagerechte gegen Entscheidungen, die der UVP-Richtlinie und der IVU-Richtlinie unterliegen. Allerdings sind klagebefugt nur anerkannte Naturschutzverbände nach § 59 BNatSchG oder entsprechenden landesrechtlichen Regelungen, nicht weitere Verbände, die durch den Entwurf eines Umwelt-Rechtsbehelfsgesetzes Klagerechte erhalten sollen. Die betroffene Öffentlichkeit hat Klagerechte nach der Öffentlichkeitsbeteiligungs-Richtlinie nur, wenn ein ausreichendes Interesse besteht. Solange eine anderweitige innerstaatliche Regelung diese Rechte nicht erweitert, verbleibt es bei den bisherigen Voraussetzungen für die Zulässigkeit und Begründetheit einer Klage. Für die Zulässigkeit der Klage muss der Kläger geltend machen, in seinen Rechten verletzt zu sein (§ 42 II VwGO). Die Klage ist nur begründet, wenn der Kläger durch den angefochtenen Verwaltungsakt auch tatsächlich in seinen Rechten verletzt ist (§ 113 VwGO). Eine allgemeine Popularklage ist durch das Europarecht nicht geboten. Vielmehr stehen Klagemöglichkeiten nur der betroffenen Öffentlichkeit zu, die ein ausreichendes eigenes Interesse an der Anfechtung der Verwaltungsentscheidung geltend machen kann. Dies kann mit der Verletzung in eigenen Rechten gleichgesetzt werden. Auch eine Kehrtwendung in der bisherigen Rechtsprechung des BVerwG zur Kausalität von Verfahrensfehlern[104] ist europarechtlich nicht geboten. Verfahrensfehler haben auch vor dem Hintergrund europarechtlicher Regelungen keinen Selbstzweck. Vielmehr schlagen sie nur dann auf die Rechtswidrigkeit der Verwaltungsentscheidung durch, wenn sie für diese kausal sind.

II. Plan-UP-Richtlinie

2720 Im Anschluss an die Projekt-UVP-Richtlinie 1985[105] und die Änderungsrichtlinie 1997,[106] die sich auf Projekte bezieht (Projekt-UVP),[107] ist durch die Plan-UP-Richtlinie[108] eine Umweltprüfung für Pläne und Programme eingeführt worden.[109] Neben die Projekt-UVP ist daher die Plan-UP getreten, die auch als „Strategischer Umweltprüfung"[110] kurz „SUP"[111] bezeichnet wird. Komplementär zum Begriff „Projekt-UVP" wird aber auch vielfach der Begriff „Plan-UVP" benutzt.[112] Es werden aber auch die Be-

---

[104] S. Rdn. 1130, 2708.
[105] Richtlinie 85/337/EWG des Rates vom 27. 6. 1985 über die Umweltverträglichkeitsprüfung bei bestimmten öffentlichen und privaten Projekten (ABl. vom 5. Juli 1985, Nr. L. 175, S. 40). Zur Entstehung vgl. *Hoppe-Haneklaus*, UVPG, Vorb. Rn. 1; *Erbguth/Schink*, UVPG, Einl. Rn. 2.
[106] Richtlinie 97/11/EG des Rates vom 3. 3. 1997 zur Änderung der Richtlinie 85/337/EWG über die Umweltverträglichkeitsprüfung bei bestimmten öffentlichen und privaten Projekten (ABl. vom 14. 3. 1997, Nr. L 73 S. 5).
[107] Die Änd-Richtlinie ist durch das Gesetz zur Umsetzung der UVP-Änderungsrichtlinie, der IVU-Richtlinie und weiterer EG-Umweltrichtlinien zum Umweltschutz (BGBl. I vom 2. 8. 2001, S. 1950) in nationales Recht umgesetzt worden.
[108] Richtlinie 2001/42/EG des Europäischen Parlamentes und des Rates vom 27. 6. 2001 über die Prüfung der Umweltauswirkungen bestimmter Pläne und Programme ABl. vom 21. 7. 2001, Nr. L 197, S. 30.
[109] Z. B. *Battis* NuR 1995, S. 448; *Wagner* UVP-Report 1996, S. 227; *Jarass* DÖV 1999, S. 661; *Spannowsky* UPR 2000, S. 201; *Schink* UPR 2000, S. 127; *Ginzky* UPR 2002, S. 47; *Krautzberger* DVBl. 2002, S. 285, *Pietzcker*, Gutachten zum Umsetzungsbedarf der Plan-UP-Richtlinie und *ders./Fiedler* DVBl. 2002, S. 929. Zum Folgenden vor allem *Kläne*, Strategische Umweltprüfung (SUP) in der Bauleitplanung, Osnabrück 2002.
[110] Z. B. *Platzer* RdU 1994, S. 3; *Rengeling*, FS Hoppe, S. 883; *Schmidt/Rütz/Bier* DVBl. 2002, S. 357; *Feldmann* UVP-Report 2000, S. 109 f.; *Jacoby* UVP-Report 2000, S. 37; *Scholles* UVP-Report 2001, S. 127; *Näckel* UVP-Report 2001, S. 130; *Bernotat/Herbert* UVP-Report 2001, S. 75. Die Bezeichnung „Strategische Umweltprüfung" wurde auch für das Sonderheft 2/1998 des UVP-Reports sowie für das Schwerpunktthema in Heft 3/2001 gewählt.
[111] *Feldmann* UVP-Report 2000, S. 109 f.; *Kläne*, Strategische Umweltprüfung (SUP) in der Bauleitplanung, Osnabrück 2002,; *Schmidt/Rütz/Bier* DVBl. 2002, S. 357; *Jacoby* UVP-Report 2000, S. 37; *Scholles* UVP-Report 2001, S. 127; *Näckel* UVP-Report 2001, S. 130; *Bernotat/Herbert* UVP-Report 2001, S. 75.
[112] Vgl. zu Plan-UP z. B. *Otto*, Umweltverträglichkeitsprüfung von Plänen und Programmen, (1997); *Kläne*, Strategische Umweltprüfung (SUP) in der Bauleitplanung, Osnabrück 2002.

griffe „Plan- und Programm-UVP"[113] oder „strategische UVP[114]/Strategie-UVP[115] verwendet. Die strategische Umweltprüfung will dabei zugleich dem Nachhaltigkeitsprinzip Rechnung tragen.[116]

1. Europarechtliche Vorgaben

Die auf Art. 175 I EGV gestützte[117] Plan-UP-Richtlinie[118] besteht aus 15 Artikeln und 2 Anhängen. Vorangestellt sind 20 Erwägungsgründe. Art. 1 Plan-UP-Richtlinie „Ziele" enthält die Zielsetzung der Richtlinie, durch Einführung einer Umweltprüfung dazu beizutragen, dass Umwelterwägungen bei der Ausarbeitung und Annahme von Plänen und Programmen einbezogen werden. Art. 2 Plan-UP-Richtlinie „Begriffsbestimmungen" bezeichnet näher, was im Sinne der Richtlinie unter „Pläne und Programme", „Politiken", „Umweltprüfung", „Umweltbericht"[119] und „Öffentlichkeit" zu verstehen ist. Art. 3 Plan-UP-Richtlinie regelt den „Geltungsbereich" der Richtlinie. Absatz 2 legt fest, welche Pläne und Programme potentiell so umweltgefährdend sind, dass sie zwingend einer Umweltprüfung nach der Richtlinie zu unterziehen sind, während die Absätze 3 und 4 „weichere" Screening-Bestimmungen für nur unter Umständen prüfungspflichtige Pläne und Programme enthalten. Art. 3 V Plan-UP-Richtlinie regelt in Verbindung mit Anhang II die Frage, auf welche Weise die Mitgliedstaaten im nationalen Recht für die unter Absatz 3 und 4 fallenden Pläne und Programme festlegen bzw. ermitteln können, ob insofern erhebliche Umweltauswirkungen zu befürchten sind. Die Kriterien des Anhang II müssen hierbei in jedem Fall berücksichtigt werden. In den Artikeln 4 bis 9 Plan-UP-Richtlinie ist das eigentliche Verfahren, die Umweltprüfung, geregelt. Kern des Verfahrens ist die Erstellung eines Umweltberichts (Art. 5 Plan-UP-Richtlinie), in dem die Umweltauswirkungen ermittelt, beschrieben und bewertet werden müssen. Anhang I legt fest, welche Informationen zu diesem Zweck vorzulegen sind, u. a. die Nullvarianten- und Alternativenprüfung. Dem Anhang I der Plan-UP-Richtlinie kommt in inhaltlich-methodischer Hinsicht besondere Bedeutung zu, weil hier die Inhalte von Umweltberichten rahmensetzend vorgegeben werden.[120] Die Öffentlichkeits- und Behördenbeteiligung ist im Wesentlichen in den Art. 6 Plan-UP-Richtlinie „Konsultationen" und Art. 7 Plan-UP-Richtlinie „Grenzüberschreitende Behördenbeteiligung" geregelt. Art. 10 Plan-UP-Richtlinie regelt die Überwachung („Monitoring") der Umweltauswirkungen bei der Durchführung der Programme und Pläne durch die Mitgliedstaaten und in Art. 11 Plan-UP-Richtlinie wird das Verhältnis der Richtlinie zu anderen Gemeinschaftsvorschriften, insbesondere zur UVP-Richtlinie, festgelegt. Deren Anforderungen müssen zwar gleichwohl erfüllt werden (Absatz 1), es wird aber die Möglichkeit eingeräumt, koordinierte oder gemeinsame Verfahren zur Erfüllung der einschlägigen Rechtsvor-

---

[113] Z. B. *Runge* UVP-Report 1995, S. 174; *Hübler* UVP-Report 1998, S. 65; *Hoppe/Deutsch*, in: Rengeling (Hrsg.), EUDUR, § 88, Rn. 73.

[114] Z. B. *Voß/Wiehe* UTR Bd. 45 (1998), S. 449; *Knieps/Schmiedecken* UVP-Report 1998, S. 62; *Ziekow* UPR 1999, 287; *Schink* UPR 2000, S. 127; *Rühl* UPR 2002, S. 129; vgl. *Kläne*, Strategische Umweltprüfung (SUP) in der Bauleitplanung, Osnabrück 2002.

[115] *Böhm-Amtmann* WiVerw 1999, S. 135.

[116] *Weiland* UVP-Report 1998, S. 74; zum Nachhaltigkeitsprinzip vgl. *Bunzel* NuR 1997, S. 583; *Erbguth* DÖV 1998, S. 673; *Mitschang* DÖV 2000, S. 14.

[117] Ob darin eine ausreichende Rechtsgrundlage liegt, ist allerdings gelegentlich bestritten worden, so Beschluss des Bundesrates vom 6. 6. 1997 (BR-Drs. 277/97, S. 3), bestätigt durch B. v. 9. 12. 1999 (BR-Drs. 693/99, S. 4); vgl. auch *Knieps/Stein* UVP-Report 1998, S. 77; vgl. auch *Steinberg*, FS Hoppe, S. 494; *Kläne*, Strategische Umweltprüfung (SUP) in der Bauleitplanung, Osnabrück 2002.

[118] Richtlinie 2001/42/EG des Europäischen Parlamentes und des Rates vom 27. 6. 2001 über die Prüfung der Umweltauswirkungen bestimmter Pläne und Programme ABl. vom 21. 7. 2001, Nr. L 197, S. 30.

[119] Zum Umweltbericht s. Rdn. 249, 280, 385, 769, 809, 955, 1040, 1121, 1403, 1501, 2079, 2789.

[120] *Jacoby* UVP-Report 2001, S. 28.

schriften vorzusehen, um Mehrfachprüfungen zu vermeiden (Absatz 2). Nach Art. 12 Plan-UP-Richtlinie tauschen die Mitgliedstaaten und die Kommission Informationen über die Anwendung der Richtlinie aus. Art. 13 Plan-UP-Richtlinie enthält Bestimmungen zur Umsetzung der Richtlinie[121] und ferner eine Bestimmung, gemäß der die Mitgliedstaaten der Kommission eine Liste von Typen von Plänen und Programmen übermitteln, die sie aufgrund der Richtlinie einer Umweltprüfung unterziehen.

2722　Die Plan-UP-Richtlinie soll dazu beitragen, in der Europäischen Union ein **hohes Umweltschutzniveau** sicherzustellen. Sie soll bewirken, dass Umwelterwägungen bei der Ausarbeitung und Annahme von Plänen und Programmen angemessen Rechnung getragen wird. Hierzu sollen bestimmte Pläne und Programme, die voraussichtlich erhebliche Umweltauswirkungen haben, einer Strategischen Umweltprüfung unterzogen werden. Dadurch soll gewährleistet werden, dass derartige Auswirkungen bei der Ausarbeitung und vor der Annahme der Pläne und Programme im erforderlichen Maße berücksichtigt werden. Dem Erwägungsgrund 5 der Plan-UP-Richtlinie zufolge soll die Strategische Umweltprüfung den Unternehmen zugute kommen, da mit ihr über die frühzeitige Berücksichtigung von Umweltbelangen mehr Planungssicherheit geschaffen wird. Außerdem soll die „Einbeziehung eines breiteren Spektrums von Faktoren bei der Entscheidungsfindung zu nachhaltigeren und wirksameren Lösungen beitragen". Eine Strategische Umweltprüfung soll daher bereits bei der Aufstellung von Plänen und Programmen und nicht erst in den anschließenden Zulassungsverfahren für konkrete Vorhaben durchgeführt werden. Für die Zulassungsebene soll aber weiterhin das Instrument der UVP nach Maßgabe der UVP-Richtlinie und der UVP-Änd-Richtlinie angewendet werden.

2723　Der **Gegenstand der UVP** lässt sich Art. 3 der Projekt-UVP-Richtlinie (Richtlinie 85/337/EWG) entnehmen: „Die Umweltverträglichkeitsprüfung identifiziert ... Auswirkungen eines Projektes auf folgende Faktoren: Mensch, Fauna, Flora, Boden, Wasser, Luft, Klima und Landschaft. Die Wechselwirkung zwischen den unter dem ersten und dem zweiten Gedankenstrich genannten Faktoren, Sachgüter und das kulturelle Erbe." Durch die UVP-Änd-Richtlinie 1997 sind diese Faktoren sogar aufgewertet worden, indem nunmehr die Reihenfolge lautet: Mensch, Fauna, Flora, Boden, Wasser, Luft, Klima und Landschaft, Sachgüter und kulturelles Erbe. Die Wechselwirkung zwischen den unter dem ersten, dem zweiten und dem dritten Gedankenstrich genannten Faktoren.

2724　Die Plan-UP-Richtlinie knüpft an die Projekt-UVP-Richtlinie an. Deshalb die Annahme berechtigt, dass die Richtlinien einen identischen Umweltbegriff zugrunde legen. Das wird auch durch den Anhang I der Plan-UP-Richtlinie bestätigt, der die Informationen des Umweltberichts aufführt. Hier werden die umweltrelevanten Auswirkungen wie folgt benannt: „Die Informationen, die gemäß Art. 5 I nach Maßgabe von Art. 5 II und III vorzulegen sind, umfassen ... die voraussichtlichen erheblichen Umweltauswirkungen,[122] einschließlich auf Aspekte wie die biologische Vielfalt, die Bevölkerung, die Gesundheit des Menschen, Fauna, Flora, Boden, Wasser, Luft, klimatische Faktoren, Sachwerte, das kulturelle Erbe einschließlich des architektonischen und archäologischen Erbes, die Landschaft und die Wechselbeziehung zwischen den genannten Faktoren."

2725　**Ziel** der **Plan-UP-Richtlinie** ist es, im Hinblick auf die Förderung einer nachhaltigen Entwicklung ein hohes Umweltschutzniveau sicherzustellen und dazu beizutragen, dass Umwelterwägungen bei der Ausarbeitung und Annahme von Plänen und Programmen einbezogen werden, indem dafür gesorgt wird, dass bestimmte Pläne und Programme,

---

[121] Die Umsetzungsfrist ist auf Druck des Rates von 2 auf 3 Jahre erhöht worden, so dass bis zum 21. Juli 2004 das nationale Recht angepasst werden musste.
[122] Einschließlich sekundärer, kumulativer, synergetischer, kurz-, mittel- und langfristiger, ständiger und vorübergehender, positiver und negativer Auswirkungen.

die voraussichtlich erhebliche Umweltauswirkungen haben, einer Umweltprüfung unterzogen werden (Art. 1 Plan-UP-Richtlinie).[123]

Die Plan-UP-Richtlinie versteht unter **„Plänen"** und **„Programmen"** Pläne und Programme, einschließlich der von der Europäischen Gemeinschaft mitfinanzierten, sowie deren Änderungen, die von einer Behörde auf nationaler, regionaler oder lokaler Ebene ausgearbeitet und/oder angenommen werden oder die von einer Behörde für die Annahme durch das Parlament oder die Regierung im Wege eines Gesetzgebungsverfahrens ausgearbeitet werden und die aufgrund von Rechts- oder Verwaltungsvorschriften erstellt werden müssen (Art. 2a Plan-UP-Richtlinie). 2726

Diese **Pläne** und **Programme**, die voraussichtlich erhebliche Umweltauswirkungen haben, werden einer Umweltprüfung nach Art. 4 bis 9 Plan-UP unterzogen. Dabei wird die obligatorische Umweltprüfung (Art. 3 II Plan-UP-Richtlinie) und die konditionale Umweltprüfung[124] (Art. 3 III und IV Plan-UP-Richtlinie) unterschieden. Bei allen Plänen und Programmen, die in den Bereichen Landwirtschaft, Forstwirtschaft, Fischerei, Energie, Industrie, Verkehr, Abfallwirtschaft, Wasserwirtschaft, Telekommunikation, Fremdenverkehr, Raumordnung oder Bodennutzung ausgearbeitet werden und durch die der Rahmen für die künftige Genehmigung der in den Anhängen I und II der Projekt-UVP-Richtlinie aufgeführten Projekte gesetzt wird, oder bei denen angesichts der voraussichtlichen Auswirkungen auf Gebiete einer Prüfung nach Art. 6 oder 7 FFH-Richtlinie für erforderlich erachtet wird, ist eine Plan-UP durchzuführen. Für die rahmensetzende Wirkung der Pläne ist die Steuerungswirkung von Plänen und nicht die strikte rechtliche Verbindlichkeit der Planvorgaben für die Zulassung eines UVP-Projekts entscheidend. Aus der Sicht der Kommission reicht es aus, wenn Pläne nachfolgende Zulassungsentscheidungen „beeinflussen"[125]. 2727

Die **Plan-UP-Richtlinie** regelt die EG-rechtlichen Anforderungen der Umweltprüfung bei der Aufstellung oder Änderung von bestimmten Plänen und Programmen. Die erfassten Pläne und Programme, die Pflicht zur Durchführung einer Umweltprüfung sowie die Ausgestaltung der Umweltprüfung werden in der Plan-UP-Richtlinie näher bestimmt. Nach Art. 3 II Plan-UP-Richtlinie werden vor allem Pläne und Programme aus bestimmten Sachbereichen, die einen Rahmen für die künftige Zulassung von Projekten nach den Anhängen I und II der UVP-Richtlinie setzen, einer Strategischen Umweltprüfung unterzogen. Umweltprüfungspflichtig sind ferner Pläne und Programme, die gemäß FFH-Richtlinie zu prüfen sind. Bei Plänen und Programmen nach Art. 3 II der Plan-UP-Richtlinie, die die Nutzung kleiner Gebiete auf lokaler Ebene festlegen oder die nur geringfügig geändert werden, bestimmen nach Art. 3 III bis V der Plan-UP-Richtlinie die Mitgliedstaaten, unter welchen Voraussetzungen erhebliche Umweltauswirkungen zu erwarten sind und damit eine Strategische Umweltprüfung durchzuführen ist. Entsprechendes gilt für Pläne und Programme, die einen Rahmen für die künftige Zulassung von Projekten setzen, aber nicht unter Art. 3 II der Plan-UP-Richtlinie fallen. 2728

Erfasst werden Pläne und Programme, die aufgrund von Rechts- oder Verwaltungsvorschriften aufgestellt werden. Nicht der Umweltprüfung unterliegen daher alle Pläne und Programme, deren Aufstellung rechtlich nicht vorgesehen ist. Dies gilt insbesondere 2729

---

[123] Zur Entstehungsgeschichte Entwurf für eine Richtlinie über die Umweltverträglichkeitsprüfung bei Politiken, Plänen und Programmen vom 16. 8. 1990, Vorlage der Kommission an den Rat, XII/194/90-DE; vgl. dazu *Wagner* UVP-Report 1991, S. 98 f.; Entwurf für eine Richtlinie über die Umweltverträglichkeitsprüfung bei Politiken, Plänen und Programmen vom 4. 6. 1991, Vorlage der Kommission an den Rat, XI/194/90-DE.REV.4, S. 2; Entwurf einer Richtlinie zur strategischen Umweltprüfung vom 7. 4. 1995 (überarbeiteter Entwurf vom 19. 5. 1995); vgl. dazu *Wagner* UVP-Report 1995, S. 166 ff.; *Kläne*, Strategische Umweltprüfung (SUP) in der Bauleitplanung, Osnabrück 2002.
[124] *Jacoby* UVP-Report 2000, S. 38; *Bruns/Kahl* NuL 2000, S. 309.
[125] Vgl. Nr. 1.7 der Begründung zum KOM-E-1997 (abgedruckt in BT-Drs. 277/97, S. 3); vgl. auch Platzer, RdU 1998, S. 3.

für Pläne, die ausschließlich politischen Charakter haben. Die Aufstellungspflicht kann sich dabei auch aus der Kompetenzzuweisung des GG ergeben. Ein Beispiel dafür ist die Rahmengesetzgebung des Bundes nach Art. 75 GG, auf deren Grundlage der Bund Rahmenregelungen erlässt, die von den Ländern auszufüllen sind. Regelungen in diesem Bereich unterfallen bei Vorliegen der Voraussetzungen im Übrigen der Plan-UP-Pflicht. Die ausfüllenden Regelungen selbst sind dabei von den Ländern zu erlassen.

2730 Die Behörde muss zur Ausarbeitung, Annahme oder Änderung des Plans oder Programms **verpflichtet** sein. Ob eine derartige Pflicht besteht, muss den jeweiligen Vorschriften entnommen werden. Derartige Pflichten können sich auch dann ergeben, wenn der Plan oder das Programm in den nachfolgenden Verwaltungsentscheidungen einen rechtlichen Stellenwert im Sinne eines Berücksichtigungserfordernisses hat.

Beispiel: So ergibt sich etwa aus dem Bedarfsplan des Bundes die Planrechtfertigung für die in ihm benannten Vorhaben.[126] Der Bebauungsplan ist erforderlich für die Zulässigkeit bestimmter Vorhaben und wird aus dem Flächennutzungsplan entwickelt. Derartige Pläne sind daher in das jeweilige förmliche Verfahren integriert und unterliegen daher der Plan-UP.

2731 Neben die **obligatorische Plan-UP** tritt die **konditionale Plan-UP**. Hierunter fallende Pläne und Programme, welche die Nutzung kleiner Gebiete auf lokaler Ebene festlegen, geringfügige Änderungen der vorgenannten Pläne und Programme bedürfen nur dann einer Umweltprüfung, wenn die Mitgliedstaaten bestimmen, dass sie voraussichtlich erhebliche Umweltauswirkungen haben. Bei anderen, nicht unter die obligatorische Umweltprüfung fallenden Plänen und Programmen mit rahmensetzender Wirkung für die künftige Genehmigung bestimmen die Mitgliedstaaten unter Berücksichtigung der einschlägigen Kriterien des Anhangs II der Plan-UP-Richtlinie, ob voraussichtlich mit erheblichen Umweltauswirkungen zu rechnen ist (Art. 3 IV Plan-UP-Richtlinie). Dabei kann der Mitgliedstaat entweder eine Einzelfallprüfung anordnen oder bestimmte Arten von Plänen und Programmen für UP-pflichtig erklären oder aber auch beide Modelle kombinieren (Art. 3 V Plan-UP-Richtlinie).[127]

2732 Die Umweltprüfung gliedert sich nach der Plan-UP-Richtlinie in verschiedene **Verfahrensschritte**:
– Feststellung der **Notwendigkeit** einer Strategischen Umweltprüfung: obligatorische Plan-UP-Pflicht von Plänen und Programmen nach Art. 3 II der Plan-UP-Richtlinie oder Vorprüfung des Einzelfalls bzw. Artfestlegung nach Art. 3 III bis VII der Plan-UP-Richtlinie;
– Festlegung des **Untersuchungsrahmens** und Bestimmung der in den Umweltbericht aufzunehmenden Informationen (**„Scoping"**) nach Art. 5 IV der Plan-UP-Richtlinie;
– Erstellung des **Umweltberichts** nach Art. 5 I bis III der Plan-UP-Richtlinie;
– **Konsultationen** (Behörden- und Öffentlichkeitsbeteiligung, grenzüberschreitende Beteiligung) nach Art. 6 und 7 der Plan-UP-Richtlinie;
– **Berücksichtigung** des Umweltberichts und der Ergebnisse durchgeführter Konsultationen bei der weiteren **Entscheidungsfindung** nach Art. 8 der Plan-UP-Richtlinie;
– Bekanntgabe der Entscheidung nach Art. 9 der Plan-UP-Richtlinie;
– Überwachung (**„Monitoring"**) nach Art. 10 der Plan-UP-Richtlinie.

2733 Die Umweltprüfung wird während der **Ausarbeitung** und **vor der Annahme** eines Plans oder Programms oder dessen Einbringung in das Gesetzgebungsverfahren durchgeführt. Die Mitgliedstaaten können die Anforderungen der Umweltprüfung in bestehende Verfahren übernehmen oder auch neue Verfahren einrichten. Gehören Pläne und Programme zu einer Plan- oder Programmhierarchie, so soll zur Vermeidung einer Mehrfachprüfung eine Abschichtung der Umweltprüfung auf den verschiedenen Ebenen stattfinden (Art. 4 Plan-UP-Richtlinie).

---

[126] Zum Bedarfsplan nach dem FStrAbG s. Rdn. 3008, 3948; zum Bundesschienenwegebedarfsplan s. Rdn. 3109.
[127] *Kläne*, Strategische Umweltprüfung (SUP) in der Bauleitplanung, Osnabrück 2002.

Die Plan-UP ist nur bei behördlichen Planungsverfahren durchzuführen. Einbezogen sind dabei auch Pläne und Programme, die zunächst von Privaten entworfen, dann aber von einer Behörde angenommen werden. Eine Strategische Umweltprüfung ist ferner bei solchen Plänen und Programmen durchzuführen, die von einer Behörde – wozu auch die Ministerialverwaltung gehört – vorbereitet und anschließend von einer Regierung oder im Wege eines Gesetzgebungsverfahrens angenommen werden. In diesen Fällen hat die Strategische Umweltprüfung nur in der Phase der Ausarbeitung des Plan- oder Programmentwurfs durch die Behörde zu erfolgen. Eine erneute Strategische Umweltprüfung vor der Regierungsentscheidung oder innerhalb des Gesetzgebungsverfahrens ist dagegen nicht erforderlich. Eine Annahme durch eine Regierung liegt auch bei der Verabschiedung einer Rechtsverordnung durch Kabinettbeschluss vor. 2734

Die Umweltprüfung wird im **Umweltbericht** niedergelegt, der sich damit als das zentrale Dokument des Prüfverfahrens erweist. Darin werden die voraussichtlichen erheblichen Auswirkungen, die die Durchführung des Plans oder Programms auf die Umwelt hat, sowie vernünftige Alternativen, die die Ziele und den geografischen Anwendungsbereich des Plans oder Programms berücksichtigen, ermittelt, beschrieben und bewertet. Die Kriterien der Prüfung sind in Anhang I der Plan-UP-Richtlinie angegeben. Der Umweltbericht enthält die Angaben, die vernünftigerweise verlangt werden können, und berücksichtigt dabei den gegenwärtigen Wissensstand und aktuelle Prüfmethoden, Inhalt und Detaillierungsgrad des Plans oder Programms, dessen Stellung im Entscheidungsprozess sowie das Ausmaß, in dem bestimmte Aspekte zur Vermeidung von Mehrfachprüfungen auf den unterschiedlichen Ebenen dieses Prozesses am besten geprüft werden können (Art. 5 Plan-UP-Richtlinie). Hierdurch kann dem Stufen- und Prozesscharakter der Planung und dem Umstand Rechnung getragen werden, dass die einzelnen Planungsstufen aufeinander aufbauen bzw. sich voneinander ableiten. Die Umweltprüfung muss in diesen gestuften Prozess eingebettet werden. 2735

Wesentliches Element der Umweltprüfung ist die **Beteiligung der Öffentlichkeit** und der **Behörden**. Im Rahmen dieser **Konsultationsverfahren** werden der Entwurf des Plans oder Programms den Behörden und der Öffentlichkeit zugänglich gemacht. Ihnen wird frühzeitig und effektiv Gelegenheit gegeben, vor der Annahme des Plans oder Programms oder der Einbringung in das Gesetzgebungsverfahren zum Plan- oder Programmentwurf Stellung zu nehmen. Die Mitgliedstaaten bestimmen dabei, was unter der „Öffentlichkeit" zu verstehen ist. Der Begriff schließt die Teile der Öffentlichkeit ein, die vom Entscheidungsprozess betroffen sind oder voraussichtlich betroffen sein werden oder ein Interesse daran haben, darunter auch relevante Nichtregierungsorganisationen. 2736

Bei grenzüberschreitenden Auswirkungen der Pläne und Programme ist eine **grenzüberschreitende Konsultation** anderer Mitgliedstaaten durchzuführen (Art. 7 Plan-UP-Richtlinie). 2737

Der Umweltbericht, die Stellungnahmen und die Ergebnisse der grenzüberschreitenden Konsultationen werden bei der Ausarbeitung und vor der Annahme des Plans oder Programms oder vor dessen Einbringung in das Gesetzgebungsverfahren **berücksichtigt** (Art. 8 Plan-UP-Richtlinie). Damit soll sichergestellt werden, dass die Ergebnisse der Umweltprüfung in die Entscheidung eingehen. Die Plan-UP-Richtlinie nimmt zwar keinen unmittelbaren Einfluss auf die Umweltstandards. Die in der Umweltprüfung ermittelten Belange gehen jedoch in die Entscheidung ein und nehmen daher mittelbar auf die Planungsentscheidung Einfluss. 2738

Die getroffene Entscheidung ist der Öffentlichkeit bekannt zu machen. Die **Bekanntmachung** umfasst (1) den angenommenen Plan oder das angenommene Programm, (2) eine zusammenfassende Erklärung, wie Umwelterwägungen in den Plan oder das Programm einbezogen wurden, wie der Umweltbericht, die abgegebenen Stellungnahmen und Konsultationen berücksichtigt wurden und aus welchen Gründen der angenommene Plan oder das angenommene Programm nach Abwägung mit den vernünftigen Alternativen gewählt wurde und (3) die Maßnahmen, die zur Überwachung beschlossen wurden 2739

(Art. 9 Plan-UP-Richtlinie). Die Bekanntmachung der Entscheidung beinhaltet daher neben dem Plan oder Programm auch eine zusammenfassende Erklärung im Sinne einer Gesamtabwägung (gelegentlich auch als **Presseerklärung** bezeichnet), in der die wesentlichen Abwägungsgesichtspunkte dargelegt werden. Zudem muss bereits mit der Bekanntmachung ein Überblick über die beabsichtigten Überwachungsmaßnahmen als Kernbestandteil des Monitoring gegeben werden (Art. 9 Plan-UP-Richtlinie).

2740 Art. 10 Plan-UP-Richtlinie verpflichtet zu einem **Monitoring**.[128] Die Mitgliedstaaten überwachen danach die erheblichen Auswirkungen der Durchführung der Pläne und Programme auf die Umwelt, um unter anderem frühzeitig unvorhergesehene negative Auswirkungen zu ermitteln und um in der Lage zu sein, geeignete Abhilfemaßnahmen zu ergreifen. Zur Erfüllung der Anforderungen können bestehende Überwachungsmechanismen angewandt werden, um Doppelarbeit bei der Überwachung zu vermeiden. Art. 12 Plan-UP-Richtlinie verpflichtet die Mitgliedstaaten zur Information, zu Berichten und zu einer Überprüfung. Die Mitgliedstaaten stellen sicher, dass die Umweltberichte von ausreichender Qualität sind, um die Anforderungen der Richtlinie zu erfüllen, und unterrichten die Kommission über alle Maßnahmen, die sie bezüglich der Qualität dieser Berichte ergreifen. Diese Pflicht zur **Qualitätssicherung** der Pläne und Programme ist an die Mitgliedstaaten gerichtet und soll durch entsprechende gesetzliche Vorgaben die einzelnen Pläne und Programme erfassen. Von Plänen und Programmen, die den verfahrensrechtlichen Anforderungen der Plan-UP-Richtlinie entsprechen, dürfte die Vermutung für eine entsprechende Qualität der Planung ausgehen. Zudem ist der Plan- oder Programmgeber zu einem Monitoring verpflichtet. Auch hierdurch kann zu einer entsprechenden Qualitätssicherung beigetragen werden. Zusätzliche verfahrensrechtliche oder gar inhaltliche Vorgaben der Mitgliedstaaten für die planerischen Einzelentscheidungen zur Qualitätssicherung sind daher europarechtlich nicht geboten.[129]

2741 **Plan-UP** und **Projekt-UVP** finden in einem gestuften Verfahren statt, das sich von der hochstufigen Bundesplanung über die Raumordnung und Landesplanung bis zur konkreten Projektzulassung in der Planfeststellung erstreckt. Auch das EG-Recht geht von diesem gestuften Entscheidungsverfahren aus. Pläne und Programme mit rahmenbildender Funktion für künftige Genehmigungsverfahren unterliegen unter den Voraussetzungen der Art. 2 und 3 Plan-UP-Richtlinie der Umweltprüfung. Projekte, bei denen unter anderem aufgrund ihrer Art, Größe oder ihres Standortes mit erheblichen Umweltauswirkungen zu rechnen ist, sind einer Genehmigungspflicht zu unterwerfen und einer UVP zu unterziehen (Art. 2 I Projekt-UVP-Richtlinie). Die Projekte sind in Art. 4 Projekt-UVP-Richtlinie definiert und unterscheiden sich in Projekte des Anhangs I, für die zwingend eine UVP durchzuführen ist, und Projekte des Anhangs II, die nach Maßgabe der Regelungen der Mitgliedstaaten einer fakultativen UVP unterliegen. Während sich die Plan-UP-Richtlinie auf für Genehmigungen und Projekte rahmensetzende Pläne und Programme bezieht, werden von der Projekt-UVP-Richtlinie Projekte betroffen, die einem konkreten Genehmigungsverfahren unterliegen. Die Schnittstelle zwischen beiden Richtlinien ist also der Beginn des Genehmigungsverfahrens, mit dem der Anwendungsbereich der Plan-UP-Richtlinie in den der Projekt-UVP-Richtlinie übergeht.

2742 **Plan-UP-Richtlinie** und **Projekt-UVP-Richtlinie** bilden dabei keinen Gegensatz, sondern haben Gemeinsamkeiten: Beide Richtlinien sehen einen Umweltbericht vor (Art. 5 Plan-UP-Richtlinie, Art. 5 III Projekt-UVP-Richtlinie). Die Umweltprüfung geht allerdings hinsichtlich der zu prüfenden Alternativen weiter. Auch ist bei der Plan-UP-Richtlinie ein Monitoring vorgesehen. Im Umweltbericht werden die voraussichtlich erheblichen Auswirkungen, welche die Durchführung des Plans oder Programms auf die Umwelt hat, sowie vernünftige Alternativen, welche die Ziele und den geografischen Anwendungsbereich des Plans oder Programms berücksichtigen, ermittelt, beschrieben

---

[128] Zum Monitoring s. Rdn. 789, 1035, 1040, 2801.
[129] S. Rdn. 824, 2811.

und bewertet. Beide Richtlinien sehen eine Behörden- und eine Öffentlichkeitsbeteiligung vor (Art. 6 Plan-UP-Richtlinie, Art. 6 Projekt-UVP-Richtlinie). Die Behördenbeteiligung und Öffentlichkeitsbeteiligung ist dabei allerdings tendenziell bei der Zulassung von Projekten differenzierter angelegt als bei (hochstufigen) Plänen und Programmen. Hier kann der Mitgliedstaat bestimmen, was unter Öffentlichkeit i. S. des Art. 6 II Plan-UP-Richtlinie zu verstehen ist (Art. 6 IV Plan-UP-Richtlinie). Die Plan-UP für Pläne und Programme und die Projekt-UVP für die Zulassung von Projekten ergänzen sich daher. Die rechtlichen Anforderungen sind den jeweiligen Stufen von Planung und Zulassung zugeordnet. Die Anforderungen an die Plan-UP bzw. Projekt-UVP sind nach den beiden Richtlinien um so geringer, je mehr lediglich hochstufige Planungen oder Programme betroffen sind. Die Anforderungen sind um so höher, je konkreter der Bereich der Zulassungsentscheidung ansteht. Dabei kann die Projekt-UVP bereits in vorgelagerten Planungsstufen erfolgen (Art. 2 I Projekt-UVP-Richtlinie: „vor Erteilung der Genehmigung").

Insoweit können sich bei der Plan-UP und der Projekt-UVP auch tendenziell etwas **andere Schwerpunkte** entwickeln: Die Projekt-UVP ist auf die Verwirklichung eines konkreten Projektes gerichtet. Auf der Plan- und Programmebene werden dagegen oft eine Vielzahl von Maßnahmen, Vorhaben oder Planungen in einem größeren Raum und die sich hieraus ergebenen Summenwirkungen wiederum unter noch relativ globalen Vorgaben untersucht und ermittelt.[130] Auch aus diesen unterschiedlichen Funktionen ergeben sich detaillierte projektbezogene Untersuchungen erst auf der Ebene der Projekt-UVP. **2743**

Gehören Pläne und Programme zu einer **Plan-** oder **Programmhierarchie**, so berücksichtigen die Mitgliedstaaten zur Vermeidung von Mehrfachprüfungen die Tatsache, dass die Prüfung gem. der Plan-UP-Richtlinie auf verschiedenen Stufen dieser Hierarchie durchgeführt wird (Art. 4 III Plan-UP-Richtlinie). Dies gilt vor allem auch für den Umweltbericht (Art. 5 II und III Plan-UP-Richtlinie). Auch kann die Umweltprüfung der Plan-UP-Richtlinie insbesondere mit der UVP nach der Projekt-UVP-Richtlinie harmonisiert werden (Art. 11 I Plan-UP-Richtlinie). Hier können die Mitgliedstaaten koordinierte oder gemeinsame Verfahren vorsehen. Die Plan-UP-Richtlinie gibt den Mitgliedstaaten daher einen Spielraum, die Umweltprüfung auf die einzelnen Planungsstufen zu verteilen. Das Modell einer gestuften Prüfung auf den einzelnen Planungsebenen ist in der Plan-UP-Richtlinie daher angelegt. **2744**

2. Umsetzung durch das EAG Bau und das SUPG (Überblick)

Die Plan-UP-Richtlinie wird durch drei Gesetzgebungsvorhaben umgesetzt: Das **EAG Bau**, das **SUPG** und ergänzende gesetzliche Regelungen des **Fachplanungsrechts**. **2745**

Das **EAG Bau** hat die Vorgaben der Plan-UP-Richtlinie in das Städtebaurecht umgesetzt. Bauleitpläne unterliegen danach in der Regel einer Umweltprüfung, die den Vorgaben der Plan-UP-Richtlinie entspricht. Das Verfahren zur Aufstellung von Flächennutzungsplänen und Bebauungsplänen wird einer Umweltprüfung unterzogen, die zugleich von einer Öffentlichkeitsbeteiligung und einer Behördenbeteiligung begleitet ist. Die in der Umweltprüfung ermittelten und bewerteten Belange gehen in die Abwägungsentscheidung ein. **2746**

Die Umsetzung in das **Fachplanungsrecht** ist mit dem **SUPG** erfolgt. Durch entsprechende Regelungen im UVPG hat die SUP neben der UVP ihren eigenständigen Platz gefunden. Das UVPG bezieht sich auf Vorhaben, Pläne und Programme und führt die UVP und die SUP zu einer Umweltprüfung zusammen (§ 1 Nr. 1 UVPG). Die Ergebnisse der Umweltprüfung sollen so früh wie möglich bei Planungen und Entscheidungen berücksichtigt werden. Pläne und Programme unterliegen unter den im UVPG genannten Voraussetzungen der SUP. Vorhaben sind nach Maßgabe der Anlage 1 zum SUPG **2747**

---

[130] *Jacoby* in: Hübler (Hrsg.), UVP bei Plänen und Programmen, S. 17.

UVP-pflichtig. SUP und UVP stehen dabei in einem Stufenverhältnis. Für Pläne und Programme wird eine SUP durchgeführt. Für konkrete Vorhaben schließt sich eine UVP an. Um **Doppelprüfungen** zu vermeiden, ist im Rahmen der Zulassungsentscheidung eine UVP nur noch in dem Umfang durchzuführen, wie eine SUP auf der Ebene der Pläne und Programme noch nicht stattgefunden hat.

2748 In Umsetzung der SUP-Richtlinie unterliegen der SUP in sachlicher Hinsicht **Pläne und Programme** aus den **Sektoren** Landwirtschaft, Forstwirtschaft, Fischerei, Energie, Industrie einschließlich des Bergbaus, Verkehr, Abfallwirtschaft, Wasserwirtschaft, Telekommunikation, Fremdenverkehr, Raumordnung oder Bodennutzung, die in der Anlage 3 zum UVPG aufgeführt sind, sowie für sonstige Pläne und Programme, für die nach den §§ 14b bis 14d UVPG eine SUP oder Vorprüfung durchzuführen ist. Die näheren Einzelheiten ergeben sich dabei aus der **Anlage 3 zum UVPG**. Mit der Regelung wird klargestellt, dass neben den obligatorisch SUP-pflichtigen Plänen und Programmen (§ 14b I Nr. 1 UVPG) sowie den fakultativ SUP-pflichtigen Vorhaben (§ 14b I Nr. 2 UVPG) auch andere Pläne und Programme SUP-pflichtig sein können, wenn sie entsprechende rahmensetzende Vorgaben für UVP-pflichtige Vorhaben haben (§ 14b II UVPG).

2749 Kernelement der Umweltprüfung sind die Regelungen über die **Strategische Umweltprüfung** in den **§§ 14a bis 14o UVPG**. Die Vorschriften gliedern sich in Regelungen über die **Voraussetzungen** für die Umweltprüfung (§§ 14a bis 14d UVPG) und die **Verfahrensschritte** der Umweltprüfung (§§ 14e bis 14o UVPG). Der Begriff „Pläne und Programme" wird im Sinne der SUP-Richtlinie definiert (§ 2 V UVPG). Es werden Regelungen über die SUP-Pflicht von Plänen und Programmen eingeführt. Für bestimmte Pläne und Programme, die in einer Anlage abschließend aufgeführt sind, besteht eine obligatorische SUP-Pflicht, wenn die angegebenen Merkmale erfüllt sind (§ 14b I UVPG i.V. mit Anlage 3 zum UVPG). Zwingend SUP-pflichtig sind ferner Pläne und Programme, die einer Verträglichkeitsprüfung nach § 35 BNatSchG unterliegen (§ 14c UVPG). Bei anderen Plänen und Programmen wird die Notwendigkeit einer Strategischen Umweltprüfung vom Ergebnis einer Vorprüfung des Einzelfalls abhängig gemacht (§ 14b II und § 14d I UVPG). Die zuständige Behörde wird verpflichtet, frühzeitig festzustellen, ob eine Pflicht zur Durchführung einer Strategischen Umweltprüfung besteht (§ 14a UVPG). Die Behörde hat dabei anhand der Vorgaben der §§ 14b bis 14d UVPG zu prüfen, ob der konkrete Plan oder das konkrete Programm SUP-pflichtig ist. Für Pläne und Programme im Bereich der Rahmengesetzgebung und der Abfallwirtschaft treffen die Länder eigene Regelungen zum Verfahren der Feststellung der SUP-Pflicht (vgl. § 14o UVPG).

2750 **§ 14f UVPG** sieht als zentrales Element der Strategischen Umweltprüfung eine **frühzeitige Festlegung des Untersuchungsrahmens** sowie die Konkretisierung der für den Umweltbericht benötigten Angaben **(„Scoping")** vor. Es muss ein Umweltbericht (§ 14g UVPG) erstellt werden, in welchem die voraussichtlichen erheblichen Umweltauswirkungen sowie vernünftige Alternativen ermittelt, beschrieben und bewertet werden. Das Gesetz sieht einen Katalog von Angaben vor, welche der Umweltbericht mindestens enthalten muss. Es ist eine Behörden- und Öffentlichkeitsbeteiligung, ggf. auch im grenzüberschreitenden Rahmen, durchzuführen (§§ 14h bis 14j UVPG). Der Begriff der „Öffentlichkeit" wird im Sinne der SUP-Richtlinie sowie der Richtlinie 2003/35/EG definiert (§ 2 VI UVPG). Nach Abschluss der Behörden- und Öffentlichkeitsbeteiligung überprüft die Behörde die Darstellungen und Bewertungen des Umweltberichts unter Berücksichtigung der ihr übermittelten Stellungnahmen und Äußerungen; das Ergebnis ist im weiteren Planaufstellungs- oder -änderungsverfahren zu berücksichtigen (§ 14k UVPG). Die Entscheidung über die Annahme des Plans oder Programms muss den Behörden und der Öffentlichkeit bekannt gegeben werden (§ 14l I UVPG). Bei der Annahme sind der Plan oder das Programm sowie bestimmte Informationen über das Ergebnis der Umweltprüfung zur Einsicht auszulegen (§ 14l II UVPG). Erhebliche Um-

1. Teil. Umwelt- und naturschutzbezogene EG-Richtlinien   2751–2755   **D**

weltauswirkungen, die bei der Durchführung des Plans oder Programms auftreten können, sind behördlich zu überwachen (§ 14 m UVPG).

Die SUP ist **unselbstständiger Teil** der jeweiligen Trägerverfahren und damit in diese **2751** Verfahren integriert (§ 2 IV UVPG). Die nach dem UVPG erforderlichen Verfahrensschritte werden im Rahmen der jeweiligen Verfahren zur Aufstellung der Pläne und Programme durchgeführt. Dabei ist von den jeweiligen Verfahrensregelungen für das Trägerverfahren auszugehen. Soweit die Regelungen hinter den Vorgaben des UVPG zurückbleiben, sind ergänzend die Vorschriften des UVPG (insbesondere §§ 14a bis 14p UPVG) heranzuziehen.

3. Verhältnis von SUP und UVP

Die Umweltprüfung wird als UVP oder SUP durchgeführt (§ 1 Nr. 1 UVPG). Die **2752** SUP erfasst die vorgelagerten Pläne und Programme, die einen Rahmen für nachfolgende Zulassungsentscheidung setzen. Die UVP begleitet demgegenüber die jeweiligen Zulassungsentscheidungen.

Pläne und Programme i. S. des UVPG sind bundesrechtlich vorgesehene Pläne und **2753** Programme, zu deren Ausarbeitung, Annahme oder Änderung eine Behörde durch Rechts- oder Verwaltungsvorschriften verpflichtet ist. Ausgenommen sind Pläne und Programme, die ausschließlich den Zielen der Verteidigung oder des Katastrophenschutzes dienen, sowie Finanz- und Haushaltspläne und -programme. Hierunter fallen wohl nicht nur solche Pläne und Programme, für deren Aufstellung eine gesetzliche Verpflichtung besteht, sondern auch solche, die in dem nachfolgenden Zulassungsverfahren als verbindliche Vorgabe oder als abwägungserhebliche Planung bedeutsam sind.

Beispiel: Eine Verpflichtung zur Aufstellung des Bundesverkehrswegeplans oder der Bedarfspläne des Bundes besteht nicht. Sie könnte auch wohl nur aus dem GG abgeleitet werden. Gleichwohl werden diese Pläne und Programme als SUP-pflichtig angesehen, weil sie im nachfolgenden Zulassungsverfahren bedeutsam sind. So ergibt sich aus den Bedarfsplänen eine gesetzlich angeordnete Planrechtfertigung mit der Folge, dass die Planrechtfertigung nur bei Verfassungswidrigkeit des Bedarfsplans und damit durch eine Verfassungsbeschwerde in Frage gestellt werden kann. Wegen dieser rahmensetzenden Wirkung der Bedarfspläne besteht für sie eine SUP-Pflicht (Anlage 3 Nr. 1.1 zum SUPG, § 19 SUPG).[131]

Zulassungsentscheidungen sind **2754**
– Bewilligung, Erlaubnis, Genehmigung, Planfeststellungsbeschluss und sonstige behördliche Entscheidungen über die Zulässigkeit von Vorhaben, die in einem Verwaltungsverfahren getroffen werden, mit Ausnahme von Anzeigeverfahren,
– Linienbestimmungen[132] und Entscheidungen in vorgelagerten Verfahren nach den §§ 15 und 16 UVPG,
– Beschlüsse nach § 10 BauGB über die Aufstellung, Änderung oder Ergänzung von Bebauungsplänen, durch die die Zulässigkeit von UVP-pflichtigen Vorhaben begründet werden soll, sowie planfeststellungsersetzende UVP-pflichtige Vorhaben.

Die Zulassungsentscheidungen betreffen Verwaltungsentscheidungen über konkrete **2755** Vorhaben (§ 2 II UVPG). Darunter fallen bauliche und sonstige Anlagen ebenso wie Maßnahmen, die in sonstiger Weise in Natur und Landschaft eingreifen. Die Zulassungsentscheidung unterliegt nach Maßgabe der Anlage 1 zum UVPG einer UVP-Pflicht bzw. einer UVP-Vorprüfungspflicht. Zu den Zulassungsentscheidungen rechnen auch Entscheidungen wie die Planfeststellung, die einen planerischen Gestaltungsspielraum beinhalten. Die Planfeststellung unterliegt daher als Zulassungsentscheidung nicht den Anforderungen der SUP, weil es sich dabei nicht um einen Plan oder ein Programm i. S. von § 2 V UVPG handelt. Die Planfeststellungsverfahren werden daher ebenso wie die immissionsschutzrechtlichen Genehmigungsverfahren nicht von der SUP erfasst, sondern

---

[131] S. Rdn. 2764, 2803.
[132] Zur Linienbestimmung s. Rdn. 2765, 3014, 3494, 3949.

1065

sind UVP-pflichtig, soweit die Voraussetzungen der Anlage 1 zum UVPG für eine UVP-Pflicht erfüllt sind. Zu Plänen und Programmen gehören nur die konkrete Projektzulassungen vorbereitende Entscheidungen. Kennzeichnend für die vorbereitende Planung ist die Einräumung entsprechender Gestaltungs- und Planungsspielräume, die zwar auch im Zusammenhang mit konkreten Zulassungsentscheidungen eingeräumt sein können, die aber für die Programme und Pläne kennzeichnend sind. Auch die Möglichkeit, im Rahmen der Planungen Alternativen und Varianten abwägend zu betrachten, ist für die Planung auf dieser vorgelagerten Ebene entscheidend. Keine Planung ist demgegenüber die Konzeption technischer Normen oder sonstiger abstrakt-genereller Rechtsvorschriften, die allgemeine Vorgaben für eine unbestimmte Vielzahl von Fällen enthalten.

2756 Für umweltrelevante Pläne und Programme sowie Zulassungsentscheidungen ergibt sich damit nach Maßgabe der Anlagen 1 bis 4 zum UVPG ein **lückenloses System** der **Umweltprüfung**, die auf der Ebene der Pläne und Programme als SUP und auf der Ebene der Zulassungsentscheidungen über konkrete Projekte und Vorhaben als UVP durchgeführt wird. **Doppelprüfungen** sind dabei zu vermeiden. Dies gilt sowohl für die SUP auf verschiedenen Planungsebenen (§ 14f III UVPG) als auch für das Verhältnis zwischen SUP und UVP. Soweit eine Umweltprüfung bereits auf einer vorangehenden Stufe durchgeführt worden ist, können deren Ergebnisse bei Plausibilität auf die nächste Verfahrensstufe des Plans oder Programms übernommen werden. Umweltprüfungen auf der Ebene der Pläne und Programme können in das Zulassungsverfahren übernommen werden. Sind Pläne und Programme Bestandteil eines mehrstufigen Planungs- und Zulassungsprozesses, soll zur Vermeidung von Mehrfachprüfungen bei der Festlegung des Untersuchungsrahmens bestimmt werden, auf welcher der Stufen dieses Prozesses bestimmte Umweltauswirkungen schwerpunktmäßig geprüft werden sollen. Dabei sind Art und Umfang der Umweltauswirkungen, fachliche Erfordernisse sowie Inhalt und Entscheidungsgegenstand des Plans oder Programms zu berücksichtigen. Bei nachfolgenden Plänen und Programmen sowie bei der nachfolgenden Zulassung von Vorhaben, für die der Plan oder das Programm einen Rahmen setzt, soll sich die Umweltprüfung auf zusätzliche oder andere erhebliche Umweltauswirkungen sowie auf erforderliche Aktualisierungen und Vertiefungen beschränken (§ 14f III UVPG).

2757 Die höherstufigen Planungen werden sich in der Regel auf eine Grobprüfung beschränken können, während in den nachfolgenden Stufen der Planung und Zulassung ein der jeweiligen Stufe angepasster größerer Detaillierungsgrad erreicht werden muss.

2758 **Bestehende Pläne und Programme** werden von der SUP-Richtlinie nicht erfasst. Vielmehr bezieht sie sich (lediglich) auf Pläne und Programme, die **neu aufgestellt** oder **geändert** werden. Ob sich hieraus **Umsetzungsdefizite** für konkrete Zulassungsentscheidungen ergeben, beurteilt sich nach den Voraussetzungen des jeweiligen Zulassungsrechts. Die **Vorhabenzulassung** hat in der Regel eine eigenständige rechtliche Grundlage. Soweit sie auf vorgelagerte Planungsentscheidungen zurückgreift, bestimmt sich nach dem jeweiligen Zulassungsrecht, welchen Stellenwert diese Vorgaben für die Zulassungsentscheidung haben. Soll etwa aus dem Bedarfsplan des Bundes die Planrechtfertigung für das Vorhaben abgeleitet werden, muss der Bedarfsplan den rechtlichen Anforderungen entsprechen.[133] Allerdings kann diese Funktion auch einem Bedarfsplan zukommen, der auf der Grundlage der bisherigen Regelungen aufgestellt worden ist, so dass seine Aussagen fortgelten. Anders könnte sich die Rechtslage allerdings darstellen, wenn die Geltungsfristen des Bedarfsplans, die vom Gesetzgeber auf 5 Jahre bestimmt sind, abgelaufen sind. Dann ist der Bedarfsplan neu aufzustellen mit der Folge, dass die Vorgaben der SUP-Richtlinie zu beachten sind.

2759 Die SUP-Pflicht von Plänen und Programmen lässt daher die auf der **früheren Rechtsgrundlagen** verabschiedeten **Pläne und Programme** nicht automatisch außer Kraft tre-

---

[133] Zum Bedarfsplan nach dem FStrAbG s. Rdn. 3008, 3948; zum Bundesschienenwegebedarfsplan s. Rdn. 3109.

ten. Auch werden durch den Ablauf der Umsetzungsfrist der Plan-UP-Richtlinie nicht sozusagen automatisch Zulassungsentscheidungen gesperrt, bis die Umsetzung der Plan-UP-Richtlinie in entsprechende Pläne oder Programme erfolgt ist. Konkrete Zulassungsentscheidungen sind vielmehr auch weiterhin ohne vorherige Anpassung von Plänen und Programmen zulässig. Allerdings kann sich ein Erfordernis zur Aufstellung von höherstufigen Plänen und Programmen in dem Umfang ergeben, wie die vorgelagerten Planungsentscheidungen einen Stellenwert in der Zulassungsentscheidung haben.

Beispiel: Wird etwa die Planrechtfertigung aus dem Bedarfsplan abgeleitet, so kann dieser nur im Rahmen seiner zeitlichen Geltung diese Planrechtfertigung vermitteln. Ist der Zeitraum seiner Geltung abgelaufen, unterliegt er nach Maßgabe der europarechtlichen Anforderungen der SUP-Pflicht mit der Folge, dass er nur nach Durchführung der entsprechenden Verfahrensschritte die Planrechtfertigung vermitteln kann. Dies setzt allerdings voraus, dass der jeweilige Plan nicht nur nach Ablauf einer bestimmten Zeit neu aufgestellt werden soll, sondern außer Kraft tritt. Ein solches automatisches Außerkrafttreten wird für den Bedarfsplan bisher nicht angenommen.

4. SUP-Pflicht (§§ 14 b, 14 c UVPG)

Eine **Pflicht zur SUP** besteht in vier Bereichen (§§ 14 b, 14 c UVPG): **2760**
- für Pläne und Programme, die in der Anlage 3 Nr. 1 zum UVPG aufgeführt sind (§ 14 b I Nr. 1 UVPG),
- für Pläne und Programme, die in der Anlage 3 Nr. 2 zum UVPG für Vorhaben, die umweltprüfungspflichtig oder vorprüfungspflichtig mit erheblichen nachteiligen Umweltauswirkungen sind (§ 14 b I Nr. 2 UVPG),
- für Pläne und Programme, die für umweltprüfungspflichtige oder vorprüfungspflichtige Vorhaben mit erheblichen nachteiligen Umweltauswirkungen einen Rahmen setzen und nach einer Einzelfallprüfung erhebliche Umweltauswirkungen haben (§ 14 b II UVPG).
- Für Pläne und Programme, die einer Verträglichkeitsprüfung nach § 35 I Nr. 2 BNatSchG unterliegen, also möglicherweise erhebliche Auswirkungen auf Habitate oder Vogelschutzgebiete haben (§ 14 c UVPG).

Pläne und Programme **setzen** einen **Rahmen** für die Entscheidung über die Zulässigkeit von Vorhaben, wenn sie Festlegungen mit Bedeutung für spätere Zulassungsentscheidungen insbesondere zum Bedarf, zur Größe, zum Standort, zur Beschaffenheit, zu Betriebsbedingungen von Vorhaben oder zur Inanspruchnahme von Ressourcen enthalten (§ 14 b UVPG). Im Unterschied zum EAG Bau, das eine generelle Prüfungspflicht eingeführt hat, behält das UVPG daher die differenzierende Systematik der Plan-UP-Richtlinie bei und unterscheidet zwischen den Verfahren, die sozusagen automatisch umweltprüfungspflichtig sind und jenen, für die erst eine Vorprüfung (screening) über das Erfordernis einer Umweltprüfung entscheidet. Die jeweiligen Verfahrenanforderungen sind der **Anlage 3 zum UVPG** zu entnehmen. **2761**

Die **Anlage 3** erfasst in **Nr. 1 zum UVPG** Pläne und Programme mit einer obligatorischen SUP gem. § 14 b I UVPG. Die Liste erfasst Bereiche aus den Vorgaben in Art. 3 II a Plan-UP-Richtlinie. Die Planungen setzen einen Rahmen für UVP-pflichtige Vorhaben nach Bundes- oder Landesrecht. Hinsichtlich einer obligatorischen SUP-Pflicht ist die Liste für den Regelungsbereich des Bundes abschließend. **Anlage 3 Nr. 2 zum UVPG** erfasst Pläne und Programme, die einen Rahmen für UVP-pflichtige Vorhaben nach Anlage 1 zum UVPG oder für Vorhaben setzen, die nach Landesrecht einer UVP oder einer Vorprüfung bedürfen. Erfasst werden damit nicht nur Vorhaben, die nach der Anlage 1 zwingend UVP-pflichtig sind, sondern auch solche, die einer UVP-Vorprüfungspflicht unterliegen und die mit erheblichen nachteiligen Umweltauswirkungen verbunden sind. Das Erfordernis einer SUP hängt in diesem Bereich von Plänen und Programmen zunächst nur davon ab, dass für die Vorhaben eine UVP-Pflicht bzw. Vorprüfungspflicht besteht. Allerdings schließt sich – vergleichbar mit der Vorprüfung bei Vorhaben – auf der Planebene eine Vorprüfung des Einzelfalls an (§ 14 b IV UVPG). Die zuständige Behörde **2762** hat dabei aufgrund einer überschlägigen Prüfung unter Berücksichtigung der in der **Anlage 4 zum UVPG** aufgeführten Kriterien einzuschätzen, ob der Plan oder das Programm voraussichtlich erhebliche Umweltauswirkungen hat, die im weiteren Aufstellungsverfahren nach § 14k II UVPG zu berücksichtigen wären. Dabei sind Vermeidungs- und Minderungsmaßnahmen mit offensichtlichen Auswirkungen in die Prüfung einzustellen. Eine weitere Prüfung, ob die Pläne oder Programme einem der Sachbereiche in Art. 3 II a Plan-UP-Richtlinie zugeordnet werden können, ist nicht mehr erforderlich. Die Aufzählung der Pläne und Programme in Anlage 3 Nr. 2 zum UVPG ist für den Bereich des Bundes ebenfalls abschließend.

5. Obligatorisch SUP-pflichtige Planungen (§ 14 b I Nr. 1 UVPG)

2763 Die obligatorisch SUP-pflichtigen Pläne und Programme sind in § 14 b UVPG und in der Anlage 3 Nr. 1 zum UVPG aufgeführt. Hinzu treten Pläne und Programme, die einer Verträglichkeitsprüfung nach § 35 I Nr. 2 BNatSchG bedürfen (§ 14 c UVPG).

2764 **a) Verkehrswegeplanungen auf Bundesebene.** Der SUP unterfallen zwingend die **Verkehrswegeplanungen** auf Bundesebene einschließlich der **Bedarfspläne** nach einem Verkehrswegeausbaugesetz des Bundes. Hierzu gehören der Bundesverkehrswegeplan sowie die Bedarfsgesetze des Bundes, die bisher für den Straßenbau, die Schienenwege und den Wasserstraßenbau bestehen. Aber auch verkehrsträgerübergreifende Pläne und Programme auf Bundesebene wie z. B. Antistauprogramme, werden von dem Begriff der Verkehrswegeplanungen umfasst. Das Erfordernis einer Umweltprüfung des Bundesverkehrswegeplans und der Bedarfspläne ist allerdings keinesfalls zwingend. Für den Bundesverkehrswegeplan besteht eine Umweltprüfungspflicht wohl deshalb nicht, weil dieser nicht aufgrund einer (gesetzlichen) Verpflichtung aufgestellt werden muss. Auch bei den in Gesetzesform ergehenden Bedarfsplänen besteht eine Verpflichtung zu deren Aufstellung nicht. Allerdings haben die vorgenannten Pläne rahmensetzende Bedeutung für die nachfolgenden Zulassungsentscheidungen. Eine Bundesfernstraße, eine Eisenbahnlinie oder eine Wasserstraße werden nur gebaut oder ausgebaut, wenn sie im Bundesverkehrswegeplan und im Bedarfsplan aufgeführt sind. Wegen dieser rahmensetzenden Bedeutung sind die vorgenannten Pläne nach der Anlage 3 Nr. 1.1 zum UVPG einer obligatorischen Umweltprüfungspflicht unterzogen worden.

2765 Die **Linienbestimmung** unterfällt der UVP-Pflicht (§ 2 III Nr. 2 UVPG).[134] Damit ist sichergestellt, dass die Planungs- und Zulassungsentscheidungen auf den verschiedenen Ebenen einer Umweltprüfung entweder als SUP oder als UVP unterzogen werden.

2766 **b) Ausbaupläne nach § 12 LuftVG.** Eine obligatorisch Umweltprüfungspflicht besteht auch für **Ausbaupläne** nach § 12 LuftVG, wenn diese bei ihrer Aufstellung oder Änderung über den Umfang der Entscheidung nach § 8 I und II LuftVG wesentlich hinausgehen. Die Festlegung von Bauschutzbereichen, wie sie mit der Genehmigung von Flughäfen regelmäßig verbunden ist, bedarf daher einer Umweltprüfung mit Behörden- und Öffentlichkeitsbeteiligung. Damit ist ein Beteiligungserfordernis der betroffenen Öffentlichkeit verbunden (§ 14i UVPG). Die Ausbaupläne steuern den Bauschutzbereich, weil Baugenehmigungen für die Errichtung von Bauwerken nur mit Zustimmung der Luftfahrtbehörde erteilt werden können. Die Ausbaupläne setzen einen Rahmen für die nachfolgenden Zulassungsentscheidungen, weil bestimmte Nutzungen oder die Höhe von Bauwerken im Bauschutzbereich aus Sicherheitsgründen nur eingeschränkt genehmigungsfähig sind.

2767 **c) Hochwasserschutzpläne nach § 31d WHG.** Ebenfalls einer obligatorischen SUP-Pflicht unterliegen Hochwasserschutzpläne nach § 31d WHG. Die Hochwasserschutzpläne dienen einem möglichst schadlosen Wasserabfluss, dem technischen Hochwasserschutz und der Gewinnung, insbesondere Rückgewinnung von Rückhalteflächen sowie als Grundlage weiterer Maßnahmen des Hochwasserschutzes. Das Verfahren zur Auf-

---

[134] Zur Linienbestimmung s. Rdn. 3014, 3494, 3949.

stellung der Hochwasserschutzpläne muss den Anforderungen des UVPG an die SUP genügen (§ 31 d IV WHG).[135]

Die Hochwasserschutzpläne sollen Gefahren eines 100-jährigen Bemessungshochwassers so weit wie möglich und verhältnismäßig minimieren. In den Hochwasserschutzplänen werden u. a. Maßnahmen zur Erhaltung und Rückgewinnung von Rückhalteflächen, zur Rückverlegung von Deichen, zur Erhaltung und Wiederherstellung von Auen sowie zur Rückhaltung von Niederschlagswasser dargestellt (§ 31 d I WHG). Diese planerischen Entscheidungen sollen von einer SUP begleitet sein. 2768

Nach der vom Bundestag[136] ursprünglich verabschiedeten Fassung des SUPG war auch für **Festsetzung von Überschwemmungsgebieten nach § 31 b WHG** eine obligatorische SUP vorgesehen. Es sind dies Gebiete zwischen oberirdischen Gewässern und Deichen oder Hochufern und sonstige Gebiete, die bei Hochwasser überschwemmt oder durchflossen oder die für Hochwasserentlastung oder Rückhaltung beansprucht werden (§ 31 b WHG).[137] Die Überschwemmungsgebiete werden auf landesrechtlicher Grundlage zumindest für das 100-jährige Hochwasser (Bemessungshochwasser) festgesetzt (§ 31 b II WHG). Die Ausweisung der Überschwemmungsgebiete selbst ist im Gegensatz zu den Hochwasserschutzplänen (§ 31 d IV WHG) nicht SUP-pflichtig. Der Gesetzgeber hat sich wohl von der Überlegung leiten lassen, dass die planerischen Entscheidungen bei den Überschwemmungsgebieten nicht im Vordergrund stehen, sondern die Ausweisung der Überschwemmungsgebiete nach tatsächlich vorhandenen Gegebenheiten und fachlichen Erfordernissen erfolgt. Die Ausweisung von Überschwemmungsgebieten bildet nach Auffassung des Bundesrates eine naturgegebene Tatsache schlicht ab. Es liege daher ein Rechtsakt vor, jedoch ein Plan oder Programm. Auch die sich aus der Festlegung der Überschwemmungsgebiete ergebenden Rechtswirkungen machen den Rechtsakt nicht zu einem Plan oder Programm, meinte der Bundesrat[138] in seiner Stellungnahme. Die planerisch angelegten Entscheidungen über die zu treffenden Maßnahmen werden demgegenüber im Schwerpunkt in den Hochwasserschutzplänen getroffen, die UVP-pflichtig sind. 2769

d) **Maßnahmenprogramme nach § 36 WHG.** In die nach Landesrecht aufzustellenden Maßnahmenprogramme sind grundlegende sowie ergänzende Maßnahmen zur Erreichung von Bewirtschaftungszielen aufzunehmen. Grundlegende Maßnahmen setzen die in Art. 11 III der Richtlinie 2000/60/EG bezeichneten Maßnahmen um (§ 36 III WHG). Zusätzlich zu den grundlegenden Maßnahmen sind ergänzende Maßnahmen aufzunehmen (§ 36 IV WHG). Durch die Maßnahmenprogramme nach § 36 WHG wird der Entscheidungsspielraum für die künftige Genehmigung der Errichtung oder wesentlichen Änderung von Anlagen in oder an Gewässern eingeschränkt. Das Verfahren zur Aufstellung des Maßnahmenprogramms muss den Anforderungen des UVPG an die Umweltprüfung entsprechen (§ 36 VII WHG). 2770

e) **Raumordnungsplanungen nach den §§ 8, 9 ROG.** Raumordnungspläne nach den §§ 8, 9 ROG setzen einen Rahmen für künftige Zulassungsentscheidungen und unterliegen daher ebenfalls einer obligatorischen SUP. In ihnen werden die Ziele der Raumordnung festgelegt, die für die Bauleitplanung verbindlich sind. Dies gilt sowohl für die Raumordnungspläne, die für das gesamte Landesgebiet aufgestellt werden (§ 8 ROG) als auch für die Regionalpläne für Teile des Landesgebietes. Entsprechende Vorgaben für die Umweltprüfung sind in § 7 V bis X ROG enthalten. Die dort vorgenommene Umsetzung entspricht den Vorgaben des UVPG, so dass insoweit keine zusätzlichen Anforderungen aus dem UVPG zu beachten sind. 2771

---

[135] S. Rdn. 2767, 3455, 3461.
[136] Deutscher Bundestag, Drs. 15/4501 vom 15. 12. 2004.
[137] S. Rdn. 3450.
[138] Bundesregierung, Entwurf eines Gesetzes zur Einführung der Strategischen Umweltprüfung und zur Umsetzung der Richtlinie 2001/42/EG (SUPG) vom 5. 11. 2004, Drs. 15/4119, Anlage 2.

2772 **f) Raumordnungsplanungen des Bundes in der deutschen ausschließlichen Wirtschaftszone (AWZ) nach § 18a ROG.** Das Bundesministerium für Verkehr-, Bau- und Wohnungswesen hat in der AWZ Ziele und Grundsätze der Raumordnung aufzustellen, die von öffentlichen Stellen bei ihren raumbedeutsamen Planungen und Maßnahmen nach § 4 I ROG zu beachten sind. Die Planungen in diesem Bereich setzen daher einen Rahmen für die Zulassung von UVP-pflichtigen Vorhaben in der AWZ und unterliegen damit einer SUP. Durch einen Verweis auf § 7 IV bis X ROG ist die Umweltprüfung bereits nach § 18a I 2 ROG verpflichtend, sodass sich ergänzende Anforderungen aus dem UVPG nicht ergeben.

2773 **g) Besonderen Eignungsgebiete nach § 3a der Seeanlagenverordnung.** Mit der Ausweisung von besonderen Eignungsgebiete für Windkraftanlagen wird in der AWZ ein Rahmen für künftige Zulassungsverfahren gesetzt. Daher unterliegen die besonderen Eignungsgebiete nach § 3a der Seeanlagenverordnung der obligatorischen Umweltprüfung.

2774 **h) Bauleitplanungen.** Flächennutzungspläne und Bebauungspläne nach den §§ 6, 10 BauGB sind nach Maßgabe des BauGB umweltprüfungspflichtig. Das UVPG ordnet zwar ebenfalls eine Umweltprüfungspflicht an, überlässt deren rechtliche Ausgestaltung aber dem BauGB. Das Verhältnis von Umweltprüfung zur UVP ist in § 17 UVPG geregelt.[139] Zusätzliche Anforderungen, die über die Regelungen des BauGB mit ihren Verweisungen hinausgehen, stellt das UVPG nicht.

2775 **i) Landschaftsplanungen nach den §§ 15, 16 BNatSchG.** Die örtlichen Erfordernisse und Maßnahmen des Naturschutzes und der Landschaftspflege sind auf der Grundlage des Landschaftsprogramms oder der Landschaftsrahmenpläne in Landschaftsplänen flächendeckend darzustellen. Die Länder regeln dabei die Verbindlichkeit der Landschaftspläne auch im Hinblick auf die Bauleitplanung. Für diese Pläne und Programme besteht eine Aufstellungspflicht. Die Planungen setzen regelmäßig einen Rahmen für nachfolgende Zulassungsentscheidungen zu UVP-pflichtigen Vorhaben (§ 14 II BNatSchG). Die Durchführung der SUP in der Landschaftsplanung richtet sich nach § 19a SUPG.

2776 Die Umweltprüfung ist allerdings an dem **hochstufigen Charakter** dieser Planungen ausgerichtet. Das gilt vor allem hinsichtlich der Detailschärfe der Prüfung. Ein Prüfungsumfang, wie er für die Projektplanung ansteht, ist auf der Ebene der hochstufigen Pläne und Programme (noch) nicht erforderlich.

6. SUP-Pflicht bei Rahmensetzung (§ 14b I Nr. 2 UVPG)

2777 Während die in Nr. 1 der Anlage 3 zum UVPG aufgeführten Planungen automatisch der Pflicht zu einer Strategischen Umweltprüfung unterliegen, wird eine Umweltprüfungspflicht bei Plänen und Programmen nach **Nr. 2 der Anlage 3 zum UVPG** nur ausgelöst, wenn diese Planungen für UVP-pflichtige oder vorprüfungspflichtige Vorhaben mit erheblichen nachteiligen Umweltauswirkungen einen Rahmen setzen und eine Vorprüfung ergibt, dass die Verwirklichung der geplanten Vorhaben voraussichtlich erhebliche Umweltauswirkungen haben wird. Die Pflicht zur Umweltprüfung ist daher bei dieser Gruppe davon abhängig, dass sie für Vorhaben der Anlage 1 zum UVPG einen Rahmen setzen und erhebliche Umweltauswirkungen zu erwarten sind. Für den rahmensetzenden Charakter der Pläne und Programme reicht bereits aus, dass ihre Vorgaben bei der späteren Zulassungsentscheidung zu berücksichtigen sind (§ 14b III UVG).

2778 **a) Lärmaktionspläne nach § 47d BImSchG.** Zur Umsetzung der Umgebungslärmrichtlinie werden Lärmaktionspläne aufgestellt. Sie unterliegen einer SUP, wenn sie einen Rahmen für UVP-pflichtige Vorhaben setzen. Die Lärmaktionspläne werden im Zusammenhang mit der Umsetzung der Umgebungslärm-Richtlinie aufgestellt.[140]

---

[139] S. Rdn. 842.
[140] Zu Lärmminderungsplänen s. Rdn. 2914, 2915.

Beispiel: Die Lärmaktionspläne weisen konkrete Maßnahmen für UVP-pflichtige Vorhaben wie etwa Nachrüstungserfordernisse für genehmigungsbedürftige immissionsschutzrechtliche Anlagen aus.

b) Luftreinhaltepläne nach § 47 I BImSchG. Bei Überschreitung von in einer Rechtsverordnung festgelegten Grenzwerten sind Luftreinhaltepläne aufzustellen, in denen die erforderlichen Maßnahmen zur dauerhaften Verminderung von Luftverunreinigungen festgelegt werden. Die Luftreinhaltepläne dienen der Umsetzung der Luftqualitätsrichtlinie 1996 und der Tochterrichtlinie 1999. Die Luftreinhaltepläne unterliegen der SUP, wenn die dort ausgewiesenen Maßnahmen einen Rahmen für die Zulassung UVP-pflichtiger Vorhaben setzen.[141]

c) Abfallwirtschaftskonzepte nach § 19 V KrW-AbfG. Die öffentlich-rechtlichen Entsorgungsträger haben Abfallwirtschaftskonzepte über die Verwertung und die Beseitigung der in ihrem Gebiet anfallenden und ihnen zu überlassenden Abfälle zu erstellen. Die näheren Anforderungen sind im Landesrecht zu regeln. Abfallwirtschaftskonzepte unterliegen der SUP, wenn sie einen Rahmen für UVP-pflichtige Vorhaben setzt. Ob ein solcher Rahmen gesetzt wird, hängt von dem Inhalt des Konzeptes ab.[142]

Beispiel: Im Abfallwirtschaftskonzept werden neue Beseitigungsanlagen (Standort- oder Anlagenplanung) oder Entsorgungswege ausgewiesen oder Maßnahmen nach § 19 I 3 Nr. 2 und 4 KrW-AbfG geplant.

d) Fortschreibung der Abfallwirtschaftskonzepte nach § 16 III 4 KrW-AbfG. Mit der Fortschreibung der Abfallwirtschaftskonzepte können Dritte beauftragt werden, die Behörden im Sinne der SUP-Richtlinie sind. Die von diesen Dritten erstellten Fortschreibungen der Abfallwirtschaftskonzepte unterliegen der SUP, wenn sie einen Rahmen für UVP-pflichtige bzw. vorprüfungspflichtige Vorhaben mit erheblichen nachteiligen Umweltauswirkungen setzen. Dies wiederum hängt von dem Inhalt des Konzepts ab.[143]

e) Abfallwirtschaftspläne nach § 29 Krw-AbfG. Zu den rahmensetzenden Plänen gehören auch die **Abfallwirtschaftspläne** nach § 29 KrW-AbfG. Die Abfallwirtschaftspläne werden von den Ländern nach übergeordneten Gesichtspunkten aufgestellt. In den Plänen werden die Ziele der Abfallvermeidung und -verwertung sowie die zur Sicherung der Inlandsbeseitigung erforderlichen Abfallbeseitigungsanlagen dargestellt. Die Pläne weisen zugelassene Abfallbeseitigungsanlagen und geeignete Flächen für Abfallbeseitigungsanlagen zur Endablagerung von Abfällen (Deponien) sowie für sonstige Abfallbeseitigungsanlagen aus. Die Abfallwirtschaftspläne setzen regelmäßig einen Rahmen für die Genehmigung UVP-pflichtiger Vorhaben wie Abfallbeseitigungsanlagen (Anlage I Nr. 8 UVPG). Die Abfallwirtschaftspläne müssen entweder eine geografische Karte enthalten, in der die genauen Standorte der Abfallbeseitigungsflächen festgelegt sind, oder aber hinreichend genaue Kriterien zur Bestimmung dieser Orte beinhalten.[144] Daneben enthalten diese Pläne auch Aussagen zur Abfallbeseitigung und -verwertung (etwa zur Menge) und damit zur Auslastung der Kapazität bereits bestehender Anlagen und setzen einen Rahmen für spätere Änderungen dieser Anlagen. Im Gegensatz zur ursprünglich vom Bundestag[145] verabschiedeten Fassung unterliegen die Abfallwirtschaftspläne nicht einer obligatorischen SUP, sondern sind in die Gruppe der Rahmen setzenden Pläne gewechselt. Dafür war wohl die Überlegung maßgeblich, dass erst aufgrund einer gesonderten Prüfung entschieden werden sollte, ob die vorgesehenen Maßnahmen tatsächlich erhebliche Umweltauswirkungen haben.

---

[141] S. Rdn. 1098, 2718, 2898.
[142] Zum Abfallwirtschaftskonzept s. Rdn. 3325, 3345, 3352.
[143] S. Rdn. 2780.
[144] *EuGH*, Urt. v. 1. 4. 2004 – C-53/02 – und C-217/02 – NVwZ 2004, 842 = EuZW 2004, 842.
[145] Deutscher Bundestag, Drs. 15/4501 vom 15. 12. 2004.

7. Sonstige fakultative SUP (§ 14 b II UVPG)

2783 Für andere Sektoren, die nicht unter die Anlage 3 Nr. 1 und 2 fallen, ist eine SUP nur erforderlich, wenn die Pläne und Programme für die Entscheidung über die Zulässigkeit UVP-pflichtiger Vorhaben einen **Rahmen** setzen und nach einer Vorprüfung des Einzelfalls voraussichtlich erhebliche Umweltauswirkungen haben (**§ 14 b II UVPG**). Die zuständige Behörde hat dabei aufgrund einer überschlägigen Prüfung unter Berücksichtigung der in Anlage 4 zum UVPG aufgeführten Kriterien einzuschätzen, ob der Plan oder das Programm voraussichtlich erhebliche Umweltauswirkungen hat, die im weiteren Aufstellungsverfahren nach § 14 k II UVPG zu berücksichtigen wären. Dabei ist zu berücksichtigen, inwieweit Umweltauswirkungen durch Vermeidungs- und Verminderungsmaßnahmen offensichtlich ausgeschlossen werden. Die Behörde hat bei der Vorprüfung des Einzelfalls lediglich **überschlägig** abzuschätzen, ob der Plan oder das Programm erhebliche positive oder negative Umweltauswirkungen haben kann. Die Vorprüfung hat dagegen nicht das Ziel, mit einer in alle Einzelheiten gehenden Untersuchung das Vorliegen erheblicher Umweltauswirkungen abschließend festzustellen. Dabei sind nur Umweltauswirkungen zu berücksichtigen, die im weiteren Aufstellungsverfahren nach § 14 k UVPG von Bedeutung sind. Vermeidungs- und Verminderungsmaßnahmen, durch die Umweltauswirkungen offensichtlich ausgeschlossen werden können, müssen berücksichtigt werden.

8. SUP-Pflicht bei Plänen im Habitat- und Vogelschutzbereich (§ 14 c UVPG)

2784 Auch Pläne, die einer Verträglichkeitsprüfung nach § 35 1 Nr. 2 BNatSchG unterliegen, sind SUP-pflichtig. Die Vorschrift dient der Umsetzung von Art. 3 II b der SUP-Richtlinie. Die SUP-Pflicht gilt dabei nicht für alle Pläne nach dem BNatSchG, sondern nur für Pläne und Programme nach § 2 V UVPG.

9. Ausnahmen von der SUP-Pflicht (§ 14 d UVPG)

2785 Im Anschluss an die SUP-Richtlinie sind Pläne und Programme von der SUP-Pflicht freigestellt, wenn es sich lediglich um geringfügige Änderungen bereits vorhandener Pläne oder Programme handelt oder sie lediglich die Nutzung kleiner Gebiet auf lokaler Ebene festlegen. Eine SUP ist hier nur durchzuführen, wenn eine Vorprüfung des Einzelfalls erhebliche Auswirkungen auf der späteren Projektebene erkennen lässt. Für Pläne und Programme in den Bereichen Wasserhaushalt, Raumordnung und Forstwirtschaft treffen die Länder entsprechende eigenständige Regelungen. Werden daher durch die Programme und Pläne nur kleinräumige Gebiete betroffen, ist die SUP-Pflicht von einer entsprechenden Vorprüfung des Einzelfalls abhängig. Auf eine SUP kann danach verzichtet werden, wenn es sich um Änderungen bereits bestehender Pläne oder Programme mit lediglich geringfügigen Auswirkungen oder um Planungen handelt, die nur einen kleinräumigen Bereich betreffen.

10. SUP-Verfahren nach Maßgabe des Landesrechts (§ 14 o UVPG)

2786 Die SUP-Richtlinie ist an die Mitgliedstaaten gerichtet. In der föderal verfassten Bundesrepublik Deutschland obliegt die Umsetzung der Richtlinie daher in der Reichweite der jeweiligen Gesetzgebungskompetenzen sowohl dem Bund als auch den Ländern. Die Länder haben dabei vor allem im Bereich der Rahmengesetzgebung (Art. 75 GG) gesetzgeberische Aufgaben, mit denen der vom Bund vorgezeichnete Rahmen ausgefüllt und zugleich die europarechtlichen Vorgaben umgesetzt werden. § 14 o UVPG sieht daher für Pläne und Programme aus den Bereichen Forstwirtschaft, Wasserhaushalt, Abfallwirtschaft sowie Raumordnung ergänzende Regelungen der Länder über das Verfahren zur Feststellung der SUP-Pflicht und die Durchführung der SUP vor. Dabei haben die Länder die Vorhaben des UVPG einzuhalten (§ 14 o II UVPG). Die erforderlichen landesrechtlichen Regelungen sind spätestens bis zum 31.12.2006 zu erlassen. In der Regelungskompetenz des Bundes verbleiben die Pläne und Programme nach Nr. 1.8 der

Anlage 3 zum UVPG, also die Raumordnung des Bundes in der deutschen ausschließlichen Wirtschaftszone nach § 18a ROG. Hier stellt der Bund über § 7 V ROG sicher, dass bei der Aufstellung dieser Pläne eine SUP durchgeführt wird. Die grenzüberschreitende Beteiligung ist unmittelbar nach § 14j UVPG auch dann durchzuführen, wenn die Pläne und Programme im Übrigen landesrechtlichen Regelungen unterliegen. Hierdurch soll eine einheitliche grenzüberschreitende Beteiligung des Nachbarstaates und seiner Behörden und der Öffentlichkeit sichergestellt werden.

Die Länder haben zwar einen gewissen Spielraum, sind aber an Rahmen setzende Bundesregelungen und die SUP-Richtlinie gebunden. Die sich daraus ergebenden materiellen Standards der SUP dürfen nicht unterschritten werden.

11. Festlegung des Untersuchungsrahmens (§ 14f UVPG)

Besteht eine SUP-Pflicht, so legt die zuständige Behörde den Untersuchungsrahmen fest und bestimmt dabei auch den Umfang und Detaillierungsgrad der in den Umweltbericht aufzunehmenden Unterlagen. Der Untersuchungsrahmen bestimmt sich nach den jeweiligen Rechtsvorschriften des Trägerverfahrens und dem jeweiligen Inhalt der Planungen. Zur Vorbereitung beteiligt die zuständige Behörde die Behörden, deren umwelt- und gesundheitsbezogener Aufgabenbereich durch den Plan oder das Programm berührt wird. Hierzu erhalten die Behörden auf der Grundlage geeigneter Informationen über die beabsichtigte Planung Gelegenheit zur Stellungnahme. Auch Sachverständige oder Dritte können hinzu gezogen werden (§ 14f IV UVPG). Hiermit ist – wie auch in der Bauleitplanung – eine vorgezogene Behördenbeteiligung verbunden, die neben die förmliche Öffentlichkeits- und Behördenbeteiligung tritt. Die Festlegung des Untersuchungsrahmens geschieht dabei in einer früheren Phase der Planung, während die förmliche Behördenbeteiligung (§ 14h UVPG) und Öffentlichkeitsbeteiligung (§ 14i UVPG) nach Fertigstellung der Planung einschließlich des Umweltberichtes erfolgt. Die Verfahrensschritte sind insoweit mit denen in der Bauleitplanung vergleichbar, wobei dort allerdings noch neben die vorgezogene Behördenbeteiligung (§ 4 I BauGB) eine vorgezogene Öffentlichkeitsbeteiligung (§ 3 I BauGB) tritt.

12. Umweltbericht (§ 14g UVPG)

Die Ergebnisse der Umweltprüfung werden im Umweltbericht zusammengefasst (§ 14g UVPG).[146] Es werden dabei die voraussichtlichen erheblichen Umweltauswirkungen der Durchführung des Plans oder Programms sowie vernünftige Alternativen ermittelt, beschrieben und bewertet. Der Begriff der Umweltauswirkungen erfasst dabei positive als auch negative Auswirkungen auf die Umwelt. Erhebliche Umweltauswirkungen sind im Umweltbericht zu ermitteln, zu beschreiben und zu bewerten. Dabei müssen auch vernünftige Alternativen in die Überprüfung einbezogen werden (Art. 5 I SUP-Richtlinie). Ernstlich in Betracht kommen nur Alternativen, die mit einem zumutbaren Aufwand ermittelt werden können, wobei der geografische Anwendungsbereich der Planung sowie der räumliche Zuständigkeitsbereich der Planungsbehörde zu berücksichtigen sind.

Im Anschluss an die Vorgaben der Plan-UP-Richtlinie benennt § 14g II UVPG die erforderlichen Angaben im Umweltbericht:
– Kurzdarstellung des Inhalts und der wichtigsten Ziele des Plans oder Programms sowie der Beziehung zu anderen relevanten Plänen und Programmen,
– Darstellung der für den Plan oder das Programm geltenden Ziele des Umweltschutzes sowie der Art, wie diese Ziele und sonstige Umwelterwägungen bei der Ausarbeitung des Plans oder des Programms berücksichtigt wurden,
– Darstellung der Merkmale der Umwelt, des derzeitigen Umweltzustands sowie dessen voraussichtliche Entwicklung bei Nichtdurchführung des Plans oder des Programms,

---

[146] Zum Umweltbericht s. Rdn. 249, 280, 385, 769, 809, 955, 1040, 1121, 1403, 1501, 2079, 2721.

- Angabe der derzeitigen für den Plan oder das Programm bedeutsamen Umweltprobleme, insbesondere der Probleme, die sich auf ökologisch empfindliche Gebiete nach Nummer 2.6 der Anlage 4 zum UVPG beziehen,
- Beschreibung der voraussichtlichen erheblichen Auswirkungen auf die Umwelt nach § 2 IV 2 in Verbindung mit § 2 I 2 UVPG,
- Darstellung der Maßnahmen, die geplant sind, um erhebliche nachteilige Umweltauswirkungen aufgrund der Durchführung des Plans oder des Programms zu verhindern, zu verringern und so weit wie möglich auszugleichen,
- Hinweise auf Schwierigkeiten, die bei der Zusammenstellung der Angaben aufgetreten sind, zum Beispiel technische Lücken oder fehlende Kenntnisse,
- Kurzdarstellung der Gründe für die Wahl der geprüften Alternativen sowie eine Beschreibung, wie diese Prüfung durchgeführt wurde,
- Darstellung der geplanten Überwachungsmaßnahmen gemäß § 14 m UVPG.

13. Behördenbeteiligung (§ 14 h UVPG)

2791 Nach Fertigstellung des Entwurfs der Planung einschließlich des Umweltberichts erfolgt die förmliche Behördenbeteiligung. Sie kann zeitgleich mit der förmlichen Öffentlichkeitsbeteiligung (§ 14 i UVPG) durchgeführt werden.

14. Öffentlichkeitsbeteiligung (§ 14 i UVPG)

2792 Nach Fertigstellung des Entwurfs Die Öffentlichkeitsbeteiligung erfolgt nach den Grundsätzen des § 9 UVPG. Die Unterlagen werden danach frühzeitig für einen angemessenen Zeitraum von mindestens einem Monat öffentlich ausgelegt. Die Auslegungsorte sind unter Berücksichtigung von Art und Inhalt des Plans oder Programms von der zuständigen Behörde so festzulegen, dass eine wirksame Beteiligung der betroffenen Öffentlichkeit gewährleistet ist. Auf die Offenlage ist durch vorherige ortsübliche Bekanntmachung hinzuweisen. Es gelten dafür die verfahrensrechtlichen Anforderungen des § 73 V VwVfG.[147] Die betroffene Öffentlichkeit kann sich zu dem Plan oder Programm und zu dem Umweltbericht äußern. Hierfür ist eine angemessene, ebenfalls mindestens einen Monat dauernde Frist einzuräumen. Es muss dabei eine wirksame Beteiligung der betroffenen Öffentlichkeit sichergestellt werden (entsprechend § 14i II 2 UVPG). Dabei wird die Stellungnahmefrist mindestens auf die gesamte Offenlagezeit bemessen sein müssen. Allerdings kann die Behörde auch noch nach Ablauf der Offenlagefrist eine Nachfrist zur Stellungnahme einzuräumen, wie dies im Planfeststellungsverfahren gesetzlich angeordnet ist (§ 73 IV 1 VwVfG).

2793 Zu beteiligen ist die **betroffene Öffentlichkeit**, also jede Person, deren Belange durch den Plan oder ein Programm berührt werden; hierzu gehören auch Vereinigungen, deren satzungsmäßiger Aufgabenbereich hierdurch berührt wird, darunter auch Vereinigungen zur Förderung des Umweltschutzes (§ 2 VI UVPG). Die Abgrenzung von der (allgemeinen) Öffentlichkeit kann allerdings Schwierigkeiten bereiten. Es fallen darunter Personen, die in ihren Rechten aber auch abwägungserheblichen Belangen betroffen sind (§ 73 IV VwVfG). Der Begriff der „berührten Belange" ist aus § 73 IV 1 VwVfG übernommen. Damit wird klargestellt, dass insbesondere jeder, dessen Belange durch eine Entscheidung oder durch einen Plan oder ein Programm berührt werden, Teil der betroffenen Öffentlichkeit ist, die sich bei der Beteiligung am Verfahren äußern darf. Für die Berechtigung, sich bei der UVP und der SUP zu äußern, gelten damit hier die gleichen Grundsätze, die bei der Öffentlichkeitsbeteiligung im deutschen Recht auch sonst anzuwenden sind. Der Begriff der „Belange" ist dabei weiter zu verstehen als der der eigenen Rechte. Er umfasst alle öffentlich-rechtlich oder zivilrechtlich begründeten eigenen Rechte sowie wirtschaftliche, ökologische, soziale, kulturelle, ideelle oder sonstige nicht unredlich erworbene und deshalb anerkennenswerte eigene Interessen des jeweiligen Beteiligten. Dem-

---

[147] S. Rdn. 3046.

gegenüber stellt die Wahrnehmung von Interessen allein zum Schutz der Allgemeinheit oder des Gemeinwohls grundsätzlich keinen Belang dar. Es reicht dabei aus, dass eine Betroffenheit zumindest möglich erscheint. Auch nach den europarechtlichen Anforderungen sind Personen und Verbände zu beteiligen, wenn sie entweder vom Entscheidungsverfahren betroffen oder wahrscheinlich betroffen sind oder ein Interesse daran haben (Art. 6 IV SUP-Richtlinie). Zweckmäßigerweise sollten eingehende Stellungnahmen insgesamt auf ihren Gehalt ausgewertet und, soweit erforderlich, bei der Planung berücksichtigt werden – unabhängig davon, ob sie im engeren Sinne von einer Person vorgebracht worden ist, die durch die Planung oder das Programm betroffen ist. Im Übrigen bleiben weitergehende Beteiligungsrechte wie die in den Verfahren des Immissionsschutzrechts (4. BImSchV) unberührt.

Während sich in Planfeststellungsverfahren in der Regel ein **Erörterungstermin** anschließt, bei dem die rechtzeitig erhobenen Stellungnahmen mit den Behörden und der Öffentlichkeit verhandelt werden (§ 73 VI UVPG), findet bei den SUP-pflichtigen Plänen und Programmen ein Erörterungstermin nur statt, soweit die jeweiligen **Regelungen des Trägerverfahrens** dies vorsehen. Insoweit bestimmt das Trägerverfahren, ob lediglich eine Möglichkeit zur Stellungnahme zu den ausgelegten Planungen besteht oder ob darüber hinaus auch eine Erörterung der eingegangenen Stellungnahmen durchzuführen ist. 2794

Im Gegensatz zu Planfeststellungsverfahren oder immissionsschutzrechtlichen Verfahren ist die Öffentlichkeitsbeteiligung nicht mit einer **Präklusion** verbunden. Nicht rechtzeitig vorgebrachte Einwendungen führen daher nicht zu einem Einwendungsausschluss, wie er etwa für das Planfeststellungsverfahren angeordnet ist (§ 73 IV VwVfG). Die Beteiligung betrifft allerdings auch keine konkreten Zulassungsentscheidungen, sondern Pläne und Programme auf einer vorgelagerten Verfahrensstufe. Wegen dieses vorgelagerten Charakters der Planungen soll die Beteiligungsmöglichkeit zwar der betroffenen Öffentlichkeit Rechte vermitteln, nicht zugleich aber Mitwirkungslasten begründen, bei deren Verletzung der nicht erhobene Einwand im Sinne einer materiellen Präklusion ausgeschlossen ist.[148] 2795

15. Grenzüberschreitende Beteiligung (§ 14j UVPG)

Hat der Plan oder das Programm erhebliche Auswirkungen auch auf einen anderen Mitgliedstaat, findet eine grenzüberschreitende Beteiligung der Behörden und der Öffentlichkeit statt, die den Grundsätzen der §§ 8, 9a UVPG entspricht (§ 14j UVPG). Die Behördenbeteiligung erfolgt durch entsprechende Information der von dem Nachbarstaat benannten Behörde. Diese beteiligt ggf. weitere Behörden des anderen Mitgliedstaates (§ 8 UVPG). 2796

Für die Öffentlichkeitsbeteiligung des Nachbarstaates gelten die in § 9a UVPG aufgeführten Grundsätze. Das Vorhaben ist zu diesem Zweck in geeigneter Weise in dem Nachbarstaat bekannt zu machen. Dabei ist anzugeben, bei welcher Behörde Einwendungen erhoben werden können. 2797

16. Abschließende Bewertung und Berücksichtigung (§ 14k UVPG)

Nach Abschluss der Behörden- und Öffentlichkeitsbeteiligung überprüft die zuständige Behörde die Darstellungen und Bewertungen des Umweltberichts unter Berücksichtigung der eingegangenen Stellungnahmen und Äußerungen (§ 14k UVPG). Das Ergebnis der Überprüfung ist entsprechend zu berücksichtigen. Die Umweltbelange haben damit keinen abstrakten Vorrang gegenüber anderen Belangen, sind aber mit ihrem Gewicht entsprechend in der Abwägung zu berücksichtigen. Dabei kann es sich als erforderlich erweisen, dass je nach dem Gewicht und der Bedeutung der Belange eine **nachhaltige** 2798

---

[148] Allgemein zur Präklusion s. Rdn. 2954, s. Rdn. 3620, 3651, 3822, zu einer eingeschränkten Präklusion in der Bauleitplanung s. Rdn. 851, 975, zur Präklusion im Straßenrecht s. Rdn. 3058, zum Wasserstraßenrecht s. Rdn. 3472.

Trauerarbeit geleistet werden muss, wenn es nicht gelingt, die Belange im Sinne einer „Win-Win"-Lösung für alle Beteiligten mit dauerhaft positiven Effekten zum Ausgleich zu bringen.[149]

17. Bekanntgabe der Entscheidung (§ 14 l UVPG)

2799 Der Plan oder das Programm sind nach dessen Annahme öffentlich bekannt zu machen. Auch die Ablehnung des Plans kann öffentlich bekannt gemacht werden. Dies steht jedoch im Ermessen der Behörde. Eine Pflicht zur Bekanntgabe der Entscheidung auch im Falle der Ablehnung des Antrags besteht allerdings nicht.[150] Im Falle der Annahme des Plans oder Programms sind folgende **Informationen** zur Einsicht auszulegen:
– der angenommene Plan oder das angenommene Programm,
– eine zusammenfassende Erklärung, wie Umwelterwägungen in den Plan oder das Programm einbezogen wurden, wie der Umweltbericht nach § 14 g UVPG sowie die Stellungnahmen und Äußerungen nach den §§ 14 h bis 14 j UVPG berücksichtigt wurden und aus welchen Gründen der angenommene Plan oder das angenommene Programm nach Abwägung mit den geprüften Alternativen gewählt wurde, sowie
– eine Aufstellung der Überwachungsmaßnahmen nach § 14 m UVPG.

Auf die Einsichtnahmemöglichkeiten ist durch entsprechende Bekanntmachung hinzuweisen.

2800 Neben dem angenommenen Plan oder Programm muss auch eine **zusammenfassende Erklärung** vorliegen, die nach Art einer **„Presseerklärung"**[151] darstellt, wie die Umwelterwägungen in die Planungen eingegangen sind. Die zusammenfassende Erklärung sowie die Aufstellung zu den Überwachungsmaßnahmen sind nicht Gegenstand der Beteiligung, sondern werden (erst) im Anschluss an die Öffentlichkeits- und Behördenbeteiligung bei der Entscheidung über den Plan oder das Programm festgelegt. Die Grundzüge der Überwachung müssen bereits bei der Verabschiedung des Plans oder Programms feststehen und der Öffentlichkeit durch Einsichtnahmemöglichkeit zur Verfügung gestellt werden.

18. Monitoring (§ 14 m UVPG)

2801 Die erheblichen Umweltauswirkungen, die sich aus der Durchführung des Plans oder Programms ergeben, sind zu überwachen, um insbesondere frühzeitig unvorhergesehene nachteilige Auswirkungen zu ermitteln und in der Lage zu sein, geeignete Abhilfemaßnahmen ergreifen zu können (§ 14 m UVPG).[152] Die erforderlichen Überwachungsmaßnahmen sind mit der Annahme des Plans oder Programms auf der Grundlage der Angaben im Umweltbericht festzulegen. Die Überwachung obliegt in der Regel der für die SUP zuständigen Behörde. Andere Behörden haben ihre Kenntnisse der zuständigen Behörde zu übermitteln und auf Verlangen alle Umweltinformationen zur Verfügung zu stellen, die zur Wahrnehmung der Überwachungsaufgaben erforderlich sind. Das Monitoring wird dadurch einerseits bei der für die SUP zuständigen Behörde gebündelt, andererseits soll sichergestellt werden, dass die bei anderen Fachbehörden verfügbaren Informationen in das Monitoring eingebracht werden.[153]

2802 Die **Ergebnisse des Monitoring** sind der Öffentlichkeit sowie den betroffenen Behörden zugänglich zu machen.

2803 **a) Verkehrswegeplanungen.** Nach der Nr. 1.1 der Anlage 3 zum UVPG unterliegen Verkehrswegeplanungen auf Bundesebene einschließlich der Bedarfspläne nach einem Verkehrswegeausbaugesetz des Bundes der obligatorischen Strategischen Umweltprü-

---

[149] Zur nachhaltigen Trauerarbeit s. Rdn. 1378, 1394 sowie *Krautzberger/Stüer* DVBl. 2004, 914.
[150] Die vom Bundestag ursprünglich verabschiedete Fassung sah eine Pflicht zur Bekanntgabe auch einer ablehnenden Entscheidung vor, so Deutscher Bundestag, Drs. 15/4501 vom 15. 12. 2004.
[151] S. Rdn. 807, 979, 2740.
[152] Zum Monitoring s. Rdn. 789, 1035, 1040, 2801.
[153] S. Rdn. 789, 1035.

fung. Damit sind der Bundesverkehrswegeplan sowie die als Gesetz ergehenden Bedarfspläne des Bundes umweltprüfungspflichtig. In welchem Umfang die verfahrensrechtlichen Vorgaben der Plan-UP-Richtlinie danach abgearbeitet werden müssen, richtet sich nach den beabsichtigten Ausweisungen im Bundesverkehrswegeplan und in den Bedarfsplänen. Es ist ein Umweltbericht zu erstellen, der den Anforderungen des Art. 5 Plan-UP-Richtlinie genügt und der die in Anhang I der Plan-UP-Richtlinie angegebenen Informationen enthält. In der Regel wird eine summarische Umweltprüfung im Sinne einer Grobprüfung ausreichen, deren Detaillierungsgrad noch nicht dem einer Umweltprüfung auf der Ebene der Projektzulassung entspricht. Lässt sich das im Bundesverkehrswegeplan oder in den Bedarfsplänen vorgesehene Projekt auch unter Wahrung der danach ermittelten Umweltbelange durchführen, können weitere Prüfungen nachfolgenden Verfahrensstufen vorbehalten bleiben (Linienbestimmung, Planfeststellung). Auch der Umweltbericht kann sich daher auf einen der Hochstufigkeit der Planung entsprechenden geringeren Detaillierungsgrad beschränken. Eine größere Detailschärfe muss der Umweltbericht erst im Zulassungsverfahren aufweisen.

Bei der Ermittlung der Umweltbelange kann an die Umweltrisikoabschätzung (URE) angeknüpft werden.[154] Diese erfasst und bewertet Auswirkungen von Verkehrsprojekten auf die Schutzgüter Natur und Landschaft, Wasser und Boden, Gesundheit und Wohlbefinden des Menschen. Hier kann das Früherkennungssystem zur Projektauswahl für die URE und die eigentliche Umweltrisikoabschätzung einen wichtigen Beitrag leisten. Die Detailschärfe ist dem jeweiligen Aussagewert und Konkretisierungsgrad der Verkehrsprojekte anzupassen. Im Rahmen des Früherkennungssystems zur Projektauswahl für die URE werden Analysekriterien entwickelt und nach Grundregeln gewichtet. Aus den Gewichtungsregeln wird eine Grundmatrix zur Festlegung der Priorität für die Durchführung der URE entwickelt. Die Grundbewertung erfolgt vierstufig (von Prioritätsstufe I = sehr hoch, bis Stufe IV = gering). Auf der Grundlage der Ergebnisse dieses Früherkennungssystems wird dann die eigentliche Umweltrisikoabschätzung vorgenommen. Diese besteht aus (1) einer Raumanalyse und -bewertung zur Ermittlung des umweltbezogenen Raumwiderstandes, (2) einer Beurteilung der Wirkungen des Vorhabens und (3) einer Ermittlung des Umweltrisikos durch Verknüpfen von Wirkungen und konfliktrelevanten Raumeigenschaften. Dabei werden die verschiedenen Verkehrsträger vergleichbar behandelt. Die URE zielt damit auf die Ermittlung und Bewertung von Umweltbelangen ab. Die Plan-UP könnte an diese methodischen Ansätze anknüpfen und diese ggf. ausbauen.

Auch die **Behörden- und Öffentlichkeitsbeteiligung** kann entsprechend gestuft werden. Dies wird aus den unterschiedlichen Regelungen in Art. 6 Plan-UP-Richtlinie und Art. 6 Projekt-UVP-Richtlinie deutlich. Auf der hochstufigen Ebene des Bundesverkehrswegeplans und der Bedarfspläne ist europarechtlich eine umfassende Behörden- und Öffentlichkeitsbeteiligung nicht erforderlich. Vielmehr kann die Beteiligung hier auf Behörden und eine Öffentlichkeit beschränkt werden, die der hochstufigen Planung angemessen ist. Eine Beteiligung der allgemeinen Öffentlichkeit ist auf dieser Planungsstufe nicht erforderlich. Der Mitgliedstaat hat hier entsprechende Bestimmungs- und Konkretisierungsmöglichkeiten, die dem Charakter der hochstufigen Planung gerecht werden. Es empfiehlt sich aber, die Regelungen für den Umweltbericht im Zulassungsverfahren nach Art. 5 III Projekt-UVP-Richtlinie mit den zusätzlichen Angaben des Umweltberichts in Art. 5 I Plan-UP-Richtlinie anzureichern. Dies hätte den Vorteil, dass der Umweltbericht vom Ansatz her einheitlichen Prüfungskriterien genügt. Die Bekanntgabe der Entscheidung nach Art. 9 Plan-UP-Richtlinie muss an die beteiligten Behörden und die Öffentlichkeit erfolgen. Dabei sind der angenommene Plan oder das angenommene Programm, eine zusammenfassende Erklärung über die Umwelterwägungen sowie die

---

[154] Bundesministerium, Bundesverkehrswegeplan 2003, Grundzüge der gesamtwirtschaftlichen Bewertung.

beschlossenen Überwachungsmaßnahmen zugänglich zu machen. Die zusammenfassende Erklärung setzt eine entsprechende Abwägung voraus. Auch diese ist allerdings auf den einzelnen Ebenen der Planung und Zulassung gestuft. Für den Bereich der Bundesverkehrswegeplanung kann dies im Zusammenhang mit der Bekanntgabe der jeweiligen Pläne bzw. Gesetze erfolgen. Es empfiehlt sich, auch für die Zulassungsentscheidung nach einheitlichen Grundsätzen zu verfahren und eine zusammenfassende Erklärung auch für die konkrete Zulassungsentscheidung einzuführen.

2806 **b) Regionalplanung.** Für das Gebiet eines jeden Landes ist ein zusammenfassender und übergeordneter Plan aufzustellen. Die Raumordnungspläne benachbarter Länder sind aufeinander abzustimmen. In den Stadtstaaten Berlin Hamburg und Bremen kann der Flächennutzungsplan diese Aufgabe übernehmen. In den Ländern mit Verflechtungsbereichen mehrerer zentraler Orte oberster Stufe sind Regionalpläne aufzustellen. Die Regionalpläne sind aus dem Raumordnungsplan zu entwickeln. Die Raumordnungspläne haben in ihren Zielaussagen Bindungswirkung für die gemeindliche Bauleitplanung (§ 3 Nr. 2 ROG) aber auch für besondere Bundesmaßnahmen (§ 5 ROG) und in der Reichweite des Darstellungsprivilegs für Private (§ 7 III ROG, § 35 III 3 BauGB). Die in den Raumordnungsplänen enthaltenen Grundsätze und sonstigen Erfordernisse der Raumordnung sind bei nachfolgenden Planungs- und Genehmigungsentscheidungen zu berücksichtigen.

2807 Die Länder nutzen zur Umsetzung der Ziele und Grundsätze der Raumordnung traditionell das Landesplanungsgesetz, Landesentwicklungsprogramme und Landesentwicklungspläne. Das Landesentwicklungsprogramm enthält zumeist Grundsätze und allgemeine Ziele der Raumordnung für die Gesamtentwicklung des Landes und für alle raumbedeutsamen Planungen und Maßnahmen einschließlich der raumwirksamen Investitionen (vgl. etwa § 12 LPlG NW). Die Landesentwicklungspläne legen auf der Grundlage des Landesentwicklungsprogramms die Grundsätze der Raumordnung für die Gesamtentwicklung des Landes fest. Die Landesentwicklungspläne bestehen zumeist aus textlichen oder zeichnerischen Darstellungen oder einer Verbindung von textlichem und zeichnerischem Teil. Die Landesplanung entwickelt traditionell ein System der zentralörtlichen Gliederung sowie der Entwicklungsschwerpunkte und Entwicklungsachsen.[155] Die städtebauliche Entwicklung soll auf die Siedlungsschwerpunkte in den Gemeinden ausgerichtet werden (vgl. etwa § 6 LEProG NW). Es sind dies solche Standorte, die sich für ein räumlich gebündeltes Angebot von öffentlichen und privaten Einrichtungen der Versorgung, der Bildung und Kultur, der sozialen und medizinischen Betreuung, des Sports und der Freizeitgestaltung eignen. Dabei soll eine angemessene Erreichbarkeit dieser Einrichtungen für die Bevölkerung gewährleistet werden. Die siedlungsräumliche Schwerpunktbildung von Wohnungen und Arbeitsstätten i.V. mit zentralörtlichen Einrichtungen soll im Rahmen der zentralörtlichen Gliederung erreicht werden (vgl. etwa § 7 LEProG NW). Auch die funktionsgerechte und umweltverträgliche Einbindung Ver- und Entsorgungseinrichtungen sowie der Verkehrseinrichtungen und -leistungen soll mit diesem Zentren- und Achsensystem harmonieren.

2808 Auch die Landesplanung unterliegt daher der Umweltprüfung, wenn sie aufgrund von Rechts- und Verwaltungsvorschriften aufzustellen ist und den Rahmen für nachfolgende Zulassungsentscheidungen UVP-pflichtiger Vorhaben setzt oder auch Vorhaben betrifft, für die eine Verträglichkeitsprüfung nach der FFH-Richtlinie durchzuführen ist. Die in der Form der Landesentwicklungspläne ergehenden Raumordnungspläne gehören zu diesen Plänen und Programmen nach Art. 2a Plan-UP-Richtlinie. Sie sind nach § 8 ROG aufzustellen und unterliegen nach Art. 3 II UP-RL der Umweltprüfung, weil sie rahmensetzende Wirkung für Projekte haben, die der UVP-Richtlinie unterliegen. Zudem werden von den Projekten Vorhaben mit FFH-Auswirkungen betroffen sein. In die

---

[155] *Bielenberg/Erbguth/Söfker* Raumordnungs- und Landesplanungsrecht des Bundes und der Länder.

Umweltprüfung sind aber auch Landesentwicklungsprogramme einzubeziehen, wenn sie auf der Grundlage des jeweiligen Landesplanungsgesetzes aufgestellt werden und rahmensetzende Vorgaben für nachfolgende Projektentscheidungen haben.

Auch die Regionalpläne und Gebietsentwicklungspläne[156] in Ländern, deren Gebiet die Verflechtungsbereiche mehrerer Zentraler Orte oberster Stufe umfasst, unterliegen der Umweltprüfung. Diese Regionalpläne sind nach § 9 I ROG aufzustellen und setzen nach § 3 Nr. 2, 3, 6 und 7 ROG den Rahmen für nachfolgende Zulassungsentscheidungen. Auch die brandenburgischen Braunkohlen- und Sanierungspläne (§§ 12 BbgRegBKPlG), die nordrhein-westfälischen und sächsischen[157] Braunkohlenpläne[158] (§§ 11, 24 NRWLPlG, § 8 SächsLPlG) sowie die schleswig-holsteinischen Kreisentwicklungspläne (§§ 11 ff. SchlHLPlG) gehören zu den umweltprüfungspflichtigen Plänen, da sie den Regionalplänen nach § 9 ROG gleichzustellen sind. Keiner Umweltprüfung bedürfen demgegenüber die schleswig-holsteinischen Regionalbezirkspläne (§§ 3 I, 7 a SchlHLPlG), da es bei ihnen an der Planaufstellungspflicht fehlt.

Auch bei den Raumordnungsplänen des Landes und der Regionalpläne (Gebietsentwicklungspläne) ist eine Umweltprüfung vorzunehmen. Die Anforderungen an die Umweltprüfung muss sich nach dem Grad der Konkretisierung der Planaussagen richten. Die hochstufigen Landesentwicklungsprogramme und Raumordnungspläne für das Landesgebiet unterliegen hinsichtlich ihres Detaillierungsgrades geringeren Prüfungsanforderungen als die Regionalpläne, deren rahmensetzende Funktion für konkrete Projekte stärker in den Vordergrund tritt. Auch die Öffentlichkeitsbeteiligung kann diesem unterschiedlichen Konkretisierungsgrad angepasst werden. §§ 7 VI bis X ROG ordnet hier eine umfassende Öffentlichkeitsbeteiligung im Sinne einer Bürgerbeteiligung und eine Behördenbeteiligung an. Der Projektbezug der Pläne ist auf dieser Ebene bereits größer. Zudem spricht auch das aus der Eigentumsgarantie folgende Gebot, den betroffenen Eigentümern vor einer bindenden Wirkung des Darstellungsprivilegs in § 35 III 3 BauGB Gelegenheit zur Stellungnahme zu gewähren,[159] für eine Ausweitung der allgemeinen Öffentlichkeitsbeteiligung im Sinne einer Bürgerbeteiligung auf die Ebene der Regionalplanung. Das Ergebnis der Öffentlichkeitsbeteiligung ist in der Regionalplanung zu berücksichtigen.

19. Qualitätssicherung

Eine förmliche Qualitätssicherung ist im UVPG nicht vorgeschrieben. Die im Verlauf der Gesetzesberatungen vom Bundestag geforderte Qualitätssicherung[160] ist schließlich im Vermittlungsausschuss wieder gestrichen worden. Nach den Vorstellungen des Bundestages sollte durch geeignete Maßnahmen eine Qualität der SUP, insbesondere des Umweltberichts, gesichert werden (§ 14 p UVPG-E). Die Vorschrift sollte über eine formale, verfahrensrechtliche Bestimmung hinausgehen und im Sinne von Art. 1 UVPG

---

[156] Zum Rechtsschutz gegen die Gebietsentwicklungspläne *VerfGH Münster*, Urt. v. 15. 12. 1989 – VerfGH 5/88 – NWVBL 1990, 51 – Mühlheim a. d. R.; Urt. v. 18. 6. 1991 – VerfGH 5/90 – NWVBL 1991, 371; Urt. v. 28. 1. 1992 – VerfGH 2/91 – NVwZ 1992, 875; Urt. v. 12. 2. 1992 – VerfGH 6/91 – NWVBL 1992, 242; Urt. v. 9. 2. 1993 – VerfGH 18/91, 2/91 – NWVBL 1993, 170; Urt. v. 11. 7. 1995 – VerfGH 21/93 – NWVBL 1995, 373; Urt. v. 30. 10. 1987 – 19/86 – NWVBL 1988, 11; *BVerfG*, B. v. 23. 6. 1987 – 2 BvR 826/83 – DVBl. 1988, 41 zu § 91 BVerfGG; *Hoppe* FS Redeker 1993, 377.

[157] *VerfG Potsdam*, Urt. v. 1. 6. 1995 – VfGBbG 6/95 – DVBl. 1996, 37 = UPR 1995, 354 – Horno.

[158] *VerfGH Münster*, Urt. v. 29. 4. 1997 – VerfGH 9/95 – DVBl. 1997, 824 = NVwZ-RR 1998, 478; Urt. v. 9. 6. 1997 – VerfGH 20/95 u. a. – DVBl. 1997, 1107 = NVwZ-RR 1998, 473; vgl. auch *BVerwG*, Urt. v. 14. 12. 1990 – 7 C 18.90 – Buchholz 406.27 § 55 BBergG Nr. 3 = RdL 1991, 151 = ZfB 1991, 140 = NVwZ 1991, 992 – Untersuchungsbohrungen Garzweiler II.

[159] *BVerwG*, Urt. v. 19. 7. 2001 – 4 C 4.00 – BVerwGE 115, 17 = DVBl. 2001, 1855 = NVwZ 2002, 476 – Gipsabbau.

[160] Deutscher Bundestag, Drs. 15/4501 vom 15. 12. 2004.

eine nachhaltige Berücksichtigung von Umweltbelangen durch entsprechende Standards sicherstellen. Allerdings besagte die vom Bundestag vorgeschlagene Vorschrift nicht im Einzelnen, welche Qualitätsstandards anzusetzen sind. Hier sind vielmehr neben den europarechtlichen Vorgaben die jeweiligen nationalen Standards von Bedeutung, die in den einzelnen Mitgliedstaaten bestehen. Soweit daher keine europarechtlichen Vorgaben bestehen, werden die einzuhaltenden Qualitätsstandards durch den nationalen Gesetzgeber festgelegt. Zur Erfüllung der europarechtlichen Vorgaben waren keine weitergehenden gesetzlichen Regelungen zur Qualitätssicherung erforderlich. Nach Art. 12 II SUP-Richtlinie stellen die Mitgliedstaaten sicher, dass die Umweltberichte von ausreichender Qualität sind, um die Anforderungen der Richtlinie zu erfüllen, und unterrichten die Kommission über alle Maßnahmen, die sie bezüglich der Qualität dieser Berichte ergreifen. Die Berichte an die Kommission sollen auch dazu dienen, dieser die Gelegenheit zu entsprechenden Änderungsvorschlägen insbesondere auch für den Geltungsbereich der Richtlinie zu geben (Art. 12 III SUP-Richtlinie). Wenn der Gesetzgeber eine eigene Regelung über die Qualitätssicherung ebenso wie im Baurecht auch im sonstigen Planungsrecht nicht in das UVPG aufgenommen hat, dann kann dies wohl vor allem damit gerechtfertigt werden, dass die verfahrensrechtlichen Regelungen bereits für sich genommen eine ausreichende Qualitätssicherung gewährleisten und zudem durch einen effektiven Rechtsschutz eine gerichtliche Prüfung der Qualitätssicherung vorgenommen werden kann. Zudem dient das Monitoring zugleich einer Qualitätssicherung, so dass der Gesetzgeber Zusatzregelungen, die ggf. auf ein gesondertes Verfahren hinausgelaufen wären, nicht für erforderlich gehalten hat. Die planenden Stellen sollten aber sowohl bei der Aufstellung der Pläne als auch bei dem sich anschließenden Monitoring die europarechtlichen Vorgaben der Qualitätssicherung mit in ihre Überlegungen einbeziehen.[161]

III. Umweltinformationsrichtlinie

2812 Fragen der Umweltinformation werden in zahlreichen Richtlinien angesprochen.[162] So finden sich Regelungen über Melde-, Berichterstattungs-, Übermittlungs- und Bekanntmachungspflichten in fast allen verwaltungsrechtlichen Bereichen.[163] Die Umweltinformationsrichtlinie (UI-Richtlinie 2003)[164] gewährt jedem gegenüber Behörden und bestimmten Personen des Privatrechts einen Anspruch auf freien Zugang zu Informationen über die Umwelt. Die Richtlinie ist durch das Umweltinformationsgesetz 2004 (UIG) in deutsches Recht umgesetzt worden.[165]

1. Europarechtliche Vorgaben

2813 Die UI-Richtlinie will den erweiterten Zugang der Öffentlichkeit zu umweltbezogenen Informationen fördern und zu einer Verbreiterung dieser Informationen beitragen. Hierdurch soll zugleich das Umweltbewusstsein geschärft, ein freier Meinungsaustausch und eine wirksame Teilnahme der Öffentlichkeit an Entscheidungsverfahren in Umweltfragen ermöglicht und mittelbar ein Beitrag zur Verbesserung des Umweltschutzes geleis-

---

[161] S. Rdn. 824, 2740.

[162] *Rengeling* in: Stüer (Hrsg.) Verfahrensbeschleunigung, S. 45.

[163] Die Nachweise bei *Schmidt-Aßmann*, Zur Europäisierung des allgemeinen Verwaltungsrechts FS *Lerche*, 1993, S. 513.

[164] Richtlinie des Europäischen Parlaments und des Rates über den Zugang der Öffentlichkeit zu Umweltinformationen und zur Aufhebung der Richtlinie 90/313/EWG des Rates v. 28. 1. 2003 (2003/4/EG) Abl. EG 2003 L 41, 26. Aufgehoben wurde die Umweltinformationsrichtlinie vom 7. 6. 1990 (90/313/EWG) ABl. EG 1990 Nr. L 198, S. 56 = NVwZ 1990, 844; *Engel* Die UI-Richtlinie 1993; *Erichsen/Scherzberg* UI-Richtlinie 1992; *Fluck/Theuer* UIG; *Winter* (Hrsg.) Öffentlichkeit von Umweltinformationen 1990.

[165] Gesetz zur Neugestaltung des Umweltinformationsgesetzes und zur Änderung der Rechtsgrundlagen zum Emissionshandel v. 22. 12. 2004 (BGBl. I 3704).

tet werden.¹⁶⁶ Die Richtlinie dient zugleich der Umsetzung der ersten Säule der Århus-Konvention. Es soll gewährleistet werden, dass jede natürliche oder juristische Person ohne Geltendmachung eines Interesses ein Recht auf Zugang zu bei Behörden vorhandenen oder für diese bereitgestellten Umweltinformationen hat. Ferner sollen die bei Behörden vorhandenen Umweltinformationen insbesondere auch unter Verwendung von Informations- und Kommunikationstechnologien so umfassend wie möglich der Öffentlichkeit zugänglich gemacht und verbreitet werden. Mit der UI-Richtlinie wird das Ziel verfolgt, das Recht auf Zugang zu Umweltinformationen, die bei Behörden vorhanden sind oder für sie bereitgehalten werden, zu gewährleisten und die grundlegenden Voraussetzungen und praktischen Vorkehrungen für die Ausübung der Informationsrechte festzulegen. Zudem sollen die Behörden Umweltinformationen selbstverständlich zunehmend öffentlich zugänglich machen und verbreiten, um die Öffentlichkeit möglichst umfassend und systematisch über Umweltdaten zu informieren. Dafür wird die Verwendung insbesondere von Computer-Telekommunikation und/oder elektronischen Technologien gefördert, soweit diese verfügbar sind (Art. 1 UI-Richtlinie). **Informationen** über die Umwelt sind alle in schriftlicher, visueller, akustischer, elektronischer oder sonstiger in materieller Form vorliegenden Informationen über den Zustand der Umwelt. Hierunter fallen auch Informationen über den Zustand der Gewässer, der Luft, des Bodens, der Tier- und Pflanzenwelt und der natürlichen Lebensräume sowie über Tätigkeiten (einschließlich solcher, von denen Belästigungen wie beispielsweise Lärm ausgehen) oder Maßnahmen, die diesen Zustand beeinträchtigen oder beeinträchtigen können, und über Tätigkeiten oder Maßnahmen zum Schutz dieser Umweltbereiche einschließlich verwaltungstechnischer Maßnahmen und Programme zum Umweltschutz (Art. 2 UI-RL). Zu den Behörden gehören über die traditionelle öffentliche Verwaltung hinaus auch natürliche oder juristische Personen, die aufgrund innerstaatlichen Rechts Aufgaben der öffentlichen Verwaltung im Zusammenhang mit der Umwelt wahrnehmen (Art. 2 Nr. 2 UI-Richtlinie). In der Richtlinie wird veranlasst, jedem Bürger in der Gemeinschaft voraussetzungslos und verfahrensunabhängig den Zugang zu allen bei öffentlichen Stellen im Bereich der Umweltpflege vorhandenen Umweltinformationen zu eröffnen. Die Informationen sind auf einen entsprechenden Antrag in der Regel innerhalb eines Monats zur Verfügung zu stellen, bei umfangreicheren Informationen innerhalb von zwei Monaten (Art. 3 UI-Richtlinie). Die Informationen sollen nach Möglichkeit in der vom Antragsteller erwünschten Form zur Verfügung gestellt werden (Art. 3 IV UI-Richtlinie). Die Behörden sollen die Öffentlichkeit in dem Bemühen um Zugang zu Informationen unterstützen (Art. 3 V UI-Richtlinie). Die Richtlinie verfolgt den Zweck, die Öffentlichkeit als Forum der Kommunikation in die Legitimations- und Kontrollzüge der Staatsorganisation einzubeziehen. Hier, so ist es formuliert worden, erschließen sich „neue Dimensionen der verwaltungsrechtlichen Systembildung."¹⁶⁷ Die Mitgliedstaaten können allerdings vorsehen, dass ein Antrag auf Zugang zu einer derartigen Umweltinformationen abgelehnt wird, wenn die Informationen bei der Behörde nicht vorhanden sind, der Antrag offensichtlich rechtsmissbräuchlich ist, der Antrag zu allgemein formuliert worden ist, das Material gerade vervollständigt wird oder der Antrag auf noch nicht abgeschlossene Schriftstücke gerichtet ist oder der Antrag interne Mitteilungen betrifft (Art. 4 I UI-Richtlinie). Auch bei den in Art. 4 II UI-Richtlinie genannten negativen Auswirkungen kann der Antrag auf Umweltinformationen abgelehnt werden. Die Ablehnungsanträge sind jedoch eng auszulegen. Der Zugang zu öffentlichen Verzeichnissen oder Listen, die gem. Art. 3 V UI-Richtlinie eingerichtet und geführt werden, und die Einsichtnahme in die beantragten Informationen an Ort und Stelle sind gebührenfrei. Für die Bereitstellung von Umweltinformationen dürfen im Übrigen nur angemessene

---

¹⁶⁶ So der Erwägungsgrund 1 der UI-Richtlinie.
¹⁶⁷ *Schmidt-Aßmann,* Zur Europäisierung des allgemeinen Verwaltungsrechts FS *Lerche,* 1993, S. 513; vgl. auch *Erichsen* NVwZ 1992, 409.

Gebühren erhoben werden. Gegen die Ablehnung oder unzulängliche Behandlung eines Antrags auf Umweltinformation steht den Antragstellern der Rechtsweg offen. Der Antragsteller hat nach Maßgabe der nationalen Regelungen einen Anspruch auf unabhängige und objektive Prüfung. Das Verfahren muss zügig verlaufen und darf keine oder nur geringe Kosten verursachen (Art. 6 UI-Richtlinie). Die Mitgliedstaaten sind zudem verpflichtet, für eine Verbreitung der bei den Behörden verfügbaren Umweltinformationen Sorge zu tragen. Dabei sollen – soweit verfügbar – die Computer-Telekommunikation sowie elektronische Technologien verwendet werden. Zugleich sorgen die Mitgliedstaaten dafür, dass Umweltinformationen zunehmend in diesen digitalen Medien zur Verfügung gestellt werden (Art. 7 UI-Richtlinie). Die öffentlich zugänglichen Informationen der Behörden umfassen die rechtlichen Grundlagen der Umweltinformationen ebenso wie einen Umweltzustandbericht und weitere Daten einschließlich einer ggf. erfolgten Umweltprüfung und Risikobewertung (Art. 7 II UI-Richtlinie). Die bereit gestellten Umweltinformationen sollen nach Möglichkeit aktuell, exakt und vergleichbar sein (Art. 8 UI-Richtlinie).

2. Umsetzung durch das Umweltinformationsgesetz

2814   Die UI-Richtlinie ist durch das **Umweltinformationsgesetz (UIG 2005)**[168] umgesetzt worden. Zweck des UIG ist es, den rechtlichen Rahmen für den freien Zugang zu Umweltinformationen bei informationspflichtigen Stellen sowie für die Vorbereitung dieser Umweltinformationen zu schaffen. Das UIG gilt für informationspflichtige Stellen des Bundes und der bundesunmittelbaren juristischen Personen des öffentlichen Rechts (§ 1 UIG). In Umsetzung der UI-Richtlinie sind Behörden der öffentlichen Verwaltung auf Bundesebene sowie natürliche oder juristische Personen des Privatrechts, soweit sie öffentliche Aufgaben wahrnehmen oder öffentliche Dienstleistungen im Zusammenhang mit Umweltangelegenheiten erbringen, informationspflichtig (§ 2 UIG). Die Verpflichtungen der Behörden beziehen sich auf alle Umweltinformationen (§ 2 III UIG). Jede Person hat nach Maßgabe des UIG Anspruch auf freien Zugang zu Umweltinformationen, über die eine umweltinformationspflichtige Stelle verfügt, ohne ein rechtliches Interesse darlegen zu müssen. Der Zugang kann durch Auskunftserteilung, Gewährung von Akteneinsicht oder in sonstiger Weise eröffnet werden. Die Information ist in der Regel in der beantragten Art zu erteilen (§ 3 II UIG). Die Informationen sind in der Regel innerhalb eines Monats nach Antragstellung zu erteilen (§ 3 III UIG). Der Antrag auf Umweltinformationen darf nur aus den Gründen in §§ 8, 9 UIG abgelehnt werden (§ 5 UIG). Dazu gehören öffentliche Belange oder sonstige schutzwürdige Belange. Der Antrag ist grundsätzlich abzulehnen, wenn die Bekanntgabe der Information nachteilige Auswirkungen hätte (1) auf internationale Beziehungen, die Verteidigung oder bedeutsame Schutzgüter der öffentlichen Sicherheit, (2) die Vertraulichkeit der Beratungen von informationspflichtigen Stellen, (3) die Durchführung eines laufenden Gerichtsverfahrens Für Streitigkeiten steht der Verwaltungsrechtsweg offen (§ 6 UIG). Zuvor ist ein Widerspruchsverfahren durchzuführen. Neben die Informationserteilung auf Antrag tritt eine allgemeine Informationspflicht der Öffentlichkeit (§ 9 UIG). Die informationspflichtigen Stellen ergreifen danach Maßnahmen, um den Zugang zu den bei ihnen verfügbaren Umweltinformationen zu erleichtern. Zu diesem Zweck wirken sie darauf hin, dass Umweltinformationen zunehmend in elektronischen Datenbanken oder in sonstigen Formaten gespeichert werden, die über Mittel der elektronischen Kommunikation abrufbar sind. Die zuständigen Behörden tragen zur Verbreitung der Umweltinformationen

---

[168] Gesetz zur Neugestaltung des Umweltinformationsgesetzes und zur Änderung der Rechtsgrundlagen zum Emissionshandel v. 22. 12. 2004 (BGBl. I S. 3704); zur Vorgängerregelung das Umweltinformationsgesetz i. d.F der Bekanntmachung vom 23. 8. 2001 (BGBl. I S. 2218), Neubekanntmachung des UIG vom 16. 7. 1994 in der ab 3. 8. 2001 geltenden Fassung; *Faber* DVBl. 1995, 722; *Erbguth/Stollmann* UPR 1994, 81; *Fluck/Theuer* UIG; *Röger* UIG 1995; *Scherzberg* DVBl. 1994, 733.

bei. Die informationspflichtigen Stellen unterrichten die Öffentlichkeit in angemessenem Umfang über die Umwelt. Die Behörden verbreiten Umweltinformationen, die für ihre Aufgaben von Bedeutung sind und über die sie verfügen (§ 10 I UIG). Die Umweltinformationen sollen der Öffentlichkeit einen umfassenden Eindruck von den umweltrelevanten Daten vermitteln (§ 10 II UIG). Für mündliche und einfache schriftliche Auskünfte werden keine Kosten erhoben (§ 12 I UIG). Die für die weiteren Auskünfte zu erhebenden Kosten sind in der Anlage zum UIG festgelegt.

Das UIG erweitert damit den Informationsanspruch der Öffentlichkeit und verkürzt die Informationspflichten der Behörden auf grundsätzlich einen Monat. Zugleich werden die Ausnahmebeschränkungen verringert. Pauschale Verweise auf Betriebs- oder Geschäftsgeheimnisse sind nicht mehr möglich. So wird in § 9 I Nr. 3 UIG klargestellt, dass Emissionen nicht unter personenbezogene oder Daten von Betriebs- oder Geschäftsgeheimnissen fallen. Auch hat die informationspflichtige Stelle eine Abwägung zwischen dem öffentlichen Interesse an der Geheimhaltung und dem Informationsanspruch der Öffentlichkeit vorzunehmen. Für mündliche und einfache schriftliche Auskünfte fallen keine Gebühren an. Auch die Einsichtnahme vor Ort ist gem. § 12 I UIG kostenlos. Der Höchstbetrag einer Gebühr bei einer außergewöhnlich umfangreichen Auskunft liegt bei 500 Euro. Bei umfassenden schriftlichen Auskünften müssen maximal 250 Euro bezahlt werden. Der Umweltbegriff ist im Randbereich des Umweltschutzes substanziell erweitert worden. So sind der Zustand der menschlichen Gesundheit und Sicherheit, die Lebensbedingungen des Menschen sowie Kulturstätten dem Umweltbegriff unterworfen. Auch Kontaminationen in der Lebensmittelkette, also verbraucherschutzrelevante Fragen und Angaben sind hinzugetreten. Auch gentechnisch modifizierte Organismen mit Freisetzungsversuchen aller Art sind hinzugetreten. Auch strittige Kosten-Nutzen-Analysen, die bei der Frage nach dem Bedarf von Vorhaben eine Rolle spielen, müssen auf Verlangen offen gelegt werden. Zugleich ist der Behördenbegriff erweitert worden. Neben den Behörden im klassischen Sinne unterliegen auch private Stellen, die öffentliche Aufhaben übernehmen, den Verpflichtungen des UIG. Hierzu zählen etwa Entsorgungsunternehmen, Energieversorgungsunternehmen nach § 1 EnWG, Flughafenverwaltungen, Eisenbahnverwaltungen private Forstverwaltungen oder Betriebe im Bereich der Wasserversorgung. Auch können Umweltinformationen von Beratungs- und Expertengremien verlangt werden.

Das UIG 1994 ist durch das UIG 2005 zum 14. 2. 2005 außer Kraft getreten. Das UIG 2005 gilt ausdrücklich nur für Anfragen an **Bundesbehörden** bzw. **informationspflichtige Stellen des Bundes**. Auf **Landesbehörden** kann das UIG nicht angewendet werden, da der Bund hinsichtlich der Länderregelungen keine Gesetzgebungskompetenz sah. Jedes Land muss daher ein eigenes Landes-UIG schaffen. Soweit die Länder ihren Umsetzungspflichten nicht nachgekommen sind, müssen die bisherigen Landesgesetze im Sinne der UI-Richtlinie ausgelegt werden. Soweit diese nicht ausreicht, ist die UI-Richtlinie unmittelbar auch gegenüber Landesbehörden anzuwenden. In einigen Ländern (Brandenburg, Berlin, Nordrhein-Westfalen) gibt es allgemeine Informationsfreiheitsgesetze über den Zugang zu Verwaltungsinformationen. Dort können alle bei Behörden vorhandenen Informationen, auch die Umweltinformationen, frei abgefragt werden. Diese allgemeinen Informationsfreiheitsgesetze sind bei umweltbezogenen Anfragen so anzuwenden, dass sie so weit wie möglich den Vorgaben der UI-Richtlinie 2003 entsprechen. Die Anfragen sind grundsätzlich innerhalb eines Monats zu beantworten. Emissionen in die Umwelt können grundsätzlich keine Betriebs- und Geschäftsgeheimnisse mehr sein. Soweit eine richtlinienmäßige Anwendung des vorhandenen Rechts in den Ländern nicht möglich erscheint, ist die UI-Richtlinie 2003 in den Ländern unmittelbar anzuwenden. Ein Anspruch auf Umweltinformationen gegenüber Landesbehörden oder entsprechenden privaten Organisationen kann daher auch unmittelbar aus der UI-Richtlinie abgeleitet werden. Die Vorgaben der UI-Richtlinie sind daher auch im Bereich des Landesrechts anzuwenden. Dies gilt auch hinsichtlich der Kostenregelungen. Für Einsichtnahmen in

Umweltinformationen vor Ort sind daher auch bei entgegenstehenden landesrechtlichen Regelungen keine Kosten zu erstatten. Kosten sind daher nur u.a, zulässig für Übersendungen von Kopien oder für mündliche Auskünfte. Dabei sind die Grenzen der Anlage zur UI-Richtlinie zu beachten. Entsprechende Kosten sind auch bei Anfragen an Gemeinden und Landkreise zu entrichten. Neben die individuelle Beantwortung von Anfragen tritt die allgemeine Verpflichtung von Behörden, die Öffentlichkeit über die bei ihnen vorliegen Umweltinformationen zu informieren.

3. Einzelfragen

2817 In welchem Umfang **Baugenehmigungsbehörden** und die **Gemeinden** als Trägerin der Bauleitplanung auskunftsverpflichtet sind, war unter Geltung des früheren UIG umstritten.[169] Das UIG gilt zwar nicht unmittelbar für die Bauaufsichtsbehörden, weil es sich um Bundesrecht handelt und das Bauordnungsrecht der Landeskompetenz unterliegt.[170] Solange aber der Landesgesetzgeber nicht ein eigenes Umweltinformationsgesetz mit entsprechenden Informationsrechten geschaffen hat, können sich die Bürger im Hinblick auf die Information über umweltrelevante Daten im Bauordnungsrecht unmittelbar auf die Bestimmungen der EG-UI-Richtlinie berufen, wenn die europarechtlichen Regelungen unmittelbare Wirkungen für die Unionsbürger haben. Auch die Bauordnungsämter verfügen über eine Fülle von umweltrelevanten Daten, auf die sich der Informationsanspruch des Bürgers beziehen kann.[171]

2818 Anspruch auf die bei den Behörden vorhandenen Informationen über die Umwelt hat jeder (§ 3 I UIG). Diese Bestimmung begründet für jede natürliche und juristische Person des Privatrechts einen Informationsanspruch, unabhängig von ihrer Nationalität. Das Begehren darf allerdings nicht missbräuchlich sein.

Beispiel: Die Ernte des gentechnisch veränderten Rapses und sein Abtransport waren bereits erfolgt, so dass dem klagenden Eigentümer keine wesentlichen Nachteile drohen konnten und auch kein anderweitiges erkennbares Interesse bestand.[172]

2819 Auf ein Vorabentscheidungsersuchen des *OVG Schleswig*[173] gemäß Art. 234 EGV ist die UIR nach Auffassung des *EuGH* auch auf die Stellungnahme einer **Landschaftspflegebehörde** im Rahmen ihrer Beteiligung an einem Planfeststellungsverfahren anzuwenden, wenn diese Stellungnahme geeignet ist, die Entscheidung über die Planfeststellung hinsichtlich der Belange des Umweltschutzes zu beeinflussen.[174] Nach Art. 3 III UI-RL 1990 bezog sich der Informationsanspruch zwar nicht auf Gegenstände, die bei Gericht anhängig oder Gegenstand von Ermittlungsverfahren (einschließlich Disziplinarverfahren) sind oder waren oder die Gegenstand von Vorverfahren sind. Darunter waren nach Auffassung des *EuGH* aber nur Verfahren zu verstehen, die im Falle der Feststellung einer verwaltungs- oder strafrechtlich relevanten Zuwiderhandlung zwingend zur Verhängung einer Sanktion führen. In diesem Zusammenhang sei „Vorverfahren" daher als der Verfahrensabschnitt zu verstehen, der dem gerichtlichen Verfahren oder dem Ermittlungsverfahren unmittelbar vorausgehe. Verwaltungsverfahren wie etwa ein Planfeststellungsverfahren, die (lediglich) die Zulassung von Projekten betreffen, seien nicht von dem Informationsanspruch ausgenommen. Das ergebe auch ein Vergleich der Übersetzungen der UI-RL in die Sprachen der anderen Mitgliedstaaten. Von dem Informationsanspruch ausgenommen seien daher nur Verwaltungsverfahren, wenn sie einem gerichtlichen oder quasi gerichtlichen Verfahren unmittelbar vorausgehen und durchgeführt werden, um Beweise zu be-

---

[169] *Stüer* DVBl. 1996, 96.
[170] S. Rdn. 134.
[171] *Stüer* DVBl. 1996, 96.
[172] *VGH München*, B. v. 22. 11. 2000 – 22 ZE 00.2779 – NVwZ 2001, 342.
[173] *OVG Schleswig*, VorlageB. v. 10. 7. 1996 – 4 L 222/95 – ZUR 1997, 43.
[174] *EuGH*, Urt. v. 17. 6. 1998 – C – 321/96 – DVBl. 1998, 1176 – Mecklenburg, mit Anmerkung *Pitschas* DVBl. 1999, 226 = NVwZ 1998, 945.

schaffen oder Ermittlungsverfahren durchzuführen, bevor das eigentliche Verfahren eröffnet wird.[175] Daher war die Regelung in **§ 7 I Nr. 2 UIG 1994**, wonach neben gerichtlichen Verfahren auch **verwaltungsbehördliche Verfahren** von dem Informationsanspruch ausgenommen sind, nicht europarechtskonform.[176] Die Neuregelungen in der UI-Richtlinie 2003 und dem UIG 2005 beziehen sich nur noch auf laufende Gerichtsverfahren und erfassen vorbereitende Verfahren nur noch insoweit, als hierdurch ein faires Verfahren oder die Möglichkeiten einer Behörde, Untersuchungen strafrechtlicher oder disziplinarischer Art durchzuführen, beeinträchtigt werden könnten.

Art. 4 II UI-Richtlinie gibt den Mitgliedstaaten zwar die Möglichkeit, einen Antrag auf Informationen in abschließend aufgeführten Fällen abzulehnen, verpflichtet sie jedoch in Art. 4 IV UI-Richtlinie, Informationen insoweit zu übermitteln, als vertrauliche oder geheime Angaben ausgesondert werden können. Die Vorschrift schafft daher für die Mitgliedstaaten eine bestimmte Ergebnispflicht und regelt unmittelbar die Rechtsstellung von Einzelnen, denen er einen Anspruch auf Übermittlung von Informationen gewährt, wenn der Tatbestand erfüllt ist. In Deutschland war nach Auffassung des EuGH die Pflicht zur auszugsweisen Übermittlung von Informationen über die Umwelt im UIG 1994 nicht so bestimmt und klar gewährleistet, dass die Rechtssicherheit garantiert ist und Personen, die einen Antrag auf Informationen stellen wollen, von allen ihren Rechten Kenntnis erlangen können. Auch insoweit waren die Regelungen des deutschen UIG europarechtswidrig.[177] Daran ändert auch nichts, dass im Gebührenverzeichnis der Fall der auszugsweisen Übermittlung von Informationen geregelt war.[178] § 5 III UIG sieht nunmehr ausdrücklich eine entsprechende Regelung vor. 2820

Die Ablehnung der Zugänglichmachung der **Vorauswahlliste** naturschutzrechtlicher Prüfgebiete aufgrund der „Vertraulichkeit der Beratungen von Behörden" i. S. des § 8 I Nr. 2 UIG 2005 (§ 7 I Nr. 1 3. Alt. UIG 1994) hat das *OVG Schleswig*[179] untersucht. Der Umstand, dass sich diese Vorauswahlliste überwiegend als Bewertung darstellen kann, nimmt sie dabei nicht als Informationsgegenstand aus.[180] Unter vertraulichen Beratungen i. S. des UIG ist im Kern die Betätigung der staatsinternen Willensbildung zu verstehen, die aus den in den intra- als auch interbehördlichen Bereich unterfallenden Interessenbewertungen und den Gewichtungen einzelner Abwägungsfaktoren besteht. Dagegen ist die Wertung, das gefundene Beratungsergebnis und der Beratungsgegenstand vom Schutz der Vorschrift ausgenommen, so dass ein Anspruch auf die Zugänglichmachung der Vorauswahlliste nicht durch die vorgenannten Vorschriften gesperrt ist. 2821

Nach Auffassung des *OVG Schleswig*[181] umschreibt das Wort **„übermitteln"** in Art. 5 UI-Richtlinie 1990 sowohl den letzten Akt der Übermittlung als auch alle notwendigen vorbereitenden Amtshandlungen. Die Einstellung von Personalkosten für vorbereitende Tätigkeiten in die Berechnung der Gebührenforderung widerspricht nicht den europäischen Erfordernissen. Sie darf aber zu keinem Ausschluss der Anforderung von Informationen führen und muss dementsprechend angemessen sein.[182] Die UI-Richtlinie 2003 2822

---

[175] *EuGH*, Urt. v. 17. 6. 1998 – C – 321/96 – DVBl. 1998, 1176 – Mecklenburg.
[176] *EuGH*, Urt. v. 9. 9. 1999 – Rs. C-217/97 – DVBl. 1999, 1454 – Kommission gegen Bundesrepublik Deutschland.
[177] *EuGH*, Urt. v. 9. 9. 1999 – Rs. C-217/97 – DVBl. 1999, 1454 – Kommission gegen Bundesrepublik Deutschland.
[178] *EuGH*, Urt. v. 9. 9. 1999 – Rs. C-217/97 – DVBl. 1999, 1454 – Kommission gegen Bundesrepublik Deutschland.
[179] *OVG Schleswig*, Urt. v. 15. 9. 1998 – 4 L 139/98 – DVBl. 1999, 250 = NVwZ 1999, 670.
[180] *EuGH*, Urt. v. 17. 6. 1998 – C – 321/96 – DVBl. 1998, 1176 mit Anmerkung *Pitschas* DVBl. 1999, 226 = NVwZ 1998, 945; *OVG Schleswig*, VorlageB. v. 10. 7. 1996 – 4 L 222/95 – ZUR 1997, 43.
[181] *OVG Schleswig*, B. v. 5. 5. 1998 – 4 L 21/97 – NordÖR 1999, 29.
[182] Zur Verhältnismäßigkeit der Gebührenhöhe *VG Braunschweig*, Urt. v. 5. 2. 1997 – 9 A 9448/95 – NVwZ-RR 1998, 413.

hat das Gebührenrecht dahin neu geregelt, dass der Zugang zu öffentlichen Verzeichnissen oder Listen und die Einsichtnahme in die beantragten Informationen an Ort und Stelle gebührenfrei sind. Für die Bereitstellung von Umweltinformationen kann eine Gebühr in angemessener Höhe erhoben werden. Die Höhe der Kosten ergeben sich für den Bund aus der Umweltinformationskostenverordnung.[183] Ein Anspruch auf Zugang zu Informationen über die Umwelt kann auch einem Ortsverband einer politischen Partei zustehen.[184] Gegenstand des Anspruchs können Informationen über die staatliche Finanzierung eines umweltverbessernden Produktionsverfahrens sein. Dagegen sind nach Auffassung des *VGH Mannheim*[185] abgeschlossene Straf- und Ordnungswidrigkeitenverfahren sowie regelmäßig personenbezogene Daten, Geschäfts- und Betriebsgeheimnisse kein Gegenstand eines Umweltinformationsanspruchs. Jedoch muss das entsprechende Unternehmen substantiiert darlegen können, inwieweit ihr Geschäfts- oder Betriebsgeheimnis verletzt wird.

IV. Fauna-Flora-Habitat-Richtlinie

2823 Durch die Vogelschutz-Richtlinie und die FFH-Richtlinie ist das Europarecht stärker in den Mittelpunkt auch des Fachplanungsrechts getreten. Denn die Anforderungen des Naturschutzrechts werden zu einem großen Teil in Brüssel formuliert. Inzwischen liegen zahlreiche Entscheidungen des EuGH[186] vor, die belegen, dass der Naturschutz nicht einfach beiseite geschoben werden kann. Dies gilt vor allem für Vogelschutzgebiete, die nach Art. 4 IV Vogelschutz-Richtlinie in der Auslegung des EuGH einen hohen Schutzstatus für sich in Anspruch nehmen können. Hat ein Mitgliedstaat ein faktisches Vogelschutzgebiet, das die Voraussetzungen der Vogelschutz-Richtlinie erfüllt, nicht gemeldet oder nicht ordnungsgemäß in nationales Recht umgesetzt, so sind unverträgliche Eingriffe nur aus Gründen der Wahrung von Leib und Leben oder im Interesse des Gebietes selbst zulässig.[187] Das FFH-Regime, das unverträgliche Eingriffe auch aus überwiegenden Gründen des öffentlichen Wohls zulässt, ist für ein solches faktisches Vogelschutzgebiet nicht anwendbar, weil die Voraussetzungen des Art. 7 FFH-Richtlinie nicht vorliegen. Auch die FFH-Richtlinie selbst stellt an unverträgliche Eingriffe in potenzielle Habitate erhöhte Anforderungen.[188] Die Anwendung des strengen Vogelschutz-Regimes gleicht einer Bestrafungsaktion für Projekte, die nicht rechtzeitig dem europäischen Habitat-

---

[183] Umweltinformationskostenverordnung i. d. F. der Bekanntmachung vom 23. 8. 2001 (BGBl. I 2247, geändert durch Artikel 4 des Gesetzes zur Neugestaltung des UIG und zur Änderung der Rechtsgrundlagen zum Emissionshandel v. 22 12 2004 (BGBl. I 3704).
[184] *BVerwG*, Urt. v. 25. 3. 1999 – 7 C 21.98 – UPR 1999, 313 = MittNWStuGB 1999, 127; Vorinstanz *OVG Lüneburg*, Urt. v. 19. 11. 1997 – 7 L 5672/96 – NVwZ 1998, 654 = UPR 1998, 155.
[185] *OVG Mannheim*, Urt. v. 10. 6. 1998 – 10 S 58/97 – DVBl. 1999, 1192 = NVwZ 1998, 987.
[186] *EuGH*, E. v. 6. 4. 2000 – Rs. C-256/98 – EuGHE 2000, 2487 = NuR 2000, 565 = ZUR 2000, 343 – Frankreich; E. v. 19. 9. 2000 – Rs. C-287/98 – DVBl. 2000, 1838 = NVwZ 2001, 421; E. v. 7. 11. 2000 – Rs. C-371/98 – DVBl. 2000, 1841 – WWF; E. v. 7. 12. 2000 – Rs. C-38/99 – NuR 2001, 207 – Frankreich; E. v. 7. 12. 2000 – Rs. C-374/98 – DVBl. 2001, 359 – Basses Corbiéres; E. v. 14. 6. 2001 – Rs. C 230/00 – ABl. EG 2001, Nr. C 212, 5 – Belgien; E. v. 11. 9. 2001 – Rs. C-220/99 – ABl. EG Nr. C 289, 2 – Frankreich; E. v. 11. 9. 2001 – Rs. C-67/99 – ABl. EG 2001, Nr. C 289, 1 – Irland; E. v. 11. 9. 2001 – Rs. C-71/99 – DVBl. 2001, 1826 – Deutschland; E. v. 23. 10. 2001 – Rs. C-510/99 – Guyana-Verordnung; E. v. 30. 1. 2002 – Rs. C-103/00 – Meeresschildkröte Griechenland.
[187] Zur unmittelbaren Geltung des europäischen Richtlinienrechts *EuGH*, Urt. v. 11. 8. 1995 – Rs. C-431/92 – NuR 1996, 102 – Großkrotzenburg; Urt. v. 16. 9. 1999 – Rs. C-435/95 – DVBl. 200, 214 – WWF Provinz Bozen; *EuGH*, E. 7. 12. 2000 – Rs. C-374/98 – DVBl. 2001, 359, 360; vgl. auch Urt. v. 28. 2. 1991 – Rs. C-57/89 – NVwZ 1991, 559 = NuR 1991, 249 – Leybucht; Urt. v. 2. 8. 1993 – Rs. C-355/90 – NuR 1994, 521 – Santona; E. v. 6. 4. 2000 – Rs. C 256/98 – ZUR 2000, 343.
[188] *EuGH*, Urt. v. 11. 7. 1996 – Rs. C-44/95 – EuGH Slg. 1996 – 7, I-3805 – Lappelbank.

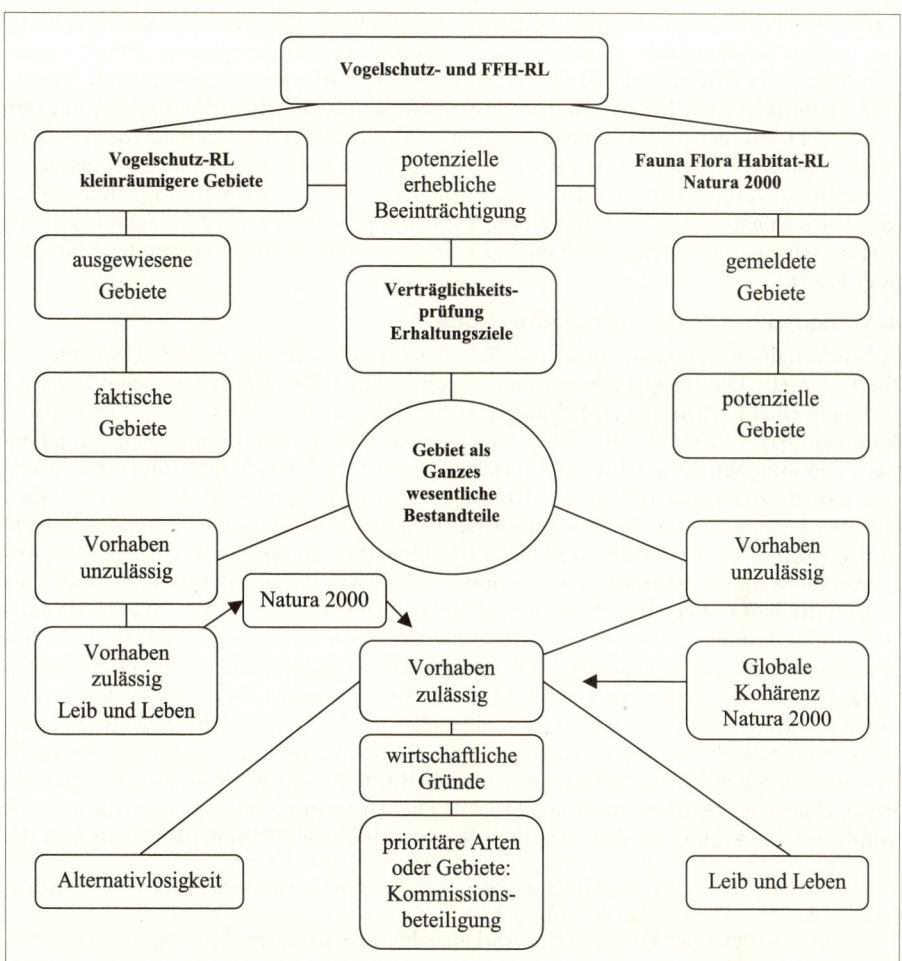

schutz unterstellt worden sind. Auch aus der UVP-Richtlinie können sich Anforderungen ergeben, die dem Natur- und Landschaftsschutz dienen und die bei der Zulassung von Fachplanungsvorhaben zu beachten sind.[189]

Die stärkere naturschutzrechtliche Sicht hat durchaus ihren Grund: Denn in den letzten Jahrzehnten ist in Europa ein Besorgnis erregender Rückgang zahlreicher wildlebender Tier- und Pflanzenarten festzustellen. Als eine Ursache dafür wird ein starkes Wachstumsstreben der Industriegesellschaft verantwortlich gemacht, das die Gefahr der Zerstörung der natürlichen Lebensgrundlagen in sich birgt. Die Richtlinie zur Erhaltung der natürlichen Lebensräume sowie der wildlebenden Tiere und Pflanzen (Fauna-Flora-Habitat-RL),[190] die erstmals eine gemeinschaftsweite verbindliche Vorgabe zur Erhaltung und Entwicklung des europäischen Naturerbes enthält, verpflichtet zur Bekämpfung dieser Gefahren die Mitgliedstaaten, nach Auswahlverfahren Listen für Gebiete mit speziellen schutzbedürftigen Lebensräumen und Habitaten von gemeinschaftlicher Bedeutung auf-

---

[189] *EuGH*, E. v. 19. 9. 2000 – Rs. C 287/98 – DVBl. 2000, 1838 = NVwZ 2001, 421.
[190] Richtlinie 92/43/EWG des Rates vom 21. 5. 1992 zur Erhaltung der natürlichen Lebensräume sowie der wildlebenden Tiere und Pflanzen, ABlEG Nr. L 206/7 vom 22. 7. 1992; *Gellermann* NuR 1996, 548; *Stüer* DVBl. 1995, 27.

zustellen, über die ein europäischer Ausschuss befindet.[191] Bis zum Jahre 2001 waren die besonderen Schutzgebiete in rechtlich verbindlicher Form auszuweisen und für die nötigen Erhaltungsmaßnahmen festzustellen wie beispielsweise Verhaltensregeln, Pflück- und Sammelverbote, Fang- und Tötungsverbote. Zugleich soll in Verbindung mit den Schutzgebieten der Vogelschutz-Richtlinie ein kohärentes europäisches ökologisches Netz besonderer Schutzgebiete (Natura 2000) geschaffen werden. Dieses gemeinschaftsweite Biotopverbundnetz soll den Fortbestand bzw. die Wiederherstellung eines günstigen Erhaltungszustandes der in Anhang I genannten natürlichen Lebensraumtypen sowie der Habitate der Arten des Anhangs II in ihrem natürlichen Verbreitungsgebiet gewährleisten.

1. Verfahren der Schutzgebietsausweisung

2825 Das Verfahren zur Ausweisung von Schutzgebieten ist in Art. 4 FFH-Richtlinie wie folgt geregelt: Die Mitgliedstaaten sind verpflichtet, bei der Kommission eine Liste mit Gebieten einzureichen, die als Schutzgebiet im Rahmen von „Natura 2000" in Betracht kommen (Art. 4 I FFH-Richtlinie).[192] Die Liste sollte der Kommission binnen drei Jahren nach Bekanntgabe der Richtlinie[193] gleichzeitig mit den Informationen über die einzelnen Gebiete zugeleitet werden. Die Kommission erstellt dann jeweils im Einvernehmen mit den Mitgliedstaaten aus den nationalen Listen den Entwurf einer Liste der Gebiete von gemeinschaftlicher Bedeutung (Art. 4 II FFH-Richtlinie). Sie legt bei der Zusammenstellung die in der Richtlinie genannten fachlichen Kriterien zu Grunde. Der Entwurf wird dem mit der Richtlinie eingerichteten Habitatausschuss (Art. 20 FFH-Richtlinie) zur Stellungnahme vorgelegt. Stimmt der Ausschuss dem Vorschlag der Kommission zu, nimmt diese die Gebiete in die binnen sechs Jahren nach Verabschiedung der Richtlinie zu erstellende endgültige Liste der Gebiete von gemeinschaftsrechtlicher Bedeutung auf (Art. 4 III, Art. 21 II FFH-Richtlinie). Die Liste wird den Mitgliedstaaten als Entscheidung mitgeteilt.[194] Mit der Eintragung in die Gemeinschaftsliste beginnt die Verpflichtung des betreffenden Mitgliedstaates zur schnellstmöglichen Ausweisung des betreffenden Gebietes als besonderes Schutzgebiet.[195] Die Ausweisung hat dabei spätestens sechs Jahre nach Eintragung in die Gemeinschaftsliste zu erfolgen.[196] Außerdem unterliegt das

---

[191] Zum Artenschutz *Freytag/Iven* NuR 1995, 109; *Iven* NuR 1996, 373; *Schmidt-Räntsch* Artenschutzrecht 1990; *Wagner* NuR 1990, 396.

[192] Zur Erstellung der Liste unter naturschutzfachlichen Gesichtspunkten *Ssymak* NuR 1994, 395.

[193] Die Bekanntgabefrist ist am 14. 6. 1995 abgelaufen.

[194] *Freytag/Iven* NuR 1995, 109. Gem. Art. 4 III FFH-Richtlinie ist die Gemeinschaftsliste binnen 6 Jahren nach Bekanntgabe der Richtlinie und damit bis zum 4. 6. 1998 zu erstellen.

[195] Art. 6 FFH-Richtlinie: (1) Für die besonderen Schutzgebiete legen die Mitgliedstaaten die nötigen Erhaltungsmaßnahmen fest, die ggf. geeignete, eigens für die Gebiete aufgestellte oder in andere Entwicklungspläne integrierte Bewirtschaftungspläne und geeignete Maßnahmen rechtlicher, administrativer oder vertraglicher Art umfassen, die den ökologischen Erfordernissen der natürlichen Lebensraumtypen nach Anhang I und der Art nach Anhang II entsprechen, die in diesen Gebieten vorkommen. (2) Die Mitgliedstaaten treffen die geeigneten Maßnahmen, um in den besonderen Schutzgebieten die Verschlechterung der natürlichen Lebensräume und der Habitate der Arten sowie Störungen von Arten, für die die Gebiete ausgewiesen worden sind, zu vermeiden, sofern solche Störungen sich im Hinblick auf die Ziele dieser Richtlinie erheblich auswirken könnten. (3) Pläne oder Projekte, die nicht unmittelbar mit der Verwaltung des Gebietes in Verbindung stehen oder hierfür nicht notwendig sind, die ein solches Gebiet jedoch einzeln oder im Zusammenwirken mit anderen Plänen und Projekten erheblich beeinträchtigen könnten, erfordern eine Prüfung auf Verträglichkeit mit den für dieses Gebiet festgelegten Erhaltungszielen. Unter Berücksichtigung der Ergebnisse der Verträglichkeitsprüfung und vorbehaltlich des Abs. 4 stimmen die zuständigen einzelstaatlichen Behörden dem Plan bzw. Projekt nur zu, wenn sie festgestellt haben, dass das Gebiet als solches nicht beeinträchtigt wird, und nachdem sie ggf. die Öffentlichkeit angehört haben."

[196] Unter der Annahme, dass die Gemeinschaftsliste bis zum 4. 6. 1998 erstellt werden sollte, wäre diese Frist am 4. 6. 2004 abgelaufen.

Gebiet mit der Eintragung durch die Kommission und damit schon vor einer nationalen Ausweisung den Bestimmungen des Art. 6 II bis IV FFH-Richtlinie (Art. 4 V FFH-Richtlinie). FFH-Gebiete sind allerdings bisher noch nicht rechtsverbindlich ausgewiesen, so dass Art. 6 II bis IV FFH-Richtlinie nicht unmittelbar, jedoch mittelbar für nach der FFH-Richtlinie auszuweisenden potenziellen Schutzgebiete anwendbar ist.

Den Mitgliedstaaten steht bei der Aufnahme der Gebiete gemeinschaftlicher Bedeutung i. S. der FFH-Richtlinie in die nationale Vorschlagsliste ein **naturschutzfachlicher Beurteilungsspielraum** zu.[197] Dies widerspricht nicht der Rechtsprechung des *EuGH*.[198] Danach besteht bei der Entscheidung über die Auswahl und Abgrenzung der Gebiete nach Art. 4 I der FFH-Richtlinie, die der Kommission zur Bestimmung als Gebiete von gemeinschaftlicher Bedeutung vorgeschlagen werden sollen, nur kein Spielraum dahingehend, den Anforderungen von Wirtschaft, Gesellschaft und Kultur sowie den regionalen und örtlichen Besonderheiten Rechnung zu tragen. Geht es aber um naturschutzfachliche Aspekte, muss das Vorkommen prioritärer natürlicher Lebensraumtypen oder Arten nicht immer zur Aufnahme des Gebietes in die nationale Vorschlagsliste zwingen. So braucht ein Gebiet auch dann nicht gemeldet zu werden, wenn drei andere vergleichbare, dafür aber großflächiger ausgebildete Gebiete für geeignet erachtet wurden.[199] Art. 4 I 4 der Vogelschutz-Richtlinie eröffnet den Bundesländern bei der Identifizierung europäischer Vogelschutzgebiete daher einen naturschutzfachlichen (ornithologischen) Beurteilungsspielraum, der nur einer eingeschränkten gerichtlichen Überprüfung unterliegt. Ein Bundesland kann allerdings das Bestehen eines „faktischen" Vogelschutzgebiets in seinem Bereich nicht dadurch ausschließen, dass es sein Gebietsauswahlverfahren für das europäische Netz „Natura 2000" für beendet erklärt. Die Planung eines Straßenbauvorhabens in einem Gebiet, das maßgeblich aus **wirtschafts- und verkehrspolitischen Gründen** nicht in die Landesliste für das Netz „Natura 2000" aufgenommen wurde, ist rechtswidrig, wenn nicht auszuschließen ist, dass das Gebiet aus ornithologischer Sicht zu den geeignetsten Schutzgebieten in dem Bundesland gehört.[200]

Die **Vorwirkungen** der Fauna-Flora-Habitat-Richtlinie (FFH-Richtlinie) begründet für die Planfeststellungsbehörde insbesondere die Pflicht, das aus dem Gemeinschafsrecht folgende Verbot, die Ziele der FFH-Richtlinie zu unterlaufen und vollendete Tatsachen zu schaffen, die geeignet sind, die Erfüllung der vertraglichen Pflichten unmöglich zu machen, zu beachten.[201] Drängt es sich demnach auf, dass ein Gebiet nach seiner Meldung Aufnahme in die Gemeinschaftsliste finden wird, ist die Zulässigkeit des Vorhabens an den Anforderungen von Art. 6 III und IV der FFH-Richtlinie zu messen. Dies gilt auch, wenn eine Meldung des Gebietes an die Kommission rechtsfehlerhaft unterlassen worden und eine Aufnahme in die Kommissionsliste schon deshalb zunächst ausgeschlossen ist.[202] Sofern dagegen die Aufnahme in die Gemeinschaftsliste nicht hinreichend sicher prognostiziert werden kann, gilt allein das Verbot, das Gebiet nicht so zu beeinträchtigen, dass es für eine Meldung und Aufnahme in die Gemeinschaftsliste nicht mehr in Betracht kommt (Pflicht zur Stillhaltung).[203]

---

[197] *BVerwG*, B. v. 24. 8. 2000 – 6 B 23.00 – DVBl. 2001, 375 = NVwZ 2001, 92 – Monbijou; Urt. v. 31. 1. 2002 – 4 A 15.01, 21.01, 24.01, 47.01, 77.01 – DVBl. 2002, 990 = NVwZ 2002, 1103 – A 20.
[198] *EuGH*, Urt. v. 7. 11. 2000 – C-371/98 – DVBl. 2000, 1841.
[199] *BVerwG*, B. v. 24. 8. 2000 – 6 B 23.00 – DVBl. 2001, 375.
[200] *BVerwG*, Urt. v. 14. 11. 2002 – 4 A 15.02 – DVBl. 2003, 534 = NVwZ 2003, 485 – B 173.
[201] *OVG Koblenz*, B. v. 27. 9. 2001 – 1 B 10290/01 – NVwZ-RR 2002, 420 = NuR 2002, 417.
[202] *BVerwG*, Urt. v. 17. 5. 2002 – 4 A 28.01 – BVerwGE 116, 254 = DVBl. 2002, 1486 = NVwZ 2002, 1243 – A 44 Lichtenauer Hochland, mit Hinweis auf Urt. v. 27. 1. 2000 – 4 C 2.99 – BVerwGE 110, 302 = DVBl. 2000, 814 – Hildesheim.
[203] *BVerwG*, Urt. v. 17. 5. 2002 – 4 A 28.01 – BVerwGE 116, 254 = DVBl. 2002, 1486 = NVwZ 2002, 1243 – A 44, mit Hinweis auf Urt. v. 27. 10. 2000 – 4 A 18.99 – BVerwGE 112, 140 = DVBl. 2001, 386 – A 71; *OVG Koblenz*, B. v. 27. 9. 2001 – 1 B 10290/01 – NVwZ-RR 2002, 420 = NuR 2002, 417.

2828 Bei der **Auswahl** der zu meldenden Gebiete bestimmen die **naturschutzfachlichen Vorgaben der FFH-Richtlinie** oder der **Vogelschutzrichtlinien** die Auswahlentscheidung der Mitgliedstaaten allerdings nicht nach Art einer strikten Rechtsbindung. Sie weisen vielmehr eine Normstruktur auf, die derjenigen einer Beurteilungsermächtigung entspricht. Nur wenn aus fachlicher Sicht kein Zweifel besteht, dass ein Gebiet die von der FFH-Richtlinie vorausgesetzten Merkmale erfüllt und zu den fachlich geeignetsten Gebieten gehört, ist die Annahme, dass es der EU-Kommission auch tatsächlich gemeldet wird, nahe liegend oder zwingend, so dass von einem potenziellen Schutzgebiet als Anknüpfungspunkt für Schutzwirkungen auf der Grundlage des Gemeinschaftsrechts auszugehen ist.[204] Zum Kreis der potentiellen FFH-Gebiete[205] zählt ein Gebiet u. a. dann, wenn die in ihm vorhandenen Lebensraumtypen im Sinne des Anhangs I oder Arten im Sinne des Anhangs II der FFH-Richtlinie eindeutig den im Anhang III (Phase 1) genannten Merkmalen entsprechen. Eine Gebietsmeldung kann unterbleiben, wenn dies gemessen an den vorgenannten Kriterien fachwissenschaftlich vertretbar ist.[206] Es wäre allerdings widersprüchlich, ein Vorhaben, das Teil eines europäischen Infrastrukturnetzes und von der Europäischen Gemeinschaft als solches klassifiziert worden ist, an den Vorgaben der FFH-Richtlinie scheitern zu lassen.[207]

2829 Innerhalb der Anhänge der FFH-Richtlinie sind bestimmte Arten und Lebensraumtypen als prioritäre Arten oder prioritäre Lebensräume besonders gekennzeichnet. Die Gemeinschaft übernimmt für die Erhaltung der gekennzeichneten Gebiete gem. Art. 1 d) FFH-Richtlinie besondere Verantwortung, was für das „bilaterale Konzertierungsverfahren" und das Schutzniveau der Gebiete von Bedeutung ist. Im Gegensatz zu den noch auszuweisenden FFH-Gebieten haben die Vogelschutzgebiete nach der Vogelschutz-Richtlinie keine prioritären Arten oder Lebensräume, weil eine entsprechende Sternchenkennzeichnung in den Anhängen fehlt. Das Auswahlverfahren zur Erstellung der Gemeinschaftsliste gewährleistet, dass letztlich kein Gebiet gegen den Willen eines Mitgliedstaates in die verbindliche Liste der Gebiete von gemeinschaftlicher Bedeutung aufgenommen wird.[208] Entwickeln sich unterschiedliche Meinungen über die Aufnahme eines Gebietes in die Gemeinschaftsliste, so nimmt die Kommission zunächst Verhandlungen mit dem Mitgliedstaat über die Einstellung des Gebietes in die Liste auf. Die Beteiligten haben innerhalb eines Zeitraums von sechs Monaten Gelegenheit, sich über das Schutzerfordernis des Gebietes zu einigen. Der Rat beschließt, falls eine Einigung nicht zu Stande kommt, einstimmig, sodass die Interessen des einzelnen Mitgliedstaates im Konzertierungsverfahren weitestgehend gewahrt sind.

2. Schutzumfang

2830 Die in der Gemeinschaftsliste ausgewiesenen Schutzgebiete unterliegen den Bindungen des Art. 6 FFH-Richtlinie. Die Mitgliedstaaten werden durch Art. 6 I FFH-Richtlinie verpflichtet, für ein Schutzgebiet der Natura 2000 alle nötigen Erhaltungsmaßnahmen zu treffen. Die Richtlinie macht dabei allerdings keine konkreten Vorgaben bezüglich der Form der Maßnahmenumsetzung. In Art. 6 II FFH-Richtlinie ist ein Verschlechterungs- und Störungsverbot niedergelegt, das grundsätzlich jede Verschlechterung der natürlichen Lebensräume und Habitate der Arten sowie Störungen der ge-

---

[204] *BVerwG*, Urt. v. 31. 1. 2002 – 4 A 15.01 – DVBl. 2002, 990 = NVwZ 2002, 1103 – A 20; *OVG Koblenz*, B. v. 27. 9. 2001 – 1 B 10290/01 – NVwZ-RR 2002, 420 = NuR 2002, 417.
[205] *BVerwG*, Urt. v. 19. 5. 1998 – 4 A 9.97 – BVerwGE 107, 1 = DVBl. 1998, 900 – A 20; Urt. v. 27. 10. 2000 – 4 A 18.99 – BVerwGE 112, 140 = DVBl. 2001, 386 – A 71.
[206] *BVerwG*, Urt. v. 31. 1. 2002 – 4 A 15.01 und 21.01 – DVBl. 2002, 990 = NVwZ 2002, 1103 – A 20; vgl. auch *BVerfG*, B. v. 23. 10. 2002 – 1 BvR 896/02 -: so auch *OVG Schleswig*, Urt. v. 15. 2. 2001 – 4 L 92/99 – ZUR 2001, 282 = NordÖR 2001, 486.
[207] *BVerwG*, Urt. v. 17. 5. 2002 – 4 A 28.01 – BVerwGE 116, 254 = DVBl. 2002, 1486 = NVwZ 2002, 1243 – A 44 Lichtenauer Hochland.
[208] *Fisahn/Cremer* NuR 1997, 268.

schützten Arten vermeiden soll. Das Störungsverbot bezieht sich allerdings nicht auf sämtliche in einem besonderen Schutzgebiet vorkommenden Arten, sondern nur auf diejenigen Arten, derentwegen die Schutzgebietsausweisung erfolgt.[209] Art. 6 III 1 FFH-Richtlinie fordert eine Verträglichkeitsprüfung für Pläne und Projekte, die ein besonderes Schutzgebiet erheblich beeinträchtigen können. Es reicht dabei die Möglichkeit einer Beeinträchtigung der erwähnten Schutzgüter aus. Während Art. 6 II FFH-Richtlinie seinen Wirkungskreis räumlich auf das Schutzgebiet begrenzt, erfasst Art. 6 III FFH-Richtlinie auch Einflüsse in den Pufferzonen um die eigentliche Kernzone des Schutzgebietes.[210] Art. 6 III 2 FFH-Richtlinie beinhaltet einen Verträglichkeitsgrundsatz, von dem aber unter den Voraussetzungen des Art. 6 IV FFH-Richtlinie abgewichen werden kann. Unter die nach der FFH-Richtlinie geschützten Gebiete fallen – solange ausgewiesene FFH-Gebiete noch fehlen – „erklärte" oder „anerkannte" Habitate. Vorhaben und Pläne in FFH-Gebieten und Vogelschutzgebieten mit erheblich beeinträchtigenden Auswirkungen (Art. 6 III FFH-Richtlinie) dürfen in den Schutzgebieten nur zugelassen werden, wenn nach Durchführung einer Verträglichkeitsprüfung mit den für diese Gebiete festgelegten Erhaltungszielen und nach Anhörung der Öffentlichkeit festgestellt wurde, dass entweder das Gebiet als solches nicht beeinträchtigt wird oder die Maßnahme aus zwingenden Gründen des überwiegenden öffentlichen Interesses einschließlich solcher sozialer und wirtschaftlicher Art erforderlich ist und Alternativlösungen nicht vorhanden sind. In diesem Fall sind erforderliche Ausgleichsmaßnahmen zu treffen. Auch ist die EG-Kommission zu unterrichten (Art. 6 IV UA 1 FFH-Richtlinie). Reine Privatinteressen sind allerdings auszuklammern. Der Eingriff in ausgewiesene oder potenzielle Schutzgebiete mit erheblich beeinträchtigenden Auswirkungen erfordert daher in der Planungsentscheidung eine Abwägung (auch) nach den Maßstäben des Art. 6 IV UA 1 FFH-Richtlinie. Diese Prüfung dürfte im Planfeststellungsverfahren durch das Abwägungsgebot abgedeckt sein. Denn auch dort sind die betroffenen Interessen gegeneinander und untereinander gerecht abzuwägen. Zu den betroffenen und in die Abwägung einzustellenden Belangen gehören auch die in der FFH-Richtlinie erwähnten Betroffenheiten.

Bei **prioritären natürlichen Lebensraumtypen und/oder prioritären Arten** sind die rechtlichen Anforderungen gesteigert. Wird ein prioritäres Gebiet betroffen, können als die Beeinträchtigung rechtfertigenden Gründe nur die Gesundheit der Menschen, die öffentliche Sicherheit oder positive Auswirkungen auf die Umwelt geltend gemacht werden. Weitere zwingende Gründe des überwiegenden öffentlichen Interesses dürfen im Schutzbereich des Art. 6 IV UA 2 FFH-Richtlinie förmlich erst nach einer Stellungnahme der Kommission berücksichtigt werden.[211] Nach Auffassung des *EuGH* können im Rahmen des Art. 6 IV FFH-Richtlinie durchaus auch vielfältige Abwägungsbelange eine Rolle spielen.[212] Zudem ist bei Planungen oder Vorhaben in prioritären Gebieten oder Eingriffen in prioritäre natürliche Lebensraumtypen eine Stellungnahme der EG-Kommission einzuholen (Art. 6 IV UA 2 FFH-Richtlinie). Nach Auffassung des *EuGH* sind auch solche Gebiete, die nicht als Vogelschutzgebiete ausgewiesen sind, aber die objektivrechtlichen rein naturschutzfachlichen, ornithologischen Kriterien für ein solches Gebiet erfüllen, nach Maßgabe des Art. 4 IV Vogelschutzrichtlinie zu schützen. Grundgedanke des *EuGH* in der Santona-Entscheidung[213] ist die Überlegung, dass sich ein Mitgliedstaat

---

[209] *Gellermann* NuR 1996, 548.
[210] *Freytag/Iven* NuR 1995, 109; *Mecklenburg*, FFH-Richtlinie, 1995, 13; *Ssymak* NuR 1994, 395.
[211] In der Leybucht-Entscheidung schließt der *EuGH* bei der Festlegung der Gebiete die Berücksichtigung wirtschaftlicher und freizeitbedingter Erfordernisse in der Abwägung mit Umweltbelangen besonderer Schutzgebiete ausdrücklich aus, so *EuGH*, Urt. v. 28. 2. 1991 – Rs. C-57/89 – NuR 1991, 249 – Leybucht; vgl. auch Urt. v. 2. 8. 1993 – Rs. C-355/90 – NuR 1994, 521 – Santona.
[212] *EuGH*, Urt. v. 11. 7. 1996 – Rs. C-44/95 – EuGH Slg. 1996 – 7, I-3805 – Lappelbank.
[213] *EuGH*, E. v. 2. 8. 1993 – C-355/90 – ZUR 1994, 305 – Santona.

nicht von seinen nach der Vogelschutzrichtlinie bestehenden Verpflichtungen eigenhändig freizeichnen kann. Der Schutz eines Gebietes nach der Vogelschutzrichtlinie hängt also davon ab, ob das Gebiet nach den Maßstäben der Vogelschutzrichtlinie zu schützen wäre.[214] Dann aber ergibt sich ein vergleichsweise strenger Schutz.[215]

2832 Eingehend hat sich das *BVerwG* in der Entscheidung zur **Ostseeautobahn (A 20)**[216] mit Fragen des Natur- und Landschaftsschutzes auch vor dem Hintergrund des europäischen Richtlinienrechts befasst und dazu folgende Leitsätze aufgestellt: Ist nach Landesrecht die Klage eines anerkannten Naturschutzverbandes auf das Vorbringen begrenzt, dass der angegriffene Planfeststellungsbeschluss den Vorschriften des BNatSchG, des Landesnaturschutzgesetzes oder anderen Rechtsvorschriften widerspricht, die auch den Belangen des Naturschutzes zu dienen bestimmt sind, dann hat diese Begrenzung zur Folge, dass Fragen des Verkehrsbedarfs, der Kostenberechnung, der Lärmauswirkungen und andere Fragen nicht-naturschutzrechtlicher Art grundsätzlich unberücksichtigt bleiben müssen.[217]

2833 Eine **straßenrechtliche Planung**, die sich im nachfolgenden Streckenabschnitt objektiv vor nicht überwindbaren Hindernissen sieht, verfehlt ihren gestaltenden Auftrag. Die damit aufgeworfene Frage der Realisierungsfähigkeit ist nicht aus der subjektiven Sicht der Planfeststellungsbehörde, sondern anhand objektiver Gegebenheiten zu beantworten. Als ein mögliches rechtliches Hindernis der Planverwirklichung sind auch Vogelschutz-Richtlinie[218] und die Flora-Fauna-Habitat-Richtlinie[219] zu beachten. Das Schutzregime des Art. 4 IV Vogelschutz-Richtlinie erfasst auch erhebliche Auswirkungen (Beeinträchtigungen), die Ursachen außerhalb des Gebietes haben. Art. 4 IV Vogelschutz-Richtlinie ist dahin auszulegen, dass ein Mitgliedstaat der EU nicht befugt ist, die wirtschaftlichen Erfordernisse als Gründe des Gemeinwohls zur Durchbrechung des Schutzregimes zugrunde zu legen.[220]

2834 Es unterliegt rechtlichen Zweifeln, zu welchem **Zeitpunkt Art. 7 FFH-Richtlinie** dahin angewandt werden kann, dass für ein Vogelschutzgebiet das geminderte Schutzregime des Art. 6 III und 4 FFH-Richtlinie maßgebend ist. Die rechtliche Möglichkeit eines sog. potenziellen FFH-Gebietes kommt in Betracht, wenn für ein Gebiet die sachlichen Kriterien nach Art. 4 I FFH-Richtlinie erfüllt sind, die Aufnahme in ein kohärentes Netz mit anderen Gebieten sich aufdrängt und der Mitgliedstaat der EU die FFH-Richtlinie noch nicht vollständig umgesetzt hat. Aus dem Gemeinschaftsrecht folgt die Pflicht eines Mitgliedstaates der EU, vor Ablauf der Umsetzungsfrist einer EU-Richtlinie die Ziele der Richtlinie nicht zu unterlaufen und durch eigenes Verhalten keine gleichsam vollendeten Tatsachen zu schaffen, welche später die Erfüllung der aus der Beachtung der Richtlinie gemäß Art. 5 II i.V. m. Art. 189 III EGV a. F. erwachsenen Vertragspflichten

---

[214] *EuGH*, E. v. 11. 7. 1996 – C-44/95 – ZUR 1996, 251 = NuR 1997, 36 – Lappelbank.
[215] *EuGH*, E. v. 7. 12. 2000 – Rs C-374/98 – DVBl. 2001, 359 – Basses Corbières; *Stüer* DVBl. 2002, 940.
[216] *BVerwG*, Urt. v. 19. 5. 1998 – 4 A 9.97 – BVerwGE 107, 1 = NVwZ 1998, 961 = DVBl. 1998, 900 – Ostseeautobahn A 20; Urt. v. 19. 5. 1998 – 4 C 11.96 – NVwZ 1999, 528 = UPR 1998, 388 = NuR 1998, 649 – B 15 neu, jeweils mit Hinweis auf *EuGH*, Urt. v. 11. 7. 1996 – Rs C-44/95 – DVBl. 1997, 38 = EuGHE 1996, I-3805 – Lappelbank; Urt. v. 11. 8. 1995 – Rs. C-431/91 – DVBl. 1996, 424 = EuGHE 1996, I-2189; siehe auch *BVerwG*, Urt. v. 25. 1. 1996 – 4 C 5.95 – BVerwGE 100, 238 = DVBl. 1996, 677 – Eifelautobahn A 60.
[217] So für § 51 c I des schleswig-holsteinischen Landesnaturschutzgesetzes.
[218] Richtlinie des Rates der Europäischen Gemeinschaften vom 2. 4. 1979 über die Erhaltung der wildlebenden Vogelarten (79/409/EWG), (ABl. EG Nr. L 103/1 vom 25. 4. 1979), abgedruckt bei *Stüer*, Bau- und Fachplanungsgesetze 1999, 881.
[219] Richtlinie des Rates der Europäischen Gemeinschaften vom 21. 5. 1992 zur Erhaltung der natürlichen Lebensräume sowie der wildlebenden Tiere und Pflanzen (92/43/EWG), (ABl. EG Nr. L 206/7 vom 22. 7. 1992), abgedruckt bei *Stüer*, Bau- und Fachplanungsgesetze 1999, 823.
[220] Im Anschluss an *EuGH*, Urt. v. 2. 8. 1993 – Rs. C-355/90 – Slg. I-4221 ff. – NuR 1994, 521 – Santona.

nicht mehr möglich machen würde – Pflicht zur „Stillhaltung".[221] Art. 4 FFH-Richtlinie – in Verbindung mit den Anhängen I bis III – gibt für die Annahme eines nationalen Auswahlermessens nach Maßstäben politischer Zweckmäßigkeit keinen Anhalt. Dem Mitgliedstaat der EU ist es versagt, bereits während der Phase der Gebietsauswahl nach Art. 4 II FFH-Richtlinie seinen Interessen der wirtschaftlichen oder infrastrukturellen Entwicklung den Vorrang vor dem Lebensraum- und Artenschutz einzuräumen.[222]

Eine **vollständige Erfassung der Tier- und Pflanzenwelt** ist **nicht** erforderlich. Vielmehr kann ausreichend sein, wenn für den Untersuchungsraum besonders bedeutsame Repräsentanten an Tier- und Pflanzengruppen festgestellt werden und wenn für die Bewertung des Eingriffs auf bestimmte Indikationsgruppen abgestellt wird.

Erfolgt die naturschutzrechtliche Bewertung planungsbetroffener Grundstücke nach einer mit den Naturschutzbehörden im Einzelnen abgestimmten Wertigkeitsskala, so kann ein Fehler bei der Einstufung nur dann zur Planaufhebung oder zur Feststellung der Rechtswidrigkeit des Planfeststellungsbeschlusses führen, wenn seine Vermeidung im Planfeststellungsverfahren nicht lediglich zu einer Veränderung der Kompensationsflächenberechnung geführt hätte. Der Bewertungsfehler muss vielmehr auf die Abwägung und damit Grundstücksinanspruchnahme durchschlagen.[223]

3. Umsetzung durch das BNatSchG

Die Richtlinie ist durch das 2. ÄndG zum BNatSchG 1998 in das deutsche Naturschutzrecht umgesetzt worden.[224] In § 10 BNatSchG werden im Anschluss an die FFH-Richtlinie verschiedene Begriffe im Zusammenhang mit dem Europäischen Netz „Natura 2000" definiert. Das Bundesumweltministerium macht die Gebiete von gemeinschaftlicher Bedeutung, die Konzertierungsgebiete und die Europäischen Vogelschutzgebiete nach § 10 VI BNatSchG im Bundesanzeiger bekannt. § 33 I BNatSchG verpflichtet die Länder, FFH-Gebiete nach Maßgabe von Art. 4 FFH-Richtlinie auszuwählen. Die Länder stellen dabei das Benehmen mit dem Bundesumweltministerium her. Die ausgewählten Gebiete werden der Kommission vom Bundesumweltministerium benannt. Die Länder erklären die in die Liste der Gebiete von gemeinschaftlicher Bedeutung eingetragenen Gebiete nach Maßgabe des Art. 4 IV FFH-Richtlinie entsprechend den jeweiligen Erhaltungszielen zu geschützten Teilen von Natur und Landschaft i. S. des § 33 II BNatSchG. Nach § 33 III BNatSchG bestimmt die Schutzerklärung den Schutzzweck entsprechend den jeweiligen Erhaltungszielen und die erforderlichen Gebietsabgrenzungen. Es soll dargestellt werden, ob prioritäre Biotope oder prioritäre Arten zu schützen sind. Durch geeignete Gebote und Verbote sowie Pflege- und Entwicklungsmaßnahmen ist sicherzustellen, dass den Anforderungen des Art. 6 FFH-Richtlinie entsprochen wird.

Ist ein Gebiet nach § 10 VI BNatSchG bekannt gemacht, sind in einem Gebiet von gemeinschaftlicher Bedeutung nach **§ 33 V BNatSchG** bis zur Unterschutzstellung sowie in einem Europäischen Vogelschutzgebiet vorbehaltlich besonderer Schutzvorschriften i. S. des § 22 II BNatSchG alle Vorhaben, Maßnahmen, Veränderungen oder Störungen, die zu erheblichen Beeinträchtigungen des Gebietes in seinen für die Erhaltungsziele maßgeb-

---

[221] Im Anschluss an *EuGH*, Urt. v. 18. 12. 1997 – Rs. C-129/96 – EuZW 1998, 167 Nr. 44 – Inter-Environnement Wallonie.
[222] Im Anschluss an *EuGH*, Urt. v. 11. 7. 1996 – Rs. C-44/95 – Slg. I-3805 – NuR 1997, 36 – Lappelbank.
[223] *BVerwG*, Urt. v. 27. 8. 1998 – 11 A 61.95 – DVBl. 1998, 356 = NuR 1998, 138 – Staffelstein; *BVerfG*, B. v. 1. 7. 1998 – 1 BvR 107/98 – nicht zur Entscheidung angenommen; B. v. 21. 2. 1997 – 4 B 177.96 – Buchholz 406.401 § 8 BNatSchG Nr. 20 = UPR 1998, 295.
[224] Zweites Gesetz zur Änderung des BNatSchG 1998. Das Gesetz dient der Umsetzung der FFH-Richtlinie, der Vogelschutzrichtlinie und der Richtlinie 83/129/EWG v. 28. 3. 1983 betreffend die Einfuhr in die Mitgliedstaaten von Fellen bestimmter Jungrobben und Waren daraus (ABl. EG Nr. L 91 S. 30). Die Umsetzung der FFH-Richtlinie musste bis zum 6. 6. 1994 erfolgen.

lichen Bestandteilen führen können, unzulässig. In einem Konzertierungsgebiet sind solche Handlungen unzulässig, wenn sie zu erheblichen Beeinträchtigungen für die in ihm vorkommenden prioritären Biotope oder prioritären Arten führen können (§ 33 V 1 BNatSchG).

2839 Der Umsetzung des Art. 6 FFH-Richtlinie dient sodann **§ 34 BNatSchG**. Projekte mit möglicherweise erheblichen Eingriffen sind danach vor ihrer Zulassung oder Durchführung auf ihre Verträglichkeit mit den Erhaltungszielen eines Gebietes mit gemeinschaftlicher Bedeutung oder eines Europäischen Vogelschutzgebietes zu überprüfen. Besondere Anforderungen stellen sich bei einem negativen Ausgang der Verträglichkeitsprüfung. Ergibt die Prüfung der Verträglichkeit, dass das Projekt zu erheblichen Beeinträchtigungen eines in § 34 I BNatSchG genannten Gebiets in seinen Erhaltungszielen oder den Schutzzweck maßgeblichen Bestandteilen führen kann, ist es grundsätzlich unzulässig. Es darf allerdings trotz eines negativen Ausgangs der Verträglichkeitsprüfung zugelassen und durchgeführt werden, soweit es aus zwingenden Gründen des überwiegenden öffentlichen Interesses, einschließlich solcher sozialer und wirtschaftlicher Art, notwendig ist und zumutbare Alternativen, den mit dem Projekt verfolgten Zweck an anderer Stelle ohne oder mit geringeren Beeinträchtigungen zu erreichen, nicht gegeben sind.

2840 Besondere Qualifizierungen enthält sodann **§ 34 IV BNatSchG** im Anschluss an Art. 6 IV FFH-Richtlinie für **Gebiete mit prioritären Biotopen** oder **prioritären Arten**. Befinden sich in dem vom Projekt betroffenen Gebiet prioritäre Biotope oder prioritäre Arten, können als zwingende Gründe des überwiegenden öffentlichen Interesses nur solche im Zusammenhang mit der Gesundheit des Menschen, der öffentlichen Sicherheit, einschließlich der Landesverteidigung und des Schutzes der Zivilbevölkerung, oder den maßgeblich günstigen Auswirkungen des Projekts auf die Umwelt geltend gemacht werden. Sonstige Gründe i. S. des § 34 III Nr. 1 BNatSchG können nur berücksichtigt werden, wenn die zuständige Behörde zuvor über das Bundesumweltministerium eine Stellungnahme der Kommission eingeholt hat. Soll das Projekt zugelassen oder durchgeführt werden, sind die zur Sicherung des Zusammenhangs der Europäischen Netzes „Natura 2000" notwendigen Maßnahmen vorzusehen. Die zuständige Behörde unterrichtet die Kommission über das Bundesumweltministerium über die getroffenen Maßnahmen. Diese verfahrensrechtlichen und inhaltlichen Vorgaben des § 34 BNatSchG gelten auch für die Linienbestimmung[225] nach § 16 FStrG, § 13 BWaStrG und § 2 VerkPlBG sowie bei sonstigen Plänen, bei Raumordnungsplänen i. S. des § 3 Nr. 7 ROG mit Ausnahme von § 34 I 1 BNatSchG. Bei einer Alternativenprüfung nach § 34 III Nr. 2 BNatSchG müssen nur die Alternativen untersucht werden, die der Unternehmensträger in rechtlicher und tatsächlicher Hinsicht unter Zumutbarkeitsgesichtspunkten verwirklichen kann. Eine weitergehende Prüfungspflicht besteht nicht.[226]

2841 Das **Verhältnis** des **Habitatschutzes** zum **Baurecht** ist in den §§ 35, 37 BNatSchG geregelt. Bei Bauleitplänen und Ergänzungssatzungen im nicht beplanten Innenbereich (§ 34 IV 1 Nr. 3 BauGB) sind die Vorschriften über die Verträglichkeitsuntersuchung und die Unzulässigkeit von Projekten in § 34 I 2, II bis V BNatSchG entsprechend anzuwenden (§ 35 Satz 2 BNatSchG). Im Geltungsbereich eines Bebauungsplans und während der Planaufstellung bedarf es einer gesonderten Anwendung des § 34 BNatSchG nicht, weil die Belange des Europäischen Netzes „Natura 2000" in der Bauleitplanung nach § 1a IV BauGB ohnehin beachtet werden.[227] Für Vorhaben im Innenbereich und im Außenbereich sowie für Bebauungspläne, die eine Planfeststellung ersetzen, ist § 34 BNatSchG unmittelbar anzuwenden (§ 37 I 2 BNatSchG).

---

[225] Zur Linienbestimmung s. Rdn. 2765, 3014, 3494, 3949.
[226] *VG Gera*, Urt. v. 17. 10. 2001 – 1 K 460/00 GE – LKV 2002, 241.
[227] *Stüer*, Der Bebauungsplan, 2001, Rdn. 478.

1. Teil. Umwelt- und naturschutzbezogene EG-Richtlinien **2842, 2843** D

Zu einer für das Projekt positiven Einschätzung ist das *OVG Koblenz*[228] in einer Eilentscheidung im Verfahren eines Naturschutzverbandes gegen die **Hochmoselbrücke** gekommen, die durch Privatfinanzierung erstellt werden soll.[229] Zwar habe das Land Rheinland-Pfalz die Schutzgebiete „Tiefenbachtal" und „Kautenbachtal" zur Weiterleitung an die EU-Kommission gemeldet, was möglicherweise zukünftig ihre Ausweisung als Schutzgebiet im Sinne der FFH-Richtlinie zur Erhaltung der natürlichen Lebensweise sowie der wild lebenden Tiere und Pflanzen zur Folge haben könne. Vor Erlass des Planfeststellungsbeschlusses sei jedoch eine FFH-Verträglichkeitsprüfung durchgeführt worden, wonach keine erhebliche Beeinträchtigung der betroffenen Gebiete durch den Hochmoselübergang zu erwarten sei. Insbesondere werde der Störung des Jagdraumes von zwei Fledermausarten, die in diesem Gebiet vorkämen, durch die Anlage von Feldgehölzen und Hecken sowie einer Grünbrücke hinreichend Rechnung getragen. Auf einen Verstoß des Vorhabens gegen die Vogelschutzrichtlinie der EU könne sich der Naturschutzverein nicht berufen. Zwar sei möglicherweise ein sog. faktisches Vogelschutzgebiet im Sinne der betroffen, das bisher nicht gemeldet und auch nicht ordnungsgemäß in nationales Recht umgesetzt worden ist. Diesen Einwand habe der Naturschutzverein aber verspätet erhoben.[230] Inzwischen ist allerdings durch das BNatSchG 2002 die Verbandsklage auf Bundesebene eingeführt worden. Hierdurch sind die Klagerechte der Verbände auch bezogen auf laufende Gerichtsverfahren erweitert worden.[231] Daraufhin hat das *OVG Koblenz* der Klage eines Naturschutzverbandes mit der Begründung stattgegeben, dass ein faktisches Vogelschutzgebiet beeinträchtigt werde. Dem hat sich das *BVerwG* angeschlossen.[232]

Auch den Bau des Großraumflugzeugs **A 3xx (A 380)** in Hamburg-Finkenwerder unter Inanspruchnahme eines Teils des Mühlenberger Lochs hat das *OVG Hamburg* im Gegensatz zur Vorinstanz[233] in der ersten Ausbaustufe abgesegnet.[234] Es hat dabei im Eilverfahren offen gelassen, ob das Vorhaben in Finkenwerder an der südlichen Elbseite trotz des privaten Trägers gemeinnützig[235] ist.[236] Denn der Bau des Airbus A 380, wie er inzwischen heißt, sichere eine Vielzahl von Arbeitsplätzen, so dass ihm eine Planrechtfertigung nicht abgesprochen werden könne.[237] Aber selbst bei einer nicht gemeinnützigen Planfeststellung seien die in ihren Rechten Betroffenen auf die Anordnung von Schutz-

---

[228] *OVG Koblenz*, B. v. 27. 9. 2001 – 1 B 10290/01.OVG –; 1 B 10464/01.OVG – Hochmoselbrücke.
[229] Vgl. dazu das Fernstraßenbauprivatfinanzierungsgesetz v. 30. 8. 1994 (BGBl. I S. 2243) und das Gesetz zur Änderung des Fernstraßenbauprivatfinanzierungsgesetzes und straßenverkehrsrechtlicher Vorschriften (FStrPrivFinÄndG) v. 1. 9. 2002 (BGBl. I S. 3442).
[230] *OVG Koblenz*, B. v. 27. 9. 2001 – 1 B 10290/01.OVG – Hochmoselbrücke.
[231] *BVerwG*, Urt. v. 17. 5. 2002 – 4 A 28.01 – BVerwGE 116, 254 = DVBl. 2002, 1486 = NVwZ 2002, 1243 – A 44 Lichtenauer Hochland.
[232] S. Rdn. 2866.
[233] *VG Hamburg*, B. v. 18. 12. 2000 – 15 3923/00 – NordÖR 2001, 34; B. v. 10. 1. 2001 – 15 2934/00 – IBR 2001, 144.
[234] *OVG Hamburg*, B. v. 19. 2. 2001 – 2 Bs 370/00 – NVwZ 2001, 1173 – Mühlenberger Loch; *Busse/Hormann*, ZUR 2000, 236; *Wilke*, NordÖR 2000, 235.
[235] Zum Wasserrecht *BVerwG*, Urt. v. 10. 2. 1978 – IV C 25.75 – BVerwGE 55, 220 = DVBl. 1979, 67; Urt. v. 18. 5. 1990 – 7 C 3.90 – BVerwGE 85, 155 = DVBl. 1990, 1170; zum Luftverkehrsrecht *BVerwG*, Urt. v. 7. 7. 1978 – IV C 79.76 – BVerwGE 56, 110 = DVBl. 1978, 845 – Frankfurter Flughafen; B. v. 7. 11. 1996 – 4 B 170.96 – DVBl. 1994, 434; vgl. auch *BVerfG*, B. v. 24. 3. 1987 – 1 BvR 1046/85 – BVerfGE 74, 264 = DVBl. 1987, 466 – Boxberg.
[236] Dabei kennzeichnet der Begriff des „gemeinnützigen" Vorhabens im Fachplanungsrecht ein in einem öffentlichen Interesse stehendes Vorhaben, so *BVerwG*, Urt. v. 7. 7. 1978 – IV C 79.76 – BVerwGE 56, 110 = DVBl. 1978, 845 – Frankfurter Flughafen.
[237] *BVerwG*, Urt. v. 14. 2. 1975 – IV C 21.74 – BVerwGE 48, 56 = DVBl. 1975, 713 = NJW 1975, 1373 – B 42; Urt. v. 24. 11. 1989 – 4 C 41.88 – BVerwGE 84, 123 = NVwZ 1990, 860 – Hochrheinautobahn A 98; Urt. v. 20. 5. 1999 – 4 A 12.98 – DVBl. 1999, 1514 = NVwZ 2000, 555.

auflagen beschränkt, wenn sich hierdurch eine Rechtsbeeinträchtigung vermeiden lasse. Dies gelte jedenfalls dann, wenn die Lärmbelastungen unterhalb der Gesundheitsgefahren lägen und durch entsprechende Schutzauflagen auch unterhalb der einfachrechtlichen Zumutbarkeitsgrenze gemindert werden könnten. Eine Grenze könnte dann bestehen, wenn weder aktive noch passive Lärmschutzmöglichkeiten bestehen und die Lärmbetroffenen daher auf eine Entschädigung verwiesen werden müssten.[238] Auch die Anforderungen an das europäische Habitatrecht seien gewahrt. Das Mühlenberger Loch mit seinen 1275 Löffelenten war zwar von Hamburg als FFH-Gebiet nach Brüssel gemeldet worden. In ihrer Stellungnahme vom April 2000 hatte die EU-Kommission jedoch die negativen Auswirkungen des Projekts auf das Mühlenberger Loch aus zwingenden Gründen des überwiegenden öffentlichen Interesses für gerechtfertigt gehalten. Die Entscheidungen des *OVG Hamburg* wurden durch das BVerfG bestätigt.[239] Eine Verletzung von Art. 101 I 2 GG wegen Nichtvorlage an den EuGH könne bestehen, wenn mögliche Gegenauffassungen zu der entscheidungserheblichen Frage des Gemeinschaftsrechts gegenüber der vom Gericht vertretenen Meinung eindeutig vorzuziehen sind.[240] Das sei hier jedoch nicht der Fall, da das *OVG Hamburg* nach eingehender Erörterung der bisherigen Rechtsprechung des EuGH und der in der Literatur vertretenen Auffassung zu dem Ergebnis gekommen sei, dass die Vogelschutz-Richtlinie und die FFH-Richtlinie allein dem Interesse der Allgemeinheit an dem Schutz der Natur dienen und keine individuell einklagbaren Rechte begründen. Dies gilt jedenfalls für den nicht enteignend betroffenen Eigentümer.[241] Die erneut beabsichtigte Erweiterung der Start- und Landebahn hat das *OVG Hamburg* demgegenüber abgelehnt. Der Eingriff in private Rechte sei nicht durch entsprechend gewichtige Gemeinwohlgründe legitimiert. Die Schwelle sei vor allem deshalb hoch, weil mit der Bahnverlängerung Enteignungen verbunden seien.[242]

2844 Wichtige Grundlagen für die Beurteilung des europäischen Habitat- und Vogelschutzes hat das *BVerwG* bereits im Jahre 1998 in den beiden Entscheidungen zum vorangehenden Abschnitt der **A 20** gelegt: Für die Rechtmäßigkeit der Planfeststellung eines Abschnitts ist es danach erheblich, ob eine Planfeststellung des nachfolgenden trassierten Abschnitts auf unüberwindbare Hindernisse stößt. Diese können sich auch aus dem europäischen Habitat- und Vogelschutzrecht ergeben. Die Vogelschutz-Richtlinie begründet gegenüber staatlichen Behörden – auch ohne Umsetzung in nationales Recht – unmittelbar rechtliche Verpflichtungen.[243] Auch hat das *BVerwG* bereits in der damaligen Hauptsacheentscheidung zur A 20 auf den begrenzten Prüfungsumfang im Rahmen einer Verbandsklage hingewiesen: Ist die Verbandsklage auf das Vorbringen begrenzt, dass der angegriffene Planfeststellungsbeschluss den Vorschriften des BNatSchG, des Landesnaturschutzgesetzes oder anderen Rechtsvorschriften widerspricht, die auch den Belangen des Naturschutzes zu dienen bestimmt sind, dann bleiben Fragen des Verkehrsbedarfs, der Kostenberechnung, der Lärmauswirkungen und andere Fragen nicht-natur-

---

[238] *OVG Hamburg*, B. v. 19. 2. 2001 – 2 Bs 370/00 – NVwZ 2001, 1173 – Mühlenberger Loch.
[239] *BVerfG*, B. v. 10. 5. 2001 – 1 BvR 481/01 – DVBl. 2001, 1139 = NVwZ 2001, 1148; B. v. 5. 9. 2001 – 1 BvR 481/01 – NVwZ 2002, 337; zur Vorlagepflicht an den EuGH *BVerfG*, B. v. 9. 1. 2001 – 1 BvR 1036/99 – DVBl. 2001, 720; *Füßer* DVBl. 2001, 1574.
[240] *BVerfG*, B. v. 31. 5. 1990 – BvL 12/88 – BVerfGE 82, 159 = DVBl. 1990, 984.
[241] Der enteignend in Anspruch genommene Eigentümer hat demgegenüber einen umfassenderen Rechtsschutz *BVerwG*, Urt. v. 18. 3. 1983 – 4 C 80.79 – BVerwGE 67, 74 = DVBl. 1983, 899; Urt. v. 19. 5. 1998 – 4 C 11.96 – DVBl. 1998, 1191 = NVwZ 1999, 529 – B 15 neu Saalhaupt; *Schmidt-Preuss*, Fachplanung und subjektiv-rechtliche Konfliktschlichtung, FS Hoppe, München 2000, 1071. Zur Klagebefugnis von Mietern *BVerwG*, Urt. v. 1. 9. 1997 – 4 A 36.96 – DVBl. 1998, 44; *Stüer/Hermanns* DVBl. 1999, 27.
[242] OVG Hamburg.
[243] *BVerwG*, Urt. v. 21. 1. 1998 – 4 A 9.97 – DVBl. 1998, 589 = NVwZ 1998, 616; *Gassner* NuR 1999, 79; *Otto* NJ 1998, 163.

schutzrechtlicher Art grundsätzlich unberücksichtigt.[244] Die Prüfung muss sich allerdings auch auf weitere Planfeststellungsabschnitte beziehen, wenn hier objektiv nicht überwindbaren Hindernissen bestehen sollten. Als ein mögliches rechtliches Hindernis der Planverwirklichung ist dabei auch das europäische Habitat- und Vogelschutzrecht zu beachten.[245] Das Schutzregime des Art. 4 IV Vogelschutz-Richtlinie erfasst auch erhebliche Auswirkungen (Beeinträchtigungen), die Ursachen außerhalb des Gebietes haben. Ein Mitgliedstaat ist dabei nicht befugt, wirtschaftliche Erfordernisse als Gründe des Gemeinwohls zur Durchbrechung des Vogelschutzregimes zugrunde zu legen.[246] Die rechtliche Möglichkeit eines sog. potenziellen FFH-Gebiets kommt in Betracht, wenn für ein Gebiet die sachlichen Kriterien nach Art. 4 I FFH-Richtlinie erfüllt sind, die Aufnahme in ein kohärentes Netz mit anderen Gebieten sich aufdrängt und der Mitgliedstaat der EU die FFH-Richtlinie noch nicht vollständig umgesetzt hat. Aus dem Gemeinschaftsrecht folgt die Pflicht eines Mitgliedstaates der EU, vor Ablauf der Umsetzungsfrist einer EU-Richtlinie die Ziele der Richtlinie nicht zu unterlaufen und durch eigenes Verhalten keine gleichsam vollendeten Tatsachen zu schaffen, welche später die Erfüllung der aus der Beachtung der Richtlinie erwachsenen Vertragspflichten nicht mehr möglich machen würde – „Pflicht zur Stillhaltung".[247]

In der Entscheidung zur **B 15 neu** hat das *BVerwG* hinzugefügt: Bei einem in mehrere Streckenabschnitte „aufgeteilten" Vorhaben ist gesamtvorhabenbezogen zu prüfen, ob die Gründe, die für die Planung sprechen, so gewichtig sind, dass sie die Beeinträchtigung der entgegenstehenden Belange unter Einschluss der Belange des Naturschutzes und der Landschaftspflege rechtfertigen.[248] Aufgrund der Vogelschutz-Richtlinie gibt es „faktische" Vogelschutzgebiete, welche die Qualität des Art. 4 IV Vogelschutz- RL besitzen.[249] An dem damit begründeten Schutzstatus hat die FFH-Richtlinie – unabhängig von dem maßgebenden Schutzregime – nichts geändert.[250] Der enteignungsbetroffene Grundeigentümer kann sich auf die Missachtung der Vogelschutz-Richtlinie berufen, wenn und soweit die Vogelschutz-Richtlinie als objektives Recht anwendungsfähig und von den nationalen Behörden zu beachten ist.[251]

Im **Hildesheim-Urteil**[252] stand die Frage im Vordergrund, welche Anforderungen an einen unverträglichen Eingriff in ein potenzielles FFH-Gebiet zu stellen sind. Ein Gebiet, das die Merkmale des Art. 4 I FFH-Richtlinie erfüllt und dessen Meldung für die Aufnahme in das kohärente Netz „Natura 2000" sich aufdrängt, ist vor vollständiger Umsetzung der Richtlinie als potenzielles FFH-Gebiet zu behandeln. Berührt ein Straßenbauvorhaben ein derartiges Gebiet, ist seine Zulässigkeit an den Anforderungen des Art. 6 III und IV FFH-Richtlinie zu messen.[253] Eine Alternativlösung ist im Sinne des

---

[244] *BVerwG*, Urt. v. 19. 5. 1998 – 4 A 9.97 – BVerwGE 107, 1 = DVBl. 1998, 900 – A 20; *Fisahn*, ZUR 1998, 34; *Otto/Krakies* NJ 1998, 579; *Otto* NJ 1998, 606; *Rengeling* UPR 1999, 281; *Stüber* NuR 1998, 531; *Zeichner* NVwZ 1999, 32.
[245] *Murswiek* JuS 1999, 301.
[246] Im Anschluss an *EuGH*, Urt. v. 2. 8. 1993 – Rs. C-355/90 – Slg. I-4221 ff. – NuR 1994, 521 – Santona.
[247] *BVerwG*, Urt. v. 19. 5. 1998 – 4 A 9.97 – BVerwGE 107, 1 = DVBl. 1998, 900 – A 20, mit Hinweis auf *EuGH*, Urt. v. 18. 12. 1997 – Rs. C-129/96 – EuZW 1998, 167 – Inter-Environnement Wallonie; *Halama* NVwZ 2001, 506.
[248] Mit Hinweis auf *BVerwG*, Urt. v. 10. 4. 1997 – 4 C 5.96 – BVerwGE 104, 236 = DVBl. 1997, 1115. Zur Bedeutung des Landschaftsrechts für den europäischen Naturschutz *Schink* ZfBR 2000, 154; *Stollmann* VR 2001, 365. Zum Verhältnis zur Raumplanung *Stüer/Hönig* NWVBl 2000, 116.
[249] Im Anschluss an *EuGH*, Urt. v. 2. 8. 1993 – Rs. C 355/90 – NuR 1994, 521 – Santona.
[250] Im Anschluss an *EuGH*, Urt. v. 11. 7. 1996 – Rs. C-44/95 – NuR 1997, 36 – Lappelbank.
[251] *BVerwG*, Urt. v. 19. 5. 1998 – 4 C 11.96 – DVBl. 1998, 1191 = NVwZ 1999, 529 – B 15 neu Saalhaupt.
[252] *BVerwG*, Urt. v. 27. 1. 2000 – 4 C 2.99 – BVerwGE 110, 302 = DVBl. 2000, 814 – Hildesheim.
[253] Mit Hinweis auf *BVerwG*, Urt. v. 19. 5. 1998 – 4 A 9.97 – BVerwGE 107, 1 = DVBl. 1998, 900 – A 20.

Art. 6 IV Unterabsatz 1 FFH-Richtlinie nicht vorhanden, wenn sich diese nur mit einem unverhältnismäßigen Kostenaufwand verwirklichen ließe. Die Beurteilung unterliegt nicht der fachplanerischen Abwägung oder einer anderweitigen Ermessensentscheidung der Planfeststellungsbehörde.[254] Sollen mit dem Bau einer Ortsumgehungsstraße innerörtliche Unfallschwerpunkte entschärft und weitere Verkehrsunfälle mit Todes- und Verletzungsfolgen vermieden werden, so können diesem Ziel „Erwägungen im Zusammenhang mit der Gesundheit des Menschen" im Sinne des Art. 6 IV FFH-Richtlinie zugrunde liegen. Gleiches gilt, wenn bestehende schädliche Umwelteinwirkungen durch Lärm und Autoabgase zu Gunsten der Anwohner der Ortsdurchfahrtsstraße vermieden oder erheblich verringert werden sollen. Bei abschnittsweiser Planung hat sich die erforderliche Prognose auf die Gesamtplanung zu erstrecken.[255]

2847 In der Entscheidung zum Naturschutzgebiet **Monbijou**[256] in Rheinland-Pfalz hat das *BVerwG* besonders den naturschutzfachlichen Entscheidungsspielraum betont, der den Mitgliedstaaten bei der Aufnahme der Gebiete von gemeinschaftlicher Bedeutung im Sinne der FFH-Richtlinie in die nationale Vorschlagsliste zusteht. Das Vorkommen prioritärer natürlicher Lebensraumtypen oder Arten zwingt danach nicht ohne Ausnahme zur Aufnahme des Gebietes in die nationale Vorschlagsliste. Nach Auffassung des *BVerwG* steht den Mitgliedstaaten bei der Aufnahme der Gebiete gemeinschaftlicher Bedeutung i. S. der FFH-Richtlinie in die nationale Vorschlagsliste ein naturschutzfachlicher Beurteilungsspielraum zu.[257] Sie dürfen jedoch die Entscheidung über die Auswahl und Abgrenzung der Gebiete nach Art. 4 I der FFH-Richtlinie, die der Kommission zur Bestimmung als Gebiete von gemeinschaftlicher Bedeutung vorgeschlagen werden sollen, nicht aus Gründen der Wirtschaft, der Gesellschaft oder der Kultur oder aus regionalen oder örtlichen Besonderheiten verweigern.[258] Geht es aber um naturschutzfachliche Aspekte, muss nach Ansicht des *BVerwG* das Vorkommen prioritärer natürlicher Lebensraumtypen oder Arten nicht immer zur Aufnahme des Gebietes in die nationale Vorschlagsliste zwingen. So braucht ein Gebiet auch dann nicht gemeldet zu werden, wenn andere vergleichbare, dafür aber großflächiger ausgebildete Gebiete für geeignet erachtet wurden.[259] Diese Auffassung hat das *BVerwG* in der A 20-Entscheidung bestätigt: Zum Kreis der potenziellen FFH-Gebiete zählt ein Gebiet u. a. dann, wenn die in ihm vorhandenen Lebensraumtypen oder Arten eindeutig den im Anhang III der FFH-Richtlinie genannten fachwissenschaftlichen Merkmalen entsprechen. Eine Gebietsmeldung kann daher unterbleiben, wenn dies gemessen an den Kriterien des Anhangs III (Phase 1) fachlich vertretbar ist.[260] Damit räumt das *BVerwG* den Bundesländern aber auch der Planfeststellung einen fachlichen Spielraum ein, ohne den auch wohl auf diesem verminten Felde unterschiedlicher Fachdisziplinen nicht auszukommen ist.

2848 Im Urteil zur **A 71** in Bayern verweist das *BVerwG*[261] auf ein niedrigeres Schutzniveau eines potenziellen FFH-Gebietes gegenüber einem ausgewiesenen Habitat. Das Schutzregime in einem potenziellen FFH-Gebiet[262] wird danach grundsätzlich nicht durch Art. 6 FFH-Richtlinie, sondern durch die gemeinschaftsrechtlichen Vorwirkungen be-

---

[254] Zur Alternativenprüfung *Britta Erbguth* DVBl. 1999, 588.
[255] BVerwG, Urt. v. 27. 1. 2000 – 4 C 2.99 – BVerwGE 110, 302 = DVBl. 2000, 814 – Hildesheim.
[256] BVerwG, B. v. 24. 8. 2000 – 6 B 23.00 – DVBl. 2001, 375 = NVwZ 2001, 92 – Monbijou.
[257] BVerwG, B. v. 24. 8. 2000 – 6 B 23.00 – DVBl. 2001, 375 = NVwZ 2001, 92 – Monbijou; Urt. v. 31. 1. 2002 – 4 A 15.01 – DVBl. 2002, 990 = NVwZ 2002, 1103 – A 20.
[258] *EuGH*, Urt. v. 7. 11. 2000 – C-371/98 – DVBl. 2000, 1841; BVerwG, Urt. v. 19. 5. 1998 – 4 A 9.97 – BVerwGE 107, 1 = DVBl. 1998, 900 – A 20, mit Hinweis auf *EuGH*, Urt. v. 11. 7. 1996 – Rs. C-44/95 – NuR 1997, 36 – Lappelbank.
[259] BVerwG, B. v. 24. 8. 2000 – 6 B 23.00 – DVBl. 2001, 375 = NVwZ 2001, 92 – Monbijou.
[260] BVerwG, Urt. v. 31. 1. 2002 – 4 A 15.01 – DVBl. 2002, 990 = NVwZ 2002, 1103 – A 20.
[261] BVerwG, Urt. v. 27. 10. 2000 – 4 A 18.99 – BVerwGE 112, 140 = DVBl. 2001, 386 – A 71.
[262] BVerwG, Urt. v. 19. 5. 1998 – 4 A 9.97 – BVerwGE 107, 1 = DVBl. 1998, 900 – A 20.

stimmt, durch die verhindert wird, dass Gebiete, deren Schutzwürdigkeit nach der FFH-Richtlinie auf der Hand liegt, zerstört oder so nachhaltig beeinträchtigt werden, dass sie für eine Meldung nicht mehr in Betracht kommen. Diesen geringeren Schutz begründet das *BVerwG* wie folgt: Aus der Rechtsprechung des EuGH ergibt sich, dass der Mitgliedstaat, der seiner Umsetzungsverpflichtung noch nicht vollständig nachgekommen ist, bereits in dieser Phase gewisse vorgezogene Verhaltenspflichten zu beachten hat. Er darf die Ziele der Richtlinie nicht unterlaufen und keine vollendeten Tatsachen schaffen, die ihm die Erfüllung der durch die Richtlinie begründeten Pflichten unmöglich machen.[263] Dies läuft indes nicht auf eine Veränderungssperre hinaus, die einer Vorwegnahme des Art. 6 II FFH-Richtlinie gleichkommt. Die gemeinschaftsrechtliche Vorwirkung verhindert lediglich, dass Gebiete, deren Schutzwürdigkeit nach der FFH-Richtlinie auf der Hand liegt, zerstört oder anderweitig so nachhaltig beeinträchtigt werden, dass sie für eine Meldung nicht mehr in Betracht kommen. Verstöße gegen §§ 18 bis 20 BNatSchG können ggf. durch ein ergänzendes Verfahren behoben werden.[264]

Für den Neubau zweier Teilabschnitte der **Ostseeautobahn A 20** zwischen Lübeck und der Landesgrenze Mecklenburg-Vorpommern hat das *BVerwG* auch vor dem Hintergrund des europäischen Habitat- und Vogelschutzes grünes Licht gegeben und die Klagen von drei Naturschutzverbänden sowie einigen Grundstückseigentümern und Pächtern als unbegründet abgewiesen. Die Entscheidung machte den Weg dafür frei, die Lücke im Autobahnnetz zu schließen, die zwischen dem Raum Lübeck in Schleswig-Holstein und Schönberg in Mecklenburg-Vorpommern klaffte. Die planfestgestellte Trasse durchschneidet u. a. den ehemaligen innerdeutschen Grenzstreifen und die Wakenitz-Niederung, die mit einer knapp 300 m langen Talbrücke gequert werden wird. Nach Würdigung des umfangreichen Gutachtermaterials hat sich das *BVerwG* der Auffassung der Kläger, die Planfeststellungsbeschlüsse seien schon deshalb rechtswidrig, weil sie gegen Vorschriften des europäischen und des nationalen Naturschutzrechts verstießen, nicht zu Eigen gemacht. Nach Einschätzung des Gerichts weist der Naturraum, durch den die Trasse verläuft, nicht die Merkmale eines faktischen Vogelschutzgebietes auf, in dem ein Straßenbauvorhaben unzulässig wäre. Das *BVerwG* hat sich auch nicht davon zu überzeugen vermocht, dass ein europarechtlich zu schützender Lebensraum betroffen ist, in dem ein Autobahnbau nur bei Vorliegen von Ausnahmegründen in Betracht käme. Den von den Klägern geltend gemachten Verstoß gegen die naturschutzrechtliche Eingriffsregelung hat es ebenfalls nicht feststellen können. Auch die vorgesehene Querung durch eine Brücke sei rechtlich nicht zu beanstanden, zumal dabei verschiedene Vorkehrungen zur Minderung der die Natur beeinträchtigenden Wirkungen vorgesehen sind. Der als ökologisch günstigere Alternative in Betracht kommende Bau eines Tunnels würde sowohl bei einer Errichtung im Schildvortrieb als auch im Fall einer offenen Bauweise Mehrkosten in dreistelliger Millionenhöhe verursachen und durfte aus diesem Grund vom Planungsträger ohne Verstoß gegen das Abwägungsgebot verworfen werden. Dabei erkennt das *BVerwG* einen Beurteilungsspielraum der Planfeststellungsbehörde hinsichtlich der fachlichen Bewertung der besonderen Schutzwürdigkeit eines Gebietes an. Die fachlichen Wertungen, ein Gebiet sei kein schutzwürdiges Vogelschutz- oder FFH-Gebiet, sei nur bei eindeutiger Fehlsamkeit widerlegbar.[265]

Die in einem Planfeststellungsverfahren eingeholten Stellungnahmen der EU-Kommission zu Fragen der Vogelschutz-Richtlinie und der FFH-Richtlinie kann die Merk-

---

[263] *EuGH*, Urt. v. 18. 12. 1997 – C 129/96 – Slg. 1997, I-7435.
[264] *BVerwG*, Urt. v. 27. 10. 2000 – 4 A 18.99 – BVerwGE 112, 140 = DVBl. 2001, 386 – A 71. Zur Planreparatur *Ronellenfitsch*, Fachplanung und Verwaltungsgerichtsbarkeit, FS Blümel, 1999, 497.
[265] *BVerwG*, Urt. v. 31. 1. 2002 – 4 A 15.01, 21.01, 24.01, 47.01, 77.01 – DVBl. 2002, 990 = NVwZ 2002, 1103 – A 20; ebenso bereits *VG Oldenburg*, Urt. v. 16. 5. 2001 – 1 A 3558/98 – Emssperrwerk.

male eines „einschlägigen Sachverständigengutachtens" aufweisen.²⁶⁶ Die Verletzung eines Anhörungsrechts der Verbände bleibt jedoch regelmäßig folgenlos, wenn diesen ein Verbandsklagerecht zusteht und der Beteiligungsmangel die Entscheidung in der Sache nicht beeinflusst haben kann.²⁶⁷ Das *BVerwG* nimmt damit seine Rechtsprechung zur Kausalität von Verfahrensfehlern auf, die bereits in verschiedenen Entscheidungen zu den europarechtlichen Anforderungen der UVP-Richtlinie grundgelegt worden sind.²⁶⁸ Das Europarecht enthält für Habitate und Vogelschutzgebiete ein strengeres Schutzsystem als die naturschutzrechtliche Eingriffsregelung in den §§ 18 bis 20 BNatSchG. Gesichtspunkte der Kostenhöhe einer Maßnahme haben daher bei der fachplanerischen Abwägung ein höheres Gewicht als im Rahmen des Art. 6 IV 3 FFH-Richtlinie. Die Eingriffsregelung nimmt selbst schwere Beeinträchtigungen des Naturhaushalts und des Landschaftsbildes in Kauf, wenn den für den Eingriff sprechenden Gründen größeres Gewicht zukommt. Ein weitergehender Schutz von Natur und Landschaft lässt sich nur über naturschutzrechtliche Schutzgebietsausweisungen erreichen.²⁶⁹

2851 Den Planfeststellungsbeschluss für den Bau der Bundesautobahn **A 44** (Kassel–Herleshausen) im Bereich Hessisch-Lichtenau hat das *BVerwG* allerdings für rechtswidrig erklärt, weil das Land Hessen den Anforderungen der FFH-Richtlinie nicht gerecht geworden sei.²⁷⁰ Das angegriffene Planvorhaben soll nördlich von Hessisch-Lichtenau verwirklicht werden. Die Plantrasse durchschneidet dort mittig ein vom Land Hessen gemeldetes FFH-Gebiet. Eine Südumfahrung wurde mit der Begründung abgelehnt, sie stelle keine Alternative im Sinne des Habitatsschutzes dar, weil dort ein vom Land gemeldetes weiteres FFH-Gebiet beeinträchtigt werde. Allerdings wurde in der mündlichen Verhandlung deutlich, dass im Süden von Hessisch-Lichtenau eine Trassenführung in Betracht kommt, bei der das gemeldete FFH-Gebiet unangetastet bleibt. Das Land Hessen hatte auf der Grundlage eines daraufhin erlassenen Aufklärungsbeschlusses geltend gemacht, dass auch diese Trasse als Alternative ausscheide, da sie durch ein Gebiet verlaufe, das die Merkmale eines potentiellen FFH-Gebiets aufweise, das nachgemeldet werden solle. Nach Ansicht des *BVerwG* genügt jedoch vor dem Hintergrund der erhöhten Anforderungen der FFH-Richtlinie nicht allein die abstrakte Feststellung, dass sowohl an der einen als auch an der anderen Stelle ein (potenzielles) FFH-Gebiet beeinträchtigt wird. Vielmehr sind die verschiedenen Alternativen hinsichtlich ihrer Auswirkungen auf die Naturschutzbelange zu vergleichen. Ein solcher Vergleich ist nur dann nicht erforderlich, wenn sich aus anderen Gemeinwohlgründen ergibt, dass es unverhältnismäßig wäre, den Planungsträger auf die Alternativlösung zu verweisen. Ob die Südumfahrung Hessisch-Lichtenaus eine derartige unverhältnismäßige Alternative ist, konnte das *BVerwG* anhand der vom Land Hessen vorgelegten Unterlagen nicht abschließend beurteilen. In einem ergänzenden Planungsverfahren kann die Planfeststellungsbehörde nun erneut entscheiden, ob eine Alternativtrasse im Sinne des FFH-Rechts besteht oder auch nicht.²⁷¹

---

²⁶⁶ *BVerwG*, Urt. v. 31. 1. 2002 – 4 A 15.01 – DVBl. 2002, 990 – A 20.
²⁶⁷ *BVerwG*, Urt. v. 31. 1. 2002 – 4 A 15.01 – DVBl. 2002, 990 – A 20.
²⁶⁸ *BVerwG*, Urt. v. 8. 6. 1995 – 4 C 4.94 – BVerwG 98, 339 = DVBl. 1995, 1012 – Bernhardswald; Urt. v. 25. 1. 1996 – 4 C 5.95 – BVerwGE 100, 238 = DVBl. 1996, 677 – Eifelautobahn A 60; Urt. v. 21. 3. 1996 – 4 C 19.94 – DVBl. 1996, 907; Urt. v. 21. 3. 1996 – 4 C 26.94 – BVerwGE 100, 388 = DVBl. 1996, 914 – Autobahnring München-West–Allach; Urt. v. 21. 3. 1996 – 4 C 1.95 – DVBl. 1996, 915 – Autobahnring München A 99; zur Kausalität des Verfahrensfehlers in der Bauleitplanung *Stüer* BauR 2001, 1195; *ders.*, JURA 2002, 54; zu Einschränkungen des § 46 VwVfG durch das Umwelt-Rechtsbehelfsgesetz s. Rdn. 2719.
²⁶⁹ *BVerwG*, Urt. v. 31. 1. 2002 – 4 A 15.01 – DVBl. 2002, 990 – A 20.
²⁷⁰ *BVerwG*, Urt. v. 17. 5. 2002 – 4 A 28.01 – BVerwGE 116, 254 = DVBl. 2002, 1486 = NVwZ 2002, 1243 – A 44 Lichtenauer Hochland.
²⁷¹ *BVerwG*, Urt. v. Urt. v. 17. 5. 2002 – 4 A 28.01 – BVerwGE 116, 254 – A 44.

4. Wirkungen der FFH-Richtlinie für den Bürger

Mit dem Zweiten Gesetz zur Änderung des BNatSchG ist zwar das Gesetz zur Umsetzung der FFH-Richtlinie und der Vogelschutz-Richtlinie in Kraft getreten. Damit sind die Fragen der Umsetzung des Europäischen Konzeptes „Natura 2000" allerdings noch nicht abgeschlossen. Einerseits stellt sich die Frage, ob die Umsetzung der europarechtlichen Vorgaben in das nationale Recht in inhaltlicher Hinsicht ausreichend ist. Hierzu ist geltend gemacht worden, dass grundlegende Anforderungen des europäischen Habitatschutzes keinen ausreichenden Niederschlag im bundesdeutschen Naturschutzrecht gefunden haben. Als Beispiel wird die Verpflichtung zur Ausweisung besonderer Vogelschutzgebiete benannt, die im Gesetzentwurf der *Bundesregierung* noch enthalten war, nunmehr aber in der endgültigen Gesetzesfassung nicht mehr ausgewiesen ist. Zudem stellt sich die Frage der unmittelbaren Geltung der FFH-Richtlinie für Bürger und Behörden auch in zeitlicher Hinsicht, da die FFH-Richtlinie nicht bis zum 6. 6. 1994, sondern erst im Jahre 1998 umgesetzt worden ist.[272]

Die EG-Richtlinien sind zwar in erster Linie an die Mitgliedstaaten gerichtet und bedürfen einer Umsetzung in das nationale Recht. Das europäische Richtlinienrecht kann allerdings auch unmittelbar zu Gunsten des Bürgers wirken, wenn die Umsetzungsfristen abgelaufen sind und das Gemeinschaftsrecht entsprechend aussagekräftig ist. Das wird von der Rechtsprechung für die Richtlinien zum Habitat- und Vogelschutz angenommen.[273] Klagen von Eigentümern im vorläufigen Rechtsschutz gegenüber der Auswahlentscheidung von „FFH-Gebieten" haben die Verwaltungsgerichte abgelehnt.[274] In diesem Entscheidungen wurde deutlich gemacht, dass es dem Eigentümer zugemutet werden kann, die Entscheidungen zu etwaigen Eigentums- oder Nutzungsbeschränkungen ihrer betroffenen Grundstücke abzuwarten und erst nach Ausweisung der besonderen Schutzgebiete z. B. eines Naturschutzgebietes ein Normenkontrollverfahren einzuleiten.[275]

Aus europäischem Recht sind nach bisheriger Sicht der deutschen Gerichte keine „erleichterten" Anforderungen an die Klagebefugnis abzuleiten. Insbesondere die Naturschutzrichtlinien enthalten danach keine Bestimmung über individuelle Rechte privater Dritter auf eine Unterschutzstellung, die Begründung oder Aufrechterhaltung eines bestimmten Schutzstatus oder auf die „Abwehr" von Eingriffen in (bestimmte) – ausgewiesene, gemeldete oder „potenzielle" – Schutzgebiete.[276]

Gegen die Auswahl von im Sinne der FFH-Richtlinie schutzbedürftigen Flächen durch nationale Behörden und deren Meldung an die Europäische Kommission steht betroffenen Grundeigentümern kein vorbeugender Rechtsschutz in Form einer Feststellungsklage zu. Es fehlt insoweit sowohl an einem feststellungsfähigen Rechtsverhältnis als auch an dem erforderlichen qualifizierten Rechtsschutzinteresse.[277]

Der Umfang der Klagemöglichkeiten auf der Grundlage des europäischen Richtlinienrechts hat allerdings steigende Tendenz. So gewährt der EuGH[278] den (nicht enteig-

---

[272] Die Umsetzung der FFH-Richtlinie musste bis zum 6. 6. 1994 erfolgen.
[273] *BVerwG*, B. v. 21. 1. 1998 – 4 VR 3.97 – BVerwGE 107, 1 – Ostseeautobahn A 20; Urt. v. 17. 5. 2002 – 4 A 28.01 – BVerwGE 116, 254 = DVBl. 2002, 1486 = NVwZ 2002, 1243 – A 44 Lichtenauer Hochland, zu den Klagerechten der Naturschutzverbände.
[274] *OVG Lüneburg*, B. v. 12. 7. 2000 – 3 N 1605/00 – NuR 2000, 711; *VG Schleswig*, B. v. 13. 1. 2000 – 1 B 104/99 – NVwZ 2001, 348; *VG Oldenburg*, B. v. 2. 2. 2000 – 1 B 82/00 – NVwZ 2001, 349.
[275] *OVG Lüneburg*, B. v. 12. 7. 2000 – 3 N 1605/00 – NuR 2000, 711; *VG Oldenburg*, B. v. 2. 2. 2000 – 1 B 82/00 – NVwZ 2001, 349.
[276] *OVG Schleswig*, Urt. v. 17. 5. 2001 – 1 K 1/01 – NordÖR 2001, 493.
[277] *OVG Münster*, Urt. v. 14. 5. 2003 – 8 A 4229/01 – NuR 2003, 706 – naturschutzfachliche Bewertung.
[278] *EuGH*, Urt. v. 7. 1. 2004 – C-201/02 – DVBl. 2004, 370 = NVwZ 2004, 517 – Delena Wells.

nend betroffenen) Nachbarn eines UVP-pflichtigen Vorhabens Klagerechte aus der UVP-Richtlinie 85/337 mit dem Inhalt, durch die zuständigen Behörden eine UVP vornehmen zu lassen. Das scheitere auch nicht an einer umgekehrten mittelbaren Wirkung (invers direct effect) zu Lasten des Vorhabenträgers, der bis zum Vorliegen der Ergebnisse der UVP seinen Betrieb einstellen müsse. Denn dabei handele es sich nur um eine mittelbare Folge, die nicht ausschließe, dass sich der Nachbar auf die Bestimmungen der Richtlinie berufe. Wenn sich diese Rechtsentwicklung fortsetzt, könnten sich bald Kläger im engeren oder weiteren Umfeld von Vorhaben auch auf andere europäische Richtlinien berufen mit der Folge, dass insoweit der traditionelle deutsche Individualrechtsschutz doch recht stark durchlöchert ist. Denn eines ist klar: Wenn auch Einwendungsführer im Umgebungsbereich des Vorhabens ohne eigene enteignende Betroffenheit[279] und auch ohne anderweitige eigene Rechte, deren Beeinträchtigung Schutzauflagen erfordern[280] und am Ende vielleicht sogar die allgemeine Öffentlichkeit die Einhaltung der europarechtlichen Vorgaben bei der Verwaltung und vor Gericht durchsetzen können, dann öffnet sich der bisher an subjektiven Rechten ausgerichtete deutsche Individualrechtsschutz mehr und mehr zu einer Popularklage.

V. Vogelschutz-Richtlinie

2857   Die durch die Vogelschutz-Richtlinie[281] bereits geschützten Gebiete werden durch die FFH-Richtlinie Teil eines kohärenten europäischen ökologischen Netzes („Natura 2000"). Nach Art. 2 Vogelschutz-Richtlinie treffen die Mitgliedstaaten die erforderlichen Maßnahmen, um die Bestände aller unter Art. 1 Vogelschutz-Richtlinie fallende Vogelarten auf einem Stand zu halten oder auf einen Stand zu bringen, der insbesondere den ökologischen, wissenschaftlichen und kulturellen Erfordernissen entspricht. Nach Art. 3 der Vogelschutz-Richtlinie treffen die Mitgliedstaaten unter Berücksichtigung der in Art. 2 Vogelschutz-Richtlinie genannten Erfordernisse die erforderlichen Maßnahmen, um für alle unter Art. 1 der Vogelschutz-Richtlinie fallenden Vogelarten eine ausreichende Vielfalt und eine ausreichende Flächengröße der Lebensräume zu erhalten oder wiederherzustellen. Zur Erhaltung und Wiederherstellung der Lebensstätten und Lebensräume gehören insbesondere folgende Maßnahmen: Errichtung von Schutzgebieten, Pflege und ökologisch richtige Gestaltung der Lebensräume in und außerhalb von Schutzgebieten, Wiederherstellung zerstörter Lebensstätten sowie Neuschaffung von Lebensstätten. Die deutschen Behörden haben nach Art. 4 III Vogelschutz-Richtlinie[282] die EG-Kommission von schützenswerten Gebieten entsprechend zu unterrichten. Im Rahmen der **„Natura 2000"** ist eine Aktualisierung der Daten über die Schutzgebiete vorgesehen. Die Vogelschutz-Richtlinie beruht auf der Erkenntnis, dass der zu verzeichnende Rückgang wild lebender Vogelarten im europäischen Gebiet der Mitgliedstaaten eine ernsthafte Gefahr für die Erhaltung der natürlichen Umwelt, insbesondere für das biologische Gleichgewicht, darstellt. Darum wird in der Vogelschutz-Richtlinie der Schwerpunkt auf die Wiederherstellung einer ausreichenden Vielfalt und einer ausreichenden Flächengröße der Lebensräume gelegt.[283] Als Maßnahme dafür wird vor allem die Er-

---

[279] *BVerwG*, Urt. v. 18. 3. 1983 – 4 C 80.79 – BVerfGE 67, 74 = DVBl. 1983, 899 – Wittenberg.
[280] *BVerwG*, Urt. v. 14. 2. 1975 – IV C 21.74 – BVerwGE 48, 56 = DVBl. 1975, 717 – B 42.
[281] Richtlinie 79/409/EWG des Rates vom 2. 4. 1979 über die Erhaltung der wildlebenden Vogelarten, ABlEG Nr. L 103 vom 25. 4. 1979, abgedruckt bei *Stüer*, Bau- und Fachplanungsgesetze 1999, 881.
[282] Art. 4 III Vogelschutz-Richtlinie: „Die Mitgliedstaaten übermitteln der Kommission alle sachdienlichen Informationen, so dass diese geeignete Initiativen im Hinblick auf die erforderliche Koordinierung ergreifen kann, damit die in Abs. 1 und die in Abs. 2 genannten Gebiete ein zusammenhängendes Netz darstellen, das dem Erfordernissen des Schutzes der Arten in den geografischen Meeres- und Landgebieten, in dem diese Richtlinie Anwendung findet, Rechnung trägt.".
[283] *Feik* RdU 1997, 3.

1. Teil. Umwelt- und naturschutzbezogene EG-Richtlinien

richtung von Schutzgebieten und Lebensstätten und die Wiederherstellung zerstörter Lebensräume vorgesehen.[284]

1. Erhaltungsziele und Schutzzwecke

Die Vogelschutz-Richtlinie strebt die Erhaltung **sämtlicher wild lebender Vogelarten**, die im europäischen Gebiet der Mitgliedstaaten heimisch sind, und den Schutz, die Bewirtschaftung sowie die Regulierung dieser Arten an. Allerdings lässt sich der Vogelschutz-Richtlinie nicht entnehmen, wann eine Vogelart als heimisch gilt. Nach Auffassung des *EuGH* schützt die Vogelschutz-Richtlinie diejenigen Vogelarten, die natürlicherweise oder gewöhnlich im europäischen Gebiet der Mitgliedstaaten leben, einschließlich jener Vögel, die sich nur vorübergehend in einem Mitgliedstaat aufhalten.[285] Außerdem sind diejenigen wild lebenden Vogelarten geschützt, die im europäischen Gebiet eines anderen Mitgliedstaates heimisch sind, jedoch lebend oder tot in ein für sie nicht natürlicherweise oder gewöhnliches Gebiet eines Mitgliedstaates gebracht werden oder dort gehalten oder vermarktet werden. Für Vögel, die in Gefangenschaft geschlüpft sind und aufgezogen wurden, entfaltet die Richtlinie keine Wirkung.[286] Nach Art. 2 Vogelschutz-Richtlinie treffen die Mitgliedstaaten die erforderlichen Maßnahmen, um die Bestände aller im europäischen Gebiet der Mitgliedstaaten heimisch wild lebenden Vogelarten auf einem Stand zu halten oder auf einen Stand zu bringen, der insbesondere den ökologischen, wissenschaftlichen und kulturellen Erfordernissen entspricht, wobei den wirtschaftlichen und freizeitbedingten Erfordernissen Rechnung getragen wird. Der Vogelschutz ist daher mit anderen öffentlichen Belangen abzuwägen. In den Art. 3 ff. Vogelschutz-Richtlinie folgen einige konkrete Schutzvorschriften, wie bestimmte artenschutzrechtliche Verbote, die beispielsweise das Fangen und Töten von Vögeln oder die Zerstörung ihrer Brutstätten betreffen. Darüber hinaus können die Mitgliedstaaten gem. Art. 14 Vogelschutz-Richtlinie strengere Maßstäbe ergreifen. 2858

Die Mitgliedstaaten sind verpflichtet, nach Maßgabe der in der Vogelschutz-Richtlinie genannten **Kriterien** Vogelschutzgebiete auszuwählen und unter Schutz zu stellen. **Art. 3 Vogelschutz-Richtlinie** gewährleistet ein allgemeines Schutzregime zur Erhaltung sämtlicher wild lebender Vogelarten in der Europäischen Union. Die Mitgliedstaaten haben unter Berücksichtigung der in Art. 2 genannten Erfordernisse alle „erforderlichen Maßnahmen" zur Erhaltung oder Herstellung einer ausreichenden Vielfalt und einer flächenmäßig ausreichenden Größe der Lebensräume europäischer Vogelarten zu treffen. Dazu gehört die Einrichtung von Schutzgebieten sowie die Pflege und ökologisch richtige Gestaltung der Lebensräume in und außerhalb von Schutzgebieten, die Wiederherstellung zerstörter Lebensräume sowie die Neuschaffung von Lebensstätten. 2859

Art. 4 Vogelschutz-Richtlinie enthält ein darüber hinausgehendes strengeres Schutzregime, das für besonders schützenswerte Vogelarten – wie z. B. vom Aussterben bedrohte, besonders empfindliche oder sehr seltene Arten – gilt. Für die in **Anhang I** der Vogelschutz-Richtlinie aufgeführten Arten sind besondere Schutzmaßnahmen hinsichtlich ihrer Lebensräume anzuwenden, um ihr Überleben und ihre Vermehrung in ihrem Verbreitungsgebiet sicherzustellen. Die Mitgliedstaaten erklären insbesondere die für die Erhaltung dieser Arten zahlen- und flächenmäßig geeignetsten Gebiete zu Schutzgebieten, wobei die Erfordernisse des Schutzes dieser Arten in dem geografischen Meeres- und Landgebiet, in dem die Vogelschutz-Richtlinie Anwendung findet, zu berücksichtigen sind **(Art. 4 I Vogelschutzrichtlinie)**. Auch treffen die Mitgliedstaaten unter Berücksichtigung der Schutzerfordernisse in dem geografischen Meeres- und Landgebiet, in dem die Vogelschutz-Richtlinie anzuwenden ist, entsprechende Maßnahmen für die im An- 2860

---

[284] *Kommission*, Zweiter Bericht über die Anwendung der RL 97/409/EWG, KOMM (93) 572.
[285] *EuGH*, Urt. v. 8. 7. 1987 – Rs. 247/85 – EuGHE 1987, 3029 – Kommission gegen Belgien.
[286] Stellungnahme des Generalanwalts *Fenelly* v. 26. 10. 1995, *EuGH* - Rs. C-149/94 – Strafsache Vergy, I 301.

hang I nicht aufgeführten, regelmäßig auftretenden Zugvogelarten hinsichtlich ihrer Vermehrungs- und Überwachungsgebiete sowie der Rastplätze in ihren Wanderungsgebieten. Dabei ist der Schutz der Feuchtgebiete besonders zu gewährleisten **(Art. 4 II Vogelschutzrichtlinie)**. Aus diesen Vorschriften ergeben sich unmittelbare Verpflichtungen der Mitgliedstaaten. Sie haben die geeigneten Gebiete mit einem entsprechend hohen Schutzniveau auszuweisen.[287] Der Schutzstatus muss gewährleisten, dass ein Überleben und eine Vermehrung der im Anhang I aufgeführten Vogelarten sowie die Vermehrung, die Mauser und die Überwinterung der nicht in Anhang I aufgeführten, regelmäßig auftretenden Zugvogelarten sichergestellt ist.[288] Durch eine sachdienliche Information der Kommission soll eine erforderliche Koordination sichergestellt und ein zusammenhängendes Netz der Gebiete entwickelt werden **(Art. 4 III Vogelschutzrichtlinie)**. Die Mitgliedstaaten haben für die geeigneten Gebiete einen entsprechend hohen **Schutzstandard** sicherzustellen. Dazu reicht es nicht aus, wenn in den schützenswerten Gebieten lediglich die Jagd auf wild lebende Tiere verboten ist, im Übrigen Eingriffe in das Gebiet jedoch zulässig bleiben.[289]

2861   Damit enthält Art. 4 Vogelschutz-Richtlinie im Gegensatz zu Art. 3 Vogelschutzrichtlinie, der die Ausweisung eines Schutzgebietes als mögliche Schutzmaßnahmen für Vögel darstellt, einen strengeren Schutz, der sich an die Ausweisung besonderer Schutzgebiete anknüpft.[290] Die Auswahl der Schutzgebiete und die Festlegung der Schutzprogramme ist nicht beliebig mit anderen Interessen abwägbar. Insbesondere sind bei diesen besonderen Schutzgebieten nur übergeordnete Schutzinteressen gegenüber dem Vogelschutz vorrangig, nicht jedoch einfache wirtschaftliche Interessen, wenn sie nicht zugleich übergeordnete Gemeinwohlinteressen darstellen.[291] Die Art. 3 und 4 Vogelschutz-Richtlinie begründen dabei die Verpflichtung der Mitgliedstaaten, die Lebensräume als solche aufgrund ihres ökologischen Wertes zu bewahren, zu erhalten und wiederherzustellen.[292] Die Mitgliedstaaten haben bei der Unterschutzstellung der „zahlen- und flächenmäßig geeignetsten Gebiete" ein fachliches Auswahlermessen.[293] Verlangt aber die Beachtung ornithologischer Kriterien die Ausweisung eines Vogelschutzgebietes, so kann sich der bestehende Ermessensspielraum auf null reduzieren.[294] Der Mitgliedstaat ist dann so zu behandeln, als habe er das Vogelschutzgebiet ausgewiesen **(faktisches Vogelschutzgebiet)**.[295]

2862   Die Mitgliedstaaten treffen nach **Art. 4 IV Vogelschutz-Richtlinie** geeignete Maßnahmen, um die Verschmutzung oder Beeinträchtigung der Lebensräume sowie die Belästigung der Vögel, sofern sich diese auf die Zielsetzungen dieses Artikels erheblich auswirken, in den in Art. 4 I und II Vogelschutz-Richtlinie genannten Schutzgebieten zu vermeiden. Die Mitgliedstaaten bemühen sich ferner, auch außerhalb dieser Schutzgebiete die Verschmutzung oder Beeinträchtigung der Lebensräume zu vermeiden. Verände-

---

[287] *EuGH*, Urt. v. 25. 11. 1999 – Rs. C-96/98 – Kommission gegen Frankreich – Sumpfgebiet des Poitou.
[288] *EuGH*, Urt. v. 2. 8. 1993 – Rs. C-355/90 – Kommission gegen Spanien, Slg. 1993, I-4221 Rdn. 28 bis 32; Urt. v. 18. 3. 1999 – Kommission gegen Frankreich, Rdn. 21.
[289] *EuGH*, Urt. v. 18. 3. 1999 – Rs. C-166/97 – Kommission gegen Frankreich – Seinemündung.
[290] *Fisahn/Cremer* NuR 1997, 268.
[291] *EuGH*, Urt. v. 11. 7. 1996 – Rs. C-44/95 – ZUR 1995, 251 – Lappelbank; Urt. v. 2. 8. 1993 – Rs. C-355/90 – NuR 1994, 521 – Kommission gegen Spanien; Urt. v. 25. 11. 1999 – Rs. C-96/98 – Kommission gegen Frankreich – Sumpfgebiet des Poitou.
[292] *EuGH*, Urt. v. 2. 8. 1993 – Rs. C-355/90 – NuR 1994, 521 – Santona.
[293] *EuGH*, Urt. v. 28. 2. 1992 – Rs. C-57/89 – NuR 1991, 249 – Leybucht; Urt. v. 2. 8. 1993 – Rs. C-355/90 – NuR 1994, 521 – Santona; *Feik* RdU 1997, 3; *Iven* NuR 1996, 373.
[294] *EuGH*, Urt. v. 2. 8. 1993 – Rs. C-355/90 – NuR 1994, 521 – Santona.
[295] *Fisahn/Cremer* NuR 1997, 268; *Freytag/Iven* NuR 1995, 109; *Iven* NuR 1996, 373; *Krämer* EuGRZ 1995, 45.

rungen oder Eingriffe in das Gebiet sind allerdings nicht generell unzulässig, sondern nur dann, wenn der Eingriff unverträglich ist. Dazu ist ein Eingriff mit entsprechend erheblichen Auswirkungen erforderlich. Eingriffe, die nicht zu einer erheblichen Verschmutzung oder Beeinträchtigung der Lebensräume der zu schützenden Vögel führen, sind auch in einem Vogelschutzgebiet zulässig.[296]

Für Vorhaben, die in ein Vogelschutzgebiet eingreifen, ist daher eine **Verträglichkeitsprüfung** vorzunehmen. Ist die Verträglichkeitsprüfung in dem Sinne negativ, dass das Gebiet als Ganzes oder wesentliche Bestandteile des Gebietes erheblich beeinträchtigt werden, ist der Eingriff unzulässig. Er kann – allerdings ohne das Erfordernis einer Kommissionsbeteiligung – nur aus Gründen der Wahrung von Leib und Leben zugelassen werden. Wirtschaftliche Gründe können demgegenüber einen nicht verträglichen Eingriff in ein Vogelschutzgebiet nicht rechtfertigen. Projekte außerhalb eines ausgewiesenen oder faktischen Vogelschutzgebietes führen jedoch nicht zu einer Gebietsverkleinerung und sind nur dann bedeutsam, wenn von dem Vorhaben entsprechende Auswirkungen auf das Gebiet selbst ausgehen. Davon ist jedoch nur auszugehen, wenn diese Auswirkungen nachgewiesen sind.[297]

2. Faktische Vogelschutzgebiete

Der *EuGH* hat in einem Verfahren gegen die Französische Republik erstmals dazu Stellung genommen, ob die Art. 6 II bis IV der FFH-Richtlinie auf Vogelschutzgebiete anzuwenden ist, die nicht zu besonderen Schutzgebieten i. S. der FFH-Richtlinie erklärt wurden, obwohl dies erforderlich gewesen wäre. Art. 7 FFH-Richtlinie sieht dazu vor, dass das strengere Regime der Vogelschutz-Richtlinie in das Habitat-Regime überführt wird, so dass unter den Voraussetzungen des Art. 6 FFH-Richtlinie auch aus wirtschaftlichen Gründen ein an sich unverträglicher Eingriff in ein Vogelschutzgebiet gerechtfertigt werden kann. Der Übergang in das weniger strenge Schutzregime der FFH-Richtlinie ist in einem Vogelschutzgebiet nach Auffassung des EuGH aber nur dann möglich, wenn das Gebiet der Kommission ordnungsgemäß gemeldet und nach nationalem Recht unter Schutz gestellt worden ist. Anderenfalls sind entgegen der Auffassung der Kommission die strengere Vorschrift des Art. 4 IV 1 Vogelschutz-Richtlinie weiterhin anwendbar. Der *EuGH* hat sich dabei offenbar von der Überlegung leiten lassen, dass den Mitgliedstaaten aus der Missachtung ihrer gemeinschaftsrechtlichen Pflichten kein Vorteil erwachsen könne. Vielmehr schaffe die Beibehaltung der Dualität der Regelungen von Vogelschutz-Richtlinie und FFH-Richtlinie in diesen Fällen einen Anreiz für die Mitgliedstaaten, besondere Schutzgebiete auszuweisen. Ihnen werde dadurch die Möglichkeit eröffnet, sich eines Verfahrens zu bedienen, das es ihnen erlaubt, auch aus zwingenden Gründen des überwiegenden öffentlichen Interesses einschließlich solcher sozialer oder wirtschaftlicher Art einen Plan oder Vorhaben zu beschließen, der oder das ein besonderes Schutzgebiet beeinträchtigt.[298] Es spricht allerdings einiges dafür, dass die Umsetzung in nationales Recht nicht nur durch die förmliche Ausweisung der Flächen als Naturschutzgebiete erfolgen kann, sondern auch der Vertragsnaturschutz oder eine anderweitige Sicherung etwa durch Erwerb der Flächen durch das Land Möglichkeiten der Lastenverteilung bietet.

Nach Art. 4 I 4 Vogelschutz-Richtlinie erklären die Mitgliedstaaten insbesondere die für die Erhaltung dieser Arten zahlenmäßig und flächenmäßig geeignetsten Gebiete zu Vogelschutzgebieten. Als faktisches Vogelschutzgebiet ist ein Gebiet nur dann einzustufen, wenn es aus ornithologischer Sicht für die Erhaltung der im Anhang I der Vogelschutz-Richtlinie aufgeführten Vogelarten oder der in Art. 4 II Vogelschutz-Richtlinie

---

[296] *EuGH*, Urt. v. 18. 3. 1999 – Rs. C-166/97 – Kommission gegen Frankreich – Seinemündung für eine Anlage zur Behandlung von titanhaltigem Gips.
[297] *EuGH*, Urt. v. 25. 11. 1999 – Rs. C-96/98 – Kommission gegen Frankreich – Sumpfgebiet des Poitou.
[298] *EuGH*, Urt. v. 7. 12. 2000 – C 374/98 – DVBl. 2001, 359.

genannten Zugvogelarten von so hervorragender Bedeutung ist, dass es in dem Mitgliedstaat zu den zahlen- und flächenmäßig geeignetsten im Sinne des Art. 4 I 4 Vogelschutz-Richtlinie gehört.[299] Als faktisches Vogelschutzgebiete können daher nur solche Flächen behandelt werden, bei denen der Ausweisungsspielraum des Staates geradezu auf null reduziert ist.[300] Je mehr der im Anhang I aufgeführten oder in Art. 4 II Vogelschutz-Richtlinie genannten Vogelarten in einem Gebiet in einer erheblichen Anzahl von Exemplaren vorkommen, desto höher ist der Wert als Lebensraum einzuschätzen. Je bedrohter, seltener oder empfindlicher die Arten sind, desto größere Bedeutung ist dem Gebiet beizumessen, das die für ihr Leben und ihre Fortpflanzung ausschlaggebenden physischen und biologischen Elemente aufweist. Nur Lebensräume und Habitate, die unter Berücksichtigung dieser Maßstäbe für sich betrachtet in signifikanter Weise zur Arterhaltung in dem betreffenden Mitgliedstaat beitragen, gehören zum Kreis der im Sinne des Art. 4 Vogelschutz-Richtlinie geeignetsten Gebiete.[301]

2866   Auch wenn die Eigenschaft eines faktischen Vogelschutzgebietes während des Planfeststellungsverfahrens von keiner Seite vorgetragen worden ist, soll es sich um ein solches Gebiet handeln können. Auf die Erkennbarkeit des Gebietes für die Planfeststellungsbehörde komme es nicht an.[302] Das ist allerdings zweifelhaft. Denn ein Gebiet, das sich der Planfeststellungsbehörde nicht als ein besonders geeignetes Gebiet aufdrängt, kann nicht ein faktisches Vogelschutzgebiet sein. Fraglich ist auch, ob der fachliche Bewertungsspielraum der Planfeststellungsbehörde dadurch eingeschränkt werden kann, dass die Landesregierung im Nachhinein ein bestimmtes Gebiet meldet und die Gebietsabgrenzung damit auch für bereits zuvor erlassene Planfeststellungsbeschlüsse verbindlich ist.[303]

2867   Der **Schutzstandard**, der in einem nicht erklärten „faktischen" Vogelschutzgebiet zu wahren ist, beurteilt sich nach Art. 4 IV 1 Vogelschutz-Richtlinie. Danach sind nur überragende Gemeinwohlbelange, wie etwa der Schutz des Lebens und der Gesundheit von Menschen oder der Schutz der öffentlichen Sicherheit sowie die Schutzinteressen des Gebietes selbst, geeignet, bei erheblichen Beeinträchtigungen das Beeinträchtigungs- und das Störungsverbot des Art. 4 IV 1 Vogelschutz-Richtlinie zu überwinden.[304] Um einen Eingriff durch einen Plan oder ein Projekt in ein solches Gebiet zu rechtfertigen, soll keine gesamtgebietsbezogene Relativierung erfolgen dürfen.[305] Der **geringere Schutzstatus** eines **FFH-Gebietes** wird für ein faktisches Vogelschutzgebiet erst erreicht, wenn der Mitgliedstaat das Gebiet zum besonderen Schutzgebiet erklärt hat oder er es als sol-

---

[299] *BVerwG*, Urt. v. 31. 1. 2002 – 4 A 15.01 und 21.01 – DVBl. 2002, 990 = NVwZ 2002, 1103 – A 20; *OVG Koblenz*, Urt. v. 9. 1. 2003 – 1 C 10393/01 – NuR 2003, 438 – B 50 n 1. Abschnitt, nachgehend *BVerwG*, B. v. 12. 6. 2003 – 4 B 37.03 – NVwZ 2004, 98 –.
[300] *OVG Schleswig*, Urt. v. 15. 2. 2001 – 4 L 92/99 – ZUR 2001, 282 = NordÖR 2001, 486, mit Hinweis auf die Möglichkeiten einer eigenständigen gerichtlichen Kontrolle.
[301] *BVerwG*, Urt. v. 31. 1. 2002 – 4 A 15.01 und 21.01 – DVBl. 2002, 990 = NVwZ 2002, 1103 – A 20.
[302] *OVG Koblenz*, Urt. v. 9. 1. 2003 – 1 C 10187/01 – DVBl. 2003, 200 = NuR 2003, 441 – B 50 n 2. Abschnitt Hochmoselbrücke; nachfolgend *BVerwG*, Urt. v. 1. 4. 2004 – 4 C 2.03 – DVBl. 2004, 1115 = NVwZ 2004, 1114.
[303] So *OVG Koblenz*, Urt. v. 9. 1. 2003 – 1 C 10187/01 – NuR 2003, 441 – = DVBl. 2003, 200 B 50 n 2. Abschnitt Hochmoselbrücke; nachfolgend *BVerwG*, Urt. v. 1. 4. 2004 – 4 C 2.03 – DVBl. 2004, 1115 = EurUP 2004, 161.
[304] *EuGH*, Urt. v. 28. 2. 1991 – C 57/89 – EuGHE I S. 883 Rn. 22; *OVG Koblenz*, Urt. v. 9. 1. 2003 – 1 C 10187/01 – NuR 2003, 441 = DVBl. 2003, 200 – B 50 n 2. Abschnitt Hochmoselbrücke: schon die Beeinträchtigung von maximal zwei Brutrevieren des Mittelspechts sowie jeweils maximal einem Brutrevier des Grau- und Schwarzspechts sollen für eine erhebliche Beeinträchtigung eines Vogelschutzgebiets ausreichend sein; nachfolgend *BVerwG*, Urt. v. 1. 4. 2004 – 4 C 2.03 – DVBl. 2004, 1115 = EurUP 2004, 161.
[305] So *OVG Koblenz*, Urt. v. 9. 1. 2003 – 1 C 10187/01 – NuR 2003, 441 = DVBl. 2003, 200 – B 50 n 2. Abschnitt Hochmoselbrücke; nachfolgend *BVerwG*, Urt. v. 1. 4. 2004 – 4 C 2.03 – DVBl. 2004, 1115 = NVwZ 2004, 1114 – Hochmoselbrücke.

ches anerkannt hat. Offen ist, ob dazu eine einstweilige Sicherstellungsverordnung ausreicht oder eine endgültige Sicherstellung erforderlich ist.[306] Außerdem wird die vorherige Bekanntmachung im Bundesanzeiger für den Wechsel vom Vogelschutz- in das FFH-Regime für erforderlich gehalten.[307]

Nach der Rechtsprechung des EuGH[308] ist die IBA-Liste von 1989 insofern rechtlich bedeutsam, als mit ihr eine Bezugsgrundlage geschaffen worden ist, mit deren Hilfe sich beurteilen lässt, ob ein Mitgliedstaat seiner Verpflichtung nachgekommen ist, Vogelschutzgebiete auszuweisen, die nach ihrer Zahl und Gesamtfläche den Anforderungen des Art. 4 I 4 Vogelschutz-Richtlinie genügen. Der EuGH verwendet die IBA-Daten nicht als eigenständige Rechtsquelle; er wertet sie aber als ein wissenschaftliches Erkenntnismittel, dem ein hoher Beweiswert zukommt. Entsprechendes dürfte für die IBA-Liste 2000 gelten.[309] § 34 II BNatSchG ist auf ein Projekt außerhalb eines Vogelschutzgebiets nur anwendbar, wenn das Projekt auf den geschützten Raum selbst einwirkt. Gefährdungen, denen die geschützten Vögel ausschließlich an dem Projekt ausgesetzt sind, sind nicht am Schutzregime des § 34 II BNatSchG zu messen.[310]

Der geringere Schutzstatus eines FFH-Gebietes wird für ein faktisches Vogelschutzgebiet erst erreicht, wenn der Mitgliedstaat das Gebiet zum besonderen Schutzgebiet erklärt hat oder er es als solches anerkannt hat. Offen ist, ob dazu eine einstweilige Sicherstellungsverordnung ausreicht oder eine endgültige Sicherstellung erforderlich ist.[311] Außerdem wird die vorherige Bekanntmachung im Bundesanzeiger für den Wechsel vom Vogelschutz- in das FFH-Regime für erforderlich gehalten.[312]

Projekte oder Pläne können unter den Voraussetzungen des Art. 6 FFH-Richtlinie (§ 34 BNatSchG) zugelassen werden. Die Vorschrift bezieht sich auf **potentielle FFH-Gebiete** und **ausgewiesene Vogelschutzgebiete**, die unter den Voraussetzungen des Art. 7 FFH-Richtlinie in das Habitatschutzsystem übergegangen sind. Projekte und Pläne, die zu erheblichen Eingriffen führen können, unterliegen einer Verträglichkeitsprüfung. Ist das Projekt im Hinblick auf die Erhaltungsziele des Gebietes oder den Schutzzweck seiner maßgeblichen Bestandteile unverträglich, so ist es grundsätzlich unzulässig. Es kann aber aus zwingenden Gründen des überwiegenden öffentlichen Interesses einschließlich solcher sozialer oder wirtschaftlicher Art zugelassen werden, wenn eine zumutbare Alternative mit geringeren Beeinträchtigungen nicht gegeben ist. Soll das Projekt aus wirtschaftlichen Gründen zugelassen werden, so ist bei dem Vorhandensein prioritärer (besonders schützenswerter) Biotope oder Arten zunächst die Brüsseler Kommission zu beteiligen. Zudem sind dann entsprechende Kompensationsmaßnahmen durchzuführen (Art. 6 IV FFH-Richtlinie, § 34 V BNatSchG). Im Rahmen des Projekts vorgesehene

---

[306] *OVG Koblenz*, Urt. v. 9. 1. 2003 – 1 C 10187/01 – NuR 2003, 441 = DVBl. 2003, 200 – B 50 n 2. Abschnitt Hochmoselbrücke; nachfolgend *BVerwG*, Urt. v. 1. 4. 2004 – 4 C 2.03 – DVBl. 2004, 1115 = EurUP 2004, 161; vgl. auch *EuGH*, Urt. v. 6.3.02 003 – C 240/00 – Finnland.

[307] *OVG Koblenz*, Urt. v. 9. 1. 2003 – 1 C 10187/01 – NuR 2003, 441 = DVBl. 2003, 200 – B 50 n 2. Abschnitt Hochmoselbrücke; nachfolgend *BVerwG*, Urt. v. 1. 4. 2004 – 4 C 2.03 – DVBl. 2004, 1115 = NVwZ 2004, 1114. Das kann allerdings nur dann gelten, wenn das Landesrecht einen endgültigen Schutzstatus erst von der Bekanntmachung im Bundesanzeiger abhängig macht.

[308] *EuGH*, Urt. v. 19. 5. 1998 – C 3/96 – EuGHE I, 3031, Rn. 68.

[309] *BVerwG*, Urt. v. 21. 11. 2001 – 4 VR 13–4 A 30.00 – NuR 2002, 153 = ZUR 2002, 225 – B 173 Maintalauen mit Hinweis auf *EuGH*, Urt. v. 7. 12. 2000 – C 374/98 – NuR 2001, 210.

[310] *VGH Mannheim*, Urt. v. 29. 11. 2002 – 5 S 2312/02 – NVwZ-RR 2003, 184 = UPR 2003, 20 – Kollisionsgefahr mit einer Schrägseilbrücke.

[311] So *OVG Koblenz*, Urt. v. 9. 1. 2003 – 1 C 10187/01 – NuR 2003, 441 = DVBl. 2003, 200 – B 50 n 2. Abschnitt Hochmoselbrücke; nachfolgend *BVerwG*, Urt. v. 1. 4. 2004 – 4 C 2.03 – DVBl. 2004, 1115 = EurUP 2004, 161; vgl. auch *EuGH*, Urt. v. 6. 3. 2003 – C 240/00 – Finnland.

[312] So *OVG Koblenz*, Urt. v. 9. 1. 2003 – 1 C 10187/01 – NuR 2003, 441 = DVBl. 2003, 200 – B 50 n 2. Abschnitt Hochmoselbrücke; nachfolgend *BVerwG*, Urt. v. 1. 4. 2004 – 4 C 2.03 – DVBl. 2004, 1115 = EurUP 2004, 161. Das kann allerdings nur dann gelten, wenn das Landesrecht einen endgültigen Schutzstatus erst von der Bekanntmachung im Bundesanzeiger abhängig macht.

Maßnahmen, die sicherstellen, dass Beeinträchtigungen der Erhaltungsziele eines Gebiets gar nicht erst entstehen können oder minimiert werden, sind bei der Verträglichkeitsprüfung zu berücksichtigen.[313]

3. Alternativenprüfung bei Habitaten und Vogelschutzgebieten von gemeinschaftlicher Bedeutung

2871 Im Geltungsbereich des europäischen Habitatschutzes ergeben sich erhöhte Abwägungserfordernisse hinsichtlich der Alternativenprüfung. Vor dem Hintergrund der erhöhten Anforderungen der FFH-Richtlinie etwa genügt nicht allein die abstrakte Feststellung, dass sowohl an der einen als auch an der anderen Stelle ein (potentielles) FFH-Gebiet beeinträchtigt wird. Vielmehr sind die verschiedenen Alternativen hinsichtlich ihrer Auswirkungen auf die Naturschutzbelange zu vergleichen. Ein solcher Vergleich ist nur dann nicht erforderlich, wenn sich aus anderen Gemeinwohlgründen ergibt, dass es unverhältnismäßig wäre, den Planungsträger auf die Alternativlösung zu verweisen.[314] Denn Art. 6 IV FFH-Richtlinie begründet ein strikt beachtliches Vermeidungsgebot, das zulasten des Integritätsinteresses des durch Art. 4 FFH-Richtlinie festgelegten kohärenten Systems nicht bereits durchbrochen werden darf, wenn dies nach den Abwägungsregeln des deutschen Planungsrechts vertretbar erscheint. Vielmehr muss die Konzeption größtmöglicher Schonung der durch die FFH-Richtlinie geschützten Rechtsgüter beachtet werden. Lässt sich demgemäß das Planungsziel an einem nach dem Schutzkonzept der FFH-Richtlinie günstigeren Standort oder mit geringerer Eingriffsintensität verwirklichen, muss der Vorhabenträger von dieser Möglichkeit Gebrauch machen.[315] Im Rahmen der Angemessenheitsprüfung sind allerdings auch naturschutzexterne Gesichtspunkte zu berücksichtigen.

2872 Eine Alternativlösung i. S. des Art. 6 IV FFH-Richtlinie ist nur dann gegeben, wenn sich das Planungsziel trotz ggf. hinnehmbarer Abstriche auch mit ihr erreichen lässt. Der Vorhabenträger braucht sich auf eine technisch mögliche Alternativlösung nicht verweisen zu lassen, wenn sich Art. 6 IV FFH-Richtlinie am Alternativstandort als ebenso wirksame Zulassungssperre erweist wie an dem von ihm gewählten Standort. Der Vorhabenträger darf aber auch von einer Alternativlösung Abstand nehmen, die technisch an sich machbar und rechtlich zulässig ist, ihm aber Opfer abverlangt, die außer Verhältnis zu dem mit ihr erreichbaren Gewinn für Natur und Umwelt stehen. Eine Alternativlösung darf auch aus naturschutzexternen Gründen im Rahmen der Angemessenheitsprüfung als unverhältnismäßiges Mittel verworfen werden.[316] Gesichtspunkte der Kostenhöhe einer Maßnahme haben bei der fachplanerischen Abwägung allerdings ein höheres Gewicht als im Rahmen des Art. 6 IV 3 FFH-Richtlinie.[317] Wieweit das Anliegen, das Verkehrslärmniveau im innerörtlichen Bereich zu senken, oder das Interesse, die Projektkosten in Grenzen zu halten, bei der Verhältnismäßigkeitsprüfung durchschlägt, hängt von dem Gewicht ab, das ihm im konkreten Fall zukommt.[318]

---

[313] *BVerwG*, Urt. v. 8. 10. 2002 – 9 VR 16.02–9 A 48.02 – technische Schutzmaßnahmen.

[314] *BVerwG*, Urt. v. 17. 5. 2002 – 4 A 28.01 – BVerwGE 116, 254 = DVBl. 2002, 1486 = NVwZ 2002, 1243 – A 44 Lichtenauer Hochland; *Stüer* DVBl. 2002, 940.

[315] *BVerwG*, Urt. v. 17. 5. 2002 – 4 A 28.01 – BVerwGE 116, 254 =DVBl. 2002, 1486 – A 44, mit Hinweis auf Urt. v. 27. 10. 2000 – 4 A 18.99 – BVerwGE 112, 140 = DVBl. 2001, 386; Urt. v. 27. 1. 2000 – 4 C 2.99 – BVerwGE 110, 302 = DVBl. 2000, 814 – Hildesheim.

[316] *BVerwG*, Urt. v. 17. 5. 2002 – 4 A 28.01 – BVerwGE 116, 254 = DVBl. 2002, 1486 = NVwZ 2002, 1243 – A 44.

[317] *BVerwG*, Urt. v. 31. 1. 2002 – 4 A 15.01 und 21.01 = NVwZ 2002, 1103 – DVBl. 2002, 990 – A 20, in Ergänzung zu Urt. v. 27. 1. 2000 – 4 C 2.99 – BVerwGE 110, 302 = DVBl. 2000, 814 – Hildesheim.

[318] *BVerwG*, Urt. v. 17. 5. 2002 – 4 A 28.01 – BVerwGE 116, 254 = DVBl. 2002, 1486 = NVwZ 2002, 1243 – A 44 – Lichtenauer Hochland.

1. Teil. Umwelt- und naturschutzbezogene EG-Richtlinien   **2873, 2874**   D

Die Planfeststellungsbehörde muss nicht für jeden einzelnen Planungsabschnitt die **2873**
Umweltverträglichkeitsprüfung für das Gesamtvorhaben stets erneut durchprüfen. Sie
kann vielmehr, solange keine berechtigten Zweifel an der Richtigkeit der Gesamtumweltverträglichkeitsprüfung bestehen, deren Ergebnis für die konkrete Vorhabenplanung
übernehmen.[319]

VI. Luftqualitätsrichtlinie

Die Richtlinie über **Grenzwerte** für Schwefeldioxid, Stickstoffdioxid und Stickstoff- **2874**
oxide, Partikel und Blei in der Luft (Schwefeldioxid-RL 1999)[320] legt neue Grenzwerte[321]
und Alarmschwellen[322] für die Konzentration von den in der Richtlinie genannten
Schadstoffen in der Luft im Hinblick auf die Vermeidung, Verhütung oder Verringerung
schädlicher Auswirkungen auf die menschliche Gesundheit und die Umwelt insgesamt
fest. Sie enthält Vorgaben für die Beurteilung der Konzentrationen der Schadstoffe anhand einheitlicher Methoden und Kriterien und eine Zusammenstellung von sachlichen
Informationen über die Konzentration der Schadstoffe in der Luft und will sicherstellen,
dass diese Informationen der Öffentlichkeit zugänglich gemacht werden. Sie will die
Luftqualität dort erhalten, wo sie gut ist, und die Luftqualität dort verbessern, wo dies
hinsichtlich der Belastung mit Schwefeldioxid, Stickstoffdioxid und Stickstoffoxiden,
Partikeln und Blei nicht der Fall ist (Art. 1 Schwefeldioxid-RL 1999). Dabei sind bestimmte Toleranzmargen einzuhalten.[323] In den Anlagen der bis zum 19. 7. 2001 umzusetzenden Richtlinie sind Grenzwerte und Alarmschwellen für Schwefeldioxid (Anhang I),
Grenzwerte für Stickstoffdioxid und Stickstoffoxide (NO_x) und Alarmschwellen für
Stickstoffdioxid (Anhang II), Grenzwerte für Partikel (PM_{10}) (Anhang III), Grenzwerte
für Blei (Anhang IV), Verfahren zur Ermittlung der Anforderungen für die Beurteilung
der Konzentration von Schwefeldioxid, Stickstoffoxid (NO_2) und Stickstoffoxiden
(NO_x), Partikeln (PMK_{10}) und Blei in der Luft innerhalb eines Gebietes oder Ballungsraums (Anhang V), die Lage der Probeannahmestellen für Messungen der Schadstoffe
(Anhang VI) und die Kriterien für die Festlegung der Mindestzahl der Probenahmestellen für ortsfeste Messungen der Schadstoffe (Anhang VII), die Datenqualitätsziele und
die Zusammenstellung der Ergebnisse der Luftqualitätsbeurteilung (Anhang VIII) sowie
Referenzmethoden für die Beurteilung der Konzentration der Schadstoffe (Anlage IX).
Die Mitgliedstaaten können dabei Gebiete oder Ballungsräume benennen, in denen die
Grenzwerte aufgrund der Schadstoffkonzentration überschritten werden. Die Mitgliedstaaten übermitteln dazu der Kommission eine Liste dieser Gebiete und Ballungsräume
zusammen mit Informationen über die jeweiligen Konzentrationen und Quellen der
Schadstoffe. Bei der Unterrichtung der Kommission nach der Luftreinhalterahmenrichtlinie[324] erbringen die Mitgliedstaaten die erforderlichen Nachweise dafür, dass die Überschreitungen aus natürlichen Quellen stammen. Die Richtlinie über Luftqualitätsnormen

---

[319] *BVerwG*, B. v. 2. 10. 2002 – 9 VR 11.02 – Varantenvergleich.
[320] Richtlinie 1999/30/EG des Rates v. 22. 4. 1999 (ABl. EG L 163/41).
[321] Darunter werden Werte verstanden, die aufgrund wissenschaftlicher Erkenntnisse mit dem
Ziel festgelegt werden, schädliche Auswirkungen auf die menschliche Gesundheit und/oder die
Umwelt insgesamt zu vermeiden, zu verhüten oder zu verringern, und die innerhalb eines bestimmten Zeitraums erreicht werden müssen und danach nicht überschritten werden dürfen (Art. 2 Nr. 5
Schwefeldioxid-Richtlinie 1999).
[322] Darunter werden Werte verstanden, bei deren Überschreitung bei kurzfristiger Exposition
eine Gefahr für die menschliche Gesundheit besteht und bei denen die Mitgliedstaaten umgehend
Maßnahmen ergreifen (Art. 2 Nr. 6 Schwefeldioxid-Richtlinie 1999).
[323] Es handelt sich dabei um den Prozentsatz eines Grenzwertes, um den dieser unter den in der
Luftreinhalterahmenrichtlinie genannten Bedingungen überschritten werden darf, Richtlinie 96/
62/EG des Rates vom 27. 9. 1996 über die Beurteilung und die Kontrolle der Luftqualität Abl. EG L
296 v. 21. 11. 1996, S. 55 (Luftqualitätsrichtlinie).
[324] Luftreinhalterahmenrichtlinie (96/62/EG) (s. o. Fnte. 5619).

für Stickoxid[325] schützt die Menschen durch Grenzwerte und eine nicht unterschreitbare Zumutbarkeitsgrenze. Die Vorgängerrichtlinien über Grenzwerte und Leitwerte für Schwefeldioxid und Schwefelstaub,[326] die Richtlinie betreffend einen Grenzwert für den Bleigehalt in der Luft[327] und die Richtlinie über Luftqualitätsnormen für Stickstoffdioxid[328] wurden durch die Schwefeldioxid-RL 1999 mit deren In-Kraft-Treten aufgehoben. Nach Entscheidungen des *EuGH*[329] hat die Bundesrepublik Deutschland gegen ihre Verpflichtungen aus dem EGV verstoßen, weil sie nicht alle erforderlichen Rechts- und Verwaltungsvorschriften erlassen hat, die z. Zt. geltende Benzinbleigrenzwerte-Richtlinie und die Schwefeldioxidgrenzwerte-Richtlinie in innerstaatliches Recht umzusetzen. Eine entsprechende Umsetzung ist sodann in der 22. BImSchV[330] erfolgt. Die in der damals geltenden Richtlinie genannten Grenz- und Leitwerte wurden als Immissionsgrenzwerte festgesetzt, die zum Schutz vor schädlichen Umwelteinwirkungen nicht überschritten werden dürfen. Außerdem finden sich in der 22. BImSchV Regelungen über Bezugszeiträume, Messstationen und -verfahren. Werden die Werte um mehr als drei Tage übertroffen, so sollen von den zuständigen Behörden geeignete Anordnungen getroffen oder sonstige Maßnahmen ergriffen werden. Die neuen Grenzwerte und Alarmschwellen in der Schwefeldioxid-RL 1999 machen eine erneute Umsetzung in innerstaatliches Recht erforderlich.

2875 Die Luftqualitäts-Rahmenrichtlinie 1996[331] und die Tochterrichtlinie 1999 stellen neue Anforderungen auch an die Straßenplanung. Nach den Anlagen zur Tochterrichtlinie 1999 sind in Zukunft sehr niedrige Grenzwerte für die Luftschadstoffbelastung einzuhalten. Diese ehrgeizigen Ziele könnten sich als erhebliche Stolpersteine für die Planung von Straßen nicht nur in der Fachplanung, sondern auch in der Bauleitplanung erweisen. Denn an vielen Stellen in der unmittelbaren Nachbarschaft der Verkehrswege sind diese Grenzwerte schon heute weit überschritten. Es stellt sich daher die Frage, welche Anforderungen zukünftig zu beachten sind und ob das neue Richtlinienrecht und die seiner Umsetzung dienenden Novellen 2002 des BImSchG und der 22. BImSchV auch Auswirkungen für den Bestand in der Vergangenheit liegender Planungen und Zulassungsentscheidungen hat.

2876 Während bisher bei der Planung von Straßen vor allem die Lärmbelastung und Maßnahmen des aktiven und passiven Schallschutzes im Vordergrund standen, treten durch das europäische Richtlinienrecht nun auch die Luftschadstoffe in den Mittelpunkt. Denn durch die Rahmenrichtlinie 1996 und die Tochterrichtlinie 1999 gibt Brüssel neue Vorgaben zur Luftreinhaltung mit dem Ziel, einen wirksamen Beitrag zu einer Verbesserung der Luftqualität zu leisten. Das Europäische Richtlinienrecht ist inzwischen durch die Novelle 2002 zum BImSchG und die Novelle der 22. BImSchV in nationales Recht umgesetzt worden. Für die Straßenplaner stellt sich vor allem die Frage, ob die ehrgeizigen Grenzwerte unmittelbar in der Nachbarschaft der Straßen einzuhalten sind oder erst dann wirken, wenn sie flächenhaft in größeren Gebieten überschritten werden, Dann wären die Neuplanung von Straßen außerhalb stark belasteter Gebiete noch einmal davon gekommen. Auch ist zu beurteilen, ob das neue Richtlinienrecht auf bereits abgeschlossene Planungs- und Zulassungsverfahren einwirkt.[332]

---

[325] Vom 7. 3. 1985 (85/207/EWG).
[326] Vom 15. 7. 1980 (80/779/EWG).
[327] Vom 3. 12. 1982 (82/884/EWG).
[328] Vom 7. 3. 1985 (85/203/EWG).
[329] *EuGH*, Urt. v. 30. 5. 1991 – C 361/88 – DVBl. 1991, 869 = NVwZ 1991, 866 – Schwefeldioxid.
[330] Vom 26. 10. 1993 (BGBl. I 1819).
[331] Richtlinie 96/62/EG des Rates vom 27. 9. 1996 über die Beurteilung und die Kontrolle der Luftqualität Abl. EG L 296 v. 21. 11. 1996, S. 55 (Luftqualitätsrichtlinie).
[332] *BVerwG*, Urt. v. 18. 11. 2004 – 4 CN 4.03 – DVBl. 2005, 386 = NVwZ 2004, 1237 – Diez; *OVG Koblenz*, Urt. v. 2. 5. 2002 – 1 C 11563/00.OVG – BImSchG-Rspr. § 40 Nr. 12 = UPR 2002, 360; *Stüer*, EurUP 2004, 46.

1. Teil. Umwelt- und naturschutzbezogene EG-Richtlinien

1. Rechtsgrundlagen

Für die Luftqualität sind die EG-Rahmenrichtlinie zur Luftqualität 1996 und der 2877
EG-Tochterrichtlinie 1999 sowie die Novelle des BImSchG 2002 und die novellierte 22.
BImSchV bedeutsam. Beide Regelungsbereiche auf europäischer wie auch auf nationaler
Ebene enthalten Anforderungen an die Luftqualität.

a) Rahmenrichtlinie 96/62/EG vom 27. 9. 1996 und Tochterrichtlinie 1999/30/EG 2878
vom 22. 4. 1999. Gegenstand der Richtlinie 1999/30/EG vom 22. 4. 1999[333] über Grenzwerte für Schwefeldioxid, Stickstoffdioxid und Stickstoffoxide, Partikel und Blei in der Luft ist die Luftqualität (Tochterrichtlinie 1999). Sie geht auf die als Rahmenrichtlinie[334] wirkende Richtlinie 96/62/EG vom 27. 9. 1996 (Rahmenrichtlinie 1996) zurück, die auf europäischer Ebene Aussagen zur Beurteilung und Kontrolle der Luftqualität enthält. Die Rahmenrichtlinie 1996 will Grundsätze für eine gemeinsame Strategie für die Erhaltung bzw. Verbesserung der Luftqualität festlegen (Art. 1 Rahmenrichtlinie). Dazu sollen Luftqualitätsziele definiert und festgelegt werden, die Luftqualität in den Mitgliedstaaten anhand einheitlicher Methoden und Kriterien beurteilt, die Öffentlichkeit mit sachdienlichen Informationen unterrichtet und die Luftqualität, soweit sie gut ist, erhalten und ggf. verbessert werden. Die Luftqualität soll jeweils bezogen auf Gebiete und Ballungsräume beurteilt werden. „Gebiet" ist ein von den Mitgliedstaaten abgegrenzter Teil ihres Hoheitsgebietes. „Ballungsraum" ist ein Gebiet mit mehr als 250.000 Einwohnern oder – falls 250.000 oder weniger Einwohner in dem Gebiet wohnen, einer Bevölkerungsdichte pro km², die nach Auffassung der Mitgliedstaaten die Beurteilung und die Kontrolle der Luftqualität rechtfertigen.

Die Grenzwerte und Alarmschwellen werden durch die Kommission in sog. Tochter- 2879
richtlinien festgelegt. Der „Grenzwert" wird aufgrund wissenschaftlicher Erkenntnisse mit dem Ziel festgelegt, schädliche Auswirkungen auf die menschliche Gesundheit und/oder die Umwelt insgesamt in größerem Maße langfristig zu vermeiden, und der soweit wie möglich in einem bestimmten Zeitraum erreicht werden muss. Bei Überschreitung der „Alarmschwelle" besteht bereits bei kurzfristiger Exposition eine Gefahr für die menschliche Gesundheit. Die Mitgliedstaaten haben umgehend Maßnahmen nach der Richtlinie zu ergreifen. Wird die Alarmschwelle überschritten, besteht wegen der bestehenden Gesundheitsgefahren ein unmittelbarer aktueller Handlungsbedarf. Die Grenzwerte sollen demgegenüber von den Mitgliedstaaten in einem bestimmten Zeitraum und damit mittelfristig erreicht werden. Werden die Grenzwerte überschritten, erstellen die Mitgliedstaaten entsprechende Listen der betroffenen Gebiete und Ballungsräume (Art. 8 I Rahmenrichtlinie 1996). Hierfür ergreifen die Mitgliedstaaten Maßnahmen, um zu gewährleisten, dass ein Plan oder Programm ausgearbeitet oder durchgeführt wird, aufgrund dessen der Grenzwert binnen der festgelegten Frist erreicht werden kann. Bei Aufstellung des Planes oder Programms ist die Öffentlichkeit zu beteiligen (Art. 8 III Rahmenrichtlinie 1996). Einen Hinweis auf die Einhaltung der Grenzwerte bei einzelnen Zulassungsverfahren enthält die Rahmenrichtlinie 1996 nicht. Vielmehr bezieht sich diese auf die Luftqualität in Gebieten und Ballungsräumen, die von den Mitgliedstaaten entsprechend großräumig abzugrenzen sind.

Die Grenzwerte und Alarmschwellen für Schwefeldioxid, Stickstoffdioxid und Stick- 2880
stoffoxiden, Partikeln und Blei in der Luft sind in der Tochterrichtlinie 1999 festgelegt.
Die Umsetzung durch die Mitgliedstaaten soll danach überregional und quellenunabhängig erfolgen. Hierdurch sollen schädliche Auswirkungen auf die menschliche Gesundheit und die Umwelt vermieden, verhütet oder verringert werden. Die Umsetzungs-

---

[333] ABl. EG 1999 L 163 S. 41.
[334] *BVerwG*, Urt. v. 18. 6. 2003 – 4 A 70.01 – S. 7; *Hansmann* NuR 1999, 10; *Jarass* NVwZ 2003, 257. Der Beitrag von *Jarass* geht auf einen im November 2002 vor der Gesellschaft für Umweltrecht in Leipzig gehaltenen Vortrag zurück; zur Diskussion *Stüer/Stengelhofen* DVBl. 2003, 32.

frist endete gemäß Art. 12 I der Richtlinie am 19. 7. 2001. Für verschiedene der im Anhang der Richtlinie aufgeführten Stoffe sind Grenzwerte festgesetzt worden, die von späteren Zeitpunkten an gelten sollen. So ist beispielsweise ab dem 1. 1. 2005 der Tagesgrenzwert für Partikel (PM_{10}) auf 50 µg/m³ festgesetzt worden (Anhang III der Tochterrichtlinie 1999) und ab dem 1. 1. 2010 – über ein Kalenderjahr ermittelt – der Immissionsgrenzwert für Stickstoffdioxyd (NO_2) in Höhe von 40 µg/m³ einzuhalten (Anhang II der Tochterrichtlinie 1999). Für Stickstoffdioxid wird eine Alarmschwelle von 400 µg/m³ – drei aufeinander folgende Stunden lang an Orten gemessen, die für die Luftqualität in einem Bereich von mindestens 100 km² – oder im gesamten Gebiet oder Ballungsraum – je nachdem welche Fläche kleiner ist, repräsentativ sind. Auch hieran wird deutlich, dass die Luftqualität nicht an jeder Stelle im Gebiet oder Ballungsraum, sondern bezogen auf das gesamte Gebiet oder den gesamten Ballungsraum gesichert werden soll. Die Alarmschwelle ist danach erst dann überschritten, wenn an allen repräsentativen Stellen im gesamten Gebiet oder Ballungsraum die Alarmschwellenwerte überschritten sind. Die Richtlinie dient daher dem Schutz des gesamten Gebietes oder Ballungsraums, der vor einer flächendeckenden Überschreitung der Grenz- und Alarmschwellenwerte geschützt werden soll. Sie zielt nicht darauf ab, die Einhaltung der vorgenannten Werte an jedem Ort oder sozusagen an jeder Stelle innerhalb des Gebietes oder Ballungsraums sicherzustellen.[335]

2881 **b) Novelle des BImSchG und der 22. BImSchV.** Unter anderem auch der Umsetzung der Rahmenrichtlinie 1996 und der Tochterrichtlinie 1999 dient die BImSchG-Novelle 2002 und die auf der Grundlage des § 48a BImSchG neu gefasste 22. BImSchV, wobei die Werte der Tochterrichtlinie 1999 im Wesentlichen übernommen wurden. § 47 BImSchG sieht Luftreinhalte- und Aktionspläne zur Durchsetzung der Immissionsrichtwerte vor. Besteht die Gefahr, dass die in der Rechtsverordnung festgelegten Immissionsgrenzwerte oder Alarmschwellen überschritten werden, hat die zuständige Behörde einen Aktionsplan aufzustellen, der festlegt, welche Maßnahmen kurzfristig zu ergreifen sind. Die im Aktionsplan festgelegten Maßnahmen müssen geeignet sein, die Gefahr der Überschreitung der Werte zu verringern oder den Zeitraum, während die Werte überschritten werden, zu verkürzen. Aktionspläne können Teil eines Luftreinhalteplanes[336] sein (§ 47 II BImSchG).

2882 Die Maßnahmen sind entsprechend dem Verursacheranteil unter Beachtung des Grundsatzes der Verhältnismäßigkeit gegen alle Emittenten zu richten, die zur Überschreitung beitragen. Maßnahmen, die in den Plänen gegenüber dem Straßenverkehr erforderlich werden, sind im Einvernehmen mit den zuständigen Straßenbau- und Straßenverkehrsbehörden festzulegen (§ 47 IV BImSchG). Unter den Voraussetzungen des § 40 BImSchG können die zuständigen Straßenverkehrsbehörden nach Maßgabe der straßenverkehrsrechtlichen Vorschriften Verkehrsbeschränkungen erlassen, soweit ein Luftreinhalte- oder Aktionsplan dies vorsehen. Dabei kann der Kraftfahrzeugverkehr auf bestimmten Straßen oder bestimmten Gebieten auch verboten oder beschränkt werden, wenn die Immissionsgrenzwerte der Verordnung überschritten sind und die für den Immissionsschutz zuständige Behörde dies im Hinblick auf die örtlichen Verhältnisse für geboten hält.

2883 Die Novelle des BImSchG und der 22. BImSchV setzen damit das Konzept der Rahmenrichtlinie 1996 und der Tochterrichtlinie 1999 um, indem die nationalen Regelungen die Grenzwerte und Alarmschwellen der Tochterrichtlinie 1999 in die 22. BImSchV übernehmen und die Luftreinhaltepläne und Aktionspläne Grundlage für konkrete Einzelmaßnahmen sind. Dabei geht auch das deutsche Immissionsschutzrecht von einem das gesamte Gebiet oder den Ballungsraum ergreifenden Konzept aus, das über die Luftreinhaltepläne und Aktionspläne am Verursacherprinzip und Verhältnismäßigkeitsgrundsatz ausgerichtet ist (§ 47 IV BImSchG).

---

[335] Die Tochterrichtlinie 1999 war bis zum 19. 7. 2001 umzusetzen.
[336] S. Rdn. 1098, 2718, 2779, 2898.

2. Luftqualitätsrichtlinie hat keinen unmittelbaren Projekt- und Anlagenbezug

Das europäische Richtlinienrecht zur Luftqualität wirkt nicht unmittelbar auf die Zulassung einzelner Projekte, sondern enthält (lediglich) Anforderungen für die in Zukunft einzuhaltenden Grenzwerte in dem jeweiligen gesamten Referenzgebiet. Aufgabe der zuständigen Stellen der Mitgliedstaaten ist es nach der Richtlinie, großräumig abzugrenzende Gebiete und Ballungsräume festzulegen, Pläne und Programme für diese Gebiete aufzustellen und auf dieser Grundlage konkrete Einzelmaßnahmen zu ergreifen. Eine unmittelbare, verbindliche Wirkung im Sinne der Einhaltung bestimmter Immissionsgrenzwerte für ein bestimmtes einzelnes Vorhaben sieht das Richtlinienrecht zur Luftqualität nicht vor.

Dass das europarechtliche Richtlinienrecht zur Luftqualität keine weitergehenden Vorgaben zur Umsetzung der Richtlinienziele enthalten konnte, ergibt sich bereits aus Art. 249 EGV, wonach die Mitgliedstaaten bei der Umsetzung der europarechtlichen Ziele hinsichtlich der Wahl der Form und der Mittel nicht gebunden sind. Mit diesen europarechtlichen Vorgaben wäre es nicht vereinbar, wenn das europäische Richtlinienrecht zur Luftreinhaltung dahingehend ausgelegt würde, dass es unmittelbar bindende Vorgaben hinsichtlich der Umsetzung in nationales Recht enthielte.

3. Rahmenrichtlinie 1996

Durch die Rahmenrichtlinie 1996 wurden Grundsätze für eine gemeinsame Luftreinhaltestrategie aufgestellt. Gemäß Art. 1 der Richtlinie sind die Ziele dieser Strategie
– die Definition und Festlegung von Luftqualitätszielen,
– die Beurteilung der Luftqualität anhand einheitlicher Methoden und Kriterien,
– die Verschaffung von Informationen über die Luftqualität sowie
– die Erhaltung und gegebenenfalls Verbesserung der Luftqualität.

Nach den in Art. 2 der Rahmenrichtlinie 1996 vorgenommenen Begriffsbestimmungen werden in Art. 4 die Regelungen über die Grundsätze für die Festlegung von Grenzwerten, Zielwerten und Alarmschwellen für die Luft getroffen, wobei die Festlegung der Werte selbst nach Wirkungsgesichtspunkten entsprechend dem Stand der Erkenntnisse erfolgen soll. Die Art. 7 bis 10 der Rahmenrichtlinie 1996 haben Maßnahmen zur Erreichung der Ziele zum Gegenstand. Dies setzt verbindliche in einer Tochterrichtlinie festzusetzende Grenzwerte voraus. Auf der Grundlage der Grenzwerte
– müssen die Maßnahmen einem integrierten Ansatz entsprechen,
– dürfen die Maßnahmen nicht gegen andere gemeinschaftsrechtliche Vorschriften verstoßen und
– dürfen Auswirkungen auf die Umwelt nicht in andere Mitgliedstaaten verlagern.[337]

Die verfahrensbezogenen Ansätze der Rahmenrichtlinie sind daher in Tochterrichtlinien umzusetzen. Beide bilden eine Einheit,[338] weshalb die Rahmenrichtlinie auch bei der Anwendung der Tochterrichtlinien mitzulesen ist.[339] Als Kern der Rahmenrichtlinie 1996 sind die Luftreinhalte- und Aktionspläne anzusehen (Art. 8 III der Rahmenrichtlinie). Während die Luftreinhaltepläne langfristig angelegt sind, beinhalten die Aktionspläne im Interesse des Gesundheitsschutzes anlassbezogene Maßnahmepläne, die bei einer Überschreitung der in den Tochterrichtlinien festzuschreibenden Immissionsgrenzwerte angewendet werden sollen. Konkrete Maßnahmen werden nach dem Konzept der Rahmenrichtlinie durch Pläne und Programme vermittelt. Dies ist folgerichtig, weil sich die Anforderungen an die Luftqualität gerade nicht auf jeden Emissions- oder Einwirkungsort, sondern auf das durch die Mitgliedstaaten festzulegende jeweilige gesamte Referenzgebiet beziehen.

---

[337] *Hansmann* NuR 1999, 10, 11.
[338] *VGH Mannheim*, Urt. v. 18. 7. 2003 – 5 S 723/02 –.
[339] *Hansmann* NuR 1999, 10, 11; *Jarass* NVwZ 2003, 257.

4. Tochterrichtlinie 1999

2889   Art. 1 der Tochterrichtlinie 1999 hat die überregionale und quellenunabhängige Vermeidung, Verhütung oder Verringerung schädlicher Auswirkungen auf die menschliche Gesundheit und die Umwelt zum Gegenstand, indem Grenzwerte und bei aktuellen Gesundheitsgefahren Alarmschwellen für die Konzentrationen von Schwefeldioxid, Stickstoffdioxid und Stickstoffoxiden, Partikeln und Blei in der Luft festgelegt worden sind. Nach Art. 3 bis 6 der Tochterrichtlinie sind die Mitgliedstaaten zur Einhaltung der in den jeweiligen Anhängen festgesetzten Immissionsgrenzwerte verpflichtet. Zudem bestehen allgemeine und besondere Berichtspflichten.[340] Das Verbot der Überschreitung dieser Immissionsgrenzwerte ist mit einer entsprechenden Handlungspflicht verknüpft, wonach die zuständigen Stellen die erforderlichen Maßnahmen treffen.

2890   Wie in der Luftqualitätsrahmenrichtlinie sind die Begriffsbestimmungen auch in Art. 2 der Tochterrichtlinie enthalten. In Art. 7 folgen dann die Bestimmungen über das Beurteilungsverfahren der Konzentrationen. Einzelheiten werden im Anhang geregelt. Art. 8 schreibt die Unterrichtung der Öffentlichkeit vor, Art. 9 hebt gegenstandslos gewordene Richtlinien (teilweise) auf. Übergangsregelungen sind in Art. 10 IV, V und VII enthalten. Art. 11 (Sanktionen) beinhaltet die Verpflichtung der Mitgliedstaaten, bei Verstößen wirksame, verhältnismäßige und „abschreckende" Sanktionen vorzusehen. Die Art. 12 bis 14 enthalten Bestimmungen zu Sanktionen, Umsetzung, In-Kraft-Treten und Adressaten.

5. Verpflichtungen nur auf der Grundlage der festgelegten Gebiete und entsprechender Pläne

2891   Die Rahmenrichtlinie und die Tochterrichtlinie sehen übereinstimmend die Festlegung von Gebieten und Ballungsräumen durch die Mitgliedstaaten vor. Die zuständigen Behörden treffen dazu auf der Grundlage entsprechender Pläne und Programme (Art. 8 Rahmenrichtlinie 1996) die erforderlichen Maßnahmen. Die konkreten Maßnahmen sind daher von einer flächenhaften Überschreitung der Immissionsgrenzwerte in einem zuvor vom Mitgliedstaat festgelegten Referenzgebiet und von der Aufstellung entsprechender Pläne und Programme abhängig. Erst nachdem der Mitgliedstaat das Referenzgebiet festgelegt hat, kann beurteilt werden, ob die in den Anlagen zur Tochterrichtlinie aufgestellten Werte überschritten sind. Die zuständige Stelle hat dann einen Plan oder ein Programm mit dem Ziel der Einhaltung des Immissionsgrenzwertes aufzustellen (Art. 8 der Rahmenrichtlinie). Für Gebiete, bei denen die Alarmschwelle überschritten ist, stellen die Mitgliedstaaten im Interesse des Gesundheitsschutzes einen Aktionsplan auf. Die Pläne werden dabei auf der Grundlage einer Abwägung zwischen den einzelnen betroffenen Verursachungszusammenhängen und den im Gesamtrahmen zu treffenden Maßnahmen in einer großräumigen, flächenhaften Sichtweise bestimmt. Auch der Bestandsschutz der einzelnen Anlage kann hier eine Rolle spielen. Die Immissionsgrenzwerte des europäischen Luftqualitätsrechts sind daher nicht bei jeder einzelnen Anlage, sondern (nur) im gesamten Referenzraum einzuhalten. Werden sie dort nicht flächenhaft überschritten, ist das europäische Richtlinienrecht auch dann gewahrt, wenn die einzelne Anlage an bestimmten Stellen die Immissionsgrenzwerte überschreitet. Denn die europarechtlichen Vorgaben sind nicht anlagenbezogen, sondern gebietsbezogen in dem Sinne, dass im jeweiligen Referenzgebiet die Gesamtbelastung eine bestimmte Schwelle flächenhaft nicht überschreiten soll.

2892   In der Literatur wird die Auffassung vertreten, dass „die rechtlichen Aussagen zur Durchführung und Durchsetzung äußerst mager und zudem undurchsichtig sind. Bereits

---

[340] So heißt es beispielsweise jeweils in den Absätzen 1 der Art. 3 und 4 der Richtlinie nahezu übereinstimmend: „Die Mitgliedstaaten treffen die erforderlichen Maßnahmen, um sicherzustellen, dass die gemäß Art. 7 zu beurteilenden ... (Konzentrationen) ... in der Luft die Grenzwerte des Anhangs ... Abschnitt I ab den dort genannten Zeitpunkten nicht überschreiten." Auch die Absätze 1 der Art. 5 und 6 stimmen weitgehend überein.

das EG-Recht weist insoweit deutliche Schwächen auf."[341] Allerdings seien die im Anhang der Richtlinie genannten Immissionsgrenzwerte in dem Sinne unmittelbar verbindlich, dass sie ab den in den Anhängen der Richtlinie genannten Zeitpunkten nicht mehr überschritten werden dürfen.[342] Die Luftreinhalte- und Aktionspläne könnten die Luftqualität zwar verbessern. Dies reiche jedoch allein nicht aus.[343] Aus einer Entscheidung des *VGH München* zu einer straßenrechtlichen Planfeststellung wird zudem abgeleitet, dass die in der Richtlinie 85/203/EWG vom 7. 3. 1985 aufgeführten Grenzwerte einzuhaltende Zumutbarkeitsgrenzen enthalten.[344] Auch verpflichte Art. 11 der Tochterrichtlinie, bei Verstößen gegen das umgesetzte Recht Sanktionen vorzusehen.

Die Immissionsgrenzwerte sind nach dem europäischen Richtlinienrecht zur Luftreinhaltung auf eine flächenhafte Überschreitung in dem jeweiligen Referenzgebiet bezogen. Daher kann erst nach der Festlegung der Gebiete und Ballungsräume eine Aussage zur Einhaltung oder Überschreitung der Immissionsgrenzwerte getroffen werden. Vor der Festlegung der Gebiete und Ballungsräume sind die Behörden der Mitgliedstaaten daher auch nicht an bestimmte Immissionsgrenzwerte gebunden. Außerdem wird den zuständigen Stellen durch die Pläne und Programme ein Handlungs- und Ermessensspielraum eingeräumt, zwischen verschiedenen geeigneten Maßnahmen zu wählen und nach einem abgestimmten Konzept vorzugehen. Damit enthalten die Pläne und Programme zugleich autonome planerische Elemente, die wesentliche Bestandteile des europäischen Luftreinhaltekonzepts sind. Unmittelbare Wirkungen im Sinne bindender Vorgaben für einzelne Projekte und Zulassungsentscheidungen lassen sich den Immissionsgrenzwerten jedenfalls dann nicht entnehmen, wenn in dem ganzen Referenzgebiet die Grenzwerte nicht flächendeckend überschritten sind und es durch die jeweils hinzutretende Anlage zu einer Überschreitung im gesamten Gebiet nicht kommt.

Das *OVG Koblenz* und der *VGH Mannheim* haben sich im Sinne der vorstehenden Ausführungen geäußert.[345] Nach Auffassung des *OVG Koblenz* werden durch die Tochterrichtlinie 1999 – wobei es deren unmittelbare Wirkung offen lässt – über das Erfassen und Berichten hinausgehende Handlungspflichten für den Mitgliedstaat nicht begründet, wenn es (nur) an einzelnen Messstellen zu Überschreitungen der Grenzwerte kommt. Es sei nicht auf die einzelne Messstelle, sondern auf den Ballungsraum insgesamt abzustellen. Einzelne Straßenzüge sind danach kein Gebiet, dem die Richtlinie eine entsprechende Bedeutung beimisst. Diese Rechtsauffassung vertritt auch der *VGH Mannheim*.[346] Eine Handlungspflicht der zuständigen Stellen besteht danach erst nach einer

---

[341] *Jarass* NVwZ 2003, 257, 261.
[342] *Jarass* NVwZ 2003, 257, 260. Nicht ganz klar ist dabei, auf welchen Raum sich der Immissionsgrenzwert beziehen soll.
[343] *Jarass* NVwZ 2003, 257, 262.
[344] *VGH München*, Urt. v. 30. 6. 1993 – 8 A 90.40 067 – NVwZ 1994, 186, 187.
[345] *OVG Koblenz*, Urt. v. 2. 5. 2002 – 1 C 11563/00.OVG – BImSchG-Rspr. § 40 Nr. 12 = UPR 2002, 360.
[346] *VGH Mannheim*, Urt. v. 18. 7. 2003 – 5 S 723/02 –: „Ungeachtet der Frage, ob diese Richtlinie nach Ablauf der Umsetzungsfrist unmittelbare Wirkung hat, gibt sie jedenfalls keine Grenzwerte für Luftschadstoffe vor, die bei einem Einzelvorhaben wie einer Straße an jedem Einwirkungsort strikt einzuhalten wären. Die Richtlinie knüpft in ihrer vorangestellten siebten Erwägung in Bezug auf mögliche Maßnahmen an die Richtlinie 96/62/EG an, welche die ‚Erstellung von Aktionsplänen' für ‚Gebiete und Ballungsräume' vorschreibt, in denen die Schadstoffkonzentrationen in der Luft die Grenzwerte überschreiten. . . . Für die Überschreitung eines Grenzwerts bestimmt Art. 8 III der Richtlinie 96/62/EG, dass die Mitgliedstaaten ‚für Gebiete und Ballungsräume', die nach Art. 8 I in eine Liste aufzunehmen sind, Maßnahmen ergreifen, um zu gewährleisten, dass ein Plan oder Programm ausgearbeitet oder durchgeführt wird, aufgrund dessen der Grenzwert . . . binnen der festgelegten Frist erreicht werden kann. Auch Art. 7 der Richtlinie 99/30/EG ist zu entnehmen, dass die Beurteilung der Konzentrationen auf ‚Gebiete und Ballungsräume' zu erfolgen hat. Nach Art. 2 Nr. 8 der Richtlinie 1999/30/EG und Art. 2 Nr. 9 der Richtlinie 96/62/EG ist Gebiet ein von den Mitgliedstaaten abgegrenzter Teil ihres Hoheitsgebietes, Ballungsraum im Grundsatz ein Gebiet mit

flächendeckenden Überschreitung der Grenzwerte in einem Ballungsraum oder einem Gebiet. Dies setzt eine größere räumliche Einheit voraus.

2895 Diese Auffassung überzeugt. Bei der Auslegung und Anwendung der Tochterrichtlinie 1999 ist die Rahmenrichtlinie 1996 mitzulesen. Das gilt auch für die räumliche Zuordnung und Betrachtung der Messwerte, wobei die Maßnahmen Art. 8 III dieser Richtlinie sich ausdrücklich auf Gebiete und Ballungsräume beziehen müssen. Auch Art. 7 der Tochterrichtlinie nimmt bei der Beurteilung der Luftqualität Gebiete und Ballungsräume in Bezug. Sind aber durchgängig Gebiete und Ballungsräume die Bezugspunkte für die Beurteilung der Luftqualität, kann nicht eine Überschreitung eines Immissionsgrenzwertes an einem einzelnen Einwirkungsort ein Vorhaben in Frage stellen. Denn sowohl die einzuhaltenden Immissionsgrenzwerte als auch die im Anschluss daran zu treffenden Maßnahmen sind jeweils auf das Referenzgebiet zu beziehen. Auch das Erfordernis der Aufstellung von Plänen und Programmen als Grundlage für die einzelnen Maßnahmen belegt, dass das europäische Konzept der Luftreinhaltung nicht die einzelne Anlage, sondern das Gebiet im Zentrum aber auch als Voraussetzung der Maßnahmen sieht.

2896 Dieser im Hinblick auf den Gebietszuschnitt weite, flächenhafte Ansatz wurde vom europäischen Gesetzgeber nicht ohne Grund gewählt. Denn würde man kleinräumig auf jeden Einwirkungsort abstellen, müsste schon bei geringfügigen Überschreitungen der Immissionsgrenzwerte gegen jede einzelne Emissionsquelle vorgegangen werden, auch wenn sich der Einwirkungsort, bildlich ausgedrückt, gleichsam unmittelbar neben dem rauchenden Schornstein („end of the pipe") befindet. Der Straßenverkehr aber auch Industrieanlagen wären dann vor allem in vielen Ballungsgebieten nicht mehr zulässig. Auch beim Betanken eines Kraftfahrzeugs oder dem Rauchen einer einzigen Zigarette würden wahrscheinlich im unmittelbaren Umgebungsbereich die Grenzwerte der jeweiligen Tochterrichtlinie schon bei weitem überschritten.

2897 Das *BVerwG* hat es allerdings nicht für erforderlich angesehen, dass die in der Tochterrichtlinie 1999 und der 22. BImSchV enthaltenen Grenzwerte im gesamten Gebiet überschritten sind. Vielmehr sei es ausreichend, wenn sich eine Überschreitung an den ausgewählten Messstellen ergebe. Denn diese seien aufgrund der in den vorgenanten Regelwerken festgelegten Auswahlkriterien repräsentativ für das Gebiet. So müsse bei der Auswahl der Messstellen ein ausreichender Abstand von den Emissionsorten eingehalten werden. Es reiche daher aus, dass an diesen für das Gebiet repräsentativen Stellen die Werte überschritten seien.[347]

6. Keine weitergehenden Anforderungen aus der Novelle 2002 zum BImSchG und zur 22. BImSchV

2898 Weitergehende Anforderungen ergeben sich auch nicht aus der Umsetzung der Novelle 2002 zum BImSchG oder der Novelle 2002 zur 22. BImSchV. Vielmehr belegen die neu gefassten Regelungen, dass sich die Immissionsgrenzwerte, Messungen, Pläne und Maßnahmen auf die flächenhafte Überschreitung der Grenzwerte in Gebieten und nicht auf die einzelnen Anlagen beziehen. Das wird bereits durch das BImSchG selbst deutlich. Die Messungen, Luftreinhaltepläne,[348] Aktionspläne und Maßnahmen sind jeweils gebietsbezogen und damit im großräumigen Maßstab angelegt. § 47 I BImSchG geht davon

---

mehr als 250.000 Einwohnern. Bei den Gebieten und Ballungsräumen handelt es sich demnach um größere räumliche Einheiten, auf deren Gesamtraum bezogen etwa der Abschnitt I der Anlage II zur Richtlinie 1999/30/EG festgelegte Jahresgrenzwert an Stickstoffdioxid von 40 µg/m³ einzuhalten ist ... Eine Überschreitung der ‚Grenzwerte' nach Anhang II zur Richtlinie 1999/30/EG könnte einem Vorhaben somit überhaupt nur dann entgegenstehen, wenn durch das Vorhaben die Grenzwerte in einem festgelegten Gebiet bzw. Ballungsraum flächendeckend überschritten werden."

[347] *BVerwG*, Urt. v. 26. 5. 2004 – 9 A 5/03 – DVBl. 2004, 1289 = NVwZ 2004, 1237 – B 170 Dresden; Urt. v. 18. 11. 2004 – 4 CN 4.03 – DVBl. 2005, 386 = NVwZ 2004, 1237 – Diez; *Stüer*, EurUP 2004, 46.

[348] S. Rdn. 1098, 2718, 2779, 2898.

aus, dass die in der Rechtsverordnung nach § 48a BImSchG niedergelegten Werte flächenhaft und gebietsbezogen zu verstehen sind. Nur bei diesem Verständnis macht es Sinne, für einen größeren räumlichen Bereich Luftreinhaltepläne und ggf. Aktionspläne aufzustellen. Nach § 47 IV BImSchV sind die Maßnahmen entsprechend dem Verursacheranteil unter Beachtung des Grundsatzes der Verhältnismäßigkeit gegen alle Emittenten zu richten, die zur Überschreitung der Immissionswerte oder in einem Untersuchungsgebiet im Sinne des § 44 II BImSchG zu sonstigen schädlichen Umwelteinwirkungen beigetragen haben. Maßnahmen zur Luftreinhaltung setzen daher eine flächenhafte Überschreitung der Immissionsgrenzwerte im gesamten Gebiet voraus. Eine Überschreitung des Immissionsgrenzwertes bei einer Anlage oder einem Ort im Referenzgebiet rechtfertigt Maßnahmen der Luftreinhaltung daher nicht. Auch bei Maßnahmen gegenüber dem Straßenverkehr wird auf den Vorrang der Luftreinhaltepläne (§ 47 I BImSchG) oder der Aktionspläne (§ 47 II BImSchG) verwiesen (§ 47 IV 2 BImSchG). Die Maßnahmen sind daher planakzessorisch in dem Sinne, dass sie einen Luftreinhalteplan oder Aktionsplan voraussetzen. Ohne eine derartige Planung ist ein unmittelbares Einschreiten gegenüber dem Straßenverkehr auf der Grundlage des § 47 IV 2 BImSchV nicht zulässig.

Auch Verkehrsbeschränkungen nach § 40 BImSchG sind in der Regel nur auf der Grundlage eines Luftreinhalte- oder Aktionsplans möglich. Ein Einschreiten ohne einen solchen Plan ist eng begrenzt (§ 40 II BImSchG) und setzt eine Abwägung zwischen den verschiedenen Emissionsquellen unter Beachtung des Verhältnismäßigkeitsprinzips voraus. Dabei sind die Verkehrsbedürfnisse und die städtebaulichen Belange zu berücksichtigen (§ 40 II 2 BImSchG). Aus diesen Regelungen folgt zugleich, dass erst eine großräumige, flächenhafte Überschreitung der Immissionsgrenzwerte im gesamten Gebiet zu Handlungspflichten führt und konkrete Maßnahmen in der Regel erst auf der Grundlage eines Luftreinhalteplans oder eines Aktionsplans getroffen werden dürfen.

Von diesem großräumigen, gesamtflächenhaften Konzept ist auch die novellierte 22. BImSchV getragen. Unter Verwendung der durch das Europarecht vorgegebenen Begrifflichkeit werden in § 1 der 22. BImSchV die Gebiete und Ballungsräume definiert. Auf die Gebiete sind nach § 9 II der 22. BImSchV auch die Immissionsgrenzwerte bezogen, so dass auch für die Immissionsgrenzwerte für Stickstoffdioxide nach § 3 der 22. BImSchV das jeweilige Referenzgebiet Beurteilungsgrundlage ist. Auch bei der Ausgangsbeurteilung sind die Messungen jeweils für das Gebiet oder den Ballungsraum vorzunehmen. Die Messungen müssen für das Referenzgebiet repräsentativ sein, also die Verhältnisse im gesamten Gebiet widerspiegeln und sind daher nicht nur auf die Verhältnisse an jeweils einzelnen Orten gerichtet. Das ist schlüssig, weil sich die Maßnahmen zur Verbesserung der Luftqualität auf das Gesamtgebiet beziehen sollen. Die Bedeutung der Luftreinhaltepläne und Aktionspläne wird auch in § 11 der 22. BImSchV unterstrichen. Dort sind diese Pläne Grundlage für konkrete Einzelmaßnahmen. Auch im Hinblick auf andere Schadstoffe setzt die 22. BImSchV zwischengeschaltete Luftreinhaltepläne oder Aktionspläne für konkrete Einzelmaßnahmen voraus (vgl. § 11 V bis VIII der 22. BImSchV).

Die durch die Novelle 2002 eingeführten immissionsschutzrechtlichen Verpflichtungen beziehen sich daher nicht auf einzelne Anlagen oder Projekte, sondern sind auf die Wahrung der Luftqualität in einem größeren Referenzgebiet gerichtet. Der Verweis auf die Luftreinhalte- und Aktionspläne ist daher nicht nur beispielhaft, sondern eine in der Regel notwendige Voraussetzung für das Einschreiten gegenüber konkreten Vorhaben oder Projekten. Die rechtlichen Anforderungen gehen damit in den Novellen 2002 zum BImSchG und zur 22. BImSchV nicht weiter als die Vorgaben des europäischen Richtlinienrechts zur Luftqualität.

7. Abwägungserfordernisse aus dem europäischen Richtlinienrecht

2902 Aus den vorgenannten Regelungen ergeben sich allerdings Abwägungserfordernisse für die Planfeststellung oder die Bauleitplanung.[349] Dass einerseits die genannten Regelwerke zur Sicherung und Verbesserung der Luftqualität keine unmittelbaren bindenden Vorgaben für das einzelne Zulassungs- und Planungsverfahren enthalten, ist bereits dargelegt. Es spricht daher einiges dafür, dass die genannten Vorgaben überhaupt nur über die Pläne und Programme zu einzelnen Maßnahmen verdichtet werden können, jedenfalls aber erst dann als verbindliche Schranke anzuwenden sind, wenn die Referenzgebiete von den Mitgliedstaaten festgelegt sind. Zu beachtende Vorgaben können sich dann auch nur ergeben, wenn die Grenzwerte im Gesamtgebiet bereits überschritten sind oder durch das Hinzutreten der weiteren Anlage überschritten werden.

2903 Das europäische Richtlinienrecht zur Luftqualität und die dazu ergangene Novelle 2002 zum BImSchG und zur 22. BImSchV bei Planungs- und Zulassungsentscheidungen unterhalb dieser Schwelle sind allerdings als Abwägungsgesichtspunkte zu berücksichtigen. Die Berücksichtigung der Vorgaben zur Luftqualität geht allerdings über eine allgemeine Einstellung dieser Belange in die Abwägung nicht hinaus. Aus dem europäischen Richtlinienrecht ergeben sich jedenfalls keine Planungsleitsätze in dem Sinne, dass sie sich sozusagen als unüberwindbare Haltelinie erweisen.

2904 Zugleich wird deutlich, dass nach den vorgenannten Regelwerken nicht die Zulassungsentscheidung oder der Bebauungsplan, sondern nur die Luftreinhaltepläne und Aktionspläne unter Abwägung der Verhältnisse im gesamten, von den zuständigen Behörden zuvor festgelegten Referenzraum den gebotenen sachgerechten Interessenausgleich leisten können, wie er in § 47 IV BImSchG angeordnet wird. Die einzelne lokale Entscheidung wäre aufgrund ihrer isolierten Sichtweise nicht in der Lage, einen nur großräumig zu bewältigenden Interessenausgleich verbindlich festzuschreiben. Das gilt übrigens für die Fachplanung, die Bauleitplanung und das immissionsschutzrechtliche Genehmigungsverfahren gleichermaßen. Erst der auf das größere Referenzgebiet bezogene Luftreinhalteplan oder der ebenfalls auf diesen größeren Raum angelegte Aktionsplan kann nach Abwägung der bestehenden Interessenkonflikte eine auf den Gesamtraum bezogene Ausgleichsentscheidung treffen. Die Entscheidung über einzelne Vorhaben innerhalb dieses Gebietes wäre damit jedoch überfordert.

8. Keine Rückwirkung des europäischen Richtlinienrechts

2905 Aus diesen rechtlichen Zusammenhängen folgt zugleich, dass sich das europäische Richtlinienrecht zur Luftqualität keine Rückwirkung im Hinblick auf bereits zuvor aufgestellte Pläne oder in der Vergangenheit liegende Zulassungsentscheidungen beilegt, sondern (lediglich) in die Zukunft in dem Sinne wirkt, dass der Mitgliedstaat bei einer flächenhaften Überschreitung der Immissionsgrenzwerte im Gesamtgebiet zum Handeln aufgerufen ist. Vor In-Kraft-Treten der Tochterrichtlinie 1999 erlassene Planfeststellungsbeschlüsse oder aufgestellte Bebauungspläne werden daher nicht automatisch dadurch unwirksam, dass in der Richtlinie Grenzwerte für das jeweilige Referenzgebiet aufgestellt werden. Vielmehr bieten das Europarecht und das deutsche Immissionsschutzrecht in kritischen Fällen auf der Grundlage der Luftreinhaltepläne und der Aktionspläne ausreichende Nachsteuerungsmöglichkeiten, von denen die Wirksamkeit eines zuvor erlassenen Planfeststellungsbeschlusses oder eines rechtsverbindlichen Bebauungsplans indes nicht berührt wird. Maßnahmen zur Konfliktbewältigung in Nachfolgeverfahren können daher die Wirksamkeit einer zuvor ergangenen Zulassungsentscheidung oder eines bereits rechtsverbindlichen Bebauungsplans nicht mehr nachträglich in Frage stellen.

2906 Das ergibt sich auch aus den europarechtlichen Regelungen. Das europäische Richtlinienrecht zur Luftqualität lässt zuvor erlassene Planungen oder Projektzulassungen un-

---

[349] *BVerwG*, Urt. v. 18. 11. 2004 – 4 CN 4.03 – DVBl. 2005, 386 = NVwZ 2004, 1237 – Diez.

berührt und greift in diese abgeschlossenen Sachverhalte und Rechtslagen nicht ein. Es ermöglicht vielmehr, über die Luftreinhaltepläne und Aktionspläne für die Zukunft zu sachgerechten, auf den jeweiligen Referenzraum bezogenen Lösungen beizutragen. Die Wirksamkeit zuvor erlassener Planfeststellungsbeschlüsse oder von Bebauungsplänen aber auch einzelner zuvor getroffener Zulassungsentscheidungen wird dadurch nicht berührt. Die europarechtlichen Vorgaben sind vielmehr auf ein Bündel von Maßnahmen gerichtet, mit denen auf der Grundlage der früher getroffenen Entscheidungen in Zukunft eine entsprechende Verringerung der Schadstoffbelastung in den jeweiligen Referenzräumen erreicht werden soll.

Rechtsgrundlage für den Erlass einer Richtlinie ist Art. 249 EGV. Die Richtlinie ist danach für jeden Mitgliedstaat, an den sie gerichtet wird, hinsichtlich des zu erreichenden Ziels verbindlich, überlässt jedoch den innerstaatlichen Stellen die Wahl der Form und der Mittel. Als an die Mitgliedstaaten gerichteter Rechtsakt, durch den diese verpflichtet werden, entsprechend dem Inhalt der Richtlinie tätig zu werden, soll durch eine Richtlinie die Harmonisierung des mitgliedstaatlichen Rechts herbeigeführt werden. Als Folge dieser Verbindlichkeit ist die Richtlinie innerhalb der vorgegebenen Frist in nationales Recht umzusetzen. Die Auswahl der Form und Mittel wird jedoch durch die innerstaatlichen Stellen selbst bestimmt.[350]

Eine unmittelbare Wirkung des europarechtlichen Richtlinienrechts kann sich nur ergeben, wenn eine Richtlinie nach Ablauf ihrer Umsetzungsfrist von einem Mitgliedstaat überhaupt nicht, nicht vollständig oder aber unzureichend umgesetzt worden ist. Zudem muss die Richtlinie eine unbedingte Regelung enthalten, also weder an Bedingungen geknüpft sein noch von einer konstitutiven Entscheidung eines EG-Organs oder des Mitgliedstaats abhängen. Auch müssen die Verpflichtungen, die sich aus der Richtlinie ergeben, hinreichend bestimmt umschrieben sein.[351] Einen unmittelbaren Geltungsanspruch kann sich eine Richtlinie daher erst mit Ablauf der Umsetzungsfristen beilegen.[352] In besonderen Ausnahmefällen können aus dem Gemeinschaftsrecht zwar Vorwirkungen von noch nicht umgesetzten Richtlinien abgeleitet werden („Pflicht zur Stillhaltung").[353] Derartige Verpflichtungen bestehen aber hier nicht, weil das europäische Luftqualitätsrecht mit den Grenzwerten und Alarmschwellen Anforderungen erst für die Zukunft stellt.

Auch die Novelle 2002 des BImSchG und die Novelle der 22. BImSchV wirken nicht auf die Rechtswirksamkeit zuvor ergangener Planfeststellungsbeschlüsse oder rechtsverbindlicher Bebauungspläne ein, sondern beschreiben ein zukunftsgerichtetes Maßnahmenkonzept, das sich auf den jeweiligen Gesamtraum und nicht auf den jeweiligen (kleinräumigen) Geltungsbereich eines Bebauungsplans bezieht. Dies gilt für noch nicht verwirklichte Vorhaben. Denn hinsichtlich der Sach- und Rechtslage ist nach deutschem Recht grundsätzlich auf den Zeitpunkt der Beschlussfassung abzustellen. Die Berücksichtigung nachträglicher Änderungen ist demgegenüber nur im Ausnahmefall möglich. Für den Planfeststellungsbeschluss ergibt sich dies aus dem allgemeinen verwaltungs-

---

[350] *EuGH*, Urt. v. 12. 10. 1993 – Rs. C 37/92 – EuGHE I 1993, 4947 – Vanacker; Urt. v. 10. 4. 1984 – Rs. C-14/83 – EuGHE I 1984, 1891 – von Colson.

[351] EuGH, Urt. v. 23. 2. 1994 – C 236/92 – EuGHE I 1994, 497; Urt. v. 26. 2. 1986 – RS 152/84 – EuGHE 1986, 737; Urt. v. 19. 1. 1982 – RS 8/81 – EuGHE 1982, 53.

[352] Im Ergebnis ebenso *BVerwG*, Urt. v. 7. 8. 1997 – 3 C 26.96 – DVBl. 1998, 148; *OLG Köln*, Urt. v. 6. 9. 1995 – 6 U 53/95 – LRE 32, 396; *Rengeling* in: *Rengeling*, EUDUR, Köln 1998, § 28, Rn. 55.

[353] Zur Pflicht zur Stillhaltung vor Ablauf der Umsetzungsfristen EuGH, Urt. v. 18. 12. 1997 – Rs. C-129/96 – EuGHE I 1997, 7411 – Inter-Environnement Wallonie; Urt. v. 20. 3. 1997 – Rs. C-24/95 – EuGHE I 1997, 1591 – Alcan; Urt. v. 11. 7. 1991 – Rs. C-87/90 – EuGHE I 1991, 3757 – Verholen; Urt. v. 18. 12. 1997 – C 129/96 – Slg. 1997, I-7435; *BVerwG*, Urt. v. 27. 10. 2000 – 4 A 18.99 – BVerwGE 112, 140; Urt. v. 19. 5. 1998 – 4 A 7.97 – BVerwGE 107, 1; *Stüer* DVBl. 2002, 940; *Stüer/Hermanns* DVBl. 2003, 711.

rechtlichen Grundsatz, dass für die Sach- und Rechtslage der Zeitpunkt der Entscheidung maßgeblich ist. Auch für Bebauungspläne ergeben sich vergleichbare Grundsätze. Nach § 214 III 1 BauGB ist für die Abwägung die Sach- und Rechtslage der Zeitpunkt der Beschlussfassung über den Bauleitplan maßgeblich.[354] Nachträgliche Änderungen der Sach- und Rechtslage sind daher im Hinblick auf die Abwägung nicht mehr zu berücksichtigen.[355] Ein anderes Ergebnis kann auch nicht aus dem für Normenkontrollanträge geltenden § 47 VwGO abgeleitet werden.[356] Dies ist im Ergebnis auch die Auffassung des BVerwG. Pläne, die bereits vor Erlass des europäischen Richtlinienrechts erlassen sind, können nicht unmittelbar an dem Richtlinienrecht gemessen werden, weil sie im Zeitpunkt der Beschlussfassung noch nicht galten. Vor allem ist für die Wirksamkeit des Bebauungsplans auf die Sach- und Rechtslage im Zeitpunkt des Satzungsbeschlusses abzustellen (§ 214 III 1 BauGB). Der Bebauungsplan könnte durch später in Kraft getretene rechtliche Vorgaben nur nachträglich außer Kraft treten, wenn darin eine bedeutsame Änderung der Sach- und Rechtslage liegt und die Verwirklichung des Bebauungsplans hierdurch ausgeschlossen ist. Davon kann aber nur ausgegangen werden, wenn auszuschließen ist, dass mit den Mitteln der anschließenden immissionsschutzrechtlichen Instrumente eine Einhaltung der Grenzwerte erreicht werden kann.[357]

9. Luftqualität in Referenzgebieten

2910   Die Rahmenrichtlinie 1996 und die Tochterrichtlinie 1999 zur Luftqualität verpflichten daher die Mitgliedstaaten, in Plänen und Programmen die ehrgeizigen Ziele der Luftreinhaltung umzusetzen und auf dieser Grundlage entsprechende Maßnahmen zu treffen. Unmittelbare Handlungserfordernisse der Mitgliedstaaten bestehen erst, wenn die in der Tochterrichtlinie 1999 festgelegten Grenzwerte flächendeckend im gesamten Referenzgebiet überschritten sind. Die Maßnahmen müssen dabei an einem sachgerechten Ausgleich zwischen den einzelnen Verursachern und am Grundsatz der Verhältnismäßigkeit ausgerichtet sein. Zulassungsschranken können sich für einzelne Projekte oder Anlagen erst dann ergeben, wenn in dem Referenzgebiet die Grenzwerte bereits flächenhaft überschritten sind oder durch das beabsichtigte Vorhaben überschritten werden. Im Übrigen können die Grenzwerte nur im Sinne einer Erhaltung und Verbesserung der Luftqualität als Belange in der Abwägung Bedeutung gewinnen.

VII. Umgebungslärm-Richtlinie

2911   Das Europarecht ist inzwischen angetreten, den Umgebungslärm, dem Menschen insbesondere in bebauten Gebieten, in öffentlichen Parks oder anderen ruhigen Gebieten eines Ballungsraums oder auf dem Land, in der Umgebung von Schulgebäuden oder Krankenhäusern sowie anderen lärmempfindlichen Gebäuden und Gebieten ausgesetzt sind, zu verringern. In das Blickfeld sind dabei vor allem der Lärm von Verkehrsmitteln, wie Straßenverkehr, Eisenbahnverkehr, Flugverkehr sowie von der Industrie ausgehender Lärm getreten. Dabei stehen nicht nur Gesundheitsgefährdungen, sondern auch Lärmbelästigungen und vor allem nicht nur Innenschallpegel, sondern auch Außenschallpegel im

---

[354] Zur Durchbrechung dieses Grundsatzes etwa bei einer (nachträglichen) Funktionslosigkeit eines Bebauungsplans *BVerwG*, Urt. v. 29. 4. 1977 – IV C 39.75 – BVerwGE 54, 5 = DVBl. 1977, 768; Urt. v. 3. 12. 1998 – 4 CN 3.97 – BVerwGE 108, 71.
[355] *BVerwG*, Urt. v. 10. 8. 1990 – 4 C 3.90 – BVerwGE 85, 289 = DVBl. 1990, 1182 – Bebauungsplanersetzung.
[356] *BVerwG*, Urt. v. 3. 12. 1998 – 4 CN 3.97 – BVerwGE 108, 71; vgl. dazu *VGH München*, Urt. v. 23. 12. 1998 – 26 N 98.1675 – BauR 1999, 873; differenzierend *VGH Kassel*, Urt. v. 4. 12. 1996 – 4 UE 2575/90 – BRS 58 Nr. 29; *OVG Berlin*, Urt. v. 31. 3. 1992 – 2 A 9.88 – UPR 1992, 357; *VGH Mannheim*, B. v. 16. 9. 1998 – 8 S 3120/97 – NVwZ-RR 1999, 564.
[357] *BVerwG*, Urt. v. 26. 5. 2004 – 9 A 5/03 – DVBl. 2004, 1289 = NVwZ 2004, 1237 – B 170 Dresden; Urt. v. 18. 11. 2004 – 4 CN 4.03 – DVBl. 2005, 386 = NVwZ 2004, 1237 – Diez; *Stüer*, EurUP 2004, 46.

Visier. Die Umgebungslärm-Richtlinie[358] will eine nachhaltige Verringerung der Lärmbelastung vor allem dadurch erreichen, dass sie die Mitgliedstaaten zu Lärmkarten und Aktionsplänen verpflichtet. Die erforderlichen Rechts- und Verwaltungsvorschriften in Deutschland waren nach der Richtlinie bis zum 18. 7. 2004 zu erlassen. Die Umsetzung ist allerdings erst mit dem Gesetz zur Umsetzung der EG-Richtlinie über die Bewertung und Bekämpfung von Umgebungslärm Mitte des Jahres 2005 erfolgt.

1. Europarechtliche Vorgaben

Die Umgebungslärm-Richtlinie will ein hohes Gesundheits- und Umweltschutzniveau gewährleisten und schafft die Grundlage für eine Weiterentwicklung und Ergänzung der bestehenden Gemeinschaftsmaßnahmen in Bezug auf die Lärmemissionen der wichtigsten Lärmquellen von Straßen- und Schienenfahrzeugen, Infrastruktureinrichtungen, Flugzeugen, Geräten, die für die Verwendung im Freien vorgesehen sind, Ausrüstungen für die Industrie sowie ortsbewegliche Maschinen. Auf der Grundlage einer Ermittlung und Bewertung des Umgebungslärms sollen Maßnahmen zu seiner Bekämpfung getroffen werden. Bestimmte Kategorien von Lärm, beispielsweise Lärm in Verkehrsmitteln oder Lärm verursacht innerhalb von Wohnungen, fallen nicht unter die Umgebungslärm-Richtlinie. Als Eckpunkte des europäischen Lärmkonzepts sind zu nennen: Bis Mitte 2007 sollen die strategischen Lärmkarten ausgearbeitet sein (Art. 7 Umgebungslärm-Richtlinie), die den Mindestanforderungen nach Anhang IV genügen müssen. Insgesamt geht es um die Kartierung von ca. 12 km Bundesautobahnen, 41.000 km Bundesstraßen, ca. 80 städtischen Ballungsräumen und 11 Großflughäfen sowie des Schienennetzes von ca. 12.500 km. Ein gutes Jahr später sollen von den zuständigen nationalen Behörden die Aktionspläne ausgearbeitet sein, in denen die Lärmprobleme und Lärmauswirkungen aber auch Lärmminderungsmaßnahmen geregelt werden (Art. 8 Umgebungslärm-Richtlinie). Dabei treten vor allem Orte in der Nähe von Hauptverkehrsstraßen mit einem Verkehrsaufkommen von über sechs Millionen Kraftfahrzeugen pro Jahr, in der Nähe der Haupteisenbahnstrecken mit einem Verkehrsaufkommen von über 60.000 Zügen pro Jahr und Großflughäfen sowie Ballungsräume mit mehr als 250.000 Einwohnern ins Blickfeld. Ziel dieser Pläne soll es auch sein, ruhige Gebiete gegen eine Zunahme des Lärms zu schützen. Die jeweils zu treffenden Maßnahmen sind in das Ermessen der Mitgliedstaaten gestellt. In einem weiteren Schritt sind die Aktionspläne bis Mitte des Jahres 2013 um entsprechende vorrangige Maßnahmen zu ergänzen. Auch ist eine Information der Öffentlichkeit vorgesehen (Art. 9 Umgebungslärm-Richtlinie). Die einzelnen Verpflichtungen der Mitgliedstaaten werden von entsprechenden Berichtspflichten begleitet (Art. 11 Umgebungslärm-Richtlinie).[359]

Ziel der Richtlinie ist es, ein gemeinsames Konzept festzulegen, um vorzugsweise schädliche Auswirkungen einschließlich Belästigungen, durch Umgebungslärm zu verhindern, ihnen vorzubeugen oder sie zu mindern (Art. Umgebungslärm-Richtlinie). Die Richtlinie enthält hierfür ein schrittweises Maßnahmenkonzept:
– Ermittlung der Belastung durch Umgebungslärm anhand von Lärmkarten nach für die Mitgliedstaaten gemeinsamen Bewertungsmethoden,
– Sicherstellung der Information der Öffentlichkeit über Umgebungslärm und seine Auswirkungen,
– Auf der Grundlage der Ergebnisse der Lärmkarten Annahme von Aktionsplänen durch die Mitgliedstaaten mit dem Ziel, den Umgebungslärm so weit erforderlich und insbesondere in Fällen, in denen das Ausmaß der Belastung gesundheitsschädliche

---

[358] Richtlinie 2002/49/EG des Europäischen Parlaments und des Rates vom 25. 6. 2002 über die Bewertung und Bekämpfung von Umgebungslärm (ABl. EG v. 18. 7. 2002 L189/12); vgl. auch Empfehlungen der Kommission vom 6. 8. 2003 über Leitlinien für die geänderten vorläufigen Berechnungsmethoden für Industrie-, Flug-, Straßenverkehrs- und Eisenbahnlärm und diesbezügliche Emissionsdaten (ABl. EG v. 22. 8. 2003 L 212/49).
[359] Eingehend *Fickert* DVBl. 2004, 1253.

Auswirkungen haben kann, zu verhindern und zu mindern und die Umweltqualität in den Fällen zu erhalten, in denen sie zufrieden stellend ist.

2914 Am Anfang stehen die gesetzlichen Regelungen, die bis zum 18.7.2004 umzusetzen waren. Sodann sind die Belastungen durch Umgebungslärm anhand von Lärmkarten zu ermitteln. Auf der Grundlage der Lärmkarten sind Lärmaktionspläne aufzustellen. Dier Richtlinie betrifft den Umgebungslärm, dem Menschen insbesondere in bebauten Gebieten, in öffentlichen Parks oder anderen ruhigen Gebieten eines Ballungsraums, in ruhigen Gebieten auf dem Land, in der Umgebung von Schulgebäuden, Krankenhäusern und anderen lärmempfindlichen Gebäuden und Gebieten ausgesetzt sind. Die Richtlinie gilt nicht für Lärm, der von den davon betroffenen Personen selbst verursacht worden ist, und auch nicht für Lärm durch Tätigkeiten innerhalb von Wohnungen, Nachbarschaftslärm, Lärm am Arbeitsplatz, in Verkehrsmitteln oder Lärm, der auf militärische Tätigkeiten in militärischen Gebieten zurückzuführen ist (Art. 2 Umgebungslärm-Richtlichtlinie). Zu dem beachtlichen Umgebungslärm gehört nicht nur der gesundheitsschädliche Lärm, sondern auch eine Geräuschkulisse, die als unerwünscht empfunden wird (Art. 2 II Umgebungslärm-Richtlinie). Unter **Ballungsraum** wird dabei ein durch den Mitgliedstaat festgelegter Teil seines Gebietes mit einer Einwohnerzahl von über 100.000 Einwohnern und von mehr als 1000 Einwohnern pro Quadratkilometer verstanden. Die zuständigen Behörden legen auch „ruhige Gebiete in einem Ballungsraum" ebenso wie „ruhige Gebiete auf dem Lande" fest. Besondere Maßnahmen sind für Hauptverkehrsstraßen (über 3 Mio. Fahrzeuge pro Jahr), Haupteisenbahnstrecken (mindestens 30.000 Züge im Jahr) und Großflughäfen (über 50.000 Starts oder Landungen pro Jahr) vorgesehen (§ 47b BImSchG). Informationen über die aktuelle oder voraussichtliche Lärmsituation werden in ausgearbeiteten Lärmkarten dargestellt. **Lärmkarten** sollen eine Gesamtbewertung der auf verschiedene Lärmquellen zurückzuführende Lärmbelastungen in einem bestimmten Gebiet enthalten und die Grundlage für Lärmaktionspläne bilden, in denen Regelungen von Lärmproblemen und von Lärmauswirkungen, erforderlichenfalls einschließlich der Lärmminderung, enthalten sind. Akustische Planungen sollen dem vorbeugenden Lärmschutz durch geplante Maßnahmen wie Raumordnung, Systemtechnik für eine Verkehrssteuerung, Verkehrsplanung, Lärmschutz durch Schalldämpfungsmaßnahmen und Schallschutz an den Lärmquellen dienen (Art. 3 Umgebungslärm-Richtlinie). Die zuständigen Behörden für die Ausarbeitung und ggf. die Genehmigung der Lärmkarten und Aktionsplänen für Ballungsräume, Hauptverkehrsstraßen, Haupteisenbahnstrecken und Großflughäfen sowie die Sammlung von Lärmkarten und Aktionsplänen werden von den Mitgliedstaaten bestimmt (Art. 4 Umgebungslärm-Richtlinie). Die Richtlinie führt Lärmindizes L_{DEN} und L_{NIGHT} ein. Bestehende nationale Berechnungsmethoden für Lärmindizes (Berechnungs- und Messmethoden) können noch weiter angewendet werden, bis die Anwendung gemeinsamer Bewertungsmethoden von der Europäischen Kommission verbindlich vorgeschrieben wird (Art. 6 I und II Umgebungslärm-Richtlinie). Die **Strategischen Lärmkarten** für sämtliche Ballungsräume mit mehr als 250.000 Einwohnern, Hauptverkehrsstraßen mit einem Verkehrsaufkommen von über 6 Mio. Kraftfahrzeugen pro Jahr, Haupteisenbahnstrecken mit einem Verkehrsaufkommen von über 60.000 Zügen und Großflughäfen sollen bis zum 30.6.2007 ausgearbeitet und soweit erforderlich genehmigt sein (Art. 7 I Umgebungslärm-Richtlinie). Die strategischen Lärmkarten für sämtliche Ballungsräume, Hauptverkehrsstraßen und Haupteisenbahnstrecken werden von den zuständigen Behörden bis zum 30.6.2012 ausgearbeitet und ggf. genehmigt. Zuvor teilen die Mitgliedstaaten der Kommission bis zum 31.12.2008 sämtliche Ballungsräume sowie sämtliche Hauptverkehrsstraßen und Haupteisenbahnstrecken in ihrem Hoheitsgebiet mit (Art. 7 III Umgebungslärm-Richtlinie). Auf der Grundlage der Lärmkarten werden bis zum 18.7.2008 **Aktionspläne** ausgearbeitet. Die Pläne sollen für Orte in der Nähe von Hauptverkehrsstraßen, Haupteisenbahnstrecken und Großflughäfen sowie Ballungsräume mit mehr als 250.000 Einwohnern ein entsprechendes Maßnahmenbündel einschließlich der Lärmminderung enthalten. Die zuständigen Behörden haben allerdings bei der Auswahl der Maßnahmen einen nicht unerheblichen Beurteilungs- und Planungsspielraum. Denn die in den Plänen genannten Maßnahmen sind in das Ermessen der zuständigen Behörden gestellt, sollten aber insbesondere auf die Prioritäten eingehen, die sich ggf. aus der Überschreitung relevanter Grenzwerte oder aufgrund anderer von den Mitgliedstaaten festgelegter Kriterien ergeben, und insbesondere für die wichtigsten Bereiche gelten, wie sie in den strategischen Lärmkarten ausgewiesen wurden. Bei der Aufstellung der Aktionspläne ist die **Öffentlichkeit** rechtzeitig und effektiv durch Information und Stellungnahmemöglichkeit zu beteiligen. Dabei können gemeinsame Verfahren vorgesehen werden (Art. 8 VII Umgebungslärm-Richtlinie). Über die strategischen Lärmkarten ist die Öffentlichkeit auch unter Einsatz der verfügbaren Informationstechnologien angemessen zu informieren. Die Information muss deutlich, verständlich und zugänglich sein. Eine Zusammenfassung mit den wichtigsten Punkten muss der Öffentlichkeit zur Verfügung gestellt werden (Art. 9 Umgebungslärm-Richtlinie). Die gewonnenen Daten sind durch die Mitgliedstaaten zu sammeln und von ihnen und der Kommission zu veröffentlichen (Art. 10 Umgebungslärm-Richtlinie). Nach Art. 11 Umgebungslärm-Richtlinie hat die Kommission dem Europäischen Parlament bis zum 18. 7. 2009 entsprechend zu berichten. Die **Anhänge** behandeln Lärmindizes (Anhang I), Bewertungsmethoden für Lärmindizes (Anhang II), Methoden zur Bewertung der gesundheitsschädlichen Auswirkungen (Anhang III), Mindestanforderungen für die Ausarbeitung strategischer Lärmkarten (Anhang IV), Mindestanforderungen für Aktionspläne (Anhang V) und zu den der Kommission zu übermittelnden Angaben (Anhang VI).[360] Die europarechtlichen Regelungen enthalten allerdings keine Vorgaben für materielle Standards. Vielmehr bleibt dies den Mitgliedstaaten überlassen, die darüber ohne materielle Vorgaben durch das Europarecht frei entscheiden können. Vor diesem Hintergrund wird durch die Umgebungslärm-Richtlinie über verfahrensrechtliche Regelungen hinaus auch kein einheitlicher Standard des Umgebungslärmschutzes erreicht. Insoweit bleibt das Konzept des Umgebungslärms in Europa doch eher vage.[361]

2. Umsetzung durch Änderung des BImSchG

Die Umgebungslärmrichtlinie ist durch eine **Änderung des BImSchG** umgesetzt worden.[362] Zugleich hat die Gesetzesänderung die Plan-UP-Richtlinie hinsichtlich umweltrelevanter Planungen auf dem Gebiet der Lärmminderung umgesetzt. Die Änderung des BImSchG enthält in ihren Schwerpunkten Regelungen über: die Aufstellung und die Inhalte von Lärmkarten, die Aufstellung und die Inhalte von Lärmaktionspläne, die zuständigen Behörden sowie entsprechende Ermächtigungen für nähere Bestimmungen durch Rechtsverordnung der Bundesregierung. Nach dem Beispiel der Regelungen zum anlagenbezogenen Schallschutz ist das Wesentliche der Richtlinie im BImSchG umgesetzt worden. Die Anforderungen an Lärmkarten, Aktionspläne und an die jeweiligen Verfahren sind durch Rechtsverordnungen zu konkretisieren. Die Vorschriften finden im „Sechsten Teil" des BImSchG mit der Überschrift „Lärmminderungsplanung" ihren Platz und knüpfen an das vorhandene Instrument des BImSchG an. Die in den Lärmaktionspläne ausgewiesenen Werte sollen von der Fachplanung bei der Abwägung berücksichtigt werden, sind also nicht strikt bindend. Die Vorschriften umfassen auch den Bereich Fluglärm, soweit es sich um die Kartierung und Aktionsplanung handelt. Dies bedingt eine

---

[360] Zu den Berechnungsmethoden vgl. Empfehlungen der Kommission über Leitlinien für die geänderten vorläufigen Berechnungsmethoden für Industrie-, Flug-, Straßenverkehrs- und Eisenbahnlärm und diesbezügliche Emissionsdaten vom 6. 8. 2003, Abl. L 212/49.
[361] Zum Verhältnis der europarechtlichen Vorgaben zum traditionellen deutschen Lärmschutzkonzept beim Bau von Verkehrswegen *Fickert* DVBl. 2004, 1253.
[362] Gesetzentwurf zur Umsetzung der EG-Richtlinie über die Bewertung und Bekämpfung von Umgebungslärm, vgl. Gesetzentwurf der *Bundesregierung*, Drs. 15/3782 vom 27. 9. 2004; Drs. 15/3921; Drs. 15/4024 vom 26. 10. 2004; Drs. 15/4377; Drs. 15/4412; Drs. 15/5734 vom 16. 6. 2005.

entsprechende Änderung des § 2 BImSchG. Bei der Lärmsanierung ist auch eine summierende Betrachtung verschiedener Lärmquellen durchzuführen.[363] In Umsetzung der Umgebungslärm-Richtlinie haben die Gemeinden oder die nach Landesrecht zuständigen Behörden örtliche Lärmkartierungen aufzustellen, in denen die Lärmquellen und der Umgebungslärm angegeben werden (§ 47 c BImSchG). Die zuständigen Behörden arbeiten danach bis zum 30. 6. 2007 bezogen auf das vorangegangene Kalenderjahr Lärmkarten für Ballungsräume mit mehr als 250.000 Einwohnern sowie für Hauptverkehrsstraßen mit einem Verkehrsaufkommen von über sechs Millionen Kraftfahrzeugen pro Jahr, Haupteisenbahnstrecken mit einem Verkehrsaufkommen von über 60.000 Zügen pro Jahr und Großflughäfen aus. Gleiches gilt bis zum 30. 6. 2012 und danach alle fünf Jahre für sämtliche Ballungsgräume sowie für sämtliche Hauptverkehrsstraßen und Haupteisenbahnstrecken. Die Lärmkarten werden mindestens alle 5 Jahre nach dem Zeitpunkt ihrer Erstellung überprüft und bei Bedarf überarbeitet. Zugleich haben die zuständigen Behörden entsprechende Berichtspflichten (§ 47 c V und VI BImSchG). Mit dieser Regelung wurde die frühere Regelung in § 47 a BImSchG aufgegriffen und die Terminologie den weiteren Vorschriften zur Lärmminderungsplanung angepasst. Zugleich ist Art. 7 i.V. m. Anhang IV der Umgebungslärm-Richtlinie umgesetzt worden. Das Gesetz enthält entsprechende Fristen für die Aufstellung der Lärmkarten (30. 6. 2007 und 30. 6. 2012). Für die Aufstellung der Lärmkarten sind von den zuständigen Behörden die erforderlichen Daten zur Verfügung zu stellen. Für Wohngebiete und andere schutzwürdige Gebiete sind von den Gemeinden oder den nach Landesrecht zuständigen Behörden Lärmaktionspläne aufzustellen (§ 47 d BImSchG). Maßnahmen, die Lärmaktionspläne festlegen, sind durch Anordnungen oder sonstige Entscheidungen der zuständigen Träger öffentlicher Verwaltung nach den jeweiligen Gesetzen umzusetzen. Andere Planungsträger haben planungsrechtliche Festsetzungen der Lärmaktionspläne bei ihren Planungen nach den dafür geltenden Rechtsvorschriften zu berücksichtigen. Den Lärmaktionsplänen kommt für die Fachplanung keine absolute Bindung zu. Vielmehr enthalten sie abwägungserhebliche Belange, die in der jeweiligen Zulassungsentscheidung zu berücksichtigen ist. Für die Umgebung von Hauptverkehrsstraßen, Haupteisenbahnstrecken und Hauptverkehrsflughäfen sowie für Ballungsräume sollen von den zuständigen Behörden Lärmaktionspläne aufgestellt werden (§ 47 d BImSchG). Die Lärmaktionspläne sind für die Hauptlärmquellen aufzustellen und beziehen sich daher nicht lediglich auf großräumige Orte, sondern sind auf die einzelnen Hauptlärmquellen ausgelegt. Der Entscheidungsträger hat dabei einen entsprechenden Gestaltungsfreiraum, ist allerdings auf das Ziel verpflichtet, den Umgebungslärm nach Möglichkeit zu vermeiden oder zu minimieren. Auch unerwünschte Geräusche und nicht erst schädliche Umwelteinwirkungen durch Geräusche sind dabei in die Erwägungen einzubeziehen. Dazu kommen unterschiedliche Maßnahmen der Lärmbekämpfung wie z. B. Verkehrsplanungen, Raumordnung, technische Maßnahmen an der Geräuschquelle, Wahl von Quellen mit geringerer Lärmentwicklung, Verringerung der Schallübertragung, rechtliche oder wirtschaftliche Maßnahmen oder Anreize in Betracht. Verbindliche Grenzwerte oder ein bestimmtes methodisches Vorgehen in der Bewertung der Lärmverursachung und der Schutzgüter ist den Behörden durch die Umgebungslärm-Richtlinie nicht vorgegeben. Allerdings entspricht es dem Vertragsziel eines hohen Gesundheitsschutz- und Umweltschutzniveaus, anspruchsvolle Ziele und Zielwerte als Orientierung für die Lärmminderungsplanung vorzugeben. Das BImSchG legt dazu aber keine verbindlichen Grenzwerte fest, sondern überlässt die Beurteilung des Umgebungslärms den planenden Behörden im Einzelfall. Auch die der Bundesregierung erteilte Ermächtigung in § 47 f BImSchG umfasst nicht die Festlegung von bindenden Grenzwerten.

2916 Die **Öffentlichkeit** wird zu Vorschlägen zu Lärmaktionsplänen gehört. Sie erhält rechtzeitig und effektiv die Möglichkeit, an der Ausarbeitung und der Überprüfung der

---

[363] Zu Summationen verschiedener Lärmquellen *Halama/Stüer*, NVwZ 2003, 132.

Lärmaktionspläne mitzuwirken. Die Ergebnisse der Mitwirkung sind zu berücksichtigen. Die Öffentlichkeit ist über die getroffenen Entscheidungen zu unterrichten. Es sind angemessene Fristen mit einer ausreichenden 'Zeitspanne für jede Phase der Beteiligung vorzusehen (§ 47 d IV BImSchG). Das Verfahren zur Beteiligung der Öffentlichkeit ist allerdings im Gegensatz zum ursprünglichen Gesetzentwurf nicht im Einzelnen geregelt. Im ursprünglichen Gesetzentwurf war dazu vorgesehen, dass der Entwurf des Lärmminderungsplans nach vorheriger ortsüblicher Bekanntmachung der Offenlage für die Dauer eines Monats von den Gemeinden öffentlich ausgelegt werden sollte (§ 47 h BImSchG-E). Auch sollten die Behörden und sonstigen Träger öffentlicher Belange beteiligt werden (§ 47 i BImSchG-E). Die Beteiligungsvorschriften waren dabei denen der Öffentlichkeits- und Behördenbeteiligung in der Bauleitplanung (§§ 3, 4, 4 a BauGB) angeglichen (§ 47 j BImSchG-E). Diese konkrete Ausgestaltung der Beteiligungsvorschriften ist im Vermittlungsverfahren gestrichen worden. § 47 e BImSchG bestimmt die **zuständigen Behörden**. Für die Aufgabe der Lärmminderungsplanung sind grundsätzlich die Gemeinden oder die nach Landesrecht zuständigen Behörden zuständig. Das Eisenbahn-Bundesamt ist u. a. für die Ausarbeitung der Lärmkarten für Schienenwege von Eisenbahnen des Bundes nach § 47 c BImSchG zuständig. Weitere differenzierende Zuständigkeitsregelungen sind im Vermittlungsverfahren gestrichen worden (vgl. etwa § 47 p BImSchG-E). Ob differenzierendere Regelung durch Bundesgesetz im Bereich der konkurrierenden Gesetzgebung aus Gründen der Wahrung der Rechtseinheit im gesamtstaatlichen Interesse erforderlich sind,[364] konnte daher offen bleiben. Mit der Umsetzung der Umgebungslärm-Richtlinie in deutsches Recht sind nicht unerhebliche **Kosten** verbunden. Die Kostenschätzungen für die Erstellung der Lärmkartierung schwanken allerdings zwischen 0,20 Euro bis 1,5 Euro je Einwohner. Für das Gesamtvorhaben einschließlich der zu treffenden Maßnahmen liegen die Schätzungen zwischen 40 Mrd. und 72 Mrd. Euro. Die öffentlichen Haushalte werden einen erheblichen Teil dieser Kosten aufbringen müssen. Solange allerdings materielle Standards für den Schutz gegen Umgebungslärm noch nicht definiert sind, gleicht die Abschätzung wohl eher einer Rechnung mit einigen Unbekannten. Viel wird davon abhängen, welche **materiellen Standards** in Gestalt von Immissionsgrenzwerten der deutsche Gesetz- und Verordnungsgeber vorgibt. Hier fehlt es an bindenden Regelungen im Europarecht und auch § 47 f BImSchG enthält keine Ermächtigung der Bundesregierung dazu, diese Standards über verfahrensrechtliche Vorgaben hinaus festzulegen. Allerdings könnte sich auf der Grundlage der Lärmaktionspläne das Erfordernis ergeben, Maßnahmen der **Lärmsanierung** dort durchzuführen, wo die Grenzwerte für die Lärmsanierung überschritten werden. Die Grenzwerte werden allgemein für Krankenhäuser, Schulen, Kurheime und Altenheime sowie reine und allgemeine Wohngebiete mit 70/60 dB(A) tags/nachts angesetzt. Für Kern-, Dorf-, und Mischgebiete werden sie bei 72/62 dB(A) tags/nachts und für Gewerbe- und Industriegebiete mit 75/65 dB(A) tags/nachts angenommen. Werden diese Grenzwerte für die **Sanierung** angelegt, könnten in den Lärmaktionsplänen entsprechende Sanierungspflichten offenbar werden, welche die zuständigen Behörden zu einem Handeln durch Planung und tatsächliche Lärmschutzmaßnahmen zwingen. Damit verbindet sich die noch ungeklärte Frage, ob die betroffene Öffentlichkeit einen Anspruch auf Aufstellung von Lärmaktionsplänen hat und die Behörden verpflichten kann, entsprechend den Zielen der Lärmaktionspläne in § 47 d BImSchG tätig zu werden. Es könnte einiges dafür sprechen, dass die Umgebungslärm-Richtlinie nicht nur an die Mitgliedstaaten gerichtet ist, sondern zugleich auch den Schutz der **betroffenen Öffentlichkeit** bezweckt. Dann könnte die jeweils betroffene Öffentlichkeit mit einem entsprechenden Interesse einen Anspruch auf Aufstellung der Lärmaktionspläne haben.[365] Ein Anspruch auf planerische Auswei-

---

[364] *BVerfG*, 24. 10. 2002 – 2 BvF 1/01 – BVerfGE 106, 62 = DVBl. 2003, 44 – Altenpflegehilfe.
[365] Zu im Ansatz vergleichbaren Fragestellungen bei der Luftqualitäts-Richtlinie *VG Stuttgart*, B. v. 31. 5. 2005 – 16 K 1120/05 und 1121/05.

sung und Durchführung von Lärmsanierungsmaßnahmen besteht aber nach der gegenwärtigen Rechtslage wohl nur, wenn der Umgebungslärm die Schwelle zur verfassungswidrigen Beeinträchtigung in dem Sinne überschreitet, dass die vorgenannten Lärmsanierungsgrenzwerte nicht eingehalten sind.[366]

VIII. IVU-Richtlinie

2917 Nach langen Vorarbeiten ist die Richtlinie über die integrierte Vermeidung und Verminderung der Umweltverschmutzung (IVU- bzw. IPPC-RL)[367] am 30. 10. 1996 in Kraft getreten. Die Umsetzung dieser Richtlinie bereitet besondere Schwierigkeiten. Das Recht der Europäischen Gemeinschaften war früher durch **medienspezifische Regelungen** geprägt. Dies gilt insbesondere für ältere EG-Regelungen über Genehmigungserfordernisse und Mindestanforderungen. Demgegenüber werden inzwischen im Gemeinschaftsrecht zunehmend medienübergreifende Regelungsansätze verwirklicht. Wie der 7. Erwägungsgrund der IVU-RL zum Ausdruck bringt, können getrennte Konzepte, die lediglich der isolierten Verminderung der Emissionen in Luft, Wasser und Boden dienen, dazu führen, dass die Verschmutzung von einem Umweltmedium auf ein anderes verlagert wird, anstatt die Umwelt insgesamt bestmöglich zu schützen. Das Fünfte Aktionsprogramm der Gemeinschaft für Umweltpolitik sieht vor, dass für die Industrie Genehmigungen vorgeschrieben werden sollen, die auf die integrierte Verhütung von Umweltverschmutzungen und deren Überwachung zielen. Mit der auf der Grundlage dieses Aktionsprogramms verabschiedeten und bis zum 30. 10. 1999 umzusetzenden IVU-RL, welche die Industrieanlagenrichtlinie aus dem Jahre 1984 ablöst, hat die EG das medienübergreifende Konzept im Bereich der Zulassung von Industrieanlagen in Gemeinschaftsrecht verankert. Die integrierte Vermeidung und Verminderung von Umweltverschmutzungen stellt den Kern der IVU-RL dar. Die Richtlinie zielt nicht mehr nur auf den Schutz der einzelnen Medien Luft, Wasser oder Boden ab, sondern nimmt die Belastung der Umwelt in ihrer Gesamtheit in den Blick. So schreibt sie Maßnahmen zur Vermeidung und Verminderung von Emissionen in Luft, Wasser und Boden vor, um ein hohes Schutzniveau für die Umwelt insgesamt zu erreichen. Bei der Festlegung von Emissiongrenzwerten ist die Gefahr einer Verlagerung der Verschmutzung von einem Medium in ein anderes (Wasser, Luft, Boden) zu berücksichtigen.

2918 Der **Integrationsansatz** der IVU-RL kommt auch in den Grundpflichten zu Schutz und Vorsorge gegen Umweltverschmutzungen (Art. 3 I a) und b) IVU-RL) zum Ausdruck. Dies betrifft Freisetzungen von Stoffen und anderen Erscheinungen in Luft, Wasser oder Boden. Bei der Vorsorge gegen solche Umweltverschmutzungen sind insbesondere die besten verfügbaren Techniken einzusetzen, die auf ein allgemein hohes Schutzniveau für die Umwelt insgesamt zielen. Dass integrierte Konzept beschränkt sich aber nicht auf Maßnahmen zum Schutz und zur Vorsorge gegen die durch Emissionen hervorgerufenen Umweltverschmutzungen. Es erfasst bei den materiellrechtlichen Anforderungen insbesondere mit den abfall-, energie- und unfallbezogenen Grundpflichten alle nachteiligen Auswirkungen des Betriebs der Anlage. Verfahrensrechtlich muss zudem bei mehreren Zulassungsbehörden zur Sicherstellung eines wirksamen integrierten Konzepts eine Koordinierung des Genehmigungsverfahrens und der Genehmigungsauflagen erfolgen. EG-Richtlinien sind gem. Art. 249 EGV hinsichtlich des zu erreichenden Ziels verbindlich. Den Mitgliedsstaaten bleibt die Wahl der Form und Mittel bei der Umsetzung

---

[366] *Halama/Stüer*, NVwZ 2003, 132; zu den Rechtsansprüchen im Rahmen der Abwägungs- und Rechtsschutzpyramide s. Rdn. 644, 1060, 4319.

[367] ABl. EG 1996 Nr. L 257 = NVwZ 1997, 363, abgedruckt auch bei *Stüer*, Bau- und Fachplanungsgesetze 1999, 823.; vgl. zu dieser Richtlinie bzw. zu ihrer Entstehung insbesondere die Vorträge von *Krämer, Sellner, Bohne* in *Rengeling* (Hrsg.) Integrierter und betrieblicher Umweltschutz, 1996, S. 51, 79, 105; *Dürkop/Kracht/Wasielewski* UPR 1995, 425; *Becker* DVBl. 1997, 588; *Dolde* NVwZ 1997, 313; *Steinberg/Kloepfer* DVBl. 1997, 974.

von Richtlinien in das nationale Recht überlassen. Wird das europäische Richtlinienrecht nicht rechtzeitig umgesetzt, können sich unmittelbare Wirkungen zu Gunsten von Adressaten des Europarechts ergeben, wenn die Regelungen sich an Unionsbürger oder Organisationen in den Mitgliedstaaten richten und vollzugsfähig sind.

Die IVU-RL ist anzuwenden bei bestimmten **industriellen Tätigkeiten**, die in Art. 1 IVU-RL i.V. mit Anhang I der IVU-RL abschließend aufgezählt sind. Hierzu gehören Anlagen der Energiewirtschaft sowie der Herstellung und Bearbeitung von Metallen, der Metall verarbeitenden und der chemischen Industrie und der Abfallbehandlung sowie sonstiger Industriezweige. Der Genehmigungsvorbehalt des Art. 4 IVU-RL ist dabei nicht allein auf bestimmte Tätigkeiten, bei denen bestimmte Stoffe verarbeitet werden oder anfallen, bezogen, sondern mit dem in Art. 2 Nr. 3 der IVU-RL näher definierten Begriff der Anlage verknüpft. In **materieller Hinsicht** regelt die Richtlinie Grundpflichten und Genehmigungsvoraussetzungen für den Betrieb von Vorhaben bestehender und neuer Industrieanlagen. Sie beziehen sich auf die integrierte Vermeidung und Verminderung der Freisetzung von Stoffen, Erschütterungen, Wärme oder Lärm in Luft, Wasser und Boden, unter Einbeziehung der Abfallwirtschaft, außerdem die Einhaltung der Umweltqualitätsnormen sowie einer regelmäßigen Überprüfung und ggf. Anpassung der Genehmigungsauflagen. In **verfahrensrechtlicher Hinsicht** finden sich u. a. Regelungen betreffend die genehmigungspflichtigen Anlagen, über Genehmigungsantrag, Öffentlichkeitsbeteiligung und Auflagen. Die Richtlinie überschreitet einen spezifisch medialen Schutzansatz und richte sich auf übermediale Voraussetzungen für die Genehmigung des Betriebes von Industrieanlagen. 2919

Das **nationale Umsetzungsrecht** hat allgemeine Prinzipien und Grundpflichten des Betreibers zu regeln. Die materiellen Genehmigungsanforderungen der IVU-RL ergeben sich aus Art. 9 i.V. mit Art. 3 und 10 IVU-RL. Dabei enthält **Art. 3 IVU-RL** Prinzipien zu den der Genehmigung zugrunde zu legenden zentralen Betreiberpflichten, die teilweise in den Art. 9 und 10 IVU-RL über Emissionsgrenzwerte und Umweltqualitätsnormen konkretisiert werden. Es müssen nach Art. 3 IVU-RL die erforderlichen Vorkehrungen für den Betrieb der Anlagen getroffen werden, wobei sicherzustellen ist, dass (1) alle geeigneten Vorsorgemaßnahmen gegen Umweltverschmutzungen, insbesondere durch den Einsatz der besten verfügbaren Techniken, getroffen werden, (2) keine erheblichen Umweltverschmutzungen verursacht werden, (3) die Entstehung von Abfällen vermieden wird, (4) Energie effizient verwendet wird, (5) die notwendigen Maßnahmen ergriffen werden, um Unfälle zu verhindern und deren Folgen zu begrenzen sowie (6) bei einer endgültigen Stilllegung die erforderlichen Maßnahmen zur Vermeidung von Gefahren vermieden werden. Die genannten Grundpflichten spiegeln zum einen die systematische Differenzierung zwischen Vorsorge- und Schutzpflichten wider, die sich auch in § 5 I Nr. 1 und 2 BImSchG finden. Zum anderen kommt in diesen Vorschriften über die Begriffe „Umweltverschmutzung" und „beste verfügbare Techniken" der integrative Ansatz der IVU-RL zum Ausdruck. 2920

Die IVU-RL beschränkt sich dabei nicht auf eine Integration von Verfahren, sondern verlangt eine **materiellrechtliche Integration** aller umweltrelevanten Anforderungen an den Betrieb der Anlage, wie sich aus Art. 7 und 9 IVU-RL ergibt. Insbesondere sind nach Art. 9 III und IV IVU-RL Emissionsgrenzwerte auf die besten verfügbaren Techniken zu stützen und im Einzelfall unter Berücksichtigung einer Verlagerung der Verschmutzung von einem Medium auf ein anderes festzusetzen. Diese Festlegung kann allerdings auch durch bindende allgemeine Vorschriften erfolgen, sofern diese ihrerseits dem integrativen Ansatz Rechnung tragen (Art. 9 VIII IVU-RL). Das europäische Anlagenzulassungsrecht enthält in Art. 3 S. 1c) IVU-RL eine Grundpflicht zur Vermeidung und Beseitigung von Abfällen. Hierdurch wird ein grundsätzlicher Vorrang der Vermeidung vor der Verwertung und der Beseitigung eingeführt. § 5 I Nr. 3 BImSchG enthält demgegenüber nur einen relativen Vorrang der Abfallvermeidung. Die Vermeidungspflicht entfällt, wenn die Abfälle einer ordnungsgemäßen und schadlosen Verwertung zugeführt werden. Zudem enthält das 2921 europäische Umweltrecht in Art. 3 S. 1 d) IVU-RL eine Grundpflicht zur effizienten Energieverwertung. Art. 3 S. 1 e) IVU-RL verpflichtet den Anlagenbetreiber zur Verhinderung von Unfällen und zur Begrenzung von Unfallfolgen. Art. 3 S. 1 f) IVU-RL enthält die Stilllegung betreffende Betreiberpflichten, die in § 5 III BImSchG geregelt sind.

2922 **Neue Anlagen** sind nach Art. 4 IVU-RL einem Genehmigungsverfahren zu unterwerfen. Zugleich werden Anforderungen an Inhalt und Umfang des Genehmigungsantrages (Art. 6 IVU-RL), die Öffentlichkeitsbeteiligung (Art. 15 IVU-RL), an die grenzüberschreitende Behörden- und Öffentlichkeitsbeteiligung (Art. 17 IVU-RL), an die Koordinierung des Genehmigungsverfahrens und der Genehmigungsauflagen bei mehreren beteiligten Zulassungsbehörden (Art. 7 IVU-RL) und an die formalen Anforderungen für die Genehmigungsentscheidung (Art. 8 IVU-RL) gestellt. Art. 12 IVU-RL sieht präventive Kontrollen auch im Fall von **Anlagenänderungen** vor. Nach Art. 12 I IVU-RL ist jede Änderung eines Betriebes, die Auswirkungen auf die Umwelt haben kann, der zuständigen Behörde mitzuteilen. Bei wesentlichen Änderungen des Betriebs i. S. von Art. 2 Nr. 10 b) IVU-RL findet gem. Art. 12 II IVU-RL demgegenüber ein förmliches Genehmigungsverfahren mit Öffentlichkeitsbeteiligung statt.

2923 **Bestehende Anlagen** können nach Art. 5 IVU-RL mit Genehmigungsauflagen versehen werden. Art. 6 IVU-RL stellt Anforderungen an den Genehmigungsantrag. Art. 7 IVU-RL verpflichtet die Mitgliedstaaten auf die Umsetzung eines integrierten Konzeptes bei der Erteilung der Genehmigung. Die Mitgliedstaaten treffen danach die erforderlichen Maßnahmen für eine vollständige Koordinierung des Genehmigungsverfahrens und der Genehmigungsauflagen, wenn bei diesem Verfahren mehrere Behörden mitwirken, um ein wirksames integriertes Konzept aller für diese Verfahren zuständigen Behörden sicherzustellen. Die besten verfügbaren Techniken und Umweltqualitätsnormen sind durch entsprechende Auflagen in die Einzelgenehmigung umzusetzen (Art. 10 IVU-RL). Die besten verfügbaren Techniken werden auf Veranlassung der Mitgliedstaaten durch die national zuständigen Behörden entwickelt (Art. 11 IVU-RL). Die zuständigen Behörden überprüfen und aktualisieren vor diesem Hintergrund die erforderlichen Genehmigungsauflagen (Art. 13 IVU-RL) und sichern deren Einhaltung (Art. 14 IVU-RL). Art. 15 IVU-RL verpflichtet die Mitgliedstaaten zu entsprechenden Regelungen über den Zugang zu Informationen und die Beteiligung der Öffentlichkeit am Genehmigungsverfahren. Hierdurch wird die Informationsrichtlinie[368] ergänzt. Anträge auf Genehmigung auf Genehmigung neuer Anlagen oder wesentlicher Änderungen sind danach der Öffentlichkeit während eines angemessenen Zeitraums zugänglich zu machen, um eine Stellungnahme zu ermöglichen, bevor die zuständige Behörde eine Entscheidung über das Vorhaben trifft. Auch die Entscheidung selbst einschließlich einer Durchschrift der Genehmigung und etwaiger nachfolgender überarbeiteter Fassungen müssen der Öffentlichkeit zur Verfügung stehen. Art. 16 IVU-RL regelt einen **Informationsaustausch** zwischen den Mitgliedstaaten und der Kommission. Alle drei Jahre veröffentlicht die Kommission die Ergebnisse des Informationsaustausches (Art. 16 II IVU-RL). Im Rahmen des Informationsaustausches nach Art. 16 IVU-RL werden Referenzdokumente für beste verfügbare Techniken entwickelt. Im Anhang IV ist hierfür ein Kriterienkatalog vorgegeben. Ziel dieses Informationsaustausches ist es, einen Ausgleich des Ungleichgewichts auf technologischer Ebene in der Gemeinschaft zu erreichen. Hierzu werden Merkblätter erarbeitet, die den besten verfügbaren Stand der Techniken für den jeweiligen Prozess beschreiben. Die EU-Kommission hat sich für das Erstellen dieser Merkblätter in den nächsten Jahren ein umfangreiches Arbeitsprogramm vorgenommen. Die Merkblätter werden von der Generaldirektion XII der Europäischen Kommission in Sevilla auf der Grundlage von Informationsmaterial erstellt.

---

[368] Vom 7. 6. 1990 (90/313/EWG) ABl. EG 1990 Nr. L 198, S. 56 = NVwZ 1990, 844; *Engel* Die UI-Richtlinie 1993; *Erichsen/Scherzberg* UI-Richtlinie 1992; *Fluck/Theuer* UIG; *Winter* (Hrsg.) Öffentlichkeit von Umweltinformationen 1990.

1. Teil. Umwelt- und naturschutzbezogene EG-Richtlinien **2924–2927 D**

Bei **grenzüberschreitenden Auswirkungen** ist nach Art. 17 IVU-RL ein Konsulta- 2924
tionsverfahren vorgesehen. Der Vereinheitlichung umweltrechtlicher Standards dienen
gemeinschaftliche Emissionsgrenzwerte, die auf Vorschlag der Kommission durch den
Rat unter Einhaltung des dafür vorgesehenen Verfahrens festgelegt werden (Art. 18 IVU-
RL). Art. 21, 22 IVU-RL bestimmen die Frist zur Umsetzung in nationales Recht auf Ende Oktober 1999. Im Anhang I sind verschiedene Kategorien von industriellen Tätigkeiten
nach Art. I IVU-RL festgelegt. Es fallen darunter Anlagen der Energiewirtschaft, die Herstellung und Verarbeitung von Materialien, Anlagen der mineralverarbeitenden Industrie,
der chemischen Industrie, der Abfallbehandlung und Anlagen aus sonstigen Industrie-
zweigen. Anhang III enthält ein Verzeichnis der wichtigsten Schadstoffe, deren Berücksichtigung vorgeschrieben ist, sofern sie für die Festlegung der Emissionsgrenzwerte von
Bedeutung sind. Im Anhang IV sind zusätzliche Angaben zur Festlegung der besten verfügbaren Techniken enthalten.[369] Ob die IVU-RL die in sie gesetzten Erwartungen erfüllt, wird sich erst nach mehrjähriger Genehmigungspraxis erweisen. Dabei kommt den
Mitgliedstaaten eine hohe Verantwortung bei der Umsetzung zu. Ebenso bedeutsam sind
aber wohl auch der Inhalt der zu erarbeitenden Referenzdokumente (BREF).

Zur **Umsetzung der IVU-RL** sind verschiedene **Modelle** erörtert worden: 2925
– Umsetzung „innerhalb" des geltenden Zulassungsrechts durch Änderung des BImSchG,
– Umsetzung im Rahmen eines Artikelgesetzes,[370]
– Umsetzung durch ein eigenes IVU-Gesetz,
– Umsetzung im Rahmen des allgemeinen Teils eines Umweltgesetzbuches,[371]
– Umsetzung durch ein UGB-Vorschaltgesetz.[372]

Die Richtlinie ist inzwischen durch verschiedene Gesetze u. a. auch durch eine Ände- 2926
rung des BImSchG umgesetzt worden. Durch den integrativen Ansatz der IVU-RL im
deutschen Recht ergibt sich nicht notwendig eine Pflichtenerweiterung, weil der Anlagenbetreiber schon bisher nicht nur die Pflichten des § 5 BImSchG zu erfüllen hat, sondern über § 6 I Nr. 2 BImSchG auch andere öffentlich-rechtliche Gesetze etwa wasserrechtlicher Art einzuhalten hat. Dem Vereinheitlichungsauftrag der IVU wird durch die
Gestaltung des Genehmigungsverfahrens Rechnung getragen werden müssen. Zwar
schreibt die IVU-RL nicht ein einheitliches Genehmigungsverfahren vor. Art. 7 IVU-
RL verlangt jedoch eine vollständige Koordinierung des Genehmigungsverfahrens und
der Genehmigungsauflagen, wenn mehrere zuständige Behörden an der Anlagengenehmigung mitwirken.

IX. Umwelt-Audit-VO

In manchen Richtlinien findet eine Verlagerung der Verfahrensverantwortung in der 2927
Weise statt, dass die permanente Überwachung durch den Betreiber selbst ausführlich geregelt wird.[373] In engem Zusammenhang damit steht die Regelung der Umwelt-Audit-
Verordnung aus dem Jahre 1993 über „die freiwillige Beteiligung gewerblicher Unternehmen an einem Gemeinschaftssystem für das Umweltmanagement und die Umweltbetriebsprüfung".[374] Die Eigenverantwortung der Unternehmen soll durch ein europaweites
System des freiwilligen betrieblichen Umweltschutzes gestärkt werden, das durch weit-

---

[369] Weitere Einzelheiten bei *Rengeling* (Hrsg.), Auf dem Wege zum UGB I, 1998; *Stüer/Müller* DVBl. 1998, 1011.
[370] (nicht besetzt)
[371] Vgl. zum damaligen Stand: Umweltbundesamt (Hrsg.), Zukunftssicherung durch Kodifikation des Umweltrechts. Politisches Kolloquium zum Umweltgesetzbuch am 19. 10. 1995 in Potsdam, Berichte 2/96.
[372] *Dolde* NVwZ 1997, 313.
[373] Vgl. dazu etwa Art. 13 des Gemeinsamen Standpunktes zu einer Richtlinie über Abfalldeponien, ABl. EG 1996 Nr. C 59, S. 1.
[374] ABl. EG 1993 Nr. L 168, S. 1; vgl. dazu auch das in der Bundesrepublik ergangene Umwelt-
Audit-Gesetz.

1129

gehende Selbstorganisation und Selbstkontrolle der Unternehmen gekennzeichnet ist. Umweltmanagement und Umweltbetriebsprüfung werden in der EG-Umwelt-Audit-VO[375] grundgelegt.[376] Die EG-Umwelt-Audit-VO sieht vor, dass die Mitgliedstaaten den rechtlichen Rahmen für ein System des betrieblichen Umweltschutzes schaffen, das unter Aufsicht unabhängiger Umweltgutachter und einer begrenzten Kontrolle durch Verwaltung und Öffentlichkeit an dem Grundsatz der freiwilligen Selbstverpflichtung der Unternehmen ausgerichtet ist.[377] Das Umwelt-Audit hat eine Doppelfunktion. Es ist einerseits marktwirtschaftliches Instrument, andererseits ein in die Hand des Unternehmens gelegtes innerbetriebliches Vollzugsinstrument. Ziel des Systems ist die Förderung der kontinuierlichen Verbesserung des betrieblichen Umweltschutzes im Rahmen der gewerblichen Tätigkeit durch standortbezogene Umweltpolitik, -programme und -managementsysteme durch die Unternehmen, die systematische, objektive und regelmäßige Bewertung der Leistung dieser Instrumente und die Bereitstellung von Informationen über den betrieblichen Umweltschutz für die Öffentlichkeit (Art. 1 II EG-Umwelt-Audit-VO). Das Umweltmanagementsystem ist Teil eines übergreifenden Managementsystems, das die Organisationsstruktur, Zuständigkeiten, Verhaltensweisen, förmlichen Verfahren, Abläufe und Mittel für die Festlegung und Durchführung der Umweltpolitik einschließt.[378] Die freiwillige Beteiligung an dem neuen System ist an eine Reihe von Eingangsvoraussetzungen geknüpft, die u. a. auch eine Umweltbetriebsprüfung umfassen (Art. 3 EG-Umwelt-Audit-VO). Die Umweltbetriebsprüfung beinhaltet ein Managementinstrument, das eine systematische, dokumentierte, regelmäßige und objektive Bewertung der Leistung der Organisation, des Managements und der Abläufe zum Schutz der Umwelt umfasst und der Erleichterung der umweltrelevanten Managementkontrolle und der Beurteilung der Übereinstimmung mit der Unternehmenspolitik im Umweltbereich dient (Art. 2 f. Öko-Audit-VO). Die interne Umweltbetriebsprüfung an einem Standort wird durch Betriebsprüfer des Unternehmens oder durch für das Unternehmen tätige externe Personen oder Organisationen durchgeführt (Art. 4 I EG-Umwelt-Audit-VO). Der Betriebsprüfer kann zur Belegschaft des Unternehmens gehören oder unternehmensfremd sein. Er handelt im Namen der Unternehmensleitung und verfügt über entsprechende fachliche Qualifikationen. Der Betriebsprüfer muss über eine ausreichende Unabhängigkeit vom Unternehmen verfügen, um eine objektive Beurteilung zu gewährleisten (Art. 2 I Öko-Audit-VO). Die Mitgliedstaaten regeln das Zulassungsverfahren und die Aufsicht über die Tätigkeit der Umweltgutachter (Art. 6 EG-Umwelt-Audit-VO). Die Standorte werden nach entsprechender Prüfung in einer Umwelterklärung beschrieben und in ein Verzeichnis aufgenommen (Art. 8 EG-Umwelt-Audit-VO), das von der Kommission jährlich im Amtsblatt der EG veröffentlicht wird (Art. 9 EG-Umwelt-Audit-VO). Die Unternehmen können eine Teilnahmeerklärung verwenden, in der die Art der Teilnahme deutlich zum Ausdruck kommt. Die Teilnahmeerklärung darf allerdings weder in der Produktwerbung verwendet noch auf den Erzeugnissen selbst oder auf ihrer Verpackung angegeben werden (Art. 10 EG-Umwelt-Audit-VO). Die Teilnahme soll nicht nur großen, sondern auch kleinen und mittleren Unternehmen ermöglicht werden (Art. 13 EG-Umwelt-Audit-VO).[379]

---

[375] Verordnung (EWG) Nr. 1836/93, ABlEG Nr. L 168/1 vom 10. 7. 1993 über die freiwillige Beteiligung gewerblicher Unternehmen an einem Gemeinschaftssystem für das Umweltmanagement und die Umweltbetriebsprüfung.

[376] Zum Umwelt-Auditing *Führ* EuZW 1992, 468; *ders.* NVwZ 1993, 858; *Sellner/Schnutenhaus* NVwZ 1993, 928; *Steiger* (Hrsg.) Umwelt-Auditing 1991; *ders.* (Hrsg.), Handbuch des Umweltmanagements Anforderungs- und Leistungsprofile von Unternehmen und Gesellschaft 1992; *Stüer* DVBl. 1991, 1355.

[377] Die Frist zur Umsetzung war bis zum April 1995 festgelegt.

[378] Vgl. Art. 2 e) Öko-Audit-VO.

[379] Die Autoindustrie beispielsweise hat sich dabei an den drei großen „A" (Abluft, Abwasser und Abfall) ausgerichtet.

1. Teil. Umwelt- und naturschutzbezogene EG-Richtlinien

Die EG-Umwelt-Audit-VO, die als **Verordnung** nach Art. 249 EGV **unmittelbar** in den Mitgliedstaaten gilt, ergänzt im deutschen Recht insbesondere § 52a BImSchG. Danach haben Kapital- und Personengesellschaften, deren Außenvertretung durch mehrere Personen wahrgenommen wird, der Vollzugsbehörde anzuzeigen, wer von den vertretungsberechtigten Personen für die Einhaltung der Pflichten des Betreibers von genehmigungsbedürftigen Anlagen verantwortlich ist (§ 52a I BImSchG). Außerdem ist der Behörde mitzuteilen, auf welche Weise sichergestellt ist, dass die immissionsschutzrechtlichen Vorschriften beim Betrieb genehmigungsbedürftiger Anlagen beachtet werden (§ 52a II BImSchG). Diese konkreten Betreiberpflichten sind Ausfluss der allgemeinen Grundpflichten nach den §§ 5, 6 BImSchG. Ziel der EG-Umwelt-Audit-VO ist es, auf freiwilliger Basis ein System zur Bewertung und Verbesserung des betrieblichen Umweltschutzes im Rahmen von gewerblichen Tätigkeiten und zur geeigneten Unterrichtung der Öffentlichkeit zu schaffen. Zu diesem Zweck können sich Unternehmen, die an einem oder an mehreren Standorten eine gewerbliche Tätigkeit ausüben, freiwillig für die Teilnahme an dem System registrieren lassen. Die Registrierung berechtigt sie, eine Teilnahmeerklärung zu führen, welche ihnen bestätigt, dass sie an dem betreffenden Standort über ein Umweltmanagement verfügen und die Öffentlichkeit über den betrieblichen Umweltschutz an diesem Standort unterrichtet wird. Zugleich sind die registrierten Betriebe verpflichtet, den betrieblichen Umweltschutz angemessen und kontinuierlich zu verbessern, um die Umweltauswirkungen in einem solchen Umfang zu verringern, wie es wirtschaftlich vertretbar ist. Das Verfahren vollzieht sich in drei Stufen:

— Es beginnt mit dem Aufbau bestimmter betrieblicher Umweltinstrumente, insbesondere einem standortbezogenen Umweltmanagementsystem, einschließlich der systematischen, objektiven und regelmäßigen Bewertung der Leistung dieser Instrumente als dem Öko-Audit im engeren Sinne (1. Stufe).
— Es schließt sich die Unterrichtung der Öffentlichkeit über den betrieblichen Umweltschutz in Form einer von einem zugelassenen Umweltgutachter erteilten Umwelterklärung an (2. Stufe).
— Die Umwelterklärung wird durch externe Umweltgutachter für gültig erklärt und der Standort von der zuständigen Stelle in ein Verzeichnis eingetragen, das im EG-Amtsblatt veröffentlicht wird (3. Stufe). Die Teilnahmeerklärung darf allerdings weder in der Produktwerbung verwendet noch auf den Erzeugnissen oder auf ihren Verpackungen angegeben werden.

Die EG-Umwelt-Audit-VO beruht weitgehend auf anglo-amerikanischen Vorbildern, die weniger ordnungsrechtlich geprägt sind, sondern vorwiegend auf Kooperation zwischen Verwaltung und Unternehmen setzen. Während das deutsche Umweltrecht vor allem an einheitlichen Standards und Überwachungsverfahren orientiert ist, basiert der Umweltschutz dort auf ausfüllungsbedürftigen allgemeinen Zielen und Rechtsbegriffen, die im Einzelfall vielfach im Verhandlungswege zwischen Behörde und Unternehmen auszulegen und anzuwenden sind. Die EG-Umwelt-Audit-VO wird durch das **Umwelt-Auditgesetz (UAG)**[380] näher konkretisiert. Zweck des Gesetzes ist es, die EG-Umwelt-Audit-VO wirksam umzusetzen dadurch, dass (1) unabhängige, zuverlässige und fachkundige Umweltgutachter und Umweltgutachterorganisationen zugelassen werden, (2) eine wirksame Aufsicht über zugelassene Umweltgutachter und Umweltgutachterorganisationen ausgeübt wird und (3) Register über die geprüften Betriebsstandorte geführt werden. In der Bundesrepublik ist in diesem Zusammenhang eine intensive Diskussion darüber geführt worden, wie das Verhältnis der staatlichen Kontrolle zu der Selbstüber-

---

[380] Gesetz zur Ausführung der Verordnung (EWG) Nr. 1836/93 des Rates v. 29. 6. 1993 über die freiwillige Beteiligung gewerblicher Unternehmen an einem Gemeinschaftssystem für das Umweltmanagement und die Umweltbetriebsprüfung (Umweltauditgesetz – UAG) i. d. F. vom 4. 9. 2002 (BGBl. I S. 3490).

wachung der Wirtschaft gestaltet sein sollte.[381] Das UAG regelt das Zulassungsverfahren für Umweltgutachter, die zuverlässig (§ 5 UAG) und unabhängig sein und die erforderliche Fachkunde (§ 6 UAG) besitzen müssen. Die Fachkunde erfordert (1) in der Regel den Abschluss eines Studiums auf den Gebieten der Wirtschafts- oder Verwaltungswissenschaften, der Naturwissenschaften oder Technik, der Biowissenschaften oder des Rechts an einer Hochschule i. S. des § 1 HRG, (2) ausreichende Fachkenntnisse über Methodik und Durchführung der Umweltbetriebsprüfung, betriebliches Management, betriebsbezogene Umweltangelegenheiten, technische Zusammenhänge zu Tätigkeiten, auf die sich die Begutachtung erstreckt, und einschlägige Rechts- und veröffentlichte Verwaltungsvorschriften und Normen des betrieblichen Umweltschutzes. Zudem muss (3) eine mindestens dreijährige eigenverantwortliche hauptberufliche Tätigkeit als Freiberufler, in der Wirtschaft, in der Umweltverwaltung oder bei in der Umweltberatung tätigen Stellen nachgewiesen werden, bei der praktische Kenntnisse über den betrieblichen Umweltschutz erworben wurden. Auch Umweltgutachterorganisationen können zugelassen werden (§ 10 UAG). In § 28 UAG ist der Bundesumweltminister ermächtigt, eine oder mehrere juristische Personen des Privatrechts mit den Aufgaben der Zulassungsstelle durch Rechtsverordnung zu beleihen.[382] Geprüfte Betriebsstandorte werden in ein Register eingetragen. Die Eintragungen werden in einem Verzeichnis über den Bundesumweltminister der Kommission der Europäischen Gemeinschaft (EMAS-Register) übermittelt (§ 32 UAG).

2930 Durch die **UAG-Erweiterungsverordnung** sind in den Anwendungsbereich des Gemeinschaftssystems für das Umweltmanagement und die Umweltbetriebsprüfung Körperschaften des öffentlichen Rechts und Unternehmen einbezogen worden, soweit sie eine Tätigkeit an einem oder mehreren Standorten ausüben, die zu den im Anhang zu der UAG-ErwV genannten Bereichen gehört. Im Anhang sind u. a. Anlagen zur Erzeugung von Strom, Gas, Dampf, Heisswasser sowie Recycling, Behandlung, Vernichtung oder Endlagerung von festen oder flüssigen Abfällen, Betriebe der Energie- und Wasserversorgung sowie der Abwasserbeseitigung und andere Entsorgungsbetriebe, Betriebe des Groß- und Einzelhandels, Eisenbahnen, sonstiger Landverkehr, Binnenschifffahrt, Linienflugverkehr, das Kreditgewerbe, Gastgewerbe, technische, physikalische und chemische Untersuchung, öffentliche Verwaltung von Gemeinden und Kreisen sowie Feuerschutz und die öffentliche Sicherheit und Ordnung von Gemeinden und Kreisen, öffentliches und privates Bildungswesen, Betrieb und technische Hilfsdienste für kulturelle Leistungen sowie Bibliotheken und Museen, botanische und zoologische Gärten, Sportanlagen sowie Wäschereien, chemische Reinigungen und Bekleidungsfärbereien benannt.

2931 In den materiellen Zielen des Umweltschutzes besteht, was den Pflichtenkatalog des § 5 BImSchG angeht, zwischen Umwelt-Audit und Ordnungsrecht große Übereinstimmung, wobei die Einhaltung aller einschlägigen Umweltvorschriften und darüber hinaus eine angemessene kontinuierliche Verbesserung des betrieblichen Umweltschutzes erforderlich ist (Art. 1 III, Art. 3 EG-Umwelt-Audit-VO). Im gesetzesunabhängigen Bereich geht das Umwelt-Audit allerdings weit über § 5 BImSchG hinaus. Es bezieht das gesamte Energiemanagement ein, die Bewirtschaftung, Einsparung, Auswahl und den Transport von Rohstoffen, die Wasserbewirtschaftung und Wassereinsparung, ferner den Produktbereich, von der Produktentwicklung über Verpackung, Transport, Verwendung bis zur Endlagerung und schließlich die Gestaltung der vertraglichen Beziehungen zu Kunden

---

[381] Vgl. dazu etwa die Beiträge von *Hansmann* und *Fleckenstein* in: Rengeling (Hrsg.), Integrierter und betrieblicher Umweltschutz, 1996, S. 207 bzw. 219; vgl. auch *Bohne*, Die integrierte Genehmigung als Grundlage der Vereinheitlichung und Vereinfachung des Zulassungsrechts und seiner Verknüpfung mit dem Umwelt-Audit, ebenda, S. 105; *Rengeling* in Stüer (Hrsg.), Verfahrensbeschleunigung, 1997, S. 45.

[382] Verordnung über die Beleihung der Zulassungsstelle nach dem UAG v. 18. 12. 1995 (BGBl. I 2013).

und Lieferanten. Die Industrie wird so in die Pflicht genommen, an der Lösung der Umweltprobleme selbst auf freiwilliger Basis und durch Einsatz marktwirtschaftlicher Elemente teilzunehmen. Die Verbindung von Marktwirtschaft und Ordnungsrecht lässt allerdings nicht geringe Probleme wohl auch im Vollzug erwarten. Auf der anderen Seite kann sich die Eigendynamik zu Gunsten des Umweltschutzes auswirken. Vor diesem Hintergrund dürfen die Unternehmen nicht überfordert werden. Hält das Unternehmen die untergesetzlich vorgeschriebenen Emissionswerte ein, so besteht darüber hinaus eine weitere Pflicht, den betrieblichen Umweltschutz ständig zu verbessern, nicht. Erhebliche Veränderungen wird die EG-Umwelt-Audit-VO und das UAG vor allem auf die Betriebsorganisation der Unternehmen haben, in die das EG-Recht durch das Umweltmanagementsystem einwirken will.

X. Seveso-II-Richtline

Für Betriebe, in denen gefährliche Stoffe in Mengen vorhanden sind, hat die EG-Kommission die Seveso-II-RL erlassen.[383] Die RL bezweckt die **Verhütung schwerer Unfälle mit gefährlichen Stoffen** und die **Begrenzung der Unfallfolgen** für Mensch und Umwelt, um auf abgestimmte und wirksame Weise in der ganzen Gemeinschaft ein hohes Schutzniveau zu gewährleisten (Art. 1 Seveso-II-RL). Die gefährlichen Stoffe, für die Seveso-II-RL gilt, sind in Anhang I der RL im Einzelnen aufgeführt. Schwerer Unfall ist wie z. B. eine Emission, ein Brand oder eine Explosion größeren Ausmaßes – ein Ereignis, das sich aus unkontrollierten Vorgängen in einem unter die RL fallenden Betrieb ergibt, das unmittelbar oder später innerhalb oder außerhalb des Betriebs zu einer ernsten Gefahr für die menschliche Gesundheit oder die Umwelt führt und bei dem ein gefährlicher Stoff beteiligt ist. Gefahren können sich aus gefährlichen Stoffen oder einer konkreten Situation ergeben, von denen die Möglichkeit eines Schadens für Mensch oder Umwelt ausgeht (Art. 3 Seveso-II-RL). Die RL gilt nicht für militärische Einrichtungen, Anlagen oder Lager, nicht für durch ionisierende Strahlung entstehende Gefahren und auch nicht für die Beförderung gefährlicher Stoffe und für deren zeitlich begrenzte Zwischenlagerung. Die Mitgliedstaaten sorgen nach Art. 5 Seveso II-RL dafür, dass der Betreiber verpflichtet ist, alle notwendigen Maßnahmen zu ergreifen, um schwere Unfälle zu verhüten und deren Folgen für Mensch und Umwelt zu begrenzen. Außerdem sind die Betreiber zu verpflichten, der zuständigen Behörde jederzeit vor allem zu Kontrollzwecken nachzuweisen, dass er alle erforderlichen Maßnahmen i. S. der RL getroffen hat. Für die Betriebe werden Mitteilungspflichten begründet. Außerdem sind die Betriebe verpflichtet, ein Konzept zur Verhütung schwerer Unfälle auszuarbeiten (Art. 7 Seveso-II-RL) und einen Sicherheitsbericht zu erstatten (Art. 9 Seveso-II-RL). Die der Gefahr von Domino-Effekten haben die betroffenen Betriebe zusammenzuarbeiten und entsprechende Informationen auszutauschen (Art. 8 Seveso-II-RL). Durch Notfallpläne (Art. 11 Seveso-II-RL), Überwachungsmaßnahmen bei der Ansiedlung (Art. 12 Seveso-II-RL) und die Information über Sicherheitsmaßnahmen (Art. 13 Seveso-II-RL) und bei schweren Unfällen (Art. 14 Seveso II-RL), durch laufende Überwachung der Betriebe (Art. 18 Seveso-II-RL) und durch einen geeigneten Informationsaustausch (Art. 19 Seveso-II-RL) soll die Sicherheit verstärkt und Gefahren wirksam begegnet werden. In sechs Anhängen sind Einzelheiten über die Anwendbarkeit der Richtlinie, Mindestangaben und Mindestinformationen, Grundsätze und Informationen betreffend das Management und die Betriebsorganisation im Hinblick auf die Verhütung schwerer Unfälle, die in die Notfallpläne aufzunehmenden Angaben und Informationen, die Öffentlichkeitsbeteiligung und die Kriterien für die vorgesehene Unterrichtung der Kommission über einen Unfall niedergelegt.

---

[383] Richtlinie des Rates der Europäischen Union vom 9. 12. 1996 zur Beherrschung der Gefahren bei schweren Unfällen mit gefährlichen Stoffen (96/82/EG) (ABl. EG L 010 v. 14. 1. 1997, S. 0013).

2933 Die Seveso-II-RL hat zu einer **Ergänzung** des § 50 BImSchG geführt. Danach sind bei raumbedeutsamen Planungen und Maßnahmen die für eine bestimmte Nutzung vorgesehenen Flächen so zuzuordnen, dass schädliche Umwelteinwirkungen und von schweren Unfällen i. S. des Art. 3 der Seveso-II-RL in Betriebsbereichen hervorgerufenen Auswirkungen auf die ausschließlich oder überwiegend dem Wohnen dienenden Gebiete sowie auf sonstige schutzbedürftige Gebiete so weit wie möglich vermieden werden.

2934 Eine weitere Umsetzung der Seveso-II-RL erfolgte in der geänderten **Störfall-VO (12. BImSchV)**.[384] Unter Störfall wird dabei eine Störung des bestimmungsgemäßen Betriebs verstanden, bei der ein Stoff nach den Anhängen II, III oder IV durch Ereignisse wie größere Emissionen, Brände oder Explosionen sofort oder später eine ernste Gefahr hervorruft. Dies gilt etwa bei der Bedrohung von Leib und Leben der Menschen oder bei schwerwiegenden Gesundheitsbeeinträchtigungen, bei Gesundheitsgefährdungen für eine größere Zahl von Menschen oder Schädigungsgefahren für die Umwelt (§ 2 Störfall-VO). Der Betreiber einer Anlage ist zur Störfallvorsorge und zur Störfallabwehr verpflichtet. Hierzu sieht § 3 Störfall-VO bestimmte Sicherheitspflichten vor, denen der Betreiber nachkommen muss. Zugleich werden Anforderungen an die Verhinderung von Störfällen (§ 4 Störfall-VO) und die Begrenzung der Auswirkungen von Störfällen (§ 5 Störfall-VO) gestellt. Gefahren soll in einer Sicherheitsanalyse (§ 7 Störfall-VO) nachgegangen werden. Störfälle und Betriebsstörungen sind der zuständigen Behörde zu melden. Auch sind gefährdete Personenkreise und ggf. die Öffentlichkeit über getroffene Sicherheitsmaßnahmen und das richtige Verhalten bei Störfällen zu informieren (§ 11 Störfall-VO). In Anhängen zur Störfall-VO sind verschiedene Anlagen aufgeführt, für die die Störfall-VO gilt (Anhang I), eine Liste einzelner Stoffe oder Zubereitungen für genehmigungsbedürftige Anlagen außer Lägern (Anhang II), eine Liste einzelner Stoffe oder Zubereitungen für verschiedene Läger (Anhang III), Kategorien gefährlicher Stoffe und Zubereitungen (Anhang IV), Mitteilungen nach § 11 III Störfall-VO (Anhang V) und die Information der Öffentlichkeit (Anhang VI).

Beispiel: Ein **Flüssiggas-Tanklager** muss zur Verhinderung eines Störfalls nach § 3 I, III der 12. BImSchV einen ausreichenden Sicherheitsabstand haben. Die Reichweite von Sicherheitsabständen ist unter Beachtung des Grundsatzes der Verhältnismäßigkeit von der Behörde danach zu bestimmen, mit welchen Auswirkungen bei Störfällen aufgrund der konkreten Beschaffenheit und Lage der genehmigten Anlage zu rechnen ist. Die erforderlich Risikoermittlung und -bewertung muss anlagenbezogen erfolgen.[385]

XI. Gewässergüte

2935 Durch die Richtlinie 76/464/EWG[386] soll eine Verbesserung der **Gewässergüte** bewirkt werden. Die Richtlinie bezweckt nach ihrer ersten Begründungserwägung den Schutz der Gewässer der Gemeinschaft gegen Verschmutzung, insbesondere durch bestimmte langlebige, toxische und biologisch akkumulierbare Stoffe, deren Familien und Gruppen im Anhang der Richtlinie aufgeführt sind. Sie unterscheidet dazu zwischen zwei Kategorien von gefährlichen Stoffen, die in Liste I und Liste II des Anhangs aufgeführt sind. Die Liste I umfasst bestimmte Einzelstoffe, die hauptsächlich aufgrund ihrer Toxizität, ihrer Langlebigkeit und ihrer Bioakkumulation ausgewählt sind und den in der Liste aufgeführten Stofffamilien und -gruppen angehören. Wie sich aus Art. 2 und 3 der Richtlinie ergibt, bezweckt die Regelung für die Stoffe aus der **Liste I**, die Verschmutzung der Gewässer durch diese Stoffe zu beseitigen; jede Ableitung ist von einer vorherigen Genehmigung der zuständigen Behörde des betreffenden Mitgliedstaats abhängig zu

---

[384] Zwölfte Verordnung zur Durchführung des BImSchG (Störfall-Verordnung) i. d. F. der Bekanntmachung vom 26. 4. 2000 (BGBl. I 603).
[385] *VGH Kassel*, Urt. v. 23. 1. 2001 – 2 UE 2899/96 – UPR 2001, 396 = DVBl. 2001, 1874 (LS).
[386] Richtlinie 76/464/EWG des Rates v. 4. 5. 1976 betreffend die Verschmutzung infolge der Ableitung bestimmter gefährlicher Stoffe in die Gewässer der Gemeinschaft (ABl. EG L 129, S. 23).

machen, mit der gegebenenfalls Emissionsnormen festgelegt werden. Bezüglich dieser Stoffe sieht Art. 6 I und II der Richtlinie vor, dass der Rat auf Vorschlag der Kommission Grenzwerte, die die Emissionsnormen nicht überschreiten dürfen, und **Qualitätsziele** festlegt, wobei Letztere hauptsächlich nach Maßgabe der Toxizität, der Langlebigkeit und der Akkumulation dieser Stoffe in lebenden Organismen und Sedimenten zu bestimmen sind. Die **Liste II** umfasst nach ihrem ersten Gedankenstrich diejenigen Stoffe aus den in der Liste I aufgeführten Stofffamilien und Stoffgruppen, für die der Rat die in Art. 6 der Richtlinie vorgesehenen Emissionsgrenzwerte noch nicht festgesetzt hat. Unter den ersten Gedankenstrich der Liste II fallen zurzeit 99 Stoffe aus der Liste I. Die Liste II umfasst außerdem nach ihrem zweiten Gedankenstrich bestimmte Stoffe, deren schädliche Auswirkungen auf die Gewässer auf eine bestimmte Zone beschränkt sein können und von den Merkmalen des aufnehmenden Gewässers und der Lokalisierung abhängen. Die Regelung für die Stoffe aus der Liste II bezweckt nach Art. 2 der Richtlinie, die Verschmutzung der Gewässer durch diese Stoffe durch geeignete Maßnahmen zu reduzieren, die die Mitgliedstaaten zu ergreifen haben.[387]

Die **Bedeutung der Qualitätsziele** wird zusätzlich bekräftigt durch Art. 6 III der Richtlinie, der bestimmt: Die in Übereinstimmung mit Abs. 1 festgesetzten Grenzwerte gelten, ausgenommen in den Fällen, in denen ein Mitgliedstaat der Kommission nach einem vom Rat auf Vorschlag der Kommission festgelegten Überwachungsverfahren nachweisen kann, dass in dem gesamten geografischen Gebiet, das gegebenenfalls von den Ableitungen betroffen ist, den gemäß Abs. 2 festgelegten oder strengeren Qualitätszielen der Gemeinschaft aufgrund der Maßnahmen, die dieser Mitgliedstaat unter anderen trifft, zurzeit und auch künftig ständig entsprochen wird. Eine Ausnahme kann daher zwar bei der Einhaltung der Grenzwerte, nicht aber bei der Einhaltung der Qualitätsziele gewährt werden.[388]

Zur **Verringerung der Verschmutzung** der in Art. 1 genannten Gewässer durch die Stoffe aus der Liste II stellen die Mitgliedstaaten **Programme** auf, zu deren Durchführung sie insbesondere die in den II und II erwähnten Mittel anwenden (Art. 7 Richtlinie). Jede Ableitung in die in Art. 1 genannten Gewässer, die einen der Stoffe aus der Liste II enthalten kann, bedarf einer vorherigen Genehmigung durch die zuständige Behörde des betreffenden Mitgliedstaats, in der die Emissionsnormen festgesetzt werden. Diese sind nach den gemäß Abs. 3 festgelegten Qualitätszielen auszurichten. Die Programme gemäß Abs. 1 umfassen Qualitätsziele für die Gewässer, die unter Beachtung etwaiger Richtlinien des Rates festgelegt werden. Die Programme können auch spezifische Vorschriften für die Zusammensetzung und Verwendung von Stoffen und Stoffgruppen sowie Produkten enthalten; sie berücksichtigen die letzten wirtschaftlich realisierbaren technischen Fortschritte. In den Programmen werden die Fristen für ihre Durchführung festgelegt. Die Programme und die Ergebnisse ihrer Durchführung werden der Kommission in zusammenfassenden Übersichten mitgeteilt. Die Kommission nimmt mit den Mitgliedstaaten regelmäßig eine Gegenüberstellung dieser Programme im Hinblick auf eine ausreichende Harmonisierung ihrer Durchführung vor. Sie unterbreitet dem Rat, wenn sie es für erforderlich hält, einschlägige Vorschläge. Die Bundesrepublik Deutschland ist nach Auffassung des *EuGH* den sich aus der Richtlinie ergebenden Anforderungen nicht nachgekommen, weil sie entgegen Art. 7 der Richtlinie keine Programme mit Qualitätszielen zur Verringerung der Verschmutzung durch 99 Stoffe aus der Liste I im Anhang der Richtlinie aufgestellt hat.[389]

---

[387] *EuGH*, Urt. v. 11. 11. 1999 – Rs. C-184/97 – Kommission gegen Deutschland.
[388] *EuGH*, Urt. v. 11. 11. 1999 – Rs. C-184/97 – Kommission gegen Deutschland.
[389] *EuGH*, Urt. v. 11. 11. 1999 – Rs. C-184/97 – Kommission gegen Deutschland.

XII. Luftverkehr

2938 Die meisten am internationalen Luftverkehr teilnehmenden Staaten sind dem im Rahmen der **Internationalen Zivilluftfahrt-Organisation (ICAO)** abgeschlossenen **Luftfahrtabkommen** beigetreten. Es werden darin feste Grenzwerte für verschiedene Flugzeugtypen aufgestellt, die mit dem Gewicht und der Anzahl der Triebwerke variieren. Nähere Einzelheiten sind in den verschiedenen Anhängen (z. B. ICAO-Annex 14 und ICAO-Annex 16) des ICAO-Luftfahrtabkommens geregelt. Auf der Grundlage dieser internationalen Vereinbarungen hat die EG in mehreren **Richtlinien** auf eine Verringerung des Triebwerkslärms hingewirkt. Die Richtlinie zur Verringerung der Schallemissionen von Unterschallflugzeugen (80/51/EWG)[390] verpflichtet die Mitgliedstaaten, für zivile Luftfahrzeuge durch entsprechende Prüfungen die Einhaltung der ICAO-Lärmschutzbeschränkungen sicherzustellen. Auf der Grundlage entsprechender Prüfungen werden Lärmbescheinigungen erteilt, die die Grundlage für die Zulassung und den Betrieb der Flugzeugmodelle in dem jeweiligen Mitgliedstaat sind. Außerdem wird auf die einzelnen Kategorien des ICAO-Abkommens verwiesen. Die Richtlinie des Rates vom 4.12. 1989[391] enthält unter Bezugnahme auf das ICAO-Abkommen noch weitergehende Lärmschutzbestimmungen. Bereits ab 1990 werden nur noch „leise fliegende" Luftfahrzeuge in die Luftfahrzeugrollen der Mitgliedstaaten eingetragen, die die strengsten Voraussetzungen der ICAO-Kategorisierung **(sog. Kapitel-3-Flugzeuge)** erfüllen. Durch eine weitere Richtlinie[392] werden die Mitgliedstaaten verpflichtet, ein Anfliegen ihrer Flughäfen durch die ältesten und lautesten Flugzeuge i. S. dieser Kategorisierung grundsätzlich zu untersagen. Nach einer Übergangszeit mit Ausnahmeregelungen für abweichende Modelle dürfen schon ab dem 1. 4. 2002 gem. Art. 2 II der Richtlinie auf den Flughäfen der Mitgliedstaaten nur noch solche Flugzeuge landen, die den strengeren Kapitel-3-Normen des ICAO-Abkommens genügen.[393]

XIII. Abfallrahmenrichtlinie und Deponierichtlinie

2939 Die **Abfallrahmenrichtlinie**[394] will Unterschiede in den Rechtsvorschriften über die Abfallbeseitigung in den einzelnen Mitgliedstaaten beseitigen und zu einer Angleichung der abfallrechtlichen Regelungen beitragen. **Abfälle** sind danach alle Stoffe oder Gegenstände, deren sich der Besitzer entledigt oder gem. den geltenden einzelstaatlichen Vorschriften zu entledigen hat. Unter Beseitigung versteht die Abfallrahmen-RL das Einsammeln, Sortieren, Befördern und Behandeln von Abfällen und deren Lagerung und Anlagerung auf dem Boden oder im Boden sowie die erforderlichen Umwandlungsvorgänge zu ihrer Wiederverwendung, Rückgewinnung oder Verwertung (Art. 1 Abfallrahmen-RL). Die Abfallrahmen-RL gilt nicht für radioaktive Abfälle, Abfälle, die beim

---

[390] Richtlinie des Rates (80/51/EWG) v. 20. 12. 1979 zur Verringerung der Schallemissionen von Ultraschallflugzeugen (ABl. EG 1980 L 18/26, zuletzt geändert durch RL 83/206/EWG (ABl. EG 1983 L 117/15).
[391] Richtlinie des Rates 89/629/EWG zur Begrenzung der Schallemission von zivilen Unterschallflugzeugen v. 4. 12. 1989 (ABl. EG 1989 L 363/27). Die Einhaltung der Anforderungen der RL 89/629/EWG zur Begrenzung der Schallemissionen von zivilen Unterschall-Flugzeugen wird durch die vom Bundesverkehrsministerium erlassenen Lärmschutzanforderungen für Luftfahrzeuge (LSL) angestrebt; vgl. auch *Schulte/Schröder* DVBl. 2000, 1085.
[392] Richtlinie des Rates 92/14/EWG zur Einschränkung des Betriebs von Flugzeugen des Teils II Kapitel 2 Bd. I des Anhangs 16 zum Abkommen über die Internationale Zivilluftfahrt, 2. Ausgabe 1988 (ABl. EG 1992, L 76/21), berichtigt in ABl. EG 1993 L 92/52, zuletzt geändert durch die RL 99/28/EG (ABl. EG 1999 L 118/53).
[393] Die RL ist durch eine Änderung des § 11c LuftVO umgesetzt. *Koch*, Verkehrslärm, in: Rengeling (Hrsg.) EUDUR II, 1998, 277; *Schulte/Schröder* DVBl. 2000, 1085.
[394] Richtlinie des Rates 75/442/EWG über Abfälle v. 15. 7. 1975 (ABl. EG Nr. L 194 S. 39) i. d. F. der Richtlinie 91/156/EWG des Rates v. 18. 3. 1991 (ABl. EG L 78, S. 32).

Aufsuchen, Gewinnen, Aufbereiten und Lagern von Bodenschätzen sowie beim Betrieb von Steinbrüchen entstehen, Tierkörper und Tierkörperteile sowie landwirtschaftliche Abfälle wie Fäkalien und sonstige innerhalb des landwirtschaftlichen Betriebes verwendeten Stoffe, Abwasser mit Ausnahme flüssiger Abfälle, gasförmige Ableitungen in die Atmosphäre sowie Abfälle, die einer besonderen Gemeinschaftsregelung unterliegen.[395]

In den Art. 3, 4 und 5 der Richtlinie werden folgende **Ziele** festgelegt: Zunächst die Verhütung, die Verringerung, die Verwertung und die Nutzung von Abfällen, dann der Schutz der menschlichen Gesundheit und der Umwelt beim Umgang sowohl mit den zur Beseitigung als auch mit den zur Verwertung bestimmten Abfällen und schließlich die Errichtung eines integrierten Netzes von Abfallbeseitigungsanlagen auf Gemeinschaftsebene und, wenn möglich, auf nationaler Ebene. Nach Art. 5 der Richtlinie treffen die Mitgliedstaaten – in Zusammenarbeit mit anderen Mitgliedstaaten, wenn sich dies als notwendig oder zweckmäßig erweist – **Maßnahmen**, um ein **integriertes** und **angemessenes Netz** von **Beseitigungsanlagen** zu errichten, die den derzeit modernsten, keine übermäßig hohen Kosten verursachenden Technologien Rechnung tragen. Das Netz muss es der Gemeinschaft insgesamt erlauben, die Entsorgungsautarkie zu erreichen, und es jedem einzelnen Mitgliedstaat ermöglichen, diese Autarkie anzustreben, wobei die geografischen Gegebenheiten oder der Bedarf an besonderen Anlagen für bestimmte Abfallarten berücksichtigt werden. Dieses Netz muss es darüber hinaus gestatten, dass die Abfälle in einer der am nächsten gelegenen geeigneten Entsorgungsanlagen unter Einsatz von Methoden und Technologien beseitigt werden, die am geeignetsten sind, um ein hohes Niveau des Gesundheits- und Umweltschutzes zu gewährleisten. Durch Art. 7 der Richtlinie werden die Mitgliedstaaten sodann verpflichtet, zur Umsetzung der Ziele der Art. 3, 4 und 5 **Abfallbewirtschaftungspläne** zu erstellen, und es wird ihnen gestattet, Maßnahmen zu ergreifen, um das Verbringen von Abfällen zu unterbinden, das diesen Plänen nicht entspricht.

Die Mitgliedstaaten treffen die **geeigneten Maßnahmen**, um die Einschränkung der Abfallbildung, die Verwertung und Umwandlung von Abfällen, die Gewinnung von Rohstoffen und ggf. von Energie sowie alle anderen Verfahren zur Wiederverwendung von Abfällen zu fördern. Sie **unterrichten** die **Kommission** rechtzeitig über die Entwürfe von Regelungen, die solche Maßnahmen zum Gegenstand haben und insbesondere von jedem Entwurf einer Regelung für die Verwendung von Stoffen, deren Beseitigung technische Schwierigkeiten oder übermäßige Kosten verursachen könnte sowie die Forderung der mengenmäßigen Verringerung bestimmter Abfälle, der Aufbereitung von Abfällen im Hinblick auf ihre Verwertung und Wiederverwendung und der Rückgewinnung von Rohstoffen und der Gewinnung von Energie aus bestimmten Abfällen. Die **Unterrichtungspflicht** bezieht sich auch auf die Verwendung bestimmter natürlicher Rohstoffe einschließlich Energiequellen in den Bereichen, in denen diese durch wieder gewonnene Stoffe ersetzt werden können. Nach Art. 4 Abfallrahmen-RL treffen die Mitgliedstaaten die erforderlichen Maßnahmen, um sicherzustellen, dass die **Abfälle beseitigt** werden, ohne die menschliche Gesundheit zu gefährden oder die Umwelt zu schädigen und insbesondere ohne Wasser, Luft, Boden sowie Tier- und Pflanzenwelt zu gefährden, Geräusch- oder Geruchsbelästigungen zu verursachen sowie die Umgebung und das Landschaftsbild zu beeinträchtigen. Nach Art. 5 Abfallrahmen-RL setzen die Mitgliedstaaten die zuständigen Behörden ein, die damit beauftragt sind, in einem bestimmten Gebiet die Maßnahmen zur Abfallbeseitigung zu planen, zu organisieren, zu genehmigen und zu überwachen oder zu bestimmen. Die von den Mitgliedstaaten bestimmten Behörden erstellen sobald wie möglich **Pläne**, die insbesondere Art und Menge der zu beseitigenden Abfälle, allgemeine technische Vorschriften, geeignete Flächen für Deponien und besondere Vorkehrungen für bestimmte Abfälle umfassen (Art. 5 Abfallrahmen-RL). In diesen Plänen können beispielsweise angegeben sein die zur Beseitigung der Abfälle

---

[395] *EuGH*, Urt. v. 25. 6. 1998 – Rs. C-203/96 – Chemische Afvalstoffen Dusseldorp BV.

berechtigten natürlichen oder juristischen Personen, die geschätzten Kosten der Abfallbeseitigung sowie geeignete Maßnahmen zur Förderung der Rationalisierung der Sammlung, des Sortierens und der Behandlung von Abfällen (Art. 6 Abfallrahmen-RL). Die Mitgliedstaaten treffen nach Art. 7 Abfallrahmen-RL die erforderlichen **Vorkehrungen**, damit jeder Besitzer von Abfällen diese einem privaten oder öffentlichen Sammler oder Abfallbeseitigungsunternehmen übergibt oder selbst für die Beseitigung der Abfälle unter Einhaltung der Bestimmungen des Art. 4 Abfallrahmen-RL Sorge trägt. Zugleich verlangt die Abfallrahmen-RL ein **Genehmigungsverfahren** für alle Anlagen oder Unternehmen, in denen Abfälle für andere aufbereitet, gelagert oder abgelagert werden. Die Genehmigung betrifft insbesondere die Art und Menge der zu behandelnden Abfälle, allgemeine technische Vorschriften, die zu treffenden Vorsichtsmaßregeln sowie einen auf Verlangen der zuständigen Behörde vorzulegenden Nachweis über Ursprung, Bestimmung und Behandlung der Abfälle sowie ihrer Arten und Mengen (Art. 8 Abfallrahmen-RL). Anlagen und Unternehmen sind in regelmäßigen Zeitabständen zu **überwachen** (Art. 9 Abfallrahmen-RL). In die Überwachung sind auch Unternehmen einbezogen, die ihre Abfälle selbst befördern, sammeln, lagern, ablagern oder aufbereiten sowie Unternehmen, die fremde Abfälle sammeln oder befördern (Art. 10 Abfallrahmen-RL). Art. 11 Abfallrahmen-RL verpflichtet die Unternehmen auf das Verursacherprinzip. Die **Kosten** für die Abfallbeseitigung sind von den Abfallbesitzern zu tragen und den früheren Abfallbesitzern oder dem Hersteller der Erzeugnisse, von dem die Abfälle herrühren. Art. 12 Abfallrahmen-RL verpflichtet die Mitgliedstaaten in einem dreijährigen Turnus auf einen Bericht über die Abfallbeseitigung in ihrem Land. Art. 13 und Art. 14 Abfallrahmen-RL enthalten Umsetzungs- und Berichtspflichten.

2942　Im Hinblick auf die Erfüllung der grundlegenden Anforderungen der Abfallrahmenrichtlinie hat der Rat der EG des Weiteren eine Richtlinie über **Abfalldeponien**[396] beschlossen. Ziel der **Deponierichtlinie** ist es, durch betriebsbezogene und technische Anforderungen sowie die Festlegung der erforderlichen Maßnahmen, Verfahren und Leitlinien negative Auswirkungen der Ablagerung von Abfällen auf die Umwelt sowie alle damit verbundenen Risiken für die menschliche Gesundheit weitestmöglich zu vermeiden oder zu vermindern (Art. 1 I Deponie-RL). Für die zugleich unter die IVU-RL fallenden Deponien enthält die Deponie-RL spezielle technische Anforderungen, welche die allgemeinen Anforderungen der IVU-RL konkretisieren. Mit der Erfüllung der einschlägigen technischen Anforderungen der Deponie-RL gelten daher auch die entsprechenden allgemeinen Anforderungen der IVU-RL als erfüllt (Art. 1 II Deponie-RL). Rahmenbestimmungen der IVU-RL, für die die Deponie-RL keine Spezialregelungen enthält wie etwa zur Öffentlichkeitsbeteiligung und zur regelmäßigen Überprüfung der Auflagen, sind jedoch bei den vom Anwendungsbereich beider Richtlinien erfassten Deponien ergänzend anwendbar.

XIV. CE-Zeichen

2943　Für Produkte, die den Richtlinien des Rates entsprechen, wird das sog. CE-Zeichen ausgegeben. So werden etwa elektronische Geräte mit dem CE-Zeichen ausgezeichnet, wenn sie der EG-Richtlinie 89/337/EWG geändert durch 92/31/EWG[397] sowie der Richtlinie 73/23/EWG[398] entsprechen.

---

[396] Richtlinie des Rates 1999/31/EG über Abfalldeponien v. 26. 4. 1999 (ABl. EG Nr. L 182, S. 1).
[397] Richtlinie des Rates vom 3. 5. 1989 zur Angleichung der Rechtsvorschriften der Mitgliedstaaten über die elektromagnetische Verträglichkeit, umgesetzt durch das Gesetz über die elektromagnetische Verträglichkeit von Geräten (EMVG) v. 2. 9. 1992.
[398] Richtlinie des Rates vom 19. 2. 1973 zur Angleichung der Rechtsvorschriften der Mitgliedstaaten betreffend elektrische Betriebsmittel zur Verwendung innerhalb bestimmter Spannungsgrenzen, umgesetzt in die 1. Verordnung zum Gesetz über technische Arbeitsmittel vom 11. 6. 1979.

2. Teil. Internationale ökologische Übereinkommen

Ein weltweiter Abbau von Handelshemmnissen wird durch das Allgemeine Zoll- und Handelsabkommen **(GATT)** angestrebt, der durch wiederkehrende Verhandlungen insbesondere zwischen den bedeutendsten Handelsblöcken EG, USA und Japan erreicht werden soll.[399] Diesem Ziel dienen auch eine Vielzahl von internationalen und europaweiten Übereinkommen, die einen Schutz der Artenvielfalt und einen Biotopschutz[400] bezwecken: Übereinkommen über Feuchtgebiete,[401] zum Schutz des Kultur- und Naturerbes der Welt,[402] zur Erhaltung der wandernden wild lebenden Tierarten,[403] über die Erhaltung der europäischen wild lebenden Pflanzen und Tiere und ihrer Lebensräume,[404] zum Schutz der Alpen[405] und die Konvention über die Artenvielfalt als die bisherigen Eckpunkte völkerrechtlicher Verträge.[406] Denn nicht zuletzt die zahlreichen Umweltkatastrophen der letzten Jahrzehnte wie etwa Tschernobyl, Sandoz, Exxon Valdez, Bhopal oder die zahlreichen Beispiele der Meeresvergiftung, des Waldsterbens, des Ozonlochs, des Treibhauseffekts oder des Abfalltourismus haben verdeutlicht, dass sich die Ursachen der Umweltkatastrophen nicht lokal beschränken lassen, sondern international wirken. Die Bundesrepublik hat dabei aufgrund ihrer geografischen Stellung ein besonderes Interesse an einer effektiven internationalen Umweltpolitik. Sie hat neun unmittelbare Nachbarstaaten, ist Anrainer der Nord- und Ostsee mit großen internationalen Flüssen (Rhein, Donau, Main, Elbe) und nimmt wegen ihrer Binnenlage eine wichtige Funktion als Verkehrsdurchgangsland wahr. Mit der Verwirklichung des europäischen Binnenmarktes und der Öffnung in die osteuropäischen Länder ist Deutschland in noch stärkerem Maße zu einer Drehscheibe des internationalen Transportverkehrs geworden. Internationale Regelungen sind aber nicht nur aus ökologischen, sondern auch aus ökonomischen Gründen erforderlich. Denn der Handelsverkehr sowie das System eines unverfälschten Wettbewerbs wären beeinträchtigt, wenn jeder Staat autonom seine Umweltschutzvorschriften erließe.

Das **Umweltvölkerrecht** hat daher eine wichtige ökologische Steuerungsfunktion. Nachdrücklich kommt der erforderliche ökologische Strukturwandel des Umweltvölkerrechts von einem Recht der Koexistenz zu einem kooperativen Bewirtschaftungssystem in den auf der Konferenz der Vereinten Nationen über Umwelt und Entwicklung[407] von **Rio de Janeiro**[408] verabschiedeten Dokumenten zum Ausdruck.[409] Die Rio-Deklaration steht in der Kontinuität der Stockholmer Deklaration. Sie beinhaltet 27 völkerrechtlich nicht bindende Prinzipien und leistet einen Beitrag zu einem neuen Völkergewohnheitsrecht. Betont wird dabei das Recht zur Entwicklung („intergenerational equity"-Prinzip 3), das Prinzip der nachhaltigen Integration des Umweltschutzes in den Entwicklungsprozess („sustainable development"-Prinzip 4), die Pflicht zur Zusammenarbeit zur Bekämpfung der Armut (Prinzip 5), die Pflicht zum Austausch wissenschaftlicher Informa-

---

[399] Die GATT-Verhandlungen wurden mit der Unterzeichnung der Vereinbarung durch 124 Staaten am 14. 4. 1994 in Marrakesch erfolgreich abgeschlossen.
[400] *Siedhoff* Verhandlungslösungen als Instrumente zur Internalisierung externer Effekte – Eine ökonomische Analyse am Beispiel des Arten- und Biotopschutzes 1995.
[401] „Ramsar Konvention" (BGBl. II 1976 1265).
[402] „Welterbe-Konvention" (BGBl. II 1984 S. 936).
[403] „Bonner Konvention" (BGBl. II 1984 569).
[404] „Berner Konvention" (BGBl. II 1984 618).
[405] „Alpen-Konvention" (BGBl. II 1994 2538).
[406] Die Bundesrepublik Deutschland ist Vertragspartei der vier zunächst genannten Übereinkommen.
[407] United Nations Conference on Environment and Development (UNCED).
[408] Die Rio-Konferenz fand in der Zeit vom 3.6. bis 14. 6. 1992 statt.
[409] An dem „Erdgipfel" nahmen Delegationen aus 178 Ländern teil.

tionen und zur Förderung des Technologietransfers (Prinzip 9), das Vorsorgeprinzip (Prinzip 15), das Verursacherprinzip (Prinzip 16) sowie die Pflicht zur Zusammenarbeit im guten Glauben und im Geiste der Partnerschaft (Prinzip 27). Die Verantwortungsbereiche der einzelnen Staaten werden dabei abgestuft je nach deren wirtschaftlicher und finanzieller Leistungsfähigkeit (vgl. Prinzipien 6 und 7).[410] Das Prinzip der nachhaltigen umweltgerechten Entwicklung („**sustainable development**") der Rio-Deklaration, das auf den Bericht der sog. Brundlandt-Kommission[411] zurückgeht, hat sich dabei zu einem Schlüsselbegriff des Umweltvölkerrechts entwickelt.[412] In der Habitat-Agenda der zweiten Konferenz der Vereinten Nationen über menschliche Siedlungen (Habitat II) vom Juni 1996 wird zugleich die Bedeutung einer nachhaltigen Entwicklung für die Siedlungsentwicklung hervorgehoben. Eine nachhaltige Siedlungsentwicklung gewährleiste wirtschaftliche Entwicklung, Beschäftigungsmöglichkeiten und sozialen Fortschritt im Einklang mit der Umwelt, wird in der Habitat-Agenda der Habitat-II-Konferenz der Vereinten Nationen ausgeführt. Einigkeit besteht darin, dass Fortschritte in den Bereichen Umweltschutz und Entwicklungspolitik künftig verstärkt Hand in Hand gehen müssen. Dabei stehen etwa der Schutz der Erdatmosphäre, die Notwendigkeit zur weltweiten Energieeinsparung und Maßnahmen zur erhöhten Energieeffizienz sowie zum stärkeren Einsatz erneuerbarer Energiequellen im Vordergrund. In Verfolg der Ziele der Rio-Konferenz haben inzwischen verschiedene internationale Folgekonferenzen stattgefunden, auf denen etwa internationale Vereinbarungen betreffend den Schutz der Tropenwälder oder eines verminderten CO_2-Ausstoßes beschlossen wurden. So stellt etwa das Rahmenabkommen über Klimaänderungen (Klimakonvention) ein völkerrechtlich bindendes Abkommen dar, das eine Stabilisierung der Treibhausgase (Kohlendioxid, Stickoxid und Methan) auf dem Niveau des Jahres 1990 innerhalb eines angemessenen Zeitraums anstrebt.[413]

---

[410] Zu weiteren Einzelheiten *Rainer Schmidt* Einführung in das Umweltrecht 1995, § 7 Rdn. 4.
[411] The World Commission on Environment and Development, Our Common Future, 1978.
[412] Vgl. auch das Fünfte Aktionsprogramm für die Umwelt 1992 der EG-Kommission.
[413] Zu weiteren Einzelheiten *Schmidt* Einführung in das Umweltrecht 1995 § 7 Rdn. 1 ff.

E. Fachplanung

Neben die Bauleitplanung tritt die Fachplanung,[1] deren Gegenstand die Zulassung bestimmter Fachplanungsvorhaben ist und die mit dem Umweltrecht[2] in enger Verbindung steht. Im Fachplanungsrecht wird vor dem Hintergrund des § 38 BauGB die privilegierte und die nicht privilegierte Fachplanung unterschieden. Das Recht der Anlagenzulassung ist dabei in verschiedenen Fachplanungsgesetzen geregelt, die zumeist die Grundlage für abwägungsdirigierte Zulassungsentscheidungen legen. Daneben treten gebundene Zulassungsentscheidungen, auf deren Erteilung ein Rechtsanspruch besteht.[3]

2946

---

[1] Zum Fachplanungsrecht *Bender* DVBl. 1984, 301; *Bertrams* UPR 1991, 409; *Böttcher* Umweltverträglichkeit und planerische Abwägung in der wasserrechtlichen Fachplanung 1983; *Dürr* UPR 1991, 81; *Erbguth* NVwZ 1995, 243; *Gaentzsch* WiVerw. 1985, 235; *Geiger* JA 1983, 42; *Hoffmann* JA 1987, 206; *Hofmann* Verw. 27 (1994), 391; *Ibler* DVBl. 1989, 639; *Korbmacher* DÖV 1982, 517; *ders.* DÖV 1978, 589; *Kühling* Fachplanungsrecht 1988; *ders.* DVBl. 1989, 221; *Paetow* UPR 1990, 321; *Peine* Raumplanungsrecht 1987; *Reinhardt* NuR 1994, 417; *ders.* DtZ 1992, 258; *Schink* Bauleitplanung – Landesplanung – Fachplanung 1994; *Schlarmann* Das Verhältnis der privilegierten Fachplanung zur kommunalen Bauleitplanung 1980; *Steinberg* Fachplanung 1993; *Wagner* Die Harmonisierung der Raumordnungsklauseln in den Gesetzen der Fachplanung 1990; *Wahl* NVwZ 1990, 426; *ders.* NVwZ 1990, 923; *Wienke* BayVBl. 1981, 298; *Winter* NuR 1985, 41.

[2] *Arndt* in: *Steiner* (Hrsg.) S. 849; *Breuer* Umweltrecht 433; *Erbguth* Umweltrecht 1987; *Himmelmann/Pohl/Tünnesen-Harmes* Handbuch des Umweltrechts 1994; *Hoppe/Beckmann/Kauch* Umweltrecht 2000; *Jarass/Kloepfer/Kunig/Papier/Rehbinder/Salzwedel/Schmidt-Aßmann* Umweltgesetzbuch BT 1994; *Ketteler/Kippels* Umweltrecht 1988; *Kimminich/von Lersner/Storm* Umweltrecht 1994; *Kloepfer* Umweltrecht 1989; *ders.* Umweltrecht in: *Achterberg/Püttner* (Hrsg.) 1992, 587; *ders.* Zur Geschichte des deutschen Umweltrechts 1994; *Kloepfer/Rehbinder/Schmidt-Aßmann/Kunig* Umweltgesetzbuch AT 1990; *Peters/Schlabach/Schenk* Umweltverwaltungsrecht 1990; *Prümm* Umweltschutzrecht 1989; *Salzwedel* (Hrsg.) Grundzüge des Umweltrechts 1982; *Schmidt/Müller* Einführung in das Umweltrecht 1995.

[3] Zum Umweltrecht *Appold* in: *Hoppe* (Hrsg.) § 1 UVPG 1995; *Asbeck-Schröder* DÖV 1992, 252; *Bartlsperger* DVBl. 1987, 1; *Battis* Neuerungen des BauGB für Landwirtschaft und Umweltschutz NuR 1988, 57; *Beckmann* Verwaltungsrechtlicher Rechtsschutz im raumbedeutsamen Umweltrecht Bd. 114, 1987; *ders.* in: *Hoppe* (Hrsg.) UVPG 1995; *Bender/Sparwasser/Engel* Umweltrecht 1995; *Benz* Natur- und Umweltschutzrecht 1989; *Berger* Grundfragen umweltrechtlicher Nachbarklagen 1992; *Birk* NVwZ 1985, 689; *Böhm* Die Wirksamkeit von Umweltlenkungsabgaben 1990; *Bönker* Umweltstandards in Verwaltungsvorschriften Bd. 142, 1992; *Braun* Umweltverträglichkeitsprüfung in der Bauleitplanung 1987; *Breuer* Umweltrecht in: *Schmidt-Aßmann* (Hrsg.) Besonderes Verwaltungsrecht 1999, 433; *Bückmann/Dreißigacker/Elevelt/Gerner/Lee/Mackensen/Maier* Bodenschutz in der europäischen Gemeinschaft 1994; *Cansier* Umweltökonomie 1993; *Coenen/Jörissen* Umweltverträglichkeitsprüfung in der Europäischen Gemeinschaft 1989; *Cupei* Umweltverträglichkeitsprüfung 1986; *Di Fabio* DVBl. 1994, 1269; *Dienes* in: *Hoppe* (Hrsg.) § 3 UVPG 1995; *Dohle* NVwZ 1989, 697; *Eberhardt* ZAU 1993, 105; *Engel* Akteneinsichtsrecht und Recht auf Information über umweltbezogene Daten 1993; *Erbguth* Rechtssystematische Grundfragen des Umweltrechts 1987; *ders.* VerwArch. 81 (1990), 327; *ders.* Raumbedeutsames Umweltrecht Bd. 102, 1986; *ders.* Rechtssystematische Grundfragen des Umweltrechts 1987; *ders.* UPR 1987, 409; *ders.* NVwZ 1993, 956; *Erbguth/Schink* § 1 UVPG 1996; *dies.* EuZW 1990, 531; *Erbguth/Stollmann* UPR 1994, 81; *Erichsen/Scherzberg* Zur Umsetzung der Richtlinie des Rates über den freien Zugang zu Informationen über die Umwelt 1992; *Fluck* Der Betrieb 1993, 2011; *Fluck/Theuer* § 1ff. UIG; *Friesecke* NuR 1993, 6; *Führ* EuZW 1992, 468; *ders.* NVwZ 1993, 858; *Funke* DVBl. 1987, 511; *Gaentzsch* NuR 1990, 1; *ders.* NVwZ 1986, 601; *Gassner* UPR 1993, 241; *Haneklaus* in: *Hoppe* (Hrsg.) UVPG; *Hansmeyer* Umweltpolitik. Ihre Fortentwicklung unter marktsteuernden Aspekten 1990; *Heinz* NuR 1994, 1; *Himmelmann/Pohl/Tünnesen-Harmes* Handbuch des Umweltrechts; *Hoppe/Beckmann/Kauch* Umweltrecht 2000; *Hoppe/Appold* DVBl. 1991, 1221; *Jahns-Böhm* Umweltschutz durch europäisches Gemeinschaftsrecht am Beispiel der Luftreinhaltung 1994; *Jarass* Umweltverträglichkeitsprüfung bei Industrieanlagen 1987; *Jarass/Neumann* Umweltschutzrecht und Europäische Gemeinschaften 1992; *Jarass/Kloepfer/Kunig/Papier/Peine/Rehbinder/Salzwedel/*

1. Teil. Schnittstellen zwischen Bau- und Fachplanungsrecht

2947 Die verschiedenen **Novellen** des **Bau- und Fachplanungsrechts** haben teilweise zu einer **Vereinheitlichung** geführt, teilweise aber Unterschiede zwischen beiden Planungsbereichen bestehen lassen. Deshalb gilt es zunächst, den Gemeinsamkeiten und Unterschieden zwischen Bau- und Fachplanungsrecht nachzugehen.

I. Unterschiedliche Handlungsformen

2948 Der vielleicht gravierendste Unterschied zwischen der städtebaulichen Planung einerseits und der Fachplanung andererseits ist in den unterschiedlichen Handlungsformen begründet. Die verbindliche Bauleitplanung äußert sich im Bebauungsplan, der von den Gemeinden als Satzung erlassen wird (§ 10 BauGB). Die Fachplanung vollzieht sich in der Regel als Planfeststellungsbeschluss (§ 74 VwVfG) und damit als Verwaltungsakt (§ 35 S. 2 VwVfG). An dessen Stelle kann ggf. auch die ohne allgemeine Öffentlichkeitsbeteiligung durchführbare Plangenehmigung (§ 74 VI VwVfG) oder ein Verzicht auf ein förmliches Planverfahren überhaupt treten (§ 74 VII VwVfG).

2949 Und ein weiterer gravierender Unterschied hängt mit diesen unterschiedlichen Handlungsformen zusammen: Das Modell des **Städtebaurechts** ist **zweistufig**, das des **Fachplanungsrechts einstufig**: Die städtebauliche Planung, die sich im Bebauungsplan in rechtsverbindlichen Festsetzungen äußert, bildet die erste Stufe, auf der die Grundentscheidung über die bodenrechtlich relevanten Nutzungen getroffen wird. Auf der zweiten Stufe folgt zumeist nach Maßgabe des jeweiligen Landesrechts ein Baugenehmigungsverfahren, in dem vor dem Hintergrund der getroffenen Planungsentscheidung

---

Schmidt-Aßmann UBG-BT 1994; *Kahl* Umweltprinzipien und Gemeinschaftsrecht 1993; *Ketteler/Kippels* Umweltrecht 1988; *Kimminich/von Lersner/Storm* HdUR 1994; *Kloepfer/Bosselmann* Zentralbegriffe des Umweltchemikalienrechts 1985; *Kloepfer/Messerschmidt* Innere Harmonisierung des Umweltrechts 1986; *ders.* Umweltrecht 1989; *Kloepfer/Rehbinder/Schmidt-Aßmann/Kunig* UGB-AT 1990; *dies.* Umweltrecht in: *Achterberg/Püttner* (Hrsg.) 1992, 587; *dies.* Zur Geschichte des deutschen Umweltrechts 1994; *Köck* Die Sonderabgabe als Instrument des Umweltschutzes 1991; *Krautzberger* UPR 1992, 1; *Kunig* FS Weyreuther 1993, 157; *Landmann/Rohmer* (Hrsg.) Umweltrecht; *Laudel* Die Umweltverträglichkeitsprüfung in parallelen Zulassungsverfahren 1995; *Lenz* BauR 1989, 267; *Lübbe-Wolff* (Hrsg.) Umweltschutz durch kommunales Satzungsrecht 1993; *Marburger* Ausbau des Individualrechtsschutzes gegen Umweltbelastungen als Aufgabe des bürgerlichen und des öffentlichen Rechts. Gutachten C zum 56. DJT Berlin 1986; *Menke* NuR 1985, 137; *Messerschmidt* Umweltabgaben als Rechtsproblem 1986; *von Mutius* BayVBl. 1988, 641; *Nagel* Umweltgerechte Gestaltung des deutschen Steuersystems, 1993; *Papier* UPR 1985, 73; *Passlick* in: *Hoppe* (Hrsg.) UVPG; *Peters/Schlabach/Schenk* Umweltverwaltungsrecht 1990; *Prümm* Umweltschutzrecht 1989; *Rat von Sachverständigen für Umweltfragen* DVBl. 1988, 21; *Rees* Grenzüberschreitende Verfahrensbeteiligung im Umweltrecht der Mitgliedstaaten der EG 1985; *Rengeling* Europäisches Umweltrecht und europäische Umweltpolitik 1988; *ders.* KrW-/AbfG 1994; *Röger* UIG 1995; *Salis* Gestufte Verwaltungsverfahren im Umweltrecht 1991; *Salzwedel* Grundzüge des Umweltrechts 1982; *Scherzberg* DVBl. 1994, 733; *Schimmelpfeng* (Hrsg.) Altlasten, Deponietechnik, Kompostierung 1993; *Schmidt* in: *Hoppe* (Hrsg.) UVPG; *Schmidt* Einführung in das Umweltrecht 1995; *Schneider* Nachvollziehende Amtsermittlung bei der Umweltverträglichkeitsprüfung 1990; *Schneider* DVBl. 1995, 837; *Schoeneberg* Umweltverträglichkeitsprüfung 1993; *Sellner/Schnutenhaus* NVwZ 1993, 928; *Sendler* UPR 1995, 41; *Steiger* Umwelt-Auditing 1991; *ders.* Handbuch des Umweltmanagements 1992; *Storm* ChemG 1984; *Strubelt* Gifte in unserer Umwelt 1988; *Strübel* Internationale Umweltpolitik 1992; *Stüer* BauR 1985, 362; *ders.* 1988, 181; *ders.* NuR 1988, 182; *ders.* NuR 1989, 222; *ders.* DVBl. 1989, 349; *ders.* DVBl. 1990, 197; *ders.* DVBl. 1991, 101; *ders.* DVBl. 1991, 1355; *ders.* DVBl. 1992, 1585; *ders.* DVBl. 1993, 1535; *ders.* NVwZ 1993, 456; *ders.* DVBl. 1995, 27; *ders.* DVBl. 1996, 93; *ders.* DVBl. 1997, 326; *ders.* in: *Stüer* (Hrsg.) Verfahrensbeschleunigung, S. 90; *ders.* Beschleunigung von Planungs- und Genehmigungsverfahren in: *Rengeling* (Hrsg.) 1997, 215; *Vallendar* UPR 1993, 417; *Wagner* in: *Hoppe* (Hrsg.) § 7 ff. UVPG 1995; *ders.* DVBl. 1993, 583; *Weber* Die Umweltverträglichkeitsrichtlinie im deutschen Recht 1989; *Weber* UPR 1988, 206; *Wicke* Umweltökonomie 1993.

über die konkrete Vorhabenzulassung entschieden wird. Im nicht beplanten Innenbereich und im Außenbereich tritt an die Stelle des Bebauungsplans die Planungsentscheidung des Gesetzgebers. Diesem zweistufigen Modell tritt im Fachplanungsrecht ein einstufiges Zulassungsmodell gegenüber. Hier wird in einem Zulassungsverfahren über das „ob" und „wie" des Vorhabens entschieden. Die mit dem Vorhaben verbundenen Konflikte müssen daher in einem Verfahren bewältigt werden. Ein teilweise möglicher Konflikttransfer in ein Nachfolgeverfahren, wie dies in der Bauleitplanung geschehen kann, ist im Fachplanungsrecht nicht in gleicher Weise vorgesehen. Das einstufige Fachplanungsverfahren muss zugleich die Abwägungselemente enthalten, die in der Bauleitplanung auf der ersten Stufe abgeschichtet werden können. Gewisse Vorentscheidungen können allerdings bereits in vorgelagerten Plänen und Programmen getroffen werden.

II. Unterschiedliche Aufstellungsverfahren

Die Verfahren zur Planaufstellung sind zwar in den großen Leitlinien vergleichbar, weisen jedoch in Einzelheiten zahlreiche Unterschiede auf. Für die Bauleitplanung ist eine **zweigeteilte Öffentlichkeitsbeteiligung** kennzeichnend. In der vorgezogenen Öffentlichkeitsbeteiligung (§ 3 I BauGB) im Rahmen der Bauleitplanung werden die Bürger über die allgemeinen Ziele und Zwecke der Planung, sich wesentlich unterscheidende Lösungen und die voraussichtlichen Auswirkungen der Planung möglichst frühzeitig unterrichtet. Den Bürgern ist Gelegenheit zur Äußerung und Erörterung zu geben. Im Fachplanungsrecht ist eine vorgezogene Öffentlichkeitsbeteiligung, bei denen Fehler auch in der Bauleitplanung folgenlos bleiben (§ 214 I 1 Nr. 1 BauGB) nicht vorgesehen.

Die förmliche Öffentlichkeitsbeteiligung in der Bauleitplanung (§ 3 II BauGB) ist vom Ansatz her mit dem **Anhörungsverfahren** des **fachplanerischen Planfeststellungsverfahrens** vergleichbar (§ 73 VwVfG). Allerdings bestehen schon Unterschiede. Die förmliche Öffentlichkeitsbeteiligung erschöpft sich in der Offenlage der Unterlagen und der Gelegenheit zur Stellungnahme innerhalb eines Monats. Im Planfeststellungsverfahren ist die Beteiligung zweigeteilt: Einwendungen gegen das Vorhaben können innerhalb der Offenlage (einen Monat) und eines sich daran anschließenden Zeitraums von 14 Tagen geltend gemacht werden (§ 73 IV VwVfG). Daran schließt sich zumeist ein Erörterungstermin an, bei dem die rechtzeitig erhobenen Einwendungen in mündlicher Verhandlung zu erörtern sind (§ 73 VI VwVfG). Im Gegensatz zum Fachplanungsrecht ist in der Bauleitplanung eine Erörterung im Anschluss an die förmliche Offenlage der Pläne nicht vorgesehen.

Die **Behördenbeteiligung** ist im Bau- und Fachplanungsrecht – abgesehen von den vorgenannten Unterschieden, die sich aus der parallel durchgeführten Öffentlichkeitsbeteiligung auch für die Behörden und sonstigen Träger öffentlicher Belange ergeben – weitgehend vergleichbar. In der Bauleitplanung haben die Träger ihre Stellungnahmen regelmäßig innerhalb eines Monats abzugeben. Die Frist kann angemessen verlängert werden (§ 4 II BauGB). In den Stellungnahmen sollen sich die Träger auf ihren Aufgabenbereich beschränken. Belange, die von den Trägern nicht rechtzeitig vorgetragen worden sind, werden in der Abwägung nicht berücksichtigt, es sei denn, die verspätet vorgebrachten Belange sind der Gemeinde bekannt oder hätten ihr bekannt sein müssen oder sind für die Rechtmäßigkeit der Abwägung von Bedeutung.

In der Fachplanung haben die Träger ihre Stellungnahme innerhalb einer von der Anhörungsbehörde zu setzenden **Frist**, die drei Monate nicht überschreiten darf, abzugeben. Auch hier sind nicht rechtzeitig vorgebrachte Belange abgesehen von deren Abwägungserheblichkeit grundsätzlich unbeachtlich (§ 73 IIIa VwVfG).

III. Präklusion

Ein gravierender Unterschied besteht im Hinblick auf **unterschiedliche Präklusionsregelungen** im Bau- und Fachplanungsrecht. Die Präklusionsregelungen stehen wiederum mit den erweiterten Beteiligungsrechten der Bürger im Zusammenhang. Während nicht rechtzeitig abgegebenen Stellungnahmen auch in der Bauleitplanung grundsätzlich nicht berücksichtigt werden müssen, es sei denn, sie sind für die planenden Stelle erkennbar, mehr als geringfügig und schutzwürdig und damit für die Abwägung von Bedeutung (formelle Präklusion, § 3 II BauGB), sieht das Fachplanungsrecht eine darüber hinausgehende materielle Präklusion vor.[4] Im Verfahren nicht rechtzeitig erhobene Einwendungen gegen den Plan sind nach Ablauf der Einwendungsfrist ausgeschlossen etwa im immissionsschutzrechtlichen Genehmigungsverfahren nach § 10 III 3 BImSchG,[5] im fernstraßenrechtlichen Planfeststellungsverfahren nach § 17 IV 1 FStrG, im wasserwegerechtlichen Planfeststellungsverfahren nach § 17 Nr. 5 WaStrG, im atomrechtlichen Verfahren nach § 7 I AtomVfV,[6] im eisenbahnrechtlichen Verfahren nach § 20 II 1 AEG.[7] Durch § 73 IV 3, 4 VwVfG i. d. F. des GenBeschlG ist diese materielle Präklusion auch auf alle anderen Planfeststellungsverfahren ausgedehnt worden. Danach sind mit Ablauf der Einwendungsfrist alle Einwendungen ausgeschlossen, die nicht auf besonderen privatrechtlichen Titeln beruhen. Voraussetzung für den Lauf der Frist ist, dass gem. § 73 IV VwVfG ordnungsgemäß auf die Frist und die Präklusion bei Versäumung der Frist hingewiesen worden ist. Die prozessuale Sperrwirkung gilt auch für nicht rechtzeitig dargelegte enteignungsrechtliche Vorwirkungen.[8] Der Einwendungsausschluss hat materielle Wirkungen. Er erstreckt sich auch auf das verwaltungsgerichtliche Verfahren und führt zum Verlust der Möglichkeit, Abwehransprüche durchzusetzen.[9] Ob die Behörde gleichwohl die materiell präkludierten Einwendungen berücksichtigen kann, wird unterschiedlich beurteilt.[10] Jedenfalls verliert der Einwendungsführer das Recht, im Verfahren eine Erörterung zu verlangen oder in nachfolgenden Rechtsbehelfsverfahren eine Kontrolle in diesem Bereich zu erreichen (§ 73 IV VwVfG). Nach Ablauf der Einwendungsfrist sind, sofern nicht die Voraussetzungen für eine Wiedereinsetzung nach § 32 VwVfG gegeben sind, nur noch Ergänzungen und Präzisierungen zu bereits während der Frist erhobenen Einwendungen möglich. Im Übrigen gilt in fachplanungsrechtlichen Planfeststellungsverfahren auch in seinem durch das PlanVereinfG und das GenBeschlG geänderten Inhalt unverändert jene materielle Präklusion,[11]

---

[4] Zur Ausweitung der Regelungen über die materielle Präklusion im Fachplanungsrecht im Zusammenhang mit der Beschleunigung von Planungsverfahren für Verkehrsinfrastrukturvorhaben s. Rdn. 3762.

[5] *BVerwG*, B. v. 29. 9. 1972 – 1 B 76.71 – DVBl. 1973, 645 = GewArch. 1974, 19; Urt. v. 29. 8. 1986 – 7 C 52.84 – DVBl. 1987, 258 = NVwZ 1987, 131.

[6] *BVerwG*, Urt. v. 17. 7. 1980 – 7 C 101.78 – BVerwGE 60, 302; B. v. 12. 11. 1992 – 7 VR 300.92 – NVwZ 1993, 266; *BVerfG*, B. v. 8. 7. 1982 – 2 BvR 1187/80 – BVerfGE 61, 82 = NJW 1982, 2173 = DVBl. 1982, 940 = *Hoppe/Stüer* RzB Rdn. 1105 – Sasbach.

[7] *BVerwG*, B. v. 12. 11. 1992 – 7 VR 300.92 – NVwZ 1993, 266 = DVBl. 1993, 168 – Taigatrommel. Die Vorschrift wird vom *BVerwG* für verfassungsrechtlich unbedenklich eingeschätzt, *BVerwG*, Urt. v. 23. 4. 1997 – 11 A 7.97 – DVBl. 1997, 1119 = NuR 1997, 504, mit Hinweis auf Urt. v. 24. 5. 1996 – 4 A 38.95 – Buchholz 407.4 § 17 FStrG Nr. 119; *BVerfG*, B. v. 8. 7. 1982 – 2 BvR 1187/80 – BVerfGE 61, 82 = *Hoppe/Stüer* RzB Rdn. 1105 – Sasbach; vgl. auch Urt. v. 6. 8. 1982 – 4 C 66.79 – BVerwGE 66, 99 = NJW 1984, 1250 – Rhein-Main-Donau-Kanal.

[8] *BVerwG*, B. v. 13. 3. 1995 – 11 VR 5.95 – UPR 1995, 269 = NuR 1995, 250 – Buchholzer Bogen: zu Belangen des Natur- und Landschaftsschutzes. Ein Einwendungsausschluss besteht selbst dann, wenn die Eigentümerbelange im Rahmen zivilrechtlicher Verhandlungen, die der Eigentümer mit dem Träger des Vorhabens geführt hat, aktenkundig geworden sind.

[9] *BVerwG*, Urt. v. 6. 8. 1982 – 4 C 66.79 – BVerwGE 66, 99 = NJW 1984, 1250 = UPR 1983, 198 – Rhein-Main-Donau-Kanal. Zum Einwendungsausschluss nach § 3 I AtAnlV auch Urt. v. 17. 7. 1980 – 7 C 101.78 – BVerwGE 60, 297 = DVBl. 1980, 1001 = NJW 1981, 359 = *Hoppe/Stüer* RzB Nr. 470 – Atomrecht.

[10] Zum Meinungsstand *Kopp/Ramsauer* Rdn. 95 zu § 73 VwVfG.

[11] *BVerwG*, B. v. 13. 3. 1995 – 11 VR 5.95 – NVwZ 1995, 905 = DVBl. 1995, 1025 = UPR 1995, 269 = NuR 1995, 250 – Buchholzer Bogen; Urt. v. 6. 8. 1982 – 4 C 66.79 – BVerwGE 66, 99 = NJW 1984, 1250 = UPR 1983, 198 – Rhein-Main-Donau-Kanal. Zum Einwendungsausschluss nach § 3 I AtAnlV auch Urt. v. 17. 7. 1980 – 7 C 101.78 – BVerwGE 60, 297 = DVBl. 1980, 1001 = NJW 1981, 359 = *Hoppe/Stüer* RzB 1995 Rdn. 470 – Atomrecht.

wie sie in der Rechtsprechung zur Ermittlung der abwägungserheblichen Belange[12] entwickelt worden ist.[13] Nicht rechtzeitig geltend gemachte Einwendungen brauchen im Planfeststellungsbeschluss daher nur berücksichtigt zu werden, wenn sie der Behörde bereits bekannt sind oder sie sich geradezu aufdrängen.[14]

Den erweiterten Rechten der Planbetroffenen in der Öffentlichkeitsbeteiligung korrespondieren daher verstärkte **Mitwirkungslasten**.[15] Dieser Rechtsgedanke gilt auch in der Bauleitplanung. Werden die eigenen Belange nicht rechtzeitig in den förmlichen Beteiligungsverfahren geltend gemacht, so gehen die Rechte der Betroffenen in dem Sinne unter, dass mit ihnen die Planung nicht aufgehalten werden kann. Die Fehlerhaftigkeit der Planung hat dann keine Rechtsfolgen. Dies stellt an die Verfahrensbeteiligten und deren Verfahrensbevollmächtigte erhöhte Anforderungen. Der Einwendungsführer ist daher zur Vermeidung von Rechtsnachteilen gezwungen, seine Belange bereits während der Einwendungsfrist vorzubringen. Zur Wahrung der Frist ist erforderlich, die Einwendungen dem Grunde nach zu erheben. Eine ergänzende und detaillierte Begründung kann auch nach Ablauf der Einwendungsfrist noch vorgebracht werden. Die Behörde muss lediglich erkennen können, in welche Richtung die Einwendungen gehen. Einzelheiten können nachgetragen werden. Zu den beachtlichen Einwendungen zählen danach nur diejenigen, die im Offenlegungsverfahren vorgebracht werden.[16]

IV. Planänderungen

Teilweise unterschiedlich stellen auch die rechtlichen Anforderungen an die Änderung von Plänen im Bau- und Fachplanungsrecht dar. Dabei muss zwischen der Planänderung im Aufstellungsverfahren und der Änderung bereits aufgestellter Pläne unterschieden werden. In der **Bauleitplanung** ist eine erneute Offenlage der Pläne nach § 4a III BauGB erforderlich, wenn die Grundzüge der Planung betroffen sind. Das gilt übrigens seit der Neufassung der §§ 3, 13 BauGB sowohl für den Flächennutzungsplan als auch für den Bebauungsplan. Sind die Grundzüge nicht betroffen, kann eine eingeschränkte Betroffenenbeteiligung nach § 13 BauGB erfolgen. Allerdings ist der Kreis der zu Beteiligenden recht weit und erfasst auch Mieter oder Pächter und alle anderen, deren abwägungserhebliche Belange durch die Planänderung berührt werden.[17] Im Zweifel wird daher eine erneute, allerdings auf eine angemessene Frist zu kürzende Offenlage sinnvoller als eine individuelle Betroffenenbeteiligung sein. In der Bauleitplanung ist auch bei Widerspruch von Betroffenen ein Genehmigungsverfahren nicht erforderlich, wenn die Änderung des Bebauungsplans aus einem wirksamen Flächennutzungsplan entwickelt ist. Im **Fachplanungsrecht** ist eine erneute (eingeschränkte) Beteiligung erforderlich, wenn durch die Planänderung im Verfahren der Aufgabenbereich einer Behörde oder Be-

---

[12] *BVerwG*, Urt. v. 13. 9. 1985 – 4 C 64.80 – BRS 44 Nr. 20; B. v. 11. 4. 1995 – 4 B 61.95 – Buchholz 316 § 73 VwVfG Nr. 8.
[13] Im Übrigen ist die Klage nach § 5 III 1 VerkPlBG innerhalb von 6 Wochen nach Klageerhebung zu begründen. Innerhalb dieser Frist muss der Kläger die ihn beschwerenden Tatsachen so konkret angeben, dass der Lebenssachverhalt, aus dem er den mit der Klage verfolgten Anspruch ableitet, unverwechselbar feststeht. Das schließt späteren vertiefenden Vortrag nicht aus, so *BVerwG*, Urt. v. 30. 9. 1993 – 7 A 14.93 – NVwZ 1994, 371 = DVBl. 1994, 354 – Gifhorn.
[14] Zur Zusammenstellung des Abwägungsmaterials grundlegend *BVerwG*, B. v. 9. 11. 1979 – 4 N 1.78 – BVerwGE 59, 87 – DVBl. 1980, 233 = *Hoppe/Stüer* RzB 1995 Rdn. 26 – Normenkontrolle.
[15] *BVerwG*, B. v. 18. 9. 1995 – 11 VR 7.95 – NVwZ 1996, 399 = NuR 1996, 88 – Wasserwerk; Urt. v. 23. 8. 1996 – 4 A 30.95 – Buchholz 407.4 § 17 FStrG Nr. 122 – Berliner Autobahnring.
[16] Vgl. zur Präklusion bei der Planung in mehreren Abschnitten *BVerwG*, Urt. v. 23. 4. 1997 – 11 A 7.97 – DVBl. 1997, 1119 = NuR 1997, 504.
[17] Im Fachplanungsrecht sind auch Mieter und Pächter gegenüber dem Planfeststellungsbeschluss klagebefugt, wenn aufgrund der Zulassungsentscheidung in ihre Besitzrechte eingegriffen werden soll und sie sozusagen in ihrer „verfassungsrechtlichen Eigentümerposition" betroffen sind, so *BVerwG*, Urt. v. 1. 9. 1997 – 4 A 36.96 – DVBl. 1998, 44 unter Aufgabe der bisherigen Rechtsprechung.

lange Dritter erstmalig oder stärker als bisher betroffen sind.[18] Sind die Grundzüge der Planung betroffen, wird eine erneute Offenlage und Erörterung stattzufinden haben. Die bei der Änderung von Entwürfen im Verfahren einzuhaltenden Grundsätze erscheinen daher im Bau- und Fachplanungsrecht in etwa vergleichbar.

V. Unterschiedliche Rechtsschutzmöglichkeiten

2957 Aus den unterschiedlichen Handlungsformen der städtebaulichen Planung und der Fachplanung ergeben sich auch unterschiedliche Rechtsschutzmöglichkeiten. Der **Bebauungsplan** kann mit der Normenkontrolle angegriffen werden, wenn geltend gemacht werden kann, dass der Antragsteller in eigenen Rechten betroffen ist. Bei einer zulässigen Normenkontrolle erfolgt dann eine umfassende Planprüfung zumeist ohne Beschränkung auf die eigene Betroffenheit.

2958 Im Gegensatz dazu können Planfeststellungsbeschluss und Plangenehmigung im **Fachplanungsrecht** nur nach den Rechtsschutzmöglichkeiten gegenüber Verwaltungsakten angefochten werden. Hier kann in der Regel von den Planbetroffenen eine Anfechtungsklage erhoben werden. Der Anfechtungsanspruch kann sich in einen Verpflichtungsanspruch umwandeln, wenn (lediglich) ein Anspruch auf Ergänzung des Planfeststellungsbeschlusses oder der Plangenehmigung um Schutzauflagen besteht (§ 74 II 2 VwVfG) und hierdurch die Rechtswirksamkeit der Planung nicht insgesamt in Frage gestellt werden kann.

VI. Anforderungen an die Abwägung

2959 Vergleichbare Anforderungen ergeben sich in der Bau- und Fachplanung im Hinblick auf das Abwägungsgebot. Denn das Abwägungsgebot spielt in der **Planungsentscheidung** eine **zentrale Rolle**, die sogar noch an Bedeutung gewinnen wird, je mehr Gesetzgebung und Rechtsprechung Verfahrensfehler bei der Planung für unbeachtlich oder zumindest heilbar erklären wird. Mit dem Abwägungsgebot unterliegen die Entscheidungen des Fachplanungsrechts damit den allgemeinen rechtlichen Anforderungen, wie sie vom *BVerwG* etwa für die Bauleitplanung, aber auch für die verschiedenen Fachplanungen nach weitgehend einheitlichen Grundsätzen entwickelt worden sind.[19] Danach sind die nach Lage der Dinge zu berücksichtigenden Belange zunächst zu ermitteln und sodann in die Abwägung einzustellen. Die Belange sind nicht im Gegensatz zu ihrer objektiven Gewichtigkeit zu bewerten. Die Ausgleichsentscheidung zwischen den berührten öffentlichen und privaten Belangen darf nicht in einer Weise vorgenommen sein, die zur objektiven Gewichtigkeit der Belange außer Verhältnis steht.

2960 Der abwägungsdirigierte Charakter der Planungsentscheidung führt allerdings auch dazu, dass der Antragsteller keinen von einer Abwägung unabhängigen **Rechtsanspruch auf Aufstellung eines Bebauungsplans** oder auf **Planfeststellung** hat. Die jeweiligen Vorschriften des BauGB und des Fachplanungsrechts räumen der Behörde eine planerische Gestaltungsfreiheit ein, die sich auf alle Gesichtspunkte erstreckt, die zur Verwirklichung des gesetzlichen Planungsauftrags und zugleich zur Bewältigung der von dem Vorhaben in seiner räumlichen Umgebung aufgeworfenen Probleme von Bedeutung sind. Die planerische Gestaltungsfreiheit findet ihre rechtlichen Grenzen zum einen in den zwingenden Versagungsgründen des jeweiligen Fachplanungsrechts und sonstiger infolge der Konzentrationswirkung zu beachtender Rechtsvorschriften, zum anderen – und dies gilt zugleich

---

[18] *BVerwG*, B. v. 12. 6. 1989 – 4 B 101.89 – NVwZ 1990, 366 = UPR 1989, 431 = ZfBR 1990, 106 – vereinfachte Planänderung bei Radweg.
[19] *BVerwG*, Urt. v. 12. 12. 1969 – IV C 105.66 – BVerwGE 34, 301 = *Hoppe/Stüer* RzB Rdn. 23 – Abwägungsgebot; B. v. 9. 11. 1979 – 4 N 1.78 – BVerwGE 59, 87 = BauR 1980, 36 = DVBl. 1980, 233 = DÖV 1980, 21 = *Hoppe/Stüer* RzB Rdn. 26 – Normenkontrolle; *BVerwG*, Urt. v. 22. 12. 1981 – 4 CB 32.81 – Buchholz 445.4 § 31 WHG Nr. 7 – wasserrechtliche Abwägung. Zu Vorschlägen, das Abwägungsgebot gesetzlich zu regeln, *Hoppe* DVBl. 1994, 1030; *ders.* in: *Hoppe/Bönker/Grotefels* § 7 Rdn. 1ff.

auch für die Bauleitplanung – in den Anforderungen des Abwägungsgebots.[20] Der Antragsteller hat dementsprechend keinen Anspruch auf Erlass eines Planfeststellungsbeschlusses oder Aufstellung eines Bauleitplans in dem Sinne, dass bei Erfüllung bestimmter tatbestandlicher Voraussetzungen dem Antrag zwingend stattgegeben werden muss.[21] Eine derartige Annahme wäre mit der Funktion und den rechtlichen Wirkungen einer Planfeststellung unvereinbar.[22]

VII. Fehlerheilung

Das Bau- und Fachplanungsrecht hält unterschiedliche Fehlerfolgenregelungen bereit. Die Konzeption des Gesetzgebers ist vom Ansatz her zwar vergleichbar, jedoch in den einzelnen Regelungsbereichen unterschiedlich ausgestaltet. Zunächst stellt sich die Frage, welche Fehler überhaupt für die Rechtswirksamkeit der Pläne beachtlich sind. § 214 BauGB enthält dazu für die Bauleitplanung einen Numerus clausus der beachtlichen Form- und Verfahrensfehler. Danach ist hinsichtlich der verfahrensrechtlichen Anforderungen, die sich aus dem BauGB ergeben, nur folgende Gründe maßgeblich:
– das Abwägungsmaterial ist in wesentlichen Punkten nicht richtig ermittelt worden,
– fehlerhafte Öffentlichkeits- und Behördenbeteiligung,
– fehlende Begründung, in mehr als unerheblichen Teilen unvollständiger Umweltbericht,
– fehlender Feststellungs- oder Satzungsbeschluss, fehlendes Genehmigungsverfahren, fehlerhafte Bekanntmachung.

Besondere Unbeachtlichkeitsregelungen enthält § 214 II BauGB für Fälle, in denen das Entwicklungsgebot[23] verletzt ist. Hier ist letztlich die Frage entscheidend, ob die geordnete städtebauliche Entwicklung gewahrt ist. Alle anderen Form- und Verfahrensfehler sind unbeachtlich. Außerdem sind die beachtlichen Fehler nach Maßgabe des § 215 BauGB gegenüber der Gemeinde zu rügen. Es bleiben dann noch die materiellen Fehler, die auf die Planungsentscheidung durchschlagen und von Amts wegen zu prüfen sind.

Für das **Fachplanungsrecht** ergeben sich Regelungen im Anschluss an die Verwaltungsaktqualität der Planfeststellung aus §§ 44 bis 46 VwVfG. Hier ist vor allem der Grundsatz zu erwähnen, dass Form- und Verfahrensfehler unbeachtlich bleiben, wenn sie sich nicht auf die Rechtsposition des Betroffenen auswirken. Dies setzt jeweils eine Kausalität des Fehlers auch die Rechtsbeeinträchtigung des Einzelnen voraus.

Die **Nichteinhaltung von Verfahrensvorschriften** führt daher noch nicht zur Aufhebung eines Planfeststellungsbeschlusses. Hinzu kommen muss vielmehr, dass sich der Verfahrensfehler als ein formeller Mangel auf die Sachentscheidung ausgewirkt haben kann. Der danach erforderliche Kausalzusammenhang ist nur dann gegeben, wenn nach den Umständen des jeweiligen Falles die konkrete Möglichkeit besteht, dass die Planungsbehörde ohne den Verfahrensfehler anders entschieden hätte.[24] Eine nur abstrakte Möglichkeit einer anderen Entscheidung genügt nicht.[25] So ist etwa die Rüge des Grundstückseigentümers, im Gegensatz zu den Erfordernissen der UVP-Richtlinie sei

---

[20] Zum Abfallrecht: *BVerwG*, B. v. 27. 5. 1986 – 7 B 86.86 – DVBl. 1986, 1281; Urt. v. 21. 2. 1992 – 7 C 11.91 – BVerwGE 90, 42; Urt. v. 27. 3. 1992 – 7 C 18.91 – BVerwGE 90, 96; zu anderen Fachplanungsrechten: *BVerwG*, Urt. v. 12. 6. 1985 – 4 C 40.83 – BVerwGE 72, 15.
[21] *BVerwG*, Urt. v. 24. 11. 1994 – 7 C 25.93 – BVerwGE 97, 143 = DVBl. 1995, 238 = ZfBR 1995, 150 – Sonderabfallumschlagsanlage.
[22] Der Träger eines planfeststellungsbedürftigen Vorhabens kann allerdings einen Anspruch auf fehlerfreie Ausübung der planerischen Gestaltungsfreiheit haben, so *BVerwG*, Urt. v. 24. 11. 1994 – 7 C 25.93 – BVerwGE 97, 143 = DVBl. 1995, 238 = ZfBR 1995, 150 – Sonderabfallumschlagsanlage.
[23] Zum Entwicklungsgebot s. Rdn. 390.
[24] *BVerwG*, B. v. 24. 6. 1993 – 4 B 114.93 – VkBl 1995, 210.
[25] *BVerwG*, Urt. v. 17. 2. 1997 – 4 A 41.96 – LKV 1997, 328 = NVwZ 1997, 998 – Schönberg A 20, mit Hinweis auf Urt. v. 30. 5. 1984 – 4 C 58.81 – BVerwGE 69, 256; Urt. v. 21. 3. 1996 – 4 C 1.95 – Buchholz 407.4 § 17 FStrG Nr. 115 = DVBl. 1996, 915.

keine Umweltverträglichkeitsprüfung durchgeführt worden, unbeachtlich, wenn nicht dargelegt wird, dass dieser Verfahrensfehler die Sachentscheidung beeinflusst hat.[26]

2965 § 75 Ia VwVfG baut für alle Planfeststellungsbeschlüsse und Plangenehmigungen im **Fachplanungsrecht** zwei Hürden dafür auf, dass Verfahrensmängel auf die Rechtswidrigkeit der Planfeststellung durchschlagen: Mängel bei der Abwägung der von dem Vorhaben berührten öffentlichen und privaten Belange sind nur erheblich, wenn sie offensichtlich und auf das Abwägungsergebnis von Einfluss gewesen sind (§ 75 Ia 1 VwVfG). Erhebliche Mängel bei der Abwägung führen nur dann zur Aufhebung des Planfeststellungsbeschlusses oder der Plangenehmigung, wenn sie nicht durch Planergänzung[27] oder ein ergänzendes Verfahren behoben werden können (§ 75 Ia 2 VwVfG).[28] Hierdurch erhält die planende Behörde einen größeren Fehlerfreiraum.

2966 Vom Ansatz her vergleichbare Regelungen enthalten § 214 III 2 BauGB. Auch in der **Bauleitplanung** sind Mängel im Abwägungsvorgang nur erheblich, wenn sie offensichtlich und auf das Abwägungsergebnis von Einfluss gewesen sind.[29] So können aus fehlerhaften Motiven oder Vorstellungen der beteiligten Entscheidungsträger offensichtliche und daher für die Gültigkeit des Planes erhebliche Abwägungsmängel in der Regel nicht hergeleitet werden.[30] Auch liegt ein offensichtlicher Mangel nicht schon dann vor, wenn Planbegründung und Aufstellungsvorgänge keinen ausdrücklichen Hinweis darauf enthalten, dass der Plangeber sich mit bestimmten Umständen abwägend befasst hat.[31] Zudem muss nach den Umständen des Einzelfalls die konkrete Möglichkeit eines solchen Einflusses bestehen, was etwa dann der Fall sein kann, wenn sich anhand der Planunterlagen oder aufgrund sonst erkennbarer oder nahe liegender Umstände ergibt, dass sich ohne den Fehler im Abwägungsvorgang ein anderes Abwägungsergebnis abgezeichnet

---

[26] So *BVerwG*, Urt. v. 8. 6. 1995 – 4 C 4.94 – BVerwGE 98, 339 = DVBl. 1995, 1012 = UPR 1995, 391 = NuR 1995, 537 – B 16 Bernhardswald; Urt. v. 25. 1. 1996 – 4 C 5.95 – BVerwGE 100, 238 = DVBl. 1996, 677 – Eifelautobahn A 60; vgl. auch Urt. v. 21. 3. 1996 – 4 C 19.94 – DVBl. 1996, 907; Urt. v. 21. 3. 1996 – 4 C 26.94 – BVerwGE 100, 388 = DVBl. 1996, 914 – Autobahnring München-West – Allach; Urt. v. 21. 3. 1996 – 4 C 1.95 – DVBl. 1996, 915 – Autobahnring München A 99 Urt. v. 12. 12. 1996 – 4 C 29.94 – DVBl. 1997, 798 – Nesselwang-Füssen mit Hinweis auch auf die Heilungsmöglichkeiten in § 45 VwVfG; kritisch hierzu *Blümel* in: *Stüer* (Hrsg.) Verfahrensbeschleunigung, S. 17.

[27] *BVerwG*, Urt. v. 22. 3. 1985 – 4 C 63.80 – BVerwGE 71, 150 = DVBl. 1985, 896 = *Hoppe/Stüer* RzB Rdn. 145 – Roter Hang; Urt. v. 16. 3. 1984 – 4 C 46.80 – NVwZ 1985, 108 = UPR 1984, 377= Buchholz 406.16 Eigentumsschutz Nr. 39 – Schutzvorkehrungen; Urt. v. 20. 10. 1989 – 4 C 12.87 – BVerwGE 84, 31 = DVBl. 1990, 419 = *Hoppe/Stüer* RzB Rdn. 216 – Eichenwäldchen; B. v. 21. 12. 1995 – 11 VR 6.95 – NVwZ 1996, 896 = DVBl. 1996, 676 – Erfurt-Leipzig/Halle; *Stüer* DVBl. 1997, 326; *ders.* in: *Stüer* (Hrsg.) Verfahrensbeschleunigung, S. 90.

[28] Entsprechende Regelungen sind bereits für die Fehlerheilung von Planfeststellungsverfahren durch das Planungsvereinfachungsgesetz in mehreren Fachgesetzen eingeführt worden (§ 20 VII 2 AEG, § 17 VIc 2 FStrG, § 19 IV 2 WaStrG, § 10 VIII 2 LuftVG, § 29 VIII 2 PBefG). Zur Beschleunigung von Planungsverfahren für Verkehrsinfrastrukturvorhaben durch weitere Regelungen zum ergänzenden Verfahren und zur Planergänzung s. Rdn. 3762.

[29] Vgl. zu vergleichbaren Vorschrift des § 214 III 2 BauGB und deren Vorgängerregelungen *BVerwG*, Urt. v. 21. 8. 1981 – 4 C 57.80 – BVerwGE 64, 33 = NJW 1082, 591 = DVBl. 1982, 354 = BauR 1981, 535 = *Hoppe/Stüer* RzB Rdn. 846 – zu § 155 b II 2 BBauG – Offensichtlichkeit Abwägungsmangel; B. v. 20. 1. 1992 – 4 B 71.90 – DVBl. 1992, 577 = BauR 1992, 344 = NVwZ 1992, 633 = UPR 1992, 188 = *Hoppe/Stüer* RzB Rdn. 855 – Gemengelage; B. v. 29. 1. 1992 – 4 NB 22.90 – DVBl. 1992, 577 = BauR 1992, 342 = NVwZ 1992, 662 = UPR 1992, 193 = *Hoppe/Stüer* RzB Rdn. 856 – Baugenehmigung und Normenkontrolle; B. v. 23. 12. 1993 – 4 B 212.92 – Buchholz 406.11 § 30 BauGB Nr. 35; *Hoppe/Bönker/Grotefels* § 16 Rdn. 30ff.

[30] *BVerwG*, Urt. v. 21. 8. 1981 – 4 C 57.80 – BVerwGE 64, 33 = NJW 1982, 591 = DVBl. 1982, 354 = BauR 1981, 535 = *Hoppe/Stüer* RzB Rdn. 846 (zu § 155 b II 2 BBauG) – Offensichtlichkeit des Abwägungsmangels.

[31] So zu § 214 III 2 BauGB *BVerwG*, B. v. 29. 1. 1992 – 4 NB 22.90 – DVBl. 1992, 577 – Baugenehmigung und Normenkontrolle.

1. Teil. Schnittstellen zwischen Bau- und Fachplanungsrecht **2967, 2968** E

hätte.³² Auch darf sich das Gericht nicht ungefragt auf eine Motivsuche³³ begeben.³⁴ Auch für die Bauleitplanung gilt daher der Grundsatz, dass Verfahrensfehler nur zur Umwirksamkeit des Plans führen können, wenn sie Auswirkungen auf das Ergebnis hatten oder vernünftigerweise haben könnten.³⁵

Der Gesetzgeber wollte mit den vorgenannten Änderungen sicherstellen, dass **Fehler im** **2967** **Planfeststellungsverfahren** nur dann zur Unwirksamkeit des Planfeststellungsbeschlusses führen sollen, wenn sie nicht durch Planergänzungen oder eine ergänzende Planfeststellung geheilt werden können. Die gesetzlichen Regelungen sollen bewirken, dass die Aufhebung des Planes sozusagen nur im äußersten Notfall und dann erfolgt, wenn andere Heilungsmöglichkeiten durch Planergänzung oder ergänzendes Planverfahren scheitern. Schon nach der bisherigen Rechtsprechung war es den Gerichten im Fachplanungsrecht in begrenztem Umfang erlaubt, Planungsfehler durch Auflagen zu heilen, ohne den gesamten Planfeststellungsbeschluss aufzuheben, wenn die Auflagen die Wesensstruktur der Planung als solche unangetastet gelassen haben.³⁶ Nachbesserung geht daher vor Aufhebung.

Die **Planergänzung** betrifft dabei vor allem die aus der bisherigen Rechtsprechung im **2968** Fachplanungsrecht bekannten Fälle der Schutzauflagen (§ 74 II 2 VwVfG).³⁷ Das ergänzende Verfahren bezieht sich demgegenüber auf Fälle, in denen Verfahrens- oder Inhaltsmängel durch Nachbesserung des Verfahrens oder durch eine inhaltliche Nachbewertung geheilt werden können. Dieser Teil der Vorschrift ermöglicht im Gegensatz zur bisherigen Rechtsprechung³⁸ etwa auch die Einholung ergänzender Gutachten oder ergänzender Ermittlungen des Sachverhalts oder Bewertungen von Belangen. Die Heilungsmöglichkeiten eines ergänzenden Verfahrens in § 75 Ia VwVfG und § 214 IV BauGB beziehen sich nicht nur auf Form- und Verfahrensfehler, sondern auch auf inhaltliche Fehler. Bau- und Fachplanungsrecht haben daher zahlreiche Gemeinsamkeiten, die sich vor allem aus rechtsstaatlichen Anforderungen an die Planung ableiten. Unterschiede ergeben sich allerdings vor allem aus der verschiedenen Rechtsnatur der Bauleitplagung einerseits und

---

³² So *BVerwG*, B. v. 29. 1. 1992 – 4 NB 22.90 – DVBl. 1992, 577 – Abwägungsmangel.
³³ Zur ungefragten Fehlersuche *BVerwG*, Urt. v. 7. 9. 1979 – IV C 7.77 – BauR 1980, 40 = BayVBl. 1980, 183 = DVBl. 1980, 230; B. v. 12. 9. 1989 – 4 B 149.89 – Buchholz 406.11 § 10 BBauG/BauGB Nr. 19 = *Hoppe/Stüer* RzB Rdn. Nr. 1300.
³⁴ So *BVerwG*, B. v. 23. 12. 1993 – 4 B 212.94 – Buchholz 406.11 § 30 BauGB Nr. 35 – aufgezwungene Erschließungspflicht.
³⁵ *BVerwG*, Urt. v. 18. 11. 2004 – 4 CN 11.03 – DVBl. 2005, 386 = NVwZ 2005, 1237 – Diez.
³⁶ Eine Beschränkung der Aufhebung eines straßenrechtlichen Planfeststellungsbeschlusses auf einen Anspruch lediglich auf Planergänzung hat das *BVerwG* auch schon nach der bisherigen Rechtsprechung anerkannt, so *BVerwG*, Urt. v. 20. 10. 1989 – 4 C 12.87 – BVerwGE 84, 31 = DVBl. 1990, 419 = *Hoppe/Stüer* RzB Rdn. 216 – Eichenwäldchen; B. v. 3. 4. 1990 – 4 B 50.89 – UPR 1990, 336 = DVBl. 1990, 789 = *Hoppe/Stüer* RzB Rdn. 854. Beruht nämlich die Rechtswidrigkeit nur auf einem die Gesamtplanung nicht in Frage stellenden Mangel, der durch Planergänzung ausgeräumt werden kann, so besteht kein Anspruch auf Planaufhebung, sondern nur auf Vornahme dieser Ergänzung.
³⁷ Zur Schutzauflagenrechtsprechung des *BVerwG*, vor allem zu § 17 IV FStrG a. F. Urt. v. 14. 2. 1975 – IV C 21.74 – BVerwGE 48, 56 = DVBl. 1975, 713 = NJW 1975, 1373 = *Hoppe/Stüer* RzB Rdn. 50 – B 42; *Stüer* DVBl. 1997, 326; ders. in: *Stüer* (Hrsg.) Verfahrensbeschleunigung, S. 90. Zur Beschleunigung von Planungsverfahren für Verkehrsinfrastrukturvorhaben durch weitere Regelungen zum ergänzenden Verfahren und zur Planergänzung s. Rdn. 3762.
³⁸ Eine Nachbesserung des Abwägungsmaterials durch das Gericht hat das *BVerwG* früher stets abgelehnt, so etwa *BVerwG*, Urt. v. 22. 10. 1987 – 7 C 4.85 – BVerwGE 78, 177 = NVwZ 1987, 536 = DVBl. 1988, 148 = *Hoppe/Stüer* RzB Rdn. 474 – Brokdorf; Urt. v. 25. 2. 1988 – 4 C 32 und 33.86 – BauR 1989, 53 = UPR 1988, 266 = NVwZ 1989, 152 = *Hoppe/Stüer* RzB Rdn. 82 – Verkehrsanalyse; B. v. 10. 2. 1989 – 7 B 171.88 – DVBl. 1989, 833 = UPR 1989, 277 = StT 1989, 539 = *Hoppe/Stüer* RzB Rdn. 83 – Mettmann; B. v. 14. 8. 1989 – 4 NB 24.88 – DVBl. 1989, 1105 = ZfBR 1989, 264 = UPR 1989, 452 = *Hoppe/Stüer* RzB Rdn. 84 – Beitrittsbeschluss; Urt. v. 18. 5. 1990 – 7 C 3.90 – BVerwGE 85, 155 = DVBl. 1990. 1170 = UPR 1991, 21 = NVwZ 1991, 362 = *Hoppe/Stüer* RzB Rdn. 56 – Betonformsteine aus Quarzsand; B. v. 26. 6. 1992 – 4 B 1 – 11.92 – DVBl. 1992, 1435 = NVwZ 1993, 572 = *Hoppe/Stüer* RzB Rdn. 42 – B 31 – Abschnittsbildung.

der Fachplanung andererseits. Damit sind zugleich Unterschiede in den Rechtsschutzmöglichkeiten und in den Reparaturmöglichkeiten der Planung verbunden.

VIII. Fachplanung, Raumordnung und Bauleitplanung

2969   Die Fachrechte können untereinander in ein Spannungsfeld geraten. Weitere Abstimmungserfordernisse ergeben sich zur Raumordnung und der Bauleitplanung als Querschnittsplanungen.

1. Abgrenzung von Fachrechten untereinander und im Verhältnis zur Raumordnung (Überblick)

2970   Als Ausgangspunkt für die Abgrenzung der unterschiedlichen Fachrechte, zur Raumordnung und zur Bauleitplanung dienen die gesetzlichen Begriffsfestlegungen. Für die Abgrenzung der Raumordnung von der Fachplanung ist das Merkmal der Übergeordnetheit oder Überfachlichkeit einschlägig. Die Abgrenzung kann sich aber nicht nur an den begrifflichen Festlegungen in den Raumordnungs- und Landesplanungsgesetzen ausrichten; sie muss auch die generelle Kompetenzfrage einbeziehen. Die Kompetenzordnung hat nämlich den einzelnen Fachrechten und vor allem auch speziell den Fachplanungen jeweils eine relative Eigenständigkeit eingeräumt. Für jeweilige Fachrecht begreift die eigentliche Fachaufgabe als eigenes Hausgut, obwohl es sich natürlich auch Querschnittsaufgaben stellt und in der Tendenz in andere Bereiche hineinwirkt. Auf der anderen Seite gehört aber beispielsweise die Verkehrswegeplanung für Infrastrukturvorhaben zum Kerngeschäft des jeweiligen Fachplanungsrechts, also etwa des Straßenrechts, des Eisenbahnrechts oder des Wasserwegerechts. Auch andere Fachrechte wie das Bergrecht oder das Luftverkehrsrecht können auf Belange anderer Fachrechte einwirken. Dasselbe gilt für die Bauleitplanung.

2971   Das Fachrecht hat dabei die Aufgabe, aus seiner jeweiligen Sicht die fachlichen Interessen zu behandeln, aber auch die Bereiche anderer Fachrechte einzubeziehen. Eine ausgleichende Funktion kommt der Raumordnung zu. Sie soll die verschiedenen Fachrechte und die damit notwendigerweise angelegte, vielleicht sogar etwas einseitige sektorale Sichtweise der verschiedenen „Fachbruderschaften" zusammenfassen und in einer Querschnittsfunktion bündeln. Der Gesetzgeber hat die Raumordnung deshalb mit einer Kompetenz zur überfachlichen Planung ausgestattet.[39] Deshalb ist es umso wichtiger, den spezifischen Ansatz und damit den spezifischen Kompetenzrahmen der Raumordnung zu bestimmen. Vergleichbare Abgrenzungsprobleme können sich auch im Bereich der Fachplanungen untereinander ergeben.

2. Abgrenzung der verschiedenen Fachrechte

2972   Das jeweilige Fachrecht tritt neben die Raumordnung auch in eine Konkurrenz zum sonstigen Fachrecht. Das Konkurrenzverhältnis ist gesetzlich nicht abschließend geregelt. Ganz allgemein muss zwischen fest bindenden, zu beachtenden Regelungen (Beachtensgeboten) und solchen Vorschriften unterschieden werden, die in der Abwägung überwindbar sind (Berücksichtigungsgeboten). Der Gesetzgeber kann dabei im jeweiligen Fachrecht zu beachtende Planungsleitsätze aufstellen, die auch für das jeweils andere Fachrecht als zusätzliche Anforderungen bindend wirken. Die Vorgaben haben dann die Funktion von „Haltelinien" oder „roten Ampeln", die nicht einfach überfahren werden dürfen. Der Gesetzgeber kann aus der Sicht des Fachrechts auch Belange formulieren, die von den jeweils anderen Fachrechten nicht abstrakt und bindend zu beachten sind, sondern vor allem bei Planungsentscheidungen in der Abwägung berücksichtigt werden müssen. Hier ist dann allerdings im Rahmen der Abwägung eine „Trauerarbeit" zu leisten, bei Optimierungsgeboten oder Nachhaltigkeitspostulaten kann sogar eine „nachhaltige Trauerarbeit" mit entsprechend großen „Krokodilstränen" erforderlich sein, um die beeinträchtigten Be-

---

[39] *Bielenberg/Erbguth/Söfker*, Raumordnungs- und Landesplanungsrecht des Bundes und der Länder, Stand 2001, J 610, Rdn. 24.

lange wirklich überwinden zu können.[40] Planungsleitsätze sind von den anderen Fachrechten zu beachten. Planungsleitlinien und -grundsätze sind demgegenüber bei Planungsentscheidungen in der Abwägung (lediglich) zu berücksichtigen. Ob das sonstige Fachrecht in diesem Sinne streng gebunden ist oder in welchem Umfang Abwägungsspielräume bestehen, muss den jeweiligen fachlichen Regelungen entnommen werden, die sowohl Beachtensgebote als auch Berücksichtigungsgebote aufstellen können. Das Fachrecht wirkt also auch für die anderen Fachrechte strikt bindend, soweit es entsprechende Regelungen mit Bindungswirkungen enthalten sollte. Es ist in den anderen Fachrechten der Abwägung zugänglich, soweit es (lediglich) Berücksichtigungsgebote aufstellt.

3. Gesetzliche Grundlagen zur Abgrenzung des Raumordnungs- und Fachplanungsrecht

Die gesetzlichen Regelungen im ROG und den Fachplanungsgesetzen, die den Inhalten der Raumordnung im Rahmen der Fachplanung Geltung verschaffen sollen, werden als Raumordnungsklauseln bezeichnet.[41] Dabei wird zwischen allgemeinen Raumordnungsklauseln des ROG und spezifischen Raumordungsklauseln in den Fachgesetzen unterschieden.[42] Die Bindungen an die Vorgaben der Raumordnung ist vom Grundsatz her in § 4 ROG geregelt. Für besondere Bundesmaßnahmen gelten Sonderregelungen in § 5 ROG, die teilweise an die Regelungen des Verhältnisses von Flächennutzungsplan und Fachplanung in § 7 BauGB angelehnt sind.

Ziele der Raumordnung sind von öffentlichen Stellen bei ihren raumbedeutsamen Planungen und Maßnahmen zu beachten (§ 4 I 1 ROG).[43] Dies gilt auch bei (1) Genehmigungen, Planfeststellungen und sonstigen behördlichen Entscheidungen über die Zulässigkeit raumbedeutsamer Maßnahmen öffentlicher Stellen sowie (2) Planfeststellungen und Genehmigungen mit der Rechtswirkung der Planfeststellung über die Zulässigkeit raumbedeutsamer Maßnahmen von Personen des Privatrechts (§ 4 I ROG). Während die Ziele der Raumordnung auch für die Planfeststellung verbindliche Wirkungen haben, sind die Grundsätze und sonstigen Erfordernisse der Raumordnung von öffentlichen Stellen bei raumbedeutsamen Planungen und Maßnahmen in der Abwägung zu berücksichtigen. Für Private kann sich unter den Voraussetzungen des § 4 III und IV ROG eine entsprechende Bindung ergeben.

Für besondere Bundesmaßnahmen schwächt § 5 ROG die Bindungswirkung des § 4 I ROG an die Ziele der Raumordnung allerdings durch ein Beteiligungs-, Konsultations- und Widerspruchsverfahren ab. Namentlich für Infrastrukturmaßnahmen wie den Fernstraßen- und Eisenbahnbau, aber auch Vorhaben nach dem Magnetschwebebahnplanungsgesetz, dem WaStrG, dem LuftVG oder dem Personenbeförderungsgesetz gilt die Bindungswirkung der Raumordnung nur unter drei Voraussetzungen: Die zuständige Stelle oder Person muss im Verfahren beteiligt worden sein. Das bei Meinungsverschiedenheiten sich anschließende Konsultationsverfahren darf zu keiner Einigung geführt und die Stelle oder Person der Zielvorgabe nicht innerhalb von zwei Monaten widersprochen haben. Der Widerspruch kann mit einer fehlerhaften Abwägung oder damit begründet werden, dass das Ziel mit der Zweckbestimmung des Fachplanungsvorhabens nicht im Einklang steht und das Vorhaben nicht auf einer anderen Fläche durchgeführt werden kann. Bei einer Veränderung der Sachlage kann die zuständige Stelle oder Person auch im Nachhinein innerhalb von 6 Monaten ab Kenntnis widersprechen. Für diesen Fall sind die dadurch entstehenden Kosten zu ersetzen.

---

[40] *Krautzberger/Stüer* DVBl. 2004, 914.
[41] *Forsthoff/Blümel*, Raumordnungsrecht und Fachplanungsrecht, 1970; *Schimdt-Aßmann*, Die Bedeutung von Raumordnungsklauseln für die Verwirklichung raumordnerischer Ziele, in: Verwirklichung der Raumordnung, Forschungs- und Sitzungsberichte der Akademie für Raumforschung und Landesplanung, 1982, S. 27.
[42] *Wagner* DVBl. 1990, 1024, 1025.
[43] Zur Raumordnung s. Rdn. 215.

2976 Weitere Regelungen für die Abgrenzung zur Raumordnung enthalten einige Fachplanungsgesetze. Für die Verkehrswegeplanung treffen § 13 WaStrG und § 16 FStrG eine spezielle Regelung. Danach bestimmt der Bundesminister für Verkehr im Benehmen mit den Landesplanungsbehörden der beteiligten Länder die Planung und Linienführung von Bundeswasserstraßen und Bundesfernstraßen (§ 13 II WaStrG, § 16 I 1 FStrG). Die Bundesplanung hat dabei nach dem Wortlaut des § 16 IV 3 FStrG grundsätzlich Vorrang vor Orts- und Landesplanungen.[44] Auch das LuftVG enthält spezielle Regelungen in § 6 II 1, § 30 III 1 LuftVG, die eine Berücksichtigung der Erfordernisse der Raumordnung vorsehen, wobei allerdings die §§ 4 I-IV u. 5 ROG unberührt bleiben.

2977 Damit sind die rechtlichen Ausgangspunkte scheinbar klar. Grundsätzlich haben die Ziele der Raumordnung und Landesplanung Vorrang vor der Fachplanung (§ 4 I ROG).[45] Die Grundsätze und sonstigen Erfordernisse sind zu berücksichtigen (§ 4 II ROG). Bei Verkehrsvorhaben des Bundes wird der Vorrang der Raumordnung durch das Beteiligungs-, Konsultations- und Widerspruchsrecht eingeschränkt (§ 5 ROG), so dass über die verfahrensrechtliche Komponente der Eindruck eines Vorranges der Bundesplanung entsteht. Also doch kein Vorrang der Raumordnung oder doch kein Vorrang der Fachplanung? Die verschiedenen Vorschriften stehen in einem Gefüge, dass durch einen materiellen Vorrang der Raumordnung gekennzeichnet ist, aber der Fachplanung im Rahmen des Raumplanungsverfahrens die Möglichkeit eröffnet, ihre Positionen darzulegen und durchzusetzen. Was nach § 4 ROG zunächst wie ein Vorrang der Raumordnung aussieht, wird durch die Vorschrift des § 5 ROG weitgehend relativiert und mutiert im Wechselspiel der einzelnen Kräfte zu einem Vorrang der Fachplanung.[46]

2978 Dasselbe gilt für das Verhältnis der verschiedenen Fachrechte zueinander. Das jeweilige Fachrecht kann zu beachtende Belange formulieren, die für die anderen Fachrechten bindend sind. Der Gesetzgeber kann aber auch zu berücksichtigende Belange einbringen, die in den jeweiligen Planungsentscheidungen in die Abwägung einzubringen und dort mit anderen Belangen in der Ausgleichsentscheidung zu verarbeiten sind.

4. Raumordnung als überfachlicher Ausgleich konkurrierender Raumnutzungen

2979 Vielleicht lassen sich weitere Erkenntnisse zu diesem Spannungsfeld aus den jeweiligen Funktionen von Raumordnung und Fachplanung gewinnen. Raumordnung ist auf die Ordnung und Entwicklung des größeren Raumes angelegt. Für sie ist ein Leitbild der Region entscheidend. Von diesem Ordnungs- und Entwicklungsbild der Region her will Raumordnung unterschiedliche, ja konkurrierende Raumnutzungsansprüche gegeneinander abwägen und zu einer Gesamtnutzung vereinen, die für den Raum und die dort lebenden Menschen verträglich ist. Raumordnung beurteilt nicht nur die Berechtigung einzelner Raumnutzungsansprüche, sondern ist auf eine Bilanz der verschiedenen Nutzungen ausgerichtet.[47] In der Raumordnung gibt es Grenzen der Nutzungen in einem Raum (Obermaß der Raumverträglichkeit) und Grenzen der Belastbarkeit der dort lebenden Menschen (Obergrenze der Sozialverträglichkeit). Ausgehend von dem Vorhandensein solcher Grenzen ist es Aufgabe der Raumordnung, die einzelnen Raumnutzungsansprüche so zu lenken, dass möglichst viele Ansprüche innerhalb der vorgenannten Gren-

---

[44] Entgegen dem Wortlaut nehmen einen grundsätzlichen Vorrang der Raumplanung an: *Blümel* in: *Bartelsperger/Blümel/Schroeter*, Ein Vierteljahrhundert Straßengesetzgebung, 1980, S. 309, 335; *Wagner*, Die Harmonisierung der Raumordnungsklauseln in den Gesetzen der Fachplanung, 1990, S. 63; *ders.* DVBl. 1990, 1024, 1027; *Gruber* DÖV 1995, 488, 492.

[45] *BVerwG*, B. v. 20. 8. 1992 – 4 NB 20.91 – BVerwGE 90, 329 = NuR 1993, 79.

[46] Die Fachplanung unterliegt zumeist der Bundeskompetenz, während die Raumplanung Landessache ist. In die Planung seiner Vorhaben lässt sich niemand gerne hineinreden. So ist es nicht verwunderlich, dass die Fachplanung immer ein Schritt voraus zu sein scheint, *Wahl* in: Festschrift für Hoppe, S. 913 ff.; *Hönig*, Fachplanung und Enteignung, 2001, S. 52.

[47] *Runkel* in: *Bielenberg/Erbguth/Söfker*, Raumordnungs- und Landesplanungsrecht des Bundes und der Länder, Stand 2001, K § 3 Rdn. 105.

zen möglich sind und Divergenzen ausgeglichen werden. Das jeweilige Kerngeschäft der Fachrechte darf dabei aber nicht untergehen oder sonst wie auf der Strecke bleiben.

5. Fachplanung als gestufte Planungsentscheidung

Die Fachplanung ist vor allem von dem jeweiligen Fachinteresse geprägt, allerdings zugleich über das Abwägungsgebot auf einen sachgerechten Ausgleich mit anderen Belangen verpflichtet. Diese Ausgleichsentscheidung kennzeichnet nicht nur die Planfeststellung oder Plangenehmigung, sondern ist auch für die vorgelagerten Verfahrensstufen verbindlich. Denn Planung ist aus rechtsstaatlichen Gründen und vor dem Hintergrund der Eigentums- und Selbstverwaltungsgarantie mit Abwägung untrennbar verbunden. Zu den vorgelagerten Entscheidungen zählen die europäischen Leitlinien, die Bedarfsplanung,[48] die Linienbestimmung,[49] im Abfallrecht die Abfallwirtschaftspläne und das Raumordnungsverfahren, das vorhandene Spannungen zwischen Raumplanung und Fachplanung auflösen soll. Diesen Planungsentscheidungen ist gemeinsam, dass sie ebenso wie die Raumplanung nur die Grobplanung beinhalten, also die Verortung und Einbettung des Vorhabens in einen größeren Raum vornehmen, dabei jedoch allein an den fachspezifischen Zielen ausgerichtet sind.[50]

So ist die Bundesfernstraßenplanung dadurch gekennzeichnet, dass ihr Bedarf im Fernstraßenausbaugesetz verbindlich festgelegt ist. Die Vorgaben des Bedarfsplans sind für die nachfolgenden Planungsentscheidungen verbindlich (§ 1 II 2 FStrAbG). Die Planrechtfertigung kann nur mit einer Verfassungswidrigkeit des Bedarfsplans in Zweifel gezogen werden.[51] Auf der Grundlage der Bedarfsplanung erfolgt die Linienbestimmung (§ 16 FStrG), ggf. ein Raumordnungsverfahren (§ 15 ROG) und die Planfeststellung (§ 17 FStrG). In diesen Verfahrensschritten wird die Planung weiter konkretisiert. Auf den vorgenannten Ebenen sind aber zugleich die Anforderungen anderer Fachrechte nach Maßgabe des jeweiligen gesetzlichen Entscheidungsprogramms zu beachten bzw. zu berücksichtigen. Indes muss auf den der Planfeststellung vorgelagerten Planungsentscheidungen nicht stets das sich aus dem Fachrecht ergebende fachliche Programm abschließend abgearbeitet werden. Es reicht vielmehr, wenn die Problembewältigung in der Konturenschärfe erfolgt, wie dies auf der jeweiligen Planungsstufe erforderlich ist.[52] Auf der Ebene der Regionalplanung etwa reicht eine Grobprüfung aus, ob die Belange des Fachrechts in den Nachfolgeverfahren ausreichend berücksichtigt werden können. Allerdings kann sich auch schon auf dieser Ebene einer eher grobkörnigen Prüfung eine planerische Ausweisung von Projekten oder Bauflächen verbieten, weil die fachrechtlichen Anforderungen nicht eingehalten werden können.

Das jeweilige fachrechtliche Entscheidungsprogramm wird sodann mit seinen konkreten Bezügen in den Planfeststellungsverfahren abgearbeitet. Der Planfeststellungsbeschluss hat zwar eine formelle Konzentrationswirkung in dem Sinne, dass er die nach anderen Regelungen erforderlichen Genehmigungen, Erlaubnisse und sonstigen Zulassungsentscheidungen ersetzt (§ 75 I VwVfG). Eine allgemeine materielle Konzentrationswirkung kommt dem Planfeststellungsbeschluss jedoch gegenüber den anderen Fachrechten nicht zu. Vielmehr sind in der Planfeststellung die jeweiligen materiellen Anforderungen der anderen Fachrechte als Planungsleitsätze zu beachten bzw. als Planungsleitlinien zu berücksichtigen. In der Planfeststellung kommt daher das Entscheidungsprogramm des Fachrechts als Beachtens- oder Berücksichtigungsgebote voll zum Tragen

---

[48] Zum Bedarfsplan nach dem FStr s. Rdn. 3008, 3948; zum Bundesschienenwegebedarfsplan s. Rdn. 3109.
[49] Zur Linienbestimmung s. Rdn. 2765, 3014, 3494, 3949.
[50] *Hönig*, Fachplanung und Enteignung, 2001, S. 46 ff.
[51] *BVerwG*, Urt. v. 8. 6. 1995 – 4 C 4.94 – BVerwGE 98, 339 = NuR 1995, 537 – Aumühle; Urt. v. 21. 3. 1996 – 4 C 26.94 – BVerwGE 100, 388 = NuR 1996, 520 – Münchener Ring; *Hönig*, Fachplanung und Enteignung, 2001, S. 207.
[52] *Stüer* NVwZ 2002, 1164 – zur FFH-Prüfung; *ders.* UPR 2003, 97 – zur Plan-UP-Richtlinie.

und ist – wenn es nicht sogar unüberwindbare Schranken bereithält – mindestens in der fachplanerischen Abwägung zu berücksichtigen.

6. Abgrenzung der Raumordnung und Fachplanung zur Bauleitplanung

2983 Für das Verhältnis der Fachplanung zur Bauleitplanung ist die Rechtslage allerdings eine andere. Hier gilt der Vorrang der privilegierten Fachplanung vor der Bauleitplanung, wie er in § 38 BauGB geregelt ist. Danach hat der Planfeststellungsbeschluss für überörtlich bedeutsame Vorhaben Vorrang vor dem Bauplanungsrecht, wenn die Gemeinden beteiligt worden sind und städtebauliche Belange berücksichtigt werden. Daraus ergibt sich in diesem Bereich des Städtebaurechts eine materielle Konzentration der Planfeststellung, die in der Abwägung städtebauliche Belange zwar zu berücksichtigen hat, diese in ihrer absoluten Wirkung aber außer Kraft setzen kann.[53] Eine formale Bindung an die städtebaulichen Regelungen entfällt daher, soweit das materielle Entscheidungsprogramm in die Abwägungsentscheidung des Fachplanungsrechts eingeht.

2984 Es ist allerdings ein Grundproblem der Planung, dass irgendwie alles mit allem zusammenhängen kann. Planung ist nicht zuletzt die Bearbeitung und Reduzierung von Komplexität. Planen deckt Zusammenhänge auf und verarbeitet sie zu einer am Abwägungsgebot orientierten Ausgleichsentscheidung. Und dennoch müssen diese „natürlichen" Zusammenhänge mit Barrieren versehen werden, muss sich die hochstufige Landesplanung von der Regionalplanung unterscheiden, muss Raumplanung von der Fachplanung abgegrenzt werden.

2985 Dabei kann es durchaus handfeste Interessengegensätze geben. So könnte die Raumordnung etwa ein Interesse daran haben, Maßnahmen wie den Ausbau einer Autobahn auf sechs Fahrstreifen,[54] die unterschiedlichen Dringlichkeiten der Projektverwirklichung, die Haltepunkte für einen ICE[55] oder ein Nachtflugverbot[56] bereits in der Gebietsentwicklungsplanung festzuschreiben. Derartige Planungen könnten in Einzelfällen durchaus in Konflikt mit den Interessen des Fachrechts etwa an einer Freihaltung oder naturnahen Sicherung derartiger Flächen treten. Insoweit ist die Lage vergleichbar mit anderen Nutzungskonflikten, die sich beispielsweise aus dem Habitat- oder Vogelschutz[57] oder auch aus dem Natur- und Umweltschutz[58] ergeben können. Die Raumordnung muss sich hier auf einen sachgerechten Interessenausgleich verschiedener Fachinteressen beschränken und zugleich das jeweilige Entscheidungsprogramm des Fachrechts aufnehmen.

7. Konsens statt Vorrang

2986 Vielleicht liegt der Schlüssel für das Zusammenwirken der Fachrechte und in ihrem Verhältnis zur Raumplanung in einem Stufen- und Abwägungsmodell, das auch das Verhältnis von Raumordnung und Bauleitplanung kennzeichnet.[59] Vordergründig hat die Raumordnung gegenüber der Bauleitplanung feste Bindungswirkungen, wenn sie als

---

[53] BVerwG, Urt. v. 4. 5. 1988 – 4 C 22.87 – BVerwGE 79, 318 = NuR 1989, 35.
[54] Beispiel in *Schulte*, Raumplanung und Genehmigung bei der Bodenschätzegewinnung, 1996, S. 220.
[55] Beispiel in *Schulte* NVwZ 1999, 942, 943.
[56] Problematik im Bezug auf den Ausbau des Frankfurter Flughafens.
[57] BVerwG, Urt. v. 19. 5. 1998 – 4 A 9.97 – BVerwGE 107, 1 = NuR 1998, 544 = DVBl. 1998, 900 – A 20; Urt. v. 31. 1. 2002 – 4 A 15.01, 21.01, 24.01, 47.01, 77.01 – DVBl. 2002, 990 m. Anm. *Stüer* DVBl. 2002, 960 = NVwZ 2002, 1103 – A 20; *Stüer* NdsVBl. 2003, 177. Zum hohen Schutz faktischer Vogelschutzgebiete *BVerwG*, Urt. v. 1. 4. 2004 – 4 C 2.03 – DVBl. 2004, 1115 = NVwZ 2004, 1114 – Hochmoselbrücke; zur Vorinstanz *OVG Koblenz*, Urt. v. 9.1 2003 – 1 C 10392/01 – NuR 2003, 438 (B 50n – Abschnitt 1); Urt. v. 9. 1. 2003 – 1 C 10187/01 – NuR 2003, 441 = DVBl. 2003, 200 – B 50n 2. Abschnitt Hochmoselbrücke; nachfolgend *BVerwG*, Urt. v. 1. 4. 2004 – 4 C 2.03 – DVBl. 2004, 1115 = EurUP 2004, 161.
[58] Zu den Rechtsschutzmöglichkeiten Dritter auf Einhaltung der UVP-Richtlinie *EuGH*, Urt. v. 7. 1. 2004 – C-201/02 – DVBl. 2004, 370 = NVwZ 2004, 517 = EurUP 2004, 57 – Delena Wells; *Stüer/Hönig* DVBl. 2004, 481.
[59] *Brohm* DVBl. 1980, 653; *Wahl* DÖV 1981, 597.

Ziel formuliert ist und sich einen entsprechenden Vorrang zuordnet (§ 1 IV BauGB).⁶⁰ In Wahrheit besteht diese Bindungswirkung aber nicht grenzenlos.⁶¹ Auch die Raumordnung muss sich legitimieren. Ein vorsichtiger Gebrauch der Ziele ist daher angebracht. Der Rechtfertigungszwang wird umso größer, je konkreter und verbindlicher die Vorgaben der Raumordnung sind und je mehr sie sich in das Kerngeschäft der kommunalen Selbstverwaltung vorwagt. Vergleichbares dürfte auch für das Verhältnis zwischen den unterschiedlichen Fachrechten zueinander und in ihrem Verhältnis zur Raumordnung gelten – unabhängig davon, wer in dem komplizierten Ränkespiel formal die Oberhand behält. In ihren jeweiligen Kernaufgaben muss den beteiligten Stellen ein materieller Vorrang zukommen, der durch wechselseitige Abwägung einer ausgleichenden Abstimmung bedarf. Nur der verbleibende Rest nicht ausgleichbarer Interessenwidersprüche ist dann nach den formalen Kriterien der gesetzlichen Regelungen zu entscheiden. Dabei hat bisher die Fachplanungen am Ende zumeist die Oberhand behalten, wenn sie von den in § 5 ROG eingeräumten Möglichkeiten Gebrauch macht.

8. Genauigkeit der Vorgaben durch die Raumordnung

Bei Vorgaben, die zum Aufgaben- und Kompetenzbereich der Raumordnung gehören, stellt sich die weitere Frage, in welcher „Sprache" die Raumordnung die Vorgaben formulieren könnte. Ein wichtiger Teil der notwendigen Distanz zwischen Raumordnung und Fachplanung drückt sich darin aus, dass die Raumordnung abstrakter formulieren muss, um der Fachplanung oder aber der Bauleitplanung noch genügend Gestaltungsmöglichkeiten zu belassen. Das Wesentliche des Verhältnisses zwischen Raumplanung und Fachplanung liegt darin, dass der Fachplanung durch die raumordnerischen Ziele und Grundsätze noch genügend eigenverantwortlicher Gestaltungsspielraum gegeben werden muss. Die Aussagen von Raumordnung und Fachplanung ähneln sich zwar im Hinblick auf den gemeinsamen Gegenstand. Aber beide Planungen regeln den gemeinsamen Gegenstand unter einem spezifischen Gesichtspunkt. Und genau dies äußert sich auch in der Sprache und dem Gehalt der Festlegung. Die Vorgaben werden daher regelmäßig nicht in einem Ziel der Raumordnung detailgenau beschrieben.⁶² Denn durch eine fachrechtliche Bestimmtheit würde die Landesplanung eine Konkretheit für sich in Anspruch nehmen, die ihr gegenüber der Fachplanung regelmäßig nicht zukommt.⁶³

Dieses Phänomen der eigenen Aussageweise und der eigenen Sprache der Raumordnung haben Literatur⁶⁴ und Rechtsprechung⁶⁵ für das Verhältnis zwischen Raumordnung als der überörtlichen Gesamtplanung und der Bauleitplanung als der örtlichen Gesamtplanung herausgearbeitet. Es drückt sich in einem unterschiedlichen Regelungsniveau und in einem unterschiedlichen Konkretisierungsgrad zwischen der überörtlichen Raumordnung und der örtlichen Bauleitplanung aus.⁶⁶ Vergleichbar kann auch zwischen

---

⁶⁰ *BVerwG*, Urt. v. 17. 9. 2003 – 4 C 14.01 – BVerwGE 119, 25 = DVBl. 2004, 239 = NVwZ 2004, 220 – Mühlheim-Kärlich.

⁶¹ *BVerfG*, B. v. 23. 6. 1987 – 2 BvR 826/83 – BVerfGE 76, 107 = DVBl. 1998, 41; *VerfG München*, Entscheidung vom 14. 8. 1987 – Vf. 55 – IX.87 – NVwZ 1988, 242, 244.

⁶² Zur Zielbestimmung *Hoppe* in: Festschrift für Stree und Wessels, 1993, S. 1153; *ders*. DVBl. 1993, 681; *ders*. DVBl. 1998, 462; *ders*. DVBl. 1999, 1459; *ders*. DVBl. 2001, 81.

⁶³ Nur wenn eine Festlegung im überörtlichen Interesse erforderlich ist, kann diese getroffen werden, *BVerwG*, Urt. v. 19. 7. 2001 – 4 C 4.00 – BVerwGE 115, 17 = NuR 2002, 49 = DVBl. 2001, 1855 – Gipsabbau, mit Hinweis auf *Paßlick*, Die Ziele der Raumordnung und Landesplanung, 1986, S. 287; *Wahl* in: *Hoppe/Kauch*, Raumordnungsziele nach Privatisierung öffentlicher Aufgaben, 1996, S. 29.

⁶⁴ *Brohm* in: Festschrift für Blümel, S. 79; *Halama* in: Festschrift für Schlichter, S. 201; *Spoerr* in: Festschrift für Hoppe, S. 343 ff.; *Schimdt-Aßmann*, VerwArch. 71 (1980), 117; *ders*. DÖV 1981, 237.

⁶⁵ *BVerwG*, B. v. 20. 8. 1992 – 4 NB 20.91 – BVerwGE 90, 329 = NuR 1993, 79; Urt. v. 19. 7. 2001 – 4 C 4.00 – BVerwGE 115, 17 = NuR 2002, 49 – Gipsabbau.

⁶⁶ *Wahl* DÖV 1981, 597, 604, der treffend formulierte: „Das konkretisierende Anpassen und das Verknüpfen mit eigenen autonomen Planbestandteilen ist eigenverantwortlich wahrzunehmende Sache der Gemeinde."

der überfachlichen und zusammenfassenden Querschnittsaufgabe der Raumordnung einerseits und der fachbezogenen Aufgabe der räumlichen Fachplanung andererseits unterschieden werden.

2989 Raumordnung und Fachplanung haben in ihren Regelungsbereichen keine allgemeine materielle Konzentrationswirkung im Sinne eines freigestellten Vorrangs, sondern sind an die Abarbeitung des Entscheidungsprogramms gebunden, das sich aus dem jeweils anderen Fachrecht ergibt. Daraus ist das Gebot der gegenseitigen Harmonisierung abzuleiten. In den Bereichen der Raumordnung und des übrigen Fachrechts entwickelt das jeweilige Fachrecht nur unüberwindbaren Bindungen, wenn diese in gesetzlichen Regelungen ausdrücklich festgelegt sind. Im Übrigen sind die Belange des Fachrechts bei den jeweiligen Planungen und sonstigen Maßnahmen der Raumordnung und Fachplanung als Abwägungsgesichtspunkt einzubringen.

9. Wer regiert eigentlich wen?

2990 Das Spannungsfeld zwischen dem Fachrecht und der Raumordnung ist komplizierter als das Verhältnis zur Bauleitplanung. Gegenüber der Bauleitplanung können das Fachrecht und die Raumordnung im wirklichen Konfliktfall einen (formalen) Vorrang für sich in Anspruch nehmen. An die Ziele der Raumordnung hat die Gemeinde ihre Bauleitpläne anzupassen (§ 1 IV BauGB). Die privilegierte Fachplanung kann unter den Voraussetzungen des § 38 BauGB die gemeindliche Bauleitplanung überwinden. Die Regelungen des Fachrechts können sich gegenüber der Bauleitplanung einen Vorrang zulegen, der im Recht der städtebaulichen Planung und bei der planungsrechtlichen Zulässigkeit von Vorhaben strikt zu beachten ist. Wenn jedoch zwei Planungsträger wie die privilegierte Fachplanung und die Raumordnung mit Vorrangwirkungen aufeinander stoßen, wird es deutlich schwieriger. Nicht ohne Grund führen die gesetzlichen Regeln daher zu einer Art Zirkelschluss. Raumordnung und Fachplanung sind daher ebenso wie die einzelnen Fachverwaltungen auf ein Miteinander angewiesen, wobei sich die Beteiligten in Streitfällen vor allem auf ihr Kerngeschäft konzentrieren müssen.

2991 Die Frage nach dem Verhältnis zwischen dem Fachrecht, der Raumordnung und der Bauleitplanung beurteilt sich wohl in erster Linie nach dem Abwägungsgebot und damit, wenn Belange überwunden werden sollen, nach dem Grundsatz der „(nachhaltigen) Trauerarbeit". Zudem regiert das Prinzip, nach dem sich vielfach auch die Verantwortung in Staat und Gesellschaft verteilt: Jeder entscheidet ein bisschen, aber wirklich alles – da kann man eigentlich einigermaßen sicher sein – niemand so richtig.

2. Teil. Privilegierte und nicht privilegierte Fachplanungen

2992 Fachplanungen sind aufgrund besonderer Gesetze durchgeführte förmliche Planungsverfahren, für die bestimmte Verwaltungsverfahren, zumeist Planfeststellungsverfahren, durchgeführt werden. Es wird die örtliche und die überörtliche Fachplanung unterschieden. Die überörtliche Zuständigkeit der Planungsbehörde allein begründet noch keine überörtliche Planung. Es muss sich vielmehr um ein Vorhaben von überörtlicher Bedeutung handeln. Auch wird die privilegierte und nicht privilegierte Fachplanung unterschieden. Die privilegierte Fachplanung geht der Bauleitplanung nach § 38 BauGB vor. Auch ist in derartigen Fällen ein gemeindliches Einvernehmen nach § 36 BauGB nicht erforderlich. Ob daneben Unternehmergenehmigungen mit konditionalem Entscheidungsprogramm wie die atomrechtliche oder die immissionsschutzrechtliche Genehmigung, bei der es sich im Ergebnis um eine gebundene Entscheidung handelt, wegen ihrer planerischen Elemente zum Fachplanungsrecht im weiteren Sinne zählen, wird unterschiedlich beantwortet. Derartige Zulassungsverfahren sind Grenzgänger zwischen Ordnungs- und Planungsrecht.

2993 **Abwägungsdirigierte Planungsentscheidungen** sind von **gebundenen Zulassungsentscheidungen** zu unterscheiden. Die **Planung** ist in dem Sinne **abwägungsdirigiert**,

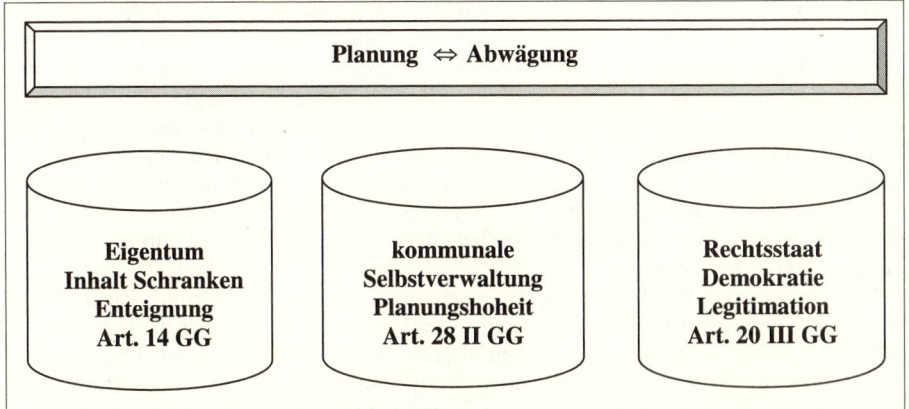

dass die Entscheidungen der planenden Stelle den verfassungsrechtlichen Anforderungen des Abwägungsgebotes unterliegen.[67] Planung und Abwägung sind damit unzertrennlich. Diese Zusammengehörigkeit von Planung und Abwägung als sozusagen zwei Seiten derselben Medaille folgt aus der das Eigentum regelnden, umgestaltenden und im Ernstfall auch überwindenden Kraft öffentlicher Planung. Der Planungsträger ist zu derart weitreichenden Inhalts- und Schrankenbestimmungen des Eigentums nur befugt, wenn er dazu durch eine umfassende Interessenabwägung legitimiert wird. Eine einseitige, ausschließlich an Genehmigungsansprüchen ausgerichtete Zulassungsentscheidung wird diesen verfassungsrechtlichen Notwendigkeiten nicht gerecht. Aus diesem Grund ist der gebundenen Zulassungsentscheidung zumeist ein Planungsverfahren vorgelagert, in dem die verfassungsrechtlich gebotene umfassende Ermittlung, Bewertung und Abwägung der Belange einschließlich einer Ausgleichsentscheidung grundgelegt wird. Die eigentliche abwägungsdirigierte Planungsentscheidung hat dabei bereits auf der Ebene der Bauleitplanung durch die Gemeinde oder im nicht beplanten Innenbereich oder Außenbereich durch eine Planungsentscheidung des Gesetzgebers stattgefunden. Das Verfahren ist damit zweistufig und besteht aus einer abwägungsdirigierten Planungsentscheidung und einer nachfolgenden gebundenen Zulassungsentscheidung. Im Gegensatz dazu sind die Entscheidungen im Fachplanungsrecht vielfach einstufig in dem Sinne, dass sie sowohl die Planungs- als auch die Zulassungsentscheidung enthalten. Derartige Entscheidungen des Fachplanungsrechts müssen daher auch die Abwägungselemente enthalten, die für eine rechtsstaatliche Planung kennzeichnend sind.[68]

Beispiel: Ein Unternehmer beantragt, ihm entsprechend den Festsetzungen des rechtsverbindlichen Bebauungsplans die Genehmigung für die Errichtung einer Fabrik zu erteilen. Werden die Festsetzungen des Bebauungsplans eingehalten und Umweltschutzbelange gewahrt, kann die Genehmigung nicht mit der Begründung versagt werden, das Vorhaben finde an einer anderen Stelle einen besseren Standort. Ebenso wenig darf eine Baugenehmigung für ein Einfamilienhaus in einem ausgewiesenen allgemeinen Wohngebiet mit dem Hinweis darauf abgelehnt werden, dass es Baugrundstücke in anderen Regionen gebe, die sich für eine Bebauung nicht wesentlich besser eignen würden. Demgegenüber muss etwa bei der Planung einer Straße oder Mülldeponie eine abwägende Planungsentscheidung erfolgen, in die auch Planungsalternativen einzustellen sind, wenn sie sich nach Lage der Dinge anbieten.

---

[67] Grundlegend *BVerwG*, Urt. v. 12. 12. 1969 – IV C 105.66 – BVerwGE 34, 301 = DVBl. 1970, 414 = BauR 1970, 31 = *Hoppe/Stüer* RzB Rdn. 23 – Abwägungsgebot; Urt. v. 14. 2. 1975 – IV C 21.74 – BVerwGE 48, 56 = DVBl. 1975, 713 = NJW 1975, 1373 = *Hoppe/Stüer* RzB Rdn. 50 – B 42; Urt. v. 10. 2. 1978 – IV C 25.75 – BVerwGE 55, 220 = DVBl. 1979, 63 = NJW 1978, 2308 = *Hoppe/Stüer* RzB Rdn. 466 – Kiesweiher.

[68] *BVerwG*, Urt. v. 14. 2. 1975 – IV C 21.74 – BVerwGE 48, 56 = DVBl. 1975, 713 = NJW 1975, 1373 = *Hoppe/Stüer* RzB Rdn. 50 – B 42.

2994 Fehlt eine bewertende Abwägung, so hat die Behördenentscheidung nicht die Kraft, entgegenstehende Interessen zu überwinden. Dies gilt vor allem dann, wenn aufgrund der Entscheidung unmittelbar auf **Eigentum** i. S. einer Enteignung nach Art. 14 III GG zugegriffen werden soll. Enteignungen ohne eine umfassende Abwägung, bei der auch dem Vorhaben entgegenstehende Belange berücksichtigt werden, sind verfassungsrechtlich nicht zulässig. Aus der Sicht dieses verfassungsrechtlich gebotenen Ansatzes sind die Grundanforderungen rechtsstaatlicher Planung untrennbar mit dem Abwägungsgebot verbunden.[69] Das Abwägungsgebot der Bauleitplanung ist daher in seinen rechtlichen Grundstrukturen und verfassungsrechtlichen Anforderungen identisch mit dem Abwägungsgebot der Fachplanung.

2995 Das Abwägungsgebot legitimiert sich noch aus einem weiteren Grund: Fachplanerische Entscheidungen sind nicht nur, wie etwa die bauaufsichtliche oder die immissionsschutzrechtliche Genehmigung, Entscheidungen über die öffentlich-rechtliche Zulassung des beantragten Vorhabens. Sie enthalten darüber hinaus eine verbindliche **Raumnutzungsentscheidung**, mit der abschließend über die raumplanerische Zulässigkeit der Bodeninanspruchnahme befunden wird.[70] Die privilegierte Fachplanung hat gegenüber der sonst maßgebenden örtlichen Gesamtplanung grundsätzlich Vorrang (vgl. § 38 BauGB). Diese Besonderheit verlangt eine vom Abwägungsgebot gesteuerte, in planerischer Gestaltungsfreiheit ergehende Zweckentscheidung des zuständigen öffentlichen Planungsträgers unbeschadet des Umstandes, dass die Behörde häufig nicht selbst originär plant, sondern die entsprechenden Vorstellungen des Vorhabenträgers abwägend nachvollzieht und dadurch die rechtliche Verantwortung für die Planung übernimmt.[71] Demgegenüber findet bei gebundenen, d. h. einen Rechtsanspruch einräumenden Genehmigungen die verbindliche Raumnutzungsentscheidung des öffentlichen Planungsträgers, z. B. die kommunale Bauleitplanung, auf einer vorgelagerten Stufe statt, worauf das *BVerwG* hingewiesen hat. Ist das betreffende Vorhaben mit dieser Planung vereinbar, darf folgerichtig insoweit eine Zulassung nicht verweigert werden.[72] Wird die Bauleitplanung daher durch eine Fachplanung ersetzt, muss im Rahmen der Fachplanung eine Abwägung erfolgen, in die auch die **kommunalen Belange** eingehen. Andere nicht abwägungsdirigierte Zulassungsentscheidungen sind auch im Hinblick auf die Planungshoheit der kommunalen Selbstverwaltung planungsrechtlich nur auf der Grundlage der gemeindlichen Bauleitplanung (§ 30 BauGB) oder der Ersatzplanung durch den Gesetzgeber (§§ 34, 35 BauGB) zulässig. Weder die Bauleitplanung noch die Fachplanung können daher auf die Beachtung des Abwägungsgebotes verzichten. Bei gebundenen Zulassungsentscheidungen muss die Abwägung auf einer vorgelagerten Planungsstufe stattfinden. Versuche, diese Zusammenhänge aufzulösen und vor allem die Planungsentscheidung des Fachplanungsrechts in eine gebundene Zulassungsentscheidung umzumünzen,[73] müssen daher an verfassungsrechtlichen Vorgaben scheitern. Die Zulassung von Vorhaben kommt ohne Planung und die Planung kommt ohne Abwägung nicht aus. Das Gebot der Abwägung in der Bau- und Fachplanung ruht dabei auf drei Säulen: Der Eigentumsgarantie in Art. 14 GG, der Selbstverwaltungsgarantie in Art. 28 II GG und dem Rechtsstaats- und Demokratiegebot in Art. 20 III GG.

---

[69] Zum Abwägungsgebot s. Rdn. 1195.
[70] *Steinberg* Fachplanungsrecht, 19 f.
[71] *BVerwG*, Urt. v. 24. 11. 1994 – 7 C 25.93 – BVerwGE 97, 143 = DVBl. 1995, 238 = ZfBR 1995, 150 – Sonderabfallumschlagsanlage.
[72] Für die immissionsschutzrechtliche Genehmigung vgl. § 6 Nr. 2 BImSchG; *BVerwG*, Urt. v. 24. 11. 1994 – 7 C 25.93 – BVerwGE 97, 143 = DVBl. 1995, 238 = ZfBR 1995, 150 – Sonderabfallumschlagsanlage.
[73] *Weidemann* DVBl. 1994, 263.

3. Teil. Abwägungsdirigierte Planungsentscheidungen

Grundsätzlich sind alle **städtebaulich relevanten Vorhaben** i. S. des § 29 BauGB den 2996 planungsrechtlichen Zulässigkeitsvoraussetzungen in den §§ 30 bis 36 BauGB unterworfen.[74] Hiervon macht § 38 BauGB eine wichtige Ausnahme. Nach dieser Vorschrift sind auf Planfeststellungsverfahren und sonstige Verfahren mit den Rechtswirkungen der Planfeststellung für Vorhaben von überörtlicher Bedeutung sowie Abfallbeseitigungsanlagen die §§ 29 bis 37 BauGB nicht anzuwenden, wenn die Gemeinde beteiligt wird. Städtebauliche Belange sind zu berücksichtigen. Vorhaben der privilegierten Fachplanung sind danach an die für die Bauvorhaben nach den §§ 29 ff. BauGB bestimmten Zulässigkeitsvoraussetzungen, insbesondere an die Festsetzungen des Bebauungsplans, nicht gebunden. Für ihre Zulässigkeit ist allein die Entscheidung nach dem einschlägigen Fachplanungsrecht maßgebend. Der durch das BauROG 1998 geänderte § 38 BauGB 1986 nannte als privilegiertes Fachplanungsrecht die Vorschriften des Bundesfernstraßengesetzes, des Allgemeinen Eisenbahngesetzes, des Magnetschwebebahnplanungsgesetzes, des Telegrafenwegegesetzes, des Luftverkehrsgesetzes, des Personenbeförderungsgesetzes, des Gesetzes über den Bau und den Betrieb von Versuchsanlagen zur Erprobung von Techniken für den spurgeführten Verkehr sowie des Kreislaufwirtschafts- und Abfallgesetzes über die Errichtung und den Betrieb von Abfallentsorgungsanlagen für die Ablagerung von Abfällen (Deponien) und des Bundes-Immissionsschutzgesetzes über die Errichtung und den Betrieb von öffentlich zugänglichen Abfallentsorgungsanlagen. Die Aufzählung war wohl auch unter der früheren Fassung des § 38 BauGB 1986 nicht abschließend. Das Fachplanungsrecht umfasst u. a. die wichtigsten Vorhaben des Verkehrswegerechts.[75] Dazu rechnen vor allem das Fernstraßenrecht, das Eisenbahnrecht, das Luftverkehrsrecht und das Wasserwegerecht.

I. Bundesfernstraßen (FStrG)

Die Planung von Bundesfernstraßen erfolgt nach dem FStrG.[76] 2997

---

[74] Zum Abwägungsgebot s. Rdn. 1195.
[75] Zum Verkehrswegerecht *Alexander* DÖV 1983, 515; *Bender* VerwArch. 83 (1992), 576; *Berkemann* DVBl. 1986, 768; *Blümel* (Hrsg.) Verkehrswegerecht im Wandel 1994; *Bülow* LKV 1993, 128; *Dürr* VBlBW 1993, 361; *Engelhardt* DWW 1994, 297; *Erbguth* VR 1990, 293; *Fickert* DVBl. 1984, 207; *Fromm* NVwZ 1989, 16; *ders.* DVBl. 1994, 187; *ders.* NVwZ 1992, 536; *ders.* NVwZ 1986, 890; *Fromm/Sellmann* NVwZ 1994, 547; *Geiger* NuR 1982, 127; *Haak* BWVPr. 1989, 25; *Hendlmeier* NuR 1992; *Henle* ZIW 1981, 108; *ders.* ZLW 1981, 381; *Hiltl/Gerold* BayVBl. 1993, 385; *Hoppe/Schlarmann* Rechtsschutz bei der Planung von Straßen und anderen Verkehrsanlagen 1982; *Jahn* NZV 1994, 5; *Kiepe* Regionalisierung des Schienenpersonennahverkehrs aus der Sicht der Städte in: *Blümel* (Hrsg.) 1994, 85; *Kleiber* NVwZ 1989, 33; *Klinski/Gaßner* NVwZ 1992, 235; *Kuschnerus* UPR 1992, 167; *Lenz* BauR 1980, 130; *Numberger* BayVBl. 1986, 540; *Postier* NJ 1996, 125; *Ramsauer* NuR 1990, 349; *Ronellenfitsch* LKV 1992, 115; *ders.* DVBl. 1994, 441; *ders.* DVBl. 1984, 501; *ders.* DVBl. 1991, 920; *Schmidt/Siederer* ZUR 1993, 174; *Schwenk* Handbuch des Luftverkehrsrechts 1981; *Sommer* ZfBR 1990, 54; *Steinberg* NuR 1996, 6; *Steinberg/Bidinger* UPR 1993, 281; *Steiner* DAR 1996, 121; *Stich* WiVerw. 1990, 163; *Stüer* DÖV 1986, 65; *ders.* DÖV 1988, 507; *ders.* DÖV 1989, 217; *ders.* DVBl. 1990, 1393; *ders.* DVBl. 1992, 1528; *ders.* DVBl. 1993, 1300; *Wellmann* DÖV 1991, 1011; *Zeitler* NVwZ 1992, 830.
[76] Zum FStrG vgl. *Alexander* BWVPr. 1992, 265; *ders.* DAR 1993, 138; *ders.* BWVPr. 1992, 265; *ders.* DÖV 1983, 515; *Ammelburger* NVwZ 1995, 873; *Bader* AgrarR 1989, 5; *Bartlsperger* DVBl. 1987, 1; *ders.* DVBl. 1996, 1; *Bartlsperger/Blümel/Schrödter* Ein Vierteljahrhundert Straßengesetzgebung 1980; *Bauer* NVwZ 1993, 441; *Bender* DVBl. 1984, 301; *Birk* VBlBW 1988, 410; *Blümel* Aktuelle Probleme des Straßenrechts 1978; *Braun* NVwZ 1994, 1187; *Broß* VerwArch. 74 (1984), 425; *ders.* DÖV 1985, 252; *ders.* DÖV 1985, 513; *Bülow* UPR 1993, 245; *Bülow/Pfeil* LKV 1994, 33; *Dietzel* in: HdBöffBauR Kap. G; *Dürr* UPR 1993, 161; *Ebling* DVBl. 1989, 405; *Fickert* BauR 1976, 1; *ders.* ZfW 1984, 193; *ders.* DVBl. 1984, 207; *ders.* BauR 1985, 1; *ders.* AgrarR 1987, 61; *ders.* BauR 1988, 678; *ders.* FS Gelzer 1991, 15; *Friesecke* NuR 1993, 6; *ders.* LKV 1991, 129; *ders.* WStrG 1994; *Fromm* DÖV 1988, 1035; *Gramlich*

1. Geltungsbereich

2998   Das FStrG regelt die Planung, den Bau, die Unterhaltung und den Gebrauch (Widmung) von Bundesfernstraßen des Fernverkehrs. Bundesfernstraßen sind öffentliche Straßen, die ein zusammenhängendes Verkehrsnetz bilden und einem weiträumigen Verkehr zu dienen bestimmt sind. Hierzu zählen Bundesautobahnen, die nur für den Schnellverkehr mit Kraftfahrzeugen bestimmt sind, und andere Straßen der vorstehend beschriebenen Art (Bundesstraßen). Soweit eine Bundesstraße durch einen Ort hindurchführt, zählt der Teil der Ortsdurchfahrt mit zur Bundesfernstraße i. S. des § 1 I FStrG. Die in § 1 I 1 FStrG vorausgesetzte überregionale Erschließungsfunktion einer Bundesfernstraße kann auch gewährleistet sein, wenn sie – einer Stichstraße ähnlich – nur einseitig an das im Übrigen zusammenhängende Verkehrsnetz der Bundesfernstraßen angebunden ist.[77] Die Straßenplanung kann als administrative Planung durch die Verwaltung oder in Gesetzesform[78] erfolgen. Durch die sog. Investitionsmaßnahmegesetze[79] sollen die Verkehrsprojekte Deutsche Einheit[80] schnellstmöglich durch Beseitigung des Verkehrsnotstandes und Verbesserung der Verkehrsanbindungen zwischen den alten und neuen Ländern verwirklicht werden.[81, 82]

2. Zuständigkeiten

2999   Nach **Art. 90 II GG** verwalten die Länder oder die nach Landesrecht zuständigen Selbstverwaltungskörperschaften die Bundesautobahnen und sonstigen Bundesstraßen des Fernverkehrs im Auftrag des Bundes. Nach Art. 85 I GG bleibt die Einrichtung der Behörden in Bundesauftragsangelegenheiten Aufgabe der Länder. Die Länder errichten somit die Behörden und stellen die erforderlichen Sachmittel und das notwendige Personal zur Ver-

---

VBlBW 1987, 228; *Haak* BWVPr. 1989, 25; *Habel* BWVPr. 1989, 151; *Hoppe* Eingriffe in Leitungsrechte durch Straßenbaumaßnahmen 1979; *Hoppe/Schlarmann* 1982; *Hummel* BWVPr. 1991, 8; *Ibler* DVBl. 1989, 76; *ders.* NuR 1989, 247; *Kastner* DVBl. 1987, 73; *ders.* VerwArch. 80 (1989), 74; *ders.* DVBl. 1987, 519; *ders.* DVBl. 1982, 669; *Kauch* Beiträge zum Siedlungs- und Wohnungswesen und zur Raumplanung Bd. 156 (1994); *Kern* ThürVBl. 1994, 25; *ders.* DÖV 1989, 932; *Kodal/Krämer* Straßenrecht 1995; *Köhler* DVBl. 1963, 618; *Kuschnerus* DVBl. 1986, 75; *Labbe* DVBl. 1987, 517; *Louis* ZUR 1993, 37; *Löwer* DVBl. 1981, 528; *Marschall/Schrödter/Kastner* BFStrG; *Mayr* BayVBl. 1992, 646; *Numberger* BayVBl. 1984, 456; *Papier* JZ 1986, 183; *Pasternack* BayVBl. 1994, 616; *Ramsauer* NuR 1990, 349; *Reinhardt* NuR 1994, 417; *Sauthoff* NVwZ 1990, 223; *Schechinger* DVBl. 1991, 1182; *Schirmer* BayVBl. 1992, 513; *Schulze* NuR 1986, 106; *Siederer* ZUR 1994, 199; *Steinberg* NVwZ 1986, 812; *Steiner* Straßen- und Wegerecht 1992; *Stüer* NuR 1982, 140; *ders.* DÖV 1986, 65; *ders.* DÖV 1987, 104; *ders.* DÖV 1988, 507; *ders.* DÖV 1989, 217; *ders.* DVBl. 1990, 35; *ders.* DVBl. 1990, 217; *ders.* DVBl. 1992, 547; *ders.* Beschleunigungsmaßnahmen bei der Fernstraßenplanung 1996; *Wahl* DVBl. 1993, 517; *de Witt* NVwZ 1995, 31; *ders.* NVwZ 1994, 38; *Zeitler* NVwZ 1992, 830. Zur Beschleunigung von Planungsverfahren für Verkehrsinfrastrukturvorhaben s. Rdn. 3762.

[77] BVerwG, B. v. 23. 12. 1992 – 4 B 188.92 – Buchholz 316 § 74 VwVfG Nr. 20 = UPR 1993, 187 = DÖV 1993, 433 – Containerbahnhof.

[78] Vgl. dazu Gesetz über den Bau des Abschnitts Wismar West – Wismar Ost der Bundesautobahn A 20 Lübeck – Bundesgrenze (A 11) v. 2. 3. 1994 (BGBl. I 734) sowie Gesetz über den Bau der Südumfahrung Stendal der Eisenbahnstrecke Berlin – Oebisfelde v. 29. 10. 1993 (BGBl. I 1906). Vgl. zu verfassungsrechtlichen Bedenken gegen solche Gesetzesplanungen *Blümel* DVBl. 1997, 205; *Stüer* DVBl. 1991, 1333; vgl. auch *Kloepfer* ZG 1988, 289.

[79] Kritisch *Rude* in: *Stüer* Verfahrensbeschleunigung, S. 248; *Stüer* DVBl. 1991, 1333.

[80] Es handelt sich um insgesamt 17 Projekte: Schiene 9, Straße 7, Wasserstraße 1.

[81] *Badura* FS Huber 1981, 15. Gegenüber einer Planfeststellung unmittelbar durch den Gesetzgeber sollte allerdings dem herkömmlichen Planfeststellungsverfahren durch die Verwaltung der Vorzug gegeben werden. Im Gegensatz zur traditionellen Planfeststellung ist das planersetzende Gesetzgebungsverfahren nicht in gleicher Weise in der Lage, eine umfassende Ermittlung des Abwägungsmaterialien und eine sachgerechte Bürgerbeteiligung sicherzustellen. Auch aus der Sicht des Rechtsschutzes der Betroffenen erscheint ein Plangesetz verfassungsrechtlich vor allem deshalb bedenklich, weil eine solche Gesetzesplanung die verfassungsrechtliche Kompetenzordnung nicht wahren könnte; a. A. BVerfG, B. v. 17. 7. 1996 – 2 BvF 2/93 – DVBl. 1997, 42 = NJW 1997, 383 – Südumfahrung Stendal.

[82] Zur Beschleunigung von Planungsverfahren für Verkehrsinfrastrukturvorhaben s. Rdn. 3762.

fügung.[83] Dem Bund verbleiben aber nach Art. 85 GG bestimmte Einwirkungsmöglichkeiten. So kann er insbesondere allgemeine Verwaltungsvorschriften erlassen, Weisungen erteilen und Bundesaufsicht ausüben. Der Erlass von allgemeinen Verwaltungsvorschriften bedarf grundsätzlich der Zustimmung durch den Bundesrat. Dies gilt allerdings nicht, soweit es sich nur um Verfahrensvorschriften handelt. Der Bundesminister für Verkehr hat mit dem Erlass von Richtlinien für die Planfeststellung nach dem FStrG[84] hiervon Gebrauch gemacht. Es handelt sich um abstrakt generelle Regelungen, die nur innerhalb der Verwaltung gelten. Der Vollzug der vom Bund erteilten Weisungen ist nach Art. 85 III GG durch die oberste Landesbehörde sicherzustellen. Die Bundesaufsicht in der Auftragsangelegenheit nach Art. 85 IV GG unterscheidet sich von der in der landeseigenen Verwaltung nach Art. 84 III GG insbesondere darin, dass sie nicht nur aus der Rechts-, sondern auch aus der Zweckmäßigkeitsaufsicht besteht. Ferner kann die Bundesregierung in der Auftragsverwaltung Berichte und Vorlagen der Akten verlangen und Beauftragte zu allen Behörden entsenden, während in der landeseigenen Verwaltung Verwaltungsbeauftragte nur zu den obersten Landesbehörden entsandt werden können. Nur mit deren Zustimmung oder mit der des Bundesrates können sie auch zu nachgeordneten Behörden entsandt werden. In Abweichung von der grundgesetzlichen Auftragsverwaltung nach Art. 90 II GG i. V. mit Art. 85 GG sind für die Linienführung der Bundesfernstraßen nach § 16 FStrG nicht die Länder bzw. die von ihnen beauftragten Behörden, sondern der Bundesminister für Verkehr zuständig. Die Bundesstraßen erlangen über die Landesgrenzen hinausreichend Bedeutung und sind in ihrer Linienführung daher vom Bund überregional zu koordinieren. Diese Kompetenz steht dem Bund aus der Natur der Sache zu.

Nach § 17 V 1 FStrG stellt die **oberste Landesstraßenbaubehörde** den Planfeststellungsbeschluss fest. Bestehen zwischen der obersten Landesstraßenbaubehörde, die den Plan feststellt, und einer Bundesbehörde Meinungsverschiedenheiten, so ist vor der Planfeststellung die Weisung des Bundesverkehrsministeriums einzuholen (§ 17 V 2 FStrG). Die Verwaltung der Bundesautobahnen erfolgt durch die Länder oder die nach Landesrecht zuständigen Selbstverwaltungskörperschaften[85] in Bundesauftragsverwaltung (Art. 90 II GG).[86] Die Straßenplanung selbst wird auf der Grundlage des FStrG und damit nicht auf landesrechtlicher Grundlage und unter Anwendung des VwVfG des Landes durchgeführt.

Die Straßenplanung muss durch die jeweils dafür **zuständige Planfeststellungsbehörde** planfestgestellt werden. Die **Kompetenzwidrigkeit** einer Straßenplanung kann allerdings erst festgestellt werden, wenn auf der Ebene der Fachplanung eine Gesamtplanung für eine Ortsumgehung so hinreichend konkretisiert ist, dass die Straße sinnvoller Weise nur als Teilstück des Gesamtvorhabens angesehen werden kann und daher vorrangig in die Kompetenz des jeweiligen Trägers der Fachplanung fällt.[87]

3. Erfordernis der Planfeststellung

Nach den Straßengesetzen ist die Planung vorgeschrieben für den Bau oder die Änderung von Bundesfernstraßen und Landesstraßen, Kreisstraßen, teils ohne Einschränkung, teils nur bei einer besonderen Verkehrsbedeutung, von Gemeindestraßen und sonstigen Straßen nach Maßgabe des jeweiligen Landesrechts.[88] So sind etwa in NRW oder in Nds. Gemeindestraßen nur im Außenbereich oder dann planfeststellungsbedürftig, wenn es sich um eine isolierte Straßenplanung handelt, für die ein Bebauungsplan nicht erforderlich ist (Saarl.). § 4 I VerkPlBG[89] führte erstmals im Straßenrecht eine die Planfeststellung

---

[83] Dies wird durch § 22 IV 1 FStrG bestätigt.
[84] Planfeststellungsrichtlinien 1994 – PlafeR 94, VkBl. 1994, 781.
[85] In NW sind dies etwa die Landschaftsverbände.
[86] *Kodal/Krämer* Kap. 1 Rdn. 26 (S. 45).
[87] *VGH München*, Urt. v. 8. 8. 2001 – 8 N 00.690 – NVwZ-RR 2002, 257 = DVBl. 2002, 282 – Ortsumgehung.
[88] Zur Beschleunigung von Planungsverfahren für Verkehrsinfastrukturvorhaben s. Rdn. 3762.
[89] V. 16. 12. 1991 – BGBl. I 2 174 – VerkPlBG.

ersetzende **Plangenehmigung** für den Bau oder die Änderung einer Straße ein. Voraussetzung ist, dass Rechte anderer nicht beeinträchtigt werden oder die Betroffenen sich schriftlich einverstanden erklären und das Benehmen mit den Trägern berührter öffentlicher Belange hergestellt ist.[90] Die Plangenehmigung hat nach § 4 VerkPlBG die Rechtswirkung eines Planfeststellungsbeschlusses nach § 75 I VwVfG. Die nur für die neuen Bundesländer geltende Regelung des § 4 VerkPlBG ist durch § 17 Ia FStrG i. d. F. des Planungsvereinfachungsgesetzes bundesweit eingeführt worden, allerdings mit der Modifikation, dass eine Plangenehmigung auch dann zulässig ist, wenn Rechte anderer nicht wesentlich beeinträchtigt werden.[91]

3003 Der Planfeststellungsvorbehalt des § 17 I 1 FStrG[92] und die enteignungsrechtlichen Vorwirkungen des § 19 I FStrG erstrecken sich auch auf Bodenentnahmen aus Entnah-

Die Plangenehmigung	
§ 17 Ia FStrG	§ 74 VI VwVfG
Rechte anderer nicht oder **nicht wesentlich** berührt oder schriftlich Einverständnis der Betroffenen Benehmen mit Trägern öffentlicher Belange	Rechte anderer nicht beeinträchtigt oder schriftlich Einverständnis der Betroffenen Benehmen mit Trägern öffentlicher Belange
Grundstücksinanspruchnahmen in geringem Umfang sind auch ohne Zustimmung der Betroffenen möglich	Grundstücksinanspruchnahmen sind ohne Zustimmung der Betroffenen nicht möglich
Kein förmliches Verfahren	Kein förmliches Verfahren
Rechtswirkungen und Rechtsbehelfe wie Planfeststellungsbeschluss, jedoch keine Verlängerungsmöglichkeit	Rechtswirkungen und Rechtsbehelfe wie Planfeststellungsbeschluss, jedoch keine enteignungsrechtliche Vorwirkung und keine Verlängerungsmöglichkeit (§ 75 IV VwVfG)

---

[90] Vgl. dazu auch § 73 VI VwVfG i. d. F. des GenBeschlG.
[91] *Dürr* in: *Kodal/Krämer*, Straßenrecht, Kap. 34 Rdn. 7.5; *Steiner* NVwZ 1994, 313.
[92] Zur Beschleunigung von Planungsverfahren für Verkehrsinfastrukturvorhaben s. Rdn. 3762.

mestellen i. S. von § 1 IV Nr. 4 FStrG, die in einem technisch-funktionalen Zusammenhang mit dem Straßenbauvorhaben stehen.[93]

Nach § 17 III FStrG sowie den entsprechenden Vorschriften der Landesstraßengesetze ersetzt ein **Bebauungsplan** die straßenrechtliche Planfeststellung.[94] Dies wird vor allem im bebauten Innenbereich gelten, bei dem neben der straßenrechtlichen Ausweisung zugleich die bauliche Nutzung der Nachbargrundstücke geregelt werden soll. Die Planung einer Bundesfernstraße durch Bebauungsplan außerhalb der geschlossenen Ortslage kommt nur dort in Betracht, wo sich die Auswirkungen der Straße auf das Gemeindegebiet beschränken. Eine Straßenplanung mit über die Gemeindegrenze hinausgehenden Auswirkungen kann dagegen in der Regel durch einen Bebauungsplan nicht vorgenommen werden. Zudem ist eine Straßenplanung von überörtlicher Bedeutung durch Bebauungsplan nur in Übereinstimmung mit den Planungsvorstellungen der Straßenverwaltung zulässig. Eine hiervon abweichende gemeindliche Bauleitplanung würde unzulässig in die Fachplanung eingreifen und hat daher vor dem Hintergrund des § 38 BauGB keinen Bestand.[95] Festsetzungen für Verkehrsflächen im Bebauungsplan beschränken sich auf die Ausweisung der benötigten Grundstücksflächen, auf den Anschluss anderer Flächen an die Verkehrsflächen und u. U. auf eine besondere Zweckbestimmung wie Fußgängerbereiche oder Flächen für das Parken von Fahrzeugen, Flächen für das Abstellen von Fahrrädern sowie den Anschluss anderer Flächen an die Verkehrsflächen (§ 9 I Nr. 11 BauGB). Die Festlegungen in der Planfeststellung gehen zumeist darüber hinaus und erstrecken sich auf weitere Einzelheiten des Vorhabens. Da der Bebauungsplan nicht alle für die Ausführung des Straßenbauvorhabens und seine störungsfreie Einfügung in die Umwelt erforderlichen Festsetzungen enthält, bedarf es häufig zusätzlich zum Bebauungsplan einer Planfeststellung, die sich auf ergänzende Feststellungen beschränkt.[96] Straßenänderungen können sich auch als **Folgemaßnahmen** planfeststellungsbedürftiger Vorhaben ergeben.[97] § 75 VwVfG sieht dazu vor, dass der Planfeststellungsbeschluss über die Zulässigkeit des Vorhabens einschließlich der notwendigen Folgemaßnahmen an anderen Anlagen entscheidet. Die Kompetenz für die Regelung der Folgemaßnahmen endet aber dort, wo in die Planungskompetenz eines anderen Fachplanungsträgers eingegriffen wird.[98] Dies ist der Fall, wenn die Folgemaßnahmen eine eigenständige planerische Entscheidung, insbesondere eine Abwägung der betroffenen öffentlichen und privaten Belange, erforderlich machen.[99]

Planfeststellung, § 17 I FStrG	Bebauungsplan, § 17 III FStrG
Fachinstrument für Bundesfernstraßen	Instrument zur Regelung der städtebaulichen Ordnung; Straßen sind ein Aspekt unter vielen
Umfassende bis ins Detail gehende Regelungsmöglichkeiten	Regelungsmöglichkeiten nach Maßgabe von § 9 BauGB
Räumlicher Ausdehnungsbereich über mehrere Gemeindegrenzen hinweg möglich	Räumlicher Ausdehnungsbereich streng auf Gemeindegebiet bezogen; insoweit ggf. Probleme bei der Abschnittsbildung (Verkehrswert)

---

[93] *BVerwG*, Urt. v. 11. 4. 2002 – 4 A 22.01 – NVwZ 2002, 1119 = BauR 2002, 1679 = DVBl. 2002, 1434 – Entnahmestelle. Zur Zustellung eines Planfeststellungsbeschlusses an „bekannte Betroffene" *BVerwG*, B. v. 20. 2. 2003 – 4 B 17.03 – DVBl. 2003, 809 = NVwZ-RR 2003, 477.
[94] *Dürr* in: *Kodal/Krämer*, Straßenrecht, Kap. 34 Rdn. 8; *Fickert* BauR 1989, 678.
[95] *BVerwG*, B. v. 28. 11. 1988 – 4 B 212.88 – NVwZ 1989, 662; *OVG Münster*, Urt. v. 30. 12. 1997 – 10 a D 41/95.NE – UPR 1998, 240.
[96] *Dürr* in: *Kodal/Krämer*, Straßenrecht, Kap. 34 Rdn. 8.21.
[97] *BVerwG*, B. v. 22. 9. 1999 – 11 B 48.99 – NVwZ-RR 2000, 138 = BauR 2000, 54 – Folgemaßnahmen.
[98] *BVerwG*, Urt. v. 12. 2. 1988 – 4 C 54.84 – DVBl. 1988, 843.
[99] *Dürr* in: *Kodal/Krämer*, Straßenrecht, Kap. 34 Rdn. 9.2.

Planfeststellung, § 17 I FStrG	Bebauungsplan, § 17 III FStrG
Herr des Verfahrens: Überregional zuständige Straßenbau- und Planfeststellungsbehörden	Herr des Verfahrens sind Städte/Gemeinden vor Ort; insoweit eingeschränkte Einwirkungsmöglichkeiten der Straßenbaubehörden
Bei Planoffenlegung tritt Veränderungssperre ein (§ 9a I FStrG), die sich auch auf Baubeschränkungs- und Bauverbotszonen erstreckt (§ 9 IV FStrG) Vorkaufsrecht, § 9a VI FStrG	Veränderungssperre muss besonders beschlossen werden (§ 14 BauGB); sie kann sich im Übrigen nur dann auf Bauverbots- bzw. Baubeschränkungszonen erstrecken, wenn diese räumlich im Bebauungsplan liegen. Vorkaufsrecht
Konzentrationswirkung (§ 75 I VwVfG); alle Erlaubnisse, Bewilligungen, Zustimmungen, andere Planfeststellungen etc. werden zu einem einzigen VA (Planfeststellungsbeschluss) verschmolzen	Keine Konzentrationswirkung, d. h. z. B. landespflegerische Erlaubnisse, wasserrechtliche Genehmigungen etc. müssen gesondert eingeholt werden und stehen als eigenständige selbständig anfechtbare Verwaltungsakte neben der Satzung Bebauungsplan
Enteignung aufgrund eines rechtskräftigen Planes jederzeit möglich (§ 19 FStrG); im Enteignungsverfahren unterliegt Planfeststellungsbeschluss nicht mehr der gerichtlichen Nachprüfung	Enteignung unter den Voraussetzungen von § 87 BauGB möglich; Bebauungsplan unterliegt voller gerichtlicher Nachprüfung im Entschädigungsverfahren
Anfechtungsklage innerhalb eines Monats nach Zustellung; Suspensiveffekt (Ausnahme: § 17 VIa FStrG)	Normenkontrolle kann innerhalb von 2 Jahren nach Bekanntmachung des Bebauungsplans angestrengt werden (§ 47 I 1 VwGO; außerdem Inzidentkontrolle möglich, wenn VA, der aufgrund Bebauungsplan erlassen wird, angefochten wird (Abwägungsmängel können innerhalb von 7 Jahren gerügt werden (§ 215 I BauGB); kein Suspensiveffekt)
Heilungsmöglichkeiten nach § 17 VIc FStrG; im gerichtlichen Verfahren nach §§ 87 I Ziffer 7 und 94 II VwGO; Ermessenserwägungen können nach § 114 2 VwGO ergänzt werden.	Wenn Fehlerheilung im Wege eines ergänzenden Verfahrens möglich, erklärt das *OVG* den Bebauungsplan bis zur Behebung der Mängel für nicht wirksam (§ 47 V 4 VwGO); nach § 215 I BauGB werden Verfahrens- und Formfehler nach § 214 I 1 Nr. 1 bis 3 BauGB, Fehler beim Entwicklungsgebot nach § 214 II BauGB und Mängel im Abwägungsvorgang nach § 214 III 2 BauGB unbeachtlich, wenn sie nicht innerhalb von zwei Jahren schriftlich gegenüber der Gemeinde geltend gemacht werden.

3005 Offen ist die Frage, ob und in welchem Umfang der Bebauungsplan **Konzentrationswirkungen** nach § 75 VwVfG haben kann. Nach dem Gesetzeswortlaut kommt diese Konzentrationswirkung nur dem straßenrechtlichen Planfeststellungsbeschluss und der ihn ersetzenden Plangenehmigung zu. Der Bebauungsplan wird in § 75 VwVfG nicht erwähnt. Auf ihn findet das VwVfG auch im Übrigen keine Anwendung (§ 9 VwVfG). Allerdings hat der Bebauungsplan nach § 17 III FStrG die Wirkungen eines fernstraßenrechtlichen Planfeststellungsbeschlusses und einer Plangenehmigung.[100] Aus diesem Zusammenhang könnte sich die Möglichkeit einer analogen Anwendung auch des § 75 VwVfG in dem Sinne ergeben, dass ein Bebauungsplan, der die fernstraßenrechtliche

---

[100] Zu den Grenzen der gemeindlichen Eigenverantwortung für die Straßenplanung *BVerwG*, B. v. 8. 10. 1999 – 4 B 53.99 – DVBl. 2000, 215 – Netzfunktion.

Planfeststellung ersetzt, zugleich auch an der Konzentrationswirkungsregelung in § 75 VwVfG teilnimmt. Eine solche formelle Konzentration in dem Sinne, dass keine anderen behördlichen Genehmigungen, Entscheidungen oder Zulassungen erforderlich sind, sondern die fernstraßenrechtliche Planfeststellung zugleich derartige Entscheidungen mit umfasst, kann aber auf den Bebauungsplan nicht ohne weiteres übertragen werden. Der Bebauungsplan enthält traditionell eine Angebotsplanung in dem Sinne, dass er bestimmte Vorhaben planungsrechtlich zulässt, nicht aber zugleich zu deren Durchführung verpflichtet. Auch ist das Modell des Bebauungsplans in dem Sinne zweistufig, dass dem Bebauungsplan (1. Stufe) ein Zulassungsverfahren (2. Stufe) nachfolgt, in dem auf der Grundlage der Festsetzungen des Bebauungsplans die konkrete Projektzulassung bauplanungsrechtlich, aber auch bauordnungsrechtlich geprüft wird. Die Planfeststellung ist demgegenüber einstufig in dem Sinne, dass Planung und Zulassung in einer Entscheidung erfolgen. Mit diesen Unterschieden hängt zusammen, dass der Bebauungsplan nur insoweit formelle Konzentrationswirkungen haben kann, wie er rechtsverbindliche Regelungen enthält und damit das materielle Entscheidungsprogramm einer fernstraßenrechtlichen Fachplanung ersetzen kann. Soweit der Bebauungsplan diese verbindlichen Regelungen nicht beinhaltet, ist ggf. eine ergänzende Planfeststellung vorzunehmen. Dies wird etwa dann in Betracht kommen, wenn neben den Festsetzungen über den Straßenkörper etwa noch ergänzende Schutzauflagen erforderlich sind. Allerdings entwickelt sich der Bebauungsplan mehr und mehr in Richtung auf eine Projektzulassungsentscheidung in dem Sinne, dass neben das herkömmliche Modell einer Angebotsplanung der vorhabenbezogene Bebauungsplan nach § 12 BauGB tritt, der vor allem in Verbindung mit dem Durchführungsvertrag auf die konkrete Projektrealisierung gerichtet ist. Je mehr der Bebauungsplan jedoch zugleich verbindliche Umsetzungselemente enthält, umso mehr nähert er sich einem Projektzulassungsplan, wie er für das Planfeststellungsverfahren mit der abschließenden Zulassungsentscheidung kennzeichnend ist. Der Bebauungsplan kann dann auch eine größere Reichweite im Hinblick auf die in § 75 VwVfG angeordnete Konzentrationswirkung entfalten.

3006 Dieselben Abgrenzungen könnten sich für das Verhältnis des eine **Straßenplanung ersetzenden Bebauungsplans** zu einer anderen Fachplanung ergeben. § 78 VwVfG bestimmt für das Verhältnis verschiedener Fachplanungen untereinander einen Vorrang derjenigen Fachplanung, die den Schwerpunkt des einheitlichen Entscheidungsprogramms bietet und daher die größte Durchsetzungskraft im Hinblick auf die verschiedenen berührten Belange, aber auch ggf. die größte Überwindungslast hat. Überträgt man diesen Grundsatz der Kollisionsregelung verschiedener Fachplanungsvorhaben in § 78 VwVfG auf das Verhältnis von Bebauungsplan zu anderen Fachplanungen, so könnte sich folgende Lösung abzeichnen. Der die Straßenplanung ersetzende Bebauungsplan kann einen Vorrang vor anderen Fachplanungen nur gewinnen, wenn das in ihm zu regelnde Vorhaben den Schwerpunkt der Gesamtmaßnahme bildet und der Bebauungsplan in der Lage ist, das jeweilige fachplanerische Entscheidungsprogramm der mitzuregelnden Maßnahme durch Regelungen verbindlich zu entscheiden. Dazu wird ein Bebauungsplan nur dann die Grundlage bieten können, wenn seine Festsetzungen konkret genug ausgestaltet sind, die Festsetzungen ggf. über einen städtebaulichen Vertrag ergänzt werden und gewährleistet ist, dass die durch das mitzuregelnde Vorhaben berührten Belange im Bebauungsplan umfassend abgewogen werden können. Ist dies nicht gewährleistet, kann sich ein Vorrang des Bebauungsplans vor anderen Fachplanungen nicht entwickeln.

3007 Ob auf der Grundlage einer Plangenehmigung auch **privates Eigentum** in Anspruch genommen werden darf, erscheint zweifelhaft. § 17 Ia 1 Nr. 1 FStrG schließt dies zwar nicht aus. Das Plangenehmigungsverfahren kann danach auch stattfinden, wenn Rechte anderer nicht wesentlich beeinträchtigt werden.[101] Ein solches Vorgehen erscheint aber

---

[101] *BVerwG*, Urt. v. 15. 12. 1995 – 4 A 19.95 – Buchholz 407.4 § 17 FStrG Nr. 106 – B 192 Waren.

wegen der grundsätzlich fehlenden Überwindungskraft einer Plangenehmigung nicht unproblematisch.[102]

4. Bedarfsplan

3008 Um einen effektiven Mitteleinsatz zu gewährleisten und vordringliche Straßenbauvorhaben auch verwirklichen zu können, hat der Bund im Rahmen eines Gesamtplanes den voraussichtlichen Bedarf an Straßen im **Fernstraßenausbaugesetz** verbindlich festgestellt.[103] Die Feststellung des Bedarfs ist gem. § 1 II 2 FStrG für die Linienbestimmung nach § 16 FStrG und die Planfeststellung nach § 17 FStrG verbindlich. Damit erhält der **Bedarfsplan** zugleich für die einzelnen Vorhaben eine gesetzlich begründete Planrechtfertigung. Ist ein Vorhaben nach **§ 1 II 2 FStrAG** durch den Gesetzgeber in einen Bedarfsplan aufgenommen worden, können die Voraussetzungen des tatsächlichen Bedarfs nicht mehr in Frage gestellt werden, es sei denn, es liegt eine offensichtlich fehlsame Entscheidung des Gesetzgebers vor. Dann ist die Entscheidung des *BVerfG* einzuholen. Mit dem Bau einer Bundesautobahn darf nicht nur einem vorhandenen oder erwarteten Verkehrsbedürfnis Rechnung getragen werden. Der Gesetzgeber kann das Instrument des verkehrlichen Ausbaus auch zu einer wirtschaftlichen Aufwertung der Infrastruktur nutzen.[104] Der Verkehrsbedarf für ein in den Bedarfsplan aufgenommenes Vorhaben wird nicht dadurch in Zweifel gezogen, dass auf Landesebene entwickelte zusätzliche Zielvorstellungen für das Straßenbauvorhaben nachträglich wegfallen.[105] Die gesetzgeberische Bedarfsentscheidung ist dabei nicht nur für die Planrechtfertigung verbindlich,[106] sondern erstreckt sich auch auf den Bedarf als abwägungserheblichen Belang, weil sonst die durch das FStrAbG bezweckte Aufgabenverteilung bei der Fortschreibung der Fernstraßenausbauplanung unterlaufen wird. Durch den Bedarfsplan wird allerdings noch nicht abschließend über das Vorhaben entschieden. Denn die Planfeststellungsbehörde muss weiterhin auch alle gegen das Vorhaben sprechenden Belange abwägen und sich ebenso bei ihren Untersuchungen insbesondere mit der Möglichkeit einer „Null-Variante" auseinander setzen.[107] Auch die UVP-Richtlinie[108] hindert den deutschen Gesetzgeber nicht daran, den Bedarf für eine Verkehrsinfrastrukturmaßnahme durch Gesetz festzulegen. Denn das Fernstraßenausbaugesetz[109] konkretisiert ebenso wie das Bundesschienenwegeausbaugesetz für die in den Bedarfsplan aufgenommenen Vorhaben den Bedarf i. S. der Planrechtfertigung. Diese Bedarfsfestlegung, bezogen auf die Verbindung zweier Punkte

---

[102] S. Rdn. 3771.
[103] *BVerwG*, Urt. v. 12. 12. 1996 – 4 C 29.94 – DVBl. 1997, 798 – Nesselwang-Füssen; kritisch *Blümel* in: *Stüer* (Hrsg.) Verfahrensbeschleunigung, S. 17; vgl. auch *Hönig* in: *Stüer* (Hrsg.) Verfahrensbeschleunigung, S. 162; zum Bedarfsplan nach dem FStrAbG s. Rdn. 3948; zum Bundesschienenwegebedarfsplan s. Rdn. 3109.
[104] *BVerwG*, Urt. v. 17. 2. 1997 – 4 A 41.96 – NVwZ 1997, 998 = LKV 1997, 328 – A 20.
[105] *BVerwG*, Urt. v. 18. 6. 1997 – 4 C 3.95 – UPR 1998, 25 = NVwZ-RR 1998, 292 = NuR 1998, 251 – Hochspeyer – B 37.
[106] Die von der Rechtsprechung des *BVerwG* zur Planrechtfertigung entwickelten Grundsätze gelten auch für den Ausbau von Verkehrsflughäfen in den neuen Ländern, so *BVerwG*, Urt. v. 8. 7. 1998 – 11 A 53.97 – DVBl. 1998, 1188 = UPR 1998, 457 – Erfurt.
[107] *BVerwG*, Urt. v. 18. 6. 1997 – 4 C 3.95 – UPR 1998, 25 = NVwZ-RR 1998, 292 = NuR 1998, 251 – Hochspeyer – B 37; Urt. v. 26. 3. 1998 – 4 A 7.97 – UPR 1998, 382 – Reinbek-Wentorf; Urt. v. 19. 5. 1998 – 4 A 9.97 – BVerwGE 107, 1 = NVwZ 1998, 961 = DVBl. 1998, 900 – Ostseeautobahn A 20; Urt. v. 10. 4. 1997 – 4 C 5.96 – BVerwGE 104, 236 = DVBl. 1997, 1115 = NVwZ 1998, 508 – B 15 neu; Urt. v. 21. 3. 1996 – 4 C 26.94 – BVerwGE 100, 388 = DVBl. 1996, 914 = NVwZ 1997, 169 = UPR 1996, 231; B. v. 30. 12. 1996 – 11 VR 21.95 – NVwZ 1998, 284 = UPR 1997, 153; zum BSchWAG siehe *VGH München*, Urt. v. 10. 1. 1997 – 20 A 96.40052 u. a. – DVBl. 1997, 842.
[108] Abgedruckt bei *Stüer*, Bau- und Fachplanungsgesetze 1999, 809.
[109] *BVerwG*, Urt. v. 8.6 1995 – 4 C 4.94 – BVerwGE 98, 339 = DVBl. 1995, 1012 – B 16; Urt. v. 26. 3. 1998 – 4 A 7.97 – UPR 1998, 382 = BauR 1998, 896 – Reinbek-Wentorf: Die Bindungswirkung erstreckt sich auch auf die im Bedarfsplan vorgesehene Dimensionierung.

in einem bestimmten räumlichen Korridor, ist der konkreten UVP weit vorgelagert.[110] Erst die in einem Planfeststellungsverfahren erfolgende Konkretisierung des Trassenverlaufs beantwortet u. a. im Rahmen der UVP die Frage, ob und wie das Vorhaben im Einzelnen zu verwirklichen ist. Zwar ist die Bedarfsfestlegung durch den Gesetzgeber auch für die planerische Abwägung verbindlich. Doch kann auch ein derartiges Vorhaben bei der Abwägung scheitern, wenn gegenläufige andere öffentliche oder private Belange ein solches Gewicht haben, dass der Belang des Verkehrsbedarfs aus Rechtsgründen zurückgedrängt wird.[111]

Eine planerische Ermessensentscheidung muss **vernünftigerweise geboten** sein.[112] Diese Stufe der Prüfung verhindert allerdings nur grobe und offensichtliche Missgriffe.[113] Besteht ein berechtigtes Interesse daran, eine Region zur Förderung ihrer wirtschaftlichen Entwicklung infrastrukturell aufzuschließen, kann auch dies zur Planrechtfertigung genügen.[114] Insofern gelten im Hinblick auf eine Stärkung der regionalen Wirtschaftsstruktur im Luftverkehrsrecht keine anderen Grundsätze.[115] Im Übrigen stellt es die Erforderlichkeit des Vorhabens nicht in Frage, wenn nicht alle Gründe dem Planfeststellungsbeschluss zu entnehmen sind.[116] Eine Änderung auf den der Planfeststellung vorgelagerten Planungsstufen führt nicht notwendig auch zu einer Änderung der Identität des planfestzustellenden Vorhabens. Denn § 73 VwVfG regelt die Planfeststellung und nicht die Bedarfsplanung, die Landesplanung oder die Finanzplanung.[117]

Der Bedarfsplan des Gesetzgebers ist **grundsätzlich bindend**[118] und darf von der Planfeststellungsbehörde auch in der Abwägung berücksichtigt werden.[119] Allerdings kann das Vorhaben an entgegenstehenden öffentlichen oder privaten Belangen scheitern.[120] Finanzielle Engpässe und eine Streckung des ursprünglich vorgesehenen Zeitplans lassen die Planrechtfertigung allerdings noch nicht entfallen.[121] Etwas anderes gilt, wenn sich die Verhältnisse in der Zwischenzeit so grundlegend gewandelt haben, dass sich die ursprüngliche Bedarfsentscheidung nicht mehr rechtfertigen lässt.[122] Gemäß § 3 FStrAbG können

---

[110] *BVerwG*, B. v. 26. 3. 1998 – 11 B 27.97 – (unveröffentlicht).
[111] *BVerwG*, Urt. v. 25. 1. 1996 – 4 C 5.95 – BVerwGE 100, 238 = DVBl. 1996, 677 – Eifelautobahn A 60.
[112] *VGH Mannheim*, Urt. v. 9. 10. 2000 – 5 S 1883/99 – DVBl. 2001, 405 = VBlBW 2001, 278; Urt. v. 9. 10. 2000 – 5 S 1888/99 – VBlBW 2001, 315.
[113] *BVerwG*, Urt. v. 11. 7. 2001 – 11 C 14.00 – BVerwGE 114, 364 = DVBl. 2001, 1848 = NVwZ 2002, 350 – Bitburg, mit Hinweis auf Urt. v. 3. 6. 1971 – IV C 64.70 – BVerwGE 38, 152 = DVBl. 1972, 119; für ein Landesentwicklungsprogramm *OVG Koblenz*, Urt. v. 2. 3. 2001 – 1 A 11447/00 – DVBl. 2001, 1301 = NVwZ-RR 2001, 714.
[114] *BVerwG*, Urt. v. 27. 10. 2000 – 4 A 18.99 – BVerwGE 112, 140 = DVBl. 2001, 386 = NVwZ 2001, 673, mit Hinweis auf Urt. v. 6. 12. 1985 – 4 C 59.82 – NJW 1986, 1508 = DÖV 1986, 520; Urt. v. 26. 3. 1998 – 4 A 7.97 – NuR 1998, 605 = UPR 1998, 382.
[115] *BVerwG*, Urt. v. 11. 7. 2001 – 11 C 14.00 – BVerwGE 114, 364 = DVBl. 2001, 1848 = NVwZ 2002, 350 – Bitburg.
[116] *BVerwG*, Urt. v. 11. 7. 2001 – 11 C 14.00 – BVerwGE 114, 364 – Bitburg; Urt. v. 25. 10. 2001 – 11 A 30 – 110-kV-Bahnstromfernleitung.
[117] *BVerwG*, B. v. 29. 1. 2001 – 4 B 87.00 – NVwZ-RR 2002, 2.
[118] *VGH Mannheim*, Urt. v. 14. 12. 2000 – 5 S 2716/99 – DVBl. 2000, 1367 = VBlBW 2001, 362, mit Hinweis auf *BVerwG*, Urt. v. 26. 3. 1998 – 4 A 7.97 – NuR 1998, 605 = UPR 1998, 382.
[119] *VGH Mannheim*, Urt. v. 23. 3. 2001 – 5 S 428/00 – VBlBW 2001, 481, mit Hinweis auf *BVerwG*, Urt. v. 12. 12. 1996 – 4 C 29.94 – BVerwGE 102, 331 = DVBl. 1997, 708 = NVwZ 1997, 908.
[120] *VGH Mannheim*, Urt. v. 14. 12. 2000 – 5 S 2716/99 – DVBl. 2000, 1367 = VBlBW 2001, 362, mit Hinweis auf *BVerwG*, Urt. v. 10. 4. 1997 – 4 C 5.96 – BVerwGE 104, 236 = DVBl. 1998, 115 = NVwZ 1998, 508.
[121] *BVerwG*, Urt. v. 25. 10. 2001 – 11 A 30 – 110-kV-Bahnstromfernleitung.
[122] *BVerwG*, Urt. v. 11. 1. 2001 – 4 A 12.99 – DVBl. 2001, 669 = BayVBl. 2001, 350 = NVwZ 2001, 1160, mit Hinweis auf Urt. v. 18. 6. 1997 – 4 C 3.95 – NVwZ-RR 1998, 292 = NuR 1998, 251 = UPR 1998, 25.

allerdings an einer Bundesfernstraße, deren Ausbau in dem Bedarfsplan nicht oder erst in einer späteren Dringlichkeitsstufe vorgesehen ist, einzelne Verbesserungsmaßnahmen von geringer örtlicher Ausdehnung durchgeführt werden, ohne dass ihnen der Bedarfsplan entgegensteht, wenn die Ziele des Bedarfsplans berücksichtigt werden.[123]

3011 Der Bedarfsplan ist in regelmäßigen Abständen (alle fünf Jahre) der tatsächlichen Entwicklung **anzupassen** (§ 4 FStrAbG).[124] Die in den Bedarfsplan aufgenommenen Bau- und Ausbauvorhaben entsprechen nach § 1 II FStrAbG den Zielsetzungen des § 1 FStrG. Soweit ein unvorhergesehener Verkehrsbedarf insbesondere aufgrund einer Änderung der Verkehrsstruktur es erfordert, können die Straßenbaupläne im Einzelfall auch Maßnahmen enthalten, die nicht dem Bedarfsplan entsprechen (§ 6 FStrAbG). Die Vorabgenehmigung steht nach dem Sinn der Vorschrift hinsichtlich ihrer Rechtswirkungen der Aufnahme in den Bedarfsplan gleich. Trotz der die Bedarfsplanung begleitenden Vorstellungen über das Finanzvolumen ist ein Bedarfsplan kein Bauprogramm. Es fehlt die unmittelbare Zuordnung von Baumaßnahme, Zeit und Geld. Bei der gesetzlich beschlossenen Bedarfsplanung für die Bundesfernstraße handelt es sich um eine (politische) Entscheidung, ob ein nach Netzverknüpfung und Richtquerschnitt beschriebenes Straßenbauprojekt planerisch weiterzuverfolgen ist.[125] Für eine solche Zuordnung sieht der Bedarfsplan **Ausbaupläne** als mittelfristige Programme vor, die der Bundesminister für Verkehr aufgrund von Vorschlägen der Länder aufstellt. Sie haben die Vorgaben des Bedarfsplans zu berücksichtigen und verteilen die voraussichtlich zur Verfügung stehenden Mittel jahresweise auf Baumaßnahmen (Fünfjahrespläne des Bundes, § 5 FStrAbG), steuern die Verwirklichung im Rahmen von Dringlichkeitsreihungen und bilden den Rahmen für Ansätze an Straßenbaumitteln im jährlichen Bundeshaushalt. Der Bedarfsplan besteht auch aus einem zeichnerischen Teil, der jedoch nicht in allen Einzelheiten Bindungswirkungen auslöst. Der Bedarfsplan bindet mit der Feststellung der Zielkonformität und des Bedarfs zwar auch, soweit er durch zeichnerische Einzelheiten eine bestimmte Bedarfsstruktur näher festlegt. Der aufgrund von Prognosen über Verkehrsströme festgestellte Bedarf gibt nicht nur an, dass ein bestimmter Verkehrsbedarf überhaupt besteht. Er konkretisiert zugleich die Zielsetzungen des § 1 I FStrG, indem er ein bestimmtes, wenn auch grobmaschiges zusammenhängendes Verkehrsnetz für einen weiträumigen Verkehr darstellt, das dem prognostizierten Bedarf gerecht wird (§ 1 I 2 und II 1 FStrAbG). Demgemäß darf er beim Planfeststellungsverfahren die im Bedarfsplan festgestellte Netzverknüpfung nicht ignorieren. Eine weitergehende Bindung besteht allerdings nicht. Der Bedarfsplan ist als globales und grobmaschiges Konzept von vornherein nicht detailgenau. Er lässt daher noch genügend Umsetzungsspielraum in den nachfolgenden Verfahren.[126] Die zeichnerische Darstellung hat daher nur einen geringen Konkretisierungsgrad und ist in den nachfolgenden Verfahren noch verfügbar. Die Trassenführung ist entsprechend variationsfähig. Den endgültigen konkreten Trassenverlauf bestimmt der Bedarfsplan noch nicht.[127] Nach § 1 II FStrAbG entsprechen die in den Bedarfsplan aufgenommenen Vorhaben den Zielsetzungen des § 1 I FStrG. Damit erhält der Bedarfsplan zugleich für die einzelnen Vorhaben die gesetzliche Feststellung der **Planrechtfertigung**.[128] Das im Bedarfsplan ausgewiesene Straßenbauvorhaben ist gemessen an den Zielen des FStrG (Netzbildung, Verkehrsverbesserung, Strukturhilfe) vom Grundsatz

---

[123] BVerwG, B. v. 15. 5. 2001 – 4 B 32.01 – DVBl. 2001, 1450 = NVwZ 2001, 1163.
[124] Vgl. Bekanntmachung der Neufassung des Fernstraßenausbaugesetzes v. 15. 11. 1993 (BGBl. I 1878).
[125] Amtl. Begründung BT-Drs. 12/3580, S. 6.
[126] BVerwG, Urt. v. 12. 12. 1996 – 4 C 29.94 – DVBl. 1997, 798 – Nesselwang-Füssen; kritisch Blümel in: Stüer (Hrsg.) Verfahrensbeschleunigung, S. 17.
[127] BVerwG, Urt. v. 12. 12. 1996 – 4 C 29.94 – DVBl. 1997, 798 – Nesselwang-Füssen.
[128] BVerwG, Urt. v. 14. 2. 1975 – IV C 21.74 – BVerwGE 48, 56 = DVBl. 1975, 713 = DÖV 1975, 605 = NJW 1975, 1373 = UPR 1984, 1 = VerwRspr. 27, 92 = Hoppe/Stüer RzB Rdn. 50 – B 42.

her „**vernünftigerweise geboten**".[129] Es dient damit dem Wohl der Allgemeinheit und ist generell geeignet, entgegenstehende Eigentumsrechte zu überwinden. Die Feststellung des Bedarfs i. S. der fernstraßenrechtlichen Zielsetzung ist für die Linienbestimmung nach § 16 FStrG verbindlich. Die Bindung an die Bedarfsplanung ist aus **verfassungsrechtlichen Gründen** allerdings nicht unbegrenzt.[130] Betroffene Grundstückseigentümer können nicht auf verbindliche Vorentscheidungen bei der Bedarfsplanung verwiesen werden, solange hiergegen für den Einzelnen keine Rechtsschutzmöglichkeiten bestehen. Wenn deutliche Zweifel daran bestehen, dass mit der Aufnahme eines Vorhabens in einen Bedarfsplan die Grenzen des gesetzgeberischen Ermessens überschritten sind, hat das Verwaltungsgericht dem nachzugehen und ggf. die Verfassungsmäßigkeit der Aufnahme des Vorhabens in den Bedarfsplan dem BVerfG zur Entscheidung vorzulegen.[131] Auf der anderen Seite ist die Festlegung des vorrangigen Bedarfs an Verkehrswegen nicht zuletzt eine **politische Entscheidung**, für die zuvörderst der Gesetzgeber zuständig ist und die von den Gerichten nur eingeschränkt kontrolliert werden kann. Jenseits der rechtlichen Anforderungen des Abwägungsgebotes führt daher die prinzipielle Frage, ob zugrunde gelegte Verkehrsbedürfnisse nicht oder nur teilweise – z. B. mit geringerer Fahrbahnbreite und/oder Geschwindigkeitsbegrenzungen – zu befriedigen sind, um Natur und Landschaft zu schonen, in Bereiche, die der gerichtlichen Kontrolle nicht oder nur eingeschränkt zugänglich sind. Dass politische Instanzen etwa aus solchen Erwägungen im Einzelfall eine Reduzierung des Vorhabens bewirken können, steht außer Frage, lässt aber im Allgemeinen keine verbindlichen Rückschlüsse auf deren rechtliche Notwendigkeit zu. Über den Einzelfall hinausführende Leitentscheidungen in dem Spannungsfeld des Naturschutzes und der Landschaftspflege einerseits und des Straßenverkehrsinteresses andererseits zu treffen, ist nicht Aufgabe der Gerichte, sondern des parlamentarischen Gesetzgebers. Die normativen Vorgaben für den Natur- und Landschaftsschutz (vgl. §§ 1, 2 und 18 BNatSchG) bekräftigen zwar das Abwägungsgebot auch aus dieser Sicht (vgl. insbesondere § 19 III BNatSchG). Aber die konkrete Gewichtung der im Einzelfall widerstreitenden Belange ist damit gesetzlich nicht weiter gesteuert. Dies ist schon deshalb

---

[129] Grundlegend *BVerwG*, Urt. v. 14. 2. 1975 – IV C 21.74 – BVerwGE 48, 56 = DVBl. 1975, 713 = DÖV 1975, 605 = NJW 1975, 1373 = UPR 1984, 1 = VerwRspr. 27, 92 = *Hoppe/Stüer* RzB Rdn. 50 – B 42; vgl. auch Urt. v. 7. 7. 1978 – IV C 79.76 – BVerwGE 56, 110 – Flughafen Frankfurt; Urt. v. 22. 3. 1985 – 4 C 63.80 – BVerwGE 71, 150 = DVBl. 1985, 896 = *Hoppe/Stüer* RzB Rdn. 145 – Roter Hang; Urt. v. 22. 3. 1985 – 4 C 15.83 – BVerwGE 71, 166 = NJW 1986, 80 = *Hoppe/Stüer* RzB Rdn. 87; Urt. v. 12. 6. 1989 – 4 B 101.89 – NVwZ 1990, 366 = UPR 1989, 431 = *Hoppe/Stüer* RzB Rdn. 214 – Radweg; Urt. v. 20. 10. 1989 – 4 C 12.87 – BVerwGE 84, 31 = DVBl. 1990, 419 = *Hoppe/Stüer* RzB Rdn. 216 – Eichenwäldchen.

[130] *BVerfG*, B. v. 19. 7. 1995 – 2 BvR 2397/94 – BVerfGE 98, 339 = NVwZ 1996, 241 = BayVBl. 1996, 107 – Aumühle; *BVerwG*, Urt. v. 8. 6. 1995 – 4 C 4.94 – NVwZ 1996, 381 = DÖV 1995, 951 = JuS 1996, 943; Urt. v. 27. 11. 1996 – 11 A 99.95; aufgrund der Gesetzesform sind nur verfassungsmäßige Kontrollmaßstäbe anwendbar, bei Anhaltspunkten für einen Verstoß ist das Gericht zur Vorlage nach Art. 100 GG verpflichtet – *BVerwG*, Urt. v. 8. 6. 1995 – 4 C 4.94 – DVBl. 1995, 1012 = UPR 1995, 391 = NuR 1995, 537; Urt. v. 25. 1. 1996 – 4 C 5.95 – DVBl. 1996, 677 – Eifelautobahn A 60; Urt. v. 21. 3. 1996 – 4 C 19.94 – BVerwGE 100, 370 = DVBl. 1996, 907 = UPR 1996, 339; Urt. v. 21. 3. 1996 – 4 C 26.94 – DVBl. 1996, 914 – Autobahnring München-West – Allach; Urt. v. 21. 3. 1996 – 4 C 1.95 – DVBl. 1996, 915; Urt. v. 27. 11. 1996 – 11 A 99.95 – LKV 1997, 213 = NVwZ 1997, 684 – Arnstadt; *Hönig* in: *Stüer* (Hrsg.) Verfahrensbeschleunigung, S. 162; *Klößner*, Straßenplanung und Umweltverträglichkeitsprüfung, S. 51; *Groß* VerwArch. 88 (1997), 89.

[131] *BVerwG*, Urt. v. 8. 6. 1995 – 4 C 4.94 – BVerwGE 98, 339 = DVBl. 1995, 1012 = UPR 1995, 391 = NuR 1995, 537 – Bernhardswald; Urt. v. 25. 1. 1996 – 4 C 5.95 – BVerwGE 100, 238 = DVBl. 1996, 677 – Eifelautobahn A 60; Urt. v. 21 3.1996 – 4 C 19.94 – DVBl. 1996, 907; Urt. v. 21. 3. 1996 – 4 C 26.94 – BVerwGE 100, 388 = DVBl. 1996, 914 – Autobahnring München-West – Allach; Urt. v. 21. 3. 1996 – 4 C 1.95 – DVBl. 1996, 915 – Autobahnring München A 99; Urt. v. 12. 12. 1995 – 4 C 29.94 – DVBl. 1997, 798 – Nesselwang-Füssen; kritisch zu dieser weit reichenden Bindungswirkung des Bedarfsplans *Blümel* in: *Stüer* (Hrsg.) Verfahrensbeschleunigung, S. 17.

kaum möglich, weil sich selten allein zwei divergierende Belange gegenüberstehen, sondern i. d. R. mehrere unterschiedliche Belange in einem Interessengeflecht miteinander verstrickt sind.[132] Gegen die Bindung des Bedarfsplans für das Linienbestimmungs- und Planfeststellungsverfahren sind verfassungsrechtliche Bedenken vor allem aus dem Prinzip der Gewaltenteilung als auch im Hinblick auf die Rechtsschutzgarantie abgeleitet worden.[133] Zugleich gilt es aber auch zu bedenken, dass der Gesetzgeber einen sachgerechten Ausgleich zwischen den Individualinteressen nach einem möglichst umfassenden Rechtsschutz und den vorhabenbezogenen Interessen treffen kann. Aus dieser Sicht erscheint eine gesetzlich angeordnete Planrechtfertigung durchaus gerechtfertigt.[134]

3012 Die Aufnahme einer bestimmten Straßenbaumaßnahme in den Bedarfsplan des Fernstraßenausbaugesetzes hindert die Planfeststellungsbehörde allerdings nicht daran, sich im Rahmen einer ordnungsgemäßen **Abwägung** für eine vom Bedarfsplan abweichende Maßnahme zu entscheiden. Auch eine dem Bedarfsplan nicht entsprechende Maßnahme kann den Zielsetzungen des § 1 I FStrG entsprechen, aber eben nicht in der nach dem Willen des Gesetzgebers nach dem FStrG vorrangig in Betracht zu ziehenden und nur aufgrund entgegenstehender Belange zu überwindenden Weise. Auch aus § 6 FStrAbG folgt nicht, dass eine im Bedarfsplan nicht (so) enthaltene Maßnahme stets einer Planrechtfertigung entbehrt. Die Bestimmung bezieht sich, wie sich aus § 5 FStrAbG ergibt, auf die Straßenbaupläne des Straßenbaufinanzierungsgesetzes und hat daher unmittelbar Bedeutung für die Finanzplanung, nicht aber für die Zulässigkeit einer Maßnahme im Rahmen der Planrechtfertigung.

Beispiel: Die Aufnahme eines zweistreifigen Ausbaus in den Bedarfsplan bedeutet nur, dass insoweit der Bedarf vom Gesetzgeber verbindlich festgelegt ist. Damit ist jedoch nicht die gesetzliche Aussage verbunden, dass für einen vierstreifigen Ausbau der Sache nach kein Bedarf bestünde. Entscheidet sich deshalb die Planfeststellungsbehörde nach sachgerechter Abwägung im Einzelfall für einen vom Bedarfsplan abweichenden Ausbau, dann verstößt sie damit nicht gegen den Grundsatz der Gewaltenteilung.[135]

3013 Die zeichnerische Darstellung im Bedarfsplan für die Bundesfernstraßen kann eine Bindungswirkung für die vom Gesetzgeber erkennbar gewollte Netzstruktur entfalten.[136]

5. Linienbestimmung

3014 An die Bedarfsplanung schließt sich die **Bestimmung der Linienführung** (Linienbestimmung)[137] für den einzelnen Straßenzug gem. § 16 I 1 FStrG an. Der Bundesminister für Verkehr bestimmt im Benehmen mit den Landesplanungsbehörden der beteiligten Länder die Planung und Linienführung der Bundesfernstraßen.[138] Obwohl den Ländern nach Art. 90 II GG die Bundesautobahnen und sonstigen Bundesstraßen des Fernverkehrs im Auftrage des Bundes verwalten und diese Festlegung nach allgemeiner Ansicht auch den Aus- und Neubau des Bundesstraßennetzes beinhaltet, ist in der Linienbestimmung ein ausdrückliches Mitwirkungsrecht des Bundes gesetzlich verankert. Hierzu besteht aus länderübergreifenden Gesichtspunkten beim großräumigen Neubau von Bundesfernstraßen auch ein Bedarf. Eine Linienbestimmung ist für den Neubau von Ortsumgehungen mit lediglich lokalem Charakter nicht erforderlich, d. h. ein derartiges Verfahren ist nur oberhalb dieser Grenze relevant. Im Ergebnis sind dementsprechend nur echte Großbauvorhaben wie etwa der Bau von Bundesautobahnen oder weiträumige Neubaumaßnahmen von Bundesstraßen linienbestimmungspflichtig. In der Sache gleicht die Linien-

---

[132] *BVerwG*, B. v. 14. 8. 1989 – 4 B 53.89 – *Hoppe/Stüer* RzB Rdn. 1048 – Trassenführung.
[133] *Hönig* in: *Stüer* (Hrsg.) Verfahrensbeschleunigung, S. 162.
[134] *Stüer* DVBl. 1997, 326; *ders*. in: *Stüer* (Hrsg.) Verfahrensbeschleunigung, S. 90.
[135] *BVerwG*, B. v. 26. 8. 1996 – 4 B 67.96 – NVwZ-RR 1997, 84 = Buchholz 407.4 § 17 FStrG Nr. 120 – Bedarfsplan.
[136] *OVG Münster*, Urt. v. 6. 6. 2001 – 11 D 28/99.AK –.
[137] Zur Linienbestimmung s. Rdn. 2765, 3494, 3949.
[138] § 16 FStrG.

bestimmung dem Raumordnungsverfahren; es handelt sich um eine behördeninterne Vorabstimmung, wenn auch unter anderer Federführung. Die von dem Vorhaben berührten öffentlichen Belange einschließlich der Umweltverträglichkeit und des Ergebnisses des Raumordnungsverfahrens sind im Rahmen der Abwägung zu berücksichtigen. Die Bestimmung der Linienführung ist innerhalb einer Frist von 3 Monaten abzuschließen.

Rechtliche Schritte (Planungsstufen) beim Bau einer Bundesfernstraße

Fernstraßenausbaugesetz (Bedarfsplan BMV)
Die in den Bedarfsplan aufgenommenen Bau- und Ausbauvorhaben sind für die Linienbestimmung und die Planfeststellung verbindlich.

⇩

Raumordnungsverfahren
Behördeninterne Abstimmung raumbedeutsamer Vorhaben auf Landesebene

⇩

Linienbestimmung
Festlegung der Linienführung beim großräumigen Straßenneubau durch den Bundesminister für Verkehr

⇩

Planfeststellung, Plangenehmigung, Abstimmungsverfahren, Bebauungsplan
Konkrete Straßenplanung (Baurecht)

Die **Bedarfsplanung** ist folgerichtig als **Vorstufe der vorbereitenden Objektplanung** angelegt und macht wegen des grobmaschigen Maßstabs des Vorhabens im Bedarfsplan die Linienbestimmung nicht überflüssig. Im Bedarfsplan ist die Linienführung einer Straße nur in den groben Umrissen erkennbar. Bei der Bestimmung der Linienführung werden die Anfangs- und Eckpunkte sowie der grundsätzliche Verlauf der Trasse festgelegt, insbesondere ihre ungefähre Lage zu berührten und benachbarten Ortschaften, zu schutzbedürftigen Bereichen und zu Anlagen, von denen besondere Gefährdungen der Straße ausgehen können. Eine Bestimmung der Linienführung nach § 16 FStrG ist beim Neubau einer Trasse stets und bei Änderungen dann, wenn der beabsichtigte Verlauf sich wesentlich ändert, erforderlich. Sie findet nach Änderung des § 16 FStrG durch Art. 2 des Planungsvereinfachungsgesetzes[139] aus Gründen der Verfahrensbeschleunigung beim Neubau von Ortsumgehungen nicht mehr statt.[140] Bei der Linienführung nach § 16

---

[139] Vom 23. 12. 1993; vgl. zur Verfahrensbeschleunigung *Boeddinghaus* UPR 1995, 185; *Franßen* DVBl. 1992, 350; *Stüer* DVBl. 1997, 326; *ders.* in: *Stüer* (Hrsg.) Verfahrensbeschleunigung, S. 90.

[140] *Stüer* DVBl. 1997, 326; *Hönig* in: *Stüer* (Hrsg.) Verfahrensbeschleunigung, S. 162.

FStrG kann schon abgeschätzt werden, inwieweit öffentliche und private Belange von dem beabsichtigten Vorhaben betroffen werden. Bereits auf dieser Stufe des Linienbestimmungsverfahrens nach § 16 FStrG ist daher eine umfassende Abwägung vorzunehmen und insbesondere die Frage nach den Planungsalternativen, die sich nach Lage der Dinge aufdrängen, in den Abwägungsvorgang mit einzubeziehen.[141] Die Linienbestimmung hat allerdings keine Außenwirkung. Sie ist daher unmittelbar weder durch Anfechtungsklage angreifbar, noch kann sie bei Unterlassung durch Verpflichtungsklage erzwungen werden. Im Verfahren der Anfechtung eines Planfeststellungsbeschlusses kann allerdings inzidenter die Frage der Linienbestimmung überprüft werden.[142]

6. Grundsätze für die Aufstellung des Plans

3016 Der Plan für das Straßenbauvorhaben wird nach den **Richtlinien für die Entwurfsgestaltung im Straßenbau** aufgestellt. Soweit eine Linienführung nach § 16 FStrG bestimmt ist, ist sie Grundlage für den Entwurf und die weitere Planung. Varianten, die sich bei der Entwurfsbearbeitung aufdrängen, sind so weit zu untersuchen, wie es für die Planungsentscheidung erforderlich ist. Die wesentlichen Gründe, die zu dem Plan geführt haben, werden in der Begründung festgehalten. Untersuchte Varianten sind darzustellen. Die öffentlichen und privaten Belange müssen im Rahmen des planerischen Ermessens gegeneinander und untereinander gerecht abgewogen werden. Dies stellt bereits Anforderungen an den Vorhabenträger. Zu beachten sind Belange der betroffenen Bürger, insbesondere deren Eigentum, Nutzungsrechte (Miete oder Pacht) oder die Frage der Übernahme, wenn das Grundstück nicht unmittelbar in Anspruch genommen, jedoch die vorgegebene Grundstückssituation verändert und durch Maßnahmen das Grundstück schwer und unerträglich betroffen wird, ebenso wie die öffentlichen Belange, insbesondere der Verkehrssicherheit, der Wirtschaftlichkeit, der Wasserwirtschaft, des Immissionsschutzes, des Schutzes von Natur und Landschaft, des Bodenschutzes, des Denkmalschutzes und der Denkmalpflege sowie die Belange anderer öffentlicher Planungsträger.

3017 Drängt sich der planaufstellenden Behörde die Gefährdung oder Vernichtung der **betrieblichen Existenz** eines Planbetroffenen auf, so ist eine besonders sorgfältige Aufklärung geboten. Zur Vorbereitung der Abwägungsentscheidung ist in der Regel die Frage der Existenzgefährdung oder Existenzvernichtung gutachterlich zu untersuchen.[143]

3018 Schon bei der **Vorbereitung des Plans** wird mit den beteiligten Behörden und Stellen (z. B. Gemeinden, Kreisen, Bergbehörden, Denkmalschutzbehörden, Eisenbahn-Bundesamt, Flurbereinigungsbehörden, Forstbehörden, Immissionsschutzbehörden, Landesplanungsbehörden, Landwirtschaftsbehörden, Naturschutzbehörden, Betreibern von Telekommunikationslinien, Verkehrsunternehmen, Versorgungsunternehmen, Wasserbehörden, Wasser- und Schifffahrtsbehörden, Wehrbereichsbehörden) geklärt, inwieweit andere Planungen oder örtliche Belange dieser Behörden und Stellen einschließlich der Umweltbelange durch das Bauvorhaben berührt werden. Bei Bauvorhaben in Baugebieten oder in nicht beplanten Innenbriechen ist durch Anfrage bei der Gemeinde zu klären, ob Bebauungspläne nach § 9 BauGB vorliegen, die Festsetzungen für die Bundesfernstraßen enthalten oder wesentlich für die Beurteilung des Verkehrslärms sein können. Die privaten Betroffenen werden ermittelt, das Grunderwerbsverzeichnis aktualisiert und bei Bedarf die Katasterkarte aktualisiert.[144]

---

[141] *Kodal/Krämer*, Straßenrecht, 918.
[142] Kritisch zum Linienbestimmungsverfahren *Hönig* in: *Stüer* (Hrsg.) Verfahrensbeschleunigung, S. 162 mit dem Hinweis darauf, dass in kritischen Fällen eine Bundesweisung ausreichen würde; vgl. auch *Zillmer* DÖV 1995, 49; in diese Richtung auch die Einwendung der *Bundesregierung* BR-Drs. 598/1/93 S. 7; zum Verfahren *BVerfG*, Urt. v. 28. 2. 1961 – 2 BvL 1,2/60 – BVerfGE 12, 206; Urt. v. 7. 4. 1976 – 2 BvH 1/75 – BVerfGE 42, 103; Urt. v. 22. 5. 1990 – 2 BvG 1/88 – BVerfGE 81, 310 = DVBl. 1990, 763.
[143] Planfeststellungsrichtlinien FStrG 99, II Nr. 9.
[144] Planfeststellungsrichtlinien FStrG 99, II Nr. 9.

7. Umweltverträglichkeitsprüfung

Die Richtlinie 85/337/EWG über die Umweltverträglichkeitsprüfung bei bestimmten öffentlichen und privaten Projekten (UVP-Richtlinie) ist in der Bundesrepublik Deutschland seit dem 3. Juli 1988 – dies ist der Tag, an dem die Frist zur Umsetzung der Richtlinie in deutsches Recht abgelaufen ist – unmittelbar anzuwenden. Nach der Richtlinie sind folgende Straßenbaumaßnahmen UVP-pflichtig: 3019
– der Neubau von Autobahnen und Schnellstraßen[145] (Art. 4 I i.V. m. Anhang I Nr. 7 der UVP-Richtlinie)
– der Neubau aller sonstigen Straßen, wenn die EG-Mitgliedstaaten dies für erforderlich halten (Art 4 II i.V. m. Anhang II Nr. 10 d der UVP-Richtlinie)

a) UVP-Pflicht nach dem UVPG. Nach dem UVPG sind der Bau (Neubau und die Änderung) von Bundesfernstraßen, die der Planfeststellung unterliegen oder eines Bebauungsplanes bedürfen (§ 3 UVPG i. V. mit Nr. 8 der Anlage zu § 3 UVPG 1990), UVP-pflichtig. 3020

b) UVP-Änderungs-RL. In Änderung der ursprünglichen UVP-Richtlinie ist am 3. 3. 1997 die RL 97/11/EG des Rates zur Änderung der UVP-Richtlinie erlassen worden. Zur Umsetzung dieser Richtlinie in nationales Recht wurde den EG-Mitgliedstaaten eine Frist bis zum 14. 3. 1999 eingeräumt. Die UVP-Änderungsrichtlinie hat die UVP-pflichtigen Vorhaben in den Anlagen I und II erheblich erweitert. Nach der Übergangsbestimmung in Art. 3 II gilt die Änderungsrichtlinie grundsätzlich für alle Straßenplanungen, für die der Genehmigungsantrag nach dem 14. 3. 1999 gestellt wird. Nach Anhang I der Änderungsrichtlinie vom 3. 3. 1997 sind folgende Straßenbauvorhaben zwingend UVP-pflichtig, d. h. bei ihnen muss in jedem Falle eine förmliche UVP durchgeführt werden: 3021
– (weiterhin) der Neubau von Autobahnen und Schnellstraßen (Art. 4 I i.V. mit Anhang I Nr. 7 b der UVP-Richtlinie)
– (nunmehr zusätzlich) der Neubau von neuen vier- oder mehrspurigen Straßen oder die Verlegung und/oder der Ausbau von bestehenden ein- oder zweispurigen Straßen zu vier- oder mehrspurigen Straßen, wenn diese neue Straße oder dieser verlegte und/oder ausgebaute Straßenabschnitt eine durchgehende Länge von 10 km oder mehr aufweist (Art. 4 I i.V. mit Anhang I Nr. 7 c der UVP-Richtlinie).

Darüber hinaus besteht bei Vorliegen bestimmter Voraussetzungen eine UVP-Pflicht auch bei den im Anhang II der Änderungsrichtlinie genannten Straßenbauprojekten. Projekte des Anhangs II sind 3022
– der Neubau von Straßen (Art. 4 II i.V. mit Anhang II Nr. 10 e der UVP-Richtlinie); hiervon betroffen sind alle klassifizierten Straßen,
– die Änderung oder Erweiterung von bereits genehmigten, durchgeführten oder in der Durchführungsphase befindlichen Projekten des Anhangs I und II, die erhebliche nachteilige Auswirkungen auf die Umwelt haben (Art. 4 II i.V. mit Anhang II Nr. 13 der UVP-Richtlinie). Ob derartige „erhebliche nachteilige Umweltauswirkungen" zu erwarten sind, ist im Rahmen einer Erheblichkeitsuntersuchung zu prüfen.

Im Gegensatz zu den Projekten des Anhangs I ist bei den Projekten des Anhangs II der UVP-Richtlinie nicht in jedem Falle, sondern nur bei Erfüllung bestimmter Kriterien eine förmliche UVP durchzuführen. Eine Verpflichtung hierzu besteht nur dann, wenn sich anhand einer Einzelfalluntersuchung oder anhand von festgelegten Schwellenwerten bzw. Kriterien ergibt, dass eine UVP erforderlich ist. Je nachdem, zu welchem Ergebnis diese Einzelfalluntersuchung kommt, würde sich dann ggf. die eigentliche UVP anschließen. 3023
– Ungeachtet der Regelungen der UVP-Änd-Richtlinie sind nach dem deutschen UVPG auch weiterhin in jedem Fall der Neu- und der Ausbau von Bundesfernstraßen

---

[145] Schnellstraßen sind nach dem Übereinkommen über die Hauptstraßen des internationalen Verkehrs vom 15. 11. 1975 dem Kraftfahrzeugverkehr vorbehaltene nur über besondere Anschlussstellen oder besonders geregelte Kreuzungen erreichbare Straßen, auf denen insbesondere das Halten und Parken verboten sind.

UVP-pflichtig, wenn für diese Baumaßnahmen das Baurecht mittels Planfeststellung oder Bebauungsplan herbeigeführt wird.
- Die UVP-Änd-Richtlinie vom 3. 3. 1997 findet grundsätzlich auf alle Straßenplanungen unmittelbare Anwendung, für die das Genehmigungsverfahren ab dem Stichtag 14. 3. 1999 eingeleitet wird.
- Für die Anwendbarkeit der Richtlinie ist es rechtlich unerheblich, welches Baurechtsverfahren (Planfeststellung, Plangenehmigung oder Abstimmungsverfahren) zur Anwendung gelangt.
- Nach der UVP-Richtlinie ist der Neubau von Autobahnen und Schnellstraßen sowie der vier- oder mehrspurige Neu- und Ausbau von Straßenabschnitten von 10 oder mehr km Länge uneingeschränkt UVP-pflichtig. Bei diesen Planungen muss eine förmliche UVP nach der UVP-Richtlinie zwingend durchgeführt werden.
- UVP-pflichtig sind außerdem auch alle Neubaumaßnahmen an sonstigen Straßen (Bundes-, Landes-, Kreis- und Gemeindestraßen) sowie Ausbaumaßnahmen an diesen Straßen, die mit erheblichen nachteiligen Auswirkungen für die Umwelt verbunden sind, wenn anhand einer Einzelfalluntersuchung festgestellt wird, dass auch diese Neu- und Ausbauprojekte einer förmlichen UVP unterzogen werden müssen.
- Bei Ausbaumaßnahmen ist eine Einzelfalluntersuchung nur dann erforderlich, wenn sich im Rahmen der zuvor durchgeführten Erheblichkeitsuntersuchung ergibt, dass erhebliche nachteilige Auswirkungen für die Umwelt zu befürchten sind. Umgekehrt gilt: Sind solche Auswirkungen nicht zu erwarten, dann handelt es sich bei der Ausbaumaßnahme nicht um ein Projekt des Anhangs II Nr. 13 der UVP-Richtlinie. Kriterien, bei deren Betroffenheit mit erheblichen nachteiligen Auswirkungen auf die Umwelt gerechnet werden kann, sind insbesondere FFH-Gebiete, gesetzlich geschützte Biotope nach § 30 BNatSchG wie natürliche oder naturnahe Bereiche fließender und stehender Binnengewässer einschließlich ihrer Ufer und der dazugehörigen uferbegleitenden natürlichen oder naturnahen Vegetation sowie ihrer natürlichen oder naturnahen Verlandungsbereiche, Altarme und regelmäßig überschwemmten Bereiche, Moore, Sümpfe, Röhrichte, seggen- und binsenreiche Nasswiesen, Quellbereiche, Binnenlandsalzstellen, offene Binnendünen, offene natürliche Block-, Schutt- und Geröllhalden, Lehm- und Lösswände, Zwergstrauch-, Ginster- und Wacholderheiden, Borstgrasrasen, Trockenrasen, Schwermetallrasen, Wälder und Gebüsche trockenwarmer Standorte, Bruch-, Sumpf- und Auwälder, Schlucht-, Blockhalden- und Hangschuttwälder, offene Felsbildungen, alpine Rasen sowie Schneetälchen und Krummholzgebüsche, Fels- und Steilküsten, Küstendünen und Strandwälle, Strandseen, Boddengewässer mit Verlandungsbereichen, Salzwiesen und Wattflächen im Küstenbereich, Seegraswiesen und sonstige marine Makrophytenbestände, Riffe, sublitorale Sandbänke der Ostsee sowie artenreiche Kies-, Grobsand- und Schilfbereiche im Meeres- und Küstenbereich. Ergibt die Erheblichkeitsuntersuchung, dass nach Maßgabe der vorstehenden Kriterien keine erheblichen nachteiligen Auswirkungen für die Umwelt mit der Ausbaumaßnahme einhergehen, dann ist die Maßnahme nicht UVP-pflichtig, die Prüfung der UVP-Pflicht ist damit abgeschlossen. Stellt sich bei der Erheblichkeitsuntersuchung dagegen heraus, dass mit der Ausbaumaßnahme erhebliche nachteilige Umweltauswirkungen verbunden sind, so ist im Anschluss an die Erheblichkeitsuntersuchung ebenso wie bei den Neubaumaßnahmen für sonstige Straßen gem. Anhang II Nr. 10 e der UVP-Richtlinie eine Einzelfalluntersuchung durchzuführen.
- Im Rahmen der Einzelfalluntersuchung ist zu prüfen, ob das beabsichtigte Straßenbauvorhaben einer förmlichen UVP unterzogen werden muss.

3024 c) **UVP-Pflicht bei Bundesfernstraßen.** Die Änd-Richtlinie ist durch das **UVP-Artikelgesetz 2001**[146] in deutsches Recht umgesetzt worden, nachdem ein Umweltgesetzbuch

---

[146] Gesetz zur Umsetzung der UVP-ÄndRL, der IVU-Richtlinie und weiterer EG-Richtlinien zum Umweltschutz vom 26. 7. 2001 (BGBl. I 1950).

3. Teil. Abwägungsdirigierte Planungsentscheidungen

mit der Begründung kompetenzrechtlicher Probleme gescheitert war. Unmittelbar anwendbar ist das Artikelgesetz bei Straßenbauvorhaben für Bundesfernstraßen. Bei größeren Neu- und Ausbauvorhaben findet traditionell ein Planfeststellungsverfahren statt. Änderungen von geringerer Bedeutung können in einem vereinfachten Verfahren durch Plangenehmigung ohne Öffentlichkeitsbeteiligung zugelassen werden.

Die UVP-pflichtigen Vorhaben sind durch das Artikelgesetz neu bestimmt worden. 3025
Dies wirkt sich auch auf **planfeststellungsersetzende Bebauungspläne** aus.

Bis zum In-Kraft-Treten des ArtG war für den Neubau und die Änderung von Bundesfernstraßen, die der Planfeststellung nach § 17 FStrG oder eines Bebauungsplanes nach § 9 BauGB bedürfen, grundsätzlich eine förmliche UVP erforderlich.[147] Der Bundesgesetzgeber ist mit dieser Regelung seinerzeit über die EG-rechtlichen Anforderungen nach Maßgabe der RL 85/337 hinausgegangen. Zwingend wäre eine UVP nur gewesen für den Neubau von Autobahnen und Schnellstraßen.[148] Für Neubauten anderer Bundesfernstraßen wurde eine UVP-Prüfung in das Ermessen der EG-Mitgliedstaaten gestellt.[149] Für Änderungen an Bundesfernstraßen (Ausbaumaßnahmen) sah die RL 85/337 keinerlei UVP-Pflicht vor. Das BVerwG hat allerdings bereits in einer Entscheidung vom 30. 8. 1995[150] klargestellt, dass von einer UVP alle Projekte nicht ausgenommen werden dürfen, deren Umweltrelevanz auch unter Berücksichtigung der in Art. 2 I der UVP-Richtlinie 85/337 genannten Merkmale keinen Beurteilungszweifeln unterliegen. Unter Anwendung dieser Merkmale wurden auch Landesstraßen unter bestimmten Voraussetzungen als UVP-pflichtig angesehen.

Mit der UVP-Änd-Richtlinie Nr. 97/11 der EG vom 3. 3. 1997 wurden die europäischen Vorgaben für Straßenplanungen, für die der Genehmigungsantrag nach dem 14. 3. 1999 gestellt wurde, erweitert. Zusätzlich ist hiernach der Neubau von neuen vier- oder mehrspurigen Straßen oder die Verlegung und/oder der Ausbau von bestehenden ein- oder zweispurigen Straßen zu vier- oder mehrspurigen Straßen, wenn diese neue Straßen oder diese verlegten und/oder ausgebauten Straßenabschnitte eine durchgehende Länge von 10 km oder mehr aufweisen, UVP-pflichtig.[151] Außerdem unterliegen der UVP-Pflicht alle übrigen Neubauten von Bundesfernstraßen,[152] wenn eine vorgeschaltete Prüfung ergibt, dass das Vorhaben einer UVP unterzogen werden muss (Einzelfalluntersuchung). Bei verbleibenden Ausbaumaßnahmen an Bundesfernstraßen ist nach EG-Recht zunächst eine Prüfung vorzunehmen, ob erhebliche nachteilige Auswirkungen auf die Umwelt zu befürchten sind (Erheblichkeitsuntersuchung). Wird dies bejaht, schließt sich eine Prüfung an, ob das Vorhaben einer UVP unterzogen werden muss (Einzelfalluntersuchung). Erst wenn diese Prüfung im UVP-Sinne positiv endet, muss eine förmliche UVP erfolgen.

Im Ergebnis ergibt sich bei Bundesfernstraßen durch die UVP-Änd-Richtlinie 97/11 3028
vom 3. 3. 1997 kein Umsetzungsdefizit im Hinblick auf Planfeststellungen und Bebauungspläne, weil nach dem UVPG aus dem Jahre 1990 insoweit generell alle Neu- und Ausbaumaßnahmen bei Bundesfernstraßen einer UVP-Pflicht unterliegen. In diesen Fällen geht die nationale Regelung nach wie vor, wenn auch in geringerem Umfang als bis-

---

[147] § 3 in Verbindung mit Ziffer 8 der Anlage zu § 3 des Gesetzes zur Umsetzung der Richtlinie des Rates vom 27. 6. 1985 über die UVP bei bestimmten öffentlichen und privaten Projekten (85/337/EWG) vom 12. 2. 1990, BGBl. I S. 205 – UVPG.
[148] Art. 4 I i. V. mit Anhang I Ziffer 7 EG-Richtlinie 85/337 vom 27. 6. 1985; Schnellstraßen sind nach Anlage II, II 3 des Europäischen Übereinkommens über die Hauptstraßen des internationalen Verkehrs (AGR) vom 29. 3. 1983, BGBl. I S. 245 dem Kraftfahrzeugverkehr vorbehaltene nur über Anschlussstellen oder besonders geregelte Kreuzungen erreichbare Straßen, auf denen insbesondere das Halten und das Parken verboten sind.
[149] Art. 4 II i. V. mit Anhang II, Ziffer 10 d EG-Richtlinie 85/337 vom 27. 6. 1985.
[150] BVerwG, B. v. 30. 8. 1995 – 4 B 185.95 – NVwZ-RR 1996, S. 253.
[151] Art. 4 I i. V. mit Anhang I Nr. 7 c der EG-Richtlinie 97/11.
[152] Art. 1 Zi. 6 i. V. mit Anhang II Nr. 10 e der EG-Richtlinie 97/11.

her über die EG-Regelung hinaus. In der bisherigen Fassung des UVPG spielten Erheblichkeits- und Einzelfalluntersuchungen nach EG-rechtlichen Vorgaben keine Rolle.

3029 Mit der **Neufassung** des UVPG wurden die Straßenbauvorhaben mit einer Regel-UVP gegenüber dem früheren Recht auf den Neu- und Ausbau von Schnellstraßen i. S. der Begriffsbestimmung des europäischen Übereinkommens über die Hauptstraßen des internationalen Verkehrs vom 15. 11. 1975 sowie bestimmte vierspurige Bundesstraßen und Autobahnen eingeschränkt. Für sonstige Neu- und Ausbaubaumaßnahmen von Bundesstraßen wird ein Vorprüfungsverfahren eingeführt.

3030 Mit dem Gesetz zur Umsetzung der UVP-Änd-Richtlinie[153] ist die generelle UVP-Pflicht (Regel-UVP) auf vierstreifige Straßenbauvorhaben beschränkt worden. Im Übrigen ist im Einzelfall im Wege einer Vorprüfung zu entscheiden, ob ein Vorhaben umweltrelevant ist und dementsprechend in die UVP-Pflicht fällt. Für die Vorprüfung müssen die Bundesländer innerhalb des bundesgesetzlichen Rahmens Vorgaben schaffen. Das Rechtsinstrument der Plangenehmigung kann in den alten Bundesländern bei UVP-pflichtigen Vorhaben nicht mehr angewendet werden. Bei Vorhaben mit Vorprüfungspflicht ist eine Plangenehmigung nicht ausgeschlossen, wenn aufgrund einer Vorprüfung die UVP-Pflicht verneint wird. Die Entscheidung hierüber ist nach § 3a UVPG der Öffentlichkeit zugänglich zu machen. Die Feststellung ist nicht selbstständig anfechtbar. In den neuen Bundesländern sind auch bei UVP-pflichtigen Vorhaben zukünftig noch Plangenehmigungen möglich, wenn der Antrag vor dem 31. 12. 2006 gestellt wird. Es ist allerdings eine Öffentlichkeitsbeteiligung nach § 9 III UVPG durchzuführen. Fälle von unwesentlicher Bedeutung im Sinne von § 17 II FStrG liegen bei UVP-pflichtigen Vorhaben nicht mehr vor. Wird eine UVP-Pflicht im Wege einer Vorprüfung verneint, erhält die Öffentlichkeit auf Antrag Kenntnis. Die Bundesländer sind gehalten, für Landes- und Kreisstraßen EG-konforme Regelungen zu schaffen. Die Neuregelungen bedeuten nicht das „Aus" für die Plangenehmigung. Ergibt eine Vorprüfung, dass die beabsichtigte Maßnahme keine erheblichen Umweltauswirkungen hat, kann unter den Voraussetzungen des § 17 Ia FStrG auch weiterhin eine Plangenehmigung erteilt werden.[154]

3031 Durch die gesetzliche Neuregelung ist die generelle UVP-Pflicht aller Neu- und Ausbauvorhaben relativiert worden. Seither unterliegen nur noch folgende Vorhaben einer **Regel-UVP-Pflicht**:[155]

– Neubau einer Bundesautobahn oder einer sonstigen Bundesstraße, wenn diese eine Schnellstraße im Sinne der Begriffsbestimmung des europäischen Übereinkommens über die Hauptstraßen des internationalen Verkehrs vom 15. 11. 1975 ist (14.3 Anlage 1 UVPG),

– Neubau einer neuen vier- oder mehrstreifigen Bundesstraße, wenn diese neue Straße eine durchgehende Länge von 5 km oder mehr aufweist (14.5 Anlage 1 UVPG),

– Neubau einer vier- oder mehrstreifigen Bundesstraße, durch Verlegung und/oder Ausbau einer bestehenden Bundesstraße, wenn dieser geänderte Bundesstraßenabschnitt eine durchgehende Länge von 10 km oder mehr aufweist (14.5 Anlage 1 UVPG).

3032 Bei Neubaumaßnahmen von sonstigen Bundesstraßen (14.6 Anlage 1 UVPG) und sonstigen Änderungen oder Erweiterungen von Bundesstraßen (§§ 3b und 3c UVPG) ist eine förmliche UVP dann erforderlich, wenn eine vorgeschaltete Vorprüfung die Notwendigkeit bejaht (**Vorprüfung im Einzelfall**).[156] Im Ergebnis ist also im Gegensatz zur

---

[153] Gesetz zur Umsetzung der UVP-ÄndRL, der IVU-Richtlinie und weiterer EG-Richtlinien zum Umweltschutz v. 27. 7. 2001, BGBl. I 1950.
[154] *Stüer/Probstfeld*, UVP bei Straßenbauvorhaben. Das Ende der Plangenehmigung? UPR 2001, 361.
[155] § 3 b I 1 i. V. mit Anlage 1 Ziffern 14.3–14.5. UVPG.
[156] Dies ergibt sich aus § 3b I 1 UVPG i. V. mit der Anlage 1 Ziffer 14.6 UVPG. Für sonstige Änderungen und Erweiterungen von Bundesstraßen ist § 3c UVPG einschlägig. Hiernach besteht die Verpflichtung zur Durchführung einer UVP, wenn in der Anlage 1 für Vorhaben der Spalte 1 angegebene Größen- und Leistungswerte durch die Änderung oder Erweiterung selbst erreicht oder

bisherigen Rechtslage der weitaus größte Teil aller Neu- oder Ausbauvorhaben bei Bundesfernstraßen nicht mehr von vornherein, sondern nur dann UVP-pflichtig, wenn sich dies nach näherer Prüfung bestätigt. Im Übrigen ist § 3b III UVPG zu beachten, wonach bisher nicht UVP-pflichtige Vorhaben durch nachträgliche Änderungen oder Erweiterungen in die UVP-Pflicht hineinwachsen können.

Soweit bei Neubaumaßnahmen von sonstigen Bundesstraßen und sonstigen Änderungen oder Erweiterungen von Bundesstraßen eine Vorprüfung einer förmlichen UVP vorgeschaltet ist, sind die materiellen Anforderungen in § 3c UVPG geregelt. Hiernach ist eine UVP durchzuführen, wenn das Vorhaben nach Einschätzung der zuständigen Behörde aufgrund einer überschlägigen Prüfung unter Berücksichtigung der in der Anlage 2 zum UVPG aufgeführten Kriterien erhebliche nachteilige Umweltwirkungen haben kann, die nach § 12 UVPG zu berücksichtigen wären (**Vorprüfung**). Bei der Anlage 2 handelt es sich im Anschluss an den Anhang III der UVP-Änd-Richtlinie um eine Art Checkliste. Weiteres bleibt den Ländern überlassen.[157] Die Bezeichnung „Vorprüfung" dürfte insoweit inhaltlich weitgehend identisch mit dem derzeitigen Begriff „Einzelfalluntersuchung" sein. Der Anwendungsbereich der Regel-UVP ist damit auf größere mindestens vierstreifige Neu- und Ausbauprojekte beschränkt worden. Alle übrigen Neu- und Ausbaumaßnahmen unterliegen einer Vorprüfung im Einzelfall. 3033

d) Plangenehmigung. Durch die Neuregelungen ist der Anwendungsbereich der Plangenehmigung eingeschränkt worden.[158] Nach den **bisherigen Regelungen** konnte an die Stelle eines Planfeststellungsbeschlusses nach § 17 I a FStrG eine Plangenehmigung erteilt werden, wenn (1) Rechte anderer nicht oder nicht wesentlich beeinträchtigt werden oder die Betroffenen sich mit der Inanspruchnahme ihres Eigentums oder eines anderen Rechts schriftlich einverstanden erklärt haben und (2) mit den Trägern öffentlicher Belange, deren Aufgabenbereich berührt wird, das Benehmen hergestellt worden ist. Die Plangenehmigung hat die Rechtswirkungen der Planfeststellung und ist eigentlich als Rechtsinstrument für kleinere Straßenbaumaßnahmen gedacht. Dies schließt nicht aus, dass bei vollem oder weitgehendem Einverständnis insbesondere von Grundstücksbetroffenen auch größere Baumaßnahmen auf diesem Wege geplant werden können.[159] Auf die Erteilung der Plangenehmigung sind die Vorschriften über das Planfeststellungsverfahren nicht anzuwenden. Insbesondere ist kein förmliches Anhörungsverfahren nach § 73 VwVfG erforderlich. Allerdings findet unter den Voraussetzungen des § 58 BNatSchG Beteiligung der anerkannten Naturschutzverbände statt.[160] Das UVPG 1990 erwähnt ungeachtet dessen die Plangenehmigung beim Straßenneu- oder -ausbau nicht, weil es zu diesem Zeitpunkt im FStrG noch keine Plangenehmigung gab. § 17 I a FStrG ist erst im Zuge des Planungsvereinfachungsgesetzes im Jahre 1993[161] in das FStrG eingeführt worden. Hieraus ist jedoch nicht ohne weiteres zu folgern, dass es bisher bei allen Plangenehmigungen keine UVP-Pflicht gab. Im Einzelfall war vielmehr auch früher zu prüfen, ob es sich um ein Vorhaben handelt, das nach EG-rechtlichen Bestimmungen einer UVP unterlag. Dies ist seit dem Ablauf der Umsetzungsfristen für die UVP-Änd-Richtlinie bei größeren Neu- oder Ausbaumaßnahmen generell, im Übrigen nach einer vorgeschalteten Einzelfalluntersuchung bzw. einer Erheblichkeits- und Einzelfalluntersuchung erforder- 3034

überschritten werden oder eine Vorprüfung des Einzelfalls im Sinne des § 3c I 1 und 3 UVPG ergibt, dass die Änderung oder Erweiterung oder das bestehende Vorhaben aufgrund der Änderung oder Erweiterung erhebliche nachteilige Umweltwirkungen haben kann.

[157] § 3d UVPG.
[158] Zur Beschleunigung von Planungsverfahren für Verkehrsinfrastrukturvorhaben s. Rdn. 3762.
[159] *BVerwG*, Urt. v. 27. 10. 2000 – 4 A 18.99 – DVBl. 2001, 385: Widerspricht ein Betroffener der Inanspruchnahme seines Eigentums, so kann eine Plangenehmigung gleichwohl zulässig sein, d. h. nur eine unwesentliche Rechtsbeeinträchtigung vorliegen.
[160] *BVerwG*, Urt. v. 27. 10. 2000 – 4 A 18.99 – DVBl. 2001, 385.
[161] Gesetz zur Vereinfachung der Planungsverfahren für Verkehrswege (Planungsvereinfachungsgesetz – PlVereinfG) vom 17. 12. 1993 (BGBl. I S. 2123).

lich.¹⁶² Wird die Notwendigkeit einer UVP bejaht und soll gleichwohl eine Plangenehmigung erteilt werden, ist eine Öffentlichkeitsbeteiligung nach EU-Recht erforderlich,¹⁶³ wobei es allerdings früher an konkreten Festlegungen und Präzisierungen mangelte.

3035 § 17 Ia FStrG enthält folgende **Änderungen**: An Stelle eines Planfeststellungsbeschlusses kann eine Plangenehmigung erteilt werden, wenn (1) es sich bei dem Projekt nicht um ein Vorhaben handelt, für das nach dem Gesetz über die UVP eine UVP durchzuführen ist, (2) mit den Trägern öffentlicher Belange, deren Aufgabenbereich berührt wird, das Benehmen hergestellt worden ist und (3) Rechte anderer nicht oder nicht wesentlich beeinträchtigt werden oder die Betroffenen sich mit der Inanspruchnahme ihres Eigentums oder eines anderen Rechts schriftlich einverstanden erklärt haben. Abweichend davon kann in den Ländern Berlin, Brandenburg, Mecklenburg-Vorpommern, Sachsen, Sachsen-Anhalt und Thüringen für ein Vorhaben, für das nach dem UVPG eine UVP durchzuführen ist und das vor dem 31.12.2006 beantragt wird, an Stelle eines Planfeststellungsbeschlusses eine Plangenehmigung erteilt werden. Ist eine UVP nach § 17 Ia 1 FStrG erforderlich, ist die Öffentlichkeit entsprechend § 9 III UVPG einzubeziehen. Es ergeben sich folgende Konsequenzen:

3036 Vorhaben an Bundesfernstraßen, die regelmäßig einer UVP zu unterziehen sind (Regel-UVP), scheiden in den **alten Bundesländern** für eine Plangenehmigung aus. Das Gleiche gilt für Vorhaben, bei denen nach einer Vorprüfung im Einzelfall die Notwendigkeit einer UVP bejaht wird. Für UVP-pflichtige Vorhaben kann also kein Baurecht mehr im Wege einer Plangenehmigung herbeigeführt werden. Sofern im Wege einer Vorprüfung die Notwendigkeit einer UVP verneint wird und dementsprechend eine Plangenehmigung erteilt werden kann, muss die Entscheidung nach § 3a UVPG der Öffentlichkeit zugänglich gemacht werden. Die Entscheidung ist nicht selbstständig anfechtbar. Hier ist allerdings nur eine so genannte passive Öffentlichkeitsbeteiligung gemeint, nach der die Öffentlichkeit nicht grundsätzlich, sondern nur auf Antrag über das Umweltinformationsgesetz Kenntnis erhält.¹⁶⁴ Diese Art der Öffentlichkeitsbeteiligung führt also regelmäßig nicht zu einem erhöhten Aufwand.

3037 In den **neuen Bundesländern** können Plangenehmigungen auch bei UVP-pflichtigen Vorhaben durchgeführt werden, wenn der Antrag vor dem 31.12.2006 gestellt wird. Plangenehmigungen im bisherigen Umfang sind also nach wie vor möglich. Der Plangenehmigungsbehörde bleibt es jedoch nicht mehr wie bisher überlassen, wie sie die Anhörung der Verfahrensbeteiligten durchführt bzw. organisiert. Die Neuregelung erfordert zwar kein Anhörungsverfahren, das den Erfordernissen von § 73 VwVfG entspricht. Die Öffentlichkeitsbeteiligung aufgrund von § 9 III UVPG ist jedoch nach folgenden Kriterien durchzuführen:
– das Vorhaben ist öffentlich bekannt zu machen,
– die Unterlagen müssen während eines angemessenen Zeitraumes eingesehen werden können,
– es ist Gelegenheit zur Äußerung zu geben,
– die Öffentlichkeit ist über die Entscheidung zu unterrichten.

3038 Zur Auslegung dieser Begriffe kann auf **§ 15 II UVPG** zurückgegriffen werden.¹⁶⁵ Die Bekanntmachung ist in den Gemeinden vorzunehmen, in denen sich das Vorhaben voraussichtlich auswirkt; bei dem Zeitraum der Planauslegung erscheint ein Monat angemessen. Die Gelegenheit zur Äußerung für jeden kann sich auf weitere zwei Wochen erstrecken. Die Unterrichtung der Öffentlichkeit ist nur im Hinblick auf den Entscheidungstenor erforderlich. Es dürfte zweckmäßig sein, die Entscheidung in derselben Weise zur Kenntnis zu geben, in der die Behörde die Öffentlichkeit zuvor über das Vorhaben

---

¹⁶² Zur Plangenehmigung vgl. auch *Hermanns/Hönig* Plangenehmigung und Verzicht auf Planfeststellung, in: *Stüer*, Planung von Großvorhaben, Band 2, Osnabrück 1999.
¹⁶³ Art. 6 EU-Richtlinie 85/337 in der Fassung der Richtlinie 97/11.
¹⁶⁴ Amtliche Begründung zu § 3a.
¹⁶⁵ *Storm/Bunge/Nicklas/Bunge*, Handbuch der UVP (HdUVP), 1. Band, Rdn. 97.

informiert hat. Außerdem empfiehlt es sich, die Begründung während eines angemessenen Zeitraumes – etwa 2 Wochen – zur allgemeinen Einsicht bereit zu halten.

Im Ergebnis stellt sich die Frage, welche Vorteile eine UVP-pflichtige Plangenehmigung gegenüber einer klassischen Planfeststellung noch bietet bzw. welche Unterschiede noch bestehen. **Zeitfaktor:** Hier sind keine relevanten Unterschiede zwischen beiden Rechtsinstrumenten mehr ersichtlich. Die Öffentlichkeitsbeteiligung bei Plangenehmigungen entspricht insoweit im Wesentlichen dem Anhörungsverfahren bei Planfeststellungen. Erörterungstermin: Im Rahmen der Öffentlichkeitsbeteiligung bei Plangenehmigungen ist kein Erörterungstermin vorgesehen. Er kann aber auch bei Planfeststellungen unterbleiben, wenn es sich nicht um Neubauten, sondern nur um Straßenänderungen handelt.[166] **Individuelle Beteiligung von Privatbetroffenen:** Insoweit ist die Plangenehmigung eher aufwändiger. Während in einem Planfeststellungsverfahren mit Ausnahme nicht ortsansässiger Betroffener keine Einzelbeteiligungen erforderlich sind,[167] wird es im Hinblick auf § 17 Ia Ziffer 1 FStrG nach wie vor unabdingbar sein, Rechtsbeeinträchtigte einzeln zu ermitteln und ggf. um Zustimmung zu ersuchen. Denn nur auf diese Weise kann letztlich beurteilt werden, ob größere Rechtsbeeinträchtigungen nicht einvernehmlich gelöst werden können und sich dann das Rechtsinstrument der Plangenehmigung verbietet. Eine Beteiligung der Naturschutzvereine ist auch bei Plangenehmigungsverfahren erforderlich, die an die Stelle einer Planfeststellung treten und für die eine Öffentlichkeitsbeteiligung erforderlich ist (§ 58 I Ziff. 3 BNatSchG). **Entscheidung über Einwendungen:** Die Äußerungen aus der allgemeinen Öffentlichkeit im Rahmen einer Plangenehmigung erfordern keine Einzelbescheidung, sondern lediglich eine Gesamtwürdigung und -entscheidung. Damit bleibt der rechtliche Aufwand verringert. **Zustellung:** Bei der Plangenehmigung sind Einzelzustellungen lediglich im Hinblick auf § 17 Ia FStrG erforderlich, im Übrigen wird die Öffentlichkeit nur über die Entscheidung durch öffentliche Bekanntmachung unterrichtet. **Rechtsschutz:** Rechtsansprüche werden durch die Einbeziehung der Öffentlichkeit bei einer Plangenehmigung nicht begründet.[168] Es gibt also insoweit keine eigenständige Klagebefugnis. Dies gilt allerdings in gleicher Weise bei Planfeststellungen, wenn ein Kläger nicht geltend machen kann, in seinen Rechten verletzt zu sein. Wenn lediglich einfache Belange berührt sind, reicht dies für eine Klagebefugnis nicht aus.

Fälle von unwesentlicher Bedeutung im Sinne von § 17 II FStrG liegen insbesondere vor, wenn (1) andere öffentliche Belange nicht berührt sind oder die erforderlichen behördlichen Entscheidungen vorliegen und sie dem Plan nicht entgegenstehen und (2) Rechte anderer nicht beeinflusst werden oder mit den vom Plan Betroffenen entsprechende Vereinbarungen getroffen werden. Im Ergebnis steht die Größe eines Straßenbauvorhabens oder der räumliche Umfang hier nicht im Vordergrund; maßgeblich ist vielmehr uneingeschränktes Einvernehmen. Nunmehr wird hier zusätzlich vorausgesetzt, das es sich bei dem Vorhaben nicht um ein Vorhaben handelt, für das nach dem Gesetz über die UVP eine UVP durchzuführen ist. Bei den Neubaumaßnahmen von sonstigen Bundesstraßen und sonstigen Änderungen oder Erweiterungen von Bundesstraßen können also auch weiterhin Fälle von unwesentlicher Bedeutung vorliegen und ein Abstimmungsverfahren durchgeführt werden, wenn im Wege einer Vorprüfung eine UVP verneint wird. Bezüglich der dann nach § 3 a UVPG erforderlichen Einbeziehung der Öffentlichkeit gelten die vorstehenden Ausführungen zur Plangenehmigung sinngemäß, d. h. die Öffentlichkeit wird im Einzelfall auf einen entsprechenden Antrag hin informiert.

Eine **Plangenehmigung** nach § 17 Ia FStrG bedarf dann nicht der Einverständniserklärung des Eigentümers, wenn von der Straßenbaumaßnahme ein Grundstück betroffen ist, das unter dem Regime des DDR-Rechts einer öffentlichen Zweckbestimmung zuge-

---

[166] § 17 IIIc 3 FStrG.
[167] § 73 V 3 VwVfG.
[168] § 9 III 2 UVPG.

3042 Ebenso wie der Bund sind die einzelnen Bundesländer gehalten, die EG-rechtlichen Vorgaben für **Landes- und Kreisstraßen** in ihre straßengesetzlichen Bestimmungen einzuarbeiten. Solange dies noch nicht geschehen ist, ist davon auszugehen, dass die UVP-Richtlinie 85/337 und die UVP-Änd-Richtlinie 97/11 unmittelbar gelten. Regel-UVP-Pflichten ergeben sich nach Maßgabe der Nr. 7 der Anlage 1 zur UVP-Änd-Richtlinie nur bei dem Neubau oder Ausbau vierspuriger Straßen, so dass Landes-, Kreis- und Gemeindestraßen nicht der Regel-UVP unterliegen. Neubau, Änderung oder Erweiterung derartiger Straßen unterfallen allerdings dem Vorprüfungsverfahren (Nr. 10 d und 13 des Anhangs I UVP-ÄndRL). Die näheren Einzelheiten sind in den Landesstraßengesetzen zu regeln. Hiernach ergibt sich folgendes Prüfungsschema:

3043 Im Zusammenhang mit der Linienbestimmung[170] ist ggf. auch ein **Raumordnungsverfahren** durchzuführen (§ 15 ROG). Auch bei den in der RoV aufgeführten Vorhaben ist jeweils im Einzelfall zu prüfen, ob diese Voraussetzungen vorliegen. Hierdurch soll sichergestellt werden, dass Raumordnungsverfahren nicht schematisch durchgeführt werden, sondern nur, wenn es von den konkreten Auswirkungen des Vorhabens her geboten ist. Bei raumbedeutsamen Auswirkungen und überörtlicher Bedeutung des Vorhabens kann nach § 15 II ROG von einem Raumordnungsverfahren abgesehen werden, wenn die Beurteilung der Raumverträglichkeit der Planung oder Maßnahme bereits auf anderer raumordnerischer Grundlage gewährleistet ist. Dies kann z. B. der Fall sein, wenn sich aus Programmen und Plänen ergibt, dass für das Vorhaben die Belange der Raumordnung ausreichend berücksichtigt sind.[171]

8. Planfeststellungsverfahren

3044 Bundesfernstraßen dürfen nur gebaut oder geändert werden, wenn der Plan vorher festgestellt ist.[172] Neben der Planfeststellung gibt es weitere Rechtsinstrumente, die in bestimmten Fällen eingesetzt werden können. Es sind dies die Plangenehmigung nach § 17 Ia FStrG, das so genannte Abstimmungsverfahren in Fällen von unwesentlicher Bedeutung nach § 17 II FStrG; auch über Bebauungspläne kann nach § 17 III FStrG ggf. das Baurecht für den Aus- oder Neubau von Bundesfernstraßen herbeigeführt werden.[173]

Planungsinstrumente für Bundesfernstraßen

Planfeststellung § 17 I FStrG	Plangenehmigung § 17 Ia FStrG	Fälle von unwesentlicher Bedeutung (§ 17 II FStrG)	Bebauungsplan (§ 17 III FStrG)
immer möglich zur Baurechtschaffung beim Neu- und Ausbau	Rechte anderer nicht oder nicht wesentlich berührt Benehmen mit Trägern öffentlicher Belange	Einigung mit allen Privatbetroffenen und Trägern öffentlicher Belange erforderlich	i. d. R. Straßenbaumaßnahmen im innerörtlichen Bereich
Beteiligung anerkannter Naturschutzverbände nach § 58 BNatSchG	keine Beteiligung anerkannter Naturschutzverbände	keine Beteiligung anerkannter Naturschutzverbände	Beteiligung anerkannter Naturschutzverbände

---

[169] BVerwG, Urt. v. 27. 7. 2001 – 4 VR 16.01 – 4 A 33.01 – Buchholz 407.4 § 17 FStrG Nr. 164.
[170] Zur Linienbestimmung s. Rdn. 2765, 3014, 3494, 3949.
[171] Insbesondere kann ein Raumordnungsverfahren unterbleiben, wenn die Bundesfernstraßenplanung den Zielen der Raumordnung entspricht oder widerspricht (§ 6 III Nr. 1 BROG).
[172] § 17 I FStrG. Zur Beschleunigung von Planungsverfahren für Verkehrsinfrastrukturvorhaben s. Rdn. 3762.
[173] Zur Beschleunigung von Planungsverfahren für Verkehrsinfrastrukturvorhaben s. Rdn. 3762.

Planfeststellung § 17 I FStrG	Plangenehmigung § 17 Ia FStrG	Fälle von unwesentlicher Bedeutung (§ 17 II FStrG)	Bebauungsplan (§ 17 III FStrG)
förmliches Verfahren	kein besonderes Verfahren	kein besonderes Verfahren	förmliches Verfahren
Verwaltungsakt (Planfeststellungsbeschluss)	Verwaltungsakt (Plangenehmigung)	kein Verwaltungsakt (Entscheidung über die Entbehrlichkeit der Planfeststellung oder Plangenehmigung)	Satzung (Bebauungsplan)
Enteignung möglich	Enteignung möglich	keine Enteignung möglich	Enteignung möglich
Rechtsbehelf: Klage beim OVG	Rechtsbehelf: Klage beim OVG	entfällt	Normenkontrolle ggf. Inzidentkontrolle

a) Verfahrensgrundlagen. Auf der Grundlage der Bedarfsplanung und der Linienbestimmung findet das Planfeststellungsverfahren statt. Die Planfeststellung wird durch den Träger der Straßenbaulast bzw. die für ihn tätige Baubehörde vorbereitet. Nach Nr. 10 der Planfeststellungsrichtlinien soll schon bei der Vorbereitung des Planes geklärt werden, ob und inwieweit öffentliche Belange der zu beteiligenden Behörden betroffen sind. Nach der Vorbereitung des Planes wird ein Antrag mit entsprechenden Unterlagen der Anhörungsbehörde zur Durchführung des Anhörungsverfahrens eingereicht. Das Verwaltungsverfahren wird nach dem VwVfG des jeweiligen Landes durchgeführt, soweit die Straßengesetze keine andere Regelung enthalten. Das Anhörungsverfahren richtet sich nach § 73 VwVfG (Land).[174] Die Anhörungsbehörde holt die Stellungnahmen der Träger öffentlicher Belange ein und veranlasst die Auslegung des Planes und dessen Bekanntmachung.

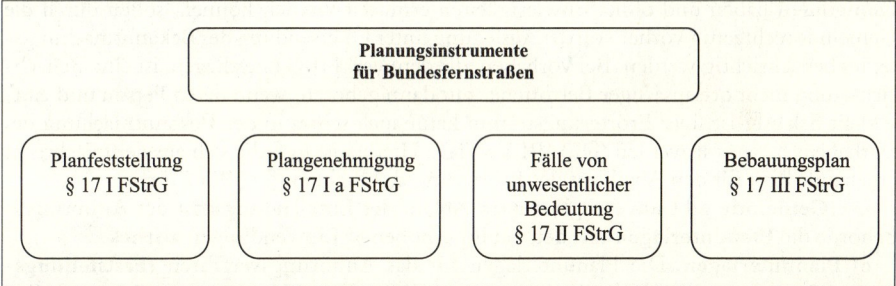

b) Anhörungsverfahren. Das Anhörungsverfahren wird wie folgt durchgeführt: Der Träger des Vorhabens hat den Plan der Anhörungsbehörde zur Durchführung des Anhörungsverfahrens einzureichen. Der Plan besteht aus den Zeichnungen und Erläuterungen, die das Vorhaben, seinen Anlass und die von dem Vorhaben betroffenen Grundstücke und Anlagen erkennen lassen (§ 73 I VwVfG). Die Anhörungsbehörde holt die Stellungnahmen der Behörden, deren Aufgabenbereich durch das Vorhaben berührt wird, innerhalb eines Monats ein (§ 73 II VwVfG).[175] Der Plan ist auf Veranlassung der Antragsbehörde in den Gemeinden, in denen sich das Vorhaben voraussichtlich auswirkt, einen Monat zur Einsicht auszulegen. Auf eine Auslegung kann verzichtet werden, wenn der Kreis der Be-

---

[174] Vgl. etwa § 1 III der Verordnung zur Durchführung des FStrG v. 11. 3. 1975 i. d. F. v. 23. 5. 1995 (GV NW S. 500).
[175] *Hermanns* in: *Stüer* (Hrsg.) Verfahrensbeschleunigung, S. 144.

troffenen bekannt ist und ihnen innerhalb angemessener Frist Gelegenheit gegeben wird, den Plan einzusehen (§ 73 III VwVfG). Den Beginn der Auslegung haben die Gemeinden, in denen der Plan auszulegen ist, vorher ortsüblich bekannt zu machen (§ 73 V VwVfG).[176] Jeder, dessen Belange durch das Vorhaben berührt werden, kann bis zu zwei Wochen nach Ablauf der Auslegungsfrist schriftlich oder zur Niederschrift bei der Anhörungsbehörde oder bei der Gemeinde Einwendungen gegen den Plan erheben (§ 73 IV VwVfG). Die Zweiwochenfrist beginnt am Tage nach dem Ende der Offenlegung[177] und endet mit Ablauf des Tages, der in der Benennung dem letzten Tage der Offenlegung entspricht.[178] Nach Ablauf der Einwendungsfrist hat die Anhörungsbehörde die rechtzeitig erhobenen Einwendungen gegen den Plan und die Stellungnahmen der Behörden zu dem Plan mit den Trägern des Vorhabens, den Betroffenen sowie den Personen, die Einwendungen erhoben haben, zu erörtern. Nach Abschluss des Erörterungstermins endet das Anhörungsverfahren. Die Planfeststellungsbehörde hat unter Berücksichtigung einer abschließenden Stellungnahme der Anhörungsbehörde über den Planfeststellungsbeschluss zu entscheiden.

3047 Die **Gemeinden** machen danach das Bauvorhaben mit dem nach **§ 73 V VwVfG** und **§ 17 IV 1 FStrG** vorgeschriebenen Inhalt vor Beginn der Auslegung auf ihre Kosten ortsüblich bekannt. In der Bekanntmachung ist darauf hinzuweisen, dass
- die Anhörung auch die Einbeziehung der Öffentlichkeit nach § 9 UVPG ist,
- die Anhörungsbehörde nach rechtzeitigem Eingang von Einwendungen einen Erörterungstermin anberaumen wird oder ggf. von einem Erörterungstermin absehen kann (§ 17 III c FStrG).
- Bei Einwendungen, die von mehr als 50 Personen auf Unterschriftslisten unterzeichnet oder in Form vervielfältigter gleich lautender Texte eingereicht werden, auf jeder mit einer Unterschrift versehenen Seite ein Unterzeichner mit Namen, Beruf und Anschrift als Vertreter der übrigen Unterzeichner zu bezeichnen ist, da anderenfalls diese Einwendungen unberücksichtigt gelassen werden können (§ 17 I und II FStrG, § 72 II VwVfG).

3048 Betroffene, die ihren Sitz oder ihre Wohnung nicht im **Gebiet einer der** vorgenannten **Gemeinden** haben und ohne Schwierigkeiten ermittelt werden können, sollen durch die Gemeinde rechtzeitig vorher von der Auslegung unter Übersendung des Bekanntmachungstextes benachrichtigt werden. Bei Vorhaben, die dem VerkPlBG unterliegen, ist eine Benachrichtigung nicht ortsansässiger Betroffener nur dann geboten, wenn deren Person und Aufenthalt bekannt ist. Der Erörterungstermin kann auch schon in der Bekanntmachung des Vorhabens bestimmt werden (§ 73 VII VwVfG). Hierbei ist ggf. die sich aus dem Fachrecht ergebende Frist für den Abschluss der Erörterung zu beachten (§ 17 III c FStrG).

3049 Die **Gemeinde** gibt unverzüglich nach Ablauf der Einwendungsfrist der Anhörungsbehörde die **Planunterlagen** mit den bei ihr erhobenen Einwendungen **zurück**.[179]

3050 c) **Planunterlagen.** Die Planunterlagen für das Anhörungsverfahren (**Feststellungsentwurf**) umfassen die auf die Planfeststellung abgestellten Unterlagen des Entwurfs. Der Plan umfasst in der Regel:[180]
- Die Begründung, zugleich als allgemein verständliche Zusammenfassung i. S. von § 6 III 2 und IV UVPG, insbesondere der umweltrelevanten Angaben mit Aufzählung der für den Plan erstellten Gutachten. Die Begründung enthält auch die Ergebnisse des Variantenvergleichs.

---

[176] *BVerwG*, Urt. v. 23. 4. 1997 – 11 A 7.97 – DVBl. 1997, 1119 = NuR 1997, 504 – Rheinbek-Wentorf; Die Wochenfrist für die Zeit zwischen Bekanntmachung und Beginn der Offenlage (§ 73 V 1 VwVfG) ist durch das GenBeschlG gestrichen worden.
[177] § 31 I VwVfG i.V. m. § 187 II 1 BGB.
[178] § 31 I VwVfG i.V. m. § 188 II Alt. 2 BGB. Zur Berechnung der Frist *BVerwG*, Urt. v. 18. 6. 1997 – 11 A 70.95 – UPR 1997, 470 = NJ 1997, 615 – Staffelstein.
[179] Planfeststellungsrichtlinien FStrG 99, Nr. 15.
[180] Planfeststellungsrichtlinien FStrG 99, II Nr. 11.

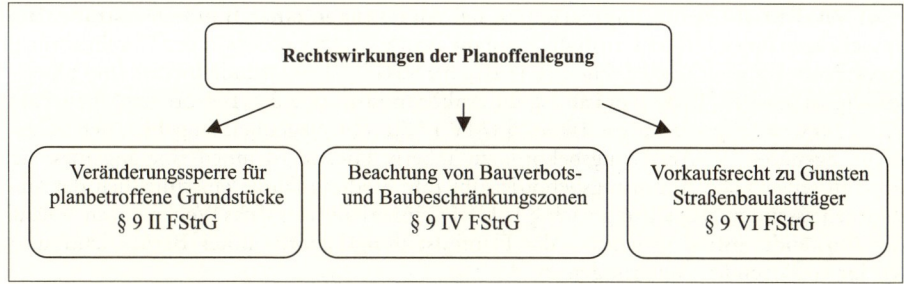

- Zeichenerklärung,
- Übersichtskarte mit Darstellung der geprüften Vorhabensvarianten,
- Verzeichnis der Bauwerke, Wege, Gewässer und sonstigen Anlagen (Bauwerksverzeichnis),
- Ausbauquerschnitt ggf. besondere Querschnitte,
- Lageplan, Höhenplan und Leitungsplan, ggf. mit Darstellung erforderlicher Ersatztrassen,
- ggf. Pläne für Kunstbauwerke,
- Grunderwerbsverzeichnis, Grunderwerbsplan in einem Maßstab, der die Grundstücksgrenzen und Grundstücksinanspruchnahme eindeutig erkennen lässt,
- Unterlagen zur Regelung wasserrechtlicher und wasserwirtschaftlicher Sachverhalte, Erläuterungen und Pläne, ggf. Darstellung der bautechnischen Maßnahmen in Wassergewinnungsgebieten,
- Unterlagen zur Regelung lärmtechnischer Sachverhalte, Erläuterungen und Pläne,
- Ergebnisse der landschaftspflegerischen Begleitplanung, insbesondere landschaftspflegerischer Begleitplan mit Erläuterungsbericht der Vermeidungs-, Minimierungs-, Ausgleichs- und Ersatzmaßnahmen,
- soweit erforderlich und in der Begründung nicht bereits enthalten: Beschreibung der infolge des Straßenverkehrs zu erwartenden Luftschadstoffmessungen und ggf. Schadstoffimmissionen, Beschreibung von Art, Menge und ggf. Herkunft der für den Erdbau benötigten Massen sowie Beschreibung von Art, Menge und ggf. Verbleib der bei der Herstellung der Straße entfallenden Überschussmassen,
- ggf. Beschreibung der zu erwartenden erheblichen Auswirkungen auf Kultur- und sonstige Sachgüter,
- ggf. integrierter Straßenraumentwurf (insbesondere beim Bau von Ortsdurchfahrten),
- ggf. Beschilderungs- und Markierungspläne,
- ggf. Unterlagen zur Beurteilung der Verträglichkeit des Vorhabens mit den Erhaltungszielen der Gewerbegebiete von gemeinschaftlicher Bedeutung oder eines europäischen Vogelschutzgebietes.

Die Nach § 6 III und IV UVPG erforderlichen Angaben sind in die entsprechenden Unterlagen aufzunehmen. **Mehrere Pläne** können in einem Plan **vereint** werden, wenn die Darstellung klar und verständlich bleibt.[181]

Die **Planunterlagen** müssen so **klar** und **verständlich** sein, dass bei der Auslegung im Anhörungsverfahren sich jedermann darüber unterrichten kann, ob und ggf. inwieweit er durch das Straßenbauvorhaben in seinen Belange berührt wird. Insbesondere müssen die Planunterlagen den Umfang der von dem Bauvorhaben auf Dauer oder vorübergehend in Anspruch zu nehmenden Grundstücke und Anlagen erkennen lassen (§ 73 I 2 VwVfG). Die Eigentumsgrenzen müssen entsprechend ihrem Nachweis im Liegenschaftskataster dargestellt sein.[182]

---

[181] Planfeststellungsrichtlinien FStrG 99, II Nr. 11.
[182] Planfeststellungsrichtlinien FStrG 99, II Nr. 12.

3053 **d) Verzicht auf Anhörungsverfahren bei Änderungen einer Bundesfernstraße.** Bei Änderungen einer Bundesfernstraße kann die Anhörungsbehörde von der Durchführung eines Erörterungstermins absehen (§ 17 III c 3 FStrG).[183] Die Gründe hierfür sind aktenkundig zu machen. In diesem Fall hat die Anhörungsbehörde den Betroffenen, die rechtzeitig Einwendungen erhoben haben (§ 17 IV 1 FStrG), Gelegenheit zu geben, sich nochmals gegenüber der Anhörungsbehörde zu äußern. Hierfür ist ihnen eine angemessene Frist zu setzen. Die Anhörungsbehörde gibt ihre Stellungnahme einschließlich der zusammenfassenden Darstellung nach § 11 UVPG innerhalb von sechs Wochen nach Ablauf der Einwendungsfrist gegenüber der Planfeststellungsbehörde unter Berücksichtigung der ihr vorliegenden Äußerungen ab.[184]

9. Stellungnahmen der beteiligten Behörden und Stellen

3054 Die **Anhörungsbehörde** fordert innerhalb **eines Monats** nach Eingang der Planunterlagen die beteiligten Behörden und Stellen unter Beifügung der entsprechenden Planunterlagen zur Stellungnahme auf (§ 17 IIIa FStrG). Zur Abgabe der Stellungnahme bestimmt sie eine Frist, die drei Monate nicht übersteigen darf (§ 17 IIIb 1 FStrG). Beteiligt sind die Behörden und Stellen, deren Aufgabenbereich durch das Bauvorhaben berührt wird. Hierzu gehören insbesondere die Behörden, deren Planfeststellung, Genehmigung, Erlaubnis, Bewilligung, Verleihung oder sonstige Verwaltungsentscheidung infolge dieser Planfeststellung nicht erforderlich ist oder mit denen öffentlich-rechtliche Beziehungen zu regeln sind. Gemeinden und Kreise, auf deren Gebiet das Vorhaben sich voraussichtlich auswirkt, sind stets zu beteiligen.[185] Könnte ein Bauvorhaben erhebliche Auswirkungen auf Menschen, Tiere und Pflanzen, Boden, Wasser, Luft, Klima und Landschaft sowie Kultur- und sonstige Sachgüter in einem anderen Mitgliedstaat der Europäischen Union oder einem Nachbarstaat der Bundesrepublik Deutschland haben, ist § 8 UVPG anzuwenden.[186]

10. Abschnittsbildung

3055 Für die Straßenplanung ist im Gegensatz etwa zur eisenbahnrechtlichen Fachplanung[187] der Grundsatz anerkannt, dass die jeweils planfestgestellten **Abschnitte** grundsätzlich eine selbstständige **Verkehrsbedeutung** haben müssen.[188] Es dürfen daher – mit Zustimmung des Vorhabenträgers[189] – Abschnitte gebildet werden, die einen eigenständigen Verkehrswert haben, auch wenn das Gesamtplanungskonzept im Nachhinein scheitern sollte.[190] Dies folgt aus der Überlegung, dass der von einer Straßenplanung betroffene Grundstückseigentümer den Entzug seines Eigentums nur dann soll hinnehmen

---

[183] Zum Verzicht auf einen Erörterungstermin bei Änderung des Vorhabens im Zusammenhang mit der Beschleunigung von Planungsverfahren für Verkehrsinfrastrukturvorhaben s. Rdn. 3762.
[184] Planfeststellungsrichtlinien FStrG 99, Nr. 19.
[185] Planfeststellungsrichtlinien FStrG 99, Rdn. 14.
[186] Zur Beschleunigung von Planungsverfahren für Verkehrsinfrastrukturvorhaben s. Rdn. 3762.
[187] *BVerwG*, B. v. 21. 12. 1995 – 11 VR 6.95 – NVwZ 1996, 896 = DVBl. 1996, 676 – Erfurt – Leipzig/Halle.
[188] Vgl. zur Abschnittsbildung *BVerwG*, Urt. v. 26. 6. 1981 – 4 C 5.78 – BVerwGE 62, 342 = DVBl. 1981, 936 = *Hoppe/Stüer* RzB Rdn. 115 – Plochingen; B. v. 26. 6. 1992 – 4 B 1–11.92 – DVBl. 1992, 1435 = *Hoppe/Stüer* RzB Rdn. 13 – B 31; Urt. v. 2. 11. 1988 – 4 B 157.88 – BRS 48 (1988), Nr. 13 (S. 41) = *Hoppe/Stüer* RzB Rdn. 99 – Lärmschutz; B. v. 7. 12. 1988 – 7 B 98.88 ZfW 1990, 265 = DVBl. 1989, 510 – Mülldeponie; Urt. v. 14. 10. 1996 – 4 A 35.96 – Buchholz 407.4 § 17 FStrG Nr. 123 – A 38 Halle-Leipzig; Urt. v. 12. 12. 1996 – 4 C 29.94 – DVBl. 1997, 798 – Nesselwang-Füssen.
[189] *BVerwG*, Urt. v. 11. 7. 2001 – 11 C 14.00 – BVerwGE 114, 364 = DVBl. 2001, 1848 = NVwZ 2002, 350 – Bitburg.
[190] *BVerwG*, Urt. v. 27. 10. 2000 – 4 A 18.99 – BVerwGE 112, 140 = DVBl. 2001, 386 = NVwZ 2001, 673, mit Hinweis auf Urt. v. 25. 1. 1996 – 4 C 5.95 – BVerwGE 100, 238 = DVBl. 1996, 677 = NVwZ 1996, 788; Urt. v. 7. 3. 1997 – 4 C 10.96 – BVerwGE 104, 144 = DVBl. 1997, 838 = NVwZ 1997, 914; Urt. v. 28. 1. 1999 – 4 CN 5.98 – BVerwGE 108, 248 = DVBl. 1999, 1288.

müssen, wenn der einzelne Abschnitt eine selbstständige Verkehrsbedeutung hat und nicht als Torso sozusagen im Nichts endet. Von diesem Grundsatz hat das *BVerwG* nur in engen Grenzen Ausnahmen zugelassen.[191] Für die **Abschnittsbildung** gibt das materielle Planungsrecht und vor allem das Abwägungsgebot den gesetzlichen Rahmen. Die Aufspaltung einer Planung ist grundsätzlich zulässig, wenn sich die Teilplanung nicht derart verselbstständigt, dass durch die Gesamtplanung ausgelöste Probleme unbewältigt bleiben. Die Folgen des jeweiligen Abschnitts für die weitere Planung dürfen nicht ausgeblendet werden.[192] Denn wenn eine Planung vor objektiv unüberwindbaren Hindernissen steht oder solche nach sich zieht, verfehlt sie ihren gestaltenden Auftrag.[193] In der Planfeststellung für einen einzelnen Abschnitt sind allerdings die Auswirkungen auf nachfolgende Planabschnitte oder auf das Gesamtvorhaben noch nicht in allen Einzelheiten abschließend zu prüfen. Vielmehr reicht für die nachfolgenden Abschnitte die Prognose aus, dass der Verwirklichung des Gesamtvorhabens keine unüberwindlichen Hindernisse entgegenstehen.[194] Eine abschnittsweise Straßenplanung kann den Anforderungen des Abwägungsgebotes auch dann genügen, wenn zwar eine Verbindung zum vorhandenen Straßennetz fehlt, die Gefahr der Entstehung eines Planungstorsos aber ausgeschlossen werden kann, weil ein Lückenschluss sichergestellt ist.[195] Erfüllt ein Straßenneubau nur in Verbindung mit einem anderen Straßenbauvorhaben die ihm zugedachte verkehrliche Funktion als Autobahnzubringer, so genügt zur Vermeidung eines unzulässigen Planungstorsos eine Bestimmung im Planfeststellungsbeschluss, wonach mit dem Bau erst begonnen werden darf, wenn der Planfeststellungsbeschluss für das andere Straßenbauvorhaben bestandskräftig geworden ist.[196] Wird ein Dritter nicht unmittelbar durch den planfestgestellten Abschnitt einer Bundesfernstraße betroffen, ist er durch die Abschnittsbildung nur bei Zwangspunkten in seinen Rechten verletzt und damit klagebefugt.[197]

Eine Bundesstraße oder Bundesautobahn kann auch in **längsgeteilter Dringlichkeit** ausgebaut werden. Ein derartiger gestufter Ausbau, der entsprechend planfestgestellt werden kann, ist ein rechtlich zulässiges Planungsmodell. Wird der Bau einer zweibahnigen (vierstreifigen) Bundesautobahn in der Weise planfestgestellt, dass zunächst nur eine Bahn gebaut werden soll und der Bau der zweiten Bahn aus finanziellen Gründen beispielsweise unter dem Vorbehalt einer Änderung des Bedarfsplanes[198] für die Bundesfernstraßen steht, so müssen im Zeitpunkt der Planfeststellung sämtliche rechtliche Voraussetzungen für den Bau der zweibahnigen Bundesautobahn gegeben sein. Eine fernstraßenrechtliche Planung, die zu verwirklichen allerdings nicht beabsichtigt oder die objektiv nicht realisierungsfähig ist, ist rechtswidrig. Es darf daher im Zeitpunkt der Planfeststellung nicht ausgeschlossen sein, dass das planfestgestellte Vorhaben auch verwirklicht werden wird. Demgemäß ist eine Planung, die nicht begründet mit ihrer Rea-

---

[191] Etwa bei Landesgrenzen überschreitenden Planungen.
[192] *BVerwG*, Urt. v. 10. 4. 1997 – 4 C 5.96 – BVerwGE 104, 236 = DVBl. 1997, 1115 = NVwZ 1998, 58 – B 15 neu.
[193] *BVerwG*, Urt. v. 19. 5. 1998 – 4 A 9.97 – BVerwGE 107, 1 = NVwZ 1998, 961 = DVBl. 1998, 900 – Ostseeautobahn A 20; Urt. v. 7. 3. 1997 – 4 C 10.96 – BVerwGE 104, 144 = DVBl. 1997, 838 = NVwZ 1997, 914 – A 94 Neuötting.
[194] *BVerwG*, Urt. v. 10. 4. 1997 – 4 C 5.96 – BVerwGE 104, 236 = DVBl. 1997, 1115 = NVwZ 1998, 58 – B 15 neu.
[195] *BVerwG*, Urt. v. 7. 3. 1997 – 4 C 10.96 – BVerwGE 104, 144 = DVBl. 1997, 838 = NVwZ 1997, 914 – A 94 Neuötting.
[196] *VGH Mannheim*, Urt. v. 8. 7. 2002 – 5 S 2715/01 – VBlBW 200333, 235 – Finanzierbarkeit, dort auch zu den Voraussetzungen einer Zielabweichung nach § 10 III LPlG BW und zur Alternativenprüfung bei „abgestuften" Planungszielen; vgl. auch Urt. v. 25. 1. 1996 – 4 C 5.95 – BVerwGE 100, 238 = DVBl. 1996, 677 – Eifelautobahn A 60.
[197] *BVerwG*, B. v. 10. 11. 2000 – 4 B 47.00 – NVwZ 2001, 800, mit Hinweis auf B. v. 30. 8. 1996 – 7 VR 2.96 – NVwZ 1997, 497 = NWVBl. 1997, 54.
[198] Zum Bedarfsplan nach dem FStrAbG s. Rdn. 3008, 3948; zum Bundesschienenwegebedarfsplan s. Rdn. 3109.

lisierung innerhalb des Zeitrahmens des § 17 VII FStrG rechnen kann, verfrüht und damit unzulässig. Das gilt auch für die Planung eines gestuften Ausbaus. Eine zu berücksichtigende Erweiterungsfähigkeit einer „einfachen" Bundesstraße zu einer Bundesautobahn kann dann als gerechtfertigt angesehen werden, wenn ein Bedürfnis nach späterer Erweiterung bereits im Zeitpunkt der Planfeststellung konkret nachgewiesen werden kann.[199] Wird eine Bundesautobahn oder eine Bundesstraße antragsgemäß zweibahnig (vierstreifig) planfestgestellt, soll sie aber zunächst nur einbahnig (zweistreifig) errichtet werden **(tatsächlich gestufter Ausbau)**, so könnte es sich um eine Planänderung vor Fertigstellung des Vorhabens handeln,[200] für die nach § 76 VwVfG zu verfahren ist.

3057 Dem Grundsatz der eigenständigen Verkehrsbedeutung kann durch die **nachträgliche Anordnung**, dass mit dem Bau des Abschnitts erst bei Rechtskraft der Planfeststellungsbeschlüsse für benachbarte Abschnitte begonnen werden darf, Rechnung getragen werden. Wird etwa sichergestellt, dass die Bauausführung nur einheitlich ist, so bestehen Bedenken gegen die im Planverfahren erfolgte Abschnittsbildung nicht. Um dem Grundsatz zu entsprechen, dass kein Planungstorso entsteht, reicht allerdings die sofortige Vollziehbarkeit der benachbarten Planfeststellungsbeschlüsse nicht aus. Es ist vielmehr erforderlich, dass auch die benachbarten Planfeststellungsbeschlüsse bestandskräftig sind. Eine nachträgliche Auflage kann nach § 17 VIc 2 FStrG noch im gerichtlichen Verfahren entsprechend gefasst und auf die Bestandskraft, nicht nur auf die sofortige Vollziehbarkeit der benachbarten Planfeststellungsbeschlüsse erstreckt werden.[201] Die Abschnittsbildung wird von der Rechtsprechung auch dann gebilligt, wenn auf andere Weise sichergestellt werden kann, dass es nicht zu einer willkürlichen Parzellierung kommt und ein Planungstorso nicht entsteht. Diesen Grundsätzen wird entsprochen, wenn der Folgeabschnitt bereits planfestgestellt ist und eine etwa dagegen erhobene Klage nicht zur Aufhebung dieses Planfeststellungsbeschlusses führen wird.[202] Erforderlich ist lediglich, dass die jeweiligen Folgeabschnitte durch eine Klammer verbunden werden, die geeignet ist, eine Verbindung mit dem übrigen Straßennetz herzustellen. Diese Grundsätze gelten auch für den vorherigen Bau etwa von Brücken oder Kreuzungen, die sich erst im Zusammenhang mit Folgeabschnitten zu einem einheitlichen Verkehrskonzept zusammenfügen.

3058 § 17 IV 1 FStrG ordnet eine **materielle Präklusion** verspätet erhobener Einwendungen an. Einwendungen gegen den Plan, die nicht rechtzeitig erhoben wurden, sind nach Ablauf der Einwendungsfrist ausgeschlossen. Hierauf ist in der Bekanntmachung der Auslegung oder der Einwendungsfrist hinzuweisen.[203] Ist in der Bekanntmachung nicht auf den Einwendungsausschluss nach § 17 IV 2 FStrG hingewiesen worden, tritt diese Rechtsfolge nicht ein.[204] Ein derartiger Ausschluss ist im Grundsatz verfassungsrechtlich unbedenklich.[205] Nach dem Erörterungstermin eingehende Stellungnahmen der Behörden müssen bei der Feststellung des Plans nicht berücksichtigt werden. Dies gilt nicht, wenn später von einer Behörde vorgebrachte öffentliche Belange der Planfeststellungs-

---

[199] *BVerwG*, Urt. v. 24. 11. 1989 – 4 C 41.88 – BVerwGE 84, 123 = *Hoppe/Stüer* RzB Rdn. 90 – Hochrheinautobahn A 98.

[200] S. Rdn. 3914.

[201] So auch *BVerwG*, Urt. v. 25. 1. 1996 – 4 C 5.95 – BVerwGE 100, 238 = DVBl. 1996, 677 – Eifelautobahn A 60; Urt. v. 21. 3. 1996 – 4 C 19.94 – DVBl. 1996, 907; Urt. v. 21. 3. 1996 – 4 C 26.94 – BVerwGE 100, 388 = DVBl. 1996, 914 – Autobahnring München-West – Allach; Urt. v. 21. 3. 1996 – 4 C 1.95 – DVBl. 1996, 915 – Autobahnring München A 99; Urt. v. 12. 12. 1996 – 4 C 29.94 – DVBl. 1997, 798 – Nesselwang-Füssen.

[202] So für die Klage eines Naturschutzverbandes, der nach § 17 VIc 2 FStrG lediglich eine ergänzende Anhörung, nicht aber eine Aufhebung des Planfeststellungsbeschlusses erreichen konnte, *BVerwG*, Urt. v. 7. 3. 1997 – 4 C 10.96 – BVerwGE 104, 144 = DVBl. 1997, 838 – A 94 Neuötting.

[203] Zur Erweiterung der Präklusionsregelungen im Zusammenhang mit der Beschleunigung von Planungsverfahren für Verkehrsinfrastrukturvorhaben s. Rdn. 3762.

[204] *BVerwG*, Urt. v. 17. 2. 1997 – 4 A 41.96 – LKV 1997, 328 = NVwZ 1997, 998 – Schönberg A 20.

[205] *BVerfG*, B. v. 8. 7. 1982 – 2 BvR 1187/80 – BVerfGE 61, 82 = *Hoppe/Stüer* RzB Rdn. 1105 – Sasbach.

behörde auch ohne ihr Vorbringen bekannt sind oder hätten bekannt sein müssen (§ 17 IV 3 FStrG).[206] Der Einwendungsausschluss des § 17 IV 1 FStrG erstreckt sich auch auf das gerichtliche Verfahren.[207] Eine Einwendung i. S. des § 17 IV 1 FStrG muss erkennen lassen, in welcher Hinsicht Bedenken gegen die in Aussicht genommene Planfeststellung aus der Sicht des Einwendenden bestehen könnten. Das Vorbringen muss so konkret sein, dass die Planfeststellungsbehörde erkennen kann, in welcher Weise sie bestimmte Belange einer näheren Betrachtung unterziehen soll.[208] Auch sind Einwendungen ausgeschlossen, die der Einwendungsführer in dem Erörterungstermin aufgegeben hat. Das Anhörungsverfahren dient nicht nur der wechselseitigen Unterrichtung, sondern auch der streitbefriedenden Erörterung.[209] Wird in der Erörterung ein Einvernehmen erzielt, ist es nicht zulässig, auf früher erhobene Einwendungen im Klageverfahren nochmals zurückzukommen. Vielmehr ist der Betroffene rechtlich so zu behandeln, als hätte er Einwendungen nicht fristgerecht erhoben. Denn in diesem Falle wäre der Betroffene mit seinem Klagevorbringen im gerichtlichen Verfahren präkludiert.[210]

Mit der Auslegung der Pläne ist nach § 9a FStrG eine **Veränderungssperre** verbunden. Vom Beginn der Auslegung der Pläne im Planfeststellungsverfahren oder von dem Zeitpunkt an, zu dem den Betroffenen Gelegenheit gegeben wird, den Plan einzusehen, dürfen auf den vom Plan betroffenen Flächen bis zu ihrer Übernahme durch den Träger der Straßenbaulast wesentlich wertsteigernde oder den geplanten Straßenbau erheblich erschwerende Veränderungen nicht vorgenommen werden. Zugleich enthält § 9a I 2 FStrG eine Art Bestandsschutz. Veränderungen, die in rechtlich zulässiger Weise vorher begonnen worden sind, Unterhaltungsarbeiten und die Fortführung einer bisher ausgeübten Nutzung werden von der Veränderungssperre nicht berührt. Zudem sind die Landesregierungen nach § 9a III FStrG ermächtigt, für die Dauer von höchstens zwei Jahren Plangebiete festzulegen, um die Planung einer Bundesfernstraße zu sichern. Die Gemeinden und Kreise, deren Bereich durch die festzulegenden Planungsgebiete betroffen wird, sind vorher zu hören. Die Ermächtigung kann weiter übertragen werden. Die Frist kann bei einer besonderen Rechtfertigung auf eine Gesamtzeit von höchstens vier Jahren verlängert werden. Ausnahmen von der Veränderungssperre können zugelassen werden, wenn überwiegende öffentliche Belange nicht entgegenstehen (§ 9a V FStrG) oder das Vorhaben die Durchführung der beabsichtigten Planung nicht beeinträchtigt. Eine Gemeinde kann gegen die Anordnung einer Veränderungssperre durch die Landesregierung Rechtsschutz suchen, wenn sie in ihren gemeindlichen Belangen beeinträchtigt ist.[211]

11. Planfeststellungsbeschluss

Der Planfeststellungsbeschluss wird gem. § 17 V FStrG von der obersten Landesstraßenbaubehörde erlassen.[212] Der Planfeststellungsbeschluss unterliegt den allgemeinen rechtsstaatlichen Anforderungen, die vor allem auch durch das Abwägungsgebot gekennzeichnet sind.

a) Inhalt des Planfeststellungsbeschlusses. Der Planfeststellungsbeschluss erstreckt sich insbesondere auf
— Straßenbestandteile, wie den Straßenkörper, den Luftraum über dem Straßenkörper, das Zubehör,

---

[206] Vgl. auch § 73 IV 3 und 4 VwVfG i. d. F. des GenBeschlG.
[207] *BVerwG*, B. v. 12. 2. 1996 – 4 A 38.95 – DVBl. 1996, 684 = UPR 1996, 236 – Nieder Seifersdorf.
[208] *BVerwG*, B. v. 12. 2. 1996 – 4 A 38.95 – DVBl. 1996, 684 = UPR 1996, 236 – Nieder Seifersdorf.
[209] *BVerwG*, Urt. v. 24. 5. 1995 – 4 A 38.95 – DVBl. 1997, 51.
[210] *BVerwG*, Urt. v. 17. 2. 1997 – 4 A 41.96 – LKV 1997, 328 = NVwZ 1997, 998 – Schönberg A 20.
[211] Zum Verhältnis zwischen dem Normenkontrollverfahren gegen die Rechtsverordnung nach § 9a III FStrG und der Klage gegen den Planfeststellungsbeschluss *BVerwG*, B. v. 17. 10. 1994 – 4 N 1.94 – BVerwGE 97, 45 = DVBl. 1995, 236 = NVwZ 1995, 381.
[212] In NW beispielsweise ist dies gem. § 1 I der Verordnung zum FStrG das Verkehrsministerium.

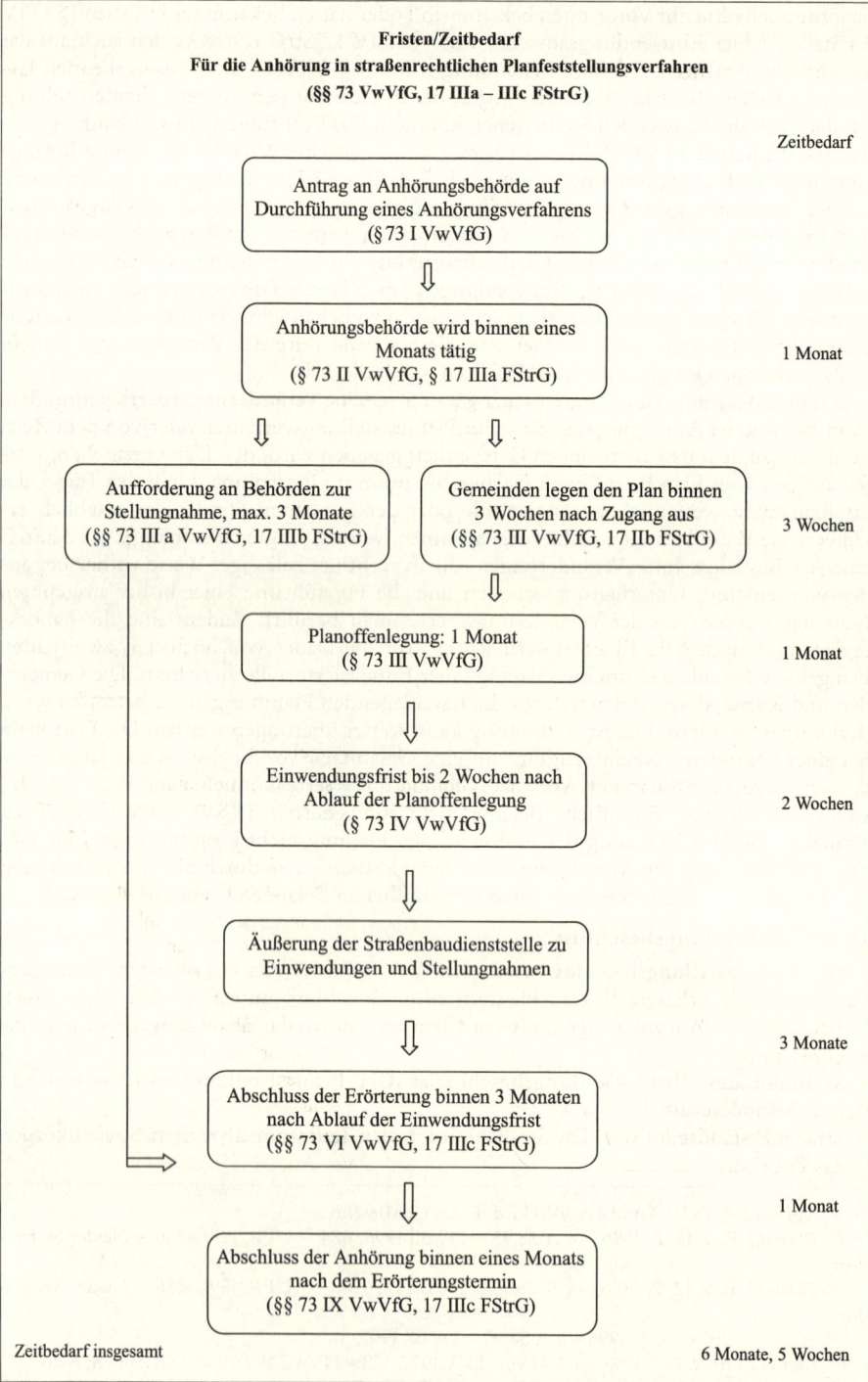

- Nebenanlagen und Nebenbetriebe,
- Flächen, deren vorübergehende Inanspruchnahme zur Durchführung des Straßenbauvorhabens erforderlich ist, z. B. Flächen für die Lagerung von Baumaterial oder Ablagerung von Baustraßen und Umfahrungsstrecken,
- Folgemaßnahmen an anderen Anlagen, die aufgrund des Straßenbauvorhabens notwendig werden (§ 75 I 1 VwVfG). Notwendig sind Folgemaßnahmen, wenn ohne sie nachhaltige Störungen der Funktionsfähigkeit anderer Anlagen zu erwarten sind.
- Ausgleichsmaßnahmen und Ersatzmaßnahmen bzw. Ausgleichsabgaben i. S. von §§ 18 bis 20 BNatSchG i. V. mit den landesrechtlichen Regelungen,
- Auflagen zum Lärmschutz,
- sonstige Vorkehrungen oder die Einrichtung und Unterhaltung von Anlagen, die zum Wohl der Allgemeinheit oder zur Vermeidung nachteiliger Wirkungen auf Rechte anderer erforderlich sind.

In die Planfeststellung kann die Festsetzung der Flächen für die der **Sicherheit und Ordnung dienenden Anlagen** an Bundesfernstraßen, wie für Polizeistationen, Einrichtungen der Unfallhilfe, Hubschrauberlandeplätze und Zollanlagen einbezogen werden, sofern diese Anlagen eine unmittelbare Zufahrt zur Bundesstraße erhalten sollen (§ 17 a FStrG). Mit der zuständigen Behörde bzw. Stelle ist vorher zu klären, dass sie die Kosten übernimmt, die aus der Planfeststellung für die Anlage oder aus ihrer Verwirklichung entstehen.[213]

In die Planfeststellung können ferner in geeigneten Fällen **Flächen für die Entnahme von Kies oder Sand** und für die dauernde Ablagerung von Boden aufgenommen werden. Dabei ist nicht erforderlich, dass diese Flächen in unmittelbarem Zusammenhang mit den Verkehrsflächen stehen.[214]

Schranken der planerischen Gestaltungsfreiheit
im Rahmen von straßenrechtlichen Planfeststellungsverfahren

formelle Schranken
Bindung an Verwaltungsverfahren,
(§§ 70 ff. VwVfG)

materielle Schranken
Bindung an Zwangspunkte und vorbereitende Planung
 vorausgegangene, bestandskräftige Planungsabschnitte
 Raumordnungsverfahren
 Linienbestimmung des Bundesministers für Verkehr
Rechtfertigung nach Maßgabe von Art. 14 GG (objektiv erforderlich, vernünftigerweise geboten)
Planungsleitsätze und Optimierungsgebote
Abwägungsgebot

---

[213] Planfeststellungsrichtlinien FStrG 99, Nr. I 7.
[214] Planfeststellungsrichtlinien FStrG 99, Nr. I 7.

3064 Der **Plan** ist **vor Ausführung** des Straßenbauvorhabens festzustellen (§ 17 I FStrG). Die Straßenbaubehörde hat die Durchführung des Planfeststellungsverfahrens rechtzeitig zu beantragen. Erweist sich nach Beginn einer Baumaßnahme, dass ein Planfeststellungsverfahren notwendig ist, so ist das Verfahren unverzüglich nachzuholen. Das gilt insbesondere dann, wenn zunächst von einem Fall unwesentlicher Bedeutung ausgegangen worden ist.[215]

3065 b) **Weitere Entscheidungen.** Im Planfeststellungsbeschluss kann die Änderung einer **Sondernutzung** geregelt oder eine Sondernutzungserlaubnis widerrufen werden. Unter dem Vorbehalt der Planausführung kann eine Sondernutzungserlaubnis nach § 8 I FStrG verbindlich in Aussicht gestellt werden, wenn aufgrund des Plans Anlagen notwendig werden, für die eine Sondernutzungserlaubnis erforderlich ist. Die Änderung oder Beseitigung vorhandener Zufahrten oder Zugänge kann unter Berücksichtigung des § 8a FStrG in der Planfeststellung geregelt werden. Das Gleiche gilt, wenn bei Straßenbauvorhaben neue Zufahrten oder Ersatzwege (z. B. Wirtschaftswege oder Anliegerwege) angelegt werden müssen, um die Benutzung der Anliegergrundstücke zu sichern oder Zufahrten zu ersetzen. Soweit über Einzelheiten der Anlage im Planfeststellungsbeschluss noch nicht entschieden werden kann, erteilt darüber die für die Sondernutzungserlaubnis zuständige Behörde einen Bescheid. Sie ist bei der Entscheidung an den Planfeststellungsbeschluss gebunden. Sofern es sich nicht um widerruflich erlaubte Zufahrten handelt, ist hinsichtlich einer Entschädigungsregelung § 8a IV 1 FStrG zu beachten.[216] Zufahrten, die an der freien Strecke der Bundesstraßen im Beitrittsgebiet bereits vorhanden waren, genießen auch ohne eine Sondernutzungserlaubnis Bestandsschutz, solange sie nicht i. S. v. § 8a I FStrG geändert werden. Eine endgültige Betriebseinstellung ist nicht geeignet, den Bestandsschutz für eine vorhandene Zufahrt zu beenden, wenn der Verkehr nur kurzzeitig eingestellt wird und ohne quantitative oder qualitative Veränderung des Verkehrsgeschehens eine Anschlussnutzung nachfolgt (§ 8a I 2 FStrG).[217]

3066 Ist die dauernde Beschränkung des **Gemeingebrauchs** vorgesehen und wird deshalb die Herstellung von Ersatzwegen notwendig, so hat der nach Landesrecht für den Ersatzweg zuständige Träger der Wegebaulast gegen den Träger der Straßenbaulast für die Bundesfernstraße einen Anspruch auf Erstattung der Herstellungskosten des Ersatzweges, sofern Letzterer nicht die Herstellung auf Antrag selbst übernimmt (§ 7 IIa FStrG). Über den Anspruch wird in der Planfeststellung entschieden.

3067 Werden **Kreuzungen von Bundesfernstraßen** mit anderen Verkehrswegen oder Alagen (z. B. Straßen, Bundeswasserstraßen, Schifffahrtskanäle) neu hergestellt oder geändert oder wird durch das Straßenbauvorhaben in sonstiger Weise in den Bestand von Verkehrswegen oder Anlagen eingegriffen, werden die Vereinbarungen über deren Bau, Änderung oder Unterhaltung in den Planfeststellungsbeschluss nachrichtlich aufgenommen. Liegen derartige Vereinbarungen nicht vor, so wird über die Rechtsbeziehungen der Beteiligten einschließlich der Verteilung der Kosten in der Planfeststellung entschieden.[218] Muss eine Bundesfernstraße infolge der Landbeschaffung für militärische Zwecke verlegt, ersetzt oder sonst geändert werden, so wird in der Planfeststellung auch über die Kostentragung für dieses Bauvorhaben nach § 5 des Landbeschaffungsgesetzes entschieden.

3068 c) **Straßenverkehrsrecht.** Im Planfeststellungsverfahren werden auch die Zuständigkeitsgrenzen zwischen Straßenbau- und Straßenverkehrsbehörden überbrückt (§ 75 I VwVfG). Im Wege der Planfeststellung kann auch über die Anordnung der zur Ausstattung der straßennotwendigen Verkehrszeichen und Verkehrseinrichtungen zu entscheiden sein. Das gilt insbesondere dann, wenn das Straßenbauvorhaben nur zusammen mit einer

---

[215] Planfeststellungsrichtlinien FStrG 99, Nr. I 8.
[216] Planfeststellungsrichtlinien FStrG, Nr. 26.
[217] *BVerwG*, Urt. v. 27. 11. 2002 – 9 A 3.02 – DVBl. 2003, 541 = UPR 2003, 186 – Ersatzzufahrt, dort auch zu den Anforderungen an einen „angemessenen Ersatz" bei einer Änderung oder Einziehung einer Straße (§ 8a IV 1 FStrG).
[218] Planfeststellungsrichtlinien FStrG, Nr. 26.

entsprechenden Beschilderung oder einer Lichtsignalanlage ihrer baulichen Bestimmung gemäß sicher benutzt werden kann.[219]

d) Im Planfeststellungsbeschluss nicht zu treffende Entscheidungen. Die **Widmung**, Umwidmung oder Einziehung einer Bundesfernstraße kann – vorbehaltlich einer anderen gesetzlichen Regelung – im Planfeststellungsbeschluss nicht ausgesprochen werden. Unberührt hiervon bleiben die Fälle nach § 2 VIa FStrG und die Möglichkeit, Vereinbarungen zwischen den Baulastträgern über die beabsichtigte Umstufung von Straßen, sofern die oberste Landesstraßenbaubehörde der Vereinbarung zugestimmt hat (§ 2 VI FStrG), in den Planfeststellungsbeschluss aufzunehmen. **Kostenentscheidungen** nach dem *EKrG* ergehen durch besondere Anordnung nach § 10 EKrG. Die Einleitung eines **Flurbereinigungsverfahrens** kann durch Planfeststellungsbeschluss nicht angeordnet werden. Vielmehr bedarf es dazu einer besonderen Entscheidung im Flurbereinigungsverfahren, auch wenn eine Unternehmensflurbereinigung beabsichtigt ist. Die Mitbenutzung von Straßen für **Leitungen** der öffentlichen Versorgung und Entsorgung richtet sich nach bürgerlichem Recht, wenn die Voraussetzungen nach § 8 X FStrG vorliegen. Das Gleiche gilt für andere im öffentlichen Interesse verlegte Leitungen. Im Planfeststellungsbeschluss, insbesondere im Bauwerksverzeichnis, sind bezüglich der vorgenannten Leitungen keine Kostenregelungen zu treffen. Es können lediglich Hinweise auf außerhalb des Verfahrens abgeschlossene oder noch abzuschließende Vereinbarungen sowie auf gesetzliche Kostenregelungen gegeben werden. In der Planfeststellung ist jedoch darüber zu entscheiden, ob und wie Leitungen geändert oder beseitigt werden. Die Errichtung und Unterhaltung von **Wildschutzzäunen** kann dem Träger der Straßenbaulast im Planfeststellungsbeschluss auferlegt werden, wenn die Errichtung nach der objektiven Gefahrenlage und im Hinblick auf den vorhandenen Wildbestand sich als notwendig erweist (§ 74 II 2 VwVfG).[220]

e) Rechtsschutz. Gegen den Planfeststellungsbeschluss kann ohne Vorverfahren unmittelbar **Klage** zum *OVG* erhoben werden. Gegen **Verkehrsprojekte Deutsche Einheit** ist nach § 5 VerkPlBG eine Klage unmittelbar zum *BVerwG* statthaft.[221] Dies gilt für Straßenbauprojekte innerhalb der neuen Länder oder Vorhaben, die eine Verkehrsverbindung zwischen den alten und den neuen Bundesländern herstellen sollen (§ 1 VerkPlBG). Fehlerhafte Planfeststellungsbeschlüsse können nach § 17 VI c FStrG geheilt werden. Nach § 17 VI c 1 FStrG sind Mängel bei der Abwägung nur erheblich, wenn sie offensichtlich und auf das Abwägungsverfahren von Einfluss gewesen sind. Diese Regelung bezieht sich auf die wörtlich übereinstimmende Vorschrift des § 214 III 2 BauGB im Bauplanungsrecht. Infolge der Ähnlichkeit dieser Vorschriften und der ausdrücklichen Bezugnahme der Gesetzesmaterialien auf § 214 III 2 BauGB kann die zu dieser Vorschrift ergangene Rechtsprechung zur Auslegung des § 17 VI c 1 FStrG herangezogen werden.[222] Danach sind Mängel im Abwägungsvorgang nur offensichtlich, wenn sie objektiv durch Protokolle, Akten oder sonstige Unterlagen beweisbar sind und nicht etwa die innere Willensentscheidung der Entscheidungsträger betreffen.[223] Es müssen konkrete Umstände positiv auf den Mangel hindeuten. Für einen offensichtlichen Mangel reicht es daher nicht aus, dass die Begründung lückenhaft ist und die abwägungserheblichen Umstände nicht erwähnt werden.[224] Der von § 214 III 2 BauGB geforderte Einfluss des Fehlers im

---

[219] Z. B. bei Kreuzungen und Einmündungen in das über- oder untergeordnete Straßennetz, vgl. hierzu auch § 1 IV Nr. 3, §§ 3 und 4 FStrG; *BVerwG*, B. v. 7. 7. 2000 – 4 B 94.99 –.
[220] Planfeststellungsrichtlinien FStrG 99, Nr. 27.
[221] Zur Erweiterung der erstinstanzlichen Zuständigkeit des *BVerwG* für Verkehrsinfrastrukturvorhaben s. Rdn. 3762.
[222] Noch unentschieden *BVerwG*, Urt. v. 31. 3. 1995 – 4 A 1.93 – UPR 1995, 308; zustimmend B. v. 16. 8. 1995 – 4 B 92.95 – Buchholz 407.4, § 17 FStrG, Nr. 104; *Kodal/Krämer*, Straßenrecht, Kap. 35, Rdn. 32; kritisch *Bülow/Pfeil* LKV 1994, 33.
[223] *BVerwG*, Urt. v. 21. 8. 1981 – 4 C 57.80 – BVerwGE 64, 31 = DVBl. 1982, 354 = BauR 1981. 535.
[224] *BVerwG*, B. v. 20. 1. 1992 – 4 B 71.90 – Buchholz 406.11, § 214 BauGB, Nr. 5; B. v. 29. 1.

Abwägungsvorgang auf das Abwägungsergebnis ist demgemäß nach Ansicht des BVerwG[225] zumindest dann anzunehmen, wenn bei Vermeidung des Fehlers im Abwägungsvorgang eine andere Entscheidung in der Sache hätte erreicht werden können.[226]

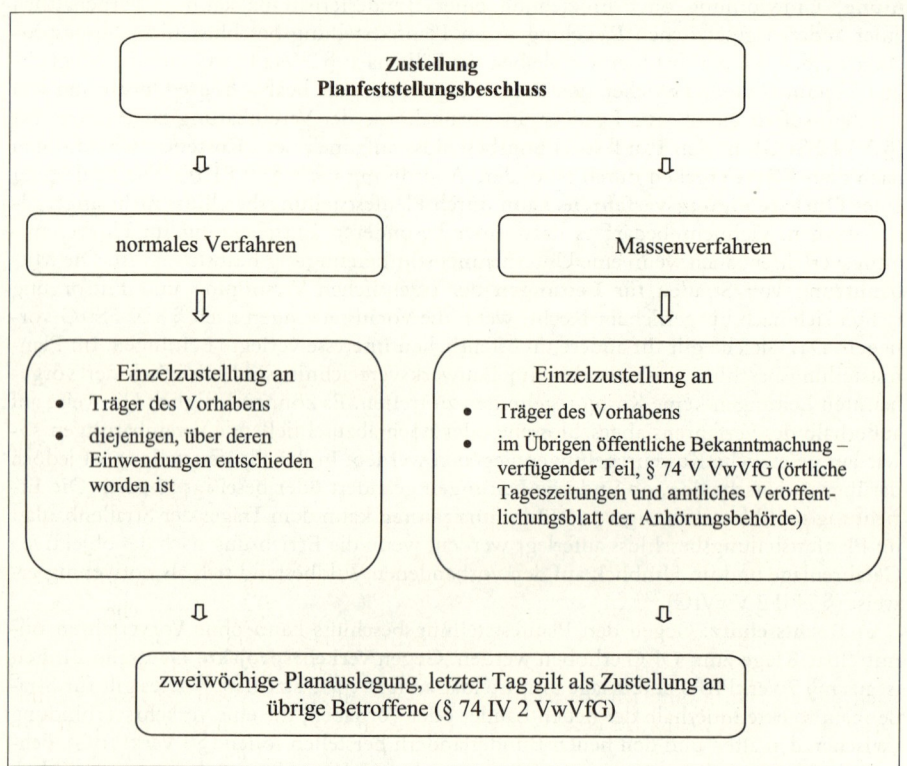

3071 Erhebliche **Mängel bei der Abwägung** sowie die **Verletzung von Verfahrens- und Formvorschriften** führen nicht mehr zwangsläufig zur Aufhebung des Planfeststellungsbeschlusses oder der Plangenehmigung.[227] Um zu vermeiden, dass nach eventuell jahrelang dauernden Verwaltungsgerichtsprozessen aufgrund festgestellter Abwägungsmängel oder aufgrund von Verfahrens- beziehungsweise Formfehlern erneut Planungsverfahren eingeleitet werden müssten, hat der Gesetzgeber in § 17 VI c 2 FStrG die Möglichkeit geschaffen, im Wege der „Planergänzung" oder in einem „ergänzenden Verfahren" eine Heilung dieser Mängel herbeizuführen.[228] Eine solche nachträgliche Heilung des Planfeststellungsbeschlusses ist jedoch nur möglich, wenn die planerische Grundkonzeption und damit der Kernbereich der Abwägung der betroffenen Belange nicht be-

---

1992 – 4 NB 22.90 – DVBl. 1992, 577 = BauR 1992, 342; B. v. 20. 1. 1995 – 4 NB 43.93 – Buchholz 406.11, § 9 BauGB, Nr. 76.
[225] BVerwG, Urt. v. 21. 8. 1981 – 4 C 57.80 – BVerwGE 64, 31 = DVBl. 1982, 354 = BauR 1981. 535; B. v. 20. 1. 1992 – 4 B 71.90 – DVBl. 1992, 577 = BauR 1992, 344; B. v. 29. 1. 1992 – 4 NB 22.90 – DVBl. 1992, 577 = BauR 1992, 342; B. v. 23. 12. 1993 – 4 B 212.92 – Buchholz 406.11 § 30 BauGB Nr. 35.
[226] Hönig in: Stüer (Hrsg.) Verfahrensbeschleunigung, S. 162.
[227] BVerwG, B. v. 23. 2. 1994 – 4 B 35.94 – NVwZ 1994, 688; B. v. 9. 3. 1993 – 4 B 190.92 – NuR 1994, 188.
[228] BVerwG, Urt. v. 21. 3. 1996 – 4 C 19.94 – BVerwGE 100, 370 = DVBl. 1996, 907 = UPR 1996, 339; VGH München, B. v. 4. 2. 1994 – 8 AS 94.40007/8 und AS 94/40 008 – NVwZ 1994, 706 = BayVBl. 1994, 436; Krumsiek/Frentzen DÖV 1995, 1013; Hönig in: Stüer (Hrsg.) Verfahrensbeschleunigung, S. 162.

einträchtigt wird.²²⁹ Die Regelungen über die Heilungsmöglichkeiten steht im Einklang mit der Rechtsschutzgarantie in Art. 19 IV GG, da die materiellen Rechte der Betroffenen ausreichend gewahrt werden.²³⁰

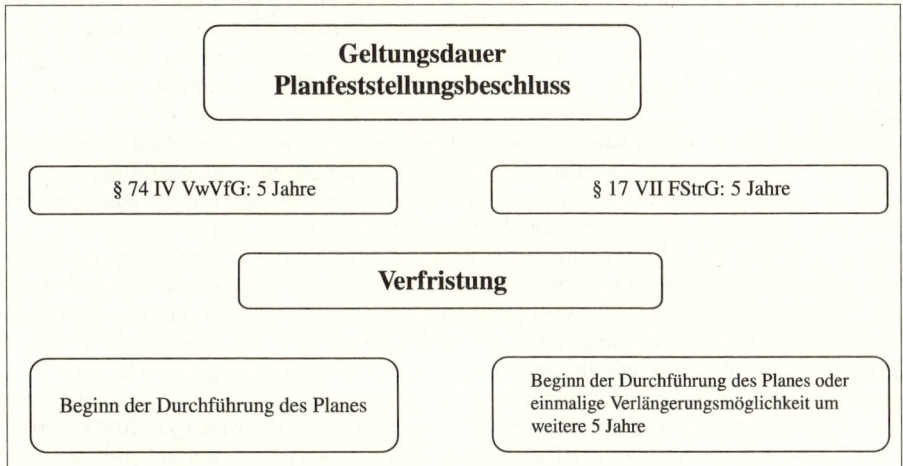

12. Plangenehmigung

An die Stelle eines Planfeststellungsbeschlusses kann nach § 17 Ia FStrG bei nicht UVP-pflichtigen Vorhaben eine Plangenehmigung treten, wenn **Rechte anderer nicht** oder **nicht wesentlich** beeinträchtigt werden und mit den Trägern öffentlicher Belange das Benehmen hergestellt ist.²³¹ Dieses Rechtsinstrument ist für kleinere Baumaßnahmen mit geringem Betroffenheitsgrad konzipiert. Die spezialgesetzliche Plangenehmigung nach § 17 I a FStrG unterscheidet sich in verschiedenen Punkten von der Plangenehmigung in § 74 VI VwVfG. Im VwVfG wird neben dem notwendigen Benehmen mit Trägern öffentlicher Belange vorausgesetzt, dass Rechte anderer *nicht* beeinträchtigt werden oder die Betroffenen sich mit der Inanspruchnahme ihres Eigentums oder eines anderen Rechts schriftlich einverstanden erklärt haben. Im Gegensatz dazu ist nach § 17 I a FStrG über das Benehmen mit Trägern öffentlicher Belange hinaus bei nicht wesentlichen Rechtsbeeinträchtigungen das Einverständnis keine zwingende Voraussetzung.

3072

Der Begriff „Benehmen" ist zu unterscheiden von „Einvernehmen". Die Herstellung des Benehmens erfordert eine Kontaktaufnahme mit dem Ziel der Einigung, setzt aber nicht voraus, dass tatsächlich eine Einigung erzielt wird. Die Behörden haben einen beratenden, nicht aber bestimmenden Einfluss. Das Benehmen ist bereits dann hergestellt, wenn sich die Plangenehmigungsbehörde bemüht, Einwendungen und Stellungnahmen von anderen Trägern öffentlicher Belange zu berücksichtigen.

3073

Auch eine nur geringfügige Grundstücksinanspruchnahme kann „nicht wesentlich" sein, wenn nur vergleichsweise geringe Flächen betroffen sind.²³² Dann ist ggf. auch eine

3074

---

²²⁹ *BVerwG*, Urt. v. 22. 3. 1985 – 4 C 63.80 – BVerwGE 71, 150 = NJW 1986, 80; Urt. v. 3. 12. 1992 – 4 C 53.89 – DVBl. 1993, 435; B. v. 12. 11. 1992 – 7 ER 300.92 – DÖV 1993, 432; *Sendler* in: Aktuelle Fragen der Planfeststellung, S. 9; *Stüer* in: 34. Deutscher Verkehrsgerichtstag, S. 289, bei völlig anderer Trassenführung.

²³⁰ *BVerwG*, Urt. v. 21. 8. 1981 – 4 C 63.80 – BVerwGE 64, 33 = NJW 1982, 591; *Schmitz/Wessendorf* NVwZ 1996, 955.

²³¹ Zur Beschleunigung von Planungsverfahren für Verkehrsinfrastrukturvorhaben durch verstärkte Nutzung der Plangenehmigung s. Rdn. 3762.

²³² *BVerwG*, Urt. v. 15. 12. 1995 – 4 A 19.95 – Buchholz 407.4 § 17 FStrG Nr. 106. Die Inanspruchnahme eines Teilstücks von 26 qm einer insgesamt 409 qm großen Grundstücksfläche stellt bei objektiver Betrachtung keine wesentliche Rechtsbeeinträchtigung im Sinne von § 17 I a FStrG dar.

Enteignung zulässig. Denn die fernstraßengesetzliche Plangenehmigung hat die Rechtswirkungen der Planfeststellung. Im Hinblick auf die bei der Plangenehmigung gleichen Rechtswirkungen wie bei der Planfeststellung gibt es eine Ausnahme: Wenn mit der Durchführung des Plans nicht innerhalb von fünf Jahren nach Eintritt der Unanfechtbarkeit begonnen wird, so tritt er gemäß § 75 IV VwVfG außer Kraft; eine Verlängerungsmöglichkeit um weitere 5 Jahre, wie sie bei Planfeststellungsbeschlüssen möglich ist (§ 17 VII FStrG), ist in § 17 Ia FStrG durch den ausdrücklichen Hinweis auf das VwVfG ausgeschlossen.

3075 Inhaltlich unterscheidet sich die Plangenehmigung nicht von einem Planfeststellungsbeschluss. Es handelt sich um einen Verwaltungsakt mit Konzentrationswirkung, dem die Zulassungsfunktion eines bestimmten Straßenbauvorhabens zukommt und der mit Nebenbestimmungen (Bedingungen, Auflagen) erlassen werden kann.

3076 Im Übrigen ist die Plangenehmigung nicht an ein förmliches Verwaltungsverfahren wie die Planfeststellung gebunden. Die Anhörung kann auf geeignete Weise geschehen. Es sind Zeitgewinne möglich, wenngleich auch bei der Planfeststellung nach § 73 III 2 VwVfG auf eine Planauslegung verzichtet werden kann, wenn der Kreis der Betroffenen bekannt ist und ihnen innerhalb angemessener Frist Gelegenheit gegeben wird, den Plan einzusehen. Darüber hinaus kann auch in der Planfeststellung bei der Änderung einer Bundesfernstraße von einer förmlichen Erörterung abgesehen werden (§ 17 IIIc 3 FStrG). Schwierigkeiten können bei der Beurteilung der Frage auftreten, wer als „Betroffener" angesehen und dementsprechend im Rahmen einer Plangenehmigung zu beteiligen ist. Abgrenzungsprobleme können vor allem bei Lärmauswirkungen, die im Bereich oder der Nähe der einschlägigen Immissionsgrenzwerte liegen, entstehen. Klarstellend ist in diesem Zusammenhang in Nr. 5 II der Planfeststellungsrichtlinien des Bundesministers für Verkehr, Bau und Wohnungswesen geregelt, dass der Kreis der in Rechten Betroffenen klar erkennbar und abgrenzbar sein muss und Lärmauswirkungen unterhalb der Grenzwerte der 16. BImSchV keine Rechtsbeeinträchtigungen auslösen, wobei die in der Planung bereits enthaltenen aktiven Lärmschutzmaßnahmen zu berücksichtigen sind.

Beispiel für eine Plangenehmigung: Verbesserung der Straßenlinienführung und Herstellung von Versickerungsflächen für Straßenoberflächenwasser im Außenbereich. Im technischen Sinne handelt es sich um einen punktuellen Straßenneubau. Es gibt einige Grundstücksbetroffenheiten; ein Eigentümer (Inanspruchnahme: 250 qm landwirtschaftlicher Nutzfläche) ist nicht einverstanden. Der Aufgabenbereich anderer Träger öffentlicher Belange wird teilweise tangiert (Wasserwirtschaft, Landespflege) – hier ist jedoch lediglich das Benehmen erforderlich.

3077 In **Fällen von unwesentlicher Bedeutung** kann auf eine Planfeststellung oder eine Plangenehmigung verzichtet werden.[233] § 17 II FStrG unterscheidet sich nicht von § 74 VII VwVfG, so dass auf den Teil A (Grundlagen) verwiesen wird. Fälle von unwesentlicher Bedeutung liegen nur dann vor, wenn keine UVP-Pflicht besteht, keine anderen öffentlichen Belange berührt sind oder die erforderlichen behördlichen Entscheidungen vorliegen und sie dem Plan nicht entgegenstehen **und** Rechte anderer nicht beeinflusst werden oder mit den vom Plan Betroffenen entsprechende Vereinbarungen getroffen werden (§ 17 II FStrG). Dass weder andere öffentliche noch private Belange berührt werden, kommt in der Praxis kaum vor; von größerer Bedeutung sind die jeweiligen alternativ im Gesetz aufgeführten Möglichkeiten. Im Ergebnis muss volles Einvernehmen mit allen Trägern öffentlicher Belange und Privatpersonen erzielt werden. Vor diesem Hintergrund reduziert sich der Anwendungsbereich in aller Regel auf punktuelle kleinere Straßenbaumaßnahmen mit einem kleinen Betroffenenkreis. Ebenso wie bei der Plangenehmigung kann die Ermittlung des Betroffenenkreises auch hier im Einzelfall Schwierigkeiten verursachen. Zustimmen müssen jedoch nur diejenigen, deren Rechte tangiert sind, nicht dagegen diejenigen, die lediglich in ihren Belangen berührt werden.

---

[233] Zur Beschleunigung von Planungsverfahren für Verkehrsinfrastrukturvorhaben durch verstärkte Nutzung der Plangenehmigung s. Rdn. 3762.

Vergleich zwischen der Plangenehmigung nach § 17 I a FStrG und nach § 74 VI VwVfG

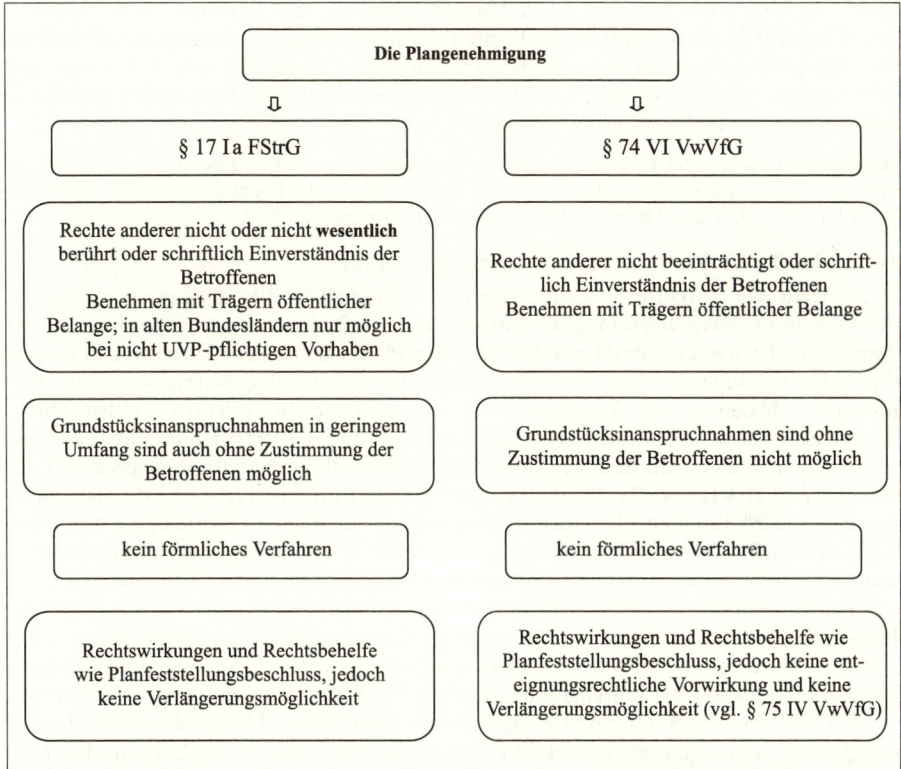

Die Entscheidung über die Entbehrlichkeit der Planfeststellung hat keine Konzentrationswirkung. Dementsprechend sind die nach anderen Gesetzen erforderlichen Erlaubnisse, Genehmigungen und sonstigen Zulassungen einzeln einzuholen. Nur die Planfeststellung und die Plangenehmigung sind mit einer Konzentrationswirkung ausgestattet (§ 75 I VwVfG). In Fällen von unwesentlicher Bedeutung ergeht also kein Genehmigungsbescheid. Es wird vielmehr nur aktenkundig festgehalten, dass kein Genehmigungsbescheid erforderlich ist. 3078

13. Enteignung

Der fernstraßenrechtliche Planfeststellungsbeschluss bildet die Grundlage für die **Enteignung**. Nach § 19 I 1 FStrG haben die Träger der Straßenbaulast der Bundesstraßen zur Erfüllung ihrer Aufgaben das Enteignungsrecht. Die Enteignung ist nach § 19 I 2 FStrG zulässig, soweit sie zur Ausführung eines nach § 17 FStrG festgestellten oder genehmigten Bauvorhabens notwendig ist. Einer weiteren Feststellung der Zulässigkeit der Enteignung bedarf es nach dem Gesetz nicht (§ 19 I 3 FStrG). Der festgestellte oder genehmigte Plan ist dem Enteignungsverfahren zugrunde zu legen und für die Enteignungsbehörde bindend (§ 19 II FStrG). Enteignungsrechtliche Vorwirkungen kommt einem fernstraßenrechtlichen Planfeststellungsbeschluss allerdings nur dann zu, wenn die benötigten Flächen eindeutig in dem Planfeststellungsbeschluss bezeichnet worden sind.[234] Die 3079

---

[234] *BVerwG*, B. v. 12. 1. 1994 – 4 B 163.93 – Buchholz 407.4 § 19 FStrG Nr. 6 – Pfullingen; zur dinglichen Belastung *BGH*, Urt. v. 1. 2. 1982 – III ZR 93/80 – NJW 1982, 2179; Urt. v. 15. 10. 1992 – III ZR 147/91 – NJW 1993, 457.

Nichtaufnahme einer Grundstücksinanspruchnahme in das zu den Bestandteilen eines fernstraßenrechtlichen Planfeststellungsbeschlusses gehörende Grunderwerbsverzeichnis führt allerdings nicht notwendig zur Unvollständigkeit bzw. fehlenden Vollziehbarkeit und damit zur Rechtswidrigkeit des Planfeststellungsbeschlusses, wenn Art und Ausmaß der Inanspruchnahme aus weiteren Bestandteilen des Beschlusses, wie z. B. Lage- und Höhenplänen, ersichtlich sind.[235] Die Enteignung ist nach dem Grundsatz der Verhältnismäßigkeit auf den erforderlichen Umfang zu begrenzen.

Beispiel: Wird wegen der Tunnelführung einer Straße eine private Grundstücksfläche dauerhaft nur unterirdisch in Anspruch genommen, reicht zur Verwirklichung des Enteignungszwecks regelmäßig die Belastung des privaten Grundstücks mit einer Dienstbarkeit aus.[236]

14. Außer-Kraft-Treten und Verlängerung des Plans

3080　Wird mit der Durchführung des Plans nicht innerhalb von fünf Jahren nach Eintritt der Unanfechtbarkeit begonnen, so tritt er außer Kraft, es sei denn, er wird vorher auf Antrag des Trägers der Straßenbaulast von der Planfeststellungsbehörde um höchstens fünf Jahre verlängert.[237] Vor der Entscheidung ist eine auf den Antrag begrenzte **Anhörung** nach dem für die Planfeststellung vorgeschriebenen Verfahren durchzuführen. Für die Zustellung und Auslegung sowie die Anfechtung der Entscheidung über die Verlängerung sind die Bestimmungen über den Planfeststellungsbeschluss entsprechend anzuwenden (**§ 17 VII FStrG**). Als Beginn der Durchführung des Plans ist jede nach außen hin erkennbare Tätigkeit zu seiner Verwirklichung anzusehen (planmäßiger Grunderwerb, Abbruch von Gebäuden, Verlegung von Versorgungsleitungen, nicht dagegen verwaltungsinterne Bauentwurfsplanung oder Einstellung in die Finanzplanung).

3081　**Unanfechtbarkeit** ist dann gegeben, wenn der Planfeststellungsbeschluss oder die Plangenehmigung innerhalb der Rechtsbehelfsfrist nicht angefochten worden ist oder wenn im Falle der Anfechtung des Planfeststellungsbeschlusses oder der Plangenehmigung eine rechtskräftige Entscheidung vorliegt. Die Planfeststellungsbehörde unterrichtet den Vorhabenträger über den Zeitpunkt des Eintritts der Unanfechtbarkeit. Ist mit dem Vorhaben nicht innerhalb von fünf Jahren begonnen, so kann die Geltungsdauer des Planfeststellungsbeschlusses um bis auf weitere fünf Jahre verlängert werden. Der Antrag ist von dem Vorhabenträger rechtzeitig zu stellen. Der materielle Inhalt des bestandskräftigen Planfeststellungsbeschlusses ist dabei nicht zu prüfen. Die Entscheidung über die Verlängerung ist vor Ablauf der Fünfjahresfrist entsprechend § 17 VI FStrG, § 74 IV und V VwVfG mit Rechtsbehelfsbelehrung bekannt zu geben. Die im Verlängerungsbeschluss festzusetzende Frist der weiteren Geltungsdauer beginnt mit der Unanfechtbarkeit des Verlängerungsbeschlusses. Bei Plangenehmigungen ist eine Verlängerung ausgeschlossen (§ 17 Ia 4, VII FStrG i. V. mit § 75 IV VwVfG).[238]

15. Rechtsschutz

3082　Gegen den fernstraßenrechtlichen Planfeststellungsbeschluss kann der davon Betroffene unmittelbar **Anfechtungsklage** erheben. Dabei ist zwischen dem unmittelbar in Anspruch genommenen Eigentümer und dem Nachbarn zu unterscheiden.

3083　Die Anfechtungsklage gegen einen Planfeststellungsbeschluss oder die Plangenehmigung für den Bau oder die Änderung von Bundesfernstraßen, für die nach dem Fernstraßenausbaugesetz ein vordringlicher Bedarf festgestellt worden ist, hatte bereits nach **§ 17 VIa 1 FStrG keine aufschiebende Wirkung.** Eine gleich lautende Regelung für die neuen

---

[235] BVerwG, B. v. 12. 1. 1994 – 4 B 163.93 – Buchholz 407.4 § 19 FStrG Nr. 6 – Pfullingen.
[236] BVerwG, Urt. v. 28. 2. 1996 – 4 A 28.95 – NJW 1996, 2113 = UPR 1996, 359 – Straßentunnel; vgl. auch Berkemann in: *Schlichter/Stich*, Rdn. 7, 42 zu § 92 BauGB.
[237] Zur Neuregelung der Geltungsdauer eines Planfeststellungsbeschlusses im Zusammenhang mit der Beschleunigung von Planungsverfahren für Verkehrsinfrastrukturvorhaben s. Rdn. 3762.
[238] Planfeststellungsrichtlinien FStrG 99, Nr. 32.

Länder enthält Nr. 7 des RechtsmittelBG i.d.F. des 6.VwGO-ÄndG.[239] Danach haben Widerspruch und Anfechtungsklage eines Dritten gegen Planfeststellungsbeschlüsse oder Plangenehmigungen für den Bau oder die Änderung von Bundesfernstraßen, soweit das Vorhaben nicht bereits unter § 1 VerkPlBG fällt, keine aufschiebende Wirkung.[240] Mit der Verwirklichung des Vorhabens kann daher auch bei Vorliegen eines Widerspruchs oder einer Anfechtungsklage eines Dritten begonnen werden. Die Anordnung des Sofortvollzuges nach § 80 II 1 Nr. 4 VwGO ist dazu nicht erforderlich. Der betroffene Dritte kann allerdings bei Gericht einen Antrag auf Anordnung der aufschiebenden Wirkung des Rechtsbehelfs stellen (§§ 80, 80a VwGO). Der Antrag auf Anordnung der aufschiebenden Wirkung der Anfechtungsklage gegen einen Planfeststellungsbeschluss oder eine Plangenehmigung kann nur **innerhalb eines Monats** nach der Zustellung des Planfeststellungsbeschlusses oder der Plangenehmigung gestellt und begründet werden. Gegen die Anordnung der sofortigen Vollziehung kann in den Fällen des § 17 VIa 3 FStrG der Eilantrag auf Aussetzung der sofortigen Vollziehung nur innerhalb eines Monats nach Zustellung der Entscheidung über die Anordnung der sofortigen Vollziehung gestellt und begründet werden. Darauf ist in der Anordnung der sofortigen Vollziehung hinzuweisen. Treten später Tatsachen ein, die einen Eilantrag begründen, so kann dieser ebenfalls nur innerhalb eines Monats nach Bekanntwerden der neuen Tatsachen gestellt werden (§ 17 VIa 6, 7 FStrG). § 17 VIa FStrG ist allerdings auf im Zeitpunkt seines In-Kraft-Tretens anhängige Verfahren weder unmittelbar anzuwenden, noch lässt sich ihm ein mittelbar für bereits anhängige Verfahren geltender Rechtsgrundsatz entnehmen, für im Fernstraßenausbaugesetz als vordringlicher Bedarf festgestellte Vorhaben könne das Interesse des Planbetroffenen, dass vor einer Entscheidung in der Hauptsache keine ihn belastenden vollendeten Tatsachen geschaffen werden, überhaupt nicht mehr geltend gemacht werden.[241]

3084 Anfechtungsklagen gegen Planfeststellungsbeschlüsse oder Plangenehmigungen für Bauvorhaben, für die im FStrAbG kein vordringlicher Bedarf festgestellt worden ist, haben **aufschiebende Wirkung**. Darunter fallen Maßnahmen, die der Aufnahme in den Bedarfsplan nicht bedürfen, wie z. B. einzelne Verbesserungsmaßnahmen gem. § 3 FStrAbG, sowie einzelne Maßnahmen, für die ein unvorhergesehener Verkehrsbedarf i.S. von § 6 FStrAbG besteht. In diesen Fällen sind Planfeststellungsbeschlüsse und Plangenehmigungen nicht kraft Gesetzes, sondern erst dann vollziehbar, wenn die sofortige Vollziehung angeordnet worden ist.[242] Die Straßenbaubehörde kann die Anordnung der sofortigen Vollziehung eines noch nicht unanfechtbaren Planfeststellungsbeschlusses oder einer noch nicht unanfechtbaren Plangenehmigung beantragen, wenn ein besonderes öffentliches Interesse an dem sofortigen Beginn der Baumaßnahme besteht und der Eintritt der Unanfechtbarkeit nicht abgewartet werden kann. Eine besondere Eilbedürftigkeit kann etwa dann bestehen, wenn das Straßenbauvorhaben dazu dient, Gefährdungen der Verkehrssicherheit oder Umweltbeeinträchtigungen in Ortslagen zu beseitigen oder der Baubeginn nicht ohne schwerwiegende Folgen hinausgeschoben werden kann. In dem Antrag auf Anordnung des Sofortvollzuges sind die Gründe für die Notwendigkeit eines sofortigen Baubeginns darzustellen.[243]

3085 Liegt ein **Antrag auf Anordnung der sofortigen Vollziehung** vor, prüft die Planfeststellungsbehörde, ob die sofortige Vollziehung des Planfeststellungsbeschlusses oder der Plangenehmigung oder von Teilen der Entscheidung angeordnet werden kann (§ 80 II Nr. 4 VwVfG). Die Anordnung ist geboten, wenn die Abwägung der widerstreitenden Interessen ergibt, dass das Besondere öffentliche Interesse an der sofortigen Durchfüh-

---

[239] Sechstes Gesetz zur Änderung der VwGO und anderer Gesetze (6.VwGOÄndG).
[240] Zum weiteren Wegfall der aufschiebenden Wirkung im Zusammenhang mit der Beschleunigung von Planungsverfahren für Verkehrsinfrastrukturvorhaben s. Rdn. 3762.
[241] *BVerwG*, B. v. 21. 7. 1994 – 4 VR 1.94 – BVerwGE 96, 239 = DVBl. 1994, 1197 = BayVBl. 1994, 727 = UPR 1994, 453 – B 16.
[242] Planfeststellungsrichtlinien FStrG 99, Nr. 37.
[243] Planfeststellungsrichtlinien FStrG 99, Nr. 37.

rung des Straßenbauvorhabens gegenüber den Interessen der Betroffenen am Fortbestand der unveränderten Verhältnisse bis zur Ausschöpfung des Rechtswegs überwiegt. Die sofortige Vollziehung kann mit dem Planfeststellungsbeschluss oder der Plangenehmigung verbunden werden oder gesondert angeordnet werden. Das Besondere öffentliche Interesse an der sofortigen Vollziehung ist zu begründen (§ 80 III 1 VwGO).[244] Die Gründe müssen nach Gewicht und Dringlichkeit nicht nur das Vorhaben selbst rechtfertigen, sondern auch die sofortige Vollziehung tragen. Wird die sofortige Vollziehung gesondert angeordnet, so ist die Anordnung den Anfechtungsklägern zuzustellen.[245]

3086 Der **Rechtsweg** bei **Umstufungen** richtet sich nach den zugrunde liegenden Rechtsvorschriften. Eine ausdrücklich auf Art. 85 III GG gestützte Weisung des Bundes besitzt stets verfassungsrechtliche Qualität. Eine aus der Anwendung der Vorschrift entstehende Streitigkeit ist daher verfassungsrechtlicher Art.[246] Will das Land mit seiner Klage erreichen, dass es nicht durch eine Weisung des Bundes gezwungen wird, einen Streckenabschnitt einer Bundesstraße in eine Straße nach Landesrecht abstufen zu müssen, kann der Streitwert auf das Dreieinhalbfache des jährlichen Erhaltungs- und Unterhaltungsaufwandes für den betreffenden Abschnitt bestimmt werden.[247]

3087 Die den Eigentümern in § 16a I FStrG auferlegte Verpflichtung, die zur Vorbereitung der Planung von Bundesautobahnen notwendige Vermessungen, **Boden- und Grundwasseruntersuchungen** durch die Straßenbaubehörde oder von ihr Beauftragte zu dulden, ist eine verfassungsrechtlich unbedenkliche Inhaltsbestimmung des Eigentums i. S. von Art. 14 II GG.[248] Zur Erstellung ordnungsgemäßer Ausschreibungsunterlagen erforderliche Maßnahmen können Vorarbeiten zur Vorbereitung der Straßenplanung im Sinne von § 16a FStrG sein.[249] Vorarbeiten dürfen allerdings nicht bereits einen **Teil der Ausführung des Straßenbauvorhabens** selbst darstellen.[250]

16. Privatfinanzierung von Straßen

3088 Angesichts knapper öffentlicher Haushaltsmittel und einem gewaltigen Finanzbedarf für den Ausbau des öffentlichen Verkehrsnetzes hat im Straßenbau der Gedanke einer Privatfinanzierung Einzug gehalten. Nach Ansicht fachkundiger Beobachter kommen die öffentlichen Baulastträger der Straßen an einer Privatfinanzierung nicht vorbei. Für die Heranziehung privaten Kapitals zur Finanzierung von Straßenbauinvestitionen bieten sich drei Modelle an:[251] Das Leasingmodell, das Konzessionsmodell und das Betreibermodell.

3089 Beim **Leasingmodell** baut und finanziert ein privater Bauträger auf Grundstücken des Baulastträgers die Straßen, an denen ihm ein Erbbaurecht eingeräumt wird, eine neue Straße. Die Straße wird dann an den Baulastträger vermietet, der sie seinerseits dem öffentlichen Verkehr widmet. Für die Dauer der Mietzeit zahlt der Baulastträger einen Mietzins als Leasingrate. Das Leasingmodell gestattet allerdings keine abschnittsweise Verwirklichung eines Straßenbauprojektes. Außerdem ist ein Wechsel des Leasingnehmers neben der öffentlichen Hand ausgeschlossen. Denn öffentliche Straßen haben in der Regel keinen Markt. Das Leasingmodell wird daher zur Straßenbaufinanzierung nicht weiter verfolgt.[252]

---

[244] Planfeststellungsrichtlinien FStrG 99, Nr. 37.
[245] Planfeststellungsrichtlinien FStrG 99, Nr. 37.
[246] *BVerwG*, Urt. v. 6. 6. 1997 – 4 A 21.96 – NVwZ 1998, 500 – B 75.
[247] *BVerwG*, B. v. 25. 8. 1997 – 4 KSt 4.97 – NVwZ-RR 1998, 485.
[248] *BVerwG*, Urt. v. 1. 4. 1999 – 4 VR 4.99 –.
[249] *BVerwG*, Urt. v. 7. 8. 2002 – 4 VR 9.02 und 4 A 16.02 – NVwZ-RR 2003, 66 = DÖV 2003, 86 = DVBl. 2002, 1500.
[250] *BVerwG*, B. v. 17. 9. 2002 – 9 VR 17.02 – Vermessung und Bodenuntersuchung. Ob die Ausführungsphase stets mit dem Erlass des Planfeststellungsbeschlusses beginnt, ist rechtlich noch nicht geklärt.
[251] *Bruns*, Privatfinanzierung von Straßen in: *Stüer* (Hrsg.) Verfahrensbeschleunigung, S. 34; *ders.* bei *Stüer* DVBl. 1993, 1300; vgl. auch *Rehme* in: *Stüer* (Hrsg.) Verfahrensbeschleunigung, S. 230.
[252] *Bruns*, Privatfinanzierung von Straßen in: *Stüer* (Hrsg.) Verfahrensbeschleunigung, S. 35.

Beim **Konzessionsmodell** baut ein privater Unternehmer die Straße und finanziert sie. 3090
Die Bau- und Finanzierungskosten werden nach Fertigstellung und Abnahme des Projekts vom Baulastträger in gleichen Jahresraten zurückgezahlt. In der Sache wird die Straße von einem privaten Träger vorfinanziert. Der Unternehmer verpflichtet sich zur schlüsselfertigen Herstellung und Übergabe der Straße auf der Grundlage eines bestandskräftigen Planfeststellungsbeschlusses. Planung, Vergabe, Bauüberwachung und Abnahme erfolgen konventionell nach den Regeln und Standards des Baulastträgers, er behält dem Auftragnehmer gegenüber ein uneingeschränktes fachliches Durchgriffsrecht. Um bei den Zinsbelastungen entsprechend günstige Konditionen wie bei Staats- und Kommunalkrediten zu erreichen, verkauft der Unternehmer einredefreie (testierte) Teilwerklohnforderungen an ein Kreditinstitut, zu deren Tilgung sich die öffentliche Hand verpflichtet hat. Diese Bestandteile des Konzessionsmodells stoßen jedoch auf verfassungsrechtliche Bedenken, weil sich die öffentliche Hand in Wahrheit zur Tilgung der gesamten Baukosten einschließlich der Zinsen verpflichtet, im Haushalt teilweise aber nur die jährliche Belastung ausgewiesen wurde. Außerdem berührt die private Vorfinanzierung von Straßen auch das Verfassungsgebot der Wirtschaftlichkeit und Sparsamkeit (Art. 114 II 1 GG). Denn bei den bisherigen Konzessionsmodellen lagen die Gesamtaufwendungen für die öffentliche Hand bei einer zwanzigjährigen Laufzeit nominal etwa bei dem Doppelten der Baukosten. Das Modell ist zunächst in Rheinland-Pfalz, sodann auch bei verschiedenen Projekten des Bundes eingesetzt worden. Ab dem Jahre 1994 wurden in den Haushaltsplänen des Bundes insgesamt 12 Straßenbauprojekte, dazu ein Schienenbauprojekt, ausgewiesen, die nach dem Konzessionsmodell privat vorfinanziert werden sollten. Der Bund hat sein Finanzierungsmodell auf eine Tilgungszeit von 15 Jahren nach Abnahme konzipiert. Er lässt ebenfalls eine Fortfaitierung – allerdings ohne Einwendungsausschluss – zu. Aus der Liste der 12 Straßenbauprojekte sind einige inzwischen verwirklicht.[253]

Bei dem **Betreibermodell**, das in Europa und Übersee weit verbreitet ist, übernimmt 3091
ein privater Investor den Bau, den Betrieb und die Unterhaltung einer neuen Straße. Die Refinanzierung des eingesetzten Kapitals erfolgt durch die Nutzer. Der Investor bzw. der Betreiber ist berechtigt, für die Dauer der Refinanzierung eine Maut zu erheben. Die verfassungsrechtliche Grundlage dieses Betreibermodells findet sich in Art. 74 I Nr. 22 GG, wonach der Bund die konkurrierende Gesetzgebungszuständigkeit für den Straßenverkehr, das Kraftfahrzeugwesen, den Bau und die Unterhaltung von Landstraßen für den Fernverkehr sowie die Erhebung und Verteilung von Gebühren für die Benutzung öffentlicher Straßen mit Fahrzeugen hat. Die Rechtsgrundlagen für das Betreibermodell hat der Bund im Fernstraßenbauprivatfinanzierungsgesetz (FStrBauFinG) gelegt. Nach § 1 FStrBauFinG können zur Verstärkung privater Investitionen in das Bundesfernstraßennetz private Aufgaben des Neu- und Ausbaus von Bundesfernstraßen auf der Grundlage einer Gebührenfinanzierung wahrnehmen. Nach § 1 II FStrBauFinG kann der Bau, die Erhaltung, der Betrieb und die Finanzierung von Bundesfernstraßen Privaten zur Ausführung übertragen werden. Die Übertragung „zur Ausführung" bedeutet, dass nicht die Straßenbaulast als solche, sondern nur deren Durchführung den Privaten übertragen wird. Eine Übertragung von Bau-, Betriebs- und Finanzierungsaufgaben an einen Privaten ist allerdings nur bei den in § 3 FStrBauFinG beschriebenen Projekten zulässig. Es rechnen dazu der Neubau von Brücken, Tunneln und Gebirgspässen im Zuge von Bundesautobahnen und Bundesstraßen sowie der Neubau von mehrstreifigen Bundesstraßen mit getrennten Fahrbahnen für den Richtungsverkehr.[254]

---

[253] Darunter befinden sich die Straßenbauprojekte: 6-streifiger Ausbau der A 81 bei Stuttgart-Engelbergtunnel, 4. Elbtunnelröhre im Zuge der A 7 bei Hamburg, Bau einer neuen Rheinbrücke im Zuge der A 44 bei Ilverich, Eifelautobahn A 60 zwischen Bitburg und Wittlich in Rheinland-Pfalz.
[254] *Bruns*, Privatfinanzierung von Straßen in: *Stüer* (Hrsg.) Verfahrensbeschleunigung, S. 38; *ders.* bei *Stüer* DVBl. 1993, 1300.

3092 Für diese Einschränkung sind europarechtliche Vorgaben ursächlich. Die Europäische Gemeinschaft hat durch eine Richtlinie[255] bestimmt, dass innerhalb der Europäischen Gemeinschaft zeit- und streckenbezogene Gebühren nicht gleichzeitig erhoben werden dürfen. Nur für Brücken, Tunnel und Gebirgspässe sieht die EG-Norm eine Ausnahme von diesem Verbot gleichzeitiger Erhebung zeit- und streckenbezogener Gebühren vor. Da in der Bundesrepublik Deutschland nach dem Autobahnbenutzungsgebührengesetz für schwere Nutzfahrzeuge[256] zeitbezogene Gebühren für die Benutzung der Autobahnen mit Lkw in Gestalt der Lkw-Vignetten erhoben werden, musste eine streckenbezogene Gebührenerhebung nach dem FStrBauFinG auf die von der EG zugelassenen exponierten Straßenabschnitte bzw. Bauwerke beschränkt werden. Der Betreiber baut und finanziert die sodann dem öffentlichen Verkehr gewidmete Straße selbstständig und hat die Berechtigung, eine Maut zu erheben. Zudem erhält der Betreiber verschiedene hoheitliche Befugnisse wie etwa die Durchführung von Vorarbeiten auch gegen den Widerstand der Eigentümer auf planbetroffenen Grundstücken (§§ 1 III, 16a FStrG), die Möglichkeit der sofortigen Besitzeinweisung (§§ 1 III, 18 FStrG)[257] sowie das Enteignungsrecht (§ 1 III FStrBauFinG, § 19 FStrG). Allerdings sind andere hoheitliche Befugnisse nicht an den Betreiber übertragen, wie etwa die Festlegung von Umleitungen aus Anlass von Ausbesserungsarbeiten (§ 14 FStrG), das Heranziehen privater Grundstücke etwa bei Schneeverwehungen oder Steinschlag (§ 11 FStrG), die Beseitigung von Anpflanzungen und Zäunen (§ 11 FStrG). Auch hat das Gesetz die Befugnis des staatlichen Baulastträgers, zur Durchführung von Straßenbauarbeiten Verkehrsverbote und -beschränkungen anzuordnen (§ 45 II StVO), nicht auf den Betreiber übertragen. Die Vergabe an den privaten Betreiber erfolgt durch einen Konzessionsvertrag, der vor oder nach Schaffung des Baurechts abgeschlossen werden kann. Das Baurecht selbst wird herkömmlich durch Planfeststellung besorgt. Der Konzessionsvertrag kann bereits vor Durchführung der Planfeststellung erfolgen. In diesem Fall übernimmt der private Betreiber auch alle Planungsarbeiten mit Ausnahme der nach wie vor dem Baulastträger vorbehaltenen staatlichen Planfeststellung.[258]

3093 Die **Art der Finanzierung eines Straßenbauvorhabens** unterliegt nicht der fachplanerischen Abwägung nach § 17 I 2 FStrG und ist nicht Regelungsgegenstand des Planfeststellungsbeschlusses. Einer Planung, die nicht realisierbar ist, fehlt es allerdings an der erforderlichen Rechtfertigung; sie ist rechtswidrig.[259] Dazu gehört auch der Mangel der Finanzierbarkeit eines Straßenbauvorhabens. Ein Vorhaben, das im Bedarfsplan für die Bundesfernstraßen als vordringlicher Bedarf[260] ausgewiesen ist, muss nicht deshalb unrealisierbar sein, weil die bisher vorgesehene Privatfinanzierung scheitern könnte. Die Frage der verfassungsrechtlichen Zulässigkeit der Privatfinanzierung von Straßenbauvorhaben hat das *BVerwG* deshalb offen gelassen.[261]

---

[255] Vom 25. 10. 1993 (Richtlinie 93/89/EWG), ABl. EG Nr. L 279 v. 12. 11. 1993, 32.
[256] Vom 30. 8. 1994 (ABBG, BGBl. II S. 1765).
[257] Dazu *BVerwG*, B. v. 1. 4. 1999 – 4 B 26.99 – UPR 1999, 274 – vorzeitige Besitzeinweisung.
[258] Zu der Liste mit 17 Projektvorschlägen für mautfinanzierte Straßenneubauten gehören eine Elbquerung nordwestlich von Hamburg im Zuge der BAB 20, die Strelasundquerung zur Insel Rügen als B 96 neu, der Riederwaldtunnel im Zuge des Autobahnrings um Frankfurt, BAB A 66, die Warnow-Querung bei Rostock im Zuge der BAB 19 und der Hochmoselübergang im Zuge der A 60 in Rheinland-Pfalz. *Bruns*, Privatfinanzierung von Straßen in: *Stüer* (Hrsg.) Verfahrensbeschleunigung, S. 40.
[259] *BVerwG*, Urt. v. 24. 11. 1989 – 4 C 41.88 – BVerwGE 84, 123 = *Hoppe/Stüer* RzB Rdn. 90 Hochrheinautobahn – A 98.
[260] Zum Bedarfsplan nach dem FStrAbG s. Rdn. 3008, 3948; zum Bundesschienenwegebedarfsplan s. Rdn. 3109.
[261] *BVerwG*, Urt. v. 20. 5. 1999 – 4 A 12.98 – DVBl. 1999, 1514 = BauR 1999, 1156.

II. Eisenbahnen (AEG)

Das AEG[262] regelt die Erbringung von Eisenbahnverkehrsleistungen und den Betrieb **3094** der Eisenbahninfrastruktur.[263] Zu den Eisenbahnverkehrsleistungen zählen die Beförderung von Personen und Gütern auf einer Eisenbahninfrastruktur (§ 2 II AEG). Das Betreiben einer Eisenbahninfrastruktur umfasst den Bau und die Unterhaltung von Schienenwegen[264] sowie die Führung von Betriebsleit- und Sicherheitssystemen (§ 2 III AEG). Das Gesetz gilt nur für die Eisenbahnen und ausdrücklich nicht für Magnetschwebebahnen, Straßenbahnen, Bergbahnen und sonstige Bahnen besonderer Bauart (§ 1 I AEG). Die Auswechslung von Gleisen bleibt selbst dann eine Unterhaltungsmaßnahme, wenn dabei Schienen oder Schwellen eingebaut werden, die einem neuen Stand der Technik entsprechen. Der Austausch alter Anlagenteile wird nicht allein deswegen zu einer über eine Instandsetzung hinausgehenden genehmigungsbedürftigen Änderungsmaßnahme, weil die neuen Bauteile den aktuellen Sicherheits- und Verkehrsbedürfnissen Rechnung tragen.[265]

1. Zuständigkeiten

Nach Art. 73 Nr. 6 GG hat der Bund die ausschließliche Gesetzgebung für die Bundes- **3095** eisenbahnen. Nach Art. 87 e GG wird die Eisenbahnverkehrsverwaltung für Eisenbahnen des Bundes weiterhin in bundeseigener Verwaltung geführt.[266] Durch Bundesgesetz können aber Aufgaben der Eisenbahnverkehrsverwaltung den Ländern als eigene Angelegenheiten übertragen werden. Dem Bund würde in einem solchen Fall anders als nach dem FStrG entsprechend Art. 84 III GG nur noch die allgemeine Rechtsaufsicht verbleiben. Das nach Wiederherstellung der Deutschen Einheit gegründete Bundeseisenbahnvermögensamt hatte zunächst die Aufgaben der Deutschen Bundesbahn übernommen.[267] Mit Gründung des Eisenbahnbundesamtes ist diesem die Aufgabe als Aufsichts- und Genehmigungsbehörde i. S. des AEG für die Eisenbahnen des Bundes übertragen worden. Es hat insbesondere die Aufgabe der Planfeststellung für die Schienenwege der Eisenbahnen, der Eisenbahnaufsicht und der Erteilung und des Widerrufs von Genehmigungen

---

[262] Allgemeines Eisenbahngesetz i. d. F. der Bekanntmachung vom 27. 12. 1993 (BGBl. I 2378); *Bidinger* NZV 1994, 209; *Finger* AEG 1982; *Fritsch* Hd. Eisenbahngesetzgebung 1930; *Fromm* DÖV 1988, 1035; *ders.* Internationales Verkehrswesen 46 (1994), 97; *ders.* DVBl. 1994, 187; *Haustein* Die Eisenbahnen im deutschen öffentlichen Recht 1960; *Heinze* BayVBl. 1994, 266; *Marschall/Schweinsberg* Eisenbahnkreuzungsrecht 1990; *Obermayer* DVBl. 1987, 877; *Ronellenfitsch* VerwArch. 84 (1993), 537; *Schwab* DWW 1986, 39.

[263] Zur eisenbahnrechtlichen Planfeststellung *Bennemann* Die Bahnreform – Anspruch und Wirklichkeit 1994; *Benz* DÖV 1995, 679; *Bidinger* NZV 1994, 209; *Born* DB 1981, 777; *Brohm* DÖV 1983, 525; *Dürr* in: Blümel (Hrsg.) Verkehrswegerecht im Wandel; *Ernst* DVBl. 1982, 495; *Finger* Allgemeines Eisenbahngesetz 1982; *Fritsch* 1930; *Fromm* Internationales Verkehrswesen 46 (1994) 97; *ders.* UPR 1983, 46; *ders.* DVBl. 1986, 121; *ders.* DVBl. 1994, 187; *ders.* DÖV 1988, 1035; *ders.* DB 1981, 1915; *Gehrke* BBahn 1988, 87; *Haustein* 1960; *Heinze* BayVBl. 1994, 266; *Küchler* DB 1975, 369; *Kunz* VR 1985, 337; *Laaser* Kieler Diskussionsbeiträge Nr. 239 (1994); *Labbe/Wölfel* BayVBl. 1990, 161; *Greiner* BayVBl. 1994, 449; *Marschall/Schweinsberg* Eisenbahnkreuzungsgesetz 1990; *Mecking* NuR 1994, 309; *Nehse* Die Privatgleisanschlüsse der Reichsbahn in rechtlicher Hinsicht 1931; *Obermayer* DVBl. 1987, 877; *Pätzold* Bbahn 1982, 97; *Roer* Die Nachfolgeunternehmen von Bahn und Post in der Bauleitplanung 1996; *Ronellenfitsch* VerwArch. 84 (1993), 537; *Schmitz* LKV 1993, 291; *Schoeneck* ZUR 1993, 233; *Schwab* DWW 1986, 8; *ders.* DWW 1986, 39; *ders.* DWW 1986, 282; *Strebele* Bbahn 1982, 49. Zur Beschleunigung von Planungsverfahren für Verkehrsinfrastrukturvorhaben s. Rdn. 3762.

[264] Vgl. auch Gesetz über den Ausbau der Schienenwege des Bundes – Bundesschienenwegeausbaugesetz i. d. F. v. 15. 11. 1993 (BGBl. I 1874).

[265] BVerwG, B. v. 27. 1. 1995 – 7 VR 16.94 – NVwZ 1995, 586 = DVBl. 1995, 520 = DÖV 1995, 515.

[266] Vgl. Gesetz über die Eisenbahnverkehrsverwaltung des Bundes – EVerkVerwG i. d. F. 27. 12. 1993 (BGBl. I 2378).

[267] § 3 des Gesetzes zur Zusammenführung und Neugliederung der Bundeseisenbahnen – BENeugG.

(§ 3 EVerkVerwG).[268] Die insoweit vom Bundeseisenbahnvermögen wahrgenommenen Aufgaben sind auf das Eisenbahnbundesamt übergegangen, das im Rahmen der ihm zugewiesenen Eisenbahnaufsicht befugt ist, gesetzmäßiges Handeln der Deutschen Bahn AG sicherzustellen.[269] Nach Art. 73 Nr. 6 GG hat der Bund die ausschließliche Gesetzgebung für die Bundeseisenbahnen. Der bisherige Art. 87 I GG bestimmte, dass die Bundeseisenbahnen in bundeseigener Verwaltung mit eigenem Verwaltungsunterbau geführt werden. Im Zuge der Umstrukturierung der Eisenbahnverwaltung ist das GG geändert und Art. 87 e GG neu eingeführt worden. Danach wird die Eisenbahnverkehrsverwaltung für Eisenbahnen des Bundes weiterhin in bundeseigener Verwaltung geführt.[270] Durch Bundesgesetz können aber nunmehr Aufgaben der Eisenbahnverkehrsverwaltung den Ländern als eigene Angelegenheiten übertragen werden. Dem Bund würde in einem solchen Fall anders als nach dem FStrG entsprechend Art. 84 III GG nur noch die allgemeine Rechtsaufsicht verbleiben.

3096 Der Bundesgesetzgeber hat vor allem im Hinblick auf die neuen Bundesländer von seiner konkurrierenden Gesetzgebungskompetenz Gebrauch gemacht und das Planfeststellungsrecht im AEG für sämtliche Eisenbahnen, einschließlich der Landeseisenbahnen in den §§ 18 ff. AEG, einheitlich geregelt.[271] Zu den notwendigen Folgemaßnahmen einer eisenbahnrechtlichen Planfeststellung gehören gemäß § 75 I 1 VwVfG auch die Maßnahmen an anderen Anlagen. Wegen des engen systematischen Zusammenhangs der Regelung des § 18 I 1 AEG mit § 75 I 1 VwVfG erstreckt sich die enteignungsrechtliche Vorwirkung nach § 22 II AEG auch auf notwendige Folgemaßnahmen.[272] Ein berechtigter Enteignungszweck ist allerdings dann nicht mehr gegeben, wenn Maßnahmen gleichsam beiläufig zum Gegenstand der eisenbahnrechtlichen Planfeststellung gemacht werden, obwohl sie nicht durch das originäre Vorhaben bedingt sind.[273] Durch das Zweite Gesetz zur Änderung eisenbahnrechtlicher Vorschriften[274] ist die Eisenbahnaufsicht neu gefasst worden. Durch Eisenbahnaufsicht nach § 5 I AEG wird die Beachtung des AEG und der darauf beruhenden Rechtsverordnungen, des Rechts der EG sowie zwischenstaatlicher Vereinbarungen sichergestellt. In § 1a AEG wird die Kompetenzverteilung für die Eisenbahnaufsicht und die Genehmigung zwischen Bund und Ländern geregelt. In § 5a AEG sind die Aufgaben und Befugnisse der Eisenbahnaufsichtsbehörden geregelt. Die Eisenbahnaufsichtsbehörden haben insbesondere die Aufgabe, Gefahren abzuwehren, die beim Betrieb der Eisenbahn entstehen oder von den Betriebsanlagen ausgehen, und gefährliche Ereignisse im Eisenbahnbetrieb zu untersuchen. Die Eisenbahnaufsichtsbehörden haben auch gegenüber den Eisenbahnunternehmen entsprechende Aufsichtsbefugnisse (§ 5a II AEG). Die Eisenbahnen und die für sie tätigen Personen müssen den Eisenbahnaufsichtsbehörden und ihren Beauftragten zur Durchführung der Eisenbahnaufsicht auch entsprechende Einsichtnahmen in das Betriebsgeschehen oder in Aufzeichnungen sowie Untersuchungen vor Ort gestatten.

3097 Nach der Interoperabilitäts-RL[275] soll die Eisenbahninfrastruktur in Europa zu einem **transeuropäischen Hochgeschwindigkeitsbahnnetz** verbunden werden. Die Umset-

---

[268] Gesetz über die Eisenbahnverwaltung des Bundes v. 27. 12. 1993 (BGBl. I 2378).
[269] BVerwG, B. v. 13. 10. 1994 – 7 VR 10.94 – UPR 1995, 69 = UPR 1995, 67 = NVwZ 1995, 379 – Wannsee-Griebnitzsee.
[270] Vgl. Gesetz über die Eisenbahnverkehrsverwaltung des Bundes – EVerkVerwG i. d. F. 27. 12. 1993 (BGBl. I 2378).
[271] OVG Koblenz, Urt. v. 2. 3. 2001 – 1 A 11447/00 – DVBl. 2001, 1301 = NVwZ-RR 2001, 714.
[272] OVG Koblenz, Urt. v. 5. 4. 2000 – 8 C 11634/98 – NVwZ 2001, 104, mit Hinweis auf BVerwG, B. v. 31. 8. 1995 – 11 VR 14.95 – NVwZ-RR 1996, 187 = UPR 1996, 143 sowie VGH Mannheim, Urt. v. 9. 2. 1995 – 5 S 1648/94 – VBlBW 1995, 275 = NuR 1996, 297.
[273] OVG Koblenz, Urt. v. 5. 4. 2000 – 8 C 11634/98 – DVBl. 2001, 1368 = NVwZ 2001, 104 – ICE.
[274] Zweites Gesetz zur Änderung eisenbahnrechtlicher Vorschriften v. 21. 6. 2002 (BGBl. I S. 2191).
[275] Richtlinie 96/48/EG des Rates v. 23. 7. 1996 über die Interoperabilität des transeuropäischen Hochgeschwindigkeitssystems (ABl. EG Nr. L 235 S. 6) v. 17. 9. 1996.

zung der Interoperabilitäts-RL in das deutsche Recht ist in der **Eisenbahn-Interoperabilitätsverordnung (EIV)**[276] erfolgt. Die Verordnung ist anzuwenden auf die Eisenbahninfrastruktur des transeuropäischen Hochgeschwindigkeitsbahnnetzes in Deutschland sowie für die auf diesen Strecken verkehrenden Fahrzeuge. Dem Eisenbahn-Bundesamt obliegt die Überwachung der Verordnung beim Bau und Betrieb der Anlagen.

Der Bundesgesetzgeber hat vor allem im Hinblick auf die neuen Bundesländer von seiner konkurrierenden Gesetzgebungskompetenz Gebrauch gemacht und das Planfeststellungsrecht im AEG für **sämtliche Eisenbahnen**, einschließlich der **Landeseisenbahnen**, in den §§ 18 ff. AEG einheitlich geregelt.[277] Zu den notwendigen Folgemaßnahmen einer eisenbahnrechtlichen Planfeststellung nach § 75 I 1 VwVfG gehören auch die Maßnahmen an anderen Anlagen. Wegen des engen systematischen Zusammenhangs der Regelung des § 18 I 1 AEG mit § 75 I 1 VwVfG erstreckt sich die enteignungsrechtliche Vorwirkung nach § 22 II AEG auch auf notwendige Folgemaßnahmen.[278] Ein berechtigter Enteignungszweck ist allerdings dann nicht mehr gegeben, wenn Maßnahmen gleichsam beiläufig zum Gegenstand der eisenbahnrechtlichen Planfeststellung gemacht werden, obwohl sie nicht durch das originäre Vorhaben bedingt sind.[279]

2. Verfahren

Betriebsanlagen einer Eisenbahn einschließlich der Bahnstromfernleitungen dürfen nach § 18 I AEG nur gebaut oder geändert werden, wenn der **Plan** zuvor **festgestellt** worden ist.[280] Dabei sind die von dem Vorhaben berührten öffentlichen und privaten Belange einschließlich der Umweltverträglichkeit im Rahmen der Abwägung zu berücksichtigen (§ 18 I 2 AEG).[281] Die Planung bedarf einer entsprechenden **Rechtfertigung**. Diese kann sich aus einer Verbesserung der Attraktivität des Schienenverkehrs etwa durch Verkürzung der Transportzeiten und Anhebung des Beförderungskomforts ergeben.[282] Auch die damit in Zusammenhang stehende Absicht, den Verkehr stärker von der Straße auf die Schiene zu verlegen, kann entsprechende Bahnprojekte rechtfertigen.

Betriebsanlagen einer Eisenbahn einschließlich der Bahnstromfernleitungen dürfen nach § 18 I AEG nur gebaut oder geändert werden, wenn der **Plan** zuvor **festgestellt** worden ist. Dabei sind die von dem Vorhaben berührten öffentlichen und privaten Belange einschließlich der Umweltverträglichkeit im Rahmen der Abwägung zu berücksichtigen (§ 18 I 2 AEG).[283] Die Planung bedarf einer entsprechenden **Rechtfertigung**. Diese kann sich aus einer Verbesserung der Attraktivität des Schienenverkehrs etwa durch Verkürzung der Transportzeiten und Anhebung des Beförderungskomforts ergeben.[284] Auch die damit in Zusammenhang stehende Absicht, den Verkehr stärker von der Straße auf die Schiene zu verlegen, kann entsprechende Bahnprojekte rechtfertigen.[285] Anwendung, wenn das Vorhaben den Zweck hat, die Elektrifizierung einer in der **Fernverkehrswege-**

---

[276] Verordnung über die Interoperabilität des transeuropäischen Hochgeschwindigkeitssystems (Eisenbahn-Inoperabilitätsverordnung – EIV) v. 20. 5. 1999 (BGBl. I 1072).
[277] *OVG Koblenz*, Urt. v. 2. 3. 2001 – 1 A 11447/00 – DVBl. 2001, 1301 = NVwZ-RR 2001, 714.
[278] *OVG Koblenz*, Urt. v. 5. 4. 2000 – 8 C 11634/98 – NVwZ 2001, 104, mit Hinweis auf *BVerwG*, B. v. 31. 8. 1995 – 11 VR 14.95 – NVwZ-RR 1996, 187 = UPR 1996, 143 sowie *VGH Mannheim*, Urt. v. 9. 2. 1995 – 5 S 1648/94 – VBlBW 1995, 275 = NuR 1996, 297.
[279] *OVG Koblenz*, Urt. v. 5. 4. 2000 – 8 C 11634/98 – DVBl. 2001, 1368 = NVwZ 2001, 104 – ICE.
[280] Zur Beschleunigung von Planungsverfahren für Verkehrsinfrastrukturvorhaben s. Rdn. 3762.
[281] *BVerwG*, Urt. v. 18. 6. 1997 – 11 A 70.95 – UPR 1997, 470 = NJ 1997, 615 – Staffelstein.
[282] *BVerwG*, Urt. v. 27. 7. 1990 – 4 C 26.87 – NuR 1991, 121 = *Hoppe/Stüer* RzB Rdn. 1278 – Sperrgrundstück.
[283] *BVerwG*, Urt. v. 18. 6. 1997 – 11 A 70.95 – UPR 1997, 470 = NJ 1997, 615 – Staffelstein.
[284] *BVerwG*, Urt. v. 27. 7. 1990 – 4 C 26.87 – NuR 1991, 121 = *Hoppe/Stüer* RzB Rdn. 1278 – Sperrgrundstück.
[285] *BVerwG*, B. v. 15. 9. 1995 – 11 VR 16.95 – UPR 1996, 26 = DVBl. 1996, 270 = NuR 1996, 143 = NVwZ 1996, 396.

bestimmungsverordnung[286] genannten Eisenbahnstrecke zu ermöglichen und zum Abschluss zu bringen.[287] Die Erwähnung einer Stadt in der Fernverkehrswegebestimmungsverordnung hat allerdings lediglich die Funktion, den betroffenen Verkehrsweg hinreichend deutlich zu bezeichnen. Sie zwingt nicht dazu, beim Neubau dieser Strecke das Gebiet dieser Stadt auch tatsächlich zu durchqueren. Derartige Entscheidungen über den genauen Trassenverlauf sind vielmehr dem eisenbahnrechtlichen Planfeststellungsverfahren vorbehalten.[288]

3101 Ist eine Bahnstrecke ganz oder teilweise während der deutschen Teilung stillgelegt (**Streckenstilllegung**), so ist zu fragen, ob nach dem Willen der Verantwortlichen eine endgültige Stilllegung erfolgen sollte. Anderenfalls mag die Gleisanlage zwar jahrelang in einem „Dornröschenschlaf" gelegen haben. Rechtlich wäre sie aber als noch vorhanden zu behandeln.[289] Denn tatsächliche Demontagearbeiten an Gleisanlagen allein lassen die rechtliche Qualität einer Bahnanlage nicht entfallen. Wird daher ein stillgelegter Schienenweg unter Veränderung der Gleislage wieder hergestellt, ohne dass die alte Trasse verlassen wird, liegt i. S. v. § 41 I BImSchG kein Neubau, sondern nur eine wesentliche Änderung vor.[290] Wird eine über längere Jahre nicht betriebene **Bahnstrecke wieder hergerichtet** und der Bahnbetrieb wieder aufgenommen, so ist das Vorhaben nur dann planfeststellungsbedürftig, wenn darin eine Neubaumaßnahme oder eine Änderung der Bahnstrecke liegt. Derartige Fragen haben sich vor allem bei der Wiederaufnahme des Bahnbetriebes nach der Öffnung der Grenzen im innerdeutschen Verkehr ergeben. Die bloße Wiederertüchtigung einer nicht entwidmeten Bahnanlage, die wegen einer jahrzehntelangen Nutzungsunterbrechung infolge der deutschen Teilung in baufälligem Zustand ist, stellt daher auch dann keinen erheblichen baulichen Eingriff im Sinne von § 1 der 16. BImSchV dar, wenn die Bauarbeiten aus technischer Sicht einem Neubau nahe kommen.[291] Scheidet bei der Wiederinbetriebnahme teilungsbedingt stillgelegter Bahnanlagen ein Lärmschutzanspruch nach der 16. BImSchV mangels Erheblichkeit eines baulichen Eingriffs oder mangels Kausalität eines Eingriffs für die Lärmerhöhung aus, so bedeutet das nicht, dass der durch die Wiederinbetriebnahme verursachte Lärm bei der Planfeststellung für Baumaßnahmen, die mit der Wiederinbetriebnahme etwa im Falle der Elektrifizierung funktional zusammenhängen, von vornherein unberücksichtigt bleiben kann. Die Anwohner haben jedenfalls dann, wenn die zu erwartenden Immissionen für sie eine Eigentums- oder Gesundheitsbeeinträchtigung darstellen können, einen Anspruch darauf, dass diese Belange in die Abwägung eingestellt und angemessen berücksichtigt werden.[292]

3102 Eine Bahnanlage verliert ihre rechtliche Zweckbestimmung nur durch einen eindeutigen Hoheitsakt, der für jedermann klare Verhältnisse darüber schafft, ob und welche Flächen künftig wieder für andere Nutzungen offen stehen.[293] Möglich ist allerdings auch,

---

[286] Vom 3. 5. 1992 (BGBl. I 1014).
[287] *BVerwG*, B. v. 15. 9. 1995 – 11 VR 17.95 – UPR 1996, 26; B. v. 9. 2. 1996 – 11 VR 46.95 – NVwZ 1996, 1042 = DVBl. 1996, 682 – Lauenburg – Elbeufer; B. v. 9. 2. 1996 – 11 VR 45.95 – NVwZ 1996, 1021 = DÖV 1996, 514 – Boitzenburg – Lüneburg.
[288] *BVerwG*, B. v. 1. 7. 1993 – 7 ER 308.93 – DVBl. 1993, 903 = NVwZ 1994, 368 = DÖV 1994, 348 – Bohrarbeiten Ebensfelde – Erfurt.
[289] *BVerwG*, Urt. v. 31. 8. 1995 – 7 C 19.94 – DVBl. 1996, 50 = NVwZ 1996, 394 – Kuhlenfeld – Schwanheide.
[290] *BVerwG*, Urt. v. 3. 3. 1999 – 11 A 9.97 – NVwZ-RR 1999, 720 = UPR 1999, 388 – Streckenstilllegung.
[291] *BVerwG*, Urt. v. 17. 11. 1999 – 11 A 4.98 – BVerwGE 110, 81 = NVwZ 2000, 567 = DVBl. 2000, 796.
[292] *BVerwG*, Urt. v. 17. 11. 1999 – 11 A 4.98 – BVerwGE 110, 81 im Anschluss an Urt. v. 28. 10. 1998 – 11 A 3.98 – BVerwGE 107, 350.
[293] *BVerwG*, Urt. v. 16. 12. 1988 – 4 C 48.86 – BVerwGE 81, 111 = DVBl. 1989, 458; B. v. 5. 2. 1990 – 4 B 1.90 – Buchholz 442.08 § 36 BBahnG Nr. 17; B. v. 26. 2. 1996 – 11 VR 33.95 – NuR 1996, 515 = LKV 1996, 246 – Stendal – Uelzen.

dass die bestehende Fachplanung einer Fläche als Bahnanlage infolge der tatsächlichen Entwicklung funktionslos und damit rechtlich obsolet wird.[294] Davon ist insbesondere in den Fällen der endgültigen **Streckstilllegung** auszugehen, zumal wenn sie mit einem Rechtsträgerwechsel verbunden ist. Ein Indiz für die endgültige Aufgabe der Trasse kann auch darin liegen, dass Schienen und Bahnschwellen abgebaut worden sind und die Trasse dem freien Bewuchs überlassen wurde. Es muss sich jedoch ein eindeutiger Wille der zuständigen Verantwortlichen feststellen lassen, dass die Strecke aufgegeben werden soll. Der tatsächliche Zustand der Trasse hat dafür nur Indizcharakter. Ist die Bahnstrecke aber auch nach der deutschen Teilung im Jahre 1945 nur eingleisig fortbetrieben, so besteht sie fort mit der Folge, dass es einer erneuten Planfeststellung für die Wiederaufnahme des Bahnverkehrs nach der deutschen Einheit nicht bedarf.[295]

Eisenbahnrechtliche Fachplanungen werden derzeit nur von der **Deutschen Bahn AG**[296] betrieben, so dass Privateisenbahnen und Eisenbahnen der Länder derzeit außer Betracht bleiben können. Nach dem früher geltenden § 4 BBahnG ist es Aufgabe der öffentlichen Eisenbahnen, ihr Netz entsprechend den Anforderungen des Verkehrs auszubauen und zum Wohl der Allgemeinheit zu ergänzen. Dies hat unter Wahrung wirtschaftlicher Grundsätze zu erfolgen. Zwar ist diese Aufgabe mit Ersatz des BBahnG durch das AEG nicht im Wortlaut übernommen worden, hat aber gleichwohl Gültigkeit.[297]

Nach § 3 III 1 EVerkVerwG[298] hat das Eisenbahn-Bundesamt im Planfeststellungsverfahren für den Bau neuer oder die Änderung bestehender Betriebsanlagen der Eisenbahnen des Bundes der nach Landesrecht zuständigen Behörde des Landes, in dem die Betriebsanlagen liegen, die Pläne zur Durchführung des Anhörungsverfahrens zuzuleiten. Das Anhörungsverfahren nach § 20 AEG i.V. m. § 73 VwVfG ist dadurch in die Verwaltungszuständigkeit der Länder verwiesen. Die verfassungsrechtliche Grundlage hierfür bildet Art. 87 e I GG. Nach Satz 1 dieser Vorschrift wird die Eisenbahnverkehrsverwaltung für Eisenbahnen des Bundes zwar in bundeseigener Verwaltung geführt. Art. 87 e I 2 GG lässt es aber zu, dass durch Bundesgesetz mit Zustimmung des Bundesrates (Art. 87 e V 1 GG) Aufgaben der Eisenbahnverkehrsverwaltung den Ländern als eigene Angelegenheit übertragen werden. Zur Eisenbahnverkehrsverwaltung des Bundes zählt die Planfeststellung für die Schienenwege der Eisenbahnen des Bundes.[299] Auch hatte die Bundesregierung aus Gründen der „Investitionsbeschleunigung" vorgeschlagen, im Zuge der Neuordnung des Eisenbahnwesens die Zuständigkeit für das Anhörungsverfahren auf das neue Eisenbahn-Bundesamt zu verlagern.[300] Der Bundesrat hat sich jedoch dieser Lösung widersetzt und mit seiner Auffassung durchgesetzt, dass „Planfeststellung und Anhörungsverfahren auch künftig nicht in einer Hand liegen" sollen.[301] Art. 87 e I 2 GG stellt nicht zuletzt aus diesem Grunde klar, dass den Ländern Aufgaben der Eisenbahnverkehrsverwaltung durch Bundesgesetz als eigene Aufgabe übertragen werden können.[302] Damit ist das eisenbahnrechtliche Anhörungsverfahren i. S. v. Art. 87 e I 2 GG als eine eigene Angelegenheit der Länder einzustufen. Diese sind allerdings nicht befugt, vom Bund für die Durchführung des Anhörungsverfahrens im Rahmen eines eisenbahnrechtlichen Planfeststellungsverfahrens eine Verwaltungsgebühr zu erheben.[303]

Für UVP-pflichtige Vorhaben ist im Rahmen der Planfeststellung eine UVP durchzuführen. Der Regel-UVP unterliegt nach Nr. 14.7 der Anlage 1 zum UVPG der Bau eines

---

[294] *BVerwG*, Urt. v. 31. 8. 1995 – 7 A 19.94 – DVBl. 1995, 50 – Kuhlenfeld – Schwanheide.
[295] *BVerwG*, B. v. 26. 2. 1996 – 11 VR 33/95 – NuR 1996, 515 = LKV 1996, 246 – Stendal – Uelzen.
[296] Ein in der Hand des Bundes befindliches Unternehmen.
[297] § 1 II AEG, § 3 II Nr. 2 BENeuglG.
[298] Gesetz über die Eisenbahnverkehrsverwaltung des Bundes v. 27. 12. 1993 (BGBl. I S. 2378, 2394).
[299] BT-Drucks 12/4609 (neu), S. 57.
[300] BT-Drucks 12/5014, S. 40.
[301] BT-Drucks 12/5014, S. 10.
[302] Vgl. BT-Drucks 12/6280, S. 8.
[303] *BVerwG*, Urt. v. 19. 1. 2000 – 11 C 6.99 – NVwZ 2000, 673 = DVBl. 2000, 1366.

Schienenweges von Eisenbahnen mit den dazugehörigen Betriebsanlagen einschließlich Bahnstromfernleitungen. Vorprüfungspflichtig ist nach Nr. 14.8 zum UVPG der Bau einer sonstigen Betriebsanlage von Eisenbahnen, insbesondere einer intermodalen Umschlagsanlage oder eines Terminals für Eisenbahnen, soweit der Bau nicht Teil eines bereits der Regel-UVP unterliegenden Schienenweges ist. Diese durch das Artikelgesetz 2001[304] erweiterte Anlage 1 setzt die UVP-Änd-Richtlinie um.[305]

3106 An Stelle eines Planfeststellungsbeschlusses kann eine **Plangenehmigung** erteilt werden, wenn (1) es sich nicht um ein UVP-pflichtiges Vorhaben handelt, (2) mit den Trägern öffentlicher Belange, deren Aufgabenbereich berührt wird, das Benehmen hergestellt ist und (3) Rechte anderer nicht beeinträchtigt werden oder die Betroffenen sich mit der Inanspruchnahme ihres Eigentums oder eines anderen Rechts schriftlich einverstanden erklärt haben (§ 18 II 1 AEG).[306] Eine Öffentlichkeitsbeteiligung ist im Gegensatz zur Planfeststellung nicht erforderlich. Durch Artikelgesetz 2001 ist die Plangenehmigung auf nicht UVP-pflichtige Vorhaben begrenzt worden. Hierdurch wurden die Vorgaben der UVP-Änd-Richtlinie umgesetzt. Denn die UVP wird von einer Öffentlichkeitsbeteiligung begleitet, die mit der Plangenehmigung grundsätzlich nicht verbunden ist. Mit einer Rechtsbeeinträchtigung, die nur im Einverständnis der Betroffenen das Absehen von einem Planfeststellungsverfahren zulässt, ist der direkte Zugriff auf fremde Rechte gemeint, nicht aber die bei jeder raumbeanspruchenden Planung gebotene wertende Einbeziehung der Belange Dritter in die Abwägungsentscheidung.[307] Eine solche Rechtsbeeinträchtigung ist nur gegeben, wenn das Eigentum unmittelbar in Anspruch genommen wird oder in einfachgesetzlich geschützte Rechte eingegriffen werden soll. Dies gilt auch, wenn die gesetzlich angeordnete Zumutbarkeitsschwelle überschritten wird. Dazu zählt etwa auch die Überschreitung von Grenzwerten der VerkehrslärmschutzVO (16. BImSchV), die nicht durch Schutzauflagen des aktiven Schallschutzes ausgeglichen werden kann. Eine Entscheidung im **Benehmen** mit der Planfeststellungsbehörde verlangt keine Willensübereinstimmung. Gefordert wird nicht mehr als die gutachtliche Anhörung der anderen Behörde, die dadurch Gelegenheit erhält, ihre Vorstellungen in das Verfahren einzubringen.[308] Die Plangenehmigung hat die **Rechtswirkungen** der Planfeststellung.

3107 Durch das Artikelgesetz 2001 zur Umsetzung der UVP-Richtlinie[309] sind die Möglichkeiten einer **Plangenehmigung eingeschränkt** und davon abhängig, dass in Rechte anderer nicht eingriffen wird (§ 18 II 1 Nr. 3 AEG). Diese Voraussetzung kann nicht dadurch umgangen werden, dass die Bewältigung des Rechtseingriffs durch einen Entscheidungsvorbehalt in einen anderen Planungsabschnitt verlagert wird. Wer von einer Plangenehmigung in seinen Rechten beeinträchtigt ist, kann diejenigen Schutzvorkehrungen verlangen, auf die ein gesetzlicher Anspruch besteht oder ohne die seine rechtlich geschützten Interessen nicht im Wege der Abwägung überwunden werden könnten.[310]

3108 Die Planfeststellung und die Plangenehmigung entfallen bei Änderungen und Erweiterungen von **unwesentlicher Bedeutung** (§ 18 III AEG).[311] Fälle unwesentlicher Bedeu-

---

[304] Gesetz zur Umsetzung der UVP-ÄndRL, der IVU-Richtlinie und weiterer EG-Richtlinien zum Umweltschutz v. 27. 7. 2001 (BGBl. 2001, 1950).
[305] Zur Beschleunigung von Planungsverfahren für Verkehrsinfrastrukturvorhaben s. Rdn. 3762.
[306] Vgl. auch § 74 VI VwVfG i. d. F. des GenBeschlG.
[307] *BVerwG*, B. v. 29. 12. 1994 – 7 VR 12.94 – Buchholz 442.09 § 18 AEG Nr. 3 – Elektrifizierung Camburg – Probstzella.
[308] *BVerwG*, B. v. 29. 12. 1994 – 7 VR 12.94 – Buchholz 442.09 § 18 AEG Nr. 3 – Elektrifizierung Camburg – Probstzella.
[309] Gesetz zur Umsetzung der UVP-ÄndRL, der IVU-Richtlinie und weiterer EG-Richtlinien zum Umweltschutz v. 27. 7. 2001 (BGBl. I 1950).
[310] *BVerwG*, Urt. v. 14. 11. 2001 – 11 A 31.00 – NVwZ 2002, 733 = DVBl. 2002, 560 – Berlin – Stralsund.
[311] Vgl. § 74 VII VwVfG i. d. F. des GenBeschlG.

tung liegen insbesondere vor, wenn (1) es sich nicht um eine UVP-pflichtige Änderung oder Erweiterung handelt, (2) andere öffentliche Belange nicht berührt sind oder die erforderlichen behördlichen Entscheidungen vorliegen und sie dem Plan nicht entgegenstehen und (3) Rechte anderer nicht beeinflusst werden oder mit den vom Plan Betroffenen entsprechende Vereinbarungen getroffen werden. Das Artikelgesetz 2001 nimmt von dem Verzicht auf ein förmliches Verfahren die UVP-pflichtigen Vorhaben aus. Denn bei derartigen Vorhaben ist nach der UVP-Richtlinie ein Verfahren mit Öffentlichkeitsbeteiligung erforderlich.[312]

Vergleichbar mit dem Ausbau des Bundesfernstraßennetzes besteht für den Bau des Schienennetzes ein **Bundesschienenwegebedarfsplan**, der als Bundesgesetz beschlossen wurde und für die Planfeststellung verbindlich ist (§ 1 I Bundesschienenwegeausbaugesetz).[313] Damit hat der Bundesgesetzgeber den Bedarf i. S. der Planrechtfertigung grundsätzlich mit bindender Wirkung auch für die zur Rechtmäßigkeitskontrolle von Planfeststellungen berufenen Gerichte konkretisiert.[314] Verfassungsrechtliche Bedenken wegen der Kompetenzverteilung im GG oder im Hinblick auf enteignungsrechtliche Vorwirkungen der Planfeststellung stehen dem vom Grundsatz her nicht entgegen. Die Fachgerichte haben jedoch eine Entscheidung des *BVerfG* über die Verfassungsmäßigkeit des Bedarfsplans einzuholen, wenn ernsthafte Zweifel an der Verfassungsmäßigkeit der gesetzlichen Regelung bestehen.[315] Dabei darf der Gesetzgeber auch dem Gesichtspunkt Bedeutung zumessen, dass durch den Ausbau des Schienennetzes eine Verlagerung des Verkehrs von der Straße auf die Schiene unterstützt wird und dies Umweltgesichtspunkten dient.[316] Prognosen des Gesetzgebers sind dabei nur in beschränktem Umfang gerichtlich kontrollierbar. Selbst eine langsamere Entwicklung des Güterverkehrs führt nicht dazu, dass die Prognose den verkehrspolitischen Entscheidungen nicht mehr zugrunde gelegt werden kann.[317] Finanzielle Belastungen des Bundes, die im Rahmen mit

---

[312] Zur Beschleunigung von Planungsverfahren für Verkehrsinfrastrukturvorhaben s. Rdn. 3762.
[313] Zum Bedarfsplan nach dem FStrAbG s. Rdn. 3008, 3948; zum Bundesschienenwegebedarfsplan s. Rdn. 3109. *BVerwG*, B. v. 21. 12. 1995 – 11 VR 6.95 – NVwZ 1996, 896 = DVBl. 1996, 676 – Erfurt – Leipzig/Halle.
[314] Das *BVerwG* hat die Planrechtfertigung auch aus der Zugehörigkeit der Neubaustrecke zu einem transeuropäischen Verkehrsnetz abgeleitet, zu dessen Aufbau die Mitgliedstaaten der Europäischen Gemeinschaft sich verpflichtet haben (Entscheidung Nr. 1692/96/EG des Europäischen Parlaments und des Rates vom 23. 7. 1996 über gemeinschaftliche Leitlinien für den Aufbau eines transeuropäischen Verkehrsnetzes sowie die Nr. 1 des Anhangs III dazu, ABl. EG Nr. L 228/1, so *BVerwG*, B. v. 8. 1. 1997 – 11 VR 30.95 – NuR 1998, 221 – Staffelstein; zum Hauptsacheverfahren Urt. v. 18. 6. 1997 – 11 A 70.95 – UPR 1997, 470 = NJ 1997, 615 – Staffelstein). Das kann auch für die Zulässigkeit des Sofortvollzuges von Bedeutung sein.
[315] *BVerfG*, B. v. 19. 7. 1995 – 2 BvR 2397/94 – NVwZ 1996, 261 = BayVBl. 1996, 107 – Aumühle; *BVerwG*, Urt. v. 8. 6. 1995 – 4 C 4.94 – BVerwGE 98, 339 = DVBl. 1995, 1012 = UPR 1995, 391 = NuR 1995, 537 – B 16 Bernhardswald; Urt. v. 25. 1. 1996 – 4 C 5.95 – BVerwGE 100, 238 = DVBl. 1996, 677 – Eifelautobahn A 60; Urt. v. 21. 3. 1996 – 4 C 19.94 – DVBl. 1996, 907; Urt. v. 21. 3. 1996 – 4 C 26.94 – BVerwGE 100, 388 = DVBl. 1996, 914 – Autobahnring München-West – Allach; Urt. v. 21. 3. 1996 – 4 C 1.95 – DVBl. 1996, 915 – Autobahnring München A 99; Urt. v. 12. 12. 1996 – 4 C 29.94 – DVBl. 1997, 798 – Nesselwang-Füssen; für einen umfassenden Rechtsschutz der Planbetroffenen *Blümel* in: *Stüer* (Hrsg.) Verfahrensbeschleunigung, S. 17.
[316] *BVerwG*, Urt. v. 27. 6. 1990 – 4 C 26.87 – Buchholz 442.08 § 36 BBahnG Nr. 18; B. v. 21. 12. 1995 – 11 VR 6.95 – NVwZ 1996, 896 = DVBl. 1996, 676 – Erfurt – Leipzig/Halle.
[317] *BVerwG*, B. v. 8. 1. 1997 – 11 VR 30.95 – NuR 1998, 221 – Staffelstein, zum Hauptsacheverfahren Urt. v. 18. 6. 1997 – 11 A 70.95 – UPR 1997, 470 = NJ 1997, 615 – Staffelstein. Dies gelte im Übrigen – so das *BVerwG* – in mehr oder weniger starkem Umfang für alle Mitgliedstaaten der Europäischen Gemeinschaft (schriftliche Anfrage E-0503/96 an die Kommission und die Antwort der Kommission vom 7. 5. 1996, ABl. EG Nr. C 345/5). Dann aber sei es, bezogen auf das Ziel, Güterverkehr von der Straße auf die Schiene zu verlagern, kontraproduktiv, die Ausbauplanung für die Bahn von Gerichts wegen zu stoppen. Ob daneben zur Erreichung des Planungszieles weitere, die Marktposition der Bahn stärkende verkehrs- und ordnungspolitische Maßnahmen erforderlich sein könn-

der Umsetzung des Bundesschienenwegeausbaugesetzes entstehen, entziehen sich ebenfalls einer gerichtlichen Bewertung. Entschließt sich etwa der Bund aus gesamtwirtschaftlichen Erwägungen, eine Finanzierung durch teilweise Baukostenzuschüsse an die Deutsche Bahn AG vorzusehen, so entspricht dies dem Bundesschienenwegeausbaugesetz und ist auch mit höherrangigem Verfassungsrecht vereinbar.[318] Dasselbe gilt für die verkehrspolitische Entscheidung, auf einer Neubau- oder Ausbaustrecke Mischverkehr zwischen Güter- und Personenverkehr einzurichten.[319]

3110 Auch gewissen Unwägbarkeiten, die mit der Liberalisierung des Zugangs zum Schienennetz verbunden sind, entziehen den bisherigen Prognosedaten nicht ihre Grundlage.[320] Alternativlösungen müssen sich als vorzugswürdig aufdrängen.[321] Auch bei einem Raumordnungsverfahren muss die Planfeststellungsbehörde eine eigene Abwägungsentscheidung zur Trassenführung treffen.[322] Dabei hat die Inanspruchnahme privaten Grundeigentums ein besonderes Gewicht.[323] Allerdings kommt dem Interesse eines Grundstückeigentümers oder Pächters, nicht enteignend in Anspruch genommen zu werden, gegenüber anderen Belangen nicht zwingend ein Vorrang zu.[324] Bei der Überprüfung von Planfeststellungsbeschlüssen ist die Inanspruchnahme privaten Grundeigentums allerdings mit besonderem Gewicht in die Abwägung einzustellen. Dies gilt nicht nur, wenn der Vorhabenträger selbst bereits über die benötigten Flächen verfügt, sondern auch, wenn durch die Überplanung von Flächen einer anderen Gebietskörperschaft die Inanspruchnahme privaten Eigentums entbehrlich wird.[325] Zu den abwägungserheblichen öffentlichen und privaten Belangen gehört auch das Interesse an einer kostengünstigen Lösung. Die Planfeststellungsbehörde darf daher von einer Variante absehen, die vom Vorhabenträger unverhältnismäßige, nicht mehr vertretbare Aufwendungen erfordert.[326] Deshalb darf sie auch an einem aus einer Machbarkeitsstudie sich ergebenden technischen Konzept festhalten, selbst wenn andere technisch ebenfalls vertretbare Lösungsmodelle möglich sind.[327] Kosteneinschätzungen müssen verlässlich sein. Ergeben sich hier Zweifel, kann es sich empfehlen, einen unabhängigen Gutachter einzuschalten.[328]

3111 Die **Ziele der Raumordnung**[329] sind auch in der eisenbahnrechtlichen Fachplanung zu beachten (§ 4 I 2 Nr. 1 ROG). Von den Ländern werden daher vor Beginn des Planfest-

---

ten (vgl. dazu BT-Drucks. 13/5933, S. 3), haben – so das *BVerwG* – die politischen Entscheidungsorgane zu beurteilen.
[318] *BVerwG*, B. v. 8. 1. 1997 – 11 VR 30.95 – NuR 1998, 221 – Staffelstein; zum Hauptsacheverfahren Urt. v. 18. 6. 1997 – 11 A 70.95 – UPR 1997, 470 = NJ 1997, 615 – Staffelstein.
[319] *BVerwG*, B. v. 8. 1. 1997 – 11 VR 30.95 – NuR 1998, 221 – Staffelstein.
[320] *BVerwG*, Urt. v. 22. 11. 2000 – 11 C 2.00 – BVerwGE 112, 221 = DVBl. 2001, 405 = DÖV 2001, 691 = NVwZ 2001, 429 = UPR 2001, 148.
[321] *BVerwG*, Urt. v. 11. 1. 2001 – 4 A 13.99 – DVBl. 2001, 669 = BauR 2001, 900 = NVwZ 2001, 1154 – A 71, mit Hinweis auf Urt. v. 25. 1. 1996 – 4 C 5.95 – BVerwGE 100, 238 = DVBl. 1996, 677 = NVwZ 1996, 788; ebenso *BVerwG*, Urt. v. 25. 10. 2001 – 11 A 30 – 110-kV-Bahnstromfernleitung.
[322] *BVerwG*, Urt. v. 25. 10. 2001 – 11 A 30 – 110-kV-Bahnstromfernleitung.
[323] *BVerwG*, Urt. v. 31. 1. 2001 – 11 A 6.00 – DVBl. 2001, 1306 = NVwZ-RR 2001, 653 = UPR 2001, 352 – Berliner Innenring.
[324] *VGH Mannheim*, Urt. v. 14. 12. 2000 – 5 S 2716/99 – DVBl. 2000, 1367 = VBlBW 2001, 362, mit Hinweis auf *BVerwG*, B. v. 30. 8. 1999 – 4 VR 9.98 – NuR 1999, 633 = NVwZ-RR 1999, 164; *Hönig*, Fachplanung und Enteignung, in: Stüer (Hrsg.) Planungsrecht Bd. 6, 2001.
[325] *BVerwG*, B. v. 5. 1. 2001 – 4 B 57.00 – NVwZ-RR 2001, 422.
[326] *BVerwG*, Urt. v. 31. 1. 2001 – 11 A 6.00 – DVBl. 2001, 1306 = NVwZ-RR 2001, 653 = UPR 2001, 352.
[327] *BVerwG*, Urt. v. 9. 11. 2000 – 4 A 51.98 – DVBl. 2001, 644 = NVwZ 2001, 682.
[328] *VGH Mannheim*, B. v. 5. 3. 2001 – 10 S 2700/00 – NVwZ-RR 2001, 562 = NuR 2001, 517; zu § 7 BHO vgl. auch B. v. 5. 3. 2001 – 8 ZB 00.3490 – DÖV 2001, 697 = NuR 2001, 465 = NVwZ-RR 2001, 579.
[329] Zur Raumordnung s. Rdn. 215.

3. Teil. Abwägungsdirigierte Planungsentscheidungen

stellungsverfahrens in der Regel Raumordnungsverfahren durchgeführt.³³⁰ Das Planfeststellungsverfahren ist ergänzend zu § 73 VwVfG in § 20 AEG geregelt. Planfeststellungsbehörde ist gem. § 3 II Nr. 1 des Gesetzes über die Eisenbahnverkehrsverwaltung des Bundes (EVerkVerwG) das Eisenbahnbundesamt, das die Pläne gem. § 3 III EVerkVerwG an die nach Landesrecht zuständige Landesbehörde³³¹ zwecks Durchführung des Anhörungsverfahrens weiterleitet. Das Anhörungsverfahren ist dem nach dem FStrG vergleichbar.

Für das **Anhörungsverfahren** gilt § 73 VwVfG mit einigen Besonderheiten (§ 20 I AEG): Die Behörden, deren Aufgabenbereich durch das Vorhaben berührt wird, haben ihre Stellungnahmen innerhalb einer von der Anhörungsbehörde zu setzenden Frist abzugeben, die drei Monate nicht übersteigen darf.³³² Die Gemeinden legen den Plan innerhalb von drei Wochen nach Zugang aus. Sie machen die Auslegung vorher ortsüblich bekannt. Die Erörterung hat die Anhörungsbehörde innerhalb von drei Monaten nach Ablauf der Einwendungsfrist abzuschließen. Bei der Änderung von Betriebsanlagen der Eisenbahnen kann von einer förmlichen Erörterung i. S. des § 9 I 2 UVPG abgesehen werden. Vor dem Abschluss des Planfeststellungsverfahrens ist den Einwendern Gelegenheit zur Äußerung zu geben (§ 20 I Nr. 1 bis 4 AEG). Ermessensgesichtspunkte, die nach § 20 I Nr. 4 S. 1 AEG den Verzicht auf einen Erörterungstermin ohne weiteres rechtfertigen können, entbinden nach § 20 I Nr. 4 S. 2 AEG nicht von der Pflicht zur abschließenden schriftlichen Anhörung der Einwender.³³³ 3112

Auch für die Eisenbahnverfahren sind verspätet erhobene Einwendungen **materiell präkludiert** (§ 20 II AEG).³³⁴ Einwendungen gegen den Plan, die nach Ablauf der Einwendungsfrist erhoben werden, sind danach ausgeschlossen. Hierauf ist in der Bekanntmachung der Auslegung oder der Einwendungsfrist hinzuweisen. Nach dem Erörterungstermin eingehende Stellungnahmen der Behörden müssen bei der Feststellung des Plans nicht berücksichtigt werden. Dies gilt nicht, wenn später von einer Behörde vorgebrachte öffentliche Belange der Planfeststellungsbehörde auch ohne ihr Vorbringen bekannt sind oder hätten bekannt sein müssen. Bei der Planung verschiedener Freileitungen, die eine Region durchqueren, kann sich eine Parallelführung als diejenige Trassenvariante aufdrängen, welche regelmäßig Natur und Landschaft am wenigsten belastet.³³⁵ Die **Anfechtungsklage** gegen einen Planfeststellungsbeschluss oder eine Plangenehmigung für den Bau oder die Änderung von Betriebsanlagen der Eisenbahnen des Bundes, für die nach dem Bundesschienenwegeausbaugesetz ein vordringlicher Bedarf festgestellt worden ist, hat nach § 20 V AEG **keine aufschiebende Wirkung**. Der Eilantrag kann nur innerhalb eines Monats nach der Zustellung der Entscheidung gestellt und begründet werden (§ 20 V 2 AEG). Darauf ist in der Anordnung der sofortigen Vollziehung hinzuweisen.³³⁶ 3113

§ 22 AEG deckt auch die Enteignung von Grundstücken für **naturschutzrechtliche Ausgleichs- und Ersatzmaßnahmen**, soweit diese zur Ausführung des geplanten Vorhabens notwendig sind.³³⁷ Allerdings ist die Notwendigkeit der jeweiligen naturschutz- 3114

---

³³⁰ *Ronellenfitsch* Einführung in das Planungsrecht 1986, 117; vgl. auch § 73 IV VwVfG i. d. F. des GenBeschlG.
³³¹ In NW sind dies etwa die Bezirksregierungen.
³³² Zur Beschleunigung von Planungsverfahren für Verkehrsinfrastrukturvorhaben s. Rdn. 3762.
³³³ *BVerwG*, Urt. v. 21. 4. 1999 – 11 A 50.97 – NVwZ 1999, 725 = NuR 2000, 36.
³³⁴ *BVerwG*, Urt. v. 12. 11. 1992 – 7 ER 300.92 – NVwZ 1993, 266 = DVBl. 1993, 168 – Taigatrommel; Urt. v. 5. 3. 1997 – 11 A 25.95 – DVBl. 1997, 831 = NuR 1997, 435 – Sachsenwald; Urt. v. 18. 6. 1997 – 11 A 70.95 – UPR 1997, 470 = NJ 1997, 615 – Staffelstein.
³³⁵ *BVerwG*, B. v. 15. 9. 1995 – 11 VR 16.95 – UPR 1996, 26 = DVBl. 1996, 270 = NuR 1996, 143 = NVwZ 1996, 396 – Elektrifizierung.
³³⁶ Vgl. dazu auch *BVerwG*, B. v. 21. 1. 1999 – 11 VR 8.98 – NVwZ 1999, 650 – Schutzauflagen.
³³⁷ *BVerwG*, B. v. 21. 12. 1995 – 11 VR 6.95 – NVwZ 1996, 896 = DVBl. 1996, 676 – Erfurt – Leipzig/Halle.

rechtlichen Maßnahmen jeweils im Einzelfall darzulegen. Wird eine Eisenbahnanlage wesentlich geändert, so steht § 38 Nr. 3 BNatSchG a. F.[338] der Anordnung von naturschutzrechtlichen Ausgleichs- oder Ersatzmaßnahmen regelmäßig dann nicht entgegen, wenn damit Eingriffe in die Natur ausgeglichen werden sollen, die außerhalb eines Sicherheitsabstands von 6 m von der bisherigen äußeren Gleisachse vorgenommen werden. Es ist vielmehr in jedem Einzelfall zu prüfen, ob und inwieweit eine Maßnahme die bestandsgeschützte Nutzung beeinträchtigen würde. Ob die Eingriffsfläche allgemein für Bahnzwecke gewidmet ist, ist dabei unerheblich.[339]

3115 Auch im Eisenbahnrecht gilt, dass die Bildung von **Planungsabschnitten** inhaltlich gerechtfertigt und das Ergebnis planerischer Abwägung sein muss. Anders als im Recht des Baus von Fernstraßen[340] kann jedoch nicht verlangt werden, dass jedem Abschnitt eine selbstständige Verkehrsfunktion zukommt.[341] Es muss allerdings gesichert sein, dass die jeweils betroffenen Belange nicht wegen der Aufteilung des Vorhabens in verschiedene Abschnitte auf der Strecke bleiben. Insbesondere muss die Planung in dem jeweils betroffenen Abschnitt dem Einwand standhalten, dass eine andere Planungsvariante bei einer auf die Gesamtplanung bezogenen Betrachtung gegenüber dem der Planfeststellung zugrunde liegenden Planungskonzept vorzugswürdig sei.[342]

3116 In der eisenbahnrechtlichen Planfeststellung ist auch über **Schutzauflagen** zu entscheiden (§ 74 II 1, 2 VwVfG). Dabei sind auch die Immissionsgrenzwerte der **Verkehrslärmschutzverordnung** (16. BImSchV) zu beachten. Dies gilt im Falle des Neubaus oder der wesentlichen Änderung einer Straße oder einer Bahnanlage. Ein erheblicher baulicher Eingriff im Sinne des § 1 II 1 Nr. 2 der 16. BImSchV liegt vor, wenn in die Substanz des Schienenwegs, d. h. der Gleisanlage mit ihrem Unter- und Überbau einschließlich der Oberleitung, eingegriffen wird, soweit es sich nicht lediglich um Erhaltungs- und Unterhaltungsmaßnahmen oder um kleinere Baumaßnahmen handelt.[343] Die **Grenzwerte** der Verkehrslärmschutzverordnung sind jedoch nicht einzuhalten, wenn die Anlage nicht neu gebaut oder wesentlich geändert wird.[344] Nach § 41 I BImSchG ist bei dem Bau oder der wesentlichen Änderung von Eisenbahnen sicherzustellen, dass durch Verkehrsgeräusche keine schädlichen Umwelteinwirkungen hervorgerufen werden können, die nach Stand der Technik unvermeidbar sind. Unter welchen Voraussetzungen eine Änderung i. S. dieser Vorschrift wesentlich ist, erläutert § 1 II der aufgrund § 43 I 1 Nr. 1 BImSchG ergangenen Verkehrslärmschutzverordnung. Notwendig ist danach, dass (1) der Schienenweg um ein oder mehrere durchgehende Gleise baulich erweitert wird oder (2) durch einen erheblichen baulichen Eingriff der Beurteilungspegel des von dem zu ändernden Schienenweg ausgehenden Verkehrslärms auf mindestens 70 dB(A) am Tag oder 60 dB(A) in der Nacht erhöht wird. Dies gilt nicht in Gewerbegebieten. Besteht bereits ein Schienenweg, so muss dieser entweder um ein weiteres Gleis erweitert werden oder es müssen

---

[338] Die Regelung ist in das BNatSchG 2002 nicht übernommen worden.
[339] *BVerwG*, Urt. v. 22. 11. 2000 – 11 A 4.00 – BVerwGE 112, 214 = DÖV 2001, 515 = NuR 2001, 266 = NVwZ 2001, 562.
[340] *BVerwG*, B. v. 2. 11. 1992 – 4 B 205.92 – Buchholz 407.4 § 17 FStrG Nr. 92; Urt. v. 12. 12. 1996 – 4 C 29.94 – DVBl. 1997, 798 – Nesselwang-Füssen; *Blümel* in: *Stüer* (Hrsg.) Verfahrensbeschleunigung, S. 17; s. Rdn. 3055.
[341] *BVerwG*, B. v. 21. 12. 1995 – 11 VR 6.95 – NVwZ 1996, 896 = DVBl. 1996, 676 – Erfurt – Leipzig/Halle; B. v. 8. 1. 1997 – 11 VR 30.95 – NuR 1998, 221 – Staffelstein; zum Hauptsacheverfahren Urt. v. 18. 6. 1997 – 11 A 70.95 – UPR 1997, 470 = NJ 1997, 615 – Staffelstein. Auch die UVP-Richtlinie verbietet die Bildung von Abschnitten nicht.
[342] *BVerwG*, B. v. 2. 11. 1992 – 4 B 205.92 – Buchholz 407.4 § 17 FStrG Nr. 92 = DVBl. 1993, 161 = UPR 1993, 65 = NVwZ 1993, 887 = *Hoppe/Stüer* RzB Rdn. 14 – Abschnittsbildung.
[343] *BVerwG*, Urt. v. 14. 11. 2001 – 11 A 31.00 – NVwZ 2002, 733 = DVBl. 2002, 560 – Berlin – Stralsund.
[344] *BVerwG*, B. v. 26. 2. 1996 – 11 VR 33.95 – NuR 1996, 515 = LKV 1996, 246 – Stendal – Uelzen; s. Rdn. 484.

prognostizierte Lärmbelastungen von mindestens 70 dB(A) tags und 60 dB(A) nachts auftreten. Keine wesentliche Änderung eines Schienenweges stellen Baumaßnahmen dar, die nicht zu einer Erhöhung der Lärmbelastungen führen, sondern nur allgemein dazu dienen, den Zustand des Schienenweges zu verbessern – ebenso wie Baumaßnahmen, die es ermöglichen, die bereits zuvor aufgrund einer Ausnahmegenehmigung gefahrenen **Zuggeschwindigkeiten aufrechtzuerhalten**.[345] Solche Maßnahmen sind nicht für eine Erhöhung des Beurteilungspegels ursächlich, sondern nur dafür, dass künftig keine Verkehrsbeschränkungen greifen und die von den Anwohnern erwartete Reduzierung der Lärmimmissionen nicht eintritt.

Für Schienenwege enthält das in der Anlage 2 zu § 3 der Verkehrslärmschutzverordnung beschriebene Berechnungsverfahren einen **Schienenbonus** von 5 dB(A). Dieser gilt allerdings nicht für Schienenwege, auf denen in erheblichem Umfang Güterzüge gebildet oder zerlegt werden (§ 3 S. 2 Verkehrslärmschutzverordnung). Da dieser Schienenbonus an die Besonderheiten des Schienenverkehrslärms gegenüber dem Straßenverkehrslärm anknüpft, kann seine Berechtigung nicht davon abhängen, ob die Geräusche von einer unverändert bestehenden, einer wesentlich geänderten oder einer neu errichteten Eisenbahnstrecke ausgehen.[346] Der Schienenbonus ist somit nach Auffassung des *BVerwG* auch außerhalb des eigentlichen Anwendungsbereiches der Verkehrslärmschutzverordnung anzuwenden, da es sich um ein Berechnungsverfahren handele, das an die besondere Art des Verkehrslärms und damit an tatsächliche Umstände anknüpfe. Denn tatsächliche Demontagearbeiten an Gleisanlagen allein lassen die rechtliche Qualität einer Bahnanlage nicht entfallen. Wird daher ein stillgelegter Schienenweg unter Veränderung der Gleislage wieder hergestellt, ohne dass die alte Trasse verlassen wird, liegt i. S. von § 41 I BImSchG kein Neubau, sondern nur eine wesentliche Änderung vor.[347]

Der in der Anlage 2 zu § 3 der 16. BImSchV festgelegte **Schienenbonus** als Ausdruck einer geringeren Störwirkung von Schienenverkehrslärm gegenüber Straßenverkehrslärm hält sich innerhalb des durch das BImSchG gesetzten Rahmens und ist auch mit Art. 2 II 1 GG vereinbar. Soweit die Immissionen von der 16. BImSchV erfasst sind, ist grundsätzlich von den dort genannten Werten auszugehen. Solange ihr vergröbernde und abschließend geregelte rechnerische Ermittlung der Lärmsituation die Wirklichkeit zulänglich abbildet und der Verordnungsgeber deswegen seinen Einschätzungs-, Wertungs- und Gestaltungsspielraum eingehalten hat[348] und solange auch keinen neuen Erkenntnisgrundlagen vorliegen, ist der in der 16. BImSchV verankerte Schienenbonus sachgerecht.[349] Auch besteht mangels anderer wissenschaftlicher Erkenntnisse keine Veranlassung, Schienenverkehrslärm im Einwirkungsbereich von Weichen abweichend von der 16. BImSchV mit einem Lästigkeitszuschlag zu bewerten.[350] Allerdings können bei schlecht gewarteten Weichen mit starren Herzstücken impulshaltige, lästige Schlaggeräusche auftreten, deren Maximalpegel im Mittel etwa 5 dB(A) über den Vorbeifahrpegeln der Schienenfahrzeuge liegen.[351] Wartungsmängel an Weichen können dann besondere Abhilfeansprüche der Anlieger auslösen, sind aber nicht stattdessen vorsorglich bei der Lärmprognose zu unterstellen.[352]

---

[345] *BVerwG*, B. v. 23. 2. 1993 – 7 B 7.93 – Buchholz 406.25 § 41 BImSchG Nr. 6.
[346] *BVerwG*, B. v. 27. 12. 1993 – 7 B 121.93 – UPR 1994, 261 = NuR 1994, 391 – Schienenbonus, dort auch zu Erschütterungen durch den Schienenverkehr.
[347] *BVerwG*, Urt. v. 3. 3. 1999 – 11 A 9.97 – NVwZ-RR 1999, 720 = UPR 1999, 388 – Streckenstilllegung.
[348] *BVerwG*, Urt. v. 14. 11. 2001 – 11 A 31.00 – DVBl. 2002, 560 = NVwZ 2002, 733, mit Hinweis auf Urt. v. 20. 12. 2000 – 11 A 7.00 – NVwZ-RR 2001, 360 = UPR 2001, 351.
[349] *BVerwG*, Urt. v. 13. 11. 2001 – 9 B 57.01 – DVBl. 2002, 276 = NVwZ-RR 2002, 178.
[350] *VGH München*, Urt. v. 12. 4. 2002 – 20 A 1.40 016 u. a. – DVBl. 2002, 1140.
[351] Abstand von 25 m von Gleismitte, bei klotzgebremsten Fahrzeugen ist die Pegeldifferenz etwas niedriger.
[352] *VGH München*, Urt. v. 12. 4. 2002 – 20 A 01.40 016 – DVBl. 2002, 1140.

3119 Ob der Nachweis für die Berechtigung eines **Gleispflegeabschlages**[353] nach dem derzeitigen Stand der Lärmursachenforschung als geführt angesehen werden kann, hat das *BVerwG* zunächst offen gelassen,[354] später jedoch bejaht. In Fortentwicklung seiner bisherigen Auffassung[355] kann nach Ansicht des *BVerwG* mit dem Verfahren „Besonders überwachtes Gleis" eine dauerhafte Lärmminderung erzielt werden, die zusätzlich zu den Korrekturwerten D(Fb) der Tabelle C der Anlage 2 zu § 3 der 16. BImSchV zu berücksichtigen ist.[356] Die Planfeststellungsbehörde kann den Anforderungen des § 41 II BImSchG auch dann gerecht werden, wenn sie in einem Entscheidungsvorbehalt weitergehende Maßnahmen des aktiven Schallschutzes ablehnt und die Lärmbetroffenen auf passiven Schallschutz verweist.[357] Nach Anlage 2 zu § 3 der 16. BImSchV liegt der Immissionsort vor Gebäuden in Höhe der Geschossdecke (0,2 m über der Fensteroberkante) des zu schützenden Raumes. Daraus folgt, dass bei der schalltechnischen Untersuchung auf Gebäudeseitenwände mit Fenstern abzustellen ist, wenn die der Lärmquelle zugewandte Gebäudewand kein Fenster aufweist.[358] Die bloße Elektrifizierung einer Bahnstrecke bewirkt im Allgemeinen keine Lärmerhöhung. Das Verfahren „besonders überwachtes Gleis" ist eine Schallschutzmaßnahme, die der Einhaltung der Immissionsgrenzwerte des § 2 der 16. BImSchV dient. Sein Lärmminderungseffekt darf erst bei der Einhaltung der Grenzwerte des § 2 der 16. BImSchV berücksichtigt werden. Würde man das „besonders überwachte Gleis" dagegen bereits bei der Beurteilung der Frage einbeziehen, ob eine bauliche Maßnahme zu einer Lärmerhöhung führen würde (§ 1 II der 16. BImSchV), läge es vielfach im Belieben der Planfeststellungsbehörde, ob ein Vorhaben Ansprüche auf Einhaltung der einschlägigen Immissionsgrenzwerte auslösen würde.[359] Die Behörde darf sich bei der Abwägung von Lärmimmissionen im Rahmen der Planfeststellung auf die 16. BImSchV und die dort in Bezug genommene Richtlinie Schall 03 stützen, die den Bau oder die Veränderung von Personenbahnhöfen als lärmneutral bewertet. Dem Verordnungsgeber steht dabei ein Einschätzungs-, Wertungs- und Gestaltungsspielraum zu, der es ihm erlaubt, eine Veränderung des Lärmgeschehens insgesamt als unbedeutend einzustufen, wenn die rechnerisch ermittelte Lärmbelastung die Wirklichkeit nicht nur völlig unzureichend abbildet. Der Emissionspegel von Zug- und Rangierfahrten in Personenbahnhöfen darf dabei pauschal wie für eine freie Strecke gerechnet werden.[360]

---

[353] Im Sinne der amtlichen Anmerkung zu Tabelle C der Anlage 2 zu § 3 der 16. BImSchV auf der Grundlage der Verfügung zum Lärmschutz an Schienenwegen des Präsidenten des Eisenbahnbundesamtes vom 16. 3. 1998. Ähnliche Fragestellungen ergeben sich beim sog. „Flüsterasphalt".

[354] Zum Flüsterasphalt *BVerwG*, B. v. 1. 4. 1999 – 4 B 87.98 – NVwZ-RR 1999, 567.

[355] *BVerwG*, Urt. v. 16. 12. 1998 – 11 A 44.97 – Buchholz 406.25 § 41 BImSchG Nr. 24 – Gleispflegeabschlag.

[356] *BVerwG*, Urt. v. 15. 3. 2000 – 11 A 42.97 – BVerwGE 110, 370 – Gleispflegeabschlag.

[357] *BVerwG*, Urt. v. 16. 12. 1998 – 11 A 44.97 – Buchholz 406.25 § 41 BImSchG Nr. 24 – Gleispflegeabschlag. Zur Reichweite dieser Möglichkeiten *BVerwG*, Urt. v. 28. 1. 1999 – 4 CN 5.98 – UPR 1999, 268 = ZfBR 1999, 219. Zur Kombination von aktiven und passiven Schallschutzmaßnahmen bei einem planfeststellungsersetzenden Bebauungsplan *OVG Münster*, Urt. v. 2. 3. 1998 – 7 a D 172/95. NE – NWVBL 1998, 359.

[358] *BVerwG*, Urt. v. 18. 3. 1998 – 11 A 55.96 – DVBl. 1998, 1181 = NVwZ 1998, 1071 = UPR 1998, 351 – Staffelstein; B. v. 3. 9. 1997 – 11 VR 20.96 – NVwZ-RR 1998, 289 = DÖV 1998, 79 – Erfurt-Leipzig/Halle, mit Hinweis auf Urt. v. 5. 3. 1997 – 11 A 25.95 – DVBl. 1997, 831 = BVerwGE 104, 123 = NVwZ 1998, 513 = UPR 1997, 295 – Sachsenwald; Urt. v. 21. 4. 1999 – 11 A 50.97 – NVwZ-RR 1999, 725 = NuR 2000, 36 – Schallschutzwand; vgl. auch B. v. 22. 9. 1999 – 4 B 68.99 – UPR 2000, 71 = NZV 2000, 138 – Schallschutz.

[359] *BVerwG*, Urt. v. 14. 11. 2001 – 11 A 31.00 – NVwZ 2002, 733 = DVBl. 2002, 560 – Berlin-Stralsund. Zur Lärmminderung bei Schienenwegen und zur Berechnung des Beurteilungspegels *BVerwG*, B. v. 11. 2. 2003 – 9 B 49.02 und 50.02 – NVwZ-RR 2003, 296 = DVBl. 2003, 552.

[360] *BVerwG*, Urt. v. 20. 12. 2000 – 11 A 7.00 – NVwZ-RR 2001, 360 = UPR 2001, 351, mit Hinweis auf Urt. v. 3. 3. 1999 – 11 A 9.97 – DVBl. 1999, 1527 = NuR 2000, 575 = NVwZ-RR 1999, 720 = UPR 1999, 388.

Im eisenbahnrechtlichen Planfeststellungsverfahren ist die Planfeststellungsbehörde für **3120** die zusammenfassende Darstellung der **Umweltauswirkungen** nach § 11 UVPG zuständig, die auch in der Begründung der Zulassungsentscheidung erfolgen kann. Wird die Anhörung und die Planfeststellung von verschiedenen Behörden durchgeführt, hat die Planfeststellungsbehörde die zusammenfassende Darstellung vorzunehmen. Haben Sachverständige diese vorbereitet, muss die verantwortliche Behörde die Untersuchungen überprüfen und darüber befinden, ob sie in die Planfeststellung übernommen werden sollen.[361] Weder die in § 2 I Nr. 2 der 16. BImSchV festgelegten Immissionsgrenzwerte noch das in § 3 der 16. BImSchV vorgeschriebene Verfahren zur Berechnung des Beurteilungspegels für Schienenwege verstoßen nach Auffassung des *BVerwG* gegen Art. 2 II 1 GG. Bei der Planfeststellung für die wesentliche Änderung eines Schienenweges ist – vorbehaltlich einer durch § 41 II BImSchG begründeten Ausnahme[362] – sicherzustellen, dass zum Zeitpunkt der Inbetriebnahme des geänderten Schienenweges die nach § 3 der 16. BImSchV berechneten Beurteilungspegel die sich aus § 2 der 16. BImSchV ergebenden Immissionsgrenzwerte nicht überschreiten. Ob die Kosten einer aktiven Schallschutzmaßnahme außer Verhältnis zum angestrebten Schutzzweck stehen und deshalb dem Vorhabenträger nach dem Maßstab des § 41 II BImSchG nicht zuzumuten sind, ist in umfassender Weise daran zu messen, mit welchem Gewicht die widerstreitenden Belange einander gegenüberstehen. Insoweit besteht für die Planfeststellungsbehörde ein Abwägungsspielraum.

Die gesetzlichen Regelungen in den §§ 41 ff. BImSchG bestimmen einen **grundsätzlichen Vorrang** der **aktiven** vor den **passiven Schallschutzmaßnahmen**. Sind die Auswirkungen des Eisenbahnbetriebes durch Maßnahmen des aktiven Schallschutzes zu verringern, so hat dies grundsätzlich Vorrang vor dem passiven Schallschutz, der in der Regel Außenwohnbereiche nicht schützt. Dabei sind sowohl die Tagwerte als auch die Nachtwerte in die Betrachtung einzubeziehen. Auch hinsichtlich der **Nachtwerte** ist ein Vorrang des aktiven Schallschutzes vor dem passiven Schallschutz gegeben. Werden daher die für die Nachtzeit geltenden Immissionsgrenzwerte überschritten, so haben Maßnahmen des aktiven Schallschutzes vor denen des (lediglich) passiven Schallschutzes grundsätzlich Vorrang. Alle Maßnahmen des aktiven Schallschutzes müssen daher vorrangig ergriffen werden, bevor der passive Schallschutz eingesetzt wird. Allerdings stehen die Maßnahmen des aktiven Schallschutzes gem. § 41 II BImSchG unter dem Vorbehalt, dass die Kosten der Schutzmaßnahmen nicht außer Verhältnis zu dem angestrebten Erfolg stehen dürfen.[363] Es spricht einiges dafür, in diese Verhältnismäßigkeitsprüfung auch andere Gesichtspunkte wie etwa **städtebauliche Belange** einzustellen. Denn die jeweils zu treffenden Maßnahmen unterliegen dem Abwägungsgebot,[364] was dazu führt, dass die Auswirkungen der Schutzvorkehrungen in der planerischen Entscheidung zu berücksichtigen sind. Vermeidet etwa der vorgesehene Lärmschutz nachteilige Lärmeinwirkungen und ist er i. S. der §§ 41 ff. BImSchG ausreichend, dann können gleichwohl andere Folgen, die mit den durchgeführten Lärmschutzmaßnahmen verbunden sind, abwägungserheblich sein.[365] Die Beachtung des § 41 BImSchG dispensiert die Planfeststellungsbehörde also nicht von dem Gebot, andere, sich ggf. aufdrängende Folgen zu ermitteln und über ihre Erheblichkeit im Rahmen der Gesamtplanung abwägend zu entscheiden.[366] Können die in der Ver-

---

[361] *BVerwG*, Urt. v. 5. 3. 1997 – 11 A 25.95 – DVBl. 1997, 831 = BVerwGE 104, 123 = NVwZ 1998, 513 – Sachsenwald; Urt. v. 21. 4. 1999 – 11 A 50.97 – NVwZ-RR 1999, 725 = NuR 2000, 36 – Schallschutzwand; vgl. auch B. v. 22. 9. 1999 – 4 B 68.98 – UPR 2000, 71 = NZV 2000, 138 – Schallschutz.
[362] Dazu *BVerwG*, Urt. v. 28. 1. 1999 – 4 CN 5.98 – UPR 1999, 268 = ZfBR 1999, 219.
[363] *BVerwG*, B. v. 18. 5. 1993 – 7 ER 302.92 – BImSchG-Rspr. § 41 Nr. 22 – Vorsfelde.
[364] Zum Abwägungsgebot s. Rdn. 1195.
[365] Offen gelassen in *BVerwG*, Urt. v. 28. 1. 1999 – 4 CN 5.98 – UPR 1999, 268 = ZfBR 1999, 219.
[366] *BVerwG*, B. v. 21. 10. 1994 – 4 B 209.94 – NVwZ 1995, 907 = DVBl. 1995, 750 – Lärmschutzwand.

kehrslärmschutzverordnung vorgeschriebenen **Nachtwerte** durch Maßnahmen des aktiven Lärmschutzes nicht eingehalten werden, so ist zumindest der nach Lage der Dinge mögliche und zumutbare aktive Lärmschutz vorzusehen.[367] Die Verpflichtung des § 41 I BImSchG, schädliche Umwelteinwirkungen durch Verkehrsgeräusche nach Möglichkeit zu vermeiden, erweist sich damit als gesetzliches Programm, das auf eine möglichst weitgehende Verwirklichung angelegt ist. Maßnahmen des aktiven Verkehrslärmschutzes sind danach so weit wie möglich zu verwirklichen und stellen sich damit sozusagen als „**goldener Schnitt**" zwischen dem Schutzbedürfnis der Planbetroffenen einerseits sowie den hierdurch entstehenden Kosten und anderen öffentlichen Belangen andererseits dar. Die Behörde darf sich dieser (nachvollziehenden) Interessenabwägung nicht dadurch entziehen, dass sie die vollständige Einhaltung der Immissionsgrenzwerte aus Kostengründen in Abrede stellt und daher auf Maßnahmen des aktiven Lärmschutzes mit dem Ziel des Schutzes der Außenwohnbereiche ganz verzichtet.[368]

Beispiel: Im Zuge des Streckenausbaus Hamburg-Büchen-Berlin treten auf verschiedenen villenartigen Grundstücken im Bereich des Sachsenwaldes Lärmbelastungen von mehr als 60 dB(A) in der Nacht auf. Die Deutsche Bahn AG darf nicht deshalb von Maßnahmen des aktiven Lärmschutzes absehen, weil die vollständige Einhaltung der nach der Verkehrslärmschutzverordnung vorgeschriebenen Immissionsgrenzwerte an städtebaulichen Belangen wie etwa zu großen Höhen der Lärmschutzwände scheitert. Das der Deutschen Bahn AG zumutbare Maß an aktivem Lärmschutz muss auch im Hinblick auf die Überschreitung der Nachtwerte gewahrt werden.

3122 Das in den §§ 41 ff. BImSchG normierte Lärmschutzsystem weist hinsichtlich des durch den Schienenverkehr verursachten **sekundären Luftschalls** eine Lücke auf, die nur durch einen Rückgriff auf § 74 II 2 und 3 VwVfG geschlossen werden kann. Dies führt dazu, die Zumutbarkeit von sekundärem Luftschall weiterhin nach den Grundsätzen zu beurteilen, die vor In-Kraft-Treten der Verkehrslärmschutzverordnung von der Rechtsprechung entwickelt worden sind.[369] Anlagen, bei denen **elektromagnetische Felder** entstehen, haben die Vorgaben der Verordnung über elektromagnetische Felder (**26. BImSchV**)[370] einzuhalten. Die Verordnung gilt für Hochfrequenzanlagen wie ortsfeste Sendefunkanlagen mit einer Sendeleistung von 10 Watt EIRP (äquivalente isotrope Strahlenschutzleistung) oder mehr, die elektromagnetische Felder im Frequenzbereich von 10 Megaherz bis 300.000 Megaherz erzeugen. Außerdem fallen darunter Niederfrequenzanlagen als ortsfeste Anlagen zur Umspannung und Fortleitung von Elektrizität wie Freileitungen und Erdkabel mit einer Frequenz von 50 Hertz und einer Spannung von 1.000 Volt oder mehr sowie Bahnstromfern- und Bahnstromoberleitungen einschließlich der Umspann- und Schaltanlagen mit einer Frequenz von $16^2/_3$ Hertz oder 50 Herz. Auch Elektroumspannanlagen einschließlich der Schaltfelder mit einer Frequenz von 50 Hertz und einer Oberspannung von 1.000 Volt oder mehr fallen unter die 26. BImSchV. Zum Schutz vor schädlichen Umwelteinwirkungen sind Hochfrequenzanlagen nach § 2 der 26. BImSchV so zu betreiben, dass in ihrem Einwirkungsbereich in Gebäuden oder auf Grundstücken, die zum nicht nur vorübergehenden Aufenthalt von Menschen bestimmt sind, bei höchster be-

---

[367] *BVerwG*, B. v. 17. 5. 1995 – 4 NB 30.94 – BauR 1995, 654 = DVBl. 1995, 1010 = NJW 1995, 2572 = ZfBR 1995, 26 – passiver Schallschutz.

[368] Wohl kann sich der Anspruch auf Schallschutzfenster mit schallgedämpfter Lüftung auf Schlafräume beschränken, die ein ungestörtes Schlafen unter Frischluftzufuhr ermöglichen sollen, *BVerwG*, B. v. 27. 12. 1993 – 7 B 121.93 – UPR 1994, 261 = NuR 1994, 391 – Schienenbonus, dort auch zu Erschütterungen durch den Schienenverkehr.

[369] *BVerwG*, Urt. v. 9. 2. 1995 – 4 C 26.93 – UPR 1995, 265; B. v. 10. 10. 1995 – 11 B 100.95 – Luftschall.

[370] Verordnung über elektromagnetische Felder (26. BImSchV) v. 16. 12. 1996 (BGBl. I 1966). Die Verordnung ist am 21. 12. 1996 in Kraft getreten; vgl. auch die Verordnung über die Anforderungen und das Verfahren für die Beleihung von benannten Stellen und für die Anerkennung von zuständigen Stellen auf dem Gebiet der elektromagnetischen Verträglichkeit von Geräten (Beleihungs- und Anerkennungsverordnung) v. 14. 6. 1999 (BGBl. I 1361).

trieblicher Auslastung und unter Berücksichtigung von Immissionen durch andere ortsfeste Sendeanlagen die in der Anlage 1 zur 26. BImSchV genannten elektrischen und magnetischen Feldstärken für den jeweiligen Frequenzbereich nicht überschritten werden und bei gepulsten elektromagnetischen Feldern zusätzlich der in § 2 II der 26. BImSchV genannte Spitzenwert nicht überschritten wird. Zum Schutz vor schädlichen Umwelteinwirkungen sind Niederfrequenzanlagen wie Bahnstromanlagen so zu errichten und zu betreiben, dass in ihrem Einwirkungsbereich in Gebäuden oder auf Grundstücken, die zum nicht nur vorübergehenden Aufenthalt von Menschen bestimmt sind, bei höchster betrieblicher Anlagenauslastung und unter Berücksichtigung von Immissionen durch andere Niederfrequenzanlagen die in der Anlage 2 der 26. BImSchV bestimmten Grenzwerte nicht überschritten werden. Kurzzeitige oder kleinräumige Überschreitungen können nach § 3 S. 2 der 26. BImSchV außer Betracht bleiben. Darüber hinaus werden nach § 4 der 26. BImSchV in der Nähe von Wohnungen, Krankenhäusern, Schulen, Kindergärten, Kinderhorten, Spielplätzen oder ähnlichen Einrichtungen in diesen Gebäuden oder auf Grundstücken strengere Vorsorgewerte aufgestellt. Aus dem Anhang I ergeben sich Grenzwerte für Hochfrequenzanlagen (zu § 2 der 26. BImSchV). In Anhang 2 sind Grenzwerte für Niederfrequenzanlagen aufgeführt (zu § 3 der 26. BImSchV).[371] Werden die Werte eingehalten, ist davon auszugehen, dass ausreichende Schutzvorkehrungen zur Verhinderung von Gesundheitsbeeinträchtigungen getroffen sind.[372] Schutzvorkehrungen nach § 74 II 2 VwVfG dürfen dem Träger eines planfeststellungsbedürftigen Vorhabens grundsätzlich nicht auferlegt werden, wenn von dem Vorhaben keine die tatsächliche Vorbelastung der Umgebung übersteigenden nachteiligen Wirkungen ausgehen. Dies gilt etwa für hinzunehmende elektromagnetische Störungen von Computermonitoren.[373]

Das in Anlage 2 zu § 3 der 16. BImSchV für die Berechnung der Beurteilungspegel bei Schienenwegen festgelegte Verfahren stellt allein auf den Luftschall ab. Für Immissionen durch Körperschall und die sich daraus ergebenden Erschütterungsimmissionen ist § 74 II 2 und 3 VwVfG anzuwenden.[374] Auch bei **Erschütterungen** können plangegebene Vorbelastungen bedeutsam sein.[375] Bei der Abschätzung gesundheitlicher Risiken und der damit verbundenen Toleranzgrenzen darf sich die Planfeststellungsbehörde an Werten orientieren, die deutlich unterhalb der Konzentrationswerte in § 2 der 23. BImSchV liegen. Sie ist nicht gehalten, eine Trasse zu wählen, bei der die Orientierungswerte des Länderausschusses für Immissionsschutz (LAI) auch bei trassennahe liegenden Grundstücken unterschritten werden.[376] Denn es ist zwischen einzuhaltenden Grenz- und Richtwerten zu unterscheiden. Erschütterungs- und Schallimmissionen sind auszugleichen, wenn sie mit Rücksicht auf die Gebietsart und die konkreten tatsächlichen Verhältnisse nicht zumutbar sind. Dabei ist eine tatsächliche oder plangegebene Vorbelastung zu berücksichtigen.[377]

---

[371] Für Niederfrequenzanlagen ergeben sich damit folgende Effektivwerte: Für 50-Hertz-Felder eine elektrische Feldstärke von 5 kV/m und eine magnetische Feldstärke von 100 Mikrotelsa, für $16^2/_3$-Hertz-Felder eine elektrische Feldstärke von 10 kV/m und eine magnetische Feldstärke von 300 Mikrotelsa.
[372] *OVG Bautzen*, Urt. v. 17. 12. 1997 – 1 S 746/96 – DÖV 1998, 431 = LKV 1998, 353 – Mobilfunkanlage.
[373] *BVerwG*, Urt. v. 1. 9. 1999 – 11 A 2.98 – NVwZ 2000, 68 = UPR 2000, 115 – Computermonitore.
[374] *BVerwG*, B. v. 13. 11. 2001 – 9 B 57.01 – DVBl. 2002, 276 = UPR 2002, 75.
[375] *BVerwG*, Urt. v. 31. 1. 2001 – 11 A 6.00 – DVBl. 2001, 1306 = NVwZ-RR 2001, 653, mit Hinweis auf die DIN 4150-1.
[376] *BVerwG*, Urt. v. 16. 10. 2001 – 4 A 42.01 – DVBl. 2002, 275 im Anschluss an Urt. v. 26. 2. 1999 – 4 A 47.96 – DVBl. 1999, 526 = NVwZ 2000, 560 – A 14.
[377] *BVerwG*, Urt. v. 31. 1. 2001 – 11 A 6.00 – DVBl. 2001, 1306 = NVwZ-RR 2001, 653 = UPR 2001, 352 – Berliner Innenring, mit Hinweis auf Urt. v. 21. 5. 1976 – IV C 80.74 – BVerwGE 51, 15 = DVBl. 1976, 779 = NJW 1976, 1760.

Die Grenze der schutzmindernder Vorbelastungen ist jedoch dort erreicht, wo die Erschütterungen die verfassungsrechtlich hinzunehmende Zumutbarkeitsgrenze überschreiten.[378] Ansonsten können die Betroffenen keine sanierenden Schutzmaßnahmen verlangen.[379] Die Reichweite der plangegebenen Vorbelastung bestimmt sich nach den jeweiligen Einzelfallumständen.[380] Das in Anlage 2 zu § 3 der 16. BImSchV für die Berechnung der Beurteilungspegel bei Schienenwegen festgelegte Verfahren stellt allein auf den Luftschall ab. Für durch Körperschall übertragene Immissionen ist § 74 II Sätze 2 und 3 VwVfG anzuwenden. Erschütterungsimmissionen sind nach § 74 II 2 VwVfG zu beurteilen. Auch bei Erschütterungen kann eine plangegebene Vorbelastung berücksichtigt werden.[381]

3124 Im Verhältnis zu anderen Planungsträgern hat die **Deutsche Bahn AG Vorrang**, soweit die Nutzung der zugelassenen **Bahnanlagen** betroffen ist. Nach § 4 I AEG sind die Eisenbahnen verpflichtet, ihren Betrieb sicher zu führen und die Eisenbahninfrastruktur, Fahrzeuge und Zubehör sicher zu bauen und in betriebssicherem Zustand zu halten. Baufreigabe, Abnahme, Prüfungen und Zulassungen nach Maßgabe anderer Gesetze und Verordnungen obliegen für Betriebsanlagen und Schienenfahrzeuge der Eisenbahnen des Bundes dem Eisenbahn-Bundesamt (§ 4 II AEG). Der Vorbehalt zu Gunsten von Fachplanungen gem. § 38 1 BauGB betrifft nicht nur die Anwendbarkeit der §§ 29 bis 37 BauGB, sondern beschränkt auch die **Gemeinde** im Gebrauch ihrer Planungshoheit in Bezug auf die vorhandene Anlage der Fachplanung. Die Gemeinde darf daher nicht durch ihre Bauleitplanung in die zweckentsprechende Nutzung des Bahngeländes eingreifen. Sie ist nicht berechtigt, durch einen Bebauungsplan im Bereich einer Bundesbahnanlage ein allgemeines **Bauverbot** festzusetzen.[382] Der Vorbehalt in § 38 BauGB hindert allerdings nicht an solchen Festsetzungen durch Bebauungsplan, die inhaltlich der bestehenden Zweckbestimmung einer Fläche als Bahnanlage nicht zuwiderlaufen. Ist die Aufhebung der besonderen bahnrechtlichen Zweckbestimmung einer Fläche zu erwarten, steht der Gemeinde frei, die für diesen Fall in Aussicht stehenden Nutzungswünsche von vornherein in die von ihr bauplanungsrechtlich für angemessen und erforderlich erachtete Richtung zu lenken. Dies kann auch durch eine Veränderungssperre und die Zurückstellung von Baugesuchen geschehen. Der Bau von Betriebsanlagen der Eisenbahn hat dabei in der Regel überörtliche Bedeutung nach § 38 1 BauGB.[383] Denn nach dem durch das BauROG 1998 veränderten Wortlaut des § 38 BauGB ist nicht mehr auf die voraussichtliche planerische Kraft der einzelnen Gemeinde, sondern auf die überörtliche Bezüge des Vorhabens abzustellen. Solche überörtlichen Bezüge sind nach Auffassung des BVerwG bei dem Bau von Betriebsanlagen der Eisenbahn in der Regel gegeben.[384]

---

[378] *BVerwG*, Urt. v. 31. 1. 2001 – 11 A 6.00 – DVBl. 2001, 1306 = NVwZ-RR 2001, 653, mit Hinweis auf Urt. v. 14. 12. 1979 – IV C 10.77 – BVerwGE 59, 253 = DVBl. 1980, 301 = NJW 1980, 2368; Urt. v. 15. 3. 2000 – 11 A 42.97 – BVerwGE 110, 370 = DVBl. 2000, 1342 = NVwZ 2001, 71.

[379] *BVerwG*, Urt. v. 31. 1. 2001 – 11 A 6.00 – DVBl. 2001, 1306 = NVwZ-RR 2001, 653 = UPR 2001, 352, mit Hinweis auf Urt. v. 21. 5. 1976 – IV C 80.74 – BVerwGE 51, 15 = DVBl. 1976, 779 = NJW 1976, 1760; Urt. v. 14. 12. 1979 – IV C 10.77 – BVerwGE 59, 253 = DVBl. 1980, 301 = NJW 1980, 2368; Urt. v. 12. 4. 2000 – 11 A 18.98 – BVerwGE 111, 108 = DVBl. 2000, 1344 = NVwZ 2001, 82.

[380] *BVerwG*, Urt. v. 31. 1. 2001 – 11 A 6.00 – DVBl. 2001, 1306 = NVwZ-RR 2001, 653, 655 = UPR 2001, 352, mit Hinweis auf Urt. v. 9. 2. 1995 – 4 C 26.93 – BVerwGE 97, 367 = DVBl. 1995, 750 = NVwZ 1995, 907; Urt. v. 14. 12. 1979 – IV C 10.77 – BVerwGE 59, 253 = DVBl. 1980, 301 = NJW 1980, 2368.

[381] *BVerwG*, Urt. v. 13. 11. 2001 – 9 B 57.01 – NVwZ-RR 2002, 178 = DVBl. 2002, 276 – Köln-Rhein/Main, mit Hinweis auf die DIN 4150 – 2, im Anschluss Urt. v. 31. 1. 2001 – 11 A 6.00 – NVwZ-RR 2001, 653 = DVBl. 2001, 1306.

[382] *BVerwG*, B. v. 17. 11. 1989 – 4 B 207.89 – DVBl. 1990, 383 = NVwZ-RR 1990, 292 – Plakatanschlagtafel.

[383] *BVerwG*, B. v. 31. 10. 2000 – 11 VR 12.00 – DVBl. 2001, 405 = BauR 2001, 928 = NuR 2001, 226 = NVwZ 2001, 90.

[384] *BVerwG*, Urt. v. 31. 7. 2000 – 11 VR 5.00 – UPR 2001, 33.

Für einen seit Jahrzehnten betriebenen Schienenweg geht das *BVerwG* von einer entsprechenden **Widmung** aus. Eine gewidmete Betriebsanlage der Eisenbahn verliert ihre planungsrechtliche Zweckbestimmung aber nur durch einen eindeutigen Hoheitsakt, der für jedermann klare Verhältnisse darüber schafft, ob und welche Flächen künftig wieder für andere Nutzungen offen stehen. Möglich ist allerdings auch, dass die bestehende Fachplanung einer Fläche als Bahnanlage infolge der tatsächlichen Entwicklung funktionslos und damit rechtlich obsolet wird.[385] Der **Bebauungsplan** selbst darf nicht – auch nicht mit einem entsprechenden Vorbehalt – in Kraft gesetzt werden, solange die zu beplanende Fläche ihren Rechtscharakter als Bahnanlage noch nicht verloren hat.[386] Soll eine Bahnanlage künftig nach dem Willen der Bundesbahn „bahnfremden" Nutzungen offen stehen, so kann eine solche „Entwidmung", sofern dafür kein Planfeststellungsverfahren erfolgt, nur durch eindeutige und bekannt gemachte Erklärungen der Bahn geschehen, die für jedermann klare Verhältnisse schaffen. Die Gemeinde, auf deren Gebiet die Bahnanlage liegt, hat aufgrund ihrer Planungshoheit Anspruch darauf, dass die Bahn ihre in Bezug auf die Bahnanlage beabsichtigten Dispositionen in einer eindeutigen hoheitlichen Willensäußerung frühzeitig und umfassend offen legt. Über die Zulässigkeit einer „bahnfremden" Nutzung kann durch Vorbescheid unter Umständen bereits entschieden werden, wenn in Aussicht steht, dass die für das Vorhaben benötigte Fläche ihre Zweckbestimmung als Bahnanlage demnächst verlieren und damit aus der Planungshoheit der Bahn herausfallen wird.[387]

Bahnbezogene Nutzungen sind von der Privilegierung der eisenbahnrechtlichen Fachplanung erfasst und entziehen sich daher der allgemeinen bauplanungs- und bauordnungsrechtlichen Zuständigkeit. Bei ehemaligen Bahnanlagen entfaltet sich die gemeindliche Planungshoheit erst mit der Entwidmung. Geht es bei der Entwidmung nur darum, die bereits eingetretene Entwicklung nachzuvollziehen und dabei die Interessen der betroffenen Gemeinde als Trägerin der kommunalen Planungshoheit zu wahren, so genügt nach Auffassung des *OVG Münster* eine Bekanntgabe der Entwidmungsverfügung an die betroffene Gemeinde.[388] Allerdings gilt dies nicht für bahnfremde Nutzungen. Der gesetzliche Auftrag, nicht mehr für Eisenbahnzwecke benötigte Grundstücke zur Finanzierung der Eisenbahn des Bundes zu verwerten, rechtfertigt allerdings keine Verletzung der Planungshoheit der Gemeinde. Vielmehr kann dieser Auftrag nur in Zusammenarbeit mit der Gemeinde verwirklicht werden. Dies setzt unverändert voraus, dass die Gemeinden durch eindeutige Erklärung der Deutschen Bahn AG (oder ihrer zuständigen Tochterunternehmen) in die Lage versetzt werden, sachgerecht über die Aufstellung eines Bebauungsplans zu beschließen. Eine Erklärung, die die Freigabe von Bundesbahngelände nur für den Fall einer positiven Bescheidung einer bestimmten Bauvoranfrage in Aussicht stellt, genügt nicht weil sie offen lässt, ob und wann das Planaufstellungsverfahren abgeschlossen werden kann.[389]

---

[385] *BVerwG*, Urt. v. 23. 10. 2002 – 9 A 22.01 – ZUR 2003, 247 – Berlin-Halle – Wiederinbetriebnahme der Anhalter Bahn, die seit 1841 als zweigleisige Eisenbahnstrecke betrieben worden ist, dort auch zum Anspruch auf Schallschutz nach der Verkehrslärmschutzverordnung.
[386] *BVerwG*, Urt. v. 16. 12. 1988 – 4 C 48.86 – BVerwGE 81, 111 = DVBl. 1989, 458 = NVwZ 1989, 655 = *Hoppe/Stüer* RzB Rdn. 576 – Eisenbahn; B. v. 27. 4. 1998 – 4 B 33.98 – DVBl. 1998, 909 = BauR 1998, 993 = ZfBR 1998, 258. Ein Bauvorbescheid für eine bahnfremde Nutzung auf planfestgestelltem Bahngelände kann vor dem Verlust der Zweckbestimmung der Fläche als Bahnanlage (Entwidmung) nicht erteilt werden, wenn die Gemeinde nicht in der Lage ist, ihre Planungshoheit in Bezug auf das zur Beurteilung gestellte Vorhaben wahrzunehmen. Gerade bei einer beabsichtigten Entlassung aus der bahnrechtlichen Zweckbestimmung sollte allerdings nicht zu kleinlich verfahren werden.
[387] *BVerwG*, Urt. v. 16. 12. 1988 – 4 C 48.86 – BVerwGE 81, 111 = DVBl. 1989, 458 = NVwZ 1989, 655 = *Hoppe/Stüer* RzB Rdn. 576 – Fachplanung.
[388] *OVG Münster*, Urt. v. 27. 4. 1998 – 7 A 3814/96 – BauR 1993, 383 = UPR 1999, 159 – Schrottplatz.
[389] *BVerwG*, B. v. 27. 4. 1998 – 4 B 33.98 – DVBl. 1998, 909 = BauR 1998, 993 = ZfBR 1998, 258.

3127 Die Bauleitplanung kann für die Anschlussplanung bisher noch gewidmeter Flächen die Möglichkeiten des **Baurechts auf Zeit** nutzen **(§ 9 II BauGB)**. Die **Ausgangssituation** im Verhältnis ist von Bahn und Kommunen ist dadurch geprägt, dass die Gemeinde Trägerin der Bauleitplanung ist, zugleich aber den Vorrang der Bahn als Vorhaben der privilegierten Fachplanung wahren muss. Anlagen der Bahn haben daher durch die **Widmung** einen Vorrang, der nur durch förmliche Entwidmung beseitigt werden kann.[390] Dies setzt einen klar erkennbaren, eindeutigen Hoheitsakt der Bahn voraus. Solange die Widmung besteht, ist die Fläche, auf die sie sich bezieht, einer entgegenstehenden kommunalen Planung entzogen. Die Widmung bezieht sich auf Grundstücke, betrifft aber in der Sache **Anlagen** der Bahn. Deshalb könnte es sachgerecht sein, die Überplanung von Bahnflächen der gemeindlichen Planung nur in dem Umfang zu entziehen, wie ein entsprechender Schutz der Bahnanlagen einschließlich des dafür erforderlichen Umfeldes dies gebietet. Damit sind gewidmete Bahnflächen nicht generell einer Bauleitplanung oder einer Beurteilung nach §§ 34, 35 BauGB entzogen, sondern nur in dem Umfang, wie ein **Widerspruch** zur Widmung entstehen kann und dies der Schutz der Bahnanlagen erforderlich oder zweckmäßig erscheinen lässt. Die Reichweite dieses Schutzes bestimmt die Bahn auf der Grundlage der Widmung selbst. Weitere Einzelheiten sind in der Präsidialverfügung angesprochen.

3128 Das EAG Bau 2004 hat das **Baurecht auf Zeit** eingeführt.[391] Die Gemeinde kann nach § 9 II BauGB im Bebauungsplan in besonderen Fällen festsetzen, dass bestimmte der in ihm festgesetzten baulichen und sonstigen Nutzungen und Anlagen nur (1) für einen bestimmten Zeitraum zulässig oder (2) bis zum Eintritt bestimmter Umstände zulässig oder unzulässig sind. Die Folgenutzung soll festgesetzt werden. Hierdurch ist die Gemeinde berechtigt, befristetes oder bedingtes Baurecht zu schaffen. Die Regelung bezieht sich vom Grundsatz her auch auf Folgenutzungen für Bahnanlagen. Hierfür kann ein bedingtes Baurecht festgesetzt werden (§ 9 I 1 Nr. 2 BauGB). Die Festsetzungen sind nur in besonderen Fällen zulässig. Zudem muss der Bahnvorrang, der sich aus der privilegierten Fachplanung ergibt, gewahrt werden (§ 38 BauGB). Das Baurecht auf Zeit ist an das Vorliegen **besonderer Gründe** gebunden. Es bedarf daher einer entsprechenden städtebaulichen Rechtfertigung, die über eine allgemeine Veranlassung einer städtebaulichen Planung hinausgeht. Dies gebietet die Eigentumsgarantie, aber auch – hier speziell – der Vorrang der privilegierten Fachplanung gegenüber der Bauleitplanung.

3129 Das bedingte Baurecht im Hinblick auf Bahnflächen darf daher nur ausgewiesen werden, wenn die Bahn durch eine **Entbehrlichkeitsprüfung** kundgetan hat, dass die Widmung der Bahnflächen ganz oder teilweise aufgegeben werden kann. Nur bei diesem Verfahrensstadium ist ein besonderer Fall gegeben, der die Überplanung von Bahnanlagen durch ein Baurecht auf Zeit gestattet. Als Bedingung ist in die Bauleitplanung aufzunehmen, dass die Flächen zuvor von der Bahn entwidmet worden sind. Durch diese beiden verfahrensrechtlichen Anforderungen sind die mit der Privilegierung des § 38 BauGB zusammenhängenden Rechte der Bahn ausreichend gewahrt. Im Hinblick auf die vorgenannten Verfahrenserfordernisse wird eine **Kooperation** der Gemeinde mit den Anlagenverantwortlichen und dem Eigentümer in der Praxis unverzichtbar sein, ist allerdings rechtlich nicht zwingend geboten, wenn eine Aussage über die Entbehrlichkeit der Anlage vorliegt. Auch die Anwendung der **enteignungsrechtlichen Regelungen** (§§ 85 ff. BauGB) ist vom Prinzip her nicht ausgeschlossen, setzt allerdings eine förmliche Entwidmung und entsprechend gewichtige Gemeinwohlgründe voraus.

3130 Das Gesetz enthält keine Vorgaben für eine **Befristung** in dem Sinne, dass nach Ablauf einer bestimmten Zeit das bedingt angeordnete Baurecht auf Zeit wieder entfällt. Werden keine Fristen festgesetzt, könnte die Regelung aber nach den Grundsätzen der Funktionslosigkeit wegfallen, wenn wegen veränderter Umstände das Eintreten der Bedingung

---

[390] BVerwGE 81, 111.
[391] Zum Baurecht auf Zeit s. Rdn. 402.

ausgeschlossen erscheint, etwa weil für die Zukunft auszuschließen ist, dass die Entwidmung tatsächlich erfolgen wird. Auf der anderen Seite kann die Gemeinde nach entsprechender Abwägung durch zeitliche Befristung des Baurechts anordnen, dass von der geplanten Nutzung nur Gebrauch gemacht werden kann, wenn sie innerhalb einer bestimmten Zeit aufgenommen wird. Es muss allerdings im Hinblick auf die Eindeutigkeit und Klarheit ein nach außen hin erkennbarer Umstand als Anknüpfungspunkt für das Entstehen bzw. den Wegfall des Baurechts gegeben sein. Nach Maßgabe der Einzelfallumstände könnte im Rahmen der Abwägung eine zeitliche Befristung auf **einige Jahre** sachgerecht sein. Hierdurch könnte zugleich der Eindruck vermieden werden, dass das befristete Baurecht eine reine Vorratsplanung beinhalten könnte, die in dieser allgemeinen Form dem Vorrang der privilegierten Fachplanung in § 38 BauGB nicht gerecht wird. Die Befristung der beabsichtigten Baurechte könnte aber je nach den Einzelfallumständen auch nur in dem Sinne in Aussicht genommen werden, dass die Gemeinde bereits im Aufstellungsverfahren **ankündigt**, den Bebauungsplan wieder aufzuheben, wenn nicht innerhalb einer bestimmten Zeit die Entwidmung vorliegt und daher die Bedingung für das Entstehen des Baurechts auf Zeit eingetreten ist.

Baurecht auf Zeit setzt eine entsprechende **Abwägung** voraus, deren Inhalt in der **Begründung** darzustellen ist. Dies gilt ggf. auch für die zeitlichen Schichtungen, vor allem, wenn nur in einem Teil des Bebauungsplans bedingte Baurechte angeordnet sind. Hier ist auch jeweils darzustellen und abzuwägen, wie sich die Nutzungsmöglichkeiten zu den verschiedenen Zeiträumen darstellen. Die Abwägung muss entsprechend qualifiziert sein. Das Baurecht auf Zeit kann auch in Bebauungsplänen festgesetzt werden, deren **Aufstellungsbeschluss** bereits vor dem In-Kraft-Treten des EAG Bau (bis zum 20. 7. 2004) gefasst und bekannt gemacht sind und für die daher vom Grundsatz her das bisherige Verfahrensrecht angewendet werden kann. Ein erneuter Aufstellungsbeschluss ist dazu nicht erforderlich, so dass auch eine Umweltprüfung nur stattfinden muss, wenn der Aufstellungsbeschluss nach dem 20. 7. 2004 gefasst worden ist oder das Planverfahren nicht bis zum 20. 7. 2006 beendet werden kann. Eine Beteiligung der Öffentlichkeit und eine Behördenbeteiligung ist nach Maßgabe der Vorgaben in §§ 3, 4, 4 a, 13 BauGB erforderlich. Behörden und sonstige Träger öffentlicher Belange müssen nur in der Reichweite ihrer möglicherweise berührten Belange (erneut) beteiligt werden.

Der grundsätzliche **Vorrang des Eisenbahnrechts** bezieht sich nicht nur auf die Bauleitplanung, sondern auch auf die Kompetenzen der Baugenehmigungsbehörde. So hindert der Vorrang der Fachplanung die Baugenehmigungsbehörde daran, einen baurechtlichen Vorbescheid für die Errichtung einer Tankstelle auf einer Fläche zu erteilen, die als eine dem Bahnbetrieb zugehörige Anlage zu werten ist.[392] Die Eigenschaft einer Anlage als Bahnanlage richtet sich nach dem objektiven Kriterium der Eisenbahnbetriebsbezogenheit, d. h. der Verkehrsfunktion und dem räumlichen Zusammenhang mit dem Eisenbahnbetrieb. Ein auf einem gewidmeten Bahngelände angesiedelter, als wirtschaftlich eigenständiges Unternehmen betriebener Schrottplatz ist nach Auffassung des *OVG Münster* auch dann nicht eine Bahnanlage, wenn der Schrottplatzbetreiber nach dem mit der Bahn abgeschlossenen Mietvertrag verpflichtet ist, Transportmittel der Bahn zu nutzen. Bahnfremde Nutzungen auf Bahngelände unterliegen der Zuständigkeit der Bauordnungsbehörden, die hiergegen einschreiten können. Schreitet die Bauordnungsbehörde gegen eine seit Jahrzehnten ausgeübte bahnfremde Nutzung auf Bahngelände ein, muss sie im Rahmen ihrer Ermessensausübung zu Gunsten des Betroffenen berücksichtigen, dass diese Nutzung nach der gängigen Praxis sowohl von der Bahn als auch den zuständigen Bauaufsichtsbehörden als legal angesehen und entsprechend behandelt wurde.[393]

---

[392] *OVG Münster*; Urt. v. 19. 12. 1997 – 7 A 6271/95 – EildienstStT NW 1998, 188.
[393] *OVG Münster*, Urt. v. 27. 4. 1998 – 7 A 3818/96 – BauR 1993, 383 = UPR 1999, 159 – Schrottplatz.

3133 Eine Parzelle, die am 3.10.1990 zum **Ausbau einer Bahnstrecke** bestimmt war und hierfür zur Verfügung stand, gehört auch schon vor ihrer tatsächlichen Nutzung zum so genannten Widmungsvermögen der Deutschen Reichsbahn (Art. 26 I 2 EV). Die Durchführung widmungskonformer Baumaßnahmen auf einer solchen Parzelle stellt – bezogen auf den Stichtag 25.12.1993 – eine den Restitutionsanspruch des Alteigentümers verdrängende Nutzung für Bahnzwecke i. S. von § 11 I 3 Nr. 1 VZOG dar.[394] Die für die Eigenschaft einer Betriebsanlage der Eisenbahn i. S. des § 18 I 1 AEG vorausgesetzte **Eisenbahnbetriebsbezogenheit** fehlt allerdings bei Anlagen, die einem privatwirtschaftlichen Unternehmen zu dienen bestimmt sind, das weder Eisenbahnverkehrsdienstleistungen erbringt noch eine Eisenbahninfrastruktur betreibt, auch wenn das Unternehmen seinen Gewerbebetrieb auf Bahnzwecken gewidmetem Gelände ausübt und Güter auf die Bahn umschlägt.[395]

3134 Die Deutsche Bahn AG unterliegt nicht den in einer gemeindlichen **Entwässerungssatzung** vorgesehenen Kontrollmaßnahmen an einer Betriebszwecken dienenden Abwasserreinigungsanlage. Die Bahn hat vielmehr mit eigenen Kräften für die Erfüllung der Anforderungen an Sicherheit und Ordnung einzustehen.[396] Der Zweck des § 4 II AEG, die Funktionsfähigkeit des Bahnbetriebes nicht durch Eingriffsbefugnisse „bahnfremder" Verwaltungsbehörden zu beeinträchtigen, entfällt allerdings, sobald Bahnanlagen nicht mehr **Bahnzwecken**, sondern anderen Zwecken dienen. Landesbehörden sind dann kraft Bundesrechts nicht mehr gehindert, dem Rechtsträger der Bahn die nach Landesrecht obliegenden materiellrechtlichen Pflichten durch Bescheid zu konkretisieren und entsprechende Anordnungen zu treffen.[397]

Beispiel: Die Deutsche Bahn AG betrieb auf bahneigenem Gelände ein Schwellenwerk mit Imprägnierungsanstalt. In der Folgezeit stellte sich heraus, dass das Grundwasser durch polyzyklische aromatische Kohlenwasserstoffe (PAK) verunreinigt war und dies auf den Betrieb des Schwellenwerkes zurückzuführen war. Die zuständige Ordnungsbehörde darf der Deutschen Bahn AG nach Schließung des Werkes aufgeben, Bodenuntersuchungen durchzuführen und den eingetretenen Schaden durch entsprechende Maßnahmen der Boden- und Grundwassersanierung zu beseitigen.

3135 Allerdings ist die Deutsche Bahn AG nicht kraft Bundesrechts von der Entrichtung von **Erschließungsbeiträgen** befreit. Diese sind vielmehr nach Maßgabe des gemeindlichen Satzungsrechts auch von der Bundesbahn zu zahlen, soweit ihre Grundstücke und Anlagen durch gemeindliche Erschließungsanlagen erschlossen werden. Durch eine Anbaustraße werden grundsätzlich die zwischen der Straße und dem Schienenweg liegenden Flächen eines an die Straße angrenzenden Bahnhofsgeländes erschlossen. Der Schienenweg selbst ist keine Erschließungsanlage nach § 123 BauGB. Gleichwohl gehört bei einem Bahnhof das Schienengelände als solches nicht zu der durch eine Anbaustraße erschlossenen Fläche.[398]

3136 Zugleich können durch die eisenbahnrechtliche Planfeststellung entgegenstehende, auch **öffentliche Belange überwunden** werden. So hat das Eisenbahnbundesamt im Rahmen der eisenbahnrechtlichen Planfeststellung nach § 18 I 2 AEG auch die öffentlichen Belange des Natur- und Landschaftsschutzes in die Abwägung einzustellen. Ein zu-

---

[394] *BVerwG*, Urt. v. 24.10.2002 – 3 C 42.01 – BVerwGE 117, 125 – Sondervermögen Deutsche Reichsbahn.

[395] *VGH Mannheim*, Urt. v. 10.12.2001 – 5 S 2274/01 – BauR 2002, 1217 = DVBl. 2002, 1141 – für die Lagerhalle eines privaten Gewerbebetriebs der Metall- und Rohstoffverwertung, die zum Güterumschlag Straße/Schiene genutzt werden soll. Zu Werbeanlagen auf Bahngelände *OVG Saarlouis*, Urt. v. 24.9.2002 – 2 R 12/01 – BRS 65 (2002) Nr. 155 – Werbetafel.

[396] *BVerwG*, B. v. 20.9.1989 – 7 B 135.89 – DVBl. 1990, 170 = NVwZ 1990, 563.

[397] *BVerwG*, B. v. 27.12.1995 – 4 B 249.94 – Buchholz 442.08 § 38 BBahnG Nr. 4 – Imprägnierungsanstalt.

[398] *BVerwG*, Urt. v. 11.12.1987 – 8 C 85.86 – BVerwGE 78, 321 = NVwZ 1988, 632 = DVBl. 1988, 893 – Bahnhofsstraße.

sätzliches landesrechtliches Genehmigungserfordernis besteht allerdings wegen der durch den Planfeststellungsbeschluss ausgelösten **Konzentrationswirkung** nicht. Derartige Genehmigungserfordernisse werden vielmehr durch das Fachplanungsverfahren verdrängt. Das Land als Träger der Belange des Natur- und Landschaftsschutzes hat insoweit keine Klagerechte gegen die eisenbahnrechtliche Fachplanungsentscheidung. Auch die Vollzugshoheit des Landes ist im Bereich des Naturschutzes und der Landschaftspflege keine geeignete Rechtsposition, deren Beachtung das Land bei der bundesbahnrechtlichen Planfeststellung im Wege der verwaltungsgerichtlichen Klage gem. §§ 42, 113 VwGO durchsetzen könnte.[399] Grundsätze für die Beförderung von Personen und Reisegepäck durch Eisenbahnen, die dem öffentlichen Verkehr dienen, sind in der **Eisenbahn-Verkehrsordnung (EVO)**[400] niedergelegt. Die Bestimmungen der EVO sind Beförderungsbedingungen der Eisenbahn. In besonderen Fällen (Großkunden) können Sondervereinbarungen getroffen werden (§ 7 EVO). Die EBV enthält sodann Einzelregelungen für die Beförderung von Personen (§§ 8 bis 19),[401] die Beförderung von Reisegepäck (§§ 25 bis 33), Gepäckträger und Gepäckaufbewahrung (§§ 35 f.).

Einzelregelungen über die allgemeinen Anforderungen von Bahnanlagen und Fahrzeugen, Bahnanlagen, Fahrzeugen und den Bahnbetrieb finden sich in der **Eisenbahn-Bau- und Betriebsordnung (EBO)**,[402] die für die regelspurigen Eisenbahnen des öffentlichen Verkehrs gilt. Die Eisenbahnen werden dabei nach Haupt- und Nebenbahnen unterschieden. Bahnübergänge, unter denen höhengleiche Kreuzungen von Eisenbahnen mit Straßen, Wegen und Plätzen verstanden werden, sind danach durch ein Andreaskreuz besonders zu sichern (§ 11 EBO). Außerdem sind grundsätzlich Blinklichter und Schranken aufzustellen. Bahnübergänge mit starkem Verkehr sollen nach einem entsprechenden Aktionsprogramm der Bahn nach Möglichkeit beseitigt werden. Es handelt sich um Bahnübergänge, die neben anderen Verkehren in der Regel innerhalb eines Tages von mehr als 2.500 Kfz überquert werden. Bahnübergänge haben einen mäßigen Verkehr, wenn sie neben anderem Verkehr in der Regel innerhalb eines Tages von mehr als 100 bis 2.500 Kfz überquert werden. Ein schwacher Verkehr liegt unterhalb einer Grenze von 100 Bahnüberquerungen pro Tag (§ 11 X EBO). Bahnübergänge mit einem starken Verkehrsaufkommen sind grundsätzlich durch nahbediente Schranken zu sichern, bei denen der Wärter durch unmittelbare oder mittelbare Sicht oder durch Lichtzeichen das Schließen auf den Straßenverkehr abstimmen kann. Alle übrigen Schranken gelten als fernbedient (§ 11 XIV EBO). An Bahnübergängen mit starkem Verkehr dürfen die Schranken nur während der Tageszeiten mit geringer Verkehrsstärken und nur mit besonderer Genehmigung fernbedient werden (§ 11 XV EBO). Höhengleiche Kreuzungen von Schienenbahnen dürfen außerhalb von Bahnhöfen oder der Hauptsignale von Abzweigstellen nicht angelegt werden (§ 12 EBO).

3. Planfeststellungsbeschluss

Wie bei der Fernstraßenplanung hat auch der Planfeststellungsbeschluss für Eisenbahnen umfassende Rechtswirkungen wie Genehmigungs-, Konzentrations-, Gestaltungs-, Ausschluss- und Ausgleichswirkung. Der Planfeststellungsbeschluss kann von den dadurch Betroffenen mit der verwaltungsgerichtlichen Anfechtungsklage angefochten wer-

---

[399] *BVerwG*, Urt. v. 14. 4. 1989 – 4 C 31.88 – BVerwGE 82, 17 = DVBl. 1989, 1053 – Stützwand.
[400] Eisenbahn-Verkehrsordnung (EVO) v. 20. 4. 1999 (BGBl. I 734).
[401] Die Regelungen betreffen den Ausschluss von der Beförderung und die bedingte Zulassung (§ 8 EVO), die Fahrausweise (§ 9 EVO), das Betreten der Bahnsteige (§ 10 EVO), die Fahrpreise (§§ 11, 12 EVO), die Unterbringung der Reisenden (§ 13 EVO), Nichtraucherabteile (§ 13 EVO), das Verhalten bei außerplanmäßigem Halten (§ 15 EVO), die Mitnahme von Handgepäck und Tieren (§ 16 EVO), Verspätungen oder der Ausfall von Zügen (§ 17 EVO), die Fahrpreiserstattung (§ 18 EVO) sowie die Klärung von Meinungsverschiedenheiten (§ 19 EVO).
[402] Eisenbahn-Bau- und Betriebsordnung (EBO) v. 8. 5. 1967 (BGBl. 1967, 1563).

den. Dabei verbleibt es auch für Vorhaben nach dem AEG[403] bei der erstinstanzlichen Zuständigkeit des *BVerwG* nach § 5 I VerkPlBG für Streitigkeiten über die Duldung von Arbeiten zur Vorbereitung eines Vorhabens nach § 1 VerkPlBG.[404] Verlangt der Vorhabensträger, der seinen Plan der Anhörungsbehörde zur Durchführung des Anhörungsverfahrens eingereicht hat, die Duldung weiterer Arbeiten zur Planvorbereitung, trifft ihn eine gesteigerte Pflicht, die Notwendigkeit der Arbeiten zu diesem Zweck dem Adressaten seines Verlangens plausibel zu machen, es sei denn, diese Notwendigkeit ergibt sich erkennbar aus dem bisherigen Verlauf des Planfeststellungsverfahrens.

3139   Das nach § 2 I VerkPlBG vorgeschriebene **Linienbestimmungsverfahren** des Bundesministers für Verkehr, Bau- und Wohnungswesen[405] ist für die Rechtswirksamkeit der eisenbahnrechtlichen Planfeststellung nicht von Bedeutung. Ein Planfeststellungsbeschluss ist nicht allein deshalb fehlerhaft, weil ihm kein Linienbestimmungsverfahren vorausgegangen oder die Planfeststellungsbehörde von der festgelegten Linie abgewichen ist. Umgekehrt lässt sich die Planung Dritten gegenüber nicht allein damit rechtfertigen, dass sie den ministeriellen Vorgaben entspricht. Vielmehr muss die Entscheidung der Planfeststellungsbehörde aus sich selbst heraus den rechtlichen Anforderungen genügen.[406] Unerheblich für die rechtliche Beurteilung des angefochtenen Planfeststellungsbeschlusses wäre daher auch, dass die Linienbestimmung nicht Gegenstand des Auslegungs- und Anhörungsverfahrens (§ 73 VwVfG) war.[407]

4. Prognosesicherheit – Alternativenprüfung – Trassenwahl

3140   Auch gewissen **Unwägbarkeiten**, die mit der Liberalisierung des Zugangs zum Schienennetz verbunden sind, entziehen den bisherigen Prognosedaten nicht ihre Grundlage.[408]

5. Bahnbiotope

3141   Wird eine Eisenbahnanlage wesentlich geändert, so steht § 38 Nr. 3 BNatSchG a. F.[409] der Anordnung von naturschutzrechtlichen Ausgleichs- oder Ersatzmaßnahmen regelmäßig dann nicht entgegen, wenn damit Eingriffe in die Natur ausgeglichen werden sollen, die außerhalb eines Sicherheitsabstands von 6 m von der bisherigen äußeren Gleisachse vorgenommen werden. Es ist vielmehr in jedem Einzelfall zu prüfen, ob und inwieweit eine Maßnahme die bestandsgeschützte Nutzung beeinträchtigen würde. Ob die Eingriffsfläche allgemein für Bahnzwecke gewidmet ist, ist dabei unerheblich.[410]

6. Eisenbahnplanung und Bauleitplanung

3142   Der Bau von Betriebsanlagen der Eisenbahn hat in der Regel überörtliche Bedeutung nach § 38 Satz 1 BauGB.[411] Denn nach dem durch das BauROG 1998 veränderten Wortlaut des § 38 BauGB ist nicht mehr auf die voraussichtliche planerische Kraft der einzelnen Gemeinde, sondern auf die überörtlichen Bezüge des Vorhabens abzustellen. Solche

---

[403] Gesetz zur Neuordnung des Eisenbahnwesens vom 27. 12. 1993 (BGBl. I S. 2378).
[404] *BVerwG*, B. v. 1. 7. 1993 – 7 ER 308.93 –; B. v. 3. 3. 1994 – 7 VR 4.94 – NVwZ 1994, 483 = DVBl. 1994, 773 – Erkundungsbohrungen.
[405] Zur Linienbestimmung s. Rdn. 2765, 3014, 3494, 3949.
[406] *BVerwG*, B. v. 22. 6. 1993 – 4 B 45.93 – VkBl. 1995, 210 – Tank- und Rastanlage; B. v. 29. 11. 1995 – 11 VR 15.95 – Buchholz 442.09 § 18 AEG Nr. 7 – Hamburg – Büchen – Berlin.
[407] *BVerwG*, B. v. 21. 12. 1995 – 11 VR 6.95 – NVwZ 1996, 896 = DVBl. 1996, 676 – Erfurt – Leipzig/Halle.
[408] *BVerwG*, Urt. v. 22. 11. 2000 – 11 C 2.00 – BVerwGE 112, 221 = DVBl. 2001, 405 = DÖV 2001, 691 = NVwZ 2001, 429 = UPR 2001, 148.
[409] Die Regelung ist in das BNatSchG 2002 nicht übernommen worden.
[410] *BVerwG*, Urt. v. 22. 11. 2000 – 11 A 4.00 – BVerwGE 112, 214 = DÖV 2001, 515 = NuR 2001, 266 = NVwZ 2001, 562.
[411] *BVerwG*, B. v. 31. 10. 2000 – 11 VR 12.00 – DVBl. 2001, 405 = BauR 2001, 928 = NuR 2001, 226 = NVwZ 2001, 90.

überörtlichen Bezüge sind nach Auffassung des *BVerwG* bei dem Bau von Betriebsanlagen der Eisenbahn in der Regel gegeben.[412]

7. Rechtsschutz

Rechtsschutz gegen die eisenbahnrechtliche Planfeststellung können in Anspruch genommene und dem Vorhaben benachbarte **Grundstückseigentümer** sowie Gemeinden suchen. Soll die eisenbahnrechtliche Planfeststellung die Grundlage für die Inanspruchnahme der Grundstücke bilden, haben die Grundstückseigentümer entsprechend weite Klagerechte und können grundsätzlich auch die Verletzung öffentlicher Belange mit Auswirkung auf die Planfeststellung rügen. Die dem Vorhaben benachbarten Eigentümer sind demgegenüber darauf beschränkt, ihre eigenen Belange gegenüber der eisenbahnrechtlichen Planung geltend zu machen. Dies schränkt den Rechtsschutz entsprechend ein. Das Rechtsschutzinteresse für eine einstweilige Anordnung mit dem Ziel der Einstellung und weiteren Verhinderung ungenehmigter, aber gem. § 18 AEG genehmigungspflichtiger Bauarbeiten durch das Eisenbahn-Bundesamt fehlt, wenn die Bauarbeiten nicht mehr stattfinden und nicht lediglich kurzzeitig unterbrochen worden sind.[413] Der in § 2 I EkrG niedergelegte Grundsatz, auf **höhengleiche Kreuzungen** von Straße und Schiene zu verzichten, vermittelt keinen Drittschutz in dem Sinne, dass sich betroffene Grundstückseigentümer auf die Einhaltung dieses Grundsatzes berufen könnten. Drittschutz vermitteln nach der ständigen Rechtsprechung des *BVerwG* nur solche Vorschriften, die nach dem in ihnen enthaltenen, durch Auslegung zu ermittelnden Entscheidungsprogramm auch der Rücksichtnahme auf Interessen eines individualisierbaren Personenkreises dienen.[414] Um eine solche Bestimmung handelt es sich bei § 2 I EkrG nicht. Ziel der Vorschrift ist, im Interesse der Sicherheit und Leichtigkeit des Verkehrs höhengleiche Bahnübergänge bei der Anlegung neuer Kreuzungen von vornherein zu vermeiden. Die Pflicht zur Vermeidung höhengleicher Bahnübergänge knüpft daher nicht an ein konkretes Sicherheitsdefizit eines Bahnübergangs und an besondere Gefahren für einen bestimmten der Kreuzung benachbarten Personenkreis an, sondern bezweckt im allgemeinen öffentlichen Interesse eine generelle Verbesserung der Verkehrsverhältnisse in Fällen, in denen ohnehin eine neue Kreuzung gebaut wird. Die Vorschrift lässt sich daher nicht als eine die generelle Verkehrssicherungspflicht konkretisierende Norm auffassen.[415]

Die **Gemeinden** haben nicht nur im Hinblick auf ihre Planungshoheit Klagerechte. Vielmehr sind die Gemeinden unabhängig von einer Beeinträchtigung ihrer Planungshoheit im Bereich konkreter Vorhaben auch gegenüber solchen Planungen und Maßnahmen überörtlicher Verwaltungsträger rechtlich geschützt, die das Gemeindegebiet oder größere Teile hiervon nachhaltig betreffen und die **Entwicklung der Gemeinde** beeinflussen.[416] Auch nachteilige Folgewirkungen eines höhengleichen Bahnübergangs auf das gemeindliche Straßennetz können dabei berücksichtigt werden und gehören zum Abwägungsmaterial. Allerdings sind Unzuträglichkeiten etwa aufgrund von rückstauendem Verkehr hinzunehmen, wenn sie sich als unvermeidbar erweisen oder nur vorübergehend sind. Dies gilt vor allem in den neuen Bundesländern, solange der Ausbau einer bedarfs-

---

[412] *BVerwG*, Urt. v. 31. 7. 2000 – 11 VR 5.00 – UPR 2001, 33.
[413] *BVerwG*, B. v. 27. 1. 1995 – 7 VR 16.94 – NVwZ 1995, 586 = DVBl. 1995, 520 = DÖV 1995, 515.
[414] *BVerwG*, Urt. v. 20. 4. 1994 – 11 C 17.93 – BVerwGE 95, 333 = NVwZ 1995, 165 – Anordnung Straßenverkehrsbehörden.
[415] Vgl. auch *BGH*, Urt. v. 20. 3. 1967 – III ZR 29/65 – NJW 1967, 1325 zu § 3 I FStrG, wonach die Träger der Straßenbaulast die Bundesfernstraßen in einem dem regelmäßigen Verkehrsbedürfnis genügenden Zustand zu bauen, zu unterhalten, zu erweitern oder sonst zu verbessern haben.
[416] *BVerwG*, B. v. 23. 3. 1993 – 7 B 126.92 – Buchholz 11 Art. 28 GG Nr. 92 = NVwZ-RR 1993, 373 = DÖV 1993, 826 = *Hoppe/Stüer* RzB Rdn. 1189 – Schienenwege; B. v. 26. 2. 1996 – 11 VR 33.95 – LKV 1996, 246 = NuR 1996, 515 – Stendal – Uelzen.

gerechten Infrastruktur noch nicht abgeschlossen ist.[417] Bei unverhältnismäßig hohen Kosten besteht auch kein Rechtsanspruch der Gemeinden, auf höhengleiche Bahnübergänge bei dem Ausbau von Eisenbahnstrecken zu verzichten.

3145 Rechtsgrundlage für **Lärmsanierungsansprüche**[418] gegenüber Bahnanlagen ist § 906 BGB. Derartige Ansprüche sind daher – so der *VGH München* – aufgrund der geänderten Eisenbahnverfassung gem. § 13 GVG auf dem Zivilrechtsweg gegen die Deutsche Bahn AG als Gesamtrechtsnachfolgerin der privatisierten Bundesbahn geltend zu machen.[419] Bei Rechtsstreitigkeiten um Änderungen von Strecken öffentlicher Eisenbahnen ist das OVG/der VGH instanziell zuständig, obwohl § 48 I Nr. 7 VwGO ausdrücklich nur von „neuen" Strecken ausgeht. Eine andere Interpretation wird den Absichten des PlVeinfG nicht gerecht.[420]

3146 Der aus dem Selbstverwaltungsrecht einer Gemeinde folgende Anspruch darauf, dass ein Träger überörtlicher Fachplanung bei der Betätigung seines Planungsermessens das Interesse der Gemeinde an der Gestaltung ihres Ortsbildes nicht unberücksichtigt lässt, wird von dem sich aus § 18 I 2 AEG auch für die Plangenehmigung ergebenden Anspruch der Gemeinde auf gerechte Abwägung ihrer Belange mit entgegenstehenden anderen Belangen uneingeschränkt umfasst.[421]

3147 Das **Land Berlin** hat sich mit einer Klage gegen eine eisenbahnrechtliche Plangenehmigung, die eine Verkürzung des Bahnsteigdachs für den Lehrter Bahnhof in Berlin zulässt, beim BVerwG nicht durchgesetzt. Die nachteiligen Folgen, die sich aus der inzwischen realisierten Verkürzung des Bahnsteigdachs für die Bauleitplanung ergeben, seien abwägend berücksichtigt worden und im Interesse des Ziels, die Nord-Süd-Fernbahnstrecke und den Lehrter Bahnhof im Jahre 2006 zur Fußballweltmeisterschaft in Betrieb nehmen zu können, ohne Rechtsfehler zurückgestellt worden. Die von der Bauleitplanung angestrebte Entwicklung eines attraktiven Stadtquartiers werde zwar erschwert, aber nicht unmöglich gemacht.[422]

3148 Mit § 2 der 16. BImSchV hat der Verordnungsgeber einen Problemtransfer auf konkurrierende Planungsträger nicht zulassen wollen. Einer durch Planauslegung bereits verfestigten Planungsabsicht der eisenbahnrechtlichen Fachplanung kann deshalb nicht durch einen Bebauungsplan entgegengewirkt werden, der in diesem Bereich die bauliche Gebietsqualifizierung zum Nachteil des Vorhabenträgers ändert, ohne Schutzvorkehrungen festzusetzen.[423]

3149 Das **Beteiligungsrecht der Gemeinde** nach § 36 I 1 BauGB wird auch dann verletzt, wenn die Durchführung des Baugenehmigungsverfahrens unterbleibt, weil eine staatliche Behörde in Verkennung ihrer Zuständigkeit für das Vorhaben ohne Einvernehmen der Gemeinde rechtswidrig eine andere Genehmigung mit den Rechtswirkungen der Baugenehmigung erteilt.[424]

---

[417] BVerwG, B. v. 26. 2. 1996 – 11 VR 33.95 – LKV 1996, 246 = NuR 1996, 515 – Stendal – Uelzen.
[418] Vgl. dazu für die Straßenplanung BVerwG, B. v. 24. 8. 1999 – 4 B 58.99 – NVwZ 2000, 70.
[419] VGH München, Urt. v. 5. 12. 1997 – 20 B 94.2266 – NVwZ-RR 1998, 639 = BayVBl. 1998, 274.
[420] OVG Lüneburg, Urt. v. 30. 4. 1997 – 7 K 3887/96 – NVwZ-RR 1998, 718.
[421] BVerwG, B. v. 31. 10. 2000 – 11 VR 12.00 – DVBl. 2001, 405 = BauR 2001, 928 = NuR 2001, 226 = NVwZ 2001, 90.
[422] BVerwG, Urt. v. 21. 5. 2003 – 9 A 40.02 – NVwZ 2003, 1381 = DVBl. 2004, 263. Zur Frage des „Wettlaufs" der Baulastträger beim Bau einer Straße und der sie kreuzenden Bahnstrecke das beim BVerwG anhängige Revisionsverfahren – 9 C 8.02 – Wernigerode.
[423] BVerwG, Urt. v. 13. 11. 2001 – 9 B 57.01 – NVwZ-RR 2002, 178 = DVBl. 2002, 276 – Köln-Rhein/Main.
[424] VGH Mannheim, Urt. v. 10. 12. 2001 – 5 S 2274/01 – BauR 2002, 1217 = DVBl. 2002, 1141.

III. Telekommunikationsgesetz (TKG)

Die Verlegung und Nutzung von Telekommunikationslinien ist im Telekommunikationsgesetz (TKG)[425] geregelt. Das TKG hat das TelwegG[426] abgelöst, nach dem früher Telegrafenwegeanlagen geplant wurden. Die Neuregelung steht damit auch im Zusammenhang mit der Postreform.[427] Das bisherige Staatsmonopol bei der Verlegung von Netzen und bei der Sprachübermittlung ist dadurch entfallen. Für den Bereich der öffentlichen Wege, Plätze und Brücken sowie der öffentlichen Gewässer hat der Bund nach § 50 TKG ein öffentliches Benutzungsrecht, das er auf Lizenznehmer nach § 6 I Nr. 1 TKG überträgt. Die Neuregelung des Telekommunikationsmarktes bricht die bisherige Monopolisierung und öffnet den Markt für den Wettbewerb. In diesem Marktbereich wurden zunächst erhebliche Wachstumsraten erwartet, die allerdings inzwischen vor allem wegen der hohen Vorlaufkosten für den UMTS-Mobilfunk deutlich gedämpft sind. Das TKG bezieht sich auf öffentlichen Zwecken dienende Telekommunikationslinien. Darunter fallen alle unter- oder oberirdischen Leitungen einschließlich der Verbindungsleitungen zwischen den Teilnehmereinrichtungen mit der Vermittlungsstelle sowie des Zubehörs.[428] Erfasst werden damit beispielsweise auch die öffentlichen Sprechstellen und die Breitbandverteilerkabel.[429] Ein Planfeststellungsverfahren ist im Gegensatz zu der früheren Regelung in § 7 TelWegG nicht mehr erforderlich. 3150

1. Zuständigkeiten

Der Bund hat für den Bereich des Post- und Fernmeldewesens gem. Art. 73 Nr. 7 GG die ausschließliche Gesetzgebungskompetenz.[430] Angelegenheiten der bisherigen Bundespost und der jetzigen Rechtsnachfolgerin[431] werden gem. Art. 87 I 1 GG in bundeseigener Verwaltung geführt. Vorhabensträger für die vorgenannte Planfeststellung war bisher die Deutsche Bundespost. Mit der Neuordnung der Post sind die Aufgaben der bisherigen Deutschen Bundespost Sparte TELEKOM auf die Deutsche TELEKOM AG übertragen worden. 3151

---

[425] Telekommunikationsgesetz v. 25. 7. 1996 (BGBl. I S. 1120), geändert durch das Post- und telekommunikationsrechtliche Bereinigungsgesetz v. 7. 5. 2002 (BGBl. I S. 1529); vgl. auch die Verordnung über die technische und organisatorische Umsetzung von Maßnahmen zur Überwachung der Telekommunikation (Telekommunikations-Überwachungsverordnung – TkÜV) v. 22. 1. 2002 (BGBl. I 458).

[426] Telegrafenwegegesetz i. d. F. der Bekanntmachung v. 24. 4. 1991, zuletzt geändert durch Gesetz v. 14. 9. 1994 (BGBl. I 1053).

[427] Zur Postreform *Bauer/Neumann* (Hrsg.) Privatisierung der Telekom 1994; *Becker* ArchivPF 1987, 435; *Benz* DÖV 1995, 679; *Blanke/Sterzel* KJ 1993, 278; *Büchner* DZWiR 1995, 120; *ders.* JA 1990, 194; *Eidenmüller* DÖV 1984, 225; *Fangmann/Scheurle/Schwemmle/Wehner* HdB für Post und Telekommunikation Köln 1990; *Gramlich* NJW 1994, 2785; *ders.* ArchivPT 1995, 189; *Hahn* NWB Nr. 9 v. 24. 2. 1992 Fach 28, 637; *ders.* NWB Nr. 8 v. 20. 2. 1995 Fach 28, 719; *Kirchhof* NVwZ 1994, 1041; *Königshofen* ArchivPT 1995, 112; *Krönes* ZögU Bd. 15 (1992), 392; *Kruse* Wirtschaftsdienst 1996, 73; *Murswiek* JuS 1996, 80; *Roer* Die Bindungswirkung von Zielen der Raumordnung und Landesplanung nach der Privatisierung der Post 1996; *dies.* Die Nachfolgeunternehmen von Bahn und Post in der Bauleitplanung 1996; *Wichmann/Maier* DVBl. 1987, 814.

[428] Zu Fernmeldeleitungen *Becker* ArchivPF 1987, 440; *Beuscher* NJW 1985, 1191; *Dombert* NVwZ 1990, 441; *Eidenmüller* DÖV 1984, 225; *Hahn* NWB Nr. 9 v. 24. 2. 1992 Fach 28, 637; *Königshofen* ArchivPT 1994, 39; *Ronellenfitsch* VerwArch. 79 (1988), 211; *Schmidt* ArchivPT 1993, 79.

[429] *Ronellenfitsch* Einführung in das Planungsrecht 1986, 123.

[430] Vgl. auch Gesetz über das Postwesen – PostG i. d. F. der Bekanntmachung v. 3. 7. 1989 (BGBl. I 1449) sowie Gesetz zur Umwandlung des Unternehmens der Deutschen Bundespost in die Rechtsform der Aktiengesellschaft – Postumwandlungsgesetz i. d. F. der Bekanntmachung v. 14. 9. 1994 (BGBl. I 2325).

[431] Für diesen Teilbereich die Deutsche Telekom AG.

2. Inanspruchnahme öffentlicher Wege

3152 Der Bund ist nach § 50 I 1 TKG befugt, Verkehrswege für die öffentlichen Zwecken dienenden Telekommunikationslinien unentgeltlich zu benutzen, soweit nicht dadurch der Widmungszweck der Verkehrswege dauernd beschränkt wird. Als Verkehrswege gelten die öffentlichen Wege, Plätze und Brücken sowie die öffentlichen Gewässer (§ 50 I 2 TKG). Das Nutzungsrecht überträgt der Bund auf Lizenznehmer (§ 50 II 1 TKG). Telekommunikationslinien sind so zu errichten und zu unterhalten, daß sie den Anforderungen der Sicherheit und Ordnung sowie den anerkannten Regeln der Technik genügen (§ 50 II 2 TKG). Kraftfahrzeuge der Deutschen Bundespost, die der Beförderung von Postsendungen oder dem Bau oder der Unterhaltung von Fernmeldeeinrichtungen dienen, dürfen – soweit dies aus dienstlichen Gründen geboten ist – grundsätzlich auch solche öffentlichen Straßen ohne Sondernutzungserlaubnis befahren, die nicht dem Kraftfahrzeugverkehr gewidmet sind. Das Nutzungsrecht für Telekommunikationslinien umfaßt auch die Verlegung von **Breitbandkabeln**. Der Zustimmung der betroffenen Gemeinde zur Verkabelung bedurfte es früher nicht. Die Gemeinde war allerdings gem. § 7 II 3 TelwegG am fernmelderechtlichen Planfeststellungsverfahren zu beteiligen. Sie konnte verlangen, daß ihre sich auf das Selbstverwaltungsrecht stützenden Interessen mit berücksichtigt wurden.[432] Nach § 50 III TKG bedarf nunmehr die Verlegung neuer Telekommunikationslinien der Zustimmung des Trägers der Wegebaulast. Bei der Verlegung oberirdischer Leitungen sind die Interessen der Wegebaulastträger, der Lizenznehmer und die städtebaulichen Belange abzuwägen (§ 50 III 2 TKG). Die Befugnisse nach § 50 TKG sind daher unter besonderer **Rücksichtnahme** auf die örtliche Situation und in Abstimmung mit dem Träger der Wege- bzw. Straßenbaulast auszuüben.

3153 Das kann zu einem Verzicht auf den Einsatz von Kraftfahrzeugen oder zu Einschränkungen hinsichtlich Wegstrecke, Benutzungszeit oder Art der Kraftfahrzeuge führen. Auf einer „autofreien" Ferieninsel kann die Deutsche Bundespost zum Einsatz von Elektrofahrzeugen verpflichtet sein.[433] Jeder Träger öffentlicher Verwaltung ist an den im Bundesstaatsprinzip verankerten Grundsatz der Bundestreue und die daraus folgende Pflicht staatlicher Organe zu gemeinschaftsfreundlichem Verhalten gebunden.[434] Darunter ist die Verpflichtung eines Hoheitsträgers zu verstehen, im Interesse einer funktionierenden gesamtstaatlichen Ordnung nicht nur die Tätigkeit anderer Verwaltungseinrichtungen nicht zu behindern, sondern mit diesen zusammenzuarbeiten, soweit es für deren ordnungsgemäße Aufgabenerfüllung geboten ist und soweit es die Erfüllung der eigenen Aufgaben zuläßt.[435] Diese Pflicht zu **Kooperation**, Abstimmung und **gegenseitiger Rücksichtnahme** verbietet es, die im Allgemeininteresse unumgängliche Benutzung einer öffentlichen Straße als die von einer Erlaubnis abhängige Gewährung eines Benutzungsrechts anzusehen, wie dies in der Rechtskonstruktion der Sondernutzungserlaubnis angelegt ist. Vielmehr ist ein zulassungsfreier Allgemeingebrauch für bestimmte öffentliche Aufgaben unter gewissen Einschränkungen von vornherein mit jeder Widmung einer Straße zum öffentlichen Verkehr eröffnet.[436]

3154 Bei der Benutzung der Verkehrswege ist eine Erschwerung ihrer Unterhaltung und eine vorübergehende Beschränkung ihres Widmungszwecks nach Möglichkeit zu vermeiden (§ 52 I TKG). Die Lizenznehmer haben daher auf die Belange der ordnungsgemäßen Nutzung der Verkehrsanlagen Rücksicht zu nehmen. Ergibt sich nach Einrichtung

---

[432] *BVerwG*, Urt v. 18. 3. 1987 – 7 C 28.85 – BVerwGE 77, 128 = NJW 1987, 2096 = DVBl. 1987, 845 – Breitbandkabel.

[433] *BVerwG*, Urt. v. 28. 7. 1989 – 7 C 65.88 – BVerwGE 82, 266 = DVBl. 1990, 46 = DÖV 1989, 1041 = NJW 1990, 266 – autofreie Ferieninsel.

[434] *Herzog* in: *Maunz/Dürig/Herzog/Scholz* Art. 20 GG Rdn. 64.

[435] *BVerwG*, Urt. v. 28. 7. 1989 – 7 C 65.88 – BVerwGE 82, 266 = DVBl. 1990, 46 = DÖV 1989, 1041 = NJW 1990, 266 – Sondernutzung Fremdenverkehrsgemeinde.

[436] *BVerwG*, Urt. v. 28. 7. 1989 – 7 C 65.88 – BVerwGE 82, 266 = DVBl. 1990, 46 = DÖV 1989, 1041 = NJW 1990, 266 – Sondernutzung Fremdenverkehrsgemeinde.

einer Telekommunikationslinie, dass sie den Widmungszweck eines Verkehrsweges nicht nur vorübergehend beschränkt oder die Vornahme der zu seiner Unterhaltung erforderlichen Arbeiten verhindert oder der Ausführung einer von dem Unterhaltungspflichtigen beabsichtigten Änderung des Verkehrsweges entgegensteht, so ist die Telekommunikationslinie, soweit erforderlich, abzuändern oder zu beseitigen (§ 53 I TKG). Soweit ein Verkehrsweg eingezogen wird, erlischt die Befugnis des Nutzungsberechtigten zu seiner Benutzung (§ 53 II TKG). In allen diesen Fällen hat der Nutzungsberechtigte die gebotenen Maßnahmen an der Telekommunikationslinie auf seine Kosten zu bewirken. Die Rücksichtnahme gilt auch umgekehrt für die Verkehrsanlage.

Eine **Kostenregelung** bei der späteren besonderen Anlage oder einer Verlegung oder Veränderung einer Fernmeldelinie enthält § 56 TKG. Spätere besondere Anlagen sind nach § 56 I TKG nach Möglichkeit so auszuführen, dass sie die vorhandenen Fernmeldelinien nicht störend beeinflussen.[437] Muss wegen einer solchen späteren besonderen Anlage die schon vorhandene Telekommunikationslinie mit Schutzvorkehrungen versehen werden, so sind die dadurch entstehenden Kosten von dem Nutzungsberechtigten zu tragen (§ 56 III TKG). Nach § 6 II TelwegG muss dem Verlangen der Verlegung oder Veränderung einer Telekommunikationslinie auf Kosten des Nutzungsberechtigten stattgegeben werden, wenn sonst die Herstellung einer späteren besonderen Anlage unterbleiben müsste oder wesentlich erschwert würde, deren Errichtung in besonderem Gemeinwohlinteresse steht. Die Verlegung einer überörtlichen kabelgebundenen Telekommunikationslinie kann allerdings nur dann verlangt werden, wenn sie ohne Aufwendung unverhältnismäßiger Kosten verlegt werden kann (§ 56 II TKG). Die jeweiligen Nutzer sind daher nicht verpflichtet, auch überörtlichen Zwecken dienende kabelgebundene Telekommunikationslinien bei unverhältnismäßig hohen Kosten zu verlegen. Die Nutzungsberechtigten können dann die Verlegung von einer Kostenübernahme abhängig machen, sofern die von der späteren Anlage ausgehenden Störungen weder durch die Ausgestaltung der Anlage noch durch Schutzvorkehrungen unterbunden werden können. Unverhältnismäßig hohe Kosten i. S. des § 56 II 2 TKG sind Kosten, welche die Kosten einer gewöhnlichen oder normalen Verlegung erheblich übersteigen.[438]

Schutzvorkehrungen i. S. des § 50 III TKG sind gegenständliche, auf Dauer hergestellte Einrichtungen, die dem Schutz der vorhandenen Fernmeldelinie vor Störungen aller Art dienen. Dazu gehören auch Vorkehrungen zur Vermeidung von Folgeschäden an einer Fernmeldeleitung nach dem Bau einer bevorrechtigten späteren besonderen Anlage i. S. des § 50 II TKG. Die Unterbetonierung und Untermauerung einer bei Kanalisationsbauarbeiten freigelegten Fernmeldeleitung, durch die spätere Beschädigungen des Kabels infolge einer Setzung des Bodens im wiederaufgefüllten Kanalisationsgraben vermieden werden sollen, sind Schutzvorkehrungen i. S. des § 56 III TKG.[439] Wird infolge einer Straßenerweiterung ein bisher in der Fahrbahn verlaufendes Industriegleis entfernt und neben der Fahrbahn neu verlegt und hat die Verlegung des Industriegleises zur Folge, dass eine Fernmeldelinie verlegt wird, so ist die Frage, wer die Kosten der Verlegung der Fernmeldelinie zu tragen hat, nach § 56 TKG zu beantworten. § 53 TKG regelt diese Frage nicht.[440]

---

[437] Auch eine Garagenzufahrt über einen vor dem Garagengrundstück liegenden Gehweg ist eine besondere Anlage i. S. des §§ 5, 6 TWG, so *BVerwG*, Urt. v. 23. 10. 1981 – 7 C 67.79 – BVerwGE 64, 176 = Buchholz 310 § 40 VwGO Nr. 192 = DVBl. 1982, 590 – Garagenzufahrt.

[438] So zu der insoweit gleich lautenden Vorgängerregelung in § 6 II 2 TelwegG *BVerwG*, B. v. 27. 2. 1981 – 7 B 15.81 – Buchholz 442.065 TWG Nr. 3, mit Hinweis auf Urt. v. 7. 1. 1975 – VII C 25.73 – Buchholz 442.065 TWG Nr. 2.

[439] So zu der insoweit gleich lautenden Vorgängerregelung in § 6 III TelwegG *BVerwG*, Urt. v. 15. 4. 1988 – 7 C 48.87 – BVerwGE 79, 218 = DVBl. 1988, 742 = NVwZ 1988, 1124 – Kanalisationsarbeiten.

[440] So zu den insoweit gleich lautenden Vorgängerregelung in den §§ 3, 6 TelwegG *BVerwG*, B. v. 10. 4. 1990 – 7 B 184.89 – NVwZ-RR 1990, 458 = Buchholz 442.065 TWG Nr. 10 = StuGR 1991, 289 – Fernmeldelinie.

Wird infolge einer Verlegung von Kanalisationsrohren in der Straße die Anlage einer Behelfsfahrbahn erforderlich und muss aus diesem Grund die Bundespost ihre im Gehweg verlegten, nunmehr durch den Fahrzeugverkehr gefährdeten Fernmeldekabel umrüsten, so sind die für eine solche Umrüstung erforderlichen Kosten nicht von der wegunterhaltungspflichtigen Gemeinde, sondern von dem Nutzungsberechtigten zu tragen.[441] Mehrkosten, die einer Gemeinde bei der Herstellung eines Grundstücksanschlusses zum öffentlichen Entwässerungskanal dadurch entstehen, dass wegen einer Fernmeldelinie der Bundespost der Erdaushub in Handarbeit vorgenommen werden muss, sind keine Kosten für Schutzvorkehrungen und deshalb nicht nach § 56 III TKG von der Bundespost zu tragen.[442] §§ 55 und 56 TKG regeln Anpassungs- und Folgepflichten sowie Folgekosten nur im Verhältnis zwischen dem Betreiber einer Telekommunikationslinie als Nutzungsberechtigtem und Betreibern „sonstiger Anlagen" als sonstigen Nutzungsberechtigten an dem Verkehrsweg. Die Folgepflichten und -kosten im Verhältnis zwischen dem Wegeunterhaltungspflichtigen und dem Betreiber einer Telekommunikationslinie (Nutzungsberechtigter) bestimmen sich hingegen allein nach § 53 TKG. Eine „Änderung des Verkehrsweges" i. S. des § 53 I TKG, die eine Folgepflicht zu Lasten einer in der Straße verlegten Telekommunikationslinie auslöst, liegt immer dann vor, wenn in den Bestand des Verkehrsweges baulich eingegriffen wird. Darauf, ob der Verkehrsweg auf Dauer verlegt oder sonst einen anderen Zustand erhält, kommt es nicht an. Die Änderung des Verkehrsweges ist von dem Wegeunterhaltungspflichtigen auch dann „beabsichtigt" i. S. des § 53 I TKG, wenn sie aufgrund einer Planfeststellung für einen anderen Verkehrsweg als notwendige Folgemaßnahme gemäß § 75 I 1 VwVfG festgestellt und von dem Vorhabenträger dieses Verkehrsweges durchzuführen ist.[443]

3157 Die Durchführung eines **Planfeststellungsverfahrens** für die Benutzung öffentlicher Wege für Telekommunikationslinien ist im TKG nicht mehr vorgesehen. Im Gegensatz dazu musste nach der früheren Regelung in § 7 TelwegG vor der Benutzung eines Verkehrsweges zur Ausführung neuer Fernmeldelinien oder bei einer wesentlichen Änderung vorhandener Fernmeldelinien ein **Plan** aufgestellt werden. Der Plan sollte die in Aussicht genommene Richtungslinie, den Raum, welcher für die oberirdischen oder unterirdischen Leitungen in Anspruch genommen wird, bei oberirdischen Linien auch die Entfernung der Stangen voneinander und deren Höhe, soweit dies möglich ist, angeben (§ 7 I TelwegG). Der Plan war, sofern die Unterhaltungspflicht an dem Verkehrsweg einem Land, einem Kommunalverband oder einer anderen Körperschaft des öffentlichen Rechts oblag, dem Unterhaltungspflichtigen, anderenfalls der zuständigen Verwaltungsbehörde mitzuteilen. Diese hatte die Unterhaltungspflichtigen von dem Eingang des Plans zu unterrichten (§ 7 II TelwegG). Das Planverfahren nach § 7 TelwegG wurde trotz einiger Abweichungen von dem Planfeststellungsverfahren nach den §§ 72 ff. VwVfG als echtes Planfeststellungsverfahren angesehen.[444] Die Besonderheiten des Planfeststellungsverfahrens nach dem TelwegG warfen jedoch eine Reihe von Fragen auf.[445]

3158 Im Gegensatz zur früheren Regelung bedürfen die Verlegung neuer Telekommunikationslinien und die Änderung vorhandener Telekommunikationslinien der **Zustimmung des Trägers der Wegebaulast**. Dabei sind die unterschiedlichen Interessen der Wegebaulastträger, der Lizenznehmer und die städtebaulichen Belange abzuwägen (§ 50 III TKG). Der Gesetzgeber geht offenbar davon aus, dass es zu einer einverständlichen Regelung zwischen den Betroffenen kommt, so dass ein förmliches Planfeststellungsverfahren

---

[441] So zu den insoweit gleich lautenden Vorgängerregelung in § 6 III TelwegG *BVerwG*, Urt. v. 20. 5. 1987 – 7 C 78.85 – BVerwGE 77, 276 = DVBl. 1987, 910 = NVwZ 1987, 887 – Kanalisationsbau.
[442] *BVerwG*, Urt. v. 19. 12. 1985 – 7 C 81.84 – Buchholz 442.065 TWG Nr. 5 = DÖV 1986, 656 = NVwZ 1986, 558.
[443] *BVerwG*, Urt. v. 1. 7. 1999 – 4 A 27.99 – NVwZ 2000, 316 = DVBl. 1999, 1519.
[444] So *BVerwG*, Urt. v. 29. 6. 1967 – IV C 36.66 – BVerwGE 27, 253.
[445] Vgl. dazu *Stüer*, Bau- und Fachplanungsrecht, 2. Aufl. 1998, Rdn. 1702.

nicht erforderlich ist. Im Streitfall könnten die genannten Beteiligten ihre Ansprüche auch gegeneinander gerichtlich durchsetzen. Die Telekommunikationslinien sind so zu führen, dass sie vorhandene **besondere Anlagen** nicht stören (§ 55 TKG). Zu diesen besonderen Anlagen gehören der Wegeunterhaltung dienende Einrichtungen, Kanalisations-, Wasser-, Gasleitungen, Schienenbahnen, elektrische Anlagen und vergleichbare Einrichtungen. Eine Verlegung oder Veränderung solcher besonderer Anlagen kann nur gegen Entschädigung und dann verlangt werden, wenn die Benutzung des Verkehrsweges für die Telekommunikationslinie sonst unterbleiben müsste und die besondere Anlage anderweitig ihrem Zweck entsprechend untergebracht werden kann (§ 55 TKG). Zudem dürfen bei einem Schaden-Nutzen-Vergleich die für die Verkehrsanlage eintretenden Schäden die Mehrkosten des Nutzungsberechtigten bei einer anderen Linienführung nicht übersteigen (§ 55 III TKG).

Für die **Gemeinden** bietet die Öffnung des Telekommunikationsmarktes neue Möglichkeiten der erwerbswirtschaftlichen Betätigung im Rahmen des Gemeindewirtschaftsrechts. So können die Gemeinden ihre vielfach vorhandenen Kupfer- oder Glasfasernetze, die zumeist weite Teile des Gemeindegebietes bis zu den Endkunden hin erschließen, für die neuen Telekommunikationseinrichtungen nutzen. Das vorhandene Leitungsnetz könnte daher ohne große Zusatzkosten die Grundlage für die neuen Einrichtungen und Dienste darstellen. Die Gemeinden könnten diese Netze selbst betreiben, oder aber auch gegen entsprechendes Entgelt Lizenznehmern zur Verfügung stellen. Diese erwerbswirtschaftliche Betätigung der Kommunen unterliegt allerdings den Beschränkungen des Gemeindewirtschaftsrechts. So dürfen sich etwa nach § 106 GO NRW die Gemeinden zur Erledigung von Angelegenheiten der örtlichen Gemeinschaft wirtschaftlich betätigen, wenn ein dringender öffentlicher Zweck die Betätigung erfordert, die Betätigung erfolgt, um Leitungsnetze für Zwecke der Telekommunikation einschließlich der Telefondienstleistungen allein oder zusammen mit Dritten zu erweitern und/oder zu betreiben und die Betätigung nach Art und Umfang in einem angemessenen Verhältnis zur Leistungsfähigkeit der Gemeinde steht. Ob sich aus diesen Regelungen ein Subsidiaritätsprinzip in dem Sinne ergibt, dass die Kommunen nur dann auf dem Markt der Telekommunikation tätig werden dürfen, wenn private Anbieter die Leistungen nicht vergleichbar erbringen können, wird unterschiedlich beurteilt. Auch stellt sich die Frage, ob sich aus den gesetzlichen Regelungen über die erwerbswirtschaftliche Betätigung der Gemeinden ein Konkurrenzschutz zu Gunsten privater Unternehmer ergibt.[446] Die erweiterten Möglichkeiten können durch die Gemeinden auch durch Kooperation mit privaten Investoren etwa bei der Erschließung neuer Baugebiete für Wohnen, Gewerbe oder Dienstleistung genutzt werden. Hier ergeben sich neue Perspektiven bei einem als „Rund-um-Versorgung" verstandenen Vollserviceangebot. Die Gemeinde kann hier etwa in einem städtebaulichen Vertrag[447] zugleich auch Regelungen über die telekommunikative Erschließung etwa eines neuen Baugebietes treffen (§ 11 BauGB). Die Regelungen können auch Bestandteil eines Durchführungsvertrages sein, der im Zusammenhang mit einem vorhabenbezogenen Bebauungsplan geschlossen wird (§ 12 BauGB).

3. Inanspruchnahme von Grundstücken

Eine **Duldungspflicht** für Telekommunikationslinien bei einer Beeinträchtigung von Grundstücken außerhalb öffentlicher Wege ist in § 57 TKG geregelt. Danach kann der Eigentümer eines Grundstücks, das nicht ein Verkehrsweg ist, die Einrichtung, den Betrieb und die Erneuerung von Telekommunikationslinien auf seinem Grundstück nicht verbieten, wenn bereits durch ein Recht gesicherte Leitungen verlegt sind oder das Grundstück durch die Benutzung nicht oder nur unwesentlich beeinträchtigt wird. Die

---

[446] *OLG Hamm*, Urt. v. 23. 9. 1997 – 4 U 99/97 – NJW 1998, 3504 = DVBl. 1998, 792 – Gelsengrün; *OLG Düsseldorf*, Urt. v. 29. 5. 2001 – 20 U 152/00 – DVBl. 2001, 1283 = NVwZ-RR 2002, 248.

[447] Dazu *Stüer*, Der Bebauungsplan, 2001, Rdn. 796.

Duldungspflicht des Grundstückseigentümers bezieht sich dabei sowohl auf oberirdische als auch auf unterirdische Leitungen und Einrichtungen. Bestehen bereits durch ein Recht gesicherte Leitungen, hat der Grundstückseigentümer zu dulden, dass die Leitungen durch neue ersetzt werden, wenn dadurch die Nutzbarkeit des Grundstücks nicht dauerhaft zusätzlich eingeschränkt wird (§ 57 I Nr. 1 TKG). Eine Neuverlegung von Leitungen muss ein Grundstückseigentümer außerhalb der öffentlichen Wege nur dulden, wenn das Grundstück durch die Benutzung nicht oder nur unwesentlich beeinträchtigt wird. Oberirdische Leitungen dürften zumeist mit entsprechenden Nachteilen oder Einschränkungen für die Grundstücksnutzung verbunden sein. Aber auch aus unterirdischen Leitungen können sich Nachteile oder Einschränkungen in der Grundstücksnutzung ergeben. Dies gilt etwa, wenn Gebäude zu unterirdischen Leitungen bestimmte Mindestabstände halten müssen oder eine sonst mögliche Überbauung des Grundstücks im Bereich der Telekommunikationslinie nicht zulässig ist.

3161 Hat der Grundstückseigentümer eine Einwirkung zu dulden, hat der Betreiber der Telekommunikationslinie eine angemessene **Entschädigung** in Geld zu zahlen (§ 57 II TKG). Dies gilt, wenn durch die Errichtung, Erneuerung oder durch Wartungs-, Reparatur- oder vergleichbare, mit dem Betrieb der Telekommunikationslinie unmittelbar zusammenhängende Maßnahmen eine Benutzung des Grundstücks oder dessen Ertrag über das zumutbare Maß hinaus beeinträchtigt wird. Die verschiedenen Ersatzansprüche nach den §§ 50 bis 57 TKG verjähren innerhalb von zwei Jahren. Die Verjährung beginnt mit dem Schluss des Kalenderjahres, in welchem der Anspruch entstanden ist (§ 58 TKG).

4. Rechtsschutz

3162 Werden konkrete **Eigentümerbelange** betroffen, so bestehen gegen die auf das TKG gestützte Zulassung der Grundstücksbenutzung Abwehrrechte. Es muss allerdings geltend gemacht werden, dass durch die Benutzung des Grundstücks oder von Nachbargrundstücken Beeinträchtigungen hervorgerufen werden, die nach § 57 TKG nicht hinzunehmen sind.

3163 Gegen Entscheidungen auf der Grundlage des TKG stehen auch den **Gemeinden** Rechtsschutzmöglichkeiten zu, soweit ihre Belange betroffen sind. Bei der Entscheidung über den Anschluss eines Gemeindeteils an das Fernmeldenetz und die Ausführung durch oberirdische oder unterirdische Bauweise steht den Gemeinden verfahrensrechtlich ein Recht auf Beteiligung durch Anhörung und materiellrechtlich ein Anspruch darauf zu, dass der Lizenznehmer bei der Betätigung ihres Planungsermessens die sich auf das Selbstverwaltungsrecht stützenden Interessen der Gemeinde nicht unberücksichtigt lässt. Das galt jedenfalls für die Post[448] bzw. die Deutsche TELEKOM als Vorgänger der Lizenznehmer.

IV. Energieanlagen (EnWG)

3164 Leitungen, die der öffentlichen Energieversorgung dienen, werden nach dem EnWG[449] zugelassen.[450] Der Bau von solchen Energieleitungen dient als Teil elementarer Daseinsvorsorge der Erfüllung einer Gemeinwohlaufgabe.[451] Das Verfahren ist dem für

---

[448] *BVerwG*, Urt. v. 18. 3. 1987 – 7 C 31.85 – BVerwGE 77, 134 = DÖV 1987, 780 = DVBl. 1987, 1000 = NVwZ 1987, 591 – Wochenendhausgebiet.

[449] Gesetz zur Förderung der Energiewirtschaft v. 13. 12. 1935 (RGBl. I S. 1451), abgedruckt bei *Stüer*, Bau- und Fachplanungsgesetze 1999, S. 585.

[450] Zu Energieanlagen *Berger* Grundfragen umweltrechtlicher Nachbarklagen 1992; *Börner* Planungsrecht für Energieanlagen 1973; *Büdenbender* Energierecht 1982; *Cronauge* StuGR 1995, 275; *Erbguth* RdE 1996, 85; *Evers* Das Recht der Energieversorgung 1983; *Hermann* DÖV 1985, 337; *Krauß* NVwZ 1995, 959; *Peine* DVBl. 1991, 965; *Ronellenfitsch* VerwArch. 75 (1984), 407; *ders.* WiVerw. 76 (1985), 168; *Roßnagel* (Hrsg.) Recht und Technik im Spannungsfeld der Kernenergiekontroverse 1984; *Söfker* BBauBl. 1983, 486; *Zahn* StuGR 1992, 417.

[451] *BVerfG*, B. v. 20. 3. 1984 – 1 BvR 28/82 – BVerfGE 66, 248.

Telegrafenwege vergleichbar.[452] Die Energiewirtschaftsunternehmen sind nach § 4 EnWG verpflichtet, vor dem Bau, der Erneuerung oder der Stilllegung von Energieanlagen der zuständigen Behörde Anzeige zu erstatten. Energieanlagen sind Anlagen, die der Erzeugung, Fortleitung oder der Abgabe von Elektrizität oder Gas dienen. Die Behörde hat nach der Anzeige die Möglichkeit, das Vorhaben zu beanstanden. Die Errichtung und der Betrieb sowie die Änderung von bestimmten Hochspannungsfreileitungen und Gasversorgungsleitungen bedürfen danach der Planfeststellung. Für die Durchführung des Anhörungsverfahrens gilt § 73 VwVfG mit bestimmten Maßgaben.[453]

Nach § 12 I und 2 EnWG 1998 stellt die Energieaufsichtsbehörde mit Bindungswirkung für die Enteignungsbehörde fest, dass das Wohl der Allgemeinheit den Entzug oder die Beschränkung von Grundeigentum für eine Stromfreileitung dem Grunde nach rechtfertigt. Diese Entscheidung schließt die Feststellung des energiewirtschaftlichen Bedarfs mit ein. Im Übrigen hat die Enteignungsbehörde die Vorhabenplanung grundsätzlich uneingeschränkt zu überprüfen. 3165

Es steht dem Gesetzgeber ungeachtet der verfahrensrechtlichen Garantiefunktion des Eigentumsgrundrechts und des Gemeinwohlerfordernisses jeder Enteignung frei, zur planerischen Bewältigung komplexer raumgreifender und konflikträchtiger Infrastrukturvorhaben Systeme vorausliegender Planungsstufen und mehrstufiger Entscheidungsverfahren einzuführen und die Beteiligungs- sowie Klagerechte betroffener Dritter (insbesondere der Grundeigentümer) auf die letzte zur außenverbindlichen Entscheidung führende Verfahrensstufe zu begrenzen, soweit die Rechtswirkungen der vorausgehenden Ebenen noch umkehrbar sind.[454] 3166

Die **Enteignung** für Zwecke der öffentlichen Energieversorgung zu Gunsten privatrechtlich organisierter Energieversorgungsunternehmen nach § 12 EnWG 1998 ist mit Art. 14 GG vereinbar. Die Eigentumsgarantie des Art. 14 GG zwingt nicht dazu, Bau und Betrieb einer 110 kV-Stromfreileitung generell einem fachplanerischen Planfeststellungsverfahren mit enteignungsrechtlicher Vorwirkung zu unterwerfen. 3167

Auch das Gesetz über die Errichtung und den Betrieb einer **Rohrleitungsanlage** zwischen Vohburg an der Donau und Waidhaus,[455] das die Enteignung für eine Transitpipeline zur Versorgung der Tschechischen Republik mit Rohöl zulässt und die Verpflichtung der Bundesrepublik Deutschland zum Ausbau der grenzüberschreitenden Rohrleitungsverbindungen aus dem Deutsch-Tschechischen Freundschaftsabkommen[456] konkretisiert, hat das BVerfG als verfassungsrechtlich zulässig bezeichnet.[457] 3168

V. Planfeststellungsverfahren

Durch das **Artikelgesetz 2001**[458] ist für die Errichtung und den Betrieb bestimmter UVP-pflichtiger Energieanlagen ein Planfeststellungsverfahren eingeführt worden. Nach § 11 a EnWG bedürfen (1) Hochspannungsfreileitungen, ausgenommen Bahnstromfernleitungen, mit einer Nennspannung von 110 kV oder mehr sowie (2) Gasversorgungsleitungen mit einem Durchmesser von mehr als 300 mm der Planfeststellung, soweit dafür nach 3169

---

[452] Zu Freileitungen *Langer* BayVBl. 1989, 641; *Mache/Müller* VR 1985, 216; *Peche* ET 1986, 349; *Weidemann* RdE 1995, 181.
[453] Zur Änderung der Vorschriften des EnWG im Zusammenhang mit der Beschleunigung von Planungsverfahren für Verkehrsinfrastrukturvorhaben s. Rdn. 3762.
[454] BVerwG, Urt. v. 11. 7. 2002 – 4 C 9.00 – NJW 2003, 230 = DVBl. 2003, 55 = ZfBR 2003, 59 – Enteignung zu Gunsten privater Energieversorgungsunternehmen, im Anschluss an *BVerfG*, B. v. 20. 3. 1984 – 1 BvL 28/82 – BVerfGE 66, 248 = NJW 1984, 1872.
[455] Vom 28. 4. 1994, BayGVBl. S. 294.
[456] Vom 27. 2. 1992.
[457] *BVerwG*, Urt. v. 24. 10. 2002 – 4 C 7.01 – DVBl. 2003, 531 = NJW 2003, 1336 – Transitpipeline.
[458] Gesetz zur Umsetzung der UVP-ÄndRL, der IVU-Richtlinie und weiterer EG-Richtlinien zum Umweltschutz v. 27. 7. 2001 (BGBl. 2001, 1950). Zur Beschleunigung von Planungsverfahren für Verkehrsinfrastrukturvorhaben s. Rdn. 3762.

dem UVPG eine UVP durchzuführen ist. Andernfalls bedürfen sie der Plangenehmigung. Die Plangenehmigung entfällt in Fällen von unwesentlicher Bedeutung. Diese liegen vor, wenn die Voraussetzungen des § 74 VII 2 VwVfG erfüllt sind. Bei der Planfeststellung und der Plangenehmigung sind die von dem Vorhaben berührten öffentlichen und privaten Belange abzuwägen. Das Vorhaben muss insbesondere den Zielen des § 1 EnWG entsprechen. Für das Anhörungsverfahren gilt § 73 VwVfG mit der Maßgabe, dass die Anhörungsbehörde die Erörterung nach § 73 VI VwVfG innerhalb von drei Monaten nach Ablauf der Einwendungsfrist abzuschließen hat (§ 11a III EnWG). Die Gesetzesänderung ist durch die UVP-Änd-Richtlinie veranlasst worden. Danach sind UVP-pflichtige Vorhaben von einer Öffentlichkeitsbeteiligung zu begleiten. Diese wird nunmehr auch bei der Zulassung von Hochspannungsfreileitungen und Gasversorgungsleitungen grundsätzlich in einem Planfeststellungsverfahren durchgeführt. Ein Plangenehmigungsverfahren ohne Öffentlichkeitsbeteiligung kann danach nur für nicht UVP-pflichtige Vorhaben durchgeführt werden. Auf ein förmliches Verfahren kann nur in Fällen unwesentlicher Bedeutung verzichtet werden. Dies setzt u. a. voraus, dass das Vorhaben nicht UVP-pflichtig ist.

3170 Für Vorhaben zum Zwecke der Energieversorgung ist auch die Entziehung oder Beschränkung von Grundeigentum oder von Rechten am Grundeigentum im Wege der Enteignung zulässig. Die Zulässigkeit der Enteignung stellt die zuständige Behörde im Planfeststellungsbeschluss oder in der Plangenehmigung fest, wenn es sich um ein planfeststellungs- oder plangenehmigungsbedürftiges Vorhaben nach § 11a EnWG handelt. Der festgestellte oder genehmigte Plan ist dem Enteignungsverfahren zugrunde zu legen und für die Enteignungsbehörde bindend. Bei sonstigen, nicht planfeststellungs- oder plangenehmigungsbedürftigen Vorhaben stellt die zuständige Behörde die Zulässigkeit der Enteignung fest. Das Enteignungsverfahren wird durch Landesrecht geregelt (§ 12 EnWG).

3171 Zur Vorbereitung der erforderlichen Maßnahmen werden dem Träger des Vorhabens in § 11b EnWG entsprechende Rechte zur Durchführung von Vorarbeiten eingeräumt. Eigentümer und sonstige Nutzungsberechtigte haben danach zur Vorbereitung der Planung eines Vorhabens oder von Unterhaltungsmaßnahmen notwendige Vermessungen, Boden- und Grundwasseruntersuchungen einschließlich der vorübergehenden Anbringung von Markierungszeichen sowie sonstige Vorarbeiten durch den Träger des Vorhabens oder von ihm Beauftragte zu dulden. Die Absicht, solche Arbeiten auszuführen, ist dem Eigentümer oder sonstigen Nutzungsberechtigten mindestens zwei Wochen vor dem vorgesehenen Zeitpunkt unmittelbar oder durch ortsübliche Bekanntmachung in den Gemeinden, in denen die Vorarbeiten durchzuführen sind, durch den Träger des Vorhabens bekannt zu geben.

1. UVP-pflichtige Vorhaben

3172 Die UVP-Pflicht für Leitungsanlagen ist in Nr. 19 der Anlage 1 zum UVP geregelt. Für Vorhaben mit einer bestimmten Größenordnung („X") besteht eine Pflicht zur Regel-UVP. Vorhaben mit einer geringeren Größenordnung unterliegen der allgemeinen („A") oder standortbezogenen („S") Vorprüfung (§§ 3a bis 3f UVPG).

2. Rechtsschutz

3173 Gegen Energieanlagen sind die **Gemeinden** nicht rechtsschutzlos. Bundesrecht gebietet allerdings nicht, dass eine Gemeinde, deren Planungshoheit durch die geplante Errichtung einer Hochspannungsfreileitung verletzt sein kann, befugt ist, die in einem Raumordnungsverfahren ergehende positive raumordnerische Beurteilung der Freileitung mit der verwaltungsgerichtlichen Klage anzugreifen. Die Gemeinde kann gegen die Verwirklichung von Energieanlagen Rechtsschutz suchen. Wird eine Gemeinde durch die Errichtung der Freileitung rechtswidrig in einer durch das materielle Recht geschützten Position beeinträchtigt, so stehen ihr ggf. Unterlassungs- oder (Folgen-)Beseitigungsansprüche zu, die in dem jeweils angegriffenen Rechtsgut und seinem öffentlich-rechtlichen Schutz ihre Grundlage finden. Eine schutzfähige Position vermittelt in dieser

Hinsicht insbesondere die gemeindliche Planungshoheit, die beeinträchtigt wird, wenn das Vorhaben eine hinreichend bestimmte Planung der Gemeinde nachhaltig stört, wegen seiner Großräumigkeit wesentliche Teile des Gemeindegebiets einer durchsetzbaren gemeindlichen Planung entzieht oder gemeindliche Einrichtungen in ihrer Funktionsfähigkeit erheblich beeinträchtigt. Eigene wehrfähige Rechte bestehen allerdings nicht, wenn öffentliche Belange gefährdet werden, deren Wahrnehmung nicht der Gemeinde als Teil der ihr zugewiesenen Selbstverwaltungsaufgaben obliegt, oder Gemeindebürger betroffen sind, denen es freisteht, sich vor rechtswidrigen Eingriffen selbst zu schützen.[459]

Die Anfechtungsklage gegen einen Planfeststellungsbeschluss oder eine Plangenehmigung hat nach § 11a III EnWG keine aufschiebende Wirkung. Mit der Verwirklichung des Vorhabens kann daher auch bei Vorliegen eines Rechtsbehelfs eines betroffenen Dritten begonnen werden. Die Anordnung des Sofortvollzuges nach § 80 II 1 Nr. 4 VwGO ist dazu nicht erforderlich. Der betroffene Dritte kann allerdings bei Gericht einen Antrag auf Anordnung der aufschiebenden Wirkung des Rechtsbehelfs stellen (§§ 80, 80a VwGO). Für Streitigkeiten über vorzeitige Besitzeinweisung aufgrund der nach § 11 I EnWG erlassenen Rechtsverordnung i. V. mit § 116 BauGB ist nach § 217 BauGB der Rechtsweg zu den ordentlichen Gerichten – Kammer für Baulandsachen – eröffnet.[460]

VI. Luftfahrt (LuftVG)

Das LuftVG[461] und die auf seiner Grundlage erlassenen Verordnungen regeln die Benutzung des Luftraumes in der Bundesrepublik Deutschland und die damit zusammenhängenden Fragen, insbesondere die der Zulassung von Luftfahrzeugen und Luftfahrtpersonal sowie der Anlage und des Betriebes von Flugplätzen.[462] Flughäfen sowie Landeplätze mit beschränktem Bauschutzbereich nach § 17 LuftVG dürfen nach § 8 LuftVG nur angelegt und bestehende nur geändert werden, wenn der Plan nach § 10 LuftVG vorher festgestellt ist. Daneben besteht nach § 25 LuftVG ein Flugplatzzwang, d. h., Luftfahrzeuge dürfen grundsätzlich nur auf für sie genehmigten Flugplätzen starten und landen. Für den Luftverkehr in der Bundesrepublik Deutschland ist daher grundsätzlich die Durchführung eines luftverkehrsrechtlichen Planfeststellungsverfahrens erforderlich. Die luftverkehrsrechtliche Genehmigung nach § 6 LuftVG ist demgegenüber nach einer durchgeführten Gesetzesänderung nicht mehr Voraussetzung für ein Planfeststellungsverfahren oder eine Plangenehmigung (§ 8 VI LuftVG).[463]

1. Zuständigkeit

Nach Art. 87 d I GG wird die Luftverkehrsverwaltung in bundeseigener Verwaltung geführt. Über die öffentlich-rechtliche oder privatrechtliche Organisationsform wird durch Bundesgesetz entschieden. Durch Bundesgesetz, das der Zustimmung des Bundesrates bedarf, können gem. Art. 87 d II GG Aufgaben der Luftverkehrsverwaltung den Ländern als Auftragsverwaltung übertragen werden. Führen die Länder die Bundesgesetze im Auftrage des Bundes aus, so bleibt die Errichtung der Behörden Angelegenheit der Länder, soweit nicht Bundesgesetze mit Zustimmung des Bundesrates etwas anderes bestim-

---

[459] BVerwG, B. v. 30. 8. 1995 – 4 B 86.95 – RdL 1995, 272 = UPR 1995, 448.
[460] OVG Bautzen, Urt. v. 5. 2. 1998 – 1 S 730/97 – VIT 1998, 702 = NJW 1999, 517. Das gilt auch für die vorzeitige Besitzeinweisung bei Straßen, für deren Planung das VerkPlBG gilt, so BVerwG, B. v. 1. 4. 1999 – 4 B 26.99 – UPR 1999, 274 – vorzeitige Besitzeinweisung.
[461] Luftverkehrsgesetz i. d. F. v. 14. 1. 1981.
[462] *Badura* Rechtsfragen der Flughafenplanung 1984, 27; *Czybulka* DÖV 1991, 410; *Geiger* NuR 1982, 127; *Giemulla* ZLW 1985, 44; *Giemulla/Schmidt* LuftVG 1990; *Grabherr* ZLW 1982, 74; *Graumann* in: Das Deutsche Bundesrecht VI G 20, 33; *Henle* ZLW 1981, 108; *ders.* ZLW 1981, 391; *Hofmann/Grabherr* LuftVG 1971; *Lau* DVBl. 1984, 671; *Quaas* NVwZ 1991, 16; *Ronellenfitsch* DVBl. 1984, 501; *Scherg* Beteiligungsrechte der Gemeinden nach dem LuftVG 1982; *Schleicher/Reymann/Abraham* Das Recht der Luftfahrt 1966; *Schulze-Fielitz* UPR 1992, 41; *Schwenk* Hd. Luftverkehrsrecht 1981; *Sieg* ZUR 1993, 61.
[463] Zur Beschleunigung von Planungsverfahren für Verkehrsinfrastrukturvorhaben s. Rdn. 3762.

men.⁴⁶⁴ Mit § 32 II LuftVG hat der Bund einen weiten Bereich der Luftverkehrsverwaltung auf die Länder übertragen. Hierzu gehört auch die Genehmigung und die Planfeststellung von Flugplätzen. Zwar ist die Planfeststellung nicht ausdrücklich übertragen worden. Die Übertragung der Planfeststellung auf Landesbehörden ergibt sich jedoch aus § 10 I 1 LuftVG, wonach die Planfeststellungsbehörde die von der Landesregierung bestimmte Behörde ist.⁴⁶⁵ Sie stellt den Plan fest, erteilt die Plangenehmigung nach § 8 II LuftVG und trifft die Entscheidung zum Verzicht auf die Planfeststellung nach § 8 III LuftVG.

2. Verfahren

3177 §§ 6, 8 LuftVG sahen bis zur Gesetzesänderung durch das PlVereinfG 1993 ein **zweistufiges Verfahren** vor. Flugplätze, zu denen Flughäfen, Landeplätze und Segelfluggelände zählten, mussten zunächst nach § 6 LuftVG genehmigt werden.⁴⁶⁶ Sodann schloss sich nach § 8 LuftVG ein Planfeststellungsverfahren an. Das Verfahren zur Erteilung der **luftverkehrsrechtlichen Genehmigung** ist wie folgt geregelt: Vor Erteilung der Genehmigung ist zu prüfen, ob die geplante Maßnahme den Erfordernissen der Raumordnung entspricht und ob die Erfordernisse des Naturschutzes und der Landschaftspflege sowie des Städtebaus und der Schutz vor Fluglärm angemessen berücksichtigt sind (§ 6 II 1 LuftVG).⁴⁶⁷ Die Genehmigung eines Flughafens, der dem allgemeinen Luftverkehr dienen soll, ist außerdem zu versagen, wenn durch die Anlegung und den Betrieb des beantragten Flughafens die öffentlichen Interessen in unangemessener Weise beeinträchtigt werden (§ 6 III LuftVG). Die Genehmigung ist zu ergänzen oder zu ändern, wenn dies nach dem Ergebnis des Planfeststellungsverfahrens notwendig ist. Eine Änderung der Genehmigung ist auch erforderlich, wenn die Anlage oder der Betrieb des Flugplatzes wesentlich erweitert oder geändert werden soll (§ 6 IV LuftVG). Die luftverkehrsrechtliche Genehmigung oder deren Änderung, der keine Planfeststellung nach § 8 LuftVG nachfolgt, ist durch eine Doppelnatur gekennzeichnet: Die Genehmigung bzw. deren Änderung ist einerseits Unternehmergenehmigung, andererseits aber auch Planungsentscheidung, da es keines weiteren Zulassungsaktes bedarf.⁴⁶⁸

3178 Eine **luftverkehrsrechtliche Genehmigung** nach § 6 LuftVG, der eine Planfeststellung folgt, ist für den **Bürger** nicht selbstständig anfechtbar, weil die Genehmigung keine Außenwirkung für Dritte hat.⁴⁶⁹ So wird die Duldungspflicht nach § 11 LuftVG i.V.m. § 14 BImSchG nicht schon durch die luftverkehrsrechtliche Genehmigung begründet. Auch entfaltet die Genehmigung nach § 6 LuftVG keine Bindungswirkung für das nachfolgende Planfeststellungsverfahren. Ebenso wenig gehen von der Genehmigung nach

---

⁴⁶⁴ *BVerwG*, B. v. 11. 3. 1981 – 4 B 237.80 u. 238.80 – BVerwGE 62, 30 = NJW 1981, 1629 = DÖV 1981, 343.

⁴⁶⁵ *BVerwG*, Urt. v. 27. 5. 1983 – 4 C 40.81 – BVerwGE 67, 206 = DVBl. 1983, 901. In NW ist es nach § 1 der Verordnung zur Bestimmung der zuständigen Behörden auf dem Gebiet der Luftfahrt v. 31. 1. 1995 das Ministerium für Wirtschaft und Mittelstand, Technologie und Verkehr.

⁴⁶⁶ Vgl. zur früheren Rechtslage *BVerwG*, Urt. v. 22. 6. 1979 – IV C 40.75 – Buchholz 442.40 § 6 LuftVG Nr. 11 = NJW 1980, 718 = DÖV 1980, 135; Urt. v. 21. 8. 1981 – 4 C 77.79 – NVwZ 1982, 113 = DÖV 1982, 199 – Bauschutzbereich; B. v. 20. 8. 1990 – 4 B 146.89 – DVBl. 1990, 1185 = NVwZ-RR 1991, 8 – Düsseldorf-Lohausen. Zur Beschleunigung von Planungsverfahren für Verkehrsinfrastrukturvorhaben s. Rdn. 3762.

⁴⁶⁷ Ob diese Raumordnungsklausel eine strikte Bindung im Sinne eines Planungsleitsatzes enthält oder durch andere Belange in der Abwägung überwindbar ist, hat das *BVerwG* offen gelassen, so *BVerwG*, B. v. 7. 11. 1996 – 4 B 170.96 – DVBl. 1997, 434 = UPR 1997, 106 – Sonderlandeplatz.

⁴⁶⁸ *BVerwG*, Urt. v. 7. 7. 1978 – IV C 79.76 – BVerwGE 56, 110 = *Hoppe/Stüer* RzB Rdn. 1164 – Flughafen Frankfurt; Urt. v. 26. 7. 1989 – 4 C 35.88 – BVerwGE 82, 246 = DVBl. 1989, 1097 = DÖV 1990, 349 – Flugschulen München-Riem; B. v. 7. 11. 1996 – 4 B 170.96 – DVBl. 1997, 434 = UPR 1997, 106 – Sonderlandeplatz.

⁴⁶⁹ Zu den Rechtsschutzmöglichkeiten der Gemeinden *BVerwG*, Urt. v. 7. 7. 1978 – IV C 79.76 – BVerwGE 56, 110 = DVBl. 1978, 845 – Frankfurt.

Auffassung des *OVG Hamburg* faktische Vorwirkungen zu Lasten von Drittbetroffenen aus, so dass sich auch aus der Rechtsschutzgarantie des Art. 19 IV GG keine vorzeitigen Rechtsschutzmöglichkeiten ergeben.[470] Dagegen vertritt der *VGH München* die Auffassung, dass die luftverkehrsrechtliche Genehmigung § 6 LuftVG zwar das Rechtsverhältnis zwischen Flughafenbetreiber und Genehmigungsbehörde betreffe, eine Klagebefugnis sich aber bei faktischen Grundrechtsbeeinträchtigungen und hinreichender Beziehung zum Verfahrensgegenstand aus höherrangigem Recht herleiten lasse.[471]

Eine **lediglich gesteigerte Ausnutzung der Kapazität** eines uneingeschränkt genehmigten Flugplatzes stellt keine nach § 6 IV 2 LuftVG genehmigungsbedürftige Erweiterung oder Änderung dar. Ist die luftverkehrsrechtliche Genehmigung nicht beschränkt, kommt allenfalls ein Widerruf, nicht aber ein neues Genehmigungsverfahren in Betracht.[472] Allerdings ist eine Änderungsgenehmigung nach § 6 LuftVG jedenfalls dann als Planung i. S. von § 7 BauGB anzusehen, wenn sie grundsätzliche Fragen des Lärmkonzepts und nicht nur rein betriebliche Einzelheiten regelt und dadurch Auswirkungen auf schutzwürdige Gebiete einer Gemeinde entstehen. Die Verpflichtung in § 7 S. 2 BauGB, sich mit der Gemeinde ins Benehmen zu setzen, verlangt keine Willensübereinstimmung. Es genügt grundsätzlich die Anhörung der Gemeinde, die dadurch Gelegenheit erhält, ihre Vorstellungen in das Verfahren einzubringen. Diesem gesetzlichen Erfordernis wird durch die Beteiligung der Gemeinde im Genehmigungsverfahren nach § 6 LuftVG (ohne nachfolgende Planfeststellung) ausreichend entsprochen. Die Anpassungspflicht nach § 7 BauGB setzt einen wirksamen Flächennutzungsplan voraus. Möglicherweise bestehende Vorwirkungen eines „planreifen" Flächennutzungsplans[473] könnten allenfalls weiter abgemilderte Koordinierungspflichten begründen.[474]

§ 8 I LuftVG schreibt für die Errichtung und Änderung von Flughäfen und Landeplätzen mit beschränktem Bauschutzbereich nach § 17 LuftVG ein **luftverkehrsrechtliches Planfeststellungsverfahren** vor. Bei der Planfeststellung sind die von dem Vorhaben berührten öffentlichen und privaten Belange einschließlich der UVP im Rahmen der Abwägung zu berücksichtigen. In Bauschutzbereichen bedürfen nach den §§ 15 ff. LuftVG Baumaßnahmen aber auch sonstige die Flugsicherheit möglicherweise beeinträchtigende Maßnahmen der Zustimmung der Luftfahrtbehörde. Dies kann auch zu Einschränkungen in der Bodenbewirtschaftung landwirtschaftlicher Flächen führen.[475]

Hinweis: Das Planfeststellungsverfahren bezieht sich auf alle notwendigen Einrichtungen des Flughafens. Gebäude für Luftpost, Luftfracht oder Betriebsgebäude für Speditionen stehen in einem funktionalen Zusammenhang mit dem Luftfrachtverkehr und können daher ebenso Gegenstand einer Planfeststellung nach § 8 I LuftVG sein wie die als notwendige Einrichtungen für einen Flughafen anzusehenden Gebäude für Flugzeugwartung, Tanklager oder Triebwerksprobeaufstellen.[476]

Die Genehmigung nach § 6 LuftVG ist nach der Änderung von § 8 VI LuftVG[477] nicht mehr Voraussetzung für ein Planfeststellungsverfahren.[478] Ein Planfeststellungsverfahren

---

[470] *OVG Hamburg*, Urt. v. 26. 8. 1996 – Bf. III 89/95 – UPR 1997, 471 = NVwZ-RR 1997, 619 = NuR 1997, 452.
[471] *VGH München*, Urt. v. 25. 2. 1998 – 20 A 97.40 017 u. a. – NVwZ-RR 1998, 490 = BayVBl. 1998, 463.
[472] *BVerwG*, Urt. v. 21. 5. 1997 – 11 C 1.97 – NVwZ-RR 1998, 22 = NWVBl. 1997, 458 – Köln/Bonn.
[473] Zur Planreife s. Rdn. 2315.
[474] *VGH Mannheim*, Urt. v. 31. 1. 1997 – 8 S 991/96 – NVwZ-RR 1998, 221.
[475] *BVerwG*, B. v. 8. 4. 1998 – 11 B 40.97 – UPR 1998, 354 – Ackerfurche als Luftfahrthindernis.
[476] *BVerwG*, B. v. 31. 3. 1992 – 4 B 210.91 – (unveröffentlicht) – südliches Bebauungsband Erdinger Moos.
[477] Vgl. zur bisherigen Rechtslage *BVerwG*, Urt. v. 5. 12. 1986 – 4 C 13.85 – BVerwGE 75, 214 = *Hoppe/Stüer* RzB Rdn. 191 – Erdinger Moos.
[478] So § 8 LuftVG i. d. F. des PlanVereinfG. Zur Beschleunigung von Planungsverfahren für Verkehrsinfrastrukturvorhaben s. Rdn. 3762.

kann daher unabhängig von einem vorhergehenden Genehmigungsverfahren durchgeführt werden.[479] Nach dem Wortlaut dieser Bestimmung kommt es für das Planfeststellungsverfahren nicht darauf an, ob eine luftverkehrsrechtliche Genehmigung überhaupt vorliegt, ob sie ggf. wirksam oder unwirksam ist oder ob sie das mit der Planfeststellung geregelte Vorhaben inhaltlich abdeckt.[480] Eine wirksame Genehmigung ist auch für bereits bestehende Flughäfen, deren Nutzung geändert werden soll, nicht erforderlich.[481] Denn wenn sogar die Planfeststellung für einen neuen Flughafen nicht von der vorherigen Genehmigung nach § 6 LuftVG abhängt, dann muss dies gleichfalls für die Veränderung eines Flughafens gelten. Die Absicht, einen Flughafen aufgrund nachfolgender Genehmigungsverfahren erneut zu erweitern, steht der Genehmigung ebenfalls nicht entgegen. Über die Genehmigungsfähigkeit von weiteren Ausbaumaßnahmen ist in zusätzlichen Genehmigungsverfahren zu entscheiden. Dies hindert die Genehmigungsfähigkeit beantragter Ausbauvorhaben nicht. Im Rahmen eines Flughafenänderungsverfahrens nach § 8 I LuftVG etwa bei einer Erhöhung der Passagierabfertigungskapazität stellt sich die Frage der Zumutbarkeit des Fluglärms für Anwohner grundsätzlich nicht, wenn die bereits luftverkehrsrechtlich genehmigte technische Kapazität des Flughafens unberührt bleibt.[482]

3182 Der Bau eines Flugplatzes i. S. der Begriffsbestimmung des Abkommens von Chicago von 1944 zur Errichtung der Internationalen Zivilluftfahrt-Organisation (Anhang 14) unterliegt der Regel-UVP, wenn die Start- und Landebahngrundlänge mindestens 1.500 m aufweist. Bei einer geringeren Bahnlänge findet ein Vorprüfungsverfahren statt (Nr. 14.12 der Anlage 1 zum UVPG).

3183 An die Stelle eines Planfeststellungsbeschlusses kann nach § 8 II LuftVG eine Plangenehmigung treten, wenn das Vorhaben (1) nicht UVP-pflichtig ist, (2) mit den Trägern öffentlicher Belange, deren Aufgabenbereich berührt wird, das Benehmen hergestellt worden ist und (3) Rechte anderer nicht beeinträchtigt werden oder die Betroffenen sich mit der Inanspruchnahme ihres Eigentums oder eines anderen Rechts schriftlich einverstanden erklärt haben.[483] Die Plangenehmigung hat die Rechtswirkungen der Planfeststellung. Nach der Neufassung des § 8 II LuftVG durch das Artikelgesetz 2001[484] ist die Plangenehmigung bei luftverkehrsrechtlichen Vorhaben nur möglich, wenn die Maßnahme nicht UVP-pflichtig ist. Bei UVP-pflichtigen Vorhaben scheidet daher im Gegensatz zur früheren gesetzlichen Regelung eine Plangenehmigung aus. Diese Beschränkung der Plangenehmigung auf nicht UVP-pflichtige Vorhaben ist durch die UVP-Änd-Richtlinie veranlasst. Die Plangenehmigung ist traditionell nicht von einer Öffentlichkeitsbeteiligung begleitet, was aber bei UVP-pflichtigen Vorhaben nach der UVP-Richtlinie erforderlich ist. Die Plangenehmigung hat die Rechtswirkungen der Planfeststellung nach § 9

---

[479] Auch nach der früheren Rechtslage war die Rechtmäßigkeit der luftverkehrsrechtlichen Genehmigung nicht Voraussetzung für das luftverkehrsrechtliche Planfeststellungsverfahren, *BVerwG*, B. v. 20. 8. 1990 – 4 B 146.89 – DVBl. 1990, 1185 = NVwZ-RR 1991, 8 – Düsseldorf-Lohausen. Zur Überprüfung stand die in der Genehmigung enthaltene Planungsentscheidung vielmehr nur als Element des Planfeststellungsbeschlusses, soweit die Genehmigung in ihn übernommen wurde, *BVerwG*, Urt. v. 11. 10. 1966 – IV C 55.66 – Buchholz 442.40 § 6 LuftVG Nr. 1. Eine bindende Wirkung entfaltete das Genehmigungsverfahren für das Planfeststellungsverfahren auch nach der bisherigen Rechtslage nicht, *BVerwG*, Urt. v. 5. 12. 1986 – 4 C 13.85 – BVerwGE 75, 214 = DVBl. 1987, 573 = NVwZ 1987, 578 = BauR 1987, 412 = *Hoppe/Stüer* RzB Rdn. 191 – Erdinger Moos.
[480] *BVerwG*, Urt. v. 8. 3. 1995 – 4 A 2.95 – Buchholz 442.40 § 8 LuftVG Nr. 12 – Schkeuditz.
[481] *BVerwG*, B. v. 20. 8. 1990 – 4 B 146.89 – DVBl. 1990, 1185 = NVwZ-RR 1991, 8 – Düsseldorf-Lohausen.
[482] *BVerwG*, Urt. v. 15. 9. 1999 – 11 A 22.98 – UPR 2000, 116.
[483] *BVerwG*, B. v. 7. 7. 1995 – 11 VR 11.95 – NVwZ 1996, 393 = UPR 1995, 398 = NuR 1995, 544 – Wriezener Alte Oder. Zur Beschleunigung von Planungsverfahren für Verkehrsinfrastrukturvorhaben s. Rdn. 3762.
[484] Gesetz zur Umsetzung der UVP-ÄndRL, der IVU-Richtlinie und weiterer EG-Richtlinien zum Umweltschutz v. 27. 7. 2001 (BGBl. 2001, 1950). Zur Beschleunigung von Planungsverfahren für Verkehrsinfrastrukturvorhaben durch verstärkte Nutzung der Plangenehmigung s. Rdn. 3762.

I LuftVG. Auf ihre Erteilung finden die Vorschriften über das Planfeststellungsverfahren keine Anwendung (§ 8 II 2 LuftVG). Auch bedarf es vor Erhebung der Klage keines Vorverfahrens (§ 8 II 4 LuftVG). Die Plangenehmigung kann die Planfeststellung allerdings nur dann ersetzen, wenn Rechte anderer nicht in Anspruch genommen werden müssen. Wird eine Enteignung in auch nur geringfügigem Umfang erforderlich, endet die Kraft der eine Planfeststellung ersetzenden luftverkehrsrechtlichen Plangenehmigung.[485] Auch ist eine Planfeststellung durchzuführen, wenn durch das Vorhaben die einfachrechtliche Zumutbarkeitsgrenze in dem Sinne überschritten wird, dass Rechte anderer verletzt werden. Wird etwa eine Wohnnutzung in der Umgebung des Flughafens über das zumutbare Maß beeinträchtigt und lassen sich diese Beeinträchtigungen nicht durch Maßnahmen des aktiven Schallschutzes ausgleichen, ist ein Planfeststellungsverfahren durchzuführen.

Planfeststellung und **Plangenehmigung** entfallen bei Änderungen und Erweiterungen von unwesentlicher Bedeutung. Diese liegen nach § 8 III LuftVG vor, wenn (1) es sich bei der Änderung oder Erweiterung nicht um ein Vorhaben handelt, für das nach dem UVPG eine UVP durchzuführen ist, (2) andere öffentliche Belange nicht berührt sind oder die erforderlichen behördlichen Entscheidungen vorliegen und sie dem Plan nicht entgegenstehen und (3) Rechte anderer nicht beeinflusst werden oder mit den vom Plan Betroffenen entsprechende Vereinbarungen getroffen werden. Durch das Artikelgesetz 2001 ist der Verzicht auf ein förmliches Verfahren auf nicht UVP-pflichtige Änderungen oder Erweiterungen eingeschränkt worden. Dies hängt mit der UVP-Richtlinie zusammen, nach der UVP-pflichtige Vorhaben von einer Öffentlichkeitsbeteiligung begleitet sein müssen. Bei einem Verzicht auf ein förmliches Verfahren findet aber keine Öffentlichkeitsbeteiligung statt. Dieser Verzicht auf ein förmliches Verfahren ist im Übrigen nur dann zulässig, wenn Rechte anderer nicht beeinflusst werden oder mit den Planbetroffenen entsprechende Vereinbarungen getroffen sind.[486] Rechte anderer werden bei einer erforderlichen unmittelbaren Grundstücksinanspruchnahme und auch dann beeinträchtigt, wenn die beabsichtigte Maßnahme die einfachgesetzliche Zumutbarkeitsgrenze überschreitet und daher in rechtlich geschützte Interessen eingreift. Dies ist etwa dann der Fall, wenn das Vorhaben ohne Schutzmaßnahmen auf betroffenen Grundstücken nicht auskommt.

Im Hinblick auf die öffentlichen Belange fordert also das Gesetz entweder, dass derartige öffentliche Belange nicht berührt werden oder die erforderlichen Entscheidungen vorliegen und sie dem Plan nicht entgegenstehen. In diesem Zusammenhang hat § 9 LuftVG Bedeutung, wonach die **Baugenehmigungsbehörden** weiterhin zuständig bleiben und das luftverkehrsrechtliche Verfahren insoweit daher keine **formelle Konzentrationswirkung** hat. Die formelle Konzentrationswirkung bedeutet, dass nach anderen gesetzlichen Vorschriften erforderliche Genehmigungen, Erlaubnisse oder Zulassungen durch die Planfeststellung oder die Plangenehmigung ersetzt werden. In diesem Sinne hat die luftverkehrsrechtliche Entscheidung aber keine Konzentrationswirkung im Hinblick auf die Baugenehmigung, wie sich aus § 9 LuftVG ergibt. Das Erfordernis einer Baugenehmigung bleibt also auch im Falle einer luftverkehrsrechtlichen Planfeststellung oder Plangenehmigung bestehen. Aus diesen rechtlichen Zusammenhängen ergibt sich aber zugleich, dass die Baugenehmigung die Möglichkeit bietet, die Übereinstimmung mit öffentlichen Belangen sicherzustellen und damit die luftverkehrsrechtliche Beurteilung zu entlasten. Nur soweit über die baurechtliche Beurteilung hinaus noch ein **luftverkehrsrechtlicher Überhang** besteht, ist nach § 8 III LuftVG ein luftverkehrsrechtliches Verfahren erforderlich. So können etwa Rechte anderer, die im Baugenehmigungsverfahren nicht berücksichtigt sind, oder entsprechende, ebenfalls im Baugenehmigungsverfah-

---

[485] Weiter gefasst sind § 17 Ia 1 Nr. 1 FStrG und § 28 Ia 1 Nr. 1 PBefG, wonach eine Plangenehmigung eine Planfeststellung auch dann ersetzen kann, wenn Rechte anderer nur geringfügig in Anspruch genommen werden sollen.
[486] Vgl. auch § 74 VII VwVfG i. d. F. des GenBeschlG.

ren nicht berücksichtigte öffentliche Belange ein luftverkehrsrechtliches Verfahren erfordern. Soweit aber die öffentlichen Belange Gegenstand des Baugenehmigungsverfahrens sind und hier eine entsprechende Zulassung erfolgt ist, bedarf es eines zusätzlichen luftverkehrsrechtlichen Verfahrens nicht (§ 8 III LuftVG). Damit verweist diese Vorschrift auf das Baugenehmigungsverfahren und fordert nur insoweit ein zusätzliches luftverkehrsrechtliches Verfahren, als das Baugenehmigungsverfahren nicht in der Lage ist, die öffentlichen Belange ordnungsgemäß in die Prüfung einzustellen und in der Entscheidung sachgerecht zu behandeln.

Beispiel: Ein Verkehrslandeplatz soll eine neue Abfertigungshalle erhalten. Eine luftverkehrsrechtliche Planfeststellung oder Plangenehmigung ist nicht erforderlich, soweit im Rahmen des Baugenehmigungsverfahrens eine abschließende Befassung mit den öffentlichen Belangen geleistet werden kann.

3186   Den Bau des **Großraumflugzeugs A 380** in Hamburg-Finkenwerder unter Inanspruchnahme eines Teils des Mühlenberger Lochs hat das *OVG Hamburg* im Gegensatz zur Vorinstanz[487] abgesegnet.[488] Es hat dabei im Eilverfahren offen gelassen, ob das Vorhaben in Finkenwerder an der südlichen Elbseite trotz des privaten Trägers gemeinnützig[489] ist.[490] Denn der Bau des Airbus A 380 sichere eine Vielzahl von Arbeitsplätzen, so dass ihm eine Planrechtfertigung nicht abgesprochen werden könne.[491] Aber selbst bei einer nicht gemeinnützigen Planfeststellung seien die in ihren Rechten Betroffenen auf die Anordnung von Schutzauflagen beschränkt, wenn sich hierdurch eine Rechtsbeeinträchtigung vermeiden lasse. Dies gelte jedenfalls dann, wenn die Lärmbelastungen unterhalb der Gesundheitsgefahren lägen und durch entsprechende Schutzauflagen auch unterhalb der einfachrechtlichen Zumutbarkeitsgrenze gemindert werden könnten. Eine Grenze könnte dann bestehen, wenn weder aktive noch passive Lärmschutzmöglichkeiten bestehen und die Lärmbetroffenen daher auf eine Entschädigung verwiesen werden müssten.[492]

3187   Die Klage gegen **sitzungspolizeiliche Maßnahmen** auf einem **Erörterungstermin** ist unzulässig. Der Ausschluss eines Teilnehmers wegen massiver Störungen kann nur im Rahmen der Klage gegen den Planfeststellungsbeschluss gerügt werden, stellte das *BVerwG* zum Planfeststellungsverfahren für den Ausbau des Flughafens Schönefeld fest.[493] Der Ausschluss sei auch in der Sache nicht zu beanstanden. Erstreckt sich das Gelände auf mehrere Länder, so trifft nach § 10 I 2 LuftVG die Entscheidung über die zuständige Behörde die Landesregierung des Landes, in dem der überwiegende Teil des Geländes liegt. Die gesetzlichen Regelungen geben der Planfeststellungsbehörde die Befugnis, auf dem Gebiet des anderen Landes Erörterungstermine abzuhalten und sitzungspolizeiliche Maßnahmen zu treffen.

---

[487] *VG Hamburg*, B. v. 18. 12. 2000 – 15 3923/00 – NordÖR 2001, 34; B. v. 10. 1. 2001 – 15 2934/00 – IBR 2001, 144 – Mühlenberger Loch.
[488] *OVG Hamburg*, B. v. 19. 2. 2001 – 2 Bs 370/00 – NVwZ 2001, 1173 – Mühlenberger Loch.
[489] Zum Wasserrecht *BVerwG*, Urt. v. 10. 2. 1978 – IV C 25.75 – BVerwGE 55, 220 = DVBl. 1979, 67; Urt. v. 18. 5. 1990 – 7 C 3.90 – BVerwGE 85, 155 = DVBl. 1990, 1170; zum Luftverkehrsrecht *BVerwG*, Urt. v. 7. 7. 1978 IV C 79.76 – BVerwGE 56, 110 = DVBl. 1978, 845 – Frankfurter Flughafen; B. v. 7. 11. 1996 – 4 B 170.96 – DVBl. 1994, 434; vgl. auch *BVerfG*, B. v. 24. 3. 1987 – 1 BvR 1046/85 – BVerfGE 74, 264 = DVBl. 1987, 466 – Boxberg.
[490] Dabei kennzeichnet der Begriff des „gemeinnützigen" Vorhabens im Fachplanungsrecht ein in einem öffentlichen Interesse stehendes Vorhaben, so *BVerwG*, Urt. v. 7. 7. 1978 – IV C 79.76 – BVerwGE 56, 110 = DVBl. 1978, 845 – Frankfurter Flughafen.
[491] *BVerwG*, Urt. v. 14. 2. 1975 – IV C 21.74 – BVerwGE 48, 56 = DVBl. 1975, 713 = NJW 1975, 1373 – B 42; Urt. v. 24. 11. 1989 – 4 C 41.88 – BVerwGE 84, 123 = NVwZ 1990, 860 – Hochrheinautobahn A 98; Urt. v. 20. 5. 1999 – 4 A 12.98 – DVBl. 1999, 1514 = NVwZ 2000, 555.
[492] *OVG Hamburg*, B. v. 19. 2. 2001 – 2 Bs 370/00 – NVwZ 2001, 1173 – Mühlenberger Loch.
[493] *BVerwG*, Urt. v. 30. 1. 2002 – 9 A 20.01 – BVerwGE 115, 373 = DVBl. 2002, 1118 = NVwZ 2002, 984 – Flughafen Schönefeld.

3. Teil. Abwägungsdirigierte Planungsentscheidungen

Wegen der hohen raumgestaltenden Bedeutung der Flugplätze ist im eigentlichen Zulassungsverfahren nach §§ 6 II, 8 LuftVG eine Prüfung des Vorhabens hinsichtlich der Erfordernisse der Raumordnung sowie des Naturschutzes und der Landschaftspflege, des Städtebaus und der Frage des Schutzes vor Fluglärm und damit ein spezialgesetzlich geregeltes Raumordnungsverfahren (§ 15 ROG) vorgeschaltet. Eine der Linienbestimmung nach § 16 FStrG[494] vergleichbare Bindung ist im LuftVG für die Planfeststellungsbehörde allerdings nicht vorgesehen.[495] Die förmliche UVP wird nach § 6 I 2 LuftVG bzw. § 8 I LuftVG nur für das Planfeststellungsverfahren gefordert. Für die Genehmigung selbst bestehen keine weiteren Verfahrensvorschriften. Das Planfeststellungsverfahren nach § 10 LuftVG beginnt mit der Vorlage der Planunterlagen durch den Antragsteller. Die Planfeststellungsbehörde prüft die Unterlagen auf Vollständigkeit und leitet sie zur Anhörungsbehörde zwecks Durchführung eines Anhörungsverfahrens weiter.[496] Das Überschreiten des aus Sicherheitsgründen unerlässlichen **Mindestabstands** zwischen zwei **Startbahnen** und **Landebahnen** eines nach einem unabhängigen Zweibahnsystem betriebenen Verkehrsflughafens kann aus Gründen zusätzlicher Flugsicherheit, aus flugbetrieblichen und flughafenbetrieblichen sowie aus Gründen des (aktiven) Lärmschutzes gerechtfertigt sein. 3188

Für das Verhältnis zwischen **luftverkehrsrechtlicher Entscheidung** und **Bauleitplanung** sowie **Baugenehmigung** gilt: Die luftverkehrsrechtliche Planfeststellung ist privilegierte Fachplanung i. S. des § 38 BauGB.[497] Soweit das LuftVG eine Regelungskompetenz für sich in Anspruch nimmt, bleibt die Beurteilung der bebauungsrechtlichen Zulässigkeit eines beabsichtigten Vorhabens i. S. des § 29 I BauGB gem. § 38 1 BauGB dem spezifischen Entscheidungsverfahren des Luftverkehrsrechts überlassen. Die **Bauaufsichtsbehörde** hat aber gem. § 9 I 3 LuftVG über einen Antrag auf Genehmigung eines Vorhabens auch dann zu entscheiden, wenn das Vorhaben einen Bezug zu einem Flughafen oder Landeplatz i. S. des § 8 I LuftVG besitzt. Sie hat in eigener Verantwortung zunächst zu prüfen, ob mit dem beabsichtigten Vorhaben eine Änderung oder Erweiterung i. S. des § 8 III 1 LuftVG eintritt. Hält die Bauaufsichtsbehörde die Änderung oder Erweiterung für unwesentlich, so kann sie in der Sache entscheiden, hat allerdings im Verfahren gem. § 10 I 2 LuftVG die Planfeststellungsbehörde zu beteiligen. Hierzu genügt aber ein verwaltungsinternes Verfahren. § 10 I 2 LuftVG verlangt nicht, dass die Entscheidung der Planfeststellungsbehörde in der Form eines Verwaltungsakts ergeht. Hält die Bauaufsichtsbehörde die Änderung oder Erweiterung für wesentlich und hält sie die Voraussetzungen des § 8 III LuftVG für einen Verzicht auf ein Planfeststellungs- oder Genehmigungsverfahren nicht für gegeben, so hat sie ihr Verfahren durch Ablehnung des Bauantrags zu beenden und ggf. auf das luftverkehrsrechtliche Verfahren zu verweisen.[498] 3189

Soll die **Abfertigungskapazität** eines **Flughafens** durch einen **Erweiterungsbau** erhöht werden, ist ein Planfeststellungs- oder Plangenehmigungsverfahren hierfür nicht erforderlich. Denn eine Änderung nach § 8 III LuftVG ist nicht schon dann wesentlich, wenn abwägungserhebliche Belange berührt sein können, sondern nur dann, wenn die Änderung sich unmittelbar auf die Flugbewegungen auswirkt. Diese werden jedoch typischerweise von Lage, Art und Umfang der luftseitigen Anlagen des Flughafens unmittelbar beeinflusst, während dies für landseitig gelegene Anlagen regelmäßig ausgeschlossen werden kann.[499] 3190

---

[494] Zur Linienbestimmung s. Rdn. 2765, 3014, 3494, 3949.
[495] *BVerwG*, Urt. v. 7. 7. 1978 – IV C 79.76 – BVerwGE 56, 110 = *Hoppe/Stüer* RzB Rdn. 1164 – Flughafen Frankfurt.
[496] In NW sind beispielsweise die Bezirksregierungen Düsseldorf und Münster gem. § 4 II der von der Landesregierung des Landes erlassenen Verordnung zur Bestimmung der zuständigen Behörde auf dem Gebiet der Luftfahrt vom 31. 1. 1995 Anhörungsbehörde für das Verfahren nach § 10 II LuftVG.
[497] Zur privilegierten Fachplanung *Stüer*, Der Bebauungsplan, 2001, Rdn. 40.
[498] *BVerwG*, Urt. v. 20. 7. 1990 – 4 C 30.87 – BVerwGE 85, 251 = DVBl. 1990, 1179 = UPR 1991, 27 – Herzogenaurach.
[499] *BVerwG*, B. v. 11. 1. 2001 – 11 VR 16.00 – DVBl. 2001, 402 = NVwZ 2001, 566.

3191 § 7 I LuftVG ist eine ausreichende gesetzliche Ermächtigungsgrundlage auch für Verwaltungsakte, mit denen dem jeweiligen Eigentümer oder sonstigen Nutzungsberechtigten die Pflicht auferlegt wird, ein Betreten oder Befahren ihrer Grundstücke zu dulden.[500] Dies gilt unabhängig davon, ob vor, während oder nach Erteilung einer Genehmigung nach § 6 LuftVG ein Planfeststellungsverfahren, ein Raumordnungsverfahren oder eine UVP durchzuführen ist oder durchgeführt wird. Entscheidend für die Anwendbarkeit des § 7 I LuftVG ist allein, dass die Durchführung der Vorarbeiten zeitlich vor einer Antragstellung nach § 6 LuftVG i.V. m. §§ 40, 41 LuftVZO gestattet werden. § 7 I LuftVG umfasst sowohl die Gestattung von Vorarbeiten für die erstmalige Genehmigung eines Flugplatzes oder Flughafens gemäß § 6 I LuftVG als auch für die Änderung bzw. Erweiterung eines bereits genehmigten Flugplatzes oder Flughafens gemäß § 6 IV 2 LuftVG. Die Prüfung im Rahmen von § 7 I LuftVG, ob die Voraussetzungen für die Erteilung einer Genehmigung gemäß § 6 LuftVG voraussichtlich vorliegen, hat prognostischen Charakter und ist auf eine überschlägige Plausibilitätskontrolle beschränkt.[501] Die Genehmigung nach § 6 LuftVG beinhaltet eine Planungsentscheidung, die mit einer Gestaltungsfreiheit verbunden ist und die durch das Abwägungsgebot rückgebunden wird. Bei Planungsentscheidungen nach dem LuftVG besteht daher ein Anspruch auf Planaufhebung nur, wenn die konkrete Möglichkeit erkennbar ist, dass die Behörde bei einer sachgerechten Einstellung des Belangs in die Abwägung zu einem anderen Ergebnis gekommen wäre.[502]

3. Fluglärm

3192 Der von Flughäfen ausgehende und von Luftfahrzeugen beim Fliegen und insbesondere beim Starten und Landen erzeugte Fluglärm hat seit dem Einsatz von Strahlflugzeugen (Düsenflugzeugen) eine ausschlaggebende Bedeutung bei der Planung von Flughäfen.[503] Er zeichnet sich durch hohe Pegelspitzen aus und kann zu erheblichen Gesundheitsbeeinträchtigungen führen. Der Fluglärm bewirkt nach dem Straßenverkehrslärm die größte Lärmbelastung.[504] Insbesondere betroffen sind die Bewohner von Großstädten, in denen oder an deren Rand die internationalen Verkehrsflughäfen Deutschlands liegen. Die Hauptbelastung für die Flughafennachbarn geht von Starts und Landungen aus, wobei Schallpegel von 85 bis 105 dB(A) erzeugt werden.[505] Hinsichtlich der Störwirkungen des Fluglärms ist zu unterscheiden, ob er bei Tage oder in der Nacht auftritt.[506] Am Tage bestehen die Auswirkungen des Fluglärms insbesondere in der Beeinträchtigung der Kommunikation und in der Minderung der Leistungs- und Konzentrationsfähigkeit. Während der Nachtzeit führt er zu Einschlafstörungen und zu Aufweckreaktionen.[507] Fluglärm kann sich auch blutdrucksteigernd auswirken. Nach bisherigen Untersuchungen fühlen sich zwischen drei und sechs Millionen Menschen in Deutschland durch Fluglärm belästigt.[508] In Betracht kommen **aktive** und **passive Maßnahmen**. Aktive Maßnahmen haben ihren Ansatzpunkt an der Lärmquelle, also an den Luftfahrzeugen

---

[500] *BVerwG*, B. v. 29. 5. 2000 – 11 B 65.99 – ZLW 2001, 601.
[501] *VGH Kassel*, B. v. 12. 7. 2001 – 2 Q 777/01 – DVBl. 2001, 1863, mit Hinweis auf *OVG Schleswig*, Urt. v. 20. 7. 1997 – 1 L 294/95 – NuR 1999, 169.
[502] *BVerwG*, B. v. 20. 2. 2002 – 9 B 63.01 – NVwZ 2002, 1235 = UPR 2002, 1235, mit Hinweis auf Urt. v. 7. 98. 1978 – VI C 79.76 – BVerwGE 56, 110 = DVBl. 1978, 845 = NJW 1979, 64 und Urt. v. 14. 2. 1975 – IV C 21.74 – BVerwGE 48, 56 = DVBl. 1975, 713 = NJW 1975, 1373.
[503] *Hofmann/Grabherr*, § 6 Rdn. 49.
[504] Umweltgutachten des Rates von Sachverständigen für Umweltfragen 1987, BT-Drs. 11/5168, Tz. 1507.
[505] Umweltgutachten des Rates von Sachverständigen für Umweltfragen 1987, BT-Drs. 11/5168, Tz. 1509, 1510.
[506] *Hofmann/Grabherr*, § 6 Rdn. 53.
[507] *Hofmann/Grabherr*, § 6 Rdn. 53–55.
[508] Umweltgutachten des Rates von Sachverständigen für Umweltfragen 1987, BT-Drs. 11/5168, Tz. 1507.

und Flughäfen. Beispiele hierfür sind leisere Triebwerke, Mindestflughöhen, Lärmschutzbauten auf Flughäfen und Betriebsbeschränkungen während der Nacht. Passive Schutzmaßnahmen setzen beim Lärmbetroffenen und damit im Immissionsbereich an. Hauptbeispiel ist hier der Einbau von Schallschutzfenstern in Wohngebäude. Im Verhältnis zwischen aktiven und passiven Lärmschutzmaßnahmen sind **aktive Maßnahmen vorrangig** durchzuführen. Erst danach kommen Schutzvorkehrungen bei den Lärmbetroffenen in Frage, soweit aktive Maßnahmen nicht möglich, nicht ausreichend oder mit dem Flughafen unvereinbar sind.[509]

a) **Planrechtfertigung.** Luftverkehrsrechtliche Vorhaben bedürfen einer Planrechtfertigung. Diese ist dann gegeben, wenn das jeweilige Vorhaben vernünftigerweise geboten ist. Die im Rahmen der Flughafenplanung von der Rechtsprechung entwickelten Grundsätze zur Planrechtfertigung und Bewertung der öffentlichen Belange gelten auch für die Planungsvorhaben in den neuen Ländern.[510] Dabei beschränkt sich das Gericht auf einer Kontrolle der Prognoseentscheidung, indem es die Wahl einer geeigneten fachspezifischen Methode, die zutreffende Ermittlung des zugrunde gelegten Sachverhalts und die Eingängigkeit der Begründung prüft.[511] Der Ausschluss von Beseitigungs- und Änderungsansprüchen durch § 9 III LuftVG gilt auch für Flughäfen im früheren Berlin (West), die gem. § 2 V des 6. Überleitungsgesetzes als genehmigt und im Plan rechtskräftig festgestellt gelten.[512]

b) **Fluglärmgesetz.** Nach § 1 FlugLG[513] werden für Verkehrsflughäfen, die dem Fluglinienverkehr angeschlossen sind und für militärische Flugplätze, die dem Betrieb von Strahlflugzeugen dienen sollen, Lärmschutzbereiche festgesetzt. Dies gilt auch für geplante Verkehrsflughäfen, die dem Linienverkehr angeschlossen werden sollen, sobald die Genehmigung zur Anlegung des Flughafens nach § 6 LuftVG erteilt ist. Der Umfang eines Lärmschutzbereichs ist in § 2 FlugLG geregelt. Danach umfasst der Lärmschutzbereich das Gebiet außerhalb des Flugplatzgeländes, in dem der äquivalente Dauerschallpegel, der durch Fluglärm verursacht wird, 67 dB(A) überschreitet. Gemäß § 2 II FlugLG wird der Lärmschutzbereich in zwei Schutzzonen unterteilt. Die Schutzzone 1 umfasst das Gebiet mit einem äquivalenten Dauerschallpegel von mehr als 75 dB(A), die Schutzzone 2 das übrige Gebiet des Lärmschutzbereichs. Der für den Umfang des Lärmschutzbereichs maßgebliche äquivalente Dauerschallpegel wird unter Berücksichtigung von Art und Umfang des voraussehbaren Flugbetriebes auf der Grundlage des zu erwartenden Flugplatzausbaus unter Anwendung der Anlage zu § 3 FlugLG ermittelt (§ 3 FlugLG). Ergänzend dazu hat der Bundesinnenminister eine Anleitung zur Berechnung von Lärmschutzbereichen erlassen, die Einzelheiten des Berechnungsverfahrens festlegt.[514] Nach § 4 I FlugLG setzt der Bundesminister für Umwelt, Naturschutz und Reaktorsicherheit die Lärmschutzbereiche für Verkehrsflughäfen und Militärflugplätze jeweils im Einvernehmen mit den zuständigen Fachministern durch Rechtsverordnung fest. Die Verordnung bedarf der Zustimmung des Bundesrates. Gemäß § 4 II FlugLG ist der Lärmschutzbereich neu festzusetzen, wenn in der Umgebung des Flugplatzes mit einer wesentlichen Veränderung der Lärmbelastung zu rechnen ist. Im Übrigen ist gemäß § 4 III FlugLG spätestens fünf Jahre nach Festsetzung des Lärmschutzbereichs zu prüfen, ob sich die Lärmbelastung wesentlich verändert hat oder in den nächsten zehn Jahren wesentlich verändern wird.[515]

---

[509] *Quaas* NVwZ 1991, 16; *Luckow* DVBl. 1981, 1133.
[510] BVerwG, Urt. v. 27. 10. 1998 – 11 A 1.97 – BVerwGE 107, 313 = DVBl. 1999, 845 = NVwZ 1999, 644 – Flughafen Erfurt.
[511] BVerwG, Urt. v. 8. 7. 1998 – 11 A 53.97 – DVBl. 1998, 1188.
[512] BVerwG, B. v. 19. 8. 1997 – 11 B 2.97 – LKV 1998, 148 – Berlin-Tegel.
[513] Gesetz zum Schutz gegen Fluglärm vom 30. 3. 1971 (BGBl. I, S. 282), abgedruckt bei *Stüer*, Bau- und Fachplanungsgesetze 1999, 753.
[514] *Quaas* NVwZ 1991, 16.
[515] *Franke* in: *Stüer* (Hrsg.) Verfahrensbeschleunigung, S. 181.

3195 Innerhalb des Lärmschutzbereichs bestehen nach § 5 FlugLG **Bauverbote**. So dürfen im gesamten Lärmschutzbereich besonders schutzbedürftige Einrichtungen wie Krankenhäuser, Alten- und Erholungsheime, Schulen sowie ähnlich schutzbedürftige Einrichtungen nicht errichtet werden. Ausnahmen können zugelassen werden, wenn dies im öffentlichen Interesse dringend geboten ist (§ 5 I FlugLG). Nach § 5 II FlugLG dürfen in der Schutzzone 1 des Lärmschutzbereichs keine Wohnungen errichtet werden. Dies gilt gemäß § 5 III 1 FlugLG nicht für Wohnungen, die aufgrund eines Bebauungsplans oder nach § 34 BauGB zulässig sind. § 5 III 2 FlugLG lässt weitere einzelne Ausnahmen zu. Des Weiteren ist die Errichtung baulicher Anlagen immer zulässig, wenn vor Festsetzung des Lärmschutzbereichs bereits eine Baugenehmigung erteilt worden ist (§ 5 IV FlugLG). Neben den Bauverboten des § 5 FlugLG ordnet § 6 FlugLG an, dass die nach § 5 I 2 und III FlugLG zulässigen baulichen Anlagen und Wohnungen der Schutzzone 2 nur unter Beachtung der nach § 7 FlugLG festgesetzten Schallschutzanforderungen errichtet werden dürfen. Aufgrund der Ermächtigung des § 7 FlugLG hat die Bundesregierung die Schallschutzverordnung erlassen und damit Schallschutzanforderungen festgesetzt.[516]

3196 §§ 8 und 9 FlugLG regeln, unter welchen Voraussetzungen die Eigentümer von Grundstücken im Lärmschutzbereich eine **Entschädigung** für **Bauverbote** erhalten oder Aufwendungen für bauliche **Schallschutzmaßnahmen** erstattet werden. Gemäß § 8 I FlugLG kann der Eigentümer eines durch ein Bauverbot nach § 5 FlugLG betroffenen Grundstücks eine angemessene Geldentschädigung verlangen, wenn durch das Bauverbot eine wesentliche Wertminderung des Grundstücks eintritt oder wenn Aufwendungen für die Vorbereitung eines Bauvorhabens durch das Bauverbot an Wert verlieren. Nach § 9 I FlugLG hat der Eigentümer eines Grundstücks in der Schutzzone 1 die Möglichkeit, sich Aufwendungen für Schallschutzmaßnahmen erstatten zu lassen, die er an bereits errichteten Einrichtungen nach § 5 I 1 FlugLG oder an Wohnungen getätigt hat. Aufwendungen werden auch für die nach § 5 IV FlugLG zulässigen baulichen Anlagen erstattet. Die Entschädigung und die Erstattung von Aufwendungen hat der Flugplatzhalter zu leisten (§ 12 I FlugLG).[517] Die Entschädigung wird nach Anhörung der Beteiligten (Zahlungsempfänger und Zahlungspflichtiger) von der nach Landesrecht zuständigen Behörde festgesetzt (§ 10 FluglSchG.

3197 An der Festsetzung von Lärmschutzbereichen sind die Gemeinden zu beteiligen, da sich daraus für ihre Planungen unmittelbare Wirkungen ergeben können. Die mit der Festsetzung eines Lärmschutzbereichs gemäß § 4 FlugLG einhergehenden Bauverbote des § 5 FlugLG führen dazu, dass betroffene Gemeinden nicht mehr die uneingeschränkte Möglichkeit haben, im Lärmschutzbereich liegende Baugebiete für die Errichtung von Krankenhäusern, Schulen und ähnlicher schutzbedürftiger Einrichtungen im Sinne des § 5 I 1 FlugLG vorzusehen. Wegen der Bestimmung des § 5 II FlugLG ist auch die Ausweisung von Baugebieten, die der Wohnnutzung dienen sollen, eingeschränkt. Daher berührt die Festsetzung eines Lärmschutzbereichs durch Rechtsverordnung gemäß § 4 FlugLG die Bauleitplanung der Gemeinden in erheblicher Weise[518] und wirkt sich damit auf die von Art. 28 II 1 GG umfasste Planungshoheit der Gemeinden aus.[519]

3198 **c) Fluglärmschutz in der fachplanerischen Abwägung.** Die Planfeststellungsbehörde hat auch im luftverkehrsrechtlichen Verfahren das **Abwägungsgebot** zu beachten. Dazu gehört auch die Ermittlung und zutreffende Bewertung des entstehenden **Fluglärms**. Der Schutz vor Fluglärm ist sowohl bei der luftverkehrsrechtlichen Genehmigung nach § 6 LuftVG als auch bei der luftverkehrsrechtlichen Planfeststellung oder der luftver-

---

[516] Schallschutzverordnung vom 5. 4. 1974 (BGBl. I S. 903).
[517] *Franke* in: *Stüer* (Hrsg.) Verfahrensbeschleunigung, S. 181.
[518] *Luckow* DVBl. 1981, 1133.
[519] *BVerfG*, B. v. 7. 10. 1980 – 2 BvR 584.76 u. a. – BVerfGE 56, 298 = NJW 1981, 1659 = DVBl. 1981, 535; vgl. dazu auch *Sander* BauR 1975, 390.

kehrsrechtlichen Plangenehmigung nach § 8 LuftVG angemessen zu berücksichtigen. Die Planfeststellungsbehörde hat grundsätzlich im Rahmen ihrer planerischen Gestaltungsfreiheit nach pflichtgemäßem Ermessen zu entscheiden, welche Maßnahmen zur Bewältigung des Lärmschutzes getroffen werden sollen.[520] Dabei muss sie eine schwere und unerträgliche Lärmbetroffenheit, die unzumutbare Lärmbelastung, die zu Schutzanlagen im Sinne von § 9 II LuftVG zu Lasten des Flughafenunternehmers führt, sowie den unterhalb der Zumutbarkeitsschwelle liegenden, aber nicht unerheblichen Fluglärm berücksichtigen. Abwägungserheblich ist damit jede Lärmbelastung, die nicht nur als geringfügig angesehen werden kann.[521] Das Abwägungsergebnis ist rechtswidrig, wenn einzelnen Belangen eine Bedeutung beigemessen worden ist, die zu der ihnen zukommenden objektiven Gewichtigkeit außer Verhältnis steht. Dem Lärmschutz und – im Hinblick auf den Naturhaushalt – dem Geländeverbrauch kommen für die Abwägung besondere Bedeutung zu. Gleichwohl kann ein zusätzlicher Geländeverbrauch gerechtfertigt sein, wenn anderenfalls Anwohner durch Fluglärm schwer und unerträglich[522] belastet oder gewachsene Ortsstrukturen zerstört werden.[523] Die Bewältigung der Lärmschutzprobleme beschränkt sich dabei nicht allein auf unzumutbaren Fluglärm i. S. von § 9 II LuftVG. Als abwägungserheblicher Belang ist vielmehr jede Lärmbelastung anzusehen, die mehr als geringfügig einzustufen und erkennbar ist sowie auf schutzwürdige Objekte trifft. Nach § 9 II LuftVG sind dem Unternehmer im Planfeststellungsbeschluss die Errichtung und Unterhaltung der Anlagen aufzuerlegen, die für das öffentliche Wohl oder zur Sicherung der Benutzung der benachbarten Grundstücke gegen Gefahren oder Nachteile notwendig sind. Ist der Plan rechtskräftig festgestellt, so sind Beseitigungs- und Änderungsansprüche gegenüber festgestellten Anlagen ausgeschlossen (§ 9 III LuftVG). Notwendig i. S. von § 9 II LuftVG sind solche Schutzmaßnahmen durch Dritte jedoch nur dann, wenn die Planfeststellungsbehörde sich auf der Grundlage einer fehlerfreien Abwägung nicht in der Lage sieht, die Problembewältigung durch eigene planerische Gestaltung des Flughafens einschließlich seines Betriebes zu leisten. Dem Vorhabenträger können nach § 9 II LuftVG nur solche Schutzmaßnahmen aufgegeben werden, die er in rechtlich zulässiger Weise durchzusetzen vermag. Dazu gehört nicht der Lärmschutz durch eine **Lärmkontingentierung**, die auf unmittelbar kapazitätssteuernden Koordinierungszwecken beruht. Diese kann als Betriebsregelung in Form einer allgemein gültigen Auflage ausgesprochen werden. Die Frage, welche Nachteile i. S. des § 9 II LuftVG die Anordnung von Schutzanlagen erfordern, ist im Allgemeinen nicht aufgrund einer überschauendregionalen, sondern einer individuellen Betrachtung und Zumutbarkeit von Lärmeinwirkungen auf einzelne Grundstücke zu beantworten. Ist der Fluglärm durch Einschränkungen des Flugbetriebs zu begrenzen, darf die Planfeststellungsbehörde dem Flughafenunternehmer auch betriebsregelnde Maßnahmen auferlegen.[524]

Bei der luftverkehrsrechtlichen Planfeststellung darf auf ein bereits stattgefundenes **Genehmigungsverfahren** zurückgegriffen werden. Soweit Lärmschutz bereits durch die Betriebsregelungen der luftverkehrsrechtlichen Genehmigung bewirkt wird, darf die Planfeststellungsbehörde hiervon ausgehen. Es kommt dann für die Rechtmäßigkeit des Planfeststellungsbeschlusses insoweit nur darauf an, ob damit eine abschließende planerische Bewältigung der Lärmproblematik gegeben ist oder ob zusätzliche Maßnahmen

---

[520] *BVerwG*, Urt. v. 29. 1. 1991 – 4 C 51.89 – BVerwGE 87, 332 = NVwZ-RR 1991, 601 – Flughafen München II.
[521] *BVerwG*, Urt. v. 29. 1. 1991 – 4 C 51.89 – BVerwGE 87, 332 = NVwZ-RR 1991, 601 – Flughafen München II.
[522] *BVerwG*, Urt. v. 21. 6. 1974 – IV C 14.74 – BauR 1974, 330 = DVBl. 1974, 777 = DÖV 1974, 812 – Kinderspielplatz.
[523] *BVerwG*, Urt. v. 5. 12. 1986 – 4 C 13.85 – BVerwGE 75, 214 = DVBl. 1987, 573 = NVwZ 1987, 578 = *Hoppe/Stüer* RzB Rdn. 191 – Erdinger Moos.
[524] *BVerwG*, Urt. v. 30. 5. 1984 – 4 C 58.81 – BVerwGE 69, 256 = UPR 1984, 378 = DVBl. 1984, 1075 = NVwZ 1984, 718 = *Hoppe/Stüer* RzB Rdn. 1171 – Flughafen München II.

des aktiven oder passiven Schallschutzes erforderlich sind. Die luftverkehrsrechtliche Genehmigung nach § 6 LuftVG und das anschließende luftverkehrsrechtliche Planfeststellungsverfahren nach § 10 LuftVG können sich daher miteinander verzahnen. Daran hat auch die Änderung des § 8 IV LuftVG nichts geändert.

3200 Die **Grenze** der **zumutbaren Lärmbeeinträchtigung** im Bereich des Luftverkehrs ist gesetzlich nicht festgelegt,[525] sondern nach den Einzelfallumständen zu beurteilen. Die äquivalenten Dauerschallpegel, die das FlugLG zur Bestimmung des Umfanges von Lärmschutzbereichen festschreibt, könnten zur Bestimmung der Zumutbarkeitsgrenze des § 9 II LuftVG in Betracht kommen. Das FlugLG dient jedoch dem Schutz der Allgemeinheit, wie sich aus § 1 FlugLG ergibt. Es bestimmt, wann Bauverbote zu entschädigen und Aufwendungen für Schallschutzmaßnahmen zu erstatten sind. Das Gesetz soll demnach keine Aussagen über die individuelle Zumutbarkeit von Fluglärm machen.[526] Damit scheidet das Gesetz zum Schutz gegen Fluglärm als Zumutbarkeitsmaßstab aus. Die Anwendung der Verkehrslärmschutzverordnung[527] scheidet ebenfalls aus, da diese nur für den Bau von Straßen und Schienenwegen gilt (§ 1 I VerkLärmSchVO). Technische Regelungswerke wie die TA Lärm und Ähnliches vermögen die Auswirkungen von Fluggeräuschen nicht zu erfassen[528] und vor allem keine verbindlichen Entscheidungen der Konfliktsituation zu vermitteln. Die Bestimmung der Zumutbarkeit ist also nach den jeweiligen Einzelfallumständen vorzunehmen.[529] Die Planfeststellungsbehörde hat daher die Zumutbarkeitsgrenze unter Berücksichtigung der durch die Gebietsart und die konkreten tatsächlichen Verhältnisse bestimmte Schutzwürdigkeit und Schutzbedürftigkeit der Flughafenumgebung festzulegen. In die Bewertung gehen die jeweiligen Schutzbedürftigkeiten ein. Hinsichtlich der Gebietsart ist auf die bebauungsrechtliche Situation der Grundstücke abzustellen. Im Rahmen der tatsächlichen Verhältnisse sind tatsächliche und plangegebene Vorbelastungen von besonderer Bedeutung.[530] Es gibt danach für die Anlieger eines Flughafens keinen absoluten Schutzanspruch, der sich etwa nach den Immissionsgrenzwerten der Verkehrslärmschutzverordnung richtet. Jedoch schränkt das Gebot der besonderen **Rücksichtnahme** auf die **Nachtruhe** der Bevölkerung (§ 29 b I 2 LuftVG) die planerische Gestaltungsfreiheit der Behörde ein und steht der Zulassung eines allgemein am Verkehrsbedarf orientierten, schrankenlosen nächtlichen Flugbetriebs entgegen.[531]

Beispiel: So haben etwa die Anwohner eines internationalen Großflughafens keinen Rechtsanspruch auf Festlegung eines absoluten Nachtflugverbots in der Zeit von 22.00 Uhr bis 6.00 Uhr.

3201 Ein nachträgliches Nachtflugverbot für einen Verkehrsflughafen kann nur angeordnet werden, wenn eine entsprechende Rechtsgrundlage besteht. Nach der Rechtsprechung des *BVerwG*[532] ist zwischen der grundsätzlichen Einstufung des Flughafens und den ein-

---

[525] Vgl. FluglärmSchG v. 30. 3. 1971 (BGBl. I S. 282).
[526] *Quaas* NVwZ 1991, 16; *Czybulka* DÖV 1991, 410; *BVerwG*, B. v. 5. 10. 1990 – 4 B 249.89 – NVwZ-RR 1991, 118 – Flughafen Stuttgart.
[527] Sechzehnte Verordnung zur Durchführung des BImSchG (Verkehrslärmschutzverordnung – 16. BImSchV) v. 12. 6. 1990 (BGBl. I S. 1036).
[528] *Quaas* NVwZ 1991, 16.
[529] *Franke* in: *Stüer* (Hrsg.) Verfahrensbeschleunigung, S. 181.
[530] *BVerwG*, Urt. v. 7. 7. 1978 – IV C 79.76 – BVerwGE 56, 110 = NJW 1979, 64 = DVBl. 1978, 845 – Flughafen Frankfurt.
[531] *BVerwG*, Urt. v. 29. 1. 1991 – 4 C 51.89 – BVerwGE 87, 332 = DVBl. 1991, 1142 = *Hoppe/Stüer* RzB Rdn. 69 – Flughafen München II.
[532] Zur Startbahn West in Frankfurt: *BVerwG*, Urt. v. 7. 7. 1978 – IV C 79.76 – BVerwGE 56, 110 = DVBl. 1978, 845; zum Flughafen München II: Urt. v. 30. 5. 1984 – 4 C 58.81 – BVerwG 69, 256 = DVBl. 1984, 1075; Urt. v. 5. 12. 1986 – 4 C 13.85 – BVerwGE 75, 214 = DVBl. 1987, 573 = NVwZ 1987, 578; *BVerwG*, Urt. v. 29. 1. 1991 – 4 C 51.89 – BVerwGE 87, 332 = DVBl. 1991, 1143 = NVwZ-RR 1991, 601 – München II.

zelnen Betriebsregelungen zu unterscheiden. Steht die Zulässigkeit des Verkehrsflughafens bestandskräftig fest, weil entsprechende Klagen gegen den Planfeststellungsbeschluss zurückgewiesen worden sind, darf nicht über Betriebseinschränkungen diese Funktion des internationalen Verkehrsflughafens wieder in Frage gestellt werden. Zudem können durch Schutzauflagen nach § 9 II LuftVG dem Unternehmer keine Lärmkontingente vorgeschrieben werden. Dies gilt auch für ein Nachtflugverbot eines bereits durch Teilurteil als rechtmäßig angesehenen internationalen Verkehrsflughafens.[533] Ein Nachtflugverbot oder ein eingeschränkter Nachtbetrieb kann aber das Ergebnis einer Abwägung im Rahmen des Planfeststellungsverschlusses sein. Auf ein bestimmtes Ergebnis dieser Abwägung haben die Lärmschutzbetroffenen indes keinen Rechtsanspruch, so dass die auf eine Lärmkontingentierung und ein Nachtflugverbot gerichteten Klagen von Betroffenen und Gemeinden gegen den Flughafen München II abgewiesen worden sind. Damit ist aber nicht ausgeschlossen, dass die Planfeststellungsbehörde im Rahmen ihrer Abwägung bei der Planfeststellung nach § 8 LuftVG zu entsprechenden Maßnahmen kommt, indem sie dem Flughafen sozusagen von vornherein ein bestimmtes Gepräge gibt. Ein Nachtflugverbot oder eine Lärmkontingentierung sind daher nicht grundsätzlich ausgeschlossen, können nur nicht auf der Grundlage des § 9 II LuftVG als Schutzauflage verfügt werden, sondern können nur das Ergebnis einer allgemeinen planerischen Abwägung sein. Die Behörde wird allerdings in diesen Möglichkeiten eingeschränkt, soweit die Planfeststellungsbeschlüsse bestandskräftig sind. Ein Gericht hat hier im Vergleich zur Planfeststellungsbehörde nur geringere Entscheidungsspielräume. In eine bestandskräftige Zulassung kann nur bei Rechtswidrigkeit des Beschlusses unter Berücksichtigung des Vertrauensschutzes des Unternehmers und der Fluggesellschaften (§ 48 VwVfG) oder dann eingegriffen werden, wenn sich neue, unvorhersehbare Gefahren herausstellen, die eine Änderung der damaligen Regelungen zwingend erforderlich machen (§ 48 II Nr. 3 und 5 VwVfG).

Ist allerdings ein durchgreifender Flughafenausbau mit einer weiteren Start- und Landebahn beabsichtigt, steht auch der vorhandene Betrieb einschließlich seines konkreten Widmungsumfangs erneut auf dem Prüfstand. Die Planfeststellungsbehörde hat daher im Rahmen der Abwägung auch den vorhandenen Betrieb zu berücksichtigen und in eine Gesamtbetrachtung einzutreten. Das gilt vor allem dann, wenn sich Wechselwirkungen zwischen den einzelnen Ausbauteilen ergeben und der Flughafen nach der beabsichtigten Erweiterung als Einheit erscheint. Die Planfeststellungsbehörde ist im Rahmen dieser Abwägung auch nicht daran gehindert, die bisherige Widmung zu konkretisieren, zu verändern oder einzuschränken. Die Abwägung ist allerdings ergebnisoffen und vom Einzelfall abhängig.[534]

Bei der Bestimmung der Zumutbarkeit der Lärmbelastung kann auch eine **tatsächliche** oder **plangegebene Vorbelastung** eine Rolle spielen. Bei der Planung eines öffentlichen Infrastrukturvorhabens müssen die nachteiligen Folgen für die Anwohner bedacht und abgewogen werden. Übersteigen sie das Maß des Zumutbaren, so sind Schutzvorkehrungen zu treffen oder – soweit dies nach Lage der Dinge nicht möglich ist – ein Ausgleich in Geld zu gewähren. Führt jedoch eine tatsächliche Vorbelastung dazu, dass nachteilige Auswirkungen des Vorhabens die Anwohner nicht mehr erreichen, dann besteht kein Anlass für einen Ausgleich. Eine Pflicht zur **Verbesserung** der vorgefundenen Situation obliegt der Planungsbehörde grundsätzlich nicht.[535] Eine **tatsächliche Vorbelastung** kann Kausalitätsprobleme hervorrufen. Bereits tatsächlich vorhandene Geräuschvorbelastungen können so hoch sein, dass der durch einen neuen Flughafen zu erwartende Fluglärm die Flughafenanwohner gar nicht erreicht und damit für die Lärmbetroffen-

---

[533] *BVerwG*, Urt. v. 29. 1. 1991 – 4 C 51.89 – BVerwGE 87, 332 = DVBl. 1991, 1143 = NVwZ-RR 1991, 601 – Flughafen München II.
[534] Diese Fragen stellen sich beim Ausbau des internationalen Verkehrsflughafens Frankfurt.
[535] *BVerwG*, B. v. 23. 6. 1989 – 4 B 100.89 – DVBl. 1989, 1065 = UPR 1989, 432.

heit nicht kausal wird.[536] In einem solchen Fall scheidet ein Ausgleich gemäß § 9 II LuftVG aus, denn die Planfeststellungsbehörde trifft keine Pflicht zur Verbesserung der vorgefundenen Situation.[537] Trotz einer tatsächlichen Vorbelastung sind Schutzanlagen aber unter dem Gesichtspunkt der „Lärmvorsorge" dann anzuordnen, wenn der neu hinzutretende Fluglärm die bisherigen Lärmimmissionen derart erhöht, dass gerade in der Erhöhung des Lärmpegels eine zusätzliche und unzumutbare Belastung liegt.[538] Außerdem ist bei der Änderung oder Erweiterung eines bestehenden Flughafens dessen bisherige Lärmeinwirkung als tatsächliche Vorbelastung zu berücksichtigen. Diese wirkt sich aber dann nicht schutzmindernd aus, wenn sie bereits vor Ausführung des Planvorhabens die Zumutbarkeitsgrenze überschritten hat. Dann müssen unter dem Gesichtspunkt der „Lärmsanierung" dem Flughafenunternehmer aus Anlass der Planfeststellung Schutzanlagen auferlegt werden.[539]

3204   Eine bereits **vorhandene Lärmbelastung** kann sich daher im Hinblick auf hinzutretende Lärmbelastungen als schutzmindernd auswirken. Eine plangegebene Vorbelastung liegt vor, wenn ein Anwohner aufgrund einer zwar noch nicht verwirklichten, aber bereits verfestigten Planung mit erhöhten Immissionen rechnen muss. Diese Wirkung kann auch von einer noch nicht abgeschlossenen Planung ausgehen. Jedoch muss die Planung so weit konkretisiert sein, dass der betroffene Grundeigentümer mit dem Abschluss und der Verwirklichung der Planung und den daraus folgenden Belastungen rechnen muss. Eine solche plangegebene Vorbelastung ist vom jeweiligen Grundstückseigentümer aufgrund der Situationsgebundenheit des Grundstücks hinzunehmen.[540] Sie wirkt sich nur dann nicht vorbelastend aus, wenn die Fachplanung ihrerseits auf eine bebauungsrechtlich verfestigte Situation stößt. Eine solche Situation ist gegeben, wenn zum Zeitpunkt der Verfestigung der Fachplanung ein betroffenes Grundstück baulich nutzbar ist.[541] Wenn das vorgeschaltete Genehmigungsverfahren gem. § 6 LuftVG so gestaltet ist, dass eine hinreichende Erkennbarkeit der planerischen Absichten und ein deutliches Maß an Ernsthaftigkeit des vorgesehenen Projektes schon aufgrund der Genehmigung gegeben sind, kann bereits darin die erforderliche Konkretisierung einer noch nicht abgeschlossenen Planung liegen.[542] Allerdings kann die Duldungspflicht verringert werden, wenn die neue Lärmbeeinträchtigung ihrerseits auf eine vorhandene bebauungsrechtlich verfestigte Situation trifft. Eine solche Situation ist anzunehmen, wenn das Grundstück zum Zeitpunkt der Verfestigung der Fachplanung bebaut oder baulich nutzbar ist.[543] Dabei ist dann unerheblich, ob die mögliche bauliche Nutzung in absehbarer Zeit verwirklicht werden soll.

3205   d) **Prognosen.** Mangels fachlicher oder methodischer Vorgaben im LuftVG ist eine Luftverkehrsprognose in der luftverkehrsrechtlichen Planfeststellung rechtsfehlerfrei, wenn sie mit den zur Verfügung stehenden Erkenntnismitteln und unter Beachtung der für die Verkehrsentwicklung erheblichen Umstände sachgerecht erarbeitet ist. Der ge-

---

[536] *Quaas* NVwZ 1991, 16; *Kühling/Hermann*, Fachplanungsrecht, S. 116 (Rdn. 262).
[537] *BVerwG*, B. v. 23. 6. 1989 – 4 B 100.89 – DVBl. 1989, 1065 = DÖV 1990, 349; *Steinberg*, Fachplanungsrecht, S. 260 (Rdn. 38).
[538] *BVerwG*, Urt. v. 29. 1. 1991 – 4 C 51.89 – BVerwGE 87, 332 = NVwZ-RR 1991, 601 = DÖV 1991, 853 – Flughafen München II; B. v. 5. 10. 1990 – 4 CB 1.90 – NVwZ-RR 1991, 129 = NJW 1991, 313 – Flughafen Stuttgart.
[539] *BVerwG*, Urt. v. 7. 7. 1978 – IV C 79.76 – BVerwGE 56, 110 = NJW 1979, 64 = DVBl. 1978, 845 – Flughafen Frankfurt.
[540] *BVerwG*, Urt. v. 23. 3. 1985 – 4 C 63.80 – BVerwGE 71, 150 = NJW 1985, 3034 = DVBl. 1985, 896.
[541] *BVerwG*, Urt. v. 29. 1. 1991 – 4 C 51.89 – BVerwGE 87, 332 = NVwZ-RR 1991, 601 = DÖV 1991, 853 – Flughafen München II.
[542] *BVerwG*, B. v. 5. 10. 1990 – 4 B 249.89 – NVwZ-RR 1991, 118 = UPR 1991, 39 – Flughafen Stuttgart.
[543] *BVerwG*, Urt. v. 22. 3. 1985 – 4 C 63.80 – BVerwGE 71, 150 = DVBl. 1985, 896 = NJW 1985, 3034 = DÖV 1985, 786 = *Hoppe/Stüer* RzB Rdn. 145 – Roter Hang.

richtlichen Kontrolle unterliegt insbesondere die Wahl einer geeigneten fachspezifischen Methode, die zutreffende Ermittlung des der Prognose zugrunde liegenden Sachverhalts und das Vorliegen einer einleuchtenden Begründung des Ergebnisses.[544]

e) Schutzanordnungen. Im Planfeststellungsbeschluss sind dem Unternehmer die Errichtung und Unterhaltung der Anlagen aufzuerlegen, die für das öffentliche Wohl oder zur Sicherung der benachbarten Grundstücke gegen Gefahren oder Nachteile notwendig sind (§ 9 II LuftVG). Im Rahmen dieser Vorschrift als Schutzauflagen zulässig sind grundsätzlich alle Maßnahmen, die geeignet sind, nachteilige Auswirkungen der Flugplatzanlage und deren Benutzung auf das öffentliche Wohl und auf einzelne Grundstücke aufzuheben, auszugleichen oder zu mindern.[545] In Betracht kommen aber nur solche Maßnahmen, die der Flughafenunternehmer gegenüber den Flughafenbenutzern rechtlich durchsetzen kann. Beispielsweise ist der Flughafenunternehmer nicht befugt, gegenüber den Luftverkehrsgesellschaften als Flughafenbenutzern eine Lärmkontingentierung auszusprechen, die sich unmittelbar auf die Kapazität des Flughafens auswirkt. Eine solche Betriebsregelung kann ausschließlich die Planfeststellungsbehörde in Form einer allgemeinen Auflage im Sinne des § 6 I 4 LuftVG im Planfeststellungsbeschluss vorsehen. Dem Flughafenbetreiber könnte aber eine Staffelung der Benutzungsgebühren in der Weise auferlegt werden, dass für sehr laut startende und landende Flugzeuge höhere Gebühren zu entrichten sind.[546] Die deutschen Verkehrsflughäfen haben entsprechende Gebührenordnungen erlassen. Es ist auch empfohlen worden, das System gestaffelter Gebühren auszubauen.[547] Im Übrigen kommen an weiteren aktiven Schutzmaßnahmen insbesondere die Errichtung von Lärmschutzhallen und Lärmschutzwällen in Betracht. Bei den passiven Maßnahmen stehen der Einbau von Schallschutzfenstern, eventuell mit Belüftungseinrichtungen, die Verstärkung von Decken und Mauern sowie der Einbau von schalldämmenden Türen im Vordergrund.[548] Betroffene Gemeinden können ebenso wie private Grundstückseigentümer Schutzanlagen nach § 9 II LuftVG zur Sicherung ihrer Grundstücke verlangen. Dieses Recht haben sie auch hinsichtlich des Schutzes kommunaler Einrichtungen vor unzumutbarem Fluglärm.[549]

f) Entschädigungsanspruch. Sind an sich erforderliche Schutzvorkehrungen untunlich oder mit dem Vorhaben unvereinbar, hat der Betroffene nach § 74 II 3 VwVfG einen Anspruch auf angemessene **Geldentschädigung**. Diese bemisst sich allerdings nicht nach dem etwa eintretenden **Wertverlust** des Grundstücks, sondern nach den eintretenden Beeinträchtigungen in der Grundstücksnutzung. Als Bemessungsfaktor stellt der Wertverlust allerdings ein gewichtiges Indiz für die Schwere und Nachhaltigkeit der Beeinträchtigung dar. Der Entschädigungsanspruch des § 74 II 3 VwVfG greift ein, wenn Schutzanlagen, die an sich nach § 9 II LuftVG notwendig wären, untunlich oder mit dem Flugplatzvorhaben unvereinbar sind. Demgemäß stellt der Anspruch ein Surrogat für ansonsten dem Flughafenunternehmer aufzuerlegende Schutzanlagen dar. Verfassungsrechtlich ist er Art. 14 I 2 und nicht Art. 14 III GG zuzuordnen, da es sich um einen Kompensationsausgleich einer Inhalts- und Schrankenbestimmung und nicht um einen Enteignungsentschädigungsanspruch handelt.[550] Die Entschädigungsleistung soll einen Ausgleich für fluglärmbedingte Nachteile herbeiführen, mit denen die Zumutbarkeitsgrenze

---

[544] *OVG Hamburg*, Urt. v. 3. 9. 2001 – 3 E 32/98.P – DVBl. 2002, 721 = NordÖR 2002, 241, mit Hinweis auf *BVerwG*, Urt. v. 27. 10. 1998 – 11 A 1.97 – BVerwGE 107, 313 = DVBl. 1999, 854 = NVwZ 1999, 644.
[545] *Hofmann/Grabherr*, § 9 Rdn. 84.
[546] *BVerwG*, Urt. v. 29. 1. 1991 – 4 C 51.89 – BVerwGE 87, 332 = NVwZ-RR 1991, 601 – Flughafen München II.
[547] Umweltgutachten des Rates von Sachverständigen für Umweltfragen 1987, BT-Drs. 11/5168, Tz. 1512.
[548] *Hofmann/Grabherr*, § 9 Rdn. 85, 87.
[549] *BVerwG*, Urt. v. 30. 5. 1984 – 4 C 58.81 – BVerwGE 69, 256 = DVBl. 1984, 1075 = NVwZ 1984, 718.
[550] *Wahl* NVwZ 1990, 426; *Bonk* in: *Stelkens/Bonk/Sachs*, Rdn. 33 zu § 74 VwVfG.

überschritten wird und die nicht durch technisch-reale Maßnahmen abgewendet, ausgeglichen oder gemildert werden können.[551] Damit kommt eine Entschädigungsleistung hauptsächlich für unzumutbare Lärmbelastungen im Außenwohnbereich in Frage, weil dort Schutzanlagen weitgehend untunlich sind und weitere Betriebsregelungen mit dem Flugplatzvorhaben unvereinbar sind. Hinsichtlich der Zumutbarkeit von Lärmeinwirkungen sind Schutzwürdigkeit und Schutzbedürftigkeit im Innen- und Außenwohnbereich jedoch nicht einheitlich zu beurteilen. Schutzwürdigkeit und Schutzbedürftigkeit sind nach Lage und bestimmungsgemäßer Nutzung der Freiflächen konkret festzustellen. Beispielsweise sind Vorgärten und Balkone, die nicht dem regelmäßigen Aufenthalt dienen, nicht in dem Maße schutzwürdig wie Innenwohnbereiche, die dem dauernden Aufenthalt von Menschen dienen.[552] Im Übrigen kann aber auch eine Entschädigung für den Innenwohnbereich zusätzlich zu Schutzanlagen in Betracht kommen, wenn Nachteile verbleiben, die durch die Schutzvorkehrungen nicht ausgeglichen werden. Geschützt ist nämlich auch das Wohnen und Schlafen bei gelegentlich geöffneten Fenstern.[553] Da bei Öffnung eines Fensters, die auch der Kommunikation von innen nach außen dient, die Schallschutzfunktion des Fensters nicht zum Tragen kommen kann, kann somit ein in Geld ausgleichspflichtiger Restnachteil verbleiben.[554]

3208 Im Gegensatz zur Beurteilung der Zumutbarkeit ist die Berechnung der **Höhe der Entschädigungsleistung** nicht für Innen- und Außenwohnbereich getrennt durchzuführen. Vielmehr ist eine Gesamtbetrachtung des Grundstücks erforderlich.[555] Als Grundlage für die Bemessung der Anspruchshöhe kommt zwar eine Berücksichtigung der Minderung des Verkehrswertes des Grundstücks in Betracht. Zu beachten ist jedoch, dass die Entschädigungsleistung keine Enteignungsentschädigung, also keinen Ausgleich für eine Eigentumsentziehung darstellt, sondern als Ausgleich in Geld für das Ertragen einer Belastung zu Gunsten des Luftverkehrs anzusehen ist. Die Intensität der Belastung und die Höhe der Entschädigung müssen in einem angemessenen Verhältnis zueinander stehen. Die Verminderung des Grundstückswertes ist dabei nur als Indiz für die Intensität der Belastung heranzuziehen.[556]

3209 Eine ausschließlich wirtschaftliche Betrachtungsweise, die im Wege des sog. **Vorteilsausgleichs** die vorhabenbedingte Wertsteigerung des Grundstücks gegen die lärmbedingte Wertminderung aufrechnet, ist mit § 9 II LuftVG, § 74 II 2 und 3 VwVfG nicht vereinbar. Die Frage der Schutzbedürftigkeit und Schutzwürdigkeit im Hinblick auf den Fluglärm kann auch für Innen- und Außenwohnbereiche nicht einheitlich beantwortet werden. Für die Ermittlung dessen, was an Entschädigung im Einzelfall als angemessen zu gelten hat, ist eine Gesamtbetrachtung des Grundstücks anzustellen. Bei dieser Gesamtbetrachtung kann als Anhaltspunkt für die Schwere und Nachhaltigkeit der Beeinträchtigung[557] unter Berücksichtigung der Einzelfallumstände auch die Praxis der Bewertung von Grundstücken bei der Enteignungsentschädigung bzw. bei der steuerlichen Ermittlung des Einheitswerts herangezogen werden.

3210 **g) Bestimmung der Zumutbarkeitsgrenze durch Gesetz- und Verordnungsgeber.** Es gibt für den Fluglärm keine allgemein normativ festgesetzte Zumutbarkeitsgrenze. Die Zumutbarkeitsgrenze bestimmt sich vielmehr nach den Einzelfallumständen. Dabei ist eine nachvollziehende Abwägung ggf. unter Berücksichtigung einer tatsächlichen und

---

[551] *BVerwG*, Urt. v. 29. 1. 1991 – 4 C 51.89 – BVerwGE 87, 332 = NVwZ-RR 1991, 601 – Flughafen München II; *Bonk* in: *Stelkens/Bonk/Sachs*, Rdn. 33 zu § 74 VwVfG.
[552] *BVerwG*, Urt. v. 29. 1. 1991 – 4 C 51.89 – BVerwGE 87, 332 = NVwZ-RR 1991, 601 – Flughafen München II; *Quaas* NVwZ 1991, 16.
[553] *BVerwG*, Urt. v. 21. 5. 1976 – IV C 80.74 – BVerwGE 51, 15 = NJW 1976, 1760.
[554] *Franke* in: *Stüer* (Hrsg.) Verfahrensbeschleunigung, S. 181.
[555] *BVerwG*, Urt. v. 29. 1. 1991 – 4 C 51.89 – BVerwGE 87, 332 = NVwZ-RR 1991, 601 – Flughafen München II.
[556] *Franke* in: *Stüer* (Hrsg.) Verfahrensbeschleunigung, S. 181.
[557] *BVerwG*, Urt. v. 21. 6. 1974 – IV C 14.74 – BauR 1974, 330 = DVBl. 1974, 777 = DÖV 1974, 812 – Kinderspielplatz.

plangegebenen Vorbelastung vorzunehmen.[558] Von § 9 II LuftVG werden dabei nicht nur die Immissionen von fliegenden, sondern auch die von auf dem Flugplatz rollenden und stehenden Flugzeugen erfasst, soweit die Immissionen von Vorgängen herrühren, die unmittelbar mit dem Flugbetrieb im Zusammenhang stehen.[559] Die Maßstäbe der Verkehrslärmschutzverordnung können dabei nicht auf das Luftverkehrsrecht übertragen werden.[560] § 6 II LuftVG gestattet es, zum Schutz der Flughafenanwohner vor einer Gesundheitsgefährdung durch Fluglärm eine Nachtflugregelung zu erlassen, die bestimmten Strahlflugzeugen mit Lärmzertifikaten nach dem ICAO-Abkommen Annex 16 Start und Landungen verbietet. Die den Luftverkehrsunternehmen gem. Art. 3 I Nr. 2408/92 EWG-VO erteilte Genehmigung, Verkehrsrechte auf Strecken in der Gemeinschaft auszuüben, enthält keine Freistellung vom innerstaatlichen Umweltschutzrecht.[561] Die Planfeststellungsbehörde hat daher die Aufgabe, die im Rahmen des § 9 II LuftVG maßgebliche Zumutbarkeitsgrenze im Einzelfall festzulegen. Sie kann dabei gegenwärtig noch nicht auf normativ festgesetzte Fluglärmgrenzwerte zurückgreifen, weil entsprechende Rechtsgrundlagen fehlen. Dies führt zu großen Schwierigkeiten in der Praxis und damit zu einer erheblichen Rechtsunsicherheit bei der Bestimmung des unzumutbaren Fluglärms.[562]

3211 Das Fehlen eines Gesetzes oder einer Rechtsverordnung zum Schutz vor Fluglärm, die die maßgeblichen Fluglärmgrenzwerte für die Bestimmung der Zumutbarkeitsgrenze im Rahmen des § 9 II LuftVG festschreibt, bringt nicht nur erhebliche Schwierigkeiten in der Praxis, sondern führt auch zu einer nicht hinzunehmenden Ungleichbehandlung mit dem Verkehrslärmschutz bei Straßen und Eisenbahnen, der durch die Verkehrslärmschutzverordnung eine entsprechende Rechtsgrundlage erhalten hat. Ein besonderer Grund für die bestehende Ungleichbehandlung ist nicht gegeben, da § 32 I 1 Nr. 15 LuftVG ebenso wie § 43 BImSchG für den Verkehrsschutz die ausdrückliche Ermächtigung zum Erlass einer Verordnung für Fluglärmgrenzwerte legt.[563] Von dieser Ermächtigung hat der Verordnungsgeber Gebrauch zu machen. Denn die Verordnungsermächtigung gibt einen Handlungsrahmen vor, der über die Möglichkeiten der auf eine Einzelfallprüfung beschränkten Gerichtsentscheidung hinausgeht. Die in gerichtlichen Verfahren ermittelten Grenzwerte können normative Festlegungen nicht ersetzen.[564]

3212 Für Landeplätze ist allerdings die **Landeplatz-Lärmschutz-VO** zu beachten. Zum Schutz der Bevölkerung vor Fluglärm an Landeplätzen, auf denen im vorausgegangenen Kalenderjahr 15.000 oder mehr Flugbewegungen (Starts und Landungen) von Flugzeugen, Motorseglern und Drehflüglern stattgefunden haben, sind Starts und Landungen von propellergetriebenen Flugzeugen und Motorseglern bis zu 9.000 kg höchstzulässiger Startmasse zu bestimmten Zeiten untersagt.[565] Überlandflüge sind während der Ruhezeiten zulässig, wenn für das propellergetriebene Flugzeug oder den Motorsegler ein Lärmzeugnis oder eine ihm entsprechende Urkunde des Staates erteilt ist, in dem das Flugzeug zugelassen ist. Die einzuhaltenden Lärmgrenzwerte ergeben sich aus der Anlage zu § 1 II 3 Landeplatz-LärmSchV, weitergehende Regelungen können die zuständigen Landesbehörden treffen (§ 4 Landeplatz-LärmschV). Die zeitlichen Einschränkungen gelten nicht

---

[558] *BVerwG*, B. v. 11. 3. 1998 – 11 B 11.98 – Militärflugplatz; Urt. v. 27. 10. 1998 – 11 A 1.97 – BVerwGE 107, 313 = DVBl. 1999, 845 = NVwZ 1999, 644 – Flughafen Erfurt.
[559] *BVerwG*, B. v. 7. 12. 1998 – 11 B 46.98 – UPR 1999, 153 – Airbus.
[560] *BVerwG*, B. v. 20. 2. 1998 – 11 B 37.97 – NVwZ 1998,1 850 = UPR 1998, 308.
[561] *BVerwG*, B. v. 12. 6. 1998 – 11 B 19.98 – UPR 1998, 359 – Nürnberg; B. v. 7. 4. 1998 – 11 VR 3.98 – NVwZ-RR 1998, 489 – Bonusliste.
[562] *Quaas* NVwZ 1991, 16; *Steinberg*, Fachplanungsrecht, S. 253 (Rdn. 26).
[563] So auch *Hofmann/Grabherr*, § 32 Rdn. 16.
[564] *BVerwG*, Urt. v. 22. 5. 1987 – 4 C 33–35.83 – BVerwGE 77, 285 = NJW 1987, 2886.
[565] Die Ruhezeiten sind: montags bis freitags vor 7.00 Uhr, zwischen 13.00 Uhr und 15.00 Uhr Ortszeit und nach Sonnenuntergang, samstags, sonntags und an Feiertagen vor 9.00 Uhr und nach 13.00 Uhr Ortszeit.

für propellergetriebene Flugzeuge und Motorsegler, die erhöhten Schallschutzanforderungen entsprechen (§ 4 Landeplatz-LärmschV).

3213 Eine Festlegung von **Fluglärmgrenzwerten** durch **den Gesetz- und Verordnungsgeber** für die Anlegung oder für die wesentliche Änderung von Flugplätzen ist daher geboten. Die mit dem Erlass der Verkehrslärmschutzverordnung verfolgten Ziele, Rechtssicherheit und Gleichbehandlung in der Praxis sicherzustellen, lassen sich uneingeschränkt auch auf den Fluglärmschutz übertragen. Das Fehlen einer Fluglärmschutzverordnung ist daher nicht systemgerecht und wird vor allem auch dem Parlamentsvorbehalt nicht gerecht, nach dem die wesentlichen Grundentscheidungen durch formelles Parlamentsgesetz oder durch untergesetzliche Rechtsvorschriften festzulegen sind. Zu diesen Grundentscheidungen gehört auch die Bestimmung der Zumutbarkeit des Fluglärms. Die Fluglärmschutzverordnung könnte inhaltlich in Anlehnung an die Verkehrslärmschutzverordnung gestaltet werden. Allerdings spielen neben den äquivalenten Dauerschallpegeln zusätzlich auch die Maximalpegel eine Rolle, da diese die Lärmbetroffenheit der Flughafenanwohner erheblich mitbestimmen.[566] Die Bewertung der Grenze des erträglichen Fluglärms ist eine Aufgabe des Gesetz- und Verordnungsgebers. Diese sollten ihrer Aufgabe nachkommen und hierdurch zugleich einen Beitrag für die Verlässlichkeit von luftverkehrsrechtlichen Planungsentscheidungen leisten.[567]

3214 h) **Einzelfragen.** Die Zumutbarkeitsgrenze für die Fluglärmbeeinträchtigung der Außenwohnbereiche kann nur unter Berücksichtigung der konkreten örtlichen Verhältnisse durch tatrichterliche Würdigung bestimmt werden. Die Frage, ob eine zur Vermeidung von Gesundheitsgefährdungen bzw. erheblichen Belästigungen äußerstenfalls zumutbare Geräuscheinwirkung in einem bestimmten Geräuschpegel zutreffend ausgedrückt ist, muss ggf. mit Hilfe von Sachverständigen geklärt werden.[568] Ein prinzipieller Vorrang aktiven vor passiven Schallschutzes besteht für die luftverkehrsrechtliche Planung nicht.[569]

3215 Bei nicht in der 16. BImSchV geregeltem Lärm ist die Zumutbarkeitsgrenze grundstücks- und einzelfallbezogen.[570] Allerdings kann die TA-Lärm als Orientierungswert herangezogen werden. Demnach sind 60 dB(A) tags und 45 dB(A) nachts noch hinnehmbar, wobei Spitzenpegel in begrenztem Umfang auch dann hinzunehmen sind, wenn sie den Beurteilungspegel geringfügig um 20 dB(A) übersteigen.[571] Dabei ist darauf abzustellen, welche bauliche Gebietsqualität dem lärmbetroffenen Bereich im Zeitpunkt der Planfeststellung zukommt.[572]

3216 Wird allerdings die Nutzung des Außenwohnbereichs eines Grundstücks durch einen Dauerschallpegel (Leq 3, 6.00 Uhr – 22.00 Uhr, April bis September) von anhaltend 67 dB(A) und mehr beeinträchtigt, ist diese Belastung auch unter Berücksichtigung einer seit langem bestehenden hohen Fluglärmbelastung sowie längerer Zeiträume, die durch Fluglärm nicht gestört sind, unzumutbar, sofern nicht das Grundstück zu einem Zeitpunkt käuflich erworben wurde, in dem bereits absehbar war, dass eine Nutzung des

---

[566] Umweltgutachten des Rates von Sachverständigen für Umweltfragen 1987, BT-Drs. 11/5168, Tz. 1420; *Kutscheidt* NVwZ 1989, 193.

[567] *Franke* in: *Stüer* (Hrsg.) Verfahrensbeschleunigung, S. 181.

[568] BVerwG, B. v. 29. 4. 2002 – 9 B 10.02 – Maximalpegel – mit Hinweis auf Urt. v. 7. 7. 1978 – IV C 79.76 – BVerwGE 56, 110 = DVBl. 1978, 845 – Frankfurter Flughafen, sowie B. v. 29. 12. 1998 – 11 B 21.98 –.

[569] *OVG Hamburg*, Urt. v. 3. 9. 2001 – 3 E 32/98.P – NordÖR 2002, 241 = DVBl. 2002, 721 nachgehend *BVerwG*, B. v. 29. 4. 2002 – 9 B 10.02 – Maximalpegel.

[570] *OVG Hamburg*, Urt. v. 3. 9. 2001 – 3 E 32/98.P – DVBl. 2002, 721 = NordÖR 2002, 241.

[571] So für den Betrieb von Seeumschlaganlagen oder Wasserstraßen *OVG Bremen*, Urt. v. 13. 12. 2001 – 1 D 299/01 – UPR 2002, 400 = NordÖR 2002, 116.

[572] *BVerwG*, B. v. 13. 11. 2001 – 9 B 57.01 – DVBl. 2002, 276 = NVwZ-RR 2002, 178, mit Hinweis auf die wegen der fehlende Gebäudeabschirmung tendenziell höhere Lärmbelastung im Außenbereich.

Außenwohnbereichs wegen des Fluglärms auf Dauer nicht mehr oder nur noch in einem wesentlich eingeschränkten Maß erwartet werden konnte.[573]

Nach Ausschöpfung aller Möglichkeiten des aktiven Schallschutzes sind Auswirkungen des Vorhabens durch Geldausgleich für Maßnahmen des passiven Schallschutzes – soweit solche tunlich sind – zu entschädigen.[574] Da aktiver Schallschutz vor Fluglärm für Außenwohnbereiche nicht möglich ist, besteht hierbei kein prinzipieller Vorrang des aktiven vor dem passivem Schallschutz.[575] Erforderliche Regelungen sind bereits im Planfeststellungsbeschluss anzuordnen. Greifen die angeordneten Maßnahmen dabei in den Herrschaftsbereich des Betroffenen ein und sind sie daher von ihm selbst zu veranlassen, ist ein entsprechender Aufwendungsersatz anzuordnen.[576] Anspruchsberechtigt ist nach § 42 I 1 BImSchG der jeweilige Grundstückseigentümer.[577]   3217

Ein Anspruch auf Teilwiderruf der Genehmigung nach § 6 II Sätze 3 und 4 LuftVG setzt voraus, dass die Lärmbelastung die Schwelle zur Gesundheitsgefährdung erreicht, die deutlich über der Erheblichkeitsgrenze liegt, die bei dem Neubau oder einer wesentlichen Änderung eines Flugplatzes einzuhalten ist.[578]   3218

Die gesetzliche Fiktion des § 71 II 1 i.V. mit I 1 LuftVG, wonach ein bis zum 31.12. 1958 in dem Gebiet der Bundesrepublik Deutschland nach dem Stand bis zum 3.10.1990 angelegter Flugplatz als planfestgestellt gilt, schließt die Geltendmachung zivilrechtlicher Entschädigungsansprüche nach § 906 BGB nicht aus. Ein solcher Ausschluss ergibt sich auch nicht aus einer (entsprechenden) Anwendung der §§ 9 II, III LuftVG, 75 II VwVfG. Die bestandskräftige Fiktion eines Planfeststellungsbeschlusses macht die Klage auch nicht von vornherein unbegründet.[579]   3219

Eine Planfeststellung ist nicht bereits deshalb zu versagen, weil eine vorangegangene planfeststellungsbedürftige Änderung nicht planfestgestellt worden ist. Für die Änderung eines bestehenden Flughafens ist eine Planrechtfertigung gegeben, wenn die Anlagen dem wachsenden Verkehrsbedürfnis nicht mehr entsprechen.   3220

Der unabdingbare Schutz vor erinnerbarem nächtlichen Aufwachen durch Fluglärm ist auf jeden Fall sichergestellt, wenn in Schlafräumen und Kinderzimmern bei geschlossenem Fenster und ausreichender Belüftung **Dauerschallpegel** (Leq 3, 22–1 Uhr) von 36 dB(A) und **Maximalpegel** von 55 dB(A) nicht überschritten werden und Flugbewegungen zwischen 1.00 Uhr und 6.00 Uhr selten sind. Im Hinblick auf die Nachbarschaft zu einem seit langem bestehenden Verkehrsflughafen ist den Anwohnern während der Tagesstunden eine begrenzte Anzahl von Überflügen, die in Wohnräumen bei geschlossenen Fenstern mit Maximalpegeln über 55 dB(A) die Schwelle zur Störung der Kommunikation überschreiten können, zuzumuten.[580]   3221

---

[573] *OVG Hamburg*, Urt. v. 3.9.2001 – 3 E 32/98.P – DVBl. 2002, 721 = NordÖR 2002, 241.
[574] *OVG Bremen*, Urt. v. 13.12.2001 – 1 D 299/01 – NordÖR 2002, 116 = UPR 2002, 400, mit Hinweis auf *BVerwG*, Urt. v. 19.10.1989 – 7C 77.87 – BVerwGE 81, 197 = DVBl. 1989, 463 und Urt. v. 29.4.1988 – 7 C 33.88 – BVerwGE 79, 254 = DVBl. 1988, 967.
[575] *OVG Hamburg*, Urt. v. 3.9.2001 – 3 E 32/98.P – DVBl. 2002, 721 = NordÖR 2002, 241, mit Hinweis auf *BVerwG*, Urteil v. 29.1.1991 – 4 C 51.89 – BVerwGE 87, 332 = DVBl. 1991, 1143 = NVwz-RR 1991, 61 – München II.
[576] *OVG Bremen*, Urt. v. 13.12.2001 – 1 D 299/01 – NordÖR 2002, 116, mit Hinweis auf *BVerwG*, Urt. v. 11.11.1988 – 4 C 11.87 – DVBl. 1989, 350 = NVwZ 1989, 255; Urt. v. 1.9.1999 – 11 A 2.98 – NVwZ 2000, 68 = UPR 2000, 115.
[577] *LG Braunschweig*, Urt. v. 30.1.2002 – 23 O 2444/00 (8) – NVwZ 2002, 1146.
[578] *VGH Kassel*, Urt. v. 6.8.2002 – 2 A 828/01–2 A 3013/01 – ESVGH 52, 237 – Flugplatz Reichelsheim, verneint für täglich ca. 60 Starts oder Landungen in sechs verkehrsreichsten Monaten, von denen die Hälfte auf die Zeit vor 23.00 Uhr entfällt, und einen äquivalenten Dauerschallpegel (berechnet nach AzB-L) von maximal 57 dB(A) an Sonn- und Feiertagen.
[579] *OLG Köln*, Urt. v. 22.2.2002 – 8 U 52/00 – OLGR Köln 2002, 288 = BauR 2002, 1447.
[580] *OVG Hamburg*, Urt. v. 3.9.2001 – 3 E 32/98.P – NordÖR 2002, 241 = DVBl. 2002, 721. Zum Lärmschutzkonzept für den Flughafen Erfurt vgl. das beim BVerwG anhängige Verfahren – 9 A 65.02 –.

4. Sicherheitsmindesthöhe

3222 § 6 LuftVO enthält Bestimmungen über die **Sicherheitsmindesthöhe**. Darunter ist gem. § 6 I 2 LuftVO die Höhe zu verstehen, bei der weder eine unnötige Lärmbelästigung i. S. von § 1 II LuftVO, noch im Falle einer Notlandung eine unnötige Gefährdung von Personen und Sachen zu befürchten ist. Die Sicherheitsmindesthöhe beträgt über Städten, anderen dicht besiedelten Gebieten und Menschenansammlungen mindestens 300 m über dem höchsten Hindernis in einem Umkreis von 600 m, in allen übrigen Fällen 150 m über Grund oder Wasser. Sie darf – von dem in § 6 I 3 LuftVO geregelten Sonderfall der Segelflugzeuge und Ballone abgesehen – gem. § 1 I LuftVO nur unterschritten werden, soweit es bei Start und Landung notwendig ist. Die Sicherheitsmindesthöhe darf im Übrigen nur nach Maßgabe des § 30 I 3 LuftVG unterschritten werden.

5. Flugrouten

3223 Die Festlegung von Flugrouten unterliegt als staatliche Planungsaufgabe dem Abwägungsgebot, bei der die in der Umgebung eines Flughafens auftretende Interessenkonflikte bewältigt werden müssen. Das Abwägungsgebot hat dabei drittschützenden Charakter, ohne dass die privaten Belange selbst rechtlich geschützt sein müssen.[581] Können die bei der Flugroutenfestlegung auftretenden Interessenkonflikte nur in unzumutbarer oder gar grundrechtsbeeinträchtigender Weise aufgelöst werden, kann sich dies auf den Bestand der luftverkehrsrechtlichen Zulassungsentscheidung, die den Betrieb des Flughafens trägt, auswirken.[582]

3224 Klagen von benachbarten Gemeinden gegen den *Flughafen Frankfurt/Main* hat der *VGH Kassel* teilweise stattgegeben und dazu ausgeführt: Bei der Festlegung von Flugverfahren durch Rechtsverordnung sind auch Lärmschutzbelange in die planerische Abwägung einzustellen, die unterhalb der (fachplanerischen) Zumutbarkeits- bzw. Erheblichkeitsschwelle liegen. Die Feststellung der Rechtswidrigkeit eines durch Rechtsverordnung festgesetzten Flugverfahrens kann mit der Maßgabe ausgesprochen werden, dass die Kläger das bisherige Flugverfahren für einen Übergangszeitraum zu dulden haben. Dies gilt, wenn sonst die Gefahr besteht, dass eine spontane Umverteilung der Flüge zu einer Mehrbelastung von Gebieten führt, die schon jetzt bis an die Grenze der Unzumutbarkeit betroffen sind, oder gar die Sicherheit des Flugverkehrs beeinträchtigen wird.[583]

3225 Das *BVerwG*[584] hat die Klagen gegen die Neufestsetzung der Taunus-Flugrouten abgewiesen. Die zuständigen Stellen seien nicht zu einer vollen Abwägung nach den traditionellen Abwägungsgrundsätzen des Fachplanungsrechts verpflichtet, sondern angesichts fehlender einfachrechtlicher Regelungen lediglich zu einer aus dem Verfassungsrecht abgeleiteten **Sparabwägung**. Das Gericht hat dazu folgende Grundsätze entwickelt: Bei der Festlegung von Flugrouten auf der Grundlage des § 27 a II LuftVO hat das Luftfahrt-Bundesamt eine Abwägungsentscheidung zu treffen, die gerichtlich überprüfbar, aber nicht an den zum Abwägungsgebot im Fachplanungsrecht entwickelten Grundsätzen zu messen ist. Der Prüfungsmaßstab ist unterschiedlich, je nachdem, ob durch die Flugroutenbestimmung Fluglärm hervorgerufen wird, der oberhalb oder unterhalb der Zumutbarkeitsschwelle liegt. Der Begriff des unzumutbaren Lärms im § 29 b II LuftVG deckt

---

[581] *VGH Mannheim*, Urt. v. 22. 3. 2002 – 8 S 1271/01 – DVBl. 2002, 1130 = VBlBW 2002, 521, mit Hinweis auf *BVerwG*, Urt. v. 28. 6. 2000 – 11 C 13.99 – BVerwGE 111, 275 = DVBl. 2000, 1858 = NJW 2000, 3584 und Urt. v. 24. 9. 1998 – 4 CN 2.98 – BVerwGE 107, 215 = DVBl. 1999, 100 = NJW 1999, 592; *OVG Münster*, Urt. v. 4. 3. 2002 – 20 D 120.97. AK – DVBl. 2002 1435 = NZV 2002, 478.
[582] *OVG Münster*, Urt. v. 4. 3. 2002 – 20 D 120.97. AK – DVBl. 2002, 1435 = NZV 2002, 478, mit Hinweis auf *BVerwG*, Urt. v. 28. 6. 2000 – 11 C 13.99 – BVerwGE 111, 275 = DVBl. 2000, 1858 = NJW 2000, 3584.
[583] *VGH Kassel*, Urt. v. 11. 2. 2003 – 2 A 1569/01 – Taunus-Routen.
[584] *BVerwG*, Urt. v. 24. 6. 2004 – 4 C 11.03 – DVBl. 2004, 1554 = NVwZ 2004, 1229 – Taunus-Flugrouten; Urt. v. 24. 6. 2004 – 4 C 15.03 –; im Anschluss an Urt. v. 28. 6. 2000 – 11 C 13.99 – BVerwGE 111, 276; Urt. v. 26. 11. 2003 – 9 C 6.02 – DVBl. 2004, 382.

sich mit dem immissionsschutzrechtlichen Begriff der erheblichen Lärmbelästigung. Für eine Flugroute, die mit unzumutbarem Fluglärm verbunden ist, darf sich das Luftfahrt-Bundesamt nur entscheiden, wenn überwiegende Gründe zur sicheren, geordneten und flüssigen Abwicklung des Luftverkehrs dies gebieten. Eine Flugroute, durch die Lärmbelästigungen unterhalb der Zumutbarkeitsschwelle hervorgerufen werden, ist zulässig, wenn sich für sie sachlich einleuchtende Gründe anführen lassen. Die Lärmschutzvorschriften, denen das Luftfahrt-Bundesamt bei seiner Abwägungsentscheidung Rechnung zu tragen hat, sind auch dazu bestimmt, Drittschutzinteressen zu dienen. Vor diesem Hintergrund ergibt sich daher ein Stufensystem rechtlicher Anforderungen an die Planung: Soweit keine gesetzlichen Regelungen bestehen, ist bei der Planung zumindest eine Sparabwägung durchzuführen. Diese beinhaltet insbesondere eine Verhältnismäßigkeitsprüfung im Sinne der Prüfung der Angemessenheit der jeweiligen Regelung. Dies folgt aus dem Mindeststandard verfassungsrechtlicher Anforderungen bei Planungsentscheidungen. Ist das Abwägungsgebot in dem jeweiligen Fachrecht gesetzlich geregelt, erfolgt eine gerichtliche Kontrolle nach den für das Abwägungsgebot entwickelten Grundsätzen. Weitergehende Anforderungen können sich an die Planungsentscheidung ergeben, wenn dies gesetzlich angeordnet ist. Hier können etwa gesetzlich angeordnete Kompensationserfordernisse, zu berücksichtigende besondere Vertrauenstatbestände oder auch Optimierungsgebote zu einer qualifizierten Abwägung verpflichten.

Mängel der Abwägung sind nach einem allgemein geltenden Grundsatz nur erheblich, wenn sie auf das Abwägungsergebnis von Einfluss gewesen sind.[585]

Flugrouten, deren Festlegung allein dem Luftfahrtbundesamt obliegen, kommt keine Aussagekraft für den unterhalb der Anflugfixpunkte eines Flugplatzes entstehenden Fluglärm zu. Private Gutachter, deren Stellungnahme eine Behörde in einem nicht förmlichen Verwaltungsverfahren verwertet hat, können nicht in einem anschließenden Gerichtsverfahren als befangen abgelehnt werden. Lärmbeurteilungen können nur von einer Normalverteilung der Lärmempfindlichkeiten innerhalb der im Untersuchungsgebiet wohnenden Bevölkerung ausgehen. Eine „Addition" von äquivalenten Dauerschallpegeln und Spitzenpegeln ist nicht möglich. Auch ein tatsächlich nicht genutzter Militärflugplatz, der als NATO-Reserve vorgehalten wird, kann im Sinne einer rechtlichen Vorbelastung die Schutzwürdigkeit seiner Umgebung gegen Fluglärm beeinflussen.[586]

Werden städtische Grundstücke, die mit Wohnraum bebaut sind, infolge der Festsetzung neuer Flugverfahren einer Lärmbelastung von 32 bis 39 dB(A) am Tag und 26 bis 30 dB(A) in der Nacht (jeweils Leq [3]) ausgesetzt, kann die Kommune nicht mit Erfolg geltend machen, in ihrem subjektiven Recht auf fehlerfreie Abwägung ihrer Lärmschutzbelange verletzt zu sein.[587]

Flugverkehrsbeschränkungen zum *Flughafen Zürich-Kloten* hat das *BVerwG*[588] gebilligt und die Klage der Flughafengesellschaft abgewiesen. Eine Flughafengesellschaft kann keine – so der *VGH Mannheim* in der Vorinstanz – eigenen Rechte aus der „Ersten Luftverkehrsfreiheit" ableiten, die sich die Teilnehmer der Staatenkonferenz von Chicago am 7. 12. 1944 in Art. I Abschnitt 1 der Transitvereinbarung gewährt haben. Das darin enthaltene Recht, das Hoheitsgebiet der anderen Vertragsstaaten ohne Landung überfliegen zu dürfen, bezieht

---

[585] *OVG Münster*, Urt. v. 4. 3. 2002 – 20 D 120/97.AK – NZV 2002, 478 = DVBl. 2002, 1435 – Flughafen Köln-Bonn.

[586] *VGH Mannheim*, Urt. v. 4. 6. 2002 – 8 S 460/01 – NVwZ-RR 2003, 412 = VBlBW 2003, 67 – Flugplatz Lahr, im Anschluss an Urt. v. 17. 9. 1993 – 8 S 846/93 – VBlBW 1994, 62 und Urt. v. 22. 4. 1999 – 8 S 1284/98 – VBlBW 2000, 27; zur Festlegung von Flugrouten s. Rdn. 3225.

[587] *VGH Kassel*, Urt. v. 11. 2. 2003 – 2 A 1062/01 – NVwZ 2003, 875 – Flugrouten, zur Neuordnung der An- und Abflugverfahren zum und vom Flughafen Frankfurt am Main mit Wirkung vom 19. 4. 2001 – Taunus-Routen – (Klage von 7 Kommunen); *BVerwG*, Urt. v. 24. 6. 2004 – 4 C 11.03 –; vgl. auch Urt. v. 28. 6. 2000 – 11 C 13.99 – BVerwGE 111, 275; Urt. v. 26. 11. 2003 – 9 C 6.02 – DVBl. 2004, 382.

[588] So auch *BVerwG*, Urt. v. 26. 11. 2003 – 9 A 6.02 – BVerwGE 119, 254 = DVBl. 2004, 382 – Zürich-Kloten.

sich nicht auf Landeanflüge. Ein Schweizer Luftverkehrsunternehmen kann sich nicht auf deutsche Grundrechte berufen.

3230 Art. 3 I der Verordnung (EWG) Nr. 2408/92 (EWGV 2408/92) des Rates vom 23. 7. 1992 über den Zugang von Luftfahrtunternehmen der Gemeinschaft zu Strecken des innergemeinschaftlichen Flugverkehrs gewährt nur Luftfahrtunternehmen das Recht zur Ausübung von Verkehrsrechten. Konkrete Flugrouten sind nicht Bestandteil dieser gemeinschaftsrechtlich gewährleisteten Luftverkehrsfreiheit. Das Luftfahrt-Bundesamt durfte bei der zeitlichen Beschränkung von Anflügen auf den Flughafen Zürich maßgeblich berücksichtigen, dass die aus seinem Betrieb erwachsenden ökonomischen Vorteile fast ausschließlich der Schweiz zugute kommen, die vom Fremdenverkehr abhängigen deutschen Gemeinden am Hochrhein und im Südschwarzwald dagegen zu Recht fluglärmbedingte Einbußen in diesem Erwerbszweig befürchten.[589]

6. Vertragliche Vereinbarungen

3231 Das geltende Luftverkehrsrecht verbietet es einem Flughafenbetreiber nicht, vertragliche Bindungen einzugehen, die ihm auf Dauer eine bauseitige oder betriebliche Anpassung des Flughafens an ein steigendes Luftverkehrsaufkommen verwehren.[590]

7. Militärisch genutzte Flughäfen

3232 Besondere Regelungen enthält § 30 LuftVG für **militärisch genutzte Flugplätze**. Die Bundeswehr, der Bundesgrenzschutz, die Polizei und die aufgrund völkerrechtlicher Verträge in der Bundesrepublik stationierten Truppen dürfen nach § 30 I 1 LuftVG von den allgemeinen Vorschriften des LuftVG abweichen, soweit dies zur Erfüllung ihrer besonderen Aufgaben unter Berücksichtigung der öffentlichen Sicherheit oder Ordnung erforderlich ist. Das Planfeststellungsverfahren nach § 8 LuftVG entfällt, wenn militärische Flugplätze angelegt oder geändert werden sollen (§ 30 I 2 LuftVG). Von den Vorschriften über das Verhalten im Luftraum darf nur abgewichen werden, soweit dies zur Erfüllung hoheitlicher Aufgaben zwingend notwendig ist (§ 30 I 3 LuftVG). Auch die NATO-Truppen können sich auf diese Sonderregelungen berufen.[591] Wird für das Vorhaben eine Enteignung erforderlich, gliedert sich das Verfahren in zwei Teile: Das Landbeschaffungsverfahren, das mit der Bezeichnung endet, die wiederum die Grundlage für die Enteignung bildet, und die luftverkehrsrechtliche Genehmigung nach § 6 LuftVG. Flugplätze dürfen danach nur mit Genehmigung angelegt oder betrieben werden (§ 6 I LuftVG). Eine Änderung der Genehmigung ist auch erforderlich, wenn die Anlage oder der Betrieb des Flughafens wesentlich erweitert oder geändert wird (§ 6 IV 2 LuftVG).

3233 Im Landbeschaffungsverfahren findet nur eine eingeschränkte Beteiligung der Gemeinden und der Träger öffentlicher Belange statt. Die betroffenen Eigentümer oder die allgemeine Öffentlichkeit werden nicht beteiligt. Im luftverkehrsrechtlichen Genehmigungsverfahren nach § 6 LuftVG ist dem Wortlaut der Vorschrift nach eine förmliche Beteiligung der Eigentümer oder der Öffentlichkeit ebenfalls nicht vorgesehen. Dies steht damit in Zusammenhang, dass die luftverkehrsrechtliche Genehmigung nach § 6 LuftVG für die Betroffenen Bürger in der Regel keine Außenwirkungen hat, sondern nur die Gemeinden bindet. Diese haben daher nach der Rechtsprechung des *BVerwG*[592] im Gegen-

---

[589] *VGH Mannheim*, Urt. v. 24. 1. 2003 – 8 S 2224/02 – ESVGH 53, 137 = DVBl. 2003, 817 – Flugverkehrsbeschränkung zum Flughafen Zürich-Kloten; vgl. dazu auch das beim BVerwG anhängige Revisionsverfahren – 9 C 6.02 –. Bereits zuvor hatte der *VGH Mannheim* durch Urt. v. 24. 10. 2002 – 8 S 2225/02 – NVwZ-RR 2003, 737 = VBlBW 2003, 193, einen Eilantrag abgewiesen.

[590] *BVerwG*, B. v. 19. 2. 2003 – 9 B 86.02 – DVBl. 2003, 751 = NVwZ 2003, 863 – Angerland-Vergleich.

[591] *BVerwG*, Urt. v. 14. 12. 1994 – 11 C 18.93 – BVerwGE 97, 203 = DVBl. 1995, 242 = NJW 1995, 1690 – Schöppingen; *Stüer*, Kommunalrecht NW, 1997, 141.

[592] *BVerwG*, Urt. v. 7. 7. 1978 – IV C 79.76 – BVerwGE 56, 110 = DVBl. 1978, 845 – Frankfurter Flughafen.

satz zu den Bürgern ein Recht auf Information und Anhörung. Abwehrrechte können ihnen zustehen, wenn sich weite Teile des Gemeindegebietes einer durchsetzbaren Planung entziehen oder konkrete Planungen betroffen sind.[593] Die Öffentlichkeit wird regelmäßig im luftverkehrsrechtlichen Planfeststellungsverfahren nach § 8 LuftVG beteiligt. Eine Besonderheit besteht bei militärischen Anlagen darin, dass dort kein Planfeststellungsverfahren nach § 8 LuftVG stattfindet. Die in diesem Verfahren gebotene Öffentlichkeitsbeteiligung mit Planoffenlage und Erörterungstermin entfällt daher. Wegen dieses Ausfalls des luftverkehrsrechtlichen Planfeststellungsverfahrens spricht einiges dafür, im luftverkehrsrechtlichen Genehmigungsverfahren eine Beteiligung zumindest in dem Umfang vorzunehmen, wie sie verfassungsrechtlich geboten ist. Zudem ist eine Beteiligung erforderlich, soweit sie der Aufbereitung des Abwägungsmaterials dient, auf dessen Grundlage die luftverkehrsrechtliche Genehmigung erteilt wird. Eine Beteiligung ist hier allerdings nur insoweit erforderlich, wie sie nicht bereits im Verfahren nach dem Landbeschaffungsgesetz durchgeführt worden ist. Wird Gelände für die Anlegung und wesentliche Änderung militärischer Flugplätze nach den Vorschriften des Landbeschaffungsgesetzes beschafft, findet nach § 30 III 4 LuftVG allein das Anhörungsverfahren nach § 1 II Landbeschaffungsgesetz statt. Diese Vorschrift ist aber dahin gehend auszulegen, dass aufgrund des größeren Kreises der von dieser Entscheidung Betroffenen eine ergänzende Beteiligung im luftverkehrsrechtlichen Genehmigungsverfahren nach § 6 LuftVG erforderlich ist.[594] Hier hat dann auch eine Öffentlichkeitsbeteiligung in Anlehnung an die Vorgaben der §§ 72 ff. VwVfG nach dem Modell eines Planfeststellungsverfahrens stattzufinden. Eine Öffentlichkeitsbeteiligung ist auch nach Maßgabe der Öffentlichkeitsbeteiligungs-Richtlinie und deren Umsetzung in deutsches Recht geboten.

3234 Militärische Flugplätze haben nach Maßgabe des § 30 LuftVG einen **Sonderstatus**. Das in § 8 LuftVG vorgesehene Planfeststellungsverfahren entfällt, wenn militärische Flugplätze angelegt oder geändert werden sollen. Allerdings ist auch klar, dass ohne eine sachgerechte Beteiligung der Betroffenen und eine ihre Interessen abwägend berücksichtigende Entscheidung die Zulassung auch eines militärisch genutzten Flugplatzes nicht erfolgen darf.[595]

3235 Bei der öffentlichen Bekanntmachung einer Schutzbereichsanordnung des Bundesministers der Verteidigung ist sicherzustellen, dass die Betroffenen in hinreichender Weise auf die mögliche Inanspruchnahme ihrer Grundstücke hingewiesen werden. Dem genügt auch die Bekanntmachung durch eine nachgeordnete Behörde, in der die Anordnung des Ministeriums bei gleich bleibendem Inhalt in einer indirekten Fassung wiedergegeben wird. Auch nach Ablauf der fünfjährigen Frist, innerhalb der gemäß § 2 IV 1 SchBG zu prüfen ist, ob die Voraussetzungen für die Anordnung eines Schutzbereichs noch vorliegen, erlischt die Anordnung nicht ohne ausdrückliche behördliche Entscheidung nach § 2 V 1 SchBG.[596]

3236 § 31 I Nr. 1 LuftVG, der das Bundesministerium für Verkehr dazu ermächtigt, die zur Durchführung des Luftverkehrsgesetzes notwendigen Rechtsverordnungen über das Verhalten im Luftraum und am Boden zu erlassen, genügt den sich aus Art. 80 I S 1 GG ergebenden Anforderungen. Das Luftfahrt-Bundesamt ist verpflichtet, vor der durch Rechtsverordnung erfolgenden Festlegung der in § 27a LuftVO genannten Flugverfahren die hiervon betroffenen Gemeinden nach Maßgabe der vom BVerfG[597] aufgestellten Grundsätzen zu unterrichten und ihnen Gelegenheit zur Stellungnahme zu geben. Das Luft-

---

[593] *BVerwG*, Urt. v. 4. 5. 1988 – 4 C 22.87 – BVerwGE 79, 318 = DVBl. 1988, 960.
[594] *BVerwG*, Urt. v. 3. 5. 1988 – 4 C 11.85 – DVBl. 1988, 855 = NVwZ 1988, 1122.
[595] *Stüer/Hermanns* DVBl. 2002, 514.
[596] *BVerwG*, B. v. 25. 1. 2002 – 4 B 37.01 – NVwZ-RR 2002, 444 = BauR 2002, 922 = DVBl. 2002, 572 – Schutzbereichsanordnung.
[597] *BVerfG*, B. v. 7. 10. 1980 – 2 BvR 584/76 – BVerfGE 56, 298 = DVBl. 1981, 535.

fahrt-Bundesamt verletzt seine Verpflichtung, die Lärmschutzinteressen der Betroffenen in die bei der Festlegung der Flugverfahren gebotene Abwägung einzustellen, wenn die mit der Ausarbeitung der Verordnung betraute Stelle sich hierbei allein von flugtechnischen Gesichtspunkten leiten lässt.[598]

3237   Die zivile Mitbenutzung eines Militärflugplatzes ist auch dann im Sinne der Planrechtfertigung legitimiert, wenn vom Träger des Vorhabens nur eine – von einem konkret feststellbaren Bedarf losgelöste – Angebotsplanung entwickelt wird.[599] In einem solchen Fall darf die anzustellende Lärmprognose die plausiblen Vorstellungen des Platzhalters über den von ihm zukünftig erwarteten Flugbetrieb und „Flugzeugmix" zugrunde legen. Fluglärmberechnungen müssen nicht von der unrealistischen Annahme ausgehen, eine Start- und Landebahn werde in beide Betriebsrichtungen jeweils zu 100 % genutzt.[600]

3238   Eingehend hat sich das *BVerwG*[601] im Verfahren **Wittstock** mit der Nutzung militärischer Truppenübungs- und Bodenabwurfplätze befasst und dazu folgende Grundsätze aufgestellt: Liegenschaften, die auf der Grundlage des Verteidigungsgesetzes der DDR in Anspruch genommen und den sowjetischen Streitkräften für militärische Zwecke zur Verfügung gestellt wurden, sind in aller Regel als Teil des Verwaltungsvermögens nach Art. 21 I 1 EV Eigentum des Bundes geworden. Sie dürfen von der Bundeswehr nach Maßgabe des materiellen Rechts der Bundesrepublik Deutschland grundsätzlich weiter militärisch genutzt werden, ohne dass ein Verfahren nach § 1 III LBG durchgeführt zu werden braucht. Entwickelt der Bund aufgrund einer veränderten Bedarfslage ein neues Konzept für die Nutzung vorhandener Truppenübungsplätze, so hat er die betroffenen Gemeinden anzuhören und die gemeindlichen Belange in seine Entscheidung einzustellen. Eine Anhörung, die den Anforderungen des Art. 28 II 1 GG genügt, setzt mehr voraus, als dass eine Gemeinde in beliebiger Weise über bestimmte Absichten informiert wird und Gelegenheit erhält, hierzu Erklärungen abzugeben. Erforderlich ist, dass der Gemeinde ein zeitlicher Rahmen zugebilligt wird, der es ihr ermöglicht, sich nach einer der Materie angemessenen Prüfung und Würdigung zu den aus ihrer Sicht maßgeblichen Punkten sachgemäß zu äußern. Erforderlich ist weiter, dass die eingeholte Stellungnahme zur Kenntnis genommen und bei der Entscheidung in Erwägung gezogen wird.

3239   Über die Zulassung militärischer **Tiefflüge** hat das *BVerwG* dem Bundesverteidigungsminister einen gerichtlich nur eingeschränkt kontrollierbaren Bewertungsspielraum zugebilligt. Über Tiefflüge unterhalb der in der LuftVO vorgeschriebenen Mindesthöhe entscheidet der Bundesverteidigungsminister im Rahmen eines ihm zustehenden verteidigungspolitischen Beurteilungsspielraums. Tiefflüge dienen dem Verteidigungsauftrag der Bundeswehr und sind daher hoheitlicher Natur. Die Verwaltungsgerichte haben dabei nach Auffassung des *BVerwG* nur zu prüfen, ob der Bundesverteidigungsminister von einem zutreffenden Sachverhalt ausgegangen ist, den durch § 30 I 3 LuftVG bestimmten Rahmen erkannt hat, sich von sachgerechten Erwägungen hat leiten lassen und ob er die zivilen Interessen einschließlich der Lärmschutzinteressen in die gebotene Abwägung eingestellt und nicht unverhältnismäßig zurückgesetzt hat.[602] Mit Art. 87a I 1 GG, wonach der Bund Streitkräfte zur Verteidigung aufstellt, hat der Verfassungsgeber nämlich zugleich eine Grundentscheidung für die militärische Landesverteidigung getroffen. Die Festlegung von militärischen Tieffluggebieten ist daher weitgehend von dem verteidi-

---

[598] *VGH Mannheim*, Urt. v. 22. 3. 2002 – 8 S 1271/01 – ESVGH 52, 189 = DVBl. 2002, 1129 mit Anmerkung Reimar Buchner 1136 = ESVGH 52, 189 – Zürich-Kloten, *BVerwG*, Urt. v. 26. 11. 2003 – 9 C 6.02 – DVBl. 2004, 382 = EurUP 2004, 54.

[599] Im Anschluss an *BVerwG*, Urt. v. 11. 7. 2001 – 11 C 14.00 – BVerwGE 114, 364 = DVBl. 2001, 1848 = NVwZ 2002, 350 – Bitburg.

[600] Im Anschluss an *VGH Mannheim*, Urt. v. 19. 6. 1989 – 5 S 3111/87 – NVwZ-RR 1991, 137; gegen *VGH München*, Urt. v. 4. 11. 1997 – 20 A 92.40134 – BayVBl. 1998, 756.

[601] *BVerwG*, Urt. v. 14. 12. 2000 – 4 C 13.99 – DVBl. 2001, 395 = NVwZ 2001, 1030.

[602] *BVerwG*, Urt. v. 14. 12. 1994 – 11 C 18.93 – BVerwGE 97, 203 = DVBl. 1995, 242 = NJW 1995, 1690 – Schöppingen.

gungspolitischen Auftrag der Bundeswehr bestimmt[603] und gerichtlich nur eingeschränkt kontrollierbar. Eines besonderen Verwaltungsverfahrens zur Festlegung von Tiefflugggebieten bedarf es nicht.[604]

Für die **zivile Nutzung** eines aus der militärischen Trägerschaft entlassenen ehemaligen **Militärflugplatzes** ist nach § 8 V LuftVG eine Änderungsgenehmigung nach § 6 IV 2 LuftVG durch die zuständige Zivilluftfahrtbehörde erforderlich, in der der Träger der zivilen Nutzung anzugeben ist. Die Genehmigungsurkunde muss zudem die für die entsprechende Flugplatzart vorgeschriebenen Angaben enthalten (§§ 42 II, 52 II, 57 II Luftverkehrs-Zulassungs-Ordnung). Eine Planfeststellung oder Plangenehmigung findet nicht statt. Jedoch muss das Genehmigungsverfahren den Anforderungen des UVPG entsprechen, wenn die zivile Nutzung des Flugplatzes mit baulichen Änderungen oder Erweiterungen verbunden ist, für die nach dem UVPG eine UVP durchzuführen ist (§ 8 V 3 LuftVG). Die Änderungsgenehmigung nach § 8 V 1 LuftVG für die zivile Nutzung eines ehemaligen Militärflugplatzes beinhaltet auch eine planerische Entscheidung. Denn eine luftverkehrsrechtliche Genehmigung, der keine Planfeststellung nach § 8 LuftVG nachfolgt, ist einerseits Unternehmergenehmigung und andererseits Planungsentscheidung. Zu Gunsten von Sonderlandeplätzen kann nicht auf der Grundlage von § 28 I LuftVG i.V. m. § 49 II Nr. 2 LuftVZO enteignet werden. Denn eine Enteignung ist nur dann zulässig, wenn ein gemeinwohlbezogener Enteignungszweck dauerhaft gesichert ist. Bei den dem allgemeinen Verkehr nicht zugänglichen Sonderlandeplätzen fehlt es aber regelmäßig an dieser Voraussetzung.[605] Auch dürfen solche Vorhaben in Rechte anderer nicht eingreifen.[606] Ein **militärischer Bauschutzbereich** bleibt bestehen, bis die Genehmigungsbehörde etwas anderes bestimmt. Spätestens mit der Bekanntgabe der Änderungsgenehmigung nach § 6 IV 2 LuftVG gehen alle Rechte und Pflichten von dem militärischen auf den zivilen Träger über. Die Änderungsgenehmigung nach § 8 V 1 LuftVG weist (auch) Merkmale einer Planungsentscheidung auf.[607] Denn auch die Änderungsgenehmigung nach § 8 V 1 LuftVG hat eine Doppelnatur: Sie ist einerseits Unternehmergenehmigung, andererseits aber auch Planungsentscheidung, da es keines weiteren Zulassungsaktes bedarf.[608]

Die Beschaffung von Wohnraum für Soldaten der Bundeswehr und ihre Familien im Rahmen der allgemeinen Wohnungsfürsorge dient grundsätzlich nicht Zwecken der Verteidigung im Sinne von § 1 I Nr. 1 LBG. Tatsächliche Veränderungen des enteigneten Grundstücks sind im Rahmen des § 57 III LBG erheblich, wenn sie sich so nachhaltig auf das Grundstück auswirken, dass es bei natürlicher Betrachtung nicht mehr als gleichartig angesehen werden kann.[609] Die Enteignungsbehörde kann einen Rückübereignungsantrag im Ermessenswege grundsätzlich nur dann ablehnen, wenn die Rückabwicklung auf unverhältnismäßige Schwierigkeiten stößt.[610]

Beantragt der künftige Betreiber eines Flugplatzes eine einheitliche Genehmigung für Sicht- und Instrumentenflug und ist die Planrechtfertigung auf dieses Gesamtkonzept bezogen, so darf vorweg eine „Teilgenehmigung" allein für den Sichtflugbetrieb nur er-

---

[603] *BVerwG*, B. v. 25. 5. 1987 – 4 B 79.87 – Sonderlandeplatz.
[604] *BVerwG*, Urt. v. 14. 12. 1994 – 11 C 18.93 – BVerwGE 97, 203 = DVBl. 1995, 242 = NJW 1995, 1690 – Schöppingen; dazu *Blümel* in: *Stüer* (Hrsg.) Verfahrensbeschleunigung, S. 17.
[605] *BVerwG*, B. v. 7. 11. 1996 – 4 B 170.96 – DVBl. 1997, 434 = NVwZ-RR 1997, 523 = UPR 1997, 16.
[606] *OVG Hamburg*, Urt. v. 13. 12. 1994 – Bs III 376/93 – DVBl. 1995, 1026 – Finkenwerder.
[607] *BVerwG*, B. v. 7. 11. 1996 – 4 B 170.96 – DVBl. 1997, 434 = UPR 1997, 106 – Sonderlandeplatz.
[608] *BVerwG*, Urt. v. 7. 7. 1978 – IV C 79.76 – BVerwGE 56, 110 = *Hoppe/Stüer* RzB Rdn. 1164 – Flughafen Frankfurt; Urt. v. 26. 7. 1989 – 4 C 35.88 – BVerwGE 82, 246 = DVBl. 1989, 1097 = DÖV 1990, 349 – Flugschulen München-Riem.
[609] Bejaht für den Bau von Reihen- und Doppelhäusern auf landwirtschaftlichen Nutzflächen.
[610] *BVerwG*, Urt. v. 31. 8. 2000 – 4 C 8.99 – BVerwGE 112, 29 = DVBl. 2000, 1881.

teilt werden, wenn der Genehmigung des Instrumentenflugbetriebs keine unüberwindbaren Hindernisse entgegenstehen. Die Frage der Realisierbarkeit des Gesamtvorhabens ist anhand objektiver Gegebenheiten zu beantworten. Im Streitfall greift insoweit eine volle gerichtliche Überprüfung Platz. Es gibt keinen luftverkehrsrechtlichen Planungsleitsatz des Inhalts, dass ein Flugplatz nicht genehmigungsfähig ist, wenn seine „luftseitigen Kapazitäten" durch den Vorrang militärischen Flugbetriebs verbündeter Streitkräfte eingeschränkt sind. Regionale Strukturhilfe ist beim Verkehrswegebau legitim.[611] Für das Luftverkehrsrecht gilt das auch für Konversionsvorhaben (§ 8 V 1, VII LuftVG). Die zivile Mitbenutzung eines Militärflugplatzes ist aus diesem Grunde jedenfalls dann planerisch gerechtfertigt, wenn die entsprechende Nutzungsänderung dazu dient, eine wirtschaftsschwache Region an den Luftverkehr anzuschließen. Jedenfalls in diesem Fall ist eine Angebotsplanung zulässig.[612]

8. Flugplatzzwang

3243 § 25 I 1 LuftVG schreibt für Luftfahrzeuge grundsätzlich einen **Flugplatzzwang** vor. Nach dieser Vorschrift dürfen Luftfahrzeuge der genehmigten Flugplätze nur starten und landen, wenn der Grundstückseigentümer oder sonst Berechtigte zustimmt und die Luftfahrtbehörde eine Erlaubnis erteilt hat. Sie dürfen außerdem auf Flugplätzen (1) außerhalb der in der Flugplatzgenehmigung festgelegten Start- und Landebahn, (2) außerhalb der Betriebsstunden des Flugplatzes oder (3) innerhalb von Betriebsbeschränkungszeiten für den Flugplatz nur starten und landen, wenn der Flugplatzunternehmer zugestimmt hat und die Genehmigungsbehörde eine Erlaubnis erteilt hat. Die Landeerlaubnis kann allgemein oder im Einzelfall erteilt, mit Auflagen verbunden und befristet werden (§ 25 I 2 LuftVG). Der Vorschrift lässt sich entnehmen, dass das Starten und Landen grundsätzlich nur auf Flugplätzen zulässig ist und außerhalb von Flugplätzen nur ausnahmsweise erlaubt werden kann. Die Luftverkehrsbehörde darf dabei als Voraussetzung für die Erteilung einer Allgemeinerlaubnis zur Landung außerhalb der Flugplätze im Regelfall eine besondere fliegerische Qualifikation fordern, wie sie der Inhaber einer Berufshubschrauberführererlaubnis besitzt. Einem **Privathubschrauberführer** darf eine entsprechende Befähigung nicht in jedem Fall abgesprochen werden. Er muss sie jedoch durch besondere Nachweise darlegen.

9. Notfallrettung

3244 Die Notfallrettung mit Luftfahrzeugen ist nach Maßgabe der jeweiligen landesrechtlichen Regelungen Bestandteil des öffentlichen Rettungsdienstes. Zu den Zwecken, für die ein Landeplatz genehmigt werden darf, gehört der Flugbetrieb von Hubschraubern für Rettungseinsätze in Notfällen. Der Genehmigung steht im Hinblick auf die zu erwartende Lärmbelastung nicht von vornherein entgegen, dass das Geräusch von Hubschraubern wegen seiner Impulshaltigkeit und seiner tonalen Zusammensetzung nach dem Geräuschempfinden eine besondere Störwirkung entfaltet. Anwohnern ist zuzumuten, sich bei einzelnen Lärmereignissen, die sie im Außenwohnbereich nach Zeitpunkt und Umständen als besonders störend empfinden, vorübergehend in ihr Wohngebäude zu begeben und für die Dauer des Hubschrauberlärms die Fenster geschlossen zu halten.[613]

10. Enteignung

3245 Für Zwecke der Zivilluftfahrt ist nach § 28 LuftVG eine Enteignung zulässig. Hat ein Planfeststellungs-, Plangenehmigungs- oder Genehmigungsverfahren stattgefunden, so ist der festgestellte Plan, die Plangenehmigung oder die Genehmigung in dem Enteig-

---

[611] *BVerwG*, Urt. v. 22. 3. 1985 – 4 C 15.83 – BVerwGE 71, 166 = DVBl. 1985, 900 – Weidezaun.
[612] *BVerwG*, Urt. v. 11. 7. 2001 – 11 C 14.00 – BVerwGE 114, 364 = DVBl. 2001, 1848 = NVwZ 2002, 350 – Bitburg.
[613] *OVG Hamburg*, Urt. v. 19. 2. 2002 – 3 Bs 191/01 – NVwZ-RR 2002, 493 = NordÖR 2002, 366 – Hubschrauberlandeplatz.

nungsverfahren zugrunde zu legen und für die Enteignungsbehörde bindend. Im Übrigen gelten die Enteignungsgesetze der Länder. Die Vorschrift ermächtigt allerdings nicht zu einer Enteignung für den Betrieb eines Sonderlandeplatzes i. S. des § 49 II Nr. 2 LuftVZO, der ausschließlich der Befriedigung von Privatinteressen zu dienen bestimmt ist. Die Enteignung ist vielmehr an das Vorliegen von Gründen des Gemeinwohls gebunden. Die Enteignung scheitert zwar nicht schon daran, dass der Antragsteller eine juristische Person des Privatrechts ist. Denn es darf auch zu Gunsten Privater enteignet werden.[614] Diese Erweiterung des Kreises potenzieller Enteignungsbegünstigter entbindet jedoch nicht von der Beachtung des Art. 14 III GG. Danach ist die Enteignung nur zulässig, wenn das Wohl der Allgemeinheit sie erfordert. Der Zugriff auf das private Eigentum wird nur unter der Voraussetzung eröffnet, dass er einem besonderen, im öffentlichen Nutzen liegenden Zweck dient, der seine konkrete Ausformung in gesetzlichen Vorschriften oder auf deren Grundlage gefunden haben muss. Diesem Erfordernis kommt bei der Enteignung zu Gunsten Privater gesteigerte Bedeutung zu. Der Gesetzgeber hat Vorkehrungen zu treffen, durch die sichergestellt wird, dass der Enteignungszweck zum Nutzen der Allgemeinheit dauerhaft erreichbar bleibt.[615]

11. Naturschutz

Bei der luftverkehrsrechtlichen Zulassung eines Flugplatzes sind auch die Belange des **Natur- und Landschaftsschutzes** ausreichend in die Abwägung einzustellen. Eingriffe in Natur und Landschaft sind nach Möglichkeit zu vermeiden. Nicht vermeidbare Eingriffe sind auszugleichen. Ggf. ist nach Maßgabe des Landesrechts für nicht ausgleichbare Eingriffe Ersatz zu leisten. An derartigen Belangen kann die Genehmigung von luftverkehrsrechtlichen Vorhaben scheitern. Dies gilt vor allem für luftverkehrsrechtliche Vorhaben, die der sportlichen Betätigung oder Freizeitinteressen dienen.

3246

Beispiel: Die Zulassung eines Flugplatzes für Sportflieger kann etwa daran scheitern, dass die in Anspruch zu nehmende landschaftliche Ruhezone in hohem Maße Erholungsfunktion für Menschen hat. Wenn Landschaftsteile diese Vorzüge (noch) bieten, ist ihr Schutz sachlich gerechtfertigt und muss sich nicht im Hinblick darauf grundsätzlich in Frage stellen lassen, dass etwa auch die sportliche Betätigung Einzelner Grundrechtsschutz genießt.[616] Auch können die Naturschutzbehörden befugt sein, den Betrieb von Segelflugmodellen, die einer luftverkehrsrechtlichen Erlaubnispflicht nicht unterworfen sind,[617] aus Gründen des Naturschutzes zu untersagen.[618]

12. Erörterungstermin

Für die Rechtmäßigkeit eines unter Beteiligung der Öffentlichkeit ergehenden Genehmigungsbescheids kommt es nicht darauf an, ob schon in der Erörterungsverhandlung alle relevanten Einwendungen bekannt und gesichtet sind, sondern darauf, ob sie in der Entscheidung zutreffend gewichtet wurden. Es besteht nur dann Anlass, der Öffentlichkeit in einer zweiten Auslegung die Möglichkeit zu geben, Einblick in nachträglich eingeholte Ergänzungen bereits ausgelegter Planunterlagen oder Zusatzgutachten zu gewähren, wenn ohne Kenntnis dieser ergänzenden Unterlagen Betroffenheiten nicht oder

3247

---

[614] *BVerfG*, B. v. 24. 3. 1987 – 1 BvR 1046/85 – BVerfGE 74, 264 = *Hoppe/Stüer* RzB Rdn. 1137 – Boxberg.
[615] *BVerwG*, B. v. 7. 11. 1996 – 4 B 170.96 – DVBl. 1997, 434 = UPR 1997, 106 – Sonderlandeplatz.
[616] *BVerwG*, Urt. v. 10. 5. 1985 – 4 C 36.82 – Buchholz 442.40 § 29 LuftVG Nr. 1; B. v. 29. 7. 1986 – 4 B 73.86 – NVwZ 1987, 493 = NuR 1986, 16 – Flugmodellsport.
[617] Landeplätze für Flugmodelle sind keine Flugplätze i. S. des § 6 LuftVG. Die Aufstiegserlaubnis für Flugmodelle (§ 16 IV bis VII LuftVG) darf nur versagt werden, wenn durch den Aufstieg eine Gefahr für die öffentliche Sicherheit droht. Das ist bei einem Verstoß gegen landschaftsschutzrechtliche Verbote stets der Fall, *BVerwG*, Urt. v. 10. 5. 1985 – 4 C 36.82 – UPR 1985, 372 – Flugmodelle.
[618] *BVerwG*, B. v. 4. 6. 1986 – 4 B 94.86 – NuR 1987, 29 = DÖV 1987, 495 = UPR 1987, 70 – Segelflugmodell.

nicht vollständig geltend gemacht werden können.⁶¹⁹ Unter den Voraussetzungen des § 10 I 2 LuftVG kann der Erörterungstermin auch in einem anderen Bundesland durchgeführt werden.⁶²⁰

13. Planfeststellungsbeschluss

3248 Der luftverkehrsrechtliche Planfeststellungsbeschluss erzeugt Bindungswirkungen. Nach § 9 LuftVG bleiben allerdings anders als im FStrG die Zuständigkeiten der für die Baugenehmigung zuständigen Behörden unberührt. Luftverkehrsrechtliche Genehmigung und Planfeststellung können durch Bebauungspläne nicht ersetzt werden. § 10 I und II LuftVG schreibt den Landesregierungen nicht vor, im luftverkehrsrechtlichen Planfeststellungsverfahren für die Anhörung der Beteiligten und für die Planfeststellung verschiedene Behörden zu bestimmen.⁶²¹ **Anhörungs- und Planfeststellungsbehörde** können vielmehr auch im luftverkehrsrechtlichen Genehmigungsverfahren identisch sein.

3249 Im Planfeststellungsbeschluss sind dem Unternehmer nach § 9 II LuftVG die Errichtung und Unterhaltung der Anlagen aufzuerlegen, die für das öffentliche Wohl oder zur Sicherung der Benutzung der benachbarten Grundstücke gegen Gefahren oder Nachteile notwendig sind. § 9 II LuftVG enthält also eine Schutzauflagenvorschrift, die der anderer Fachgesetze und § 74 II 2 VwVfG vergleichbar ist. Danach sind dem Unternehmer die Errichtung und Unterhaltung der Anlagen aufzuerlegen, die für das öffentliche Wohl oder zur Sicherung der Benutzung benachbarter Grundstücke gegen Gefahren oder Nachteile notwendig sind. In welchem Umfang die Behörde Vorsorgemaßnahmen gegen gewisse **Restrisiken** trifft, ist gerichtlich nur eingeschränkt kontrollierbar. Restrisiken müssen als besondere Form des allgemeinen Lebensrisikos hingenommen werden. Dies enthebt die Planfeststellungsbehörde und die am Planfeststellungsverfahren Beteiligten nicht der Verpflichtung, alle Möglichkeiten zu ergreifen, um das mit dem Betrieb eines Flughafens verbundene Risiko gering zu halten.⁶²² Der Behörde darf dabei innerhalb eines vernünftigen Rahmens auch eine eher skeptische, ja pessimistische Haltung im Hinblick auf die Ereigniswahrscheinlichkeit einnehmen. Denn ein Gericht wird der Behörde bei der Möglichkeit von Bandbreiten in der Bewertung nicht vorhalten können, dass die Beurteilung eher zu pessimistisch oder zu optimistisch ausgefallen ist. Behördliche Wertungen innerhalb dieser Bandbreite sind gerichtlich nicht zu beanstanden.

3250 Die luftverkehrsrechtliche Planfeststellung hat nach Maßgabe des § 9 LuftVG eine **formelle Konzentrationswirkung**. Die Planfeststellung ersetzt nach § 9 I 1 LuftVG alle nach anderen Rechtsvorschriften notwendigen öffentlich-rechtlichen Genehmigungen, Verleihungen, Erlaubnisse und Zustimmungen. Durch sie werden alle öffentlich-rechtlichen Beziehungen zwischen dem Unternehmer und den durch den Plan Betroffenen rechtsgestaltend geregelt. Unberührt bleiben die Zuständigkeiten des **Bundesministers für Verkehr** nach § 27a I und IV LuftVG und die Zuständigkeit der für die **Baugenehmigung** zuständigen Behörde. Wie andere fachplanungsrechtliche Planfeststellungsbeschlüsse hat auch der luftverkehrsrechtliche Planfeststellungsbeschluss **Ausschlusswirkungen**. Ist der Plan bestandskräftig festgestellt, so sind Beseitigungs- und Änderungsansprüche gegenüber festgestellten Anlagen ausgeschlossen (§ 9 III LuftVG). Diese Ausschlusswirkung bedeutet, dass der von einem bestandskräftig planfestgestellten Vorhaben Betroffene sich

---

⁶¹⁹ Im Anschluss an *VGH Mannheim*, Urt. v. 19. 6. 1989 – 5 S 3111/87 – NVwZ-RR 1991, 137; gegen *VGH München*, Urt. v. 4. 11. 1997 – 20 A 92.40134 – BayVBl. 1998, 756.
⁶²⁰ *BVerwG*, Urt. v. 30. 1. 2002 – 9 A 20.01 – BVerwGE 115, 373 = DVBl. 2002, 1118 = NVwZ 2002, 984 – Flughafen Schönefeld.
⁶²¹ *BVerwG*, B. v. 2. 10. 1979 – 4 N 1.79 – BVerwGE 58, 344 = NJW 1980, 1706 = DÖV 1980, 138.
⁶²² *BVerwG*, B. v. 5. 10. 1990 – 4 B 249.89 – NVwZ-RR 1991, 118 = UPR 1991, 39 – Flughafen Stuttgart.

nicht mehr erfolgreich gegen das Vorhaben wehren kann.[623] Bei genehmigten und planfestgestellten Flughäfen schließt es die Konzentration des Rechtsschutzes auf die Planfeststellung daher aus, zur Begründung eines auf die Verringerung des Flugbetriebs gerichteten Klagebegehrens auf die nur für den Widerruf der Genehmigung geltende Vorschrift des § 6 II Nr. 3 LuftVG zurückzugreifen.[624] Auflagen können nur noch insoweit beansprucht werden, als die Sachverhalte, aus denen sie abgeleitet werden, im Nachhinein entstanden sind.

14. Rechtsschutz

Gegen die luftverkehrsrechtliche Planfeststellung kann der davon in seinen Rechten Betroffene Rechtsschutz suchen. Derartige Rechtsbeeinträchtigungen können sich etwa im Hinblick auf eine im luftverkehrsrechtlichen Planfeststellungsbeschluss vorgesehene Grundstücksinanspruchnahme ergeben. Auch kann eine Verletzung eigener Rechte dann bestehen, wenn der im Planfeststellungsbeschluss zugelassene Eingriff in das Nachbareigentum die Zumutbarkeitsgrenze überschreitet. Da keine festen Grenzwerte bestehen, bestimmt sich das Maß der Zumutbarkeit daher nach den jeweiligen Einzelfallumständen. Dies gilt auch für den Bereich des zumutbaren Fluglärms. Nach § 9 II LuftVG sind dem Unternehmer die Errichtung und Unterhaltung der Anlage aufzuerlegen, die u. a. auch zur Sicherung der Benutzung der benachbarten Grundstücke gegen Gefahren oder Nachteile notwendig sind. Hieraus können die lärmbetroffenen Grundstückseigentümer einen Schutzanspruch ableiten, wenn die **Zumutbarkeitsgrenze** überschritten ist. Eine Klagebefugnis besteht aber nur dann, wenn durch die Zulassungsentscheidung die Rechte des Klägers möglicherweise nachteilig betroffen werden. Wird etwa nachträglich ein Nachtflugverbot angeordnet, so ergibt sich hieraus keine eigenständige Beschwer der Betroffenen, so dass eine Klage gegen eine derartige Einschränkung einer luftverkehrsrechtlichen Genehmigung oder eines Planfeststellungsbeschlusses keinen Erfolg hat.[625]

Beispiel: Der Kläger wendet sich mit seiner Klage gegen eine Änderung der luftverkehrsrechtlichen Genehmigung für den Flughafen Köln/Bonn. Durch die Änderung wird ein Nachtflugverbot eingeführt. War nach den zuvor gültigen Zulassungsentscheidungen ein uneingeschränkter Nachtflug zulässig, so beeinträchtigt die Änderungsgenehmigung den Kläger nicht in seinen Rechten.

Gegen die Festlegung von An- und Abflugstrecken von und zu Flugplätzen gemäß § 27a II 1 LuftVO durch Rechtsverordnung können betroffene Flughafenanwohner Rechtsschutz im Wege der Feststellungsklage erlangen. Die Klage kann nur dann Erfolg haben, wenn das Interesse eines Klägers am Schutz vor unzumutbaren Lärmbeeinträchtigungen willkürlich unberücksichtigt geblieben ist.[626] Insoweit ist nur eine **Sparabwägung**[627] erforderlich. Wendet sich eine Gemeinde gegen die durch Rechtsverordnung vorgenommene Festlegung von Flugrouten, ist sie auf die Geltendmachung von Abwehrrechten aus der kommunalen Selbstverwaltung beschränkt. Dabei können auch die ihr zustehenden kommunalen planerischen Interessen bei der Abwägung der Entscheidung über Flugrouten überwunden werden.[628]

---

[623] Das gilt auch für Flugplätze, die aufgrund einer Fiktion als genehmigt gelten, so *BVerwG*, B. v. 19. 8. 1997 – 11 B 2.97 – Berlin-Tegel: Der Ausschluss von Beseitigungs- und Änderungsansprüchen durch § 9 III LuftVG gilt auch für Flughäfen im früheren Berlin (West), die gemäß § 2 V des Sechsten Überleitungsgesetzes als genehmigt und im Plan rechtskräftig festgestellt gelten.

[624] *BVerwG*, B. v. 19. 8. 1997 – 11 B 2.97 – LKV 1998, 148 – Berlin-Tegel.

[625] *BVerwG*, Urt. v. 21. 5. 1997 – 11 C 1.97 – DVBl. 1997, 1127 – Nachtflugbeschränkung Köln/Bonn.

[626] *BVerwG*, Urt. v. 28. 6. 2000 – 11 C 13.99 – BVerwGE 111, 276 = DVBl. 2000, 1858.

[627] *BVerwG*, Urt. v. 24. 6. 2004 – 4 C 11.03 – DVBl. 2004, 1534 = NVwZ 2004, 1229 – Taunus-Flugrouten; Urt. v. 24. 6. 2004 – 4 C 15.03 –; im Anschluss an Urt. v. 28. 6. 2000 – 11 C 13.99 – BVerwGE 111, 276; Urt. v. 26. 11. 2003 – 9 C 6.62 – DVBl. 2004, 382.

[628] *VGH Kassel*, B. v. 18. 4. 2001 – 2 Q 1064/01 – NVwZ 2001, 826, mit Hinweis auf *BVerwG*, B. v. 15. 4. 1999 – 4 VR 18.98 – NVwZ-RR 1999, 554 = ZfBR 2000, 66.

3253 Soweit die **Teilnahme am Luftverkehr** begehrt wird, muss der Interessent die gesetzlichen Voraussetzungen erfüllen. So verleiht etwa das bloße Interesse eines Piloten, einen – als Ersatz für einen alten Flughafen geplanten – neuen Flughafen benutzen zu wollen, ihm noch keine Klagebefugnis gegen eine Maßnahme, mit der ein bestimmtes Segment der allgemeinen Luftfahrt weitgehend von der Benutzung des neuen Flughafens ausgeschlossen wird. Etwas anderes kann dann gelten, wenn ein besonderer gewerblicher und rechtlich verankerter Standortbezug zu dem zu ersetzenden Flughafen bestanden hat.[629]

Beispiel: Bestand etwa für den bisherigen Flughafen eine uneingeschränkte Betriebspflicht, so kann in der Einschränkung der Zugangsberechtigungen nur auf Flugzeuge mit Instrumentenflugbetrieb ein Eingriff in ein geschütztes Vertrauen etwa von Flugschulen oder Charterunternehmen liegen, die sich mit ihren Flugzeugen auf den Fortbestand des Flughafens oder eine gleichwertige Ersatzlösung eingerichtet haben.[630] Auch können Flugschulen und Flugcharterunternehmen, die an einem bestimmten Flughafen angesiedelt sind, verlangen, dass ihre gewerblichen und wirtschaftlichen Belange angemessen berücksichtigt werden, wenn ihre gewerbliche Betätigung durch eine Änderung der Flughafengenehmigung wesentlich erschwert wird. Für die Klage gegen die Änderung der luftverkehrsrechtlichen Genehmigung, mit der sie die Beeinträchtigung dieses Rechts geltend machen, steht ihnen daher die Klagebefugnis zu.[631]

3254 Wird für Hochbauten auf einem Flughafengelände eine Baugenehmigung beantragt, so darf die Entscheidung, ob das Vorhaben planfeststellungsbedürftig ist, in einem verwaltungsinternen Zwischenverfahren getroffen werden. Dritte, die geltend machen wollen, das Vorhaben hätte nur im Wege einer Planfeststellung zugelassen werden dürfen, trifft insoweit keine Anfechtungslast. Mit einer gegen eine Baugenehmigung für Flughafenhochbauten gerichteten Anfechtungsklage können Drittbetroffene rügen, die planerische Abwägung ihrer dem Vorhaben entgegenstehenden Belange sei ihnen rechtswidrig vorenthalten worden, indem an Stelle des an sich gebotenen Planfeststellungsverfahrens nur ein Baugenehmigungsverfahren durchgeführt worden sei. Daneben ist für eine Klage, mit der die Luftaufsicht zu einem Einschreiten gegen das Bauvorhaben verpflichtet werden soll, kein Rechtsschutzinteresse gegeben.[632]

3255 Im luftverkehrsrechtlichen **Genehmigungsverfahren nach § 6 LuftVG** ist die **Gemeinde** zu informieren und anzuhören.[633] Zur Information genügt in aller Regel die Kenntnis der Antragsunterlagen. Das verwaltungsgerichtliche Verfahren ist auf die Prüfung beschränkt, ob die Genehmigungsbehörde die formellen Beteiligungsrechte der Gemeinde beachtet hat.[634] Im Verfahren auf Erteilung einer luftverkehrsrechtlichen Genehmigung für planfeststellungsbedürftige Flugplätze steht den davon betroffenen Gemeinden und Gemeindeverbänden ein subjektives Recht auf Beteiligung zu,[635] das sich in **Informations- und Anhörungsrechte** gliedert. Der Anspruch auf Information richtet sich seinem Gegenstand nach auf den für die Genehmigungsentscheidung erheblichen Sachverhalt, soweit die rechtlich geschützten Belange der am Genehmigungsverfahren beteiligten

---

[629] *BVerwG*, Urt. v. 27. 9. 1993 – 4 C 22.93 – NVwZ-RR 1994, 189 = UPR 1994, 33 = DÖV 1994, 353 – Flughafen München II.
[630] *BVerwG*, B. v. 11. 6. 1992 – 4 ER 202, 303, 304.92 – Flugschulen Erdinger Moos.
[631] *BVerwG*, Urt. v. 26. 7. 1989 – 4 C 35.88 – BVerwGE 82, 246 = DVBl. 1989, 1097 = DÖV 1990, 349 – Flugschulen München-Riem.
[632] *BVerwG*, Urt. v. 26. 9. 2001 – 9 A 3.01 – DVBl. 2002, 272 = UPR 2002, 73 – Flughafen Tegel.
[633] *BVerwG*, Urt. v. 14. 2. 1969 – 4 C 82.66 – DVBl. 1969, 362 = NJW 1969, 1113 = DÖV 1969, 428 = *Hoppe/Stüer* RzB Rdn. 1161 – Landeplatz; Urt. v. 22. 6. 1979 – IV C 40.75 – Buchholz 442.40 § 6 LuftVG Nr. 11 = NJW 1980, 718 = DÖV 1980, 135.
[634] *BVerwG*, Urt. v. 20. 11. 1987 – 4 C 39.84 – DVBl. 1988, 532 = UPR 1988, 174 = *Hoppe/Stüer* RzB Rdn. 1176 – Flughafen Stuttgart.
[635] *BVerwG*, Urt. v. 22. 3. 1974 – IV C 42.73 – Buchholz 442.40 § 6 LuftVG Nr. 6 = DVBl. 1974, 562 = NJW 1974, 1961 – Frankfurt; Urt. v. 7. 7. 1978 – IV C 79.76 – BVerwGE 56, 110 = DVBl. 1978, 845 = DÖV 1978, 804 = NJW 1979, 64 = *Hoppe/Stüer* RzB Rdn. 1164 – Flughafen Frankfurt.

Selbstverwaltungskörperschaften durch das Flugplatzvorhaben betroffen werden können.⁶³⁶ Die Art und Weise der Information hat sich an Einzelfallgesichtspunkten auszurichten. Der Informationsanspruch erstreckt sich auch auf die Information über Standortalternativen, soweit diese mit Relevanz für die Genehmigungsentscheidung innerhalb des Genehmigungsverfahrens geprüft worden sind. Dem Anspruch der Selbstverwaltungskörperschaften auf Anhörung genügt die Luftverkehrsbehörde dadurch, dass sie deren – regelmäßig schriftliche – Stellungnahme zur Kenntnis nimmt und in ihre Erwägungen einbezieht. Eines förmlichen Verfahrens bedarf die Anhörung nicht. Dem Recht der Selbstverwaltungskörperschaften auf Beteiligung am luftverkehrsrechtlichen Verfahren entspricht deren **Mitwirkungslast**. Die Anfechtungsklage einer Selbstverwaltungskörperschaft gegen die luftverkehrsrechtliche Genehmigung für einen planfeststellungsbedürftigen Flugplatz, die wegen Berufung auf eine Verletzung des Beteiligungsrechts zulässig ist, führt nicht zur inhaltlichen Prüfung der Genehmigungsentscheidung. Entsprechende Beteiligungsrechte der Standortgemeinde bestehen im luftverkehrsrechtlichen **Planfeststellungsverfahren**, wenn ein Genehmigungsverfahren nicht vorgeschaltet ist.

Wird ein vormals **militärischer Flugplatz** nach Aufgabe der militärischen Nutzung **zivil** genutzt, kann einer sich gegen diesen zivilen Flugbetrieb wendenden Gemeinde eine **nachprägende Vorbelastung** auch dann entgegengehalten werden, wenn sich der zivile Flugbetrieb dem militärischen nicht unmittelbar anschloss, in tatsächlicher Hinsicht die Platzanlage aber vorhanden war und die dem Lärmschutzbereich entsprechenden Verordnungen nicht aufgehoben worden sind. Durch die Entlassung eines Flugplatzes aus der militärischen Trägerschaft i. S. des § 8 V 1 LuftVG werden Rechte von Drittbetroffenen nicht verletzt. Eine Änderung der Genehmigung nach § 8 V 1 LuftVG und § 6 IV 2 LuftVG unterliegt dabei denselben Grundsätzen, die für die Erteilung einer luftverkehrsrechtlichen Genehmigung gelten. 3256

Nachbargemeinden, die sich gegen ein Flughafenerweiterungsvorhaben zur Wehr setzen,⁶³⁷ können ein luftrechtliches Genehmigungsverfahren nicht allein mit der Begründung erzwingen, dieses Verfahren biete ihnen weitergehende Möglichkeiten der Rechtsverteidigung im Vergleich zu einem Baugenehmigungsverfahren. Auch im Baugenehmigungsverfahren ist ein Schutz der gemeindlichen Planungshoheit sichergestellt, der den Anforderungen des Art. 28 II GG gerecht wird. Der Nachbargemeinde steht im luftverkehrsrechtlichen Verfahren zwar das Mittel der Versagung des Einvernehmens nach § 36 BauGB nicht zur Verfügung. § 2 II BauGB räumt der Nachbargemeinde jedoch ein einzelvorhabenbezogenes Abwehrrecht ein, wenn die Standortgemeinde dem Bauinteressenten unter Verstoß gegen das in dieser Bestimmung normierte interkommunale Abstimmungsgebot⁶³⁸ einen Zulassungsanspruch verschafft.⁶³⁹ Gegen die objektiv rechtswidrige Zulassung eines Flugplatzes durch **Außenstart- und -landeerlaubnisse** nach § 25 LuftVG steht einer **Gemeinde** kein Unterlassungsanspruch zu, wenn ihr formelles Beteiligungsrecht gewahrt ist und in materiellrechtlicher Hinsicht eine abwägungserhebliche Rechtsposition der Gemeinde nicht berührt wird.⁶⁴⁰ 3257

Auch gegen die Anordnung von **Tiefflügen** durch den Bundesverteidigungsminister können sich die betroffenen **Gemeinden** zur Wehr setzen. Es handelt sich bei der Anordnung weder um justizfreie Hoheitsakte, noch ist der Streit hierüber eine dem Verwaltungsgericht entzogene verfassungsrechtliche Streitigkeit. Dies gilt auch für das Begehren 3258

---

⁶³⁶ *BVerwG*, Urt. v. 11. 12. 1978 – 4 C 13.78 – Buchholz 442.40 § 6 LuftVG Nr. 8 = DÖV 1979, 517.
⁶³⁷ *BVerwG*, B. v. 31. 3. 1992 – 4 B 210.91 – südliches Bebauungsband Erdinger Moos.
⁶³⁸ Zur interkommunalen Abstimmung s. Rdn. 206.
⁶³⁹ *BVerwG*, Urt. v. 15. 12. 1989 – 4 C 36.86 – BVerwGE 84, 209; Urt. v. 11. 2. 1993 – 4 C 15.92 – Buchholz 406.11 § 34 BauGB Nr. 156, B. v. 18. 10. 1995 – 4 B 205.95; zur interkommunalen Bauleitplanung *Stüer*, Der Bebauungsplan, 2001, Rdn. 52.
⁶⁴⁰ *BVerwG*, Urt. v. 16. 12. 1988 – 4 C 40.86 – BVerwGE 81, 95; B. v. 13. 9. 1993 – 4 B 68.93 – NVwZ-RR 1994, 187 = DÖV 1994, 353 – Neubiberg.

einer Gemeinde, die Bundesrepublik solle auf die NATO-Verbündeten einwirken, auf militärische Tiefflüge zu verzichten. Ein derartiges Begehren der Gemeinden kann in die Form der allgemeinen Leistungsklage gekleidet werden. Allerdings sind dem Bundesverteidigungsminister hinsichtlich seiner Möglichkeiten, in die militärischen Operationen der NATO-Vertragspartner einzugreifen, Grenzen gesetzt. So ist es dem Bundesverteidigungsminister aufgrund des NATO-Truppenstatuts und des dazu bestehenden Zusatzabkommens verwehrt, Streitkräften der Vertragspartner den nicht genehmigten Flugbetrieb durch eine hoheitliche Anordnung zu untersagen.[641] Auch steht dem Bundesverteidigungsminister bei der Entscheidung, was zur Erfüllung der Verteidigungsaufgaben der Bundeswehr i. S. des § 30 I LuftVG zwingend erforderlich ist, ein verteidigungspolitischer Spielraum zu.[642] Dieser Bewertungsspielraum, der nur einer eingeschränkten gerichtlichen Kontrolle zugänglich ist, besteht auch bei der Einrichtung von **Tieffluggebieten**.[643] In welchem Umfang die Mindestflughöhe aus Gründen des Verteidigungsauftrags der Bundeswehr unterschritten werden darf, hängt von der militärischen Notwendigkeit einerseits und dem jeweiligen Ausmaß der Störung und Gefährdung der Bevölkerung oder von den Schutzobjekten andererseits ab. Aufgrund einer solchen Abwägung kann es auch zulässig sein, Tiefflüge über Kindergärten oder Schulen durchzuführen.[644] Auch einer vorherigen Anhörung der Gemeinden bedarf es bei der Festlegung von Tieffluggebieten nach Auffassung des *BVerwG* nicht.[645] Dies wird damit begründet, dass die Einrichtung von Tieffluggebieten keine rechtliche Beschränkung der gemeindlichen Planungshoheit bewirke. Anders als etwa bei der Anlegung von Flugplätzen gebe es insbesondere keine Bauverbote aus Lärmschutz- oder Sicherheitsgründen. Zudem sei die Beteiligung von Gemeinden kein Selbstzweck, sondern diene dem Schutz von materiellen kommunalen Belangen. Die Gemeinden könnten ihre Abwehrrechte aber auch unabhängig von einer vorherigen Anhörung geltend machen. Außerdem würden durch die Anordnung von Tieffluggebieten im Gegensatz zur Errichtung eines Flugplatzes keine endgültigen Tatsachen geschaffen.

3259 Die **Bezeichnung** eines Vorhabens nach § 1 III Landbeschaffungsgesetz durch den Bundesverteidigungsminister stellt gegenüber den betroffenen **Gemeinden** wegen der davon ausgehenden Bindungswirkung einen **Verwaltungsakt** dar,[646] der gerichtlich angefochten werden kann.[647] Keine Anfechtungsmöglichkeiten gegenüber der Bezeichnung dürften private Betroffene haben.[648] Im Übrigen muss dargelegt werden, dass durch die Bezeichnung konkrete Belange der Einwendungsführer betroffen sind. Die Einrichtung einer Anflugblitzbefeuerungsanlage reicht dazu nach Auffassung des *BVerwG* in der Regel nicht aus.[649]

---

[641] *BVerwG*, Urt. v. 16. 12. 1988 – 4 C 40.86 – BVerwGE 81, 95 = DVBl. 1989, 363 = NVwZ 1989, 750 = *Hoppe/Stüer* RzB Rdn. 1180 – Hubschrauberlandeplatz; *Stüer*, Kommunalrecht NW, 1997, 141.

[642] *BVerwG*, B. v. 6. 8. 1993 – 11 B 36.93 – NJW 1994, 535 = Buchholz 442.40 § 30 LuftVG Nr. 4.

[643] *BVerwG*, Urt. v. 14. 12. 1994 – 11 C 18.93 – BVerwGE 97, 203 = DVBl. 1995, 242 = NJW 1995, 1690 – Schöppingen; für einen umfassenden Rechtsschutz der Gemeinden *Blümel* in: *Stüer* (Hrsg.) Verfahrensbeschleunigung, S. 17; *Stüer*, Kommunalrecht NW, 1997, 141.

[644] *BVerwG*, B. v. 6. 8. 1993 – 11 B 36.93 – NJW 1994, 535 = Buchholz 442.40 § 30 LuftVG Nr. 4.

[645] Kritisch *Blümel* in: *Stüer* (Hrsg.) Verfahrensbeschleunigung, S. 17.

[646] *BVerwG*, Urt. v. 12. 11. 1982 – 4 C 67 u. 68.80 – DVBl. 1983, 345 = UPR 1983, 170 = *Hoppe/ Stüer* RzB Rdn. 568 – Bezeichnung Landbeschaffung; Urt. v. 11. 4. 1986 – 4 C 51.83 – BVerwGE 74, 124 = DVBl. 1986, 1003 = NJW 1986, 2447 = *Hoppe/Stüer* RzB Rdn. 1173 – Standortübungsplatz.

[647] Zur Kritik *Laubinger* VerwArch. 77 (1986), 421; *Geiger* BayVBl. 1987, 106; *Langer* DÖV 1987, 418.

[648] Vgl. allerdings *BVerwG*, Urt. v. 14. 4. 1989 – 4 C 21.88 – DVBl. 1989, 1051 = NVwZ 1990, 260 = UPR 1989, 426 = *Hoppe/Stüer* RzB Rdn. 1270 – Heeresflugplatz Laupheim mit Hinweis auf *Niehues* DVBl. 1982, 317.

[649] *BVerwG*, Urt. v. 14. 4. 1989 – 4 C 21.88 – DVBl. 1989, 1051 = NVwZ 1990, 260 = UPR 1989, 426 = *Hoppe/Stüer* RzB Rdn. 1270 – Heeresflugplatz Laupheim.

Der Bundesminister für Verkehr hat bei der Genehmigung eines Flughafens und aus 3260 anderem Anlass nach pflichtgemäßem Ermessen darüber zu befinden, ob ein Bedürfnis für die Einrichtung einer **Flugsicherungsstelle** unter Kostenbeteiligung des Bundes besteht. Die Flugsicherung ist zwar trotz der gesetzlich geregelten Mitwirkung der Flughafenunternehmer vornehmlich Aufgabe des Bundes. Deshalb muss der Bund allerdings eine Flugsicherungsstelle nicht überall dort auf seine Kosten einrichten, wo sie begehrt wird und aus Sicherheitsgründen erforderlich wäre. Denn die Sicherheitsbelange sind auch dann hinreichend gewährleistet, wenn auf Antrag des Flughafenunternehmers eine Flugsicherungsstelle eingerichtet, unterhalten und betrieben wird (§ 9 IV des Gesetzes über die Bundesanstalt für Flugsicherung – BFSG). Der Bund darf daher auch mit Rücksicht auf seine finanziellen Mittel Schwerpunkte für den Luftverkehr und die dazu erforderliche Ausstattung der Flughäfen setzen. Flughäfen, die davon nicht willkürlich ausgenommen worden sind, müssen den Flugverkehr nach Art und Umfang so begrenzen, dass er auch ohne besondere Flugsicherungsstelle ungefährdet ist, oder auf insgesamt eigene Kosten die Flugsicherung einrichten. Der Flughafenunternehmer kann jedoch nicht durch die erweiterte Zulassung von Start- und Landevorgängen die Behörde gleichsam dazu zwingen, mit Bundesmitteln (vgl. § 9 III BFSG) eine Flugsicherungsstelle einzurichten. Die Erhebung von Flugsicherungs-An- und Abflug-Gebühren verstößt nicht gegen Bundesrecht Die Erhebung einer Pauschalgebühr für Luftfahrzeuge mit einer zulässigen Starthöchstmasse bis zu 2.000 kg nach § 2 II FlusAAGV ist nicht deshalb rechtswidrig, weil sie nicht zwischen Sicht- und Instrumentenflug unterscheidet.

Auch Abwehrrechte gegenüber luftverkehrsrechtlichen Zulassungen können verwirkt 3261 sein. **Verwirkung** tritt insbesondere ein, wenn der Betroffene über längere Zeit einen ihn belastenden Zustand hingenommen hat, ohne sich dagegen zur Wehr zu setzen. Das Untätigbleiben kann in den übrigen Beteiligten das Vertrauen begründen, es müsse mit der Geltendmachung von Abwehrrechten nicht mehr gerechnet werden. Verwirkung bedeutet dabei, dass ein Recht nicht mehr ausgeübt werden darf, wenn seit der Möglichkeit seiner Geltendmachung längere Zeit verstrichen ist und besondere Umstände hinzutreten, welche die verspätete Geltendmachung als Verstoß gegen Treu und Glauben erscheinen lassen.[650]

Eine Normenkontrolle der Stadt Leinfelden-Echterdingen gegen die Ausweisung ei- 3262 nes etwa 100 ha großen Geländes für den Bau der neuen **Landesmesse** und die Erweiterung des **Flughafens Stuttgart** blieb ohne Erfolg. Gebietsscharfe Standortausweisungen für Infrastrukturvorhaben in einem Regionalplan sind zulässig, wenn überörtliche Interessen von höherem Gewicht eine Einschränkung der kommunalen Planungshoheit rechtfertigen, Standortalternativen fehlerfrei erwogen werden und der Grundsatz der Verhältnismäßigkeit beachtet wird. Die Standortentscheidungen für die Landesmesse und die Flughafenerweiterung erfüllen nach Auffassung des *BVerwG* diese Voraussetzungen. Der Träger der Regionalplanung habe bei der Standortwahl insbesondere die Bedeutung der Region Stuttgart als Wirtschaftsstandort, die Nähe zur Landeshauptstadt, die verkehrsgünstige Lage am Flughafen und die Anbindung an das überregionale Fernstraßennetz berücksichtigt. Angesichts dieser Lagevorteile liege auch keine gleichheitswidrige Sonderbelastung der Stadt Leinfelden-Echterdingen im Vergleich zu anderen Gemeinden in der Region vor.[651]

Der Klage gegen die Erweiterung des **Airbusgeländes** hat das VG Hamburg stattgege- 3263 ben und ist damit im Gegensatz zum *OVG Hamburg*[652] bei der Rechtsauffassung in seiner

---

[650] *BVerwG*, Urt. v. 25. 1. 1974 – IV C 2.72 – BVerwGE 44, 294; Urt. v. 7. 2. 1974 – 3 C 115.71 – BVerwGE 44, 339; *BVerfG*, B. v. 26. 1. 1972 – 2 BvR 255/67 – BVerfGE 32, 305.
[651] *BVerwG*, Urt. v. 15. 5. 2003 – 4 CN 9.01 – BVerwGE 118, 181 = NVwZ 2003, 1263= DVBl. 2003, 1456 – Landesmesse Stuttgart-Leinfelden.
[652] *OVG Hamburg*, B. v. 19. 2. 2001 – 2 Bs 370/00 – NVwZ 2001, 1173 – Mühlenberger Loch.

Eilentscheidung geblieben.⁶⁵³ Bei der Lärmbeeinträchtigung ist auf den Maximalpegel abzustellen, da der gemittelte Beurteilungspegel die tatsächliche Belastung nur unzureichend wiedergibt. Das LuftVG dient nach Auffassung des VG Hamburg lediglich der Verbesserung der öffentlichen Luftverkehrsinfrastruktur, nicht aber wirtschaftspolitischen und arbeitspolitischen Zwecken. Die mit dem Vorhaben verfolgten strukturpolitischen Ziele können den Eigentumseingriff nach Auffassung des Gerichts deshalb nicht rechtfertigen.⁶⁵⁴

3264 Nach dem VwVfG und den anderen Fachplanungsgesetzen erstreckt sich der Einwendungsausschluss des § 10 IV 1 LuftVG auch auf das der Planfeststellung nachfolgende gerichtliche Verfahren.⁶⁵⁵ Verfassungsrechtliche Bedenken bestehen nicht, wenn das Anhörungsverfahren nach Maßgabe des § 10 II und 4 LuftVG sowie dem VwVfG ordnungsgemäß durchgeführt wurde. Nach dem Verfassungsgebot des effektiven Rechtsschutzes gemäß Art. 19 IV GG muss die Bekanntmachung der Planauslegung und diese selbst nach Inhalt und Gestaltung geeignet sein, die von dem Vorhaben möglicherweise betroffenen und deshalb interessierten Personen anzustoßen, sich mit dem Plan zu befassen und sich um ihre Belange zu kümmern.⁶⁵⁶

3265 Bei einer über die luftverkehrsrechtliche Zulassung abschließend entscheidenden Genehmigung nach § 6 LuftVG ist ein Fehler im Abwägungsvorgang nach einem für das Fachplanungsrecht allgemein geltenden Grundsatz unerheblich, wenn keine Anhaltspunkte dafür vorliegen, dass die Genehmigungsbehörde bei Vermeidung des Fehlers zu einer anderen Entscheidung gekommen wäre **(Kausalitätserfordernis)**.⁶⁵⁷

VI. Personenbeförderung (PBefG)

3266 Für die entgeltliche oder geschäftsmäßige Beförderung von Personen mit Straßenbahnen, mit Oberleitungsomnibussen (Obussen) und mit Kraftfahrzeugen gilt das PBefG.⁶⁵⁸ Das PBefG regelt zum einen die Genehmigungspflicht für die Beförderung von Personen mit den in § 2 I PBefG genannten Verkehrsmitteln und zum anderen die Planfeststellung für den Bau von Betriebsanlagen für Straßenbahnen.⁶⁵⁹

1. Genehmigung und Planfeststellung

3267 Nach § 9 I PBefG wird die Genehmigung erteilt bei einem Verkehr mit Straßenbahnen für den Bau, den Betrieb und die Linienführung, bei einem Verkehr mit Obussen für den Bau, den Betrieb und die Linienführung, bei einem Linienverkehr mit Kfz für die Errichtung, die Linienführung und den Betrieb und bei einem Gelegenheitsverkehr mit Kfz für die Form des Gelegenheitsverkehrs und den Betrieb mit bestimmten Kfz unter

---

⁶⁵³ *VG Hamburg*, B. v. 18. 12. 2000 – 15 3923/00 – NordÖR 2001, 34; B. v. 10. 1. 2001 – 15 2934/00 – IBR 2001, 144; *Stüer/Hermanns* DVBl. 2002, 514.

⁶⁵⁴ *VG Hamburg*, Urt. v. 27. 8. 2002 – 15 VG 1383/02 – NordÖR 2002, 459 = IBR 2002, 643 – Airbus A 380 – Zu den Kosten von Schutzmaßnahmen für die Bewachung an Flughäfen *VGH Mannheim*, Urt. v. 4. 4. 2003 – 8 S 2702/02 – ESVGH 53, 250 = VBlBW 2003, 435.

⁶⁵⁵ *OVG Hamburg*, Urt. v. 3. 9. 2001 – 3 E 36/98.P – DVBl. 2002, 721 = NordÖR 2002, 253, mit Hinweis auf *BVerwG*, Urt. v. 8. 7. 1998 – 11 A 53.97 – BVerwGE 107, 142 = DVBl. 1998, 1188 = UPR 1998, 457 und Urt. v. 27. 10. 1998 – 11 A 1.97 – BVerwGE 107, 313 = DVBl. 1999, 854 = NVwZ 1999, 644.

⁶⁵⁶ *OVG Hamburg*, Urt. v. 3. 9. 2001 – 3 E 36/98.P – UPR 2002, 197 = NordÖR 2002, 253, mit Hinweis auf *BVerfG* (3. Kammer des 1. Senats), B. v. 27. 12. 1999 – 1 BvR 1746/97 – NVwZ 2000, 546 sowie *BVerwG*, Urt. v. 23. 4. 1997 – 11 A 7/97 – BVerwGE 104, 337 = DVBl. 1997, 1119 = NVwZ 1998, 847.

⁶⁵⁷ *BVerwG*, B. v. 20. 2. 2002 – 9 B 63.01 – UPR 2002, 275 = NuR 2002, 410 = NVwZ 2002, 1235 (vgl. auch § 10 VIII 1 LuftVG); zu Einschränkungen des § 46 VwVfG durch das Umwelt-Rechtsbehelfsgesetz s. Rdn. 2719.

⁶⁵⁸ Personenbeförderungsgesetz i. d. F. der Bekanntmachung v. 8. 8. 1990 (BGBl. I 1690).

⁶⁵⁹ *Bidinger* NZV 1994, 209; *Bidinger/Bidinger* NZV 1992, 346; *Fielitz* PBefG; *Fromm* BB 1983, 862; *ders.* BB 1987, 1338.

Angabe ihrer amtlichen Kennzeichen. Betriebsanlagen für Straßenbahnen dürfen nach § 28 PBefG nur gebaut werden, wenn der Plan vorher festgestellt worden ist. Bei der Planfeststellung sind die von dem Vorhaben berührten öffentlichen und privaten Belange einschließlich der Umweltverträglichkeit im Rahmen der Abwägung zu berücksichtigen (§ 28 I 2 PBefG). An die Stelle eines Planfeststellungsbeschlusses kann nach § 28 Ia PBefG eine Plangenehmigung treten, wenn (1) Rechte anderer nicht oder nicht wesentlich beeinträchtigt werden oder die Betroffenen sich mit der Inanspruchnahme ihres Eigentums oder eines anderen Rechts schriftlich einverstanden erklärt haben und (2) mit den Trägern öffentlicher Belange, deren Aufgabenbereich berührt wird, das Benehmen hergestellt worden ist. Die Plangenehmigung hat nach § 28 Ia 2 PBefG die Rechtswirkungen der Planfeststellung.

2. Zuständigkeiten

Das PBefG gehört gem. Art. 72, 74 Nr. 22 und 23 GG zur konkurrierenden Gesetzgebungskompetenz des Bundes. Von dieser Kompetenz hat der Bund mit Erlass des PBefG abschließend Gebrauch gemacht. Die Ausführung des PBefG obliegt gem. Art. 83, 84 GG den Ländern. Planfeststellungsbehörde ist gem. § 29 I PBefG die von der Landesregierung nach § 11 I PBefG als Genehmigungsbehörde bestimmte Behörde.[660] **3268**

3. Verfahren

Das Verfahren nach dem PBefG ist im Übrigen dem **straßenrechtlichen Planfeststellungsverfahren** bis hin zur entsprechenden Anwendung der Planfeststellungsverfahren angeglichen.[661] Im PBefG ist aber ein dem § 16 FStrG entsprechendes Linienbestimmungsverfahren nicht geregelt. Eine planerische Abstimmung soll innerhalb des Planfeststellungsverfahrens erfolgen.[662] Wie nach dem FStrG besteht gem. § 28 PBefG auch die Möglichkeit, die Planfeststellung durch Bebauungspläne nach § 10 I BauGB zu ersetzen. Das Verfahren nach dem PBefG ist wie das luftverkehrsrechtliche Verfahren mehrstufig. Dem eigentlichen Planfeststellungsverfahren ist die Unternehmergenehmigung nach § 9 PBefG vorgeschaltet. Sie kann aber auch gem. § 28 IV PBefG gleichzeitig mit dem Planfeststellungsverfahren erteilt werden. **3269**

Der Bau einer Bahnstrecke für Straßenbahnen, Stadtschnellbahnen in Hochlage, Untergrundbahnen oder Hängebahnen i. S. des PBefG, jeweils mit den dazugehörenden Betriebsanlagen, unterliegt nach Nr. 14.11 der Anlage 1 zum UVPG der allgemeinen Vorprüfung Diese hat nach den Vorgaben des § 3c UVPG i. V. mit der Anlage 2 zum UVPG zu erfolgen. **3270**

§ 28 Ia PBefG lässt ein **Plangenehmigungsverfahren** zu, wenn (1) das Vorhaben nicht UVP-pflichtig ist, (2) mit den Trägern öffentlicher Belange, deren Aufgabenbereich berührt wird, das Benehmen hergestellt worden ist und (3) Rechte anderer nicht oder nicht wesentlich beeinträchtigt werden oder die Betroffenen sich mit der Inanspruchnahme ihrer Rechte schriftlich einverstanden erklärt haben.[663] Die Plangenehmigung ist daher nur dann zulässig, wenn das Vorhaben nicht UVP-pflichtig ist. Diese durch das Artikelgesetz 2001 bewirkte Änderung setzt die Vorgaben der UVP-Änd-Richtlinie um, wonach bei UVP-pflichtigen Vorhaben eine Öffentlichkeitsbeteiligung erforderlich ist, die in der Regel bei einem Plangenehmigungsverfahren nicht stattfindet. Die Plangenehmigung kann auch dann nicht erteilt werden, wenn Rechte anderer beeinflusst werden, mit denen keine entsprechenden Vereinbarungen getroffen worden sind. Eine Enteignung kann daher auf eine Plangenehmigung nicht gestützt werden.[664] **3271**

---

[660] In NW ist Planfeststellungs- und Anhörungsbehörde die Bezirksregierung.
[661] *Ronellenfitsch* Einführung in das Planungsrecht 1986, 138.
[662] *Fielitz*, Rdn. 3 zu § 28 PBefG.
[663] Zur Beschleunigung von Planungsverfahren für Verkehrsinfrastrukturvorhaben durch verstärkte Nutzung der Plangenehmigung s. Rdn. 3762.
[664] Zur Enteignung auf der Grundlage von Plangenehmigungen *BVerwG*, Urt. v. 15. 12. 1995 – 4 A 19.95 – Buchholz 407.4 § 17 FStrG Nr. 106 – B 192 Waren.

VII. Kreislauf- und Abfallwirtschaft (KrW-/AbfG)

3272 Durch das KrW-/AbfG,[665] das die Vorgängervorschriften des Abfallgesetzes 1986[666] abgelöst hat, ist die Kreislauf- und Abfallwirtschaft auf eine neue Rechtsgrundlage gestellt worden.[667] Die Philosophie der Kreislaufwirtschaft ist von dem „Dreigestirn" Vermeiden, Verwerten und Beseitigen geprägt.[668] Wertstoffe sollen so lange wie möglich dem Wirt-

---

[665] Gesetz zur Förderung der Kreislaufwirtschaft und zur Sicherung der umweltverträglichen Beseitigung von Abfällen v. 27. 9. 1994 – Kreislaufwirtschafts- und Abfallgesetz (BGBl. I 2705). Die Vorschriften, die zum Erlass von Rechtsverordnungen ermächtigen oder solche Ermächtigungen in anderen Gesetzen ändern, sind am Tage nach der Verkündung (am 7. 10. 1994) in Kraft getreten. Im Übrigen ist das Gesetz zwei Jahre nach der Verkündung in Kraft getreten. Die Verkündung war am 6. 10. 1994, so dass das Gesetz am 6. 10. 1996 wirksam geworden ist. Zum Kreislaufwirtschafts- und Abfallrecht *Bergs/Dreyer/Neuenhahn/Radde* TA-Siedlungsabfall 1993; *Birn/Jung* Abfallbeseitigungsrecht für die betriebliche Praxis; *Dieckmann* Das Abfallrecht der Europäischen Gemeinschaft 1994; *Donner/Mayerholt* Die Entwicklung des Abfallrechts 1994; *Hoschützky/Kreft* Recht der Abfallwirtschaft; *Hösel/Kumpf* Technische Vorschriften für die Abfallbeseitigung; *Hösel/von Lersner* Recht der Abfallbeseitigung des Bundes und der Länder; *Kloepfer* Umweltrecht 1989; *von Köller/Klett/Konzak* EG-Abfallverbringungsverordnung 1994; *Kunig/Schwermer/Versteyl* § 7 AbfG; *Rabanus* Der bundesrechtliche Abfallbegriff 1993; *Rengeling* Kreislaufwirtschafts- und Abfallrecht. Zweite Osnabrücker Gespräche zum Deutschen und Europäischen Umweltrecht, 1994; *Rummler/Schutt* Verpackungsverordnung 1991; *Schimmelpfeng* (Hrsg.) Altlasten 1993; *Strecker/Berndt* Verpackungsverordnung 1992; *Versteyl/Koehn* Recht und Praxis der Altölentsorgung.

[666] Gesetz über die Vermeidung und Entsorgung von Abfällen (Abfallgesetz – AbfG) v. 27. 8. 1986 (BGBl. I 1410). Vgl. auch das Gesetz über die Beseitigung von Abfällen (Abfallbeseitigungsgesetz – AbfG) v. 7. 6. 1972 (BGBl. I 873).

[667] Zum Abfallrecht *Bartels* Abfallrecht 1987; *Beckmann* DVBl. 1994, 236; *Bender/Pfaff* DVBl. 1992, 181; *Bergs/Dreyer/Neuenhahn/Radde* TA-Siedlungsabfall 1993; *Birn/Jung* Abfallbeseitigungsrecht; *Blankenagel/Bohl* DÖV 1993, 585; *Bleicher* Standortauswahlverfahren bei der Planung von Abfallentsorgungsanlagen durch private Gutachter 1996; *Braczyk* SächsVBl. 1995, 151; *Bryde* NVwZ 1991, 1152; *Buch* NuR 1991, 416; *Büllesbach/Diercks* DVBl. 1991, 469; *Burgi* UPR 1992, 136; *David* DÖV 1992, 697; *Dieckmann* Das Abfallrecht der Europäischen Gemeinschaft 1994; *Dolde* NVwZ 1996, 526; *Donner/Meyerholt* Die Entwicklung des Abfallrechts von der Beseitigung zur Kreislaufwirtschaft 1994; *Ebling* Beschleunigungsmöglichkeiten bei der Zulassung von Abfallentsorgungsanlagen 1994; *Eckert* NVwZ 1985, 388; *ders.* NVwZ 1992, 725; *ders.* NVwZ 1995, 749; *ders.* NVwZ 1989, 421; *Eidenmüller* JA 1992, 250; *Erbguth* NVwZ 1992, 209; *Franßen* Abfallrecht in: *Salzwedel* (Hrsg.) Grundzüge des Umweltrechts 1982, 399; *Fröhlich* DÖV 1989, 1029; *Garbe-Emden* ZUR 1993, 77; *Gaßner/Schmidt* NVwZ 1993, 946; *dies.* NVwZ 1994, 975; *Groß* DVBl. 1995, 468; *Grupp* Abfallrechtliche Planfeststellung 1990, 15; *Heute-Blum* VBlBW 1993, 206; *Hofmann-Hoeppel* Verw. 27 (1994), 391; *Hohmann* UPR 1989, 413; *Hoppe* DVBl. 1994, 255; *Hoppe/Beckmann* DÖV 1990, 769; *Hoschützky/Kreft* Recht der Abfallwirtschaft Bd. 1 und 2; *Hösel/Kumpf* Technische Vorschriften für die Abfallbeseitigung; *Hösel/von Lersner* Recht der Abfallbeseitigung des Bundes und der Länder, bv; *Ibler* DVBl. 1989, 639; *Jarass* DVBl. 1991, 7; *Kauch* Verfahrensbeschleunigung bei der Planung von Fernstraßen und Abfallentsorgungsanlagen 1994; *dies.* Die Raumordnung bei der immissionsschutzrechtlichen Genehmigung von Abfallentsorgungsanlagen 1995; *Klages* Vermeidungs- und Verwertungsgebote als Prinzipien des Abfallrechts 1991; *Klett/Gerhold* NzR 1993, 421; *Koch* BauR 1985, 617; *von Köller/Klett/Konzak* EG-Abfallverbringungsverordnung 1994; *Kracht* UPR 1993, 369; *Kretz* BWVPr. 1992, 121; *dem.* UPR 1992, 129; *Kunig/Schwermer/Versteyl* § 1 AbfG; *Kunig* JZ 1993, 411; *Kutscheidt* NVwZ 1994, 209; *Landsberg* Privatisierung und Organisationsstrukturen in der Abfallentsorgung Stadt und Gemeinde 1995, 203; *Möhring* in: *Stüer* (Hrsg.) Verfahrensbeschleunigung, S. 209; *Müllmann* DVBl. 1993, 637; *Paetow* FS Sendler 1991, 425; *Peine* JZ 1989, 541; *Peters* BWVPr. 1990, 11; *Rabanus* Der bundesrechtliche Abfallbegriff 1993; *Rahner* ZuR 1993, 200; *Rengeling* (Hrsg.) Kreislaufwirtschafts- und Abfallrecht 1994; *ders.* DVBl. 1995, 389; *Ronellenfitsch* DÖV 1989, 737; *Schäfer* NVwZ 1985, 383; *Schink* DVBl. 1994, 245; *ders.* DÖV 1993, 725; *Schröder/Steinmetz-Maaz* DVBl. 1992, 23; *Seeliger* VR 1990, 329; *Stüer* ET 1994, 159; *ders.* DVBl. 1996, 242; *Topp* Die Zulassung des vorzeitigen Beginns von Abfallentsorgungsanlagen nach § 7 a AbfG und § 15 a BImSchG 1995; *Weidemann* NVwZ 1988, 977; *ders.* DVBl. 1990, 592; *ders.* Immissionsschutzrechtliche Abfallentsorgungsanlagen 1994; *ders.* Einführung AbfG 1995; *ders.* DVBl. 1995, 253; *Winkelmann* UPR 1991, 169; *Zimmerling* NVwZ 1992, 122.

[668] Zum Folgenden *Möhring* in: *Stüer* (Hrsg.) Verfahrensbeschleunigung, S. 209.

schaftskreislauf erhalten bleiben. Die Kreislaufwirtschaft stellt sich als Vermeidung und Verwertung von Abfällen dar, wobei die Vermeidung gegenüber der Verwertung vorrangig ist (§ 4 KrW-/AbfG). Nach den in § 4 I KrW-/AbfG festgelegten Grundsätzen der Kreislaufwirtschaft sind Abfälle in erster Linie zu vermeiden, insbesondere durch Verminderung ihrer Menge und Schädlichkeit, und in zweiter Linie stofflich zu verwerten oder durch energetische Verwertung zur Gewinnung von Energie zu nutzen. Dabei ist die Kreislaufwirtschaft der Abfallbeseitigung vorgelagert. Nach den in § 10 I KrW-/AbfG festgelegten Grundsätzen greift die Abfallbeseitigung erst ein, wenn Abfälle nicht verwertet werden. Die Grundsätze und Pflichten sind dabei hierarchisch aufgebaut: Abfälle sind in erster Linie zu vermeiden und in zweiter Linie stofflich oder energetisch zu verwerten (§ 4 KrW-/AbfG). Nicht verwertbare Abfälle sind umweltverträglich zu beseitigen.

1. Konzept des KrW-/AbfG

Die **Schwerpunkte** des Abfallrechts liegen in folgenden Bereichen:[669]
– Erweiterung des Abfallbegriffs auf sog. „Abfälle zur Verwertung" durch Übernahme der EG-Definition,
– Änderung der abfallwirtschaftlichen Zielhierarchie: Vorrang hat die Abfallvermeidung (= Verminderung von Mengen und Schädlichkeit von Abfällen),
– Beibehaltung der Unterscheidung von stofflicher und energetischer Verwertung mit Vorgaben für den Vorrang der einen oder anderen Verwertungsart,
– Kriterien zur Abgrenzung von Verwertung und Beseitigung sowie zur Abgrenzung von stofflicher und energetischer Verwertung,
– Regelungen zur Produktverantwortung von Herstellern, Vertreibern und Verbrauchern,[670]
– Stärkung der Eigenverantwortung von Herstellern, Vertreibern und Verbrauchern,
– Regelungen über betriebliche Abfallwirtschaftskonzepte und Abfallbilanzen,
– Neubestimmung des Verhältnisses von Abfallrecht und Immissionsschutzrecht, Einbeziehung der Abfallverwertung in die abfallrechtliche Überwachung.

Der umweltpolitische Begriff der Kreislaufwirtschaft versteht sich dabei als **neues Leitbild**, nach dem die Lösung des Abfallproblems nicht „end of pipe" allein durch technische und organisatorische Maßnahmen im Entsorgungsbereich gefunden werden kann, sondern die Versorgung und die Entsorgung „kreislaufartig" möglichst so zu verbinden sind, dass Abfälle des Wirtschaftens als Rohstoffe der Produktion verwendbar sind. Hieraus leiten sich strukturelle und inhaltliche Anforderungen für die Vermeidung, Verwertung und Beseitigung von Abfällen ab.

2. Abfallbegriff

Der **Abfallbegriff**, der einen Schlüssel zur Anwendung des Abfallrechts bildet,[671] ist in § 3 KrW-/AbfG in Umsetzung der **Abfallrahmen-RL**[672] wesentlich erweitert.[673] Er erfasst alle beweglichen Sachen, die unter die in Anhang I des Gesetzes aufgeführten Gruppen fallen und deren sich ihr Besitzer entledigt, entledigen will oder entledigen muss. Das Gesetz unterscheidet dabei **Abfälle zur Verwertung** und **Abfälle zur Beseitigung**. Abfälle zur Verwertung sind Abfälle, die verwertet werden. Alle anderen Abfälle sind Abfälle zur Beseitigung. Mit diesem neuen Abfallbegriff ist die überkommene Abgrenzung von Abfall und Wirtschaftsgut aufgegeben und durch einen umfassenden Abfall-

---

[669] *Weidemann* Einführung AbfG-Textausgabe (dtv); *Stüer* DVBl. 1996, 242.
[670] *Philipp* Staatliche Verbraucherinformation im Umwelt- und Gesundheitsrecht 1985.
[671] *Hösel/von Lersner*, Umweltrecht § 1, Rdn. 3; *Kloepfer*, Umweltrecht, § 12, Rdn. 21.
[672] Richtlinie des Rates 75/442/EWG über Abfälle v. 15. 7. 1975 (ABl. EG Nr. L 194 S. 39) i. d. F. der Richtlinie 91/156/EWG des Rates v. 18. 3. 1991 (ABl. L 78, S. 32).
[673] *Versteyl/Wendenburg* NJW 1996, 937; *Dieckmann* ZUR 1995, 169; *Krieger* NuR 1995, 170; *Konzak* NuR 1995, 130; a. A. *Kersting* DVBl. 1992, 343; *Rabanus*, Der bundesrechtliche Abfallbegriff, S. 253.

begriff ersetzt worden, der die gesamte Stoffwirtschaft umfasst. Die bisher außerhalb des AbfG rangierenden Reststoffe, Wertstoffe und Wirtschaftsgüter unterfallen damit dem Abfallbegriff und werden so vom Pflichtregime des KrW-/AbfG erfasst, was nach fachkundigen Schätzungen etwa zu einer Verdreifachung der dem Gesetz unterliegenden Abfallmenge führt. An die Stelle der bisherigen Abgrenzungsschwierigkeiten sind allerdings neue getreten.[674] Denn die Abgrenzung der Abfälle zur Verwertung und zur Beseitigung ist alles andere als klar. Die gewandelte Systemfunktion und der entsprechend erweiterte Anwendungsbereich des Abfallbegriffs stehen in einem untrennbaren Zusammenhang mit der gesetzlichen Prinzipienwende von der öffentlichen Daseinsvorsorge zur abfallrechtlichen Verursacherverantwortung. Die systembedingte Erweiterung des Abfallbegriffs führt indessen nicht zur Ausdehnung der Regie öffentlich-rechtlicher Entsorgungsträger, sondern umgekehrt zu einer erhöhten Verantwortung der privatwirtschaftlichen Produzenten und Konsumenten. Der objektive Abfallbegriff, der sich an dem Katalog des Anhangs I orientiert, wird in § 3 II und III KrW-/AbfG durch subjektive Elemente ergänzt und überlagert. Neuer Streit bei der Abgrenzung von Produkt und Abfall wird sich vor allem bei Vor-, Zwischen-, Koppel- und Nebenprodukten entzünden. Denn auch die Zuführung zur Verwertung erfüllt nach § 3 II KrW-/AbfG den Abfallbegriff. Die Absicht der wirtschaftlichen Verwertung des Stoffes als Wirtschaftsgut schließt damit die Anwendung des Abfallrechts nicht aus. Der objektive Abfallbegriff wird durch § 3 IV KrW-/AbfG in Anlehnung an das bisherige Recht sowie die Rechtsprechung des *EuGH*[675] und des *BVerwG*[676] präzisiert. Der Besitzer muss sich danach des Abfalls entledigen, wenn davon insbesondere nachteilige Umweltwirkungen ausgehen können. Durch diese **Erweiterung des Abfallbegriffs** dringt das KrW-/AbfG tief und nachhaltig in die wirtschaftlichen Produktions- und Verwendungsvorgänge ein.

3276 Der Begriff „Abfall" ist nach der Rechtsprechung des *EuGH* unter Berücksichtigung der Zielsetzung der Richtlinie weit auszulegen.[677] Der Begriff „Abfälle" im Sinne der Art. 1 der Richtlinien 75/442 und 78/319 erfasst auch Stoffe und Gegenstände, die zur wirtschaftlichen Wiederverwendung geeignet sind. Dieser Begriff setzt nicht voraus, dass der Besitzer, der sich eines Stoffes oder eines Gegenstands entledigt, dessen wirtschaftliche Wiederverwendung durch andere ausschließen will. Der Anwendungsbereich hängt dabei eng mit der Bedeutung des Ausdrucks „sich entledigen" zusammen.[678] Nicht jeder Stoff, der nach der in den Anhängen II A und II B der Richtlinie Beseitigungs- und Verwertungsverfahren für Abfälle beschriebenen Methode behandelt wird, ist notwendigerweise als Abfall zu betrachten. Vielmehr beziehen die Regelungen sich auch auf Grundstoffe. Die Anwendung dieses Verfahrens etwa auf **LUWA-Bottoms**[679] und **Holzspäne** zieht daher nicht zwangsläufig ein „Sich-Entledigen" nach sich. Nicht entscheidend für die Einstufung als Abfall sind die Auswirkungen der Behandlung des Stoffes auf die Umwelt sowie die gesellschaftlichen Auffassungen. Allerdings stellen diese Einschätzungen Anhaltspunkte für die Einordnung der Stoffe dar. Danach sind die LUWA-Bottoms und Holzspäne als Abfall anzusehen. Auch die Verwendung des LUWA-Bottoms als Brenn-

---

[674] *Fritsch*, Das neue KrW- und Abfallrecht, Rdn. 89; *Versteyl/Wendenburg* NVwZ 1996, 937.
[675] *EuGH*, Urt. v. 28. 3. 1990 – C-206/88 – DVBl. 1991, 375 = Slg. 1990, I-1461: „Der Begriff Abfälle erfasst Stoffe und Gegenstände, die zur wirtschaftlichen Wiederverwendung geeignet sind. Dieser Begriff setzt nicht voraus, dass der Besitzer, der sich eines Stoffes oder eines Gegenstandes entledigt, dessen wirtschaftliche Wiederverwendung durch andere ausschließen will."
[676] *BVerwG*, Urt. v. 24. 6. 1993 – 7 C 11.92 – BVerwGE 92, 353 = DVBl. 1993, 1139 – Bauschutt; Urt. v. 24. 6. 1993 – 7 C 10.92 – BVerwGE 92, 359 = DVBl. 1993, 1139 – Altreifen.
[677] *EuGH*, Urt. v. 28. 3. 1990 – C-206/88 u. C-207/88 – Slg. 1990, I-1461, Rn. 26 = DVBl. 1991, 375.
[678] *EuGH*, Urt. v. 18. 12. 1997 – C-129/96 – Sog. 1997, I-7411 Rn. 26 = DVBl. 1998, 600.
[679] Aus dem Strom von Kohlenwasserstoffen wird Molybdän zurückgewonnen. Der dabei entstehende Brennstoff ist zur Verwendung in der Zementindustrie bestimmt.

stoff führt zu keinem anderen Ergebnis, wenn der verwendete Stoff ein Produktionsrückstand darstellt.[680]

Ein **Abfallgemisch** aus verwertbaren und nicht verwertbaren Stoffen kann „einzelner Abfall" i. S. des § 4 III KrW-/AbfG und damit grundsätzlich verwertungsfähig sein und ist insgesamt entweder Abfall zur Verwertung oder zur Beseitigung.[681] Der Abfall darf allerdings nicht erst nachträglich vermischt werden, sondern muss schon gemischt anfallen. Dabei ist auf den Zeitpunkt abzustellen, in dem die Begriffsmerkmale des Abfalls i. S. des § 3 I 1 KrW-/AbfG erstmals erfüllt sind.[682] Zudem muss der Abfallbesitzer im Falle einer beabsichtigten Abfallverwertung die konkreten Verwertungsmaßnahmen benennen oder zumindest die Möglichkeit einer zeitnahen Verwertung nachvollziehbar aufzeigen. Als maßgebliche Beurteilungsfaktoren dienen der Anteil an verwertbarem Abfall, der wirtschaftliche Wert der verwertbaren Stoffe, das Maß der Verunreinigungen des Abfalls, die Eignung des Abfalls als Ersatzbrennstoff nach Maßgabe des § 6 II KrW-/AbfG, Art und Ausmaß seiner Verunreinigungen sowie die Behandlung anfallenden weiteren Abfälle und entstehenden Immissionen.[683] **Bruchgestein** aus dem Betrieb eines **Steinbruchs**, das für unbestimmte Zeit bis zur möglichen Verwendung gelagert wird, dessen sich der Besitzer entledigt oder entledigen will, ist Abfall im Sinne der EG-RL 75/442, es sei denn, er verwendet es rechtmäßig etwa zur erforderlichen Auffüllung der Stollen.[684] Der Besitzer entledigt sich einer Sache, wenn er die tatsächliche Sachherrschaft über die Sache unter Wegfall jeder weiteren Zweckbestimmung aufgibt. Daher können auch Gegenstände mit einem Marktwert Abfall sein.[685]

Im **Europäische Abfallkatalog**[686] vom 20. 12. 1993, der für Abfälle zur Verwertung und Beseitigung gilt, unterscheidet die Kommission zwischen einer „**Grünen Liste**" (Anhang II), einer „**Gelben Liste**" (Anlage III) und einer „**Roten Liste**" (Anhang IV). Titel II der Verordnung, der mit „Verbringung von Abfällen zwischen Mitgliedstaaten" überschrieben ist, enthält zwei gesonderte Abschnitte, von denen der eine (Abschnitt A) das Verfahren bei der Verbringung von zur Beseitigung bestimmten Abfällen und der andere (Abschnitt B) das Verfahren bei der Verbringung von zur Verwertung bestimmten Abfällen behandelt. Das für die zweite Kategorie von Abfällen vorgesehene Verfahren ist weniger streng als das für die erste Kategorie geltende Verfahren.[687] Um das Prinzip der Nähe, den Vorrang für die Verwertung und den Grundsatz der Entsorgungsautarkie auf gemeinschaftlicher und einzelstaatlicher Ebene gem. der Richtlinie 75/442/EWG zur Anwendung zu bringen, können die Mitgliedstaaten nach Art. 4 IIIa der Verordnung im Einklang mit dem Vertrag Maßnahmen ergreifen, um die Verbringung von Abfällen allgemein oder teilweise zu verbieten oder um gegen jede Verbringung Einwand zu erheben. Diese Maßnahmen werden unverzüglich der Kommission mitgeteilt, die die anderen Mitgliedstaaten unterrichtet.

---

[680] *EuGH*, Urt. v. 15. 6. 2000 – C-418/97 – DVBl. 2000, 1365 = NVwZ 2000, 1156.
[681] *OVG Münster*, B. v. 25. 6. 1998 – 20 B 1424/97 – NVwZ 1998, 1207; *OVG Koblenz*, B. v. 3. 2. 1999 – 8 B 10134/99 – UPR 1999, 200; B. v. 13. 1. 1999 – 8 B 12627/98 – DÖV 1999, 432 = NVwZ 1999, 679.
[682] *VGH Mannheim*, Urt. v. 20. 10. 1998 – 14 S 1037/98 – NuR 1999, 336.
[683] *VGH Mannheim*, B. v. 31. 5. 1999 – 10 S 2766/98 – NVwZ 1999, 1243; *OVG Münster*, B. v. 5. 8. 1999 – 20 B 2007/98 – NVwZ 1999, 1246; B. v. 18. 9. 1998 – 22 B 1856/98 – NVwZ 1999, 674 = NuR 1999, 167; B. v. 25. 6. 1998 – 20 B 1424/97 – NVwZ 1998, 1207; *OVG Lüneburg*, B. v. 6. 5. 1998 – 7 M 3055/97 – NVwZ 1998, 1202; *VGH München*, B. v. 3. 2. 1998 – 20 ZB 98.196 – NVwZ 1998, 1205.
[684] *EuGH*, Urt. v. 11. 9. 2003 – C-114/01 – DVBl. 2003, 1447.
[685] *OVG Bautzen*, B. v. 2. 10. 2003 – 4 BS 462/02 – NuR 2004, 601 = SächsVBl. 2004, 14.
[686] European Waste Catalogue – EWC-Entscheidung 94/3/EG der Kommission vom 20. 12. 1993 über ein Abfallverzeichnis gem. Art. 1a) der RL 75/442/EWG des Rates über Abfälle (ABl. 1994 L 5 S. 15) i. d. F. der Richtlinie 91/156/EWG des Rates v. 18. 3. 1991 (ABl. L 78, S. 32).
[687] *EuGH*, Urt. v. 25. 6. 1998 – Rs. C-203/96 – Chemische Afvalstoffen Dusseldorp BV.

3279 Art. 3 und 6 der Verordnung[688] sehen für die zur Beseitigung und die zur Verwertung bestimmten Abfälle vor, dass eine Person, die beabsichtigt, diese Abfälle zu verbringen oder verbringen zu lassen, je nach Art der Abfälle verpflichtet ist, die Verbringung den betroffenen zuständigen Behörden zu notifizieren. Gem. Art. 1 IIIa der Verordnung unterliegt die Verbringung von ausschließlich zur Verwertung bestimmten und in den Grünen Liste in Anhang II der Verordnung aufgeführten Abfälle nicht der Notifizierungspflicht. Nach Art. 11 der Verordnung sind den Abfällen der im **Anhang II** aufgeführten zur Verwertung bestimmten Abfällen vom Besitzer dieser Abfälle unterzeichnete Angaben über Name und Anschrift des Besitzers, handelsübliche Bezeichnung der Abfälle, die Menge der Abfälle, der Name und die Anschrift des Empfängers, die Art des Verwertungsverfahrens entsprechend der Liste in Anhang II B der Richtlinie 75/442/EWG und der voraussichtliche Zeitpunkt der Verbringung beizufügen. Die vorgenannten Angaben sind nach Maßgabe der bestehenden einzelstaatlichen Rechtsvorschriften vertraulich zu behandeln. Ist beabsichtigt, Abfälle der in der **Gelben Liste** in **Anhang III** aufgeführten zur Verwertung bestimmten Stoffe in einen anderen Mitgliedstaat zu verbringen und/oder sie durch einen oder mehrere Mitgliedstaaten durchzuführen, so ist dies der zuständigen Behörde am Bestimmungsort zu notifizieren. Der zuständigen Behörde am Versandort und den für die Durchführung zuständigen Behörden sowie dem Empfänger ist eine Kopie des Notifizierungsschreibens zu übermitteln (Art. 6 I der Verordnung). Nach Art. 7 der Verordnung darf die Verbringung nach schriftlicher oder stillschweigender Zustimmung erfolgen. Letztere liegt vor, wenn die zuständigen Behörden am Bestimmungsort und am Versandort und die für die Durchfuhr zuständigen Behörden innerhalb von 30 Tagen nach der Notifizierung keine Einwände erhoben haben. Die Verbringung von Abfällen, die in der **Roten Liste** in **Anhang IV** der Verordnung aufgeführt sind, bedarf gem. Art. 10 der Verordnung der vorherigen schriftliche Zustimmung. Gem. Art. 26 Ia der Verordnung gilt eine Verbringung von Abfällen ohne Notifizierung an alle betroffenen zuständigen Behörden gem. dieser Verordnung als illegale Verbringung.

3280 Bei der **Einstufung von Abfall** eröffnet der *EuGH* den **Mitgliedstaaten** die Möglichkeit **stärkerer Schutzmaßnahmen**. Die Mitgliedstaaten sind durch die Richtlinie über gefährliche Abfälle[689] daher nicht daran gehindert, alle sonstigen nicht in dem Verzeichnis dieser Richtlinie aufgeführten Abfälle als gefährliche Abfälle einzustufen. Allerdings müssen die Abfälle nach Auffassung des jeweiligen Mitgliedstaats eine der in Anhang III dieser Richtlinie aufgezählten Eigenschaften aufweisen. Dabei sind Art. 1 IV der Richtlinie über gefährliche Abfälle und das durch die Entscheidung 94/904 EG aufgestellte Verzeichnis gefährlicher Abfälle dahin auszulegen, dass die Bestimmung des Ursprungs von Abfällen keine Voraussetzung dafür ist, sie im konkreten Fall als gefährlich einzustufen.[690] Werden Abfälle von Mitgliedstaaten als gefährlich eingestuft, gilt dies nur für das Gebiet des jeweiligen Mitgliedstaats. Die Fälle sind der Kommission zu melden, um im Verfahren des Art. 18 der Richtlinie 75/442/EWG eine Überprüfung des Verzeichnisses gefährlicher Abfälle zu ermöglichen.[691]

3281 Hat die notifizierende Person die **illegale Verbringung** zu **verantworten**, so sorgt die zuständige Behörde am Versandort dafür, dass die betreffenden Abfälle a) von der notifizierenden Person oder erforderlichenfalls von der zuständigen Behörde selbst wieder in den Versandstaat verbracht werden oder, sofern dies nicht möglich ist, b) anderweitig auf eine umweltverträgliche Weise beseitigt oder verwertet werden; dies hat innerhalb von

---

[688] Verordnung Nr. 259/93 (EWGV 259/93) des Rates vom 1. 2. 1993 zur Überwachung und Kontrolle der Verbringung von Abfällen sowie der Verordnung der Europäischen Gemeinschaft (EG-AbfVerbrVO).
[689] Richtlinie 91/689/EWG des Rates vom 12. 12. 1991.
[690] *EuGH*, Urt. v. 22. 6. 2000 – C-318/98 – NVwZ 2001, 313 = DVBl. 2000, 1295.
[691] *EuGH*, Urt. v. 22. 6. 2000 – C-318/98 – NVwZ 2001, 313 = DVBl. 2000, 1295.

30 Tagen, nachdem die zuständige Behörde von der illegalen Verbringung in Kenntnis gesetzt wurde, oder innerhalb einer anderen mit den betroffenen zuständigen Behörden vereinbarten Frist zu geschehen. In diesem Fall ist eine erneute Notifizierung notwendig. Der Versandmitgliedstaat und alle Transitmitgliedstaaten erheben keine Einwände gegen die Rückführung dieser Abfälle, wenn die zuständige Behörde am Bestimmungsort einen ordnungsgemäß begründeten Antrag mit Erläuterung des Grundes für die Rückführung stellt.

Art. 2a der Verordnung hat durch die Verweisung auf Art. 1a der Richtlinie eine gemeinsame Definition des **Abfallbegriffs** eingeführt und ist in den Mitgliedstaaten unmittelbar anzuwenden.[692] Für die Einordnung einer Partie Abfälle in die Grüne, die Gelbe oder die Rote Liste in den Anhängen II, III und IV der Verordnung ist der Ursprung der Abfälle für sich genommen nicht entscheidend. So können kommunale Abfälle oder Hausmüll, die getrennt gesammelt wurden und zur Unterposition 520 01 03 „Kunststoffkleinteile" des Europäischen Abfallkatalogs gehören, je nach ihrer Zusammensetzung unter die Rubrik 5GH „Kunststoffabfälle in fester Form" der Grünen Liste fallen. Wären solche Abfälle dagegen mit anderen Abfällen der Grünen oder der Gelben Liste vermischt – wurden sie also nicht getrennt gesammelt –, so wären sie unter Umständen in die Unterposition 520 03 01 „gemischte Siedlungsabfälle" des Europäischen Abfallkatalogs einzuordnen und würden je nach dem Grad ihrer Kontamination zur Kategorie 5AD 160 „Kommunale Abfälle oder Hausmüll" der Gelben Liste der Verordnung gehören. Nur wenn „kommunale Abfälle oder Hausmüll" getrennt gesammelt oder ausreichend sortiert wurden, verlieren sie daher ihren Charakter als Abfälle der Gelben Liste und fallen folglich unter die Grüne Liste. Wie aus der Einleitung zur Grünen Liste hervorgeht, dürfen Abfälle unabhängig davon, ob sie in dieser Liste aufgeführt sind, nicht als Abfälle der Grünen Liste befördert werden, falls sie mit anderen Materialien in einem Ausmaß kontaminiert sind, dass sie die mit dem Abfall verbundenen Risiken so weit erhöhen, dass sie auf die Gelbe oder die Rote Liste gesetzt werden müssten, oder die umweltverträgliche Verwertung des Abfalls unmöglich geworden ist. Auch Abfälle, die hauptsächlich aus den in der Grünen Liste in Anhang II der Verordnung in der Fassung der Entscheidung 94/721 aufgeführten Abfällen bestehen und mit anderen in dieser Liste enthaltenen Abfallarten vermischt sind, sowie in der Grünen Liste aufgeführte Abfälle, die mit einer geringen Menge dort nicht genannter Stoffe vermischt sind, fallen unter den Begriff „Kommunale Abfälle oder Hausmüll", der in der Gelben Liste in Anhang III der Verordnung unter dem Code AD 160 zu finden ist.[693]

Bei den zur Verwertung bestimmten Abfällen der **Gelben Liste** muss die notifizierende Person dagegen nach Art. 6 IV der Verordnung den Begleitschein ausfüllen und auf Ersuchen der zuständigen Behörden zusätzliche Angaben und Unterlagen nachreichen. Nach Art. 6 V der Verordnung muss der Begleitschein insbesondere Angaben zu einer Reihe von Punkten wie dem Namen des Empfängers der Abfälle, dem Standort der Verwertungsanlage, Art und Geltungsdauer der Genehmigung für den Betrieb der Anlage sowie den Verwertungsverfahren nach Anhang II B der Richtlinie enthalten. Da die Lagerung einer Partie Abfälle der **Grünen Liste** nur dann als Verwertungsverfahren angesehen wird, wenn sie einem solchen Verfahren vorausgeht, müssen sich derartige Nachweise zudem auf das Verfahren der endgültigen Verwertung beziehen, selbst wenn diese außerhalb der Gemeinschaft erfolgen soll. Damit dem der Richtlinie zugrunde liegenden Ziel des Umweltschutzes Rechnung getragen wird, müssen die zuständigen Behörden somit im Allgemeinen bei den zur Verwertung bestimmten nicht notifizierungspflichtigen Abfällen der Grünen Liste zumindest die in Art. 11 der Verordnung genannten Angaben verlangen. Die zuständige Behörde kann daher bei fehlender Notifizierung als Mindestnach-

---

[692] *EuGH*, Urt. v. 25. 6. 1997 – Rs. C-304/94, C-330/94, C-342/94, C-224/95 – Slg. 1997, I-3561, Rdn. 46 – Tombesi.

[693] *EuGH*, Urt. v. 25. 6. 1998 – Rs. C-192/96 – Beside BV.

weise zum Zweck der Feststellung, dass Abfälle der Grünen Liste zur Verwertung bestimmt sind, die in Art. 11 I der Verordnung aufgeführten Angaben verlangen.[694]

3284 Eine **Verbringung von Abfällen**, die **nicht von** allen betroffenen zuständigen Behörden **notifiziert** wurde, ist nach Art. 26 Ia der Verordnung illegal. Zur Notifizierung ist die Person verpflichtet, die beabsichtigt, Abfälle zu verbringen oder verbringen zu lassen (Art. 2 g der Verordnung). Dazu gehört nach Art. 2 g in bestimmten Fällen die Person, die im Besitz der Abfälle ist oder über sie verfügt (Besitzer). Hat die notifizierende Person die illegale Verbringung zu verantworten, so sorgt nach Art. 26 II UA 1 der Verordnung die zuständige Behörde am Versandort dafür, dass die illegal ausgeführten Abfälle von der notifizierenden Person oder erforderlichenfalls von der zuständigen Behörde selbst wieder in den Versandstaat verbracht oder, sofern dies nicht möglich ist, anderweitig auf umweltverträgliche Weise beseitigt oder verwertet werden. Der Empfängermitgliedstaat darf dabei die Rückführung der Abfälle in den Versandmitgliedstaat nicht einseitig vornehmen, ohne dies dem Versandmitgliedstaat zuvor zu notifizieren. Der Versandmitgliedstaat kann gegen ihre Rückführung keine Einwände erheben, wenn der Empfängermitgliedstaat insoweit einen ordnungsgemäß begründeten Antrag stellt.[695] Während für **Abfälle zur Beseitigung** der Grundsatz der **Entsorgungsautarkie** und der **Nähe** gilt, ist eine Verbringung von Abfällen zur Verwertung in einen anderen Mitgliedstaat grundsätzlich nicht ausgeschlossen. Ein freier Verkehr der Abfälle zur Verwertung zwischen den Mitgliedstaaten ist daher gewährleistet, um den Vorrang der Verwertung in der Gemeinschaft umzusetzen und möglichst hochwertige Techniken zum Einsatz zu bringen. Der Gemeinschaftsgesetzgeber hat daher für den grenzüberschreitenden Transport dieser Abfälle ein flexibles Verfahren geschaffen, dem die Grundsätze der Entsorgungsautarkie und der Nähe zuwiderlaufen würden.[696] Die Mitgliedstaaten sind auch nicht berechtigt, für Abfälle zur Verwertung strengere Ausfuhrbeschränkungen zu erlassen, die nicht durch zwingende Maßnahmen des Umweltschutzes oder durch andere auf eine besondere Ermächtigung im EGV gegründete Ausnahmen gerechtfertigt sind.[697] Die Mitgliedstaaten dürfen die Unternehmen auch nicht verpflichten, ihre zur Verwertung bestimmten Abfälle durch einen Mehrjahresplan einem inländischen Unternehmen zu überlassen, wenn dies eine Begünstigung des inländischen Unternehmens und den Ausbau einer marktbeherrschenden Stellung zur Folge hat.[698]

3285 Der **Europäische Abfallkatalog** entfaltet zwar keine unmittelbare verbindliche Wirkung hinsichtlich der Abfalleigenschaft. Der Europäische Abfallkatalog ist jedoch durch die **EAK-Verordnung**[699] in das deutsche Recht umgesetzt worden.

3286 Die rechtliche Bedeutung des **Anhangs I**, der ebenfalls wörtlich aus der **Abfallrahmenrichtlinie** in das KrW-/AbfG übernommen wurde, ist ebenso Anlass für unterschiedliche Interpretation wie auf europarechtlicher Ebene.[700] Dabei wird zum Teil die Ansicht vertreten, der Inhalt des objektiven Abfallbegriffs ergebe sich nun aufgrund des Verweises des Art. 1a) der AbfRRL aus Anhang I, der durch das Abfallverzeichnis ausgefüllt werde.[701] Demzufolge sei jeder Stoff Abfall, der dort aufgeführt wird. Dagegen wird geltend gemacht, dass der objektive Abfallbegriff in der Neufassung unverändert beibehalten bleibe.[702] Die Zugehörigkeit eines Stoffes zum Anhang I und Abfallverzeichnis reiche

---

[694] *EuGH*, Urt. v. 25. 6. 1998 – Rs. C-192/96 – Beside BV.
[695] *EuGH*, Urt. v. 25. 6. 1998 – Rs. C-192/96 – Beside BV.
[696] *EuGH*, Urt. v. 25. 6. 1998 – Rs. C-203/96 – Chemische Afvalstoffen Dusseldorp BV.
[697] *EuGH*, Urt. v. 25. 6. 1998 – Rs. C-203/96 – Chemische Afvalstoffen Dusseldorp BV.
[698] *EuGH*, Urt. v. 25. 6. 1998 – Rs. C-203/96 – Chemische Afvalstoffen Dusseldorp BV.
[699] Verordnung zur Einführung des Europäischen Abfallkatalogs (EAK-Verordnung – EAK) v. 13. 9. 1996 (BGBl. I 1428).
[700] S. Ausführungen zum europarechtlichen Abfallbegriff.
[701] *Kersting*, Die Abgrenzung zwischen Abfall und Wirtschaftsgut, S. 166; *ders.* DVBl. 1992, 343; *Schröder* DÖV 1991, 910.
[702] *Bickel* NuR 1992, 361; *Dieckmann* NuR 1992, 407; *Fluck* DVBl. 1993, 590.

nicht aus, um seine Abfalleigenschaft zu begründen. Es müsse zusätzlich der objektive oder der subjektive Abfallbegriff der Richtlinie erfüllt sein.[703] Es spricht einiges dafür, dass die Zugehörigkeit zu Anhang I i. S. dieser Auffassung lediglich ein zusätzliches Tatbestandsmerkmal neben dem des subjektiven und objektiven Abfallbegriffs darstellt. Da der Anhang I vor allem in den Gruppen Q1, Q14 und Q16 sehr weit gefasst ist, so dass letztlich jede Sache erfasst wird, wird ihm verschiedentlich jegliche eingrenzende und konkretisierende Bedeutung abgesprochen.[704] Auch die rechtliche Bedeutung des Abfallverzeichnisses, das mit Verordnung vom 13. 9. 1996 in das deutsche Recht übernommen wurde, für den Abfallbegriff ist zweifelhaft.[705] In Nr. 3 der Einleitung wird dazu dargelegt, die Aufnahme eines Stoffes in den Katalog bedeute nicht, dass es sich unter allen Umständen um Abfall handelt. Dementsprechend haben der Anhang I und das Abfallverzeichnis allenfalls eine konkretisierende Bedeutung. Es fehlt ihnen jedoch an abschließender Definitionskraft.[706]

Der **Abfallbegriff** in § 3 I KrW-/AbfG ist in Umsetzung der gemeinschaftsrechtlichen Vorgaben der Richtlinie 75/442 EWG des Rates über Abfälle vom 15. 7. 1975[707] mit späteren Änderungen daher weiter als der Abfallbegriff des außer Kraft getretenen § 1 I AbfG.[708] Insbesondere werden die Stoffe nicht allein durch ihre Verwertung dem Abfallregime entzogen, wie das nach dem AbfG noch der Fall war. Dementsprechend handelt es sich auch bei kompostierbaren Stoffen aus privaten Haushaltungen nach § 3 I 1 KrW-/AbfG i. V. m. Anhang I, Q1 und Q16, § 3 II KrW-/AbfG i. V. m. Anhang II B, R10 um Abfall, und zwar um Abfall zur Verwertung.[709] Auch bei einer bereits vorgenommenen Sortierung der gebrauchten Kleidungsstücke, die für die Pappenproduktion aufgearbeitet werden sollen, entfällt die Abfalleigenschaft nicht, so dass weiterhin Abfall zur Verwertung vorliegt.[710] Ebenso ist eine Einstufung gelagerter bzw. abgelagerter Schrottfahrzeuge als Abfall möglich, auch wenn das Gefährdungspotenzial der Fahrzeuge allein in der Beeinträchtigung des Landschaftsbildes liegt und die Beeinträchtigung durch Ortsveränderung der Fahrzeuge beseitigt werden kann.[711] Abfall i. S. des Abfallgesetzes ist aber nur eine bewegliche Sache und nicht schon im verunreinigten unausgekofferten Erdreich zu sehen. Eine solche Bodenverunreinigung stellt vielmehr eine schädliche Bodenveränderung i. S. von § 2 III BBodSchG dar und muss bei fehlen spezialgesetzlicher Vorschriften nach dem BBodSchG saniert werden.[712]

Die Unterteilung des Abfallbegriffs in einen **subjektiven und objektiven Abfallbegriff** ist im KrW-/AbfG beibehalten worden. Der subjektive Abfallbegriff hat im neuen Gesetz eine Erweiterung erfahren. Der enge Entledigungsbegriff des AbfG 1986 ist aufgegeben worden.[713] Nach § 3 II KrW-/AbfG umfasst die Entledigung jetzt auch Abfälle zur Verwertung, was möglicherweise zu einer Verdreifachung der Abfallmenge führen wird.[714]

---

[703] *Bickel* NuR 1992, 361; *Dieckmann* NuR 1992, 407; *Fluck* DVBl. 1993, 590; *Fritsch*, Das neue KrW- und Abfallrecht, Rdn. 71.
[704] *Seibert* UPR 1994, 415; *von Köller*, KrW-/AbfG, S. 253; *Fritsch*, Das neue KrW- und Abfallrecht, Rdn. 98.
[705] *Seibert* UPR 1994, 415.
[706] *Möhring* in: *Stüer* (Hrsg.) Verfahrensbeschleunigung, S. 209.
[707] Richtlinie des Rates 75/442/EWG über Abfälle v. 15. 7. 1975 (ABl. EG Nr. L 194 S. 39) i. d. F. der Richtlinie 91/156/EWG des Rates v. 18. 3. 1991 (ABl. L 78, S. 32).
[708] Vgl. auch *Stüer* DVBl. 1996, 242.
[709] *OVG Münster*, Urt. v. 10. 8. 1998 – 22 A 5429/96 – DVBl. 1998, 1234 = NVwZ 1999, 91; so auch *BVerwG*, B. v. 27. 6. 1996 – 7 B 94.96 – NVwZ 1996, 1010.
[710] *BVerwG*, Urt. v. 19. 11. 1998 – 7 C 31.97 – DVBl. 1999, 870.
[711] *OLG München*, Urt. v. 7. 1. 1997 – 4 St RR 226/96 – NVwZ 1997, 1038.
[712] *BVerwG*, Urt. v. 21. 12. 1998 – 7 B 211.98 – NVwZ 1999, 421 = DVBl. 1999, 870.
[713] *BVerwG*, B. v. 27. 6. 1996 – 7 B 94.96 – NVwZ 1996, 1010 – Eigenkompostierung von Speiseresten aus privaten Haushaltungen; *Versteyl/Wendenburg* NVwZ 1996, 937.
[714] *Kunig* NVwZ 1997, 209.

§ 3 III 1 KrW-/AbfG enthält eine Fiktion des Entledigungswillens des Abfallbesitzers, die neu in das Gesetz aufgenommen wurde. Dieses gilt für Stoffe, die bei bestimmten Handlungen anfallen, ohne dass der Zweck der Handlung darauf gerichtet ist oder deren ursprüngliche Zweckbestimmung entfällt. Nach § 3 III 2 KrW-/AbfG ist für die Beurteilung der Zweckbestimmung die Auffassung des Erzeugers/Besitzers unter Berücksichtigung der Verkehrsanschauung zugrunde zu legen. Die Verkehrsanschauung dient somit als Korrektiv gegenüber den Angaben des Erzeugers/Besitzers und bewirkt dadurch eine Verobjektivierung des subjektiven Abfallbegriffs.[715]

3289 Der objektive Abfallbegriff wird in § 3 IV KrW-/AbfG definiert. Der Inhalt der Definition entspricht der Rechtsprechung des *BVerwG* zum objektiven Abfallbegriff.[716] Die Annahme eines abstrakten Gefährdungspotenzials lässt sich aus den Worten „künftig" und „Gefährdungspotenzial" in § 3 IV KrW-/AbfG entnehmen.[717] Durch die Verobjektivierung und Erweiterung des subjektiven Abfallbegriffs wird dem objektiven Abfallbegriff in Zukunft wohl geringere Bedeutung zukommen.[718]

3290 Die **Vermischung von Abfällen** ist weder durch das frühere AbfG noch das KrW-/AbfG generell verboten.[719] Ein Getrennthalten kann nach Auffassung des *BVerwG* nur verlangt werden, wenn das Vermischen von Abfällen nach den konkreten Umständen gegen die Grundpflicht des Erzeugers oder Besitzers zur gemeinwohlverträglichen Entsorgung nach § 5 II 4, § 11 II KrW-/AbfG verstößt. Danach können Abfälle mit dem Ziel vermischt werden, das Gemisch insgesamt zunächst der Verwertung und mit Blick auf den nicht verwertungsfähigen Rest der Beseitigung zuzuführen. Abfälle, die ohne Verstoß gegen Trennungsgebote vermischt worden sind, sind keine „Abfälle zur Beseitigung" (§ 13 I 2 KrW-/AbfG), wenn sie überwiegend verwertbar sind und einer Verwertung zugeführt werden. Es würde allerdings „Etikettenschwindel" betrieben, wenn die Beseitigung gegenüber der Verwertung die umweltverträglichere Lösung darstellt. Auch darf der quantitative bzw. substantielle Anteil an verwertungsfähigem Abfall bei den Abfallgemischen nicht so gering sein, dass sich die Vermischung als Umgehung der Überlassungspflicht darstellt. Für einen solchen Vorwurf bestehen allerdings bei einem Anteil von 75 % verwertungsfähigen Abfall keine Anhaltspunkte.[720] Von der Möglichkeit, das Getrennthalten gemäß § 7 I Nr. 2 bzw. § 12 I Nr. 1 KrW-/AbfG durch Rechtsverordnung zu regeln, hat der Bund bisher keinen Gebrauch gemacht.[721] Dies ermächtigt aber die Länder nach Auffassung des *VGH München* nicht zu landesrechtlichen Regelungen. Vielmehr hat das *BVerwG* durch die Auslegung des § 5 II 4 und § 11 II KrW-/AbfG im Ergebnis eine lückenlose Regelung angenommen.[722] Deshalb können Gemeinden als öffentlich-rechtliche Entsorgungsträger nur das Getrennthalten von Abfällen hinsichtlich der Einzelheiten der Überlassung regeln.[723] Im Sinne dieser gesetzlichen Vorgaben ist auch Nr. 4. 2 TA-Abfall auszulegen.[724] Mit der

---

[715] *Möhring* in: *Stüer* (Hrsg.) Verfahrensbeschleunigung, S. 209; *Versteyl/Wendenburg* NVwZ 1996, 937; *Dieckmann* ZUR 1995, 169; *Seibert* UPR 1994, 415; a. A. *Fluck* DVBl. 1995, 537, der darin eine weitere Form des objektiven Abfallbegriffs sieht.
[716] BVerwG, Urt. v. 24. 6. 1993 – 7 C 11.92 – BVerwGE 92, 353 = NJW 1993, 3087 = NVwZ 1993, 988; Urt. v. 24. 6. 1993 – 7 C 10.92 – BVerwGE 92, 359 = NJW 1993, 3087 = NVwZ 1993, 990.
[717] *Kunig* NVwZ 1997, 209; a. A. *Fritsch*, Das neue KrW- und Abfallrecht, Rdn. 164.
[718] *Versteyl/Wendenburg* NVwZ 1996, 937; *Fluck* DVBl. 1995, 537.
[719] BVerwG, Urt. v. 29. 4. 1999 – 7 C 22.98 – (unveröffentlicht); OVG Koblenz, B. v. 13. 1. 1999 – 8 B 12627/98 – DÖV 1999, 432; B. v. 3. 2. 1999 – 8 B 10134/99 – UPR 1999, 200; OVG Lüneburg, B. v. 6. 5. 1998 – 7 M 3055/97 – NVwZ 1998, 202.
[720] BVerwG, Urt. v. 15. 6. 2000 – 3 C 4.00 – DVBl. 2000, 1356.
[721] BVerwG, Urt. v. 15. 6. 2000 – 3 C 4.00 – DVBl. 2000, 1356.
[722] VGH München, Urt. v. 13. 11. 2000 – 20 N 99.2746 – NVwZ 2001, 704 = DÖV 2001, 258 bezugnehmend auf BVerwG, Urt. v. 15. 6. 2000 – 3 C 4.00 – DVBl. 2000, 1356.
[723] VGH München, Urt. v. 13. 11. 2000 – 20 N 99.2746 – DÖV 2001, 258.
[724] BVerwG, Urt. v. 29. 4. 1999 – 7 C 22.98 – (unveröffentlicht).

sich daraus ergebenden Vermischung von Abfällen und der überaus komplizierten Einordnung von Abfallgemischen als Abfall zur Verwertung oder Abfall zur Beseitigung sind zunehmend die Oberverwaltungsgerichte befasst worden. Werden die Abfälle nachträglich vermischt, erfolgt die Einordnung in Abfall zur Verwertung oder Abfall zur Beseitigung danach, in welchem Zustand sie anfallen. Dadurch soll verhindert werden, dass Abfälle zur Beseitigung durch die Vermischung mit anderen Stoffen in gesetzesumgehender Weise die höheren Anforderungen des Abfalls zur Verwertung erreichen. Dementsprechend sind Abfälle, die bei ihrem Anfall als Abfall zur Beseitigung eingestuft werden, auch nach der Vermischung noch als Abfall zur Beseitigung anzusehen.[725] Ein „Abfallgemisch" ist entweder insgesamt als Abfall zur Verwertung oder als Abfall zur Beseitigung zu qualifizieren.[726] Der Hauptzweck der Maßnahme kann dann unter Berücksichtigung der nutzbaren Teile in der Nutzung des Stoffes oder Beseitigung des Schadstoffpotenzials liegen. Das Abfallgemisch kann daher als Abfall zur Verwertung nur eingestuft werden, wenn der Abfallbesitzer konkrete Verwertungsmaßnahmen benennen oder die Möglichkeit einer zeitnahen Verwertung substantiiert aufzeigt. Kann er dies, handelt es sich um Abfall zur Verwertung.[727] So nach Auffassung der *OVG Münster* und *OVG Lüneburg*[728] sogar eine energetische Verwertung von Hausmüll oder hausmüllähnlichen Gewerbeabfällen möglich. Diese kann auch in einer Müllverbrennungsanlage erfolgen, deren Hauptzweck in der Verbrennung von Abfällen zur Beseitigung besteht.

Nach § 32 I KrW-/AbfG dürfen der Planfeststellungsbeschluss oder die Genehmigung **3291** u. a. nur erteilt werden, wenn sichergestellt ist, dass das **Wohl der Allgemeinheit** nicht beeinträchtigt wird, insbesondere Gefahren für die in § 10 IV KrW-/AbfG genannten Schutzgüter nicht hervorgerufen werden können und Vorsorge gegen die Beeinträchtigungen der Schutzgüter, insbesondere durch bauliche, betriebliche oder organisatorische Maßnahmen entsprechend dem Stand der Technik getroffen wird. Gem. § 12 III KrW-/AbfG ist unter dem Stand der Technik i. S. des KrW-/AbfG der Entwicklungsstand fortschrittlicher Verfahren, Einrichtungen oder Betriebsweisen zu verstehen, der die praktische Eignung einer Maßnahme für die umweltverträgliche Abfallbeseitigung gesichert erscheinen lässt. Damit enthält das KrW-/AbfG ein nicht auf einzelne Medien beschränktes, sondern auf die gesamte Umwelt ausgerichtetes Schutz- und Vorsorgekonzept.

3. System der Entsorgungsordnung

Das KrW-/AbfG stellt ein System der Entsorgungsordnung auf. Die Grundsätze der **3292** Kreislaufwirtschaft sind in § 4 KrW-/AbfG niedergelegt. Die Grundpflichten der Kreislaufwirtschaft ergeben sich aus § 5 KrW-/AbfG. Die Grundsätze der stofflichen und energetischen Verwertung sind in § 6 KrW-/AbfG niedergelegt. Die weiteren Anforderungen an die Kreislaufwirtschaft ergeben sich aus § 7 AbfG.

a) Grundsatz der Abfallvermeidung. Oberstes Ziel der abfallwirtschaftlichen Maß- **3293** nahmen ist dabei die Verringerung der Abfallmenge durch **Abfallvermeidung**. Aber auch

---

[725] *OVG Lüneburg*, B. v. 6. 5. 1998 – 7 M 3055/97 – NVwZ 1998, 1202; *OVG Münster*, B. v. 18. 9. 1998 – 22 B 1856/98 – NuR 1999, 167 = NWVBL 1999, 50; *VG Regensburg*, Urt. v. 10. 11. 1997 – RN 13 K 97.993 – NVwZ 1998, 431 bestätigt durch *VGH München*, B. v. 3. 2. 1998 – 20 ZB 98.196 – NVwZ 1998, 1205.
[726] *OVG Koblenz*, B. v. 3. 2. 1999 – 8 B 10134/99 – UPR 1999, 200; B. v. 13. 1. 1999 – 8 B 12627/98 – DÖV 1999, 432; B. v. 13. 2. 1998 – 8 B 13077/97 – UPR 1998, 240; *OVG Münster*, B. v. 25. 6. 1998 – 20 B 1424/97 – NVwZ 1998, 1207; *OVG Lüneburg*, B. v. 6. 5. 1998 – 7 M 3055/97 – NVwZ 1998, 1202.
[727] *OVG Münster*, B. v. 18. 9. 1998 – 22 B 1856/98 – NuR 1999, 167; B. v. 25. 6. 1998 – 20 B 1424/97 – NVwZ 1998, 1207; *OVG Lüneburg*, B. v. 6. 5. 1998 – 7 M 3055/97 – NVwZ 1998, 1202; in die Richtung *VG Regensburg*, Urt. v. 10. 11. 1997 – RN 13 K 97.993 – NVwZ 1998, 431 bestätigt durch *VGH München*, B. v. 3. 2. 1998 – 20 ZB 98.196 – NVwZ 1998, 1205.
[728] *OVG Lüneburg*, B. v. 6. 5. 1998 – 7 M 3055/97 – NVwZ 1998, 1202; *OVG Münster*, B. v. 25. 6. 1998 – 20 B 1424/97 – NVwZ 1998, 1207.

derjenige, der durch Verwertung von Altstoffen Rohstoffe substituiert, unterliegt den abfallrechtlichen Struktur- und Ordnungsprinzipien. Nach § 4 I KrW-/AbfG sind Abfälle in erster Linie zu vermeiden, insbesondere durch die Verminderung ihrer Menge und Schädlichkeit, und in zweiter Linie stofflich zu verwerten (stoffliche Verwertung) oder zur Gewinnung von Energie zu nutzen (energetische Verwertung). Maßnahmen zur Vermeidung von Abfällen sind insbesondere die anlageninterne Kreislaufführung von Stoffen, die abfallarme Produktgestaltung sowie ein auf den Erwerb abfall- und schadstoffarmer Produkte gerichtetes Konsumverhalten (§ 4 II KrW-/AbfG). Die stoffliche Verwertung beinhaltet die Substitution von Rohstoffen durch das Gewinnen von Stoffen aus Abfällen (sekundäre Rohstoffe) oder die Nutzung der stofflichen Eigenschaften der Abfälle für den ursprünglichen Zweck oder für andere Zwecke mit Ausnahme der unmittelbaren Energierückgewinnung. Eine stoffliche Verwertung liegt vor, wenn nach einer wirtschaftlichen Betrachtungsweise, unter Berücksichtigung der im einzelnen Abfall bestehenden Verunreinigungen, der Hauptzweck der Maßnahme in der Nutzung des Abfalls liegt und nicht die Beseitigung des Schadstoffpotenzials bezweckt wird (§ 4 III KrW-/AbfG). Die energetische Verwertung beinhaltet den Einsatz von Abfällen als Ersatzbrennstoff. Vom Vorrang der energetischen Verwertung unberührt bleibt die thermische Behandlung von Abfällen zur Beseitigung, insbesondere von Hausmüll (§ 4 IV KrW-/AbfG). Die Kreislaufwirtschaft umfasst auch das Bereitstellen, Überlassen, Sammeln, Einsammeln durch Hol- und Bringsysteme, Befördern, Lagern und Behandeln von Abfällen zur Verwertung (§ 4 V KrW-/AbfG).

3294 Der **Begriff Vermeidung** wird im Gesetz nicht definiert. Abfallvermeidung bedeutet, die Entstehung von Abfällen zu verhindern oder zu vermindern.[729] Im Gegensatz zum AbfG 1986 trifft § 4 I KrW-/AbfG eine klare Abgrenzung zwischen Vermeidung und Verwertung, die nach der alten Rechtslage zum Teil der Vermeidung zugerechnet wurde (vgl. § 1 II Nr. 3 VerpackVO).[730] Nach § 4 I Nr. 1 KrW-/AbfG soll die Vermeidung nicht nur durch Verminderung der Menge, sondern auch der Schädlichkeit der Abfälle erfolgen. Aufgrund des erweiterten Abfallbegriffs werden nach dem KrW-/AbfG auch die ehemaligen Reststoffe von der Vermeidungspflicht erfasst. Als konkrete Maßnahmen der Abfallvermeidung werden in § 4 II KrW-/AbfG die anlageninterne Kreislaufführung von Stoffen, eine abfallarme Produktgestaltung und ein auf den Erwerb abfall- und schadstoffarmer Produkte gerichtetes Konsumverhalten genannt. Der Grundsatz der Vermeidung ist auch im KrW-/AbfG nur als gesetzliches Programm ausgestaltet. Konkrete Rechtspflichten ergeben sich aus § 5 I KrW-/AbfG, der auf § 9 KrW-/AbfG sowie auf die nach den §§ 23, 24 KrW-/AbfG erlassenen Rechtsverordnungen verweist. Problematisch an den Regelungen zur Abfallvermeidung ist, dass sie Grundfragen einer freien Wirtschafts- und Gesellschaftsordnung berührt.[731] Es ist mit den Grundsätzen einer freien und sozialen Marktwirtschaft nicht vereinbar, wenn weniger Güter produziert und konsumiert werden, so dass sich Abfallvermeidung und Abfallwirtschaft letztendlich ausschließen.[732]

3295 **b) Abfallverwertung.** Der Begriff der Verwertung wird im KrW-/AbfG nicht geschlossen definiert.[733] In § 3 II KrW-/AbfG wird auf Anhang II B verwiesen, in dem bestimmte Verfahren zur Abfallverwertung festgelegt werden. Die Anhänge II A und II B sind ebenfalls der europäischen Abfallrahmenrichtlinie entnommen. Die Aufzählung der Verfahren ist exemplarisch, da eine abschließende Aufzählung die Entwicklung und Ein-

---

[729] *Bartlsperger* VerwArch. 86 (1995), 32; *Fluck*, Rdn. 72 zu § 4 KrW-/AbfG; *Brandt/Ruchay/Weidemann*, Rdn. 57 zu § 4 KrW-/AbfG.

[730] Verordnung über die Vermeidung von Verpackungsabfällen (Verpackungsverordnung – VerpackVO) v. 12. 6. 1991; *Brandt/Ruchay/Weidemann*, Rdn. 55 zu § 4 KrW-/AbfG; *ders.* NVwZ 1995, 631.

[731] *Bartlsperger* VerwArch. 86 (1995), 32.

[732] *Brandt/Ruchay/Weidemann*, Rdn. 57 zu § 4 KrW-/AbfG; *Möhring* in: *Stüer* (Hrsg.) Verfahrensbeschleunigung, S. 209.

[733] *Brandt/Ruchay/Weidemann*, Rdn. 12 zu § 4 KrW-/AbfG; *Fluck* NuR 1995, 233.

führung neuer Verfahren erschweren würde.[734] Letztendlich ist diese Diskussion jedoch müßig, weil einige der aufgeführten Verfahren derart weit gefasst sind, dass ihnen eine Auffangfunktion zukommt (z. B. R4 „Verwertung/Rückgewinnung anderer anorganischer Stoffe").[735] Der Anhang II B enthält somit keine echte Definition des Verwertungsbegriffs.[736] Allerdings werden die stoffliche und energetische Verwertung in § 4 III, IV KrW-/AbfG gesetzlich definiert. Diese Definitionen sollen der Abgrenzung der Verwertungstechniken untereinander sowie der Abgrenzung zur Beseitigung dienen.[737]

Die **Abgrenzung** von **Verwertungs- und Beseitigungsverfahren**, die sich schon seit langem zu einem abfallrechtlichen Steckenpferd in Deutschland und Europa entwickelt hat, bestimmt sich danach, ob der Hauptzweck der Verwendung eine sinnvolle Aufgabe erfüllt.[738] Dies setzt hinsichtlich Verbrennung des Abfalls voraus, dass mehr Energie erzeugt, als beim Verbrennungsvorgang verbraucht wird. Der durch die Verbrennung gewonnene Energieüberschuss muss tatsächlich genutzt werden, entweder in Form von Verbrennungswärme oder nach Umwandlung in Form von Elektrizität. Es muss die Hauptverwendung des Abfalls sein.[739] Auch bei der Einbringung des Abfalls ist auf die Hauptverwendung abzustellen. Der eingebrachte Abfall muss eine sinnvolle Aufgabe erfüllen, indem er andere Materialien ersetzt, die für diese Aufgabe hätten verwendet werden müssen.[740] Entgegen deutscher Praxis kommt es dabei weder auf die Erreichung eines bestimmten Heizwertes, noch auf den Schadstoffgehalt des Abfalls an.[741] Der duale Abfallbegriff des europäischen und deutschen Rechts mit Abfällen zur Verwertung oder zur Beseitigung steuert daher die inländischen und europäischen Abfallströme bei Abfällen zur Verwertung im Sinne der Privatautonomie der Kreislaufwirtschaft und bei Abfällen zur Beseitigung im Sinne einer teilweise öffentlichen Regulierung (Zwangsentsorgungsweg, Exporteinwendungen). Trotz dieser Rechtsprechung soll bei der Verbrennung von industriellen Sonderabfällen auch mit hohem Heizwert in einer Hausmüllverbrennungsanlage generell ein Beseitigungsvorgang vorliegen, für den eine Andienungspflicht an den Träger der Sonderabfallentsorgung besteht.[742]

Eine **Abfallverwertung**, die nach dem KrW-/AbfG **umweltverträglich** und **schadlos** ist, eine Beeinträchtigung des Wohls der Allgemeinheit nicht erwarten lässt und die auch dem Zweck des Chemikaliengesetzes, Mensch und Umwelt vor schädlichen Einwirkungen gefährlicher Stoffe zu schützen, Rechnung trägt, kann auf der Grundlage des Chemikaliengesetzes und des KrW-/AbfG nicht verboten werden.[743] Bei verfassungskonformer Auslegung der derzeitigen Fassung der Chemikalien-Verbotsverordnung gilt das Verbot des Inverkehrbringens von Asbestzement nicht für Verwertungsverfahren, die das Schadstoffpotenzial des Stoffes in hinreichendem Umfang (Zerstörung der Faserstruktur zu mindestens 99,9 %) beseitigen.[744]

---

[734] *Bothe* UPR 1996, 170; *Fluck* NuR 1995, 233; a. A. *von Köller*, KrW-/AbfG, S. 53.
[735] *Krieger* NuR 1995, 342.
[736] *Krieger* NuR 1995, 342; *Brandt/Ruchay/Weidemann*, Rdn. 35 zu § 4 KrW-/AbfG; Entwurf der LAGA-AG „Anlagen zur Verwertung und sonstigen Entsorgung", Stand 7. 3. 1996 (LAGA-Entwurf), Nr. 4.2, S. 20.
[737] *Brandt/Ruchay/Weidemann*, Rdn. 81 zu § 4 KrW-/AbfG; *Möhring* in: *Stüer* (Hrsg.) Verfahrensbeschleunigung, S. 209.
[738] BVerwG, Urt. v. 6. 11. 2003 – 7 C 2.03 – NVwZ 2004, 344 = DVBl. 2004, 625.
[739] EuGH, Urteile vom 13. 2. 2003 – C-228/00 u. 458/00 – DVBl. 2003, 511 u. 513.
[740] EuGH, Urt. v. 27. 2. 2002 – C-6/00 – DVBl. 2002, 539.
[741] EuGH, Urt. v. 27. 2. 2002 – C-6/00 – DVBl. 2002, 539; Urteile vom 13. 2. 2003 – C-228/00 u. 458/00 – DVBl. 2003, 511 u. 513.
[742] OVG Saarlouis, Urt. v. 22. 8. 2003 – 3 R 1/03 – AS RP-SL 30, 418 = AbfallR 2003, 304, für ölverschmutzte Aufsaug- und Filtermaterialien, Wischtücher und Schutzkleidung, die nach einer Konditionierung in einer Müllverbrennungsanlage verbannt werden.
[743] VGH Kassel, B. v. 18. 12. 2002 – 6 TG 2353/02 – ZUR 2003, 245 = NuR 2003, 432 = UPR 2003, 314 – Asbestzement.
[744] VGH München, B. v. 15. 10. 2003 – 20 CE 03.2282 – AbfallR 2003, 305 (LS).

3298 Ein Vertrag, in dem sich im Rahmen des § 16 I KrW-/AbfG ein öffentlich-rechtlicher Entsorgungsträger gegenüber einem anderen öffentlich-rechtlichen Entsorgungsträger zur Behandlung, Verwertung und weiteren Entsorgung der in dessen Gebiet angefallenen und überlassenen Abfälle verpflichtet, ist öffentlich-rechtlicher Natur. Die Abdeckung der **Basisabdichtung** einer **Hausmülldeponie** mit einer zwei Meter starken Schicht Feinmülls, um die Dichtung vor Beschädigung, Austrocknung und Frost zu schützen, stellt keine stoffliche Verwertung der Abfälle im Sinne des § 4 III KrW-/AbfG dar, sondern ist Abfallbeseitigung.[745]

3299 c) **Stoffliche und energetische Verwertung.** In § 4 II des Regierungsentwurfes war ursprünglich ein Regelvorrang der stofflichen Verwertung vorgesehen. Dieser wurde jedoch in der Ausschussbegründung aufgegeben.[746] Somit begründet auch die abgestufte Untergliederung der Verwertungsarten in § 4 I KrW-/AbfG keinen generellen Vorrang der stofflichen Verwertung vor der energetischen. Es handelt sich hierbei um die Aufzählung gleichberechtigter Alternativen.[747] Dennoch ist im KrW-/AbfG das Prinzip der Gleichrangigkeit der beiden Verwertungsarten aufgegeben worden, weil entweder aufgrund einer Rechtsverordnung nach § 6 I 4 KrW-/AbfG, oder aber kraft Gesetzes stets eine Vorrangentscheidung zu treffen ist.[748] Eine Vorrangentscheidung kommt allerdings nur dann in Betracht, soweit beide Verwertungsverfahren die Anforderungen des § 5 IV, V KrW-/AbfG erfüllen. Nach § 6 I 2 KrW-/AbfG hat die umweltverträglichere Verwertungsart Vorrang. Ordnet die zuständige Behörde ein Verwertungsverfahren gem. § 21 KrW-/AbfG an, hat sie im Einzelfall den Beweis für die bessere Umweltverträglichkeit einer Verwertungsart zu führen.[749] Ist eine Rechtsverordnung nicht erlassen worden und sind die Voraussetzungen des § 6 II KrW-/AbfG erfüllt, hat der Verwertungspflichtige ein Wahlrecht zwischen der stofflichen und energetischen Verwertung.[750] Unklar ist, ob das Wahlrecht erst dann ausgeübt werden kann, wenn vorher die bessere Umweltverträglichkeit nach § 6 I KrW-/AbfG geprüft und bejaht wurde. Für eine Einzelfallentscheidung werden keine ausdrücklichen Kriterien genannt, anhand derer die bessere Umweltverträglichkeit einer Verwertungsart festgestellt werden soll.[751] Lediglich in § 6 I 4 KrW-/AbfG wird festgelegt, dass der Vorrang einer Verwertungsart für bestimmte Abfallarten durch Rechtsverordnung „aufgrund der in § 5 V KrW-/AbfG festgelegten Kriterien unter Berücksichtigung der in Absatz 2 genannten Anforderungen" festgelegt werden kann. Soweit eine Rechtsverordnung nicht erlassen wird, wird § 5 V 2 KrW-/AbfG durch § 6 II KrW-/AbfG konkretisiert.[752] § 6 II KrW-/AbfG tritt somit an die Stelle einer Rechtsverordnung und erfüllt die gleiche Konkretisierungsfunktion, was eine Gegenüberstellung der beiden Vorschriften zeigt.[753] Somit ist § 6 II KrW-/AbfG vorrangig zu prüfen. Die Kriterien des § 6 I KrW-/AbfG unter Berücksichtigung des § 5 V 2 KrW-/AbfG sind bei einer Einzelfallentscheidung nicht heranzuziehen.[754]

---

[745] *VG Gießen*, B. v. 3. 4. 2003 – 6 G 4750/02 – NuR 2003, 504 – Abdichtung Hausmülldeponie.
[746] BT-Drs. 12/7284, S. 14.
[747] *Brandt/Ruchay/Weidemann*, Rdn. 62 zu § 4 KrW-/AbfG; *Fluck*, Rdn. 46 zu § 4 KrW-/AbfG.
[748] *Bartlsperger* VerwArch. 86 (1995), 32; *von Köller*, KrW-/AbfG, S. 74.
[749] BT-Drs. 12/7284, S. 14; aus dem Gesetz geht diese Beweisführungslast nicht hervor; *von Köller*, KrW-/AbfG, S. 74.
[750] *Fluck*, Rdn. 81 zu § 6 KrW-/AbfG; *ders.* NuR 1995, 233; *Krieger* NuR 1995, 342.
[751] *Fluck* NuR 1995, 233; a. A. *von Köller*, KrW-/AbfG, S. 74, der die in § 2 Nr. 1 S. 1 UVPG bestimmten Maßstäbe zur Prüfung heranziehen will.
[752] *Fluck* NuR 1995, 233.
[753] Ausführlich dazu *Fluck* NuR 1995, 233; *Möhring* in: *Stüer* (Hrsg.) Verfahrensbeschleunigung, S. 209.
[754] *Fluck*, Rdn. 61 zu § 6 KrW-/AbfG; a. A. wohl *Bartlsperger* VerwArch. 86 (1995), 32.

d) Vorrang der Verwertung vor der Beseitigung.
Gem. § 5 II 2 KrW-/AbfG hat die Verwertung Vorrang vor der Beseitigung. Die Pflicht zur Verwertung von Abfällen besteht jedoch gem. § 5 IV KrW-/AbfG nur, soweit sie technisch möglich und wirtschaftlich zumutbar ist. Sie entfällt hingegen nach § 5 V 1 KrW-/AbfG, wenn die Beseitigung die umweltverträglichere Lösung darstellt, sowie nach § 5 VI KrW-/AbfG bei Abfällen, die durch Maßnahmen der Forschung anfallen. Der Begriff der technischen Möglichkeit wird im Gesetz nicht definiert. Es wird nur ein Negativbeispiel in § 5 IV 2 KrW-/AbfG genannt, nämlich dass die Verwertung auch dann technisch möglich ist, wenn hierzu eine Vorbehandlung erforderlich ist. Entscheidend für die technische Möglichkeit ist, ob ein Verfahren nach dem Stand der Technik (§ 12 III KrW-/AbfG) in Betracht kommt,[755] d. h. es muss im konkreten Fall ein Verfahren vorhanden sein. Die wirtschaftliche Zumutbarkeit wird in § 5 IV 3 KrW-/AbfG definiert. Danach dürfen die mit der Verwertung verbundenen Kosten nicht außer Verhältnis zu den Kosten für eine Abfallbeseitigung stehen. Es handelt sich dabei um die Verhältnismäßigkeit im engeren Sinne (Angemessenheit).[756] Im Einzelfall ist eine Abwägung zwischen den Kosten der Verwertung und der Beseitigung vorzunehmen, wobei die kostengünstigsten Verfahren, die den gesetzlichen Anforderungen entsprechen, zu wählen sind.[757] Nach der Verkehrsanschauung ist zu ermitteln, ob die Mehrkosten der Verwertung für den Abfallerzeuger angemessen sind.[758] Dabei sind die besonderen Gegebenheiten des betroffenen Wirtschaftsbereiches und ihre jeweiligen spezifischen Besonderheiten zu berücksichtigen.[759] Des Weiteren muss gem. § 5 IV 1 HS 2 KrW-/AbfG ein Markt für die gewonnen Stoffe oder die Energie vorhanden sein oder geschaffen werden können. An die Stabilität eines solchen Marktes sind gewisse Anforderungen zu stellen, die Verwertungsprodukte müssen derzeit und für einen angemessenen Zeitraum absetzbar sein.[760] Der Verwertungsvorrang entfällt nach § 5 V KrW-/AbfG, soweit die Beseitigung die umweltverträglichere Lösung darstellt. Dies bedeutet nicht, dass der Abfallerzeuger beseitigen muss, er kann dennoch die Verwertung wählen, wenn sie schadlos erfolgt.[761] Eine weitere Ausnahme des Verwertungsvorrangs ist das Forschungsprivileg nach § 5 VI KrW-/AbfG, wonach die Erzeuger von Abfällen, die durch Maßnahmen der Forschung und Entwicklung unmittelbar und üblicherweise anfallen, von der Verwertungspflicht freigestellt werden.[762]

e) Beseitigung.
Die Anforderungen an die Beseitigung werden in den §§ 10 ff. KrW-/AbfG geregelt. Eine Definition der Abfallbeseitigung enthält § 10 I KrW-/AbfG,[763] wonach Abfälle, die nicht verwertet werden, dauerhaft von der Kreislaufwirtschaft auszuschließen und zur Wahrung des Wohls der Allgemeinheit zu beseitigen sind.

f) Abfallabgabengesetze.
In den Verfassungsbeschwerden zur verfassungsrechtlichen Zulässigkeit der Landesabfallabgabengesetze (AbfAbgG BW, ND, HE und SH) stellte sich für das *BVerfG* die Frage, ob die Landesabfallabgabengesetze mit dem Kooperationsprinzip des BImSchG vereinbar sind.[764] Nach der Kompetenzordnung der GG und dem Rechtsstaatsprinzip darf der Abgabengesetzgeber nur insoweit in den Kompetenzbereich

---

[755] *Von Köller*, KrW-/AbfG, S. 70; *Mann* UPR 1995, 180; *Petersen/Rid* NJW 1995, 7; abweichend *Fritsch*, Das neue KrW- und Abfallrecht, Rdn. 226, wonach die Anforderungen der technischen Möglichkeit über denen des Standes der Technik liegen; a. A. *Beckmann* DVBl. 1995, 313; *ders.* UPR 1996, 41, der es ausreichen lässt, wenn überhaupt ein technisches Verfahren zur Verfügung steht.
[756] *Fluck* NuR 1995, 233.
[757] *Fluck* NuR 1995, 233.
[758] *Fluck* NuR 1995, 233.
[759] *Von Köller*, KrW-/AbfG, S. 71.
[760] *Fritsch*, Das neue KrW- und Abfallrecht, Rdn. 230; *von Köller*, KrW-/AbfG, S. 71.
[761] *Fluck* NuR 1995, 233.
[762] *Möhring* in: *Stüer* (Hrsg.) Verfahrensbeschleunigung, S. 209.
[763] *Brandt/Ruchay/Weidemann*, Rdn. 82 zu § 4 KrW-/AbfG; a. A. LAGA-Entwurf Nr. 4.1, S. 19, wonach § 10 II KrW-/AbfG eine Definition des Beseitigungsbegriffs enthalten soll.
[764] *BVerfG*, Urt. v. 7. 5. 1998 – 2 BvR 1876/91 u. a. – DVBl. 1998, 702 = NVwZ 1998, 947.

des Sachgesetzgebers übergreifen, als die Lenkung weder der Gesamtkonzeption noch konkreten Einzelregelungen zuwiderläuft.[765] Das Immissionsschutzrecht beruht auf dem Kooperationsprinzip. Es bemisst die konkreten Umweltpflichten nach dem individualisierenden Maßstab der Verhältnismäßigkeit. Das Ziel der Abfallvermeidung und einer umweltverträglichen Verwertung kann daher jeweils nach den Möglichkeiten der einzelnen Anlage, ihres Trägers und Betreibers verwirklicht werden: Hierdurch erhält jeder Betreiber Wahlfreiheiten hinsichtlich der Handlungsmittel. Dagegen soll mit den in den Klagen angegriffenen Landesabfallabgaben die Abfallvermeidung und die Abfallverwertung gelenkt werden. Die abgabenrechtliche Lenkung wirkt auf den Adressaten ein und nimmt den Instrumenten einer bloßen Beratung, einer Verfahrensbeschleunigung oder zukünftiger Anordnungen ihre Offenheit und einen Teil ihrer Wirkungskraft. Somit laufen die Landesabfallabgabengesetze in ihrer Gestaltungswirkung den Regelungen des zuständigen Sachgesetzgebers zuwider.[766] Ein solcher Widerspruch zu dem im Immissionsschutzrecht geregelten Konzept der Kooperation ist im Kern dieser Landesgesetze angelegt und führt daher zu deren Gesamtnichtigkeit.[767]

3303 g) **Abfallsatzungen.** Auch Abfallsatzungen dürfen wegen des Rechtsstaatsprinzips und der bundesstaatlichen Kompetenzordnung keine Regelungen mit Lenkungswirkung enthalten, die der Konzeption eines Bundesgesetzes zuwiderlaufen.[768] Die Konzeption des KrW-/AbfG ist ebenso darauf ausgerichtet, das Ziel der Vermeidung und Verwertung von Einwegverpackungen unter Anwendung des Kooperationsprinzip zu erreichen. Diesem widerspricht es, wenn durch konkrete sanktionierte Lenkung mit kommunalen Steuern die Offenheit des abfallrechtlichen Instrumentariums unterlaufen wird. Diesen Beschränkungen unterliegt der Satzungsgeber auch bei Biotonnen, mit denen er eine Lenkungswirkung bewirkt oder bezweckt, die gegen die bundesrechtlich verfolgten Zwecke verstößt.[769] Ein solcher Zielsetzungskonflikt besteht zwischen den Verwertungsvorgaben, die das KrW-/AbfG für die häuslichen kompostierbaren Abfälle macht, und der Organisation des Systems der braunen Tonne. So darf nur wegen der Nichtkompostierung von Fleisch- und Fischabfällen, die sehr schwer kompostierbar sind und zudem nur einen geringen Teil des Bioanfalles ausmachen, nicht ein Anschluss an die braune Tonne gefordert werden. Eine solche Regelung missachtet die Grundkonzeption hinsichtlich der häuslichen kompostierbaren Abfälle nach den §§ 5 II 2, 13 I 1 KrW-/AbfG, bei der die Verwertung von den eigenen Erzeugern vorgenommen werden soll, und belastet sie unverhältnismäßig. Ein solches Regelungsverbot in einer kommunalen Satzung besteht nicht, wenn die Erzeuger oder Besitzer von Abfällen aus privaten Haushaltungen zu einer Verwertung nicht in der Lage sind, die Abfälle nicht beabsichtigen oder sie die Bioabfälle nicht selbst verwerten, sondern etwa einem Landwirt zur Ausbringung auf sein Feld übergeben. Die Abfallbesitzer nach § 13 I KrW-/AbfG sind dann vielmehr verpflichtet, diese den nach Landesrecht zur Entsorgung verpflichteten juristischen Personen (öffentlich-rechtliche Entsorgungsträger) zu überlassen.[770]

3304 Bei Bestehen der Überlassungspflicht können die Abfallbesitzer durch die Regelung in einer **Abfallwirtschaftssatzung** auch dazu verpflichtet werden, Verpackungsabfälle aus Haushaltungen zu einem Wertstoffzentrum (Wertstoffhof) oder zu einer mobilen Wertstoffsammelstelle (Wertstoffmobil) zu bringen. Die Verpflichtung kann sich auch darauf beziehen, die Bioabfälle in speziellen Plastikbeuteln zu sammeln und – ohne Zwischenlagerung in einer Biotonne – im Wochenrhythmus zur Abholung bereit-

---

[765] *BVerfG*, Urt. v. 7. 5. 1998 – 2 BvR 1991/95 und 2004/95 – BVerfGE 98, 106 = DVBl. 1998, 705 – Verpackungssteuer Kassel.
[766] *BVerfG*, Urt. v. 7. 5. 1998 – 2 BvR 1876/91 u. a. – DVBl. 1998, 702.
[767] *BVerfG*, Urt. v. 7. 5. 1998 – 2 BvR 1876/91 u. a. – DVBl. 1998, 702; Urt. v. 19. 10. 1982 – 2 BvF 1/81 – BVerfGE 61, 149; B. v. 12. 11. 1958 – 2 BvL 4, 26, 40/56, 1, 7/57 – BVerfGE 8, 274.
[768] *BVerfG*, Urt. v. 7. 5. 1998 – 2 BvR 1991 und 2004/95 – DVBl. 1998, 705 = NJW 1998, 2341.
[769] *OVG Münster*, Urt. v. 10. 8. 1998 – 22 A 5429/96 – DVBl. 1998, 1234 = NVwZ 1999, 91.
[770] *VGH Mannheim*, Urt. v. 22. 10. 1998 – 10 S 2614/97 – NVwZ 1998, 1200 = StuGR 1998, 308.

zustellen.⁷⁷¹ Dies gilt ebenfalls für schwer kompostierbare Bioabfälle, die einer Eigenkompostierung nicht zugänglich sind.⁷⁷²

Wird bei getrennter Entsorgung des **Bioabfalls** durch eine Biotonne für die Benutzung der gemeindlichen Abfallentsorgungseinrichtung eine Einheitsgebühr erhoben, die an den Maßstab der Benutzung der Restmülltonne anknüpft, dann benachteiligt dieser Maßstab die Gruppe der Grundeigentümer, die an der gemeindlichen Entsorgung des Bioabfalls wegen Befreiung vom Anschluss- und Benutzungszwang nicht teilnehmen.⁷⁷³ Zwar gestattet der sog. Grundsatz der Typengerechtigkeit dem Abgabengesetzgeber die verallgemeinernde und pauschalierende Anknüpfung an die Regelfälle eines Sachbereichs. Die Zahl der dem Typ widersprechenden Ausnahmen müssen dann aber geringfügig sein, die Auswirkungen auf die Betroffenen nicht erheblich und große Schwierigkeiten – insbesondere verwaltungspraktischer Art – bestehen. Eine Ungleichbehandlung ist daher nicht mehr gerechtfertigt, wenn über 10 % der Betroffenen die abgabenpflichtige Leistung nicht in Anspruch nehmen und durch eine Einheitsgebühr entsprechend mehr belastet werden.⁷⁷⁴ **3305**

Bisher haben sich die zur **Biotonne** ergangenen zahlreichen Entscheidungen ganz überwiegend nur mit deren gebührenmäßiger Behandlung, vor allem im Verhältnis zur Eigenkompostierung, befasst.⁷⁷⁵ Dabei ist auch eine Subventionierung der Biotonne für zulässig gehalten worden.⁷⁷⁶ Die Biotonne wird von der Rechtsprechung auch grundsätzlich als gesundheitlich unbedenklich angesehen.⁷⁷⁷ Lediglich das *OVG Koblenz* hat Gefahren für immungeschwächte Personen nicht ausschließen wollen, die sich beim Öffnen einer Biotonne mit Pilzsporen infizieren können, und dann eine Befreiung für geboten gehalten.⁷⁷⁸ **3306**

h) Abfallgebühren. Abfallgebühren werden von den Kommunen durch Satzung auf der Grundlage landesrechtlicher Regelungen erhoben. Bei der **gesetzlichen Gebührengestaltung** kann den Kommunen ein spürbarer Anreiz zur Abfallvermeidung vorgeschrieben werden. So greift die Regelung des § 12 II 2 NAbfG nicht in den durch Art. 28 II GG geschützten Kernbestand an hinreichend gewichtigen Aufgaben ein und beschneidet die Selbstverwaltungsgarantie nicht unverhältnismäßig.⁷⁷⁹ Auch im Übrigen ist eine solche Regelung mit höherrangigem Recht vereinbar, wenn durch die Gebührengestaltung ein nachhaltiger Anreiz zur Vermeidung von Abfällen geschaffen wird und der damit verfolgte Nebenzweck der Abfallvermeidung mit § 4 I Nr. 1 KrW-/AbfG übereinstimmt. Bei der Überprüfung der Vereinbarkeit einer Grundgebühr, die mehr als 50 % der gesamten **3307**

---

⁷⁷¹ *VGH Mannheim*, Urt. v. 18. 3. 1997 – 10 S 2333/96 – NVwZ 1997, 1025; Fortführung des B. v. 15. 11. 1994 – 10 S 1769/93 – dort zu § 3 I AbfG, bestätigt durch *BVerwG*, B. v. 27. 7. 1995 – 7 NB 1.95 – NVwZ 1996, 63.

⁷⁷² *OVG Münster*, Urt. v. 10. 8. 1998 – 22 A 5429/96 – DVBl. 1998, 1234 = NVwZ 1999, 91. Die Verpackungsverordnung gewährt den Betreibern dualer Systeme keinen öffentlich-rechtlichen Unterlassungsanspruch gegen Konkurrenzunternehmen, an denen ggf. auch öffentlich-rechtliche Körperschaften beteiligt sein können, so *VG Gießen*, Urt. v. 2. 4. 1998 – 6 G 1980/97 – (unveröffentlicht).

⁷⁷³ *BVerwG*, B. v. 28. 3. 1995 – 8 NB 3.93 – DÖV 1995, 826; B. v. 13. 4. 1994 – 8 NB 4.93 – KStZ 1994, 231; *OVG Münster*, Urt. v. 2. 7. 1997 – 22 A 1135/94 – NWVBl. 1998, 72.

⁷⁷⁴ *OVG Münster*, Urt. v. 17. 3. 1998 – 9 A 3871/96 – StuGR 1998, 281 = DVBl. 1998, 1240.

⁷⁷⁵ *BVerwG*, Urt. v. 20. 12. 2000 – 11 C 7.00 –; *OVG Bremen*, Urt. v. 12. 7. 2000 – 1 A 88/00 – NordÖR 2000, 516; *OVG Lüneburg*, Urt. v. 20. 1. 2000 – 9 K 2148/99 – NdsVBl. 2000, 113; *OVG Münster*, Urt. v. 10. 8. 1999 – 22 A 5429/96 – NVwZ 1999, 91.

⁷⁷⁶ *BVerwG*, Urt. v. 20. 12. 2000 – 11 C 7.00 – BVerwGE 112, 297 = DVBl. 2001, 488; *VGH München* vom 15. 9. 2000 – B 96.2924 – NVwZ-RR 2001, 130; vorangehend *OVG Bautzen*, Urt. v. 11. 12. 2002 – 5 D 40/00 – SächsVBl. 2003, 117.

⁷⁷⁷ *VGH München*, B. v. 4. 9. 2001 – 20 ZB 01.2266 – NVwZ-RR 2002, 270 = DöV 2001, 1007 – Biotonne; früher schon B. v. 17. 6. 1994 – 20 N 93.281 – Bayerischer Gemeindetag 1994, 213; *VGH Mannheim*, Urt. v. 18. 3. 1997 – 10 S 2333/96 – NVwZ 1997, 1025.

⁷⁷⁸ *OVG Koblenz*, Urt. v. 11. 9. 1996 – 8 C 12820/95 – NWStGB 1996, 415.

⁷⁷⁹ *BVerwG*, B. v. 26. 5. 1998 – 8 B 82.98 – UPR 1998, 391; B. v. 3. 5. 1994 – 8 NB 1.94 – DVBl. 1994, 820.

Gebührenbelastung beträgt, mit § 12 II 2 NAbfG, stellt das *OVG Lüneburg*[780] auf den Regelfall sowie die durchschnittliche Abfallmenge ab. Diese ist mit 10 Liter pro Person und Woche zu bemessen.[781] Ferner dürfen Mehrkosten, die durch die Übertragung der Abfallbeseitigung auf einen Privatunternehmer und/oder durch die Wahl des nicht billigsten Abfallbeseitigungssystems entstehen, nur in die Gebührenkalkulation eingestellt werden, wenn sachliche Gründe dafür bestehen, trotz der Mehrkosten eine Privatisierung durchzuführen und/oder das teurere System zu wählen. Die Erhebung einer gleich hohen Grundgebühr für die Abfallbeseitigung aller Wohnungen und Gewerbebetriebe, durch die lediglich 30 % der Gesamtkosten abgedeckt werden, ist mit Art. 3 I GG vereinbar.[782] Über das kommunale Gebührenrecht darf die durch § 3 II 2 AbfG bzw. § 16 I 1 KrW-/AbfG ermöglichte Beauftragung Dritter mit der Erfüllung von Entsorgungspflichten nicht gänzlich ausgeschlossen werden. Insofern können Mehrkosten mangels Erforderlichkeit für nicht gebührenfähige Kalkulationsposten gehalten werden, sobald diese durch den Dritten zumindest an anderer Stelle „erwirtschaftet" werden.[783]

3308 Die **Gebührenfähigkeit** von Aufwendungen für die Errichtung einer Einrichtung entfällt, wenn sich der Einrichtungsträger offensichtlich nicht an das Gebot der Wirtschaftlichkeit gehalten hat.[784] Vor-Planungskosten gehen nicht als Wert in die später betriebene Einrichtung in der Weise ein, dass sie sich entwerten und deshalb abgeschrieben werden können.[785] Zu dem für die Mitbenutzung einer Abfallentsorgungsanlage zu zahlenden Entgelt ist ein angemessener Teil an den Betriebskosten hinzuzurechnen, wenn diese im Rahmen eines ordnungsgemäßen Betriebes der Anlage entstanden und bei einer betriebswirtschaftlichen Gesamtbetrachtung vertretbar sind. In die Betriebskosten einzubeziehen sind auch Zinsaufwendungen für die Inanspruchnahme von Fremdkapital, wenn ansonsten ein ordnungsgemäßer (Weiter-)Betrieb der Abfallentsorgungsanlage nicht gewährleistet ist.[786] Nach § 13 I 1 KrW-/AbfG können die sog. Eigenkompostierer über einen für alle Haushalte einheitlichen Grundpreis an den Vorhaltekosten der gesamten Abfallentsorgungseinrichtung (einschließlich der Anlagen für Bioabfall) beteiligt werden. Die Kosten für die Aufstellung, Unterhaltung und Entleerung von Straßenpapierkörben sowie für die Entsorgung fortgeworfener und verbotswidrig abgelagerter Abfälle auf der der Allgemeinheit zugänglichen Grundstücken sind ansatzfähig.[787] Auch können Inhaber von Ferienwohnungen zur vollen Gebühr für die Müllabfuhr herangezogen werden, wenn Abfälle dort nicht nur ausnahmsweise anfallen.[788] Die Einführung einer personenbezogenen Festgebühr ohne Degression liegt im Ermessen des Satzungsgebers. Ihm steht es auch frei, ob er die Entleerungsgebühren in Abhängigkeit von Behältergröße und enthaltener Masse degressiv ausgestaltet.[789]

3309 Der **erweiterte Kostenbegriff** des § 9 II AbfG NRW 1992 gestattet es nicht, Planungsaufwendungen für die Herstellung einer projektierten Abfallanlage vor deren Inbetrieb-

---

[780] *OVG Lüneburg*, Urt. v. 24. 6. 1998 – 9 L 2722/96 – NdsVBl. 1998, 289 – Grundgebühr Abfallentsorgung.

[781] *OVG Lüneburg*, Urt. v. 26. 11. 1997 – 9 L 234/96 – Zeitschrift für Kommunalfinanzen 198, 205.

[782] *OVG Lüneburg*, Urt. v. 24. 6. 1998 – 9 L 2722/96 – NdsVBl. 1998, 289 – Grundgebühr Abfallentsorgung.

[783] *BVerwG*, B. v. 23. 11. 1998 – 8 B 173.98 – DVBl. 1999, 405.

[784] *OVG Koblenz*, Urt. v. 20. 9. 2001 – 12 A 10063/01 – NVwZ-RR 2002, 690 – Müllheizkraftwerk Pirmasens.

[785] *VGH Mannheim*, Urt. v. 18. 4. 2002 – 2 S 1383/00 – ESVGH 52, 197 = NVwZ-RR 2002, 776 – Umlage von Planungskosten.

[786] *VGH Kassel*, Urt. v. 1. 11. 2001 – 6 UE 887/95 – ESVGH 52, 127.

[787] *OVG Münster*, Urt. v. 4. 10. 2001 – 9 A 2737/00 – NVwZ-RR 2002, 684.

[788] *BVerwG*, B. v. 5. 11. 2001 – 9 B 50.01 – DVBl. 2002, 492 (LS) = NVwZ-RR 2002, 217.

[789] *OVG Bautzen*, Urt. v. 11. 12. 2002 – 5 D 13/02 – SächsVBl. 2003, 114 – personenbezogene Festgebühr.

nahme oder der endgültigen Aufgabe der Investitionsentscheidung als betriebsbedingten Aufwand in die Gebührenkalkulation einzustellen.[790] Gebührenfähig nach § 12 III Nr. 8 NAbfG können allerdings auch Aufwendungen für „Maßnahmen der Planung, Entwicklung und Untersuchung nicht verwirklichter Abfallentsorgungsanlagen" sein. Eine Gebührenpflicht kann danach entstehen, obwohl durch eine nicht verwirklichte Planung kein konkreter Vorteil entstanden ist. Diese Kosten müssen nicht beim allgemeinen Steuerzahler verbleiben, sondern können den Gebührenpflichtigen auferlegt werden. Allerdings sind die Planungsaufwendungen nach § 12 III Nr. 8 NAbfG nur dann gebührenfähig, wenn ihre Höhe nicht außer Verhältnis zum üblichen Planungsaufwand steht und das Scheitern der Maßnahme nicht vom öffentlich-rechtlichen Entsorgungsträger zu vertreten ist. Sind etwa die künftigen Entwicklungen des Abfallaufkommens und der Kapazitäten offenbar fehlerhaft eingeschätzt worden, dürfen die Planungskosten für eine neue Anlage nicht in der Gebühr veranschlagt werden.[791] Es wird vielmehr der allgemeine Steuerzahler zur Kasse gebeten.

Rückstellungen für vorhersehbare spätere Kosten der Nachsorge für eine Mülldeponie **3310** können sowohl nach § 9 II AbfG 1992 (NRW) im Rahmen einer Gebührenkalkulation als auch – falls vertraglich vereinbart – als Einzelwagnis (nach Nrn. 47 III, 49 LSP) im Rahmen einer Preiskalkulation eines Fremdleisters berücksichtigt werden. Nicht ansatzfähig ist demgegenüber die Mehrsteuer, wenn ein öffentlicher Aufgabenträger die Durchführung der Abfallbeseitigung zunächst auf eine GmbH überträgt und diese dann den öffentlichen Aufgabenträger wieder als Unterbeauftragten beschäftigt.[792]

Entscheidet sich der Satzungsgeber, für **Teilleistungen** der Abfallentsorgungseinrich- **3311** tung **verschiedene Gebührenmaßstäbe** und **Gebührensätze** festzulegen, so sind die Kosten jeweils getrennt zu ermitteln. Ergibt die Kalkulation hierbei für einen Teilbereich eine kostendeckende Gebühr in einer nicht angemessenen Höhe, kann die Gebühr zwar niedriger festgesetzt werden, darf aber nicht durch die Erhöhung der Gebühr eines anderen Teilbereiches ausgeglichen werden.[793] Aufwendungen, die einem bestimmten Bereich zugeordnet werden können, müssen bei einer Aufteilung der Kosten auf unterschiedliche Teilleistungsbereiche auch diesem Bereich zugeordnet werden. Bietet daher eine Gemeinde die getrennte Entsorgung von Rest- und Bioabfall mit der Möglichkeit der Nichtinanspruchnahme der Biomüllentsorgung für Eigenkompostierer an, ist eine Einheitsgebühr, die das Entgelt für Rest- und Biomüllentsorgung zusammenfasst, unzulässig, wenn sich die Gleichbehandlung bei der Gebührenbelastung der Eigenkompostierer erheblich auswirkt.[794] Auch der Grundsatz der Typengerechtigkeit kann diese Gleichbehandlung nicht rechtfertigen.[795]

Der Grundsatz, dass bei der Bildung von Teilleistungsbereichen mit **getrennten Ge-** **3312** **bührensätzen** und **Gebührenmaßstäben** die jeweils in einem Teilleistungsbereich anfallenden Kosten nur diesem Bereich zugeordnet werden dürfen,[796] gilt nach § 12 IV NAbfG in Niedersachsen allerdings nicht. Diese Durchbrechung des gebührenrechtli-

---

[790] *OVG Münster*, B. v. 24. 11. 1999 – 9 A 6065/96 – NVwZ 2000, 708.
[791] *OVG Lüneburg*, Urt. v. 20. 1. 2000 – 9 K 2148/99 – NdsVBl. 2000, 113; *VGH Mannheim*, Urt. v. 22. 10. 1998 – 2 S 399/97 VBlBW 1999, 219.
[792] *OVG Münster*, B. v. 24. 11. 1999 – 9 A 6065/96 – NVwZ 2000, 708.
[793] *VGH Mannheim*, B. v. 16. 6. 1999 – 2 S 782/98 – NVwZ-RR 2000, 51 = DVBl. 1999, 1669 für die Verteilung zwischen Abfällen aus gewerblichen Herkunftsbereichen und Hausmüll.
[794] *VGH Kassel*, Urt. v. 18. 8. 1999 – 5 UE 251/97 – DVBl. 2000, 645 für einen Anteil von 40 % der Biomüllentsorgungskosten an den Gesamtentsorgungskosten; vgl. aber auch *VGH München*, B. v. 29. 3. 1995 – 4 N 93.2548 – BayVBl. 1995, 628.
[795] *OVG Münster*, Urt. v. 17. 3. 1998 – 9 A 3871/96 – StuGR 1998, 281; Urt. v. 1. 7. 1997 – 9 A 3556/94 – ZKF 1999, 110.
[796] *VGH Mannheim*, B. v. 16. 6. 1999 – 2 S 782/98 – NVwZ-RR 2000, 51 = DVBl. 1999, 1669; *VGH Kassel*, B. v. 27. 4. 1999 – 5 N 3909/98 – DVBl. 1999, 1669; *OVG Koblenz*, Urt. v. 4. 2. 1999 – 12 C 13291/96 – DVBl. 1999, 1669.

chen Grundsatzes wird als sachgerecht angesehen, weil sie dem Ziel der Abfallvermeidung dient. Allerdings ist die Erhebung einer einheitlichen Biotonnengebühr für alle Benutzer der Biotonne unzulässig, weil so Anreize zur Abfallvermeidung und Abfallverwertung entfallen. Bei Erhebung einer Biotonnengebühr muss daher zumindest eine grobe Differenzierung hinsichtlich der Benutzergruppen vorgenommen werden. Soll für **gewerbliche** oder **industrielle Unternehmen** ein wesentlich niedrigerer Gebührensatz als für private Haushalte vorgesehen werden, müssen die Teilleistungsbereiche deutlich voneinander abgrenzbar sein. Auch muss die Ursache in einer deutlich unterschiedlichen Inanspruchnahme liegen. Dazu reicht nicht aus, dass Sperrmüll-, Schadstoff- und Wirtschaftssammlungen von gewerblichen Unternehmen nicht vollständig in Anspruch genommen werden oder diese Sammlungen durch Privathaushalte einen zusätzlichen erheblichen Gebührenbedarf verursachen. Grundstücke, die nur von ein oder zwei Personen bewohnt werden, dürfen nicht mit einer Mindestgebühr belegt werden. Denn die Fixkosten dürfen nicht bei besonderen Personengruppen gesondert und ohne eigenständigen Maßstab zusätzlich zu dem allgemein geltenden Gebührensatz berechnet werden.[797] Der Gebührenmaßstab kann allerdings personenbezogen ausgestaltet und dabei degressiv gestaffelt werden. Bestand kein Anschluss- und Benutzungszwang und wurde die fragliche Leistung auch tatsächlich nicht erbracht, ist die Gebührenpflicht nach dem Äquivalenzprinzip nicht entstanden. Wurde die Leistung jedoch in Anspruch genommen, entsteht die Gebührenpflicht, auch wenn kein Anschluss- und Benutzungszwang bestand.[798]

3313 Bei **kommunalen Gebühren** kann der Satzungsgeber einen **geeigneten Gebührenmaßstab** nach seinem **Satzungsermessen** wählen. Der Landesgesetzgeber ist allerdings befugt, durch eine Differenzierung der Abfallgebühren den Gebührenschuldnern für überdurchschnittliche individuelle Anstrengungen zur Vermeidung und Verwertung von Abfällen spürbare finanzielle Vorteile zu gewähren. Eine Abfallgebührensatzung verstößt gegen diese Grundsätze, wenn sie so unklar und verwirrend ist, dass sie keine nachhaltigen Impulse zur Vermeidung und Verwertung von Abfällen geben kann. Der Gebührenpflichtige muss bei einem personenbezogenen Behältervolumenmaßstab die Wahlmöglichkeiten und die damit verbundenen wirtschaftlichen Vorteile zuverlässig erkennen können.[799] Bei der Gebührenkalkulation können auch solche Kosten berücksichtigt werden, die der öffentlich-rechtliche Entsorgungsträger für die Entsorgung des sog. „wilden Mülls" im Rahmen der ihm obliegenden Entsorgungspflicht aufzuwenden hat.[800] Die Gerichte können die Angemessenheit der Kosten nur dann in Frage stellen, wenn die Aufwendungen schlechthin unvertretbar sind und den Grundsätzen der sparsamen Haushaltsführung eindeutig widersprechen.[801]

3314 Der kommunale Satzungsgeber handelt nicht willkürlich, wenn er die **Grundgebühr** für die Abfallentsorgung nach einem grundstücksbezogenen Maßstab bemisst. Das Verfassungsrecht enthält auch kein striktes Gebot der gebührenrechtlichen Leistungsproportionalität.[802] Das gilt zumindest dann, wenn es sich bei den nicht oder nur teilweise genutzten Teilleistungsbereichen um typischerweise anfallende Leistungen wie der Biomüllentsorgung handelt. Der hierfür anzusetzende Kostenanteil darf aber nicht im krassen Missverhältnis zu den Gesamtkosten stehen. Auch muss dem Gebührenpflichtigen jederzeit ein Wechsel zwischen den verschiedenen Teilleistungsbereichen möglich sein.

---

[797] *OVG Lüneburg*, B. v. 20. 1. 2000 – 9 K 2148/99 – NdsVBl. 2000, 113.

[798] *OVG Koblenz*, B. v. 25. 11. 1999 – 12 A 12472/98 – DVBl. 2000, 650.

[799] *OVG Weimar*, B. v. 11. 6. 2001 – 4 N 47/96 – LKV 2002, 526 = DVBl. 2002, 494 (LS) – § 4 IV ThAbfAG.

[800] *VGH Mannheim*, B. v. 29. 10. 2003 – 2 S 1019/02 – NVwZ-RR 2004, 286 = DöV 2004, 577 = DVBl. 2004, 586.

[801] *BVerwG*, B. v. 27. 5. 2003 – 9 BN 3.03 – NVwZ-RR 2003, 774 = DVBl. 2004, 200 – Kostenkalkulation.

[802] *BVerwG*, Urt. v. 21. 10. 1994 – 8 C 21.92 – NVwZ-RR 1995, 348.

Aus diesem Grund ist eine einheitliche Behältergebühr für die Abholung von Restabfall und von Bioabfall gerechtfertigt.[803]

Das **Äquivalenzprinzip** und der **Gleichheitssatz** verlangen keine Erhebung der Benutzungsgebühren strikt nach dem Maß der durch die jeweilige Benutzung verursachten Kosten.[804] Auch ist eine Quersubventionierung der Biotonne durch die Freistellung der ersten 60 l Bioabfall mit Art. 3 I GG und § 13 I 1 KrW-/AbfG vereinbar.[805] Auf diese Weise werden einerseits Anreize zur Trennung der Abfallfraktionen geschaffen und anderseits die Eigenkompostierer angeregt, die Biotonne für problematischen Bioabfall zusätzlich zu nutzen.[806] 3315

Bei einer **schrittweisen Einführung** der **Biotonne** können die bisherigen Gebührentarife aus Gründen der Verwaltungsvereinfachung für einen Übergangszeitraum unverändert beibehalten werden.[807] Ein gegen die Einführung von Bioabfallbehältern gerichtetes Bürgerbegehren kann der gesetzlichen Verpflichtung des Entsorgungsträgers zur getrennten Einsammlung und Verwertung kompostierbarer Abfälle zuwiderlaufen und daher unzulässig sein.[808] 3316

Kosten, die auf einer vorsehbaren **Überdimensionierung** eines **Müllheizkraftwerks** beruhen, dürfen grundsätzlich nicht auf die Benutzer umgelegt werden, wenn der Rückgang der zu beseitigenden Abfälle im Bereich des Gewerbe- und Industriemülls bereits rechtzeitig abzusehen war. Kostenüberschreitungen von bis zu 10 % sind bei einer abgabenrechtlichen Veranlagung nicht unerheblich. Ebenso dürfen keine Rückstellungen für Maßnahmen gebildet werden, deren Durchführung erst in mehr als drei Jahren zu erwarten ist.[809] 3317

Ein grundsätzlich zulässiger **Wahrscheinlichkeitsmaßstab** bei der Gebührenberechnung muss auf eine Berechnungsgrundlage zurückgreifen, die zutreffende Rückschlüsse auf das tatsächliche Maß der Benutzung der öffentlichen Einrichtung zulässt. Ein Gebührenmaßstab, der bei der Benutzung einer Erddeponie auf die Zahl der Achsen der anliefernden Fahrzeuge abstellt, genügt diesen Anforderungen nicht, da er keinen hinreichend genauen Anhaltspunkt für den Umfang der Benutzung der Deponie bietet.[810] Auch eine unterschiedliche Gebührenbemessung danach, ob (lose) Abfälle in einem Anhänger oder in einem anderen Transportmittel angeliefert werden, ist unzulässig, weil er keinen Bezug zum Ausmaß der Benutzung hat.[811] 3318

i) Entsorgungspflicht in besonderen Fällen. Gelangen Abfälle durch Naturvorgänge (Sturm, Überschwemmung) oder durch höhere Gewalt auf nicht frei zugängliche Grundstücke, ist es nicht Sache der Allgemeinheit, sondern des Eigentümers oder Besitzers, (potenziell) abfallrechtswidrige Zustände auf seinem Grundstück durch Überlassung 3319

---

[803] *BVerwG*, Urt. v. 20. 12. 2000 – 11 C 7.00 – DVBl. 2001, 488; a. A. anscheinend *OVG Münster*, Urt. v. 17. 3. 1998 – 9 A 1430/96 – NVwZ-RR 1998, 775 = DVBl. 1998, 734; *HessVGH*, Urt. v. 18. 8. 1999 – 5 UE 251/97 – DVBl. 2000, 645 = NVwZ-RR 2000, 387.

[804] *BVerwG*, Urt. v. 26. 10. 1977 – VII C 4.76 – BB 1978, 429.

[805] *BVerwG*, Urt. v. 20. 12. 2000 – 11 C 7.00 – DVBl. 2001, 488; zur Zulässigkeit von Lenkungszwecken in Gebührenregelungen *BVerfG*, B. v. 6. 2. 1979 – 2 BvL 5/76 – BVerfGE 50, 217 = DVBl. 1979, 774; B. v. 10. 3. 1998 – 1 BvR 178/97 – BVerfGE 97, 332 = DVBl. 1998, 699; *BVerwG*, B. v. 3. 5. 1994 – 8 NB 1.94 – DVBl. 1994, 820; B. v. 26. 5. 1998 – 8 B 82.98 – DVBl. 1998, 1224 = UPR 1998, 391.

[806] *BVerwG*, Urt. v. 20. 12. 2000 – 11 C 7.00 – DVBl. 2001, 488; dazu auch *OVG Bremen*, Urt. v. 12. 7. 2000 – 1 A 88/00 – NordÖR 2000, 516; *OVG Lüneburg*, Urt. v. 20. 1. 2000 – 9 K 2148/99 – NdsVBl. 2000, 113; *OVG Münster*, Urt. v. 10. 8. 1999 – 22 A 5429/96 – NVwZ 1999, 91 f.; *OVG Lüneburg*, Urt. v. 20. 1. 2000 – 9 K 2148/99 – NdsVBl. 2000, 113.

[807] *VGH München*, B. v. 15. 9. 2000 – 4 B 96.2924 – NVwZ-RR 2001, 130.

[808] *VG Hannover*, Urt. v. 23. 2. 2000 – 1 A 3488/99 – NdsVBl. 2001, 101.

[809] *VG Neustadt a. d. W.*, Urt. v. 19. 6. 2000 – 1 K 1121/00 – UPR 2001, 40.

[810] *VGH Mannheim*, B. v. 26. 6. 2000 – 2 S 132/00 – VBlBW 2001, 21.

[811] *VGH München*, B. v. 14. 6. 2000 – 4 N 96.3935 – BayVBl. 2001, 245 = NVwZ-RR 2001, 188.

der Abfälle an den Entsorgungspflichtigen zu beseitigen.[812] Die Begründung von Abfallbesitz durch das verbotswidrige Fortwerfen oder Ablagern von Abfällen durch Dritte auf nicht frei zugänglichen Grundstücken im Innenbereich[813] und im Außenbereich[814] ist nicht davon abhängig, ob der Eigentümer des Grundstücks gegen derartiges Tun wirksame Abwehrmaßnahmen treffen kann. Diese Grundsätze gelten auch für die Rechtslage nach dem KrW-/AbfG, so dass ein Rückgriff auf das Verursacherprinzip den Grundstückseigentümer nicht entlastet. Ebenfalls entsorgungspflichtig bleibt ein Konkursverwalter der eine immissionsschutzrechtlich genehmigungsbedürftige Anlage des Gemeinschuldners fortführt. Er muss als Betreiber der Anlage Reststoffe auch dann nach Maßgabe des § 5 I Nr. 3 BImSchG a. F. als Abfälle beseitigen, wenn diese bereits vor der Konkurseröffnung im Betrieb angefallen sind.[815] Für Altautos ist die Gemeinde nur bei eigenen kommunalen Fahrzeugen oder für solche Autos entsorgungspflichtig, die von Haltern im öffentlichen Straßenraum abgestellt und verlassen worden sind. Ansonsten handelt die Gemeinde bei ausreichend vorhandenen privaten Anbietern nach § 1 UWG wettbewerbswidrig.[816]

4. Produktverantwortung

3320 Das KrW-/AbfG leistet durch die in § 22 KrW-/AbfG geregelte **Produktverantwortung** und die **immissionsschutzrechtliche Vermeidungspflicht** (§ 9 KrW-/AbfG, § 5 I Nr. 3 BImSchG) einen wichtigen Beitrag zu abfallarmen Produktionsverfahren und zur Entwicklung abfallarmer Produkte. Der Begriff der Produktverantwortung wird im Gesetz nicht definiert, es wird in § 22 II KrW-/AbfG jedoch beispielhaft aufgelistet, was zum Inhalt der Produktverantwortung zählen soll. Darunter fallen z. B. die Herstellung von Erzeugnissen, die mehrfach verwendbar, langlebig und nach Gebrauch zur Verwertung und Beseitigung geeignet sind, sowie der vorrangige Einsatz von verwertbaren Abfällen und Sekundärrohstoffen und Kennzeichnungs- und Rücknahmepflichten. Nach § 22 I KrW-/AbfG sind die Entwickler, Hersteller und Vertreiber von Erzeugnissen die Produktverantwortlichen. Gem. § 22 IV KrW-/AbfG erfolgt die Konkretisierung der Pflichten durch Rechtsverordnungen der Bundesregierung hinsichtlich der Verpflichteten, des Anwendungsbereichs und Inhalts.[817]

3321 Ob sich aus der Produktionsverantwortung des § 22 KrW-/AbfG bereits vor Erlass entsprechender Rechtsverordnungen unmittelbare Verpflichtungen von Hersteller und Handel ableiten, wird zwischen Abfallwirtschaft und Ministerialverwaltung unterschiedlich beurteilt. Dabei ist umstritten, ob es sich bei der Vorschrift des § 22 KrW-/AbfG lediglich um einen Programmsatz[818] oder um eine „latente Grundpflicht"[819] handelt. Es ist allerdings klar, dass ohne vorherige Konkretisierung durch eine Rechtsverordnung ein Verstoß gegen § 22 KrW-/AbfG keinerlei unmittelbare Rechtsfolgen nach sich zieht und somit § 22 KrW-/AbfG allein nicht vollzugstauglich ist. Die Vorschrift ist aufgrund

---

[812] *BVerwG*, Urt. v. 11. 12. 1997 – 7 C 58.96 – DVBl. 1998, 336 = StuGR 1998, 63.
[813] *BVerwG*, Urt. v. 11.2.1983 – 7 C 45.80 – BVerwGE 67, 8; B. v. 20. 7. 1988 – 7 B 9.88 – NVwZ 1988, 1021.
[814] *BVerwG*, Urt. v. 19. 1. 1989 – 7 C 82.87 – NJW 1989, 1295 = DVBl. 1989, 522.
[815] *BVerwG*, Urt. v. 22. 10. 1998 – 7 C 38.97 – NVwZ 1999, 299 = DÖV 1999, 303. Zur Erforderlichkeit einer auf einem landesweiten Vollzugsprogramm zur Umsetzung des Reststoffvermeidungs- und Reststoffverwertungsverbots nach § 5 I Nr. 3 BImSchG beruhenden Überprüfung und Begutachtung der Arbeitsweise einer Lackieranlage als Voraussetzung für die Erhebung von Überwachungskosten gem. § 52 IV 3 BImSchG *VGH Kassel*, Urt. v. 17. 3. 1999 – 5 UE 2898/96 – NVwZ 1999, 1112 – Lackieranlage.
[816] *LG Wuppertal*, Urt. v. 29. 10. 1998 – 120 44/98 – AbfallPrax 1999, 36.
[817] *Möhring* in: *Stüer* (Hrsg.) Verfahrensbeschleunigung, S. 209.
[818] *Fluck* Rdn. 64 zu § 22 KrW-/AbfG; *Beckmann* UPR 1996, 41; *Weidemann* NVwZ 1995, 631; *Schmidt*, § 5, Rdn. 7; *Tettinger/Mann* in: Jahrbuch des Umwelt- und Technikrechts 1995, 113.
[819] *Petersen/Rid* NJW 1995, 7; *Hoffmann* DVBl. 1996, 898.

dessen nicht mit § 5 I BImSchG vergleichbar, dessen Durchsetzung mit den Mitteln des Verwaltungsrechts erzwingbar ist.[820] Zwar bedarf die Umsetzung der Produktionsverantwortung nach § 22 V KrW-/AbfG entsprechender Rechtsverordnungen der Bundesregierung. Wirtschaft und Handel seien jedoch bereits vor In-Kraft-Treten der Rechtsverordnungen auf die produktionsbezogene Abfallvermeidung verpflichtet, meinen die Vertreter einer vorwirkenden Geltung der abfallrechtlichen Produktverantwortung. Die umweltrechtlichen Grundpflichten seien bereits in dem Gesetz angelegt, so dass spätere Rechtsverordnungen nicht auf einen unüberwindbaren Vertrauensschutz von Industrie und Handel stoßen würden. Dem werden von Vertretern der Abfallwirtschaft die mangelnde Konkretheit der gesetzlichen Regelungen über die Produktverantwortung und der Grundsatz des Vertrauensschutzes entgegengehalten.

Das KrW-/AbfG leistet eine **Verzahnung** von **Immissionsschutzrecht** und **Kreislaufwirtschaftsrecht** und stellt durch § 9 KrW-/AbfG sicher, dass neben den immissionsschutzrechtlichen Erfordernissen auch den stofflichen Anforderungen der Kreislaufwirtschaft Rechnung getragen wird. Hierdurch wird der „blinde Fleck" zwischen Abfall- und Immissionsschutzrecht durch ein unkontrolliertes Ausschleusen von Schadstoffen in Produkte verhindert. **3322**

Der den Abfall transportierende selbstständige **Frachtführer** ist Abfallbesitzer im Sinne des Abfallrechts und kann für das Entsorgungsentgelt haften. Denn der Abfallbesitz setzt anders als im Zivilrecht keinen Besitzbegründungswillen voraus.[821] Demgegenüber ist ein angestellter **Fahrer** nur Besitzdiener und nicht Adressat des KrW-/AbfG.[822] Der Vermieter von Kesselwagen ist hingegen nicht Abfallbesitzer von Gegenständen, die der Mieter eingelagert hat. Er kann aber als Zustandsstörer nach Ordnungsrecht zur Beseitigung von Gefahren für abfallwidrigen Sondermüll als Eigentümer der Kesselwagen in Anspruch genommen werden.[823] **3323**

Im Abfallrecht ist an die rechtliche und tatsächliche **Verantwortlichkeit** für eine **Deponie** anzuknüpfen und nicht an die sachenrechtliche Eigentümerstellung und auch nicht an eine frühere Rechtsstellung.[824] So ist die Treuhandanstalt abfallrechtlich verantwortlich, wenn sie sich verpflichtet hat, für die den Vertragspartner treffenden Folgen einer früheren Bodenverseuchung einzutreten.[825] Kreisangehörige **Gemeinden** haften als ehemalige Inhaberinnen von Deponien für deren Sanierung, soweit diese nicht im Rahmen der Neuorganisation der Abfallbeseitigung auf den Landkreis übertragen worden sind. Diese Haftung wird im Außenverhältnis nicht dadurch ausgeschlossen, dass sich die Gemeinden im Gegensatz zu Landkreisen nicht durch Abfallgebühren refinanzieren können.[826] **3324**

5. Überlassungs-, Andienungs- und Grundpflichten

Das KrW-/AbfG führt ein neues, allerdings in seinen Einzelheiten sehr kompliziertes System von Überlassungs-, Andienungs- und Grundpflichten ein. Entscheidend für die zugrunde liegende Systematik aus einem Geflecht von Ausnahmen, Ausnahmen von Ausnahmen, Rücknahmen von Ausnahmen und von Einzelregelungen ist die Unterscheidung zwischen **Abfällen zur Verwertung** und **Abfällen zur Beseitigung**, an die das Gesetz im Hinblick auf die Entsorgungsträgerschaft und Entsorgungsverantwortlichkeit **3325**

---

[820] So auch *Hoffmann* DVBl. 1996, 898.
[821] Dazu *BVerwG*, Urt. v. 11. 2. 1983 – 7 C 45.80 – BVerwGE 67, 8 = DVBl. 1983, 637; Urt. v. 11. 12. 1997 – 7 C 58.96 – BVerwGE 106, 43 = DVBl. 1998, 336.
[822] *OLG Naumburg*, Urt. v. 22. 6. 2000 – 7 U (Hs) 64/99 –.
[823] *OVG Magdeburg*, B. v. 8. 9. 2000 – B 2 S 677/99 – JMBl. ST 2001, 9–10.
[824] *BVerwG*, B. v. 25. 1. 2000 – 3 B 1.00 – Buchholz 451.221 § 36 KrW-/AbfG S. 2.
[825] *BVerwG*, B. v. 7. 12. 2000 – 3 B 148.00 – NVwZ 2001, 686 = LKV 2001, 228; Urt. v. 3. 8. 2000 – 3 C 29.99 – NVwZ 2001, 572.
[826] So für Art. 7 V Nr. 2 BayAbfG *VGH München*, B. v. 2. 2. 2001 – 20 ZB 00.3551 – DVBl. 2001, 670.

höchst unterschiedliche Rechtsfolgen anknüpft. Die bisherigen Abgrenzungsprobleme des Abfallbegriffs sind daher nicht entfallen, sondern lediglich auf die Abgrenzung von Abfällen zur Beseitigung und Verwertung verlagert worden. Zu den zentralen Grundpflichten rechnen die Verwertungspflichten nach § 5 II 1 KrW-/AbfG und die umweltverträglichen Beseitigungspflichten nach § 11 I KrW-/AbfG. Als Ausnahmeregelung von diesen Grundpflichten stellen sich die bundesrechtlich geregelten Überlassungspflichten (§ 13 I bis III KrW-/AbfG), die landesrechtlich geregelten Überlassungspflichten für besonders überwachungsbedürftige Abfälle (§ 13 IV 1 bis 3, 5 KrW-/AbfG) sowie die landesrechtlich geregelten Andienungspflichten für besonders überwachungsbedürftige Abfälle (§ 13 IV 1 bis 3, 5 KrW-/AbfG) dar. Der Begriff der Andienungspflicht eröffnet für den Landesgesetzgeber einen weiten Gestaltungsspielraum.

3326 Die Regelungsbefugnis des öffentlich-rechtlichen Entsorgungsträgers beschränkt sich bei nach Bundesrecht überlassungspflichtigen Abfällen auf die **Art** und **Weise** der **Überlassung**, da das „Ob" der Überlassung von Abfällen in § 13 I KrW-/AbfG bereits abschließend geregelt ist. Nur das „Wie" der Ausgestaltung der Überlassungspflicht regelt das KrW-/AbfG nicht. Hier sind konkretisierende Regelungen durch den Landesgesetzgeber möglich und nur insoweit können auch die damit zusammenhängenden Fragen den öffentlich-rechtlichen Entsorgungsträgern übertragen werden.[827] Die Zuständigkeit für die Ausführung des KrW-/AbfG ergibt sich dabei aus den Landesgesetzen. Demzufolge kann in Hessen der handelnde Landkreis keine Überlassungspflichten durch Satzung begründen.[828]

3327 Wegen der Abgrenzungsschwierigkeiten zwischen Abfall zur Verwertung und Abfall zur Beseitigung wird von den Behörden gefordert, die abstrakten Vorgaben des KrW-/AbfG in Ordnungsverfügungen einzelfallbezogen umzusetzen. Die Überlassungspflicht müsse schon auf der Anordnungs- bzw. Verfügungsebene begründet werden und könne nicht erst der Vollstreckungsebene überlassen bleiben.[829] Ein Abfallgemisch aus Abfällen zur Beseitigung und zur Verwertung unterliegt daher nicht zwangsläufig der Überlassungspflicht.[830] Vielmehr muss die Andienungspflicht schon aus Gründen der Bestimmtheit bereits in der Ordnungsverfügung hinreichend deutlich erkennbar sein.[831] Entfällt nach § 5 V KrW-/AbfG der Vorrang der Verwertung vor der Beseitigung, weil die Beseitigung von Abfällen die umweltverträglichere Lösung darstellt, kann unter der Voraussetzung des § 13 I 2 KrW-/AbfG die **Überlassung** an die beseitigungspflichtige Körperschaft angeordnet oder alternativ bei einer dennoch beabsichtigten Verwertung eine schadlose Beseitigung vorgeschrieben werden.[832]

3328 Bei einem nach dem Anfall der Abfälle hergestellten Gemisch aus Abfällen zur Verwertung und zur Beseitigung (**Abfallgemisch**) beschränkt sich die Überlassungspflicht auf die Abfälle zur Beseitigung, sofern eine Entmischung dieser Fraktionen noch möglich ist.[833] Kann jedoch eine Entmischung der Abfälle nicht mehr vorgenommen werden, besteht hinsichtlich des Gesamtgemisches eine Überlassungspflicht nach § 13 I 2 KrW-/AbfG.[834] Bei gemischt anfallenden Abfällen ist auf dieses Abfallgemisch als den „einzelnen Abfall" abzustellen und nach dem Hauptzweck zu prüfen, ob Abfall zur Verwertung

---

[827] *VGH Mannheim*, Urt. v. 22. 3. 2001 – 2 S 2043/00 – VHGBW-Ls 2001, Beilage 6 B 1; HessVGH, B. v. 4. 9. 2000 – 6 TG 1886/00 – NVwZ 2001, 108.
[828] *VGH Kassel*, B. v. 4. 9. 2000 – 6 TG 1886/00 – NVwZ 2001, 108; anders nach § 41 III NdsAbfG und § 34 NRWAbfG.
[829] *VGH Mannheim*, B. v. 5. 10. 1999 – 10 S 1059/99 – NVwZ 2000, 91.
[830] *VGH Mannheim*, B. v. 31. 5. 1999 – 10 S 2766/98 – NVwZ 1999, 1243.
[831] *VGH Mannheim*, B. v. 5. 10. 1999 – 10 S 1095/99 – DÖV 2000, 24.
[832] *VGH München*, B. v. 17. 6. 1999 – 20 CS 99.1215 u. 1347 – NVwZ 1999, 1248.
[833] *OVG Koblenz*, B. v. 13. 1. 1999 – 8 B 12627/98 – DÖV 1999, 432; B. v. 13. 2. 1998 – 8 B 13077/97 – UPR 1998, 240; *VGH München*, B. v. 3. 2. 1998 – 20 ZB 98.196 – NVwZ 1998, 1205.
[834] *OVG Koblenz*, B. v. 3. 2. 1999 – 8 B 10134/99 – UPR 1999, 200; B. v. 13. 1. 1999 – 8 B 12627/98 – DÖV 1999, 432.

oder zur Beseitigung vorliegt.[835] Für den Abfall zur Verwertung besteht auch bei untergeordneten Beimischungen keine Überlassungspflicht. Eine Abfallüberlassungspflicht für Abfälle nach § 13 I 2 KrW-/AbfG liegt auch dann nicht vor, wenn „Abfälle zur Beseitigung" in eigenen Anlagen des Abfallerzeugers/Abfallbesitzers beseitigt werden und überwiegende öffentliche Interessen eine Überlassung der Abfälle nicht erfordern.[836] Die Funktionsfähigkeit oder wirtschaftliche Auslastung der bestehenden oder künftigen Abfallbeseitigungsanlagen öffentlich-rechtlicher Entsorgungsträger darf allerdings nicht beeinträchtigt werden. Zudem muss die Anlage eine „eigene" i. S. v. § 13 I 2 KrW-/AbfG sein und einen räumlichen Bezug aufweisen. Eine durch einen Dritten betriebenen Sortierungsanlage, die viele 100 km vom Abfallentstehungsort entfernt liegt, lässt die Überlassungspflicht nicht entfallen.

Der Grundsatz der ordnungsgemäßen und schadlosen Verwertung hat nach § 5 II 2 KrW-/AbfG Vorrang vor der Beseitigung. Die Verwertung erfolgt ordnungsgemäß, wenn sie im Einklang mit öffentlich-rechtlichen Vorschriften steht. Sie ist schadlos, wenn nach der Beschaffenheit der Abfälle, dem Ausmaß der Verunreinigung und der Art der Verwertung Beeinträchtigungen des Wohls der Allgemeinheit nicht zu erwarten sind, insbesondere keine Schadstoffanreicherung im Wertstoffkreislauf erfolgt (§ 5 III KrW-/AbfG). Der unbestimmte Gesetzesbegriff der Gemeinwohlerforderlichkeit darf allerdings nicht zum Einfallstor für die Ausdehnung der Überlassungspflicht gemacht werden. Auch verbietet es sich, den Begriff der Gemeinwohlerforderlichkeit uferlos mit Fragen der Ortsnähe, der Gebietsbezogenheit, des Staatsziels Umweltschutz und gemeinschaftsrechtlichen Überlegungen zu verknüpfen.

Abfälle aus **privaten Haushalten** (§ 13 I 1 KrW-/AbfG) und Abfälle aus **anderen Herkunftsbereichen** (§ 13 I 2 KrW-/AbfG) sind unter bestimmten Voraussetzungen öffentlich-rechtlichen Entsorgungsträgern zu überlassen. So wird etwa privater Hausmüll zur Beseitigung von der Überlassungspflicht ganz erfasst, Hausmüll zur Verwertung nur dann, wenn der Abfallverursacher zur Verwertung nicht in der Lage ist oder diese nicht beabsichtigt. Die übrigen Abfälle zur Verwertung unterliegen nicht der Überlassungspflicht. Abfälle zur Beseitigung aus anderen Herkunftsbereichen sind von der Überlassungspflicht erfasst, soweit die Abfallverursacher diese nicht in eigenen Anlagen beseitigen oder nicht überwiegende öffentliche Interessen eine Überlassung erfordern. Das Gesetz hinterlässt dabei zahlreiche Fragen: Besteht ein subjektives Recht auf Verwertung des Hausmülls? Was sind im Gewerbemüllbereich eigene Anlagen? Inwieweit werden überwiegende öffentliche Interessen zum Einfallstor für die öffentlich-rechtlichen Entsorgerinteressen? Wem kommt die Konkretisierungsbefugnis für solche Interessen zu, nur dem Landesgesetzgeber oder auch dem kommunalen Satzungsgeber? Es handelt sich jedenfalls um eine nachvollziehende, nicht gestalterische, autonome Abwägung. Recht kompliziert und teilweise unklar ist auch die in § 13 IV KrW-/AbfG enthaltene Ermächtigung, Andienungs- oder Überlassungspflichten zu bestimmen.

Die Einführung eines **generellen Bringsystems** für überlassungspflichtige Abfallbesitzer ist unzulässig.[837] Das Einsammeln der Abfälle bleibt eine öffentliche Aufgabe. Die dem überlassungspflichtigen Abfallbesitzer auferlegte Pflicht zur Verbringung von Abfällen zu einer zentralen Sammelstelle darf daher der Sache nach nicht zu einem „Einsammeln" und „Befördern" von Abfällen i. S. der §§ 4 V, 10 II 1 KrW-/AbfG werden. Individuelle Besonderheiten wie etwa die jeweilige örtliche Situation, vor allem die Erschließung der Grundstücke,

---

[835] *OVG Koblenz*, B. v. 3. 2. 1999 – 8 B 10134/99 – UPR 1999, 200; B. v. 13. 1. 1999 – 8 B 12627/98 – DÖV 1999, 432; B. v. 13. 2. 1998 – 8 B 13077/97 – UPR 1998, 240; *OVG Münster*, B. v. 25. 6. 1998 – 20 B 1424/97 – NVwZ 1998, 1207; *OVG Lüneburg*, B. v. 6. 5. 1998 – 7 M 3055/97 – NVwZ 1998, 1202.

[836] *VG Sigmaringen*, B. v. 26. 1. 1998 – 3 K 1517/96 – NVwZ 1998, 429, die Frage im Beschwerdezulassungsverfahren offen lassend *VGH Mannheim*, B. v. 24. 3. 1998 – 10 S 493/98 – NVwZ 1998, 1206.

[837] *BVerwG*, B. v. 27. 7. 1995 – 7 NB 1.95 – BVerwGE 99, 88.

dürfen jedoch berücksichtigt werden. Bei einem Außenbereichsgrundstück etwa, das aufgrund von Gefälle und scharfen Kurven der Straße nur schwer anfahrbar und wegen einer verkehrsrechtlichen Anordnung für Fahrzeuge mit einem Gesamtgewicht von mehr als 2,5 t gesperrt ist, können sich gesteigerte Bringpflichten des Anliegers ergeben. Ein öffentlich-rechtlicher Entsorgungsträger ist dann nicht in derselben Weise wie im Innenbereich zur Abholung der Abfälle am Grundstück verpflichtet. Auch der Transport der Abfallsäcke zu einem mehrere hundert Meter entfernt liegenden Müllgroßbehälter kann dann dem Verhältnismäßigkeitsgrundsatz entsprechen, selbst wenn der Bewohner nicht über ein Kraftfahrzeug verfügt oder öffentliche Verkehrsmittel für den Transport nutzen kann.[838]

3332 Die Verpflichtung zur Entsorgung der in einer **Biogasanlage** verbliebenen Sonderabfälle findet ihre materiellrechtliche Grundlage in § 11 I KrW-/AbfG.[839] Danach trifft die Pflicht zur Beseitigung nicht verwertbarer Abfälle gleichermaßen den Erzeuger und den Besitzer. Dabei kann neben dem Ersterzeuger, in dessen Betrieb der Abfall entstanden ist, auch derjenige Erzeuger sein, der durch das Einbringen in eine Beseitigungsanlage eine Vermischung oder sonstige Behandlung vornimmt, die zur Veränderung der Natur oder der Zusammensetzung der Abfälle führt (§ 3 V KrW-/AbfG).[840] Für den Abfallbesitz nach § 3 VI KrW-/AbfG genügt die tatsächliche Sachherrschaft, die nicht gegeben ist, wenn das Grundstück aufgrund eines gesetzlichen Betretungsrechts frei zugänglich ist.[841]

3333 Wird ein Eigentümer zur Abfallbeseitigung herangezogen, muss die in Art. 14 I GG vorausgesetzte **Privatnützigkeit** des Grundeigentums gewahrt bleiben.[842] Grundsätzlich ist den Betroffenen allerdings eine über den Verkehrswert ihres Hofgrundstücks hinausreichende Kostenbelastung zumutbar, wenn sie zugelassen haben, dass das Grundstück in einer risikoreichen Weise genutzt wird.[843] Hat jemand Abfall unerlaubt abgelagert, so kann er nach dem Grundsatz der Verhaltensverantwortlichkeit vollumfänglich in Anspruch genommen werden, wenn er wesentlich zu den Ablagerungen beigetragen sowie durch eigenes Verhalten bewirkt hat, dass die Ablagerungen anderer nicht mehr abgesondert werden können.[844] Die Bundesrepublik Deutschland ist Besitzerin von Abfällen, die auf dem Gelände ihrer Schifffahrtsanlagen an den Bundeswasserstraßen abgelegt werden.[845]

3334 Die Andienungspflicht von **Altölen** hat das *OVG Lüneburg* entsprechend dem Wortlaut des § 3 II Nr. 6 KrW-/AbfG und ihrem Zweck dahin ausgelegt, dass die dort genannte „Aufarbeitung oder energetische Verwertung" dieselbe Bedeutung wie der Begriff „Verwertung" in § 5a II 1 AbfG hat. Demzufolge kann ein solches Unternehmen ohne Andienungspflichten betrieben werden, wenn sich die Aufarbeitung von Altölen in dem durch § 5a II 1 AbfG gezogenen Rahmen hält.[846] Diese Auffassung ist durch das *BVerwG* bestätigt worden. Demgemäß unterliegen alle Altöle, die i. S. des – nach Maßgabe des § 64 KrW-/AbfG weitergeltenden – § 5a II 1 AbfG der Verwertung in hierfür nach § 4 BImSchG genehmigten Anlagen zugeführt werden, keiner Andienungspflicht.[847] Unter

---

[838] *BVerwG*, Urt. v. 25. 8. 1999 – 7 C 27.98 –.
[839] *BVerwG*, Urt. v. 18. 10. 1991 – 7 C 2.91 – BVerwGE 289, 138 = DVBl. 1992, 308.
[840] *VGH München*, B. v. 26. 11. 2002 – 22 CS 02.2403 – NVwZ 2003, 363 – Biogasanlage.
[841] *OVG Lüneburg*, Urt. v. 20. 12. 2001 – 7 L 5659/98 – DVBl. 2002, 572 (LS) = NuR 2002, 374.
[842] *BVerwG*, Urt. v. 11. 12. 1997 – 7 C 58.96 – DVBl. 1998, 336; *BVerfG*, Urt. v. 16. 2. 2000 – 1 BvR 242/91 u. 1 BvR 315/99 – DVBl. 2000, 1275.
[843] *VGH München*, B. v. 26. 11. 2002 – 22 CS 02.2403 – NVwZ 2003, 363, abfallrechtliche Verantwortlichkeit für den Betrieb einer Biogasanlage (Vermischung mit Sonderabfällen und Ausbringen auf Ackerfläche). Zur Verantwortlichkeit für die Altlastensanierung am Standort einer chemischen Reinigung *VGH München*, Urt. v. 25. 11. 2002 – 22 B 00.1203 – BayVBl. 2003, 466.
[844] *VGH München*, B. v. 22. 9. 2003 – 20 ZB 03.1166, 20 ZB 03.1352 – NVwZ-RR 2004, 97 = NuR 2004, 37 = UPT 2004, 37.
[845] *BVerwG*, Urt. v. 8. 5. 2003 – 7 C 15.02 – DVBl. 2003, 1076 = NVwZ 2003, 1252.
[846] *OVG Lüneburg*, B. v. 21. 7. 1997 – 7 K 424/96 –.
[847] *BVerwG*, B. v. 23. 2. 1998 – 7 BN 2.97 – DÖV 1998, 688 = UPR 1998, 381.

dem Begriff „Altöl" i. S. von § 5 a I 2 AbfG hatte der *VGH Kassel*[848] sämtliche ölhaltigen Abfälle und Rückstände verstanden, gleich ob sie von gebrauchten oder ungebrauchten Mineralölen herrühren. Dem ist das *BVerwG*[849] nicht gefolgt. Abfälle und Rückstände aus der Erstraffination von Mineralöl gehören danach nicht zum Altöl i. S. der gesetzlichen Definition. Es werden nur Stoffe erfasst, die durch Be- oder Verarbeitung die Eigenschaft eines verwendungsfähigen Erzeugnisses erlangen und später für den ursprünglichen Verwendungszweck unbrauchbar werden. Anhaltspunkte für diese Auslegung bietet schon der Wortlaut des § 5 a I 2 AbfG. Nur gebrauchte ölhaltige Stoffe sind dort als Altöl bezeichnet. Dementsprechend unterscheiden sich Altöle von den Neu- oder Frischölen durch das Merkmal „gebraucht". Ob ein Stoff als Sonderabfall der Andienungspflicht unterliegt, kann nicht rein stoffbezogen, sondern nur unter Berücksichtigung der konkreten Verwendungsabsichten und Möglichkeiten des Besitzers beurteilt werden.[850] Altstoffe mit negativem Marktwert unterfallen in aller Regel, aber nicht ausnahmslos, dem Abfallbegriff in § 1 I 1 AbfG. Diese Indizwirkung kann mit Blick auf eine private, das Wohl der Allgemeinheit wahrende Weiterverwertung widerlegt werden.

Für **Altöle** sind im Übrigen die Vorgaben des europäischen Richtlinienrechts zu beachten. Die Bundesrepublik Deutschland hat gegen ihre Verpflichtungen aus Art. 3 I der **Richtlinie über die Altölbeseitigung**[851] verstoßen, indem sie nicht die erforderlichen Maßnahmen dafür getroffen hat, dass der Behandlung von Altölen im Wege der Aufbereitung Vorrang eingeräumt wird, obwohl keine technischen, wirtschaftlichen und organisatorischen Sachzwänge entgegenstanden. Dies hat der *EuGH*[852] in einem Vertragsverletzungsverfahren auf Antrag der Kommission festgestellt. Die deutsche Regierung hatte sich einerseits auf bestehende wirtschaftliche Sachzwänge berufen, die aber vom *EuGH* abgelehnt worden sind. Anderseits hatte sie sich auf die Rechtsprechung des *EuGH*[853] gestützt, wonach nicht notwendigerweise eine förmliche und wörtliche Übernahme der Bestimmungen notwendig ist, sondern unter Umständen ein allgemeiner rechtlicher Kontext genügen kann. Die Regelungen der AltölVO, nach deren §§ 2 bis 4 es verboten ist, aufarbeitbare Altöle mit anderen Altölen zu mischen, oder der § 5 b AbfG 1986, der ein Rücknahmesystem für die Aufarbeitung besonders geeigneter Verbrennungsmotorenaltöle vorsah, genügen aber dem Zweck der Richtlinie nicht, da sie keinen Vorrang der Aufbereitung bewirken. In diesem Zusammenhang bemängelt der *EuGH* auch, dass konkrete Maßnahmen zur Förderung der Altölaufbereitung seitens der Bundesrepublik nicht ergriffen worden sind, vielmehr ist als Heizstoff genutztes Altöl weiterhin von der Mineralölsteuer befreit, obwohl eine Besteuerung zulässig ist.[854]

Zur Durchsetzung der Pflicht, die **Abfälle zur Beseitigung** dem zuständigen öffentlich-rechtlichen **Entsorgungsträger** zu überlassen, ist nach Ansicht des *OVG Koblenz*[855] die Erteilung eines Verbotes der Verbringung eine geeignete und erforderliche Maßnahme, um eine Umgehung der gesetzlichen Vorschriften der nachträglichen Vermischung von Abfällen zu verhindern. Das Verbot kann sich demnach auf das gesamte Gemisch aus

---

[848] *VGH Kassel*, Urt. v. 20. 12. 1995 – 14 UE 1065/92 –.
[849] *BVerwG*, Urt. v. 30. 6. 1998 – 3 C 14.97 – NVwZ 1999, 299 = DVBl. 1998, 1191.
[850] *OVG Koblenz*, Urt. v. 18. 11. 1998 – 8 A 10087/98 – DÖV 1999, 438; Urt. v. 18. 11. 1998 – 8 A 11595/96 – UPR 1998, 199.
[851] Richtlinie 75/439/EWG des Rates vom 16. 6. 1975 über die Altölbeseitigung in der Fassung der Richtlinie 87/101/EWG des Rates vom 22. 12. 1986.
[852] *EuGH*, Urt. v. 9. 9. 1999 – Rs. C-102/97 – DVBl. 1999, 1526 = NVwZ 1999, 1214 – Kommission/Deutschland.
[853] *EuGH*, Urt. v. 15. 3. 1990 – Rs. C-339/87 – Slg. 1990 I – 851 Rdn. 6 – Kommission/Niederlande.
[854] Besteuerung im allgemeinen Rahmen der Richtlinie 92/81/EWG vorgesehen und eine spezifische Besteuerung nach Art. 15 Richtlinie 75/439/EWG in der geänderten Fassung grundsätzlich zulässig.
[855] *OVG Koblenz*, B. v. 13. 1. 1999 – 8 B 12627/98 – DÖV 1999, 432.

Abfällen zur Verwertung und Abfällen zur Beseitigung erstrecken, und zwar auch dann, wenn eine Entmischung noch möglich ist. Allerdings ist das Verbot nicht anzuwenden auf Abfälle, die von vornherein gemischt anfallen. Hier muss erst bestimmt werden, ob es sich um überlassungspflichtige Abfälle zur Beseitigung handelt. Die Verbringung von Abfällen, die als Abfälle zur Verwertung notifiziert werden, in einen Mitgliedstaat der EU bedarf anders als die Verbringung von Abfällen, die als solche zur Beseitigung notifiziert werden, keiner Erlaubnis durch die am Notifizierungsverfahren beteiligten Behörden.[856] Dagegen unterliegt die Verbringung von Abfällen zur Verwertung aus der **Europäischen Gemeinschaft**[857] einem **Notifizierungsverfahren**.[858] Das in Nr. 2 der Verordnung (EWGV 259/93) genannte Notifizierungserfordernis steht im Einklang mit dem EG-Vertrag und den allgemeinen Grundsätzen des Gemeinschaftsrechts.[859] Die grenzüberschreitende Verbringung von Abfällen ist im Abfallverbringungsgesetz geregelt.[860] Das Gesetz stellt für die Verbringung von Abfällen mit Grenzüberschreitungen zu Deutschland besondere Pflichten auf. Bei Abfällen zur Beseitigung aus Deutschland hat der Grundsatz der Beseitigung im Inland nach § 3 AbfVerbrG Vorrang vor einer Beseitigung im Ausland. Abweichungen von dem Grundsatz der Beseitigungsautarkie bedürfen der besonderen Prüfung. Ggf. hat ein Notifizierungsverfahren stattzufinden. **Altöle** werden auch dann „der Verwertung in hierfür genehmigten Anlagen zugeführt" (§ 5a II 1 AbfG i.V. mit § 64 KrW-/AbfG), wenn dort lediglich eine Vorbehandlung stattfindet, die sich aber als Teil eines mehrstufigen, immissionsschutzrechtlich unbedenklichen Verwertungsprozesses darstellt.[861]

3337 Die **Andienungspflichten** der **Sonderabfallverordnung** in **Baden-Württemberg** sind nach Auffassung des *BVerwG* mit Bundesrecht vereinbar.[862] Um die vertragsgemäße Belieferung einer Abfallbeseitigungsanlage in **Hamburg** abzusichern, sind die schon bestehenden Andienungspflichten auf die zur Verbrennung vorgesehenen besonders überwachungsbedürftigen Abfälle ausgedehnt worden. Das ist mit § 13 IV 1 KrW-/AbfG vereinbar. Eine Beseitigung muss dabei nicht stets im eigenen Land erfolgen, sondern kann auch in Kooperationen mit anderen Ländern geschehen (§ 29 I 2 Nr. 2 und VI KrW-/AbfG). § 10 III 1 KrW-/AbfG räumt sogar einen Vorrang der Inlandsbeseitigung ein, so dass eine Abfallbeseitigung in andere europäische Mitgliedstaaten nachrangig erscheint. Allerdings ist das Europarecht zu beachten. Die Regelungen über die Andienungspflichten in **Rheinland-Pfalz** sind nach Auffassung des *BVerwG* mit der Abfallverbringungsverordnung vereinbar, da für die Abfälle zur Beseitigung der Grundsatz der Entsorgungsautarkie gilt und somit eine Unterscheidung zwischen Abfällen zur Beseitigung und zur Verwertung getroffen wird. Auch bleibt das Kohärenzgebot gewahrt, wenn der Abfallwirtschaftsplan bei gleichwertigen Anlagen im In- und Ausland eine Entsorgung von Sonderabfällen im Inland vorsieht und die mit dem Prinzip der Nähe begründet wird.[863]

---

[856] *VGH Mannheim*, B. v. 23. 3. 1999 – 10 S 3242/98 – NVwZ-RR 1999, 733.
[857] *VGH Mannheim*, Urt. v. 4. 2. 1997 – 10 S 1273/96 – DVBl. 1997, 1127.
[858] Nach Maßgabe des Art. 17 der Verordnung (EWG) Nr. 259/93 (EWGV 259/93) des Rates vom 1. 2. 1993 zur Überwachung und Kontrolle der Verbringung von Abfällen sowie der Verordnung der Europäischen Gemeinschaft (EG-AbfVerbrV) und der Entscheidung der Kommission vom 20. Juli 1994 zur Festlegung des Kontrollverfahrens gemäß der Verordnung (EWG) Nr. 259/93 (EWGV 259/93) des Rates betreffend die Verbringung bestimmter Abfälle in bestimmte nicht der OECD angehörende Länder (94/575/EG).
[859] Bestätigt durch *BVerwG*, Urt. v. 19. 11. 1998 – 7 C 31.97 – AbfallPrax. 1999, 63.
[860] Gesetz über die Überwachung und Kontrolle der grenzüberschreitenden Verbringung von Abfällen (Abfallverbringungsgesetz – AbfVerbrG) v. 30. 9. 1994 (BGBl. I 2455).
[861] *BVerwG*, Urt. v. 8. 3. 2001 – 3 C 26.00 – DVBl. 2001, 935 = NVwZ 2001, 806 – thermische Verwendung.
[862] *BVerwG*, Urt. v. 29. 7. 1999 – 7 CN 2.98 – DVBl. 1999, 1527 = NVwZ 1999, 1228.
[863] *BVerwG*, Urt. v. 13. 4. 2000 – 7 C 47.98 – DVBl. 2000, 1347 = NVwZ 2000, 1175 – überwachungsbedürftige Abfälle.

Die Zulässigkeit der Verbringung von **Abfallgemischen** in einen **anderen EU-Mit-** 3338
gliedstaat bestimmt sich ausschließlich nach europäischem Gemeinschaftsrecht.[864] Das
Recht der Mitgliedstaaten kann daher auch nicht ergänzend herangezogen werden. Mit
Art. 3 bis 5 der Abfallverbringungsverordnung (EWGV Nr. 259/93) ist es nicht vereinbar,
dass ein Mitgliedstaat für die Verbringung von zur Beseitigung bestimmten Abfällen zwischen den Mitgliedstaaten dem in dieser Verordnung vorgesehenen Verfahren ein eigenes
Verfahren über die Andienung und Zuweisung dieser Abfälle vorschaltet. Der Mitgliedstaat darf nach Art. 4 III der EWGV Nr. 259/93 die Verbringung von Abfällen in Entsorgungsanlagen anderer Mitgliedstaaten nicht davon abhängig machen, dass die beabsichtigte Beseitigung den Anforderungen des Umweltrechts dieses Staates entspricht.[865] Ferner darf die Abfallverbringung nicht – wie im AbfallverbringungsG erfolgt – unter die
Bedingung eines Pflichtbeitrags in einen Solidarfond „Abfallrückführung" gestellt werden.[866] Nach Art. 7 IV EG-AbfVerbrVO kann die zuständige nationale Behörde gegen ein
falsches Verfahren der Notifizierung von Abfällen tätig werden. Allerdings kann sie nicht
den Einwand auf Art. 4 EG-AbfVerbrVO stützen, falls die Verbringung von zur Verwertung bestimmten Abfällen nach Art. 6 EG-AbfVerbrVO notifiziert worden ist.[867]

Eine **landesrechtliche Andienungspflicht** für besonders überwachungsbedürftige Ab- 3339
fälle zur Beseitigung, die dem Land langfristig Entsorgungssicherheit gewährleisten soll
und dem Vorrang der Verwertung entspricht, ist mit Art. 4 III a EWGV Nr. 259/93 vereinbar, wenn dem Prinzip der Nähe und dem Grundsatz der Entsorgungsautarkie Rechnung getragen wird.[868] Die nationale Einstufung bestimmter Abfallarten als „besonders
überwachungsbedürftige Abfälle" ist im Sinne einer verstärkten Schutzmaßnahme nach
Art. 176 EGV zu bewerten und damit europarechtlich zulässig, auch wenn auf europäischer Ebene eine entsprechende Anpassung des Verzeichnisses gefährlicher Abfälle noch
nicht erfolgt ist. Der sog. Hausmüllklausel des § 4 IV S 1 HS 2 KrW-/AbfG lässt sich nicht
entnehmen, dass die Entsorgung von inhomogenen gewerblichen Abfällen unabhängig
von den sonstigen Abgrenzungskriterien und Zulässigkeitsvoraussetzungen stets thermische Behandlung im Rahmen der Beseitigung ist. Eine energetische Verwertung von Abfällen setzt nicht voraus, dass die Abfälle als Ersatzbrennstoff primäre Energie direkt ersetzen (Substitution der Stützfeuerung). Auch bei der sog „Verbrennung auf dem Rost"
kann eine energetische Verwertung stattfinden. Die erforderliche Konkretisierung der
Hauptzweckklausel kann nicht mittels des von einer Arbeitsgruppe der Länderarbeitsgemeinschaft Abfall erarbeiteten sog „Zementpapiers" vorgenommen werden, weil dies
keine normativen Qualitäten hat.[869]

Die **Organisation** der **Sonderabfallentsorgung** ist bundesrechtlich nicht abschließend 3340
geregelt. Daher können Landesgesetze zur Einführung von Andienungspflichten für besonders überwachungsbedürftige Abfälle zur Beseitigung verpflichten und die Sonderabfallagentur ermächtigen, diese Abfälle den zentralen Einrichtungen eines Landes zuzuweisen. Eine solche Organisationsregelung widerspricht auch nicht dem Kohärenzgebot
des Art. 13 EG-AbfVerbrVO (EWGV 259/93).[870] Eine Satzungsbestimmung ist rechtwid-

---

[864] *VGH Mannheim*, Urt. v. 25. 1. 2001 – 10 S 822/99 – DVBl. 2001, 651; Urt. v. 24. 7. 2001 – 10 S 2294/99 – DVBl. 2002, 281 (LS).
[865] *EuGH*, Urt. v. 13. 12. 2001 – C-324/99 – DVBl. 2002, 246, aufgrund einer Vorlage des *BVerwG*, B. v. 29. 7. 1999 – 7 CN 2.98 – DVBl. 1999, 1527 (LS).
[866] *EuGH*, Urt. v. 27. 2. 2003 – C-389/00 – DVBl. 2003, 551 (LS).
[867] *VGH Mannheim*, Urt. v. 25. 1. 2001 – 10 S 822/99 – DVBl. 2001, 651.
[868] *BVerwG*, B. v. 11. 4. 2002 – 7 CN 1.02 – DVBl. 2002, 1127 = UPR 2002, 390, vgl. dazu Urt. v. 13. 4. 2000 – 7 C 47.98 – Buchholz 451.221, § 13 KrW-/AbfG, Nr. 5, S. 17; B. v. 31. 1. 2002 – 7 B 1.02 – DVBl. 2002, 569.
[869] *VG Karlsruhe*, Urt. v. 2. 2. 2001 – 11 K 1246/00 – Abfallbeseitigung – gefährlicher Abfall.
[870] *VGH Mannheim*, Urt. v. 22. 5. 2001 – 10 S 1405/99 – ESVGH 51, 256 (LS) = DVBl. 2001, 1873 (LS) – Sonderabfall (§§ 9, 28a LAbfG Ba.-Wü.), dort auch zu den Voraussetzungen einer Befreiung von der Andienungspflicht nach § 5 II SAbfVO Ba.-Wü.

rig, wenn sie einen bestimmten Prozentsatz von gemischten Abfällen aus Gewerbebetrieben als „Abfall zur Beseitigung" definiert und dementsprechend dem Anschluss- und Benutzungszwang unterwirft.[871] Bei Abfall, der gemäß Art. 7 EG-AbfVerbrVO als Abfall zur Verwertung in einem anderen Gemeinschaftsstaat notifiziert wurde, kann sich der örtliche öffentlich-rechtliche Entsorgungsträger nicht auf eine auf § 13 I KrW-/AbfG beruhende Andienungspflicht berufen.[872] Zur Frage, ob Art. 7 IV a Spiegelstrich 1 und 2 EWGVO 259/93 verwertungsbezogene Einwände gegen die Verbringung von Abfall zur Verwertung erlaubt, ob derartige Einwände auch der Behörde des Versandortes zustehen und ob die Behörde des Versandortes die Gesundheits- und Umweltverträglichkeit der Verwertung an den in ihrem Zuständigkeitsbereich üblichen Standards bzw. den dort geltenden Rechts- und Verwaltungsvorschriften messen darf, hat das *OVG Koblenz* eine Vorabentscheidung des EuGH gemäß Art. 234 EGV eingeholt.[873] Während der Dauer eines Gerichtsverfahrens in Luxemburg muss nicht allein wegen der Vorlage vorläufiger Rechtsschutz gegen den Vollzug einer nationalen Rechtsnorm gewährt werden. Es ist lediglich die Möglichkeit zu berücksichtigen, dass der EuGH die Unvereinbarkeit feststellt.[874]

3341 Die Regelungsbefugnis des öffentlich-rechtlichen Entsorgungsträgers beschränkt sich bei nach Bundesrecht überlassungspflichtigen Abfällen auf Art und Weise der Überlassung. Ist bundesrechtlich ein Abfallerzeuger oder -besitzer von der Überlassungspflicht ausgenommen, so ist dies für den Landesgesetzgeber und damit auch für den öffentlich-rechtlichen Entsorgungsträger als Satzungsgeber bindend.[875] Die landesrechtlichen Regelungen[876] ermächtigen daher bei bundesrechtskonformer Auslegung zu kommunalen Satzungsregelungen über das „Wie", nicht aber das „Ob" der Überlassung von Abfällen aus anderen Herkunftsbereichen als privaten Haushaltungen.[877] Eine kommunale Abfallwirtschaftssatzung kann bestimmen, dass die auf den Grundstücken angefallenen Abfälle dem öffentlich-rechtlichen Entsorgungsträger „im Rahmen der Überlassungspflicht gemäß § 13 I bis 3 KrW-/AbfG" zu überlassen sind.[878] Abwasserverbände sind nicht für die Entsorgung der in Verwaltungsgebäuden und Werkstattbereichen ihrer Kläranlagen anfallenden Abfälle zuständig.[879]

6. Überwachungssystem und Transportgenehmigung

3342 §§ 40 bis 48 KrW-/AbfG enthalten ein neues Überwachungssystem. Die Transportgenehmigung ist in § 49 KrW-/AbfG geregelt. Der weite Abfallbegriff des § 3 KrW-/AbfG führt dazu, dass nun auch Reststoffe der Überwachung unterliegen. Die besonders überwachungsbedürftigen Abfälle zur Beseitigung werden nach § 41 KrW-/AbfG in einer Rechtsverordnung der Bundesregierung festgelegt. Alle anderen Abfälle zur Beseitigung sind überwachungsbedürftig. Außerdem bestimmt die Bundesregierung in einer Rechtsverordnung nach § 41 III KrW-/AbfG die besonders überwachungsbedürftigen und überwachungsbedürftigen Abfälle zur Verwertung. Für besonders überwachungsbedürftige

---

[871] *VGH München*, B. v. 7. 1. 2002 – 20 N 01.503 – UPR 2002, 236 = DVBl. 2002, 572 (LS).
[872] *VG Aachen*, Urt. v. 6. 10. 2003 – 7 K 1464/00 –.
[873] *OVG Koblenz*, B. v. 3. 7. 2002 – 8 A 10178/02 – DVBl. 2002, 1436 (LS) = UPR 2002, 460 (LS) – grenzüberschreitende Abfallverbringung. Zum Notifizierungserfordernis für die grenzüberschreitende Verbringung von Reaktionsabfällen auf Kalziumbasis aus der Rauchgasentschwefelung *VG Düsseldorf*, Urt. v. 3. 9. 2002 – 17 K 3899/02 – AbfallR 2003, 153 (LS) – Abfallverbringung.
[874] *OVG Koblenz*, B. v. 4. 11. 2003 – 8 B 11220/03 – NVwZ 2004, 363 = NuR 2003, 116 – Abfallablagerung.
[875] *VGH Mannheim*, Urt. v. 22. 3. 2001 – 2 S 2043/00 – ESVGH 51, 192 (LS) = NVwZ 2002, 211 – Regelungskompetenz im Abfallrecht.
[876] § 8 I AbfG BW.
[877] *VGH Mannheim*, Urt. v. 20. 11. 2001 – 10 S 3182/98 – NVwZ 2002, 737.
[878] *VGH Mannheim*, Urt. v. 5. 2. 2002 – 10 S 1379/00 – ESVGH 52, 184 (LS) = DVBl. 2002, 1433 (LS) im Anschluss an Urt. v. 22. 3. 2001 – 2 S 2043/00 – NVwZ 2002, 211 = VBlBW 2001, 447, 450; Urt. v. 26. 7. 2001 – 2 S 3175/01 – NVwZ 2002, 220.
[879] *OVG Münster*, B. v. 17. 7. 2003 – 14 A 1729/02 – NVwZ-RR 2004, 98 = NWVBL 2004, 32 – Abwasserverband.

Abfälle zur Beseitigung wird in § 43 KrW-/AbfG ein obligatorisches Nachweisverfahren angeordnet. In § 42 I KrW-/AbfG wird den Behörden die Anordnungsbefugnis gegeben, Nachweis über Art, Menge und Beseitigung zu verlangen, die Führung eines Nachweisbuches anzuordnen und eine Belegprüfung durchzuführen. Bei Eigenbeseitigung kann der Nachweis durch Abfallwirtschaftskonzept[880] und Abfallbilanz ersetzt werden (§ 44 II KrW-/AbfG). In § 46 KrW-/AbfG wird das obligatorische Nachweisverfahren für besonders überwachungsbedüftige Abfälle zur Verwertung eingeführt. Die Abfälle ergeben sich aus der Rechtsverordnung nach § 41 III Nr. 1 KrW-/AbfG. Die Art des Nachweises richtet sich nach den Regelungen der besonders überwachungsbedürftigen Abfälle zur Beseitigung (§ 42 I und II KrW-/AbfG). In § 45 KrW-/AbfG wird ein fakultatives Nachweisverfahren für überwachungsbedürftige Abfälle zur Verwertung eingeführt. Der Nachweis soll allerdings nur dann geführt werden, wenn das Wohl der Allgemeinheit dies erfordert (§§ 45 II, 10 IV KrW-/AbfG). Die Umsetzung des gesetzlichen Regelwerkes erfolgt weitgehend durch Rechtsverordnungen.[881]

§ 40 KrW-/AbfG ermöglicht behördliche Überwachungsmaßnahmen **entlang** des gesamten **Abfallstroms**, also in allen Phasen des Umgangs mit Abfällen im Bereich der Verwertung und Beseitigung. Die Bestimmung ist daher neben dem speziellen, aber nicht abschließenden § 45 II KrW-/AbfG anwendbar, lässt aber solche Maßnahmen nicht zu, die Regelungsgegenstand dieser Norm sind.[882] Das Nachweisverlangen soll sich dabei auf die Anzeige von Art und Menge der angefallenen Abfälle und die beabsichtigte Verwertung, die durchgeführte Verwertung oder des Verbleibs der Abfälle beschränken. Der Betreiber einer **Verbrennungsanlage** im Sinne der 17. BImSchV, dem mit der Übertragungsanordnung kontinuierliche Schadstoffmessungen auferlegt werden, kann verpflichtet werden, der Überwachungsbehörde die kontinuierlich aufzuzeichnenden Emissionsdaten im Wege der Datenfernübertragung zu übermitteln. Eine derartige Anordnung kann als Nebenbestimmung gemäß § 12 BImSchG in den Genehmigungsbescheid aufgenommen werden.[883]

Der Besitzer **gewerblicher Abfälle** ist verpflichtet, an der Sachverhaltsaufklärung mitzuwirken. Da auch die Abfallverwertung in das Kreislaufwirtschafts- und Abfallrecht einbezogen ist, unterliegt auch sie der Überwachung. Trotz der für die Abfallverwertung getroffenen Systementscheidung zu Gunsten der Privatisierung lässt § 45 II KrW-/AbfG die Anordnung eines Nachweises für an sich nicht überwachungsdürftige Abfälle zu. Auch besteht kein Anspruch auf Anerkennung einer Anlage als „Verwertungsanlage". Denn es können in einer Abfallbeseitigungsanlage (§ 28 I KrW-/AbfG) ebenso Abfälle verwertet, wie umgekehrt in einer Abfallverwertungsanlage (§ 4 I BImSchG) Abfälle beseitigt werden. Über die Einordnung einer Abfallentsorgungsmaßnahme als Verwertung oder Beseitigung von Abfällen entscheidet die stoffliche Zusammensetzung des Abfalls und die Beurteilung der konkreten Entsorgungsmaßnahme.[884]

7. Abfallwirtschaftskonzepte

Abfallerzeuger überwachungsbedürftiger Abfälle haben nach § 19 KrW-/AbfG von einer bestimmten Größenordnung an ein Abfallwirtschaftskonzept über die Vermeidung, Verwertung und Beseitigung der anfallenden Abfälle zu erstellen.[885] Das Abfallwirtschaftskonzept dient als internes Planungsinstrument und ist auf Verlangen der zuständi-

---

[880] Zum Abfallwirtschaftskonzept s. Rdn. 2780, 3325, 3345, 3352.
[881] Aufgrund des § 48 KrW-/AbfG ist die Verordnung über Verwertungs- und Beseitigungsnachweise (Nachweisverordnung – NachwV) v. 10. 9. 1996 (BGBl. I 1382) erlassen worden.
[882] *VGH Mannheim*, Urt. v. 29. 1. 2002 – 10 S 1185/00 – ESVGH 52, 183 (LS) = DVBl. 2002, 720 (LS) = NVwZ 2002, 748, Urt. v. 28. 11. 2000 – 10 S 1375/99 – NVwZ 2001, 574; B. v. 30. 3. 2001 – 10 S 1184/00 – DVBl. 2001, 1291.
[883] *OVG Münster*, Urt. v. 25. 1. 2001 – 21 A 1022/97 – NWVBl. 2002, 229 = DVBl. 2002, 723 (LS).
[884] *VGH Mannheim*, B. v. 20. 7. 1999 – 10 S 1554/98 – NVwZ 1999, 1242.
[885] Zum Abfallwirtschaftskonzept s. Rdn. 2780, 3325, 3352.

gen Behörde zur Auswertung für die Abfallwirtschaftsplanung vorzulegen. Die Abfallwirtschaftskonzepte werden durch jährlich aufzustellende Abfallbilanzen ergänzt, die Auskunft über Art, Menge und Verbleib der verwerteten oder beseitigten besonders überwachungsbedürftigen und überwachungsbedürftigen Abfälle geben. Abfallwirtschaftskonzepte und Abfallbilanzen dringen tief in alle Produktionsbereiche einschließlich der Zuliefererbetriebe ein und leisten einen wichtigen Beitrag zu einem schonenderen Umgang mit den Ressourcen. Die komplexe Aufgabenstellung kann allerdings nur durch eine Teamarbeit über die einzelnen Firmenbereiche hinweg bewältigt werden.[886]

3346   Ein Bürgerbegehren ist unzulässig, wenn es auf eine Änderung des Abfallwirtschaftskonzeptes eines Kreises durch Ersetzung einer thermischen Abfallbehandlung durch eine biologisch-mechanische Abfallbehandlung gerichtet ist und im Zeitpunkt der gerichtlichen Entscheidung den Festsetzungen eines für verbindlich erklärten Abfallwirtschaftsplans widerspricht.[887]

8. Qualitätsmanagementsysteme und Entsorgungsfachbetriebe

3347   Als neue Zauberworte der Kreislauf- und Abfallwirtschaft gelten die Einführung von Qualitätsmanagementsystemen und deren Zertifizierung sowie die Entsorgungsfachbetriebe und Entsorgungsgemeinschaften nach § 52 KrW-/AbfG. Entsorgungsfachbetrieb ist, wer berechtigt ist, das Gütezeichen einer nach § 52 III KrW-/AbfG anerkannten Entsorgergemeinschaft zu führen oder einen Überwachungsvertrag mit einer technischen Überwachungsorganisation abgeschlossen hat, der eine mindestens einjährige Überprüfung einschließt. Die näheren Einzelheiten werden in einer Rechtsverordnung der Bundesregierung festgelegt (§ 52 II KrW-/AbfG). Entsorgergemeinschaften bedürfen der Anerkennung durch die für die Abfallwirtschaft zuständige oberste Landesbehörde oder durch die von ihr bestimmte Behörde (§ 52 III KrW-/AbfG). Die Tätigkeit der Entsorgergemeinschaften ist nach einheitlichen Richtlinien durchzuführen, die vom Bundesumweltministerium erlassen werden. Gerade bei den Entsorgergemeinschaften stellen sich aber eine Reihe gesetzlich nicht geregelter Fragen etwa über die Mitglieder und eine repräsentative Zusammensetzung, Neutralität, Struktur, Zweck und Aufgabe sowie zu den Voraussetzungen der Vergabe des Gütezeichens. Dabei könnte es sich empfehlen, beide Wege der Erhaltung eines Gütesiegels mit etwa den gleichen Anforderungen zu belegen. Die Anerkennung als Entsorgungsfachbetrieb hat den Vorteil, dass eine Transportgenehmigung und eine Genehmigung für Vermittlungsgeschäfte nicht erforderlich ist (§ 51 I KrW-/AbfG). Darüber hinaus wäre es i. S. eines Anreizsystems wünschenswert, dem Entsorgungsfachbetrieben in den anstehenden Rechtsverordnungen der Bundesregierung weitere Privilegien zuzuweisen.

9. Rechtsverordnung

3348   Der Vollzug des KrW-/AbfG steht und fällt mit den Rechtsverordnungen, zu denen das Gesetz die Bundesregierung ermächtigt. Begründet ist die große Anzahl von Verordnungsermächtigungen im Kompromisscharakter des Gesetzes.[888] Der Streit zwischen Bund und Ländern dreht sich vor allem um die Frage, in welchem Umfang eine Privatisierung der Aufgaben erfolgt[889] und welche präventiven Kontrollmaßnahmen im Interesse des Umweltschutzes erforderlich sind. Das In-Kraft-Treten des KrW-/AbfG zum 6. 10. 1996 hat zunächst bewirkt, dass die zuvor bereits ausgearbeiteten Entwürfe von wei-

---

[886] Aufgrund des § 19 IV Nr. 1 und 2 KrW-/AbfG ist die Verordnung über Abfallwirtschaftskonzepte und Abfallbilanzen (Abfallwirtschaftskonzept- und -bilanzverordnung – AbfKoBiV) v. 13. 9. 1996 (BGBl. I 1447) erlassen worden.

[887] *OVG Münster*, Urt. v. 5. 2. 2002 – 15 A 1965/99 – DVBl. 2002, 792 (LS) = NWVBl. 2002, 346 – § 23 V Nr. 5, 8 KreisO NRW. Die Zulässigkeit von Bürgerbegehren beurteilt sich nach dem jeweiligen Kommunalrecht der Länder.

[888] *Möhring* in: *Stüer* (Hrsg.) Verfahrensbeschleunigung, S. 209.

[889] Zur Privatisierung *Ehlers* JZ 1990, 108; *Gusy* JA 1995, 166.

teren Rechtsverordnungen auf der Grundlage des § 14 AbfG nicht mehr realisiert worden sind.[890] Es waren dies die Verpackungsverordnung II,[891] die eine Entsorgung von Verpackungen mit schadstoffhaltigen Füllgutresten und Anhaftungen regeln sollte, sowie die Verordnungen zu Batterien,[892] Elektronikschrott, Baurestabfällen, Autoschrott,[893] Getränkemehrwegen und Altpapier. Diese Verordnungen haben im KrW-/AbfG ihre Rechtsgrundlage. Zu den abfallwirtschaftlich bedeutsamen Ermächtigungen zählt insbesondere § 6 I KrW-/AbfG, wonach das Vorrangverhältnis zwischen stofflicher und energetischer Verwertung bei speziellen Abfallarten geregelt werden kann, und § 7 I KrW-/AbfG, der die Regelung des Abfallanteils in Erzeugnissen, die Anforderungen an Getrennthaltung, Beförderung und Lagerung von Abfällen, die Anforderungen an das Bereitstellen, Überlassen, Sammeln und Einsammeln durch Hol- und Bringsysteme, das Inverkehrbringen, die Hinweispflichten für das Inverkehrbringen sowie die Kennzeichnung von Produkten ermöglicht. Auch die Verordnungsermächtigungen in den §§ 9 und 13 KrW-/AbfG sind wichtige Elemente, einen Vollzug der Kreislaufwirtschaft sicherzustellen. Untrennbar damit verbunden sind in § 23 KrW-/AbfG die Definitionen zum Inverkehrbringen umweltfreundlicher Erzeugnisse und in § 24 KrW-/AbfG die Rückgabe- und Rücknahmepflichten der Erzeuger. Die Rechtsgrundlagen für die Abfallbestimmungs- und Überwachungsverordnung sind in den §§ 41 I und III sowie 48 I KrW-/AbfG enthalten. Diese Verordnungen sollen zusammen mit der gem. § 52 II KrW-/AbfG geschaffenen Möglichkeit, Anforderungen an Entsorgungsfachbetriebe aufzustellen, und mit den nach den §§ 19 IV und 20 I KrW-/AbfG möglichen betrieblichen Abfallwirtschaftskonzepten und -bilanzen das Paket Abfallüberwachung bilden. § 54 I KrW-/AbfG ist die Rechtsgrundlage für die Schaffung des neuen Typs eines Abfallbeauftragten. Dieser orientiert sich am Vorbild des Immissionsschutzbeauftragten.

a) Bestimmtheit der Ermächtigungsgrundlage. Es bestehen Zweifel daran, ob die Verordnungsermächtigungen der §§ 23, 24 KrW-/AbfG dem Bestimmtheitsgrundsatz genügen.[894] Nach Art. 80 I 2 GG muss das Gesetz Inhalt, Zweck und Ausmaß der Ermächtigung beinhalten. Der Rechtsprechung des *BVerfG* zufolge muss sich das vom Gesetzgeber verfolgte Programm aus der Ermächtigungsgrundlage ergeben[895] und der Bürger muss aus dem Gesetz ersehen können, in welchen Fällen und mit welcher Tendenz von der Ermächtigung Gebrauch gemacht werden wird und welchen Inhalt die Rechtsverordnungen haben können.[896] In der Rechtsprechung des *BVerwG* ist allerdings eine Entwicklung zu geringeren Anforderungen an das Bestimmtheitsgebot erkennbar.[897] Als wichtigstes

3349

---

[890] Auf der Grundlage des AbfG sind erlassen worden: Verordnung über die Vermeidung von Verpackungsabfällen (Verpackungsverordnung VerpackVO) v. 12. 6. 1991 (BGBl. I 1234), Verordnung über die Rücknahme und Pfanderhebung von Getränkeverpackungen aus Kunststoffen vom 20. 12. 1988, Verordnung über die Entsorgung gebrauchter halogenierter Lösemittel (HKWAbfV) vom 23. 10. 1989 (BGBl. I 1918); Verordnung zum Verbot von bestimmten die Ozonschicht abbauenden Halogenkohlenwasserstoffen (FCKW-Halon-Verbots-VO) vom 6. 5. 1991, geändert am 24. 6. 1994; Klärschlammverordnung (AbfKlärV) v. 15. 4. 1992 (BGBl. I 912); Altölverordnung (AltölV) v. 27. 10. 1987 (BGBl. I 2335).
[891] Verordnung über die Vermeidung und Verwertung von Verpackungsabfällen (Verpackungsverordnung – VerpackV) v. 21. 8. 1998 (BGBl. I 2379). Die VerpackV setzt die Richtlinie 94/62/EG des Europäischen Parlaments und des Rates vom 20. 12. 1994 über Verpackungen und Verpackungsabfälle (ABl. EG Nr. L 365, S. 10) um.
[892] Verordnung über die Rücknahme und Entsorgung gebrauchter Batterien und Akkumulatoren (Batterieverordnung – BattV) v. 27. 3. 1998 (BGBl. I 658).
[893] Verordnung über die Überlassung und umweltverträgliche Entsorgung von Altautos (Altautoverordnung – AltautoV) v. 4. 7. 1997 (BGBl. I 353).
[894] *Möhring* in: *Stüer* (Hrsg.) Verfahrensbeschleunigung, S. 209.
[895] *BVerfG*, B. v. 13. 6. 1956 – 1 BvL 54/55, 17/56 – BVerfGE 5, 71; B. v. 12. 11. 1958 – 2 BvL 4, 26, 40/56, 1, 7/57 – BVerfGE 8, 274; B. v. 20. 10. 1981 – 1 BvR 640/80 – BVerfGE 58, 257.
[896] *BVerfG*, Urt. v. 23. 10. 1951 – 2 BvG 1/51 – BVerfGE 1, 14.
[897] *Jarass/Pieroth*, Rdn. 11 zu Art. 80 GG.

Kriterium wird der Zweck der Rechtsverordnung angesehen, aus dem sich Ausmaß und Inhalt ergeben können.[898] Der Zweck der Verordnungen, die abfallwirtschaftliche Zielhierarchie möglichst schon bei der Herstellung von Produkten zu berücksichtigen und somit zur Förderung der Kreislaufwirtschaft beizutragen, geht zwar aus dem Gesetz hervor, es fehlen jedoch jegliche inhaltliche Begrenzungen im Gesetz.[899] Auch aus den Materialien des Gesetzgebungsverfahrens lässt sich eine Eingrenzung des Willens des Gesetzgebers hinsichtlich bestimmter Produkte und Maßnahmen nicht entnehmen.[900] Demzufolge sind über den Rahmen der Verpackungsverordnung hinausgehend eine Vielzahl weiterer Verordnungen möglich, deren Inhalte für den Adressaten nicht vorhersehbar sind, da quasi in die Herstellung aller Erzeugnisse eingegriffen werden kann.[901]

3350 Bei der Beurteilung der Bestimmtheit kommt es auch auf die Eingriffsintensität der Verordnungen an: je schwerwiegender die Auswirkungen, desto höhere Anforderungen sind an die Bestimmtheit der Ermächtigung zu stellen.[902] Nach dem Wortlaut der §§ 23, 24 KrW-/AbfG sind tiefe Eingriffe in die Produktionsabläufe von Unternehmen für nahezu alle Erzeugnisse möglich, die stark wirtschaftslenkenden Charakter haben[903] und sich im grundrechtssensiblen Bereich der Hersteller, Vertreiber und Verbraucher abspielen. Es ist fraglich, ob der Gesetzgeber derart tief greifende Regelungen dem Verordnungsgeber überlassen darf, während er sich selbst mit Programmsätzen begnügt, die erst durch die Rechtsverordnungen vollzugstauglich werden.[904] Es könnte mit dem Gesetzesvorbehalt unvereinbar sein, wenn die wesentlichen Regelungen durch den Verordnungsgeber erlassen werden.[905]

3351 **b) Beteiligung des Bundestages.** § 59 KrW-/AbfG regelt, dass der Bundestag Rechtsverordnungen nach den §§ 23, 24 KrW-/AbfG durch Beschluss ändern oder ablehnen kann. Diese Möglichkeit des Bundestages, Rechtsverordnungen durch Beschluss ändern zu können, ist in der Literatur auf Kritik gestoßen.[906] Der Gesetzgeber hat zwar die Befugnis, Rechtsverordnungen durch Gesetz zu ändern oder aufzuheben, wobei das Gesetz an die Stelle der Verordnung tritt. Hier soll jedoch eine Änderung durch einfachen Parlamentsbeschluss erfolgen, die den Rechtscharakter der Verordnung bestehen lässt. Zwar können nach der Rechtsprechung des *BVerfG* Zustimmungs- und Kassationsrechte des Bundestages mit Art. 80 I GG in Einklang stehen,[907] bei der sog. Änderungsvorbehaltsverordnung geht es jedoch um eine Inhaltsbestimmung und nicht wie bei den Zustimmungsrechten um eine Wirksamkeitsvoraussetzung.[908] Da der Gesetzgeber die Änderungsmöglichkeiten des Bundestages nicht eingegrenzt hat, könnte der Bundestag eine Rechtsverordnung praktisch inhaltlich völlig neu gestalten. Sowohl für die Gesetz- als auch die Verordnungsgebung sieht das Grundgesetz bestimmte Ausübungsberechtigte und Verfahren vor. Die Änderung einer Verordnung durch Parlamentsbeschluss, die einer Rechtsetzung des Bundestages gleichkommt, ist im verfassungsrechtlichen Gefüge jedoch nicht vorgesehen.[909]

---

[898] *Jarass/Pieroth*, Rdn. 12 zu Art. 80 GG.
[899] *Hoffmann* DVBl. 1996, 347.
[900] BT-Drs. 12/5672, S. 47, 129.
[901] *Möhring* in: *Stüer* (Hrsg.) Verfahrensbeschleunigung, S. 209.
[902] *BVerfG*, B. v. 20. 10. 1981 – 1 BvR 640/80 – BVerfGE 58, 257.
[903] *Beckmann* UPR 1996, 41.
[904] *Beckmann* UPR 1996, 41; *Versteyl/Wendenburg* NVwZ 1996, 937; *Konzak* DVBl. 1994, 1107.
[905] *Möhring* in: *Stüer* (Hrsg.) Verfahrensbeschleunigung, S. 209.
[906] *Beckmann* UPR 1996, 41; *Hoffmann* DVBl. 1996, 347; *Weidemann* NVwZ 1995, 631; *Rupp* NVwZ 1993, 756; *Studenroth* DÖV 1995, 525; *Konzak* DVBl. 1994, 1107.
[907] *BVerfG*, B. v. 12. 11. 1958 – 2 BvL 4, 26, 40/56, 1, 7/57 – BVerfGE 8, 274.
[908] *Rupp* NVwZ 1993, 756.
[909] *Möhring* in: *Stüer* (Hrsg.) Verfahrensbeschleunigung, S. 209; *Studenroth* DÖV 1995, 525.

10. Abfallplanung

Ein wesentliches Kernstück der Kreislauf- und Abfallwirtschaft ist auch unter Geltung 3352
des KrW-/AbfG die **Abfallplanung**. Das Gesetz unterwirft daher die an der Kreislaufwirtschaft Beteiligten der Verantwortung für Ordnung und Planung. Abfälle dürfen zum Zwecke der Beseitigung nur in den dafür zugelassenen Anlagen oder Einrichtungen (Abfallbeseitigungsanlagen) behandelt, gelagert oder abgelagert werden (§ 27 I 1 KrW-/AbfG). Hiervon können die zuständigen Behörden in begründeten Einzelfällen Ausnahmen zulassen (§ 27 II und III KrW-/AbfG). Die zuständige Behörde kann nach § 29 KrW-/AbfG Regelungen zur Durchführung der Beseitigung treffen. Zur Vorbereitung der jeweiligen Planungen stellen die Länder für ihren Bereich nach überörtlichen Gesichtspunkten **Abfallwirtschaftspläne** auf (§ 29 I KrW-/AbfG). Die Abfallwirtschaftspläne stellen die Ziele der Abfallvermeidung und -verwertung sowie die zur Sicherung der Inlandsbeseitigung erforderlichen Abfallbeseitigungsanlagen dar. Die Abfallwirtschaftspläne weisen zugelassene Abfallbeseitigungsanlagen und geeignete Flächen für Abfallbeseitigungsanlagen zur Endablagerung von Abfällen (Deponien)[910] sowie für sonstige Abfallbeseitigungsanlagen und damit geeignete Standorte aus (§ 29 I 2 KrW-/AbfG). Die Pläne können ferner bestimmen, welcher Entsorgungsträger vorgesehen ist und welcher Abfallbeseitigungsanlage sich die Beseitigungspflichtigen zu bedienen haben (§ 29 I 3 KrW-/AbfG). Die Abfallwirtschaftsplanung ist auf einen Zeitraum von 10 Jahren ausgerichtet. Soweit dies zur Darstellung des Bedarfs erforderlich ist, sind Abfallwirtschaftskonzepte und Abfallbilanzen auszuwerten (§ 29 II 2 KrW-/AbfG). Bei der Abfallwirtschaftsplanung sind die Ziele und Erfordernisse der Raumordnung zu berücksichtigen (§ 29 V KrW-/AbfG). Die Abfallwirtschaftsplanung der Länder ist besonders im länderübergreifenden Bereich aufeinander abzustimmen (§ 29 VI KrW-/AbfG). Bei einer **Mitbenutzung** eines **Müllheizkraftwerks** durch die Träger der Abfallbeseitigung und Betreiber von Abfalldeponien muss das festgelegte Entgelt vor allem unter Berücksichtigung der gesetzlichen Wertungen des § 28 KrW-/AbfG angemessen sein. Dabei sind die wirtschaftlichen Interessengegensätze des Anlagenbetreibers und des Benutzers auch im Rahmen einer behördlichen Entgeltfestsetzung zu einem interessengerechten Ausgleich zu bringen.[911]

Bei Erlass des AbfG im Jahre 1972 haben die gesetzgebenden Körperschaften gerade die 3353
Pflicht zur überörtlichen Abfallplanung als den fortschrittlichsten Teil des Gesetzes gefeiert. Es hieß, in diesen Vorschriften komme die „dritte Dimension" staatlichen Umweltschutzes, die der planenden und gestaltenden Verwaltung, zum Ausdruck. Die Erwartungen wurden allerdings nicht erfüllt. Soweit überhaupt Abfallwirtschaftspläne auf Länderebene vorhanden sind, beinhalten sie zumeist lediglich die Summe der teilräumlich ohnehin praktizierten Lösungen und Planungen. Es fehlen nicht selten konzeptionelle Planungen, die aus der Sicht der Gesamtverantwortung des Landes Standorte festschreiben, Vorgaben für die kommunalen Gebietskörperschaften enthalten und wegen ihrer Plausibilität wirksame Anreize für private Investitionsentscheidungen bieten. Es ist daher zu bezweifeln, ob die Abfallpläne auf Landesebene einen wirksamen Beitrag zur Standortsicherung leisten.[912]

Die Errichtung und der Betrieb von Abfallbeseitigungsanlagen bedarf einer entspre- 3354
chenden **Zulassung**.[913]
– **Müllverbrennungsanlagen** werden nach einem immissionsschutzrechtlichen Genehmigungsverfahren zugelassen (§ 31 I KrW-/AbfG).

---

[910] Zu Deponien *Beckmann* DVBl. 1994, 236; *Dörr/Schönfelder* NVwZ 1989, 933; *Erbguth* NuR 1992, 262; *Schimmelpfeng* (Hrsg.) Altlasten, Deponietechnik, Kompostierung 1993; *Tettinger* NWVBl. 1993, 284; *Weller* ZfB 129 (1988), 342.
[911] VGH Kassel, B. v. 4. 2. 1999 – 8 TG 4138/98 – NVwZ 2000, 98.
[912] Kritisch *Weidemann* Einführung AbfG-Textausgabe (dtv).
[913] *Weidemann* Einführung AbfG-Textausgabe (dtv).

- Die Errichtung von **Deponien** sowie deren wesentliche Änderung bedürfen einer Planfeststellung (§ 31 II KrW-/AbfG).
- In bestimmten Fällen zumeist geringerer Bedeutung ist lediglich ein **abfallrechtliches Genehmigungsverfahren** erforderlich (§ 31 III KrW-/AbfG).

11. Müllverbrennungsanlagen

3355 Die Errichtung und der Betrieb von ortsfesten Abfallbeseitigungsanlagen zur Lagerung oder Behandlung von Abfällen zur Beseitigung sowie die wesentliche Änderung einer solchen Anlage oder ihres Betriebes bedürfen der immissionsschutzrechtlichen Genehmigung nach dem BImSchG. Eine weitere Zulassung nach dem KrW-/AbfG ist nicht erforderlich. Den Streit zwischen Deponie und Müllverbrennung hat das KrW-/AbfG abstrakt nicht entschieden. Nach § 6 I KrW-/AbfG können Abfälle sowohl stofflich verwertet oder zur Gewinnung von Energie genutzt werden. Vorrang hat die bessere umweltverträgliche Verwertungsart. Solange eine Rechtsverordnung dazu nicht konkretere Aussagen macht, ist nach § 6 II KrW-/AbfG eine energetische Verwertung nur zulässig, wenn der Abfall einen entsprechend hohen Heizwert hat, ein Feuerungswirkungsgrad von mindestens 75 % erzielt wird, die entstehende Wärme genutzt wird und die aus der Verbrennung entstehenden Abfälle möglichst ohne weitere Behandlung abgelagert werden können. Der Vorrang von stofflicher und energetischer Verwertung lässt sich daher nicht abstrakt, sondern nur im Einzelfall ermitteln, wobei die Einzelheiten in einer Rechtsverordnung der Bundesregierung geregelt werden müssen.

3356 Der Wechsel vom Abfallrecht in das Immissionsschutzrecht ist bereits durch das **InvWoBauG**[914] bewirkt worden. War bisher ein abfallrechtliches Planfeststellungsverfahren nach § 7 AbfG erforderlich, so ist über die Zulassung einer Müllverbrennungsanlage nach § 31 I KrW-/AbfG (§ 7 AbfG), § 4 I BImSchG i. d. F. des InvWoBauG in einem immissionsschutzrechtlichen Genehmigungsverfahren nach dem BImSchG zu entscheiden. Einer abfallrechtlichen Planfeststellung bedarf es in solchen Fällen nicht mehr (Art. 6 InvWoBauG).[915] Die Änderung der Rechtsgrundlagen von einem abfallrechtlichen Planfeststellungsverfahren in ein immissionsschutzrechtliches Genehmigungsverfahren hat allerdings nicht dazu geführt, dass sich die abfallrechtlichen Grundlagen des KrW-/AbfG (AbfG) ganz verabschiedet haben und durch das Immissionsschutzrecht ersetzt worden sind. Vielmehr gelten die rechtlichen Grundanforderungen an Abfallbeseitigungsanlagen weiter. Nach § 10 I KrW-/AbfG sind Abfälle so zu beseitigen, dass das Wohl der Allgemeinheit nicht beeinträchtigt wird. Dabei ist u. a. auf die Gesundheit der Menschen, die Tier- und Pflanzenwelt, Gewässer und Böden und die öffentliche Sicherheit und Ordnung Bedacht zu nehmen und zu verhindern, dass schädliche Umwelteinwirkungen durch Luftverunreinigungen oder Lärm entstehen (§ 10 IV KrW-/AbfG). Auch ist sicherzustellen, dass die Belange des Naturschutzes und der Landschaftspflege sowie des Städtebaus gewahrt werden (§ 10 IV Nr. 5 KrW-/AbfG). Zudem sind die Ziele und Erfordernisse der Raumordnung zu beachten (§ 10 IV Nr. 5 KrW-/AbfG). An die allgemeinen abfallrechtlichen Grundanforderungen ist daher auch das immissionsschutzrechtliche Genehmigungsverfahren gebunden. Zudem gelten die immissionsschutzrechtlichen Genehmigungsanforderungen. Nach § 6 BImSchG muss sichergestellt sein, dass die Betreiberpflichten in § 5 BImSchG und die Anforderungen aus den Verordnungen zum BImSchG erfüllt sind. Außerdem dürfen andere öffentlich-rechtliche Vorschriften nicht entgegenstehen (§ 6 Nr. 2 BImSchG). Zu den Betreiberpflichten gehört nach § 5 BImSchG u. a., dass schädliche Umwelteinwirkungen und sonstige Gefahren, erhebliche

---

[914] Gesetz zur Erleichterung von Investitionen und der Ausweisung und Bereitstellung von Wohnbauland (Investitionserleichterungs- und Wohnbaulandgesetz) v. 22. 4. 1993 (BGBl. I 1993, 466).
[915] Zu dieser gesetzlichen Neuregelung *Engel* UPR 1993, 209; *Fluck* DB 1993, 2011; *Gaßner/Schmidt* NVwZ 1993, 946; *Klett/Gerhold* NuR 1993, 421; *Kracht* UPR 1993, 369; *Moormann* UPR 1993, 286; *Müllmann* DVBl. 1993, 637; *Rahner* ZUR 1993, 200; *Reidt* NVwZ 1993, 861; *Schink* DÖV 1993, 725; *Weidemann* DVBl. 1994, 263.

Nachteile und erhebliche Belästigungen für die Allgemeinheit und die Nachbarschaft nicht hervorgerufen werden (§ 5 I Nr. 1 BImSchG) und Vorsorge gegen schädliche Umwelteinwirkungen getroffen wird, insbesondere durch die dem Stand der Technik entsprechenden Maßnahmen zur Emissionsbegrenzung.

Nach Auffassung des *VGH München* ist das **Rostfeuerungsverfahren** auch heute noch zur thermischen Behandlung von Abfällen erlaubt. Die offene Formulierung in Nr. 8.1 des Anhangs zur 4. BImSchV lässt verschiedene thermische Verfahren zu und ist nicht auf die Thermoselect-Technologie festgelegt.[916] Auch eine Sonderfallprüfung nach Nr. 2.2.1.3 der TA-Luft zum Schutz vor krebserzeugenden Stoffen hielt das Gericht nicht für geboten. Denn sie ist nur bei lokalen Besonderheiten und einer deutlichen Erhöhung des Gesundheitsrisikos erforderlich.[917] Nach der Einschätzung der LAI ist das nur anzunehmen, wenn die Summe aller von der Anlage hervorgerufenen Immissionen von krebserzeugenden Stoffen das Krebsrisiko für eine im Einwirkungsbereich der Anlage lebende Person erheblich erhöht.[918]

Der wesentliche **Unterschied** zwischen dem **abfallrechtlichen Planfeststellungsverfahren**[919] und dem **immissionsschutzrechtlichen Genehmigungsverfahren** wird darin gesehen, dass das abfallrechtliche Planfeststellungsverfahren über die Prüfung von zwingenden Eingangsvoraussetzungen hinaus eine planerische Abwägung[920] beinhaltet, bei der die jeweiligen Belange durch eine planerische Entscheidung austariert werden. Abwägung bedeutet zugleich auch Gestaltungsraum für den planenden Entscheidungsträger. Die immissionsschutzrechtliche Genehmigung wird traditionell als gebundene Entscheidung in dem Sinne verstanden, dass ein Rechtsanspruch auf eine Genehmigung besteht, wenn die Genehmigungsvoraussetzungen vorliegen.[921] Von einer zusätzlichen planerischen Abwägung ist der immissionsschutzrechtliche Genehmigungsanspruch nicht abhängig. Der Gesetzgeber wollte offenbar durch die Umstellung des Verfahrens von einer abfallrechtlichen Planfeststellung auf eine immissionsschutzrechtliche Genehmigung erreichen, dass die Errichtung von Müllverbrennungsanlagen leichtere Zulassungsvoraussetzungen erhält und das Verfahren vereinfacht wird. Vor allem wäre durch eine Umstellung des Zulassungsverfahrens eine planerische Abwägung nicht mehr erforderlich und an den in der Praxis kaum durchsetzbaren Anspruch des Betreibers auf Abwägung bei Müllverbrennungsanlagen ein fester Genehmigungsanspruch getreten. Liegen die Genehmigungsvoraussetzungen vor, ist nach immissionsschutzrechtlichen Grundsätzen die Genehmigung zu erteilen.

Zur Errichtung und zum Betrieb von **Abfallbeseitigungsanlagen** ist nach § 31 I KrW-/AbfG[922] nur eine immissionsschutzrechtliche Genehmigung notwendig. Die im-

---

[916] *VGH München*, Urt. v. 31. 1. 2000 – 22 A 99.40009 u. 40›012 – DVBl. 2000, 822.
[917] *BVerwG*, Urt. v. 10. 6. 1998 – 7 B 25.98 – NVwZ 1998, 1181; *VGH München*, Urt. v. 11. 6. 1996 – 20 A 90.40036 – DVBl. 1997, 70 = BayVBl. 1997, 564.
[918] *VGH München*, Urt. v. 31. 1. 2000 – 22 A 99.40009 u. 40012 – DVBl. 2000, 822 – um mehr als 1×10^{-6} pro Lebenszeit.
[919] Zum Ablauf des abfallrechtlichen Planfeststellungsverfahrens *Kunig/Schwermer/Versteyl* Rdn. 1ff. zu § 7 AbfG.
[920] *BVerwG*, Urt. v. 20. 7. 1979 – 7 CB 21.79 – NJW 1980, 953 = DÖV 1980, 133; Urt. v. 21. 2. 1990 – 7 C 11.91 – BVerwGE 90, 42 – Nieheim; *Schink* DÖV 1993, 733; *Kunig/Schwermer/Versteyl* § 8 Rdn. 10. Zum Abwägungsgebot grundsätzlich *BVerwG*, Urt. v. 12. 12. 1969 – IV C 105.66 – BVerwGE 34, 301 = DVBl. 1970, 414 – *Hoppe/Stüer* RzB Rdn. 23 – Abwägung – Selbstverwaltung; Urt. v. 5. 7. 1974 – IV C 50.72 – BVerwGE 45, 309 – Delog-Detag; B. v. 9. 11. 1979 – 4 N 1.78 – BVerwGE 59, 87 = DVBl. 1980, 233 = BauR 1980, 36 – Normenkontrolle.
[921] Dies wird als gebundene Kontrollerlaubnis bezeichnet, *Ebling* Beschleunigungsmöglichkeiten bei der Zulassung von Abfallentsorgungsanlagen 1994; *Klöpfer* Umweltrecht 1989 § 4 Rdn. 45; *Ronellenfitsch* DVBl. 1989, 851; *Sellner* Immissionsschutzrecht und Industrieanlagen Rdn. 9, 21; *Weidemann* DVBl. 1994, 262.
[922] Vgl. bereits § 7 AbfG in der Fassung des Investitionserleichterungs- und Wohnbaulandgesetzes vom 22. 4. 1993 (BGBl. I S. 466).

missionsschutzrechtliche Genehmigung ist grundsätzlich eine gebundene Entscheidung. Allerdings sind nach § 38 BauGB die Gemeinden zu beteiligen und städtebauliche Belange zu berücksichtigen. Aus der gebundenen Zulassungsentscheidung wird teilweise gefolgert, dass für eine solche Genehmigung wegen des Fehlens einer enteignungsrechtlichen Vorwirkung weder eine Planrechtfertigung erforderlich ist, noch der betroffene Nachbar gegenüber der Genehmigungsbehörde einen Anspruch auf eine planerische Abwägung seiner Belange habe. Demzufolge seien auch Fragen der Dimensionierung oder der sich anbietenden Standortalternativen im gerichtlichen Anfechtungsverfahren nicht zu prüfen.[923] Auf dieser Linie liegt es dann wohl auch, die Vorschriften des KrW-/AbfG sowie des BImSchG nicht dahin „verfassungskonform" erweiternd auszulegen, dass die bei Erlass eines Planfeststellungsbeschlusses zu beachtenden planerischen Gesichtspunkte auch bei Erteilung einer immissionsschutzrechtlichen Genehmigung geprüft werden müssen. Der Gesetzgeber hat dann bei der Umwandlung des Zulassungsrechts für Müllverbrennungsanlagen vom Planfeststellungserfordernis in eine immissionsschutzrechtliche Genehmigungsbedürftigkeit auch nicht gegen seine Schutzpflichten aus Art. 2 II 1 GG verstoßen. Vielmehr hat der Gesetzgeber in Erfüllung seiner verfassungsrechtlichen Schutzpflicht aus dieser Sicht den von den Immissionen einer Abfallentsorgungsanlage betroffenen Nachbarn einen nach altem wie neuem Recht identischen Anspruch auf Schutz vor Gesundheitsgefahren eingeräumt.[924] Immerhin hat sich der Gesetzgeber veranlasst gesehen, im Rahmen des BauROG 1998 den Paradigmenwechsel vom Abfallrecht in das Immissionsschutzrecht Beteiligungsrechte der Gemeinden und die Berücksichtigung städtebaulicher Belange ausdrücklich zu regeln (§ 38 BauGB). Die Regelung ist durch das EAG Bau unverändert übernommen worden.

3360 Die aus der **kommunalen Selbstverwaltungsgarantie** abzuleitende gemeindliche Planungshoheit verlangt allerdings, dass die gemeindlichen Belange bei der immissionsschutzrechtlichen Genehmigung ausreichend berücksichtigt werden. Findet daher eine abwägende Entscheidung auf einer anderen, vorgelagerten Ebene nicht statt, muss das immissionsschutzrechtliche Genehmigungsverfahren mit entsprechenden abwägenden Elementen angereichert werden. Anderenfalls wäre die kommunale Selbstverwaltungsgarantie in Art. 28 II GG verletzt.

3361 Für Abfallverbrennungsanlagen besteht angesichts des durchzuführenden immissionsschutzrechtlichen Genehmigungsverfahrens keine Pflicht mehr zur Aufsuchung und Prüfung **alternativer Standorte**.[925] Die Richtlinien-Grenzwerte für Müllverbrennungsanlagen (89/369/EWG u. 89/429/EWG) sind strikt verbindlich. Die Anlagen müssen nach den festgelegten Verbrennungsbedingungen betrieben oder rechtzeitig stillgelegt werden.[926] Die Mitverbrennung von Tiermehl in einer Abfallverbrennungsanlage, das bereits drucksterilisiert ist (Herabsetzung der Prionenkonzentration auf ca. $1/_{1.000}$), bei 850 Grad Celsius und Sauerstoffüberschuss gefährdet nicht das Schutzprinzip zum Nachteil eines französischen Nachbarn.[927] Eine Gemeinde darf im Rahmen ihres Organisationsermessens den gesamten von ihr zu entsorgenden Abfall, soweit er thermisch verwertbar ist, in einer ortsnah betriebenen Müllverbrennungsanlage entsorgen und mit einem privatem Betreiber einer Müllverbrennungsanlage einen Selbstkostenfestpreis vereinbaren, wenn es hierfür keinen Markt gibt.[928] Der Betreiber einer Verbrennungsanlage für Abfälle und

---

[923] *VGH Mannheim*, Urt. v. 16. 6. 1998 – 10 S 909/97 – DVBl. 1998, 1192 = NVwZ-RR 1999, 298.

[924] Zum Passivrauchen *BVerfG*, B. v. 8. 2. 1998 – 1 BvR 2234/97 – NJW 1998, 2961 = UPR 1998, 145.

[925] *BVerwG*, B. v. 14. 1. 2003 – 7 B 2.03 – Buchholz 451.221 § 31 KrW-/AbfG Nr. 1.

[926] *EuGH*, Urt. v. 18. 6. 2002 – C-60/01 – DVBl. 2002, 1612.

[927] *OVG Saarlouis*, B. v. 23. 5. 2001 – 3 U 1/01 – Mitverbrennung von Tiermehl in Abfallverbrennungsanlage.

[928] *OVG Münster*, Urt. v. 5. 4. 2001 – 9 A 1795/99 – NVwZ-RR 2002, 223: Preiskalkulation mit einer 92 %igen Auslastung der rechnerischen Jahreshöchstlastkapazität ist zulässig.

ähnliche Stoffe im Sinne der 17. BImSchV (Klärschlammverbrennungsanlage) kann verpflichtet werden, der Überwachungsbehörde die kontinuierlich aufzuzeichnenden Emissionsdaten im Wege der Datenfernübertragung zu übermitteln. Es gelten dieselben Grundsätze wie für eine Großfeuerungsanlage nach der 13. BImSchV.[929]

12. Planfeststellung

Die Errichtung und der Betrieb von Deponien sowie die wesentliche Änderung einer solchen Anlage oder ihres Betriebes bedürfen der abfallrechtlichen Planfeststellung nach § 31 II 1 KrW-/AbfG. In dem Planfeststellungsverfahren ist eine UVP nach dem UVPG durchzuführen (§ 31 II 2 KrW-/AbfG). Das förmliche abfallrechtliche Planfeststellungsverfahren beginnt mit dem Planfeststellungsantrag, der aus einem Text- und Karteiteil sowie entsprechenden Anlagen besteht. Zunächst werden von der Planfeststellungsbehörde die Unterlagen geprüft, ggf. ergänzende Gutachten eingeholt und die Träger öffentlicher Belange um Stellungnahme gebeten. Die Planunterlagen werden sodann – wenn sie nach Auffassung der Planfeststellungsbehörde vollständig sind und eine gewisse Entscheidungsreife erreicht haben – für einen Monat zu jedermanns Einsicht öffentlich ausgelegt. Während dieser Zeit können von jedermann Stellungnahmen abgegeben werden. Im Anschluss daran werden die eingegangenen Stellungnahmen geprüft. Im Planfeststellungsbeschluss wird sodann abschließend über die Zulassung des Vorhabens entschieden. **3362**

An Stelle einer Planfeststellung kann nach § 31 III KrW-/AbfG eine abfallrechtliche **Plangenehmigung** erteilt werden, wenn (1) die Errichtung und der Betrieb einer unbedeutenden Deponie beantragt wird, (2) die wesentliche Änderung einer Deponie oder ihres Betriebes beantragt wird oder (3) die Errichtung und der Betrieb einer Deponie beantragt wird, die ausschließlich oder überwiegend der Entwicklung und Erprobung neuer Verfahren dient. Die Genehmigung der letztgenannten Anlage ist auf höchstens zwei Jahre nach Inbetriebnahme mit einjähriger Verlängerungsmöglichkeit zu begrenzen. Die Genehmigung von Deponien nach § 31 III Nr. 1 und Nr. 2 KrW-/AbfG setzt ferner voraus, dass davon keine erheblichen nachteiligen Auswirkungen für die in § 2 I 2 UVPG genannten Schutzgüter (Menschen, Tiere und Pflanzen, Boden, Wasser, Luft, Klima und Landschaft einschließlich der jeweiligen Wechselwirkungen, Kultur- und sonstige Sachgüter) ausgehen. § 31 III Nr. 1 KrW-/AbfG[930] will sicherstellen, dass ein Plangenehmigungsverfahren nur dann erfolgt, wenn kein Planfeststellungsverfahren mit integrierter UVP erforderlich ist.[931] Ein Plangenehmigungsverfahren scheitert daher nicht nur an der Inanspruchnahme von Grundeigentum oder geschützten Rechten, sondern auch dann, wenn sich das Erfordernis einer UVP ergibt. **3363**

Im Falle der **Stilllegung** kommen auf den Inhaber einer Deponie besondere Verpflichtungen zu. Nach § 36 II KrW-/AbfG soll die zuständige Behörde den Inhaber einer ortsfesten Abfallentsorgungsanlage, der die beabsichtigte Stilllegung der Anlage anzeigt, zu Rekultivierungsmaßnahmen und zu „sonstigen Vorkehrungen" verpflichten, die erforderlich sind, Beeinträchtigungen des Wohls der Allgemeinheit zu verhüten. Die Vorschrift knüpft an die in den §§ 10, 11 KrW-/AbfG enthaltene Grundpflicht zur gemeinwohlverträglichen Abfallbeseitigung an und ist die umfassende Ermächtigung für die zuständigen Behörden, den Inhaber zur Erfüllung seiner Nachsorgepflicht anzuhalten.[932] Denn die Anforderungen des Abfallrechtes an Deponien enden nicht mit der Betriebseinstellung. Vielmehr ist die Grundpflicht zur gemeinwohlverträglichen Abfallbeseiti- **3364**

---

[929] *OVG Münster*, B. v. 15. 7. 2003 – 21 A 819/01 – NVwZ 2004, 54 = UPR 2004, 35, unter Bezugnahme auf *BVerwG*, Urt. v. 13. 2. 1997 – 7 C 47.95 – DVBl. 1997, 726 = NVwZ 1997, 998.
[930] I. d. F. des Gesetzes zur Beschleunigung von Genehmigungsverfahren (Genehmigungsverfahrensbeschleunigungsgesetz – GenBeschlG) v. 12. 9. 1996 (BGBl. I 1354).
[931] Gesetzentwurf der *Bundesregierung*. Entwurf eines Gesetzes zur Beschleunigung von Genehmigungsverfahren (GenBeschlG) BT-Drs. 13/3995 v. 6. 3. 1996.
[932] *BVerwG*, Urt. v. 29. 11. 1991 – 7 C 6.91 – BVerwGE 89, 215 = DVBl. 1992, 311; Urt. v. 19. 3. 1989 – 7 C 82.87 – NJW 1989, 1295.

gung erst erfüllt, wenn eine ordnungsgemäße Endablagerung auf Dauer gesichert ist. Dementsprechend unterscheiden die TA-Siedlungsabfall[933] auch zwischen einer Betriebsphase und einer Nachsorgephase. Gerade von stillgelegten Deponien können – neben einer Verunstaltung der Landschaft – Langzeitwirkungen ausgehen, etwa durch Sickerwasser oder Deponiegase. Deshalb sind in aller Regel Langzeitsicherungsmaßnahmen und Kontrollen des Deponieverhaltens erforderlich.[934] § 36 II KrW-/AbfG ermächtigt daher grundsätzlich auch noch nach Stilllegung einer Deponie zum Erlass derartiger Nachsorgeanordnungen.[935] Das Gesetz geht dabei von folgendem Verfahrensablauf aus: Der Inhaber hat die beabsichtigte Stilllegung der Anlage der zuständigen Behörde unverzüglich anzuzeigen (§ 36 I KrW-/AbfG). Dies soll die Behörde in den Stand setzen, alsbald über etwa erforderliche Nachsorgemaßnahmen zu entscheiden. Aus diesem Grund verpflichtet § 36 I 2 KrW-/AbfG den Inhaber der Deponie, der Stilllegungsanzeige bestimmte Unterlagen beizufügen. Wird die Stilllegungsabsicht ordnungsgemäß angezeigt, werden die behördlichen Nachsorgeanordnungen im Allgemeinen in zeitlichem Zusammenhang mit der Stilllegung zu treffen sein. Unterbleibt aber die gebotene Stilllegungsanzeige, kann die zuständige Behörde naturgemäß erst dann die erforderlichen Maßnahmen für die Nachbetriebsphase anordnen, wenn sie von der Betriebseinstellung Kenntnis erhalten hat. Insbesondere für diesen Fall lassen § 36 II KrW-/AbfG auch noch Jahre nach der tatsächlichen Stilllegung Anordnungen zu, wenn die sonstigen Voraussetzungen erfüllt sind. Aber auch bei erfolgter Anzeige können sich nachträgliche Nachsorgeanordnungen als notwendig erweisen, etwa wenn zum Zeitpunkt der Stilllegung bestimmte Erkenntnisse über Gefährdungen noch nicht vorhanden waren. Da das Gesetz anders als in § 17 IVa BImSchG keine Frist für den Erlass von Nachsorgeanordnungen kennt, bestimmt sich die zeitliche Begrenzung nach dem allgemeinen Verhältnismäßigkeitsgrundsatz. In diesem Rahmen mag der als Maximalfrist ausgestaltete Zehnjahreszeitraum des § 17 IVa BImSchG einen gewichtigen Anhaltspunkt auch für die Zulässigkeit entsprechender abfallrechtlicher Anordnungen abgeben, zumal diese Vorschrift nunmehr auch für alle nach § 31 I KrW-/AbfG immissionsschutzrechtlich genehmigungsbedürftigen Abfallentsorgungsanlagen gilt.[936]

13. Rechtsschutz

3365   Wird der **Planfeststellungsbeschluss abgelehnt**, kann der Antragsteller dagegen **Rechtsschutz** suchen. Die abfallrechtliche Planfeststellung ist abwägungsdirigiert in dem Sinne, dass sie mit einer Abwägung verbunden ist. In die Abwägung können auch gesamtstaatliche Interessen oder – je nach gesetzlicher Vorgabe – ein Bewirtschaftungsermessen einfließen. Die Notwendigkeit einer Abwägung im Rahmen der Planfeststellung folgt aus rechtsstaatlichen Gründen. Der Antragsteller hat daher keinen Anspruch auf eine Planfeststellung an der Abwägung vorbei. Allerdings hat auch der private Träger einer planfeststellungsbedürftigen Abfallentsorgungsanlage einen **Anspruch** auf **fehlerfreie Ausübung** der **planerischen Gestaltungsfreiheit**, die sich auf alle abwägungserheblichen Gesichtspunkte einschließlich des öffentlichen Entsorgungsinteresses erstreckt.[937] Nach den gesetzlichen Regelungen ist die Abfallentsorgung einschließlich der Errichtung und des Betriebs entsprechender Entsorgungsanlagen eine grundsätzlich öffentliche Aufgabe der Daseinsvorsorge und des Gesundheits- und Umweltschutzes.[938] Dem Gesetz ist mithin der Auftrag an

---

[933] Nr. 9.7 der TA-Abfall und Nr. 10.7 der TA-Siedlungsabfall.
[934] Nr. 9.7.2 der TA-Abfall und Nr. 10.7.2 der TA-Siedlungsabfall.
[935] *BVerwG*, B. v. 6. 5. 1997 – 7 B 143.97 – NVwZ 1997, 1000 = GewArch. 1997, 391, mit Hinweis auf B. v. 2. 5. 1995 – 7 B 270.94 – Buchholz 451.22 § 10 AbfG Nr. 1 = DVBl. 1996, 38 = ZUR 1995, 266.
[936] *BVerwG*, B. v. 6. 5. 1997 – 7 B 143.97 – NVwZ 1997, 1000 = GewArch. 1997, 391.
[937] *BVerwG*, Urt. v. 24. 11. 1994 – 7 C 25.93 – BVerwGE 97, 143 = DVBl. 1995, 238 = ZfBR 1995, 150 – Sonderabfallumschlagsanlage.
[938] *BVerwG*, Urt. v. 9. 3. 1990 – 7 C 21.89 – BVerwGE 85, 44.

die mit der Entsorgungsplanung betrauten Verwaltungsträger zu entnehmen, im öffentlichen Interesse eine nach Art, Standort und Kapazität ausreichende Anzahl von Abfallentsorgungsanlagen zur Verfügung zu stellen, damit die Entsorgungspflichtigen ihrer Pflicht zu einer gemeinwohlverträglichen Abfallentsorgung nachkommen können. Dieses öffentliche Interesse an einer ausreichenden Entsorgungskapazität ist ein Belang, der nach Auffassung des *BVerwG* i. S. eines Optimierungsgebotes[939] bei der planerischen Abwägung in hervorgehobener Weise zu berücksichtigen ist. Die Zulassung von Abfallentsorgungsanlagen geschieht jedoch nicht von Amts wegen durch die Planfeststellungs- oder Genehmigungsbehörde, sondern auf Antrag des potenziellen Betreibers. Dieser nimmt insoweit das mit der konkreten Anlage verfolgte öffentliche Entsorgungsinteresse wahr und hat kraft seines gesetzlichen Antragsrechts gegenüber der Zulassungsbehörde einen Anspruch darauf, dass (auch) dieses Interesse rechtsfehlerfrei bei der Entscheidung über seinen Antrag berücksichtigt wird. Ist Träger des Vorhabens die entsorgungspflichtige Körperschaft des öffentlichen Rechts, liegt das Bestehen eines solchen Anspruchs auf der Hand. Das Gleiche gilt, wenn an Stelle der Körperschaft der Abfallbesitzer zur Entsorgung verpflichtet ist und zur Erfüllung dieser ihm öffentlich-rechtlich auferlegten Pflicht eine eigene Entsorgungsanlage errichten möchte.[940]

In den **neuen Ländern** haben Widerspruch und Anfechtungsklage eines Dritten gegen die Zulassung von Abfallentsorgungsanlagen nach Nr. 5 und 6 des RechtsmittelBG i. d. F. des 6. VwGO-ÄndG **keine aufschiebende Wirkung**. Die aufschiebende Wirkung des Rechtsbehelfs tritt insbesondere nicht ein bei Vorhaben, die abfallrechtliche Planfeststellungsverfahren nach § 31 II KrW-/AbfG sowie abfallrechtliche Genehmigungsverfahren nach § 31 III KrW-/AbfG betreffen. Ausgenommen sind lediglich Müllverbrennungsanlagen mit einer Durchsatzleistung von mehr als 100.000 Tonnen und bestimmten ortsfesten Abfallanlagen (§ 48 I 1 Nr. 5 VwGO). Mit der Verwirklichung des Vorhabens kann daher auch bei Vorliegen eines Widerspruchs oder einer Anfechtungsklage eines Nachbarn begonnen werden. Die Anordnung des Sofortvollzuges nach § 80 II 1 Nr. 4 VwGO ist dazu nicht erforderlich. Der betroffene Nachbar kann allerdings bei Gericht einen Antrag auf Anordnung der aufschiebenden Wirkung des Rechtsbehelfs stellen (§§ 80, 80a VwGO).

14. Verpackungsverordnung

Das abfallwirtschaftliche Gesamtkonzept des Bundes fordert eine ganzheitliche Produktverantwortung: Wer ein Produkt erzeugt und vermarktet, ist auch für dessen spätere Entsorgung verantwortlich. Die Privatwirtschaft soll hierdurch in die Abfallentsorgung einbezogen werden. Prototyp dieses „dualen Abfallwirtschaftskonzepts"[941] ist das in der im Jahre 1991 erlassenen Verpackungsordnung I[942] angelegte „duale System". Inzwischen ist die **Verpackungsverordnung II** in Kraft getreten.[943] Die auf der Grundlage von §§ 6, 23, 24 und 57 KrW-/AbfG erlassene Verpackungsverordnung II wendet sich nicht an den Verbraucher, sondern an Hersteller und Vertreiber von Verpackungen bzw. verpackter Waren sowie an den Versandhandel (§ 2 I, II VerpackV). Diese sind verpflichtet, Verpackungen zurückzunehmen und wieder zu verwenden oder stofflich zu verwerten (§§ 4 bis 6 VerpackV). Für Verkaufsverpackungen schadstoffhaltiger Füllgüter bestehen Rücknahmepflichten (§ 7 VerpackV). Für Getränkeverpackungen sowie für Verpackungen von Wasch- und Reinigungsmitteln und von Dispersionsfarbe besteht eine Pfanderhebungs-

---

[939] *BVerwG*, Urt. v. 22. 3. 1985 – 4 C 73.82 – BVerwGE 71, 163 = DVBl. 1985, 899 – B 16; Urt. v. 27. 9. 1990 – 4 C 44.87 – BVerwGE 85, 348 = DVBl. 1991, 209 – Fischteiche.
[940] *BVerwG*, Urt. v. 24. 11. 1994 – 7 C 25.93 – BVerwGE 97, 143 = DVBl. 1995, 238 = ZfBR 1995, 150 – Sonderabfallumschlagsanlage.
[941] Zum Abfallwirtschaftskonzept s. Rdn. 2780, 3325, 3345, 3352.
[942] VerpackV v. 12. 6. 1991 (BGBl. I 1234), geändert durch VO v. 26. 10. 1993 (BGBl. I 1782).
[943] Verordnung über die Vermeidung und Verwertung von Verpackungsabfällen (Verpackungsverordnung – VerpackV) v. 21. 8. 1998 (BGBl. I 2379).

pflicht (§ 8 VerpackV), von der unter den Voraussetzungen des § 9 VerpackV befreit werden kann. Rücknahme- und Pfanderstattungspflichten können beschränkt werden (§ 10 VerpackV). Besondere Regelungen beziehen sich auf das Herstellen, Inverkehrbringen und Kennzeichnen von Verpackungen (§§ 12 bis 14 VerpackV). Die Verpackungen sind vorwiegend stofflich zu verwerten. Zur Erfüllung der VerpackVO hat sich bereits im Jahre 1990 die private Gesellschaft **„Duales System Deutschland"** gebildet, an der heute über 600 Unternehmen der Verpackungswirtschaft, Grundstoffherstellern, Abfüllindustrie und Handel beteiligt sind. Die DSD organisiert das Sammeln und Vorsortieren gebrauchter Verkaufsverpackungen und arbeitet mit den entsorgungspflichtigen Körperschaften zusammen. Die DSD finanziert sich durch Gebühren von den Herstellern, die einen bestimmten Betrag pro Verpackung zahlen müssen, was durch den „Grünen Punkt" kenntlich gemacht werden kann.[944] Die DSD geriet im Jahre 1993 allerdings vor allem deshalb in finanzielle Schwierigkeiten, weil die Sammeltätigkeit der Verbraucher offensichtlich unterschätzt wurde, so dass den angelieferten Verpackungsmaterialien keine ausreichenden Verwertungskapazitäten gegenüberstanden. Außerdem wurde das System durch zu niedrig kalkulierte Beiträge und durch „Trittbrettfahrer" belastet, die ohne entsprechende Zahlungen den „Grünen Punkt" ihrem Produkt beifügten. Als grundsätzliche Kritik wird der VerpackV entgegengebracht, dass entgegen den Intentionen des Verordnungsgebers die Abfallvermeidung nicht im Vordergrund steht, sondern die Abfallbeseitigung dem Gedanken der Kreislaufwirtschaft eher entgegensteht.[945] Die Regelungen der Verpackungsverordnung für die Vermeidung von Abfällen haben nach Auffassung des *BVerwG* abschließenden Charakter und schließen abweichende Regelungen auf Landes- oder Gemeindeebene aus. Die Gemeinden sind deshalb nicht befugt, allein zum Zwecke der Abfallvermeidung im Rahmen einer Sondernutzungserlaubnis zu fordern, dass nur Mehrweggeschirr und -besteck verwendet wird.[946]

3368 Ein durch die öffentliche Hand betriebenes **Alternativsystems** zur Erfassung und Verwertung von Verpackungsabfällen hat der *VGH Kassel* in einem Eilverfahren untersagt und wie folgt begründet: Ein öffentlich-rechtlicher Abwehranspruch ergibt sich aus der sog. Vorabfeststellung in § 6 III VerpackV 1991 und verfassungsrechtlich aus Art. 12 I, 14 I GG. Die an den Systembetreiber gerichtete behördliche Systemfeststellung nach § 6 III 11 VerpackV stellt danach einen systembezogenen, begünstigenden, gebundenen und feststellenden Verwaltungsakt dar, dem die Wirkung einer Systemzulassung zukommt.

3369 Die den öffentlich-rechtlichen Entsorgungsträgern als Teil der öffentlichen Abfallentsorgung obliegende Aufgabe der Entsorgung gebrauchter Verpackungen ist ihnen unmittelbar durch die VerpackV zur Schonung staatlicher Deponie- und Verwertungskapazitäten entzogen, nach dem Grundsatz der Produktverantwortung auf die Privatwirtschaft verlagert und im Interesse des Umweltschutzes einer abfallrechtlichen Sonderregelung unterstellt worden. Die individuellen Rücknahme-, Wiederverwendungs- und Verwertungspflichten der Hersteller und Vertreiber von systembeteiligten Verkaufsverpackungen gem. § 6 I VerpackV gehen mit Wirksamkeit der behördlichen Systemfeststellung auf das kollektive duale System mit dem geänderten Inhalt einer systematischen Erfassung gebrauchter Verkaufsverpackungen beim privaten Endverbraucher über, wodurch neben der „Freistellung" der Hersteller und Vertreiber systembeteiligter Verpackungen dem Systembetreiber eine entsprechende Betriebsberechtigung verliehen wird.

---

[944] Der „Grüne Punkt" bedeutet, dass die Verpackung im Wege des dualen Systems entsorgt und wieder verwendet werden kann. Eine besondere Umweltfreundlichkeit der Verpackung ist damit nicht belegt.
[945] Zu weiteren Einzelheiten *Schmidt* Einführung in das Umweltrecht § 5 Rdn. 37.
[946] So *BVerwG*, Urt. v. 23. 4. 1997 – 11 C 4.96 – DVBl. 1997, 111 = UPR 1997, 373 – Einweggeschirr; offen gelassen in BVerwGE 90, 359; Urt. v. 19. 8. 1994 – 8 N 1.93 – BVerwGE 96, 272 = DVBl. 1995, 58 – Einwegverpackung; *Stüer*, Kommunalrecht, S. 246; vgl. auch *BVerfG*, Urt. v. 7. 5. 1998 – 2 BvR 1991/95 und 2004/95 – BVerfGE 98, 106 = DVBl. 1998, 705 – Verpackungssteuer Kassel.

Die Errichtung und der Betrieb eines konkurrierenden Erfassungs- und Verwertungssystems für gebrauchte Verkaufsverpackungen durch einen öffentlich-rechtlichen Entsorgungsträger oder auch dessen Mitwirkung an einem solchen nicht behördlich nach § 6 III VerpackV festgestellten Konkurrenzsystem widerspricht der Konzeption der VerpackV und damit der bundesstaatlichen Kompetenzordnung. Das gilt insbesondere dann, wenn Verpackungsabfälle gezielt mit dem der öffentlichen Abfallentsorgung unterliegenden Restmüll aus privaten Haushaltungen vermischt, zusammen erfasst und verwertet werden. 3370

Mehrere nebeneinander betriebene duale Systeme müssen jedes für sich die systembezogenen Voraussetzungen des § 6 III VerpackV erfüllen, insbesondere hinsichtlich der das jeweils gesamte Bundesland umfassenden Flächendeckung und der Abstimmung mit allen öffentlich-rechtlichen Entsorgungsträgern dieses Landes. Ein öffentlich-rechtlicher Abwehranspruch des Systembetreibers nach § 6 III VerpackV ist insbesondere dann anzunehmen, wenn ein öffentlich-rechtlicher Entsorgungsträger ein Konkurrenzsystem unter nachträglicher Abweichung von seiner Abstimmungserklärung mit dem Ziel der Verdrängung für seinen örtlichen Zuständigkeitsbereich errichtet und betreibt oder sich an einem solchen beteiligt.[947] 3371

Die Einführung der Pfandpflicht für bestimmte Einweggetränkeverpackungen sowie der Pflicht zur Rücknahme und Verwertung entsprechender gebrauchter Verpackungen (**Dosenpfand**) ist verfassungsgemäß.[948] Die Klagen von Dosenpfandgegnern gegen ein Bundesland wurden als unzulässig abgewiesen. Die Bekanntgabe der wiederholten Unterschreitung der Mehrwegquote nach § 9 II 2 VerpackV durch die Bundesregierung ist ein feststellender Verwaltungsakt, der für das Wirksamwerden der Rücknahme- und Pfandpflichten konstitutiv ist.[949] 3372

IX. Wasserwirtschaft (WHG)

Das öffentliche Wasserrecht besteht aus dem Recht der **Wasserwirtschaft**[950] und dem **Wasserwege-** und **Wasserverkehrsrecht**.[951] Das im WHG[952] geregelte Recht der Wasser- 3373

---

[947] *VGH Kassel*, B. v. 20. 8. 1999 – 8 TG 3140/98 – NVwZ 2000, 92.

[948] *BVerfG*, B. v. 20. 12. 2002 – 1 BvR 2305/02 – DVBl. 2003, 265; zur Rechtmäßigkeit *VG Berlin*, B. v. 2. 10. 2002 – 10 A 349.02 –; *OVG Berlin*, B. v. 12. 12. 2002 – 2 S 37.02 – ZUR 2003, 114.

[949] *BVerwG*, Urt. v. 16. 1. 2003 – 7 C 31.02 – DVBl. 2003, 544 = NVwZ 2003, 864 m. Anm. *Hoppe* NJW 2003, 1775 – Dosenpfand – Mehrwegquotenunterschreitung.

[950] *Berendes* Das Abwasserabgabengesetz 1995; *Breuer* Öffentliches und privates Wasserrecht 1987; *Bulling/Finkenbeiner/Eckardt/Kibele* Wassergesetz Ba.-Wü.; *Gieseke/Wiedemann/Czychowski* § 31 WHG; *Krieger* Normkonkretisierung im Recht der wassergefährdenden Stoffe 1992; *Linden* Gewässerschutz und landwirtschaftliche Bodennutzung 1993; *Lübbe-Wolff* Grundwasserbelastung durch CKW 1991; *Müllmann* Plangenehmigung im Wasserrecht 1994; *Nisipeanu* Abwasserrecht 1991; *Salzwedel* Wasserrecht 1982, 569; *Sautter* Einführung in das Abwasser- und Abwasserabgabenrecht 1991; *Sieder/Zeitler/Dahme* § 31 WHG; *Völsch* Entschädigungs- und Ausgleichsregelungen in den Wassergesetzen 1993; *Volkens* Vorsorge im Wasserrecht 1993.

[951] Zum Wasserwirtschafts- und Wasserwegerecht *Bauer* JuS 1990, 24; *ders.* NuR 1991, 56; *Böttcher* ZfW 1983/84, 129; *ders.* Umweltverträglichkeitsprüfung und planerische Abwägung in der wasserrechtlichen Fachplanung 1983; *ders.* ZfW 1983, 129; *Bracher* NuR 1988, 17; *Breuer* Öffentliches und privates Wasserrecht 1987; *Büllesbach* NuR 1991, 190; *Bulling/Finkenbeiner/Eckardt/Kibele* Wassergesetz für Ba.-Wü.; *Diekmann* Die wasserwirtschaftliche Planfeststellung 1972; *Fickert* ZfW 1984, 193; *Friesecke* NuR 1993, 6; *ders.* LKV 1991, 129; *ders.* WHG 1994; *ders.* ZfW 1983, 149; *Fritsch* DVBl. 1989, 908; *Geiger* JA 1982, 151; *Gieseke/Wiedemann/Czychowsky* WHG; *Habel* BWVPr. 1989, 151; *Huster* NuR 1992, 56; *Kaster* NVwZ 1993, 1059; *Knauber* NVwZ 1992, 220; *Knopp* BayVBl. 1983, 524; *Krieger* Normkonkretisierung im Recht der wassergefährdenden Stoffe 1992; *Ladeur* UPR 1992, 81; *Lang* BayVBl. 1981, 679; *Laubinger* VerwArch. 77 (1986); *Linden* Gewässerschutz und landwirtschaftliche Bodennutzung 1993; *Lübbe-Wolff* Grundwasserbelastung durch CKW. Rechtsfragen der Ermittlung und Sanierung 1991; *Müllmann* Die Plangenehmigung im Wasserrecht 1994; *Nisipeanu* Abwasserrecht 1991; *Peters* DVBl. 1987, 990; *Petersen* NuR 1989, 205; *Prokisch* JA 1988, 635; *Reinhardt* NuR 1994, 417; *Ronellenfitsch*

wirtschaft betrifft vor allem die Nutzung der **Gewässer** sowie den **Hochwasserschutz**. Es regelt die Entnahme und Förderung des Wassers, den Gewässerausbau sowie die Einleitung von Abwässern. Das Wasserwegerecht befasst sich mit dem Zustand und der Nutzung der Oberflächengewässer zum Zwecke des Verkehrs. Es betrifft insbesondere die Schifffahrt, die Verkehrsanlagen und den Gemeingebrauch. Für die Bundeswasserstraßen ist das Wasserwegerecht im WaStrG, im Übrigen in den LWG geregelt. Das Wasserverkehrsrecht soll die Sicherheit des Verkehrs auf schiffbaren Oberflächengewässern gewährleisten.[953]

3374 Das **Wasser** ist eine der **wichtigsten Grundlagen** allen menschlichen, tierischen und pflanzlichen Lebens und bedarf daher eines besonderen Schutzes. Es wird nicht nur als Trink- und Brauchwasser, sondern auch als Produktionsmittel in Industrie und Handwerk benötigt.[954] Die oberirdischen Gewässer erfüllen eine Vielzahl von Funktionen. Das Grundwasser ist vor allem für die Trinkwassergewinnung erforderlich, aber auch als Teil des globalen, regionalen und lokalen Wasserkreislaufs unverzichtbar. Die privaten Haushalte, die gewerblichen und industriellen Betriebe und die öffentlichen Einrichtungen sind in aller Regel auf die Versorgung mit Trinkwasser aus der öffentlichen Wasserversorgung angewiesen. Die landwirtschaftlichen Betriebe und viele andere im Außenbereich gelegenen Nutzer beziehen ihr Trink- und Brauchwasser vielfach aus privaten Hausbrunnen, die in verschiedene Schichten des Grundwassers reichen. Trinkwasser muss gewonnen und aufbereitet werden. Zudem steht vor allem im Bereich von Gewerbe und Industrie sowie bei den privaten Haushalten und in der Landwirtschaft eine ordnungsgemäße Abwasserbeseitigung an. Die Gewässer werden dabei vor allem durch Eutrophierung, d. h. durch ein zu hohes Nährstoffangebot, insbesondere von Phosphaten und Nitraten in den Oberflächengewässern, durch Nitrateintrag, eine Versauerung des Wassers durch sauren Regen, der zu Waldsterben und einer Versauerung der Böden und Gewässer führt, durch Eintrag von Schwermetallen (z. B. Quecksilber, Cadmium und Blei), durch Eintrag von Pflanzenbehandlungsmitteln als chemische Schädlingsbekämpfungsmittel (Pestizide) und Unkrautbekämpfungsmittel (Herbizide), Abheizung vor allem im Kraftwerksbereich und unfallbedingten Chemikalieneintrag (SANDOZ-Unfall) beeinträchtigt.[955]

1. Zuständigkeiten

3375 Zum öffentlichen Wasserrecht gehört insbesondere das **Wasserwirtschaftsrecht**, das im WHG geregelt ist. Das WHG beruht auf der Rahmenkompetenz des Bundes nach Art. 75 I 1 Nr. 4 GG. Nach dieser Vorschrift hat der Bund das Recht, unter den Voraussetzungen des Art. 72 GG **Rahmenvorschriften** zu erlassen über die Bodenverteilung, die Raumordnung und den Wasserhaushalt. Nach der Änderung des Art. 75 durch das Verfassungsreformgesetz 1994 dürfen Rahmenvorschriften nur in Ausnahmefällen in Einzelheiten gehende oder unmittelbar geltende Regelungen enthalten (Art. 75 II GG). Erlässt der Bund Rahmenvorschriften, so sind die Länder verpflichtet, innerhalb einer durch das

---

VerwArch. 74 (1983), 368; *ders.* VerwArch. 77 (1986), 177; *Salzwedel* in: *Salzwedel* Grundzüge des Umweltrechts 1982, 569; *ders.* NVwZ 1982, 596; *ders.* NVwZ 1985, 711; *ders.* NVwZ 1991, 946; *Sander* NuR 1986, 317; *Sautter* Einführung in das Abwasser- und Abwasserabgabenrecht 1991; *Schink* ZfW 1985, 1; *Schulte* DVBl. 1988, 963; *Sellmann* DVBl. 1992, 235; *Siedeler* WHG; *Stüer* NuR 1982, 140; *Uechtritz* NVwZ 1988, 316; *Volkens* Vorsorge im Wasserrecht 1993; *Völsch* Entschädigungs- und Ausgleichsregelungen in den Wassergesetzen 1993; *Wiedemann* ZfW 1967, 83.

[952] Zum WHG *Axer* NuR 1995, 241; *Habel* BWVPr. 1989, 151; *Sander* ZfW 1985, 73; *Siedler/Zeitler/Dahme* WHG.

[953] *Bender/Sparwasser/Engel* Umweltrecht, Teil 4, Rdn. 53.

[954] *BVerfG*, B. v. 15. 7. 1981 – 1 BvL 77/78 – BVerfGE 58, 300 = NJW 1982, 745 = DVBl. 1982, 340 = *Hoppe/Stüer* RzB Rdn. 1136 – Nassauskiesung.

[955] Zum Chemikalienrecht *Kloepfer* ChemG; *Kippels/Töpner* (Hrsg.) ChemG; *Kloepfer/Bosselmann* Zentralbegriffe des Umweltchemikalienrechts 1985; *Nöthlichs* Gefahrstoffe; *Rehbinder/Kayser/Klein* ChemG 1985; *Schiwy* ChemG; *Storm* ChemG; *Strubelt* Gifte in unserer Umwelt 1988; *Umweltbundesamt* ChemG 1984; *Uppenbrink/Broecker/Schlottelius/Schmidt-Bleek* ChemG.

Gesetz zu bestimmenden angemessenen Frist die erforderlichen Landesgesetze zu erlassen. Das WHG enthält nicht nur Rahmenregelungen für den Landesgesetzgeber, sondern auch bürgeradressierte Normen, die unmittelbar für den Bürger verbindlich sind. Das WHG ist damit in weiten Teilen nicht umsetzungsbedürftig, sondern stellt vielfach bereits eine **Vollregelung** dar. Dies war auf der Grundlage des Art. 75 I 1 Nr. 4 GG a. F. verfassungsrechtlich nicht bedenklich, da die Rahmenkompetenz auch den Erlass von Vollregelungen durch den Bund beinhaltete, solange den Ländern noch ein eigener substanzieller Umsetzungsbereich offen steht. Die **Vollzugskompetenz** für das **WHG** liegt nach Art. 84 GG bei den **Ländern**. Diese Vollzugshoheit sichert den Ländern einen eigenen Bereich, der durch den Bund nicht entzogen werden kann. Soweit das WHG unmittelbar vollzugsfähig ist, führen die Länder Bundesrecht als eigene Angelegenheiten aus. Im Übrigen vollziehen die Länder auf der Grundlage der Landeswassergesetze Landesrecht durch Landesbehörden. Ebenfalls auf Art. 75 I 1 Nr. 4 GG a. F. beruht das Gesetz über Abgaben für das Einleiten von Abwasser in Gewässer (**Abwasserabgabengesetz**),[956] das wiederum durch entsprechende landesrechtliche Regelungen umgesetzt ist.[957] Das dem Gewässerschutz dienende Gesetz über die Umweltverträglichkeit von Wasch- und Reinigungsmitteln (**Wasch- und Reinigungsmittelgesetz**) stützt sich auf die konkurrierende Gesetzgebung des Bundes für das Recht der Wirtschaft (Art. 74 I Nr. 11 GG).[958] Auch das Pflanzenschutzgesetz stützt sich auf eine konkurrierende Gesetzgebungszuständigkeit des Bundes in Art. 74 I Nr. 20 GG. Dieses Recht gilt nach Art. 8 Einigungsvertrag auch im Gebiet der neuen Bundesländer. Die einschränkenden Regelungen des DDR-Umweltrahmengesetzes[959] sind hierdurch entfallen.

Auf der Grundlage des Art. 70 GG haben die Länder eigene **Landeswassergesetze** erlassen, die ursprünglich an einem einheitlichen Musterentwurf ausgerichtet waren, sich inzwischen aber Recht unterschiedlich entwickelt haben. Das Landesrecht dient der Ausfüllung des durch das WHG geschaffenen Rahmens und Regelungen des Vollzugs. Dazu gehört auch die wasserpolizeiliche Generalklausel für Anordnungen zum Schutz des Wasserhaushalts, auf die Untersagungsverfügungen, Gefahrenerforschungseingriffe oder Sanierungsverfügungen gestützt werden können. Hinzu treten kommunale Satzungen, die vor allem die Trinkwasserversorgung und die Abwasserbeseitigung betreffen.[960] Das alte **DDR-Wasserrecht** galt bis zum In-Kraft-Treten der neuen Landeswassergesetze in den neuen Bundesländern als Landesrecht fort. **3376**

Auf dem Gebiet des Gewässerschutzes bestehen zahlreiche **internationale Abkommen**,[961] z. B. für den Bereich der Nordsee und der Ostsee, den Rhein oder die Elbe. So ist die Bundesrepublik Deutschland der Helsinkikonvention zum Schutz der Ostsee beigetreten[962] und hat mit der EG sowie der ehemaligen Tschechoslowakei eine Vereinbarung über die Gründung einer internationalen Kommission zum Schutz der Elbe geschlossen. Zum Schutz der Grenzgewässer besteht mit Polen ein Grenzgewässervertrag. **3377**

---

[956] *BVerwG*, Urt. v. 25. 9. 1992 – 8 C 28.90 – NVwZ 1993, 998 = ZfW 1993, 151: Der Landesgesetzgeber ist nicht gehindert, über die rahmenrechtlichen Vorgaben des § 7 II AbwAG hinaus weitere formelle und materielle Voraussetzungen für Abgabenminderungen bei Niederschlagswasser, etwa die Einhaltung der allgemein anerkannten Regeln der Technik, festzulegen.
[957] *Bender/Sparwasser/Engel* Umweltrecht, Teil 4 Rdn. 61.
[958] Zum ChemG *BVerwG*, Urt. v. 12. 6. 1992 – 7 C 31.90 – DVBl. 1992, 1236 = NVwZ 1992, 984 = NuR 1993, 272 – Prüfnachweise.
[959] Vom 29. 6. 1990 (DDR-GBl. 649).
[960] *BVerwG*, Urt. v. 23. 5. 1973 – IV C 33.70 – BVerwGE 42, 222 = DVBl. 1973, 798 = KStZ 1973, 234 – Wasserverband; Urt. v. 23. 5. 1973 – IV C 21.70 – BVerwGE 42, 210 = SchlHA 1973, 173 – Zwangsmitgliedschaft; B. v. 3. 7. 1992 – 7 B 149.91 – NVwZ-RR 1992, 611 = DVBl. 1993, 208 = DÖV 1993, 77.
[961] *Bender/Sparwasser/Engel* Umweltrecht, Teil 4 Rdn. 61.
[962] BGBl. 1979 II 1229. Zur Novellierung *Ehlers* NuR 1993, 202; *Jenisch* ZAU 1993, 81; *Kunig* in: HdUR Bd. II Art. Ostsee Sp. 1581.

3378 Das **WHG** gilt für oberirdische Gewässer, Küstengewässer und das Grundwasser (§ 1 I WHG). Zu den Gewässern gehören das ständig oder zeitweilig in Betten fließende oder stehende oder aus Quellen wild abfließende Wasser (**oberirdische Gewässer**), das Meer zwischen der Küstenlinie bei mittlerem Hochwasser oder der seewärtigen Begrenzung der oberirdischen Gewässer und der seewärtigen Begrenzung des Küstenmeeres (**Küstengewässer**) sowie das unterirdische Wasser in der Sättigungszone, das in unmittelbarer Berührung mit dem Boden oder dem Untergrund steht (**Grundwasser**).[963] Der Grundwasserbegriff in § 1 I Nr. 2 WHG umfasst das gesamte unterirdische Wasser.[964] § 1a I WHG enthält den Grundsatz der **gemeinwohlorientierten Wasserbewirtschaftung**. Danach sind Gewässer als Bestandteil des Naturhaushalts und als Lebensraum für Tiere und Pflanzen zu sichern. Sie sind so zu bewirtschaften, dass sie dem Wohl der Allgemeinheit und im Einklang mit ihm auch dem Nutzen Einzelner dienen, vermeidbare Beeinträchtigungen ihrer ökologischen Funktionen und der direkt von ihnen abhängenden Landökosysteme und Feuchtgebiete im Hinblick auf deren Wasserhaushalt unterbleiben und damit insgesamt eine nachhaltige Entwicklung gewährleistet wird. Dabei sind insbesondere mögliche Verlagerungen von nachteiligen Auswirkungen von einem Schutzgut auf ein anderes zu berücksichtigen. Ein hohes Schutzniveau für die Umwelt insgesamt, unter Berücksichtigung der Erfordernisse des Klimaschutzes, ist zu gewährleisten. Diesem sich an die Behörde richtenden Bewirtschaftungsgebot steht das für jedermann geltende Sorgfaltsgebot des § 1a II WHG zur Seite. Danach ist jedermann verpflichtet, bei Maßnahmen, die sich auf Gewässer auswirken können, die nach den Umständen erforderliche Sorgfalt anzuwenden, um eine Verunreinigung des Wassers oder eine sonstige Veränderung seiner Eigenschaften zu verhüten (Qualitätsvorsorge) sowie eine sparsame Verwendung des Wassers zu erzielen, um die Leistungsfähigkeit des Wasserhaushalts zu erhalten und um eine Vergrößerung und Beschleunigung des Wasserabflusses zu vermeiden (Quantitätsvorsorge). Die Wasserbewirtschaftung ist gemeinwohlorientiert, an dem damit zu vereinbarenden Nutzen Einzelner ausgerichtet und zugleich der Qualitätsvorsorge und der Herstellung eines ökologischen Gleichgewichts verpflichtet. Aus § 1a II WHG können sich auch unmittelbare Verhaltenspflichten für Dritte ergeben. So kann etwa ein Indirekteinleiter von Abwasser auf der Grundlage des Vermeidungsgebots des § 1a II WHG zu Auskünften über die in seinem Betrieb eingesetzten Chemikalien verpflichtet sein.[965] Durch Landesrecht wird bestimmt, dass der Wasserbedarf der öffentlichen Wasserversorgung vorrangig aus ortsnahen Wasservorkommen zu decken ist, soweit überwiegende Gründe des Wohls der Allgemeinheit nicht entgegenstehen. Der **Vorsorgegrundsatz** berechtigt die Behörde auch dann zum Einschreiten, wenn eine konkrete Gefahr nicht zu besorgen ist. Die Gefährdung des Grundwassers setzt daher nicht in jedem Falle voraus, dass eine unmittelbare Gefährdung des Trinkwassers festgestellt wird. Es genügt vielmehr, dass der Wasserhaushalt beeinträchtigt ist. Die konkrete Gefährdung menschlichen Lebens ist nicht Voraussetzung für ein behördliches Einschreiten.[966] Es reicht vielmehr eine abstrakte Gefährdung aus. § 1b WHG sieht die Bewirtschaftung nach Flussgebietseinheiten vor. Hierzu zählen Donau, Rhein, Maas, Ems, Weser, Elbe, Eider, Oder, Schlei/Trave und Warnow/Peene. Zur Erreichung der Bewirtschaftungsziele erfolgt eine länderübergreifende, koordinierte Bewirtschaftung, eine Koordination der Maßnahmenprogramme und Bewirtschaftungspläne auch mit anderen Ländern und Mitgliedstaaten der EU. Die zuständigen Landes-

---

[963] § 1 I Nr. 2 ist durch das 7. ÄndG zum WHG neu gefasst worden. Zur Abgrenzung von Grundwasser, Quelle und Oberflächenwasser *BVerwG*, B. v. 17. 2. 1969 – 4 B 220.68 – DÖV 1969, 755 = ZfW 1969, 116.
[964] *BVerwG*, B. v. 3. 3. 1987 – 4 B 69.86 – Schrifttum u. Rechtspr. 1987, 20 Nr. 45.
[965] *BVerwG*, B. v. 25. 2. 1991 – 7 B 3.91 – DVBl. 1991, 886 = NVwZ 1991, 996 – Textilveredelung.
[966] *BVerwG*, B. v. 24. 8. 1989 – 4 B 59.89 – Buchholz 445.4 § 34 WHG Nr. 8 = NVwZ 1990, 474.

behörden ordnen die Einzugsbereiche innerhalb ihrer Landesgrenzen einer Flussgebietseinheit zu (§ 1b III WHG).

Der Auslaufkanal des ehemaligen Kernkraftwerks in Lubmin (Mecklenburg-Vorpommern) ist wegen des vorhandenen Maßes an technischer Überformung und des auch visuell in unmittelbarem Zusammenhang mit dem Kraftwerksgelände stehenden Bauwerks kein Gewässer im Sinne des WHG. Denn ein künstlicher Abwasserkanal, der im Zusammenhang mit einer industriellen Anlage steht, ist als Abwasseranlage zu behandeln.[967] Für die Eigenschaft als oberirdisches Gewässer im Sinne des § 1 I 1 Nr. 1 WHG ist es ohne Belang, ob das Gewässer formell und materiell illegal hergestellt worden ist.[968] Aus einem Oberflächengewässer durch die Gewässersohle in das Erdreich als Uferfiltrat abgesickertes Wasser ist Grundwasser im Sinne des Hessischen Grundwasserabgabengesetzes. Seine Entnahme ist abgabepflichtig.[969]

Durch § 1a IV WHG wird klargestellt, dass die Gewässerbenutzung, die einer Erlaubnis oder Bewilligung bedarf, sowie der Ausbau eines oberirdischen Gewässers nicht zum **Grundeigentum** gehört. Maßnahmen der Wasserbewirtschaftung, die an den Vorgaben des WHG ausgerichtet sind, stellen sich damit als zulässige Inhalts- und Schrankenbestimmung des Eigentums dar, soweit durch derartige Maßnahmen das Eigentum mittelbar oder unmittelbar betroffen wird. **Oberirdische Gewässer** können im Eigentum der öffentlichen Hand oder im privaten Eigentum stehen. Das Gewässereigentum an Bundeswasserstraßen steht nach Art. 89 I GG dem Bund zu. Im Übrigen werden die Eigentumsverhältnisse durch das jeweilige Landesrecht geregelt. Nach dem Landeswasserrecht sind die Länder Eigentümer der zumeist in einem speziellen Gewässerverzeichnis aufgeführten Gewässer erster Ordnung. Im Übrigen enthalten die Landeswassergesetze unterschiedliche Regelungen hinsichtlich des Eigentums. Zumeist teilt sich das Eigentum in der Mitte des Wasserlaufes. Das private Gewässereigentum ist aber durch Widmungen der Gewässer zu öffentlichen Sachen nicht unerheblich eingeschränkt. Eine Benutzung eines Gewässers bedarf nach § 2 WHG grundsätzlich der behördlichen **Erlaubnis** (§ 7 WHG) oder **Bewilligung** (§ 8 WHG). Der Ausbau eines Gewässers setzt grundsätzlich ein Planfeststellungsverfahren nach § 31 WHG voraus. Die wasserhaushaltsrechtlichen Bindungen, insbesondere das Erlaubniserfordernis und Bewilligungserfordernis nach § 2 WHG sowie das Planfeststellungserfordernis nach § 31 WHG, bestehen unabhängig davon, ob es sich eigentumsrechtlich um ein öffentliches oder privates Gewässer handelt.[970] §§ 25a bis 25d WHG enthalten Bewirtschaftungsziele für oberirdische natürliche Gewässer (§ 25a I WHG). Bewirtschaftungsziele werden auch für künstliche und erheblich veränderte oberirdische Gewässer aufgestellt (§ 25b WHG). Durch Landesrecht werden entsprechende Fristen für die Umsetzung der Bewirtschaftungsziele festgelegt (§ 25c WHG). Ausnahmen von den Bewirtschaftungszielen können vor allem bei einer erforderlichen vorübergehenden Verschlechterung des Gewässerzustandes zugelassen werden (§ 25d WHG). Die Bewirtschaftungsziele gelten entsprechend für Küstengewässer (§ 32c WHG). Auch für das Grundwasser werden Bewirtschaftungsziele aufgestellt (§ 33a WHG). Das Landesrecht bestimmt entsprechende Maßnahmenprogramme (§ 36 WHG), deren Aufstellungsverfahren den Anforderungen des UVPG zur Umweltprüfung entsprechen muss (§ 36 VII WHG). Für jede **Flussgebietseinheit** werden von den Ländern entsprechende Bewirtschaftungspläne aufgestellt (§ 36b WHG). Zwischen den Behörden erfolgt ein entsprechender Informationsaustausch (§ 37a WHG).

---

[967] *OVG Greifswald*, B. v. 13. 6. 2002 – 5 M 16/02 – DVBl. 2003, 1471 (LS) = ZUR 2002, 419 = NordÖR 2002, 416 – KKW Lubmin.
[968] *BVerwG*, B. v. 16. 7. 2003 – 7 B 61.03 – NVwZ-RR 2003, 829 = UPR 2004, 33 = DVBl. 2003, 1471.
[969] *VGH Kassel*, Urt. v. 11. 4. 2001 – 5 UE 2176/00 – NuR 2001, 590 = NVwZ-RR 2002, 376.
[970] *BVerwG*, B. v. 3. 6. 1981 – 4 B 10.81 – Buchholz 445.4 § 1 WHG Nr. 5.

3381 Wird ohne die erforderlichen Gestattungen ein Gewässer benutzt, kann die zuständige Wasserbehörde einschreiten und die **Benutzung untersagen**. Eine rechtliche Trennung zwischen **formeller und materieller Illegalität**, wie sie für den Bereich des öffentlichen Baurechts üblich ist, ist wegen der grundsätzlichen Unterschiede der beiden Rechtsmaterien für das Wasserrecht nicht möglich. Eine nicht gestattete, aber nach dem WHG gestattungsbedürftige Einwirkung auf das Wasser ist schlechthin illegal. Eine materiell legale Gewässerbenutzung ist ohne formelle Legalität ausgeschlossen.[971]

3382 Die **Einleitung von Grundwasser** in die öffentliche Kanalisation ist keine Benutzung im Sinne des § 3 WHG.[972] Dagegen ist ein Bauvorhaben, das die nicht nur ganz entfernte Möglichkeit einer schädlichen Einwirkung auf das Grundwasser mit sich bringt, als eine erlaubnispflichtige Gewässerbenutzung anzusehen.[973] In die für die Versagung einer Erlaubnis oder Bewilligung für die Gewässerbenutzung nach § 6 WHG geforderte Prognose sind grundsätzlich auch Entwicklungen einzubeziehen, die wie ein geplantes Wasserschutzgebiet noch keine Rechtsverbindlichkeit erlangt haben.[974] Eine wasserrechtliche Untersagungs- und Beseitigungsverfügung ist generell nur dann gerechtfertigt, wenn die zuständige Behörde zwar die von der konkret zu erwartenden Beeinträchtigung des Wohls der Allgemeinheit abhängige Möglichkeit der Legalisierung der Gewässerbenutzung geprüft und verneint hat. Die Notwendigkeit einer solchen Prüfung wird aber nur in besonders gelagerten Einzelfällen gefordert, zu denen Schwarzbauten nicht zählen.[975] Eine Ordnungsverfügung darf auch auf die bloße formelle Illegalität eines Zustandes gestützt werden, wobei die Verhältnismäßigkeit zu berücksichtigen ist.[976] Dass dem Anlieger eines Gewässers die mit bestimmten Baulichkeiten verbundene illegale Benutzung von der Wasserbehörde nach dem Grundsatz der Verhältnismäßigkeit für eine gewisse Zeit nicht untersagt werden kann, begründet noch keine als Eigentum geschützte Rechtsposition.[977] Der Umfang der Schadensersatzpflicht des Inhabers einer gefährlichen Anlage nach § 22 II WHG ist durch den Schutzbereich der Norm bestimmt. In ihn fallen grundsätzlich alle Vermögensnachteile, die einem berechtigten Benutzer des Grundwassers durch die Belastung mit Schadstoffen aus der Anlage entstehen. Es macht dabei auch keinen Unterschied, ob der Benutzer das geförderte Grundwasser weiter nutzen oder es lediglich abpumpen will.[978]

2. Erlaubnis und Bewilligung

3383 §§ 2, 7, 8 WHG regeln das Erlaubnis- und Bewilligungsverfahren. Wasserrechtliche Erlaubnis und Bewilligung unterscheiden sich nicht nach dem Gegenstand und dem Umfang der durch sie ermöglichten Gewässerbenutzung, sondern durch die Art der durch sie gewährten Rechtsstellung.[979] Die wasserrechtliche **Bewilligung** gibt eine **gesicherte Rechtsstellung**, die wasserrechtliche **Erlaubnis** gibt eine solche Rechtsstellung nicht. Der Erlaubnis bedarf die Benutzung von Gewässern. Dazu gehört nach § 3 WHG (1) das Entnehmen und Ableiten von Wasser aus oberirdischen Gewässern, (2) das Auf-

---

[971] *BVerwG*, Urt. v. 10. 2. 1978 – IV C 71.75 – BayVBl. 1978, 472 = DVBl. 1979, 67 = DÖV 1978, 413 – Baggersee.
[972] *VGH Mannheim*, Urt. v. 23. 7. 1998 – 8 S 3189/96 – UPR 1999, 159.
[973] *VGH Mannheim*, Urt. v. 3. 8. 1998 – 3 S 990/98 – VBlBW 1999, 97.
[974] *BVerwG*, B. v. 28. 7. 1998 – 11 B 20.98 – Wasserschutzgebiet.
[975] *BVerwG*, B. v. 8. 10. 1998 – 11 B 42.98 –; Vorinstanz: *OVG Koblenz*, Urt. v. 4. 6. 1998 – 1 A 13224/96 –; *BVerwG*, B. v. 21. 12. 1993 – 7 B 119.93 – NVwZ-RR 1994, 202; Urt. v. 10. 2. 1978 – IV C 71.75 – Buchholz 445.4 § 2 WHG Nr. 3.
[976] *BVerwG*, B. v. 29. 12. 1998 – 11 B 56.98 – Eselshöfe; B. v. 21. 12. 1993 – 7 B 119.93 – NVwZ-RR 1994, 202; Urt. v. 10. 2. 1978 – IV C 71.75 – Buchholz 445.4 § 2 WHG Nr. 3.
[977] *BGH*, Urt. v. 21. 1. 1999 – III ZR 168/97 – DVBl. 1999, 603 = UPR 1999, 142.
[978] *BGH*, Urt. v. 6. 5. 1999 – III ZR 89/97 – NJW 1999, 3203 = DÖV 1999, 827 – Karbonileum.
[979] *BVerwG*, Urt. v. 20. 10. 1972 – IV C 107.67 – BVerwGE 41, 58 = DVBl. 1973, 217 = DÖV 1973, 207.

stauen und Absenken von oberirdischen Gewässern, (3) das Entnehmen fester Stoffe aus oberirdischen Gewässern, soweit es auf den Zustand des Gewässers oder auf den Wasserabfluss einwirkt, (4) das Einbringen und Einleiten von Stoffen in oberirdische Gewässer,[980] (4a) das Einbringen und Einleiten von Stoffen in Küstengewässer, (5) das Einleiten von Stoffen in das Grundwasser sowie (6) das Entnehmen, Zutagefördern, Zutageleiten und Ableiten von Grundwasser. Als Benutzung gelten nach § 3 II WHG auch (1) das Aufstauen, Absenken und Umleiten von Grundwasser durch entsprechende Anlagen sowie (2) Maßnahmen, die geeignet sind, schädliche Verunreinigungen der Beschaffenheit des Wassers hervorzurufen. § 3 II Nr. 2 WHG enthält einen allgemeinen Auffangtatbestand von Wassergefährdungen, die eine Benutzung darstellen und einem Erlaubnis- oder Bewilligungsvorbehalt unterliegen. Keine Benutzung eines Gewässers stellen die sog. **Indirekteinleitungen** dar (§ 7a I WHG). Auch Maßnahmen des Ausbaus eines oberirdischen Gewässers oder Maßnahmen der Unterhaltung eines solchen Gewässers sind keine Benutzung eines Gewässers i. S. des § 3 WHG. Diese ist nur aufgrund einer Bewilligung (§ 7 WHG) oder einer Erlaubnis (§ 8 WHG) gestattet.

Die Benutzung eines Gewässers bedarf der wasserrechtlichen Erlaubnis oder Bewilligung. Damit unterwirft der Gesetzgeber die Gewässerbenutzung einer vorgängigen behördlichen Kontrolle. Auch Maßnahmen, die geeignet sind, schädliche Veränderungen der physikalischen, chemischen oder biologischen Beschaffenheit des Wassers herbeizuführen, unterliegen einer vorherigen behördlichen Kontrolle. Die gesetzlich begründete Erlaubnispflicht besagt allerdings nichts darüber, ob das jeweilige Vorhaben baurechtlich zulassungsfähig ist. Konkurrierende Gewässerbenutzungen unterliegen dem Gebot der Rücksichtnahme. Erlaubnisfreie Benutzungen (§ 33 WHG) sind dabei nicht von vornherein schutz- oder vorzugswürdiger als erlaubnispflichtige Nutzungen. Der Befreiungsregelung liegen ausschließlich verwaltungspraktische Erwägungen zugrunde. Das Verhältnis einer erlaubnisfreien zu einer erlaubnispflichtigen Benutzung wird von dem Gebot der gegenseitigen Rücksichtnahme bestimmt. Ein vorhandener privater Brunnen ist daher nicht von vornherein gegenüber einer hinzutretenden neuen Gewässerbenutzung etwa durch eine Auskiesung vorzugswürdig.[981] **3384**

Eine Erlaubnis oder eine Bewilligung ist, soweit die Länder nichts anderes bestimmen, bei Ausübung **alter Rechte** und **alter Befugnisse** nicht erforderlich (§ 15 WHG).[982] Solche Rechte können entstanden sein durch nach Landesrecht erteilte oder aufrechterhaltene Rechte, aufgrund von Bewilligungen nach § 1 I 1 der Verordnung über Vereinfachungen im Wasser- und Wasserverbandsrecht[983] oder aufgrund einer nach der GewO erteilten Anlagengenehmigung (§ 15 I WHG). Auch ist eine Erlaubnis oder Bewilligung nicht erforderlich für die Benutzung aufgrund eines Planfeststellungsbeschlusses oder hoheitlicher Widmungsakte für öffentliche Verkehrsanlagen (§ 15 II WHG). Die Übertragung alter Rechte i. S. von § 15 I Nr. 1 WHG richtet sich nach Landesrecht.[984] Die alten Rechte und Befugnisse können nach § 15 IV 1 WHG gegen Entschädigung widerrufen werden, soweit von der Fortsetzung der Benutzung eine erhebliche Beeinträchtigung des Wohls der Allgemeinheit zu erwarten ist. Die alten Rechte und Befugnisse können nach **3385**

---

[980] *BVerwG*, Urt. v. 16. 11. 1973 – IV C 44.69 – BayVBl. 1974, 438 = DÖV 1974, 207 = DVBl. 1974, 297 = NJW 1974, 815 – Ölunfall.
[981] *BVerwG*, B. v. 14. 12. 2001 – 4 B 80.01 – BauR 2002, 1359 = BRS 64 (2001) Nr. 104 = ZfBR 2002, 596 (LS) – Sandabbau; vgl. auch *VGH München*, B. v. 7. 10. 2002 – 22 ZB 02.1206 – BayVBl. 2003, 753 = ZfW 2004, 54 – Drittanfechtung einer wasserrechtlichen Erlaubnis.
[982] *BVerwG*, Urt. v. 10. 4. 1968 – 4 C 35.67 – DVBl. 1968, 597 = DÖV 1968, 736 = ZfW 1968, 261 Urt. v. 22. 1. 1971 – IV C 14.70 – DÖV 1971, 426 = ZfW 1972, 165 – Wassernutzung; Urt. v. 22. 1. 1971 – IV C 94.69 – BVerwGE 37, 103 = DVBl. 1971, 706 = DÖV 1971, 424 – Grundwasserförderung; Urt. v. 13. 12. 1974 – IV C 74.71 – Buchholz 445.4 § 15 WHG Nr. 5 = RdL 1975, 246 = ZfW 1975, 92 – alte Rechte.
[983] Vom 10. 2. 1945 (RGBl. I S. 29).
[984] *BVerwG*, B. v. 8. 9. 1987 – 4 B 184.87 – Buchholz 445.4 § 15 WHG Nr. 7.= NuR 1989, 195.

§ 15 IV 2 WHG auch ohne Entschädigung widerrufen werden, wenn (1) der Unternehmer die Benutzung drei Jahre ununterbrochen nicht ausgeübt hat, (2) die Benutzung in dem bisherigen Umfang nicht mehr erforderlich ist, (3) der Unternehmer den Zweck der Benutzung wesentlich geändert hat oder (4) der Unternehmer die Benutzung trotz Warnung über den Rahmen des alten Rechts oder der alten Befugnis hinaus erheblich ausgedehnt hat oder Bedingungen und Auflagen nicht erfüllt hat. Die Wasserbehörde ist auch dann nach § 15 IV 2 Nr. 1 WHG zum Widerruf eines alten Wasserrechts berechtigt, wenn die Wasserbenutzung mindestens drei Jahre lang nicht zweckgerichtet ausgeübt worden ist. Ein konkretes öffentliches Interesse am Widerruf ist für die Anwendung der Vorschrift nicht erforderlich. Es genügt die Absicht, die durch das alte Recht durchbrochene allgemeine öffentlich-rechtliche Benutzungsordnung für das Gewässer wiederherzustellen. Die Wasserbehörde kann trotz der langjährigen Nichtausübung der Benutzung vom Widerruf des Rechts absehen, wenn in absehbarer Zeit mit der Wiederaufnahme der Benutzung zu rechnen ist. Dem bisherigen Inhaber des Rechts steht in den Fällen des § 15 IV 2 Nr. 1 WHG hinsichtlich etwa vorhandener baulicher Anlagen kein Bestandsschutz zu.[985] Liegen die Voraussetzungen eines Widerrufs alter Rechte vor, so scheidet auch ein Eigentumsschutz nach Art. 14 GG aus. Denn in das Eigentum wird nicht unzulässig eingegriffen, wenn alte Rechte und Befugnisse unter den Voraussetzungen des § 15 IV 2 WHG entschädigungslos widerrufen werden.[986] Allerdings kommt nach der Rechtsprechung des *BVerwG* der Schutz der Eigentumsgarantie dann in Betracht, wenn ein im berechtigten Vertrauen auf den Fortbestand eines Verwaltungsakts aufgebauter Gewerbebetrieb durch die Aufhebung des Verwaltungsakts in seiner Existenz ernsthaft gefährdet wird und der Gewerbetreibende in seinem Eigentum am Betrieb schwerwiegend getroffen wird.[987] Dies setzt jedoch voraus, dass der Gewerbebetrieb ernsthaft in seiner Existenz gefährdet ist und die Belange des Gewerbetreibenden in besonderem Maße schutzwürdig sind.[988] § 15 IV WHG schließt im Übrigen die Weitergeltung landesrechtlicher Regelungen über das Erlöschen alter Rechte und Befugnisse nicht aus.

3386 Die Rechtmäßigkeit einer seit langem ausgeübten Gewässerbenutzung kann sich aus dem gewohnheitsrechtlich anerkannten Grundsatz der „unvordenklichen Verjährung" ergeben. Hierdurch begründete Rechtspositionen bleiben von den in Bayern vor In-Kraft-Treten des WHG geltenden Wassergesetzen grundsätzlich unberührt. Nach den früheren Landeswassergesetzen „aufrechterhaltene" Altrechte bestehen unter der Geltung des WHG nur fort, wenn ihnen eine öffentlich-rechtliche Überprüfung in wasserwirtschaftlicher Hinsicht zugrunde liegt.[989] Nicht zum Wasserbuch angemeldete Altrechte können als „bekannte Rechte" nur dann Bestand haben, wenn die zur Führung des Wasserbuchs zuständige Behörde bis zum Ablauf der Anmeldungsfrist auch von der gebotenen wasserwirtschaftlichen Überprüfung hinreichende Kenntnis erlangt hat.[990]

3387 Bei der Bewertung alter Rechte ist die **Eigentumsgarantie** des Art. 14 GG und das Grundrecht der **Berufsfreiheit** in Rechnung zu stellen. Die Grundrechte können wasserrechtliche Befugnisse sowohl festigen als auch begrenzen.

Beispiel: Die Nutzung eines **Staurechts** ist nur dann gemeinverträglich i. S. von Art. 14 II GG, wenn einerseits die Interessen der Ober- und Unterlieger bei der Regulierung des Wasserstandes be-

---

[985] *BVerwG*, B. v. 29. 11. 1993 – 7 B 114.93 – DÖV 1994, 702 = NVwZ 1994, 783 = ZfW 1994, 394 – alte Wasserrechte.
[986] *BVerwG*, B. v. 26. 10. 1993 – 7 B 53.93 – BayVBl. 1994, 411 = Buchholz 11 Art. 14 GG Nr. 282 = GewArch. 1994, 59 = ZfW 1994, 390.
[987] *BVerwG*, Urt. v. 13. 12. 1974 – IV C 74.71 – Buchholz 445.4 § 15 WHG Nr. 5.
[988] *BVerwG*, B. v. 26. 10. 1993 – 7 B 53.93 – BayVBl. 1994, 411 = Buchholz 11 Art. 14 GG Nr. 282 = GewArch, 1994, 59 = ZfW 1994, 390.
[989] *VGH München*, B. v. 8. 4. 2003 – 22 ZB 03.680 – Altes Wasserrecht.
[990] *VGH München*, Urt. v. 5. 8. 2003 – 22 B 00.2918 – NVwZ 2004, 369 = BayVBl. 2004, 82 – Alte Rechte. Zur Verpflichtung der Sanierung eines Stauwehres *VGH München*, B. v. 7. 11. 2002 – 22 CS 02.2335 – Sanierung eines Stauwehrs.

rücksichtigt werden, andererseits auch ein haushälterischer Umgang mit der Wasserkraft gewährleistet ist. Wasserbehördliche Anforderungen an die Unterhaltung von Stauanlagen enthalten Regelungen der Berufsausübung, die aus wichtigen Gründen des Allgemeinwohls gerechtfertigt sind. Das Grundrecht der Berufsfreiheit kann auch nicht deshalb verletzt sein, weil die Stauanlage bei den für elektrische Energie zu erzielenden Preisen unwirtschaftlich ist. Dem Einfluss ökonomischer Rahmenbedingungen auf die Rentabilität vorhandener Anlagen ist der Besitzer solcher Anlagen wie jeder andere ausgesetzt. Seine öffentlich-rechtlichen Pflichten werden dadurch nicht gemindert.[991]

Die **Erlaubnis** gibt nach § 7 WHG die widerrufliche Befugnis, ein Gewässer zu einem bestimmten Zweck in einer nach Art und Maß bestimmten Weise zu benutzen. Die Erlaubnis kann befristet werden. Soweit für die Gewässerbenutzung eine UVP nach dem UVPG erforderlich ist, sind die Anforderungen auch des UVPG zu beachten. Die näheren Einzelheiten sind von den Ländern zu regeln (§ 7 I 3 WHG). Sie erlassen für Vorhaben, die der UVP-Richtlinie unterliegen, Vorschriften über die in wasserrechtlichen Erlaubnisverfahren zu beachtenden Anforderungen, insbesondere über die Antragstellung, die vollständige Koordinierung der durchzuführenden Zulassungsverfahren sowie der Inhalts- und Nebenbestimmungen, die Überwachung und Überprüfung der Erlaubnis, Änderungen des Anlagenbetriebs, die Erklärung von Gewässerbenutzern über ihre Emissionen in Gewässer sowie die inländische und grenzüberschreitende Behörden- und Öffentlichkeitsbeteiligung. 3388

Die wasserrechtliche **Erlaubnis** ist ebenso wie die wasserrechtliche Bewilligung zu **versagen**, wenn von der beabsichtigten Benutzung eine Beeinträchtigung des Wohls der Allgemeinheit zu erwarten ist (§ 6 WHG), für die beabsichtigte Einleitung von Abwasser die strengeren Anforderungen des § 7 a WHG nicht erfüllt werden können oder für das beabsichtigte Einleiten von Stoffen die Erlaubnisvoraussetzungen des § 36 b VI WHG nicht vorliegen. Das Wohl der Allgemeinheit ist beeinträchtigt, wenn das Vorhaben wasserwirtschaftliche Belange negativ beeinflusst. 3389

Beispiel: Ein Kiesabbauvorhaben beeinträchtigt das Wohl der Allgemeinheit nach § 6 WHG, wenn die Abbaufläche in einem Grundwasserschonbereich liegt, für den der Regionalplan abwägungsfehlerfrei ein Kiesabbauverbot aufgestellt hat, und wenn keine den Annahmen des Regionalplans entgegenstehenden atypischen Verhältnisse vorliegen, wonach das Kiesabbauvorhaben gleichwohl unbedenklich ist (vgl. § 35 III 3 BauGB).[992]

Eine wasserrechtliche Erlaubnis zur Benutzung eines Gewässers darf aber auch dann nicht gestattet werden, wenn sie zwar mit der engeren wasserhaushaltsrechtlichen Zielsetzung im Einklang steht,[993] aber durch andere gesetzliche Vorschriften ausdrücklich untersagt ist.[994] Dies widerspräche der in § 6 WHG vorausgesetzten Einheit der Rechtsordnung: Einerseits wäre die für das Erlaubnisverfahren zuständige Behörde verpflichtet, die Benutzung eines Gewässers zu erlauben. Andererseits wäre eine andere Behörde gehalten, aus Gründen des öffentlichen Gesundheitsschutzes die Benutzung des so gewonnenen Wassers sofort zu verbieten. Ein derartiger Interessenwiderstreit ist dadurch zu vermeiden, dass eine gesundheits- oder seuchenpolizeilich verbotene Gewässerbenutzung als eine Beeinträchtigung des Wohls der Allgemeinheit i. S. des § 6 WHG von vornherein nicht zu erlauben ist.[995] Dasselbe gilt auch für die wasserrechtliche Planfeststellung oder Genehmigung nach § 31 WHG. 3390

Die wasserrechtliche Erlaubnis kann ebenso wie die wasserrechtliche Bewilligung nach § 4 WHG unter **Benutzungsbedingungen** und **Auflagen** erteilt werden. Auflagen sind 3391

---

[991] *BVerwG*, B. v. 8. 5. 1989 – 4 B 34.89 – Buchholz 445.4 § 15 WHG Nr. 8.
[992] *BVerwG*, B. v. 18. 11. 1994 – 4 B 162.94 – Buchholz 445.4 § 6 WHG Nr. 7.
[993] *BVerwG*, B. v. 27. 6. 1986 – 4 B 57.86 – NuR 1987, 375.
[994] *BVerwG*, Urt. v. 4. 7. 1986 – 4 C 31.84 – BVerwGE 74, 315 – § 48 II BBergG; *OVG Lüneburg*, Urt. v. 30. 9. 1971 – III A 97/70 – OVGE 27, 486.
[995] *BVerwG*, Urt. v. 17. 3. 1989 – 4 C 30.88 – BVerwGE 81, 347 = DÖV 1989, 769 = DVBl. 1989, 1048.

auch zulässig, um nachteilige Wirkungen für andere zu verhüten oder auszugleichen. § 4 II WHG enthält einen weiteren Katalog von Auflagen, die dem Schutz des Gewässers und der Vorbeugung dienen. Nach § 4 II Nr. 3 WHG können dem Antragsteller auch angemessene Beiträge für Maßnahmen auferlegt werden, die eine Körperschaft des öffentlichen Rechts zur Verhütung oder zum Ausgleich möglicher Gewässerbeeinträchtigungen etwa durch Unfälle trifft. Die Maßnahmen, für die nach § 4 II Nr. 3 WHG angemessene Beiträge verlangt werden können, müssen solche tatsächlicher Art betreffen. Es muss sich nicht um wasserwirtschaftliche Maßnahmen im engeren Sinne handeln.[996]

Beispiel: Auch Feuerwehrmaßnahmen wie etwa die Beschaffung eines Ölabscheiders sowie Schwimmsperren können als Maßnahmen im Sinne von § 4 II Nr. 3 WHG zu Beitragsforderungen führen.[997]

3392 Eine wasserrechtliche Erlaubnis kann aus sachgerechten Gründen **widerrufen** werden. Ein Widerruf ist etwa zulässig, wenn die Auflagen oder Bedingungen nicht eingehalten werden, unter denen die Erlaubnis erteilt worden ist. Ein Widerruf kann auch ausgesprochen werden, wenn dies aus Gründen einer gemeinwohlorientierten Wasserbewirtschaftung erforderlich ist.

Beispiel: Die dem Betreiber eines privaten Klärwerks erteilte Erlaubnis zum Einleiten von Abwasser in ein Gewässer darf widerrufen werden, um die Abwasserbeseitigungspflicht auf eine Körperschaft des öffentlichen Rechts zu übertragen.[998]

3393 Besondere Anforderungen stellt § 7a WHG an die **Einleitung von Abwasser**. Die Einleitung von Abwässern in oberirdische Gewässer ist danach zwar nicht schlechthin unzulässig. Sie setzt aber die Durchführung der erforderlichen wasserrechtlichen Verfahren und eine (positive) Sachentscheidung nach den Maßstäben der §§ 6, 7a und 26 WHG voraus.[999] Nach § 7a WHG darf eine **Einleitungserlaubnis für Abwasser** nur erteilt werden, wenn die Schadstofffracht so gering gehalten wird, wie dies bei Einhaltung der jeweils in Betracht kommenden Verfahren nach dem **Stand der Technik** möglich ist. Stand der Technik ist nach § 7a I 3 WHG der Entwicklungsstand technisch und wirtschaftlich durchführbarer fortschrittlicher Verfahren, Einrichtungen oder Betriebsweisen, die als beste verfügbare Technik zur Begrenzung von Emissionen praktisch geeignet sind. Regeln der Technik haben speziell die technische Konstruktion, die Beschaffenheit und die Wirkungsweise technischer Anlagen zum Gegenstand. Allgemein anerkannt sind Regeln, die auf wissenschaftlichen Erkenntnissen und praktischen Erfahrungen beruhen.[1000] Regeln der Technik haben als solche keinen Rechtsnormcharakter. Sie können indes vom Gesetzgeber in seinen Regelungswillen aufgenommen werden. Dann nehmen sie an der normativen Wirkung in der Weise teil, dass die materielle Rechtsvorschrift durch sie inhaltlich näher ausgefüllt wird.[1001] Die **anerkannten Regeln der Technik** bezeichnen traditionell ein Basisniveau, das durch einen normativen Konsens unter den sachkundigen und verantwortungsbewussten Technikern bestimmt werden muss.[1002] Darüber erhebt

---

[996] BVerwG, B. v. 5. 8. 1987 – 4 B 159.87 – Buchholz 445.4 § 4 WHG Nr. 4.
[997] BVerwG, B. v. 5. 8. 1987 – 4 B 160.87 – Buchholz 445.4 § 4 WHG Nr. 3.
[998] BVerwG, B. v. 8. 9. 1986 – 4 B 188.86 – Buchholz 445.4 § 7 WHG Nr. 4 = NVwZ 1987, 789 = NuR 1988, 245.
[999] BVerwG, Urt. v. 31. 10. 1975 – IV C 8.74–11.74 – BVerwGE 49, 301 = NJW 1976, 723 = ZfW 1976, 287.
[1000] BVerwG, B. v. 22. 8. 1997 – 11 B 31.97 – Schmutzwasser.
[1001] BVerwG, B. v. 18. 12. 1995 – 4 B 250.95 – ZfW 1997, 2 = Buchholz 445.4 § 18b WHG Nr. 1; Stüer DVBl. 1996, 847.
[1002] Zu den Begriffen im Umweltrecht Asbeck-Schröder DÖV 1992, 252; Battis Umweltrechtliche Studien, Bd. 3 1988; Blümel/Wagner (Hrsg.) Technische und rechtliche Fragen der Stilllegung und Beseitigung nuklearer Anlagen; Gusy VerwArch 79 (1988), 68; Hösel Technische Vorschriften für die Abfallbeseitigung; Jarass NJW 1987, 1225; Krist UPR 1993, 178; Ronellenfitsch DVBl. 1989, 851; Roßnagel Recht und Technik im Spannungsfeld der Kernenergiekontroverse 1984; Schimmelpfeng (Hrsg.)

sich der **Stand der Technik** als ein höheres Schutzniveau, das durch politisch-wertende Entscheidung festgelegt werden muss. Den Stand der Technik und damit ein höheres Anforderungsprofil vorzuschreiben, bietet sich an, wenn aus Gründen der Umweltvorsorge, der schonenden Ressourcenbewirtschaftung und der Risikominimierung die rechtlichen Anforderungen an die Grenze der technischen Machbarkeit vorangetrieben werden sollen, sofern sie wirtschaftlich nicht unverhältnismäßig sind.

Bei der Bestimmung des Standes der Technik sind unter Berücksichtigung der Verhältnismäßigkeit zwischen Aufwand und Nutzen möglicher Maßnahmen sowie des Grundsatzes der Vorsorge und der Vorbeugung, jeweils bezogen auf Anlagen einer bestimmten Art, u. a. die im Anhang zu § 7a V WHG genannten Kriterien zu berücksichtigen. **3394**

Mit der Neufassung des § 7a WHG durch die 6. WHG-Novelle wurde der Unterschied zwischen dem Stand der Technik und den anerkannten Regeln der Technik jedoch verwischt. Die Anforderungen an das Einleiten von Abwasser werden nach § 7a I WHG an den **Stand der Technik** geknüpft und dieser in § 7a V WHG definiert. Stand der Technik i. S. des § 7a I WHG i. d. F. des Artikelgesetzes 2001 ist der Entwicklungsstand fortschrittlicher Verfahren, Einrichtungen oder Betriebsweisen, der die praktische Eignung einer Maßnahme zur Begrenzung von Emissionen in Luft, Wasser und Boden, zur Gewährleistung der Anlagensicherheit, zur Gewährleistung einer umweltverträglichen Abfallentsorgung oder sonst zur Vermeidung oder Verminderung von Auswirkungen auf die Umwelt zur Erreichung eines allgemein hohen Schutzniveaus für die Umwelt insgesamt gesichert erscheinen lässt. Bei der Bestimmung des Standes der Technik sind insbesondere die im Anhang aufgeführten Kriterien zu berücksichtigen. Die näheren Einzelheiten werden in Rechtsverordnungen der Bundesregierung mit Zustimmung des Bundesrates geregelt (§ 7a I 3 WHG). Diese Anforderungen können auch für den Ort des Anfalls des Abwassers oder vor seiner Vermischung festgelegt werden (§ 7a I 4 WHG). Für vorhandene Einleitungen werden in der Rechtsverordnung abweichende Anforderungen festgelegt, wenn und soweit die danach erforderlichen Anpassungsmaßnahmen unverhältnismäßig wären (§ 7a II WHG). Zudem kann bestimmt werden, dass die für **Direkteinleiter** vorgesehenen Vermeidungsmaßnahmen auch schon für die mittelbare Gewässerbenutzung durch **Indirekteinleiter** anzuwenden sind. Der **Direkteinleiter** vor allem in der industriellen Produktion klärt die Abwässer in einer eigenen Vorbehandlungsanlage und leitet sie sodann in den Vorfluter weiter, der Bestandteil des Gewässersystems ist. Der **Indirekteinleiter** führt seine Abwässer ggf. auch nach einer Vorbehandlung einer kommunalen Abwasserbehandlungsanlage zu. Die Länder haben nach § 7a III WHG sicherzustellen, dass vor dem Einleiten von Abwasser mit gefährlichen Stoffen in eine öffentliche Abwasserbehandlungsanlage die erforderlichen Maßnahmen entsprechend § 7a I 3 WHG durchgeführt werden. Hierzu können etwa eine Genehmigungsbedürftigkeit für die Indirekteinleitung gefährlicher Stoffe bei Überschreitung gewisser Schwellenwerte und die Festlegung bestimmter Grenzwerte gehören. Zudem können die Gemeinden durch Satzungsrecht den Anschluss von Indirekteinleitern beschränken, um einen ordnungsgemäßen Betrieb ihrer Abwasseranlagen zu gewährleisten. Hierzu gehört etwa die Festlegung der Höchstgrenzen für die Schadstofffracht oder auch die Gestaltung des Gebührenrechts, das gestaffelte Gebührensätze vorsehen kann. **3395**

Die rechtlichen Anforderungen für den Bau und den Betrieb der **Abwasserbehandlungsanlagen** sind in § 18b WHG festgelegt. Danach sind Abwasseranlagen so zu errichten und zu betreiben, dass die Anforderungen an das Einleiten von Abwasser insbesondere nach § 7a WHG eingehalten werden. Im Übrigen gelten für Errichtung und Betrieb von Abwasseranlagen die **allgemein anerkannten Regeln der Technik**. Diese sind im Gesetz nicht ausdrücklich benannt. Sie sind auch nicht unmittelbar gleichzusetzen mit **3396**

Altlasten, Deponietechnik, Kompostierung: praktizierter Umweltschutz als Vorsorge und Nachsorge 1993; *Stüer* DVBl. 1996, 847; *Wolff* Analyse der technischen Effizienz in Nordrhein-Westfalen Bd. 155 (1994).

den vom Deutschen Institut für Normung erarbeiteten Normen im Bereich des technischen Sicherheitsrechts. Die vom DIN erarbeiteten Normen erhalten rechtliche Verbindlichkeit nicht, weil sie eigenständige Geltungskraft besitzen, sondern nur, soweit sie die Tatbestandsmerkmale von Regeln der Technik erfüllen, die der Gesetzgeber in seinen Regelungswillen aufnimmt. Werden sie vom Gesetzgeber übernommen, so nehmen sie an der normativen Wirkung in der Weise teil, dass die materielle Rechtsvorschrift durch sie näher konkretisiert wird.[1003] Verweist der Gesetzgeber auf die Regeln der Technik, werden diese allerdings nicht ihrerseits zu Rechtsnormen. Welche anerkannten Regeln der Technik bestehen, wie sie anzuwenden sind und ob sie ihre Aufgabe erfüllen können, ist im Einzelfall zu klären.[1004]

3397 Entsprechen vorhandene Einleitungen von Abwasser nicht den Anforderungen des § 7a I WHG, so stellen die **Länder** sicher, dass die erforderlichen Maßnahmen in angemessenen Fristen durchgeführt werden (§ 7a III WHG). Die Länder stellen auch sicher, dass bei dem Einleiten von Abwasser in eine öffentliche Abwasseranlage die nach § 7a I 4 WHG maßgebenden Anforderungen eingehalten werden (§ 7a IV WHG). Der den Ländern gem. § 7a III WHG erteilte **Sanierungsauftrag** ist von der Wasserbehörde bei ihrer Entscheidung nach § 5 I Nr. 1 WHG über die Notwendigkeit nachträglicher zusätzlicher Anforderungen an die Beschaffenheit einzubringender oder einzuleitender Stoffe zu beachten.[1005] Eine zusätzliche Anforderung nach § 5 I Nr. 1 WHG darf nicht gestellt werden, wenn der mit der Erfüllung der Anforderung verbundene Aufwand außer Verhältnis zu dem mit der Anforderung angestrebten Erfolg steht. Dabei sind insbesondere Art, Menge und Gefährlichkeit der einzubringenden oder einzuleitenden Stoffe sowie Nutzungsdauer und technische Besonderheiten der Anlage zu berücksichtigen. Die Anforderungen nach § 7a WHG dürfen nicht unterschritten werden (§ 5 I WHG). Rechtswidrigen Zuständen haben die zuständigen Behörden durch Ordnungsverfügung zu begegnen. Die Ordnungsbehörde muss allerdings rechtswidrige Zustände, die bei einer Vielzahl von Grundstücken vorliegen, nicht stets „flächendeckend" bekämpfen, sondern darf sich auf die Regelung von Einzelfällen beschränken, sofern sie hierfür sachliche Gründe anzuführen vermag.[1006]

3398 Die Erlaubnis kann **widerrufen** werden, wenn die mit ihr verbundenen Bedingungen und Auflagen nicht erfüllt werden.[1007]

Beispiel: Hält etwa der Unternehmer die in der Erlaubnis enthaltenen Regelungen über die Böschungsneigungen oder Sicherheitsabstände nicht ein, so kann die wasserrechtliche Erlaubnis widerrufen werden.

3399 Die **Bewilligung** gewährt nach § 8 I WHG das Recht, ein Gewässer in einer nach Art und Maß bestimmten Weise zu benutzen. Sie gewährt nicht das Recht, Gegenstände, die einem anderen gehören, oder Grundstücke und Anlagen, die im Besitz eines anderen stehen, in Gebrauch zu nehmen. Eine Bewilligung darf nur erteilt werden, wenn (1) dem Unternehmen die Durchführung seines Vorhabens ohne eine gesicherte Rechtsstellung nicht zugemutet werden kann und (2) die Benutzung einem bestimmten Zweck dient, der nach einem bestimmten Plan verfolgt wird (§ 8 II 1 WHG). Außerdem darf das Wohl der Allgemeinheit nicht beeinträchtigt werden (§§ 1, 1a, 4, 6 WHG). Ist zu erwarten, dass

---

[1003] So *BVerwG*, B. v. 30. 9. 1996 – 4 B 175.96 – BauR 1997, 290 = UPR 1997, 101 – DIN, für die Bezugnahme auf die DIN 4261 Teil 1 und 2 – Kleinkläranlagen in § 18b WHG; *Jarass* NJW 1987, 1225.
[1004] *BVerwG*, B. v. 3. 9. 2003 – 7 B 6.03 – Buchholz 406.19 Nachbarschutz Nr. 167.
[1005] *BVerwG*, B. v. 5. 2. 1993 – 7 B 107.92 – NVwZ 1993, 976 = DÖV 1993, 722 – Weser.
[1006] *BVerwG*, B. v. 19. 2. 1992 – 7 B 106.91 – DVBl. 1992, 1241 = NVwZ-RR 1992, 360 = NuR 1992, 276.
[1007] *BVerwG*, B. v. 29. 6. 1993 – 7 B 187.92 – RdL 1994, 224. Die gegen diese Entscheidung erhobene Verfassungsbeschwerde hat das *BVerfG* mit B. v. 8. 9. 1993 – 1 BvR 1304/93 – nicht zur Entscheidung angenommen.

die Benutzung auf das Recht eines anderen nachteilig einwirkt und erhebt der Betroffene Einwendungen, darf die Bewilligung nur erteilt werden, wenn die nachteiligen Wirkungen durch Auflagen verhütet oder ausgeglichen werden. Ist dies nicht möglich, so darf die Bewilligung gleichwohl aus Gründen des Wohls der Allgemeinheit erteilt werden. Der Betroffene ist zu entschädigen (§ 8 III WHG). Die Bewilligung ist für einen festen Zeitraum zu erteilen, der in besonderen Fällen 30 Jahre überschreiten darf (§ 8 V WHG). Eine bewilligte Gewässerbenutzung ohne unmittelbare Einwirkungen auf Rechte Dritter lässt nicht nur deshalb Nachteile i. S. des § 8 III WHG erwarten, weil sie geeignet sein könnte, zu einem späteren Zeitpunkt möglicherweise das Bedürfnis nach Festlegung eines **Wasserschutzgebiets** gemäß § 19 WHG hervorzurufen. Etwaige Nachteile Dritter ergeben sich dann nicht aufgrund von § 8 WHG, sondern aus der Anwendung des § 19 WHG und begründen ggf. nach § 19 III WHG einen Anspruch auf Entschädigung.[1008] Ausgeschlossen ist die Erteilung einer wasserrechtlichen Bewilligung nach § 8 II 2 WHG für das Einbringen und Einleiten von Stoffen in ein Gewässer sowie für Maßnahmen, die geeignet sind, schädliche Veränderungen der Beschaffenheit des Wassers herbeizuführen (§ 3 II Nr. 2 WHG).

Beispiel: Wer ein Ausleitungskraftwerk betreibt, benutzt das Gewässer durch Entnahme und Wiedereinleiten des Treibwassers. Für das Einleiten darf keine Bewilligung, sondern nur eine Erlaubnis erteilt werden (§ 8 II 2 WHG). Das gilt auch dann, wenn dem Betreiber für das Ableiten eine Bewilligung erteilt worden ist.[1009]

Die Bewilligung setzt ein **Bewilligungsverfahren** voraus, in dem die Betroffenen und die beteiligten Behörden Einwendungen geltend machen können. Bei UVP-pflichtigen Gewässerbenutzungen muss das Verfahren den Anforderungen des UVPG entsprechen (§ 9 WHG). Die Bewilligung erzeugt eine **Bestands- und Ausübungsgarantie**, die aber unter bestimmten Voraussetzungen durch einen Widerruf der Bewilligung (§§ 5, 12 WHG) beseitigt werden kann. Gegenüber der Behörde besteht die Bestandsgarantie darin, dass die Rechtsposition innerhalb der gesetzten Frist grundsätzlich Bestand hat. Gegenüber dem privaten Dritten ist die Ausübungsgarantie in § 11 WHG niedergelegt. Danach kann der Betroffene (§ 8 III und IV WHG) gegen den Inhaber einer Bewilligung wegen nachteiliger Wirkungen keine Ansprüche geltend machen, die auf die Beseitigung der Störung, auf die Unterlassung der Benutzung, auf die Herstellung von Schutzeinrichtungen oder auf Schadensersatz gerichtet sind. Die Bewilligung hat daher privatrechtsgestaltende Wirkung, soweit sie die Rechte privater Dritter betrifft. Dazu gehören auch wasserrechtlich bewilligte Gewässerbenutzungen anderer (§ 8 III WHG). Der Ausschluss von Ansprüchen nach § 11 I 2 WHG gilt allerdings nicht für vertragliche Ansprüche (§ 11 II WHG).

In einem Erlaubnis- oder Bewilligungsverfahren kann der **vorzeitige Beginn** in jederzeit widerruflicher Weise **zugelassen** werden. Voraussetzung für die Zulassung des vorzeitigen Beginns ist nach § 9a WHG, dass (1) mit einer Entscheidung zu Gunsten des Unternehmers gerechnet werden kann, (2) an dem vorzeitigen Beginn ein öffentliches Interesse oder ein berechtigtes Interesse des Unternehmers besteht und (3) der Unternehmer sich verpflichtet, alle bis zur Entscheidung durch das Unternehmen verursachten Schäden zu ersetzen und, falls die Benutzung nicht erlaubt oder bewilligt wird, den früheren Zustand wiederherzustellen. Die Zulassung kann befristet und mit Benutzungsbedingungen erteilt und mit Auflagen verbunden werden (§ 9a II WHG). Der vorzeitige Beginn kann auch in einem wasserrechtlichen **Planfeststellungs- oder Genehmigungsverfahren** nach § 31 WHG zugelassen werden (§§ 31 IV, 9a WHG). Die Prognose, dass mit einer Entscheidung zu Gunsten des Trägers des Vorhabens bzw. des Unternehmers gerechnet werden kann, ist nicht (feststellender) Regelungsbestandteil der Zulassung des

---

[1008] BVerwG, B. v. 9. 6. 1977 – 4 B 50.77 – ZfW 1978, 234 = DVBl. 1979, 790.
[1009] BVerwG, B. v. 21. 8. 1986 – 4 B 110.86 – Buchholz 445.4 § 8 WHG Nr. 10 = NuR 1987, 224 = NVwZ 1988, 150.

vorzeitigen Beginns nach § 9 a WHG und entfaltet dementsprechend keine Bindungswirkung für das nachfolgende Verfahren über die endgültige Zulassung des Vorhabens. Von dem Vorhaben Betroffene können deshalb Einwände gegen dessen rechtliche Zulässigkeit nur im Rahmen eines Rechtsmittels gegen die Entscheidung über die endgültige Zulassung erheben. „Beginn der Ausführung oder Benutzung" i. S. des § 9 a WHG können nur Maßnahmen sein, die sich wieder rückgängig machen lassen und bei denen das Risiko der Rückabwicklung den weiteren Entscheidungsprozess nicht unangemessen belastet.[1010] Die Vorläufigkeit der Regelung ergibt sich vor allem daraus, dass der Träger des Vorhabens (der Unternehmer) sich verpflichten muss, den früheren Zustand wiederherzustellen, wenn die wasserrechtliche Erlaubnis oder Bewilligung nicht erteilt wird (§ 9 a I Nr. 3 WHG). Hätte die Zulassung des vorzeitigen Beginns endgültigen Charakter, so schlösse die Bestandskraft des Zulassungsbescheides die Beseitigungspflicht aus. Die vorzeitige Zulassung nach § 9 a WHG darf dabei die endgültige Zulassung des Vorhabens nicht vorwegnehmen oder gar ersetzen.[1011] Dieselben Rechtsgrundsätze gelten für die Zulassung des vorzeitigen Beginns im Abfallrecht nach § 33 KrW-/AbfG oder die Anordnung von vorläufigen Teilmaßnahmen nach § 14 II WaStrG im Wasserwegerecht.[1012]

3402 Neben der wasserrechtlichen Bewilligung oder Erlaubnis sind auch **andere Rechtsvorschriften** einzuhalten. Dies gilt insbesondere auch für das Immissionsschutzrecht, das neben dem Wasserrecht zu beachten ist. Auch muss umgekehrt das Immissionsschutzrecht die Anforderungen des WHG berücksichtigen, da der immissionsschutzrechtlichen Genehmigung keine Konzentrationswirkung für das Wasserrecht zukommt.

Beispiel: So ist etwa die in einer Einleitung von Abwässern in das Grundwasser oder einen Bach liegende Gewässerbenutzung nicht Gegenstand der Regelung eines immissionsschutzrechtlichen Vorbescheids. Einem solchen Vorbescheid kommt daher auch keine Bindung für das spätere wasserrechtliche Gestattungsverfahren zu.[1013]

3403 In der **Genehmigungskonkurrenz** zwischen **atomrechtlichem** und **wasserrechtlichem Verfahren** haben atomrechtliche und wasserrechtliche Behörden ihre eigenen Kompetenzen.[1014] Zu den Aufgaben der Wasserbehörden gehört dabei eine planende Vorsorge für zukünftige Nutzungsinteressen ebenso wie eine vorausschauende Erhaltung des Trinkwasserreservoirs über den gegenwärtigen Bedarf hinaus. Ein solches Bewirtschaftungsermessen kann die Atombehörde nicht ausüben. Sie ist nicht dazu berufen und im Allgemeinen auch nicht in der Lage, die dazu gehörenden Dispositionen und Maßnahmen zu treffen. Insofern können sich aus der Sicht der Wasserbehörde weiterreichende Anforderungen an die Beschaffenheit der Abwässer eines Kernkraftwerkes im Hinblick auf seine radioaktive Belastung ergeben als aus den Vorschriften der Strahlenschutzverordnung. Aus der Zuständigkeit der Wasserbehörde für die Festsetzung radioaktiver Grenzwerte des Abwassers folgt zugleich ihre Befugnis, die Einhaltung dieser Werte in eigener Zuständigkeit zu überwachen (§ 21 I WHG). Eine Verletzung des Übermaßverbotes kann erst dann vorliegen, wenn beide Behörden unkoordiniert dasselbe prüfen und damit Kosten entstehen lassen, denen kein zusätzlicher Erkenntniswert entspricht. Atombehörden und Wasserbehörden haben ihre Kontrollen daher aufeinander abzustimmen und die Ergebnisse auszutauschen, soweit daran ein Interesse besteht, und auch von den

---

[1010] *BVerwG*, Urt. v. 30. 4. 1991 – 7 C 35.90 – DVBl. 1991, 877 = NuR 1991, 428.

[1011] *OVG Lüneburg*, B. v. 30. 8. 1983 – 9 B 100.83 – DÖV 1983, 903; *VGH Mannheim*, Urt. v. 13. 2. 1989 – 7 TH 2335/88 – NVwZ-RR 1989, 631; *Kunig/Schwermer/Versteyl* § 7 a AbfG Rdn. 7; *Topp* Die Zulassung des vorzeitigen Beginns von Abfallentsorgungsanlagen nach § 7 a AbfG und § 15 a BImSchG 1995.

[1012] S. Rdn. 3507.

[1013] *BVerwG*, Urt. v. 18. 9. 1987 – 4 C 36.84 – DVBl. 1988, 489 = NVwZ 1988, 535 = ZfW 1988, 344; Urt. v. 15. 7. 1987 – 4 C 56.83 – BVerwGE 78, 40; B. v. 23. 6. 1989 – 7 B 87.89 – DVBl. 1990, 57 = NVwZ-RR 1989, 621 = ZfW 1990, 351.

[1014] *BVerwG*, B. v. 22. 11. 1979 – 4 B 162.79 – DVBl. 1980, 168 – Kernenergie.

Möglichkeiten der Amtshilfe Gebrauch zu machen.[1015] Diese Grundsätze haben Modellcharakter auch für die Zusammenarbeit anderer Behörden bei fachübergreifenden Planungen.

3. Planfeststellungsverfahren

Die Regelungen über die wasserrechtliche Planfeststellung und Plangenehmigung sind durch das 6. WHGÄndG[1016] neu gefasst und erweitert worden. Das Gesetz stellt den Grundsatz des **naturnahen Ausbaus** den Einzelregelungen voran: Gewässer, die sich im natürlichen oder naturnahen Zustand befinden, sollen in diesem Zustand erhalten bleiben. Nicht naturnah ausgebaute natürliche Gewässer sollen so weit wie möglich wieder in einen naturnahen Zustand zurückgeführt werden, wenn überwiegende Gründe des Wohls der Allgemeinheit nicht entgegenstehen. Solche Gründe können zum Beispiel bei einer vorhandenen Wasserkraftnutzung vorliegen. Ausbaumaßnahmen müssen sich an den Bewirtschaftungszielen der §§ 25 a bis 25 d WHG ausrichten und dürfen die Errichtung dieses Ziels nicht gefährden. Sie müssen den im Maßnahmenprogramm nach § 36 WHG an den Gewässerausbau gestellten Anforderungen entsprechen (§ 31 I WHG). Die Herstellung, Beseitigung oder wesentliche Umgestaltung eines Gewässers oder seiner Ufer (Gewässerausbau) bedarf der Planfeststellung durch die zuständige Behörde. Deich- und Dammbauten, die den Hochwasserabfluss beeinflussen, stehen dem Gewässerausbau gleich. § 31 II 1 WHG gilt nicht, wenn ein Gewässer nur für einen begrenzten Zeitraum entsteht und dadurch keine erhebliche nachteilige Veränderung des Wasserhaushalts verursacht wird. Das Planfeststellungsverfahren für einen Gewässerausbau, für den nach dem UVPG eine Verpflichtung zur Durchführung einer UVP besteht (UVP-pflichtiger Gewässerausbau), muss den Anforderungen des UVPG entsprechen (§ 31 II 4 WHG). Beim Ausbau sind natürliche Rückhalteflächen zu erhalten, das natürliche Abflussverhalten nicht wesentlich zu verändern, naturraumtypische Lebensgemeinschaften zu bewahren und sonstige erhebliche nachteilige Veränderungen des natürlichen oder naturnahen Zustandes des Gewässers zu vermeiden oder, soweit dies nicht möglich ist, auszugleichen (§ 31 V 1 WHG). In dem Verfahren sind Art und Ausmaß der Ausbaumaßnahmen und die Einrichtungen, die im öffentlichen Interesse oder zur Vermeidung nachteiliger Wirkungen auf Rechte anderer erforderlich sind, festzustellen sowie der Ausgleich von Schäden anzuordnen. Der Planfeststellungsbeschluss oder die Genehmigung sind zu versagen, soweit von dem Ausbau eine Beeinträchtigung des Wohls der Allgemeinheit, insbesondere eine erhebliche und dauerhafte, nicht ausgleichbare Erhöhung der Hochwassergefahr oder eine Zerstörung natürlicher Rückhalteflächen, vor allem in Auwäldern, zu erwarten ist (§ 31 V 3 WHG).

Der **Ausbau eines Gewässers** betrifft seine auf Dauer angelegte Herstellung (wie etwa die Anlage eines Sees, Kanals, Bachlaufs, Fischteichs, Regenrückhaltebeckens oder Hochwasserpolders), die Beseitigung eines Gewässers (wie etwa das Zuschütten eines Gewässers) oder die wesentliche Umgestaltung eines Gewässers[1017] (wie etwa Uferverlegung, Flussregulierung, Stauanlagen, Vertiefung des Gewässerbetts oder Renaturierungsmaßnahmen). Der Ausbau einer Bundeswasserstraße im Rahmen des Verkehrsnutzens unterliegt dem WaStrG. Die Planfeststellung ist an **Gemeinwohlgründen** auszurichten (§§ 1a, 6, 31 V 3 WHG). Vorhaben, die mit dem Grundsatz der gemeinwohlorientierten Wasserbewirtschaftung nicht vereinbar sind, können weder im Wege der Erlaubnis (§ 7 WHG) oder Bewilligung (§ 8 WHG) noch durch Planfeststellung (§ 31 WHG) zugelassen werden. Dabei ist der Begriff der Beeinträchtigung des Wohls der Allgemeinheit weit gefasst.

[1015] *BVerwG*, Urt. v. 18. 9. 1987 – 4 C 36.84 – DVBl. 1988, 489 = UPR 1988, 102 = RdL 1988, 34 = *Hoppe/Stüer* RzB Rdn. 473 – Biblis.
[1016] Gesetz zur Änderung des WHG BT-Drs. 13/1207, 13/4788, 13/5254, 13/5641; vgl. die Neubekanntmachung des WHG v. 12. 11. 1996 (BGBl. I 1695).
[1017] *BVerwG*, B. v. 7. 7. 1995 – 11 VR 11.95 – Buchholz 406 401 § 29 BNatSchG Nr. 7 = NVwZ 1996, 393 = UPR 1995, 398 = NuR 1995, 544 – Wriezener alte Oder.

Es zählen dazu auch negative Auswirkungen, die sich auf die Wasserbewirtschaftung, aber auch auf andere gesetzlich besonders geschützte Güter auswirken. Eine Beeinträchtigung des Wohls der Allgemeinheit im Sinne des § 6 WHG ist etwa regelmäßig zu erwarten, wenn die Nutzung des Wassers als Trinkwasser gesundheits- oder seuchenpolizeiliche Bedenken auslösen kann. Auch die Beeinträchtigung von Belangen, die außerhalb der eigentlichen wasserwirtschaftlichen Bewertung stehen, kann zu einem Ausschluss führen.[1018] Auch ein privilegiertes Bauvorhaben nach § 35 I BauGB macht einen mit ihm verbundenen Landschaftseingriff nicht ungeschehen und kann daher trotz seiner Privilegierung wegen Beeinträchtigung der natürlichen Eigenart der Landschaft unzulässig sein.[1019] Dies gilt erst recht für Vorhaben, die nicht nach § 35 I BauGB privilegiert sind, sondern nach § 35 II BauGB planungsrechtlich unzulässig sind.

Beispiel: Ein Landwirt beabsichtigt, im Außenbereich einen Fischteich anzulegen, der zur privaten Freizeitgestaltung genutzt werden soll.

3406 Bei der Planfeststellung ist die Zulässigkeit eines Gewässerausbaus gem. § 31 WHG nach Maßgabe der **wasserwirtschaftlichen Grundsätze** zu beurteilen, nach denen sich die rechtliche Zulässigkeit einer Benutzung oberirdischer Gewässer allgemein bestimmt. Die Maßstäbe dazu ergeben sich vornehmlich aus §§ 1, 4 II, 6 WHG und – wenn es um die Reinhaltung des Grundwassers geht – aus § 34 WHG.[1020] Eine schädliche Verunreinigung des Grundwassers oder eine sonstige nachhaltige Veränderung seiner Eigenschaften ist zu besorgen, wenn ein Schadenseintritt nach den gegebenen Umständen und im Rahmen einer sachlich vertretbaren, auf konkreten Feststellungen beruhenden Prognose nahe liegt. Bei der Einzelfallentscheidung nach den §§ 31, 6, 34 WHG ist von einer konkreten Betrachtungsweise auszugehen.[1021]

3407 Das *BVerwG*[1022] unterscheidet traditionell zwischen der **gemeinnützigen**[1023] und der **privatnützigen**[1024] **Planfeststellung**. Die wasserrechtliche Planfeststellung betrifft einer-

---

[1018] *BVerwG*, Urt. v. 17. 3. 1989 – 4 C 30.88 – BVerwGE 81, 347 = DÖV 1989, 769 = DVBl. 1989, 1048.
[1019] *BVerwG*, B. v. 1. 4. 1993 – 7 B 148.92 – RdL 1993, 251.
[1020] *BVerwG*, Urt. v. 10. 2. 1978 – IV C 25.75 – BVerwGE 55, 220; Urt. v. 16. 11. 1973 – IV C 44.69 – Buchholz 445.4 WHG § 3 Nr. 3.
[1021] *BVerwG*, Urt. v. 12. 9. 1980 – 4 C 89.77 – NJW 1981, 837 = BayVBl. 1980, 759 = DÖV 1981, 104.
[1022] *BVerwG*, Urt. v. 10. 2. 1978 – IV C 25.75 – BVerwGE 55, 220 = DVBl. 1979, 63 = NJW 1978, 2308 = VR 1979, 144 = *Hoppe/Stüer* RzB Rdn. 466 – Kiesweiher.
[1023] Zur gemeinnützigen Planfeststellung *Gieseke/Wiedemann/Czychowski* § 31 WHG.
[1024] Zur privatnützigen Planfeststellung *Achenbach* Zur Frage der selbständigen rechtlichen Bedeutung der privatnützigen Planfeststellung 1992; *Bambey* DVBl. 1983, 936; *Bauer/Neumann* (Hrsg.) Privatisierung der Telekom 1994; *Bauer* JZ 1963, 41; *Benz* Die Verwaltung 1995, 337; *Berg* Die Verwaltung 1988, 319; *Blanke/Sterzel* KJ 1993, 278; *Bleicher* Standortauswahlverfahren bei der Planung von Abfallentsorgungsanlagen durch private Gutachter 1996; *Breuer* Öffentliches und privates Wasserrecht 1987; *Brohm* NJW 1981, 1689; *Bull* VerwArch 86 (1995), 621; *Büllesbach* NuR 1991, 190; *Bullinger* Der Staat 1962, 449; *Bülow* LKV 1993, 128; *Eidenmüller* DÖV 1984, 225; *Gallwas* VVDStRL Bd. 29 1971; *Groß* DVBl. 1995, 468; *Hagen* NVwZ 1991, 817; *Hartwig* NVwZ 1985, 8; *Hengstschläger* VVDStRL Bd. 54 (1995), 165; *Hofmann* VBlBW 1994, 121; *Hoppe* DVBl. 1994, 255; *Ipsen* (Hrsg.) Privatisierung öffentlicher Aufgaben, Private Finanzierung kommunaler Investitionen 1994; *Jankowski* UPR 1995, 340; *Johlen* BauR 1984, 134; *Kirchhof* NVwZ 1994, 1041; *Kloepfer* VerwArch 70 (1979), 195; *Königshofen* ArchivPT 1994, 39; *Krautzberger* Die Erfüllung öffentlicher Aufgaben durch Private 1971; *Kühling* FS Sendler 1991, 391; *Landsberg* Privatisierung und Organisationsstrukturen in der Abfallentsorgung Stadt und Gemeinde 1995, 203; *Leisner* NVwZ 1993, 935; *Murswiek* DVBl. 1994, 77; *Papier* Wirkungen des öffentlichen Planungsrechts auf das private Immissionsschutzrecht 1984, 101; *Roer* Bindungswirkung von Zielen der Raumordnung und Landesplanung nach der Privatisierung der Post 1996; *Schäfer* Privatrechtlicher Nachbarschutz in: HdBöffBauR Kap. J; *Schechinger* DVBl. 1991, 1182; *Schmitz* NVwZ 1991, 1126; *Schneider* DVBl. 1995, 837; *Sellmann* DVBl. 1987, 223; *Steiner* DVBl. 1981, 348; *Stich* Verträge zwischen Gemeinden und privaten Vorhabenträgern nach dem neuen Bundesbaurecht 1994,

seits Planungen zum Gewässerausbau aus Gründen des Wohls der Allgemeinheit (**gemeinnützige Planfeststellung**). Die Zulassung erstreckt sich andererseits auf Ausbauvorhaben, die im allein privaten Interesse des Ausbauunternehmers ausgeführt werden (**privatnützige Planfeststellung**). Insofern unterscheidet sich § 31 WHG von anderen fachplanungsrechtlichen Vorschriften, insbesondere von § 17 FStrG, wonach eine fernstraßenrechtliche Planung nur dann zulässig ist, wenn sie im Sinne des Art. 14 III GG Aufgaben „zum Wohle der Allgemeinheit" erfüllt. Eine privatnützige wasserrechtliche Planfeststellung vermag **Eingriffe in Rechte Dritter** nicht zu rechtfertigen. Sie muss außerdem versagt werden, wenn sie zur Beeinträchtigung des Wohls der Allgemeinheit führen würde. Die gemeinnützige Planfeststellung ist demgegenüber in der Lage, die Grundlage für den Zugriff auf privates Eigentum durch **Enteignung** zu gewähren. Beide Arten der wasserrechtlichen Planfeststellung unterliegen dem Abwägungsgebot. Einer besonderen, auch die Überwindung privaten Eigentums gestattenden Planrechtfertigung bedarf es bei der **privatnützigen Planfeststellung** nicht. Vielmehr ist hier tendenziell umgekehrt danach zu fragen, ob und unter welchen Voraussetzungen eine vom Ausbauunternehmer begehrte Planfeststellung aus Rechtsgründen versagt werden muss. Eine privatnützige wasserrechtliche Planfeststellung vermag allerdings Eingriffe in Rechte Dritter nicht zu rechtfertigen. Sie muss außerdem versagt werden, wenn sie zur Beeinträchtigung des Wohls der Allgemeinheit führen würde. Bei Versagung der Planfeststellung nach § 31 WHG für ein privatnütziges wasserrechtliches Ausbauvorhaben darf nach Auffassung des *BVerwG* nicht offen bleiben, ob es wegen seiner Unvereinbarkeit mit zwingenden Vorschriften des Wasserrechts oder anderer Rechtsbereiche eine Beeinträchtigung des Wohls der Allgemeinheit im Sinne des § 6 WHG erwarten lässt und deshalb aus Rechtsgründen nicht zugelassen werden darf oder ob es von der Verwaltung aufgrund der planerischen Abwägung abgelehnt wird. Denn eine privatnützige wasserrechtliche Ausbaumaßnahme, die zur Beeinträchtigung des Wohls der Allgemeinheit führen würde, müsse am Vorliegen eines zwingenden Versagungsgrundes scheitern, ohne dass im Planfeststellungsverfahren der Denkschritt der planerischen Abwägung überhaupt erreicht werden könne. Erst wenn keine zwingenden Versagungsgründe vorliegen, schließt sich nach Auffassung des *BVerwG* die eigentliche Abwägung an.[1025]

Die Ausführungen des *BVerwG* sind mehrfach auf Kritik gestoßen. Gleichwohl ist die Unterscheidung zwischen gemeinnütziger und privatnütziger Planfeststellung überzeugend. Nur die gemeinnützige Planfeststellung kann privates Eigentum überwinden und bedarf daher auch einer anderen Legitimation als die privatnützige Planfeststellung, die solche Überwindungslasten für sich nicht beansprucht.

Die wasserrechtliche Planfeststellung für ein privatnütziges Vorhaben kann auch an nicht ausräumbaren Hindernissen scheitern. Die Weigerung einer Gemeinde als Eigentümerin von Wegeflächen in einem Gebiet, das ein Unternehmer für die Gewinnung von Kies und Sand durch Nassauskiesung in Anspruch nehmen will, kann ein nicht ausräumbares Hindernis sein, das der Verwirklichung der beantragten privatnützigen Planfeststellung entgegensteht.

In welchem Umfang bei Ablehnung der Planfeststellung ein **Rechtsanspruch** des **Antragstellers** besteht, kann unterschiedlich beurteilt werden. Die wasserrechtliche Planfeststellung ist abwägungsdirigiert in dem Sinne, dass sie mit einer Abwägung verbunden ist. In die Abwägung können auch gesamtstaatliche Interessen oder – je nach gesetzlicher Vorgabe – ein Bewirtschaftungsermessen einfließen. Der Antragsteller hat daher keinen Anspruch auf eine Planfeststellung an der Abwägung vorbei. Ob der Antragsteller ver-

---

9; *Stüer* DVBl. 1992, 1528; *Wagner* NJW 1991, 3247; *Wagner/Baumheier* Planungsbeschleunigung – Möglichkeiten und Grenzen legislativer und administrativer Ansätze zur Beschleunigung der Planungsverfahren für Infrastruktur 1994, 39; *Wahl* DVBl. 1993, 517; *Weidemann* DVBl. 1990, 592.

[1025] *BVerwG*, Urt. v. 10. 2. 1978 – IV C 25.75 – BVerwGE 55, 220 = DVBl. 1979, 63 = NJW 1978, 2308 = VR 1979, 144 = *Hoppe/Stüer* RzB Rdn. 466 – Kiesweiher.

gleichbar der abfallrechtlichen Planfeststellung einen **Anspruch** auf **fehlerfreie Ausübung** der **planerischen Gestaltungsfreiheit** hat, die sich auf alle abwägungserheblichen Gesichtspunkte einschließlich der öffentlichen Belange erstreckt,[1026] ist bei der privatnützigen Planfeststellung nicht zwingend. Denn anders als bei der abfallrechtlichen Planfeststellung ist die privatnützige wasserrechtliche Planfeststellung nicht von Gemeinwohlgründen veranlasst, sondern dient privaten Interessen. Die privatnützige Planfeststellung hat auch nicht die Kraft, Eigentum Dritter in Anspruch zu nehmen und die Grundlage für eine Enteignung zu bilden. Ein Anspruch auf Durchführung oder Abschluss eines wasserrechtlichen Planfeststellungsverfahrens wird zudem wegen des behördlichen Bewirtschaftungsermessens und des damit verbundenen Gestaltungsraums nicht leicht durchsetzbar sein. Allenfalls könnte im gerichtlichen Verfahren eine Bescheidungsverpflichtung nach § 113 V 2 VwGO erreicht werden.[1027]

3411 **Ergänzend zu § 31 WHG** sind für das wasserrechtliche Planfeststellungsverfahren die Vorschriften des jeweiligen **Landeswassergesetzes** heranzuziehen. Das folgt aus dem Rahmenrecht des WHG (Art. 75 I 1 Nr. 4 GG). Im Übrigen enthalten die allgemeinen Verfahrensvorschriften der **§§ 72 ff. VwVfG** ebenfalls ergänzende Verfahrensregelungen.

3412 Der wasserrechtliche Planfeststellungsbeschluss gewährt dem davon Begünstigten **Rechte**, die mit einer wasserrechtlichen Bewilligung vergleichbar sind. Wird der durch eine privatnützige wasserrechtliche Planfeststellung Begünstigte an der weiteren Verwirklichung seines Vorhabens durch die Anordnungen einer Wasserschutzgebietsverordnung gehindert, so ist er nach Maßgabe der Vorschrift des § 12 WHG zu entschädigen. § 20 WHG enthält dazu eine ausreichende Entschädigungsgrundlage.[1028]

3413 Die wasserrechtliche Planfeststellung zählt nur dann zu den nach **§ 38 BauGB privilegierten Fachplanungen**, wenn es sich um ein **Vorhaben von überörtlicher Bedeutung** handelt. Dem liegt die Vorstellung zugrunde, dass die gemeindliche Planung weichen muss, wenn eine überörtliche Planung Vorrang für sich beansprucht. Ein Vorhaben von überörtlicher Bedeutung i. S. des § 38 Satz 2 BauGB ist regelmäßig dann gegeben, wenn das planfestzustellende Vorhaben das Gebiet von zumindest zwei Gemeinden tatsächlich berührt.[1029] Die „überörtliche Zuständigkeit" der Planfeststellungsbehörde ist dagegen für sich allein nicht entscheidend.[1030] Das BauGB 1998 stellt auf Vorhaben von überörtlicher Bedeutung ab. Dazu reichen überörtliche Bezüge des Vorhabens aus.[1031] Ist von einem Vorhaben von überörtlicher Bedeutung i. S. des § 38 BauGB auszugehen, bestimmt das jeweilige Fachplanungsrecht, welche Maßgeblichkeit dem Bauplanungsrecht als Teil des materiellen Entscheidungsprogramms (noch) zukommt.[1032]

3414 Für die Bewertung städtebaulicher Gesichtspunkte hat das *BVerwG* folgende Leitlinien aufgestellt:[1033] Handelt es sich um ein privilegiertes Vorhaben nach § 35 I BauGB, so lassen sich entgegenstehende öffentliche Belange von Gewicht i. S. von § 35 I BauGB regelmäßig einem Flächennutzungsplan nicht entnehmen, wenn dieser keine konkreten

---

[1026] *BVerwG*, Urt. v. 24. 11. 1994 – 7 C 25.93 – BVerwGE 97, 143 = DVBl. 1995, 238 = ZfBR 1995, 150 – Sonderabfallumschlagsanlage.

[1027] *Stüer* FS Menger 1985, 779.

[1028] *BVerwG*, B. v. 26. 8. 1993 – 7 NB 1.93 – NVwZ-RR 1994, 201 = NuR 1994, 227 = ZfW 1994, 334, mit Hinweis auf *BVerwG*, Urt. v. 15. 2. 1990 – 4 C 47.89 – BVerwGE 84, 361 = DVBl. 1990, 585 = *Hoppe/Stüer* RzB Rdn. 1049 – Serriesteich.

[1029] *BVerwG*, Urt. v. 4. 5. 1988 – 4 C 22.87 – BVerwGE 79, 318 = NJW 1989, 242 = *Hoppe/Stüer* RzB Rdn. 575 – ortsgebundener Kiesabbau.

[1030] Anders *BVerwG*, Urt. v. 3. 4. 1981 – 4 C 11.79 – DÖV 1981, 676 = DVBl. 1981, 930 = Buchholz 406.11 § 38 BBauG Nr. 1.

[1031] *BVerwG*, B. v. 31. 7. 2000 – 11 VR 5.00 – UPR 2001, 33.

[1032] *BVerwG*, Urt. v. 10. 2. 1978 – IV C 25.75 – BVerwGE 55, 220 = DVBl. 1979, 67; Urt. v. 9. 11. 1984 – 7 C 15.83 – BVerwGE 70, 242.

[1033] *BVerwG*, Urt. v. 4. 5. 1988 – 4 C 22.87 – BVerwGE 79, 318 = NJW 1989, 242 = *Hoppe/Stüer* RzB Rdn. 575 – ortsgebundener Kiesabbau; s. Rdn. 2514.

standortbezogenen Aussagen enthält. Die gemeindliche Planung kann daher auf die planungsrechtliche Zulässigkeit privilegierter Vorhaben im Außenbereich nur dadurch planerisch einwirken, dass sie, wenn ein solches Erfordernis sich ergibt, einen Bebauungsplan aufstellt oder in den Flächennutzungsplan konkrete standortbezogene Aussagen aufnimmt (§ 35 III 3 BauGB). Derartige Darstellungen bedürfen allerdings der konkreten städtebaulichen Rechtfertigung. Die Fachplanung soll sich gegenüber der kommunalen Planung in den von § 38 S. 2 BauGB erfassten Fallgruppen ganz allgemein nur durchsetzen, wenn sie als eine überörtliche Planung ein derartiges Gewicht entwickelt, dass die gemeindliche Bauleitplanung als eine Maßnahme der kleineren Planungseinheit gegenüber der größeren Einheit zurückzustehen hat. Erstreckt sich der beabsichtigte Ausbau auf ein Gewässer, das der Verwaltung mehrerer Länder untersteht, und ist ein Einvernehmen über den Ausbau nicht zu erreichen, so soll die Bundesregierung auf Antrag eines beteiligten Landes zwischen den Ländern vermitteln (§ 31 VI WHG i. d. F. des 6. WHGÄndG).

4. UVP-pflichtige wasserwirtschaftliche Vorhaben

Die UVP-pflichtigen wasserwirtschaftlichen Vorhaben ergeben sich aus Nr. 13 der Anlage 1 zum UVPG und Nr. 19 der Anlage 1 zum UVPG. Einer Regel-UVP („X") oder einem allgemeinen („A"), einem standortbezogenen („S") oder landrechtlich geregelten („L") Vorprüfungsverfahren ist in den dort genannten Fällen erforderlich. UVP-pflichtig sind u. a. die Errichtung und der Betrieb von großen Abwasseranlagen, das Entnehmen, Zutagefördern oder Zutageleiten von Grundwasser oder Einleiten von Oberflächenwasser zum Zwecke der Grundwasseranreicherung, jeweils mit einem jährlichen Volumen von 10 Mio. m³ oder mehr Wasser, der Bau eines Stauwerkes oder anderen Wasserspeichers, wobei 10 Mio. m³ oder mehr Wasser zurückgehalten oder gespeichert werden, die Umleitung von Wasser von einem Flusseinzugsgebiet in ein anderes, ausgenommen Transport von Trinkwasser in Rohrleitungsanlagen, mit einem Volumen von 100 Mio. oder mehr m³ Wasser pro Jahr, der Bau eines Hafens für die Binnenschifffahrt, wenn der Hafen für Schiffe mit mehr als 1.350 t zugänglich ist, der Bau eines Binnenhafens für die Seeschifffahrt; der Bau eines mit einem Binnenhafen für die Seeschifffahrt verbundenen Landungssteges zum Laden und Löschen von Schiffen (ausgenommen Fährschiffe), der Schiffe mit mehr als .350 t aufnehmen kann und der Bau von verschiedenen Rohrleitungsanlagen.

Werden die Werte für eine Regel-UVP („X") überschritten, so ist eine UVP durchzuführen. Vorhaben mit geringeren Auswirkungen unterliegen einer allgemeinen („A") bzw. standortbezogenen („S") Vorprüfung nach § 3 c UVPG. Weitere Vorhaben sind nach § 3 d UVPG nach Maßgabe des Landesrechts UVP-pflichtig („L"). Die einzelnen Regelungen erfolgen durch das Landesrecht, weil der Bund im Bereich der Wasserwirtschaft nur eine Rahmenkompetenz hat. Solange die landesrechtlichen Regelungen fehlen, gilt § 3 d UVPG mit der Maßgabe, dass eine Einzelfallprüfung durchzuführen ist (§ 25 V UVPG).

5. Planfeststellungsbeschluss

Im Rahmen der Planfeststellung ist über die von dem Vorhaben betroffenen öffentlichen und privaten Belange durch **Abwägung** zu befinden. Die planerische Gestaltungsfreiheit ergibt sich – auch ohne eine ausdrückliche Erwähnung in § 31 WHG – aus der Übertragung der Planungsbefugnis auf die Planfeststellungsbehörde in Verbindung mit der Erkenntnis, dass die Befugnis zur Planung einen mehr oder weniger ausgedehnten Spielraum an Gestaltungsfreiheit einschließt und einschließen muss, weil Planung ohne Planungsfreiheit ein Widerspruch in sich wäre.[1034] Die wasserrechtliche Planfeststellung

---

[1034] *BVerwG*, Urt. v. 12. 12. 1969 – IV C 105.66 – BVerwGE 34, 301 = DVBl. 1970, 414 = BauR 1970, 31 = *Hoppe/Stüer* RzB Rdn. 23 – Abwägungsgebot; Urt. v. 14. 2. 1975 – IV C 21.74 – BVerwGE 48, 56 = DVBl. 1975, 713 = NJW 1975, 1373 = *Hoppe/Stüer* RzB Rdn. 50 – B 42; *Blümel* in: *Stüer* (Hrsg.) Verfahrensbeschleunigung, S. 17.

gehört daher nicht zu den gebundenen Entscheidungen, sondern ist abwägungsdirigiert in dem Sinne, dass die Entscheidung auf einer umfassenden Abwägung beruht und auf die Planfeststellung kein Rechtsanspruch besteht. Das gilt auch für die privatnützige Planfeststellung.[1035]

3418 Im Rahmen der Abwägung sind die dem Vorhaben zuzurechnenden **Konflikte** grundsätzlich durch Planung zu bewältigen. Die wesentlichen Entscheidungsstrukturen sind in der Begründung darzulegen.[1036] Allerdings gilt dieser **Grundsatz der Konfliktbewältigung** auch im wasserrechtlichen Planfeststellungsverfahren nicht unbegrenzt. Einzelheiten der Konfliktbewältigung können in Nachfolgeverfahren verschoben werden, wenn die bestehenden Konflikte dort sachgerecht lösbar sind. Vor allem können Einzelfragen dann einer späteren Entscheidung vorbehalten bleiben, wenn der Vorbehalt dem Abwägungsgebot gerecht wird. Die Planungsbehörde muss dabei ohne Abwägungsfehler ausschließen, dass eine Lösung des offen gehaltenen Problems durch die bereits getroffenen Feststellungen in Frage gestellt wird. Außerdem dürfen die mit dem Vorbehalt unberücksichtigt gebliebenen Belange nicht ein solches Gewicht haben, dass die Planungsentscheidung nachträglich als unausgewogen erscheinen kann. Der Vorbehalt setzt deswegen eine Einschätzung der später zu regelnden Konfliktlage wenigstens in ihren Umrissen voraus. Zudem ist ein Vorbehalt nur zulässig, wenn sich im Zeitpunkt der Entscheidung die für die Bewältigung des Problems notwendigen Kenntnisse nicht mit vertretbarem Aufwand beschaffen lassen. Diese zum straßenrechtlichen Planfeststellungsverfahren entwickelten Grundsätze sind auch auf das wasserrechtliche Planfeststellungsverfahren übertragbar.[1037]

3419 Die wasserrechtliche Planfeststellungsbehörde ist befugt, ein privatnütziges Ausbauvorhaben nach § 31 WHG ohne Prüfung etwa entgegenstehender zwingender Versagungsgründe allein aufgrund einer planerischen **Abwägung** abzulehnen.[1038] Im Rahmen der Abwägung der von dem Gewässerausbau berührten Belange darf die wasserrechtliche Planfeststellungsbehörde allerdings keine **eigenen**, insbesondere von den Vorstellungen der Gemeinde abweichenden **städtebaulichen Vorstellungen** ohne wasserwirtschaftlichen Bezug zugrunde legen.[1039]

3420 Bei der wasserrechtlichen Planfeststellung sind auch Belange des **Natur- und Landschaftsschutzes** zu berücksichtigen,[1040] wie sie in § 18 BNatSchG benannt sind. Zudem sind beim Gewässerausbau die gesetzlichen Zielvorstellungen eines naturnahen Gewässerausbaus (§ 31 I, V WHG) zu beachten. Soweit zugleich die Vorschriften über die planungsrechtliche Zulässigkeit von Vorhaben zu berücksichtigen sind, können sich entgegenstehende naturschutzrechtliche Belange auch aus § 35 I BauGB ergeben. So können die Belange „natürliche Eigenart" der Landschaft und „Naturschutz und Landschaftsschutz" auch einem privilegierten Vorhaben entgegenstehen, wenn dazu entsprechend konkretisierte Belange oder planerische Aussagen vorliegen. Eine Beeinträchtigung des Belanges „Naturschutz und Landschaftsschutz" setzt eine förmliche Unterschutzstellung des Gebiets nicht voraus.[1041] Die tatbestandlichen Voraussetzungen, unter denen gemäß § 19 II 1 BNatSchG ein Eingriff in Natur und Landschaft als ausgeglichen anzusehen ist,

---

[1035] *BVerwG*, B. v. 31. 1. 1978 – 4 B 15.76 – RdL 1978, 210 – Gewässerausbau.
[1036] *BVerwG*, B. v. 22. 12. 1981 – 4 CB 32.81 – Buchholz 445.4 § 31 WHG Nr. 7.
[1037] *BVerwG*, B. v. 17. 12. 1985 – 4 B 214.85 – Buchholz 445.4 § 31 WHG Nr. 10 = NVwZ 1986, 640 = UPR 1986, 146.
[1038] *BVerwG*, Urt. v. 18. 5. 1990 – 7 C 3.90 – BVerwGE 85, 155 = DVBl. 1990, 1170 = ZfBR 1991, 36 – Betonformsteine.
[1039] *BVerwG*, Urt. v. 18. 5. 1990 – 7 C 3.90 – BVerwGE 85, 155 = DVBl. 1990, 1170 = ZfBR 1991, 36 – Betonformsteine.
[1040] *BVerwG*, Urt. v. 27. 9. 1990 – 4 C 44.87 – BVerwGE 85, 348 = DVBl. 1991, 209 = NVwZ 1991, 364 – Hilscheider Bachtal.
[1041] *BVerwG*, Urt. v. 13. 4. 1984 – 4 C 69.90 – BauR 1984, 614 = NVwZ 1985, 340 = UPR 1985, 88 – Fischteich.

sind für die ausfüllende Landesgesetzgebung verbindlich. Dem steht auch § 19 IV BNatSchG nicht entgegen. Ein beeinträchtigender Eingriff i. S. des § 18 I BNatSchG liegt in einer die Landschaftsoberfläche berührenden Veränderung dann, wenn diese von einem für die Schönheiten der natürlich gewachsenen Landschaft aufgeschlossenen Durchschnittsbetrachter als nachteilig empfunden wird. Die Veränderung muss außerdem erheblich oder nachhaltig (dauerhaft) sein. Ein Ausgleich ist dann erreicht, wenn nach Durchführung der Maßnahmen der Eingriff gleichwertig kompensiert ist. Der Ausgleich eines Eingriffs in das Landschaftsbild kann auch dann gegeben sein, wenn eine Veränderung optisch wahrnehmbar bleibt. Es kommt vielmehr für einen Ausgleich darauf an, dass in dem betroffenen Landschaftsraum ein Zustand geschaffen wird, der den vorher vorhandenen Zustand in weitestmöglicher Annäherung fortführt.[1042] § 19 III BNatSchG schreibt rahmenrechtlich bindend vor, dass ein unvermeidbarer, nicht ausgleichbarer Eingriff und nicht in anderer Weise kompensierbarer Eingriff in Natur und Landschaft aufgrund einer Abwägung mit entgegenstehenden Belangen zur Unzulässigkeit eines Vorhabens führen kann. Dabei handelt es sich um eine bipolare Abwägung durch die zuständige Behörde, die einer nur eingeschränkten gerichtlichen Kontrolle unterliegt.[1043]

Der Anspruch auf **Entschädigung** nach § 10 II 2, § 31 II WHG i. V. mit dem jeweiligen Landeswasserrecht ist dem Regelungsbereich des Art. 14 I 2 GG zuzuordnen. Es handelt sich nicht um eine Enteignungsentschädigung, sondern um eine Kompensationsmaßnahme im Rahmen einer Inhalts- und Schrankenbestimmung des Eigentums nach Art. 14 I 2 GG.[1044] Für diesen Anspruch kann vertraglich auch dann die Zuständigkeit der Verwaltungsgerichte begründet werden, wenn nach gesetzlicher Regelung die Zuständigkeit der ordentlichen Gerichte gegeben ist. Art. 14 III 4 GG steht dem nicht entgegen.[1045]   3421

Teilbare Vorhaben können nach § 31 IV WHG in Abschnitten zugelassen werden. Ausbauten einschließlich notwendiger Folgemaßnahmen, die wegen ihres räumlichen oder zeitlichen Umfangs in selbstständigen Abschnitten oder Stufen durchgeführt werden, können danach in entsprechenden Teilen zugelassen werden, wenn dadurch die erforderliche Einbeziehung der erheblichen Auswirkungen des gesamten Vorhabens auf die Umwelt nicht ganz oder teilweise unmöglich wird (§ 31 IV 1 WHG).[1046]   3422

6. Plangenehmigung

Für einen nicht UVP-pflichtigen Gewässerausbau kann an Stelle eines Planfeststellungsbeschlusses eine Plangenehmigung erteilt werden (§ 31 III WHG).[1047] Die Vorschrift ist durch das Artikelgesetz 2001 neu gefasst und die Plangenehmigung danach auf nicht UVP-pflichtige Vorhaben begrenzt worden. Diese Regelungen setzen die UVP-Änd-Richtlinie um. Die Plangenehmigung entfaltet ohne ausdrückliche gesetzliche Regelung keine Konzentrations- oder Präklusionswirkung, teilt aber im Übrigen die Rechtsnatur des Planfeststellungsbeschlusses.[1048]   3423

[1042] *BVerwG*, Urt. v. 27. 9. 1990 – 4 C 44.87 – BVerwGE 85, 348 = DVBl. 1991, 209 = NVwZ 1991, 364 – Hilscheider Bachtal.

[1043] *BVerwG*, Urt. v. 15.1. 2004 – 4 A 11.02 – BVerwGE 120, 1 = NVwZ 2004, 732 = DVBl. 2004, 642 – Vierzehnheiligen.

[1044] *BVerwG*, Urt. v. 22. 5. 1987 – 4 C 17–19.84 – BVerwGE 77, 295.

[1045] *BVerwG*, Urt. v. 19. 1. 1990 – 4 C 21.89 – BVerwGE 84, 257 = DVBl. 1990, 775 = NJW 1990, 1926 – Moselausbau.

[1046] Zur Teilaufhebung *BVerwG*, B. v. 5. 12. 1991 – 7 B 118.91 – Buchholz 316 § 74 VwVfG Nr. 12 – Bodensee-Jachthafen; zur Teilbarkeit von Planungsentscheidungen *Hönig*, Fachplanung und Enteignung, in: *Stüer* (Hrsg.) Planungsrecht, Bd. 6, S. 237.

[1047] So § 31 I 3 WHG i. d. F. des GenBeschlG. Zur Beschleunigung von Planungsverfahren für Verkehrsinfrastrukturvorhaben durch verstärkte Nutzung der Plangenehmigung s. Rdn. 3762.

[1048] *Bender/Sparwasser/Engel* Umweltrecht, Teil 4 Rdn. 190; *Müllmann* Die Plangenehmigung im Wasserrecht 1994.

3424 Wird eine Plangenehmigung erteilt, entfällt das **Mitwirkungsrecht der anerkannten Naturschutzverbände** unter den Voraussetzungen des § 58 Nr. 3 BNatSchG.[1049] Die Entscheidung, auf ein Planfeststellungsverfahren zu verzichten und stattdessen eine Plangenehmigung zu erteilen, bedarf auch nicht der Zustimmung der Naturschutzverbände.[1050] Das Beteiligungsrecht der anerkannten Naturschutzverbände nach § 58 I Nr. 3 BNatSchG wird allerdings verletzt, wenn die Zulassungsbehörde ein an sich gebotenes Planfeststellungsverfahren bewusst umgeht, um die Mitwirkungsrechte der anerkannten Naturschutzverbände auszuhebeln.[1051] Auch im wasserrechtlichen Bewilligungs- oder Erlaubnisverfahren findet eine Beteiligung der Naturschutzverbände nach § 58 BNatSchG nicht statt.[1052]

7. Reinhaltung des Grundwassers

3425 Der Reinhaltung von Gewässern dienen das Erlaubnisverbot des § 34 I WHG, das Verhaltensverbot des § 34 II WHG und die Vorschriften über den Schutz vor wassergefährdenden Stoffen (§§ 19a bis 19l WHG) sowie von Bestimmungen zur Ausweisung von Wasserschutzgebieten.

3426 Für das **Einleiten von Stoffen** in das **Grundwasser** darf eine Erlaubnis nur erteilt werden, wenn eine schädliche Verunreinigung des Grundwassers oder eine sonstige nachteilige Veränderung seiner Eigenschaften nicht zu besorgen ist (§ 34 I WHG). Stoffe dürfen nur so gelagert oder abgelagert werden, dass eine schädliche Verunreinigung des Grundwassers oder eine sonstige nachteilige Veränderung seiner Eigenschaften nicht zu besorgen ist (§ 34 II 1 WHG). Das Gleiche gilt für die Beförderung von Flüssigkeiten und Gasen durch Rohrleitungen (§ 34 II 2 WHG). Maßnahmen, die geeignet sind, derartige schädliche Auswirkungen herbeizuführen, bedürfen der wasserrechtlichen Erlaubnis nach den §§ 2, 3 II Nr. 2 WHG.[1053]

3427 Zum Schutz vor wassergefährdenden Stoffen sehen **§§ 19a bis 19l WHG** verschiedene Sonderregelungen vor. So bedarf etwa die Errichtung und der Betrieb von Rohrleitungsanlagen zum Befördern wassergefährdender Stoffe einer Genehmigung (§ 19a WHG). Darunter fallen auch Pipelinegenehmigungen. Die wasserrechtliche Genehmigung kann nach § 19b WHG zum Schutz eines Gewässers unter Auflagen oder Bedingungen erteilt werden (§ 19b WHG). Eine wasserrechtliche Genehmigung zur Errichtung von Rohrleitungen zum Befördern wassergefährdender Stoffe kann nach § 19b I 2 WHG nach pflichtgemäßem Ermessen auch befristet werden. Die Befristung erfordert insbesondere nicht, dass Zwecke des unmittelbaren Gewässerschutzes einschließlich des unmittelbaren Grundwasserschutzes verfolgt werden. Eine wasserrechtliche Genehmigung zur Errichtung von Rohrleitungen zum Befördern wassergefährdender Stoffe darf etwaige Entschädigungsansprüche des Genehmigungsempfängers nicht durch Auflagen i. S. des § 19b I 1 WHG ausschließen. Die Vorschrift ermächtigt allerdings nicht, im Rahmen einer wasserrechtlichen Genehmigung eine allgemeine Pflicht zur Anpassung der genehmigten Rohrleitung an veränderte Umstände festzulegen.[1054] Erforderlichenfalls kann die Genehmigung auch widerrufen werden (§ 19c WHG). Die Bundesregierung ist zu entsprechenden Rechtsverordnungen ermächtigt (§ 19d WHG). Für bestehende Anlagen

---

[1049] *BVerwG*, Urt. v. 22. 3. 1995 – 11 A 1.95 – BVerwGE 98, 100 = DVBl. 1995, 1006 = DÖV 1995, 955 – Drömling.

[1050] *BVerwG*, Urt. v. 22. 3. 1995 – 11 A 1.95 – BVerwGE 98, 100 = DVBl. 1995, 1006 = DÖV 1995, 955 – Drömling.

[1051] *BVerwG*, Urt. v. 14. 5. 1997 – 11 A 43.96 – DVBl. 1997, 1123 = NuR 1997, 506 – Rheinbek-Wohltorf-Aumühle.

[1052] *BVerwG*, B. v. 28. 2. 1992 – 7 B 107.91 u. 108.91 – Grundwasserentnahme; *Breuer* Wasserrecht Rdn. 194.

[1053] *BVerwG*, Urt. v. 1. 12. 1982 – 7 C 97.78 – BVerwGE 66, 298 = DVBl. 1983, 351 = NVwZ 1983, 409.

[1054] *BVerwG*, Urt. v. 22. 10. 1986 – 4 C 79.82 – DVBl. 1987, 691 = NVwZ 1988, 147 = UPR 1987, 271.

(§ 19 e WHG) bestehen ebenso wie für das Zusammentreffen der Genehmigung mit gewerbe- und bergrechtlichen Entscheidungen (§ 19 f WHG) Sonderregelungen.

Für Anlagen zum Umgang mit wassergefährdenden Stoffen enthalten §§ 19 g bis 19 l WHG besondere Vorschriften, die vom **Besorgnisgrundsatz** (§ 19 g I WHG) und von dem Grundsatz des **bestmöglichen Schutzes des Gewässers** (§ 19 g II WHG) ausgehen. Nach § 19 g I WHG müssen Anlagen zum Lagern, Abfüllen, Herstellen und Behandeln wassergefährdender Stoffe sowie Anlagen zum Verwenden wassergefährdender Stoffe im Bereich der gewerblichen Wirtschaft und im Bereich öffentlicher Einrichtungen so beschaffen sein und so eingebaut, aufgestellt, unterhalten und betrieben werden, dass eine Verunreinigung der Gewässer oder eine sonstige nachteilige Veränderung ihrer Eigenschaften nicht zu besorgen ist. Das Gleiche gilt für Rohrleitungsanlagen, die den Bereich eines Werksgeländes nicht überschreiten. Anlagen zum Umschlagen wassergefährdender Stoffe und Anlagen zum Lagern und Abfüllen von Jauche, Gülle und Silagesickersäften müssen so beschaffen sein und so eingebaut, aufgestellt, unterhalten und betrieben werden, dass der bestmögliche Schutz der Gewässer vor Verunreinigungen oder sonstigen nachteiligen Veränderungen ihrer Eigenschaften erreicht wird (§ 19 g II WHG).

Zum Schutz gegen Gewässerverunreinigungen können nach § 19 WHG **Wasserschutzgebiete** ausgewiesen werden.[1055] Die Wasserschutzgebietsausweisung erfolgt durch Rechtsverordnung.[1056] Die Festsetzung von Wasserschutzgebieten hat zum Ziel, (1) Gewässer im Interesse der derzeit bestehenden oder künftigen öffentlichen Wasserversorgung vor nachteiligen Einwirkungen zu schützen,[1057] (2) das Grundwasser anzureichern oder (3) das schädliche Abfließen von Niederschlagswasser sowie das Abschwemmen und den Eintrag von Bodenbestandteilen, Dünge-[1058] oder Pflanzenbehandlungsmitteln in Gewässern zu verhüten (§ 19 I WHG). Eine **Ausweisung** ist bereits dann **erforderlich**, wenn sie vernünftigerweise geboten ist, um eine Beeinträchtigung der Eignung des in Anspruch genommenen Grundwassers für Trinkwasserzwecke zu vermeiden und entsprechende Restrisiken zu vermindern.[1059] Der Schutz von **Trinkwasservorräten** in der Natur vor Verschmutzung liegt grundsätzlich im Interesse der Allgemeinheit.[1060] Dies gilt auch im Bereich vorhandener Autobahntrassen oder der beabsichtigten Herstellung der Aus- und Neubaustrecke der Deutschen Bahn AG.[1061] Allerdings müssen die Grenzen eines Wasserschutzgebietes so nahe wie möglich am Rand des Einzugsgebietes der Brunnen verlaufen und dürfen nicht in jedem Fall den darüber hinausgreifenden Flurstücksgrenzen folgen.[1062]

In den **Wasserschutzgebieten** können (1) bestimmte Handlungen verboten oder für nur beschränkt zulässig erklärt werden und (2) die Eigentümer und Nutzungsberechtigten von Grundstücken zur Duldung bestimmter Maßnahmen verpflichtet werden. Dazu gehören auch Maßnahmen zur Beobachtung des Gewässers und des Bodens (§ 19 II

[1055] Zum Rechtsweg für Entschädigungsansprüche bei Ausweisung eines Wasserschutzgebietes *BVerwG*, Urt. v. 14. 12. 1971 – IV C 42.67 – BVerwGE 39, 169 = NJW 1972, 1433 = DÖV 1972, 646.
[1056] *BVerwG*, Urt. v. 15. 3. 1968 – 4 C 5.67 – BVerwGE 29, 207 = DÖV 1968, 735.
[1057] *BVerwG*, B. v. 26. 3. 1990 – 7 NB 1.90 – NVwZ 1990, 972 – Spitzberggruppe.
[1058] Zur Zulassung von Düngemitteln vgl. die Düngemittelverordnung v. 4. 8. 1999 (BGBl. I S. 1759). Die zugelassenen Düngemitteltypen ergeben sich aus der Anlage zur Düngemittelverordnung.
[1059] *VGH Mannheim*, B. v. 5. 8. 1998 – 8 S 1906/97 – NuR 1999, 110; *VGH München*, Urt. v. 18. 12. 1996 – 22 N 95.3196 – NVwZ-RR 1997, 609.
[1060] *VGH München*, Urt. v. 21. 2. 1995 – 22 N 92.99 – NVwZ-RR 1995, 649.; zum Anspruch der Gemeinden auf entsprechende Schutzauflagen *BVerwG*; Urt. v. 12. 8. 1999 – 4 C 3.98 – ZfBR 2000, 204 – Trinkwasserversorgung.
[1061] *VGH Mannheim*, B. v. 5. 8. 1998 – 8 S 1906/97 – NuR 1999, 110, bestätigend: *BVerwG*, B. v. 29. 12. 1998 – 11 BN 1.98 – (unveröffentlicht).
[1062] *OVG Lüneburg*, B. v. 4. 3. 1999 – 3 K 1304/97 – RdL 1999, 269 = AgrarR 2000, 92 – Arrondierung Wasserschutzgebiet.

WHG). § 19 III WHG enthält eine salvatorische Entschädigungsklausel: Stellt eine Anordnung nach § 19 II WHG eine Enteignung dar, so ist dafür eine Entschädigung zu leisten. Die Voraussetzungen, unter denen nach § 19 I WHG ein Wasserschutzgebiet festgesetzt werden kann, müssen für jede darin einbezogene Teilfläche gegeben sein. Insoweit steht den Wasserbehörden bei der räumlichen Abgrenzung des Gebiets kein Ermessen zu. Ein Ermessen besteht nur im Hinblick auf die Frage, ob der an sich gebotene Schutz die Festsetzung gerade eines Wasserschutzgebietes erfordert oder ob dies etwa im Hinblick auf sonst gegebene Nutzungsbeschränkungen (noch) sinnvoll oder zweckmäßig ist.[1063] Die zum **Natur- und Landschaftsschutzrecht** ergangene Rechtsprechung[1064] hinsichtlich der Belastung des Eigentums ist auf Schutzanordnungen in Wasserschutzgebieten nach § 19 II WHG übertragbar. Die festgesetzten Verbote und Beschränkungen sind keine Enteignung, sondern Inhalts- und Schrankenbestimmungen des Eigentums. § 19 III WHG wird als eine zulässige salvatorische Klausel angesehen, die einen Entschädigungsanspruch für Auswirkungen gewährt, die der Enteignung gleichkommen.[1065]

3431 Soweit nicht eine **Entschädigungspflicht nach § 19 III WHG** besteht und in der Wasserschutzgebietsverordnung erhöhte Anforderungen festsetzt sind, mit denen die ordnungsgemäße land- oder forstwirtschaftliche Nutzung eines Grundstücks beschränkt wird, ist nach § 19 IV WHG für die dadurch verursachten wirtschaftlichen Nachteile ein angemessener Ausgleich nach Maßgabe des Landesrechts zu leisten. Unter Beschränkung der land- oder forstwirtschaftlichen Nutzung eines Grundstücks i. S. des § 19 IV WHG ist nur die Beschränkung der eigentlichen, unmittelbar agrarwirtschaftlichen Nutzung des Grundstücks zu verstehen, bei der die Ausnutzung der Bodenfruchtbarkeit und die damit verbundene Viehwirtschaft im Vordergrund steht, bei der Landwirtschaft also insbesondere der Ackerbau, die Wiesen- und Weidewirtschaft sowie die darauf beruhende Viehhaltung. Nicht darunter fällt die bauliche Nutzung im Rahmen eines landwirtschaftlichen Betriebes, auch wenn beispielsweise die höheren Baukosten bei der Errichtung eines Fahrsilos und einer Mistsickersaftgrube nur aufgewandt worden sind, um den erhöhten Anforderungen Rechnung zu tragen.[1066]

3432 Die Wasserschutzbehörde darf in ihrer Wasserschutzgebietsverordnung auch in dem Sinne auf die **Bauleitplanung dynamisch verweisen**, dass der räumliche Inhalt eines wasserrechtlichen Bauverbotes dynamisch mit der tatsächlichen Veränderung der gemeindlichen Bauleitplanung und damit auch mit der Änderung des Bestandes der Bauleitpläne verbunden ist. Der räumliche Geltungsbereich des Bauverbotes lässt sich im jeweiligen Zeitpunkt der Anwendung der Wasserschutzgebietsverordnung eindeutig bestimmen. Im Geltungsbereich des Bebauungsplans ist das Vorhaben dann planungsrechtlich und auch nach der Wasserschutzgebietsverordnung zulässig, wenn es den Festsetzungen des Bebauungsplans nicht widerspricht. Im nicht beplanten Innenbereich und im Außenbereich bedarf es dann auf der Grundlage der Wasserschutzgebietsverordnung einer wasserrechtlichen Erlaubnis. Eine solche dynamische Verweisung wird auch dem Bestimmtheitsgebot ausreichend gerecht. Denn verfassungsrechtlich geboten ist nicht eine Bestimmtheit um jeden Preis, sondern eine auch unter Berücksichtigung der praktischen Handhabung ausreichende Bestimmtheit, die eine willkürliche Behandlung durch Behörden oder Gerichte ausschließt.[1067]

[1063] *BVerwG*, B. v. 23. 1. 1984 – 4 B 157.83 – DÖV 1984, 466 = DVBl. 1984, 342 = UPR 1984, 165.
[1064] *BVerwG*, Urt. v. 24. 6. 1993 – 7 C 26.92 – BVerwGE 94, 1 = DVBl. 1993, 1141 – Herrschinger Moos; Urt. v. 15. 2. 1990 – 4 C 47.89 – BVerwGE 84, 361; *BGH*, Urt. v. 19. 9. 1996 – III ZR 82/95 – DVBl. 1997, 45.
[1065] *VGH Mannheim*, Urt. v. 3. 8. 1998 – 3 S 990/98 – VBlBW 1999, 97.
[1066] *BGH*, Urt. v. 14. 5. 1998 – III ZR 286/97 – DVBl. 1998, 890; zu § 8 VII: BNatSchG, *BVerwG*, B. v. 18. 3. 1985 – 4 B 11.85 – NVwZ 1986, 638.
[1067] *BVerwG*, B. v. 21. 8. 1995 – 4 N 1.95 – BVerwGE 99, 127 = NVwZ 1996, 265; B. v. 30. 9. 1996 – 4 NB 31.96, 32.96 – DVBl. 1997, 439 = UPR 1997, 195 – Wasserschutzgebiet.

Soweit nicht eine **Entschädigungspflicht nach § 19 III WHG** besteht und in der **3433** Schutzgebietsverordnung erhöhte Anforderungen festgesetzt sind, mit denen die ordnungsgemäße land- oder forstwirtschaftliche Nutzung eines Grundstücks beschränkt wird, ist nach § 19 IV WHG für die dadurch verursachten wirtschaftlichen Nachteile ein angemessener Ausgleich nach Maßgabe des Landesrechts zu leisten. Unter Beschränkung der land- oder forstwirtschaftlichen Nutzung eines Grundstücks im Sinne des § 19 IV WHG ist nur die Beschränkung der unmittelbar agrarwirtschaftlichen Nutzung des Grundstücks zu verstehen, bei der die Ausnutzung der Bodenfruchtbarkeit und die damit verbundene Viehwirtschaft im Vordergrund steht, bei der Landwirtschaft also insbesondere der Ackerbau, die Wiesen- und Weidewirtschaft sowie die darauf beruhende Viehhaltung. Nicht darunter fällt die bauliche Nutzung im Rahmen eines landwirtschaftlichen Betriebes, auch wenn beispielsweise die höheren Baukosten bei der Errichtung eines Fahrsilos und einer Mistsickersaftgrube nur aufgewandt worden sind, um den erhöhten Anforderungen Rechnung zu tragen.[1068]

Die Wasserbehörde entscheidet nach Ermessen, ob sie bei Vorliegen der Voraussetzungen **3434** des § 19 I WHG ein Wasserschutzgebiet festsetzt oder dies im Hinblick auf anderweitige Möglichkeiten eines wirksamen Schutzes des Grundwassers unterlässt. Nutzungsbeschränkungen im Wasserschutzgebiet gem. § 19 II WHG sind keine Enteignung, sondern Inhaltsbestimmungen i. S. des Art. 14 I 2 GG. Jede Inhaltsbestimmung einer vermögenswerten Rechtsposition, die als Eigentum gelten will, muss als Kernaussage zwei wesentliche Strukturelemente des Privateigentums (als Kern des Eigentumsrechts) beachten, nämlich den substanziellen Gehalt der Privatnützigkeit des Eigentums und die grundsätzliche Verfügungsbefugnis über den Eigentumsgegenstand. Ist beides auch aufgrund der Rechtsänderung im Grundsatz unverändert erhalten geblieben, liegt tatbestandsmäßig keine Enteignung vor.[1069] Selbst eine drastische Begrenzung bisheriger Nutzungen ist keine Enteignung, sondern eine Inhaltsbestimmung, möglicherweise verbunden mit einem Ausgleichsanspruch oder einem Übernahmeanspruch. Enteignung werden Eingriffe erst, wenn sie zu einem transitorischen Übergang von Eigentumsbefugnissen führen.[1070]

Beispiel: Die Entnahme von Geschiebes eines bisher wild abfließenden Gewässers ohne Gewässerbett kann nicht durch Ausnahme von den Verboten einer Wasserschutzgebietsverordnung ermöglicht werden. Gewässerbett ist eine in der Natur äußerlich erkennbare Eintiefung an der Erdoberfläche mit Sohle und Ufern zur Zusammenfassung von Wassern[1071] bei verfestigter topografischer Situation. Ist ein Gewässerbett nicht erkennbar und soll erst durch die Entnahme des Geschiebe ein Gewässerbett geschaffen werden, so ist dies ein planfeststellungsbedürftiger Gewässerausbau, der nicht genehmigungsfähig ist.[1072]

Von den Festsetzungen eines Wasserschutzgebietes kann zwar bei **unbilliger Härte** **3435** eine **Befreiung** erteilt werden. Für die Errichtung eines Wochenendhauses ist diese Befreiungsvoraussetzung jedoch nicht gegeben, wenn sich die Grundstückssituation nicht von der anderer Grundstücke in einem Wochenendhausgebiet unterscheidet. Auch die Duldung der Abwasserversickerung der schon vor In-Kraft-Treten der Wasserschutz-

---

[1068] *BGH*, Urt. v. 14. 5. 1998 – III ZR 286/97 – DVBl. 1998, 890; zu § 8 VII: BNatSchG, *BVerwG*, B. v. 18. 3. 1985 – 4 B 11.85 – NVwZ 1986, 638.
[1069] *BVerwG*, B. v. 30. 9. 1996 – 4 NB 31.96, 32.96 – DVBl. 1997, 439 = UPR 1997, 195 – Wasserschutzgebiet.
[1070] *BVerwG*, Urt. v. 23. 1. 1981 – 4 C 4.78 – BVerwGE 61, 295 = NJW 1981, 2137; Urt. v. 15. 2. 1990 – 4 C 47.89 – BVerwGE 84, 361 = *Hoppe/Stüer* RzB Rdn. 1049; Urt. v. 24. 6. 1993 – 7 C 26.92 – BVerwGE 94, 1 = DVBl. 1993, 1141 = NJW 1993, 2949 = *Hoppe/Stüer* RzB Rdn. 1055 – Herrschinger Moos; B. v. 30. 9. 1996 – 4 NB 31.96, 32.96 – DVBl. 1997, 439 = UPR 1997, 195 – Wasserschutzgebiet m. w. Nachw.; *BGH*, Urt. v. 17. 12. 1992 – III ZR 112/91 – BGHZ 121, 73 = BauR 1993, 294 – Bodendenkmal; Urt. v. 18. 2. 1993 – III ZR 20/92 – BGHZ 121, 328 – SaarlNatSchG; *Hönig*, Fachplanung und Enteignung, in: *Stüer* (Hrsg, Planungsrecht, Bd. 6, S. 75.
[1071] *BVerwG*, Urt. v. 31. 10. 1975 – IV C 43.73 – BVerwGE 49, 293.
[1072] *VGH München*, Urt. v. 14. 7. 1999 – 22 B 98.3292 – BayVBl. 2000, 116.

gebietsverordnung gebauten Wochenendhäuser rechtfertigt eine Befreiung nicht.[1073] In einem Wasserschutzgebiet kann die **Umgestaltung einer Straße** mit dem verbesserten Schutz einer Wassergewinnungsanlage gerechtfertigt werden. Auch eine solche Schutzplanung fällt in den Aufgabenbereich des Straßenbaulastträgers und stellt eine ausreichende Rechtfertigung dar, auch wenn der Endzustand den verwaltungsinternen Richtlinien nicht oder nicht voll entspricht.[1074]

3436 Einwendungen wegen **befürchteter Nutzungsbeschränkungen** nach § 19 II WHG können nicht schon nach § 8 I WHG gegen die wasserrechtliche Bewilligung geltend gemacht werden. Vielmehr ist dies erst im Zusammenhang mit dem Rechtsschutz gegen die Ausweisung einer Wasserschutzzone möglich.[1075] Grundstücke, die in einem Wasserschutzgebiet liegen, können, wie § 19 III WHG zeigt, Beschränkungen unterworfen werden, die enteignungsgleiche Wirkungen haben. Dies schließt es aus, den Wasserbehörden einen Spielraum etwa dahin zuzugestehen, ein Wasserschutzgebiet über den Bereich des nach § 19 I WHG Erforderlichen hinaus zu arrondieren. Das Ermessen, das den Behörden in § 19 I WHG mit dem Wort „kann" eingeräumt wird, darf nur in dem durch § 19 I Nr. 1 bis 3 WHG gezogenen Rahmen ausgeübt werden, setzt also das Vorliegen eines der dort genannten Tatbestände voraus. Die mit der Ausweisung eines Wasserschutzgebietes verbundenen Verbote sind allerdings grundsätzlich entschädigungslos hinzunehmen, wenn sie sich im Rahmen der Sozialpflichtigkeit halten. Dieser Rahmen könnte allerdings überschritten sein, wenn die Verbote schwere und unerträgliche Auswirkungen[1076] für die Eigentumsnutzung haben, die dem Eigentümer nicht mehr zumutbar sind.

Beispiel: Durch die Ausweisung eines Wasserschutzgebietes wird ein bisher nach dem Bebauungsplan bebaubares Grundstück einer baulichen Nutzung entzogen. Der davon betroffene Eigentümer kann eine Entschädigung nach § 19 III WHG beanspruchen. Diese stellt sich sozusagen als Kompensation des Gesetzgebers nach Art. 14 I 2 GG für die nachteiligen Einwirkungen dar, die mit der Ausweisung eines Wasserschutzgebietes für den Eigentümer verbunden sind. Wird eine Baugenehmigung zurückgenommen, weil von ihr noch nicht Gebrauch gemacht wurde und durch die Festlegung eines Wasserschutzgebietes nachträglich die Errichtung von Bauten verboten worden ist,[1077] so muss auch hierfür eine Entschädigung gezahlt werden. Im Übrigen stellen sich Nutzungsbeschränkungen im Wasserschutzgebiet nicht als Enteignung, sondern bei Wahrung der enteignungsrechtlichen Zumutbarkeitsschranke als grundsätzlich verfassungsrechtlich zulässige Inhaltsbestimmung des Eigentums nach Art. 14 I 2 GG dar.[1078]

3437 Die Festsetzung eines Wasserschutzgebietes ist von der Gemeinde bei der **Bauleitplanung** als abwägungserheblicher Belang zu berücksichtigen. So kann das Vorhandensein einer Wasserschutzverordnung als ein Indiz für eine potenzielle Konfliktlage zu werten sein, die es der Gemeinde zwar nicht verwehrt, das Gebiet zu überplanen, die es ihr aber wegen der gesteigerten Schutzwürdigkeit eines solchen Gewässers verbietet, den Gesichtspunkt des Wasserschutzes bei der Abwägung gänzlich zu übergehen.[1079] Auch wenn mehr als der Hälfte des Gemeindegebietes als Wasserschutzgebiet ausgewiesen wird, muss darin nicht notwendigerweise ein unzulässiger Eingriff in die kommunale Planungshoheit liegen.[1080]

[1073] *OVG Saarlouis*, B. v. 14. 1. 2000 – 3 R 8/99 –.
[1074] *VGH München*, Urt. v. 10. 5. 1999 – 8 B 99.147 u. 8 B 98.3165 – BayVBl. 2000, 82.
[1075] *BVerwG*, B. v. 10. 7. 1997 – 11 B 12.97 – RdL 1997, 280 – Wasserschutzgebiet, im Anschluss an B. v. 9. 6. 1977 – 4 B 50.77 – ZfW 1978, 234.
[1076] *BVerwG*, Urt. v. 21. 6. 1974 – IV C 14.74 – BauR 1974, 330 = DVBl. 1974, 777 = DÖV 1974, 812 – Kinderspielplatz.
[1077] *BVerwG*, Urt. v. 27. 1. 1967 – IV C 228.65 – BVerwGE 26, 131 = DVBl. 1967, 777.
[1078] *BVerwG*, Urt. v. 15. 2. 1990 – 4 C 47.89 – BVerwGE 84, 361 = DVBl. 1990, 586 – Serriesteich; B. v. 30. 9. 1996 – 4 NB 31.96 – NuR 1997, 240 = RdL 1997, 105 – Wasserschutzgebiet.
[1079] *BVerwG*, B. v. 26. 3. 1993 – 4 NB 45.92 – BayVBl. 1993, 601 = NVwZ-RR 1993, 598 = ZfBR 1993, 252.
[1080] *OVG Koblenz*, Urt. v. 9. 3. 2000 – 1 C 12087/98 – NuR 2000, 387 = UPR 2001, 235.

Das Einbringen fester Stoffe in Gewässer ist grundsätzlich verboten (§ 26 I WHG). **3438**
Dies gilt auch für das Wiedereinleiten von festen Stoffen, die dem Wasser entnommen worden sind.

Beispiel: § 26 I 1 WHG verbietet, die am Rechen eines Wasserkraftwerkes zum Schutze seiner Turbinen aufgefangenen und aus dem Wasser entnommenen festen Stoffe zum Zwecke der Entledigung in das Gewässer wieder einzubringen. Dieses Verbot ist mit dem Grundsatz der Verhältnismäßigkeit vereinbar.[1081]

Stoffe dürfen an einem Gewässer nur so gelagert oder abgelagert werden, dass eine Verunreinigung des Wassers oder eine sonstige nachteilige Veränderung seiner Eigenschaften oder des Wasserabflusses nicht zu besorgen ist. Das Gleiche gilt für die Beförderung von Flüssigkeiten und Gasen durch Rohrleitungen (§ 26 II WHG). Die Landesregierungen oder die von ihnen bestimmten Stellen erlassen entsprechende Reinhalteordnungen (§ 27 WHG). Bei der **Bekämpfung konkreter Gefahren** sind die Bestimmungen des jeweiligen Ordnungsrechts zu beachten. Erforscht die Wasserbehörde Gewässerverunreinigungen wegen der Deponierung von Hausmüll, ist die gesetzlich geforderte Kausalität zwischen wasserwidrigem Verhalten und behördlichem Tätigwerden gegeben. Der Wasserbehörde muss dabei zum Zeitpunkt ihres Tätigwerdens nicht bereits bewusst sein, dass ein Gewässer unbefugt benutzt wurde oder durch ein Verhalten wasserrechtliche Pflichten verletzt worden sind. Auch ein Träger öffentlicher Aufgaben kann zu den Kosten von Gefahrerforschungsmaßnahmen herangezogen werden, wenn damit nicht in seine hoheitlichen Tätigkeiten eingegriffen wird. Wirkt sich die Kostenbelastung auf die Erhebung von Benutzungsgebühren aus, ist dies lediglich indirekte Folge der Heranziehung.[1082] **3439**

Die Länder werden durch das Rahmenrecht des WHG nicht daran gehindert, ein **3440** **(Grund-)Wasserentnahmeentgelt** zu erheben.[1083] Stellt die landesrechtliche Regelung die wieder zugeführte Wassermenge von der Abgabe frei, muss eine Identität zwischen dem geförderten und dem wiedereingeleiteten Wasser bestehen, das somit als „durchlaufender Posten" in seiner Zusammensetzung unverändert dem Wasserhaushalt durch Grundwasser- oder Oberflächenanreicherungsmaßnahmen wieder zugeführt wird. Es ist dabei irgendein wasserhaushaltsrechtlich bewirtschaftetes Gewässer gemeint, wobei die Qualität des wiedereingeleiteten Wassers für die Abzugsfähigkeit beim Entgelt außer Betracht bleibt.[1084]

8. Wasserschutzgebietsverordnung

Wasserschutzgebiete dienen dazu, Gewässer zu schützen, das Grundwasser anzureichern und schädliche Einwirkungen in Gewässer zu verhüten (§ 19 I WHG). Zum Schutz der Wasserschutzgebiete werden Wasserschutzgebietsverordnungen aufgestellt. **3441**

a) Inhalt und Erforderlichkeit. Auch Wasser in Rohwasserüberleitungsstollen kann **3442** Gegenstand einer Wasserschutzgebietsverordnung sein.[1085] Die Festsetzung eines Wasserschutzgebiets ist nach § 19 I Nr. 1 WHG erforderlich, wenn sie vernünftigerweise geboten ist, eine Beeinträchtigung der Eignung des in Anspruch genommenen Grundwassers für Trinkwasserzwecke zu vermeiden und entsprechende Restrisiken weiter zu vermindern.[1086] Auch kann ein Gebiet trotz vorhandener Verkehrswege für die Trinkwasser-

---

[1081] *BVerwG*, Urt. v. 13. 7. 1979 – IV C 10.76 – Buchholz 445.4 § 26 WHG Nr. 2; B. v. 27. 1. 1997 – 11 B 1.97 – Schwemmgut.
[1082] *OVG Schleswig*, B. v. 26. 5. 1999 – 2 L 231/96 – für § 85 II LWG Schl.-H.
[1083] *BVerfG*, B. v. 7. 11. 1995 – 2 BvR 413/88 – BVerfGE 93, 319 = DVBl. 1996, 357.
[1084] *OVG Berlin*, Urt. v. 8. 11. 2002 – 2 B 13.98 – Grundwasserentnahmeentgelt.
[1085] *OVG Bautzen*, Urt. v. 26. 4. 2001 – 1 D 43/00 – SächsVBl. 2002, 170.
[1086] *VGH München*, Urt. v. 26. 6. 2002 – 22 N 01.2625 – BayVBl. 2003, 146; B. v. 6. 12. 2000 – 22 N 96.1148 – BayVBl. 2001, 311; *VGH Kassel*, Urt. v. 17. 5. 2002 – 7 N 4645/98 – ESVGH 52, 222 = NuR 2002, 609.

versorgung geeignet sein.[1087] Ein Grundstück darf nicht in ein Wasserschutzgebiet oder in dessen engere Schutzzone einbezogen werden, wenn es nach den hydrogeologischen Stellungnahmen der zuständigen Fachämter nicht im Einzugsbereich der zu schützenden Wassergewinnungsanlage liegt. Die Schutzzonen lassen sich allerdings nur annähernd umreißen. Deshalb darf sich die Wasserbehörde mit Schätzungen begnügen, wenn diese schlüssig sind und auf hydrogeologischen und wasserwirtschaftlichen Fakten beruhen. Die Grenzziehung muss den in der Natur äußerlich erkennbaren Linien oder Markierungen folgen.[1088] Karten, in denen die Grenzen eines Wasserschutzgebietes dargestellt sind, genügen dem Bestimmtheitsgrundsatz, wenn sie in ihrer Beziehung zueinander verständlich sind und die zeichnerischen Festsetzungen sich nicht widersprechen. Die Bezeichnungen der erfassten Flurstücke müssen lesbar sein.[1089]

3443 Die Wasserwirtschaftsbehörde darf einem Träger der kommunalen Planungshoheit nicht die Lösung übergreifender wasserwirtschaftlicher Probleme überlassen. Wasserschützende Festsetzungen in Bebauungsplänen sind regelmäßig nicht geeignet, die Festsetzung eines Wasserschutzgebietes entbehrlich zu machen oder auch nur teilweise zu ersetzen.[1090] Die in einer Wasserschutzgebietsverordnung enthaltenen Schutzbestimmungen können nicht gegen Art. 14 III GG verstoßen, weil die durch sie begründeten Nutzungsbeschränkungen keine Enteignung beinhalten, sondern Inhaltsbestimmungen des Eigentums im Sinne des Art. 14 I 2 GG sind.[1091] Ergeht nach Erlass einer Wasserschutzgebietsverordnung eine konkretisierende Verfügung, bedarf es keiner gleichzeitigen Entscheidung über eine Entschädigungspflicht dem Grunde nach.[1092]

3444 **b) Bekanntmachung.** Das Ergebnis der Prüfung der gegen den Entwurf einer Wasserschutzgebietsverordnung vorgebrachten Stellungnahmen muss den Betroffenen nicht vor der Bekanntmachung der beschlossenen Verordnung mitgeteilt werden.[1093] Ist der Entwurf in einem Teil des Verfahrensgebiets nicht vor der Auslegung ortsüblich bekannt gemacht worden, führt das zur Nichtigkeit der Verordnung. Eine wirksame Ersatzverkündung setzt die genaue Bezeichnung des Ortes der Einsichtnahmemöglichkeit voraus, was wiederum erfordert, dass keine weiteren Fragen oder Ersuchen an die Dienstkräfte der betreffenden Behörde gestellt werden müssen.[1094]

3445 **c) Reichweite.** Die Verbotsvorschriften einer Wasserschutzgebietsverordnung wirken als eigenständige normative Zulassungsschranke, die nach § 29 II BauGB von den §§ 30 bis 37 BauGB unberührt bleibt. Deshalb kommt § 35 III 1 Nr. 6 BauGB im Verhältnis zu den wasserrechtlichen Vorschriften nur eine Auffangfunktion zu.[1095] Die Schutzvorschriften einer Wasserschutzgebietsverordnung schließen die Anwendung der nach § 19g WHG maßgeblichen allgemeinen wasserrechtlichen Regelungen über das Lagern von Jauche, Gülle und Silagesickersäften nicht aus.

3446 Die Erteilung einer Ausnahmegenehmigung nach § 10 III ThürVAwS[1096] steht im Ermessen der Behörde. In einer Trinkwasserschutzzone III kann die Erteilung einer Aus-

---

[1087] *VGH München*, Urt. v. 16. 9. 2003 – 22 N 02.2535 – Wasserschutzgebietsverordnung.
[1088] *VGH Kassel*, Urt. v. 17. 5. 2002 – 7 N 4645/98 – ESVGH 52, 222 = NuR 2002, 609.
[1089] *OVG Bautzen*, Urt. v. 26. 4. 2001 – 1 D 43/00 – SächsVBl. 2002, 170.
[1090] *OVG Lüneburg*, B. v. 28. 5. 2002 – 7 KN 75/01 – NordÖR 2002, 485 (LS).
[1091] *VGH Kassel*, Urt. v. 17. 5. 2002 – 7 N 4645/98 – ESVGH 52, 222 = NuR 2002, 609. Zu Fragen der Erforderlichkeit eines Wasserschutzgebietes *VGH München*, Urt. v. 26. 6. 2002 – 22 N 01.2625 – BayVBl. 2003, 146 = NuR 2003, 428 – Wasserschutzgebiet.
[1092] *VG Gera*, Urt. v. 13. 8. 2003 – 1 K 1619/99 GE –.
[1093] *OVG Bautzen*, Urt. v. 26. 4. 2001 – 1 D 43/00 – SächsVBl. 2002, 170.
[1094] *OVG Bautzen*, Urt. v. 26. 4. 2001 – 1 D 43/00 – SächsVBl. 2002, 170; Urt. v. 27. 9. 1999 – 1 S 694/98 – SächsVBl. 2000, 115.
[1095] *BVerwG*, Urt. v. 12. 4. 2001 – 4 C 5.00 – NVwZ 2001, 1048 = DVBl. 2001, 1446 – Milchviehhaltung.
[1096] Thüringer Verordnung über Anlagen zum Umgang mit wassergefährdenden Stoffen und über Fachbetriebe.

nahmegenehmigung nach § 10 III ThürVAwS für eine Tankstelle rechtmäßig versagt werden. Aufgrund dessen kann dann auch die Erteilung eines Bauvorbescheids abgelehnt werden dürfen.[1097]

d) Erforderlichkeit der Kompensation. Art. 14 I GG gebietet keine gesetzlichen Vorkehrungen dafür, dass Wasserschutzgebietsverordnungen nur unter gleichzeitiger Festsetzung erforderlicher kompensatorischer Maßnahmen für die betroffenen Grundstücke erlassen werden dürfen.[1098]

e) Veränderungssperre. Zur Sicherung von Planungen für Vorhaben der Wassergewinnung oder Wasserspeicherung, der Abwasserbeseitigung, der Wasseranreicherung, der Wasserkraftnutzung, der Bewässerung, des Hochwasserschutzes oder eines Ausbaus eines oberirdischen Gewässers, die dem Wohl der Allgemeinheit dienen, können durch Rechtsverordnung Planungsgebiete festgelegt werden, auf deren Flächen wesentlich wertsteigernde oder die Durchführung des Vorhabens erheblich erschwerende Veränderungen nicht vorgenommen werden dürfen (§ 36a I WHG). Die Veränderungssperre wird von der Landesregierung oder der von ihr bestimmten Stelle erlassen. Veränderungen, die in rechtlich zulässiger Weise vorher begonnen worden sind, Unterhaltungsarbeiten und die Fortführung einer bisher ausgeübten Nutzung werden von der Veränderungssperre nicht berührt (§ 36a II WHG). Die Veränderungssperre gilt grundsätzlich für höchstens drei Jahre, kann allerdings bei Vorliegen besonderer Umstände um ein weiteres Jahr verlängert werden (§ 36a III WHG). Eine Veränderungssperre nach § 36a WHG kann auch festgelegt werden, um eine Planung für die räumliche und sachliche Ausweitung eines Wasserschutzgebietes ohne Veränderung der Wassergewinnungsanlage selbst zu sichern.[1099]

f) Einzelfragen. Die Lagerung von **Gülle** in **Tiefbehältern** ist bei Beachtung der allgemein anerkannten Regeln der Technik auch in der weiteren Schutzzone III eines Wasserschutzgebietes grundsätzlich zulässig, wenn nicht im Einzelfall konkrete Feststellungen eine besondere Gefährdung der öffentlichen Wasserversorgung vermuten lassen. Dabei hat das *OVG Münster* abweichend vom *VGH München* angenommen, dass die Regelungen einer künftigen Wasserschutzgebietsverordnung einem nach § 35 I BauGB privilegierten Vorhaben nicht als öffentlicher Belang entgegenstehen.[1100] Die Ausweisung eines Wasserschutzgebiets ist bereits erforderlich im Sinne des § 19 I Nr. 1 WHG, wenn sie vernünftigerweise geboten ist.[1101] Ausreichend ist eine Vermeidung und Verminderung der Beeinträchtigung der Eignung des in Anspruch genommenen Grundwassers für Trinkwasserzwecke. Der anzustrebende Schutz muss auf Dauer angelegt sein.[1102] Wird ein Grundstück durch Verordnung in ein Wasserschutzgebiet einbezogen, beginnt die Klagefrist für die Entschädigung erst, wenn mit dem In-Kraft-Treten der Verordnung die Verbote und Beschränkungen, die einen Entschädigungsanspruch begründen können, wirksam geworden sind.[1103]

[1097] *VG Weimar*, Urt. v. 30. 4. 2003 – 6 K 2588/00.We – abgelehnte Ausnahmegenehmigung für Tankstelle in Trinkwasserschutzgebiet. Zur Haftung einer Kundendienstfirma für ausgelaufenes Benzin an einer Tankstelle *OLG München*, Urt. v. 23. 8. 2002 – 21 U 4922/01 – OLGR München 2003, 29.
[1098] *BVerwG*, B. v. 15. 4. 2003 – 7 BN 4.02 – DVBl. 2003, 1074 = NVwZ 2003, 1116; Urt. v. 31. 1. 2001 – 6 CN 2.00 – BVerwGE 112, 373 = DVBl. 2001, 931 – Naturschutzverordnung.
[1099] *BVerwG*, B. v. 28. 3. 1989 – 4 NB 39.88 – Buchholz 445.4 § 36a WHG Nr. 1 = NVwZ-RR 1989, 617 = DÖV 1989, 771.
[1100] *OVG Münster*, Urt. v. 3. 8. 2000 – 7 A 3871/99 – BauR 2001, 223; abweichend von *VGH München*, Urt. v. 20. 5. 1994 – 1 B 92.2572 – BayVBl. 1995, 18 = NuR 1995, 198 = BRS 56, Nr. 74.
[1101] *VGH München*, B. v. 8. 12. 1996 – 22 N 95.3196 – NVwZ-RR 1997, 609; *VGH Mannheim*, Urt. v. 5. 8. 1998 – 8 S 1906/97 – NVwZ 1999, 1249.
[1102] *VGH München*, Urt. v. 6. 12. 2000 – 23 N 96.1148 – BayVBl. 2001, 311 = BauR 2001, 774.
[1103] *OLG München*, Urt. v. 29. 5. 2000 – 2Z RR 12/99 – NVwZ-RR 2000, 750.

9. Hochwasserschutz – Überschwemmungsgebiete

3450 Durch das Oderhochwasser, aber vor allem durch die Flutkatastrophe an der Elbe im August 2002 ist der Hochwasserschutz verstärkt in das öffentliche Bewusstsein getreten. Dies hat auf der Ebene von Bund und Ländern zu verschiedenen Aktionen geführt, die sich nunmehr in Gesetzesänderungen niederschlagen sollen.[1104] Der Hochwasserschutz kann dabei durchaus in ein Spannungsverhältnis zu anderen öffentlichen und privaten Anliegen und Belangen treten – vor allem, wenn sich aus deren Sicht Einschränkungen für die bauliche oder sonstige Nutzung der betroffenen Flächen ergeben können. Die Gemeinde ist nach § 32 WHG nicht nur bei der Überplanung gesetzlicher, sondern auch natürlicher Überschwemmungsgebiete verpflichtet, die sich daraus für Überschwemmungen (**Jahrhunderthochwasser**) ergebenden Konsequenzen (u.a. Verlust von Retentionsflächen) zu bewältigen.[1105] Das schloss allerdings bisher nicht aus, auch in Überschwemmungsgebieten Baugebiete auszuweisen.[1106]

3451 Das **Gesetz zur Verbesserung des vorbeugenden Hochwasserschutzes**[1107] zielt darauf ab, vor allem nach der Flutkatastrophe an Oder und Elbe Flüssen mehr Raum zu geben und zutage getretene Regelungs- und Vollzugsdefizite abzubauen. Geändert worden sind das WHG, das BauGB, das ROG, das WaStrG und das Gesetz über den Deutschen Wetterdienst (DWDG). Kernpunkte des Gesetzes sind die flächendeckende Festsetzung von Überschwemmungsgebieten durch die Länder innerhalb von 5 bzw. 7 Jahren. Einheitliche Bemessungsgrundlage für die Überschwemmungsgebiete soll ein 100-jähriges Hochwasser sein (§ 31b WHG). Zugleich ist eine zweite Kategorie „überschwemmungsgefährdete Gebiete" eingeführt und unter Schutz gestellt worden. Das sind Flächen, die statistisch weniger als einmal in 100 Jahren, aber auch bei Deichbrüchen überflutet werden (§ 31c WHG). Planungsträgern und der Öffentlichkeit soll allerdings auch deutlich werden, dass Hochwasserschutzeinrichtungen keinen absoluten Schutz bieten. Die Regelungen sollen zur wirksamen Bekämpfung der Hochwassergefahren eine flächendeckende Festsetzung von Überschwemmungsgebieten bewirken, den Hochwasserschutz auf überschwemmungsgefährdete Gebiete mit geeigneten Schutzregelungen ausdehnen oder Flüssen mehr Raum lassen, vor allem ihnen ihre natürlichen Überflutungsflächen erhalten oder zurückgeben, Hochwasser dezentral zurückhalten, die Siedlungsentwicklung den Hochwassergefahren anpassen, die durch Hochwasser drohenden Schäden mindern und die Unterhaltung und den Ausbau von Flüssen besser an den Erfordernissen des Hochwasserschutzes ausrichten.

3452 § 31a WHG enthält allgemeine Grundsätze des Hochwasserschutzes und legt daher die zentralen Zielsetzungen und Schwerpunkte des Hochwasserschutzes fest. Oberirdische Gewässer sind danach so zu bewirtschaften, dass so weit wie möglich Hochwasser zurückgehalten, der schadlose Wasserabfluss gewährleistet und der Entstehung von Hochwasserschäden vorgebeugt wird. Hochwassergefährdete Gebiete, Überschwemmungsgebiete oder Retentionsflächen werden entsprechend geschützt. Zugleich appelliert das Gesetz an die Eigenverantwortung der Beteiligten. Jede Person, die durch Hochwasser betroffen sein kann, ist im Rahmen des ihr Möglichen und Zumutbaren verpflichtet, ge-

---

[1104] Gesetzentwurf der Bundesregierung. Entwurf eines Gesetzes zur Verbesserung des vorbeugenden Hochwasserschutzes, Drs. 268/04 v. 2.4.2004; Zweites Gesetz zur Änderung des Sächsischen Wassergesetzes (Lt-Drs. 3/9974).
[1105] *OVG Lüneburg*, Urt. v. 15.5.2003 – 1 KN 3008/01 – DVBl. 2003, 1080; zur SUP-Pflicht bei Überschwemmungsgebieten s. Rdn. 2769.
[1106] *OVG Münster*, Urt. v. 4.11.2002 – 7a D 35/00.NE – Gemeinbedarfsfläche.
[1107] Gesetz zur Verbesserung des vorbeugenden Hochwasserschutzes v. 3.5.2005 (BGBl. I 1224); Gesetzentwurf der Bundesregierung v. 21.5.2004, Drs. 15/3168, 15/3214, 15/3455; Beschlussempfehlung des Ausschusses für Umwelt, Naturschutz und Reaktorsicherheit v. 30.6.2004, Drs. 15/3455; Beschlussempfehlung des Vermittlungsausschusses v. 16.3.2005, Drs. 185/05; Beschluss des Deutschen Bundestages v. 17.3.2005, Drs. 185/05.

eignete Vorsorgemaßnahmen zum Schutz vor Hochwassergefahren und zur Schadensminderung zu treffen, insbesondere die Nutzung von Grundstücken den möglichen Gefährdungen von Mensch, Umwelt oder Sachwerten durch Hochwasser anzupassen. Das Landesrecht regelt, wie die zuständigen Stellen die Bevölkerung über geeignete Vorsorgemaßnahmen und Verhaltensregeln sowie Warnhinweise vor Hochwasser informieren. Der Sache nach sind damit die Grundsätze des § 1a I und II WHG für den Bereich des Hochwasserschutzes konkretisiert und einheitliche Standards für die Vorsorge und Schadensminderung bei Hochwassergefahren aufgestellt worden. § 31a I WHG richtet sich an die für die Gewässerbewirtschaftung zuständigen Wasserbehörden. Diese werden verpflichtet, ihre Bewirtschaftungsmaßnahmen an den Erfordernissen des Hochwasserschutzes auszurichten. Zugleich trägt die Regelung durch die ausdrückliche Erwähnung der Hochwasserschutzbelange dazu bei, die in der Vergangenheit entstandenen erheblichen Defizite bei der möglichen und notwendigen Minderung von Hochwasserschäden abzubauen. § 31a II WHG macht deutlich, dass Hochwasserschutz nicht nur eine staatliche Aufgabe ist, sondern auch die Bevölkerung selbst an einem wirksamen Hochwasserschutz mitwirken muss. Dies gilt vor allem für Grundstückseigentümer oder Besitzer von Liegenschaften, die geeignete Vorsorgemaßnahmen zum Schutz vor Hochwassergefahren und zur Schadensminderung zu treffen haben. Die Mitwirkungsverpflichtungen sind allerdings auf das Mögliche und Zumutbare begrenzt. Die Verpflichtungen beziehen sich vor allem auf die Nutzung von Grundstücken. Werden Überschwemmungsgebiete ausgewiesen (§ 31b WHG), so ergeben sich für die davon Betroffenen entsprechende Verpflichtungen, die u.a. bei Baumaßnahmen oder Nutzungsänderungen zu beachten sind. Es können aber nach Maßgabe der gesetzlichen Einzelregelungen auch für bestehende Anlagen vor allem Nutzungseinschränkungen angeordnet werden. Die Einschränkungen können allerdings zu Entschädigungsansprüchen führen, wenn sie das zumutbare Maß überschreiten. Die Grenze zu den enteignungsgleichen Betroffenheiten hat der Gesetzgeber festzulegen und durch entsprechende Kompensations- oder Entschädigungsregelungen sicherzustellen, dass die Eigentumsbelastungen in dem gebotenen Maße verfassungsrechtlich zumutbar sind.[1108]

Die Länder bestimmen Gewässer oder Gewässerabschnitte, bei denen durch Hochwasser nicht nur geringfügige Schäden entstanden oder zu erwarten sind (**§ 31b WHG**). **Überschwemmungsgebiete** sind Gebiete, zwischen oberirdischen Gewässern und Deichen oder Hochufern und sonstige Gebiete, die bei Hochwasser überschwemmt oder durchflossen oder die für die Hochwasserentlastung oder Rückhaltung beansprucht werden. Neben Deichen können auch andere Hochwasserschutzeinrichtungen wie etwa Sperrwerke oder Dammbalkensysteme Überflutungen verhindern. Die dadurch geschützten Gebiete sind keine Überschwemmungsgebiete, sondern überschwemmungsgefährdete Gebiete nach § 31c I 1 WHG. Durch Landesrecht wird auch geregelt, dass die Öffentlichkeit über Gewässer oder Gewässerabschnitte mit Hochwassergefahren zu informieren ist. Bis zum 10.5.2012 legen die Länder aus diesem Gesamtbereich mindestens diejenigen Überschwemmungsgebiete fest, in denen statistisch einmal in hundert Jahren ein Hochwasserereignis zu erwarten ist (**Bemessungshochwasser**). Für Überschwemmungsgebiete, in denen ein hohes Schadenspotenzial besteht, insbesondere bei Siedlungsgebieten, ist die Ausweisung bis zum 10.5.2010 zu treffen (§ 31b II WHG). Bei der Ausweisung von Überschwemmungsgebieten ist die Öffentlichkeit zu beteiligen. Einzelheiten der Öffentlichkeitsbeteiligung regelt das Landesrecht. Zudem erlassen die Länder zum Schutz vor Hochwassergefahren ergänzende landesrechtliche Vorschriften. Hierzu gehören: Die Erhaltung oder Verbesserung der ökologischen Strukturen der Gewässer und ihrer Überflutungsflächen, zur Verhinderung erosionsfördernder Maßnahmen zum Erhalt oder zur Gewinnung, insbesondere Rückgewinnung von Rückhalteflächen, zur

---

[1108] Zu kompensationspflichtigen Inhalts- und Schrankenbestimmungen des Eigentums s. Rdn. 1683, 1695.

Regelung des Hochwasserabflusses oder zur Vermeidung und Verminderung von Schäden durch Hochwasser. Auch erlassen die Länder ergänzende Vorschriften über den Umgang mit Wasser gefährdenden Stoffen (§ 31b II WHG). Die **landwirtschaftliche Nutzung** in Überschwemmungsgebieten bleibt nach § 31b III WHG Regelungen des jeweiligen Landesrechts vorbehalten. Während der ursprüngliche Gesetzentwurf vorsah, dass in erosionsgefährdeten Abflussbereichen von Überschwemmungsgebieten der Ackerbau bis zum 31.12.2012 eingestellt werden sollte, können die Länder bestimmen, wie mögliche Erosionen oder erheblich nachteilige Auswirkungen auf Gewässer insbesondere durch Schadstoffeintrag zu vermeiden oder zu verringern sind (§ 31b III WHG). Soweit sich aus den landesrechtlichen Regelungen unzumutbare Härten ergeben, ist der Landwirtschaft eine Entschädigung zu gewähren. Die Einschränkung der landwirtschaftlichen Nutzung in Überschwemmungsgebieten kann zur Vermeidung von Bodenerosionen gerechtfertigt sein. Außerdem können die Gewässer durch die Überschwemmung von Ackerflächen mit zusätzlichen Schadstoffen wie Pflanzenschutzmitteln, organisch abbaubaren Stoffen und Nährstoffen belastet und entsprechend in ihrem Sauerstoffhaushalt beeinträchtigt werden. Die Länder können dabei auch Bewirtschaftungsregelungen treffen. So kann etwa eine ganzjährige Bodenabdeckung durch Maßnahmen wie Zwischenfruchtanbau, Winterbegrünung und Mulchsaat vorgeschrieben werden. Eine ganzjährige Bodenabdeckung schließt kurzzeitige, durch die ackerbauliche Nutzung hervorgerufene Unterbrechungen in der Bodenabdeckung allerdings nicht aus. Außerdem können die Länder Einschränkungen der Ausbringung von Dünge- und Pflanzenschutzmitteln regeln, um Schadstoffeinträge im Zusammenhang mit Überflutungen zu vermeiden. Die Maßnahmen sind allerdings im WHG nicht im Einzelnen festgelegt, sondern bleiben der Regelung durch den Landesgesetzgeber überlassen.

3454 Die Überschwemmungsgebiete und überschwemmungsgefährdeten Gebiete sind in den Raumordnungs- und Bauleitplänen zu kennzeichnen. In Überschwemmungsgebieten dürfen grundsätzlich **keine neuen Baugebiete** mehr ausgewiesen werden (§ 31b IV 1 WHG). Ausgenommen sind Bauleitpläne für Häfen und Werften und die in **§ 31b IV 2 WHG** benannten **Ausnahmefälle**. Die zuständige Behörde kann die Ausweisung neuer Baugebiete danach ausnahmsweise zulassen, wenn (1) keine anderen Möglichkeiten der Siedlungsentwicklung bestehen oder geschaffen werden können, (2) das neu auszuweisende Gebiet unmittelbar an ein bestehendes Baugebiet angrenzt, (3) eine Gefährdung von Leben, erhebliche Gesundheits- oder Sachschäden nicht zu erwarten sind, (4) der Hochwasserabfluss und die Höhe des Wasserstandes nicht nachteilig beeinflusst werden, (5) die Hochwasserrückhaltung nicht beeinträchtigt und der Verlust von verloren gehendem Rückhalteraum umfang-, funktions- und zeitgleich ausgeglichen wird, (6) der bestehende Hochwasserschutz nicht beeinträchtigt wird, (7) keine nachteiligen Auswirkungen auf Oberlieger und Unterlieger zu erwarten sind, (8) die Belange der Hochwasservorsorge beachtet sind und (9) die Bauvorhaben so errichtet werden, dass bei dem Bemessungshochwasser, das der Festsetzung des Überschwemmungsgebietes zugrunde gelegt wurde, keine baulichen Schäden zu erwarten sind. Die Ausweisung neuer Baugebiete ist den Gemeinden daher nicht vollständig untersagt, bedarf aber einer erhöhten Rechtfertigung. Die Wirksamkeit der Bauleitplanung hängt daher von der Erfüllung der Ausnahmeregelungen ab, die sich an einem **hochwasserschutzrechtlichen Mindeststandard** orientieren. Dies hat die Gemeinde bei der Aufstellung der Bauleitplanung jeweils abzuprüfen und in der Begründung des Bauleitplans im Einzelnen darzulegen. Dazu wird sich in aller Regel der **Umweltbericht** anbieten (§ 2a BauGB). Allerdings gehen die Anforderungen an die Bauleitplanung in Überschwemmungsgebieten über eine Ermittlung, Beschreibung und Bewertung von Umweltbelangen hinaus. § 31b IV WHG enthält vielmehr materielle Mindeststandards, die bei der Ausweisung von neuen Baugebieten zu beachten und damit der allgemeinen planerischen Abwägung entzogen sind. Denn das Gesetz enthält nicht lediglich Berücksichtigungsgebote, sondern Beachtensgebote in dem Sinne, dass die Hochwasserschutzbelange in Überschwemmungsgebieten nicht durch eine planerische Abwägung überwindbar sind, sondern strikte Vorgaben ohne planerische (autonome) Gestaltungsmöglichkeiten enthalten. Die Gemeinde hat allerdings einen gewissen autonomen Spielraum hinsichtlich der Bewertung ihrer planerischen Ziele, durch die sie zugleich das Gewicht der Gründe bestimmen kann, mit dem sich die Planung gegenüber Hochwasserschutzbelangen durchsetzt. Zudem kann sie durch Vorkehrungen darauf hinwirken, dass die hochwasserschutzrechtlichen Mindeststandards in § 31 b IV 2 WHG eingehalten werden. Die Begründung des Bebauungsplans wird ggf. auch Hinweise zur Ausführung baulicher Anlagen enthalten. Dabei ist vom Ausgangspunkt her vom **Gebot der Konfliktbewältigung** auszugehen. Die Bauleitplanung hat die sich aus dem Hochwasserschutz ergebenden Konflikte grundsätzlich mit den Mitteln der Bauleitplanung zu regeln. Dazu gehört die Prüfung, ob die in der Bauleitplanung ausgewiesenen Nutzungen mit den Belangen des Hochwasserschutzes vereinbar sind. Bei der Ausweisung neuer Baugebiete müssen die Voraussetzungen des § 31 b IV 2 WHG erfüllt sein. Allerdings kann die Gemeinde Möglichkeiten des **Konflikttransfers** in parallele Verwaltungsverfahren oder Nachfolgeverfahren nutzen. Ist die bauliche Nutzung eines ausgewiesenen Baugebietes grundsätzlich mit den Belangen des Hochwasserschutzes in Einklang zu bringen, kann die Gemeinde Einzelheiten der Nachsteuerung dem Baugenehmigungsverfahren oder dem immissionsschutzrechtlichen Genehmigungsverfahren überlassen. Hier kann der Bauherr verpflichtet sein, nach dem Grundsatz der **„architektonischen Selbsthilfe"**[1109] eine Bauausführung zu wählen, die den Belangen des Hochwasserschutzes ausreichend Rechnung trägt. Die Hochwasserschutznovelle 2005 verlagert daher mit ihren Anforderungen an die Bauleitplanung in § 31 b IV 2 WHG die Verantwortung für einen ausreichenden Hochwasserschutz nicht einseitig auf die Gemeinden, sondern belässt es dabei, dass auch der Bauherr und die sonst am Baugeschehen Beteiligten in der Verantwortung stehen. Davon geht auch § 31 a II WHG aus, der jede Person, die durch Hochwasser betroffen sein kann, im Rahmen des ihr Möglichen und Zumutbaren verpflichtet, geeignete Vorsorgemaßnahmen zum Schutz vor Hochwassergefahren und zur Schadensminderung zu treffen, insbesondere die Nutzung von Grundstücken den möglichen Gefährdungen von Menschen, Umwelt oder Sachwerten durch Hochwasser anzupassen.

Die Errichtung und die Erweiterung einer baulichen Anlage im beplanten Bereich, **3455** nicht beplanten Innenbereich und Außenbereich bedürfen in Überschwemmungsgebieten einer **Genehmigung** durch die zuständige Behörde (§ 31 b IV 3 BauGB). Die Genehmigung darf nur erteilt werden, wenn ein ausreichender Hochwasserschutz nicht beeinträchtigt wird und das Vorhaben hochwasserangepasst ausgeführt wird oder wenn die nachteiligen Auswirkungen durch Auflagen oder Bedingungen ausgeglichen werden können. Das Bauen wird daher im Interesse der Hochwasservorsorge nicht unerheblich eingeschränkt. Soweit der Ackerbau in den Abflussbereichen der Überschwemmungsgebiete betroffen ist, stellen sich vor allem auch Entschädigungsfragen.[1110] Denn eine Inhalts- und Schrankenbestimmung des Eigentums durch den Gesetzgeber nach Art. 14 I 2 GG kann bei Überschreitung der verfassungsrechtlichen Zumutbarkeitsschwelle ausgleichspflichtig sein.[1111] Nach § 31 b VI WHG sind Überschwemmungsgebiete durch geeignete Maßnahmen in ihrer Funktion als Rückhalteflächen zu erhalten. Bei entgegenstehenden überwiegenden Gemeinwohlgründen sind rechtzeitig notwendige Ausgleichsmaßnahmen zu treffen. Zugleich sollen frühere Überschwemmungsgebiete, die als Rückhalteflächen geeignet sind, so weit wie möglich wiederhergestellt werden, wenn überwiegende Gründe des Allgemeinwohls nicht entgegenstehen. Neben den Überschwemmungsgebieten werden auf landesrechtlicher Grundlage auch überschwemmungsgefährdete Gebiete dargestellt, für die entsprechende Maßnahmen zur Vermeidung

---

[1109] *BVerwG*, Urt. v. 23. 9. 1999 – 4 C 6.98 – DVBl. 2000, 192.
[1110] *BVerfG*, B. v. 2. 3. 1999 – 1 BvL 7/91 – BVerfGE 100, 226 = NJW 1999, 2877 = DVBl. 1999, 1498 – Direktorenvilla; *Stüer/Thorand* NJW 2000, 3737.
[1111] *BVerfG*, B v. 14. 7. 1981 – 1 BvL 24/78 – BVerfGE 58, 137 – Pflichtexemplare.

oder Minderung von Hochwassergefahren zu treffen sind (§ 31c WHG). Zudem sind auf Landesebene flussgebietsbezogene Hochwasserschutzpläne aufzustellen und mit den betroffenen benachbarten Bundesländern und Nachbarstaaten abzustimmen (§ 31d WHG).[1112] In die Hochwasserschutzpläne sind zugleich Maßnahmen zur Erhaltung oder Rückgewinnung von Rückhalteflächen, zu deren Überflutung und Entleerung nach den Anforderungen des optimierten Hochwasserabflusses in Flussgebietseinheiten, zur Rückverlegung von Deichen, zur Erhaltung oder zur Wiederherstellung von Auen sowie zur Rückhaltung von Niederschlagswasser aufzunehmen. Die Hochwasserschutzpläne sind auf entsprechender landesrechtlicher Grundlage bis zum 10.5. 2009 aufzustellen. Hierdurch soll ein vorbeugender Schutz vor dem 100-jährigen Hochwasser erreicht werden.[1113] Wegen der beschränkten Gesetzgebungskompetenzen des Bundes auf dem Gebiet des Wasserrechts müssen wesentliche Teile der neuen Regelungen noch durch Ausführungsvorschriften der Länder ergänzt werden. Dies gilt nicht nur für die gesetzlichen Grundlagen, sondern auch für die Ausweisung der Überschwemmungsgebiete und der überschwemmungsgefährdeten Gebiete. Überschwemmungsgebiete sollen durch die Länder bei einem hohen Schadenspotenzial bis zum 10.5. 2010 aufzustellen sein, im Übrigen bis zum 10.5. 2012 (§ 31b II WHG). Schon zuvor sollen derartige Gebiete ggf. durch Karten vorläufig gesichert werden, so dass ein entsprechendes Schutzsystem bereits vorher wirkt (§ 31b V WHG).

3456 Durch eine **Änderung des BauGB** sind entsprechende nachrichtliche Übernahmen von Überschwemmungsgebieten aber auch von überschwemmungsgefährdenden Gebieten eingeführt worden. Das gilt auch für den Fall der Neubekanntmachung eines Flächennutzungsplans (§ 246a BauGB). Festgesetzte Überschwemmungsgebiete sollen dann im Flächennutzungsplan nachrichtlich übernommen werden. Noch nicht festgesetzte Überschwemmungsgebiete sowie überschwemmungsgefährdete Gebiete sollen im Flächennutzungsplan vermerkt werden (§ 5 IVa BauGB). Dasselbe gilt für den Bebauungsplan (§ 9 VIa BauGB). Die eigentlichen materiellen Auswirkungen für das Städtebaurecht ergeben sich bereits aus den vorgenannten wasserrechtlichen Regelungen. Der Bundesgesetzgeber ist allerdings frei darin, in welches Gesetz er die entsprechenden Regelungen einfügt, solange er sich auf eine ihm durch das GG eingeräumte Gesetzgebungskompetenz berufen kann. Durch eine Änderung des ROG sind zudem die Belange des Hochwasserschutzes in die Raumordnungspläne eingebracht worden. In ihnen sollen die raumbedeutsamen Erfordernisse und Maßnahmen des vorbeugenden Hochwasserschutzes nach den Vorschriften des WHG berücksichtigt werden (§ 7 III 2 Nr. 5 ROG). Für den Ausbau der Bundeswasserstraßen ist durch die Änderung des WaStrG ein Gebot der Vermeidung negativer Auswirkungen auf den Hochwasserschutz aufgestellt worden.

3457 Für das **Wasserstraßenrecht**, das **Bodenrecht** und **Regelungen über den Deutschen Wetterdienst** nimmt der Bund für sich die konkurrierende Gesetzgebungskompetenz (vgl. Art. 74 Nr. 17, 18, 21 GG) in Anspruch. Im Übrigen besteht eine Rahmengesetzgebung für das Wasserhaushaltsrecht und die Raumordnung (Art. 75 I Nr. 4 GG). Unmittelbar verbindliche Regelungen auch für die Länder sind im Bereich des Rahmenrechts nur unter den Erfordernissen des Art. 75 II GG und damit in unverzichtbaren Ausnahmefällen zulässig. Im Übrigen sind die Anforderungen des Art. 72 II GG einzuhalten. Wie weit

---

[1112] S. Rdn. 2767, 3461.

[1113] Der Hochwasserschutz nähert sich damit allmählich den kanonischen Fristen des Kirchenrechts, die in schwierigen klerikalen Entscheidungssituationen wie der Wiederverheiratung Geschiedener oder dem Zölibat vom Papst auf den mittelalterlichen Folianten verfügt werden: Wiedervorlage in 300 Jahren. Danach kommt in der Kirche schon gleich die Ewigkeit. Im Hochwasserschutz sind indes erst noch das 400-jährige Hochwasser, an dem in den benachbarten Niederlanden der Hochwasserschutz ausgerichtet wird, und das 1.000-jährige Hochwasser zwischengeschaltet. Und eines wissen wir aus den Atomunfällen und Naturkatastrophen: Mit irgendeiner Eintrittswahrscheinlichkeit ausgewiesene Risiken verteilen sich zwar in der Zeit, treten aber vor dem Hintergrund der Ewigkeit sicher ein, wenn sie nicht durch andere Ereignisse überholt werden.

diese Kompetenzen im Einzelnen reichen, wird unterschiedlich beurteilt. Die Länder sehen die Bundeskompetenzen auf das eigentliche wasserrechtliche Fachrecht begrenzt, während das Recht der Gefahrenabwehr, das im Schwerpunkt mit dem Hochwasserschutz betroffen sei, in der Länderkompetenz stehe. Der Bund verweist demgegenüber auf die übergreifenden Zusammenhänge mit fachrechtlichen Gegenständen, für das der Bund nach den vorerwähnten Regelungen die Gesetzgebungskompetenz hat. Dass auch für den Bereich des Städtebaurechts der Hochwasserschutz in der konkurrierenden Gesetzgebungskompetenz des Bundes liegt, darf dabei als halbwegs gesicherte Erkenntnis gelten.[1114] Zudem leiten die Länder das Zustimmungserfordernis des Bundesrates aus Art. 84 I GG ab, weil das Änderungsgesetz am einigen Stellen Vorgaben zum Verwaltungsverfahren enthält.[1115]

In der Reichweite der jeweiligen Gesetzgebungsgegenstände kann der Bund auch die erforderlichen verfahrensrechtlichen Vorschriften erlassen, um etwa einheitliche Grundsätze für Genehmigungs-, Erlaubnis- oder andere Zulassungsverfahren zu gewährleisten. So ermächtigt die konkurrierende Gesetzgebungskompetenz des Bundes auch zu Regelungen über ein Genehmigungsverfahren, in dem die planungsrechtliche Zulässigkeit von Vorhaben geprüft wird.[1116] Mit diesen Überlegungen sind auch die Regelungen des BImSchG über das immissionsschutzrechtliche Genehmigungsverfahren kompetenzrechtlich zu rechtfertigen. Der Bund ist damit über seine konkurrierende Gesetzgebungskompetenz in der Lage, Regelungen über ein Genehmigungserfordernis für planungsrechtlich relevante Vorhaben in Überschwemmungsgebieten zu erlassen oder dieselben in weiten Teilen des Fachplanungsrechts vorzuschreiben. Fragen zur Gesetzgebungskompetenz spielten bei der Hochwasserschutz-Novelle im Ergebnis deshalb keine Rolle, weil sich Bundestag und Bundesrat auf das Ergebnis des Vermittlungsausschusses geeinigt hatten.

3458

Die Vorschriften zum Hochwasserschutz nehmen in der Reichweite der gesetzlichen Regelungen vor allem im Hinblick auf das Bauplanungsrecht teilweise einen Vorrang für sich in Anspruch. Zum Teil handelt es sich aber auch um Belange, die in der Abwägung zu berücksichtigen sind. In ausgewiesenen oder vorläufig sichergestellten Überschwemmungsgebieten dürfen die Gemeinden neue Baugebiete – abgesehen für Häfen und Werften – grundsätzlich nicht mehr ausweisen (§ 31 b IV und V WHG). Ausnahmen müssen die Anforderungen des § 31 b IV 2 BauGB erfüllen. Die Errichtung oder die Erweiterung baulicher Anlagen im Hochwasserschutzgebiet bedarf der Genehmigung, die nur bei Wahrung der Belange des Hochwasserschutzes erteilt werden darf (§ 31 b V WHG). Dies gilt auch für Vorhaben, die nach den Landesbauordnungen von einer Genehmigung freigestellt sind. Gegenüber solchen Bauvorhaben besteht damit ein unmittelbarer, bindender Vorrang des Hochwasserschutzes, der sich gegenüber dem Bauplanungsrecht durchsetzt.

3459

Das Abwägungsgebot vermittelt den Anwohnern in der Nachbarschaft des Planungsgebietes einen **Drittschutz** gegenüber planbedingten Beeinträchtigungen, die in einem adäquat-kausalen Zusammenhang mit der Planung stehen und mehr als geringfügig sind.[1117] Der Bauleitplanung muss die Erschließungskonzeption zugrunde liegen, nach

3460

[1114] *BVerfG*, E. v. 16. 6. 1954 – 1 PBvV 2/52 – BVerfGE 3, 407. Allerdings wird teilweise auch vertreten, dass der Kern des Hochwasserschutzes nicht im Städtebau liege, sondern deshalb entweder der Rahmenkompetenz des Bundes zuzuordnen sei oder gar in die Kompetenz der Länder falle. Denn auch etwa im Bereich des Naturschutzrechts sei der eigentliche Schwerpunkt der Regelungen im Rahmenrecht des Art. 75 GG angelegt. Die konkurrierende Vollkompetenz des Bundes für das Bodenrecht könne die eigentlichen Vorgaben des Naturschutzes nur aufgreifen und für das Baurecht für anwendbar erklären, ohne hierüber im Bereich der städtebaulichen Planung eine eigenständige abschließende Regelung zu treffen.

[1115] Stellungnahme des Bundesrates zum Entwurf eines Gesetzes zur Verbesserung des vorbeugenden Hochwasserschutzes, BT-Drs. 15/3168 v. 21. 5. 2004.

[1116] *BVerwG*, Urt. v. 19. 12. 1985 – 7 C 65.82 – BVerwGE 72, 300 = NuR 1987, 356 – Wyhl; *Stüer/Ehebrecht-Stüer* DVBl. 1996, 482.

[1117] Zum Abwägungsgebot s. Rdn. 1195.

der das im Plangebiet anfallende Niederschlagswasser so beseitigt werden kann, dass Gesundheit und Eigentum der Planbetroffenen – außerhalb des Plangebietes – keinen Schaden nehmen. Planbedingte Missstände (wie zum Beispiel die Gefahr von Kellerüberflutungen), die den Grad der Eigentumsverletzung erreichen, setzen der Planung äußerste, im Wege der Abwägung nicht überwindbare Grenzen. Sie machen Vorkehrungen erforderlich, welche die Beeinträchtigungen jedenfalls auf das Maß zurückführen, das die Schutzgewährleistung des Art. 14 I 1 GG noch zulässt.[1118] Auch aus den Anforderungen an die Bauleitplanung bei der Ausweisung von Baugebieten in Überschwemmungsgebieten kann sich ein Recht auf Abwägung der betroffenen Nachbarn ergeben. Hat etwa ein Bebauungsplan nachteilige Auswirkungen auf Oberlieger oder Unterlieger, so kann aus diesen Gründen der Bebauungsplan unwirksam sein. Es ist wohl auch nicht ausgeschlossen, dass sich aus den gesetzlichen Anforderungen an die Bauleitplanung in § 31b IV 2 Nr. 7 WHG klagefähige Nachbarrechte ergeben können. Aus den hochwasserschutzrechtlichen Vorschriften können sich auch **Amtspflichten** ergeben. Weist etwa eine Gemeinde in einem Überschwemmungsgebiet ein neues Baugebiet aus, so verletzt sie ihre Amtspflichten, wenn der hochwasserschutzrechtliche Mindeststandard des § 31b IV 2 WHG nicht eingehalten ist. Allerdings kann die Gemeinde nur in Anspruch genommen werden, wenn sie rechtswidrig und schuldhaft gehandelt hat. Dabei sind durchschnittliche Anforderungen an die Kenntnisse der Planverfasser zugrunde zu legen. Nicht jede fehlerhafte Beurteilung des Vorliegens der Ausnahmevoraussetzungen des § 31b IV 2 WHG führt bereits zu einer Amtshaftung der Gemeinde. Es muss sich vielmehr um eine eindeutige Fehlbeurteilung handeln, die einer durchschnittlichen Anforderungen genügenden Prüfung nicht entspricht.

3461 Die Länder stellen **Hochwasserschutzpläne** auf, in denen ein möglichst schadloser Wasserabfluss, der technische Hochwasserschutz und die Gewinnung, insbesondere Rückgewinnung von Rückhalteflächen sowie weitere dem Hochwasserschutz dienende Maßnahmen geregelt sind, soweit dies erforderlich ist (§ 31d I WHG). Die Hochwasserschutzpläne dienen dem Ziel, die Gefahren, die mindestens von einem statistisch einmal in einhundert Jahren zu erwartenden Hochwasser ausgehen, so weit wie möglich und verhältnismäßig zu minimieren und dienen damit dem vorbeugenden Hochwasserschutz. In Hochwasserschutzplänen sind insbesondere Maßnahmen zum Erhalt oder zur Rückgewinnung von Rückhalteflächen, zu deren Flutung und Entleerung nach den Anforderungen des optimierten Hochwasserabflusses in Flussgebietseinheiten, zur Rückverlegung von Deichen, zum Erhalt oder zur Wiederherstellung von Auen sowie zur Rückhaltung von Niederschlagswasser aufzunehmen (§ 31d I WHG). Das Verfahren zur Aufstellung der Hochwasserschutzpläne muss den Anforderungen des UVPG an die Umweltprüfung entsprechen (§ 31d IV WHG).

10. Abwasserbeseitigung

3462 Die Abwasserbeseitigung ist nach § 18a WHG schadlos vorzunehmen. Abwasser ist so zu beseitigen, dass das Wohl der Allgemeinheit nicht beeinträchtigt wird. Die Abwasserbeseitigung umfasst das Sammeln, Fortleiten, Behandeln, Einleiten, Versickern, Verregnen und Verrieseln von Abwasser sowie das Entwässern von Klärschlamm im Zusammenhang mit der Abwasserbeseitigung (§ 18a WHG). Die Länder regeln, welche Körperschaften des öffentlichen Rechts zur Abwasserbeseitigung verpflichtet sind, und die Voraussetzungen, unter denen anderen die Abwasserbeseitigung obliegt. Regelungen für einen Anschluss oder Benutzungszwang im Bereich der Abwasserbeseitigung sind in der Regel auch verfassungsrechtlich hinzunehmen. So ist etwa der durch Ortssatzung vorgeschriebene Zwang, Grundstücke an die öffentliche Kanalisation, Wasserleitung und Müllabfuhr anzuschließen und diese öffentlichen Einrichtungen zu benutzen, für den

---

[1118] *BVerwG*, Urt. v. 21. 3. 2002 – 4 CN 14.00 – BVerwGE 116, 144 = DVBl. 2002, 1469 = NVwZ 2002, 1509.

betroffenen Grundstückseigentümer grundsätzlich kein enteignender Eingriff, sondern eine zulässige Bestimmung von Inhalt und Schranken des Grundeigentums, die durch die Sozialbindung des Eigentums gerechtfertigt wird.[1119]

Die **Abwasserbeseitigung** nach § 18 I 1 WHG i.V. m. § 1a I WHG begründet unabhängig von dem Bestehen einer Überlassungs- oder Beseitigungspflicht des Abwassers ein allgemein zu beachtendes Gebot zur schadlosen Abwasserbeseitigung. Bei der Reinigung von häuslichen Abwässern wird eine biologische Vier-Kammer-Kleinkläranlage mit nachgeschaltetem Pflanzenbeet diesen Anforderungen in der Regel nicht gerecht, auch wenn das vorgereinigte Wasser nur zum Zwecke der Gartenbewässerung dient.[1120] Die Abwasserbeseitigung und Abwasserbehandlung ist nach Auffassung des BFH[1121] einem Wasserzweckverband und Abwasserzweckverband als Träger öffentlicher Gewalt eigentümlich und vorbehalten, so dass er hoheitlich tätig werden muss, wenn die Tätigkeit im Bereich des Gesundheitsschutzes und des Umweltschutzes Teil der öffentlichen Daseinsvorsorge ist und eine Privatisierung der Abwasserbeseitigung durch Delegierung der Aufgabe mit befreiender Wirkung auf einen privaten Dritten grundsätzlich nicht möglich ist. Die Übertragung der Abwasserbeseitigungspflicht auf den Nutzungsberechtigten des Grundstücks stellt einen belastender Verwaltungsakt dar. Dabei hat der Nutzungsberechtigte hinsichtlich des Widerrufs der Übertragung der Abwasserbeseitigungspflicht kein subjektives Recht auf fehlerfreie Ausübung des behördlichen Ermessens.[1122]

Die Anforderungen bei der Erteilung einer Erlaubnis für das Einleiten von Abwasser sind im Einzelnen in der **AbwasserVO (AbwV)**[1123] niedergelegt. Die Erlaubnis darf nach § 3 I AbwV nur erteilt werden, wenn am Ort des Anfalls des Abwassers die Schadstofffracht unter Verwendung moderner Techniken möglichst gering ist. Die Anforderungen der AbwV dürfen nicht dadurch erreicht werden, dass die verwendeten Verfahren die Umweltbelastungen lediglich in anderen Umweltmedien verlagern (§ 3 II AbwV). Auch der Vermischung des Abwassers sind Grenzen gesetzt. Die AbwV bestimmt Analysen- und Messverfahren, wobei teilweise auf DIN-Normen des Deutschen Instituts für Normung oder Deutsche Einheitsverfahren zur Wasser-, Abwasser- und Schlammuntersuchung (DEV-Normen) verwiesen wird. Diese technischen Normen werden durch die Bezugnahme in der AbwV Bestandteil des rechtlichen Regelwerkes. Einzelne Überschreitungen werden nach § 6 AbwV hingenommen, wenn es sich um eine einmalige Überschreitung handelt und die vier vorangegangenen Messungen nicht zu einer Überschreitung der Werte geführt haben. Auch darf die Überschreitung nicht das Doppelte des zulässigen Schadstoffwertes übersteigen. In zahlreichen Anhängen sind sodann allgemeine Anforderungen und Anforderungen an das Abwasser für die Einleitungsstelle festgelegt.[1124]

[1119] BVerwG, B. v. 15. 10. 1984 – 7 B 27.84 – HSGZ 1984, 461 = Buchholz 11 Art. 14 GG Nr. 226.
[1120] VG Frankfurt, Urt. v. 31. 3. 1998 – 7 K 2856/96 – LKV 1999, 73.
[1121] BFH, B. v. 8. 1. 1998 – V R 32/97 – BFHE 185, 283 = LKV 1998, 327.
[1122] OVG Münster, B. v. 2. 4. 1998 – 20 A 3189/96 – NVwZ-RR 1999, 166 = DVBl. 1999, 411; B. v. 2. 4. 1998 – 20 A 3010/96 –.
[1123] Verordnung über die Anforderungen an das Einleiten von Abwasser in Gewässer AbwasserVO – AbwV (BGBl. I 87).
[1124] Häusliches und kommunales Abwasser (Anhang 1), Braunkohle-Brikettfabrikation (Anhang 2), Herstellung von Obst- und Gemüseprodukten (Anhang 5), Herstellung von Erfrischungsgetränken und Getränkeabfüllung (Anhang 6), Fischverarbeitung (Anhang 7), Kartoffelverarbeitung (Anhang 8), Herstellung von Beschichtungsstoffen und Lackharzen (Anhang 9), Fleischwirtschaft (Anhang 10), Brauereien (Anhang 11), Herstellung von Alkohol und alkoholischen Getränken (Anhang 12), Holzfaserplatten (Anhang 13), Trocknung pflanzlicher Produkte für die Futtermittelherstellung (Anhang 14), Herstellung von Hautleim, Gelatine und Knochenleim (Anhang 15), Steinkohlenaufbereitung (Anhang 16), Zuckerherstellung (Anhang 18), Fleischmehlindustrie (Anhang 20), Mälzereien (Anhang 21), Chemische Industrie (Anhang 22), Eisen-, Stahl- und Tempergießerei (Anhang 24), Lederherstellung, Pelzveredelung, Lederfaserstoffherstellung (Anhang 25), Steine und Erden (Anhang 26), Herstellung von Kohlenwasserstoffen (Anhang 36), Herstellung anorganischer Pigmente (Anhang 37), Nichteisenmetallherstellung (Anhang 39), Metallbearbeitung, Metallverarbeitung

3465 Der Landesgesetzgeber ist gem. § 18a II WHG befugt, den Träger der **Straßenbaulast** zu verpflichten, das auf Verkehrsflächen anfallende **Niederschlagswasser** zu beseitigen und die hierfür entstehenden Kosten zu tragen. Das gilt nach Auffassung des *BVerwG* auch dann, wenn zusätzliche Maßnahmen erst dadurch erforderlich werden, dass nachträglich im Einzugsbereich der Straße eine Anlage der Wassergewinnung errichtet wird.[1125]

Beispiel: Der Landesbetrieb Straßenbau NRW ist Träger der Straßenbaulast für eine Bundesstraße. Nachdem zu Gunsten der Stadtwerke ein Wasserschutzgebiet ausgewiesen worden ist, wird der Landschaftsverband verpflichtet, die Straße nachträglich so auszurüsten, dass das mit Reifenabrieb und Öl verunreinigte Niederschlagswasser aufgefangen wird.[1126]

3466 Überlässt der Träger der Abwasserbeseitigungspflicht einer öffentlichen Verkehrsanlage die Fortleitung des gesammelten Niederschlagswassers einem Dritten, bleibt seine eigene Verantwortlichkeit bestehen. Er muss den Dritten überwachen und notfalls selbst eingreifen. Verletzt er diese Pflicht, wird er einem geschädigten Anlieger auch selbst ersatzpflichtig.[1127] Der Inhaber eines Waschplatzes zur Reinigung landwirtschaftlicher Geräte haftet grundsätzlich nicht nach § 22 WHG, wenn die Anlage von Dritten zur Beseitigung von Pflanzenschutzmitteln missbraucht wird.[1128] Die Gemeinde hat die Amtspflicht, bei der Erschließung eines Baugebiets vorläufige Sicherungsmaßnahmen gegen die Überschwemmung angrenzender Grundstücke durch Niederschlagswasser zu treffen.[1129]

11. Rechtsschutz

3467 Der durch eine **Erlaubnis** oder eine **Bewilligung** in seinen Rechten beeinträchtigte **Dritte** kann gegen die Zulassungsentscheidung nach den §§ 7, 8 WHG Rechtsschutz suchen. Die Vorschriften des WHG über die Erteilung einer Erlaubnis oder einer Bewilligung haben allerdings als solche keine nachbarschützenden Funktionen.[1130] Es muss vielmehr jeweils konkret geltend gemacht werden, dass Rechte Dritter beeinträchtigt sind.

Beispiel: § 32 WHG hat keine nachbarschützende Wirkung, da für das Wasserrecht eine derartige Wirkung nur solchen Vorschriften zuerkannt wird, die ausdrücklich die Interessen dritter Betroffener berücksichtigen.[1131] Auch können durch die Erlaubnis zur Errichtung eines Bootsstegs Rechte und Befugnisse anderer Seebenutzer nicht verletzt werden, solange sich die damit verbundene Gewässerbenutzung im Rahmen des Gemeingebrauchs hält.[1132]

3468 Geschützt sind in erster Linie die **Träger wasserwirtschaftlicher Belange des Allgemeinwohls**, insbesondere der öffentlichen Trinkwasserversorgung.[1133] Darüber hinaus ge-

---

(Anhang 40), Herstellung und Verarbeitung von Glas und künstlichen Mineralfasern (Anhang 41), Alkalichloridelektrolyse (Anhang 42), Herstellung von Chemiefasern, Folien und Schwammtuch nach dem Viskoseverfahren sowie von Celluloseacetatfasern (Anhang 43), Erdölverarbeitung (Anhang 45), Steinkohleverkokung (Anhang 46), Verwendung bestimmter gefährlicher Stoffe (Anhang 48), Zahnbehandlung (Anhang 50), oberirdische Ablagerung von Abfällen (Anhang 51), Chemiereinigungen (Anhang 52), fotografische Prozesse, Silberhalogenid-Fotografie (Anhang 53), Herstellung von Halbleiterbauelementen (Anhang 54), Wäschereien (Anhang 55) und Wollwäschereien (Anhang 57).

[1125] *BVerwG*, Urt. v. 13. 9. 1985 – 4 C 47.82 – Buchholz 445.4 § 18a WHG Nr. 1 = DÖV 1986, 110 = UPR 1986, 69.
[1126] *Stüer* NuR 1982, 149.
[1127] *BGH*, Urt. v. 22. 11. 2001 – III ZR 322/00 – BGHZ 149, 206 = DVBl. 2002, 267 – Niederschlagswasser Eisenbahnanlage.
[1128] *BGH*, Urt. v. 12. 9. 2002 – III ZR 214/01 – BGHReport 2002, 1031 = UPR 2003, 29.
[1129] *BGH*, Urt. v. 4. 4. 2002 – III ZR 70/01 – NVwZ 2002, 1143 = ZfBR 2002, 593 = DVBl 2002, 927 – Überschwemmungsgebiet; in Fortführung Urt. v. 18. 2. 1999 – III ZR 272/96 – BGHZ 140, 380; *Wurm* in: *Staudinger* § 839 BGB, Rdn. 545 (2002).
[1130] *BVerwG*, Urt. v. 20. 10. 1972 – IV C 107.67 – BVerwGE 41, 58 = DVBl. 1973, 217 = DÖV 1973, 207.
[1131] *BVerwG*, B. v. 17. 8. 1972 – 4 B 162.71 – ZfW 1973, 114 = Buchholz 445.4 § 32 WHG Nr. 1.
[1132] *BVerwG*, B. v. 13. 1. 1970 – 4 B 53.69 – RdL 1971, 280 – Bootssteg.
[1133] *BVerwG*; Urt. v. 12. 8. 1999 – 4 C 3.98 – ZfBR 2000, 204 – Trinkwasserversorgung, zum Anspruch der Gemeinden auf Schutzauflagen.

hören zu dem Kreis der nach dieser Vorschrift geschützten Personen alle rechtmäßigen Wasserbenutzer und schließlich diejenigen Personen, deren private Belange nach Lage der Dinge von der Benutzung betroffen werden und deren Beeinträchtigung nach dem Gesetz tunlichst zu vermeiden ist. Der Drittschutz kommt gegenüber allen Gestattungsformen in Betracht (einfache oder gehobene Erlaubnis sowie Bewilligung). Die beeinträchtigten Rechte können dabei aus dem Gebot der Rücksichtnahme abgeleitet werden. Voraussetzung ist, dass durch die wasserrechtliche Gestattung die Belange eines Dritten in einer qualifizierten und individualisierten Weise betroffen sind. Berechtigt können etwa Wasserbenutzer aufgrund einer wasserrechtlichen Bewilligung sowie solche Personen sein, deren Belange bei der Entscheidung über eine Bewilligung oder eine Erlaubnis als rechtlich geschützte Interessen zu berücksichtigen sind.[1134] Der öffentlich-rechtliche Nachbarschutz ist daher grundsätzlich auch im Wasserrecht aus Rechtsnormen abzuleiten, die der Behörde den Schutz bestimmter nachbarrechtlicher Belange auferlegen.[1135] Bei schweren und unzumutbaren Beeinträchtigungen[1136] kann sich der Nachbarschutz auch aus der Eigentumsgarantie ergeben.[1137] Nach § 4 I 2 WHG ist bei wasserrechtlichen Gestattungen, also sowohl Bewilligungen als auch Erlaubnissen, auf die individuellen Interessen Dritter Rücksicht zu nehmen.[1138] Auch eine einfache wasserrechtliche Erlaubnis kann daher von einem Dritten als ihm gegenüber ermessensfehlerhaft angefochten werden, wenn die Wasserbehörde bei ihrer Ermessensentscheidung nicht die gebotene Rücksicht auf dessen Interessen genommen hat und unzumutbare nachteilige Wirkungen für ihn entstehen.

Beispiel: Eine wasserrechtliche Erlaubnis kann von einem benachbarten Grundstückseigentümer erfolgreich angefochten werden, wenn die zugelassene Einleitung von Abwässern sich in einer das Rücksichtnahmegebot verletzenden Weise auf die von dem Nachbarn betriebene **Forellenzucht** auswirkt.[1139] Bei Anfechtung einer abfallrechtlichen Planfeststellung vermittelt § 34 II 1 WHG nur insoweit Drittschutz, als nachteilige Auswirkungen der planfestgestellten Anlage auf Rechte des Dritten zu erwarten sind.[1140] Die Wahrnehmung der wasserrechtlichen Unterhaltungspflicht geschieht nicht in Erfüllung einer Dritten gegenüber bestehenden Rechtspflicht, sondern in Erfüllung einer öffentlichen Aufgabe des Trägers der Unterhaltungslast. Führt jedoch die Verletzung der Unterhaltungspflicht zu einem Eingriff in das Eigentum Dritter, so steht dem Betroffenen ein öffentlich-rechtlicher Beseitigungsanspruch zu.[1141]

Der öffentlich-rechtliche Nachbarschutz knüpft an die materiellrechtliche Rechtsstellung des Nachbarn an. Auch im Anwendungsbereich des § 8 WHG besteht ein Rechtsanspruch des Nachbarn auf fehlerfreie Ermessensausübung nur insoweit, wie bei der der Ermessensausübung zugrunde liegenden Entscheidung nachbarschützende Vorschriften anzuwenden sind. Der Ausschluss von Ansprüchen gemäß § 11 WHG rechtfertigt nicht, den Nachbarn vor Rechtsfehlern zu schützen, die ihn nicht in seinen Rechten verletzen.[1142]

Die betroffenen Nachbarn unterliegen zudem einer **Mitwirkungs- und Anfechtungslast**, die sowohl für Bewilligungen als auch für Erlaubnisse gilt. Werden die Anfechtungsrechte nicht rechtzeitig wahrgenommen, so können sie später nicht mehr geltend

---

[1134] *BVerwG*, Urt. v. 15. 7. 1987 – 4 C 56.83 – BVerwGE 78, 40 = DVBl. 1987, 1265 m. Anm. *Kunig* 237 = DÖV 1987, 1017 = NJW 1988, 434 = *Hoppe/Stüer* RzB Rdn. 450 – Auskiesung Baggersee.
[1135] *BVerwG*, Urt. v. 20. 10. 1972 – IV CL 107.67 – BVerwGE 41, 58.
[1136] *BVerwG*, Urt. v. 21. 6. 1974 – IV C 14.74 – BauR 1974, 330 = DVBl. 1974, 777 = DÖV 1974, 812 – Kinderspielplatz.
[1137] *BVerwG*, Urt. v. 20. 10. 1972 – IV C 107.67 – BVerwGE 41, 58 = DVBl. 1973, 217 = DÖV 1973, 207.
[1138] *BGH*, Urt. v. 23. 6. 1983 – III ZR 79/82 – BGHZ 88, 34.
[1139] *BVerwG*, Urt. v. 19. 2. 1988 – 4 C 27.85 – Forellenhaltung.
[1140] *BVerwG*, B. v. 13. 5. 1983 – 7 B 35.83 – DÖV 1983, 1011 = NVwZ 1984, 374 – abfallrechtliche Planfeststellung.
[1141] *BVerwG*, Urt. v. 14. 12. 1973 – IV C 50.71 – BVerwGE 44, 235 = NJW 1974, 813 = DVBl. 1974, 603.
[1142] *BVerwG*, B. v. 29. 7. 1980 – 4 B 218.79 – Buchholz 445.4 § 2 WHG Nr. 4.

gemacht werden. Der nach § 11 I WHG nur für die Bewilligung vorgesehene Ausschluss privatrechtlicher Abwehr- und Unterlassungsansprüche rechtfertigt es nicht, die Anfechtbarkeit einer wasserrechtlichen Gestattung auf diese Form zu beschränken. Ein Nachbar, der eine Beeinträchtigung seiner Belange durch eine Erlaubnis befürchtet, ist daher nicht nur befugt, sie vor den Verwaltungsgerichten anzufechten, sondern auch – will er sein Interesse wahren – darauf angewiesen, seine Rechte im Erlaubnisverfahren geltend zu machen. Denn auch ihm gegenüber kann die Erlaubnis – unbeschadet ihrer Widerruflichkeit – in Bestandskraft erwachsen. Nach dem Nassauskiesungsbeschluss des *BVerfG*[1143] ist der verwaltungsgerichtliche Rechtsschutz gegenüber behördlichen Eingriffen vorrangig. Die den Betroffenen damit aufgebürdete Anfechtungslast trifft grundsätzlich auch Dritte, die sich durch eine wasserrechtliche Gestattung gleich welcher Art in ihren Rechten beeinträchtigt sehen.[1144]

3471 Gegenüber der **wasserrechtlichen Planfeststellung** kann Rechtsschutz gesucht werden, wenn eigene Belange des Einwendungsführers betroffen sind. Dabei ist zwischen der unmittelbaren Inanspruchnahme von Eigentumsrechten und mittelbaren Betroffenheiten als Nachbar des Vorhabens zu unterscheiden. Der Eigentümer, der aufgrund der Planfeststellung unmittelbar in Anspruch genommen werden soll, hat grundsätzlich umfassende Abwehrrechte, soweit mit dem gerügten Fehler der Planfeststellungsbeschluss insgesamt zur Aufhebung steht. Der nur mittelbar betroffene Nachbar ist demgegenüber auf das Geltendmachen der eigenen abwägungserheblichen Betroffenheiten beschränkt. Die Vorschriften über das wasserrechtliche Planfeststellungsverfahren begründen für einen durch ein Ausbauvorhaben möglicherweise betroffenen Dritten kein subjektives Recht auf Einleitung und Durchführung des objektiv-rechtlich gebotenen Planfeststellungsverfahrens. Wird der Dritte durch ein rechtswidrig ohne Planfeststellung ausgeführtes Ausbauvorhaben in seinen materiellen Rechten beeinträchtigt, so kann er sich gegen das Vorhaben mit öffentlich-rechtlichen Abwehransprüchen und Beseitigungsansprüchen zur Wehr setzen.[1145]

Beispiel: Die durch einen Uferausbau verursachte Trennung eines Anliegergrundstücks vom Gewässer bedeutet eine Eigentumsverletzung nur dann, wenn die vorgegebene Situation auf dem Grundstück nachhaltig verändert und der Grundstückseigentümer dadurch schwer und unerträglich[1146] getroffen wird.[1147]

3472 Rechtsschutz Dritter ist regelmäßig nur bei einer **eigenen Rechtsbetroffenheit** erfolgreich. Aus der objektiven Rechtswidrigkeit einer wasserwirtschaftlichen Planfeststellung nach § 31 WHG ergibt sich nicht gleichsam automatisch auch die Verletzung eigener Rechte.[1148] Dies gilt auch für wasserwegerechtliche Vorhaben. Gegenüber dem Ausbau einer **Bundeswasserstraße**[1149] muss die Einwendung erkennen lassen, um welche Beeinträchtigungen es sich handelt und worauf diese zurückzuführen sind. Die privaten Belange der Fischerei können zwar durchaus gewichtig sein, treten aber regelmäßig hinter dem öffentlichen Interesse am Ausbau im vorläufigen Rechtsschutz zurück. Die Begründung der Anordnung der sofortigen Vollziehung darf hier mit den zur Begründung des Planfeststellungsbeschlusses dienenden Gründen identisch sein. Werden Einwendungen ver-

---

[1143] *BVerfG*, B. v. 15. 7. 1981 – 1 BvL 77/78 – BVerfGE 58, 300 = NJW 1982, 745 = DVBl. 1982, 340 = *Hoppe/Stüer* RzB Rdn. 1136 – Nassauskiesung.
[1144] *BVerwG*, Urt. v. 15. 7. 1987 – 4 C 56.83 – BVerwGE 78, 40 = DVBl. 1987, 1265 m. Anm. *Kunig* 237 = DÖV 1987, 1017 = NJW 1988, 434 = *Hoppe/Stüer* RzB Rdn. 450 – Auskiesung Baggersee.
[1145] *BVerwG*, Urt. v. 29. 5. 1981 – 4 C 97.77 – BVerwGE 62, 243 = DÖV 1981, 719 = NJW 1981, 2769.
[1146] *BVerwG*, Urt. v. 21. 6. 1974 – IV C 14.74 – BauR 1974, 330 = DVBl. 1974, 777 = DÖV 1974, 812 – Kinderspielplatz.
[1147] *BVerwG*, B. v. 16. 3. 1976 – 4 B 186.75 – BauR 1976, 81 = DÖV 1976, 389 = ZfW 1976, 362.
[1148] *BVerwG*, B. v. 3. 12. 1998 – 11 B 2.98 – wasserrechtliche Ordnungsverfügung; dazu schon *BVerfG*, B. v. 2. 12. 1997 – 2 BvL 55 u. 56/92 – BVerfGE 97, 49; *Stüer* JURA 1999, 202.
[1149] *OVG Lüneburg*, B. v. 30. 6. 1998 – 3 M 2114/98 – NdsVBl. 1998, 264.

spätet geltend gemacht, erstreckt sich die Präklusionswirkung des § 17 Nr. 5 Satz 1 HS 1 WaStrG auch auf das der Planfeststellung nachfolgende gerichtliche Verfahren.[1150] Einzelne Begründungselemente eines Planfeststellungsbeschlusses haben keine Regelungswirkung im Sinne von § 35 VwVfG und können daher auch nicht gesondert angefochten werden. Wird statt eines Planfeststellungsverfahrens lediglich ein Plangenehmigungsverfahren durchgeführt, so sind die anerkannten Naturschutzverbände dadurch regelmäßig nicht in ihren Rechten beeinträchtigt, weil sie ein Recht auf Beteiligung nur haben, wenn ein Planfeststellungsverfahren durchgeführt wird.[1151] Beteiligungsrechte stehen ihnen unter den Voraussetzungen des § 58 I Nr. 3 BNatSchG zu. Auch andere Verfahrensbeteiligte haben keinen Rechtsanpruch auf Durchführung eines Planfeststellungsverfahrens.[1152]

Grünes Licht haben die Gerichte für den Bau des Emssperrwerks gegeben.[1153] Der Eingriff in das Vogelschutzgebiet „Ems Außendeichsflächen und Sände von Terborg bis Emden", das aus den drei Teilbereichen Petkumer, Nendorper und Terborger Vorland besteht, sei verträglich. Ob ein unverträglicher Eingriff aus wirtschaftlichen Gründen hätte gerechtfertigt werden können[1154] oder ein faktisches Vogelschutzgebiet durch die Verfügungsbefugnis des Landes und einen angeordneten besonderen Biotopschutz ausreichend in nationales Recht umgesetzt worden ist,[1155] brauchten die Oldenburger Richter daher nicht zu entscheiden. Das Ems-Ästuar sei kein potenzielles FFH-Gebiet,[1156] weil insoweit ein fachlicher Beurteilungsspielraum bestehe. Denn Voraussetzung für die Annahme eines potenziellen FFH-Gebiets ist, dass sich die Meldung des Bereichs an die Europäische Kommission nach den im Anhang III, Phase 1 der FFH-Richtlinie genannten Kriterien aufdrängt. Dass die Meldung des Gebiets „ernsthaft in Betracht kommt", reicht für eine Meldungsverpflichtung nicht aus. Zwar dürfen bei der Beurteilung der Frage, ob ein Gebiet der Europäischen Kommission nach Art. 4 I der FFH-Richtlinie vorzuschlagen ist, wirtschaftliche oder allgemeinpolitische Gesichtspunkte keinen Einfluss haben.[1157] Es besteht aber angesichts der Weite der in Anhang III, Phase 1 der FFH-Richtlinie genannten Kriterien ein gerichtlich nicht überprüfbarer naturschutzfachlicher Beurteilungsspielraum.[1158] Nur wenn dieser im Einzelfall auf null reduziert ist, also sachliche Gründe für

---

[1150] *BVerwG*, B. v. 6. 11. 1998 – 11 A 28.97 –; B. v. 13. 3. 1995 – 11 VR 5.95 – Buchholz 445.5 § 17 WaStrG Nr. 3 S. 3.

[1151] *BVerwG*, B. v. 5. 5. 1999 – 11 VR 2.99 – Schleusenneubau; für Gemeinden können sich weitergehende Rechte ergeben, so *BVerwG*, Urt. v. 16. 12. 1988 – 4 C 40.86 – BVerwGE 81, 95 für § 6 LuftVG. Die Entscheidung über einen Antrag auf nachträgliche Entscheidung gem. § 10 II 1 WaStrG richtet sich nach neuem Recht und nicht gem. § 56 II WaStrG nach bisherigem Recht, so *OVG Koblenz*, B. v. 22. 10. 1998 – 1 A 11247/98 – VKBl. 1999, 93 = UPR 1999, 160; B. v. 22. 10. 1998 – 1 A 13087/99 – VKBl. 1999, 94 – UPR 1999, 80.

[1152] *BVerwG*, Urt. v. 5. 3. 1999 – 4 A 7.98 – 4 VR 3.98 – NVwZ 1999, 556.

[1153] *VG Oldenburg*, Urt. v. 16. 5. 2001 – 1 A 3558/98 –; *OVG Lüneburg*, Urt. v. 2. 12. 2004 – 7 LA 3053/01 – zu den Eilentscheidungen *VG Oldenburg*, B. v. 26. 10. 1999 – 1 B 3319/99 – NdsVBl. 2000, 36; B. v. 5. 11. 1999 – 1 B 3140/99 – NuR 2000, 405; *OVG Lüneburg*, B. v. 6. 7. 2000 – 3 M 559 u. 561/00 – NVwZ-RR 2001, 362 = NuR 2001, 642; *Stüer* NdsVBl. 2000, 25.

[1154] *EuGH*, Urt. v. 7. 12. 2000 – Rs. C 374/98 – DVBl. 2001, 359.

[1155] *EuGH*, Urt. v. 25. 11. 1999 – Rs. C 96/98 – NuR 2000, 206 = ZUR 2000, 222; Urt. v. 18. 3. 1999 – Rs. C 166/97 – ZUR 1999, 148 = NuR 1999, 501; Urt. v. 19. 5. 1998 – Rs. C 3/96 – DVBl. 1998, 888 = NuR 1998, 538 – Niederlande.

[1156] *BVerwG*, Urt. v. 27. 1. 2000 – 4 C 2.99 – BVerwGE 110, 302 = DVBl. 2000, 814 – Hildesheim; B. v. 24. 8. 2000 – 6 B 23.00 – DVBl. 2001, 375 = NVwZ 2001, 92 – Monbijou; Urt. v. 27. 10. 2000 – 4 A 18.99 – DVBl. 2001, 386; *OVG Lüneburg*, Urt. v. 17. 1. 2001 – 7 K 100/98 – DVBl. 2001, 671.

[1157] *EuGH*, Urt. v. 7. 11. 2000 – Rs. C-371/98 – DVBl. 2000, 1841; *BVerwG*, Urt. v. 19. 5. 1998 – 4 A 9.97 – BVerwGE 107, 1 = DVBl. 1998, 900 = NVwZ 1998, 961 – A 20; Urt. v. 27. 1. 2000 – 4 C 2.99 – BVerwGE 110, 302 = DVBl. 2000, 814 – Hildesheim.

[1158] *BVerwG*, B. v. 24. 8. 2000 – 6 B 23.00 – DVBl. 2001, 375 = NVwZ 2001, 92 – Monbijou; vgl. auch Urt. v. 31. 1. 2002 – 4 A 15.01, 21.01, 24.01, 47.01, 77.01 – DVBl. 2002, 990 = NVwZ 2002, 1103 – A 20; *Stüer* DVBl. 2002, 940.

ein Absehen von der Gebietsmeldung nicht bestehen, erscheint es geboten, bereits eine unmittelbare Geltungskraft der FFH-Richtlinie anzunehmen. Beim Vorkommen sog. prioritärer Lebensraumtypen oder Arten (Art. 1 lit. d und h der FFH-Richtlinie) spricht regelmäßig viel für die Aufnahme in die nationalen Vorschlagslisten. Eine Verbindlichkeit in jedem Einzelfall besteht jedoch auch insoweit nicht. Vor diesem Hintergrund ist die Entscheidung des Landes Niedersachsen, den Bereich zwischen Papenburg und Dollart nicht als FFH-Gebiet zu melden, nicht zu beanstanden.[1159] Einem ausschließlich auf die Küstenschutzfunktion begrenzten Sofortvollzug des **Emssperrwerks** hatte das *VG Oldenburg* zuvor für unwirksam erklärt, weil durch diese Beschränkung der Rechtsschutz sich im Eilverfahren nicht zugleich auch auf die der Papenburger Meyer-Werft dienende Staufunktion des Sperrwerks bezogen habe.[1160]

3474 Der daraufhin ergangene **Planergänzungsbeschluss** wurde vom *VG Oldenburg* und vom *OVG Lüneburg*[1161] bestätigt. Die gegen den Ergänzungsbeschluss gerichteten Klagen der Naturschutzverbände sind inzwischen ebenfalls abgewiesen.[1162] Die größte Hürde waren wohl die naturschutzrechtlichen Anforderungen, die sich aus der Vogelschutz-Richtlinie[1163] und der FFH-Richtlinie ergaben. Denn mit dem Bau und dem Betrieb des Emssperrwerks sind eine Reihe von Eingriffen verbunden, die sich auf Natur und Umwelt durchaus schädlich auswirken können. Die naturschutzrechtlichen Vorgaben aus Brüssel sind inzwischen durch die zweite Novelle des BNatSchG in deutsches Recht umgesetzt worden (zunächst §§ 19a bis 19f BNatSchG 1998, nunmehr §§ 32 bis 37 BNatSchG 2002).[1164] Allerdings ist eine fristgemäße Meldung der Schutzgebiete bisher nicht erfolgt. Dies wirft die Frage einer unmittelbaren Geltung des europäischen Richtlinienrechts auf.[1165] Unverträgliche Eingriffe in Vogelschutzgebiete sind nach Art. 4 IV Vogelschutzrichtlinie nur zur Wahrung von Leib und Leben der Menschen oder aus Gründen der Sicherung des Gebietes selbst möglich.[1166] Eingriffe in ein FFH-Gebiet dagegen können ggf. auch aus wirtschaftlichen Gründen zugelassen werden.[1167] Für ausgewiesene bzw. po-

---

[1159] *VG Oldenburg*, Urt. v. 16. 5. 2001 – 1 A 3558/98 – Emssperrwerk; *OVG Lüneburg*, Urt. v. 2.12. 2004 – 7 LA 3053/01 –.

[1160] *VG Oldenburg*, B. v. 24. 11. 1998 – 1 B 3334/98 u. a. – Emssperrwerk; vgl. *OVG Lüneburg*, B. v. 1. 2. 1999 – 3 M 5512/98 u. a. – Emssperrwerk. Die Beschwerden sind vor allem an der mit der 6. VwGO-Novelle eingeführten Zulassungsbeschwerde gescheitert, vgl. *Stüer* NdsVBl. 1999, 260.

[1161] *VG Oldenburg*, B. v. 26. 10. 1999 – 1 B 3319/99 – NdsVBl. 2000, 36 – BUND/NABU; B. v. 26. 10. 1999 – 1 B 3212/99 – LBU; B. v. 5. 11. 1999 – 1 B 3140/99 – Leer; *Stüer*, Das Emssperrwerk, NdsVBl. 2000, 25.

[1162] *VG Oldenburg*, Urt. v. 16. 5. 2001 – 1 A 3558/98 – BUND; *OVG Lüneburg*, Urt. v. 2.12. 2004 – 7 LA 3053/01 –.

[1163] Richtlinie des Rates der Europäischen Gemeinschaften vom 2. 4. 1979 über die Erhaltung der wild lebenden Vogelarten (79/409/EWG), (ABl. EG Nr. L 103/1 vom 25. 4. 1979), abgedruckt bei *Stüer*, Bau- und Fachplanungsgesetze 1999, 881.

[1164] Zweites Gesetz zur Änderung des BNatSchG. Das Gesetz dient der Umsetzung der FFH-Richtlinie, der Vogelschutzrichtlinie und der Richtlinie 83/129/EWG v. 28. 3. 1983 betreffend die Einfuhr in die Mitgliedstaaten von Fellen bestimmter Jungrobben und Waren daraus (ABl. EG Nr. L 91 S. 30). Die Umsetzung der FFH-Richtlinie durch entsprechendes nationales Recht musste bis zum 6. 6. 1994 erfolgen.

[1165] *EuGH*, Urt. v. 11. 8. 1995 – Rs. C-431/92 – NuR 1996, 102 – Großkrotzenburg; Urt. v. 16. 9. 1999 – C-435/95 – WWF Provinz Bozen; *Epiney* DVBl. 1996, 409; *Calliess* NVwZ 1996, 339; *Gellermann* NuR 1996, 548; *Thyssen* DVBl. 1998, 877.

[1166] In der Leybucht-Entscheidung schließt der *EuGH* die Berücksichtigung wirtschaftlicher und freizeitbedingter Erfordernisse von der Abwägung mit Umweltbelangen besonderer Schutzgebiete ausdrücklich aus, so *EuGH*, Urt. v. 28. 2. 1991 – Rs. C-57/89 – NuR 1991, 249 – Leybucht; vgl. auch Urt. v. 2. 8. 1993 – Rs. C-355/90 – NuR 1994, 521 – Santona; *Thyssen* DVBl. 1998, 877; *ders.* FFH-Richtlinie – Das Beispiel Elbvertiefung, in: *Stüer* (Hrsg.) Planung von Großvorhaben, 1999, 55; *Werthmann*, Sperrwerksplanung Gandersum, ebenda, 1999, 75.

[1167] *EuGH*, Urt. v. 11. 7. 1996 – Rs. C-44/95 – EuGH Slg. 1996 – 7, I-3805 – Lappelbank: „Die wirtschaftlichen Erfordernisse können in dieser Phase keine Berücksichtigung als zwingende Grün-

tenzielle Vogelschutzgebiete und FFH-Gebiete ist eine Verträglichkeitsprüfung vorzunehmen. Ist der Eingriff mit den Erhaltungszielen für das Gebiet als Ganzes und seinen wesentlichen Bestandteilen vereinbar, ist er zulässig. Geht die Verträglichkeitsprüfung dagegen negativ aus, ist der Eingriff grundsätzlich unzulässig. Das *VG Oldenburg* bestätigt die Auffassung im Planfeststellungsbeschluss, dass der Bau des Emssperrwerks angesichts der Erhaltungsziele des Vogelschutzgebietes „Nendorper Vorland" nicht erheblich beeinträchtigt. Auch eine mögliche Beeinträchtigung von einigen Brutpaaren des Säbelschnäblers ändert daran nichts. Die Oldenburger Richter beziehen dabei in eine Gesamtbewertung auch Vermeidungs- und Ausgleichsmaßnahmen ein, weil dies im Konzept „Natura 2000" angelegt ist. Auch in zeitlicher Hinsicht hat das *VG Oldenburg* teilweise Entwarnung gegeben. Denn Ausgleich und Ersatz können danach auch zeitlich gestreckt werden.

Die **Unterems von Papenburg bis Dollart** wird als norddeutsche küstennahe Wasserstraße als **Ästuar** mit besonders geschützten Lebensräumen, vegetationsfreiem Schlickwatt und atlantischen Salzwiesen angesehen und der FFH-Richtlinie unterstellt. Beim Emssperrwerk liegt der Eingriff in der Überbauung von ca. 4,2 ha atlantischen Salzwiesen im Nendorper Vorland und 0,5 ha auf Gandersumer Seite durch die dort geplanten Anschlussdeiche. Das *VG Oldenburg* hält eine Gesamtbetrachtung von Emsvertiefung und Emssperrwerk unabhängig davon für erforderlich, dass der 7,30-m-Planfeststellungsbeschluss aus dem Jahre 1994 bereits bestandskräftig ist. Die Auswirkungen lassen sich jedoch nach Auffassung des VG Oldenburg nicht ohne weiteres summieren, sondern müssen bilanziert werden. Die Emsvertiefung habe tendenziell eine Erhöhung der Strömungsgeschwindigkeiten zur Folge, während das Emssperrwerk eher den gegenteiligen Effekt habe. Auch die Fischfauna sei nicht erheblich beeinträchtigt, beschieden die Oldenburger Richter die Naturschutzverbände. Das gelte für den Fischotter ebenso wie für in der Ems aufsteigenden Neunaugen oder Lachse. Der Nordseeschnäpel und der Stör seien in der Ems ausgestorben und könnten daher nicht geschädigt werden. Die eintretenden Beeinträchtigungen des Emsästuars durch das Bauwerk seien durch zwingende Gründe des überwiegenden öffentlichen Wohls gerechtfertigt. Dazu zählt das Gericht nicht nur die Verbesserung der Sturmflutsicherheit, sondern auch die Sicherung einer großen Zahl von Arbeitsplätzen der Region. Demgegenüber sei der Eingriff in ca. 3 % im Bereich der Unterems vorhandenen Salzwiesen geringer zu bewerten. Dies gelte jedenfalls dann, wenn man die Staufunktion des Bauwerks einbeziehe. Eine klare Absage erteilt das *VG Oldenburg* dabei auch einer Betriebsverlagerung der Papenburger Meyer-Werft, weil hierdurch eine Stärkung der Region nicht erreicht werden kann. 3475

Ob prioritäre Arten oder Lebensräume betroffen sind, konnte dabei offen bleiben. Denn inzwischen war eine Beteiligung der Europäischen Kommission erfolgt, so dass die verfahrensrechtlichen Voraussetzungen für eine Überwindung von Naturschutzbelangen selbst auf der höheren Qualitätsstufe der prioritären Arten oder Lebensräume gegeben waren (§ 34 IV BNatSchG). In der Stellungnahme hatte die Kommission ihre Beteiligung zwar u. a. deshalb nicht für erforderlich angesehen, weil es keine prioritären Vögel gebe und auch im FFH-Bereich keine prioritären Arten oder Biotope betroffen seien, jedoch zugleich Hinweise zur weiteren Behandlung der Naturschutzbelange gegeben. Dabei müsse ein Fischsterben bei den Schiffsüberführungen vermieden und das naturschutzrechtliche Ausgleichsprogramm ergänzt werden. 3476

Ein Eingriff in die Salzwiesen hielt das *VG Oldenburg* allerdings nur für berechtigt, wenn die erforderlichen Ausgleichsmaßnahmen zeitnah erfolgen und eine Beeinträchtigung des Konzeptes „Natura 2000" auch während der Bauphase vermieden wird. Dies gebiete der Grundsatz der Kohärenzsicherung in § 34 V BNatSchG. Einen Verstoß gegen 3477

---

de des überwiegenden öffentlichen Interesses finden, was jedoch, wie die Kommission zu Recht ausgeführt hat, nicht ausschließt, dass sie danach im Rahmen des Verfahrens nach Art. 6 III und IV FFH-Richtlinie berücksichtigt werden können."

die EG-Fischgewässerrichtlinie konnte das *VG Oldenburg* schon deshalb nicht feststellen, weil diese Richtlinie einen anderen Schutzzweck und im Gegensatz zur Vogelschutz-Richtlinie und FFH-Richtlinie keinen unmittelbar vollziehbaren, konkreten Inhalt hat.[1168] Auch die durch den Sperrwerksbau hervorgerufene Beeinträchtigung des Landschaftsbildes müsse hingenommen werden.

3478 Neben den naturschutzrechtlichen Belangen waren im Planfeststellungsbeschluss auch die Interessen der Häfen, der Wirtschaft, der Schifffahrt, der Landwirtschaft und der Fischerei zu berücksichtigen. Die Hafenbetreiber machten etwa Nachteile durch die Veränderung der Wasserstände geltend. Die Wirtschaft berief sich darauf, dass in den Zeiten der Überführung großer Kreuzfahrtschiffe eine Belieferung der Betriebe behindert werde. Die Schifffahrt beklagte erzwungene Liegezeiten während der Schließung des Emssperrwerks. Die Landwirtschaft wandte sich u. a. gegen eine Vernässung der Deichvorlandflächen. Die Fischer befürchteten zurückgehende Fangerträge. Die derart Betroffenen wurden allerdings nicht unmittelbar enteignend in Anspruch genommen, sondern machten vor allem im Zusammenhang mit der Staufunktion des Sperrwerks zumeist wirtschaftliche Nachteile geltend.

3479 Mit der Ausübung der Fischerei wird allerdings lediglich eine für jeden bestehende Chance wahrgenommen. Derartige Chancen und Möglichkeiten sind jedoch von der Rechtsordnung nicht gegen Eingriffe geschützt.[1169] Wenn nach dieser Rechtsprechung, die auf eine vom *BGH*[1170] in vollem Umfang übernommene Rechtsprechung des *RG*[1171] zurückgeht, sogar die Inhaber von Fischereirechten den Ausbau von Wasserstraßen entschädigungslos hinnehmen müssen,[1172] so gilt dies erst recht für Fischer, die sich nicht auf ein ihnen zustehendes Fischereirecht berufen können. Die Belange der Fischer sind zwar in die Abwägung einzustellen, müssen sich jedoch gemessen an anderen wichtigeren Belangen nicht unbedingt durchsetzen.[1173]

3480 Auch den wasserrechtlichen Planfeststellungsbeschluss der Wasser- und Schifffahrtsdirektion Nordwest in Aurich zur **Emsvertiefung** für 7,30 m tief gehende Bemessungsschiffe der Papenburger Meyer-Werft hat das *OVG Lüneburg* bestätigt. Hierdurch sei in die Rechte von Betroffenen nicht unzulässig eingegriffen worden.[1174] Während die Klage eines Landwirts als unzulässig zurückgewiesen wurde, weil er Pächter und nicht Eigentümer der von ihm für betroffen gehaltenen Flächen war, bestätigte das Gericht in der Begründung der übrigen Urteile die Feststellung der Planfeststellungsbehörde, dass von der Emsvertiefung keine Auswirkungen ausgehen, durch die die Kläger in ihren rechtlich geschützten Belangen betroffen werden können. Für die theoretisch nicht ausschließbare Verschlickung von Vordeichsländereien wurde im Planfeststellungsbeschluss eine Beweissicherungsmaßnahme angeordnet. Die Landwirte erhalten danach im Falle der Feststellung von nachteiligen Auswirkungen des Emsausbaus Entschädigungsleistungen.[1175]

[1168] Zu diesen Abgrenzungskriterien Urt. v. 16. 9. 1999 – C-435/95 – WWF Provinz Bozen.

[1169] *BGH*, Urt. v. 5. 12. 1964 – III ZR 31/62 – DÖV 1964, 778 = NJW 1964, 769 – Märchenfilm; Urt. v. 31. 1. 1966 – III ZR 110/64 – BGHZ 45, 150 – Elbeleitdamm Krabbenfischer; Urt. v. 31. 1. 1966 – III ZR 127/64 – BGHZ 45, 83 – Schutzzoll Knäckebrot; Urt. v. 8. 2. 1971 – III ZR 33/68 – BGHZ 55, 261 – Soldatengaststätte; *Stüer* BauR 1999, 1221.

[1170] *BGH*, Urt. v. 5. 4. 1968 – V ZR 228/64 – BGHZ 50, 73; *BVerwG*, Urt. v. 25. 9. 1996 – 11 A 20.96 – DVBl. 1997, 706 = NuR 1997, 238 – Fischereirechte.

[1171] *RG*, Urt. v. 3. 4. 1903 – VII 499/02 – RGZ 54, 260.

[1172] *VG Kassel*, Urt. v. 5. 5. 1994 – 7 E 1192/90(3) – VkBl. 1995, 140.

[1173] Ökologische Nachteile können gegebenenfalls durch einen erhöhten Fischbesatz ausgeglichen werden. Zu solchen Kompensationsmaßnahmen *Schulze* in *Stüer* (Hrsg.) Verfahrensbeschleunigung, S. 85; *Schulze/Stüer*, ZfW 1996, 269; *dies.* in *Stüer* (Hrsg.) Verfahrensbeschleunigung, S. 62; *Stüer* in *Stüer* (Hrsg.) Verfahrensbeschleunigung, S. 120.

[1174] *OVG Lüneburg*, Urt. v. 7. 1. 1999 – 3 K 4464/94 – VkBl. 1999, 684; Urt. v. 22. 2. 1999 – 3 K 4092/94 und 4093/94 – Emsvertiefung.

[1175] *Schulze/Stüer* ZfW 1996, 269; *dies.* Das Beispiel Emsvertiefung in: *Stüer* (Hrsg.) Verfahrensbeschleunigung. Wirtschaft – Verwaltung – Rechtsschutz, Osnabrück 1997, 62; *Stüer* JURA 1999, 202.

3. Teil. Abwägungsdirigierte Planungsentscheidungen   **3481, 3482**   E

In den **neuen Ländern** haben Widerspruch und Anfechtungsklage eines Dritten gegen   3481
die an einen anderen gerichtete Zulassungsentscheidung für die Benutzung von Gewässern nach den §§ 1, 3 WHG keine aufschiebende Wirkung. Der Dritte ist vielmehr darauf angewiesen, nach den §§ 80, 80a VwGO einen Eilantrag bei Gericht zu stellen.

X. Bundeswasserstraßen (BWaStrG)

Das öffentliche Wasserrecht besteht aus dem Recht der **Wasserwirtschaft**[1176] und dem   3482
Wasserwege- und **Wasserverkehrsrecht**.[1177] Das BWaStrG[1178] regelt den Bau bzw. den Ausbau, die Unterhaltung und die Nutzung von Bundeswasserstraßen.[1179] Zu den Bundeswasserstraßen gehören gem. § 1 I WaStrG Binnenwasserstraßen des Bundes, die dem allgemeinen Verkehr dienen, und Seewasserstraßen.[1180] Die Planung nach dem WaStrG ist privilegierte Fachplanung, soweit sie durch Planfeststellung oder eine wasserstraßenrechtliche Planung mit den Rechtswirkungen der Planfeststellung erfolgt und überörtliche Bedeutung hat (§ 38 BauGB). Dies galt übrigens auch schon unter dem früheren § 38 BauGB 1986. Das WaStrG war in dem Katalog der privilegierten Fachplanungen gem.

[1176] *Berendes* Das Abwasserabgabengesetz 1995; *Breuer* Öffentliches und privates Wasserrecht 1987; *Bulling/Finkenbeiner/Eckardt/Kibele* Wassergesetz Ba.-Wü.; *Gieseke/Wiedemann/Czychowski* § 31 WHG; *Krieger* Normkonkretisierung im Recht der wassergefährdenden Stoffe 1992; *Linden* Gewässerschutz und landwirtschaftliche Bodennutzung 1993; *Lübbe-Wolff* Grundwasserbelastung durch CKW 1991; *Müllmann* Plangenehmigung im Wasserrecht 1994; *Nisipeanu* Abwasserrecht 1991; *Salzwedel* Wasserrecht 1982, 569; *Sautter* Einführung in das Abwasser- und Abwasserabgabenrecht 1991; *Sieder/Zeitler/Dahme* § 31 WHG; *Völsch* Entschädigungs- und Ausgleichsregelungen in den Wassergesetzen 1993; *Volkens* Vorsorge im Wasserrecht 1993.

[1177] Zum Wasserwirtschafts- und Wasserwegerecht *Bauer* JuS 1990, 24; *ders.* NuR 1991, 56; *Böttcher* ZfW 1983/84, 129; *ders.* Umweltverträglichkeitsprüfung und planerische Abwägung in der wasserrechtlichen Fachplanung 1983; *ders.* ZfW 1983, 129; *Bracher* NuR 1988, 17; *Breuer* Öffentliches und privates Wasserrecht 1987; *Büllesbach* NuR 1991, 190; *Bulling/Finkenbeiner/Eckardt/Kibele* Wassergesetz für Ba.-Wü.; *Diekmann* Die wasserrechtliche Planfeststellung 1972; *Fickert* ZfW 1984, 193; *Friesecke* NuR 1993, 6; *ders.* LKV 1991, 129; *ders.* WHG 1994; *ders.* ZfW 1983, 149; *Fritsch* DVBl. 1989, 908; *Geiger* JA 1982, 151; *Gieseke/Wiedemann/Czychowsky* WHG; *Habel* BWVPr. 1989, 151; *Huster* NuR 1992, 56; *Kaster* NVwZ 1993, 1059; *Knauber* NVwZ 1992, 220; *Knopp* BayVBl. 1983, 524; *Krieger* Normkonkretisierung im Recht der wassergefährdenden Stoffe 1992; *Ladeur* UPR 1992, 81; *Lang* BayVBl. 1981, 679; *Laubinger* VerwArch 77 (1986); *Linden* Gewässerschutz und landwirtschaftliche Bodennutzung 1993; *Lübbe-Wolff* Grundwasserbelastung durch CKW. Rechtsfragen der Ermittlung und Sanierung 1991; *Müllmann* Die Plangenehmigung im Wasserrecht 1994; *Nisipeanu* Abwasserrecht 1991; *Peters* DVBl. 1987, 990; *Petersen* NuR 1989, 205; *Prokisch* JA 1988, 635; *Reinhardt* NuR 1994, 417; *Ronellenfitsch* VerwArch 74 (1983), 368; *ders.* VerwArch 77 (1986), 177; *Salzwedel* in: *Salzwedel* Grundzüge des Umweltrechts 1982, 569; *ders.* NVwZ 1982, 596; *ders.* NVwZ 1985, 711; *ders.* NVwZ 1991, 946; *Sander* NuR 1986, 317; *Sautter* Einführung in das Abwasser- und Abwasserabgabenrecht 1991; *Schink* ZfW 1985, 1; *Schulte* DVBl. 1988, 963; *Sellmann* DVBl. 1992, 235; *Siedeler* WHG; *Stüer* NuR 1982, 140; *Uechtritz* NVwZ 1988, 316; *Volkens* Vorsorge im Wasserrecht 1993; *Völsch* Entschädigungs- und Ausgleichsregelungen in den Wassergesetzen 1993; *Wiedemann* ZfW 1967, 83.

[1178] Bundeswasserstraßengesetz — WaStrG i. d. F. der Bekanntmachung v. 4. 11. 1998 (BGBl. I 3294)); zum Folgenden *Schulze* in: *Stüer* (Hrsg.) Verfahrensbeschleunigung, S. 85; *Schulze/Stüer* ZfW 1996, 269; *dies.* in: *Stüer* (Hrsg.) Verfahrensbeschleunigung, S. 62; *Stüer* in: *Stüer* Verfahrensbeschleunigung, S. 120.

[1179] Vgl. zum Begriff der Bundeswasserstraße *Sudmeyer* NJW 1991, 25.

[1180] Die Bundeswasserstraßen sind in der Anlage zum WaStrG in der Fassung der Verordnung vom 13. 11. 1990 (BGBl. I S. 2524) aufgeführt. Zu Eigentum und Nutzungsmöglichkeiten von Wasserstraßen BVerwG, Urt. v. 30. 11. 1990 – 7 A 1.90 – BVerwGE 87, 169 = DVBl. 1991, 389 = ZfW 1991, 166 – Brodersbyer Moor; Urt. v. 30. 11. 1990 – 7 A 2.90 – Buchholz 455.5 § 1 WaStrG Nr. 5 – Übernahme Ostseehafen: Urt. v. 30. 11. 1990 – 7 A 3.90 – Buchholz 445.5 § 1 WaStrG Nr. 6 – Flensburger Förde. Zum wirtschaftlichen Abbau von Kies und Sand im Bereich der Küstengewässer vgl. BVerwG, Urt. v. 6. 7. 1990 – 4 A 1.87 – BVerwGE 85, 223 = ZfW 1991, 94 = DVBl. 1990, 1172 = NVwZ-RR 1991, 13 – Jadebusen.

§ 38 BauGB 1986 nicht aufgeführt. Gleichwohl war die Planung nach dem WaStrG als privilegierte Planfeststellung zu behandeln.

1. Zuständigkeit

3483 Das Wasserstraßenrecht unterliegt gem. Art. 74 I Nr. 21 GG der konkurrierenden Gesetzgebung des Bundes, von der der Bund Gebrauch gemacht hat. Die Bundeswasserstraßen werden nach **Art. 87 GG** i.V. mit Art. 89 GG in bundeseigener Verwaltung geführt. Nach § 14 I 1 WaStrG bedarf ihr Ausbau oder Neubau der vorherigen Planfeststellung. Die Zuständigkeit für das Verwaltungsverfahren liegt bei der Wasser- und Schifffahrtsdirektion (§ 14 I 3 WaStrG). Bei behördenübergreifenden Vorhaben nach § 14 I 3 WaStrG bestimmt das Bundesministerium für Verkehr eine der beteiligten Wasser- und Schifffahrtsdirektionen als zuständige Behörde. Die Wasser- und Schifffahrtsdirektion ist Planfeststellungsbehörde, Genehmigungsbehörde und Anhörungsbehörde zugleich. Sie untersteht dem Bundesministerium für Verkehr. Die Entsorgung von **Ölrückständen** aus dem Motorraum im Kiel des Schiffes (Bilgenöl) auf Bundeswasserstraßen ist Abfallentsorgung und keine schifffahrtspolizeiliche Aufgabe. Sie obliegt deshalb gemäß **Art. 83 GG** den Ländern und nicht nach Art. 87 I 1 GG dem Bund, so dass die Länder auch die Entsorgungskosten zu tragen haben. Die Verwaltungskompetenz für die Bundeswasserstraßen umfasst nur die Erhaltung eines ordnungsgemäßen Zustandes für den Wasserabfluss und die Erhaltung der Schiffbarkeit (§ 8 I WaStrG). Die Befugnis des Bundes reicht von Vorschriften über den technischen Vorgang des Auffangens und Aufbewahrens der Altöle an Bord über Regelungen zum Umgang der Schiffsbesatzung mit diesen Ölen bis hin zur Verpflichtung des Schiffsführers, das angefallene Altöl einer dafür zuständigen Stelle zu überlassen. Die Sicherstellung durch ordnungsgemäße Verwertung oder Beseitigung des Bilgenöls ist aber Aufgabe des Landes.[1181]

3484 Nach **Art. 89 III GG** sind bei der Verwaltung, dem Ausbau und dem Neubau von Wasserstraßen die Bedürfnisse der Landeskultur und der Wasserwirtschaft im Einvernehmen mit den Ländern zu wahren. Dementsprechend bestimmt § 14 III WaStrG, dass die Feststellung des Plans, die Genehmigung und die vorläufige Anordnung des Einvernehmens mit der zuständigen Landesbehörde bedürfen, soweit das Vorhaben Belange der Landeskultur oder der Wasserwirtschaft berührt. Einvernehmen bedeutet dabei die volle inhaltliche Willensübereinstimmung mit der zuständigen Landesbehörde, soweit von dem Vorhaben Belange der Landeskultur oder der Wasserwirtschaft berührt werden. Diese schon durch Art. 195 WRV eingeführte Mischverwaltung hat ihren Grund darin, dass die bundeseigene Verwaltung der Bundeswasserstraßen, wie das *BVerfG* in einem Grundsatzurteil[1182] festgestellt hat, auf solche Angelegenheiten beschränkt ist, welche die **Verkehrsfunktion** des Gewässers betreffen. Wassergütewirtschaft und Wassermengenwirtschaft dagegen verbleiben auch bei Bundeswasserstraßen in der Zuständigkeit der Länder. Deshalb darf der Zugriff des Bundes auf das Wasser nur einvernehmlich mit dem jeweiligen Bundesland erfolgen. Bei Ausbauten, die zu einer Veränderung von Wasserständen, des Grundwasserspiegels, der Strömungsverhältnisse oder – im Wirkungsbereich von Ebbe und Flut – der Salzgehaltsverhältnisse führen können, werden in aller Regel auch wasserwirtschaftliche Belange berührt. Die Landeskultur betrifft dabei alle Maßnahmen, die unter Verwendung von Wasser der Verbesserung land- oder forstwirtschaftlich genutzter Böden mit dem Ziele der Ertragssteigerung dient. Nicht dagegen werden vom Begriff der Landeskultur sämtliche Angelegenheiten von Naturschutz und Landschaftspflege umfasst.[1183] **Werbeanlagen** an einem Schwimmdock sind nach § 15 HambWaG genehmigungsbedürftig. Deren Zulässigkeit beurteilt sich im Hafenbereich nach dem Hafenentwicklungsgesetz, soweit nicht Regelungen des WaStrG entgegenstehen. Ergänzend können die Vorschriften des BauGB herangezogen werden.

[1181] *BVerwG*, Urt. v. 28. 10. 1999 – 7 A 1.98 – NVwZ 2000, 433 = DVBl. 2000, 196.
[1182] *BVerfG*, Urt. v. 30. 10. 1962 – 2 BvF 1/61 – BVerfGE 15, 1.
[1183] So auch die Bundesregierung in einem klarstellenden Organisationserlass.

2. Planfeststellung und Plangenehmigung

Nach § 14 I WaStrG bedarf der **Ausbau** und der **Neubau** von Bundeswasserstraßen der vorherigen **Planfeststellung**.[1184] Nicht planfeststellungsbedürftig sind **Unterhaltungsarbeiten** (§ 8 WaStrG). Die Unterhaltung der Bundeswasserstraßen umfasst die Erhaltung eines ordnungsgemäßen Zustandes für den Wasserabfluss und die Erhaltung der Schiffbarkeit (§ 8 I WaStrG). Die Unterhaltungsmaßnahmen müssen die nach den §§ 25 a bis 25 d WHG maßgebenden Bewirtschaftungsziele berücksichtigen. Zur Unterhaltung gehören insbesondere die Räumung sowie die Freihaltung, der Schutz und die Pflege des Gewässerbettes mit seinen Ufern (§ 8 II WaStrG). Zur Unterhaltung gehört auch die Beseitigung von Fischkadavern aus dem Gewässer.[1185] Die Erhaltung der Schiffbarkeit umfasst nicht die Zufahrten zu den Lösch-, Lade- und Anlegestellen sowie zu den Häfen außer den bundeseigenen Schutz-, Sicherheits- und Bauhäfen (§ 8 III WaStrG). Zur Unterhaltung gehören auch Arbeiten zur Beseitigung oder Verhütung von Schäden an Ufergrundstücken, die durch die Schifffahrt entstanden sind oder entstehen können, soweit die Schäden den Bestand der Ufergrundstücke gefährden.[1186] Unterhaltungsmaßnahmen nach § 8 WaStrG sind im Gegensatz zu Ausbau und Neubau von Bundeswasserstraßen nicht planfeststellungsbedürftig. **Ausbau** sind die Maßnahmen zur wesentlichen Umgestaltung einer Bundeswasserstraße, eines oder beider Ufer, die über die Unterhaltung hinausgehen und die Bundeswasserstraße als Verkehrsweg betreffen (§ 12 II 1 WaStrG). Eine wesentliche Umgestaltung kann auch in einer Ufer-Neuprofilierung liegen, mit der eine Begradigung, eine Beseitigung der Ufervegetation oder eine Neuverteilung des Aushubbodens verbunden ist.[1187] Es muss sich jedoch um Maßnahmen handeln, die über Unterhaltungs- und Instandhaltungsarbeiten hinausgehen. Wird etwa die Uferlinie beibehalten und werden lediglich Uferabbrüche beseitigt und die Uferböschung verfestigt, so mögen dies zwar sog. **gesteigerte Unterhaltungsmaßnahmen**[1188] sein. Die Verpflichtung zur Durchführung eines Planfeststellungsverfahrens lösen sie jedoch nicht aus.[1189] Die Ausbaumaßnahme muss einem Verkehrsnutzen dienen. Nicht der Planfeststellungspflicht nach dem WaStrG unterfallen Ausbaumaßnahmen, die (ausschließlich) von einem privaten Interesse geleitet sind.[1190] Maßnahmen des Gewässerausbaus dienen der wasserwirtschaftlichen Funktion der Gewässer. Stützmauern, die lediglich die Situation des Anliegergrundstücks verbessern, sind dabei auch unterhaltungsrechtlich dem Grundstückseigentümer zuzurechnen. Bei Unterhaltungsarbeiten abgemähte und im Wasser treibende Wasserpflanzen sind nicht in das Gewässer eingebracht, so dass eine Schadensersatzpflicht für die Beseitigung des angeschwemmten Pflanzenschnittes nach § 22 I WHG ausscheidet.[1191]

Ein planfeststellungs- oder jedenfalls plangenehmigungsbedürftiger Ausbau nach § 12 II WaStrG ist daher auch dann nicht gegeben, wenn lediglich Maßnahmen der Gewässerunterhaltung vorgenommen werden, das Vorhaben daher der Erhaltung eines ordnungsgemäßen Zustandes des Wasserabflusses und der Schiffbarkeit dient. Die Grenzziehung zwischen Ausbau und Unterhaltung richtet sich danach, ob es sich um Maßnahmen zur

---

[1184] *Bender* NVwZ 1984, 9.
[1185] Zur Beseitigung von Fischkadavern als Teil der Gewässerunterhaltung BVerwG, Urt. v. 29. 10. 1982 – 4 C 4.80 – Buchholz 445.4 § 28 WHG Nr. 1 = NVwZ 1983, 474 – Fischkadaver.
[1186] Besondere Regelungen enthält § 8 V WaStrG für die Unterhaltung von Seewasserstraßen.
[1187] *Friesecke* § 12 WaStrG Rdn. 9; *Giesecke/Wiedemann/Czychowski* § 31 WHG Rdn. 7 ff.
[1188] Zum Begriff *Friesecke* § 12 WaStrG Rdn. 10.
[1189] Arg. aus §§ 8, 14 WaStrG, BVerwG, B. v. 7. 7. 1995 – 11 VR 11.95 – NVwZ 1996, 393 = UPR 1995, 398 = NuR 1995, 544 – Wriezener Alte Oder.
[1190] Eine Verkehrsbezogenheit ist nicht mehr gegeben, wenn die Maßnahme nicht Verkehrszwecken, sondern anderen Interessen dient, so OVG Lüneburg, Urt. v. 27. 1. 1993 – 3 A 221/88 – ZfW 1992, 514 – Rysumer Nacken.
[1191] BGH, Urt. v. 13. 11. 2003 – III ZR 368/02 – NVwZ 2004, 764 = UPR 2004, 133 = DVBl. 2004, 663 – Pflanzenschnitt.

wesentlichen Umgestaltung des Verkehrswegs, oder aber um solche der Substanzerhaltung handelt.[1192] Dabei darf auch dann an einen planungsrechtlichen, mitunter fiktiven, Bestand angeknüpft werden, selbst wenn dieser infolge des Zeitablaufs tatsächlich nicht mehr erkennbar ist. Sind etwa das Fehlen ausreichender Finanzmittel oder einigungsbedingte Besonderheiten hierfür ursächlich, ist ein ansonsten notwendiger enger zeitlicher Zusammenhang zwischen vorausgehender Veränderung und nachfolgender Substanzerhaltung nicht erforderlich.[1193] Die Errichtung eines Leitwerkes in einer Bundeswasserstraße auf der Gründung eines bis 1970 bestehenden und danach durch Militärmanöver der sowjetischen Streitkräfte zerstörten Deckwerkes wird daher vom BVerwG als Unterhaltungsmaßnahme nach § 8 WaStrG eingestuft. Daran ändert auch nichts, dass zwischen dem Leitwerk und der Uferlinie eine Flachwasserzone entsteht, die es bei dem früheren Deckwerk nicht gab.[1194]

3487 **Stromregulierungsmaßnahmen**, die den planungsrechtlichen Bestand einer Wasserstraße nicht wesentlich ändern, unterfallen nicht der Zulassungspflicht nach § 14 I 1 WaStrG. Sie sind kein Ausbau nach § 12 II WaStrG, sondern Unterhaltung nach § 8 I 1 WaStrG. Sollen derartige Maßnahmen auf der Grundlage des WaStrG durchgeführt werden, müssen sie den Verkehrsweg betreffen. Die Zulassungspflicht nach § 14 WaStrG lebt wieder auf, wenn die Zerstörung der Anlage zur Folge hat, dass der planungsrechtliche Bestand funktionslos geworden ist.[1195] **Umschlaganlagen** oder andere Hafenanlagen in Seewasserstraßen stehen nicht im Privateigentum, selbst wenn sie aufgrund eines Nutzungsvertrages mit dem Land von Privaten ausschließlich zur Eigennutzung erbaut wurden. Die potenzielle Beeinträchtigung derartiger Anlagen durch planfestgestellte Vorhaben kann gleichwohl die Verpflichtung auslösen, nachteilige Wirkungen zu vermeiden.[1196]

3488 Die vom Gesetz geforderte **Verkehrsbezogenheit** des Ausbaus oder des Neubaus von Bundeswasserstraßen bemisst sich nicht nach einem bestimmten Kosten-Nutzen-Verhältnis, sondern allein danach, ob eine Maßnahme bezweckt, die Verkehrsfunktion einer Bundeswasserstraße zu ändern oder neu zu schaffen.[1197] Zur Rechtfertigung einer wasserwegerechtlichen Maßnahme genügt es dabei, dass diese gemessen an den Zielen des jeweiligen Fachplanungsgesetzes **„vernünftigerweise geboten"** ist. Diese vernünftigen Gründe können vielerlei Art und unabhängig von einem bestimmten Kosten-Nutzen-Verhältnis sein. Für die Planrechtfertigung sind wirtschaftliche oder ggf. über einem höheren Schwellenwert liegende Kosten-Nutzen-Verhältnisse daher keine notwendige Voraussetzung. Ein Vorhaben kann daher selbst dann im Rechtssinne gerechtfertigt sein, wenn ein bestimmtes Kosten-Nutzen-Verhältnis nicht nachzuweisen wäre. Außerdem ergeben sich erleichterte Anforderungen an die Planrechtfertigung, wenn für die wasserwegerechtliche Maßnahme eine enteignende Inanspruchnahme von fremden Grundstücken nicht erforderlich ist.

Beispiel: Um das Kreuzfahrtschiff „Oriana" und weitere bei der Meyer-Werft in Auftrag gegebene große Passagierschiffe in die offene See zu bringen, soll die Bundeswasserstraße Ems zwischen Papenburg und Emden für Bemessungsschiffe mit einem Tiefgang von 7,30 m vertieft werden.[1198]

[1192] BVerwG, B. v. 27. 10. 2000 – 11 VR 14.00 – DVBl. 2000, 1864 = NuR 2001, 155 = NVwZ-RR 2001, 88.
[1193] BVerwG, B. v. 27. 10. 2000 – 11 VR 14.00 – DVBl. 2000, 1864.
[1194] BVerwG, B. v. 27. 10. 2000 – 11 VR 14/00 – DVBl. 2000, 1864.
[1195] BVerwG, Urt. v. 5. 12. 2001 – 9 A 13.01 – BVerwGE 115, 294 = DVBl. 2002, 566.
[1196] OVG Lüneburg, Urt. v. 15. 1. 2003 – 7 KS 73/01 – VkBl. 2003, 219.
[1197] Friesecke § 12 WaStrG Rdn. 3.
[1198] Vgl. zur Planungskonkurrenz verschiedener Planungen BVerwG, B. v. 24. 8. 1987 – 4 B 129.87 – DVBl. 1987, 1267 – Rangierbahnhof München-Nord; Urt. v. 12. 12. 1988 – 4 C 54.84 – DVBl. 1988, 843 = UPR 1988, 262; B. v. 19. 12. 1989 – 4 B 224.89 – NVwZ 1990, 463 = ZfW 1990, 448 = UPR 1990, 220 – Staustufe Riedenburg. Zur Geschäftsführung ohne Auftrag bei wasserbautechnischen Maßnahmen vgl. BVerwG, Urt. v. 6. 9. 1988 – 4 C 5.86 – ZfW 1989, 82 = BVerwGE 80,

Die Emsvertiefung dient einem Verkehrsnutzen auch soweit zugleich ca. 5.000 Arbeitsplätze in der Region gesichert werden sollen. Die Ausgangssituation ist damit vergleichbar mit den Seeschiffahrtsstraßen Weser (Bremen) und Elbe (Hamburg), deren Ausbau neben dem allgemeinen Verkehrsnetz ebenfalls der dortigen Wirtschaft zugute kommt.[1199]

An die Stelle eines für den Neubau oder den Ausbau an sich erforderlichen Planfeststellungsverfahrens kann nach § 14 Ia WaStrG[1200] eine **Plangenehmigung** treten, wenn das Vorhaben (1) nicht UVP-pflichtig ist, (2) mit den Trägern öffentlicher Belange, deren Aufgabenbereich berührt wird, das Benehmen hergestellt worden ist und (3) Rechte anderer nicht beeinträchtigt werden oder die Betroffenen sich mit der Inanspruchnahme ihres Eigentums oder eines anderen Rechts schriftlich einverstanden erklärt haben.[1201] Die Plangenehmigung hat die Rechtswirkungen der Planfeststellung. Nach der Neufassung des § 14 Ia WaStrG durch das Artikelgesetz 2001[1202] ist die Plangenehmigung bei wasserwegerechtlichen Vorhaben nur noch möglich, wenn die Maßnahme nicht UVP-pflichtig ist. Bei UVP-pflichtigen Vorhaben scheidet daher im Gegensatz zur früheren gesetzlichen Regelung eine Plangenehmigung aus. Diese Beschränkung der Plangenehmigung auf nicht UVP-pflichtige Vorhaben ist durch die UVP-Änd-Richtlinie veranlasst. Die Plangenehmigung ist traditionell nicht von einer Öffentlichkeitsbeteiligung begleitet, was aber bei UVP-pflichtigen Vorhaben nach der UVP-Richtlinie erforderlich ist.

Gegen eine Plangenehmigung ist unmittelbar die verwaltungsgerichtliche Klage statthaft (§ 14 Ia WaStrG). Die Erteilung einer Plangenehmigung setzt nicht voraus, dass durch das Vorhaben keine erheblichen Auswirkungen auf die Umwelt zu besorgen sind. Das Mitwirkungsrecht der anerkannten Naturschutzverbände bezieht sich nach § 58 I Nr. 2 BNatSchG auf Planfeststellungsverfahren. Wird der Ausbau einer Bundeswasserstraße demgegenüber auf der Grundlage von § 14 Ia WaStrG durch Plangenehmigung zugelassen, besteht eine Mitwirkung der anerkannten Naturschutzverbände unter den Voraussetzungen des § 58 I Nr. 3 BNatSchG. Dabei bedarf die Entscheidung, an Stelle eines Planfeststellungsbeschlusses eine Plangenehmigung zu erteilen, nicht der Zustimmung der Naturschutzverbände.[1203] Das Beteiligungsrecht der anerkannten Naturschutzverbände wird allerdings schon nach der bisherigen Rechtsprechung verletzt, wenn die Zulassungsbehörde ein an sich gebotenes Planfeststellungsverfahren bewusst umgeht, um die Mitwirkungsrechte der anerkannten Naturschutzverbände auszuhebeln.[1204]

---

170 = DVBl. 1989, 42 = DÖV 1989, 271 – Uferbefestigung. Zur Kostentragung im Küstenbereich nach § 35 WaStrG *BVerwG*, Urt. v. 5. 12. 1986 – 4 A 1.85 – BVerwGE 75, 210 = VkBl. 1987, 355 = NVwZ 1987, 494 = DÖV 1987, 868 – Elbe-Mündungstrichter; vgl. auch Urt. v. 21. 8. 1981 – 4 A 1.78 – BVerwGE 64, 29 = DVBl. 1982, 907 = DÖV 1982, 907 – Weser-Mündungstrichter. Zur Zustandshaftung eines Grundeigentümers im Verhältnis zur öffentlichen Wasserwirtschaft vgl. *BVerwG*, Urt. v. 29. 10. 1982 – 4 C 4.80 – ZfW 1983, 33 = NVwZ 1983, 155 = NuR 1983, 155 = UPR 1983, 157 – Fischkadaver.

[1199] *Schulze* in: *Stüer* (Hrsg.) Verfahrensbeschleunigung, S. 85; *Schulze/Stüer* ZfW 1996, 269; *dies.* in: *Stüer* (Hrsg.) Verfahrensbeschleunigung, S. 62; *Stüer* in: *Stüer* (Hrsg.) Verfahrensbeschleunigung, S. 120.

[1200] Vgl. auch § 74 VI VwVfG i. d. F. des GenBeschlG.

[1201] *BVerwG*, B. v. 7. 7. 1995 – 11 VR 11.95 – NVwZ 1996, 393 = UPR 1995, 398 = NuR 1995, 544 – Wriezener Alte Oder.

[1202] Gesetz zur Umsetzung der UVP-ÄndRL, der IVU-Richtlinie und weiterer EG-Richtlinien zum Umweltschutz v. 27. 7. 2001 (BGBl. 2001, 1950). Zur Beschleunigung von Planungsverfahren für Verkehrsinfrastrukturvorhaben durch verstärkte Nutzung der Plangenehmigung s. Rdn. 3762.

[1203] *BVerwG*, Urt. v. 22. 3. 1995 – 11 A 1.95 – BVerwGE 98, 100 = DVBl. 1995, 1006 – Mittellandkanal Drömling.

[1204] *BVerwG*, Urt. v. 14. 5. 1997 – 11 A 43.96 – DVBl. 1997, 1123 = NuR 1997, 506 – Rheinbek-Wohltorf-Aumühle.

3491 Planfeststellung und Plangenehmigung entfallen **in Fällen von unwesentlicher Bedeutung**. Diese liegen nach § 14 WaStrG vor, wenn (1) es sich bei dem Vorhaben nicht um ein Vorhaben handelt, für das nach dem UVPG eine UVP durchzuführen ist, (2) andere öffentliche Belange nicht berührt sind oder die erforderlichen behördlichen Entscheidungen vorliegen und sie dem Plan nicht entgegenstehen und (3) Rechte anderer nicht beeinflusst werden oder mit den vom Plan Betroffenen entsprechende Vereinbarungen getroffen werden. Durch das Artikelgesetz 2001 ist der Verzicht auf ein förmliches Verfahren auf nicht UVP-pflichtige Vorhaben eingeschränkt worden. Dies hängt mit der UVP-Richtlinie zusammen, nach der UVP-pflichtige Vorhaben von einer Öffentlichkeitsbeteiligung begleitet sein müssen. Bei einem Verzicht auf ein förmliches Verfahren findet keine Öffentlichkeitsbeteiligung statt. Dieser Verzicht auf ein förmliches Verfahren ist im Übrigen nur dann zulässig, wenn Rechte anderer nicht beeinträchtigt werden und öffentliche Belange zumindest nicht wesentlich betroffen sind.[1205] Rechte anderer werden bei einer erforderlichen unmittelbaren Grundstücksinanspruchnahme und auch dann beeinträchtigt, wenn die beabsichtigte Maßnahme die einfachgesetzliche Zumutbarkeitsgrenze überschreitet und daher in rechtlich geschützte Interessen eingreift. Dies ist etwa dann der Fall, wenn das Vorhaben ohne Schutzmaßnahmen auf betroffenen Grundstücken nicht auskommt.

3492 Über das nach § 14 III WaStrG erforderliche **Einvernehmen** soll die **zuständige Landesbehörde** binnen drei Monaten entscheiden. Sanktioniert ist diese Vorschrift allerdings nicht. Wegen der verfassungsrechtlichen Grundlage des Einvernehmens kann aber die Planfeststellungsbehörde nach fruchtlosem Ablauf der Frist das Einvernehmen nicht ersetzen, sondern muss, wenn das Einvernehmen endgültig verweigert wird, die Planfeststellung versagen. Beim Ausbau des durch Berlin führenden Abschnitts des Teltowkanals war ein Einvernehmen des Landes nach § 14 III 1 WaStrG nicht erforderlich, weil Belange der „Landeskultur" nicht betroffen waren. Der Begriff ist eng auszulegen und umfasst nicht die den gesamten Bereich von Naturschutz und Landschaftspflege mit der ökologischen Ausgleichfunktion des ländlichen Raums.[1206]

3. UVP-pflichtige Vorhaben

3493 UVP-pflichtig sind der Bau einer Bundeswasserstraße durch den Bau eines Stauwerks oder einer sonstigen Anlage zur Zurückhaltung oder dauerhaften Speicherung von mindestens 10 Mio. cbm Wasser oder durch die Umleitung von Wasser von einem Flusseinzugsgebiet in ein anderes, mit einem Volumen von mindestens 100 Mio. cbm Wasser pro Jahr, wenn durch die Umleitung Wassermangel verhindert werden soll, oder mindestens 5 % des Durchflusses, wenn der langjährige durchschnittliche Wasserdurchfluss des Flusseinzugsgebietes, dem das Wasser entnommen wird, 2.000 Mio. cbm übersteigt (Nr. 14.1.1 der Anlage 1 zum UVPG). Bei Stauwerken oder Umleitungen von geringerer Größe, Flusskanalisierungs- und Stromkorrekturarbeiten, Bau eines Hafens oder eines Deiches oder Dammes, der den Hochwasserabfluss beeinflusst, ist eine allgemeine Vorprüfung durchzuführen (Nr. 141.2 der Anlage 1 zum UVPG). Darunter fallen auch Sperrwerksbauten, Deichbaumaßnahmen oder Vertiefungsmaßnahmen im Bereich einer Bundeswasserstraße. Der Regel-UVP unterliegt der Bau einer Bundeswasserstraße, die für Schiffe mit mehr als 1.350 t zugänglich ist (Nr. 14.2.1 der Anlage 1 zum UVPG). Beim Bau einer Bundeswasserstraße mit einer Eignung für geringere Schiffsgrößen ist eine allgemeine Vorprüfung durchzuführen (Nr. 14.2.2 der Anlage 1 zum UVPG). Der durch das Artikelgesetz 2001 neu gefasste Katalog UVP-pflichtiger Vorhaben setzt entsprechende Vorgaben der UVP-Änd-Richtlinie um.

[1205] § 74 VII VwVfG i. d. F. des GenBeschlG.
[1206] *BVerwG*, Urt. v. 17. 4. 2002 – 9 A 24.01 – DVBl. 2002, 1473 = NVwZ 2002, 1239 – Teltowkanal.

4. Verfahren

Das wasserstraßenrechtliche **Linienbestimmungsverfahren** ist dem fernstraßenrechtlichen Linienbestimmungsverfahren angeglichen (§ 13 I 1 WaStrG).[1207] Danach bestimmt der Bundesminister für Verkehr im Einvernehmen mit der zuständigen Landesbehörde die Planung und Linienführung der Bundeswasserstraßen. Bei der Bestimmung der Linienführung sind die von dem Vorhaben berührten öffentlichen Belange einschließlich der Umweltverträglichkeit im Rahmen der Abwägung zu berücksichtigen.[1208] Gleichzeitig beinhaltet § 13 II WaStrG eine **Raumordnungsklausel** für die Vorplanung, nach der bei der Planung und Linienführung die Erfordernisse der Raumordnung grundsätzlich zu beachten sind. Dieses der wasserwegerechtlichen Planfeststellung vorgelagerte Verfahren entfaltet ebenso wenig wie das nach dem FStrG eine Außenwirkung. Daneben bildet es auch keine Zulässigkeitsvoraussetzung für die Planfeststellung,[1209] so dass selbst bei unterlassenem Vorverfahren der Planfeststellungsbeschluss rechtmäßig ist, wenn das planerische Ermessen fehlerfrei ausgeübt wurde. Da die vorgelagerte Linienführung den Zweck hat, möglichst alle von der Planung berührten öffentlichen und privaten Belange in den Entscheidungsprozess mit einzubeziehen, besteht bei ihrer Unterlassung die Gefahr eines Abwägungsdefizits.[1210]

3494

Das **Planfeststellungsverfahren** beginnt mit Einreichung der Antragsunterlagen, woran sich die **Auslegung des Plans** in der Dienststelle der zuständigen Wasser- und Schifffahrtsdirektion und in den betroffenen Gemeinden anschließt. Der Ablauf des Verfahrens ist dem nach dem FStrG vergleichbar. Die Behörden, deren Aufgabenbereich durch das Vorhaben berührt wird, haben ihre Stellungnahmen innerhalb einer von der Anhörungsbehörde zu setzenden Frist abzugeben, die drei Monate nicht übersteigen darf. Danach eingehende Stellungnahmen nach § 17 WaStrG der Behörden müssen bei der Feststellung des Plans nicht mehr berücksichtigt werden. Dies gilt nicht, wenn später von einer Behörde vorgebrachte Belange der Planfeststellungsbehörde auch ohne ihr Vorbringen bekannt sind oder hätten bekannt sein müssen.[1211] Die Gemeinden legen den Plan innerhalb von drei Wochen nach Zugang aus.[1212] Sie machen die Auslegung vorher ortsüblich bekannt. Die Erörterung nach § 73 VI VwVfG hat die Anhörungsbehörde innerhalb von drei Monaten nach Ablauf der Einwendungsfrist abzuschließen. Bei dem Ausbau einer Bundeswasserstraße kann auf eine förmliche Erörterung nach § 73 VI VwVfG und § 9 I 2 UVPG verzichtet werden. Dabei muss aber in jedem Fall gewährleistet werden, dass den Einwendern vor Abschluss des Planfeststellungsverfahrens Gelegenheit zur Äußerung gegeben wird.

3495

§ 17 Nr. 5 WaStrG enthält eine **materielle Präklusion**.[1213] Nach Ablauf der Einwendungsfrist erhobene Einwendungen sind ausgeschlossen. Ansprüche wegen nicht voraussehbarer nachteiliger Wirkungen des Vorhabens können nach Ablauf der Einwendungsfrist nach § 75 II 2 bis 5 VwVfG geltend gemacht werden. Hierauf ist in der Bekanntmachung nach § 73 V 2 VwVfG hinzuweisen.[1214] Die prozessuale Sperrwirkung gilt auch

3496

[1207] Zur Linienbestimmung s. Rdn. 2765, 3014, 3494, 3949.
[1208] *Wagner* in: *Hoppe* (Hrsg.) Rdn. 1 ff. zu § 15 UVPG.
[1209] *BVerwG*, Urt. v. 12. 7. 1985 – 4 C 40.83 – BVerwGE 72, 15 = NVwZ 1985, 736 = DVBl. 1985, 1141 – Rhein-Main-Donau-Kanal; *Schulze* in: *Stüer* (Hrsg.) Verfahrensbeschleunigung, S. 85; *Schulze/Stüer* ZfW 1996, 269; *dies.* in: *Stüer* (Hrsg.) Verfahrensbeschleunigung, S. 62; *Stüer* in: *Stüer* (Hrsg.) Verfahrensbeschleunigung, S. 120.
[1210] *Friesecke*, WaStrG, S. 244.
[1211] Vgl. § 73 III a VwVfG i. d. F. des GenBeschlG.
[1212] Vgl. § 73 III 1 VwVfG.
[1213] Zur Ausweitung der Regelungen über die materielle Präklusion im Zusammenhang mit der Beschleunigung von Planungsverfahren für Verkehrsinfrastrukturvorhaben s. Rdn. 3762.
[1214] *BVerwG*, Urt. v. 23. 4. 1997 – 11 A 7.97 – DVBl. 1997, 1119 = NuR 1997, 504 – Rheinbek-Wentorf.

für nicht rechtzeitig dargelegte enteignungsrechtliche Vorwirkungen.[1215] Der Einwendungsausschluss hat materielle Wirkungen. Er erstreckt sich auch auf das verwaltungsgerichtliche Verfahren und führt zum Verlust der Möglichkeit, Abwehransprüche durchzusetzen.[1216]

Beispiel: Der Antrag auf Planfeststellung sieht naturschutzrechtliche Ausgleichsmaßnahmen vor, für die ein Grundstück enteignet werden soll. Macht der Eigentümer im Offenlegungsverfahren nicht rechtzeitig Einwendungen geltend, so ist er auch im nachfolgenden Gerichtsverfahren mit Einwendungen im Hinblick auf sein Eigentum ausgeschlossen.

3497 Die Planfeststellung unterliegt den Grundsätzen des **Abwägungsgebotes**.[1217] Auch der Grundsatz der Konfliktbewältigung ist zu beachten. Nach den Grundsätzen der Konfliktbewältigung soll gewährleistet werden, dass die der Planung zuzurechnenden Konflikte auch nach Möglichkeit durch die Planung selbst bewältigt werden. Auch für die abschnittsweise Planfeststellung gilt, dass ihr ein Gesamtkonzept zugrunde liegen soll, in das sich die Einzelmaßnahmen einfügen. Dies lässt ggf. eine Gesamtbetrachtung der Auswirkungen der beabsichtigten Maßnahme sachgerecht erscheinen.

Beispiel: Eine Bundeswasserstraße soll erneut vertieft werden, um deren Verkehrsnutzen zu erhöhen. Durch die zusätzlichen Baggerarbeiten treten weitere nachteilige Auswirkungen auf ökologische Belange ein. Im Rahmen der gebotenen Gesamtabwägung und Konfliktbewältigung kann es erforderlich werden, auch bereits planfestgestellte Maßnahmen und auch Unterhaltungsbaggerungen in die Gesamtabwägung einzubeziehen. Dies gilt vor allem dann, wenn durch die neu hinzutretenden Maßnahmen sich verstärkende Auswirkungen entstehen.

3498 Bei der **Abwägung** sind alle nach Lage der Dinge einzustellenden Belange, insbesondere die nachteiligen Auswirkungen eines wasserwegerechtlichen Vorhabens, zu berücksichtigen.[1218] Zu den geltend gemachten Belangen gehören etwa die Gefahr von Deichbrüchen, die sich aus der Veränderung von Tidehuben ergebenden Nachteile etwa im Hinblick auf die Erhöhung der Strömungsgeschwindigkeit und damit einhergehende Verschlickungen von landwirtschaftlichen Flächen oder die Verschiebung der Salzwassergrenze mit der Folge, dass sich das Grundwasser nicht mehr als Viehtränke oder für die Wassergewinnung eignet. Verschlickungen können ggf. auch für Häfen oder Sportbootbetriebe[1219] nachteilig sein. Ggf. ist durch entsprechende Kontrolleinrichtungen und **Frühwarnsysteme** sicherzustellen, dass auftretende Gefahren rechtzeitig erkannt und durch geeignete Gegenmaßnahmen bekämpft werden können. Der Planfeststellungsbeschluss kann dazu entsprechende Auflagen enthalten.[1220] Nach dem jetzigen Stand der Wasserbautechnik enthält dabei das Rechenprogramm STAWABE (HYDRA) ein geeignetes mathematisches Modell zur Betrachtung etwaiger Hochwassersituationen. Es kann daher unter Verzicht auf ein physikalisches Strömungsmodell von der Planfeststellungsbehörde im Rahmen der planerischen

---

[1215] *BVerwG*, B. v. 13. 3. 1995 – 11 VR 5.95 – UPR 1995, 269 = NuR 1995, 250 – DÖV 1996, 179 = NVwZ 1995, 904 – Mittellandkanal Buchholzer Bogen: zu Belangen des Natur- und Landschaftsschutzes. Ein Einwendungsausschluss besteht selbst dann, wenn die Eigentümerbelange im Rahmen zivilrechtlicher Verhandlungen, die der Eigentümer mit dem Träger des Vorhabens geführt hat, aktenkundig geworden sind.

[1216] *BVerwG*, Urt. v. 6. 8. 1982 – 4 C 66.79 – BVerwGE 66, 99 = NJW 1984, 1250 = UPR 1983, 198 – Rhein-Main-Donau-Kanal. Zum Einwendungsausschluss nach § 3 I AtAnlV auch Urt. v. 17. 7. 1980 – 7 C 101.78 – BVerwGE 60, 297 = DVBl. 1980, 1001 = NJW 1981, 359 = *Hoppe/Stüer* RzB Nr. 470 – Atomrecht.

[1217] Zum Abwägungsgebot s. Rdn. 1195.

[1218] *Schulze* in: *Stüer* (Hrsg.) Verfahrensbeschleunigung, S. 85; *Schulze/Stüer* ZfW 1996, 269; *dies.* in: *Stüer* (Hrsg.) Verfahrensbeschleunigung, S. 62; *Stüer* in: *Stüer* (Hrsg.) Verfahrensbeschleunigung, S. 120.

[1219] Vgl. zum Konflikt zwischen Naturschutzbelangen und Belangen des Wassersports *Knauber* NuR 1985, 308; *Petersen* NuR 1989, 205.

[1220] Pegelmesssysteme oder Einrichtungen zur Erkennung des Schlickanfalls.

Bewältigung einer Flussquerung durch ein Eisenbahnumbauvorhaben zur Herstellung einer sachgerechten Prognose und zur Bestimmung einzelner Schutzauflagen herangezogen werden.[1221] Als abwägungserhebliche Belange sind auch ökologische Gesichtspunkte zu berücksichtigen.[1222] Der Gefahr einer Zerstörung der Fauna kann etwa bei Ausbaggerungsmaßnahmen durch die Verwendung von Saugbaggern begegnet werden, die kaum Sedimente aufwühlen. Wenn sich die Saugbagger recht langsam bewegen, können Fische mit ihrem Seitenlinienorgan den Saugkopf frühzeitig wahrnehmen und auf das Herannahen mit Flucht reagieren. Grundsätzlich bedeutet jede Art von Materialentnahme aus der Fahrrinne, dass die Tierbewohner dieses Teilbereichs (das sind etwa Schnecken, Ringelwürmer, Kleinkrebse o. Ä.) beeinträchtigt werden. Je weniger mobil eine Art ist, umso geringer ist die Rückbesiedelungsrate pro Zeiteinheit. Umgekehrt sind Arten mit ausgeprägter Mobilität – wie z. B. Kleinkrebse – in der Lage, die gestörten Bereiche kurzfristig oder mit sehr hohen Individuendichten zu besiedeln. Derartige Beeinträchtigungen müssen jedoch ggf. im Interesse der Sache in Kauf genommen werden und sind – soweit dies möglich ist – durch entsprechende naturschutzrechtliche Auflagen auszugleichen.

Auch Belange von **Fischern** sind in die Abwägung einzustellen, dort jedoch bei entsprechend gewichtigen Gemeinwohlgründen überwindbar. In einer Bundeswasserstraße ist der Fischfang nach Maßgabe des Landesrechts[1223] frei, d. h. jedermann ohne besondere Erlaubnis oder Genehmigung gestattet. Die Beeinträchtigung der Fangmöglichkeiten betrifft daher einfache Chancen und Möglichkeiten, die nicht eigentumsrechtlich geschützt sind. Auch wird nicht in einen eingerichteten und ausgeübten Gewerbebetrieb i. S. des Art. 14 III GG eingegriffen, was nur gegen Entschädigung zulässig wäre.[1224] Denn derartige Rahmenbedingungen werden nach ständiger Rechtsprechung nur dann geschützt, wenn der Gewerbetreibende auf ihre Fortdauer vertrauen durfte.[1225] Da die natürlichen Umweltbedingungen stets Schwankungen unterworfen sind, ist der Fortbestand des natürlich gegebenen Zustandes nicht schutzwürdig, selbst wenn es sich bei dem Fischvorkommen um den Bestandteil des Gewerbebetriebes handeln würde.[1226] Mit der Ausübung der Fischerei wird somit lediglich eine für jeden bestehende Chance wahrgenommen. Derartige Chancen und Möglichkeiten sind jedoch von der Rechtsordnung nicht gegen Eingriffe geschützt.[1227] Wenn nach dieser Rechtsprechung, die auf eine vom *BGH*[1228] in vollem Umfang übernommene Rechtsprechung des *RG*[1229] zurückgeht, sogar die Inhaber von Fischereirechten den Ausbau von Wasserstraßen entschädigungslos hinnehmen müssen,[1230] so gilt dies erst recht für Fischer, die sich nicht auf ein ihnen zustehendes Fischereirecht berufen können. Die Belange der Fischer sind zwar in die Abwägung einzustellen, müssen sich jedoch gemessen an anderen wichtigeren Belangen nicht unbedingt durchsetzen.[1231]

[1221] *BVerwG*, Urt. v. 18. 6. 1997 – 11 A 70.95 – UPR 1997, 470 = NJ 1997, 615 – Staffelstein.
[1222] Vgl. zu Umweltbelangen bei der wasserrechtlichen Fachplanung *Friesecke* NuR 1993, 6; *Reinhardt* NuR 1994, 417.
[1223] So etwa § 16 I Nds. FischG.
[1224] Vgl. zu Enteignungsmöglichkeiten nach § 44 I 1 WaStrG *BVerwG*, B. v. 13. 3. 1995 – 11 VR 4.95 – VkBl. 1995, 320 – Mittellandkanal – Buchholzer Bogen.
[1225] *RG*, Urt. v. 3. 4. 1903 – VII 499/02 – RGZ 54, 260.
[1226] *BGH*, Urt. v. 3. 1. 1968 – V ZR 219/64 – BGHZ 49, 231 – Fischereirechte Mosel. *BVerwG*, Urt. v. 25. 9. 1996 – 11 A 20.96 – DVBl. 1997, 706 = NuR 1997, 238 – Fischereirechte.
[1227] *BGH*, Urt. v. 5. 12. 1964 – III ZR 31/62 – DÖV 1964, 778 = NJW 1964, 769 – Märchenfilm; Urt. v. 31. 1. 1966 – III ZR 110/64 – BGHZ 45, 150 – Elbeleitdamm Krabbenfischer; Urt. v. 31. 1. 1966 – III ZR 127/64 – BGHZ 45, 83 – Schutzzoll Knäckebrot; Urt. v. 8. 2. 1971 – III ZR 33/68 – BGHZ 55, 261 – Soldatengaststätte.
[1228] *BGH*, Urt. v. 5. 4. 1968 – V ZR 228/64 – BGHZ 50, 73.
[1229] *RG*, Urt. v. 3. 4. 1903 – VII 499/02 – RGZ 54, 260.
[1230] *VG Kassel*, Urt. v. 5. 5. 1994 – 7 E 1192/90(3) – VkBl. 1995, 140.
[1231] Ökologische Nachteile können ggf. durch einen erhöhten Fischbesatz ausgeglichen werden. Zu solchen Kompensationsmaßnahmen *Schulze* in: *Stüer* (Hrsg.) Verfahrensbeschleunigung, S. 85;

3500 Selbst wenn **Fischereirechte** an einem Gewässer bestehen, hat deren Inhaber gegenüber den **Verkehrsinteressen**, denen die Bundeswasserstraßen in erster Linie zu dienen bestimmt sind, grundsätzlich kein Recht auf Aufrechterhaltung der natürlichen Verhältnisse. Derartige Rechte bestehen vielmehr – ähnlich wie beim privaten Eigentum an einer dem öffentlichen Verkehr gewidmeten Straße – regelmäßig nur unbeschadet der Erfüllung der mit der öffentlichen Bestimmung der Straße verbundenen Aufgaben.[1232] Danach liegt ein Eingriff in das Fischereirecht nicht schon dann vor, wenn dieses im Zusammenhang mit einer wesentlichen Veränderung des Gewässers durch einen Ausbau zur besseren Schiffbarmachung in Mitleidenschaft gezogen wird. Es ist vielmehr angesichts der vordringlichen Verkehrsfunktion der Bundeswasserstraßen zu prüfen, ob eine bestimmte Anlage oder Maßnahme des Ausbaus infolge ihrer besonderen Beschaffenheit oder Tragweite für die Fischerei diese überhaupt ganz oder zum Teil aufhebt oder eine der Bedeutung nach gleiche Folge herbeiführt. Die Vertiefung des Gewässers als solche reicht hierfür auch dann nicht aus, wenn dabei durch die Anwendung von Baggermaschinen ein für die Fischnahrung wenig geeigneter Boden hergestellt wird. Im Hinblick auf diese in der Rechtsprechung gefestigten Grundsätze, die durch das Gesetz über die vermögensrechtlichen Verhältnisse der Bundeswasserstraßen abweichender landesrechtlicher Regelung zu Lasten des Bundes entzogen sind, ist es nicht zu beanstanden, wenn eine Genehmigungsbehörde in der nach den eingeholten Gutachten zu erwartenden vorübergehenden Zerstörung des Makrozoobenthos im Bereich der Fahrrinne keine entschädigungspflichtige Beeinträchtigung des Fischereirechts in den Küstengewässern gesehen hat.[1233]

3501 Betrifft ein wasserstraßenrechtlicher Planfeststellungsbeschluss über die Erweiterung eines **Containerhafens** nur die Herstellung der Kaje und der Lagerflächen als Teil der Infrastruktur, ist eine Vorausbeurteilung der baurechtlichen Genehmigungsfähigkeit der Umschlagsanlagen **(Suprastruktur)** in der Weise erforderlich, dass die grundsätzliche Vereinbarkeit des Hafenumschlags mit den Anforderungen des Immissionsschutzrechts positiv festgestellt wird. Die Immissionsgrenzwerte der 16. BImSchV sind dabei auf Seehafenumschlagsanlagen nicht entsprechend anwendbar. Auch die TA-Lärm enthält keine Normenkonkretisierung für die Beurteilung der Zumutbarkeit des Lärms von Seehafenumschlagsanlagen, kann aber als grobe Orientierung dienen. Dabei können auch Möglichkeiten des passiven Schallschutzes einbezogen werden. Da ein Aufwendungsersatz für Maßnahmen des passiven Schallschutzes nicht mehr im Baugenehmigungsverfahren vorgesehen werden kann, ist darüber bereits im Planfeststellungsverfahren zu entscheiden.[1234]

5. Rechtsschutz

3502 Wasserwegerechtliche Planfeststellungsbeschlüsse (§ 14 I WaStrG) oder Plangenehmigungen (§ 14 Ia WaStrG) können unmittelbar mit der **verwaltungsgerichtlichen Klage** angefochten werden. Zuständig für Klagen gegen den Planfeststellungsbeschluss ist gem. § 48 I 1 Nr. 9 VwGO das *OVG*.[1235] Zu einer Straffung des Gerichtsverfahrens trägt die Klagebegründungsfrist in § 19 III WaStrG bei. Der Kläger hat danach innerhalb einer

---

Schulze/Stüer ZfW 1996, 269; *dies.* in: *Stüer* (Hrsg.) Verfahrensbeschleunigung, S. 62; *Stüer* in: *Stüer* (Hrsg.) Verfahrensbeschleunigung, S. 120.

[1232] RG, Urt. v. 3. 4. 1903 – VII 499/02 – RGZ 54, 260; *BGH*, Urt. v. 5. 4. 1968 – V ZR 228/64 – BGHZ 50, 73.

[1233] *BVerwG*, Urt. v. 25. 9. 1996 – 11 A 20.96 – DVBl. 1997, 706 = NuR 1997, 238 – Fischereirechte.

[1234] *OVG Bremen*, Urt. v. 13. 12. 2001 – 1 D 299/01 – NordÖR 2002, 116 – Containerhafen, dort auch zur Zumutbarkeit der Lärmeinwirkungen des Containerumschlags bei der Hafenerweiterung in einer Gemengelage im Anschluss an das Urt. v. 11. 6. 1996 – 1 G 3/94 – UPR 1997, 299. Bei Bundeswasserstraßen hat der Bund die Kosten für die Beseitigung des „wilden Mülls" zu tragen, *BVerwG*, Urt. v. 8. 5. 2003 – 7 C 15.02 – DVBl. 2003, 1076 = NVwZ 2003, 1252.

[1235] Bisher galt diese Zuständigkeit nur für den Bau neuer Binnenwasserstraßen, die dem allgemeinen Verkehr dienen. Für die Verkehrsprojekte Deutsche Einheit ist nach § 5 VerkPlBG das *BVerwG* erstinstanzlich zuständig.

Frist von sechs Wochen die zur Begründung seiner Klage dienenden Tatsachen und Beweismittel anzugeben. Die Frist beginnt mit der Klageerhebung. Die Tatsachen müssen so konkret angegeben sein, dass der Lebenssachverhalt, auf den die Klage gestützt wird, unverwechselbar feststeht. Das schließt späteren vertiefenden Sachvortrag nicht aus.[1236] Mängel bei der Abwägung der von dem Vorhaben berührten öffentlichen und privaten Belange sind nur erheblich, wenn sie offensichtlich und auf das Abwägungsverfahren von Einfluss gewesen sind (§ 19 IV 1 WaStrG). Nur eindeutig erkennbare Fehler, bei deren Vermeidung eine andere Entscheidung in der Sache hätte erreicht werden können, führen damit zur Aufhebung der Planfeststellung.

Auf die **Gemeinden** kommen im Planfeststellungsverfahren ebenso wie auf den Bürger Mitwirkungslasten zu.[1237] Werden konkrete Rechtsbeeinträchtigungen gemeindlicher Belange nicht rechtzeitig dargelegt, so fallen sie bei der Abwägung und im Rechtsschutz aus.[1238] Eine Gemeinde, die etwa durch den Ausbau einer Bundeswasserstraße nicht in ihren materiellen Rechten beeinträchtigt wird, kann den Planfeststellungsbeschluss nicht mit der Begründung anfechten, sie sei am Verwaltungsverfahren nicht ordnungsgemäß beteiligt worden.[1239] Wird die Verletzung der Planungshoheit geltend gemacht, so muss die Gemeinde darlegen, welche Pläne berührt sind, welchen Inhalt sie haben und in welchem Planungsstadium sie sich befinden.[1240] Die Gemeinden sind dabei auf eigene Belange beschränkt. Wird eine solche konkrete Verletzung eigener gemeindlicher Rechte nicht vorgetragen, handelt die Planfeststellungsbehörde nicht abwägungsfehlerhaft, wenn sie von sich aus solche Ermittlungen nicht anstellt.[1241]

Als **Vorkehrungen oder Anlagen** im Sinne des § 19 I Nr. 1 WaStrG können auch **deichbauliche Maßnahmen** gewertet werden.[1242]

Bei der **Fehlerkausalität** entsprechen die Regelungen des WaStrG denen des allgemeinen Planfeststellungsrechts. Demgemäß hat das Gericht bei Verletzung einer Verfahrensvorschrift nach § 19 IV 2 WaStrG nicht den Planfeststellungsbeschluss aufzuheben, sondern nur dessen Rechtswidrigkeit festzustellen und ihn für nichtvollziehbar zu erklären.[1243]

Im Übrigen hat die rechtsfehlerfrei zustande gekommene Wasserwegeplanung des Bundes für die **Gemeinden bindende Wirkungen**. Dies gilt vor allem für die Linienbestimmung nach § 13 WaStrG.[1244] Diese Bundesplanung hat nach 13 III WaStrG Vorrang vor der Ortsplanung. Entstehen der Gemeinde infolge der Durchführung von Maßnahmen nach § 13 I WaStrG Aufwendungen für Entschädigungen, so sind sie ihr vom Träger

---

[1236] *BVerwG*, Urt. v. 30. 9. 1993 – 7 A 14.93 – DVBl. 1994. 371 – Gifhorn.
[1237] Vgl. bereits *BVerwG*, Urt. v. 7. 7. 1978 – IV C 79.76 – BVerwGE 56, 110 = NJW 1979, 64 = DVBl. 1978, 845 = DÖV 1978, 804 – *Hoppe/Stüer* RzB Nr. 1 164 – Flughafen Frankfurt. Zur Planungshoheit *Hoppe/Bönker/Grotefels/Kauch* § 2. Zu den Mitwirkungslasten der Bürger im Planfeststellungsverfahren *BVerwG*, Urt. v. 23. 8. 1996 – 4 A 30.95 – Buchholz 407.4 § 17 FStrG Nr. 122 – Berliner Autobahnring.
[1238] *BVerwG*, B. v. 13. 2. 1995 – 11 VR 2.95 – UPR 1995, 268 = NuR 1995, 250 = ZUR 1995, 218 = VkBl. 1995, 435 – Buchholzer Bogen.
[1239] *BVerwG*, B. v. 15. 10. 1991 – 7 B 99.91 – ZfW 1992, 422 = DVBl. 1992, 62 = NJW 1992, 256 = VkBl. 1991, 796 – *Hoppe/Stüer* RzB Nr. 1 185 – Rheinhafen.
[1240] *BVerwG*, Urt. v. 30. 9. 1993 – 7 A 14.93 – DVBl. 1994, 354 = NVwZ 1994, 371 – Gifhorn; B. v. 9. 2. 1996 – 11 VR 45.95 – NVwZ 1996, 1021 = DÖV 1996, 514 – Boitzenburg-Lüneburg; *Schulze* in: *Stüer* (Hrsg.) Verfahrensbeschleunigung, S. 85; *Schulze/Stüer* ZfW 1996, 269; *dies.* in: *Stüer* (Hrsg.) Verfahrensbeschleunigung, S. 62; *Stüer* in: *Stüer* (Hrsg.) Verfahrensbeschleunigung, S. 120.
[1241] *BVerwG*, Urt. v. 30. 9. 1993 – 7 A 14.93 – DVBl. 1994, 354 = NVwZ 1994, 371 – Gifhorn.
[1242] *BVerwG*, B. v. 14. 2. 2002 – 9 B 64.01 – mit Hinweis auf BVerwGE 69, 256; vgl. auch das anhängige Revisionsverfahren – 7 CN 2 und 3.02 – zur Frage, ob die Heranziehung von Personen gegen ihren Willen zur Mitgliedschaft in einem bestehenden Deichverband nur durch Verwaltungsakt nach dem Wasserverbandsgesetz des Bundes oder auch aufgrund ergänzender landesrechtlicher Regelung durch Rechtsverordnung geschehen kann. – Huntesperrwerk.
[1243] *BVerwG*, Urt. v. 17. 4. 2002 – 9 A 24.01 – DVBl. 2002, 1473 = NVwZ 2002, 1239.
[1244] Zur Linienbestimmung s. Rdn. 2765, 3014, 3494, 3949.

der Maßnahme zu ersetzen. Muss infolge dieser Maßnahmen ein Bebauungsplan aufgestellt, geändert, ergänzt oder aufgehoben werden, so sind der Gemeinde auch die dadurch entstehenden Kosten zu ersetzen. Ist die **sofortige Vollziehung** angeordnet, so kann der Antrag nach § 80 V 1 VwGO auf Wiederherstellung der aufschiebenden Wirkung nach § 19 II WaStrG nur innerhalb eines Monats nach der Anordnung der sofortigen Vollziehung gestellt werden. Durch diese Monatsfrist soll das Eilverfahren beschleunigt und innerhalb einer überschaubaren Frist für den Investor Rechtssicherheit geschaffen werden, dass mit einer Stilllegung der Baumaßnahmen nicht mehr zu rechnen ist. Inhaltlich haben sich die gerichtlichen Prüfungsgrundsätze[1245] dadurch allerdings nicht verschoben. Das Gesetz unterstellt den Sofortvollzug aber keineswegs als stets, sondern nur im Regelfall und verschiebt damit die konkrete Interessenbewertung in das Gerichtsverfahren.[1246] Ein Fortsetzungsfeststellungsantrag analog § 113 I 4 VwGO ist im einstweiligen Rechtsschutz unzulässig.[1247] Ohne Planfeststellung durchgeführte Baumaßnahmen äußern keine rechtlichen Vorwirkungen für die Planung weiterer Bauabschnitte und verletzen daher künftig Betroffene nicht in ihren Rechten.[1248] Ein Rechtsschutz dagegen wäre nur zulässig, wenn die Baumaßnahmen den Antragsteller unmittelbar in seinen Rechten beeinträchtigen.

6. Sofortige Besitzeinweisung und vorläufige Anordnung von Teilmaßnahmen

3507   Ist der **sofortige Beginn von Bauarbeiten** geboten und weigert sich der Eigentümer oder Besitzer, den Besitz eines für den Neubau oder den Ausbau der Bundeswasserstraße benötigten Grundstücks durch Vereinbarung unter Vorbehalt aller Entschädigungsansprüche zu überlassen, kann die Planfeststellungsbehörde den Träger des Vorhabens nach § 20 I 1 WaStrG in den Besitz einweisen. Die Befugnis zur **vorzeitigen Besitzeinweisung** besteht allerdings nur, wenn der Planfeststellungsbeschluss oder die Plangenehmigung vorliegt und die sofortige Ausführung der beabsichtigten Maßnahme aus Gründen des Gemeinwohls dringend geboten ist.[1249] Bereits vor Erlass des Planfeststellungsbeschlusses kann die Wasser- und Schifffahrtsdirektion nach Zustimmung des Bundesministers für Verkehr und nach Anhörung der zuständigen Landesbehörde und der anliegenden Gemeinden und Gemeindeverbände eine **vorläufige Anordnung** erlassen, in der **Teilbaumaßnahmen** zum Ausbau oder Neubau festgesetzt werden. Der alsbaldige Beginn der Teilmaßnahmen muss durch Gemeinwohlgründe erforderlich sein. Dabei müssen die nach § 74 II 2 VwVfG und § 19 Nr. 1 WaStrG durch Schutzauflagen zu sichernden Rechte gewahrt werden. Die vorläufige Anordnung berechtigt nicht zu einer wesentlichen Veränderung des Wasserstandes oder der Strömungsverhältnisse. Die Anordnung ersetzt nicht die Planfeststellung. Soweit die Teilmaßnahmen durch die Planfeststellung für unzulässig erklärt sind, ist der frühere Zustand wiederherzustellen. Der Betroffene ist zu entschädigen, soweit ein Schaden eingetreten ist, der durch die Wiederherstellung des früheren Zustandes nicht ausgeglichen wird (§ 14 II WaStrG). Die vorläufige Anordnung von Teilmaßnahmen darf das Planfeststellungsverfahren nicht vorwegnehmen. Vor allem dürfen durch die Teilmaßnahmen keine endgültigen nicht wieder rückgängig zu machenden Fakten geschaffen werden. Insoweit ist die vorläufige Anordnung im Wasserstraßenrecht mit der Zulassung des vorzeitigen Beginns in einem wasserrechtlichen Erlaubnis- oder Bewilligungsverfahren nach § 9 a WHG oder in einem

---

[1245] Offensichtliche Rechtmäßigkeit, offensichtliche Rechtswidrigkeit, Interessenabwägung.
[1246] *BVerwG*, B. v. 30. 10. 1992 – 4 A 4.92 – NVwZ 1993, 565.
[1247] *BVerwG*, B. v. 27. 1. 1995 – 7 VR 16.94 – DVBl. 1995, 520 – Verkehrsprojekte Deutsche Einheit.
[1248] *BVerwG*, B. v. 21. 1. 1994 – 7 VR 12.93 – NVwZ 1994, 370 = DÖV 1994, 433 – Augustinum Aumühle.
[1249] Vgl. *BVerwG*, Urt. v. 17. 4. 1989 – 4 CB 7.89 – Rhein-Main-Donau-Kanal zu § 44 III WaStrG a. F. Diese Anforderungen ergeben sich aus Art. 14 I und III GG und dem darin niedergelegten Gemeinwohlvorbehalt.

abfallrechtlichen Verfahren nach § 33 KrW-/AbfG vergleichbar.[1250] Die vorläufige Anordnung muss aus Gemeinwohlgründen gerechtfertigt sein. Dies ist im Einzelnen in der Entscheidung darzulegen. Dazu muss sich die Planfeststellungsbehörde auch mit den Eingriffsfolgen befassen. So sind etwa nachhaltig betroffene Belange in die Folgenbetrachtung auch dann einzustellen, wenn es sich dabei nicht um rechtlich geschützte Interessen, sondern einfache Belange handelt. Der Sofortvollzug einer vorläufigen Anordnung ist gesondert zu begründen (§ 80 II 1 Nr. 4, III 1 VwGO).

7. Kostentragung

Wird durch den Ausbau einer Bundeswasserstraße zugleich auch die Verlegung einer Straßenbrücke und die Änderung einer dort angebrachten Trinkwasserleitung erforderlich, kann das Versorgungsunternehmen von der Wasser- und Schifffahrtsverwaltung nicht die Übernahme der Verlegungskosten verlangen. Das gilt auch dann, wenn sich der Träger der Straßenbaulast in einem mit dem Versorgungsunternehmen abgeschlossenen Gestattungsvertrag seinerseits zu einer Kostenübernahme verpflichtet hat.[1251]

XI. Magnetsschwebebahnen (MagnetschwebebahnG)

Privilegiert sind auch die Planungen nach dem **MagnetschwebebahnG**[1252] und dem Gesetz über den Bau und den Betrieb von Versuchsanlagen zur Erprobung von Techniken für spurgeführten Verkehr.[1253] Das Gesetz zur Regelung des Planungsverfahrens für Magnetschwebebahnen bezieht sich auf Anlagen für Magnetschwebebahnstrecken. Verfahren nach diesem Gesetz sind denen nach dem AEG angeglichen. Planfeststellungs- und Anhörungsbehörde sind in beiden Fällen identisch. Das Gesetz über den Bau und den Betrieb von Versuchsanlagen zur Erprobung von Techniken für den spurgeführten Verkehr regelt einen Sonderfall.

Die Streckenführung zwischen Berlin und Hamburg war durch das inzwischen aufgehobene **Magnetschwebebahnbedarfsgesetz** (MsbG)[1254] festgelegt.[1255] Nach § 1 MsbG bestand ein Bedarf für den Neubau einer Magnetschwebebahnstrecke von Berlin nach Hamburg über Schwerin. Die Feststellung des Bedarfs sollte für die Planfeststellung nach § 2 MagnetschwebebahnG verbindlich sein. Nach § 2 des MagnetschwebebahnbedarfsG sollte zur Durchführung des Gesetzes eine entsprechende Vereinbarung zwischen dem Bund und den privaten Projektträgern über die Verteilung der Investitions- und Betriebslasten geschlossen werden. Das Projekt ist jedoch inzwischen gescheitert. Ob eine Ersatzstrecke in Deutschland zeitnah realisiert wird, ist offen. Geprüft werden der Metrorapid durch das Ruhrgebiet und eine Verbindung der Stadt München mit dem Flughafen München II.

Magnetschwebebahnstrecken einschließlich der für den Betrieb notwendigen Anlagen (Betriebsanlagen der Magnetschwebebahnen) dürfen nur gebaut oder geändert werden, wenn der Plan zuvor festgestellt ist. Das Eisenbahn-Bundesamt ist Planfeststellungsbehörde und Bauaufsichtsbehörde für die Betriebsanlagen für Magnetschwebebahnen. Im Planfeststellungsverfahren hat das Eisenbahn-Bundesamt die Pläne für den Bau neuer oder die Änderung bestehender Magnetschwebebahnanlagen der nach Landesrecht zu-

---

[1250] S. Rdn. 3401.
[1251] *BGH*, Urt. v. 21. 6. 2001 – III ZR 185/00 – BGHZ 148, 129 = DVBl. 2001, 1668; in Fortführung Urt. v. 2. 3. 2000 – III ZR 141/99 – BGHZ 144, 29 = NJW 2000, 1490.
[1252] Gesetz zur Regelung des Planverfahrens für Magnetschwebebahnen – Magnetschwebebahngesetz i. d. F. v. 23. 11. 1994 (BGBl. I 3486). Zur Beschleunigung von Planungsverfahren für Verkehrsinfrastrukturvorhaben s. Rdn. 3762.
[1253] Gesetz über den Bau und den Betrieb von Versuchsanlagen zur Erprobung von Techniken für den spurgeführten Verkehr i. d. F. der Bekanntmachung v. 29. 1. 1976 (BGBl. I 241).
[1254] Gesetz zur Feststellung des Bedarfs von Magnetschwebebahnen (Magnetschwebebahnbedarfsgesetz – MsbG) v. 18. 7. 1996 (BGBl. I S. 1018).
[1255] Gesetz zur Aufhebung des Magnetschwebebahnbedarfsgesetzes v. 17. 11. 2001 (BGBl. I S. 3106).

ständigen Behörde des Landes, in dem die Betriebsanlagen liegen, zur Durchführung des Anhörungsverfahrens zuzuleiten (§ 1 MBPlG). Bei der Planfeststellung sind die von dem Vorhaben berührten öffentlichen und privaten Belange einschließlich der Umweltverträglichkeit im Rahmen der Abwägung zu berücksichtigen (§ 2 I MBPlG). Für das Planfeststellungsverfahren gelten im Übrigen die §§ 72 ff. VwVfG.

3512 Der Bau einer Magnetschwebebahnstrecke mit den dazugehörenden Betriebsanlagen unterliegt nach Nr. 14.9 der Anlage 1 zum UVPG der Regel-UVP. Die UVP wird dabei im Rahmen des Planfeststellungsverfahrens durchgeführt. Der Bau einer anderen Bahnstrecke für den öffentlichen spurgeführten Verkehr mit den dazugehörigen Bahnanlagen unterliegt dem Vorprüfungsverfahren (Nr. 14.10 der Anlage 1 zum UVPG).

3513 An Stelle eines Planfeststellungsbeschlusses kann nach § 2 II MBPlG eine Plangenehmigung erteilt werden, wenn (1) es sich bei dem Vorhaben nicht um ein Vorhaben handelt, für das nach dem UVPG eine UVP durchzuführen ist, (2) mit den Trägern öffentlicher Belange, deren Aufgabenbereich berührt wird, das Benehmen hergestellt worden ist und (3) Rechte anderer nicht beeinträchtigt werden oder die Betroffenen sich mit der Inanspruchnahme ihres Eigentums oder eines anderen Rechts schriftlich einverstanden erklärt haben. Nach der Neufassung des § 2 II MBPlG durch das Artikelgesetz 2001[1256] ist die Plangenehmigung bei derartigen Vorhaben nur noch möglich, wenn die Maßnahme nicht UVP-pflichtig ist. Bei UVP-pflichtigen Vorhaben scheidet daher im Gegensatz zur früheren gesetzlichen Regelung eine Plangenehmigung aus. Diese Beschränkung der Plangenehmigung auf nicht UVP-pflichtige Vorhaben ist durch die UVP-Änd-Richtlinie veranlasst. Die Plangenehmigung ist traditionell nicht von einer Öffentlichkeitsbeteiligung begleitet, was aber bei UVP-pflichtigen Vorhaben nach der UVP-Richtlinie erforderlich ist.

3514 **Verzicht auf die Planfeststellung. Planfeststellung** und **Plangenehmigung** entfallen bei Änderungen und Erweiterungen von unwesentlicher Bedeutung (§ 2 III MBPlG). Diese liegen vor, wenn (1) es sich nicht um eine Änderung oder Erweiterung handelt, für die nach dem UVPG eine UVP durchzuführen ist, (2) andere öffentliche Belange nicht berührt sind oder die erforderlichen behördlichen Entscheidungen vorliegen und sie dem Plan nicht entgegenstehen und (3) Rechte anderer nicht beeinflusst werden oder mit den vom Plan Betroffenen entsprechende Vereinbarungen getroffen werden. Durch das Artikelgesetz 2001 ist der Verzicht auf ein förmliches Verfahren auf nicht UVP-pflichtige Änderungen oder Erweiterungen eingeschränkt worden. Dies hängt mit der UVP-Richtlinie zusammen, nach der UVP-pflichtige Vorhaben von einer Öffentlichkeitsbeteiligung begleitet sein müssen. Bei einem Verzicht auf ein förmliches Verfahren findet aber keine Öffentlichkeitsbeteiligung statt. Dieser Verzicht auf ein förmliches Verfahren ist im Übrigen nur dann zulässig, wenn Rechte anderer nicht beeinflusst werden oder mit den Planbetroffenen entsprechende Vereinbarungen getroffen sind. Rechte anderer werden bei einer erforderlichen unmittelbaren Grundstücksinanspruchnahme und auch dann beeinträchtigt, wenn die beabsichtigte Maßnahme die einfachgesetzliche Zumutbarkeitsgrenze überschreitet und daher in rechtlich geschützte Interessen eingreift. Dies ist etwa dann der Fall, wenn das Vorhaben ohne Schutzmaßnahmen auf betroffenen Grundstücken nicht auskommt.

XII. Atomanlagen

3515 Die Erforschung, Entwicklung und Nutzung der Kernenergie zu friedlichen Zwecken sowie die Abwehr von Gefahren für Leben, Gesundheit und Sachgüter finden im AtG[1257]

[1256] Gesetz zur Umsetzung der UVP-ÄndRL, der IVU-Richtlinie und weiterer EG-Richtlinien zum Umweltschutz v. 27. 7. 2001 (BGBl. 2001, 1950).
[1257] Gesetz über die friedliche Verwendung der Kernenergie und den Schutz gegen ihre Gefahren, Atomgesetz (AtG) i. d. F. der Bekanntmachung vom 15. 7. 1985, zuletzt geändert durch Gesetz v. 19. 7. 1994 (BGBl. I 1565), abgedruckt bei *Stüer*, Bau- und Fachplanungsgesetze 1999, S. 593.

ihre Grundlage.¹²⁵⁸ Zugleich sollen schädliche Auswirkungen der Kernenergieanlagen ausgeglichen werden (§ 1 AtG).¹²⁵⁹ Das AtG diente in seiner bisherigen Fassung dazu, (1) die Erforschung, Entwicklung und die Nutzung der Kernenergie zu friedlichen Zwecken zu fördern, (2) Leben, Gesundheit und Sachgüter von den Gefahren der Kernenergie und der schädlichen Wirkung ionisierender Strahlen zu schützen und durch Kernenergie oder ionisierende Strahlen verursachte Schäden auszugleichen, (3) zu verhindern, dass durch Anwendung oder Freiwerden der Kernenergie die innere oder äußere Sicherheit der Bundesrepublik Deutschland gefährdet wird und (4) die Erfüllung internationaler Verpflichtungen der Bundesrepublik Deutschland auf dem Gebiet der Kernenergie und des Strahlenschutzes zu gewährleisten (§ 1 AtG). Durch das Gesetz zur geordneten Beendigung der Kernenergienutzung zur gewerblichen Erzeugung von Elektrizität (**Atomausstiegsgesetz**)¹²⁶⁰ ist das AtG mit dem Ziel des Atomausstiegs geändert worden. Nach § 1 Nr. 1 AtG ist Zweck des Gesetzes, die Nutzung der Kernenergie zur gewerblichen Erzeugung von Elektrizität geordnet zu beenden und bis zum Zeitpunkt der Beendigung den geordneten Betrieb sicherzustellen. Die Restlaufzeiten ergeben sich aus der dem Gesetz beigefügten Anlage 3. Für die Errichtung und den Betrieb neuer Kernenergieanlagen werden keine Genehmigungen erteilt (§ 7 I 2 AtG). Dies gilt nicht für wesentliche Veränderungen von bestehenden Anlagen oder ihres Betriebes (§ 7 I 3 AtG). Die Berechtigung zum Leistungsbetrieb einer Anlage erlischt, wenn die in Anlage 3 Spalte 2 für die Anlage aufgeführte Elektrizitätsmenge einschließlich der in § 7 I b AtG vorgesehenen Übertragungsmöglichkeit produziert ist (§ 7 I a AtG). Zugleich sind die Sicherheitsanforderungen

---

¹²⁵⁸ *Baez* Atomrecht; *Bischof* Strahlenschutzvorsorgegesetz 1989; *Blümel* Technische und rechtliche Fragen der Stilllegung und Beseitigung nuklearer Anlagen; *Breuer* Die Planfeststellung für Anlagen zur Endlagerung radioaktiver Abfälle 1984; *Büdenbender* Bindungs- und Präklusionswirkung von Teilentscheidungen nach dem BImSchG und dem AtG 1979; *Fischerhoff* Deutsches Atomgesetz und Strahlenschutzrecht Bd. 1 1978, Bd. 2 1966; *Hartung* Die Atomaufsicht 1992; *Hinrichs* Strahlenschutzrecht; *Hofmann* Rechtsfragen der atomaren Entsorgung 1981; *Kramer* Strahlenschutzverordnung, Strahlenschutzvorsorgegesetz 1990; *Ossenbühl* Bestandsschutz und Nachrüstung von Kernkraftwerken 1994; *Rabben* Rechtsprobleme der atomaren Entsorgung 1988; *Rengeling* Planfeststellung für die Endlagerung radioaktiver Abfälle 1984; *ders.* Probabilistische Methoden bei der atomaren Schadensvorsorge 1986; *Richter* Nachrüstung von Kernkraftwerken 1985; *Roewer* Strahlenschutzvorsorgegesetz 1988; *Roller* Genehmigungsaufhebung und Entschädigung im Atomrecht 1994; *Ronellenfitsch* Das atomrechtliche Genehmigungsverfahren 1983; *Roßnagel* Recht und Technik im Spannungsfeld der Kernenergiekontroverse 1984; *ders.* Rechtsprobleme der Wiederaufarbeitung 1987; *Scheuing* Grenzüberschreitende atomare Wiederaufarbeitung 1991; *Schneider* Schadensvorsorge im Atomrecht 1991; *Siegmann* Änderungsgenehmigungen im Atom- und Strahlenschutzrecht 1993; *Steinberg* Reform des Atomrechts 1994; *Thiel* Rechtsfragen der atomaren Entsorgung 1987; *Witt* Strahlenschutzverordnung 1981; *Zimmermann* Strahlenschutzrecht 1993.

¹²⁵⁹ Zu atomrechtlichen Planfeststellung- und Genehmigungsverfahren *Baez* Atomrecht; *Bertrams* DVBl. 1993, 687; *Breuer* DVBl. 1981, 300; *Fischerhoff* Deutsches Atomgesetz und Strahlenschutzrecht 1966; *Hartung* DVBl. 1982, 390; *Henseler* DVBl. 1982, 390; *Hofmann* 1981; *ders.* NVwZ 1989, 225; *König* Drittschutz. Rechtsschutz Drittbetroffener gegen Bau- und Anlagengenehmigungen im öffentlichen Baurecht, Immissionsschutzrecht und Atomrecht 1994; *Korbmacher* UPR 1994, 325; *Kutscheidt* ET 1991, 684; *Ladeur* UPR 1986, 361; *Ossenbühl* FS Sendler 1991; *Pietzcker* JZ 1991, 670; *Piontek* ZUR 1993, 65; *Rabben* Rechtsprobleme der atomaren Entsorgung 1988; *Rengeling* NJW 1978, 2217; *ders.* DVBl. 1982, 62; *ders.* Probabilistische Methoden bei der atomaren Schadensvorsorge 1986; *Roller* Genehmigungsaufhebung und Entschädigung im Atomrecht 1994; *Ronellenfitsch* Das atomrechtliche Genehmigungsverfahren 1983; *Sachs* JuS 1992, 153; *Scharnhoop* DVBl. 1977, 322; *Scheuing* Grenzüberschreitende atomare Wiederaufarbeitung im Lichte des europäischen Gemeinschaftsrechts 1991; *Schneider* Schadensvorsorge im Atomrecht zwischen Genehmigung, Bestandsschutz und staatlicher Aufsicht 1991; *Siegmann* Änderungsgenehmigungen im Atom- und Strahlenschutzrecht 1993; *Steinberg* Reform des Atomrechts 1994; *Thiel* Rechtsfragen der atomaren Entsorgung 1987; *Wagner* DVBl. 1983, 574; *ders.* DVBl. 1990, 565; *Wild* ET 1991, 579; *Wollentin/Plantholz* ZUR 1996, 127.

¹²⁶⁰ Gesetz zur geordneten Beendigung der Kernenergienutzung zur gewerblichen Erzeugung von Elektrizität vom 22. 4. 2002 (BGBl. I S. 1351).

erhöht worden. § 2 AtG enthält die Begriffsbestimmung zu radioaktiven Stoffen und weiteren atomrechtlichen Begriffen. Der zweite Abschnitt enthält Überwachungsvorschriften. Die Einfuhr und Ausfuhr von Kernbrennstoffen (§ 4 AtG) bedarf danach grundsätzlich der Genehmigung. Die Beförderung bestrahlter Brennelemente von Anlagen zur Spaltung von Kernbrennstoffen zur gewerblichen Erzeugung von Elektrizität zu zentralen Zwischenlagern nach § 6 I AtG darf nur erfolgen, wenn nachgewiesen ist, dass eine Lagerungsmöglichkeit in einem nach § 9 a II 3 AtG zu errichtenden standortnahen Zwischenlager nicht verfügbar ist. Bei einer grenzüberschreitenden Beförderung von Kernbrennstoffen ist eine Deckungsvorsorge erforderlich (§ 4 a AtG). Die Aufbewahrung von Kernbrennstoffen außerhalb der staatlichen Verwahrung bedarf der Genehmigung (§ 6 AtG). Genehmigungspflichtig ist auch die Errichtung, das Betreiben, das Innehaben oder die wesentliche Änderung von ortsfesten Anlagen zur Erzeugung, zur Bearbeitung, zur Verarbeitung oder zur Spaltung von Kernbrennstoffen oder zur Aufarbeitung bestrahlter Kernbrennstoffe (§ 7 AtG). Auf Antrag kann zu einzelnen Fragen ein Vorbescheid erteilt werden (§ 7 a AtG). Einwendungen Dritter bei Teilgenehmigungen oder einem Vorbescheid sind nach Maßgabe des § 7 b AtG ausgeschlossen.

3516 Die Anlagenbetreiber haben einen Entsorgungsnachweis zu führen, der sich auf bereits angefallene und während der voraussichtlichen Restbetriebszeit noch anfallende Kernbrennstoffe einschließlich radioaktiver Abfälle bezieht (§ 9 a Ia AtG). Hierzu sind entsprechende Nachweise zu führen. Grundsätzlich sind standortnahe Zwischenlager zu errichten (§ 9 a II AtG). Dort sollen die Kernbrennstoffe einschließlich radioaktiver Abfälle bis zur Ablieferung an ein Endlager aufbewahrt werden. Die zuständige Behörde hat auf Antrag eine Ausnahme hiervon zuzulassen, wenn der Anlagenbetreiber einen Stilllegungsantrag mit einer Restlaufzeit vor dem 1. 7. 2005 gestellt hat. Für die Errichtung und den Betrieb von Anlagen zur **Zwischenlagerung**, **Sicherstellung** und zur **Endlagerung radioaktiver Abfälle** (§ 9 a III AtG)[1261] findet ein atomrechtliches Planfeststellungsverfahren statt (§ 9 b AtG). Die **Länder** haben nach § 9 a III AtG Landessammelstellen für die Zwischenlagerung der in ihrem Gebiet angefallenen radioaktiven Stoffe, der **Bund** hat Anlagen zur Endlagerung radioaktiver Abfälle einzurichten. Der Bund kann sich zur Erfüllung ihrer Pflichten Dritter bedienen. Durch eine Änderung der Atomrechtlichen Deckungsvorsorge-Verordnung ist die Deckungsvorsorge erweitert worden.

3517 **Vereinbarung zum Atomausstieg:** Bundesregierung und die Energieversorgungsunternehmen (EnBW, E.ON, HEW und RWE) haben sich auf den Ausstieg aus der Atomenergie geeinigt und am 11. 6. 2001 die „Vereinbarung zwischen Bundesregierung und Energieversorgungsunternehmen" unterschrieben. Im Wesentlichen enthält die Vereinbarung folgende Punkte: (1) Statt der unbefristeten Betriebsgenehmigungen der deutschen Kernkraftwerke wurde eine noch zu produzierende Reststrommenge von 2623 TWh vereinbart (rückwirkend vom 1. Januar 2000 gerechnet), was einer Regellaufzeit von 32 Jahren entspricht. Dabei können Stromkontingente einzelner Reaktoren auf andere übertragen werden. (2) Die Energieversorgungsunternehmen verpflichten sich, dezentrale Zwischenlager an den Kernkraftwerksstandorten zu errichten. (3) Die Wiederaufarbeitung von Kernbrennstäben wird bis zum Juli 2005 beendet. (4) Ein Neubau von Kernkraftwerken wird nicht mehr genehmigt. (5) Der Kernenergieausstieg kostet die Bundesregierung keine Entschädigung. (6) Dafür gewährleistet die Bundesregierung für die verbleibende Nutzungsdauer den ungestörten Betrieb der Kernkraftwerke wie auch deren Entsorgung.

[1261] *Breuer* Die Planfeststellung für Anlagen zur Endlagerung radioaktiver Abfälle 1984; *Burkart* ET 1991, 411; *Dörpmund* ET 1986, 738; *Hoppe/Bunse* DVBl. 1984, 1033; *Kloepfer/Brandner* ZUR 1993, 269; *Kühne* DVBl. 1985, 207; *Näser/Oberpottkamp* DVBl. 1995, 136; *Rengeling* Planfeststellung für die Endlagerung radioaktiver Abfälle 1984; *ders.* VerwArch 81 (1990), 370; *ders.* DVBl. 1992, 222; *Schmidt* atw 1990, 139; *Wagner* DVBl. 1991, 24.

1. Zuständigkeiten

Mit Erlass des AtG hat der Bund von seiner Gesetzgebungskompetenz nach Art. 74 I **3518** Nr. 11a GG i.V. mit Art. 72 II GG Gebrauch gemacht. Dieser Regelungsbereich wird grundsätzlich durch bundeseigene Verwaltung geführt. Nach Art. 87c GG können aber auch gesetzliche Bereiche (vgl. § 24 I AtG) in die Auftragsverwaltung der Länder gegeben werden. Dann findet Art. 85 GG mit den Regelungen über die Bundesauftragsverwaltung der Länder Anwendung. In Abweichung von seiner früheren Rechtsprechung[1262] hat das *BVerfG*[1263] die in § 7 Ia AtG vorgesehenen Leitlinien als allgemeine Verwaltungsvorschriften bezeichnet, die für den Vollzug der Bundesgesetze durch die Länder im Auftrage des Bundes gemäß Art. 85 II 1 GG nur von der Bundesregierung als Kollegium mit Zustimmung des Bundesrates erlassen werden können. Eine Zuständigkeit des Bundesministeriums unter Beteiligung der Länder nur durch die Anhörung der obersten Landesbehörde reicht dementsprechend nicht aus.

2. Friedliche Nutzung der Kernenergie verfassungsgemäß

Das *BVerfG* hat in der **Kalkar**-Entscheidung[1264] den Gesetzgeber für befugt gehalten, **3519** sich durch das AtG zu Gunsten der friedlichen Nutzung der Kernenergie zu entscheiden und dazu folgende Grundsätze aufgestellt: Die im AtG getroffenen Entscheidungen hat jede staatliche Gewalt und auch der Bürger in den Grenzen des Verfassungsrechts zu respektieren.[1265] Aus dem Grundsatz der parlamentarischen Demokratie darf nicht ein Vorrang des Parlaments und seiner Entscheidungen gegenüber den anderen Gewalten als ein alle konkreten Kompetenzzuordnungen überspielender Auslegungsgrundsatz hergeleitet werden. Die normative Grundsatzentscheidung für oder gegen die rechtliche Zulässigkeit der friedlichen Nutzung der Kernenergie im Hoheitsbereich der Bundesrepublik Deutschland ist wegen ihrer weitreichenden Auswirkungen auf die Bürger, insbesondere auf ihren Freiheits- und Gleichheitsbereich, auf die allgemeinen Lebensverhältnisse und wegen der notwendigerweise damit verbundenen Art und Intensität der Regelung eine grundlegende und wesentliche Entscheidung i. S. des Vorbehalts des Gesetzes. Sie zu treffen, ist allein der Gesetzgeber berufen. Hat der Gesetzgeber eine Entscheidung getroffen, deren Grundlage durch neue, im Zeitpunkt des Gesetzeserlasses noch nicht abzusehende Entwicklungen entscheidend in Frage gestellt wird, kann er von Verfassungs wegen gehalten sein zu prüfen, ob die ursprüngliche Entscheidung auch unter den veränderten Umständen aufrechtzuerhalten ist. In einer notwendigerweise mit Ungewissheit belasteten Situation liegt es – so das *BVerfG* – zuvörderst in der politischen Verantwortung des Gesetzgebers und der Regierung, im Rahmen ihrer jeweiligen Kompetenzen die von ihnen für zweckmäßig erachteten Entscheidungen zu treffen. Bei dieser Sachlage ist es nicht Aufgabe der Gerichte, in ihrer Einschätzung an die Stelle der dazu berufenen politischen Organe zu treten. Denn insoweit ermangelt es rechtlicher

---

[1262] *BVerfG*, B. v. 24. 7. 1969 – 2 BvF 1/64 – BVerfGE 26, 338.
[1263] *BVerfG*, B. v. 2. 3. 1999 – 2 BvF 1/94 – BGBl. I 1999, 1237.
[1264] *BVerfG*, B. v. 8. 8. 1978 – 2 BvL 8/88 – BVerfGE 49, 89 = NJW 1979, 359 = DVBl. 1979, 45 = DÖV 1979, 49 = *Hoppe/Stüer* RzB Rdn. 467 – Schneller Brüter Kalkar.
[1265] Zu Kernkraftwerken *Berger* Grundfragen umweltrechtlicher Nachbarklagen 1992; *Blümel* DVBl. 1977, 301; *Bochmann* ET 1986, 339; *Herkommer* BayVBl. 1994, 129; *Hoppe* NJW 1978, 1229; *Ossenbühl* Bestandsschutz und Nachrüstung von Kernkraftwerken 1994; *Rengeling* JZ 1977, 542; *ders.* ET 1978, 372; *ders.* DÖV 1978, 277; *ders.* DVBl. 1981, 323; *ders.* NVwZ 1982, 217; *ders.* Planfeststellung für die Endlagerung radioaktiver Abfälle 1984; *ders.* ET 1984, 629; *ders.* Probabilistische Methoden bei der atomaren Schadensvorsorge 1986; *ders.* DVBl. 1986, 265; *ders.* WiVerw. 1987, 27; *ders.* DVBl. 1987, 204; *ders.* DVBl. 1988, 257; *ders.* VerwArch 81 (1990), 380; *ders.* DVBl. 1991, 914; *ders.* in: *Lukes* (Hrsg.) Reformüberlegungen zum Atomrecht 1991; *ders.* Entsorgung, Endlagerung und Brennstoffkreislauf 1991; *ders.* DVBl. 1992, 222; *Richter* Nachrüstung von Kernkraftwerken 1985; *Roßnagel* (Hrsg.) Recht und Technik im Spannungsfeld der Kernenergiekontroverse 1984; *Spreen* in: *Stüer* (Hrsg.) Verfahrensbeschleunigung, S. 260.

Maßstäbe. Die in die Zukunft hin offene Fassung des § 7 II Nr. 3 AtG dient einem **dynamischen Grundrechtsschutz**. Sie hilft, den Schutzzweck des § 1 Nr. 2 AtG jeweils bestmöglich zu verwirklichen. Vom Gesetzgeber im Hinblick auf seine Schutzpflicht eine Regelung zu fordern, die mit absoluter Sicherheit Grundrechtsgefährdungen ausschließt, die aus der Zulassung technischer Anlagen und ihrem Betrieb möglicherweise entstehen können, hieße die Grenzen menschlichen Erkenntnisvermögens verkennen und würde weithin jede staatliche Zulassung der Nutzung von Technik verbannen. Für die Gestaltung der Sozialordnung muss es insoweit bei einer Abschätzung anhand **praktischer Vernunft** sein Bewenden haben. Ungewissheiten jenseits dieser Schwelle praktischer Vernunft sind unentrinnbar und insofern als sozialadäquate Lasten von allen Bürgern zu tragen.

3520 Dabei hat das *BVerfG* in der **Mülheim-Kärlich**-Entscheidung[1266] hervorgehoben, dass angesichts der erheblichen Risiken auf den Staat Schutzpflichten zukommen, die sich auch in entsprechenden Verfahrensgestaltungen äußern. Die grundrechtlichen Gewährleistungen von Freiheitsrechten sind daher dem Grundsatz **Legitimation durch Verfahren** verpflichtet. Aus diesem Grundsatz ergeben sich konkrete Schutzansprüche, die sich auch auf die Zulässigkeit einer Verfassungsbeschwerde auswirken. Werden letztinstanzliche Beschwerdeentscheidungen über die sofortige Vollziehung atomrechtlicher Errichtungsgenehmigungen wegen Verletzung des Grundrechts aus Art. 2 II GG mit der Verfassungsbeschwerde angegriffen, lässt sich die gegenwärtige und unmittelbare Betroffenheit des Grundrechtsträgers nicht deshalb verneinen, weil Gefahren für Leben und Gesundheit erst vom Betrieb eines Kernkraftwerks, aber noch nicht von vorherigen baulichen Maßnahmen ausgehen können. Auch unter dem Gesichtspunkt der Subsidiarität sind derartige Verfassungsbeschwerden jedenfalls dann zulässig, wenn die Entscheidung von keiner weiteren tatsächlichen Aufklärung abhängt und wenn diejenigen Voraussetzungen vorliegen, unter denen gem. § 90 II BVerfGG vom Erfordernis der Rechtswegerschöpfung abgesehen werden kann. Der aus Art. 2 II GG folgenden Pflicht, Maßnahmen zum Schutz gegen die Gefahren der friedlichen Nutzung der Atomenergie zu treffen, ist der Staat durch den Erlass materiell- und verfahrensrechtlicher Vorschriften für die Genehmigung von Kernkraftwerken nachgekommen. Eine Grundrechtsverletzung kommt allerdings auch dann in Betracht, wenn die Genehmigungsbehörde solche atomrechtlichen Verfahrensvorschriften außer Acht lässt, die der Staat in Erfüllung seiner aus Art. 2 II GG folgenden Schutzpflicht erlassen hat.

3521 In einer weiteren Entscheidung zum **Kernkraftwerk Mülheim-Kärlich** hat das *BVerwG* das den Klagen gegen das Kraftwerk stattgebende Urteil des *OVG Koblenz*[1267] bestätigt. Die Frage der Risikoabschätzung kann danach letztlich nur politisch beantwortet werden.[1268] Demgemäß ist die der Wahrnehmung durch die zuständigen Behörden obliegende Aufgabe gerichtlich allein darauf zu überprüfen, ob die für die Risikoprognose erforderlichen Daten im gebotenen Umfang ermittelt und die Bewertungen hinreichend vorsichtig vorgenommen worden sind. Wenn nach dem Stand von Wissenschaft und Technik die Ermittlungen ausreichend und die Bewertungen hinreichend vorsichtig vorgenommen worden sind, beschränkt sich die gerichtliche Prüfung wegen des genannten Funktionenvorbehalts auf eine Willkürkontrolle.[1269]

[1266] *BVerfG*, B. v. 20. 2. 1979 – 1 BvR 385/77 – BVerfGE 53, 30 = NJW 1980, 133 = DVBl. 1980, 356 = DÖV 1980, 299 = *Hoppe/Stüer* RzB Rdn. 468 – Mülheim-Kärlich; *Spreen* in: *Stüer* (Hrsg.) Verfahrensbeschleunigung, S. 260.
[1267] *OVG Koblenz*, Urt. v. 21. 11. 1995 – 7 C 11685/90 – et 1996, 257.
[1268] *BVerwG*, Urt. v. 19. 12. 1985 – 7 C 65.82 – DVBl. 1986, 190 = BVerwGE 72, 300 = NVwZ 1986, 28; *BVerfG*, Urt. v. 8. 8. 1978 – 2 BvL 8/77 – DVBl. 1979, 45 = BVerwGE 49, 89 = NJW 1979, 359.
[1269] *BVerwG*, B. v. 16. 2. 1998 – 11 B 5.98 – DVBl. 1998, 596 = NVwZ 1998, 631 = NuR 1998, 319 – Krümmel; Urt. v. 14. 1. 1998 – 11 C 11.96 – DVBl. 1998, 339 = BVerwGE 106, 115 – Mülheim-Kärlich.

Zugleich hat das *BVerfG* in der **Gorleben**-Entscheidung[1270] deutlich gemacht, dass die **3522**
Schutzpflicht des Staates **nicht uferlos** ist und hinsichtlich der Ausgestaltung der Verfahrensrechte Gestaltungsspielräume bestehen, die sich einer vollständigen verfassungsgerichtlichen Kontrolle entziehen. Aus der Schutzpflicht des Gesetzgebers für die durch Art. 2 II 1 GG geschützten Rechtsgüter, die insbesondere auch auf dem Gebiet des Atomrechts eingreift, kann nach Auffassung des *BVerfG* nicht abgeleitet werden, dass private **externe Zwischenlager** nur aufgrund einer ausdrücklichen Zulassung durch den Gesetzgeber geschaffen werden dürften. Die Schutzpflicht ist immer schon dann erfüllt, wenn Vorschriften bestehen, die auf solche Lager anwendbar sind und ausreichenden Schutz vor ihren Gefahren gewähren. Es genügt, wenn objektiv eine gesetzliche Regelung vorhanden ist, die nach den allgemeinen Grundsätzen der Gesetzesauslegung den in Frage stehenden Sachverhalt erfasst, ohne dass es auf die ursprünglichen subjektiven Vorstellungen des Gesetzgebers ankommt. Der Umstand, dass derartige Zwischenlager in den Vorschriften des Atomrechts nicht ausdrücklich aufgeführt sind, begründet deshalb für sich allein keine Grundrechtsverletzung. Dem Gesetzgeber kommt bei der Erfüllung grundrechtlicher Schutzpflichten ein weiter Gestaltungsspielraum zu. Trifft er jedoch Regelungen und setzt er Schutzmaßstäbe, so konkretisieren diese den Grundrechtsschutz. Kommt in einer solchen Schutzregelung ein allgemeiner Schutzmaßstab zum Ausdruck, so kann dieser auch Bedeutung für einen Bereich erlangen, für den die Schutzregelung nicht unmittelbar getroffen wurde. In der Außerachtlassung einer solchen Schutzregelung kann die Verkennung der Bedeutung und der Tragweite des Grundrechtes liegen. Die Prüfung anhand dieser Maßstäbe weist das *BVerfG* in erster Linie der Fachgerichtsbarkeit zu. So ist eine Verfassungsbeschwerde gegen die Versagung eines vorläufigen Rechtsschutzes mangels Erschöpfung des Rechtswegs in der Hauptsache unzulässig, wenn ausschließlich Grundrechtsverletzungen gerügt werden, die sich auf die Hauptsache beziehen, die tatsächliche und die einfachrechtliche Lage durch die Fachgerichte noch nicht ausreichend geklärt ist und dem Beschwerdeführer durch die Verweisung auf den Rechtsweg in der Hauptsache kein schwerer Nachteil entsteht.

3. Verfahren

Planfeststellungsbedürftig sind nach den §§ 9a III, 9b I AtG **atomare Zwischen- und** **3523**
Endlager in der Zuständigkeit der Länder und des Bundes. Die Planfeststellungspflicht beschränkt sich auf die Einrichtung der eigentlichen Anlagen. Vorbereitende Untersuchungen sind demgegenüber nicht planfeststellungsbedürftig. So ist etwa die **untertägige Erkundung** eines Standorts auf seine Eignung für die Sicherstellung und Endlagerung radioaktiver Abfälle (§ 9a III AtG) noch nicht der Beginn der Errichtung einer entsprechenden Anlage. Derartige Maßnahmen bedürfen deshalb nicht der Planfeststellung nach § 9b AtG. Dies gilt auch dann nicht, wenn Teile des Erkundungsbergwerks, wie z. B. die Schächte, nach Dimensionierung und Bauausführung im Falle positiver Standortentscheidung im dann aufgrund einer Planfeststellung zu errichtenden Endlager Verwendung finden sollen.[1271] Ein **atomares Brennelemente-Lager** kann durch die **Vorsorge gegen Schäden** durch die Errichtung und den Betrieb eines Atomkraftwerks geboten sein (§ 7 II Nr. 3 AtG). Dabei kann der Kraftwerksbetreiber nicht auf andere Entsorgungsalternativen verwiesen werden. Auch kann er mit einer Zwischenlagerung die Option für eine spätere direkte Endlagerung nach § 9a AtG verbinden. Allerdings ist die Behörde angesichts des hohen Gefährdungspotenzials zur umfassenden Sachverhaltsermittlung verpflichtet. Es deutet auf ein Ermittlungs- und Bewertungsdefizit hin, wenn der Behörde neue entscheidungserhebliche Erkenntnisse bei der Genehmigungserteilung

---

[1270] *BVerfG*, Urt. v. 26. 1. 1988 – 1 BvR 1561/82 – BVerfGE 77, 381 = DVBl. 1988, 342 = NJW 1988, 1659 = NVwZ 1988, 427 = *Hoppe/Stüer* RzB Rdn. 469 – Zwischenlager Gorleben.
[1271] *BVerwG*, Urt. v. 9. 3. 1990 – 7 C 23.89 – BVerwGE 85, 54 = Buchholz 451 171 AtG Nr. 32 = DVBl. 1990, 593 m. Anm. *Wagner* = UPR 1990, 303 = NVwZ 1990, 967 = NuR 1990, 411 = ZfB 1990, 295 – Salzstock Gorleben.

nicht bekannt gewesen sind. Wenn die Behörde die neuen Erkenntnisse dagegen als irrelevant eingestuft hat, lässt dies eine Wissenslücke nicht erkennen. Unter der Voraussetzung, dass diese Einschätzung nicht auf einer Fehlgewichtung des zu betrachtenden Risikos beruht, darf dann ohne weitere gerichtliche Aufklärung davon ausgegangen werden, dass das Fehlen weiterer Ermittlungen die Entscheidung in der Sache nicht beeinflusst hat.

3524 Innerhalb der Planfeststellung ist die **Umweltverträglichkeit** des Vorhabens zu untersuchen (§ 9b II AtG). Besteht nach dem UVPG eine Verpflichtung zur Durchführung einer UVP für Vorhaben, die einer Genehmigung oder Planfeststellung bedürfen, ist die UVP nach § 2a AtG unselbstständiger Teil der Verfahren. Die UVP ist nach § 7 IV 1 und 2 AtG und der entsprechenden Rechtsverordnung durchzuführen. Die Rechtsverordnung regelt den Gegenstand der UVP, die Antragsunterlagen, die Bekanntmachung des Vorhabens und des Erörterungstermins und die Auslegung von Antragsunterlagen, die Erhebung von Einwendungen, die Beteiligung von Behörden, die Durchführung des Erörterungstermins, den Inhalt des Genehmigungsbescheids und die Zustellung und öffentliche Bekanntmachung der Entscheidung. Bei UVP-pflichtigen Vorhaben außerhalb von in Anlage 1 zum UVPG aufgeführten Anlagen nach den §§ 7 und 9b AtG findet ein Erörterungstermin nicht statt, wenn das Vorhaben einer Genehmigung nach den für sonstige radioaktive Stoffe geltenden Vorschriften bedarf. Auch kann ein Erörterungstermin nach Maßgabe der Rechtsverordnung nach § 7 IV AtG entfallen bei der UVP für geplante Maßnahmen, die sich auf die Stilllegung, den sicheren Einschluss oder den Abbau von Anlagen zur Spaltung von Kernbrennstoffen oder von Anlageteilen beziehen. Die in § 2a AtG geregelte UVP-Pflicht bezieht sich nur auf Vorhaben, die nach der Neufassung des UVPG durch das Artikelgesetz 2001[1272] zu beurteilen sind (§ 58a AtG). Die näheren Einzelheiten der UVP sind in der Atomrechtlichen Verfahrensordnung (AtVfV) niedergelegt, die durch das Artikelgesetz 2001 in Anlehnung an die neuen Vorschriften des UVPG geändert worden ist. Dabei sind auch die grenzüberschreitenden Umweltauswirkungen in einem entsprechenden Beteiligungsverfahren zu ermitteln (§ 7a AtG). Die Mitgliedstaaten und ihre Behörden sind dabei vergleichbar mit den Neuregelungen des UVPG zu beteiligen. Die Regelungen des Artikelgesetzes 2001 gelten allerdings nicht für Vorhaben, auf die das UVPG 2001 nicht anzuwenden ist (§ 20 II AtVfV).

3525 Im Bereich der Kernenergie unterliegen nach Nr. 11 der Anlage 1 zum UVPG folgende Anlagen einer Regel-UVP: Nr. 11.1: Die Errichtung und der Betrieb einer ortsfesten Anlage zur Erzeugung oder zur Bearbeitung oder Verarbeitung oder zur Spaltung von Kernbrennstoffen oder zur Aufarbeitung bestrahlter Kernbrennstoffe sowie bei ortsfesten Anlagen zur Spaltung von Kernbrennstoffen die insgesamt geplanten Maßnahmen zur Stilllegung, zum sicheren Einschluss oder zum Abbau der Anlage oder von Anlageteilen; ausgenommen sind ortsfeste Anlagen zur Spaltung von Kernbrennstoffen, deren Höchstleistung 1 kW thermische Dauerleistung nicht überschreitet; einzelne Maßnahmen zur Stilllegung, zum sicheren Einschluss oder zum Abbau der in Halbsatz 1 bezeichneten Anlagen oder von Anlageteilen gelten als Änderung im Sinne von § 3e I Nr. 2 UVPG; Nr. 11.2: Errichtung und Betrieb einer Anlage zur Sicherstellung oder zur Endlagerung radioaktiver Abfälle; Nr. 11.3: außerhalb der in den Nummern 11.1 und 11.2 bezeichneten Anlagen Errichtung und Betrieb einer Anlage oder Einrichtung zur Bearbeitung oder Verarbeitung bestrahlter Kernbrennstoffe oder hochradioaktiver Abfälle oder zu dem ausschließlichen Zweck der für mehr als zehn Jahre geplanten Lagerung bestrahlter Kernbrennstoffe oder radioaktiver Abfälle an einem anderen Ort als dem Ort, an dem diese Stoffe angefallen sind. Der allgemeinen Vorprüfung unterliegen nach Nr. 11.4 außerhalb der in den Nummern 11.1 und 11.2 bezeichneten Anlagen, soweit nicht Nummer 11.3

[1272] Gesetz zur Umsetzung der UVP-ÄndRL, der IVU-Richtlinie und weiterer EG-Richtlinien zum Umweltschutz v. 27. 7. 2001 (BGBl. 2001, 1950).

Anwendung findet, die Errichtung und der Betrieb einer Anlage oder Einrichtung zur Lagerung, Bearbeitung oder Verarbeitung radioaktiver Abfälle, deren Aktivitäten die Werte erreichen oder überschreiten, bei deren Unterschreiten es für den beantragten Umgang nach einer aufgrund des Atomgesetzes erlassenen Rechtsverordnung keiner Vorbereitung der Schadensbekämpfung bei Abweichungen vom bestimmungsgemäßen Betrieb bedarf.

Das Bundesamt für Strahlenschutz hat als Träger des Vorhabens die Planunterlagen vorzubereiten und der Planfeststellungsbehörde mit dem Antrag auf Erteilung eines entsprechenden Planfeststellungsbeschlusses vorzulegen. Planfeststellungsbehörde ist gem. § 24 II AtG die durch die Landesregierung bestimmte oberste Landesbehörde. Sie ist gleichzeitig auch Anhörungsbehörde. Der Planfeststellungsbeschluss kann zur Erreichung der in § 1 AtG bezeichneten Zwecke inhaltlich beschränkt und mit Auflagen versehen werden. Soweit es zur Erreichung der in § 1 Nr. 2 bis 4 AtG bezeichneten Zwecke erforderlich ist, sind auch nachträgliche Auflagen zulässig (§ 9b III AtG). Der Planfeststellungsbeschluss darf nach § 9b IV AtG nur erteilt werden, wenn die in § 7 II Nr. 1, 2, 3 und 5 AtG genannten Voraussetzungen erfüllt sind. Dazu gehört die Zuverlässigkeit der verantwortlich handelnden Personen (§ 7 II Nr. 1 AtG),[1273] die über die erforderlichen Kenntnisse auch hinsichtlich des Strahlenschutzes verfügen müssen (§ 7 II Nr. 2 AtG), und der Nachweis, dass die nach dem Stand von Wissenschaft und Technik erforderliche Vorsorge gegen Schäden durch die Verwendung von Kernbrennstoffen (§ 7 II Nr. 3 AtG) und Einwirkungen Dritter (§ 7 II Nr. 5 AtG) getroffen worden ist. Außerdem ist der Planfeststellungsbeschluss zu versagen, wenn von der geplanten Anlage Beeinträchtigungen des Wohls der Allgemeinheit zu erwarten sind (§ 9b IV 2 Nr. 1 AtG) oder sonstige öffentlich-rechtliche Vorschriften, insbesondere im Hinblick auf die Umweltverträglichkeit, der Errichtung oder dem Betrieb entgegenstehen (§ 9b IV 2 Nr. 2 AtG). Das Planfeststellungsverfahren richtet sich gem. § 9b V AtG weitgehend nach den §§ 72 bis 78 VwVfG.[1274] Abweichungen vom VwVfG bestehen aber insbesondere für die Öffentlichkeitsbeteiligung (vgl. § 9b V AtG). Verspätet erhobene Einwendungen sind vom Verfahren gem. § 7 I AtVfV ausgeschlossen.[1275]

Bei der **Stilllegung atomarer Anlagen** sind die besonderen Anforderungen des § 19b AtVfV zu beachten. Die Unterlagen, die einem erstmaligen Antrag auf Erteilung einer Genehmigung nach § 7 III AtG beizufügen sind, müssen auch Angaben zu den insgesamt geplanten Maßnahmen zur Stilllegung, zum sicheren Einschluss oder zum Abbau der Anlage oder von Anlagenteilen enthalten, die insbesondere die Beurteilung ermöglichen, ob die beantragten Maßnahmen weitere Maßnahmen nicht erschweren oder verhindern und ob eine sinnvolle Reihenfolge der Abbaumaßnahmen vorgesehen ist. In den Unterlagen ist darzulegen, wie die geplanten Maßnahmen verfahrensmäßig umgesetzt werden sollen und welche Auswirkungen die Maßnahmen nach dem jeweiligen Planungsstand voraussichtlich auf in § 1a AtVfV genannte Schutzgüter haben werden. Für die Stilllegung ortsfester Anlagen zur Spaltung von Kernbrennstoffen mit einer Höchstleistung von mehr als einem Kilowatt thermischer Dauerleistung kann von einer Bekanntmachung und Auslegung des Vorhabens nicht abgesehen werden. Wäre nach § 4 IV AtVfV eine Beteiligung Dritter nicht erforderlich, kann die Genehmigungsbehörde davon absehen, Einwendungen mündlich zu erörtern. Hat die Genehmigungsbehörde ent-

---

[1273] Verordnung für die Überprüfung der Zuverlässigkeit zum Schutz gegen Entwendung oder erhebliche Freisetzung radioaktiver Stoffe nach dem AtG (Atomrechtliche Zuverlässigkeitsüberprüfungs-VO – AtZüV).
[1274] Verordnung über das Verfahren bei der Genehmigung von Anlagen nach § 7 AtG (Atomrechtliche Verfahrensordnung – AtVfV) v. 18. 2. 1977 i. d. F. v. 11. 11. 1994 (BGBl. I 3455); *Spreen* in: *Stüer* (Hrsg.) Verfahrensbeschleunigung, S. 260.
[1275] *BVerwG*, Urt. v. 17. 7. 1980 – 7 C 101.78 – BVerwGE 60, 302; B. v. 12. 11. 1992 – 7 ER 300/92 – NVwZ 1993, 266; *BVerfG*, B. v. 8. 7. 1982 – 2 BvR 1187/80 – BVerfGE 61, 82 = NJW 1982, 2173 = DVBl. 1982, 940 = *Hoppe/Stüer* RzB Rdn. 1105 – Sasbach.

schieden, dass ein Erörterungstermin nicht stattfindet oder hat sie sich die Entscheidung noch vorbehalten, ist in der Bekanntmachung des Vorhabens abweichend von § 5 I Nr. 3 AtVfV hierauf hinzuweisen. Die UVP erstreckt sich in diesen Fällen auf die insgesamt geplanten Maßnahmen zur Stilllegung, zum sicheren Einschluss oder zum Abbau der Anlage oder von Anlagenteilen. Zu diesem Zweck sind nach § 6 AtVfV auch die UVP-Angaben auszulegen.

3528 § 7 I 2 AtVfV ordnet eine **materielle Präklusion** aller verspätet erhobenen Einwendungen an. Mit Ablauf der Auslegungsfrist werden alle Einwendungen ausgeschlossen, die nicht auf besonderen privatrechtlichen Titeln beruhen. Der Einwendungsausschluss des § 3 I AtAnlV erstreckt sich auch auf das verwaltungsgerichtliche Verfahren und führt zum Verlust der Möglichkeit, Genehmigungsabwehransprüche durchzusetzen. Dies ist verfassungsrechtlich nicht zu beanstanden. Einwendungen i. S. von § 3 I AtAnlV sind sachliches Gegenvorbringen. Dieses muss sich bei Drittbetroffenen auf eine befürchtete Gefährdung von Rechtsgütern beziehen. Auch eine von der Genehmigungsbehörde zu Unrecht gewährte Wiedereinsetzung in den vorigen Stand wegen Versäumung der Einwendungsfrist beseitigt nicht die materiellrechtlichen Folgen des Einwendungsausschlusses.[1276] Nach Abschluss des Anhörungstermins entscheidet die Planfeststellungsbehörde, ob und in welcher Form ein Planfeststellungsbeschluss ergeht. Aus § 9 b IV AtG ergibt sich ein materielles Planungsgebot in Form von Versagungsgründen.

3529 Nach § 17 I AtG können atomrechtliche Genehmigungen und allgemeine Zulassungen zur Errichtung der in § 1 AtG bezeichneten Zwecke beschränkt oder mit Auflagen versehen werden. § 17 II AtG lässt die Rücknahme von atomrechtlichen Genehmigungen und allgemeinen Zulassungen zu, wenn eine ihrer Voraussetzungen bei der Erteilung nicht vorgelegen hat. Genehmigungen und allgemeine Zulassungen können unter den Voraussetzungen des § 17 IV AtG widerrufen werden. Die in § 17 AtG enthaltenen **Widerrufsregelungen** finden allerdings auf atomrechtliche Planfeststellungsbeschlüsse nach § 9 b AtG keine Anwendung. Das gilt auch für atomrechtliche Genehmigungen nach dem Recht der DDR, die gem. § 57 a AtG als Planfeststellungsbeschlüsse weitergelten. Demgegenüber ist § 49 II Nr. 5 VwVfG auch auf atomrechtliche Planfeststellungsbeschlüsse nach § 9 b I 1 AtG anwendbar. Danach kann ein Widerruf ausgesprochen werden, um schwere Nachteile für das Gemeinwohl zu verhüten oder zu beseitigen. Allerdings kommt ein Widerruf erst dann in Betracht, wenn nachträgliche Schutzauflagen nach § 9 b III 2 AtG nicht ausreichen, um Gefahren für grundrechtlich geschützte Rechtsgüter zu begegnen.[1277] § 76 VwVfG betrifft wesentliche Änderungen des festgestellten Planes vor Fertigstellung des Vorhabens. Anders als bei wesentlichen Änderungen geht es beim Widerruf nicht um eine planerisch-gestaltende Aufgabe, sondern um die Rückführung auf den ursprünglichen, „vorplanerischen" Rechtszustand, wenn die tatbestandlichen Voraussetzungen des § 49 II Nr. 5 VwVfG gegeben sind. § 77 VwVfG spricht ebenfalls nicht für einen Ausschluss des § 49 II Nr. 5 VwVfG. Diese Regelung bezieht sich auf begonnene, danach endgültig aufgegebene Vorhaben. Mit ihr sollte nach dem Willen des Gesetzgebers entsprechend einem Bedürfnis der Praxis eine zusätzliche Aufhebungsmöglichkeit über die allgemeinen Aufhebungsregelungen hinaus geschaffen werden, die den in § 77 VwVfG geregelten Fall so genannter „stecken gebliebener Vorhaben" nicht erfassen.[1278] Daraus lässt sich nicht der Schluss ziehen, diese punktuelle Sonderregelung habe die für unzureichend erachteten Aufhebungsregelungen vollständig ersetzen wollen.

3530 An die Stelle einer atomrechtlichen Planfeststellung kann nach § 9 b AtG auf Antrag oder von Amts wegen eine **Plangenehmigung** nach § 74 VI VwVfG treten, wenn der

---

[1276] BVerwG, Urt. v. 17. 7. 1980 – 7 C 101.78 – BVerwGE 60, 297 = NJW 1981, 359 = DVBl. 1980, 1001 = DÖV 1981, 262 = Hoppe/Stüer RzB Rdn. 470 – Wyhl.
[1277] BVerwG, Urt. v. 21. 5. 1997 – 11 C 1.96 – BVerwGE 105, 6 = DVBl. 1998, 38 = NVwZ 1998, 281 = UPR 1997, 465 – Morsleben.
[1278] BT-Drucks 7/910, S. 90.

Antrag die wesentliche Änderung von Zwischenlagern und Endlagern (§ 9 a III AtG) betrifft und die Änderung keine erheblichen nachteiligen Auswirkungen auf die in § 2 I 2 UVPG genannten Schutzgüter haben kann. Im Atomrecht ist zwischen der Anlagengenehmigung und der **Anlagenaufsicht** zu unterscheiden. Es handelt sich grundsätzlich um getrennte Verfahren. Die der Genehmigungsbehörde im gestuften atomrechtlichen Genehmigungsverfahren zukommende aufsichtliche Aufgabenstellung im Hinblick auf bereits erteilte Teilgenehmigungen verändert die bei weiteren Teilgenehmigungen zur Entscheidung anstehende Genehmigungsfrage inhaltlich nicht, sondern wirkt nur über die Verfahrensebene auf ihre Handhabung ein. Die Genehmigungsbehörde darf sich mit der Genehmigungserteilung zum Ergebnis der aufsichtlichen Prüfung nicht in Widerspruch setzen.[1279] Wenn Drittbetroffene die Zuverlässigkeit des Ergebnisses der aufsichtlichen Prüfung in Zweifel ziehen, können sie dessen gerichtliche Überprüfung erzwingen, indem sie Gründe für einen Widerruf oder eine Rücknahme früherer Teilgenehmigungen mit einer Verpflichtungsklage geltend machen. Es bleibt ihnen aber versagt, diese Widerrufs- oder Rücknahmegründe einredeweise im Anfechtungsprozess gegen eine neue Teilgenehmigung anzuführen.[1280] Entsprechendes gilt, wenn Drittbetroffene gegenüber einer Betriebsgenehmigung geltend machen, die Anlage sei nicht genehmigungskonform errichtet worden und müsse deswegen stillgelegt werden. Das Konzept der Störfallbeherrschung hat auch nach dem Unfall von Tschernobyl Gültigkeit behalten. Maßnahmen des anlageninternen Notfallschutzes dienen dazu, das verbleibende Restrisiko zu vermindern.[1281]

Für das Verhältnis zwischen **atomrechtlicher Betriebsgenehmigung** und Baugenehmigung gilt: Im **Baugenehmigungsverfahren** sind die beabsichtigte Nutzung des Vorhabens und die davon ausgehenden Emissionen und Gefahren zu berücksichtigen. Das gilt auch für nuklearspezifische Auswirkungen. Zu den Genehmigungsvoraussetzungen gehört eine Prognose, dass das Bauwerk für die damit bezweckte Nutzung geeignet sein wird. Bei einer nachfolgenden Betriebsgenehmigung ist im Baugenehmigungsverfahren jedoch keine abschließende Entscheidung über die Zulässigkeit des Betriebes zu treffen. Es genügt, dass die Zulässigkeit etwa auf der Grundlage der Stellungnahme der zuständigen Fachbehörde prognostisch bejaht wird. Die Baugenehmigung entfaltet dann allerdings auch keinerlei Bindungswirkung für die Betriebsgenehmigung (§ 6 AtG). Der Bauherr handelt auf eigenes Risiko, wenn er das Bauwerk ohne bestandskräftige Betriebsgenehmigung errichtet.[1282] Die Genehmigungsbehörde hat den entscheidungserheblichen **Sachverhalt** von Amts wegen zu ermitteln. Es deutet auf ein der atomrechtlichen Genehmigungsbehörde zuzurechnendes Ermittlungs- und Bewertungsdefizit hin, wenn ihr neue Erkenntnisse, die für die Risikobewertung bedeutsam sind, bei der Genehmigungserteilung nicht bekannt gewesen sind. Wenn sie die neuen Erkenntnisse dagegen als unerheblich eingestuft hat, lässt dies eine Wissenslücke nicht erkennen. Unter der Voraussetzung, dass diese Einschätzung nicht auf einer Fehlgewichtung des zu betrachtenden Risikos beruht, darf dann ohne weitere gerichtliche Aufklärung davon ausgegangen werden, dass das Fehlen weiterer Ermittlungen die Entscheidung in der Sache nicht beeinflusst hat.[1283]

[1279] *BVerwG*, Urt. v. 7. 6. 1991 – 7 C 43.90 – BVerwGE 88, 286; B. v. 12. 7. 1993 – 7 B 177.92 – Buchholz 451.171 AtG Nr. 43.
[1280] *BVerwG*, Urt. v. 22. 12. 1980 – 7 C 84.78 – BVerwGE 61, 256.
[1281] *BVerwG*, Urt. v. 22. 1. 1997 – 11 C 7.95 – DVBl. 1997, 719 = NuR 1997, 498 – Obrigheim, im Anschluss an Urt. v. 7. 6. 1997 – 11 C 43.90 – BVerwGE 88, 286 und B. v, 12. 7. 1993 – 7 B 177.92 – Buchholz 451.171 AtG Nr. 43.
[1282] *BVerwG*, Urt. v. 2. 6. 1988 – 4 C 1.88 – RdE 1988, 194 – *Hoppe/Stüer* RzB Rdn. 475 – Zwischenlager Ahaus.
[1283] *BVerwG*, B. v. 15. 2. 2000 – 11 B 58.99 – NVwZ-RR 2000, 419 im Anschluss an Urt. v. 14. 1. 1998 – 11 C 11.96 – DVBl. 1998, 339 = BVerwGE 106, 115 – Mülheim-Kärlich.

4. Rechtsschutz

3532 Gegen planfestgestellte atomrechtliche Anlagen kann der betroffene **Nachbar Drittschutz** nach Maßgabe des einfachen Rechts suchen. Ist eine UVP durchgeführt, entfällt ein Widerspruchsverfahren, so dass unmittelbar eine verwaltungsgerichtliche Klage zu erheben ist. Wer im Einwirkungsbereich einer kerntechnischen Anlagen wohnt, ist zu einer Klage auf Einstellung des Betriebs befugt, wenn er geltend macht, für den Betrieb der Anlage fehle eine erforderliche Genehmigung und im noch anstehenden Genehmigungsverfahren sei über Fragen mit Auswirkungen auf seine materiellrechtliche Position zu entscheiden.[1284] Eine gem. § 7 AtG erteilte atomrechtliche Genehmigung für eine in der Nähe der Landesgrenze liegende Anlage kann auch von einem in den Niederlanden wohnenden niederländischen Staatsbürger vor den deutschen Verwaltungsgerichten angefochten werden.[1285] Die Anfechtungsklage gegen eine atomrechtliche Genehmigung nach § 7 AtG oder einen atomrechtlichen Vorbescheid nach § 7a AtG ist allerdings nicht schon deshalb gem. § 42 II VwGO zulässig, weil der Kläger geltend macht, die Auswirkungen eines bei der Auslegung der Anlage nicht berücksichtigten Reaktorunfalls könnten seine Gesundheit schädigen. Hinzu kommen muss vielmehr die substantiierte Behauptung, dass dieses Risiko hinreichend wahrscheinlich ist und dagegen Vorsorge i. S. von § 7 II Nr. 3 AtG getroffen werden muss.[1286]

3533 Das in Art. 19 IV GG garantierte Grundrecht auf effektiven Rechtsschutz gewährleistet die **aufschiebende Wirkung** von Rechtsbehelfen im Verwaltungsprozess nicht schlechthin und ausnahmslos. Nach § 80 II 1 Nr. 4, V VwGO ist über eine gerechte **Interessenabwägung** der erforderliche Ausgleich auch zwischen den insoweit grundsätzlich gleichrangigen Interessen des durch eine Baugenehmigung betroffenen Nachbarn und des Genehmigungsempfängers herzustellen. Innerhalb der Interessenabwägung sind allerdings dann, wenn mit der Verweigerung vorläufigen Rechtsschutzes bereits unabänderbare Fakten geschaffen werden, auch die Erfolgsaussichten des Rechtsbehelfs zu prüfen.[1287] Auch wenn die Nutzung eines Vorhaben von einer weiteren Genehmigung abhängt – wie etwa bei einem Zwischenlager für atomare Brennstäbe –, macht es das Gebot der Gewährung effektiven Rechtsschutzes erforderlich, bereits bei der Entscheidung über den Sofortvollzug der Baugenehmigung das Interesse des Anfechtenden an der Unterlassung der Nutzung mit zu berücksichtigen. Dabei wird das Gewicht seiner Interessen allerdings durch das Fehlen einer unmittelbaren Gefährdung seiner Rechtsgüter gemindert.

3534 Im Streit um die Betriebsgenehmigung des **Kernkraftwerk Obrigheim** hat das *BVerwG* die Klage von Anwohnern abgewiesen. Im Atomrecht ist nach Auffassung des *BVerwG*[1288] zwischen der Anlagengenehmigung und der Anlagenaufsicht zu unterscheiden. Die Genehmigungsbehörde darf sich mit der Genehmigungserteilung zum Ergebnis der aufsichtlichen Prüfung nicht in Widerspruch setzen. Wenn Drittbetroffene die Zuverlässigkeit des Ergebnisses der aufsichtlichen Prüfung in Zweifel ziehen, können sie dessen gerichtliche Überprüfung erzwingen, indem sie Gründe für einen Widerruf oder eine

---

[1284] *BVerwG*, Urt. v. 7. 6. 1991 – 7 C 43.90 – BVerwGE 88, 286 = DVBl. 1992, 51 – Obrigheim.
[1285] *BVerwG*, Urt. v. 17. 12. 1986 – 7 C 29.85 – NJW 1987, 1154 = BVerwGE 75, 285 = *Hoppe/Stüer* RzB Rdn. 1254 – Niederländer – Kernkraftwerk Lingen.
[1286] *BVerwG*, Urt. v. 11. 1. 1985 – 7 C 74.82 – BVerwGE 70, 365 = *Hoppe/Stüer* RzB Rdn. 472 – Krümmel Konzeptvorbescheid; Urt. v. 7. 6. 1991 – 7 C 43.90 – BVerwGE 88, 286 = DVBl. 1992, 51 – Obrigheim.
[1287] *BVerwG*, Urt. v. 2. 6. 1988 – 4 C 1.88 – RdE 1988, 194 – *Hoppe/Stüer* RzB Rdn. 475 – Zwischenlager Ahaus.
[1288] *BVerwG*, Urt. v. 22. 1. 1997 – 11 C 7.95 – DVBl. 1997, 719 = BVerwGE 104, 36 = NVwZ 1998, 623 – Obrigheim; daran anschließend auch B. v. 16. 2. 1998 – 11 B 5.98 – DVBl. 1998, 596 = NVwZ 1998, 631 = NuR 1998, 319 – Krümmel; Urt. v. 22. 12. 1980 – 7 C 84.78 – DVBl. 1981, 405 = BVerwGE 61, 256 = NJW 1981, 1393.

Rücknahme früherer Teilgenehmigungen mit einer Verpflichtungsklage geltend machen. Es bleibt ihnen aber versagt, diese Widerrufs- oder Rücknahmegründe einredeweise im Anfechtungsprozess gegen eine neue Teilgenehmigung anzuführen. Entsprechendes gilt, wenn Drittbetroffene gegenüber einer Betriebsgenehmigung geltend machen, die Anlage ist nicht genehmigungskonform errichtet worden und muss deswegen stillgelegt werden. Die abschließende (Teil-)Betriebsgenehmigung kann infolge der Bindungswirkung früherer bestandskräftiger (Teil-)Errichtungsgenehmigungen nicht mehr mit materiellrechtlichen Einwendungen bekämpft werden, die thematisch dem Regelungsbereich der (Teil-)Errichtungsgenehmigungen zuzuordnen sind. Dies gilt auch dann, wenn die Einwendungen erst infolge einer veränderten Sachlage[1289] nach Erlass der Teilerrichtungsgenehmigungen entstanden sind. Solche Entwicklungen führen zwar gemäß § 17 III bis V AtG zum Widerruf früherer Teilerrichtungsgenehmigungen oder zum Erlass nachträglicher Auflagen nach § 17 I 3 AtG. Ein solches Klagebegehren ist allerdings im Wege der Verpflichtungsklage auf Widerruf oder Auflagenerteilung und nicht durch eine Anfechtungsklage gegen die Betriebsgenehmigung geltend zu machen. Hat die Genehmigungsbehörde Zweifel an der vormals in den Teilerrichtungsgenehmigungen bescheinigten Anlagesicherheit, muss sie diesen vor Erteilung der Betriebsgenehmigung nachgehen, da ihr ansonsten ein verfahrensmäßiges Hindernis entgegensteht.[1290]

Eine **nachträgliche Auflage** nach § 17 I 3 AtG, die unter Anordnung der sofortigen Vollziehung ergangen ist, darf von der Behörde so lange nicht vollzogen werden, bis das nach dem Auflageninhalt erforderlich werdende genehmigungs- oder aufsichtsrechtliche Zustimmungsverfahren, das der Adressat der Auflage auf entsprechenden Antrag bereits eingeleitet hat, behördlicherseits abgeschlossen worden ist. Gleichzusetzen mit der Vollziehung in diesem Sinne ist auch das Abstellen der Behörde auf die Nichterfüllung einer vollziehbaren Auflage im Rahmen einer aufsichtsrechtlichen Maßnahme nach § 19 III 1 1. Alt. AtG oder eines Genehmigungswiderrufs nach § 17 III 2 Nr. 3 AtG.[1291] Nach dieser Vorschrift kann die zuständige Behörde eine endgültige Betriebseinstellung anordnen, wenn eine erforderliche Genehmigung nicht erteilt ist. Diese Voraussetzungen liegen allerdings nicht vor, wenn der Betreiber bei der Errichtung der Anlage von der erteilten Genehmigung abweicht.

Für eine **Fehlerunbeachtlichkeit** bei einem festgestellten Bewertungsdefizit im Sinne von § 75 I a 1 VwVfG, § 20 VII 1 AEG und § 17 VI c 1 FStrG ist einerseits keine gesetzliche Grundlage vorhanden, andererseits wird ansonsten der Funktionenvorbehalt zu Gunsten der Genehmigungsbehörde weitgehend aufgegeben. Schließlich hängt auch die Entscheidung einer Rechtsverletzung der Kläger nicht davon ab, ob die Voraussetzungen des § 17 AtG (mit der Rechtsfolge der Entschädigungsregelung des § 18 AtG) für einen Eingriff in die im Anschluss an die erste Teilerrichtungsgenehmigung von 1975 erteilten weiteren Teilerrichtungsgenehmigungen vorliegen. Denn alle Teilerrichtungsgenehmigungen bauen aufeinander auf, bilden eine Einheit und führen erst so zu einer Vollgenehmigung. Folglich können auch die der ersten Teilerrichtungsgenehmigung folgenden weiteren Teilerrichtungsgenehmigungen nicht zu einer Vollgenehmigung erstarken. Vielmehr muss eine aufgehobene erste Teilerrichtungsgenehmigung in dem Umfang ersetzt werden, in dem die anderen Teilerrichtungsgenehmigungen auf dieser aufbauen.[1292]

Im Streit um das **Kernkraftwerk Mülheim-Kärlich** bestätigte das *BVerwG* das den Klagen gegen das Kraftwerk stattgebende Urteil des *OVG Koblenz*[1293] und wies die Revi-

---

[1289] Im vorliegenden Fall von den Klägern als gefährlich eingestufte Alterserscheinungen an sicherheitsrelevanten Komponenten des Kernkraftwerks.
[1290] Vgl. auch *BVerwG*, B. v. 24. 7. 1998 – 11 B 46.97 – NVwZ-RR 1999, 15 – Forschungsreaktor.
[1291] *VGH Kassel*, B. v. 9. 7. 1998 – 9 R 2394/93 – DVBl. 1998, 1193 = NVwZ-RR 1999, 115.
[1292] *BVerwG*, Urt. v. 14. 1. 1998 – 11 C 11.96 – DVBl. 1998, 339 = BVerwGE 106, 115 – Mülheim-Kärlich.
[1293] *OVG Koblenz*, Urt. v. 21. 11. 1995 – 7 C 11685/90 – et 1996, 257.

sion der Beigeladenen zurück. Die Frage der Risikoabschätzung kann danach nur politisch beantwortet werden.[1294] Demgemäß ist die der Wahrnehmung durch die zuständigen Behörden obliegende Aufgabe gerichtlich allein darauf zu überprüfen, ob die für die Risikoprognose erforderlichen Daten im gebotenen Umfang ermittelt und die Bewertungen hinreichend vorsichtig vorgenommen worden sind. Wenn nach dem Stand von Wissenschaft und Technik die Ermittlungen ausreichend und die Bewertungen hinreichend vorsichtig vorgenommen worden sind, beschränkt sich die gerichtliche Prüfung infolge des genannten Funktionenvorbehalts auf eine Willkürkontrolle.[1295] Für die Frage, ob ein Kläger durch die Zulassung bestimmter Strahlendosen in seinen Rechten verletzt wird, kommt es sowohl im Rahmen des § 45 StrlSchV als auch im Rahmen des § 44 StrlSchV darauf an, ob die Dosisgrenzwerte an seinem Wohn-, Arbeits- oder Aufenthaltsort überschritten werden. Das in § 28 I Nr. 2 StrlSchV enthaltene und in § 46 I Nr. 2 StrlSchV wiederholte Strahlenminimierungsgebot vermittelt keinen Drittschutz. Dritte werden nur vor einer die Dosisgrenzwerte überschreitenden Strahlenexposition geschützt, nicht vor Veränderungen im Bereich des Restrisikos.[1296]

3538 Zum **Kernkraftwerk Krümmel** erklärte das *BVerwG*, das Schutzkonzept des § 45 StrlSchV sei nicht durch neuere Erkenntnisse des strahlungsbedingten Leukämierisikos in Frage gestellt. Das gelte auch im Hinblick auf Untersuchungen, die durchgeführt worden seien, um die Ursachen des in der Elbmarsch aufgetretenen Leukämie-Clusters zu klären.[1297] Welche Methoden und Überlegungen zur Beurteilung der Frage geeignet und notwendig seien, ob die nach § 7 II Nr. 3 AtG erforderliche Vorsorge getroffen worden sei, müsse primär tatrichterlicher Würdigung unterzogen werden. Die Prüfung des *BVerwG* beschränke seine Überprüfung daher darauf, ob das Tatsachengericht allgemeine Sachverhalts- oder Beweiswürdigungsgrundsätze verletzt habe. Derartige Verletzungen seien im angefochtenen Urteil nicht festzustellen.[1298]

3539 Nach einem Urteil des *BVerwG*[1299] zum **Endlager Morsleben** kann § 17 AtG nicht auf Planfeststellungsbeschlüsse nach § 9b AtG angewendet werden. Dies folgt bereits aus dem Wortlaut von § 17 AtG, der lediglich von Genehmigungen spricht. Allerdings ist eine Anwendung von § 49 II Nr. 5 VwVfG zumindest dann denkbar, wenn Gefahren für grundrechtlich geschützte Rechtsgüter auch durch nachträgliche Schutzauflagen begegnet werden kann. Die Anwendungsmöglichkeit von § 49 II Nr. 5 VwVfG ergibt sich dabei aus der Verweisung von § 9b AtG auf die §§ 72–78 VwVfG. Über § 72 I VwVfG ist dann § 49 II Nr. 5 VwVfG anwendbar, da dieser auch nicht durch Spezialregelungen in den §§ 73 ff. VwVfG verdrängt wird. Im Streit um die Einlagerung radioaktiver Abfälle im Ostfeld des ERAM und die Verwendung von 600 l-Fässern, verlorenen Betonabschirmungen und Behältnissen mit einem höheren Fassmassengewicht als 400 kg hat das *OVG Magdeburg*[1300] dem klagenden Naturschutzverband ein Beteiligungsrecht nach § 51a I SachAnhNatSchG eingeräumt[1301] und bezüglich der Einlagerung der radioaktiven Abfälle im Ostfeld einen Unterlassungsanspruch als begründet angesehen. Die Einlagerung

---

[1294] *BVerfG*, Urt. v. 8. 8. 1978 – 2 BvL 8/77 – DVBl. 1979, 45 = BVerwGE 49, 89 = NJW 1979, 359; *BVerwG*, Urt. v. 19. 12. 1985 – 7 C 65.82 – DVBl. 1986, 190 = BVerwGE 72, 300 = NVwZ 1986, 28.
[1295] *BVerwG*, Urt. v. 14. 1. 1998 – 11 C 11.96 – DVBl. 1998, 339 = NVwZ 1998, 628 = UPR 1998, 153 – Mülheim-Kärlich; B. v. 16. 2. 1998 – 11 B 5.98 – DVBl. 1998, 596 = NVwZ 1998, 631 = NuR 1998, 319 – Krümmel.
[1296] *BVerwG*, B. v. 30. 12. 1997 – 11 B 3.97 – DVBl. 1998, 338 = NVwZ 1998, 634 – Gorleben.
[1297] *BVerwG*, B. v. 16. 2. 1998 – 11 B 5.98 – DVBl. 1998, 596 = NVwZ 1998, 631 – Krümmel.
[1298] Ausführlich hierzu *BVerwG*, Urt. v. 14. 1. 1998 – 11 C 11.96 – DVBl. 1998, 339 = NVwZ 1998, 628 = UPR 1998, 153 – Mülheim-Kärlich.
[1299] *BVerwG*, Urt. v. 21. 5. 1997 – 11 C 1.96 – BVerwGE 105, 6 = DVBl. 1998, 38 = NVwZ 1998, 281 = UPR 1997, 465 – Morsleben.
[1300] *OVG Magdeburg*, B. v. 25. 9. 1998 – A 1/4 C 260/97 – NVwZ 1999, 93 = NuR 1999, 164.
[1301] *BVerwG*, Urt. v. 14. 5. 1997 – 11 A 43.96 – NVwZ 1998, 279; Urt. v. 29. 4. 1993 – 7 A 3.92 – BVerwGE 92, 263 = DVBl. 1993, 888.

sei von der Dauerbetriebsgenehmigung nicht gedeckt und bedürfe einer Planfeststellung nach § 9 b I AtG mit Beteiligung der Naturschutzverbände.

Zum **Brennelement-Zwischenlager Ahaus** hat das *BVerwG* darauf hingewiesen, dass **3540** die der Erteilung einer atomrechtlichen Genehmigung zugrunde liegende Einschätzung der zuständigen Behörde zur Behältersicherheit nicht unbeschränkt gerichtlich kontrolliert werden kann. Hat die Behörde sich auf anerkannte Fachgutachter gestützt, können Beweisanträge auf Einholung weiterer Gutachter im Gerichtsverfahren abgelehnt werden, wenn sich nicht ernsthafte Zweifel an der Richtigkeit der eingeholten Gutachten ergeben.[1302] Ein atomares Zwischenlager bedarf neben einer Genehmigung nach § 6 I AtG einer Baugenehmigung.[1303] Der Regelungsgehalt dieser Baugenehmigung umfasst grundsätzlich nicht die nuklearspezifischen Anforderungen des Betriebs des Zwischenlagers. Da aber auch die vom Betrieb des geplanten Bauwerks ausgehenden Emissionen und Gefahren bedacht werden müssen, gehört zu den Genehmigungsvoraussetzungen die Prognose, dass das Bauwerk am geeignetsten ist, nach seiner Errichtung zu dem vorgesehenen Zweck auch betrieben zu werden.[1304] Ein atomares Zwischenlager ist im Außenbereich privilegiert (§ 35 I Nr. 5 BauGB). Das durch diese Privilegierung ohnehin bestehende Gewicht in der Abwägung wird durch die Festlegung des Standorts eines solchen Zwischenlagers kraft Gesetzes noch verstärkt.[1305]

Durch den **Transport abgebrannter Brennelemente** zur Wiederaufarbeitung sind die **3541** Anwohner an der Transportstrecke nicht anders betroffen als beliebige andere Verkehrsteilnehmer, Passanten oder Zuschauer, die sich entlang der Transportstrecke aufhalten.[1306] § 4 AtG hat als maßgebliche Rechtsgrundlage für die Beförderungsgenehmigung keine drittschützende Wirkung.[1307]

Ein Bescheidungsurteil, durch das die Baugenehmigungsbehörde zu einer abschließenden bauplanungsrechtlichen Prüfung eines Vorhabens unter **erneuter Beteiligung** **3542** **der Gemeinde** verpflichtet ist und das das gemeindliche Einvernehmen nur im Umfang der planungsrechtlichen Entscheidungsreife ersetzt, verletzt die Gemeinde nicht in ihren Rechten aus § 36 BauGB. Dabei ist weiterhin offen, ob die bauplanungsrechtliche Zulässigkeit einer kerntechnischen Anlage (Zwischenlager für abgebrannte Brennelemente), deren Errichtung und Betrieb nach Nr. 11.3 der Anlage 1 zum UVPG der Umweltverträglichkeitsprüfung unterliegt, erst dann abschließend geprüft werden kann, wenn das UVP-Verfahren förmlich beendet ist.[1308]

Das AtG hat neben dem atomrechtlichen Planfeststellungsverfahren umfassende **atom-** **3543** **rechtliche Genehmigungspflichten** begründet, so für die Einfuhr und Ausfuhr von Kernbrennstoffen (§ 3 AtG), die Beförderung von Kernbrennstoffen (§ 4 AtG), die Beförderung von Kernmaterialien in besonderen Fällen (§ 4b AtG), die Aufbewahrung von Kernbrennstoffen (§ 6 AtG), Anlagen zur Erzeugung, Bearbeitung, Verarbeitung und Spaltung von Kernbrennstoffen sowie Aufarbeitung bestrahlter Kernbrennstoffe (§ 7 AtG), Bearbeitung, Verarbeitung und sonstige Verwendung von Kernbrennstoffen außerhalb genehmigungspflichtiger Anlagen (§ 9 AtG) und Landessammelstellen für die Zwischenlagerung von radioaktiven Abfällen (§ 9c AtG).[1309] Die Genehmigung zur Einfuhr

---

[1302] *BVerwG*, B. v. 2. 7. 1998 – 11 B 30.97 – DVBl. 1998, 1191 = NVwZ 1999, 654 – Ahaus.
[1303] *VGH Mannheim*, Urt. v. 22. 10. 2002 – 3 S 1689/01 – UPR 2003, 115; bestätigt durch *BVerwG*, B. v. 17. 6. 2003 – 4 B 14.03 – DVBl. 2003, 1471 (LS) = NVwZ-RR 2003, 719.
[1304] *BVerwG*, B. v. 2. 6. 1988 – 4 C 1.88 – RdE 1988, 194 – *Hoppe/Stüer* RzB Rdn. 475 – Zwischenlager Ahaus.
[1305] *VGH Mannheim*, Urt. v. 22. 10. 2002 – 3 S 1689/01 – ESVGH 53, 72 = UPR 2003, 115.
[1306] *OVG Lüneburg*, B. v. 10. 4. 2001 – 7 MA 1338/01 – ET 2001, 408.
[1307] *VG Braunschweig*, B. v. 23. 3. 2001 – 1 B 42/01 –.
[1308] *BVerwG*, B. v. 17. 6. 2003 – 4 B 14.03 – DVBl. 2003, 1471 (LS) = NVwZ-RR 2003, 719.
[1309] Zur grenzüberschreitenden Verbringung von radioaktiven Abfällen die Verordnung über die Verbringung radioaktiver Abfälle in das oder aus dem Bundesgebiet (Atomrechtliche Abfallverbringungsverordnung – AtAV) v. 27. 7. 1998 (BGBl. I S. 1918).

ist nach § 3 II AtG zu erteilen, wenn keine Tatsachen vorliegen, aus denen sich Bedenken gegen die Zuverlässigkeit des Einführers ergeben, und gewährleistet ist, dass die einzuführenden Kernbrennstoffe unter Beachtung der Vorschriften des AtG, der aufgrund des AtG erlassenen Rechtsverordnungen und der internationalen Verpflichtungen der Bundesrepublik Deutschland auf dem Gebiet der Kernenergie verwendet werden. Die Genehmigung zur Ausfuhr ist nach § 3 III AtG zu erteilen, wenn keine Tatsachen vorliegen, aus denen sich Bedenken gegen die Zuverlässigkeit des Ausführenden ergeben, und gewährleistet ist, dass die auszuführenden Kernbrennstoffe nicht in einer der internationalen Verpflichtungen der Bundesrepublik Deutschland auf dem Gebiet der Kernenergie oder die innere oder äußere Sicherheit der Bundesrepublik Deutschland gefährdenden Weise verwendet werden.

3544 Der Bund hat die Wahrnehmungskompetenz des Landes Hessen in Bezug auf die Nachrüstung des **Kernkraftwerks Biblis A** nicht verletzt, da seine Ausübung des Direktions- und Weisungsrechts nicht die Wirkung entfaltete, die rechtsverbindlichen Akten gleichkommt. Im Rahmen der Ausübung des Direktions- und Weisungsrechts kann der Bund auch unmittelbare Kontakte nach außen aufnehmen, einschließlich etwaiger informaler Absprachen. Allerdings ist dem Bund auch auf dem Feld informalen Handelns ein Selbsteintrittsrecht verwehrt.[1310] Die Wahrnehmungskompetenz des Landes verletzt der Bund erst dann, wenn er nach außen gegenüber Dritten rechtsverbindlich tätig wird oder durch die Abgabe von Erklärungen, die einer rechtsverbindlichen Entscheidung gleichkommen, die Wahrnehmungskompetenz der Länder an sich zieht.[1311]

3545 Der Antrag der bayerischen Staatsregierung gegen die Unterbrechung der Erkundung des **Salzstockes in Gorleben** und die Nichtbeteiligung der Länder bei der Aufgabe des integrierten Entsorgungskonzepts für radioaktive Abfälle durch den Bund ist unzulässig. In der Aufgabe des integrierten Entsorgungskonzepts ohne Beteiligung der Länder liegt weder ein Verstoß des Bundes gegen die grundgesetzliche Kompetenzverteilung noch gegen den Grundsatz des bundesfreundlichen Verhaltens, da allein die Zuständigkeit der Länder für den Vollzug bestimmter Gesetze eine solche Rechtsposition nicht begründet.[1312]

XIII. Flurbereinigung (FlurbG)

3546 Die Neuordnung des ländlichen Grundbesitzes ist im FlurbG[1313] geregelt.[1314] Das Gesetz zielt auf die Verbesserung der Arbeits- und Lebensbedingungen im ländlichen Raum ab und dient der Förderung der allgemeinen Landeskultur und Landesentwicklung (§ 1 FlurbG). Die Flurbereinigung kann als fachplanerisches Instrument der Raumordnung betrachtet werden.[1315]

[1310] *BVerfG*, Urt. v. 22. 5. 1990 – 2 BvG 1/88 – BVerfGE 81, 310 = DVBl. 1990, 763 – Kalkar.

[1311] *BVerfG*, Urt. v. 19. 2. 2002 – 2 BvG 2/00 – BVerfGE 104, 249 = DVBl. 2002, 549 – Biblis A.

[1312] *BVerfG*, Urt. v. 5. 12. 2001 – 2 BvG 1/00 – BVerfGE 104, 238 = DVBl. 2002, 546.

[1313] Flurbereinigungsgesetz i. d. F. der Bekanntmachung v. 16. 3. 1976, zuletzt geändert durch Gesetz v. 23. 8. 1994 (BGBl. I 546).

[1314] *Eilfort* Bedeutung und Aspekte der modernen Flurbereinigung in: *Blümel* (Hrsg.), 1989; *Hanns/Ehlers* (Hrsg.) Flurbereinigungsgesetz 1992; *Haselhoff* DVBl. 1989, 595; *Heinrichs* Die Neuordnung des ländlichen Raums durch Flurbereinigung 1975; *Hiddemann* Die Planfeststellung im Flurbereinigungsgesetz 1970; *Hoecht* BayVBl. 1991, 65; *ders.* NuR 1989, 379; *Kastner* DVBl. 1987, 73; *ders.* DVBl. 1987, 519; *Labbe* DVBl. 1987, 517; *Mayr* BayVBl. 1992, 646; *Michler* DVBl. 1987, 410; *Ronellenfitsch* VerwArch 78 (1987), 323; *Seehusen/Schwede* Flurbereinigungsgesetz 1992; *Wehr* BayVBl. 1987, 356; *Zillien* AgrarR 1993, 273.

[1315] *Ronellenfitsch* Einführung in das Planungsrecht 1986, 163.

1. Zuständigkeiten

Die Flurbereinigung gehört zur konkurrierenden Gesetzgebung nach Art. 74 I Nr. 17 GG. Die Länder führen das FlurbG als eigene Angelegenheit aus (Art. 83 GG). Der Bund hat im Bereich dieser Aufgabenwahrnehmung die Rechtsaufsicht (Art 84 III GG).

2. Verfahren

Vor der Aufstellung des Flurbereinigungsplans hat die Flurbereinigungsbehörde **allgemeine Grundsätze** für die zweckmäßige Neugestaltung des Flurbereinigungsgebietes aufzustellen. Hierzu hat sie das Benehmen mit der landwirtschaftlichen Berufsvertretung und den beteiligten Behörden und Organisationen herzustellen. Bei der Aufstellung der Grundsätze sind die Vorplanungen nach § 1 II des Gesetzes über die Gemeinschaftsaufgabe „Verbesserung der Agrarstruktur und des Küstenschutzes" v. 3.9.1969 und die Vorplanungen anderer landwirtschaftlicher Stellen zu berücksichtigen (§ 38 FlurbG). Vor dem eigentlichen Planfeststellungsverfahren findet bereits eine formfreie Erörterung statt, in die auch nach der Raumordnungsklausel des § 38 S. 3 FlurbG die Erfordernisse der Raumordnung und des Städtebaus einfließen. In diesem Zusammenhang hat die Flurbereinigungsbehörde gem. § 41 I FlurbG einen Plan über die vorgesehenen gemeinschaftlichen und öffentlichen Anlagen aufzustellen. Dieser Plan wird als **Wege- und Gewässerplan** mit **landschaftspflegerischem Begleitplan** aufgestellt.[1316] Die Flurbereinigung hat sich dabei von einer vorwiegend ökonomischen Betrachtungsweise unter Effektivitätsgesichtspunkten der landwirtschaftlichen Ertragsnutzung zu einem auch ökologischen Instrument gewandelt, bei dem zugleich Belange des Naturschutzes und der Landschaftspflege in den Vordergrund treten.

Nach § 41 II FlurbG ist dieser Plan mit den Trägern öffentlicher Belange einschließlich der landwirtschaftlichen Berufsvertretungen zu erörtern. Diese **Erörterung** stellt den Beginn des förmlichen Verfahrens dar. Das Flurbereinigungsverfahren weicht von anderen Planfeststellungsverfahren ab. So ergeben sich Einwendungsmöglichkeiten im Flurbereinigungsverfahren erst im Anhörungstermin. Zu diesem Termin sind neben den Trägern öffentlicher Belange auch die Vertreter der **Teilnehmergemeinschaft** zu laden, die sich aus den am Flurbereinigungsverfahren betroffenen Grundstückseigentümern und Erbbauberechtigten zusammensetzt. Der Anhörungstermin hat Ausschlusswirkung. Ordnungsgemäß Geladene, die keine Einwendungen erheben, sind mit späteren Einwendungen ausgeschlossen (§ 41 II 2 FlurbG).

Auch Flurbereinigungen können UVP-pflichtig sein. So ist für den Bau einer gemeinschaftlichen und öffentlichen Anlage nach Nr. 16 der Anlage 1 zum UVPG eine allgemeine Vorprüfung durchzuführen. Die Vorprüfung ist nach dem Kriterienkatalog der Anlage 2 zum UVPG vorzunehmen.

3. Planfeststellungsbeschluss

Nach Abschluss des Anhörungstermins leitet die Flurbereinigungsbehörde den Plan an die obere Flurbereinigungsbehörde als Planfeststellungsbehörde weiter. Diese stellt den Plan dann fest. Für das Planfeststellungsverfahren nach dem FlurbG finden die §§ 72 bis 78 VwVfG nur ergänzende Anwendung. Der Planfeststellungsbeschluss nach dem FlurbG ist trotz des weiten Gestaltungsspielraums rechtlichen Bindungen unterworfen, die sich auch aus dem Abwägungsgebot ergeben. Der Planfeststellungsbeschluss hat Gestaltungs- und Konzentrationswirkung. Der Flurbereinigungsplan regelt ein mehrpoliges Rechtsverhältnis, woraus sich Probleme in der Abwicklung oder auch Rückabwicklung ergeben. Wird der planfestgestellte Flurbereinigungsplan an einer Stelle geändert, so hat dies regelmäßig Auswirkungen für andere Bereiche, die dann ebenfalls zur Disposition stehen können. Aus dieser Mehrpoligkeit können sich Einschränkungen in den rechtlichen Korrekturmöglichkeiten ergeben.

[1316] *Ronellenfitsch* Einführung in das Planungsrecht 1986, 166.

3552 Die **Zuteilungen** im Rahmen der Flurbereinigung wirken auch für und gegen den Nacherben. Nach § 2113 I BGB ist die Verfügung des Vorerben über ein zur Erbschaft gehörendes Grundstück oder Recht an einem Grundstück im Falle des Eintritts der Nacherbfolge insoweit unwirksam, als sie das Recht des Nacherben vereiteln oder beeinträchtigen würde. Sinn und Zweck dieser Vorschrift liegen darin, die durch die grundsätzliche Verfügungsfreiheit des Vorerben gefährdete Rechtsposition des Nacherben gegen einige als besonders bedeutsam angesehene Beeinträchtigungen zu schützen, indem bestimmte Verfügungen des Vorerben mit Eintritt des Nacherbfalls unwirksam werden.[1317] § 2113 BGB knüpft damit an Verfügungen des Vorerben, bei denen es sich um dingliche Rechtsgeschäfte im Gegensatz zu Verpflichtungsgeschäften oder rein tatsächlichen Maßnahmen handeln muss. Demgegenüber wird der Nacherbe nach dem eindeutigen Wortlaut der Vorschrift nicht geschützt in Bezug auf hoheitliche Maßnahmen, die an den Vorerben gerichtet werden. Um solche aber handelt es sich bei dem Flurbereinigungsplan nach § 58 FlurbG und der Ausführungsanordnung nach § 61 FlurbG, die ihrerseits die Grundlage für einen Übergang der Rechte bilden (vgl. § 68 FlurbG).[1318] Alle Einzelheiten in den tatsächlichen Grundlagen müssen allerdings im Rahmen eines Flurbereinigungsverfahrens nicht ermittelt werden. So ist nicht Aufgabe der Flurbereinigungsbehörde, das Eigentum an einer Giebelmauer zu ermitteln, wenn darüber zwischen den Nachbarn Streit besteht.[1319] Die Entscheidung über die Abfindung darf sich an der Festsetzung des Grenzverlaufs nach § 13 II 3 FlurbG orientieren, und zwar auch dann, wenn es darum geht, den Nachbarn ihren Altbesitz an Hausgrundstücken mit gemeinsamer Giebelmauer zuzuweisen.[1320]

4. Vereinfachtes Verfahren

3553 Ein vereinfachtes Flurbereinigungsverfahren kann im Falle der Bereitstellung von Land für ein anderes Fachplanungsverfahren durchgeführt werden. Ein solches Verfahren kann nach **§ 86 I FlurbG** auch über die Gemeindegrenzen hinweg erfolgen, um Nachteile für die allgemeine Landeskultur beim Bau von Eisenbahnen, Straßenbahnen, Straßen, Wegen, Gewässern oder ähnlichen Maßnahmen zu beseitigen oder auszugleichen. Auch kann das vereinfachte Flurbereinigungsverfahren durchgeführt werden, um Siedlungsverfahren, städtebauliche Maßnahmen oder notwendige Maßnahmen des Naturschutzes und der Landschaftspflege durchzuführen oder eine Verbesserung der Gestaltung des Orts- und Landschaftsbildes zu erreichen. Das vereinfachte Verfahren stellt sich nach § 86 FlurbG wie folgt dar: Die Flurbereinigungsbehörde ordnet die Flurbereinigung durch Beschluss an und stellt das Flurbereinigungsgebiet fest. Der Beschluss ist zu begründen. Der entscheidende Teil des Beschlusses kann den Beteiligten in Abschrift übersandt oder öffentlich bekannt gemacht werden. Der Träger des Unternehmens oder der Maßnahme ist Nebenbeteiligter. Die Bekanntgabe der Wertermittlungsergebnisse kann mit der Bekanntgabe des Flurbereinigungsplanes verbunden werden. Von der Aufstellung des Wege- und Gewässerplanes mit landschaftspflegerischem Begleitplan (§ 41 FlurbG) kann abgesehen werden. Wird ein Wege- und Gewässerplan mit landschaftspflegerischem Begleitplan nicht aufgestellt und wird das Flurbereinigungsverfahren durchgeführt, um Maßnahmen des Naturschutzes und der Landschaftspflege zu ermöglichen, so sind die entsprechenden Maßnahmen im Flurbereinigungsplan darzustellen. Die Ausführungsanordnung und die Überleitungsbestimmungen können den Beteiligten in Abschrift übersandt oder öffentlich bekannt gemacht werden. Die Bildung eines Vorstandes der Teilnehmergemeinschaft kann unterbleiben (§ 95 FlurbG). Der Unternehmer trägt dabei

---

[1317] *Behrends/Avenarius* in: *Staudinger*, § 2113 BGB Rdn. 1.
[1318] *BVerwG*, B. v. 3. 1. 2000 – 11 B 55.99 – Nacherbe.
[1319] *BVerwG*, B. v. 4. 12. 1970 – 4 B 15.69 – RdL 1971, 112.
[1320] *BVerwG*, B. v. 9. 7. 1999 – 11 B 12.99 – RdL 1999, 237 im Anschluss an B. v. 28. 5. 1969 – 4 B 46.69 – RdL 1969, 296.

die Ausführungskosten entsprechend den durch die Herstellung, Änderung oder Beseitigung der Anlage entstandenen Nachteilen (§ 86 II FlurbG).

5. Unternehmensflurbereinigung

Der erleichterten Durchsetzung eines Vorhabens der Fachplanung dient die **Unternehmensflurbereinigung**. Ist aus besonderem Anlass eine **Enteignung** zulässig, durch die ländliche Grundstücke in Anspruch genommen würden, so kann auf Antrag der Enteignungsbehörde ein Flurbereinigungsverfahren eingeleitet werden, wenn die den Betroffenen entstehenden Landverluste auf einen größeren Kreis von Eigentümern verteilt oder Nachteile für die allgemeine Landeskultur, die durch das Unternehmen entstehen, vermieden werden sollen. Das Flurbereinigungsverfahren kann bereits angeordnet werden, wenn das Planfeststellungsverfahren oder ein entsprechendes Verfahren für das Unternehmen eingeleitet worden ist. Die Unternehmensflurbereinigung nach den §§ 1, 87 FlurbG dient vor allem dem Ausgleich von Nachteilen bei dem Bau von Straßen, Eisenbahnen, Wasserstraßen und sonstigen raumbeanspruchenden Großvorhaben, für die eine Enteignung zulässig ist. Im Rahmen der Unternehmensflurbereinigung kann der Landverlust auf mehrere Schultern verteilt werden. Zudem hat der Unternehmer die für die Landinanspruchnahme erforderlichen Flächen einzubringen oder einen entsprechenden Geldausgleich zu leisten. Hierdurch können die enteignenden Folgewirkungen des Vorhabens beschränkt werden.

6. Vorläufige Besitzeinweisung

Gem. § 65 I 1 FlurbG können im Regelflurbereinigungsverfahren die Beteiligten in den Besitz der neuen Grundstücke vorläufig eingewiesen werden, wenn deren Grenzen in die Örtlichkeit übertragen worden sind und endgültige Nachweise für Fläche und Wert der neuen Grundstücke vorliegen sowie das Verhältnis der Abfindung zu dem von jedem Beteiligten Eingebrachten feststeht. Für das **Unternehmensflurbereinigungsverfahren** knüpft § 87 II 2 FlurbG die vorläufige Besitzeinweisung an die zusätzliche Voraussetzung, dass die Planfeststellung für das Unternehmen oder der entsprechende Verwaltungsakt unanfechtbar geworden oder für vollziehbar erklärt worden ist. § 87 II 2 FlurbG ist eine Schutzvorschrift für die Teilnehmer des Unternehmensflurbereinigungsverfahrens, die von der Landinanspruchnahme betroffen werden.[1321] Dieser Schutz erstreckt sich allerdings nicht auf Teilnehmer des Verfahrens, die durch die vorläufige Besitzeinweisung nicht selbst in ihrem Grundeigentum betroffen sind. Ebenso wenig können Teilnehmer, deren Grundeigentum durch die angegriffene Maßnahme nicht berührt wird, dadurch in ihrem Eigentumsrecht verletzt sein.[1322] Eine im Flurbereinigungsverfahren angeordnete vorläufige Besitzeinweisung schafft auch keine Zwangspunkte für eine spätere Straßenplanung und ihre Realisierung.[1323] Denn eine Rechtsverletzung aus diesem Gesichtspunkt kann ein Grundeigentümer nach der Rechtsprechung des *BVerwG* im Falle der abschnittsweisen Verwirklichung eines Straßenbauvorhabens für sich nur geltend machen, wenn er den Planfeststellungsbeschluss für einen vorangehenden, sein Grundeigentum noch nicht erfassenden Straßenabschnitt anfechten will. Er muss dann darlegen und nachweisen, dass sein Grundstück im weiteren Planungsverlauf zwangsläufig betroffen sein wird.[1324] Auch wenn dieser Gedanke auf die vorläufige Besitzeinweisung im Rahmen der Flurbereinigung übertragen wird, ergibt dies keine Rechtsverletzung für durch die Besitzeinweisung nicht unmittelbar Betroffene. Denn die vorläufige Besitzeinweisung im Flurbereinigungsgebiet hat für die Straßenplanung nicht

---

[1321] *Seehusen/Schwede* Rdn. 21 zu § 87 FlurbG.
[1322] *BVerwG*, Urt. v. 19. 10. 1994 – 11 C 7.93 – Buchholz 424.01 § 87 FlurbG Nr. 15 = RdL 1994, 27 = NVwZ-RR 1995, 357 = AgrarR 1995, 253 – Nittenau.
[1323] *BVerwG*, Urt. v. 19. 10. 1994 – 11 C 7.93 – NVwZ-RR 1995, 357 – Nittenau.
[1324] *BVerwG*, Urt. v. 26. 6. 1981 – 4 C 5.78 – BVerwGE 62, 342 = NJW 1981, 2595 = DVBl. 1981, 936; B. v. 2. 11. 1992 – 4 B 205.92 – Buchholz 407.4 § 17 FStrG Nr. 92.

zur Folge, dass andere Grundstücke im weiteren Verlauf zwangsläufig in Anspruch genommen werden müssen. Dass Maßnahmen im flurbereinigungsrechtlichen Verfahren im Falle gleichzeitiger Durchführung von Planfeststellungs- und Unternehmensflurbereinigungsverfahren für die Planfeststellung keine präjudizielle Wirkung entfalten, ergibt sich unmittelbar aus § 87 FlurbG. Zwar darf nach § 87 I 1 FlurbG ein Flurbereinigungsverfahren bereits eingeleitet werden, wenn das Planfeststellungsverfahren in Gang gesetzt ist. Doch legt § 87 II 2 FlurbG den Vorrang des Planfeststellungsverfahrens fest. Dieser Grundsatz[1325] schließt es aus, dass durch eine § 87 II 2 FlurbG zuwiderlaufende vorläufige Besitzeinweisung Zwangspunkte für die künftige Straßenplanung geschaffen werden.[1326]

XIV. Bergbau (BBergG)

3556 Die Gewinnung von Bodenschätzen wird auf der Grundlage der Regelungen des BBergG[1327] zugelassen.[1328] Der Bergbau kann – wie beim Steinkohlebergbau[1329] – unter Tage stattfinden. Besondere Regelungen ergeben sich für den an der Oberfläche stattfindenden Braunkohlentagebau.[1330]

1. Untertagebau

3557 Das BBergG gilt für das Aufsuchen, Gewinnen und Aufbereiten von bergfreien und grundeigenen Bodenschätzen einschließlich des Verladens, Beförderns, Abladens, Lagerns und Ablagerns von Bodenschätzen, Nebengesteinen und sonstigen Massen, soweit es im unmittelbaren betrieblichen Zusammenhang mit dem Aufsuchen, Gewinnen oder Aufbereiten steht. Auch **Quarz** oder **Quarzit** ist **grundeigener Bodenschatz** i. S. des § 3 IV Nr. 1 BBergG nicht nur dann, wenn er sich in seinem natürlichen Zustand zur Herstellung von feuerfesten Erzeugnissen oder Ferrosilizium eignet, sondern auch dann, wenn sich die in dieser Bestimmung genannten Eignungsvoraussetzungen durch Aufbereitung schaffen lassen.[1331] Die in § 3 IV Nr. 1 BBergG enthaltene Aufzählung der grundeigenen Bodenschätze deckt sich zu einem erheblichen Teil mit den Vorkommen, die durch die Verordnung über die Aufsuchung und Gewinnung mineralischer Bodenschätze (sog. „Silvester-Verordnung")[1332] den bergrechtlichen Bestimmungen unterstellt wurden.

[1325] *BVerwG*, Urt. v. 18. 12. 1987 – 4 C 32.84 – Buchholz 407.4 § 17 FStrG Nr. 70; Urt. v. 18. 12. 1987 – 4 C 49.83 – Buchholz 407.4 § 17 FStrG Nr. 71.
[1326] *BVerwG*, Urt. v. 23. 6. 1988 – 5 C 1.86 – Buchholz 424.01 § 65 FlurbG Nr. 4 S. 5.
[1327] Vom 13. 8. 1980 – BGBl I S. 1 310 – (BBergG), abgedruckt bei *Stüer*, Bau- und Fachplanungsgesetze 1999, S. 517.
[1328] Zum Rechtsschutz gegen den Bergbau *BVerfG*, Urt. v. 29. 7. 1959 – 1 BvR 394/58 – BVerfGE 10, 89 – Großer Erftverband; *BVerwG*, Urt. v. 24. 10. 1967 – 1 C 64.65 – BVerwGE 28, 131 – Kohlefelder; Urt. v. 17. 2. 1978 – 1 C 102.76 – BVerwGE 55, 250 – Voerde Kohlkraftwerk; Urt. v. 16. 3. 1989 – 4 C 36.85 – BVerwGE 81, 329 – Moers-Kapellen; Urt. v. 16. 3. 1989 – 4 C 25.86 – DVBl. 1989, 663 – Hilse; Urt. v. 14. 12. 1990 – 7 C 18.90 – DVBl. 1991, 405 – Braunkohlentagebau; Urt. v. 14. 12. 1990 – 7 C 18.90 – Buchholz 406.27 § 55 BBergG Nr. 3 – Braunkohlentagebau Garzweiler II; Urt. v. 14. 12. 1990 – 7 C 5.90 – BVerwGE 87, 241 – Braunkohlentagebau Garzweiler II; Urt. v. 14. 12. 1990 – 7 C 5.90 – BVerwGE 87, 241 – Braunkohlentagebau Garzweiler II.
[1329] Zum Steinkohlenbergbau *VG Düsseldorf*, Urt. v. 25. 11. 2002 – 3 L 2925/02 – Machbarkeit von Deichbaumaßnahmen; B. v. 25. 11. 2002 – 3 L 2924/02 – Betriebsplanzulassung; B. v. 25. 11. 2002 – 3 L 2843/02 – Rahmenbetriebsplan; B. v. 25. 11. 2002 – 3 L 2829/02 – Rahmenbetriebsplan Walsum.
[1330] Zum BBergG *Boldt/Weller* BBergG 1984; *Dapprich/Römermann* BBergG 1983; *Erbguth* DVBl. 1982, 1; *Gaentzsch* FS Sendler 1991, 403; *Gutbrod* NuR 1996, 74; *Kamphausen* DÖV 1984, 146; *Kremer* NVwZ 1990, 736; *Kühne* DVBl. 1985, 207; *ders.* UPR 1989, 326; *Schnapp* FS Fabricius 1989, 87; *Schwab* AgrarR 1986, 301; *Stüer* StuGR 1996, 64; *Winter/Sagolla* ZfBR 123 (1982), 347; *Zydek* BBergG 1980; *Stiens* Der bergrechtliche Betriebsplan 1995; *ders.* BBergG 1980.
[1331] *BVerwG*, B. v. 24. 2. 1997 – 4 B 260.96 – RdL 1997, 91 – Quarzsand.
[1332] Vom 31. 12. 1942 (RGBl. 1943 I S. 17).

Dies trifft auch für Quarz und Quarzit zu, soweit sich diese zur Herstellung von feuerfesten Erzeugnissen oder Ferrosilizium eignen (vgl. § 1 Nr. 6 VO). Wie aus der der Verordnung beigegebenen Begründung zu ersehen ist, wurden diese Mineralien in den Katalog mit einbezogen, weil sie zu den „wichtigsten Vorkommen aus dem Bereich der volkswirtschaftlich bedeutsamen Steine und Erden" gehören. Dieser Erwägung ist bei der Auslegung des § 3 IV Nr. 1 BBergG, der insoweit an die Stelle des § 1 der Silvester-Verordnung getreten ist, Rechnung zu tragen. Denn auch mit dieser Bestimmung verfolgt der Gesetzgeber den Zweck, die Mineralien, die für die deutsche Volkswirtschaft von besonderer Bedeutung sind, einem Regime zu unterstellen, durch das sie dem freien Verfügungsrecht des einzelnen Grundeigentümers entzogen werden. Diese Zweckrichtung lässt es nicht zu, bei der Auslegung des im Zusammenhang mit der Nennung von Quarz und Quarzit in § 3 IV Nr. 1 BBergG verwandten Eignungsbegriffs engherzig zu verfahren. Dem BBergG unterfällt auch das Wiedernutzbarmachen der Erdoberfläche während und nach der Aufsuchung, Gewinnung und Aufbereitung von bergfreien und grundeigenen Bodenschätzen und bergbaulichen Betriebsanlagen und Betriebseinrichtungen. Das Gesetz gilt ferner für Untergrundspeicher[1333] und die damit in Zusammenhang stehenden bergbaulichen Maßnahmen (§ 2 I und II BBergG). Aufsuchungsbetriebe, Gewinnungsbetriebe und Betriebe zur Aufbereitung dürfen nur aufgrund von Betriebsplänen errichtet, geführt und eingerichtet werden, die vom Unternehmer aufgestellt und von der zuständigen Behörde zugelassen worden sind. Die Betriebsplanpflicht erstreckt sich auch auf die Einstellung im Falle der Rücknahme, des Widerrufs oder der Aufhebung einer Erlaubnis, einer Bewilligung oder eines Bergwerkseigentums sowie im Falle des Erlöschens einer sonstigen Bergbauberechtigung (§ 51 I BBergG).

Es ist nicht zulässig, bei der Einstufung als **bergfreier Bodenschatz** abweichend von der geologischen Vorratsmenge im Bewilligungsfeld auf das Vorkommen in einzelnen Teilbereichen des Bewilligungsfeldes abzustellen. Liegt der Kiesanteil > 2 mm im Bewilligungsfeld über 10 v. H. und ist die geologische Vorratsmenge im Feld größer als 1 Mio. t, so sind sämtliche im Bewilligungsfeld vorhandenen Kiese und Sande bergfreie Bodenschätze. § 2 II 1 des Gesetzes zur Vereinheitlichung der Rechtsverhältnisse bei Bodenschätzen vom 15. 4. 1996 (BodSchVereinhG) ist – ebenso wie § 150 II BBergG – dahin auszulegen, dass Umfang und Dauer der dort geregelten Bergfreiheit durch den Inhalt der bestehenden Berechtigung abschließend bestimmt werden.[1334]

Nach **§ 2 I Nr. 1 BBergG** unterliegen **Massen** dem BBergG nur, wenn deren Aufsuchen, Gewinnen oder Aufbereiten in unmittelbarem betrieblichen Zusammenhang mit dem Gewinnen von Bodenschätzen steht. Damit übereinstimmend schließt der § 2 II Nr. 4 KrW-/AbfG alle Abfälle aus seinem Geltungsbereich aus, die beim Gewinnen von Bodenschätzen anfallen. Die Ablagerung von Kunststoffgranulat als bergbaulicher Versatz im Rahmen des Salzbergbaus, das aus aufbereiteten Rückständen des Dualen Systems gewonnen wird, ist trotz Beimischung von Salzaufbereitungsrückständen ein bergbaufremder Abfall. Das Granulat ersetzt weder Rohstoffe, die sonst zusätzlich zur Gangart für den Versatz eingesetzt werden müssten, noch erfüllt es einen über das Volumen hinausgehenden Sicherheitszweck, wie ein Stabilisat aus REA-Gips und Steinkohleasche. Es ist daher nicht das BBergG, sondern das KrW-/AbfG anzuwenden. Allerdings steht das KrW-/AbfG einer Verwertung von bergbaufremden Abfällen bei Einrichtungen und Tätigkeiten, die der Bergaufsicht unterliegen, nicht entgegen. Denn Abfälle zur Verwertung sollen nach der Absicht des Gesetzgebers in die „Kreislaufwirtschaft" zurückgeführt werden. Die Verwendung dieser Stoffe unterliegt damit dem rechtlichen Regime, das für den Sachbereich gilt, in dem der Stoff eingesetzt werden soll. Das gilt allerdings nur für Abfälle zur Verwertung. Abfälle zur Beseitigung unterliegen dagegen dem Regime des

---

[1333] *BVerwG*, Urt. v. 13. 12. 1991 – 7 C 25.90 – BVerwGE 89, 246 = DVBl. 1992, 569 = NVwZ 1992, 980 – Gasspeicher.
[1334] *OVG Bautzen*, Urt. v. 24. 9. 2001 – 1 B 335/01 – ZfB 2002, 58.

KrW-/AbfG und dürfen nur in einer Abfallbeseitigungsanlage (Untertagedeponie) gelagert werden.[1335]

3560 Die Zulassung eines Hauptbetriebsplanes für einen **Kiessandabbau** auf einer Fläche von mehr als 10 ha ist nicht von einem vorher aufzustellenden Rahmenbetriebsplan für das Gesamtvorhaben abhängig. Nach Auffassung des *VG Dessau* wird damit auch die UVP-Pflicht in den §§ 52 IIa 1, 57c BBergG i.V. m. § 1 Nr. 1b aa UVP-V Bergbau nicht umgangen.[1336] Eine mobile Brech- und Siebanlage, deren Betrieb durch zusätzlichen LKW-Verkehr den Erholungswert eines Naherholungsgebietes erheblich beeinträchtigt, kann aus entgegenstehenden naturschutzrechtlichen Belangen unzulässig sein.[1337]

3561 b) **Bergrechtliche Pläne.** § 52 I BBergG unterscheidet Rahmenbetriebspläne, Hauptbetriebspläne, Sonderbetriebspläne und Abschlussbetriebspläne. Für die Errichtung und Führung eines Betriebs sind nach § 52 I 1 BBergG **Hauptbetriebspläne** für einen in der Regel zwei Jahre nicht überschreitenden Zeitraum aufzustellen. Auf Verlangen der Behörde sind für einen längeren Zeitraum nach § 52 II Nr. 1 BBergG **Rahmenbetriebspläne** aufzustellen, die allgemeine Angaben über das beabsichtigte Vorhaben, dessen technische Durchführung und voraussichtlichen zeitlichen Ablauf enthalten müssen. Auf Verlangen der Behörde sind auch für bestimmte Teile des Betriebes oder für bestimmte Vorhaben **Sonderbetriebspläne** aufzustellen. Sonderbetriebspläne werden inzwischen auch für die obertägigen Auswirkungen des Bergbaus aufgestellt. Vor Beginn der vorgesehenen Arbeiten hat der Unternehmer den bergbaulichen Plan nach § 54 BBergG zur Zulassung einzureichen. Wird durch die in dem Plan vorgesehenen Maßnahmen der Aufgabenbereich anderer Behörden oder der Gemeinden als Planungsträger berührt, so sind diese vor der Zulassung des Betriebsplans durch die zuständige Behörde zu beteiligen. Die Landesregierungen können weitere Beteiligungsrechte der Gemeinden vorschreiben.

3562 c) **Zulassungsvoraussetzungen.** Die Zulassungsvoraussetzungen für die bergbaulichen Pläne sind in § 55 BBergG geregelt. Die Zulassung eines Betriebsplans ist danach zu erteilen, wenn (1) für die im Betriebsplan vorgesehene Aufsuchung oder Gewinnung von Bodenschätzen die erforderlichen Berechtigungen nachgewiesen sind, (2) die Zuverlässigkeit der verantwortlich handelnden Personen gewährleistet ist, (3) die erforderliche Vorsorge gegen Gefahren für Leben, Gesundheit und Schutz von Sachgütern, Beschäftigter und Dritter im Betrieb, insbesondere durch die den allgemein anerkannten Regeln der Sicherheitstechnik entsprechenden Maßnahmen, sowie dafür getroffen worden ist, dass die für die Errichtung und Durchführung eines Betriebes erlassenen Vorschriften eingehalten werden, (4) keine Beeinträchtigung von Bodenschätzen eintreten wird, deren Schutz im öffentlichen Interesse liegt, (5) für den Schutz der Oberfläche im Interesse der persönlichen Sicherheit und des öffentlichen Verkehrs Sorge getragen ist, (6) die anfallenden Abfälle ordnungsgemäß beseitigt werden, (7) die erforderliche Vorsorge zur Wiedernutzbarmachung der Oberfläche in dem nach den Umständen gebotenen Ausmaß getroffen worden ist und (8) die erforderliche Vorsorge getroffen ist, dass die Sicherheit eines nach den §§ 50, 51 BBergG zulässigerweise bereits geführten Betriebes nicht gefährdet wird. Besondere Bedeutung hat auch die Zulassungsvoraussetzung des § 55 I 1 Nr. 9 BBergG, wonach gemeinschädliche Einwirkungen der Aufsuchung oder Gewinnung nicht erwartet werden dürfen. Weitere Zulassungsvoraussetzungen beziehen sich auf die Sicherheit von Schifffahrtswegen, Unterwasserkabeln oder Rohrleitungen und schädliche Einwirkungen auf das Meer (§ 55 I 1 Nr. 10 bis 13 BBergG).

3563 Die Zulassung ist u. a. nach § 55 I 1 Nr. 9 BBergG zu versagen, wenn der Bergbau einen **Gemeinschaden** bewirken kann. Dazu zählen etwa gravierende Auswirkungen des Bergbaus auf die Oberfläche. Zu den gemeinschädlichen Einwirkungen i. S. des § 55 I 1 Nr. 9

[1335] *BVerwG*, Urt. v. 14. 4. 2000 – 4 C 13.98 – BVerwGE 111, 136 = DVBl. 2000, 1351 = NVwZ 2000, 1057 Kunststoffgranulat; zum Stabilisat Urt. v. 26. 5. 1994 – 7 C 14.93 – BVerwGE 96, 80.
[1336] *VG Dessau*, B. v. 29. 6. 1999 – 2 A K 35/97 – ZfB 1999, 265.
[1337] *VG Magdeburg*, Urt. v. 29. 4. 1999 – A 3 K 224/95 – ZfB 1999, 266.

BBergG gehören aber auch Veränderungen der Wasserbeschaffenheit, die nach dem WHG die Merkmale einer **Gewässerverunreinigung** aufweisen.[1338] Vom Tatbestand des § 55 I 1 Nr. 9 BBergG erfasst werden Gewässerverunreinigungen dann, wenn die Schwelle der Gemeinwohlbeeinträchtigung überschritten ist. Anhaltspunkte dafür, wann dies der Fall ist, bietet das Wasserrecht. Danach umfasst das Wohl der Allgemeinheit insbesondere die Wahrung der durch das WHG geschützten wasserwirtschaftlichen Belange. Hierzu gehört ausweislich des § 1a II WHG auch die Abwehr von Gewässerverunreinigungen. Als solche stuft das Gesetz erkennbar Einwirkungen ein, durch die dauernd oder in einem nicht nur unerheblichen Ausmaß schädliche Veränderungen der physikalischen, chemischen oder biologischen Beschaffenheit des Wassers herbeigeführt werden (vgl. § 3 II Nr. 2 WHG). Sind solche Veränderungen zu erwarten, so handelt es sich um eine Beeinträchtigung des Wohls der Allgemeinheit, die in Parallelität zu § 55 I 1 Nr. 9 BBergG nach § 6 WHG einen Versagungsgrund darstellt.[1339] Weder genügt es, dass ein Schadenseintritt abstrakt möglich erscheint oder zu besorgen ist, noch bedarf es des Nachweises einer an Gewissheit grenzenden Wahrscheinlichkeit oder einer konkreten Gefahr im ordnungsbehördlichen Sinne. Vielmehr sind Gemeinwohlbeeinträchtigungen i. S. des § 6 WHG ebenso wie gemeinschädliche Einwirkungen i. S. des § 55 I 1 Nr. 9 BBergG dann zu erwarten, wenn sie bei normalem Geschehensablauf nach allgemeiner Lebenserfahrung wahrscheinlich und ihrer Natur nach vorhersehbar sind.

Auch bei der **Einstellung eines Bergbaubetriebs** kann ein Betriebsplan nur zugelassen werden, wenn betriebsbedingte gemeinschädliche Einwirkungen nicht zu erwarten sind. Dabei spielt keine Rolle, ob die gemeinschädlichen Einwirkungen eine Folge der Einstellungsmaßnahmen oder der vorangegangenen Betriebstätigkeit sind. Auch bei einem **Abschlussbetriebsplan** müssen die in § 55 I 1 Nrn. 2 bis 13 BBergG genannten Voraussetzungen erfüllt sein. Das gilt insbesondere für die Anforderungen an die Betriebssicherheit und den Arbeitsschutz. Aber auch die übrigen in den Nrn. 2 bis 13 aufgezählten Belange sind zu beachten, soweit es die mit der Betriebseinstellung verbundenen Betriebshandlungen erfordern. Die inhaltlichen Anforderungen sind im Rahmen des § 55 I und II BBergG die gleichen. Ein Bergbaubetrieb kann auch teilweise eingestellt werden. Hierfür reicht es auch bei Betriebsteilen, in denen lange vor In-Kraft-Treten des BBergG Bodenschätze abgebaut worden sind (vgl. § 169 II BBergG), aber nicht aus, dass einzelne Teile oder Einrichtungen für den Betrieb bedeutungslos werden.[1340]

Zur Sicherstellung der Zulassungsvoraussetzungen können nach **§ 48 BBergG allgemeine Verbote und Beschränkungen** ausgesprochen werden. So kann unbeschadet anderer öffentlich-rechtlicher Vorschriften die für die Zulassung von Betriebsplänen zuständige Behörde eine Aufsuchung oder Gewinnung von Bodenschätzen beschränken oder untersagen, soweit ihr überwiegende öffentliche Interessen entgegenstehen. Diese können sich auch aus dem Naturschutz und der Landschaftspflege ergeben. § 48 I 2 BBergG hindert nicht daran, eine Fläche trotz vorhandener grundeigener Bodenschätze insgesamt unter **Landschaftsschutz** zu stellen und in der Verordnung allgemein Abgrabungen zu verbieten.[1341] Bergrechtliche Vorhaben können daher an landesrechtlichen Regelungen zum Landschaftsschutz scheitern.[1342]

[1338] *BVerwG*, Urt. v. 9. 11. 1995 – 4 C 25.94 – BVerwGE 100, 31 = NVwZ 1996, 712 = DVBl. 1996, 259 – Erzbergwerk Rammelsberg.
[1339] *BVerwG*, Urt. v. 17. 3. 1989 – 4 C 30.88 – BVerwGE 81, 347.
[1340] *BVerwG*, Urt. v. 9. 11. 1995 – 4 C 25.94 – BVerwGE 100, 31 = NVwZ 1996, 712 = DVBl. 1996, 259 – Erzbergwerk Rammelsberg.
[1341] *BVerwG*, B. v. 25. 8. 1995 – 4 B 191.95 – UPR 1995, 447 = ZUR 1995, 334 = BauR 1995 – Kiesabbau Landschaftsschutzgebiet.
[1342] Zur Abgrabung *Bickel* ZfW 1984, 230; *Knöpfle* Das Einvernehmen der Gemeinden nach § 36 BBauG und raumordnungsrechtliche Vorgaben 1984; *Murswiek* JuS 1993, 699; *Schneider* DÖV 1988, 858; *Schwerdtfeger* JuS 1983, 104.

3566 **d) Umweltverträglichkeitsprüfung.** Durch eine Änderung des BBergG[1343] ist für bestimmte Vorhaben die Pflicht zur Umweltverträglichkeitsprüfung und für diese Vorhaben ein Planfeststellungsverfahren mit Öffentlichkeitsbeteiligung eingeführt worden. Die UVP-pflichtigen Vorhaben sind auf der Grundlage des § 57 c BBergG in der **UVP-V Bergbau**[1344] bestimmt worden. UVP-pflichtig sind danach die Gewinnung von Steinkohle, Braunkohle, bituminösen Gesteinen, Erzen und sonstigen nichtenergetischen Bodenschätzen: im Tiefbau mit einem Flächenbedarf der oberirdischen Anlagen von mindestens 10 ha und Vorhaben, die Bergsenkungen von mindestens 3 m erwarten lassen. UVP-pflichtig sind auch Vorhaben mit Bergsenkungen von mindestens 1 m, wenn erhebliche Beeinträchtigungen im Hinblick auf Vorflut, Grundwasser, Böden, geschützte Kulturgüter oder vergleichbare Schutzgüter zu erwarten sind. Im Tagebau sind Vorhaben mit einer Flächeninanspruchnahme von mindestens 10 ha sowie Vorhaben UVP-pflichtig, die eine Förderkapazität von mindestens 3.000 Tonnen je Tag haben oder zu einer großräumigen Grundwasserabsenkung führen (§ 1 Nr. 1 UVP-V Bergbau). Daneben sind noch weitere Vorhaben wie die Gewinnung von Erdöl oder Erdgas, Halden mit einem Flächenbedarf von 10 ha oder mehr, Schlammlagerplätze und Klärteiche mit einem Flächenbedarf von mindestens 5 ha, bestimmte bergbauliche Veredelungsanlagen wie Anlagen zur Trockendestillation oder Vergasung von Steinkohle oder Braunkohle, zur Gewinnung von Öl oder Gas, zum Brikettieren oder zur Aufbereitung von Erdgas oder nichtenergetischen Bodenschätzen UVP-pflichtig. Auch Kraftwerke, Heizkraftwerke und Heizwerke sowie sonstige Feuerungsanlagen sowie Anlagen zur Sicherstellung oder Endlagerung von radioaktiven Stoffen sind UVP-pflichtig, wenn ihre Errichtung und ihr Betrieb mit bergbaulichen Vorhaben im Zusammenhang steht (§ 1 Nr. 6 und 7 UVP-V Bergbau).

3567 Zu den für diese UVP-pflichtigen Vorhaben erforderlichen **Angaben** i. S. des **§ 57 a II 2 BBergG** gehören insbesondere (1) eine Beschreibung von Art und Menge der zu erwartenden Emissionen und Reststoffe, vor allem der Luftverunreinigungen, der Abfälle und des Anfalls von Abwasser, sowie Angaben über alle sonstigen erheblichen Auswirkungen des Vorhabens auf Menschen, Tiere und Pflanzen, Boden, Wasser, Luft, Klima und Landschaft und Kultur- und sonstige Sachgüter, einschließlich der jeweiligen Wechselwirkungen, (2) Angaben über den Bedarf an Grund und Boden während der Errichtung und des Betriebes des Vorhabens sowie über andere Kriterien, die für die Umweltverträglichkeitsprüfung eines Vorhabens maßgebend sind. Die Angaben müssen in jedem Fall eine Übersicht über die wichtigsten vom Unternehmer geprüften Vorhabenalternativen und die Angabe der wesentlichen Auswahlgründe unter besonderer Berücksichtigung der Umweltauswirkungen enthalten (§ 2 UVPV-Bergbau). Bei Vorhaben mit grenzüberschreitenden Auswirkungen ist eine grenzüberschreitende Behördenbeteiligung vorgesehen (§ 3 I UVPV-Bergbau). Nach einer entsprechenden Unterrichtung sind nach § 3 II UVPV-Bergbau Konsultationen mit den Behörden der Mitgliedstaaten aufzunehmen.

3568 **e) Planfeststellungsverfahren.** Für die UVP-pflichtigen Vorhaben ist nach § 52 IIa BBergG ein Planfeststellungsverfahren mit UVP durchzuführen, das an die Stelle des Verfahrens nach den §§ 54, 56 I BBergG tritt. Anhörungs- und Planfeststellungsbehörde ist die für die Zulassung von Betriebsplänen zuständige Behörde (§ 57 a I BBergG). Die wesentlichen Grundentscheidungen über die Zulassung des Vorhabens werden dabei in einem obligatorischen **Rahmenbetriebsplanverfahren** getroffen. Der vom Unternehmer einzureichende Rahmenbetriebsplan muss den Anforderungen genügen, die sich aus den Voraussetzungen für die Durchführung des Planfeststellungsverfahrens unter Berücksichtigung der Antragserfordernisse für die vom Planfeststellungsbeschluss eingeschlossenen behördlichen Entscheidungen ergeben (§ 57 a II 1 BBergG). Der Rahmenbetriebsplan

---

[1343] Gesetz zur Änderung des BBergG v. 12. 2. 1990 (BGBl. I 215).
[1344] Verordnung über die Umweltverträglichkeitsprüfung bergbaulicher Vorhaben (UVP-V Bergbau v. 13. 7. 1990 – BGBl. I 1420), abgedruckt bei *Stüer*, Bau- und Fachplanungsgesetze 1999, S. 805.

enthält eine Beschreibung der zu erwartenden erheblichen Auswirkungen des Vorhabens auf die Umwelt, alle sonstigen Angaben zu umweltrelevanten Auswirkungen sowie eine Beschreibung der Maßnahmen, mit denen erhebliche Beeinträchtigungen der Umwelt vermieden, vermindert oder ausgeglichen werden können. Ggf. sind auch die erforderlichen Ersatzmaßnahmen darzustellen. Im Übrigen gelten für das bergrechtliche Planfeststellungsverfahren die Vorschriften des VwVfG. Findet ein förmliches Planfeststellungsverfahren statt, so ist die **Öffentlichkeit** im Rahmen der Öffentlichkeitsbeteiligung förmlich zu beteiligen. Dies gilt vor allem im Hinblick auf die förmliche Offenlegung der Planung im Rahmen des bergrechtlichen Rahmenbetriebsplanverfahrens. Entsprechende Regelungen ergeben sich aus §§ 55 ff. BBergG. Hier haben die betroffenen Grundstückseigentümer Gelegenheit, ihre Belange und Interessen in die Planung einzubringen. Die Beteiligungsrechte im Offenlegungsverfahren gelten für jedermann, stehen also auch den Eigentümern, Mietern oder sonst Interessierten im Plangebiet oder in der Umgebung zu.

Die Zulassung des Rahmenbetriebsplans hat **Bindungswirkungen**. Nach § 57 a V BBergG erstreckt sich die Rechtswirkung der Planfeststellung zum Rahmenbetriebsplan hinsichtlich der vom Vorhaben berührten Belange Dritter oder der Aufgabenbereiche Beteiligter i. S. des § 54 II BBergG auch auf die Zulassung und Verlängerung der zur Durchführung des Rahmenbetriebsplans erforderlichen Haupt-, Sonder- und Abschlussbetriebspläne. Die Bindungswirkung besteht, soweit über die geltend gemachten Einwendungen entschieden worden ist oder bei rechtzeitiger Geltendmachung hätte entschieden werden können. Der Rahmenbetriebsplan gewinnt daher für die Zulassung bergbaulicher Vorhaben eine zentrale Rolle für den Rechtsschutz von Drittbetroffenen wie privaten Grundstückseigentümern oder den Gemeinden. Werden Einwendungen nicht im Planfeststellungsverfahren rechtzeitig geltend gemacht, können sie im späteren Verfahren präkludiert sein.

f) Rücksichtnahme auf Verkehrsanlagen. Die Errichtung, Erweiterung, wesentliche Änderung und der Betrieb von öffentlichen Verkehrsanlagen und von Gewinnungsbetrieben sind in gegenseitiger **Rücksichtnahme** so zu planen und durchzuführen, dass die Vorhaben sich so wenig wie möglich beeinträchtigen (§ 124 I 1 BBergG). Soweit der gleichzeitige Betrieb einer öffentlichen Verkehrsanlage und eines Gewinnungsbetriebes ohne eine wesentliche Beeinträchtigung der öffentlichen Verkehrsanlage ausgeschlossen ist, gehen die Errichtung, Erweiterung, wesentliche Änderung und der Betrieb der öffentlichen Verkehrsanlage der Gewinnung von Bodenschätzen vor, es sei denn, dass das öffentliche Interesse an der Gewinnung von Bodenschätzen überwiegt (§ 124 III BBergG). Ist Voraussetzung für die Errichtung, Erweiterung, wesentliche Änderung oder den Betrieb einer öffentlichen Verkehrsanlage, dass der Unternehmer in seinem Gewinnungsbetrieb Einrichtungen herstellt, beseitigt oder ändert, so ist ihm vom Träger der öffentlichen Verkehrsanlage Ersatz in Geld zu leisten, soweit seine Maßnahmen ausschließlich der Sicherung der Verkehrsanlage dienen. Dies gilt nicht, wenn die Gewinnungsberechtigung erst nach der für die öffentliche Verkehrsanlage erforderlichen Planoffenlegung entstanden ist (§ 124 IV BBergG). Die im Planfeststellungsverfahren für öffentliche Verkehrsanlagen gegenüber einem Bergbautreibenden zu beachtende Rücksichtnahme entbindet diesen nicht von der in § 73 IV VwVfG normierten Mitwirkungspflicht und schützt ihn nicht vor dem Einwendungsausschluss nach § 20 II 1 AEG.[1345] Die Rücksichtnahmepflicht bei der Planung öffentlicher Verkehrsanlagen äußert sich darin, dass der Bergbautreibende in allen Phasen der Planung der öffentlichen Verkehrsanlage erwarten kann, mit seinen Vorstellungen, Anliegen und Wünschen gehört und im Rahmen des Möglichen berücksichtigt zu werden.[1346] Im Planfeststellungsverfahren ist Vor-

---

[1345] Allgemeines Eisenbahngesetz v. 22. 12. 1993 (BGBl. I 2378).
[1346] *Piens/Schulte/Graf Vitzthum* § 124 BBergG Rdn. 9; *Boldt/Weller* § 124 BBergG Rdn. 5, § 113 Rdn. 22.

aussetzung hierfür allerdings, dass der Bergbautreibende seine Belange als Einwender rechtzeitig geltend macht. Dieser Einwendungsausschluss erstreckt sich auch auf das gerichtliche Verfahren, so dass dort bei Versäumen der Einspruchsfrist ein Abwehranspruch gegen die Planfeststellung nicht mehr durchgesetzt werden kann.[1347]

3571 Im fernstraßenrechtlichen Planfeststellungsverfahren hat der Bergbautreibende entsprechende Beteiligungsrechte. Der Bergwerkseigentümer kann den fernstraßenrechtlichen Planfeststellungsbeschluss auch bei entsprechender Betroffenheit in eigenen Rechten selbstständig neben dem Eigentümer anfechten. § 17 I 2 FStrG verlangt, dass die von dem Vorhaben berührten öffentlichen und privaten Belange im Rahmen der Abwägung zu berücksichtigen sind. Wie die Behörde bei der Erfüllung dieser Verpflichtung methodisch vorgeht, legt das Gesetz nicht fest. Eine zusammenfassende Darstellung, wie sie § 11 UVPG für den Bereich der UVP verlangt, schreibt das Gesetz auf der Stufe des § 17 I 2 FStrG nicht vor. Derartige Verpflichtungen ergeben sich auch nicht aus dem ergänzend anzuwendenden VwVfG. Die Belange des Bergbautreibenden sind allerdings nicht lediglich als einfache Belange in die Abwägung einzustellen. Die Belange von Gewinnungsbetrieben fordern vielmehr im Ausgleich mit konfligierenden anderen Belangen eine möglichst weitgehende Berücksichtigung.[1348]

3572 § 124 III BBergG begründet für den Fall des gleichzeitigen Betriebes einer öffentlichen Verkehrsanlage und eines bergrechtlichen Gewinnungsbetriebes den **Vorrang der öffentlichen Verkehrsanlage**, es sei denn, dass das öffentliche Interesse an der Gewinnung der Bodenschätze überwiegt. Dieser Vorrang der fernstraßenrechtlichen Planung ist nach Auffassung des *BVerwG* auch vor dem Hintergrund der Rohstoffsicherungsklausel gerechtfertigt.[1349] Verläuft die planfestgestellte Straßentrasse durch das Gewinnungsgebiet eines Bergwerkseigentümers mit der Folge, dass in einem Teil des Feldes die Bodenschätze faktisch nicht abgebaut werden können, hat der Bergwerkseigentümer keinen Anspruch auf Entschädigung oder Ausgleich in Geld oder durch Übernahme des Bergwerkseigentums, wenn dem § 124 I BBergG bei der Planung durch größtmögliche gegenseitige Rücksichtnahme entsprochen worden ist. Der Planfeststellungsbeschluss konkretisiert bei Einhaltung des § 124 BBergG Inhalt und Schranken des aufgrund gesetzlicher Regelungen beschränkbaren Bergwerkseigentums.[1350] Die Verwirklichung des in § 124 III BBergG enthaltenen Vorrangs löst daher als solche keine Entschädigungspflicht aus. Die Regelung verstößt auch nicht gegen die Eigentumsgarantie in Art. 14 I 1 GG.[1351] Ein straßenrechtlicher Planfeststellungsbeschluss ist abwägungsfehlerhaft, wenn eine an sich erforderliche Alternativenprüfung nur deshalb unterblieben ist, weil sich die Planfeststellungsbehörde jedenfalls faktisch und kritiklos an Einschätzungen und vermeintliche Entscheidungsvorbehalte des Bergamtes gebunden gefühlt hat. Die formelle Konzentrationswirkung des § 75 VwVfG erfasst auch Entscheidungen der Bergbehörden nach dem BBergG. Materiell sind die bergrechtlichen Belange nach Maßgabe des § 124 BBergG zu prüfen.[1352]

3573 g) **Ersatz der Bergschäden.** Für Bergschäden eines unter Tage betriebenen Kalibaus im Gebiet der ehemaligen DDR, die nicht ausschließlich nach dem 2. 10. 1990 verursacht worden sind, gilt die in § 26 I b der Ersten Durchführungsverordnung zum Berggesetz der DDR bestimmte Reihenfolge der von § 19 II BergG vorgesehenen Ersatzleistung im

---

[1347] *BVerwG*, B. v. 22. 2. 1995 – 11 VR 1.95 – ZfB 1995, 95 = DÖV 1995, 779 = NVwZ 1995, 903 – Mecklar-Vieselbach.
[1348] *BVerwG*, Urt. v. 14. 10. 1996 – 4 A 35.96 – Buchholz 407.4 § 17 FStrG Nr. 123 – A 38 Halle-Leipzig.
[1349] *BVerwG*, Urt. v. 30. 7. 1998 – 4 A 1.98 – DVBl. 1999, 254 = NVwZ-RR 1999, 162 – Wallhausen.
[1350] *BVerwG*, Urt. v. 26. 3. 1998 – 4 A 2.97 – DVBl. 1998, 895 = NVwZ 1998, 1180.
[1351] *BVerwG*, Urt. v. 30. 7. 1998 – 4 A 1.98 – ZfB 1998, 140 – Wallhausen.
[1352] *OVG Münster*, Urt. v. 4. 2. 1999 – 23 A 376/96 – (unveröffentlicht) – bergrechtlicher Sicherheitszonenbereich.

Grundsatz fort. Danach ist Geldersatz erst zu leisten, wenn eine Wiederherstellung in Natur nur mit unverhältnismäßigen Aufwendungen möglich ist (§ 251 II BGB). Bei einer zwischenzeitlichen Weiterveräußerung kann entsprechend § 251 I BGB ein Geldanspruch bestehen. Auch Folgekosten wie Gutachter- und Beraterkosten sind zu ersetzen.[1353] Der **merkantile Minderwert** ist auch nach dem BBergG zu entschädigen. So kann bei einem Kaufinteressenten trotz ordnungsgemäßer und vollständiger Instandsetzung des bergbaugeschädigten Gebäudes der Verdacht verborgener Mängel bestehen bleiben, der den merkantilen Minderwert auf dem Immobilienmarkt ausmacht. Als Entscheidungshilfe für die Berechnung dieses Minderwertes kann ein Verbandsabkommen dienen, das schematisierte Berechnungen zu den Faktoren Art des Reparaturaufwandes, Art der Schadensbeseitigung und der Verkäuflichkeit beinhaltet.[1354]

h) Bergschäden in der Bauleitplanung. Bergschäden sind auch bei der Aufstellung von Bebauungsplänen zu beachten. Ein schutzwürdiges Vertrauen kann allerdings grundsätzlich erst mit der Bekanntmachung der genehmigten Satzung entstehen.[1355] Die Amtsträger einer Gemeinde haben die Amtspflicht, bei der Aufstellung von Bebauungsplänen Gefahren für die Sicherheit der Wohn- und Arbeitsbevölkerung zu vermeiden.[1356] In den Schutzbereich dieser Amtspflicht fallen bei vom Bauherrn nicht beherrschbaren Berggefahren auch solche Schäden, die auf mangelnder Standsicherheit des Gebäudes infolge von Baugrundrisiken beruhen.[1357] Entsprechendes gilt für eine wegen Berggefahren rechtswidrig erteilte Baugenehmigung. Hier wird eine Haftung nach § 1 StHG DDR aber nur dann begründet, wenn der Genehmigungsbehörde bei Anlegung eines objektiven Sorgfaltsmaßstabes Gefahren für die Standsicherheit des Bauwerks erkennbar sind.[1358]

i) REA-Gips- und Asche-Deponien. Die zur Wiedernutzbarmachung der Oberfläche bergrechtlich gebotene Verfüllung eines Tagebaus mit einem Stabilität aus **REA-Gips** und **Steinkohlenasche** ist eine Verwertung von Reststoffen gem. § 5 I Nr. 3 BImSchG und unterliegt deshalb nicht den Vorschriften über die Entsorgung von Abfällen, sondern kann durch eine bergrechtliche Betriebsplanzulassung gestattet werden. Für die Abgrenzung zwischen einer Verwertungs- und einer Beseitigungsmaßnahme ist entscheidend, ob die Nutzung der stofflichen Eigenschaften des Materials zu einem bestimmten Zweck oder die Beseitigung eines wegen seiner Schadstoffhaltigkeit oder aus anderen Gründen nicht weiter nutzbaren Stoffes im Vordergrund steht. Für diese wertende Betrachtung ist von der Verkehrsanschauung unter Berücksichtigung der Vorstellungen desjenigen auszugehen, der die Maßnahme durchführt. Reststoffe aus immissionsschutzrechtlich genehmigungsbedürftigen Anlagen dürfen außerhalb des Abfallrechts verwertet werden, wenn die Ordnungsmäßigkeit und Schadlosigkeit der Reststoffverwertung rechtlich sichergestellt ist. Diese Voraussetzung erfüllt die Verfüllung eines Tagebaues zur Wiedernutzbarmachung der Oberfläche im Rahmen bergaufsichtlicher Anordnungen. Denn die bergrechtliche Betriebsplanzulassung ist nach Verfahren und materiellen Zulassungsvoraussetzungen so ausgestaltet, dass mögliche Gefährdungen der menschlichen Gesundheit, der Umwelt oder anderer rechtlich geschützter öffentlicher und privater Belange zu verhindern sind.[1359] Die bergrechtliche Betriebsplanzulassung für die Verfüllung eines Tage-

---

[1353] *BGH*, Urt. v. 8. 7. 1999 – III ZR 159/97 – ZfB 1999, 271.
[1354] *OLG Düsseldorf*, Urt. v. 4. 2. 2000 – 7 U 67/98 – BauR 2000, 1487 = ZfB 2000, 195.
[1355] *BGH*, Urt. v. 29. 7. 1999 – III ZR 234/97 – ZfB 1999, 277.
[1356] So für Tagesbrüchen wegen Bergschäden *BGH*, Urt. v. 29. 7. 1999 – III ZR 234/97 – BGHZ 142, 249 = DVBl. 1999, 1507 im Anschluss an die Altlasten-Rechtsprechung *BGH*, 26. 1. 1989 – III ZR 194/87 – BGHZ 106, 323; Urt. v. 14. 10. 1993 – III ZR 156/92 – BGHZ 123, 363.
[1357] In Abgrenzung zu Abgrenzung *BGH*, Urt. v. 27. 5. 1963 – III ZR 48/62 – BGHZ 39, 358; Urt. v. 14. 10. 1993 – III ZR 156/92 – BGHZ 123, 363.
[1358] *BGH*, Urt. v. 29. 7. 1999 – III ZR 234/97 – ZfB 1999, 277.
[1359] *BVerwG*, Urt. v. 26. 5. 1984 – 7 C 14.93 – Buchholz 406.25 § 5 BImSchG Nr. 18 = UPR 1994, 341 = DVBl. 1994, 1013 m. Anm. *Weidemann* = NVwZ 1994, 897 = ZfB 1994, 211 = DÖV 1994, 1009 = ZfW 1995, 13 – Kraftwerksrückstände.

baues genügt ebenso wie wasserrechtliche Gestattungen oder immissionsschutzrechtliche Genehmigungen für Anlagen zur Behandlung der Reststoffe vor ihrer Verfüllung den europarechtlichen Vorgaben, welche die Art. 9 und 10 der Abfallrahmen-Richtlinie[1360] für die Genehmigung von Anlagen zur Verwertung von Abfällen aufstellen und die nach dem Begriffsverständnis der Richtlinie (vgl. Art. 1a) auch für die Verwertung von Reststoffen i. S. des § 5 I Nr. 3 BImSchG gelten.[1361]

3576 **Filterstäube** dürfen als Bergversatz nur verwendet werden, wenn es sich bei der Verwendung der Stäube als Bestandteil in einer Spülversatzmischung um eine zulässige Verwertung von Abfällen handelt.[1362] Die maßgeblichen Kriterien hat das *BVerwG* schon für die Verfüllung eines Tontagebaus mit einen Stabilisat aus Asche und Gips herausgestellt.[1363] Danach ist entscheidend, ob die stofflichen Eigenschaften einen spezifischen Nutzen über die Ablagerung hinaus für den bergbaulichen Versatz haben.[1364] Das *OVG Lüneburg* hat dies angenommen, da der Nutzen der aus den Filterstäuben hergestellten Spülversatzlösung[1365] nicht nur darin besteht, leeren Raum zu füllen, wie es für Kunststoffgranulat angenommen wurde,[1366] sondern durch den hohen Gehalt an Zink und freiem Kalk eine gute Abbindung und schnellere Verfestigung erreicht wird.[1367] Schon zuvor hatte das *VG Stuttgart* mit ähnlicher Begründung eine stoffliche Verwertung für „Baustoffe auf Asbestbasis (Abfallschlüssel 170105)" angenommen.[1368]

3577 **j) Grundabtretung.** §§ 77 ff. BBergG regeln ein eigenes Grundabtretungsverfahren, das der Bereitstellung von Grund und Boden zur Benutzung für bergbauliche Zwecke dient. Kommt eine gütliche Einigung nicht zustande, soll nach den §§ 77 ff. BBergG die Möglichkeit bestehen, den Grundeigentümer zur Hergabe des für bergbauliche Zwecke benötigten Grund und Bodens zu verpflichten. Nach § 77 I BBergG kann auf Antrag des Unternehmers eine Grundabtretung durchgeführt werden, soweit für die Errichtung oder Führung eines Gewinnungsbetriebes oder Aufbereitungsbetriebes einschließlich der dazugehörigen, in § 2 I Nr. 1 bis 3 BBergG bezeichneten Tätigkeiten und Einrichtungen die Benutzung eines Grundstücks notwendig ist. Die Benutzung ist nach § 77 II BBergG insbesondere dann notwendig, wenn das Vorhaben einer technisch und wirtschaftlich sachgemäßen Betriebsplanung oder Betriebsführung entspricht und die Bereitstellung von Grundstücken des Unternehmers nicht möglich oder nicht zumutbar ist, weil die Benutzung solcher Grundstücke für andere bergbauliche Zwecke unerlässlich ist. Ist der **Rahmenbetriebsplan** bzw. Betriebsplan gegenüber dem Grundabtretungsverpflichteten bestandskräftig geworden, wird man davon ausgehen können, dass eine entsprechende Rechtfertigung der Grundabtretung gegeben ist. Allerdings besteht insoweit noch ein vollinhaltlicher Rechtsschutz im Grundabtretungsverfahren. Ist der bergbauliche Plan noch nicht erlassen oder dem Grundabtretungsverpflichteten gegenüber noch nicht bestandskräftig, wird eine entsprechend strenge Prüfung erfolgen müssen, ob die Voraussetzungen einer technisch und wirtschaftlich sachgerechten Betriebsplanung oder Betriebs-

---

[1360] Richtlinie 75/442/EWG des Rates über Abfälle v. 15. 7. 1975 (ABl. EG L 194 S. 39) i. d. F. der Richtlinie 91/156/EWG vom 18. 3. 1991 – ABl. EG Nr. L 78 S. 32.
[1361] *BVerwG*, Urt. v. 26. 5. 1984 – 7 C 14.93 – Buchholz 406.25 § 5 BImSchG Nr. 18 = UPR 1994, 341 = DVBl. 1994, 1013 m. Anm. *Weidemann* = NVwZ 1994, 897 = ZfB 1994, 211 = DÖV 1994, 1009 = ZfW 1995, 13 – Kraftwerksrückstände.
[1362] *OVG Lüneburg*, B. v. 14. 7. 2000 – 7 M 2005/99 – NVwZ-RR 2001, 19.
[1363] *BVerwG*, Urt. v. 26. 5. 1994 – 7 C 14.93 – BVerwGE 96, 80 = DVBl. 1994, 1013.
[1364] *BVerwG*, Urt. v. 26. 5. 1994 – 7 C 14.93 – BVerwGE 96, 80 = DVBl. 1994, 1013; Urt. v. 14. 4. 2000 – 4 C 13.98 – DVBl. 2000, 1351 = NVwZ 2000, 1057.
[1365] Diese stellt nur ein unselbstständiges Zwischenstadium dar, *BVerwG*, Urt. v. 26. 5. 1994 – 7 C 14.93 – BVerwGE 96, 80 = DVBl. 1994, 1013.
[1366] *BVerwG*, Urt. v. 14. 4. 2000 – 4 C 13.98 – BVerwGE 111, 136 = DVBl. 2000, 1353 – Kunststoffgranulat.
[1367] *OVG Lüneburg*, B. v. 14. 7. 2000 – 7 M 2005/99 – NVwZ-RR 2001, 19 = ZUR 2001, 92.
[1368] *VG Stuttgart*, B. v. 25. 5. 2000 – 13 K 5456/99 – DÖV 2000, 967.

führung vorliegen. Die Grundabtretung ist nur aus **Gründen des Wohls der Allgemeinheit** zulässig. § 79 I 1 BBergG benennt dazu als Beispielsfälle die Versorgung des Marktes mit Rohstoffen, die Erhaltung der Arbeitsplätze im Bergbau, den Bestand oder die Verbesserung der Wirtschaftsstruktur oder den sinnvollen und planmäßigen Abbau von Lagerstätten. Die Grundabtretung setzt voraus, dass der Grundabtretungsbegünstigte sich ernsthaft um einen freihändigen Erwerb des Grundstücks oder die Vereinbarung eines Nutzungsverhältnisses zu angemessenen Bedingungen bemüht hat. Außerdem hat der Grundabtretungsbegünstigte glaubhaft zu machen, dass das Grundstück für den vorgesehen Zweck innerhalb angemessener Frist verwendet wird. Die Grundabtretung darf nur in dem erforderlichen Umfang durchgeführt werden (§§ 81, 82 BBergG). Für die Grundabtretung ist eine angemessene Entschädigung zu leisten, die sich auf den eintretenden Rechtsverlust und andere durch die Grundabtretung entstehenden Vermögensnachteile bezieht (§ 84 BBergG). Die gesetzliche Regelung der bergrechtlichen Grundabtretung (§§ 77 ff. BBergG) als einer Enteignung entspricht den Anforderungen des Art. 14 III GG jedenfalls insoweit, als die Enteignung für die Errichtung und die Führung eines Gewinnungsbetriebs zum Zweck der Versorgung des Markts mit Rohstoffen unter Berücksichtigung eines sinnvollen und planmäßigen Lagerstättenabbaus zugelassen ist. Ob eine Grundabtretung im Einzelfall dem Wohl der Allgemeinheit dient, ist im jeweiligen Grundabtretungsverfahren aufgrund einer Abwägung der betroffenen öffentlichen und privaten Belange festzustellen.[1369] Die Grundabtretung ist bereits zulässig für eine **Untersuchungsbohrung**, mit der die Grundwasserverhältnisse sowie die Lagerverhältnisse der Braunkohle im Einzelnen für einen erst beabsichtigten Tagebau erkundet werden sollen, dessen Erforderlichkeit aus Gründen des Allgemeinwohls einschließlich seiner Zulässigkeit nach allen einschlägigen öffentlich-rechtlichen Vorschriften noch nicht abschließend zu beurteilen ist. Die Zulässigkeit einer Grundabtretung setzt nicht voraus, dass für die bergbaulichen Maßnahmen ein bestandskräftig zugelassener Betriebsplan vorliegt. Ein zugelassener Betriebsplan hat gegenüber dem Grundabtretungspflichtigen nur Indizcharakter dafür, dass die Maßnahmen nach ihm sachgemäß ausgeführt werden und dem Bergrecht entsprechen. Er bewirkt keine Bindung für den Abtretungspflichtigen.[1370] Liegt ein bestandskräftiger Betriebsplan allerdings nicht vor, ergeben sich höhere Rechtfertigungszwänge.

Ein **Bergbauunternehmer**, der auf einem eigenen Grundstück **grundeigene Bodenschätze** gewinnt, kann die Gewinnberechtigung für **fremde Grundstücke** nicht durch eine Grundabtretung nach § 77 BBergG erlangen. Er ist vielmehr auf den Weg der **Zulegung** nach § 35 BBergG zu verweisen.[1371] Will der Grundeigentümer grundeigene Bodenschätze auf einem fremden Grundstück abbauen, so bedarf er hierfür eines besonderen Rechtstitels. Die nach den bergrechtlichen Vorschriften erforderliche Bergbauberechtigung kann er sich verschaffen, indem er das Eigentum an dem fremden Grundstück erwirbt mit der Folge, dass auch das Recht, die dort vorhandenen grundeigenen Bodenschätze zu gewinnen, auf ihn übergeht, oder indem er mit dem Eigentümer einen Gewinnungsvertrag abschließt. Scheitert ein freihändiger Erwerb oder eine schuldrechtliche Vereinbarung, so eröffnet § 35 BBergG die Möglichkeit, die Bergbauberechtigung im Wege der Zulegung über die Grenzen des eigenen Grundstücks hinaus auszudehnen. Denn auch der Eigentümer eines Grundstücks mit grundeigenen Bodenschätzen ist Inhaber einer Gewinnungsberechtigung i. S. dieser Vorschrift. Den erschwerten Anforderungen, von denen § 35 BBergG die Erstreckung der Gewinnberechtigung im Wege der

---

[1369] *BVerwG*, Urt. v. 14. 12. 1990 – 7 C 5.90 – BVerwGE 87, 241 = Buchholz 406.27 § 77 BBergG Nr. 1 = DVBl. 1991, 393 = ZfB 1991, 129 = NVwZ 1991, 987 – Garzweiler II.
[1370] *BVerwG*, Urt. v. 14. 12. 1990 – 7 C 18.90 – Buchholz 406.27 § 55 BBergG Nr. 3 = RdL 1991, 151 = ZfB 1991, 140 = NVwZ 1991, 992 – Untersuchungsbohrungen Garzweiler II.
[1371] *BVerwG*, B. v. 7. 6. 1995 – 4 B 115.95 – Buchholz 406.27 § 35 BBergG Nr. 1 = RdL 1995, 201 = DVBl. 1995, 1018 = NVwZ-RR 1995, 632 = ZfB 136, 190 = NuR 1995, 543 – Zulegung.

Zulegung abhängig macht, kann er sich nicht dadurch entziehen, dass er auf das Regelungsinstrumentarium der §§ 77 ff. BBergG ausweicht. Denn im Unterschied zur Grundabtretung kommt eine Zulegung u. a. nur dann in Betracht, wenn aus bergwirtschaftlichen oder bergtechnischen Gründen ein grenzüberschreitender Abbau geboten ist, nicht damit gerechnet werden muss, dass die in dem Feld der benachbarten Berechtigung anstehenden Bodenschätze von einem anderen Gewinnungsbetrieb auch ohne Zulegung ebenso wirtschaftlich gewonnen werden, und wenn Bodenschätze, deren Schutz im öffentlichen Interesse liegt, durch die Zulegung nicht beeinträchtigt werden.

3579 Der Grundeigentümer ist beim Abbau von **Grundeigentümerbodenschätzen** berechtigt, nach § 42 BBergG **bergfreie Mineralien** mitzugewinnen, da ohne eine Mitgewinnung der häufig eng verwachsenen Mineralien die Gewinnung der Grundeigentümerbodenschätze erschwert oder gänzlich unmöglich wird.[1372] §§ 34, 43 BBergG gelten dabei entsprechend. Treffen bei den Fördermaßnahmen Grundeigentümer-Abbau und Bergbau auf verliehenes Mineral an derselben Stelle des Grubenfeldes zusammen, ohne dass ein getrennter Abbau möglich ist, kommt regelmäßig dem zeitlich früher aufgenommenen Betrieb Vorrang zu.[1373] Maßgeblich ist die Entscheidung der Verwaltungsbehörde nach den §§ 42, 43 BBergG, da diese erst die Konkretisierung des nach den §§ 8 I Nr. 1, 9 I und 151 I Nr. 2 BBergG lediglich allgemein umschriebenen Mitgewinnungsrechts von Bodenschätzen vornimmt. Voraussetzung für die zulässige Mitgewinnung eines anderen Bodenschatzes ist ein ernsthaft auf die Förderung des verliehenen Minerals gerichteter Betrieb und nicht unter dem bloßen Deckmantel eines derartigen Bergbaus ein planmäßig und ausschließlich auf die Gewinnung der prinzipiell dem Grundeigentum zugeordneten Bodenschätze gerichteter Betrieb.[1374] Die Bewilligung zur Gewinnung von Bodenschätzen nach § 8 BBergG umfasst grundsätzlich nicht das Recht, den Eigentümer oder dinglich Nutzungsberechtigten der Feldgrundstücke eine dem Gewinnungsberechtigten nachteilige Benutzung der Grundstücksoberfläche in Form einer Ölfernleitung zu verbieten, solange diese außerhalb der Bereiche verläuft, auf die sich die Gewinnungsrechte beziehen.[1375]

3580 Die **Konkretisierung** von im Gesetz nur allgemein bestimmten **Enteignungszwecken** durch eine Verwaltungsbehörde im Einzelfall ist ein Wesensmerkmal der sog. Administrativenteignung, die Art. 14 III GG als Enteignung „aufgrund eines Gesetzes" neben der Enteignung „durch Gesetz" (Legalenteignung) ausdrücklich vorsieht und die in der Verwaltungspraxis der Regelfall ist. Der Gesetzgeber ist nicht gehalten, aus der Vielzahl der unter das BBergG fallenden Bodenschätze einzelne für die Versorgung des Marktes besonders wichtige auszuwählen und als „grundabtretungswürdig" zu bezeichnen.[1376] Ein Vorhaben, das zwar dem gesetzlich bestimmten Enteignungszweck dient, dem aber überwiegende öffentliche Belange anderer Art (z. B. Landschaftsschutz, Wasserwirtschaft, Raumordnung, Städtebau, Denkmalschutz) entgegenstehen, dient nicht dem Allgemeinwohl, so dass dafür eine Enteignung nicht zulässig ist.[1377]

[1372] *BGH*, Urt. v. 12. 10. 2000 – III ZR 242/98 – DVBl. 2001, 361.

[1373] *BGH*, Urt. v. 12. 10. 2000 – III ZR 242/98 – DVBl. 2001, 361; Weiterführung von *RG*, RGZ 147, 161.

[1374] *BGH*, Urt. v. 12. 10. 2000 – III ZR 242/98 – DVBl. 2001, 361, vgl. auch *VG Ansbach*, Urt. v. 29. 5. 1996 – 10 K 3282/92 – ZfB 138 (1997), 171.

[1375] *BGH*, Urt. v. 23. 11. 2000 – III ZR 342/99 – DVBl. 2001, 368; *BVerwG*, Urt. v. 24. 10. 1967 – I C 64.65 – BVerwGE 28, 131 = DVBl. 1968, 35, zur Erweiterung einer Erdölraffinerie; Urt. v. 26. 3. 1998 – 4 A 2.97 – BVerwGE 106, 290 = DVBl. 1998, 895; Urt. v. 30. 7. 1998 – 4 A 1.98 – ZfB 139 (1998), 140 = DVBl. 1999, 254, zur Planung einer Autobahntrasse; *VG Koblenz*, Urt. v. 29. 11. 1990 – 1 K 1041/89 – ZfB 132 (1991), 209 zur Verlegung einer Regenwasserkanalisation.

[1376] *BVerwG*, Urt. v. 14. 12. 1990 – 7 C 5.90 – BVerwGE 87, 241 = Buchholz 406.27 § 77 BBergG Nr. 1 = DVBl. 1991, 393 = ZfB 1991, 129 = NVwZ 1991, 987 – Garzweiler II.

[1377] *BVerwG*, Urt. v. 18. 3. 1983 – 4 C 80.79 – BVerwGE 67, 74 = *Hoppe/Stüer* RzB Rdn. 1245 – Wittenberg; Urt. v. 12. 7. 1985 – 4 C 40.83 – BVerwGE 72, 15 = *Hoppe/Stüer* RzB Rdn. 1251; Urt. v.

k) Vorbereitende Maßnahmen. Zu den vorbereitenden, begleitenden und nachfol- 3581
genden Tätigkeiten des Gewinnens (§ 4 II 1 BBergG) von Kohle gehören auch die Erkundung der Grundwasserverhältnisse, die Absenkung des Grundwasserspiegels (Sümpfung) und die Beobachtung der Grundwasserverhältnisse während des Abbaus und danach. Mit der Zulassung eines bergrechtlichen Betriebsplans für eine Bohrung zur Untersuchung der Lagerverhältnisse sowie der Grundwasserverhältnisse wird nicht auch über die Zulässigkeit der Inanspruchnahme des Grundstücks entschieden, auf dem die Bohrung niedergebracht werden soll. Der Eigentümer kann die Rechtmäßigkeit der bergbaulichen Maßnahme, für die sein Grundstück in Anspruch genommen werden soll, uneingeschränkt im **bergrechtlichen Grundabtretungsverfahren** zur Überprüfung stellen. Von der Betriebsplanzulassung geht insoweit keine präjudizierende Wirkung aus. Der Bergbauunternehmer trägt das Risiko dafür, dass im Vertrauen auf bestandskräftig zugelassene Betriebspläne gemachte Aufwendungen wertlos werden können, weil die Inanspruchnahme fremder Grundstücke für das Vorhaben an den Voraussetzungen für die Zulässigkeit der Grundabtretung scheitert.[1378]

Nach **§ 101 I Nr. 3 BBergG** ist eine vorzeitige Besitzeinweisung aufzuheben, wenn die 3582
Entscheidung über die Grundabtretung nicht innerhalb von zwei Jahren nach Wirksamkeit der Besitzeinweisung erlassen wird. Die Frist kann um längstens ein Jahr verlängert werden (§ 101 II 2 BBergG). Die vorzeitige Besitzeinweisung dient dazu, dem Grundabtretungsberechtigten den rechtmäßigen Besitz an den Grundstücken auch schon vor Erlass des Grundabtretungsbeschlusses zu ermöglichen. Die Aufhebungspflicht soll gewährleisten, dass ein Eingriff in verfassungsrechtlich geschützte Eigentumspositionen nicht unzumutbar lange auf eine nur vorläufige behördlichen Entscheidung gestützt wird. Mit Erlass des Grundabtretungsbeschlusses entfällt diese Funktion.[1379] Der vorläufige Rechtsschutz gegen die vorzeitige Besitzeinweisung muss daher gewährt werden, wenn die vorzeitige Besitzeinweisung und die Grundabtretung voraussichtlich rechtswidrig sind.[1380]

2. Braunkohlenplanung

Sonderregelungen enthalten einige Landesplanungsgesetze für die Braunkohlenpla- 3583
nung. Dies soll am Beispiel des Braunkohlentagebaus **Garzweiler II**[1381] dargelegt werden. Nach § 24 I LPG NRW legen die Braunkohlenpläne auf der Grundlage des Landesentwicklungsprogramms und von Landesentwicklungsplänen in Abstimmung mit Gebietsentwicklungsplänen im Braunkohlenplangebiet Ziele der Raumordnung fest, soweit es für eine gesonderte Braunkohlenplanung erforderlich ist. Die Braunkohlenpläne bestehen nach § 24 II LPlaG aus textlichen und zeichnerischen Darstellungen. Für ein Vorhaben zum Abbau von Braunkohle einschließlich von Haldenflächen, das nach der Verordnung über die Umweltverträglichkeit bergbaulicher Vorhaben[1382] einer Umweltverträglichkeitsprüfung bedarf, ist die Umweltverträglichkeit nach Maßgabe des BBergG[1383] im Braunkohlenplanverfahren zu prüfen. Das Braunkohlenplangebiet umfasst ganz oder

---

21. 3. 1986 – 4 C 48.82 – BVerwGE 74, 109 = *Hoppe/Stüer* RzB Rdn. 1139; Urt. v. 9. 3. 1990 – 7 C 21.89 – BVerwGE 85, 44 = *Hoppe/Stüer* RzB Rdn. 484; Urt. v. 14. 12. 1990 – 7 C 5.90 – BVerwGE 87, 241 = Buchholz 406.27 § 77 BBergG Nr. 1 = DVBl. 1991, 393 = ZfB 1991, 129 = NVwZ 1991, 987 – Garzweiler II.

[1378] *BVerwG*, Urt. v. 9. 3. 1990 – 7 C 23.89 – BVerwGE 85, 54; Urt. v. 14. 12. 1990 – 7 C 18.90 – Buchholz 406.27 § 55 BBergG Nr. 3 = RdL 1991, 151 = ZfB 1991, 140 = NVwZ 1991, 992 – Untersuchungsbohrungen Garzweiler II.

[1379] *OVG Weimar*, B. v. 9. 6. 1999 – 2 EO 977/98 – ZfB 1999, 249.

[1380] *VG Cottbus*, B. v. 30. 11. 1999 – 3 L 820/99 – ZfB 2000, 73.

[1381] Bekanntmachung der Genehmigung des Braunkohlenplanes Garzweiler II vom 31. 3. 1995 GVBl. 1995, 202; *Hoppe* UPR 1983, 105; *ders.* StuGR 1993, 230; *Stüer* StuGR 1996, 264.

[1382] UVP-V Bergbau vom 13. 7. 1990 (BGBl. I 1420).

[1383] Abgedruckt bei *Stüer*, Bau- und Fachplanungsgesetze 1999, S. 517.

zum Teil das Gebiet der Kreise Aachen, Düren, Euskirchen, Erftkreis, Heinsberg, Neuss, Rhein-Sieg-Kreis, Viersen sowie der kreisfreien Städte Köln und Mönchengladbach (§ 25 II LPlaG). Der Braunkohlenplan wird vom Braunkohlenausschuss aufgestellt, der als Sonderausschuss des Bezirksplanungsrates des Regierungsbezirks Köln errichtet worden ist (§ 26 I LPlaG). Der Braunkohlenausschuss besteht aus einer kommunalen Bank, einer regionalen Bank und einer funktionalen Bank.[1384] Der Braunkohlenausschuss trifft die sachlichen und verfahrensmäßigen Entscheidungen zur Erarbeitung der Braunkohlenpläne und beschließt deren Aufstellung (§ 31 I 1 LPlaG). Nach § 34 I LPlaG bedürfen die Braunkohlenpläne der Genehmigung der Landesplanungsbehörde und werden im Einvernehmen mit den fachlich zuständigen Landesministerien und im Benehmen mit dem für die Raumordnung zuständigen Ausschuss des Landtags aufgestellt. Die Genehmigung der Braunkohlenpläne ist nach § 34 II LPlaG nur zu erteilen, wenn sie den Erfordernissen einer langfristigen Energieversorgung auf der Grundlage des Landesentwicklungsprogramms entsprechen und die Erfordernisse der sozialen Belange der vom Braunkohlentagebau Betroffenen und des Umweltschutzes angemessen berücksichtigen. Die Genehmigung wird nach § 34 III 1 LPlaG im Gesetz- und Verordnungsblatt bekannt gemacht. Nach § 34 IV LPlaG werden die Braunkohlenpläne mit der Bekanntmachung der Genehmigung Ziele der Raumordnung. Sie sind von den Behörden des Bundes und Landes, den Gemeinden und Gemeindeverbänden, von den öffentlichen Planungsträgern sowie im Rahmen der ihnen obliegenden Aufgaben von den bundesunmittelbaren und den der Aufsicht des Landes unterstehenden Körperschaften, Anstalten und Stiftungen des öffentlichen Rechts bei raumbedeutsamen Planungen und Maßnahmen zu beachten.

3584 Eine besondere Regelung enthält das LPlaG für die **Überprüfung** und **Änderung** der Braunkohlenplanung: Nach § 35 LPlaG muss der Braunkohlenplan überprüft und erforderlichenfalls geändert werden, wenn die Grundannahmen für den Braunkohlenplan sich wesentlich ändern. Die Änderung erfolgt in dem Verfahren, das für seine Aufstellung gilt. In etwa vergleichbare Regelungen enthält auch das Brandenburgische Landesrecht für den Tagebau in der Lausitz.[1385] Das Erfordernis einer landesplanerischen Braunkohlenplanung nach dem LPlaG NRW ist nach Auffassung des *BVerwG* bundesrechtlich jedenfalls insoweit zulässig, als diese Planung auf eine Konkretisierung und Verwirklichung der Grundsätze der Raumordnung aus Anlass des großflächigen und die Oberfläche weitreichend verändernden Tagebaus zielt und Grundlagen für außerbergrechtliche, für den Braunkohletagebau erforderliche behördliche Zulassungsentscheidungen, z. B. auf dem Gebiete des Bauplanungsrechts oder des Wasserrechts, sowie für erforderliche Folgemaßnahmen schafft.[1386] Eine Entscheidung über die rechtliche Zulässigkeit der jeweiligen konkreten Abbauentscheidung ist damit noch nicht getroffen.

3585 Bei der Abwägung im Rahmen einer **Waldumwandlung** ergibt sich ein Vorrang des Interesses der Rohstoffversorgung gegenüber dem Interesse an der Erhaltung des Waldes nicht bereits abstrakt aus § 48 I 2 BBergG. Die Belange sind vielmehr im Einzelfall angemessen zu berücksichtigen.[1387]

3. Parlamentsvorbehalt – Rechtsschutz der Gemeinden

3586 Beim Braunkohlentagebau **Garzweiler II** war unter anderem umstritten, ob und in welchem Umfang der Vorbehalt des Gesetzes bei der Aufstellung und Genehmigung von Braunkohlenplänen in Nordrhein-Westfalen eine Entscheidung des Parlaments erfordert. Das *VerfG Potsdam* hatte aus der Brandenburgischen Landesverfassung das Erfordernis abgeleitet, dass die Auflösung einer Gemeinde nur auf der Grundlage eines förmlichen

---

[1384] Zusammensetzung, Wahl und Berufung sind in §§ 26 f. LPlG geregelt.
[1385] *VerfGH Potsdam*, Urt. v. 1. 6. 1995 – VfGBbG 6/95 – DVBl. 1996, 37 = UPR 1995, 354.
[1386] *BVerwG*, Urt. v. 14. 12. 1990 – 7 C 18.90 – Buchholz 406.27 § 55 BBergG Nr. 3 = RdL 1991, 151 = ZfB 1991, 140 = NVwZ 1991, 992 – Untersuchungsbohrungen Garzweiler II.
[1387] *VG Potsdam*, Urt. v. 13. 9. 2001 – 5 K 4398/97 – UPR 2002, 200 (LS).

Parlamentsgesetzes erfolgen dürfe.[1388] Auch der *VerfGH Münster* bejahte das Erfordernis einer parlamentarischen Leitentscheidung, hielt aber die Regelungen im LPlaG und im Braunkohlenplan für ausreichend.[1389] Auch die Rechte der Gemeinden seien ausreichend gewahrt.[1390] Gegen die Braunkohlenpläne können die davon betroffenen Städte und Gemeinden **Verfassungsbeschwerde** zum Landesverfassungsgericht erheben. Ist diese Möglichkeit im Landesrecht nicht vorgesehen, können die Städte und Gemeinden Verfassungsbeschwerde zum BVerfG einlegen. Mit der kommunalen Verfassungsbeschwerde zum *VerfGH Münster* gemäß Art. 75 Nr. 4 Verf. NRW i.V. mit §§ 12 Nr. 8, 52 VGHG können die Gemeinden und Gemeindeverbände geltend machen, dass Landesrecht die Vorschriften der Landesverfassung über das Recht der Selbstverwaltung verletzt. Zum Landesrecht i. S. dieser Vorschrift gehören nicht nur förmliche Gesetze und Rechtsverordnungen,[1391] sondern alle landesrechtliche Rechtsnormen, die mit dem Anspruch auf Verbindlichkeit tatsächlich gelten und von der staatlichen Autorität garantiert werden.[1392] Seit einiger Zeit hat der *VerfGH Münster* auch Gebietsentwicklungspläne nach den §§ 14, 15 LPlaG als geeigneten Beschwerdegegenstand anerkannt und ausgesprochen, dass diese Pläne wegen ihrer Bindungswirkung gegenüber der gemeindlichen Planungshoheit untergesetzliche Rechtsnormen seien, die Außenwirkungen gegenüber Gemeinden als Träger der Selbstverwaltung entfalten.[1393] Damit folgte der *VerfGH Münster* einer Entscheidung des *BVerfG* in einem Verfahren der kommunalen Verfassungsbeschwerde nach § 91 BVerfGG, in der festgestellt worden war, dass Angriffsgegenstand einer Kommunalverfassungsbeschwerde alle Arten vom Staat erlassener Rechtsnormen sein können, die Außenwirkung gegenüber den Gemeinden entfalten, mithin auch Vorschriften, die sich den klassischen Normtypen (förmliches Gesetz, Rechtsverordnung, Satzung) nicht zuordnen lassen.[1394]

In materieller Hinsicht stellt sich zunächst die Frage, ob die Braunkohlenplanung einer ausdrücklichen **gesetzlichen Grundlage** bedarf. Für das Erfordernis eines **Parlamentsgesetzes** könnte sprechen, dass vom Braunkohlentagebau erhebliche Einwirkungen auf Menschen, Natur und Landschaft und alle Umweltgüter ausgehen und großräumige Flächen betroffen sind. Den verfassungsrechtlichen Anforderungen an den Vorbehalt des Gesetzes könnte der Landesgesetzgeber dann nur durch eine politische Leitentscheidung im Parlament entsprechen, indem die Grundfragen des Braunkohlentagebaus Garzweiler sozusagen in einer ersten Planungs- und Entscheidungsstufe entschieden werden. An ein derartiges Planungsgesetz müssen sich aus rechtsstaatlichen Gründen allerdings weitere Verfahrensschritte anschließen. Vor allem ist – nachgeschaltet zur politischen Leitentscheidung – ein bergrechtliches Planfeststellungsverfahren erforderlich, in dem die weiteren Fragestellungen der Zulassung des Braunkohlentagebaus geklärt werden. Auch

3587

[1388] *VerfGH Potsdam*, Urt. v. 1. 6. 1995 – VfGBbG 6/95 – DVBl. 1996, 37 = UPR 1995, 354.
[1389] *VerfGH Münster*, Urt. v. 29. 4. 1997 – VerfGH 9/95 – DVBl. 1997, 824 = NVwZ-RR 1998, 478.
[1390] *VerfGH Münster*, Urt. v. 9. 6. 1997 – VerfGH 20/95 u. a. – DVBl. 1997, 1107 = NVwZ-RR 1998, 473.
[1391] *VerfGH Münster*, Urt. v. 9. 2. 1979 – VerfGH 7/78 – NJW 1979, 1201; Urt. v. 9. 2. 1993 – VerfGH 18/91, 2/91 – NWVBL 1993, 170.
[1392] *VerfGH Münster*, Urt. v. 16. 4. 1982 – VerfGH 17/78 – DVBl. 1982, 1043; Urt. v. 19. 4. 1994 – VerfGH 8/93 – DÖV 1994, 957; Urt. v. 17. 1. 1995 – VerfGH 11/93 – NVwZ-RR 1995, 436.
[1393] *VerfGH Münster*, Urt. v. 15. 12. 1989 – VerfGH 5/88 – NWVBL 1990, 51 – Mühlheim a. d. R.; Urt. v. 18. 6. 1991 – VerfGH 5/90 – NWVBL 1991, 371; Urt. v. 28. 1. 1992 – VerfGH 2/91 – NVwZ 1992, 875; Urt. v. 12. 2. 1992 – VerfGH 6/91 – NWVBL 1992, 242; Urt. v. 9. 2. 1993 – VerfGH 18/91, 2/91 – NWVBL 1993, 170; Urt. v. 11. 7. 1995 – VerfGH 21/93 – NWVBL 1995, 373; Urt. v. 30. 10. 1987 – 19/86 – NWVBL 1988, 11; *BVerfG*, B. v. 23. 6. 1987 – 2 BvR 826/83 – DVBl. 1988, 41 zu § 91 BVerfGG; *Hoppe FS Redeker* 1993, 377.
[1394] *BVerfG*, B. v. 23. 6. 1987 – 2 BvR 826/83 – DVBl. 1988, 41, Vorschriften eines Raumordnungsprogramms betreffend; *Clemens* in: Umbach/Clemens § 91 Rdn. 24.

nach der bisherigen Gesetzeslage und der Verwaltungspraxis ist das Verfahren mehrstufig. Grundsatzfragen der Raumordnung werden im Braunkohlenplan vorentschieden. Daran schließen sich die verschiedenen bergrechtlichen Betriebsplanverfahren an, die sich wiederum in Rahmen-, Haupt- und Sonderbetriebspläne gliedern. Stärkere Anforderungen zum Vorbehalt des Gesetzes würden nicht dazu führen, diese grundsätzliche Systematik aufzugeben und das bisherige mehrstufige Verfahren etwa ausschließlich durch ein Parlamentsgesetz zu ersetzen. Aus rechtsstaatlichen Gründen[1395] ist vielmehr auch weiterhin ein mehrstufiges Verfahren erforderlich, das sich in die politische Leitentscheidung des Parlaments und die nachfolgenden bergrechtlichen Verwaltungsverfahren gliedert. Der *VerfGH Potsdam* hat daher den von der Potsdamer Landesregierung genehmigten Braunkohlenplan für den Tagebau **Jänschwalde** (Lausitz) für verfassungswidrig erklärt, weil er zur Auflösung der Gemeinde **Horno** führe und dies nach dem Brandenburgischen Landesverfassungsrecht einer ausdrücklichen gesetzlichen Grundlage bedürfe.[1396] Auch sei deshalb nach dem Landesverfassungsrecht eine vorherige Anhörung der Bevölkerung erforderlich. Der *VerfGH Münster*[1397] hat allerdings eine zusätzliche ausdrückliche gesetzgeberische Entscheidung in der Form eines Parlamentsgesetzes nicht für erforderlich gehalten. Dabei spielte auch eine Rolle, dass die Leitentscheidungen der Landesregierung durch einen Parlamentsbeschluss bestätigt worden sind.

3588 Die betroffenen Städte, Gemeinden und Kreise können eine Verletzung des **Rechtes der kommunalen Selbstverwaltung** gemäß **Art. 28 II GG**[1398] rügen, aus dem sich u. a. die Planungs-,[1399] Finanz-[1400] und Organisationshoheit[1401] ableitet. Der Selbstverwaltungsgarantie unterfällt auch das Recht der Gemeinden, auf ihrem Gebiet die Daseinsvorsorge zu betreiben, insbesondere auch die Wasserversorgung und -entsorgung durchzuführen. Darüber hinaus zieht der *VerfGH Münster* auch solche Verfassungsvorschriften als beschwerdefähige Rechtspositionen heran, die nach ihrem Inhalt geeignet sind, das verfassungsrechtliche Bild der Selbstverwaltung zu prägen. Hierzu gehören die Bestimmungen des Finanzverfassungsrechts, das Demokratiegebot, der Grundsatz der Verhältnismäßigkeit sowie das Willkürverbot.[1402] So stellt es unter dem Aspekt des Willkürverbotes eine Verletzung der Planungshoheit dar, wenn die Ermittlung des Sachverhalts zur Beurteilung der Intensität der Beeinträchtigung der Planungshoheit fehlerhaft oder unvollständig vorgenommen wurde oder die Belange der Gemeinde unter Verstoß gegen das Willkürprinzip abgewogen worden sind. Der Landesgesetzgeber ist dabei zu einer Abwägung verpflichtet, die kommunale Interessen und Belange ausreichend berücksichtigt. Dies gilt vor allem bei Gesetzen mit Planungseinschlag.[1403] Soll die kommunale Selbstverwaltungsgarantie durch ein großräumig wirkendes Vorhaben eingeschränkt werden, was bei überwiegenden überörtlichen Interessen zulässig ist, muss schon aus verfassungsrechtlichen Gründen der für die Planung erhebliche Sachverhalt vollständig

---

[1395] Vgl. dazu *Stüer* DVBl. 1991, 1333 m. w. Nachw.
[1396] *VerfG Potsdam*, Urt. v. 1. 6. 1995 – VfGBdg 6/95 – UPR 1995, 354.
[1397] *VerfGH Münster*, Urt. v. 29. 4. 1997 – VerfGH 9/95 – DVBl. 1997, 829 – Organstreit Garzweiler II; vgl. auch Urt. v. 9. 6. 1997 – VerfGH 20/95 – DVBl. 1997, 1107 – Gemeinden Garzweiler II.
[1398] Soweit die Verfassungsbeschwerde zu den Verfassungsgerichten der Länder erhoben wird, ist der Gewährleistungsumfang Art. 28 II GG entsprechend, *Hoppe* in: Landesverfassungsgerichtsbarkeit Bd. II, 257; *BVerfG*, B. v. 27. 1. 1986 – 2 BvR 12417/82 – NVwZ 1987, 123.
[1399] *VerfGH Münster*, Urt. v. 9. 2. 1993 – VerfGH 18/91, 2/91 – NWVBL 1993, 170.
[1400] *VerfGH Koblenz*, Urt. v. 18. 3. 1992 – VGH 3/91 – NVwZ 1993, 159; *BVerfG*, B. v. 27. 11. 1986 – 2 BvR 12417/82 – NVwZ 1987, 123; *BVerfG*, B. v. 15. 10. 1985 – 2 BvR 1808/82 – NVwZ 1986, 289.
[1401] *BVerfG*, B. v. 26. 10. 1994 – 2 BvR 445/91 – DVBl. 1995, 290; B. v. 27. 11. 1986 – 2 BvR 12417/82 – NVwZ 1987, 123.
[1402] *Pestalozza* in: Verfassungsprozessrecht § 29 Rdn. 52 m. w. Nachw.
[1403] *BVerfG*, Urt. v. 10. 7. 1990 – 2 BvR 470/90 – BVerfGE 82, 310 – Papenburg EA; B. v. 12. 5. 1992 – 2 BvR 470/90 – DVBl. 1992, 1141 – Papenburg Hauptsache; *Stüer* DVBl. 1977, 1.

ermittelt und die jeweils betroffene Gemeinde angehört werden. Dabei muss sich eine Gemeinde die Situationsgebundenheit abbauwürdiger Lagerstätten auf ihrem Gemeindegebiet als ortsgebundene Planung entgegenhalten lassen.[1404] Bei allen Fachplanungen, die sich auf das Gemeindegebiet mehr als nur unwesentlich auswirken, haben die davon betroffenen Standortgemeinden Mitwirkungsrechte, die sich in einen Anspruch auf Information und Anhörung gliedern. Gemeindliche Abwehrrechte setzen voraus, dass das Vorhaben konkrete gemeindliche Planungen betrifft oder weite Teile des Gemeindegebietes einer durchsetzbaren Planung entzieht. Davon ist bei Maßnahmen des Braunkohlentagebaus im Hinblick auf die betroffenen Standortgemeinden vielfach auszugehen. Der Braunkohlenplan ist verfassungswidrig, wenn er in der gebotenen Abwägung mit anderen Belangen die gemeindlichen Interessen nicht ausreichend berücksichtigt.

Weder ein einfacher **Rahmenbetriebsplan** noch ein **Hauptbetriebsplan** haben die in § 38 BauGB vorausgesetzte Rechtswirkung einer Planfeststellung.[1405] Vielmehr hat die Zulassungsentscheidung nur die Vereinbarkeit des Bergbauvorhabens mit den spezifisch bergrechtlichen Zulassungsvoraussetzungen zum Gegenstand (§§ 55, 48 II BBergG). Somit ist ein bergbauliches Vorhaben von den bebauungsrechtlichen Zulässigkeitsanforderungen nicht freigestellt, wenn ein Vorhaben i. S. des § 29 BauGB vorliegt. Das bedeutet zugleich, dass die Gemeinde rechtlich nicht daran gehindert ist, durch Bebauungsplan Festsetzungen zu treffen, die einen bergrechtlich bereits zugelassenen Abbau von Bodenschätzen beschränken. Dies kann allerdings unter den weiteren Voraussetzungen der §§ 39 ff. BauGB Entschädigungsfolgen haben.[1406] Erforderlich in diesem Sinne sind Festsetzungen eines Bebauungsplans allerdings nicht, wenn es deren alleiniger Zweck wäre, das Bergbauvorhaben – ganz oder teilweise – zu verhindern, und städtebauliche Gründe nur vorgeschoben wären.[1407]

3589

Insbesondere im Hinblick auf die **Belange des Städtebaus** gehört auch die **Gemeinde** zu den Behörden nach § 11 Nr. 10 BBergG, denen nach § 15 BBergG vor der Entscheidung über die Verleihung einer Bergbauberechtigung Gelegenheit zur Stellungnahme zu geben ist. Mit der Rüge mangelnder Beteiligung allein macht die Gemeinde allerdings eigene Rechte i. S. des § 42 II VwGO nicht geltend, da § 15 BBergG keine eigene, selbstständig durchsetzbare verfahrensrechtliche Rechtsposition gewähren will.[1408] Findet ein bergrechtliches Planfeststellungsverfahren nach § 57a BBergG statt, so sind Einwendungen, die gegen das im Rahmenbetriebsplan beschriebene Vorhaben bestehen, im Rahmen des Planfeststellungsverfahrens geltend zu machen. Eine Gemeinde kann eine bergrechtliche Fachplanung nur dann abwehren, wenn die eigene Planung hinreichend konkret und verfestigt ist.[1409] Der Planung eines Badesees kann bei der Abwägung nach § 48 II BBergG nur dann erhebliches Gewicht beigemessen werden, wenn eine weitgehend sichere Erwartung der Verwirklichung der Planung gerechtfertigt und ein hinreichender Grad der Konkretisierung erreicht ist.[1410] Die Gemeinden können ein Verfahren zu Rahmenbetriebsplanzulassung auch zum Anlass für die Aufstellung eines Bebauungsplans

3590

[1404] So für den Braunkohlenplan Garzweiler II *VerfGH Münster*, Urt. v. 9. 6. 1997 – VerfGH 20/95 u. a. – DVBl. 1997, 1107 = NVwZ-RR 1998, 473, unter Berufung auf *BVerfG*, B. v. 23. 6. 1987 – 2 BvR 826/83 – BVerfGE 76, 107 = NVwZ 1988, 48.

[1405] *BVerwG*, Urt. v. 13. 12. 1991 – 7 C 25.90 – BVerwGE 89, 246 = DVBl. 1992, 569 – Erdgasspeicher; Urt. v. 2. 11. 1995 – 4 C 14.94 – BVerwGE 100, 1 = DVBl. 1996, 253 – Salzstock Gorleben.

[1406] *BVerwG*, B. v. 16. 3. 2001 – 4 BN 15.01 – BauR 2001, 1232.

[1407] *BVerwG*, B. v. 27. 1. 1999 – 4 B 129.98 – NVwZ 1999, 878.

[1408] *BVerwG*, B. v. 15. 10. 1998 – 4 B 94.98 – DVBl. 1999, 255 = UPR 1999, 75; dazu Urt. v. 9. 3. 1990 – 7 C 23.89; *OVG Bautzen*, Urt. v. 10. 6. 1998 – 1 S 349/96 – ZfB 1998, 205 = SächsVBl. 1999, 42.

[1409] *OVG Bautzen*, Urt. v. 18. 5. 1998 – 1 S 766/97 – ZfB 1998, 202.

[1410] *OVG Münster*, Urt. v. 15. 5. 1998 – 21 A 7553/95 – ZfB 1998, 146 – Badesee; *VG Köln*, Urt. v. 16. 6. 1998 – 1 K 7430/94 – ZfB 1998, 222.

nehmen, der für die beanspruchten Flächen ein anderes Nutzungskonzept ausweist. Die Konkurrenz zweier Planungen ist dann im Wege der Abwägung zu harmonisieren.[1411]

3591 Auch gegen **andere bergbauliche Maßnahmen** können die davon betroffenen **Gemeinden Rechtsschutz** suchen. Es spricht nach Auffassung des *BVerwG* viel dafür, dass die Vorschriften über die bergrechtliche Betriebsplanzulassung gegenüber einer drittbetroffenen Gemeinde nachbarschützend sind. Ein solcher Drittschutz würde aber jedenfalls nicht weiter reichen als der Schutz der gemeindlichen Planungshoheit allgemein und insbesondere im Fachplanungsrecht.[1412] § 54 II 1 BBergG verpflichtet die zuständige Behörde, vor der Zulassung eines Betriebsplans die Gemeinde zu beteiligen, wenn durch die vorgesehene Maßnahme deren Aufgabenbereich als Planungsträger berührt wird. Die Vorschrift dient dazu, etwa entgegenstehende Interessen der Gemeinde möglichst frühzeitig in den Entscheidungsvorgang einfließen zu lassen, um dadurch – wie in der Gesetzesbegründung ausdrücklich betont – die Möglichkeiten der Gemeinde zu verbessern, „ihrer Planungshoheit Geltung zu verschaffen".[1413] Eine Beeinträchtigung der Planungshoheit liegt nur vor, wenn das Vorhaben eine hinreichend bestimmte Planung nachhaltig stört, wesentliche Teile des Gemeindegebiets einer durchsetzbaren Planung entzieht oder wenn kommunale Einrichtungen durch das Vorhaben erheblich beeinträchtigt werden.[1414] Derartige Eingriffe in kommunale Rechte hat der *VerfGH Münster* nicht angenommen und daher die Verfassungsbeschwerden von Städten, Gemeinden und Kreisen gegen den Braunkohlentagebau Garzweiler II als teilweise unzulässig, im Übrigen unbegründet abgewiesen.[1415]

3592 Die Verordnung über die Verbindlichkeit des **Braunkohletagebau „Jänschwalde"** war Gegenstand eines Verfahrens vor dem *VerfG Potsdam*. Als gesetzliche Grundlage für die Verordnung diente § 12 VI 1 BbgRegBkPlG. Dieser ist jedoch in materieller Hinsicht mit der Landesverfassung nicht vereinbar. Die Verordnungsbefugnis knüpft allein an eine Überprüfung der Rechtmäßigkeit der Planungsentscheidung des Braunkohlenausschusses an. Eine eigene inhaltlich Gestaltungsbefugnis der Landesregierung ist nicht vorgesehen. So steht der Landesregierung kein rechtliches Instrumentarium zur Verfügung, um auf den Inhalt des Braunkohlenplanes einzuwirken. Der Verordnungsgeber verfügt somit über keinen eigenen Gestaltungsspielraum.[1416] Die Ermächtigungsnorm ist verfassungswidrig und somit auch die darauf gestützte Verordnung über die Verbindlichkeit des Braunkohletagebaus Jänschwalde.[1417]

3593 Um den Tagebau Jänschwalde ging es auch in einem Verfahren vor dem *OVG Frankfurt/Oder*. Nach seiner Auffassung obliegt dabei zu erst dem Parlament, für welche Energieträger sich ein Gemeinwesen entscheidet. Dabei steht ihm ein weiter Beurteilungsspielraum zu. Wo dieser endet, hat der *VerfGH Leipzig* in seinen ergänzenden Erwägungen zur Entscheidung zum „Heuersdorfgesetz" aufgezeigt. So hat der sächsische Landesgesetzgeber bei seiner Abwägung die Liberalisierung der Strommärkte nicht hinreichend berücksichtigt, sondern sich an einem Modell geschlossener Versorgungsräume orientiert, weshalb seine Prognose des zukünftigen Bedarfs an ostdeutscher Braunkohle nicht tragfähig war und seinen Beurteilungsspielraum überschritten hatte.[1418] Ein solcher Vor-

---

[1411] *OVG Saarlouis*, Urt. v. 14. 11. 1998 – 2 N 1/97 – Rahmenbetriebsplanzulassung.
[1412] *BVerwG*, B. v. 15. 7. 1994 – 4 B 102.94 – Buchholz 406.27 § 48 BBergG Nr. 4 = DVBl. 1994, 1152 = ZfB 1994, 215 = UPR 1994, 451 = NuR 1995, 80 = NVwZ-RR 1995, 313.
[1413] BT-Drs. 8/3965 S. 137 zu § 53 II des BBergG-Entwurfs.
[1414] *BVerwG*, Urt. v. 16. 12. 1988 – 4 C 40.86 – BVerwGE 81, 95; B. v. 15. 7. 1994 – 4 B 102.94 – Buchholz 406.27 § 48 BBergG Nr. 4 = DVBl. 1994, 1152 = ZfB 1994, 215 = UPR 1994, 451 = NuR 1995, 80 = NVwZ-RR 1995, 313.
[1415] *VerfGH Münster*, Urt. v. 29. 4. 1997 – VerfGH 9/95 – DVBl. 1997, 829 – Organstreit Garzweiler II; vgl. auch Urt. v. 9. 6. 1997 – VerfGH 20/95 – DVBl. 1997, 1107 – Gemeinden Garzweiler II.
[1416] *BVerfG*, B. v. 24. 2. 1970 – 2 BvL 12/96 u. a. – BVerfGE 28, 66; B. v. 22. 10. 1980 – 2 BvR 1172, 1238/79 u. a. – BVerfGE 55, 144.
[1417] *VerfG Potsdam*, Urt. v. 15. 6. 2000 – VfGBbg 32/99 – DVBl. 2000, 1440 = LKV 2000, 397.
[1418] *VerfGH Leipzig*, Urt. v. 14. 7. 2000 – Vf. 40-VIII-98 – DVBl. 2000, 1445 = LKV 2000, 489.

wurf lässt sich nach Auffassung des *OVG Frankfurt/Oder* dem brandenburgischen Gesetzgeber nicht entgegenhalten, da dieser bei seiner Entscheidung die Liberalisierung der Strommärkte hinreichend in Rechnung gestellt habe.[1419]

Mit der Umsiedlung von Einwohnern der Gemeinde **Horno** sind Auswirkungen auf deren körperliche Unversehrtheit im Sinne von Art. 8 I Verf. BB nicht verbunden, da die damit verbundenen psychischen Belastungen nicht über die allgemein mit einem Wohnortwechsel verbundenen Nachteile hinausgehen.[1420] Die Zulassung des Rahmenbetriebsplans stellt keinen unmittelbaren Eingriff in das durch Art. 41 I 1 Verf. BB geschützte Eigentum an dem von der Abbaggerung betroffenen Grund und Boden dar.[1421] Denn mit dem Tagebau darf auf der Grundlage des Rahmenbetriebsplans noch nicht begonnen werden.[1422] Auch hat der Betriebsplan weder die Funktion einer ersten Teilgenehmigung noch die Funktion eines Konzept- oder Standortvorbescheids. Die Rahmenbetriebsplanzulassung hat im bergrechtlichen Zulassungssystem allein Aufsichts- und Steuerungsfunktion. Ebenso wenig ist darin eine eingriffsgleiche Gefährdung dieses Grundrechts zu sehen. Vielmehr wird in das Eigentumsrecht erst durch das bergrechtliche Grundabtretung nach den §§ 77 ff. BBergG eingegriffen.[1423]

Die Auflösung der Gemeinde **Horno** hat auch der *EGMR* als verhältnismäßig angesehen. Grundlage seiner Entscheidung war insbesondere, dass die Umsiedlung der Einwohner von Horno in eine etwa 20 km entfernt liegende Stadt in angestammten Siedlungsgebiet der Sorben erfolgte. Ferner hat das Gericht den Behörden bei der Verabschiedung von Bodenordnungsplänen einen größeren Beurteilungsspielraum zuerkannt, da diese unmittelbar und ständig in Verbindung mit den Lebensverhältnissen ihres Landes grundsätzlich besser in der Lage sind, die örtlichen Bedürfnisse zu beurteilen.[1424]

4. Rechtsschutz der betroffenen Eigentümer

Gegen die bergbauliche Betriebsplanung hat auch der dadurch Betroffene Rechtsschutzmöglichkeiten. Die Rechtsprechung unterscheidet dabei zwischen den Eigentümern, deren Grundstücke für das Vorhaben in Anspruch genommen werden müssen,[1425] und den Nachbarn, deren Grundstücke im Umgebungsbereich des Vorhabens liegen.[1426] Soll der Rahmenbetriebsplan die Grundlage für eine Enteignung bieten, bedarf er einer der Eigentumsgarantie des Art. 14 GG entsprechenden besonderen Rechtfertigung. Dies führt dazu, dass der Rechtsschutz eines Eigentümers, dessen Grundstücke im Plangebiet liegen, wesentlich erweitert ist. Während der Eigentümer von Grundstücken, die nicht unmittelbar in Anspruch genommen werden, regelmäßig nur die Verletzung der eigenen Betroffenheiten geltend machen kann, ist der Eigentümer von Grundstücken im Plangebiet nicht in dieser Weise in seinen Rechtsschutzmöglichkeiten eingeschränkt. Der so betroffene Grundstückseigentümer kann vielmehr die Verletzung des Abwägungsgebotes

---

[1419] *OVG Frankfurt/Oder*, B. v. 28. 9. 2000 – 4 B 130/00 – LKV 2001, 172.
[1420] *VerfG Potsdam*, Urt. v. 18. 6. 1998 – 27/97 – LVerfGE 8, 97, 163.
[1421] *BVerwG*, Urt. v. 14. 12. 1990 – 7 C 5.90 – BVerwGE 87, 241 = DVBl. 1991, 393 – Garzweiler II.
[1422] *BVerwG*, Urt. v. 13. 12. 1991 – 7 C 25.90 – BVerwGE 89, 246 = DVBl. 1992, 569 – Erdgasspeicher.
[1423] *VerfG Potsdam*, Urt. v. 18. 6. 1998 – 27/97 – LVerfGE 8, 97; B. v. 28. 6. 2001 – 44/00 – ZfB 2002, 45.
[1424] *EGMR*, Entscheidung vom 25. 5. 2000 – 46346/99 – LKV 2001, 69.
[1425] *BVerwG*, Urt. v. 18. 3. 1983 – 4 C 80.79 – BVerwGE 67, 74 – Wittenberg; Urt. v. 27. 5. 1983 – 4 C 39.80 – UPR 1983, 310 – Klagebefugnis bei Grundstücksinanspruchnahme; Urt. v. 21. 3. 1986 – 4 C 48.82 – BVerwGE 74, 109 – Enteignung Verteidigungsanlage.
[1426] Vgl. dazu *BVerwG*, Urt. v. 14. 2. 1975 – IV C 21.74 – BVerwGE 48, 56 – B 42; Urt. v. 9. 3. 1990 – 7 C 21.89 – BVerwGE 85, 44 – Abfallentsorgungsanlage; B. v. 18. 12. 1990 – 4 NB 4.90 – DVBl. 1991, 399 – Zentraldeponie; kritisch zu dieser Unterscheidung *Blümel* in: *Stüer* (Hrsg.) Verfahrensbeschleunigung, S. 17.

grundsätzlich auch mit der Begründung geltend machen, dass öffentliche Belange (z. B. des Landschaftsschutzes) nicht hinreichend beachtet worden seien.

3597 Bei untertägigen Maßnahmen des Bergbaus kommt es vielfach nur zu **mittelbaren Einwirkungen** auf die betroffenen Grundstücke. Eine unmittelbare Inanspruchnahme des Grundeigentums ist häufig nicht erforderlich.[1427] Allerdings stellt sich die Frage, ob nicht schwere Auswirkungen und Beeinträchtigungen, die von dem Bergbau ausgehen, zu einer Gleichstellung mit dem unmittelbar in Anspruch genommenen Grundstückseigentümer führen müssen. Das *BVerwG* hat in dem **Moers-Kapellen-**Urteil[1428] insbesondere bei Vorliegen von Gemeinschäden eine entsprechende Beteiligung von betroffenen Grundstückseigentümern gefordert und den so betroffenen Grundstückseigentümern ggf. auch Abwehrrechte zugebilligt. Es handelt sich bei solchen Inanspruchnahmen, die zu **schweren Bergschäden** an der Oberfläche führen, zwar nicht um Enteignungen im klassischen Sinne, unter denen nur die unmittelbare Grundstücksinanspruchnahme mit einem Wechsel der Rechtsträgerschaft verstanden wird. Aber auch für Eingriffe in das Eigentum, die Inhalts- und Schrankenbestimmungen in das Eigentum i. S. des Art. 14 I 2 GG darstellen, sind verfassungsrechtliche Prinzipien zu beachten.

3598 Treten durch untertägige Bergbaumaßnahmen **Schäden am Oberflächeneigentum** auf, stellt sich die Frage der Rechtsschutzmöglichkeiten des Oberflächeneigentümers gegen Abbaumaßnahmen des Bergbautreibenden. Das Verhältnis beider Eigentumsrechte wird zumeist in einem Sonderbetriebsplan Abbau geregelt. Enthält der Nachtrag zu einem Rahmenbetriebsplan die Verpflichtung, dass für die Anhörung und Beteiligung der von dem Abbau möglicherweise betroffenen Oberflächeneigentümer ein Sonderbetriebsplan vorzulegen ist, stellt dies eine Beschränkung der Bindungswirkung der Nachtragszulassung dar, durch die nicht der Oberflächeneigentümer, sondern allenfalls der Bergbautreibende in seinen Rechten verletzt sein kann. Ein fakultativer Rahmenbetriebsplan ist nicht Voraussetzung für einen Hauptbetriebsplan.[1429] Eine Hauptbetriebsplanzulassung darf daher von der Behörde nicht deshalb verweigert werden, weil die Geltungsdauer eines fakultativen Rahmenbetriebsplans abgelaufen und dessen Verlängerung noch nicht zulassungsfähig war.[1430]

3599 Der Gesetzgeber hat insbesondere sicherzustellen, dass bei solchen Eigentumsbeeinträchtigungen ein **ausgewogenes Verhältnis** zwischen der **Privatnützigkeit** des Eigentums und der **Sozialbindung** hergestellt wird. Dies stellt an die Abwägungen der planenden Bergbehörde nicht geringe Anforderungen. Das *BVerwG* geht dabei davon aus, dass die Zulassungsvoraussetzungen in § 55 BBergG für den einzelnen betroffenen Oberflächeneigentümer nicht nachbarschützend sind.[1431] Der Vorsorgegrundsatz des § 55 I Nr. 3 BBergG erfasst nicht Sachgüter Dritter außerhalb des Betriebes des Bergbauunternehmens. Auch § 55 I Nr. 9 BBergG dient nicht den individuellen Interessen Einzelner, sondern objektiven Gemeinwohlinteressen und gewährt deshalb aus sich heraus – so das *BVerwG* – ebenfalls keinen Nachbarschutz. Für bergaufsichtliche Anordnungen, mit denen die Behörde im Einzelfall zum Schutz von Leben, Gesundheit und Sachgütern Beschäftigter oder Dritter über die in einem Betriebsplan gestellten Anforderungen hinausgeht (§ 71 I 2 BBergG), ist nur insoweit Raum, als der Zweck solcher Anordnungen

---

[1427] *BVerfG*, B. v. 12. 3. 1986 – 1 BvL 81/79 – BVerfGE 72, 66 = NJW 1986, 2188 – Flughafen Salzburg.
[1428] *BVerwG*, Urt. v. 16. 3. 1989 – 4 C 36.85 – BVerwGE 81, 329 = DVBl. 1989, 663 m. Anm. *Beckmann* = ZfB 1989, 199 m. Anm. *Heitmann* = NVwZ 1989, 1138 m. Anm. *Schulte* = JZ 1990, 133 m. Anm. *Kühne* = NuR 1990, 311 = ZfW 1991, 1 m. Anm. *Tettinger* = JR 1991, 99 m. Anm. *Förster* – Moers-Kapellen.
[1429] *BVerwG*, B. v. 5. 1. 1998 – 4 B 43.97 – ZfB 1998, 30 – Völklingen.
[1430] *BVerwG*, Urt. v. 2. 11. 1995 – 4 C 14.94 – BVerwGE 100, 1 = DVBl. 1996, 253 – Gorleben; B. v. 24. 2. 1997 – 4 B 260.96 – NVwZ-RR 1997, 606 = UPR 1997, 254.
[1431] *BVerwG*, Urt. v. 16. 3. 1989 – 4 C 25.86 – Buchholz 406.27 § 48 BBergG Nr. 3 = DVBl. 1989, 672 = UPR 1989, 347 = ZfB 1989, 210 = NVwZ 1989, 1162 = NuR 1990, 315 – Hilse.

nicht im Betriebsplanverfahren einschließlich der nachträglichen Änderung und Ergänzung eines zugelassenen Betriebsplanes (§ 56 I BBergG) erreicht werden kann. Die Anordnungsbefugnis gem. § 71 I BBergG reicht nicht weiter als die Voraussetzungen für die Zulassung eines Betriebsplanes gem. § 55 BBergG und umgreift deshalb nicht einen allgemeinen Sachgüterschutz. Die Bergbehörde kann auch auf der Grundlage des § 71 I BBergG nicht Anordnungen zu Gunsten solcher Belange treffen, auf deren Schutz es im Betriebsplanzulassungsverfahren nicht ankommt. Das BBergG enthält nach Auffassung des *BVerwG* auch kein an den Bergbauunternehmer gerichtetes Gebot der Rücksichtnahme auf die Belange des Oberflächeneigentümers.

§ 55 I Nr. 9 BBergG ist **nicht drittschützend**.[1432] Für die Beurteilung, ob einem Dritten Abwehransprüche gegen eine bergrechtliche Betriebsplanzulassung wegen einer Betroffenheit seines Oberflächeneigentums zustehen, macht es keinen Unterschied, ob Grundlage des bergrechtlichen Drittschutzes § 48 II 1 BBergG oder § 55 I Nr. 3 BBergG ist. Die Frage, ob für ein bestimmtes konkretes Anwesen infolge der Einwirkungen des untertägigen Bergbaus Schäden von „einigem Gewicht mit einer gewissen Wahrscheinlichkeit zu erwarten" sind, kann nur auf der Grundlage einer Prognose beantwortet werden und ist daher nur einer eingeschränkten gerichtlichen Nachprüfung zugänglich. Damit müssen etwaige Gefahren, die durch eine von den Voraussagen abweichende Entwicklung eintreten, nicht als unabänderlich hingenommen werden. Vielmehr ist ihnen ggf. mit nachträglichen Auflagen (§ 56 I 2 BBergG) oder bergaufsichtlichen Anordnungen (§ 71 BBergG) zu begegnen.[1433]

§ 48 II 1 BBergG ist aber **verfassungskonform** dahin **auszulegen**, dass die zuständige Behörde die Aufsuchung und Gewinnung von Bodenschätzen beschränken und untersagen muss, wenn – unbeschadet der in den §§ 114 ff. BBergG getroffenen Bergschadensregelung – nur dadurch eine unverhältnismäßige Beeinträchtigung des Oberflächeneigentums vermieden werden kann. Der auch vom gesamtwirtschaftlichen Interesse an der Rohstoffsicherung[1434] geprägte Vorrang des Bergbaus vor gegenläufigen Eigentümerinteressen geht nicht so weit, dass Letztere schon vom Ansatz her bei der behördlichen Kontrolle bergbaulicher Tätigkeiten außer Betracht bleiben dürften und die verfassungsrechtliche Substanzgarantie des Eigentums sich ohne vorherige abwägende Prüfung der Verhältnisse des Einzelfalles letztlich auf eine bloße Wertgarantie in Gestalt des Ersatzes für Bergschäden reduziert. Sind schwerwiegende Beeinträchtigungen des Oberflächeneigentums voraussichtlich unvermeidbar oder jedenfalls mit erheblicher Wahrscheinlichkeit zu erwarten, so stellt sich die Frage, ob je nach dem Gewicht der entgegenstehenden Interessen im Einzelfall der Abbau von Bodenschätzen wegen Unverhältnismäßigkeit des zu befürchtenden Schadens zum möglichen Gewinnungsvorteil an einer bestimmten Stelle nicht oder nur in geringerem Umfang als vom Bergbauunternehmer beabsichtigt stattfinden darf. Der Grundrechtsschutz hat in einem geeigneten Verfahren zu erfolgen, in dem der betroffene Eigentümer alle für die Verhältnismäßigkeit des beabsichtigten Bergbaus erheblichen Einwendungen vorbringen kann.[1435] Sicherzustellen ist, dass Eigentumsbeeinträchtigungen an der Oberfläche von einigem Gewicht, mit denen nach Lage der Dinge mit einer gewissen Wahrscheinlichkeit schon im Zeitpunkt der Betriebsplanzulassung zu rechnen ist, nicht durch eine behördliche Entscheidung, welche für den Bergbauunternehmer die Grundlage seiner Tätigkeit in dem betreffenden Bereich ist, sanktioniert werden, ohne dass sich die so Betroffenen zuvor mit ihren Einwendungen zu Gehör bringen konnten und eine Abwägung der entgegenstehenden Interessen am Maß-

---

[1432] *OVG Saarlouis*, B. v. 22. 8. 2001 – 2 W 1/01 – ZfB 2001, 287; im Anschluss an *BVerwG*, Urt. v. 16. 3. 1989 – 4 C 36.85 – BVerwGE 81, 329 = DVBl. 1989, 663 – Moers-Kapellen.
[1433] *OVG Saarlouis*, B. v. 22. 8. 2001 – 2 W 1/01 – ZfB 2001, 287.
[1434] § 1 Nr. 1, § 48 I 2 BBergG.
[1435] *BVerwG*, Urt. v. 21. 3. 1986 – 4 C 48.82 – BVerwGE 74, 109 = NJW 1986, 2449 = DVBl. 1986, 1000 = DÖV 1986, 99 = *Hoppe/Stüer* RzB Rdn. 1139 – Verteidigungsanlage.

stab des Verhältnismäßigkeitsgrundsatzes stattgefunden hat. Anlass für eine derartige Einbeziehung des Oberflächeneigentums in ein bergbehördliches Verfahren besteht insbesondere dann, wenn Eigentümer voraussichtlich von nicht unerheblichen Schäden betroffen sein werden, die insgesamt das Ausmaß eines Gemeinschadens (§ 55 I Nr. 9 BBergG) erreichen können. Mit diesem Inhalt ist § 48 II BBergG bei verfassungskonformer Auslegung nachbarschützend.[1436] Denn der Oberflächeneigentümer muss sich nicht nach dem Grundsatz **„dulde und liquidiere"** mit einem Entzug seines Grundeigentums abfinden, ohne gegen den Eingriffsakt selbst Rechtsschutzmöglichkeiten zu haben. Ein ausschließlicher Verweis des Grundeigentümers auf die Entschädigung würde dem Verfassungsgrundsatz **„Bestandsgarantie vor Wertgarantie"** nicht entsprechen. Und auch eine völlige Zurückdrängung des Oberflächeneigentums zu Gunsten des Bergbaus sowie eine Verweisung der von bergbaulichen Maßnahmen beeinträchtigten Eigentümer ausschließlich auf den Geldersatz für Bergschäden (§ 114 BBergG) wäre mit Art. 14 I GG nicht vereinbar. Den Schutz des Eigentums in dem nach Art. 14 I GG gebotenen Maße sicherzustellen, fällt in den Aufgabenbereich der zuständigen Behörde (§ 69 I BBergG). Soweit bergbauliche Tätigkeiten (vgl. § 4 I bis IV BBergG), die das Eigentum Dritter beeinträchtigen können, nur aufgrund von Zulassungen der Bergbehörde stattfinden dürfen, ist der Schutzanspruch betroffener Eigentümer in erster Linie im Zulassungsverfahren zu berücksichtigen.

3602 Der Gesetzgeber hat inzwischen diesen verfassungsrechtlichen Anforderungen, wie sie im **Moers-Kapellen-Urteil** des *BVerwG* aufgestellt worden sind, durch eine Änderung des BBergG und die Einführung eines **Planfeststellungsverfahrens** für UVP-pflichtige Bergbauvorhaben Rechnung getragen. Wesentlich für dieses Planfeststellungsverfahren ist, dass der strikte Zulassungsanspruch des Bergbautreibenden entfallen und die strikten Bindungen einer abwägungsdirigierten Planungsentscheidung gewichen sind. Dies bringt für die Bergbehörden größere Freiheiten, auch entgegenstehende Belange vor allem der betroffenen Eigentümer, aber auch der Gemeinden oder des Umweltschutzes abwägend zu berücksichtigen und zu einer Ausgleichsentscheidung zu verarbeiten. Dabei können auch die Belange dem Vorhaben benachbarter Eigentümer eingestellt werden. Die Bergbehörde hat im Betriebsplanzulassungsverfahren auch über die bauplanungsrechtliche Zulässigkeit eines Bergbauvorhabens nach Maßgabe des § 48 II BBergG zu entscheiden. Daneben kommt ein Nachbarschutz aufgrund des einfachen Bauplanungsrechts nicht zum Zuge.[1437]

3603 Die Vorschriften des BBergG über die Haftung für Bergschäden gelten für **Bergschäden im Beitrittsgebiet** nach den Bestimmungen des Einigungsvertrages nicht, wenn nur eine mitwirkende Ursache vor dem 3. 10. 1990 gesetzt worden ist. Ursache ist dabei die bergbauliche Betriebshandlung. Als mitwirkende Bedingung sind lediglich Umstände anzusehen, die konkret die Gefahr von Bergschäden erhöht haben. Das Berggesetz der ehemaligen DDR gilt auch für Bergschäden, die vor seinem In-Kraft-Treten verursacht worden sind, sofern der Schaden erst danach entstanden ist. Auf dieser Grundlage kann der Geschädigte in entsprechender Anwendung des § 250 BGB eine Entschädigung in Geld verlangen, wenn der Schädiger jegliche Ersatzleistung verweigert. Gegenüber den gesetzlichen Vorschriften über den Ersatz von Bergschäden tritt der nachbarrechtliche Ausgleichsanspruch analog § 906 II 2 BGB auch dann zurück, wenn der Bergwerksunternehmer für den Schaden nicht verantwortlich ist.[1438]

[1436] *BVerwG*, Urt. v. 16. 3. 1989 – 4 C 36.85 – BVerwGE 81, 329 = DVBl. 1989, 663 m. Anm. *Beckmann* = ZfB 1989, 199 Bespr. *Heitmann* = NVwZ 1989, 1138 Bespr. *Schulte* = JZ 1990, 133 m. Anm. *Kühne* = NuR 1990, 311 = ZfW 1991, 1 m. Bespr. *Tettinger* = JR 1991, 99 m. Bespr. *Förster* – Moers-Kapellen.

[1437] *BVerwG*, Urt. v. 16. 3. 1989 – 4 C 25.86 – DVBl. 1989, 672 = UPR 1989, 347 = NVwZ 1989, 1162 = *Hoppe/Stüer* RzB Rdn. 1268 – Hilse Bergbau.

[1438] *BGH*, Urt. v. 17. 5. 2001 – III ZR 249/00 – BGHZ 148, 39 = DVBl. 2001, 1431 in Abweichung von *BGH*, Urt. v. 20. 11. 1998 – V ZR 411/97 – NJW 1999, 1029.

3604 Die bei einer **Kollision** zweier **im Außenbereich privilegierter Vorhaben** (landwirtschaftlicher Betriebe nach § 35 I Nr. 1 BauGB und Bergbauunternehmen als standortgebundener gewerblicher Betrieb nach § 35 I Nr. 4 BauGB) an sich geltende Regel, wonach der Inhaber eines privilegierten Vorhabens nicht hinnehmen muss, dass er durch die Zulassung eines neuen Vorhabens unter Außerachtlassung der ihn schützenden öffentlichen Belange in der weiteren Ausnutzung seines privilegierten Bestandes (faktisch) in Frage gestellt oder gewichtig beeinträchtigt wird,[1439] kommt gegenüber einem bergbaulichen Vorhaben nicht zum Zuge. Vielmehr ist dem Bergbau, wie insbesondere auch die sog. Rohstoffsicherungsklausel (§ 48 I 2 BBergG, vgl. auch § 1 Nr. 1 BBergG) erkennen lässt, ein weitgehender Vorrang eingeräumt.[1440] Der Vorrang ist jedoch nicht absolut, sondern in dem Sinne relativ, dass auf die nachbarlichen Belange entsprechend Rücksicht zu nehmen ist.[1441]

Beispiel: Ein Landwirt wendet sich dagegen, dass seinen Ackerflächen durch ein benachbartes Abgrabungsvorhaben Wasser entzogen wird. Die Bergbehörde hat die Belange des Landwirts bei der Entscheidung nach § 48 II BBergG zu berücksichtigen. § 48 II BBergG eröffnet dabei die Möglichkeit, eine Aufsuchung oder Gewinnung von Bodenschätzen zu beschränken oder zu untersagen, soweit überwiegende Interessen entgegenstehen. Zu den gem. § 48 II BBergG im Betriebsplanzulassungsverfahren zu beachtenden Belangen gehört auch der gem. § 22 BImSchG sicherzustellende Schutz Dritter vor schädlichen Umwelteinwirkungen.[1442]

3605 Auch in bergrechtlichen Verfahren gilt: **Vorschriften über das Verwaltungsverfahren** vermitteln **Drittschutz** grundsätzlich nur insoweit, als sie darauf gerichtet sind, die Wahrung materieller Rechte Dritter im Verwaltungsverfahren zu gewährleisten. Der Dritte kann deshalb die Aufhebung eines wegen eines **Fehlers im Verwaltungsverfahren** rechtswidrigen Verwaltungsakts grundsätzlich nur verlangen, wenn infolge des Verfahrensfehlers die Wahrung seiner materiellen Rechte nicht gewährleistet ist.[1443] Die Nichteinhaltung von Verfahrensvorschriften führt daher für sich genommen noch nicht zur Aufhebung eines Planfeststellungsbeschlusses. Hinzu kommen muss vielmehr, dass sich der Verfahrensfehler als ein formeller Mangel auf die Sachentscheidung ausgewirkt haben kann. Der danach erforderliche Kausalzusammenhang ist nur dann gegeben, wenn nach den Umständen des jeweiligen Falles die konkrete Möglichkeit besteht, dass die Planungsbehörde ohne den Verfahrensfehler anders entschieden hätte.[1444] Eine nur abstrakte Möglichkeit einer anderen Entscheidung genügt nicht.[1445]

3606 Anerkannte **Naturschutzverbände** haben nach § 29 I VwVfG nur in bergrechtlichen Planfeststellungsverfahren ein förmliches Beteiligungsrecht. Lässt die Behörde einen Rahmenbetriebsplan nicht als Planfeststellungsbeschluss nach den §§ 52 II a, 57 a BBergG zu, sondern nur als fakultativen Rahmenbetriebsplan i. S. des § 52 II BBergG ohne Durchführung eines Planfeststellungsverfahrens und beteiligt sie dabei den Naturschutzverband nach den jeweiligen landesrechtlichen Vorschriften, werden keine Beteiligungs-

---

[1439] *BVerwG*, Urt. v. 21. 10. 1968 – IV C 13.68 – DVBl. 1969, 263; Urt. v. 16. 4. 1971 – 4 C 66.67 – DVBl. 1971, 746; Urt. v. 10. 12. 1982 – 4 C 28.81 – Buchholz 406.11 § 34 BBauG Nr. 89.

[1440] *BVerwG*, Urt. v. 4. 7. 1986 – 4 C 31.84 – BVerwGE 74, 315 = DVBl. 1996, 1273 – Rohstoffsicherungsklausel.

[1441] *BVerwG*, Urt. v. 16. 3. 1989 – 4 C 36.85 – BVerwGE 81, 329 = DVBl. 1989, 663 = UPR 1989, 341 = NVwZ 1989, 1157 = Hoppe/Stüer RzB Rdn. 1269 – Moers-Kapellen.

[1442] *BVerwG*, Urt. v. 4. 7. 1986 – 4 C 31.84 – BVerwGE 74, 315 = DVBl. 1986, 1273 m. Anm. *Seibert* 1277 = NJW 1987, 1713 = Hoppe/Stüer RzB Rdn. 1174 – Bergbau und Bebauungsplan.

[1443] *BVerwG*, Urt. v. 5. 10. 1990 – 7 C 55 66.89; Urt. v. 14. 12. 1990 – 7 C 18.90 – Buchholz 406.27 § 55 BBergG Nr. 3 = RdL 1991, 151 = ZfB 1991, 140 = NVwZ 1991, 992 – Untersuchungsbohrungen Garzweiler II; zu Einschränkungen des § 46 VwVfG durch das Umwelt-Rechtsbehelfsgesetz s. Rdn. 2719.

[1444] *BVerwG*, B. v. 24. 6. 1993 – 4 B 114.93 – VkBl. 1995, 210.

[1445] *BVerwG*, Urt. v. 17. 2. 1997 – 4 A 41.96 – LKV 1997, 328 = NVwZ 1997, 998 – Schönberg A 20, mit Hinweis auf Urt. v. 30. 5. 1984 – 4 C 58.81 – BVerwGE 69, 256; Urt. v. 21. 3. 1996 – 4 C 1.95 – Buchholz 407.4 § 17 FStrG Nr. 115 = DVBl. 1996, 915.

rechte des Naturschutzverbandes verletzt.[1446] Das Beteiligungsrecht der nach § 58 I BNatSchG anerkannten Naturschutzverbände ist daher nur verletzt, wenn wegen der UVP-Pflicht eine Öffentlichkeitsbeteiligung erforderlich wäre oder die Zulassungsbehörde ein an sich gebotenes Planfeststellungsverfahren umgeht.[1447] Eine derartige Umgehung kann die Zulassung des Rahmenbetriebsplans im Genehmigungsverfahren nur dann darstellen, wenn die Zulassungsbehörde bewusst oder mit einer erkennbar vorgeschobenen, unvertretbaren Begründung die Voraussetzungen verneint hat, um das Beteiligungsrecht des Verbandes zu vereiteln.[1448]

3607 In den **neuen Ländern haben Rechtsmittel** eines Dritten gegen Tätigkeiten und Einrichtungen i. S. des § 2 BBergG nach Nr. 8 des RechtsmittelBG i. d. F. des 6. VwGO-ÄndG **keine aufschiebende Wirkung**. Mit der Verwirklichung des bergbaulichen Vorhabens kann daher auch bei Vorliegen eines Rechtsbehelfs eines betroffenen Dritten begonnen werden. Die Anordnung des Sofortvollzuges nach § 80 II 1 Nr. 4 VwGO ist dazu nicht erforderlich. Der betroffene Dritte kann allerdings bei Gericht einen Antrag auf Anordnung der aufschiebenden Wirkung des Rechtsbehelfs stellen (§§ 80, 80 a VwGO).

3608 Ist mit einem **Tagebau in der DDR** bereits vor deren Beitritt zur Bundesrepublik Deutschland begonnen worden, muss für seine Weiterführung kein obligatorischer Rahmenbetriebsplan nach § 52 IIa BBergG aufgestellt werden, der in einem Planfeststellungsverfahren mit eingeschlossener Umweltverträglichkeitsprüfung zuzulassen ist.[1449]

3609 Weder ein zugelassener einfacher **Rahmenbetriebsplan** noch ein zugelassener **Hauptbetriebsplan** haben die in § 38 BauGB vorausgesetzte Rechtswirkung einer **Planfeststellung**, dass damit die Zulässigkeit des Vorhabens einschließlich der notwendigen Folgemaßnahmen an anderen Anlagen im Hinblick auf alle von ihm berührten öffentlichen Belange festgestellt ist und daneben andere behördliche (Zulassungs-)Entscheidungen nicht erforderlich sind (§ 75 I VwVfG). Vielmehr hat die Zulassungsentscheidung nur die Vereinbarkeit des Bergbauvorhabens mit den spezifisch bergrechtlichen Zulassungsvoraussetzungen (§§ 55, 48 II BBergG) zum Gegenstand.

3610 Von den bebauungsrechtlichen Zulässigkeitsanforderungen der §§ 30 bis 37 BauGB ist somit ein bergbauliches Vorhaben, das, z. B. als Abgrabung größeren Umfangs, den Vorhabenbegriff des § 29 BauGB erfüllt, nicht freigestellt. Die Gemeinde kann daher durch Bebauungsplan Festsetzungen treffen, die einen bergrechtlich bereits zugelassenen Abbau von Bodenschätzen Beschränkungen unterwerfen. Dies kann, wenn das Bergbauvorhaben bis dahin auch bebauungsrechtlich zulässig war, unter den weiteren Voraussetzungen der §§ 39 bis 44 BauGB allerdings Entschädigungsansprüche nach sich ziehen.[1450]

3611 Ein Unternehmen kann eine **Landschaftsschutzverordnung** mit einer Normenkontrolle nach § 47 VwGO angreifen, wenn diese einer **Gewinnung von Kiesen** nach dem Bergrecht entgegensteht und die Überleitung einer Erlaubnis in eine Bewilligung nach § 12 II BBergG von der Gültigkeit der Landschaftsschutzverordnung abhängt. Die Antragsbefugnis steht auch einem Unternehmen zu, das die ernsthafte Absicht und die gesicherte zivilrechtliche Möglichkeit dargetan hat, in dem unter Landschaftsschutz gestellten Gebiet Kiese abzubauen.[1451]

[1446] *VG Weimar*, Urt. v. 11. 3. 1998 – 7 K 21509/95.WE – ThürVBl. 1998, 189.
[1447] *BVerwG*, Urt. v. 14. 5. 1997 – 11 A 43.96 – BVerwGE 104, 367 = DVBl. 1997, 1123.
[1448] *VG Aachen*, Urt. v. 10. 11. 1999 – 3 K 2040/96 – ZfB 2000, 56.
[1449] *BVerwG*, Urt. v. 12. 6. 2002 – 7 C 2.02 – DVBl. 2002, 1498 = NVwZ 2002, 1237.
[1450] *BVerwG*, Urt. v. 16. 3. 2001 – 4 BN 15.01 – NVwZ-RR 2002, 8 = BauR 2001, 1696. Zum Braunkohlentagebau vgl. auch *BVerwG*, Urt. v. 12. 6. 2002 – 7 C 2.02 – NVwZ 2002, 1237 = DVBl. 2002, 1499 – Tagebau Jänschwalde; Urt. v. 12. 6. 2002 – 7 C 3-02 – NVwZ 2002, 1237 – Tagebau Cottbus. Zur Wiederherstellung der aufschiebenden Wirkung der Klage einer drittbetroffenen Gemeinde gegen einen Planfeststellungsbeschluss für einen bergrechtlichen Rahmenbetriebsplan *VG Saarland*, B. v. 6. 2. 2002 – 2 F 76/01 –. Zur fehlenden Klagebefugnis eines Oberflächeneigentümers gegen eine qualifizierte Rahmenbetriebsplanzulassung *VG Saarland*, Urt. v. 25. 1. 2002 – 2 F 82/01 – Oberflächeneigentümer.
[1451] *BVerwG*, B. v. 17. 1. 2001 – 6 CN 4.00 – DVBl. 2001, 939 (LS) = NVwZ 2001, 1038.

XV. Planungen nach Landesrecht

Neben privilegierten Planungen auf bundesrechtlicher Grundlage können auch Planungen auf landesrechtlicher Grundlage nach § 38 BauGB privilegiert sein, wenn es sich um Planfeststellungsbeschlüsse oder Rechtsakte mit den Wirkungen der Planfeststellung handelt und die Vorhaben überörtliche Bedeutung haben.[1452] In den jeweiligen Landesgesetzen sind insbesondere Planfeststellungsverfahren für Straßen, Eisenbahnen und Wasserstraßen geregelt. Die Vorschriften sind zumeist den Bundesgesetzen nachgebildet. Überörtlich ist eine Planung, wenn eine Gemeinde vermutlich nicht in der Lage ist, den durch ein Vorhaben ausgelösten Koordinationsbedarf planerisch zu bewältigen. Davon ist in der Regel auszugehen, wenn ein Vorhaben das Gebiet mehrerer Gemeinden berührt.[1453] Liegen nur örtlich bedeutsame Vorhaben vor, besteht kein Vorrangverhältnis. Vielmehr stehen Ortsplanung und Fachplanung nebeneinander. I. S. einer „praktischen Konkordanz" sind hier die Kompetenzen so wahrzunehmen, dass die jeweils andere Kompetenz möglichst wenig beeinträchtigt wird.[1454]

3612

Die Erhebung einer **Förderabgabe** gem. § 31 BBergG für die Gewinnung von Kiesen und Kiessanden, die aufgrund des Einigungsvertrages in den neuen Bundesländern als bergfreie Bodenschätze galten, verstößt nicht gegen den Gleichheitssatz des Art. 3 I GG. § 32 II BBergG verpflichtet den Verordnungsgeber nicht, einen Befreiungstatbestand für Härtefälle zu begründen. Der gesetzliche Abgabetatbestand in den neuen Bundesländern ist mit der Deutschen Einheit entstanden. Dass die zur genauen Berechnung der Höhe der Abgabe erforderliche landesrechtliche Förderabgaben-Verordnung erst später erlassen und rückwirkend in Kraft gesetzt worden ist, verstößt nicht gegen das verfassungsrechtliche Rückwirkungsverbot.[1455]

3613

Das Zusatzabkommen zu dem zwischen der Bundesrepublik Deutschland und dem Königreich der Niederlande am 8. 4. 1960 unterzeichneten Vertrag über die Regelung der Zusammenarbeit in der Emsmündung vom 14. 5. 1962[1456] bestimmt für den in diesem Abkommen vereinbarten Grenzbereich die Reichweite der deutschen **Förderabgabenregelung** des § 31 I 1 BBergG. Sieht das Nutzungsregime des Zusatzabkommens für den Grenzbereich einen Teilungsgrundsatz als maßgebend an, so hat die nachgeordnete Auslegung des § 31 I 1 BBergG hieran anzuknüpfen. Im gemeinsamen Grenzbereich ist für das innerdeutsche Abgabenverhältnis das sog. Bohrlochprinzip des deutschen innerstaatlichen Rechts durch einen Aufteilungsgrundsatz ersetzt.[1457]

3614

Gemäß § 31 II 1 BBergG wird die **Höhe der Förderabgabe** bestimmt nach dem Marktwert, der für im Geltungsbereich dieses Gesetzes gewonnenen Bodenschätze dieser Art des Erhebungszeitraumes durchschnittlich erzielt wird und nicht auf den Wert des geförderten Kieses und die Wettbewerbsbedingungen, denen der Unternehmer am Gewinnungsort unterliegt.[1458]

3615

[1452] Für NW kommen hier insbesondere Planfeststellungsverfahren nach dem Straßen- und Wegegesetz, dem Landeseisenbahngesetz und dem Landeswassergesetz i.V. mit dem WHG in Betracht.
[1453] *BVerwG*, Urt. v. 4. 5. 1988 – 4 C 22.87 – BVerwGE 79, 318 = NJW 1989, 242 = *Hoppe/Stüer* RzB Rdn. 575 – ortsgebundener Kiesabbau.
[1454] *Löhr* in: *Battis/Krautzberger/Löhr* § 38 Rdn. 30.
[1455] *BVerwG*, B. v. 1. 2. 1999 – 4 BN 53.98 – NVwZ 1999, 990 – Förderabgabe; *OVG Magdeburg*, Urt. v. 16. 7. 1998 – C 1/4 S 266/97 – JMBl ST 1998, 462.
[1456] BGBl. 1963 II S. 653.
[1457] *BVerwG*, Urt. v. 4. 12. 2001 – 4 C 2.00 u. 4 C 1.00 – BVerwGE 115, 274 = DVBl. 2002, 624.
[1458] *OVG Magdeburg*, B. v. 26. 6. 2002 – 1 L 20/02 – ZfB 2002, 194 – Förderabgabe. Ein spezieller Teilmarkt für Grundstücke über bergfreien Kiesvorkommen hat sich nicht gebildet, so *BGH*, Urt. v. 19. 12. 2002 – III ZR 41/02 – NJW-RR 2003, 374 = RdL 2003, 122.

4. Teil. Gebundene Zulassungsentscheidungen

3616 Neben den durch planerische Abwägung und Gestaltung bestimmten Planfeststellungsverfahren gibt es gebundene Zulassungsentscheidungen, die zu erteilen sind, wenn die gesetzlich formulierten Voraussetzungen vorliegen. Gestalterische Abwägung im eigentlichen Sinne findet bei solchen Zulassungsentscheidungen zumeist nicht statt. Es gibt aber auch Zulassungen, die eng an gesamtplanerische Vorentscheidungen gebunden und so mit planerischen Einschlägen verbunden sind. Damit unterliegen sie letztlich zugleich einem Planungs- und Bewirtschaftungsermessen. Zu solchen (gebundenen) Zulassungsentscheidungen mit planerischem Einschlag gehören die immissionsschutzrechtlichen und die atomrechtlichen Genehmigungen.

I. Allgemeine Genehmigungsgrundsätze

3617 Die **gebundenen Zulassungsentscheidungen** zeichnen sich dadurch aus, dass auf die Erteilung der Genehmigung ein **Rechtsanspruch** besteht, wenn die Genehmigungsvoraussetzungen vorliegen. Das **GenBeschlG**[1459] trägt dabei durch verschiedene Einzelregelungen zu einer **Beschleunigung** der Genehmigungsverfahren bei.[1460] Die Regelungen des GenBeschlG sind nach § 71a VwVfG anzuwenden auf Verwaltungsverfahren, welche die Erteilung einer Genehmigung zum Ziel haben und eine wirtschaftliche Unternehmung des Antragstellers betreffen. Für derartige Genehmigungsverfahren ist die zügige Verfahrensdurchführung sicherzustellen (§ 71b VwVfG). Die Genehmigungsbehörde trifft nach dieser Vorschrift die ihr rechtlich und tatsächlich möglichen Vorkehrungen dafür, dass das Verfahren in angemessener Frist abgeschlossen ist und auf Antrag besonders beschleunigt werden kann. Die Vorschrift steht im Zusammenhang mit § 10 2 VwVfG, wonach das Verwaltungsverfahren einfach, zweckmäßig und zügig durchzuführen ist. Die Vorschriften haben wohl vor allem Appellfunktion.[1461] Es besteht zwar kein einklagbarer Anspruch etwa des Antragstellers gegenüber der Genehmigungsbehörde. Diese hat jedoch nach dem Gesetzeszweck alle ihr möglichen Beschleunigungsmaßnahmen zu ergreifen.[1462]

3618 Zur Beschleunigung des Genehmigungsverfahrens sieht § 71c VwVfG eine Reihe **von Beratungs- und Auskunftspflichten** vor.[1463] Die Genehmigungsbehörde erteilt nach § 71c I VwVfG in dem erforderlichen Umfang Auskunft über Möglichkeiten zur Beschleunigung des Verfahrens, einschließlich der damit verbundenen Vor- und Nachteile. Dies kann auf Verlangen schriftlich geschehen, soweit es von der Bedeutung oder der Schwierigkeit der Sache her angemessen ist (§ 71c I 2 VwVfG). Die Serviceleistungen der Behörde werden auch durch die Beratungen belegt, die bereits im Vorfeld des eigentlichen Genehmigungsverfahrens angeboten werden. So erörtert die Genehmigungsbehörde nach § 71c II VwVfG bereits vor Stellung des Antrags auf Genehmigung mit dem zukünftigen Antragsteller, (1) welche Nachweise und Unterlagen von ihm zu erbringen sind, (2) welche sachverständigen Personen im Genehmigungsverfahren anerkannt werden können, (3) in welcher Weise die Beteiligung Dritter oder der Öffentlichkeit vorgezogen werden kann, um das Genehmigungsverfahren zu entlasten, und (4) ob es angebracht ist, einzelne

---

[1459] Gesetz zur Beschleunigung von Genehmigungsverfahren (Genehmigungsverfahrensbeschleunigungsgesetz – GenBeschlG) v. 12. 9. 1996 (BGBl. I 1354).
[1460] *Küffmann* StuGR 1995, 95.
[1461] *Stüer* DVBl. 1997, 326; *ders.* in: *Stüer* (Hrsg.) Verfahrensbeschleunigung, S. 90; *ders.* Beschleunigung von Planungs- und Genehmigungsverfahren in: *Rengeling* (Hrsg.), 1997, 215; vgl. auch *Hermanns* in: *Stüer* (Hrsg.) Verfahrensbeschleunigung, S. 144.
[1462] Gesetzentwurf der *Bundesregierung*. Entwurf eines Gesetzes zur Beschleunigung von Genehmigungsverfahren (GenBeschlG) BT-Drs. 13/3995 v. 6. 3. 1996.
[1463] Zum nicht formalisierten Verwaltungshandeln *Schulte* in: *Stüer* (Hrsg.) Verfahrensbeschleunigung, 57.

tatsächliche Voraussetzungen der Genehmigung vorweg gerichtlich klären zu lassen (selbstständiges Beweisverfahren). Andere Behörden und, soweit der zukünftige Antragsteller zustimmt, Dritte können von der Genehmigungsbehörde hinzugezogen werden (§ 71c II 2 VwVfG). Die Auskunft und Beratung soll flexibel und situationsangemessen erfolgen. Intensität und Umfang der Beratung richten sich nach den konkreten Umständen. Bei schwierigeren Genehmigungsverfahren ist eine umfangreichere Beratung erforderlich als bei einfachen Genehmigungsverfahren, in denen Auskünfte auch in standardisierter Form ausreichen oder sogar ganz verzichtbar sind. Einer vertieften Beratung bedarf es allerdings bei Investitionsvorhaben größeren Umfangs. Die Erörterung mit dem Antragsteller wird als unterstützende Beratung verstanden. Für die Verfahrensbeschleunigung besonders wichtig ist die umfassende Information des Antragstellers darüber, welche Leistungen er im Genehmigungsverfahren zu erbringen hat, wie bei einer Sachverständigenbestellung mit der Behörde kooperiert werden sollte, wie die Beteiligung Dritter oder der Öffentlichkeit zeitsparend in das Verfahren einbezogen werden kann und welche Möglichkeiten bestehen, einzelne tatsächliche Voraussetzungen der Genehmigung vorweg gerichtlich klären zu lassen. Die Genehmigungsverfahren sind daher in besonderem Maße auf Kooperation zwischen Investor und Verwaltung zugeschnitten.[1464]

Der Verfahrensstraffung dient auch das in § 71c III VwVfG niedergelegte Erfordernis, wonach dem Antragsteller nach Eingang der Unterlagen von der Behörde unverzüglich mitzuteilen ist, ob die **Angaben und Antragsunterlagen vollständig** sind und mit welcher **Verfahrensdauer** zu rechnen ist. Die Regelung ist zwar auch nur eine „Appellvorschrift", soll aber bewirken, dass die Behörde einen genauen Terminplan aufstellt und sich nach Möglichkeit daran hält. Auch kann sich der Antragsteller auf den Verfahrensablauf bei einer entsprechenden behördlichen Mitteilung besser einstellen. Dies erhöht die Transparenz des Verfahrens und ermöglicht dem Antragsteller eine genauere Zeitplanung. Fehlende Unterlagen sind von der Behörde nach Möglichkeit unverzüglich anzufordern. Dogmatisch kann § 71 II VwVfG wohl als besonderes informelles Verwaltungshandeln qualifiziert werden, das mehr auf eine unterstützende Beratung als auf eine verbindliche Abklärung gerichtet ist.[1465] So gesehen bringen die Regelungen des § 71c VwVfG keine grundlegenden Veränderungen.[1466] Dennoch stärkt § 71c VwVfG die Rechtsposition der Antragsteller, von denen vielfach auch Beratungsdefizite beklagt werden.[1467] Auch wenn die Auskunfts- und Beratungspflichten keine Bindungswirkungen erzeugen, ist die Behörde gleichwohl gehalten, angemessen und genau zu informieren[1468] – allein schon, um Amtshaftungsansprüchen zu entgehen.[1469]

In § 71d VwVfG geregelt ist auch das **Sternverfahren**, das bereits vor der Änderung des VwVfG durch das GenBeschlG zu den Standardmaßnahmen der Verfahrensbeschleunigung gehörte. Nach dieser vor Änderung des VwVfG durch das GenBeschlG eingeführten Vorschrift sollen die in einem Genehmigungsverfahren zu beteiligenden Träger öffentlicher Belange, soweit sachlich möglich und geboten, gleichzeitig und unter Fristsetzung zur Stellungnahme aufgefordert werden. Die Antragsunterlagen werden also zeitgleich an die verschiedenen Träger öffentlicher Belange versandt, deren Belange durch

---

[1464] Gesetzentwurf der *Bundesregierung*. Entwurf eines Gesetzes zur Beschleunigung von Genehmigungsverfahren (GenBeschlG) BT-Drs. 13/3995 v. 6. 3. 1996; *Stüer* DVBl. 1997, 326; *ders.* in: *Stüer* (Hrsg.) Verfahrensbeschleunigung, S. 90; vgl. auch *Hermanns* in: *Stüer* (Hrsg.) Verfahrensbeschleunigung, S. 144.

[1465] *Henneke* in: *Knack* Rdn. 4 zu § 71c VwVfG.

[1466] *Schmitz/Wessendorf* NVwZ 1996, 955. Dies gilt auch für das selbstständige Beweisverfahren, das gemäß § 485 ZPO i.V. m. § 173 VwGO bereits vor der Einfügung des § 71c II (1) Nr. 4 VwVfG möglich war, *OVG Schleswig*, B. v. 13. 9. 1991 – 2 P 1/91 – NVwZ-RR 1992, 444; *Kopp/Ramsauer*, Rdn. 26 zu § 98 VwVfG.

[1467] *Pein* BB 1996, 1399; *Krumsiek/Frenzen* DÖV 1995, 1013.

[1468] *Hermanns* der landkreis 1997, 237.

[1469] *Hermanns* in: *Stüer* (Hrsg.) Verfahrensbeschleunigung, S. 144.

das Vorhaben betroffen sein können. § 71d II VwVfG erweitert die **Präklusionsregelungen**:[1470] Äußerungen nach Ablauf der Frist werden nach § 71d II VwVfG nicht mehr berücksichtigt, wenn die vorgebrachten Belange nicht der Genehmigungsbehörde bereits bekannt sind oder hätten bekannt sein müssen oder die Belange für die Rechtmäßigkeit der Entscheidung auch ohne Vorbringen durch den Träger von Bedeutung sind. § 71 II VwVfG enthält damit, soweit überhaupt Klagerechte von Trägern öffentlicher Belange bestehen, Präklusionsregelungen, die auch für das verwaltungsgerichtliche Klageverfahren Bedeutung haben. Einwendungen, die von den Trägern öffentlicher Belange nicht rechtzeitig geltend gemacht worden sind, scheiden daher auch im verwaltungsgerichtlichen Verfahren aus. Die Behörde ist aber gleichwohl nicht gehindert, die ihr erkennbaren Belange in die Genehmigungsentscheidung einzustellen. Auch darf die Genehmigungsbehörde nach wie vor nicht „sehenden Auges" rechtswidrige Genehmigungsentscheidungen treffen.[1471]

3621   Durch das GenBeschlG eingeführt ist auch eine **Antragskonferenz**. Nach § 71e VwVfG soll auf Verlangen des Antragstellers die Behörde eine Besprechung mit allen beteiligten Stellen und dem Antragsteller einberufen. Die Antragskonferenz ist dem Scoping-Termin gem. § 6 UVPG nachgebildet, bei dem der Untersuchungsrahmen für eine erforderliche UVP abgesteckt werden soll. Auch außerhalb dieses UVP-Verfahrens soll die Behörde die Möglichkeit eines **runden Tisches** der Behörden und Verfahrensbeteiligten ergreifen, wenn hierzu im Interesse einer beschleunigten Entscheidung Anlass besteht. Hierdurch sollen die Wirkungen des Sternverfahrens noch verbessert werden.[1472]

II. Immissionsschutzrechtliche Genehmigung (BImSchG)

3622   Für die Errichtung und den Betrieb von Anlagen gilt das BImSchG[1473] (§ 2 I BImSchG).[1474] Es dient dazu, vor schädlichen Umwelteinwirkungen und – soweit es sich um genehmigungsbedürftige Anlagen handelt – auch vor Gefahren, erheblichen Nachteilen und erheblichen Belästigungen zu schützen und dem Entstehen schädlicher Umwelteinwirkungen vorzubeugen.[1475] Der Schutz zielt dabei nicht nur auf Menschen ab, sondern

---

[1470] Zur Präklusion *Büdenbender/Mutschler* Bindungs- und Präklusionswirkung von Teilentscheidungen nach dem BImSchG und dem AtG 1979; *Jarass* UPR 1983, 241; *Metscher* DÖV 1994, 894; vgl. auch *Hermanns* in: *Stüer* (Hrsg.) Verfahrensbeschleunigung, S. 144.
[1471] Gesetzentwurf der *Bundesregierung*. Entwurf eines Gesetzes zur Beschleunigung von Genehmigungsverfahren (GenBeschlG) BT-Drs. 13/3995 v. 6. 3. 1996; *Stüer* DVBl. 1997, 326; ders. in: *Stüer* (Hrsg.) Verfahrensbeschleunigung, S. 90.
[1472] Gesetzentwurf der *Bundesregierung*. Entwurf eines Gesetzes zur Beschleunigung von Genehmigungsverfahren (GenBeschlG) BT-Drs. 13/3995 v. 6. 3. 1996.
[1473] Gesetz zum Schutz vor schädlichen Umwelteinwirkungen durch Luftverunreinigungen, Geräusche, Erschütterungen und ähnlichen Vorgängen – BImSchG i. d. F. der Bekanntmachung v. 15. 5. 1990 (BGBl. I 880); abgedruckt bei *Stüer*, Bau- und Fachplanungsgesetze 1999, S. 629.
[1474] Engelhardt BImSchG 1993; *Engler* Der öffentlich-rechtliche Immissionsabwehranspruch 1995; *Feldhaus* §§ 4, 10 BImSchG; *Jans-Böhm* Luftreinhaltung 1994; *Jarass* UVP bei Industrieanlagen 1987; ders. §§ 4, 10 BImSchG; *Koch/Scheuing* (Hrsg.) §§ 4, 10 BImSchG; *Kraft* Immissionsschutz durch Bauleitplanung 1988; *Koch* (Hrsg.) Schutz vor Lärm 1990; *Koch/Lechelt* (Hrsg.) BImSchG 1994; *König* Drittschutz 1993; *Landmann/Rohmer* Umweltrecht §§ 4, 10 BImSchG; *Lämmle* Konkurrenz paralleler Genehmigungen 1991; *Martens* Die wesentliche Änderung i. S. des § 15 BImSchG 1993; *Murswiek* Die staatliche Verantwortung für Risiken der Technik 1985; *Petersen* Schutz und Vorsorge 1993; *Reich* Gefahr Risiko Restrisiko 1989; *Sachs* Genehmigung als Schutzschild? 1993; *Schulze-Fielitz* Recht des Immissionsschutzrechts 1995, § 3; *Sellner* Immissionsschutzrecht und Industrieanlagen 1988; *Trute* Vorsorgestrukturen und Luftreinhalteplanung im BImSchG 1989; *Ule/Laubinger* §§ 4, 10 BImSchG; *Weidemann* Immissionsschutzrechtliche Abfallentsorgungsanlagen 1994.
[1475] *Battis* DVBl. 1978, 577; ders. DVBl. 1978, 577; *Berger* Grundfragen umweltrechtlicher Nachbarklagen 1992; *Berkemann* DVBl. 1986, 768; ders. NVwZ 1992, 817; *Bier* ZfBR 1992, 15; *Blankenagel/Bohl* DÖV 1993, 585; *Boeddinghaus* UPR 1985, 1; ders. BauR 1994, 713; *Bohl* NVwZ 1994, 647; *Breuer* DVBl. 1981, 300; *Buch* NuR 1991, 416; *Büdenbender* Bindungs- und Präklusionswirkung von Teilentschei-

dient darüber hinaus auch der ressourcenökonomisch und ressourcenökologisch orientierten Vorsorge. So erklärt § 1 BImSchG neben den Menschen, Tieren und Pflanzen auch den Boden, das Wasser, die Atmosphäre sowie Kultur- und sonstige Sachgüter zu Schutzgütern. Diese Zielsetzungen des BImSchG fließen in die konkrete Gesetzesanwendung, die Ermessensbetätigung und die Rechtsetzung aufgrund des BImSchG ein. Der Geltungsbereich des Gesetzes ist in § 2 I BImSchG positiv und in § 2 II BImSchG[1476] negativ abgegrenzt. Danach gilt das BImSchG für die Errichtung und den Betrieb von Anlagen, das Herstellen, Inverkehrbringen und Einführen von Anlagen, Brennstoffen und Treibstoffen, Stoffen und Erzeugnissen aus Stoffen nach Maßgabe der §§ 32 bis 37 BImSchG, die Beschaffung, die Ausrüstung, den Betrieb und die Prüfung von Kraftfahrzeugen und ihren Anhängern und von Schienen-, Luft- und Wasserfahrzeugen sowie von Schwimmkörpern und schwimmenden Anlagen nach Maßgabe der §§ 30 bis 40 BImSchG und den Bau öffentlicher Straßen sowie von Eisenbahnen und Straßenbahnen nach Maßgabe der §§ 41 bis 43 BImSchG. Einzelne immissionsschutzrechtliche Vorschriften sind durch die BImSchG-Novelle 1996[1477] teilweise neu gefasst worden.

Ergänzt wird das BImSchG durch die auf seiner Grundlage ergangenen **Rechtsverordnungen**.[1478] Die Landesgesetzgeber haben **Landesimmissionsschutzgesetze** und Immis-

---

dungen nach dem BImSchG und dem AtG 1979; *Dolde* NVwZ 1986, 873; *Engelhardt* BImSchG 1993; *ders.* DWW 1994, 297; *ders.* NuR 1992, 108; *Engler* Der öffentlich-rechtliche Immissionsabwehranspruch 1995; *Feldhaus* BImSchG; *Fickert* BauR 1976, 1; *Groh* UPR 1984, 142; *Hagen* NVwZ 1991, 817; *Hendlmeier* NuR 1992, 463; *Hofmann-Hoeppel* BauR 1995, 479; *von Holleben* UPR 1983, 76; *Hoppel/Püchel* DVBl. 1988, 1; *Jarass* BImSchG 1995; *Johlen* BauR 1984, 134; *Kauch* Die Raumordnung bei der immissionsschutzrechtlichen Genehmigung von Abfallentsorgungsanlagen 1995; *Klett/Gerhold* NuR 1993, 421; *Koch/Lechelt* (Hrsg.) Zwanzig Jahre BImSchG 1994; *Koch/Scheuing* (Hrsg.) BImSchG; *König* Drittschutz. Rechtsschutz Drittbetroffener gegen Bau- und Anlagengenehmigungen im öffentlichen Baurecht, Immissionsschutzrecht und Atomrecht 1994; *Kracht* UPR 1993, 369; *Kraft* Immissionsschutz durch Bauleitplanung 1988; *Krauß* NVwZ 1995, 959; *Krist* UPR 1993, 178; *Martens* Die wesentliche Änderung i. S. des § 15 BImSchG 1993; *Michler* DVBl. 1988, 229; *Moormann* UPR 1993, 286; *Mülbert* BauR 1984, 442; *Numberg* BayVBl. 1984, 456; *Papier* Wirkungen des öffentlichen Planungsrechts auf das private Immissionsschutzrecht 1984, 101; *Petersen* Schutz und Vorsorge: Strukturen der Risikoerkenntnis, 1993; *Rabanus* Der bundesrechtliche Abfallbegriff, 1993; *Rahner* ZuR 1993, 200; *Reich* Gefahr – Risiko – Restrisiko 1993; *Rengeling* DVBl. 1982, 622; *ders.* RdE 1984, 222; *ders.* DVBl. 1984, 977; *Sach* Genehmigung als Schutzschild? 1993; *Schenk* Nachbarrechtliche Probleme bei genehmigungsbedürftigen und nicht genehmigungsbedürftigen Anlagen nach dem BImSchG in: *Birkl* (Hrsg.) Nachbarschutz im Bau-, Umwelt- und Zivilrecht (Loseblatt) 1994; *Schenke* NuR 1989, 8; *Schink* DÖV 1993, 725; *Schlichter* NuR 1982, 121; *Schulze-Fielitz* Recht des Immissionsschutzes 1995, § 3; *Sellner* Immissionsschutzrecht 1988; *Stange* NWVBL 1992, 153; *Steinebach* ZfBR 1987, 225; *Stich/Porger/Steinebach* Planen und Bauen in immissionsbelasteten Gemengelagen 1983; *Stüer* DÖV 1988, 507; *Topp* Die Zulassung des vorzeitigen Beginns von Abfallentsorgungsanlagen nach § 7a AbfG und § 15a BImSchG 1995; *Trute* Vorsorgestrukturen und Luftreinhalteplanung im BImSchG 1989; *Ule/Laubinger* BImSchG; *Wagner* NJW 1991, 3247; *Weidemann* Immissionsschutzrechtliche Abfallentsorgungsanlagen 1994; *ders.* DVBl. 1995, 253; *Wilker* WiVerw. 1984, H. 4205.

[1476] Danach sind Flugplätze, für die das LuftVG gilt und Anlagen, die mit der Nutzung der Kernenergie verbunden und somit im AtG geregelt werden, ausdrücklich vom Geltungsbereich des BImSchG ausgenommen.

[1477] Gesetz zur Beschleunigung und Vereinfachung immissionsschutzrechtlicher Genehmigungsverfahren, Deutscher Bundestag, BT-Drs. 13/3996, 13/5100, 13/5326, 13/5643.

[1478] Verordnung über Kleinfeuerungsanlagen (1. BImSchV), Verordnung zur Emissionsbegrenzung von leichtflüchtigen Halogenkohlenwasserstoffen (2. BImSchV), Verordnung über Schwefelgehalt von leichtem Heizöl und Dieselkraftstoff (3. BImSchV), Verordnung über genehmigungsbedürftige Anlagen (4. BImSchV), Verordnung über Immissionsschutz und Störfallbeauftragte (5. BImSchG), Verordnung zur Auswurfbegrenzung von Holzstaub (7. BImSchV), Rasenmährlärmverordnung (8. BImSchV), Verordnung über das Genehmigungsverfahren (9. BImSchV), Verordnung über die Beschaffenheit und die Auszeichnung von Qualitäten von Kraftstoff (10. BImSchV), Emissionserklärungsverordnung (11. BImSchV), Störfallverordnung (12. BImSchV), Verordnung über Großfeuerungsanlagen (13. BImSchV), Verordnung über Anlagen der Landesverteidigung

sionsschutzverordnungen erlassen, die durch spezielle immissionsschutzrechtliche Regelungen ergänzt werden. Die Länder sind auch zum Erlass von sog. **Smog-VO** ermächtigt (vgl. §§ 40 I, 49 II BImSchV).

1. Zuständigkeit

3624 Da das BImSchG den Immissionsschutz für verschiedene Bereiche (Luftreinhaltung, Lärmbekämpfung, Abfallentsorgung, Erschütterungen, Licht, Wärme u. a.) regelt, gründet sich die Gesetzgebungskompetenz des Bundes auch auf verschiedene Vorschriften des GG. So hat der Bund nach Art. 74 I Nr. 24 GG die konkurrierende Gesetzgebungszuständigkeit auf dem Gebiet der Luftreinhaltung und der Lärmbekämpfung. Regelungen im Bereich des sonstigen Immissionsschutzes können hinsichtlich der Unternehmen auf Art. 72 I Nr. 11 GG (Recht der Wirtschaft), im Bereich der von Fahrzeugen verursachten Immissionen auf Art. 73 Nr. 6 GG (Bundeseisenbahnverkehr und Luftverkehr) und auf Art. 74 I Nr. 21 bis 23 GG (Schifffahrt, Straßenverkehr, Schienenbahnen) gestützt werden. Die Kompetenzregelungen konzentrieren sich auf die ausschließliche und konkurrierende Gesetzgebung des Bundes, so dass eine Gesetzgebungszuständigkeit des Bundes für das BImSchG besteht. Für den Bereich der Errichtung und des Betriebes genehmigungsbedürftiger Anlagen enthält das BImSchG grundsätzlich eine abschließende Regelung, so dass die Länder gem. Art. 72 I GG von immissionsschutzrechtlichen Regelungen ausgeschlossen sind. Sie führen das BImSchG aber gem. Art. 83 GG als eigene Angelegenheiten aus.

2. Grundbegriffe

3625 Die Errichtung und der Betrieb von **Anlagen** sind nach § 4 I BImSchG genehmigungspflichtig, wenn sie geeignet sind, schädliche Umwelteinwirkungen hervorzurufen oder in anderer Weise die Allgemeinheit oder die Nachbarschaft zu gefährden, erheblich zu benachteiligen oder erheblich zu belästigen. Aus Gründen der Rechtssicherheit ergibt sich die Einstufung als genehmigungsbedürftige Anlage aus einer Rechtsverordnung, die gem. § 4 I 3 BImSchG von der Bundesregierung mit Zustimmung des Bundesrates erlassen wird. Die danach genehmigungsbedürftigen Anlagen sind in der 4. BImSchV[1479] und in der GroßfeuerungsanlagenVO[1480] geregelt. Der immissionsschutzrechtlichen Genehmigung bedarf eine nach § 4 BImSchG genehmigungsbedürftige Anlage, die geeignet ist, schädliche Umwelteinwirkungen und damit das Bedürfnis nach Vorkehrungen gegen solche Einwirkungen hervorzurufen. Das Immissionsschutzrecht folgt damit vom Grundsatz her dem klassischen Grundsatz präventiver Verbote mit Erlaubnisvorbehalt: Was nicht genehmigt ist, ist verboten.[1481]

3626 **Schädliche Umwelteinwirkungen** sind nach § 3 I BImSchG Immissionen, die nach Art, Ausmaß oder Dauer geeignet sind, Gefahren, erhebliche Nachteile oder erhebliche Belästigungen für die Allgemeinheit oder die Nachbarschaft herbeizuführen. Das Gesetz

---

(14. BImSchV), Baumaschinenlärmschutzverordnung (15. BImSchV), Verkehrslärmschutzverordnung (16. BImSchV), Verordnung über Verbrennungsanlagen für Abfälle und ähnliche brennbare Stoffe (17. BImSchV), Sportanlagenlärmschutzverordnung (18. BImSchV), Verordnung über Chlor- und Bromverbindungen als Kraftstoffzusätze (19. BImSchV), Verordnung zur Begrenzung der Kohlenwasserstoffemissionen beim Umfüllen und Lagern von Ottokraftstoffen (20. BImSchV), Verordnung zur Begrenzung der Kohlenwasserstoffemissionen bei der Betankung von Kraftfahrzeugen (21. BImSchV), Verordnung über Immissionswerte (22. BImSchV), Verordnung über die Festlegung von Konzentrationswerten (23. BImSchV), Verkehrswege-Schallschutzmaßnahmenverordnung (24. BImSchV), Verordnung zur Begrenzung von Emissionen aus der Titandioxid-Industrie (25. BImSchV), Verordnung über elektromagnetische Felder (26. BImSchV).

[1479] VO über die genehmigungsbedürftigen Anlagen (4. BImSchV) v. 24. 7. 1985 (BGBl. I 1586), abgedruckt bei *Stüer*, Bau- und Fachplanungsgesetze 1999, 707.

[1480] VO über Großfeuerungsanlagen (13. BImSchV) v. 22. 6. 1983 (BGBl. I 719).

[1481] *BVerwG*, Urt. v. 15. 12. 1989 – 7 C 35.87 – BVerwGE 84, 220 = DVBl. 1990, 371 = UPR 1990, 153 – Altölwiederverwertung.

unterscheidet dabei zwischen **Emissionen** und **Immissionen**. Emissionen sind die von einer Anlage ausgehenden Luftverunreinigungen, Geräusche, Erschütterungen, Licht, Wärme, Strahlen und ähnliche Erscheinungen (§ 3 III BImSchG). Immissionen sind auf Menschen, Tiere, Pflanzen, den Boden, das Wasser, die Atmosphäre sowie auf Kultur- und sonstige Sachgüter einwirkenden Luftverunreinigungen, Geräusche, Erschütterungen, Licht, Wärme, Strahlen und ähnliche Umwelteinwirkungen (§ 3 II BImSchG).[1482] Emissionen gehen daher von der Anlage aus. Immissionen wirken auf Schutzgüter ein. **Anlagen** sind (1) Betriebsstätten und sonstige ortsfeste Einrichtungen, (2) Maschinen, Geräte und sonstige ortsveränderliche technische Einrichtungen sowie Fahrzeuge, soweit sie nicht § 38 BImSchG unterliegen, und (3) Grundstücke, auf denen Stoffe gelagert oder abgelagert oder Arbeiten durchgeführt werden, die Emissionen verursachen können, ausgenommen öffentliche Verkehrswege (§ 3 V BImSchG).[1483]

Luftverunreinigungen sind Veränderungen der natürlichen Zusammensetzung der Luft, insbesondere durch Rauch, Ruß, Staub, Gase, Aerosole, Dämpfe oder Geruchsstoffe (§ 3 IV BImSchG). Vorschriften zur Reinhaltung der Luft enthält die Technische Anleitung zur Reinhaltung der Luft **(TA-Luft)**, die im Genehmigungsverfahren nach den §§ 6, 15 BImSchG oder bei der Überwachung genehmigungspflichtiger Anlagen nach § 17 BImSchG zu beachten sind. Die TA-Luft enthält u. a. allgemeine Grundsätze zum Genehmigungsverfahren und Immissionswerte einschließlich des Beurteilungsverfahrens. Auch sind Regelungen über Emissionen und die Überwachung von Altanlagen enthalten. Die Immissionswerte nach der Nr. 2.1.2 TA-Lärm werden als Massenkonzentration z. B. in den Einheiten g/m^3 oder mg/m^3, beim Staubniederschlag als zeitbezogene Massenbedeckung in den Einheiten $g/(m^2\ d)$ oder $mg/(m^2\ d)$ angegeben.[1484] Dabei ist zwischen **Richt- und Grenzwerten** zu unterscheiden. Grenzwerte sind grundsätzlich einzuhalten, Richtwerte geben einen Anhalt vor allem auch für sachgerechte Planungen und vorsorgenden Immissionsschutz. 3627

Geräusche werden zu schädlichen Umwelteinwirkungen, wenn sie einen bestimmten Immissions(grenz-)wert überschreiten. Für die Beurteilung von Arbeitslärm in der Nachbarschaft ist die **VDI-Richtlinie 2058** aufgestellt worden.[1485] Die VDI-Richtlinie hat keine Normqualität und kann daher nicht unmittelbar angewendet werden. Sie dient allerdings als Zusammenfassung sachverständiger Erfahrungen, wobei eine Konkretisierung im Einzelfall erforderlich ist. Für Gewerbe- und Industrielärm gilt die Technische Anleitung zum Schutz gegen Lärm **(TA-Lärm)**.[1486] Die Vorgaben der TA-Lärm sind von der Immissionsschutzbehörde nach § 10 BImSchG bei der Prüfung der Genehmigungsanträge oder bei Erlass nachträglicher Anordnungen anzuwenden. Die sich aus der TA-Lärm ergebenden Immissionsrichtwerte beschreiben die Schwelle der zumutbaren und nicht mehr zumutbaren Lärmeinwirkungen. Aus den Einzelschallereignissen ist ein Mittelungspegel als äquivalenter Dauerschallpegel zu bilden, der unter Anwendung des Taktmaximalverfahrens aus den Messdaten gewonnen wird. Dabei wird der innerhalb der Taktzeit auftretende Einzelschallpegel als Immissionspegel für die gesamte Taktzeit angesetzt. Besondere Geräuschmerkmale und Fremdgeräusche sind zu berücksichtigen. Aus diesen Einzelwerten wird sodann der Beurteilungspegel gebildet. 3628

Für die Beurteilung von Lärmimmissionen bei genehmigungsbedürftigen und nicht genehmigungsbedürftigen Anlagen ist die **TA-Lärm 1998** zu berücksichtigen. Die 3629

[1482] Zu elektromagnetischen Wellen BVerwG, B. v. 9. 2. 1996 – 11 VR 46.95 – NVwZ 1996, 1042 = DVBl. 1996, 682 – Lauenburg – Elbeufer.
[1483] BVerwG, Urt. v. 7. 6. 1977 – 1 C 21.75 – BayVBl. 1977, 769 = DÖV 1978, 49 = GewArch. 1977, 385 – Schrottplatz.
[1484] Zu Staubniederschlägen BVerwG, B. v. 13. 9. 1993 – 4 B 127.93 – Kaltzerlegeanlage.
[1485] BVerwG, Urt. v. 27. 8. 1998 – 4 C 5.98 – DVBl. 1999, 254 = BauR 1999, 152 – Kur- und Gemeindehaus.
[1486] Sechste allgemeine Verwaltungsvorschrift zum Schutz gegen Lärm (TA-Lärm) v. 26. 8. 1998 (GMBl. 1998, 503) = NVwZ 1999, Beilage 11/1999 zu Heft 2/1999.

TA-Lärm konkretisiert grundlegende Anforderungen des Immissionsschutzrechts zum Gewerbelärm. Ihr Anwendungsbereich erfasst jetzt mit wenigen Ausnahmen praktisch jede Form gewerblicher und industrieller Tätigkeit, von der Geräusche ausgehen. Die in ihr festgelegten Immissionsrichtwerte und Beurteilungsverfahren werden darüber hinaus auch Auswirkungen auf die Lärmbewertung in anderen Bereichen bis hin zur Beurteilung lärmbezogener Nachbarschaftsprobleme haben. Für die Praxis der Lärmbekämpfung in Deutschland ist die Novelle daher von zentraler Bedeutung. Die Novelle orientiert sich inhaltlich am aktuellen Stand der Rechts- und Verwaltungspraxis. Zu den wichtigsten Fortentwicklungen gehört neben der Einbeziehung der Anlagen, die keiner Genehmigung nach dem BImSchG bedürfen, vor allem die Einführung eines akzeptorbezogenen Lärmbeurteilungsverfahrens, bei dem die eventuell von anderen Anlagen ausgehende Geräuschvorbelastung einzelfallbezogen berücksichtigt wird. Die TA-Lärm bestimmt ihren Anwendungsbereich (Nr. 1 TA-Lärm), enthält sodann Begriffsbestimmungen (Nr. 2 TA-Lärm) und allgemeine Grundsätze für genehmigungsbedürftige (Nr. 3 TA-Lärm) und nicht genehmigungsbedürftige Anlagen (Nr. 4 TA-Lärm) sowie Anforderungen an bestehende Anlagen (Nr. 5 TA-Lärm). Ein Kernstück der TA-Lärm sind sodann die Immissionsrichtwerte (Nr. 6 TA-Lärm). Besondere Regelungen (Nr. 7 TA-Lärm) und Hinweise auf die Zugänglichkeit der Norm- und Richtblätter runden das Regelwerk ab. Ein Anhang enthält Verfahren zur Ermittlung von Geräuschimmissionen.

3630 Die TA-Lärm dient dem **Schutz der Allgemeinheit** und der **Nachbarschaft** vor **schädlichen Umwelteinwirkungen** und Geräuschen sowie der **Vorsorge** gegen schädliche Umwelteinwirkungen durch Geräusche. Sie gilt für nach dem BImSchG genehmigungspflichtige oder nicht genehmigungspflichtige Anlagen (Nr. 1 TA-Lärm). Ausgenommen sind Sportanlagen, die der 18. Sportanlagenlärmschutzverordnung unterliegen, sonstige nicht genehmigungsbedürftige Freizeitanlagen sowie Freiluftgaststätten, nicht genehmigungsbedürftige landwirtschaftliche Anlagen, Schießplätze, Tagebaue, Baustellen, Seehafenumschlagsanlagen sowie Anlagen für soziale Zwecke. Die TA-Lärm ist zu beachten für genehmigungsbedürftige Anlagen bei der immissionsschutzrechtlichen Prüfung einschließlich nachträglicher Anordnungen, für nicht genehmigungsbedürftige Anlagen bei der Prüfung der Einhaltung des § 22 BImSchG und Entscheidungen über Anordnungen und Untersagungen im Einzelfall (§§ 24 und 25 BImSchG). Zudem ist die TA-Lärm bei Entscheidungen nach § 26 BImSchG zu beachten. Nr. 2 TA-Lärm enthält Begriffsbestimmungen über schädliche Umwelteinwirkungen durch Geräusche (Nr. 2.1 TA-Lärm), den Einwirkungsbereich einer Anlage (Nr. 2.2 TA-Lärm), den maßgeblichen Immissionsort (Nr. 2.3 TA-Lärm), über Vor-, Zusatz- und Gesamtbelastungen sowie Fremdgeräusche (Nr. 2.4 TA-Lärm), den Stand der Technik zur Lärmminderung (Nr. 2.5 TA-Lärm), Schalldruckpegel (Nr. 2.6 TA-Lärm), Mittelungspegel (Nr. 2.7 TA-Lärm), kurzzeitige Geräuschspitzen (Nr. 2.8 TA-Lärm), Taktmaximalpegel (Nr. 2.9 TA-Lärm) und Beurteilungspegel (Nr. 2.10 TA-Lärm).

3631 Sodann werden **allgemeine Grundsätze** für genehmigungsbedürftige Anlagen aufgestellt (Nr. 3 TA-Lärm). Zu den Grundpflichten des Betreibers rechnet die TA-Lärm, bei der Errichtung und dem Betrieb einer genehmigungsbedürftigen Anlage sicherzustellen, dass (a) die von der Anlage ausgehenden Geräusche keine schädlichen Umwelteinwirkungen hervorrufen können und (b) Vorsorge gegen schädliche Umwelteinwirkungen durch Geräusche getroffen wird, insbesondere durch die dem Stand der Technik zur Lärmminderung entsprechenden Maßnahmen zur Emissionsbegrenzung. Die Einhaltung der Schutzpflichten ist im Rahmen des Genehmigungsverfahrens zu prüfen (Nr. 3.2 TA-Lärm). Neben einer Prüfung im Regelfall (Nr. 3.2.1 TA-Lärm) kommt in Sonderfällen eine ergänzende Prüfung hinzu (Nr. 3.2.2 TA-Lärm). Neben die Gefahrenabwehr tritt die Vorsorge. Das Maß der Vorsorge gegen schädliche Umwelteinwirkungen durch Geräusche bestimmt sich nach Nr. 3.3 TA-Lärm einzelfallbezogen unter Berücksichtigung der Verhältnismäßigkeit von Aufwand und erreichbarer Lärmminderung nach der zu erwartenden Immissionssituation des Einwirkungsbereichs insbesondere unter Berücksichtigung der Bauleitplanung. Die Geräuschimmissionen der Anlage müssen danach so niedrig sein, wie dies zur Erfüllung der Vorsorgepflicht nötig und nach dem Stand der Technik zur Lärmminderung möglich ist.

Auch für **nicht genehmigungsbedürftige Anlagen** nach § 22 BImSchG werden in Nr. 4.1 TA-Lärm Betreiberpflichten aufgestellt. Nicht genehmigungsbedürftige Anlagen sind danach so zu errichten und zu betreiben, dass schädliche Umwelteinwirkungen durch Geräusche verhindert werden, die nach dem Stand der Technik zur Lärmminderung vermeidbar sind, und nach dem Stand der Technik zur Lärmminderung unvermeidbare schädliche Umwelteinwirkungen durch Geräusche auf ein Mindestmaß beschränkt werden. Die TA-Lärm sieht dazu eine vereinfachte Regelfallprüfung (Nr. 4.2 TA-Lärm) vor und stellt Anforderungen bei unvermeidbaren schädlichen Umwelteinwirkungen auf (Nr. 4.3 TA-Lärm). Entsprechen vorhandene Anlagen nicht mehr dem Stand der Technik, so können nach Maßgabe des Verhältnismäßigkeitsgrundsatzes bei genehmigungsbedürftigen Anlagen nachträgliche Anordnungen getroffen werden (Nr. 5.1 TA-Lärm). Anordnungen können im Einzelfall auch bei nicht genehmigungsbedürftigen Anlagen ergehen (Nr. 5.2 TA-Lärm). 3632

Die TA-Lärm enthält **Immissionsrichtwerte** für Immissionen innerhalb von Gebäuden (Nr. 6.1 TA-Lärm) und außerhalb von Gebäuden (Nr. 6.2 TA-Lärm). Die Immissionsrichtwerte für den Beurteilungspegel betragen für Immissionsorte außerhalb von Gebäuden: in Industriegebieten 70 dB(A), in Gewerbegebieten 65 dB(A) tags, 50 dB(A) nachts, in Kerngebieten, Dorfgebieten und Mischgebieten 60 dB(A) tags und 45 dB(A) nachts, in reinen Wohngebieten 50 dB(A) tags und 35 dB(A) nachts sowie in Kurgebieten, für Krankenhäuser und Pflegeanstalten 45 dB(A) tags und 35 dB(A) nachts. Einzelne kurzzeitige Geräuschspitzen dürfen die Immissionsrichtwerte am Tage um nicht mehr als 30 dB(A) und in der Nacht um nicht mehr als 20 dB(A) überschreiten. 3633

Bei **Geräuschübertragungen** innerhalb von Gebäuden oder bei **Körperschallübertragungen** betragen die Immissionsrichtwerte für den Beurteilungspegel für betriebsfremde schutzbedürftige Räume nach DIN 4109, Ausgabe November 1989, unabhängig von der Lage des Gebäudes 35 dB(A) tags und 25 dB(A) nachts. Einzelne kurzzeitige Geräuschspitzen dürfen die Immissionsrichtwerte um nicht mehr als 10 dB(A) überschreiten. Die Tagzeiten beziehen sich auf die Zeiten zwischen 6.00 Uhr und 22.00 Uhr, die Nachtzeit rechnet von 22.00 Uhr bis 6.00 Uhr (Nr. 6.4 TA-Lärm). Für Gemengelagen gelten besondere Grundsätze. Wenn gewerblich, industriell oder hinsichtlich ihrer Geräuschwirkungen vergleichbar genutzte und zum Wohnen dienende Gebiete aneinander grenzen (Gemengelage), können die für die zum Wohnen dienenden Gebiete geltenden Immissionsrichtwerte auf einen geeigneten Zwischenwert der für die aneinander grenzenden Gebietskategorien geltenden Werte erhöht werden, soweit dies nach der gegenseitigen Pflicht zur Rücksichtnahme erforderlich ist. Die Immissionsrichtwerte für Kern-, Dorf- und Mischgebiete sollen dabei nicht überschritten werden (6.7 TA-Lärm). Die Anlage zur TA-Lärm enthält Berechnungsverfahren zur Ermittlung der Geräuschimmissionen. Allgemeine Vorschriften für die Ermittlung der Geräuschimmissionen werden um Regelungen zur Ermittlung von Geräuschimmissionen durch Prognose (A.2) einerseits und Messungen (A.3) andererseits ergänzt. 3634

Immissionen können auch durch **Erschütterungen** entstehen, die durch niederfrequente mechanische Schwingungen fester Körper etwa durch Webstühle, Baumaschinen oder Eisenbahnanlagen hervorgerufen werden.[1487] 3635

Schädliche Umwelteinwirkungen setzen Immissionen voraus, die nach Art, Ausmaß oder Dauer geeignet sind, Gefahren, erhebliche Nachteile oder erhebliche Belästigungen 3636

[1487] Zur vorhabenbedingten hohen Belastung eines Hauses durch Schall, Erschütterungen und Elektrosmog bei der Trassenauswahl vgl. das beim BVerwG anhängige Verfahren – 9 A 24.02 – Straßenbahn Magdeburg-Listemannstraße.

für die Allgemeinheit oder die Nachbarschaft herbeizuführen (§ 3 I BImSchG). Eine **Gefahr** setzt die hinreichende Wahrscheinlichkeit des Eintritts einer Störung der öffentlichen Sicherheit oder Ordnung voraus. Je größer und folgenschwerer dabei der drohende Schaden ist, umso geringere Anforderungen sind an den Grad der Wahrscheinlichkeit des Eintritts des Schadensereignisses zu stellen. Dabei kann weitgehend auf den polizeirechtlichen **Gefahrenbegriff** zurückgegriffen werden. **Nachteile** stellen bereits Störwirkungen dar. Es handelt sich zumeist um hinreichend bedeutsame Beeinträchtigungen materieller Interessen ohne unmittelbare Verletzung eines Rechtsguts. Darunter fallen etwa erhöhte Aufwendungen für passiven Schallschutz oder Wertverluste eines Grundstücks infolge von Immissionen. **Belästigungen** sind Beeinträchtigungen des körperlichen oder seelischen Wohlbefindens des Menschen unterhalb der Schwelle der Gesundheitsgefahr. Zu schädlichen Umwelteinwirkungen führen Nachteile und Belästigungen nur, wenn sie **erheblich** sind. Es muss sich dabei um unzumutbare Einwirkungen oder auch solche Einwirkungen handeln, die gegen das Gebot der Rücksichtnahme verstoßen. Die Beeinträchtigung ist damit erheblich, wenn sie im konkreten Einzelfall das dem Betroffenen zumutbare Maß überschreitet. Dabei ist die jeweilige Schutzwürdigkeit und Schutzbedürftigkeit der Umgebung, die planungsrechtliche Beurteilung und ggf. eine plangegebene oder faktische Vorbelastung zu berücksichtigen. Treffen unterschiedliche Nutzungen aufeinander, so ist die Zumutbarkeit ggf. nach Art eines **Mittelwertes** zu bestimmen. Die Rücksichtnahme ist wechselseitig und richtet sich auch danach, was der jeweils Betroffene bereits selbst auf seinem Grundstück an Einrichtungen und Nutzungen verwirklicht hat. Sind die in der TA-Lärm festgesetzten Richtwerte im Hinblick auf den erforderlichen Interessenausgleich zwischen benachbarten Gebieten unterschiedlicher Schutzwürdigkeit nicht ohne weiteres anwendbar, so darf der zu bildende „Mittelwert" nicht schematisch i. S. einer mathematischen Interpolation festgesetzt werden.[1488] Vielmehr ist der Zwischenwert unter Berücksichtigung der jeweiligen Schutzbedürftigkeiten und Einwirkungsinteressen zu bestimmen.

3637 Die Mittelwertbildung darf nicht mit einer bloßen rechnerischen Interpolation verwechselt werden. Sie bietet keine Handhabe dafür, die immissionsschutzrechtlich maßgebliche Gebietseigenart vollständig umzuformen. Wird in einem Bebauungsplan ein nach seiner allgemeinen Charakteristik gegen Störungen weitgehend abgeschirmtes Baugebiet festgesetzt, in dem sich faktisch allenfalls ein Schutzniveau wahren lässt, das einem weniger gegen Störungen geschützten Gebiet gerecht wird, so liegt ein Widerspruch zu den Wertungen vor, die dem gebietsbezogenen Richtwertsystem zugrunde liegen. Anders als bei einer durch ein bereits vorhandenes Nebeneinander konfliktträchtiger Nutzungen geprägten Gemengelage darf die Gemeinde nicht ohne zwingenden Grund selbst die Voraussetzungen für die Berücksichtigung von Vorbelastungen dadurch schaffen, dass sie in einen durch ein erhöhtes Immissionspotenzial gekennzeichneten Bereich ein störempfindliches Wohngebiet hineinplant und damit aus einem reinen Wohngebiet (oder wesentlichen Teilen desselben) in immissionsschutzrechtlicher Hinsicht in Wahrheit ein Dorf- oder Mischgebiet macht.[1489]

3638 Die **Nachbarschaft** bestimmt sich nach den Betroffenen im Einwirkungsbereich der Anlage und grenzt sich dadurch von der Allgemeinheit als einem unbestimmten Kreis von Personen ab. Die Nachbarschaft wird durch denjenigen Personenkreis im Nahbereich der Anlage umschrieben, der durch die jeweilige Emission individualisierbare Beeinträchtigungen zu erwarten hat.

3639 **Anlagen** i. S. des BImSchG sind (1) Betriebsstätten und sonstige ortsfeste Einrichtungen, (2) Maschinen, Geräte und sonstige ortsveränderliche technische Einrichtungen sowie Fahrzeuge, soweit sie nicht nach § 38 BImSchG zu beurteilen sind, und (3) Grundstücke, auf denen Stoffe gelagert oder abgelagert oder Arbeiten durchgeführt werden, die

---

[1488] *BVerwG*, B. v. 29. 10. 1984 – 7 B 149.84 – NVwZ 1985, 186 = DVBl. 1985, 397 = NVwZ 1985, 186.
[1489] *BVerwG*, B. v. 6. 2. 2003 – 4 BN 5.03 – Buchholz 406.11 § 1 BauGB Nr. 116 Mittelwert.

Emissionen verursachen können, ausgenommen öffentliche Verkehrswege. Die **Anlage** umfasst nicht die gesamte Produktionsstätte, sondern die einzelne Betriebsstätte oder sonstige ortsfeste Einrichtung. Auch einzelne Maschinen, Geräte oder sonstige ortsveränderliche technische Einrichtungen sowie Fahrzeuge können eine Anlage bilden. Auch Nebeneinrichtungen des eigentlichen Betriebs sind genehmigungspflichtig, wenn sie schädliche Umwelteinwirkungen hervorrufen. Nach § 3 V BImSchG können Anlagen i. S. des Gesetzes neben Grundstücken, Maschinen und Geräten auch Betriebsstätten und sonstige ortsfeste Einrichtungen sein, die im üblichen Sprachgebrauch als Fabriken, Werke, Anstalten oder auch als Anlagen bezeichnet werden und zu denen auch die in örtlichem und betriebstechnischem Zusammenhang stehenden Nebeneinrichtungen[1490] gehören. Die näheren Einzelheiten ergeben sich aus der 4. BImSchV.[1491] Nach § 2 Nr. 17 4. BImSchV sind genehmigungsbedürftig **Fabriken** oder **Fabrikationsanlagen**, in denen Stoffe durch chemische Umwandlung hergestellt werden. Entscheidend für die Genehmigungsbedürftigkeit ist also die fabrikmäßig betriebene chemische Umwandlung, und zwar nicht nur im Hinblick auf die hiermit zusammenhängenden schädlichen Umwelteinwirkungen, sondern auch wegen der möglichen sonstigen Gefahren i. S. von § 5 I Nr. 1 BImSchG (z. B. Feuer- und Explosionsrisiken). Genehmigungspflichtiger Anlagekern ist damit die Einrichtung, in der der eigentliche Herstellungsvorgang stattfindet. Der Anlagekern kennzeichnet den Genehmigungsgegenstand jedoch nicht abschließend. Vielmehr ergibt sich aus der Verwendung des Wortes Fabrik bzw. Fabrikationsanlage, dass auch die weiteren, für den beabsichtigten Betrieb vorgesehenen Einrichtungen in das immissionsschutzrechtliche Genehmigungsverfahren und damit zugleich in den dadurch vermittelten verstärkten Bestandsschutz einbezogen werden sollen. Genehmigungsbedürftig sind damit zunächst alle Betriebseinheiten, die erforderlich sind, um den eigentlichen Betriebszweck zu erreichen. Hinzu kommen aber auch die sog. **Nebeneinrichtungen**, die im Hinblick auf den primär verfolgten Betriebszweck keinen in einem engeren technischen Sinn notwendigen Verfahrensschritt zum Gegenstand haben, aber doch auf diesen Zweck hin ausgerichtet sind und damit eine im Verhältnis zur Haupteinrichtung dienende und untergeordnete Funktion haben. Sie müssen demgemäß mit dem eigentlichen Anlagekern in einem betrieblichen und räumlichen Zusammenhang stehen und für das Emissionsverhalten oder die Sicherheit der Anlage Bedeutung haben können.[1492] Eine **Abstell- und Parkplatzfläche** für LKW ist keine Anlage i. S. des BImSchG. Denn der in § 3 V Nr. 3 BImSchG verwendete Begriff des „Arbeitens" bezieht sich nur auf emissionsträchtigen Tätigkeiten, die wesentlicher Inhalt der Zwecksetzung des Grundstücks sind. Auch das Merkmal des „Betreibens", das sich aus dem Regelungszusammenhang des § 22 BImSchG ergibt, ist durch das Bereitstellen der Fläche nicht erfüllt. Daher sind für das *OVG Münster* neben dem BImSchG die Vorschriften der Landesimmissionsschutzgesetze (NRW) anwendbar.[1493]

Es ergeben sich **drei** verschiedene **Schutzniveaus**: anerkannte Regeln der Technik, Stand der Technik und Stand von Wissenschaft und Technik. Ein relativ geringes Schutzniveau beinhalten die **anerkannten Regeln der Technik**, die nach Meinung der überwiegenden Mehrheit der Fachleute insbesondere aufgrund der praktischen Bewährung als richtig anerkannt werden. **Stand der Technik** ist der Entwicklungsstand fortschrittlicher Verfahren, Einrichtungen oder Betriebsweisen, der die praktische Eignung einer Maßnahme zur Begrenzung von Emissionen gesichert erscheinen lässt. Bei der Bestimmung des Standes der Technik sind insbesondere vergleichbare Verfahren, Einrichtungen oder

---

[1490] So die Begründung des Gesetzentwurfs, BT-Drs. 7/179 S. 29/30.
[1491] Abgedruckt bei *Stüer*, Bau- und Fachplanungsgesetze 1999, 707.
[1492] *BVerwG*, Urt. v. 6. 7. 1984 – 7 C 71.82 – BVerwGE 69, 351 = *Hoppe/Stüer* RzB Rdn. 1026 – Zentrales Rückkühlwerk.
[1493] *OVG Münster*, Urt. v. 26. 11. 1999 – 21 A 891/98 –. Danach dürfen während der Nachtzeit von 22.00 bis 6.00 Uhr Grundstücke nicht durch LKW befahren werden.

Betriebsweisen heranzuziehen, die mit Erfolg im Betrieb erprobt worden sind (§ 3 VI BImSchG). Der **Stand von Wissenschaft und Technik** beschreibt ein noch über den Stand der Technik hinausgehendes Schutzniveau, das sich insbesondere im AtG findet. Der Begriffsbestimmung von „Stand der Technik" in § 3 VI BImSchG lässt sich entnehmen, dass mehr gefordert wird, als sich aus den „anerkannten Regeln der Technik" ergibt.[1494] Es kommt nicht darauf an, ob sich bestimmte technische Verfahren und Einrichtungen in der Praxis bereits durchgesetzt und allgemeine Anerkennung gefunden haben. Vielmehr reicht es aus, dass die Eignung zur Begrenzung von Emissionen praktisch gesichert ist. Ein wichtiges Indiz hierfür kann sein, dass eine Maßnahme in einem Betrieb bereits mit Erfolg erprobt worden ist. Die Bewährung im Betrieb ist indessen nicht zwingende Voraussetzung. Auch Verfahren, deren praktische Eignung aufgrund anderer Umstände so weit gesichert ist, dass ihre Anwendung ohne unzumutbares Risiko möglich ist, entsprechen dem Stand der Technik. Vorausgesetzt wird in dieser Hinsicht lediglich, dass es sich um Techniken handelt, die bereits entwickelt sind. Dagegen genügt es nicht, dass die Wissenschaft Lösungen für bestimmte Verfahren erforscht hat. Ob sich eine Maßnahme in einem Fachbereich oder unter vergleichbaren Verhältnissen in einer anderen Branche bewährt hat, beurteilt sich nicht ausschließlich nach dem inländischen Entwicklungsstand. Unter dem Aspekt der praktischen Eignung sind auch im Ausland gewonnene Erfahrungen zu berücksichtigen.[1495]

3. Genehmigungserfordernis

3641 Nach § 4 I BImSchG bedürfen die Errichtung und der Betrieb von Anlagen, die aufgrund ihrer Beschaffenheit oder ihres Betriebes in besonderem Maße geeignet sind, **schädliche Umwelteinwirkungen** hervorzurufen oder in anderer Weise die Allgemeinheit oder die Nachbarschaft zu gefährden, erheblich zu benachteiligen oder erheblich zu belästigen, sowie von ortsfesten Abfallentsorgungsanlagen zur Lagerung oder Behandlung von Abfällen der immissionsschutzrechtlichen Genehmigung. Die genehmigungsbedürftigen Anlagen sind in der Verordnung über genehmigungsbedürftige Anlagen (**4. BImSchV**)[1496] niedergelegt. Es wird dabei zwischen dem großen (§ 4 BImSchG) und vereinfachten (§ 19 BImSchG) Genehmigungsverfahren unterschieden. § 2 I 4. BImSchV bestimmt, dass das Genehmigungsverfahren nach § 10 BImSchG für Anlagen, die in der Spalte 1 des Anhangs genannt sind, und Anlagen, die sich aus in Spalte 1 und 2 des Anhangs genannten Anlagen zusammensetzen, durchzuführen ist. Im vereinfachten Genehmigungsverfahren nach § 19 BImSchG wird über die in Spalte 2 der Anlage genannten Genehmigungsverfahren entschieden. Für in Spalte 1 des Anhangs genannte Anlagen, die ausschließlich oder überwiegend der Entwicklung und Erprobung neuer Verfahren, Einsatzstoffe, Brennstoffe oder Erzeugnisse dienen (Versuchsanlagen), wird das vereinfachte Verfahren durchgeführt, wenn die Genehmigung für einen Zeitraum von höchstens drei Jahren nach Inbetriebnahme der Anlage erteilt werden soll. Dieser Zeitraum kann auf Antrag bis zu einem weiteren Jahr verlängert werden (§ 2 II 4. BImSchV). Im Anhang zur 4. BImSchV sind verschiedene Anlagen von (Nr. 1) Wärmeerzeugung, Bergbau und Energie, (Nr. 2) Steine und Erden, Glas, Keramik, Baustoffe, (Nr. 3) Stahl, Eisen und sonstige Metalle einschließlich Verarbeitung, (Nr. 4) chemische Erzeugnisse, Arzneimittel, Mineralölraffination und Weiterverarbeitung, (Nr. 5) Oberflächenbehandlung mit organischen Stoffen, Herstellung von bahnenförmigen Materialien aus Kunststoffen, sonstige Verarbeitung von Harzen und Kunststoffen, (Nr. 6) Holz, Zellstoff, (Nr. 7) Nahrungs-, Genuss- und Futtermittel, landwirtschaftliche Erzeugnisse, (Nr. 8) Verwertung und Beseitigung von Reststoffen und Abfällen, (Nr. 9) Lagerung, Be- und Entladen von Stoffen

---

[1494] *BVerfG*, B. v. 8. 8. 1978 – 2 BvL 8/77 – BVerfGE 49, 89; *Stüer* DVBl. 1996, 847; *ders.* DVBl. 1997, 369.
[1495] *BVerwG*, B. v. 4. 8. 1992 – 4 B 150.92 – Buchholz 406.25 § 3 BImSchG Nr. 9 – Tankstelle.
[1496] Abgedruckt bei *Stüer*, Bau- und Fachplanungsgesetze 1999, 707.

und Zubereitungen sowie (Nr. 10) sonstige vergleichbare Anlagen aufgeführt. Die 4. BImSchV sieht dabei teilweise vor, dass verschiedene Anlagen und Anlagenbestandteile, die in einem funktionalen Zusammenhang stehen, hinsichtlich ihrer Auswirkungen zusammengerechnet werden müssen.

Beispiel: Für die Frage der immissionsschutzrechtlichen Genehmigungsbedürftigkeit einer Anlage zum Halten von Schweinen nach Anhang Nr. 7.1 der 4. BImSchV[1497] kommt es auf die Zahl der Plätze aller Maststufen, einschließlich der Mastplätze für abgesetzte Ferkel und Läufer, an.[1498] Ein **Container-Terminal** bedarf der immissionsschutzrechtlichen Genehmigung, wenn dort Stoffe i. S. v. Nr. 9.34 u. 9.35 des Anhangs zur 4. BImSchV nicht lediglich nur umgeschlagen, sondern gelagert werden. Dabei kann auf die Begrifflichkeit im Gewässerschutzrecht (§§ 26 II, 34 II sowie § 19g I WHG) und im Abfallrecht (§ 4 V KrW-/AbfG) zurückgegriffen werden. Nur kurzfristig in Verbindung mit dem Transport bereitgestellte und aufbewahrte Stoffe, bei denen der unmittelbare Zusammenhang zwischen An- und Abtransport nicht verloren geht, werden nicht gelagert. Anhaltspunkte für eine genauere zeitliche Bestimmung enthält § 3 III GefStoffV, wonach das Gefahrgut innerhalb einer Frist von 24 Stunden bzw. nach Ablauf des nächsten Werktages nach der Ankunft verlassen muss. Ansonsten werden die Stoffe nicht bereitgestellt, sondern gelagert.[1499]

Ob sich die immissionsschutzrechtliche Genehmigungspflicht auch auf **Nebenanlagen** erstreckt, richtet sich nach § 1 II 4. BImSchV. Zur genehmigungsbedürftigen Anlage gehören nach § 1 II Nr. 1 4. BImSchV alle Anlagenteile und Verfahrensschritte, die zum Betrieb notwendig sind. Dies sind alle Betriebseinheiten, die erforderlich sind, um den eigentlichen Betriebszweck zu erreichen.[1500] Nach § 1 II Nr. 2 4. BImSchV können aber auch Nebeneinrichtungen, die mit den Anlagenteilen und Verfahrensschritten nach Nr. 1 in einem räumlichen und betriebstechnischen Zusammenhang stehen und die für a) das Entstehen schädlicher Umwelteinwirkungen, b) die Vorsorge gegen schädliche Umwelteinwirkungen oder c) das Entstehen sonstiger Gefahren, erheblicher Nachteile oder erheblicher Belästigungen von Bedeutung sein können, genehmigungsbedürftig sein. Zu diesen Nebeneinrichtungen gehören regelmäßig auch Fertigproduktlager und Verpackungseinrichtungen.[1501] Dies gilt jedoch nur, wenn die Nebenanlage eine emissions- bzw. immissionsschutzrechtliche Relevanz besitzt.[1502] **3642**

Beispiel: Eine Lagerhalle ist nur dann nach dem BImSchG genehmigungsbedürftig, wenn sie im Zusammenhang mit einer genehmigungsbedürftigen Anlage steht und selbst immissionsschutzrechtlich als Stätte der Verursachung eigener Immissionen relevant ist.

Die Einordnung in das große oder das vereinfachte Genehmigungsverfahren hat auch Auswirkungen für die **planungsrechtliche Zulässigkeit** von Vorhaben. Die nach den §§ 4, 10 BImSchG genehmigungsbedürftigen Anlagen sind regelmäßig im Industriegebiet auszuführen. Allerdings gilt dieser Grundsatz nicht uneingeschränkt. Erweist sich, dass der Störungsgrad tatsächlich geringer ist, kann auch eine in einem großen Verfahren zu genehmigende Anlage in einem Gewerbegebiet errichtet werden. **3643**

Beispiel: So kann etwa eine Schlachterei, die nach § 4 BImSchG genehmigungsbedürftig ist, auch in einem Gewerbegebiet errichtet werden, wenn der tatsächliche Störungsgrad dies auch im Hinblick auf die Nutzung in der Umgebung zulässt. Die sog. **„Typisierungslehre"**[1503] ist daher ein-

---

[1497] BVerwG, B. v. 11. 4. 1986 – 7 B 58.86 – AgrarR 1987, 232 – Schweinemast.
[1498] BVerwG, B. v. 2. 7. 1993 – 7 B 87.93 – DVBl. 1993, 1155 = NVwZ-RR 1994, 200 = UPR 1993, 391.
[1499] OVG Münster, B. v. 26. 10. 2000 – 21 B 1468/00 – NVwZ-RR 2001, 231 = DÖV 2001, 300.
[1500] BVerwG, Urt. v. 6. 7. 1984 – 7 C 71.82 – BVerwGE 69, 351.
[1501] Feldhaus, BImSchG, 2.4 – 4. BImSchV – Anm. 13.
[1502] BVerwG, B. v. 27. 11. 1987 – 4 B 230 und 231.87 – Buchholz 406.12 § 3 BauNVO Nr. 6 = ZfBR 1988, 143; Urt. v. 15. 11. 1991 – 4 C 17.88 – NVwZ-RR 1992, 402 = DÖV 1992, 638 = UPR 1992, 182 – Lagerhalle.
[1503] BVerwG, Urt. v. 7. 5. 1971 – IV C 76.68 – Buchholz 406.11 § 2 BBauG Nr. 7 = DVBl. 1971, 759; Urt. v. 18. 10. 1974 – IV C 77.73 – Buchholz 406.11 § 34 BBauG Nr. 45 S. 118 f.

geschränkt.[1504] Andererseits ist eine chemische Fabrik in einem Mischgebiet unzulässig, wenn nicht der Störungsgrad atypisch niedrig ist.[1505] Auch eine Erweiterung eines solchen Betriebes ist unter diesen Umständen planungsrechtlich nicht gestattet.

3644 Maßgeblich für die Einordnung eines **Lagers mit pyrotechnischen Gegenständen** als genehmigungsbedürftige Anlage nach Nr. 9.35 des Anhangs zur 4. BImSchV ist die Gesamtmenge der in den Gegenständen enthaltenen explosionsgefährlichen Stoffe oder Zubereitungen. Bei einem **Aufeinandertreffen mehrerer Genehmigungsvorbehalte** ist vorbehaltlich einer anderweitigen gesetzlichen Regelung das Genehmigungserfordernis maßgeblich, das aufgrund seiner umfassenderen **Konzentrationswirkung** einen größeren Kreis öffentlicher Vorschriften und Belange erfasst.[1506]

3645 Anlagen zur **thermischen Behandlung** von Abfällen zur Beseitigung für besonders gefährliche Abfälle sind nicht nach § 1 VI der 4. BImSchV von der Genehmigung freigestellt. Die Vorschrift gilt nur für Anlagen, die ein zu vernachlässigendes geringes Umweltgefährdungspotential aufweisen.[1507] Ein vorzeitiger Verschleiß sicherheitsrelevanter Teile[1508] bei einer **Referenzanlage** steht der Erteilung der immissionsschutzrechtlichen Genehmigung nicht entgegen. Das Überwachungssystem der Anlage muss aber nach Einschätzung zweier Sachverständiger i. S. von § 29a I BImSchG gewährleisten, dass eventuell eintretende Schäden rechtzeitig erkannt und verortet werden.[1509]

4. Grundpflichten

3646 Nach § 5 BImSchG sind genehmigungsbedürftige Anlagen so einzurichten und zu betreiben, dass (1) schädliche Umwelteinwirkungen und sonstige Gefahren, erhebliche Nachteile und erhebliche Belästigungen für die Allgemeinheit und die Nachbarschaft nicht hervorgerufen werden können, (2) Vorsorge gegen schädliche Umwelteinwirkungen getroffen wird, insbesondere durch die dem Stand der Technik entsprechenden Maßnahmen zur Emissionsbegrenzung, (3) Abfälle vermieden werden, es sei denn, sie werden ordnungsgemäß und schadlos verwertet oder, soweit Vermeidung und Verwertung technisch nicht möglich oder unzumutbar sind, als Abfälle ohne Beeinträchtigung des Wohls der Allgemeinheit beseitigt, und (4) entstehende Wärme für Anlagen des Betreibers genutzt oder an Dritte, die sich zur Abnahme bereiterklärt haben, abgegeben wird, soweit dies nach Art und Standort der Anlage technisch möglich und zumutbar sowie mit den vorstehend genannten Pflichten vereinbar ist. Der Anlagenbetreiber hat danach eine Schutz- bzw. Gefahrenabwehrpflicht[1510] (§ 5 I Nr. 1 BImSchG), eine Vorsorgepflicht (§ 5 I Nr. 2 BImSchG), eine Abfallvermeidungspflicht (§ 5 I Nr. 3 BImSchG), eine Abwärmenutzungspflicht (§ 5 I Nr. 4 BImSchG) sowie eine Nachsorgungspflicht (§ 5 III BImSchG). Das Gebot des § 5 I Nr. 2 BImSchG, Vorsorge gegen schädliche Umwelteinwirkungen zu treffen, bezieht sich nicht allein auf den Immissionsprognose nach § 5 I Nr. 1 BImSchG zugrunde gelegten Einwirkungsbereich der Anlage. Vorsorge ist vielmehr auch gegen die mit dem Ferntransport von Luftschadstoffen verbundenen Immissionen zu treffen. Solche Immissionen sind bereits dann i. S. von § 3 I BImSchG geeignet, Gefahren, erhebliche Nachteile oder erhebliche Belästigungen hervorzurufen, wenn hinreichende Gründe für die Annahme bestehen, dass derartige Einwirkungen möglich sind. Die dagegen zu treffende Vorsorge muss dem Risikopotenzial, dem sie begegnen

---

[1504] BVerwG, Urt. v. 24. 9. 1992 – 7 C 7.92 – DVBl. 1993, 111 = DÖV 1993, 253 = UPR 1993, 215; B. v. 16. 8. 1989 – 4 B 242.88 – Buchholz 406.12 § 15 BauNVO Nr. 14; *Fickert/Fieseler* § 15 Rdn. 33; *Gaentzsch* § 15 BauNVO Anm. 6.
[1505] BVerwG, Urt. v. 15. 11. 1991 – 4 C 17.88 – NVwZ-RR 1992, 402 = DÖV 1992, 638 = UPR 1992, 182 – Lagerhalle.
[1506] OVG Berlin, B. v. 20. 10. 2000 – 2 S 9/00 – NVwZ-RR 2001, 89, vgl. auch § 78 II VwVfG.
[1507] VGH Mannheim, Urt. v. 9. 5. 2000 – 10 S 1141/99 – ESVGH 50, 256 = DVBl. 2001, 405.
[1508] Der Wärmeschutzauskleidung des Hochtemperaturreaktors.
[1509] VGH Kassel, Urt. v. 15. 2. 2001 – 2 TG 3560/00 –.
[1510] Zur Gefahrenabwehr *Drews/Wacke/Vogel/Martens* 1986.

soll, angemessen sein, und auf einem Konzept beruhen, das auf eine einheitliche und gleichmäßige Durchführung angelegt ist. Diesen Voraussetzungen entspricht etwa die Verordnung über Großfeuerungsanlagen in Bezug auf die dort festgesetzten Emissionsgrenzwerte für Schwefeloxide.[1511] Die Schutz- und Gefahrenabwehrpflicht des § 5 I Nr. 1 BImSchG ist **nachbarschützend** in dem Sinne, dass der durch eine Verletzung nachteilig in seinen Rechten Betroffene einen Anspruch auf Gefahrenabwehr geltend machen kann. Im Gegensatz dazu ist das Vorsorgegebot des § 5 I Nr. 2 BImSchG nicht nachbarschützend.[1512] Eine Vorsorge gegen nur hypothetisch auftretende Risiken und eine Pflicht zur störfallbezogenen Risikovorsorge erweitert die Rechte potenziell Betroffener nicht, da diese nicht in den Schutzbereich der Vorsorgepflichten einbezogen sind.

5. Genehmigungsvoraussetzungen

Für die Durchführung des Verfahrens ist die Genehmigungsbehörde zuständig, die nach Landesrecht dazu bestimmt ist.[1513] Die Voraussetzungen für die Erteilung einer immissionsschutzrechtlichen Genehmigung ergeben sich aus § 6 BImSchG. Nach § 6 I BImSchG ist die Genehmigung zu erteilen, wenn (1) sichergestellt ist, dass die sich aus § 5 BImSchG und der aufgrund § 7 BImSchG erlassenen Rechtsverordnung ergebenden Pflichten erfüllt werden, und (2) andere öffentlich-rechtliche Vorschriften und Belange des Arbeitsschutzes der Errichtung und dem Betrieb der Anlage nicht entgegenstehen. Bei Anlagen, die unterschiedlichen Betriebsweisen dienen oder in denen unterschiedliche Stoffe eingesetzt werden (Mehrzweck- oder Vielstoffanlagen), ist die Genehmigung auf Antrag auf die unterschiedlichen Betriebsweisen und Stoffe zu erstrecken, wenn die Voraussetzungen nach § 6 I BImSchG für alle erfassten Betriebsweisen und Stoffe erfüllt sind (§ 6 II BImSchG). Durch diese Rahmengenehmigung soll das Genehmigungsverfahren vereinfacht werden.[1514] Allerdings ist der Antragsteller durch eine Auflage zu verpflichten, der zuständigen Behörde unverzüglich die erstmalige Herstellung oder Verwendung eines anderen Stoffes innerhalb der genehmigten Betriebsweise mitzuteilen (§ 12 II b BImSchG). Zu den Grundpflichten nach § 5 BImSchG gehören insbesondere Schutz- und Vorsorgepflichten. Zu den Rechtsverordnungen nach § 7 BImSchG gehören etwa die StörfallVO (12. BImSchV), die GroßfeuerungsanlagenVO (13. BImSchV) und die Abfallverbrennungsanlagenverordnung (17. BImSchG). Entgegenstehende öffentlich-rechtliche Vorschriften können sich aus dem gesamten öffentlichen Recht ergeben. Es zählen hierzu etwa Vorschriften des Bauplanungs- und Bauordnungsrechts, des Abfall-, Gewerbe-, Straßen- und Naturschutzrechts.

Eine **Recyclinganlage**, in der industrielle Reststoffe sowie Bauschutt und Straßenaufbruch angenommen, bearbeitet und anschließend als Sekundärrohstoffe an Abnehmer veräußert werden, unterliegt den Anforderungen des KrW-/AbfG, die nach § 6 II BImSchG im immissionsschutzrechtlichen Genehmigungsverfahren zu prüfen sind. Von ihr dürfen nach § 4 III 2 KrW-/AbfG nur Abfälle zur stofflichen Verwertung angenommen und bearbeitet werden, die zu einem marktfähigen und marktgängigen Produkt führen. Es müssen daher für das Produkt auch außerhalb des Erd- und Straßenbaus sowie des Deponiebaus konkrete und gesicherte Verwertungsmöglichkeiten bestehen. Auch darf bei der Verwendung das Wohls der Allgemeinheit nicht beeinträchtigt werden.[1515]

[1511] *BVerwG*, Urt. v. 17. 12. 1984 – 7 C 8.82 – BVerwGE 69, 37 = DVBl. 1984, 476 = NVwZ 1984, 371 = UPR 1984, 202 – Ölfeuerungsanlage.
[1512] *BVerwG*, Urt. v. 18. 5. 1982 – 7 C 42.80 – BVerwGE 65, 313 = *Hoppe/Stüer* RzB Rdn. 1243 – Dampfkraftwerk.
[1513] In NW sind dies die Bezirksregierungen.
[1514] Gesetzentwurf der Bundesregierung. Entwurf eines Gesetzes zur Beschleunigung und Vereinfachung immissionsschutzrechtlicher Genehmigungsverfahren, BT-Drs. 13/3996 v. 6. 3. 1996; *Stüer* DVBl. 1997, 326; *ders.* in: *Stüer* (Hrsg.) Verfahrensbeschleunigung, S. 90.
[1515] *OVG Münster*, Urt. v. 10. 12. 1999 – 21 A 3481/96 – NVwZ 2000, 671 = DVBl. 2000, 940.

6. Genehmigungsverfahren

3649 Das Genehmigungsverfahren ist in **§ 10 BImSchG** und in der aufgrund des § 10 X BImSchG erlassenen 9. BImSchV[1516] geregelt. Soweit sich Rechtslücken ergeben, können sie im Wege der Analogie zu den entsprechenden Vorschriften der §§ 63ff. VwVfG über das förmliche Verfahren geschlossen werden. Das Genehmigungsverfahren hat eine gewisse Nähe zum Planfeststellungsverfahren allerdings mit dem Unterschied, dass es sich um eine **gebundene Zulassungsentscheidung** und nicht um eine abwägungsdirigierte Planungsentscheidung handelt. Das förmliche Genehmigungsverfahren ist für alle in Spalte 1 des Anhangs zur 4. BImSchV aufgeführten Anlagen erforderlich. Das Verfahren beginnt mit einer Antragstellung. Dem schriftlich zu stellenden Antrag (§ 10 BImSchG, § 3 9. BImSchV) sind alle prüfungsrelevanten Unterlagen beizufügen. Das Vorhaben ist bei Vorliegen der vollständigen Antragsunterlagen öffentlich bekannt zu machen (§ 10 III BImSchG). In der Bekanntmachung ist darauf hinzuweisen, (1) wo und wann der Antrag auf Erteilung der Genehmigung und die Unterlagen zur Einsicht ausgelegt sind, (2) dazu aufzufordern, etwaige Einwendungen bei einer in der Bekanntmachung zu bezeichnenden Stelle innerhalb der Einwendungsfrist vorzubringen, (3) einen Erörterungstermin zu bestimmen und darauf hinzuweisen, dass die formgerecht erhobenen Einwendungen auch bei Ausbleiben des Antragstellers oder von Personen, die Einwendungen erhoben haben, erörtert werden und (4) darauf hinzuweisen, dass die Zustellung der Entscheidung über die Einwendungen durch öffentliche Bekanntmachung ersetzt werden kann.

3650 Spätestens mit der öffentlichen Bekanntmachung des Vorhabens ist eine **Beteiligung der Träger öffentlicher Belange** durchzuführen. Alle Behörden, deren Aufgabenbereich durch das Vorhaben berührt wird, sind zur Abgabe einer Stellungnahme innerhalb eines Monats aufzufordern (§ 10 V BImSchG). Nach Ablauf der Einwendungsfrist kann die Genehmigungsbehörde davon ausgehen, dass auf eine Stellungnahme verzichtet wird. Soweit die Genehmigungsbehörde es nach Aktenlage für erforderlich hält, können ergänzende Sachverständigengutachten eingeholt werden.

3651 Zumeist im Anschluss daran findet eine **Öffentlichkeitsbeteiligung** statt, die mit der öffentlichen Bekanntmachung beginnt. Die Einwendungen können innerhalb der Offenlage der Antragsunterlagen während eines Monats und noch innerhalb einer Nachfrist von zwei Wochen geltend gemacht werden. Mit Ablauf der Einwendungsfrist sind alle Einwendungen ausgeschlossen, die nicht auf besonderen privatrechtlichen Titeln beruhen (§ 10 III 4 BImSchG). Die Präklusion ist nicht nur formeller Art in dem Sinne, dass die Einwendungen nicht mehr im Erörterungstermin erhoben werden können, sondern hat auch materielle Wirkung mit der Folge, dass ein später eingelegter Widerspruch oder eine Klage nur auf Umstände gestützt werden kann, die im Einwendungsverfahren geltend gemacht worden sind. Das schlichte Nein gegenüber einem immissionsschutzrechtlich genehmigungsbedürftigen Vorhaben stellt keine wirksame Einwendung i. S. von § 10 III 3 BImSchG dar. Insofern gilt nichts anderes als für atomrechtliche Genehmigungsverfahren.[1517] Die Präklusion bezieht sich auch auf unmittelbare oder mittelbare Eigentumsbeeinträchtigungen, die mit dem Vorhaben verbunden sind. Hierbei handelt es sich nicht um Rechtspositionen, die auf privatrechtlichen Titeln beruhen.[1518] Ist der Kläger hinsichtlich einer ihm zustehenden Rechtsposition nach § 10 III 3 BImSchG präkludiert, so kann er auch eine für ihn günstige Änderung der Sach- oder Rechtslage nicht im Rahmen einer Anfechtungsklage gegen einen dem Bauherrn erteilten immissionsschutzrechtlichen Vorbescheid geltend machen.[1519] Die Anforderungen an die Darlegungslast

---

[1516] Abgedruckt bei *Stüer*, Bau- und Fachplanungsgesetze 1999, 731.
[1517] *BVerwG*, B. v. 30. 1. 1995 – 7 B 20.95 – Buchholz 406.25 § 10 BImSchG Nr. 3.
[1518] So für das Wasserstraßenrecht *BVerwG*, B. v. 13. 3. 1995 – 11 VR 5.95 – UPR 1995, 269 = NVwZ 1995, 904 – Mittellandkanal Buchholzer Bogen. S. Rdn. 3496, u. s. Rdn. 3795.
[1519] *BVerwG*, Urt. v. 29. 8. 1986 – 7 C 52.84 – NVwZ 1987, 131 = *Hoppe/Stüer* RzB Rdn. 1027 – Präklusion im Immissionsschutzrecht.

dürfen allerdings aus Gründen eines effektiven Rechtsschutzes (Art. 19 IV GG) nicht überzogen werden. Es reicht aus, wenn erkennbar wird, welche Bedenken gegen das beabsichtigte Vorhaben bestehen und welche Belange betroffen sind.[1520] Eine Darlegung der Gründe, weshalb dieses Rechtsgut gefährdet wird,[1521] ist demgegenüber nicht erforderlich.[1522]

Nach Ablauf der Einwendungsfrist hat die Genehmigungsbehörde die rechtzeitig gegen das Vorhaben erhobenen Einwendungen mit dem Antragsteller und denjenigen, die Einwendungen erhoben haben, zu erörtern. Zu dem **Erörterungstermin** ist zu laden. Einwendungen, die auf besonderen privatrechtlichen Titeln beruhen, sind auf den Rechtsweg vor den ordentlichen Gerichten zu verweisen (§ 10 IV 1 und 2 BImSchG). Im Übrigen sind nicht vorgebrachte Einwendungen gem. § 10 III 3 BImSchG ausgeschlossen (materielle Präklusion).[1523]

7. Entscheidung

Nach Abschluss der Erörterung hat die Genehmigungsbehörde über das beantragte Vorhaben zu entscheiden. Bei dieser Entscheidung ist das Ergebnis der **UVP** – soweit sie nach Nr. 1 der Anlage zu § 3 UVPG erforderlich ist – als abwägungserheblicher Belang zu berücksichtigen. Die Entscheidung über den Genehmigungsantrag ist gem. § 6a BImSchG innerhalb von 7 Monaten nach Vorliegen der vollständigen Antragsunterlagen zu treffen. Eine verspätete Entscheidung kann Schadensersatzansprüche nach sich ziehen. Abgesehen hiervon kann der Antragsteller nach Fristablauf eine Verpflichtungsklage erheben.[1524] Die immissionsschutzrechtliche Genehmigung hat teilweise mit dem Planfeststellungsbeschluss vergleichbare Wirkungen. Die Genehmigungswirkung ist allerdings insoweit eingeschränkt, als die Grundpflichten nach § 5 BImSchG dynamischer Natur sind. Die mit der Genehmigung eingeräumte Rechtsposition ist daher veränderbar. Nachträgliche Anordnungen bzw. der Widerruf der Genehmigung sind aber nur unter den engen Voraussetzungen des § 17 BImSchG bzw. § 21 BImSchG zulässig. Nach § 17 I BImSchG können zur Erfüllung der sich aus dem BImSchG oder aufgrund des BImSchG erlassenen Rechtsvorschriften nach Erteilung der Genehmigung **nachträgliche Anordnungen** getroffen werden.[1525] Nach § 17 II BImSchG darf eine nachträgliche Anordnung allerdings nicht getroffen werden, wenn sie unverhältnismäßig ist, vor allem wenn der mit der Erfüllung der Anordnung verbundene Aufwand außer Verhältnis zu dem mit der Anordnung angestrebten Erfolg steht. Dabei sind insbesondere Art, Menge und Gefährlichkeit der von der Anlage ausgehenden Emissionen und der von ihr verursachten Immissionen sowie die Nutzungsdauer und technische Besonderheiten der Anlage zu berücksichtigen. Die Prüfung mündet in eine allgemeine Verhältnismäßigkeitsprüfung ein, bei der auch ggf. die wirtschaftliche Vertretbarkeit der Maßnahme[1526] eine Rolle spielt.[1527]

Die immissionsschutzrechtliche Genehmigung kann nach § 12 BImSchG mit **Nebenbestimmungen** versehen werden. So kann die Genehmigung nach § 12 I BImSchG unter Bedingungen erteilt und mit Auflagen verbunden werden, soweit dies erforderlich ist,

---

[1520] *BVerwG*, B. v. 12. 2. 1996 – 4 A 38.95 – DVBl. 1996, 684.
[1521] *BVerwG*, B. v. 17. 7. 1980 – 7 C 101.78 – BVerwGE 60, 297; *OVG Münster*, Urt. v. 10. 11. 1988 – 21 A 1164/85 – NVwZ-RR 1989, 639.
[1522] Auch im Vortrag, dass eine bestimmte Bevölkerungsgruppe betroffen ist, kann ausreichend sein, so *VGH Mannheim*, Urt. v. 16. 6. 1998 – 10 S 909/97 – DVBl. 1998, 1192 = NVwZ-RR 1999, 298.
[1523] *BVerwG*, B. v. 29. 9. 1972 – 1 B 76.71 – DVBl. 1973, 645 = GewArch. 1974, 19; Urt. v. 29. 8. 1986 – 7 C 52.84 – DVBl. 1987, 258 = NVwZ 1987, 131.
[1524] Vgl. § 75 VwGO.
[1525] *BVerwG*, B. v. 29. 10. 1984 – 7 B 150.84 – DVBl. 1985, 399 = NVwZ 1985, 750 = UPR 1985, 30.
[1526] Vgl. auch § 14 2 BImSchG.
[1527] Vgl. dazu eine entsprechende Fassung der Vorgängervorschrift in § 17 II BImSchG.

um die Erfüllung der in § 6 BImSchG genannten Genehmigungsvoraussetzungen zu sichern. Die Regelung erlaubt auch, Hilfspflichten festzulegen, mit denen die Einhaltung der materiellen Forderungen insbesondere durch Ermittlungsanordnungen und Messanordnungen sichergestellt werden soll.[1528] Alle Regelungselemente einer Genehmigung, die das zugelassene Handeln des Betreibers räumlich und sachlich bestimmen und damit ihren Gegenstand und Umfang festlegen, sind den Inhaltsbestimmungen zuzurechnen. Als weitere Kriterien für die Abgrenzung zu einer selbstständig anfechtbaren **Auflage** sind das Gewicht und die Bedeutung der Genehmigungsvoraussetzung maßgeblich.[1529] Auf Antrag kann die Genehmigung auch auf Zeit erteilt werden. Ein Widerrufsvorbehalt ist zulässig, wenn die genehmigungsbedürftige Anlage lediglich Erprobungszwecken dient (§ 12 II BImSchG). Die Teilgenehmigung kann für einen bestimmten Zeitraum oder mit dem Vorbehalt erteilt werden, dass sie bis zur Entscheidung über die Genehmigung widerrufen oder mit Auflagen verbunden werden kann (§ 12 III BImSchG). Auflagen können mit Einverständnis des Antragstellers auch nachträglich weiter konkretisiert werden (§ 12 IIa BImSchG). Dies gilt auch für den Fall, dass eine beteiligte Behörde sich nicht rechtzeitig äußert. Durch diese Regelung ist ein gewisser Konflikttransfer in ein nachfolgendes Prüfverfahren erreicht worden. Die Vorschrift ermöglicht etwa einen Auflagenvorbehalt für den Fall, dass bestimmte Unterlagen, wie die Baustatik, erst zu einem späteren Zeitpunkt vorgelegt werden können. Allerdings muss sichergestellt sein, dass im Zeitpunkt der Genehmigung alle Unterlagen vorliegen, die erforderlich sind, um die Genehmigungsfähigkeit des Vorhabens zu prüfen.[1530]

3655 Die zuständige Immissionsschutzbehörde ist befugt, gegenüber einer Gemeinde den beim **Betrieb ihrer kommunalen Einrichtung** einzuhaltenden Immissionsrichtwert anzuordnen, und zwar unabhängig davon, ob diese privatrechtlich oder hoheitlich betrieben werden.[1531] Ordnet die Behörde in einer immissionsschutzrechtlichen Genehmigung für eine Abfallverbrennungsanlage an, dass bestimmte Emissionsdaten gemäß § 11 I 1 der 17. BImSchV kontinuierlich zu ermitteln, zu registrieren und auszuwerten sind, so reicht dies auch für die in derselben Genehmigung getroffenen Anordnung zur Datenfernübertragung aus.[1532] Eine **Messanordnung** nach den §§ 28 i.V. m. 26 BImSchG zur erstmaligen Ermittlung bestimmter Emissionen und Immissionen einer genehmigungsbedürftigen Anlage kann jederzeit ergehen. Dabei liegt es im Ermessen der Behörde, die Messungen unterschiedlicher Emissionen und Immissionen gleichzeitig oder in unmittelbarem zeitlichen Zusammenhang durchführen zu lassen. Sie hat aber bei der Ermessensausübung das Interesse des Anlagenbetreibers zu berücksichtigen.[1533] Das Vorsorge- und Minimierungsgebot rechtfertigt eine auf die Ermittlung der Emissionen gerichtete Messanordnung als Maßnahme der Überwachung der Betreiberpflichten auch dann, wenn verbindliche Grenzwerte fehlen.[1534]

3656 Die immissionsschutzrechtliche Genehmigung hat eine begrenzte (formelle) **Konzentrationswirkung**. Nach § 13 BImSchG schließt die Genehmigung andere, die Anlage betreffende behördliche Entscheidungen ein, insbesondere öffentlich-rechtliche Genehmi-

---

[1528] *VG Düsseldorf*, Urt. v. 27. 1. 1998 – 3 K 131115/96 – ZUR 1998, 317.
[1529] *OVG Münster*, Urt. v. 10. 12. 1999 – 21 A 3481/96 –; vgl. auch *BVerwG,* Urt. v. 21. 2. 1992 – 7 C 11.91 – BVerwGE 90, 42 = DVBl. 1992, 713; Urt. v. 17. 2. 1984 – 7 C 8.82 – BVerwGE 69, 37 = DVBl. 1984, 476.
[1530] Gesetzentwurf der Bundesregierung. Entwurf eines Gesetzes zur Beschleunigung und Vereinfachung immissionsschutzrechtlicher Genehmigungsverfahren, BT-Drs. 13/3996 v. 6. 3. 1996.
[1531] *BVerwG*, Urt. v. 25. 7. 2002 – 7 C 24.01 – DVBl. 2003, 60 unter Aufhebung des *VGH Kassel*, Urt. v. 29. 8. 2001 – 2 UE 1491/01 – NVwZ 2002, 889 = DVBl. 2002, 496 (LS).
[1532] *BVerwG*, B. v. 31. 5. 2002 – 7 B 11.02 – Buchholz 406.25 § 31 BImSchG Nr. 2 vorgehend *OVG Münster*, Urt. v. 25. 10. 2001 – 21 A 1022/97 – NWVBl. 2002, 229 = DVBl. 2002, 723 (LS).
[1533] *OVG Münster*, Urt. v. 31. 8. 2001 – 21 A 671/99 – DVBl. 2002, 283 (LS) = NVwZ-RR 2002, 337; dazu schon *VGH Mannheim*, Urt. v. 26. 5. 2001 – X 168/77 – GewArch. 1977, 310.
[1534] *OVG Münster*, Urt. v. 31. 8. 2001 – 21 A 671/99 – DVBl. 2002, 283 (LS) = NVwZ-RR 2002, 337.

gungen, Zulassungen, Verleihungen, Erlaubnisse und Bewilligungen, mit Ausnahme von Planfeststellungen, Zulassungen bergrechtlicher Betriebspläne, Zustimmungen, behördliche Entscheidungen aufgrund atomrechtlicher Vorschriften und wasserrechtlicher Erlaubnisse und Bewilligungen nach den §§ 7, 8 WHG. Auch eine nach landesrechtlichen Vorschriften erforderliche Baugenehmigung wird daher von der immissionsschutzrechtlichen Genehmigung umfasst. Für einen gesondert zu erlassenden Bauvorbescheid besteht daher kein Sachbescheidungsinteresse, wenn Genehmigungsgegenstand die nach § 16 I 1 BImSchG genehmigungspflichtige Änderung einer Anlage ist. Denn die immissionsschutzrechtliche Genehmigung nach § 13 BImSchG schließt die Baugenehmigung ein.[1535] Die Genehmigung kann mit dem Vorbehalt einer nachträglichen wasserrechtlichen Auflage erlassen werden. Die Genehmigung hat den Charakter einer Entscheidungskonzentration in dem Sinne, dass nur ein Genehmigungsverfahren vor nur einer Behörde stattfindet. Über die fehlende fachgesetzliche Zustimmung anderer Behörden darf sich die Genehmigungsbehörde allerdings nicht hinwegsetzen.

Beispiel: Die Immissionsschutzbehörde will die Genehmigung für die Erweiterung eines Industriebetriebes im Außenbereich erteilen. Fehlt das gemeindliche Einvernehmen nach den §§ 35, 36 BauGB, so ist die Genehmigungsbehörde daran gehindert, die immissionsschutzrechtliche Genehmigung zu erteilen. Wird die Genehmigung gleichwohl erteilt, kann die Gemeinde dagegen Rechtsschutz mit Hinweis auf ihr fehlendes gemeindliches Einvernehmen suchen.[1536]

Im **Verhältnis zu Fachplanungsrechten** steuern die jeweiligen gesetzlichen Regelungen den Umfang der Bindungswirkung. Jedem Rechtsbereich kommt dabei grundsätzlich seine eigene Bedeutung zu. Dies gilt auch im Verhältnis zwischen Immissionsschutzrecht und **Wasserrecht**. So ist etwa die in einer Einleitung von Abwässern in das Grundwasser oder den Bach liegende Gewässerbenutzung nicht Gegenstand des Immissionsschutzrechts, so dass einem immissionsschutzrechtlichen Bescheid auch keine Bindung für das spätere wasserrechtliche Gestattungsverfahren zukommt. Eine derartige Trennung zwischen dem Regelungsgehalt einer immissionsschutzrechtlichen Genehmigung als einem Ausschnitt aus dem feststellenden Teil dieser Genehmigung und dem Regelungsgehalt einer wasserrechtlichen Gestattung entspricht § 13 1 BImSchG. Danach wird die wasserrechtliche Gestattung aus der Konzentrationswirkung der immissionsschutzrechtlichen Genehmigung ausgeklammert.[1537] Führt eine nach dem BImSchG genehmigungsbedürftige Anlage zugleich zu einer Gewässerbenutzung, so bedarf es neben der immissionsschutzrechtlichen Genehmigung einer wasserrechtlichen Erlaubnis oder Bewilligung. Diese wird durch die immissionsschutzrechtliche Genehmigung nicht ersetzt.[1538] **3657**

Die immissionsschutzrechtliche Genehmigung hat **privatrechtsgestaltende Wirkung** nach **§ 14 BImSchG**. Danach kann aufgrund privatrechtlicher, nicht auf besonderen Titeln beruhender Ansprüche zur Abwehr benachteiligender Einwirkungen von einem Grundstück auf ein benachbartes Grundstück nicht die Einstellung des Betriebes einer Anlage verlangt werden, deren Genehmigung unanfechtbar ist. Es können bei Unanfechtbarkeit der Genehmigung nur Vorkehrungen verlangt werden, welche die benach- **3658**

[1535] *BVerwG*, Urt. v. 13. 12. 2001 – 4 C 3.01 – DVBl. 2002, 706 = BauR 2002, 751 = NVwZ 2002, 1112.
[1536] Vgl. aber *BVerwG*, Urt. v. 11. 2. 1977 – IV C 9.75 – BauR 1977, 258 = DVBl. 1977, 770 = NJW 1978, 64 – Hühnerhaltung.
[1537] *BVerwG*, Urt. v. 18. 9. 1987 – 4 C 36.84 – DVBl. 1988, 489 = NVwZ 1988, 535 = ZfW 1988, 344, zur Trennung zwischen dem Regelungsgehalt einer die Standorteignung einschließenden atomrechtlichen Genehmigung und dem Regelungsgehalt einer wasserrechtlichen Gestattung für die Einleitung radioaktiv kontaminierten Wassers.
[1538] *BVerwG*, Urt. v. 15. 7. 1987 – 4 C 56.83 – BVerwGE 78, 40; B. v. 23. 6. 1989 – 7 B 87.89 – DÖV 1990, 208 = DVBl. 1990, 57 = NuR 1990, 162 = *Hoppe/Stüer* RzB Rdn. 419 – Standortvorbescheid Massentierhaltung.

teiligenden Wirkungen ausschließen. Soweit solche Vorkehrungen nach dem Stand der Technik nicht durchführbar oder wirtschaftlich nicht vertretbar sind, kann lediglich Schadensersatz verlangt werden (§ 14 BImSchG). Die Unanfechtbarkeit der Genehmigung bewirkt zugleich, dass auch privatrechtliche Ansprüche im Umfang der erteilten Genehmigung ausgeschlossen sind und lediglich Schutzauflagen verlangt werden können. Die privatrechtsgestaltende Wirkung der Genehmigung erstreckt sich allerdings nicht auf die im vereinfachten Verfahren nach § 19 BImSchG erteilten Genehmigungen.

3659 Die Genehmigung nach § 6 BImSchG ist eine **gebundene Entscheidung**. Auch wenn die Klärung der Voraussetzungen eine umfangreiche Prüfung bedingen, in die zumindest im Rahmen der Vorsorgepflicht auch prognostische und planerische Elemente eingehen, wird über die Genehmigung nach einem Konditionalprogramm und nicht nach einem Finalprogramm entschieden. Auch hat die Behörde im Gegensatz zu wasserrechtlichen Bewilligungs- oder Erlaubnisverfahren oder fernstraßenrechtlichen Verfahren kein Bewirtschaftungsermessen, das zu einer Verweigerung der Zulassung trotz Vorliegen der Genehmigungsvoraussetzungen berechtigen würde.

3660 Der immissionsschutzrechtlichen Genehmigung können **Nebenbestimmungen** beigefügt werden. Ist eine Befristung einer immissionsschutzrechtlichen Genehmigung als Nebenbestimmung beigefügt, liegt in der beantragten Fristverlängerung ein Antrag auf Änderung der Genehmigung nach den §§ 10 bzw. 19 BImSchG. Die Fristverlängerung darf nicht außerhalb eines immissionsschutzrechtlichen Genehmigungsverfahrens erfolgen.[1539] Auflagen zu einer immissionsschutzrechtlichen Genehmigung können nur gemäß § 12 BImSchG zur Sicherstellung der in § 6 BImSchG genannten Genehmigungsvoraussetzungen im Zeitpunkt der Genehmigungserteilung ergehen. § 12 BImSchG ist insoweit abschließend; ein Rückgriff auf das VwVfG ist nicht möglich. Nach der Genehmigungserteilung kann die zuständige Behörde unter den Voraussetzungen des § 17 BImSchG nachträgliche Anordnungen erlassen.[1540]

3661 **Kosten**, die durch Prüfungen im Rahmen des Genehmigungsverfahrens entstehen, trägt der Antragsteller (§ 52 IV BImSchG). Das Nähere bestimmt das **Landesrecht**. Die nach nordrhein-westfälischem Landesrecht vorgesehene Gebührenerhebung für die Entgegennahme und Prüfung einer Emissionserklärung nach § 27 I BImSchG wird durch die bundesrechtliche Kostenregelung in § 52 IV BImSchG nicht ausgeschlossen. Die Vorschrift regelt allerdings nicht die Erhebung von Verwaltungsgebühren. Vielmehr können Verwaltungsgebühren für die Entgegennahme und Überprüfung einer Emissionserklärung auch unter Berücksichtigung des § 27 I BImSchG erhoben werden. Es kommt dabei allein darauf an, dass die Behörde – aufgrund einer individuell dem Gebührenpflichtigen zurechenbaren Veranlassung – die in Rechnung gestellte Leistung erbracht hat.[1541]

8. Vereinfachtes Verfahren

3662 Anlagen der Spalte 2 des Anhangs zur 4. BImSchV[1542] sind in einem **vereinfachten Genehmigungsverfahren** nach § 19 BImSchG zu erteilen, sofern dies nach Art, Ausmaß und Dauer der von diesen Anlagen hervorgerufenen schädlichen Umwelteinwirkungen und sonstigen Gefahren, erheblichen Nachteilen und erheblichen Belästigungen mit dem Schutz der Allgemeinheit und der Nachbarschaft vereinbar ist. Im vereinfachten Genehmigungsverfahren ist lediglich ein Antrag erforderlich (§ 10 I BImSchG) und die Stellungnahme der Behörden einzuholen (§ 10 V BImSchG). Eine Öffentlichkeitsbeteili-

---

[1539] *BVerwG*, B. v. 7. 12. 2001 – 7 B 83.01 – Buchholz 406.25 § 10 BImSchG Nr. 4; *OVG Münster*, Urt. v. 19. 7. 2001 – 21 A 1832/98 – DVBl. 2001, 1876 (LS) = NVwZ-RR 2002, 342.

[1540] *VGH Kassel*, B. v. 7. 1. 2002 – 2 TZ 3262/01 – NVwZ-RR 2002, 340. Zu Nachsorgepflichten des Betreibers einer Wurftaubenschießanlage und der Entsorgung einer grundwassergefährdenden Bleikontamination des oberflächennahen Waldbodens *OVG Saarlouis*, B. v. 30. 9. 2002 – 3 W 183/00 – Wurftaubenschießanlage.

[1541] *BVerwG*, Urt. v. 25. 8. 1999 – 8 C 12.98 – BVerwGE 109, 272.

[1542] Abgedruckt bei *Stüer*, Bau- und Fachplanungsgesetze 1999, 707.

gung ist nicht erforderlich. Antrag und Antragsunterlagen sind nicht öffentlich auszulegen. Es entfallen damit auch die Präklusionsfristen für die Erhebung von Einwendungen sowie der Erörterungstermin. Die Genehmigung hat allerdings die begrenzte formelle Konzentrationswirkung des § 13 BImSchG. Die Träger öffentlicher Belange sind daher zu dem Antrag zu hören und ggf. ein erforderliches Einvernehmen einzuholen. Der Vorhabenträger kann allerdings beantragen, ein förmliches Verfahren nach den §§ 4, 10 BImSchG durchzuführen (§ 19 III BImSchG). Das förmliche Verfahren kann aus der Sicht des Antragstellers den Vorteil der Einbindung der Öffentlichkeit und des Ausschlusses privatrechtlicher Abwehransprüche (§ 14 BImSchG) bieten.[1543]

9. Änderung genehmigungsbedürftiger Anlagen

Das Gesetz unterscheidet zwischen der **Änderung** genehmigungsbedürftiger Anlagen nach § 15 BImSchG und der **wesentlichen Änderung** genehmigungsbedürftiger Anlagen in § 16 BImSchG. Nur die wesentliche Änderung einer Anlage bedarf nach § 16 I BImSchG einer Genehmigung. Darunter ist die Änderung der Lage, der Beschaffenheit oder des Betriebs einer genehmigungsbedürftigen Anlage zu verstehen, wenn durch die Änderung nachteilige Auswirkungen hervorgerufen werden können und diese für die Prüfung nach § 6 I Nr. 1 BImSchG erheblich sein können. Eine Genehmigung ist nicht erforderlich, wenn die durch die Änderung hervorgerufenen nachteiligen Auswirkungen offensichtlich gering sind und die Erfüllung der Pflichten nach § 6 I Nr. 1 BImSchG sichergestellt ist. Eine wesentliche Änderung nach § 16 I 1 BImSchG wird nicht dadurch ausgeschlossen, dass möglichen negativen Auswirkungen eine erhöhte Sicherheit vor anderen Gefahren gegenübersteht. Denn die Wesentlichkeit der Änderung kann nicht durch andere Vorteile kompensiert werden.[1544]

Zur Klärung der Frage, ob eine wesentliche Änderung nach § 16 I BImSchG vorliegt, findet nach § 15 BImSchG ein **Prüfverfahren** statt, das durch eine Anzeige des Vorhabenträgers eingeleitet wird. Nach § 15 I BImSchG ist der zuständigen Behörde die Änderung der Lage, der Beschaffenheit oder des Betriebs einer genehmigungsbedürftigen Anlage, sofern eine Genehmigung nicht beantragt wird, mindestens einen Monat bevor mit der Änderung begonnen werden soll, schriftlich anzuzeigen, wenn sich die Änderung auf die in § 1 BImSchG benannten Schutzgüter auswirken kann. Der Anzeige sind Unterlagen nach § 10 I 2 BImSchG beizufügen, soweit diese für die Prüfung erforderlich sein können, ob das Vorhaben genehmigungsbedürftig ist. Soweit die Behörde weitere Unterlagen benötigt, teilt sie dies dem Vorhabenträger unverzüglich mit. Innerhalb eines Monats nach Eingang der Anzeige und der ergänzend angeforderten Unterlagen schließt sich ein behördliches **Prüfverfahren** mit dem Inhalt an, ob das Vorhaben nach § 16 BImSchG genehmigungsbedürftig ist. Die Änderung bedarf nach § 16 BImSchG keiner Genehmigung, wenn sie nicht wesentlich ist (§ 16 I BImSchG) oder eine genehmigte Anlage oder Teile von ihr im Rahmen der Genehmigung lediglich ersetzt oder ausgetauscht werden sollen (§ 16 V BImSchG). Teilt die Behörde innerhalb der Monatsfrist mit, dass eine Genehmigungspflicht nicht vorliegt oder äußert sich die Behörde nicht rechtzeitig, so darf der Vorhabenträger die Änderung vornehmen (§ 15 II BImSchG). Der Vorhabenträger kann allerdings auch für lediglich **anzeigebedürftige Vorhaben** eine **Genehmigung** beantragen (§ 16 IV BImSchG). Die Genehmigung ist sodann im vereinfachten Verfahren (§ 19 BImSchG) zu erteilen. Auch die Einstellung des Betriebes einer genehmigungsbedürftigen Anlage ist unter Angabe des Zeitpunktes der Einstellung der Behörde anzuzeigen (§ 15 II BImSchG). Zur Erfüllung der sich aus § 5 III BImSchG ergebenden Pflichten sind der Anzeige entsprechende Unterlagen beizufügen.

[1543] Gesetzentwurf der Bundesregierung. Entwurf eines Gesetzes zur Beschleunigung und Vereinfachung immissionsschutzrechtlicher Genehmigungsverfahren, BT-Drs. 13/3996 v. 6. 3. 1996.
[1544] *VGH Mannheim*, Urt. v. 20. 6. 2002 – 3 S 1915/01 – BauR 2002, 1749 (LS).

3665 Ist ein Genehmigungsverfahren erforderlich, weil die Voraussetzungen einer wesentlichen Änderung nach § 16 I BImSchG erfüllt sind, so sind vom Grundsatz her die für die Genehmigung geltenden verfahrensrechtlichen Vorschriften (§§ 4, 6, 10, 19 BImSchG) zu beachten. Die Genehmigung findet im großen (§§ 4, 10 BImSchG) oder vereinfachten Verfahren (§ 19 BImSchG) statt (§ 15 II 3 BImSchG). Allerdings kann von einer öffentlichen Bekanntmachung des Vorhabens abgesehen werden, wenn erhebliche nachteilige Auswirkungen auf die in § 1 BImSchG genannten Schutzgüter nicht zu besorgen sind (§ 16 II 1 BImSchG). Dies ist insbesondere der Fall, wenn erkennbar ist, dass nachteilige Auswirkungen durch die getroffenen oder vom Träger des Vorhabens vorgesehenen Maßnahmen ausgeschlossen werden können oder die Nachteile im Verhältnis zu den jeweils vergleichbaren Vorteilen gering sind. Über den Genehmigungsantrag ist innerhalb einer Frist von sechs Monaten und bei einem Verzicht auf die öffentliche Bekanntmachung innerhalb von drei Monaten zu entscheiden (§ 15 III BImSchG).

3666 Die durch die BImSchG-Novelle eingeführten Vorschriften dienen der Anpassung an **europäisches Recht**.[1545] Weiterer Umsetzungsbedarf ergibt sich im Hinblick auf die am 30.10.1996 in Kraft getretene Richtlinie des Rates der Europäischen Union über die integrierte Vermeidung und Verminderung der Umweltverschmutzung (IVU-RL).[1546] Die IVU-RL unterscheidet wesentliche Änderungen, die eine Genehmigungspflicht begründen, von den einfachen Änderungen des Betriebes, die nicht genehmigungsbedürftig sind. Diese Änderungen betreffen eine Änderung der Beschaffenheit oder Funktionsweise der Anlage, die Auswirkungen auf die Umwelt haben kann. Nach der IVU-RL besteht hier lediglich eine Mitteilungspflicht.

3667 In materieller Hinsicht regelt die IVU-RL Grundpflichten und Genehmigungsvoraussetzungen für den Betrieb von Vorhaben bestehender und neuer Industrieanlagen. Sie beziehen sich auf die integrierte Vermeidung und Verminderung der Freisetzung von Stoffen, Erschütterungen, Wärme oder Lärm in Luft, Wasser und Boden unter Einbeziehung der Abfallwirtschaft, außerdem die Einhaltung der Umweltqualitätsnormen sowie einer regelmäßigen Überprüfung und ggf. Anpassung der Genehmigungsauflagen. In verfahrensrechtlicher Hinsicht finden sich u.a. Regelungen betreffend die genehmigungspflichtigen Anlagen, über Genehmigungsantrag und Öffentlichkeitsbeteiligung sowie Auflagen.[1547] Die Frage, wie die Richtlinie umgesetzt werden soll, wurde – vor allem im Hinblick auf den integrativen Ansatz – sehr kontrovers erörtert. U.a. werden folgende Modelle entwickelt: Umsetzung „innerhalb" des geltenden Zulassungsrechts durch Änderung des BImSchG, Umsetzung im Rahmen eines Artikelgesetzes, Umsetzung durch ein eigenes IVU-Gesetz, Umsetzung im Rahmen des allgemeinen Teils eines Umweltgesetzbuches[1548] oder Umsetzung durch ein UGB-Vorschaltgesetz.[1549]

10. Nachträgliche Maßnahmen

3668 Bei einer Veränderung der Sach- oder Rechtslage kann die Behörde nachträgliche Anordnungen treffen (§ 17 BImSchG), die Untersagung, Stilllegung und Beseitigung der Anlagen fordern (§ 20 BImSchG) oder den Widerruf der Genehmigung aussprechen (§ 20 BImSchG). Eine Stilllegungsverfügung nach § 20 II 1 BImSchG setzt allerdings das

---

[1545] Gesetzentwurf der Bundesregierung. Entwurf eines Gesetzes zur Beschleunigung und Vereinfachung immissionsschutzrechtlicher Genehmigungsverfahren, BT-Drs. 13/3996 v. 6.3.1996.
[1546] ABl. EG 1996 Nr. L 257 = NVwZ 1997, 363, abgedruckt bei *Stüer*, Bau- und Fachplanungsgesetze 1999, 863; vgl. zu dieser Richtlinie bzw. zu ihrer Entstehung insbesondere die Vorträge von *Krämer, Sellner, Bohne* in: *Rengeling* (Hrsg.) Integrierter und betrieblicher Umweltschutz, 1996, S. 51, 79 bzw. 105; *Dürkop/Kracht/Wasielewski* UPR 1995, S. 425; *B. Becker* DVBl. 1997, 588; *Dolde* NVwZ 1997, 313; *Rengeling* in: *Stüer* (Hrsg.) Verfahrensbeschleunigung, S. 45.
[1547] *Rengeling* in: *Stüer* (Hrsg.) Verfahrensbeschleunigung, S. 45.
[1548] Umweltbundesamt (Hrsg.) Zukunftssicherung durch Kodifikation des Umweltrechts. Politisches Kolloquium zum Umweltgesetzbuch am 19.10.1995 in Potsdam, Berichte 2/96.
[1549] Vgl. dazu insbesondere *Dolde* NVwZ 1997, 313.

Fehlen einer erforderlichen immissionsschutzrechtlichen Genehmigung voraus. Die mangelnde Vollziehbarkeit einer erteilten Genehmigung rechtfertigt eine solche Maßnahme nicht.[1550] Nachträgliche Anordnungen können nach § 17 BImSchG zur Erfüllung der sich aus dem BImSchG und der auf seiner Grundlage erlassenen Rechtsverordnungen getroffen werden (Kannvorschrift). Die Genehmigungsbehörde soll nachträgliche Anordnungen treffen, wenn nach Erteilung der Genehmigung festgestellt wird, dass die Allgemeinheit oder die Nachbarschaft nicht ausreichend vor schädlichen Umwelteinwirkungen oder sonstigen Gefahren, erheblichen Nachteilen oder erheblichen Belästigungen geschützt ist (Sollvorschrift). Nach § 17 II BImSchG darf die zuständige Behörde eine nachträgliche Anordnung nicht treffen, wenn sie unverhältnismäßig ist, vor allem wenn der mit der Erfüllung der Anordnung verbundene Aufwand außer Verhältnis zu dem mit der Anordnung erstrebten Erfolg steht. Dabei sind insbesondere Art, Menge und Gefährlichkeit der von der Anlage ausgehenden Emissionen und der von ihr verursachten Immissionen sowie die Nutzungsdauer und die technischen Besonderheiten der Anlage zu berücksichtigen. Dabei können die Immissionswerte der TA-Luft und der TA-Lärm als Richtgrößen dienen.

Beispiel: Auf § 17 I 1 BImSchG gestützte nachträgliche Anordnungen, mit denen die Einhaltung der genannten Emissionswerte bei bestehenden Anlagen durchgesetzt werden soll, sind bei Beachtung der in Nr. 4.2 TA-Luft eingeräumten Nachrüstungsfristen für den Regelfall nicht unverhältnismäßig i. S. von § 17 II BImSchG.[1551]

Ist eine nachträgliche Anordnung nach § 17 BImSchG unverhältnismäßig, kann die Genehmigung unter den Voraussetzungen des § 21 BImSchG widerrufen werden. Der vormals in § 17 II BImSchG enthaltene Begriff der wirtschaftlichen Vertretbarkeit ist damit durch eine allgemeine Verhältnismäßigkeitsprüfung ersetzt worden. Der Betrieb einer Anlage kann ferner unter den Voraussetzungen des § 20 BImSchG untersagt oder deren Stilllegung oder Beseitigung angeordnet werden. Nach Maßgabe des § 21 BImSchG kann ein Widerruf der Genehmigung ausgesprochen werden.

Unter den Voraussetzungen von § 20 BImSchG kann die Behörde eine **Untersagung**, **Stilllegung** und **Beseitigung** anordnen. Kommt der Betreiber einer genehmigungspflichtigen Anlage einer Auflage, einer vollziehbaren nachträglichen Anordnung oder einer abschießend bestimmten Pflicht aus einer BImSchV nicht nach und betreffen die Auflage, die Anordnung oder die Pflicht die Beschaffenheit oder den Betrieb der Anlage, so kann die zuständige Behörde den Betrieb ganz oder teilweise bis zur Erfüllung der Auflage, der Anordnung oder der Pflichten aus der BImSchV untersagen (§ 20 I BImSchG).[1552] Die zuständige Behörde soll anordnen, dass eine Anlage, die ohne die erforderliche Genehmigung errichtet, betrieben oder wesentlich geändert wird, stillzulegen oder zu beseitigen ist. Sie hat die Beseitigung anzuordnen, wenn die Allgemeinheit oder die Nachbarschaft nicht auf andere Weise ausreichend geschützt werden können (§ 20 II BImSchG). Die zuständige Behörde kann den weiteren Betrieb einer genehmigungsbedürftigen Anlage bei Unzuverlässigkeit der verantwortlichen Personen untersagen (§ 20 III BImSchG). Nach § 20 II 1 BImSchG ist die Behörde ermächtigt, die Stilllegung einer ungenehmigten Anlage im Regelfall anzuordnen. Der Verhältnismäßigkeitsgrundsatz gebietet jedoch, in atypischen Fällen zu prüfen und darüber zu entscheiden, ob ein milderes Mittel ausreicht, die Einhaltung der Pflichten des Betreibers nach § 5 BImSchG zu gewährleisten. Ein atypischer Fall liegt vor, wenn die Behörde begründeten Anlass für die Annahme hat, die Anlage entspreche so, wie sie betrieben wird,

---

[1550] *BVerwG*, Urt. v. 28. 1. 1992 – 7 C 22.81 – BVerwGE 89, 357 = NVwZ 1992, 570.
[1551] *BVerwG*, B. v. 10. 1. 1995 – 7 B 112.94 – DVBl. 1995, 516 = NVwZ 1995, 994 = UPR 1995, 196.
[1552] Zu Messprogrammen nach § 26 BImSchG *BVerwG*, Urt. v. 27. 5. 1983 – 7 C 41.80 – DVBl. 1983, 943 = NVwZ 1984, 724 = UPR 1983, 340.

den immissionsschutzrechtlichen Anforderungen. Dabei braucht die Behörde allerdings keine umfangreichen und zeitraubenden Ermittlungen über die materielle Genehmigungsfähigkeit der Anlage anzustellen.[1553] Die immissionsschutzrechtliche Genehmigung erlischt auch dann, wenn der Inhaber auf sie verzichtet.[1554]

3671 Im Übrigen erzeugt die Genehmigung **Bestandsschutz**. Der Bestandsschutz bezieht sich dabei auf den **passiven** Bestandsschutz in dem Sinne, dass die erteilte Genehmigung abgesehen von den Möglichkeiten nachträglichen Auflagen und eines Widerrufs Bindungswirkungen erzeugt. **Aktiver** Bestandsschutz i. S. eines überwirkenden Bestandsschutzes[1555] kommt einer immissionsschutzrechtlichen Genehmigung dagegen regelmäßig nicht zu.

Hinweis: Die immissionsschutzrechtliche Genehmigung gestattet zwar die Fortführung des Betriebes. Allerdings werden betriebliche Erweiterungen grundsätzlich davon nicht erfasst. Auch ist der Betrieb bei Vorliegen der Voraussetzungen nicht vor nachträglichen Auflagen nach § 17 BImSchG oder einem Widerruf der Genehmigung nach § 21 BImSchG geschützt. Der Bestandsschutz einer gewerblichen Anlage steht auch einer nachträglichen Anordnung zur Minderung vermeidbarer Lärmbelästigungen für die Wohnnachbarschaft nicht entgegen.[1556]

3672 In eindeutiger Abkehr von seiner früheren Rechtsprechung[1557] lehnt das *BVerwG* einen Anspruch auf Vorhabenzulassung aus **enteignungsrechtlichem Bestandsschutz** außerhalb der gesetzlichen Regelungen ab.[1558] Art. 14 I 1 GG beinhalte ausschließlich einen verfassungsrechtlichen Prüfungsmaßstab, an dem das einfache Recht zu messen sei, nicht aber eine eigenständige Anspruchsgrundlage, mit der die Inhalts- und Schrankenbestimmungen des Gesetzgebers fachgerichtlich angereichert werden könne. Das gelte auch für Veränderungen oder Erweiterungen baulicher Anlagen im Außenbereich.[1559] Vom Bestandsschutz sind auch solche Baumaßnahmen nicht gedeckt, die einem Neubau gleichkommen.[1560] Das vom Gesetzgeber in § 35 IV BauGB geschaffene differenzierte System von Einzelregelungen, denen der Gedanke des erweiterten Bestandsschutzes zugrunde liege,[1561] sei auch nicht durch Kombination der verschiedenen Nummern beliebig erweiterbar.

11. Erlöschen und Widerruf der Genehmigung

3673 Wird innerhalb einer von der Genehmigungsbehörde gesetzten angemessenen Frist nicht mit der Errichtung der Anlage oder dem Betrieb der Anlage begonnen, oder wird eine Anlage während eines Zeitraums von mehr als 3 Jahren nicht mehr betrieben, so erlischt die Genehmigung **(§ 18 BImSchG)**. Das Erlöschen der immissionsschutzrecht-

---

[1553] *BVerwG*, B. v. 30. 11. 1992 – 4 NB 41.92 – Buchholz 406.25 § 20 BImSchG Nr. 3 – Geflügelfarm.
[1554] *BVerwG*, Urt. v. 15. 12. 1989 – 4 C 36.86 – BVerwGE 84, 209 = DVBl. 1990, 427 = DÖV 1990, 479 = NVwZ 1990, 464 = *Hoppe/Stüer* RzB Rdn. 136 – Gemeindenachbarlicher Immissionsschutz.
[1555] *BVerwG*, Urt. v. 17. 1. 1986 – 4 C 80.82 – BVerwGE 72, 362 = Buchholz 406.16 Eigentumsschutz Nr. 41; Urt. v. 15. 11. 1991 – 4 C 17.88 – NVwZ-RR 1992, 402 = DÖV 1992, 638 = UPR 1992, 182 – Lagerhalle.
[1556] *BVerwG*, B. v. 26. 8. 1988 – 7 B 124.88 – NVwZ 1989, 257 = UPR 1989, 28.
[1557] *BVerwG*, Urt. v. 12. 12. 1975 – IV C 71.73 – BVerwGE 50, 49 = DVBl. 1976, 214 – Tunnelofen; Urt. v. 17. 1. 1986 – 4 C 80.82 – BVerwGE 72, 362 = DVBl. 1986, 677 – Statik.
[1558] *BVerwG*, B. v. 3. 12. 1997 – 4 B 193.97 – Buchholz 11 Art. 14 GG Nr. 317; vgl. bereits zuvor Urt. v. 7. 11. 1997 – 4 C 7.97 – DVBl. 1998, 587 zur Inhalts- und Schrankenbestimmung des Eigentums durch den Landesgesetzgeber.
[1559] So im Anschluss an *BVerwG*, Urt. v. 10. 8. 1990 – 4 C 3.90 – BVerwGE 85, 289 = DVBl. 1990, 1182, B. v. 28. 7. 1997 – 4 B 116/97 – NVwZ-RR 1998, 357 = BauR 1997, 991. So sind etwa Abbrucharbeiten, die über den genehmigten Umfang hinausgehen, keine außergewöhnlichen Ereignisse i. S. des § 35 IV Nr. 3 BauGB, so *BVerwG*, B. v. 18. 2. 1997 – 4 B 207.96 – NVwZ-RR 1997, 521.
[1560] *OVG Greifswald*, Urt. v. 18. 2. 1998 – 3 M 134/95 –.
[1561] *BVerwG*, B. v. 18. 7. 1997 – 4 B 116.97 – BauR 1997, 991 = NVwZ-RR 1998, 357.

lichen Genehmigung nach § 18 II BImSchG führt nicht zum Wiederaufleben nach § 14 BImSchG ausgeschlossener privatrechtlicher Abwehransprüche.[1562]

§ 21 BImSchG regelt den Widerruf einer rechtmäßigen immissionsschutzrechtlichen Genehmigung. Er darf erfolgen, (1) wenn der Widerruf vorbehalten worden ist, (2) wenn mit der Genehmigung eine Auflage verbunden ist und der Begünstigte diese nicht oder nicht innerhalb einer ihm gesetzten Frist erfüllt hat, (3) wenn die Genehmigungsbehörde aufgrund nachträglich eingetretener Tatsachen berechtigt wäre, die Genehmigung nicht zu erteilen, und wenn ohne den Widerruf das öffentliche Interesse gefährdet würde, (4) wenn die Genehmigungsbehörde aufgrund einer geänderten Rechtsvorschrift berechtigt wäre, die Genehmigung nicht zu erteilen, soweit der Betreiber von der Genehmigung noch keinen Gebrauch gemacht hat, und wenn ohne den Widerruf das öffentliche Interesse gefährdet würde sowie (5) um schwere Nachteile für das Gemeinwohl zu verhüten oder zu beseitigen. Der **Widerruf** einer **immissionsschutzrechtlichen Genehmigung** nach § 21 I Nr. 3 BImSchG für eine Flüssiggasversorgungsanlage wurde im Verfahren des vorläufigen Rechtsschutzes bestätigt, weil der benötigte Schutzkorridor zu einem Kleinsportfeld nicht ausreichend war. Der Schutzbereich hätte nach den Maßgaben Nrn. 16 und 17 des Gewerbeaufsichtsamtes mindestens 10 m betragen müssen. Nach der im Nachhinein geänderten Fassung des TRB-Regelwerks war sogar zusätzlich eine Schutzmauer erforderlich. Eine nachträgliche Bewältigung dieser Gefahren scheiterte an den mit der Umlegung verbundenen unverhältnismäßigen Kosten. Die Anlage durfte daher wegen der Gefahren für Leib und Leben der Benutzer des benachbarten Spielfeldes nicht weiter betrieben werden.[1563]

12. Nicht genehmigungsbedürftige Anlagen

Auch nicht genehmigungsbedürftige Anlagen unterliegen rechtlichen Anforderungen, die in den §§ 22 bis 25 BImSchG enthalten sind. Es handelt sich dabei um Einrichtungen, Geräte und Grundstücksnutzungen, die dem BImSchG unterliegen, jedoch nicht genehmigungsbedürftig sind. Darunter fallen alle Anlagen, die nicht im Anhang zur 4. BImSchV[1564] verzeichnet sind, jedoch schädliche Umwelteinwirkungen hervorrufen können. Es handelt sich etwa um Autowaschstraßen, Bauhöfe, chemische Reinigungen, Schrottplätze, Tankstellen, Werkstätten oder Windkraftanlagen. Auch **Feueralarmsirenen**,[1565] Gartengrillgeräte, Kinderspielplätze, Kirchenglocken, Rasenmäher, ein Theaterbetrieb oder Tiefgaragen können nach den §§ 22 bis 25 BImSchG zu beurteilen sein. Nach § 22 BImSchG sind nicht genehmigungsbedürftige Anlagen so zu erhalten und zu betreiben, dass (1) schädliche Umwelteinwirkungen verhindert werden, die nach dem Stand der Technik vermeidbar sind (Verhinderungsgebot), (2) nach dem Stand der Technik unvermeidbare schädliche Umwelteinwirkungen auf ein Mindestmaß beschränkt werden (Minimierungsgebot) und (3) die beim Betrieb der Anlagen entstehenden Abfälle ordnungsgemäß beseitigt werden können (Abfallbeseitigungsgebot). Die Zulässigkeit der nicht genehmigungsbedürftigen Anlagen wird dabei vor allem auch von dem Gebot der Rücksichtnahme auf Belange der Allgemeinheit und der Nachbarn bestimmt. Wenn die von einer Anlage hervorgerufenen schädlichen Umwelteinwirkungen das Leben oder die Gesundheit von Menschen oder bedeutende Sachwerte gefährden, soll die zuständige Behörde die Errichtung oder den Betrieb der Anlage ganz oder teilweise untersagen, soweit die Allgemeinheit oder die Nachbarschaft nicht auf andere Weise ausreichend geschützt

---

[1562] *BVerwG*, Urt. v. 24. 10. 2002 – 7 C 9.02 – BVerwGE 117, 133 = DVBl. 2003, 209 = NVwZ 2003, 344, vorgehend *VGH München*, Urt. v. 6. 12. 2001 – 22 B 01.1029 – UPR 2002, 114 = BayVBl. 2002, 210 – Truthühner.
[1563] *VGH Mannheim*, Urt. v. 10. 3. 2000 – 10 S 2762/99 – NVwZ-RR 2000, 674.
[1564] Abgedruckt bei *Stüer*, Bau- und Fachplanungsgesetze 1999, 707.
[1565] Zu einem Feuerwehrgerätehaus *OVG Frankfurt (Oder)*, B. v. 17. 9. 1998 – 3 B 57/98 – VwRR MO 1999, 65.

werden kann (§ 25 II BImSchG).[1566] § 22 BImSchG gestattet das Errichten und Betreiben von Anlagen nur, wenn nach dem Stand der Technik vermeidbare schädliche Umwelteinwirkungen verhindert und unvermeidbare Einwirkungen auf ein Mindestmaß beschränkt werden.[1567] Er gebietet ein Angepasstsein der Anlage an diese Anforderungen auf Dauer. § 24 BImSchG ermächtigt deshalb die Behörde, zur Durchführung dieser Anforderungen auch bei einer baurechtlich bereits genehmigten Anlage nachträglich die erforderlichen Anordnungen zu treffen, und zwar schon dann, wenn die Anlage nicht den Anforderungen des § 22 BImSchG entspricht. Die weiteren Voraussetzungen, unter denen nach dem allgemeinen Verwaltungsverfahrensrecht die Rücknahme oder der Widerruf eines begünstigenden Verwaltungsakts zulässig ist, brauchen also nicht vorzuliegen. Ebenso wenig bedarf es einer (teilweisen) Rücknahme oder eines (teilweisen) Widerrufs der ursprünglich für die Anlage erteilten Baugenehmigung.[1568] Im Streit um einen **Fastnachtsumzug** hat sich das *VG Frankfurt* auf die Seite der Karnevalisten gestellt und sinngemäß auf die Besonderheiten der „fünften Jahreszeit" verwiesen. Auch eventuell auftretende Lärmspitzen von über 70 dB(A) sind dann für einige Stunden im Jahr hinzunehmen.[1569]

3676 Für einen **offenen Kamin**, der eine nicht genehmigungsbedürftige Anlage darstellt, kann die **TA-Luft** (Nr. 2.3 u. 2.5) weder unmittelbar noch sinngemäß angewendet werden. Die Bewertung, ob schädliche Umwelteinwirkungen für die Nachbarschaft hervorgerufen werden, richtet sich vielmehr nach den Einzelfallumständen. Im Streitfall kann sich empfehlen, dazu ein Sachverständigengutachten einzuholen.[1570] Auch Kleinfeuerungsanlagen unterliegen einer Einzelfallbeurteilung. Grundsätzlich ist eine den Anforderung der 1. BImSchV entsprechende Feuerungsanlage nicht mit schädlichen Umwelteinwirkungen verbunden und mit dem baurechtlichen Rücksichtnahmegebot vereinbar.[1571] Trotz Einhaltung der Grenzwerte der 1. BImSchV[1572] können aber schädliche Umwelteinwirkungen i. S. des § 3 I BImSchG auftreten. Hierin unterscheidet sich die 1. BImSchV von der 18. BImSchV,[1573] da sie keine Immissionsrichtwerte für Immissionsorte aufstellt und deshalb nicht zugleich die Zumutbarkeitsschwelle i. S. des § 3 I BImSchG normativ festlegt.[1574]

3677 Durch § 23 I u. II 1 BImSchG werden die Bundesregierung und die Landesregierungen ermächtigt, unter bestimmten Voraussetzungen den Betrieb nicht genehmigungsbedürftiger Anlagen zu regeln. Die Ermächtigung hat jedoch Grenzen, wie am Beispiel der **Bay. Biergärten-Nutzungszeiten-Verordnung** deutlich wurde. Das in § 22 BImSchG abstrakt bestimmte Schutzniveau darf durch eine Verordnung nach § 23 BImSchG nicht ohne weiteres unterschritten werden.[1575] Denn eine Verordnung darf nicht den Rechtskreis der Anlagenbetreiber erweitern und zugleich den angestrebten Schutz der Allgemeinheit und der Nachbarschaft einschränken, auch wenn § 23 BImSchG nicht mehr ausdrücklich an die Betreiberpflichten des § 22 BImSchG anknüpft.[1576] Für die Zumut-

---

[1566] *BVerwG*, Urt. v. 9. 12. 1983 – 7 C 68.82 – DVBl. 1984, 474 = NVwZ 1984, 305 = UPR 1984, 103 – Altanlage.
[1567] *BVerwG*, Urt. v. 7. 10. 1983 – 7 C 44.81 – BVerwGE 68, 62 = DVBl. 1984, 227 = *Hoppe/Stüer* RzB Rdn. 77 – liturgisches Glockengeläut; B. v. 2. 9. 1996 – 4 B 152.96 – NVwZ 1997, 142 = BauR 1996, 819 – liturgisches Glockengeläut.
[1568] *BVerwG*, B. v. 9. 3. 1988 – 7 B 34.88 – NJW 1988, 2552 = DÖV 1988, 560 = UPR 1988, 345.
[1569] *VG Frankfurt*, B. v. 12. 2. 1999 – 15 G 401/99 – NJW 1999, 1986.
[1570] *BVerwG*, B. v. 25. 8. 1999 – 4 B 55.99 – NVwZ-RR 2000, 90.
[1571] *VGH Mannheim*, Urt. v. 5. 9. 1989 – 10 S 1712/88 – NJW 1990, 1930.
[1572] Erste Verordnung zur Durchführung des BImSchG (Verordnung über Kleinfeuerungsanlagen) i. d. F. der Bekanntmachung vom 14. 3. 1997 (BGBl. S. 490).
[1573] Achtzehnte Verordnung zur Durchführung des BImSchG (Sportanlagenlärmschutzverordnung) v. 18. 7. 1991 (BGBl. I 588).
[1574] *BVerwG*, B. v. 28. 7. 1999 – 4 B 38.99 – NVwZ 2000, 552.
[1575] So aber *VGH München*, B. v. 7. 8. 1997 – 22 N 95.2532 – NVwZ-RR 1999, 15 – Biergärten-Nutzungszeiten-Verordnung.
[1576] *BVerwG*, Urt. v. 28. 1. 1999 – 7 CN 1.97 – BauR 1999, 867 = UPR 1999, 268.

barkeit eines Gaststättenbetriebes sind die jeweiligen Einzelfallumstände von Bedeutung. Bei einem Betriebsende um 23.00 Uhr ist nicht die Belastung an einem einzelnen Tag oder an einem bestimmten Wochentag wesentlich, sondern das Gesamtbelastungsvolumen während der gesamten Betriebszeit. Je kleiner die Zahl der Tage und Nächte mit Ruhestörungen ist, desto eher kann man diese der Nachbarschaft aus besonderem Anlass zumuten.[1577] § 1 I 3 der 4. BImSchV stellt neben dem rechtlichen auch auf den tatsächlich möglichen Betriebsumfang ab. Rechtliche Beschränkungen können sich etwa aus der erteilten Genehmigung oder einer verbindlichen Selbstbeschränkung etwa in einer vertraglichen Verpflichtung gegenüber der Genehmigungsbehörde ergeben. Liegt eine solche Beschränkung nicht vor und überschreitet die Anlage auch tatsächlich den Rahmen der Nichtgenehmigungsbedürftigkeit, ist sie genehmigungsbedürftig.[1578] Für die Frage, ob eine Anlage im vereinfachten Verfahren genehmigt werden kann, ist im Rahmen der tatsächlichen Betriebsmöglichkeiten der rechtlich zulässige Betriebsumfang maßgeblich, der sich aus dem Inhalt der zu erteilenden Genehmigung ergibt.[1579]

13. Vorzeitiger Beginn

In einem Verfahren zur Erteilung einer immissionsschutzrechtlichen Genehmigung kann die Genehmigungsbehörde nach § 8a BImSchG auf Antrag den vorzeitigen Beginn zulassen, wenn (1) mit einer Entscheidung zu Gunsten des Antragstellers gerechnet werden kann, (2) öffentliche Interessen oder ein berechtigtes Interesse des Antragstellers an dem vorzeitigen Beginn bestehen und (3) der Antragsteller sich verpflichtet, alle bis zur Entscheidung durch die Errichtung der Anlage verursachten Schäden zu ersetzen und, wenn das Vorhaben nicht genehmigt wird, den früheren Zustand wiederherzustellen (§ 8a I BImSchG). Die Zulassung kann nach § 8a II VwVfG jederzeit widerrufen werden. Sie kann mit Auflagen verbunden oder unter dem Vorbehalt nachträglicher Auflagen erteilt werden. Die zuständige Behörde kann eine Sicherheitsleistung verlangen, soweit dies erforderlich ist, um die Erfüllung der Pflichten des Antragstellers zu sichern (§ 8a II BImSchG). In einem Verfahren zur Erteilung einer Genehmigung nach § 16 I BImSchG kann die Genehmigungsbehörde unter den Voraussetzungen des § 8a I BImSchG auch den Betrieb der Anlage vorläufig zulassen, wenn die Änderung der Erfüllung einer entsprechenden Rechtspflicht entspricht (§ 8 III BImSchG). Die Neuregelung der Zulassung des vorzeitigen Beginns in § 8a BImSchG durch die BImSchG-Novelle 1996 erweitert die Möglichkeiten des bisherigen § 15a BImSchG, der auf die Änderung einer Anlage beschränkt war. Durch die Neuregelung kann auch der Beginn der Einrichtung neuer Anlagen vorzeitig zugelassen werden. Zudem genügt ein berechtigtes Interesse des Trägers des Vorhabens für die Zulassung, während nach § 15a BImSchG ein öffentliches Interesse wegen des zu erwartenden Schutzes der Umwelt erforderlich war. Der vorzeitige Beginn erfasst dabei nicht nur die Maßnahmen zur Errichtung oder Änderung der Anlage, sondern unter den Voraussetzungen des § 8a III BImSchG auch deren Betrieb. Allerdings muss es sich dabei um eine Änderung einer Anlage handeln, die einer Rechtspflicht entspricht. Die Richtlinie 84/360/EWG des Rates zur Bekämpfung der Luftverunreinigung durch Industrieanlagen macht den Betrieb bestimmter Anlagen von dem Erfordernis einer vorherigen Genehmigung abhängig. Die Errichtung von Anlagen ist demgegenüber europarechtlich freigestellt. Aber auch hinsichtlich des Betriebs von Anlagen besteht ein gewisser Spielraum, wenn die Maßnahme keine erheblichen und nachteiligen Auswirkungen befürchten lässt.[1580]

[1577] *VGH München*, Urt. v. 22. 10. 1998 – 22 B 98.602 – NVwZ 1999, 555 = BayVBl. 1999, 405.
[1578] *VGH Mannheim*, B. v. 16. 10. 1998 – 10 S 1741/98 – NVwZ 1999, 552 = DÖV 1999, 165.
[1579] *VGH München*, B. v. 29. 5. 1998 – 22 CS 96.283 – NVwZ 1998, 1191.
[1580] Gesetzentwurf der Bundesregierung. Entwurf eines Gesetzes zur Beschleunigung und Vereinfachung immissionsschutzrechtlicher Genehmigungsverfahren, BT-Drs. 13/3996 v. 6. 3. 1996.

14. Immissionsschutzrecht und planungsrechtliche Zulässigkeit von Vorhaben

3679 Neben den Vorschriften des BImSchG sind die **allgemeinen bauplanungsrechtlichen Anforderungen** an die Zulässigkeit von Vorhaben nach den §§ 29 ff. BauGB zu beachten. Im Geltungsbereich eines qualifizierten Bebauungsplans richtet sich die planungsrechtliche Zulässigkeit eines Vorhabens nach § 30 I BauGB, im nicht beplanten Innenbereich nach § 34 BauGB, im Außenbereich nach § 35 BauGB. Außerdem ist in den Fällen der §§ 31 bis 35 BauGB das gemeindliche Einvernehmen nach § 36 BauGB erforderlich. Das Vorhaben hat daher die allgemeinen planungsrechtlichen Zulässigkeitsanforderungen zu erfüllen. Aber auch umgekehrt muss das Vorhaben den immissionsschutzrechtlichen Anforderungen genügen. So ist etwa ein an sich im Außenbereich privilegiertes Vorhaben nicht nach § 35 I BauGB zulässig, wenn es die Vorgaben des Immissionsschutzes nicht einhält.[1581]

3680 Mit dem Verweis des Immissionsschutzrechts in das Bauplanungsrecht wird im beplanten Gebiet auch § 15 BauNVO anwendbar, der das Gebot der **nachbarlichen Rücksichtnahme** ausdrückt. Im nicht beplanten Innenbereich ist das Rücksichtnahmegebot über das Merkmal des Sicheinfügens und im Außenbereich über die entgegenstehenden oder beeinträchtigten öffentlichen Belange wirksam. Das Rücksichtnahmegebot verlangt dabei jeweils eine Bewertung der nachbarlichen Interessen. Immissionsschutzrecht und Bauplanungsrecht greifen daher hinsichtlich der Beurteilung der Zumutbarkeit Hand in Hand. So begründen Immissionen, die das nach § 5 Nr. 1 BImSchG zulässige Maß nicht überschreiten,[1582] weder einen schweren und unerträglichen Eingriff in das Eigentum,[1583] noch eine Verletzung des baurechtlichen Rücksichtnahmegebotes.[1584] Auch steht die öffentlich-rechtliche Duldungspflicht mit der **zivilrechtlichen Duldungspflicht** nach den §§ 906, 1004 BGB hinsichtlich des einzuhaltenden Schutzniveaus gleich. Was öffentlich-rechtlich erlaubt ist, darf auch zivilrechtlich nicht verboten sein. Bei der Bestimmung auch der zivilrechtlichen Zumutbarkeit hat die planungsrechtliche Ausweisung eine wichtige Funktion. Wird im Bebauungsplan eine bestimmte Nutzung zugelassen und ist der Bebauungsplan rechtswirksam, so hat diese Festsetzung auch für die zivilrechtliche Beurteilung des Nachbarschaftsverhältnisses prägende Wirkungen. Zivilrechtliche und öffentlich-rechtliche Bewertung sind daher auf Harmonisierung angelegt.[1585]

3681 Im Innenbereich ist das Rücksichtnahmegebot im Merkmal des Sicheinfügens enthalten.[1586] Dabei kann hinsichtlich der Beurteilung schädlicher Umwelteinwirkungen auf die Vorgaben des BImSchG zurückgegriffen werden.[1587] Auch bei **Außenbereichsvorhaben** ist zu fragen, ob das Gebot der nachbarlichen Rücksichtnahme eingehalten wird.[1588] Das Rücksichtnahmegebot ist dabei Bestandteil des § 35 BauGB und des immissions-

---

[1581] *BVerwG*, Urt. v. 2. 12. 1977 – 4 C 75.75 – BVerwGE 55, 118 = DÖV 1978, 406 = *Hoppe/Stüer* RzB Rdn. 440 – Legalisierungswirkung.

[1582] *BVerwG*, Urt. v. 12. 12. 1975 – IV C 71.73 – BVerwGE 50, 49 = NJW 1977, 1932 = DÖV 1976, 387 = *Hoppe/Stüer* RzB Rdn. 60 – Tunnelofen Mittelwert.

[1583] *BVerwG*, Urt. v. 21. 6. 1974 – IV C 14.74 – BauR 1974, 330 = DVBl. 1974, 777 = DÖV 1974, 812 – Kinderspielplatz.

[1584] *BVerwG*, Urt. v. 30. 9. 1983 – 4 C 18.80 – NJW 1984, 250 = UPR 1984, 128 – Feuerverzinkerei; Urt. v. 30. 9. 1983 – 4 C 74.78 – BVerwGE 68, 58 = NVwZ 1984, 509 = DÖV 1984, 254 – *Hoppe/Stüer* RzB Rdn. 1248 – Mischwerk.

[1585] *BVerwG*, Urt. v. 29. 4. 1988 – 7 C 33.87 – BVerwGE 79, 254 = BayVBl. 1989, 20 = *Hoppe/Stüer* RzB Rdn. 79 – Feueralarmsirene. Eine Harmonisierung ist auch innerhalb des Umweltrechts angestrebt, so *Kloepfer/Messerschmidt* Innere Harmonisierung des Umweltrechts 1986.

[1586] *BVerwG*, Urt. v. 18. 10. 1974 – IV C 77.73 – BauR 1975, 29 = DÖV 1975, 103 = NJW 1975, 460 – Fallhammer.

[1587] *BVerwG*, Urt. v. 24. 9. 1976 – IV C 58.75 – Buchholz 406.11 § 34 BBauG Nr. 57 = DVBl. 1977, 194 – Fallhammer.

[1588] *BVerwG*, Urt. v. 25. 2. 1977 – IV C 22.75 – BVerwGE 52, 122 = NJW 1978, 62 = DVBl. 1977, 722 = *Hoppe/Stüer* RzB Rdn. 1151 – Außenbereich Rücksichtnahme; Urt. v. 8. 12. 1987 – 4 NB

schutzrechtlichen Schutzes nach den §§ 22, 3 I BImSchG. Beide gesetzlichen Regelungsbereiche setzen eine Zumutbarkeitsabwägung bzw. die Überschreitung einer Erheblichkeitsschwelle voraus. Ein genereller Gebietsabwehranspruch lässt sich den Vorschriften nicht entnehmen. weitergehende Abwehrrechte stehen auch dem Inhaber eines nach § 35 I BauGB privilegierten Betriebs im Hinblick auf die Einhaltung öffentlicher Belange nach § 35 III BauGB nicht zu.[1589] Die Privilegierung ist allerdings ein Einzelumstand, der die Zumutbarkeitsabwägung bei der Anwendung des Rücksichtnahmegebots mit beeinflussen kann.[1590]

In die Bewertung der nachbarlichen Interessen nach Maßgabe des Gebotes der Rücksichtnahme sind nur die **genehmigten** und zudem die materiell rechtmäßigen **Nutzungen** einzubeziehen. Nicht genehmigte und auch nicht genehmigungsfähige Nutzungen bilden demgegenüber keine Elemente des Rücksichtnahmegebotes. **3682**

Beispiel: Eine Wohnnutzung ist gegenüber solchen Immissionen rechtlich nicht geschützt, die nur deshalb erheblich belästigen oder die Gesundheit gefährden, weil sie Wohnräume durch ein baurechtlich nicht genehmigtes und nicht genehmigungsfähiges Fenster erreichen. Der Betreiber einer emittierenden Anlage muss sich immissionsschutzrechtlich auch nicht deshalb als Störer behandeln lassen, weil er eine fortdauernde illegale Wohnnutzung in der Nachbarschaft geduldet hat.[1591] Insofern gilt hier der Vorrang des Primärrechtsschutzes nicht.

Die nachbarlichen Interessen sind in die jeweilige **Einzelbewertung** einzustellen. Aus dieser Interessenbewertung ist auch der **Schutz des Wohnens** vor Nutzungen im Außenbereich zu bestimmen. **3683**

Beispiel: Der Eigentümer eines durch Schießlärm von einem Truppenübungsplatz vorbelasteten, aber zumindest für eine vorübergehende Wohnnutzung noch geeigneten und für diesen Zweck mit einem Landhaus bebauten Grundstücks braucht es nicht hinzunehmen, dass die Lärmeinwirkungen aufgrund von Änderungen des Truppenübungsplatzes etwa durch Einrichtung neuer Schießbahnen oder eine Intensivierung des Übungsbetriebs so zunehmen, dass auf dem Grundstück auch eine vorübergehende Wohnnutzung nicht mehr möglich ist. Wird eine lärmempfindliche Nutzung wie etwa ein gewerblicher medizinischer Badebetrieb auf einem durch Schießlärm vorbelasteten Grundstück baurechtlich genehmigt, so kann der Genehmigungsinhaber nicht allein aufgrund der unanfechtbar gewordenen Genehmigung verlangen, dass der Nachbar die Nutzung seines Grundstücks einschränkt, um damit die Vorbelastung zu mindern und dem Genehmigungsinhaber überhaupt erst die Aufnahme der genehmigten Nutzung zu ermöglichen. Wer im Einwirkungsbereich eines Schießplatzes baurechtlich genehmigte Anlagen errichtet, obwohl er vorher auf die Gefahr erheblicher Lärmeinwirkungen und die Absicht uneingeschränkter Fortsetzung des Schießbetriebs hingewiesen worden ist, kann nicht unter dem Gesichtspunkt der Verwirkung verlangen, dass nunmehr der Betreiber, der die Baugenehmigung nicht angefochten hat, den Schießbetrieb zwecks Reduzierung des Lärms auf ein Maß unterhalb der bestehenden Vorbelastung einschränkt.[1592]

Bei der Beurteilung, ob Immissionen, denen sich ein Vorhaben aussetzen wird, i. S. des § 15 I 2 BauNVO **unzumutbare Belästigungen** oder Störungen sind, ist nicht auf die abstrakte Schutzwürdigkeit abzustellen, die dem jeweiligen Baugebiet gemäß der den Baugebietsvorschriften der BauNVO zugrunde liegenden typisierenden Betrachtungsweise zukommt. Vielmehr sind die jeweiligen **Lagesituationen** zu berücksichtigen. Eine Baugenehmigung für ein Wohngebäude in einem allgemeinen Wohngebiet ist aufgrund von § 15 I 2 BauNVO zu versagen, wenn die auf das Wohnbaugrundstück einwirkenden **3684**

3.87 – BVerwGE 78, 305 = BRS 48 (1988), Nr. 34 (S. 91) = *Hoppe/Stüer* RzB Rdn. 64 – Asphalt-Misch-Anlage.
[1589] *BVerwG*, B. v. 25. 1. 1985 – 4 B 202.85 – NVwZ 1986, 469 = *Hoppe/Stüer* RzB Rdn. 1250 – heranrückende Wohnbebauung.
[1590] *BVerwG*, B. v. 13. 9. 1993 – 4 B 127.93 – Kaltzerlegeanlage.
[1591] *BVerwG*, Urt. v. 24. 9. 1992 – 7 C 6.92 – BVerwGE 91, 92 = DVBl. 1993, 159 = NJW 1993, 342 – Betriebsverbot für Tankstelle.
[1592] *BVerwG*, B. v. 24. 5. 1991 – 7 B 148.24 – BayVBl. 1992, 219 = NVwZ 1991, 1187 – Schlechtendahl.

Immissionen nicht so weit vermieden oder gemindert werden können, dass ungesunde Wohnverhältnisse nicht entstehen können. Dabei ist allerdings davon auszugehen, dass der Betreiber der emittierenden Anlage die ihm nach § 22 I 1 BImSchG obliegenden Grundpflichten uneingeschränkt erfüllt.[1593] Ist die baurechtlich genehmigte Nutzung eines Gebäudes etwa durch eine Autolackiererei für mehr als ein Jahr nicht ausgeübt worden, so ist auch die vor Ablauf des zweiten Jahres wieder aufgenommene Nutzung nicht mehr vom **Bestandsschutz** gedeckt, wenn Umstände vorlagen, aus denen nach der Verkehrsauffassung geschlossen werden konnte, mit der Wiederaufnahme der ursprünglichen Nutzung sei nicht mehr zu rechnen. Nach § 15 I 2 BauNVO ist eine im Baugebiet an sich zulässige Nutzung im Einzelfall auch dann unzulässig, wenn sie sich unzumutbaren Belästigungen oder Störungen einer im Baugebiet an sich unzulässigen, jedoch bestandskräftig genehmigten Nutzung aussetzen würde.

15. Immissionsschutz in der Planungsentscheidung

3685 Auch bei der Planungsentscheidung ist ein ausreichender Immissionsschutz zu gewährleisten. Dies gilt auch für die kommunale **Bauleitplanung**. So sind nach § 50 BImSchG bei raumbedeutsamen Planungen und Maßnahmen die für eine bestimmte Nutzung vorgesehenen Flächen einander so zuzuordnen, dass schädliche Umwelteinwirkungen auf die ausschließlich oder überwiegend dem Wohnen dienenden Gebiete sowie auf sonstige schutzbedürftige Gebiete so weit wie möglich vermieden werden. Aus § 50 BImSchG ergibt sich der allgemeine Planungsgrundsatz, unverträgliche Nutzungen zu trennen (**Trennungsgrundsatz**).[1594] Die Beachtung des Immissionsschutzes bei Neuplanungen gilt vor allem dann, wenn an eine schutzbedürftige Wohnnutzung eine gewerblich-industrielle Nutzung herangeplant werden soll. Zwar können Eigentümer von Wohngrundstücken am Rande eines Außenbereichs nicht damit rechnen, dass in ihrer Nachbarschaft keine emittierenden Nutzungen oder höchstens ebenfalls nur eine Wohnnutzung entsteht. Der Trennungsgrundsatz gilt daher in erster Linie für die Neuplanung bisher unbebauter Flächen und erfasst nicht in gleicher Weise die „Heranplanung" an vereinzelte Wohngebäude im Außenbereich.[1595] Die so Betroffenen dürfen allerdings darauf vertrauen, dass keine mit der Wohnnutzung unverträgliche Nutzung entsteht. Besteht eine derartige unverträgliche Nutzung, so muss die Gemeinde durch die Art und Weise der planerischen Festsetzungen den künftigen Konflikt auflösen und damit vermeiden. Dazu können beispielsweise auch planerische Festsetzungen nach § 9 I Nr. 24 BauGB gehören. Die Gemeinde hat bei der Bauleitplanung als Ortsgesetzgeber die städtebaulichen Instrumente des BauGB zu nutzen, um im Rahmen sachgerechter Abwägung vor schädlichen Umwelteinwirkungen zu schützen, sie tunlichst zu vermeiden oder jedenfalls zu mindern. Das gilt erst recht, wenn die Gemeinde durch ihre eigene Planung derartige Störungen in rechtlich zulässiger Weise ermöglichen will. In diesem Falle hat sie durch planerische Maßnahmen – so weit wie möglich – dafür zu sorgen, dass entstehende schädliche Umwelteinwirkungen i. S. des § 3 BImSchG sich nicht verwirklichen können. Das folgt unmittelbar aus § 50 BImSchG, aber auch aus dem Gebot sachgerechter Konfliktbewältigung.[1596] Dies setzt auch im Immissionsschutzrecht der Möglichkeit des **Konflikttransfers** Grenzen. Sind schon die in einem Bebauungsplan enthaltenen Festsetzungen mit gesetzlichen Vorgaben in Form von Planungsleitsätzen und Optimierungsgeboten nicht vereinbar und damit zugleich abwägungsfehlerhaft (§ 1 VII BauGB), so stellt sich insoweit nicht mehr die Frage, ob und in welchem Maße die planende Gemeinde die

---

[1593] *BVerwG*, Urt. v. 18. 5. 1995 – 4 C 20.94 – BVerwGE 98, 235 = BauR 1995, 807 = DVBl. 1996, 40 – Autolackiererei.
[1594] *BVerwG*, Urt. v. 12. 12. 1975 – IV C 71.73 – BVerwGE 50, 49 = NJW 1977, 1932 = DÖV 1976, 387 = *Hoppe/Stüer* RzB Rdn. 60 – Tunnelofen Mittelwert. Zum Abwägungsspielraum *BVerwG*, Urt. v. 28. 1. 1999 – 4 CN 5.98 – UPR 1999, 268 = ZfBR 1999, 219.
[1595] *VGH Mannheim*, B. v. 16. 4. 1999 – 8 S 5/99 – VGHBW RSpDienst 1999, Beilage 7, B 4.
[1596] *BVerwG*, B. v. 30. 11. 1992 – 4 NB 41.92.

Lösung von Konflikten zwischen unterschiedlichen Arten von Nutzungen der Entscheidung der Verwaltung im Einzelfall überlassen darf. Vielmehr muss sich die Gemeinde bei der Prüfung der Gültigkeit des Bebauungsplans entgegenhalten lassen, dass sie ein Aufeinandertreffen von verschiedenartigen Nutzungen bereits auf der Ebene der Bauleitplanung durch Ausweisung unterschiedlicher benachbarter Baugebiete festgesetzt und damit die Lösung möglicher Konflikte gerade nicht der Entscheidung der Verwaltung im Einzelfall überlassen hat. Auf der anderen Seite darf der Trennungsgrundsatz des § 50 BImSchG nicht überspannt werden.[1597] Gesetzliche Planungsgrundsätze wie § 50 BImSchG lenken zwar die Ermittlungen inhaltlich in eine bestimmte Richtung. Hinsichtlich der Genauigkeit der Ermittlungen ist und kann damit jedoch nicht mehr gefordert sein, als durch das Gebot der richtigen Einschätzung aller abwägungserheblichen Belange ohnehin gefordert wird.[1598] Auch kann von der planenden Gemeinde nicht verlangt werden, alle Einzelheiten des immissionsschutzrechtlichen Genehmigungsverfahrens bereits auf der Ebene des Bebauungsplans durch entsprechende Festsetzungen zu lösen. Das Verfahren ist vielmehr zweistufig. Die Bauleitplanung muss die wesentlichen planerischen Vorgaben für die Konfliktbewältigung enthalten. Die Lösung der Detailfragen des Immissionsschutzes findet im immissionsschutzrechtlichen Genehmigungsverfahren ihren Platz.

a) Trennungsgrundsatz und Typisierungslehre.[1599] Nach § 50 BImSchG sind zwar bereits in der Bauleitplanung unverträgliche Nutzungen zu trennen. Dieser Trennungsgrundsatz[1600] ist allerdings auch durch § 15 III BauNVO relativiert. Die Zulässigkeit der Anlagen in den Baugebieten ist danach nicht allein nach den verfahrensrechtlichen Einordnungen des BImSchG und der auf seiner Grundlage erlassenen Verordnungen zu beurteilen. Es kommt vielmehr stärker als bisher auf die konkrete Ausgestaltung der Anlagen nach Art, Umfang und Schutzvorkehrungen und deren dauerhafte Sicherung an. Zwar gehören Anlagen, die im großen immissionsschutzrechtlichen Genehmigungsverfahren zu prüfen sind, grundsätzlich in ein Industriegebiet. Sie können aber auch in einem Gewerbegebiet zugelassen werden, wenn sich bei einer Einzelfallprüfung ergibt, dass das Vorhaben mit den typischen Nutzungen in einem Gewerbegebiet verträglich ist und auch im Einzelfall dort nicht unter Verletzung des Rücksichtnahmegebotes stört. Derartige „mischungsverträgliche" Gewerbebetriebe können daher auch in einem Gewerbegebiet untergebracht werden. Dies geht allerdings nur bei einer konkreten Einzelfallprüfung und kann nicht zur allgemeinen Regel für die Zulässigkeit derartiger Betriebe werden. Für nach dem großen immissionsschutzrechtlichen Genehmigungsverfahren nach der 4. BImSchV zuzulassende Anlagen muss ein bauplanungsrechtlich konkretes Störpotenzial im Allgemeinen angenommen werden mit der Folge, dass solche Anlagen typischerweise in ein Industriegebiet gehören. Sie sind allerdings in einem Gewerbegebiet zulässig, wenn das Genehmigungserfordernis nicht in erster Linie aus der Gefahr schädlicher Umwelteinwirkungen für die Umgebung abgeleitet wird oder wenn der jeweilige Betrieb in der Weise atypisch ist, dass er nach seiner Art und Betriebsweise von vornherein keine Störungen befürchten lässt und damit seine Gebietsverträglichkeit dauerhaft und zuverlässig sicherstellt.

Die Gemeinden sind im Rahmen ihrer Bauleitplanung nicht auf die Abwehr von bereits eingetretenen schädlichen Umwelteinwirkungen i. S. des § 3 BImSchG beschränkt, sondern darüber hinaus ermächtigt, entsprechend dem **Vorsorgeprinzip** des § 5 I Nr. 2

[1597] *BVerwG*, B. v. 17. 2. 1984 – 4 B 191.83 – BVerwGE 69, 30 = NVwZ 1984, 235 = DÖV 1984, 858 = BayVBl. 1984, 342 = DVBl. 1984, 343 = *Hoppe/Stüer* RzB Rdn. 61 – Reuter Kraftwerk.
[1598] *BVerwG*, B. v. 27. 1. 1989 – 4 B 201.88 – Buchholz 407.4 § 17 FStrG Nr. 82 = *Hoppe/Stüer* RzB Rdn. 32 – Planfeststellung.
[1599] S. Rdn. 3643.
[1600] *BVerwG*, Urt. v. 12. 12. 1975 – IV C 71.73 – BVerwGE 50, 49 = *Hoppe/Stüer* RzB Rdn. 60 – Tunnelofen.

BImSchG schon vorbeugenden Umweltschutz zu betreiben.[1601] Auch ist die Gemeinde bei der Verfolgung immissionsschutzrechtlicher Ziele nicht auf die Bauleitplanung beschränkt. **Vorbeugender Immissionsschutz** darf vielmehr außer durch Bauleitplanung[1602] auch mit dem Mittel der standortbezogenen gewerblichen Investitionsförderung (kommunale Wirtschaftsförderung) verfolgt werden.[1603]

3688 **b) Immissionsschutzrechtliches Gefährdungspotenzial.** Die Gemeinde hat dabei das immissionsschutzrechtliche Gefährdungspotenzial aufzugreifen und dafür Sorge zu tragen, dass ein bauplanerisches Störungspotenzial nicht entsteht. Dabei sind schädliche Umwelteinwirkungen nach § 3 BImSchG und ihre Vermeidung vor allem in den Bereichen Lärm, Gerüche, Luftvereinigungen und Ansatzpunkte für eine individualisierende Betrachtung des Störpotenzials zu berücksichtigen. Die Gemeinde hat dabei sicherzustellen, dass kein Bebauungsplan aufgestellt wird, der aus Rechtsgründen im Vollzug nicht umsetzbar ist. Der Bebauungsplan darf daher nicht an immissionsschutzrechtlichen Gründen im Vollzug sicher scheitern. Die immissionsschutzrechtlichen Anforderungen im Einzelnen werden in den zum BImSchG erlassenen Verwaltungsvorschriften bestimmt.

3689 Die zulässigen Geräuschbelastungen werden in der **TA-Lärm 1998** behandelt, die als Verwaltungsvorschrift ergangen ist. Nach Nr. 3.2.1 der TA-Lärm 1998 ist der Schutz vor schädlichen Umwelteinwirkungen sichergestellt, wenn die Gesamtbelastung am maßgeblichen Immissionsort die Immissionsrichtwerte nach Nr. 6 nicht überschreitet. Die TA-Lärm differenziert dabei danach, ob es sich nach dem für den Immissionsort bedeutsamen Bebauungsplan um ein Industriegebiet, ein Gewerbegebiet, ein Mischgebiet, ein allgemeines oder reines Wohngebiet oder ein Kurgebiet handelt. Dabei gelten die strengsten Werte für das Kurgebiet und das reine Wohngebiet und die höchsten Werte für das Industriegebiet. Für **Gemengelagen** ist in Nr. 6.–7. der TA-Lärm 1998 die Bildung von Mittelwerten vorgesehen.

3690 Für die Bewertung von **Gerüchen** ist eine normativ bindende gesetzliche Regelung noch nicht vorhanden. In einigen Bundesländern ist durch Erlass eine Geruchsimmissionsrichtlinie (GIRL) eingeführt. Das Regelwerk wirft allerdings eine Reihe von bisher ungeklärten Rechtsfragen auf. Unklar ist, ab welchen Schwellwerten Gerüche eine erhebliche Belästigung darstellen. Die GIRL unterscheidet Wohn- und Mischgebiete andererseits und Gewerbe- und Industriegebiete andererseits und sieht als Immissionsgrenzwert für die relative Häufigkeit von Geruchsstunden Werte von 0,10 bzw. 0,15[1604] vor. Der Schwellenwert der schädlichen Umwelteinwirkungen wird daher erreicht, wenn in 10 % bzw. 15 % der Jahresstunden Gerüche von einer Anlage festgestellt werden.

3691 **Luftverunreinigungen** sind nach der TA-Luft zu beurteilen, die für eine Reihe von Luftschadstoffen nicht zu überschreitende Immissionswerte festlegt. Im Genehmigungsverfahren wird durch Immissionsprognose festgestellt, ob die durch die Anlage hinzukommende Zusatzbelastung die Gesamtbelastung über den Immissionswert steigen lässt. Dabei sind der Schutz vor Gesundheitsgefahren und der Schutz vor erheblichen Nachteilen und Belästigungen Maßstab. Sind die Immissionsgrenzwerte eingehalten, treten Gesundheitsgefahren bzw. erhebliche Nachteile und Belästigungen regelmäßig nicht auf. Einwendungen, dass Gesundheitsgefahren trotz Einhaltung der Immissionswerte hervorgerufen werden können, ist nur dann nachzugehen, wenn ein atypischer, vom Vorschriftengeber nicht berücksichtigter Sachverhalt vorliegt. Das gilt etwa für Atemwegserkrankungen im Einwirkungsbereich bei einer besonders immissionsempfindlichen Nutzung

---

[1601] *BVerwG*, Urt. v. 14. 4. 1989 – 4 C 52.87 – DVBl. 1989, 1050 = DÖV 1989, 772 = ZfBR 1989, 225 = NVwZ 1990, 257 = *Hoppe/Stüer* RzB Rdn. 66 – Hafengebiet Zementmahlanlage.
[1602] *BVerwG*, Urt. v. 14. 4. 1989 – 4 C 52.87 – DÖV 1989, 772 = UPR 1989, 352.
[1603] *BVerwG*, Urt. v. 15. 12. 1989 – 7 C 6.88 – BVerwGE 84, 236 = Buchholz 316 § 54 VwVfG Nr. 4 = DVBl. 1990, 376 = FamRZ 1990, 591 m. Anm. *Ehlers* = NVwZ 1990, 665 = GewArch. 1990, 351 = *Hoppe/Stüer* RzB Rdn. 1345 – Wirtschaftsförderung.
[1604] Br. 2 GIRL.

und vergleichbaren Sonderfällen. Dabei wird ein abgestuftes Schutzkonzept nach der städtebaulichen Qualität des Einwirkungsbereichs angestrebt.

Die planerische Beurteilung des Immissionsschutzes erschöpft sich nicht in einer abstrakten Bewertung, sondern schließt auch eine konkrete einzelfallbezogene Prüfung des **gesamten Störpotenzials** ein. Dabei können sich Luftverunreinigungen, Erschütterungen, Gerüche oder Geräusche oder auch Risikopotenziale zu einer Gesamtbelastung summieren. Ein sachgerechter Ausgleich nachbarlicher Interessen kann durch das Gebot der nachbarlichen Rücksichtnahme vermittelt werden, das für den Geltungsbereich eines Bebauungsplans und im der Art einheitlichen Baugebiet, im nicht beplanten Innenbereich in § 15 BauNVO niedergelegt ist, im nicht beplanten Innenbereich aus dem Einfügensgebot des § 34 I BauGB folgt und sich im Außenbereich in den öffentlichen Belangen in § 35 III BauGB wieder findet. Das Gebot der nachbarlichen Rücksichtnahme verlangt dabei eine einzelfallbezogene Sichtweise. Es lenkt den Blick auf die konkrete Situation der benachbarten Grundstücke mit dem Ziel, einander abträgliche Nutzungen in rücksichtsvoller Weise einander zuzuordnen sowie Spannungen und Störungen zu verhindern. Dabei ist das Gebot der nachbarlichen Rücksichtnahme wechselseitig, wie sich aus § 15 II 2 BauNVO ergibt. Das jeweilige Vorhaben kann danach auch unzulässig sein, wenn von ihm Belästigungen oder Störungen ausgehen können, die nach der Eigenart des Baugebietes im Baugebiet selbst oder in dessen Umgebung unzumutbar sind, oder wenn sie solchen Belästigungen oder Störungen ausgesetzt werden. Auch die an eine störende Nutzung heranrückende schutzbedürftige Nutzung kann daher unzulässig sein, wenn sich durch das Heranrücken eine Unverträglichkeit beider Nutzungen ergibt. Die Umgebung einer störenden Nutzung unterliegt daher einer besonderen Duldungspflicht, die zu einer Rücksichtnahme auf die emittierende Nutzung verpflichtet.[1605] Ggf. ist durch „architektonische Selbsthilfe" eine sachgerechte städtebauliche Lösung anzustreben.

c) **Europarechtliches Richtlinienrecht.** Für den Bereich des Immissionsschutzrechts sind verschiedene europarechtliche Richtlinien von Bedeutung: Die IVU-RL, die Luftreinhalterahmenrichtlinie, die Richtlinie für Grenzwerte für Schwefeldioxid, Stickstoffoxide, Partikel und Blei, der Entwurf einer Ozonrichtlinie und die Richtlinie über die Beherrschung der Gefahren bei schweren Unfällen mit gefährlichen Stoffen. Die Luftreinhalterahmenrichtlinie wird durch Maßnahmenpläne nach Art. 6 der Richtlinie umgesetzt. Ggf. ist auch eine erneute Änderung des § 50 BImSchG zu erwarten.[1606]

16. Rechtsschutz

Gegen die Versagung einer immissionsschutzrechtlichen Genehmigung kann der Antragsteller Rechtsschutz suchen. Ein betroffener Nachbar kann unter bestimmten Voraussetzungen Anfechtungsklage gegen eine erteilte Genehmigung erheben.

a) **Anspruch auf Genehmigung.** Wird eine immissionsschutzrechtliche Genehmigung abgelehnt, so kann der Antragsteller nach Durchführung eines Widerspruchsverfahrens eine **Verpflichtungsklage** erheben. Für die Zulässigkeit der Klage ist geltend zu machen, dass der Kläger durch die Nichterteilung der immissionsschutzrechtlichen Genehmigung in seinen Rechten verletzt wird (§ 42 II VwGO). Auf die Erteilung der Genehmigung besteht bei Vorliegen der Genehmigungsvoraussetzungen ein Rechtsanspruch. Die Klage ist daher begründet, wenn die Genehmigungsvoraussetzungen gegeben sind. Das Bestehen eines Rechtsanspruchs unterscheidet die gebundene Zulassungsentscheidung im Immissionsschutzrecht von der abwägungsdirigierten Planungsentscheidung im Fachplanungsrecht. Dort besteht kein von der Abwägung unabhängiger Rechtsanspruch auf Genehmigung. Allenfalls kann im Fachplanungsrecht ein Rechtsanspruch auf sachgerechte Prüfung der Zulassungsvoraussetzungen und Ausübung des planerischen Gestaltungsraums bestehen. Im Immissionsschutzrecht sind demgegenüber bei Vorliegen der Genehmigungsvoraussetzungen Rechtsansprüche auf Erteilung einer Genehmigung gegeben.

[1605] *BVerwG*, Urt. v. 23. 9. 1999 – 4 C 6.98 – DVBl. 2000, 192; s. Rdn. 699.
[1606] S. dazu oben Rdn. 2688.

Allerdings muss der Antragsteller die gesetzlichen Anforderungen des BImSchG und des materiellen Planungsrechts erfüllen. Dazu gehören auch die Betreiberpflichten nach § 5 BImSchG mit dem Gefahrenvermeidungsgebot des § 5 I Nr. 1 BImSchG und dem Vorsorgegrundsatz des § 5 I Nr. 2 BImSchG. Werden etwa die dem Stand der Technik entsprechenden Vorsorgemaßnahmen nicht eingehalten, so darf die Behörde den Genehmigungsantrag ablehnen.[1607] Nach § 14a BImSchG i. d. F. der BImSchG-Novelle 1996 kann der Antragsteller eine verwaltungsgerichtliche Klage erheben, wenn über seinen Widerspruch nach Ablauf von drei Monaten nicht entschieden ist, es sei denn, dass wegen besonderer Umstände des Falles eine kürzere Frist geboten ist. Hierdurch soll eine Verfahrensbeschleunigung im Interesse des Investors erreicht werden. Auf die Durchführung des Vorverfahrens kann jedoch nicht, wie im Gesetzentwurf zur BImSchG-Novelle 1996 ursprünglich vorgesehen,[1608] ganz verzichtet werden.

3696 **b) Drittschutz.** Der durch ein Vorhaben betroffene **Nachbar** kann gegen eine immissionsschutzrechtliche Genehmigung mit Widerspruch und Anfechtungsklage erfolgreich vorgehen, wenn durch die Genehmigung seine Rechte verletzt sind. Dies setzt voraus, dass die jeweils verletzten Rechtsnormen auch dem Schutz des Nachbarn dienen (§§ 42 II, 113 I 1 VwGO). Zur Nachbarschaft gehören die Eigentümer und dinglich sowie schuldrechtlich Nutzungsberechtigten von Grundstücken, die im Einwirkungsbereich der Anlage liegen.[1609] Nachbarschützend sind etwa die Gefahrenabwehrpflichten des § 5 Nr. 1 BImSchG, nicht jedoch der Vorsorgegrundsatz des § 5 Nr. 2 BImSchG. Auch der allgemeine Planungsgrundsatz des § 50 BImSchG ist nicht nachbarschützend, weil er sich als objektiv-rechtliches Gebot wohl an die für die Planungsentscheidung zuständige Stelle wendet, jedoch für den Planbetroffenen kein subjektives öffentliches Recht enthält.[1610] Wird von dem Nachbarn nicht eine Verletzung nachbarschützender Vorschriften geltend gemacht, so ist die Nachbarklage auch dann abzuweisen, wenn sich die angefochtene immissionsschutzrechtliche Genehmigung aus anderen Gründen als rechtswidrig erweisen sollte. Unter denselben Voraussetzungen hat auch eine Berufung des Anlagenbetreibers gegen ein dem Aufhebungsantrag des Nachbarn stattgebendes Urteil Erfolg.[1611] Ist der Widerspruch des Nachbarn berechtigt, so kann die Widerspruchsbehörde die erteilte Genehmigung mit nachträglichen Schutzauflagen zu Gunsten des Nachbarn versehen oder – soweit erforderlich – sogar ganz aufheben.[1612] Mit der **Nichtbeachtung von Verfahrensvorschriften** ist allerdings im Immissionsschutzrecht die Verletzung des nachbarlichen Rücksichtnahmegebotes im Gegensatz zum Atomrecht[1613] in aller Regel noch

---

[1607] *BVerwG*, Urt. v. 14. 4. 1989 – 4 C 52.87 – Buchholz 406.11 § 9 BauGB Nr. 36 = NVwZ 1990, 257 = ZfBR 1989, 225; Urt. v. 16. 12. 1988 – 4 NB 1.88 – Buchholz 406.11 § 9 BBauG/BauGB Nr. 33 = DVBl. 1989, 369 = ZfBR 1989, 74; B. v. 10. 5. 1990 – 7 B 57.90 – DVBl. 1990, 1185 = GewArch. 1991, 312 = UPR 1990, 438.

[1608] Gesetzentwurf der Bundesregierung. Entwurf eines Gesetzes zur Beschleunigung und Vereinfachung immissionsschutzrechtlicher Genehmigungsverfahren, BT-Drs. 13/3996 v. 6. 3. 1996.

[1609] *BVerwG*, Urt. v. 22. 10. 1982 – 7 C 50.78 – NJW 1983, 1507 = DVBl. 1983, 183 = DÖV 1983, 287 = *Hoppe/Stüer* RzB Rdn. 1244 – Azo-Farbstoff-Anlage.

[1610] *BVerwG*, B. v. 10. 9. 1981 – 4 B 114.81 – DÖV 1982, 202 = NuR 1982, 182 = *Hoppe/Stüer* RzB Rdn. 85 – § 50 BImSchG als Planungsleitsatz.

[1611] *BVerwG*, Urt. v. 13. 6. 1980 – 4 C 31.77 – Buchholz 406.19 Nachbarschutz Nr. 37; Urt. v. 30. 9. 1983 – 4 C 55.80 – NJW 1984, 2174 = DÖV 1984, 173 = *Hoppe/Stüer* RzB Rdn. 1247 – Tempergießerei.

[1612] *BVerwG*, Urt. v. 18. 5. 1982 – 7 C 42.80 – BVerwGE 65, 313 = *Hoppe/Stüer* RzB Rdn. 1243 – Dampfkraftwerk.

[1613] *BVerfG*, B. v. 20. 12. 1979 – 1 BvR 385/77 – BVerfGE 53, 30; Urt. v. 26. 1. 1988 – 1 BvR 1561/82 – BVerfGE 77, 381 = DVBl. 1988, 342 = NJW 1988, 1659 = *Hoppe/Stüer* RzB Rdn. 469 – Zwischenlager Gorleben; *BVerwG*, Urt. v. 17. 7. 1980 – 7 C 101.78 – Buchholz 451 171 AtG Nr. 6, S. 10 = DVBl. 1980, 1001 = DÖV 1981, 262 = NJW 1981, 359; Urt. v. 22. 12. 1980 – 7 C 84.78 – BVerwGE 61, 256 = Buchholz 451 171 AtG Nr. 9, S. 43; B. v. 28. 5. 1985 – 7 B 116.85 – Buchholz 451 171 AtG Nr. 14; Urt. v. 17. 12. 1986 – 7 C 29.85 – BVerwGE 75, 285 = Buchholz 451 171 AtG Nr. 17, S. 72.

nicht dargelegt. Es muss vielmehr geltend gemacht werden, dass im durchgeführten Verfahren die Nachbarrechte materiell nicht gewahrt worden sind.[1614] Auch im Immissionsschutzrecht hat das *BVerwG*[1615] Verfahrensvorschriften als drittschützend angesehen. Drittschutz kann etwa aus § 10 II 2 BImSchG abgeleitet werden. Nach dieser Vorschrift ist der Inhalt von Unterlagen, die geheimhaltungsbedürftig sind, so ausführlich darzustellen, dass es Dritten möglich ist, zu beurteilen, ob und in welchem Umfang sie von den Auswirkungen der Anlage betroffen werden können. Dieser Ansatz kann jedoch nicht ohne weiteres verallgemeinernd auf jegliche Vorschriften über immissionsschutzrechtliche Genehmigungsverfahren übertragen werden, die auch dazu dienen, die Einhaltung von drittschützenden materiellrechtlichen Anforderungen an Anlagen zu gewährleisten. Insbesondere kann er nicht im vereinfachten immissionsschutzrechtlichen Genehmigungsverfahren nach § 19 BImSchG angewendet werden.

Beispiel: Eine im vereinfachten Verfahren nach § 19 BImSchG zu erteilende immissionsschutzrechtliche Änderungsgenehmigung (§ 15 BImSchG) ist auf die Klage eines Nachbarn nicht allein schon deshalb aufzuheben, weil eine erforderliche immissionsschutzrechtliche (Voll-)Genehmigung für den Altbestand der Anlage bisher nicht erteilt worden ist und nicht auszuschließen ist, dass bei der erforderlichen (Voll-)Genehmigung für die Anlage in ihrem geänderten Bestand weitergehende Nebenbestimmungen zum Schutz des klagenden Nachbarn zu treffen gewesen wären.[1616]

Begehrt der betroffene **Nachbar** den Erlass einer behördlichen Anordnung zur Abwehr von **Gesundheitsgefahren** oder **erheblichen Belästigungen** gegen eine immissionsschutzrechtlich nicht genehmigungsbedürftige Anlage, so findet dieses Begehren in der gegenüber § 24 S. 1 BImSchG spezielleren drittschützenden Vorschrift des **§ 25 II BImSchG** seine Grundlage. Nach dieser Vorschrift soll die Behörde einschreiten, wenn die von einer Anlage hervorgerufenen schädlichen Umwelteinwirkungen das Leben oder die Gesundheit von Menschen oder bedeutenden Sachwerten gefährden.[1617] Die Gefährdung kann sich auch aus Lärmimmissionen in der Nachtzeit ergeben.[1618] Unterhalb der Schwelle der Gesundheitsgefahren kann sich auch aus § 24 BImSchG ein nachbarlicher Abwehranspruch gegen den Betreiber einer nicht genehmigungsbedürftigen Anlage ergeben. Für die Bestimmung der schädlichen Umwelteinwirkungen nach § 22 I BImSchG i.V. mit § 3 I und 2 BImSchG als auch der gebotenen Minimierung erheblicher Lärmbelästigungen gilt der Maßstab der Zumutbarkeit.[1619] Dieser richtet sich nach der durch die Gebietsart und die tatsächlichen Verhältnisse bestimmten Schutzwürdigkeit und Schutzbedürftigkeit, wobei wertende Elemente der Herkömmlichkeit, die soziale Adäquanz und die allgemeine Akzeptanz mitbestimmend sind.[1620] Wird diese Schwelle nicht überschritten, ist ein Anspruch auf Einschreiten der Behörde nicht gegeben.[1621] Dem-

---

[1614] *BVerwG*, Urt. v. 22. 10. 1982 – 7 C 50.78 – NJW 1983, 1507 = DVBl. 1983, 183 = DÖV 1983, 287 = *Hoppe/Stüer* RzB Rdn. 1244 – Azo-Farbstoff-Anlage.
[1615] *BVerwG*, Urt. v. 22. 10. 1982 – 7 C 50.78 – Buchholz 406.25 § 5 BImSchG Nr. 6 = NJW 1983, 1507 = DVBl. 1983, 183.
[1616] *BVerwG*, Urt. v. 5. 10. 1990 – 7 C 55.87 – BVerwGE 85, 368 = DVBl. 1991, 381 = NVwZ 1991, 369.
[1617] Zur drittschützenden Wirkung einer Gaststättenerlaubnis *OVG Koblenz*, Urt. v. 4. 2. 1998 – 11 A 11942/96 – NVwZ-RR 1998, 556 = GewArch. 1998, 209.
[1618] Abgelehnt für Lärmimmissionen von maximal 10 Tagen im Jahr vor Mitternacht *VGH Mannheim*, B. v. 8. 6. 1998 – 10 S 3300/96 – VGHBW RSpDienst 1998, Beilage 8, B 5.
[1619] *VGH Mannheim*, B. v. 8. 6. 1998 – 10 S 3300/96 – VGHBW RSpDienst 1998, Beilage 8, B 5; *BVerwG*, Urt. v. 27. 8. 1998 – 4 C 5.98 – BauR 1999, 152 = UPR 1999, 68.
[1620] *BVerwG*, Urt. v. 30. 4. 1992 – 7 C 25.91 – BVerwGE 90, 163 = DVBl. 1992, 1234; *VGH Mannheim*, Urt. v. 21. 9. 1993 – 10 S 1735/91 – VBlBW 1994, 239.
[1621] *VGH Mannheim*, B. v. 8. 6. 1998 – 10 S 3300/96 – VGHBW RSpDienst 1998, Beilage 8, B 5; so auch *VG Gießen*, Urt. v. 18. 2. 1998 – 8 E 1785/94 – GewArch. 1998, 350 für die von einer Behindertenwohngruppe ausgehenden Geräusche; *VGH München*, B. v. 29. 5. 1998 – 22 CS 96.283 – NVwZ 1998, 1191 für eine Biomüllvergärungsanlage bei entsprechender Vorbelastung der Umgebung durch eine planfestgestellte Grüngutkompostierungsanlage.

gegenüber bestehen jedoch nachbarliche Abwehransprüche bei schädlichen Umwelteinwirkungen i. S. von § 3 I BImSchG gegen konkrete Immissionen durch Lärm, Luftschadstoffe[1622] oder Gerüche.[1623]

3698 **Umweltschutzvereine** sind nicht zur Anfechtung einer immissionsschutzrechtlichen Genehmigung berechtigt. Ein dem § 58 I BNatSchG vergleichbares Beteiligungsrecht der Naturschutzverbände in Planfeststellungsverfahren ist im immissionsschutzrechtlichen Verfahren nicht vorgesehen.[1624] Eine solche herausgehobene, in das verwaltungsgerichtliche Verfahren hinwirkende verfahrensrechtliche Position ist auch nicht aus § 10 BImSchG i.V. m. 9. BImSchV oder § 13 I Nr. 4, II VwVfG herzuleiten.[1625] Verfahrensfehler, die nicht zur Nichtigkeit der Genehmigung nach § 44 VwVfG führen, sind nach § 46 VwVfG im nachbarlichen Anfechtungsprozess unerheblich, wenn die materiellrechtlichen Voraussetzungen vorliegen und der Antragsteller daher einen Rechtsanspruch auf Erteilung der immissionsschutzrechtlichen Genehmigung hat.[1626] Eine auf § 20 II 2 BImSchG gestützte Beseitigungsanordnung hat sich an den Betreiber der immissionsschutzrechtlich genehmigungsbedürftigen, aber nicht genehmigten Anlage zu richten. Wer Eigentümer des Grundstücks oder der darauf befindlichen Gegenstände ist, spielt dabei keine Rolle.[1627]

3699 Bei der Bestimmung der gegenseitigen Rücksichtnahme können die Immissionswerte der **TA-Lärm**[1628] als antizipierte Sachverständigengutachten oder als normkonkretisierende Verwaltungsvorschriften[1629] berücksichtigt werden. Eine unmittelbare Rechtsverbindlichkeit i. S. starrer Regelungen kommt diesen Regelwerken allerdings nicht zu.[1630]

Beispiel: Die Nachbarklage gegen einen unzulässigen Getränkemarkt im Innenbereich kann wegen der von ihm ausgehenden Lärmbelästigungen begründet sein. Ob die Beeinträchtigungen durch Geräusche die Zumutbarkeitsschwelle überschreiten, wird bei Anlagen i. S. des § 22 I BImSchG durch Richtwerte für Schallpegel nach der TA-Lärm nicht abschließend bestimmt.[1631]

3700 Auf die Einhaltung öffentlicher Belange i. S. des § 35 III 1 BauGB können privat Betroffene nicht wirksam verzichten. Ruft allerdings ein Vorhaben schädliche Umwelteinwirkungen hervor und stimmt der von diesen Einwirkungen Betroffene dem Vorhaben zu, kann das für die Beurteilung des Vorhabens dazu führen, dass rechtlich beachtliche nachteilige Umwelteinwirkungen nicht mehr vorliegen.[1632] Auch können Nachbarrechte gegen das Vorhaben dadurch ausgeschlossen sein.

[1622] Für die Abgasbelastung von Verkehrswegen ist die 23. BImSchV heranzuziehen, *VG Berlin*, Urt. v. 8. 10. 1998 – 27 A 313.94 – UPR 1999, 160. Zum Ermessen der Straßenverkehrsbehörden beim Einschreiten nach § 45 I 2 Nr. 3 StVO *OVG Berlin*, Urt. v. 18. 11. 1998 – 1 B 80.95 – ZUR 1999, 164 = NJ 1999, 219. Zum Kosten-Nutzen-Verhältnis in § 41 II BImSchG *BVerwG*, Urt. v. 21. 4. 1998 – 11 A 50.97 – NVwZ-RR 1999, 725 – Hamburg-Büchen-Berlin.
[1623] *VGH Mannheim*, B. v. 19. 3. 1998 – 10 S 1765/97 – UPR 1998, 358; *BVerwG*, Urt. v. 24. 9. 1992 – 7 C 7.92 – DVBl. 1993, 111.
[1624] *VGH Mannheim*, B. v. 28. 9. 1998 – 10 S 1600/98 – NVwZ-RR 1999, 241 = UPR 1999, 114.
[1625] *BVerwG*, B. v. 27. 10. 1997 – 11 VR 4.97 – DÖV 1998, 341; Urt. v. 5. 10. 1990 – 7 C 55 u. 56.89 – BVerwGE 85, 369; Urt. v. 16. 7. 1981 – 7 C 23.78 – NJW 1981, 362.
[1626] *VGH Mannheim*, Urt. v. 16. 6. 1998 – 10 S 909/97 – DVBl. 1998, 1192 = NVwZ-RR 1999, 298.
[1627] *BVerwG*, B. v. 13. 2. 1998 – 7 B 37.98 – (unveröffentlicht) – Beseitigungsverfügung.
[1628] Sechste allgemeine Verwaltungsvorschrift zum Schutz gegen Lärm (TA-Lärm) v. 26. 8. 1998 (GMBl. 1998, 503) = NVwZ 1999, Beilage 11/1999 zu Heft 2/1999.
[1629] Zur TA-Luft *BVerwG*, Urt. v. 17. 2. 1978 – 1 C 102.76 – BVerwGE 55, 250 = *Hoppe/Stüer* RzB Rdn. 125 – Voerde Kohlekraftwerk; B. v. 15. 2. 1988 – 7 B 219.87 – NVwZ 1988, 824 = DVBl. 1988, 2303.
[1630] *OVG Greifswald*, Urt. v. 23. 6. 1998 – 3 L 209/96 – NordÖR 1998, 396 = LKV 1999, 66.
[1631] *BVerwG*, B. v. 20. 1. 1989 – 4 B 116.88 – DVBl. 1989, 371 = UPR 1989, 226 = BauR 1989, 320 = NVwZ 1989, 666 = *Hoppe/Stüer* RzB Rdn. 352 – Getränkemarkt.
[1632] *BVerwG*, Urt. v. 28. 4. 1978 – IV C 53.76 – BauR 1978, 385 = DÖV 1978, 774 – Schießplatz.

Es besteht kein Anspruch des Nachbarn auf **Einhaltung** des **Betriebsumfangs** einer 3701 immissionsschutzrechtlich genehmigungsbedürftigen Anlage, wenn nur die Art des Genehmigungsverfahrens (§§ 10, 19 BImSchG) und nicht auch die Wahrung materiellrechtlicher Anforderungen (§ 5 I Nr. 1 BImSchG) davon abhängt.[1633] Soweit die Schädlichkeit der Umwelteinwirkungen im Eilverfahren nicht beurteilt werden kann, sind die Einwirkungen dem Antragsteller bis zum Abschluss des Hauptsacheverfahrens zuzumuten.[1634] Eine fehlerhafte Bekanntmachung im Rahmen der Öffentlichkeitsbeteiligung hindert den Eintritt der materiellen Präklusion nach § 10 III 3 BImSchG nur dann, wenn der Bekanntmachungsfehler den betreffenden Einwender bei der Wahrnehmung seiner Rechte behindert hat.[1635]

In den **neuen Ländern** haben Widerspruch und Anfechtungsklage eines Dritten gegen 3702 eine immissionsschutzrechtliche Zulassungsentscheidung nach Nr. 2 RechtsmittelBG i. d. F. des 6. VwGO-ÄndG keine aufschiebende Wirkung. Ausgenommen von der gesetzlichen Anordnung des Sofortvollzuges sind lediglich Kraftwerke mit Feuerungsanlagen für feste, flüssige und gasförmige Brennstoffe mit einer Feuerungswärmeleistung von mehr als 300 Megawatt (§ 48 I 1 Nr. 3 VwGO). Auch bei nicht genehmigungsbedürftigen Anlagen nach § 22 BImSchG haben Widerspruch und Anfechtungsklage eines Dritten keine aufschiebende Wirkung (Nr. 3 RechtsmittelBG i. d. F. des 6. VwGO-ÄndG). Nach **§ 48 I 1 Nr. 5 VwGO** entscheidet das **OVG** im ersten Rechtszug über Verfahren für die Errichtung, den Betrieb, die wesentliche Änderung von ortsfesten Anlagen zur Verbrennung oder thermischen Zersetzung von Abfällen mit einer jährlichen Durchsatzleistung (effektive Leistung) von mehr als 100.000 Tonnen und von ortsfesten Anlagen, in denen ganz oder teilweise Abfälle i. S. des § 41 KrW-/AbfG gelagert oder abgelagert werden. Nach § 48 I 2 VwGO gilt dies auch für Genehmigungen, die an Stelle einer Planfeststellung erteilt werden, sowie für Streitigkeiten über sämtliche für das Vorhaben erforderlichen Genehmigungen und Erlaubnisse, auch soweit sie Nebeneinrichtungen betreffen. Dabei fallen nach Ansicht des *VGH Mannheim* nur Streitigkeiten im Rahmen eines Planfeststellungsverfahrens bzw. förmlichen Genehmigungsverfahren einschließlich der Streitigkeiten um Genehmigungen und Erlaubnisse von Nebeneinrichtungen unter diese Zuständigkeitsregelung. Für nachträgliche Anordnungen nach § 17 BImSchG bleibt das *VG* die erste Gerichtsinstanz.[1636]

c) **Anspruch auf Einschreiten.** Wird der Nachbar durch rechtswidrige Immissionen 3703 eines Betreibers verletzt, so kommt ein Rechtsanspruch auf Einschreiten gegen die Behörde grundsätzlich nur dann in Betracht, wenn schwere und unerträgliche Beeinträchtigungen[1637] von verfassungsrechtlich geschützten Rechtspositionen des Betroffenen wie etwa Leben, Gesundheit oder Eigentum betroffen sind. Wird diese Grenze nicht erreicht, hat die Behörde einen weitreichenden Ermessensspielraum hinsichtlich der Frage, ob eingeschritten wird und welche Maßnahmen zu ergreifen sind. Auch § 24 BImSchG räumt der Behörde für ihre Entscheidung über das Einschreiten gegen schädliche Umwelteinwirkungen einer Anlage, die unterhalb der in § 25 II BImSchG bezeichneten Grenze (Gefahr für Leben und Gesundheit) bleibt, einen weiten Ermessensspielraum ein. Dies gilt auch dann, wenn die Immissionen die Nachbarschaft erheblich benachteiligen oder belästigen. Die Behörde ist nicht verpflichtet, den Nachbarstreit über die Zuführung unwägbarer Stoffe (vgl. § 906 BGB) durch hoheitliche Anordnungen zu schlichten.[1638]

[1633] *VGH München*, B. v. 11. 9. 2003 – 22 CS 03.2095 – NVwZ-RR 2004, 94 – Betriebsumfang.
[1634] *OVG Münster*, B. v. 26. 4. 2002 – 10 B 43/02 – DVBl. 2002, 1144 (LS).
[1635] *VGH München*, B. v. 4. 6. 2003 – 22 CS 03.1109 – NVwZ 2003, 1138.
[1636] *VGH Mannheim*, B. v. 23. 7. 1999 – 10 S 373/99 –.
[1637] *BVerwG*, Urt. v. 21. 6. 1974 – IV C 14.74 – BauR 1974, 330 = DVBl. 1974, 777 = DÖV 1974, 812 – Kinderspielplatz.
[1638] *BVerwG*, B. v. 21. 10. 1988 – 7 B 154.88 – UPR 1989, 224 = *Hoppe/Stüer* RzB Rdn. 1265 – Anspruch auf Einschreiten. Die gegen diese Entscheidung erhobene Verfassungsbeschwerde hat das *BVerfG* mit B. v. 18. 1. 1989 – 1 BvR 1669/88 – nicht zur Entscheidung angenommen.

3704 d) **Schadensersatz.** Werden durch die Errichtung oder den Betrieb der Anlage Schäden durch Emissionen hervorgerufen, so ist vom Inhaber der Anlage zum Zeitpunkt der Emission Schadensersatz zu leisten. Lässt sich bei einem Inhaberwechsel nicht feststellen, in wessen Verfügungszeit die Emission aus der Anlage fällt, besteht keine Haftungsgrundlage. Beide Inhaber haften aber als Gesamtschuldner, wenn sowohl vor als auch nach dem Inhaberwechsel schädliche Emissionen ausgetreten sind.[1639] Inhaber und haftungsrechtlich verantwortlich ist nur, wer die Anlage in Gebrauch hat und die tatsächliche Verfügungsgewalt hierüber besitzt.[1640] Bei üblicher Vertragsgestaltung wird der Vermieter oder Verpächter nicht zum Mitinhaber.[1641] Allerdings kann der Eigentümer zur Abwehr von Umweltgefahren verpflichtet sein, die auf dem baulichen Zustand der vermieteten Sache beruhen. Nachbarrechtliche Ausgleichsansprüche nach § 906 II 2 BGB können durch spezielle umweltrechtliche Regelungen verdrängt werden.[1642]

III. Atomrechtliche Genehmigung (AtG)

3705 Das AtG hat neben dem atomrechtlichen Planfeststellungsverfahren umfassende atomrechtliche Genehmigungspflichten begründet, so für die Einfuhr und Ausfuhr von Kernbrennstoffen (§ 3 AtG), die Beförderung von Kernbrennstoffen (§ 4 AtG), die Beförderung von Kernmaterialien in besonderen Fällen (§ 4b AtG), die Aufbewahrung von Kernbrennstoffen (§ 6 AtG), Anlagen zur Erzeugung, Bearbeitung, Verarbeitung und Spaltung von Kernbrennstoffen sowie Aufarbeitung bestrahlter Kernbrennstoffe (§ 7 AtG), Bearbeitung, Verarbeitung und sonstige Verwendung von Kernbrennstoffen außerhalb genehmigungspflichtiger Anlagen (§ 9 AtG) und Landessammelstellen für die Zwischenlagerung von radioaktiven Abfällen (§ 9c AtG).[1643] Die Genehmigung zur Einfuhr ist nach § 3 II AtG zu erteilen, wenn keine Tatsachen vorliegen, aus denen sich Bedenken gegen die Zuverlässigkeit des Einführers ergeben, und gewährleistet ist, dass die einzuführenden Kernbrennstoffe unter Beachtung der Vorschriften des AtG, der aufgrund des AtG erlassenen Rechtsverordnungen und der internationalen Verpflichtungen der Bundesrepublik Deutschland auf dem Gebiet der Kernenergie verwendet werden.

1. Verfahren

3706 § 7 I AtG bestimmt eine Genehmigungspflicht für die Errichtung bzw. Änderung und den Betrieb von Anlagen, in denen Kernbrennstoffe erzeugt oder bearbeitet werden. Hierzu gehören insbesondere Kernkraftwerke, Urananreicherungsanlagen, Brennelementefabriken und Wiederaufbereitungsanlagen. So bedarf etwa eine Anlage zur Konditionierung abgebrannter Brennelemente für die Endlagerung als „Anlage zur Bearbeitung von Kernbrennstoffen" der atomrechtlichen Genehmigung nach § 7 AtG.[1644] Auch die Errichtung des in räumlichem und betrieblichem Zusammenhang mit dem Aufarbeitungsprozess stehenden Eingangslagers für die aufzuarbeitenden Brennelemente sowie die Errichtung der Anlagenwache und des Außenzauns ist nach § 7 AtG genehmigungsbedürftig.[1645]

[1639] *BGH*, Urt. v. 22. 7. 1999 – III ZR 198/98 – DVBl. 1999, 1504 in Fortführung des Urteils vom 22. 11. 1971 – III ZR 112/69 – BGHZ 57, 257.

[1640] *BGH*, Urt. v. 8. 1. 1981 – III ZR 157/79 – BGHZ 80, 1.

[1641] *BGH*, Urt. v. 6. 5. 1999 – III ZR 89/97 – NJW 1999, 3203.

[1642] So für die Haftung bei nachteiligen Einwirkungen auf die Gewässergüte nach § 22 II WHG *BGH*, Urt. v. 22. 7. 1999 – III ZR 198/98 – DVBl. 1999, 1504 in Fortführung des Urteils vom 1. 12. 1995 – V ZR 9/94 – NJW 1996, 845.

[1643] Zur grenzüberschreitenden Verbringung von radioaktiven Abfällen die Verordnung über die Verbringung radioaktiver Abfälle in das oder aus dem Bundesgebiet (Atomrechtliche Abfallverbringungsverordnung – AtAV) v. 27. 7. 1998 (BGBl. I 1918).

[1644] *BVerwG*, B. v. 5. 8. 1993 – 7 B 112.93 – Buchholz 451 171 AtG Nr. 44 = DVBl. 1993, 1152 = *Hoppe/Stüer* RzB Rdn. 493 – Konditionierungsanlage.

[1645] *BVerwG*, Urt. v. 4. 7. 1988 – 7 C 88.87 – BVerwGE 80, 21 = *Hoppe/Stüer* RzB Rdn. 476 – Leichtwasserreaktoren Wackersdorf.

Die Genehmigung darf nur unter den in § 7 II AtG genannten Voraussetzungen erteilt werden. Im Genehmigungsverfahren sind alle Behörden des Bundes, der Länder, der Gemeinden und der sonstigen Gebietskörperschaften zu beteiligen, deren Zuständigkeitsbereich berührt wird (§ 7 IV AtG). Zudem findet eine Öffentlichkeitsbeteiligung nach Maßgabe der auf § 7 IV AtG gestützten Atomrechtlichen Verfahrensordnung (AtVfV)[1646] statt.[1647] Sind die zur Auslegung erforderlichen Unterlagen vollständig, hat die Genehmigungsbehörde nach § 4 I AtVfV das Vorhaben in ihrem amtlichen Veröffentlichungsblatt und außerdem in den örtlichen Tageszeitungen, die im Bereich des Standortes der geplanten Anlage verbreitet sind, öffentlich bekannt zu machen. Die Antragsunterlagen werden sodann für einen Zeitraum von zwei Monaten öffentlich ausgelegt (§ 6 AtVfV). Einwendungen gegen das Vorhaben können innerhalb dieser Frist geltend gemacht werden. Mit Ablauf der Auslegungsfrist werden nach § 7 I 2 AtVfV Einwendungen ausgeschlossen, die nicht auf besonderen privatrechtlichen Titeln beruhen.

2. Entscheidung

Grundsätzlich enthalten Regelungen über atomrechtliche Genehmigungen **präventive Verbote mit Erlaubnisvorbehalt**. Nach diesem Grundsatz müsste bei Vorliegen der Genehmigungsvoraussetzungen bzw. bei Nichtvorliegen von Versagungsgründen eine Genehmigung erteilt werden. Der Gesetzgeber hat der Verwaltung jedoch ein Versagungsermessen eingeräumt. Dies ermöglicht der Exekutive, unvorhergesehene Gründe in ihre Entscheidung einzustellen. Aufgrund der außerordentlich hohen potenziellen Gefahr, die mit Atomanlagen verbunden sind, ist eine solche Versagungsmöglichkeit gerechtfertigt. Die Entscheidung nach § 7 AtG ist daher keine echte gebundene Entscheidung, da in Ausnahmefällen auch Ermessen ausgeübt werden darf. Als Genehmigungsvoraussetzungen nach § 7 AtG werden die Zuverlässigkeit des Antragstellers sowie organisatorisch und fachlich verantwortlicher Personen, das Vorhandensein hinreichend qualifizierten Fachpersonals, die Vorsorge gegen Schäden, die Vorsorge zur Erfüllung von Schadensersatzverpflichtungen, der Schutz gegen Einwirkungen Dritter und die Berücksichtigung überwiegender öffentlicher Interessen gefordert. Dieser weite Forderungskatalog rückt die Entscheidung nach § 7 AtG in die Nähe einer Planungsentscheidung, zumal ein gewisser Ermessensspielraum verbleibt. Letztlich handelt es sich aber auch hier nicht um eine Entscheidung nach einem Finalprogramm, sondern um eine konditional geprägte Entscheidung. Für die Entscheidung über die Genehmigung ist ein förmliches Verfahren nach § 7 IV AtG und der AtVfV ähnlich dem für Genehmigungen nach dem BImSchG vorgeschrieben. Das Genehmigungsverfahren wird gem. § 24 I 1 AtG i.V. mit Art. 87 c GG im Auftrag des Bundes von der durch die Landesregierung bestimmten obersten Landesbehörde (§ 24 II AtG) geführt. Die Genehmigung nach § 7 AtG entfaltet lediglich **atomrechtliche Gestattungswirkung** und abgesehen von dem in § 8 II AtG geregelten Fall keine Konzentrationswirkung. Auch kann etwa die Wasserbehörde bei der Gestattung des Einleitens von Abwasser aus einem Kraftwerk Grenzwerte der radioaktiven Kontamination festsetzen. Sie ist dabei an die Entscheidung der Atombehörde über die zulässige Belastung des Abwassers mit radioaktiver Strahlung nicht gebunden.[1648]

Darüber hinaus ergibt sich aus § 7 VI AtG i.V. mit § 14 BImSchG eine **privatrechtsgestaltende Ausschlusswirkung**. Nach dieser Vorschrift kann aufgrund privatrechtlicher,

---

[1646] Verordnung über das Verfahren bei der Genehmigung von Anlagen nach § 7 AtG (Atomrechtliche Verfahrensordnung – AtVfV) i. d. F. der Bekanntmachung v. 31. 3. 1982 (BGBl. I 411).

[1647] Zur Entbehrlichkeit einer zusätzlichen Bekanntmachung und Auslegung der Genehmigungsunterlagen mit dem Ziel der Öffentlichkeitsbeteiligung bei Erteilung einer Dauerbetriebsgenehmigung für ein Kernkraftwerk und zur Ermessensausübung bei der Entscheidung über eine fakultative Öffentlichkeitsbeteiligung *BVerwG*, B. v. 22. 8. 1991 – 7 B 153.90 – Buchholz 451 171 AtG Nr. 37 = *Hoppe/Stüer* RzB Rdn. 488 – Kernkraftwerk Krümmel.

[1648] *BVerwG*, Urt. v. 18. 9. 1987 – 4 C 36.84 – DVBl. 1988, 489 = UPR 1988, 102 = *Hoppe/Stüer* RzB Rdn. 473 – Biblis Bewirtschaftsermessen.

nicht auf besonderen Titeln beruhender Ansprüche zur Abwehr nachteiliger Einwirkungen von einem Grundstück auf ein benachbartes Grundstück nicht die Einstellung des Betriebes einer Anlage verlangt werden, wenn die Genehmigung unanfechtbar ist. Es können dann nur Vorkehrungen beansprucht werden, welche die nachteiligen Wirkungen ausschließen. Soweit solche Vorkehrungen nach dem Stand der Technik nicht durchführbar oder wirtschaftlich nicht vertretbar sind, kann lediglich Schadensersatz verlangt werden. Wer eine gem. § 7 AtG erteilte Betriebsgenehmigung für ein Kernkraftwerk wegen der mit dem Normalbetrieb dieser Anlage verbundenen radioaktiven Emissionen anficht, muss dartun, dass ihm gegenüber § 45 StrlSchV, der die Dosisgrenzwerte bestimmt, verletzt sein kann. Anderenfalls ist seine Klage unzulässig. Das Strahlenminimierungsgebot des § 28 StrlSchV ist nicht nachbarschützend. Eine atomrechtliche Teilgenehmigung kann nicht mit Einwendungen bekämpft werden, denen die Bindungswirkung einer früher erteilten Teilgenehmigung entgegensteht.[1649]

3709 Zu Rechtsnatur und Wirkungen **atomrechtlicher Teilerrichtungsgenehmigungen**[1650] hat das *BVerwG* in der **Mülheim-Kärlich**-Entscheidung[1651] folgende Grundsätze aufgestellt: Eine atomrechtliche Errichtungsgenehmigung für eine erst im Konzept gebilligte oder erst vorläufig positiv beurteilte Anlage zur Spaltung von Kernbrennstoffen ist nicht zulässig. Für Änderungen einer atomrechtlichen Genehmigung steht nur das atomrechtliche Genehmigungsverfahren, nicht auch ein lediglich den gestattenden Teil der Genehmigung betreffendes sog. Freigabeverfahren zur Verfügung. Was das gebilligte Konzept (Konzeptvorbescheid) ist, muss eindeutig erkennbar sein und steht nicht zur Disposition derart, dass nachträglich eine Bindung an konstruktive Merkmale mit der Begründung verneint werden kann, sie seien aus technischer Sicht nur Details und Änderungen deshalb nicht konzeptrelevant. Eine erste atomrechtliche Teilerrichtungsgenehmigung kann wegen Unbestimmtheit ihres Regelungsgehaltes Dritte in ihren Rechten verletzen. Eine erste atomrechtliche Teilerrichtungsgenehmigung darf nicht erteilt werden, wenn noch Zweifel an der Eignung des Standorts etwa hinsichtlich der Festigkeit des Baugrunds bestehen, ferner nicht, wenn wegen solcher Zweifel inzwischen eine Verschiebung des Reaktorgebäudes und eine dadurch bedingte Änderung der Gebäudeanordnung geplant ist. Eine erste atomrechtliche Teilerrichtungsgenehmigung mit ihrer Standortbilligung darf nicht isoliert hinsichtlich des großräumigen Standortes aufrechterhalten bleiben, wenn sie hinsichtlich des kleinräumigen Standortes, der im Zusammenhang mit den großräumigen Gegebenheiten gebilligt worden war, geändert wird und wenn außerdem das auf die Standortgegebenheiten insgesamt bezogene Konzept keinen Bestand mehr hat. § 7 I 2 AtVfV verlangt nicht, dass der Einwender zur Vermeidung des Ausschlusses mit Einwendungen (materielle Präklusion) nach der Art einer technischen Vorprüfung der ausgelegten Unterlagen auf erkennbare Mängel der Anlage und ihres Sicherheitssystems hinweist. Die Aufhebung einer ersten atomrechtlichen Teilerrichtungsgenehmigung etwa wegen eines Ermittlungsdefizits und Bewertungsdefizits führt nicht ohne weiteres dazu, dass nachfolgende nicht mit Erfolg angefochtene Teilgenehmigungen ihre Bindungswirkungen einbüßen.[1652]

3710 Das einer atomrechtlichen ersten Teilerrichtungsgenehmigung zugrunde liegende vorläufige **positive Gesamturteil** wird in den nachfolgenden Teilgenehmigungen jeweils im Umfang von deren Gestattung in eine neue, detaillierte und auf den neuesten Stand von Wissenschaft und Technik aktualisierte endgültige Feststellung umgewandelt und

---

[1649] *BVerwG*, Urt. v. 22. 12. 1980 – 7 C 84.78 – BVerwGE 61, 256 = *Hoppe/Stüer* RzB Rdn. 471 – Kernkraftwerk Stade.

[1650] Zur UVP bei Erteilung einer Teilerrichtungsgenehmigung *Schmidt* in: *Hoppe* (Hrsg.) Rdn. 1 ff. zu § 13 UVPG.

[1651] *BVerwG*, Urt. v. 9. 9. 1988 – 7 C 3.86 – BVerwGE 80, 207 = NVwZ 1989, 52 = NuR 1990, 210 = *Hoppe/Stüer* RzB Rdn. 477 – Mülheim-Kärlich Erste Teilerrichtungsgenehmigung.

[1652] *BVerwG*, Urt. v. 9. 9. 1988 – 7 C 3.86 – BVerwGE 80, 207 = NVwZ 1989, 52 = NuR 1990, 210 = *Hoppe/Stüer* RzB Rdn. 477 – Mülheim-Kärlich Erste Teilerrichtungsgenehmigung.

dadurch verfestigt. Die Verfestigung tritt gegenüber solchen Drittbetroffenen nicht ein, welche die erste Teilgenehmigung mit Einwendungen gegen das ihr zugrunde liegende vorläufige positive Gesamturteil angegriffen haben.[1653] Das vorläufige positive Gesamturteil gehört zwar zum Regelungsgehalt des feststellenden Teils einer Teilgenehmigung. Es steht aber als vorläufige Beurteilung der Genehmigungsfähigkeit der Anlage insgesamt unter einem doppelten Vorbehalt: Dem Vorbehalt der Prüfung im Detail und dem Vorbehalt der Prüfung anhand eines weiterentwickelten Standes von Wissenschaft und Technik. Das vorläufige positive Gesamturteil wird damit von Teilgenehmigung zu Teilgenehmigung gleichsam abgearbeitet. Von der positiven Gesamtbeurteilung einer Anlage wächst – ggf. mit Änderungen auch des ursprünglich verfolgten Konzepts – ein von Teilgenehmigung zu Teilgenehmigung größer werdender Anteil von der Vorläufigkeit in die Endgültigkeit. Die ursprüngliche Prognose wird mehr und mehr zur endgültigen Feststellung. Die von der Behörde unter Vorbehalten eingegangene und deshalb zunächst nur beschränkte Bindung wird zu einer uneingeschränkten, die von ihr nur durch Widerruf oder Rücknahme beseitigt werden kann. Mit der letzten von mehreren Teilerrichtungsgenehmigungen ist endgültig entschieden, dass die genehmigungskonforme Anlage sicher betrieben werden kann. Das vorläufige positive Gesamturteil der Teilerrichtungsgenehmigung erstreckt sich nur noch auf das künftige, in der Betriebsgenehmigung zu gestattende Betriebsreglement.[1654] Das gestufte Genehmigungsverfahren soll es ermöglichen, einen umfangreichen und komplexen Genehmigungssachverhalt in Teilschritten zu bewältigen, ohne dass dabei die Genehmigungsfähigkeit der Anlage insgesamt aus dem Blick gerät. Das deshalb bei jeder Teilgenehmigung notwendige positive Gesamturteil (§ 18 I AtVfV), das vorläufigen Charakter für die Genehmigungsfähigkeit der Anlage hat, soll vermeiden, dass weitere Gestattungen ausgesprochen werden für eine Anlage, die voraussichtlich nicht die Genehmigungsvoraussetzungen des § 7 II AtG erfüllen wird und deshalb nicht in Betrieb gehen könnte. Das gestufte Genehmigungsverfahren soll auf der anderen Seite dem Genehmigungsempfänger und Investor Sicherheit in der Weise verschaffen, dass im Umfang der jeweiligen Gestattungen über die Genehmigungsfähigkeit endgültig entschieden wird und dass die zu seinen Gunsten entstandene Bindungswirkung nur durch Widerruf oder Rücknahme aufgehoben werden kann. Dem entspricht, dass die zunächst nur vorläufigen prognostischen Feststellungen von Teilgenehmigung zu Teilgenehmigung in den dort jeweils endgültig getroffenen Feststellungen aufgehen. Was mit einer Teilgenehmigung gestattet wird, ist damit auch endgültig als den Anforderungen des § 7 II AtG entsprechend festgestellt. Das gestufte Genehmigungsverfahren führt nicht zu einer gespaltenen Feststellung der Genehmigungsfähigkeit in der Weise, dass in den der ersten Teilgenehmigung nachfolgenden Teilgenehmigungen nur festgestellt wäre, in den Details und in Bezug auf den fortgeschrittenen Stand von Wissenschaft und Technik entsprächen die genehmigten Teile und Systeme den Anforderungen des AtG. Auch wird die Feststellung, diese Teile und Systeme hätten dem im Zeitpunkt der vorläufigen Beurteilung gegebenen Stand von Wissenschaft und Technik entsprochen, als verbindliche Entscheidung nicht lediglich in der ersten Teilgenehmigung geregelt. Insoweit besteht zwischen vorläufigem positiven Gesamturteil und Vorbescheid ein wesentlicher Unterschied. Das durch Vorbescheid bereits Entschiedene klammert nachfolgende Teilgenehmigungen ganz aus, verfestigen es also auch nicht unter Zugrundelegung des neuesten Standes von Wissenschaft und Technik. Das nur durch vorläufiges positives Gesamturteil und damit unter Vorbehalt Vorentschiedene dagegen nimmt nachfolgende Teilgenehmigungen jeweils im Umfang ihrer Gestattung auf und wandelt es nach Durchführung des vorbehaltenen Prüfprogramms um in eine neue, detaillierte und aktualisierte

---

[1653] *BVerwG*, Urt. v. 11. 3. 1993 – 7 C 4.92 – BVerwGE 92, 185 = NVwZ 1993, 578 = DVBl. 1993, 734 = RdE 1993, 142 m. Anm. *Rebentisch* = *Hoppe/Stüer* RzB Rdn. 490 – Atomrecht.
[1654] *BVerwG*, Urt. v. 7. 6. 1991 – 7 C 43.90 – BVerwGE 88, 286 = Buchholz 451 171 AtG Nr. 36 = DVBl. 1992, 51.

endgültige Feststellung.¹⁶⁵⁵ Will die Behörde die Bindungswirkung einer atomrechtlichen Teilgenehmigung für das weitere Genehmigungsverfahren etwa wegen einer Veränderung der Sachlage beseitigen, muss die Teilgenehmigung widerrufen werden.¹⁶⁵⁶

3711 Eine atomrechtliche Genehmigung nach § 7 AtG kann mit **Auflagen** versehen werden, um einen sicheren Betrieb der Anlage zu gewährleisten. Dazu gehören auch Vorkehrungen zum Schutz der Anlage vor Einwirkungen Dritter. Die einer atomrechtlichen Genehmigung zum Betrieb eines Kernkraftwerks beigefügte Auflage, einen mit Faustfeuerwaffen ausgestatteten Werkschutz (**Objektsicherungsdienst**) einzurichten, findet in § 7 II Nr. 5 AtG eine gesetzliche Grundlage. Behördliche Bewertungen über den erforderlichen Schutz einer kerntechnischen Anlage gegen Störmaßnahmen und sonstige Einwirkungen Dritter gem. § 7 II Nr. 5 AtG unterliegen – ebenso wie Anordnungen im Rahmen des § 7 II Nr. 3 AtG – der gerichtlichen Überprüfung nur darauf hin, ob sie auf willkürfreien Annahme und ausreichenden Ermittlungen beruhen.¹⁶⁵⁷

3712 Beim Betrieb kerntechnischer Anlagen sind die Strahlenbelastungen nach § 45 StrlSchV so zu minimieren, dass sie angesichts der sonstigen natürlichen Strahlenbelastungen nicht ins Gewicht fallen. Dieses Gebot der **Minimierung der Strahlenexposition** des Menschen aus der Ableitung radioaktiver Stoffe beim Betrieb kerntechnischer Anlagen zielt darauf ab, die Strahlenbelastung aus dem Normalbetrieb so gering zu halten, dass sie bei der natürlichen Strahlenbelastung nicht ins Gewicht fällt. Deshalb greift es bereits weit vor der Grenze ein, ab der Vorsorge gegen gesundheitliche Risiken geboten ist. Es beschränkt sich nicht auf die Anlage, deren Betrieb zur Genehmigung ansteht. Bei der Anwendung der Dosisgrenzwerte des § 45 StrlSchV sind Ableitungen radioaktiver Stoffe aus dem Normalbetrieb anderer Anlagen mitzurechnen, nicht jedoch Belastungen, die durch Störfälle oder Unfälle wie den **Tschernobyl-Unfall** bedingt sind.¹⁶⁵⁸

3713 Nach § 7a AtG kann für genehmigungsbedürftige Anlagen nach § 7 AtG auf Antrag ein **Vorbescheid** erteilt werden. Eine das Konzept der Anlage betreffende atomrechtliche Genehmigung ist keine Teilgenehmigung nach § 7 AtG, sondern ein Vorbescheid nach § 7a AtG. Ein solcher Vorbescheid enthält eine Definitivregelung in Form eines feststellenden Verwaltungsakts. Er bestimmt den Rahmen, innerhalb dessen sich die nachfolgenden Teilgenehmigungen zu halten haben. Ein **Konzeptvorbescheid** darf nur ergehen, wenn die Genehmigungsbehörde sich Gewissheit darüber verschafft hat, dass sich die offen gebliebenen Details im Rahmen des durch den Vorbescheid gebilligten Konzepts bewältigen lassen.¹⁶⁵⁹ Zum notwendigen Inhalt einer ersten atomrechtlichen **Teilerrichtungsgenehmigung** gehört nicht eine sog. Standortgenehmigung. Diese kann vielmehr in der Form des Vorbescheides nach § 7a AtG erlassen werden.¹⁶⁶⁰

3714 Für die Kernkraftwerke im Gebiet der ehemaligen DDR gelten die s. Zt. erteilten Genehmigungen auch nach der deutschen Einheit weiter, wie das *BVerwG* in einer Entscheidung zum **Endlager Morsleben** dargelegt hat. Mit der Geltung des Atomgesetzes der Bundesrepublik Deutschland im Beitrittsgebiet sind nach ehemaligem DDR-Recht erteilte und nach dem Einigungsrecht fortgeltende atomrechtliche Genehmigungen für das

---

¹⁶⁵⁵ *BVerwG*, Urt. v. 11. 3. 1993 – 7 C 4.92 – BVerwGE 92, 185 = NVwZ 1993, 578 = DVBl. 1993, 734 = RdE 1993, 142 Anm. *Rebentisch* = *Hoppe/Stüer* RzB Rdn. 490 – Atomrecht.

¹⁶⁵⁶ *BVerwG*, Urt. v. 7. 6. 1991 – 7 C 43.90 – BVerwGE 88, 286; B. v. 12. 7. 1993 – 7 B 177.92 – DVBl. 1993, 1151 = NVwZ-RR 1994, 16 = *Hoppe/Stüer* RzB Rdn. 492 – Atomrecht.

¹⁶⁵⁷ *BVerwG*, Urt. v. 19. 12. 1985 – 7 C 65.82 – BVerwGE 72, 300 = DVBl. 1986, 265 = NVwZ 1986, 208 = *Hoppe/Stüer* RzB Rdn. 1253 – Wyhl; Urt. v. 19. 1. 1989 – 7 C 31.87 – DVBl. 1989, 517 = NVwZ 1989, 864 = NuR 1990, 75 = DÖV 1990, 256 = *Hoppe/Stüer* RzB Rdn. 479 – Objektsicherungsdienst.

¹⁶⁵⁸ *BVerwG*, Urt. v. 23. 5. 1991 – 7 C 34.90 – DVBl. 1991, 883 = *Hoppe/Stüer* RzB Rdn. 487.

¹⁶⁵⁹ *BVerwG*, Urt. v. 11. 1. 1985 – 7 C 74.82 – BVerwGE 70, 365 = *Hoppe/Stüer* RzB Rdn. 472 – Krümmel Konzeptvorbescheid.

¹⁶⁶⁰ *BVerwG*, Urt. v. 22. 10. 1987 – 7 C 4.85 – BVerwGE 78, 177 = NVwZ 1987, 536 = DVBl. 1988, 148 = *Hoppe/Stüer* RzB Rdn. 474 – Kernkraftwerk Brokdorf.

Endlager für schwach- bis mittelradioaktive Abfälle Morsleben kraft Gesetzes auf das Bundesamt für Strahlenschutz (BfS) in Salzgitter übergegangen. Die Fortgeltung einer solchen übergeleiteten Genehmigung wird nicht dadurch in Frage gestellt, dass zuvor ein Verfahren mit Öffentlichkeitsbeteiligung nicht stattgefunden hat. Die Rechtsnachfolge in eine öffentlich-rechtliche Anlagengenehmigung setzt zudem nicht zwingend voraus, dass der neue Genehmigungsinhaber zugleich auch privatrechtlich Inhaber der zur Anlage gehörenden Vermögensgegenstände wird.[1661]

Will die atomrechtliche Genehmigungsbehörde einen im Jahre 1974 gestellten **Genehmigungsantrag**, für den das Verwaltungsverfahren seit 1980 im allseitigen Einverständnis faktisch geruht hat, im Jahre 1996 sachlich bescheiden, ist nach dem rechtsstaatlichen Grundsatz eines fairen Verfahrens verpflichtet, den Antragsteller zuvor auf diese Absicht hinzuweisen und ihm Gelegenheit zu geben, auf Verfahren und das Ergebnis Einfluss zu nehmen.[1662]

3. Betriebseinstellung

Nach **§ 19 III 2 Nr. 3 Alt. 2 AtG** kann die Aufsichtsbehörde eine endgültige **Betriebseinstellung** anordnen, wenn eine erforderliche Genehmigung nicht erteilt oder rechtskräftig widerrufen ist. An einer erforderlichen Genehmigung i. S. des § 19 III 2 Nr. 3 AtG fehlt es nicht nur, wenn für die genehmigungspflichtige atomrechtliche Anlage von vornherein keine Genehmigung erteilt worden ist, sondern auch dann, wenn die Anlage wesentlich abweichend von den erteilten Genehmigungen errichtet worden ist. Dies folgt aus dem systematischen Zusammenhang von § 7 I und § 19 III 2 Nr. 3 AtG; denn auch das Fehlen einer Änderungsgenehmigung bei einer wesentlichen Änderung des Kernkraftwerkes führt zu einer Eingriffsbefugnis der Anlagenaufsicht nach § 19 III 1 AtG.[1663] Allerdings ist mangels tatsächlicher Anhaltspunkte nicht festgestellt worden, ob im Fall des Kernkraftwerks Obrigheim die erforderliche Genehmigung fehlt.[1664]

4. Nachbarschutz

Auch gegen atomrechtliche Genehmigungen kann der Nachbar Drittschutz geltend machen, wenn er in seinen Belangen betroffen ist. Auf die Klage eines Drittbetroffenen gegen die atomrechtliche Genehmigung hat das Gericht die der Genehmigungsbehörde obliegende **Risikoermittlung und -bewertung** am Maßstab des § 7 II Nr. 3 AtG darauf zu überprüfen und bei Zweifelsfällen sich durch Beweiserhebung darüber Gewissheit zu verschaffen, ob sie auf einer ausreichenden Datenbasis beruht und dem im Zeitpunkt der Behördenentscheidung gegebenen Stand von Wissenschaft und Technik Rechnung trägt.[1665] Eine **Beweislastumkehr** in dem Sinne, dass der Kläger nachweisen müsste, die behördlichen Annahmen und Bewertungen entsprächen nicht dem Stand von Wissenschaft und Technik, gibt es nicht.[1666] Die Genehmigungsbehörde hat für eine ausreichende Risikoermittlung und -bewertung Sorge zu tragen. Die wissenschaftlichen Methoden für die Beurteilung der nach dem Stand von Wissenschaft und Technik erforderliche Vorsorgemaßnahmen sind allerdings rechtlich nicht verbindlich festgelegt, sondern beurteilen sich nach Gesichtspunkten der Plausibilität.[1667] Das Verwaltungsgericht darf im Rahmen einer

---

[1661] BVerwG, Urt. v. 25. 6. 1992 – 7 C 1.92 – Hoppe/Stüer RzB Rdn. 489 – Endlager Morsleben.
[1662] BVerwG, B. v. 31. 8. 2000 – 11 B 30.00 – DVBl. 2000, 1863; BVerfG, B. v. 18. 1. 2000 – 1 BvR 321/96 – NJW 2000, 1709.
[1663] BVerwG, Urt. v. 25. 10. 2000 – 11 C 1.00 – DVBl. 2001, 381; abweichend VGH Kassel, Urt. v. 25. 3. 1997 – 14 A 3083/89 – UPR 1998, 158, dem es darauf ankam, ob der Istzustand der Anlage gegenüber dem Sollzustand ein aliud darstellt.
[1664] BVerwG, Urt. v. 25. 10. 2000 – 11 C 1.00 – DVBl. 2001, 381.
[1665] BVerwG, Urt. v. 22. 10. 1987 – 7 C 4.85 – BVerwGE 78, 177.
[1666] BVerwG, B. v. 23. 11. 1988 – 7 B 145 u. 146.88 – DVBl. 1989, 526 = NVwZ 1989, 670 – Hoppe/Stüer RzB Rdn. 478.
[1667] BVerwG, B. v. 13. 7. 1989 – 7 B 188.88 – Buchholz 451 171 AtG Nr. 31 = UPR 1989, 439 = NVwZ 1989, 1169 = DVBl. 1990, 58 – Hoppe/Stüer RzB Rdn. 482 – Hochtemperaturreaktor Hamm-Uentrop.

solchen Klage die Sache nicht in der Weise **spruchreif** machen, dass es von ihm festgestellte Mängel bei der von der Exekutive zu verantwortenden Risikoermittlung und Risikobewertung durch eine gerichtliche Beweisaufnahme auszugleichen suchte.[1668]

3718 Die Atomwirtschaft birgt **zwei** unterschiedliche Arten von **Risiken**.[1669] Einerseits das durch Strahlenexpositionen infolge des laufenden Betriebs verursachte, andererseits das der Reaktorschmelze verbunden mit der massenhaften Freisetzung von Radioaktivität. Im Klageverfahren gegen das Atomkraftwerk Geesthacht-Krümmel wandte sich die Klägerin gegen das zuerst genannte Risiko und führt als Beweis für dessen Realisierung die außergewöhnliche Häufung von Leukämieerkrankungen bei Kindern in der Umgebung der Anlage an. Zwar wird die zulässige, nach dem bisherigen Erkenntnisstand als unschädlich anerkannte Strahlendosis durch die Grenzwerte des § 45 StrlSchV festgeschrieben. Diese Grenzwerte waren jedoch nach Ansicht der Klägerin aufgrund neuerer Erkenntnisse nicht mehr zeitgemäß. Und in der Tat gibt es in der Vergangenheit Anzeichen dafür, dass jede bisher als unschädlich festgesetzte Strahlendosis durch die stetige Verbesserung des Kenntnisstandes über die Wirkung von Minimaldosen nach einiger Zeit durch neue, um ein Vielfaches niedrigere Grenzwerte ersetzt worden ist.[1670] Jeder Grenzwert beschreibt damit nur die Reichweite wissenschaftlicher Kenntnis, gibt hingegen keinerlei Hinweise auf die Höhe einer mit Sicherheit unschädlichen Strahlendosis. Ob es eine solche überhaupt gibt, bleibt zweifelhaft.[1671] Vor diesem Hintergrund haben Fachleute Indizien für eine Ursächlichkeit des Reaktors vorgebracht,[1672] obwohl die Kausalität der Kernanlage für diese Gesundheitsbeeinträchtigungen in der wissenschaftlichen Fachwelt bisher nicht allgemein anerkannt ist. Zu ähnlichen Ergebnissen kommen aber auch vergleichbare Untersuchungen, die sich mit einer ähnlich erhöhten Leukämierate in der Umgebung der britischen Wiederaufarbeitungsanlage Sellafield befasst haben.[1673] Das Atomrecht lässt hingegen in § 7 II Nr. 3 AtG Genehmigungen nur zu, wenn Schäden völlig ausgeschlossen sind; auch ein Restschaden wird von den Gerichten nicht hingenommen.[1674] Dies hat Auswirkungen für die Darlegungs- und Beweislast. Der Betreiber hat daher den sich anhand der Gutachten erhärteten Verdacht einer Ursächlichkeit der kerntechnischen Anlage für die Leukämieerkrankungen zu entkräften. Gelingt dieser Nachweis aber nicht, hat die Genehmigungsbehörde im Zweifel die Genehmigung zu verweigern, da eine ausreichende Gefahrenvorsorge nicht nachgewiesen ist.[1675]

3719 Betraf die erste Gruppe an Gefahren die auf alltäglichen Emissionen beruhenden Risiken des laufenden Betriebs einer kerntechnischen Anlage, so betrifft die zweite Gruppe das aus der Gefahr einer **Kernschmelze** resultierende sog. **Restrisiko**. In diesem Zusammenhang wird unterschieden zwischen Störfällen und Unfällen. **Störfälle** sind gekennzeichnet durch Ereignisse, die zwar zur Unterbrechung des laufenden Betriebes zwingen, für die die Anlage aber durch entsprechende Schutzvorkehrungen ausgelegt ist. **Unfälle** übersteigen diese vorgesehenen Schutzmaßnahmen und führen zu einer über die erlaubten Grenzwerte hinausgehenden radioaktiven Verstrahlung von Menschen.[1676] Nach der Rechtsprechung des *BVerfG* ist ein derartiges Restrisiko dann hinzunehmen, wenn es sich lediglich im Bereich des allgemeinen Lebensrisikos bewegt. Kritiker wenden dagegen

---

[1668] *BVerwG*, Urt. v. 22. 10. 1987 – 7 C 4.85 – BVerwGE 78, 177 = NVwZ 1987, 536 = DVBl. 1988, 148 = *Hoppe/Stüer* RzB Rdn. 474 – Kernkraftwerk Brokdorf.
[1669] *Spreen* in: *Stüer* (Hrsg.) Verfahrensbeschleunigung, S. 260.
[1670] Nach einer Untersuchung von *Gaul*, zitiert nach *Wörndl*, Die Kraftwerksdebatte, S. 78.
[1671] *VGH Mannheim*, B. v. 8. 10. 1975 – X 351/75 – DVBl. 1976, 539.
[1672] Vgl. die Ausführungen des *OVG Schleswig* im Verfahren – 4 K 5/91 – UA S. 14 sowie die Klagebegründung der Klägerin in diesem Verfahren, S. 2.
[1673] Vgl. Klagebegründung der Klägerin im Verfahren – 4 K 5/91 – vor dem *OVG Schleswig*, zitiert nach *Spreen* in: *Stüer* (Hrsg.) Verfahrensbeschleunigung, S. 260.
[1674] *BVerfG*, B. v. 8. 8. 1978 – 2 BvL 8/77 – BVerfGE 49, 89 – Kalkar.
[1675] *Spreen* in: *Stüer* (Hrsg.) Verfahrensbeschleunigung, S. 260.
[1676] *Bochmann*, 7. AtRS 1983, S. 17.

ein, dass im Hinblick auf das Ausmaß des möglichen, wenn auch unwahrscheinlichen Schadenseintritts ein solches Restrisiko nicht hingenommen werden müsse.[1677]

Nach § 75 Ia VwVfG i. d. F. des GenBeschlG führen erhebliche Mängel bei der Abwägung im Übrigen nur dann zur Aufhebung des Planfeststellungsbeschlusses oder der Plangenehmigung, wenn sie nicht durch Planergänzung oder durch ein ergänzendes Verfahren behoben werden können. Auch reicht für die Zulässigkeit einer Klage auf Widerruf einer atomrechtlichen Genehmigung zum Betrieb einer Anlage zur Spaltung von Kernbrennstoffen (§ 7 I AtG) der Vortrag nicht aus, die Katastrophe von Tschernobyl habe offen gelegt, dass das Risiko eines Kernschmelzunfalls beim Betrieb eines Reaktors (theoretisch) nicht auszuschließen sei. Vielmehr muss überzeugend dargelegt werden, beim Betrieb des konkreten Kernkraftwerks sei der nach den Regeln der praktischen Vernunft erforderliche Schutz nicht gewährleistet und könne auch nachträglich nicht gewährleistet werden.[1678] Auch ein eininstanzliches gerichtliches Verfahren beinhaltet – so das BVerwG – einen ausreichenden Rechtsschutz. Auch Art. 6 der Europäischen Menschenrechtskonvention gewährleistet nicht ein zusätzliches zweitinstanzliches Verfahren mit öffentlicher mündlicher Verhandlung.[1679]

Störfälle im Betrieb einer Anlage können ein Anhaltspunkt für mangelnde Zuverlässigkeit des Betreibers oder der verantwortlichen Personen oder für ungenügendes Wissen des Betriebspersonals sein.[1680] Mit den subjektiven Genehmigungsvoraussetzungen der Zuverlässigkeit, Sachkunde und Betriebskenntnis in § 7 II Nrn. 1 und 2 AtG bezweckt das Gesetz auch den **Schutz Dritter** vor Gefahren der Kernenergie. Denn der sichere Betrieb von Kernbrennstoff-Anlagen i. S. des § 7 I AtG ist nicht allein durch bauliche und technische, sondern auch durch organisatorische Maßnahmen der Vorsorge gegen Schäden zu gewährleisten.[1681] Die Wirksamkeit gerade organisatorischer Vorsorgemaßnahmen hängt entscheidend von der Zuverlässigkeit, Sachkunde und den Betriebskenntnissen der für Leitung und Beaufsichtigung Verantwortlichen und der sonst im Betrieb tätigen Personen ab. Zur Versagung einer Genehmigung wegen Bedenken hinsichtlich der Zuverlässigkeit des Antragstellers und der leitenden Personen sowie im Hinblick auf den erforderlichen Kenntnisstand des Betriebspersonals muss es führen, wenn wegen konkreter, die genannten Personen betreffender Umstände ein erhöhtes Risiko von Störfällen aufgrund menschlichen Versagens nicht ausgeschlossen werden kann. Sind bei einer schon seit vielen Jahren betriebenen Anlage in der Vergangenheit schon einmal auf menschlichem Versagen beruhende Störfälle aufgetreten, so können Maßnahmen der staatlichen Aufsicht ausreichen, um zu Tage getretene Mängel zu beheben. Zur Versagung einer beantragten Nachtragsgenehmigung wird i. d. R. nur Anlass bestehen, wenn solche Maßnahmen der Aufsicht nicht ausreichen, weil z. B. der Störfall grundlegende Mängel oder Schwächen bei den verantwortlichen Personen oder in der Organisation des Betriebs oder in der Aus- und Fortbildung des Betriebspersonals zu Tage gefördert hat, die es nicht ausgeschlossen erscheinen lassen, dass deswegen auch künftig ein erhöhtes Risiko besteht.[1682] Auch der Wechsel des Betreibers einer genehmigungsbedürftigen Anlage bedarf der Genehmigung nach § 7 AtG.

[1677] *Spreen* in: *Stüer* (Hrsg.) Verfahrensbeschleunigung, S. 260.
[1678] *BVerwG*, B. v. 5. 4. 1989 – 7 B 47.89 – DÖV 1990, 256 = *Hoppe/Stüer* RzB Rdn. 480 – Kernkraftwerk Würgassen.
[1679] *BVerwG*, B. v. 13. 7. 1989 – 7 CB 80.88 – DVBl. 1990, 67 = UPR 1989, 440 = *Hoppe/Stüer* RzB Rdn. 483 – Stand von Wissenschaft und Technik im Atomrecht.
[1680] *BVerwG*, B. v. 17. 4. 1990 – 7 B 111.89 – DVBl. 1990, 1167 = UPR 1991, 185 = *Hoppe/Stüer* RzB Rdn. 485 – Kernforschungszentrum Karlsruhe.
[1681] *BVerwG*, Urt. v. 19. 1. 1989 – 7 C 31.87 – BVerwGE 81, 185.
[1682] *BVerwG*, B. v. 17. 4. 1990 – 7 B 111.89 – DVBl. 1990, 1167 = UPR 1991, 185 = *Hoppe/Stüer* RzB Rdn. 485 – Kernforschungszentrum Karlsruhe.

5. Teil. Strukturen des Umweltrechts

3722 Das Umweltrecht hat bestimmte Grundstrukturen, die durch die Prinzipien des Umweltrechts und seine Instrumente gekennzeichnet werden. Ausgangspunkt sind verfassungsrechtliche Vorgaben, die durch das Staatsziel Umweltschutz in Art. 20 a GG markiert sind.

I. Staatsziel Umweltschutz

3723 Das **Staatsziel Umweltschutz** hat in **Art. 20 a GG** eine sprachlich etwas umständliche Fassung erhalten. Danach schützt „der Staat auch in Verantwortung für die künftigen Generationen die natürlichen Lebensgrundlagen im Rahmen der verfassungsmäßigen Ordnung durch die Gesetzgebung und nach Maßgabe von Gesetz und Recht durch die vollziehende Gewalt und die Rechtsprechung".[1683] Das GG selbst zeigt bereits durch die Formulierung des Staatsziels den Kompromiss aus großen Erwartungen aber auch Befürchtungen und Sorgen auf, wenn es einerseits den Staat in der eigentlichen Kernaussage verpflichtet, „auch in Verantwortung für die künftigen Generationen die natürlichen Lebensgrundlagen zu schützen", dies aber unter den Vorbehalt „der verfassungsmäßigen Ordnung durch die Gesetzgebung und nach Maßgabe von Gesetz und Recht durch die vollziehende Gewalt und die Rechtsprechung" stellt. Dieser Zusatz, der bei den parlamentarischen Beratungen als „Angstklausel" bezeichnet wurde, ist offenbar aus der Sorge vor der Einmischung der Gerichtsbarkeit in die Umweltpolitik entstanden. Art. 20 a GG normiert ein Staatsziel und richtet sich daher an den Gesetzgeber, nicht wie ein Grundrecht unmittelbar an den Bürger. Der Staat ist allerdings verpflichtet, die natürlichen Lebensgrundlagen zu schützen. Dazu gehören die Abwehr ihrer Schädigung durch Dritte und die Unterlassung der Schädigung durch staatliches Handeln. Die Schutzpflicht des Staates umfasst aber auch positives Handeln zur Beseitigung bereits eingetretener Schäden sowie die Pflege von natürlichen Lebensgrundlagen, die ohne menschliches Handeln nicht erhalten bleiben. Eine Staatszielbestimmung gibt den Staatsorganen ein grundlegendes Ziel vor, das anzustreben sie verfassungskräftig verpflichtet sind. Die Wahl der Mittel zur Zielverwirklichung steht ihnen frei. Auch die Konkretisierung des unbestimmt formulierten Ziels ist ihnen überlassen. Daraus ergibt sich ein entsprechend weiter gesetzgeberischer Gestaltungsraum, in dessen Rahmen die Verwirklichung des Staatsziels nicht justitiabel ist. Allerdings kann das Staatsziel Umweltschutz durchaus Konturen gewinnen. Der Staat darf die Zerstörung der natürlichen Lebensgrundlagen nicht fördern, insbesondere Umweltbeeinträchtigungen nicht subventionieren. Vor allem ist der Staat verpflichtet, das Verursacherprinzip konsequent zu verwirklichen. Das Gemeinlastprinzip ist als Prinzip der Zurechnung der Kosten von Umweltbelastungen daher grundsätzlich verfassungsrechtlich bedenklich. Der Staat ist vielmehr aufgerufen, die natürlichen Lebensgrundlagen durch Vermeidung schädigender Aktivitäten, Gefahrenabwehr und Gefahrenvorsorge sowie eine Risikovorsorge unterhalb der Gefahrenschwelle zu schützen. Güter, die auf Dauer Voraussetzung für menschliches Leben sind, müssen erhalten bleiben. Die staatliche Umweltpolitik ist daher im Prinzip verpflichtet, dafür zu sorgen, dass sich dieser Zustand verbessert. Sie hat auf jeden Fall sicherzustellen, dass er sich insgesamt nicht verschlechtert.

3724 Das Staatsziel richtet sich in erster Linie an den **Gesetzgeber**, hat aber auch für die **Verwaltung** dort eigenständige Bedeutung, wo das Gesetz Entscheidungsspielräume offen lässt. Als Beispiele sind etwa die Bereiche der gesetzesfreien Leistungsverwaltung, Ermessens- oder Beurteilungsspielräume oder planerische Gestaltungsspielräume zu nennen.

[1683] *Heinz* NuR 1994, 1; *Meyer-Teschendorf* TRP 1994, 73; *Jahn* DVBl. 1994, 177; *Rohn/Sannwald* ZRP 1994, 65; *Stüer* DVBl. 1996, 93; *Graf Vitzthum* VBlBW 1991, 404.

Die Gerichte haben sich darauf zu beschränken, Legislative und Exekutive dort zu korrigieren, wo sie ihre Pflichten aus Art. 20a GG verletzen. Der Richter ist aber nicht aufgerufen, seine eigenen Vorstellungen über den „richtigen Umweltschutz" an die Stelle der Entscheidungen der zuständigen Staatsorgane zu setzen. Aus diesem Grundkonzept sind durchaus handfeste rechtliche Auswirkungen abzuleiten: Der Gesetzgeber ist verpflichtet, auf eine stärkere Berücksichtigung des Umweltschutzes hinzuwirken. Dabei besteht allerdings ein erheblicher Gestaltungsspielraum. Der Gesetzgeber ist daher nicht auf bestimmte, zur Erreichung des Staatsziels heranzuziehende Mittel festgelegt. Wird dennoch geltend gemacht, Art. 20a GG gebiete ein bestimmtes Handeln des Normgebers, bedarf es einer vertieften Darlegung, woraus sich eine solche Verpflichtung des Normgebers gerade zu dieser Regelung im Einzelnen ergeben und wie der Normgeber ihr auch unter Beachtung der darüber hinaus einzuhaltenden Maßstäbe nachkommen kann.[1684] Vor allem aber wendet sich das Staatsziel auch an die Gesetzesauslegung: Bei der Anwendung aller Normen, die im Tatbestand auf das öffentliche Interesse oder öffentliche Belange abstellen, ist der Auftrag des Art. 20a GG zu berücksichtigen. Diese Forderung ist nicht ohne Sprengstoff. Denn wenn etwa das Staatsziel Umweltschutz als Optimierungsgebot zu verstehen wäre, dann muss es am Ende bei jeder Planungsentscheidung berücksichtigt werden und bei jeder planerischen Abwägung vielleicht sogar optimal verwirklicht werden, was immer man darunter im Einzelnen zu verstehen hat.[1685] Die Planung könnte dann unter einen zusätzlichen Rechtfertigungszwang geraten und ein Vorhaben am Staatsziel Umweltschutz am Ende sogar ganz scheitern. Und auch auf den Rechtsschutz der Betroffenen kann sich das Staatsziel Umweltschutz dann konkret auswirken. Nicht für diejenigen, die von Vorhaben nicht unmittelbar betroffen sind und daher nicht aus anderen Verfassungsbestimmungen wie etwa der Eigentumsgarantie oder einfach-gesetzlichen Vorschriften ihre rechtlich geschützte Betroffenheit ableiten können.[1686] Wohl aber für diejenigen Einwendungsführer, die sich wie etwa im Falle eines unmittelbaren Eigentumseingriffs auf subjektive Rechte berufen können und deren Rechte durch Art. 20a GG angereichert werden könnten.[1687] Dann könnte die „Angstklausel" aus der Sicht der Gegner eines um sich greifenden Umweltschutzes am Ende noch viel zu vorsichtig ausgefallen sein und einem viel zu weitreichenden Handeln der Verwaltung und einer sie kontrollierenden Rechtsprechung i. S. einer Überbetonung des Umweltschutzes Tür und Tor geöffnet haben. In welchem Umfang das Staatsziel Umweltschutz die beteiligten Entscheidungsträger bindet, wird vielfach unterschiedlich beurteilt. Vielleicht ist das Staatsziel doch mehr als nur eine nützliche Argumentationshilfe in Feld-, Wald- und Wiesen-Entscheidungen, wofür der Beschluss des *BVerwG* zur Kunstfreiheit im Außenbereich[1688] Beispiel gibt. Zugleich ist aber auch vor einem inflationären Gebrauch der Verfassungsbestimmung zu warnen. Art. 20a GG hat damit offenbar eine größere Bedeutung, als man in Juristenkreisen zunächst angenommen hat. Die Staatszielbestimmung lediglich als Normierung dessen anzusehen, was bisher schon gegolten hat, wird dem Verfassungsgeber nicht gerecht. Auf der anderen Seite kann auch nicht mehr aus der Verfassungsbestimmung herausgelesen werden, als in ihr tatsächlich steckt. Der Gesetzgeber hat die Ziele des Umweltschutzes bereichsspezifisch zu bestimmen und die erforderlichen Instrumente

---

[1684] *BVerwG*, B. v. 9. 10. 1999 – 11 B 22.99 – Staatszielbestimmung.
[1685] Zum Meinungsstreit *Hoppe* DVBl. 1992, 853; *ders.* in: Hoppe/Bönker/Grotefels § 7 Rdn. 32 ff.; *Sendler* UPR 1995, 41; s. Rdn. 2571.
[1686] *BVerwG*, Urt. v. 14. 2. 1975 – IV C 21.74 – BVerwGE 48, 56 = DVBl. 1975, 713 = *Hoppe/Stüer* RzB Rdn. 50 – B 42; kritisch zu dieser Begrenzung *Blümel* in: *Stüer* (Hrsg.) Verfahrensbeschleunigung, S. 17.
[1687] *BVerwG*, Urt. v. 18. 3. 1983 – 4 C 80.79 – BVerwGE 67, 74 = DVBl. 1983, 899 = *Hoppe/Stüer* RzB Rdn. 1245 – Wittenberg; für einen erweiterten Schutz der Planbetroffenen auch *Blümel* in: *Stüer* (Hrsg.) Verfahrensbeschleunigung, S. 17.
[1688] *BVerwG*, B. v. 13. 4. 1995 – 4 B 70.95 – DVBl. 1995, 1008 = NJW 1995, 2648 – Arno Breker – Artemis & Aurora; *Stüer* DVBl. 1996, 93; s. Rdn. 2571.

für den Verwaltungsvollzug und die gerichtliche Kontrolle bereitzustellen. Aufgaben der Verwaltung zur Umsetzung des Staatsziels stellen sich vor allem im Ermessens- und Planungsbereich. Für die Rechtsprechung liegt die Hauptbedeutung des Staatsziels darin, Wertungselemente in den komplizierten Entscheidungsprozess im Einzelfall einzubringen – freilich nie einseitig, sondern in der Gewissheit, dass das Bekenntnis der Verfassung zum Umweltschutz eine Entscheidung neben prinzipiell gleichrangigen anderen Wertentscheidungen ist.

II. Prinzipien des Umweltrechts

3725   Das Umweltrecht strebt die Verwirklichung von drei tragenden Grundsätzen an: Das Vorsorge-, Verursacher- und Kooperationsprinzip.[1689] Daneben gibt es eine Reihe weiterer umweltpolitischer Grundsätze wie etwa die Eigenverantwortlichkeit oder das ökologische Abwägungsgebot, die Konkretisierungen der Hauptprinzipien sind.[1690] Die umweltrechtlichen Prinzipien sind allgemeine **Rechtsprinzipien**, mit deren Hilfe sich Gesetze auslegen und Gesetzeslücken ausfüllen lassen. Rechtsprinzipien sind dabei nichts anderes als allgemeine Wertungsmaßstäbe oder Wertvorzüge im Hinblick auf die Rechtsidee, die noch nicht zu unmittelbar anwendbaren Rechtsregeln verdichtet sind, für sie aber Rechtfertigungsgründe dazustellen vermögen. Sie entziehen sich, wie alle konkretisierungsbedürftigen Maßstäbe, einer begrifflichen Definition. Ihr Sinngehalt lässt sich an Beispielen verdeutlichen.[1691] Unmittelbare Rechtswirkungen gewinnen Rechtsprinzipien erst durch konkrete gesetzliche Regelungen.

1. Vorsorgeprinzip

3726   Das Vorsorgeprinzip zielt darauf ab, durch vorausschauendes Handeln bereits dem Entstehen möglicher Umweltbelastungen vorzubeugen und durch schonenden Umgang mit den zur Verfügung stehenden natürlichen Ressourcen die ökologischen Grundlagen langfristig zu sichern. Das Vorsorgeprinzip ist nicht nur eine umweltpolitische Forderung, sondern ist trotz seiner rechtlich begrenzten Konturen in zahlreichen Umweltgesetzen rechtlich verankert. Der Vorsorgegedanke findet sich häufig im Rahmen der Zwecksetzung eines Gesetzes,[1692] wobei weitere Bestimmungen Konkretisierungen des Vorsorgegedankens enthalten. Denkbare Schadensursachen sind etwa durch Beachtung der nach dem Stand von Wissenschaft und Technik möglichen Maßnahmen zu minimieren.[1693] Eine weitere Ausprägung des Vorsorgegedankens ist das Verbot, die Qualität des vorhandenen Umweltbestandes zu verschlechtern.[1694] Die zukunftsgestaltende Komponente des Vorsorgeprinzips kommt auch in einer Vielzahl von Planungsvorschriften zum Ausdruck, mit denen umweltpolitische Ziele unmittelbar oder etwa als Belange in der Abwägung verwirklicht werden sollen. Neben der räumlichen Gesamtplanung und der Bauleitplanung gehört dazu etwa der immissionsschutzrechtliche Planungsgrundsatz in § 50 BImSchG, wonach bei raumbedeutsamen Planungen und Maßnahmen die für eine bestimmte Nutzung vorgesehenen Flächen so zuzuordnen sind, dass schädliche Umwelteinwirkungen auf die ausschließlich oder überwiegend dem Wohnen dienenden Gebiete sowie auf sonstige schutzbedürftige Gebiete so weit wie möglich vermieden werden.[1695]

[1689] *Himmelmann/Pohl/Tönnesen-Harmes*, Handbuch Umweltrecht 1998; *Junkernheinrich* Handbuch zur Umweltökonomie, 1995; *Lübbe-Wolff* NuR 1979, 295; *Schmidt* Einführung in das Umweltrecht, § 1 Rdn. 6; UGB-KomE 1998.
[1690] *Kloepfer* Umweltrecht, Rdn. 1 zu § 3.
[1691] *Larenz*, Methodenlehre, S. 227.
[1692] Vgl. etwa § 1 BImSchG, § 1a WHG.
[1693] Vgl. § 5 I Nr. 2 BImSchG, § 7a WHG, § 7 II Nr. 3 AtG.
[1694] Vgl. dazu etwa § 8 BNatSchG im Hinblick auf die Umweltqualität von Natur und Landschaft.
[1695] Zum Abwägungsspielraum BVerwG, Urt. v. 28. 1. 1999 – 4 CN 5.98 – UPR 1999, 268 = ZfBR 1999, 219.

Dieser Trennungsgrundsatz ist zugleich Ausdruck des Vorsorgeprinzips, gilt aber in abgeschwächter Form auch für die Sanierung vorhandener Gemengelagen, in denen unterschiedliche Nutzungen aufeinander treffen. Aus den einzelnen gesetzlichen Regelwerken lassen sich folgende allgemeine Regeln für den Vorsorgegedanken entwickeln:[1696]

- Die Umweltbelastungen sollen nicht mehr anwachsen.
- Das Gebot zum Einsatz optimaler Technologien soll sicherstellen, dass zulässige Immissionsgrenzwerte nur in dem Umfang ausgeschöpft werden, wie dies im Hinblick auf den Stand der Technik erforderlich ist.
- Behördliche Maßnahmen sollen nicht vom Nachweis, sondern von der Wahrscheinlichkeit der Schädlichkeit eines Stoffes oder seiner Konzentration abhängen.
- Die Umweltbelange sollen bei jeder Planungsentscheidung mit berücksichtigt werden.
- Das weitere Wachstum der menschlichen Gesellschaft soll durch Schaffung von Freiräumen ermöglicht werden.
- Da die Wirkungen von Eingriffen nie vollständig beseitigt werden können, sollen sie auf das zumutbare Maß reduziert werden.

Als **präventive Maßnahmen** kommen insbesondere die Reduzierung von Emissionen durch einen integrierten Umweltschutz und die Berücksichtigung von Umweltschutz bereits während der Planung in Betracht. Hierdurch soll zugleich dem Gedanken eines nachhaltigen, auf die Zukunft gerichteten Umweltschutzes (sustainable development) Rechnung getragen werden.[1697] Präventive Maßnahmen, die nicht auf Gefahrenabwehr, sondern i. S. der Ressourcenvorsorge auf den Erhalt künftigen Lebens gerichtet sind, bedürfen einer besonderen Begründung, die von der Wahrscheinlichkeit des Schadenseintritts und dem Gewicht der zu schützenden Güter abhängt. Je wahrscheinlicher ein Schadenseintritt und umso wichtiger die zu schützenden Güter sind, desto leichter fällt die Begründung, ordnungsrechtlich eingreifen zu müssen. Wissenschaft und Verwaltung bereitet es allerdings mitunter nicht unerhebliche Schwierigkeiten, einen vollständigen Schädlichkeitsnachweis zu erbringen. Denn die Folgen vor allem neuartiger Technologien wie z. B. der Gentechnologie sind zumeist kaum abschätzbar.[1698]

2. Verursacherprinzip

Das Verursacherprinzip soll gewährleisten, dass der Verursacher von Umweltbeeinträchtigungen für deren Beseitigung in Anspruch genommen wird. Das Prinzip geht über die bloße Frage der Kostenzurechnung für Vermeidung, Beseitigung und Ausgleich von Umweltbelastungen hinaus. Vielmehr richten sich an den Verursacher unmittelbare Verhaltensvorschriften über Gebote und Verbote sowie Auflagen, die sich auf eine materielle Verantwortlichkeit gründen. Hieraus können sich bei entsprechender gesetzlicher Grundlage nicht nur nachträgliche Kostenerstattungspflichten oder Abgaben ergeben. Auch Verbote und Auflagen sowie zivilrechtliche Unterlassungs- und Hilfsansprüche kommen in Betracht.[1699] Verursacher ist der Einzelne, dessen Verhalten allein- oder mitursächlich für den Eintritt der Umweltbeeinträchtigung ist. Das Verursacherprinzip ist eine Abkehr von dem **Gemeinlastprinzip**, nach dem die entstandenen Umweltbelastungen von der Allgemeinheit getragen werden. Das Gemeinlastprinzip kann nur im Ausnahmefall das Umweltrecht prägen – vor allem dann, wenn der Einzelne überfordert wäre oder nicht greifbar ist. Das Gemeinlastprinzip darf aber nicht zur allgemeinen Regel werden.[1700]

[1696] *Schmidt* Einführung in das Umweltrecht § 1 Rdn. 8.
[1697] *Kloepfer* Umweltrecht § 4 Rdn. 6, 8.
[1698] *Himmelmann/Pohl/Tünnesen-Harms*, Handbuch zum Umweltrecht, Rdn. 27.
[1699] *Kloepfer*, Umweltrecht, § 4 Rdn. 29.
[1700] *Kloepfer*, Umweltrecht, § 4 Rdn. 32.

3. Kooperationsprinzip

3729 Das Kooperationsprinzip[1701] will zur Lösung der Umweltprobleme durch Zusammenarbeit von Staat, Gesellschaft und Industrie beitragen.[1702] Kooperation ist vor allem dann erforderlich, wenn mehrere Beteiligte verantwortlich sind oder die Schadensbeseitigung aus anderen Gründen das Zusammenwirken mehrerer Verantwortlicher und der Behörden erfordert. Auch der Sachverstand privater Organisationen wie etwa der Technischen Überwachungsvereine oder Umweltberater kann im Wege der Kooperation genutzt werden. Allerdings darf das Kooperationsprinzip nicht zu Lasten umweltpolitischer Zielsetzungen einseitig bevorzugt werden.

3730 Das Kooperationsprinzip findet sich inzwischen in verschiedenen **gesetzlichen Regelungen** wieder. Darüber hinaus dient es als Grundlage informaler Absprachen, Vorverhandlungen, Arrangements, Agreements, Selbstverpflichtungs- bzw. Selbstbeschränkungsabkommen und ähnlicher Formen kooperativen Verwaltungshandelns.[1703] Dabei werden institutionalisierte und nicht institutionalisierte Formen der Kooperation unterschieden. Zu den **institutionalisierten Formen** der Kooperation gehören die Beteiligung im Genehmigungs- und Planfeststellungsverfahren (§ 73 VwVfG). Auch der Betriebsbeauftragte für Umweltschutz im Immissionsschutz (§§ 53 bis 58 d BImSchG), im Gewässerschutz (§§ 21 a bis 21 g WHG), in der Abfallwirtschaft (§ 54 KrW-/AbfG), im Strahlenschutz (§§ 29 bis 31 StrSchG) sowie im sonstigen Fachrecht beruht auf dem Gedanken der Kooperation. Dem Betriebsbeauftragten obliegt die innerbetriebliche Eigenüberwachung zur Abwehr technikbedingter Gefahren. Bei den Technischen Überwachungsvereinen wird technischer Sachverstand vor Ort oder in einer technischen Prüfstelle genutzt. Etwa 200 Organisationen in Deutschland sind mit der technischen Rechtsetzung befasst. Dazu gehört auch das Deutsche Institut für Normgebung e.V. (DIN). Die Organisationen setzen sich aus fachlichen und nach pluralistischen Kriterien gewählten Mitgliedern zusammen. Die technischen Regelwerke halten durch Bezugnahme in Rechtsnormen und im Zusammenhang mit der Ausfüllung unbestimmter Rechtsbegriffe Einzug in die rechtliche Bewertung.

3731 Am Beispiel der **Verpackungssteuer** hat sich das *BVerfG* mit dem kooperativen Verwaltungshandeln befasst und dazu in Abgrenzung zu hoheitlichem steuerlichen Lenkungsmaßnahmen folgende Grundsätze aufgestellt:[1704] Das Kooperationsprinzip begründet

---

[1701] Zum Kooperationsprinzip *Arnold* Die Verwaltung 1989, 125; *Benz*, Kooperative Verwaltung 1994; *Böhret/Hill*, Ökologisierung des Rechts- und Verwaltungssystems, 1994; *Bothe* NJW 1998, 2333; *Breier* ZfU 1997, 131; *Brohm* DVBl. 1994, 133; *Bulling* DÖV 1989, 277; *Di Fabio* DVBl. 1990, 338; *ders.* NVwZ 1999, 1153; *Eberle*, Die Verwaltung 1984, 439; *Grüter*, Umweltschutz und Kooperationsprinzip 1990; *Hill*, Verwaltungshandeln durch Verträge und Absprachen, 1990; *Huber* DVBl. 1999, 489; *Müggenborg* NVwZ 1990, 909; *Reinhard* AöR 118 (1993), 617; *Rengeling*, Das Kooperationsprinzip im Umweltrecht, 1988; *ders.* (Hrsg.), EUDUR Bd. II, 1998; *Ritter*, Das Recht als Steuerungsmedium im kooperativen Staat, Staatswissenschaft und Staatspraxis 1990, 50; *Schulte*, Schlichtes Verwaltungshandeln, 1995; *Schulze Fielitz* DVBl. 1994, 657; *Schuppert*, Die Verwaltung 1998, 415; *Storr* DVBl. 2000, 175.

[1702] § 7 AT UGB-KommE: (1) Der Schutz der Umwelt ist Bürgern und Staat anvertraut. Behörden und Betroffene wirken bei der Erfüllung der ihnen nach den umweltrechtlichen Vorschriften obliegenden Aufgaben und Pflichten nach Maßgabe der jeweiligen Bestimmungen zusammen. Dem dienen auch die Vorschriften über die Beteiligung der Öffentlichkeit und über den Zugang zu Umweltinformationen. (2) Bei Maßnahmen aufgrund der umweltrechtlichen Vorschriften sollen die Behörden prüfen, ob die Zwecke dieses Gesetzbuchs in gleicher Weise durch Vereinbarungen mit den Betroffenen erreicht werden können. (3) Soweit nichtstaatlichen Trägern oder Privaten staatliche Umweltschutzaufgaben übertragen werden, haben sie diese eigenverantwortlich wahrzunehmen. Die zuständigen Behörden haben sicherzustellen, dass die übertragenen Aufgaben ordnungsgemäß erfüllt werden. Werden die Aufgaben nicht ordnungsgemäß erfüllt, sollen sie auf die zuständigen Behörden zurückübertragen werden.

[1703] *Schulte*, Schlichtes Verwaltungshandeln, 1995.

[1704] *BVerfG*, Urt. v. 7. 5. 1998 – 2 BvR 1991, 95 – BVerfGE 98, 106 = NJW 1998, 2341.

eine kollektive Verantwortung verschiedener Gruppen mit unterschiedlichen fachlichen, technischen, personellen und wirtschaftlichen Mitteln, in eigener Aufgabenteilung und Verhaltensabstimmung das vorgegebene oder gemeinsam definierte Ziel zu erreichen. Die steuerliche Lenkung hingegen wendet sich an den einzelnen Gesetzesadressaten, ohne dessen Verhalten auf das Umweltverhalten anderer abstimmen zu können. Die Kooperation erlaubt eine einvernehmliche Mitwirkung der Beteiligten je nach Bedarf und Fähigkeit. Die steuerliche Lenkung gestattet dem Leistungsfähigen ein Ausweichen in die Umweltbelastung, wirkt jedoch gegenüber dem Leistungsschwachen wie ein verbindliches Verbot. Die steuerliche Lenkung, die von den Gemeinden durch die Verpackungssteuer beabsichtigt war, widerspricht danach der im KrW-/AbfG verwirklichten Konzeption der kooperativen Verantwortungsteilung. Auch eine landesrechtliche Abfallabgabe auf Sonderabfälle widerspricht nach Auffassung des *BVerfG* dem kooperativen Ansatz im Immissionsschutzrecht.[1705] Dem Kooperationskonzept des BImSchG dürfe eine abfallrechtliche Lenkungsabgabe nicht entgegenwirken.[1706]

Die Kooperation von Verwaltung und Privaten sollte folgende **Gebote** und **Verhaltensregelungen** einhalten: 3732
- Entscheidungsgremien dürfen nur aus überwiegenden sachlichen Gründen mit staatlichen und gesellschaftlichen Akteuren besetzt werden **(Distanzgebot)**.
- Staatliche Entscheidungen sind, soweit sie auf die Übernahme gesellschaftlich angenommener Lösungen gerichtet sind, durchsichtig zu gestalten **(Transparenzgebot)**.
- Die Bereitschaft zu Kooperation und der auf Vertrauen basierende Kooperationsprozess verbietet es, dass der Staat einseitig-hoheitliche Regelungen trifft. Die den langfristigen Erfolg der Kooperationsbeziehungen beeinträchtigt **(Konsistenzgebot)**.
- Kooperative Verfahrens- und Verhaltensregelungen sind möglichst so zu gestalten, dass die substanziellen Freiheiten der Verfahrensbeteiligten erhalten bleiben **(Autonomiegebot)**.
- Wird die Erfüllung öffentlicher Aufgaben Privaten übertragen, die diese i. S. marktwirtschaftlichen Denkens und Handelns wahrnehmen, sind der sozio-ökonomischen Funktionslogik entsprechend Marktmechanismen und Wettbewerbsgleichheit zu wahren **(Wahrung der Marktmechanismen)**.
- Innerhalb der staatlichen Verwaltung gilt der Grundsatz der Verhältnismäßigkeit der Verwaltung auch dann, wenn die im Einzelfall gewählte Heilungs- bzw. Organisationsform privatwirtschaftlich ausgerichtet ist **(Grundsatz der Gesetzmäßigkeit der Verwaltung)**.

Staatliche Kooperation ist auf eine vertrauensvolle **Zusammenarbeit** zwischen der öffentlichen Verwaltung und den Privaten angewiesen. Aus rechtsstaatlichen Gründen muss diese Kooperation klar umrissen und zugleich gerichtlich kontrollierbar sein.[1707] Durch Kooperation kann allerdings durchaus **weniger Staat im Umweltschutz** erreicht werden. 3733

III. Instrumente des Umweltrechts

Das Umweltrecht stellt zu seiner Verwirklichung ein Bündel von verschiedenen Instrumenten bereit, die vor allem in Planungsinstrumenten, ordnungsrechtlichen Instrumenten, der UVP sowie abgabenrechtlichen und informalen Instrumenten bestehen. 3734

1. Planungsinstrumente

Als Instrument des Umweltrechts steht zunächst die Umweltplanung im Vordergrund, die sich in der Fachplanung aber auch in der raumbezogenen Gesamtplanung äußert. Die Umweltplanung ist in die verschiedenen Fachplanungen integriert. Vor allem die um- 3735

[1705] *BVerfG*, Urt. v. 7. 5. 1998 – 2 BvR 1083/92 – BVerfGE 98, 83 = NJW 1998, 2346.
[1706] Vgl. dazu auch *Bothe* NJW 1998, 2333; *di Fabio* NVwZ 1999, 1153; *Sendler* NJW 1998, 2875.
[1707] *Huber* DVBl. 1999, 489; *Kloepfer*, Umweltrecht § 5 Rdn. 300; *Schmidt-Aßmann*, Das Allgemeine Verwaltungsrecht als Ordnungsidee, 1998, Rdn. 49; *Schulze Fielitz* DVBl. 1994, 657.

weltspezifische Fachplanung nimmt dabei einen bedeutenden Stellenwert ein. Solche umweltspezifischen Fachplanungen sind z. B. vorgesehen zum Schutze von Natur und Landschaft,[1708] im Interesse der Luftreinhaltung,[1709] des Gewässerschutzes[1710] und der Abfallentsorgung.[1711] Daneben treten Regelungen über die Berücksichtigung von Umweltbelangen in anderen Fachgesetzen, etwa für die Bundesfernstraßen, Landesstraßen, Eisenbahntrassen oder Flughäfen. Auch in die raumbezogene Gesamtplanung ist der Umweltschutz integriert. Für die Raumordnung gelten die Grundsätze der Raumordnung des § 2 I ROG für Abwägungsentscheidungen unmittelbar (§ 4 II ROG). In der Bauleitplanung hat der Umweltschutz als Planungsziel (§ 1 V BauGB) und in den detaillierten Planungsleitlinien (§ 1 VI Nr. 7 BauGB) ebenfalls einen wichtigen Stellenwert. Der Umweltschutz trifft dabei allerdings auf andere Ziele und Belange, gegenüber denen er prinzipiell keinen Vorrang genießt.

2. Ordnungsrechtliches Instrumentarium

3736 Der Verwirklichung umweltrechtlicher Ziele dient das ordnungsrechtliche Instrumentarium, das sich in Anmelde- und Anzeigepflichten, Auskunftspflichten sowie Sicherungspflichten, aber auch gesetzliche Verbote mit Erlaubnis- und Genehmigungsvorbehalt sowie Verfügungen der Verwaltung gliedert.[1712] Das ordnungsrechtliche Instrumentarium dient dazu, durch entsprechendes Verwaltungshandeln die Umweltziele zu konkretisieren und im Einzelfall umzusetzen. Die **Anmelde-, Anzeige-, Auskunfts- und Sicherungspflichten** sollen der Umweltverwaltung die erforderlichen Daten verschaffen und ihr eine Überwachung umweltrelevanten Verhaltens erleichtern. Dabei treten neben individuelle Auskunftspflichten auch Auskunftspflichten zu statistischen Zwecken.[1713] **Präventive und repressive Verbote mit Erlaubnis- bzw. Genehmigungsvorbehalt** kommen hinzu. Bei den präventiven Verboten wird eine möglicherweise umweltschädliche Maßnahme unter den Vorbehalt einer Genehmigung gestellt, auf die bei Vorliegen der gesetzlichen Voraussetzungen ein Anspruch besteht.[1714] Beim repressiven Verbot besteht kein von der Erfüllung bestimmter Voraussetzungen abhängiger Anspruch. Es kann vielmehr bei Vorliegen bestimmter Voraussetzungen Befreiung erteilt werden.[1715] Die je-

---

[1708] Landschaftsplanung: §§ 5 bis 7 BNatSchG; Schutzgebietsausweisungen: §§ 13 ff. BNatSchG.
[1709] Festlegung von Belastungsgebieten: § 44 BImSchG; Luftreinhaltepläne: § 47 BImSchG; Festlegung besonderer Schutzgebiete § 49 BImSchG.
[1710] Nutzungsregelungen: §§ 19, 23, 27 WHG; wasserwirtschaftliche Pläne: §§ 18a, 36, 36b WHG.
[1711] Abfallentsorgungspläne § 29 KrW-/AbfG; Planfeststellung für Deponien §§ 31 II, III, 32 ff. KrW-/AbfG.
[1712] *Schmidt* Einführung in das Umweltrecht, § 1 Rdn. 19.
[1713] Auskunftspflichten sind etwa in § 5 I BenzinbleiG, § 52 II BImSchG, § 42 BWaldG, § 8 II DüngemittelG und in § 10 IV Wasch- und ReinigungsmittelG geregelt. Anmeldepflichten für gefährliche Stoffe ergeben sich aus §§ 4 ff. ChemG, § 40 KrW-/AbfG, § 26 BImSchG, § 13 GefahrgutVO-Eisenbahn und § 9 TierkBG. Auskunftspflichten zu statistischen Zwecken enthält das Umweltstatistikgesetz.
[1714] Vgl. etwa § 4 BImSchG. Danach ist die Errichtung oder der Betrieb einer Anlage, die schädliche Umwelteinwirkungen in besonderem Maße hervorzurufen geeignet ist, vom Vorliegen einer behördlichen Genehmigung abhängig. Diese wird unter den Voraussetzungen des § 6 BImSchG erteilt. Auch das gewerbsmäßige Einsammeln von Abfällen ist nach § 49 KrW-/AbfG genehmigungspflichtig. Es besteht ein Anspruch auf Genehmigung, wenn das Wohl der Allgemeinheit, insbesondere im Hinblick auf die Zuverlässigkeit des Antragstellers, nicht entgegensteht.
[1715] Vgl. etwa § 9 BWaldG, der der Behörde abgesehen von der Bindung in § 9 I 3 BWaldG ein umfassendes Ermessen im Hinblick auf die Erteilung der Rodungsgenehmigung einräumt; vgl. auch §§ 1, 1a WHG, der ein repressives Verbot mit administrativer Befreiungsmöglichkeit beinhaltet und von dem Grundsatz geprägt ist, dass die Benutzung von Gewässern grundsätzlich von einer Befugnis verleihenden Erlaubnis oder Bewilligung abhängt, *BVerfG*, B. v. 15. 7. 1981 – 1 BvL 77/78 – BVerfGE 58, 300 = NJW 1982, 745 = DVBl. 1982, 340 = *Hoppe/Stüer* RzB Rdn. 1136 – Nassauskiesung.

5. Teil. Strukturen des Umweltrechts

weiligen ordnungsrechtlichen Maßnahmen werden durch Verfügungen der Umweltverwaltung umgesetzt und für den Einzelfall konkretisiert.

3. Umweltprüfung und Umweltverträglichkeitsprüfung

Als wichtige Säule der umweltrechtlichen Instrumentarien stellt sich die Umweltprüfung von Plänen und Programmen dar, die voraussichtlich erhebliche Umweltauswirkungen haben. Die Umweltprüfung ist durch die Plan-UP-Richtlinie vorgegeben. Projekte mit voraussichtlich erheblichen Umweltauswirkungen unterliegen einer UVP. Dies ist durch die UVP-Richtlinie vorgegeben. Die Umsetzung der europarechtlichen Anforderungen in deutsches Recht ist durch das UVPG i. d. F. des SUPG erfolgt.[1716]

4. Abgabenrechtliche Instrumentarien

Umweltpolitische Zielvorstellungen sollen auch durch abgabenrechtliche Instrumente verwirklicht werden.[1717] Darunter werden öffentlich-rechtliche Geldleistungen (Steuern, Gebühren, Beiträge oder Sonderabgaben) verstanden, mit denen ökologische Ziele erreicht werden sollen. Dabei kann der Verhaltenslenkungszweck oder der Finanzzweck im Vordergrund stehen. Die abgabenrechtlichen Instrumente haben gegenüber den ordnungsrechtlichen und administrativen Instrumenten den Vorteil einer größeren Flexibilität und gestatten, dem Gedanken der Eigenverantwortlichkeit stärker Rechnung zu tragen. Zu den abgabenrechtlichen Instrumenten rechnen die **Umweltsteuern** wie insbesondere die Immissionssteuern (Schmutz und Lärmsteuern), wie beispielsweise die CO_2-Steuer oder die SO_2-Steuer. Daneben treten **Lenkungsabgaben**, die das Marktverhalten in Richtung auf umweltgerechtes Verhalten steuern sollen. Dazu gehört etwa die Abgabe nach dem Abwasserabgabengesetz,[1718] die für das Einleiten von Abwasser in ein Gewässer erhoben werden kann. Die Höhe der Abgabe richtet sich nach der Schädlichkeit des Abwassers und wird auf der Grundlage des Bescheides, der die Einleitung genehmigt, ermittelt (§§ 3, 4 AbwAG).

Die **rechtliche Grundlage** für die Erhebung der **Abwasserabgabe** ist das **AbwAG**. Es regelt jedoch nicht, wann ein Überwachungswert eingehalten ist oder als eingehalten gilt. Nach § 7 a I 3 WHG hat die Bundesregierung mit Zustimmung des Bundesrates die Rahmen-AbwasserVwV erlassen, die der Konkretisierung der Regeln der Technik und des Standes der Technik i. S. des § 7 a I WHG für das Einleiten von Abwasser in die Gewässer dient. Diese erfüllt die durch die Rechtsprechung[1719] aufgestellten Anforderungen für eine normkonkretisierende Wirkung. Im konkreten Fall ist vom *BVerwG*[1720] zu klären gewesen, wie die so genannte „4-aus-5-Regelung" der Ziff. 2.2.4 Rahmen-AbwasserVwV auszulegen ist. Der Rahmen-AbwasserVwV kommt es auf die anhand der Messungen in der Vergangenheit zu beurteilende Prognose an, ob der aktuelle Grenzwert künftig eingehalten werden kann. Demnach gilt ein Wert als eingehalten, wenn er zwar nach dem Ergebnis einer Prüfung nicht eingehalten ist, aber die Ergebnisse dieser und der vier vor-

---

[1716] S. Rdn. 2690.
[1717] *Böhm* Die Wirksamkeit von Umweltlenkungsabgaben 1990; *Cansier* Umweltökonomie 1993; *Hansmeyer/Schneider* Umweltpolitik 1990; *Köck* Die Sonderabgabe als Instrument des Umweltschutzes 1991; *Lübbe-Wolff* (Hrsg.) Umweltschutz durch kommunales Satzungsrecht 1993; *Maier-Rigeaud* Umweltpolitik mit Mengen und Märkten 1994; *Mackscheidt/Ewrigmann/Gawel* (Hrsg.) Umweltpolitik durch hoheitliche Zwangsabgaben? 1994; *Murswiek* Innenstadtzufahrtsabgabe 1993; *Nagel* Umweltgerechtes Steuersystem 1993; *Wegehenkel* (Hrsg.) Marktwirtschaft und Umwelt 1981; *Wicke* Umweltökonomie 1993; *Wilhelm* Ökosteuern 1990; *Wilms* Pendler- und Großveranstaltungsabgabe 1993; *Schmidt* Einführung in das Umweltrecht § 1 Rdn. 31 ff.
[1718] Gesetz über Abgaben für das Einleiten von Abwasser in Gewässer (Abwasserabgabengesetz AbwAG) i. d. F. v. 3. 11. 1994 (BGBl. I 3370).
[1719] *BVerwG*, Urt. v. 28. 10. 1998 – 8 C 16.96 – DVBl. 1999, 399; B. v. 21. 3. 1996 – 7 B 164.95 – NVwZ-RR 1996, 498 = DVBl. 1997, 78; B. v. 10. 1. 1995 – 7 B 112.94 – DVBl. 1995, 516; B. v. 15. 2. 1988 – 7 B 219.87 – DVBl. 1988, 538.
[1720] *BVerwG*, Urt. v. 28. 10. 1998 – 8 C 16.96 – DVBl. 1999, 399.

angegangenen – ggf. im Vorjahr liegenden – Überprüfungen in vier Fällen diesen Wert nicht überschreiten. Der Sinn und Zweck der Regelung ergibt dabei, dass im Rahmen der Überprüfung auf den im Zeitpunkt der letzten Messung geltenden Grenzwert abzustellen ist. Scheitert diese zu Gunsten des Einleiters vorgesehene Entlastung, liegt nicht nur ein Verstoß gegen wasserrechtliche Bestimmungen vor, sondern es muss auch die Abwasserabgabe nach § 4 IV AbwAG erhöht werden.[1721]

3740 Die Abwasserabgabe wird nach der Schädlichkeit des eingeleiteten Abwassers erhoben (§ 3 AbwAG). Dabei ist der nur vorübergehende oder zeitlich unbeschränkte Einsatz der Anlage nicht entscheidend.[1722] Eine Abwasserabgabenermäßigung nach § 9 V AbwAG setzt voraus, dass der Bescheid- oder Erklärungswert mindestens den Anforderungen der allgemeinen Verwaltungsvorschrift nach § 7 a I WHG entspricht und diese Vorgaben im Veranlagungszeitraum durch den Einleiter eingehalten werden.[1723] Die Rahmen-AbwasserVwV konkretisiert dabei die allgemein anerkannten Regeln der Technik überwiegend mit Grenzwerten.[1724] Die Einhaltung dieser Grenzwerte darf allerdings nicht erst durch Verdünnung oder Vermischung erreicht werden (§ 9 V 1 Nr. 2 AbwAG). Dafür ist nach den allgemeinen Beweislastregeln derjenige beweispflichtig, der sich darauf beruft, also regelmäßig die Behörde. Bei Schadstoffen wie Phosphor und Stickstoff, an die keine Anforderungen in der Rahmen-AbwasserVwV gestellt werden, setzt die Ermäßigung voraus, dass die allgemein anerkannten Regeln der Technik durch eine ordnungsgemäße biologische Grundreinigung im gesamten Kalenderjahr als dem maßgeblichen Veranlagungszeitraum eingehalten werden.[1725]

3741 Aufwendungen für die Errichtung einer neuen Abwasserbehandlungsanlage können mit den Abwasserabgaben nach § 10 III 1 AbwAG nur verrechnet werden, wenn die Schädlichkeit des eingeleiteten Abwassers durch die neue Anlage vermindert wird. Wirkt sich die Inbetriebnahme einer neuen Abwasserbehandlungsanlage nicht auf eine bestehende Einleitung aus, kann eine Verrechnung mit der hierfür geschuldeten Abgabe nicht erfolgen. Bei einem nachträglichen Anschluss an eine bereits in Betrieb genommene und nicht erweiterte Anlage ist eine Verrechnung mit Aufwendungen für die Anlage nach § 10 III AbwAG daher nicht möglich. Dies gilt auch dann, wenn geplant war, die Abwässer bereits mit Inbetriebnahme der neuen Abwasserbehandlungsanlage in diese überzuleiten.[1726]

3742 Zudem muss sich durch die Inbetriebnahme eine beachtliche Verminderung der Schädlichkeit des eingeleiteten Abwassers ergeben.[1727] Wirkt sich aber die Inbetriebnahme einer neuen Abwasserbehandlungsanlage nicht auf eine bestehende Anlage aus, kann eine Verrechnung mit der hierfür geschuldeten Abgabe nicht erfolgen. Das Gleiche gilt, wenn ein nachträglicher Anschluss an eine bereits in Betrieb genommene und nicht erweiterte Anlage erfolgt.[1728] Die Inbetriebnahme einer Abwasserbehandlungsanlage i. S. des § 10 III AbwAG liegt nur dann vor, wenn die Abwasserbehandlungsabläufe durch Beschickung der Anlage mit Abwasser in Gang gesetzt werden und hierdurch die Schädlichkeit des Wassers vermindert oder beseitigt wird.[1729] Wird die Anlage in Betrieb genommen, kann sie nicht nochmals in Betrieb genommen werden, sondern lediglich die Erweiterung.[1730]

[1721] *BVerwG*, Urt. v. 28. 10. 1998 – 8 C 16.96 – DVBl. 1999, 399; so auch B. v. 20. 8. 1997 – 8 B 169.97 – Buchholz 401.64 § 4 AbwAG Nr. 5 S. 13.
[1722] *OVG Koblenz*, Urt. v. 3. 3. 2000 – 12 A 11452/99 –.
[1723] *BVerwG*, B. v. 22. 12. 1999 – 11 B 45.99 – NVwZ-RR 2000, 316.
[1724] *BVerwG*, Urt. v. 28. 10. 1998 – 8 C 30.96 – DVBl. 1999, 402.
[1725] *OVG Koblenz*, Urt. v. 29. 4. 1999 – 12 A 13126/96 – ZfW 2000, 142 dazu schon *BVerwG*, Urt. v. 28. 10. 1998 – 8 C 17.97 – ZfW 1999, 39.
[1726] *BVerwG*, B. v. 1. 6. 1999 – 8 B 71.99 –; B. v. 31. 5. 1999 – 8 B 70.99 – DVBl. 1999, 1654.
[1727] *BVerwG*, B. v. 31. 5. 1999 – 8 B 70.99 – DVBl. 1999, 1654 um mindestens 20%.
[1728] *BVerwG*, B. v. 31. 5. 1999 – 8 B 70.99 – DVBl. 1999, 1654.
[1729] *BVerwG*, Urt. v. 17. 10. 1997 – 8 C 26.96 – Buchholz 401.64 § 10 AbwAG Nr. 2 S. 1.
[1730] *BVerwG*, B. v. 1. 6. 1999 – 8 B 71.99 –.

Bei **Schadstoffen**, an die keine Anforderungen in den allgemeinen Verwaltungsvorschriften gestellt werden, sind die **allgemein anerkannten Regeln der Technik** gleichwohl anzuwenden.[1731] Die Abwasserabgabe richtet sich grundsätzlich nach § 3 I AbwAG nach der Schädlichkeit des Abwassers. Eine Ausnahme von dieser am Verursacherprinzip orientierten Regelung kann nur gewährt werden, wenn auch bei Einhaltung der Anforderungen der Verwaltungsvorschrift eine Schadstoffreduzierung nicht zu erreichen ist. Damit schafft § 9 V 4 i.V. m. AbwAG einen weiteren Anreiz, durch eine Verbesserung der Abwasserreinigung Abwasserabgaben zu sparen.[1732] Werden die Anforderungen der allgemeinen Verwaltungsvorschriften nach § 7a I WHG in einem Teil des Veranlassungszeitraums nicht eingehalten (siehe „4-aus-5-Regelung"), scheidet eine Ermäßigung des Abgabesatzes für den gesamten Veranlagungszeitraum aus.[1733] Dies ergibt sich aus dem Wortlaut von § 9 V 1 Ziff. 2 AbwAG ebenso wie aus dem das Abwasserabgabenrecht kennzeichnenden Jährlichkeitsprinzip (§ 11 I AbwAG und § 4 I 2 AbwAG).[1734]

Eine Minderung der **Abwasserabgabe** nach § 10 III 1 AbwAG ist nach Auffassung des *BVerwG* unabhängig von einem durch Bescheid festgesetzten oder erklärten Wert möglich. Insofern muss das höchste Messergebnis aus der behördlichen Überwachung zugrunde gelegt werden, denn ein „Wert" i. S. des § 10 III 1 AbwAG stellt auch das Ergebnis einer Messung dar.[1735] Erklärt der Einleiter, dass er eine geringere als im Bescheid festgelegte Abwassermenge einhalten wird, muss er nach § 4 V 3 AbwAG auch Angaben machen, die eine behördliche Erklärung ermöglichen.[1736] Der abwasserabgabenpflichtige Personenkreis wird durch das *OVG Münster*[1737] im Hinblick auf die Einleitung von Niederschlagswasser aus privaten Kanalisationen auf die Einleiter begrenzt. Nicht abwasserabgabenpflichtig sind danach die Betreiber der Flusskläranlagen. Erst gar nicht abwassergebührenpflichtig ist nach Auffassung des *VG Leipzig*[1738] die Einleitung des auf dem Grundstück anfallenden Abwassers in ein angrenzendes Gewässer, da es keine Benutzung einer öffentlichen Abwasseranlage darstellt.

Ein **Verrechnungsanspruch** nach § 10 IV i.V. m. III AbwAG kommt nur in Betracht, wenn die Abwasserbehandlungsanlage im maßgeblichen Zeitpunkt des Anschlusses der vorhandenen Einleitung dem Mindeststandard nach § 18b I i.V. m. § 7a WHG entspricht. Dabei kommt weder wasserrechtlichen Erlaubnissen und Genehmigungen insoweit eine Feststellungswirkung zu, noch reicht allein die Minderung der Gesamtschadstofffracht einen Verrechnungsanspruch zu begründen.[1739] § 9 V S.1 Nr. 2 AbwAG (1991) bindet die Ermäßigung des Abgabesatzes an die tatsächliche Einhaltung der Anforderungen der allgemeinen Verwaltungsvorschriften nach § 7a I WHG im Veranlagungszeitraum. Die Ermittlung eines höheren Anforderungswerts nach § 7a I LAbwAG ist auf das tatsächliche Einleiterverhalten und nicht auf den erklärten Überwachungswert abzustellen. Auch bei Schadstoffen, an die keine Anforderungen in den allgemeinen Verwaltungsvorschriften zu § 7a I WHG gestellt werden, sind die allgemein anerkannten Regeln der Technik im gesamten Veranlagungszeitraum einzuhalten.[1740]

[1731] *BVerwG*, Urt. v. 28. 10. 1998 – 8 C 30.96 – DVBl. 1999, 402; Urt. v. 20. 10. 1989 – 4 C 12.87 – BVerwGE 84, 31 – Eichenwäldchen.
[1732] *BVerwG*, Urt. v. 28. 10. 1998 – 8 C 30.96 – DVBl. 1999, 402.
[1733] *BVerwG*, Urt. v. 28. 10. 1998 – 8 C 17.97 – UPR 1999, 151 = NordÖR 1999, 123.
[1734] *BVerwG*, Urt. v. 28. 10. 1998 – 8 C 17.97 – UPR 1999, 151; Urt. v. 23. 8. 1996 – 8 C 10.95 – BVerwGE 102, 1.
[1735] *BVerwG*, Urt. v. 22. 12. 1998 – 8 C 7.97 – UPR 1999, 224.
[1736] *BVerwG*, B. v. 5. 1. 1999 – 8 B 153.98 – UPR 1999, 226.
[1737] *OVG Münster*, Urt. v. 15. 9. 1998 – 9 A 2/96 – UPR 1999, 160.
[1738] *VG Leipzig*, Urt. v. 1. 2. 1999 – 6 K 1141/97 – VwRR MO 2000, 35.
[1739] *OVG Münster*, Urt. v. 13. 12. 2000 – 9 A 2055/99 –.
[1740] *VGH Mannheim*, Urt. v. 28. 9. 2000 – 2 S 944/98 – DVBl. 2001, 80; in Fortführung von *BVerwG*, Urt. v. 28. 10. 1998 – 8 C 30.96 – BVerwGE 107, 345 = DVBl. 1999, 402.

3746 Da sich die Berechnung der Abwasserabgabe nach dem **höchsten Messergebnis** richtet, ist auch ein wegen der Unverwertbarkeit einzelner Teilparameter unvollständiger Summenwert der Abgabenfestsetzung als das höchste Ergebnis aus der behördlichen Überwachung zugrunde zu legen (§ 6 I 2 AbwAG). Er muss aber höher liegen als die vollständig verwertbaren Ergebnisse der übrigen im Rahmen der behördlichen Überwachung durchgeführten Messungen.[1741]

3747 Zur betriebsfertigen Herstellung des **Abwasserkanals** ist es bei Hinterliegergrundstücken, die etwa 50 Meter von der kanalisierten Straße entfernt liegen, regelmäßig nicht erforderlich, dass der Anschlusskanal bis an die Grenze des Hinterliegergrundstücks verlegt wird. Fehler bei der Kalkulation führen nur dann zur Unwirksamkeit des beschlossenen Beitragsatzes, wenn dieser zu Lasten der Beitragspflichtigen den bei einer ordnungsgemäßen Kalkulation höchstens zulässigen Beitragssatz übersteigt. Insoweit schließt sich das *OVG Lüneburg* der Mehrheit der Obergerichte an,[1742] dass einzelne Fehler nicht bereits für sich allein zur Unwirksamkeit des beschlossenen Beitragssatzes führen.[1743] Dabei ist die Anordnung des Anschluss- und Benutzungszwangs an die gemeindliche Entwässerungsanlage unzulässig, wenn das Grundstück – auch ohne dingliches oder schuldrechtliches Leistungsführungsrecht – bereits angeschlossen ist.[1744] Es ist grundsätzlich unbedenklich, wenn der Verordnungsgeber mit der Aufstellung des Abwasserbeseitigungsplans und den verbindlichen Regelungen in der Verordnung dafür Sorge trägt, dass eine überdimensioniert errichtete Gruppenkläranlage wirtschaftlicher arbeiten kann. Dementsprechend darf der Verordnungsgeber durch die Zuordnung einer Gemeinde in den Einzugsbereich einer bestimmten Gruppenkläranlage auch wirtschaftliche Interessen verfolgen.[1745]

3748 Bei Eingriffen in Naturgüter sind vor allem im Natur- und Landschaftsschutz **Ausgleichsabgaben**[1746] vorgesehen. §§ 18 bis 20 BNatSchG schreiben dazu ein abgestuftes System naturschutzrechtlicher Ausgleichs- und Ersatzmaßnahmen vor, das bei naturschutzrechtlichen Eingriffen zu beachten ist.

5. Informale Instrumente

3749 Neben den formellen umweltrechtlichen Instrumenten tragen auch die informalen Instrumente zu einer Verwirklichung umweltpolitischer Zielvorstellungen bei. Darunter fallen rechtlich nicht geregelte Kontakte, Absprachen, Vorabstimmungen und gemeinsame Aktionen zwischen Bürger und Verwaltung. Auch Empfehlungen, Warnungen, Appelle und behördliche Umweltberatung haben sich inzwischen einen festen Platz im Konzert der umweltrechtlichen Instrumente eingerichtet. Umweltrechtliche Absprachen können als Typen informalen Verwaltungshandelns gesetzesvertretende und verordnungsvertretende Funktionen gewinnen. Die Vorteile des informellen Handelns werden vor allem in der größeren Flexibilität, einer höheren Effizienz, der Kosten- und Zeitersparnis, dem Abbau von Rechtsunsicherheit und der Vermeidung von Rechtsstreitigkeiten gesehen.

3750 Die **nicht institutionalisierten Formen** der Kooperation betreffen in erster Linie den Normvollzug und in zweiter Linie die Normsetzung. Die Beteiligten können dabei in einem vertikalen Über-Unterordnungs-Verhältnis (Wirtschaftsunternehmen/Behörde)

[1741] *BVerwG*, Urt. v. 29. 1. 2001 – 11 C 3.00 – NVwZ-RR 2001, 470 = DVBl. 2001, 1358 – Abwasserabgabe.
[1742] *VGH München*, Urt. v. 23. 4. 1998 – 23 B 96.3585 – BayVBl. 1998, 593; *OVG Koblenz*, Urt. v. 30. 10. 1997 – 12 A 11984/96 – KStZ 1998, 71; *OVG Münster*, Urt. v. 2. 6. 1995 – 15 A 3123/93 – DVBl. 1996, 382.
[1743] *OVG Lüneburg*, Urt. v. 26. 7. 2000 – 9 L 4640/99 – NdsVBl. 2001, 117; Urt. v. 11. 6. 1991 – 9 L 186/89 – NVwZ-RR 1992, 503.
[1744] *VGH München*, Urt. v. 26. 9. 2000 – 23 B 00.1613 – BayVBl. 2001, 54.
[1745] *OVG Magdeburg*, Urt. v. 21. 10. 2000 – 1 K 67/00 – NuR 2001, 236.
[1746] Zur isolierten Anfechtung einer Ausgleichsabgabe *BVerwG*, B. v. 18. 2. 1997 – 4 B 199.96 – ZUR 1997, 219.

und in einem horizontalen Gleichordnungsverhältnis (Einzelunternehmen/Verband) bestehen. Hierzu können unterschiedliche Formen und Umweltabsprachen geschlossen werden, die entweder auf Rechtsgeschäft beruhen oder informell ausgehandelt werden. Statt auf einseitigen staatlichen Zwang wird dabei auf private Initiative gesetzt. So gesehen drückt sich in der Kooperation ein Wandel vom normierenden zum paktierenden Staat aus, der das gesamte öffentliche Recht nachhaltig prägt.[1747] Dabei können öffentlich-rechtliche und privatrechtliche Verträge geschlossen werden. Auch informelle Absprachen kommen in unterschiedlichen Formen in Betracht. Regulative Absprachen sollen durch Selbstbeschränkungen und Selbstverpflichtungen strengeren gesetzlichen Regelungen zuvorkommen. Selbstverpflichtungen enthalten etwa die Erklärungen der deutschen Wirtschaft, ihre spezifischen CO_2-Emissionen bis 2005 um bis zu 20 % gegenüber 1987 (1990) zu reduzieren, die Zusage der Automobilindustrie, den Treibstoffverbrauch neu zugelassener PKW bis 2005 um 25 % gegenüber 1990 zu vermindern und die Erklärung der europäischen Papierhersteller, die Risikoabschätzung wassergefährdender Stoffe von einer unabhängigen Stelle prüfen zu lassen.[1748] Selbstverpflichtungen zeichnen sich durch ein zumeist größeres Maß an Flexibilität aus, stehen allerdings auch in der Gefahr, nicht hinzugezogene Dritte zu benachteiligen, die rechtliche Kontrolle zu erschweren oder sogar materiellrechtliche Vorgaben beiseite zu schieben.

Projektbezogene Absprachen begleiten die Verwirklichung konkreter Projekte. Genehmigungsverfahren sind nach den §§ 71a bis 71e VwVfG durch eine besondere Zügigkeit, Beratung und Auskunft, Sternverfahren und Antragskonferenz beschleunigt durchzuführen. In diesem Rahmen erfolgen zumeist Sondierungsgespräche mit dem Ziel der gegenseitigen Interessenabstimmung.[1749] Dabei können behördliche Beratungs- und Auskunftspflichten wirksam werden. Die Kooperation hat für Verwaltung und Antragsteller gleichermaßen Vorteile: Die Verwaltung wird frühzeitig in die Planungsprozesse einbezogen. Der Vorhabenträger erhält in einem frühen Verfahrensstadium fachliche und verfahrensrechtliche Beratungen. Allerdings darf dadurch die behördliche Objektivität, die sich auch im Untersuchungsgrundsatz des § 24 VwVfG ausdrückt, nicht in Zweifel geraten.[1750] Die Rechte Dritter werden zumeist dadurch ausreichend gewahrt, dass die abschließenden Verwaltungsentscheidungen der gerichtlichen Kontrolle unterliegen. Nur durch eine unparteiische Verhandlungs- und Verfahrensführung kann die Symmetrie der Interessen gewahrt werden.[1751] Denn die Kooperationsbereitschaft des Staates darf nicht auf einen Verzicht von Umweltstandards oder einen Autoritätsverlust des Staates hinauslaufen.[1752]

6. Teil. Verfahren der Planaufstellung

Seit langem wird beklagt, dass die Planung von Verkehrswegen und -anlagen, für die durchweg nach der technischen Fachplanung ein öffentlich-rechtliches Planfeststellungsverfahren vorgeschrieben ist, oft viele Jahre und damit wesentlich zu lange dauert.[1753]

[1747] *Kloepfer*, Umweltrecht, § 5 Rdn. 48; *Rengeling*, Das Kooperationsprinzip im Umweltrecht, 1988; *Schuppert*, Die Verwaltung 1998, 415.
[1748] Weitere Beispiele bei *Kraus* in: *Rengeling*, EDUR § 54 Rdn. 43.
[1749] *Schulte*, Schlichtes Verwaltungshandeln, 1995.
[1750] *Eberle*, Die Verwaltung 1984, 439; *Kloepfer*, Umweltrecht § 5 Rdn. 224.
[1751] *Brohm* DVBl. 1994, 133 mit der Warnung, dass kooperatives Verwaltungshandeln nicht in einem Rechts- und Sozialdarwinismus enden dürfe.
[1752] *Lübbe-Wolff* NuR 1989, 295.
[1753] *Blümel/Pitschas* (Hrsg.) Reform des Verwaltungsverfahrensrechts 1994; *Hoffmann-Riem/ Schmidt-Aßmann/Schuppert* (Hrsg.) Reform des Allgemeinen Verwaltungsrechts 1993; zum Verwaltungsverfahren *Badura* Das Verwaltungsverfahren 1991, 423; *Battis* Allgemeines Verwaltungsrecht 1985; *Blümel* Arten der Verwaltungsverfahrens 1990, 9; *Bonk* DVBl. 1986, 485; *Danwitz* DVBl. 1993, 422; *Erichsen/Martens* (Hrsg.) Allgemeines Verwaltungsrecht 1992; *Forsthoff* Lehrbuch des Verwal-

Vielfach schließt sich dann noch ein langwieriges verwaltungsgerichtliches Verfahren an. So konnte es geschehen, dass Planungs-, Zulassungs- und Klageverfahren bei Großvorhaben nicht selten einen Zeitraum von mehr als 20 Jahren eingenommen haben.[1754] War dies in der alten Bundesrepublik mit ihrer voll entwickelten Infrastruktur vielleicht noch hinzunehmen, so ließen sich solche Zeiträume für den „Aufschwung Ost" nicht mehr vertreten. Denn mit einer Planung von Verkehrswegen im „Schneckentempo" konnte eine nach westlichen Maßstäben daniederliegende Verkehrsinfrastruktur kurzfristig nicht von Grund auf erneuert werden.[1755] Dieser Handlungsbedarf rief den Gesetzgeber auf den Plan, der durch drei Gesetzesvorhaben auf die neuen Entwicklungen reagiert hat: Das Gesetz zur Beschleunigung der Planung für Verkehrswege in den neuen Ländern sowie im Land Berlin[1756] ermöglichte es ein gutes Jahr nach der Wiedervereinigung, die für eine öffentliche Planung erforderlichen Rechtsgrundlagen in kürzerer Frist zu schaffen.[1757]

---

tungsrechts 1973; *Grupp* DVBl. 1984, 510; *Hoppe* DVBl. 1977, 136; *Meyer/Borgs-Maciejewski* §§ 72 ff. VwVfG; *Obermayer* §§ 72 ff. VwVfG; *Pfeil* DVBl. 1993, 474; *Rengeling* (Hrsg.) Beschleunigung von Planungs- und Genehmigungsfragen, Bd. 10, 1997; *Schmidt-Glaeser* Verwaltungsprozessrecht 1994; *Stelkens/Bonk/Sachs* §§ 72 ff. VwVfG; *Stüer* DVBl. 1997, 326; ders. in: *Stüer* (Hrsg.) Verfahrensbeschleunigung, S. 90; *Vogelsang/Zartmann* NVwZ 1993, 855.

[1754] Zum Fachplanungsrecht *Dreier* Die normative Steuerung der planerischen Abwägung 1995; *Dürr* in: *Kodal/Krämer* Straßenrecht, 943; *Hoppe/Schlarmann* Rechtsschutz bei der Planung von Straßen, 1982; *Ibler* Die Schranken der planerischen Gestaltungsfreiheit im Planfeststellungsrecht 1988; *Johlen* Planfeststellungsrecht HdBöffBauR Kap. L; *Knack* (Hrsg.) §§ 72 ff. VwVfG 1994; *Kopp/Ramsauer* §§ 72 ff. VwVfG; *Kormann* (Hrsg.) Aktuelle Fragen der Planfeststellung 1994; *Kügel* Der Planfeststellungsbeschluss und seine Anfechtbarkeit 1985; *Kühling* Fachplanungsrecht 1988; *Meyer/Borgs* §§ 72 ff. VwVfG; *Obermayer* §§ 72 ff. VwVfG; *Salis* Gestufte Verfahren im Umweltrecht 1991; *Stelkens/Bonk/Sachs* §§ 72 ff. VwVfG; *Steinberg* Fachplanung 1993; *Ule/Laubinger* Verwaltungsverfahrensrecht 1986.

[1755] Zu den gesetzlichen Beschleunigungsmaßnahmen *Alexander* Verfahrensbeschleunigung auch im Landesbereich – Neue straßenplanungs- und entschädigungsrechtliche Vorschriften in Ba.-Wü. DAR 1993, 138; *Broß* DVBl. 1991, 177; *Ebling* Beschleunigungsmöglichkeiten bei der Zulassung von Abfallentsorgungsanlagen 1994; *Fisahn* NJ 1996, 63; *Fluck* Der Betrieb 1993, 2011; *Hofmann-Hoeppel* Verw. 27 (1994), 391; *Kauch* Verfahrensbeschleunigung bei der Planung von Fernstraßen und Abfallentsorgungsanlagen, Beiträge zum Siedlungs- und Wohnungswesen und zur Raumplanung, Bd. 156, 1994; *Kirstenpfad* LKV 1996, 93; *Kleinheins* Beschleunigungsgesetze – Planung ohne Frauen Streit 1995, 51; *Klinski* NVwZ 1992, 235; *Kröger* NuR 1995, 72; *Kuschnerus* UPR 1992, 167; *Metscher* Beschleunigte Ausweisung von Wohnbauland. Erfahrungen aus der kommunalen Praxis bei der Anwendung von Verfahrenserleichterungen und Präklusionsregelungen nach § 2 BauGB-MaßnG; *Ortloff* NVwZ 1995, 112; *Pagenkopf* DVBl. 1985, 981; *Pasternack* BayVBl. 1994, 616; *Postier* NJ 1996, 125; *Ronellenfitsch* DVBl. 1991, 920; *Schlichter* DVBl. 1995, 173; *Schmidt* ZUR 1993, 174; *Schmidt-Preuß* Die Verwaltung 1993, 489; *Schulze* in: *Stüer* (Hrsg.) Verfahrensbeschleunigung, S. 85; *Schulze/Stüer* ZfW 1996, 269; *dies.* in: *Stüer* (Hrsg.) Verfahrensbeschleunigung, S. 62; *Stüer* in: *Stüer* (Hrsg.) Verfahrensbeschleunigung, S. 120; *Sendler* DVBl. 1982, 812; *Steinberg* NuR 1996, 6; *Stüer* DVBl. 1990, 1393; *ders.* DVBl. 1996, 177; *ders.* DVBl. 1996, 847; *ders.* in: *Rengeling* (Hrsg.) 1997, 215; *ders.* DVBl. 1997, 326; *ders.* in: *Stüer* (Hrsg.) Verfahrensbeschleunigung, S. 90; *Wagner* NVwZ 1992, 232; *Wagner* DVBl. 1991, 1230; *Wagner* Planungsbeschleunigung – Möglichkeiten und Grenzen legislativer und administrativer Ansätze zur Beschleunigung der Planungsverfahren für Infrastruktur- und private Vorhaben in: *Kormann* (Hrsg.) Das neue Baurecht 1994, 39.

[1756] VerkPlBG v. 14. 12. 1991 (BGBl. I 2174).

[1757] Zu Beschleunigungsmaßnahmen *Broß* DVBl. 1991, 177; *Ebling* Beschleunigungsmöglichkeiten bei der Zulassung von Abfallentsorgungsanlagen 1994; *Fluck* Der Betrieb 1993, 2011; *Kauch* Verfahrensbeschleunigung bei der Planung von Fernstraßen und Abfallentsorgungsanlagen 1994; *Pasternack* BayVBl. 1994, 61; *Ronellenfitsch* DVBl. 1991, 920; *Schulze* in: *Stüer* (Hrsg.) Verfahrensbeschleunigung, S. 85; *Schulze/Stüer* ZfW 1996, 269; *dies.* in: *Stüer* (Hrsg.) Verfahrensbeschleunigung, S. 62; *Stüer* DVBl. 1990, 1393; *ders.* DVBl. 1997, 326; *ders.* in: *Stüer* (Hrsg.) Verfahrensbeschleunigung, S. 90; *Stüer* in: *Stüer* (Hrsg.) Verfahrensbeschleunigung, S. 120.

I. Verkehrsprojekte Deutsche Einheit

In die Verwirklichung von Verkehrsprojekten sind seit dieser Zeit von der öffentlichen Hand gegründete, **privatrechtlich organisierte Unternehmen** eingebunden.[1758] Nach der deutschen Wiedervereinigung wurde im Vorgriff auf den Infrastrukturleitplan des Bundesverkehrswegeplanes am 9. 4. 1991 ein verkehrswegeübergreifendes Konzept vom Bundeskabinett verabschiedet. Das Konzept umfasste die 17 **„Verkehrsprojekte Deutsche Einheit"**, zu denen 9 Schienenprojekte, 7 Fernstraßenprojekte und ein Wasserstraßenprojekt gehören. Das Investitionsvolumen aller 17 „Verkehrsprojekte Deutsche Einheit" betrug insgesamt knapp 35 Milliarden Euro. Die Fernstraßenprojekte lagen dabei zu 80% auf dem Gebiet der neuen Länder.[1759] Die Straßenbauverwaltungen in den neuen Ländern befanden sich nach der deutschen Wiedervereinigung noch im Aufbau und auch daher erschien es für die verkehrspolitischen Entscheidungsträger geboten, neue Wege im Planungsrecht und beim Planungsmanagement zu beschreiten. Mit dem Verkehrswegeplanungsbeschleunigungsgesetz[1760] vom 16. 12. 1991 wurde die rechtliche Grundlage für eine beschleunigte Verwirklichung der „Verkehrsprojekte Deutsche Einheit" geschaffen,[1761] um sie möglichst rasch und erfolgreich umzusetzen. Die Planung und der Bau der „Verkehrsprojekte Deutsche Einheit" wurde an Gesellschaften in der Rechtsform einer GmbH übertragen, denen eine Schlüsselrolle bei der Verfahrensbeschleunigung in den neuen Ländern zugeschrieben wird.[1762] Die Deutsche Einheit Fernstraßenplanungs- und Baugesellschaft mbH ist eine private Planungsgesellschaft, welche von den neuen Ländern mit der Planung und der Baudurchführung der Fernstraßen beauftragt wird. Am 7. 10. 1991 wurde die DEGES durch Gesellschaftsvertrag von dem Bund, der Rhein-Main-Donau AG und den fünf neuen Ländern gegründet und nahm am 1. 12. 1991 den Geschäftsbetrieb auf. Der Bund und die Rhein-Main-Donau AG waren je zu 25 % beteiligt. Die Rhein-Main-Donau AG ist allerdings als Gesellschafter ausgeschieden. Der Bund hält seit 1996 50 % der Gesellschaftsanteile. Die Länder Brandenburg, Mecklenburg-Vorpommern, Sachsen, Sachsen-Anhalt und Thüringen haben eine Beteiligung von je 10 % an der DEGES.[1763]

Der Tätigkeitsbereich der DEGES umfasst die Aufgabenstellung und Investitionsplanung, die Budgetplanung, den Grunderwerb, die Vertragsabschlüsse für Planungs- und Bauarbeiten, die Baubetriebsplanung, die Baulenkung und die Erfolgskontrolle.[1764] Die Kompetenz zur Beauftragung der DEGES mit der Planung und Baudurchführung der einzelnen Projekte liegt gemäß Ziffer 1 jedes Dienstleistungsvertrages[1765] zwischen den einzelnen Ländern und der DEGES bei den Ländern. Die Aufgabe der Gesellschaft nach Ziffer 2 der einzelnen Dienstleistungsverträge ist es, die genannten Bundesfernstraßenprojekte nach Abstimmung mit der obersten Landesstraßenbaubehörde im Namen und im Auftrag des Landes zu planen, sowie die mit dem Bau oder Ausbau zusammenhängenden Verträge im Namen und auf Rechnung des Bundes abzuschließen und abzuwickeln. Bei der Erfüllung des Auftrages sind insbesondere die Planungs- und Ausführungsarbeiten unter Beachtung des jeweils geltenden Vergaberechtes zu vergeben.[1766] Daraus folgt,

---

[1758] Zum folgenden *Klofath* in: *Blümel* (Hrsg.) Einschaltung Privater beim Verkehrswegebau, S. 10; *Rehme* in: *Stüer* (Hrsg.) Verfahrensbeschleunigung, S. 230, s. dort auch zu den damit verbundenen verfassungsrechtlichen Fragestellungen.
[1759] Straße und Autobahn 1991, 617.
[1760] BGBl. I S. 2174.
[1761] *Bülow* LKV 1993, 128.
[1762] *Würtenberger* VBlBW 1992, 1.
[1763] *Klofath* in: *Blümel* (Hrsg.) Einschaltung Privater beim Verkehrswegebau, S. 10; *Rehme* in: *Stüer* (Hrsg.) Verfahrensbeschleunigung, S. 230.
[1764] *Stüer* DVBl. 1992, 1528.
[1765] Dienstvertrag zwischen dem Land Brandenburg und der DEGES. Vollständig abgedruckt zu finden in: Präsident des Bundesrechnungshofes, Anlage 7.
[1766] *Klofath* in: *Blümel* (Hrsg.) Einschaltung Privater beim Verkehrswegebau, S. 10.

dass die DEGES nicht selbst als Ingenieurbüro projektieren bzw. als Baugesellschaft bauen soll.[1767] In Ziffer 1 des Dienstleistungsvertrages ist ausdrücklich geregelt, dass hoheitliche Aufgaben und Befugnisse wie beispielsweise die Planfeststellung, die Bauaufsicht oder eventuelle Enteignungsverfahren nicht der DEGES übertragen werden, sondern bei dem jeweiligen Land verbleiben. Die DEGES betreut in den neuen Ländern rd. 1.200 km der Straßenverkehrsprojekte Deutsche Einheit (VDE). Nach den Angaben der DEGES sind gegen erlassene Planfeststellungsbeschlüsse bzw. Plangenehmigungen rd. 160 Klagen und Anträge auf Anordnung der aufschiebenden Wirkung vor dem BVerwG anhängig gemacht worden. Rd. 150 davon konnten bereits mit einer durchschnittlichen Dauer der Klageverfahren von 10 Monaten und der Antragsverfahren von 7 Monaten abgeschlossen werden.

3755 Ebenfalls im Jahre 1991 wurde die **Planungsgesellschaft Bahnbau Deutsche Einheit** (PBDE) gegründet, um die Projekte Nr. 1 bis Nr. 3 und Nr. 5 bis Nr. 9 aus dem Bundesprogramm „Verkehrsprojekte Deutsche Einheit" zügig zu realisieren. Die PBDE gehört als hundertprozentige Tochter der Deutschen Bahn AG zur Deutschen Bahn Gruppe. Die Deutsche Bahn AG ist auch ihr Auftraggeber. Die Aufgaben der PBDE sind insbesondere Vorbereitung von Planrechtsverfahren, Grunderwerb, Bauerlaubnisverträge, Entschädigungen, Ausschreibung, Vergabe und Vertragsmanagement für Planungs- und Bauaufträge, Bauleitung, Baulenkung, Leistungsabrechnung, Projektcontrolling, Abnahme, Erfolgskontrolle und die Übergabe an die Deutsche Bahn AG. Der Sitz der Geschäftsführung der PBDE ist in Berlin, daneben wird in neun Projektzentren direkt vor Ort gearbeitet.[1768] Für die Planung und Realisierung der Schnellbahnverbindung zwischen Hannover und Berlin wurde eine privatrechtlich organisierte Gesellschaft bereits 1990 nach einer Grundsatzvereinbarung der damals noch zwei deutschen Staaten über den Bau der ICE-Verbindung gegründet – die Planungsgesellschaft Schnellbahnbau Hannover–Berlin mbH (PGS H/B). Sie ist eine hundertprozentige Tochtergesellschaft der Deutschen Bahn AG. Die Herstellung der Schnellbahnverbindung von Hannover nach Berlin ist Aufgabe des „Verkehrsprojektes Deutsche Einheit" Nr. 4. Diese Schienenverbindung ist zugleich ein wichtiges Teilstück im europäischen Hochgeschwindigkeitsnetz im Verlauf der Achse London/Paris – Berlin – Warschau.[1769] Entgegen ihrem Namen plant die PGS nicht nur, sondern übernimmt auch das gesamte Baumanagement. Das Projekt wurde von zentralen Büros in Berlin und Hannover aus organisiert. Die PGS ist seit Januar 1996 mit der PBDE zusammengeführt worden.[1770]

3756 Da sich das Verkehrswegeplanungsbeschleunigungsgesetz aus der Sicht seiner Befürworter durchaus bewährt hat,[1771] war es nur eine Frage der Zeit, bis die Grundsätze des für die neuen Bundesländer geltenden Verkehrswegeplanungsbeschleunigungsgesetzes auf für das übrige Bundesgebiet übernommen wurden. Dies ist mit dem Gesetz zur Vereinfachung der Planungsverfahren für Verkehrswege[1772] geschehen.[1773] Weitere Beschleunigungen, vor allem im Hinblick auf den gerichtlichen Rechtsschutz, sind durch das Investitionserleichterungs- und Wohnbaulandgesetz 1993 (InvWoBaulG)[1774] eingeführt worden.

[1767] *Hoffmann-Burchardi* LKV 1992, 322.
[1768] Info-Brief der PBDE, 1-97, S. 10.
[1769] Bundesministerium für Verkehr, VDE, Stand: 3. Quartal 1996, S. 11.
[1770] *Klofath* in: *Blümel* (Hrsg.) Einschaltung Privater beim Verkehrswegebau, S. 10; *Rehme* in: *Stüer* (Hrsg.) Verfahrensbeschleunigung, S. 230.
[1771] *Stüer* DVBl. 1991, 1333; *ders.* DVBl. 1992, 547; vgl. zur Überleitung des Wasserstraßenrechts in die neuen Bundesländer *Friesecke* LKV 1991, 129; kritisch zum VerkPlBG *Blümel* in: *Stüer* (Hrsg.) Verfahrensbeschleunigung, S. 17.
[1772] Gesetz zur Vereinfachung der Planungsverfahren für Verkehrswege (Planungsvereinfachungsgesetz – PlVereinfG) v. 17. 12. 1993 (BGBl. I 2123).
[1773] Zu einer Bewertung dieser Vorschriften *Pasternak* BayVBl. 1994, 616; *Steinberg* NJW 1994, 488.
[1774] Investitions- und Wohnbaulandgesetz v. 24. 4. 1993 (BGBl. I 466); vgl. zu Nachweisen über die Literatur *Stüer* DVBl. 1995, 649 Fnte. 22.

6. Teil. Verfahren der Planaufstellung **3757 E**

Das GenBeschlG[1775] hat zusätzliche Beschleunigungseffekte vor allem dadurch ermöglicht, dass der Verwaltung verschiedene verfahrensstraffende Modelle an die Hand gegeben werden, die eine zeitnahe Durchführung der Planungsverfahren begünstigen.[1776]

Bei dem **Planungsvereinfachungsgesetz** handelt es sich um ein sog. Artikelgesetz.[1777] 3757 Das Gesetz enthält also keine eigenständigen, originären Regelungen in der Form eines

---

[1775] Gesetz zur Beschleunigung von Genehmigungsverfahren (Genehmigungsverfahrensbeschleunigungsgesetz – GenBeschlG) v. 12. 9. 1996 (BGBl. I 1354); vgl. *Stüer* DVBl. 1997, 326; *ders.* in: *Stüer* (Hrsg.) Verfahrensbeschleunigung, S. 90.

[1776] Zum Planfeststellungsrecht *Achenbach* Zur Frage der selbstständigen rechtlichen Bedeutung der privatnützigen Planfeststellung 1992; *Alexander* DÖV 1983, 515; *Alexander/Martin* NVwZ 1992, 950; *Axer* NuR 1995, 241; *Badura* FS Rolf Lukes 1989, 2; *Battis* Die Verwaltung 1988, 23; *Bauer* NVwZ 1993, 441; *Beck* UVP ET 1992, 404; *Becker* ArchivPF 1987, 440; *Birk* VBlBW 1988, 410; *Blümel* DVBl. 1960, 697; *ders.* Die Bauplanfeststellung – Erster Teil 1961; *ders.* Die Planfeststellung – Zweiter Teil Nachdruck 1994; *ders.* in VerwArch 83 (1992), 146; *Born* DB 1981, 777; *Börner* Planungsrecht für Energieanlagen 1973; *Breuer* Verfahrens- und Formfehler der Planfeststellung für raum- und umweltrelevante Großvorhaben; *Breuer* Die Planfeststellung für Anlagen zur Endlagerung radioaktiver Abfälle 1984; *ders.* FS Sendler 1991, 357; *Broß* VerwArch 74 (1984), 425; *ders.* VerwArch 76 (1985), 337; *ders.* DÖV 1985, 513; *Büllesbach* NuR 1991, 190; *Büllesbach/Diercks* DVBl. 1991, 469; *Burgi* JZ 1994, 654; *Degenhart* ET 1984, 948; *Dickschen* Das Raumordnungsverfahren im Verhältnis zu den fachlichen Genehmigungs- und Planfeststellungsverfahren; *Diekmann* Die wasserwirtschaftliche Planfeststellung 1972; *Dolde* NVwZ 1991, 960; *Dombert* NVwZ 1990, 441; *Dürr* VBlBW 1992, 321; *ders.* UPR 1993, 161; *Eidenmüller* JA 1992, 250; *Erbguth* NVwZ 1992, 209; *ders.* DVBl. 1992, 398; *ders.* NVwZ 1989, 608; *Fehn* DÖV 1988, 202; *Fickert* ZfW 1984, 193; *ders.* DVBl. 1984, 207; *ders.* Planfeststellung für den Straßenbau 1978; *Fromm* DÖV 1988, 1035; *ders.* TranspR 1992, 256; *Gaentzsch* FS Sendler 1991, 403; *Gassner* NuR 1982, 81; *Gehrke* Bbahn 1988, 87; *Geiger* JA 1983, 42; *Gramlich* VBlBW 1987, 228; *Groß* DVBl. 1995, 468; *Grupp* Abfallrechtliche Planfeststellung in: Verwaltungsverfahrensrecht und Verwaltungsprozessrecht 1990, 15; *ders.* DVBl. 1990, 81; *Haak* BWVPr. 1989, 25; *Habel* BWVPr. 1989, 151; *Haselhoff* DVBl. 1989, 595; *Heigl* Das Planfeststellungsverfahren FS Richard Boorberg-Verlag 1977; *Henle* ZlW 1981, 108; *ders.* ZLW 1981, 391; *Hiddemann* Die Planfeststellung im Flurbereinigungsgesetz 1970; *Hummel* BWVPr. 1991, 8; *Ibler* Die Schranken planerischer Gestaltungsfreiheit im Planfeststellungsrecht 1988; *ders.* JuS 1990, 7; *ders.* NuR 1989, 247; *Jarass* BayVBl. 1979, 65; *Johlen* Planfeststellungsrecht in: HdBöffBauR, Kap. L; *Kastner* DVBl. 1987, 73; *ders.* VerwArch 80 (1989), 74; *ders.* DVBl. 1982, 669; *Kern* DÖV 1989, 932; *Kopp* NuR 1991, 449; *Kormann* (Hrsg.) Aktuelle Fragen der Planfeststellung 1994; *Kretz* UPR 1992, 129; *Krüger* NVwZ 1992, 552; *Kügel* Der Planfeststellungsbeschluss und seine Anfechtbarkeit 1985; *Kühling* FS Sendler 1991, 391; *Kuschnerus* DVBl. 1986, 75; *ders.* DVBl. 1990, 235; *Lang* BayVBl. 1981, 679; *Laubinger* VerwArch 77 (1986), 77; *ders.* VerwArch 85 (1994), 291; *Löwer* DVBl. 1981, 528; *Maier* BayVBl. 1990, 647; *Manner* Die rechtsstaatlichen Grundlagen des Planfeststellungsverfahrens 1976; *Michler* DVBl. 1988, 229; *ders.* DVBl. 1986, 278; *ders.* DVBl. 1987, 410; *Obermayer* DVBl. 1987, 877; *Ossenbühl* FS Sendler 1991; *ders.* DVBl. 1991, 833; *Paetow* in: FS Sendler 1991, 425; *Papier* JZ 1986, 183; *Quaas* NVwZ 1991, 16; *Ramsauer* DÖV 1981, 37; *Rengeling* Planfeststellung für die Endlagerung radioaktiver Abfälle 1984; *ders.* ET 1984, 629; *Ronellenfitsch* VerwArch 77 (1986), 177; *ders.* VerwArch 79 (1988), 211; *ders.* Die Verwaltung 23 (1990), 323; *ders.* VerwArch 78 (1987), 323; *ders.* VerwArch 80 (1989), 92; *Sachs* JuS 1992, 153; *Schink* ZfW 1985, 1; *Schmidt* ArchivPT 1993, 79; *Schoeneck* ZUR 1993, 233; *Schröder/Steinmetz-Maaz* DVBl. 1992, 23; *Schulze* in: *Stüer* (Hrsg.) Verfahrensbeschleunigung, S. 85; *Schulze/Stüer* ZfW 1996, 269; *dies.* in: *Stüer* (Hrsg.) Verfahrensbeschleunigung, S. 62; *Stüer* (Hrsg.) Verfahrensbeschleunigung, S. 120; *Schwab* DWW 1986, 8; *ders.* DWW 1986, 39; *ders.* DWW 1986, 282; *Seeliger* VR 1990, 329; *Sellmann* DVBl. 1987, 223; *Sieg* ZUR 1994, 84; *Steinberg* Das Nachbarrecht der öffentlichen Anlagen 1988; *ders.* NVwZ 1986, 812; *ders.* NVwZ 1988, 1095; *ders.* DVBl. 1992, 1501; *Steinberg/Bidinger* UPR 1993, 281; *Strebele* Bbahn 1982, 49; *Stüer* NuR 1981, 149; *ders.* DÖV 1986, 65; *ders.* DÖV 1988, 507; *ders.* DVBl. 1990, 35; *ders.* DVBl. 1997, 326; *ders.* in: *Stüer* (Hrsg.) Verfahrensbeschleunigung, S. 90; *Stühler* VBlBW 1991, 321; *Tsevas* Die verwaltungsgerichtliche Kontrollintensität bei der materiellrechtlichen Nachprüfung des Planfeststellungsbeschlusses für raumbeanspruchende Großprojekte 1992; *Uechtritz* NVwZ 1988, 316; *Wegener* SchlHA 1989, 37; *Weidemann* RdE 1995, 181; *ders.* DVBl. 1990, 592; *Weyreuther* DÖV 1977, 419; *Zeitler* NVwZ 1992, 830.

[1777] Geändert wurden folgende Fachplanungsgesetze: BundesbahnG, BundesfernstraßenG, BundeswasserstraßenG, LuftverkehrsG, PersonenbeförderungsG und EisenbahnkreuzungsG sowie die VwGO, das VerkehrswegeplanungsbeschleunigungsG und das UVPG.

geschlossenen Gesetzeswerks, sondern es ändert – im Wesentlichen gleich lautend – die verschiedenen Verkehrswegegesetze des Bundes. Durch das Verkehrswegeplanungsbeschleunigungsgesetz, das Planungsvereinfachungsgesetz, das Investitions- und Wohnbaulandgesetz und das GenBeschlG ist das Planverfahren gestrafft und zugleich ein ausufernder Rechtsschutz zurückgeschnitten worden. Das **GenBeschlG**[1778] betont das Anliegen eines zügigen Genehmigungs- und Planfeststellungsverfahrens und verpflichtet die Genehmigungsbehörde, die Verfahren einfach, zweckmäßig *„und zügig"* durchzuführen. Verfahrensvereinfachende und verfahrensbeschleunigende Wirkungen sollen insbesondere herbeigeführt werden durch
- die Beschränkung der Folgen von Verstößen gegen Verfahrens- oder Formvorschriften,
- die ausdrückliche Beschreibung umfassender Beratungspflichten und beschleunigender Verfahrensmodelle für den Bereich von wirtschaftlich relevanten Genehmigungsverfahren,
- die Straffung des Planfeststellungsverfahrens durch Einführung von Fristen und Präklusionsregelungen im Anhörungsverfahren,
- die Einführung eines einfacheren Plangenehmigungsverfahrens statt des vielfach aufwändigeren Planfeststellungsverfahrens und
- die Abmilderung der Auswirkungen von Abwägungsmängeln im Planfeststellungsverfahren und Plangenehmigungsverfahren.[1779]

3758 Zur Beschleunigung von Genehmigungsverfahren hält das GenBeschlG verschiedene Schritte der Verfahrenskoordination bereit, zu denen die Zügigkeit des Genehmigungsverfahrens (§ 71 b VwVfG), die Beratungs- und Auskunftspflichten (§ 71 c VwVfG), das Sternverfahren (§ 71 d VwVfG) sowie die Antragskonferenz (§ 71 e VwVfG) gehören. Das Planfeststellungsverfahren ist gestrafft und generell mit einer materiellen Präklusion versehen worden (§ 73 IV 3 und 4 VwVfG). Zugleich wurde die Möglichkeit der Plangenehmigung ausgebaut (§ 74 VI und VII VwVfG) und die Heilungsklausel in § 75 Ia VwVfG dem PlVereinfG angepasst.[1780] Die Regelungen des GenBeschlG verstehen sich offenbar vor dem Hintergrund einer „Meistbegünstigungsklausel" zu Gunsten der Verfahrensbeschleunigung.[1781] Grundsätzlich sind die Regelungen des VwVfG nur anzuwenden, soweit die jeweiligen Fachgesetze keine Spezialregelungen enthalten. Das würde bedeuten, dass die Änderung des VwVfG durch das GenBeschlG nur dort wirksam werden könnte, wo die jeweiligen Fachgesetze keine Regelungen bereithalten. Das Ziel des GenBeschlG geht aber offenbar weiter. Die Änderungen des VwVfG sollen sich nach Sinn und Zweck des GenBeschlG offenbar auf alle Fachplanungs- und Genehmigungsverfahren auswirken, unabhängig davon, ob die bisherigen Fachgesetze entsprechende Beschleunigungsregelungen enthielten. Die Beschleunigungsregelungen des GenBeschlG gehen daher den Fachplanungsgesetzen auch dann vor, wenn diese einen geringeren Grad an Beschleunigungseffekt haben.

II. Investitionsmaßnahmegesetze

3759 Um weitere Beschleunigungen zu erreichen, hat der Gesetzgeber bei einigen der „Verkehrsprojekte Deutsche Einheit" Investitionsmaßnahmegesetze erlassen, mit denen die Zulassung des Vorhabens durch Gesetz begründet werden sollte.[1782] Die beiden verabschiedeten IMG über den Bau der „Südumfahrung Stendal" der Eisenbahnstrecke Berlin-

---

[1778] Gesetz zur Beschleunigung von Genehmigungsverfahren (Genehmigungsverfahrensbeschleunigungsgesetz – GenBeschlG) v. 12. 9. 1996 (BGBl. I 1354).
[1779] Gesetzentwurf der *Bundesregierung*. Entwurf eines Gesetzes zur Beschleunigung von Genehmigungsverfahren (Genehmigungsverfahrensbeschleunigungsgesetz – GenBeschlG) BT-Drs. 13/3995 v. 6. 3. 1996; Beschlussempfehlung und Bericht des *Innenausschusses* (4. Ausschuss) BT-Drs. 13/5085 v. 26. 6. 1996.
[1780] *Hermanns* in: *Stüer* (Hrsg.) Verfahrensbeschleunigung, S. 144.
[1781] Kritisch *Hermanns* in: *Stüer* (Hrsg.) Verfahrensbeschleunigung, S. 144.
[1782] *Rude* in: *Stüer* (Hrsg.) Verfahrensbeschleunigung, S. 248; *Stüer* DVBl. 1991, 1333.

6. Teil. Verfahren der Planaufstellung

Ost[1783] und über den Bau des Abschnitts Wismar-West/Ost der Bundesautobahn A 20 Lübeck-Bundesgrenze (A 11)[1784] stellen in ihrem jeweiligen § 1 II fest, dass die Vorhaben einschließlich der notwendigen Folgemaßnahmen an anderen Anlagen im Hinblick auf alle von ihnen berührten Belange zulässig sind. Weiterhin finden sich Regelungen über Modifikationen der Pläne nach In-Kraft-Treten der Gesetze (§ 2), über das Enteignungsverfahren (§ 3), die Möglichkeit der vorzeitigen Besitzeinweisung (§ 4) und eine Sonderregelung für Grundstücke, an denen die Eigentumsverhältnisse ungeklärt sind (§ 5). Diese Fachplanung durch Gesetz (Legalplanung)[1785] weicht erheblich von der üblichen Planfeststellung durch Verwaltungsakt ab. Für den beschleunigungswilligen Gesetzgeber ist die Legalplanung deshalb so attraktiv, weil das Planfeststellungsverfahren ganz entfällt und der Rechtsschutz gegen die Planungsentscheidung nur noch in sehr eingeschränktem Umfang möglich ist. Das führt zu der Frage, inwieweit der Gesetzgeber mit den IMG den verfassungsrechtlichen Bogen überspannt hat, ob sein Handeln nur als ungewöhnlich zu bezeichnen ist oder gar als verfassungswidrig. Dabei lassen sich zwei – allerdings zusammenhängende – Problemschwerpunkte ausmachen: Die Beeinträchtigung des Prinzips der Gewaltenteilung und die Beeinträchtigung der (Grund-)Rechte der Planbetroffenen. Das *BVerfG* hat derweil entschieden, dass das IMG Stendal verfassungsgemäß ist.[1786]

3760 Mit dem IMG wird die planerische Entscheidung der konkreten Vorhabenzulassung vom Gesetzgeber getroffen (§ 1 IMG). Damit entfällt das ansonsten von der Verwaltung durchzuführende Planfeststellungsverfahren mit seinen umfangreichen Beteiligungsmöglichkeiten für die Planbetroffenen und für die Träger öffentlicher Belange. Das Zwei-Ebenen-Modell wird um einen Bestandteil verkürzt. Das Enteignungsverfahren und damit die konkrete Enteignungsentscheidung bleibt hingegen in der Hand der Verwaltung. Das IMG verschiebt die Planfeststellung in das Gesetz. Das Gesetz macht nicht den Plan entbehrlich. Die Pläne müssen auch für die Entscheidung durch das Gesetz erarbeitet werden. Es wird nur die Form der Entscheidung geändert. Statt eines Verwaltungsaktes ergeht ein Gesetz. Der Formenwechsel hat allerdings erhebliche Konsequenzen.[1787] Die Investitionsmaßnahmegesetze lösen nicht unerhebliche verfassungsrechtliche Probleme aus. Der Gesetzgeber stellt mit ihnen das System der Gewaltenteilung zwar nicht grundsätzlich in Frage. Aber es führt zu einem Systembruch, wenn die Legislative im Einzelfall sich selbst vollziehende Gesetze erlässt. Systembrüche müssen nicht unbedingt das Verdikt der Verfassungswidrigkeit nach sich ziehen. Gleichwohl bedarf es einer angemessenen Rechtfertigung, damit die Gefährdung der verfassungsrechtlich vorgegebenen Ordnung hingenommen werden kann. Die Qualität der vielfältigen Abweichung von der Regel des GG lassen Gesetze, wie sie die IMG darstellen, nur in Notstandssituationen als zulässig erscheinen. Diese kann allerdings mit einem pauschalen Verweis auf die vereinigungsbedingte Sondersituation nicht zufrieden stellend belegt werden.[1788]

3761 Die Investitionsmaßnahmegesetze stoßen daher in der Literatur aus unterschiedlichen Gründen auf Ablehnung.[1789] Das *BVerfG* hingegen billigt das Investitionsmaßnahmegesetz Stendal. Für die Planfeststellung des Streckenabschnitts **„Südumfahrung Stendal"** durch Gesetz hätten gute Gründe bestanden.[1790] Der Gesetzgeber habe einen erheblichen Zeitgewinn für die Fertigstellung der auch im internationalen Verkehr äußerst bedeutsamen Eisenbahnstrecke Berlin–Hannover erwartet. Gerade im betroffenen Strecken-

---
[1783] V. 29. 10. 1993 (BGBl. I 1906).
[1784] V. 2. 3. 1994 (BGBl. I 734).
[1785] *Blümel* DVBl. 1997, 205; *Stüer* DVBl. 1991, 1333.
[1786] *BVerfG*, B. v. 17. 7. 1996 – 2 BvF 2/93 – BVerfGE 95, 1 = DVBl. 1997, 42 = NJW 1997, 383.
[1787] *Weis*, Einführung, S. 44.
[1788] *Rude* in: *Stüer* (Hrsg.) Verfahrensbeschleunigung, S. 248; *Stüer* DVBl. 1991, 1333.
[1789] *Blümel* DVBl. 1997, 205; *Bullinger* DVBl. 1992, 1467; *Ronellenfitsch* DÖV 1991, 771; *Stüer* DVBl. 1991, 1333; *Wahl* HdUR II Sp. 1639.
[1790] *BVerfG*, B. v. 17. 7. 1996 – 2 BvF 2/93 – BVerfGE 95, 1 = DVBl. 1997, 42 = NJW 1997, 383 – Stendal.

abschnitt lägen im Vergleich zu den übrigen Streckenabschnitten mehrere besondere Umstände vor, die eine Bauzulassung durch Gesetz an Stelle eines Planfeststellungsbeschlusses rechtfertigen. Gemeint ist damit, dass öffentliche und private Belange dort in stärkerem Maße betroffen waren und die Stadt Stendal aus ökologischen Gründen erheblichen Widerstand angekündigt hatte.[1791] Bei der Entscheidung des *BVerfG* hat es anscheinend keine Rolle gespielt,[1792] dass sich der erhoffte Zeitgewinn auch anders hätte einstellen können, und zwar ohne die Hinnahme derart gravierender Systembrüche. Als Alternative wäre die Anwendung des Verkehrswegeplanungsbeschleunigungsgesetzes in Betracht gekommen. Dessen Einführung und dessen Erfolg haben den Gesetzgeber wohl dazu veranlasst, den ursprünglich mehrfach geplanten Einsatz des Instrumentes der **Legalplanung** nach zwei Anwendungen abzubrechen. Jedenfalls wurde damit von ihm eine richtige Entscheidung getroffen. Denn Verfahrensbeschleunigung durch Investitionsmaßnahmegesetze ist nicht nur rechtspolitisch nicht wünschenswert. Damit bleiben die Investitionsmaßnahmegesetze voraussichtlich wohl eine Episode aus der unmittelbaren Zeit nach Wiedererlangung der Deutschen Einheit und damit eines Abschnittes der deutschen Geschichte, der auch sonst von einigen Merkwürdigkeiten gekennzeichnet ist.[1793]

III. Beschleunigung von Planungsverfahren für Infrastrukturvorhaben

3762   Die Welle zur Beschleunigung der Gesetze ist auch weiterhin ungebrochen. Nach dem Entwurf eines Gesetzes zur Beschleunigung von Planungsverfahren für Infrastrukturvorhaben[1794] soll das Planungsverfahren in Deutschland vereinfacht und zugleich das Klagerecht der Naturschutzverbände und der anderen Umweltschutzvereinigungen gestärkt werden. Die Rechtsstellung der genannten Vereinigungen soll derjenigen von privaten Personen angeglichen werden. Darüber hinaus werden zahlreich Einzelregelungen zur Vereinfachung, Beschleunigung und Stabilisierung der Planungsprozesse im Verkehrsbereich ergriffen. Geändert werden das Eisenbahnrecht (Art. 1 BPlG), das Bundesfernstraßenrecht (Art. 2 BPlG), das Wasserstraßenrecht (Art. 3 WaStrG), das Luftverkehrsrecht (Art. 5 BPlG), das Magnetschwebebahngesetz (Art. 6 BPlG) und die Magnetschwebebahn-Bau- und Betriebsordnung (Art. BPlG), das Energiewirtschaftsgesetz (Art. 8 BPlG), das BNatSchG (Art. 8 BPlG), die VwGO (Art. 10 BPlG) sowie die Änderung der VwGO (Art. 10 BPlG). Durch eine entsprechende Änderung der Fachplanungsgesetze werden den Naturschutzvereinen und sonstigen Vereinigungen Informations- und Stellungnahmerechte eingeräumt (§ 18a AEG, § 17a FStrG, § 14a WaStrG, § 10 LuftVG, § 2 Magnetschwebebahn-G, § 11b EnWG). Für bestimmte Verkehrsprojekte, die in den jeweiligen Anlagen zu den Fachplanungsgesetzen aufgeführt sind, besteht eine erstinstanzliche Zuständigkeit des *BVerwG* (§ 50 I Nr. 5 VwGO). Die Beteiligungsrechte der Vereinigungen müssen innerhalb der dafür vorgesehenen Ausschlussfristen ausgeübt werden. Danach eingehende Stellungnahmen sind ausgeschlossen (formelle Präklusion). Rechtsbehelfe können nicht auf neue Tatsachen gestützt werden (materielle Präklusion). Bei Änderungen der Planung ist eine erneute Stellungnahme innerhalb von zwei Wochen zu gewähren. Nach Ablauf der Einwendungsfrist tritt eine formelle und materielle Präklusion ein. Dies gilt sowohl für private Einwender als auch für Behörden und Vereine. Spätere

---

[1791] *Blümel* DVBl. 1997, 210.
[1792] Kritisch *Blümel* DVBl. 1997, 210.
[1793] *Blümel* DVBl. 1997, 210; *Rude* in: *Stüer* (Hrsg.) Verfahrensbeschleunigung, S. 248; *Stüer* DVBl. 1991, 1333.
[1794] Gesetzentwurf der Bundesregierung. Entwurf eines Gesetzes zur Beschleunigung von Planungsverfahren für Infrastrukturvorhaben, Drs. 363/05 v. 19. 5. 2005. Stellungnahme des Bundesrates. Entwurf eines Gesetzes zur Beschleunigung von Planungsverfahren in Infrastrukturvorhaben, Drs. 363/05 v. 17. 6. 2005; Gesetzesantrag der Freien und Hansestadt Hamburg, Entwurf eines Gesetzes zur Effizienzsteigerung von Planfeststellungsverfahren und Plangenehmigungen, Drs. 467/05 v. 7. 6. 2005.

Rechtsbehelfe können nur auf rechtzeitig vorgetragene Einwendungen gestützt werden. Wirkt sich die Änderung auf das Gebiet einer anderen Gemeinde aus, so kommt es zu einer erneuten Auslegung des geänderten Plans für einen Monat. Grundstücksbetroffene, Behörden und Vereinigungen erhalten Gelegenheit zur Einwendung und Stellungnahme zu der Änderung innerhalb eines Zeitraums, der zwei Wochen nach dem Schluss dieser Auslegung endet. Die Anhörungsbehörde darf von einer Erörterung dieser Einwendungen absehen. Im Falle einer erforderlichen Planreparatur kann von einer Planfeststellung abgesehen werden, wenn die Grundzüge nicht betroffen sind. Der Planfeststellungsbeschluss kann vielmehr durch einen einfachen ergänzenden Verwaltungsakt korrigiert bzw. ergänzt werden. Wird gleichwohl ein neues Planfeststellungsverfahren durchgeführt, kann von einem Anhörungsverfahren oder zumindest von einer erneuten Erörterung in einem Anhörungsverfahren abgesehen werden. Bei wesentlichen Planergänzungen oder Planänderungen kann ebenfalls von einer erneuten Erörterung abgesehen werden.

Für die Verkehrsträger Eisen- und Magnetschwebebahnen, Bundeswasserstraßen und Bundesfernstraßen sowie für leitungsgebundene Energieversorgung wird geregelt, dass ein Plan nach dem Beginn der Durchführung seine Gültigkeit behält. Die bisher bestehende Rechtsunsicherheit, unter welchen Voraussetzungen ein Vorhaben als begonnen gilt, wird dadurch beseitigt, dass als Beginn der Durchführung des Plans jede erstmals nach außen erkennbare Tätigkeit zur planmäßigen Verwirklichung des Vorhabens gilt. Ab dem Beginn der Durchführung des Plans tritt er nicht außer Kraft, auch wenn es später zu Unterbrechungen kommt – es sei denn, es sind 15 Jahre nach dem Beginn vergangen.

Die Anhörungsbehörde kann vor allem in wenig konfliktträchtigen Fällen auf die Erörterung innerhalb des Anhörungsverfahrens verzichten. So kann auf eine Erörterung verzichtet werden, wenn keine Einwendungen vorgebracht worden sind. Der Verzicht auf einen Erörterungstermin ist auch bei Änderungen der ausgelegten Planungen (§ 73 VIII VwVfG) und bei der Durchführung einer Planergänzung oder eines ergänzenden Verfahrens (§ 75 Ia VwVfG), der Planänderung (§ 76 VwVfG) und der Änderung von Infrastrukturvorhaben möglich. Die betroffene Öffentlichkeit ist allerdings entsprechend zu beteiligen. Der Aufwand der Anhörungsbehörde zur Ermittlung von abwesenden Grundstücksbetroffenen (Ausmärker) wird nach dem Vorbild des § 3 II 3 VerkPlBG verringert. Das gilt immer dann, wenn feststeht, dass Eigentümer oder Inhaber anderer dinglicher Rechte an einem Grundstück nicht ortsansässig sind, ohne dass aus den dazu nötigen Unterlagen ersichtlich wird, wie diese Personen heißen und wo sie ansässig sind. Über die Prüfung von Grundbuch und Grundsteuertabelle hinaus brauchen die Behörden keine weiteren Ermittlungsmaßnahmen mehr anzustellen.

Vorarbeiten zur Vorbereitung der Baudurchführung sind erleichtert zulässig. Es wird klargestellt, dass Grundstückseigentümer Vermessungen, Boden- und Grundwasseruntersuchungen einschließlich der vorübergehenden Anbringung von Markierungszeichen und sonstigen Vorarbeiten sowohl zur Vorbereitung der Planung als auch in der Phase nach der Auslegung des Plans sowie zur Umsetzung von Änderungen ausgelegter Pläne sowie zur Vorbereitung der Baudurchführung gesetzlich zu dulden haben. Ferner geht es um die Vorbereitung von Planergänzungen und einem ergänzenden Verfahren (§ 75 Ia VwVfG). Damit werden gesetzliche Duldungspflichten für Vorarbeiten vor sowie auch nach Erlass des Planfeststellungsbeschlusses begründet, auch wenn der Planfeststellungsbeschluss beklagt wird und kein Sofortvollzug angeordnet worden ist.

Für Infrastrukturvorhaben mit überragender Bedeutung wird durch eine Erweiterung des § 50 VwGO die erstinstanzliche Zuständigkeit des *BVerwG* im ersten Rechtszug begründet. Die Verkürzung des Instanzenweges wird für solche Projekte genutzt, die als VDE-Projekte, als Hinterlandanbindungen der deutschen Seehäfen oder ihre seewärtige Zufahrt, als Vorhaben mit internationalem Bezug (EU-Erweiterung) oder zur Beseitigung besonders gravierender Verkehrsengpässe von besonderer Bedeutung sind. Die jeweiligen Verkehrsprojekte sind in Anlagen zu den jeweiligen Fachgesetzen verzeichnet. Im Ergebnis geht es um 22 Schienenvorhaben, 60 Straßenbauvorhaben und 6 Wasserstraßenvorhaben. Hierdurch sollen trotz der Kritik aus dem Hause des *BVerwG*[1795] die aus der Sicht des Gesetzgebers positiven Erfahrungen mit der erstinstanzlichen Zuständigkeit des *BVerwG* im Bereich der Verkehrsprojekte Deutsche Einheit für einzelne Vorhaben auch in den alten Bundesländern fortgeschrieben werden. Hierdurch wird mit einer Verfahrensverkürzung von etwa eineinhalb Jahren gerechnet.

Die Möglichkeiten einer Plangenehmigung sollen wieder verstärkt genutzt werden. Auch Enteignungen können auf der Grundlage einer Plangenehmigung im Bereich verschiedener Fachplanungsrechte durchgängig erfolgen. Darüber hinaus wird die Bekanntgabe der Plangenehmigung gegenüber den Einwendern sowie den Vereinigungen, die Stellung genommen haben, erleichtert. Eine Ausfertigung der Plangenehmigung wird nach ortsüblicher Bekanntmachung für zwei Wochen zur Einsicht ausgelegt. Mit dem Ende der Frist gilt die Genehmigung genauso wie ein Planfeststellungsbeschluss als zugestellt.

IV. Plangenehmigung

3763   Innerhalb des traditionellen Planfeststellungsrechts sollte durch die Plangenehmigung eine Verfahrensbeschleunigung erreicht werden.[1796] An die Stelle eines Planfeststellungsverfahrens kann nach der durch das GenBeschlG eingeführten Regelung in § 74 VI VwVfG eine Plangenehmigung[1797] treten, wenn **Rechte anderer** nicht beeinträchtigt werden oder die Betroffenen sich mit der Inanspruchnahme ihres Eigentums oder eines anderen Rechts schriftlich einverstanden erklärt haben und mit den **Trägern öffentlicher Belange** das Benehmen hergestellt worden ist (§ 74 VI VwVfG).[1798] Der wesentliche Unterschied zwischen Planfeststellung und Plangenehmigung besteht darin, dass bei der Plangenehmigung eine allgemeine Öffentlichkeitsbeteiligung nicht stattfindet. Die Plangenehmigung hat die Rechtswirkungen der Planfeststellung. Auf ihre Erteilung sind die Vorschriften über das Planfeststellungsrecht nicht anzuwenden (§ 74 VI 2 VwVfG). Vor Erhebung einer verwaltungsgerichtlichen Klage bedarf es keiner Nachprüfung in einem Vorverfahren (§ 74 VI 3 VwVfG). Das **GenBeschlG** übernahm die bereits im **VerkPlBG**[1799] und **PlVereinfG**[1800] insbesondere für Infrastrukturmaßnahmen eingeführte Plangenehmigung in das VwVfG. Im PlVereinfG wurde allerdings hinsichtlich der Voraussetzungen zwischen den einzelnen Anwendungsbereichen unterschieden. Während es nach § 17 Ia FStrG und § 28 Ia PBefG für ausreichend angesehen wird, dass Rechte ande-

---

[1795] *Hien* DVBl. 2005, 348.
[1796] Zur Beschleunigung von Planungsverfahren für Verkehrsinfrastrukturvorhaben durch verstärkte Nutzung der Plangenehmigung s. Rdn. 3762.
[1797] *BVerwG*, B. v. 31. 1. 1978 – 5 B 15.76 – RdL 1978, 210 – wasserrechtliche Planfeststellung im Flurbereinigungsverfahren; B. v. 23. 11. 1988 – 7 B 145.88 – DVBl. 1989, 526 = NVwZ 1989, 670 = *Hoppe/Stüer* RzB Nr. 478 – atomrechtliche Teilerrichtungsgenehmigung; B. v. 24. 10. 1991 – 7 B 65.91 – ZfW 1992, 427 = DVBl. 1992, 310 = NVwZ 1992, 789 = *Hoppe/Stüer* RzB Nr. 217 – Abfallentsorgungsanlage; B. v. 22. 9. 1992 – 7 B 11.92 – Buchholz 406.16 Grundeigentumsschutz Nr. 59 – Zuführung von Wasser; B. v. 21. 1. 1994 – 7 VR 12.93 – NVwZ 1994, 378 = DÖV 1994, 433 – Augustinum Aumühle; B. v. 17. 10. 1994 – 4 N 1.94 – DVBl. 1995, 236 = NVwZ 1995, 381 = UPR 1995, 69 – A 81; B. v. 15. 12. 1994 – 7 VR 17.94 – VkBl. 1995, 211 = DVBl. 1995, 532 = ZUR 1995, 102 – Mittellandkanal Drömling; B. v. 27. 1. 1995 – 11 VR 16.94 – DVBl. 1995, 520 = BayVBl. 1995, 350 – Reinbek-Wentorf; Urt. v. 13. 2. 1995 – 11 VR 2.95 – UPR 1995, 268 = NuR 1995, 250 = ZUR 1995, 218 = VkBl. 1995, 435 – Buchholzer Bogen; Urt. v. 8. 3. 1995 – 4 A 2.95 – Buchholz 442.40 – § 48 LuftVG Nr. 12 – luftverkehrsrechtliche Genehmigung; Urt. v. 22. 3. 1995 – 11 A 1.95 – BVerwGE 98, 110 – Mittellandkanal Drömling; *Stüer* DVBl. 1997, 328.
[1798] *Hermanns* in: *Stüer* (Hrsg.) Verfahrensbeschleunigung, S. 144. Zu strom- und schiffahrtspolizeilichen Genehmigungen *BVerwG*, Urt. v. 3. 3. 1989 – 8 C 11.87 – VkBl. 1989, 450 = NVwZ-RR 1990, 275 – Erdölgewinnung Kieler Bucht; B. v. 4. 3. 1993 – 7 B 110.92 – ZfW 1994, 274 = DVBl. 1993, 741 = UPR 1993, 279 = NVwZ-RR 1998, 290 – Schiffsanlegestelle Mosel.
[1799] VerkPlBG v. 16. 12. 1991 (BGBl. I 2174).
[1800] Planungsvereinfachungsgesetz v. 17. 12. 1993 (BGBl. I 2123).

rer nicht wesentlich beeinträchtigt werden, ist eine Anwendung der § 18 II AEG, § 14 Ia WaStrG und § 8 II LuftVG nur zulässig, wenn Rechte anderer nicht beeinträchtigt werden. Entsprechend dem übergreifenden Charakter des VwVfG ist die Plangenehmigung nach § 74 VI VwVfG nur vorgesehen, wenn Rechte anderer nicht beeinträchtigt werden oder die Betroffenen sich einverstanden erklärt haben.[1801] Der Verzicht auf die Enteignungsmöglichkeit, die etwa in § 17 Ia 1 Nr. 1 FStrG und § 28 Ia 1 Nr. 1 PBefG bei geringfügiger Eigentumsinanspruchnahme nicht ausgeschlossen ist, wird im GenBeschlG damit begründet, dass das vereinfachte Verfahren der Plangenehmigung keine ausreichende Grundlage für eine Enteignung darstelle.[1802] Eine **Rechtsbeeinträchtigung** ist nicht bereits aus dem raumbeanspruchenden Charakter eines Vorhabens abzuleiten. Vielmehr ist sie erst bei einem direkten Zugriff auf fremde Rechte (insbesondere Eigentumsrechte) gegeben. Ob im Rahmen einer Plangenehmigung eine Abwägung wie bei der Planfeststellung erforderlich ist, ließ das *BVerwG* zwar offen. Aus dem Zusammenhang der Entscheidung ist dies aber zumindest dann anzunehmen, wenn Rechte Dritter betroffen werden.[1803]

Eine **nicht wesentliche Beeinträchtigung** eines Rechts liegt z. B. vor bei 3764
– der Inanspruchnahme von nach Größe und Wert unbedeutenden Einzelparzellen oder bei unverhältnismäßig geringer Teilinanspruchnahme ohne Beeinträchtigung der zulässigen Grundstücksnutzung im Übrigen,
– Verlegung einer Zufahrt ohne Beeinträchtigung der Grenzwerte der 16. BImSchV.

Als **Vereinbarungen** mit den Betroffenen kommen insbesondere in Betracht: 3765
– Verträge mit Eigentümern über die Inanspruchnahme ihrer Grundstücke für die Straßenbaumaßnahme, über Anbaubeschränkungen, über die Änderung von Zufahrten,
– Verträge mit Eigentümern benachbarter baulicher Anlagen über die Durchführung von Lärmschutzmaßnahmen.[1804]

Der **Antrag auf Erteilung einer Plangenehmigung** ist vom Vorhabenträger zu stellen. 3766
Dem Antrag sind in der Regel folgende **Unterlagen** beizufügen:
– Erläuterungsbericht, in dem die Notwendigkeit und Zweckmäßigkeit der Maßnahme begründet ist,
– Übersichtskarte,
– Übersichtsplan,
– Ausbauquerschnitt,
– Lageplan, aus dem auch notwendige Änderungen zu ersehen sind,
– Bauwerksverzeichnis,
– Grunderwerbsplan und -verzeichnis,
– Landschaftspflegerischer Begleitplan,
– Darstellung der Rechtsbeeinträchtigungen Dritter und Vorlage von Erklärungen der in ihren Rechten betroffenen Dritten über ihr Einverständnis zur Beeinträchtigung ihrer Rechte (z. B. Bauerlaubnis, Kauf(vor)vertrag, Einverständnis über die Änderung von Zufahrten und Einfriedungen),
– Darstellung der Rechtsbeeinträchtigungen Dritter, mit denen keine Vereinbarungen abgeschlossen werden konnten, mit vorhandenem Schriftverkehr und ggf. Aktenvermerken,
– Nachweis über die Beteiligung der Träger öffentlicher Belange sowie Unterlagen für die noch zu treffenden öffentlich-rechtlichen Entscheidungen einschließlich der bei

---

[1801] Gesetzentwurf der *Bundesregierung*. Entwurf eines Gesetzes zur Beschleunigung von Genehmigungsverfahren (GenBeschlG) BT-Drs. 13/3995 v. 6. 3. 1996.
[1802] Gesetzentwurf der *Bundesregierung*. Entwurf eines Gesetzes zur Beschleunigung von Genehmigungsverfahren (GenBeschlG) BT-Drs. 13/3995 v. 6. 3. 1996.
[1803] *BVerwG*, B. v. 24. 2. 1998 – 4 VR 13.97 – NVwZ 1998, 1178 – Aumühle, im Anschluss an Urt. v. 27. 11. 1996 – 11 A 100.95 – NVwZ 1997, 994 = UPR 1997, 149 = RdL 1997, 137.
[1804] Planfeststellungsrichtlinien BFStrG 99, I Nr. 5.

der Herstellung des Benehmens abgegebenen Stellungnahmen beteiligter Behörden und Gebietskörperschaften,
– Leitungsplan und Stellungnahmen der betroffenen Versorgungsunternehmen.

3767 **Mehrere Pläne** können in **einem Plan** vereint werden, wenn die Darstellung klar und verständlich bleibt. Wenn und soweit Rechte Dritter nicht beeinträchtigt werden, ist dies der Planfeststellungsbehörde gegenüber ausdrücklich zu erklären.[1805]

```
┌─────────────────────────────┐
│       Plangenehmigung       │
│        § 74 VI VwVfG        │
└─────────────────────────────┘
              ⇩
┌─────────────────────────────────────────────────────────┐
│ Rechte anderer nicht beeinträchtigt oder schriftliches  │
│ Einverständnis der Betroffenen. Grundstücksinanspruch-  │
│ nahmen sind ohne Zustimmung der Betroffenen nicht       │
│ möglich.                                                │
│ Benehmen mit Trägern öffentlicher Belange               │
└─────────────────────────────────────────────────────────┘
              ⇩
┌─────────────────────────────────────────────────────────┐
│              kein förmliches Verfahren                  │
└─────────────────────────────────────────────────────────┘
              ⇩
┌─────────────────────────────────────────────────────────┐
│ Rechtswirkungen und Angriffsmöglichkeiten wie Plan-     │
│ feststellungsbeschluss, jedoch keine enteignungs-       │
│ rechtliche Vorwirkung; Bestandskraft max. 5 Jahre       │
│ (keine Verlängerungsmöglichkeit, § 75 IV VwVfG)         │
└─────────────────────────────────────────────────────────┘
```

3768 Durch die Möglichkeit einer **Plangenehmigung** soll das **Verfahren** in Fällen **vereinfacht** werden, in denen Rechte Dritter nicht beeinträchtigt werden oder die Betroffenen sich mit der Inanspruchnahme ihres Eigentums einverstanden erklärt haben (§ 74 VI Nr. 1 VwVfG). Außerdem muss mit den Trägern öffentlicher Belange, deren Aufgabenbereich berührt wird, das Benehmen hergestellt sein (§ 74 VI Nr. 2 VwVfG). Mit einer Rechtsbeeinträchtigung, die nur im Einverständnis der Betroffenen ein Planfeststellungsverfahren nicht erforderlich macht, ist der direkte Zugriff auf fremde Rechte gemeint, nicht aber die bei jeder raumbeanspruchenden Planung gebotene wertende Einbeziehung der Belange Dritter in die Abwägungsentscheidung.[1806] Eine Entscheidung im Benehmen mit der Planfeststellungsbehörde verlangt keine Willensübereinstimmung. Gefordert wird nicht mehr als die gutachtliche Anhörung der anderen Behörde, die dadurch Gelegenheit erhält, ihre Vorstellungen in das Verfahren einzubringen.[1807] Ihre Zustimmung i. S. einer

---

[1805] Planfeststellungsrichtlinien BFStrG 99, I Nr. 2.
[1806] *BVerwG*, B. v. 29. 12. 1994 – 7 VR 12.94 – Buchholz 442.09 § 18 AEG Nr. 3 – Elektrifizierung Camburg-Probstzella; *Stüer* DVBl. 1997, 328.
[1807] *BVerwG*, B. v. 29. 12. 1994 – 7 VR 12.94 – Buchholz 442.09 § 18 AEG Nr. 3 – Elektrifizierung Camburg-Probstzella.

Einvernehmensregelung ist nicht erforderlich. Das Einverständnis der Betroffenen ist nur im Hinblick auf die unmittelbar enteignungsrechtlich betroffenen Grundstückseigentümer erforderlich. Wird durch das Vorhaben privates Eigentum nicht unmittelbar in Anspruch genommen, so bedarf es der Zustimmung von betroffenen Grundstückseigentümern nicht. Der Anwendungsbereich der Plangenehmigung ist damit durch das **GenBeschlG** auf alle Fälle ausgedehnt worden, in denen für das Vorhaben Grundeigentum nicht unmittelbar in Anspruch genommen werden muss und die Träger öffentlicher Belange beteiligt worden sind. Werden allerdings von den Trägern öffentlicher Belange gravierende Einwendungen erhoben, so kann dies ein Indiz dafür sein, dass das Plangenehmigungsverfahren nicht die Kraft hat, dem Vorhaben entgegenstehende Belange zu überwinden. Das gilt auch für die Fälle, in denen auf der Grundlage einer solchen Zulassungsentscheidung Grundeigentum in Anspruch genommen werden muss. Hier enden die Möglichkeiten der Plangenehmigung an der fehlenden Mitwirkungsbereitschaft des enteignend betroffenen Grundeigentümers (§ 74 VI 1 Nr. 1 VwVfG). Greift das Vorhaben unmittelbar in privates Eigentum ein, bedarf es grundsätzlich einer Planfeststellung, wenn sich der betroffene Grundeigentümer nicht einverstanden erklärt. Planfeststellung und Plangenehmigung unterscheiden sich damit im Wesentlichen dadurch, dass die Planfeststellung in der Lage ist, auch privates Grundeigentum zu überwinden, während die Plangenehmigung über diese in die Enteignung gehenden Möglichkeiten grundsätzlich nicht verfügt. Die Plangenehmigung setzt also beim beabsichtigten unmittelbaren Zugriff auf privates Eigentum in der Regel die Mitwirkungsbereitschaft der betroffenen Grundeigentümer voraus. Dem entspricht, dass die Plangenehmigung keine enteignungsrechtlichen Vorwirkungen hat (§ 74 VI 2 VwVfG). Im Übrigen steht die Plangenehmigung der Planfeststellung gleich. Ist durch das Vorhaben kein privates Grundeigentum unmittelbar betroffen, finden die Möglichkeiten der Plangenehmigung erst an durchgreifenden Einwendungen der Träger öffentlicher Belange ihre Grenzen. Im Rahmen einer Plangenehmigung ist das Verfahren zur Planfeststellung mit Öffentlichkeitsbeteiligung nicht durchzuführen. Es sind vielmehr (lediglich) die Träger öffentlicher Belange und die etwa mittelbar betroffenen Grundstückseigentümer anzuhören. Auch im Falle der Genehmigungserteilung findet ein Widerspruchsverfahren nicht statt (§ 74 VI 3 VwVfG), so dass auch gegen die Plangenehmigung unmittelbar eine verwaltungsgerichtliche Klage statthaft ist. Die Anlage zu § 3 UVPG sieht eine **UVP** im Falle der Plangenehmigung nicht vor, sondern beschränkt das Erfordernis der UVP auf Fälle der Planfeststellung. Im Übrigen bestimmt die UVP-Richtlinie das Erfordernis einer UVP projektbezogen. Ein Projekt, das bereits Gegenstand einer umfassenden UVP war, muss dieser nicht deswegen teilweise erneut unterzogen werden, weil in einer vorweggenommenen Zulassungsentscheidung, wie etwa der angefochtenen Plangenehmigung, bestimmte Teilaspekte des Projekts einer abschließenden Regelung zugeführt worden sind. Eine die Vermeidung von Doppelprüfungen einschränkende Vorgabe ist der UVP-Richtlinie nicht zu entnehmen.[1808]

Bei der Plangenehmigung **entfällt** ein **förmliches Anhörungsverfahren** nach § 73 VwVfG. Die Planfeststellungsbehörde führt jedoch eine Anhörung nach § 28 VwVfG durch. Sie kann sich dabei einer anderen oder nachgeordneten Behörde bedienen. Eine Anhörung Betroffener, die sich mit der Inanspruchnahme ihres Rechts einverstanden erklärt haben oder nach Belehrung auf eine gesonderte Anhörung vor Erteilung der Plangenehmigung verzichtet haben, ist nicht erforderlich. Eine Mitwirkung der anerkannten Naturschutzverbände nach § 58 BNatSchG ist allerdings dann erforderlich, wenn die Plangenehmigung eine Planfeststellung ersetzt und eine Öffentlichkeitsbeteiligung erforderlich ist (§ 58 I Nr. 3 BNatSchG).[1809]

[1808] *BVerwG*, Urt. v. 14. 5. 1997 – 11 A 43.96 – DVBl. 1997, 1123 = NuR 1997, 506 – Rheinbek-Wohltorf-Aumühle.
[1809] Planfeststellungsrichtlinien BFStrG 99, I Nr. 2.

3770 Da eine Plangenehmigung nach den Bestimmungen des Fachrechts nur erteilt werden darf, wenn **Rechte anderer** nicht beeinträchtigt werden, ist für **Schutzauflagen** entsprechend § 74 II 2 u. 3 VwVfG grundsätzlich kein Raum. Soll aber eine Plangenehmigung erteilt werden, obwohl durch das Vorhaben in Rechte anderer eingegriffen wird, so können Schutzauflagen dazu dienen, die Voraussetzungen für eine Plangenehmigung zu schaffen. Ansprüche auf Lärmschutzvorkehrungen beruhen auf § 41 BImSchG i. V. m. 16. BImSchV und sind daher nicht auf Planfeststellungsbeschlüsse beschränkt.[1810]

3771 Ob auf der Grundlage einer **Plangenehmigung** auch eine **Enteignung** stattfinden kann, erscheint auf der Grundlage des bisherigen Rechts zweifelhaft.[1811] § 74 VI VwVfG sieht diese Möglichkeit nicht vor. Die Plangenehmigung hat nach der dort niedergelegten Konzeption nicht die Kraft, privates Eigentum oder andere Rechte gegen den Widerstand des Rechtsinhabers zu überwinden. Das *BVerwG* hat dies zwar zu § 17 Ia FStrG angenommen in Fällen, in denen Eigentum nur unwesentlich in Anspruch genommen wird.[1812] Nach dieser Vorschrift, die in ihrem Wortlaut § 28 Ia PBefG entspricht, kann an die Stelle eines Planfeststellungsverfahrens ein Plangenehmigungsverfahren auch dann treten, wenn Rechte anderer nicht wesentlich beeinträchtigt werden. Mit dieser Möglichkeit würde auch auf der Grundlage einer Plangenehmigung eine Enteignung dann zulässig sein, wenn die Grundstücksinanspruchnahme nur geringfügig ist. Soll auf der Grundlage einer Planungsentscheidung enteignet werden, muss allerdings sichergestellt sein, dass die betroffenen Eigentumsinteressen in einer Abwägung gegenüber anderen, das Vorhaben rechtfertigenden Belangen austariert werden. Die Planfeststellung hat diese Kraft, weil ihr eine Beteiligung der Allgemeinheit vorausgeht und die gegenläufigen Belange durch Abwägung zu einer an den Gemeinwohlinteressen ausgerichteten Gesamtentscheidung verarbeitet werden. Die Plangenehmigung, auf die die Vorschriften über die Planfeststellung keine Anwendung finden, dürfte nicht in gleicher Weise in der Lage sein, Eigentumsinteressen abwägend zu bewerten und einer Ausgleichsentscheidung zuzuführen.[1813]

3772 Auch das *BVerwG* will offensichtlich die Enteignungsmöglichkeiten auf der Grundlage einer Plangenehmigung auf Fälle geringfügiger Bedeutung begrenzen.[1814] Es dürfte daher systemgerechter sein, den Verzicht auf die Planfeststellung dort enden zu lassen, wo auf privates Grundeigentum enteignend zugegriffen werden soll.[1815] Zumindest müsste aber in Fällen, in denen auf privates Eigentum oder sonstige Rechte anderer zugegriffen wird, eine Abwägung stattfinden, die mit der Planfeststellung vergleichbar ist. Denn der jeweilige Hoheitsakt hat nur dann eine das Eigentum überwindende Kraft, wenn die betroffenen Belange in ihrem Stellenwert richtig erkannt und in eine Abwägung mit anderen Belangen eingestellt worden sind. Die Überwindung derart geschützter Belange muss im Übrigen durch überwiegende andere Belange gerechtfertigt sein.[1816]

[1810] *BVerwG*, Urt. v. 14. 11. 2001 – 11 A 31.00 – DVBl. 2002, 560 = NVwZ 2002, 733, mit Hinweis auf B. v. 5. 3. 1999 – 4 A 7.98 – NVwZ-RR 1999, 556; Urt. v. 21. 9. 1984 – 4 C 51.80 – NVwZ 1985, 488 = NJW 1985, 1481; Urt. v. 22. 2. 1980 – 4 C 24.77 – DVBl. 1980, 996 = NJW 1981, 239.

[1811] Zur Beschleunigung von Planungsverfahren für Verkehrsinfrastrukturvorhaben durch verstärkte Nutzung der Plangenehmigung auch in Fällen des Eingriffs in Rechte und Entzug des Eigentums durch Enteignung s. Rdn. 3762.

[1812] *BVerwG*, Urt. v. 15. 12. 1995 – 4 A 19.95 – Buchholz 407.4 § 17 FStrG Nr. 106 – B 192 Waren.

[1813] Kritisch auch *Hönig* in: *Stüer* (Hrsg.) Verfahrensbeschleunigung, S. 162.

[1814] *BVerwG*, Urt. v. 15. 12. 1995 – 4 A 19.95 – Buchholz 407.4 § 17 FStrG Nr. 106 – B 192 Waren. Im zu entscheidenden Fall sollten auf der Grundlage der Plangenehmigung eine kleine Fläche von nur 26 qm in Anspruch genommen werden.

[1815] Gesetzentwurf der *Bundesregierung*. Entwurf eines Gesetzes zur Beschleunigung von Genehmigungsverfahren (GenBeschlG) BT-Drs. 13/3995 v. 6. 3. 1996; *Stüer* DVBl. 1990, 35.

[1816] Zu diesen rechtlichen Voraussetzungen *BVerwG*, Urt. v. 14. 2. 1975 – IV C 21.74 – BVerwGE 48, 56 = DVBl. 1975, 713 = NJW 1975, 1373 = *Hoppe/Stüer* RzB Rdn. 50 – B 42; *Stüer* DVBl. 1997, 328.

6. Teil. Verfahren der Planaufstellung

Wenn ein Vorhaben durch Plangenehmigung zugelassen wird, entfällt die Mitwirkung der anerkannten **Naturschutzverbände** nach § 58 I Nr. 3 BNatSchG, wenn eine Öffentlichkeitsbeteiligung nicht erforderlich ist.[1817] Die Entscheidung, an Stelle eines Planfeststellungsbeschlusses eine Plangenehmigung zu erteilen, bedarf nicht der Zustimmung der anerkannten Naturschutzverbände.[1818] Anerkannte Naturschutzverbände sind keine Träger öffentlicher Belange. Der Erlass einer Plangenehmigung setzt daher nicht voraus, dass mit ihnen nach den einschlägigen Regeln über die Plangenehmigung[1819] ein Benehmen hergestellt worden ist.[1820] Die Regelungen über die Plangenehmigung[1821] sind auch keine die anerkannten Naturschutzverbände schützende Norm. Sie können eine Plangenehmigung nicht erfolgreich mit der Begründung anfechten, Rechte Dritter seien beeinträchtigt. Das Beteiligungsrecht der anerkannten Naturschutzverbände nach § 58 I Nr. 3 BNatSchG wird allerdings verletzt, wenn die Zulassungsbehörde ein an sich gebotenes Planfeststellungsverfahren umgeht. Die Erteilung einer Plangenehmigung setzt ebenfalls nicht voraus, dass durch das Vorhaben keine erheblichen Auswirkungen auf die Umwelt zu besorgen sind.[1822]

3773

V. Verzicht auf förmliches Verfahren

Planfeststellung und Plangenehmigung entfallen in Fällen von **unwesentlicher Bedeutung** (§ 74 VII VwVfG). Diese liegen vor, wenn (1) andere öffentliche Belange nicht berührt sind oder die erforderlichen behördlichen Entscheidungen vorliegen und sie dem Plan nicht entgegenstehen und (2) Rechte anderer nicht beeinflusst werden oder mit den vom Plan Betroffenen entsprechende Vereinbarungen getroffen worden sind. Auf ein förmliches Verfahren kann danach verzichtet werden, wenn öffentliche Belange nicht betroffen sind und die Rechte unmittelbar betroffener Grundstückseigentümer nicht beeinträchtigt werden. Ein förmliches Verfahren kann daher nur entfallen, wenn seitens der unmittelbar betroffenen Grundstückseigentümer kein Widerstand zu erwarten ist.

3774

Aus **Beweissicherungsgründen** sollte das **Einverständnis** der Betroffenen **schriftlich** erklärt und zu den Akten genommen werden.[1823] Sollen Planfeststellung und Plangenehmigung entfallen, so holt der Vorhabenträger rechtzeitig vor Baubeginn die schriftliche Entscheidung der zuständigen Behörde ein (vgl. z. B. § 17 V FStrG). Die Entscheidung hat – anders als der Planfeststellungsbeschluss und die Plangenehmigung – keine Wirkungen nach außen und bedarf daher auch keiner Zustellung oder Bekanntmachung. Hat ein Dritter die Durchführung des Planfeststellungsverfahrens oder die Erteilung der Plangenehmigung verlangt, so ist ihm mitzuteilen, aus welchen Gründen die Planfeststellung unterbleibt oder die Plangenehmigung entfällt und dass ein Anspruch auf Durchführung eines entsprechenden Verfahrens nicht besteht.

3775

[1817] Zur Klagebefugnis einer Umweltorganisation als Eigentümerin eines Sperrgrundstücks *BVerwG*, Urt. v. 12. 7. 1985 – 4 C 40.83 – BVerwGE 72, 15 = NVwZ 1985, 736 = DVBl. 1985, 1141 = *Hoppe/Stüer* RzB Nr. 1 251 – Rhein-Main-Donau-Kanal Altmühltal.
[1818] *BVerwG*, Urt. v. 22. 3. 1995 – 11 A 1.95 – BVerwGE 98, 100 – Mittellandkanal Drömling; B. v. 7. 7. 1995 – 11 VR 11.95 – NVwZ 1996, 393 = UPR 1995, 398 = NuR 1995, 544 – Wriezener Alte Oder.
[1819] § 74 VI Nr. 2 VwVfG; § 18 II Nr. 2 AEG.
[1820] *BVerwG*, Urt. v. 14. 5. 1997 – 11 A 43.96 – DVBl. 1997, 1123 = NuR 1997, 506 – Rheinbek-Wohltorf-Aumühle.
[1821] § 74 VI Nr. 1 VwVfG; § 18 II 1 Nr. 1 AEG.
[1822] *BVerwG*, B. v. 21. 12. 1994 – 4 B 266.94 – DVBl. 1995, 532 – Zwergstrauch- und Wacholderheide.
[1823] Planfeststellungsrichtlinien BFStrG 99, I Nr. 5.

```
┌─────────────────────────────────────────────────────────────┐
│                Verzicht auf förmliches Verfahren            │
│       § 74 VII VwVfG (Fälle von unwesentlicher Bedeutung)   │
└─────────────────────────────────────────────────────────────┘
                              ⇩
┌─────────────────────────────────────────────────────────────┐
│                        Voraussetzungen:                     │
│              Belange anderer nicht berührt oder             │
│   Einvernehmen mit allen Betroffenen und Trägern öffentlicher Belange │
└─────────────────────────────────────────────────────────────┘
                              ⇩
┌─────────────────────────────────────────────────────────────┐
│               Rechtsqualität: Verwaltungsinternum           │
└─────────────────────────────────────────────────────────────┘
```

VI. Antrag und Planunterlagen

3776 Verbleibt es bei der Notwendigkeit eines Planfeststellungsverfahrens, so sind **vorrangig** die jeweiligen Vorschriften der **Fachplanungsgesetze** anzuwenden. Soweit diese keine besonderen Regelungen enthalten, greifen §§ 72 ff. VwVfG ein.[1824] Nach **§ 73 I VwVfG** ist der Plan, dessen Feststellung beantragt wird, bei der Anhörungsbehörde einzureichen. Diese hat insbesondere die Vollständigkeit der Planunterlagen zu prüfen und die weiteren Verfahrenshandlungen vorzubereiten. Antragsteller ist der Träger des Vorhabens.[1825] Der Plan besteht nach § 73 I 2 VwVfG aus den Zeichnungen und Erläuterungen, die das Vorhaben, seinen Anlass und die von dem Vorhaben betroffenen Grundstücke und Anlagen erkennen lassen. Außer den Plänen ist auch der Erläuterungsbericht, der den Anlass des Vorhabens sowie den Ist- und Sollzustand zeigt, Gegenstand der Antrags.[1826] Die Unterlagen müssen über alle für die Beurteilung des Vorhabens wichtigen Gesichtspunkte Auskunft geben. Insbesondere sind die betroffenen Grundstücke einschließlich der dem Vorhaben benachbarten Grundstücke hinreichend kenntlich zu machen. Welche Planunterlagen ausgelegt werden müssen, ist im Gesetz nicht abschließend geregelt, sondern bestimmt sich im Rahmen des Informationszwecks nach den jeweiligen Notwendigkeiten des Einzelfalls. Bei Vorhaben, die Auswirkungen auf die Umwelt haben können, hat der Träger des Vorhabens auch die Umweltauswirkungen darzustellen. Außerdem muss ggf. nach § 20 IV BNatSchG ein landschaftspflegerischer Begleitplan beigefügt werden. Auch Gutachten und andere Unterlagen können zu den Planunterlagen gehören, wenn sie für die Bewertung des Vorhabens bedeutungsvoll sind.[1827] Die Namen der Grundstückseigentümer dürfen im ausgelegten Plan allerdings aus datenschutzrechtlichen Gründen nicht genannt werden.[1828]

3777 Mit seinem Antrag und dem darin vorgestellten konkreten Konzept bestimmt der Vorhabenträger den Genehmigungsgegenstand. Solange er mit seinem Vorhaben ein **Ge-**

[1824] *Johlen* Planfeststellungsrecht HdBöffBauR Kap. L.
[1825] *Kopp/Ramsauer* Rdn. 15 ff. zu § 73 VwVfG.
[1826] *Kopp/Ramsauer* Rdn. 17 zu § 73 VwVfG.
[1827] *BVerwG*, Urt. v. 14. 4. 1978 – IV C 68.76 – DVBl. 1978, 618 = DÖV 1978, 736.
[1828] *BVerfG*, B. v. 14. 10. 1987 – 1 BvR 1244/87 – BVerfGE 77, 121 = DVBl. 1987, 1263 = NVwZ 1988, 237 – Stuttgart. Die Benennung ist nur in anonymisierter Form etwa nach der Flurbezeichnung der Grundstücke zulässig.

samtkonzept verfolgt, kann bei einer **Abschnittsbildung** nicht dahingestellt bleiben, ob auch der zunächst aus der Entscheidung ausgeklammerte Teil seines Vorhabens verwirklicht werden kann. Der Vorhabenträger kann sich dem Einwand, dass dem Gesamtvorhaben keine unüberwindbaren Hindernisse entgegenstehen dürfen, nur entziehen, indem er den weitergehenden Genehmigungsantrag zurücknimmt und damit ein eingeschränktes Vorhaben zur Genehmigung stellt. Insoweit ist auch die Planfeststellungsbehörde bei ihrer Entscheidung an den Antrag des Vorhabenträgers gebunden.[1829] Beantragt ein Vorhabenträger für die Änderung einer Anlage eine von ihm für erforderlich gehaltene Planfeststellung oder Plangenehmigung und entscheidet die zuständige Behörde auf diesen Antrag, dass für die Änderung wegen unwesentlicher Bedeutung eine förmliche Entscheidung entfällt (vgl. § 18 III AEG), hat diese Entscheidung eine den Vorhabenträger selbstständig belastende Rechtswirkung. Gegen den Verwaltungsakt ist daher eine kombinierte Anfechtungs- und Verpflichtungsklage des Vorhabenträgers statthaft.[1830]

Zu den Planunterlagen gehört regelmäßig auch ein **Bauwerksverzeichnis**.[1831] Es dient allerdings nicht dazu, den bauausführenden Unternehmen Hinweise auf etwaige Gefahrenquellen zu geben, die bei der Einrichtung von Baustellen zu beachten wären. Vielmehr werden in diesem Verzeichnis üblicherweise nur die Bauwerke und sonstigen Anlagen aufgeführt, die nach dem Plan neu erstellt, geändert oder beseitigt werden sollen. Soweit zu diesem Zweck Rechte Dritter in Anspruch genommen werden, hat das Verzeichnis nach § 75 I 2 VwVfG als Teil des Planfeststellungsbeschlusses an dessen rechtsgestaltender Wirkung teil.[1832] Betroffene Dritte sind insoweit nach § 75 II 1 VwVfG mit Abwehransprüchen gegen das Vorhaben ausgeschlossen, sobald der Planfeststellungsbeschluss unanfechtbar wird. Wenn ein Dritter im Bauwerksverzeichnis mit seiner Anlage nicht genannt ist, tritt ihm gegenüber weder die Gestaltungs- noch die Ausschlusswirkung ein. Regelmäßig wird es aus diesem Grunde kaum im wohlverstandenen Interesse eines Dritten liegen, seine Anlage im Bauwerksverzeichnis genannt zu sehen.[1833]

Ein zwingendes Gebot, eine **Umweltverträglichkeitsstudie** dem Antrag auf Planfeststellung beizufügen, besteht nicht. Eine derartige Pflicht folgt insbesondere nicht aus § 6 UVPG. Die Planungspraxis versteht unter einer Umweltverträglichkeitsstudie eine eigenständige, in sich geschlossene Darstellung über die Umweltverträglichkeit.[1834] § 6 III und IV UVP enthält nur Mindestangaben. In welcher Form der Vorhabenträger dieser obligatorischen Informationspflicht nachkommt, normiert § 6 UVPG dagegen nicht. Auch aus Art. 5 II der UVP-Richtlinie ergibt sich dazu nichts. Es muss folglich dem Vorhabenträger überlassen bleiben, ob er von der an sich sinnvollen Möglichkeit der Darstellung durch eine (abgeschlossene) Umweltverträglichkeitsstudie Gebrauch machen will. Unterlässt er dies, folgt daraus für sich genommen noch kein Rechtsmangel.[1835]

In einigen Ländern ist es zwischenzeitlich fast schon Standard, auf viele Planmehrausfertigungen in herkömmlicher Papierform zu verzichten und stattdessen den kompletten Plansatz auf einer **CD-ROM** zur Verfügung zu stellen. Das spart nicht nur Kosten in erheblichem Umfang, weil eine CD-ROM für ca. 5 Euro Materialkosten beliebig oft vervielfältigt werden kann, sondern führt darüber hinaus zu einer neuen Qualität der Infor-

---

[1829] *BVerwG*, Urt. v. 11. 7. 2001 – 11 C 14.00 – BVerwGE 114, 364 = DVBl. 2001, 1848 = NVwZ 2002, 350 – Bitburg.
[1830] *VGH Mannheim*, Urt. v. 13. 4. 2000 – 5 S 1136/98 – NVwZ 2001, 101, mit Hinweis auf *BVerwG*, Urt. v. 15. 1. 1982 – 4 C 26.78 – BVerwGE 64, 325 = DVBl. 1982, 359 = NJW 1982, 1546.
[1831] *BVerwG*, B. v. 12. 1. 1994 – 4 B 163.93 – Buchholz 407.4 § 19 FStrG Nr. 6 S. 1f.
[1832] *BVerwG*, Urt. v. 24. 10. 1967 – IV C 229.65 – BVerwGE 28, 139 = DVBl. 1968, 340 – Bauwerksverzeichnis.
[1833] *BVerwG*, Urt. v. 5. 3. 1997 – 11 A 5.96 – DVBl. 1997, 856 = NuR 1997, 503 – Wörlsdorf-Roth; Urt. v. 18. 6. 1997 – 11 A 70.95 – UPR 1997, 470 = NJ 1997, 615 – Staffelstein.
[1834] *Erbguth/Schink*, Rdn. 4 zu § 6 UVPG.
[1835] *BVerwG*, Urt. v. 17. 2. 1997 – 4 A 41.96 – LKV 1997, 328 = NVwZ 1997, 998 – Schönberg A 20.

mation bis in jedes Planungsdetail. So sind z. B. Grunderwerbspläne und Grunderwerbsverzeichnisse miteinander verknüpft und erlauben schnelle und präzise Abfragen über Grundstücksbetroffenheiten. Fotorealistische Darstellungen und Visualisierungen sind geeignet, das Vorhaben transparenter zu machen. Diese Bereitstellung von Planunterlagen in digitalisierter Form hat zwischenzeitlich auch Eingang in die rechtlichen Bestimmungen gefunden,[1836] datenschutzrechtliche Aspekte müssen gleichwohl beachtet werden. In Rheinland-Pfalz etwa ist durch § 6 II LStrG[1837] auch für Bundesfernstraßen klargestellt, dass Grundstückseigentümer nach ihrer Bezeichnung im Grundbuch in dem Plan bezeichnet, d. h. offen angegeben werden dürfen. Dementsprechend darf eine CD-ROM, die im Rahmen der Planoffenlegung verwendet wird, auch ein unverschlüsseltes Grunderwerbsverzeichnis enthalten. Soweit eine CD-ROM darüber hinaus der allgemeinen Öffentlichkeit zur Verfügung gestellt wird, müssen die Grunderwerbsangaben ggf. verschlüsselt werden.[1838]

VII. Zusammentreffen von Planfeststellungen

3781 Treffen nach § 78 I VwVfG mehrere selbstständige Vorhaben, für deren Durchführung Planfeststellungsverfahren vorgeschrieben sind,[1839] derart zusammen, dass für diese Vorhaben oder für Teile von ihnen nur eine einheitliche Entscheidung möglich ist,[1840] und ist mindestens eines der Planfeststellungsverfahren bundesrechtlich geregelt, so findet für diese Vorhaben oder für deren Teile nur ein Planfeststellungsverfahren statt.[1841] Es muss sich um selbstständige Vorhaben handeln, die räumlich in einem nicht trennbaren Zusammenhang stehen und die Gemeinsamkeiten aufweisen, die eine einheitliche Sachentscheidung für die gemeinsamen Teile des Bauvorhabens notwendig erscheinen lassen. In diesen Fällen wird für die Bauvorhaben oder deren Teile nur ein Planfeststellungsverfahren durchgeführt. Dabei umfasst die von § 78 VwVfG ausgelöste Konzentrationswirkung nicht nur den Überschneidungsbereich der Bauvorhaben. Beide Bauvorhaben müssen jeweils den Grundsätzen der Abschnittsbildung entsprechen, wodurch auch ihr räumlicher Umfang bestimmt wird.

Beispiel: Kreuzung einer neuen Bundesfernstraße mit einem neuen Schienenweg; Parallelführung einer neuen Bundesfernstraße und eines neuen Schienenweges, wenn ein entsprechender Koordinierungsbedarf besteht; Änderung der Kreuzung einer Bundeswasserstraße und einer Bundesstraße bei gleichzeitigem Ausbau beider Verkehrswege.

[1836] Ziffer 13 II der Planfeststellungsrichtlinien des Bundesministers für Verkehr vom 28. 6. 1999, Allgemeines Rundschreiben Straßenbau Nr. 16/1999, Verkehrsblatt Amtlicher Teil, Heft 14, 1999, 511.
[1837] Landesstraßengesetz Rheinland-Pfalz in der Fassung vom 1. 8. 1977 (GVBl. S. 274), geändert durch das Sechste Landesgesetz zur Änderung des Landesstraßengesetzes für Rheinland-Pfalz vom 20. 7. 1998 (GVBl. S. 203).
[1838] Weitere Auskünfte zur Straßenplanung auf CD-ROM sind über den Landesbetrieb für Straßen- und Verkehrswesen Rheinland-Pfalz, lasv@lasv.rlp.de erhältlich.
[1839] *BVerwG*, B. v. 23. 12. 1992 – 4 B 188.92 – DÖV 1993, 443 = DVBl. 1993, 449 – Containerbahnhof.
[1840] Zur einheitlichen Zuständigkeit der Planfeststellungsbehörde für notwendige Folgemaßnahmen des Vorhabens nach § 75 I 1 VwVfG vgl. *BVerwG*, B. v. 3. 8. 1995 – 11 VR 22.95 – UPR 1995, 399 – Ersatzstraße; B. v. 31. 8. 1995 – 11 VR 14.95 – RdL 1995, 335 – Reinbek-Wentorf. Dazu gehören alle Regelungen außerhalb der eigentlichen Zulassung des eisenbahnrechtlichen Vorhabens, die für eine angemessene Entscheidung über die aufgeworfenen Konflikte erforderlich sind, *BVerwG*, Urt. v. 9. 3. 1979 – IV C 4.75 – BVerwGE 57, 297 = BayVBl. 1979, 568 = DVBl. 1980, 287; Urt. v. 26. 5. 1994 – 7 A 21.93 – NVwZ 1994, 1002 = NuR 1996, 27 – Vorsfelde-Lehre.
[1841] Zur Konkurrenz von Fachplanungsverfahren *Blümel* Die Planfeststellung. Zweiter Teil, Speyer 1994; vgl. auch *Ammelburger* NVwZ 1995, 873; *Kiepe/Wenzel* Städtetag 1991, 566; *Stüer* DVBl. 1995, 1345.

Zuständigkeiten und **Verfahren** richten sich nach den Rechtsvorschriften über das 3782
Planfeststellungsverfahren,[1842] das für diejenige Anlage vorgeschrieben ist, die einen größeren Kreis öffentlich-rechtlicher Beziehungen berührt (§ 78 II 1 VwVfG).[1843] Dabei ist nicht allein die Größe des Vorhabens oder ihr Raumbedarf ausschlaggebend. Der größere Kreis öffentlich-rechtlicher Beziehungen wird vielmehr auch neben der Anzahl vor allem von dem Gewicht der berührten öffentlich-rechtlichen Beziehungen bestimmt. Werden diese Beziehungen von den zuständigen Planfeststellungsverfahren gleichstark erfasst, ist das Planfeststellungsverfahren anzuwenden, das für die Durchführung des Vorhabens am zweckmäßigsten erscheint.

Beispiel: Die Zuständigkeit für die Planungsentscheidung über ein Kreuzungsbauwerk hängt davon ab, welcher der beiden Kreuzungsbeteiligten seine Anlage ändern will. Planen etwa Straßenbau- und Bundesbahnverwaltung gleichzeitig Baumaßnahmen an ihren Anlagen, dann ist die Zuständigkeit der Planfeststellungsbehörde nach § 78 VwVfG zu bestimmen. Eine einheitliche Entscheidung über mehrere Vorhaben ist vor allem dann geboten, wenn sie dasselbe Kreuzungs- oder Verflechtungsbauwerk betreffen.[1844]

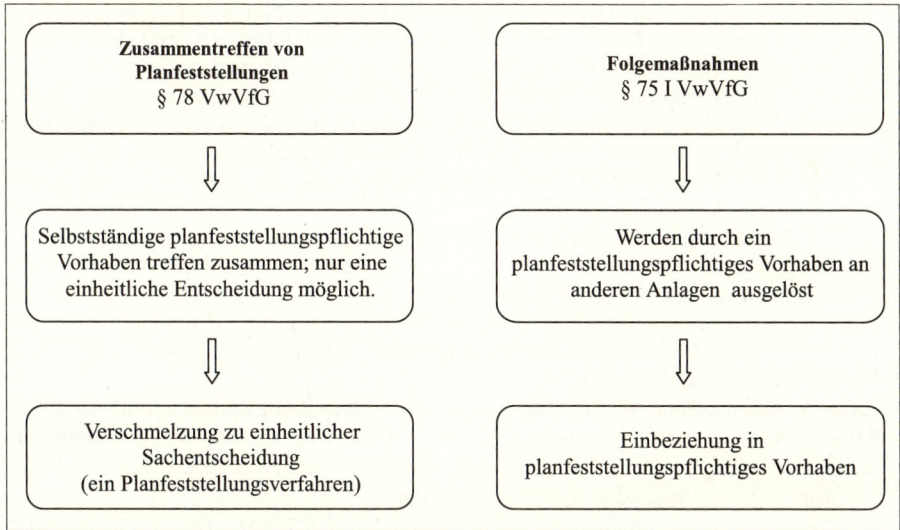

Ein **Vorhaben** des Fachplanungsrechts i. S. des **§ 78 I VwVfG** ist die in einem konkre- 3783
ten Plan ausgeformte Gestaltungsabsicht des Baulastträgers. Über sie hat die Planfeststellungsbehörde zu entscheiden und nach ihr bestimmt sich ihre Zuständigkeit. Die Belange eines anderen (passiven) Kreuzungsbeteiligten sind im Planfeststellungsverfahren zu berücksichtigen. Die Funktionsfähigkeit der jeweils anderen Anlage ist durch Folgemaßnahmen i. S. von § 75 I VwVfG sicherzustellen.[1845] Die Vorschriften werden allerdings

---

[1842] Zum Zusammentreffen von bundesrechtlicher und landesrechtlicher Planfeststellung *BVerwG*, Urt. v. 14. 4. 1989 – 4 C 31.88 – BVerwGE 82, 17 = DVBl. 1989, 1053 – Remagen.
[1843] *BVerwG*, Urt. v. 12. 2. 1988 – 4 C 55.84 – NVwZ-RR 1988, 60 = DVBl. 1988, 855 – Schifferstadt; Urt. v. 12. 2. 1988 – 4 C 54.84 – Buchholz 316 § 75 VwVfG Nr. 3; B. v. 19. 12. 1989 – 4 B 224.89 – NVwZ 1990, 463 = UPR 1990, 220 – Kelheim; B. v. 3. 10. 1992 – 4 A 4.92 – NVwZ 1993, 565 = DVBl. 1993, 167 – *Hoppe/Stüer* RzB Rdn. 1054 – Sachsendamm; B. v. 23. 12. 1992 – 4 B 188.92 – NVwZ 1993, 980 = DVBl. 1993, 449 – Containerbahnhof; Urt. v. 26. 5. 1994 – 7 A 21.93 – NVwZ 1994, 1002 = UPR 1994, 342 – Vorsfelde-Lehrte.
[1844] *BVerwG*, Urt. v. 12. 2. 1988 – 4 C 55.84 – Buchholz 316 § 78 VwVfG Nr. 2 = UPR 1988, 261 = NVwZ-RR 1988, 60.
[1845] *BVerwG*, Urt. v. 12. 2. 1988 – 4 C 55.84 – Buchholz 316 § 78 VwVfG Nr. 2 = UPR 1988, 261 = NVwZ-RR 1988, 60.

eng ausgelegt – wohl mit der Begründung, dass die damit verbundene kompetenzerweiternde Wirkung[1846] und die Ausdehnung der Konfliktbewältigung[1847] auf weitere Problembereiche Grenzen[1848] haben muss.[1849] So besteht etwa die Notwendigkeit einer nur einheitlichen Entscheidung nicht, wenn planerisch erhebliche Belange des einen Verfahrens in anderen Verfahren durch Verfahrensbeteiligung und durch Berücksichtigung im Rahmen der planerischen Abwägung angemessen erfasst werden.[1850] Die enge Auslegung dieser Vorschrift ist berechtigt, solange aus dem Sachzusammenhang mehrerer Planungen eine Pflicht zur einheitlichen Verfahrensführung abgeleitet wird. Das BVerwG hat allerdings inzwischen eine etwas weitgehendere Auslegung des § 78 VwVfG ermöglicht. Bei Verkehrsbauten ist eine räumliche Überschneidung der Trasse ein starkes Indiz für die Anwendbarkeit von § 78 VwVfG. Ebenso ist bei einer Parallelführung von Trassen an die Notwendigkeit einer einheitlichen Planungsentscheidung zumindest dann nahe liegend, wenn Schwierigkeiten der Geländetopografie nur durch eine gemeinsame Baumaßnahme der Vorhabenträger überwunden werden können.[1851]

3784 § 2 I EKrG, wonach neue Kreuzungen von Eisenbahnen und Straßen grundsätzlich als Überführungen herzustellen sind, ist **keine drittschützende Norm**, auf die sich Anlieger berufen können.[1852] Die Minderung kommunalpolitischer Interessen etwa durch Abriss eines Autobahn-Kreuzungsbauwerks über eine stillgelegte Eisenbahnstrecke führt nicht zu einer Beeinträchtigung gemeindlicher Rechte. Eine Veränderung der verkehrlichen Infrastruktur eröffnet die gemeindliche Klagebefugnis nur, wenn das Gemeindegebiet hiervon nachhaltig betroffen wird. Der Förderverein zur Erhaltung einer Eisenbahnstrecke wird durch den Wegfall eines solchen Brückenbauwerks nicht in seinen Rechten verletzt. Ein Jagdpächter hat keinen Anspruch auf Erhalt eines Brückenbauwerks, das auch für eine Wildquerung genutzt wird.[1853] Hat die Gemeinde gegen die Aufhebung einer Kreuzung von Straße und Eisenbahn keine Bedenken geltend gemacht, so durfte die Plangenehmigungsbehörde bei der Abbindung der Straße davon ausgehen, dass gemeindliche Belange nicht betroffen sind. Auch eine Überführung der Straße durch eine gesonderte Planfeststellung ist dann nicht geboten. Auf die Gemeinden kommen hier vielmehr Mitwirkungslasten zu.[1854]

3785 Eine **Kostenregelung** bei der Herstellung von **Kreuzungsanlagen** enthalten § 12 EKrG,[1855] §§ 12, 12a FStrG[1856] und § 41 WaStrG. Die Kostenverteilung erfolgt unabhängig

---

[1846] *Bonk* in: Stelkens/Bonk/Sachs Rdn. 7 zu § 78 VwVfG.
[1847] Zum Grundsatz der Konfliktbewältigung BVerwG, Urt. v. 5. 7. 1974 – IV C 50.72 – BVerwGE 45, 309 = *Hoppe/Stüer* RzB Rdn. 24 – Delog-Detag; Urt. v. 14. 2. 1975 – IV C 21.74 – BVerwGE 48, 56 = *Hoppe/Stüer* RzB Rdn. 50 – B 42.
[1848] Zu den Grenzen der Konfliktbewältigung BVerwG, B. v. 17. 2. 1984 – 4 B 191.83 – BVerwGE 69, 30 = NVwZ 1984, 235 = DÖV 1984, 858 = DVBl. 1984, 343 = *Hoppe/Stüer* RzB Rdn. 61 – Reuter-Kraftwerk.
[1849] *BVerwG*, Urt. v. 26. 5. 1994 – 7 A 21.93 – NVwZ 1994, 1002 = UPR 1994, 342 – Vorsfelde-Lehre.
[1850] So *BVerwG*, B. v. 23. 12. 1992 – 4 B 188.92 – DÖV 1993, 433 = NVwZ 1993, 980 – Containerbahnhof.
[1851] *BVerwG*, B. v. 28. 11. 1995 – 11 VR 38.95 – DVBl. 1996, 270 = NVwZ 1996, 389 = UPR 1996, 270 – Tiergartentunnel; Urt. v. 18. 4. 1996 – 11 A 86.95 – BVerwGE 101, 73 – Tiergartentunnel. Allerdings sind auch im Falle des § 78 I VwVfG die Grundsätze der Abschnittsbildung zu beachten.
[1852] *BVerwG*, B. v. 19. 3. 1997 – 11 B 102.96 – NVwZ-RR 1998, 93 = UPR 1997, 299 – Eisenbahnkreuzung.
[1853] *BVerwG*. B. v. 18. 9. 1998 – 4 VR 11.98 – Buchholz 407.4 § 17 FStrG Nr. 141 – Brückenbauwerk.
[1854] *BVerwG*, Urt. v. 16. 12. 1998 – 11 A 14.98 – NVwZ 1999, 296 – Hamburg-Büchen-Berlin.
[1855] *BVerwG*, Urt. v. 14. 5. 1992 – 4 C 28.90 – NVwZ-RR 1993, 286 = StuGR 1993, 207 – Stützpfeiler.
[1856] *BVerwG*, Urt. v. 18. 9. 1987 – 4 C 24.84 – BayVBl. 1988, 276 = DÖV 1988, 571 = NVwZ-RR 1988, 61 – A 8 – Rosenheim.

davon, auf welcher rechtlichen Grundlage die jeweiligen Maßnahmen durchgeführt werden.[1857] Werden Verkehrswege ausgebaut oder neu gebaut und müssen neue Kreuzungen mit öffentlichen Verkehrswegen hergestellt oder bestehende Kreuzungsanlagen geändert werden, hat der Baulastträger des jeweils veranlassenden Vorhabens die Kosten der Kreuzungsanlage zu tragen, soweit nicht ein anderer Grund eines bestehenden Rechtsverhältnisses dazu verpflichtet. Umgekehrt sind die Kosten von dem Baulastträger des anderen öffentlichen Verkehrsweges zu tragen, wenn der Neu- oder Ausbau von öffentlichen Verkehrsanlagen Veranlassung für die Herstellung oder Erneuerung der Kreuzungsanlage ist. Werden mehrere öffentliche Verkehrsanlagen gleichzeitig neu angelegt, sind die Kosten im Kreuzungsbereich zwischen den Baulastträgern hälftig zu teilen. Bei Maßnahmen eines Baulastträgers, die zugleich nachhaltige Verbesserungen für eine andere Verkehrsanlage mit sich bringen, ist ggf. im Wege des Vorteilsausgleichs eine Kostenbeteiligung herbeizuführen. Auch **§ 41 V WaStrG** folgt diesem Grundprinzip. Die Vorschrift[1858] betrifft den Fall, dass eine Wasserstraße ausgebaut wird und der kreuzende Verkehrsweg gleichzeitig geändert wird. In diesem Fall müssen die Kreuzungsbeteiligten die Kosten in dem Verhältnis tragen, in dem sie bei getrennter Durchführung der Maßnahme zueinander stehen würden. Als gleichzeitig gelten die Maßnahmen, wenn beide Beteiligte sie verlangen oder hätten verlangen können (§ 41 V 2 WaStrG). Das Gesetz stellt dabei nicht auf einen zeitlichen Faktor ab, sondern verwendet das Merkmal der Gleichzeitigkeit fiktiv zur Herbeiführung der damit erstrebten Kostenbeteiligung des Trägers der Straßenbaulast nach Maßgabe seines tatsächlich geäußerten oder unterstellten eigenen Interesses.[1859] Dies setzt voraus, dass die Änderung des Verkehrsweges nach Maßgabe der für den jeweiligen Kreuzungsbeteiligten geltenden Baulast objektiv geboten ist.[1860] Ein objektives Gebot ist auch dann anzunehmen, wenn der Änderungszwang für den Kreuzungsbeteiligten erst durch den Ausbau des anderen Verkehrsweges ausgelöst wird. Den gesetzlichen Regelungen über Verkehrswegekreuzungen ist gemeinsam, dass jedem Kreuzungsbeteiligten nur die Sorge für seinen Verkehrsweg obliegt. Das kann allerdings auch Handlungspflichten hinsichtlich des kreuzenden Verkehrsweges auslösen, wenn dies die Sicherheit oder die Abwicklung des Verkehrs auf dem eigenen Verkehrsweg erfordert. Sobald einer der Kreuzungsbeteiligten aus der Sicht seines Verkehrsweges einen Änderungsbedarf für gegeben hält und eine Planfeststellung beantragt, steht die Kreuzungsanlage als solche zur Disposition. Ergreift der Änderungsbedarf auch den fremden Verkehrsweg, so muss der Baulastträger des veranlassenden Vorhabens auch die Kosten dieser Änderung tragen. Dabei ist er verpflichtet, den bestehenden Zustand des kreuzenden Verkehrsweges zu erhalten. Er darf nicht verschlechtert werden. Ergibt sich aus der Sicht des anderen Kreuzungsbeteiligten ein darüber hinausgehender weiterer Änderungsbedarf, so fällt dieser grundsätzlich diesem anderen Kreuzungsbeteiligten zur Last. Dies gilt selbst dann, wenn ein solcher zusätzlicher Bedarf oder Vorteil erst anlässlich der durch den anderen Kreuzungsbeteiligten geplanten Maßnahme entsteht.[1861]

Beispiel: Durch den Bau einer neuen Autobahn wird eine Emsunterquerung erforderlich. Die hierfür entstehenden Kosten hat der Träger der Straßenbaulast zu tragen. Entschließt sich die Bundeswasserstraßenverwaltung, zugleich mit der Straßenbaumaßnahme auch eine Vertiefung der Ems oder Renaturierungsmaßnahmen durchzuführen, so hat sich die Bundeswasserstraßenverwaltung an

---

[1857] *BVerwG*, Urt. v. 11. 12. 1981 – 4 C 97.79 – Buchholz 407.2 EKrG Nr. 8.
[1858] Eine ähnliche Regelung enthält § 12 III FStrG für die Änderung einer höhenungleichen Kreuzung sowie § 12 EKrG für Maßnahmen an Überführungen.
[1859] *BVerwG*, Urt. v. 28. 2. 1975 – IV C 37.72 – Buchholz 445.5 § 41 WaStrG Nr. 1.
[1860] *BVerwG*, Urt. v. 17. 12. 1993 – 7 C 43.93 – NVwZ-RR 1995, 131 = ZfW 1994, 467 – Mittellandkanal Sehnde; *Friesecke* § 41 WaStrG Rdn. 10; *Marschall/Schweinsberg* § 12 EKrG Rdn. 3.3; *Marschall/Schroedter/Kastner* § 12 FStrG Rdn. 7.1.
[1861] *BVerwG*, B. v. 27. 12. 1993 – 7 B 121.93 – UPR 1994, 261 = NuR 1994, 391 – Schienenbonus.

den Kosten des Kreuzungsbauwerks entsprechend zu beteiligen.[1862] Verlangt die Deutsche Bahn AG, wegen des gestiegenen Lastkraftwagenverkehrs Stützpfeiler einer die Straße überquerenden Eisenbahnbrücke zu verstärken, so erscheint es sachgerecht, die dafür entstehenden Kosten zwischen den beiden Baulastträgern hälftig zu teilen.[1863] Die Bahn ist allerdings nicht verpflichtet, zur Vermeidung von Anfahrunfällen die Vergrößerung der lichten Höhe einer Eisenbahnunterführung vorzunehmen, wenn die Brücke anfahrsicher gebaut ist.[1864]

3786 Wird an einer Überführung eine Änderung durchgeführt, hat der Kreuzungsbeteiligte, der die Änderung verlangt, dem anderen Beteiligten nach § 15 II EKrG die hierdurch verursachten **Erhaltungskosten** zu erstatten. Zu erstatten sind die den Erhaltungspflichtigen (vgl. § 14 I 1 EKrG) infolge der Änderung treffenden Erhaltungsmehrkosten. Dem Erhaltungspflichtigen sollen diejenigen zusätzlichen Lasten erstattet werden, die durch die von dem anderen Kreuzungsbeteiligten veranlassten Maßnahmen entstehen.[1865] Da die Erhaltung die laufende Unterhaltung und die Erneuerung umfasst (§ 14 I 2 EKrG), sind grundsätzlich auch die Mehrkosten für eine Erneuerung erstattungsfähig. Voraussetzung für die Erstattungspflicht ist jedoch, dass die Änderung unmittelbar zu Mehrkosten bei der Unterhaltung oder Erneuerung durch den anderen Beteiligten führt. Daran fehlt es, wenn eine Straßenverbreiterung keinerlei Auswirkungen auf eine bestehende Eisenbahnüberführung hat, wenn also ein Neubau der Brücke an der Stelle der alten Brücke ungehindert möglich bleibt.[1866] Ist ein Kreuzungsbeteiligter aufgrund eines von ihm ausgehenden Änderungsverlangens hierfür nach § 12 Nr. 1 EKrG kostenpflichtig, steht ihm ein Vorteilsausgleich gegen den anderen nicht kostentragungspflichtigen Kreuzungsbeteiligten nur dann zu, wenn die Änderung keinen Wechsel in der **Erhaltungslast** für Teile der Kreuzungsanlage bewirkt. Nur wer erhaltungspflichtig bleibt, kann für eine Maßnahme, die seiner fortdauernden Erhaltungslast zugute kommt, zum Vorteilsausgleich herangezogen werden.[1867] Eine Erstattungspflicht für Erhaltungsmehrkosten nach § 15 II EKrG besteht nicht, wenn die Änderung lediglich bewirkt, dass das Kreuzungsbauwerk bei einer künftigen Erneuerung nicht mit geringeren Dimensionen errichtet werden kann.[1868] Die Kosten für Sicherungsmaßnahmen an **unbeschrankten Bahnübergängen** sind grundsätzlich von der Deutschen Bahn AG zu tragen. So kann diese von einem Land weder aus Geschäftsführung ohne Auftrag noch auf der Grundlage einer Rechtsanalogie zu anderen gesetzlichen Ausgleichssystemen Ersatz von Mehraufwendungen verlangen, die zur Sicherung eines unbeschrankten Bahnübergangs notwendig geworden sind, nachdem infolge einer verkehrsbehördlich angeordneten Umleitung der Straßenverkehr stark angestiegen ist.[1869]

3787 Zur Entscheidung über die Kostentragungspflicht und zur Klärung von Meinungsverschiedenheiten ist in § 10 EKrG ein **Kreuzungsrechtsverfahren** vorgesehen. Dieses Verwaltungsverfahren hat jedoch keinen verfahrensrechtlichen Vorrang vor dem verwaltungsgerichtlichen Verfahren. Ein solcher Vorrang lässt sich weder dem Gesetz entnehmen noch ergibt er sich aus allgemeinen Grundsätzen des Prozessrechts. So kann etwa das

---

[1862] *Stüer* in: *Stüer* (Hrsg.) Verfahrensbeschleunigung, S. 120.
[1863] *BVerwG*, Urt. v. 14. 5. 1992 – 4 C 28.90 – NVwZ-RR 1993, 286 = StuGR 1993, 207 – Stützpfeiler.
[1864] *BVerwG*, Urt. v. 11. 3. 1993 – 7 C 35.92 – Buchholz 407.2 EKrG Nr. 20 = DÖV 1993, 825 – Brückenbauwerk.
[1865] *BVerwG*, Urt. v. 10. 5. 1985 – 4 C 52.82 – DÖV 1985, 792 = Buchholz 407.2 EKrG Nr. 13.
[1866] *BVerwG*, B. v. 5. 3. 1991 – 4 B 67.90 – NVwZ-RR 1991, 395 = DÖV 1991, 695 – Erhaltungsmehrkosten.
[1867] *BVerwG*, Urt. v. 14. 9. 1992 – 4 C 12.90 – NVwZ-RR 1993, 284 = UPR 1993, 159 = VkBl. 1993, 290 – Wolfratshauser Straße.
[1868] *BVerwG*, B. v. 5. 3. 1991 – 4 B 67.90 – NVwZ-RR 1991, 395 = DÖV 1991, 695 – Erhaltungsmehrkosten.
[1869] *BVerwG*, Urt. v. 11. 6. 1991 – 7 C 1.91 – DVBl. 1991, 1156 = NVwZ 1992, 264 – Bahnübergang.

Rechtsschutzinteresse für eine allgemeine Leistungsklage nicht mit der Erwägung verneint werden, zur Durchsetzung von Kostenerstattungsansprüchen stehe das Kreuzungsrechtsverfahren als einfacherer Weg offen.[1870]

Ein **Kostenerstattungsanspruch** nach § 13 EKrG, der weder den Abschluss einer Kreuzungsvereinbarung noch die vorherige Durchführung eines Kreuzungsrechtsverfahrens voraussetzt, entsteht jeweils mit der Bezahlung kreuzungsbedingt anfallender Unternehmerleistungen durch den bauausführenden Kreuzungsbeteiligten. Kreditkosten und Verzugszinsen sind im Kreuzungsrechtsverhältnis nicht erstattungsfähig.[1871] 3788

VIII. Umweltverträglichkeitsprüfung

Bei Vorhaben nach der Anlage 1 zum UVPG ist eine UVP durchzuführen.[1872] Die UVP richtet sich nach den Vorschriften des UVPG und den ergänzend heranzuziehenden Regelungen in der UVP-Richtlinie. Für die Linienbestimmung[1873] und Genehmigung von Flugplätzen (§ 15 UVPG), Raumordnungsverfahren und Zulassungsverfahren (§ 16 UVPG), die Aufstellung von Bauleitplänen (§ 17 UVPG), bergrechtliche Verfahren (§ 18 UVPG) und Flurbereinigungsverfahren (§ 19 UVPG) sind gesonderte Regelungen getroffen. 3789

Der Untersuchungsrahmen der UVP wird im **Scoping-Verfahren** nach § 5 UVPG abgegrenzt. Sobald der Träger des Vorhabens die zuständige Behörde über das geplante Vorhaben unterrichtet, soll diese mit ihm entsprechend dem jeweiligen Planungsstand und auf der Grundlage geeigneter, vom Träger des Vorhabens vorgelegter Unterlagen den Gegenstand, den Umfang und die Methoden der UVP sowie sonstige für die UVP erhebliche Fragen erörtern. Hierzu können andere Behörden, Sachverständige oder Dritte hinzugezogen werden. Die Behörde soll den Vorhabenträger über den voraussichtlichen Umfang der UVP unterrichten. Zuständige Behörde ist die Planfeststellungsbehörde. Im Rahmen des Scoping-Verfahrens ist es üblich, den Untersuchungsrahmen in einem gemeinsamen Termin zu erörtern, zu dem die Träger öffentlicher Belange einschließlich der betroffenen Gemeinden und auch die nach § 58 BNatSchG anerkannten Naturschutzverbände geladen werden. Die Vertreter der Behörden und Interessengruppen haben dabei Gelegenheit, durch Stellungnahmen auf die endgültige Fassung des Untersuchungsrahmens einzuwirken. Der Umfang der Unterlagen, die der Träger des Vorhabens beizubringen hat, richtet sich nach § 6 UVPG. Es müssen vor allem Unterlagen über die voraussichtlichen Auswirkungen des Vorhabens auf die in § 2 I UVPG benannten Umweltmedien beigebracht werden. Die Einhaltung von Verfahrensbestimmungen zur UVP[1874] nach dem UVPG können Betroffene allerdings nur geltend machen, wenn sie durch deren Verletzung in ihren eigenen Rechten unmittelbar beeinträchtigt werden.[1875] 3790

[1870] *BVerwG*, B. v. 22. 12. 1992 – 7 B 162.91 – DÖV 1993, 433 = NVwZ-RR 1993, 330 – signalabhängige Schrankenanlage.
[1871] *BVerwG*, Urt. v. 12. 6. 2002 – 9 C 6.01 – BVerwGE 116, 312 = NVwZ 2003, 481 = DVBl. 2002, 1500, dort auch zum Begriff „frühere" Baumaßnahme. Zum Kostenerstattungsanspruch bei der Herstellung von Überführungsbauwerken *BVerwG*, Urt. v. 6. 6. 2002 – 4 A 44.00 – DVBl. 2002, 1494 = DÖV 2003, 86 = NVwZ 2003, 209 – Übernahmeanspruch. Zur Kostentragung für die Verlegung oder Veränderung einer Telekommunikationslinie *BVerwG*, Urt. v. 6. 3. 2002 – 9 A 6.01 –. Zu den Folgekosten der Verlegung einer querenden Abwasserleitung bei dem Ausbau einer Bahnlinie *BGH*, Urteil 31. 1. 2002 – III ZR 136/01 – BauR 2002, 1071 = DVBl. 2002, 643 – Lästigkeitszuschlag.
[1872] *Johlen* Planfeststellungsrecht HdBöffBauR Kap. L Rdn. 22; s. Rdn. 2690.
[1873] Zur Linienbestimmung s. Rdn. 2765, 3014, 3494, 3949.
[1874] *Erbguth* VerwArch 81 (1990), 327; *ders.* NVwZ 1993, 956; *Erbguth/Schink* Rdn. 1ff. zu § 1 UVPG; *dies.* EuZW 1990, 531; *Hoppe/Appold* DVBl. 1991, 1221.
[1875] Zur Frage der fristgerechten Umsetzung der EG-Richtlinie 85/337/EWG vom 27. 6. 1985 *EuGH*, Urt. v. 9. 8. 1994 – Rs. C-396/92 – DVBl. 1994, 1126. Der deutsche Gesetzgeber hat sich danach durch die verspätete Umsetzung der UVP-Richtlinie europarechtswidrig verhalten. Die

Die Verletzung von Verfahrensbestimmungen zur UVP ist daher nur dann beachtlich, wenn sich der Fehler auf das Abwägungsergebnis auswirkt.[1876]

IX. Behördenstellungnahmen

3791   Die Stellungnahmen der Behörden, deren Aufgabenbereich durch das Vorhaben berührt wird, sind nach § 7 UVPG einzuholen. Die Anhörung wird in der Regel von einer Anhörungsbehörde durchgeführt, die durch Gesetz oder Rechtsverordnung dazu ermächtigt ist. Die Anhörungsbehörde wird sozusagen als Hilfsorgan der Planfeststellungsbehörde tätig und bereitet deren Entscheidung vor. Anhörungsbehörde und Planfeststellungsbehörde können aber auch identisch sein, wenn das jeweilige Fachplanungsgesetz dies vorsieht.[1877] Die Bestimmung der Anhörungsbehörde erfolgt durch Gesetz oder aufgrund einer entsprechenden gesetzlichen Grundlage.

3792   Das **Anhörungsverfahren** wird, soweit keine spezialgesetzlichen Regelungen eingreifen (§ 72 I VwVfG), nach § 73 VwVfG durchgeführt. Der Träger des Vorhabens hat nach § 73 I VwVfG den Plan der Anhörungsbehörde zur Durchführung des Anhörungsverfahrens einzureichen. Der Plan besteht aus den Zeichnungen und Erläuterungen, die das Vorhaben, seinen Anlass und die von dem Vorhaben betroffenen Grundstücke und Anlagen erkennen lassen. Die Anhörungsbehörde holt innerhalb eines Monats die Stellungnahme der Behörden ein, deren Aufgabenbereich durch das Vorhaben berührt wird (§ 73 II VwVfG). Das Anhörungsverfahren ist als förmliches Verfahren ausgestaltet. Es besteht aus der Einholung der Stellungnahmen der beteiligten Behörden, der Unterrichtung der Planbetroffenen in der Regel durch öffentliche Auslegung, der Entgegennahme von Einwendungen und deren Erörterung in einer mündlichen Verhandlung. Anhörungsbehörde ist diejenige Behörde, die das Anhörungsverfahren durchzuführen hat. Die Landesgesetze sehen zum Teil eine Trennung von Anhörungs- und Planfeststellungsbehörde vor. Dies dient der grundrechtsschützenden Wirkung des Verwaltungsverfahrens.[1878] Eine Trennung der beiden Behörden ist aber verfassungsrechtlich nicht erforderlich.[1879] Der Gesetzgeber kann daher eine Anhörung auch durch die Planfeststellungsbehörde vorsehen.[1880] Gegenstand des Verfahrens ist das Vorhaben in der in dem Plan dargelegten Gestalt. Die Anhörungsbehörde hat von sich aus zu prüfen, ob die vorgelegten Unterlagen vollständig und ausreichend sind, und ggf. beim Vorhabensträger Ergänzungen anzufordern.

3793   Die Anhörungsbehörde fordert die beteiligten **Behörden**, die Träger der vom Vorhaben berührten öffentlichen Belange sind, unter Übersendung der Planunterlagen zur

---

Überleitungsvorschrift des § 22 UVPG ist daher teilweise europarechtswidrig. Die hierdurch entstehende Lücke muss durch eine unmittelbare Anwendung der UVP-Richtlinie geschlossen werden, *BVerwG*, Urt. v. 25. 1. 1996 – 4 C 4.95 – BVerwGE 100, 238 – Eifelautobahn A 60; vgl. auch *OVG Koblenz*, Urt. v. 29. 12. 1994 – 1 C 10893/92.OVG – DVBl. 1996, 677 – Eifelautobahn A 60; Urt. v. 21. 3. 1996 – 4 C 19.94 – DVBl. 1996, 907; Urt. v. 21. 3. 1996 – 4 C 26.94 – BVerwGE 100, 388 = DVBl. 1996, 914 – Autobahnring München-West – Allach; Urt. v. 21. 3. 1996 – 4 C 1.95 – DVBl. 1996, 915 – Autobahnring München A 99; *VGH München*, Urt. v. 4. 2. 1994 – 8 AS 94.40007 – DVBl. 1994, 764 = NVwZ 1994, 706 = DÖV 1994, 565; Urt. v. 5. 7. 1994 – 8 A 93.40056 – DVBl. 1994, 1198.

[1876] *BVerwG*, B. v. 30. 10. 1992 – 4 A 4.92 – NVwZ 1993, 565; B. v. 21. 7. 1994 – 4 VR 1.94 – DVBl. 1994, 1197 = NVwZ 1995, 383 = UPR 1994, 453 – B 16; s. Rdn. 2690, 3792.

[1877] *BVerwG*, Urt. v. 22. 6. 1979 – IV C 8.76 – BVerwGE 58, 154 = NJW 1980, 1063 = DVBl. 1980, 289 – *Hoppe/Stüer* RzB Rdn. 111 – Grundstückszufahrt; B. v. 2. 10. 1979 – 4 N 1.79 – BVerwGE 58, 344 = NJW 1980, 1706 = DÖV 1980, 138 = DVBl. 1981, 403; B. v. 9. 4. 1987 – 4 B 73.87 – DÖV 1987, 870; Urt. v. 26. 6. 1981 – 4 C 5.78 – BVerwGE 62, 342 = DVBl. 1981, 936 = *Hoppe/Stüer* RzB Rdn. 115 – Plochingen; B. v. 2. 10. 1979 – 4 N 1.79 – BVerwGE 58, 344 = BayVBl. 1980, 27; *Kopp/Ramsauer*, Rdn. 10 zu § 73 VwVfG.

[1878] *BVerwG*, Urt. v. 5. 12. 1986 – 4 C 13.85 – BVerwGE 75, 214 = NVwZ 1985, 578 = *Hoppe/Stüer* RzB Rdn. 191 – Flughafen München II.

[1879] *BVerwG*, B. v. 2. 10. 1979 – 4 N 1.79 – BVerwGE 58, 344 = NJW 1980, 1706 = DÖV 1980, 138.

[1880] *Stelkens/Bonk/Sachs* § 73 VwVfG Rdn. 13, mit Hinweis auf §§ 14 I, 17 WaStrG.

6. Teil. Verfahren der Planaufstellung

```
┌─────────────────────────────────────────────────────────────┐
│   Beteiligung von Behörden, Trägern öffentlicher Belange    │
│           und Stellen in Planfeststellungsverfahren          │
└─────────────────────────────────────────────────────────────┘
              ⇩                              ⇩
┌──────────────────────────┐     ┌──────────────────────────┐
│      Stellungnahmen       │     │       Einwendungen        │
│ sind innerhalb einer Frist│     │ sind nur innerhalb der    │
│   von bis zu 3 Monaten    │     │    Einwendungsfrist       │
│         möglich           │     │     von § 73 IV VwVfG     │
│      § 73 III a VwVfG     │     │ (1 Monat + 2 Wochen)      │
│                           │     │         möglich           │
└──────────────────────────┘     └──────────────────────────┘
              ⇩                              ⇩
┌──────────────────────────┐     ┌──────────────────────────┐
│ Nach dem Erörterungstermin│    │ Einwendungen sind nach     │
│  eingehende Stellungnahmen│    │ Ablauf der Einwendungsfrist│
│  sind im Ausnahmefall noch│    │ ausgeschlossen –           │
│     zu berücksichtigen    │    │   materielle Präklusion    │
│     § 73 III a 2 VwVfG    │    │      § 74 IV 3 VwVfG       │
└──────────────────────────┘     └──────────────────────────┘
```

Stellungnahme auf. Behörde ist jede Organisationseinheit, die öffentliche Aufgaben wahrnimmt (§ 1 IV VwVfG), gleichgültig, ob dies in hoheitlicher Form (durch Genehmigung, Erlaubnis, Planfeststellung oder Verwaltungsakt), in schlichthoheitlicher Weise (z. B. durch Erfüllung der Aufgaben aus einer öffentlich-rechtlichen Bau-, Betriebs- oder Unterhaltungslast) oder in privatrechtlicher Gestaltungsform geschieht.[1881] Unter Behörden fallen insbesondere die Landesplanungs-, Flurbereinigungs-, Wasserwirtschafts-, Straßenbau- und Bergbehörden, die Kreisverwaltungsbehörde in ihrer Funktion als allgemeine Ordnungs-, Straßenverkehrs- und Landschaftsschutzbehörde und als Baubehörde, die Forstbehörde, die Landwirtschaftskammer oder eine andere nach Landesrecht für die Förderung der Landwirtschaft zuständige Stelle, die Wasser- und Schifffahrtsverwaltung des Bundes, die Wehrbereichsverwaltung, Bundesvermögensverwaltung für die von den Stationierungstruppen benutzten militärischen Anlagen oder die Hafenbehörden. Eine Behördenbeteiligung ist erforderlich, wenn der öffentlich-rechtliche Aufgabenbereich der Behörde betroffen ist. Werden lediglich privatrechtliche Interessen, wie etwa das Eigentum, berührt, ist eine Beteiligung nicht als Behörde, sondern als Träger privater Rechte geboten.[1882] Zu beteiligen sind auch die nach § 58 BNatSchG anerkannten **Naturschutzverbände**, sofern das Vorhaben mit einem Eingriff in Natur und Landschaft gem. § 18 BNatSchG verbunden ist.[1883] Die anerkannten Naturschutzverbände sind nicht wie Behörden als Träger öffentlicher Belange am Verfahren beteiligt,[1884] haben aber eine besondere Stellung und Funktion, die sie von sonstigen Vereinigungen unterscheidet. Eine unterbliebene Beteiligung der anerkannten Naturschutzverbände führt zur Rechtswidrigkeit des Planfeststellungsbeschlusses, und zwar unabhängig davon, ob bei der Planung Belange von Natur und Landschaft tatsächlich übergangen worden sind.[1885] Allerdings

---

[1881] *BVerwG*, Urt. v. 24. 1. 1991 – 2 C 16.88 – BVerwGE 87, 310 = NJW 1991, 2980.
[1882] *Dürr* in: *Kodal/Krämer*, Kap. 35 Rdn. 5.21 (S. 1082).
[1883] Zur Verbandsbeteiligung *Bizer/Ormond/Riedel* Die Verbandsbeteiligung im Naturschutzrecht 1990; *Waskow* Die Mitwirkung von Naturschutzverbänden im Verwaltungsverfahren 1990; *Winkelmann* Untersuchungen zur Verbandsklage im internationalen Vergleich 1990.
[1884] *BVerwG*, Urt. v. 14. 5. 1997 – 11 A 43.96 – DVBl. 1997, 1123 = NuR 1997, 506 – Rheinbek-Wohltorf-Aumühle.
[1885] *BVerwG*, Urt. v. 31. 10. 1990 – 4 C 7.88 – BVerwGE 87, 62 = NVwZ 1991, 162; Urt. v. 12. 12. 1996 – 4 C 19.95 – DVBl. 1997, 714 – Nesselwang-Füssen.

kann die Anhörung des anerkannten Naturschutzverbandes auch noch nach Klageerhebung[1886] und auch noch im Anschluss an die gerichtliche Entscheidung[1887] nachgeholt werden. Auch die **Standortgemeinde**n, auf deren Gebiet das Vorhaben verwirklicht werden soll, sind als Träger öffentlicher Belange zu beteiligen. Das in Art. 28 II 1 GG verfassungsrechtlich gewährleistete Selbstverwaltungsrecht gewährt ihnen bei überörtlichen aber ortsrelevanten Planungen unabhängig von einer ausdrücklichen gesetzlichen Zuerkennung ein Recht auf Beteiligung, das sich in Informations- und Anhörungsrechte gliedert.[1888] Auch die Kreise sind – unabhängig von der ihnen durch Landesrecht übertragenen Aufgaben des Trägers der allgemeinen inneren Staatsverwaltung – in ihrer Eigenschaft als Selbstverwaltungskörperschaften zu beteiligen (Art. 28 II 2 GG). Die Kreise können von gemeindeübergreifenden Vorhaben sowohl als Träger kreiseigener Einrichtungen als auch als Träger einer das Kreisgebiet erfassenden Planungshoheit betroffen werden.[1889]

3794 Die Anhörungsbehörde hat den zu beteiligenden **Behörden** die wesentlichen Planunterlagen zu übersenden und innerhalb eines Monats nach Zustellung der vollständigen Planunterlagen um Stellungnahme zu ersuchen. § 73 II VwVfG besagt nicht, dass die Anhörungsbehörde – von sich aus und damit gleichsam unaufgefordert – den zu beteiligenden Trägern öffentlicher Belange, deren Zuständigkeiten berührt sein könnten, sämtliche **Planunterlagen** zu übersenden hat. Die Anhörungsbehörde hat die zu beteiligenden Behörden so weit von dem Vorhaben zu unterrichten, dass diese erkennen können, ob ihre Zuständigkeit berührt wird und ob es angezeigt ist, sich aus diesem Grunde näher um den Inhalt der beabsichtigten Planung zu kümmern.[1890] Eine Information über alle Einzelheiten des Vorhabens ist dazu nicht erforderlich.

3795 In mehreren Fachgesetzen sind **Fristverkürzungen** für die Behördenbeteiligung vorgesehen. Die Einholung der Stellungnahmen ist durch die Anhörungsbehörde innerhalb eines Monats nach Eingang des Antrags zu veranlassen (§ 17 IIIa FStrG, § 10 II 1 Nr. 2 LuftVG, § 29 Ia Nr. 1 PBefG, § 3 I 1 VerkPlBG). Die Behörden haben ihre Stellungnahmen innerhalb einer vor der Anhörungsbehörde festzusetzenden Frist abzugeben, die drei Monate nicht übersteigen darf (§ 17 III b 1 FStrG, § 10 II 1 Nr. 3 S. 1 LuftVG, § 29 Ia Nr. 2 PBefG, § 20 I 1 AEG, § 17 I 1 WaStrG). Später eingehende Stellungnahmen der Behörden brauchen bei der Zulassungsentscheidung nicht berücksichtigt zu werden, es sei denn, dass die vorgetragenen öffentlichen Belange bekannt sind oder hätten bekannt sein müssen (§ 17 Nr. 1 S. 2 WaStrG, § 10 II 1 Nr. 3 S. 2 LuftVG). Weitere Fristregelungen für die Abgabe der Stellungnahmen enthält das **GenBeschlG**[1891] für alle Planfeststellungsverfahren. Die **Behörden** haben, soweit spezialgesetzliche Planfeststellungsregelungen nicht anzuwenden sind, nach § 73 IIIa VwVfG ihre Stellungnahmen innerhalb einer von der Anhörungsbehörde zu setzenden Frist, die **drei Monate** nicht überschreiten darf, abzugeben. Nach dem Erörterungstermin eingehende Stellungnahmen werden nicht mehr berücksichtigt, es sei denn, die vorgebrachten Belange sind der Planfeststellungsbehörde bereits bekannt oder hätten ihr bekannt sein müssen oder sie sind für die Rechtmäßigkeit der Entscheidung von Bedeutung (§ 73 IIIa VwVfG). Mit Ablauf der Einwendungsfrist sind alle Einwendungen ausgeschlossen, die nicht auf besonderen privatrechtlichen Titeln beruhen.[1892] Hierauf ist in der Bekanntmachung der Auslegung oder bei der Bekanntgabe der Einwendungsfrist

---

[1886] *BVerwG*, Urt. v. 31. 10. 1990 – 4 C 7.88 – BVerwGE 87, 62 = NVwZ 1991, 162.
[1887] *BVerwG*, Urt. v. 12. 12. 1996 – 4 C 19.95 – DVBl. 1997, 714 – Nesselwang-Füssen.
[1888] *BVerwG*, Urt. v. 7. 7. 1978 – IV C 79.76 – BVerwGE 56, 110 = *Hoppe/Stüer* RzB Rdn. 1164 – Flughafen Frankfurt.
[1889] *Dürr* in: *Kodal/Krämer*, Kap. 35 Rdn. 5.4 (S. 1083), s. dort auch zu den Grenzen der Kompetenzen auf Kreisebene.
[1890] *BVerwG*, B. v. 11. 4. 1995 – 4 B 61.95 – Buchholz 316 § 73 VwVfG Nr. 8.
[1891] Gesetz zur Beschleunigung von Genehmigungsverfahren (Genehmigungsverfahrensbeschleunigungsgesetz – GenBeschlG) v. 12. 9. 1996 (BGBl. I 1354).
[1892] *Hermanns* in: *Stüer* (Hrsg.) Verfahrensbeschleunigung, S. 144.

hinzuweisen (§ 73 IV 3 und 4 VwVfG). Einwendungen, die nicht rechtzeitig eingehen, brauchen daher grundsätzlich nicht mehr berücksichtigt zu werden. Allerdings bezieht sich dies nur auf Einwendungen, die der Behörde nicht bereits bekannt sind oder hätten bekannt sein müssen. Nicht rechtzeitig erhobene Einwendungen müssen auch dann berücksichtigt werden, wenn sie für die Rechtmäßigkeit der Planfeststellung von Bedeutung sind. § 73 IV VwVfG enthält eine **materielle Präklusion** in dem Sinne, dass Einwendungen, die nicht innerhalb der gesetzlichen Frist erhoben worden sind, auch im gerichtlichen Verfahren nicht mehr geltend gemacht werden können.[1893] Die Regelung ist aus dem Plan-VereinfG und § 5 III VerkPlBG in das allgemeine Planfeststellungsrecht übernommen worden[1894] und gilt daher auch für solche Planfeststellungsverfahren, die bisher in den gesetzlichen Grundlagen solche materiellen Präklusionsregelungen nicht enthielten.[1895] Eine materielle Präklusion hat zur Folge, dass Einwendungen Betroffener nicht nur für das Verwaltungsverfahren, sondern auch für das Gerichtsverfahren ausgeschlossen werden.[1896] Materielle Präklusionen sollen die Konfliktlage zwischen Öffentlichkeitsbeteiligung, planerischer Informationsaufarbeitung und effektivem Rechtsschutz einerseits und dem Ziel einer behördlichen Verfahrensbeschleunigung und Rechtssicherheit andererseits zum Ausgleich bringen.[1897] Sie sind – soweit durch entsprechende Verfahrensregelungen hinreichend abgesichert – mit Art. 19 IV GG vereinbar.[1898] Erforderlich ist allerdings eine ausreichende Anstoßwirkung durch eine öffentliche Bekanntmachung, so dass die betroffenen Rechtsträger ihre Belange zur Geltung bringen können.[1899] Die Präklusion bezieht sich auf unmittelbare oder mittelbare Eigentumsbeeinträchtigungen, die mit dem Vorhaben verbunden sind. Hierbei handelt es sich nicht um Rechtspositionen, die auf privatrechtlichen Titeln beruhen.[1900] Einwendungen sind daher auch im Hinblick die unmittelbare Eigentums›inanspruchnahme abgeschnitten, wenn sie nicht rechtzeitig geltend gemacht werden.[1901]

Die **Versäumung der Einwendungsfrist** nach § 17 IV 1 FStrG[1902] etwa bewirkt eine **materiellrechtliche Präklusion**[1903] in dem Sinne, dass die nicht rechtzeitig vorgetragenen Belange auch im späteren Gerichtsverfahren nicht mehr geltend gemacht werden können.[1904] Die Anhörungsbehörde ist nicht befugt, die gesetzlichen Auslegungs- und Einwendungsfristen abweichend zu bestimmen. Wer auf eine derart fehlerhaft zugestandene Fristverlängerung vertraut, kann gem. § 32 VwVfG Wiedereinsetzung in den vorigen

---

[1893] Zur Ausweitung der Regelungen über die materielle Präklusion im Zusammenhang mit der Beschleunigung von Planungsverfahren für Verkehrsinfrastrukturvorhaben s. Rdn. 3762.
[1894] Gesetzentwurf der *Bundesregierung*. Entwurf eines Gesetzes zur Beschleunigung von Genehmigungsverfahren (GenBeschlG) BT-Drs. 13/3995 v. 6. 3. 1996.
[1895] *Hermanns* in: *Stüer* (Hrsg.) Verfahrensbeschleunigung, S. 144.
[1896] *Brandt* NVwZ 1997, 233.
[1897] *BVerwG*, Urt. v. 24. 5. 1996 – 4 A 38.95 – DVBl. 1997, 51.
[1898] *BVerfG*, B. v. 8. 7. 1982 – 2 BvR 1187/80 – BVerfGE 61, 82 = DVBl. 1982, 940.
[1899] *BVerwG*, B. v. 3. 7. 1996 – 11 A 64.95 – NVwZ 1997, 391.
[1900] So für das Wasserstraßenrecht *BVerwG*, B. v. 13. 3. 1995 – 11 VR 5.95 – NVwZ 1995, 904 = UPR 1995, 269 – Mittellandkanal Buchholzer Bogen; s. Rdn. 3496, 3650.
[1901] Vgl. aber *Jarass* Rdn. 10 zu § 14 BImSchG; *Hermanns* in: *Stüer* (Hrsg.) Verfahrensbeschleunigung, S. 144.
[1902] Die Vorschrift ist mit § 73 IV VwVfG und auch § 20 II AEG im Wesentlichen identisch; vgl. auch § 17 Nr. 5 S. 1 WaStrG, *BVerwG*, Gerichtsbescheid vom 6. 11. 1998 – 11 A 28.97 – Stralsund.
[1903] Materielle Präklusionen sind verfassungsrechtlich unbedenklich, so *BVerwG*, B. v. 5. 6. 1998 – 11 B 27.98 – (unveröffentlicht); *BVerfG*, B. v. 18. 8. 1998 – 1 BvR 1364/98 – (unveröffentlicht) nicht zur Entscheidung angenommen. Ein vorheriger Hinweis ist dazu nicht erforderlich, *BVerwG*, B. v. 18. 9. 1995 – 11 VR 7.95 – Buchholz 316 § 73 VwVfG Nr. 13; Urt. v. 24. 5. 1996 – 4 A 38.95 – Buchholz 407.4 § 17 FStrG Nr. 119.
[1904] *BVerwG*, Urt. v. 6. 11. 1997 – 4 A 16.97 – DVBl. 1998, 585 = NVwZ 1998, 398 = UPR 1998, 150 – A 14, im Anschluss an Urt. v. 24. 5. 1996 – 4 A 38.95 – DVBl. 1997, 51 = NVwZ 1997, 489 = UPR 1996, 386.

Stand erhalten. Nach Erlass des Planfeststellungsbeschlusses ist ein derart Betroffener im gerichtlichen Verfahren so zu stellen, wie er mit seinen verspäteten Einwendungen stünde, wenn er nicht präkludiert wäre.[1905]

3797 Werden zuvor erhobene **Einwendungen** vor Abschluss des Anhörungsverfahrens **zurückgezogen**, hat dieser Verzicht die Wirkungen nicht erhobener oder verspäteter Einwendungen. Sieht das Verfahrensrecht eine Präklusion vor, so werden davon auch Einwendungen erfasst, die der Rechtsvorgänger des Grundstückseigentümers nicht rechtzeitig vorgebracht oder im weiteren Verfahren zurückgenommen hat.[1906] Werden Belange durch mehrere Abschnitte betroffen, ist es dem Einwendungsführer grundsätzlich zuzumuten, Einwendungen gegen einen Folgeabschnitt auch dann zu erheben, wenn der Betroffene sich bereits zu einem früheren Abschnitt geäußert hat.[1907] Im Einwendungsverfahren müssen auch Sicherheitsbedenken vorgetragen werden, wenn sie im weiteren Verfahren berücksichtigt werden sollen.[1908]

3798 Einer ausdrücklichen **Rechtsmittelbelehrung** bedarf es in den Fällen der gesetzlichen Anordnung einer Präklusionsfrist nicht. Denn es handelt sich nicht um eine im Einzelfall durch das Gericht, sondern durch gesetzliche Anordnung gesetzte Frist.[1909] Auch das jedem Kläger nach § 100 I VwGO zustehende prozessuale Recht auf Akteneinsicht führt nicht dazu, die in § 5 III 1 VerkPlBG gesetzlich für den Regelfall festgelegte Begründungsfrist zu erweitern. Verfassungsrechtliche Bedenken – etwa im Hinblick auf Art. 19 IV 1 GG – bestehen dagegen nach Auffassung des *BVerwG* nicht. Der Gesetzgeber darf davon ausgehen, dass sich der rechtskundige Prozessbevollmächtigte, der nach § 67 I VwGO zu bestellen ist, über das gerichtliche Verfahrensrecht die erforderlichen Kenntnisse verschafft. Ergeben sich in der Prozessvorbereitung und in der Klagebegründung Schwierigkeiten, eröffnet § 87b III 1 Nr. 2 VwGO die Möglichkeit, eine Verfristung als hinreichend entschuldigt anzusehen. Dies eröffnet auch den Weg, die Präklusion verfassungskonform zu handhaben und einer angemessenen Prozessführung hinreichend Rechnung zu tragen. In jedem Falle kann ein Kläger sein fristgerechtes Vorbringen erläutern und auf der Grundlage des bisherigen Vorbringens auch Beweisanträge stellen.[1910] Auch kann der Kläger im Rahmen seines rechtzeitig ausgebrachten Vortrags Hilfsanträge stellen, die statt einer Gesamtaufhebung des Plans auf ergänzende Schutzauflagen gerichtet sind.[1911] Hat ein Verfahrensbeteiligter die gesetzten Einwendungsfristen versäumt, kann er eine Klage auf die nicht erhobenen Einwendungen nicht mehr stützen. Verspätet erhobene Einwendungen kann die Planfeststellungsbehörde nur noch dann berücksichtigen, wenn sie unabhängig von dem individuellen Vortrag für die Rechtmäßigkeit der Entscheidung von Bedeutung sind. Im Übrigen findet die Erörterung verspätet erhobener Einwendungen nicht mehr statt (§ 73 V, VI VwVfG). Die Erörterung der Einwendungen soll nach § 73 VI 7 VwVfG innerhalb von drei Monaten nach Ablauf der Einwendungsfrist abgeschlossen werden. Die Regelung stellt allerdings eine Appellvorschrift dar, deren Nichtbeachtung keine rechtlichen Sanktionen auslöst.

3799 Die Einwendungsfrist des § 73 IV VwVfG hat für das gerichtliche Verfahren, das einem Planfeststellungsverfahren folgt, materiellrechtlichen Charakter.[1912] Die durch das GenBeschlG für alle Planfeststellungsverfahren eingeführte **Verwirkungspräklusion** erstreckt

---

[1905] *BVerwG*, Urt. v. 30. 7. 1998 – 4 A 1.98 – ZfB 1998, 140 = UPR 1999, 66 – Wallhausen.
[1906] *OVG Lüneburg*, Urt. v. 30. 4. 1997 – 7 K 3887/96 – NVwZ-RR 1998, 718.
[1907] So zur ICE-Trasse Hamburg-Büchen-Berlin *BVerwG*, Urt. v. 23. 4. 1997 – 11 A 7.97 – DVBl. 1997, 1119 = NVwZ 1998, 848 = UPR 1997, 49 – Reinbek-Wentorf.
[1908] So für das Eisenbahnrecht *BVerwG*, Urt. v. 8. 7. 1998 – 11 A 30.97 – DVBl. 1998, 1191 = NVwZ 1999, 70 – Hamburg-Büchen.
[1909] *BVerwG*, Urt. v. 17. 2. 1997 – 4 A 41.96 – LKV 1997, 328 = NVwZ 1997, 998 – Schönberg A 20.
[1910] *BVerwG*, Urt. v. 17. 2. 1997 – 4 A 41.96 – LKV 1997, 328 = NVwZ 1997, 998 – Schönberg A 20.
[1911] *BVerwG*, Urt. v. 18. 6. 1997 – 11 A 70.95 – UPR 1997, 470 = NJ 1997, 615 – Staffelstein.
[1912] *BVerwG*, B. v. 12. 12. 1992 – 7 ER 300.92 – Buchholz 442.08 § 36 BBahnG Nr. 22 = NVwZ 1993, 266 zu § 36 IV 1 BBahnG in der durch Art. 31 des Dritten Rechtsbereinigungsgesetzes v. 28. 6.

sich nach Wortlaut sowie Sinn und Zweck der Vorschrift ebenso wie zuvor schon die vergleichbaren Regelungen des Atom- und Immissionsschutzrechts,[1913] des Wasserstraßenrechts[1914] und des Fernstraßenrechts[1915] auch auf das nachfolgende verwaltungsgerichtliche Verfahren. Ein derartiger Ausschluss ist grundsätzlich **verfassungsrechtlich unbedenklich**.[1916] Das gilt insbesondere im Hinblick auf Art. 14 I 1 GG in Verbindung mit Art. 19 IV 1 GG. Es bestehen nach Auffassung des *BVerwG* triftige öffentliche Interessen daran, Rechtssicherheit in Bezug auf das geplante Vorhaben zu erreichen und insoweit den materiellen Bestand des Planfeststellungsbeschlusses in angemessener Frist herbeizuführen. Bei den Massenverfahren des Fachplanungsrechts ist eine Konzentration des Verfahrens einschließlich der möglichen Einwendungen i. S. einer umfassenden, konzentrierten Ermittlung der abwägungserheblichen Belange von einer legitimen Zielsetzung getragen. Eine unzumutbare Verkürzung berechtigter Belange der betroffenen Bürger stellt die auferlegte Mitwirkungslast nicht dar.[1917] Der Einwendungsausschluss gilt allerdings formal nicht für einen **Rechtsnachfolger**, der erst im Anschluss an die Offenlegung das Grundstück erworben hat.[1918] Der Verwirkungsgedanke, der § 73 IV VwVfG und den entsprechenden Regelungen der Fachplanungsgesetze zugrunde liegt,[1919] gilt dann nicht unmittelbar. Der Kläger müsste sich allerdings auch ein entsprechendes Versäumnis seines Rechtsvorgängers entgegenhalten lassen, da seine mit der Klage erhobenen Rügen sich auf das Eigentum am Grundstück beziehen.[1920]

Die **lange Dauer** der Planungs- und Verwaltungsverfahren ist nicht gesetzlich vorgeschrieben, sondern vielfach darin begründet, dass die nötigen personellen und sachlichen Kapazitäten in der Verwaltung nicht vorhanden sind oder die Planungsaufgaben innerhalb der Verwaltung nicht entsprechende Prioritäten genießen. Hier könnte die **Einschaltung von Privaten** in den Planungsprozess[1921] gelegentlich zur Beschleunigung beitragen. Vielleicht mag auch der Vorhaben- und Erschließungsplan für solche Modelle Beispiel geben, dessen Siegeszug vor allem darin begründet sein dürfte, dass der private Investor im Gegensatz zu den Mitarbeitern der Verwaltung an einer schnellen Verfahrensdurchführung ein vitales eigenes Interesse hat. Wenn solche Möglichkeiten behutsam genutzt werden,[1922] dürfte das eigentliche Planungsverfahren in wenigen Monaten abgeschlossen werden können.[1923] Dies ist in aller Regel wohl selbst bei großen Vorhaben

3800

1990 (BGBl. I S. 1221) entstandenen Fassung; B. v. 19. 3. 1995 – 11 VR 2.95 – NVwZ 1995, 905 zu § 17 Nr. 5 WaStrG i. d. F. des PlVereinfG v. 17. 12. 1994 (BGBl. I S. 2123).
[1913] *BVerwG*, Urt. v. 17. 7. 1980 – 7 C 101.78 – BVerwGE 60, 297.
[1914] *BVerwG*, Urt. v. 6. 8. 1982 – 4 C 66.79 – BVerwGE 66, 99.
[1915] *BVerwG*, B. v. 12. 2. 1996 – 4 A 38.95 – DVBl. 1996, 684 = UPR 1996, 236 – Nieder Seifersdorf.
[1916] *BVerfG*, B. v. 8. 7. 1982 – 2 BvR 1187/80 – BVerfGE 61, 82 = NJW 1982, 2173 = DVBl. 1982, 940 = DÖV 1982, 816 = *Hoppe/Stüer* RzB Rdn. 1105 – Sasbach.
[1917] *BVerwG*, B. v. 12. 2. 1996 – 4 A 38.95 – DVBl. 1996, 684 = UPR 1996, 236 – Nieder Seifersdorf.
[1918] *BVerwG*, B. v. 12. 11. 1992 – 7 ER 300.92 – Buchholz 442.08 § 36 BBahnG Nr. 22 = NVwZ 1993, 266 zu § 36 IV 1 BBahnG.
[1919] Zur Verwirkung nachbarlicher Abwehrrechte *BVerwG*, B. v. 13. 8. 1996 – 4 B 135.96 – BauR 1997, 281 – Verwirkung.
[1920] *BVerwG*, B. v. 12. 2. 1996 – 4 A 38.95 – DVBl. 1996, 684 = UPR 1996, 236 – Nieder Seifersdorf; Urt. v. 23. 8. 1996 – 4 A 30.95 – Buchholz 407.4 § 17 FStrG Nr. 122 – Berliner Autobahnring.
[1921] *Bülow* LKV 1993, 128; *Schneider* DVBl. 1995, 837; *Stüer* DVBl. 1992, 1528; vgl. auch § 4a BauGB, s. Rdn. 976.
[1922] Zu den Gefahren einer „subjektiven Abwägungssperre" *BVerwG*, Urt. v. 5. 7. 1974 – IV C 50.72 – BVerwGE 45, 309 = DVBl. 1975, 767 = NJW 1975, 70 = BauR 1974, 311 = *Hoppe/Stüer* RzB Rdn. 24 – Delog-Detag; B. v. 28. 8. 1987 – 4 N 1.86 – DVBl. 1987, 1273 = NuR 1988, 37 = ZfBR 1988, 44 = *Hoppe/Stüer* RzB Rdn. 63 – Volksfürsorge; *Stüer* DVBl. 1995, 649; s. Rdn. 1941.
[1923] Zur Beschleunigung der Planungsverfahren sollte es sich einbürgern, mit der Bekanntgabe der öffentlichen Auslegung der Unterlagen zugleich zeitnah zu den Erörterungsterminen zu laden, *Schulze* in: *Stüer* (Hrsg.) Verfahrensbeschleunigung, S. 85; *Schulze/Stüer* ZfW 1996, 269; *dies.* in: *Stüer* (Hrsg.) Verfahrensbeschleunigung, S. 62; *Stüer* in: *Stüer* (Hrsg.) Verfahrensbeschleunigung, S. 120.

möglich,[1924] setzt allerdings eine straffe Verfahrensführung und die Mitwirkung der Verfahrensbeteiligten voraus. Das GenBeschlG unterstützt diese Zielrichtungen.

3801 Die von den Trägern öffentlicher Belange vorgetragenen Stellungnahmen binden die Anhörungs- und Planfeststellungsbehörden nicht.[1925] Allerdings sind die abgegebenen Stellungnahmen Teil der abzuwägenden Belange und mit den ihnen zukommenden Gewichten in die Abwägung einzustellen. Auch Belange, die von den Trägern öffentlicher Belange nicht vorgetragen worden sind, gehören zum Abwägungsmaterial und sind von der Planfeststellungsbehörde zu berücksichtigen, wenn die Belange offensichtlich sind oder sich der planenden Stelle aufdrängen. Die **Zusammenstellung des Abwägungsmaterials** wird daher durch die Beschleunigungsvorschriften nicht beschränkt.

3802 Die Einholung von Behördenstellungnahmen im Anhörungsverfahren nach § 73 VwVfG dient allein der Feststellung der betroffenen Belange und der öffentlichen Interessen. Drittbezogene Amtspflichten hinsichtlich der Richtigkeit der abgegebenen Stellungnahmen bestehen danach nicht, so dass bei fehlerhaften Auskünften keine Schadensersatzansprüche aus Amtshaftung gegeben sind.[1926] Eine Haftung gegenüber dem Geschädigten könnte allerdings sachgerecht sein, wenn die von dem Träger öffentlicher Belange abgegebene Stellungnahme eindeutig fehlerhaft ist und dies auf einem dem Amtswalter zurechenbaren Verschulden beruht.

X. Planauslegung

3803 Private Beteiligte und die interessierte Öffentlichkeit werden von dem Vorhaben durch ein Offenlegungsverfahren in Kenntnis gesetzt. Der Plan ist auf Verlangen der Anhörungsbehörde in den Gemeinden, in denen sich das Vorhaben voraussichtlich auswirkt, **einen Monat** zur Einsicht **auszulegen** (§ 73 III 1 VwVfG). Auf eine Auslegung kann verzichtet werden, wenn der Kreis der Betroffenen bekannt ist und ihnen innerhalb angemessener Frist Gelegenheit gegeben wird, den Plan einzusehen (§ 73 III 2 VwVfG). Auf die öffentliche Auslegung ist von der Gemeinde vor Beginn durch **öffentliche Bekanntmachung** hinzuweisen (§ 73 V 1 VwVfG).[1927] Die früher geltende Wochenfrist für die vorhergehende Bekanntmachung der Offenlage[1928] ist durch das GenBeschlG gestrichen worden. Die Bekanntmachung hat das Vorhaben so deutlich zu beschreiben, dass ein Interessierter erkennen kann, ob er betroffen sein könnte. Im Übrigen richten sich die Erfordernisse der Bekanntmachung nach Landesrecht.[1929] Reicht danach die Veröffentlichung im Bekanntmachungsteil eines von der Gemeinde herausgegebenen Amtlichen Anzeigers aus, so verstößt die sich daraus ergebende Obliegenheit jedes ortsansässigen Grundstückseigentümers, zur Vermeidung der Präklusion sein Grundstück betreffende Bekanntmachungen dieser Art zur Kenntnis zu nehmen und erforderlichenfalls fristgerecht Einwendungen zu erheben, nicht gegen Art. 19 IV GG. Die nach Landes- bzw. Ortsrecht erforderliche Bekanntmachung genügt auch den Anforderungen der UVP-Richtlinie[1930] und des UVPG, wenn für die Projektdurchführung eine UVP erforderlich ist.

Hierdurch kann das eigentliche Planverfahren wesentlich verkürzt und ein exaktes Zeitprogramm vorgegeben werden.

[1924] *Schulze* in: *Stüer* (Hrsg.) Verfahrensbeschleunigung, S. 85; *Schulze/Stüer* ZfW 1996, 269; *dies.* in: *Stüer* (Hrsg.) Verfahrensbeschleunigung, S. 62; *Stüer* in: *Stüer* (Hrsg.) Verfahrensbeschleunigung, S. 120.

[1925] *Kopp/Ramsauer*, Rdn. 24 zu § 73 VwVfG.

[1926] OLG Brandenburg, Urt. v. 27. 11. 2001 – 2 U 6/01 – NVwZ-RR 2002, 813.

[1927] BVerwG, Urt. v. 23. 4. 1997 – 11 A 7.97 – DVBl. 1997, 1119 = NuR 1997, 504 – Rheinbek-Wentorf.

[1928] Vgl. § 73 V 1 VwVfG i. d.F bis zur Änderung durch das GenBeschlG.

[1929] BVerwG, Urt. v. 23. 4. 1997 – 11 A 7.97 – DVBl. 1997, 1119 = NuR 1997, 504 – Rheinbek-Wentorf.

[1930] Abgedruckt bei *Stüer* Bau- und Fachplanungsgesetze 1999, 809.

1. Zweck der Planauslegung

Die Offenlegung erfüllt eine **doppelten Zweck**:[1931] Sie dient der Informationsgewinnung und dem Schutz der Betroffenen. Das Abwägungsmaterial wird durch weitere Erkenntnisse über betroffene Belange verbreitert. Zugleich dient das Offenlegungsverfahren der Grundrechtsverwirklichung. Mit der Planauslegung sind vielfach bereits Rechtsfolgen (Anbaubeschränkungen oder akzessorische Veränderungssperren[1932]) verbunden. Zu beteiligen ist jeder, in dessen Rechte oder rechtlich geschützte Interessen bei Ausführung des Vorhabens eingegriffen wird. Dazu gehören etwa die Eigentümer von Grundstücken, die bei Verwirklichung des Vorhabens ganz oder teilweise enteignet werden müssten, und ferner auch die Eigentümer von Grundstücken, die durch eine Dienstbarkeit dinglich belastet würden. Aber auch Eigentümer von Grundstücken, deren Anliegerverhältnis geändert werden soll (Verlegung oder Aufhebung von Zuwegungen, Hauseingängen oder Treppen), sind zu beteiligen. Die Anhörungsbehörde veranlasst die Auslegung des Plans in der **Gemeinde**, auf die sich das Vorhaben unmittelbar auswirkt. Die Auslegung der Unterlagen hat also nicht nur in der Standortgemeinde, sondern ggf. auch in den anderen Gemeinden zu erfolgen, die von dem Vorhaben betroffen werden. Dies hat die Anhörungsbehörde nach den ihr zur Verfügung stehenden Erkenntnismitteln zu beurteilen.[1933] Die Auslegung ist durch die Gemeinde zu bewirken, die allerdings insoweit keine eigenen Rechte wahrnimmt, sondern als „verlängerter Arm" der Anhörungsbehörde tätig wird.[1934] Die Gemeinde ist daher auch dann zur Auslegung verpflichtet, wenn sie das Vorhaben für rechtswidrig und mit ihren Belangen für unvereinbar hält.[1935] Die Bekanntmachung über die bevorstehende Offenlegung dient der Information der Planbetroffenen. Diese Funktion ist zumeist bereits dann erfüllt, wenn die Auslegung den potenziell Planbetroffenen Anlass für die Prüfung gibt, ob ihre eigenen Belange betroffen sind.[1936] Die Planauslegung hat daher in einer Weise zu erfolgen, die geeignet ist, dem interessierten Bürger und den interessierten Gemeinden ihr Interesse an Information und Beteiligung durch Stellungnahmen geltend zu machen („Anstoßfunktion").[1937]

2. Verfahren der Planauslegung

Die **planaufstellende Behörde** übersendet die Planunterlagen der **Anhörungsbehörde** und teilt mit, welche Behörden und Stellen nach ihrer Auffassung zu beteiligen sind. Die Planunterlagen sollen in so vielen Ausfertigungen übersandt werden, dass in den Gemeinden, in denen sich das Vorhaben voraussichtlich auswirkt, eine Ausfertigung ausgelegt werden kann. Für jede beteiligte Behörde und Stelle soll nach Möglichkeit eine Ausfertigung der Planunterlagen – ggf. in digitalisierter Form – vorgesehen werden, ggf. beschränkt auf die ihren Aufgabenbereich berührenden Teile. Für die Anhörungsbehörde sind in der Regel Mehrausfertigungen des Plans vorzusehen.[1938] Die Anhörungsbehörde prüft, ob die Planunterlagen vollständig sind und den gesetzlichen Anforderungen genügen. Sind die Planunterlagen unvollständig oder enthalten sie offensichtliche Unrichtigkeiten, wirkt die Anhörungsbehörde bei der planaufstellenden Behörde auf

---

[1931] *Kopp/Ramsauer*, Rdn. 23 zu § 73 VwVfG; *Kuschnerus* DVBl. 1990, 237; *Wahl* NVwZ 1990, 433.
[1932] Für das Straßenrecht *Dürr* in: *Kodal/Krämer*, Kap. 35 Rdn. 6 (S. 1084).
[1933] BVerwG, Urt. v. 6. 12. 1985 – 4 C 59.82 – BVerwGE 72, 282 = DVBl. 1986, 416 = DÖV 1986, 520 = NJW 1986, 1508 = *Hoppe/Stüer* RzB Rdn. 88 – A 62 – Landstuhl.
[1934] Die Offenlegung wird kostenfrei durchgeführt. Allerdings hat die Gemeinde einen Anspruch auf Ersatz der durch die Veröffentlichung entstehenden Kosten (§ 8 VwVfG).
[1935] *Kopp/Ramsauer*, Rdn. 26 zu § 73 VwVfG.
[1936] *Kopp/Ramsauer*, Rdn. 27 zu § 73 VwVfG.
[1937] BVerwG, Urt. v. 27. 5. 1983 – 4 C 40, 44 u. 45.81 – BVerwGE 67, 206 = DVBl. 1983, 901 = *Hoppe/Stüer* RzB Rdn. 142; Urt. v. 6. 7. 1984 – 4 C 22.80 – BVerwGE 69, 344 = NJW 1985, 1570 – Plankennzeichnung.
[1938] Planfeststellungsrichtlinien FStrG 99, Nr. 13.

eine Ergänzung oder Berichtigung der Planunterlagen hin.[1939] Die **Anhörungsbehörde** hat zu veranlassen, dass der Plan in den Gemeinden, in denen sich das Vorhaben voraussichtlich auswirkt, **ausgelegt** wird (§ 73 II VwVfG). Eine entsprechende Gebietsabgrenzung kann vor allem bei Vorhaben, die sich auf einen größeren Umgebungsbereich auswirken, Schwierigkeiten bereiten. Die Offenlegung muss daher bei Vorhaben etwa im Hinblick auf mögliche Auswirkungen im Umfeld sorgfältig überlegt werden. Allerdings wird dieses Problem dann entschärft, wenn kleinere Ortsgemeinden in einer größeren Verwaltungseinheit (Amt, Verbandsgemeinde) zusammengeschlossen sind. Obliegt den Ämtern und Verbandsgemeinden die Planauslegung im Rahmen von Planfeststellungsverfahren, so ist die Auslegung bei diesen vorzunehmen.[1940] Wenn die jeweiligen örtlichen Bekanntmachungsorgane an verschiedenen Wochentagen erscheinen und darüber hinaus unterschiedliche Redaktionsschlusszeiten zu beachten sind, muss bereits im Vorfeld eine Koordinierung erfolgen. Bei der Bekanntmachung der Offenlage ist mitzuteilen,

– bei welcher Dienststelle sie innerhalb einer angemessenen Frist (in der Regel innerhalb eines Monats) nach Erhalt des Schreibens die Planunterlagen einsehen können,
– dass sie innerhalb weiterer zwei Wochen Einwendungen erheben können,
– dass Einwendungen gegen den Plan nach Ablauf der Einwendungsfrist ausgeschlossen sind (§ 73 IIIa 2 VwVfG) und
– dass nach rechtzeitigem Eingang von Einwendungen ein Erörterungstermin anberaumt wird bzw. bei Änderung des Vorhabens von einem Erörterungstermin abgesehen werden kann (vgl. z. B. § 17 III c 3 FStrG).

3806 Der **Umfang** der Unterlagen, die im Verfahren der Offenlegung der Öffentlichkeit zugänglich zu machen sind, bestimmt § 73 VwVfG. Zu dem nach § 73 III 1 VwVfG auszulegenden Plan gehören allerdings nicht alle Unterlagen, die für die umfassende Beurteilung der Rechtmäßigkeit des Vorhabens der Planung bedeutsam sein können. Ausreichend ist es vielmehr, dass der Einzelne den Grad seiner Betroffenheit und das Einwendungsinteresse abschätzen kann. Ob daher die Auslegung vom Planungsträger eingeholter Gutachten erforderlich ist, hängt davon ab, ob die mit der Auslegung bezweckte Anstoßwirkung ohne sie zu einem wesentlichen Punkt verfehlt würde.[1941]

3807 Die Anhörungsbehörde darf auch einem **privaten Vorhabenträger Einwendungen** nach § 73 IV VwVfG in nicht anonymisierter Form zur Stellungnahme überlassen (§ 73 VI VwVfG).[1942] Werden nach der Durchführung des Erörterungstermins weitere Gutachten eingeholt, müssen diese nicht zum Gegenstand einer neuerlichen Anhörung gemacht werden, wenn sie keine Änderung der Planung nach sich ziehen und die Gutachten sowie deren Verwertung Belange anderer erstmals (stärker) berühren.[1943]

3. Vereinfachtes Anhörungsverfahren

3808 Ist der **Kreis der Betroffenen** klar abgrenzbar und bekannt, kann ein **vereinfachtes Anhörungsverfahren** nach § 73 III 2 VwVfG stattfinden. An der klaren Abgrenzung und Erkennbarkeit der Betroffenen fehlt es in der Regel etwa bei Vorhaben mit Lärmauswirkungen in Höhe der maßgeblichen Immissionsgrenzwerte und in der Regel wohl auch, wenn in Rechte anderer eingegriffen werden soll. In diesen Verfahren können auch die

---

[1939] Planfeststellungsrichtlinien FStrG 99, Nr. 13.
[1940] VV 3.2. zu § 68 der Gemeindeordnung von Rheinland-Pfalz.
[1941] *BVerwG*, Urt. v. 27. 10. 2000 – 4 A 18.99 – BVerwGE 112, 140 = DVBl. 2001, 386 = NVwZ 2001, 673, mit Hinweis auf Urt. v. 5. 12. 1986 – 4 C 13.85 – BVerwGE 75, 214 = DVBl. 1987, 573 = NVwZ 1987, 578; Urt. v. 8. 6. 1995 – 4 C 4.94 – BVerwGE 98, 339 = DVBl. 1995, 1012 = NVwZ 1996, 381; Urt. v. 19. 5. 1998 – 4 C 11.96 – UPR 1998, 388.
[1942] *BVerwG*, B. v. 14. 8. 2000 – 11 VR 10.00 – NVwZ-RR 2000, 760 = UPR 2000, 464. Die Verfassungsbeschwerde hat das *BVerfG* mit B. v. 25. 9. 2000 – 1 BvR 1708/00 – nicht zur Entscheidung angenommen.
[1943] *OVG Schleswig*, B. v. 19. 10. 2000 – 4 M 63/00 – NordÖR 2001, 357.

Inhaber obligatorischer Nutzungsrechte wie Mieter und Pächter, die in den Planunterlagen nicht erfasst werden, eigene Ansprüche vor allem auf Schutzauflagen geltend machen. Verfahren mit derartigen Auswirkungen eignen sich daher nicht für ein vereinfachtes Anhörungsverfahren.

Im **vereinfachten Anhörungsverfahren** wird auf die Auslegung der Planunterlagen und die ortsübliche Bekanntmachung verzichtet (§ 73 III 2 VwVfG). **3809**

Werden Einwendungen rechtzeitig erhoben, bestimmt die Anhörungsbehörde unverzüglich nach Ablauf der Einwendungsfrist einen **Erörterungstermin** und teilt ihn den Betroffenen, die rechtzeitig Einwendungen erhoben haben, mit, es sei denn, es kann von einer förmlichen Erörterung abgesehen werden (vgl. z. B. § 17 III c 3 FStrG). Die Anhörungsbehörde unterrichtet ferner diejenigen, deren Einwendungen nach Ablauf der Einwendungsfrist eingegangen sind. Den Anforderungen an die Einbeziehung der Öffentlichkeit nach § 9 UVPG ist damit Rechnung getragen. Die Regelungen über die Beteiligung der Behörden und Stellen sind sinngemäß anzuwenden. Entsprechendes gilt für die Unterrichtung der nach § 58 BNatSchG anerkannten Naturschutzverbände.[1944] **3810**

4. Auslegungszeit

Die Auslegungsdauer beträgt einen Monat, wobei der erste Tag der Auslegung mitzurechnen ist (§ 187 II BGB).[1945] Für die Berechnung der vormals[1946] geltenden Wochenfrist zur vorherigen Bekanntmachung der Offenlage (§ 73 V 1 VwVfG a. F.) war der Tag der Bekanntmachung nicht mitzuzählen. Die Bekanntmachungs-Wochenfrist endete daher an dem gleichnamigen Wochentag der auf die Bekanntmachung folgenden Woche 24.00 Uhr.[1947] Der jeweilige Fristbeginn für die Auslegung und die Einwendungsmöglichkeiten ist in der Bekanntmachung zu benennen. Das Ende der Auslegung muss nicht datumsmäßig benannt werden, obwohl sich dies empfiehlt.[1948] Eine längere, über einen Monat hinausgehende Auslegung ist unschädlich.[1949] Die Frist kann auch noch während der Auslegung verlängert werden. Dies wird insbesondere dann in Betracht kommen, wenn die erste Bekanntmachung eine zu kurze Auslegungsfrist angegeben hat.[1950] In der Bekanntmachung ist auch auf den Auslegungsort und die Zeiten der Einsichtsmöglichkeiten hinzuweisen. Es genügt die Auslegung während der allgemeinen Besuchszeiten. Unschädlich ist auch, wenn das Auslegungslokal an einem Tag etwa aufgrund besonderer Umstände (Betriebsausflug oder Silvester[1951]) geschlossen ist. Nur wenn die Besuchszeiten zu kurz sind, um eine allgemeine Einsichtnahme zu ermöglichen, ist eine angemessene Verlängerung der Zeiten für die Einsicht vorzunehmen. Während der Offenlegungszeiten kann jedermann den Plan einsehen, auch wenn er eine individuelle Betroffenheit nicht darlegt oder nachweist. Jeder, dessen Belange durch das Vorhaben berührt werden, kann nach § 73 IV VwVfG bis zu zwei Wochen nach Ablauf der Auslegungsfrist schriftlich oder zur Niederschrift bei der Anhörungsbehörde oder bei der Gemeinde Einwendungen gegen den Plan erheben. Die Gemeinden haben die Einwendungsmöglichkeiten vorher bekannt zu machen. Auch sind in der Bekanntmachung die Einzelheiten der Ein- **3811**

[1944] Planfeststellungsrichtlinien FStrG 99, Nr. 16.
[1945] *GmS-OGB*, Urt. v. 6. 7. 1972 – GmS-OGB 2/71 – BVerwGE 40, 363 = NJW 1972, 2035.
[1946] Bis zur Änderung des VwVfG durch das GenBeschlG.
[1947] Wurde etwa an einem Dienstag bekannt gemacht, so endete die Wochenfrist der Bekanntmachung am Dienstag der darauf folgenden Woche um 24.00 Uhr. Die Auslegung konnte dann am darauf folgenden Tage (beispielsweise am 2.3.) beginnen (§ 31 II VwVfG). Sie dauert einen Monat (vom 2.3. bis 1.4. 24.00 Uhr); vgl. *Kopp/Ramsauer* Rdn. 28 a zu § 73 VwVfG.
[1948] *BVerwG*, B. v. 8. 9. 1992 – 4 NB 17.92 – NVwZ 1993, 475.
[1949] *BVerwG*, Urt. v. 27. 5. 1983 – 4 C 40, 44 u. 45.81 – BVerwGE 67, 206 = DVBl. 1983, 901.
[1950] *Kopp/Ramsauer*, Rdn. 28 a zu § 73 VwVfG.
[1951] *BVerwG*, Urt. v. 13. 9. 1985 – 4 C 64.80 – NVwZ 1986, 740 = BauR 1986, 59 = BayVBl. 1986, 153 = *Hoppe/Stüer* RzB Rdn. 146 – Ledigenwohnheim.

sichtnahme zu benennen.¹⁹⁵² Nicht ortsansässige Personen sollen nach Möglichkeit individuell benachrichtigt werden. Die unterbliebene Benachrichtigung hat jedoch keinen Einfluss auf den Lauf der Präklusionsfrist gem. § 73 IV 1 VwVfG.¹⁹⁵³

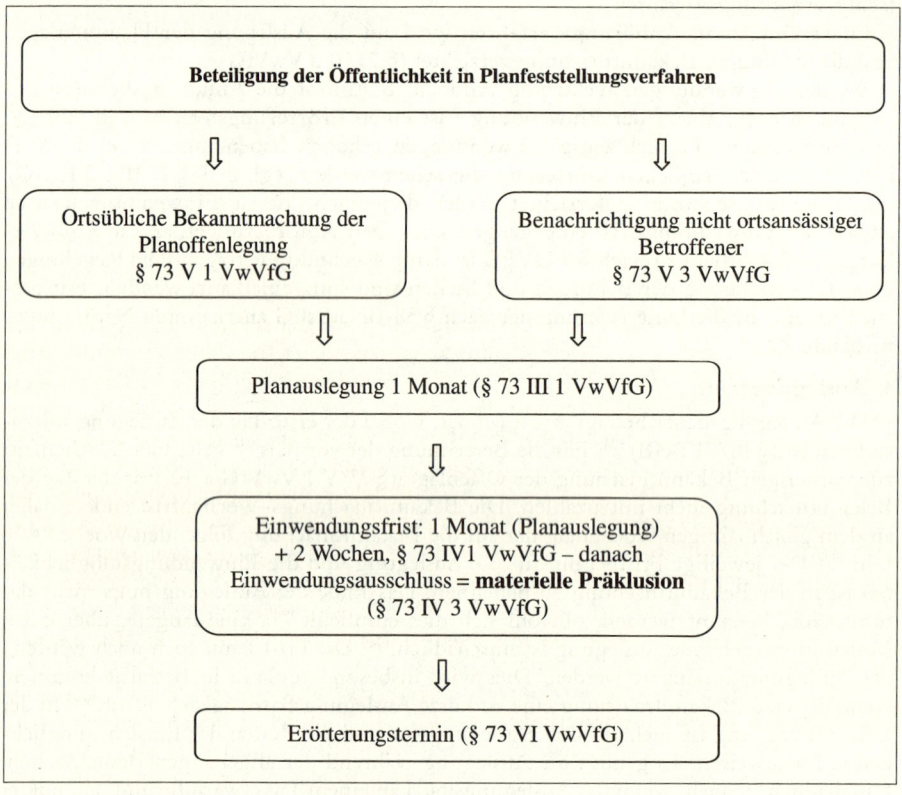

3812 § 3 VerkPlBG enthält für die „**Verkehrsprojekte Deutsche Einheit**" ebenso wie auch das GenBeschlG Regelungen über Verfahrensverkürzungen bei der Behördenbeteiligung und der Öffentlichkeitsbeteiligung. Nach § 3 I VerkPlBG veranlasst die Anhörungsbehörde die Einholung der Stellungnahmen der Behörden sowie die Auslegung des Plans in den Gemeinden innerhalb eines Monats, nachdem der Träger des Vorhabens den Plan bei ihr eingereicht hat. Zu den Erläuterungen gehört auch die Angabe der wichtigsten Alternativen, die bei der Linienbestimmung untersucht wurden, und der Gründe, die für die Bestimmung der Linienführung maßgebend gewesen sind. Andere Linienführungen können

---

¹⁹⁵² § 73 V 2 VwVfG: In der Bekanntmachung ist darauf hinzuweisen, (1) wo und in welchem Zeitraum der Plan zur Einsicht ausliegt, (2) dass etwaige Einwendungen bei den in der Bekanntmachung zu bezeichnenden Stellen innerhalb der Einwendungsfrist anzubringen sind, (3) dass bei Ausbleiben eines Beteiligten in dem Erörterungstermin auch ohne ihn verhandelt werden kann und verspätete Einwendungen bei der Erörterung und Entscheidung unberücksichtigt bleiben können, (4) dass (a) die Personen, die Einwendungen erhoben haben, von dem Erörterungstermin durch öffentliche Bekanntmachung benachrichtigt werden können, (b) die Zustellung der Entscheidung über die Einwendungen durch öffentliche Bekanntmachung ersetzt werden kann, wenn mehr als 50 Benachrichtigungen oder Zustellungen vorzunehmen sind. Nicht ortsansässige Betroffene, deren Person und Aufenthaltsort bekannt sind oder sich innerhalb angemessener Frist ermitteln lassen, sollen auf Veranlassung der Anhörungsbehörde von der Auslegung mit dem Hinweis nach § 73 V 3 VwVfG benachrichtigt werden.
¹⁹⁵³ *Kopp/Ramsauer*, Rdn. 58 zu § 73 VwVfG.

dabei etwa auch wegen ihrer **höheren Konfliktträchtigkeit** ausgeschieden werden.¹⁹⁵⁴ Die Behörden haben ihre Stellungnahmen innerhalb von drei Monaten abzugeben. Die Gemeinden legen den Plan innerhalb von drei Wochen nach Zugang aus. Sie machen die Auslegung vorher ortsüblich bekannt. Eine Anhörung der ortsansässigen Planbetroffenen durch individuelle Benachrichtigung ist gem. § 3 II VerkPlBG nicht erforderlich. Diese speziellere Bestimmung geht gem. § 1 I VwVfG dem § 28 VwVfG vor. § 3 II VerkPlBG geht davon aus, dass die ortsübliche Bekanntmachung der Planauslegung ausreicht, um die ortsansässigen Betroffenen auf die Planung hinzuweisen; eine individuelle Benachrichtigung ist daneben nicht erforderlich.¹⁹⁵⁵ Nicht ortsansässige Betroffene, deren Person und Aufenthalt bekannt ist, sollen auf Veranlassung der Anhörungsbehörde von der Auslegung mit dem Hinweis nach § 73 V 3 VwVfG benachrichtigt werden. Wenn der in einer Gemeinde von einem Vorhaben Betroffene in einer anderen Gemeinde von der Anstoßwirkung der dortigen Bekanntmachung des Vorhabens erreicht wird, scheidet er aus dem Kreis der „nicht ortsansässigen Betroffenen" i. S. des § 3 II 3 VerkPlBG aus.¹⁹⁵⁶

§ 3 II VerkPBG lässt daher eine **Ermittlungs- und Benachrichtigungspflicht** bei **Ortsansässigen** entfallen. Das Gesetz mutet ihnen zu, sich selbst durch Kenntnisnahme öffentlicher Bekanntmachungen ihres Ortes über beabsichtigte staatliche Maßnahmen zu informieren. Für Ortsansässige nimmt das Gesetz sowohl in § 74 V VwVfG als auch in § 3 II VerklPBG an, dass jeder sich durch öffentliche Bekanntmachungen informieren kann.¹⁹⁵⁷ Ausmärker sind individuell zu beteiligen, wenn sich dies ohne größeren Verwaltungsaufwand erreichen lässt (§ 73 V 3 VwVfG).¹⁹⁵⁸ Der Einwand, ein Mitteilungsblatt werde nicht an alle Haushalte verteilt und damit sei eine Kenntnisnahme nicht möglich gewesen, ist unerheblich. Denn die Verteilung des Blattes ist nicht entscheidend für die Wirksamkeit der ortsüblichen Bekanntmachung, sondern die im Blatte vorgenommene Bekanntmachung. Einem ortsansässigen Betrieb mutet die Rechtsordnung dabei zu, sich die erforderliche Kenntnis über eine ortsübliche Bekanntmachung zu verschaffen, soweit die eigenen Interessen berührt sein könnten. 3813

Auch im Falle einer gescheiterten Zustellung einer Verwaltungsentscheidung kann ein Klagerecht der Verwirkung unterliegen. Diese dem öffentlichen Interesse an der Wahrung des Rechtsfriedens dienende Fiktion kann auf einer unredlichen, Treu und Glauben zuwiderlaufenden Verzögerung der Klageerhebung beruhen, solange durch eine Annahme einer Verwirkung der Rechtsweg nicht in unzumutbarer Weise verkürzt wird. Voraussetzung für eine Verwirkung ist, dass während eines längeren Zeitraums die Möglichkeit zur Klageerhebung bestand und in Kenntnis dieser Möglichkeit von dieser kein Gebrauch gemacht wurde. Auch muss die Klageerhebung gerade deshalb gegen Treu und Glauben verstoßen, weil der Kläger zu einem entsprechend späten Zeitpunkt Klage erhoben hat und sich die Behörde und der Vorhabenträger auf eine Bestandskraft der Zulassungsentscheidung eingestellt haben.¹⁹⁵⁹ 3814

Eine **individuelle Benachrichtigung** von Betroffenen ist im Planfeststellungsrecht nur für nicht Ortsansässige, d. h. für solche Personen vorgesehen, die von den ortsüblichen Bekanntmachungen nicht erreicht werden (**Ausmärker**, § 73 V 3 VwVfG). Hierbei 3815

---

¹⁹⁵⁴ *BVerwG*, B. v. 21. 12. 1995 – 11 VR 6.95 – NVwZ 1996, 896 = DVBl. 1996, 676 – Erfurt–Leipzig/Halle.
¹⁹⁵⁵ *BVerwG*, Urt. v. 28. 2. 1996 – 4 A 28.95 – NJW 1996, 2113 = UPR 1996, 359 – Straßentunnel, mit Hinweis auf Urt. v. 16. 8. 1995 – 11 A 2.95 – RdL 1995, 315.
¹⁹⁵⁶ *BVerwG*, Urt. v. 16. 8. 1995 – 11 A 2.95 – RdL 1995, 315 = Buchholz 407.3 § 3 VerkPlBG Nr. 1 = NVwZ 1996, 267 – 110 kV-Bahnstromleitung.
¹⁹⁵⁷ *BVerwG*, Urt. v. 7. 12. 2000 – 4 A 22.00 – Teilortsumgehung.
¹⁹⁵⁸ Zu den geringen Anforderungen an die Ermittlung von Ausmärkern im Zusammenhang mit der Beschleunigung von Planungsverfahren für Verkehrsinfrastrukturvorhaben s. Rdn. 3762.
¹⁹⁵⁹ *BVerwG*, Urt. v. 10. 8. 2000 – 4 A 11.99 – DVBl. 2000, 1862 = NVwZ 2001, 206, mit Hinweis auf *BVerwG*, B. v. 23. 6. 1989 – 4 B 100.89 – DVBl. 1989, 1065 = NVwZ 1990, 263 – Stuttgart; Urt. v. 16. 5. 1991 – 4 C 4.89 – NVwZ 1991, 1182 = UPR 1991, 345.

handelt es sich im Allgemeinen um Grundstückseigentümer, die über das Grundbuch oder bei den Gemeinden geführte Grundsteuerlisten ermittelt werden können. Bekannt ist ein Betroffener im Übrigen dann, wenn die zuständige Behörde von seiner Existenz durch Akten, Urkunden oder durch subjektive Informiertheit der maßgeblichen Bearbeiter Kenntnis hat.[1960] Ist die **Bekanntmachung** über die Auslegung oder die Auslegung selbst fehlerhaft, führt dies nur dann zur Rechtswidrigkeit des Planfeststellungsbeschlusses, wenn bei ordnungsgemäßer Verfahrensführung eine andere Entscheidung nicht ausgeschlossen werden kann. Fehler in der Bekanntmachung oder in der Auslegung können nur im Rahmen eines Rechtsbehelfs gegen den Planfeststellungsbeschluss geltend gemacht werden. Eine Verletzung des Mangels ist zudem nach § 45 I Nr. 3 VwVfG heilbar, wenn die Betroffenen im Verwaltungsverfahren nachträglich Gelegenheit erhalten, in ausreichender Frist ihre Einwendungen zu erheben. Der Verfahrensfehler kann nach § 45 II VwVfG i. d. F. des GenBeschlG auch noch während eines verwaltungsgerichtlichen Verfahrens geheilt werden. Ergeben sich dabei allerdings neue, bisher nicht behandelte Einwendungen, ist diesen ggf. durch Auflagen zu entsprechen.

5. Einwendungsberechtigte

3816 Das Einwendungsverfahren soll sicherstellen, dass jedermann, dessen Belange durch das Vorhaben berührt werden, von dem Plan Kenntnis erhält und sich hierzu äußern kann. Darüber hinaus dient das Einwendungsverfahren der Verbreitung des Abwägungsmaterials. „Jeder" ist jede natürliche oder juristische Person wie Bürger oder juristische Personen des privaten oder öffentlichen Rechts. § 73 IV VwVfG gewährt Einwendungsrechte allerdings nur den in ihren Interessen Betroffenen. Es ist also für den Erfolg der Einwendungen erforderlich, dass eigene Belange des Einwendungsführers betroffen werden. Damit scheiden **Jedermanns-Einwendungen** aus. Die Einwendung muss vielmehr einen Bezug zu den eigenen Belangen des Einwendungsführers haben.[1961] Die Betroffenheit in eigenen Belangen ist allerdings weiter als die Verletzung rechtlich geschützter Interessen, die eine Klagebefugnis nach § 42 II VwGO gewährt. Es ist vielmehr ausreichend, dass Belange betroffen sind, die zum Abwägungsmaterial gehören.[1962] Auch rechtlich nicht geschützte wirtschaftliche, ideelle, soziale und sonstige Interessen gehören dazu.[1963] Ebenso ist ein Mieter einwendungsberechtigt. Er ist bei Abweisung seiner Einwendungen klagebefugt, wenn er geltend machen kann, dass seine Besitzrechte etwa durch eine vorgesehene Grundstücksinanspruchnahme beeinträchtigt werden.[1964] Im Übrigen sind Ansprüche des Mieters oder Pächters nur gegenüber dem Eigentümer bzw. Verpächter geltend zu machen.[1965]

3817 Ist das **Vorhaben UVP-pflichtig**, hat die Behörde nach § 9 UVPG die **Öffentlichkeit** zu den Umweltauswirkungen nach § 6 UVPG anzuhören. Das Anhörungsverfahren muss den Anforderungen des § 73 III bis VII VwVfG entsprechen. Bei UVP-pflichtigen Vorhaben kann daher jedermann als Teil der Öffentlichkeit Einwendungen erheben. Eine Begrenzung auf die eigenen berührten Belange oder gar die eigenen rechtlich geschützten Belange findet nicht statt. Insoweit ist das Einsichts- und Einwendungsrecht nach § 73 VwVfG durch § 9 UVPG erweitert worden.[1966]

3818 Nach § 73 III VwVfG wird der Plan in den Gemeinden, in denen sich das Vorhaben voraussichtlich auswirkt, ausgelegt. Der Plan besteht nach § 73 I 2 VwVfG aus den Zeich-

---

[1960] *Stelkens/Bonk/Sachs*, 5. Aufl., Anm. 53 zu § 73 VwVfG.
[1961] So auch *Ronellenfitsch* DVBl. 1991, 920; *Stelkens/Bonk/Sachs* Rdn. 38 zu § 73 VwVfG.
[1962] *BVerwG*, B. v. 9. 11. 1979 – 4 N 1.78 – BVerwGE 59, 87 = DVBl. 1980, 233 = *Hoppe/Stüer* RzB Rdn. 26 – Normenkontrolle; s. Rdn. 1413.
[1963] *Kopp/Ramsauer*, Rdn. 32a zu § 73 VwVfG.
[1964] *BVerwG*, Urt. v. 1. 2. 1997 – 4 A 36.96 – DVBl. 1998, 44 unter Aufgabe der bisherigen Rechtsprechung, s. Rdn. 4301.
[1965] *BVerwG*, B. v. 28. 11. 1995 – 11 VR 38.95 – DVBl. 1996, 270 = NVwZ 1996, 389 = DVBl. 1996, 270 – Tiergartentunnel.
[1966] *Erbguth/Schink*, Rdn. 9 zu § 9 UVPG; vgl. bereits *Hoppe* VVDStRL 38 (1980), 211.

nungen und Erläuterungen, die das Vorhaben, seinen Anlass und die von dem Vorhaben betroffenen Grundstücke und Anlagen erkennen lassen. Auch Gutachten können auslegungspflichtig sein.[1967] § 73 V VwVfG normiert damit i. S. der Vorgaben des Art. 6 III der UVP- Richtlinie, wie die Öffentlichkeit zu unterrichten ist. Ferner wird der „betroffenen Öffentlichkeit" Gelegenheit gegeben, sich vor Durchführung des Projekts zu äußern. Das ergibt sich aus § 73 IV VwVfG. Danach kann jeder, dessen Belange durch das Vorhaben berührt werden, schriftlich oder zur Niederschrift bei der Anhörungsbehörde oder bei der Gemeinde Einwendungen gegen den (ausgelegten) Plan erheben. Diese Einwendungen sind durch die Anhörungsbehörde mit dem Träger des Vorhabens, mit den Behörden, mit den Betroffenen sowie mit den Personen, die Einwendungen erhoben haben, zu erörtern (§ 73 VI 1 VwVfG). Damit erfüllt das deutsche Verwaltungsverfahrensrecht Art. 6 III der UVP-Richtlinie insoweit, als es bestimmt, in welcher Weise die „betroffene" Öffentlichkeit angehört werden soll. Wenn das deutsche Verwaltungsverfahrensrecht neben der schriftlichen Stellungnahme auch eine mündliche Erörterung der erhobenen Einwendungen vorsieht, geht es über die sich aus Art. 6 III der UVP-Richtlinie ergebende Pflicht zur Beteiligung der „betroffenen" Öffentlichkeit hinaus.[1968] Auch der Hinweis auf das befristete Einwendungsrecht potenziell Planbetroffener (§ 9 I 2 UVPG, § 73 IV 4 VwVfG) in der ortsüblichen Bekanntmachung der Planauslegung schränkt die Öffentlichkeitsbeteiligung nicht unzulässig ein. Soweit gegen die Regelung des deutschen Verfahrensrechts aus dem Gebot der Frühzeitigkeit der Öffentlichkeitsbeteiligung EG-rechtliche Bedenken hergeleitet werden, sind diese jedenfalls hinsichtlich eines Verfahrens der Planfeststellung nicht begründet. Das Gebot der Frühzeitigkeit ist eine verständliche Problemsicht, um möglichst frühzeitige und umfassende Informationen über die Auswirkungen des Vorhabens zu erhalten.[1969] Diese Informationen sollen eine sachgerechte planerische Entscheidung gerade auch im Hinblick auf die Umweltverträglichkeit des Vorhabens fördern. Es mag dabei dahinstehen, ob und in welcher Weise dem Gebot der Frühzeitigkeit rechtliche Verbindlichkeit zukommt oder ob es sich eher um einen Programmsatz handelt, der eine richtlinienkonforme Auslegung nahe legen soll.[1970] Das deutsche Verfahrensrecht ermöglicht die Berücksichtigung eines substanziellen Vorbringens der „betroffenen" Öffentlichkeit in einer Phase der Planungsarbeiten, in der eine Änderung der bisherigen planerischen Überlegungen noch offen ist. Das Anhörungsverfahren ist auf diese Möglichkeit jedenfalls rechtlich ausgerichtet. Dass in diesem Zeitpunkt tatsächliche „Bindungen" bereits entstanden sein können, lässt sich zwar nicht ausschließen. Jedes förmliche Verfahren steht jedoch vor dieser Schwierigkeit, tatsächliche Bindungen oder tatsächliche Einschätzungen nicht verhindern zu können. Derartige Bindungen müssen erst dann als rechtlich erheblich angesehen werden, wenn die Planfeststellungsbehörde sich von ihnen nicht mehr „befreien" kann.[1971] Das ist indes eine Frage des Einzelfalles und stellt die Richtlinienkonformität der Öffentlichkeitsbeteiligung nach deutschem Verwaltungsverfahrensrecht nicht bereits als solche in Frage.[1972]

Ein Anspruch auf **rechtliches Gehör (§ 66 II VwVfG)** kennt das Planfeststellungsverfahren nicht.[1973] Die Anhörung im Planfeststellungsverfahren wird regelmäßig durch Offenlage und Erörterung bewirkt. Die Offenlage ist ortsüblich bekannt zu machen. Was als ortsübliche Bekanntmachung i. S. des § 73 V 1 VwVfG anzusehen ist, ergibt sich primär aus den dafür maßgeblichen Normen des Landes- und Ortsrechts. Reicht danach die Ver-

---

[1967] *BVerwG*, Urt. v. 5. 12. 1986 – 4 C 13.85 – BVerwGE 75, 214.
[1968] *BVerwG*, Urt. v. 8. 6. 1995 – 4 C 4.94 – BVerwGE 98, 339 = DVBl. 1995, 1012 – B 16; Urt. v. 12. 12. 1996 – 4 C 29.94 – DVBl. 1997, 798 – Nesselwang-Füssen.
[1969] *BVerwG*, Urt. v. 25. 1. 1996 – 4 C 5.95 – BVerwGE 100, 238 = DVBl. 1996, 677 – Eifelautobahn A 60.
[1970] *Erbguth/Schink*, UVPG, Einl. Rdn. 8.
[1971] *BVerwG*, Urt. v. 5. 7. 1974 – IV C 50.72 – BVerwGE 45, 309 – Delog-Detag.
[1972] *BVerwG*, Urt. v. 17. 2. 1997 – 4 A 41.96 – LKV 1997, 328 = NVwZ 1997, 998 – Schönberg A 20.
[1973] *BVerwG*, Urt. v. 12. 2. 1997 – 11 A 66.95 – NVwZ 1998, 90 = UPR 1997, 320 – Staffelstein.

öffentlichung im Bekanntmachungsteil eines von der Gemeinde herausgegebenen Amtlichen Anzeigers aus, so verstößt die sich daraus ergebende Obliegenheit jedes ortsansässigen Grundstückseigentümers, zur Vermeidung der Präklusion sein Grundstück betreffende Bekanntmachungen dieser Art zur Kenntnis zu nehmen und erforderlichenfalls fristgerecht Einwendungen zu erheben, nicht gegen Art. 19 IV GG oder gegen Art. 6 der UVP-Richtlinie.[1974] Die Anhörungsrechte nach den §§ 13 I und 28 I VwVfG gelten nicht für Planfeststellungsverfahren, da die Vorschriften sich nur auf anderweitig Beteiligte, nicht aber auf Planfeststellungsverfahren nach § 73 IV VwVfG beziehen.[1975] Ein Beteiligungsrecht nach § 13 II VwVfG, sofern es überhaupt besteht, ist unabhängig vom materiellen Recht nicht durchsetzbar, weil dieses nur den bestmöglichen Schutz für die materiellrechtliche Rechtsposition des Betroffenen sicherstellen will.[1976] Grundstückserwerber können sich allerdings auf rechtzeitig erhobene Einwendungen des Voreigentümers berufen.[1977]

3820 § 3 II 3 VerkPlBG schränkt die **Pflicht zur gesonderten Benachrichtigung nicht ortsansässiger Betroffener** von der Auslegung des Plans auf diejenigen Betroffenen ein, deren Person und Aufenthalt der Anhörungsbehörde oder der Gemeinde bekannt sind (**Ausmärker**).[1978] Dass sich diese Daten innerhalb angemessener Frist hätten ermitteln lassen, reicht nicht aus. Ergeben sich im Planverfahren später Änderungen, so kann sich die Beteiligung nach § 73 VIII VwVfG auf die geänderten Teile beschränken.[1979] Nachträglich durchgeführte Ermittlungen erfordern nur dann eine erneute Offenlage, wenn ohne die Offenlage der Ermittlungsergebnisse Betroffenheiten nicht oder nicht vollständig geltend gemacht werden können.[1980]

3821 Die Einwendungen sind schriftlich oder zur Niederschrift der Anhörungsbehörde oder der Gemeinde zu erklären (§ 73 IV VwVfG). Werden die Einwendungen zur Niederschrift erklärt, sind sie förmlich in einem Protokoll festzuhalten. Es reicht daher nicht aus, dass die Einwendungen lediglich inhaltlich in einem Aktenvermerk festgehalten werden. Auch eine lediglich mündliche Erklärung ist nicht ausreichend. Die Behörde hat auf eine ordnungsgemäße Durchführung des Verfahrens hinzuwirken, wenn die Einwendungen bei ihr durch Vorsprache erhoben werden. Die Einwendungen müssen hinreichend substantiiert sein. Es müssen daher die betroffenen Rechtsgüter bezeichnet und die befürchtete Beeinträchtigung benannt werden. Ein bloßes „Nein" zum Vorhaben genügt daher nicht. Der Bezug zu den eigenen Belangen muss in den Einwendungen deutlich werden oder sich zumindest aus den geltend gemachten Umständen ergeben. Die Einwendungen können sich auf alle Teile des Vorhabens beziehen. Nicht erforderlich ist allerdings die Darlegung, warum eine Gefährdung eigener Belange befürchtet wird, wohl aber, um welche Gefahren es sich handelt (Lärm, Abgase etc.). In der Praxis wird dabei allerdings nicht abgeschichtet, ob die Einwendungen mit einer eigenen Betroffenheit verbunden sind. Wird das Eigentum i. S. einer unmittelbaren Inanspruchnahme betroffen, so ist ohnehin eine umfassende Planprüfung angezeigt, so dass auch andere öffentliche Belange zur Prüfung anstehen.[1981] Die Anhörungsbehörde

---

[1974] *BVerwG*, Urt. v. 23. 4. 1997 – 11 A 7.97 – DVBl. 1997, 1119 = NVwZ 1998, 848 – Reinbek-Wentorf.
[1975] *BVerwG*, Urt. v. 12. 2. 1997 – 11 A 66.95 – NVwZ-RR 1998, 90 = UPR 1997, 460 – Staffelstein.
[1976] *BVerwG*, Urt. v. 21. 5. 1997 – 11 C 1.97 – NVwZ-RR 1998, 22 = NWVBl. 1997, 458 – Köln/Bonn.
[1977] *BVerwG*, B. v. 30. 12. 1996 – 11 VR 21.95 – NVwZ-RR 1998, 284, 285 = UPR 1997, 153.
[1978] Zu den geringen Anforderungen an die Ermittlung von Ausmärkern im Zusammenhang mit der Beschleunigung von Planungsverfahren für Verkehrsinfrastrukturvorhaben s. Rdn. 3762.
[1979] *BVerwG*, B. v. 27. 10. 1997 – 11 VR 4.97 – DÖV 1998, 341 = UPR 1998, 346 – Erfurt-Stadt.
[1980] *BVerwG*, Urt. v. 27. 8. 1997 – 11 A 61.95 – DVBl. 1998, 356 = NuR 1998, 138 – Staffelstein; vgl. auch *BVerwG*, Urt. v. 8.6 1995 – 4 C 4.94 – BVerwGE 98, 339 = DVBl. 1995, 1012 = B 16.
[1981] *BVerwG*, Urt. v. 18. 3. 1983 – 4 C 80.79 – BVerwGE 67, 74 = NJW 1983, 2459 = DVBl. 1983, 899 = *Hoppe/Stüer* RzB Rdn. 1245 – Wittenberg. Kritisch zu dieser Einschränkung der Rechte des unmittelbar betroffenen Eigentümers *Blümel* in: *Stüer* (Hrsg.) Verfahrensbeschleunigung, S. 17.

ist bei der Behandlung der Einwendungen nicht verpflichtet zu prüfen, ob eine eigene Betroffenheit und daher eine Einwendungsbefugnis vorliegt. Die Behörde kann vielmehr von einer näheren Prüfung der Einwendungsbefugnis absehen und alle Einwendungen als zulässig behandeln.[1982] Diese Prüfung kann die Anhörungsbehörde vielmehr der Planfeststellungsbehörde bei der späteren Entscheidung über die Einwendungen nach § 74 III 1 VwVfG überlassen. Die Einwendungen können bis zu zwei Wochen nach Ablauf der Auslegung des Plans vorgebracht werden, und zwar schriftlich oder zur Niederschrift der Behörde (§ 73 IV VwGO). Die Beteiligung im Einwendungsverfahren führt nicht zugleich zur Klagebefugnis i. S. des § 42 II VwGO. Denn die mögliche nachteilige Betroffenheit von abwägungserheblichen Interessen beinhaltet nicht zugleich eine mögliche Verletzung eigener Rechte. Allerdings kann gegenüber der Planfeststellung geltend gemacht werden, dass das Recht auf Abwägung der eigenen Belange verletzt worden ist.[1983]

6. Präklusion

Die Frist, während der Einwendungen erhoben werden können, endet gem. § 73 IV 1 VwVfG zwei Wochen nach Ablauf der Auslegungsfrist.[1984] Das Gesetz kennt **formelle** und **materielle Präklusionswirkungen**. Formell ist eine Präklusionswirkung dann, wenn verspätet erhobene Einwendungen im weiteren Verfahren nicht mehr berücksichtigt werden müssen. Materiell ist die Präklusionswirkung dann, wenn die nicht rechtzeitig erhobenen Einwendungen auch materiell in einem weiteren Verfahren (Widerspruchs- oder Klageverfahren) nicht mehr geltend gemacht werden können.

Im Verfahren nicht rechtzeitig erhobene Einwendungen gegen den Plan sind nach Ablauf der Einwendungsfrist **ausgeschlossen** etwa im immissionsschutzrechtlichen Genehmigungsverfahren nach § 10 III 3 BImSchG,[1985] im fernstraßenrechtlichen Planfeststellungsverfahren nach § 17 IV 1 FStrG, im wasserwegerechtlichen Planfeststellungsverfahren nach § 17 Nr. 5 WaStrG,[1986] im atomrechtlichen Verfahren nach § 7 I AtomVfV,[1987] im eisenbahnrechtlichen Verfahren nach § 20 II 1 AEG.[1988] Durch § 73 IV 3, 4 VwVfG i. d. F. des **GenBeschlG** ist diese materielle Präklusion auch auf alle anderen Planfeststellungsverfahren ausgedehnt worden. Danach sind mit Ablauf der Einwendungsfrist alle Einwendungen ausgeschlossen, die nicht auf besonderen privatrechtlichen Titeln beruhen. Voraussetzung für den Lauf der Frist ist, dass gem. § 73 IV VwVfG ordnungsgemäß auf die Frist und die Präklusion bei Versäumung der Frist hingewiesen worden ist. Diese prozessuale Sperrwirkung gilt auch für nicht rechtzeitig dargelegte ent-

---

[1982] *Kopp/Ramsauer* Rdn. 48 zu § 73 VwVfG.
[1983] Zum Recht auf Abwägung in der Bauleitplanung *Stüer* BauR 1999, 1221.
[1984] Gesetzentwurf der *Bundesregierung.* Entwurf eines Gesetzes zur Beschleunigung von Genehmigungsverfahren (GenBeschlG) BT-Drs. 13/3995 v. 6. 3. 1996.
[1985] BVerwG, B. v. 29. 9. 1972 – 1 B 76.71 – DVBl. 1973, 645 = GewArch. 1974, 19; Urt. v. 29. 8. 1986 – VII C 52.84 – DVBl. 1987, 258 = NVwZ 1987, 131: Ist der Kläger hinsichtlich einer ihm zustehenden Rechtsposition gem. § 10 III 3 BImSchG präkludiert, so kann er auch eine ihm hinsichtlich dieser Rechtsposition günstige Änderung der Sach- und Rechtslage nicht im Rahmen einer von ihm erhobenen Anfechtungsklage gegen einen dem Beigeladenen erteilten immissionsschutzrechtlichen Vorbescheid geltend machen.
[1986] BVerwG, Urt. v. 6. 8. 1982 – 4 C 66.79 – BVerwGE 66, 99 = NJW 1984, 1250 – Rhein-Main-Donau-Kanal.
[1987] BVerwG, Urt. v. 17. 7. 1980 – 7 C 101.78 – BVerwGE 60, 302; B. v. 12. 11. 1992 – 7 ER 300.92 – NVwZ 1993, 266; BVerfG, B. v. 8. 7. 1982 – 2 BvR 1187/80 – BVerfGE 61, 82 = NJW 1982, 2173 = DVBl. 1982, 940 = *Hoppe/Stüer* RzB Rdn. 1105 – Sasbach.
[1988] BVerwG, B. v. 12. 11. 1992 – 7 ER 300.92 – NVwZ 1993, 266 = DVBl. 1993, 168 – Taigatrommel. Die Vorschrift wird vom *BVerwG* für verfassungsrechtlich unbedenklich eingeschätzt, BVerwG, Urt. v. 23. 4. 1997 – 11 A 7.97 – DVBl. 1997, 1119 = NuR 1997, 504, mit Hinweis auf Urt. v. 24. 5. 1996 – 4 A 38.95 – Buchholz 407.4 § 17 FStrG Nr. 119; BVerfG, B. v. 8. 7. 1982 – 2 BvR 1187/80 – BVerfGE 61, 82 = *Hoppe/Stüer* RzB Rdn. 1105 – Sasbach.

eignungsrechtliche Vorwirkungen.[1989] Der Einwendungsausschluss hat materielle Wirkungen. Er erstreckt sich auch auf das verwaltungsgerichtliche Verfahren und führt zum Verlust der Möglichkeit, Abwehransprüche durchzusetzen.[1990] Ob die Behörde gleichwohl die materiell präkludierten Einwendungen berücksichtigen kann, wird unterschiedlich beurteilt.[1991] Jedenfalls verliert der Einwendungsführer das Recht, im Verfahren eine Erörterung zu verlangen oder in nachfolgenden Rechtsbehelfsverfahren eine Kontrolle in diesem Bereich zu erreichen (§ 73 IV VwVfG). Nach Ablauf der Einwendungsfrist sind, sofern nicht die Voraussetzungen für eine Wiedereinsetzung nach § 32 VwVfG gegeben sind, nur noch Ergänzungen und Präzisierungen zu bereits während der Frist erhobenen Einwendungen möglich. Im Übrigen gilt in fachplanungsrechtlichen Planfeststellungsverfahren auch in seinem durch das PlanVereinfG und das GenBeschlG geänderten Inhalt unverändert jene materielle Präklusion,[1992] wie sie in der Rechtsprechung zur Ermittlung der abwägungserheblichen Belange[1993] entwickelt worden ist.[1994] Nicht rechtzeitig geltend gemachte Einwendungen brauchen im Planfeststellungsbeschluss daher nur berücksichtigt zu werden, wenn sie der Behörde bereits bekannt sind oder sie sich geradezu aufdrängen.[1995] Den erweiterten Rechten der Planbetroffenen korrespondieren daher verstärkte **Mitwirkungslasten**.[1996] Werden die eigenen Belange nicht rechtzeitig in den förmlichen Beteiligungsverfahren geltend gemacht, so gehen die Rechte der Betroffenen in dem Sinne unter, dass mit ihnen die Planung nicht aufgehalten werden kann. Dies stellt an die Verfahrensbeteiligten und deren Verfahrensbevollmächtigte erhöhte Anforderungen. Der Einwendungsführer ist daher zur Vermeidung von Rechtsnachteilen gezwungen, seine Belange bereits während der Einwendungsfrist vorzubringen. Zur Wahrung der Frist ist erforderlich, die Einwendungen dem Grunde nach zu erheben. Eine ergänzende und detaillierte Begründung kann auch nach Ablauf der Einwendungsfrist noch vorgebracht werden. Die Behörde muss lediglich erkennen können, in welche Richtung die Einwendungen gehen. Einzelheiten können nachgetragen werden. Zu den beachtlichen Einwendungen zählen lediglich diejenigen, die im Of-

---

[1989] *BVerwG*, B. v. 13. 3. 1995 – 11 VR 5.95 – UPR 1995, 269 = NuR 1995, 250 – Buchholzer Bogen: zu Belangen des Natur- und Landschaftsschutzes. Ein Einwendungsausschluss besteht selbst dann, wenn die Eigentümerbelange im Rahmen zivilrechtlicher Verhandlungen, die der Eigentümer mit dem Träger des Vorhabens geführt hat, aktenkundig geworden sind.

[1990] *BVerwG*, Urt. v. 6. 8. 1982 – 4 C 66.79 – BVerwGE 66, 99 = NJW 1984, 1250 = UPR 1983, 198 – Rhein-Main-Donau-Kanal. Zum Einwendungsausschluss nach § 3 I AtAnlV auch Urt. v. 17. 7. 1980 – 7 C 101.78 – BVerwGE 60, 297 = DVBl. 1980, 1001 = NJW 1981, 359 = *Hoppe/Stüer* RzB Nr. 470 – Atomrecht.

[1991] Zum Meinungsstand *Kopp/Ramsauer* Rdn. 95 zu § 73 VwVfG. Das GenBeschlG hat aus § 73 VI 1 VwVfG a. F. den Zusatz gestrichen, dass die Anhörungsbehörde auch verspätet erhobene Einwendungen erörtern kann.

[1992] *BVerwG*, B. v. 13. 3. 1995 – 11 VR 5.95 – NVwZ 1995, 905 = DVBl. 1995, 1025 = UPR 1995, 269 = NuR 1995, 250 – Buchholzer Bogen; Urt. v. 6. 8. 1982 – 4 C 66.79 – BVerwGE 66, 99 = NJW 1984, 1250 = UPR 1983, 198 – Rhein-Main-Donau-Kanal. Zum Einwendungsausschluss nach § 3 I AtAnlV auch Urt. v. 17. 7. 1980 – 7 C 101.78 – BVerwGE 60, 297 = DVBl. 1980, 1001 = NJW 1981, 359 = *Hoppe/Stüer* RzB 1995 Rdn. 470 – Atomrecht.

[1993] *BVerwG*, Urt. v. 13. 9. 1985 – 4 C 64.80 – BRS 44 Nr. 20; B. v. 11. 4. 1995 – 4 B 61.95 – Buchholz 316 § 73 VwVfG Nr. 8; s. Rdn. 3058, 3496, 3620, 3757, 3822.

[1994] Im Übrigen ist die Klage nach § 5 III 1 VerkPlBG innerhalb von 6 Wochen nach Klageerhebung zu begründen. Innerhalb dieser Frist muss der Kläger die ihn beschwerenden Tatsachen so konkret angeben, dass der Lebenssachverhalt, aus dem er den mit der Klage verfolgten Anspruch ableitet, unverwechselbar feststeht. Das schließt späteren vertiefenden Vortrag nicht aus, so *BVerwG*, Urt. v. 30. 9. 1993 – 7 A 14.93 – NVwZ 1994, 371 = DVBl. 1994, 354 – Gifhorn.

[1995] Zur Zusammenstellung des Abwägungsmaterials grundlegend *BVerwG*, B. v. 9. 11. 1979 – 4 N 1.78 – BVerwGE 59, 87 = DVBl. 1980, 233 = *Hoppe/Stüer* RzB 1995 Rdn. 26 – Normenkontrolle.

[1996] *BVerwG*, B. v. 18. 9. 1995 – 11 VR 7.95 – NVwZ 1996, 399 = NuR 1996, 88 – Wasserwerk; Urt. v. 23. 8. 1996 – 4 A 30.95 – Buchholz 407.4 § 17 FStrG Nr. 122 – Berliner Autobahnring.

fenlegungsverfahren vorgebracht werden. Früher vorgebrachte Einwendungen sind von den Behörden nur insoweit zu berücksichtigen, als sie noch aktuell sind. Das wird in der Regel nur dann der Fall sein, wenn es um ein im Wesentlichen nicht verändertes Vorhaben geht. Einwendungen in einem früheren Verfahrensstadium etwa zu anderen Planvarianten sind allerdings von der Behörde auch weiterhin zu berücksichtigen, wenn die Betroffenheit trotz der Planänderung bestehen geblieben ist. Wird ein Vorhaben in mehreren verfahrensselbstständigen Abschnitten geplant, muss der Betroffene seine Rechte durch Einwendungen in allen Verfahren geltend machen, durch die er betroffen ist. Die Erhebung von Einwendungen in einem früheren Planfeststellungsverfahren für einen anderen Abschnitt desselben Vorhabens reicht dazu nicht aus. Die formale Selbstständigkeit der für jeden Abschnitt einzeln durchzuführenden Planfeststellungsverfahren schließt es aus Gründen der Rechtssicherheit aus, Einwendungen, die in einem dieser Verfahren erhoben wurden, damit zugleich als in allen oder einzelnen folgenden Verfahren erhoben anzusehen.[1997]

Die mit den **Beschleunigungsgesetzen** eingeführten Präklusionsregelungen haben für die Praxis der Planfeststellung Entlastung gebracht. Werden Einwendungen nicht rechtzeitig erhoben, gehen sie auch im nachfolgenden Gerichtsverfahren unter (§ 73 III, IV VwVfG). Die Planfeststellungsbehörde ist nicht befugt, von einer eingetretenen Präklusion abzusehen. Sie ist zwar nicht gehindert, verspätet vorgetragene Einwendungen von Amts wegen – insbesondere im Rahmen der ihr aufgetragenen Abwägung – zu berücksichtigen. Es werden hierdurch jedoch für den Bürger keine Möglichkeiten eröffnet, verspätet vorgetragene Einwendungen gleichwohl mit einer Klage zu verfolgen. Der Einwendungsführer bleibt materiell mit seinem Vorbringen präkludiert. Maßgebend für die Beurteilung einer rechtmäßig durchgeführten öffentlichen Auslegung der Planungsunterlagen ist die ortsübliche Bekanntmachung.[1998]

Auch ein mit enteignungsrechtlicher Vorwirkung Planbetroffener muss während des Planaufstellungsverfahrens einen objektiv-rechtlichen Mangel der Planung im Sinne einer „**Thematisierung**" rügen.[1999] Die Präklusionsregelungen zielen auf eine materielle Verwirkungspräklusion ab, weshalb von ihnen jegliches gegen die Planfeststellung gerichtetes oder in ihrem Rahmen zu berücksichtigendes Vorbringen rechtlicher oder tatsächlicher Art hiervon erfasst wird. Dementsprechend müssen innerhalb der Einwendungsfrist nicht nur die eigenen und etwa beeinträchtigte öffentliche Belange vorgetragen werden, sondern auch andere rechtliche Bedenken gegen die Planfeststellung.[2000] Der Einwendungsführer muss im Zeitpunkt der Erhebung der Einwendungen Inhaber der betroffenen Rechte sein. Erwirbt ein Betroffener erst im Anschluss an den Ablauf der Einwendungsfrist das Grundstückseigentum, kann er sich auf seine früher vorgebrachten Einwendungen, die nur von dem Eigentümer erhoben werden können,[2001] nicht berufen.[2002] Macht ein Einwender geltend, die teilweise Inanspruchnahme seines Grundstücks könne durch eine geringfügige Verschiebung der Trasse vermieden werden, ist er mit einer erst verspätet vorgebrachten Rüge, es bestehe kein Bedürfnis für das Vorhaben, ausgeschlossen.[2003] Die Einwendung muss der Planfeststellungsbehörde die Erkenntnis vermitteln, welche Belange betroffen sind und ob ein zusätzlicher Aufklärungsbedarf be-

---

[1997] *BVerwG*, Urt. v. 23. 4. 1997 – 11 A 7.97 – DVBl. 1997, 1119 = NuR 1997, 504.
[1998] *BVerwG*, B. v. 11. 2. 2000 – 4 VR 17.99 – mit Hinweis auf Gerichtsbescheid vom 30. 7. 1998 – 4 A 1.98 – NVwZ-RR 1999, 162.
[1999] *VGH Mannheim*, Urt. v. 9. 10. 2000 – 5 S 1883/99 – DVBl. 2001, 405 = VBlBW 2001, 278 mit eingehender Begründung zur Präklusionswirkung.
[2000] *OVG Koblenz*, Urt. v. 2. 3. 2001 – 1 A 11447/00 – DVBl. 2001, 1301 = NVwZ-RR 2001, 714, mit Hinweis auf *BVerwG*, Urt. v. 24. 5. 1996 – 4 A 38.95 – DVBl. 1997, 51 = NVwZ 1997, 489.
[2001] *BVerwG*, Urt. v. 18. 3. 1983 – 4 C 80.79 – BVerwGE 67, 74 = DVBl. 1983, 899.
[2002] *VGH Mannheim*, Urt. v. 9. 10. 2000 – 5 S 1888/99 – VBlBW 2001, 315.
[2003] *VGH Mannheim*, Urt. v. 9. 10. 2000 – 5 S 1883/99 – DVBl. 2001, 405 = VBlBW 2001, 278; Urt. v. 9. 10. 2000 – 5 S 1888/99 – VBlBW 2001, 315.

steht. Wendet sich ein Eigentümer gegen jegliche Inanspruchnahme seines Grundstücks und verweist er dabei auf Lösungen, bei denen das Grundstück nicht oder weniger beeinträchtigt wird, ist es Aufgabe der Planfeststellungsbehörde, derartige Alternativen zu prüfen.[2004]

3826 Wer nicht rechtzeitig innerhalb der förmlichen Verfahren seine Einwendungen darlegt, ist im weiteren Verfahren mit einer geradezu rechtsvernichtenden Wirkung mit weiterem Vortrag ausgeschlossen. Die Präklusionsregelungen werden von den Gerichten durchaus streng angewandt. Das gilt auch hinsichtlich der Reichweite des noch möglichen gerichtlichen Prüfungsfeldes. Wenn ein von der fernstraßenrechtlichen Planfeststellung enteignend betroffener Landwirt im Einwendungsschreiben lediglich geltend macht, er rechne wegen der Zerschneidung landwirtschaftlicher Flächen mit deutlichen Einkommenseinbußen, und eine Existenzgefährdung erst nach Klageerhebung darlegt, sind diese weitergehenden Einwendung präkludiert (§ 17 IV FStrG).[2005] Auch ein durch enteignungsrechtliche Vorwirkungen des Planfeststellungsbeschlusses betroffener Grundeigentümer muss seine konkrete Betroffenheit und die Gesichtspunkte, die er in der Planfeststellung nicht ausreichend beachtet sieht, konkret darlegen.[2006]

3827 Der gesetzlich angeordneten materiellen Präklusion unterliegen auch **Rechte der Gemeinden** oder kommunaler Organisationen, die mit selbstständigen Rechten versehen sind. Auch diese haben ihre Belange als Teil der Einwendungsführer innerhalb der gesetzten Ausschlussfristen im Einwendungsverfahren vorzutragen. Geschieht dies nicht fristgemäß, so gehen auch die gemeindlichen Rechte unter. Eine Gemeinde kann nach § 73 IV 1 VwVfG Einwendungen nicht nur bei der Anhörungsbehörde, sondern auch bei sich selbst erheben. Die Einwendungen müssen in einer innerhalb der Einwendungsfrist schriftlich oder zur Niederschrift abgegebenen Erklärung des gesetzlichen Vertreters der Gemeinde enthalten sein.[2007] Die allen Betroffenen mit dem Einwendungsausschluss auferlegte Mitwirkungslast gilt uneingeschränkt auch für eine Gebietskörperschaft, die im Planfeststellungsverfahren als Behörde und damit als Trägerin öffentlicher Belange nach § 73 II VwVfG zur Stellungnahme aufgefordert worden ist. Die Betroffenenanhörung nach § 73 IV VwVfG mit der Präklusion[2008] und die Behördenanhörung nach § 73 II VwVfG mit der Präklusionsmöglichkeit[2009] sind besondere Verfahrensschritte. Soweit ein Träger öffentlicher Belange durch das Vorhaben zugleich in eigenen Rechten betroffen ist und sich die Möglichkeit offen halten will, diese Rechte notfalls im Klagewege geltend zu machen, muss er deshalb im Rahmen der Betroffenenbeteiligung frist- und formgerecht Einwendungen erheben. Eine Stellungnahme im Rahmen der Behördenbeteiligung reicht dazu jedenfalls dann nicht aus, wenn diese Stellungnahme erst nach Ablauf der Einwendungsfrist bei der Behörde eingeht.[2010] Da die Vorschrift ohne Einschränkung bestimmt, dass Einwendungen auch bei der Gemeinde erhoben werden können, gilt dies für alle Einwendungsberechtigten einschließlich der Gemeinde. Dem steht nicht entgegen, dass die Erhebung gemeindlicher Einwendungen bei der Gemeinde selbst ein „Insichgeschäft" darstellt. Denn der Gesetzgeber ist nicht gehindert, Insichgeschäfte zu gestatten. Erhebt eine Gemeinde nach § 73 IV 1 VwVfG Einwendungen bei sich selbst, so muss sie im weiteren Verfahren den rechtzeitigen Eingang ihrer Einwendungen nachwei-

---

[2004] *BVerwG*, Urt. v. 16. 10. 2001 – 4 A 42.01 – DVBl. 2002, 275 = NVwZ 2002, 726 – Ortsumgehung Lichtenstein.
[2005] *OVG Münster*, Urt. v. 6. 6. 2001 – 11 D 28/99.AK –.
[2006] *OVG Koblenz*, B. v. 13. 12. 2001 – 1 B 10435/01 – DVBl. 2002, 572 – Hochmoselbrücke, mit Hinweis auf *VGH Mannheim*, Urt. v. 9. 10. 2000 – 5 S 1883/99 – VBlBW 2001, 278.
[2007] *BVerwG*, Urt. v. 12. 1. 1997 – 11 A 62.95 – NVwZ 1997, 997 = DVBl. 1997, 725 – Markt Zapfendorf.
[2008] Vgl. etwa § 20 II 1 AEG.
[2009] Vgl. etwa § 20 II 3 AEG.
[2010] *BVerwG*, Gerichtsbescheid v. 27. 10. 1995 – 11 A 24.95 – Buchholz 442.09 § 20 AEG Nr. 4 = UPR 1996, 226.

sen. Die beim Insichgeschäft zu fordernde Publizität wird durch die Schriftform der Einwendung auch dann gewahrt, wenn der Eingang nicht gesondert dokumentiert worden ist.[2011] Eine eindeutig nur als behördliche Stellungnahme nach § 73 II VwVfG abgegebene Äußerung des Planungsamts einer Gebietskörperschaft kann auch dann nicht als Betroffeneneinwendung der Gebietskörperschaft i. S. des § 73 IV VwVfG angesehen werden, wenn diese Äußerung noch innerhalb der Einwendungsfrist abgegeben worden ist.[2012]

Ebenso wie eine Gemeinde[2013] ist etwa auch ein privatrechtlich organisiertes **Wasserwerk**, das von der Anhörungsbehörde gem. § 73 II VwVfG zur Stellungnahme aufgefordert wird, im Rahmen der ihm obliegenden **Mitwirkungslast** gehalten, etwaige Einwendungen gegen den Plan innerhalb der Frist des § 73 IV 1 VwVfG zu erheben. Erfolgt dies erst danach, so sind die Einwendungen nach Maßgabe des jeweiligen Fachplanungsrechts[2014] und nach § 73 IV VwVfG i. d. F. des GenBeschlG ausgeschlossen.[2015] Auf diese Wirkung kann die Anhörungsbehörde nicht mit der Folge verzichten, dass die Einwendungen klagefähig werden.[2016] Die Betroffenenanhörung nach § 73 IV VwVfG und die Behördenanhörung nach § 73 II VwVfG sind dabei gesonderte Verfahrensabschnitte. Soweit ein Träger öffentlicher Belange sich die Möglichkeit offen halten will, der Planung zuwiderlaufender Belange notfalls im Klageweg geltend zu machen, muss er sich im Rahmen der Betroffenenanhörung fristgerecht mit Einwendungen beteiligen. Eine Beteiligung im Rahmen der Behördenanhörung reicht dafür nicht aus.[2017] Die Beteiligung gem. § 73 II VwVfG berechtigt eine Gemeinde daher nicht, die Substantiierung ihrer Einwendungen einer nach Ablauf der Einwendungsfrist eingereichten Stellungnahme vorzubehalten. Vielmehr muss auch sie ihre Einwendungen innerhalb der dafür vorgesehenen Frist des § 73 II 1 VwVfG vorbringen und substantiieren. § 73 IV VwVfG bestimmt, dass jeder, dessen Belange durch das Vorhaben berührt werden, bis zwei Wochen nach Ablauf der Auslegungsfrist schriftlich oder zur Niederschrift bei der Anhörungsbehörde oder bei der Gemeinde Einwendungen gegen den Plan erheben kann. Die Versäumung der Frist hat zur Folge, dass die Einwendungen nach Maßgabe des jeweiligen Fachplanungsrechts und nach § 73 IV 3 VwVfG i. d. F. des GenBeschlG ausgeschlossen sind. Mit der dort vorgesehenen **materiellen Präklusion** sind die Einwendungen in der Sache verwirkt, so dass sie dem Kläger im verwaltungsgerichtlichen Verfahren keine klagefähige Rechtsposition mehr zu verleihen vermögen.[2018] Dies unterscheidet die gesetzliche Anordnung der materiellen Präklusion von Regelungen, die lediglich eine formelle Präklusion vorsehen, und schließt aus, dass die Anhörungsbehörde – etwa wie die Widerspruchsbehörde bei einem verspäteten Widerspruch – durch inhaltliche Befassung mit den verspäteten Einwendungen eine einmal eingetretene materielle Präklusion nachträglich wieder beseitigt und Rechtsschutzmöglichkeiten neu eröffnet.[2019]

[2011] *BVerwG*, Urt. v. 18. 6. 1997 – 11 A 70.95 – UPR 1997, 470 = NJ 1997, 615 – Staffelstein.
[2012] *BVerwG*, Urt. v. 9. 6. 1999 – 11 A 8.99 – NVwZ 2000, 199 – Berlin-Jungfernheide.
[2013] *BVerwG*, B. v. 13. 3. 1995 – 1 VR 2.95 – UPR 1995, 268.
[2014] Vgl. etwa § 20 II AEG.
[2015] Werden nur allgemeine Einwendungen erhoben, ist das Abwägungsmaterial entsprechend eingeschränkt, so Urt. v. 23. 8. 1996 – 4 A 30.95 – Buchholz 407.4 § 17 FStrG Nr. 122 – Berliner Autobahnring.
[2016] *BVerwG*, B. v. 18. 9. 1995 – 11 VR 7.95 – NuR 1996, 88 = NVwZ 1996, 399 – Wasserwerk Wischroda.
[2017] *BVerwG*, B. v. 13. 3. 1995 – 11 VR 2.95 – UPR 1995, 268; B. v. 9. 2. 1996 – 11 VR 45.95 – NVwZ 1996, 1021 = DÖV 1996, 514 – Boitzenburg-Lüneburg.
[2018] *BVerwG*, B. v. 27. 12. 1995 – 11 A 24.95 – NVwZ 1996, 895 = UPR 1996, 227 – Wentorf-Reinbek; B. v. 9. 2. 1996 – 11 VR 45.95 – NVwZ 1996, 1021 = DÖV 1996, 516 – Boitzenburg-Lüneburg.
[2019] *BVerwG*, Urt. v. 17. 7. 1980 – 7 C 101.78 – BVerwGE 60, 297; *BVerfG*, B. v. 8. 7. 1982 – 2 BvR 1187/80 – BVerfGE 61, 82 = *Hoppe/Stüer* RzB Rdn. 1105 – Sasbach.

7. Datenschutz

3829 Die Offenlage der Planfeststellungsunterlagen muss nach Auffassung des *BVerfG* in anonymisierter Form erfolgen. Dasselbe gilt für den Planfeststellungsbeschluss. Insbesondere muss sichergestellt werden, dass eine öffentliche Bekanntmachung von nichtanonymisierten Daten unterbleibt. Das *BVerfG* leitet dies aus dem Grundrecht auf **informationelle Selbstbestimmung**[2020] ab. Eine Datenübermittlung „auf Vorrat" an einen unbestimmten Kreis der Öffentlichkeit sei nicht zulässig. Die Angaben seien daher in verschlüsselter Form in die Unterlagen aufzunehmen. Die Zuordnung der individuellen Einwendungen könne durch eine Betriebsnummer erfolgen, die dem jeweiligen Einwendungsführer bekannt gemacht werde. Auch unter Berücksichtigung des gerade in Massenverfahren besonders wichtigen Gesichtspunkts der Verwaltungspraktikabilität fehle es daher an hinreichenden Gründen dafür, dass jede individuelle Einwendung in einer Weise beschrieben werden müsse, die mit der Preisgabe personenbezogener und nichtanonymisierter Daten an eine unübersehbare Vielzahl unbekannter Dritter verbunden wäre.[2021] Auf die Rüge, es sei etwa bei der Auslegung der Grunderwerbspläne der Datenschutz verletzt, kann die Rechtswidrigkeit der Planfeststellung allerdings nicht gestützt werden. Denn es erscheint ausgeschlossen, dass ein solcher Fehler sich auf die Entscheidung in der Sache ausgewirkt haben könnte. Es fehlt somit an dem Kausalzusammenhang, ohne den ein Verfahrensfehler nicht zur Aufhebung des Planfeststellungsbeschlusses führt.[2022]

8. Serviceleistungen bei der Offenlage

3830 Die Planoffenlegung vor Ort in den Gemeinden sollte bei einem Großvorhaben nicht sich selbst überlassen werden. Die interessierte Öffentlichkeit wäre ohne jegliche Hilfestellung wohl auch überfordert, aus zumeist zahlreichen Ordnern Planunterlagen einen Gesamtüberblick zu gewinnen und im Hinblick auf Grundstücksbetroffenheiten Planungsdetails zu ermitteln. Dies gilt auch im Hinblick auf die Handhabung einer **CD-ROM**, wenn die Antragsunterlagen auf einem derartigen Medium gespeichert sind. Es sollten daher zusätzliche Serviceleistungen angeboten werden. Dies kann etwa in der Weise erfolgen, dass Bedienstete der Anhörungsbehörde an verschiedenen vorher angegebenen Tagen vor Ort in den Offenlegungsstellen für eine Erläuterung der Planunterlagen bereit stehen.

9. Rückleitung der Planunterlagen

3831 Nach Ablauf der Einwendungsfrist gibt die Gemeinde die ausgelegten Planunterlagen mit den eingegangenen Stellungnahmen an die Anhörungsbehörde zurück. Damit ist das Amtshilfeverfahren der Gemeinde abgeschlossen. Ihre eigene Stellungnahme als Selbstverwaltungskörperschaft ist im Rahmen der Behördenbeteiligung abzugeben. Soweit eine materielle Präklusion angeordnet ist, muss auch die Gemeinde zur Vermeidung von Rechtsnachteilen ihre Einwendungen rechtzeitig geltend machen.

3832 Sind keine Einwendungen gegen den Plan erhoben worden, legt die Anhörungsbehörde die Planunterlagen in entsprechender Ausfertigung mit ihrer Stellungnahme sowie einer zusammenfassenden Darstellung nach § 11 UVPG unverzüglich der Planfeststellungsbehörde vor. Vorlage und Stellungnahme entfallen, wenn die Planfeststellungsbehörde zugleich Anhörungsbehörde ist.

3833 Ist nach § 73 VII VwVfG der Erörterungstermin bereits in der Bekanntmachung nach § 73 V 2 VwVfG bestimmt worden, ist die Aufhebung durch ortsübliche Bekannt-

---

[2020] *BVerfG*, Urt. v. 15. 12. 1983 – 1 BvR 209/83 – BVerfGE 65, 1 = DVBl. 1984, 128 = NJW 1984, 419 – Volkszählung.
[2021] *BVerfG*, B. v. 24. 7. 1990 – 1 BvR 1244/87 – DVBl. 1990, 1041 = NVwZ 1990, 1162 – Stuttgart.
[2022] *BVerwG*, B. v. 21. 12. 1995 – 11 VR 6.95 – NVwZ 1996, 896 = DVBl. 1996, 676 – Erfurt-Leipzig/Halle.

machung notwendig. Sie soll mindestens eine Woche vor dem ursprünglich bestimmten Erörterungstermin erfolgen. Die beteiligten Behörden und Stellen sind, soweit erforderlich, von der Aufhebung zu benachrichtigen.[2023]

10. Erfassung und Auswertung der eingegangenen Stellungnahmen

Die **eingegangenen Einwendungen** sind sodann zu erfassen und hinsichtlich ihres tatsächlichen und rechtlichen Gehalts auszuwerten. Bei Massenverfahren ist eine **computergestützte Erfassung** und Auswertung sinnvoll. Hierdurch können vor allem die Such- und Vernetzungsfunktionen des Computers genutzt werden. Gerade komplexe Zusammenhänge erschließen sich hierdurch wesentlich leichter und mit einem erheblichen Zeitgewinn.

Es kann sich empfehlen, die Einwendungen namentlich, zahlenmäßig und inhaltlich zu erfassen. Im Hinblick auf die Vorbereitung des Erörterungstermins und den weiteren Verfahrensablauf kann jedoch einer Erfassung bzw. Aufbereitung der Einwendungen nach ihrem Inhalt unmittelbar nach deren Eingang bereits eine grundlegende Bedeutung zukommen. In vielen Einwendungen werden neben individuellen Betroffenheiten vielfach immer wieder die gleichen Themenblöcke mit verschiedenen Unterpunkten angesprochen. Dementsprechend kann es sich empfehlen, eine Erfassungsmaske zu erstellen, in der zugleich mit der Registrierung eines Einwandes dessen Inhalt dem jeweiligen Themenblock oder mehreren Themenblöcken zuzuordnen[2024] und in weitere Unterpunkte zu gliedern. Auf diese Weise wird sich regelmäßig recht schnell ein klares und umfassendes Bild über das gesamte Einspruchspotenzial ergeben. Zugleich ergibt sich daraus eine gute Grundlage für den nachfolgenden Erörterungstermin.

Besonders bei zahlreichen und umfangreichen Einwendungen ist es zweckmäßig, den jeweiligen Einzelvortrag zu wichtigen Gesichtspunkten zu **bündeln** und auf ein gewisses **Abstraktionsniveau zu aggregieren**. Zu diesem nach Themenblöcken geordneten Aggregierungszustand erfolgen dann auch die Stellungnahmen des Antragstellers, die in die Abwägung der Planfeststellungsbehörde eingehen. Denn die Zusammenstellung des Abwägungsmaterials, der auch die Anhörung dient, kann sich auf die mehr als geringfügigen, schutzwürdigen und erkennbaren Belange konzentrieren. Diese in der Rechtsprechung anerkannte Filterwirkung kann in der Planfeststellung genutzt werden. Vor allem ist es nicht erforderlich, alle Einzelheiten der möglichen Vorhabenauswirkungen mit gleichem Gewicht in die Abwägung einzustellen. Die Planfeststellung kann sich vielmehr auf die wichtigen, entscheidungsrelevanten Gesichtspunkte beschränken. Ein gewisser Aggregierungszustand der erhobenen Einwendungen kommt diesem Bestreben entgegen.

Zur Vorbereitung des Erörterungstermins übersendet die Anhörungsbehörde die Einwendungen und Stellungnahmen dem **Antragsteller zur Äußerung**.[2025] In aller Regel werden die vom Antragsteller gefertigten Stellungnahmen den Einspruchsführern mit der Einladung zum Erörterungstermin übersandt. Auf diese Weise werden sie frühzeitig in die Lage versetzt, sich mit der Haltung der Straßenbaudienststelle vertraut zu machen. Diese Verfahrensweise ist jedoch gesetzlich nicht vorgeschrieben und erfolgt nach Zweckmäßigkeit. Unumgänglich ist jedoch, dass die Anhörungsbehörde den Antragsteller durch Übersendung der Einwendungen und Stellungnahmen informiert und ihm ermöglicht, sich sachgerecht auf den Erörterungstermin vorzubereiten und Lösungsansätze zu entwickeln. Dabei kann sich der Antragsteller an den bei der Erfassung der Einwendungen gebildeten Themenschwerpunkten orientieren.

[2023] Planfeststellungsrichtlinien FStrG 99, Nr. 18.
[2024] Die Themenblöcke lauten: 1. Verkehrliche Fragen, 2. Hochmoselbrücke, 3. Naturschutz u. Landespflege, 4. Immissionen, 5. Wasserwirtschaft, 6. Grundstücksinanspruchnahmen/Existenzgefährdungen, 7. Sonstige private Einwendungen.
[2025] Ziffer 19 I 2 der Planfeststellungsrichtlinien des Bundesministers für Verkehr.

XI. Erörterung

3838 Nach Ablauf der Einwendungsfrist hat die Anhörungsbehörde die rechtzeitig erhobenen Einwendungen gegen den Plan und die Stellungnahmen der Behörden mit dem Träger des Vorhabens, den Behörden, den Betroffenen sowie den Personen, die Einwendungen erhoben haben, zu erörtern. Der Erörterungstermin ist mindestens eine Woche vorher ortsüblich bekannt zu machen (§ 73 VI 2 VwVfG). Die Träger öffentlicher Belange, der Träger des Vorhabens und diejenigen, die Einwendungen erhoben haben, sind von dem Erörterungstermin zu benachrichtigen. Bei mehr als 50 Einwendungen[2026] kann eine öffentliche Benachrichtigung vorgenommen werden (§ 73 VI 4 VwVfG). Die öffentliche Bekanntmachung wird dadurch bewirkt, dass der Erörterungstermin im amtlichen Veröffentlichungsblatt der Anhörungsbehörde und außerdem in örtlichen Tageszeitungen bekannt gemacht wird, die in diesem Bereich verbreitet sind, in dem sich das Vorhaben voraussichtlich auswirken wird (§ 73 VI 5 VwVfG).[2027] Der Erörterungstermin kann bereits mit der Bekanntmachung der öffentlichen Auslegung bestimmt werden (§ 73 VII VwVfG).[2028] In der Praxis der Massenverfahren haben sich vielfach jeweils unter 300 Einwender zu Initiativen zusammengefunden, so dass in diesen Fällen eine Einzelbenachrichtigung zu erheblichen Verfahrensverzögerungen geführt hat. Zur Beschleunigung rechtfertigen daher bereits 50 im Wesentlichen gleich lautende Einwendungen eine einheitliche Verfahrensbehandlung.[2029] Für die **„Verkehrsprojekte Deutsche Einheit"**, die unter das **VerkPlBG** fallen, ist eine Erörterung nicht erforderlich. Der Erörterungstermin wird oft als das **Kernstück eines Anhörungsverfahrens** bezeichnet. Hier wird sozusagen aus erster Hand über das Vorhaben bis ins Detail informiert. Es soll im direkten Gespräch zwischen Antragsteller und Einspruchführern versucht werden, einvernehmliche Regelungen zu finden und Abwägungsmaterial für die spätere Entscheidungsfindung zusammenzutragen. Die Verhandlungsleitung (Anhörungsbehörde) hat sich hierbei neutral zu verhalten; ihr kommt eine sachaufklärende, vermittelnde und einigungsfördernde Funktion zu.

3839 **a) Ladung der Betroffenen.** Wer zu welchem Zeitpunkt und in welcher Form zum Erörterungstermin einzuladen ist, ergibt sich zwar in den Grundzügen aus **§ 73 VI VwVfG**. Es bleiben jedoch im Gesetz durchaus noch Fragen offen. Zu einem Erörterungstermin wird in aller Regel **individuell** eingeladen. Hierzu bestimmt § 73 VI 3 VwVfG, dass die Behörden, der Träger des Vorhabens und diejenigen, die Einwendungen erhoben haben, zu benachrichtigen sind. Zusätzlich ist eine ortsübliche Bekanntmachung vorgeschrieben (§ 73 VI 2 VwVfG). Auf die individuelle Benachrichtigung privatbetroffener Einspruchführer kann verzichtet werden, wenn die Zahl von 50 überschritten wird. Dann muss jedoch eine öffentliche Bekanntmachung im amtlichen Bekanntmachungsorgan der Anhörungsbehörde[2030] und in den örtlichen Tageszeitungen vorgenommen werden. Diese öffentliche Bekanntmachung ersetzt nicht die ortsübliche Bekanntmachung nach § 73 VI 2 und ist zusätzlich vorzunehmen. Dementsprechend muss der Erörterungstermin in einem Massenverfahren wie folgt bekannt gemacht werden: Ortsüblich, das heißt in den Bekanntmachungsorganen, die in den jeweiligen Gemeindesatzungen bestimmt sind.[2031] Öffentlich, das heißt im Bekanntmachungsorgan der Anhörungsbehörde.[2032]

[2026] Die Zahl ist durch das GenBeschlG von 300 auf 50 Einwendungen reduziert worden.
[2027] *Bambey* DVBl. 1984, 374.
[2028] Zum Erörterungstermin *Büllesbach/Diercks* DVBl. 1991, 469.
[2029] Gesetzentwurf der *Bundesregierung*. Entwurf eines Gesetzes zur Beschleunigung von Genehmigungsverfahren (GenBeschlG) BT-Drs. 13/3995 v. 6. 3. 1996.
[2030] Staatsanzeiger Rheinland-Pfalz.
[2031] Dies sind in Rheinland-Pfalz bei verbandsangehörigen Gemeinden in aller Regel so genannte Verbandsgemeindemitteilungsblätter.
[2032] Für das Landesamt für Straßen- und Verkehrswesen Rheinland-Pfalz im Staatsanzeiger und in den Tageszeitungen.

6. Teil. Verfahren der Planaufstellung

Vor Beginn der Offenlage ist diese **öffentlich bekannt zu machen** (§ 73 V VwVfG).[2033] Die öffentliche Bekanntmachung wird dadurch bewirkt, dass die Anhörungsbehörde die Mitteilung oder die Aufforderung in ihrem amtlichen Veröffentlichungsblatt und außerdem in den örtlichen Tageszeitungen, die in dem Bereich verbreitet sind, in dem sich das Vorhaben voraussichtlich auswirken wird, bekannt macht (§§ 72 II 2, 73 VI 5 VwVfG). Im Falle der öffentlichen Bekanntmachung des Erörterungstermins muss die Bekanntgabe im amtlichen Verkündungsblatt mindestens eine Woche vorher erfolgen. Der Erörterungstermin sollte zweckmäßigerweise in der Gemeinde oder dem Ortsteil abgehalten werden, in dem der Schwerpunkt des Vorhabens liegt. Ist die Mehrzahl von Einwendungen aus einer anderen Gemeinde oder einem anderen Ortsteil, kann es sich empfehlen, dort den Erörterungstermin anzuberaumen. Für die Festsetzung von Ort und Zeit des Erörterungstermins ist die Anhördungsbehörde zuständig.[2034] 3840

Wenn von der Möglichkeit, auf **individuelle Einladungen** zu verzichten, Gebrauch gemacht wird, stellt sich weiter die Frage, wie ggf. Einsprecher erreicht werden, die **außerhalb des Verbreitungsgebietes der Bekanntmachungsorgane** wohnen. Hier ist auf die öffentliche Bekanntmachung zu verweisen (§ 73 V 2 Nr. 4 a VwVfG). Der Einsprecher hat sich demnach über die weiteren Vorgänge vor Ort zu informieren. Dies mutet der Gesetzgeber ihm zu. In der Bekanntmachung ist darauf **hinzuweisen**, dass 3841
– die Anhörung auch die Einbeziehung der Öffentlichkeit nach § 9 UVPG ist,
– die Anhörungsbehörde nach rechtzeitigem Eingang von Einwendungen einen Erörterungstermin anberaumen bzw. von einem Anhörungstermin absehen kann,
– bei Einwendungen, die von mehr als 50 Personen auf Unterschriftslisten unterzeichnet oder in Form vervielfältigter gleich lautender Texte eingereicht werden, auf jeder mit einer Unterschrift versehenen Seite ein Unterzeichnet mit Namen, Beruf und Anschrift als Vertreter der übrigen Unterzeichner zu bezeichnen ist, da anderenfalls diese Einwendungen unberücksichtigt bleiben können.
– Einwendungen nach Ablauf der Einwendungsfrist ausgeschlossen sind (§ 73 IV 3 VwVfG)

Werden Einwendungen rechtzeitig erhoben, bestimmt die Anhörungsbehörde unverzüglich nach Ablauf der Einwendungsfrist einen **Erörterungstermin** und teilt ihn den Betroffenen, die rechtzeitig Einwendungen erhoben haben, mit, es sei denn, sie kann von einer förmlichen Erörterung absehen.[2035] 3842

Sind im Anhörungsverfahren mehr als 50 Personen im gleichen Interesse beteiligt, soll die Anhörungsbehörde sie auffordern, innerhalb eines Monats einen **gemeinsamen Vertreter** zu bestellen. Kommen sie der Aufforderung nicht rechtzeitig nach, so kann die Anhörungsbehörde von Amts wegen einen gemeinsamen Vertreter bestellen (§ 18 VwVfG). Darauf soll in der Aufforderung hingewiesen werden. **Endet die Vertretungsmacht** des Vertreters der Unterzeichner gleichförmiger Einwendungen, so kann die Anhörungsbehörde die nicht mehr Vertretenen auffordern, innerhalb einer angemessenen Frist einen neuen gemeinsamen Vertreter zu bestellen. Sind mehr als 50 Personen aufzufordern, kann die Anhörungsbehörde die Aufforderung öffentlich bekannt machen.[2036] 3843

Die Anhörungsbehörde **unterrichtet** ferner diejenigen, deren Einwendungen nach Ablauf der Einwendungsfrist eingegangen und deshalb ausgeschlossen sind. Will die Anhörungsbehörde gleichförmige Einwendungen ausschließen, weil sie den Formerfordernissen des § 17 I oder II VwVfG nicht genügen, muss sie diese Entscheidung durch öffentliche Bekanntmachung mitteilen (§ 72 II 1 VwVfG). 3844

[2033] Die in § 67 I 5 VwVfG genannte Zweiwochenfrist für die öffentliche Bekanntmachung gilt hier ausdrücklich nicht; vgl. hierzu auch Ziffer 19 II der Planfeststellungsrichtlinien des Bundesministers für Verkehr.
[2034] Planfeststellungsrichtlinien FStrG 99, Nr. 19.
[2035] Planfeststellungsrichtlinien FStrG 99, Nr. 16.
[2036] Planfeststellungsrichtlinien FStrG 99, Nr. 19.

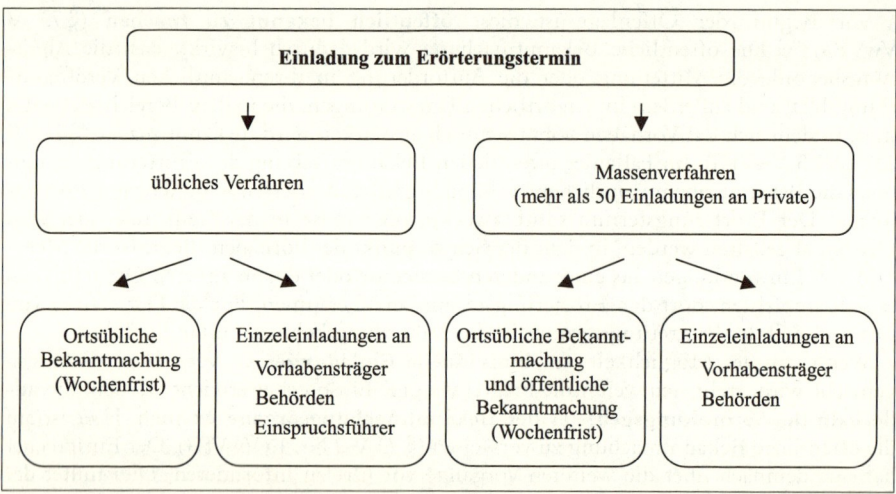

3845 **b) Organisation des Erörterungstermins.** Mit der Größe eines Verfahrens wächst die Bedeutung der Organisation eines Erörterungstermins überproportional. In Massenverfahren nimmt die Problemerkennung und Lösung organisatorischer Fragen dementsprechend einen breiten Raum ein. Die Verfahrensgröße orientiert sich hierbei nicht an dem räumlichen oder rechtlichen Umfang des Planfeststellungsprojektes, sondern vielmehr an der Zahl der Verfahrensbeteiligten oder besser gesagt, der Einspruchsführer. Erst nach Ablauf der Einwendungsfrist ist daher in vielen Fällen überhaupt erst genau zu beurteilen, ob es sich um ein wirkliches Massenverfahren handelt.

3846 **c) Räumlichkeiten.** Im Vorfeld muss die Frage beantwortet werden, ob ein einziger Großtermin durchgeführt wird oder eine Aufspaltung der Erörterung in mehrere kleinere Termine erfolgen soll. Bei größeren Planfeststellungsverfahren des Verkehrswegebaus etwa ist eine Aufteilung nach Gemeinden oder anderen sachorientierten Kriterien nicht von vornherein unzulässig. Das Gesetz geht allerdings von einem Termin aus, ohne eine Aufspaltung in mehrere Termine auszuschließen. Vor dem Hintergrund der Rechtsprechung des *BVerwG*, wonach in ihrem Grundeigentum Betroffene nicht nur einen Anspruch auf eine sachgerechte Abwägung ihrer eigenen Belange, sondern auch anderer Belange (z. B. Natur- u. Landschaftsschutz) haben,[2037] muss es jedoch – von vertraulichen Erörterungen abgesehen – jedem ermöglicht werden, der Erörterung insgesamt zu folgen, denn nur so kann ein umfassendes Gesamtbild vermittelt werden. Wenn also eine Aufteilung der Erörterung erfolgt, dann muss in den Einladungstexten deutlich zum Ausdruck kommen, dass zwar beabsichtigt ist, nur Teilaspekte oder einen Teil des Einspruchspotenzials zu erörtern, dass eine Teilnahme anderer jedoch nicht ausgeschlossen wird. Vor diesem Hintergrund bergen mehrere kleinere Erörterungstermine das Risiko, dass sie auch von allen oder jedenfalls von mehr Einsprechern als erwartet besucht werden und die jeweilige Räumlichkeit nicht ausreichend groß bemessen ist. Werden jedoch teilnahmeberechtigte Personen gehindert, dem Termin beizuwohnen, ist damit im Ergebnis ein Termin gesprengt und muss neu angesetzt werden.

3847 Ein derartiges Risiko besteht bei einem Großtermin weniger. Aber auch hier stellt sich die Frage nach der Größe der anzumietenden Räumlichkeit. Erfahrungsgemäß kann weiter berücksichtigt werden, dass nicht mehr als 30 % der Einspruchsführer der Einladung zum Erörterungstermin folgen; in vielen Fällen liegt die Quote noch deutlich darunter.

3848 **d) Zeitplan.** Die Ungewissheit über die Teilnehmerzahl und dementsprechend auch über das Konflikt- bzw. Erörterungspotenzial macht es vielfach schwierig, einen Zeit-

---

[2037] *BVerwG*, Urt. v. 27. 5. 1983 – 4 C 39.80 – NJW 1984, 73.

bedarf für einen Erörterungstermin zu kalkulieren. In aller Regel werden bei umstrittenen Großvorhaben mehrere Tage erforderlich sein. Ein Termin, der sich über mehrere Wochen erstreckt, bildet allerdings selbst bei Großvorhaben eher eine Ausnahme. In jedem Fall ist die Zeitdauer maßgeblich auch von der Aufbereitung des Einspruchspotenzials abhängig. Hierbei muss entschieden werden, ob Einspruch für Einspruch abgearbeitet oder ob nach Sachthemen vorgegangen wird, die sich in den meisten Einwendungen wiederfinden. Es kann sich eine Tagesordnung empfehlen, nach der am Anfang Einzelerörterungen mit Behörden/Trägern öffentlicher Belange und Naturschutzverbänden und im Anschluss eine an Sachthemen orientierte Erörterung mit privaten Einsprechern vorgesehen sind. Dieser Weg erschien im Interesse aller Beteiligten sinnvoll, ansonsten hätten sich die gleichen Themen bei erwarteten mehreren Hundert Einzelerörterungen immer wiederholt.

e) Logistische Vorbereitung. Mit der logistischen Vorbereitung und Durchführung von Erörterungstermin bei Großverfahren werden häufig auf diesem Gebiet spezialisierte Privatfirmen betraut, die für die Hallenmiete, die Möblierung, die technische Ausstattung, die Einlasskontrolle, den Wachschutz und alle in diesem Zusammenhang zu klärenden Fragen sowie alle vertraglichen Regelungen und Behördenabstimmungen zuständig sind. Es ist zweckmäßig, sich auf verschiedene taktischen Varianten, die auf eine Störung, Vertagung oder Unterbrechung der Verhandlung abzielen, vorzubereiten. Dies gilt auch im Hinblick auf mögliche besondere Vorkommnisse wie z. B. Demonstrationen. Hier ist eine richterliche Erfahrung in der Durchführung derartiger Termine durchaus hilfreich.

f) Technikeinsatz – Präsentation. Die Möglichkeiten moderner Kommunikations- und Bürotechnik kann insbesondere im Erörterungstermin konsequent und hilfreich in Anspruch genommen werden. Hier sind Telefon-, Fax- und Funkverbindungen, Kopiergerät, Overheadprojektor, Video-/Datenbeamer und Notebooks zu nennen.[2038] Eine nicht unerhebliche Bedeutung kommt in einem Großtermin darüber hinaus der Beschallungstechnik zu. Insoweit sollte eine Diskussionsanlage mit einer ausreichenden Anzahl von Tisch-, Stand- und drahtlosen Mikrofonen zur Verfügung stehen, die von der Verhandlungsleitung gesteuert werden kann.

g) Nichtöffentlichkeit des Erörterungstermins. Dass es sich bei einem Erörterungstermin grundsätzlich um einen nicht öffentlichen Termin handelt (§ 73 VI 6 i. V. mit § 68 I 1 VwVfG), mag in einem Massenverfahren niemand so recht verstehen, denn teilnahmeberechtigt sind alle, die Einwendungen erhoben haben, (auch wenn sie nicht erkennbar in ihren Belangen berührt werden) oder deren Belange berührt sind. Im Zweifel kann jeder Einwohner von umliegenden Städten und Gemeinden mit etwas Fantasie behaupten, mit einer neuen Straße seien seine Belange berührt, und ist damit teilnahmeberechtigt. Im Ergebnis ist damit die „Nichtöffentlichkeit" bereits stark relativiert und einer Einlasskontrolle kommt nur noch eine eingeschränkte Bedeutung zu. Hinzu kommt, dass der Verhandlungsleiter weiteren Personen die Anwesenheit gestatten kann, wenn kein Beteiligter widerspricht (§ 68 I 3 VwVfG). Dies hat bei verschiedenen im Blickpunkt der Öffentlichkeit stehenden Vorhaben die Frage aufgeworfen, ob bzw. inwieweit auch Pressevertreter an dem Termin unter der Voraussetzung des allseitigen Einverständnisses teilnehmen können. Im Ergebnis würde jedoch eine umfassende Pressezulassung (Schrift, Ton, Film) den Grundsatz der Nichtöffentlichkeit ins Gegenteil verkehren und wäre unzulässig. Ein Kompromiss besteht darin – dies wird zwischenzeitlich in vielen Vorhaben so praktiziert –, die Presse uneingeschränkt am Anfang des Termins bis zur Vorstellung des Straßenbauprojektes durch den Antragsteller zuzulassen, bei den sich anschließenden Einzelerörterungen jedoch nur der sog. „schreibenden Presse" die Teilnahme zu ermöglichen, wenn niemand aus der Versammlung etwas dagegen einzuwenden hat.

[2038] Über die Notebooks kann dann auch einschlägige Literatur und Rechtsprechung ständig verfügbar sein.

3852 h) **Erörterung.** Die **mündliche Erörterung** dient der Verhandlung mit den Trägern öffentlicher Belange und den privaten Einwendungsführern unter der Leitung der Anhörungsbehörde. Tageszeit und Dauer des Erörterungstermins bestimmt der Verhandlungsleiter nach pflichtgemäßem Ermessen (§ 24 I 2 VwVfG). Dabei ist zwischen den verschiedenen Interessen abzuwägen. Eine allen Beteiligten gerecht werdende Zeitbestimmung wird sich vielfach nicht erreichen lassen. Vertreter von Fachbehörden etwa werden nicht selten eine erhebliche Anreisezeit in Kauf zu nehmen haben. Für Einwendungsführer wird vielfach eine Teilnahme während der allgemeinen Arbeitszeit auf Schwierigkeiten stoßen. Auch an Wochenenden oder in den Abendstunden wird eine Teilnahme für einen bestimmten Personenkreis kaum möglich sein. Dabei mag allerdings auch berücksichtigt werden, dass für den Einwendungsführer keine rechtliche Verpflichtung besteht, an dem Termin teilzunehmen. Zudem kann er sich durch einen Verfahrensbevollmächtigten oder Beistand bei ordnungsgemäßer Bevollmächtigung, die auch nachgereicht werden kann, vertreten lassen. Auch Minderjährige können im Erörterungstermin Einwendungen geltend machen. Allerdings müssen sie sich bei Verfahrensanträgen und verbindlichen Erklärungen durch ihre gesetzlichen Vertreter vertreten lassen. Die Verhandlung muss nicht mit allen Beteiligten gleichzeitig erfolgen. Es kann vielmehr vor allem bei größeren Beteiligtenzahlen eine getrennte Verhandlung zweckmäßig sein.[2039] Den Verfahrensbeteiligten sollte jedoch die Möglichkeit gegeben werden, an allen Verhandlungen, auch soweit sie selbst nicht in Rede und Gegenrede beteiligt sind, als Zuhörer teilzunehmen. Der Erörterungstermin muss gewährleisten, dass er eine substanzielle Erörterung der berührten Belange und Interessen der Einwender ermöglicht.[2040] Der Termin findet mit den Trägern öffentlicher Belange, dem Vorhabenträger und den von ihm benannten Gutachtern sowie mit den Einwendungsführern und ihren Verfahrensbevollmächtigten statt. Im Übrigen ist der Termin nicht öffentlich. Allerdings ist es üblich, dass, wenn keine Einwendungen bestehen, die Presse (§ 68 I 3 VwVfG) oder auch ggf. sonst Interessierte zugelassen werden.

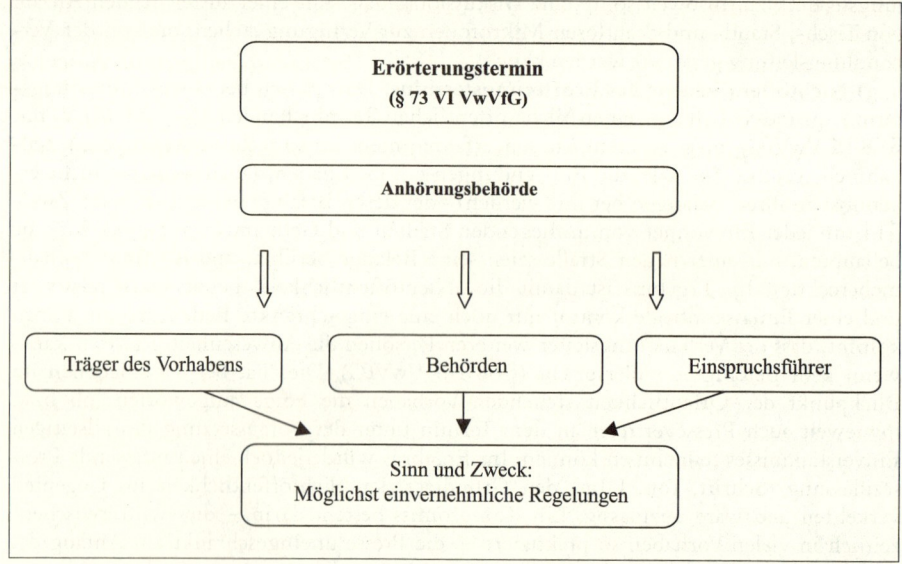

3853 **Fernseh-, Rundfunk- und Tonaufnahmen** sind demgegenüber während der Verhandlung grundsätzlich unzulässig. Insoweit kommt eine analoge Anwendung des § 169 II

[2039] *BVerwG*, B. v. 17. 2. 1969 – VRS 37, 154 = DÖV 1969, 724.
[2040] *BVerwG*, Urt. v. 5. 12. 1986 – 4 C 13.85 – BVerwGE 75, 214 = DVBl. 1987, 573 = NVwZ 1987, 578 = *Hoppe/Stüer* RzB Rdn. 191 – Flughafen München II.

GVG in Betracht, wonach „Ton- und Fernsehaufnahmen sowie Ton- und Filmaufnahmen zum Zwecke der öffentlichen Vorführung oder Veröffentlichung ihres Inhalts" unzulässig sind. Bei Fernseh- und Rundfunkaufnahmen ist eine öffentliche Vorführung oder Veröffentlichung regelmäßig anzunehmen. Solche Aufnahmen sind daher während des Erörterungstermins untersagt. Dies gilt auch für alle anderen Film- oder Tonbandaufnahmen, da nicht sichergestellt werden kann, dass die Aufnahme lediglich zu privaten Zwecken erfolgt, die Aufnahmehandlungen den Verhandlungsablauf stören können und die Aufnahme den freien Vortrag von Anwesenden hemmen kann. Die Entscheidung über die Zulassung derartiger Aufnahmen unterliegt also auch bei Zustimmung sämtlicher Beteiligter dem Ermessen des Verhandlungsleiters. Zulässig ist die Wortberichterstattung durch Presse und Fernsehen sowie Zeichnungen und Bildaufnahmen, die nicht Film- oder Videoaufnahmen sind. Auch diese unterliegen allerdings den „sitzungspolizeilichen" Befugnissen des Verhandlungsleiters.

i) Sitzungsleitung. Der Verhandlungsleiter sollte zu Beginn des Erörterungstermins **3854** die Vertreter der Anhörungsbehörde, des Antragstellers, der Gutachter und ggf. der Träger öffentlicher Belange vorstellen und Sinn, Zweck und Funktion des Erörterungstermins erläutern. Der Erörterungstermin dient dazu, die rechtzeitig erhobenen Einwendungen zu erörtern, soweit dies für die Prüfung der Zulassungsentscheidung von Bedeutung sein kann. Er soll denjenigen, die Einwendungen erhoben haben, Gelegenheit geben, ihre Einwendungen zu erläutern. Zudem sollte der Verhandlungsleiter einen Überblick über den geplanten Verfahrensablauf und organisatorische Hinweise geben sowie die „Spielregeln" erläutern. Zusammengehörende Themenkomplexe sollten nach Möglichkeit auch im Zusammenhang erörtert werden können. Im Hinblick auf eine straffe Verhandlungsführung kann es sich empfehlen, bei den einzelnen Themenkomplexen eine kurze Einführung zu geben und dabei die Schwerpunkte hervorzuheben. Im Erörterungstermin stehen die Einwendungen im Mittelpunkt. Die seitens der übrigen Verfahrensbeteiligten darauf zu gebenden Antworten müssen demgegenüber nicht bereits abschließend im Erörterungstermin vorgetragen werden. Vielmehr wird sich nicht selten die Notwendigkeit weiterer Ermittlungen ergeben, die von den übrigen Verfahrensbeteiligten im Anschluss an den Erörterungstermin eingeleitet werden. Die Beteiligten des Erörterungstermins können Anträge zur **Geschäftsordnung** stellen. Hierunter fallen Anträge, die sich mit dem Verfahrensgang und vor allem dem Ablauf des Erörterungstermins befassen. Davon zu unterscheiden sind Verfahrensanträge, die sich auf andere Teile des Planfeststellungsverfahrens beziehen. Anträge zur Geschäftsordnung sind nach Möglichkeit vorrangig zu behandeln und von dem Verhandlungsleiter ggf. nach Beratung in der Sitzung zu bescheiden. Verfahrensanträge, die sich auf andere Teile des Planfeststellungsverfahrens beziehen, brauchen nicht im Laufe des Erörterungstermins beschieden zu werden. Sie werden ggf., soweit ihnen nicht bereits vorher entsprochen wird, im Planfeststellungsbeschluss beschieden. Dies gilt etwa für einen Antrag, weitere Gutachten einzuholen oder bestimmte Beweissicherungen vorzusehen. Der Leiter des Erörterungstermins hat die Sitzungsleitung und entsprechende **ordnungsrechtliche Befugnisse**. Der Verhandlungsleiter kann daher bei Störungen des Termins nach Maßgabe des Verhältnismäßigkeitsgrundsatzes über die notwendigen Ordnungsmaßnahmen entscheiden und Personen, die seine Anordnungen nicht befolgen, entfernen lassen (§ 68 III VwVfG).[2041]

j) Antragsbearbeitung und Wortmeldungen. Es kann sich empfehlen, zur Entgegen- **3855** nahme der verschiedenen Anträge und Wortbeiträge eine Koordinierungsstelle einzurichten. Anträge zur Geschäftsordnung und zur Sache können dann ebenfalls von der Koordinierungsstelle entgegen genommen, dort protokolliert und vom Antragsteller abgezeichnet werden. Hierdurch wird gewährleistet, dass derartige Beiträge i. S. der Antragsteller in das Verfahren eingehen. Einzeleinwendungen außerhalb der Reihenfolge

---

[2041] *BVerwG*, Urt. v. 30. 1. 2002 – 9 A 20.01 – BVerwGE 115, 373 = DVBl. 2002, 1118 = NVwZ 2002, 984 – Flughafen Schönefeld.

der Tagesordnung können als kurze Beiträge für eine Erörterung am Ende eines Verhandlungstages entgegengenommen werden. Die Bescheidung sollte jeweils unmittelbar, spätestens jedoch am Ende eines jeden Verhandlungstages erfolgen.

3856 **k) Befangenheitsanträge.** Ein Grund zur **Besorgnis der Befangenheit** i. S. des § 21 I VwVfG ist dann gegeben, wenn die Beteiligten von ihrem Standpunkt aus befürchten können, dass der Amtsträger nicht unparteiisch und nicht sachlich entscheidet. Es muss daher ein zu benennender, sachlicher Grund vorliegen, der an entsprechende Tatsachen anknüpft, die nach objektiven und vernünftigen Erwägungen Zweifel an der Unbefangenheit des Verhandlungsleiters aufkommen lassen. Die Befangenheitsbesorgnis muss sich auf die jeweilige Person beziehen. Eine Behörde als solche kann nicht befangen sein. Wird eine entsprechende Behauptung substantiiert vorgebracht, ist eine Entscheidung des Behördenleiters bzw. des von ihm Beauftragten einzuholen. Die Verhandlung kann jedoch zwischenzeitlich fortgesetzt werden. Der von der Befangenheitsrüge Betroffene hat im Rahmen der Vorbereitung der Entscheidung des Behördenleiters eine dienstliche Stellungnahme abzugeben. Auch wenn der Verhandlungsleiter allerdings seine Befangenheit bejaht, kann er die Verhandlungsleitung nicht von sich aus niederlegen. Betrifft die Besorgnis der Befangenheit den Behördenleiter, kann er auf eine weitere Mitwirkung verzichten. Dann darf er aber auch nicht über einen gegenüber dem Verhandlungsleiter ausgebrachten Befangenheitsantrag entscheiden. Entschließt der Behördenleiter sich zu einer weiteren Verfahrensmitwirkung, ist die Entscheidung der Aufsichtsbehörde einzuholen.

3857 **l) Vertrauliche Einzelerörterung (Backoffice).** Dem Verlangen eines Beteiligten, dass mit ihm in Abwesenheit anderer verhandelt wird, ist zu entsprechen, soweit er ein berechtigtes Interesse an der Geheimhaltung seiner persönlichen Verhältnisse oder an der Wahrung von Betriebs- oder Geschäftsgeheimnissen glaubhaft macht.[2042] Vertrauliche Einzelerörterungen bilden demnach eine Ausnahme. Sie sind allerdings in einem Großverfahren z. B. im Hinblick auf umfangreiche Grundstücksinanspruchnahmen und in diesem Zusammenhang befürchtete Existenzgefährdungen nicht selten zweckmäßig. Für die Terminsdurchführung wird regelmäßig relativ viel Zeit und damit auch viel Geld benötigt, denn die Durchführung eines Erörterungstermins in einem Großverfahren hat ihren Preis (Personalkosten, Raummiete, Sachkosten etc.). Es kann sich auch aus diesem Grunde empfehlen, vertrauliche Einzelerörterungen mit Zustimmung der Betroffenen parallel zur Haupterörterung in einem Nebenraum teilweise in mehreren Verhandlungsgruppen in Unterausschüssen zu führen. Auf diese Weise kann eine nicht unerhebliche Verhandlungszeit eingespart werden.

3858 **m) Gegenstand der Erörterung** sind die während der Einwendungsfrist erhobenen Einwendungen und die Stellungnahmen der Behörden. Die in § 73 VI 1 VwVfG a. F. vorgesehene Möglichkeit, auch verspätete Einwendungen zu erörtern, dürfte nicht für Einwendungen gelten, die materiell präkludiert sind. Trotz der durch das GenBeschlG eingetretenen Gesetzesänderung[2043] dürfte hier aber ein gewisser Entscheidungsspielraum der Anhörungsbehörde bestehen. Die endgültige Verwaltungsentscheidung trifft die Planfeststellungsbehörde im Planfeststellungsbeschluss. Ziel der Erörterung ist es, die vorgetragenen Bedenken durch Änderung des Vorhabens oder Schutzauflagen auszuräumen oder die Entscheidungsbasis der Planfeststellungsbehörde zu verbreitern. Die durch die Interessenwahrnehmung den Beteiligten entstehenden Kosten haben die Einwendungsführer selbst zu tragen. Eine Kostenerstattung findet nicht statt.[2044] Der Verhandlungsleiter hat sitzungspolizeiliche Befugnisse, die sich als Annexkompetenz aus § 24 I VwVfG ergeben. Der Verhandlungsleiter kann bei Störungen des Termins nach Maßgabe

---

[2042] Ziffer 20, Nr. 3a der Planfeststellungsrichtlinien des Bundesministers für Verkehr.
[2043] Das GenBeschlG hat aus § 73 VI 1 VwVfG a. F. den Zusatz auf die Erörterungsmöglichkeit verspätet erhobener Einwendungen gestrichen.
[2044] Es handelt sich nicht um ein verwaltungsrechtliches Vorverfahren im Sinne des § 68 VwVfG.

des Verhältnismäßigkeitsgrundsatzes über die notwendigen Ordnungsmaßnahmen entscheiden und Personen, die seine Anordnungen nicht befolgen, entfernen lassen (§ 68 III VwVfG).[2045] Die Grundsätze der Sitzungspolizei des Gerichtsvorsitzenden nach § 176 GVG können ergänzend herangezogen werden. Als Ordnungsmittel stehen dem Sitzungsleiter zur Verfügung: Bitte um Ruhe, Redezeitbeschränkung, Wortentziehung, Verbot störender Zwischenrufe, Unterbrechung oder Vertagung der Verhandlung, Entfernung von Personen, die Anordnungen des Verhandlungsleiters nicht befolgen, und Zuziehung von Polizeibeamten zur Wahrung der Ordnung bzw. zur Durchsetzung entsprechender Anordnungen des Verhandlungsleiters im Wege der Amtshilfe. Eine Wortentziehung ist nach vorheriger Ankündigung zulässig, wenn wiederholt von der Sache abgewichen wird oder Grund zu der Annahme besteht, dass das Verfahren verzögert oder verhindert werden soll. Die Auswahl der Ordnungsmittel steht im pflichtgemäßen Ermessen. Die Amtssprache ist deutsch (§ 23 I VwVfG).

n) Niederschrift. Über den Verlauf des Erörterungstermins ist eine **Niederschrift** aufzunehmen. Einschlägig für die Fertigung einer Erörterungsniederschrift ist § 68 IV VwVfG.[2046] Die Niederschrift enthält danach Angaben über (1) den Ort und den Tag der Erörterung, (2) den Namen des Verhandlungsleiters, (3) den Gegenstand des Planfeststellungsverfahrens und (4) den Verlauf und die Ergebnisse des Erörterungstermins. Die Niederschrift muss insbesondere Angaben darüber enthalten, welche Einwendungen zurückgenommen worden sind, welche Einwendungen aufrechterhalten bleiben, welchen Einwendungen stattgegeben wird und wie ihnen Rechnung getragen werden soll sowie welche Einwendungen verspätet vorgetragen worden sind. Das Gleiche gilt für die Stellungnahmen der beteiligten Behörden und Stellen.[2047] Die Niederschrift braucht allerdings nicht alle Einzelheiten des Sitzungsverlaufs festzuhalten. Es reicht, wenn der Verlauf in seinen wesentlichen Grundzügen festgehalten wird. Insbesondere führt allein die Unvollständigkeit der Niederschrift nicht zu einer Rechtswidrigkeit des Planfeststellungsbeschlusses, wenn etwa aus der Begründung zum Planfeststellungsbeschluss oder aus den übrigen Verfahrensunterlagen hervorgeht, dass die Planfeststellungsbehörde sich mit dem wesentlichen Inhalt des Vortrags der Beteiligten auseinander gesetzt hat.[2048] Ein **Wortprotokoll** ist nicht erforderlich und im Übrigen wohl auch nicht immer zweckmäßig. Abgesehen von erheblichen Kosten, die für einen dauerhaften Einsatz von mehreren Berufsstenografen während eines gesamten Großtermins aufzuwenden wären, hat sich gezeigt, dass mehrere tausend Seiten lange Wortprotokolle in weiten Teilen ihren eigentlichen Zweck oft nicht erfüllen können, weil sie für das weitere Verfahren keine aussagekräftigen und relevanten Aussagen enthalten; sie sind im Übrigen auch schon wegen ihres Umfangs unübersichtlich. Ein Protokoll, das sich auf die wesentlichen Inhalte und Aussagen in der Erörterung beschränkt, kann regelmäßig im Interesse aller Beteiligten seinen Sinn und Zweck besser erfüllen. Dies schließt nicht aus, dass besonders wichtige Aussagen im Termin oder Angaben, auf deren wörtliche Protokollierung die Beteiligten Wert legen, auch so festgehalten werden.

o) Unterbliebene Erörterung. Ein Planfeststellungsbeschluss ist nicht automatisch rechtswidrig, wenn die Behörde im Planfeststellungsverfahren Einwendungen gegen den Plan nicht mündlich erörtert hat.[2049] Der Planfeststellungsbeschluss dürfte wegen einer Nichterörterung erst dann rechtswidrig sein, wenn der Fehler Auswirkungen auf die Entscheidung hatte (§ 46 VwVfG). Im Übrigen kann eine erforderliche Erörterung auch noch während des Gerichtsverfahren nachgeholt werden (§ 45 VwVfG).

[2045] *BVerwG*, Urt. v. 30. 1. 2002 – 9 A 20.01 – BVerwGE 115, 373 = DVBl. 2002, 1118 = NVwZ 2002, 984 – Flughafen Schönefeld.
[2046] Anwendbar über § 73 VI 6 VwVfG.
[2047] Planfeststellungsrichtlinien FStrG 99, Nr. 20.
[2048] *BVerwG*, B. v. 21. 12. 1995 – 11 VR 6.95 – NVwZ 1996, 896 = DVBl. 1996, 676 – Erfurt-Leipzig/Halle.
[2049] *OVG Lüneburg*, B. v. 6. 7. 2000 – 3 M 561/00 – NuR 2001, 642 = NVwZ-RR 2001, 362.

XII. Planänderung während der Planaufstellung

3861 Wird der Plan während des Aufstellungsverfahrens geändert, muss eine neue öffentliche Auslegung erfolgen, wenn die **Grundzüge** der Planung geändert werden (vgl. auch § 76 I VwVfG). Gleiches gilt, wenn das Vorhaben in einem anderen Bereich verwirklicht werden soll oder eine andere Gemeinde betroffen ist. Bei nur **geringfügigen Änderungen**, die nur bestimmte öffentliche oder private Belange betreffen, genügt es, die Änderungen den beteiligten Trägern öffentlicher Belange oder privaten Betroffenen zur Kenntnis zu bringen und ihre (schriftliche) Stellungnahme dazu einzuholen (§ 73 VIII VwVfG). Eine erneute mündliche Stellungnahme ist nicht zwingend. Die Abgrenzung der Planänderung von einem neuen Vorhaben beurteilt sich danach, ob die Identität des Vorhabens gewahrt bleibt oder es sich nunmehr um ein nach Art, Gegenstand oder Betriebsweise in wesentlicher Hinsicht andersartiges Vorhaben handelt.[2050] Anhaltspunkte sind Größe, Betriebsweise, Unabhängigkeit oder Abhängigkeit vom ursprünglichen Vorhaben oder die eigenständige Bedeutung zusätzlich hinzukommender oder wegfallender Anlagen.[2051] Einen Anspruch auf rechtliches Gehör, wie er in § 66 II VwVfG für das förmliche Verwaltungsverfahren normiert ist, kennt das Planfeststellungsverfahren (§ 73 VI 6, § 74 I 2 VwVfG) nicht. Folglich gibt das Ergebnis behördlicher Ermittlungen, die im Anschluss an das Anhörungsverfahren stattgefunden haben, nur dann Anlass zu einer erneuten Auslegung, wenn die Planfeststellungsbehörde erkennt oder erkennen muss, dass ohne Offenlegung der Ermittlungsergebnisse Betroffenheiten nicht oder nicht vollständig geltend gemacht werden konnten.[2052] Im Planfeststellungsverfahren sind betroffene Personen nicht Beteiligte i. S. des § 13 I VwVfG, sondern Betroffene i. S. von § 73 IV 1 VwVfG. An die Stelle der Anhörung nach § 28 VwVfG tritt für Betroffene in der Planfeststellung das spezielle Anhörungsverfahren nach § 73 VwVfG.[2053]

3862 **Dritte** sind nach § 73 VIII VwGO am Planänderungsverfahren nur dann zu beteiligen, wenn sie durch die Planänderung erstmalig oder stärker als bisher betroffen werden.[2054] Soll ein ausgelegter Plan geändert werden und werden dadurch die Aufgabenbereiche einer Behörde oder Belange Dritter erstmalig oder stärker als bisher berührt, so ist diesen die Änderung mitzuteilen und ihnen Gelegenheit zu Stellungnahmen und Einwendungen innerhalb von zwei Wochen zu geben. Dabei brauchen nur die **unmittelbaren Folgen der Planänderung** selbst berücksichtigt zu werden. Anderenfalls wäre bei der prinzipiellen Verflochtenheit aller Belange in der Abwägung eine sinnvolle Begrenzung des Kreises der erneut zu Beteiligenden kaum noch zu bewerkstelligen. Der Vereinfachungszweck der Regelung wäre dann nicht mehr gewährleistet. Verfassungsrechtliche Bedenken gegen eine solche Regelung sind nicht begründet. Der auch durch das Verfahrensrecht zu gewährleistende Grundrechtsschutz wird nicht in Frage gestellt, wenn bei Änderungen eines Plans nach § 73 VIII VwVfG, die das Gesamtkonzept nicht berühren, nur diejenigen erneut beteiligt werden, deren Belange durch die Planänderungen selbst

---

[2050] *BVerwG*, Urt. v. 27. 3. 1992 – 7 C 18.91 – BVerwGE 90, 96 – Sondermülldeponie; *Stüer* DVBl. 1990, 36; *Kuschnerus* DVBl. 1990, 236.

[2051] *BVerwG*, Urt. v. 27. 3. 1992 – 7 C 18.91 – BVerwGE 90, 96 – Sondermülldeponie.

[2052] *BVerwG*, Urt. v. 12. 2. 1997 – 11 A 66.95 – UPR 1997, 320 – Wassergemeinschaft mit Hinweis auf Urt. v. 8. 6. 1995 – 4 C 4.94 – BVerwGE 98, 339 = NVwZ 1996, 381 = DVBl. 1995, 1012.

[2053] Amtl. Begründung zu § 69 V VwVfG E 1973 – BT-Drucks 7/910, S. 88; *Bonk* in: *Stelkens/Bonk/Sachs*, Rdn. 39 zu § 72 VwVfG; *Kopp/Ramsauer*, Rdn. 13 zu § 72 VwVfG; *Busch* in: *Knack*, Anm. 6.2 zu § 72 VwVfG; *Obermayer*, Rdn. 25 zu § 72 VwVfG; *Ule/Laubinger*, Verwaltungsverfahrensrecht, S. 348 Rdn. 28; a. A. *Meyer/Borgs*, Rdn. 16 zu § 72 VwVfG; *VGH München*, Urt. v. 8. 3. 1985 – Nr. 20 B 81 D.I – BayVBl. 1985, 399.

[2054] *BVerwG*, B. v. 12. 6. 1989 – 4 B 101.89 – NVwZ 1990, 366 = UPR 1989, 431 – Radweg; Urt. v. 5. 3. 1997 – 11 A 25.95 – BVerwGE 104, 123 = DVBl. 1997, 831 = NuR 1997, 435 – Sachsenwald; Urt. v. 21. 4. 1999 – 11 A 50.97 – NVwZ-RR 1999, 725 = NuR 2000, 36 – Schallschutzwand; vgl. auch B. v. 22. 9. 1999 – 4 B 68.98 – UPR 2000, 71 = NZV 2000, 138 – Schallschutz.

unmittelbar berührt werden. Wirkt sich die Änderung auf das Gebiet einer anderen Gemeinde aus, so ist der geänderte Plan in dieser Gemeinde auszulegen, wenn dies nach Lage der Dinge erforderlich ist (§ 73 VIII 2 VwVfG). Mussten sich schon zum Zeitpunkt der Einleitung des Anhörungsverfahrens bestimmte Trassenvarianten aufdrängen, dann waren die entsprechenden Unterlagen bereits mitauszulegen, damit die von dem Vorhaben Betroffenen ihre Einwendungen auch darauf stützen konnten. Ist das nicht geschehen, war grundsätzlich das Anhörungsverfahren fehlerhaft und muss wiederholt werden. Allerdings wirkt sich dieser Fehler nicht aus, wenn die Variante im Laufe des Anhörungsverfahrens erörtert wird und damit seinen Zweck erfüllt, Betroffenheiten und Möglichkeiten ihrer Vermeidung oder Minderung als Abwägungsmaterial für die Planungsentscheidung offen zu legen. Außerdem können Fehler unvollständig ausgelegter Planunterlagen nach § 45 VwVfG[2055] unbeachtlich sein. Fehlerhafte Anhörungen können danach bis zum Abschluss des verwaltungsgerichtlichen Verfahrens nachgeholt werden. Dies gibt der Behörde Gelegenheit, auch später erkannte Verfahrensfehler zu heilen.[2056]

Werden erst nach Abschluss des Anhörungsverfahrens neue Planungsalternativen bekannt, so ist ein weiteres Anhörungsverfahren nur dann geboten, wenn sie geeignet sind, den Umfang oder die Art der Betroffenheit von Beteiligten in von dem Vorhaben berührten Belangen und die Möglichkeit der Abhilfe in einem grundlegend anderen Lichte erscheinen zu lassen. Dass nach Abschluss des Anhörungsverfahrens neue Umstände entstehen oder bekannt werden, die für die Planungsentscheidung erheblich sein können, dürfte vor allem bei Großprojekten mit erheblichen Auswirkungen und einem gesteigerten Interesse der Öffentlichkeit eher die Regel als die Ausnahme sein.[2057] Neue Gesichtspunkte können daher nicht stets zu dem Erfordernis einer erneuten Offenlage führen. Diese ist vielmehr nur dann unverzichtbar, wenn die Grundkonzeption der Planung geändert wird. § 73 VIII VwVfG erfasst somit solche Änderungen eines bereits ausgelegten Plans, die das Gesamtkonzept der Planung nicht berühren und die Identität des Vorhabens wahren.[2058]

Beispiel: Wird die Fernstraßenplanung von einem vierspurigen Ausbau auf einen dreispurigen Ausbau geändert, so ist eine erneute Beteiligung eines Grundstückseigentümers, dessen Landabgabe sich verringert, nicht erforderlich.[2059]

Ist der **Kreis** der durch die **Änderung Betroffenen nicht bekannt** oder **zu groß**, ist der **Plan erneut offen zu legen**. Die Offenlage geschieht nach **§ 73 II und III VwVfG**. Allerdings kann die **Frist** entsprechend § 73 VIII VwVfG auf zwei Wochen verkürzt werden. Der Einwendungsgegenstand kann auf die **geänderten Teile** des Vorhabens beschränkt werden. Auch muss eine Erörterung nicht stattfinden, weil dies auch in § 73 VIII VwVfG nicht vorgesehen ist. Wirkt sich die Änderung des Plans auf das Gebiet einer anderen Gemeinde aus, so ist der geänderte Plan grundsätzlich auch in dieser Gemeinde auszulegen. Ein erneutes Beteiligungsrecht der nach § 58 BNatSchG anerkannten Verbände wird ausgelöst, wenn neue, den Natur- und Landschaftsschutz betreffenden Untersuchungen angestellt werden, deren Ergebnisse in das Verfahren eingeführt werden und die Planungsentscheidung darauf gestützt werden soll.[2060] Eine erneute Erörterung ist im Anschluss an die erneute Offenlage der Planunterlagen nur erforderlich, wenn die Änderungen über

---

[2055] S. Rdn. 3919.
[2056] *BVerwG*, Urt. v. 12. 12. 1996 – 4 C 29.94 – DVBl. 1997, 798 – Nesselwang-Füssen; kritisch gegenüber einer zu weit reichenden Heilungsmöglichkeit *Blümel* in: *Stüer* (Hrsg.) Verfahrensbeschleunigung, S. 17.
[2057] *BVerwG*, Urt. v. 12. 12. 1996 – 4 C 29.94 – DVBl. 1997, 798 – Nesselwang-Füssen.
[2058] *BVerwG*, Urt. v. 27. 3. 1992 – 7 C 18.91 – BVerwGE 90, 96 – Abfalldeponie; B. v. 12. 6. 1989 – 4 B 101.89 – Buchholz 316 § 73 VwVfG Nr. 3; s. Rdn. 947.
[2059] *BVerwG*, B. v. 12. 2. 1996 – 4 A 38.95 – DVBl. 1996, 684 = UPR 1996, 236 – Nieder Seifersdorf.
[2060] Planfeststellungsrichtlinien FStrG 99, Nr. 17.

den Rahmen des § 73 VIII VwVfG hinausgehen und die Grundzüge der Planung betreffen. Eine erneute Erörterung dürfte auch erforderlich sein, wenn das Vorhaben zwar unverändert bleibt, sich aber die wesentlichen Grundlagen ändern.

3865 Die Änderung eines **festgestellten** und **noch nicht abschließend ausgeführten Planes** geschieht zwar durch einen im Entstehungsvorgang eigenen **Änderungsplanfeststellungsbeschluss**, führt aber nur zu einem einzigen Plan in der durch den Änderungsplanfeststellungsbeschluss erreichten Gestalt. Der Vorbehalt einer Planergänzung im ursprünglichen Planfeststellungsbeschluss und die daraufhin durch einen Änderungsplanfeststellungsbeschluss erfolgende Planänderung sind mit dem Gebot einer **einheitlichen Planungsentscheidung** dann vereinbar, wenn sie ihrerseits unter Beachtung der Grenzen der planerischen Gestaltungsfreiheit, insbesondere unter Einhaltung des Abwägungsgebots, ergangen sind.[2061]

XIII. Stellungnahme der Anhörungsbehörde

3866 Die Anhörungsbehörde gibt zu dem Ergebnis des Anhörungsverfahrens eine **Stellungnahme** ab und leitet diese möglichst innerhalb eines Monats nach Abschluss der Erörterung mit dem Plan, den Stellungnahmen der Behörden und den nicht erledigten Einwendungen der Planfeststellungsbehörde zu (§ 73 IX VwVfG). Hat keine Erörterung stattgefunden, so erfolgt die Abgabe einer Stellungnahme sechs Wochen nach Ablauf der Einwendungsfrist (vgl. § 17 III c 5 FStrG, § 10 II 1 Nr. 5 S. 3 LuftVG, § 29 Ia 1 Nr. 5 S. 3 PBefG).

3867 Die Anhörungsbehörde hat gegenüber der Planfeststellungsbehörde eine dienende Funktion. Die Entscheidung über die erhobenen Einwendungen steht der Planfeststellungsbehörde zu. Die Stellungnahme der Anhörungsbehörde soll sich erstrecken auf die Äußerungen der Behörden, die Einwendungen und Stellungnahmen, über deren Erledigung unter dem Vorbehalt der Entscheidung der Planfeststellungsbehörde eine Einigung mit dem Vorhabenträger erzielt worden ist, sowie die aufrechterhaltenen Stellungnahmen. Die Anhörungsbehörde verbindet damit einen Vorschlag für die Entscheidung der Planfeststellungsbehörde und fügt eigene Äußerungen hinzu, soweit die Anhörungsbehörde Trägerin eigener Belange ist, die von dem Vorhaben berührt werden. Sie teilt ferner mit, ob sie Stellungnahmen ihr nachgeordneter, ihren Weisungen unterworfener Behörden der unteren Verwaltungsstufe ergänzen, abändern oder u. U. zurückziehen will.

3868 Die Anhörungsbehörde benennt Auflagen, die sie im Interesse des Gemeinwohls oder zur Sicherung der Benutzung der benachbarten Grundstücke vor Gefahren, erheblichen Nachteilen oder erheblichen Belästigungen für erforderlich hält. Auch Zusagen oder Absprachen zwischen dem Träger des Vorhabens und Einwendungsführern sind an die Planfeststellungsbehörde weiterzuleiten.[2062] Eine Überschreitung der in § 73 IX VwVfG vorgesehenen Stellungnahmefrist berührt die Rechtmäßigkeit des Planfeststellungsbeschlusses nach § 74 VwVfG nicht. Die Stellungnahme der Anhörungsbehörde ist kein Verwaltungsakt und unterliegt daher auch nicht der (isolierten) Anfechtung.

3869 Ist die **Planfeststellungsbehörde zugleich Anhördungsbehörde**, wird lediglich eine **Niederschrift** über den Erörterungstermin gefertigt.[2063]

XIV. Einstellung des Verfahrens

3870 Soll das Verfahren auf Antrag der planaufstellenden Behörde ohne Planfeststellungsbeschluss beendet werden, ist es einzustellen. Dies setzt einen entsprechenden Antrag (Rücknahme des Planfeststellungsantrags und Einstellungsantrag) des Antragstellers vor-

---

[2061] *BVerwG*, Urt. v. 23. 1. 1981 – 4 C 68.78 – BVerwGE 61, 307 = DVBl. 1981, 935 = NJW 1982, 950 = BayVBl. 1981, 307 = *Hoppe/Stüer* RzB Rdn. 114 – Änderung Planfeststellung A 93.
[2062] *Dürr* in: *Kodal/Krämer*, Kap. 35 Rdn. 11.1 (S. 1094).
[2063] Planfeststellungsrichtlinien FStrG, Nr. 21.

6. Teil. Verfahren der Planaufstellung

aus. Ein Einwendungsführers hat keinen Ansprch auf Einstellung des Verfahrens. Hat der Plan bereits ausgelegen, veranlasst die Anhörungsbehörde bei einem entsprechenden Antrag des Vorhabenträgers unverzüglich die ortsübliche Bekanntmachung der Einstellung und gibt die Einstellung den Beteiligten bekannt (§ 69 III 1 VwVfG). Hat die Anhörungsbehörde der Planfeststellungsbehörde die Anhörungsunterlagen bereits vorgelegt und soll das Planfeststellungsverfahren eingestellt werden, veranlasst die Planfeststellungsbehörde die Einstellung des Verfahrens.[2064]

XV. Alternativenprüfung

Die Planfeststellungsbehörde hat in die Abwägung auch **Alternativen** einzubeziehen, die nach Lage der Dinge ernsthaft in Betracht kommen.[2065] Die Behörde wird bei der Alternativenabwägung nicht auf eine „optimale" Trassenführung zu verpflichten.[2066] Die Alternativenüberprüfung unterliegt damit auch **nicht** dem **Optimierungsgebot**.[2067] So kann etwa die Planfeststellungsbehörde von einer vorgeschlagenen Änderung des geplanten Vorhabens Abstand nehmen, wenn sich damit neue Beeinträchtigungen für andere Betroffene ergeben.[2068] Auch ist die Planfeststellungsbehörde nicht dazu verpflichtet, eine Trassenführung zu wählen, die privates Eigentum nicht in Anspruch nimmt.[2069] Die engere Auswahl mehrerer Alternativen erfordert auch nicht stets die Entwicklung und Gegenüberstellung ausgearbeiteter Konzepte für naturschutzrechtliche Ausgleichs- und Ersatzmaßnahmen.[2070] Auch greifen Einwendungen von Betroffenen nicht, wenn sie sich lediglich am „St.-Florianprinzip" ausrichten, also Alternativen vortragen, die zwar zu einer Entlastung der Betroffenen führen, zugleich aber andere Eigentümer ebenso umfangreich oder aber noch stärker belasten.[2071] Zudem darf die Behörde nach dem Grundsatz der **abgeschichteten Planung** verfahren. Planungsalternativen, die nach einer Art Grobanalyse in einem früheren Planungsstadium nicht in Betracht kommen, dürfen für die weitere Detailprüfung und damit auch (im Detail) für die förmliche UVP ausgeschlossen werden.[2072] Das vorherige Ausscheiden verschiedener Alternativtrassen ist daher rechtlich zulässig. Diese Trassen brauchen nicht bis zuletzt in die Abwägung einbezogen zu werden. Bei einer Alternativenprüfung ist es der Planungsbehörde daher nicht verwehrt, die Untersuchungen auf diejenigen Varianten zu beschränken, die nach dem aktuellen Planungsstand noch ernsthaft in Betracht kommen. Andere Linienführungen können dabei etwa auch wegen ihrer **höheren Konfliktträchtigkeit** im naturschutzrechtlichen Bereich oder im Hinblick auf die Inanspruchnahme privaten Eigentums ausgeschieden werden.[2073] Auch die UVP braucht sich daher auf die bereits vorab

3871

[2064] Planfeststellungsrichtlinien FStrG, Nr. 22.
[2065] Zur Alternativenprüfung im Fachplanungsrecht *Erbguth* NVwZ 1992, 209; *Hoppe/Beckmann* DÖV 1990, 769; *Kleinlein* DVBl. 1991, 365; *Middelberg* NdsVBl. 1995, 106; *Schlarmann* Die Alternativenprüfung im Planungsrecht 1991; *dies.* DVBl. 1992, 871.
[2066] In diesem Sinne *BVerwG*, Urt. v. 26. 7. 1993 – 4 A 5.93 – Ortsumgehung B 174; vgl. zur Alternativenüberprüfung *Hoppe/Bönker/Grotefels* § 7 Rdn. 89 ff.
[2067] Zum Meinungsstreit *Hoppe* DVBl. 1992, 853; *ders.* in: *Hoppe/Bönker/Grotefels* § 7 Rdn. 32 ff.; *Sendler* UPR 1995, 41.
[2068] *BVerwG*, Urt. v. 26. 5. 1994 – 7 A 21.93 – NVwZ 1994, 1002 = UPR 1994, 342 – Vorsfelde-Lehrte.
[2069] *BVerwG*, Urt. v. 26. 7. 1993 – 4 A 5.93 – Ortsumgehung B 174.
[2070] *BVerwG*, Urt. v. 12. 12. 1996 – 4 C 29.94 – DVBl. 1997, 798 – Nesselwang-Füssen.
[2071] *BVerwG*, Urt. v. 28. 2. 1996 – 4 A 28.95 – NJW 1996, 2113 = UPR 1996, 359 – Straßentunnel.
[2072] So *BVerwG*, Urt. v. 8. 6. 1995 – 4 C 4.94 – BVerwGE 98, 339 = DVBl. 1995, 1012 = NVwZ 1996, 381 – B 16 Bernhardswald; B. v. 16. 8. 1995 – 4 B 92.95 – VkBl. 1995, 630 = UPR 1996, 445 = ZUR 1995, 332 – Variantenvergleich. Insoweit steht nur eine allgemeine Plausibilitätsprüfung an, so *BVerwG*, Urt. v. 28. 2. 1996 – 4 A 27.95 – NVwZ 1996, 1011 = UPR 1996, 270 – Berlin Tempelhof A 100.
[2073] *BVerwG*, B. v. 21. 12. 1995 – 11 VR 6.95 – NVwZ 1996, 896 = DVBl. 1996, 676 – Erfurt-Leipzig/Halle.

zulässigerweise ausgeschiedenen Alternativtrassen nicht zu erstrecken.[2074] Auch das Vermeidungsgebot des § 19 I BNatSchG gilt nicht absolut. So ist etwa die Planungsbehörde auch durch naturschutzrechtliche Vorschriften nicht zur Wahl einer ökologisch günstigsten Planungsalternative verpflichtet.[2075] Denn auch die Belange des Naturschutzes und der Landschaftspflege unterliegen im Fachplanungsrecht dem Abwägungsgebot. Die naturschutzrechtliche Eingriffsregelung ergänzt dabei die fachgesetzlichen Zuständigkeitstatbestände, so dass sich auch daraus kein absoluter Vorrang des Naturschutzrechts und das Gebot der Wahl der jeweils ökologisch günstigsten Alternative ergibt.

3872 Bei der gerichtlichen Kontrolle eines Planfeststellungsbeschlusses kommt es auch nicht darauf an, dass eine **Trassenwahl** in Betracht gekommen wäre, die das Grundeigentum des Antragstellers unberührt gelassen hätte. Denn die Rechtmäßigkeit einer Planungsentscheidung hängt nicht davon ab, ob die Behörde anders hätte planen können. Entscheidend ist vielmehr, ob die rechtlichen Bindungen beachtet sind, die sich aus dem Abwägungsgebot ergeben. Aus diesem Gebot lässt sich die Forderung ableiten, dass ein bewertender Ausgleich der von der Planung berührten öffentlichen und privaten Interessen untereinander und gegeneinander vorgenommen wird, der die Prüfung einschließt, ob sich das planerische Ziel mit geringerer Eingriffsintensität auf andere Weise erreichen lässt. Indes macht die Behörde von der ihr eingeräumten planerischen Gestaltungsfreiheit fehlerhaften Gebrauch nicht allein dadurch, dass sie sich in der Kollision zwischen verschiedenen Belangen für die Bevorzugung des einen und damit notwendig für die Zurückstellung eines anderen Belangs entscheidet. Das Abwägungsgebot ist vielmehr nur dann verletzt, wenn eine sachgerechte Abwägung überhaupt nicht stattfindet, wenn in die Abwägung an Belangen nicht eingestellt wird, was nach Lage der Dinge in sie eingestellt werden muss, wenn die Bedeutung der betroffenen privaten Belange verkannt oder wenn der Ausgleich zwischen den von der Planung berührten Belangen in einer Weise vorgenommen wird, der zur objektiven Gewichtigkeit einzelner Belange außer Verhältnis steht.[2076]

3873 Bei der Entscheidung für die eine oder andere Trassenvariante dürfen als einer von mehreren Abwägungsposten auch Kostengesichtspunkte einfließen.[2077] Eine andere Trassenvariante verfehlt dann nicht ihren Zweck, wenn die planfestgestellte Variante zwar gegenüber der verworfenen Variante das Planziel besser erreicht, die verworfene Variante aber gleichwohl geeignet ist, das Ziel(-Bündel) der Ausgangsplanung zu verwirklichen. Als typische Folge des Gebots der Alternativenprüfung sind Abstriche am Grad der Zielvollkommenheit hinnehmbar.[2078] Die Grenzen der planerischen Gestaltungsfreiheit sind bei der Auswahl zwischen verschiedenen Trassenvarianten aber erst dann überschritten, wenn eine andere als die gewählte Linienführung sich unter Berücksichtigung aller abwägungserheblichen Belange eindeutig als die bessere Lösung der Behörde hätte aufdrängen müssen.[2079] Eine Planfeststellungsbehörde darf sich beim Ausbau eines bereits vorhandenen Straßenzuges aus nachvollziehbaren Gründen gegen eine Planungsalternative

---

[2074] Vgl. dazu auch *BVerwG*, B. v. 16. 8. 1995 – 4 B 92.95 – Buchholz 407.4 § 17 FStrG Nr. 104.
[2075] *BVerwG*, Urt. v. 7. 3. 1997 – 4 C 10.96 – BVerwGE 104, 144 = DVBl. 1997, 838 – A 94 Neuötting.
[2076] *BVerwG*, Urt. v. 5. 12. 1986 – 4 C 13.85 – BVerwGE 75, 214 – Flughafen München II; Urt. v. 26. 7. 1993 – 4 A 5.93 – Ortsumgehung B 174; s. Rdn. 1375.
[2077] *BVerwG*, Urt. v. 31. 1. 2002 – 4 A 15.01 – DVBl. 2002, 990 = NVwZ 2002, 1103, mit Hinweis auf Urt. v. 22. 3. 1985 – 4 C 73.82 – BVerwGE 71, 163 = DVBl. 1985, 899 = NJW 1986, 82; Urt. v. 9. 11. 2000 – 4 A 51.98 – DVBl. 2001, 644 = NVwZ 2001, 682.
[2078] *BVerwG*, Urt. v. 17. 5. 2002 – 4 A 28.01 – BVerwGE 116, 254 = DVBl. 2002, 1486 = NVwZ 2002, 1243 – A 44 Lichtenauer Hochland.
[2079] *BVerwG*, B. v. 2. 10. 2002 – 9 VR 11.02 – Variantenvergleich, dort auch zur Übernahme einer UVP für nachfolgende Planfeststellungsabschnitte und zu den Klagemöglichkeiten der naturschutzrechtlichen Vereinsklage im Hinblick auf Trassierungsparameter. Zur Frage des Schutzanspruches für eine Wassermühle vor Lärm sowie zur Erhaltung der „Insellage" und der „landschaftsprägenden Wirkung" Mühle vgl. das anhängige Verfahren – BVerwG 9 A 37.02 – Ortsumgehung Pritzwalk.

entscheiden, die einer Neutrassierung gleichkommt.[2080] Gibt es für einen „Landschaftstunnel" oder eine „Grünbrücke" naturschutzfachlich und kostenmäßig gleichwertige Alternativen in der Linienführung, kann es abwägungsfehlerhaft sein, eine Alternative zu verwerfen, die zugleich ein angrenzendes Wohngebiet vor Verkehrslärm und Luftverunreinigungen schützen würde.[2081] Deutlich höhere Anforderungen an die Alternativenprüfung ergeben sich allerdings bei unverträglichen Eingriffen in Habitate von gemeinschaftsrechtlicher Bedeutung oder Vogelschutzgebiete. Hier haben zumutbare Alternativen ohne Beeinträchtigung dieser Schutzgüter den Vorrang.[2082]

XVI. Abschnittsbildung

Die Planfeststellung kann in **Abschnitten** erfolgen.[2083] Dritte haben grundsätzlich keinen Rechtsanspruch darauf, dass über die Zulassung eines Vorhabens insgesamt, vollständig und abschließend in einem einzigen Bescheid entschieden wird.[2084] Die Abschnittsbildung darf allerdings nicht zu einer **Verkürzung des Rechtsschutzes** von Planbetroffenen führen.[2085] Eine Abschnittsbildung kann Dritte in ihren Rechten verletzen, wenn sie deren durch Art. 19 IV GG gewährleisteten Rechtsschutz faktisch unmöglich macht, wenn sie dazu führt, dass die abschnittsweise Planfeststellung dem Grundsatz der umfassenden Problembewältigung nicht gerecht werden kann, oder wenn ein dadurch gebildeter Streckenabschnitt der eigenen sachlichen Rechtfertigung vor dem Hintergrund der **Gesamtplanung** entbehrt.[2086] Insbesondere muss die Planung in dem jeweiligen Abschnitt dem Einwand standhalten, dass eine andere Planungsvariante bei einer auf die Gesamtplanung bezogenen Betrachtung vorzugswürdig sei. Der Grundsatz der umfassenden Problembewältigung kann die Planfeststellungsbehörde allerdings dazu veranlassen, in jedem Abschnitt die Möglichkeit der Weiterführung der Strecke über den jeweiligen Abschnitt hinaus und die sich daraus ergebenden Zwangspunkte in die Entscheidung einzubeziehen. Diese Vorausschau auf nachfolgende Abschnitte nach Art eines **„vorläufigen positiven Gesamturteils"** gewährleistet auch für die Umweltverträglichkeitsprüfung eine hinreichende Verknüpfung der Abschnitte zu einem Gesamtprojekt.[2087] Für die **fernstraßenrechtliche Fachplanung** hat das *BVerwG* aus diesen Zusammenhängen das Erfordernis abgeleitet, dass jeder Abschnitt eine selbstständige **Verkehrsfunktion** haben muss.[2088] Dies bedeutet allerdings nicht, dass die übrigen Planfeststellungsabschnitte

---

[2080] BVerwG, Urt. v. 25. 9. 2002 – 9 A 5.02 – B 101 Berlin-Marienfelde.
[2081] BVerwG, Urt. v. 23. 11. 2001 – 4 A 46.99 – DVBl. 2002, 565 = BauR 2002, 920 = IBR 2002, 281 mit Anmerkung *Eberhard Baden* – A 113.
[2082] BVerwG, Urt. v. 17. 5. 2002 – 4 A 28.01 – BVerwGE 116, 254 = DVBl. 2002, 1486 = NVwZ 2002, 1243 – A 44 Lichtenauer Hochland, mit Hinweis auf Urt. v. 27. 1. 2000 – 4 C 2.99 – BVerwGE 110, 302 = DVBl. 2000, 814 – Hildesheim.
[2083] BVerwG, Urt. v. 26. 6. 1981 – 4 C 5.78 – BVerwGE 62, 342 = DVBl. 1981, 936 = NJW 1981, 2592; B. v. 5. 6. 1992 – 4 NB 21.92 – UPR 1992, 348 = ZfBR 1992, 235 = BayVBl. 1992, 663 = NVwZ 1992, 1093 = *Hoppe/Stüer* RzB Rdn. 12 – Straßenplanung; B. v. 26. 6. 1992 – 4 B 1 – 11.92 – DVBl. 1992, 1435 = *Hoppe/Stüer* RzB Rdn. 42 – B 31 – Kirchzarten; B. v. 12. 2. 1996 – 4 A 38.95 – DVBl. 1996, 684 = UPR 1996, 236 – Nieder Seifersdorf; Urt. v. 14. 10. 1996 – 4 A 35.96 – Buchholz 407.4 § 17 FStrG Nr. 123 – A 38 Halle-Leipzig; Urt. v. 12. 12. 1996 – 4 C 29.94 – DVBl. 1997, 798 – Nesselwang-Füssen. Zur Teilbarkeit von Planungsentscheidungen *Broß* DÖV 1985, 253; *Gramlich* VBlBW 1987, 228; *Grupp* DVBl. 1985, 152; *Paetow* DVBl. 1985, 369.
[2084] BVerwG, Urt. v. 9. 9. 1988 – 7 C 3.86 – BVerwGE 80, 207 = NVwZ 1989, 52 = NuR 1990, 210 = *Hoppe/Stüer* RzB Rdn. 477 – Mülheim-Kärlich Erste Teilgenehmigung.
[2085] So auch *Blümel* in: *Stüer* (Hrsg.) Verfahrensbeschleunigung, S. 17.
[2086] BVerwG, B. v. 29. 11. 1995 – 11 VR 15.95 – Buchholz 442.09 § 18 AEG Nr. 7 – Hamburg-Büchen-Berlin.
[2087] BVerwG, Urt. v. 8. 6. 1995 – 4 C 4.94 – BVerwGE 98, 339 = DVBl. 1995, 1012 = UPR 1995, 391 = NuR 1995, 537 – Bernhardswald.
[2088] BVerwG, B. v. 11. 1. 1992 – 4 B 205.92 – Buchholz 407.4 § 17 FStrG Nr. 92; s. Rdn. 1514, 3055.

bereits Gegenstand eines konkreten Planungsverfahrens sein müssen, und schon gar nicht, dass diese Verfahren einen bestimmten Stand erreicht haben müssen. Der Zweck der Abschnittsbildung ist es, ein Gesamtvorhaben in Teile zu zerlegen, die nicht zuletzt im Interesse der Planbetroffenen eine praktikable und effektiv handhabbare sowie eine leichter überschaubare Planung ermöglichen. Der hiermit verbundene Vorteil würde wieder zunichte gemacht, wenn die Planungsbehörde schon die Planfeststellung für einen bestimmten Streckenabschnitt zum Anlass nehmen müsste, um auch in anderen Abschnitten planerische Aktivitäten zu entfalten. Durch die abschnittsweise Planung sollen im Gegenteil die Voraussetzungen dafür geschaffen werden, dass ein Teil des Problemstoffs, der im Rahmen der Gesamtplanung zu bewältigen ist, sachangemessen abgeschichtet werden kann.[2089]

3875 Ergeben sich bei einer planungsrechtlichen Abschnittsbildung sog. **Zwangspunkte**, ist Rechtsschutz gegenüber dem vorherigen Teilabschnitt auch für den gegeben, der in seinen Rechten erst durch den Folgeabschnitt betroffen wird. Dieser zur Bildung von Teilabschnitten bei der Planfeststellung einer Bundesfernstraße entwickelte Grundsatz ist auf den Rechtsschutz gegen eine Plangenehmigung übertragbar, in der Teile eines der Planfeststellung unterliegenden Gesamtbauvorhabens vorweg zugelassen werden. Der Eigentümer eines Grundstücks, der sich durch eine an sich erst im Planfeststellungsverfahren angestrebte Lösung in seinen Eigentumsrechten verletzt sieht, kann sich daher bereits gegen die Erteilung einer Plangenehmigung zur Wehr setzen, wenn durch die vorangehende Plangenehmigung bereits ein Zwangspunkt für die Inanspruchnahme seines Grundstücks gesetzt wird.[2090]

3876 Auch die **UVP-Richtlinie** verbietet nicht eine **abschnittsweise Planfeststellung**. Ob im Fernstraßenrecht eine Abschnittsbildung zulässig ist, beurteilt sich nicht nach dem UVP-Recht, sondern nach den Anforderungen des Abwägungsgebotes. Für nachfolgende Abschnitte ist auch unter dem Gesichtspunkt der Umweltverträglichkeit die Prognose ausreichend, dass der Verwirklichung des Vorhabens keine unüberwindbaren Hindernisse entgegenstehen.[2091] Ergibt sich aber die Planrechtfertigung erst aus der ganzen Strecke, müssen auch bei der Planfeststellung des vorgezogenen Abschnitts die Umweltauswirkungen der weiterführenden Strecke zumindest grobmaschig darauf hin untersucht werden, ob die Weiterführung sichergestellt ist. Dabei kann sich die Planfeststellungsbehörde auch auf in vorgelagerten Planungsebenen gewonnene und bewertete Erkenntnisse beziehen.[2092]

3877 Für die **eisenbahnrechtliche Planfeststellung** wird die Forderung einer selbstständigen Verkehrsfunktion bei einer abschnittsweisen Planung allerdings nicht erhoben.[2093] Denn die Engmaschigkeit des Straßennetzes ist nicht mit dem Schienennetz der Eisenbahn vergleichbar. Auch wird bei der Eisenbahn regelmäßig „in einem Stück" geplant.[2094] Ist die Planfeststellung für benachbarte Abschnitte rechtsverbindlich, weil die Beschlüsse nicht angefochten worden sind oder die Anfechtung erfolglos war, so sind die dadurch entstandenen Zwangspunkte auch der Beurteilung weiterer Abschnitte zugrunde zu legen. Im Rahmen der Anfechtung dieser Abschnitte kann daher nicht mehr das Gesamtkonzept der Planung in Frage gestellt werden, soweit es bereits durch die rechtskräftigen Planfeststellungsbeschlüsse verbindlich festgestellt worden ist.

[2089] *BVerwG*, Urt. v. 14. 10. 1996 – 4 A 35.96 – Buchholz 407.4 § 17 FStrG Nr. 123 – A 38 Halle-Leipzig.
[2090] *BVerwG*, B. v. 24. 2. 1998 – 4 VR 13.97 – NVwZ 1998, 1178 – Aumühle, für ein Brückenbauwerk und die Anschlussstelle einer Bundesautobahn mit Anbindung an das untergeordnete Straßennetz.
[2091] *BVerwG*, Urt. v. 10. 4. 1997 – 4 C 5.96 – BVerwGE 104, 236 = DVBl. 1997, 1115 = NVwZ 1998, 508 – B 15 neu.
[2092] *BVerwG*, Urt. v. 19. 5. 1998 – 4 C 11.96 – NVwZ 1999, 528 = UPR 1998, 388 = NuR 1998, 649 – B 15 neu.
[2093] *BVerwG*, B. v. 21. 12. 1995 – 11 VR 6.95 – NVwZ 1996, 896 = DVBl. 1996, 676 – Erfurt-Leipzig/Halle; B. v. 30. 12. 1996 – 11 VR 21.95 – NVwZ-RR 1998, 284 = UPR 1997, 153; s. Rdn. 3094.
[2094] *BVerwG*, B. v. 21. 12. 1995 – 11 VR 6.95 – DVBl. 1996, 676 = NVwZ 1996, 896.

Fehler in der Abschnittsbildung sind im Übrigen nur erheblich, wenn sie offensicht- **3878** lich und auf das Abwägungsergebnis von Einfluss gewesen sind (vgl. § 75 Ia 1 VwVfG). Von Einfluss gewesen ist ein Mangel nur dann, wenn nach den Umständen des Einzelfalles die konkrete Möglichkeit eines solchen Einflusses besteht. Das kann etwa dann der Fall sein, wenn sich anhand der Planunterlagen oder sonst erkennbarer oder nahe liegender Umstände ergibt, dass sich ohne den Fehler im Abwägungsvorgang ein anderes Abwägungsergebnis abgezeichnet hätte.[2095] Denn nach der Rechtsprechung des *BVerwG* führt die Nichteinhaltung von Verfahrensbestimmungen für sich genommen noch nicht zur Aufhebung eines Planfeststellungsbeschlusses. Hinzukommen muss vielmehr, dass sich der formelle Mangel auf die Entscheidung in der Sache ausgewirkt haben kann. Ein solcher Kausalzusammenhang ist nur dann gegeben, wenn nach den Umständen des Falles die konkrete Möglichkeit besteht, dass die Planungsbehörde ohne den Verfahrensfehler anders entschieden hätte.[2096] Fehlt die selbstständige Verkehrsbedeutung eines Abschnitts, so kann der darin liegende Fehler dadurch geheilt werden, dass nach dem Inhalt des Planfeststellungsbeschlusses oder ergänzender Regelungen mit dem Abschnitt erst begonnen werden darf, wenn die Nachbarabschnitte unanfechtbar planfestgestellt sind.[2097]

Wird ein Vorhaben in mehreren **verfahrensselbstständigen Abschnitten** geplant, muss **3879** der Betroffene seine Rechte durch Einwendungen in allen Verfahren geltend machen, durch die er betroffen ist. Dies gilt jedenfalls dann, wenn das Gesetz eine Präklusion für den Fall der Nichterhebung von Einwendungen vorsieht (§ 73 IV 1 VwVfG). Die Erhebung von Einwendungen in einem früheren Planfeststellungsverfahren für einen anderen Abschnitt desselben Vorhabens reicht dazu nicht aus. Die Ausschlusswirkung des § 73 IV 1 VwVfG und der gleich lautenden Regelungen in den verschiedenen Fachplanungsgesetzen wird durch das öffentliche Interesse daran gerechtfertigt, Rechts- und Verkehrssicherheit in Bezug auf den Bestand der künftigen Planfeststellung, soweit sie den ausgelegten Unterlagen entspricht, innerhalb einer angemessenen Frist herbeizuführen.[2098] Jedenfalls dann, wenn die Abschnittsbildung rechtlich nicht zu beanstanden ist, ist es deshalb jedem, dessen Belange durch das Vorhaben berührt werden, grundsätzlich zumutbar, Einwendungen gegen den einen bestimmten Planfeststellungsabschnitt betreffenden Plan innerhalb der dafür geltenden Einwendungsfrist auch dann nochmals zu erheben, wenn er sich bereits am Planfeststellungsverfahren für einen anderen Abschnitt mit Einwendungen beteiligt hat. Die formale Selbstständigkeit der für jeden Abschnitt einzeln durchzuführenden Planfeststellungsverfahren schließt es aus Gründen der Rechtssicherheit aus, Einwendungen, die in einem dieser Verfahren erhoben wurden, damit zugleich als in allen oder einzelnen folgenden Verfahren erhoben anzusehen.[2099]

XVII. Rechte der Gemeinden

Auf die Gemeinden kommen im Planfeststellungsverfahren ebenso wie auf den Bür- **3880** ger[2100] Mitwirkungslasten zu.[2101] Werden konkrete Rechtsbeeinträchtigungen gemeind-

---

[2095] *BVerwG*, Urt. v. 2. 2. 1996 – 4 C 42.95 – NVwZ 1996, 905 = DVBl. 1996, 691 – Meißen.
[2096] *BVerwG*, Urt. v. 30. 5. 1984 – 4 C 58.81 – BVerwGE 69, 256; B. v. 30. 8. 1995 – 4 B 185.95 – NVwZ-RR 1996, 253 = DVBl. 1996, 49.
[2097] *BVerwG*, Urt. v. 25. 1. 1996 – 4 C 5.95 – BVerwGE 100, 238 = DVBl. 1996, 677 – Eifelautobahn A 60; vgl. auch Urt. v. 21. 3. 1996 – 4 C 19.94 – DVBl. 1996, 907; Urt. v. 21. 3. 1996 – 4 C 26.94 – BVerwGE 100, 388 = DVBl. 1996, 914 – Autobahnring München-West – Allach; Urt. v. 21. 3. 1996 – 4 C 1.95 – DVBl. 1996, 915 – Autobahnring München A 99.
[2098] *Hoppe/Stüer* RzB Rdn. 1105.
[2099] *BVerwG*, Urt. v. 23. 4. 1997 – 11 A 7.97 – DVBl. 1997, 1119 = NuR 1997, 504.
[2100] *BVerwG*, B. v. 9. 11. 1979 – 4 N 1.78 – BVerwGE 59, 87 = DVBl. 1980, 233 – *Hoppe/Stüer* RzB Rdn. 26 – Normenkontrolle.
[2101] *BVerwG*, Urt. v. 7. 7. 1978 – IV C 79.76 – BVerwGE 56, 110 = NJW 1979, 64 = DVBl. 1978, 845 = DÖV 1978, 804 – *Hoppe/Stüer* RzB Rdn. 1164 – Flughafen Frankfurt; zur Planungshoheit *Hoppe* in: *Hoppe/Bönker/Grotefels* § 2 Rdn. 16.

licher Belange nicht rechtzeitig dargelegt, so fallen sie bei der Abwägung und im Rechtsschutz aus.[2102] Eine Gemeinde, die etwa durch ein Vorhaben nicht in ihren materiellen Rechten beeinträchtigt wird, kann den ergangenen Planfeststellungsbeschluss nicht mit der Begründung anfechten, sie sei am Verwaltungsverfahren nicht ordnungsgemäß beteiligt worden.[2103] Wird die Verletzung der Planungshoheit geltend gemacht, so muss die Gemeinde darlegen, welche Pläne berührt sind, welchen Inhalt sie haben und in welchem Planungsstadium sie sich befinden.[2104] Die Gemeinden sind dabei auf eigene Belange beschränkt. Wird eine solche konkrete Verletzung eigener gemeindlicher Rechte nicht vorgetragen, handelt die Planfeststellungsbehörde nicht abwägungsfehlerhaft, wenn sie von sich aus solche Ermittlungen nicht anstellt.[2105] Fehlt es an einer beachtlichen konkretisierten Planung, so kann die von einer Neubaustrecke ausgehende Schallbelastung nur dann in die Planungshoheit einer Gemeinde eingreifen, wenn die Realisierung des Vorhabens der Gemeinde tatsächlich jede Entwicklungschance nähme und ihr gewissermaßen ihr eigenes Gemeindegebiet für jede der Sache nach nahe liegende Planung entzöge.[2106]

3881 Die Gemeinden haben zwar nicht verfassungsrechtliche,[2107] wohl aber einfachgesetzliche Möglichkeiten, sich auf gemeindliches **Eigentum** zu berufen.[2108] Es muss allerdings eine konkrete Betroffenheit in gemeindlichen Belangen dargelegt werden. Eine Berufung auf andere öffentliche Belange kommt der Gemeinde im Gegensatz zum enteignend betroffenen Eigentümer nicht zu. Soll auf der Grundlage des Planfeststellungsbeschlusses in Eigentum der Gemeinde eingegriffen werden, so unterliegt ein solcher Eingriff nicht den verfassungsrechtlichen Schranken des Art. 14 III GG, weil sich eine Gemeinde gegenüber Eingriffen des Staates verfassungsrechtlich nicht auf die Eigentumsgarantie des Art. 14 GG berufen kann. Auch wenn eine Gemeinde Eigentümerin von in Anspruch genommenen Grundstücken ist, entfällt für sie als Hoheitsträgerin im Anfechtungsprozess gegen die Planfeststellung daher die umfassende objektiv-rechtliche Planprüfung, die ein privater Eigentümer, gestützt auf Art. 14 III 1 GG, beanspruchen könnte.[2109] Die Gemeinde kann daher den Planfeststellungsbeschluss nicht mit der Begründung angreifen, öffentliche, nicht ihre Planungshoheit betreffende Belange, wie solche des Umweltschutzes, seien nicht oder nicht mit dem ihnen zukommenden Gewicht in die Abwägung eingestellt worden. Der Gemeinde kommen auch nicht deshalb „wehrfähige" Positionen zu, weil der Allgemeinheit oder einzelnen Privatpersonen, die ihre Rechte selbst geltend

---

[2102] *BVerwG*, B. v. 13. 2. 1995 – 11 VR 2.95 – UPR 1995, 268 = NuR 1995, 250 = ZUR 1995, 218 = VkBl. 1995, 435 – Buchholzer Bogen.
[2103] *BVerwG*, B. v. 15. 10. 1991 – 7 B 99.91 – ZfW 1992, 422 = DVBl. 1992, 62 = NJW 1992, 256 = VkBl. 1991, 796 = *Hoppe/Stüer* RzB Rdn. 1185 – Rheinhafen.
[2104] *BVerwG*, Urt. v. 30. 9. 1993 – 7 A 14.93 – DVBl. 1994, 354 = NVwZ 1994, 371 – Gifhorn; B. v. 9. 2. 1996 – 11 VR 45.95 – NVwZ 1996, 1021 = DÖV 1996, 514 – Boitzenburg-Lüneburg.
[2105] *BVerwG*, Urt. v. 30. 9. 1993 – 7 A 14.93 – NVwZ 1994, 371 = DVBl. 1994, 354 – Gifhorn.
[2106] *BVerwG*, Urt. v. 23. 4. 1997 – 11 A 28.96 – (unveröffentlicht) – Gröbers.
[2107] *BVerfG*, B. v. 8. 7. 1982 – 2 BvR 1187/80 – BVerfGE 61, 82 = NJW 1982, 2172 = DVBl. 1982, 940 = *Hoppe/Stüer* RzB Rdn. 1105 – Sasbach.
[2108] *BVerwG*, Urt. v. 17. 7. 1980 – 7 C 101.78 – BVerwGE 60, 297 = NJW 1981, 359 = DVBl. 1980, 1001 = *Hoppe/Stüer* RzB Rdn. 470 – Wyhl; Urt. v. 27. 3. 1992 – 7 C 18.91 – BVerwGE 90, 96 = NVwZ 1993, 364 = DÖV 1992, 748 = *Hoppe/Stüer* RzB Rdn. 1187 – Abfalldeponie; B. v. 13. 2. 1995 – 11 VR 2.95 – NVwZ 1995, 905 = UPR 1995, 268 – Buchholzer Bogen; s. Rdn. 4305. Ob eine Gemeinde, deren Planungshoheit durch eine Fachplanung nachhaltig beeinträchtigt wird, wie ein von enteignungsrechtlicher Vorwirkung betroffener Grundeigentümer die umfassende gerichtliche Kontrolle des Planfeststellungsbeschlusses verlangen kann, hat das BVerwG bisher offen gelassen, so *BVerwG*, B. v. 3. 9. 1997 – 11 VR 20.96 – NVwZ-RR 1998, 289 = DÖV 1998, 79 – Saale-Elster-Aue.
[2109] *BVerwG*, Urt. v. 21. 3. 1996 – 4 C 26.94 – BVerwGE 100, 388 – Autobahnring München-West – Allach.

machen können, ein Schaden droht.²¹¹⁰ Das Eigentum der Gemeinde ist allerdings in der Planfeststellung nicht schutzlos. Es ist vielmehr als betroffener Belang in die Abwägung einzustellen. Der Umfang des Schutzes ist dabei nach den jeweils betroffenen Nutzungen zu bewerten. Wird das Grundeigentum für kommunale Zwecke etwa im Zusammenhang mit einer kommunalen Einrichtung genutzt, ist der Stellenwert des gemeindlichen Eigentums gewichtiger als bei einem Grundstück, dessen Nutzung mit kommunalen Zwecken nicht unmittelbar im Zusammenhang steht.²¹¹¹

Soll mit einem Vorhaben von den Festsetzungen eines **Bebauungsplans** abgewichen werden, müssen diese als öffentliche Belange des Städtebaus in die fachplanerische Abwägung eingestellt werden.²¹¹² Die **Planungshoheit** in Art. 28 II 1 GG vermittelt u. a. dann eine wehrfähige, in die Abwägung einzubeziehende Rechtsposition gegen fremde Fachplanungen auf dem eigenen Gemeindegebiet, wenn das Vorhaben eine bestimmte gemeindliche Planung nachhaltig stört.²¹¹³ Dann kann die Gemeinde auch einen Verstoß des Planfeststellungsbeschlusses gegen eine verbindliche Untersagungsverfügung der Regionalplanung rügen.²¹¹⁴ **3882**

Eine **Gemeinde** kann sich auf die Verletzung ihrer gemeindlichen **Planungshoheit** nur berufen, wenn die Planungen bereits während des Planfeststellungsverfahrens hinreichend konkretisiert sind. Eine noch nicht konkretisierte gemeindliche Planung kann zu Abwehrpositionen nur führen, wenn sie von der Fachplanung grundlegend behindert oder sogar gänzlich verhindert würde. An die Konkretisierung sind hohe Anforderungen zu stellen.²¹¹⁵ Die allgemeine Absicht etwa, in der nächsten Zeit ein Wohngebiet auszuweisen, genügt nicht. Vielmehr sind nach außen erkennbare Schritte wie beispielsweise eine Öffentlichkeitsbeteiligung erforderlich.²¹¹⁶ Anderenfalls drängen sich die von der Gemeinde angestrebten Planungsvorhaben der Planfeststellungsbehörde regelmäßig nicht auf und sind dann auch bei der Abwägung nicht zu berücksichtigen. Durch möglicherweise mittelbare Auswirkungen eines planfestgestellten Bauvorhabens wird die Planungshoheit einer Gemeinde nicht beeinträchtigt.²¹¹⁷ Auch eine reine Verhinderungsplanung kann in der fachplanerischen Abwägung ein geringes Gewicht haben.²¹¹⁸ **3883**

---

²¹¹⁰ *BVerwG*, Urt. v. 18. 6. 1997 – 11 A 65.95 – UPR 1997, 470 = NJ 1997, 615 – Staffelstein-Coburg.
²¹¹¹ *BVerwG*, Urt. v. 27. 3. 1992 – 7 C 18.91 – ZfBR 1992, 182 = *Hoppe/Stüer* RzB Rdn. 1187 – Sonderabfalldeponie; Urt. v. 30. 5. 1984 – 4 C 58.81 – BVerwGE 69, 256 = UPR 1984, 378 = DÖV 1985, 358 = DVBl. 1984, 1075 = NVwZ 1984, 718 = *Hoppe/Stüer* RzB Rdn. 1171 – Flughafen München II Flughafen; Urt. v. 29. 1. 1991 – 4 C 51.89 – BVerwGE 87, 332 = DVBl. 1991, 1142 = *Hoppe/Stüer* RzB Rdn. 69 – München II; Urt. v. 24. 11. 1994 – 7 C 25.93 – BVerwGE 97, 143 = DVBl. 1995, 238 = ZfBR 1995, 150 – Sonderabfallumschlagsanlage.
²¹¹² *VGH Mannheim*, Urt. v. 3. 7. 1998 – 5 S 1/98 – NVwZ 1999, 165 = UPR 1999, 80 – Straßenbahnlinie.
²¹¹³ *BVerwG*, Urt. v. 27. 3. 1992 – 7 C 18.91 – BVerwGE 90, 96 = DVBl. 1992, 1233.
²¹¹⁴ *BVerwG*, B. v. 3. 9. 1997 – 11 VR 20.96 – NVwZ-RR 1998, 289 = DÖV 1998, 79 – Saale-Elster-Aue. Mit der Übertragung der Regionalplanung auf die Region Stuttgart ist allerdings nicht das Recht verbunden, sich gegen die Erteilung einer Baugenehmigung für Vorhaben zur Wehr zu setzen, das nach Ansicht der Region gegen die im Regionalplan enthaltenen Grundsätze der Raumordnung und Regionalplanung verstößt, so *VGH Mannheim*, Urt. v. 19. 6. 1998 – 8 S 1093/98 – BWGZ 1998, 546. Zur interkommunalen Abwägung bei der Aufstellung von Bauleitplänen s. Rdn. 206.
²¹¹⁵ *BVerwG*, Urt. v. 18. 6. 1997 – 11 A 65.95 – UPR 1997, 470 = NuR 1998, 92 – Staffelstein-Coburg; *VGH Mannheim*, Gerichtsbescheid vom 7. 4. 1997 – 8 S 2550/96 – NVwZ-RR 1998, 219 = NuR 1998, 429 = VBlBW 1997, 387.
²¹¹⁶ *BVerwG*, Urt. v. 27. 8. 1997 – 11 A 18.96 – UPR 1998, 112 = NVwZ-RR 1998, 290 – Coburg, offen gelassen für den Fall, dass lediglich ein Aufstellungsbeschluss gefasst worden ist.
²¹¹⁷ *BVerwG*, Urt. v. 27. 10. 1998 – 11 A 10.98 – NVwZ-RR 1999, 225 = DÖV 1999, 205 – Marktredwitz/Bayreuth.
²¹¹⁸ *VG Gießen*, Urt. v. 2. 3. 1998 – 1 E 228/96 – (unveröffentlicht) – Restmülldeponie. Eine solche Planung ist allerdings nicht grundsätzlich ausgeschlossen, so *OVG Saarlouis*, Urt. v. 14. 11. 1998 – 2 N 1/97 – Rahmenbetriebsplanzulassung.

3884 Sind kommunale **Planungsvorstellungen nicht hinreichend konkretisiert**, muss die Gemeinde damit rechnen, dass die Fachplanung aufgrund ihrer eigenen Fachgesetzlichkeit Planungsentscheidungen trifft, welche die kommunale Bauleitplanung bindet (§ 38 BauGB). Nachträgliche Schutzauflagen, die im Zusammenhang mit der nachfolgenden kommunalen Planung erforderlich werden, muss die Gemeinde ggf. tragen, wenn sie nicht ihre Planungsvorstellungen rechtzeitig entsprechend konkretisiert hat.[2119]

3885 Treffen ein **Fachplanungsvorhaben** mit einer entgegenstehenden gemeindlichen **Bauleitplanung** zusammen, ist bei der Anwendung des Prioritätsgrundsatzes der Zeitpunkt der Auslegung der Planunterlagen von Bedeutung. Welcher Zeitpunkt dafür in der gemeindlichen Bauleitplanung maßgeblich ist, hat das *BVerwG* bisher offen gelassen.[2120] Fehlt es an einer beachtlichen konkretisierten Planung, kann die von einer Neubaustrecke ausgehende Schallbelastung nur dann in die Planungshoheit einer Gemeinde eingreifen, wenn die Realisierung des Vorhabens der Gemeinde tatsächlich jede Entwicklungschance nähme und ihr gewissermaßen ihr eigenes Gemeindegebiet für jede denkbare Planung entzöge.[2121]

3886 Die in Art. 28 II GG verankerte kommunale Planungshoheit gewährt den Gemeinden **keine umfassende Rügebefugnis** unter allen rechtlichen Gesichtspunkten, sondern beschränkt sich auf die originären Rechte der kommunalen Selbstverwaltung.[2122] Bei der kommunalen Bauleitplanung ist auf **hinreichend konkretisierte und verfestigte Planungsabsichten** auch dann Rücksicht zu nehmen, wenn die kommunale Bauleitplanung noch nicht rechtsverbindlich ist.[2123] Eine konkrete Planungsbetroffenheit ist allerdings nur in der Fachplanung, nicht bei Normsetzungen erforderlich, denen die Gemeinde in ihrem Gebiet unterliegt.[2124]

3887 Nach dem **Prioritätsgrundsatz** hat grundsätzlich diejenige Planung Rücksicht auf die konkurrierende Planung zu nehmen, die den zeitlichen Vorsprung hat. Voraussetzung ist dafür eine hinreichende Verfestigung der Planung, die einen Vorrang für sich beanspruchen kann. Bei einem Fachplanungsvorhaben bewirkt in der Regel erst die Auslegung der Planunterlagen eine hinreichende Verfestigung. Abweichendes gilt im Falle eines gestuften Planungsvorgangs mit verbindlichen Vorgaben, wie er bei der gesetzlichen Bedarfsfeststellung im Fernstraßenausbaugesetz oder bei der Eisenbahnplanung vorliegt. Deshalb kann hier schon vor Einleitung des Planfeststellungsverfahrens eine Verfestigung bestimmter fachplanerischer Ziele eintreten.[2125]

3888 Hat eine Gemeinde in ihrem Flächennutzungsplan eine **Baufläche** dargestellt, so kann eine die **Lärmbelastung** dieser Flächen erhöhende Straßenplanung die kommunale Planungshoheit nur dann verletzen, wenn das Straßenbauvorhaben die Verwirklichung dieser Gebietsdarstellung nachhaltig stört. Die Straßenplanung ist für die Störung nicht ursächlich, wenn auch ohne die Baumaßnahme die Ausweisung eines Baugebiets Lärmschutzvorkehrungen erfordert.[2126] Auch unter Berufung auf ihre Planungshoheit kann eine Gemeinde allerdings keine umfassende objektiv-rechtliche Planprüfung fordern.[2127]

[2119] *BVerwG*, Urt. v. 18. 6. 1997 – 11 A 65.95 – UPR 1997, 470 = NuR 1998, 92 – Staffelstein-Coburg; *VGH Mannheim*, Urt. v. 31. 1. 1997 – 8 S 991/96 – NVwZ-RR 1998, 221.

[2120] *BVerwG*, Urt. v. 27. 8. 1997 – 11 A 18.96 – UPR 1998, 112 = NVwZ-RR 1998, 290 – Coburg.

[2121] *BVerwG*, Urt. v. 23. 4. 1997 – 11 A 28.96 – (unveröffentlicht) – Gröbers.; zu verlängerten Schrankenschließungszeiten auf die Planung B. v. 9. 11. 1998 – 11 VR 6.98 – (unveröffentlicht) – Uelzen-Wieren.

[2122] *VG Schleswig*, Urt. v. 21. 6. 2001 – 12 A 360/96 – RdL 2002, 50 = SchlHA 2002, 24.

[2123] *BVerwG*, B. v. 13. 11. 2001 – 9 B 57.01 – DVBl. 2002, 276 = NVwZ-RR 2002, 178 – zur Planungsauslegung.

[2124] *BVerwG*, Urt. v. 7. 6. 2001 – 4 CN 1.01 – BVerwGE 114, 301 = DVBl. 2001, 1845 – Naturschutzverordnung.

[2125] *BVerwG*, B. v. 5. 11. 2002 – 9 VR 14.02 – DVBl. 2003, 111 – Mahlow.

[2126] *VGH Mannheim*, Urt. v. 18. 7. 2002 – 8 S 545/02 – BauR 2003, 355.

[2127] *BVerwG*, B. v. 5. 11. 2002 – 9 VR 14.02 – DVBl. 2003, 111 – Mahlow.

Hält eine Gemeinde dem von ihr beanstandeten Fachplanungsvorhaben eine Beeinträchtigung ihrer **Finanzhoheit** entgegen, so setzt die Berücksichtigung eines solchen Vortrags den Nachweis voraus, dass der finanzielle Spielraum der Gemeinde nachhaltig in nicht mehr zu bewältigender Weise eingeengt wird. Werden nach dem Vortrag der Gemeinde das Gemeindegebiet oder Teile davon durch das Fachplanungsvorhaben nachhaltig betroffen, können nur grundlegende Veränderungen des örtlichen Gepräges oder der örtlichen Strukturen das geplante Vorhaben abwehren.[2128]

3889

XVIII. Planfeststellungsbeschluss

Der Planfeststellungsbeschluss wird von der Planfeststellungsbehörde erlassen (§ 74 I 1 VwVfG). Im Planfeststellungsbeschluss entscheidet sie zugleich über die Einwendungen, über die bei der Erörterung keine Einigung erzielt werden konnte. Die Planfeststellungsbehörde hat dem Träger des Vorhabens nach § 74 II 2 VwVfG Vorkehrungen oder die Einrichtung und Unterhaltung von Auflagen aufzuerlegen, die zum Wohle der Allgemeinheit oder zur Vermeidung nachteiliger Wirkungen auf Rechte anderer erforderlich sind. Sind solche Vorkehrungen oder Anlagen untunlich oder mit dem Vorhaben unvereinbar, so hat der Betroffene Anspruch auf angemessene Entschädigung in Geld (§ 74 II 3 VwVfG).

3890

Im Planfeststellungsbeschluss wird insbesondere darüber entschieden,
– welche Grundstücke oder Grundstücksteile für das Vorhaben benötigt werden oder auf Verlangen übernommen werden müssen,
– wie die öffentlich-rechtlichen Beziehungen im Zusammenhang mit dem Bauvorhaben gestaltet werden,
– welche Folgemaßnahmen an anderen Anlagen notwendig werden,
– wie die Kosten bei Kreuzungsanlagen zu verteilen und die Unterhaltungskosten abzugrenzen sind,
– ob und welche Lärmschutzmaßnahmen erforderlich sind,
– welche Ausgleichs- und Ersatzmaßnahmen (Kompensationsmaßnahmen) i. S. von § 19 II BNatSchG i. V. mit den entsprechenden Regelungen nach den Landesgesetzen zum Schutz von Natur und Landschaft erforderlich sind,
– ob Vorkehrungen oder die Errichtung und Unterhaltung von Anlagen zum Wohl der Allgemeinheit oder zur Vermeidung nachteiliger Wirkungen auf Rechte anderer erforderlich sind und welche dies sind (§ 74 II 2 VwVfG),
– ob, wenn solche Vorkehrungen oder Anlagen untunlich oder mit dem Bauvorhaben unvereinbar sind, stattdessen dem Grunde nach eine Entschädigung in Geld anzuerkennen ist.[2129]

3891

Im Hinblick auf die **formelle Konzentrationswirkung** des Planfeststellungsbeschlusses wird **auch entschieden** über
– wasserrechtliche Erlaubnisse und Bewilligungen (§ 14 WHG). Sonstige Erlaubnisse, Bewilligungen, Befreiungen und Genehmigungen nach Bundes- oder Landesrecht brauchen im Planfeststellungsbeschluss nicht gesondert erteilt zu werden, insbesondere wenn sich aus den Planunterlagen ergibt, dass sie in die Abwägungsentscheidung eingegangen sind. Dies gilt nicht, soweit Bundes- oder Landesgesetze eine besondere Entscheidung vorsehen.
– Einwendungen und Stellungnahmen, über die im Anhörungsverfahren nur eine vorläufige oder keine Einigung erzielt worden ist, sowie über die Behandlung verspätet erhobener Einwendungen,
– Ansprüche auf Übernahme von Grundstücken oder Grundstücksteilen,

3892

[2128] *VGH Mannheim*, Gerichtsbescheid vom 7. 4. 1997 – 8 S 2550/96 – NVwZ-RR 1998, 219 = NuR 1998, 429 = VBlBW 1997, 387; Urt. v. 31. 1. 1997 – 8 S 991/96 – NVwZ-RR 1998, 221.
[2129] Planfeststellungsrichtlinien FStrG 99, I Nr. 2.

- das Vorliegen der allgemeinen Voraussetzungen für Schutzmaßnahmen an dem Vorhaben, soweit sie nicht Gegenstand von Auflagen nach § 74 II 2 VwVfG sind,
- das Vorliegen der Voraussetzungen für Lärmschutzmaßnahmen an baulichen Anlagen,
- die Frage, ob die Ausführung von Lärmschutzmaßnahmen zunächst unterbleiben kann, solange eine bei Planoffenlegung bereits genehmigte bauliche Nutzung benachbarter Grundstücke noch nicht verwirklicht ist,
- Auflagen nach § 74 II 2 VwVfG,
- Kosten, die anderen Beteiligten aufgrund gesetzlicher Regelungen zu tragen haben.[2130]

1. Behördenidentität

3893 Die **Identität** von **Planfeststellungsbehörde** und **Vorhabenträger** stellt weder einen Verstoß gegen das Rechtsstaatsprinzip dar, noch führt sie zu einer unzulässigen Verkürzung des Rechtsschutzes.[2131] Demgemäß sind in einem solchen Fall auch keine erhöhten Anforderungen an die gerichtliche Aufklärungspflicht nach § 86 I VwGO zu stellen.[2132] Auch die Anhörungsbehörde kann mit der Planfeststellungsbehörde identisch sein, wenn dies gesetzlich angeordnet ist. Die Trennung dieser Funktionen, wie sie etwa im Fachplanungsrecht üblich ist, kann aber wesentlich dazu beitragen, die Gefahr und den äußeren Anschein zu vermeiden, dass der Planfeststellungsbehörde die notwendige Distanz gegenüber dem Vorhabenträger fehlt.[2133]

2. Befangenheit

3894 Nach § 20 I VwVfG darf für eine Behörde nicht mitwirken, (1) wer selbst Beteiligter ist, (2) wer Angehöriger eines Beteiligten ist, (3) wer einen Beteiligten kraft Gesetzes oder Vollmacht allgemein oder in diesem Verwaltungsverfahren vertritt, (4) wer Angehöriger einer Person ist, die einen Beteiligten in dem Verfahren vertritt, (5) wer bei einem Beteiligten gegen Entgelt beschäftigt ist oder bei ihm als Mitglied des Vorstandes, des Aufsichtsrates oder eines gleichartigen Organs tätig ist; dies gilt nicht für den, dessen Anstellungskörperschaft Beteiligte ist, (6) wer außerhalb seiner amtlichen Eigenschaft in der Angelegenheit ein Gutachten abgegeben hat oder sonst tätig geworden ist. Der Ausschluss besteht insbesondere bei **Befangenheit**. Das Planfeststellungsverfahren hat dem Gebot der fairen Verfahrensgestaltung zu genügen. Deswegen darf sich die Planfeststellungsbehörde in ihrer Verfahrensgestaltung keiner Einflussnahme aussetzen, die ihr die Freiheit zu einer planerischen Gestaltung faktisch nimmt oder weitgehend einschränkt. Besprechungen auf „politischer Ebene" sind dann zu beanstanden, wenn die verfahrensrechtlich geordneten Entscheidungsebenen nicht mehr getrennt, einseitige Absprachen über die weitere Verfahrensgestaltung getroffen und der Gestaltungsspielraum der Planfeststellungsbehörde von vornherein durch aktive Einflussnahmen sachwidrig eingeengt wird.[2134] Das für Aufsichtsratsmitglieder eines Verfahrensbeteiligten geltende Verbot, in dem Verwaltungsverfahren für die Behörde tätig zu werden (§ 20 I 1 Nr. 5 VwVfG), gilt auch für Minister und Verwaltungsbeamte, die ihr Aufsichtsratsmandat in amtlicher Eigenschaft wahrnehmen.[2135] Der Ausschlussgrund des § 20 I 1 Nr. 5 VwVfG entfällt, sobald der Amtsträger seine Organtätigkeit aufgegeben hat. Von dieser Vorschrift werden

---

[2130] Planfeststellungsrichtlinien FStrG 99, Nr. 24.
[2131] *BVerwG*, Urt. v. 27. 7. 1990 – 4 C 26.87 – NuR 1991, 121 = *Hoppe/Stüer* RzB Rdn. 1278 – Sperrgrundstück; B. v. 25. 9. 1990 – 4 CB 30.89 – *Hoppe/Stüer* RzB Rdn. 583 – Rangierbahnhof München-Nord.
[2132] *BVerwG*, B. v. 24. 2. 1992 – 7 CB 29.91 – Containerbahnhof München zum inzwischen durch das AEG aufgehobenen § 36 BBahnG.
[2133] *BVerwG*, B. v. 9. 4. 1987 – 4 B 73.87 – NVwZ 1987, 886 = DÖV 1987, 356.
[2134] *BVerwG*, Urt. v. 5. 12. 1986 – 4 C 13.85 – BVerwGE 75, 214 = DVBl. 1987, 573 = NVwZ 1987, 578 = BauR 1987, 412 – *Hoppe/Stüer* RzB Rdn. 191 – Flughafen München II – Erdinger Moos.
[2135] *BVerwG*, Urt. v. 30. 5. 1984 – 4 C 58.81 – BVerwGE 69, 256 = UPR 1984, 378 = DVBl. 1984, 1075 = NVwZ 1984, 718 = *Hoppe/Stüer* RzB Rdn. 1171 – Flughafen München II.

6. Teil. Verfahren der Planaufstellung

nur Tätigkeiten für eine Behörde erfasst, die aufgrund einschlägiger Verfahrensvorschriften dem Verwaltungsverfahren selbst zuzurechnen sind.

3. Behördliche Mitwirkung

Der Planfeststellungsbeschluss bedarf nicht des Einvernehmens (Zustimmung, Genehmigung) einer anderen Behörde. Vielmehr wird eine derartige, bei sonstigen Entscheidungen notwendige Mitwirkung durch den Planfeststellungsbeschluss ersetzt. Allerdings kann eine auf Bundes- oder Landesrecht beruhende verwaltungsinterne Mitwirkung erforderlich sein. Bei Meinungsverschiedenheiten kann auch eine Weisung des Bundes- oder Landesministers einzuholen sein.[2136]

4. Behördliche Zusagen

Auch außerhalb des Anwendungsbereichs des § 38 VwVfG kann eine Behörde ein sonstiges künftiges Tun oder Unterlassen zusagen. Eine solche Zusage ist geeignet, Rechtswirkungen zu erzeugen, wenn sie mit Bindungswillen und mit Verbindlichkeitsanspruch ausgestattet ist. Die Zusage kann sich etwa darauf beziehen, eine bestimmte Handlung erst nach Eintritt eines bestimmten Ereignisses vorzunehmen oder ganz zu unterlassen. Einer förmlichen Änderung des Planfeststellungsbeschlusses unter den Voraussetzungen des § 76 VwVfG bedarf es dazu nicht.[2137]

5. Bewertung der Umweltauswirkungen

Soweit das Vorhaben UVP-pflichtig ist, hat die zuständige Behörde die Umweltauswirkungen des Vorhabens auf der Grundlage der zusammenfassenden Darstellung nach § 11 UVPG zu bewerten. Die Bewertung der Umweltauswirkungen ist bei der abschließenden Entscheidung über die Zulässigkeit des Vorhabens zu berücksichtigen.

6. Verwertung von Sachverständigengutachten

Zur Ermittlung der entscheidungserheblichen Sachverhalte kann die Planfeststellungsbehörde **Gutachter** einschalten und ihnen spezielle Aufträge zur Ermittlung und Bewertung des Sachverhalts erteilen. Der Planfeststellungsbehörde ist es aber auch unbenommen, bei ihrer Entscheidung Gutachten zu berücksichtigen, die nicht von ihr, sondern von Verfahrensbeteiligten oder von anderen Behörden eingeholt worden sind.[2138] Je unzweifelhafter ein Gutachten als Ausdruck der Sachkunde, Unparteilichkeit und Objektivität zu beurteilen ist, desto unbedenklicher eignet es sich als maßgebliche Stütze für die Planungsentscheidung.[2139] Der Grundsatz der fairen Verfahrensführung steht dem nicht entgegen. Er gebietet der Planfeststellungsbehörde, Neutralität gegenüber den beteiligten Interessen zu wahren, verwehrt es ihr aber nicht, sämtliches Material zu verwerten, das sich aus ihrer Sicht als entscheidungsrelevant erweist, unabhängig davon, von welcher Seite es in das Verfahren eingeführt worden ist. Ob sich die Planfeststellungsbehörde mit einem einzigen Gutachten zufrieden geben darf oder die Einholung weiterer Gutachten erforderlich ist, hängt von der Überzeugungskraft der Gutachten ab. Die Notwendigkeit, ein weiteres Gutachten einzuholen, wird sich nur dann ergeben, wenn das erste Gutachten erkennbar von nicht zutreffenden oder unvollständigen Sachverhaltsannahmen ausgeht oder die angewendeten Methoden nicht den anerkannten Regeln der Technik oder dem Stand von Wissenschaft und Technik entsprechen. Auch kann eine gutachtliche Überprüfung erforderlich werden, wenn das vorliegende Gutachten durch substantiierte Ein-

---

[2136] Vgl. etwa § 17 V 2 FStrG. Meinungsverschiedenheiten können nicht nur bei Grundsatzfragen, sondern auch in Detailfragen die Entscheidung des Ministers erforderlich machen.
[2137] *BVerwG*, Urt. v. 6. 8. 2001 – 4 VR 23.01 – 4 A 44.01 – Buchholz 407.3 § 5 VerkPBG Nr. 14 – Zusage.
[2138] *BVerwG*, Urt. v. 5. 12. 1986 – 4 C 13.85 – BVerwGE 75, 214 = DVBl. 1987, 573 = NVwZ 1987, 578 = *Hoppe/Stüer* RzB Rdn. 191 – Flughafen München II.
[2139] *BVerwG*, B. v. 23. 2. 1994 – 4 B 35.94 – DVBl. 1994, 763 = NVwZ 1994, 688 – Spiegelvariante.

wendungen von Beteiligten oder der Planfeststellungsbehörde selbst erschüttert worden ist.[2140] Ein Sachverständiger kann nach § 65 I 2 VwVfG i.V. mit § 406 ZPO nur im Rahmen des behördlichen Verfahrens abgelehnt werden. Die Anbringung eines Ablehnungsgesuchs gegenüber dem Gericht im anschließenden Gerichtsverfahren ist nicht mehr zulässig, wenn es nicht auf neue, erst später entstandene Vorgänge gestützt wird.[2141]

3899 Liegt der planenden Gemeinde im Zeitpunkt des Satzungsbeschlusses das Gutachten eines anerkannten **Sachverständigen** vor, darf sie dies der Abwägungsentscheidung auch **ohne Einholung** eines **weiteren Gutachtens** zugrunde legen, wenn die Einwendungen gegen das Gutachten nur allgemeiner Natur und nicht durch die Vorlage eines Gegengutachtens belegt sind. Allein der Wechsel von einem vorhabenbezogenen Bebauungsplan zu einem normalen Bebauungsplan gebietet nicht die Einholung eines neuen Lärmgutachtens, wenn sich aus dem im Rahmen des vorhabenbezogenen Bebauungsplans eingeholten Gutachten ergibt, dass die entstehenden Konflikte auf der Baugenehmigungsebene gelöst werden können.[2142]

7. Begründung – Sachaufklärung

3900 Der Planfeststellungsbeschluss ist nach § 74 I 2 i.V. mit § 69 II 1 VwVfG schriftlich zu begründen. Die Begründung muss erkennen lassen, welche Gründe für die Entscheidung maßgeblich gewesen sind. Bei umfangreichen Vorhaben und komplexen Entscheidungsstrukturen empfiehlt es sich, den Planfeststellungsbeschluss so aufzubauen, dass er nach einem verfügenden Teil mit den erforderlichen Nebenbestimmungen aus einem das Vorhaben darstellenden allgemeinen Teil, sich anschließenden fachlichen Teilen vor allem im Bezug auf die einzelnen Umweltmedien und einzelnen Einwendungsteilen besteht, in denen die jeweiligen Einwendungen auf der Grundlage der bereits vorangehenden allgemeinen Teile behandelt werden. Hierdurch ist eine Bündelung der fachlichen Gesichtspunkte möglich. Zugleich können Wiederholungen bei der Behandlung der einzelnen Einwendergruppen weitgehend vermieden werden. Maßgeblicher Zeitpunkt für die Rechtmäßigkeit des Planfeststellungsbeschlusses ist der **Zeitpunkt seines Erlasses**.[2143] Für die Auslegung seiner Regelungen ist nicht entscheidend, was die Behörde gewollt oder gedacht hat, sondern der objektive Erklärungswert und Sinngehalt ihrer Äußerung. Dabei sind die äußere Form der Erklärung, die Abfassung, die Begründung und alle sonstigen Umstände heranzuziehen (§§ 177, 133 BGB). Aufgrund der Formgebundenheit des Planfeststellungsverfahrens und auch der Entscheidung selbst ist dabei für einen konkludenten Erklärungsgehalt kein Raum. Wird das Anliegen von Betroffenen in einem Planfeststellungsbeschluss nicht behandelt, hat der Planfeststellungsbeschluss hierzu keine Regelung getroffen.[2144]

3901 Belange, die für die Planfeststellungsbehörde nicht ohne weiteres erkennbar sind, wie beispielsweise bestimmte Gebäudebeschaffenheiten oder spezielle bauliche Besonderheiten mit Auswirkungen auf die Kosten des Lärmschutzes, müssen vom Betroffenen selbst vorgetragen werden. Auf derartige in der **Sphäre des Betroffenen** liegende Umstände bezieht sich die behördliche **Aufklärungspflicht** nicht.[2145] Fehlerhafte Begründungen einer Planungsentscheidung sind als Verfahrensfehler nur dann erheblich, wenn sie sich auf die materiellrechtliche Abwägung und damit auf den Inhalt der Entscheidung aus-

---

[2140] *BVerwG*, Urt. v. 6. 2. 1985 – 8 C 14.84 – BVerwGE 71, 38; Urt. v. 15. 10. 1985 – 9 C 3.85 – Buchholz 402.25 § 1 AsylVfG Nr. 38; B. v. 26. 6. 1992 – 4 B 1–11.92 – Buchholz 407.4 § 17 FStrG Nr. 89 = DVBl. 1992, 1435 = NVwZ 1993, 572 = *Hoppe/Stüer* RzB Rdn. 13 – B 31 – Abschnittsbildung.
[2141] *BVerwG*, B. v. 24. 5. 1991 – 7 B 148.24 – BayVBl. 1992, 219 = NVwZ 1991, 1187 – Schlechtendahl.
[2142] *VGH Kassel*, Urt. v. 29. 1. 2004 – 3 N 2764/02 – BauR 2004, 1044 – großflächiger Einzelhandel, nachgehend *BVerwG*, B. v. 14. 6. 2004 – 4 BN 18.04 – BauR 2004, 1907.
[2143] *BVerwG*, Urt. v. 11. 1. 2001 – 4 A 13.99 – DVBl. 2001, 669 = BauR 2001, 900 = NVwZ 2001, 1154.
[2144] *OVG Lüneburg*, Urt. v. 3. 5. 2001 – 7 K 4341/99 – DVBl. 2001, 1307 = NordÖR 2001, 444.
[2145] *BVerwG*, B. v. 11. 1. 2001 – 4 B 37.00 – NVwZ 2001, 1398.

wirken.²¹⁴⁶ Auch eine fehlerhafte Sachverhaltsaufklärung ist erst dann beachtlich.²¹⁴⁷ Landwirten ist es wegen der Flächengebundenheit der landwirtschaftlichen Betriebe zumutbar, auf der Grundlage der Bekanntmachung ihre Betroffenheit in Eigentums- und Pachtflächen darzulegen und die konkrete Art der Bewirtschaftung im Anhörungsverfahren geltend zu machen.²¹⁴⁸

8. Konflikttransfer

Soweit eine abschließende Entscheidung noch nicht möglich ist, kann diese nach § 74 III VwVfG²¹⁴⁹ vorbehalten werden. Nach dieser Vorschrift ist im Planfeststellungsbeschluss eine abschließende Entscheidung dann vorzubehalten, wenn diese der Planfeststellungsbehörde noch nicht möglich ist. Hierbei ist der Zeitpunkt des Planfeststellungsbeschlusses maßgebend. Auf diesen Zeitpunkt bezogen müssen sich die für die Bewältigung des Problems notwendigen Kenntnisse nicht mit vertretbarem Aufwand klären lassen.²¹⁵⁰ Auch ist ein Vorbehalt nur zulässig, wenn der Planungsträger davon ausgehen darf, dass der noch ungelöst gebliebene Konflikt im Zeitpunkt der Plandurchführung in einem anderen Verfahren in Übereinstimmung mit seiner eigenen planerischen Entscheidung bewältigt wird. Diese Voraussetzung ist erfüllt, wenn die Problemregelung in dem hierfür vorgesehenen Planungsverfahren zwar noch aussteht, aber nach den Umständen des Einzelfalls lösbar erscheint.²¹⁵¹ Ein solcher Konflikttransfer²¹⁵² in ein Nachfolgeverfahren setzt allerdings voraus, dass dadurch die Rechte der Betroffenen ausreichend gewahrt bleiben.²¹⁵³ Auch eine Konfliktverlagerung auf einen anderen Planungsträger ist dabei zulässig, sofern die Problemregelung in dem hierfür vorgesehenen Planungs- oder Genehmigungsverfahren zwar noch aussteht, aber nach den Umständen des Einzelfalles bei vernünftiger Betrachtungsweise objektiv zu erwarten ist.²¹⁵⁴ Die Planfeststellungsbehörde

---

²¹⁴⁶ *BVerwG*, Urt. v. 25. 10. 2001 – 11 A 30.00 – 110-kV-Bahnstromleitung.
²¹⁴⁷ *VGH München*, B. v. 5. 3. 2001 – 8 ZB 00.3490 – DÖV 2001, 697 = NuR 2001, 465 = NVwZ-RR 2001, 579.
²¹⁴⁸ *BVerwG*, Urt. v. 25. 10. 2001 – 11 A 30.00 – 110-kV-Bahnstromleitung.
²¹⁴⁹ *BVerwG*, Urt. v. 12. 12. 1996 – 4 C 29.94 – DVBl. 1997, 798 – Nesselwang-Füssen.
²¹⁵⁰ *BVerwG*, B. v. 17. 12. 1985 – 4 B 214.85 – Buchholz 445.4 § 31 WHG Nr. 10; B. v. 23. 2. 1994 – 4 B 35.94 – NVwZ 1994, 688 = DVBl. 1994, 763 – Spiegelvariante; Urt. v. 12. 12. 1996 – 4 C 29.94 – DVBl. 1997, 798 – Nesselwang-Füssen.
²¹⁵¹ *BVerwG*, B. v. 28. 8. 1987 – 4 N 1.86 – NVwZ 1988, 351 = DVBl. 19987, 1273 – Parkanlage; Urt. v. 18. 12. 1987 – 4 C 32.84 – NVwZ 1989, 145- Ortsumgehung Rottal; Urt. v. 12. 12. 1996 – 4 C 29.94 – DVBl. 1997, 798 – Nesselwang-Füssen; kritisch zu einer Konfliktlösung in Nachfolgeverfahren *Blümel* in: *Stüer* (Hrsg.) Verfahrensbeschleunigung, S. 17.
²¹⁵² Zum Gebot der Konfliktbewältigung und zu den planerischen Möglichkeiten des Konflikttransfers *BVerwG*, Urt. v. 15. 4. 1977 – IV C 100.74 – BVerwGE 52, 237 = NJW 1978, 118 = *Hoppe/Stüer* RzB Nr. 109 – Plochinger Dreieck; Urt. v. 23. 1. 1981 – 4 C 4.78 – BVerwGE 61, 295 = DVBl. 1981, 932 = NJW 1981, 2137 = *Hoppe/Stüer* RzB Nr. 113 – Schallschutz; B. v. 17. 12. 1985 – 4 B 214.85 – NVwZ 1986, 640 = UPR 1986, 146 = *Hoppe/Stüer* RzB Nr. 67 – Schutzanordnungen; B. v. 28. 8. 1987 – 4 N 1.86 – DVBl. 1987, 1273 = ZfBR 1988, 44 = *Hoppe/Stüer* RzB Rdn. 63 – Volksfürsorge; B. v. 6. 3. 1989 – 4 NB 8.89 – BauR 1989, 306 = DVBl. 1989, 661 = NVwZ 1989, 960 = *Hoppe/Stüer* RzB Rdn. 964 – Kölner Parkhaus; Urt. v. 30. 6. 1989 – 4 C 16.88 – UPR 1989, 436 = ZfBR 1990, 27 = *Hoppe/Stüer* RzB Rdn. 887 – Köln Einzelhandel; B. v. 13. 7. 1989 – 4 B 140.88 – BauR 1989, 703 = DVBl. 1989, 1065 = NVwZ 1990, 459 = *Hoppe/Stüer* RzB Rdn. 67 – Schefenacker II; B. v. 8. 8. 1989 – 4 NB 2.89 – DVBl. 1989, 1103 = NVwZ 1990, 159 = *Hoppe/Stüer* RzB Rdn. 178 – Planungstorso; B. v. 14. 2. 1991 – 4 NB 25.89 – BauR 1991, 435 = NVwZ 1991, 980 = *Hoppe/Stüer* RzB Rdn. 1332 – verkehrslenkende Maßnahmen; B. v. 21. 2. 1991 – 4 NB 16.90 – BauR 1991, 299 = UPR 1991, 235 = DVBl. 1991, 826 = *Hoppe/Stüer* RzB Rdn. 70 – Grünfläche; B. v. 11. 9. 1991 – 4 NB 24.91 – DÖV 1992, 118 = ZfBR 1992, 86 = *Hoppe/Stüer* RzB Rdn. 71 – Grünordnungsplan; s. Rdn. 1439.
²¹⁵³ *BVerwG*, B. v. 15. 12. 1994 – 7 VR 13.94 – Lückenschluss Bahnstrecke.
²¹⁵⁴ *BVerwG*, B. v. 30. 8. 1994 – 4 B 105.94 – NVwZ 1995, 322 – A 33; B. v. 30. 10. 1992 – 4 A 4.92 – Buchholz 406 401 § 8 BNatSchG Nr. 13; Urt. v. 23. 1. 1981 – 4 C 68.78 – BVerwGE 61, 307 = DVBl. 1981, 935 = *Hoppe/Stüer* RzB Rdn. 114 – A 93; B. v. 21. 12. 1995 – 11 VR 6.95 – NVwZ 1996, 896 = DVBl. 1996, 676 – Erfurt-Leipzig/Halle.

muss dadurch ohne Abwägungsfehler ausschließen können, dass eine Lösung des offen gehaltenen Problems durch die getroffenen Feststellungen in Frage gestellt wird. Außerdem dürfen die mit dem Vorbehalt unberücksichtigt gebliebenen Belange kein solches Gewicht haben, dass die Planungsentscheidung nachträglich als unabgewogen erscheinen kann. Der Vorbehalt setzt deswegen eine Einschätzung der später zu regelnden Konfliktlage zumindest in ihren Umrissen voraus.[2155] Überhaupt sind alle Teilfragen, die ihrer Natur nach von der Planungsentscheidung abtrennbar sind, nach Auffassung des *BVerwG* grundsätzlich einer nachträglichen Lösung zugänglich.[2156] So ist auch die Praxis, die Bauausführung aus der Planfeststellung auszuklammern, rechtlich nicht zu beanstanden, soweit der Stand der Technik für die zu bewältigenden Probleme geeignete Lösungen zur Verfügung stellt und die Beachtung der entsprechenden technischen Regelwerke sichergestellt ist.[2157]

3903 Im Planfeststellungsbeschluss muss über die **enteignungsrechtliche Inanspruchnahme** von Grundstücken entschieden werden. Dasselbe gilt grundsätzlich für Folgewirkungen, die sich etwa im Hinblick auf eine **Existenzgefährdung** eines landwirtschaftlichen Betriebes oder Gewerbebetriebes ergeben und die in die Abwägung einzustellen sind. Ist die Existenzbedrohung eines landwirtschaftlichen Betriebes unvermeidlich und wegen vorrangiger anderer Interessen hinzunehmen, kann die Regelung eines Ausgleichs für diesen Eingriff insbesondere auch hinsichtlich der Entschädigung in Land oder Geld einem sich anschließenden Enteignungsverfahren überlassen werden.[2158] Bei einer fernstraßenrechtlichen Planfeststellung gehört zu den abwägungserheblichen öffentlichen Belangen auch das Interesse an einer kostengünstigen Lösung. Es kann auch für die Auswahl von Trassenvarianten ausschlaggebend sein. Das Interesse des Eigentümers von Grundstücken, nicht enteignend in Anspruch genommen zu werden, hat allerdings keinen generellen Vorrang.[2159]

3904 Einwendungen, die **Entschädigungsforderungen** für **Eingriffe in das Grundeigentum** oder in sonstige dingliche oder obligatorische Rechte betreffen, sind Gegenstand der Planfeststellung nur insoweit, als eine Entscheidung dem Grunde nach notwendig ist. Im Übrigen erfolgt die Entscheidung über diese Ansprüche im Entschädigungsverfahren. Bei **mittelbaren Rechtsbeeinträchtigungen** durch nachteilige Veränderungen der Grundstückssituation, die sich als ausgleichspflichtige Inhalts- und Schrankenbestimmung des Eigentums nach § 74 II 2 VwVfG darstellen, ist über Ausgleichsansprüche dem Grunde nach in der Planfeststellung zu entscheiden. Hinsichtlich der Höhe genügt die Angabe der für die Berechnung maßgeblichen Faktoren. Eine ausgleichspflichtige Inhaltsbestimmung des Eigentums liegt vor, wenn erhebliche und deshalb billigerweise nicht mehr zumutbare Rechtsbeeinträchtigungen von dem Vorhaben ausgehen und die Auflage von an sich erforderlichen Schutzvorkehrungen nach § 74 II 2 VwVfG unterbleibt, weil sie untunlich oder mit dem Vorhaben nicht zu vereinbaren sind.[2160]

3905 Bei einer unvermeidbaren **Konkurrenz** mehrerer **landwirtschaftlicher Betriebe** stellt es eine zulässige Gewichtung der Belange dar, einen landwirtschaftlichen Nebenerwerbsbetrieb zu Gunsten der Existenzfähigkeit eines landwirtschaftlichen Vollerwerbsbetriebes gleichsam zu „opfern". Das gilt namentlich für eine Erwerbssituation, die nach den Vorstellungen der Kläger zu einem erheblichen Teil erst noch geschaffen werden soll. Es kann nach Lage des Einzelfalles geboten sein, die Möglichkeit der Ersatzlandbeschaffung in die

---

[2155] *BVerwG*, Urt. v. 12. 12. 1996 – 4 C 29.94 – DVBl. 1997, 798 – Nesselwang-Füssen.
[2156] *BVerwG*, B. v. 30. 8. 1994 – 4 B 105.94 – NVwZ-RR 1995, 322 = UPR 1995, 227 – A 33.
[2157] *BVerwG*, Urt. v. 5. 3. 1997 – 11 A 5.96 – DVBl. 1997, 856 = NuR 1997, 503 – Bahnstromfernleitung Wörlsdorf – Roth; Urt. v. 18. 6. 1997 – 11 A 70.95 – UPR 1997, 470 = NJ 1997, 615 – Staffelstein.
[2158] *BVerwG*, Urt. v. 5. 11. 1997 – 11 A 54.96 – UPR 1998, 149 – Staffelstein.
[2159] *BVerwG*, B. v. 30. 9. 1998 – 4 VR 9.98 – NVwZ 1999, 164 = UPR 1999, 78 – Betriebsverlagerung.
[2160] Planfeststellungsrichtlinien FStrG, Nr. 24.

9. Zustellung und Auslegung

Der Planfeststellungsbeschluss ist dem Träger des Vorhabens, den bekannten Betroffenen und denjenigen, über deren Einwendungen entschieden wurde, zuzustellen. Eine Ausfertigung des Beschlusses ist mit einer Rechtsbehelfsbelehrung und einer Ausfertigung des festgestellten Plans in den Gemeinden zwei Wochen zur Einsicht auszulegen. Der Ort und die Zeit der Auslegung sind ortsüblich bekannt zu machen. Mit dem Ende der Auslegungsfrist gilt der Beschluss gegenüber den übrigen Betroffenen als zugestellt. Darauf ist in der Bekanntmachung hinzuweisen (§ 74 IV VwVfG).[2162] Der festgestellte Plan ist den Gemeinden so rechtzeitig zu übersenden, dass der auszulegende Plan während der Rechtsbehelfsfrist eingesehen werden kann. Ort und Zeit der Auslegung werden ortsüblich bekannt gemacht. Im Falle des vereinfachten Anhörungsverfahrens (§ 73 III 2 VwVfG) ist der Planfeststellungsbeschluss allen Betroffenen zuzustellen. Die Auslegung des Beschlusses und des festgestellten Plans kann unterbleiben.[2163]

3906

Das Gebot, den verfügenden Teil des Planfeststellungsbeschlusses öffentlich bekannt zu machen, verlangt nicht in jedem Fall die wörtliche Wiedergabe der mit dem Beschluss getroffenen Verfügungen. Auch eine inhaltliche Bezeichnung der wesentlichen Merkmale des Vorhabens und der dazu getroffenen Regelungen genügt, wenn die Bekanntmachung für die Betroffenen eine hinreichende Anstoßfunktion hat.[2164] **Vereinfachte Zustellungsmöglichkeiten** sieht § 74 V VwVfG im Falle von **Masseneinwendungen** vor. Sind außer an den Träger des Vorhabens mehr als 50 Zustellungen des Planfeststellungsbeschlusses vorzunehmen, so können diese Zustellungen durch öffentliche Bekanntmachungen ersetzt werden (§ 74 V 1 VwVfG).[2165] Diese muss enthalten: Den verfügenden Teil des Planfeststellungsbeschlusses, die Rechtsbehelfsbelehrung, einen Hinweis auf Zeit und Ort der Auslegung des Planfeststellungsbeschlusses, einen Hinweis auf Auflagen, den Hinweis, dass mit dem Ende der Auslegungsfrist der Planfeststellungsbeschluss allen Betroffenen und gegenüber denjenigen, die Einwendungen erhoben haben, als zugestellt gilt, sowie den Hinweis, dass der Planfeststellungsbeschluss bis zum Ablauf der Rechtsbehelfsfrist von den Betroffenen und denjenigen, die Einwendungen erhoben haben, schriftlich angefordert werden kann. Eine individuelle Zustellung des Planfeststellungsbeschlusses kann dann entfallen. Die Bekanntmachung wird im amtlichen Veröffentlichungsblatt der Planfeststellungsbehörde, in örtlichen Tageszeitungen und ortsüblich veröffentlicht.

3907

Die Auslegung einer Ausfertigung des Planfeststellungsbeschlusses und des festgestellten Planes (§ 74 IV 2 VwVfG) soll frühestens eine Woche nach dem Zeitpunkt beginnen, in dem das amtliche Veröffentlichungsblatt und die örtlichen Tageszeitungen mit der Bekanntmachung erschienen sind.[2166] Dem Planfeststellungsbeschluss ist nach §§ 74 I 2 i.V. mit 69 II 1 und 37 III VwVfG die **Unterschrift** oder die Namenswiedergabe des Behördenleiters, seines Vertreters oder seines Beauftragten beizufügen. Das Fehlen dieser Erfordernisse, die nicht die Nichtigkeit des Planfeststellungsbeschlusses zur Folge

3908

[2161] *BVerwG*, Urt. v. 18. 3. 1999 – 4 A 31.98–407.4 § 17 FStrG Nr. 150.
[2162] *Busch* DVBl. 1991, 1190.
[2163] Planfeststellungsrichtlinien FStrG 99, Nr. 30.
[2164] *BVerwG*, Urt. v. 27. 5. 1983 – 4 C 40, 44 u. 45.81 – BVerwGE 67, 206 = DVBl. 1983, 901 = UPR 1984, 123 = NJW 1984, 188 = *Hoppe/Stüer* RzB Rdn. 142 – Flughafen München II; zur Anstoßfunktion s. Rdn. 963.
[2165] Die Zahl 300 in § 73 V 2 Nr. 4 VwVfG a. F. ist durch das GenBeschlG auf eine Personenzahl von 50 reduziert worden. Die öffentliche Bekanntmachung ist verfassungsrechtlich zulässig, so *BVerwG*, Urt. v. 27. 5. 1983 – 4 C 40, 44 u. 45.81 – BVerwGE 67, 206 = DVBl. 1983, 901 = UPR 1984, 123 = NJW 1984, 188 = *Hoppe/Stüer* RzB Rdn. 142 – Flughafen München II.
[2166] Planfeststellungsrichtlinien FStrG 99, Nr. 30.

haben,[2167] kann dadurch behoben werden, dass der Verwaltungsakt mit Unterschrift erneut bekannt gegeben wird.[2168] Ein Planfeststellungsbeschluss, der infolge eines offenkundigen Versehens der zuständigen Behörde unvollständig erlassen worden ist, kann nach §§ 42 i.V. m. 72 I 1 VwVfG jederzeit berichtigt werden. Eine derartige Berichtigung stellt lediglich klar, was wirklich gewollt war.[2169]

XIX. Wirkungen der Planfeststellung

3909   Nach § 75 I 1 VwVfG wird durch die Planfeststellung die Zulässigkeit des Vorhabens einschließlich der notwendigen Folgemaßnahmen an anderen Anlagen im Hinblick auf alle von ihm berührten öffentlichen Belange festgestellt. Neben der Planfeststellung sind andere behördliche Entscheidungen, Verleihungen, Erlaubnisse, Bewilligungen, Zustimmungen und Planfeststellungen nicht erforderlich. Nach § 75 I 2 VwVfG werden durch die Planfeststellung alle öffentlich-rechtlichen Beziehungen zwischen dem Träger des Vorhabens und den durch die Planung Betroffenen rechtsgestaltend geregelt. Der Planfeststellungsbeschluss hat danach umfassende Rechtswirkungen wie Genehmigungs-, Konzentrations-, Gestaltungs-, Ausschluss- und Ausgleichswirkung. **Genehmigungswirkung:** Der Vorhabenträger hat mit dem Planfeststellungsbeschluss die Genehmigung zur Ausführung des Vorhabens. **Konzentrationswirkung:** Der Planfeststellungsbeschluss ist umfassend. Nach anderen Vorschriften ggf. erforderliche behördliche Entscheidungen werden durch den Planfeststellungsbeschluss grundsätzlich ersetzt.[2170] § 75 I 2 VwVfG ordnet eine **formelle Konzentrationswirkung** an. Durch den Planfeststellungsbeschluss werden anderer behördliche Entscheidungen und Zulassungen ersetzt. Die materiellen Anforderungen der anderen fachgesetzlichen Regelungen sind jedoch grundsätzlich in der Entscheidung zu beachten. So umfasst die Konzentrationswirkung auch die Befreiung von den in einem Landschaftsschutzgebiet geltenden Veränderungsverboten. Sie entbindet aber nicht von der Beachtung der materiellrechtlichen Befreiungsvoraussetzungen,[2171] wenn das andere Fachrecht dies nicht ausdrücklich vorsieht. Ob der Planfeststellungsbeschluss zugleich auch eine **materielle Konzentrationswirkung** hat, bestimmt das jeweilige Fachrecht und für die planungsrechtliche Zulässigkeit von Vorhaben § 38 BauGB. Danach bestimmt das jeweilige Fachrecht im Falle der privilegierten Fachplanung seinen Geltungsbereich selbst und kann das Bauplanungsrecht für nicht anwendbar erklären. **Gestaltungswirkung:** Mit dem Planfeststellungsbeschluss werden alle öffentlich-rechtlichen Beziehungen zwischen dem Träger des Vorhabens einerseits und den durch den Plan Betroffenen andererseits rechtsgestaltend geregelt (§ 75 I 2 VwVfG). **Ausschlusswirkung:** Nach Unanfechtbarkeit des Planfeststellungsbeschlusses sind Ansprüche auf Unterlassung ihrer Benutzung ausgeschlossen (§ 75 I 1 VwVfG). **Ausgleichswirkung:** Die Planfeststellungsbehörde ist entsprechend den Regelungen zur Ausgleichsentscheidung verpflichtet, unter bestimmten Voraussetzungen dem Vorhabenträger Schutzmaß-

---

[2167] *Sachs* in: *Stelkens/Bonk/Sachs* § 44 VwVfG Rdn. 66.
[2168] *BVerwG*, B. v. 21. 12. 1995 – 11 VR 6.95 – NVwZ 1996, 896 = DVBl. 1996, 676 – Erfurt-Leipzig/Halle; *Stelkens* in: *Stelkens/Bonk/Sachs* § 37 VwVfG Rdn. 40 a.
[2169] *BVerwG*, B. v. 11. 1. 2000 – 11 VR 4.99 – NVwZ 2000, 553 = DVBl. 2000, 916 – Mittellandkanal.
[2170] Zur Konzentrationswirkung *BVerwG*, Urt. v. 30. 7. 1998 – 4 A 1.98 – ZfB 1998, 140 = UPR 1999, 66 – Wallhausen; *Axer* DÖV 1995, 495; *Fickert* ZfW 1984, 193; *Habel* BWVPr. 1989, 151; *Laubinger* VerwArch 77 (1986), 77; *Schäfer* NVwZ 1985, 383; *Schwab* VR 1989, 190. So kann im Rahmen des Planfeststellungsbeschlusses auch eine Befreiung von den Festsetzungen eines Landschaftsplans erteilt werden *BVerwG*, B. v. 21. 12. 1995 – 11 VR 6.95 – NVwZ 1996, 896 = DVBl. 1996, 676 – Erfurt-Leipzig/Halle. Das Erfordernis einer inhaltlichen Würdigung der Belange des Landschaftsschutzes wird dadurch jedoch nicht verringert.
[2171] *BVerwG*, Urt. v. 26. 3. 1998 – 4 A 7.97 – UPR 1998, 382 – Reinbek-Wentorf, im Anschluss an Urt. v. 18. 6. 1997 – 4 C 3.95 – DVBl. 1994, 763 = UPR 1994, 264 – Hochspeyer B 37.

6. Teil. Verfahren der Planaufstellung 3910 **E**

nahmen oder die Zahlung einer angemessenen Entschädigung in Geld an die durch das Vorhaben Betroffenen aufzuerlegen. Soweit dies nicht spezialgesetzlich geregelt ist, greift § 74 II 2 und 3 VwVfG.

Ablauf eines Planfeststellungsverfahrens

Anhörung (Vorbereitungsphase)
- Beteiligung der Öffentlichkeit sowie von Behörden, Trägern öffentlicher Belange und Stellen
- Planoffenlegung 1 Monat; Einspruchsmöglichkeiten bis 2 Wochen nach Ablauf der Planoffenlegung
- Benachrichtigung nicht ortsansässiger Betroffener
- Einwendungsausschluss (materielle Präklusion) nach Ablauf der Einwendungsfrist
- Aufforderung an Träger des Vorhabens zur Stellungnahme zu den eingegangenen Einwendungen
- Erörterungstermin mit allen Beteiligten

Beschlussfassung (Entscheidungsphase)
- Zulassung des Vorhabens („ob" und „wie")
- Regelung aller öffentlich-rechtlichen Beziehungen (Konzentrationswirkung)
- Entscheidung über Einwendungen
- Auflagen an Träger der Straßenbaulast
- öffentlich-rechtliche Kostenregelungen
- Vorbehaltsregelungen falls eine abschließende Entscheidung noch nicht möglich ist
- Zustellung Planfeststellungsbeschluss, Offenlegung der festgestellten Unterlagen

Die Planfeststellung ist eine **einheitliche Sachentscheidung**, in der alle in Betracht 3910 kommenden Belange gewürdigt und abgewogen werden. Dies gilt auch für die landesrechtlich geregelten Belange. Neben der Planfeststellung sind daher **andere behördliche Entscheidungen nicht erforderlich**, insbesondere nicht die

– Planfeststellung für Folgemaßnahmen an anderen Verkehrswegen und Anlagen, z. B. für die Straßenbahnen nach dem PBefG oder für Telekommunikationslinien nach dem TKG,
– Zustimmung der Luftverkehrsbehörden zur Errichtung von baulichen oder sonstigen Anlagen nach §§ 12 II bis IV, 13, 14 und 16 LuftVG,
– Anordnung von Sicherheitseinrichtungen für Eisenbahnen, Anschlussbahnen und -gleise, sonstige Schienenbahnen oder Seilbahnen nach der Eisenbahnbau- und -betriebsordnung (EBO) und Straßenbahnen sowie ihren Sonderformen nach der Verordnung über den Bau und den Betrieb der Straßenbahnen (BOStraB) und den landesrechtlichen Verordnungen über den Bau und Betrieb von Anschlussbahnen,
– Anzeige- und Freigabeverfahren nach § 4 Energiewirtschaftsgesetz,

- Ausbaugenehmigung nach § 31 I 3 WHG i.V. mit den landesrechtlichen Regelungen,
- Genehmigung zur Errichtung, Verstärkung oder sonstigen wesentlichen Umgestaltung von Deichen und Dämmen gem. den entsprechenden landesrechtlichen Regelungen,
- Genehmigung des Eingriffs in Natur und Landschaft (§§ 18 bis 20 BNatSchG i.V. mit den entsprechenden landesrechtlichen Regelungen),
- Ausnahmegenehmigung und Befreiung von Schutzbestimmungen für Naturschutz- und Landschaftsschutzgebiete,
- Genehmigung für die Umwandlung von Wald in eine andere Bodennutzungsart, Aufforstungsgenehmigung, Erklärung von Wald zu Schutzwald nach den §§ 9, 10, 12 BWaldG i.V. mit den entsprechenden landesrechtlichen Regelungen,
- Genehmigung zur Errichtung von baulichen Anlagen mit Feuerstellen (z. B. Raststätten, Bauernhöfe) auf Moor- und Heideflächen oder in der Nähe von Wäldern nach den entsprechenden landesrechtlichen Regelungen,
- Genehmigung zum Abbruch baulicher Anlagen und auch von Denkmälern nach den entsprechenden landesrechtlichen Regelungen,
- Genehmigung nach dem KrW-/AbfG,
- Zustimmung des Hauptzollamtes nach § 15 I Zollverwaltungsgesetz für die Errichtung oder Änderung von Bauten in der Nähe der Zollgrenzen.[2172]

3911 Mitzuregeln sind nach § 75 I 1 VwVfG auch die **notwendigen Folgemaßnahmen** der Planfeststellung. Darunter sind alle Regelungen außerhalb der eigentlichen Zulassung des Vorhabens zu verstehen, die für eine angemessene Entscheidung über die durch die Baumaßnahme aufgeworfenen Konflikte erforderlich sind.[2173] Das Gebot der Problembewältigung kann es allerdings nicht rechtfertigen, andere Planungen mitzuerledigen, obwohl sie ein eigenes umfassendes Planungskonzept erfordern.[2174] Insoweit unterliegt der Begriff der notwendigen Folgemaßnahmen wegen seiner kompetenzerweiternden Wirkung räumlichen und sachlichen Beschränkungen.[2175] Die Maßnahmen dürfen über Anschluss und Anpassung nicht wesentlich hinausgehen, damit die für andere Anlagen bestehende originäre Planungskompetenz nicht in ihrem Kern angetastet wird.[2176] Sie sind nur erforderlich und zulässig, um nachhaltige Störungen der Funktionsfähigkeit anderer Anlagen zu beseitigen.[2177] Wo die Grenze zwischen zulässiger notwendiger Folgemaßnahme und unzulässigem Eingriff in die Kompetenz anderer Planungsträger im Einzelnen zu ziehen ist, lässt sich generell nicht festlegen.[2178]

3912 Der **Umfang der Inanspruchnahme** privaten Eigentums ist allerdings für die Reichweite der Folgemaßnahmen nach § 75 I VwVfG nicht entscheidend.[2179] Ob es zur Problembewältigung eines „eigenen umfassenden Planungskonzepts" bedarf, so dass der Planungsträger die Maßnahmen an anderen Anlagen nicht ohne einen unzulässigen Übergriff in die Planungshoheit anderer Planungsträger mit erledigen kann, mag zwar

---

[2172] Planfeststellungsrichtlinien FStrG 99, Nr. 28.
[2173] *BVerwG*, Urt. v. 26. 5. 1994 – 7 A 21.93 – NVwZ 1994, 1002 = Buchholz 316 § 74 VwVfG Nr. 30 – Vorsfelde-Lehrte; B. v. 22. 9. 1999 – 11 B 48.99 – NVwZ-RR 2000, 138 = BauR 2000, 54 – Folgemaßnahmen.
[2174] *BVerwG*, Urt. v. 12. 2. 1988 – 4 C 54.84 – Buchholz 316 § 75 VwGO Nr. 3 – Schifferstadt; B. v. 24. 8. 1987 – 4 B 129.87 – Buchholz 442.08 § 36 BBahnG Nr. 12 = NVwZ 1988, 532 – Rangierbahnhof München-Nord.
[2175] *Bonk* in: Stelkens/Bonk/Sachs § 78 VwVfG Rdn. 7.
[2176] *BVerwG*, Urt. v. 12. 2. 1988 – 4 C 54.84 – Buchholz 316 § 75 VwGO Nr. 3 – Schifferstadt; Urt. v. 26.500.94–7 A 21.93 – Buchholz 316 § 74 VwVfG Nr. 30 = RdL 1994, 204 = UPR 1994, 342 = NVwZ 1994, 1002.
[2177] *BVerwG*, B. v. 3. 8. 1995 – 11 VR 22.95 – Buchholz 316 § 75 VwVfG Nr. 10; B. v. 26. 5. 1994 – 7 A 21.93 – Buchholz 316 § 74 VwVfG Nr. 30; Urt. v. 12. 2. 1988 – 4 C 54.84 – Buchholz 316 § 75 VwVfG Nr. 3; B. v. 24. 8. 1987 – 4 B 129.87 – Buchholz 442.08 § 36 BBahnG Nr. 12.
[2178] *BVerwG*, B. v. 24. 3. 1999 – 11 B 38.98 – Folgemaßnahmen.
[2179] *BVerwG*, B. v. 22. 9. 1999 – 11 B 48.99 – NVwZ-RR 2000, 138 = BauR 2000, 54 – Folgemaßnahmen.

nicht selten auch mit dem Umfang des durch die Planung ausgelösten Flächenbedarfs zusammenhängen. Wie groß die in Anspruch genommenen Flächen sind und in wessen Eigentum sie sich befinden, ist aber dennoch letztlich unerheblich, solange sich ihre Überplanung als Konfliktlösung anbietet und deswegen erwartet werden darf, dass die Behördenanhörung nach § 73 II und IIIa VwVfG ausreicht, um etwa abweichenden planerischen Vorstellungen anderer Planungsträger hinreichend Rechnung zu tragen. Überschreitet das erstrebte Konzept zwar die Zuständigkeit des Planungsträgers, wäre es aber bei einem Zusammenwirken mehrerer Planungsträger durchaus zu verwirklichen, kann die Planungsbehörde verpflichtet sein, den anderen Planungsträger „anzustoßen", sich im Rahmen seiner Zuständigkeit zur Optimierung der Planung mit einer großräumigeren Alternative auseinander zu setzen und ggf. ein Vorhaben in dieser Richtung zu entwickeln. Dies könnte dann nach § 78 VwVfG miterledigt werden. Die Planfeststellung kann allerdings auch aus Vorhaben anderer Fachplanungsträger ihre Legitimation beziehen.

Beispiel: Die eisenbahnrechtlichen Absichten der Deutschen Bundesbahn können für ein straßenrechtliches Vorhaben eine hinreichende Planrechtfertigung geben. Hierzu ist nicht erforderlich, dass sich diese Absichten bereits in einer verbindlichen Planfeststellung der Deutschen Bundesbahn verfestigt haben.[2180]

Nach **Unanfechtbarkeit** des Planfeststellungsbeschlusses sind Ansprüche Dritter auf Unterlassung des Bauvorhabens, auf Beseitigung oder Änderung der festgestellten Anlagen oder auf Unterlassung ihrer Benutzung, die aufgrund besonderer Rechtstitel erhoben werden könnten, ausgeschlossen (§ 75 II 1VwVfG). Der **Planfeststellungsbeschluss** ist unmittelbar mit der **Anfechtungsklage** angreifbar. Ein vorgeschaltetes Widerspruchsverfahren wird nicht durchgeführt (§ 68 I 2 1. Alt. VwGO i. V. mit § 70 VwVfG). Soll mit der Klage die Aufhebung des Planfeststellungsbeschlusses erreicht werden, so ist die Anfechtungsklage die richtige Klageart. Werden demgegenüber lediglich Schutzauflagen begehrt, ist dies durch Verpflichtungsklage geltend zu machen.[2181] Schreibfehler und offensichtliche Unrichtigkeiten des Planfeststellungsbeschlusses können formlos durch eine Klarstellung **berichtigt** werden.[2182] 3913

XX. Planänderung vor Fertigstellung

Wird der Plan **nach dessen Erlass** vor Fertigstellung des Vorhabens **geändert**, bedarf es grundsätzlich eines neuen Planfeststellungsverfahrens (§ 76 I VwVfG). Bei Planänderungen von unwesentlicher Bedeutung kann die Planfeststellungsbehörde von einem neuen Planfeststellungsverfahren absehen, wenn die Belange anderer nicht berührt werden oder wenn die Betroffenen der Änderung zugestimmt haben (§ 76 II VwVfG).[2183] Wird eine Planänderung von unwesentlicher Bedeutung durchgeführt, bedarf es keines Anhörungsverfahrens und keiner öffentlichen Bekanntgabe des Planfeststellungsbeschlusses (§ 76 III VwVfG). Wird allerdings lediglich eine Begründung des Planfeststellungsbeschlusses ergänzt oder geändert, so ist dies keine Änderung i. S. des § 76 VwVfG, die sich allein auf den Tenor der Entscheidung bezieht.[2184] 3914

Der festgestellte Plan kann auch durch **Planfeststellungsverfahren** oder **Plangenehmigungen** aufgrund anderer Gesetze oder auch durch **Bebauungsplan** geändert werden. Allerdings müssen die **materiellen Regelungen** des Planfeststellungsbeschlusses vom Träger der Bauleitplanung beachtet und von den anderen Fachplanungsträgern ent- 3915

[2180] BVerwG, B. v. 23. 12. 1992 – 4 B 188.92 – Buchholz 316 § 74 VwVfG Nr. 20 = UPR 1993, 187 = DÖV 1993, 433 – Containerbahnhof.
[2181] Der Anfechtungsantrag wandelt sich daher in einem Verpflichtungsantrag. Eine Anfechtungsklage, die sich auf die Aufhebung des Planfeststellungsbeschlusses richtet, wäre unzulässig.
[2182] BVerwG, Urt. v. 11. 7. 2002 – 9 VR 6.02 – Berichtigung Planfeststellungsbeschluss.
[2183] Zur Beschleunigung von Planungsverfahren für Verkehrsinfrastrukturvorhaben s. Rdn. 3762.
[2184] BVerwG, B. v. 5. 5. 1999 – 11 VR 2.99 – Schleuse Charlottenburg. Zur Beschleunigung von Planungsverfahren für Verkehrsinfrastrukturvorhaben s. Rdn. 3762.

sprechend der Gewichtigkeit der Belange berücksichtigt werden. Der Bebauungsplan kann daher einen Planfeststellungsbeschluss nur nach Maßgabe des § 38 BauGB ändern. Dies setzt voraus, dass der Träger der Fachplanung der Bauleitplanung zustimmt und sozusagen auf die Vorrangwirkung der getroffenen Fachplanungsentscheidung verzichtet. Gegen die Fachplanung kann die Bauleitplanung sich demgegenüber nicht durchsetzen. In die fachplanerische Entscheidung kann der Bebauungsplan ohnehin nur eingreifen, wenn er nach Maßgabe des Fachrechts an die Stelle einer fachplanungsrechtlichen Entscheidung treten kann. So kann der Bebauungsplan etwa einen straßenrechtlichen Planfeststellungsbeschluss ersetzen (§ 17 III FStrG). **Andere Fachplanungsentscheidungen** haben nach § 75 I VwVfG zwar eine formelle Konzentrationswirkung in dem Sinne, dass sie einen früher ergangenen Planfeststellungsbeschluss ersetzen. An das materielle Entscheidungsprogramm ist eine spätere Fachplanung jedoch gebunden. Auch gegenüber einer anderen Fachplanungsentscheidung entfaltet daher ein Planfeststellungsbeschluss materielle Bindungswirkungen, die nur dann überwunden werden können, wenn sich wirklich überzeugende neue Gesichtspunkte ergeben und die neue Entscheidung dem Gebot der qualifizierten Abwägung entspricht. Andere Zulassungsentscheidungen sind bereits formell an den Planfeststellungsbeschluss gebunden (§ 75 I VwVfG).

3916 Bei **Planänderungen von unwesentlicher Bedeutung** entfallen Planfeststellung und Plangenehmigung, wenn Belange anderer nicht berührt werden oder die Betroffenen der Änderung zugestimmt haben (§ 76 II VwVfG).

7. Teil. Verfahrensfehler

3917 Nicht jeder Verfahrensfehler führt zur Unwirksamkeit des Planfeststellungsbeschlusses oder der Plangenehmigung. §§ 44 bis 46 VwVfG enthalten vielmehr Regelungen über die Auswirkung von Mängeln auf die Bestandskraft von Verwaltungsakten, zu denen auch die Planfeststellung und die Plangenehmigung zählen.

I. Nichtigkeit nach § 44 VwVfG

3918 Nach § 44 I VwVfG ist ein Verwaltungsakt nichtig, soweit er an einem **besonders schweren Fehler** leidet und dies bei verständiger Würdigung aller in Betracht kommenden Umstände **offenkundig** ist.[2185] Ohne Rücksicht auf das Vorliegen der vorgenannten Voraussetzungen ist ein Verwaltungsakt unter den in § 44 II VwVfG genannten Voraussetzungen nichtig. Es handelt sich dabei um schwere Verfahrensmängel. Die in § 44 III VwVfG benannten Verfahrensmängel wie etwa Fehler in der örtlichen Zuständigkeit (Nr. 1), ein Verstoß gegen das Mitwirkungsverbot (Nr. 2), fehlerhafte Mitwirkungshandlungen eines Ausschusses (Nr. 3) oder die unterbliebene Mitwirkung einer anderen Behörde (Nr. 4) führen demgegenüber nicht zur Nichtigkeit des Planfeststellungsbeschlusses. Es können aber Gründe für eine Rechtswidrigkeit des Planfeststellungsbeschlusses gegeben sein. Betrifft die Nichtigkeit nur einen Teil, so ist der Planfeststellungsbeschluss im Ganzen nichtig, wenn der nichtige Teil so wesentlich ist, dass die Behörde den Verwaltungsakt ohne den nichtigen Teil nicht erlassen hätte (§ 44 IV VwVfG). Die Nichtigkeit eines Planfeststellungsbeschlusses wird durch eine Feststellungsklage nach § 43 I VwGO geltend gemacht.

II. Fehlerheilung nach § 45 VwVfG

3919 Verfahrens- und Formfehler können nach § 45 VwVfG geheilt werden.[2186] Die **Heilungsmöglichkeit** bezieht sich nach § 45 I VwVfG etwa auf die fehlende Antragstellung, Begründung, Anhörung eines Beteiligten, erforderliche Beschlüsse eines Ausschusses

---

[2185] *Johlen* Planfeststellungsrecht HdBöffBauR Kap. L Rdn. 91.
[2186] *Johlen* Planfeststellungsrecht HdBöffBauR Kap. L Rdn. 92.

oder die erforderliche Mitwirkung einer anderen Behörde. Der fehlende Antrag kann jederzeit nachgeholt werden. Die übrigen Verfahrensmängel konnten nach der früheren Fassung des § 45 II VwVfG nur bis zum Abschluss eines Vorverfahrens oder, wenn ein Vorverfahren nicht stattfindet, bis zur Klageerhebung nachgeholt werden. Da der Planfeststellungsbeschluss unmittelbar mit der Klage angefochten werden muss und ein Widerspruchsverfahren nicht stattfindet, hatten die Heilungsmöglichkeit nach § 45 VwVfG nur eine geringe praktische Bedeutung. Wurde der Mangel erst im Rahmen des Klageverfahrens erkannt, war es für eine Heilung nach § 45 VwVfG zu spät.

Mit der Änderung des **§ 45 II VwVfG** durch das **GenBeschlG**[2187] ist hier eine wesentliche zeitliche Erweiterung der Heilungsmöglichkeiten eingetreten. Handlungen nach § 45 I VwVfG können danach bis zum Abschluss eines verwaltungsgerichtlichen Verfahrens nachgeholt werden. Dies ermöglicht daher die Reparatur der in § 45 I VwVfG genannten Fehler auch noch im gerichtlichen Klageverfahren. So kann etwa noch im Gerichtsverfahren ein fehlender Antrag nachträglich gestellt (§ 45 I Nr. 1 VwVfG), die erforderliche Begründung nachträglich gegeben (§ 45 I Nr. 2 VwVfG) und erforderliche Mitwirkungshandlungen von Gremien (§ 45 I Nr. 4 VwVfG) oder von Behörden (§ 34 I Nr. 5 VwVfG) nachgeholt werden. Soweit dies noch in der Tatsacheninstanz geschieht, muss das Gericht diese Reparaturhandlungen seiner Entscheidung zugrunde legen. Einschränkungen könnten sich allerdings im Revisionsverfahren ergeben, in dem ein neuer Tatsachenvortrag und die Berücksichtigung neuer Tatsachen grundsätzlich ausgeschlossen ist. Ganz allgemein kann die Planfeststellungsbehörde – unter Wiederholung früherer Verfahrensabschnitte – jederzeit einen von ihr erkannten oder auch nur als möglich unterstellten Mangel beseitigen. Das gilt sowohl für formelle als auch für materielle Mängel.[2188] Die berechtigten Belange des Klägers sieht die Begründung des GenBeschlG dadurch als gewahrt an, dass das Gericht die erst im verwaltungsgerichtlichen Verfahren erfolgte Heilung bei der Kostenentscheidung berücksichtigt. Durch die Ergänzung der verwaltungsgerichtlichen Vorschriften ist eine Nachbesserung von Verwaltungsentscheidungen im Gerichtsverfahren auch prozessual dadurch erleichtert worden,[2189] dass ein Antrag auf Aussetzung des Gerichtsverfahrens für einen Zeitraum bis zu drei Monaten gestellt werden kann (§ 87 I 2 Nr. 7 VwGO). Ungeklärt ist allerdings, welche Bedeutung der maßgebliche Zeitpunkt der Sach- und Rechtslage für die Nachholbarkeit von unterlassenen oder fehlerhaften Verfahrenshandlungen hat. In Fällen, in denen der Zeitpunkt der letzten Behördenentscheidung maßgeblich ist, könnte eine Nachholung der entsprechenden Verfahrenshandlung prozessrechtlich irrelevant sein.[2190]

Die erweiterten Heilungsmöglichkeiten sind allerdings nicht ohne Kritik geblieben:[2191] Die nach § 87 I 2 Nr. 7 VwGO zulässige Heilungsmöglichkeit von Verfahrens- und Formfehlern sei mit der Neutralität der Gerichte unvereinbar und beeinträchtigt den Bürger in seinem Recht auf Chancengleichheit und Verfahrensgerechtigkeit. Durch die in § 45 II VwVfG vorgesehene Ausdehnung der Fehlerheilung bis zum Abschluss des verwaltungsgerichtlichen Verfahrens werde das Verwaltungsverfahren abgewertet. Sie könne zu einem weniger sorgfältigen Umgang mit dem Verfahrensrecht führen, wenn die Ver-

---

[2187] Gesetz zur Beschleunigung von Genehmigungsverfahren (Genehmigungsverfahrensbeschleunigungsgesetz – GenBeschlG) v. 12. 9. 1996 (BGBl. I 1354); *Stüer* DVBl. 1997, 326; *ders.* in: *Stüer* (Hrsg.) Verfahrensbeschleunigung, S. 90.
[2188] *BVerwG*, Urt. v. 5. 12. 1986 – 4 C 13.85 – BVerwGE 75, 214; Urt. v. 31. 3. 1995 – 4 A 1.93 – BVerwGE 98, 126 = DVBl. 1995, 1007 = NVwZ 1995, 901 – B 93 – *Hoppe/Stüer* RzB Rdn. 191 – Erdinger Moos.
[2189] Gesetzentwurf der *Bundesregierung*. Entwurf eines Gesetzes zur Beschleunigung von Genehmigungsverfahren (GenBeschlG) BT-Drs. 13/3995 v. 6. 3. 1996; vgl. auch Gegenäußerung des Bundestages, BT-Drs. 13/3993, S. 12; *Hermanns* in: *Stüer* (Hrsg.) Verfahrensbeschleunigung, S. 144.
[2190] *Bonk* NVwZ 1997, 320.
[2191] *Jank*, Die 6. VwGO-Novelle, in: *Stüer* (Hrsg.) Verfahrensbeschleunigung, S. 43; *Hermanns* in: *Stüer* (Hrsg.) Verfahrensbeschleunigung, S. 144.

waltung bei verfahrensfehlerhaften Entscheidungen auf eine Korrekturmöglichkeit noch während des gerichtlichen Verfahrens vertrauen kann. Die Möglichkeit der Heilung von Ermessensentscheidungen durch Ergänzung der Ermessenserwägungen (§ 114 2 VwGO) sei systemwidrig.[2192] Da sie nicht dem Prozessrecht, sondern dem Verwaltungsverfahrensrecht zuzuordnen sei, fehle dem Bund insoweit auch die Regelungskompetenz.[2193] Die Vorschriften sollten daher eher zurückhaltend angewendet werden, um den Rechtsschutz des Bürgers nicht über Gebühr zu verkürzen.

III. Fehlerbeachtlichkeit nach § 46 VwVfG

3922 § 46 VwVfG begrenzt die Folgen von Verfahrens- oder Formfehlern bei mangelnder **Kausalität**.[2194]

1. Grundsatz

3923 Nach § 46 VwVfG kann eine Aufhebung eines Verwaltungsakts, der nicht nichtig ist, nicht allein deshalb beansprucht werden, weil er unter Verletzung von Vorschriften über das Verfahren, die Form oder die örtliche Zuständigkeit zustande gekommen ist, wenn **offensichtlich** ist, dass die **Verletzung die Entscheidung** in der Sache **nicht beeinflusst** hat.[2195] Dass keine andere Entscheidung in der Sache hätte getroffen werden können,[2196] ist nach der Änderung des § 46 VwVfG durch das GenBeschlG nicht mehr erforderlich. Die Fehlerunbeachtlichkeit tritt nach dieser gesetzlichen Neuregelung nicht nur in Fällen der Alternativlosigkeit der Entscheidung ein. Auch wenn mehrere Entscheidungsalternativen in Betracht kommen, ist der Fehler unbeachtlich, wenn er die Sachentscheidung offensichtlich nicht beeinflusst hat. Bei gebundenen Entscheidungen kann das Gericht in eine vollständige Rechtsprüfung eintreten und klären, ob der Verwaltungsakt auch bei Beachtung der Verfahrens- oder Formerfordernisse so hätte ergehen müssen. Schwierigkeiten ergaben sich in der Regel bei Ermessensentscheidungen oder abwägungsdirigierten Entscheidungen wie bei Planfeststellungsbeschlüssen. Hier war der Form- oder Verfahrensfehler nur dann unbeachtlich, wenn das Gericht die **Kausalität** des Fehlers für die getroffene Sachentscheidung ausschließen konnte. Es musste für die Fehlerbeachtlichkeit aber immerhin ein Ursachenzusammenhang bestehen. Dieser ist gegeben, wenn die konkrete Möglichkeit besteht, dass ohne den Verfahrensfehler die angefochtene Entscheidung anders ausgefallen wäre.

3924 Die **Nichteinhaltung von Verfahrensvorschriften** führt daher – für sich genommen – noch nicht zur Aufhebung eines Planfeststellungsbeschlusses. Hinzukommen muss vielmehr, dass sich der Verfahrensfehler als ein formeller Mangel auf die Sachentscheidung ausgewirkt haben kann. Der danach erforderliche Kausalzusammenhang ist nur dann gegeben, wenn nach den Umständen des jeweiligen Falles die konkrete Möglichkeit besteht, dass die Planungsbehörde ohne den Verfahrensfehler anders entschieden hätte.[2197] Eine nur abstrakte Möglichkeit einer anderen Entscheidung genügt nicht.[2198] Auch der

---

[2192] *Hermanns* in: *Stüer* (Hrsg.) Verfahrensbeschleunigung, S. 144.
[2193] *Jank*, Die 6. VwGO-Novelle, in: *Stüer* (Hrsg.) Verfahrensbeschleunigung, S. 43.
[2194] Zu Einschränkungen des § 46 VwVfG durch das Umwelt-Rechtsbehelfsgesetz s. Rdn. 2719.
[2195] *Johlen* Planfeststellungsrecht HdBöffBauR Kap. L Rdn. 93.
[2196] Zur bisherigen Regelung *Hermanns* in: *Stüer* (Hrsg.) Verfahrensbeschleunigung, S. 144 mit Hinw. auf *Kopp/Ramsauer*, Rdn. 1 zu § 46 VwVfG. Als Ausgangsüberlegung dieser Regelung wird vielfach der Grundsatz „dolo agit, qui petit, quod statim rediturus esset" herangezogen. Es entspreche nämlich nicht dem Rechtsstaatsprinzip der materiellen Gerechtigkeit, wenn jemand etwas fordern könne, was er sofort wieder „herausgeben" müsste. *Badura* in: *Erichsen*, § 38, Rdn. 31; *Maurer*, § 10, Rdn. 43; *Kopp/Ramsauer*, Rdn. 2 zu § 46 VwVfG; *Schenke* DÖV 1986, 305.
[2197] BVerwG, B. v. 24. 6. 1993 – 4 B 114.93 – VkBl. 1995, 210.
[2198] BVerwG, Urt. v. 17. 2. 1997 – 4 A 41.96 – LKV 1997, 328 = NVwZ 1997, 998 – Schönberg A 20, mit Hinweis auf Urt. v. 30. 5. 1984 – 4 C 58.81 – BVerwGE 69, 256; Urt. v. 21. 3. 1996 – 4 C 1.95 – Buchholz 407.4 § 17 FStrG Nr. 115 = DVBl. 1996, 915.

durch das Vorhaben in Anspruch genommene Eigentümer muss daher überzeugend vortragen, dass der Fehler für das **Ergebnis kausal** gewesen sein kann.[2199] Ein Ermittlungs- und Bewertungsdefizit liegt danach nicht vor, wenn hierdurch die Entscheidung nicht beeinflusst wurde.[2200] Auch ein von der Planfeststellung mit enteignender Vorwirkung betroffener Grundstückseigentümer hat keinen Anspruch auf ein schlechthin fehlerfreies Verfahren. Vielmehr sind etwaige Mängel rechtlich unerheblich, wenn sich auch im Falle ihrer Vermeidung an der Eigentumsinanspruchnahme nichts geändert hätte.[2201]

Beispiel: Ein von einer Planfeststellung enteignend betroffener Grundstückseigentümer rügt, dass im Gegensatz zu den Erfordernissen der UVP-Richtlinie keine Umweltverträglichkeitsprüfung durchgeführt worden ist. Ein solcher Fehler ist unbeachtlich, wenn nicht dargelegt wird, dass dieser Verfahrensfehler die Sachentscheidung beeinflusst hat.[2202]

Die Änderung des § 46 VwVfG durch das **GenBeschlG** erweitert die Bestandskraft **3925** von Verwaltungsakten auch bei ermessensdirigierten Entscheidungen.[2203] Es werden dabei auch solche Ermessensentscheidungen erfasst, in denen zwar keine Ermessensreduzierung auf null vorliegt, in denen die Behörde aber bei Vermeidung des Verfahrens- und Formfehlers dieselbe materiell rechtmäßige Entscheidung getroffen hätte.[2204]

Beispiel: Die Verletzung von Vorschriften über das Verfahren liegt etwa vor bei der Mitwirkung eines befangenen Amtsträgers an der Entscheidungsfindung, bei unterbliebener Anhörung eines Beteiligten im weiteren Sinne, bei Fehlen des für den Erlass eines Verwaltungsakts notwendigen Antrags, bei Fehlen einer sonstigen notwendigen Mitwirkung Dritter in Form von Anhörung, Benehmen, Zustimmung oder Einvernehmen. Die Verletzung von Vorschriften über die Form ist etwa anzunehmen, wenn Vorschriften über die Protokollführung verletzt werden. Der Verfahrensfehler ist in derartigen Fällen unbeachtlich, wenn offensichtlich ist, dass der Mangel die Entscheidung nicht beeinflusst hat.[2205]

2. Schutz materieller Rechte

Die Verfahrensvorschriften dienen dem Schutz materieller Rechte. Verfahrensfehler **3926** führen daher nur dann zu einer Aufhebung des Planfeststellungsbeschlusses, wenn dieser in materielle Rechtspositionen des Rechtsschutzsuchenden eingreift. So kann ein Planfeststellungsbeschluss auch nur dann in einem Anfechtungsprozess aufgehoben werden, wenn der Kläger geltend macht, in seinen Rechten verletzt zu sein (§ 42 II VwGO). Dazu

---

[2199] *BVerwG*, Urt. v. 1. 10. 1997 – 11 A 10.96 – DVBl. 1998, 330 = UPR 1998, 147 – Sachsenwald/Brunsdorf; B. v. 12. 6. 1998 – 11 B 19.98 – DVBl. 1998, 1184 – Nürnberg; Urt. v. 25. 1. 1996 – 4 C 5.95 – BVerwGE 100, 238 = DVBl. 1996, 677 = NVwZ 1996, 788 – Eifelautobahn A 60; Urt. v. 20. 5. 1998 – 11 C 3.97 – NVwZ 1999, 67 = UPR 1998, 449 – Oberaudorf.

[2200] *BVerwG*, Urt. v. 14. 1. 1998 – 11 C 12.96 – DVBl. 1998, 339 = NVwZ 1998, 628 – Mülheim-Kärlich.

[2201] *BVerwG*, Urt. v. 19. 3. 1998 – 4 VR 10.97 – (unveröffentlicht) – Leipzig-Leutzsch mit Hinweis auf Urt. v. 21. 3. 1996 – 4 C 19.94 – BVerwGE 100, 370 = DVBl. 1996, 907 – Eschenrieder Spange; *BVerfG*, B. v. 14. 8. 1996 – 2 BvR 1341/96 – nicht zur Entscheidung angenommen; zu Einschränkungen des § 46 VwVfG durch das Umwelt-Rechtsbehelfsgesetz s. Rdn. 2719.

[2202] So *BVerwG*, Urt. v. 8. 6. 1995 – 4 C 4.94 – BVerwGE 98, 339 = DVBl. 1995, 1012 = UPR 1995, 391 = NuR 1995, 537 – B 16 Bernhardswald; Urt. v. 25. 1. 1996 – 4 C 5.95 – BVerwGE 100, 238 = DVBl. 1996, 677 – Eifelautobahn A 60; vgl. auch Urt. v. 21. 3. 1996 – 4 C 19.94 – DVBl. 1996, 907; Urt. v. 21. 3. 1996 – 4 C 26.94 – BVerwGE 100, 388 = DVBl. 1996, 914 – Autobahnring München-West – Allach; Urt. v. 21. 3. 1996 – 4 C 1.95 – DVBl. 1996, 915 – Autobahnring München A 99 Urt. v. 12. 12. 1996 – 4 C 29.94 – DVBl. 1997, 798 – Nesselwang-Füssen mit Hinweis auch auf die Heilungsmöglichkeiten in § 45 VwVfG; kritisch hierzu *Blümel* in: *Stüer* (Hrsg.) Verfahrensbeschleunigung, S. 17.

[2203] Zur Kritik an der Regelung durch das GenBeschlG *Hermanns* in: *Stüer* (Hrsg.) Verfahrensbeschleunigung, S. 144.

[2204] Gesetzentwurf der *Bundesregierung*. Entwurf eines Gesetzes zur Beschleunigung von Genehmigungsverfahren (GenBeschlG) BT-Drs. 13/3995 v. 6. 3. 1996.

[2205] Gesetzentwurf der *Bundesregierung*. Entwurf eines Gesetzes zur Beschleunigung von Genehmigungsverfahren (GenBeschlG) BT-Drs. 13/3995 v. 6. 3. 1996.

kann auch das **Recht auf Abwägung der eigenen Belange** gehören.[2206] Die in die Abwägung einzustellenden Belange[2207] haben eine größere Reichweite als die Eigentumsrechte.[2208] Es gehören zu den Belangen, die bei der Abwägung zu berücksichtigen sind, nicht nur die eigentumsmäßig geschützten Positionen, sondern alle nachteilig betroffenen Belange, die mehr als geringfügig, schutzwürdig und erkennbar sind.[2209] Dazu zählen auch Chancen und Möglichkeiten auf tatsächlicher Grundlage, die eine gewisse Bedeutung und Schutzwürdigkeit haben und erkennbar sind. Die von einer Fachplanung Betroffenen haben zwar kein Recht auf eine optimale Planung,[2210] wohl aber auf eine Abwägung ihrer eigenen planbetroffenen Belange. Zwar räumt das Abwägungsgebot dem von einer Planfeststellung Betroffenen mit dem Recht auf eine gerechte Abwägung ein subjektives öffentliches Recht ein. Dieses Recht kann sich aber im Hinblick auf die in den Vorschriften der § 42 II VwGO und § 113 I 1 VwGO zum Ausdruck gekommenen Grundsätze seinem Gegenstand nach immer nur auf die rechtlich geschützten eigenen Belange des Betroffenen beziehen. Er hat – mit anderen Worten – zwar einen gerichtlich verfolgbaren Anspruch darauf, dass eine gerechte Abwägung seiner eigenen Belange mit den entgegenstehenden anderen Belangen stattfindet. Er hat aber nicht auch einen Anspruch darauf, dass die Belange anderer Beteiligter gerecht abgewogen sind oder dass etwa die Planung insgesamt und in jeder Hinsicht auf einer fehlerfreien Abwägung beruht. Werden daher abwägungserhebliche Belange des Klägers durch die Planfeststellung nicht betroffen, scheidet ein Klageerfolg allein mit dem Hinweis auf die Verletzung von Form- oder Verfahrensvorschriften aus.[2211]

3927 Die **Begrenzung der Beachtlichkeit von Fehlern**, die für das Ergebnis **kausal** gewesen sind, gilt auch für die Wahrung gemeindlicher Belange. Nicht jeder Abwägungsfehler führt zu einem Verstoß gegen das Recht auf kommunale Selbstverwaltung. Vielmehr ist eine willkürliche Fehlgewichtung der kommunalen Belange oder eine Verkürzung des Abwägungsvorgangs erforderlich.[2212] Die Genehmigungsbehörde kann die Aufhebung einer Genehmigung wegen eines Ermittlungs- oder Bewertungsfehlers dadurch vermeiden, dass sie es noch während des gerichtlichen Verfahrens behebt, indem sie den Verdachtsmomenten nachgeht und das Ergebnis ihrer ergänzenden Ermittlungen oder Bewertungen durch einen entsprechenden Bescheid verlautbart.[2213]

3. Persönliche Fehlerbetroffenheit

3928 Der Form- oder Verfahrensfehler kann nur geltend gemacht werden, wenn der Einwendungsführer dadurch auch selbst betroffen wird. Hat der Betroffene etwa seine Einwendungen vorgebracht, so kann er sich nicht darauf berufen, dass die Offenlage der

---

[2206] *Stüer* BauR 1999, 1221.
[2207] Vgl. zum Abwägungsgebot *BVerwG*, Urt. v. 12. 12. 1969 – IV C 105.66 – BVerwGE 34, 301 = *Hoppe/Stüer* RzB Rdn. 23 – Abwägungsgebot; B. v. 9. 11. 1979 – 4 N 1.78 – BVerwGE 59, 87 = BauR 1980, 36 = DVBl. 1980, 233 = *Hoppe/Stüer* RzB Rdn. 26 – Normenkontrolle. Zu Vorschlägen, das Abwägungsergebnis gesetzlich zu regeln, vgl. *Hoppe* DVBl. 1994, 1030; *ders.* in: *Hoppe/Bönker/Grotefels* § 7 Rdn. 1 ff.
[2208] Vgl. zur Übernahme der allgemeinen Grundsätze des Abwägungsgebotes in die fachplanungsrechtlichen Entscheidungen *BVerwG*, Urt. v. 14. 2. 1975 – IV C 21.74 – BVerwGE 48, 56 = *Hoppe/Stüer* RzB Rdn. 50 – B 42; Urt. v. 22. 12. 1981 – 4 CB 32.81 – Buchholz 445.4 § 31 WHG Nr. 7 – wasserrechtliche Abwägung; *Blümel* in: *Stüer* (Hrsg.) Verfahrensbeschleunigung, S. 17.
[2209] *BVerwG*, B. v. 9. 11. 1979 – 4 N 1.78 – BVerwGE 59, 87 = BauR 1980, 36 = DVBl. 1980, 233 = *Hoppe/Stüer* RzB Rdn. 26 – Normenkontrolle; s. Rdn. 1413.
[2210] Vgl. zum Optimierungsgebot *Bartlsperger* DVBl. 1996, 12; *Hoppe* DVBl. 1992, 853; *Hoppe* in: *Hoppe/Bönker/Grotefels* § 7 Rdn. 32 ff.; *Sendler* UPR 1995, 41; s. Rdn. 1201.
[2211] *BVerwG*, Urt. v. 14. 2. 1975 – IV C 21.74 – BVerwGE 48, 56 = DVBl. 1975, 713 = NJW 1975, 1373 = *Hoppe/Stüer* RzB Rdn. 50 – B 42.
[2212] *VerfGH Münster*, Urt. v. 9. 6. 1997 – 20/95 u. a. – DVBl. 1997, 1107 = NVwZ-RR 1998, 473.
[2213] *BVerwG*, Urt. v. 14. 1. 1998 – 11 C 11.96 – DVBl. 1998, 339 = NVwZ 1998, 628 – Mühlheim-Kärlich.

Planunterlagen in zeitlicher Hinsicht nicht den gesetzlichen Vorgaben entsprochen hat. Auch kann der Betroffene nicht aus der Nichtbeteiligung anderer Verfahrensbeteiligter die Fehlerhaftigkeit des Planfeststellungsbeschlusses herleiten. Der Verfahrensfehler muss vielmehr gerade ihm gegenüber wirksam geworden sein. Das gilt etwa für Verfahrensfehler, die sich auf den Planfeststellungsbeschluss insgesamt ausgewirkt haben wie etwa die Mitwirkung von Befangenen nach § 20 I 1 Nr. 5 VwVfG oder der rechtswidrige Verzicht auf eine Erörterung der eingegangenen Einwendungen.

4. Enteignungsrechtliche Betroffenheit

Auch der durch einen Planfeststellungsbeschluss **enteignungsrechtlich Betroffene** unterliegt hinsichtlich der Form- und Verfahrensvorschriften grundsätzlich den vorgenannten Einschränkungen. Im Gegensatz zu dem nur mittelbar betroffenen Nachbarn des Vorhabens kann sich der Eigentümer, dessen Grundstück auf der Grundlage des Planfeststellungsbeschlusses enteignet werden soll, zwar auch auf andere öffentlich-rechtliche Belange berufen und ist nicht auf das Geltendmachen eigener rechtlich geschützter Belange beschränkt. Form- und Verfahrensfehler können jedoch von dem so Betroffenen nur geltend gemacht werden, wenn sie sich auf seine Rechtsposition konkret ausgewirkt haben. Deshalb ist die Rüge, **andere Verfahrensbeteiligte** seien nicht ordnungsgemäß angehört worden, nur beachtlich, wenn sich der Fehler auf die eigene Rechtsposition des Eigentümers konkret auswirkt (§ 46 VwVfG). Dies ist von dem Betroffenen jeweils darzulegen. Das gilt auch für die Rüge, ein nach § 58 BNatSchG anerkannter Naturschutzverband sei unter Umgehung seiner gesetzlich eingeräumten Beteiligungsrechte[2214] am Verfahren nicht beteiligt worden.[2215] Die Verletzung von Verfahrensvorschriften führt daher nur dann zu einer Rechtswidrigkeit der Zulassungsentscheidung, wenn konkret dargelegt wird, dass durch den Verfahrensfehler die Rechte des Klägers nachteilig betroffen sind.[2216] Die **abstrakte Möglichkeit** eines anderen Ergebnisses reicht dazu nicht aus.[2217] Die Verletzung von Verfahrensbestimmungen ist daher nur dann von Bedeutung, wenn sich der Fehler auf das Abwägungsergebnis oder andere beachtliche Planelemente auswirkt.[2218]

IV. Rechtsbehelfe gegen Verfahrenshandlungen

Nach § 44a VwGO können Rechtsbehelfe gegen behördliche Verfahrenshandlungen nur gleichzeitig mit den gegen die Sachentscheidung zulässigen Rechtsbehelfen geltend gemacht werden. Eine Ausnahme bildet die Vollstreckung behördlicher Verfahrenshandlungen oder wenn diese einen Nichtbeteiligten betreffen. Eine isolierte Anfechtung von behördlichen Verfahrenshandlungen ist damit in der Regel ausgeschlossen. Es muss daher

---

[2214] *BVerwG*, Urt. v. 31. 10. 1990 – 4 C 7.88 – BVerfGE 87, 62 = DVBl. 1991, 214 = NVwZ 1991, 162 – Friedrichshafen; Urt. v. 12. 12. 1996 – 4 C 19.95 – DVBl. 1997, 714 – Nesselwang-Füssen.

[2215] *BVerwG*, B. v. 21. 12. 1995 – 11 VR 6.95 – NVwZ 1996, 896 = DVBl. 1996, 676 – Erfurt-Leipzig/Halle; Urt. v. 14. 5. 1997 – 11 A 43.96 – DVBl. 1997, 1123 = NuR 1997, 506 – Rheinbek-Wohltorf-Aumühle.

[2216] Die UVP ist kein allgemeines „Suchverfahren", in dem alle nur erdenklichen Auswirkungen auf die Umweltgüter und deren Wertigkeit bis in alle Einzelheiten und feinste Verästelungen zu untersuchen sind und gar Antworten auf in der Wissenschaft noch ungeklärte Fragen gefunden werden müssen, so *BVerwG*, Urt. v. 28. 2. 1996 – 4 A 27.95 – NVwZ 1996, 1010 = UPR 1996, 270 – Berlin Tempelhof A 100.

[2217] So *BVerwG*, Urt. v. 8. 6. 1995 – 4 C 4.94 – BVerwGE 98, 339 = DVBl. 1995, 1012 = UPR 1995, 391 = NuR 1995, 537 – B 16 Bernhardswald; Urt. v. 25. 1. 1996 – 4 C 5.95 – BVerwGE 100, 238 = DVBl. 1996, 677 – Eifelautobahn A 60; vgl. auch Urt. v. 21. 3. 1996 – 4 C 19.94 – DVBl. 1996, 907; Urt. 21. 3. 1996 – 4 C 26.94 – BVerwGE 100, 388 = DVBl. 1996, 914 – Autobahnring München-West – Allach; Urt. v. 21. 3. 1996 – 4 C 1.95 – DVBl. 1996, 915 – Autobahnring München A 99.

[2218] *BVerwG*, B. v. 30. 10. 1992 – 4 A 4.92 – NVwZ 1993, 565; B. v. 21. 7. 1994 – 4 VR 1.94 – DVBl. 1994, 1197 = NVwZ 1995, 383 = UPR 1994, 453 B 16.

zunächst der Erlass des Planfeststellungsbeschlusses abgewartet werden, um im Anschluss Rechtsschutz gegen die abschließende Sachentscheidung zu suchen. Während des Planfeststellungsverfahrens kann ein Rechtsschutz gegen die einzelnen Verfahrenshandlungen wie etwa die Festlegung des Untersuchungsrahmens im Scoping-Termin, die Behördenbeteiligung, die Offenlage der Planunterlagen, die Erörterung, Akteneinsicht[2219] oder andere vorbereitende oder verfahrensbegleitende Handlungen nicht erreicht werden. Durch diese Eingrenzung soll sichergestellt werden, dass die Behörde nicht durch juristisches Sperrfeuer an der Verfahrensdurchführung gehindert und das Verwaltungsverfahren über längere Zeit blockiert wird.

3931 Wie im Hauptsacheverfahren gilt § 44a VwGO auch für Verfahren des **einstweiligen Rechtsschutzes**. So sind Anträge nach § 123 VwGO auf Akteneinsicht,[2220] Wiederholung der Auslegung oder ähnliche Verfahrenshandlungen regelmäßig unzulässig.[2221] Zwar hat das *BVerfG* bei besonderen Fallgestaltungen eine verfassungskonforme Auslegung von § 44a VwGO gefordert.[2222] Art. 19 IV GG gebietet es aber gleichwohl nicht, derartige Anträge im Planfeststellungsverfahren als statthaft anzusehen.[2223] Mängel im Verwaltungsverfahren können ohne weiteres im Klageverfahren gegen die Sachentscheidung geltend gemacht werden.[2224] Etwas anders muss nur gelten, wenn ohne eine einstweilige Anordnung schwere und unzumutbare, anders nicht abwendbare Nachteile entstünden, zu deren nachträglicher Beseitigung die Entscheidung in der Hauptsache nicht mehr in der Lage wäre.[2225]

3932 Unter § 44a VwGO fallen nicht nur Widerspruch und Anfechtungsklage. Im Hinblick auf den Zweck der Vorschrift, die Sachentscheidung nicht durch Rechtsstreitigkeiten über Verfahrenshandlungen zu verzögern oder zu erschweren, sind unter anderem auch Verpflichtungsklagen zu den ausgeschlossenen Rechtsbehelfen zu zählen.[2226] Ausgeschlossen sind darüber hinaus auch Anträge auf vorläufigen Rechtsschutz unabhängig davon, ob es sich um solche nach den §§ 80, 80a VwGO oder nach § 123 VwGO handelt, weil im Eilverfahren nicht weitergehender Rechtsschutz erlangt werden kann als im Klageverfahren.[2227]

Beispiel: Im Laufe eines Planfeststellungsverfahrens begehren betroffene Kläger Akteneinsicht mit der Begründung, sie seien sonst nicht in der Lage, ihre Betroffenheiten im Einzelnen zu erkennen und sich sachgerecht gegen die beabsichtigte Inanspruchnahme ihrer Grundstücke zu wehren. Ein derartiges Akteneinsichtsrecht im laufenden Planfeststellungsverfahren kann weder mit der Verpflichtungsklage noch mit einem Eilantrag nach § 123 VwGO durchgesetzt werden.[2228]

3933 Eine erweiterte Auslegung des § 44a VwVfG ist auch nicht im Hinblick auf die verfassungsrechtlich gebotene Gewährleistung eines effektiven Rechtsschutzes i. S. des Art. 19 IV GG geboten. Allerdings gewährleistet diese Grundrechtsnorm den Anspruch des Bürgers auf eine tatsächlich wirksame gerichtliche Kontrolle der jeweils belastenden Verwal-

---

[2219] Darin kann auch eine Vorwegnahme der Hauptsache liegen, *BVerwG*, B. v. 21. 3. 1997 – 11 VR 3.97 – (unveröffentlicht) – Uelzen-Stendal mit Hinweis auf B. v. 14. 12. 1989 – 2 ER 301.89 – Buchholz 310 § 123 VwGO Nr. 15.
[2220] *BVerwG*, B. v. 21. 3. 1997 – 11 VR 3.97 – (unveröffentlicht) – Uelzen-Stendal.
[2221] *BVerwG*, B. v. 29. 7. 1998 – 11 VR 5.98 – NVwZ-RR 1999, 208 – Dresdener Bahn.
[2222] *BVerfG* (*2. Kammer* des *Ersten Senats*), B. v. 24. 10. 1990 – 1 BvR 1028/90 – NJW 1991, 415, insbesondere dann, wenn durch die angegriffene Verfahrenshandlung irreparable Nachteile entstehen.
[2223] Zum Recht auf fehlerfreie Ermessensausübung über die Gewährung von Akteneinsicht aus §§ 29, 72 I VwVfG *BVerwG*, B. v. 26. 8. 1998 – 11 VR 4.98 – NVwZ 1999, 535 – Uelzen-Stendal.
[2224] *BVerwG*, B. v. 21. 3. 1997 – 11 VR 2.97 – UPR 1997, 461 = NVwZ-RR 1997, 663 – Stederdorf-Uelzen.
[2225] *BVerwG*, B. v. 21. 3. 1997 – 11 VR 3.97 – (unveröffentlicht) – Uelzen-Stendal.
[2226] *BVerwG*, Urt. v. 12. 8. 1978 – 8 C 7.77 – Buchholz 310 § 44a VwGO Nr. 1.
[2227] *OVG Münster*, B. v. 13. 6. 1980 – 4 B 1862/79 – DVBl. 1980, 964.
[2228] *BVerwG*, B. v. 21. 3. 1997 – 11 VR 2.97 – NVwZ-RR 1997, 663 = DVBl. 1997, 1127 – Uelzen-Stendal; B. v. 21. 3. 1997 – 11 VR 3.97 – (unveröffentlicht) – Uelzen-Stendal.

tungsentscheidung.²²²⁹ Dieser Gewährleistung ist aber dadurch hinreichend Rechnung getragen, dass Mängel im Verwaltungsverfahren, die wegen § 44a VwGO nicht unmittelbar mit Rechtsbehelfen gegen die Verfahrenshandlung geltend gemacht werden können, im Rahmen eines gegen die Sachentscheidung zulässigen Klageverfahrens gerügt werden können und rechtlich geprüft werden. Das gilt allerdings nur unter der Voraussetzung, dass der Betroffene im späteren Verfahren hinreichend effektiven Rechtsschutz zu erlangen vermag.²²³⁰

V. Begrenzte Fehlerbeachtlichkeit

§ 75 Ia VwVfG baut für alle Planfeststellungsbeschlüsse und Plangenehmigungen **zwei Hürden** dafür auf, dass Verfahrensmängel auf die Rechtswidrigkeit der Planfeststellung durchschlagen: Mängel bei der Abwägung der von dem Vorhaben berührten öffentlichen und privaten Belange sind nur erheblich, wenn sie offensichtlich und auf das Abwägungsergebnis von Einfluss gewesen sind (§ 75 Ia 1 VwVfG). Erhebliche Mängel bei der Abwägung führen nur dann zur Aufhebung des Planfeststellungsbeschlusses oder der Plangenehmigung, wenn sie nicht durch Planergänzung²²³¹ oder ein ergänzendes Verfahren behoben werden können (§ 75 Ia 2 VwVfG). Entsprechende Regelungen sind bereits für die Fehlerheilung von Planfeststellungsverfahren durch das Planungsvereinfachungsgesetz in mehreren Fachgesetzen eingeführt worden (§ 20 VII 2 AEG, § 17 VIc 2 FStrG,²²³² § 19 IV 2 WaStrG, § 10 VIII 2 LuftVG, § 29 VIII 2 PBefG). Hierdurch erhält die planende Behörde einen größeren Fehlerfreiraum. Der Gesetzgeber wollte mit der Änderung der Fachplanungsgesetze durch das Planungsvereinfachungsgesetz und durch das GenBeschlG sicherstellen, dass Fehler im Planfeststellungsverfahren nur dann zur Nichtigkeit des Planfeststellungsbeschlusses führen sollen, wenn sie nicht durch Planergänzungen oder eine ergänzende Planfeststellung geheilt werden können. Die gesetzlichen Regelungen sollen bewirken, dass die Aufhebung des Planfeststellungsbeschlusses sozusagen nur im äußersten Notfall und dann erfolgt, wenn andere Heilungsmöglichkeiten durch Planergänzung oder ergänzendes Planverfahren scheitern. Schon nach der bisherigen Rechtsprechung war es den Gerichten in begrenztem Umfang erlaubt, Planungsfehler durch Auflagen zu heilen, ohne den gesamten Planfeststellungsbeschluss aufzuheben, wenn die Auflagen die Wesensstruktur der Planung als solche unangetastet gelassen hat.²²³³ Der Bundesgesetzgeber wollte mit der Schaffung der neuen Fehlerbesei-

---

²²²⁹ *BVerfG*, B. v. 19. 6. 1973 – 1 BvL 39/69 – BVerfGE 35, 263 = NJW 1973, 2196 – § 80 VI VwGO; B. v. 19. 10. 1977 – 2 BvR 72, 76 – BVerfGE 46, 166 = NJW 1978, 693 – vorläufiger Rechtsschutz Sozialgericht; B. v. 15. 4. 1980 – 2 BvR 970/79 – BVerfGE 54, 94 – Wehrbeschwerde; B. v. 8. 7. 1982 – 2 BvR 1187/82 – BVerfGE 61, 82 – Sasbach; B. v. 28. 6. 1983 – 2 BvR 539/80 – BVerfGE 64, 261 = NJW 1984, 33 – lebenslange Freiheitsstrafe.
²²³⁰ *BVerfG*, B. v. 24. 10. 1990 – 1 BvR 1028/90 – NJW 1991, 415.
²²³¹ *BVerwG*, Urt. v. 22. 3. 1985 – 4 C 63.80 – BVerwGE 71, 150 = DVBl. 1985, 896 = *Hoppe/Stüer* RzB Rdn. 145 – Roter Hang; Urt. v. 16. 3. 1984 – 4 C 46.80 – NVwZ 1985, 108 = UPR 1984, 377= Buchholz 406.16 Eigentumsschutz Nr. 39 – Schutzvorkehrungen; Urt. v. 20. 10. 1989 – 4 C 12.87 – BVerwGE 84, 31 = DVBl. 1990, 419 = *Hoppe/Stüer* RzB Rdn. 216 – Eichenwäldchen; B. v. 21. 12. 1995 – 11 VR 6.95 – NVwZ 1996, 896 = DVBl. 1996, 676 – Erfurt-Leipzig/Halle; *Stüer* DVBl. 1997, 326; *ders.* in: *Stüer* (Hrsg.) Verfahrensbeschleunigung, S. 90.
²²³² Zur rückwirkenden Anwendung des § 17 VIc FStrG durch § 10 PlanVereinfG *BVerwG*, B. v. 11. 4. 1995 – 4 B 61.95 – Buchholz 316 § 73 VwVfG Nr. 8 – Wasser- und Bodenverband.
²²³³ Eine Beschränkung der Aufhebung eines straßenrechtlichen Planfeststellungsbeschlusses auf einen Anspruch lediglich auf Planergänzung hat das *BVerwG* auch schon nach der bisherigen Rechtsprechung anerkannt, so *BVerwG*, Urt. v. 20. 10. 1989 – 4 C 12.87 – DVBl 1990, 99 = *Hoppe/Stüer* RzB Rdn. 216 – Lärmschutz Eichenwäldchen; B. v. 3. 4. 1990 – 4 B 50.89 – UPR 1990, 336 = DVBl. 1990, 789 = *Hoppe/Stüer* RzB Rdn. 854. Beruht nämlich die Rechtswidrigkeit nur auf einem die Gesamtplanung nicht in Frage stellenden Mangel, der durch Planergänzung ausgeräumt werden kann, so besteht kein Anspruch auf Planaufhebung, sondern nur auf Vornahme dieser Ergänzung.

tigungsmöglichkeiten aber keinesfalls hinter diese bisherige Rechtslage zurückgehen. Anderenfalls hätte es einer Gesetzesänderung nicht bedurft. Es war vielmehr Absicht des Gesetzgebers, den von dieser gesetzlichen Regelung erfassten Fachplanungen eine über die bisherige Regelung hinausgehende Bestandskraft und besondere Priorität zu verleihen. Danach gilt der Grundsatz: **Nachbesserung vor Aufhebung**. Die **Aufhebung** eines Planfeststellungsbeschlusses soll nach den Vorschriften des GenBeschlG nur noch als „Ultima Ratio" in Betracht kommen. Dies bringt das Gesetz dadurch zum Ausdruck, dass es neben die bereits zuvor anerkannte Möglichkeit der Planergänzung auch das „ergänzende Verfahren" als Möglichkeit erwähnt, Fehler der Planfeststellung zu beseitigen. Die Planergänzung betrifft dabei vor allem die aus der bisherigen Rechtsprechung bekannten Fälle der Schutzauflagen.[2234] Das ergänzende Verfahren bezieht sich demgegenüber auf Fälle, in denen Verfahrens- oder Inhaltsmängel durch Nachbesserung des Verfahrens oder durch eine inhaltliche Nachbewertung geheilt werden können. Dieser Teil der Vorschrift ermöglicht im Gegensatz zur bisherigen Rechtsprechung[2235] etwa auch die Einholung ergänzender Gutachten oder ergänzender Ermittlungen des Sachverhalts oder Bewertungen von Belangen. Die Heilungsmöglichkeiten eines ergänzenden Verfahrens in § 75 Ia VwVfG beziehen sich nicht nur auf Form- und Verfahrensfehler, sondern auch auf inhaltliche Fehler. So können etwa fehlerhafte Beteiligungen ebenso geheilt werden wie etwa Abwägungsmängel. Auch eine etwa fehlerhafte Beteiligung eines nach § 58 BNatSchG anerkannten Naturschutzverbandes kann durch eine ergänzende Anhörung geheilt werden. Auch wenn eine Straße abweichend von dem Planfeststellungsbeschluss auf einem anderen Grundstücksteil des Betroffenen verwirklicht werden soll, so können derartige Divergenzen zwischen Planung und Ausführung ggf. durch ein ergänzendes Verfahren nach § 75 Ia

---

[2234] Zur Schutzauflagenrechtsprechung des *BVerwG*, vor allem zu § 17 IV FStrG a. F. Urt. v. 17. 11. 1972 – IV C 21.62 – BVerwGE 41, 178 = NJW 1973, 915 = DVBl. 1973, 492 – Wiesbaden-Schierstein; Urt. v. 14. 2. 1975 – IV C 21.74 – BVerwGE 48, 56 = DVBl. 1975, 713 = NJW 1975, 1373 = *Hoppe/Stüer* RzB Rdn. 50 – B 42; Urt. v. 21. 5. 1976 – IV C 24.75 – BVerwGE 51, 35 = NJW 1976, 1765 = *Hoppe/Stüer* RzB Rdn. 107 – Mannheim-Schwetzingen; Urt. v. 21. 5. 1976 – IV C 38.74 – BVerwGE 51, 6 = DVBl. 1976, 786 = NJW 1976, 1765 = *Hoppe/Stüer* RzB Rdn. 1163 – Darmstadt-Süd; Urt. v. 21. 5. 1976 – IV C 80.74 – BVerwGE 51, 15 = DVBl. 1976, 799 = NJW 1976, 1760 = *Hoppe/Stüer* RzB Rdn. 108 – Stuttgart-Degerloch; Urt. v. 15. 4. 1977 – IV C 3.74 – BVerwGE 52, 226 = DÖV 1977, 822 = *Hoppe/Stüer* RzB Rdn. 110 – Kelsterbach; Urt. v. 12. 9. 1980 – 4 C 74.77 – BVerwGE 61, 1 – B 19; Urt. v. 6. 8. 1982 – 4 C 66.79 – BVerwGE 66, 99 = ZfW 1983, 33 = NJW 1984, 1250 – Staustufe Riedenburg; Urt. v. 16. 3. 1984 – 4 C 46.80 – ZfW 1985, 32 = UPR 1984, 377 – Küstenkanal; Urt. v. 22. 3. 1985 – 4 C 15.83 – BVerwGE 71, 166 = DVBl. 1985, 900 = NJW 1986, 80 = BauR 1986, 35 = *Hoppe/Stüer* RzB Rdn. 87 – B 16; *Stüer* DVBl. 1997, 326; *ders.* in: *Stüer* (Hrsg.) Verfahrensbeschleunigung, S. 90.

[2235] Eine Nachbesserung des Abwägungsmaterials durch das Gericht hat das BVerwG stets abgelehnt, so etwa *BVerwG*, Urt. v. 22. 10. 1987 – 7 C 4.85 – BVerwGE 78, 177 = NVwZ 1987, 536 = DVBl. 1988, 148 = *Hoppe/Stüer* RzB Rdn. 474 – Brokdorf: „Das Verwaltungsgericht darf im Rahmen einer solchen Klage die Sache nicht in der Weise spruchreif machen, dass es von ihm festgelegte Mängel bei der von der Exekutive zu verantwortenden Risikobewertung durch eine gerichtliche Beweisaufnahme auszugleichen sucht." Urt. v. 25. 2. 1988 – 4 C 32 und 33.86 – BauR 1989, 53 = UPR 1988, 266 = NVwZ 1989, 152 = *Hoppe/Stüer* RzB Rdn. 82 – Verkehrsanalyse: „Ist das Abwägungsmaterial bei einer planerischen Abwägung aller nach Lage der Dinge einzustellenden Belange unzureichend ermittelt worden, ist der Mangel im gerichtlichen Verfahren nicht heilbar. Dies gilt beispielsweise für eine nach Landesrecht als erforderlich anzusehende Verkehrsanalyse." B. v. 10. 2. 1989 – 7 B 171.88 – DVBl. 1989, 833 = UPR 1989, 277 = StT 1989, 539 = *Hoppe/Stüer* RzB Rdn. 83 – Mettmann; B. v. 14. 8. 1989 – 4 NB 24.88 – DVBl. 1989, 1105 = ZfBR 1989, 264 = UPR 1989, 452 = *Hoppe/Stüer* RzB Rdn. 84 – Beitrittsbeschluss: „Ist eine zur ordnungsgemäßen Aufbereitung des Abwägungsmaterials erforderliche Sachaufklärung unterblieben, so kann sie nicht vom Gericht im Normenkontrollverfahren nachgeholt werden." Urt. v. 18. 5. 1990 – 7 C 3.90 – BVerwGE 85, 155 = DVBl. 1990. 1170 = UPR 1991, 21 = NVwZ 1991, 362 = *Hoppe/Stüer* RzB Rdn. 56 – Betonformsteine aus Quarzsand; B. v. 26. 6. 1992 – 4 B 1-11.92 – DVBl. 1992, 1435 = NVwZ 1993, 572 = *Hoppe/Stüer* RzB Rdn. 42 – B 31 – Abschnittsbildung.

7. Teil. Verfahrensfehler

VwVfG behoben werden.[2236] Der Gesetzgeber wollte mit diesen Heilungsregelungen die Aufhebung der Planung als radikale Folge einer Rechtswidrigkeit des Planfeststellungsbeschlusses vermeiden, wenn der Fehler durch ein ergänzendes Verfahren behoben werden kann. Selbst erhebliche Mängel in der Abwägung können daher Gegenstand des Heilungsverfahrens sein. Entscheidend ist allein, dass die Möglichkeit besteht, den Fehler im ergänzenden Verfahren zu beheben. Diese Möglichkeit ist aber etwa auch bei einer Verletzung des Beteiligungsrechts eines anerkannten Naturschutzverbandes oder auch bei materiellen Abwägungsfehlern vom Grundsatz her gegeben.

Beispiel: Ein nach § 58 BNatSchG anerkannter Naturschutzverband ist nicht ordnungsgemäß beteiligt worden. Die Planfeststellungsbehörde kann die unterbliebene oder unzureichende Beteiligung des Naturschutzverbandes nach § 75 Ia VwVfG nachholen. Ergeben sich dabei neue Erkenntnisse, so muss sie die Planfeststellungsbehörde in einer neuen ergebnisoffenen Entscheidung berücksichtigen, weil die Beteiligung anderenfalls ihre Funktion nicht erfüllen würde. Das Ergebnis der Beteiligung kann deshalb in einer Aufhebung oder Änderung des Planfeststellungsbeschlusses bestehen. Es besteht aber auch die Möglichkeit, dass die Planfeststellungsbehörde nach erneuter Abwägung unter Berücksichtigung der Äußerung des Naturschutzverbandes gleichwohl an der getroffenen Entscheidung festhält und hierzu im Rahmen ihres planerischen Ermessens auch berechtigt ist.[2237]

Ein Mangel ist **offensichtlich**, wenn er die Erkenntnis und Einstellung aller wesentlichen Belange in die Abwägung und die Gewichtung der Belange betrifft und er sich ohne weiteres aus der Planbegründung ergibt.[2238] Erhebliche Mängel bei der Abwägung führen nur dann zur Aufhebung des Planfeststellungsbeschlusses oder der Plangenehmigung, wenn sie nicht durch **Planergänzung** oder ein **ergänzendes Verfahren** behoben werden können (§ 75 II 2 VwVfG). Der Gesetzgeber geht dabei davon aus, dass bestimmte Abwägungsmängel durch Planreparatur geheilt werden können. Wie dies allerdings erfolgen kann, wird im Gesetz nicht erklärt. Offenbar geht der Gesetzgeber auch über die Heilung von Abwägungsmängeln hinaus von einer generellen Planreparaturmöglichkeit aus.[2239] Ein ergänzendes Verfahren ist immer dann möglich, wenn (lediglich) Verfahrensmängel behoben werden oder materielle Fehler repariert werden sollen, die nicht die Grundzüge der Planung betreffen oder bei denen die Reparatur nicht auf unüberwindliche Hindernisse stößt. Auch Mängel etwa im Bereich des Habitat- und Vogelschutzes, der zu beachtende zwingende Gebote enthält, können daher vom Grundsatz her durch Planreparatur behoben werden.[2240] Völlig andere Konzepte etwa oder Alternativen, die ein ganz anderes Vorhaben betreffen, können allerdings nicht im Wege einer Planreparatur zugelassen werden. Hier ist vielmehr eine neue Planfeststellung erforderlich. Auch unüberwindbare Konflikte zwischen nebeneinander geplanten unverträglichen Nutzungen entziehen sich einem ergänzenden Verfahren.

Dabei ist zwischen **Bauleitplanung** und **Fachplanung** zu unterscheiden. Der Planfeststellungsbeschluss ergeht im Gegensatz zum Bebauungsplan (§ 10 I BauGB) nicht als Rechtsnorm, sondern als Verwaltungsakt in der Sonderform der Allgemeinverfügung (§ 35 S. 2 VwVfG). Wird der Planfeststellungsbeschluss von einem Betroffenen nicht rechtzeitig durch Klageerhebung angefochten, so erwächst er in Bestandskraft. Ein Klage abweisendes Urteil gegen den Planfeststellungsbeschluss wird bei Nichteinlegung von

---

[2236] *BVerwG*, Urt. v. 22. 10. 1997 – 11 B 32.97 – DÖV 1998, 395 = UPR 1998, 149.
[2237] *BVerwG*, Urt. v. 12. 12. 1996 – 4 C 29.94 – DVBl. 1997, 798 – Nesselwang-Füssen.
[2238] *OVG Bremen*, Urt. v. 13. 12. 2001 – 1 D 299/01 – UPR 2002, 400 = NordÖR 2002, 116, mit Hinweis auf *BVerwG*, B. v. 26. 8. 1998 – 11 VR 4.98 – DVBl. 1999, 869 = NVwZ 1999, 535.
[2239] *BVerwG*, Urt. v. 5. 12. 1986 – 4 C 13.85 – BVerwGE 75, 214 = DVBl. 1987, 573 – München II; Urt. v. 31. 3. 1995 – 4 A 1.93 – DVBl. 1995, 1007; Urt. v. 27. 10. 2000 – 4 A 18.99 – BVerwGE 112, 140 = DVBl. 2001, 386 – A 71.
[2240] *OVG Koblenz*, Urt. v. 9. 1. 2003 – 1 C 10187/01 – NuR 2003, 441 = DVBl. 2003, 200 – B 50n 2. Abschnitt Hochmoselbrücke; nachfolgend *BVerwG*, Urt. v. 1. 4. 2004 – 4 C 2.03 – DVBl. 2004, 1115 = EurUP 2004, 161; *OVG Koblenz*, Urt. v. 9. 1. 2003 – 1 C 10393.01 – B 50n.

Rechtsmitteln oder Ausschöpfung des Rechtsweges rechtskräftig mit der Folge, dass auch diesen Klägern gegenüber der Planfeststellungsbeschluss bestandskräftig wird. In dieser Bestandskraft von Planfeststellungsbeschlüssen liegt der wesentliche Unterschied gegenüber den Bebauungsplänen, deren Gültigkeit nicht in Bestandskraft oder Rechtskraft erwächst.

3937 Aus diesen Unterschieden dürfte sich ergeben: Eine Reparatur des Planfeststellungsbeschlusses nach § 75 Ia S. 2 VwVfG ist nur insoweit erforderlich, wie die **Rechtslage** gegenüber den Betroffenen **noch offen** ist. Soweit der Planfeststellungsbeschluss gegenüber den Betroffenen **Bestandskraft** hat, ist eine Reparatur des Planfeststellungsbeschlusses nicht erforderlich. Ihnen gegenüber werden auch durch einen reparierten Planfeststellungsbeschluss keine neuen Klagemöglichkeiten eröffnet. Der in der Reparatur geänderte Planfeststellungsbeschluss bildet zwar mit dem ursprünglichen Planfeststellungsbeschluss eine Einheit.[2241] Gegenüber den ursprünglich Betroffenen wirkt jedoch die Bestandskraft des Ausgangsplanfeststellungsbeschlusses fort.[2242]

3938 Änderungen ergeben sich nur für die Betroffenen, denen gegenüber eine Planreparatur erforderlich ist und durchgeführt wurde. Eine erneute Beteiligung anderer Betroffener ist nur dann erforderlich, wenn durch die beabsichtigten Änderungen Belange Dritter erstmals oder stärker als bisher betroffen werden (§ 73 VIII VwVfG). Naturschutzverbände sind unabhängig von der Bestandskraft des Planfeststellungsbeschlusses erneut zu beteiligen, wenn weitere Unterlagen oder neue Sachverständigengutachten mit Bedeutung für Belange des Natur- und Landschaftsschutzes beigezogen werden.[2243] Beteiligungsrechte ergeben sich auch für die Gemeinden, wenn auf ihrem Gemeindegebiet Änderungen der Planfeststellung mit Bedeutung für die gemeindliche Planungshoheit vorgesehen sind. Bei gleich bleibendem Tenor des Ergänzungsplanfeststellungsbeschlusses kann wegen der Bestandskraft von einer erneuten gemeindlichen Beteiligung abgesehen werden. Verfahrensmängel und inhaltliche Mängel des Planfeststellungsbeschlusses müssen nur gegenüber denjenigen repariert werden, die sich auf eine Rechtsverletzung noch berufen können. Ist der Planfeststellungsbeschluss etwa (europa)rechtswidrig, weil das Vorhaben erhebliche Auswirkungen auf ein faktisches Vogelschutzgebiet hat, bedarf es einer Reparatur im Hinblick auf innerstaatliche Rechtsschutzmöglichkeiten gleichwohl nur hinsichtlich derjenigen, denen gegenüber der Planfeststellungsbeschluss noch nicht bestandskräftig ist.

3939 Das gilt auch für eine nachzuholende **Verbandsbeteiligung**. Daher spricht der Sondercharakter des ergänzenden Verwaltungsverfahrens dagegen, die zur Fehlerbehebung vorgenommene Nachholung der Anhörung eines einzelnen Naturschutzverbandes zu einem vollwertigen Verfahren mit Beteiligung anderer Verbände oder der Öffentlichkeit aufzuwerten, zumal dies zu einer neuerlichen Anhörung aller anerkannten Naturschutzverbände zwingen würde, was wiederum zur Folge hätte, dass den Verbänden oder auch der Öffentlichkeit bei neuen Anhörungsfehlern erneut der Klageweg eröffnet wäre.[2244]

[2241] *BVerwG*, Urt. v. 12. 12. 1996 – 4 C 29.94 – BVerwGE 102, 331 = DVBl. 1997, 714 – Nesselwang-Füssen.
[2242] *BVerwG*, Urt. v. 31. 1. 2002 – 4 A 15.01 – DVBl. 2002, 990 = NVwZ 2002, 1103 – A 20; *Stüer* DVBl. 2002, 940.
[2243] *BVerwG*, Urt. v. 25. 1. 1996 – 4 C 5.95 – BVerwGE 100, 238 = DVBl. 1996, 677 – Eifelautobahn A 60; Urt. v. 21. 3. 1996 – 4 C 19.94 – DVBl. 1996, 907; Urt. v. 21. 3. 1996 – 4 C 26.94 – BVerwGE 100, 388 = DVBl. 1996, 914 – Autobahnring München-West – Allach; Urt. v. 21. 3. 1996 – 4 C 1.95 – DVBl. 1996, 915 – Autobahnring München A 99; Urt. v. 12. 12. 1996 – 4 C 19.95 – BVerwGE 102, 358 = DVBl. 1997, 714; Urt. v. 12. 11. 1997 – 11 A 49.96 – BVerwGE 105, 348 = DVBl. 1998, 334.
[2244] *VGH München*, Urt. v. 7. 8. 2001 – 8 A 1.40 004 – NVwZ-RR 2002, 426 = NuR 2002, 97; so auch *BVerwG*, Urt. v. 14. 11. 2002 – 4 A 15.01 – DVBl. 2002, 749 = NVwZ 2002, 1103 – B 173.

Sollte die Behörde eine nicht ausreichende Öffentlichkeitsbeteiligung etwa zu einer 3940
inzwischen durchgeführten Verträglichkeitsprüfung in einem ergänzenden Verfahren
nachholen, so ergeben sich aus der erfolgten Beteiligung keine Klagerechte, da diese nur
bei entsprechender materieller Betroffenheit bestehen. Klagerechte bestehen in diesen
Fällen allerdings dann, wenn sich aus dem ergänzenden Planfeststellungsbeschluss erstmalige oder im Vergleich zur bisherigen Lage stärkere Belastungen ergeben.

Wenn die Planfeststellungsbehörde durch ein Bescheidungsurteil verpflichtet worden 3941
ist, über eine Einwendung erneut im Sinne einer planerischen Abwägung zu entscheiden,
in dem ergänzenden Planfeststellungsbeschluss aber nur untaugliche Rechtsausführungen
macht und keine planerischen Erwägungen anstellt, ist auf die Klage des Einwendungsführers hin der ergänzende Planfeststellungsbeschluss aufzuheben. Einer erneuten Verpflichtung der Planfeststellungsbehörde zur Bescheidung bedarf es wegen der Fortgeltung des früheren Bescheidungsurteils nicht.[2245]

Die durch das PlanVereinfG und das GenBeschlG eingeführten Heilungsregelungen 3942
machen eine neuerliche Abgrenzung des Verhältnisses von **autonomer Planungsverantwortung** der Planfeststellungsbehörde und der **nachvollziehenden gerichtlichen Kontrolle** erforderlich. Fehler sind in einem ergänzenden Verfahren nicht mehr heilbar, wenn
damit das Gesamtkonzept der Planung in Frage steht. Eine erforderliche Umweltverträglichkeitsprüfung oder Alternativenüberprüfung kann somit durch ergänzende Planverfahren nachgeholt werden, wenn sich dadurch das Gesamtkonzept der Planung im Ergebnis nicht entscheidend ändert. Die Regelungen des PlVereinfG und des GenBeschlG
enthalten den allgemeinen Grundsatz, dass Verfahrensfehler und auch Fehler in der inhaltlichen Abwägung durch Ergänzung und Wiederholung des nachfolgenden Verfahrens
geheilt werden können.[2246] Ein ergänzendes Verfahren kann nur dann nicht stattfinden,
wenn die fehlerhafte Gesamtabwägung auch durch die Behebung von Verfahrensfehlern
und die Nachermittlung sowie Neubewertung von Belangen nicht geheilt werden kann.
Es muss also umgekehrt die Frage gestellt werden, ob eine Reparatur des verfahrensrechtlichen oder inhaltlichen Fehlers in einem ergänzenden Verfahren sowie in einer Nachbewertung durch die Behörde ausgeschlossen werden kann. Dies könnte etwa dann der
Fall sein, wenn die gewählte Trasse nach Lage der Dinge ausscheidet und nur eine völlig
andere Trassenführung in Betracht kommt. Dasselbe wird gelten, wenn klar ist, dass sich
die Grundzüge der Planung auch aufgrund eines ergänzenden Verfahrens nicht mehr halten lassen. Steht dies aber nicht fest oder ist sogar ein Festhalten an der Planung nach
Durchführung des ergänzenden Verfahrens durchaus möglich, so eröffnen die Vorschriften des PlVereinfG und des GenBeschlG entsprechende Heilungsmöglichkeiten.

8. Teil. Materielle Plananforderungen

Der Planfeststellungsbeschluss muss den materiellen Plananforderungen genügen.[2247] 3943
Materielle Schranken ergeben sich für die Planfeststellung[2248]

[2245] *OVG Münster*, Urt. v. 14. 3. 2001 – 11 D 173/98.AK –.
[2246] Die Heilungsmöglichkeiten orientieren sich damit an dem Bilde der fehlerhaft zugeknöpften Weste. Sie wird nicht ganz, sondern nur bis zu demjenigen Knopf wiederaufgeknöpft, an dem sie fehlerhaft zugeknöpft wurde; *Stüer* DVBl. 1997, 326; *ders.* in: *Stüer* (Hrsg.) Verfahrensbeschleunigung, S. 90.
[2247] *Johlen* Planfeststellungsrecht HdBöffBauR Kap. L Rdn. 103.
[2248] *BVerwG*, Urt. v. 14. 2. 1975 – IV C 21.74 – BVerwGE 48, 56 = DVBl. 1975, 713 = DÖV 1975, 605 = NJW 1975, 1373 = *Hoppe/Stüer* RzB Rdn. 50 – B 42; Urt. v. 7. 7. 1978 – IV C 79.76 – BVerwGE 56, 110 = DVBl. 1978, 845 = DÖV 1978, 804 = NJW 1979, 64 = BauR 1979, 211 = VR 1979, 144 = BayVBl. 1978, 674 = UPR 1984, 1 = *Hoppe/Stüer* RzB Rdn. 1164 – Flughafen Frankfurt.

– aus der behördeninternen Bindung der Planfeststellungsbehörde an die vorbereitenden Planungsentscheidungen,
– aus dem Erfordernis einer Planrechtfertigung,
– aus gesetzlichen Planungsleitsätzen und
– aus dem Abwägungsgebot.

I. Behördeninterne Bindungen

3944 Rechtliche Schranken der Fachplanung können sich auch aus behördeninternen Bindungen vor allem an übergeordnete Planungsentscheidungen ergeben.

1. Raumordnung

3945 Die Planfeststellung hat die Ziele der Raumordnung[2249] zu beachten (§ 4 I ROG). Nach den §§ 4 V, 5 I ROG sind die Behörden des Bundes und der Länder, die Gemeinden und Gemeindeverbände, die öffentlichen Planungsträger sowie die bundesunmittelbaren und die der Aufsicht des Landes unterstehenden Körperschaften, Anstalten und Stiftungen verpflichtet, bei Planungen und sonstigen Maßnahmen, durch die Grund und Boden in Anspruch genommen oder die räumliche Entwicklung eines Gebietes beeinflusst wird, die Ziele der Raumordnung zu beachten. Die Ziele haben einen verbindlichen Charakter und sind nicht durch Abwägung überwindbar. Von den Zielen der Raumordnung sind die Grundsätze zu unterscheiden, die keine unmittelbare Bindungswirkung erzeugen.

3946 **Raumordnungsverfahren.** In § 15 ROG ist bundeseinheitlich für bestimmte raumrelevante Verfahren ein Raumordnungsverfahren geregelt. Nach den §§ 6, 15 ROG schaffen die Länder Rechtsgrundlagen für ein Verfahren, in dem raumbedeutsame Planungen und Maßnahmen untereinander und mit den Erfordernissen der Raumordnung abgestimmt werden. Dieses Raumordnungsverfahren schließt die Ermittlung, Beschreibung und Bewertung der raumbedeutsamen Auswirkungen der Planungen oder Maßnahmen auf die im Gesetz erwähnten Umweltbelange entsprechend dem Planungsstand ein. Durch das Raumordnungsverfahren wird festgestellt, ob raumbedeutsame Planungen oder Maßnahmen mit den Erfordernissen der Raumordnung übereinstimmen und wie raumbedeutsame Planungen oder Maßnahmen unter den Gesichtspunkten der Raumordnung aufeinander abgestimmt oder durchgeführt werden können. Die dem Raumordnungsverfahren unterfallenden Vorhaben sind von der Bundesregierung in einer Rechtsverordnung nach § 17 II ROG festgelegt. Die Ergebnisse des Raumordnungsverfahrens und die darin eingeschlossene Ermittlung, Beschreibung und Bewertung der Auswirkungen des Vorhabens auf die Umwelt sind bei raumbedeutsamen Planungen und Maßnahmen sowie bei Genehmigungen, Planfeststellungen und sonstigen behördlichen Entscheidungen über die Zulässigkeit des Vorhabens nach Maßgabe der dafür geltenden Vorschriften zu berücksichtigen.[2250] Im Rahmen des Raumordnungsverfahrens kann eine Beteiligung der Öffentlichkeit stattfinden (vgl. § 15 VI ROG). Bei der Aufstellung von Bauleitplänen ist das Ergebnis des Raumordnungsverfahrens in die Abwägung nach § 1 V und VI BauGB einzubeziehen (§ 3 Nr. 4 ROG). Die Anpassung der Bauleitplanung an die Ziele der Raumordnung richtet sich nach § 1 IV BauGB.[2251]

[2249] Zur Raumordnung s. Rdn. 215.
[2250] *BVerwG*, B. v. 9. 9. 1988 – 4 B 37.88 – BVerwGE 80, 201 = Hoppe/Stüer RzB Rdn. 30 – landesrechtliches Abwägungsmodell.
[2251] *Grotefels* in *Hoppe/Bönker/Grotefels* § 4 Rdn. 10 ff.

8. Teil. Materielle Plananforderungen   3947   E

Antragskonferenz
Erfordernis eines Raumordnungsverfahrens innerhalb von 4 Wochen
Einleitung des Raumordnungsverfahrens durch die Landesplanungsbehörde
Unterrichtung der zu beteiligenden Stellen über Verfahrensablauf und Öffentlichkeitsbeteiligung
Übereinstimmung des Vorhabens mit den Erfordernissen der Raumordnung Abstimmung mit raumbedeutsamen Maßnahmen und Planungen Ermittlung und Beschreibung der raumbedeutsamen Auswirkungen des Vorhabens auf die Umwelt

Beteiligung der zuständigen Stellen durch die Landesplanungsbehörde	Einbeziehung der Öffentlichkeit durch die Gemeinden
Behörden des Bundes und des Landes, der Gemeinden und Gemeindeverbände öffentliche Planungsträger Körperschaften und Anstalten Stiftungen des öffentlichen Rechts Verbände	Ortsübliche Bekanntmachung Gelegenheit zur Einsichtnahme während der öffentlichen Auslegung Übersendung der Stellungnahme

Auswertung der eigenen Ermittlungen und der Stellungnahmen der Beteiligten
Landesplanerische Feststellung mit Erklärung der raumordnerischen Unbedenklichkeit ggf. mit Maßnahmen oder Erklärung der Unvereinbarkeit des Vorhabens mit den Erfordernissen der Raumordnung (Versagung)

Unterrichtung des Planungsträgers, der Zulassungsbehörden und der Beteiligten sowie der Öffentlichkeit	Zulassungsverfahren Planfeststellung, Plangenehmigung, Genehmigung

Aufgabe des **Raumordnungsverfahrens** ist es, raumbedeutsame Planungen und Maß- **3947** nahmen in einem besonderen Verfahren untereinander und mit den Erfordernissen der Raumordnung abzustimmen, um hierdurch bereits auf überörtlicher Ebene eine Feinsteuerung konkret vorgesehener Planungen und Maßnahmen vornehmen zu können. § 1 ROG enthält in seinen Abs. 1 und 2 einen generellen Rahmen zur Aufgabenstellung des Raumordnungsverfahrens und zu den Möglichkeiten, von einem Raumordnungsverfahren absehen zu können. § 15 III bis VIII ROG enthalten überwiegend verfahrensrechtliche Regelungen für die Länder.[2252] Die beiden Prüfbereiche eines Raumordnungsverfahrens werden als „Raumverträglichkeitsprüfung" zusammengefasst. Außerdem ist im Rahmen einer Änderung der Raumordnungsverordnung ein Raumordnungsverfahren für die Errichtung von Einkaufszentren, großflächigen Einzelhandelsbetrieben und sonstigen großflächigen Handelsbetrieben eingeführt worden (§ 13 Nr. 19 ROV). Hierunter fallen auch die Factory-Outlet-Center. Das Raumordnungsverfahren ist für alle großflächigen Vorhaben i. S. des § 11 III BauNVO durchzuführen, während die UVP-Pflicht nur für solche Vorhaben besteht, die eine Geschossfläche von mindestens 5.000 qm aufweisen.[2253] Von einem Raumordnungsverfahren kann abgesehen werden, wenn die Beurteilung der Raumverträglichkeit der Planung oder Maßnahme bereits auf anderer raumordnerischer Grundlage hinreichend gewährleistet ist (§ 15 II ROG). **Eingeschränkte Bindungswirkungen** bestehen gegenüber der **Gemeinde**, die bei ihrer Bauleitplanung die Ergebnisse des Raumordnungsverfahrens zu berücksichtigen hat (§ 3 Nr. 4 ROG).[2254]

[2252] *Bundesregierung*, Gesetzentwurf zum BauROG 1998, S. 87.
[2253] Anlage zu § 3 UVPG Nr. 18, § 1a II Nr. 2 BauGB.
[2254] *BVerwG*, B. v. 9. 9. 1988 – 4 B 37.88 – BVerwGE 80, 201 = NVwZ 1989, 864 = *Hoppe/Stüer* RzB Rdn. 30 – Freileitung.

2. Fernstraßenausbaugesetz

3948 Nach § 1 Fernstraßenausbaugesetz FStrAbG[2255] sind der Bau und Ausbau der Bundesfernstraßen Hoheitsaufgaben des Bundes. Das Netz der Bundesfernstraßen wird nach dem **Bedarfsplan** für die Bundesfernstraßen ausgebaut, der dem Gesetz als Anlage beigefügt ist. Die in den Bedarfsplan aufgenommenen Bau- und Ausbauvorhaben entsprechen nach § 1 II FStrAbG den Zielsetzungen des § 1 FStrG. Soweit ein unvorhergesehener Verkehrsbedarf insbesondere aufgrund einer Änderung der Verkehrsstruktur es erfordert, können die Straßenbaupläne im Einzelfall auch Maßnahmen enthalten, die nicht dem Bedarfsplan entsprechen (§ 6 FStrAbG). Die Ausweisung eines Vorhabens im Bedarfsplan hat nach § 1 II FStrAbG die Wirkung, dass die Planrechtfertigung gegeben ist. Die Bindung an die Bedarfsplanung ist aus verfassungsrechtlichen Gründen allerdings nicht unbegrenzt.[2256] Betroffene Grundstückseigentümer können nicht auf verbindliche Vorentscheidungen bei der Bedarfsplanung verwiesen werden, solange hiergegen für den Einzelnen keine Rechtsschutzmöglichkeiten bestehen. Wenn deutliche Zweifel daran bestehen, dass mit der Aufnahme eines Vorhabens in einen Bedarfsplan die Grenzen des gesetzgeberischen Ermessens überschritten sind, hat das Verwaltungsgericht dem nachzugehen und ggf. die Verfassungsmäßigkeit der Aufnahme des Vorhabens in den Bedarfsplan dem *BVerfG* zur Entscheidung vorzulegen.[2257] Ist ein Vorhaben im Bedarfsplan ausgewiesen, so obliegt es in erster Linie dem Bundesverkehrsminister, den fortbestehenden Bedarf zu prüfen. Die Anpassung erfolgt durch Gesetz. Die Gerichte können in diesen Entscheidungsprozess grundsätzlich nur dann eingreifen, wenn eine Änderung der erheblichen Daten und Sachverhalte offenkundig ist.[2258]

3. Linienbestimmung

3949 Nach § 16 I FStrG bestimmt der Bundesverkehrsminister im Benehmen mit den Landesplanungsbehörden der beteiligten Länder die Planung und Linienführung der Bundesfernstraßen (Linienbestimmung) mit Ausnahme der Ortsumgehungen.[2259] Dabei sind die von dem Vorhaben berührten öffentlichen Belange im Rahmen der Abwägung zu berücksichtigen. Die Linienbestimmung ist an den Bedarfsplan für den Ausbau der Bundesfernstraße oder die vergleichbaren Pläne der Länder gebunden, soweit die Pläne hierüber Aussagen enthalten.[2260] Die Linienbestimmung gehört jedoch nicht zu den Rechtmäßigkeitsvoraussetzungen der Planfeststellung. Vielmehr muss die Entscheidung der Planfeststellungsbehörde aus sich heraus den rechtlichen Anforderungen genügen. Dies gilt sowohl für die fernstraßenrechtliche als auch die eisenbahnrechtliche oder wasserwegerechtliche Planfeststellung.[2261] Auch die UVP-Richtlinie schreibt nichts anderes

---

[2255] Vgl. Bekanntmachung der Neufassung des Fernstraßenausbaugesetzes v. 15. 11. 1993 (BGBl. I 1878).

[2256] *BVerfG*, B. v. 19. 7. 1995 – 2 BvR 2397/94 – NVwZ 1996, 261 = BayVBl. 1996, 107 – Aumühle.

[2257] *BVerwG*, Urt. v. 8. 6. 1995 – 4 C 4.94 – BVerwGE 98, 339 = DVBl. 1995, 1012 = UPR 1995, 391 = NuR 1995, 537 – B 16 Bernhardswald; Urt. v. 25. 1. 1996 – 4 C 5.95 – BVerwGE 100, 238 = DVBl. 1996, 677 – Eifelautobahn A 60; Urt. v. 21. 3. 1996 – 4 C 19.94 – DVBl. 1996, 907; Urt. v. 21. 3. 1996 – 4 C 26.94 – BVerwGE 100, 388 = DVBl. 1996, 914 – Autobahnring München-West – Allach; Urt. v. 21. 3. 1996 – 4 C 1.95 – DVBl. 1996, 915 – Autobahnring München A 99; zur Vorlage an den *EuGH*, Urt. v. 12. 12. 1996 – 4 C 29.94 – DVBl. 1997, 798 – Nesselwang-Füssen.

[2258] *BVerwG*, B. v. 26. 4. 1996 – 11 VR 47.95 – ThürVBl. 1996, 226; Urt. v. 27. 11. 1996 – 11 A 99.95 – LKV 1997, 213 = NVwZ 1997, 684 – Arnstadt; *OVG Koblenz*, Urt. v. 13. 2. 1997 – 1 A 11558/94 OVG – Eifelautobahn A 60; kritisch zu diesen Kompetenzen von Regierung und Verwaltung *Blümel* in: *Stüer* (Hrsg.) Verfahrensbeschleunigung, S. 17.

[2259] Zur Linienbestimmung s. Rdn. 2765, 3014, 3494.

[2260] *Kodal/Krämer* Straßenrecht Kap. 33 Rdn. 7.

[2261] *BVerwG*, B. v. 22. 6. 1993 – 4 B 45.93 – VkBl. 1995, 210 – Tank- und Raststätte; B. v. 29. 11. 1995 – 11 VR 15.95 – Buchholz 442.09 § 18 AEG Nr. 7 – Hamburg-Büchen-Berlin.

8. Teil. Materielle Plananforderungen

vor.²²⁶² Die durch die Linienbestimmung eintretenden Bindungen sind daher nur verwaltungsintern und wirken sich demgegenüber auf den Rechtsschutz der Planbetroffenen nicht aus. Dies gilt auch für die planbetroffenen Gemeinden, die daher derartige Regelungen nicht sozusagen vorab anfechten müssen.

4. Abfallwirtschaftsplanung

Bindungen ergeben sich für die abfallrechtliche Planung auch aus der Abfallwirtschaftsplanung der Länder. Nach § 29 I KrW-/AbfG stellen die Länder für ihren Bereich Abfallwirtschaftspläne nach überörtlichen Gesichtspunkten auf. Die erstmals seit Ende 1999 aufzustellenden Pläne weisen zugelassene Abfallbeseitigungsanlagen und geeignete Flächen für Deponien sowie für sonstige Abfallbeseitigungsanlagen aus. Die Ausweisungen können für die Beseitigungspflichtigen als verbindlich erklärt werden (§ 29 IV KrW-/AbfG).

II. Planrechtfertigung

Jede Fachplanung bedarf, zumal wenn sie die Voraussetzung für Eigentumseingriffe geben soll, einer Planrechtfertigung.²²⁶³ Diese ist dann gegeben, wenn das Vorhaben vernünftigerweise geboten ist.²²⁶⁴ Die Zulässigkeit eines Planfeststellungsbeschlusses setzt daher voraus, dass das jeweilige Vorhaben durch vernünftige Gründe des Gemeinwohls gerechtfertigt ist. Die Planrechtfertigung stellt dabei einen ersten Vorprüfungspunkt dar, an den allerdings keine zu hohen Anforderungen zu stellen sind. Vorhaben, die nicht vernünftigerweise geboten sind, werden, wenn sie in Rechte Dritter eingreifen oder gar eine Enteignung erfordern, auch die Hürde des Abwägungsgebotes und der Eigentumsgarantie nicht nehmen. Die gebotene Vorausbeurteilung eines Vorhabens geht allerdings über die bloße Feststellung, dass ihm keine offenkundigen Hindernisse entgegenstehen, hinaus. Die Planrechtfertigung ist erst gegeben, wenn das Vorhaben sich mit den an ihm zu stellenden rechtlichen Anforderungen vereinbaren lässt,²²⁶⁵ etwa wenn ein Verkehrsweg nicht mehr dem wachsenden Verkehrsbedürfnis entspricht und die Planung einer entsprechenden Nachfrage dient.²²⁶⁶ Auch der Anschluss regionaler Zentren an das Straßennetz, die Förderung der wirtschaftlichen Entwicklung in bisher unzureichend erschlossenen Räumen oder die Umlenkung lokaler Verkehrsströme können das Vorhaben rechtfertigen.²²⁶⁷ Diese Stufe der Prüfung verhindert allerdings nur grobe und offensichtliche Missgriffe.²²⁶⁸ Besteht ein berechtigtes Interesse daran, eine Region zur Förderung ihrer wirtschaftlichen Entwicklung infrastrukturell aufzuschließen, kann auch dies zur Planrechtfertigung genügen.²²⁶⁹ Insofern gelten im Hinblick auf eine Stärkung der regionalen

---

²²⁶² Zur SUP-Pflicht der Linienbestimmung s. Rdn. 2765.
²²⁶³ *Johlen* Planfeststellungsrecht HdBöffBauR Kap. L Rdn. 105.
²²⁶⁴ *BVerwG*, Urt. v. 14. 2. 1975 – IV C 21.74 – BVerwGE 48, 56 = DVBl. 1975, 713 = NJW 1975, 1373 = *Hoppe/Stüer* RzB Rdn. 50 – B 42; Urt. v. 9. 10. 2000 – 5 S 1883/99 – DVBl. 2001, 405 = VBlBW 2001, 278; Urt. v. 9. 10. 2000 – 5 S 1888/99 – VBlBW 2001, 315; *Hönig*, Fachplanung und Enteignung, in: *Stüer* (Hrsg.), Planungsrecht, Bd. 6, S. 197.
²²⁶⁵ *OVG Bremen*, Urt. v. 13. 12. 2001 – 1 D 299/01 – UPR 2002, 400 = NordÖR 2002, 116, mit Hinweis auf *BVerwG*, Urt. v. 11. 7. 2001 – 11 C 14.00 – BVerwGE 114, 364 = DVBl. 2001, 1848 = NVwZ 2002, 350 – Bitburg.
²²⁶⁶ *OVG Hamburg*, Urt. v. 3. 9. 2001 – 3 E 32/98.P – DVBl. 2002, 198 = NordÖR 2002, 241.
²²⁶⁷ *BVerwG*, Urt. v. 17. 5. 2002 – 4 A 28.01 – BVerwGE 116, 254 = DVBl. 2002, 1486 = NVwZ 2002, 1243 – A 44, mit Hinweis auf Urt. v. 19. 5. 1998 – 4 A 9.97 – BVerwGE 107, 1 = DVBl. 1998, 900; Urt. v. 12. 7. 1985 – 4 C 40.83 – BVerwGE 72, 15 = NVwZ 1985, 736.
²²⁶⁸ *BVerwG*, Urt. v. 11. 7. 2001 – 11 C 14.00 – BVerwGE 114, 364 = DVBl. 2001, 1848 = NVwZ 2002, 350 – Bitburg, mit Hinweis auf Urt. v. 3. 6. 1971 – IV C 64.70 – BVerwGE 38, 152 = DVBl. 1972, 119; für ein Landesentwicklungsprogramm *OVG Koblenz*, Urt. v. 2. 3. 2001 – 1 A 11447/00 – DVBl. 2001, 1301 = NVwZ-RR 2001, 714.
²²⁶⁹ *BVerwG*, Urt. v. 27. 10. 2000 – 4 A 18.99 – BVerwGE 112, 140 = DVBl. 2001, 386 = NVwZ 2001, 673, mit Hinweis auf Urt. v. 6. 12. 1985 – 4 C 59.82 – NJW 1986, 1508 = DÖV 1986, 520; Urt. v. 26. 3. 1998 – 4 A 7.97 – NuR 1998, 605 = UPR 1998, 382.

Wirtschaftstruktur im Fachplanungsrecht einheitliche Grundsätze.[2270] Im Übrigen stellt es die Erforderlichkeit des Vorhabens nicht in Frage, wenn nicht alle Gründe dem Planfeststellungsbeschluss zu entnehmen sind.[2271] Eine Änderung auf der der Planfeststellung vorgelagerten Planungsstufen führt nicht notwendig auch zu einer Änderung der Identität des planfestzustellenden Vorhabens. Denn § 73 VwVfG regelt die Planfeststellung und nicht die Bedarfsplanung, die Landesplanung oder die Finanzplanung.[2272]

3952 Die Bedeutung des **Eigentums** in der Abwägung fasst das *BVerwG* wie folgt zusammen: Dem Eigentum kommt als privater Belang in der Konkurrenz mit anderen Belangen besonderes Gewicht zu. Dies folgt bereits aus dem Gewährleistungsvorbehalt der Eigentumsgarantie in Art. 14 I 1 GG. Entfaltet eine planungsrechtliche Entscheidung **enteignungsrechtliche Vorwirkungen**, ist dem im Rahmen der Abwägung Rechnung zu tragen und daher bereits im Planfeststellungsverfahren zu prüfen, ob die Enteignung gemessen an den Voraussetzungen des Art. 14 III GG zulässig ist. Demgemäß kommt eine Enteignung nur in Betracht, wenn sie zum Wohl der Allgemeinheit erforderlich ist. Dieses Erfordernis schließt sämtliche Elemente des Übermaßverbots ein. Die Enteignung muss zur Zweckerfüllung geeignet und sie muss in dem Sinne erforderlich sein, dass zur Erreichung des mit ihr erstrebten Erfolges kein anderes, gleich wirksames, aber weniger einschneidendes Mittel hätte gewählt werden können. Auch darf die Schwere des Eingriffs nicht außer Verhältnis zu dem Gewicht und der Dringlichkeit der den Eigentumsentzug rechtfertigenden Gründe stehen. Bei sachgerechter Anwendung ermöglicht es das Abwägungsgebot, den Anforderungen des verfassungsrechtlichen Übermaßverbotes Rechnung zu tragen. Daher unterliegt jede Planung der Prüfung, ob das planerische Ziel auf andere Weise auch ohne die Inanspruchnahme von privatem Eigentum oder mit geringerer Eingriffsintensität erreichbar ist.[2273]

Planungsleitsätze	Optimierungsgebote
⇩	⇩
• strikte Beachtung • durch Abwägung nicht überwindbar Beispiele: • § 1 III FStrG: Kreuzungen mit Autobahnen dürfen nicht höhengleich sein • § 1 I FStrG: Bundesfernstraßen bilden ein zusammenhängendes Verkehrsnetz	• gestufte Prüfungsreihenfolge nach Maßgabe bestimmter gesetzlicher Vorgaben • einzelne Stufen sind durch Abwägung überwindbar Beispiele: • Lärmvermeidung (§ 50 BImSchG) • aktiver Lärmschutz (§ 41 BImSchG) • passiver Lärmschutz (§ 42 BImSchG)

III. Planungsleitsätze und Optimierungsgebote

3953 Die Fachplanung hat verbindliche Planungsleitsätze, die nicht durch Abwägung überwindbar sind, strikt zu beachten. Planungsleitsätze ergeben sich etwa aus den jeweiligen Fachgesetzen, aber auch aus dem Gebot, den Zielen der Raumordnung bei der jeweiligen

---

[2270] *BVerwG*, Urt. v. 11. 7. 2001 – 11 C 14.00 – BVerwGE 114, 364 = DVBl. 2001, 1848 = NVwZ 2002, 350 – Bitburg.
[2271] *BVerwG*, Urt. v. 11. 7. 2001 – 11 C 14.00 – BVerwGE 114, 364; Urt. v. 25. 10. 2001 – 11 A 30 – 110-kV-Bahnstromfernleitung.
[2272] *BVerwG*, B. v. 29. 1. 2001 – 4 B 87.00 – NVwZ-RR 2002, 2.
[2273] *BVerwG*, Urt. v. 11. 4. 2002 – 4 A 22.01 – NVwZ 2002, 1119 = DVBl. 2002, 1434.

8. Teil. Materielle Plananforderungen

fachplanerischen Entscheidung einen Vorrang einzuräumen. Planungsleitsätze stellen sich sozusagen als „rote Ampeln" dar, die strikt zu beachten sind und nicht durch Abwägung überwunden werden können.[2274] Optimierungsgebote dagegen beinhalten eine gestufte Prüfungsreihenfolge nach Maßgabe bestimmter gesetzlicher Vorgaben. Die einzelnen Prüfungsstufen sind durch Abwägung überwindbar.

IV. Abwägungsfehlerlehre

Die Planfeststellungsentscheidung des Fachplanungsrechts unterliegt dem Abwägungsgebot[2275] und damit den allgemeinen rechtlichen Anforderungen, wie sie vom *BVerwG* etwa für die Bauleitplanun, aber auch für die verschiedenen Fachplanungen nach weitgehend einheitlichen Grundsätzen entwickelt worden sind.[2276] Danach sind die nach Lage der Dinge zu berücksichtigenden Belange zunächst zu ermitteln und sodann in die Abwägung einzustellen. Die Belange dürfen nicht im Gegensatz zu ihrer objektiven Gewichtigkeit bewertet werden. Die Ausgleichsentscheidung zwischen den berührten öffentlichen und privaten Belangen darf nicht in einer Weise vorgenommen werden, die zur objektiven Gewichtigkeit der Belange außer Verhältnis steht.[2277]

a) Grundsatz. Auch die Fachplanung ist daher untrennbar mit der **Abwägung** verbunden.[2278] Der abwägungsdirigierte Charakter der Planungsentscheidung führt allerdings auch dazu, dass der Antragsteller keinen von einer Abwägung unabhängigen **Rechtsanspruch auf Planfeststellung** hat. Die jeweiligen Vorschriften des Fachplanungsrechts räumen der Behörde eine **planerische Gestaltungsfreiheit** ein, die sich auf alle Gesichtspunkte erstreckt, die zur Verwirklichung des gesetzlichen Planungsauftrags und zugleich zur Bewältigung der von dem Vorhaben in seiner räumlichen Umgebung aufgeworfenen Probleme von Bedeutung sind. Die planerische Gestaltungsfreiheit findet ihre rechtlichen Grenzen zum einen in den zwingenden Versagungsgründen des jeweiligen Fachplanungsrechts und sonstiger infolge der Konzentrationswirkung zu beachtender Rechtsvorschriften, zum anderen in den Anforderungen des Abwägungsgebots.[2279] Diese im Zusammenhang mit Anfechtungsklagen Dritter entwickelte Struktur der fachplanerischen Zulassungsentscheidung ist nach Auffassung des *BVerwG*[2280] grundsätzlich auch dann maßgebend, wenn der Vorhabenträger gegen eine ablehnende Entscheidung der Planfeststellungsbehörde klagt. Der Antragsteller hat dementsprechend keinen Anspruch auf Erlass eines Planfeststellungsbeschlusses in dem Sinne, dass bei Erfüllung bestimmter tatbestandlicher Voraussetzungen dem Antrag zwingend stattgegeben werden muss. Eine derartige Annahme wäre mit der Funktion und den rechtlichen Wirkungen einer Planfeststellung unvereinbar. Fachplanerische Entscheidungen sind nicht nur, wie etwa die bauaufsichtliche oder die immissionsschutzrechtliche Genehmigung, Entscheidungen über die öffentlich-rechtliche Zulassung des beantragten Vorhabens. Sie enthalten dar-

---

[2274] S. Rdn. 1199.
[2275] *BVerwG*, Urt. v. 12. 12. 1969 – IV C 105.66 – BVerwGE 34, 301 = *Hoppe/Stüer* RzB Rdn. 23 – Abwägungsgebot; B. v. 9. 11. 1979 – 4 N 1.78 – BVerwGE 59, 87 = BauR 1980, 36 = DVBl. 1980, 233 = DÖV 1980, 21 = *Hoppe/Stüer* RzB Rdn. 26 – Normenkontrolle. Zu Vorschlägen, das Abwägungsgebot gesetzlich zu regeln, *Hoppe* DVBl. 1994, 1030; *ders.* in: *Hoppe/Bönker/Grotefels* § 7 Rdn. 1ff.; s. Rdn. 1375.
[2276] Zur Übernahme der allgemeinen Grundsätze des Abwägungsgebotes in die fachplanungsrechtlichen Entscheidungen *BVerwG*, Urt. v. 22. 12. 1981 – 4 CB 32.81 – Buchholz 445.4 § 31 WHG Nr. 7 – wasserrechtliche Abwägung.
[2277] *Johlen* Planfeststellungsrecht HdBöffBauR Kap. L Rdn. 139.
[2278] Zum Abwägungsgebot s. Rdn. 1195.
[2279] Zum Abfallrecht: *BVerwG*, B. v. 27. 5. 1986 – 7 B 86.86 – DVBl. 1986, 1281; Urt. v. 21. 2. 1992 – 7 C 11.91 – BVerwGE 90, 42; Urt. v. 27. 3. 1992 – 7 C 18.91 – BVerwGE 90, 96; zu anderen Fachplanungsrechten: *BVerwG*, Urt. v. 12. 6. 1985 – 4 C 40.83 – BVerwGE 72, 15.
[2280] *BVerwG*, Urt. v. 24. 11. 1994 – 7 C 25.93 – BVerwGE 97, 143 = DVBl. 1995, 238 = ZfBR 1995, 150 – Sonderabfallumschlagsanlage.

über hinaus eine verbindliche Raumnutzungsentscheidung, mit der abschließend über die raumplanerische Zulässigkeit der Bodeninanspruchnahme befunden wird.[2281] Sie hat gegenüber der sonst maßgebenden örtlichen Gesamtplanung grundsätzlich Vorrang (§ 38 BauGB). Diese Besonderheit verlangt eine vom Abwägungsgebot gesteuerte, in planerischer Gestaltungsfreiheit ergehende Zweckentscheidung der Planfeststellungsbehörde, unbeschadet des Umstandes, dass die Behörde häufig nicht selbst originär plant, sondern die entsprechenden Vorstellungen des Vorhabenträgers abwägend nachvollzieht und dadurch die rechtliche Verantwortung für die Planung übernimmt.[2282] Demgegenüber findet bei gebundenen, bei Vorliegen der Voraussetzungen einen Rechtsanspruch einräumenden Genehmigungen die verbindliche Raumnutzungsentscheidung des öffentlichen Planungsträgers auf einer vorgelagerten Stufe statt. Ist das betreffende Vorhaben mit dieser Planung vereinbar, darf folgerichtig eine Zulassung nicht verweigert werden. Zwar hat der Vorhabenträger keinen Anspruch auf Erlass einer Planungsentscheidung in dem Sinne, dass bei Vorliegen bestimmter tatbestandlicher Voraussetzungen dem Antrag zwingend stattzugeben wäre. Er hat allerdings einen Anspruch darauf, dass das Planungsermessen sich auf alle abwägungserheblichen Aspekte erstreckt.[2283] Der Planfeststellungs- oder Plangenehmigungsbehörde steht daher kein eigenständiges Versagungsermessen mehr zu, wenn dem Vorhaben unter dem Blickwinkel einer die Vorstellungen des Vorhabenträgers nachvollziehenden planerischen Abwägung keine rechtlichen Hindernisse entgegenstehen.[2284]

3956 Der Träger eines planfeststellungsbedürftigen Vorhabens kann daher einen **Anspruch auf fehlerfreie Ausübung der planerischen Gestaltungsfreiheit** haben.[2285] Dies hat das *BVerwG* jedenfalls für den Bereich des **Abfallrechts** angenommen und auch einem privaten Antragsteller wegen der besonderen Vorrangfunktion der Abfallbeseitigung einen derartigen Rechtsanspruch gewährt, der sich auf alle abwägungserheblichen Belange einschließlich des öffentlichen Entsorgungsinteresses bezieht. Abgeleitet ist ein solcher Anspruch aus dem Gebot der **gemeinwohlverträglichen Abfallentsorgung** und der gemeinsamen Verantwortung für die sich aus der Daseinsvorsorge und dem Gesundheits- und Umweltschutz ableitende Aufgabe. Dem vorrangigen Gesetzgebungsauftrag entspricht es, auch einem privaten Antragsteller einen Rechtsanspruch auf ordnungsgemäße Durchführung des Planfeststellungsverfahrens einzuräumen. Ob dies auch für die **privatnützige wasserrechtliche Planfeststellung** gilt, ist offen. Denn anders als die Abfallbeseitigung, die auch bei Ausführung durch einen Privaten immer gemeinwohlbezogen und nicht privatnützig ist, kann die wasserrechtliche Planfeststellung ausschließlich privatnützig sein. Das Abfallrecht erscheint also in einem anderen, durch Gemeinwohlgründe legitimierten Gewande. Wegen dieses Gemeinwohlbezuges kann auch die Abfallplanung die Grundlage für eine Enteignung von privaten Grundstücken darstellen, während die privatnützige Planfeststellung eine das Eigentum überwindende Kraft nicht hat. Im Übrigen wird sich ein solcher Anspruch auf abwägungsgerechte Entscheidung auch im Abfallrecht wegen der bestehenden behördlichen Entscheidungsfreiräume klageweise nur schwer umsetzen lassen. Allenfalls wird im verwaltungsgerichtlichen Verfahren eine Bescheidungsverpflich-

---

[2281] *Steinberg* Fachplanung 19 f.
[2282] *BVerwG*, Urt. v. 17. 1. 1986 – 4 C 6 u. 7.84 – BVerwGE 72, 365 = DVBl. 1986, 678 = DÖV 1986, 840 = *Hoppe/Stüer* RzB Rdn. 91 – Energieversorgungsleitung; *Kühling* Fachplanungsrecht Rdn. 13.
[2283] *BVerwG*, Urt. v. 14. 2. 1975 – IV C 21.74 – BVerwGE 48, 56 = DVBl. 1975, 713 = NJW 1975, 1373; zur Bauleitplanung Urt. v. 24. 9. 1998 – 4 CN 2.98 – BVerwGE 107, 215 = DVBl. 1999, 100.
[2284] *VGH Mannheim*, Urt. v. 13. 4. 2000 – 5 S 1136/98 – NVwZ 2001, 101, mit Hinweis auf *BVerwG*, Urt. v. 24. 11. 1994 – 7 C 25.93 – BVerwGE 97, 143 = DVBl. 1995, 235 = NVwZ 1995, 598.
[2285] *BVerwG*, Urt. v. 24. 11. 1994 – 7 C 25.93 – BVerwGE 97, 143 = DVBl. 1995, 238 = ZfBR 1995, 150 – Sonderabfallumschlagsanlage.

tung erreichbar sein (§ 113 V 2 VwGO).[2286] Zwar hat der Vorhabenträger keinen Anspruch auf Erlass einer Planungsentscheidung in dem Sinne, dass bei Vorliegen bestimmter tatbestandlicher Voraussetzungen dem Antrag zwingend stattzugeben wäre. Er hat aber einen Anspruch darauf, dass das Planungsermessen sich auf alle abwägungserheblichen Aspekte erstreckt.[2287] Der Planfeststellungs- oder Plangenehmigungsbehörde steht daher kein eigenständiges Versagungsermessen mehr zu, wenn dem Vorhaben unter dem Blickwinkel einer die Vorstellungen des Vorhabenträgers nachvollziehenden planerischen Abwägung keine rechtlichen Hindernisse entgegenstehen.[2288]

Das Gebot einer gerechten Abwägung der von einer staatlichen Planung berührten öffentlichen und privaten Belange gehört zu den Grundlagen einer rechtsstaatlichen Planung, gilt dementsprechend **allgemein** und ist weder von einer einfachrechtlichen Normierung noch von einer bestimmten Handlungs- oder Verfahrensform abhängig.[2289] Misst die Planfeststellungsbehörde volkswirtschaftlichen Belangen im Rahmen der Abwägung eine gesteigerte Bedeutung bei und stützt sie diese Annahme auf eine tragfähige Studie, ist sie nicht gehalten, ein im Einzelnen aufgeschlüsseltes und beziffertes Zahlenwerk ihrem Abwägungsvorgang zugrunde zu legen, da sich das öffentliche Interesse an der Vorhabenverwirklichung dann auch ohne eine derartige Detailliertheit nachvollziehen lässt.[2290] Fehlt es für die Beurteilung der Zumutbarkeit von Auswirkungen eines Planvorhabens an einem normativen Maßstab und stehen nur technische Normen zur Verfügung, sind diese in der gerichtlichen Kontrolle nicht bindend. Vielmehr ergibt sich der Beurteilungsmaßstab aus § 74 II 2 VwVfG, der unter Berücksichtigung naturwissenschaftlich-technischer Erkenntnisse auszuwerten ist.[2291] Fragen der **Bauausführung** können aus der Planfeststellung in der Regel ausgeklammert werden, sofern nach dem Stand der Technik zur Problembewältigung geeignete Lösungen zur Verfügung stehen und die Wahrung der entsprechenden Regelwerke sichergestellt ist. Ist die Bauausführung aber geeignet, unmittelbar auf die planerische Entscheidung durchzuschlagen, gehört sie zum abwägungsbedürftigen Abwägungsmaterial.[2292] 3957

Einzustellen sind alle nach Lage der Dinge betroffenen Belange, die mehr als geringfügig, schutzwürdig und erkennbar sind. Die Planfeststellungsbehörde braucht allerdings eine Grundstücksnutzung, die nicht genehmigt ist und auch nicht genehmigt werden kann, da sie dem materiellen Baurecht widerspricht, bei ihrer planerischen Abwägung grundsätzlich nicht zu berücksichtigen, weil eine solche Nutzung nicht schutzwürdig ist.[2293] 3958

Mängel bei der Abwägung der von dem Vorhaben berührten öffentlichen und privaten Belange sind nur erheblich, wenn sie offensichtlich und auf das Abwägungsverfahren von Einfluss gewesen sind (§ 75 Ia 1 VwVfG). Nur eindeutig erkennbare Fehler, bei deren Vermeidung eine andere Entscheidung in der Sache hätte erreicht werden können, führen damit zur Aufhebung der Planfeststellung (§ 20 VII AEG, § 17 VIc 1 FStrG, § 19 IV WaStrG, § 10 VIII LuftVG, § 29 VIII PBefG, § 75 Ia 1 VwVfG). 3959

[2286] *Stüer* FS Menger 1985, 779.
[2287] *BVerwG*, Urt. v. 14. 2. 1975 – IV C 21.74 – BVerwGE 48, 56 = DVBl. 1975, 713 = NJW 1975, 1373; zur Bauleitplanung Urt. v. 24. 9. 1998 – 4 CN 2.98 – BVerwGE 107, 215 = DVBl. 1999, 100.
[2288] *VGH Mannheim*, Urt. v. 13. 4. 2000 – 5 S 1136/98 – NVwZ 2001, 101, mit Hinweis auf *BVerwG*, Urt. v. 24. 11. 1994 – 7 C 25.93 – BVerwGE 97, 143 = DVBl. 1995, 235 = NVwZ 1995, 598.
[2289] *VGH Mannheim*, Urt. v. 22. 3. 2002 – 8 S 1271/01 – DVBl. 2002, 1130 = VBlBW 2002, 521.
[2290] *OVG Bremen*, Urt. v. 13. 12. 2001 – 1 D 299/01 – NordÖR 2002, 116 = UPR 2002, 400.
[2291] *BVerwG*, B. v. 13. 11. 2001 – 9 B 57.01 – DVBl. 2002, 276 = NVwZ-RR 2002, 178.
[2292] *BVerwG*, Urt. v. 11. 4. 2002 – 4 A 22.01 – DVBl. 2002, 1486 = NVwZ 2002, mit Hinweis auf B. v. 26. 6. 2002 – 4 B 1-11.92 – DVBl. 1992, 1435 = NVwZ 1993, 572 und Urt. v. 26. 11. 1991 – 7 C 16.89 – NVwZ 1992, 787 = UPR 1992,154; *Stüer/Hönig* VerwArch. 2002, 350.
[2293] *BVerwG*, B. v. 20. 10. 1993 – 4 B 170.93 – DVBl. 1994, 354 = NVwZ-RR 1994, 373 = UPR 1994, 72.

3960 Dabei kann an eine vergleichbare Vorschrift des **Bauplanungsrechts** in § 214 III 2 BauGB angeknüpft werden. Danach sind Mängel im Abwägungsvorgang nur erheblich, wenn sie offensichtlich und auf das Abwägungsergebnis von Bedeutung gewesen sind. Zu dieser Vorschrift des § 214 III 2 BauGB liegen bereits verschiedene Entscheidungen des BVerwG vor.[2294] So können aus fehlerhaften Motiven oder Vorstellungen der beteiligten Ratsmitglieder offensichtliche und daher für die Gültigkeit des Planes erhebliche Abwägungsmängel nicht hergeleitet werden.[2295] Auch liegt ein offensichtlicher Mangel i. S. von § 214 III 2 BauGB nicht schon dann vor, wenn Planbegründung und Aufstellungsvorgänge keinen ausdrücklichen Hinweis darauf enthalten, dass der Plangeber sich mit bestimmten Umständen abwägend befasst hat.[2296] Zudem muss nach den Umständen des Einzelfalls die konkrete Möglichkeit eines solchen Einflusses bestehen, was etwa dann der Fall sein kann, wenn sich anhand der Planunterlagen oder aufgrund sonst erkennbarer oder nahe liegender Umstände ergibt, dass sich ohne den Fehler im Abwägungsvorgang ein anderes Abwägungsergebnis abgezeichnet hätte.[2297] Auch darf sich das Gericht nicht auf eine Motivsuche begeben,[2298] da § 214 III 2 BauGB die Beachtlichkeit von Mängeln im Abwägungsvorgang von ihrer Offensichtlichkeit abhängig macht.[2299] Entsprechendes gilt für die Planfeststellung (§ 75 Ia 1 VwVfG).

3961 Auch Einflüsse der Planung auf die **Fremdenverkehrsstrukturen** können abwägungserheblich sein. So können Auswirkungen eines Autobahnbaus die Wirtschaftsstruktur und Leistungsfähigkeit einer durch Landwirtschaft und Fremdenverkehr geprägten Gemeinde so massiv und nachhaltig verschlechtern, dass die Verletzung des gemeindlichen Selbstverwaltungsrechts in Betracht zu ziehen ist. Die Möglichkeit der Entwicklung einer Gemeinde zu einem Ort der Naherholung und des Fremdenverkehrs stellt dann einen abwägungsbeachtlichen Belang der Gemeinde dar, wenn sich diese Entwicklungsmöglichkeit nach der Eigenart von Natur und Landschaft, dem Ortsbild oder sonstigen Faktoren abzeichnet oder ernsthaft in Betracht kommt.[2300]

3962 Belange eines Betroffenen, die unter **Missachtung der Rechtsordnung** entstanden sind, dürfen im Rahmen der Abwägung zumindest dann als unbeachtlich eingestuft werden, wenn auch eine nachträgliche Legalisierung ausscheidet.[2301]

3963 Eine Planungsentscheidung leidet nicht schon deshalb an einem Abwägungsmangel, weil die Gewichtung der Belange zulässigerweise auch anders hätte ausfallen können.

[2294] *BVerwG*, Urt. v. 21. 8. 1981 – 4 C 57.80 – BVerwGE 64, 33 = NJW 1082, 591 = DVBl. 1982, 354 = BauR 1981, 535 = *Hoppe/Stüer* RzB Rdn. 846 – zu § 155 b II 2 BBauG – Offensichtlichkeit Abwägungsmangel; B. v. 20. 1. 1992 – 4 B 71.90 – DVBl. 1992, 577 = BauR 1992, 344 = NVwZ 1992, 633 = UPR 1992, 188 = *Hoppe/Stüer* RzB Rdn. 855 – Gemengelage; B. v. 29. 1. 1992 – 4 NB 22.90 – DVBl. 1992, 577 = BauR 1992, 342 = NVwZ 1992, 662 = UPR 1992, 193 = *Hoppe/Stüer* RzB Rdn. 856 – Baugenehmigung und Normenkontrolle; B. v. 23. 12. 1993 – 4 B 212.92 – Buchholz 406.11 § 30 BauGB Nr. 35; *Hoppe/Bönker/Grotefels* § 16 Rdn. 30 ff.; s. Rdn. 1113.

[2295] *BVerwG*, Urt. v. 21. 8. 1981 – 4 C 57.80 – BVerwGE 64, 33 = NJW 1082, 591 = DVBl. 1982, 354 = BauR 1981, 535 = *Hoppe/Stüer* RzB Rdn. 846 (zu I 2 BBauG) – Offensichtlichkeit des Abwägungsmangels.

[2296] *BVerwG*, B. v. 29. 1. 1992 – 4 NB 22.90 – DVBl. 1992, 577 – Baugenehmigung und Normenkontrolle.

[2297] So *BVerwG*, B. v. 29. 1. 1992 – 4 NB 22.90 – DVBl. 1992, 577 – Abwägungsmangel.

[2298] Zur ungefragten Fehlersuche *BVerwG*, Urt. v. 7. 9. 1979 – IV C 7.77 – BauR 1980, 40 = BayVBl. 1980, 183 = DVBl. 1980, 230; B. v. 12. 9. 1989 – 4 B 149.89 – Buchholz 406.11 § 10 BBauG/BauGB Nr. 19 = *Hoppe/Stüer* RzB Rdn. 1300.

[2299] So *BVerwG*, B. v. 23. 12. 1993 – 4 B 212.94 – Buchholz 406.11 § 30 BauGB Nr. 35 – aufgezwungene Erschließungspflicht.

[2300] *BVerwG*, Urt. v. 26. 2. 1999 – 4 A 47.96 – DVBl. 1999, 1526 = UPR 1999, 271 – Fremdenverkehr.

[2301] *BVerwG*, B. v. 22. 10. 2002 – 9 VR 13.02 – B 96. Zur Frage der Berücksichtigung lediglich geduldeter Nutzungen in der Planfeststellung vgl. das anhängige Revisionsverfahren – 9 A 38.02 – Grenzübergangsstelle Mahlow.

Eine Fehlgewichtung liegt erst vor, wenn die getroffene Entscheidung objektiv nicht vertretbar ist.[2302] Die gerichtliche Kontrolle ist auch hier auf Abwägungsfehler beschränkt.[2303] Ebenso wie die planerische Gestaltungsfreiheit unterliegt auch die zweiseitige **Interessenbewertung** rechtlichen Anforderungen. Die sachgerechte Interessenbewertung setzt eine ordnungsgemäße, die gesetzliche Wertung nachvollziehende Abwägung im Sinne einer Verhältnismäßigkeitsprüfung voraus. Die Behörde muss sich bilanzierend mit dem Für und Wider der Planung auseinander setzen. Geht die Behörde jedoch von unzutreffenden Annahmen aus, können sich daraus Fehlbeurteilungen ergeben.[2304] Die gerichtliche Kontrolle von **Prognoseentscheidungen** beschränkt sich darauf, ob der zugrunde gelegte Sachverhalt zutreffend ermittelt worden ist, die Prognose methodisch einwandfrei durchgeführt und die Ergebnisse einleuchtend begründet worden sind.[2305]

Bei einer **Wahrunterstellung** muss der für die Abwägung maßgebende Sachverhalt noch hinreichend sachgerecht erfasst worden sein. Der als zutreffend unterstellte Sachverhalt darf die Gesamtkonzeption der Planung nicht in einem wesentlichen Punkt betreffen. Denn die Planung und Gesamtkonzeption des Vorhabens darf sich nicht von der Realität entfernen und in wesentlichen Teilen nur noch auf Unterstellungen aufgebaut sein.[2306]

Die Fachplanung hat unter den Voraussetzungen des **§ 38 BauGB Vorrang vor der Bauleitplanung**. Materielle Konzentrationswirkung des Planfeststellungsbeschlusses wird das genannt. Allerdings kommt dieser Vorrang des Fachplanungsrechts nur den Planfeststellungsbeschlüssen und vergleichbaren Zulassungsentscheidungen zu. In der Konkurrenz zwischen Fachplanung und Bauleitplanung hat § 38 BauGB allerdings auch Vorwirkungen bezogen auf ein zwar eingeleitetes aber noch nicht abgeschlossenes Planfeststellungsverfahren. Hier hat die Bauleitplanung bereits Rücksicht auf die in Aussicht genommene Fachplanung zu nehmen, obwohl diese noch nicht rechtsverbindlich ist.

Mit § 2 der 16. BImSchV hat der Verordnungsgeber einen Problemtransfer auf konkurrierende Planungsträger nicht zulassen wollen. Einer durch Planauslegung bereits verfestigten Planungsabsicht der eisenbahnrechtlichen Fachplanung kann deswegen nicht durch einen Bebauungsplan entgegengewirkt werden, der in diesem Bereich die bauliche Gebietsqualifizierung zum Nachteil des Vorhabenträgers ändert, ohne Schutzvorkehrungen festzusetzen.[2307]

b) Private Belange in der Abwägung. Soll durch das Vorhaben Grundeigentum enteignend in Anspruch genommen werden, so hat dies prinzipiell ein besonderes Gewicht. Nachteilige Beeinträchtigungen, die nicht zu einer unmittelbaren Grundstücksinanspruchnahme führen, sind demgegenüber prinzipiell von geringerem Gewicht.[2308] Im Einzelfall können auch mittelbare Grundstücksbetroffenheiten allerdings durchaus erheblich sein. Dabei ist ein objektiver Maßstab anzulegen. Eine besondere naturnahe Lebensweise etwa kann der Kläger nicht schutzerhöhend in die Abwägung einbringen,

---

[2302] *BVerwG*, Urt. v. 27. 10. 2000 – 4 A 18.99 – BVerwGE 112, 140 = DVBl. 2001, 386 = NVwZ 2001, 673.

[2303] *VGH Mannheim*, Urt. v. 14. 12. 2000 – 5 S 2716/99 – DVBl. 2000, 1367 = VBlBW 2001, 362 und Urt. v. 23. 3. 2001 – 5 S 428/00 – VBlBW 2001, 481 jeweils mit Hinweis auf *BVerwG*, Urt. v. 14. 2. 1975 – IV C 21.74 – BVerwGE 48, 56 = DVBl. 1975, 713 = NJW 1975, 1373.

[2304] *BVerwG*, Urt. v. 27. 10. 2000 – 4 A 18.99 – BVerwGE 112, 140 = DVBl. 2001, 386 = NVwZ 2001, 673.

[2305] *BVerwG*, Urt. v. 11. 7. 2001 – 11 C 14.00 – BVerwGE 114, 364 = DVBl. 2001, 1848 = NVwZ 2002, 350 – Bitburg, mit Hinweis auf Urt. v. 5. 12. 1986 – 4 C 13.85 – BVerwGE 75, 214 = DVBl. 1987, 573 = NVwZ 1987, 578.

[2306] *VGH Mannheim*, Urt. v. 14. 12. 2000 – 5 S 2716/99 – DVBl. 2000, 1367 = VBlBW 2001, 362, mit Hinweis auf *BVerwG*, Urt. v. 27. 3. 1980 – 4 C 34.78 – DVBl. 1980, 999 = NJW 1981, 241.

[2307] *BVerwG*, B. v. 13. 11. 2001 – 9 B 57.01 – UPR 2002, 75 im Anschluss an Urt. v. 22. 5. 1987 – 4 C 33–35.83 – BVerwGE 77, 285 = DVBl. 1987, 907.

[2308] *Hönig*, Fachplanung und Enteignung. Anforderungen der Eigentumsgarantie an die projektbezogene Fachplanung, in: *Stüer* (Hrsg.), Planungsrecht, Bd. 6, Osnabrück 2001.

wie das *OVG Koblenz* dargelegt hat. Der Inhaber eines **landwirtschaftlichen Betriebes** hatte darauf verwiesen, dass er und seine materiell anspruchslose Familie schon seit langem von einem ökologischen Landbau lebe. Diese Existenz werde durch den Straßenbau vernichtet. Denn ein intakter Naturraum als Anbaugebiet sei für ihn eine unabdingbare Voraussetzung für die Vermarktung seiner Produkte.[2309] Eine derartige Klage sei bereits unzulässig, weil die Straßenplanung eindeutig keine eigenen Rechte des Klägers verletze, betonte das Gericht. Dem Kläger gehörende Grundstücke würden für den Straßenbau nicht in Anspruch genommen. Eine Gesundheitsgefährdung durch Verkehrslärm, Abgase oder eine Verunreinigung der von ihm genutzten Trinkwasserquelle sei nicht zu befürchten. Dass der Kläger sich genötigt sehe, infolge des Straßenbaus seine Betätigung als Saatgutvermehrer auf den bisher dafür genutzten Flächen aufzugeben, gehe letztlich auf seine persönliche Überzeugung und auf den außergewöhnlich strengen Maßstab zurück, den er selbst an seine Tätigkeit anlege. Die Saatgutvermehrung sei auch trotz einer geringfügig höheren Schadstoffbelastung objektiv möglich. Rein subjektiv geprägte Umstände könnten einem planfeststellungsbedürftigen Vorhaben nicht entgegengehalten werden. Die Klage habe in der Sache aber auch dann keinen Erfolg, wenn sie als zulässig behandelt werde. Die mit dem Planfeststellungsbeschluss vorgenommene Interessenabwägung sei nämlich rechtlich nicht zu beanstanden. Zwar habe die Behörde auf der Grundlage von objektiv-betriebswirtschaftlichen Erwägungen einen existenzfähigen landwirtschaftlichen Betrieb verneint. Dies bedeute aber nicht, dass die Interessen des Klägers im Zusammenhang mit seiner organisch-biologischen Saatgutvermehrung in der planerischen Abwägung nicht angemessen berücksichtigt worden wären. Vielmehr seien diese Belange durchaus gesehen worden, hätten die Behörde jedoch nicht zu einer inhaltlich anderen Planungsentscheidung veranlasst. Insgesamt habe sie sich bei der Abwägung im Rahmen des ihr gesetzlich eingeräumten, vom Gericht nur eingeschränkt überprüfbaren planerischen Gestaltungsspielraums gehalten.[2310]

3968 **Anlieger** von **Verkehrswegen** müssen unvermeidbare Auswirkungen von Verbesserungsarbeiten wie auch von Arbeiten, die durch das Hinzukommen neuer Verkehrssysteme bedingt sind, im Rahmen des Zumutbaren und unter Beachtung des Verhältnismäßigkeitsgrundsatzes hinnehmen. Die Zumutbarkeitsgrenze ist aber dann überschritten, wenn ein bisher existenzfähiger Gewerbebetrieb[2311] aufgrund der Verwirklichung dieser Planung zur Aufgabe gezwungen würde. Auch unterhalb dieser Schwelle sind Nachteile im gesetzlichen Sinne anzunehmen, wenn die Beeinträchtigungen so gravierend und substanzschmälernd sind, dass sie dem Betroffenen unter Abwägung aller Vor- und Nachteile billigerweise nicht entschädigungslos zugemutet werden können.[2312] Derartige Belange sind abwägungsrelevant, während Fragen der Entschädigung, beispielsweise solche der Bereitstellung von Ersatzland, dem nachfolgenden Enteignungsverfahren vorbehalten und deshalb im Planfeststellungsbeschluss nicht erörtert werden müssen.[2313]

3969 Wird die vorgegebene **Grundstückssituation schwer** und **unerträglich** beeinträchtigt und überschreiten die zu erwartenden Immissionen die Grenze zur faktisch enteignenden Planauswirkung oder verschlechtert sich die Grundstückssituation aus anderen

---

[2309] *OVG Koblenz*, Urt. v. 22. 11. 2001 – 1 C 10395/01-OVG – UPR 2002, 80 = BauR 2002, 677 – Hochmoselbrücke.

[2310] *OVG Koblenz*, Urt. v. 22. 11. 2001 – 1 C 10395/01-OVG – UPR 2002, 80 = BauR 2002, 677 – Hochmoselbrücke.

[2311] Zur Existenzfähigkeit landwirtschaftlicher Betriebe *VGH Mannheim*, Urt. v. 14. 12. 2000 – 5 S 2716/99 – DVBl. 2000, 1367 = VBlBW 2001, 362, mit Hinweis auf *BVerwG*, B. v. 31. 10. 1990 – 4 C 25.90 –.

[2312] *OVG Lüneburg*, Urt. v. 3. 5. 2001 – 7 K 4341/99 – DVBl. 2001, 1307 = NordÖR 2001, 444, mit Hinweis auf *BVerwG*, B. v. 27. 1. 1988 – 4 B 7.88 – DÖV 1988, 697 = NVwZ 1988, 534.

[2313] *BVerwG*, Urt. v. 11. 1. 2001 – 4 A 13.99 – DVBl. 2001, 669 = BauR 2001, 900 = NVwZ 2001, 1154, mit Hinweis auf Urt. v. 28. 1. 1999 – 4 A 18.98 – BVerwGE 112, 140 = DVBl. 2001, 386 = NVwZ-RR 1999, 629 – A 71.

8. Teil. Materielle Plananforderungen   **3970 E**

Gründen unzumutbar, hat die planende Behörde ein Wahlrecht. Die muss die Beeinträchtigungen durch Umplanungen entweder auf ein zumutbares Maß verringern oder durch Planung die Voraussetzungen für eine Enteignung und Entschädigung schaffen.[2314] Die freie Sicht eines im Außenbereich gelegenen Wohnhauses durch eine geplante Autobahn hat allerdings bei der Planabwägung kein besonderes Gewicht.[2315]

c) Zumutbarkeitsgrenze. Mit wachsenden Vorgaben des Gesetz- und Verordnungsgebers im Bereich des Lärm-[2316] und Immissionsschutzes[2317] sind auch Zumutbarkeitsgrenzen vorgeprägt.[2318] Denn es ist zuvörderst eine Aufgabe des Gesetzgebers, Inhalt und Schranken des Eigentums durch verfassungsrechtlich ausgewogene Regelungen zu bestimmen.[2319] Beeinträchtigungen unterhalb der durch den Gesetz- oder Verordnungsgeber eingerichteten Schwelle müssen grundsätzlich hingenommen werden, wenn sie auf einer auch verfassungsrechtlich unbedenklichen fehlerfreien Abwägung beruhen.[2320] Allerdings hat der Gesetz- und Verordnungsgeber darauf zu achten, dass die zunehmende Lärmbeeinträchtigung der Betroffenen durch sachgerechte Gegenmaßnahmen gemindert werden. Wenn etwa mehrere Mio. Menschen durch Verkehrslärm erheblich betroffen werden, dann muss hier durch die zuständigen Organe in absehbarer Zeit Abhilfe geschaffen werden. Regelungen der Verkehrslärmschutzverordnung oder der Sportanlagenlärmschutzverordnung tragen dem Rechnung.[2321]

3970

[2314] *BVerwG*, Urt. v. 31. 1. 2001 – 11 A 6.00 – DVBl. 2001, 1306 = NVwZ-RR 2001, 653 = UPR 2001, 352, mit Hinweis auf Urt. v. 23. 1. 1981 – 4 C 4.78 – BVerwGE 61, 295 = DVBl. 1981, 932 = NJW 1981, 2137; Urt. v. 5. 12. 1986 – 4 C 13.85 – BVerwGE 75, 214 = DVBl. 1987, 573 = NVwZ 1987, 578; Urt. v. 22. 5. 1987 – 4 C 17–19.84 – BVerwGE 77, 295 = DVBl. 1987, 1011 = NJW 1987, 2884.

[2315] *VGH München*, Urt. v. 29. 8. 2000 – 8 A 99.40‹047 u. 8 A 99.40048 – DVBl. 2001, 670 = BayVBl. 2001, 665, mit Hinweis auf *BVerwG*, Urt. v. 28. 10. 1993 – 4 C 5.93 – DVBl. 1994, 697 = NVwZ 1994, 686.

[2316] Zur Verkehrslärmschutzverordnung (16. BImSchV) v. 12. 6. 1990 (BGBl. I 1036) *BVerwG*, Urt. v. 12. 12. 1990 – 4 C 40.87 – NVwZ 1991, 879 = BauR 1991, 126 = UPR 1991, 272 – Außenwohnbereiche; Urt. v. 29. 1. 1991 – 4 C 51.89 – Urt. v. 29. 1. 1991 – 4 C 51.89 – BVerwGE 87, 332 = DVBl. 1991, 1142 = UPR 1991, 398 = *Hoppe/Stüer* RzB 1995 Rdn. 69 – Flughafen München II; B. v. 6. 2. 1992 – 4 B 147.91 – Buchholz 406.25 § 43 BImSchG Nr. 1 – Berechnung; B. v. 12. 11. 1992 – 7 ER 300.92 – NVwZ 1993, 266 = DVBl. 1993, 266 – Taigatrommel; B. v. 23. 2. 1993 – 7 B 7.93 – NVwZ-RR 1994, 201 – Lärmzunahme; B. v. 18. 5. 1993 – 7 ER 302.92 – BImSchG-Rspr. § 41 Nr. 22 – Vorsfelde; B. v. 27. 12. 1993 – 7 B 121.93 – UPR 1994, 261 = NuR 1994, 391 – Schienenbonus; B. v. 11. 5. 1994 – 8 B 50.94 – Buchholz 454.51 MRVerbG Nr. 19 – Wohnnutzungsgeeignetheit; Urt. v. 26. 5. 1994 – 7 A 21.93 – NVwZ 1994, 1002 – Vorsfelde-Lehrte; B. v. 13. 10. 1994 – 7 VR 10.94 – NVwZ 1995, 379 = DÖV 1995, 198 – Kohlhasenbrücke; B. v. 15. 12. 1994 – 7 VR 13.94; Urt. v. 9. 2. 1995 – 4 C 26.93 – NVwZ 1995, 907 = DVBl. 1995, 265 – Schallschutzwand; B. v. 3. 8. 1995 – 4 B 25.95 – Buchholz 406.19 – Nachbarschutz Nr. 125 – Feierabend; s. Rdn. 643.

[2317] Zur Abgrenzung zwischen Straßenverkehrslärm und gewerblichem Anlieferungsverkehr *BVerwG*, B. v. 23. 7. 1992 – 7 B 103.92 –.

[2318] *Engelhardt* DWW 1994, 297. Zur rechtlichen Relevanz von elektromagnetischen Feldern („Elektrosmog") *Blümel* VerwArch. 85 (1994), 451; *BVerwG*, B. v. 2. 8. 1994 – 7 VR 3.94 – NVwZ 1994, 1000 = BayVBl. 1995, 120 – Hamburg-Büchen.

[2319] *BVerfG*, B. v. 15. 7. 1981 – 1 BvL 77/78 – BVerfGE 58, 300 = NJW 1982, 745 = DVBl. 1982, 340 = *Hoppe/Stüer* RzB Rdn. 1136 – Nassauskiesung; *Kastner* VerwArch. 80 (1989), 74.

[2320] Für die Planfeststellung von Verkehrsanlagen müssen dabei einheitliche Maßstäbe gelten, unabhängig davon, ob die Planung durch Planfeststellung oder Bebauungsplan erfolgt, so *Sommer* ZfBR 1990, 54; *BVerwG*, B. v. 17. 5. 1995 – 4 NB 30.94 – DVBl. 1995, 1010 = NVwZ 1995, 1098 = BayVBl. 1995, 412. Zur Rückabwicklung bei nichtiger Bauleitplanung *BVerwG*, Urt. v. 30. 9. 1992 – 4 NB 22.92 – Buchholz 310 § 47 VwGO Nr. 70 – fertig gestellte Straße. Zur Geltung des Gleichbehandlungsgrundsatzes Urt. v. 9. 2. 1995 – 4 C 26.93 – NVwZ 1995, 907 = DVBl. 1995, 750 – Schallschutzwand.

[2321] *Bambey* DVBl. 1983, 936; *Bartlsperger* VerwArch. 60 (1969), 35; *ders.* DVBl. 1971, 723; *Battis* FS Weyreuther 1993, 305; *Bauer* JuS 1990, 24; *Bender/Dohle* Nachbarschutz im Zivil- und Verwaltungsrecht 1972; *Berger* Grundfragen umweltrechtlicher Nachbarklagen. Zum verwaltungsrechtlichen

3971 Zumutbarkeitsgrenzen ergeben sich auch bei der hinzunehmenden **Abgasbelastung**. Die mit einem Straßenbauvorhaben verbundene Zunahme der Abgas- und Schadstoffbelastungen und die damit verbundenen gesundheitlichen Beeinträchtigungen müssen dabei prognostisch beurteilt werden. Die planfeststellende Behörde kann sich bei der Abschätzung gesundheitlicher Risiken und der damit verbundenen Toleranzgrenzen unter anderem an Werten orientieren, die unterhalb der Konzentrationswerte in § 2 der 23. BImSchV[2322] liegen und den vom Länderausschuss für Immissionsschutz (LAI) entwickelten Beurteilungsmaßstäben für kanzerogene Luftverunreinigungen für Ruß und Benzol entsprechen.[2323]

3972 **d) Kommunale Belange in der Abwägung.** Eine **Gemeinde** ist nicht Sachwalterin ihrer Bürger und muss sich hinsichtlich des Rechtsschutzes gegen eine fachplanerische Zulassungsentscheidung auf ihre eigenen Belange beschränken. Auch über die Eigentumsgarantie ist die Gemeinde nicht in einer dem Privateigentümer vergleichbaren Lage.[2324] Eine Gemeinde kann daher einen Planfeststellungsbeschluss wegen dessen enteignungsrechtlicher Vorwirkung nicht mit der Begründung angreifen, öffentliche, sie nicht in ihrer Planungshoheit schützende Belange seien nicht oder nicht mit dem ihr zukommenden Gewicht in die Abwägung eingestellt worden, da sie nicht Grundrechtsträgerin ist und sich deshalb nicht wie Private auf Art. 14 III GG berufen kann.[2325]

3973 Auch einer Gemeinde, deren Entwicklungsmöglichkeiten bereits durch andere Flächeninanspruchnahmen erheblich eingeschränkt sind, kann zugemutet werden, sich bei ihrer weiteren Planung auf eine wichtigen überörtlichen Belangen dienende Bundesautobahn einzustellen.[2326] Die vom *BVerwG* zugunsten potenziell grundrechtsbetroffener Anwohner entwickelte Rechtsprechung zur Berücksichtigung von Lärmgesichtspunkten[2327] kann daher auf eine Gemeinde nicht übertragen werden.[2328] Auch hat eine Gemeinde keinen Anspruch darauf, dass die Planfeststellung ein vollständiges und fehlerfreies Vermeidungs-, Ausgleichs- und Ersatzkonzept beinhaltet. Die Vollzugshoheit bezüglich des Natur- und Landschaftsschutzrechts liegt vielmehr bei Landes- oder Bundesbehörden, weshalb Gemeinden gegen Eingriffe, die im Rahmen dieser Vollzugshoheit in Bund und Länder zugelassen werden, nicht wehrfähig sind, auch wenn sie sich auf Flächen im Gemeindegebiet vollziehen.[2329] Eine Gemeinde kann daher nicht gerichtlich klären lassen, ob Eingriffe in Biotopflächen im Rahmen eines eisenbahnrechtlichen

---

Drittschutz im Bauplanungsrecht, Immissionsschutzrecht und Kernenergierecht 1992; *Bönker* DVBl. 1994, 506; *Breuer* DVBl. 1983, 431; *Czybulka* BayVBl. 1975, 550; *Degenhart* JuS 1984, 187; *Dürr* DÖV 1994, 841; *Fingerhut* Die planungsrechtliche Gemeindenachbarklage 1976; *Finkelnburg/Ortloff* Öffentliches Baurecht, Bd. 2: Bauordnungsrecht, Nachbarschutz, Rechtsschutz 1994; *Groth* DVBl. 1979, 179; *Hoppe* FS Wolff 1973, 307; *Hoppenberg* in: *Hoppenberg* (Hrsg.) HdBöffBauR Kap. H; *Jacob* BauR 1984, 1; *Karpen* NJW 1986, 881; *Kleinlein* Das System des Nachbarrechts 1987; *Konrad* BayVBl. 1984, 33; 70; *Krajewski* DÖV 1978, 827; *Kriener* BayVBl. 1984, 97; *Mampel* NuR 1993, 376; *ders.* BauR 1993, 44; *ders.* Nachbarschutz im öffentlichen Baurecht: materielles Recht 1994; *Menzel* BauR 1985, 492; *Papier* FS Weyreuther 1993, 291; *Pappermann* JuS 1973, 689; *Peine* DÖV 1984, 963; *Sarnighausen* NVwZ 1993, 1054; *ders.* NJW 1993, 1623; *Schäfer* HdBöffBauR 1993, Kap. J; *ders.* Nachbarrecht; *Weyreuther* BauR 1995, 1.

[2322] Vom 16. 12. 1996 (BGBl. I S. 1962).
[2323] *BVerwG*, Urt. v. 26. 2. 1999 – 4 A 47.96 – UPR 1999, 271 = DVBl. 1999, 1526 – LAI-Hinweise.
[2324] Vgl. dazu *BVerwG*, Urt. v. 18. 3. 1983 – 4 C 80.79 – BVerwGE 67, 74 = DVBl. 1983, 899.
[2325] *BVerfG*, B. v. 8. 7. 1982 – 2 BvR 1187/80 – BVerfGE 61, 82 = DVBl. 1982, 940 – Sasbach.
[2326] *BVerwG*, Urt. v. 11. 2. 2001 – 4 A 12.99 – DVBl. 2001, 669 = NVwZ 2001, 1160, mit Hinweis auf Urt. v. 21. 3. 1996 – 4 C 26.94 – BVerwGE 100, 388 = DVBl. 1996, 914.
[2327] *BVerwG*, Urt. v. 28. 10. 1998 – 11 A 3.98 – BVerwGE 107, 350 = DVBl. 1999, 861 und Urt. v. 17. 11. 1999 – 11 A 4.98 – BVerwGE 110, 81 = DVBl. 2000, 796.
[2328] *BVerwG*, Urt. v. 12. 4. 2000 – 11 A 23.98 – Uelzen-Stendal.
[2329] *BVerwG*, B. v. 17. 4. 2000 – 11 B 19.00 – DVBl. 2001, 1366 = BayVBl. 2001, 58 = NVwZ 2001, 88.

Planfeststellungsverfahrens einen naturschutzrechtlichen Kompensationsbedarf auslösen. Das allgemeine Interesse, das Gemeindegebiet vor einem Vorhaben der Fachplanung zu verschonen, reicht für die Geltendmachung einer Verletzung der Planungshoheit nicht aus.[2330] Das gilt auch dann, wenn sich die Gemeinde durch naturschutzrechtliche Kompensationsmaßnahmen allein auf ihrem Gebiet – und nicht auch auf dem Gebiet einer Nachbargemeinde – beschwert fühlt.[2331]

Die **gemeindliche Wirtschaftsstruktur** wird von vielfältigen Faktoren beeinflusst, die nicht bereits jeder für sich als Ausfluss des Selbstverwaltungsrechts besonderen Schutz genießen. Das lediglich allgemeine Interesse, von Fachplanungen verschont zu bleiben, ist in der fachplanerischen Abwägung regelmäßig überwindbar. Ein Anspruch auf Lärmschutzmaßnahmen an einer Umleitungsstrecke lässt sich nicht aus der Verkehrslärmschutzverordnung herleiten. § 41 BImSchG beschränkt sich auf Anforderungen zur Begrenzung der Verkehrsgeräusche, die durch die Nutzung der Straße entstehen, die gebaut oder geändert wird. Lärmimmissionen, die durch die baulichen Maßnahmen an anderen Verkehrswegen hervorgerufen werden, werden durch diese Vorschrift nicht erfasst.[2332]

Eine Gemeinde kann mit eigenen Planungen eine Fachplanung grundsätzlich nur abwehren, wenn ihre eigene Planung **hinreichend konkretisiert** und **verfestigt** ist. Gleichwohl muss die Planfeststellungsbehörde auf noch nicht verfestigte, aber konkrete Planungsabsichten einer Gemeinde abwägend Rücksicht nehmen.[2333] Je stärker eine Gemeinde jedoch schon von ihrer geografischen Lage oder ihrem sonstigen Ausstattungspotenzial her einer Situationsgebundenheit unterliegt, desto eher sind ihr Eingriffe zumutbar. So kann eine Gemeinde in landschaftlich wertvollem Gebiet durch diese Lage ebenso an weiterer Planung gehindert sein, wie eine andere Kommune, die sich in der Nähe eines Flughafens oder einer Industriezone befindet.[2334]

Der aus dem Selbstverwaltungsrecht einer Gemeinde folgende Anspruch darauf, dass ein Träger überörtlicher Fachplanung bei der Betätigung seines Planungsermessens das Interesse der Gemeinde an der Gestaltung ihres Ortsbildes nicht unberücksichtigt lässt, wird von dem sich aus § 18 I 2 AEG auch für die Plangenehmigung ergebenden Anspruch der Gemeinde auf gerechte Abwägung ihrer Belange mit entgegenstehenden anderen Belangen uneingeschränkt umfasst.[2335]

Eine **Fremdenverkehrsgemeinde** hat zwar einen Anspruch darauf, dass ihre besondere Struktur und Aufgabenstellung bei einer Fachplanung in die Abwägung eingestellt und rechtsfehlerfrei behandelt wird. Einen Anspruch darauf, dass sich diese Struktur nicht verändert, haben Gemeinden aber nicht. Dies hat das *OVG Koblenz*[2336] am Beispiel der Hochmoselbrücke[2337] verdeutlicht. Ein im Rahmen des Planfeststellungsverfahrens ein-

---

[2330] *BVerwG*, Urt. v. 12. 12. 1996 – 4 C 14.95 – DVBl. 1997, 729 = NVwZ 1997, 904 – A 7.
[2331] *BVerwG*, B. v. 17. 4. 2000 – 11 B 19.00 – DVBl. 2000, 1366 = BayVBl. 2001, 58 = NVwZ 2001, 88.
[2332] *BVerwG*, Urt. v. 26. 1. 2000 – 4 VR 19.99, 4 A 53.99 – Buchholz 407.4 § 17 FStrG Nr. 156.
[2333] *BVerwG*, Urt. v. 11. 1. 2001 – 4 A 12.99 – DVBl. 2001, 669 = DÖV 2001, 692 = NVwZ 2001, 1160, mit Hinweis auf Urt. v. 21. 3. 1996 – 4 C 26.94 – BVerwGE 100, 388 = DVBl. 1996, 914 = NVwZ 1997, 169; Urt. v. 26. 2. 1999 – 4 A 47.96 – DVBl. 1999, 1526 = NuR 2000, 627 = NVwZ 2000, 560 = UPR 1999, 271 – A 14.
[2334] *BVerwG*, Urt. v. 11. 1. 2001 – 4 A 12.99 – DVBl. 2001, 669 = BayVBl. 2001, 350 = DÖV 2001, 692 = NVwZ 2001, 1160.
[2335] *BVerwG*, B. v. 31. 10. 2000 – 11 VR 12.00 – DVBl. 2001, 405 = BauR 2001, 928 = NVwZ 2001, 90.
[2336] *OVG Koblenz*, B. v. 16. 8. 2001 – 1 B 10286/01.OVG – NuR 2002, 234 – Ürzig; 1 B 10456/01.OVG – Zeltingen-Rachtig.
[2337] Das im Zuge der Bundesstraße 50 zu errichtende Brückenbauwerk soll in einer Höhe von ca. 150 m den Talgrund der Mosel überspannen. Die Brücke gehört zu einer neuen Fernstraße (A 60/B 50), die in ihrem Endzustand den belgisch-niederländischen Raum mit dem Rhein-Main-Gebiet verbinden wird.

geholtes Gutachten hatte ergeben, dass im unmittelbaren Nahbereich der Hochmoselbrücke Einbußen im Fremdenverkehr nicht ausgeschlossen werden können. Diese Beeinträchtigungen würden aber in der Gesamtbilanz durch die bessere Erreichbarkeit der Mosel-Region wieder ausgeglichen. Abgesehen davon könne sich das Interesse einer Fremdenverkehrsgemeinde auf Schonung und unveränderte Bewahrung der den Fremdenverkehr ermöglichenden Verhältnisse gegen eine überregionale Straßenplanung nicht notwendigerweise durchsetzen.[2338]

3978 e) **Beachtlichkeit von Abwägungsfehlern – Kausalitätserfordernis.** Ein Abwägungsfehler im Verfahren ist nur dann beachtlich, wenn er auf das Abwägungsergebnis von Einfluss gewesen ist, wenn also nach den Umständen des Einzelfalls die konkrete Möglichkeit eines solchen Einflusses besteht. Allein die abstrakte oder hypothetische Möglichkeit reicht nicht aus.[2339] Eine gerichtliche Nachermittlung und in engen Grenzen damit auch eine Defizitbehebung sind grundsätzlich möglich, soweit dadurch nicht in den Spielraum der Planfeststellungsbehörde eingegriffen wird.[2340] Der Wortlaut des § 17 VIc FStrG gebietet es nicht, die getroffene Fehlerfolgenregelung eng auszulegen und nicht auch auf die naturschutzrechtliche Abwägung zu erstrecken. Zwar ist in dieser Vorschrift in erster Linie die planerische Abwägung gemeint, doch ist die Planungsentscheidung insgesamt eine einheitliche Entscheidung, die nicht allein durch die planerische Gestaltungsfreiheit, sondern gerade auch durch rechtliche Gebote und Verbote gekennzeichnet ist.[2341]

3979 Nochmals bekräftigt hat das *BVerwG* seine Auffassung zum Erfordernis der Fehlerkausalität. Das Fehlen einer förmlichen Umweltverträglichkeitsprüfung allein indiziert danach noch keinen Abwägungsmangel. Es ist vielmehr weiter zu prüfen, ob Anhaltspunkte dafür vorhanden sind, dass als Folge der Unterlassung abwägungserhebliche Umweltbelange außer Acht gelassen oder fehlgewichtet worden sind.[2342] Dies gilt zumindest dann, wenn ein Verfahren eingehalten worden ist, das in der Sache den gemeinschaftsrechtlichen Anforderungen genügen kann.[2343]

V. Natur- und Landschaftsschutz

3980 Die **naturschutzrechtliche Eingriffsregelung in den §§ 18 bis 20 BNatSchG**, der auch die Fachplanung unterliegt, hat sich zu einem zentralen Gegenstand des Planungsrechts entwickelt, an dem sich die Geister scheiden.[2344] Was für den einen eine notwendi-

---

[2338] *OVG Koblenz*, B. v. 16. 8. 2001 – 1 B 10286/01.OVG – NuR 2002, 234 – Ürzig; 1 B 10456/01.OVG – Zeltingen-Rachtig.

[2339] *VGH Mannheim*, Urt. v. 23. 3. 2001 – 5 S 428/00 – NVwZ-RR 2001, 728 = VBlBW 2001, 481, mit Hinweis auf *BVerwG*, B. v. 16. 8. 1995 – 4 B 92.95 – NuR 1996, 402 = NVwZ-RR 1996, 68 = UPR 1995, 445; ebenso *VGH Mannheim*, Urt. v. 14. 12. 2000 – 5 S 2716/99 – DVBl. 2000, 1367 = VBlBW 2001, 362.

[2340] *VGH München*, B. v. 5. 3. 2001 – 8 ZB 00.3490 – DÖV 2001, 697 = NuR 2001, 465 = NVwZ-RR 2001, 579.

[2341] *BVerwG*, Urt. v. 27. 10. 2000 – 4 A 18.99 – BVerwGE 112, 140 = DVBl. 2001, 386 = NVwZ 2001, 673; *VGH Mannheim*, Urt. v. 14. 12. 2000 – 5 S 2716/99 – DVBl. 2000, 1367 = VBlBW 2001, 362; Urt. v. 23. 3. 2001 – 5 S 428/00 – VBlBW 2001, 481 jeweils mit Hinweis auf Urt. v. 9. 2. 1995 – 5 S 1648/94 – VBlBW 1995, 275 = NuR 1996, 297; zu Einschränkungen des § 46 VwVfG durch das Umwelt-Rechtsbehelfsgesetz s. Rdn. 2719.

[2342] *BVerwG*, B. v. 29. 5. 2000 – 11 B 65.99 – ZLW 2001, 601, mit Hinweis auf Urt. v. 25. 1. 1996 – 4 C 5.95 – BVerwGE 100, 238 = DVBl. 1996, 677 – A 60.

[2343] *EuGH*, Urt. v. 11. 8. 1995 – C-431/92 – DVBl. 1996, 424. Zur Bauleitplanung *Stüer* BauR 2001, 1195; *ders.* JURA 2002, 54.

[2344] *Benz/Berkemann* Natur- und Umweltschutzrecht 1989; *Böhme/Preiser-Holl* (Hrsg.) Die naturschutzrechtliche Eingriffsregelung, Difu-Materialien 3/1993; *de Witt* Landschaftsschutz in: HdBÖff-BauR 1994 Teil E; *Gassner* Das Recht der Landschaft 1995; *Hahn* Das Recht der Landschaftsplanung 1991; *Kiemstedt* Effektivierung der Landschaftsplanung 1990; *Kolodziejcok/Recken* Naturschutz; *Kuchler* Naturschutzrechtliche Eingriffsregelung 1995; *Künkele/Heiderich/Rohlf* Naturschutz und Land-

8. Teil. Materielle Plananforderungen

ge Pflichtübung ist, hat für den anderen eine maßgebliche Steuerungsfunktion, die auch vor dem Hintergrund des Staatsziels Umweltschutz in Art. 20a GG und den europarechtlichen Vorgaben in der FFH- und Vogelschutz-Richtlinie nicht hoch genug eingeschätzt werden kann. Vielleicht liegt die richtige Einschätzung der naturschutzrechtlichen Eingriffsregelung irgendwo in der Mitte.[2345]

1. Regelungen im BNatSchG

Das BNatSchG 2002,[2346] das die Vorgängerregelungen komplett abgelöst hat, ist auch für die Fachplanung bedeutsam. Die wesentlichen Grundlagen des Naturschutzrechts sind dabei erhalten geblieben, finden sich allerdings an anderer Stelle und vielfach in einem etwas neuen Gewande wieder. Zu den bereits im Regierungsentwurf vorgesehenen Änderungen gehören u. a. die Förderung einer natur- und umweltverträglichen Landwirtschaft durch klare Anforderungen an die „gute fachliche Praxis", die Sicherung der biologischen Vielfalt durch Schaffung eines Biotopverbunds auf mindestens 10 Prozent der Landesfläche sowie die Stärkung der Mitwirkungsrechte von Bürgerinnen und Bürgern durch die erstmals bundesweit eingeführte Verbandsklage. Auch das Verhältnis von Naturschutz sowie Sport und Erholung wurde neu definiert, in dem der Erholungswert von Natur und Landschaft in der Zielbestimmung des Gesetzes verankert wurde. Insbesondere in der ausschließlichen Wirtschaftszone (AWZ) im Bereich zwischen 12 und 200 Seemeilen vor der Küste wurden die Voraussetzungen für den weiteren natur- und umweltfreundlichen Ausbau der Windkraftnutzung auf dem Meer geschaffen. In dieser

---

schaftspflege für Ba.-Wü.; *Louis* BNatSchG 1994; *Mitschang* Die Belange von Natur und Landschaft in der kommunalen Bauleitplanung 1993; *Ramsauer* (Hrsg.) Die naturschutzrechtliche Eingriffsregelung 1995; *Schmidt-Räntsch* Leitfaden zum Artenschutzrecht 1990; *Schink* Naturschutz- und Landschaftspflegerecht NW 1989; *Schütze* Landschaftsplanung 1994; *Stüer* NuR 1986, 149; ders. DVBl. 1996, 93.

[2345] Zum Verhältnis von Planung und Naturschutz *ARGEBAU/Runkel* Verhältnis von naturschutzrechtlicher Eingriffsregelung und Baurecht 1994, 75; *Bauer* NuR 1991, 56; *Benz/Berkemann* Natur- und Umweltschutzrecht 1989; *Berkemann* NuR 1993, 97; *Bickel* ZfW 1984, 230; *Bizer/Ormond/Riedel* Die Verbandsklage im Naturschutzrecht 1990; *Blume* NVwZ 1993, 941; *Böhme/Preiser-Holl* (Hrsg.) Die naturschutzrechtliche Eingriffsregelung 1993; *Braun* NVwZ 1994, 1187; *Bunzel* UPR 1991, 297; *Burmeister/Megerle* NVwZ 1995, 868; Deutscher Städtetag NVwZ 1995, 876; *Dolde* FS Weyreuther 1993, 195; ders. NVwZ 1991, 960; *Dürr* UPR 1991, 81; ders. NVwZ 1992, 833; *Ehrlein* VBlBW 1990, 121; *Felder* NuR 1994, 53; *Gaentzsch* NuR 1986, 89; ders. NuR 1990, 1; *Gassner* UPR 1988, 321; ders. NVwZ 1991, 26; ders. NuR 1993, 252; ders. NuR 1996, 130; *Giemulla* ZLW 1985, 44; *Harbeck* SchlHA 1989, 48; *Jannasch* DÖV 1994, 950; *Klein* Zur Rechtsnatur und Bindungswirkung der Ziele der Landesplanung 1972; *Klinge* BauR 1995, 289; *Knauber* NuR 1985, 308; *Krautzberger* WiVerw. 1992, 131; *Krüger* NVwZ 1992, 552; *Kuchler* Naturschutzrechtliche Eingriffsregelung und Bauplanungsrecht 1989; ders. DVBl. 1989, 973; ders. NuR 1994, 208; *Kunz* VR 1985, 337; *Kuschnerus* DVBl. 1986, 75; ders. NVwZ 1996, 235; *Lang* NuR 1984, 189; ders. BayVBl. 1981, 679; *Laubinger* VerwArch. 76 (1985), 77; ders. VerwArch. 77 (1986), 421; ders. VerwArch. 85 (1994), 291; *Louis* NuR 1992, 24; ders. ZUR 1993, 37; ders. 1995, 62; *Mecking* NuR 1994, 309; *Mitschang* Die Belange von Natur und Landschaft in der kommunalen Bauleitplanung 1993; ders. ZfBR 1994, 57; *Murswiek* JuS 1991, 518; ders. JuS 1993, 699; *Olbert* ArchivPT 1993, 399; *Paetow* NuR 1986, 144; *Peine* NuR 1996, 1; *Petersen* NuR 1989, 205; *Portz* StuGR 1994, 167; *Ramsauer* (Hrsg.) Die naturschutzrechtliche Eingriffsregelung 1995; *Reinhardt* NuR 1994, 417; *Roesch* Aktuelle Baurechtsprobleme aus der Sicht der Länder 1993, 179; *Ronellenfitsch* VerwArch. 77 (1986), 177; *Runkel* UPR 1993, 203; ders. StuGR 1993, 204; ders. NVwZ 1993, 1136; *Sander* NuR 1986, 317; *Schink* DVBl. 1992, 1390; ders. NJW 1993, 349; *Schlichter* AgrarR 1985, 245; *Schmidt* UPR 1992, 361; ders. NVwZ 1996, 437; *Schmitz* LKV 1993, 291; *Schneider* DVBl. 1994, 685; *Schoeneck* ZUR 1993, 233; *Schulze* NuR 1986, 106; *Steinfort* VerwArch. 86 (1995), 107; *Stich* DVBl. 1992, 257; *Stöcker* InfUR 1992, 983; *Stüer* DVBl. 1996, 93; *Waskow* Die Mitwirkung von Naturschutzverbänden im Verwaltungsverfahren 1990; *Weyreuther* Die Situationsgebundenheit des Grundeigentums, Naturschutz – Eigentumsschutz – Bestandsschutz 1983; *de Witt/Burmeister* NVwZ 1994, 38.

[2346] Gesetz zur Neuregelung des Rechts des Naturschutzes und der Landschaftspflege und zur Anpassung anderer Rechtsvorschriften (BNatSchGNeuregG) v. 25. 3. 2002 (BGBl. I S. 1193).

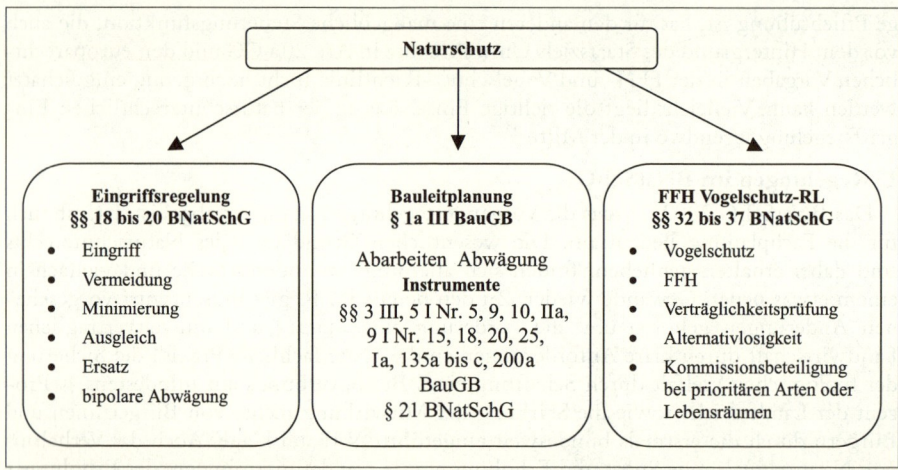

Zone kann der Bund nun auch Schutzgebiete nach der Fauna-Flora-Habitat-Richtlinie (FFH-Richtlinie)[2347] und der Vogelschutzrichtlinie (Vogelschutz-Richtlinie)[2348] der EU ausweisen sowie Ziele und Grundsätze der Raumordnung festlegen (§ 18a ROG). Der Meeresnaturschutz wird insgesamt deutlich aufgewertet. Energiefreileitungen müssen in Zukunft so beschaffen sein, dass sie gegen Stromschlaggefahr für große Vögel wie Störche und Greifvögel geschützt sind.

3982 Von den Kritikern nicht zuletzt aus dem Bereich der Landwirtschaft und der Projektträger wurde vor allem bemängelt, das Gesetz sei einseitig an den Interessen des Natur- und Landschaftsschutzes ausgerichtet, die gute fachliche Praxis werde zu qualitätvoll ausgestaltet mit der Folge, dass die Messlatte für Entschädigungen zu hoch gehängt sei, die Entschädigungsregelungen seien zu unbestimmt und blieben hinter dem bisherigen Recht zurück. Auch sei der Biotopschutz zu Lasten der Landwirtschaft zu stark ausgedehnt und die Verbandsklage sei nicht zweckmäßig. Dass die Gesetzesbestimmungen vielfach zu unklar seien, ist sicherlich ein Vorwurf, dem sich nicht nur das neue Naturschutzrecht zu stellen hat.

2. Naturschutzrechtliches Regelungssystem

3983 Ausgangspunkt für die Klärung der auf den ersten Blick verwirrend erscheinenden naturschutzrechtlichen Eingriffsregelungen ist ein **vierstufiges Regelungssystem**:
– primäre Verpflichtung des Eingriffsverursachers, vermeidbare Beeinträchtigungen zu unterlassen (§ 19 II 1 BNatSchG) bzw. auf das erforderliche Maß zu minimieren,
– sekundäre Verpflichtung des Eingriffsverursachers, unvermeidbare Beeinträchtigungen auszugleichen oder in sonstiger Weise zu kompensieren (§ 19 II 1 BNatSchG),
– bipolare naturschutzrechtliche Abwägung bei verbleibenden Beeinträchtigungen (§ 19 III 1 BNatSchG),
– zusätzliche Auferlegung von Ersatzmaßnahmen und Zahlungspflichten (Ersatzgeld, Ausgleichsabgabe) nach Maßgabe des Landesrechts (§ 19 IV BNatSchG i.V. mit Landesrecht).

[2347] Richtlinie 92/43/EWG des Rates vom 21. 5. 1992 zur Erhaltung der natürlichen Lebensräume sowie der wild lebenden Tiere und Pflanzen, ABlEG Nr. L 206/7 v. 22. 7. 1992, abgedruckt bei *Stüer*, Bau- und Fachplanungsgesetze 1999, 823.
[2348] Richtlinie des Rates der Europäischen Gemeinschaften vom 2. 4. 1979 über die Erhaltung der wild lebenden Vogelarten (79/409/EWG), (Abl. EG Nr. L 103/1 vom 25. 4. 1979), abgedruckt bei *Stüer*, Bau- und Fachplanungsgesetze 1999, 881.

```
┌─────────────────────────────────────────────────────┐
│     ╭───────╮                  ┌──────────────────┐ │
│    ╱         ╲                 │ • Eingriff       │ │
│   │Eingriffs- │                │ • Vermeidung     │ │
│   │regelung   │ ─────────────▶ │ • Minimierung    │ │
│   │§§ 18 bis 20│               │ • Ausgleich      │ │
│   │ BNatSchG  │                │ • Ersatz         │ │
│    ╲         ╱                 │ • bipolare       │ │
│     ╰───────╯                  │   Abwägung       │ │
│                                └──────────────────┘ │
└─────────────────────────────────────────────────────┘
```

3. Naturschutzrechtlicher Eingriff

Die naturschutzrechtliche Eingriffsregelung der §§ 18 bis 20 BNatSchG bezieht sich auf naturschutzrechtliche Eingriffe. Darunter sind nach § 18 I BNatSchG **Veränderungen** der Gestalt oder Nutzung von Grundflächen oder Veränderungen des mit der belebten Bodenschicht in Verbindung stehenden Grundwasserspiegels zu verstehen, welche die Leistungsfähigkeit des Naturhaushalts oder das Landschaftsbild **erheblich** oder nachhaltig beeinträchtigen können. **Nachhaltig** ist eine Beeinträchtigung, wenn sie nicht nur vorübergehende, sondern längerfristige Wirkungen auslöst.[2349] Mit der Aufnahme der beiden Begriffe in den Gesetzestext hat der Gesetzgeber sicherstellen wollen, dass Bagatellfälle in sachlicher und zeitlicher Hinsicht von vornherein ausgeschieden werden.[2350] Der Naturhaushalt besteht aus einem komplexen Wirkungsgefüge aller natürlichen Faktoren, wie Boden, Wasser, Luft, Klima sowie Pflanzen- und Tierwelt, wobei sowohl innerhalb als auch zwischen belebten (biotischen) und nicht belebten (abiotischen) Faktoren vielfältige Wechselbeziehungen zwischen physikalischen, chemischen und biologischen Vorgängen bestehen.[2351] Die Eingriffsregelung zielt damit nicht nur auf einen umfassenden Schutz der jeweils vorhandenen Gegebenheiten ab, sondern auch auf eine einheitliche Gesamtbewertung aller Auswirkungen einschließlich der Wechselwirkungen (§ 2 I 3 UVPG).[2352] Das Landschaftsbild bezieht sich auf die äußere, sinnlich wahrnehmbare Erscheinungsform von Natur und Landschaft.[2353] In ihm wirken die einzelnen Landschaftselemente und -faktoren wie Gesteins- und Bodenarten, Klimafaktoren, Relief und Pflanzenwelt zusammen und vermitteln den spezifischen Charakter der Land-

---

[2349] *BVerwG*, Urt. v. 27. 9. 1990 – 4 C 44.87 – BVerwGE 85, 348 = DVBl. 1991, 209 = NVwZ 1991, 364; *OVG Koblenz*, Urt. v. 19. 5. 1987 – 7 A 58/86 – NuR 1988, 41; *Bender/Sparwasser/Engel*, Umweltrecht, Teil 3, Rn. 116; *Burmeister*, Zerstörung, S. 52; *Ketteler* VR 1991, 193; *Kuchler*, Naturschutzrechtliche Eingriffsregelung und Bauplanungsrecht 1989, S. 130.

[2350] *Engelhardt/Brenner/Fischer-Hüftle*, BayNatSchG, Art. 6, Rdn. 13; *Nies*, AgrarR 1999, 69; *Plogmann*, Naturschutzrechtliche Konfliktbewältigung, in: *Stüer* (Hrsg.), Planungsrecht, Bd. 4, Osnabrück 2000.

[2351] So bereits die Begründung des Regierungsentwurfs zum Bundesnaturschutzgesetz in BT-Drucksache 7/886, S. 28; vgl. auch § 2 Nr. 6 des Pflanzenschutzgesetzes vom 15. 9. 1986, BGBl. I, S. 1505; Rechtsprechung und Literatur haben diese Begriffsbestimmung übernommen: *OVG Hamburg*, B. v. 23. 9. 1996 – Bs III 68/96 – NuR 1997, 453; *OVG Münster*, Urt. v. 7. 3. 1985 – 7 A 372/84 – NuR 1985, 288; *VGH Mannheim*, Urt. v. 25. 6. 1986 – 1 S 32362/85 – NuR 1987, 129; *Bickel*, Hess. NatSchG, § 5, Rdn. 5; *Engelhardt/Brenner/Fischer-Hüftle*, Bay NatSchG, Art. 6, Rdn. 8; *Gassner* in: *Ramsauer*, Eingriffsregelung, 9; *Kolodziejcok/Recken*, § 1 BNatSchG, Rdn. 11; *Messerschmidt*, § 1, Rdn. 7 BNatSchG; *Nies*, AgrarR 1999, 69.

[2352] *Plogmann*, Naturschutzrechtliche Konfliktbewältigung, in: *Stüer* (Hrsg.) Planungsrecht, Bd. 4, Osnabrück 2000.

[2353] AG Eingriffsregelung, Empfehlungen zum Vollzug, S. 6; *Garbe*, Eingriffsregelung, S. 33; *Hoisl*, NuL 1992, 105; *Stadler*, Naturschutz und Erholung, S. 180.

schaft.[2354] Für eine erhebliche oder nachhaltige Beeinträchtigung des Naturhaushalts oder Landschaftsbildes wird keine „Verunstaltung" im Sinn des § 35 III 1 Nr. 5 BauGB verlangt.[2355] Es ist vielmehr auf die ästhetische Funktion des **Landschaftsbildes** abzustellen.[2356] Eine Beeinträchtigung liegt vor, wenn das Erscheinungsbild der Landschaft von einem aufgeschlossenen Beobachter als belastend empfunden wird.[2357]

3985 Nicht jede Veränderung der Gestalt oder Nutzung von Grundflächen stellt daher einen **naturschutzrechtlichen Eingriff** dar. Es muss vielmehr eine erhebliche oder nachhaltige Beeinträchtigung des Naturhaushalts oder des Landschaftsbildes hinzukommen. Bei der Ermittlung und Bewertung der voraussichtlichen Eingriffsfolgen sind fachwissenschaftliche Erkenntnisse einzubeziehen. Die im Rahmen der naturschutzrechtlichen Eingriffsregelung anzustellenden Ermittlungen sind in dem Umfang durchzuführen, dass eine sachgerechte Planungsentscheidung möglich ist. Eine vollständige Erfassung der betroffenen Tier- und Pflanzenarten ist regelmäßig nicht erforderlich.[2358] Grundsätzlich sollen die im Rahmen der naturschutzrechtlichen Eingriffsregelung anzustellenden Ermittlungen der Behörde die Basis dafür liefern, wie der konkrete Eingriff zu bewerten und im gestuften Entscheidungsprogramm der §§ 18 bis 20 BNatSchG „abzuarbeiten" ist. Die Ermittlungen sind deshalb in dem Umfang durchzuführen, dass eine sachgerechte Planungsentscheidung möglich ist. Dagegen dient die naturschutzrechtliche Eingriffsregelung im Rahmen eines Planfeststellungsverfahrens nicht einer allgemeinen Bestandsaufnahme. Zunächst ist der **Untersuchungsraum** im Hinblick auf zu erwartete Auswirkungen des Vorhabens abzugrenzen. Neben dem Vorhabensort rechnet dazu der Eingriffsraum, der Wirkraum aber auch der Kompensationsraum. Dabei können nur geringe mittelbare Auswirkungen und vor allem kaum noch messbare Fernwirkungen außer Betracht bleiben. Die Beurteilung bezieht sich auf die Schutzgüter Boden, Fauna, Flora, Wasserhaushalt, Luft/Klima, Biotopstrukturen, Landschaftsbild und Erholungsfunktionen.[2359]

3986 Es wird allerdings häufig nicht erforderlich sein, die von einem Vorhaben betroffenen Tier- und Pflanzenarten vollständig zu erfassen. Es kann vielmehr ausreichend sein, wenn für den Untersuchungsraum besonders bedeutsame Repräsentanten an Tier- und Pflanzengruppen festgestellt werden und wenn für die Bewertung des Eingriffs auf bestimmte Indikationsgruppen abgestellt wird. Sollen für ein Vorhaben z. B. intensiv landwirtschaftlich genutzte Flächen beansprucht werden, kann sich die Untersuchung der verbliebenen Tierwelt an entsprechenden Erfahrungswerten orientieren. Rückschlüsse auf die Tierarten anhand der vorgefundenen Vegetationsstrukturen und vorhandenen Literaturangaben können in solchen Fällen methodisch hinreichend sein.[2360] Der Umfang der Ermittlungspflicht ist deshalb abhängig von der Art der Maßnahme und den jeweiligen natur-

---

[2354] AG Eingriffsregelung, Empfehlungen zum Vollzug, S. 6; *Kolodziejcok/Recken*, BNatSchG, § 8, Rdn. 7; *Künkele/Heiderich*, NatSchG BW, § 10, Rdn. 4.
[2355] *VGH Mannheim*, Urt. v. 22. 4. 1980 – I 1667/79 – NuR 1982, 71; Urt. v. 24. 6. 1983 – 5 S 2201/82 – NuR 1983, 276; ebenso *Pielow* 1979, 15. Eine solche verlangt indessen: *Fickert* BayVBl. 1978, 681.
[2356] *BVerwG*, Urt. v. 28. 6. 1955 – I C 146.53 – BVerwGE 2, 172.
[2357] *BVerwG*, Urt. v. 27. 9. 1990 – 4 C 44.87 – BVerwGE 85, 348 = NVwZ 1991, 364 = NuR 1991, 124 = DVBl. 1991, 209; *OVG Hamburg*, B. v. 23. 9. 1996 – Bs III 68/96 – NuR 1997, 453; *OVG Münster*, Urt. v. 4. 6. 1993 – 7 A 3157/97 – NVwZ-RR 1994, 645; *VGH Mannheim*, Urt. v. 16. 4. 1991 – 5 S 2613/89 – NuR 1991, 487; *Breuer* NuR 1980, 89; *Kolodciejcok/Recken*, BNatSchG, § 8, Rdn. 9; *Henneke*, Landwirtschaft und Naturschutz, S. 189; *Schink*, Naturschutz- und Landschaftspflegerecht NRW, Rdn. 261; *Plogmann*, Naturschutzrechtliche Konfliktbewältigung, in: *Stüer* (Hrsg.) Planungsrecht, Bd. 4, Osnabrück 2000.
[2358] *BVerwG*, B. v. 21. 2. 1997 – 4 B 177.96 – RdL 1997, 95.
[2359] *Burmeister/Bruns/Gaede* BBauBl. 1994, 234; *Louis* in: *Bauer/Schink*, Eingriffsregelung, 34; *ders.* NuR 1998, 113; *Plogmann*, Naturschutzrechtliche Konfliktbewältigung, in: *Stüer* (Hrsg.) Planungsrecht, Bd. 4, Osnabrück 2000.
[2360] Zur UVP *BVerwG*, B. v. 14. 6. 1996 – 4 VR 2.96 (4 A 3.96) – NVwZ-RR 1997, 340 – Auerswalde.

räumlichen Gegebenheiten, in die eingegriffen werden soll. Je typischer die Gebietsstruktur des Eingriffsbereichs, je eher kann auch auf typisierende Merkmale und allgemeine Erfahrungen abgestellt werden. Gibt es dagegen Anhaltspunkte für das Vorhandensein besonders seltener Arten, wird dem im Rahmen der Ermittlungen nachzugehen sein.[2361] Dazu gehört auch die Veränderung des mit der belebten Bodenschicht in Verbindung stehenden Grundwasserspiegels. Hierdurch soll erreicht werden, dass die Lücke zum Grundwasserschutz und zum Bodenschutz geschlossen wird.

In welchem Umfang die **Leistungsfähigkeit des Naturhaushalts** oder das **Landschaftsbild** beeinträchtigt werden, lässt sich nur auf der Grundlage zuverlässiger Feststellungen über den vorhandenen Zustand von Natur und Landschaft klären. Der Vorhabenträger muss allerdings nicht ein vollständiges Arteninventar erstellen. Die Untersuchungstiefe hängt vielmehr von den jeweiligen naturräumlichen Gegebenheiten ab. So können bestimmte Tier- und Pflanzenarten ein Indikator für die Biotopqualität und die Lebensraumanforderungen anderer Arten sein oder bestimmte Vegetationsstrukturen sichere Rückschlüsse auf ihre faunistische und floristische Ausstattung zulassen. Dann reicht die gezielte Erhebung der insoweit repräsentativen Daten aus. Die Bewertung muss dabei nicht anhand standardisierter oder schematischer Verfahren rechenhaft erfolgen.[2362] Ein naturschutzrechtlicher Ausgleich bedeutet auch bei einem Ausgleich von Beeinträchtigungen des Naturhaushalts nicht eine Naturalrestitution im naturwissenschaftlichen Sinne, sondern eine Kompensation. Zwischen den Ausgleichsmaßnahmen und dem Eingriffsort muss demgemäß ein funktionaler Zusammenhang bestehen.[2363]

Eine **mathematische Berechnung** ist rechtlich nicht geboten, da die Bewertung der Eingriffsfolgen eine wertende Entscheidung und eine Einzelfallbetrachtung voraussetzt. Das Landschaftsbild etwa ist einer mathematischen Bewertung nicht zugänglich. Die Erheblichkeit oder Nachhaltigkeit bestimmt sich dabei letztlich nicht nach naturwissenschaftlichen Erkenntnissen, sondern ist aufgrund einer wertenden Gesamtbetrachtung festzulegen, in die auch **rechtliche Bewertungen** eingehen. So kann auch ein Eingriff, der sich aufgrund der Selbstregulierungskräfte der Natur nach längerer Zeit zurückbildet, als erheblicher oder nachhaltiger Eingriff im Rechtssinne zu verstehen sein. Umgekehrt muss nicht jeder Eingriff, der im naturwissenschaftlichen Sinne nachhaltige Folgen hat, auch im Rechtssinne erheblich sein. Naturwissenschaftliche und fachwissenschaftliche Gutachten können allerdings für die rechtliche Einordnung des Eingriffs eine wichtige Erkenntnisquelle bilden. Die Abgrenzung zwischen erheblichem und nachhaltigem Eingriff kann die Planfeststellungsbehörde in der Praxis vor erhebliche Schwierigkeiten stellen.

Beispiel: Bei der Emsvertiefung zwischen Papenburg und Emden ist nach Auffassung eines fischereibiologischen Gutachtens eine Verringerung des Fischbesatzes nicht ausgeschlossen. Auch können durch die Baggerarbeiten Verwirbelungen entstehen, die zu einer vorübergehenden Verringerung der Futtergrundlage führen. Die Vorhabenträger halten dieses Gutachten für nicht überzeugend, weil der Eingriff nicht erheblich sei. Will die Planungsfeststellungsbehörde nicht eine Aufhebung des Planfeststellungsbeschlusses im gerichtlichen Verfahren riskieren, wird sie durch entsprechende Schutzauflagen (etwa einen vermehrten Glasaalbesatz) sicherstellen, dass mögliche Eingriffswirkungen ausgeglichen werden. Dabei kann eine solche Anordnung auch vorsorglich ergehen oder auf einer Selbstverpflichtung der Vorhabenträger beruhen.[2364]

[2361] *BVerwG*, B. v. 21. 2. 1997 – 4 B 177.96 – RdL 1997, 95.
[2362] *BVerwG*, Urt. v. 27. 10. 2000 – 4 A 18.99 – BVerwGE 112, 140 = DVBl. 2001, 386 = NVwZ 2001, 673, mit Hinweis auf B. v. 23. 4. 1997 – 4 NB 13.97 – NVwZ 1997, 1215 = NuR 1997, 446.
[2363] *BVerwG*, Urt. v. 27. 10. 2000 – 4 A 18.99 – BVerwGE 112, 140 = DVBl. 2001, 386 = NVwZ 2001, 673, mit Hinweis auf Urt. v. 27. 9. 1990 – 4 C 44.87 – DVBl. 1990, 209; Urt. v. 23. 8. 1996 – 4 A 29.95 – DVBl. 1997, 68 = NVwZ 1997, 486 = NuR 1997, 87; ebenso *VGH Mannheim*, Urt. v. 14. 12. 2000 – 5 S 2716/99 – DVBl. 2000, 1367 = VBlBW 2001, 362.
[2364] Vgl. zu dem ähnlich gelagerten Problem der Wahrunterstellung *BVerwG*, Urt. v. 27. 3. 1980 – 4 C 34.79 – NJW 1981, 241 = DVBl. 1980, 999 = BayVBl. 1980, 440 = *Hoppe/Stüer* RzB Rdn. 130 – A 3.

3989 Die naturschutzrechtlichen Maßnahmen müssen aus fachwissenschaftlicher Sicht sachgerecht sein. So kann es etwa der Schutzzweck einer nach Landesrecht zu erlassenen Verordnung über ein Naturschutzgebiet[2365] erfordern, in das Schutzgebiet eine Randzone einzubeziehen, deren Funktion es ist, als „Pufferzone" das Schutzgebiet zu sichern.[2366] Denn der Naturschutz in seinen Ausprägungen durch das BNatSchG beschränkt sich nicht allein darauf, Vorhandenes zu erhalten. Bereits die normale Bewirtschaftung landwirtschaftlicher Nutzflächen kann im Einzelfall insbesondere in sensiblen Bereichen wie einem Hochwald ohne Randzone zu negativen Einwirkungen von außen auf das Schutzgebiet führen. Der Schutzzweck einer naturschutzrechtlichen Verordnung kann es daher erfordern, in das Schutzgebiet eine Randzone einzubeziehen, deren Funktion es ist, das Schutzgebiet als Pufferzone zu sichern.[2367]

3990 Die i. S. des BNatSchG ordnungsgemäße, der **guten fachlichen Praxis** verpflichtete land-, forst- und fischereiwirtschaftliche Bodennutzung ist nicht als Eingriff in Natur und Landschaft anzusehen. Die **Landwirtschaftsklausel** will sicherstellen, dass eine ordnungsgemäße landwirtschaftliche Bodennutzung nicht an naturschutzrechtlichen Anforderungen scheitert. Das naturschutzrechtliche Privileg für die gute fachliche Praxis (§§ 5, 18 II und III BNatSchG) gilt allerdings nicht für solche Veränderungen der Landschaft, die eine landwirtschaftliche Nutzung erst ermöglichen oder diese effektiver gestalten sollen.[2368] § 18 II und III BNatSchG will die **„tägliche Wirtschaftsweise"** des Landwirts von naturschutzrechtlichen Anordnungen freistellen.[2369] Die land-, forst- und fischereiwirtschaftliche Bodennutzung ist nicht als Eingriff anzusehen, soweit dabei die Ziele und Grundsätze des Naturschutzes und der Landschaftspflege berücksichtigt werden. Dafür sind die **Regeln der guten fachlichen Praxis** von Bedeutung. Nicht als Eingriff gilt die Wiederaufnahme einer bereits zuvor durchgeführten land-, forst- oder fischereiwirtschaftlichen Bodennutzung, die aufgrund einer vertraglichen Vereinbarung oder aufgrund der Teilnahme an öffentlichen Programmen zur Bewirtschaftungsbeschränkung zeitweise eingeschränkt oder unterbrochen war. Der Wechsel einer bisher nicht ausgeübten landwirtschaftlichen Nutzungsart[2370] oder die Umwandlung einer Natur- in eine Kulturlandschaft unterfällt demgegenüber der Eingriffsregelung in § 18 I BNatSchG.[2371] Auch stellt die Errichtung einer baulichen Anlage durch einen Landwirt keine der Eingriffsregelung freigestellte landwirtschaftliche Bodennutzung i. S. von § 18 II und III BNatSchG dar.[2372] Zur Auslegung des Merkmals der ordnungsgemäßen landwirtschaftlichen Nutzung kann auch das **landesrechtliche Naturschutzrecht** einen Beitrag leisten.

Beispiel: Landesrecht, das die Beseitigung einer in mindestens acht Jahren gewachsenen Hecke als naturschutzrechtlichen Eingriff wertet und damit einem naturschutzrechtlichen Genehmigungsverfahren selbst dann unterstellt, wenn die Beseitigung landwirtschaftlichen Zwecken dient, verstößt nicht gegen die bundesrahmenrechtliche Vorschrift des § 19 IV BNatSchG.[2373]

[2365] Zum Schutz von Randzonen und Einwirkungsbereichen *OVG Hamburg*, Urt. v. 26. 2. 1998 – Bf II 52/94 – NordÖR 1998, 443.
[2366] *BVerwG*, B. v. 13. 8. 1996 – 4 NB 4.96 – NVwZ-RR 1997, 92 = BauR 1996, 844 – naturschutzrechtliche Pufferzone.
[2367] *BVerwG*, B. v. 13. 8. 1996 – 4 NB 4.96 – NVwZ-RR 1997, 92 = BauR 1996, 844 – naturschutzrechtliche Pufferzone.
[2368] *BVerwG*, B. v. 14. 4. 1988 – 4 B 55.88 – Buchholz 406.401 § 15 BNatSchG Nr. 4.
[2369] *BVerwG*, Urt. v. 13. 4. 1983 – 4 C 76.80 – BVerwGE 67, 93 = Buchholz 406 401 § 8 BNatSchG Nr. 1.
[2370] *BVerwG*, B. v. 13. 4. 1983 – 4 C 76.80 – BVerwGE 67, 93 = Buchholz 406 401 § 8 BNatSchG Nr. 1; B. v. 29. 11. 1985 – 4 B 213.85 – Buchholz 406 401 § 8 BNatSchG Nr. 3; B. v. 4. 12. 1989 – 4 B 214.89.
[2371] Derartige Umwandlungen unterfallen den naturschutzrechtlichen Regelungen.
[2372] *BVerwG*, B. v. 3. 3. 1992 – 4 B 44.92 – *Hoppe/Stüer* RzB Rdn. 1053 – Landwirtschaftsklausel.
[2373] *BVerwG*, B. v. 26. 2. 1992 – 4 B 38.92 – NVwZ-RR 1992, 467 = *Hoppe/Stüer* RzB Rdn. 1052 – Landwirtschaftsklausel.

4. Naturschutzrechtliches Vermeidungsgebot

Der Verursacher eines Eingriffs ist gem. § 19 I BNatSchG zu verpflichten, vermeidbare **3991** Beeinträchtigungen von Natur und Landschaft zu unterlassen. Der Begriff der Vermeidbarkeit ist allerdings nicht in einem naturwissenschaftlichen Sinne zu verstehen. Denn in tatsächlicher Hinsicht ist nahezu jeder Eingriff vermeidbar. Die Frage der Vermeidbarkeit ist vielmehr aufgrund einer wertenden Betrachtung zu entscheiden. Das naturschutzrechtliche Vermeidungsverbot hat allerdings keinen absoluten Vorrang. So ist etwa die Planungsbehörde auch durch § 19 I BNatSchG nicht zur Wahl einer ökologisch günstigsten Planungsalternative verpflichtet.[2374] Ob ein Vorhaben an einem bestimmten Standort zulässig ist, richtet sich auch in naturschutzrechtlicher Hinsicht nach dem jeweiligen Fachrecht. Auch die Belange des Naturschutzes unterliegen dabei dem fachplanungsrechtlichen Abwägungsgebot. Die naturschutzrechtliche Eingriffsregelung ergänzt die fachrechtlichen Zulassungstatbestände. Das Vermeidungsgebot in § 19 I BNatSchG knüpft daher an die im Rahmen der fachrechtlichen Abwägung getroffene Trassenwahl an. § 19 I BNatSchG verpflichtet ausschließlich dazu, aus dem Kreis der mit einem Eingriff verbundenen erheblichen oder nachhaltigen Beeinträchtigungen von Natur und Landschaft diejenigen zu unterlassen, die vermeidbar sind. Die durch die Inanspruchnahme von Natur und Landschaft am Ort des Eingriffs selbst zwangsläufig hervorgerufenen Beeinträchtigungen nimmt das Naturschutzrecht demgegenüber als unvermeidbar hin.[2375] Der Verursacher eines Eingriffs wird daher nicht daran gehindert, den Eingriff vorzunehmen, wenn dies aus der jeweiligen Fachsicht nach Abwägung aller Belange erforderlich erscheint. Dem Verursacher des Eingriffs wird lediglich die Verpflichtung auferlegt, den in § 19 BNatSchG bezeichneten Unterlassungs- und Handlungsgeboten nachzukommen. Im Übrigen hebt § 19 I BNatSchG nicht darauf ab, ob das Vorhaben, durch das er hervorgerufen wird, vermeidbar ist. Die gesetzliche Verpflichtung zielt vielmehr ausschließlich darauf ab, aus dem Kreis der mit einem Eingriff verbundenen erheblichen oder nachhaltigen Beeinträchtigungen von Natur und Landschaft diejenigen zu unterlassen, die bei **Wahrung** der **Konzeption** und **Zielvorstellungen** vermeidbar sind.

Überhaupt kann die Planung **eigenständig Ziele und Konzepte** festlegen, die für die **3992** Prüfung der Vermeidbarkeit bindende Wirkungen entfalten können. So gesehen ist ein Eingriff nur vermeidbar, wenn er bei Wahrung der Ziele und Konzepte, die durch die planerische Entscheidung bestimmt werden, vermieden werden kann. Denn natürlich ließe sich der Eingriff durch eine sog. „Nullvariante" vermeiden.[2376] Das ist aber bei der Vermeidbarkeit des Eingriffs in § 19 I BNatSchG nicht gemeint.[2377] Das Vermeidungsgebot wird daher zumeist nicht zu einen Verzicht auf das Vorhaben zwingen,[2378] sondern

---

[2374] *BVerwG*, Urt. v. 7. 3. 1997 – 4 C 10.96 – BVerwGE 104, 144 = DVBl. 1997, 838 – A 94 Neuötting.

[2375] *BVerwG*, Urt. v. 7. 3. 1997 – 4 C 10.96 – BVerwGE 104, 144 = DVBl. 1997, 838 – A 94 Neuötting.

[2376] *BVerwG*, Urt. v. 30. 10. 1992 – 4 A 92 – NVwZ 1993, 565; *Bertenbreiter*, Naturschutz, S. 51; *Hoppe/Beckmann*, Umweltrecht, S. 307; *Marschall/Schroeter/Kastner*, Bundesfernstraßengesetz, § 17, Rdn. 121; *Nies*, AgrarR 1999, 69; *Schmidt*, Einführung, § 6, Rdn. 19.

[2377] Wohl etwas enger *OVG Koblenz*, Urt. v. 13. 12. 1979 – 1 A 81/77 – NuR 1981, 28; *VGH Kassel*, Urt. v. 2. 8. 1989 – 3 UE 259/87 – NVwZ-RR 1990, 236; AG Eingriffsregelung, Empfehlungen zum Vollzug der Eingriffsregelung, S. 8; Deutscher Rat für Landespflege, Gutachtliche Stellungnahme, S. 366; *Blume* NuR 1989, 332; *Burmeister*, Zerstörung, S. 94; *Carlsen*, Die Gemeinde 1983, 149; *Friedlein/Weidinger/Graß*, BayNatSchG, Art. 6a Anm. 3; *Fuchs*, Allgemeine Erfahrungen, 19; *Kratsch*, BWVP 1995, 1; *Lorz*, Naturschutzrecht, § 8, Rdn. 4.

[2378] *BVerwG*, Urt. v. 7. 8. 1997 – 11 A 61.95 – NuR 1998, 138; Urt. v. 19. 5. 1998 – 4 C 11.96 – NuR 1998, 649 = UPR 1998, 388 = DVBl. 1998, 1191 = ZfBR 1998, 323; Urt. v. 7. 3. 1997 – 4 C 10.96 – BVerwGE 104, 144 = NuR 1997, 404 = NVwZ 1997, 914; *VGH Mannheim*, Urt. v. 22. 7. 1997 – 5 S 3391/94 – NuR 1998, 653; Urt. v. 30. 7. 1985 – 5 S 2553/84 – DVBl. 1986, 364; Urt. v. 23. 6.

wohl nur ein ortsgebundenes Minimierungsgebot[2379] beinhalten.[2380] Vor dem Hintergrund dieser planerischen Entscheidungen ist das Vermeidungsgebot allerdings nicht lediglich ein Optimierungsgebot[2381] oder ein durch einfache Abwägung überwindbarer Belang, sondern ein strikt bindender Planungsleitsatz,[2382] allerdings mit der Einschränkung, dass die planerischen Ziele und Konzepte die Beurteilung weitgehend steuern.

3993 Die Eingriffsregelung in den §§ 18 bis 20 BNatSchG soll als sekundärrechtliches Instrument der Planfeststellung verhindern, dass die nachteilige Inanspruchnahme von Natur und Landschaft sanktionslos bleibt.[2383] Allerdings nimmt § 19 III BNatSchG selbst schwere Beeinträchtigungen des Naturhaushalts und des Landschaftsbildes in Kauf, wenn den für den Eingriff sprechenden Gründen größeres Gewicht zukommt. Ein weitergehender Schutz von Natur und Landschaft lässt sich nur über Schutzgebietsausweisungen im Sinne der §§ 22 ff. BNatSchG erreichen.[2384]

3994 Auch § 19 III 1 BNatSchG bestätigt, dass die Anwendung der Eingriffsregelung die **fachgesetzliche Zulässigkeit des Eingriffs** voraussetzt. Denn erst auf dieser Stufe räumt der Gesetzgeber der Behörde die Möglichkeit ein, nicht bloß darauf hinzuwirken, dass die Eingriffsfolgen gering gehalten werden, sondern den Eingriff als solchen zu unter-

---

1988 – 5 S 1030/87 – NVwZ-RR 1989, 349; Hess. VGH, Urt. v. 3. 9. 1993 – 5873/92 – NVwZ-RR 1994, 378; *VGH München*, Urt. v. 5. 7. 1994 – 8 A 93.40056 bis 61 – NuR 1995, 274; *OVG Münster*, Urt. v. 10. 11. 1993 – 23 D 52/92 – NVwZ-RR 1995, 10; *Breuer* NuR 1980, 89; *Bender/Sparwasser/Engel*, Umweltrecht, Teil 3, Rdn. 125; *Czybulka*, VBlBW 1991, 85; *Czybulka/Rodi* BayVBl. 1996, 513; *Ehrlein* VBlBW 1990, 121; *Gaentzsch* NuR 1986, 89; *Gassner* NuR 1984, 81; *Ketteler* VR 1991, 193; *Kolodziejcok/Recken*, § 8 BNatSchG, Rdn. 18; *Kuchler* NuR 1991, 465; *ders.*, VBlBW 1989, 61; *Peters/Schlabach/Schenk*, Umweltverwaltungsrecht, S. 304; *Ronellenfitsch* NuR 1986, 284; *ders.*, VerwArch. 86, 177; *Schink*, Naturschutzrecht NRW, Rdn. 279; *Schmidt-Aßmann*, in: Kimminich/v. Lersner/Storm, HdUR, Bd. I, Spalte 454.

[2379] *OVG Saarlouis*, Urt. v. 16. 2. 1990 – 7 M 1/88 – NuR 1992, 348; *Marschall/Schroeter/Kastner*, Bundesfernstraßengesetz, § 17, Rdn. 121; *Schroeter*, BauGB, § 1a, Rdn. 57; *Plogmann*, Naturschutzrechtliche Konfliktbewältigung, in: *Stüer* (Hrsg.) Planungsrecht, Bd. 4, Osnabrück 2000.

[2380] *BVerwG*, Urt. v. 19. 5. 1998 – 4 C 11.96 – NuR 1998, 649 = UPR 1998, 388 = DVBl. 1998, 1191 = ZfBR 1998, 323; Urt. v. 27. 8. 1997 – 11 A 61.95 – NuR 1998, 138 = DVBl. 1998, 356; Urt. v. 7. 3. 1997 – 4 C 10.96 – BVerwGE 104, 144 = NuR 1997, 404; *VGH Mannheim*, Urt. v. 23. 6. 1988 – 5 S 1030/87 – VBlBW 1989, 61 = NVwZ-RR 1989, 349; Urt. v. 22. 7. 1997 – 5 S 3391/94 – NuR 1998, 653; *VGH Kassel*, Urt. v. 20. 1. 1987 – 2 UE 1292/85 – UPR 1987, 360; *Czybulka/Rodi* BayVBl. 1996, 513; *Dürr* UPR 1991, 81; *Halama* NuR 1998, 633; *Kuchler*, Naturschutzrechtliche Eingriffsregelung und Bauplanungsrecht 1989, S. 185, 186; *ders.* NuR 1991, 465; *Kuschnerus* NVwZ 1996, 235; *Plogmann*, Naturschutzrechtliche Konfliktbewältigung, in: *Stüer* (Hrsg.) Planungsrecht, Bd. 4, Osnabrück 2000.

[2381] *BVerwG*, B. v. 21. 8. 1990 – 4 B 194/90 – NVwZ 1991, 69 = NuR 1991, 75; *VGH Kassel*, B. v. 11. 7. 1988 – 2 TH 740/88 – NVwZ 1988, 1040; *VGH Mannheim*, Urt. v. 23. 6. 1988 – 5 S 1030/87 – NVwZ-RR 1989, 349; *VG Darmstadt*, Urt. v. 29. 1. 1990 – 11a NE 94/88 – NuR 1991, 390; *Bender/Sparwasser/Engel*, Umweltrecht, Teil 3, Rdn. 125; *Dreier*, Normative Steuerung, S. 305; *Dürr* UPR 1991, 81; *Ehrlein*, VBlBW 1990, 121; *Erbguth/Püchel* NuR 1984, 211; *Kuchler*, VBlBW 1989, 63; *Ramsauer* NuR 1997, 419; *Ronellenfitsch*, VerwArch. 1986, 177; *Schroeter* DVBl. 1979, 14; *Wahl* NVwZ 1990, 426.

[2382] *VGH Mannheim*, Urt. v. 22. 7. 1997 – 5 S 3391/94 – NuR 1998, 653; *OVG Hamburg*, B. v. 23. 9. 1996 – Bs III 68/96 – NuR 1997, 453; *Breuer* NuR 1980, 89; *Czermak*, in: ANL, Eingriffsregelung, 55; *Czybulka/Rodi* BayVBl. 1996, 513; *Engelhardt/Brenner/Fischer-Hüftle*, BayNatSchG, vor Art. 6, Rdn. 7; *Fickert* BayVBl. 1978, 681; *Ketteler* VR 1991, 193; *Kuschnerus* DVBl. 1986, 75; *ders.* NVwZ 1996, 235; *Kloepfer*, Umweltschutzrecht, § 10, Rdn. 31; *Kodal/Krämer*, Straßenverkehrsrecht, S. 961; *Lang* BayVBl 1981, 679; *Louis*, NdsNatSchG, § 14, Rdn. 3; *Paetow* NuR 1986, 144; *Pielow* NuR 1987, 165; *Ramsauer* NuR 1997, 419; *Salzwedel* NuR 1984, 165; *Schink*, Naturschutz- und Landschaftspflegerecht in NRW, Rdn. 244 f.; *Soell* in: *Salzwedel*, Grundzüge des Umweltrechts, S. 523; *Steinberg* NVwZ 1986, 812; *Wolf*, ZUR 1998, 183.

[2383] *BVerwG*, Urt. v. 23. 11. 2001 – 4 A 46.99 – DVBl. 2002, 565 = NVwZ 2002, 1103, mit Hinweis auf Urt. v. 7. 3. 1997 – 4 C 10.96 – BVerwGE 104, 144 = DVBl. 1997, 838.

[2384] *BVerwG*, Urt. v. 31. 1. 2002 – 4 A 15.01 und 21.01 – DVBl. 2002, 990 = NVwZ 2002, 1103 – A 20.

binden. So gesehen ist die Eingriffsregelung dem fachgesetzlichen Zulassungstatbestand lediglich „aufgesattelt" („**Huckepackverfahren**"). Ihr Ziel ist es, den Vorschriften des Fachrechts ein auf die Bedürfnisse des Naturschutzrechts und der Landschaftspflege zugeschnittenes Regelungswerk an die Seite zu stellen. Sie verhindert als sekundärrechtliches Instrumentarium, dass die nachteilige Inanspruchnahme von Natur und Landschaft, die das Fachrecht gestattet, zu Lasten von Natur und Landschaft sanktionslos bleibt. Dies ändert aber nichts daran, dass die Belange des Naturschutzrechtes in der fachrechtlichen Abwägung verfügbar sind. Ein irgendwie geartetes **Rangverhältnis i. S.** eines Vorrangs naturschutzrechtlicher Belange wird auch durch das Vermeidungsgebot in § 19 I BNatSchG **nicht** begründet.[2385]

Wiederholt haben sich die Gerichte auch mit der Frage befasst, in welchem Umfang die naturschutzrechtliche Eingriffsregelung zwingende Gebote enthält und welche Abwägungsmöglichkeiten bestehen. Das naturschutzrechtliche Vermeidungsgebot selbst ist striktes Recht und damit einer Abwägung nicht zugänglich. Der gänzliche Verzicht auf das Vorhaben stellt allerdings ebenso wenig wie die Verweisung auf einen anderen Standort eine Vermeidung dar. Die Frage der Vermeidbarkeit bezieht sich vielmehr darauf, ob bei Verwirklichung des Vorhabens an der vorgesehen Stelle erhebliche Beeinträchtigungen von Natur und Landschaft vermieden oder zumindest vermindert werden können.[2386] Entsprechend kommt es weder beim Vermeidungsgebot noch bei der spezifisch naturschutzrechtlichen Abwägung auf die Gewichtung von Planungsvarianten an. Denn diese ist Gegenstand der fachplanerischen Abwägung.[2387] Demnach ist das Verbot vermeidbarer Beeinträchtigungen darauf gerichtet, Auswirkungen auf den Naturhaushalt und das Landschaftsbild durch das Vorhaben selbst an Ort und Stelle möglichst gering zu halten.[2388] Zugleich wirkt das Naturschutzrecht auf die Abwägung ein, indem die naturschutzrechtlichen Belange mit ihrem Gewicht in die Abwägung eingestellt werden müssen. Als sekundärrechtliches Instrument soll die Eingriffsregelung verhindern, dass die nachteilige Inanspruchnahme von Natur und Landschaft, die das Fachrecht gestattet, zu Lasten von Natur und Landschaft sanktionslos bleibt.[2389]

Folgende planerische und entwurfstechnische **Maßnahmen** können im Einzelfall zur Vermeidung von erheblichen oder nachhaltigen Beeinträchtigungen dienen:[2390]
— Abgrenzungen zwischen überbaubaren und nicht überbaubaren Grundstücksflächen, die den natürlichen Gegebenheiten Rechnung tragen,
— Rücksichtnahme auf die ökologischen Faktoren des Naturhaushalts und des optischen Beziehungsgefüges des Landschaftsbildes, auch bei seiner Festlegung der baulichen Ausnutzbarkeiten auf den Eingriffsgrundstücken (z. B. landschaftstypische Bauweise, Einbindung in die Landschaft und Dach- und Fassadenbegrünung von Bauwerken),
— Regelungen über den Erhalt bestimmter schützenswerter Naturbestandteile wie z. B. von einzelnen Bäumen oder sonstigen Bepflanzungen auf den Baugrundstücken (z. B. Verdichtung einer Häusergruppe, um mehrere Bäume im Biotopverbund zu erhalten),

---

[2385] *BVerwG*, Urt. v. 7. 3. 1997 – 4 C 10.96 – BVerwGE 104, 144 = DVBl. 1997, 838 – A 94 Neuötting.
[2386] *VGH Mannheim*, Urt. v. 14. 12. 2000 – 5 S 2716/99 – DVBl. 2000, 1367 = VBlBW 2001, 362, 363, mit Hinweis auf *BVerwG*, B. v. 30. 10. 1992 – 4 A 4.92 – DVBl. 1993, 167 = NVwZ 1993, 565 = NuR 1993, 125.
[2387] *VGH Mannheim*, Urt. v. 23. 3. 2001 – 5 S 428/00 – VBlBW 2001, 481, 482, mit Hinweis auf *BVerwG*, Urt. v. 7. 3. 1997 – 4 C 10.96 – BVerwGE 104, 144 = DVBl. 1997, 838 = NVwZ 1997, 914.
[2388] *VGH Mannheim*, Urt. v. 14. 12. 2000 – 5 S 2716/99 – DVBl. 2000, 1367 = VBlBW 2001, 362, mit Hinweis auf Urt. v. 3. 9. 1993 – 5 S 874/92 – NVwZ-RR 1994, 373 = NuR 1994, 234 = VBlBW 1994, 271.
[2389] *BVerwG*, Urt. v. 23. 11. 2001 – 4 A 46.99 – DVBl. 2002, 565 = NVwZ 2002,1103, mit Hinweis auf Urt. v. 7. 3. 1997 – 4 C 10.96 – BVerwGE 104, 144 = DVBl. 1997, 838.
[2390] *Kuschnerus* BauR 1998, 1; *Plogmann*, Naturschutzrechtliche Konfliktbewältigung, in: Stüer (Hrsg.) Planungsrecht, Bd. 4, Osnabrück 2000.

— Anforderungen an eine naturschonende Ausgestaltung erforderlicher Bodenversiegelungen (z. B. Herstellung neuer PKW-Stellflächen mit wasserdurchlässigem Oberflächenbelag),
— Einschränkung des Baufeldes und Schutzmaßnahmen im Realisierungszeitraum (z. B. Errichtung von Schutzzäunen im Bereich von Baustellen, um wertvolle Bäume zu schützen, Durchführung von Baumaßnahmen außerhalb der Brutzeiten und der Aufzucht von Jungtieren, Ausschluss der Flächen für Baustelleneinrichtungen, -straßen sowie Materiallagerplätze, Lärm- und Sichtschutz).

5. Naturschutzrechtliches Minimierungsgebot

3997 Nicht zu vermeidende naturschutzrechtliche Eingriffe sind nach Möglichkeit zu minimieren. Dieses in § 19 II und III BNatSchG enthaltene **Minimierungsgebot** für Eingriffe, die zu unvermeidbaren Beeinträchtigungen führen, gilt allerdings nicht absolut und ist danach kein Planungsleitsatz, sondern ein in der Abwägung überwindbares Gebot. Es wird vom *BVerwG* als Optimierungsgebot[2391] in dem Sinne bezeichnet, dass eine möglichst weitgehende Minimierung des Eingriffs allerdings unter Wahrung der Ziele und Konzepte des Vorhabens angestrebt werden muss. Auch hier hat die planende Stelle Abwägungs- und Wertungsspielräume vor allem bei der Festlegung der Zielvorstellungen und Konzepte, die sie mit der geplanten Maßnahme erreichen bzw. zulassen will. Nur wenn unter Wahrung dieser planerischen Ziele und Konzepte eine Minderung des Eingriffs ohne „Flurschaden" für die Planung möglich ist, besteht die Verpflichtung, die Auswirkungen für Natur und Landschaft durch eine Änderung des Vorhabens zurückzuführen.

6. Naturschutzrechtliches Ausgleichsgebot

3998 Vom Ansatz her **striktes Recht** und damit nicht Gegenstand einer planerischen Abwägung ist das Gebot, im Falle der Unvermeidbarkeit des Eingriffs diesen vorrangig auszugleichen oder in sonstiger Weise zu kompensieren (§ 19 II 1 BNatSchG).[2392] Ausgeglichen ist ein Eingriff dann, wenn und sobald die beeinträchtigten Funktionen des Naturhaushalts wiederhergestellt sind und das Landschaftsbild landschaftsgerecht wiederherstellt oder neu gestaltet ist (§ 19 II 2 BNatSchG). In sonstiger Weise kompensiert ist eine Beeinträchtigung, wenn und sobald die beeinträchtigten Funktionen des Naturhaushalts in gleichwertiger Weise ersetzt sind oder das Landschaftsbild landschaftsgerecht neu gestaltet ist. Bei der Festsetzung von Art und Umfang der Maßnahmen sind die Programme und Pläne nach den §§ 15 und 16 BNatSchG zu berücksichtigen. Hierzu gehören Landschaftsprogramme und Landschaftsrahmenpläne sowie Landschaftspläne. Das BNatSchG hält damit an der Unterscheidung zwischen Ausgleich und Ersatz fest und schreibt einen vorrangigen Ausgleich vor. Hierin unterscheidet sich die Eingriffsregelung der §§ 18, 19 BNatSchG vom Naturschutz in der Bauleitplanung. Hier ist der Unterschied zwischen Ausgleichsmaßnahmen und Ersatzmaßnahmen aufgegeben (§ 200 a BauGB). Die Festsetzung der naturschutzrechtlichen Maßnahmen obliegt der planenden Gemeinde in der Bauleitplanung vielmehr im Rahmen der Abwägung (§ 1a III BauGB). Demgegenüber behält die Eingriffsregelung in den §§ 18, 19 BNatSchG die Unterscheidung zwischen Ausgleichsmaßnahmen und Ersatzmaßnahmen bei und ordnet auch weiterhin einen vorrangigen Ausgleich an. Der Ausgleich zielt auf eine Wiederherstellung der beeinträchtigten Funktionen des Naturhaushalts und des Landschaftsbildes bzw. dessen Neugestaltung ab. Ersatzmaßnahmen sind demgegenüber auf eine anderweitige Kompensation gerichtet. Hier steht vor allem ein gleichwertiger Ersatz im Vordergrund (§ 19 II 3 BNatSchG). Erst wenn sowohl die Ausgleichs- als auch die Ersatzmaßnahmen keine

---

[2391] *BVerwG*, B. v. 21. 8. 1990 – 4 B 104.90 – DVBl. 1990, 1185 = NVwZ 1991, 69 = *Hoppe/Stüer* RzB Rdn. 1050 – naturschutzrechtliches Minimierungsgebot.
[2392] *BVerwG*, B. v. 3. 10. 1992 – 4 A 4.92 – NVwZ 1993, 565 = *Hoppe/Stüer* RzB Rdn. 1054 – Sachsendamm.

volle Kompensation des Eingriffs erreichen, ist das Vorhaben grundsätzlich unzulässig, kann aber nach einer bipolaren Abwägung zugelassen werden, wenn die das Vorhaben rechtfertigenden Interessen die beeinträchtigten Belange des Natur- und Landschaftsschutzes überwiegen (§ 19 III 1 BNatSchG).

Durch das Ausgleichsgebot wird allerdings die planungsrechtliche Zulässigkeit des Eingriffs nicht in Frage gestellt. Die durch die Inanspruchnahme von Natur und Landschaft am Ort des Eingriffs zwangsläufig hervorgerufenen Beeinträchtigungen nimmt das Naturschutzrecht demgegenüber als „unvermeidbar" hin, wenn die Planung auf einer entsprechenden Abwägung beruht.[2393] **3999**

Sind die getroffenen **Ausgleichsmaßnahmen unzureichend**, so führt dies im Allgemeinen nicht dazu, dass der Planfeststellungsbeschluss auf die Klage eines Grundstückseigentümers hin aufzuheben wäre. Denn in der Regel werden sich erforderliche Ausgleichsmaßnahmen auch noch im Nachhinein anordnen lassen. Zudem hat der Grundstückseigentümer keinen Rechtsanspruch darauf, dass naturschutzrechtliche Kompensationsmaßnahmen nach § 19 II 1 BNatSchG getroffen werden, wenn nicht überzeugend dargelegt werden kann, dass die eigene Rechtsposition des Klägers hierdurch verbessert wird.[2394] **4000**

7. Naturschutzrechtliche Ersatzmaßnahmen

Können unvermeidbare Beeinträchtigungen nicht ausgeglichen werden, sind die Eingriffe in sonstiger Weise durch **Ersatzmaßnahmen** zu kompensieren (§ 19 II 1 BNatSchG). In sonstiger Weise kompensiert ist eine Beeinträchtigung, wenn und sobald die beeinträchtigten Funktionen des Naturhaushalts in gleichwertiger Weise ersetzt sind oder das Landschaftsbild landschaftsgerecht neu gestaltet ist (§ 19 II 3 BNatSchG). Die Länder können weitergehende Vorschriften erlassen, insbesondere über Ersatzmaßnahmen der Verursacher bei nicht ausgleichbaren aber vorrangigen Eingriffen (§ 19 IV BNatSchG). **4001**

Bei der Festsetzung von Art und Umfang der Maßnahmen sind die Programme und Pläne nach den §§ 15 und 16 BNatSchG zu berücksichtigen. Die Ausgleichsmaßnahmen sind gegenüber den Ersatzmaßnahmen prinzipiell vorrangig. Der Eingriff in Natur und Landschaft ist daher primär an Ort und Stelle auszugleichen. Gelingt dies nicht, sind Ersatzmaßnahmen zu ergreifen, welche die beeinträchtigten Funktionen des Naturhaushalts in gleicher Weise ersetzen oder das Landschaftsbild landschaftsgerecht neu gestalten. Die Ersatzmaßnahmen können im weiteren Landschaftsraum erfolgen. Ausgleichsmaßnahmen sind zwar prinzipiell vorrangig. Aber auch durch Ersatzmaßnahmen kann eine das Vorhaben rechtfertigende Kompensation herbeigeführt werden. Der Eingriff stößt erst auf zusätzliche Barrieren, wenn weder ein Ausgleich noch eine Kompensation in sonstiger Weise möglich ist. Dann ist das Vorhaben nur zulässig, wenn die Belange des Naturschutzes und der Landschaftspflege bei der Abwägung aller Anforderungen an Natur und Landschaft anderen Belangen im Range vorgehen. **4002**

8. Bipolare Abwägung

Die strikt zu beachtenden Verpflichtungen des **§ 19 I BNatSchG**, vermeidbare Beeinträchtigungen zu unterlassen[2395] und unvermeidbare Beeinträchtigungen nach Möglichkeit auszugleichen,[2396] sind von der abwägenden Entscheidung des Fachplanungsrechts **4003**

[2393] *BVerwG*, Urt. v. 7. 3. 1997 – 4 C 10.96 – A 94 Neuötting.
[2394] *BVerwG*, B. v. 21. 12. 1995 – 11 VR 6.95 – NVwZ 1996, 896 = DVBl. 1996, 676 – Erfurt-Leipzig/Halle.
[2395] *BVerwG*, B. v. 30. 10. 1992 – 4 A 4.92 – DVBl. 1993, 167 = NVwZ 1993, 565 = *Hoppe/Stüer* RzB Rdn. 1054 – Sachsendamm.
[2396] Vgl. zum Ausgleich eines Straßenneubaus *BVerwG*, B. v. 4. 10. 1994 – 4 B 196.94 – Buchholz 406 401 § 8 BNatSchG Nr. 14; zu Ersatzmaßnahmen für mehrere Abschnitte B. v. 30. 8. 1994 – 4 B 105.94 – NVwZ-RR 1995, 322 = NuR 1995, 139 – A 33.

und der speziellen Abwägungsklausel in **§ 19 III BNatSchG** abzugrenzen.[2397] Zunächst unterliegt die jeweilige fachplanerische Entscheidung dem (allgemeinen) fachrechtlichen Abwägungsgebot.[2398] Danach sind alle öffentlichen und privaten Belange mit ihrem jeweiligen Gewicht zu ermitteln (1. Stufe), zu gewichten (2. Stufe), in die Fachentscheidung einzustellen (3. Stufe) und dort mit den anderen Belangen zu einem sachgerechten Ausgleich zu bringen (4. Stufe). Daran ändert auch das Naturschutzrecht nichts. Die Belange von Natur und Landschaft nehmen danach mit ihrem jeweiligen Gewicht an diesem Abwägungsprozess teil. Einen einseitigen Vorrang gegenüber anderen Belangen haben die Belange von Natur und Landschaft nicht. Dieser ergibt sich auch nicht aus dem naturschutzrechtlichen Vermeidungsgebot in § 19 I BNatSchG. In welchem Umfang sich dabei Belange von Natur und Landschaft durchsetzen, entscheidet sich nach Grundsätzen des Abwägungsgebotes. Der Grundsatz der Verhältnismäßigkeit, der mit dem Abwägungsgebot in engem Zusammenhang steht, verlangt allerdings auch die Prüfung, ob das planerische Ziel mit geringerem Eingriff in Belange von Natur und Landschaft gleich gut verwirklicht werden kann. Ist dies der Fall, scheitert die Planung an dem naturschutzrechtlichen Vermeidungsgebot in § 19 I BNatSchG. Denn die naturschutzrechtlichen Belange dürfen danach nicht stärker beeinträchtigt werden, als es aus Gründen der mit dem Vorhaben verfolgten Ziele erforderlich ist. Lässt sich daher das mit dem Vorhaben verfolgte Ziel ohne Aufopferung anderer Interessen mit geringeren Nachteilen an anderer Stelle erreichen, so kann sich die Planungsbehörde nicht, ohne gegen das Abwägungsgebot und das Vermeidungsgebot in § 19 I BNatSchG zu verstoßen, gleichwohl für die Alternative entscheiden, die sich – gemessen an der Eingriffsregelung in § 18 I BNatSchG – als intensiverer Eingriff darstellt. Erst recht setzt sie sich mit den vorgenannten Geboten in Widerspruch, wenn sie sich für eine Alternative entscheidet, der überwiegende naturschutzrechtliche Belange entgegenstehen. Das Abwägungsgebot eröffnet zwar die Möglichkeit, einzelne Belange hinter anderen Belangen zurückzustellen. Es entbindet aber nicht von der Verpflichtung, einen Ausgleich herbeizuführen, der den Erfordernissen des Verhältnismäßigkeitsgrundsatzes gerecht wird. Das auf Schonung von Natur und Landschaft gerichtete Allgemeininteresse lässt sich daher im Konflikt mit den für eine konkrete Planung sprechenden Gesichtspunkten nur unter der Voraussetzung zurückstellen, dass entsprechend gewichtige Gründe dies rechtfertigen.[2399]

4004 Nach § 19 III 1 BNatSchG ist der Eingriff zu untersagen, wenn die Beeinträchtigungen nicht zu vermeiden oder nicht im erforderlichen Maße auszugleichen oder in sonstiger Weise zu kompensieren sind und die Belange des Naturschutzes und der Landschaftspflege bei der Abwägung aller Anforderungen an Natur und Landschaft im Range vorgehen. Die Entscheidung nach § 19 III 1 BNatSchG ist eine echte Abwägung und autonome Planungsentscheidung, die nicht lediglich gesetzliche Vorgaben nachvollzieht, sondern eine nach dem jeweiligen normativen Entscheidungsprogramm im Ergebnis offene Entscheidung zu treffen hat. Dabei geht es um eine Abwägung im Blick auf den Belang des Naturschutzes und der Landschaftspflege mit anderen Belangen. Die in diesem Zusammenhang vorzunehmende naturschutzrechtliche Abwägung unterliegt nur der eingeschränkten gerichtlichen Kontrolle.[2400] Die sich daraus ergebenden spezifischen naturschutzrechtlichen Abwägungserfordernisse sind wiederum von der allgemeinen Abwägung nach § 1 VII BauGB zu unterscheiden. § 19 III 1 BNatSchG enthält keinen in der Abwägung unüberwindbaren Planungsleitsatz, sondern ein Gebot, das in der Abwägung überwunden und ganz oder teilweise zurückgestellt werden kann. Die nicht zu vermei-

---

[2397] Zu der Abwägung bei der Auswahl von Ersatzmaßnahmen *BVerwG*, B. v. 13. 3. 1995 – 11 VR 4.95 – NuR 1995, 248 = UPR 1995, 218.
[2398] Zum Abwägungsgebot s. Rdn. 1195.
[2399] *BVerwG*, Urt. v. 7. 3. 1997 – 4 C 10.96 – A 94 Neuötting; Urt. v. 15. 1. 2004 – 4 A 11.02 – BVerwGE 120, 1 = NVwZ 2004, 732 = DVBl. 2004, 642 – Vierzehnheiligen.
[2400] *BVerwG*, Urt. v. 27. 9. 1990 – 4 C 44.87 – BVerwGE 85, 348; so auch B. v. 21. 8. 1990 – 4 B 104.90 – DVBl. 1990, 1185 = NVwZ 1991, 69 = *Hoppe/Stüer* RzB Rdn. 1050 – Minimierungsgebot.

denden und nicht durch Ausgleich oder in sonstiger Weise zu kompensierenden Beeinträchtigungen unterliegen daher einer „**bipolaren Abwägung**". Den Belangen des Naturschutzes und der Landschaftspflege kommt im Rahmen der Abwägung kein prinzipieller Vorrang zu. Solchen Belangen ist allerdings im Einzelfall ein besonderes Gewicht beizumessen. Insoweit wiegen Beeinträchtigungen, die weder vermeidbar noch kompensierbar sind, regelmäßig schwer, so dass sie nur durch entsprechend gewichtige andere Belange überwunden werden können. Den Belangen des Naturschutzes und der Landschaftspflege kommt daher ein besonderes Gewicht zu, wenn die Fachplanung bisher weitgehend unberührte Landschaftsteile großflächig und grundlegend verändert. Überhaupt steht die bipolare Abwägung nicht außerhalb des jeweiligen fachlichen Entscheidungsprogramms, sondern ist dessen Bestandteil. Diese bipolare Abwägung steht allerdings erst an, wenn der Eingriff in Natur und Landschaft weder durch Ausgleichsmaßnahmen noch in sonstiger Weise kompensiert werden kann.

§ 19 III 1 BNatSchG nimmt selbst schwere Beeinträchtigungen des Naturhaushalts und des Landschaftsbildes in Kauf, wenn den für den Eingriff sprechenden Gründen größeres Gewicht zukommt. Ein weitergehender Schutz von Natur und Landschaft lässt sich nur über Schutzgebietsausweisungen im Sinne der §§ 22 ff. BNatSchG erreichen.[2401] Dazu gehören auch die FFH- und die Vogelschutzgebiete, die nach Maßgabe der §§ 32 bis 37 BNatSchG einen deutlich höheren Schutz entwickeln.

Bei der Planfeststellung für den Bau einer Brücke im Rahmen einer grenzüberschreitenden Landesgartenschau können verschiedene Brückenkonstruktionen (Bogenbrücke, Hängeseilbrücke, Schrägseilbrücke) Alternativen im Sinne des fachplanerischen Abwägungsgebots sein. Es kann abwägungsfehlerfrei sein, wenn sich die Planfeststellungsbehörde im Rahmen der Alternativenprüfung aus gestalterischen, funktionalen, interkommunalen und grenzüberschreitenden Erwägungen für eine Brückenkonstruktion entscheidet, die ein höheres Kollisionsrisiko für Vögel aufweist als andere Brückenkonstruktionen. Im Rahmen des Vermeidungs- und Minimierungsgebots nach der naturschutzrechtlichen Eingriffsregelung kann nicht auf die Möglichkeit einer alternativen Brückenkonstruktion mit einem geringeren Kollisionsrisiko für Vögel verwiesen werden.[2402]

9. Weitere naturschutzrechtliche Kompensationsmaßnahmen nach Landesrecht

Ist der Eingriff in Natur und Landschaft weder ausgleichbar noch durch Ersatzmaßnahmen zu kompensieren und gehen die für das Vorhaben sprechenden Belange den Anforderungen an Natur und Landschaft vor, schließen sich nach Maßgabe des Landesrechts gegebenenfalls weitergehende **Ersatzmaßnahmen** oder **Ausgleichsabgaben** an (§ 19 IV BNatSchG). Die Länder können in diesen Fällen weitergehende Vorschriften erlassen, insbesondere können sie Vorgaben zur Anrechnung von Kompensationsmaßnahmen treffen und vorsehen, dass bei zuzulassenden Eingriffen für nicht ausgleichbare oder nicht in sonstiger Weise kompensierbaren Beeinträchtigungen Ersatz in Geld zu leisten ist (§ 19 IV BNatSchG). Das BNatSchG ermächtigt daher die Länder vor allem zur Anordnung von Ersatzzahlungen. So ist etwa die Ausgleichsabgabe nach dem Ba.-Wü. Naturschutzgesetz eine verfassungsrechtlich zulässige Sonderabgabe. Ihr steht die rahmenrechtliche Vorschrift des § 19 IV BNatSchG nicht entgegen.[2403] Auch Art. 104 a GG[2404] schließt die Erhebung einer naturschutzrechtlichen Ausgleichsabgabe aufgrund Landesrechts nicht aus. Derartige Regelungen sind Bestandteil des von Bundes- und Landesgesetzgeber entwi-

---

[2401] *BVerwG*, Urt. v. 31. 1. 2002 – 4 A 15.01 und 21.01 – DVBl. 2002, 990 = NVwZ 2002, 1103 – A 20.

[2402] *VGH Mannheim*, Urt. v. 29. 11. 2002 – 5 S 2312/02 – NVwZ-RR 2003, 184 – Kollisionsgefahr mit einer Schrägseilbrücke.

[2403] *BVerwG*, Urt. v. 4. 7. 1986 – 4 C 50.83 – BVerwGE 74, 308 = DVBl. 1986, 1009 = NVwZ 1986, 832 = *Hoppe/Stüer* RzB Rdn. 1043 – Ausgleichsabgabe.

[2404] Zum Regelungsgegenstand dieser Vorschrift *BVerwG*, Urt. v. 16. 1. 1997 – 4 A 12.94 – NVwZ 1997, 885 = DVBl. 1997, 717 – Bund-Länder-Verhältnis.

ckelten Instrumentariums zum Ausgleich von Eingriffen in Natur und Landschaft und werden durch die Sachkompetenz des Landesgesetzgebers für den Naturschutz gedeckt. Eine vom Landesgesetzgeber in Wahrnehmung seiner Gesetzgebungskompetenz verfassungskonform geregelte naturschutzrechtliche Ausgleichsabgabe ist auch von Bundesbehörden zu entrichten, wenn diese in Wahrnehmung ihrer Aufgaben unvermeidbare und nicht ausgleichbare Eingriffe in Natur und Landschaft verursachen.[2405] Landesrechtliche Regelungen dürfen aber durch die zusätzlich angeordneten Ersatzmaßnahmen die Realisierbarkeit des Vorhabens nicht in Frage stellen.

10. Landschaftspflegerischer Begleitplan

4008 Bei einem Eingriff in Natur und Landschaft, der aufgrund eines Fachplanes vorgenommen werden soll, hat der Planungsträger die zum Ausgleich dieses Eingriffs erforderlichen Maßnahmen des Naturschutzes und der Landschaftspflege im Einzelnen im Fachplan oder in einem landschaftspflegerischen Begleitplan in Text und Karte darzustellen. Der landschaftspflegerische Begleitplan ist Bestandteil des Fachplanes (§ 20 IV BNatSchG). Unter den Begriff „Fachplan" fallen Planfeststellungsbeschlüsse i. S. von § 74 VwVfG, der Wege- und Gewässerplan mit landschaftspflegerischem Begleitplan nach § 41 FlurbG und die Rahmenbetriebspläne nach § 55 II und IIa BBergG, planfeststellungsersetzende Bebauungspläne,[2406] nicht aber normale Bauleitpläne.[2407] Die Entscheidungen und Maßnahmen werden im Benehmen mit den für Naturschutz und Landschaftspflege zuständigen Behörden getroffen, soweit nicht eine weitergehende Form der Beteiligung vorgeschrieben ist oder die für Naturschutz und Landschaftspflege zuständigen Behörden selbst entscheiden (§ 20 IV BNatSchG). Ausgleichs- und Ersatzmaßnahmen können in einem öffentlich-rechtlichen Vertrag auch dann geregelt werden, wenn der Bebauungsplan einen Planfeststellungsbeschluss für eine Straßenplanung ersetzt.[2408] Der Planungsträger hat zwar nach § 20 IV BNatSchG im Rahmen einer Fachplanung die erforderlichen Maßnahmen im Fachplan oder in einem Bebauungsplan, der Bestandteil des Fachplans ist, in Text und Karte darzustellen. Es spricht einiges dafür, dass die naturschutzrechtliche Konfliktbewältigung auch in diesem Fall durch einen städtebaulichen Vertrag ergänzt werden kann.[2409]

11. Naturschutzrechtliche Konfliktbewältigung

4009 In der Fachplanung erfolgt die Bewältigung der naturschutzrechtlichen Konflikte ebenso wie in der Bauleitplanung **integriert** in dem Sinne, dass das jeweilige Fachrecht die naturschutzrechtlichen Eingriffs-/Ausgleichsregelungen abzuarbeiten hat. Der Naturschutz geht damit in die fachplanerische Entscheidung ein und verbindet sich dort wenngleich als eigenständiges Element mit der fachplanerischen Abwägung. Vor allem bei der Umsetzung der naturschutzrechtlichen Erfordernisse stellt sich die Frage, ob die naturschutzrechtlichen Konflikte abschließend in der fachrechtlichen Entscheidung bewältigt werden müssen oder ob es Möglichkeiten des Konflikttransfers in Begleit- oder Nachfolgeverfahren gibt. Denn die der Planung zuzurechnenden Konflikte sind zwar vom Grundsatz her in der jeweiligen Planung (abschließend) zu bewältigen.[2410] Vor allem in der Bauleit-

---

[2405] *BVerwG*, Urt. v. 20. 1. 1989 – 4 C 15.87 – BVerwGE 81, 220 = DVBl. 1989, 658 = NVwZ 1989, 667 – naturschutzrechtliche Ausgleichsabgabe.
[2406] *VGH Mannheim*, Urt. v. 22. 7. 1997 – 5 S 3391/94 – NuR 1998, 653 = DVBl. 1998, 601 = UPR 1998, 239 = NVwZ-RR 1998, 325 = VBlBW 1998, 177.
[2407] *Gaentzsch* NuR 1986, 89; *Kuchler*, Naturschutzrechtliche Eingriffsregelung und Bauplanungsrecht 1989, S. 215 f.; *Louis/Klatt* NuR 1987, 347; *Plogmann*, Naturschutzrechtliche Konfliktbewältigung, in: *Stüer* (Hrsg.) Planungsrecht, Bd. 4, Osnabrück 2000.
[2408] *BVerwG*, B. v. 5. 1. 1999 – 4 BN 28.97 – NVwZ-RR 1999, 426.
[2409] So *BVerwG*, B. v. 5. 1. 1999 – 4 BN 28.97 – NVwZ-RR 1999, 426 für die Darstellungen in einem landschaftspflegerischen Begleitplan/Grünordnungsplan.
[2410] *BVerwG*, Urt. v. 14. 2. 1975 – IV C 21.74 – BVerwGE 48, 56 – B 42; Urt. v. 15. 4. 1977 – IV C 100.74 – BVerwGE 52, 237 zum Straßenrecht; Urt. v. 7. 7. 1978 – IV C 79.76 u. a. – BVerwGE 56,

planung ist aber anerkannt, dass auch Begleit- oder Nachfolgeverfahren wie etwa die Baugenehmigung oder ein immissionsschutzrechtliches Genehmigungsverfahren einen Teil der Lasten übernehmen können, die durch die jeweilige Planung ausgelöst werden.

Allerdings folgt der fachplanerischen Zulassungsentscheidung durch Planfeststellungsbeschluss oder Plangenehmigung in aller Regel **kein weiteres Prüfverfahren** nach. Vielmehr ist in dem fachrechtlichen Verfahren sowohl über die planerische Abwägung wie auch die konkrete Zulassung des Vorhabens abschließend zu befinden. Es sind aber auch in der Fachplanung durchaus Begleit- oder Nachfolgeverfahren denkbar, die auch im Naturschutz für eine Lastenverteilung genutzt werden könnten. So hat die Rechtsprechung etwa einen Transfer von Problemlösungen im Verhältnis der straßenrechtlichen Planfeststellung zur eisenbahnrechtlichen Planfeststellung,[2411] der straßenrechtlichen Planfeststellung zur Flurbereinigung[2412] sowie bei zwei aufeinander folgenden straßenrechtlichen Planfeststellungsverfahren[2413] anerkannt. Ein naturschutzrechtlicher Konflikttransfer in Begleit- oder Nachfolgeverfahren könnte jedoch an dem Grundsatz der Einheitlichkeit der Planungsentscheidung scheitern.[2414] Vielfach besteht aber in der Praxis ein großes Bedürfnis daran, einen Teil der Gesamtprobleme nicht bereits abschließend in der Zulassungsentscheidung zu behandeln, sondern in Begleit- oder Nachfolgeverfahren zu regeln. Gesetzlich vorgesehen ist bereits die Vorbehaltsentscheidung in § 74 III VwVfG. Aber auch bei der Aufteilung eines Gesamtvorhabens in Abschnitte oder bei der parallelen Führung mehrerer Verwaltungsverfahren für die Zulassung des Eingriffs einerseits und die Planung der Ausgleichs- oder Ersatzmaßnahmen andererseits stellen sich solche Probleme. 4010

Auftrieb haben derartige Vorstellungen durch die **verschiedenen Modelle** der naturschutzrechtlichen Konfliktbewältigung in der **Bauleitplanung** erhalten. Denn hier kann die planende Gemeinde etwa einen Bebauungsplan mit räumlich geteiltem Geltungsbereich oder einen Eingriffs- und einen Ausgleichsbebauungsplan aufstellen oder im Zusammenwirken mit der Gemeinde Ökokonten anlegen, in denen der naturschutzrechtliche Ausgleich abgearbeitet wird. Es spricht einiges dafür, dass auch die Fachplanung die Möglichkeit hat, diese Instrumente der Bauleitplanung in die fachplanerische Abwägung einzubeziehen. Ein Konflikttransfer kann daher auch in die Bauleitplanung erfolgen, wenn angenommen werden kann, dass dort der Konflikt sachgerecht bewältigt wird. Auf diesem Wege könnten dann auch in einem Zuordnungsbebauungsplan Kompensatiosmaßnahmen erfolgen[2415] oder die vielfältigen Möglichkeiten städtebaulicher Verträge[2416] als eigenständige Rechtsgrundlage für sinnvolle städtebauliche aber auch naturschutzrechtliche Maßnahmen[2417] genutzt werden. Soll auch die Fachverwaltung diese Möglichkeiten in der Planfeststellung nutzen können? 4011

a) Vorbehaltene Entscheidung. Einen Konflikttransfer in Nachfolgeverfahren sieht § 74 III VwVfG durch eine vorbehaltene Entscheidung vor. Ist eine abschließende Ent- 4012

---

110 – Frankfurt, zur Flughafenplanfeststellung; Urt. v. 14. 12. 1979 – IV C 10.77 – BVerwGE 59, 253 zur bahnrechtlichen Planfeststellung.
[2411] *BVerwG*, B. v. 30. 10. 1992 – 4 A 4.92 – NuR 1993, 125 = NVwZ 1993, 565.
[2412] *BVerwG*, Urt. v. 18. 12. 1987 – 4 C 32.84 – DVBl. 1988, 536.
[2413] *BVerwG*, Urt. v. 30. 8. 1994 – 4 B 105.94 – NVwZ-RR 1995, 322 = NuR 1995, 139.
[2414] *BVerwG*, Urt. v. 9. 3. 1979 – IV C 41.75 – BVerwGE 57, 297; Urt. v. 23. 1. 1981 – 4 C 68.78 – BVerwGE 61, 307; *Stelkens/Bonk/Sachs*, VwVfG, § 75, Rdn. 43; *Plogmann*, Naturschutzrechtliche Konfliktbewältigung, in: *Stüer* (Hrsg.) Planungsrecht, Bd. 4, Osnabrück 2000.
[2415] *Bunzel/Lau/Löhr/Schäfer* in: DIfU, Planspiel „BauGB-Novelle 1997", S. 239.
[2416] *BVerwG*, Urt. v. 11. 2. 1993 – 4 C 18.91 – BVerwGE 92, 56 = DVBl. 1993, 654 = NJW 1993, 2695 = *Hoppe/Stüer* RzRdn. 156 – Weilheimer Einheimischenmodell; *Bielenberg* DVBl. 1990, 1314; *Birk*, Die neuen städtebaulichen Verträge 1994; *ders.* VBlBW 1993, 456; *ders.* VBlBW 1994, 4, 89, 133; *Grziwotz* DVBl. 1994, 1048; *Krautzberger* UPR 1992, 1; *Stüer* DVBl. 1995, 649.
[2417] *BVerwG*, B. v. 31. 1. 1997 – 4 NB 27.96 – BVerwGE 104, 68 = DVBl. 1997, 1112 = NVwZ 1997, 1213; Urt. v. 9. 5. 1997 – 4 N 1.96 – BVerwGE 104, 353 = NuR 1997, 446 = ZfBR 1997, 358.

scheidung hinsichtlich einzelner Fragestellungen nicht möglich, ist diese im Planfeststellungsbeschluss vorzubehalten. Dem Träger des Vorhabens ist dabei aufzugeben, noch fehlende oder von der Planfeststellungsbehörde bestimmte Unterlagen rechtzeitig vorzulegen. Eine Verlagerung in ein Nachfolgeverfahren ist allerdings nur zulässig, soweit eine abschließende Entscheidung noch nicht möglich ist. Es muss sich daher um eine von der Gesamtentscheidung abtrennbare Fragestellung handeln, die noch nicht spruchreif ist. Zudem muss nach Lage der Dinge davon ausgegangen werden können, dass im Nachfolgeverfahren eine Lösung der anstehenden Konflikte möglich ist. Grundlegende Interessenkonflikte oder Fragen, welche die Grundlagen der Planung berühren, können nicht in ein Nachfolgeverfahren verschoben werden. Auch naturschutzrechtliche Ausgleichs- oder Ersatzmaßnahmen können daher vom Grundsatz her in eine vorbehaltene Entscheidung verschoben werden, wenn die Grundsatzfragen bereits bei der Zulassungsentscheidung geklärt sind und die sichere Erwartung besteht, dass sich der noch offene Konflikt in dem Nachfolgeverfahren klärt.[2418] Ein Konflikttransfer in eine Vorbehaltsentscheidung ist daher zulässig, wenn die anstehenden Fragen bei der eigentlichen Zulassungsentscheidung mit vertretbarem Aufwand noch nicht abschließend geklärt werden können und hinreichend sichergestellt ist, dass sie im Nachfolgeverfahren auch tatsächlich gelöst werden.[2419] Dies gilt auch für die naturschutzrechtlichen Ausgleichs- oder Ersatzmaßnahmen. In der Regel sollte die Entscheidung über die naturschutzrechtliche Kompensation allerdings bereits in der Planfeststellung erfolgen. Auch ein Konflikttransfer in ein Parallelverfahren oder in ein Nachfolgeverfahren wäre gegenüber einer vorbehaltenen Entscheidung vorrangig.

4013 Auch in **zeitlicher Hinsicht** können sich **Einschränkungen** ergeben. **Ausgleichsmaßnahmen** und **Ersatzmaßnahmen** stehen im Zusammenhang mit dem Eingriff und sollen seine nachteiligen Wirkungen kompensieren. Die Maßnahmen müssen daher so angeordnet sein, dass der zeitliche Zusammenhang mit dem Eingriff gewahrt ist. Auch eine vorbehaltene Entscheidung nach § 74 III VwVfG muss diese zeitlichen Zusammenhänge wahren. Die Verwirklichung von Kompensationsmaßnahmen muss daher auch bei einem Transfer in eine vorbehaltene Entscheidung zeitnah mit der Verwirklichung des Projektes gewährleistet sein. Auch naturschutzrechtliche Ersatzmaßnahmen müssen nach Maßgabe des Landesrechts in einem zeitnahen Zusammenhang mit dem Projekt verwirklicht werden.

4014 b) **Abschnittsbildung.** Für die Bewältigung der naturschutzrechtlichen Konflikte kann auch die Bildung von Abschnitten genutzt werden.[2420] Die einzelnen Abschnitte

---

[2418] *BVerwG*, Urt. v. 23. 1. 1981 – 4 C 68.78 – BVerwGE 61, 307 = DVBl. 1981, 935 = NJW 1982, 950; B. v. 30. 8. 1994 – 4 B 105/94 – NVwZ-RR 1995, 322; B. v. 23. 2. 1994 – 4 B 35.94 – NVwZ 1994, 688 = DVBl. 1994, 763; B. v. 22. 5. 1995 – 4 B 30.95 – NVwZ-RR 1997, 217; Urt. v. 12. 12. 1996 – 4 C 29.94 – BVerwGE 102, 331 = DVBl. 1997, 798; Urt. v. 5. 3. 1997 – 11 A 25.95 – BVerwGE 104, 123 = NVwZ 1998, 513 = UPR 1997, 295; *VGH Mannheim*, Urt. v. 9. 11. 1989 – 5 S 1485/89 – NVwZ 1989, 994 zum Vorbehalt nachträglicher Entscheidung bei wasserrechtlicher Regelung; *Knack*, VwVfG, § 74, Rdn. 4.5.1.; *Kopp/Ramsauer*, Rdn. 52 zu § 74 VwVfG; *Kühling*, Fachplanungsrecht, Rdn. 227; *Marschall/Schroeter/Kastner*, Bundesfernstraßengesetz, § 17, Rdn. 176; *Roeser*, FS für *Schlichter*, 479; *Stelkens/Bonk/Sachs*, VwVfG, § 74, Rdn. 110, 111 und § 75, Rdn. 43.

[2419] *Plogmann*, Naturschutzrechtliche Konfliktbewältigung, in: *Stüer* (Hrsg.) Planungsrecht, Bd. 4, Osnabrück 2000.

[2420] *BVerwG*, Urt. v. 25. 1. 1996 – 4 C 5.96 – BVerwGE 100, 238 = DVBl. 1996, 677 – Eifelautobahn; Urt. v. 7. 3. 1997 – 4 C 10.96 – BVerwGE 104, 144 = DVBl. 1997, 838 – A 94 Neuötting; Urt. v. 14. 10. 1996 – 4 A 35.96 – Buchholz 407.4 § 17 FStrG Nr. 123 – A 38 Halle-Leipzig; Urt. v. 12. 12. 1996 – 4 C 29.94 – DVBl. 1997, 798 – Nesselwang-Füssen; für einen weiteren Rechtsschutz auch der nicht unmittelbar durch die Planfeststellung betroffenen Nachbarn *Blümel* in *Stüer* (Hrsg.) Verfahrensbeschleunigung, S. 17; *Gegner*, Die abschnittsweise Planfeststellung, S. 1 f.; *Kopp/Ramsauer*, Rdn. 13 zu § 73 VwVfG; *Manner*, Grundlagen des Planfeststellungsverfahrens, S. 65 f.; *Obermayer*, VwVfG, § 73, Rdn. 56, § 74, Rdn. 44; *Rengeling*, Planfeststellung, S. 81, 82; *Steiner*, Besonderes Verwaltungsrecht, V C, Rdn. 73.

sind zwar voneinander unabhängig, stehen aber in einem Gesamtzusammenhang, der durch die Gesamtkonzeption vermittelt wird. Das Vorhaben muss daher objektiv teilbar sein, die Planungsentscheidung über die Maßnahme muss selbst rechtlich teilbar sein und der gebildete Abschnitt muss ebenso wie der verbleibende Rest eine eigenständige, sinnvolle Regelung beinhalten.[2421] In der Straßenplanung muss grundsätzlich jeder der einzelnen Abschnitte eine eigene Verkehrsfunktion haben.[2422]

Die in den einzelnen Abschnitten erforderlichen naturschutzrechtlichen Kompensationsmaßnahmen brauchen allerdings nicht ihrerseits in den jeweiligen Abschnitten planfestgestellt zu werden. Es ist vielmehr auch zulässig, die verschiedenen naturschutzrechtlichen Ausgleichs- oder Ersatzmaßnahmen im Zusammenhang mit anderen Abschnitten planfestzustellen. Allerdings muss der naturschutzrechtliche Konflikttransfer in andere Abschnitte sachgerecht sein und die Kompensation auch in zeitlicher Hinsicht der Eingriffs-/Kompensationsregelung in § 19 II BNatSchG entsprechen. Die Fachplanung muss dabei sicherstellen, dass die dem jeweiligen Eingriff zuzurechnenden Konflikte entweder bei der Zulassung des jeweiligen Abschnitts selbst gelöst werden oder bei einem Transfer in einen anderen Abschnitt dort voraussichtlich bewältigt werden können.[2423]

c) **Andere Planungen.** Die naturschutzrechtlichen Kompensationserfordernisse können auch in andere Pläne transferiert werden. Dazu zählen andere fachplanungsrechtliche Zulassungsentscheidungen ebenso wie Maßnahmen der kommunalen Bauleitplanung. Es muss allerdings nach Lage der Dinge sichergestellt sein, dass diese anderen Planungen in der Lage sind, den notwendigen naturschutzrechtlichen Kompensationsbedarf zu erfüllen. Auch muss hier ein zeitlicher Zusammenhang zwischen dem Eingriff und dem Ausgleich bzw. den Ersatzmaßnahmen gewährleistet sein.

d) **Vertragliche Regelungen.** Eine naturschutzrechtliche Kompensation kann auch in einer vertraglichen Regelung ihre Grundlage finden. Für die Bauleitplanung bietet hier § 11 BauGB ein weites Feld, städtebauliche Maßnahmen mit vertraglichen Regelungen zu begleiten. Vergleichbare Möglichkeiten hat auch die Fachplanung nach den §§ 54 bis 62 VwVfG.[2424] Allerdings begibt sich die öffentliche Verwaltung wie beim städtebaulichen Vertrag[2425] auch in der Fachplanung auf die prinzipielle Gleichordnung mit dem Vertragspartner, woraus zugleich folgt, dass die hoheitlichen Eingriffsmöglichkeiten nicht zur Verfügung stehen. Zudem werden solche Verträge vor allem bei Grundstücksgeschäften zumeist als zivilrechtlich angesehen[2426] mit der Folge, dass die Zivilgerichte über die Wirksamkeit der Verträge und deren Auslegung entscheiden. Der Amtsrichter wird wohl auch lieber in den *Palandt* als in den Planfeststellungsbeschluss oder den Bebauungsplan sehen und daher die Interessenbewertung tendenziell nach anderen Maßstäben vornehmen. Vertragliche Regelungen zur Bewältigung naturschutzrechtliche Konflikte werden aber dadurch auch in der Planfeststellung nicht unzulässig.

[2421] *Gegner*, Die abschnittsweise Planfeststellung, S. 138 f.
[2422] *BVerwG*, B. v. 5. 6. 1992 – 4 NB 21.92 – BRS 54, 45 = NVwZ 1992, 1093; Urt. v. 21. 3. 1996 – 4 C 19.94 – BVerwGE 100, 370 = NVwZ, 1996, 1016; *Marschall/Schroeter/Kastner*, Bundesfernstraßengesetz, § 17, Rdn. 217; *Steinberg*, Fachplanung, § 4, Rdn. 27, S. 181. Bei der eisenbahnrechtlichen Planfeststellung ist die selbstständige Verkehrsfunktion keine Voraussetzung für die abschnittsweise Planung. *BVerwG*, B. v. 21. 12. 1995 – 11 VR 6.95 – NVwZ 1996, 896 = DVBl. 1996, 676; B. v. 9. 9. 1996 – 11 VR 31.95 – NVwZ-RR 1997, 210.
[2423] *BVerwG*, B. v. 30. 8. 1994 – 4 B 105.94 – NVwZ-RR 1995, 322 = NuR 1995, 139; *Plogmann*, Naturschutzrechtliche Konfliktbewältigung, in: *Stüer* (Hrsg.) Planungsrecht, Bd. 4, Osnabrück 2000.
[2424] *BVerwG*, Urt. v. 19. 1. 1990 – 4 C 21.89 – BVerwGE 84, 257 zur wasserrechtlichen Planfeststellung.
[2425] *BVerwG*, Urt. v. 11. 2. 1993 – 4 C 18.91 – BVerwGE 92, 56 = *Hoppe/Stüer* RzB Rdn. 156 – Weilheimer Einheimischenmodell.
[2426] *BVerwG*, Urt. v. 11. 2. 1993 – 4 C 18.91 – BVerwGE 92, 56 = DVBl. 1993, 654 = NJW 1993, 2695 = *Hoppe/Stüer* RzB Rdn. 156 – Weilheimer Einheimischenmodell.

4018 **e) Zusammentreffen mehrerer Vorhaben.** Treffen mehrere selbstständige Vorhaben, für deren Durchführung Planfeststellungen vorgeschrieben sind, derart zusammen, dass für diese Vorhaben oder für Teile von ihnen nur eine einheitliche Entscheidung möglich ist, und ist mindestens eines der Planfeststellungsverfahren bundesrechtlich geregelt, so findet für diese Vorhaben oder für deren Teile nur ein Planfeststellungsverfahren statt (§ 78 I VwVfG).[2427] Zuständigkeiten und Verfahren richten sich nach den Rechtsvorschriften über das Planfeststellungsverfahren, das für diejenige Anlage vorgeschrieben ist, die einen größeren Kreis öffentlich-rechtlicher Beziehungen berührt (§ 78 II 1 VwVfG). Ein Kriterium kann dafür auch die Intensität des Eingriffs in Natur und Landschaft sein.[2428] Die von der Planfeststellungsbehörde zu treffende Entscheidung hat zwar eine formelle Konzentrationswirkung in dem Sinne, dass daneben andere behördliche Entscheidungen, insbesondere öffentlich-rechtliche Genehmigungen, Verleihungen, Erlaubnisse, Bewilligungen, Zustimmungen und Planfeststellungen nicht erforderlich sind (§ 75 I VwVfG). An das materielle Entscheidungsprogramm des jeweiligen Fachrechts ist die entscheidende Behörde jedoch grundsätzlich gebunden.[2429] Die naturschutzrechtliche Kompensation wird daher bei dem Zusammentreffen mehrerer Vorhaben durch die nach § 78 VwVfG zuständige Behörde abgearbeitet. Allerdings können auch hier die Möglichkeiten eines naturschutzrechtlichen Konflikttransfers in dem zuvor dargestellten Rahmen genutzt werden.[2430]

4019 **f) Einzelfälle.** Die Planung einer Straße, die einen wertvollen und schutzwürdigen Naturraum durchschneidet, leidet an einem fachplanungsrechtlichen Abwägungsfehler, wenn Trassenalternativen, die diesen Raum umfahren, nicht ausreichend untersucht worden sind. Als Alternative kann auch eine ortsnahe Trassenführung in Verbindung mit Maßnahmen des aktiven und passiven Lärmschutzes in Betracht kommen.[2431] Es bestehen allerdings nicht geringe Abwägungsspielräume. Erhöhte Anforderungen an die Alternativenprüfung ergeben sich bei unverträglichen Eingriffen in Habitate von gemeinschaftlicher Bedeutung oder Vogelschutzgebiete. Hier sind Alternativen vorzugswürdig, die nicht zu unverträglichen Eingriffen in derart geschützte Gebiete führen und nicht an anderen eindeutig überwiegenden Belangen scheitern. Gewisse Abstriche in der Verwirklichung der Konzeption hat der Plangeber dabei in Kauf zu nehmen.[2432] Keinen Erfolg hatte die Klage gegen den Planfeststellungsbeschluss für den Neubau des zweiten Abschnitts der **A 17** zwischen der B 170 und der Anschlussstelle Pirna. Angesichts des bestehenden Auswahlspielraums seien die betroffenen Landschaftsräume nicht als Gebiete von gemeinschaftlicher Bedeutung auszuweisen gewesen. Das Gesamtvorhaben scheitere auch nicht daran, dass ihm im dritten Abschnitt von der Anschlussstelle Pirna bis zur deutsch-tschechischen Grenze unüberwindliche ökologische Hindernisse im Wege stünden.[2433] Den Bau der **A 73** (Suhl-Lichtenfels) im Abschnitt Ebersdorf bei Coburg bis Lichtenfels hat das *BVerwG* demgegenüber zunächst einstweilen untersagt. Das *BVerwG*

[2427] In den Verwaltungsverfahrensgesetzen der Länder ist eine dem § 78 VwVfG entsprechende Regelung enthalten: Art. 78 BayVwVfG, jeweils § 78 Bbg, BW, Brem, HE, Hmb, LSA, M-V, NRW und Saarl VwVfG; jeweils § 1 I BerlVwVfG und § 1 Sächs. VwVfG mit § 78 VwVfG, jeweils § 5 Nds und Rhpf. VwVfG mit § 78 Thür. VwVfG, § 145 SH LVwVfG.
[2428] *Marschall/Schroeter/Kastner*, FStrG, § 17, Rdn. 231.
[2429] *BVerwG*, Urt. v. 4. 5. 1988 – 4 C 22.87 – BVerwGE 79, 318 = NJW 1989, 242 = *Hoppe/Stüer* RzB Rdn. 575 – ortsgebundener Kiesabbau.
[2430] *Stüer* BayVBl. 1990, 39; *Plogmann*, Naturschutzrechtliche Konfliktbewältigung, in: *Stüer* (Hrsg.) Planungsrecht, Bd. 4, Osnabrück 2000.
[2431] *BVerwG*, Urt. v. 14. 11. 2002 – 4 A 15.02 – DVBl. 2003, 534 = NVwZ 2003, 485 – B 173.
[2432] *BVerwG*, Urt. v. 17. 5. 2002 – 4 A 28.01 – BVerwGE 116, 254 = DVBl. 2002, 1486 – A 44 mit Hinweis auf Urt. v. 27. 1. 2000 – 4 C 2.99 – BVerwGE 110, 302 = DVBl. 2000, 814 – Hildesheim.
[2433] *BVerwG*, Urt. v. 27. 2. 2003 – 4 A 59.01 – BVerwGE 118, 15 – Grüne Liga Sachsen. Entscheidung über weitere Klagen gegen den Planfeststellungsbeschluss des Regierungspräsidiums Dresden stehen allerdings noch aus.

hatte im Eilverfahren nicht ermitteln können, ob das Blaukehlchenvorkommen im oberen Maintal so gewichtig ist, dass der Bereich als Vogelschutzgebiet ausgewiesen werden müsste und dann nur unter einschränkenden Voraussetzungen durch eine Straße durchschnitten werden dürfte.[2434] Auch Gradientenabsenkungen, Tief- oder Troglagen können Mittel des Naturschutzes und der Landschaftspflege zum Ausgleich erheblicher Beeinträchtigungen des Landschaftsbildes durch ein Straßenbauvorhaben sein (§§ 18, 19 BNatSchG). Der Planfeststellungsbehörde kann aus dem Abwägungsgebot in § 17 I 2 FStrG die Aufgabe erwachsen, naturschutzrechtliche Ausgleichsmaßnahmen und immissionsschutzrechtliche Schutzauflagen zu koordinieren und aufeinander abzustimmen.[2435] Nach Prüfung im Hauptsacheverfahren wurde die Klage allerdings abgewiesen. Das Vorhaben sei verträglich und die naturschutzrechtliche Kompensation ausreichend.[2436]

g) Planreparatur. Treten bei der naturschutzrechtlichen Konfliktbewältigung Fehler auf, stellt sich die Frage der Fehlerfolgen und der Planreparatur.[2437] Die sich aus §§ 18 bis 20 BNatSchG für die Fachplanung ergebenden Anforderungen sind vom Grundsatz her zu beachten. Fehler, die kausal für das Ergebnis sein können, sind erheblich und können zur Rechtswidrigkeit der getroffenen Entscheidung führen. Gelingt der in Aussicht genommene Konflikttransfer trotz einer berechtigten Erwartung nicht, so muss sich dies nicht notwendigerweise auf die Rechtmäßigkeit des Planfeststellungsbeschlusses auswirken.[2438] Hat sich die ursprüngliche Erwartung nicht erfüllt, sind Vorhabenträger und planfeststellende Behörde allerdings verpflichtet, eine sachangemessene Ersatzregelung zu planen und planfestzustellen. Denn der naturschutzrechtliche Konflikt darf nicht zunächst teilweise in ein Begleit- oder Nachfolgeverfahren verschoben werden, dort aber ungelöst auf der Strecke bleiben. Hier bestehen weiterhin die gesetzlichen Verpflichtungen aus §§ 18 bis 20 BNatSchG, den lösungsbedürftigen Konflikt auch tatsächlich abzuarbeiten.

12. Rechte der Verbände

Die Verbände haben nach den §§ 58, 61 Beteiligungs- und Klagerechte.

a) Verbandsbeteiligung. Einem anerkannten Naturschutzverein ist nach § 58 I BNatSchG bei der Vorbereitung von Verordnungen und anderen im Range unter dem Gesetz stehenden Rechtsvorschriften auf dem Gebiet des Naturschutzes und der Landschaftspflege, in Planfeststellungsverfahren und bei Plangenehmigungsverfahren mit dem Erfordernis der Öffentlichkeitsbeteiligung bei Vorhaben mit naturschutzrechtlicher Eingriffswirkung Gelegenheit zur Stellungnahme und zur Einsicht in die einschlägigen Sachverständigengutachten zu geben. Zweck der Vereinsbeteiligung ist es, den Sachverstand der Naturschutzvereine hinsichtlich der Belange des Naturschutzes und der Landschaftspflege in ähnlicher Weise wie den von Naturschutzbehörden in das Planfeststellungsverfahren einzubringen. Die Verbände sollen gleichsam als **Verwaltungshelfer** dafür Sorge tragen, dass diese Belange über die vorgeschriebene Berücksichtigung hinaus in besonderer Weise zur Geltung gebracht werden.[2439] Es gilt das Gebot substanzieller Anhörung.[2440] Die Planfeststellungsbehörde hat die in einem ergänzenden Verfahren bei der Vereinsbeteiligung aufgrund von Anhörung und Akteneinsicht gewonnenen Erkenntnisse in einer ergebnisoffenen Planungsentscheidung zu berücksichtigen. Sind neue den

---

[2434] *BVerwG*, B. v. 26. 3. 2003 – 4 VR 6.02 – NVwZ 2003, 1395 – A 73 Suhl-Lichtenfels – Vierzehnheiligen.
[2435] *BVerwG*, Urt. v. 23. 11. 2001 – 4 A 46.99 – DVBl. 2002, 565 = BauR 2002, 920 = IBR 2002, 281 mit Anmerkung *Eberhard Baden* – A 113.
[2436] *BVerwG*, Urt. v. 15. 1. 2004 – 4 A 11.02 – BVerwGE 120, 1 = DVBl. 2004, 642 – Vierzehnheiligen.
[2437] Vgl. dazu *Stüer/Rude* ZfBR 2000, 85.
[2438] Zur fehlgeschlagenen Konfliktbewältigung in der Bauleitplanung *BVerwG*, B. v. 7. 9. 1988 – 4 N 1.87 – BVerwGE 80, 184 = *Hoppe/Stüer* RzB Rdn. 177.
[2439] *VGH München*, Urt. v. 7. 8. 2001 – 8 A 1.40 003 – NVwZ 2002, 1264 = UPR 2002, 276.
[2440] *BVerwG*, Urt. v. 5. 12. 2001 – 9 A 13.01 – BVerwGE 115, 294 = DVBl. 2002, 566.

Naturschutz betreffende Untersuchungen anzustellen oder Gutachten einzuholen, so erstreckt sich das Akteneinsichtsrecht auch auf diese Unterlagen.[2441]

4023 Das Recht auf Akteneinsicht beschränkt sich allerdings auf die Akten der Planfeststellungsbehörde.[2442] Denn nur über diese kann die Behörde verfügen und nur auf den Inhalt der Behördenakten kann die Planungsentscheidung gestützt werden. Nicht erfasst werden von ihm aber beispielsweise Folgeverfahren nach § 74 III VwVfG, da hier ein selbstständiges Beteiligungsrecht besteht. Von dem Recht auf Akteneinsicht werden auch nur solche Aktenbestandteile erfasst, die einen unmittelbaren Bezug zu naturschutzrechtlichen oder landschaftspflegerischen Fragestellungen haben. Auch wird das Mitwirkungsrecht der Naturschutzverbände nicht durch eine unzureichende Ermittlung der Naturschutzbelange verletzt, da sich die Beteiligungsrechte nur auf die beigezogenen Unterlagen, nicht aber auf die Vollständigkeit der Unterlagen beziehen.[2443]

4024 Die in einem Planfeststellungsverfahren eingeholte Stellungnahme der EU-Kommission zu Fragen der Vogelschutzrichtlinie und der FFH-Richtlinie kann die Merkmale eines „einschlägigen Sachverständigengutachtens" i. S. des § 58 I BNatSchG aufweisen.[2444]

4025 Eröffnet das Landesrecht anerkannten Naturschutzvereinen die Möglichkeit einer Vereinsklage, die eine materiellrechtliche Prüfung eines Planfeststellungsbeschlusses einschließt, so bleibt eine Verletzung des § 58 I BNatSchG im Regelfall folgenlos, wenn der Beteiligungsmangel die Entscheidung in der Sache nicht beeinflusst haben kann.[2445] Das dürfte auch im Hinblick auf die jetzt bundesrechtlich geregelte Vereinsklage gelten.

4026 § 58 I Nr. 2 BNatSchG setzt voraus, dass die Planfeststellungsbehörde selbst die erforderlichen Kenntnisse über das nach ihrer Auffassung maßgebliche Abwägungsmaterial hat. Sie soll sich in ihrer prüfenden Entscheidung gerade von den verständlichen „eigenen" Interessen eines Vorhabenträgers frei machen. Dieses Ziel darf nicht dadurch in Zweifel gezogen werden, dass die Planfeststellungsbehörde bei dem antragstellenden Vorhabenträger oder anderen Stellen naturschutzfachliche Untersuchungen „anregt" und sich alsdann lediglich das positive oder negative Ergebnis dieser Untersuchungen mitteilen lässt. In einem derartigen Falle werden solche Untersuchungen anderer Stellen zwar nicht formal Bestandteil der Akten der Planfeststellungsbehörde. Darauf stellt § 58 I Nr. 2 BNatSchG indes weder nach seinem Wortlaut noch nach seinem Zweck ab. Vielmehr ist nach dem Zweck der Beteiligungsbefugnisse des anerkannten Naturschutzverbandes maßgebend, ob ein auf diese Weise der Planfeststellungsbehörde zur Kenntnis gebrachtes Gutachten für das konkrete Planfeststellungsverfahren zur Meinungsbildung dieser Behörde beigetragen hat oder bei realistischer Betrachtungsweise beitragen konnte. In welchen Akten sich ein derartiges Gutachten befindet, ist dafür nicht entscheidend.[2446]

4027 In seiner Funktion als „Verwaltungshelfer" der Planfeststellungsbehörde muss dem Verband eine kritische Beurteilung der Verwaltungsmeinung ermöglicht werden. Ist diese

---

[2441] *BVerwG*, Urt. v. 31. 1. 2002 – 4 A 15.01 – DVBl. 2002, 990 = NVwZ 2002, 1103, mit Hinweis auf Urt. v. 12. 12. 1996 – 4 C 19.95 – BVerwGE 102, 358 = DVBl. 1997, 714; *VGH München*, Urt. v. 7. 8. 2001 – 8 A 1.40 003 – NVwZ 2002, 1264 = UPR 2002, 276, mit Hinweis auf *BVerwG*, Urt. v. 31. 10. 1990 – 4 C 7.88 – BVerwGE 87, 62 = DVBl. 1991, 214 und Urt. v. 23. 4. 1997 – 11 A 7.97 – BVerwGE 104, 337 = DVBl. 1997, 1119 und Urt. v. 24. 5. 1996 – 4 A 16.95 – NVwZ 1997, 491 = NuR 2002, 276.

[2442] *BVerwG*, Urt. v. 31. 1. 2002 – 4 A 15.01 – DVBl. 2002, 990 = NVwZ 2002, 1103 – A 20.

[2443] *VGH München*, Urt. v. 7. 8. 2001 – 8 A 1.40 003 – NVwZ 2002, 1264 = UPR 2002, 276, mit Hinweis auf BVerwG, Urt. v. 31. 10. 1990 – 4 C 7.88 – BVerwGE 87, 62 = DVBl. 1991, 214, Urt. v. 23. 4. 1997 – 11 A 7.97 – BVerwGE 104, 337 = DVBl. 1997, 1119 und Urt. v. 24. 5. 1996 – 4 A 16.95 – NVwZ 1997, 491 = NuR 1997, 38.

[2444] *BVerwG*, Urt. v. 31. 1. 2002 – 4 A 15.01 und 21.01 – DVBl. 2002, 990 = NVwZ 2002, 1103 – A 20.

[2445] *BVerwG*, Urt. v. 31. 1. 2002 – 4 A 15.01 und 21.01 – DVBl. 2002, 990 – A 20.

[2446] *BVerwG*, B. v. 3. 12. 2001 – 4 B 81.01 – NuR 2002, 676 – Akteneinsichtsrecht Naturschutzverband.

Meinungsbildung auch auf Ergebnisse der Ermittlungstätigkeit einer anderen Behörde zurückzuführen, für die ihrerseits „einschlägige" Gutachten bedeutsam sind, dann sind diese Gutachten jedenfalls mittelbar auch für das Ergebnis der planerischen Entscheidung der Planfeststellungsbehörde bedeutsam.[2447]

b) Vereinsklage. Nach § 61 I BNatSchG kann ein anerkannter Naturschutzverein ohne das Erfordernis einer eigenen Rechtsverletzung Rechtsbehelfe u. a. gegen Planfeststellungsbeschlüsse mit naturschutzrechtlicher Eingriffswirkung und gegen Plangenehmigungen mit dem Erfordernis der Öffentlichkeitsbeteiligung einlegen. Der Verein kann rügen, dass der Verwaltungsakt Vorschriften des BNatSchG und solche, die auf der Grundlage oder im Rahmen des BNatSchG ergangen sind, oder auch andere Rechtsvorschriften verletzt, die zumindest auch den Belangen des Naturschutzes zu dienen bestimmt sind (§ 59 II BNatSchG).[2448]

Der **Umfang der Rügemöglichkeit** ergibt sich aus § 61 BNatSchG. Zu den rügefähigen Regelungen im Sinne des § 61 II Nr. 1 BNatSchG gehören auf nationaler Ebene die Eingriffsregelung (§§ 18 bis 20 BNatSchG) und die Regelungen über den Habitat-, Vogel- und Meeresschutz (§§ 32 bis 38 BNatSchG)[2449] sowie das UVPG. Aber auch die Vogelschutz-Richtlinie, die FFH-Richtlinie[2450] und die UVP-Richtlinie sowie die Plan-UP-Richtlinie werden vom Vereinsklagerecht erfasst.[2451] Ob Naturschutzverbände die Planrechtfertigung rügen können, ist fraglich.[2452] Ebenso offen ist, ob der Naturschutzverein im Rahmen einer Vereinsklage Fragen der Finanzierung des Vorhabens, die nicht unmittelbar Gegenstand der Planfeststellung sind, rügen kann.[2453] Der Verein ist im Rahmen der Vereinsklage nicht zur Rüge berechtigt, dass etwa Belange der Wirtschaft, des Fremdenverkehrs oder des Weinbaus durch das Vorhaben geschädigt würden oder der Lärmschutz der Anwohner außer Betracht gelassen würde.[2454]

Trassierungsparameter einer Straße, die von Einfluss auf die Belange von Natur- und Landschaftsschutz sind, können im Rahmen der naturschutzrechtlichen Vereinsklage

---

[2447] *BVerwG*, B. v. 3. 12. 2001 – 4 B 81.01 – NuR 2002, 676 – Akteneinsichtsrecht Naturschutzverband.

[2448] Zu den Klagerechten der Verbände im Zusammenhang mit der Beschleunigung von Planungsverfahren für Verkehrsinfrastrukturvorhaben s. Rdn. 3762.

[2449] *BVerwG*, Urt. v. 21. 1. 1998 – 4 A 9.97 – DVBl. 1998, 589 = NuR 1998, 261; Urt. v. 19. 5. 1998 – 4 A 9.97 – BVerwGE 107, 1 = DVBl. 1998, 900 – A 20; Urt. v. 19. 5. 1998 – 4 C 11.96 – DVBl. 1998, 1191 – B 15 neu Saalhaupt; Urt. v. 27. 1. 2000 – 4 C 2.99 – BVerwGE 110, 302 = DVBl. 2000, 814 – Hildesheim; B. v. 24. 8. 2000 – 6 B 23.00 – DVBl. 2001, 375 = NVwZ 2001, 92 – Monbijou; Urt. v. 27. 10. 2000 – 4 A 18.99 – BVerwGE 112, 140 = DVBl. 2001, 386 – A 71; Urt. v. 31. 1. 2002 – 4 A 15.01 – DVBl. 2002, 990 = NVwZ 2002, 1103 – A 20; Urt. v. 17. 5. 2002 – 4 A 28.01 – BVerwGE 116, 254 = DVBl. 2002, 1486 = NVwZ 2002, 1243 – A 44; Urt. v. 28. 6. 2002 – 4 A 59.01 – Sachsen; *Halama* NVwZ 2001, 506; *Stüer* DVBl. 2002, 940; Zu den europarechtlichen Rechtsgrundlagen *Czybulka* NuR 2001, 19; *Koch* NuR 2000, 374; *Schrader*, ZUR 2002, 215.

[2450] *BVerwG*, Urt. v. 17. 5. 2002 – 4 A 28.01 – BVerwGE 116, 254 = DVBl. 2002, 1486 = NVwZ 2002, 1243 – A 44; Urt. v. 28. 6. 2002 – 4 A 59.01 – DVBl. 2002, 1500 = NVwZ 2002, 1234 – Sachsen.

[2451] *BVerwG*, Urt. v. 17. 5. 2002 – 4 A 28.01 – BVerwGE 116, 254 = DVBl. 2002, 1486 = NVwZ 2002, 1243 – A 44; Urt. v. 28. 6. 2002 – 4 A 59.01 – Sachsen; *OVG Koblenz*, Urt. v. 9. 1. 2003 – 1 C 10187/01 – NuR 2003, 441 = DVBl. 2003, 200 – B 50n 2. Abschnitt Hochmoselbrücke; nachfolgend *BVerwG*, Urt. v. 1. 4. 2004 – 4 C 2.03 – DVBl. 2004, 1115 = EurUP 2004, 161.

[2452] *BVerwG*, Urt. v. 21. 1. 1998 – 4 A 9.97 – DVBl. 1998, 589 = NuR 1998, 261; Urt. v. 19. 5. 1998 – 4 A 9.97 – BVerwGE 107, 1 = DVBl. 1998, 900 – A 20; *OVG Koblenz*, Urt. v. 9. 1. 2003 – 1 C 10187/01 – NuR 2003, 441 = DVBl. 2003, 200 – B 50n 2. Abschnitt Hochmoselbrücke; nachfolgend *BVerwG*, Urt. v. 1. 4. 2004 – 4 C 2.03 – DVBl. 2004, 1115 = EurUP 2004, 161.

[2453] *BVerwG*, Urt. v. 20. 5. 1999 – 4 A 12.98 – DVBl. 1999, 1514; *OVG Koblenz*, Urt. v. 9. 1. 2003 – 1 C 10187/01 – NuR 2003, 441 = DVBl. 2003, 200 – B 50n 2. Abschnitt Hochmoselbrücke; nachfolgend *BVerwG*, Urt. v. 1. 4. 2004 – 4 C 2.03 – DVBl. 2004, 1115 = EurUP 2004, 161.

[2454] *OVG Koblenz*, Urt. v. 9. 1. 2003 – 1 C 10393/01 – NuR 2003, 438 – B 50n 1. Abschnitt, nachgehend *BVerwG*, B. v. 12. 6. 2003 – 4 B 37.03 – NVwZ 2004, 98 –.

allerdings grundsätzlich angegriffen werden.[2455] Das fachplanerische Abwägungsgebot gehört wohl nur insoweit dazu, als Belange des Naturschutzes und der Landschaftspflege betroffen sind.[2456] Auch Alternativplanungen sind dem Vereinsklagerecht nur insoweit zugänglich, als dadurch Belange von Naturschutz und Landschaftspflege weniger stark betroffen werden.[2457]

4031 Nach § 61 I 1 Nr. 2 i.V. m. § 69 V Nr. 2 BNatSchG sind Klagen von Naturschutzverbänden gegen nach dem 1. 7. 2000 ergangene Planungsentscheidungen zulässig (**Altverfahren**), wenn die Klagen in Bezug auf die alte Rechtslage fristgemäß erhoben wurden und die Klagevoraussetzungen des § 61 BNatSchG im Übrigen erfüllt sind. Das *BVerwG* begründet diese Rechtsauffassung mit der Zielrichtung des Gesetzgebers, die Vereinsklage auch in einem gewissen Umfang auf in der Vergangenheit liegende Planfeststellungsbeschlüsse zu erstrecken. Von der gesetzlichen Neuregelung können allerdings nur Naturschutzvereine profitieren, die rechtzeitig eine Klage erhoben haben.[2458]

4032 Für die Vereinsklage gilt eine besondere **Präklusionsregelung**, die nach Auffassung des *BVerwG* andere Präklusionsregelungen im Fachplanungsrecht (etwa § 17 IV FStrG[2459]) verdrängt.[2460] Hatte ein Naturschutzverein im Verwaltungsverfahren Gelegenheit zur Äußerung, ist er im Verfahren über den Rechtsbehelf mit allen Einwendungen ausgeschlossen, die er im Verfahren nicht geltend gemacht hat, aber aufgrund der ihm überlassenen oder von ihm eingesehenen Unterlagen zum Gegenstand seiner Äußerung hätte machen können (§ 61 III BNatSchG). Einwendungen können daher vom Naturschutzverband noch bis zum Erlass des Planfeststellungsbeschlusses erhoben werden, während sie nach § 17 IV FStrG nur bis zum Ende der Einwendungsfrist geltend gemacht werden können.[2461]

4033 Da Einwendungen stets vorhabenbezogen sind, können sie nicht durch **bloßen Verweis** auf Einwendungen in einem anderen Verfahren ersetzt werden. Auch wenn seitens des Planungsträgers während der Auslegung der Planunterlagen also Besprechungen über planbedingte Probleme mit dem Betroffenen geführt werden, ist der Planbetroffene verpflichtet, seine Bedenken gegen das Vorhaben innerhalb der Einwendungsfrist hinreichend konkret zu erheben.[2462] Auch ein allgemeiner Verweis auf die Planfeststellungsunterlagen oder eine nur allgemeine Thematisierung reicht nicht, um dem Gebot der Erhebung konkreter Einwendungen zu genügen.[2463] Bei **mehreren Abschnitten** sind Einwendungen in jedem Abschnitt gesondert zu erheben bzw. zu wiederholen.[2464]

[2455] *BVerwG*, B. v. 2. 10. 2002 – 9 VR 11.02 – Varantenvergleich.

[2456] *VGH Kassel*, Urt. v. 23. 10. 2002 – 2 Q 1668/02 – NVwZ-RR 2003, 420 = NuR 2003, 292 im Anschluss an Urt. v. 19. 5. 1998 – 4 A 9.97 – BVerwGE 107, 1 = DVBl. 1998, 900 – A 20.

[2457] *BVerwG*, Urt. v. 17. 5. 2002 – 4 A 28.01 – BVerwGE 116, 254 = DVBl. 2002, 1486 = NVwZ 2002, 1243 – A 44.

[2458] *BVerwG*, ZwischenUrt. v. 28. 6. 2002 – 4 A 59.01 – DVBl. 2002, 1500 = NVwZ 2002, 1234 – A 44; *OVG Koblenz*, Urt. v. 9. 1. 2003 – 1 C 10187/01 – NuR 2003, 441 = DVBl. 2003, 200 – B 50n 2. Abschnitt Hochmoselbrücke; nachfolgend *BVerwG*, Urt. v. 1. 4. 2004 – 4 C 2.03 – DVBl. 2004, 1115 = EurUP 2004, 161.

[2459] § 17 Nr. 5 Satz 1 WaStrG; § 20 II AEG; § 10 IV 1 LuftVG.

[2460] Zur Neuregelung der Präklusionsvorschriften der Verbände im Zusammenhang mit der Beschleunigung von Planungsverfahren für Verkehrsinfrastrukturvorhaben s. Rdn. 3762.

[2461] So bereits andeutungsweise *BVerwG*, Urt. v. 31. 1. 2002 – 4 A 15.01 – DVBl. 2002, 990 = NVwZ 2002, 1103 – A 20; Urt. v. 17. 5. 2002 – 4 A 28.01 – BVerwGE 116, 254 = DVBl. 2002, 1486 = NVwZ 2002, 1243 – A 44; *Stüer* NuR 2002, 708; zur früheren Rechtslage *BVerwG*, Urt. v. 16. 3. 1998 – 4 A 31.97 – NuR 1998, 647 – Sperrgrundstück; zur landesrechtlichen Verbandsklage *BVerwG*, Urt. v. 6. 11. 1997 – 4 A 16.97 – DVBl. 1998, 585; *OVG Koblenz*, Urt. v. 9. 1. 2003 – 1 C 10393/01 – NuR 2003, 438 – B 50n 1. Abschnitt, nachgehend *BVerwG*, B. v. 12. 6. 2003 – 4 B 37.03 – NVwZ 2004, 98 –.

[2462] *VGH Mannheim*, Urt. v. 17. 10. 1997 – 5 S 107/97 – NuR 1998, 432 = UPR 1998, 197.

[2463] A. A. *OVG Koblenz*, Urt. v. 9. 1. 2003 – 1 C 10187/01 – NuR 2003, 441 = DVBl. 2003, 200 – B 50n 2. Abschnitt Hochmoselbrücke; nachfolgend *BVerwG*, Urt. v. 1. 4. 2004 – 4 C 2.03 – BVerwGE 120, 276 = DVBl. 2004, 1115 = EurUP 2004, 161.

[2464] *BVerwG*, Urt. v. 3. 7. 1996 – 11 A 64.95 – NVwZ 1997, 391.

8. Teil. Materielle Plananforderungen		4034–4037 **E**

Der **Landesgesetzgeber** kann gegenüber Entscheidungen von Landesbehörden **wei-** 4034
tergehende Klagemöglichkeiten einführen.[2465]

13. Naturschutzrechtliche Ausweisungen

Die Länder bestimmen, dass Teile von Natur und Landschaft zum Naturschutzgebiet, 4035
Nationalpark, Biosphärenreservat, Landschaftsschutzgebiet, Naturpark, Naturdenkmal
oder zum geschützten Landschaftsbestandteil erklärt werden können (§ 22 I BNatSchG).
Einstweilige Sicherstellungen können auf landesrechtlicher Grundlage in Sicherstellungsverordnungen vorgenommen werden. Teile von Natur und Landschaft können daher zum
– Naturschutzgebiet, Nationalpark, Biosphärenreservat, Landschaftsschutzgebiet, Naturpark oder
– Naturdenkmal oder geschützten Landschaftsbestandteil
erklärt werden. Die Erklärung bestimmt den Schutzgegenstand, den Schutzzweck, die
zur Erreichung des Zwecks notwendigen Gebote und Verbote und – soweit erforderlich
– die Pflege- und Entwicklungsmaßnahmen oder die Ermächtigungen hierzu. Die Länder erlassen dabei insbesondere Vorschriften über (1) die einstweilige Sicherstellung der
zu schützenden Teile von Natur und Landschaft, (2) die Registrierung der geschützten
und einstweilig sichergestellten Teile von Natur und Landschaft und (3) die Kennzeichnung der geschützten Teile von Natur und Landschaft. Die Länder können für Biosphärenreservate und Naturparke abweichende Vorschriften erlassen.

a) Naturschutzgebiete. Sie sind rechtsverbindlich festgesetzte Gebiete, in denen ein 4036
besonderer Schutz von Natur und Landschaft in ihrer Ganzheit oder in einzelnen Teilen
(1) zur Erhaltung von Lebensgemeinschaften oder Biotopen bestimmter wild lebender
Tier- und Pflanzenarten, (2) aus wissenschaftlichen, naturgeschichtlichen oder landeskundlichen Gründen oder (3) wegen ihrer besonderen Seltenheit, besonderen Eigenart
oder hervorragenden Schönheit erforderlich sind. Alle Handlungen, die zu einer Zerstörung, Beschädigung oder Veränderung des Naturschutzgebietes oder seiner Bestandteile
oder zu einer nachhaltigen Störung führen können, sind nach Maßgabe näherer Bestimmungen verboten. Soweit es der Schutzzweck erlaubt, können Naturschutzgebiete der
Allgemeinheit zugänglich gemacht werden **(§ 23 BNatSchG)**. Bei der Erweiterung einer
Naturschutzverordnung auf künftige Abbauflächen von Lavasand ist eine Abwägung der
widerstreitenden Interessen vorzunehmen, in die trotz Nichterwähnung im Landespflegegesetz Rh.-Pf. auch die privaten Eigentumsbelange zu berücksichtigen sind. Das
Abwägungsgebot wäre verletzt, wenn die wirtschaftlichen Auswirkungen eines Nutzungsverbotes bei der Gebietsausweisung nicht berücksichtigt würden[2466] und die Bestandsgarantie des Eigentums auch bei späteren Verwaltungsverfahren nicht ausreichend
gewürdigt werden kann.[2467]

Die Naturschutzbehörde kann zum Schutz eines Fließgewässers alle im Einzugsbereich 4037
des Gewässers gelegenen Flächen unter Naturschutz stellen. Das gilt insbesondere für die

---

[2465] Zu den beschränkten Möglichkeiten des Landesgesetzgebers vor Einführung der Verbandsklage auf der Ebene des Bundes *BVerwG*, Urt. v. 18. 12. 1987 – 4 C 9.86 – BVerwGE 78, 93 = NVwZ
1988, 527 = DVBl. 1988, 492 – Berliner Magnetbahn; Urt. v. 29. 4. 1993 – 7 A 2.92 – BVerwGE 92,
258 = DVBl. 1993, 886 = NVwZ 1993, 890 – *Hoppe/Stüer* RzB Rdn. 1057 – Erfurt-Bebra; Urt. v.
29. 4. 1993 – 7 A 3.92 – BVerwGE 92, 263 = DVBl. 1993, 888 = NVwZ 1993, 891 – *Hoppe/Stüer*
RzB Rdn. 1059 – Erfurt-Bebra; B. v. 28. 11. 1995 – 11 VR 38.95 – DVBl. 1996, 270 = NVwZ 1996,
389 – Tiergartentunnel; Urt. v. 18. 4. 1996 – 11 A 86.95 – NVwZ 1996, 901 = DVBl. 1996, 921 – Tiergartentunnel; Urt. v. 5. 3. 1997 – 11 A 14.96 – DVBl. 1997, 856 = NVwZ-RR 1997, 606 – Sachsenwald; Urt. v. 14. 5. 1997 – 11 A 43.96 – DVBl. 1997, 1123 = NuR 1997, 506 – Rheinbek-Wohltorf-
Aumühle; Urt. v. 16. 3. 1998 – 4 A 31.97 – NuR 1998, 647 = LKV 1999, 29 – Peenetal A 20; *Stüer*
JURA 1999, 202; *Painter* JA 1988, 597; *Stüer* in *Stüer* (Hrsg.) Verfahrensbeschleunigung, 1997, S. 120.
[2466] *OVG Koblenz*, Urt. v. 21. 10. 1999 – 1 A 12648/98 – ZfB 2000, 42.
[2467] Zur Eigentumsgarantie *BVerfG*, B. v. 2. 3. 1999 – 1 BvL 7/91 – BVerfGE 100, 226 = NJW
1999, 2877 = DVBl. 1999, 1498 – Direktorenvilla; *Stüer/Thorand* NJW 2000, 3232.

Flächen, die zum Quellgebiet des Gewässers gehören.[2468] Am Rande gelegene Flächen, die isoliert betrachtet nicht schutzwürdig sind, können in ein Landschaftsschutzgebiet einbezogen werden, um diesem ein gewisses Vorfeld zu geben und es dadurch gegenüber der schutzgebietsfreien Umgebung abzuschirmen und insbesondere vor den Einwirkungen angrenzender oder heranrückender Bebauung zu schützen.[2469] Allerdings können Bedenken im Hinblick auf die Schutzwürdigkeit des Gebiets und die Erforderlichkeit ihrer Unterschutzstellung bestehen, wenn nur wenig naturnahe Elemente vorhanden sind. Aus der Gesamtsicht, insbesondere mit dem Vogelschutz, kann eine eher großflächige Gebietsausweisung vertretbar sein.[2470]

4038 Das Verbot des § 34 LandschG NRW, in einem Naturschutzgebiet ein Bauvorhaben neu zu errichten, führt auch dann nicht zu einer unbeabsichtigten Härte, wenn das Gebäude durch Brandstiftung zerstört worden ist und ein Wiederaufbau nach § 35 IV Nr. 3 BauGB planungsrechtlich zulässig ist. Mit In-Kraft-Treten des Landschaftsplans sollen vorhandene Gebäude nicht länger als rechtlich notwendig erhalten bleiben. Nach Wegfall ihrer schützenswerten Substanz sollen die Gebäude nicht wiederhergestellt werden, sondern verfallen. Es ist dabei unbedeutend, auf welche Weise der Verfall eintritt, meint das *OVG Münster*.[2471]

4039 **b) Nationalparke (§ 24 BNatSchG).** Sie sind rechtsverbindlich festgesetzte, einheitlich zu schützende Gebiete, die (1) großräumig und von besonderer Eigenart sind, (2) im überwiegenden Teil ihres Gebietes die Voraussetzungen eines Naturschutzgebietes erfüllen, (3) sich in einem von Menschen nicht oder wenig beeinflussten Zustand befinden und (4) vornehmlich der Erhaltung eines möglichst artenreichen heimischen Tier- und Pflanzenbestandes dienen. Die Länder stellen sicher, dass Nationalparke unter Berücksichtigung der durch die Großräumigkeit und Besiedlung gebotenen Ausnahmen wie Naturschutzgebiete geschützt werden. Soweit es der Schutzzweck erlaubt, sollen Nationalparke der Allgemeinheit zugänglich gemacht werden. Die Aufhebung des Nationalparks **„Untere Elbtalaue"** durch das *OVG Lüneburg*[2472] ist durch das *BVerwG*[2473] bestätigt worden. § 14 I Nr. 3 BNatSchG gebietet nicht, dass landesrechtlich die Voraussetzungen für die Errichtung eines Nationalparks auch dann bejaht werden, wenn sich das fragliche Gebiet im Zeitpunkt seiner Unterschutzstellung in einem von Menschen mehr als nur wenig beeinflussten Zustand befindet. Eine Beschränkung der Öffnungszeiten einer Gaststätte durch eine Nationalpark-VO ist grundsätzlich zulässig, da auch der Betrieb einer Gaststätte in einem Nationalpark eine nachhaltige Störung der Natur auslösen oder jedenfalls verstärken kann.[2474]

4040 **c) Biosphärenreservate (§ 25 BNatSchG).** Sie sind rechtsverbindlich festgesetzte einheitlich zu schützende und zu entwickelnde Gebiete, die (1) großräumig und für bestimmte Landschaftstypen charakteristisch sind, (2) in wesentlichen Teilen ihres Gebietes die Voraussetzungen eines Naturschutzgebietes, im Übrigen überwiegend eines Landschaftsschutzgebietes erfüllen, (3) vornehmlich der Erhaltung, Entwicklung oder Wiederherstellung einer durch hergebrachte vielfältige Nutzung geprägte Landschaft und der darin historisch gewachsenen Arten- und Biotopvielfalt, einschließlich Wild- und früherer Kulturformen wirtschaftlich genutzter oder nutzbarer Tier- und Pflanzenarten, dienen und (4) beispielhaft der Entwicklung und Erprobung von die Naturgüter besonders schonenden Wirtschaftsweisen dienen. Die Länder stellen sicher, dass Biosphärenreservate

---

[2468] *OVG Lüneburg*, B. v. 8. 11. 2001 – 8 KN 229/01 – DVBl. 2002, 282 = NuR 2002, 237.
[2469] *OVG Lüneburg*, Urt. v. 2. 7. 2003 – 8 KN 2523/01 – NuR 2003, 703 = ZUR 2004, 49.
[2470] *OVG Koblenz*, Urt. v. 23. 1. 2003 – 1 C 11768/01 – NuR 2003, 304 = UPR 2003, 398.
[2471] *OVG Münster*, B. v. 21. 7. 1999 – 10 A 1699/99 – NVwZ-RR 2000, 210; B. v. 17. 9. 1998 – 10 A 5572/97 –.
[2472] *OVG Lüneburg*, B. v. 22. 2. 1999 – 3 K 2630/98 – NuR 1999, 138.
[2473] *BVerwG*, B. v. 10. 9. 1999 – 6 BN 1.99 – DVBl. 2000, 190.
[2474] *BVerwG*, B. v. 23. 7. 2003 – 4 BN 40.03 – NVwZ 2003, 1518 = BauR 2004, 311 – Nationalpark.

unter Berücksichtigung der durch die Großräumigkeit und Besiedlung gebotenen Ausnahmen wie Naturschutzgebiete oder Landschaftsschutzgebiete geschützt werden.

d) Landschaftsschutzgebiete (§ 26 BNatSchG). Sie sind rechtsverbindlich festgesetzte Gebiete, in denen ein besonderer Schutz von Natur und Landschaft (1) zur Erhaltung oder Wiederherstellung der Leistungsfähigkeit des Naturhaushalts oder der Nutzungsfähigkeit der Naturgüter, (2) wegen der Vielfalt Eigenart oder Schönheit des Landschaftsbildes oder (3) wegen ihrer besonderen Bedeutung für die Erholung erforderlich ist. In einem Landschaftsschutzgebiet sind unter besonderer Beachtung des § 12 III BNatSchG und nach Maßgabe näherer Bestimmungen alle Handlungen verboten, die den Charakter des Gebietes verändern oder dem besonderen Schutzzweck zuwiderlaufen. Bei der Bekanntmachung eines Landschaftsschutzgebietes kann der Verordnungsgeber zur groben Beschreibung des unter Landschaftsschutz gestellten Gebiets nicht lediglich auf eine im Verkündungsblatt abgedruckte Übersichtskarte verweisen oder an Stelle einer textlichen Grobbeschreibung eine Übersichtskarte benutzen. Eine solche Handhabung stellt nach Auffassung des *OVG Lüneburg* einen Verstoß gegen § 30 V 5 NNatSchG dar.[2475]

Ein **repressives Verbot ohne Erlaubnisvorbehalt** ist in einer Landschaftsschutzgebietsverordnung nur zulässig, wenn von vornherein feststeht, dass die verbotene Handlung den Charakter des unter Schutz gestellten Gebiets schlechthin verändert oder dem besonderen Schutzzweck schlechthin zuwiderläuft. Beim Fahren auf Flussläufen ist zu differenzieren. So kann das Kanufahren zulässig,[2476] aber das Fahren mit Flößen und anderen Wasserfahrzeugen von mehr als 6 m Länge oder 1 m Breite verboten sein.[2477] Jedenfalls ist ein repressives Verbot, bauliche Anlagen aller Art zu errichten, unzulässig, wenn das Landschaftsschutzgebiet auch bebaute Grundstücke und Siedlungen umfasst. Das Verbot in einer Landschaftsschutzgebietsverordnung, außerhalb öffentlicher Straßen im Sinne des Straßenrechts und besonders gekennzeichneter Reitwege ohne ausdrückliche Erlaubnis der Grundeigentümer oder Nutzungsberechtigten zu reiten, verstößt gegen Art. 3 I GG. Ob ein Reitverbot mit dem Naturschutzgesetz vereinbar ist, beurteilt sich nach dem Einzelfall.[2478]

e) Naturparke (§ 27 BNatSchG). Sie sind einheitlich zu entwickelnde und zu pflegende Gebiete, die (1) großräumig sind, (2) überwiegend Landschaftsschutzgebiete oder Naturschutzgebiete sind, (3) sich wegen ihrer landschaftlichen Voraussetzungen für die Erholung besonders eignen und (4) nach den Grundsätzen und Zielen der Raumordnung für die Erholung oder den Fremdenverkehr vorgesehen sind. Naturparke sollen entsprechend ihrem Erholungszweck geplant, gegliedert und erschlossen werden.

f) Naturdenkmale (§ 28 BNatSchG). Sie sind rechtsverbindlich festgesetzte Einzelschöpfungen der Natur, deren besonderer Schutz (1) aus wissenschaftlichen, naturgeschichtlichen oder landeskundlichen Gründen oder (2) wegen ihrer Seltenheit, Eigenart oder Schönheit erforderlich ist. Die Festsetzung kann auch die für den Schutz des Naturdenkmals oder seiner geschützten Umgebung einbeziehen. Die Beseitigung des Naturdenkmals sowie alle Handlungen, die zu einer Zerstörung, Beschädigung, Veränderung oder nachhaltigen Störung des Naturdenkmals oder seiner geschützten Umgebung führen können, sind nach Maßgabe näherer Bestimmungen verboten.

g) Geschützte Landschaftsbestandteile (§ 29 BNatSchG). Sie sind rechtsverbindlich festgesetzte Teile von Natur und Landschaft, deren besonderer Schutz (1) zur Sicherstellung der Leistungsfähigkeit des Naturhaushalts, (2) zur Belebung, Gliederung oder Pflege des Orts- oder Landschaftsbildes oder (3) zur Abwehr schädlicher Einwirkungen erforderlich ist. Der Schutz kann sich in bestimmten Gebieten auf den gesamten Bestand

---

[2475] *OVG Lüneburg*, B. v. 10. 2. 2000 – 3 K 3887/99 – NVwZ-RR 2001, 233 = NuR 2000, 587 – Landschaftsschutzgebiet Rastede.
[2476] *OVG Lüneburg*, B. v. 13. 12. 2001 – 8 KN 38/01 – NuR 2002, 565.
[2477] *OVG Lüneburg*, Urt. v. 25. 9. 2003 – 8 KN 2072/01 – NVwZ-RR 2004, 337 = NdsVBl. 2004, 98 = NordÖR 2004, 44.
[2478] *OVG Lüneburg*, Urt. v. 24. 8. 2001 – 8 KN 41/01 – DVBl. 2002, 721 (LS) = NuR 2002, 56.

an Bäumen, Hecken oder anderen Landschaftsbestandteilen erstrecken. Die Beseitigung des geschützten Landschaftsbestandteils sowie alle Handlungen, die zu einer Zerstörung, Beschädigung oder Veränderung des geschützten Landschaftsbestandteils führen können, sind nach Maßgabe näherer Bestimmungen verboten. Die Länder können für den Fall der Bestandsminderung die Verpflichtung zu angemessenen und zumutbaren Ersatzpflanzungen festlegen (§ 29 II BNatSchG). Die Kategorie „geschützte Grünbestände" i. S. des § 25 NatSchG BW ist ein Instrument des Objektschutzes und nicht des Flächenschutzes. Die auf diese Art geschützten Grünbestände müssen durch eine gewisse Objekthaftigkeit und Beständigkeit im äußeren Erscheinungsbild gekennzeichnet sein und dürfen nicht selbst eine „Landschaft" sein.[2479] Sie müssen sich daher aufgrund ihrer Lage und begrenzten Größe von der besiedelten Umgebung deutlich abheben und dadurch als abgrenzbares Einzelgebilde i. S. eines landschaftlichen Unikats erkennbar sein. Dazu genügt eine Lebensstätte der Tier- und Pflanzenwelt, die sich im lokalen oder regionalen Vergleich zu anderen gleichartigen Grünbeständen durch besonderen Reichtum oder durch Seltenheit auszeichnet. Demgegenüber können städtebauliche Funktionen, wie etwa die Vermeidung einer Bauverdichtung oder die Trennung unverträglicher Nutzungsarten, nicht als Kennzeichen eines Grünbestandes dienen.[2480]

4046 h) **Schutz der Biotope – naturschutzrechtliche Befreiungen.** Neben die allgemeine Eingriffsregelung tritt der Schutz, die Pflege und die Entwicklung bestimmter Teile von Natur und Landschaft nach den §§ 22 ff. BNatSchG. Der Begriff „überwiegende Gründe des Gemeinwohls" hat beim Biotopschutz in § 30 II 1 BNatSchG[2481] keinen anderen Inhalt als bei der Regelung über die Befreiungen in § 63 BNatSchG.[2482] Er unterscheidet sich auch nicht von dem Gemeinwohlbegriff, der in anderen rechtlichen Zusammenhängen eine Rolle spielt.

4047 Es müssen insoweit zwei Tatbestandsvoraussetzungen erfüllt sein: Von einer besonderen oder einer Ausnahmesituation kann nur bei einem Sachverhalt die Rede sein, der sich vom gesetzlich geregelten Tatbestand durch das Merkmal der Atypik abhebt. Ist diesem Erfordernis genügt, so bedarf es zusätzlich einer Abwägungsentscheidung. Der Bilanzierungsgedanke kommt bei § 62 I 1 Nr. 2 BNatSchG, ebenso wie bei § 30 II 1 BNatSchG, im Tatbestandsmerkmal der „überwiegenden" Gründe zum Ausdruck. Durch den Hinweis auf das „Gemeinwohl" stellt der Gesetzgeber außerdem klar, dass in die bilanzierende Betrachtung zu Gunsten einer Ausnahme nur Gründe des öffentlichen Interesses und nicht auch private Belange eingestellt werden dürfen.[2483]

4048 Eine **Baugenehmigung** enthält nicht eine zugleich erforderliche Befreiung von einer Schutzgebietsausweisung nach dem Naturschutzrecht; sie gibt den Bau auch nicht insoweit frei.[2484]

4049 Will die Bundesrepublik Deutschland als Eigentümerin von **Staatswald** im Rahmen forstwirtschaftlicher Bodennutzung eine Maßnahme durchführen, die durch eine Naturschutzgebietsverordnung verboten ist, so muss sie vorher eine Befreiung der zuständigen Behörde des Landes einholen.[2485]

[2479] *VGH Mannheim*, Urt. v. 29. 6. 1999 – 5 S 1929/97 – DVBl. 2000, 830 – zum Naturdenkmal; *OVG Lüneburg*, Urt. v. 25. 4. 1994 – 3 K 1315/91 – NVwZ-RR 1994, 574.
[2480] *VGH Mannheim*, Urt. v. 14. 1. 2000 – 5 S 1855/97 –; ESVGH 50, 172 = NVwZ-RR 2000, 772 = NuR 2000, 463 – in Anlehnung an *BVerwG*, B. v. 18. 11. 1996 – 4 NB 8.95 – NVwZ 1997, 173.
[2481] § 20 c II 1 BNatSchG a. F.
[2482] § 31 I 1 Nr. 2 BNatSchG a. F.
[2483] *BVerwG*, B. v. 20. 2. 2002 – 4 B 12.02 – BauR 2002, 1368, mit Hinweis auf die Gesetzesbegründung, BT-Drucks. 10/5064 S. 17 und *BVerwG*, B. v. 21. 12. 1994 – 4 B 266.94 – Buchholz 406.401 § 8a BNatSchG Nr. 2 = DVBl. 1995, 532.
[2484] *OVG Greifswald*, B. v. 1. 2. 2001 – 1 M 77/00 – NuR 2001, 412; B. v. 30. 10. 1997 – 5 M 52/96 – NordÖR 1998, 401 = LKV 1998, 460.
[2485] *BVerwG*, Urt. v. 9. 5. 2001 – 6 C 4.00 – BVerwGE 114, 232 = DVBl. 2001, 1842.

i) **Formelle Anforderungen an den Erlass einer Schutzgebietsverordnung.** Die Bekanntmachung eines Verordnungsentwurfes muss der „Anstoßfunktion" genügen, so dass die Aufzählung der betroffenen Grundstücke nach ihren Flurstücks-Nummern in der Regel nicht zweckmäßig ist.[2486] Der Grundstückseigentümer muss durch die Bekanntmachung ausreichend auf seine mögliche Betroffenheit aufmerksam gemacht werden.[2487] Für die Berechnung der Frist ist der Vollzug der Bekanntmachung maßgeblich. Dies ist im Falle der Bekanntmachung im Amtsblatt dessen Erscheinungstag. Eine Landschaftsschutzverordnung, die vor ihrem Erlass nicht der höheren Naturschutzbehörde vorgelegt wurde, um dieser die Entscheidung zu ermöglichen, ob für besonders empfindliche Teile des Schutzgebietes oder besonders schwerwiegende Eingriffstatbestände bei Befreiungen ein Zustimmungsvorbehalt für die höhere Naturschutzbehörde aufzunehmen ist, ist nichtig, auch wenn dieser Verfahrensverstoß nicht geltend gemacht worden ist.[2488]

Eine unzureichende Ermittlung und Zusammenstellung der bei der Abwägung zu berücksichtigenden Belange allein zieht die Nichtigkeit einer Unterschutzstellung nicht nach sich. Vielmehr ist maßgeblich, ob die aufgrund der Abwägung getroffene Entscheidung über die Unterschutzstellung des Gebiets und über die Verbote im Ergebnis zu beanstanden ist.[2489] Die Angabe des Schutzzwecks einer Naturschutzgebietsverordnung dient dazu, Anhaltspunkte für die sachliche Rechtfertigung und die Auslegung der Verordnung zu geben. Ausreichend ist daher eine stichwortartige Beschreibung der mit der Unterschutzstellung verfolgten Zwecke.[2490] Die Naturschutzbehörde kann den Verstoß einer Landschaftsschutzgebietsverordnung gegen das Naturschutzgesetz dadurch beheben, dass sie die Verordnung und die Karten, die die geschützten Teile von Natur und Landschaft zeichnerisch bestimmen, in ihrem Verkündungsblatt bekannt macht.[2491] Kommt der Normgeber nach der gerichtlichen Nichtigerklärung einer Naturschutzverordnung seiner Verpflichtung aus § 47 V 2 VwGO zur Veröffentlichung der Entscheidungsformel nicht nach, so steht dies einem Neuerlass der Norm nicht entgegen.[2492]

j) **Ergänzende Länderregelungen.** Die Länder erlassen Vorschriften (1) über die einstweilige Sicherstellung der zu schützenden Teile von Natur und Landschaft, (2) der Registrierung der geschützten und einstweilig sichergestellten Teile von Natur und Landschaft sowie (3) die Kennzeichnung der geschützten Teile von Natur und Landschaft (§ 22 III BNatSchG). Eine Sicherstellungsverordnung muss neben einer groben Beschreibung der Grenzen in Worten im Verordnungstext die Lage des einstweilig sichergestellten Gebietes in einer im Maßstab 1:25.000 als Anlage zu der Sicherstellungsverordnung veröffentlichten Übersichtskarte darstellen. Die gesetzliche Geltungsdauer einer Sicherstellungsverordnung gilt automatisch, wenn in der Sicherstellungsverordnung ausdrücklich keine andere Geltungsdauer bestimmt ist.[2493]

14. Naturschutz und Enteignung

Maßnahmen des Naturschutzes sind im Allgemeinen **keine Enteignung**, sondern **Inhalts- und Schrankenbestimmungen des Eigentums** nach Art. 14 I 2 GG.[2494] Nach die-

---

[2486] *OVG Bautzen*, Urt. v. 24. 1. 2002 – 1 D 9/00 – SächsVBl. 2002, 142.
[2487] *VGH Mannheim*, Urt. v. 5. 11. 2001 – 5 S 1006/00 – NVwZ-RR 2002, 571; Urt. v. 13. 11. 1998 – 5 S 657/97 – VBlBW 1999, 141.
[2488] *OVG Bautzen*, Urt. v. 24. 1. 2002 – 1 D 9/00 – SächsVBl. 2002, 142.
[2489] *OVG Lüneburg*, Urt. v. 24. 8. 2001 – 8 KN 209/01 – DVBl. 2002, 722 (LS) = NuR 2002, 99.
[2490] *OVG Lüneburg*, Urt. v. 24. 8. 2001 – 8 KN 209/01 – DVBl. 2002, 722 (LS) = NuR 2002, 99.
[2491] *OVG Lüneburg*, Urt. v. 24. 8. 2001 – 8 KN 41/01 – DVBl. 2002, 721 (LS) = NuR 2002, 56.
[2492] *VGH Mannheim*, Urt. v. 20. 9. 2001 – 5 S 1217/00 – NuR 2002, 302.
[2493] *OVG Greifswald*, Urt. v. 18. 7. 2001 – 4 K 15/00 – LKV 2002, 190 = NordÖR 2001, 408.
[2494] *BVerwG*, Urt. v. 14. 11. 1985 – 4 C 2.74 – BVerwGE 49, 385; Urt. v. 13. 4. 1983 – 4 C 21.79 – BVerwGE 67, 84; Urt. v. 13. 4. 1983 – 4 C 76.80 – BVerwGE 67, 93; *BGH*, Urt. v. 17. 2. 1977 – III ZR 115/74 – NJW 1977, 945.

ser Verfassungsbestimmung ist der Gesetzgeber befugt, Inhalt und Schranken des Eigentums unter Wahrung der Privatnützigkeit und der Sozialpflichtigkeit des Eigentums zu bestimmen. Dabei wird der rechtliche Gehalt der durch Art. 14 I 1 GG geschützten Bestandsgarantie wesentlich durch die Privatnützigkeit und durch die grundsätzliche Verfügungsbefugnis des Eigentümers über den Eigentumsgegenstand bestimmt.[2495] Dem liegt die Vorstellung zugrunde, dass jedes Grundstück durch seine Lage und Beschaffenheit sowie die Einbettung in seine Umwelt, also durch seine jeweilige Situation, geprägt wird. Diese „Situationsgebundenheit" kann den Gesetzgeber, der gemäß Art. 14 I 2 GG Inhalt und Schranken des Eigentums zu bestimmen und hierbei den privaten und den sozialen Nutzen des Eigentumsgebrauchs (Art. 14 II GG) in ein ausgewogenes Verhältnis zu bringen hat,[2496] zu einer entsprechenden Beschränkung der Eigentümerbefugnisse berechtigen. Denn die Gestaltungsfreiheit des Gesetzgebers nach Art. 14 I 2 GG ist umso größer, je stärker der soziale Bezug des Eigentumsobjekts ist. Hierfür sind dessen Eigenart und Funktion von entscheidender Bedeutung.[2497] Wenn die natürlichen oder landschaftsräumlichen Gegebenheiten eines Grundstücks im Interesse der Allgemeinheit erhaltenswert sind und des Schutzes bedürfen, so ergibt sich hieraus eine Art immanenter, d. h. dem Grundstück selbst anhaftender, Beschränkung der Eigentümerbefugnisse, die durch natur- und landschaftsschutzrechtliche Regelungen lediglich nachgezeichnet werden. Enteignungen werden daraus erst, wenn durch Gesetz oder aufgrund eines Gesetzes auf das Eigentum in der Weise zugegriffen wird, dass ein **transitorischer Übergang von Eigentümerbefugnissen** bewirkt werden soll.[2498] Dazu gehört etwa die Enteignung zu Gunsten naturschutzrechtlicher Ausgleichs- oder Ersatzmaßnahmen, nicht jedoch Belastungen des Eigentums durch naturschutzrechtliche Einschränkungen, auch wenn sie sich als schwer und unerträglich[2499] darstellen.[2500] Allerdings kann dann zur Wahrung der Verfassungsmäßigkeit der gesetzgeberischen Inhalts- und Schrankenbestimmung eine **Kompensation** i. S. einer Entschädigung erforderlich werden. Erst diese Kompensation macht dann die Inhalts- und Schrankenbestimmung des Gesetzgebers verfassungsgemäß. Denn der Normgeber darf nicht unter dem Etikett einer bloßen Inhalts- und Schrankenbestimmung in Wahrheit einen Eingriff mit Enteignungswirkungen vornehmen.[2501] Derartige Kompensationsmaßnahmen sind vor allem dann erforderlich, wenn sich der Eingriff enteignungsgleich[2502] in dem Sinne darstellt, dass das Eigentum auch verfas-

---

[2495] *BVerfG*, B. v. 19. 6. 1969 – 1 BvR 353/67 – BVerfGE 26, 215 = NJW 1969, 1475; B. v. 7. 7. 1971 – 1 BvR 765/66 – BVerfGE 31, 229 = NJW 1971, 2163 – Urheberrecht; B. v. 23. 4. 1974 – 1 BvR 6/74 – BVerfGE 37, 132 = NJW 1974, 1499 – KSchG; B. v. 8. 7. 1976 – 1 BvL 19/75 – BVerfGE 42, 263 = DVBl. 1976, 710 – Hilfswerk behinderte Kinder; B. v. 12. 6. 1979 – 1 BvL 19/76 – BVerfGE 52, 1 = *Hoppe/Stüer* RzB Rdn. 1104 – Kleingarten; vgl. auch *BGH*, Urt. v. 5. 3. 1981 – III ZR 9/80 – BGHZ 80, 111 = NJW 1981, 2114 – Seedeicherhöhung; Urt. v. 9. 10. 1986 – III ZR 2/85 – BGHZ 99, 24 = *Hoppe/Stüer* RzB Rdn. 1097 – Blücher-Museum; s. Rdn. 1682.

[2496] *BVerfG*, B. v. 30. 11. 1988 – 1 BvR 1301/84 – BVerfGE 79, 174 = *Hoppe/Stüer* RzB Rdn. 98 – Verkehrslärmschutz; *BVerwG*, Urt. v. 16. 5. 1991 – 4 C 17.90 – BVerwGE 88, 191 = *Hoppe/Stüer* RzB Rdn. 1207 – Abstandsflächen.

[2497] *BVerfG*, Urt. v. 28. 2. 1980 – 1 BvL – BVerfGE 53, 257 – Altehen.

[2498] *BVerwG*, Urt. v. 24. 6. 1993 – 7 C 26.92 – BVerwGE 94, 1 = DVBl. 1993, 1141 = NJW 1993, 2949 = DÖV 1993, 1090 = *Hoppe/Stüer* RzB Rdn. 1055 – Naturschutzverordnung Herrschinger Moos.

[2499] *BVerwG*, Urt. v. 21. 6. 1974 – IV C 14.74 – BauR 1974, 330 = DVBl. 1974, 777 = DÖV 1974, 812 – Kinderspielplatz.

[2500] A. A. *BVerwG*, Urt. v. 15. 2. 1990 – 4 C 47.89 – BVerwGE 84, 361 = DVBl. 1990, 585 = *Hoppe/Stüer* RzB Rdn. 1049 – Serriesteich.

[2501] *BVerfG*, B. v. 8. 7. 1976 – 1 BvL 19/75 – BVerfGE 42, 263 = DVBl. 1976, 710 – Hilfswerk behinderte Kinder; B. v. 1. 3. 1979 – 1 BvR 532/77 – BVerfGE 50, 290 = NJW 1979, 833 – Mitbestimmung.

[2502] Vgl. zum enteignungsgleichen Eingriff als Grundlage einer Entschädigung *BGH*, Urt. v. 18. 6. 1998 – III ZR 100/97 – NVwZ 1998, 1329 = UPR 1998, 447.

sungsrechtlich unzumutbaren schweren und unerträglichen Beeinträchtigungen[2503] ausgesetzt wird. Ein nach Art. 14 I 2 GG erforderlicher Entschädigungsanspruch unterliegt allerdings dem Gesetzmäßigkeitsgrundsatz, darf also bei fehlender gesetzlicher Grundlage nicht in Anwendung des richterrechtlich entwickelten allgemeinen Aufopferungsgedankens zuerkannt werden.[2504] Ein gesetzlich nicht gewährter, aber angesichts der vom Gesetzgeber getroffenen eigentumsrechtlichen Regelungen gemäß Art. 14 I 2 GG erforderlicher Ausgleichsanspruch führt vielmehr zur Verfassungswidrigkeit der gesetzlichen Inhalts- und Schrankenbestimmung des Eigentums.[2505] Naturschutzrechtliche Schutzgebietsausweisungen sind zulässige Inhalts- und Schrankenbestimmungen des Eigentums, wenn sie einen sachgerechten Ausgleich zwischen der Privatnützigkeit des Eigentums und dessen Sozialpflichtigkeit herstellen. Beschränkungen der Grundstücksnutzung durch eine Naturschutzverordnung können zwar unzulässige, insbesondere unverhältnismäßige Inhalts- und Schrankenbestimmungen des Eigentums darstellen und deshalb rechtswidrig sein, werden dadurch jedoch nicht zu einer Enteignung i. S. des Art. 14 III GG.[2506]

Aus Gründen des Naturschutzes kann das Grundeigentum auch **unmittelbar in Anspruch genommen** werden. Dies setzt eine entsprechende gesetzliche Grundlage voraus, die den Eigentumsentzug rechtfertigt. Zudem muss durch Gesetz eine Entschädigung gewährt werden, die zugleich mit der Enteignung anzuordnen ist (Junktimklausel). Die Enteignung kann durch eine Vollinanspruchnahme des Grundstücks, aber auch dadurch geschehen, dass das Eigentum in der Hand des Eigentümers verbleibt, auf dem Grundstück aber naturschutzrechtliche Maßnahmen angeordnet werden. Nach Auffassung des *BVerwG* enthalten die **Fachplanungsgesetze** i.V. mit §§ 19 bis 20 BNatSchG eine ausreichende gesetzliche Grundlage für eine Enteignung zu Gunsten naturschutzrechtlicher Kompensationen durch Ausgleichs- oder Ersatzmaßnahmen.[2507] Wenn nach den fachgesetzlichen Regelungen eine Enteignung zum Zwecke der Verwirklichung des Vorhabens zulässig sei, so sei es Sinn der Vorschriften, die Enteignung für das planfestgestellte Vorhaben zu ermöglichen, selbst wenn die Vorschriften dies ausdrücklich nicht besagen. Denn Gegenstand der Planfeststellung sei nicht nur der Bau oder der Ausbau der jeweiligen Anlage. Es seien vielmehr auch Umweltbelange zu berücksichtigen und die naturschutzrechtlichen Anforderungen zu beachten. Da es sich bei dem naturschutzrechtlichen Gebot, notwendige Ausgleichsmaßnahmen zu schaffen (§ 19 II BNatSchG), um striktes Recht handelt, kann sich damit nach Auffassung des *BVerwG* auch eine Enteignung für Ausgleichs- und Ersatzmaßnahmen in bestimmtem Umfang zur Durchführung des planfestgestellten Vorhabens als notwendig erweisen.[2508] Allerdings bestehen bei der Wahl von naturschutzrechtlichen Ausgleichs- und Ersatzmaßnahmen zumeist größere **Variationsmöglichkeiten**. Denn anders etwa als ein bestimmter Standort oder eine bestimmte Trasse, die zudem regelmäßig durch Zwangspunkte geprägt sein wird, kommen für na-

---

[2503] *BVerwG*, Urt. v. 21. 6. 1974 – IV C 14.74 – BauR 1974, 330 = DVBl. 1974, 777 = DÖV 1974, 812 – Kinderspielplatz.
[2504] *BGH*, Urt. v. 12. 3. 1987 – III ZR 216/86 – BGHZ 100, 136 = NJW 1987, 1875 – Kleingarten; Urt. v. 10. 12. 1987 – III ZR 220/86 – BGHZ 102, 350 = *Hoppe/Stüer* RzB Rdn. 1127 – Waldschäden.
[2505] *BVerfG*, B. v. 14. 7. 1981 – 1 BvL 24/78 – BVerfGE 58, 137 = *Hoppe/Stüer* RzB Rdn. 1135 – Pflichtexemplare; s. Rdn. 1695.
[2506] *BVerwG*, B. v. 18. 7. 1997 – 4 BN 5.97 – NVwZ-RR 1998, 225 = NuR 1998, 30 – Sportfischerei; vgl. auch Urt. v. 15. 2. 1990 – 4 C 47.89 – BVerwGE 84, 361 = DVBl. 1990, 585 – Serriesteich; Urt. v. 24. 6. 1993 – 7 C 26.92 – BVerwGE 94, 1 = DVBl. 1993, 1141 – Herrschinger Moos.
[2507] *BVerwG*, B. v. 9. 2. 1996 – 11 VR 45.95 – NVwZ 1996, 1021 = DÖV 1996, 514 – Boitzenburg-Lüneburg.
[2508] Zum WaStrG: *BVerwG*, B. v. 13. 3. 1995 – 11 VR 4.95 – UPR 1995, 308; zum AEG: B. v. 21. 12. 1995 – 11 VR 6.95 – NVwZ 1996, 896 = DVBl. 1996, 676 – Erfurt-Leipzig/Halle; zum FStrG: *VGH Mannheim*, Urt. v. 20. 2. 1992 – 5 S 2064.91 – NVwZ 1993, S. 595; B. v. 21. 2. 1997 – 4 B 177.96 – RdL 1997, 95; ablehnend hierzu *de Witt/Burmeister* NVwZ 1994, 38.

turschutzrechtliche Ausgleichs- und Ersatzmaßnahmen häufig mehrere Maßnahmen an verschiedenen Stellen in Betracht, so dass hinsichtlich der Notwendigkeit der Inanspruchnahme eines bestimmten Grundstücks im Wege der Enteignung ein größerer Rechtfertigungsbedarf entstehen wird. Kann aber dargelegt werden, dass die Inanspruchnahme eines Grundstücks etwa zur Wahrung einer **Netzstruktur ökologischer Maßnahmen** zwingend benötigt wird, ist auch die Enteignung zu Gunsten naturschutzrechtlicher Ausgleichs- oder Ersatzmaßnahmen verfassungsrechtlich zulässig.

Beispiel: Im Rahmen einer Deichbaumaßnahme werden Flächen zur Anlage des Deichbauwerks benötigt. Außerdem sollen zum Ausgleich der Eingriffswirkungen Flächen im Bereich des Deichvorlandes ökologisch aufgewertet werden. Gegenüber der Inanspruchnahme des Deichvorlandes könnte der Eigentümer sich darauf berufen, dass die ökologischen Aufwertungsmaßnahmen auch an anderer Stelle erfolgen können. Im Vergleich zur Deichbaumaßnahme selbst werden sich im Bereich der naturschutzrechtlichen Ausgleichs- oder Ersatzmaßnahmen breitere Variationsmöglichkeiten und Handlungsspielräume ergeben.

4055 Soll die Anordnung von Ersatzmaßnahmen die Grundlage für eine Enteignung bilden, muss die vorgesehene Maßnahme zur Erreichung des mit ihr verfolgten Zwecks geeignet, erforderlich und verhältnismäßig sein. Liegen die Voraussetzungen des Art. 14 III GG vor, darf zu Gunsten der naturschutzrechtlichen Ersatzmaßnahmen auch enteignet werden. Die Enteignungsmöglichkeit besteht dabei im Fachplanungsrecht nicht nur zu Gunsten der für das Vorhaben unmittelbar benötigten Grundstücke, sondern auch für Ersatzmaßnahmen, die sich im Zusammenhang mit der Verwirklichung des Vorhabens auch vor dem Hintergrund der Gemeinwohlbindung als erforderlich erweisen. Dabei hat die planende Behörde ein planerisches Ermessen, welche Ausgleichs- und Ersatzmaßnahmen sie für erforderlich hält. Diese planerische Entscheidung ist nur eingeschränkt gerichtlich kontrollierbar.[2509]

4056 Grund und Boden, dessen ökologischer Wert ebenso hoch oder gar höher zu veranschlagen ist als derjenige, der zur Verwirklichung eines raumbedeutsamen Vorhabens in Anspruch genommen wird, ist aus dem Kreis der für die Durchführung von Kompensationsmaßnahmen potenziell geeigneten Flächen von vornherein auszusondern. Für Ausgleichs- und Ersatzmaßnahmen kommen nur solche Flächen in Betracht, die aufwertungsbedürftig und -fähig sind.[2510] Diese Voraussetzungen erfüllen sie, wenn sie in einen Zustand versetzt werden können, der sich im Vergleich mit dem früheren als ökologisch höherwertig einstufen lässt. Die Planfeststellungsbehörde hat dabei auch zu prüfen, ob die von ihr verfolgten Zwecke gleich gut auf Flächen der öffentlichen Hand verwirklicht werden können. Dies setzt aber voraus, dass derartige Flächen in dem Raum, der für Ersatzmaßnahmen in Betracht kommt, in öffentlicher Hand verfügbar sind. Bei der Umsetzung der naturschutzrechtlichen Maßnahmen ist jeweils nach dem Grundsatz der Verhältnismäßigkeit zu prüfen, in welchem Umfang eine Belastung des Eigentums ausreicht oder eine Vollenteignung erforderlich wird.[2511] Stehen Flächen im Eigentum der öffentlichen Hand zur Verfügung, darf Privateigentum nur in Anspruch genommen werden, wenn dies aus fachlichen Gründen erforderlich ist und der beabsichtigte Zweck sich nicht gleich gut auf den Flächen der öffentlichen Hand erreichen lässt.

Beispiel: Soll etwa auf den in der Planung enthaltenen Grundstücken eine Obstbaumwiese angelegt werden, so ist in der Regel eine Enteignung des Grundstücks nicht erforderlich. Es genügt vielmehr die Belastung mit einer beschränkt persönlichen Dienstbarkeit.

4057 Werden Ersatzmaßnahmen für einen Eingriff in Natur und Landschaft als „Gesamtmaßnahme" für **mehrere Abschnitte** eines Vorhabens geplant, kann es zulässig sein, die

---

[2509] *BVerwG*, Urt. v. 23. 8. 1996 – 4 C 29.95 – NVwZ 1997, 486 = DVBl. 1997, 68 – Rieselfelder.
[2510] *BVerwG*, Urt. v. 28. 1. 1999 – 4 A 18.98 – UPR 1999, 268 – Existenzvernichtung eines Betriebes.
[2511] *BVerwG*, Urt. v. 23. 8. 1996 – 4 C 29.95 – NVwZ 1997, 486 = DVBl. 1997, 68 – Rieselfelder.

Entscheidung über die Ersatzmaßnahmen für einen einzelnen planfestgestellten Straßenabschnitt der Planfeststellung für den nachfolgenden Abschnitt vorzubehalten. Ein derartiger Transfer von Problemlösungen aus dem Planungsverfahren auf nachfolgendes Verwaltungshandeln ist zulässig, wenn der Planungsträger davon ausgehen darf, dass der ungelöst gebliebene Konflikt im Zeitpunkt der Plandurchführung in einem anderen Verfahren in Übereinstimmung mit seiner eigenen planerischen Entscheidung bewältigt werden wird. Diese Voraussetzung ist erfüllt, wenn die Problemregelung in dem hierfür vorgesehenen Verfahren zwar noch aussteht, aber bei vernünftiger Betrachtung objektiv zu erwarten ist. Dabei sind alle Detailfragen, die ihrer Natur von der Planungsentscheidung abtrennbar sind, vom Grundsatz her einer nachträglichen Lösung zugänglich.[2512]

Auch für den enteignend Betroffenen muss eine **Kausalität** zwischen dem gerügten Fehler und seiner eigenen Betroffenheit bestehen. Er kann sich nicht auf die Verletzung naturschutzrechtlicher Vorschriften berufen, die auf sein Grundstück keine Rückwirkungen haben. So kann der durch die Planfeststellung einer Straße enteignend betroffene Eigentümer eines Grundstücks die Aufhebung des Planfeststellungsbeschlusses nicht aus Gründen verlangen, die nur zu einer teilweisen, durch Planergänzung behebbaren Rechtswidrigkeit des Planfeststellungsbeschlusses führen könnten und für die enteignende Inanspruchnahme seines Grundstücks nicht kausal sind.[2513] Die Festsetzung eines dem Kläger nicht gehörenden Grundstücks als Fläche für Ersatzmaßnahmen für einen nicht ausgleichbaren Eingriff in Natur und Landschaft berührt den Kläger regelmäßig nicht in seinen Rechten.[2514] Die Nichteinhaltung von Verfahrensvorschriften führt – für sich genommen – noch nicht zur Aufhebung eines Planfeststellungsbeschlusses. Hinzu kommen muss vielmehr, dass sich der Verfahrensfehler als ein formeller Mangel auf die Sachentscheidung ausgewirkt haben kann. Der danach erforderliche Kausalzusammenhang ist nur dann gegeben, wenn nach den Umständen des jeweiligen Falles die konkrete Möglichkeit besteht, dass die Planungsbehörde ohne den Verfahrensfehler anders entschieden hätte.[2515] Eine nur abstrakte Möglichkeit einer anderen Entscheidung genügt nicht.[2516]

Dem Betreiber einer **Karpfenzucht** in Teichanlagen, die sich in Naturschutzgebieten befinden, steht gegen das Land Brandenburg kein Entschädigungsanspruch für Vermögensschäden aufgrund Fischfraßes durch Kormorane zu.[2517]

15. Naturschutz in der Land- und Forstwirtschaft

Der **land- und forstwirtschaftlichen Flächen** werden von zahlreichen Landnutzern in Anspruch genommen. Öffentlich-rechtliche Nutzungsansprüche beziehen sich auf Infrastrukturprojekte wie Straßen, Eisenbahnen oder Wasserstraßen. Ansprüche der Energieversorgungsunternehmen der Elektrizitätsversorgung, aber auch der Wasserwerke oder der Kiesindustrie kommen hinzu. Der Natur- und Landschaftsschutz stellt seine Forderungen. Unterschiedliche Nutzungsansprüche werden auch von der Öffentlichkeit im Bereich von Freizeit und Erholung an den Wald gestellt. Dadurch scheinen die Eigentümerinteressen an einer forstwirtschaftlichen Nutzung des Waldes vielfach in den Hintergrund zu geraten.[2518] Die Holzverwertung wird dabei mehr und mehr zurückgedrängt

---

[2512] *BVerwG*, B. v. 30. 8. 1994 – 4 B 105.94 – NVwZ-RR 1995, 322 = NuR 1995, 139 – A 33 Dissen.
[2513] Zur Beschleunigung von Planungsverfahren für Verkehrsinfrastrukturvorhaben durch erweiterte Regelungen zur Planergänzung und zum ergänzenden Verfahren s. Rdn. 3762.
[2514] *BVerwG*, B. v. 10. 7. 1995 – 5 B 94.95 – DVBl. 1996, 269 = NVwZ-RR 1996, 188.
[2515] *BVerwG*, B. v. 24. 6. 1993 – 4 B 114.93 – VkBl. 1995, 210.
[2516] *BVerwG*, Urt. v. 17. 2. 1997 – 4 A 41.96 – LKV 1997, 328 = NVwZ 1997, 998 – Schönberg A 20, mit Hinweis auf Urt. v. 30. 5. 1984 – 4 C 58.81 – BVerwGE 69, 256; Urt. v. 21. 3. 1996 – 4 C 1.95 – Buchholz 407.4 § 17 FStrG Nr. 115 = DVBl. 1996, 915.
[2517] *OLG Brandenburg*, Urt. v. 4. 12. 2001 – 2 U 71/00 – LKV 2002, 487.
[2518] Zum Verhältnis von Naturschutz und Eigentumsgarantie *Bender/Sparwasser/Engel*, Umweltrecht, 3/I, Rdn. 9; *Burgi* NVwZ 1994, 527; *Breuer* NuR 1996, 540; *Detterbeck* DÖV 1994, 273; *Haber*,

und soll sich den anderen, zuvor beschriebenen Landnutzungen unterordnen. Diese geben sich zudem zumeist gemeinwohlbezogen aus und beanspruchen für sich im Hinblick auf die Sozialpflichtigkeit des Eigentums Vorrang.

4061 Allerdings ist das **Eigentum** nicht ausschließlich sozialpflichtig (Art. 14 II GG), sondern ebenso privatnützig (Art. 14 I 1 GG). Der Gesetzgeber ist dabei aufgerufen, Inhalt und Schranken des Eigentums abzugrenzen und dabei einen sachgerechten Ausgleich zwischen Privatnützigkeit des Eigentums und dessen Sozialpflichtigkeit zu treffen. Die Inhalts- und Schrankenbestimmung des Eigentums, die dem Gesetzgeber obliegt, ist von der Enteignung abzugrenzen (Art. 14 III GG). Bei ihr geht es um die direkte Inanspruchnahme des Eigentums durch (transitorischen) Übergang des gesamten Eigentums oder von Eigentumspositionen. Die Enteignung ist nur zum Wohle der Allgemeinheit durch oder auf Grund eines Gesetzes zulässig und muss zugleich mit einer Entschädigung für den Eigentumsentzug verbunden sein (Junktimklausel). Diese Einheit von Enteignung und Entschädigung bezieht sich bereits auf die gesetzlichen Grundlagen in dem Sinne, dass bereits in ihnen klar geregelt sein muss, dass der Eingriff entschädigungspflichtig ist. Salvatorische Klauseln, die lediglich allgemein eine Entschädigung in Aussicht nehmen, wenn der jeweilige Eingriff eine Enteignung bewirkt, sind nicht zulässig. Der Gesetzgeber muss vielmehr selbst entscheiden, wann der Eingriff eine Enteignung darstellt und für derartige Eingriffe durch eine entsprechende gesetzliche Regelung die Grundlage für eine Entschädigung schaffen.

4062 Der so von einer Enteignung betroffene hat **kein Wahlrecht**, ob er den gegen ihn gerichteten Eingriff hinnimmt und sodann eine Entschädigung verlangt. Hält er den Eingriff in das Eigentum für nicht rechtmäßig, so muss er sich gegen den **Eingriffsakt** wehren. Er kann nicht den Eingriffsakt rechtsbeständig werden lassen und sodann eine gesetzlich nicht vorgesehene Entschädigung für sich in Anspruch nehmen, sondern ist auf den Grundsatz des Primärrechtsschutzes verpflichtet.

4063 Unter den zuvor beschriebenen Enteignungsbegriff fallen allerdings nur die **klassischen Enteignungen**, also der unmittelbare Entzug des Eigentums oder von Eigentumsfunktionen, die auf einen anderen Rechtsträger übergehen. Belastungen des Eigentums, die (lediglich) die Nutzungsmöglichkeiten beeinträchtigen, fallen demgegenüber nicht unter den Begriff der Enteignung, sondern sind Regelungen im Bereich der Inhalts- und Schrankenbestimmung des Eigentums.[2519] Diese sind grundsätzlich entschädigungslos hinzunehmen, so weit sie sich als angemessene Regelungen auch vor dem Hintergrund der Privatnützigkeit des Eigentums darstellen. Allerdings können die Inhalts- und Schrankenbestimmungen zu schweren Belastungen führen, die vor dem Hintergrund der Privatnützigkeit des Eigentums nicht mehr zu rechtfertigen sind.[2520] Soll etwa das Eigen-

---

Naturschutz und Landschaftspflege, in: Naturschutz- und Landschaftspflegerecht im Wandel, 8. Trierer Kolloquium zum Umwelt- und Technikrecht, UTR Bd. 20, 1992, 5; *Heinz/Schmitt* NVwZ 1992, 513; *Hermes* NVwZ 1990, 733; *Kimminich* NuR 1994, 261; *Kleinlein* DVBl. 1991, 365; *Krohn*, Entschädigung für Umweltschutzmaßnahmen in der Landwirtschaft, AgrarR, Beilage I 1984, 18; *Lege* NJW 1995, 2745; *Leisner*, in: Isensee (Hrsg.), Eigentum, Schriften zu Eigentumsgrundrecht und Wirtschaftsverfassung 1970 bis 1996, Berlin 1996, 451; *Melchinger* NJW 1991, 2524; *Osterloh* DVBl. 1991, 906; *Pietzcker* JuS 1991, 369; *Rat von Sachverständigen für Umweltfragen*, Umweltgutachten 1996, BT-Drs. 13/4108, Nr. 245; *Rinne* DVBl. 1994, 23; *Schlette* JuS 1996, 204; *Schoch*, Rechtliche Konsequenzen der neuen Eigentumsdogmatik für die Entschädigungsrechtsprechung des *BGH*, FS für Boujong, 657; *ders.* JZ 1995, 768; *Schönfeld*, Die Eigentumsgarantie und Nutzungsbeschränkungen des Grundeigentums: ungelöste Fragen in der Dogmatik von Art. 14 GG, Sinsheim 1996, 22.

[2519] *BVerwG*, Urt. v. 24.6.1993 – 7 C 26.92 – BVerwGE 94, 1 = DVBl. 1991, 1141 – Herrschinger Moos; Urt. v. 16.7.1993 – III ZR 60/92 – BGHZ 123, 242 = DVBl. 1993, 1092 – Landschaftsschutz; Urt. v. 7.7.1994 – III ZR 5/93 – BGHZ 126, 379 = DVBl. 1995, 104 – Kalkabbau.

[2520] *BGH*, Urt. v. 26.1.1984 – III ZR 216/82 – BGHZ 90, 17 – Sandabbau; Urt. v. 29.3.1984 – III ZR 11/83 – BGHZ 91, 20 = DVBl. 1984, 624 – Kläranlage; Urt. v. 9.10.1986 – III ZR 2/85 – BGHZ 99, 24 – Blücher-Museum; *RG*, Urt. v. 11.3.1927 – VI 346/26 – RGZ 116, 268 – Galgenberg.

tum nur noch dem Gemeinwohl dienen und tritt der privatnützige Charakter aufgrund der vorgesehenen Belastungen vollständig in den Hintergrund, dann ist die Schwelle der entschädigungslos hinzunehmenden Beeinträchtigungen überschritten.[2521]

Wird daher die **enteignungsrechtliche Zumutbarkeitsgrenze** überschritten, so hat der Gesetzgeber oder die das Gesetz im Einzelfall umsetzende Verwaltung ein Wahlrecht: Sie muss die Beeinträchtigungen entweder so reduzieren, dass eine enteignungsgleiche Wirkung nicht mehr besteht. Oder sie muss eine Entschädigung für die verfassungsrechtlich nicht mehr hinzunehmende Belastung des Eigentums gewähren. Das kann entweder durch eine Kompensation der unzumutbaren Beeinträchtigungen oder auch dadurch geschehen, dass die Voraussetzungen für eine Enteignung geschaffen werden. 4064

Dabei hat das *BVerfG*[2522] in einer Entscheidung zum **Denkmalrecht** klargestellt, dass auch für diese entschädigungsrechtlichen Kompensationsregelungen bei der Inhalts- und Schrankenbestimmung des Gesetzgebers das Gebot klarer gesetzgeberischer Regelungen gilt. Der Gesetzgeber darf vor allem die Frage, ob der einzelne Eingriff die enteignende Zumutbarkeitsschwelle überschreitet, nicht offen lassen, sondern muss klar festlegen, in welchen Fällen eine Entschädigung erforderlich ist, um die Schwere des Eingriffs abzufedern. Zudem hat der Gesetzgeber keine freie Entscheidungsmöglichkeit, ob er einen entsprechend schweren Eingriff ermöglicht. Vielmehr muss sich das gesetzgeberische Handeln mit der Schwere der jeweiligen Auswirkungen einer Inhalts- und Schrankenbestimmung jeweils legitimieren. Je schwerer die Auswirkungen für den Eigentümer sind, umso mehr bedarf das Handeln des Gesetzgebers und der Verwaltung bei der Inhalts- und Schrankenbestimmung einer Legitimation. Bestehen besondere Gemeinwohlgründe nicht, hat der betroffene Eigentümer einen entsprechenden Abwehranspruch. Belastungen sind vom Eigentümer auch im Rahmen der Inhalts- und Schrankenbestimmung nur dann zu dulden, wenn sie von entsprechenden Gemeinwohlgründen gerechtfertigt sind. Hier gilt der Grundsatz „Bestandsgarantie vor Wertgarantie"[2523] in dem Sinne, dass der einzelne Eigentümer einen Anspruch auf Bestand des Eigentums in seiner Hand hat und nicht lediglich auf eine Entschädigung des Wertes des Eigentums verwiesen werden kann. 4065

Das *BVerfG* hat dazu folgende Leitsätze aufgestellt: **Salvatorische Klauseln** sind im Denkmalrecht und auch im Naturschutzrecht nicht zulässig, um verfassungsrechtlich nicht mehr hinnehmbare Inhalts- und Schrankenbestimmungen zu reparieren.[2524] Denkmalschutzrechtliche Regelungen, die Inhalt und Schranken des Eigentums bestimmen, sind danach mit Art. 14 I GG unvereinbar, wenn sie unverhältnismäßige Belastungen des Eigentums nicht ausschließen und keinerlei Vorkehrungen zur Vermeidung derartiger Eigentumsbeeinträchtigungen enthalten. Auch sind Ausgleichsregelungen, die den 4066

[2521] *BGH*, Urt. v. 20.12.1956 – III ZR 82/55 – BGHZ 23, 3 – Grünflächenverzeichnis; Urt. v. 13.7.1967 – III ZR 1/65 – BGHZ 48, 193 – Kölner Hinterhaus; Urt. v. 25.1.1973 – III ZR 113/70 – BGHZ 60, 126 – Kiesgrube.

[2522] *BVerfG*, B. v. 2.3.1999 – 1 BvL 7/91 – BVerfGE 100, 226 = NJW 1999, 2877 = DVBl. 1999, 1498 – Direktorenvilla; B. v. 16.2.2000 – 1 BvR 242/92 – BVerfGE 102, 1 = DVBl. 2000, 1275 – Altlastensanierung; *Stüer/Thorand* NJW 2000, 3232.

[2523] *BVerfG*, Urt. v. 18.12.1968 – 1 BvR 638, 673/64 und 200, 238, 249/65 – BVerfGE 24, 367 = *Hoppe/Stüer* RzB Rdn. 1132 – Deichurteil; B. v. 15.1.1969 – 1 BvL 3/66 – BVerfGE 25, 112 – Nds. Deichgesetz; BVerfGE 79, 292 – Eigenbedarfskündigung; B. v. 15.7.1981 – 1 BvL 77/78 – BVerfGE 58, 300 = NJW 1982, 745 – Nassauskiesung; BVerfGE 79, 174 – Straßenlärmschutz; vgl. auch B. v. 17.3.1992 – 4 B 230.91 – DVBl. 1992, 1103 – NVwZ 1992, 885 = *Hoppe/Stüer* RzB Rdn. 1042 – Kleingarten; B. v. 10.3.1981 – 1 BvR 92 u 96/71 – BVerfGE 56, 249 = DVBl. 1981, 542 = *Hoppe/Stüer* RzB Rdn. 1134 – Bad Dürkheimer Gondelbahn; B. v. 14.7.1981 – 1 BvL 24/78 – BVerfGE 58, 137 = DVBl. 1982, 298 – Pflichtexemplare; B. v. 24.3.1987 – 1 BvR 1046/85 – BVerfGE 74, 264 = *Hoppe/Stüer* RzB Rdn. 1137 – Boxberg.

[2524] *Weyreuther*, Über die Verfassungswidrigkeit salvatorischer Entschädigungsklauseln im Enteignungsrecht, 1980.

Grundsatz der Verhältnismäßigkeit in besonderen Härtefällen ausgleichen sollen, unzulänglich, wenn sie sich darauf beschränken, dem Betroffenen einen Entschädigungsanspruch in Geld zuzubilligen. Die Bestandsgarantie des Eigentums verlangt vielmehr, dass in erster Linie Vorkehrungen getroffen werden, die eine unverhältnismäßige Belastung des Eigentümers real vermeiden und die Privatnützigkeit des Eigentums so weit wie möglich erhalten. Die Verwaltung muss daher über entsprechende gesetzliche Grundlagen verfügen, die es ihr ermöglichen, zugleich über den ggf. erforderlichen Ausgleich zumindest dem Grunde nach zu entscheiden. Die Voraussetzungen dafür muss der Gesetzgeber schaffen.[2525]

4067 Die Botschaft des *BVerfG*, die sich vom Denkmalschutz auch auf naturschutzrechtliche Regelungen übertragen lässt, ist klar. Die Landesgesetzgeber der Denkmal- und Naturschutzgesetze sind in die Pflicht genommen, durch konkrete Entschädigungsregelungen nachzubessern, wo die bisher bestehenden Lücken durch salvatorische Klauseln mehr oder weniger notdürftig geschlossen werden sollten.

4068 Die Aussagen des *BVerfG* beziehen sich zwar unmittelbar nur auf das Denkmalschutzrecht, lassen sich aber ohne Abstriche auch auf das Naturschutzrecht übertragen. Diese Rechtsgrundsätze stellen an den Gesetzgeber, aber auch an die Verwaltung erhöhte Anforderungen. Der Gesetzgeber muss nicht nur die Enteignung von der Inhalts- und Schrankenbestimmung abgrenzen, sondern vor allem in beiden Fällen der Verwaltung klare Maßstäbe für die Frage an die Hand geben, ob der jeweilige Eingriff entschädigungslos bzw. ohne kompensatorischen Ausgleich hinzunehmen ist. Die Anforderungen an das gesetzgeberische Handeln und das Handeln der vollziehenden Verwaltung sind daher gesteigert.

4069 Aus dieser Grundkonzeption des *BVerfG* ergeben sich für die **Landwirte** und **Waldbesitzer konkrete Folgerungen**: Zunächst ist abzugrenzen, ob die jeweiligen Belastungen zu einer Enteignung führen, also mit dem jeweiligen Eingriff ein Wechsel in der Rechtsträgerschaft des Eigentums oder von Eigentumspositionen verbunden ist. Wird etwa Land für eine Straße, eine Eisenbahn oder eine Leitungstrasse in Anspruch genommen, so handelt es sich um eine Enteignung, für die nach Maßgabe der Entschädigungsgesetze eine Entschädigung zu gewähren ist. Die Grundlagen der Entschädigung müssen bereits im Gesetz niedergelegt sein. Dies gilt für alle Maßnahmen, die zu einem unmittelbaren Eigentumsentzug oder zu einem Übergang von einzelnen Eigentumspositionen etwa bei der Belastung des Grundeigentums mit einem Leitungsrecht führen.

4070 Beinhaltet die Beeinträchtigung keine Enteignung in diesem eng verstandenen Sinne, so beruhen die Belastungen auf einer **Inhalts- und Schrankenbestimmung** des Eigentums. Hierzu rechnen etwa Betretungsrechte der Öffentlichkeit, Freizeit- und Erholungsansprüche der Bevölkerung, Belastungen, die von einem vorhandenen Verkehrsweg für den Wald und seine forstwirtschaftliche Nutzung ausgehen oder Beeinträchtigungen, die mit der Ausweisung von Wasserschutzgebieten oder Naturschutzgebieten verbunden sind. Derartige Eingriffe stellen sich als Inhalts- und Schrankenbestimmung dar, die ggf. durch eine entsprechende Kompensation in Form eine Entschädigung abgefedert werden müssen. Der Gesetzgeber muss hier nach der erwähnten Entscheidung des *BVerfG* selbst die Maßstäbe setzen und darf die Frage, ob eine Kompensationsnotwendigkeit besteht, nicht der Verwaltung überlassen und damit ungelöst in die Praxis verschieben.

4071 Die Frage, wann die entschädigungslos zulässige Inhalts- und Schrankenbestimmung in ein **Kompensationserfordernis** umschlägt, hat der Gesetzgeber unter Beachtung der enteignungsrechtlichen Zumutbarkeitsschwelle zu entscheiden. Der Gesetzgeber muss beachten, dass seine Regelungen nicht zu unerträglichen Belastungen des Eigentums führen. Dies gilt etwa für Maßnahmen auf dem Gebiet des Wasserrechts oder auch des Naturschutz- und Landschaftsschutzrechts. Der Gesetzgeber kann hier nicht uneinge-

---

[2525] *BVerfG*, B. v. 2.3.1999 – 1 BvL 7/91 – BVerfGE 100, 226 = NJW 1999, 2877 = DVBl. 1999, 1498 – Direktorenvilla; *Stüer/Thorand* NJW 2000, 3232.

8. Teil. Materielle Plananforderungen

schränkt die Lasten den betroffenen Waldeigentümern auflasten. Vielmehr muss ein vernünftiges Verhältnis zwischen den zumutbaren Lasten und den Privatnützigkeitsinteressen des Eigentümers bestehen.

Der sachgerechte **Ausgleich** zwischen **Privatnützigkeit** und **Sozialpflichtigkeit** des Eigentums ist nicht mehr gewahrt, wenn die Regelungen des Gesetzgebers sich ganz einseitig zu Lasten des Waldeigentümers auswirken und sein Eigentum über das Maß belastet wird, mit dem ein vernünftiger Grundstückseigentümer rechnet. Die Schwelle ist vor allem überschritten, wenn das Eigentum ganz überwiegend nur noch dem Gemeinwohl dient und die Privatnützigkeit demgegenüber unverhältnismäßig zurücktritt. Auch andere Landnutzungen, die nicht zu einer direkten Inanspruchnahme des Eigentums führen, sondern sich nur mittelbar auf die Nutzungsmöglichkeiten der Landwirtschaft und des Waldes auswirken, sind daher nicht uneingeschränkt zulässig. Vielmehr muss der Gesetzgeber die enteignungsrechtliche Zumutbarkeitsschwelle wahren und sicherstellen, dass sich das Eigentum in der Hand des Landwirts und des Waldeigentümers noch wirtschaftlich lohnt und sein Eigentum nicht lediglich gemeinwohlverpflichtet ist. Je stärker die jeweilige Maßnahme aus der Sicht des vernünftigen Eigentümers die berechtigten Erwartungen des Eigentümers einschränkt, umso eher ist ein Kompensationserfordernis durch finanziellen Ausgleich gegeben. 4072

Vor diesem Hintergrund stehen Entscheidungen vor allem in den **Naturschutzgesetzen** der Länder an, die für die Land- und Forstwirtschaft bedeutsam sind. Dabei gilt es, die gegenwärtigen Belastungen des Grundeigentümers darzustellen und i. S. einer Gesamtschau aufzuarbeiten. Verschiedene Lästigkeitsfaktoren, die sich durch unterschiedliche Landansprüche ergeben, sind dabei in eine Gesamtbetrachtung einzustellen mit dem Ziel, dem Gesetzgeber das Erfordernis einer Kompensation für weitere Eingriffe in die freie Verfügungs- und Nutzungsmöglichkeit des Grundeigentums zu verdeutlichen. Hierzu bedarf es klarer Rechenbeispiele, aus denen sich die Belastungen des Waldeigentums ergibt. Der Gesetzgeber steht dann vor der Aufgabe, diese Belastungen in eine Gesamtbetrachtung einzustellen und zu gewährleisten, dass bei steigenden Ansprüchen anderer Landnutzer die Belange der Waldeigentümer nicht auf der Strecke bleiben. 4073

Werden in Rechtsvorschriften im Rahmen Schutzgebietsausweisungen oder durch Einzelanordnungen der für Naturschutz und Landschaftspflege zuständigen Behörden zur Verwirklichung der Ziele des Naturschutzes und der Landschaftspflege standortbedingte höhere Anforderungen festgesetzt, die die ausgeübte land-, forst- und fischereiwirtschaftliche Bodennutzung über die Anforderungen der guten fachlichen Praxis hinaus beschränken, so ist für die dadurch verursachten wirtschaftlichen Nachteile ein angemessener Ausgleich nach Maßgabe des Landesrechts zu gewähren. Dies gilt nicht, wenn ein Anspruch auf Entschädigung oder anderweitigen Ausgleich nach anderen Rechtsvorschriften oder aufgrund vertraglicher Vereinbarungen besteht. 4074

Belastungen, die sich vor allem im Interesse der Allgemeinheit rechtfertigen und die Privatnützigkeit des Eigentums zurückdrängen, verlangen eine entsprechende Kompensation durch Entschädigung. Solange der Landesgesetzgeber diese Fragen noch nicht ausreichend geregelt hat, empfiehlt sich für die Grundstückseigentümer, Beeinträchtigungen, die sich aus ihrer Sicht als Überschreitung dessen darstellen, was ein vernünftiger Forst- oder Landwirt hinzunehmen hat, nicht klaglos einzustecken. Hierdurch wird der Gesetzgeber daran erinnert, dass er zu einer Abgrenzung dieses schwierigen Verhältnisses zwischen Waldeigentum und anderen Landnutzern verpflichtet ist und die damit zusammenhängenden Fragen nicht ungelöst auf die Verwaltungspraxis abwälzen kann. 4075

Der **Abschied** von den **salvatorischen Klauseln** wird für den einzelnen Grundstückseigentümer im Denkmal- und Naturschutzrecht mehr Klarheit über die entschädigungslos hinzunehmenden Nutzungsbeschränkungen und solche Eingriffe geben, bei denen er auf eine angemessene Entschädigung hoffen kann. Die Landesgesetzgeber haben nicht nur im Denkmalschutz-, sondern auch im Naturschutzrecht eine gehörige Portion an Abgrenzungsarbeit zu leisten. 4076

4077 Klare gesetzliche Regelungen über die Reichweite von Kompensationserfordernissen werden vor allem aber auch bei der Fachverwaltung den Blick dafür schärfen, dass ein ausschließlich gemeinwohlorientierter Naturschutz, der die Eigentümerinteressen weit gehend zurückdrängt, nicht zum Nulltarif zu haben ist.

16. Rechte der Gemeinden

4078 Eine Gemeinde kann sich im Rahmen der verwaltungsgerichtlichen Normenkontrolle gegen eine naturschutzrechtliche Verordnung grundsätzlich auf ihr Selbstverwaltungsrecht berufen.[2526] Umgekehrt kann die Naturschutzbehörde, die eine Naturschutzverordnung in einem beplanten Gebiet erlassen will, die Feststellung der Ungültigkeit des Bebauungsplans begehren.[2527] Dabei betreffen die von der Rechtsprechung beschriebenen Fallgruppen, in denen gemeindliche Belange nicht mehr als geringfügig anzusehen sind[2528] und daher jedenfalls nicht wegen angenommener Geringfügigkeit unbeachtet bleiben dürfen, in aller Regel nicht die Zulässigkeit, sondern die Begründetheit eines Normenkontrollantrags. Dabei nimmt die Gemeinde ihre Rechte im Rahmen der kommunalen Selbstverwaltung in erster Linie als Gemeinde und nicht als Behörde wahr.[2529] Ein Widerspruch eines kleinen Teilbereichs des Landschaftsschutzgebiets zum Flächennutzungsplan führt nicht zur Rechtswidrigkeit der Landschaftsschutzverordnung, wenn die Gemeinde auf deren Anpassung verzichtet und erklärt hat, sie werde die vorliegende Abweichung bei der nächsten Änderung des Flächennutzungsplans bereinigen.[2530]

4079 Die Festsetzung eines Baugebietes ist grundsätzlich unvereinbar mit dem Verbot zur Errichtung baulicher Anlagen in einer Landschaftsschutzverordnung.[2531] Allerdings steht eine Verordnung über ein Landschaftsschutzgebiet dem Erlass eines Bebauungsplanes dann nicht entgegen, wenn diese eine Öffnungsklausel auch für künftige Bebauungspläne enthält, wonach die „Flächen innerhalb des räumlichen Geltungsbereiches eines Bebauungsplanes" nicht Bestandteile des Landschaftsschutzgebietes sind.[2532] Solange eine naturschutzrechtliche Schutzgebietsverordnung besteht, ist die Gemeinde gehindert, für dieselben Flächen Bebauungsplanfestsetzungen zu treffen, die dem Schutzzweck der VO widersprechen.[2533] Es genügt nicht, wenn die Gemeinde hinsichtlich des naturschutzrechtlichen Veränderungsverbots „in eine Befreiungslage hinein plant".[2534]

Beispiel: Es kann auch Zweck der Festsetzung des Landschaftsschutzgebietes sein, die Vielzahl, Eigenart und Schönheit eines typischen Landschaftsbildes zu bewahren. Eine Windkraftanlage kann sich dann als erheblich störender technischer Fremdkörper erweisen.[2535]

[2526] *BVerwG*, Urt. v. 7.6.2001 – 4 CN 1.01 – BVerwGE 114, 301 = DVBl. 2001, 1845 – Naturschutzverordnung.
[2527] *BVerwG*, Urt. v. 31.1.2001 – 6 CN 2.00 – DVBl. 2001, 931.
[2528] *BVerwG*, Urt. v. 11.4.1986 – 4 C 51.83 – BVerwGE 74, 124 = DVBl. 1986, 1003 – Großräumigkeit der VO; Urt. v. 21.3.1996 – 4 C 26.94 – BVerwGE 100, 388 = DVBl. 1996, 914 – Autobahnring München; Urt. v. 14.12.2000 – 4 C 13.99 – BVerwGE 112, 274 – DVBl. 2001, 395 – Wittstock – Funktionsfähigkeit erheblich gestört.
[2529] *BVerwG*, Urt. v. 7.6.2001 – 4 CN 1.01 – BVerwGE 114, 301 = DVBl. 2001, 1845 – Naturschutzverordnung.
[2530] *VGH München*, Urt. v. 28.5.2001 – 9 N 99.2580 – NuR 2002, 412; nachgehend *BVerwG*, B. v. 17.10.2001 – 4 BN 50.01 –.
[2531] *BVerwG*, Urt. v. 21.10.1999 – 4 C 1.99 – BVerwGE 109, 371 = DVBl. 2000, 794; B. v. 2.1.2001 – 4 BN 13.00 – ZfBR 2001, 418.
[2532] *OVG Koblenz*, Urt. v. 18.9.2002 – 8 C 11279/01 – NuR 2003, 122 = DVBl. 2003, 82 (LS) bestätigt durch *BVerwG*, B. v. 20.5.2003 – 4 BN 57.02 – DVBl. 2003, 1462 = NVwZ 2003, 1259; *OVG Koblenz*, Urt. v. 21.12.1995 – 1 C 11490/94 – ESOVGRP.
[2533] *BVerwG*, Urt. v. 7.6.2001 – 4 CN 1.01 – BVerwGE 114, 301 = DVBl. 2001, 1845 – Naturschutzverordnung.
[2534] *VGH München*, Urt. v. 28.3.2002 – 1 NE 01.2074 – BauR 2002, 1378 = DVBl. 2002, 1142 (LS) ; a. A. *VGH Mannheim*, Urt. v. 2.2.2001 – 3 S 1000/99 – VBlBW 2001, 370.
[2535] *VG Regensburg*, B. v. 31.7.2001 – RN 6 K 00.1291 – NuR 2002, 179.

17. Verhältnis zur Regionalplanung

Der Regionalplanung ist es verwehrt, im Gewande überörtlicher Gesamtplanung 4080
Regelungen einer Natur- oder Landschaftsschutzverordnung durch eine eigene Zielfestlegung zu ersetzen. Nur dort, wo es der Regionalplanung unabhängig vom naturschutzrechtlichen Regelungszusammenhang um die Erreichung spezifisch raumordnungsrechtlicher Schutzzwecke geht, ist sie befugt, die naturschutzrechtlichen Anordnungen und Verbote durch eigene Zielfestlegungen zu ergänzen.[2536]

18. Vertragsnaturschutz

Nach § 8 BNatSchG stellen die Länder sicher, dass bei Maßnahmen zur Durchführung 4081
der im Rahmen des BNatSchG erlassenen Rechtsvorschriften geprüft werden soll, ob der Zweck des Gesetzes auch durch vertragliche Vereinbarungen erreicht werden kann. Durch die Regelungen soll der Vertragsnaturschutz gefördert und die Mitwirkungsbereitschaft der Forst-, Wald- und Fischereiwirtschaft im Bereich des Naturschutzes gestärkt werden.

Die Verpflichtung zur Prüfung des **Vertragsnaturschutzes** i. S. des § 8 BNatSchG richtet 4082
sich an die Länder und die handelnden Behörden. Unmittelbare Rechtsansprüche des Bürgers sind damit nicht verbunden.[2537] Vertragliche Regelungen können privatrechtlich und öffentlich-rechtlich gefasst werden. Es muss mit ihnen allerdings ein gleichwertiger Zweck wie mit den öffentlich-rechtlichen Handlungsformen erreichbar sein. Vertragliche Vereinbarungen können auch Schutzanordnungen begleiten. In welchem Umfang die Behörden von dem Vertragsnaturschutz Gebrauch machen, steht in ihrem Ermessen.

VI. Ausgleichende Maßnahmen

Im Planfeststellungsbeschluss ist nach **§ 74 II 1 VwVfG** zugleich über die Einwendun- 4083
gen zu entscheiden, über die bei der Erörterung vor der Anhörungsbehörde keine Einigung erzielt worden ist.[2538] Die Planfeststellungsbehörde hat dem Träger des Vorhabens Vorkehrungen oder die Errichtung und Unterhaltung von Anlagen aufzuerlegen, die zum Wohl der Allgemeinheit oder zur Vermeidung nachteiliger Wirkungen auf Rechte anderer erforderlich sind (§ 74 II 2 VwVfG). Sind solche Vorkehrungen oder Anlagen untunlich oder mit dem Vorhaben unvereinbar, so hat der Betroffene Anspruch auf angemessene Entschädigung in Geld (§ 74 II 3 VwVfG). Ist eine abschließende Entscheidung im Planfeststellungsbeschluss noch nicht möglich, ist diese einer späteren Entscheidung vorzubehalten. Dem Träger des Vorhabens ist dabei aufgegeben, noch fehlende Unterlagen rechtzeitig einzureichen.

1. Schutzvorkehrungen

In dem Planfeststellungsbeschluss sind die zum Schutz von Allgemein- oder Nachbar- 4084
interessen erforderlichen **Schutzvorkehrungen** aufzuerlegen (§ 74 II 2 VwVfG). Für die Beurteilung der Erforderlichkeit von Auflagen ist von dem Zustand des Vorhabens auszugehen, wie er sich nach Verwirklichung des Bauvorhabens aufgrund der Planfeststellung ergibt. Erforderlich ist eine Schutzauflage, wenn erhebliche und deshalb billigerweise nicht mehr zumutbare Rechtsbeeinträchtigungen von dem Vorhaben ausgehen. Dabei ist zu prüfen, ob die Auflage technisch durchführbar und wirtschaftlich vertretbar ist. Dies erfordert eine (nachvollziehende) Abwägung zwischen den Aufwendungen, die für die Auflage einschließlich der dadurch verursachten Folgekosten anfallen, und dem Nutzen der Maßnahme für den in seinen Rechten Betroffenen. Ergibt die Prüfung, dass die geforderte Schutzauflage untunlich (unverhältnismäßig) oder mit dem Straßenbau-

---

[2536] *BVerwG*, Urt. v. 30.1.2003 – 4 CN 14.01 – BVerwGE 117, 351 = DVBl. 2003, 733 = NVwZ 2003, 742 = NuR 2004, 158 mit Anmerkung *Hönig* – Regionaler Grünzug.
[2537] *Louis* Rdn. 2 zu § 3 a BNatSchG.
[2538] *Johlen* Planfeststellungsrecht HdBöffBauR Kap. L Rdn. 156.

vorhaben unvereinbar ist (§ 74 II 3 VwVfG), so ist dies im Planfeststellungsbeschluss im Einzelnen darzulegen. Den Betroffenen ist dem Grunde nach ein Anspruch auf angemessene Entschädigung in Geld zuzuerkennen (§ 74 II 3 VwVfG).[2539]

4085 Für Immissionen eines planfeststellungsbedürftigen Vorhabens sind Schutzvorkehrungen nur unter den Voraussetzungen der §§ 74 II 2 und 75 II 2 VwVfG zu treffen.[2540] Erforderlich sind Schutzmaßnahmen, wenn die Auswirkungen des Vorhabens dem Betroffenen ohne Ausgleich nicht zumutbar sind.[2541] Auch dringende öffentliche Interessen können lärmverursachende Anlagen von der Rücksichtnahme auf andere öffentliche oder rechtlich geschützte private Interessen nicht allgemein freistellen. Vielmehr werden auch solche Interessen durch die Zumutbarkeit, die nachbarliche Rücksichtnahme und den Grundsatz der Verhältnismäßigkeit begrenzt.[2542] Treten Lärmereignisse im Tagesablauf nur vereinzelt auf, ist nicht ausschließlich auf den mit Zuschlägen berechneten Dauerschallpegel, sondern auch auf die Spitzenwerte abzustellen. Dabei sind allerdings zumutbare Ausweichmöglichkeiten zu berücksichtigen, beispielsweise durch Schließen der Fenster oder auch durch eine kurzzeitige Verlagerung der Kommunikation. Zudem ist das Schutzbedürfnis vor solchen Einzelschallereignissen nicht zu allen Tagesstunden gleich groß.[2543]

4086 Das Fachplanungsrecht geht davon aus, dass der staatliche Vorhabenträger die Auflagen des Planfeststellungsbeschlusses in loyaler Art und Weise erfüllt. Das schließt nicht aus, dass die Planfeststellungsbehörde etwa bei unsicherer, in seinen Auswirkungen schwer zu beurteilender tatsächlicher Sachlage dem Vorhabenträger im Planfeststellungsbeschluss Auflagen zur Kontrolle bei der Durchführung des Vorhabens macht. Das kann nach Maßgabe der Einzelfallumstände auch zur Wahrung der Rechte der von der Planung Betroffenen geschehen.[2544] Auch von der Gemeinde wird angenommen, dass sie sich etwa bei der Umsetzung naturschutzrechtlicher Kompensationsmaßnahmen rechtstreu verhält.[2545] Es spricht einiges dafür, dass die Pflicht zu einer ergänzenden Planfeststellung besteht, wenn ein Nachfolgeverfahren, in das erforderliche Kompensationsmaßnahmen im Wege des Konflikttransfers[2546] verschoben worden sind,[2547] endgültig scheitert und sich die Annahmen der Planfeststellung daher im Nachhinein als unzutreffend erweisen.

4087 Wird eine nach § 74 II 2 VwVfG gebotene Schutzauflage nicht angeordnet, so besteht grundsätzlich allerdings nur ein **Planergänzungsanspruch**,[2548] nicht jedoch ein Aufhebungsanspruch hinsichtlich des gesamten Planfeststellungsbeschlusses, solange die planerische Gesamtkonzeption dadurch nicht in eine Schieflage gerät oder in dem Interessengeflecht der Planung durch die nachträgliche Anordnung von Schutzauflagen Rechte anderer nachteilig betroffen werden. Dabei ist das Gebot der planerischen Abwägung zu beachten. So kann ein Abwägungsmangel hinsichtlich geltend gemachter Erschütterungsgefahren nur dann zu einem Anspruch auf (Teil-)Aufhebung des Planfeststellungs-

---

[2539] Planfeststellungsrichtlinien FStrG 99, Nr. 25.
[2540] *BVerwG*, Urt. v. 17. 5. 2002 – 4 A 28.01 – BVerwGE 116, 254 = DVBl. 2002, 1486 = NVwZ 2002, 1243 – A 44.
[2541] *BVerwG*, Urt. v. 6. 6. 2002 – 4 A 44.00 – DVBl. 2002, 1494.
[2542] *OVG Bremen*, Urt. v. 13. 12. 2001 – 1 D 299/01 – UPR 2002, 400 = NordÖR 2002, 116; *LG Braunschweig*, Urt. v. 30. 1. 2002 – 23 O 2444/00 (8) – NVwZ 2002, 1146, dort auch zur Wesentlichkeit der Änderung von Verkehrsanlagen.
[2543] *OVG Hamburg*, B. v. 19. 2. 2002 – 3 Bs 191/01 – NVwZ-RR 2002, 493 = UPR 2002, 278.
[2544] *BVerwG*, B. v. 3. 5. 2002 – 4 B 2.02 – lärmmindernder Straßenbelag.
[2545] *BVerwG*, Urt. v. 19. 9. 2002 – 4 CN 1.02 – DVBl. 2003, 204 – isolierte Straßenplanung.
[2546] Grundlegend *BVerwG*, Urt. v. 12. 12. 1975 – IV C 71.73 – BVerwGE 50, 49 = DVBl. 1976, 215.
[2547] *BVerwG*, B. v. 31. 1. 1997 – 4 NB 27.96 – BVerwGE 104, 68 = DVBl. 1997, 1112; B. v. 9. 5. 1997 – 4 N 1.96 – BVerwGE 104, 353 = DVBl. 1997, 1121.
[2548] Zu Schutzauflagen bei Fluglärm *BVerwG*, B. v. 17. 6. 1998 – 11 VR 9.97 – LKV 1999, 228 = Buchholz 442.40 § 4 LuftVG Nr. 14 – Leipzig-Halle.

beschlusses führen, wenn er für die Planungsentscheidung insgesamt von so großem Gewicht wäre, dass dadurch die Ausgewogenheit der Gesamtplanung oder eines abtrennbaren Planungsteils überhaupt in Frage gestellt würde.[2549] Die durch den Planfeststellungsbeschluss aufgeworfene Problematik muss auch bei den Ausführungsarbeiten mit den verfügbaren Instrumenten beherrschbar sein.

Auf die entsprechende Anordnung haben die davon betroffenen Nachbarn einen Rechtsanspruch auch dann, wenn die Enteignungsschwelle noch nicht erreicht ist. Schutzvorkehrungen betreffen etwa den Schutz der Umgebung vor nachteiligen Auswirkungen des Vorhabens, aber auch umgekehrt Anordnungen, die das Vorhaben vor nachteiligen Auswirkungen der Umgebung schützen. Dazu gehören etwa Lärmschutzwände oder Lärmschutzwälle, Weidezäune oder Wildschutzzäune. Auch die Anlage von Ersatzwegen, neuen Zufahrten, Unterführungen, Schutzgräben, Gittern oder lärmdämpfenden Fahrbahnbelägen **(Flüsterasphalt)**[2550] gehören dazu. Die Fußnote zur Tabelle B der Anlage 1 zu § 3 16. BImSchV ist dabei nach Auffassung des *BVerwG* eine ausreichende und hinreichend bestimmte Rechtsgrundlage, um hierauf gestützt für die Verwendung des lärmmindernden Straßenbelags ‚Splittmastixasphalt, nicht abgesplittet' den Korrekturwert ‚D-StrO' von -2 dB(A) in Ansatz zu bringen. Ob der Straßenbelag aufgrund neuer bautechnischer Entwicklungen tatsächlich zu einer dauerhaften Lärmminderung von 2 dB(A) führt, ist allerdings nach Auffassung des *BVerwG* keine Rechts-, sondern eine Tatsachenfrage. Die behördliche Prognose der Verkehrsbelastung einer öffentlichen Straße genügt den sich aus § 41 I BImSchG i.V.m. der 16. BImSchV für Immissionsprognosen ergebenden rechtlichen Anforderungen, wenn sie zum Teil auf ein projektbezogenes Verkehrsgutachten und zum anderen Teil auf eine allgemeine Trendprognose gestützt wird.[2551]

Andere Vorkehrungen sind etwa dinglich wirkende Begrenzungen der Benutzung der Anlage, betriebsregelnde Maßnahmen oder Tempobegrenzungen auf Straßen. Adressat der Anordnung ist der Träger des Vorhabens, der grundsätzlich auch die Kosten für die Schutzvorkehrungen zu übernehmen hat. Dritte können demgegenüber grundsätzlich nicht mit Kosten belastet werden. Schutzanordnungen können auch isoliert, d. h. außerhalb eines Planfeststellungsverfahrens, angeordnet werden, wenn ein Planfeststellungsverfahren nicht stattfindet. In der Regel werden die Schutzvorkehrungen durch Schutzauflagen angeordnet (§ 36 II Nr. 4 VwVfG). Gegen ihn belastende Schutzanordnungen nach § 74 II 2 VwVfG kann der Träger des Vorhabens Anfechtungsklage erheben. Die Festsetzung von Schutzanlagen muss grundsätzlich im Planfeststellungsbeschluss selbst erfolgen. Nur wenn sich im Zeitpunkt des Planfeststellungsbeschlusses noch nicht übersehen lässt, welche Schutzanordnungen erforderlich werden könnten, kann die Entscheidung vorbehalten werden (§ 74 III 1 VwVfG).

Die Planfeststellungsbehörde darf sich bei der Abschätzung gesundheitlicher Risiken und der damit verbundenen Toleranzgrenzen an Werten orientieren, die deutlich unterhalb der Konzentrationswerte in § 2 der 23. BImSchV liegen. Sie ist nicht gehalten, eine Trasse zu wählen, bei der die Orientierungswerte des Länderausschusses für Immissionsschutz (LAI) auch bei trassennahe liegenden Grundstücken unterschritten werden.[2552]

[2549] *BVerwG*, B. v. 18. 11. 1998 – 11 VR 10.98 – (unveröffentlicht) – Erfurt-Ringelberg.
[2550] Hierdurch sollen nach Angaben der Straßenbauverwaltung bis zu 5 dB(A) Lärmminderung erreicht werden können. Die Pegelminderungen flachen jedoch mit der Beanspruchung der Straße durch den Fahrzeugverkehr von Jahr zu Jahr ab.
[2551] *BVerwG*, B. v. 1. 4. 1999 – 4 B 87.98 – NVwZ-RR 1999, 567 – Flüsterasphalt.
[2552] *BVerwG*, Urt. v. 16. 10. 2001 – 4 VR 20.01 – 4 A 42.01 – DVBl. 2002, 275 = NVwZ 2002, 726 – Luftschadstoffbelastung, im Anschluss an Urt. v. 26. 2. 1999 – 4 A 47.96 – NVwZ 2000, 560 = Buchholz 407.4 § 17 FStrG Nr. 148. Zur Beurteilung der Risiken, die im Nahbereich von Straßen durch Abgasimmissionen auftreten können *BVerwG*, Urt. v. 25. 9. 2002 – 9 A 10.02 – B 101 Ortsumgehung Jüterbog.

4091 § 74 II 2 VwVfG bestimmt nicht näher, wann eine Schutzmaßnahme „erforderlich" ist. Die Vorschrift ist eine spezielle Ausprägung des **planungsrechtlichen Abwägungsgebots**.[2553] Für die Erforderlichkeit von Schutzvorkehrungen gelten somit die rechtlichen Grenzen, die generell im Rahmen der planerischen Abwägung zu beachten sind. Danach hat sich die Planungsbehörde zwar Gewissheit davon zu verschaffen, dass eine durch das Vorhaben aufgeworfene tatsächliche Problematik bei der Ausführung des Planfeststellungsbeschlusses beherrschbar ist und dass das hierfür notwendige Instrumentarium bereitsteht. Es würde aber die Anforderungen an die planerische Abwägung und an den notwendigen Regelungsgehalt der Planfeststellung überspannen, wenn insoweit in jedem Fall eine bis ins **Detail** gehende Planung verlangt würde.[2554] Anders ausgedrückt bedeutet dies: Erforderlich sind Schutzmaßnahmen nur bei Problemen von einigem Gewicht. Um jede Kleinigkeit braucht sich die Planungsbehörde nicht zu kümmern.[2555] Diesen Grundsätzen entspricht es, wenn die Planungsbehörde die Praxis entwickelt, die Bauausführung aus der Planfeststellung auszuklammern, soweit der Stand der Technik für die zu bewältigenden Probleme geeignete Lösungen zur Verfügung stellt. In diesem Fall reicht es aus, wenn sichergestellt ist, dass die entsprechenden technischen Regelwerke, in denen der Stand der Technik Ausdruck gefunden hat, beachtet werden. Ob die Ausführungsplanung des Vorhabenträgers tatsächlich den Anforderungen dieser technischen Regelwerke genügt, braucht nicht im Planfeststellungsverfahren geprüft und entschieden zu werden. Zu diesem Zweck genügt es vielmehr, dem Vorhabenträger aufzugeben, vor Baubeginn seine Ausführungsplanung zur Genehmigung vorzulegen. Dies gilt ebenso, wenn Anlagen, die von anderen Trägern öffentlicher Belange unterhalten werden, in der Bauphase vorübergehend durch besondere Vorkehrungen geschützt werden müssen. Diese technischen und organisatorischen Provisorien können der Ausführungsplanung überlassen bleiben, wenn und soweit technische Regelwerke Auskunft über den Stand der zu beachtenden Sicherheitstechnik geben. In derartigen Fällen entspricht es außerdem bewährter Praxis, dass der Vorhabenträger seine Ausführungsplanung mit den anderen Trägern abstimmt. Nur wenn ernsthaft zu besorgen ist, dass auf diesem Wege eine Einigung über Details der Bauausführung nicht erzielt werden kann, besteht für die Planungsbehörde insoweit ein Handlungsbedarf, dem im Planfeststellungsbeschluss Rechnung zu tragen ist.[2556]

4092 Die Schutzvorkehrungen müssen nicht zwingend durch den Träger des Vorhabens eingerichtet werden. Der Planfeststellungsbeschluss kann auch vorsehen, dass der Träger des Vorhabens dem Betroffenen die für die Erstellung der Schutzvorkehrungen entstehenden **Kosten** zu ersetzen hat.[2557] Durch die Anordnung von Schutzvorkehrungen kann allerdings eine Änderung des Vorhabens nicht erreicht werden. Soll etwa die Trassenführung in ihrem Verlauf oder ihrer Höhe geändert werden, so kann dies nicht durch die Anordnung von Schutzvorkehrungen geschehen. Vor der Anordnung von Schutzvorkehrungen hat die Planfeststellungsbehörde regelmäßig dem Vorhabenträger Gelegenheit zur Stellungnahme zu geben. Auflagen können zu Lasten des Vorhabenträgers auch nur im Rahmen des Veranlassungsprinzips und der Zumutbarkeit angeordnet werden.

[2553] *BVerwG*, Urt. v. 12. 8. 1999 – 4 C 3.98 – ZfBR 2000, 204 – Trinkwasserversorgung. Zur eisenbahnrechtlichen Planfeststellung § 18 I 2 AEG.
[2554] *BVerwG*, Urt. v. 8. 6. 1995 – 4 C 4.94 – BVerwGE 98, 339 = DVBl. 1995, 1012 – B 12 Bernhardswald.
[2555] So zu § 75 VwVfG *BVerwG*, Urt. v. 12. 2. 1988 – 4 C 54.84 – Buchholz 316 § 75 VwVfG Nr. 3 S. 3; B. v. 31. 8. 1995 – 11 VR 14.95 – Buchholz 316 § 75 VwVfG Nr. 11 S. 5.
[2556] *BVerwG*, Urt. v. 5. 3. 1997 – 11 A 5.96 – NVwZ-RR 1998, 92 = UPR 1997, 327 = NuR 1997, 503 – Wörlsdorf-Roth.
[2557] So für den Einbau von Schallschutzfenstern *BVerwG*, Urt. v. 29. 1. 1991 – 4 C 51.89 – BVerwGE 87, 332 = DVBl. 1991, 1142 = UPR 1991, 398 – *Hoppe/Stüer* RzB Rdn. 69 – Flughafen München II; vgl. auch B. v. 7. 9. 1988 – 4 N 1.87 – BVerwGE 80, 184 = NJW 1989, 467 = BayVBl. 1989, 87 = NVwZ 1989, 251 = NuR 1990, 69 – *Hoppe/Stüer* RzB Rdn. 177 – Schallschutzfenster.

8. Teil. Materielle Plananforderungen

Beispiel: Sieht die Planung als Ersatz für die bisherigen Quellfassungen der Wassergemeinschaft den Anschluss an ein öffentliches Wasserversorgungsnetz und die Erstattung der hierdurch entstehenden Mehrkosten vor, so kann nicht beansprucht werden, dass die Planfeststellungsbehörde im Planfeststellungsbeschluss neben den Kosten für den technischen Umbau und die Unterhaltung auch den höheren Wasserpreis für erstattungsfähig erklärt.[2558] Die Verpflichtung zu einer Benutzung des öffentlichen Wasserversorgungsnetzes ist eine aus Gründen des Gemeinwohls hinzunehmende Eigentumsbeeinträchtigung.[2559] Dies gilt auch dann, wenn der betroffene Grundstückseigentümer bisher seinen Wasserverbrauch aus einer eigenen, einwandfreies Wasser liefernden Anlage bezogen hat.[2560]

4093 Die Schutzvorkehrungen können zum **Wohl der Allgemeinheit** oder zur Verhinderung **nachteiliger Wirkungen** auf **Rechte anderer** angeordnet werden. Der Begriff des Nachteils ist in einem umfassenden Sinne zu verstehen. Es fallen darunter nicht nur konkrete Rechtsverletzungen oder Gefährdungen, sondern auch Belästigungen, die dem Betroffenen billigerweise nicht zugemutet werden können. Nachteile sind erheblich, wenn sie angesichts ihrer Schutzwürdigkeit und Schutzbedürftigkeit dem Betroffenen nicht zugemutet werden können. Diese Grenze liegt unterhalb der Enteignungsschwelle und wird durch den Gesetzgeber konkretisiert. Es ist daher nicht erforderlich, dass die Beeinträchtigung schwer und unerträglich ist und daher bereits enteignungsrechtlich relevante Ausmaße erreicht. Es genügt vielmehr, dass die Beeinträchtigung billigerweise nicht mehr zugemutet werden kann. Dabei ist die Ortsüblichkeit der Beeinträchtigungen und die geräuschmäßige und plangegebene Vorbelastung des Gebietes einzustellen. Auch soweit die Beeinträchtigungen keine Schutzanordnungen erfordern, können sie abwägungsbeachtlich sein. Es muss sich allerdings um einen Ausgleich für Rechtsbeeinträchtigungen handeln. Nur im Falle der Beeinträchtigung von Rechten sind Schutzauflagen nach § 74 II 2 VwVfG erforderlich. Nachteilige Wirkungen auf einfache nicht rechtlich geschützte Belange lösen eine Ausgleichspflicht nach § 72 II 2 VwVfG nicht aus. Derartige Belange sind in die Abwägung einzustellen, führen jedoch nicht zu einer Ausgleichspflicht durch Schutzauflagen, weil eigene Rechte nicht betroffen sind. Das Schutzauflagengebot des § 74 II 2 VwVfG greift vielmehr erst ein, wenn eine Rechtsbetroffenheit besteht, etwa weil die einfach-rechtliche Zumutbarkeitsgrenze überschritten ist. Auch Gemeinden können im Hinblick auf ihre Einrichtungen einen solchen Schutzanspruch haben.[2561]

4094 Die Bestimmung der **Zumutbarkeitsgrenze** ist im Anschluss an **gesetzliche Wertungen** vorzunehmen. So sind etwa nach § 50 BImSchG bei raumbedeutsamen Planungen und Maßnahmen die für eine bestimmte Nutzung vorgesehenen Flächen einander so zuzuordnen, dass schädliche Umwelteinwirkungen auf die ausschließlich oder überwiegend dem Wohnen dienenden Gebiete so weit wie möglich vermieden werden. Für den Bau oder die wesentliche Änderung von **Straßen** sowie von **Schienenwegen** der Eisenbahnen und Straßenbahnen sind die Immissionsgrenzwerte der Verkehrslärmschutzverordnung (16. BImSchV) heranzuziehen. Für **Fluglärm** sieht das FluglärmSchG[2562] keine festen Grenzwerte vor, sondern verweist letztlich auf die Einzelfallumstände. Es werden allenfalls Anhaltspunkte und Kriterien für die Bewertung der Belastungen gegeben. Fehlen Vorgaben in Gesetzen oder Rechtsverordnungen, so sind zur Bestimmung der Zumutbarkeit **technische Regelwerke** wie die **TA-Lärm**,[2563] DIN-Normen oder die **VDI-Richtlinien** als **antizipierte Sachverständigengutachten**[2564] oder normkonkretisieren-

---

[2558] *BVerwG*, Urt. v. 12. 2. 1997 – 11 A 66.95 – UPR 1997, 320 – Wassergemeinschaft.
[2559] *BVerwG*, B. v. 12. 1. 1988 – 7 B 55.87 – Buchholz 11 Art. 14 GG Nr. 239.
[2560] *BVerwG*, B. v. 30. 11. 1981 – 7 B 227.81 – Buchholz 415.1 Allgemeines Kommunalrecht Nr. 38.
[2561] *BVerwG*, Urt. v. 12. 8. 1999 – 4 C 3.98 – ZfBR 2000, 204 – Trinkwasserversorgung.
[2562] Vom 30. 3. 1971 (BGBl. I 282).
[2563] Sechste allgemeine Verwaltungsvorschrift zum Schutz gegen Lärm (TA-Lärm) v. 26. 8. 1998 (GMBl. 1998, 503) = NVwZ 1999, Beilage 11/1999 zu Heft 2/1999.
[2564] *BVerwG*, Urt. v. 17. 2. 1978 – 1 C 102.76 – BVerwGE 55, 250 = *Hoppe/Stüer* RzB Rdn. 125 – Voerde Kohlekraftwerk.

des Verwaltungshandeln[2565] heranziehen. Die Anwendung darf aber nicht schematisch erfolgen. Vielmehr können derartige Regelwerke lediglich Anhaltspunkte für eine Einzelfallentscheidung geben.

4095 Die **Grenzen des zumutbaren Verkehrslärms** werden in den §§ 41, 42 BImSchG und in der 16. BImSchV (Verkehrslärmschutzverordnung) festgelegt.[2566] Die Anwendung dieser Regelungen setzt einen Neubau oder eine wesentliche Änderung von Straßen oder Schienenwegen voraus. Wird eine zweigleisige Stecke lediglich modernisiert, ist dies eine nicht planfeststellungsbedürftige Instandsetzungsmaßnahme, die nicht der 16. BImSchV unterliegt.[2567] Die Immissionsgrenzwerte in § 2 der 16. BImSchV[2568] werden nach Auffassung des *BVerwG* dem gesetzlichen Regelungsauftrag gerecht, genügen der sich aus Art. 2 II GG ergebenden Schutzpflicht und entsprechen dem Grundsatz des Gesetzesvorbehalts.[2569] Nicht schutzwürdig ist das Interesse eines Gewerbetreibenden an der Aufrechterhaltung des bisher vorhandenen Autobahnlärms, um auch künftig eine Überlagerung des Straßenverkehrslärms durch den Betriebslärm sicherzustellen. Es wäre zudem abwägungsfehlerhaft, eine Lärmschutzwand auf der Höhe eines Gewerbegrundstücks in durchsichtigem Material auszuführen, um die Sichtbarkeit der am Betriebsgebäude angebrachten Werbeanlagen von der Autobahn aus zu erhalten. Denn Verkehr auf Bundesstraßen soll nach § 9 VI FStrG gerade von Werbeanlagen abgelenkt werden.[2570]

4096 Der Gesetzgeber hat bei der Erfüllung der **verfassungsrechtlichen Schutzpflichten** eine weite Einschätzungs-, Wertungs- und Gestaltungsbefugnis.[2571] Die Schutzpflicht ist nur verletzt, wenn die öffentliche Gewalt Schutzvorkehrungen entweder überhaupt nicht getroffen hat oder die Regelungen völlig ungeeignet sind.[2572] Die Grenzwerte des § 2 I Nr. 2 der 16. BImSchV und die Berechnungsverfahren nach § 3 der 16. BImSchV halten sich in dem gesetzlich gebotenen Rahmen. Auch bei der Festsetzung des Schienenbonus hat der Verordnungsgeber sein normatives Ermessen nicht überschritten.[2573] Durch Art. 2 II 1 GG wird der Staat allerdings daran gehindert, verkehrliche Maßnahmen zuzulassen, die im Ergebnis einen nicht rechtfertigungsfähigen Eingriff in Leben oder Gesundheit auslösen.[2574] Die Planfeststellungsbehörde kann vor allem bei unterschiedlichen Schutzbedürfnissen auf der einen Straßenseite aktiven und auf der anderen passiven Lärmschutz festlegen.[2575] Lärmschutzmaßnahmen oder ein Geldausgleich nach § 74 II 2 und 3 VwVfG können nicht verlangt werden, wenn sich die vorhabenbedingten Beeinträchtigungen

---

[2565] *BVerwG*, B. v. 15. 2. 1988 – 7 B 219.87 – Buchholz 406.25 § 48 BImSchG Nr. 2 = DVBl. 1988, 539 = UPR 1988, 264 = NVwZ 1988, 824 = *Hoppe/Stüer* RzB Rdn. 127 – TA-Luft.

[2566] *BVerwG*, Urt. v. 29. 4. 1997 – 4 A 46.97 – NVwZ-RR 1998, 89 – B 5.

[2567] *BVerwG*, Urt. v. 28. 10. 1998 – 11 A 3.98 – BVerwGE 107, 350 = NVwZ 1999, 539 = DVBl. 1999, 861 – Nienbergen-Wieren; B. v. 9. 11. 1998 – 11 VR 6.98 – Uelzen-Wieren (unveröffentlicht).

[2568] 16. BImSchV vom 12. 6. 1990, BGBl. I 1036.

[2569] *BVerwG*, Urt. v. 5. 3. 1997 – 11 A 25.95 – BVerwGE 104, 123 = DVBl. 1997, 831 = NVwZ 1998, 513 – Sachsenwald; Urt. v. 18. 3. 1998 – 11 A 55.96 – DVBl. 1998, 1181 = NVwZ 1998, 1071 = UPR 1998, 351 – Staffelstein; B. v. 1. 4. 1998 – 11 VR 13.97 – NVwZ 1998, 1070 = UPR 1998, 311 – Aumühle; Urt. v. 21. 4. 1999 – 11 A 50.97 – NVwZ-RR 1999, 725 = NuR 2000, 36 – Schallschutzwand; vgl. auch B. v. 22. 9. 1999 – 4 B 68.98 – UPR 2000, 71 = NZV 2000, 138 – Schallschutz.

[2570] *BVerwG*, B. v. 21. 2. 1997 – 4 VR 13.96 – NVwZ-RR 1997, 344 – Lärmschutzwand.

[2571] *BVerfG*, B. v. 30. 11. 1988 – 1 BvR 1301/84 – BVerwGE 79, 174 = DVBl. 1989, 352 = NJW 1989, 1271.

[2572] *BVerwG*, B. v. 28. 8. 1997 – 7 B 214.97 – (unveröffentlicht) – Mehrzweckhalle.

[2573] *BVerwG*, Urt. v. 5. 3. 1997 – 11 A 25.95 – BVerwGE 104, 123 = DVBl. 1997, 831 = NVwZ 1998, 513 – Sachsenwald; Urt. v. 18. 3. 1998 – 11 A 55.96 – DVBl. 1998, 1181 = NVwZ 1998, 1071 = UPR 1998, 351 – Staffelstein; Urt. v. 21. 4. 1999 – 11 A 50.97 – NVwZ-RR 1999, 725 = NuR 2000, 36 – Schallschutzwand; vgl. auch B. v. 22. 9. 1999 – 4 B 68.98 – UPR 2000, 71 = NZV 2000, 138 – Schallschutz.

[2574] So *BVerwG*, Urt. v. 21. 3. 1996 – 4 C 9.95 – BVerwGE 101, 1 = DVBl. 1996, 916; B. v. 6. 10. 1997 – 11 B 35.97 – (unveröffentlicht).

[2575] *BVerwG*, Urt. v. 29. 4. 1997 – 4 A 46.97 – NVwZ-RR 1998, 89 – B 5.

wegen einer bereits bestehenden Vorbelastung nicht erhöhen. Eigentums- oder Gesundheitsbeeinträchtigungen sind allerdings auch bei einer tatsächlichen oder plangegebenen Vorbelastung nicht unbeachtlich.[2576]

Die Grenzwerte der **Verkehrslärmschutzverordnung** sind beim Neubau oder der wesentlichen Änderung einer Straße oder einer Bahnanlage zu beachten. Die Werte sind jedoch nicht einzuhalten, wenn die Anlage nicht wesentlich geändert wird.[2577] Denn aus einer planfeststellungsbedürftigen Änderung, die keine wesentlichen Mehrbelastungen herbeiführt, ergibt sich grundsätzlich kein Anspruch der Planbetroffenen auf Sanierung des bereits zuvor bestehenden Zustandes. Der Planfeststellungsbehörde obliegt im Allgemeinen keine Pflicht zur **Verbesserung** der vorgefundenen Situation. Über schon bestehende Belastungen braucht daher im Planfeststellungsverfahren in der Regel nicht entschieden zu werden, wenn die Grenze der Lärmsanierung[2578] nicht überschritten ist. Anders verhält es sich bei wesentlichen Änderungen, die zusätzliche Belastungen hervorrufen. Schutzpflichten ergeben sich dann bei Vorliegen der Voraussetzungen aus der Verkehrslärmschutzverordnung. Soll eine **bestehende Altanlage** wesentlich geändert werden, kann dies die Planfeststellungsbehörde zwingen, in eine neue Abwägung einzutreten, die tatsächliche oder plangegebene Vorbelastungen nicht von vornherein ausblendet, sondern bewertend berücksichtigt. Ergeben sich insoweit Mängel in der Planfeststellung, so kann dies im Regelfall durch die Anordnung nachträglicher Schutzauflagen oder durch ein ergänzendes Verfahren behoben werden. Ein Anspruch auf Aufhebung der gesamten Planungsentscheidung besteht in solchen Fällen nachträglicher Ergänzungsmöglichkeiten in aller Regel nicht.[2579] Auch kann das Gericht die Verwaltung regelmäßig nicht zu bestimmten Grenzwerten verpflichten, sondern muss den Abwägungsspielraum der Verwaltung beachten. Unter der Voraussetzung einer im Übrigen begründeten Klage kann die Verwaltung dann lediglich zu einer Neubescheidung verpflichtet werden.[2580]

Die Verkehrslärmschutzverordnung gilt nur für den Straßen- und Schienenverkehr, nicht jedoch für **gewerbliche Anlagen**. Diese beurteilen sich nach den durchweg niedrigeren Zumutbarkeitsgrundsätzen, die in der Nachbarschaft von gewerblichen Betrieben gelten. Auch der **Zu- und Abfahrtsverkehr** zu einem gewerblichen Betrieb ist nicht an der Verkehrslärmschutzverordnung zu messen. Das Immissionsschutzrecht ordnet die Geräusche des An- und Abfahrtsverkehrs, auch soweit er auf öffentlichen Straßen stattfindet, der Anlage zu, durch deren Nutzung sie verursacht werden, solange sie vom übrigen Straßenverkehr noch unterscheidbar sind. Daraus folgt zugleich, dass für die Bewertung der Lästigkeit dieser Immissionen die besonderen Grenzwerte, welche § 2 der 16. BImSchV beim Bau oder der wesentlichen Änderung öffentlicher Straßen vorsieht, weder unmittelbar noch mittelbar maßgeblich sind. Denn die auf § 43 I 1 Nr. 1 BImSchG gestützte Verkehrslärmschutzverordnung trägt lediglich den Besonderheiten des Verkehrslärmschutzes an öffentlichen Straßen Rechnung.[2581]

Schutzvorkehrungen sind nur erforderlich, wenn zwischen dem Eingriff und den Beeinträchtigungen ein **adäquater Kausalzusammenhang** besteht. Ein solcher Zusammenhang besteht, wenn die nachteiligen Wirkungen typischerweise mit dem Vorhaben ver-

---

[2576] *BVerwG*, Urt. v. 28. 10. 1998 – 11 A 3.98 – BVerwGE 107, 350 = NVwZ 1999, 539 = DVBl. 1999, 861 – Nienbergen-Wieren.

[2577] *BVerwG*, B. v. 26. 2. 1996 – 11 VR 33.95 – LKV 1996, 246 = NuR 1996, 515 – Stendal-Uelzen; s. Rdn. 642.

[2578] Vgl. dazu *BVerwG*, B. v. 24. 8. 1999 – 4 B 58.99 – NVwZ 2000, 70.

[2579] *BVerwG*, B. v. 26. 2. 1996 – 11 VR 33.95 – LKV 1996, 246 = NuR 1996, 515 – Stendal-Uelzen.

[2580] *BVerwG*, Urt. v. 5. 3. 1997 – 11 A 25.95 – BVerwGE 104, 123 = DVBl. 1997, 831 = NVwZ 1998, 513 – Sachsenwald; Urt. v. 21. 4. 1999 – 11 A 50.97 – NVwZ-RR 1999, 725 = NuR 2000, 36 – Schallschutzwand; vgl. auch B. v. 22. 9. 1999 – 4 B 68.98 – UPR 2000, 71 = NZV 2000, 138 – Schallschutz.

[2581] *BVerwG*, B. v. 23. 7. 1992 – 7 B 103.92.

bunden sind. Der Umfang der Maßnahmen ist nach Zumutbarkeitsgesichtspunkten zu bestimmen.

Beispiel: Wird etwa Weideland durch eine Autobahn durchschnitten, so ist der Träger des Vorhabens zur Errichtung von Wildschutzzäunen zu verpflichten.[2582]

4100 Werden lediglich **Schutzauflagen** durch einfache Planergänzung nach § 72 II 2 VwVfG verlangt,[2583] beschränkt sich der Anspruch des Betroffenen in der Regel auf diesen **Planergänzungsanspruch.** Kann dies nur durch ein **ergänzendes Verfahren nach § 75 Ia VwVfG** erreicht werden, entfaltet der Planfeststellungsbeschluss allerdings bis zur Behebung des Mangels keine Wirkung. Wird daher ein stärkerer aktiver Schallschutz etwa durch Einhausung der Trasse angestrebt (§ 20 VII 2 AEG), der eine **Änderung des Planfeststellungsbeschlusses** durch ein ergänzendes Verfahren erforderlich macht, ist eine Anfechtungsklage statthaft. Eine zu einem Baustopp führende Aussetzungsentscheidung nach § 80 V VwGO scheidet dann nicht schlechthin aus. Die generalisierenden Formulierungen in älteren Entscheidungen[2584] hat das *BVerwG* inzwischen fortentwickelt.[2585] Können erhebliche Abwägungsmängel zwar nicht durch eine schlichte Planergänzung, wohl aber durch ein ergänzendes Verfahren behoben werden, ist der Planfeststellungsbeschluss nach Maßgabe der Entscheidungsgründe rechtswidrig und darf nicht vollzogen werden. Vorläufiger Rechtsschutz ist dann in entsprechender Anwendung des § 80 V VwGO zulässig.[2586] Wird stärkerer Lärmschutz beansprucht, der nur durch eine Änderung der Planung in einem ergänzenden Verfahren gewährt werden kann, ist daher die Anfechtungsklage und ein Antrag nach § 80 V VwGO statthaft.[2587]

4101 Die **Ausgewogenheit der Planung** wird nach Ansicht des *BVerwG* trotz Lärmbetroffenheit der Kläger oberhalb der Grenzwerte der 16. BImSchV jedenfalls dann nicht berührt, wenn bei der umstrittenen Ausbaumaßnahme eine Planungsalternative ernsthaft nicht in Betracht kommt und die genannte Betroffenheit der Kläger abwägungsfehlerfrei durch die Anordnung von aktivem oder passivem Schallschutz ausgeglichen werden kann.[2588] Das Gericht darf bei der Ermittlung der Lärmbelastung von der Verkehrslärmschutzverordnung nicht abweichen.[2589] Zudem hat aktiver Lärmschutz nach § 41 II BImSchG rechtsgrundsätzlich Vorrang vor passivem Lärmschutz.[2590]

[2582] *BVerwG*, Urt. v. 15.4.1977 – IV C 3.74 – BayVBl. 1977, 571; B. v. 16.5.1989 – 4 B 90.89 – RdL 1989, 240.

[2583] Zu Schutzauflagen bei Fluglärm *BVerwG*, B. v. 17.6.1998 – 11 VR 9.97 – LKV 1999, 228 = Buchholz 442.40 § 4 LuftVG Nr. 14 – Leipzig-Halle. Zur Beschleunigung von Planungsverfahren für Verkehrsinfrastrukturvorhaben durch erweiterte Regelungen zur Planergänzung und zum ergänzenden Verfahren s. Rdn. 3762.

[2584] *BVerwG*, B. v. 10.1.1996 – 11 VR 19.95 – Buchholz 406.25 § 41 BImSchG Nr. 11; B. v. 26.1.1996 – 11 VR 33.95 – Buchholz 442.09 § 18 AEG Nr. 12.

[2585] *BVerwG*, Urt. v. 21.3.1996 – 4 C 19.94 – BVerwGE 100, 370 = DVBl. 1996, 907 – Eschenrieder Spange.

[2586] So bereits *BVerwG*, B. v. 9.9.1996 – 11 VR 31.95 – Buchholz 442.09 § 18 AEG Nr. 17 S. 64.

[2587] *BVerwG*, Urt. v. 18.3.1998 – 11 A 55.96 – DVBl. 1998, 1181 = NVwZ 1998, 1071 = UPR 1998, 351 – Staffelstein; B. v. 1.4.1998 – 11 VR 13.97 – NVwZ 1998, 1070 = UPR 1998, 311 – Aumühle. Ein Antrag auf Änderung eines Beschlusses nach § 80 V VwGO ist nur bei entsprechend neuem Tatsachenvortrag zulässig, so *BVerwG*, B. v. 29.1.1999 – 11 VR 13.98 – (unveröffentlicht) – Erschütterungen.

[2588] *BVerwG*, Urt. v. 5.3.1997 – 11 A 25.95 – BVerwGE 104, 123 = DVBl. 1997, 831 = NVwZ 1998, 513 = UPR 1997, 295 – Sachsenwald; Urt. v. 21.4.1999 – 11 A 50.97 – NVwZ-RR 1999, 725 = NuR 2000, 36 – Schallschutzwand; vgl. auch B. v. 22.9.1999 – 4 B 68.98 – UPR 2000, 71 = NZV 2000, 138 – Schallschutz.

[2589] *BVerwG*, Gerichtsbescheid vom 29.4.1997 – 4 A 46.96 – NVwZ-RR 1997, 89 – B 5.

[2590] *VGH München*, Urt. v. 25.2.1998 – 20 A 97.40017 u. a. – NVwZ-RR 1998, 490 = BayVBl. 1998, 463, bestätigt durch *BVerwG*, B. v. 12.6.1998 – 11 B 19.98 – DVBl. 1998, 1184 – Nürnberg. Urt. und Nichtannahmebeschluss bezogen sich zwar auf § 6 II (1) LuftVG, sodass das BImSchG gemäß § 2 II (1) BImSchG nicht anwendbar war, doch führte der *VGH* aus, die materiellen Vorgaben des

Ob eine Maßnahme des **aktiven Schallschutzes außer Verhältnis** zum angestrebten 4102 Schutzzweck steht und dem Vorhabenträger nach § 41 II BImSchG nicht zuzumuten ist, richtet sich nach dem Gewicht der widerstreitenden Belange. Bei diesem Kernstück der fachplanerischen Abwägung sind auch Vorbelastungen der Anwohner genauso zu berücksichtigen wie private Belange negativ betroffener Dritter und öffentliche Belange der Stadtbildpflege.[2591] Dieser Abwägungsvorgang setzt aber eine nachvollziehbare, objektive Ermittlung der jeweiligen Kosten aller ernsthaft in Betracht kommenden Maßnahmen des passiven und aktiven Schallschutzes sowie ihrer Auswirkungen auf die Lärmbetroffenen voraus. Die Planfeststellungsbehörde hat dabei einen Abwägungsspielraum, der vom Gericht inhaltlich nicht ausgefüllt, sondern nur auf Einhaltung der Grenzen der Abwägung kontrolliert werden kann.[2592] Ein Abwägungsmangel ist nur erheblich, wenn greifbare Umstände ergeben, dass eine fehlerfreie Ermittlung und Abwägung möglicherweise zu einer für den Betroffenen günstigeren Beurteilung geführt hätte.[2593] Kommen verschiedene Maßnahmen in Betracht, kann der Gestörte nur verlangen, dass Lärmbelästigungen oberhalb der Zumutbarkeitsschwelle unterbleiben.[2594] Wenn allerdings ein Vorhabenträger die auf Gesetz beruhende sofortige Vollziehbarkeit einer Planfeststellung ausnutzt, kann er sich für den Fall der Rechtswidrigkeit später bei einer Verhältnismäßigkeitsprüfung nach § 41 II BImSchG nicht auf durch den Vollzug bereits entstandene Kosten berufen.[2595] Wirtschaftlich gesehen handelt er dann vielmehr auf eigenes Risiko.[2596]

Das Fachplanungsrecht geht davon aus, dass der staatliche Vorhabenträger die ihm im 4103 Planfeststellungsbeschluss gemachten Vorgaben der Durchführung in loyaler Art und Weise erfüllt (**Grundsatz der gesetzestreuen Verwaltung**). Zudem kann die Planfeststellungsbehörde dem Vorhabenträger bei unsicherer, in seinen Auswirkungen schwer zu beurteilender tatsächlicher Sachlage Auflagen zur Kontrolle bei der Durchführung des Vorhabens machen. Das kann im jeweiligen Einzelfall auch zur Wahrung der Rechte der von der Planung Betroffenen geschehen.[2597]

2. Geldentschädigung

Sind Schutzvorkehrungen untunlich oder mit dem Vorhaben unvereinbar, so hat der 4104 Betroffene nach § 74 II 3 VwVfG einen Anspruch in Geld. Der Anspruch stellt einen Ausgleich für Beeinträchtigungen dar, die mit dem Vorhaben verbunden sind. Es handelt sich dabei nicht um einen Enteignungsentschädigungsanspruch gem. Art. 14 III GG, sondern um einen einfachgesetzlich angeordneten Ausgleichsanspruch. Eine Enteignung i. S. des Art. 14 III 1 GG ist nur bei der unmittelbaren Grundstücksinanspruchnahme i. S. eines Übergangs von Eigentumspositionen gegeben. Darum geht es bei den von einem Vor-

---

BImSchG würden Anhaltspunkte liefern, die auch bei planerischen Entscheidungen nach § 6 II (1) LuftVG berücksichtigt werden müssten. Das *BVerwG*, B. v. 20. 2. 1998 – 11 B 37.97 – NVwZ 1998, 850 = UPR 1998, 308 – Hannover-Langenhagen, hält § 41 II BImSchG allerdings in keiner Weise für anwendbar, da der Gesetzgeber der Verschiedenartigkeit der Emissions- und Immissionssituation in beiden Verkehrsbereichen habe Rechnung tragen wollen.

[2591] *BVerwG*, Urt. v. 1. 10. 1997 – 11 A 10.96 – DVBl. 1998, 330 = UPR 1998, 147 – Sachsenwald/Brunsdorf, mit Hinweis auf B. v. 10. 10. 1995 – 11 B 100.95 – NVwZ-RR 1997, 336.
[2592] *BVerwG*, Urt. v. 5. 3. 1997 – 11 A 25.95 – BVerwGE 104, 123 = DVBl. 1997, 831 = NVwZ 1998, 513 – Sachsenwald; Urt. v. 1. 10. 1997 – 11 A 10.96 – DVBl. 1998, 330 = UPR 1998, 147 – Sachsenwald/Brunsdorf; Urt. v. 21. 4. 1999 – 11 A 50.97 – NVwZ-RR 1999, 725 = NuR 2000, 36 – Schallschutzwand. Teilweise wird § 42 II BImSchG auch als Norm ohne planerischen Gestaltungsspielraum verstanden, so *BVerwG*, Urt. v. 28. 1. 1999 – 4 CN 5.98 – UPR 1999, 268 = ZfBR 1999, 219.
[2593] *BVerwG*, Urt. v. 1. 10. 1997 – 11 A 10.96 – DVBl. 1998, 330 = UPR 1998, 147 – Sachsenwald/Brunsdorf.
[2594] *BVerwG*, B. v. 28. 8. 1997 – 7 B 214.97 – (unveröffentlicht) – Mehrzweckhalle.
[2595] *BVerwG*, B. v. 1. 4. 1998 – 11 VR 13.97 – NVwZ 1998, 1070 = UPR 1998, 311 – Aumühle.
[2596] Zum Eisenbahnrecht *BVerwG*, B. v. 26. 8. 1998 – 11 VR 4.98 – NVwZ 1999, 535 – Uelzen-Stendal.
[2597] *BVerwG*, B. v. 3. 5. 2002 – 4 B 2.02 – Straßenbelag.

haben für die Nachbargrundstücke sich ergebenden Belastungen regelmäßig nicht. § 74 II 3 VwVfG sieht einen Ausgleichsanspruch in den Fällen vor, in denen eine nicht durch Schutzvorkehrungen zu vermeidende Beeinträchtigung von Nachbargrundstücken erfolgt. Die Regelung stellt nicht nur eine Verfahrensvorschrift dar, sondern gewährt unmittelbar einen Ausgleichsanspruch für verbleibende Beeinträchtigungen, die über die Zumutbarkeitsgrenze hinausgehen. Die Regelung ist damit Bestandteil einer Inhalts- und Schrankenbestimmung des Gesetzgebers i. S. des Art. 14 I 2 GG. Die Anordnung von Schutzvorkehrungen scheidet insbesondere aus, wenn sie keine wirksame Abhilfe gegen die Beeinträchtigungen gewähren. Untunlich sind die Anordnungen aber auch dann, wenn sie unverhältnismäßig oder mit nicht vertretbaren Aufwendungen verbunden sind. Ein Ausgleich nach § 74 II 3 VwVfG kann den Betroffenen auch für lang andauernde Baumaßnahmen gewährt werden.

Beispiel: Im Innenstadtbereich einer Großstadt wird eine neue U-Bahn angelegt. Die Bauarbeiten dauern über ein Jahr. Ist in dieser Zeit das Ladenlokal nur über Notwege zu erreichen, so kann für die daraus sich ergebenden Umsatzeinbußen eine angemessene Entschädigung gewährt werden, obwohl ein enteignungsrechtlicher Entschädigungsanspruch wegen fehlender Enteignung nach Art. 14 III GG nicht besteht.

4105 Mittelbare Beeinträchtigungen, durch die das Eigentum nicht vollständig oder teilweise entzogen wird, beschränken unabhängig von ihrer Intensität zwar das Eigentum, stellen jedoch keine Enteignung im Sinne von Art. 14 I 2 GG dar. Liegt eine schwere und unerträgliche Betroffenheit des Grundeigentums vor und wird die enteignungsrechtliche Zumutbarkeitsschwelle überschritten, ist vom Grundsatz her ein Übernahmeanspruch gegeben. Grundlage des Übernahmeanspruchs sind nicht die allgemeinen enteignungsrechtlichen Grundsätze,[2598] sondern § 74 II 3 VwVfG. Auch wenn diese Vorschrift den Übernahmeanspruch nicht ausdrücklich benennt, beinhaltet sie als Konkretisierung zu Art. 14 I 2 GG die Grundlage des Übernahmeanspruchs. Als besondere Art des Entschädigungsanspruchs setzt der Übernahmeanspruch zudem die Hingabe des Eigentums voraus, weshalb es sich bei einem solchen Übernahmebegehren nicht um einen Enteignungsantrag, sondern um einen Antrag auf Entschädigung handelt, in dessen Rahmen über die Eigentumsübertragung zu erkennen ist. Denn der Betroffene erstrebt die Übernahme seines Grundstücks nicht um ihrer selbst willen, sondern als Voraussetzung dafür, dass ihm der gesamte Grundstückswert vergütet wird.[2599] Ist der von einem Landwirt bewirtschaftete Grund und Boden weit überwiegend nicht auf Dauer gesichertes Pachtland, braucht eine geltend gemachte Existenzgefährdung nur mit vermindertem Gewicht in die planfeststellungsrechtliche Abwägung eingestellt zu werden.[2600]

4106 Ein Ausgleichsanspruch nach § 74 II 3 VwVfG kommt aber nur bei erheblichen Beeinträchtigungen in Betracht, die das zumutbare Maß überschreiten.[2601] Hierfür sind in erster Linie die gesetzlichen Regelungen maßgebend. Fehlen sie, ist die Zumutbarkeit nach den Einzelfallumständen zu bestimmen. Nach § 74 II 3 VwVfG hat der von der Planung Betroffene einen Anspruch auf angemessene Entschädigung in Geld, wenn (weitere) Schutzvorkehrungen nicht vorgenommen werden können, um Nachteile abzuwenden. Das gilt insbesondere, wenn Beeinträchtigungen durch geeignete Maßnahmen überhaupt nicht verhindert werden können. Stets ist Voraussetzung, dass sich technisch-reale Maßnahmen als unzureichend oder angesichts der Höhe ihrer Kosten als unverhält-

---

[2598] *BVerwG*, Urt. v. 6. 6. 2002 – 4 A 44.00 – DVBl. 2002, 1494, mit Hinweis auf Urt. v. 22. 5. 1987 – 4 C 17 – 19.84 – BVerwGE 77, 295 = DVBl. 1987, 1012.
[2599] *BVerwG*, Urt. v. 6. 6. 2002 – 4 A 44.00 – DVBl. 2002, 1494 sowie Urt. v. 24. 6. 1993 – 7 C 26.92 – BVerwGE 94, 1 = DVBl. 1993, 1141 sowie *BGH*, Urt. v. 17. 12. 1992 – III ZR 112/91 – BGHZ 121, 73 = DVBl. 1993, 430.
[2600] *VGH München*, Urt. v. 14. 8. 2002 – 8 ZB 02.1293 – UPR 2003, 80 – Pachtland.
[2601] *BVerwG*, Urt. v. 24. 5. 1996 – 4 A 39.95 – NJW 1997, 142 = DVBl. 1997, 78 – Lärmschutz Außenbereich.

8. Teil. Materielle Plananforderungen

nismäßig erweisen. Hingegen eröffnen die genannten Vorschriften keinen Anspruch auf einen Ausgleich aller Vermögensnachteile, welche ein Planungsvorhaben auslöst.[2602] § 74 II 3 VwVfG erfasst daher auch nicht alle Nachteile, die mit der Verwirklichung eines Straßenbauprojektes verbunden sind. Auch auf wirtschaftliche Nachteile hinsichtlich der allgemeinen Nutzbarkeit und der allgemeinen Verwertbarkeit des Grundstücks bezieht sich die Vorschrift nicht.

Beispiel: Ein im Außenbereich gelegenes Grundstück kann einen Lagenachteil haben, weil in der Nähe eine Autobahn gebaut wird. Diese Wertminderung, die keine Folge einer förmlichen Enteignung ist, erfasst § 74 II 3 VwVfG nicht.[2603] Denn ein Ausgleichsanspruch nach § 74 II 3 VwVfG besteht nur dann, wenn eigene Rechte betroffen sind und daher vom Ansatz her ein Anspruch auf Schutzauflagen nach § 74 II 2 VwVfG besteht. Sind lediglich einfache Belange in der Abwägung betroffen, die nicht rechtlich geschützt sind, so besteht weder ein Schutzauflagenanspruch nach § 74 II 2 VwVfG noch ersatzweise ein Entschädigungsanspruch nach § 74 II 3 VwVfG. Schutzauflagen können sich allerdings aus der Überschreitung der Werte der VerkehrslärmschutzVO ergeben.

Die durch § 74 II 3 VwVfG bestimmte Begrenzung des finanziellen Ausgleichs ist – wie **4107** das *BVerwG*[2604] dargelegt hat – verfassungsgemäß. Es handelt sich um eine zulässige Bestimmung von Inhalt und Schranken des Eigentums i. S. des Art. 14 I 2 GG,[2605] soweit nicht geschützte eigene Rechte betroffen sind. Es ist deshalb zwischen einfachen, rechtlich nicht geschützten Belangen in der Abwägung und (rechtlich geschützten) eigenen Rechten zu unterscheiden. Nur für einen Eingriff in derartige Rechte sind ggf. Schutzauflagen anzuordnen oder es ist ein angemessener Ausgleich zu gewähren. Belange unterhalb dieser Schwelle gehen bei ordnungsgemäßer Überwindung durch andere Belange in der Abwägung unter. Es ist daher verfassungsgemäß, wenn der Gesetzgeber für enttäuschte wirtschaftliche Erwartungen einen finanziellen Ausgleich nicht vorsieht. Der Gesetzgeber muss nicht vorsehen, dass jede durch staatliches Verhalten ausgelöste Wertminderung ausgeglichen wird. Art. 14 I GG schützt grundsätzlich nicht gegen eine Minderung der Wirtschaftlichkeit.[2606] Art. 14 I GG gewährleistet nicht einmal jede wirtschaftlich vernünftige Nutzung.[2607] Eine Minderung der Rentabilität ist daher grundsätzlich hinzunehmen.[2608] Art. 14 I GG gewährleistet insbesondere nicht, jede sich bietende Chance einer günstigen Verwertung des Eigentums auszunutzen.[2609] Das alles gilt selbst dann, wenn die Ursächlichkeit der geminderten Wirtschaftlichkeit durch einen staatlichen Eingriff erfolgt.[2610] Auch werden künftige, bisher nicht verwirklichte Nutzungen von der Eigentumsgarantie nicht im gleichen Umfang wie bereits verwirklichte Nutzungen geschützt. Wird etwa durch das mit einer Straßenplanung verbundene Anbauverbot eine Erweiterung eines bisher landwirtschaftlich genutzten Gebäudes im Außenbereich verhindert, so begründet das

---

[2602] *BVerwG*, Urt. v. 29.1.1991 – 4 C 51.89 – BVerwGE 87, 332 = DVBl. 1991, 885 – München II.

[2603] *BVerwG*, Urt. v. 24.5.1996 – 4 A 39.95 – NJW 1997, 142 = DVBl. 1997, 78 – Lärmschutz Außenbereich.

[2604] *BVerwG*, Urt. v. 24.5.1996 – 4 A 39.95 – NJW 1997, 142 = DVBl. 1997, 78 – Lärmschutz Außenbereich.

[2605] *BVerwG*, B. v. 5.10.1990 – 4 CB 1.90 – NVwZRR 1991, 129.

[2606] *BVerfG*, Urt. v. 23.4.1974 – 1 BvR 6.74 – BVerfGE 37, 132 = NJW 1974, 1499 – Kündigungsschutz; B. v. 4.2.1975 – 2 BvL 5/74 – BVerfGE 38, 348 = NJW 1975, 727 – Zweckentfremdung; B. v. 19.3.1975 – 1 BvL 20/73 – BVerfGE 39, 210 = DÖV 1976, 249 – Mühlenstrukturgesetz.

[2607] *BVerfG*, B. v. 15.7.1981 – 1 BvL 77/78 – BVerfGE 58, 300 = NJW 1982, 745 = DVBl. 1982, 340 = *Hoppe/Stüer* RzB Rdn. 1136 – Nassauskiesung; B. v. 4.12.1985 – 1 BvL 23/84 – BVerfGE 71, 230 – Wohnraummiete; B. v. 9.10.1991 – 1 BvR 227/91 – BVerfGE 84, 382 = NJW 1992, 361.

[2608] *BVerfG*, Urt. v. 4.2.1975 – 2 BvL 5/75 – BVerfGE 38, 348 = NJW 1975, 727; Urt. v. 19.3.1975 – BVerfGE 39, 210; B. v. 6.10.1987 – 1 BvR 1086/82 – BVerfGE 77, 84.

[2609] *BVerfG*, Urt. v. 4.2.1975 – 2 BvL 5/75 – BVerfGE 38, 348 = NJW 1975, 727.

[2610] *BVerwG*, Urt. v. 24.5.1996 – 4 A 39.95 – NJW 1997, 142 = DVBl. 1997, 78 – Lärmschutz Außenbereich.

keine Ausgleichsansprüche. Zunächst wird die Fachbehörde im Rahmen der Entscheidung über die Ausnahmegenehmigung vom Anbauverbot die jeweiligen Einzelfallumstände zu berücksichtigen haben. Selbst wenn aber mit dem Bau des Verkehrsprojektes ein nicht durch Ausnahmegenehmigung überwindbares Anbauverbot verbunden wäre, folgt hieraus kein Ausgleichsanspruch. Denn lässt sich eine erst künftig herzustellende Nutzung nicht verwirklichen und muss sie deshalb – auch aus Gründen wirtschaftlicher Vernunft – aufgegeben werden, so liegt darin nicht bereits der Verlust jedweder anderweitigen Nutzungsmöglichkeit des betroffenen Grundstücks.[2611]

Hinweis: In der Anbauverbotszone einer Bundesfernstraße kann ein Sendemast nur errichtet werden, wenn dies aus Gemeinwohlgründen geboten ist. § 9 VIII FStrG setzt für das Vorliegen derartiger Gründe allerdings nicht zwingend voraus, dass es sich um ein Vorhaben eines Trägers öffentlicher Verwaltung handelt. Die gesetzliche Zielsetzung des § 9 I Nr. 1 FStrG soll von der Frage, ob „konkrete" Ausbauabsichten bestehen, gerade nicht abhängig gemacht werden. Einem entschädigungslosen späteren Ausbau kann allerdings in einer Befristung oder in einem Vorbehalt des Widerrufs Rechnung getragen werden.[2612]

4108 Zur Entschädigung ist der Träger des Vorhabens verpflichtet. Der Ausgleichsanspruch beinhaltet regelmäßig das negative Interesse und damit etwa die getätigten Aufwendungen **(kleiner Schaden)**. Nicht zu ersetzen sind Erfüllungsinteressen oder Gewinnerwartungen, die bei Nichtdurchführung des Vorhabens eingetreten wären **(großer Schaden)**. Auch ein Anspruch auf Schmerzensgeld besteht nicht. Auch für den Entzug widerruflicher Erlaubnisse, Genehmigungen oder Bewilligungen, auf deren Fortbestand kein Rechtsanspruch besteht, wird kein Ausgleichsanspruch gewährt. Hinsichtlich der Höhe der Entschädigung genügt im Planfeststellungsbeschluss die Angabe der für die Berechnung maßgeblichen Faktoren. Im Übrigen ist der Betroffene auf Verhandlungen mit dem Vorhabenträger zu verweisen. Kommt eine Einigung nicht zu Stande, entscheidet auf Antrag die nach Landesrecht zuständige Behörde.[2613]

4109 Die Entschädigung nach § 74 II 3 VwVfG wird entsprechend § 75 II 4 VwVfG **auf Antrag** des Betroffenen von der Planfeststellungsbehörde im Planfeststellungsbeschluss festgesetzt. Die Anordnung kann aber auch **von Amts wegen** erfolgen, wenn die Betroffenheiten im Einwendungsverfahren geltend gemacht worden sind oder auf der Hand liegen. Soweit sich der Anspruch der **Höhe** nach noch nicht abschätzen lässt, ist im Planfeststellungsbeschluss jedenfalls dem Grunde nach zu entscheiden. Die Verwaltungsgerichte können einen Ausgleichsanspruch jedoch nur zuerkennen, wenn und soweit der Planfeststellungsbeschluss dazu Raum lässt. Enthält der Planfeststellungsbeschluss keine entsprechenden Anordnungen, so ist er ggf. aufgrund einer von dem Betroffenen erhobenen Klage durch das Verwaltungsgericht um die Verpflichtung der Behörde zu Schutzanordnungen zu ergänzen. Der Schutzauflagenanspruch nach § 74 II 2 VwVfG und der ersatzweise zu gewährende Entschädigungsanspruch nach § 74 II 3 VwVfG können im Wege der materiellen Präklusion ausgeschlossen sein, wenn sie nicht rechtzeitig geltend gemacht worden sind und ein Einwendungsausschluss gesetzlich angeordnet ist. Im Einwendungsverfahren nicht angemeldete Ansprüche gehen unter diesen Voraussetzungen unter. Es reicht allerdings aus, wenn die Betroffenheit, aus denen ein Schutzauflagenanspruch nach § 74 II 2 VwVfG oder ein Ausgleichsanspruch nach § 74 II 3 VwVfG abgeleitet wird, im Einwendungsverfahren dargelegt worden sind. Auch ist im gerichtlichen Verfahren noch ein Übergang vom Anfechtungsantrag mit dem Ziel der Aufhebung des Planfeststellungsbeschlusses zum Verpflichtungsantrag zulässig, mit dem entsprechende Schutzauflagen oder Ausgleichsansprüche geltend gemacht werden.

[2611] So für den mit der Straßenplanung verbundenen Verlust der Möglichkeit, im Außenbereich ein Projekt „Ferien auf dem Bauernhof" einzurichten, *BVerwG,* Urt. v. 24. 5. 1996 – 4 A 39.95 – NJW 1997, 142 = DVBl. 1997, 78 – Lärmschutz Außenbereich.
[2612] *BVerwG,* B. v. 20. 6. 2001 – 4 B 41.01 – NVwZ-RR 2001, 713.
[2613] Planfeststellungsrichtlinien FStrG, Nr. 25.

8. Teil. Materielle Plananforderungen

Beispiel: Ist die Lärmvorsorge unzureichend, kann grundsätzlich nur eine Planergänzung verlangt werden. Ein Anspruch auf Planaufhebung besteht nur, wenn das Fehlen einer Schutzauflage so gewichtig ist, dass die Ausgewogenheit der gesamten Planung in Frage gestellt wäre.[2614] Gegen belastende Nebenbestimmungen eines Verwaltungsakts ist die Anfechtungsklage gegeben. Ob sie zur isolierten Aufhebung der Nebenbestimmung führen kann, ist eine Frage der Begründetheit und nicht der Zulässigkeit des Anfechtungsbegehrens, sofern nicht eine isolierte Aufhebbarkeit offenkundig von vornherein ausscheidet.[2615] Auch wenn der Rechtsträger der Planfeststellungsbehörde und der Rechtsträger des Vorhabenträgers identisch sind, entspricht es der Interessenlage des Antragstellers, dass der Vorhabenträger als Dritter angesehen wird und mithin § 80a VwGO anzuwenden ist.[2616]

3. Übernahmeanspruch

Ist die verbleibende Beeinträchtigung der Nachbargrundstücke **schwer und unerträglich**[2617] und erreicht sie sozusagen enteignungsrechtliche Wirkungen, so gewährt § 74 II 3 VwVfG über einen einfachen Ausgleichsanspruch hinaus einen Anspruch auf Übernahme des Grundstücks. Das **Verbot des enteignungsrechtlichen Konflikttransfers** beinhaltet in solchen Fällen, dass der durch die Planung entstehende Konflikt nicht unbewältigt bleiben darf. Führt die Bauleitplanung zu schweren und unerträglichen Einwirkungen[2618] oder auf der Grundlage der Planung zu einer unmittelbaren Inanspruchnahme des Grundstücks, so muss der sich daraus ergebende Interessenkonflikt durch Planung oder anderweitige Kompensation bewältigt werden. Die Behörde hat in solchen Fällen ein Wahlrecht. Sie hat entweder die Beeinträchtigungen der Planung durch entsprechende Planänderungen zu reduzieren oder das jeweilige Grundeigentum durch planerische Festsetzungen in Anspruch zu nehmen und dadurch die Voraussetzungen für eine Enteignung und Entschädigung zu schaffen.[2619] Auch könnte die Behörde andere Kompensationsmöglichkeiten anordnen.

4. Vorbehaltene Entscheidungen

Ist eine abschließende Entscheidung bei Erlass des Planfeststellungsbeschlusses noch nicht möglich, ist diese einer späteren Entscheidung vorzubehalten (§ 74 III HS 1 VwVfG). Die Planfeststellungsbehörde gibt dabei dem Träger des Vorhabens die Vorlage entsprechender Unterlagen oder Untersuchungen auf (§ 74 III HS 2 VwVfG). Voraussetzung für den Vorbehalt ist, dass sich die spätere Entscheidung auf Teilfragen bezieht, die ihrer Natur nach abtrennbar sind. Derartige Verschiebungen der abschließenden Entscheidung sind daher nur dann zulässig, wenn dadurch das Grundkonzept des Vorhabens nicht in Frage gestellt wird. **Teile der einheitlichen Planungsentscheidung** können nach **§ 74 III VwVfG** nur dann einer nachträglichen Entscheidung vorbehalten werden, wenn es sich um Einzelfragen handelt, die aus sachlichen Gründen noch nicht abschließend entschieden werden können – etwa weil sich die für die Bewältigung der Konfliktlage notwendigen Informationen noch nicht beschaffen lassen. So kann auch die Anordnung von Lärmschutzmaßnahmen einer nachträglichen Entscheidung vorbehalten bleiben, wenn die tatsächlichen Grundlagen für die Notwendigkeit oder den Umfang solcher

---

[2614] *VGH Mannheim*, Urt. v. 9.10.2000 – 5 S 1883/99 – DVBl. 2001, 405 = VBlBW 2001, 278, mit Hinweis auf *BVerwG*, Urt. v. 18.4.1996 – 11 A 86.95 – BVerwGE 101, 73 = DVBl. 1996, 921 = NVwZ 1996, 901.

[2615] *BVerwG*, Urt. v. 22.11.2000 – 11 C 2.00 – BVerwGE 112, 221 = DVBl. 2001, 405 = DÖV 2001, 691 = NVwZ 2001, 429, mit Hinweis auf Urt. v. 10.7.1980 – 3 C 136/79 – BVerwGE 60, 269 = DVBl. 1981, 263; Urt. v. 19.1.1989 – 7 C 31.87 – BVerwGE 81, 185 = DVBl. 1989, 517 = NVwZ 1989, 864; ebenso auch Urt. v. 22.11.2000 – 11 A 4.00 – BVerwGE 112, 214 = DÖV 2001, 515 = NuR 2001, 266 = NVwZ 2001, 562.

[2616] *OVG Schleswig*, B. v. 19.10.2000 – 4 M 63/00 – NordÖR 2001, 357.

[2617] *BVerwG*, Urt. v. 21.6.1974 – IV C 14.74 – BauR 1974, 330 = DVBl. 1974, 777 = DÖV 1974, 812 – Kinderspielplatz.

[2618] *BVerwG*, Urt. v. 21.6.1974 – IV C 14.74 – BauR 1974, 330 = DVBl. 1974, 777 = DÖV 1974, 812 – Kinderspielplatz.

[2619] S. Rdn. 1695.

Maßnahmen im Zeitpunkt des Erlasses des Planfeststellungsbeschlusses noch nicht abschließend beurteilt werden können.[2620] Ein solcher Vorbehalt darf allerdings nicht zu Lasten öffentlicher oder privater Belange gehen und ist nur unter Wahrung des Abwägungsgebot zulässig. Eine Lösung des offen gehaltenen Problems darf nicht durch bereits getroffenen Festlegungen fraglich werden. Auch dürfen die vorbehaltenen Belange nicht ein solches Gewicht haben, dass die Planungsentscheidung nachträglich als unausgewogen erscheinen. Die grundlegenden Interessenkonflikte müssen bereits in dem Planfeststellungsbeschluss bewältigt werden.[2621] Insoweit gelten die Grundsätze für die Zulässigkeit eines Konflikttransfers in Nachfolgeverfahren. Haben etwa die noch offenen Fragen Rückwirkungen auf die im Planfeststellungsbeschluss getroffenen Grundentscheidungen, so ist ein Vorbehalt nach § 74 III VwVfG nicht zulässig.

Beispiel: Bei einer beabsichtigten Emsvertiefung ist unklar, in welchem Umfang sich nachteilige Auswirkungen auf den Fischbesatz ergeben. Die Wasser- und Schifffahrtsdirektion könnte im Planfeststellungsbeschluss nach § 74 III VwVfG die Entscheidung, ob und in welchem Umfang der Fischbesatz etwa durch den vermehrten Einsatz von Glasaalen zu stärken ist, vorbehalten. Wird etwa geltend gemacht, dass im Hafenbereich mit vermehrtem Schlickanfall zu rechnen ist, könnte durch Messstellen ein Frühwarnsystem eingerichtet werden. Stellt sich dabei heraus, dass ein vermehrter Schlickanfall tatsächlich eintritt, könnte durch nachträgliche Auflagen entsprechend reagiert werden. Dasselbe gilt etwa für Schäden, die im Deichvorland durch eine Verschiebung der Brackwasserzone (Zusammentreffen von Süßwasser und Salzwasser) und einen damit verbundenen erhöhten Salzgehalt des Wassers eintreten könnten.[2622] Denn vor allem für die Fischfauna ist ein schneller Wechsel von Süßwasser- und Salzwasserzone nachteilig.

4112 Ein **Auflagenvorbehalt** ist allerdings nur unter den Voraussetzungen des **§ 74 III VwVfG** zulässig. Nur wenn sich im Zeitpunkt des Planfeststellungsbeschlusses nachteilige Wirkungen weder mit der für eine Anordnung nach § 74 II 2 und 3 VwVfG hinreichenden Zuverlässigkeit voraussagen noch dem Bereich nicht voraussehbarer Wirkungen nach § 75 II 2 bis 4 VwVfG zuordnen lassen, kann gemäß § 74 III VwVfG die Frage eines Ausgleichs einer späteren abschließenden Prüfung und Entscheidung vorbehalten bleiben. Ein Entscheidungsvorbehalt ist etwa zulässig, wenn sich aufgrund besonderer Anhaltspunkte die konkrete Möglichkeit abzeichnet, dass nachteilige Wirkungen in absehbarer Zeit eintreten werden, ihr Ausmaß sich jedoch noch nicht abschätzen lässt. Einzelfragen dürfen einer nachträglichen Regelung daher nur insoweit vorbehalten bleiben, wie eine abschließende Entscheidung noch nicht möglich ist.[2623] Der Vorbehalt einer abschließenden Entscheidung im Planfeststellungsverfahren muss ausdrücklich oder sinngemäß im **Planfeststellungsbeschluss selbst enthalten** sein. Die in noch laufenden Verhandlungen zum Ausdruck kommende Vorstellung der Behörde oder anderer Beteiligter, dass ein Themenkomplex noch einer ergänzenden Regelung bedarf, kann dieses Erfordernis nicht ersetzen und vermag einen Vorbehalt nicht „konkludent" zu schaffen.[2624]

[2620] *BVerwG*, Urt. v. 27.10.1999 – 11 A 1.99 – Wieren.
[2621] *BVerwG*, Urt. v. 5.3.1997 – 11 A 25.95 – BVerwGE 104, 123 = DVBl. 1997, 831 = NVwZ 1998, 513 – Sachsenwald, mit Hinweis auf Urt. v. 23.1.1981 – 4 C 68.78 – BVerwGE 61, 307 = DVBl. 1981, 935 = NJW 1982, 950; Urt. v. 21.4.1999 – 11 A 50.97 – NVwZ-RR 1999, 725 = NuR 2000, 36 – Schallschutzwand; vgl. auch B. v. 22.9.1999 – 4 B 68.98 – UPR 2000, 71 = NZV 2000, 138 – Schallschutz.
[2622] *Schulze* in: *Stüer* (Hrsg.) Verfahrensbeschleunigung, S. 85; *Schulze/Stüer* ZfW 1996, 269; *dies.* in: *Stüer* (Hrsg.) Verfahrensbeschleunigung, S. 62; *Stüer* in: *Stüer* (Hrsg.) Verfahrensbeschleunigung, S. 120; s. Rdn. 3984.
[2623] *BVerwG*, Urt. v. 22.11.2000 – 11 C 2.00 – BVerwGE 112, 221 = DVBl. 2001, 405 = DÖV 2001, 691 = NVwZ 2001, 429 = UPR 2001, 148; *OVG Lüneburg*, Urt. v. 3.5.2001 – 7 K 4341/99 – DVBl. 2001, 1307 = NordÖR 2001, 444.
[2624] *OVG Lüneburg*, Urt. v. 3.5.2001 – 7 K 4341/99 – DVBl. 2001, 1307 = NordÖR 2001, 444, in Anlehnung an *BVerwG*, Urt. v. 22.11.2000 – 11 C 2.00 – NVwZ 2001, 429, zugleich auch zu den Voraussetzungen „nicht voraussehbarer Wirkungen des Vorhabens".

Eine „**Lärmschutzgarantie**", die über das in § 41 BImSchG verlangte Lärmschutzniveau hinausgeht, kann nicht durch ein planerisches Ermessen gerechtfertigt werden. Hat sich die Planfeststellungsbehörde auf das Lärmschutzniveau der genannten Vorschrift festgelegt und werden diese Werte nach den zutreffenden Berechnungen nicht erreicht, fehlt es an Auswirkungen der Planung, die im Entscheidungszeitpunkt gewiss oder prognostisch sicher abschätzbar sind. Das allgemeine Risiko einer fehlerhaften Prognose ist kein Fall der Unmöglichkeit einer abschließenden Entscheidung.[2625] Hierzu gehören auch solche Auswirkungen, deren zukünftiger Eintritt zwar theoretisch denkbar ist, sich aber mangels besonderer Anhaltspunkte nicht konkret absehen lässt.[2626]

Sind die möglichen Schäden einer Planfeststellung im Einzelnen noch nicht hinreichend überschaubar und bezifferbar, kann die Planfeststellungsbehörde über einen **Entschädigungsanspruch dem Grunde nach** entscheiden,[2627] wobei dann die Bemessungsgrundlagen im Planfeststellungsbeschluss anzugeben sind.[2628] Auch ist es zulässig, zum Schutz von Gemeindestraßen Auflagen hinsichtlich deren Nutzung während der Bauausführung zu treffen.[2629] Sind Schutzauflagen zur Gewährleistung einer abwägungsfehlerfreien Planung erforderlich und wird die Planung gleichwohl ohne diese Schutzauflagen bestandskräftig, können Schutzvorkehrungen oder Entschädigungszahlungen wegen nachteiliger Wirkungen des Vorhabens grundsätzlich nicht mehr verlangt werden.[2630] Maßgeblicher Zeitpunkt für die Beurteilung der Rechtmäßigkeit der Plangenehmigung und für das Vorliegen der von § 28 I a Nr. 1 PBefG geforderten schriftlichen Einverständniserklärung der Betroffenen ist der Zeitpunkt der letzten Verwaltungsentscheidung.[2631]

5. Wirkungen der Entscheidung über ausgleichende Maßnahmen

Ist der Planfeststellungsbeschluss unanfechtbar geworden, so sind Ansprüche auf Unterlassung des Vorhabens, auf Beseitigung oder Änderung der Anlagen oder auf Unterlassung ihrer Benutzung ausgeschlossen (§ 75 II 1 VwVfG). Die sich daraus ergebenden Rechtswirkungen gelten nicht nur hinsichtlich der Grundentscheidung über die Zulassung des Vorhabens, sondern auch für Entscheidungen über Schutzvorkehrungen oder Ausgleichsansprüche nach § 74 II und III VwVfG. Sind daher entsprechende Anordnungen nicht getroffen, muss der dadurch in seinen Rechten Betroffene eine Ergänzung des Planfeststellungsbeschlusses durch einen Verpflichtungsantrag erreichen. Ist der Planfeststellungsbeschluss ohne entsprechende Anordnungen rechtskräftig, kann eine Ergänzung grundsätzlich nicht mehr erreicht werden.[2632]

6. Veränderte Auswirkungen

Treten erst nach Erlass des Planfeststellungsbeschlusses nicht vorhersehbare Wirkungen auf, so kann der Betroffene nach Maßgabe des § 75 II 2 VwVfG die Anordnung nachträglicher Auflagen verlangen. Nachträgliche Schutzauflagen oder Entschädigungen nach

---

[2625] *OVG Lüneburg*, Urt. v. 3.5.2001 – 7 K 4341/99 – DVBl. 2001, 1307 = NordÖR 2001, 444.
[2626] *BVerwG*, Urt. v. 22.11.2000 – 11 C 2.00 – BVerwGE 112, 221 = DVBl. 2001, 405 = DÖV 2001, 691 = NVwZ 2001, 429 = UPR 2001, 148.
[2627] *BVerwG*, Urt. v. 31.1.2001 – 11 A 6.00 – DVBl. 2001, 1306 = NVwZ-RR 2001, 653 = UPR 2001, 352.
[2628] *BVerwG*, Urt. v. 31.1.2001 – 11 A 6.00 – DVBl. 2001, 1306 = NVwZ-RR 2001, 653 = UPR 2001, 352, mit Hinweis auf Urt. v. 22.3.1985 – 4 C 15.83 – BVerwGE 71, 166, = DVBl. 1985, 900 = NJW 1986, 80; Urt. v. 11.11.1988 – 4 C 11.87 – DVBl. 1989, 358 = NVwZ 1989, 255.
[2629] *OVG Lüneburg*, B. v. 12.10.2000 – 7 M 3440/00 – DÖV 2001, 523 = NdsVBl. 2001, 142 = NVwZ-RR 2001, 435.
[2630] *OVG Lüneburg*, Urt. v. 3.5.2001 – 7 K 4341/99 – DVBl. 2001, 1307 = NordÖR 2001, 444, mit Hinweis auf *BVerwG*, Urt. v. 22.6.1979 – IV C 8.76 – BVerwGE 58, 154; Urt. v. 22.5.1987 – 4 C 17–19.84 – BVerwGE 77, 295 = DVBl. 1987, 1011 = NJW 1987, 2884.
[2631] *BVerwG*, B. v. 13.11.2001 – 9 VR 9.01 – .
[2632] Zu weiteren Einzelheiten *Stüer* DVBl. 1990, 1993; *ders.* DVBl. 1992, 547.

§ 75 II 2 bis 4 VwVfG betreffen nachteilige Entwicklungen, mit denen die Betroffenen im Zeitpunkt der Planfeststellung verständigerweise nicht rechnen konnten.[2633] Diese Maßnahmen müssen vor Klageerhebung zunächst bei der Behörde nach § 75 III 1 VwVfG beantragt werden. Eine vorherige (kupierte)[2634] Anfechtungsklage kann den Antrag wegen des unterschiedlichen Klageziels nicht ersetzen.[2635] Die entsprechenden Auflagen sind dem Träger des Vorhabens aufzuerlegen (§ 75 II 3 VwVfG). Anträge auf Vorkehrungen, auf Einrichtung und Unterhaltung von Anlagen oder auf Entschädigung sind schriftlich an die Planfeststellungsbehörde zu richten. Diese entscheidet hierüber durch Beschluss (§ 75 II 3 VwVfG).[2636] Sind solche Vorkehrungen oder Anlagen untunlich oder mit dem Vorhaben unvereinbar, so richtet sich der Anspruch auf eine angemessene Entschädigung in Geld (§ 75 II 4 VwVfG). Werden solche Vorkehrungen oder Anlagen erforderlich, weil nach Abschluss des Planfeststellungsverfahrens auf einem benachbarten Grundstück Veränderungen eingetreten sind, so hat der Eigentümer des Nachbargrundstücks die hierdurch entstehenden Kosten zu tragen (§ 75 II 5 VwVfG). Die Kostentragungspflicht des Nachbarn scheidet aus, wenn die Veränderung durch natürliche Ereignisse oder höhere Gewalt verursacht worden ist (§ 75 II 6 VwVfG). Anträge auf ergänzende Schutzvorkehrungen oder Ausgleichsansprüche sind innerhalb von **drei Jahren** nach Kenntnis von den Auswirkungen schriftlich gegenüber der Planfeststellungsbehörde geltend zu machen. Ein ergänzender Anspruch ist auch ausgeschlossen, wenn seit der Herstellung des Vorhabens einschließlich der Benutzung und Inbetriebnahme **30 Jahre** vergangen sind. Die nachträglichen Anordnungen eröffnen allerdings kein neues Planfeststellungsverfahren. Der Unternehmer ist beizuladen. Einer Beiladung anderer Betroffener bedarf es nicht. Gegen den Ergänzungsbeschluss, der kein Änderungsplanfeststellungsbeschluss ist, kann verwaltungsgerichtliche Klage erhoben werden. Wird der Ergänzungsbeschluss abgelehnt, so kann der davon Betroffene nach § 42 VwGO Verpflichtungsklage erheben. Der Antrag auf nachträgliche Schutzauflagen wegen veränderter Auswirkungen nach § 75 II VwVfG kann nicht mit der Anfechtungsklage gegen den ursprünglichen Planfeststellungsbeschluss oder einen entsprechenden Antrag auf Anordnung von Schutzauflagen nach § 74 II 2 VwVfG geltend gemacht werden. Denn beide Anträge haben einen unterschiedlichen Zeitpunkt, auf den für die Entscheidung abzustellen ist. Während für den Schutzauflagenanspruch nach § 74 II 2 VwVfG der Zeitpunkt des Planfeststellungsbeschlusses maßgeblich ist,[2637] kommt es für den Antrag auf Anordnung nachträglicher Auflagen nach § 75 II 2 VwVfG auf den Zeitpunkt der im Nachhinein veränderten Auswirkungen an.[2638]

4117 Werden **Vorkehrungen** oder **Anlagen** notwendig, weil nach Abschluss des Planfeststellungsbeschlusses oder nach Erteilung der Plangenehmigung auf einem benachbarten Grundstück Veränderungen eingetreten sind, von denen Gefährdungen des Verkehrs ausgehen, so hat der Eigentümer dieses Grundstücks auf Kosten dieser Vorkehrungen oder Anlagen zu tragen, es sei denn, dass die Veränderungen auf dem Grundstück durch natürliche Ereignisse oder höhere Gewalt veranlasst worden sind (§ 75 II 5 VwVfG). Soweit Vorkehrungen oder Anlagen nach dem Planfeststellungsbeschluss notwendig werden, ist zu prüfen, ob dafür ein Planfeststellungsverfahren durchzuführen ist, eine Plangenehmi-

---

[2633] *BVerwG*, Urt. v. 23. 4. 1997 – 11 A 17.96 – DVBl. 1997, 1127 = ZUR 1997, 324 – Bergedorf.
[2634] Hierzu *OVG Lüneburg*, B. v. 4. 12. 1997 – 7 M 1367/97 – Nds.Rpfl. 1998, 99 = NVwZ-RR 1998, 719.
[2635] *BVerwG*, Urt. v. 23. 4. 1997 – 11 A 7.97 – DVBl. 1997, 1119 = NVwZ 1998, 848 = UPR 1997, 49 – Reinbek-Wentorf.
[2636] Planfeststellungsrichtlinien FStrG 99, Nr. 36.
[2637] *BVerwG*, Urt. v. 1. 7. 1988 – 4 C 49.86 – BVerwGE 80, 7 = NVwZ 1989, 253 = *Hoppe/Stüer* RzB Rdn. 1179 – Nürnberg-Süd.
[2638] *BVerwG*, Urt. v. 23. 4. 1997 – 11 A 7.97 – DVBl. 1997, 1119 = NuR 1997, 504 – Rheinbek-Wentorf.

gung erteilt werden kann oder wegen der geringen Bedeutung der Änderung auf ein förmliches Verfahren verzichtet werden kann (§ 74 VII VwVfG).[2639]

VII. Anordnung vorläufiger Teilmaßnahmen

Planfeststellungsbedürftige Großvorhaben ziehen regelmäßig aufwändige und vielfach zeitintensive Verwaltungsverfahren auf sich. Die Beschleunigung derartiger Genehmigungsverfahren stößt daher an Grenzen.[2640] Eine Möglichkeit der Verfahrensbeschleunigung ist die Anordnung **vorgezogener oder vorläufiger Teilmaßnahmen** oder die **vorzeitige Zulassung des Beginns**. Derartige Regelungen sind in der Fachplanung für abfallrechtliche, wasserwege- und wasserwirtschaftliche Vorhaben, aber auch im Bereich gebundener Zulassungsentscheidungen für immissionsschutzrechtlich genehmigungsbedürftige Anlagen vorgesehen. Nach § 33 KrW-/AbfG und § 14 II WaStrG können die zuständigen Behörden noch vor der eigentlichen Planungsentscheidung dem Vorhabensträger gestatten, mit vorläufigen Teilmaßnahmen zu beginnen. Bei wasserwirtschaftlichen Vorhaben kann nach den §§ 31 IV 2, 9a WHG der vorzeitige Beginn der Maßnahme zugelassen werden. Vergleichbare Regelungen enthält § 8a BImSchG für die Zulassung des vorzeitigen Beginns immissionsschutzrechtlich genehmigungsbedürftiger Anlagen. Infolge der möglichen weitreichenden Konsequenzen dieser Teilmaßnahmen stellt sich allerdings die Frage,[2641] welchen rechtlichen Anforderungen die Zulassungsentscheidungen über die Anordnung vorgezogener Teilmaßnahmen unterliegen.[2642]

1. Gesetzliche Regelungen

Im **Wasserstraßenrecht** ist die Zulässigkeit der Anordnung vorgezogener Teilmaßnahmen wie folgt geregelt: Bereits vor Erlass des Planfeststellungsbeschlusses kann die Wasser- und Schifffahrtsdirektion nach Zustimmung des Bundesministers für Verkehr und nach Anhörung der zuständigen Landesbehörde und der anliegenden Gemeinden und Gemeindeverbände eine vorläufige Anordnung erlassen, in der Teilbaumaßnahmen zum Ausbau oder Neubau festgesetzt werden. Der alsbaldige Beginn der Teilmaßnahmen muss durch Gemeinwohlgründe erforderlich sein. Dabei müssen die nach § 74 II 2 VwVfG und § 19 Nr. 1 WaStrG durch Schutzauflagen zu sichernden Rechte gewahrt werden. Die vorläufige Anordnung berechtigt nicht zu einer wesentlichen Veränderung des Wasserstandes oder der Strömungsverhältnisse. Die Anordnung ersetzt nicht die Planfeststellung. Soweit die Teilmaßnahmen durch die Planfeststellung für unzulässig erklärt sind, ist der frühere Zustand wiederherzustellen. Der Betroffene ist zu entschädigen, soweit ein Schaden eingetreten ist, der durch die Wiederherstellung des früheren Zustandes nicht ausgeglichen wird (§ 14 II WaStrG). Die vorläufige Anordnung von Teilmaßnahmen darf das Planfeststellungsverfahren nicht vorwegnehmen. Vor allem dürfen durch die Teilmaßnahmen keine endgültigen, nicht wieder rückgängig zu machenden Fakten geschaffen werden. Die vorläufige Anordnung muss aus Gemeinwohlgründen gerechtfertigt sein. Dies ist im Einzelnen in der Entscheidung darzulegen. Dazu muss sich die Planfeststellungsbehörde auch mit den Eingriffsfolgen befassen. Der Sofortvollzug einer vorläufigen Anordnung ist gesondert zu begründen (§ 80 II 1 Nr. 4, III 1 VwGO).

Vorgezogene oder vorläufige Teilmaßnahmen beinhalten den Beginn des Vorhabens, noch bevor eine vollziehbare Planungsentscheidung vorliegt. Die Zulassung des vorzeitigen Beginns ist sowohl bei **Planfeststellungs-** als auch **Plangenehmigungsverfahren** möglich. Nach § 33 I 1 KrW-/AbfG, § 14 II 1 WaStrG und § 31 IV 2 WHG muss als erste

---

[2639] Planfeststellungsrichtlinien FStrG 99, Nr. 36.
[2640] Siehe hierzu allgemein *Rengeling* (Hrsg.), Beschleunigung von Planungs- und Genehmigungsverfahren, Köln 1997; *Ebling*, Beschleunigungsmöglichkeiten bei der Zulassung von Abfallentsorgungsanlagen, Berlin 1993; *Stüer* (Hrsg.), Verfahrensbeschleunigung, Osnabrück 1997.
[2641] Vgl. auch *OVG Schleswig*, B. v. 9. 1. 1998 – 4 M 4/98 –.
[2642] *Stüer/Hermanns* DÖV 1999, 58.

Voraussetzung ein Planfeststellungs- oder Plangenehmigungsverfahren eingeleitet worden sein. Teilmaßnahmen sollen das Verfahren in den Fällen beschleunigen, in denen die Planungsentscheidung prinzipiell feststeht.[2643] Üblicherweise ist das Planungsverfahren zum Zeitpunkt der Anordnung dieser Teilmaßnahmen noch nicht abgeschlossen. Denn andernfalls wäre die Anordnung des Sofortvollzugs der Planungsentscheidung regelmäßig mit weniger Aufwand verbunden und vor allem auch geeigneter. Dies lässt zwar Rückschlüsse auf die Zielrichtung der Anordnung der vorläufigen Teilmaßnahmen zu, sagt aber nichts über den eigentlichen Begriff der Vorläufigkeit aus.

4121 Die Vorläufigkeit der Teilmaßnahme lässt sich anhand von **drei Kriterien** bestimmen. Erstens darf die Maßnahme keine wesentlichen Veränderungen für die Umwelt befürchten lassen, zweitens muss sie wieder rückgängig zu machen sein und drittens darf die Entscheidung die Rechtsschutzmöglichkeiten Betroffener nicht einschränken. Wegen der zwischen den drei Kriterien bestehenden Abhängigkeiten reicht es nicht aus, dass der frühere Zustand erst nach geraumer Zeit – unter Umständen nach mehreren Jahren – durch die natürliche Entwicklung wiederhergestellt ist.[2644] Große Rodungen, deutlich wahrnehmbare Erdbewegungen oder auch zeitweiligen Immissionen, deren Auswirkungen sich zwar wieder abbauen, die aber an sich nicht mehr rückgängig zu machen sind, können daher nicht als vorläufige Teilmaßnahmen zugelassen werden. Die vorgezogenen/vorläufigen Teilmaßnahmen dürfen eben nur einen Teil des gesamten Vorhabens betreffen. Daher ist auf den Schwerpunkt des Projekts abzustellen, da sonst die partielle Bedeutung der Maßnahme in Frage gestellt werden würde. Im Regelfall berechtigt daher eine vorgezogene Teilmaßnahme nicht zur Inbetriebnahme der (geänderten) Anlage, sondern lediglich zum Beginn der notwendigen Errichtungsarbeiten.[2645] Deshalb wurde die vorzeitige Inbetriebnahme einer Abfallentsorgungsanlage[2646] bzw. der vorzeitige Beginn eines Gewässerausbaus[2647] abgelehnt, weil dies eben nicht mit dem Gesetzeszweck des § 33 KrW-/AbfG und des § 9a WHG vereinbar gewesen wäre. Das muss auch für die planfeststellungsbedürftige Betriebsänderung einer Abfallentsorgungsanlage gelten.[2648]

2. Vorläufigkeit der Teilmaßnahme

4122 Während § 33 KrW-/AbfG und §§ 31 IV, 9a WHG zum Begriff der Vorläufigkeit ausdrücklich keine Aussage treffen, ist nach § 14 II 3 WaStrG die vorläufige Anordnung von Teilmaßnahmen jedenfalls dann unzulässig, wenn die Strömungsverhältnisse oder der Wasserstand wesentlich verändert werden. Dies ist der Fall, wenn der Wasserspiegel in einer für die Umwelt spürbaren Form verändert wird und diese Veränderungen negative Folgen nach sich ziehen können.[2649] § 33 KrW-/AbfG, §§ 31 IV, 9a WHG, § 14 II WaStrG messen den Maßnahmen auch im Übrigen lediglich **vorzeitigen** bzw. **vorläufigen Charakter** bei. Für den Vorhabenträger besteht die Verpflichtung, die bereits vollzogenen Maßnahmen im Falle der Nichtbestätigung durch die Planungsentscheidung wieder rückgängig zu machen. Die eigentliche Planungsentscheidung darf also nicht vorweggenommen werden.[2650] Auch dürfen durch vollendete Tatsachen die Rechtsschutzmöglich-

---

[2643] *Ebling* in: *Fluck*, KrW-/AbfG, 1995, § 33 Rdn. 42; *Friesecke*, WaStrG, 3. Aufl. 1994, § 14 Rdn. 80.
[2644] Vgl. aber auch *VGH München*, B. v. 14.11.1989 – Nr. 20 AS 89.40007 – BayVBl. 1990, 246.
[2645] *BVerwG*, Urt. v. 30.4.1991 – 7 C 35.90 – DVBl. 1991, 877.
[2646] *OVG Lüneburg*, B. v. 30.8.1983 – 9 OVG B 100/83 – DÖV 1983, 903.
[2647] *VGH Kassel*, B. v. 14.2.1989 – 7 TH 2335/88 – NVwZ-RR 1989, 631.
[2648] So aber das *BVerwG*, Urt. v. 30.4.1991 – 7 C 35.90 – DVBl. 1991, 877; zur gesamten Problematik der Zulassung des vorzeitigen Betriebs siehe *Ebling*, S. 254ff. m. w. Nachw.
[2649] *Friesecke*, WaStrG, 3. Aufl. 1994, § 14 Rdn. 81.
[2650] *BVerwG*, Urt. v. 30.4.1991 – 7 C 35.90 – DVBl. 1991, 877; *VGH München*, B. v. 14.11.1989 – Nr. 20 AS 89.40007 – BayVBl. 1990, 246; zu § 7a AbfG a. F. der genau wie § 9a WHG mit § 33 KrW-/AbfG und mit § 14 II WaStrG im Wesentlichen identisch ist siehe *Schwermer* in: *Kunig/Schwermer/Versteyl*, AbfG a. F., 2. Aufl. 1992, § 7a Rdn. 7.

keiten der Betroffenen nicht unzulässig eingeschränkt werden. Der Entscheidungsprozess ist allerdings prinzipiell nicht so lange für jedes Ergebnis offen, wie nicht bestands- oder rechtskräftig über das Vorhaben entschieden worden ist.[2651] Die Behörde muss vielmehr bei der späteren Planfeststellung die gegebene Sachlage berücksichtigen. Das Schaffen vollendeter Tatsachen ist daher nicht nur objektiv unerwünscht, sondern kann auch dem späteren Rechtsschutz der Betroffenen die Effektivität nehmen.[2652] Auch § 8a BImSchG enthält für die Zulassung des vorzeitigen Beginns immissionsschutzrechtlich genehmigungsbedürftiger Anlagen vergleichbare Voraussetzungen.

3. Positives Gesamturteil und Bewertung der Eingriffsfolgen

Bei der Anordnung vorläufiger Teilmaßnahmen muss nach § 33 I KrW-/AbfG, §§ 31 IV 2, 9a WHG eine Entscheidung zu Gunsten des Vorhabenträgers zu erwarten sein. Entsprechendes gilt nach § 8a I Nr. 1 BImSchG auch für die immissionsschutzrechtliche Genehmigung. § 14 II WaStrG normiert diese Voraussetzung für das wasserwegerechtliche Vorhaben zwar nicht. Aus der Systematik des § 14 II WaStrG ergibt sich aber, dass im Wasserstraßenrecht nichts anderes gelten kann. Eine Entscheidung zu Gunsten des Vorhabenträgers ist zu erwarten, wenn nach einer vorläufigen Einschätzung der Verwaltung mit mindestens überwiegender Wahrscheinlichkeit von der Verwirklichung des Gesamtprojekts zumindest in dem vorläufig genehmigten Umfang auszugehen ist. Hier ist also eine Prognose zu treffen, die nur bei einer hinreichend sicheren Beurteilungsgrundlage zu einem vertretbaren Ergebnis führen kann.[2653] Es handelt sich um eine Art „positives Gesamturteil", das bereits mit der Entscheidung über die Teilmaßnahmen getroffen werden muss.

Neben dem positiven Gesamturteil hinsichtlich des Gesamtvorhabens i. S. einer Grobabschätzung (**„große Abwägung"**) hat die Planfeststellungsbehörde die Auswirkungen der Anordnung von vorläufigen Teilmaßnahmen in den Blick zu nehmen. Die Folgen der Anordnung sind dabei i. S. einer **„kleinen Abwägung"** umfassend zu bedenken. In diese Betrachtung sind alle Auswirkungen einzustellen, die mit der Teilmaßnahme verbunden sind. Zu berücksichtigen sind dabei alle wahrscheinlich betroffenen, mehr als geringfügigen, schutzwürdigen und erkennbaren Belange, die durch die Teilmaßnahme betroffen werden. Für beeinträchtigte Rechte ist in der Anordnung zu vorläufigen Teilmaßnahmen ein Ausgleich durch Schutzauflagen nach § 74 II 2 VwVfG oder ggf. auch eine Entschädigung nach § 74 II 3 VwVfG festzusetzen. Für die Form der Ermittlung der durch die vorläufigen Teilmaßnahmen betroffenen Belange schreibt das Gesetz ausdrücklich kein Verfahren vor. Es liegt aber auf der Hand, die rechtlichen Anforderungen an die Ermittlung der Belange nach den jeweiligen Betroffenheiten zu differenzieren.

Ferner muss ein **dringendes Bedürfnis** für die vorgezogene Maßnahme bestehen, das gegeben ist, wenn ein öffentliches Interesse (§ 33 I 1 KrW-/AbfG) oder das Wohl der Allgemeinheit (§ 14 II 1 WaStrG)[2654] einen sofortigen Beginn der Arbeiten erfordern. Hierbei kommt es nicht darauf an, ob das Projekt als solches dem Wohl der Allgemeinheit dient, vielmehr ist allein darauf abzustellen, inwieweit öffentliche Interessen die vorläufige Teilmaßnahme erfordern.[2655] Bezugspunkte des unbestimmten Rechtsbegriffes öffentliche Interessen[2656] sind daher immer die Belange, von denen die gesetzlichen Rege-

---

[2651] *BVerfG*, B. v. 20. 12. 1979 – 1 BvR 385/77 – BVerfGE 53, 30; *BVerwG*, Urt. v. 30. 4. 1991 – 7 C 35.90 – DVBl. 1991, 877; Urt. v. 19. 12. 1985 – 7 C 65.82 – DVBl. 1986, 190.
[2652] *VGH München*, B. v. 14. 11. 1989 – Nr. 20 AS 89.40007 – BayVBl. 1990, 246, 247.
[2653] *VGH Kassel*, B. v. 6. 4. 1989 – 3 TH 503/89 – NVwZ-RR 1989, 635.
[2654] Diese Begriffe können als Unterbegriffe zum „Gemeinwohl als Gesamtbegriff der öffentlichen Interessen", so *Isensee* in: *Isensee/Kirchhof*, Handbuch des Staatsrechts, 2. Aufl. 1996, § 57 Rdn. 18, gleichgesetzt werden; so auch *VGH Kassel*, B. v. 6. 4. 1989 – 3 TH 503/89 – NVwZ-RR 1989, 635, 638; *Friesecke*, WaStrG, 3. Aufl. 1994, § 18 Rdn. 4.
[2655] *Ebling* in: *Fluck*, KrW-/AbfG 1995, § 33 Rdn. 51; *Friesecke* § 14 WaStrG, Rdn. 82.
[2656] *Ossenbühl* in: *Erichsen* § 10 Rdn. 3.

lungen im KrW-/AbfG oder im WaStrG getragen werden. Dabei müssen insbesondere bei Entscheidungen nach § 33 I 1 KrW-/AbfG, §§ 31 IV, 9a WHG bei Vorhaben in privater Trägerschaft die vom *BVerfG* im Rahmen des Boxberg-Urteils entwickelten Abgrenzungskriterien zwischen öffentlichen und privaten Interesse beachtet werden.[2657] Es kann dann auch reichen, dass ein privater Vorhabenträger öffentliche Interessen verwirklicht.[2658]

4. Vogelschutzgebiete und potenzielle FFH-Gebiete

4126 Erhöhte Anforderungen können sich ergeben, wenn die Teilmaßnahme Auswirkungen auf ein ausgewiesenes Vogelschutzgebiet[2659] oder ein potenzielles FFH-Gebiet[2660] hat.[2661] Die Anforderungen der §§ 32 bis 37 BNatSchG beziehen sich auf **Projekte** und **Pläne**. Zu den Projekten gehören u.a. auch Vorhaben und Maßnahmen innerhalb eines Gebietes von gemeinschaftlicher Bedeutung oder eines Europäischen Vogelschutzgebietes (§ 32 BNatSchG).[2662] Auch vorgezogene Teilmaßnahmen mit entsprechenden Auswirkungen auf ein Vogelschutzgebiet oder ein FFH-Gebiet[2663] fallen darunter. Die Ausweisung der Schutzgebiete erfolgt nach § 33 BNatSchG. Im Rahmen der Zulassung vorgezogener Teilmaßnahmen ist daher bei entsprechenden Betroffenheiten eine Verträglichkeitsprüfung nach § 34 BNatSchG durchzuführen. Bei einem für das Projekt negativem Ausgang der Verträglichkeitsprüfung ist das Projekt grundsätzlich unzulässig (§ 34 II BNatSchG). Das Projekt darf dann nur aus zwingenden Gründen des überwiegenden öffentlichen Interesses einschließlich solcher sozialer und wirtschaftlicher Art[2664] und bei Alternativlosigkeit zugelassen werden. Bei einer Beeinträchtigung prioritärer Biotope oder Arten können wirtschaftliche Gründe nur nach Einholung einer Stellungnahme der Kommission berücksichtigt werden (§ 34 IV BNatSchG).[2665] Diese Anforderungen sind

---

[2657] *BVerfG*, Urt. v. 24.3.1987 – 1 BvR 1046/85 – BVerfGE 74, 264.

[2658] *Stüer/Hermanns* DÖV 1999, 58.

[2659] Richtlinie des Rates 79/409/EWG vom 2.4.1979 über die Erhaltung der wild lebenden Vogelarten, ABl. EG 1979, Nr. L 103, S.1; zuletzt geändert Abl. EG 1994, Nr. L 164, S.9 (Vogelschutzrichtlinie).

[2660] Richtlinie des Rates 92/43/EWG vom 21.5.1992 zur Erhaltung der natürlichen Lebensräume sowie der wildlebenden Tiere und Pflanzen, Abl. EG Nr. L 206/7 vom 22.7.1992 (Fauna-Flora-Habitat-Richtlinie).

[2661] Zu diesen Anforderungen *EuGH*, Urt. v. 8.7.1987 – Rs. 247/85 – EuGHE 1987, 3029 – Kommission gegen Belgien; Urt. v. 28.2.1992 – Rs. C-57/89 – Nur 1991, 249 – Leybucht; Urt. v. 2.8.1993 – C-355/90 – ZUR 1994, 305 – Santona; E. v. 11.7.1996 – Rs. C-44/95 – ZUR 1995, 251 = NuR 1997, 36 – Lappelbank; Urt. v. 2.8.1993 – Rs. C-355/90 – NuR 1994, 521 – Kommission gegen Spanien; Urt. v. 11.8.1995 – Rs. C-431/92 – NuR 1996, 102 – Großkrotzenburg; *BVerwG*, B. v. 21.1.1998 – 4 VR 3.97 – DVBl. 1998, 589 = NVwZ 1998, 616 = UPR 1998, 225 – A 20; Urt. v. 19.5.1998 – 4 A 9.97 und 11.97 – BVerwGE 107, 1 = NVwZ 1998, 961 = DVBl. 1998, 900 – Ostseeautobahn A 20; Urt. v. 19.5.1998 – 4 C 11.96 – NVwZ 1999, 528 = UPR 1998, 388 = NuR 1998, 649 – B 15 neu.

[2662] Vgl. auch *Freytag/Iven* NuR 1995, 109; *Gellermann* NuR 1996, 548; *Thyssen* DVBl. 1998, 877.

[2663] Zu potenziellen FFH-Gebieten *BVerwG*, B. v. 21.1.1998 – 4 VR 3.97 – DVBl. 1998, 589 = NVwZ 1998, 616 = UPR 1998, 225 – A 20; Urt. v. 19.5.1998 – 4 A 9.97 und 11.97 – BVerwGE 107, 1 = NVwZ 1998, 961 = DVBl. 1998, 900 – Ostseeautobahn A 20; Urt. v. 19.5.1998 – 4 C 11.96 – NVwZ 1999, 528 = UPR 1998, 388 = NuR 1998, 649 – B 15 neu.

[2664] Der Schutz ist damit geringer als bei der Vogelschutzrichtlinie. Nach Art. 4 IV Vogelschutz-Richtlinie kommen Ausnahmen von den Schutzgebietsbestimmungen nur bei überragenden Gründen des Gemeinwohls in Betracht. Anders als nach der FFH-Richtlinie können wirtschaftliche Gründe eine Ausnahme nicht rechtfertigen, vgl. *EuGH* v. 11.6.1996 – Rs. C-44/95 – Slg. 1996-7, I-3805 – Lappelbank.

[2665] Umstritten ist, ob die FFH-Richtlinie die Berücksichtigung wirtschaftlicher Gründe bei Beeinträchtigungen von Gebieten mit prioritären Biotopen oder Arten zulässt. Gegen die Berücksichtigung wirtschaftlicher Gründe: *Fisahn/Cremer* NuR 1997, 268; *Gellermann* NuR 1996, 548; *Winter* ZUR 1994, 309; *ders.* ZUR 1996, 255; dafür: *Epiney* UPR 1997, 303; *Fisahn/Cremer* NuR 1997, 268 (zweifelnd); *Freytag/Iven* NuR 1995, 109; eingehend *Thyssen* DVBl. 1998, 877.

8. Teil. Materielle Plananforderungen

in der Reichweite betroffener Belange auch bei den vorgezogenen Teilmaßnahmen einzuhalten.

5. Rechtsschutz

Gegen die Anordnung von vorläufigen Teilmaßnahmen steht der Rechtsweg offen. Klagebefugt ist jeder, der geltend macht, durch die **Teilmaßnahme in seinen Rechten** verletzt zu sein. Es fallen darunter Betroffenheiten durch Enteignung, schwere enteignungsgleiche Betroffenheiten, die Verletzung in rechtlich geschützten Interessen, wozu auch die Überschreitung der einfachgesetzlichen Zumutbarkeit rechnet, sowie die Verletzung des in der Fachplanung bestehenden Rechts auf Abwägung der eigenen mehr als geringfügigen, schutzwürdigen und erkennbaren Belange.[2666] Die gerichtliche Prüfung bezieht sich dann auf die Rechtmäßigkeit der Anordnung von Teilmaßnahmen und in diesem Zusammenhang auch auf die Frage, ob die Bewertung der von dieser Maßnahme berührten Belange zutreffend ist. Die Prognose, dass mit einer Entscheidung zu Gunsten des Trägers des Vorhabens bzw. des Unternehmers gerechnet werden kann, ist allerdings nicht (feststellender) Regelungsbestandteil der Zulassung vorzeitigen Beginns und entfaltet dementsprechend keine Bindungswirkung für das nachfolgende Verfahren über die endgültige Zulassung des Vorhabens. Von dem Vorhaben Betroffene können deshalb Einwände gegen dessen rechtliche Zulässigkeit nur im Rahmen eines Rechtsmittels gegen die Entscheidung über die endgültige Zulassung erheben.[2667] Das Rechtsmittel gegen die Anordnung vorläufiger Teilmaßnahmen kann ggf. auch mit einem Eilantrag nach den §§ 80, 80a VwGO verbunden werden mit dem Ziel, den Sofortvollzug der Zulassung zu stoppen.[2668]

VIII. Außer-Kraft-Treten bei Nichtdurchführung

Wird mit der Durchführung des Plans nicht innerhalb von fünf Jahren nach Eintritt der Unanfechtbarkeit begonnen, so tritt der Plan nach § 75 IV VwVfG außer Kraft. Die Geltungsdauer des rechtskräftigen Planfeststellungsbeschlusses ist daher auf fünf Jahre begrenzt, wenn mit dem Vorhaben nicht begonnen wird. Ein Planfeststellungsbeschluss für ein Vorhaben, das nicht realisiert werden soll, ist (wegen **Funktionslosigkeit**) rechtswidrig. Denn im Zeitpunkt der Planfeststellung darf nicht ausgeschlossen sein, dass das planfestgestellte Vorhaben auch verwirklicht wird.[2669] Die Art der Finanzierung des Vorhabens ist allerdings grundsätzlich kein Gegenstand des Planfeststellungsbeschlusses. Kann ein Vorhaben aber offensichtlich in den nächsten Jahren nicht finanziert werden, deutet dies auf eine Rechtswidrigkeit der Planfeststellung hin.[2670] Die Fünfjahresfrist beginnt erst mit Unanfechtbarkeit des Planfeststellungsbeschlusses. Die Frist ist nicht verlängerbar. Es gibt auch keine Wiedereinsetzung. Beginnt der Vorhabenträger mit der Durchführung des Vorhabens, so wird die Fünfjahresfrist in dem Sinne unterbrochen, dass die Frist bei Einstellung der Bauarbeiten erneut zu laufen beginnt. Auch Baumaßnahmen, die in Einzelheiten von dem Planfeststellungsbeschluss abweichen, unterbrechen die Fünfjahresfrist.[2671] Unverbindliche Vorbereitungshandlungen oder ein nur symbolischer „Spatenstich" reichen allerdings nicht aus. Wird ein Vorhaben innerhalb der Fünfjahresfrist endgültig aufgegeben, so hat die Planfeststellungsbehörde den Planfeststellungsbeschluss nach § 77 1 VwVfG aufzuheben. Dies gilt auch, wenn mit der Durchführung des Vor-

---

[2666] *Stüer* NWVBl. 1998, 169.
[2667] *BVerwG*, Urt. v. 30. 4. 1991 – 7 C 35.90 – DVBl. 1991, 877 = NuR 1991, 428.
[2668] *Stüer/Hermanns* DÖV 1999, 58.
[2669] *BVerwG*, B. v. 26. 3. 1998 – 11 B 27.97 –; *BVerfG*, B. v. 8. 6. 1998 – 1 BvR 830/98 – NVwZ 1998, 1060 – nicht zur Entscheidung angenommen.
[2670] *BVerwG*, B. v. 26. 3. 1998 – 11 B 27.97 –; *BVerfG*, B. v. 8. 6. 1998 – 1 BvR 830/98 – NVwZ 1998, 1060 – nicht zur Entscheidung angenommen.
[2671] *BVerwG*, B. v. 9. 7. 1997 – 11 B 24.97 – Schutzauflagen.

habens bereits begonnen worden ist. In diesem Fall sind in dem Aufhebungsbeschluss dem Träger des Vorhabens die Wiederherstellung des früheren Zustandes oder geeignete andere Maßnahmen aufzuerlegen, soweit dies zum Wohl der Allgemeinheit oder zur Vermeidung nachteiliger Wirkungen auf Rechte anderer erforderlich ist.[2672] Bei der Frage, ob ein Planfeststellungsbeschluss nach § 77 VwVfG wegen endgültiger Aufgabe des Vorhabens aufzuheben ist, hat die Behörde kein Ermessen. Die gebundene Entscheidung ist nach Auffassung des *VG Darmstadt* der vollen gerichtlichen Kontrolle zugänglich.[2673] Von der Aufhebung des Beschlusses ist die Enteignungsbehörde, soweit sie in das Verfahren einbezogen wurde, zu unterrichten.

[2672] Planfeststellungsrichtlinien FStrG 99, Nr. 33.
[2673] *VG Darmstadt*, Urt. v. 16. 4. 1997 – 2 E 353/96 (2) – NVwZ-RR 1998, 281.

F. Rechtsschutz

Der Rechtsschutz im öffentlichen Baurecht gliedert sich in Rechtsschutzmöglichkeiten gegen den Bebauungsplan, gegen den ein **Normenkontrollantrag** statthaft ist, und in den Rechtsschutz gegen **Einzelentscheidungen**. Dabei ist zwischen dem Rechtsschutz des Bauherrn, des Nachbarn und der Gemeinde zu unterscheiden. 4129

1. Teil. Rechtsschutzmöglichkeiten (Überblick)

Der Rechtsschutz gegen städtebauliche Planungen richtet sich vornehmlich auf die gerichtliche Kontrolle der Rechtswirksamkeit des **Bebauungsplans**. Dieser kann in einem Normenkontrollverfahren nach § 47 VwGO einer gerichtlichen Prüfung zugeführt werden,[1] wenn der Antragsteller geltend macht, durch den Bebauungsplan in eigenen Rechten verletzt zu sein (§ 47 II VwGO i. d. F. des 6. VwGO-ÄndG). Gegen den **Flächennutzungsplan** ist eine unmittelbare gerichtliche Kontrolle nicht möglich. Dieser kann nur inzidenter etwa im Rahmen einer Anfechtungs- oder Verpflichtungsklage betreffend eine Einzelentscheidung überprüft werden. 4130

Die **Einzelentscheidung** kann durch Bauherrn, Nachbarn oder Gemeinde durch Widerspruch und Anfechtungs- oder Verpflichtungsklage gerichtlich kontrolliert werden. Der **Bauherr** kann etwa bei Ablehnung des Baugenehmigungsantrages Widerspruch einlegen und Anfechtungsklage erheben. Bei einer Verzögerung oder Unterlassung der Baugenehmigung sowie bei einer Zurückstellung des Bauvorhabens ergeben sich gleichgerichtete Klagemöglichkeiten. 4131

Der **Nachbar** kann gegen eine dem Bauherrn erteilte Baugenehmigung Widerspruch und Anfechtungsklage erheben, wenn er in nachbarschützenden Vorschriften verletzt und in der Regel tatsächlich beeinträchtigt ist.[2] Rechtsschutzmöglichkeiten des Nachbarn können sich auch bei einem dem Bauherrn erteilten positiven Bauvorbescheid ergeben. Bei ungenehmigten Bauten kommt ein Rechtsschutz des Nachbarn ebenfalls in Betracht, wenn elementare Nachbarrechte beeinträchtigt sind und das der Behörde zustehende Ermessen auf null reduziert ist. Nachbarrechte dürfen auch nicht durch Verzicht, Verwirkung[3] oder Rechtsmissbrauch untergegangen sein. 4132

Die **Gemeinde** kann gegen eine Baugenehmigung Widerspruch einlegen und ggf. klagen, wenn durch die Baugenehmigung nachbargemeindliche Belange oder andere Planungsbelange beeinträchtigt sind. In der **Fachplanung** kann der durch die Planung unmittelbar Betroffene Rechtsschutz durch Anfechtungsklage suchen. Begehrt der Betroffene (lediglich) eine Ergänzung der Planung durch Schutzauflagen, ist ein Verpflichtungsbegehren statthaft. Der mittelbar von einer Fachplanung Betroffene kann einen Anspruch auf Abwägung der eigenen Belange geltend machen. 4133

---

[1] *Eyermann/Fröhler* § 47 Rdn. 1 ff.; *Kopp/Schenke* Rdn. 1 ff. zu § 47 VwGO; *Redeker/von Oertzen* § 47 Rdn. 1 ff.

[2] Zum Nachbarrechtsschutz *Bartlsperger* VerwArch. 60 (1969), 35; *Dehner* Nachbarrecht im Bundesgebiet 1981; *Dürr* DÖV 1994, 841; *Glaser/Dröschel* Das Nachbarrecht in der Praxis 1971; *Horst* DWW 1993, 213; *Hövel* JA 1993, 336; *Hoppenberg* in: HdBöffBauR Kap. H; *Kleinlein* Das System des Nachbarrechts 1987; *Kluth* BauR 1990, 678; *Kübler/Speidel* Handbuch des Baunachbarrechts 1970; *Mampel* ZAP Fach 19, 103; *ders.* NuR 1993, 376; *Pappermann* JuS 1973, 689; *Sarnighausen* NVwZ 1993, 1054; *ders.* NJW 1995, 502; *Schäfer* Nachbarrechtsgesetz NW 1994; *Schenk* Nachbarrechtliche Probleme bei genehmigungsbedürftigen und nichtgenehmigungsbedürftigen Anlagen nach dem BImSchG 1994; *Steinberg* Das Nachbarrecht der öffentlichen Anlagen 1988; *ders.* NJW 1984, 457; *Strauch* BWPr. 1996, 8; *Vieweg* JZ 1987, 1104.

[3] *BVerwG*, B. v. 13. 8. 1996 – 4 B 135.96 – BauR 1997, 281 – Verwirkung.

2. Teil. Rechtsschutz gegen den Bebauungsplan

4134 Nach § 47 I VwGO entscheidet das *OVG* im Rahmen seiner Gerichtsbarkeit in der **Normenkontrolle**[4] auf Antrag über die Gültigkeit (1) von Satzungen, die nach den Vorschriften des BauGB erlassen worden sind, sowie von Rechtsverordnungen aufgrund des § 46 II BauGB, (2) von anderen im Range unter dem Landesgesetz stehenden Rechtsvorschriften, sofern das Landesrecht dies bestimmt. Den Antrag kann nach § 47 II 1 VwGO jede natürliche oder juristische Person, die geltend macht, durch die Rechtsvorschrift oder deren Anwendung in ihren Rechten verletzt zu sein oder in absehbarer Zeit verletzt zu werden, sowie jede Behörde innerhalb von zwei Jahren nach In-Kraft-Treten der Rechtsvorschrift stellen. Der Normenkontrollantrag ist gegen die Körperschaft, Anstalt oder Stiftung zu richten, welche die Rechtsvorschrift erlassen hat (§ 47 II 2 VwGO). Das *OVG* kann dem Land und anderen juristischen Personen des öffentlichen Rechts, deren Zuständigkeit durch die Rechtsvorschrift berührt wird, Gelegenheit zur Äußerung binnen einer zu bestimmenden Frist geben (§ 47 II 3 VwGO). Bei einem anhängigen verfassungsgerichtlichen Verfahren kann das *OVG* die Verhandlung aussetzen (§ 47 IV VwGO). Das Normenkontrollgericht entscheidet durch Urteil oder, wenn es eine mündliche Verhandlung nicht für erforderlich hält, durch Beschluss (§ 47 V 1 VwGO). Ist der Bebauungsplan unwirksam, stellt dies das *OVG* in seiner Entscheidung fest. Die Entscheidung ist allgemeinverbindlich und von der Gemeinde ebenso wie der Bebauungsplan bekannt zu machen (§ 47 V 2 VwGO, § 10 III BauGB). Wird der Antrag zurückgewiesen, hat die Entscheidung keine Allgemeinverbindlichkeit. Gegen Normenkontrollentscheidungen des *OVG* nach § 47 V 1 VwGO ist die Revision statthaft, wenn sie vom *OVG* zugelassen worden ist (§ 132 I VwGO). Die Revision ist bei grundsätzlicher Bedeutung (Grundsatzrevision), Abweichung von der höchstrichterlichen Rechtsprechung (Divergenzrevision)

---

[4] Vgl. *Achterberg* VerwArch. 72 (1981), 163; *ders.* DVBl. 1980, 820; *Battis/Schrödter* DVBl. 1977, 160; *Becker* BauR 1980, 195; *Berg* DÖV 1981, 889; *Besler,* Die Probleme der verwaltungsgerichtlichen Normenkontrolle, Diss. 1981; *Betterman* DVBl. 1980, 233; *ders.* DVBl. 1982, 91; *ders.* DVBl. 1982, 956; *Birk* DVBl. 1978, 161; *Blümel* VerwArch. 74 (1983), 153; *Braun* BayVBl. 1983, 577; *Breuer* DVBl. 1983, 432; *Brodersen* JuS 1995, 941; *Dienes* DVBl. 1980, 672; *Dolde* BauR 1978, 153; *ders.* NJW 1984, 1713; *Drettmann/Gaentzsch* DVBl. 1985, 29; *Dürr* Die Antragsbefugnis bei der Normenkontrolle von Bebauungsplänen 1989; *ders.* DÖV 1990, 136; *Erichsen* DVBl. 1987, 168; *Gerschlauer* DÖV 1984, 493; *Grave* BauR 1981, 150; *ders.* NVwZ 1992, 954; *Grooterhorst* DVBl. 1989, 1176; *Groß* DVBl. 1989, 1076; *Grziwotz* DVBl. 1988, 768; *Groth* DVBl. 1979, 179; *Hoffmann* Die Antragsbefugnis im verwaltungsprozessualen Normenkontrollverfahren 1974; *Hoppe* in: FG BVerwG 1976, 663; *ders.* FS Ernst 1985, 747; *Ipsen* Die Verwaltung 1987, 477; *Jäde* BayVBl. 1985, 225; *Knöpfle* FS *VGH München* 1979, 187; *Konrad* BayVBl. 1982, 517; *Kohl* JuS 1993, 320; besonders ausführlich *Kopp/Schenke,* Rdn. 1 zu § 47 VwGO; *ders.* FS *VGH München* 1979, 205; *ders.* BayVBl. 1977, 513; *ders.* BayVBl. 1983, 821; *ders.* NVwZ 1989, 234; *Krebs* VerwArch. 69 (1978), 323; *Kuhla* NVwZ 1988, 1084; *Lenz* BauR 1980, 130; *Linke* BauR 1990, 609; *Löwer* NJW 1979, 1264; *Lossos* FS *VGH München* 1979, 1; *Mößle* BayVBl. 1976, 609; *Obermayer* DVBl. 1965, 625; *Obermayer/Mayer* Zehn Jahre VwGO 1970, 961; *Oertzen* DÖV 1988, 296; *Ossenbühl* FS Huber 1981, 283; *Paetow* NVwZ 1985, 309; *Papier* FS Menger 1985, 517; *Peine* JZ 1989, 541; *Pestalozza* NJW 1978, 1782; *Quaas* Normenkontrolle und Bebauungsplan 1986; *Rasch* BauR 1977, 147; *ders.* BauR 1981, 409; *ders.* BauR 1990, 521; *Renck* NJW 1980, 1022; *ders.* JuS 1982, 338; *Redeker/von Oertzen* zu § 47 VwGO; *Renck* NJW 1980, 1022; *Ritter* DÖV 1977, 848; *Röper* NVwZ 1982, 298; *Ronellenfitsch* VerwArch. 74 (1983), 281; *Sachs* DÖV 1982, 23; *ders.* BayVBl. 1982, 396; *Schenk/Meyer-Ladewig* DVBl. 1976, 199; *Schenke* NJW 1978, 671; *ders.* DVBl. 1979, 169; *ders.* Rechtsschutz bei normativem Unrecht 1979; *ders.* DÖV 1979, 622; *ders.* VerwArch. 72 (1981), 185; *ders.* JuS 1981, 81; *Schlichter* FS Redeker 1993, 357; *Sendler* DVBl. 1982, 157; *Skouris* DVBl. 1980, 315; *Sojka* MDR 1974, 448; *Stelkens/Pagenkopf* DVBl. 1977, 668; *Stern* FS Schäfer 1975, 591; *Stich* DVBl. 1982, 173; *Stüer* DVBl. 1985, 469; *ders.* DÖV 1986, 646; *ders.* DVBl. 1989, 810; *ders.* DVBl. 1996, 847; *ders.* DVBl. 1997, 326; *ders.* in: *Stüer* (Hrsg.) Verfahrensbeschleunigung, S. 90; *Weidemann* DVBl. 1984, 767; *Westbomke* Der Anspruch auf Erlass von Rechtsverordnungen und Satzungen 1976; *Württemberger* AöR 1980, 370; *Ziekow* NVwZ 1991, 345; *ders.* GewArch. 1990, 387; *Zuck* DVBl. 1978, 166.

2. Teil. Rechtsschutz gegen den Bebauungsplan

und bei Verfahrensfehler (Verfahrensrevision) zuzulassen (§ 132 II VwGO). Wird die Revision vom *OVG* nicht zugelassen, so kann unter den vorgenannten Voraussetzungen eine Nichtzulassungsbeschwerde erhoben werden. Nach § 47 VI VwGO kann das Gericht auf Antrag eine einstweilige Anordnung erlassen, wenn dies zur Abwehr schwerer Nachteile oder aus anderen wichtigen Gründen geboten ist.

I. Gegenstand der Normenkontrolle (§ 47 I VwGO)

Der ursprüngliche Gegenstand der verwaltungsgerichtlichen Normenkontrolle ist durch das 4. VwGO-ÄndG v. 24. 8. 1976 wesentlich erweitert worden. Es unterliegen der Normenkontrolle bundeseinheitlich alle **Satzungen**, die nach den Vorschriften des **BauGB** und des inzwischen durch das BauROG 1998 aufgehobenen **BauGB-MaßnG** erlassen worden sind sowie Rechtsverordnungen auf der Grundlage des § 246 II BauGB. Hierzu zählen als zulassungsbegründende Satzungen der Bebauungsplan (§ 10 I BauGB) und der Vorhaben- und Erschließungsplan (§ 12 BauGB), als plansichernde Satzungen die Vorkaufsrechtssatzung (§ 25 BauGB) und die Veränderungssperre (§§ 14, 16 BauGB), als Innenbereichssatzungen die Klarstellungssatzung (§ 34 IV 1 Nr. 1 BauGB), die Entwicklungssatzung (§ 34 IV 1 Nr. 2 BauGB), die Ergänzungssatzung (§ 34 IV 1 Nr. 3 BauGB), ein einfacher Bebauungsplan über Vergnügungsstätten, die Außenbereichssatzung (§ 35 VI BauGB), als maßnahmenbegleitende Satzungen die Erhaltungssatzung (§ 172 BauGB), die Sanierungssatzung (§ 142 BauGB) und die Entwicklungsbereichssatzung (§ 165 VI BauGB) sowie als weitere Satzungen die Fremdenverkehrssatzung (§ 22 II BauGB) und die Erschließungsbeitragssatzung (§ 132 BauGB). Die Zulässigkeit der Normenkontrolle gegen sonstige untergesetzliche Rechtsvorschriften ist von einer entsprechenden Regelung abhängig. Davon haben die Länder Baden-Württemberg, Bayern, Berlin, Bremen, Hessen, Niedersachsen, Rheinland-Pfalz und Schleswig-Holstein Gebrauch gemacht, während in Nordrhein-Westfalen, Hamburg im Saarland und für den Bund entsprechende gesetzliche Zulassungsregelungen fehlen. Der Überprüfung im Normenkontrollverfahren können nach Maßgabe des jeweiligen Landesrechts Rechtsverordnungen einschließlich Polizeiverordnungen, Durchführungs- und Ausführungsverordnungen, Organisationsverordnungen, rechtsetzende Vereinbarungen, Anstaltsordnungen, autonome Satzungen, abgeleitetes Gewohnheitsrecht und generelle Regelungen in besonderen Pflichtverhältnissen unterliegen. Die Darstellungen des Flächennutzungsplans können demgegenüber nicht der verwaltungsgerichtlichen Normenkontrolle angegriffen werden.[5] Auch kann sich die Normenkontrolle nicht darauf richten, die Gemeinde zur Aufstellung eines Bebauungsplans oder vorhabenbezogenen Bebauungsplans (§ 12 BauGB) zu verpflichten. Denn auf die Aufstellung eines Bebauungsplans gibt es keinen Rechtsanspruch (§ 1 III 2 BauGB). Einwendungen gegen die Rechtmäßigkeit eines Vorhabens, die sich auf das Unterbleiben einer das Vorhaben und seine Auswirkungen koordinierenden Bauleitplanung stützen, können möglicherweise im Rahmen einer zulässigen Baunachbarklage gegen die Genehmigung des Vorhabens geltend gemacht werden. Indessen kann, selbst wenn eine Bauleitplanung für ein Vorhaben zu Unrecht unterblieben sein sollte, ein solcher Fehler von den dadurch i. S. des § 47 II 1 VwGO nachteilig Betroffenen nicht mit einem Antrag nach § 47 VwGO beanstandet werden.[6] In welchem Umfang der Landesgesetzgeber Normenkontrollen gegen landesrechtliche Regelungen eröffnet, liegt in seinem Ermessen. Es verstößt nicht gegen Bundesrecht, wenn eine Vorschrift des Landesrechts Rechtsverordnungen von Landesministerien im Gegensatz zu anderen im

---

[5] *BVerwG*, B. v. 20. 7. 1990 – 4 N 3.88 – BauR 1990, 685 = DVBl. 1990, 1352 = NVwZ 1991, 262 = DÖV 1991, 113 = *Hoppe/Stüer* RzB Rdn. 1302 – Normenkontrolle Flächennutzungsplan.
[6] *BVerwG*, B. v. 23. 12. 1988 – 4 NB 29.88 – Buchholz 310 § 47 VwGO Nr. 31 = *Hoppe/Stüer* RzB Rdn. 1298 – Nichterlass Bebauungsplan.

Range unter dem Landesgesetz stehenden Rechtsvorschriften nicht der Normenkontrolle nach § 47 I Nr. 2 VwGO unterwirft.[7]

4136 In einem Regionalplan enthaltene Ziele der Raumordnung[8] sind Rechtsvorschriften im Sinne des § 47 I Nr. 2 VwGO. Ziele der Raumordnung im Sinne des § 3 Nr. 2 ROG haben den Charakter von Außenrechtsvorschriften. Sie können auch als Regelungen mit beschränktem Adressatenkreis Außenwirkungen entfalten. Sie können vom Zieladressaten zum Gegenstand einer Normenkontrolle gemacht werden, auch wenn der Landesgesetzgeber für den Regionalplan keine Rechtsform vorgibt.[9] Die gilt insbesondere für die Gemeinden, die ihre Planungen an die Ziele der Raumordnung anzupassen haben (§ 1 III BauGB).

4137 Die Normenkontrolle ist auch gegen **nicht mehr geltende Rechtssätze** zulässig, wenn und soweit sie noch Auswirkungen auf die Rechtsbeziehungen in der Gegenwart haben, insbesondere noch für die Beurteilung von gegenwärtigen Rechtsverhältnissen von Bedeutung sind.[10] Tritt etwa ein Bebauungsplan oder eine Veränderungssperre außer Kraft, kann bei einem entsprechenden Rechtsschutzinteresse die Feststellung begehrt werden, dass die Rechtsvorschrift unwirksam war.[11] Davon ist insbesondere auszugehen, wenn die Gültigkeit oder Ungültigkeit der Norm entscheidungserhebliche Vorfrage in einem nachfolgenden Rechtsstreit der Beteiligten ist.[12] Auch ältere Fassungen oder einzelne Änderungen des Bebauungsplans können nach Auffassung des *BVerwG* Gegenstand eines Normenkontrollverfahrens sein, wenn an der Feststellung der Unwirksamkeit des Plans ein entsprechendes Rechtsschutzbedürfnis besteht.[13] Welcher der verschiedenen **Bebauungsplantypen** vom Gericht auf seine Gültigkeit zu überprüfen ist, richtet sich nach dem Rechtsschutzziel des Antragstellers. Dies gilt auch, wenn ein vor Erhebung der Normenkontrolle in Kraft getretener Bebauungsplan während des gerichtlichen Verfahrens geändert oder ergänzt wird.[14] Richtet sich ein Normenkontrollantrag auf die Feststellung der Unwirksamkeit der Änderung eines Bebauungsplans, so darf das Normenkontrollgericht nicht ohne Antrag den ursprünglichen Bebauungsplan zum Gegenstand seiner Unwirksamkeitsfeststellung machen. Die Unwirksamkeit der ursprünglichen Satzung prüft es von sich aus nur als Vorfrage der Gültigkeit der mit dem Normenkontrollantrag angegriffenen (Änderungs-)Satzung.[15]

4138 Auch Satzungen, die bereits **verkündet**, aber noch nicht in Kraft getreten sind, können Gegenstand eines Normenkontrollverfahrens sein.[16] Ein vorbeugender Antrag gegenüber

---

[7] *BVerwG*, B. v. 1. 8. 1990 – 7 NB 2.90 – DVBl. 1991, 172 = DÖV 1991, 162 = *Hoppe/Stüer* RzB Rdn. 1303 – Normenkontrolle Landesrecht.

[8] Zur Raumordnung s. Rdn. 215.

[9] *BVerwG*, Urt. v. 20. 11. 2003 – 4 CN 6.03 – BVerwGE 119, 217 = DVBl. 2004, 629 = ZfBR 2004, 272 – Ziele der Regionalplanung.

[10] *BVerwG*, Urt. v. 14. 7. 1978 – 7 N 1.78 – BVerwGE 56, 172 = *Hoppe/Stüer* RzB Rdn. 1321 – Abgabensatzung.

[11] *BVerwG*, B. v. 16. 8. 1983 – 4 B 94.83 – DVBl. 1984, 145 = UPR 1984, 26 = BauR 1983, 560 = *Hoppe/Stüer* RzB Rdn. 1246 – nachbarschützende Norm.

[12] *BGH*, Urt. v. 18. 5. 1980 – III ZR 27/77 – BGHZ 77, 338 = NJW 1980, 2814 = DÖV 1981, 337 = *Hoppe/Stüer* RzB Rdn. 807 – Sanierungssatzung.

[13] *BVerwG*, B. v. 25. 2. 1997 – 4 NB 30.96 – NVwZ 1997, 896 = BauR 1997, 603 – Dachgeschosszahl-Festsetzung.

[14] *BVerwG*, B. v. 25. 2. 1997 – 4 NB 30.96 – NVwZ 1997, 896 = BauR 1997, 603 – Dachgeschosszahl-Festsetzung; abweichend von der Antragstellung, die nur die Prüfung einer Bebauungsplanänderung beabsichtigte, hat das *OVG Münster*, Urt. v. 21. 8. 1997 – 11a D 156/93.NE – BauR 1998, 294, die Rechtskontrolle auch auf den zugrunde liegenden Bebauungsplan erstreckt. So sei zu verfahren, wenn zwischen dem Bebauungsplan und seiner Änderung ein untrennbarer Regelungszusammenhang bestünde und Anhaltspunkte für die Nichtigkeit des Ursprungsbebauungsplanes vorlägen.

[15] *BVerwG*, Urt. v. 16. 12. 1999 – 4 CN 7.98 – BVerwGE 110, 193 = DVBl. 2000, 804 – Bebauungsplanänderung.

[16] *VGH Kassel*, B v. 12. 11. 1981 – IV N 5/81 – BauR 1982, 135 – noch nicht rechtsverbindlicher Bebauungsplan; *VGH Mannheim*, B. v. 24. 2. 1976 – IX 1773/75 – NJW 1976, 1706 – Regelstudienzeit für Juristen.

„werdendem Recht" ist demgegenüber unzulässig, weil das Rechtsetzungsverfahren zunächst abgeschlossen werden muss, bevor ein Normenkontrollantrag gestellt werden kann. Auch der Antrag auf Erlass einer einstweiligen Anordnung nach § 47 VI VwGO setzt die Verkündung der Norm voraus.[17] Das Rechtsetzungsverfahren kann danach durch einen Normenkontrollantrag nicht aufgehalten oder gar ganz unterbunden werden.[18] Ebenso wenig zulässig ist eine Klage auf Erlass eines Rechtssatzes oder auf zukünftige Ergänzung von Rechtsnormen, und zwar auch nicht in der Form der Verpflichtung eines Satzungs- oder Verordnungsgebers zu einer entsprechenden Normierung.[19] Denn ein Normenkontrollantrag nach § 47 VwGO ist nur gegen bereits erlassene Normen statthaft. Eine Norm ist in diesem Sinn dann erlassen, wenn sie aus der Sicht des Normgebers bereits Geltung für sich in Anspruch nimmt. Dementsprechend ist ein Normenkontrollantrag auch dann statthaft, wenn gerade strittig ist, ob die Norm formell rechtsgültig erlassen worden ist.[20] Rechtsvorschriften, die erst im Stadium ihrer Entstehung sind, können demgegenüber nicht Gegenstand einer Normenkontrolle sein.[21] Entscheidend ist, ob die Tätigkeit der am Rechtsetzungsverfahren Beteiligten aus ihrer Sicht beendet ist[22] und – vor allem – ob die Norm aus der Sicht des Normgebers formelle Geltung beansprucht. Dies ist erst mit der **Verkündung der Norm** der Fall. Das gilt auch für Bebauungspläne, die bereits Planreife erlangt haben[23] und als Grundlage für Baugenehmigungen nach § 33 I oder II BauGB dienen. Die Norm muss daher bereits im Zeitpunkt der Erhebung des Normenkontrollantrags verkündet sein. Ein späteres In-Kraft-Treten der Norm heilt den Mangel der Zulässigkeit des Normenkontrollantrags nicht.[24] Bebauungsplanentwürfe sind daher nicht normenkontrollfähig, auch wenn sie bereits eine Planreife nach § 33 BauGB erlangt haben.[25] Geht der Normgeber davon aus, dass es sich um eine in diesem Sinne bereits erlassene Norm handelt, ist der Normenkontrollantrag nach § 47 VwGO statthaft. Das muss auch und gerade dann gelten, wenn strittig ist, ob die Norm in Übereinstimmung mit dem geltenden Recht erlassen worden ist. Denn auch dann geht es nicht darum, eine erst im Werden begriffene Norm einer Kontrolle zu unterziehen, also um irgendeine Art vorbeugenden Rechtsschutzes. Es geht dann vielmehr darum, ob eine Norm, die aus der Sicht des Normgebers Geltung für sich beansprucht, gültig ist oder nicht.[26]

---

[17] *VGH München*, B. v. 12. 4. 1978 – Nr. 268 IX 78 – BayVBl. 1978, 438; *Rasch* BauR 1981, 409.
[18] *BVerwG*, Urt. v. 29. 7. 1977 – IV C 51.75 – BVerwGE 54, 211 = DVBl. 1977, 897 = DÖV 1977, 826 = BauR 1977, 394 = NJW 1978, 554 = NuR 1980, 165 = BayVBl. 1977, 736 = VerwRspr. 29, 706 = *Hoppe/Stüer* RzB Rdn. 1293 – vorbeugender Rechtsschutz.
[19] *VGH Kassel*, B. v. 15. 11. 1982 – VIII N 2/82 – NJW 1983, 2895 – Martinimarkt; a. A. *Westbomke*, Der Anspruch auf Erlass von Rechtsverordnungen und Satzungen 1976, 129.
[20] *BVerwG*, B. v. 2. 6. 1992 – 4 N 1.90 – NVwZ 1992, 1088 = BauR 1992, 743 = NuR 1992, 473 = BayVBl. 1993, 58 = *Hoppe/Stüer* RzB Rdn. 1308 – präventive Normenkontrolle.
[21] *BVerwG*, B. v. 4. 4. 1963 – 1 CB 18.62 – Buchholz 310 § 40 VwGO Nr. 22 = NJW 1963, 1122; Urt. v. 29. 7. 1977 – IV C 51.75 – BVerwGE 54, 211 = Buchholz 406.19 Nachbarschutz Nr. 31; *BVerfG*, B. v. 30. 7. 1952 – 1 BvF 1/52 – BVerfGE 1, 396; *VGH Mannheim*, Urt. v. 18. 7. 1962 – I 364/72 – ESVGH 12, 114; *VGH Kassel*, Urt. v. 12. 11. 1981 – IV N 5/81 – BauR 1982, 135 = DVBl. 1982, 903; *VGH München*, Urt. v. 5. 7. 1977 – 28 V 76 – NJW 1978, 773 = BayVBl. 1978, 438 – Gebietsreform; *BayVerfGH* für die Popularklage nach Art. 98 S. 4 BV, BayVBl. 1986, 491; *Ule* VerwArch. 65 (1974), 291; *Jäde* BayVBl. 1985, 225; *Stüer* DVBl. 1985, 470; *Eyermann/Fröhler* Rdn. 21 zu § 47 VwGO.
[22] *VGH Kassel*, B. v. 12. 11. 1981 – VIII N 2/82 – BauR 1982, 135 – Martinimarkt.
[23] Zur Planreife s. Rdn. 2315.
[24] So *OVG Bautzen*, Urt. v. 22. 1. 1998 – 1 S 770/97 – NVwZ 1998, 527.
[25] *VGH München*, B. v. 30. 7. 1999 – 26 NE 99.2007 – ZfBR 1999, 347.
[26] Vgl. ähnlich zur Zulässigkeit der Vorlage nach Art. 100 I GG bei einem Streit darüber, ob ein Gesetz in Übereinstimmung mit den Vorschriften der Verfassung in Kraft gesetzt worden ist, *BVerfG*, Urt. v. 8. 7. 1976 – 1 BvL 19/75 – BVerfGE 42, 263 = DVBl. 1976, 710 – Hilfswerk behinderte Kinder.

4139 Auch gegen **vollzogene Bebauungspläne** kann die Normenkontrolle zulässig sein. Ist etwa eine durch einen Bebauungsplan festgesetzte Straße bereits gebaut und gewidmet, so kann gleichwohl noch für den durch die Straße nachteilig Betroffenen ein Rechtsschutzbedürfnis für einen Normenkontrollantrag gegen den Bebauungsplan bestehen.[27] Davon kann etwa auszugehen sein, wenn ein Rückbau der Straße angestrebt wird und bei erfolgreichem Normenkontrollverfahren in Betracht kommt.[28]

4140 Wenn sich der Normenkontrollantrag gegen die **Änderung eines Bebauungsplans** richtet, so darf das Normenkontrollgericht nicht ohne Antrag den **ursprünglichen Bebauungsplan** zum Gegenstand seiner Unwirksamkeitsfeststellung machen. Das schließt die Prüfung der Wirksamkeit des ursprünglichen Bebauungsplans als Vorfrage der Gültigkeit der Änderung freilich nicht aus.[29] Auch Satzungen über die Aufhebung von Bebauungsplänen können Gegenstand eines Normenkontrollverfahrens sein.[30] Ein Normenkontrollantrag nach § 47 VwGO gegen einen als Satzung beschlossenen, aber noch nicht bekannt gemachten Bebauungsplan ist auch dann nicht statthaft, wenn der Planentwurf Grundlage für Genehmigungen nach § 33 BauGB sein kann. Etwas anderes kommt allenfalls dann in Betracht, wenn der Antragsteller durch Nachbarklagen gegen derartige Baugenehmigungen keinen hinreichenden Rechtsschutz erlangen könnte.[31]

4141 Bebauungspläne unterliegen der Normenkontrolle nur, soweit sie aufgrund der Vorschriften des BBauG, des StBauFG, des BauGB und des durch das BauROG 1998 aufgehobenen BauGB-MaßnG erlassen worden sind. Nach § 173 BBauG **übergeleitete Bebauungspläne** sind demgegenüber nicht durch Normenkontrollantrag auf ihre Rechtswirksamkeit zu überprüfen.[32] Dasselbe dürfte für übergeleitete Altpläne in den neuen Ländern gelten. Auf Landesrecht beruhende Gestaltungsfestsetzungen nehmen an den Rechtswirkungen des Bebauungsplans teil und können daher im Normenkontrollverfahren auch in den Ländern überprüft werden, die von der Ermächtigung in § 47 I Nr. 2 VwGO keinen Gebrauch gemacht haben.[33] Ein Normenkontrollantrag ist unzulässig, wenn er sich nicht gegen die untergesetzliche Rechtsvorschrift, sondern ausschließlich gegen das Ermächtigungsgesetz selbst richtet.[34]

4142 Eine durch Gesetz geänderte Norm einer landesrechtlichen Rechtsverordnung, hinsichtlich der die Rückkehr zum einheitlichen Verordnungsrang angeordnet worden ist (**„Entsteinerungsklausel"**), kann eine im Range unter dem Landesgesetz stehende Rechtsvorschrift i. S. von § 47 I Nr. 2 VwGO sein. Vorbehaltlich landesrechtlicher Besonderheiten kann eine solche Vorschrift Gegenstand einer verwaltungsgerichtlichen Normenkontrolle sein.[35]

---

[27] *BVerwG*, B. v. 30. 9. 1992 – 4 NB 22.92 – Buchholz 310 § 47 VwGO Nr. 70 = *Hoppe/Stüer* RzB Rdn. 1310 – fertig gestellte Straße.
[28] Zum Anspruch auf Rückbau einer Straße oder auf entsprechende Schutzmaßnahmen zur Abwehr von Eingriffen in Rechte der benachbarten Grundstückseigentümer *BVerwG*, Urt. v. 26. 8. 1993 – 4 C 24.91 – BVerwGE 94, 100 = DVBl. 1993, 1357 = *Hoppe/Stüer* RzB Rdn. 102 – Bargteheide.
[29] *BVerwG*, Urt. v. 16. 12. 1999 – 4 CN 7.98 – DVBl. 2000, 804.
[30] *OVG Münster*, Urt. v. 4. 11. 2002 – 7 a D 141/00.NE – teilweise Aufhebung von Festsetzungen.
[31] *BVerwG*, B. v. 15. 10. 2001 – 4 BN 48.01 – DVBl. 2002, 281 = UPR 2002, 110 = BauR 2002, 445.
[32] *OVG Berlin*, B. v. 26.10.1971 – II A 5.79 – ZfBR 1980, 51 – übergeleiteter Bebauungsplan; offen gelassen noch durch *OVG Münster*, B. v. 31. 3. 1978 – Xa ND 8/77 – DVBl. 1979, 193 = BauR 1978, 209 – Durchführungsplan.
[33] *OVG Münster*, Urt. v. 19. 8. 1983 – 10a NE 1/81 – NVwZ 1984, 595 – Gestaltungsfestsetzungen; entgegen *OVG Saarlouis*, Urt. v. 4. 12. 1981 – 2 N 12/80 – NVwZ 1983, 42 = BRS 38, Nr. 48 – bauordnungsrechtliche Regelungen.
[34] *VGH München*, Urt. v. 22. 12. 1982 – 4 N 81. A.330 – BayVBl. 1983, 564. Zulässig ist der Normenkontrollantrag dagegen, wenn er die untergesetzliche Rechtsvorschrift zur Überprüfung stellt, zugleich aber eine Inzidentkontrolle der Ermächtigungsgrundlage angestrebt wird.
[35] *BVerwG*, Urt. v. 16. 1. 2003 – 4 CN 8.01 – BVerwGE 117, 31 = NVwZ 2003, 730 = DVBl. 2003, 804 – Entsteinerungsklausel.

Mit einem Normenkontrollantrag nach § 47 VwGO kann auch die **Funktionslosigkeit** 4143
eines Bebauungsplans geltend gemacht werden. Das *OVG* hat in diesem Fall die Ungültigkeit einzelner Festsetzungen aufgrund der eingetretenen Funktionslosigkeit festzustellen. Das Gericht ist daher nicht an die Feststellung der Unwirksamkeit des Bebauungsplans begrenzt, wie es § 47 V 2 VwGO nahe legen könnte. Ob die Einführung der Zweijahresfrist hier Beschränkungen auferlegt, hat das *BVerwG* offen gelassen.[36] Nicht berührt werden durch § 47 VwGO die prozessualen Möglichkeiten, durch eine **Feststellungsklage** nach § 43 VwGO das Bestehen oder Nichtbestehen eines Rechtsverhältnisses gerichtlich klären zu lassen. Insbesondere ist eine solche Klage nicht deshalb unzulässig, weil ihre Begründetheit ausschließlich von der von den Parteien unterschiedlich beurteilten Gültigkeit einer Rechtsnorm abhängig ist.[37] Jedoch bedarf es dazu eines hinreichend konkreten Rechtsverhältnisses und eines berechtigten Feststellungsinteresses. Denn durch die Feststellungsklage darf eine unzulässige Normenkontrollklage nicht umgangen werden.

Der Rechtsschutz gegen **Programme und Pläne** der **Raumordnung** hängt wesentlich 4144
von der Ausgestaltung ab, die der Landesgesetzgeber diesen Regelungen gegeben hat. In den Ländern, in denen die Normenkontrolle nach § 47 I Nr. 2 VwGO auch gegen unter dem Landesgesetz stehende Rechtsvorschriften möglich ist, können die Ziele der Raumordnung in der Form der generell-abstrakten untergesetzlichen Regelungen Gegenstand der Normenkontrolle sein.[38] Ist nach dem Landesrecht eine Normenkontrolle gegen rechtsförmige Programme und Pläne der Raumordnung nicht eröffnet, so kommt in den Ländern, die eine Verfassungsgerichtsbarkeit eingerichtet haben, eine Verfassungsbeschwerde in Betracht. Diese kann insbesondere von Gemeinden eingelegt werden, die sich etwa gegen Ausweisungen in Gebietsentwicklungsplänen wenden.[39]

Das *OVG* entscheidet im Rahmen seiner Gerichtsbarkeit nur über die Rechtssätze, 4145
deren Vollzug der verwaltungsgerichtlichen Kontrolle unterliegt. Diese Beschränkung auf die sachliche Zuständigkeit der Verwaltungsgerichte soll verhindern, dass die verwaltungsgerichtliche Normenkontrolle auf andere eigenständige Gerichtszweige ausufert und deren Entscheidungen unzulässig präjudiziert.[40] Zwar unterliegt ein Bebauungsplan der verwaltungsgerichtlichen Normenkontrolle auch dann, wenn das Verfahren lediglich dazu dienen soll, einer Enteignung die Rechtsgrundlage zu entziehen.[41] Ein Normenkontrollantrag gegen einen Bebauungsplan zur Klärung rein zivilrechtlicher Fragestellungen wäre demgegenüber unzulässig. Betrifft ein behaupteter Rechtsfehler etwa hinsichtlich der gebietlichen Zuständigkeit der Gemeinde sowohl Fragen der Zulässigkeit als auch der Begründetheit eines Normenkontrollantrags, so genügt es für die Zulässigkeit des Normenkontrollantrags, dass der Antragsteller substantiiert vortragen kann, es liege ein Rechtsfehler vor. Ob der Fehler tatsächlich besteht, ist sodann eine Frage der Begründetheit des Antrags und für die Frage der Zulässigkeit des Normenkontrollantrags nicht entscheidungserheblich.[42]

---

[36] *BVerwG*, Urt. v. 3. 12. 1998 – 4 CN 3.97 – BVerwGE 108, 71 = DVBl. 1999, 786 = DÖV 1999, 555 = NVwZ 1999, 986. Es könnte sogar einiges dafür sprechen, dass die Zweijahresfrist nicht für die Funktionslosigkeit gilt, weil der Gesetzgeber insoweit keine Regelung getroffen hat und wohl auch nicht hat treffen wollte.

[37] *BVerwG*, Urt. v. 9. 12. 1982 – 5 C 103.81 – DVBl. 1983, 552 = NJW 1983, 2208 – Neugliederung der Industrie- und Handelskammerbezirke.

[38] Vgl. etwa Ziele der Raumordnung und Landesplanung *VGH München*, Urt. v. 30. 3. 1982 – 20.N – 909/79 – BayVBl. 1982, 726.

[39] *Hoppe* FS Redeker 1993, 377; *ders.* StuGR 1993, 230; s. Rdn. 156.

[40] *Kopp/Schenke* Rdn. 17 zu § 47 VwGO; *VGH Mannheim*, B. v. 29. 7. 1968 – I 760/65 – NJW 1968, 2076; *VGH München*, B. v. 8. 1. 1948 – 218 E 47 – VerwRspr. 1 Nr. 69; *BGH*, Urt. v. 17. 10. 1956 – V ZR 27/56 – VerwRspr. 9 Nr. 16; *OVG Lüneburg*, B. v. 24. 6. 1966 – III C 1/65 – DVBl. 1966, 760; *VGH Kassel*, B. v. 26. 9. 1977 – VI N 3/77 – NJW 1977, 1895.

[41] *OVG Lüneburg*, Urt. v. 24. 10. 1979 – 6 C 15/78 – DVBl. 1980, 369.

[42] *BVerwG*, B. v. 23. 9. 1993 – 4 NB 31.93 – *Hoppe/Stüer* RzB Rdn. 1289 – interkommunale Nachbarklage.

II. Antragsbefugnis/Rechtsschutzinteresse (§ 47 II VwGO)

4146 Der Normenkontrollantrag kann nach § 47 II VwGO i. d. F. des 6.VwGO-ÄndG[43] von jeder natürlichen oder juristischen Person gestellt werden, die geltend macht, durch die Rechtsvorschrift oder deren Anwendung in ihren Rechten verletzt zu sein oder in absehbarer Zeit verletzt zu werden, sowie von jeder Behörde. Der Antrag ist gegen die Körperschaft, Anstalt oder Stiftung zu richten, welche die Rechtsvorschrift erlassen hat. Das *OVG* kann dem Land und anderen juristischen Personen des öffentlichen Rechts, deren Zuständigkeit durch die Rechtsvorschrift berührt wird, Gelegenheit zur Äußerung binnen einer zu bestimmenden Frist geben. Durch das Erfordernis einer möglichen eigenen Rechtsverletzung für natürliche und juristische Personen soll die Popularklage ausgeschlossen werden. Zugleich wird damit deutlich, dass die Normenkontrolle nicht nur Elemente eines objektiven Rechtsbeanstandungsverfahrens hat, sondern zugleich am subjektiven Rechtsschutz des Einzelnen ausgerichtet ist.[44] Nach der früheren Fassung des § 47 II 1 VwGO reichte es für die Antragsbefugnis aus, dass die natürliche oder juristische Person einen Nachteil erlitten oder in absehbarer Zeit zu erwarten hatte. Nunmehr setzt die Antragsbefugnis die Möglichkeit einer eigenen Rechtsverletzung voraus.

4147 Durch das **6. VwGO-ÄndG** sollte von der Vorstellung des Gesetzgebers her das Erfordernis der **Antragsbefugnis** verschärft werden. Wo zuvor noch die Geltendmachung eines Nachteils ausreichte,[45] ist nunmehr die Geltendmachung der Verletzung eigener Rechte erforderlich.[46] An die Geltendmachung einer Rechtsverletzung nach § 47 II 1 VwGO seien allerdings, so das *BVerwG* keine höheren Anforderungen zu stellen als nach § 42 II VwGO.[47] Der dortigen „Adressatentheorie" ähnlich ist die Antragsbefugnis nach § 47 II 1 VwGO regelmäßig zu bejahen, wenn sich ein Eigentümer eines im Plangebiet gelegenen Grundstücks gegen eine bauplanerische Festsetzung wendet, die unmittelbar sein Grundstück betrifft.[48] Es reicht der hinreichend substantiierte Tatsachenvortrag, dass

---

[43] Sechstes Gesetz zur Änderung der VwGO und anderer Gesetze (6. VwGOÄndG); *Stüer* DVBl. 1997, 326; *ders.* in: *Stüer* (Hrsg.) Verfahrensbeschleunigung, S. 90.

[44] *Kopp/Schenke*, Rdn. 2 und 24 zu § 47 VwGO; *Krebs* VerwArch. 69 (1978), 329; *Mößle* BayVBl. 1976, 609; *Rasch* BauR 1977, 147; *Renck* JA 1971, 246; *OVG Lüneburg*, Urt. v. 25. 8. 1976 – I A 92/72 – DVBl. 1978, 178 – Bebauungsplanänderung.

[45] *BVerwG*, B. v. 13. 12. 1996 – 4 NB 26.96 – NVwZ 1997, 682 zur Antragsbefugnis, wenn sich die durch die angegriffene Änderung des Bebauungsplans entstandene neue Rechtslage erst durch die Erteilung einer Befreiung nachteilig auf den Nachbarn auswirken kann; B. v. 26. 2. 1997 – 4 NB 5.97 – NVwZ 1997, 683 – Entstehung von Konkurrenz ist kein Nachteil i. S. des § 47 II VwGO a. F.; Urt. v. 17. 9. 1998 – 4 CN 1.97 – ZfBR 1999, 41 = BauR 1999, 137 planbedingte Zunahme des Verkehrslärms als Nachteil.

[46] Zur Frage, ob es als Korrektiv zu der erschwerten Antragsbefugnis erforderlich ist, die Anforderungen an den Inhalt des Rechtsschutzbedürfnisses herabzusetzen *BVerwG*, B. v. 23. 9. 1997 – 4 BN 17.97 – NVwZ 1998, 613: Evtl. erforderliche Veränderungen des Verständnisses des Rechtsschutzinteresses können kaum zu Gunsten der Antragsteller ausfallen. Bislang werde das Rechtsschutzinteresse erst verneint, wenn die Feststellung der Nichtigkeit der Norm *nichts* dazu beizutragen vermag, das Rechtsschutzziel des Antragstellers zu erreichen, was schlechterdings nicht mehr zu Gunsten des Antragstellers steigerbar sei. Allein die Erklärung der Gemeinde, das Anliegen des Antragstellers auch bei einer Neuplanung nicht berücksichtigen zu wollen, reicht zur Verneinung des Rechtsschutzinteresses jedenfalls dann nicht aus, wenn objektiv ein Planungserfordernis vorliegt (§ 1 III BauGB); s. a. *BVerwG*, Urt. v. 10. 3. 1998 – 4 CN 6.97 – BauR 1998, 740 = NVwZ 1998, 732 = ZfBR 1998, 205.

[47] *BVerwG*, Urt. v. 10. 3. 1998 – 4 CN 6.97 – BauR 1998, 740 = NVwZ 1998, 732 = ZfBR 1998, 205; Urt. v. 24. 9. 1998 – 4 CN 2.98 – BVerwGE 107, 215 = NJW 1999, 592 = DVBl. 1999, 100 m. Anm. *Schmidt-Preuß*; zur Kritik an der Entscheidung *Stüer* BauR 1999, 1221.

[48] *BVerwG*, B. v. 7. 7. 1997 – 4 BN 11.97 – NVwZ-RR 1998, 416 = DVBl. 1998, 60; Urt. v. 10. 3. 1998 – 4 CN 6.97 – BauR 1998, 740 = NVwZ 1998, 732 = ZfBR 1998, 205; ein Grundstückskäufer kann antragsbefugt sein, wenn beim Grundbuchamt der Antrag auf Eigentumsumschreibung gestellt ist, B. v. 25. 3. 1996 – 4 NB 2.96 – BauR 1996, 517; ein Nacherbe ist vor Eintritt des Nacherbfalls nicht antragsbefugt, B. v. 27. 10. 1997 – 4 BN 20.97 – BauR 1998, 289.

der Antragsteller durch die Festsetzungen des Bebauungsplans in seinem Grundeigentum verletzt wird. Die Neufassung der Antragsbefugnis gilt nach der Rechtsprechung des *BVerwG* nicht für Normenkontrollanträge, die vor dem 1. 1. 1997 gestellt worden sind.[49]

Als umstritten erwies sich die praktisch wichtige Frage, ob es im Bauplanungsrecht ein subjektives Recht auf eine angemessene Berücksichtigung der eigenen privaten Belange in der Abwägung gibt. Für das **Fachplanungsrecht** war ein **Recht auf Abwägung der eigenen Belange** bereits seit längerer Zeit anerkannt worden.[50] Nach Auffassung des *BVerwG* hat auch im Bereich der Bauleitplanung das in § 1 VII BauGB enthaltene Abwägungsgebot drittschützenden Charakter hinsichtlich solcher privaten Belange, die für die Abwägung erheblich sind.[51] Der *Senat* weist selbst darauf hin, dass mit der Annahme eines „Rechts auf gerechte Abwägung" das Ziel des Gesetzgebers nicht erreicht werden kann, den unmittelbaren Rechtsschutz gegen Bebauungspläne einzuschränken. Da jedoch die Änderung einer prozessrechtlichen Bestimmung keinen Einfluss auf das Bestehen eines materiellrechtlichen Anspruchs haben könne, hätte das gesetzgeberische Ziel auf diese Weise auch nicht erreicht werden können.[52] Ob die Gleichstellung von Bebauungsplan und Planfeststellungsbeschluss sachgerecht ist, erscheint zweifelhaft. Denn bei nicht unmittelbarer Grundstücksinanspruchnahme ist der „Nachbar" selbst bei Beeinträchtigung seiner Rechte grundsätzlich auf einen Schutzauflagenanspruch (§ 74 II 2 BauGB) beschränkt. Der „Nachbar" im Bebauungsplan könnte wegen des Satzungscharakters den Bebauungsplan bei nicht ordnungsgemäßer Abwägung seiner Belange durch die Normenkontrolle dem Plan insgesamt zur Unwirksamkeit verhelfen.

Mit der Zuerkennung eines **Rechtes auf Abwägung** auch in der **Bauleitplanung** hat das *BVerwG* die Antragsbefugnis auch nach der Neufassung durch das 6. VwGO-ÄndG praktisch auf die Ebene des alten Nachteilsbegriffs erstreckt, so dass zur Bestimmung der Antragsbefugnis an die bisherige Rechtsprechung zum Nachteilsbegriff angeknüpft werden kann. Der Begriff des **Nachteils**[53] i. S. von § 47 II 1 VwGO a. F. wurde nach der **alten Rechtslage**, die sich in Konsequenz der Entscheidung des *BVerwG* zur Antragsbefugnis durch die Neufassung des § 47 II VwGO durch das 6. VwGO-ÄndG nicht geändert hat, weit ausgelegt. Der Nachteilsbegriff, der für die **Zusammenstellung des Abwägungsmaterials** (§ 2 III BauGB) nach wie vor Bedeutung hat, geht über die rechtlich geschützten Interessen, die eine Klagebefugnis bei Anfechtungs- und Verpflichtungsklagen begründen, hinaus. Er umfasst auch tatsächlich betroffene Belange, die bei Erlass der Rechtsvorschrift in die Abwägung einzustellen sind. Ein die Befugnis zur Einleitung des Normenkontrollverfahrens begründendes Recht i. S. von § 47 II 1 VwGO ist daher ge-

---

[49] *BVerwG*, Urt. v. 12. 3. 1998 – 4 CN 12.97 – DVBl. 1998, 775 = UPR 1998, 270 = NVwZ 1998, 731: Der nachträgliche Entzug einer für den Bürger günstigen Verfahrensposition tritt nur ein, wenn das Änderungsgesetz selbst hinreichend deutlich diesen Verlust ausspricht; Urt. v. 17. 9. 1998 – 4 CN 1.97 – ZfBR 1999, 41 = BauR 1999, 137; ebenso *VGH München*, B. v. 14. 2. 1997 – 20 N 96.2462 – DVBl. 1997, 663. *OVG Münster*, Urt. v. 23. 1. 1997 – 7 a D 70/93.NE – DVBl. 1997, 852 m. Anm. *Schenke*; s. a. *OVG Berlin*, Urt. v. 28. 11. 1997 – 2 A 7/94 – ZfBR 1998, 211.
[50] *BVerwG*, Urt. v. 14. 2. 1975 – IV C 21.74 – BVerwGE 48, 56 = DVBl. 1975, 713 – B 42.
[51] *BVerwG*, Urt. v. 24. 9. 1998 – 4 CN 2.98 – BVerwGE 107, 215 = NJW 1999, 592 = DVBl. 1999, 100 m. Anm. *Schmidt-Preuß*; Urt. v. 5. 3. 1999 – 4 CN 18.98 – NVwZ 1999, 987 = BauR 2000, 243 = ZfBR 1999, 344 – vorhabenbezogener Bebauungsplan. Gegen ein subjektives Recht auf Abwägung *OVG Münster*, Urt. v. 23. 1. 1997 – 7 a D 70/93.NE – DVBl. 1997, 852 m. Anm. *Schenke*; Urt. v. 13. 3. 1997 – 11 a D 148/94.NE – NVwZ 1997, 1002; *VGH Mannheim*, B. v. 22. 6. 1998 – 3 S 3067/97 – BauR 1998, 989; dafür *VGH Mannheim*, Urt. v. 13. 5. 1997 – 8 S 2814/96 – DVBl. 1998, 236; *VGH München*, Urt. v. 4. 6. 1997 – 26 N 96.2963 – DVBl. 1997, 1128 = BayVBl. 1997, 591.
[52] Zur Antragsbefugnis eines anerkannten Naturschutzverbandes im Normenkontrollverfahren gegen die Aufhebung einer Landschaftsschutzverordnung *BVerwG*, B. v. 21. 7. 1998 – 4 BN 10.97 – NVwZ-RR 1998, 98 = ZfBR 1998, 50. Die Antragsrechte werden nicht dadurch erweitert, dass statt einer Befreiung von den Verboten der Verordnung diese teilweise aufgehoben wird.
[53] *BVerwG*, B. v. 9. 11. 1979 – 4 N 1.78 – BVerwGE 59, 87 = DVBl. 1980, 233 = NJW 1980, 1061 = BauR 1980, 36 = BRS 35 = *Hoppe/Stüer* RzB Rdn. 26 – Normenkontrolle; s. Rdn. 1414.

geben, wenn der Antragsteller in einem Recht auf Abwägung verletzt ist und damit durch die zu kontrollierende Rechtsvorschrift oder durch deren Anwendung **negativ**, d. h. **verletzend**, in einem Interesse betroffen werden kann, das bei der Entscheidung über den Erlass oder den Inhalt der Satzung als privates Interesse des Antragstellers (oder seines Rechtsvorgängers) berücksichtigt werden musste. Die als **Abwägungsmaterial** beachtlichen privaten Interessen beschränken sich bei der Bauleitplanung nicht auf subjektiv öffentliche Rechte oder auf das, was nach Art. 14 GG oder Art. 2 GG verfassungsrechtlich gegen entschädigungslose Enteignung geschützt ist. Auch Miet- oder Pachtverhältnisse sowie Erwerbsinteressen, allgemeine Lagevorteile oder Chancen[54] kommen vielmehr als abwägungserhebliche Belange begründender Nachteil in Betracht. Eine Begrenzung der betroffenen Belange ist jedoch in dreierlei Hinsicht geboten: Objektiv **geringwertige**, **nicht erkennbare** und **nicht schutzwürdige Belange** bleiben außer Betracht.[55] Für die Erkennbarkeit der Belange in der Bauleitplanung spielt die Öffentlichkeitsbeteiligung eine wichtige Funktion: Hat es der Betroffene unterlassen, seine Belange im Beteiligungsverfahren geltend zu machen, so sind die Interessenbetroffenheiten nur dann abwägungsbeachtlich, wenn sie sich der planenden Stelle aufdrängen, sie also sozusagen offen auf der Hand liegen. Daraus leiten sich entsprechende **Mitwirkungslasten** der Planbetroffenen ab.[56] Gegenüber einem Bebauungsplan ist auch antragsbefugt, wer das Grundstück erst nach Planerlass erworben hat[57] nicht jedoch der Kaufinteressent, der noch keine gesicherte schuldrechtliche oder dingliche Rechtsposition erworben hat.[58] Ein Landwirt ist antragsbefugt bei einer im Bebauungsplan vorgesehenen Wohngebietsausweisung, die seine erkennbaren Erweiterungsmöglichkeiten beeinträchtigt,[59] ein Grundstückseigentümer, der sich durch eine wasserrechtliche Verordnung in der Ausübung seines Gemeingebrauchs behindert sieht.[60] Auch die Festlegung eines Entwicklungsbereichs nach § 165 BauGB oder eines Sanierungsgebiets nach § 142 BauGB kann wegen des dadurch geschaffenen städtebaulichen Sonderrechts zur Antragstellung berechtigen.[61] Einen Nachteil i. S. von § 47 II 1 VwGO kann der Eigentümer eines Grundstücks auch dann erleiden, wenn die im Bebauungsplan festgesetzte Nutzungsart der im Zeitpunkt der Planaufstellung tatsächlichen Nutzung seines Grundstücks entspricht.[62] Der Nachteilsbegriff des § 47 II 1 VwGO a. F. und damit ein Recht auf Abwägung nach § 47 II VwGO n. F. ist nach der Rechtsprechung des *BVerwG* nicht „engherzig" zu verstehen und zu handhaben.[63] Auch für einen Normen-

---

[54] *BGH*, Urt. v. 5. 12. 1964 – III ZR 31/62 – DÖV 1964, 778 = NJW 1964, 769 – Märchenfilm; Urt. v. 31. 1. 1966 – III ZR 110/64 – BGHZ 45, 150 – Elbeleitdamm Krabbenfischer; Urt. v. 31. 1. 1966 – III ZR 127/64 – BGHZ 45, 83 – Schutzzoll Knäckebrot; Urt. v. 5. 4. 1968 – V ZR 228/64 – BGHZ 50, 73; Urt. v. 8. 2. 1971 – III ZR 33/68 – BGHZ 55, 261 – Soldatengaststätte; vgl. bereits *RG*, Urt. v. 3. 4. 1903 – VII 499/02 – RGZ 54, 260.

[55] *BVerwG*, B. v. 16. 8. 1989 – 4 NB 27.88 – Buchholz 310 § 47 VwGO Nr. 42 = *Hoppe/Stüer* RzB Rdn. 1326 – Nachteilsbegriff.

[56] *BVerwG*, Urt. v. 23. 8. 1996 – 4 A 30.95 – Buchholz 407.4 § 17 FStrG Nr. 122 – Berliner Autobahnring.

[57] *BVerwG*, B. v. 9. 11. 1979 – 4 N 1.78 – BVerwGE 59, 87 = DVBl. 1980, 233 = DÖV 1980, 217 = NJW 1980, 1061 = BauR 1980, 36 – *Hoppe/Stüer* RzB Rdn. 26 – Normenkontrolle; *OVG Saarlouis*, B. v. 6. 7. 1984 – 2 N 1/82 – UPR 1985, 142 – Spielplatzausweisung.

[58] Bei diesen Belangen fehlt es an der Erkennbarkeit und Schutzwürdigkeit. Das *OVG Lüneburg*, Urt. v. 4. 1. 1983 – 1 C 2/81 – ZfBR 1983, 281 – Landwirt, will bereits konkrete Kaufverhandlungen über ein Grundstück ausreichen lassen.

[59] *OVG Lüneburg*, Urt. v. 4. 1. 1983 – 1 C 2/81 – ZfBR 1983, 281 – Landwirt.

[60] *VGH München*, B. v. 12. 8. 1977 – Nr. 88 VIII 77 – DVBl. 1978, 113.

[61] *OVG Lüneburg*, Urt. v. 19. 9. 1979 – VI C 12/79 – ZfBR 1980, 97 – Sanierungsgebiet.

[62] *BVerwG*, B. v. 6. 1. 1993 – 4 NB 38.92 – Buchholz 310 § 47 VwGO Nr. 73 = UPR 1993, 149 = DVBl. 1993, 448 = GewArch. 1993, 212; NVwZ 1993, 561 = *Hoppe/Stüer* RzB Rdn. 1311 – Gartenbaubetrieb.

[63] *BVerwG*, B. v. 20. 8. 1992 – 4 NB 3.92 – Buchholz 310 § 47 VwGO Nr. 69. Gleiches gilt auch für den vorhabenbezogenen Bebauungsplan, so *BVerwG*, Urt. v. 5. 3. 1999 – 4 CN 18.98 – NVwZ 1999, 987 = BauR 2000, 243 = ZfBR 1999, 344 – vorhabenbezogener Bebauungsplan.

kontrollantrag, mit dem sich der Eigentümer eines im Außenbereich gelegenen Grundstücks gegen dessen Festsetzung als nicht bebaubare Fläche wehrt, besteht regelmäßig die Antragsbefugnis nach § 47 II 1 VwGO und ein Rechtsschutzinteresse.[64] Auch durch eine Landschaftsschutzverordnung kann der davon Betroffene einen Nachteil erleiden, der eine Antragsbefugnis begründete.[65]

Beispiel: Auch wenn bei einer Änderungs- oder Erweiterungsplanung eines Sportzentrums eine Verminderung der Lärmbelastung für die Umgebung prognostiziert wird, ist ein Anwohner antragsbefugt, wenn er die tatsächlichen und rechtlichen Annahmen des der Abwägung zugrunde gelegten Schallgutachtens in Frage stellt.[66]

Nach § 47 II 1 VwGO kann den Normenkontrollantrag jede natürliche Person stellen, die geltend macht, durch die Rechtsvorschrift oder deren Anwendung in ihren Rechten verletzt zu sein oder in absehbarer Zeit verletzt zu werden. An die Geltendmachung einer Rechtsverletzung sind dieselben Anforderungen wie an die Klagebefugnis nach § 42 II VwGO zu stellen. Es ist daher ausreichend, wenn der Antragsteller **hinreichend substantiiert Tatsachen** vorträgt, die es zumindest als möglich erscheinen lassen, dass er durch den zur Prüfung gestellten Rechtssatz in einem subjektiven Recht verletzt wird.[67] Die Verletzung eines derartigen subjektiven Rechts kann auch aus einem Verstoß gegen das in § 1 VII BauGB enthaltene Abwägungsgebot folgen. Dieses Gebot hat hinsichtlich solcher privater Belange drittschützenden Charakter, die für die Abwägung erheblich sind. Antragsbefugt ist also, wer sich auf einen abwägungserheblichen privaten Belang berufen kann. Denn wenn es einen solchen Belang gibt, besteht grundsätzlich auch die Möglichkeit, dass die Gemeinde ihn bei ihrer Abwägung nicht korrekt berücksichtigt hat.[68] Nicht jeder private Belang ist indessen für die Abwägung erheblich, sondern nur solche Belange, die in der konkreten Planungssituation einen städtebaulichen Bezug haben. Nicht abwägungsbeachtlich sind insbesondere geringwertige oder mit einem Makel behaftete Interessen, auf deren Fortbestand kein schutzwürdiges Vertrauen besteht oder die für die Gemeinde bei der Entscheidung über den Bebauungsplan nicht erkennbar waren.[69] Das Interesse, mit einem bisher nicht bebaubaren Grundstück in den Geltungsbereich eines Bebauungsplans einbezogen zu werden, ist für sich genommen kein abwägungserheblicher Belang, der dem Eigentümer die Antragsbefugnis für eine Normenkontrolle (§ 47 II 1 VwGO) vermitteln kann.[70] Das bloße Interesse eines Eigentümers, das Plangebiet entgegen den bisherigen planerischen Vorstellungen auf sein Grundstück ausgedehnt zu sehen, muss von der Gemeinde nicht in die Abwägung einbezogen werden. Ein derartiges Interesse an der Verbesserung des bauplanungsrechtlichen Status quo und damit an der Erweiterung des eigenen Rechtskreises ist eine bloße Erwartung, die nicht schutzwürdig und damit auch nicht abwägungserheblich ist. Das ergibt sich aus dem Rechtscharakter der gemeindlichen Bauleitplanung und den rechtlichen Bindungen, denen diese Planung

---

[64] *BVerwG*, B. v. 17. 12. 1992 – 4 N 2.91 – BVerwGE 91, 318 = DVBl. 1993, 444 = DÖV 1993, 391 = NVwZ 1993, 562 = *Hoppe/Stüer* RzB Rdn. 171 – besonderer Wohnbedarf; B. v. 25. 5. 1993 – 4 NB 50.92 – UPR 1993, 306 = NVwZ 1994, 268 = BauR 1994, 212 = *Hoppe/Stüer* RzB Rdn. 1316 – Frischluftschneise.
[65] *BVerwG*, B. v. 18. 12. 1987 – 4 NB 1.87 – BRS 48 (1988), Nr. 32 (S. 85) = StT 1989, 51 = *Hoppe/Stüer* RzB Rdn. 1323 – Landschaftsschutz – Golfplatz. Der Umfang der Bindungswirkung ist dem jeweiligen Landesrecht zu entnehmen, *OVG Münster*, Urt. v. 11. 1. 1999 – 7 A 2377/96 – NuR 1999, 704 = BauR 2000, 62 – Landschaftsplan.
[66] *VGH Mannheim*, Urt. v. 6. 3. 1998 – 8 S 1338/97 – VGHBW RSprDienst 1998, Beilage 5 B 1–2.
[67] *BVerwG*, Urt. v. 24. 9. 1998 – 4 CN 2.98 – BVerwGE 107, 215; Urt. v. 17. 5. 2000 – 6 CN 3.99 – NVwZ 2000, 1296 = NuR 2000, 691 = Buchholz 310 § 47 VwGO Nr. 141 m. w. N.
[68] *BVerwG*, B. v. 22. 8. 2000 – 4 BN 38.00 – NVwZ 2000, 1423 = Buchholz 310 § 47 VwGO Nr. 142 = DVBl. 2001, 43 (LS).
[69] *BVerwG*, B. v. 9. 11. 1979 – 4 N 1.78, 2. - 4.79 – BVerwGE 59, 87.
[70] *BVerwG*, Urt. v. 30. 4. 2004 – 4 CN 1.03 – EurUP 2004, 163 – Herrengestell, entgegen *VGH Mannheim*, Urt. v. 17. 4. 2002 – 8 S 1799/01 – NuR 2003, 170.

unterliegt.[71] Etwas anderes kann wohl nur gelten, wenn ein Grundstück willkürlich nicht in die Planung einbezogen worden ist.[72]

4151 Verringert sich planbedingt die vorhandene **Belastung** durch den **Verkehrslärm** und fordert der Eigentümer eines außerhalb des Plangebiets gelegenen Grundstücks Planänderungen mit dem Ziel zusätzlicher Verminderungen der Verkehrslärmbelastung, genügt dies für sich allein nicht zur Annahme der Antragsbefugnis. Um Popularklagen auszuschließen, ist auch nach der bisherigen Fassung des § 47 II 1 VwGO das negative Betroffensein in einem ideellen Interesse – wie etwa in dem Wunsch nach Erhaltung der deutschen Landschaft – für sich allein kein nach § 47 II VwGO beachtlicher abwägungserheblicher Belang. Es musste daher zwischen der beabsichtigten Nutzung und der angegriffenen Rechtsnorm nicht nur ein theoretischer, sondern ein handgreiflich praktischer Zusammenhang bestehen, der die Behauptung der Antragsteller einleuchtend erscheinen lässt dass ihnen etwaige Nachteile bereits durch die angefochtene Rechtsnorm entstehen könnten.[73] Das Gesetz öffnete daher mit dem Recht auf Abwägung in § 47 II 1 VwGO die Antragsbefugnis im Normenkontrollverfahren nach der Rechtsprechung des *BVerwG* im Ergebnis bewusst weiter als in § 42 II VwGO, wonach die Klagebefugnis nur bei einer möglichen Rechtsverletzung außerhalb des Planaufstellungsverfahrens gegeben ist. Es sollte lediglich verhindert werden, dass das verwaltungsgerichtliche Normenkontrollverfahren i. S. von Popularanträgen missbraucht wird. Auch sollen keine Vorwände gesucht werden können, um eine dem Einzelnen missliebige Planung bekämpfen zu können. Ob ein Belang wegen fehlender **Schutzwürdigkeit** von vornherein aus dem Abwägungsmaterial (§ 2 III BauGB) auszusondern ist und einem mit seinen Interessen nicht berücksichtigten Antragsteller deshalb mangels Nachteils die Antragsbefugnis gem. § 47 II 1 VwGO fehlt, betrifft in erster Linie den Bereich von Interessen, denen eine rechtliche Anerkennung deshalb zu versagen ist, weil sie unter Missachtung der Rechtsordnung nur faktisch entstanden sind. Es muss sich hierbei um Interessen handeln, welche die Rechtsordnung an sich missbilligt. Ihnen soll auch bei der planerischen Abwägung keine Erheblichkeit beigemessen werden, weil ihre Unerheblichkeit aus Rechtsgründen gegeben ist. Daneben kann es auch Interessen geben, denen gegenüber sich die Rechtsordnung, jedenfalls was die Relevanz der Belange für die Bauleitplanung betrifft, bewusst neutral verhalten will, wie z. B. gegenüber den Wettbewerbsinteressen von Einzelhandelsunternehmen, obwohl sie in tatsächlicher Hinsicht nicht als geringfügig anzusehen sind.[74]

4152 Auch **außerhalb des Plangebietes** Betroffene sind danach wie unter Geltung der früheren Fassung des § 47 II VwGO zur Antragstellung gegen einen Bebauungsplan befugt, wenn ihre Interessen in die Planabwägung einzustellen sind.[75] Auch die zu erwartende

---

[71] *BVerwG*, Urt. v. 30. 4. 2004 – 4 CN 1.03 – EurUP 2004, 163 Herrengestell mit Hinweis auf *BVerwG*, Urt. v. 17. 9. 2003 – 4 C 14.01 – BVerwGE 119, 25 = DVBl. 2004, 239 = NVwZ 2004, 220 – Mühlheim-Kärlich; B. v. 5. 8. 2002 – 4 BN 32.02 – NVwZ-RR 2003, 7; Urt. v. 7. 6. 2001 – 4 CN 1.01 – BVerwGE 114, 301 = DVBl. 2001, 1845 – Naturschutzverordnung.

[72] Dürr DÖV 1990, 136; *VGH Mannheim*, Urt. v. 7. 9. 1994 – 3 S 1648/92 – VBlBW 1995, 204; *OVG Bautzen*, Urt. v. 28. 9. 1995 – 1 S 517/94 – DVBl. 1996, 690 = NVwZ 1996, 1028; *OVG Greifswald*, Urt. v. 16. 12. 1997 – 3 K 17/97 – LKV 1999, 68; *OVG Koblenz*, B. v. 28. 10. 2003 – 8 C 10932/03 –.

[73] An diesen unmittelbaren Zusammenhang fehlt es etwa bei einem nur vorübergehenden Baulärm, der sich für Grundstücke außerhalb des Plangebietes ergibt, so *BVerwG*, B. v. 12. 3. 1999 – 4 BN 6.99 – ZFBR 1999, 225 – Baulogistikzentrum Potsdam.

[74] *BVerwG*, B. v. 16. 1. 1990 – 4 NB 1.90 – Buchholz 310 § 47 VwGO Nr. 45 = NVwZ 1990, 555; s. Rdn. 1415.

[75] *BVerwG*, B. v. 9. 11. 1979 – 4 N 1.78 – BVerwGE 59, 87 = DVBl. 1980, 233 = NJW 1980, 1061 = BauR 1980, 36 = *Hoppe/Stüer* RzB Rdn. 26 – Normenkontrolle; *VGH München*, Urt. v. 9. 2. 1998 – 15 N 97.3241 – (unveröffentlicht) für einen landwirtschaftlichen Betrieb und eine heranrückende Wohnbebauung. Zur Antragsbefugnis eines Eigentümers außerhalb des Planbereichs wegen Auswirkungen des Plans, die ebenfalls außerhalb des Planbereichs entstehen: *BVerwG*, B. v. 12. 3. 1999 – 4

Umlegung kann ein solcher abwägungsbeachtlicher Nachteil sein.[76] Überhaupt ist das Recht auf Abwägung der eigenen abwägungserheblichen Belange bei Normenkontrollanträgen gegen Bebauungspläne weit zu fassen, wobei allerdings die Geringfügigkeit sowie die fehlende Erkennbarkeit und die Schutzwürdigkeit der betroffenen Interessen zu Einschränkungen führen. Die Antragsbefugnis einer Kirchengemeinde im Normenkontrollverfahren kann allerdings grundsätzlich nicht mit ihrer Pflicht zur Seelsorge gegenüber ihren Gemeindeangehörigen begründet werden.[77]

Schwierigkeiten bereiten die Abgrenzung bei lediglich **wirtschaftlichen oder ideellen Nachteilen**, bei denen die Rechtsprechung eher zur Zurückhaltung neigt. So führt der Wunsch nach Beibehaltung der bestehenden Verkehrsverhältnisse vor dem eigenen Anwesen, die Erhaltung einer benachbarten Grünfläche oder naturschutzrechtliche Bestimmungen nicht ohne weiteres zu einer Antragsbefugnis.[78] Auch die Verschlechterung der Wettbewerbssituation für ein ansässiges Kaufhaus durch ein neu geplantes Großkaufhaus sowie die **Konkurrenzverhältnisse** untere verschiedenen Möbelmärkten sind wegen fehlender Schutzwürdigkeit danach keine abwägungserheblichen Belange mit subjektivem Einschlag,[79] weil die davon Betroffenen mit einer derartigen Entwicklung rechnen müssen. Setzte ein Bebauungsplan etwa in einer Ortsrandlage ein Sondergebiet für einen großflächigen Einzelhandelsbetrieb fest, so begründet dies grundsätzlich kein Recht auf Abwägung i. S. des § 47 II 1 VwGO für alle in den innerstädtischen Bereichen ansässigen Gewerbetreibenden, die eine Veränderung der für sie wirtschaftlich vorteilhaften Situation, besonders der Wettbewerbssituation, befürchten.[80] Denn der einzelne Gewerbetreibende hat weder einen Anspruch darauf, dass eine vorhandene Wettbewerbssituation nicht verschlechtert wird, noch ist sein dahingehendes Interesse schutzwürdig, weil er mit neuer Konkurrenz ständig rechnen muss. Dies gilt erst recht für Konkurrenz außerhalb des unmittelbaren Einzugsbereiches seiner wirtschaftlichen Betätigung durch Ansiedlung eines Verbrauchermarktes „auf der grünen Wiese". Sofern nicht besonders gelagerte Einzelfallumstände hinzutreten, die eine Berücksichtigung gerade der privaten Interessen des Einzelbetriebes nahe legen, braucht die Gemeinde deshalb die privaten Interessen einzelner Gewerbetreibender, deren Betriebe mehrere Kilometer entfernt liegen, bei der Planung eines Sondergebietes für einen großflächigen Einzelhandelsbetrieb nicht besonders zu berücksichtigen. Aus derartigen Gesichtspunkten kann daher auch kein eigenes Recht i. S. des § 47 II 1 VwGO abgeleitet werden.

Dabei ist allerdings zwischen **objektiven** und **subjektiven Elementen** der **Schutzwürdigkeit** von Belangen zu unterscheiden. Verschiedene Belange mögen zwar etwa im Bereich der unliebsamen Konkurrenz objektiv schutzwürdig und in der Bauleitplanung beachtlich sein, verleihen den Rechtsträgern jedoch kein Recht auf Abwägung.[81] Antragsbefugt ist allerdings der Inhaber eines Betriebes, der bei Verwirklichung einer geplanten heranrückenden Wohnbebauung mit Auflagen rechnen musste[82] oder dessen Erweite-

---

BN 6.99 – BauR 1999, 878 = UPR 1999, 312 = ZfBR 1999, 225 – Baulogistikzentrum Potsdamer Platz.

[76] *VGH Mannheim*, B. v. 29. 9. 1981 – 5 S 600/81 – BauR 1982, 160.

[77] *BVerwG*, B. v. 18. 12. 1990 – 4 NB 19.90 – DVBl. 1991, 826 = *Hoppe/Stüer* RzB Rdn. 1329 – Kirchengemeinde.

[78] *OVG Saarlouis*, Urt. v. 28. 10. 1977 – II N 3/77 – BauR 1978, 286 – Veränderung Verkehrsverhältnisse.

[79] *BVerwG*, B. v. 16. 1. 1990 – 4 NB 1.90 – DÖV 1990, 479 = UPR 1990, 222 = NVwZ 1990, 555 = NJW 1990, 1866 = *Hoppe/Stüer* RzB Rdn. 1328 – Konkurrenz Einzelhandel.

[80] *BVerwG*, B. v. 16. 1. 1990 – 4 NB 1.90 – DÖV 1990, 479 = UPR 1990, 222 = NVwZ 1990, 555 = NJW 1990, 1866 = *Hoppe/Stüer* RzB Rdn. 1328 – Konkurrenz Einzelhandel; B. v. 26. 2. 1997 – 4 NB 5.97 – NVwZ 1997, 683 – Konkurrenzschutz.

[81] *BVerwG*, B. v. 26. 2. 1997 – 4 NB 5.97 – NVwZ 1997, 683 – Konkurrenzschutz.

[82] *VGH München*, Urt. v. 21. 10. 1982 – Nr. 2 N 81 A.2156 – BayVBl. 1983, 369 – reines Wohngebiet/Industriegebiet.

rungsinteressen gefährdet sind,[83] sofern diese Belange in der Öffentlichkeitsbeteiligung vorgetragen oder sonst erkennbar sind. Nicht abwägungserheblich sollen Sicherheitsinteressen, die keinen bodenrechtlichen Bezug haben, sein[84] sowie Belange des dinglich Wohnberechtigten gegenüber dem Eigentümer, für die ausschließlich das Privatrecht Anwendung findet.[85] Wegen fehlender Schutzwürdigkeit dürften auch die wirtschaftlichen Interessen eines Brennstoffhändlers, die den Ausschluss bestimmter Brennstoffe zur Beheizung der Wohnungen in einem Bebauungsplan für ein Neubaugebiet rügen, nicht mit subjektiven Elementen abwägungserheblich sein und daher die Antragsbefugnis nach § 47 II 1 VwGO in einem Normenkontrollverfahren nicht begründen.[86] Dasselbe gilt für den Hersteller von Betondachziegeln, der sich gegen für ihn negative Festsetzungen eines Bebauungsplans zur Dachgestaltung wendet.[87] Wird durch die Änderung eines Bebauungsplans ein bisher als Grünfläche ausgewiesenes Grundstück einer Bebauung zugeführt, die eine doppelt so hohe bauliche Ausnutzbarkeit zulässt wie sie für die umliegenden Grundstücke gilt, so scheitert die Antragsbefugnis nach § 47 II VwGO für den Eigentümer eines Nachbargrundstücks nicht daran, dass er mit einer solchen Entwicklung rechnen musste.[88] Die Gewichtigkeit des Interesses der Nachbarn an der Aufrechterhaltung eines für sie günstigen Zustandes wie etwa der Beibehaltung einer Grünfläche kann davon abhängen, ob und inwieweit sie mit einer Änderung dieses Zustandes rechnen mussten. Das bedeutet aber lediglich, dass dieses Interesse mit dem ihm jeweils konkret zukommenden mehr oder weniger starken Gewicht in die planerische Abwägung einzustellen und dementsprechend leichter oder schwerer durch andere öffentliche Belange überwindbar ist.

4155 Die Frage, ob es einen Nachteil i. S. des § 47 II 1 VwGO bedeutet, wenn ein Grundstück dadurch eine **Wertminderung** erleidet, dass die Gemeinde in der Nachbarschaft im Wege der Bauleitplanung Bebauungsmöglichkeiten eröffnet, lässt sich allgemein weder bejahen noch verneinen.[89] Der Gesichtspunkt der Wertminderung hat für sich gesehen nicht die Bedeutung eines eigenständigen Abwägungspostens. Ist die Interessenbeeinträchtigung des Grundstückseigentümers so geringfügig, dass sie bei der Abwägung außer Betracht bleiben darf,[90] so braucht die Gemeinde auch die Wertminderung, die sich als die Folge einer solchen abwägungsirrelevanten Betroffenheit darstellt, nicht in ihre planerischen Erwägungen mit einzubeziehen. Erreicht die Wertminderung einen bestimmten Grad, so kann dies ein Indiz dafür sein, dass Eigentümerinteressen auf dem Spiele stehen, die in der Abwägung berücksichtigungsfähig und ggf. im Verhältnis zu entgegenstehenden Interessen durchsetzungsfähig sind. Ob die Wertminderung eine mehr als geringfügige Betroffenheit signalisiert, beurteilt sich nach den Umständen des Einzelfalles. Auch **Folgenachteile**, die in dem Bebauungsplan bindend angelegt sind, können die Antragsbefugnis begründen. Ein die Antragsbefugnis begründender Nachteil ist dann i. S. von § 47 II VwGO a. F. durch die Rechtsvorschrift oder deren Anwendung eingetreten oder zu erwarten, wenn die von dem Antragsteller geltend gemachte Beeinträchtigung subjektiver privater Interessen zwar endgültig erst durch einen nachfolgen-

---

[83] *VGH München*, Urt. v. 25. 10. 1982 – Nr. 55 XIV 77 – BayVBl. 1983, 51 – Gewerbegebiet/Hochschule.
[84] *OVG Münster*, Urt. v. 23. 3. 1984 – 11a NE 38/81 – BauR 1984, 489 – Sicherheitsinteressen.
[85] *OVG Bremen*, Urt. v. 27. 3. 1984 – 1 BA 105/83 – NVwZ 1984, 594. In diesem Fall dürfte es an einem Rechtsschutzinteresse fehlen.
[86] *OVG Münster*, Urt. v. 29. 10. 1981 – 11a NE 41/80 – NJW 1982, 1171 – Brennstoffhändler.
[87] *VGH München*, Urt. v. 29. 4. 1980 – 135 XIV 78 – BayVBl. 1980, 537.
[88] *BVerwG*, B. v. 7. 1. 1993 – 4 NB 42.92 – Buchholz 310 § 47 VwGO Nr. 74 = UPR 1993, 149 = GewArch. 1993 = 214; RdL 1993, 139 = NVwZ-RR 1993, 513 = NuR 1993, 387 = *Hoppe/Stüer* RzB Rdn. 1312 – Grünfläche in Bauland, im Anschluss an *BVerwG*, B. v. 20. 8. 1992 – 4 NB 3.92 – DVBl. 1992, 1441 = NVwZ 1993, 468 – Nachbarinteressen.
[89] *BVerwG*, B. v. 2. 8. 1993 – 4 NB 25.93 – *Hoppe/Stüer* RzB Rdn. 1318 – Wertminderung.
[90] *BVerwG*, B. v. 9. 11. 1979 – 4 N 1.78 – BVerwGE 59, 87 – Abwägungsmaterial.

den eigenständigen Rechtsakt eintritt, dieser Rechtsakt jedoch in der von dem Antragsteller angegriffenen Norm bereits als von dem Normgeber geplante Folgemaßnahme angelegt ist.[91] Nach der Rechtsprechung des *BVerwG*[92] kann ein Grundstückseigentümer durch einen rechtssatzmäßig für verbindlich erklärten Abfallentsorgungsplan einen Nachteil i. S. von § 47 II 1 VwGO erleiden, wenn der Plan den Standort einer Anlage konkret festlegt und zu erwarten ist, dass von der Anlage schädliche Umwelteinwirkungen auf sein benachbartes Grundstück ausgehen werden. Das setzt je nach örtlicher Situation hinreichend konkretisierte Festlegungen nicht nur über den Standort, sondern auch über diejenigen Merkmale einer Abfallentsorgungsanlage voraus, die wie etwa die vorgesehenen Abfallarten, die Anlagegröße und -kapazität, die Entsorgungstechnik und auch die Transportwege Art und Ausmaß möglicher Immissionen bestimmen.[93]

Die für ein Recht i. S. von § 47 II 1 VwGO erforderliche konkrete Festlegung des Standortes einer **Abfallentsorgungsanlage** in einem **Abfallentsorgungsplan** setzt zwar nicht notwendig eine parzellenscharfe Ausweisung voraus, musste aber räumlich so eingegrenzt sein, dass von jedem innerhalb des festgelegten Bereichs in Betracht kommenden Standort konkretisierbare nachteilige Wirkungen auf das Grundstück des betroffenen Antragstellers ausgehen können. Allein aus der Größe und der Betriebsdauer der in einem Abfallentsorgungsplan festgelegten Anlage lässt sich ein individueller Nachteil i. S. von § 47 II 1 VwGO a. F. nicht herleiten. Nach der Rechtsprechung des *BVerwG*[94] kann ein Grundstückseigentümer durch einen rechtssatzmäßig für verbindlich erklärten Abfallentsorgungsplan einen Nachteil i. S. von § 47 II 1 VwGO a. F. erleiden, so dass die Normenkontrolle auch nach der Neufassung des § 47 II VwGO zulässig ist, wenn der Plan den Standort einer Anlage konkret festlegt und zu erwarten ist, dass von der Anlage schädliche Umwelteinwirkungen auf sein benachbartes Grundstück ausgehen werden. Das setzt je nach örtlicher Situation hinreichend konkretisierte Festlegungen nicht nur über den Standort, sondern auch über diejenigen Merkmale einer Abfallentsorgungsanlage voraus, die wie etwa die vorgesehenen Abfallarten, die Anlagegröße und -kapazität, die Entsorgungstechnik und auch die Transportwege Art und Ausmaß möglicher Immissionen bestimmen. Auch durch die Bauleitplanung hervorgerufene **Verkehrsbelastungen** können zu die Antragsbefugnis begründenden Rechten auf Abwägung führen. Dem Anwohner einer Straße etwa, die den Zu- und Abfahrtsverkehr für ein neu geplantes Baugebiet aufnehmen soll, ist die Antragsbefugnis gem. § 47 II 1 VwGO für einen Normenkontrollantrag gegen einen dies ermöglichenden Bebauungsplan nicht deshalb abzusprechen, weil die errechnete Erhöhung des Verkehrslärms nur vergleichsweise geringfügig ist oder weil eine solche Entwicklung bei Verwirklichung des Bebauungsplans zu erwarten ist.[95] Das Interesse von Anwohnern an der Vermeidung einer Verkehrszunahme kann in der Tat selbst dann zum notwendigen Abwägungsmaterial gehören, wenn die damit verbundene Lärmzunahme – bezogen auf einen rechnerisch ermittelten Dauerschallpegel – für das menschliche Ohr kaum wahrnehmbar ist.[96] Eine Antragsbefugnis kann auch aus zu befürchtenden Abwehransprüchen hergeleitet werden. Das gilt etwa für die Interessen der Wohnnutzer, von heranrückenden Gewerbe- oder Industriebetrieben verschont zu bleiben wie umgekehrt für das Interesse von Gewerbe- oder Industriebetrieben, ein Heranrücken von Wohngebäuden zu verhindern.

---

[91] Fortführung *BVerwG*, B. v. 14. 2. 1991 – 4 NB 25.89 – Buchholz 310 § 47 VwGO Nr. 56; *BVerwG*, B. v. 9. 7. 1992 – 4 NB 39.91 – DVBl. 1992, 1437 = *Hoppe/Stüer* RzB Rdn. 1309 – Fußgängerzone.
[92] *BVerwG*, B. v. 20. 12. 1988 – 7 NB 2.88 – BVerwGE 81, 128 – Abfallbeseitigungsplan; B. v. 20. 12. 1988 – 7 NB 3.88 – BVerwGE 81, 139 – Teilabfallbeseitigungsplan Bremen.
[93] Zum Abfallrecht s. Rdn. 3272.
[94] *BVerwG*, B. v. 18. 12. 1990 – 4 NB 4.90 – DVBl. 1991, 399 = *Hoppe/Stüer* RzB Rdn. 1330 – Zentraldeponie.
[95] *BVerwG*, B. v. 18. 3. 1994 – 4 NB 24.93 – *Hoppe/Stüer* RzB Rdn. 1320 – Anwohnerbelastung.
[96] *BVerwG*, Urt. v. 20. 10. 1989 – 4 C 12.87 – BVerwGE 84, 31 – Eichenwäldchen.

Beispiel: Ein landwirtschaftlicher Betrieb wendet sich gegen einen Bebauungsplan, der ein Heranrücken einer Wohnbebauung zulässt.[97] Ebenso kann sich der Eigentümer eines Wohngrundstücks gegen einen Bebauungsplan wenden, der in der Nachbarschaft ein Gewerbegebiet ausweist. Die Antragsbefugnisse bestehen auch dann, wenn die Grundstücke der jeweiligen Antragsteller außerhalb des Plangebietes liegen. Die Verkehrsimmissionen, die durch die Erweiterung eines reinen Wohngebiets um bis zu 32 Wohnungen für ein Wohngrundstück zu erwarten sind, an dessen Gartenseite die festgesetzte Erschließungsstraße entlang führt, kann ein abwägungserheblicher Belang sein, dessen Nichtberücksichtigung ein Antragsbefugnis für eine Normenkontrollklage nach § 47 II 1 VwGO begründen kann.[98] Verringert sich planbedingt die vorhandene Belastung durch den Verkehrslärm und fordert der Eigentümer eines außerhalb des Plangebiets gelegenen Grundstücks Planänderungen mit dem Ziel zusätzlicher Verminderungen der Verkehrslärmbelastung, genügt dies für sich allein nicht zur Annahme der Antragsbefugnis. Dies gilt auch dann, wenn die Vorbelastung durch den Verkehrslärm bereits über 70 dB(A) am Tage und 60 dB(A) in der Nacht beträgt. „Lärmsanierung"[99] bei Straßenbauvorhaben im Zuge eines Bebauungsplanverfahrens kann auch in diesem Fall nur gefordert werden, wenn die Voraussetzungen für die Anwendung in § 1 Verkehrslärmschutzverordnung (16. BImSchV) erfüllt sind.[100]

4157 Ein negatives Betroffensein in einem abwägungserheblichen Interesse kann bei einer inhaltlichen Verknüpfung der Änderung von **Landschaftsschutzgrenzen** und der **Aufstellung eines Bebauungsplans** gegeben sein, wenn die die Antragsbefugnis begründende Rechtsverletzung gerade durch die angegriffene Norm verursacht wird. An diesem inneren Kausalzusammenhang fehlt es, wenn durch den angegriffenen Bebauungsplan lediglich allgemein die Voraussetzungen für eine Überplanung des Geländes erleichtert werden sollen, ohne dass bereits feststeht, in welcher Form die zukünftige Überplanung ausgeführt werden soll.[101]

4158 Der Kreis der abwägungsbeachtlichen Belange ist nicht auf die der **Grundstückseigentümer** beschränkt. Auch **Mieter**, **Pächter**[102] und andere **obligatorisch Nutzungsberechtigte** können antragsbefugt sein, insbesondere, wenn in ihren eingerichteten und ausgeübten Gewerbebetrieb oder in ihren schützenswerten Außenkontakt eingegriffen wird.[103] So kann bei der Ausweisung eines Naturschutzgebietes neben dem Grundstückseigentümer auch der langfristig Pachtberechtigte wegen der mit den Festsetzungen verbundenen Beschränkungen in der Nutzungsmöglichkeit antragsberechtigt sein.[104] Einen Antrag auf Entscheidung über die Gültigkeit eines Bebauungsplans kann auch ein Mieter stellen, der erst nach dem In-Kraft-Treten des Bebauungsplans Räume im Plangebiet mietet und dem im Hinblick auf die Festsetzungen des Bebauungsplans untersagt werden kann, eine Nutzung aufzunehmen, die dort zuvor nicht ausgeübt worden ist.[105] Auch der

---

[97] *VGH München*, Urt. v. 9. 2. 1998 – 15 N 97.3241 – NVwZ-RR 1998, 717 = ZfBR 1998, 324.
[98] *BVerwG*, Urt. v. 26. 2. 1999 – 4 CN 6.98 – DVBl. 1999, 1293 = DÖV 1999, 733 = BauR 1999, 1128 – Hasselbach.
[99] Vgl. dazu *BVerwG*, B. v. 24. 8. 1999 – 4 B 58.99 – NVwZ 2000, 70.
[100] *VGH Mannheim*, B. v. 7. 5. 1999 – 3 S 1835/98 – VGHBW 1999, Beilage 10, B 1 – Müllheimer Tal.
[101] *VGH Kassel*, Urt. v. 29. 1. 2004 – 3 N 2585/01 – BauR 2004, 1044 – Ausgleichsfälle, mit Hinweis auf *BVerwG*, B. v. 18. 12. 1987 – 4 BN 1.87 – NVwZ 1988, 728; B. v. 13. 12. 1996 – 4 NB 26.96 – NVwZ 1997, 682.
[102] *BVerwG*, B. v. 11. 11. 1988 – 4 NB 5.88 – Buchholz 310 § 47 VwGO Nr. 30; Urt. v. 5. 11. 1999 – 4 CN 3.99 – NVwZ 2000, 334.
[103] *BVerwG*, B. v. 9. 11. 1979 – 4 N 1.78 – BVerwGE 59, 87 = DVBl. 1980, 233 = DÖV 1980, 217 = NJW 1980, 1061 = BauR 1980, 36 = *Hoppe/Stüer* RzB Rdn. 26 – Abwägungsmaterial. Die Frage, ob ein Grundstück der Naturschutzverordnung unterliegt, kann ggf. auch durch eine Feststellungsklage gerichtlich geklärt werden, so *OVG Hamburg*, Urt. v. 26. 2. 1998 – Bf II 52/94 – NordÖR 1998, 443, dort auch zum Schutz von Randbereichen und Einwirkungsbereichen.
[104] *VGH Kassel*, B. v. 13. 6. 1980 – IV N 2/76 – DVBl. 1981, 653 = AgrarR 1981, 83 – Naturschutzgebiet.
[105] *BVerwG*, B. v. 11. 11. 1988 – 4 NB 5.88 – BauR 1989, 304 = DVBl. 1989, 359 m. Anm. *Dürr* = NVwZ 1989, 553 = *Hoppe/Stüer* RzB Rdn. 1324 – Normenkontrolle Mieter; *OVG Münster*, Urt. v. 25. 11. 1997 – 10 a D 131/97.NE – (unveröffentlicht) – Veränderungssperre.

Käufer eines Grundstücks, für den eine Auflassungsvormerkung eingetragen ist, kann nach § 47 II 1 VwGO antragsbefugt sein.[106] Das bedeutet aber nicht, dass ein solcher **„verfassungsrechtlicher Eigentümer"** auch tatsächlich stets geltend machen kann, in eigenen Rechten i. S. des § 47 II 1 VwGO verletzt zu sein. Ob die Gemeinde seine Belange als Teil des Abwägungsmaterials berücksichtigen musste (§ 2 III BauGB), hängt von den konkreten Gegebenheiten ab. Die Gemeinde muss sich bei der Aufstellung eines Bebauungsplans für einen bestimmten Bereich allerdings nicht mit den Interessen sämtlicher „verfassungsrechtlichen Eigentümer" auseinander setzen, denen irgendwo im Gemeindegebiet Rechte an einem Grundstück zustehen.[107] Abwägungserheblich sind alle Nachteile, die sich aufgrund eines vorgesehenen Eingriffs in Besitzrechte des Mieters oder Pächters ergeben.[108] Auch ein Bauantragsteller, der nicht Grundstückseigentümer ist, ist in einem Normenkontrollverfahren gegen eine Veränderungssperre antragsbefugt.[109]

Ein Antragsteller genügt demnach seiner **Darlegungslast** im Hinblick auf die Antragsbefugnis, wenn er hinreichend substantiiert Tatsachen vorträgt, die es zumindest als möglich erscheinen lassen, dass seine privaten Belange fehlerhaft abgewogen worden sind.[110] Das Interesse des Eigentümers eines außerhalb des Planbereichs gelegenen Grundstücks, bei der späteren Verwirklichung des Bebauungsplans nicht von den Auswirkungen von Lärm und Staub einer Baustelleneinrichtung beeinträchtigt zu werden, gehört grundsätzlich nicht zu den abwägungserheblichen Belangen. Ein auf Nichtberücksichtigung dieses Belangs gestützter Normenkontrollantrag ist mangels Antragsbefugnis unzulässig.[111] Im Gegensatz dazu kann der Mieter einer Wohnung durch einen Bebauungsplan oder seine Anwendung einen Nachteil erleiden oder zu erwarten haben und deshalb im Normenkontrollverfahren nach § 47 II 1 VwG0 antragsbefugt sein. Er kann etwa geltend machen, sein Interesse, von zusätzlichem Verkehrslärm verschont zu bleiben, sei in der Abwägung nicht berücksichtigt worden. Dabei kann allerdings die Antragsbefugnis wegen Geringfügigkeit des Interesses eines Bewohners entfallen. Auch das Interesse des Inhabers eines Gewerbebetriebs im Wohngebiet, nicht auf hinzukommende Wohnbebauung Rücksicht nehmen zu müssen, kann geringfügig oder auch nicht schutzwürdig sein.[112] Wird für eine landwirtschaftlich genutzte Fläche im Bebauungsplan eine andere Nutzungsart wie etwa ein Gewerbegebiet festgesetzt, so kann außer dem Eigentümer auch der Pächter dieser Fläche im Normenkontrollverfahren antragsbefugt sein.[113]

Das *BVerwG* hat seine Rechtsprechung im Jahre 1998[114] nochmals bestätigt, nach der das Abwägungsgebot **drittschützenden Charakter** hinsichtlich solcher privaten Belange hat,

---

[106] Für den mit dem Eigentümer nicht identischen Bauherrn: *BVerwG*, B. v. 18. 5. 1994 – 4 NB 27.93 – Buchholz 310 § 47 VwGO Nr. 90.
[107] *BVerwG*, Urt. v. 7. 4. 1995 – 4 NB 10.95 – NVwZ-RR 1996, 8.
[108] *BVerwG*, Urt. v. 1. 9. 1997 – 4 A 36.96 – DVBl. 1998, 44 s. Rdn. 3817, s. Rdn. 4301.
[109] *VGH Mannheim*, Urt. v. 9. 2. 1998 – 8 S 2770/97 – VBlBW 1998, 310.
[110] *BVerwG*, Urt. v. 26. 2. 1999 – 4 CN 6.98 – DVBl. 1999, 1293 = BauR 1999, 1128 – Hasselbach; Urt. v. 5. 3. 1999 – 4 CN 18.98 – ZfBR 1999, 344 = NVwZ 1999, 987, mit Hinweis auf *BVerwG*, Urt. v. 24. 9. 1998 – 4 CN 2.98 – DVBl. 1999, 100 = NJW 1999, 592 (gilt auch für den vorhabenbezogenen Bebauungsplan nach § 12 BauGB); Urt. v. 28. 4. 1999 – 4 CN 5.99 – UPR 1999, 350 = BauR 1999, 1131.
[111] *BVerwG*, B. v. 12. 3. 1999 – 4 BN 6.99 – BauR 1999, 878 = ZfBR 1999, 225 = UPR 1999, 312 = LKV 1999, 364 – Baulogistikzentrum Potsdamer Platz.
[112] *BVerwG*, Urt. v. 21. 10. 1999 – 4 CN 1.98 – ZfBR 2000, 199.
[113] *BVerwG*, Urt. v. 5. 11. 1999 – 4 CN 3.99 – ZfBR 2000, 93 = RdL 2000, 104 für hofnahes Weideland. Zur Rechtsstellung des Mieters als „verfassungsrechtlicher Eigentümer" *BVerfG*, B. v. 26. 5. 1993 – 1 BvR 208/93 – BVerfGE 89, 1; *BVerwG*, Urt. v. 1. 9. 1997 – 4 A 36.96 – BVerwGE 105, 198 = DVBl. 1998, 44.
[114] *BVerwG*, Urt. v. 24. 9. 1998 – 4 CN 2.98 – BVerwGE 107, 215 = DVBl. 1999, 100 m. Anm. *Schmidt-Preuß*.

die für die Abwägung erheblich[115] sind. Ein Antragsteller genügt demnach seiner Darlegungslast im Hinblick auf die Antragsbefugnis, wenn er hinreichend substantiiert Tatsachen vorträgt, die es zumindest als möglich erscheinen lassen, dass seine privaten Belange fehlerhaft abgewogen worden sind und sein Recht auf Abwägung daher verletzt ist.[116] Auch nach § 214 BauGB unbeachtliche Abwägungsmängel können eine Antragsbefugnis begründen.[117] Die Belegenheit eines Grundstücks im Geltungsbereich des angegriffenen Bebauungsplans begründet dabei allein noch nicht die Möglichkeit einer Rechtsverletzung.[118] Hinzu kommen muss, dass sich der Eigentümer gegen eine Festsetzung wendet, die unmittelbar sein Grundstück betrifft.[119] Natürlich können auch Festsetzungen für das Nachbargrundstück subjektive Rechtsverletzungen darstellen, wenn sich diese Festsetzungen auf das eigene Grundstück auswirken können.[120] Eine Betroffenheit kann sich auch über die Gemeindegrenzen hinweg ergeben.[121]

4161 **Rechtsbeeinträchtigungen** als Folge nachteiliger Festsetzungen kann, solange der Plan Geltung für sich beansprucht, ein wechselnder Kreis von Personen erleiden, dem als Eigentümer, dinglich Nutzungsberechtigter, Mieter oder Pächter nebeneinander oder nacheinander Rechte an einem bestimmten Grundstück zusteht. Wendet sich der Grundeigentümer im Wege der Normenkontrolle gegen den Bebauungsplan, so ist es für die Antragsbefugnis ohne Belang, ob er die Absicht hat, das Grundstück selbst zu nutzen, zu veräußern, zu vermieten oder zu verpachten.[122]

4162 Antragsbefugt ist grundsätzlich auch ein Grundstückseigentümer, der sich gegen eine von der faktischen planungsrechtlichen Situation **abweichende planerische** und für sein Grundstück **nachteilige Festsetzung** für ein Nachbargrundstück wehrt.[123] Ob der Eigentümer von den nachteiligen Wirkungen von Festsetzungen bereits bei In-Kraft-Treten des Bebauungsplans betroffen wird oder als Grundstückserwerber erst nachträglich in die Eigentümerposition einrückt, spielt für die Antragsbefugnis keine entscheidende Rolle.

4163 Eine Rechtsverletzung im Sinne des § 47 II 1 VwGO kann sich daraus herleiten lassen, dass Grundstücke, die kraft planerischer Festsetzung dem Wohnen dienen, durch die Planung **Verkehrslärmbelastungen** ausgesetzt werden, die das zumutbare Maß überschreiten. Die Rechtsordnung verhält sich gegenüber den Belangen des Verkehrslärmschutzes und ihrer Relevanz für die Bauleitplanung nicht neutral. Dass der Gesetzgeber insoweit einen Schutzbedarf anerkennt, machen die §§ 3, 41 ff. und 50 BImSchG sowie § 1 V 2 Nr. 1 und § 9 I Nr. 24 BauGB deutlich. Die Sicherung gesunder Wohnverhältnisse gehört zu den Belangen, denen bei der Aufstellung eines Bebauungsplans Rechnung zu tragen

---

[115] Zur Antragsbefugnis eines Eigentümers außerhalb des Planbereichs wegen Auswirkungen des Plans, die ebenfalls außerhalb des Planbereichs entstehen: *BVerwG*, B. v. 12. 3. 1999 – 4 BN 6.99 – BauR 1999, 878 = UPR 1999, 312 = ZfBR 1999, 225 – Baulogistikzentrum Potsdamer Platz.
[116] *BVerwG*, Urt. v. 26. 2. 1999 – 4 CN 6.98 – DVBl. 1999, 1293 = BauR 1999, 1128; Urt. v. 5. 3. 1999 – 4 CN 18.98 – ZfBR 1999, 344 = NVwZ 1999, 987, mit Hinweis auf *BVerwG*, Urt. v. 24. 9. 1998 – 4 CN 2.98 – DVBl. 1999, 100 = NJW 1999, 592 (gilt auch für den vorhabenbezogenen Bebauungsplan nach § 12 BauGB); Urt. v. 28. 4. 1999 – 4 CN 5.99 – UPR 1999, 350 = BauR 1999, 1131.
[117] *BVerwG*, B. v. 14. 2. 2002 – 4 BN 5.02 – ZfBR 2003, 49 = BauR 2002, 1829 – Dorfgebiet neben Gärtnerei.
[118] Für Eigentümer eines Grundstücks außerhalb des Bebauungsplans sieht die Rechtsposition dementsprechend noch ungünstiger aus, vgl. *OVG Münster*, B. v. 15. 5. 2000 – 10 a B 437.NE – BauR 2000, 1460 – Umsiedlungsstandort.
[119] *BVerwG*, B. v. 22. 8. 2000 – 4 BN 38.00 – NVwZ- 2000, 1834 = DVBl. 2000, 1881.
[120] *BVerwG*, Urt. v. 25. 11. 1999 – 4 CN 17.98 – DVBl. 2000, 800.
[121] *OVG Koblenz*, Urt. v. 6. 3. 2002 – 8 C 11470/01 – NuR 2002, 422 = BauR 2002, 1205 – Sondergebiet Windenergie.
[122] *BVerwG*, B. v. 7. 7. 1997 – 4 BN 11.97 – Buchholz 406.12 § 11 BauNVO Nr. 22; B. v. 10. 3. 1998 – 4 CN 6.97 – Buchholz 310 § 47 VwGO Nr. 123; *BVerfG*, B. v. 19. 12. 2002 – 1 BvR 1402/01 – NVwZ 2003, 727 = UPR 2003, 143 = DÖV 2003, 376 – Grüngürtel.
[123] *OVG Bautzen*, Urt. v. 18. 7. 2002 – 1 D 26/00 – SächsVBl. 2003, 40; bestätigt durch *BVerwG*, B. v. 23. 10. 2002 – 4 BN 53.02 – NVwZ-RR 2003, 172 = BauR 2003, 216 = DVBl. 2003, 214.

ist. Schutzadressat sind alle Personen, die von der Zweckbestimmung des § 4 I BauNVO erfasst werden, unabhängig davon, wer der Eigentümer der Wohngrundstücke ist.[124]

Die Befugnis des Grundstückseigentümers gemäß § 47 II 1 VwGO, wegen einer möglichen **Verletzung seines Eigentums** die Feststellung der Unwirksamkeit eines Bebauungsplans im Normenkontrollverfahren zu beantragen, hat seinen Grund darin, dass der Bebauungsplan mit seinen Festsetzungen die zulässige Nutzung des Grundstücks und damit im Sinne des Art. 14 I 2 GG Inhalt und Schranken des Eigentums bestimmt.[125] Die **Belegenheit** eines Grundstücks im Geltungsbereich eines (Änderungs-)Bebauungsplans allein begründet die Antragsbefugnis nicht. Eine Rechtsverletzung im Sinne des § 47 II 1 VwGO macht deshalb nicht geltend, wer vorträgt, sein Grundstück hätte ohne Änderung der für dieses geltenden Festsetzungen in den Geltungsbereich eines – die zulässige Nutzung anderer Grundstücke regelnden – Änderungsbebauungsplans einbezogen werden müssen. Der Umstand allein, dass ein bisher unbebautes Grundstück künftig bebaut werden darf, macht das Interesse des Nachbarn an der Erhaltung dieses Zustandes, z. B. wegen der Ortsrand- und Aussichtslage, noch nicht zu einem abwägungserheblichen Belang mit der Folge, dass damit die Verletzung des Rechts auf gerechte Abwägung im Sinne des § 47 II 1 VwGO geltend gemacht werden könnte.[126] Das Interesse eines Anliegers, von der Überlastung eines sein Grundstück erschließenden Weges als Folge der Aufstellung eines Bebauungsplans für ein neues Baugebiet verschont zu bleiben, ist ein abwägungserheblicher privater Belang (§ 1 VI BauGB), der eine Antragsbefugnis gemäß § 47 II 1 VwGO auch dann begründet, wenn das Grundstück des Anliegers außerhalb des Geltungsbereichs des Bebauungsplans liegt.[127] Wird eine Straße, die auf dem Gebiet zweier benachbarter Gemeinden verlaufen soll, inhaltlich und zeitgleich abgestimmt durch Bebauungspläne der beiden Gemeinden festgesetzt, so sind Grundstückseigentümer hinsichtlich ihrer Eigentumsbetroffenheit für ein Normenkontrollverfahren nur gegenüber dem Bebauungsplan der Gemeinde antragsbefugt (§ 47 II 1 VwGO), durch den ihr Grundstück betroffen wird.[128] Der (unerfüllte) Wunsch des Eigentümers, sein Grundstück in den Geltungsbereich eines Bebauungsplanes einbezogen zu sehen, begründet die Normenkontrollantragsbefugnis nur dann, wenn ein städtebaulicher Missstand entstünde und der Bebauungsplan daher eine geordnete städtebauliche Ordnung ohne die Planerweiterung nicht sicherstellen kann.[129]

In welchem Umfang gegenüber **Großvorhaben des Fachplanungsrechts**, die durch untergesetzliche Rechtsvorschriften abgesichert werden, eine Antragsbefugnis von Bürgern besteht, ist fraglich. Da im Bereich der Normenkontrolle eine Verbandsklage oder Popularklage nicht gewährt wird,[130] ist Vorsicht geboten. Die allgemeine Beeinträchtigung in der Erholungsfunktion, die Verstärkung der Umweltbelastungen unterhalb einer gewissen Zumutbarkeitsschwelle, Einwirkungen eines Großvorhabens auf die natürlichen Lebensgrundlagen oder den vorhandenen Waldbestand kann eine Antragsbefugnis

---

[124] *BVerwG*, B. v. 25. 1. 2002 – 4 BN 2.02 – ZfBR 2002, 493 = BauR 2002, 1199.

[125] *BVerwG*, B. v. 7. 7. 1997 – 4 BN 11.97 – Buchholz 406.12 § 11 BauNVO Nr. 22; *BVerwG*, B. v. 10. 3. 1998 – 4 CN 6.97 – Buchholz 310 § 47 VwGO Nr. 123; *BVerfG*, B. v. 19. 12. 2002 – 1 BvR 1402/01 – NVwZ 2003, 272 = UPR 2003, 143 = DÖV 2003, 376 – Grüngürtel.

[126] *BVerwG*, B. v. 22. 8. 2000 – 4 BN 38.00 – NVwZ 2000, 1413 = DVBl. 2000, 1881, im Anschluss an Urt. v. 24. 9. 1998 – 4 CN 2.98 – BVerwGE 107, 215.

[127] *BVerwG*, B. v. 6. 12. 2000 – 4 BN 59.00 – DVBl. 2001, 669 = NVwZ 2001, 431 – Sportmehrzweckhalle und Reithalle; *OVG Koblenz*, Urt. v. 7. 8. 2002 – 8 C 10700/02 – Plangebiet.

[128] *BVerwG*, B. v. 29. 8. 2000 – 4 BN 40.00 – DVBl. 2001, 317 = NVwZ-RR 2001, 199 = UPR 2001, 71 = BauR 2001, 199.

[129] *OVG Lüneburg*, Urt. v. 29. 1. 2003 – 1 KN 1321/01 – NuR 2003, 705 = RdL 2003, 118; vgl. auch *VGH Mannheim*, Urt. v. 17. 4. 2002 – 8 S 1799/01 – ESVGH 52, 195 = NuR 2003, 170 – Nichteinbeziehung in Plangebiet.

[130] *BVerwG*, Urt. v. 29. 7. 1977 – IV C 51.75 – BVerwGE 54, 211 = DVBl. 1977, 897 = BauR 1977, 394 = NJW 1978, 554 = *Hoppe/Stüer* RzB Rdn. 1293 – vorbeugender Rechtsschutz.

daher nur begründen, wenn die Belange der davon betroffenen – etwa weil sie in ihrer unmittelbaren Nachbarschaft wohnen oder dort über Grundeigentum verfügen – als abwägungsbeachtlich erkennbar und schutzwürdig sind.[131] Die Antragsbefugnis kann sich bei potenziell umweltgefährdenden Großvorhaben insbesondere aus dem gesetzlichen Gebot der Berücksichtigung der betroffenen Belange bei der Risikovorsorge ableiten.[132] Gegenüber industriellen Großvorhaben besteht die Antragsbefugnis auf Überprüfung eines Bebauungsplans nur insoweit, als die betroffenen Belange bei der Bauleitplanung abwägungserheblich sind.[133] Der Satzungsgeber darf dabei nicht überfordert werden. Die Verlagerung aller immissionsschutzrechtlichen Probleme bereits in das Bebauungsplanverfahren würde das Gebot der **Konfliktbewältigung** überspannen und im Ergebnis zu einer unzulässigen Vorverlagerung des immissionsschutzrechtlichen Genehmigungsverfahrens führen.[134] Nur die dem Bebauungsplan zuzurechnenden Konflikte und die ihnen zugrunde liegenden Belange gehen in die Abwägung ein. Das gilt auch für die Fachplanung. So braucht sich die Planfeststellungsbehörde nur um Probleme von einigem Gewicht zu kümmern. Daher ist auch die Praxis, die Bauausführung aus von der Planfeststellung auszunehmen, nicht zu beanstanden, wenn der Stand der Technik für die zu bewältigenden Probleme geeignete Lösungen zur Verfügung stellt und die Beachtung der entsprechenden technischen Regelwerke sichergestellt ist.[135] Die Erforderlichkeit einer Ersatzzufahrt beispielsweise kann aber zu einer Frage des Planfeststellungsbeschlusses werden, wenn diese Frage die Gesamtkonzeption der Planung berührt, weil die erforderliche Zufahrt etwa für die Trassenwahl und die Ablehnung einer Alternativplanung ausschlaggebend ist.[136] Auch müssen Geschwindigkeitsbegrenzungen nach Auffassung des *VGH Mannheim* nur dann bereits im Planfeststellungsbeschluss festgelegt werden, wenn dies zur Konfliktbewältigung geboten ist und im Nachfolgeverfahren eine ausreichende Begrenzung nicht mehr sichergestellt werden kann.[137]

4166 Auch **Gemeinden** sind als juristische Personen antragsbefugt, wenn sie durch die angegriffene (von ihr nicht erlassene) Rechtsvorschrift einen abwägungserheblichen Nachteil erleiden. Hierfür kommt insbesondere ein nachteiliger Eingriff in die gemeindliche Selbstverwaltung und in die daraus abgeleitete Planungshoheit in Betracht.[138] So kann die Gemeinde antragsbefugt sein, wenn sie durch eine untergesetzliche Rechtsvorschrift in einen Zweckverband[139] oder in eine Verwaltungsgemeinschaft[140] einbezogen wird oder

---

[131] *VG Berlin,* Urt. v. 14. 12. 1976 – VG XIII A 419.76 – DVBl. 1977, 352 – Spandauer Forst; *OVG Berlin,* Urt. v. 2. 5. 1977 – II B 2.77 – DVBl. 1977, 901 – Spandauer Forst. Die Klagebefugnis ist mit der damaligen Insellage Berlins begründet worden.

[132] *BVerwG,* Urt. v. 14. 12. 1982 – 2 A 10.81 – ZfBR 1983, 245. Vgl. auch *BVerwG,* Urt. v. 11. 1. 1985 – 7 C 74.82 – BVerwGE 70, 365 = *Hoppe/Stüer* RzB Rdn. 472 – Krümmel Konzeptvorbescheid.

[133] *OVG Lüneburg,* Urt. v. 12. 3. 1980 – 6 C 12/78 – DVBl. 1980, 962 = BauR 1980, 539 – Standortvorbescheid.

[134] *BVerwG,* B. v. 17. 2. 1984 – 4 B 191.83 – BVerwGE 69, 30 = NVwZ 1984, 235 = DÖV 1984, 858 = DVBl. 1984, 343 = ZfBR 1984, 90 = *Hoppe/Stüer* RzB Rdn. 61 – Reuter Kraftwerk; s. Rdn. 1438.

[135] *BVerwG,* Urt. v. 5. 3. 1997 – 11 A 5.96 – NVwZ-RR 1998, 92 = UPR 1997, 327 – Wörlsdorf-Roth.

[136] *BVerwG,* B. v. 8. 10. 1998 – 11 VR 7.98 – Trebbin.

[137] *VGH Mannheim,* Urt. v. 3. 7. 1998 – 5 S 1/98 – NVwZ 1999, 165 = UPR 1999, 80 – Straßenbahnlinie.

[138] Zu den Hoheitsrechten der gemeindlichen Selbstverwaltung *Stüer,* Funktionalreform und kommunale Selbstverwaltung, 1980. 66, 165. Zu interkommunalen Gemeindenachbarklagen grundlegend *Hoppe* FS Wolff, 1973, 307.

[139] *VGH München,* Urt. v. 26. 7. 1978 – 315 XI 77 – DVBl. 1978, 965 = BayVBl. 1978, 701.

[140] *VGH München,* Urt. v. 30. 6. 1982 – 4 N 80 A.1091 – BayVBl. 1983, 17 – Verwaltungsgemeinschaft. Dabei kann auch die Sachgerechtigkeit der Gebietsabgrenzung gerichtlich überprüft werden, vgl. *VGH München,* Urt. v. 28. 4. 1982 – 4 N – 1905/79 – BayVBl. 1983, 179 – gemeindefreies Gebiet.

2. Teil. Rechtsschutz gegen den Bebauungsplan   4167 **F**

durch überörtliche Raumordnung[141] oder Fachplanung[142] in ihren elementaren Planungsvorstellungen beeinträchtigt wird.[143] Auch gegenüber Planungsvorhaben benachbarter Gemeinden kann eine Antragsbefugnis gegeben sein, wenn die Gemeinde hierdurch in ihren Selbstverwaltungsrechten beeinträchtigt wird oder die gemeindlichen Belange mit zum Material der **interkommunalen Abwägung**[144] zählen (§ 2 II 1 und 2 BauGB). So kann etwa die gemeindliche Planung eines Möbelmarktes[145] oder eines Verbrauchermarktes[146] relevante Planungsbelange der Nachbargemeinde berühren.[147] Es muss sich dabei jedoch um eine spezifische Beeinträchtigung gemeindenachbarlicher Belange handeln, weshalb Planungen von regionalem oder überregionalem Zuschnitt seltener als Kontrollgegenstand in Betracht kamen.[148] Einer im Landesentwicklungsprogramm als Mittelzentrum ausgewiesenen Gemeinde kann allerdings eine Antragsbefugnis gegen einen Bebauungsplan einer Nachbargemeinde zustehen, wenn der Plan ein Sondergebiet für ein Einkaufszentrum vorsieht und dadurch die zentralörtlichen Funktionen der antragstellenden Gemeinde beeinträchtigt werden.[149] Auch kann der abwägungserhebliche Nachteil der Gemeinde darauf beruhen, dass durch Planungen der Nachbargemeinde die gemeindliche Trinkwasserversorgung gefährdet wird.[150] Es müssen jedoch spezielle abwägungserhebliche gemeindliche Belange der Antragstellerin berührt sein. Zweckverbände, Planungsgemeinschaften und überörtliche Zusammenschlüsse mit spezifischer Zwecksetzung, denen die gemeindliche Allzuständigkeit fehlt, hatten auch schon nach der bisherigen Fassung des § 47 II 1 VwGO diese umfassende Antragsbefugnis nicht.[151] Die Rechte der betroffenen Gemeinden sind durch das EAG Bau in der Tendenz gestärkt worden. Nach § 2 II 2 BauGB können sich die Gemeinden dabei auf die ihnen durch Ziele der Raumordnung zugewiesenen Funktionen sowie auf Auswirkungen auf ihre zentrale Versorgungsbereiche berufen.

Eine **Gemeinde** ist im Rahmen der verwaltungsgerichtlichen Normenkontrolle   4167 grundsätzlich antragsbefugt, sich gegen eine ihr Gebiet erfassende naturschutzrechtliche Verordnung zu wenden. Die von der Rechtsprechung beschriebenen Fallgruppen, in denen gemeindliche Belange nicht mehr als geringfügig anzusehen sind und daher jedenfalls nicht wegen angenommener Geringfügigkeit unbeachtet bleiben dürfen, betreffen – in aller Regel – nicht die Zulässigkeit, sondern die Begründetheit eines Normenkontrollantrags. Eine Gemeinde ist gemäß § 1 III i.V. m. § 9 I Nr. 11 BauGB regelmäßig befugt, durch bauplanerische Festsetzungen im Rahmen der Selbstverwaltung eine gemeindliche

---

[141] *VGH München*, Urt. v. 30. 3. 1982 – 20.N – 909/79 – BayVBl. 1982, 726 – Flughafen; Urt. v. 7. 7. 1983 – 22 N 82 A.772 – DVBl. 1983, 1157 = BayVBl. 1983, 723 – als Rechtsverordnung beschlossenes Landesentwicklungsprogramm.
[142] *BVerwG*, Urt. v. 11. 5. 1984 – 4 C 83.80 – NVwZ 1984, 584 = *Hoppe/Stüer* RzB Rdn. 1169 – Bahnübergang mit Hinweis darauf, dass die Klagebefugnis nach § 42 II VwGO allerdings eine nachhaltige Störung einer bereits hinreichend konkreten Planung voraussetzt, vgl. auch *Stüer* VR 1985, 77.
[143] Die Zulässigkeit einer Normenkontrolle in diesen Fällen setzt jedoch eine entsprechende landesgesetzliche Eröffnungsnorm nach § 47 I Nr. 2 VwGO voraus.
[144] Zur interkommunalen Abstimmung s. Rdn. 206.
[145] *VGH München*, Urt. v. 28. 6. 1988 – Vf. 12-VII-85 – NVwZ 1989, 558 – Konkurrenz.
[146] *VGH Mannheim*, Urt. v. 21. 12. 1976 – III 415/76 – BauR 1977, 184 – Massa, mit der Fragestellung, ob die typischen Funktionen der Gemeinde als Unterzentrum beeinträchtigt werden.
[147] *BVerwG*, B. v. 16. 1. 1990 – 4 NB 1.90 – DÖV 1990, 479 = UPR 1990, 222 = NVwZ 1990, 555 = *Hoppe/Stüer* RzB Rdn. 1328 – Konkurrenz Einzelhandel; *OVG Weimar*, Urt. v. 17. 6. 1998 – 1 KO 1040/97 – ThürVBl. 1998, 280 = DÖV 1999, 170 – Bielen.
[148] *OVG Lüneburg*, Urt. v. 23. 11. 1982 – 6 OVG C 7/79 – BauR 1983, 220, für einen Möbelmarkt mit regionalem Einzugsgebiet.
[149] *OVG Koblenz*, Urt. v. 1. 3. 1983 – 10 C 24/82 – BauR 1983, 551 – Mittelzentrum.
[150] In diesem Fall kann sogar eine Anfechtungsklage gegen einen Bauvorbescheid zulässig sein, vgl. *OVG Saarlouis*, Urt. v. 21. 5. 1984 – 2 R 287/83 – UPR 1985, 65; vgl. auch *BVerwG*, Urt. v. 12. 8. 1999 – 4 C 3.98 – ZfBR 2000, 204 – Trinkwasserversorgung.
[151] *VGH Mannheim*, Urt. v. 10. 12. 1976 – III 1149/76 – BauR 1977, 182 – Massa.

"Verkehrspolitik" zu betreiben.[152] Das Rechtsschutzinteresse für einen Normenkontrollantrag kann auch gegeben sein, wenn die begehrte Entscheidung für den Antragsteller aus tatsächlichen Gründen vorteilhaft ist.[153]

4168 Die höhere Verwaltungsbehörde als **Plangenehmigungsbehörde** ist nicht befugt, die Unwirksamkeit eines von ihr als ungültig erkannten Bebauungsplans verbindlich festzustellen. Ebenso wenig kann sie die rechtswidrig erteilte, inzwischen aber gem. § 10 III BauGB ortsüblich bekannt gemachte Genehmigung des damit in Kraft getretenen Bebauungsplans zurücknehmen. Eine höhere Verwaltungsbehörde kann aber die Prüfung der Gültigkeit eines von ihr genehmigten Bebauungsplans gem. § 47 I Nr. 2 VwGO beantragen, wenn sie den Bebauungsplan in unterschiedlicher Weise anzuwenden hat. Die höhere Verwaltungsbehörde als Plangenehmigungsbehörde ist nicht befugt, die Unwirksamkeit einer von ihr erteilten und von der Gemeinde inzwischen ortsüblich bekannt gemachten Genehmigung eines Bebauungsplans durch Bescheid gegenüber der Gemeinde festzustellen. Dann verbietet es sich jedenfalls, an die Antragsbefugnis zusätzliche Anforderungen zu stellen, die über die übliche Voraussetzung eines Rechtsschutzinteresses hinausgehen. Demgegenüber kann an der Aufrechterhaltung einer zweifelhaften oder umstrittenen, nach Auffassung des Gerichts objektiv rechtswidrigen Rechtslage auch die beteiligte Gemeinde kein schützenswertes Interesse haben.

4169 Der **Gemeinde** fehlt die Antragsbefugnis für die Unwirksamkeitserklärung eines von ihr erlassenen Bebauungsplans. Auch ein als **unwirksam erkannter Bebauungsplan** ist – abgesehen von der gerichtlichen Unwirksamkeitserklärung im Normenkontrollverfahren – in dem für die Aufhebung von Bebauungsplänen geltenden Verfahren aufzuheben, um damit den Anschein seiner Rechtsgeltung zu beseitigen. Beruht die Ungültigkeit des Plans auf einem Verfahrens- oder Formfehler, hat die Gemeinde darüber zu entscheiden, ob sie den Plan, statt ihn aufzuheben, unter Behebung des Fehlers und Wiederholung des nachfolgenden Verfahrens rückwirkend in Kraft setzt.[154]

4170 Übrigens ist die Gemeinde nicht nur befugt, sondern auch gehalten, den als unwirksam erkannten Bebauungsplan, wenn sie die Unwirksamkeit begründenden, behebbaren Fehler nicht beheben will, nach den Vorschriften über die Aufstellung von Bauleitplänen aufzuheben. Das gebietet die Rechtssicherheit. Die Gemeinde kann sich jedoch im Rahmen der Anfechtung einer Baugenehmigung auf die Unwirksamkeit eines Bebauungsplans einer Nachbargemeinde berufen, selbst wenn diese inzwischen in die Gemeinde eingemeindet worden ist.[155]

4171 **Naturschutzverbände** können sich auf ihr Eigentum berufen, wenn sie im Planbereich Grundeigentümer sind. Die Verbandsklage ist von den Regelungen in den jeweiligen Naturschutzgesetzen der Länder abhängig. Derartige Klagerechte im Hinblick auf die Einhaltung von Naturschutzbelangen bestehen allerdings nach Maßgabe des Landesrechts zumeist nur gegenüber Planfeststellungsbeschlüssen, nicht jedoch gegen einen Bebauungsplan. Die Beteiligungs- und Klagerechte der Naturschutzverbände werden auch

---

[152] *BVerwG*, Urt. v. 7. 6. 2001 – 4 CN 1.01 – BVerwGE 114, 301 = DVBl. 2001, 1845 – Naturschutzverordnung = NuR 2002, 44, m. Anm. *Stüer*, dort auch zur Frage, ob eine Gemeinde auch „als Behörde" gemäß § 47 II 1 VwGO antragsbefugt ist. Zur Verfassungsbeschwerde zum *BVerfG*, wenn eine landesrechtliche Normenkontrolle nicht zulässig ist, *BVerfG*, B. v. 19. 11. 2002 – 2 BvR 329/97 – BVerfGE 107, 1 = NVwZ 2003, 850 = DVBl. 2003, 919 – Verwaltungsgemeinschaft. Zur Normenkontrolle einer Nachbargemeinde *OVG Lüneburg*, B. v. 7. 3. 2002 – 1 MN 3976/01 – NdsRpfl. 2002, 303 = BauR 2002, 1747 – Einkaufszentrum.

[153] *BVerwG*, Urt. v. 23. 4. 2002 – 4 CN 3.01 – NVwZ 2002, 1126 = BauR 2002, 1524.

[154] *BVerwG*, Urt. v. 21. 11. 1986 – 4 C 22.83 – BVerwGE 75, 142 = BauR 1987, 171 = DVBl. 1987, 481 = NJW 1987, 1344 = *Hoppe/Stüer* RzB Rdn. 1296 – Nichtigkeitserklärung Behörde; vgl. zu den nachstehenden Ausführungen auch *Stüer* DVBl. 1997, 326; *ders.* in: *Stüer* (Hrsg.) Verfahrensbeschleunigung, S. 90.

[155] *OVG Weimar*, Urt. v. 17. 6. 1998 – 1 KO 1040/97 – ThürVBl. 1998, 280 = DÖV 1999, 170 – Nordhausen-Bielen.

jeweils nur in den Verfahren gewährt, die tatsächlich durchgeführt werden. Abgesehen von einer bewussten Umgehung bestehen Ansprüche auf Durchführung eines bestimmten Verfahrens nicht.[156]

Mit der **Neufassung** des § 47 II 1 VwGO durch das 6. VwGO-ÄndG ist für die Antragsbefugnis nach dem Wortlaut der Vorschrift mehr erforderlich als ein nachteiliges Betroffensein von Interessen, die bei der Abwägung zu berücksichtigen sind. Der Antragsteller muss vielmehr geltend machen, in **eigenen Rechten** verletzt zu sein oder in absehbarer Zeit verletzt zu werden. Die mögliche Verletzung in eigenen Rechten wird allerdings von der Rechtsprechung des *BVerwG* bereits dann angenommen, wenn ein Recht auf Abwägung der eigenen Belange in der Bauleitplanung geltend gemacht werden kann.[157]

Den Normenkontrollantrag kann neben den juristischen Personen auch jede **Behörde** stellen. An die Stelle des Nachteils, der bei der Behörde nicht vorzuliegen braucht, tritt in diesen Fällen die Bindung an die öffentliche Aufgabe, die den Rahmen der Antragsbefugnis einer Behörde vorzeichnet.[158] Grundsätzlich ist eine Behörde danach nur antragsbefugt, wenn sie mit der Ausführung der Norm befasst ist, insbesondere die Anwendung der beanstandeten Rechtsvorschrift zu ihren behördlichen Aufgaben gehört.[159] So können etwa die Baugenehmigungsbehörden die Rechtswirksamkeit eines Bebauungsplans in einem Normenkontrollverfahren zur Überprüfung stellen. Dies soll selbst dann gelten, wenn die Behörde den Plan genehmigt hat oder im Wege der Rechtsaufsicht zu einer Aufhebung des angefochtenen Plans in der Lage wäre.[160]

Eine Gemeinde, die einen Bebauungsplan aufgestellt hat, den sie inzwischen für ungültig hält, kann den Weg einer Normenkontrolle nicht beschreiten, weil es sich dabei um einen unzulässigen Insichprozess handeln würde. Ihr bleibt vielmehr die Möglichkeit, den Plan wieder aufzuheben.[161] Gehört die Anwendung der Norm nicht zum Geschäftsbereich der Behörde, so kann die juristische Person antragsbefugt sein, wenn sie geltend macht, durch die Rechtsvorschrift oder deren Anwendung in ihren Rechten verletzt zu sein.[162] Beamte einer Behörde, die eine von ihnen für rechtsunwirksam gehaltene Norm auszuführen haben, sind demgegenüber nicht antragsbefugt.[163]

Veräußert der Grundeigentümer, der sich antragsbefugt mit einem verwaltungsgerichtlichen Normenkontrollverfahren gegen die Gültigkeit eines Bebauungsplans wendet, während des Normenkontrollverfahrens sein Grundstück und führt der **Erwerber** den Rechtsstreit nicht in eigenem Namen fort, bleibt es gemäß § 173 VwGO, § 265 II ZPO bei der Prozessführungsbefugnis des ursprünglichen Eigentümers.[164]

---

[156] Zur Antragsbefugnis von Naturschutzverbänden *OVG Lüneburg*, B. v. 23. 12. 1998 – 1 M 4466/98 – NVwZ 1999, 1241; B. v. 28. 7. 1999 – 1 M 2281/99 – DVBl. 1999, 1528 = ZfBR 1999, 345 = NuR 1999, 702; *VG Berlin*, Urt. v. 28. 1. 1999 – 13 A 323.98 – keine naturschutzrechtliche Verbandsklage gegen eine Baugenehmigung.
[157] *BVerwG*, Urt. v. 24. 9. 1998 – 4 CN 2.98 – BVerwGE 107, 215 = DVBl. 1999, 100.
[158] *Kopp/Schenke*, Rdn. 32 zu § 47 VwGO.
[159] *VGH Mannheim*, Urt. v. 10. 12. 1976 – III 1149/76 – BauR 1977, 182 – Massa; *OVG Münster*, Urt. v. 31. 3. 1978 – Xa ND 8/77 – DVBl. 1979, 193 – Baugenehmigungsbehörde.
[160] *VGH München*, Urt. v. 1. 4. 1982 – 15 N 81 A.1679 – BayVBl. 1983, 86 – Landratsamt.
[161] Welche Verfahren dazu zur Verfügung stehen und welche Anforderungen dabei zu beachten sind, wird unterschiedlich beurteilt, vgl. *Löhr* in: Battis/Krautzberger/Löhr, § 13 Rdn. 2; *Gerschlauer* DÖV 1984, 493. Eine Verwerfungskompetenz – ohne Einhaltung eines förmlichen Verfahrens – kommt den Gemeinden nicht zu.
[162] So sind etwa das Bistum und eine katholische Kirchengemeinde bei entsprechenden Auswirkungen auf das kirchliche Grundvermögen befugt, in einem Normenkontrollverfahren die Wirksamkeit eines Bebauungsplans zur gerichtlichen Prüfung zu stellen, so zum Nachteilsbegriff in § 47 II 1 VwGO a. F. *OVG Münster*, Urt. v. 26. 1. 1983 – 11a NE 53/81 – NJW 1983, 2592 = OVGE 36, 213.
[163] *VGH München*, Urt. v. 21. 6. 1982 – 7 N 81 A.62 – BayVBl. 1982, 562.
[164] *BVerwG*, B. v. 1. 8. 2001 – 4 BN 43.01 – DVBl. 2001, 1873 = NVwZ 2001, 1282 = BauR 2002, 64; *OVG Bautzen*, Urt. v. 18. 7. 2002 – 1 D 26/00 – SächsVBl. 2003, 40; bestätigt durch *BVerwG*,

4176 Neben der Antragsbefugnis ist ein **Rechtsschutzbedürfnis** für die Zulässigkeit des Normenkontrollantrags erforderlich. Dies ist für die natürlichen und juristischen Personen vom Grundsatz her außer Streit.[165] Erforderlich ist daher neben dem nachteiligen Betroffensein von abwägungserheblichen Belangen, dass der Antragsteller ein rechtlich geschütztes Interesse an der Normenkontrollentscheidung hat. In diesem Erfordernis kommt zum Ausdruck, dass die Normenkontrolle nicht nur ein objektives Rechtsbeanstandungsverfahren darstellt, sondern zugleich der Durchsetzung eines individuellen Klärungsinteresses dient.[166] Das Rechtsschutzbedürfnis des Antragstellers kann sich etwa aus einer Wiederholungsgefahr oder aus dem Bestreben des Antragstellers ergeben, Schadensersatzansprüche geltend zu machen,[167] oder dem eingeleiteten Enteignungsverfahren die Grundlage zu entziehen.[168] Setzt sich ein Eigentümer im Wege der Normenkontrolle dagegen zur Wehr, dass sein Grundstück als nicht bebaubare Fläche festgesetzt worden ist, so fehlt seinem Antrag das Rechtsschutzbedürfnis nur dann, wenn unzweifelhaft ist, dass er seinem Ziel, das Grundstück baulich zu nutzen, selbst dann auf unabsehbare Zeit nicht näher kommen kann, wenn der Bebauungsplan für unwirksam erklärt wird.[169] Dient ein Normenkontrollantrag der Vorbereitung eines Verfahrens gegen eine verwirklichte Festsetzung eines Bebauungsplans, so ist das Rechtsschutzbedürfnis für den Antrag nur zu verneinen, wenn die beabsichtigte weitere Rechtsverfolgung offensichtlich aussichtslos ist. Das Recht, einen Normenkontrollantrag zu stellen, geht innerhalb der zweijährigen Antragsfrist weder allein durch Zeitablauf noch dadurch verloren, dass der Antragsteller erst nach Verwirklichung der ihn belastenden Festsetzungen des Bebauungsplans sein Grundstück erwirbt.[170] Allerdings muss der Erwerber die Grundstückssituation, die sich inzwischen entwickelt hat, gegen sich gelten lassen. Für einen Normenkontrollantrag gegen einen Bebauungsplan, aufgrund dessen eine vom Antragsteller als nachteilig angesehene Bebauung seines Nachbargrundstücks genehmigt worden ist, ist ein Rechtsschutzbedürfnis nicht mehr gegeben, wenn der Bebauungsplan inzwischen durch einen anderen Plan ersetzt worden ist oder die Bebauung des Nachbargrundstücks auch nach § 34 BauGB genehmigt werden müsste.[171] Das BVerwG ist einer zu weitreichenden Interpretation seiner Rechtsprechung entgegengetreten, nach der ein Rechtsschutzbedürfnis[172] dann fehlt, wenn der Antragsteller Festsetzungen bekämpft, auf deren Grundlage bereits Vorhaben genehmigt und verwirklicht worden sind.[173] Wenn dies nur einen Teil der im Plangebiet zulässigen Vorhaben betrifft, kann ein Rechtsschutzbedürfnis gleichwohl bestehen.[174]

4177 Voraussetzung der Zulässigkeit jeder Klage ist, dass der Kläger ein **schutzwürdiges Interesse** an der begehrten Entscheidung des Gerichts hat. Hieran fehlt es, wenn der Rechtsschutz unnütz in Anspruch genommen wird. Dies ist der Fall, wenn er nicht geeignet ist, zur Verbesserung der subjektiven Rechtsstellung des Klägers beizutragen. In diesem Sinne nutzlos ist eine Rechtsverfolgung auch dann, wenn ihr Ziel die Erteilung einer Genehmigung ist, die sich mit Rücksicht auf die privatrechtlichen Verhältnisse nicht

---

B. v. 23. 10. 2002 – 4 BN 53.02 – BauR 2003, 216 = NVwZ-RR 2003, 172 = DVBl. 2003, 214 (LS) frühzeitige Bürgerbeteiligung.
[165] *Kopp/Schenke*, Rdn. 34 zu § 47 VwGO; *Rasch* BauR 1977, 147; *Schenk* DVBl. 1976, 198; OVG Berlin, Urt. v. 11. 7. 1980 – 2 A 3.79 – BauR 1982, 536 = MDR 1981, 80.
[166] VGH Mannheim, Urt. v. 9. 2. 1982 – 5 S 1421/81 – BauR 1982, 348.
[167] BGH, Urt. v. 27. 1. 1983 – III ZR 131/81 – BauR 1983, 141. Ein berechtigtes Interesse liegt bereits dann vor, wenn die beabsichtigte Schadensersatzklage nicht offensichtlich aussichtslos ist.
[168] OVG Lüneburg, Urt. v. 24. 10. 1979 – 6 C 15/78 – OVGE 35, 395 = DVBl. 1980, 369.
[169] BVerwG, B. v. 25. 5. 1993 – 4 NB 50.92 – Buchholz 310 § 47 VwGO Nr. 79 = UPR 1993, 306 = NVwZ 1994, 268 = BauR 1994, 212 = *Hoppe/Stüer* RzB Rdn. 1316 – Frischluftschneise.
[170] BVerwG, B. v. 9. 2. 1989 – 4 NB 1.89 – DVBl. 1989, 660 = NVwZ 1989, 653 = UPR 1989, 338 = BayVBl. 1989, 665 = *Hoppe/Stüer* RzB Rdn. 1325 – Durchgangsstraße – Bebauungsplan.
[171] BVerwG, B. v. 22. 9. 1995 – 4 NB 18.95 – ZfBR 1996, 55 = DVBl. 1996, 107 = UPR 1996, 7.
[172] OVG Münster, B. v. 29. 9. 1998 – 10 a D 139/94 – NVwZ 1999, 807 = NWVBl. 1999, 463.
[173] BVerwG, B. v. 28. 8. 1987 – 4 N 3.86 – BVerwGE 78, 85 = DVBl. 1987, 1276.
[174] BVerwG, Urt. v. 28. 4. 1999 – 4 CN 5.99 – UPR 1999, 350 = BauR 1999, 1131.

verwirklichen lässt. Dies trifft allerdings nicht schon dann zu, wenn lediglich zweifelhaft oder ungewiss ist, ob ein privatrechtliches Hindernis ausräumbar ist.[175] Hat der zivilrechtlich Berechtigte seine Zustimmung verweigert, so steht der Verwertung einer öffentlich-rechtlichen Genehmigung ein nicht ausräumbares Hindernis entgegen, solange nichts auf seine Bereitschaft hindeutet, den von ihm nach außen hin dokumentierten Standpunkt aufzugeben.

Ein Normenkontrollantrag gegen eine **untergesetzliche Rechtsvorschrift**, die eine gesetzliche Norm lediglich inhaltlich wiederholt, ist mangels Rechtsschutzbedürfnisses regelmäßig unzulässig.[176] Ein Antragsteller kann auch dann dem Vorwurf eines treuwidrigen (rechtsmissbräuchlichen) Verhaltens ausgesetzt sein, wenn er zunächst im Rahmen von Vergleichsverhandlungen die Bereitschaft der Gemeinde, den angegriffenen Bebauungsplan den Vorschlägen des Antragstellers entsprechend zu dessen Gunsten zu ändern, ausnutzt, und nach Erhalt einer auf die Planänderung gestützten Baugenehmigung die gerichtliche Feststellung begehrt, dass der Bebauungsplan vor der in seinem Interesse erfolgten Planänderung unwirksam gewesen sei. Ob bei einer solchen Fallkonstellation der Vorwurf eines treuwidrigen Verhaltens berechtigt und einem Antragsteller das Rechtsschutzbedürfnis wegen missbräuchlicher Prozessführung abzusprechen ist, ist im Einzelfall zu entscheiden.[177]

Eine auf das Eigentum an einem Grundstück gestützte Klage- und Antragsbefugnis fehlt, wenn die Eigentümerstellung **rechtsmissbräuchlich** begründet worden ist. Dies ist anzunehmen, wenn das Eigentum nicht erworben worden ist, um die mit ihm verbundene Gebrauchsmöglichkeit zu nutzen, sondern als Mittel dafür dient, die formalen Voraussetzungen für eine Prozessführung zu schaffen, die nach der Rechtsprechung dem Eigentümer vorbehalten ist. Derartige Umstände können sich daraus ergeben, dass dem Kläger aufgrund der vertraglichen Gestaltung lediglich eine Rechtsstellung übertragen worden ist, die auf eine formale Hülle ohne substanziellen Inhalt hinausläuft. Ferner ist von Bedeutung, ob sich an der tatsächlichen Nutzung des Grundstücks etwas geändert hat und ob für die Eigentumsübertragung ein wirtschaftlicher Gegenwert geflossen ist. Ein weiteres Anzeichen kann sich aus den zeitlichen Abläufen ergeben.[178] Erkennt der Käufer eines von der Gemeinde erworbenen Grundstücks die Festsetzungen des Bebauungsplans an, so kann gleichwohl ein Normenkontrollantrag zulässig sein.[179]

Allerdings bleiben **unanfechtbar** gewordene **Baugenehmigungen**, die aufgrund eines für nichtig bzw. unwirksam erklärten Bebauungsplans (§ 47 V 2 VwGO) ergangen sind, entsprechend §§ 47 V 3, 183 VwGO von der Unwirksamkeitserklärung unberührt.[180] Im Interesse der Rechtssicherheit wird also die Bestandskraft und Wirksamkeit eines Verwaltungsaktes von der Unwirksamkeitserklärung einer Rechtsvorschrift im Normenkontrollverfahren nicht berührt. Wer daher geltend macht, durch eine Baugenehmigung, die ihm zwar nicht vorschriftsmäßig bekannt gemacht worden ist, von der er aber in anderer Weise sichere Kenntnis erlangt hat oder hätte erlangen müssen, in seinen Rechten verletzt zu sein, verliert seine Anfechtungsbefugnis, wenn er nicht innerhalb der Frist des § 70 VwGO i.V. mit § 58 II VwGO Widerspruch einlegt.[181] Dies gilt nicht nur für den un-

---

[175] *BVerwG*, B. v. 31. 7. 1992 – 4 B 140.92 – *Hoppe/Stüer* RzB Rdn. 307 – privatrechtliches Hindernis.

[176] *BVerwG*, B. v. 7. 3. 2002 – 4 BN 60.01 – DVBl. 2002, 1141 = BauR 2002, 1061 = NVwZ 2002, 869 – Berlin-Schönefeld.

[177] *BVerwG*, B. v. 14. 11. 2000 – 4 BN 54.00 – BRS 63 Nr. 50 (2000) = ZfBR 2001, 287.

[178] *BVerwG*, Urt. v. 27. 10. 2000 – 4 A 10.99 – BVerwGE 112, 135 = DVBl. 2001, 385 = NVwZ 2001, 427 = JA 2001, 157 m. Anm. *Frank Stollmann* = JuS 2001, 927 mit Anm. *Hufen*. Die gegen diese Entscheidung erhobene Verfassungsbeschwerde hat das *BVerfG* mit B. v. 5. 2. 2001 – 1 BvR 54.01 – nicht zur Entscheidung angenommen.

[179] *OVG Lüneburg*, Urt. v. 14. 1. 2002 – 1 KN 468/01 – NVwZ-RR 2003, 174 = BauR 2002, 1133 – Verbot von Heizstoffen.

[180] *Eyermann/Fröhler* Rdn. 38 zu § 47 VwGO.

[181] Vgl. dazu *BVerwG*, Urt. v. 25. 1. 1974 – IV C 2.72 – BVerwGE 44, 294 – Verwirkung.

mittelbaren Grenznachbarn. Richtet sich ein Normenkontrollantrag gegen Festsetzungen eines Bebauungsplans, zu deren Verwirklichung schon eine unanfechtbare Genehmigung erteilt worden ist, so fehlt dem Antrag das Rechtsschutzbedürfnis, wenn der Antragsteller dadurch, dass der Bebauungsplan für unwirksam erklärt wird, seine Rechtsstellung derzeit nicht verbessern kann. Ein Normenkontrollantrag kann sich auch nicht gegen den Nichterlass eines Bebauungsplans richten.

4181 Es fehlt daher ein **Rechtsschutzbedürfnis** für einen Normenkontrollantrag, wenn der die Belange des Antragstellers nachteilig betreffende Plan bereits Gegenstand einer verwaltungsgerichtlichen Einzelfallentscheidung gewesen ist und diese von dem Betroffenen nicht mehr angefochten werden kann. Der Adressat eines unanfechtbar gewordenen Verwaltungsakts soll in diesen Fällen nicht noch nach Eintritt der Bestandskraft die Möglichkeit haben, ein Normenkontrollverfahren einzuleiten.[182] Kann daher mit einem Normenkontrollantrag in den Bestand einer unanfechtbar erteilten Baugenehmigung oder Bebauungsgenehmigung[183] nicht mehr eingegriffen werden, so fehlt in aller Regel das Rechtsschutzbedürfnis für einen Normenkontrollantrag.[184] Dasselbe gilt, wenn auf der Grundlage des Bebauungsplans und einer erteilten Baugenehmigung die Bauarbeiten bereits verwirklicht worden sind.[185] Ausnahmsweise kann in solchen Fällen ein Rechtsschutzbedürfnis dann noch bestehen, wenn mit der beantragten Unwirksamkeitserklärung des Bebauungsplans die Tatsachenvoraussetzungen für eine Rücknahme oder eine nachträgliche Einschränkung der Baugenehmigung[186] gegeben sind oder auch eine Pflicht des Satzungsgebers zur völligen Neuregelung unter Einbeziehung des Antragstellers auf der Hand liegt. Der Normenkontrollantrag ist allerdings nicht nur deshalb wegen fehlenden Rechtsschutzbedürfnisses unzulässig, wenn der Antragsteller bereits eine **Baugenehmigung** auf der Grundlage des von ihm angefochtenen Bebauungsplans erhalten hat. Dies gilt jedenfalls dann, wenn der Antragsteller bisher von der erteilten Genehmigung keinen Gebrauch gemacht hat.[187] Einem Antragsteller fehlt demgegenüber das Rechtsschutzbedürfnis für die Durchführung eines Normenkontrollverfahrens, wenn der angefochtene Bebauungsplan für sein Grundstück weitergehende Bebauungsmöglichkeiten vorsieht als sie im Falle der Unwirksamkeitserklärung des Plans nach § 34 BauGB bestehen würden und keine reale Aussicht besteht, dass der Plangeber ggf. einen neuen Bebauungsplan mit für den Antragsteller günstigeren Festsetzungen erlassen oder die Baugenehmigungsbehörde eine Baugenehmigung für das beabsichtigte Vorhaben erteilen würde.[188]

---

[182] *BVerwG*, B. v. 14. 7. 1978 – 7 N 1.78 – BVerwGE 56, 172 = DVBl. 1978, 963 – Abgaben.
[183] Auch setzt sich eine Bau- oder Bebauungsgenehmigung gegenüber nachfolgenden Rechtsänderungen etwa durch das In-Kraft-Treten einer Veränderungssperre oder die Nichtigkeitserklärung eines Bebauungsplanes durch, so *BVerwG*, Urt. v. 3. 2. 1984 – 4 C 39.82 – BVerwGE 69, 1 = DVBl. 1984, 629 = BauR 1984, 384 = DÖV 1984, 852 = *Hoppe/Stüer* RzB Rdn. 301 – Veränderungssperre Bebauungsgenehmigung.
[184] *OVG Koblenz*, Urt. v. 10. 4. 1983 – 10 D 1/83 – BauR 1983, 435 = NVwZ 1984, 43. Zur Teilungsgenehmigung *OVG Lüneburg*, Urt. v. 27. 7. 1983 – 1 A 132/81 – BauR 1984, 159.
[185] *OVG Berlin*, Urt. v. 11. 7. 1980 – 2 A 3.79 – BauR 1980, 536 = MDR 1981, 80. Für den unanfechtbaren Umlegungsbeschluss *OVG Lüneburg*, Urt. v. 15. 1. 1982 – 6 C 16/79 – BauR 1982, 351. Eine Teilverwirklichung des Bebauungsplans soll demgegenüber das Rechtsschutzinteresse nicht entfallen lassen, wenn mit der Nichtigkeitserklärung die Erteilung weiterer Baugenehmigungen jedenfalls zum Teil verhindert werden kann, so *OVG Koblenz*, Urt. v. 7. 6. 1983 – 10 C 26/82 – NJW 1984, 444.
[186] *VGH Mannheim*, Urt. v. 4. 3. 1983 – 5 S 1751/82 – BauR 1983, 222. Regelmäßig wird eine solche nachträgliche Einwirkung auf die unanfechtbar erteilte Baugenehmigung allerdings nicht in Betracht kommen.
[187] *VGH Mannheim*, Urt. v. 27. 11. 1998 – 8 S 1030/98 – VGHBW RprDienst 1999, Beilage 2 B 1–2.
[188] *OVG Münster*, Urt. v. 29. 9. 1998 – 10a D 139/94.NE – NVwZ-RR 1999, 807 = NWVBL 1999, 463 – 2. Wohneinheit.

III. Zweijahresfrist

Der Normenkontrollantrag kann nur innerhalb von **zwei Jahren** seit In-Kraft-Treten der angefochtenen Rechtsvorschrift gestellt werden (§ 47 II 1 VwVfG). Diese durch das 6. VwGO-ÄndG eingeführte Zweijahresfrist soll die Normenkontrollanträge auf eine zeitnahe Anfechtung der Rechtsvorschriften begrenzen und zugleich einer ungefragten Fehlersuche vorbeugen. Die Zweijahresfrist für die Antragstellung im Normenkontrollverfahren ist für alle Rechtsvorschriften zu beachten, die nach dem 1. 1. 1997 in Kraft getreten sind. Für vor dem 1. 1. 1997 in Kraft getretene Rechtsvorschriften sieht die **Überleitungsregelung** in Art. 10 des 6. VwGO-ÄndG einen Fristbeginn mit Verkündung der Neuregelung vor, so dass die Zweijahresfrist des § 47 II 1 VwGO in diesem Fall mit diesem Zeitpunkt beginnt, wenn nicht nach anderen Gesetzen die Frist zur Antragstellung nach § 47 VwGO bereits abgelaufen ist. Eine nachträgliche Normenkontrolle nach Ablauf dieses Zeitpunkts ist also bei alten Bebauungsplänen nicht mehr möglich. Dies hindert die Verwaltungsgerichte allerdings nicht, die Bebauungspläne im Rahmen etwa einer Anfechtungs- oder Verpflichtungsklage inzidenter zu prüfen und wegen eines Rechtsfehlers nicht anzuwenden. Diese Nichtanwendung in einem verwaltungsgerichtlichen Verfahren hat jedoch keine allgemein gültige Wirkung. Auch werden Behörden und Gerichte durch die Nichtanwendung einer Rechtsnorm seitens eines Verwaltungsgerichts nicht daran gehindert, eine andere Auffassung zu vertreten und nach wie vor von der Gültigkeit der Rechtsnorm auszugehen. Die Zweijahresfrist des § 47 II VwGO i. d. F. des 6. VwGO-ÄndG gilt auch für die **neuen Bundesländer** bei Bebauungsplänen, die neu erlassen werden. Die vormals bestehende Befristung der Normenkontrollanträge auf drei Monate ist durch die Neufassung des RechtsmittelBG durch das 6. VwGO-ÄndG aufgehoben worden. Die bereits zuvor im Jahre 1996 abgelaufene Antragsfrist lebt damit allerdings nicht wieder auf.

Die **irrtümliche Annahme** eines juristischen Laien, ein Normenkontrollantrag sei an keine Frist gebunden, stellt allerdings keinen Wiedereinsetzungsgrund dar. Denn es entspricht allgemeiner Rechtsauffassung, dass mangelnde Rechtskenntnis allein eine Fristversäumung grundsätzlich nicht entschuldigt. Das gilt regelmäßig auch für eine Änderung der Rechtslage, jedenfalls dann, wenn der Antragsteller nicht geltend macht, dass ihm die frühere Rechtslage bekannt war und er sich auf sie verlassen habe. Ebenso wenig wird der Grundsatz schon dadurch in Frage gestellt, dass der Antragsteller auf die Frist nicht hingewiesen worden ist. Einen Hinweis auf die Frist des § 47 II 1 VwGO und auf ihre nachträgliche Einführung durch Art. 10 IV VwGOÄndG schreibt das Gesetz nicht vor. Dem rechtsunkundigen Bürger wird vielmehr regelmäßig zugemutet, sich in seinen rechtlichen Angelegenheiten die erforderliche Rechtskenntnis – z. B. durch Inanspruchnahme anwaltlichen Rats – zu verschaffen.[189] Die Änderung einzelner Bestimmungen und die dadurch veranlasste Bekanntmachung der Neufassung setzt die Zweijahresfrist für die unveränderten Regelungen nicht neu in Kraft.[190] Mit der Normenkontrolle kann auch eine Funktionslosigkeit des Bebauungsplans[191] gerügt werden.[192] Allerdings ist fraglich, ob auch dann die Zweijahresfrist ab Bekanntmachung des Bebauungsplans zu berechnen[193] ist oder der Zeitpunkt der Funktionslosigkeit für die Fristberechnung entscheidend ist.

---

[189] *BVerwG*, B. v. 1. 11. 2001 – 4 BN 53.01 – BRS 64 (2001) Nr. 60 = ZfBR 2002, 597.
[190] *VGH Mannheim* Urt. v. 17. 10. 2002 – 1 S 2114/99 – DVBl. 2003, 416 – Rechtswidrigwerden von Festsetzungen.
[191] *OVG Berlin*, Urt. v. 6. 9. 2002 – 2 A 13.99 – BauR 2003, 594 – Riehmers Hofgarten.
[192] *BVerwG*, Urt. v. 3. 12. 1998 – 4 CN 3.97, 4.97 –. Es könnte sogar einiges dafür sprechen, dass die Zweijahresfrist nicht für die Funktionslosigkeit gilt, weil der Gesetzgeber insoweit keine Regelung getroffen hat und wohl auch nicht hat treffen wollen.
[193] So *VGH Mannheim*, Urt. v. 17. 10. 2002 – 1 S 2114/99 – DVBl. 2003, 416 – Rechtswidrigwerden von Festsetzungen.

4184 Bereits vor Einführung der allgemeinen zweijährigen Antragsfrist für Normenkontrollen durch die 6. VwGO-Novelle galt für die Kontrolle von Bebauungsplänen in den neuen Ländern aufgrund **Nr. 1 RMBeschrG**[194] eine dreimonatige Antragsfrist. Die Vorschrift ließ ihrem Wortlaut nach aber offen, ob sie auch auf Bebauungspläne anzuwenden ist, die vor dem 1. 5. 1993 in Kraft gesetzt worden sind. Im Wege der Analogie schloss das *BVerwG* diese planwidrige Gesetzeslücke dahingehend, dass die Dreimonatsfrist auch für „**Altbebauungspläne**" gilt und am 1. 5. 1993 zu laufen begann.[195] Da die Rechtsmittelbeschränkung jedoch im Gesetz nicht eindeutig bestimmt war, gewährte das Gericht eine Wiedereinsetzung in den vorigen Stand (§ 60 VwGO).[196] Die Befugnis der Verwaltungsgerichte zur inzidenten Normenkontrolle wird allerdings durch den Ablauf der Antragsfrist für ein Normenkontrollverfahren nicht berührt.[197]

4185 Bereits die **Dreimonatsfrist**[198] für die Normenkontrolle gegen Bebauungspläne in den neuen Ländern nach dem RechtsmittelBG hatte das *BVerwG* als verfassungsmäßig abgesegnet. Der klare Sinn der Vorschrift bestehe darin, die Zulässigkeit von Normenkontrollverfahren gegen Bebauungspläne und andere Satzungen nach dem BauGB auf einen Zeitraum von drei Monaten nach dem In-Kraft-Treten zu beschränken. Mit der Beschränkung der Antragsbefugnis auf den Zeitraum von drei Monaten nach dem In-Kraft-Treten des Satzungsrechts habe der Gesetzgeber eine Überprüfung der materiellen Gültigkeit von Satzungen nach dem BauGB nach Auflauf der Dreimonatsfrist innerhalb eines Normenkontrollverfahrens ausgeschlossen. Mit dieser Regelung habe der Gesetzgeber somit für die darin bezeichneten Normenkontrollverfahren eine zusätzliche Sachurteilsvoraussetzung geschaffen, indem er die Zulässigkeit des Antrags nach § 47 VwGO erstmals von der Einhaltung einer Frist abhängig gemacht habe. Die Vorschrift sei auch mit der Rechtsweggarantie des Art. 19 IV GG vereinbar. Das verfassungsrechtliche Gebot eines effektiven Rechtsschutzes schließe nicht aus, dass der Gesetzgeber Zulassungsbeschränkungen einrichte. Eine gerichtliche Überprüfung der Wirksamkeit des Bebauungsplans einschließlich der hierzu gehörenden Frage, ob er wirksam bekannt gemacht sei, bleibe nämlich auch dann möglich, wenn sie nicht mehr innerhalb eines Normenkontrollverfahrens vorgenommen werden könne. Dies könne in dem erforderlichen Maße noch im verwaltungsgerichtlichen Klageverfahren mit entsprechenden Inzident-Kontrollmöglichkeiten geschehen.[199] Die verfassungsrechtliche Einschätzung über die Zulässigkeit der Dreimonatsfrist nach dem RechtsmittelBG a. F. dürfte auch dazu führen, dass die Einführung der Zweijahresfrist für den Normenkontrollantrag nach § 47 II VwGO i. d. F. der 6. VwGO-Novelle verfassungsrechtlich zulässig ist.

4186 Prozessuale Befugnisse können im Übrigen auch **verwirkt** werden.[200] Das gilt auch für die Antragsbefugnis nach § 47 II VwGO.[201] Hierfür kommen solche Fälle in Betracht, in denen der Antragsteller dadurch, dass er zur Durchsetzung eines geltend gemachten

---

[194] Gesetz zur Beschränkung von Rechtsmitteln in der Verwaltungsgerichtsbarkeit (BGBl. I 1993, S. 487).
[195] *BVerwG*, B. v. 22. 6. 1999 – 4 BN 20.99 – BVerwGE 109, 148 = DVBl. 1999, 1516 = BauR 1999, 1441 = ZfBR 1999, 341.
[196] *BVerwG*, B. v. 22. 6. 1999 – 4 BN 20.99 – BVerwGE 109, 148 = DVBl. 1999, 1516.
[197] *VGH Mannheim*, Urt. v. 11. 3. 1999 – 3 S 1524/96 – VBlBW 1999, 343.
[198] Die Dreimonatsfrist begann auch bei einem fehlerhaften Hinweis in der Bekanntmachung zu laufen, so *BVerwG*, B. v. 10. 4. 1996 – 4 NB 8.96 – DÖV 1996, 341 = UPR 1994, 349 – Frist Normenkontrollverfahren.
[199] *BVerwG*, B. v. 11. 10. 1996 – 4 NB 14.96 – BRS 58 (1996) Nr. 48 – Normenkontrolle. Die gegen diese Entscheidung eingelegte Verfassungsbeschwerde hat das *BVerfG* mit B. v. 10. 2. 1997 – 1 BvR 2383/96 – (unveröffentlicht) nicht zur Entscheidung angenommen.
[200] *BVerwG*, B. v. 9. 11. 1990 – 4 NB 35.90 – *Hoppe/Stüer* RzB Rdn. 1306 – Antragsbefugnis.
[201] *BVerwG*, B. v. 9. 2. 1989 – 4 NB 1.89 – Buchholz 310 § 47 VwGO Nr. 37; B. v. 18. 12. 1989 – 4 NB 14.89 – Buchholz 310 § 47 VwGO Nr. 44; zur Verwirkung von Nachbarrechten auch *BVerwG*, B. v. 13. 8. 1996 – 4 B 135.96 – BauR 1997, 281 – Verwirkung.

Rechts das Gericht anruft, sich zu seinem eigenen früheren Verhalten in einen mit Treu und Glauben unvereinbaren Widerspruch setzt.[202] Ist nach den besonderen Umständen im Einzelfall von einer solchen Verwirkung des prozessualen Antragsrechts auszugehen, so hat dies zur Folge, dass nicht mehr auf Antrag dieses Antragstellers in eine Prüfung der Gültigkeit der Rechtsvorschrift eingetreten werden kann.

Unterschiedlich beurteilt wird die Frage, ob auch die in ihrem Geschäftsbereich betroffene **Behörde** als Antragstellerin in einem Normenkontrollverfahren ein Rechtsschutzbedürfnis haben muss.[203] Dafür spräche, dass es sich dabei um einen allgemeinen prozessualen Grundsatz handelt, der für alle Klageverfahren gilt. Insbesondere wenn die Behörde durch Verweigerung der Genehmigung selbst über die Norm verfügen kann, dürfte das Rechtsschutzbedürfnis für eine Normenkontrollklage nicht gegeben sein.

IV. Prüfungsmaßstäbe

Die Rechtsvorschrift unterliegt im Normenkontrollverfahren der gerichtlichen Prüfung, ob sie einer gesetzlichen Ermächtigung entspricht, die ihrerseits gültig sein muss. In diesem Zusammenhang kann auch eine verfassungsrechtliche Kontrolle eine Rolle spielen. Prüfungsmaßstab sind daher alle einfachen Landes- und Bundesgesetze, höherrangige Verordnungen und Verfassungsrecht des Bundes. Dazu zählen insbesondere auch allgemeine Verfassungsgrundsätze wie das Rechtsstaatsprinzip, das Sozialstaatsprinzip, das Übermaßverbot, das Willkürverbot, die Systemgerechtigkeit[204] und insbesondere für das Planungsrecht das Abwägungsgebot.[205] Im Normenkontrollverfahren kann auch die Nichtigkeit der Ermächtigungsgrundlage wegen eines Verstoßes gegen höherrangiges Recht in Betracht kommen.[206]

Bei der Prüfung der Gültigkeit eines Bebauungsplans ist das Normenkontrollgericht **nicht** auf die vom Antragsteller geltend gemachten Mängel **beschränkt**. Es kann den Bebauungsplan auch aus Gründen für unwirksam erklären, die die privaten Belange des Antragstellers nicht berühren.[207] Ein Normenkontrollgericht ist nicht gehindert, auch schon vor der mündlichen Verhandlung **rechtliche Hinweise** zu geben. Es bleibt einem Antragsgegner dann unbenommen, schon während eines laufenden Normenkontrollverfahrens erkannte Mängel der Norm zu beheben. In diesem Fall ist Gegenstand des Normenkontrollverfahrens der inhaltlich unveränderte – Bebauungsplan, wie er nach Behebung des Mangels wirksam in Kraft gesetzt worden ist.[208]

Landesverfassungsrecht scheidet als Prüfungsmaßstab allerdings aus, wenn und soweit der Antragsteller selbst[209] die Möglichkeit hat, das Landesverfassungsgericht anzurufen (vgl. § 47 IV VwGO). Dieser Vorrang der Landesverfassungsgerichtsbarkeit besteht etwa in Bayern für die Grundrechtsprüfung, soweit der Antragsteller die Möglichkeit der

---

[202] *BVerwG*, B. v. 18. 12. 1989 – 4 NB 14.89 – ZfBR 1990, 106 = UPR 1990, 219 = *Hoppe/Stüer* RzB Rdn. 1327 – Verwirkung – Normenkontrollantrag.
[203] Ein Rechtsschutzbedürfnis halten u. a. für erforderlich *VGH München*, Urt. v. 30. 7. 1979 – 3712 VII 78 – BayVBl. 1979, 721 – Informant; Urt. v. 1. 4. 1982 – 15 N 81 A.1679 – BayVBl. 1982, 654 Landratsamt; *OVG Bremen*, Urt. v. 3. 7. 1979 – T 2/78 – DVBl. 1980, 369 – Amt für Beitragsangelegenheiten.
[204] *VGH München*, Urt. v. 26. 7. 1978 – 315 XI 77 – DVBl. 1978, 965 – Rettungsdienstverbände.
[205] *VGH München*, Urt. v. 21. 6. 1982 – 7 N 81 A.62 – BayVBl. 1982, 562.
[206] *VGH München*, Urt. v. 26. 7. 1978 – 315 XI 77 – DVBl. 1978, 965 – Rettungsdienstverbände.
[207] *BVerwG*, B. v. 6. 12. 2000 – 4 BN 59.00 – DVBl. 2001, 669 = NVwZ 2001, 431 – Verletzung des Gebots einer ordnungsgemäßen Erschließung des Plangebiets.
[208] *BVerwG*, B. v. 29. 12. 2000 – 4 BN 47.00 – BRS 63 Nr. 60 (2000) = ZfBR 2001, 287. Zum Vertrauensschutz bei einer rückwirkenden Einführung eines Fremdenverkehrsbeitrags *BVerwG*, Urt. v. 26. 2. 2003 – 9 CN 2/02 – NVwZ-RR 2003, 522 = DVBl. 2003, 1213 – Fremdenverkehrsbeitragssatzung.
[209] Dabei ist eine konkrete Betrachtungsweise anzustellen, so *VGH Kassel*, Urt. v. 28. 9. 1976 – V N 3/76 – DVBl. 1977, 216 – Kindergartengebühren.

Popularklage zum *VerfGH München* hat.²¹⁰ Wegen dieser Beschränkung ist auch eine Verfassungsbeschwerde zum *VerfGH München* unzulässig, soweit gerügt wird, das Normenkontrollgericht habe die Grundrechte der Bay. Landesverfassung dadurch verletzt, dass es die angegriffene Norm nicht daran gemessen habe.²¹¹ Allerdings können in diesen Fällen das GG und die nicht grundrechtlichen Bestimmungen der Landesverfassung als Prüfungsmaßstäbe im Normenkontrollverfahren herangezogen werden.²¹²

V. Verhältnis zur Inzidentkontrolle

4191 Der Bebauungsplan wird als Norm erlassen (§ 10 I BauGB). Eine Regelung, wie § 58 VwGO sie für Rechtsmittel oder andere Rechtsbehelfe (gegen Anordnungen von Verwaltungsbehörden) trifft, wonach die Frist nur bei richtiger schriftlicher Belehrung zu laufen beginnt, trifft das Gesetz für die Frist zur Einlegung des Normenkontrollantrags nicht. Der Normenkontrollantrag ist kein Rechtsbehelf in diesem Sinne. Demjenigen, in dessen Rechte durch eine auf Festsetzungen des Bebauungsplans gestützte behördliche Entscheidung oder durch das Unterlassen einer Entscheidung eingegriffen wird, wird durch den Ablauf der Zweijahresfrist des § 47 II Satz 1 VwGO nicht die Befugnis abgeschnitten, im Rahmen seiner Rechtsverteidigung geltend zu machen, der Bebauungsplan sei unwirksam. Das Gericht hat dem im Rahmen der Inzidentkontrolle nachzugehen. Zur Rechtswahrung ist die Einhaltung der Normenkontrollfrist nicht erforderlich.²¹³ Sind gleichzeitig eine Normenkontrolle und eine Verpflichtungsklage anhängig, kann das Verwaltungsgericht seine Entscheidung über die Verpflichtungsklage entsprechend § 94 Satz 1 VwGO bis zur Rechtskraft der Normenkontrollentscheidung aussetzen, ist hierzu aber nicht verpflichtet.²¹⁴

VI. Verfahren und Entscheidung

4192 Das *OVG* entscheidet im Normenkontrollverfahren auf Antrag. Den Verfahrensbeteiligten ist Gelegenheit zur Stellungnahme zu geben. Im Normenkontrollverfahren sind nach der Ergänzung des § 47 II 3 VwGO die §§ 65 I und V sowie 66 VwGO entsprechend anwendbar.²¹⁵ Damit ist auch im Normenkontrollverfahren eine **einfache Beiladung** nach § 65 I VwGO möglich. Nach Auffassung des *BVerwG* sollte das Normenkontrollgericht Drittinteressierten an dem Ausgang des Verfahrens nur durch Anhörung Gelegenheit zur Stellungnahme geben können.²¹⁶ Das *BVerfG* gab den Normenkontrollgerichten anlässlich einer Verfassungsbeschwerde einige Hinweise, wie dabei zu verfahren ist. Das Grundrecht privater Grundstückseigentümer aus Art. 14 I 1 GG werde durch ein Urteil, das einen Bebauungsplan für ungültig erkläre, berührt. Das normverwerfende Urteil habe zwar keine gestaltende, sondern nur eine feststellende Wirkung. Es erscheine aber verfassungsrechtlich bedenklich, wenn es den Betroffenen nicht möglich sein sollte, im gerichtlichen Verfahren geltend zu machen, dass der angefochtene Bebauungsplan eben nicht nur einen Rechtsschein erzeugt habe, sondern gültiges Recht sei. Die Beiladung aller betroffenen Grundstückseigentümer könne dem Gericht die Verfahrensführung allerdings unverkennbar auch erschweren. Den widerstreitenden Belangen Rechtsschutzinteresse und Übersichtlichkeit der Prozessführung könne das Gericht aber dadurch gerecht werden, dass es – etwa im Rahmen der von § 65 I VwGO verlangten Ermessensentschei-

---

²¹⁰ *VGH München*, Urt. v. 12. 8. 1977 – 88 VIII 77 – DVBl. 1978, 113 – wasserrechtliche Verordnung.
²¹¹ *VGH München*, Urt. v. 23. 3. 1984 – Vf.33-VI-82 – NJW 1984, 2454.
²¹² *VGH Kassel*, Urt. v. 1. 6. 1977 – I N 1/77 – DVBl. 1977, 737 – Lehrverpflichtung.
²¹³ *BVerwG*, B. v. 28. 12. 2000 – 4 BN 32.00 – BauR 2001, 1066 = ZfBR 2001, 350.
²¹⁴ *BVerwG*, B. v. 8. 12. 2000 – 4 B 75.00 – NVwZ-RR 2001, 483.
²¹⁵ Die neu gefassten Beiladungsregelungen (Art. 1 Nr. 28 VwGRmBeschrG) können auch auf anhängige Gerichtsverfahren angewendet werden, so *OVG Lüneburg*, B. v. 14. 5. 2002 – 7 KN 75/01 – NVwZ-RR 2002, 786 – Beiladung.
²¹⁶ *BVerwG*, B. v. 8. 2. 2000 – 4 BN 1.00 – Buchholz 406.11 § 5 BauGB Nr. 11.

dung – im Einzelfall abwägt, ob eine Verfahrensbeteiligung der Grundstückseigentümer die Durchführung eines rechtsstaatlichen Grundsätzen entsprechenden Verfahrens derart behindern würde, dass auch bei Ausschöpfung aller prozessrechtlichen Möglichkeiten der Ausschluss der Beiladung gerechtfertigt erscheine.[217] Auch im Normenkontrollverfahren nach § 47 VwGO ist bei behördlicher Verweigerung der Aktenvorlage die in § 99 II 4 VwGO vorgesehene Beschwerde an das *BVerwG* statthaft.[218]

Ein zulässiger Normenkontrollantrag ist **begründet**, wenn die angefochtene Rechtsvorschrift mit höherrangigem Recht nicht vereinbar ist, wobei alle Verstöße gegen objektives materielles Recht und auch Verfahrensfehler zur Unwirksamkeit der Norm führen können. Die gerichtliche Prüfungsbefugnis ist daher bei zulässigen Normenkontrollanträgen nicht auf die Reichweite subjektiver Betroffenheiten und Rechtsverletzungen begrenzt.[219] Die damit verbundene Tendenz der Ausuferung des Rechtsschutzes hat gerade bei der Normenkontrolle von Bebauungsplänen zu einer hohen Fehlerquote geführt. Dies wiederum hat die mit der Bauleitplanung befassten Gemeinden auf den Plan gerufen und bewirkt, dass besonders der an einer stringenten Form- und Verfahrensprüfung ausgerichtete Teil der Rechtskontrolle in das Kreuzfeuer der Kritik geraten ist. Die Rechtsprechung des *BVerwG* hat diese Bedenken aufgegriffen und schon seit Mitte der 70er Jahre eine Kurswende in der gerichtlichen Plankontrolle eingeleitet. Die Entscheidungen schreiben dabei zum Teil Bestrebungen des Gesetzgebers fort, die durch die Städtebaunovellen 1976 und 1979 sowie durch §§ 214, 215 BauGB deutlich geworden sind. Dabei geht die Rechtsprechung aber auch unabhängig davon teilweise eigene Wege mit dem Ziel, die Wirksamkeit der Bauleitpläne zu erhöhen.[220]

Das *OVG* prüft die Vereinbarkeit der Rechtsvorschrift nach § 47 III VwGO mit **Landesrecht** nicht, soweit gesetzlich vorgesehen ist, dass die Rechtsvorschrift ausschließlich durch das Verfassungsgericht eines Landes nachprüfbar ist. Ist ein Verfahren zur Überprüfung der Gültigkeit der Rechtsvorschrift bei einem **Verfassungsgericht** anhängig, so kann das *OVG* nach § 47 IV VwGO anordnen, dass die Verhandlung bis zur Erledigung des Verfahrens vor dem Verfassungsgericht auszusetzen sei. Das *OVG* entscheidet nach § 47 V 1 VwGO durch **Urteil** oder, wenn es eine mündliche Verhandlung nicht für erforderlich hält, durch Beschluss. Kommt das *OVG* zu der Überzeugung, dass die Rechtsvorschrift ungültig ist, so erklärt es sie für unwirksam. In diesem Fall ist die Entscheidung allgemein verbindlich und die Entscheidungsformel vom Antragsgegner ebenso zu veröffentlichen wie die Rechtsvorschrift bekannt zu machen wäre. Für die Wirkung der Entscheidung gilt § 183 VwGO entsprechend. Das Normenkontrollgericht ist bei Ausübung seines Verfahrensermessens nach § 47 V 1 VwGO allerdings verpflichtet, **Art. 6 I 1 EMRK** mit dem Inhalt, den die Vorschrift in der Entscheidungspraxis des Europäischen Gerichtshofs für Menschenrechte gefunden hat, vorrangig zu beachten. Aus dem Zusammenwirken von § 47 V 1 VwGO und Art. 6 I 1 EGMR folgt der Grundsatz, dass über einen Normenkontrollantrag, mit dem sich der Eigentümer eines im Plangebiet gelegenen Grundstücks gegen eine Festsetzung in einem Bebauungsplan wendet, die unmittelbar sein Grundstück betrifft, aufgrund einer öffentlichen mündlichen Verhandlung zu entscheiden ist. Wird über einen solchen Normenkontrollantrag entgegen Art. 6 I 1 EMRK ohne öffentliche mündliche Verhandlung durch Beschluss entschieden, liegt ein absoluter

---

[217] *BVerfG*, B. v. 19. 7. 2000 – 1 BvR 1053/93 – DVBl. 2000, 1842.
[218] *BVerwG*, B. v. 29. 10. 1982 – 4 B 172.82 – BVerwGE 66, 233 = *Hoppe/Stüer* RzB Rdn. 1294 – Aktenvorlage. Zur früheren Rechtsprechung *BVerwG*, Urt. v. 12. 3. 1982 – 4 N 1.80 – BVerwGE 65, 131 = DVBl. 1982, 951 m. Anm. *Bettermann* 954 = *Hoppe/Stüer* RzB Rdn. 1322 – Beiladung Normenkontrolle; Urt. v. 5. 3. 1999 – 4 CN 18.98 – NVwZ 1999, 987 = BauR 2000, 243 = ZfBR 1999, 344 – vorhabenbezogener Bebauungsplan.
[219] Dies unterscheidet die Begründetheitsprüfung bei Normenkontrollanträgen von den Anfechtungs- und Verpflichtungsklagen, deren Prüfung an die Verletzung eigener Rechte rückgebunden ist (vgl. §§ 42 II, 113 VwGO).
[220] S. Rdn. 1104.

Revisionsgrund vor (§ 138 Nr. 3 VwGO).²²¹ Das *BVerwG* macht dabei deutlich, dass die EMRK geltendes deutsches Recht ist und auch in der Praxis stärkerer Beachtung bedarf. Anlass des Urteils war eine Entscheidung des *VGH Mannheim* in einem Normenkontrollverfahren auf die mündliche Verhandlung zu verzichten. Das *BVerwG* rügte diesen Verzicht. Das Normenkontrollgericht sei bei der Ausübung des Verfahrensermessens nach § 47 V 1 VwGO verpflichtet, Art. 6 I 1 EMRK mit dem Inhalt, den die Vorschrift in der Entscheidungspraxis des EMGR gefunden hat, vorrangig zu beachten. Das führt grundsätzlich zur Notwendigkeit einer öffentlichen mündlichen Verhandlung in Fällen, in denen ein Eigentümer Festsetzungen eines Bebauungsplans angreift, die sein Grundstück unmittelbar betreffen.²²² Der Auslegung des Art. 6 I EMRK durch den Europäischen Gerichtshof für Menschenrechte kann unter bestimmten Voraussetzungen über den entschiedenen Einzelfall hinaus eine normative Leitfunktion beigemessen werden, an der sich die Vertragsstaaten zu orientieren haben. Lässt sich aufgrund einer gefestigten Rechtsprechung des Gerichtshofs eine verallgemeinerungsfähige und allgemeine Gültigkeit beanspruchende Auslegung einer Konventionsbestimmung feststellen, haben die deutschen (Verwaltungs-)Gerichte dem vorrangig Rechnung zu tragen.²²³ Ein betroffener Grundeigentümers außerhalb des Plangebiets hat im verwaltungsgerichtlichen Normenkontrollverfahren gemäß Art. 6 I 1 EMRK einen Anspruch auf mündliche Verhandlung, wenn die angegriffene planerische Festsetzung auf sein Grundeigentum unmittelbar einwirkt und sich konkrete Beeinträchtigungen etwa im Hinblick auf die Erteilung von Baugenehmigungen ergeben können.

4195 Ob **Art. 6 I EMRK** stets Genüge getan ist, wenn zwar im erstinstanzlichen Verfahren des Verwaltungsgerichts, nicht aber im Berufungsverfahren des *OVG/VGH* die Möglichkeit der mündlichen Verhandlung bestand, ist offen. Eine mündliche Verhandlung ist nach Art. 6 I EMRK regelmäßig jedenfalls dann im verwaltungsgerichtlichen Berufungsverfahren nicht geboten, wenn im Wesentlichen nur Rechtsfragen zu entscheiden sind. Auch ein verwaltungsgerichtlicher Nachbarrechtsstreit über die Zulässigkeit einer Baugenehmigung unterliegt Art. 6 I EMRK.²²⁴

4196 Führt das Normenkontrollgericht allerdings **in voller Besetzung** eine **Beweisaufnahme** durch, so brauchen die Aussagen von Zeugen und Sachverständigen und das Ergebnis eines Augenscheins nicht in das Protokoll aufgenommen zu werden.²²⁵ Auch ist eine mündliche Verhandlung nach Art. 6 I EMRK dann nicht geboten, wenn eine Beweisaufnahme vor der voll besetzten Richterbank des Berufungsgerichts an Ort und Stelle stattgefunden hat, den Beteiligten hierbei Gelegenheit zur Äußerung gegeben war, das Berufungsgericht seine Auffassung über das Ergebnis der Beweisaufnahme mitgeteilt hat und – aus einem anderen Gesichtspunkt heraus – nur noch Rechtsfragen zu entscheiden waren.²²⁶ Die durch den Berichterstatter des Normenkontrollgerichts an Ort und Stelle erfolgte nichtöffentliche Einnahme des Augenscheins sowie die den Beteiligten eingeräumte Gelegenheit, zum Ergebnis der Augenscheinseinnahme schriftsätzlich Stellung zu nehmen, sind demgegenüber nicht geeignet, die öffentliche (mündliche) Verhandlung über den Normenkontrollantrag vor der vollbesetzten Richterbank zu ersetzen.²²⁷

---

²²¹ *BVerwG*, Urt. v. 16. 12. 1999 – 4 CN 9.98 – ZfBR 2000, 188; anders noch B. v. 18. 9. 1985 – 2 N 1.84 – BVerwGE 72, 122.
²²² *BVerwG*, Urt. v. 16. 12. 1999 – 4 CN 9.98 – DVBl. 2000, 807.
²²³ *BVerwG*, B. v. 30. 7. 2001 – 4 BN 41.01 – DVBl. 2001, 1873 = NVwZ 2002, 87 = DÖV 2002, 81.
²²⁴ *BVerwG*, B. v. 25. 9. 2003 – 4 B 68.03 – NVwZ 2004, 108 = UPR 2004, 143 = NJW 2004, 1058 – Art. 6 I MRK; B. v. 12. 3. 1999 – 4 B 112.98 – NVwZ 1999, 763.
²²⁵ *BVerwG*, B. v. 6. 8. 1990 – 4 NB 18.90 – DVBl. 1990, 1354 = DÖV 1991, 161 = *Hoppe/Stüer* RzB Rdn. 1337 – Verfahrensmangel.
²²⁶ *BVerwG*, B. v. 12. 3. 1999 – 4 B 112.98 – NVwZ 1999, 763 = DVBl. 1999, 987.
²²⁷ *BVerwG*, Urt. v. 16. 12. 1999 – 4 CN 9.98 – ZfBR 2000, 188.

Der Antrag wird regelmäßig auf **Gesamtunwirksamkeit** der angefochtenen Rechtsvorschrift gerichtet sein. Ist die Norm bereits außer Kraft getreten, ist die Feststellung der Unwirksamkeit der Norm zu beantragen.[228] Die **Teilunwirksamkeit** einer Rechtsvorschrift führt zur Gesamtunwirksamkeit, wenn der rechtswidrige Teil untrennbarer Bestandteil einer Gesamtregelung ist, die nur einheitlich wirksam oder unwirksam sein kann.[229] Eine Beschränkung des Antrags auf eine Teilunwirksamkeit ist möglich.[230] Allerdings kann das Gericht über den Antrag hinaus die Gesamtunwirksamkeit der Rechtsnorm feststellen, wenn ein untrennbarer Regelungszusammenhang besteht und eine auf den Antrag beschränkte Unwirksamkeitserklärung in den Gestaltungsraum des Normgebers unzulässig eingreifen würde. Eine teilweise Unwirksamkeitserklärung ist demgegenüber möglich, wenn davon ausgegangen werden kann, dass der Normgeber den verbleibenden Teil erlassen hätte, wenn ihm die Unwirksamkeit des für unwirksam erklärten Teils bewusst gewesen wäre. In Ausnahmefällen ist auch die Beschränkung der Entscheidung auf die Feststellung möglich, dass die angefochtene Norm gegen höherrangiges Recht verstößt und deswegen zwar fortgilt, aber ergänzungsbedürftig ist.[231] Allerdings ist hier große Zurückhaltung geboten, weil es den Verwaltungsgerichten grundsätzlich verwehrt ist, in den Verantwortungsbereich des Normgebers einzugreifen. Zulässig wäre allerdings die bloße Feststellung der Rechtswidrigkeit eines Bebauungsplans, wenn (lediglich) Lärmschutzvorkehrungen fehlen und das Gesamtgefüge des Plans dadurch nicht berührt wird.[232] Führt ein Normenkontrollantrag zur Feststellung (nur) der Teilunwirksamkeit eines Bebauungsplans, so hat der die Gesamtunwirksamkeit begehrende Antragsteller die Kosten des Normenkontrollverfahrens anteilig zu tragen, wenn die vom Normenkontrollgericht festgestellte Teilunwirksamkeit dem Antragsteller nicht oder nicht in dem angestrebten Maße nutzt.[233]

4197

Die **Unwirksamkeitsfeststellung** ist grundsätzlich auf den Zeitpunkt des **Erlasses** der angefochtenen untergesetzlichen Norm zurückzubeziehen. Erweist sich die Norm erst ab einem späteren Zeitpunkt als unwirksam, kann auch darauf der Ausspruch der Unwirksamkeit begrenzt werden.[234]

4198

Anträge nach § 47 VwGO sind nach § 47 II 1 VwGO an eine Zweijahresfrist gebunden. Sie können zudem **verwirkt** sein. So ist es nicht zulässig, das OVG anzurufen, wenn nach Verwirklichung der in der Norm vorgesehenen Vorhaben der Antragsteller zu erkennen gegeben hat, dass er die Rechtsvorschrift über längere Zeit hinweg als gültig betrachtet hat.[235] Auch eine Behörde kann bei einer besonderen Fallgestaltung ihre Antragsbefugnis verwirkt haben.[236]

4199

---

[228] *BVerwG*, B. v. 14. 7. 1978 – 7 N 1.78 – DVBl. 1978, 963 – Abgabensatzung; DVBl. 1984, 145; Urt. v. 2. 9. 1983 – 4 N 1.83 – BVerwGE 68, 12 = DVBl. 1984, 145 = DÖV 1984, 297 = BauR 1984, 156 = NJW 1984, 881 = *Hoppe/Stüer* RzB Rdn. 222 – Veränderungssperre Normenkontrolle; B. v. 25. 2. 1997 – 4 NB 30.96 – NVwZ 1997, 896 = BauR 1997, 603 – Dachgeschosszahl-Festsetzung.

[229] *BVerwG*, B. v. 20. 8. 1991 – 4 NB 3.91 – DVBl. 1992, 37 = BauR 1992, 48 = ZfBR 1992, 84 = *Hoppe/Stüer* RzB Rdn. 196 – Teilnichtigkeit; Urt. v. 4. 1. 1994 – 4 NB 39.93 – UPR 1994, 159 = ZfBR 1994, 138 = *Hoppe/Stüer* RzB Rdn. 187 – Teilnichtigkeit.

[230] *BVerwG*, Urt. v. 16. 3. 1994 – 4 NB 6.94 – ZfBR 1994, 198 = *Hoppe/Stüer* RzB Rdn. 197 – Änderungsbebauungsplan.

[231] *VGH Mannheim*, Urt. v. 16. 3. 1979 – IX 910/78 – DVBl. 1979, 916 – Kapazitätsverordnung.

[232] *OVG Berlin*, Urt. v. 22. 4. 1983 – 2 A 6.81 – NVwZ 1983, 416. Ein vergleichbares Problem stellt sich, wenn in einem Planfeststellungsbeschluss Schutzauflagen fehlen.

[233] *BVerwG*, B. v. 25. 2. 1997 – 4 NB 30.96 – NVwZ 1997, 896 = BauR 1997, 603 – Dachgeschosszahl-Festsetzung; Urt. v. 4. 6. 1991 – 4 NB 35.89 – BVerwGE 88, 268.

[234] *BGH*, Urt. v. 12. 12. 1981 – III ZR 272/80 – BauR 1982, 248 m. w. Nachw.; *Kopp/Schenke*, Rdn. 65 zu § 47 VwGO.

[235] *OVG Koblenz*, Urt. v. 7. 6. 1983 – 10 C 26/82 – NJW 1984, 444, für die Anfechtung eines Bebauungsplans, dessen Realisierung der Antragsteller selbst durch Verkauf des dazu benötigten Geländes ermöglicht hat.

[236] Die Frage wird unterschiedlich beantwortet, *VGH München*, Urt. v. 30. 3. 1982 – 20.N – 81 A.2146 – BayVBl. 1982, 726 – Flughafen; *Kopp/Schenke*, Rdn. 68 zu § 47 VwGO.

4200 Die Unwirksamkeitserklärung der Norm hat Allgemeinverbindlichkeit, während die Abweisung des Normenkontrollantrags (nur) zwischen den Beteiligten wirkt. Die Entscheidung bindet aber für die am Verfahren Beteiligten auch den Zivilrichter, wenn sich die Gültigkeit der Norm als Vorfrage für den zivilrechtlichen Rechtsstreit darstellt.[237] Für den Satzungs- und Verordnungsgeber umfasst die Unwirksamkeitsentscheidung auch das Verbot, ohne Änderung der maßgeblichen Sach- oder Rechtslage eine Rechtsvorschrift gleichen Inhalts zu erlassen.[238]

VII. Nichtzulassungsbeschwerde und Revision

4201 Gegen die Normenkontrollentscheidungen des *OVG* findet ein Revisionsverfahren statt, wenn die Revision durch das *OVG* zugelassen worden ist (§ 132 VwGO). Gegen die Nichtzulassung der Revision besteht die Möglichkeit der Nichtzulassungsbeschwerde nach § 133 VwGO. Als Revisionsgründe kommen sowohl die Grundsatzrevision, die Divergenzrevision als auch die Verfahrensrevision in Betracht. Die Nichtvorlagebeschwerde nach § 47 VII 1 VwGO a. F. ist daher seit dem 1. 1. 1997 nicht mehr statthaft.[239]

VIII. Einstweilige Anordnung (§ 47 VI VwGO)

4202 Im Normenkontrollverfahren kann nach § 47 VI VwGO auf Antrag eine **einstweilige Anordnung** ergehen, wenn dies zur Abwehr **schwerer Nachteile** oder aus **anderen wichtigen Gründen dringend geboten** ist.[240] Bis auf die Stellung des Normenkontrollantrags müssen daneben die Zulässigkeitsvoraussetzungen des Normenkontrollantrags gegeben sein.[241] Die Regelung ist § 32 BVerfGG nachgebildet. Es ist dabei ein strenger Maßstab anzulegen.[242] Sofern sich die angefochtene Norm nicht als offensichtlich gültig oder ungültig erweist, hängt die Entscheidung über die einstweilige Anordnung von einer Abwägung der betroffenen Interessen ab. Abzuwägen sind dabei die Vor- und Nachteile, die entstehen, wenn die einstweilige Anordnung ergeht, die Rechtsvorschrift sich aber später als gültig erweist, gegenüber den Vor- und Nachteilen, die eintreten, wenn die Norm zunächst vollzogen wird, sich ihre Unwirksamkeit aber später herausstellt. Die Abwägung der Vollzugs- und Aussetzungsfolgen entfällt allerdings, wenn der Antrag unzulässig oder offensichtlich unbegründet ist.[243] Bei Anwendung dieser Grundsätze haben die Gerichte zumeist Zurückhaltung im Erlass der einstweiligen Anordnung gezeigt und sich in der Regel an den strengen Maßstäben des *BVerfG* orientiert. Insbesondere sind die für den Vollzug sprechenden Gemeinwohlinteressen mit einem beachtlichen Gewicht eingestellt worden.[244] Auch wurde einstweiliger Rechtsschutz versagt, wenn auf einem anderen Wege, insbesondere etwa durch die Anfechtung der Baugenehmigung und Verfahren nach den §§ 80, 80a, 123 VwGO ausreichende Antrags- und Rechtsschutzmöglichkeiten

---

[237] *BGH*, Urt. v. 17. 12. 1981 – III ZR 72/80 – DVBl. 1982, 535.
[238] *VGH Mannheim*, Urt. v. 26. 9. 1978 – I 1303/77 – DÖV 1979, 571 – Fernheizung.
[239] *BVerwG*, B. v. 24. 10. 1997 – 4 NB 35.96 – UPR 1998, 118 = ZfBR 1998, 215. Die Nichtvorlagebeschwerde ist danach erledigt, wenn das *BVerwG* die Rechtsfrage in einem anderen Verfahren im Sinne des Normenkontrollgerichts geklärt hat.
[240] *Finkelnburg/Jank* Vorläufiger Rechtsschutz Rdn. 437ff.; *Grave* BauR 1981, 156; *Erichsen/Scherzberg* DVBl. 1987, 168.
[241] *Papier* FS Menger S. 517; *Erichsen/Scherzberg* DVBl. 1987, 168.
[242] *VGH Mannheim*, B. v. 11. 2. 1977 – III 88/77 – NJW 1977, 1212; *OVG Münster*, B. v. 11. 3. 1981 – 11a ND 20/80 – BauR 1981, 544; *OVG Lüneburg*, B. v. 18. 7. 1978 – V C 2/78 – DVBl. 1979, 194; *BVerfG*, B. v. 21. 12. 1976 – 1 BvR 799/76 – BVerfGE 43, 198: besonders wichtige Gründe des Gemeinwohls müssen die Aussetzung der Norm legitimieren.
[243] *OVG Münster*, B. v. 11. 3. 1981 – 11a ND 20/80 – BauR 1981, 544; *VGH München*, B. v. 25. 10. 1978 – 271 IX 78 – DVBl. 1979, 562.
[244] *OVG Lüneburg*, B. v. 18. 7. 1978 – V C 2/78 – DVBl. 1979, 194 – Orientierungsstufe.

eröffnet sind.²⁴⁵ Dem Eilantrag muss auch dann der Erfolg versagt bleiben, wenn er mehr anstrebt, als im Hauptverfahren erreichbar ist. Es ist daher auch im Eilverfahren nicht zulässig, die aufgrund einer erteilten Baugenehmigung begonnenen Bauarbeiten zu unterbinden oder die Baugenehmigungsbehörde zu verpflichten, die Baugenehmigung vorläufig außer Vollzug zu setzen.²⁴⁶ Ein Rechtsschutzinteresse für einen Eilantrag entfällt, wenn gegenwärtig oder in absehbarer Zukunft keine Veränderungen anstehen, insbesondere nicht mit auf die Rechtsvorschrift gestützten Vollzugsmaßnahmen gerechnet werden muss.²⁴⁷ Im Normenkontrollverfahren blieb das *OVG* für den Erlass einer einstweiligen Anordnung auch dann ausschließlich zuständig, wenn die Sache gem. § 47 V VwGO zur Entscheidung über die Auslegung revisiblen Rechts dem *BVerwG* vorlag.²⁴⁸ Nunmehr ist das *BVerwG* für die einstweilige Anordnung zuständig, wenn bei ihm das Hauptsacheverfahren anhängig ist.

An die **Aussetzung des Vollzugs** einer (untergesetzlichen) Norm seien – so das **4203** *BVerwG* – erheblich strengere Anforderungen zu stellen, als § 123 VwGO sie sonst an den Erlass einer einstweiligen Anordnung stelle. Das *BVerwG* könne dabei als Revisionsgericht grundsätzlich keine anderen Tatsachen zugrunde legen als diejenigen, die vom *OVG* festgestellt wurden.²⁴⁹ Ein Antrag nach § 47 VI VwGO ist grundsätzlich erst nach Veröffentlichung der angegriffenen Norm statthaft. Das gilt für Bebauungspläne auch dann, wenn sie bereits i. S. von § 33 BauGB Planreife erlangt haben.²⁵⁰ Denn gegen Bebauungsplanentwürfe ist ein Antrag auf eine einstweilige Anordnung nach § 47 VI VwGO nicht statthaft.²⁵¹ Der Antrag ist ferner – so der *VGH München* – grundsätzlich subsidiär gegenüber Rechtsschutzmöglichkeiten nach den §§ 123, 80, 80 a VwGO.²⁵² Für die Verfahren vor dem *OVG* besteht seit der Änderung durch die 6. VwGO-Novelle Vertretungszwang. Darauf hat das *OVG* nach § 86 III VwGO grundsätzlich hinzuweisen. Der Hinweis erübrigt sich nur dann, wenn das Gericht den Anwaltszwang bei allen Beteiligten als bekannt voraussetzen darf.²⁵³

IX. Bindungswirkung

Die **rechtskräftige Entscheidung** des Normenkontrollgerichts hat Bindungswirkun- **4204** gen für die Parteien und darüber hinaus allgemeinverbindliche Wirkung, soweit die angefochtene Norm für unwirksam erklärt worden ist. Nach rechtskräftiger Abweisung

---

²⁴⁵ *OVG Münster*, B. v. 29. 7. 1977 – Xa ND 3/77 – NJW 1978, 342; B. v. 26. 5. 1978 – Xa ND 3/78 – DVBl. 1979, 191; B. v. 23. 12. 1980 – 11a ND 19/80 – DVBl. 1981, 687; *VGH Mannheim*, B. v. 11. 2. 1977 – III 88/77 – NJW 1977, 1212; *OVG Münster*, B. v. 11. 3. 1981 – 11a ND 20/80 – BauR 1981, 544, zur Möglichkeit einer gesonderten Anfechtung der sofortigen Besitzeinweisung.
²⁴⁶ *VGH München*, B. v. 20. 7. 1983 – 14 NE 83 A.1217 – BayVBl. 1983, 698; *OVG Münster*, B. v. 15. 7. 1977 – VI I a ND 4/77 – BauR 1977, 333 – Bauarbeiten.
²⁴⁷ *OVG Münster*, B. v. 11. 3. 1981 – 11a ND 20/80 – BauR 1981, 544.
²⁴⁸ *BVerwG*, B. v. 3. 7. 1979 – 4 N 1.79 – BVerwGE 58, 179 = *Hoppe/Stüer* RzB Rdn. 1339 – einstweilige Anordnung Normenkontrolle.
²⁴⁹ *BVerwG*, B. v. 18. 5. 1998 – 4 VR 2.98 – NVwZ 1998, 1065; zum Rechtsschutzbedürfnis siehe *OVG Münster*, B. v. 9. 12. 1996 – 11a B 1710/96.NE – NVwZ 1997, 1006 (kein Rechtsschutzbedürfnis, wenn für das Vorhaben, das der Antragsteller mit seinem Begehren abwenden will, bereits die erforderliche Baugenehmigung oder ein noch wirksamer planungsrechtlicher Bauvorbescheid erteilt worden ist; dies gelte auch dann, wenn die Bescheide noch nicht bestandskräftig sind); *OVG Münster*, B. v. 30. 5. 1996 – 10a B 1073/96.NE – NVwZ 1997, 923, zur Frage des Rechtsschutzbedürfnisses, wenn im Geltungsbereich eines Bebauungsplans Gebäude im Wege des Baugenehmigungsfreistellungsverfahrens errichtet werden.
²⁵⁰ *OVG Bautzen*, B. v. 22. 1. 1998 – 1 S 770/97 – NVwZ 1998, 527.
²⁵¹ *VGH München*, B. v. 30. 7. 1999 – 26 NE 99.2007 – ZfBR 1999, 347. Zu den Erfolgsaussichten der Hauptsache *VGH München*, B. v. 28. 7. 1999 – 1 NE 99.813 – BauR 1999, 1275.
²⁵² *VGH München*, B. v. 25. 6. 1998 – 1 NE 98.1023 – UPR 1998, 467.
²⁵³ *BVerwG*, B. v. 5. 6. 1998 – 4 BN 20.98 – NVwZ-RR 1998, 783 – Anwaltszwang.

eines Normenkontrollantrags kann ein erneuter Antrag, den Bebauungsplan für unwirksam zu erklären, nur darauf gestützt werden, eine gegenüber der abweisenden Normenkontrollentscheidung geänderte Sach- und Rechtslage habe den Bebauungsplan im Nachhinein unwirksam werden lassen. Die Durchführung eines Umlegungsverfahrens zur Verwirklichung des Bebauungsplans ist kein Umstand, der zu dessen Unwirksamkeit führen kann.[254]

4205 Die Bindungswirkung von Normenkontrollentscheidungen hatte das *BVerwG* lange Zeit nur in Fällen beschäftigt, in denen der gestellte Antrag abgelehnt wurde. In einer anderen Entscheidung ging es um die Bindungswirkung eines stattgebenden Urteils und zwar der damaligen Nichtigerklärung eines Bebauungsplans. Wird nun der Nachfolgeplan vom selben Antragsteller vor das Normenkontrollgericht gebracht, so hindert nach Auffassung des *BVerwG* die Rechtskraft der Nichtigerklärung das Normenkontrollgericht in eine neue sachliche Bewertung der Gründe einzutreten, die die Feststellung der Unwirksamkeit der vorangegangenen Norm tragen, sofern die Sach- und Rechtslage unverändert geblieben ist.[255] Die Entscheidung des *OVG* im Normenkontrollverfahren gemäß § 47 VwGO bindet den Zivilrichter auch insoweit, als sie die Erforderlichkeit der Planung zur städtebaulichen Entwicklung und Ordnung generell und einen Bedarf für die konkrete Planung bejaht hat.[256]

4206 Hat das Normenkontrollgericht einen Normenkontrollantrag zurückgewiesen, weil es den Bebauungsplan für gültig hält,[257] so kann in einem zweiten Normenkontrollverfahren von demselben Antragsteller nicht mit Erfolg geltend gemacht werden, die Norm sei vor dem Zeitpunkt der ersten Entscheidung **funktionslos** geworden.[258] Die Zurückweisung eines Normenkontrollantrages gem. § 121 VwGO entfaltet Rechtskraftwirkung zwischen den Parteien. Weist das Normenkontrollgericht den Antrag zurück, weil es die Norm für gültig hält, so bindet diese Entscheidung die Beteiligten – bei unveränderter Sach- und Rechtslage – in allen anderen von ihnen betriebenen Verfahren, insbesondere auch in einem neuen Normenkontrollverfahren.[259] Dies gilt nicht nur insoweit, wie in dem neuen Verfahren dieselben Unwirksamkeitsgründe geltend gemacht werden wie im ersten Verfahren, sondern auch im Hinblick auf Gründe, die in einem späteren Verfahren erstmalig vorgetragen werden und in der (ersten) Normenkontrollentscheidung nicht behandelt worden sind. Wird in einem späteren Normenkontrollverfahren geltend gemacht, der Bebauungsplan sei funktionslos geworden, so ist deshalb auch dieses Vorbringen nur dann materiell zu überprüfen, wenn die Funktionslosigkeit nach Erlass der ersten Normenkontrollentscheidung eingetreten sein soll.

3. Teil. Rechtsschutz des Bauherrn

4207 Gegen eine behördliche Einzelentscheidung kann der **Bauherr** bei Ablehnung des Bauantrages Rechtsschutz durch Widerspruch und Verpflichtungsklage suchen. Der **Nachbar** kann Widerspruch und Anfechtungsklage gegen eine dem Bauherrn erteilte Ge-

---

[254] *BVerwG*, B. v. 3. 11. 1993 – 4 NB 33.93 – DVBl. 1994, 344 = DÖV 1994, 267 = NVwZ-RR 1994, 236 = *Hoppe/Stüer* RzB Rdn. 1319 – Normenkontrollantrag wegen Umlegung.
[255] *BVerwG*, Urt. v. 25. 11. 1999 – 4 CN 17.98 – DVBl. 2000, 800. Zur Weiterführung eines Normenkontrollverfahrens nach Außerkrafttreten der angegriffenen Rechtsvorschrift *VGH Mannheim*, Urt. v. 11. 4. 2003 – 5 S 2299/01 – NuR 2003, 627 =UPR 2003, 453 – Wurzacher Becken.
[256] *BGH*, Urt. v. 25. 10. 2001 – III ZR 76/01 – BauR 2002, 290 = UPR 2002, 104, mit Hinweis auf U. v. 7. 7. 1988 – III ZR 134/87 – BGHZ 105, 94.
[257] *BVerwG*, Urt. v. 28. 8. 1987 – 4 N 3.86 – BVerwGE 78, 85 = BRS 47 (1987), Nr. 185.
[258] *BVerwG*, B. v. 16. 7. 1990 – 4 NB 20.90 – *Hoppe/Stüer* RzB Rdn. 1301 – zweites Normenkontrollverfahren.
[259] *BVerwG*, B. v. 2. 9. 1983 – 4 N 1.83 – BVerwGE 68, 12; Urt. v. 19. 1. 1984 – 3 C 88.82 – BVerwGE 68, 306.

3. Teil. Rechtsschutz des Bauherrn 4208–4211 **F**

nehmigung erheben. Besondere Fragen des nachbarlichen Rechtsschutzes ergeben sich gegenüber Vorhaben, die nach dem Bauordnungsrecht der Länder genehmigungsfrei gestellt sind. Die **Gemeinde** kann bei Verletzung interkommunaler Belange Widerspruch und Anfechtungsklage gegen erteilte Baugenehmigungen erheben.

Wird die Baugenehmigung nicht oder nicht rechtzeitig erteilt, kann der Bauherr dagegen Rechtsschutz suchen. Auch kann er sich gegen eine Verzögerung oder Zurückstellung des Baugesuchs oder gegen Abweichungen zwischen Bauantrag und Genehmigung wenden. 4208

I. Rechtsschutz bei Ablehnung des Bauantrags

Wird eine Baugenehmigung abgelehnt, so kann der Bauherr Widerspruch gegen den ablehnenden Bescheid einlegen. Wird der Widerspruch zurückgewiesen, kann der Bauherr Verpflichtungsklage erheben. Der Grundstückseigentümer wird demgegenüber nicht in eigenen Rechten verletzt, wenn einem Dritten, mit dem kein festes Vertragsverhältnis besteht, eine Baugenehmigung verweigert wird.[260] Der Erhebung einer Anfechtungs- oder Verpflichtungsklage muss grundsätzlich nach § 68 II VwGO ein Vorverfahren vorausgegangen sein, das durch einen **Widerspruch** gegen den Ausgangsbescheid eingeleitet wird. Ein Vorverfahren ist nach § 68 I 2 VwGO nicht erforderlich, wenn die zunächst erteilte Baugenehmigung durch einen Widerspruchsbescheid aufgehoben worden ist. Der Bauherr kann dann, wenn er hierdurch erstmalig beschwert ist, gegen den Widerspruchsbescheid unmittelbar Klage erheben. Denn führt der Widerspruchsbescheid erstmalig zu einer Beschwer, so ist gem. § 79 I Nr. 2 VwGO unmittelbar Klage nur gegen den Widerspruchsbescheid zu erheben. Die Klage ist dann gegen die Widerspruchsbehörde zu richten (§ 78 II VwGO). Unerheblich ist, ob der Beschwerte am Widerspruchsverfahren beteiligt war.[261] 4209

Beispiel: Auf den Widerspruch des Nachbarn hin wird die dem Bauherrn erteilte Baugenehmigung aufgehoben. Der Bauherr kann als durch den Widerspruchsbescheid erstmals Betroffener unmittelbar Klage gegen die Versagung der Baugenehmigung einlegen. Ein vorhergehendes erneutes Widerspruchsverfahren ist nicht erforderlich.

Gegenstand der Baugenehmigung ist in bauplanungsrechtlicher Hinsicht nur das zur Genehmigung gestellte Vorhaben i. S. des § 29 I BauGB. Der Verdacht des **Missbrauchs** erlaubt nicht, die bauplanungsrechtlich zulässige Nutzung auszuschließen. Ggf. sind auf der Grundlage des jeweiligen Landesrechts präventive oder repressive Maßnahmen zu ergreifen.[262] 4210

Der **Widerspruch** ist **statthaft** gegen die Ablehnung einer Baugenehmigung. Er ist innerhalb eines Monats seit Zustellung der mit einer Rechtsbehelfsbelehrung versehenen ablehnenden Entscheidung zu erheben. Fehlt eine ordnungsgemäße Rechtsbehelfsbelehrung, so läuft eine Jahresfrist, die mit Kenntnis des Betroffenen von der Ablehnung seines Antrags durch den Widerspruchsbescheid beginnt. Wird der Widerspruch abgelehnt, kann gegen die Ablehnung des Bauantrags **Verpflichtungsklage** erhoben werden. Die Verpflichtungsklage muss innerhalb eines Monats nach Zustellung des mit einer Rechtsmittelbelehrung versehenen Widerspruchsbescheids eingelegt werden. Fehlt eine Rechtsmittelbelehrung oder ist sie nicht ordnungsgemäß, läuft für die Klage auch hier eine Jahresfrist, die mit Kenntnis des Betroffenen von der Ablehnung seines Antrags durch den Widerspruchsbescheid beginnt.[263] Die Klage ist auf den Ausspruch der Verpflichtung der Behörde gerichtet, unter Aufhebung des ablehnenden Bescheides der Baugenehmigungsbehörde und des Widerspruchsbescheides der Widerspruchsbehörde die beantragte 4211

---

[260] *BVerwG*, B. v. 5. 3. 1998 – 4 B 153.97 – NVwZ 1998, 842 = BauR 1998, 536.
[261] *BVerwG*, B. v. 3. 3. 1995 – 4 B 15.95 – UPR 1995, 307 = ZfBR 1995, 274 = NVwZ-RR 1995, 613.
[262] *BVerwG*, B. v. 22. 11. 1999 – 4 B 91.99 – ZfBR 2000, 489.
[263] *OLG Hamm*, Urt. v. 20. 8. 1998 – 16 U (Baul) 4/98 – OLG-Rp Hamm 1998, 383.

Baugenehmigung zu erteilen. Über die Kosten des Rechtsstreits entscheidet das Gericht von Amts wegen. Steht die Genehmigungserteilung im Ermessen der Baugenehmigungsbehörde (vgl. etwa §§ 31, 31 II, 33 II und 35 II BauGB) und können die Ermessensspielräume im gerichtlichen Verfahren nicht geschlossen werden, ergeht ein **Bescheidungsurteil**, das eine besondere Art des Verpflichtungsbegehrens darstellt (§ 113 V 2 VwGO). Die Baugenehmigungsbehörde wird danach durch Urteil verpflichtet, über den Bauantrag nach Maßgabe der Rechtsauffassung des Gerichts neu zu entscheiden. Die Verwaltung ist in diesen Fällen an den Tenor und die tragenden Entscheidungsgründe gebunden, kann jedoch mit neuen Ermessenserwägungen, die nicht Gegenstand der Urteilsfindung waren, zu neuen Erkenntnissen kommen.[264]

4212 Außerdem ist für die Klage ein **Rechtsschutzbedürfnis** des Klägers erforderlich. Voraussetzung der Zulässigkeit jeder Klage ist, dass der Kläger ein schutzwürdiges Interesse an der begehrten Entscheidung des Gerichts hat. Hieran fehlt es, wenn der Rechtsschutz unnütz in Anspruch genommen wird, etwa weil er nicht geeignet ist, zur Verbesserung der subjektiven Rechtsstellung des Klägers beizutragen. Nutzlos ist eine Rechtsverfolgung auch dann, wenn ihr Ziel die Erteilung einer Genehmigung ist, die sich nach den rechtlichen Verhältnisse nicht verwirklichen lässt. Derartige Hinderungsgründe können sich sowohl aus dem öffentlichen Recht als auch aus dem Zivilrecht ergeben. Das Vorliegen eines Rechtsschutzbedürfnisses als Sachurteilsvoraussetzung ist von Rechts wegen zu prüfen.[265] Das Sachbescheidungsinteresse fehlt nicht schon dann, wenn ungewiss ist, ob ein privatrechtliches Hindernis der Verwertung der Genehmigung im Wege steht. Erforderlich ist vielmehr, dass sich das Hindernis schlechthin nicht ausräumen lässt.[266]

4213 Der **Verzicht auf ein Klagerecht** kann regelmäßig erst dann erfolgen, wenn die Entscheidung, gegen die das Rechtsmittel gegeben wäre, ergangen ist. Ein Verzicht muss außerdem angesichts seiner Tragweite eindeutig, unzweifelhaft und unmissverständlich zum Ausdruck kommen und kann nicht bedingt erfolgen.[267] Im Fall der Änderung einer baulichen Anlage i. S. des § 29 BauGB ist Gegenstand der bebauungsrechtlichen Prüfung das Gesamtvorhaben in seiner geänderten Gestalt.[268] Eine zuvor erteilte Baugenehmigung wird allerdings nicht ohne weiteres dadurch gegenstandslos, dass teilweise abweichend von ihr gebaut worden ist. Eine Änderungsgenehmigung muss sich deshalb nicht stets auf alle bebauungsrechtlichen Voraussetzungen der Zulässigkeit des Gesamtvorhabens erstrecken.[269]

4214 Im verwaltungsgerichtlichen Verfahren kann das Gericht den Nachbarn, dessen rechtliche Interessen durch die Erteilung einer Baugenehmigung beeinträchtigt werden könnten, nach § 65 I VwGO **beiladen**. Eine Beiladung des Nachbarn ist nach § 65 II VwGO erforderlich, wenn die Entscheidung über das Klagebegehren des Bauherrn auch dem Nachbarn gegenüber nur einheitlich ergehen kann. Auch die Gemeinde oder die höhere Verwaltungsbehörde sind notwendig beizuladen, wenn zu einer Baugenehmigung ihr gemeindliches Einvernehmen oder ihre Zustimmung nach § 36 I und II BauGB erforderlich ist.

Beispiel: Der Bauherr begehrt eine Baugenehmigung für ein nicht privilegiertes Vorhaben im Außenbereich. Da nach § 36 I BauGB das gemeindliche Einvernehmen erforderlich ist, muss die Gemeinde nach § 65 II VwGO notwendig beigeladen werden. Auch die höhere Verwaltungsbehörde muss notwendig beigeladen werden, wenn in einer Rechtsverordnung der Landesregierung festgelegt ist, dass die Zustimmung der höheren Verwaltungsbehörde für nicht privilegierte Außenbereichsvorhaben erforderlich ist.

---

[264] Vgl. *Stüer* FS Menger 1985, S. 779.
[265] Vgl. BVerwG, Urt. v. 14. 12. 1978 – 5 C 1.78 – BVerwGE 57, 204; Urt. v. 21. 3. 1979 – 6 C 10.78 – BVerwGE 57, 342.
[266] BVerwG, B. v. 20. 7. 1993 – 4 B 110.93 – *Hoppe/Stüer* RzB Rdn. 322 – privatrechtliches Hindernis; s. Rdn. 4176.
[267] OVG Bautzen, Urt. v. 11. 2. 1999 – 1 S 347/97 – SächsVBl 1999, 134.
[268] BVerwG, Urt. v. 15. 5. 1997 – 4 C 23.95 – NVwZ 1998, 58.
[269] BVerwG, B. v. 4. 2. 2000 – 4 B 106.99 – NVwZ 2000, 1047 – abweichende Bauausführung.

4215 Für die Beurteilung der Rechtslage ist grundsätzlich auf den Zeitpunkt der letzten mündlichen Verhandlung abzustellen. Ändert sich während der Anhängigkeit einer auf die Erteilung einer Baugenehmigung oder einer Bebauungsgenehmigung gerichteten Verpflichtungsklage die Rechtslage zum Nachteil des Klägers, so wird der Kläger weder durch § 43 II 1 VwGO noch durch § 113 I 4 VwGO daran gehindert, dem aufrechterhaltenen Verpflichtungsantrag hilfsweise einen Antrag hinzuzufügen, mit dem die Feststellung begehrt wird, dass das Vorhaben nach der alten Rechtslage zulässig gewesen sei. § 113 I 4 VwGO ist auf einen solchen Feststellungsantrag entsprechend anwendbar.[270] Der Bauherr kann in diesen Fällen auch direkt von einem Verpflichtungs- zu einem Feststellungsantrag übergehen. Auf die bisherige Rechtslage kann dabei abgestellt werden, wenn die Vorschriften dies als Übergangsregelung so vorsehen.

Beispiel: Der Bauherr stellt einen Antrag auf ein teilprivilegiertes Vorhaben nach § 35 IV BauGB. Ist während des gerichtlichen Verfahrens eine Veränderungssperre in Kraft getreten oder ein neuer Bebauungsplan rechtsverbindlich geworden, richten sich die Genehmigungsansprüche nach der hierdurch bewirkten neuen Rechtslage. Ist der Verpflichtungsantrag daher abzuweisen, kann der Bauherr die Feststellung begehren, dass die Ablehnung des Bauantrags rechtswidrig war. Ein solcher Fortsetzungsfeststellungsantrag ist zulässig, wenn nicht ausgeschlossen werden kann, dass der Bauherr Entschädigungs- oder Schadensersatzansprüche im Hinblick auf die damals rechtswidrige Ablehnung des Bauantrages stellen kann.

4216 Gegen die erstinstanzliche Entscheidung des Verwaltungsgerichts kann nach § 124 VwGO die Berufung zum OVG nur eingelegt werden, wenn sie vom VG selbst oder vom OVG zuvor zugelassen worden ist. Nur dann entscheidet das Berufungsgericht als zweite Tatsacheninstanz unter Würdigung der Sach- und Rechtslage neu. In den neuen Bundesländern war bereits früher nur eine Zulassungsberufung nach dem RechtsmittelBG statthaft. Gegen das Berufungsurteil des OVG kann bei zugelassener Revision gem. § 132 I VwGO Revision eingelegt werden. Gegen die Nichtzulassung der Revision ist nach § 133 I VwGO eine Nichtzulassungsbeschwerde zum BVerwG statthaft.

4217 Ein gerichtliches **Eilverfahren** auf Erteilung einer Baugenehmigung wird in der Regel keine Aussichten auf Erfolg bieten. Denn im Eilverfahren kann regelmäßig eine Baugenehmigung nicht erstritten werden.[271] Nach § 123 I 1 VwGO kann das Gericht auf Antrag auch schon vor Klageerhebung eine einstweilige Anordnung in Bezug auf den Streitgegenstand treffen, wenn die Gefahr besteht, dass durch eine Veränderung des bestehenden Zustandes die Verwirklichung eines Rechts des Antragstellers vereitelt oder wesentlich erschwert werden könnte. Eine solche Anordnung mit dem Inhalt der Erteilung einer Baugenehmigung scheidet schon deshalb aus, weil damit die Hauptsache vorweggenommen werden würde. Es kommt daher in derartigen Fällen nur eine **Regelungsanordnung** nach § 123 I 2 VwGO in Betracht. Danach sind einstweilige Anordnungen auch zur Regelung eines vorläufigen Zustandes in Bezug auf ein streitiges Rechtsverhältnis zulässig, wenn diese Regelung – vor allem bei dauernden Rechtsverhältnissen – nötig erscheint, um wesentliche Nachteile abzuwenden, drohende Gewalt zu verhindern oder aus anderen Gründen nötig erscheint. Auf dieser Grundlage könnte das Gericht Einzelregelungen erlassen, wenn schwere, unzumutbare und irreparable Nachteile für den Bauherrn entstehen und sich mit hinreichender Sicherheit vorhersehen lässt, dass der Bauherr im Hauptsacheverfahren obsiegen wird.

---

[270] *BVerwG*, Urt. v. 24. 10. 1980 – 4 C 3.78 – BVerwGE 61, 128 = *Hoppe/Stüer* RzB Rdn. 1340 – Fortsetzungsfeststellungsklage.

[271] Zur baurechtlichen Zulässigkeit eines Himmelsstrahlers *VG Stuttgart*, B. v. 9. 7. 1999 – 13 K 673/99 – NVwZ-RR 2000, 14 – Skybeamer.

II. Rechtsschutz bei Verzögerung der Genehmigungserteilung

4218 Entscheidet die Baugenehmigungsbehörde nicht rechtzeitig über einen eingereichten Bauantrag, kann der Bauherr eine Verpflichtungsklage in der Form der Untätigkeitsklage erheben. Die Klage ist erst nach Ablauf von drei Monaten seit Antragstellung bzw. Einlegung des Widerspruchs zulässig (§ 75 S. 2 VwGO). Wird dem Bauantrag oder dem Widerspruch stattgegeben, so ist die Hauptsache für erledigt zu erklären (§ 75 S. 4 VwGO). Die Untätigkeitsklage ist nicht an eine früher geltende Jahresfrist gebunden, so dass die Klage auch noch nach einem mehr als einjährigen Zeitraum seit Antragstellung bzw. Einlegung des Widerspruchs erhoben werden kann. Ein **Eilantrag** nach § 123 VwGO auf Erteilung der Baugenehmigung wird in der Regel erfolglos sein, da die Hauptsache vorweggenommen würde. Allenfalls kommt eine Regelungsanordnung nach § 123 I 2 VwGO in Betracht. Wird die Baugenehmigung verspätet erteilt, können sich Schadensersatzansprüche aus Amtshaftungsgrundsätzen (§ 839 BGB, Art. 34 GG) ergeben. Eine Haftung nach diesen Vorschriften setzt Verschulden voraus.[272] Die Baugenehmigungsbehörde kann nach Maßgabe der landesrechtlichen Bestimmungen bei rechtswidrigem Handeln auch ohne Verschulden dem Bauherrn haften (vgl. etwa § 39 OBG NW).

III. Rechtsschutz bei Zurückstellung des Baugesuchs

4219 Wird der Bauantrag nach § 15 BauGB auf Antrag der Gemeinde zurückgestellt, so kann gegen den Zurückstellungsbescheid Widerspruch eingelegt und nach Zurückweisung des Widerspruchs Klage erhoben werden. Die Zurückstellung nach § 15 BauGB beinhaltet die Aussetzung der endgültigen Entscheidung über den Bauantrag.[273] Hiergegen ist die **Anfechtungsklage** statthaft. Im verwaltungsgerichtlichen Verfahren ist die Gemeinde beizuladen. Es könnte sich empfehlen, im gerichtlichen Verfahren zugleich einen Verpflichtungsantrag zu stellen, da durch die Anfechtung der Zurückstellungsentscheidung i. S. des Bauherrn noch keine Entscheidung in der Sache getroffen ist. Ein solcher Verpflichtungsantrag ist unter den Voraussetzungen des § 75 VwGO zulässig. Gegen die Zurückstellung ist ein **Eilantrag** nach § 80 V VwGO statthaft. Die Erfolgsaussichten sind jedoch gering, zumal durch eine isolierte Außervollzugsetzung der Zurückstellungsentscheidung eine positive Sachentscheidung nicht erreicht ist.

IV. Rechtsschutz bei Abweichung vom Bauantrag

4220 Weicht die Genehmigung von dem Bauantrag ab, so stellt sich die Frage, ob die Abweichung isoliert oder nur im Zusammenhang mit der Baugenehmigung selbst angefochten werden kann. Die Zulässigkeit von Nebenbestimmungen ergibt sich, soweit das Bauordnungsrecht keine Spezialregelungen enthält, aus § 36 VwVfG. Nach § 36 I VwVfG darf ein Verwaltungsakt, auf den ein Rechtsanspruch besteht, mit Nebenbestimmungen nur versehen werden, wenn sie durch Rechtsvorschrift zugelassen sind oder wenn sie sicherstellen sollen, dass die gesetzlichen Voraussetzungen des Verwaltungsakts erfüllt wurden. § 36 II VwVfG erwähnt sodann unbeschadet dieser Regelungen für Verwaltungsakte, auf deren Erlass kein Anspruch besteht, die Befristung, Bedingung, den Widerrufsvorbehalt und die Auflage. Die eigenständige Anfechtungsmöglichkeit von Nebenbestimmungen hängt davon ab, wie sich die Rechtsschutzmöglichkeiten gegen die Nebenbestimmungen von Verwaltungsakten gestalten. Es ist dabei nach der Art der Nebenbestimmungen zu differenzieren. Bei einer Auflage (§ 36 II Nr. 4 VwVfG) und einem Auflagenvorbehalt (§ 36 II Nr. 5 VwVfG) ist eine isolierte Anfechtungsklage gegen die Nebenbestimmung allein möglich. Bei einer Befristung (§ 36 II Nr. 1 VwVfG) oder Bedingung (§ 36 II Nr. 2 VwVfG) ist eine Verpflichtungsklage auf Erlass eines unbedingten oder unbefristeten und damit unein-

---

[272] BGH, Urt. v. 18. 6. 1998 – III ZR 100/97 – NVwZ 1998, 1329 = UPR 1998, 447.
[273] Vgl. o. Rdn. 1582.

geschränkten Verwaltungsaktes zu erheben. Im Gegensatz zur Nebenbestimmung kann die **modifizierende Auflage** nur einheitlich mit der Genehmigung angefochten werden. Modifizierende Auflagen betreffen etwa den Standort des Gebäudes, die äußere Gestalt des Bauwerks oder die Statik. Will der Bauherr von der Genehmigung Gebrauch machen, muss er die modifizierenden Auflagen beachten. Ansonsten kann er gegen die Baugenehmigung mit den modifizierenden Auflagen Widerspruch einlegen und die Erteilung einer uneingeschränkten Baugenehmigung entsprechend dem Bauantrag begehren. Im gerichtlichen Verfahren wäre die Verpflichtungsklage statthaft. Sind Nebenbestimmungen selbstständig als Verwaltungsakte angreifbar, richtet sich der **vorläufige Rechtsschutz** nach § 80 V VwGO, wenn die sofortige Vollziehung der Nebenbestimmungen angeordnet worden ist. Kann die Nebenbestimmung oder modifizierende Auflage nur mit der Baugenehmigung einheitlich angefochten werden, richtet sich der einstweilige Rechtsschutz nach § 123 VwGO, weil die Situation der Verpflichtungsklage besteht und der auf die Anfechtungssituation beschränkte § 80 V VwGO daher ausscheidet.

V. Rechtsschutz bei Anfechtung der Baugenehmigung durch Dritte

Wird die Baugenehmigung durch einen Dritten angefochten, kann dies unmittelbar in den Bestand der Baugenehmigung eingreifen und damit auch die Rechte des Bauherrn betreffen. Die Baugenehmigungsbehörde darf die erteilte Baugenehmigung auf den Widerspruch des Nachbarn nur dann aufheben, wenn der Widerspruch zulässig und begründet ist. Erweist sich der Widerspruch des Nachbarn als unzulässig oder in der Sache unbegründet, so darf die Baugenehmigungs- oder Widerspruchsbehörde die Baugenehmigung nicht aufheben. Die Baugenehmigung erwächst vielmehr dann in Bestandskraft. Die Widerspruchsbehörde prüft daher die Rechtmäßigkeit der erteilten Baugenehmigung nur in der Reichweite eines zulässigen und begründeten Nachbarwiderspruchs, nicht jedoch ganz allgemein auf die Einhaltung der öffentlich-rechtlichen Vorschriften. Der Bauherr hat einen gerichtlich durchsetzbaren Anspruch darauf, dass die Prüfung in dieser begrenzten Reichweite stattfindet. So hat etwa der Nachbar bei Erteilung einer Befreiung nach § 31 II BauGB von einer nicht nachbarschützenden Festsetzung eines Bebauungsplans über den Anspruch auf „Würdigung nachbarlicher Interessen" hinaus keinen Anspruch auf eine ermessensfehlerhafte Entscheidung der Baugenehmigungsbehörde.[274] **4221**

Im **Widerspruchsverfahren eines Nachbarn** und **im gerichtlichen Verfahren** ist der **Bauherr** notwendig **beizuladen**, weil eine Entscheidung auch ihm gegenüber nur einheitlich getroffen werden kann. Die Berufung des beigeladenen Unternehmers gegen ein der Nachbarklage stattgebendes Urteil muss daher Erfolg haben, wenn die auch durchaus objektiv rechtswidrige immissionsschutzrechtliche Genehmigung eine den Kläger schützende Norm nicht verletzt.[275] Hat gegen ein Urteil, durch das der Klage des Bauherrn gegen die Rücknahme eines positiven Bauvorbescheides und auf Erteilung der Baugenehmigung stattgegeben worden ist, allein der beigeladene Nachbar Berufung eingelegt, so kann das Rechtsmittel nur dann Erfolg haben, wenn der Nachbar durch die stattgebende Entscheidung in eigenen subjektiven Rechten verletzt ist.[276] Der Nachbar muss daher durch die materielle Rechtswidrigkeit der Baugenehmigung in seinen subjektiven Rechten verletzt sein.[277] Unter diesen Voraussetzungen wäre auch nur die Berufung nach § 124 II VwGO zuzulassen. **4222**

---

[274] *BVerwG*, B. v. 8. 7. 1998 – 4 B 64.98 – NVwZ-RR 1999, 8 = DVBl. 1998, 1301 – Drittschutz; im Anschluss an Urt. v. 6. 10. 1989 – 4 C 14.87 – BVerwGE 82, 343.

[275] *BVerwG*, Urt. v. 30. 9. 1983 – 4 C 55.80 – NJW 1984, 2174 = DÖV 1984, 173 = *Hoppe/Stüer* RzB Rdn. 1247 – Tempergießerei.

[276] *BVerwG*, Urt. v. 15. 2. 1990 – 4 C 39.86 – BauR 1990, 453 = BayVBl. 1991, 121 = ZfBR 1990, 308 = *Hoppe/Stüer* RzB Rdn. 1275 – Rücknahme Bauvorbescheid.

[277] *BVerwG*, Urt. 23. 8. 1974 – 4 C 29.73 – BVerwGE 47, 19; Urt. v. 12. 3. 1987 – 3 C 2.86 – BVerwGE 77, 102.

4223 Widerspruch und Anfechtungsklage eines Dritten gegen die **bauaufsichtliche Zulassung** eines Vorhabens haben nach § 212a I BauGB keine aufschiebende Wirkung.[278] Hierdurch ist die Regel des § 80 I 2 VwGO für die bauaufsichtliche Zulassung von Vorhaben in ihr Gegenteil verkehrt. Der behördlichen Anordnung des Sofortvollzuges bedarf es daher bei der bauaufsichtlichen Zulassung eines Vorhabens nicht mehr.[279] Auch ist nach § 212a I BauGB nicht erforderlich, dass der Bauherr nach § 80a III VwGO bei der Behörde einen Antrag auf Anordnung der sofortigen Vollziehung der Baugenehmigung stellt. Früher musste die Behörde bei der Anordnung des Sofortvollzuges das besondere Interesse an der sofortigen Vollziehung begründen. Zugleich hatte sie eine Prüfung dahingehend vorzunehmen, ob die erteilte Baugenehmigung offensichtlich rechtmäßig oder offensichtlich rechtswidrig war. Im Übrigen war von ihr eine Interessenabwägung vorzunehmen, in welche die jeweiligen Vollzugs- und Aussetzungsinteressen einzustellen waren. Diese behördlichen Anordnungserfordernisse sind für den Bereich der bauaufsichtlichen Zulassung nach § 212a I BauGB entfallen. Dies gilt auch für den **Widerspruch** einer **Gemeinde** gegen eine Baugenehmigung. Auch sie ist „Dritter" i. S. dieser Vorschrift. Der Ausschluss der aufschiebenden Wirkung erstreckt sich aber nicht auf die nach § 36 II 3 BauGB erfolgte Ersetzung des Einvernehmens der Gemeinde.[280] Die Gesetzesänderung in § 212a BauGB hat jedoch nach Auffassung des *OVG Münster* keine Neubewertung der Interessen von Bauherrn und Nachbarn in dem Sinne bewirkt, dass dem Interesse des Bauherrn an der sofortigen Vollziehbarkeit der Baugenehmigung prinzipiell ein höheres Gewicht zukommt.[281] Auch der Widerspruch einer Gemeinde gegen eine Baugenehmigung hat nach § 212a BauGB keine aufschiebende Wirkung. Nach Auffassung des *VGH Mannheim* erfasst die Vorschrift auch den Widerspruch einer Gemeinde, die sich gegen eine ohne ihr Einvernehmen erteilte Baugenehmigung wendet.[282]

4224 Wird dem Bauherr nicht eine Baugenehmigung, sondern auf **andere Rechtsvorschriften** gestützte Genehmigung wie etwa eine immissionsschutzrechtliche Genehmigung erteilt, so haben Widerspruch und Klage des Nachbarn nach wie vor aufschiebende Wirkung. Ist die sofortige Vollziehung durch die Behörde nicht angeordnet worden, kann der Bauherr einen entsprechenden Antrag stellen. Im verwaltungsgerichtlichen Verfahren auf Antrag des Bauherrn auf Anordnung der sofortigen Vollziehung der Baugenehmigung ist der widerspruchsführende Nachbar gem. § 65 II VwGO notwendig beizuladen.

---

[278] Dies gilt auch für einen Widerspruch der Gemeinde gegen die Baugenehmigung so *OVG Lüneburg*, B. v. 9. 3. 1999 – 1 M 405/99 – UPR 1999, 231. Zur Frist für einen Nachbarwiderspruch bei nicht bekannt gemachter Baugenehmigung, *OVG Lüneburg*, Urt. v. 17. 1. 1997 – 1 L 6347/95 – NdsVBl. 1997, 234; zur zivilrechtlichen Durchsetzung einer nachbarschützenden Auflage zur Baugenehmigung, *BGH*, Urt. v. 27. 9. 1996 – V ZR 335/95 – DVBl. 1997, 424. Im Rahmen einer Nachbarklage müssen inzwischen ergangene Rechtsänderungen zu Gunsten des Bauherrn berücksichtigt werden, so *BVerwG*, B. v. 22. 4. 1996 – 4 B 54.96 – NVwZ-RR 1996, 628. Die Vorschrift ist nicht rückwirkend auf bereits vor In-Kraft-Treten des BauROG eingelegte Widersprüche anwendbar, so *VGH München*, B. v. 17. 12. 1998 – 15 CS 98.2858 – DÖV 1999, 307; *OVG Saarlouis*, B. v. 21. 9. 1998 – 2 W 6/98 – BRS 60 (1998) Nr. 197 – Obstbrennerei; a. A. *OVG Münster*, B. v. 23. 1. 1998 – 7 B 2984/97 – NVwZ 1998, 759 = DVBl. 1998, 603; *VGH Mannheim*, B. v. 16. 4. 1998 – 8 S 740/98 – NVwZ 1998, 987 = DVBl. 1998, 909 = BauR 1998, 1005.

[279] Ob § 212a I BauGB auch auf nach Landesrecht erteilte bauordnungsrechtliche Abweichungsentscheidungen anwendbar ist, ist vom *OVG Münster* offen gelassen worden, B. v. 1. 12. 1998 – 10 B 2304/97 – DVBl. 1999, 877 = BRS 60 (1998), Nr. 156.

[280] *OVG Lüneburg*, B. v. 9. 3. 1999 – 1 M 405/99 – NVwZ 1999, 1005 = UPR 1999, 231 = ZfBR 1999, 226 = BauR 1999, 884.

[281] *OVG Münster*, B. v. 13. 7. 1998 – 7 B 956/98 – NVwZ 1998, 980 = BauR 1998, 1212 – Windkraftanlage. Das *OVG Saarlouis* knüpft vielmehr an die Rechtsprechung zu § 10 II BauGB-MaßnG an, so *OVG Saarlouis*, B. v. 21. 9. 1998 – 2 W 6/98 – (unveröffentlicht) – Obstbrennerei; B. v. 13. 10. 1998 – 2 W 7/98 – BRS 60 (1998), Nr. 109.

[282] *VGH Mannheim*, Urt. v. 11. 5. 1998 – 5 S 465/98 – ESVGH 48, 250 = ZfBR 1999, 56.

Das Verwaltungsgericht prüft dann zunächst die Aussichten des Widerspruches. Ist der Widerspruch offensichtlich aussichtslos, wird eine sofortige Vollziehung angeordnet. Ist der Widerspruch offensichtlich begründet, wird die sofortige Vollziehung der Baugenehmigung nicht angeordnet. Lässt sich dies im summarischen gerichtlichen Verfahren nicht feststellen, erfolgt eine Interessenabwägung, bei der die Aussetzungs- und Vollzugsinteressen gegeneinander abzuwägen sind. Entscheidet die Widerspruchsbehörde nicht über den Widerspruch des Nachbarn, so kann der Bauherr unter den Voraussetzungen des § 75 VwGO eine Untätigkeitsklage erheben.

VI. Rechtsschutz bei Eingriffsverfügungen

Legt die Behörde die Bauarbeiten still oder ordnet sie die Beseitigung eines Bauwerks an, so kann gegen den belastenden Verwaltungsakt Widerspruch eingelegt und nach Zurückweisung des Widerspruchs vor dem Verwaltungsgericht geklagt werden. Eine bauordnungsrechtliche Beseitigungsanordnung kann von dem Adressaten nicht allein mit dem Argument abgewehrt werden, die Behörde schreite gegen Baurechtsverstöße in vergleichbaren anderen Fällen nicht ein. Denn Art. 3 I GG gewährt keinen Anspruch auf **Gleichbehandlung im Unrecht**. Auch bei der Bescheidung eines Bauantrages kann nicht aus der Genehmigung in einem anderen Fall ein Genehmigungsanspruch abgeleitet werden. Wenn ein Bürger meint, dass er durch eine Verwaltungsbehörde benachteiligt worden ist, kann er Rechtsschutz bei den Verwaltungsgerichten suchen. Er kann jedoch nicht verlangen, dass ein anderer nur deshalb ebenfalls benachteiligt wird, weil er selbst das Einschreiten der Behörden zu dulden hat.[283] Der Gleichbehandlungsgrundsatz entbindet die Baurechtsbehörde indes nicht von der Verpflichtung, ihre bauordnungsrechtliche Tätigkeit maßgeblich auch am Gleichheitssatz auszurichten. Ermächtigt das Gesetz dazu, unter bestimmten Voraussetzungen die Beseitigung von baulichen Anlagen anzuordnen, so lässt sich aus Art. 3 I GG die Forderung ableiten, das eingeräumte Ermessen in gleich gelagerten Fällen gleichmäßig auszuüben. Ergreift oder unterlässt die Behörde Maßnahmen zur Bekämpfung baurechtswidriger Zustände, so hat sie in allen vergleichbaren Fällen in der gleichen Art und Weise zu verfahren. Das bedeutet bei einer Vielzahl von Verstößen jedoch nicht, dass die Behörde in allen Fällen gleichzeitig tätig werden muss. Entschließt sie sich zu einem Einschreiten, so ist es ihr unbenommen, die Verhältnisse nach und nach zu bereinigen. Ihr ist es indes verwehrt, systemlos oder willkürlich vorzugehen. Beschränkt sie sich darauf, einen Einzelfall herauszugreifen, so handelt sie dem Gleichbehandlungsgebot zuwider, es sei denn, dass sie hierfür sachliche Gründe anzuführen vermag.[284]

Der Rechtsschutz des Bauherrn wird erfolgreich sein, wenn die behördlichen Anordnungen rechtswidrig und der Bauherr hierdurch in seinen Rechten verletzt ist. Maßgeblicher Zeitpunkt für die Beurteilung der Sach- und Rechtslage ist die letzte behördliche Entscheidung. Wenn sich bis zur letzten mündlichen Verhandlung die Rechtslage zu Gunsten des Bauherrn geändert hat, kommt ihm diese Rechtsänderung zugute.[285] Die sofortige Vollziehung der Eingriffsverfügungen kann gem. § 80 II 1 Nr. 4 VwGO angeordnet werden, wenn das öffentliche Interesse eine sofortige Umsetzung der angeordne-

---

[283] *BVerwG*, B. v. 18. 10. 1996 – 4 B 188.96 – (unveröffentlicht) – Bauantrag. Die gegen diese Entscheidung eingelegte Verfassungsbeschwerde hat das *BVerfG* mit B. v. 10. 2. 1997 – 1 BvR 2383/96 – (unveröffentlicht) nicht zur Entscheidung angenommen.

[284] *BVerwG*, Urt. v. 3. 4. 1987 – 4 C 43.84 – NVwZ 1988, 144; B. v. 19. 7. 1976 – 4 B 22.76 – Buchholz 406.17 Bauordnungsrecht Nr. 5; B. v. 11. 3. 1991 – 4 B 26.91 – Buchholz 406.17 Bauordnungsrecht Nr. 5; B. v. 19. 2. 1992 – 7 B 106.91 – NVwZ-RR 1992, 360; B. v. 22. 4. 1995 – 4 B 55.95 – Beseitigungsanordnung. So darf etwa auch ein Lehrer nicht lediglich einen Teil der Schüler als im Unterricht fehlend in das Klassenbuch eintragen, weil ihre Namen im Alphabet den Anfang bilden, während er alle anderen ohne nähere Prüfung davon kommen lässt.

[285] *OVG Weimar*, Urt. v. 17. 6. 1998 – 1 KO 1040/97 – ThürVBl. 1998, 280 = DÖV 1999, 170 – Bielen.

ten Maßnahmen erfordert. Dafür sind allerdings besondere öffentliche Belange erforderlich. Gegen eine Anordnung der Bauaufsicht kann der Bauherr einen Eilantrag bei Gericht auf Wiederherstellung der aufschiebenden Wirkung seines Widerspruchs oder seiner Klage stellen. Das Gericht entscheidet dann zunächst, ob der angefochtene Verwaltungsakt offensichtlich rechtmäßig oder rechtswidrig ist. Lässt sich dies nicht feststellen, erfolgt eine Interessenabwägung. Wird die **Stilllegung** von Baumaßnahmen verfügt, die ein genehmigungspflichtiges Vorhaben betreffen, so wird die Anordnung der sofortigen Vollziehung vom Gericht im Regelfall bestätigt, wenn der Bauherr nicht über eine Baugenehmigung verfügt. Auf die Frage, ob eine Baugenehmigung erteilt werden könnte, kommt es dann nicht an. Im Gegensatz dazu dürfte bei angeordneten **Abbrucharbeiten** das Interesse des Bauherrn an der Bestandswahrung bis zur endgültigen Klärung der Rechtslage überwiegen, so dass die sofortige Vollziehung von Abbruchanordnungen nur dann vom Gericht bestätigt werden dürfte, wenn die Anordnung offensichtlich rechtmäßig ist oder öffentliche Belange vor allem der Gefahrenabwehr einen Sofortvollzug der Anordnung verlangen.

4227 Ordnungsbehördliches Handeln steht unter einem **Ermessensvorbehalt**. Das Ermessen muss jedoch sachgerecht ausgeübt werden. So darf die Bauordnungsbehörde ihr Ermessen bei dem Erlass von Beseitigungsanordnungen nicht ohne erkennbaren Grund unterschiedlich, systemwidrig oder planlos ausüben. Die Behörde darf sich allerdings auf die Regelung von Einzelfällen beschränken, wenn sie hierfür sachliche Gründe aufführen kann. Eine allgemein gültige zeitliche Grenze für ein unterschiedliches Vorgehen gegen baurechtswidrige Zustände ergibt sich aus dem verfahrensrechtlichen Gleichheitssatz nicht.[286]

4. Teil. Rechtsschutz des Nachbarn

4228 Die ganz überwiegende Zahl der streitigen Verfahren vor den Baubehörden und Verwaltungsgerichten spielen sich im Interessenwiderstreit zwischen Bauherrn und Nachbarn ab. Dabei gilt es die sachgerechte Mitte zwischen dem Prinzip zu wahren, dass das Eigentum grundsätzlich an der Grundstücksgrenze endet, einerseits und dem Gebot der nachbarlichen Rücksichtnahme über die Grundstücksgrenzen hinaus andererseits. Die in diesem Zusammenhang vorzunehmenden Interessenbewertungen in einem mehrpoligen Rechtsverhältnis, an dem Belange des Bauherrn, des Nachbarn und öffentliche Interessen beteiligt sind, stellen die Praxis der Rechtsanwender nicht selten vor kaum überwindbare Schwierigkeiten.[287]

I. Öffentlich-rechtlicher und zivilrechtlicher Nachbarschutz

4229 Der Nachbarschutz kann öffentlich-rechtlich oder auch zivilrechtlich gewährt werden.[288] Privatrechtlicher Nachbarschutz findet seine Grundlage in den §§ 903 ff., 1004,

---

[286] *BVerwG*, B. v. 23. 11. 1998 – 4 B 29.98 – BauR 1999, 233.
[287] Zum Drittschutz *Badura* FS Rolf Lukes 1989, 2; *Berger* Grundfragen umweltrechtlicher Nachbarklagen 1992; *Bieber* DÖV 1991, 857; *Geiger* JA 1982, 151; *Geislinger* BayVBl. 1994, 72; *Grziwotz* AöR 113 (1988), 213; *Horn* DÖV 1989, 976; *König* Drittschutz. Rechtsschutz Drittbetroffener gegen Bau- und Anlagengenehmigungen im öffentlichen Baurecht, Immissionsschutzrecht und Atomrecht 1994; *ders.* Drittschutz: Der Rechtsschutz Drittbetroffener gegen Bau- und Anlagengenehmigungen im öffentlichen Baurecht 1993; *Krohn* ZfBR 1994, 8; *Pietzcker* JZ 1991, 670; *Ronellenfitsch* VerwArch. 74 (1983), 281; *Schwabe* Die so genannte Drittwirkung der Grundrechte 1971; *Schwerdtfeger* NVwZ 1982, 5; *Vahle* VW 1984, 257; *Wiegand* BayVBl. 1994, 609; *Wurm* JA 1992, 1; *Ziekow* NVwZ 1989, 231.
[288] *Bambey* DVBl. 1983, 936; *Bartlsperger* VerwArch. 60 (1969), 35; *ders.* DVBl. 1971, 723; *Battis* FS Weyreuther 1993, 305; *Bauer* JuS 1990, 24; *Bender/Dohle* Nachbarschutz im Zivil- und Verwaltungsrecht 1972; *Berger* Grundfragen umweltrechtlicher Nachbarklagen 1992; *Blümel* FS Doehring 1989, 89; *Bönker* DVBl. 1994, 506; *Breuer* DVBl. 1983, 431; *Czybulka* BayVBl. 1975, 550; *Degenhart* JuS 1984, 187; *Dürr* DÖV 1994, 841; *Fingerhut* Die planungsrechtliche Gemeindenachbarklage 1976; *Finkelnburg/Ort-*

823 BGB sowie in dem auf der Grundlage des § 124 EGBGB erlassenen Landesrecht. Daneben tritt der öffentlich-rechtliche Nachbarschutz, der sich vor dem Hintergrund grundrechtlicher Gewährleistungen aus öffentlich-rechtlichen Vorschriften ergibt. Dieser öffentlich-rechtliche Nachbarschutz kann grundsätzlich neben den zivilrechtlichen Rechtsschutz treten. Beide Regelungsbereiche stehen nicht unvereinbar nebeneinander, sondern überlagern und ergänzen sich. Dabei ist auf eine Harmonisierung der beiden Rechtsbereiche hinzuwirken. Die Brücke hierzu wird insbesondere durch die **Zumutbarkeit** und **nachbarliche Rücksichtnahme** gelegt. Was nach den bauplanungsrechtlichen Vorschriften den Betroffenen zumutbar ist, muss auch zivilrechtlich als zumutbar bzw. ortsüblich hingenommen werden. Insbesondere kann der **Bebauungsplan** Festsetzungen des nachbarlichen Interessenausgleichs treffen, die auch bei der zivilrechtlichen Bewertung bei Bestimmung der Ortsüblichkeit nach § 906 II 1 BGB zu berücksichtigen sind. Der Bebauungsplan kann auch als Gesetz i. S. des § 903 BGB den Eigentumsinhalt bestimmen. Der Bebauungsplan ist, wenn er einen dem Abwägungsgebot entsprechenden Interessenausgleich enthält, für die Beteiligten verbindlich. Dies muss auch für die zivilrechtliche Bewertung des Interessenausgleichs gelten. Ist die im Bebauungsplan getroffene Interessenbewertung nicht sachgerecht, ist der Bebauungsplan wegen Verstoßes gegen das Abwägungsgebot unwirksam und damit auch für die zivilrechtliche Bewertung nicht verbindlich. Auch die bestandskräftig erteilte **Baugenehmigung** muss die zivilrechtliche Zumutbarkeitsbewertung prägen. Im Übrigen haben Gesetzgebung, Rechtsprechung und Baurechtspraxis auf eine **Harmonisierung** beider Rechtsbereiche hinzuwirken. Denn eine Rechtsordnung, die es bei offenen Wertungswidersprüchen zwischen öffentlich-rechtlichen und zivilrechtlichen Vorschriften belässt, wird dem Gebot der einheitlichen Regelung von Lebenssachverhalten nicht gerecht.

II. Nachbar

Der öffentlich-rechtliche Nachbarschutz wird dem **Nachbarn** gewährt. Es handelt sich dabei um die dinglich berechtigten **Eigentümer** und Inhaber **grundstücksgleicher Rechte**, deren Grundstücke von dem Bauvorhaben in rechtlich relevanter Weise beeinträchtigt werden. Dies können nicht nur die Grenznachbarn (Angrenzer) sein, sondern auch dinglich Berechtigte von Grundstücken, die im Einwirkungsbereich des Vorhabens liegen. Die lediglich obligatorisch Berechtigten **Mieter** oder **Pächter** sind demgegenüber nicht Nachbarn i. S. des öffentlich-rechtlichen Nachbarschutzes. Ihre Interessen beruhen lediglich auf schuldrechtlichen Berechtigungen und haben deshalb keinen unmittelbar grundstücksrechtlichen Bezug. Auch ist der Personenkreis der schuldrechtlich Berechtigten vielfach kaum abgrenzbar. Die Mieter müssen ihren Nachbarschutz vielmehr über die jeweiligen Grundstückseigentümer geltend machen. Die Vorschriften des BauGB über die Zulässigkeit von Vorhaben gewähren Drittschutz daher grundsätzlich nur dem Eigentümer benachbarter Grundstücke. Ein **Mieter** genießt auch dann keinen städtebaulichen Nachbarschutz, wenn er mit dem Grundeigentümer in der Form eines aufgespaltenen Betriebes wirtschaftlich eng verbunden ist.[289] Aus der Grundstücksbezogenheit des

---

loff Öffentliches Baurecht, Bd. II: Bauordnungsrecht, Nachbarschutz, Rechtsschutz 1994; *Groth* DVBl. 1979, 179; *Hagemann* AgrarR 1994, 83; *Hoppe* FS Wolff 1973, 307; *Hoppenberg* in: HdBöffBauR Kap. H; *Jacob* BauR 1984, 1; *Karpen* NJW 1986, 881; *Kleinlein* Das System des Nachbarrechts 1987; *Konrad* BayVBl. 1984, 33; 70; *Krajewski* DÖV 1978, 827; *Kriener* BayVBl. 1984, 97; *Mampel* NuR 1993, 376; *ders.* BauR 1993, 44; *ders.* Nachbarschutz im öffentlichen Baurecht: materielles Recht 1994; *Menzel* BauR 1985, 492; *Papier* FS Weyreuther 1993, 291; *Pappermann* JuS 1973, 689; *Peine* DÖV 1984, 963; *Sarnighausen* NVwZ 1993, 1054; *ders.* NJW 1993, 1623; *Schäfer* in: HdBöffBauR 1993, Kap. J; *ders.* Nachbarrecht; *Schlichter* NVwZ 1983, 641; *Schneider* VR 1989, 17; *Weyreuther* BauR 1995, 1; *Schönfelder* VBlBW 1993, 287; *Schwarzer* UPR 1989, 201; *ders.* BayVBl. 1992, 225; *Sendler* BauR 1970, 4; *Timmermann* Der baurechtliche Nachbarschutz, 1969; *Wahl* JuS 1984, 577.

[289] *BVerwG*, B. v. 11. 7. 1989 – 4 B 33.89 – UPR 1989, 389 = NJW 1989, 2766 = NVwZ 1989, 1060 = BauR 1989, 713 = *Hoppe/Stüer* RzB Rdn. 1273 – Nachbarschutz für Mieter?.

Bebauungsrechts folgt, dass bei einem Nutzungskonflikt die benachbarten Grundstücke durch ihre **Eigentümer** repräsentiert werden. Allerdings sind Mieter und Pächter insoweit einwendungsbefugt, als auf der Grundlage der angefochtenen Entscheidung in ihr Besitzrecht eingegriffen werden soll. Würde etwa, wie dies bei fachplanerischen Entscheidungen möglich ist, die Zulassungsentscheidung die Möglichkeit der Eigentumsinanspruchnahme gewähren und hierdurch in die Besitzrechte unmittelbar eingegriffen werden können, wäre ein Rechtsschutz des Mieters oder Pächters auch gegen die Zulassungsentscheidung gegeben. Davon ist aber bei Baugenehmigungen nicht auszugehen, da auf ihrer Grundlage keine Enteignung vorgenommen werden kann. Allerdings könnte es für den Mieter oder Pächter durch die Genehmigung zu schweren und unerträglichen Beeinträchtigungen i. S. enteignungsgleicher Wirkungen kommen. Für diesen Fall könnten auch Mieter oder Pächter ebenso wie bei der Verletzung einer zu ihren Gunsten bestehenden einfachgesetzlichen Zumutbarkeitsschwelle erfolgreich Nachbarschutz geltend gemacht werden. **Ehe-** oder **familienrechtliche Bindungen** oder der gemeinsame Wohnsitz vermitteln auf dieser grundstücksbezogenen planungsrechtlichen Ebene – anders als hinsichtlich der Abwehr gesundheitsschädlicher Umwelteinwirkungen – keine eigenständige Rechtsposition.[290] Auch der **Pächter** und erbvertraglich eingesetzte **Hoferbe** eines landwirtschaftlichen Betriebes kann keinen Nachbarschutz aus den Vorschriften des Bauplanungsrechts geltend machen.[291] Eine **Interessengemeinschaft** kann demgegenüber den verfassungsrechtlichen Eigentumsschutz auch dann im Klagewege geltend machen, wenn sie nur vorübergehend ein **Sperrgrundstück** erworben hat.[292] Wegen der geringeren wirtschaftlichen Bedeutung des Sperrgrundstücks ist indes dieses Privateigentum in der planerischen Abwägung mit öffentlichen Belangen leichter zu überwinden.[293] Veräußert der Nachbar sein Grundstück während des verwaltungsgerichtlichen Verfahrens, so ist der Erwerber nicht notwendig beizuladen.[294]

III. Nachbarschützender Charakter der Norm

4231 Ein öffentlich-rechtlicher Nachbarschutz setzt voraus, dass **nachbarschützende Vorschriften** verletzt sind. Darüber hinaus ist regelmäßig eine tatsächlich spürbare Beeinträchtigung des Nachbarn für den Erfolg des Nachbarrechtsschutzes erforderlich. Die Verletzung in eigenen Rechten ergibt sich für die Anfechtungs- und Verpflichtungsklage bereits aus § 42 II VwGO, wonach diese Klagen nur bei einer möglichen eigenen Rechtsverletzung zulässig sind. Nach § 113 I 1 VwGO ist die Anfechtungsklage nur begründet, wenn der Kläger durch den angefochtenen Verwaltungsakt in seinen eigenen Rechten verletzt ist. Auch für die Verpflichtungsklage nach § 113 V 1 VwGO ist eine Verletzung des Klägers in eigenen Rechten erforderlich. Das auf die eigene Rechtsverletzung ausgerichtete Klagesystem der VwGO will die Popularklage ausschließen und bereits die Zulässigkeit von Klagen an eine mögliche eigene Rechtsverletzung knüpfen. Von den eigenen Rechten sind die rechtlich nicht geschützten Chancen und Möglichkeiten zu unterscheiden, die keine Klagebefugnis nach § 42 II VwGO gewähren. Ob eine Vorschrift

---

[290] *BVerwG*, Urt. v. 4. 3. 1983 – 4 C 74.80 – DVBl. 1983, 898; Urt. v. 22. 10. 1982 – 7 C 50.78 – DVBl. 1983, 183; B. v. 11. 7. 1989 – 4 B 33.89 – UPR 1989, 389; B. v. 26. 7. 1990 – 4 B 235.89 – UPR 1991, 67 = DVBl. 1990, 1185 = *Hoppe/Stüer* RzB Rdn. 1277 – grundstücksbezogene Nachbarrechte aus Eherecht.
[291] *BVerwG*, Urt. v. 11. 5. 1989 – 4 C 1.88 – BVerwGE 82, 61 = DVBl. 1989, 1055 = UPR 1989, 362 = NVwZ 1989, 1163 = DÖV 1990, 257 = NuR 1990, 116 = *Hoppe/Stüer* RzB Rdn. 1272 – Brennelemente Zwischenlager Ahaus.
[292] *BVerwG*, Urt. v. 12. 7. 1985 – 4 C 40.83 – BVerwGE 72, 15 = DVBl. 1985, 1141 = NVwZ 1985, 736 = UPR 1985, 373 = StT 1985, 736 = NuR 1986, 196 = DÖV 1986, 74 = *Hoppe/Stüer* RzB Rdn. 1252 – Sperrgrundstück Rhein-Main-Donaukanal.
[293] *BVerwG*, Urt. v. 27. 7. 1990 – 4 C 26.87 – NuR 1991, 121 = *Hoppe/Stüer* RzB Rdn. 1278 – Sperrgrundstück.
[294] *BVerwG*, B. v. 6. 5. 1992 – 4 B 139.91 – ZfBR 1992, 194 = *Hoppe/Stüer* RzB Rdn. 1284 – Beiladung Nachbarklage.

4. Teil. Rechtsschutz des Nachbarn 4232 F

des öffentlichen Rechts in diesem Sinne Nachbarschutz gewährt, ist aus dem Schutzzweck der Norm zu ermitteln (**Schutznormtheorie**). Dabei ist jeweils zu klären, ob die Vorschrift ausschließlich objektiv-rechtlichen Charakter hat oder zugleich auch dem Schutz von Individualinteressen dient. Im Bereich des öffentlich-rechtlichen Nachbarschutzes kommt dem **Gebot der nachbarlichen Rücksichtnahme** eine zentrale Stellung zu. Das Rücksichtnahmegebot ist für den Geltungsbereich eines Bebauungsplans in § 15 I 2 BauNVO niedergelegt. Danach sind die in den Baugebieten der BauNVO aufgeführten baulichen und sonstigen Anlagen unzulässig, wenn von ihnen Belästigungen oder Störungen ausgehen können, die nach der Eigenart des Baugebiets im Baugebiet selbst oder in dessen Umgebung unzumutbar sind, oder wenn sie solchen Belästigungen oder Störungen ausgesetzt werden. Im nicht beplanten Innenbereich ergibt sich das Gebot der nachbarlichen Rücksichtnahme aus dem Gebot des Sicheinfügens in § 34 I BauGB. Im Außenbereich ist das Gebot der nachbarlichen Rücksichtnahme Teil der öffentlichen Belange, die privilegierten Vorhaben nicht entgegenstehen dürfen (§ 35 I BauGB) oder bei nicht privilegierten Außenbereichsvorhaben nicht beeinträchtigt sein dürfen (§ 35 II und III BauGB). Das Gebot der nachbarlichen Rücksichtnahme ist damit durchgängig im gesamten Bereich der planungsrechtlichen Zulässigkeit von Vorhaben von Bedeutung.

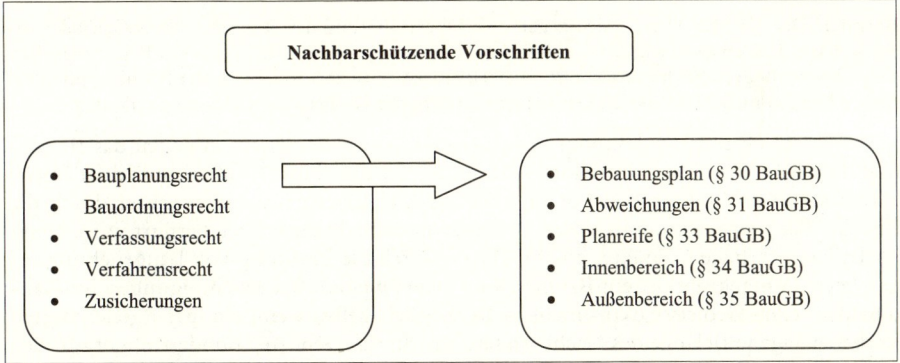

Allerdings gibt es das drittschützende baurechtliche Gebot der nachbarlichen Rücksichtnahme nur nach Maßgabe der **einfachen Gesetze**. Es ist **nicht verfassungsrechtlich** verortet und damit vor allem durch den Gesetzgeber verfügbar. Der Gesetzgeber hat nach Art. 14 I 2 GG Inhalt und Schranken des Eigentums durch einen sachangemessenen Ausgleich von Privatnützigkeit und Sozialpflichtigkeit des Eigentums zu bestimmen. Dazu gehört auch die Bestimmung des nachbarlichen Interessenausgleichs zwischen Bauherrn und Nachbarn. Solange die gesetzgeberischen Regelungen einen gemeinwohlbezogenen Ausgleich unter Berücksichtigung der Privatnützigkeit und der Sozialpflichtigkeit des Eigentums herstellen, sind sie verfassungsrechtlich nicht zu beanstanden. Dies gilt auch, soweit der Gesetzgeber den Stellenwert des Gebotes der nachbarlichen Rücksichtnahme bestimmt. Der Erfolg einer Nachbarklage ist danach von der Verletzung einer nachbarschützenden Vorschrift abhängig.[295] Unter Aufgabe seiner bisherigen Rechtspre-

4232

---

[295] Zur Bedeutung des Art. 14 GG im Nachbarrecht und zur Tragweite des Rücksichtnahmegebots, *BVerwG*, B. v. 6. 12. 1996 – 4 B 215.96 – NVwZ-RR 1997, 516. § 1 VII BauGB und § 3 BauGB verleihen dem Nachbarn kein Abwehrrecht gegen die Erteilung einer Baugenehmigung für ein Vorhaben im Außenbereich; B. v. 24. 4. 1997 – 4 B 65.97 – NVwZ-RR 1997, 682 = BauR 1997, 810 – Verschattung eines Wintergartens infolge Bauaufstockung auf dem Nachbargrundstück; Bedeutung von Wertminderungen des Grundstücks für die gebotene Rücksichtnahme im Innenbereich, B. v. 13. 11. 1997 – 4 B 195.97 – ZfBR 1998, 166. § 36 I 1 BauGB ist keine Schutznorm für den Bürger, sondern nur für die Gemeinde, B. v. 7. 5. 1997 – 4 B 73.97 – NVwZ 1997, 991; zur Schutzwürdigkeit eines Wohngebäudes im Außenbereich im Vergleich zu Wohngebäuden in Gebieten, die speziell der

chung hatte das *BVerwG* einem Pächter, der sich gegen ein fachplanerisches Vorhaben wendete, die Klagebefugnis zuerkannt.[296] Nur obligatorisch zur Nutzung eines Grundstücks Berechtigte können jedoch keinen Nachbarschutz aus den Vorschriften des Bauplanungsrechts geltend machen.[297] Bei der Erteilung einer Befreiung nach § 31 II BauGB von einer nicht nachbarschützenden Festsetzung eines Bebauungsplans habe der Nachbar über den Anspruch auf „Würdigung nachbarlicher Interessen" hinaus keinen Anspruch auf eine ermessenfehlerfreie Entscheidung der Baugenehmigungsbehörde.[298]

IV. Erfordernis einer tatsächlichen Beeinträchtigung

4233   Es spricht auch einiges dafür, den Nachbarrechtsschutz in der Regel darauf zu begrenzen, dass neben der Verletzung nachbarschützender Vorschriften nachbarrechtliche Belange tatsächlich beeinträchtigt werden. Dies gilt jedenfalls dann, wenn es um die Abwehr von Nachbarbeeinträchtigungen im **unmittelbaren Nachbarschaftsverhältnis** geht. Wird der Nachbar durch die angefochtene Baugenehmigung tatsächlich nicht beeinträchtigt, so ist die Klage grundsätzlich mangels eigener Rechtsbeeinträchtigung abzuweisen (§ 113 I 1, IV 1 VwGO). Denn die Begründetheit einer Anfechtungsklage setzt ebenso wie die Begründetheit der Verpflichtungsklage eine Beeinträchtigung in eigenen Rechten voraus.

Beispiel: Der Nachbar wendet sich gegen eine Überschreitung der Baugrenze eines Gebäudes auf der anderen Straßenseite, würde aber durch die Einhaltung der Festsetzungen des Bebauungsplans tatsächlich nicht geringer beeinträchtigt. Die Nachbarklage ist abzuweisen, da der Nachbar durch die Abweichung vom Bebauungsplan keine eigene tatsächliche Rechtsbeeinträchtigung erfährt.

4234   Besondere Grundsätze könnten demgegenüber für Fälle gelten, in denen das **Baugebiet** durch die Erteilung von Baugenehmigungen „**umkippt**".[299] Hier muss dem Nachbarn auch dann eine Rechtsschutzmöglichkeit eingeräumt werden, wenn er durch die einzelne Baugenehmigung in seinen Belangen noch nicht tatsächlich berührt wird. Denn ist der baurechtliche Charakter eines Gebietes durch die Erteilung von Baugenehmigungen bereits umgekippt, ist ein Rechtsschutz gegen weitere Baugenehmigungen im Rahmen der neuen Gebietsstruktur nicht mehr möglich, selbst wenn die später genehmigten Vorhaben eigene Belange des Nachbarn tatsächlich verletzen. Aus Bundesrecht ergibt sich nicht, dass eine Baugenehmigung, die unter Verstoß gegen nachbarschützende Vorschriften erteilt worden ist, den Nachbarn nur dann in seinen Rechten verletzt, wenn der Rechtsverstoß ihn tatsächlich spürbar beeinträchtigt.[300] Unter welchen Voraussetzungen die Erteilung einer Baugenehmigung die Rechte eines Dritten verletzt mit der Folge, dass dieser einen Abwehranspruch hat, regelt das materielle Baurecht. Eine tatsächliche Beeinträchtigung ist daher dann nicht erforderlich, wenn das materielle Recht erkennbar für den Abwehranspruch eine tatsächliche eigene Beeinträchtigung des Nachbarn nicht verlangt. Die Festsetzung in einem Bebauungsplan, dass je Wohngebäude nicht mehr als zwei Wohnungen entstehen dürfen **(Zweitwohnungsklausel)**, kann nachbarschützende

---

Wohnnutzung dienen, *VGH Mannheim*, B. v. 25. 6. 1996 – 10 S 200/96 – NVwZ 1997, 1014; Festsetzungen nach § 22 II 3 BauNVO sind hinsichtlich der zugelassenen Hausformen regelmäßig nicht drittschützend, *OVG Münster*, B. v. 6. 2. 1996 – 11 B 3046/95 – BauR 1996, 684; zum Drittschutz gegen Bauvorhaben im nicht amtlich festgesetzten Überschwemmungsgebiet (Hochwasserschutz) *VGH München*, B. v. 30. 4. 1997 – 27 ZS 97.984 – NVwZ-RR 1998, 358.

[296] *BVerwG*, Urt. v. 1. 9. 1997 – 4 A 36.96 – DVBl. 1998, 44; vgl. zum Mieter als verfassungsrechtlichen Eigentümer *BVerfG*, B. v. 9. 1. 1991 – 1 BvR 929/89 – BVerfGE 83, 201; B. v. 26. 5. 1993 – 1 BvR 208/93 – BVerfGE 89, 1; *Stüer/Hermanns* DVBl. 1999, 513.
[297] *BVerwG*, B. v. 20. 4. 1998 – 4 B 22.98 – DVBl. 1998, 899 = NVwZ 1998, 965.
[298] *BVerwG*, B. v. 8. 7. 1998 – 4 B 64.98 – UPR 1998, 455 = DVBl. 1998, 1301.
[299] *BVerwG*, B. v. 2. 2. 2000 – 4 B 87.99 – NVwZ 2000, 670 = UPR 2000, 234 = DVBl. 2000, 939 – Bauschuttrecyclinganlage.
[300] *BVerwG*, B. v. 10. 9. 1984 – 4 B 147.84 – DVBl. 1985, 121 = *Hoppe/Stüer* RzB Rdn. 1249 – tatsächliche Beeinträchtigung.

Wirkung haben.[301] Die Zweitwohnungsklausel kann – je nach Ausgestaltung – geeignet sein, den Gebietscharakter i. S. einer Bebauung vorwiegend mit Familienheimen zu bestimmen. Insoweit kommt dieser Klausel nach Auffassung des *BVerwG* auch bodenrechtliche Relevanz hinsichtlich der Art der Nutzung zu. An der Erhaltung oder Schaffung eines solchen Gebietscharakters können die Planbetroffenen ein berechtigtes Interesse haben. Der Ortsgesetzgeber ist deshalb jedenfalls bundesrechtlich nicht gehindert, der entsprechenden planerischen Festsetzung drittschützende Wirkung auch in der Weise beizulegen, dass eine auch nur schrittweise Veränderung des Gebietscharakters abgewehrt werden kann, selbst wenn die Abweichung von der Zweitwohnungsklausel im jeweiligen Einzelfall nicht zu einer tatsächlich spürbaren und nachweisbaren Beeinträchtigung des Dritten führt.[302] Freilich darf der Ortsgesetzgeber die Zweitwohnungsklausel auch ausschließlich objektiv-rechtlich ausgestalten.

Ein nachbarlicher Abwehranspruch kommt unter dem Gesichtspunkt der **Wertminderung** nur dann in Betracht, wenn die Wertminderung die Folge einer dem Betroffenen nach Maßgabe des Rücksichtnahmegebots unzumutbaren Beeinträchtigung der Nutzungsmöglichkeiten des Grundstücks ist.[303] Die in der früheren Rechtsprechung vertretene Auffassung, dass eine Wertminderung eine Auswirkung sein könne, die der Betroffene um ihrer selbst willen abwehren dürfe,[304] hat das *BVerwG*[305] inzwischen aufgegeben. Es hat vielmehr wiederholt darauf abgehoben, dass sich die gebotene Interessenabwägung am Kriterium der Unzumutbarkeit auszurichten hat und dass unzumutbar i. S. des Rücksichtnahmegebotes solche nachteiligen Einwirkungen unterhalb der Schwelle des enteignenden Eingriffs sind, die dem Betroffenen billigerweise nicht mehr zugemutet werden sollen.[306]

V. Nachbarschützende Vorschriften

Der Erfolg der Nachbarklage setzt damit eine Verletzung nachbarschützender Vorschriften und grundsätzlich auch eine eigene tatsächliche Rechtsbeeinträchtigung voraus. **Nachbarschützende Vorschriften** enthält sowohl das Bauplanungsrecht als auch das Bauordnungsrecht. Auch aus dem Immissionsschutzrecht, dem materiellen Verfassungsrecht, dem Verfahrensrecht oder Zusicherungen können sich nachbarschützende Vorschriften ergeben. Allerdings ist nicht jede Norm des materiellen öffentlichen Baurechts potenziell nachbarschützend.[307] Der Nachbarschutz muss in der Vorschrift vielmehr ausdrücklich angelegt sein.

1. Nachbarschützende Vorschriften des Bauplanungsrechts

Einen Schwerpunkt des öffentlich-rechtlichen Nachbarschutzes bildet das Bauplanungsrecht. Hier können sowohl die Festsetzungen des Bebauungsplans als auch die planungsrechtlichen Zulässigkeitsvoraussetzungen im nicht beplanten Innenbereich (§ 34 BauGB) und im Außenbereich (§ 35 BauGB) dem Nachbarn Rechtsschutzmöglichkeiten eröffnen.

Die **Festsetzungen des Bebauungsplans** gewähren Nachbarrechte, wenn sie darauf angelegt sind, zugleich auch den Nachbarinteressen zu dienen. Die im Geltungsbereich des

---

[301] *BVerwG*, B. v. 9. 10. 1991 – 4 B 137.91 – Buchholz 406.19 Nachbarschutz Nr. 104 = *Hoppe/Stüer* RzB Rdn. 1241 – Zweitwohnungsklausel.
[302] *BVerwG*, B. v. 10. 9. 1984 – 4 B 147.84 – Buchholz 406.19 Nr. 61 – BRS 42 (1982), Nr. 182.
[303] *BVerwG*, B. v. 24. 4. 1992 – 4 B 60.92 – Buchholz 406.19 Nachbarschutz Nr. 109 = *Hoppe/Stüer* RzB Rdn. 1283 – Wertminderung.
[304] *BVerwG*, Urt. v. 25. 2. 1977 – IV C 22.75 – BVerwGE 52, 122 – Außenbereich.
[305] *BVerwG*, Urt. v. 14. 4. 1978 – IV C 96.76 – Buchholz 406.19 Nachbarschutz Nr. 34.
[306] *BVerwG*, Urt. v. 13. 3. 1981 – 4 C 1.78 – Buchholz 406.19 Nachbarschutz Nr. 44; Urt. v. 18. 10. 1985 – 4 C 19.82 – Buchholz 406.19 Nachbarschutz Nr. 66.
[307] *BVerwG*, B. v. 16. 8. 1983 – 4 B 94.83 – DVBl. 1984, 145 = UPR 1984, 26 = BauR 1983, 560 = *Hoppe/Stüer* RzB Rdn. 1246 – nachbarschützende Norm, gegen *OVG Münster*, Urt. v. 10. 9. 1982 – 10 A 2296/79 – NVwZ 1983, 414.

Bebauungsplans zusammengefassten Grundstücke bilden eine bau- und bodenrechtliche Schicksalsgemeinschaft, die nicht nur dem Grundstückseigentümer Rechte gewährt, sondern auch den Nachbarn rechtlich begünstigen kann. Nachbarrechte können insbesondere dann bestehen, wenn die Festsetzungen ein Austauschverhältnis in Form einer **Vorteils- und Opfergemeinschaft** begründen. Dabei kann auch der Begründung des Bebauungsplans eine Bedeutung zukommen. Der von einem Bauvorhaben betroffene Nachbar wird allerdings nicht dadurch in seinen Rechten verletzt, dass die Gemeinde von der objektiv-rechtlich gebotenen Aufstellung eines Bebauungsplans abgesehen hat.[308] Denn die objektiv-rechtliche Pflicht der Gemeinde, einen Bebauungsplan aufzustellen, sobald und soweit es erforderlich ist, ist nicht nachbarschützend. Auch die Vorschriften über die Öffentlichkeits- und Behördenbeteiligung dienen nicht dem Schutz individueller Nachbarrechte.[309]

4239   Festsetzungen über die **Art der baulichen Nutzung** sind regelmäßig nachbarschützend. Nachbarn in einem Baugebiet sind daher befugt, die Wahrung der Art des Baugebietes sicherzustellen. Vorhaben, die dem im Bebauungsplan festgelegten Baugebiet widersprechen, können daher von den Nachbarn dann durch Nachbarklage erfolgreich angefochten werden, wenn sie durch die Abweichung tatsächlich beeinträchtigt werden oder zu erwarten ist, dass das Baugebiet „umkippt"[310] und der Bebauungsplan daher funktionslos wird. Unter diesen Voraussetzungen kann auch ein **grenzüberschreitender Nachbarschutz** erfolgreich sein. Auch Vorhaben, die den Festsetzungen des Bebauungsplans entsprechen, können unzulässig sein, wenn sie gegen das **Gebot der nachbarlichen Rücksichtnahme** verstoßen (§ 15 I 2 BauGB). In derartigen Fällen kann der hierdurch betroffene Nachbar erfolgreich Rechtsschutz gegen die Baugenehmigung suchen, wenn die Baugenehmigung seine nachbarlichen Belange verletzt.

4240   Festsetzungen über das **Maß der baulichen Nutzung** sind demgegenüber grundsätzlich nicht nachbarschützend. Denn durch die Maßfestsetzungen wird das nachbarliche Austauschverhältnis nur mittelbar berührt. Allerdings können Abweichungen in den Maßvorschriften mit einer Verletzung der Abstandsvorschriften verbunden sein. Auch könnte sich aus einer Überschreitung des im Bebauungsplan festgesetzten Maßes der baulichen Nutzung ein Wandel des Gebietscharakters ableiten. In derartigen Fällen kann der Nachbarschutz über eine Verletzung des Gebotes der nachbarlichen Rücksichtnahme gegeben sein.

4241   **Festsetzungen über die Bauweise und die überbaubaren Grundstücksflächen** sind nur dann nachbarschützend, wenn der Bebauungsplan Nachbarrechtsschutz gewähren will. Die Festsetzung einer **geschlossenen Bauweise** erfolgt regelmäßig ausschließlich im öffentlichen Interesse. Die Festsetzung der **offenen Bauweise** kann demgegenüber nachbarschützend sein, weil der Nachbar hierdurch einen der Abstandsflächenregelung des Bauordnungsrechts der Länder vergleichbaren Schutz erhält. Auch die Festsetzung einer **überbaubaren Grundstücksfläche** nach § 9 I Nr. 2 BauGB kann nachbarschützend sein, wenn sie wie Abstandsflächenregelungen den Schutz der Nachbarn bezweckt. Dient sie ausschließlich öffentlichen Interessen, ist der Nachbarschutz bei der Festsetzung von überbaubaren Grundstücksflächen nicht gegeben.

4242   **Festsetzungen zum Schutz vor schädlichen Umwelteinwirkungen** nach § 9 I Nr. 24 BauGB gelten als besondere Ausprägung des Gebotes der nachbarlichen Rücksichtnahme und können daher für Nachbarn, zu deren Schutz sie erlassen sind, nachbarschützende Wirkungen entfalten.

4243   Auch **Ausnahmen und Befreiungen** nach § 31 I und II BauGB können einen Nachbarschutz hervorrufen. Allerdings bewirken Ausnahmeregelungen in § 31 I BauGB nur

---

[308] *BVerwG*, B. v. 16. 12. 1992 – 4 B 202.92 – *Hoppe/Stüer* RzB Rdn. 1285 – Fußballstadion.
[309] *BVerwG*, B. v. 3. 8. 1982 – 4 B 145.82 – Buchholz 406.11 § 2a BBauG Nr. 4 = DVBl. 1982, 1096 = DÖV 1982, 941.
[310] *BVerwG*, B. v. 2. 2. 2000 – 4 B 87.99 – NVwZ 2000, 679 – Bauschuttrecyclinganlage.

dann Nachbarschutz, wenn durch die Baugenehmigung spezielle nachbarliche Belange betroffen sind. Im Übrigen ergibt sich aus den Ausnahmeregelungen in § 31 I BauGB kein Nachbarschutz. Im Gegensatz dazu enthalten die Befreiungsvorschriften des § 31 II BauGB regelmäßig nachbarschützende Elemente. Denn eine Abweichung von den Festsetzungen des Bebauungsplans ist nach § 31 II BauGB nur unter Würdigung der nachbarlichen Interessen zulässig. Soweit daher nachbarschützende Belange zu berücksichtigen sind, hat § 31 II BauGB nachbarschützenden Charakter. Das gilt selbst dann, wenn von einer an sich nicht nachbarschützenden Festsetzung abgewichen werden soll, die Festsetzung aber bei einer Gesamtbewertung erkennbar auch dem nachbarlichen Interessenausgleich dient und der jeweilige Nachbar in diesen Schutzbereich einbezogen ist.

Im **nichtbeplanten Innenbereich** nach § 34 BauGB ist Nachbarschutz (nur) über das Gebot der nachbarlichen Rücksichtnahme gegeben, das in dem Gebot des Sicheinfügens enthalten ist. Nach § 34 I BauGB ist ein Vorhaben zulässig, wenn es sich nach Art und Maß, Bauweise und überbaubarer Grundstücksfläche in die Eigenart der näheren Umgebung einfügt und die Erschließung gesichert ist. Ein Vorhaben fügt sich ein, wenn es den aus der Umgebung hervorgehenden Rahmen einhält und das **Gebot der nachbarlichen Rücksichtnahme** eingehalten wird. Wird der aus der Umgebung hervorgehende Rahmen überschritten, so fügt sich ein Vorhaben gleichwohl ein, wenn bodenrechtlich relevante Spannungen nicht begründet oder erhöht werden und das Gebot der nachbarlichen Rücksichtnahme eingehalten ist. Die Verletzung des Gebotes der nachbarlichen Rücksichtnahme kann daher einen subjektiven Rechtsschutz des Nachbarn begründen. Dabei ist zwischen **objektiven** und **subjektiven Elementen des Rücksichtnahmegebotes** zu unterscheiden. Nur soweit subjektive Elemente des Rücksichtnahmegebotes verletzt sind, kommt ein Nachbarschutz in Betracht. Ist der aus der Umgebung hervorgehende Rahmen einheitlich, bestimmt sich die planungsrechtliche Zulässigkeit von Innenbereichsvorhaben der Art nach gemäß den Zulässigkeiten in den jeweiligen Baugebieten der BauNVO (§ 34 II BauGB). Wird gegen die Genehmigungsvoraussetzungen der BauNVO verstoßen, kommt ein baurechtlicher Nachbarschutz in Betracht, wenn das Gebiet „umzukippen" droht oder der Nachbar durch die erteilte Genehmigung in seinen eigenen Belangen tatsächlich spürbar beeinträchtigt wird.

4244

Im **Außenbereich** nach § 35 BauGB kann sich der Nachbarschutz ebenfalls ausschließlich aus dem Gebot der **nachbarlichen Rücksichtnahme** ergeben. Das Rücksichtnahmegebot gilt dabei sowohl für **privilegierte Vorhaben** nach § 35 I BauGB als auch für **nicht privilegierte Vorhaben** nach § 35 II BauGB oder **teilprivilegierte Vorhaben** nach § 35 IV BauGB. Es ist jeweils Bestandteil der öffentlichen Belange, die privilegierten Vorhaben nach § 35 I BauGB nicht entgegenstehen dürfen und bei nicht privilegierten Vorhaben nach § 35 II BauGB nicht beeinträchtigt werden dürfen. Der Nachbarschutz, der sich aus dem in § 35 III BauGB verankerten Rücksichtnahmegebot ergibt, setzt allerdings eine schutzwürdige Position des Nachbarn gegenüber dem Vorhaben voraus. Denn Rücksicht zu nehmen ist nur auf solche Interessen des Nachbarn, die wehrfähig sind, weil sie nach der gesetzgeberischen Wertung, die im materiellen Recht ihren Niederschlag gefunden hat, schützenswert sind. Werden in diesem Sinn schutzwürdige Interessen des Nachbarn nicht beeinträchtigt, greift das Rücksichtnahmegebot nicht. Dabei kommt es nicht darauf an, ob die vom Nachbarn angefochtene Baugenehmigung – objektiv-rechtlich – rechtswidrig ist. Die Funktion einer allgemein nachbarschützenden Norm kommt § 35 III BauGB daher nicht zu.[311]

4245

Im Innenverhältnis der **Wohnungseigentümer** ist der Nachbarrechtsschutz eingeschränkt. So fehlt dem einzelnen Wohnungseigentümer die Klagebefugnis für eine Anfechtungsklage gegen eine der Wohnungseigentümergemeinschaft erteilte Baugenehmigung, mit der bauliche Maßnahmen am gemeinschaftlichen Eigentum gestattet werden.

4246

---

[311] *BVerwG*, B. v. 3. 4. 1995 – 4 B 47.95 – Buchholz 406.19 Nachbarschutz Nr. 126 – Außenbereich; zum Rücksichtnahmegebot im Außenbereich s. Rdn. 2660.

Eine solche Genehmigung ergeht unbeschadet der Rechte des Sondereigentümers und kann ihm gegenüber keine öffentlich-rechtlichen Wirkungen entfalten.[312] Auch für eine öffentlich-rechtliche Nachbarklage des Sondereigentümers, mit der dieser sich gegen die Art der Nutzung der im Sondereigentum eines anderen Miteigentümers derselben Eigentümergemeinschaft stehenden Wohnung wendet, fehlt regelmäßig die Klagebefugnis.[313] Für eine öffentlich-rechtliche Nachbarklage gegen eine Baugenehmigung, mit der bauliche Maßnahmen an Teilen des Gebäudes einer Wohnanlage, die im gemeinschaftlichen Eigentum der Wohnungseigentümer stehen, gestattet werden, fehlt dem einzelnen Wohnungseigentümer auch dann die Klagebefugnis, wenn die Genehmigung einem anderen Wohnungseigentümer oder einem der Wohnungseigentümergemeinschaft nicht angehörenden Dritten erteilt worden ist.[314]

4247 Vorschriften über das Erfordernis einer **Umweltprüfung** begründen nach dem Verständnis der deutschen Gerichte **kein nachbarliches Abwehrrecht**. Ein Abwehrrecht des Nachbarn gegenüber einer im Außenbereich gelegenen, baurechtlich genehmigten Windenergieanlage ist regelmäßig nur gegeben, wenn ihre Errichtung oder ihr Betrieb gegen das in § 35 III 1 Nr. 3 BauGB verankerte Gebot der Rücksichtnahme oder gegen die Schutzvorschrift des § 5 I Nr. 1 BImSchG verstößt.[315]

2. Nachbarschützende Vorschriften des Bauordnungsrechts

4248 Auch aus dem Bauordnungsrecht kann sich Nachbarschutz entwickeln. Dies gilt zunächst für die **bauordnungsrechtliche Generalklausel** zur Gefahrenabwehr in den Landesbauordnungen. Die Regelungen sind zwar in erster Linie auf die Abwehr von Gefahren für die öffentliche Sicherheit oder Ordnung gerichtet und dienen damit primär dem Wohl der Allgemeinheit. Zugleich werden aber auch Rechtsgüter des Einzelnen geschützt. Nachbarschützend sind diese Vorschriften aber nur dann, wenn erhebliche Beeinträchtigungen wichtiger Rechtsgüter wie etwa Leben, körperliche Unversehrtheit und unter Umständen auch das Eigentum betroffen sind und diese Gefahren nur durch behördliches Einschreiten beseitigt werden können. Auch **allgemein anerkannte Regeln der Technik** können nachbarschützenden Charakter haben, wenn sie durch entsprechende nachbarschützende Vorschriften unterlegt sind. Eine besondere Bedeutung für den Nachbarschutz haben Vorschriften über die **Abstandsflächen**. Die Abstandsvorschriften gewähren wegen ihrer ausgleichenden Funktion im nachbarlichen Gemeinschaftsverhältnis Nachbarschutz. Der Nachbar kann daher auf Einhaltung der gesetzlich vorgesehenen Abstandsflächen und Grenzabstände seitlich zu seinem Grundstück hin oder gegenüber der vorderen Grundstücksseite hinwirken. Auf eine Verletzung der Abstandsvorschriften kann sich der Nachbar jedoch in dem Umfang nicht berufen, wie auf seinem Grundstück bereits ein Gebäude steht, das über keinen ausreichenden Grenzabstand verfügt. **Gestalterische Vorschriften** sind nur nachbarschützend, wenn der Nachbar durch das verunstaltend wirkende Bauvorhaben besonders hart betroffen ist. Vorschriften über den **Brandschutz** vermitteln Nachbarschutz, soweit sie Anforderungen zur Verhinderung des Ausbreitens von Feuer auf angrenzende Grundstücke enthalten und diese Regelungen auch und gerade den Nachbarn schützen sollen. Auch Vorschriften über einzelne Bauwerksteile wie Brandwände, Dächer

---

[312] *BVerwG*, Urt. v. 4. 5. 1988 – 4 C 20.85 – BauR 1988, 584 = DÖV 1988, 837 = NVwZ 1989, 49 = *Hoppe/Stüer* RzB Rdn. 1262 – Sondereigentümer.

[313] *BVerwG*, Urt. v. 4. 5. 1988 – 4 C 20.85 – DVBl. 1988, 851 = BRS 48 (1988), Nr. 154 (S. 381); Urt. v. 14. 10. 1988 – 4 C 1.86 – BauR 1989, 75 = DVBl. 1989, 356 = NVwZ 1989, 250 = ZfBR 1989, 41 = *Hoppe/Stüer* RzB Rdn. 1264 – Sondereigentümer Nachbarklage.

[314] *BVerwG*, B. v. 28. 2. 1990 – 4 B 32.90 – DVBl. 1990, 789 = NVwZ 1990, 655 = Buchholz 406.19 = *Hoppe/Stüer* RzB Rdn. 1276 – Nachbarschutz. Zur fehlenden Rechtsverletzung durch die einem Miteigentümer erteilte Teilungsgenehmigung *BVerwG*, B. v. 27. 4. 1988 – 4 B 67.88 – BauR 1988, 453/586 = BRS 48 (1988), Nr. 153 (380) = ZfBR 1989, 42 – *Hoppe/Stüer* RzB Rdn. 1261 – Miteigentümer.

[315] VGH Mannheim, B. v. 7. 1. 2004 – 22 B 1288/03 – NVwZ-RR 2004, 408 = BauR 2004, 804 = DÖV 2004, 581 = DVBl. 2004, 664 – Windenergieanlage.

oder Rauchkamine können daher nachbarschützenden Charakter haben. Allerdings können nach der normativen Wertung, die § 4 I 1. BImSchV zugrunde liegt, **offene Kamine** unter den dort genannten Voraussetzungen grundsätzlich betrieben werden, ohne dass Grund zu der Befürchtung besteht, die Nachbarschaft werde hierdurch unzumutbaren Beeinträchtigungen ausgesetzt. Sind die Nrn. 2.3 und 2.5 der TA-Luft weder unmittelbar noch auch nur sinngemäß einschlägig, so unterliegt einer Einzelfallbeurteilung, ob gleichwohl schädliche Umwelteinwirkungen hervorgerufen werden können. Ggf. ist durch Sachverständigengutachten darüber Beweis zu erheben.[316]

3. Nachbarschützende Vorschriften des Immissionsschutzrechts

Auch aus **immissionsschutzrechtlichen Vorschriften**, welche die Nachbarschaft vor gesundheitlichen Gefahren und Nachteilen schützen sollen, kann sich Nachbarschutz ergeben. Es muss aber eine konkrete eigene Betroffenheit bestehen. Wer sich nur gelegentlich an einem Ort aufhält, an dem er sich schädlichen Umwelteinwirkungen und sonstigen, durch eine genehmigungsbedürftige Anlage hervorgerufenen Gefahren i. S. von § 5 I Nr. 1 BImSchG ausgesetzt glaubt, gehört nicht zur Nachbarschaft i. S. von § 5 I Nr. 1 BImSchG. Enthalten die offen gelegten Genehmigungsunterlagen entgegen § 10 I, III BImSchG keine Angaben über die von der Anlage ausgehenden Gefahren und die dagegen vorgesehenen Maßnahmen und kann aus diesem Grunde ein Kläger nicht ausreichend beurteilen, ob er von den Auswirkungen der Anlage betroffen sein kann, so sind entsprechend geringe Anforderungen an die Darlegung seiner Klagebefugnis zu stellen.[317] Die Vorschrift des BImSchG findet auch bei Drittanfechtungsklagen Anwendung, die gegen eine nach § 16 GewO erteilte Genehmigung gerichtet ist.[318] Dabei prägen die immissionsschutzrechtlichen Regelungen den Nachbarschutz. Immissionen, die das nach § 5 I Nr. 1 BImSchG zulässige Maß nicht überschreiten, begründen weder einen schweren und unerträglichen Eingriff in das Eigentum[319] noch eine Verletzung des baurechtlichen Rücksichtnahmegebotes.[320] Das Bebauungsrecht vermittelt gegen schädliche Umwelteinwirkungen i. S. des § 3 I BImSchG keinen andersartigen oder weitergehenden Nachbarschutz als § 5 I Nr. 1 BImSchG. Immissionen, die i. S. des § 5 I Nr. 1 BImSchG für die Nachbarschaft zumutbar sind, können auch kein gegen Art. 14 I GG verstoßender schwerer und unerträglicher Eingriff[321] sein. Denn das BImSchG ist zulässige Inhaltsbestimmung des Eigentums in Bezug auf das, was dem Eigentümer als dem Nachbarn einer emittierenden Anlage an Immissionen zumutbar ist. Das Gebot der Rücksichtnahme ist eine (einfach-rechtliche) Schranke noch vor der Schranke des Art. 14 GG.

Beispiel: Eine Nachbarklage gegen einen gem. § 34 BauGB planungsrechtlich unzulässigen **Getränkemarkt** kann wegen der von dem Vorhaben verursachten Lärmbelästigungen, zu denen auch durch den Betrieb ausgelöste zusätzliche Verkehrsgeräusche gehören, begründet sein. Ob die geltend gemachte Beeinträchtigung durch Geräusche die Zumutbarkeitsschwelle überschreitet, wird bei Anlagen i. S. des § 22 I BImSchG durch Richtwerte für Schallpegel nach der TA-Lärm[322] nicht abschlie-

---

[316] *BVerwG*, B. v. 25. 8. 1999 – 4 B 55.99 – NVwZ-RR 2000, 90 – Kamin.
[317] *BVerwG*, Urt. v. 22. 10. 1982 – 7 C 50.78 – NJW 1983, 1507 = DVBl. 1983, 183 = DÖV 1983, 287 = BayVBl. 1983, 278 = MDR 1983, 694 = JuS 1983, 888 = UPR 1983, 69 = GewArch. 1983, 101 = *Hoppe/Stüer* RzB Rdn. 1244 – Azo-Farbstoff-Anlage.
[318] *BVerwG*, Urt. v. 18. 5. 1982 – 7 C 42.80 – BVerwGE 65, 313 = *Hoppe/Stüer* RzB Rdn. 1243 – Dampfkraftwerk.
[319] *BVerwG*, Urt. v. 21. 6. 1974 – IV C 14.74 – BauR 1974, 330 = DVBl. 1974, 777 = DÖV 1974, 812 – Kinderspielplatz.
[320] *BVerwG*, Urt. v. 30. 9. 1983 – 4 C 74.78 – BVerwGE 68, 58 = NVwZ 1984, 509 = DÖV 1984, 254 = *Hoppe/Stüer* RzB Rdn. 1248 – Mischwerk; s. Rdn. 1485, 3680.
[321] *BVerwG*, Urt. v. 21. 6. 1974 – IV C 14.74 – BauR 1974, 330 = DVBl. 1974, 777 = DÖV 1974, 812 – Kinderspielplatz; s. Rdn. 1486.
[322] Sechste allgemeine Verwaltungsvorschrift zum Schutz gegen Lärm (TA-Lärm) v. 26. 8. 1998 (GMBl. 1998, 503) = NVwZ 1999, Beilage 11/1999 zu Heft 2/1999.

ßend bestimmt.³²³ Nicht nachbarschützend sind die Vorschriften über die **Stellplatzpflicht**, da diese Regelungen der Sicherheit und Leichtigkeit des Verkehrs und nicht den Nachbarinteressen dienen.

4. Nachbarschützende Vorschriften des Verfassungsrechts

4250   Ob sich neben einfachrechtlichen Vorschriften der Nachbarrechtsschutz auch unmittelbar auf die Verfassung stützen lässt, hängt damit zusammen, in welchem Umfang die einfachrechtlichen Regelungen abschließenden Charakter haben. Wenn die Bestimmung von Inhalt und Schranken des Eigentums nach Art. 14 I 2 GG vornehmlich Aufgabe des einfachen Gesetzgebers ist, dann müssen seine Wertentscheidungen verfassungsrechtlich hingenommen werden, soweit sie ihrerseits einen sachgerechten Ausgleich zwischen der Privatnützigkeit und der Sozialgebundenheit des Eigentums beinhalten. Nach Auffassung des *BVerwG* ist dieser sachgerechte Ausgleich auch zwischen den betroffenen nachbarlichen Grundstücksinteressen für den Bereich des Bauplanungsrechts in den Vorschriften der §§ 30, 31, 33, 34 und 35 BauGB gewährleistet. Neben den darin enthaltenen nachbarschützenden Elementen ist daher ein unmittelbarer Rückgriff auf die Eigentumsgarantie zur Begründung von Nachbarrechten nicht möglich. Dieselben Überlegungen werden für das Bauordnungsrecht und das Immissionsschutzrecht gelten, solange der Gesetzgeber in seinen Vorschriften einen sachgerechten Ausgleich zwischen den nachbarlichen Interessen hergestellt hat. Auf Art. 2 I GG lässt sich eine Nachbarklage grundsätzlich nicht stützen. Die durch Art. 2 II GG geschützten höchstpersönlichen Rechtsgüter (Leben, Gesundheit) sind zwar im Prinzip nicht weniger als das in Art. 14 I GG geregelte Eigentum verfassungsrechtlich geschützt.³²⁴ Der Inhalt und Umfang dieses Schutzes unterliegt jedoch im Rahmen verfassungsrechtlicher Wertentscheidungen der gesetzlichen Regelungsbefugnis.³²⁵

5. Nachbarschützende Vorschriften des Verfahrensrechts

4251   Eine mangelnde Beteiligung des Nachbarn am Baugenehmigungsverfahren reicht für sich allein nicht für einen Erfolg der Nachbarklage aus. Es muss vielmehr dargelegt werden, dass die Baugenehmigung unter Verstoß gegen nachbarschützende Vorschriften des materiellen Rechts ergangen ist. Allerdings können Verfahrensvorschriften der Sicherung nachbarlicher Interessen dienen und zu Rechtsschutzmöglichkeiten führen, wenn schützenswerte nachbarliche Belange infolge der Nichteinhaltung des Verfahrensrechts auf der Strecke geblieben sind.

6. Nachbarschützende Zusicherungen

4252   Nachbarschutz kann sich auch aus behördlichen Zusicherungen nach § 38 VwVfG entwickeln. Sichert die Behörde etwa dem Nachbarn zu, dem Bauherrn eine Baugenehmigung nicht zu erteilen, so kann diese behördliche Zusicherung nachbarschützenden Charakter haben. Sie bindet sodann das weitere Behördenhandeln, wenn sie nicht in einem eigenen Verwaltungsverfahren etwa durch Rücknahme oder Widerruf zulässigerweise beseitigt wird. So ist etwa eine dem Nachbarn von der Baugenehmigungsbehörde gegebene Zusage, dem Bauherrn nur eine mit dem objektiven, nicht nachbarschützenden Baurecht übereinstimmende Baugenehmigung zu erteilen, bei Beachtung der für die verwaltungsrechtliche Zusage allgemein geltenden Grundsätze rechtsverbindlich.³²⁶ Erteilt die Bau-

---

³²³ *BVerwG*, B. v. 20. 1. 1989 – 4 B 116.88 – DVBl. 1989, 371 = NVwZ 1989, 666 = BauR 1989, 320 = UPR 1989, 226 = ZfBR 1989, 229 = *Hoppe/Stüer* RzB Rdn. 1266 – Getränkemarkt; *OVG Greifswald*, Urt. v. 23. 6. 1998 – 3 L 209/96 – NordÖR 1998, 396 = LKV 1999, 66.

³²⁴ *BVerwG*, Urt. v. 29. 7. 1977 – IV C 51.75 – BVerwGE 54, 211 = DVBl. 1977, 897 = DÖV 1977, 826 = BauR 1977, 394 = NJW 1978, 554 = *Hoppe/Stüer* RzB Rdn. 1293 – vorbeugender Rechtsschutz.

³²⁵ *BVerwG*, Urt. v. 14. 2. 1975 – IV C 21.74 – BVerwGE 48, 56 = DVBl. 1975, 713 = DÖV 1975, 605 = NJW 1975, 1373 = *Hoppe/Stüer* RzB Rdn. 50 – B 42.

³²⁶ Mündlich erteilte Auskünfte reichen demgegenüber nicht, *OLG Koblenz*, Urt. v. 27. 1. 1998 – 1 U 73/96 – OLGR Koblenz 1998, 240 = IBR 1998, 451.

genehmigungsbehörde eine Baugenehmigung unter Verletzung einer solchen Zusage, so kann der Nachbar dagegen nicht mit der Anfechtungsklage, sondern nur mit der auf Rücknahme der Baugenehmigung gerichteten Verpflichtungsklage vorgehen, wobei der Vertrauensschutz des Bauherrn zu beachten ist.[327]

7. Beweislast

Leitet der Nachbar aus der Drittschutzwirkung des sowohl in § 34 BauGB als auch in § 35 BauGB enthaltenen Rücksichtnahmegebots Rechte für sich her, so trägt er die materielle Beweislast dafür, dass die Voraussetzungen hierfür gegeben sind.[328] Die Nichtaufklärbarkeit der seinen Abwehranspruch begründenden Tatsachen geht zu seinen Lasten. Denn die §§ 34 und 35 BauGB bieten für den typischen Fall der Nachbarklage, in dem sich bezogen auf den grundsätzlichen Interessengegensatz nicht so sehr der Nachbar und die Behörde, sondern der Nachbar und der Bauherr gegenüberstehen, keine Anhaltspunkte für eine abweichende Verteilung der Beweislast.[329]

VI. Rechtsschutz des Nachbarn gegen die Baugenehmigung

Der Hauptanwendungsfall des Nachbarrechtsschutzes liegt im Bereich des Nachbarwiderspruchs und der Nachbarklage gegen eine dem Bauherrn erteilte Baugenehmigung. Der Nachbar begehrt in diesen Fällen regelmäßig die Aufhebung der Baugenehmigung. Der vorläufige Rechtsschutz richtet sich nach den §§ 80, 80a, 80b VwGO. Dabei ist zwischen Bau- und Fachplanungsrecht zu unterscheiden. Im Baurecht haben nach § 212a I BauGB Widerspruch und Anfechtungsklage eines Dritten gegen die bauaufsichtliche Zulassung eines Vorhabens keine aufschiebende Wirkung. Anders als bei der bauaufsichtlichen Zulassung entfaltet im Fachplanungsrecht der Widerspruch oder die Klage grundsätzlich eine aufschiebende Wirkung. Allerdings sehen mehrere Fachplanungsgesetze vor, dass Widerspruch und Klage wie im Baurecht keine aufschiebende Wirkung haben. Ist die aufschiebende Wirkung gegeben, muss der Vorhabenträger grundsätzlich bis zur abschließenden Entscheidung über die nachbarlichen Einwendungen mit der Ausführung des Vorhabens warten. Die Behörde kann jedoch nach § 80 II 1 Nr. 4 VwGO die sofortige Vollziehung der erteilten Genehmigung anordnen. Hat der Widerspruch des Nachbarn wie etwa bei der bauaufsichtlichen Zulassung nach § 212a I BauGB keine aufschiebende Wirkung, kann der Nachbar bei der Behörde die Aussetzung der Vollziehung beantragen (§ 80 I Nr. 2 VwGO). Bleibt dies erfolglos, kommt ein gerichtlicher Eilantrag, die aufschiebende Wirkung des Widerspruchs anzuordnen bzw. wiederherzustellen, in Betracht (§ 80 V 1 VwGO). Besondere Gesichtspunkte sind in den Fällen eines faktischen Vollzuges zu berücksichtigen.

1. Nachbarwiderspruch

Wird dem Bauherrn eine Baugenehmigung erteilt, so kann der Nachbar Widerspruch einlegen, über den die Widerspruchsbehörde entscheidet. Ist die Baugenehmigung dem Nachbarn mit Rechtsbehelfsbelehrung ordnungsgemäß zugestellt, ist der Widerspruch innerhalb einer **Frist** von einem Monat seit Zustellung zu erheben. Ist die Baugenehmigung dem Nachbarn nicht mit Rechtsmittelbelehrung zugestellt, so läuft grundsätzlich eine Jahresfrist ab Kenntnis von der Baugenehmigung. Die in § 58 II 1 VwGO gezogene Grenze für die Einlegung eines Rechtsbehelfs binnen Jahresfrist bei unterbliebener Belehrung durch die Verwaltungsbehörde besteht unabhängig davon, ob ein Berechtigter von der Möglichkeit des Rechtsbefehls Kenntnis gehabt hatte. Der zugrunde liegende Be-

---

[327] *BVerwG*, Urt. v. 17. 10. 1975 – IV C 66.72 – BVerwGE 49, 244 = *Hoppe/Stüer* RzB Rdn. 1242 – Zusage an Nachbarn.
[328] *BVerwG*, B. v. 28. 7. 1993 – 4 B 120.93 – Buchholz 406.19 Nachbarschutz Nr. 117 = *Hoppe/Stüer* RzB Rdn. 1287 – Textilhaus.
[329] *BVerwG*, Urt. v. 19. 9. 1969 – 4 C 18.67 – Buchholz 406.11 § 34 BBauG Nr. 25.

scheid muss dem Nachbarn jedoch bekannt geworden sein. Dazu wird ausreichen, dass er etwa infolge des Beginns der Bauarbeiten auf die Erteilung einer Baugenehmigung schließen kann. Die **Jahresfrist** kann sich nach **Treu und Glauben verkürzen**. Ein Nachbar, dem die Baugenehmigung zwar nicht zugestellt worden ist, der aber durch andere Umstände – etwa durch den Baubeginn – verlässliche Kenntnis von der Baugenehmigung erhalten hat, muss sich nach Treu und Glauben so behandeln lassen, als wenn ihm die Baugenehmigung von der Baugenehmigungsbehörde bekannt gemacht worden wäre. Ab dieser Kenntnis oder Kenntnismöglichkeit läuft eine angemessene Frist, innerhalb derer der Nachbar Widerspruch einlegen muss. Versäumt er diese Frist, wird die Baugenehmigung ihm gegenüber bestandskräftig. Ist die Baugenehmigung dem Nachbarn gegenüber etwa wegen Fristversäumung bestandskräftig, darf die Behörde dem Widerspruch selbst dann nicht stattgeben, wenn er offensichtlich begründet wäre. Denn die Behörden sind in ihren Aufhebungsmöglichkeiten im Widerspruchsverfahren an die Reichweite eines zulässigen und begründeten Widerspruchs gebunden. Der Nachbarwiderspruch hat Erfolg, wenn die **Baugenehmigung rechtswidrig** ist und hierdurch **der Nachbar in seinen Rechten verletzt** ist (vgl. §§ 68, 113 I 1 VwGO). Der Erfolg der Nachbarklage setzt dabei im Bereich der bauplanungsrechtlichen Regelungen regelmäßig einen Verstoß gegen nachbarschützende Festsetzungen des Bebauungsplans oder eine Verletzung des Gebotes der nachbarlichen Rücksichtnahme voraus. Im Bauordnungsrecht kann sich vor allem aus einer Verletzung des Abstandsrechts aber auch aus der Nichtbeachtung anderer nachbarschützender Vorschriften ein Erfolg des Nachbarwiderspruchs ableiten.[330]

2. Nachbarklage

4256 Ist der Nachbarwiderspruch zurückgewiesen, besteht für den Nachbarn die Möglichkeit einer Klage zum Verwaltungsgericht. Die Klage ist bei Zustellung des Widerspruchsbescheides mit ordnungsgemäßer Rechtsmittelbelehrung innerhalb einer **Frist** von einem Monat ab Zustellung des Widerspruchsbescheides zu erheben. Enthält der Widerspruchsbescheid keine ordnungsgemäße Rechtsmittelbelehrung, läuft für die Klage eine Jahresfrist. Wird die Klagefrist versäumt, ist die Baugenehmigung dem Nachbarn gegenüber bestandskräftig. Gegenstand der Nachbarklage ist die Baugenehmigung in der Gestalt des Widerspruchsbescheides. In der Regel wird der Bauherr daher beantragen, die **Baugenehmigung** in der Gestalt des Widerspruchsbescheides **aufzuheben**. Will der Nachbar lediglich eine **Ergänzung der Baugenehmigung** um einzelne nach seiner Ansicht zu seinem Schutz erforderliche Auflagen erreichen, kommt eine Verpflichtungsklage mit dem Inhalt entsprechender **Schutzauflagen** in Betracht.[331] Der Anfechtungsantrag wandelt sich in diesen Fällen in einen Verpflichtungsantrag.

4257 Im verwaltungsgerichtlichen Verfahren ist der **Bauherr nach § 65 II VwGO notwendig beizuladen**,[332] weil eine Entscheidung auch ihm gegenüber nur einheitlich ergehen kann. Darüber hinaus ist im Wege der einfachen Beiladung nach § 65 I VwGO eine Beteiligung weiterer Nachbarn möglich, die sich ebenfalls mit Nachbarwidersprüchen gegen die Baugenehmigung gewandt haben. Nachbarn, die nicht rechtzeitig Widerspruch eingelegt oder Klage erhoben haben und denen gegenüber die Baugenehmigung bereits bestandskräftig ist, werden im Klageverfahren eines anderen Nachbarn nicht beigeladen.

---

[330] *BVerwG*, B. v. 24. 9. 1992 – 6 B 42.92 – Buchholz 310 § 58 VwGO Nr. 60.
[331] *BVerwG*, Urt. v. 22. 3. 1985 – 4 C 63.80 – BVerwGE 71, 150 = DVBl. 1985, 896 = *Hoppe/Stüer* RzB Rdn. 145 – Roter Hang; Urt. v. 16. 3. 1984 – 4 C 46.80 – NVwZ 1985, 108 = UPR 1984, 377 = Buchholz 406.16 Eigentumsschutz Nr. 39 – Schutzvorkehrungen; Urt. v. 20. 10. 1989 – 4 C 12.87 – BVerwGE 84, 31 = DVBl. 1990, 419 = *Hoppe/Stüer* RzB Rdn. 216 – Eichenwäldchen; B. v. 21. 12. 1995 – 11 VR 6.95 – NVwZ 1996, 896 = DVBl. 1996, 676 – Erfurt-Leipzig/Halle.
[332] Nicht aber auch der davon möglicherweise verschiedene Grundstückseigentümer *BVerwG*, B. v. 9. 10. 1991 – 4 B 137.91 – Buchholz 406.19 Nachbarschutz Nr. 104 = *Hoppe/Stüer* RzB Rdn. 1241 – Zweitwohnungsklausel. Denn die Baugenehmigung wird unbeschadet privater Rechte erteilt, vgl. *BVerwG*, Urt. v. 23. 2. 1973 – 4 C 49.71 – BVerwGE 42, 115.

4. Teil. Rechtsschutz des Nachbarn

In einem Rechtsstreit, der auf bauaufsichtliches Einschreiten wegen der Verletzung einer nachbarschützenden baurechtlichen Vorschrift gerichtet ist, müssen auch nicht alle Miteigentümer des betroffenen Grundstücks beigeladen werden.[333] Maßgeblicher Zeitpunkt für die gerichtliche Entscheidung ist die Rechtslage im Zeitpunkt der letzten Verwaltungsentscheidung, also regelmäßig der Zeitpunkt der Widerspruchsentscheidung. Dabei gilt zu Gunsten des Bauherrn und zu Lasten des Nachbarn der sog. Meistbegünstigungsgrundsatz.[334] Ändert sich die Rechtslage später zum Nachteil des Bauherrn, so ist diese Rechtsänderung unbeachtlich. Ändert sie sich bis zum Zeitpunkt der letzten mündlichen Verhandlung zu Gunsten des Bauherrn, so ist dieser Zeitpunkt zugrunde zu legen. Die Verschiebung des Zeitpunktes in solchen Fällen beruht auf dem Gedanken, dass der Bauherr bei einer Rechtsänderung zu seinen Gunsten einen neuen Antrag stellen könnte, der unter Anwendung der neuen Rechtslage zu genehmigen wäre. Dann entspricht es aber der verfassungsrechtlich gesicherten Eigentumsgarantie, auch im Nachbarklageverfahren auf diesen Zeitpunkt abzustellen. Ist die Baugenehmigung rechtswidrig und wird der Nachbar hierdurch in seinen Rechten verletzt, hebt das Verwaltungsgericht die Baugenehmigung auf (§ 113 I 1 VwGO). Bezieht sich die Rechtswidrigkeit und eigene Rechtsverletzung des Nachbarn nur auf einen Teil der Baugenehmigung, so stellt sich die Frage, ob der Fehler durch Nebenbestimmungen nach § 36 VwVfG repariert werden kann. Ist dies der Fall, wandelt sich ggf. der Anfechtungsanspruch in einen auf diese Nebenbestimmungen gerichteten Verpflichtungsanspruch.[335] Das Gericht würde dann die Baugenehmigungsbehörde verpflichten, die Baugenehmigung mit entsprechenden Nebenbestimmungen nach § 36 VwVfG zu versehen.

Wenn von **zwei Nachbarn**, die als einfache Streitgenossen eine dem beigeladenen Bauherrn erteilte Baugenehmigung anfechten, der eine obsiegt und der andere unterliegt, kann sich der unterlegene Nachbar der Berufung des beigeladenen Bauherrn, die sich gegen den obsiegenden Nachbarn richtet, nicht im Wege der unselbstständigen Anschlussberufung anschließen.[336] Der Nachbar, der sich gegen ein Vorhaben zur Wehr setzt, hat keinen Anspruch darauf, dass bereits im Zeitpunkt der Erteilung einer die Baumaßnahme noch nicht freigebenden Baugenehmigung abschließend geklärt ist, ob er in seinen Rechten beeinträchtigt wird.[337]

Wird auf die Klage des Nachbarn eine Baugenehmigung aufgehoben, so hat die Behörde bei der Frage, ob ein **Abriss** des damit rechtswidrigen Gebäudes verfügt wird, ein Ermessen. Dabei muss allerdings berücksichtigt werden, dass das materielle Bauplanungsrecht in seiner Beachtung und Durchsetzung grundsätzlich nicht zur Disposition des Landesgesetzgebers steht.[338] Für den Nachbarn, der durch eine rechtswidrige und im gerichtlichen Verfahren aufgehobene Baugenehmigung in seinen Rechten verletzt wird, kann sich aber aus einer an Art. 14 I GG auszurichtenden Auslegung der landesrechtlichen Ermächtigungsgrundlage gegen die Bauaufsichtsbehörde ein Anspruch ergeben, dass diese eine Beseitigungsanordnung oder eine Nutzungsuntersagung erlässt. Sowohl

---

[333] *BVerwG*, B. v. 24. 7. 1998 – 4 B 69.98 – NVwZ-RR 1999, 147 – Miteigentümer. Das Vollstreckungshindernis kann durch eine entsprechende Anordnung gegen die nicht beigeladenen Miteigentümer ausgeräumt werden.

[334] *BVerwG*, B. v. 23. 4. 1998 – 4 B 40.98 – NVwZ 1998, 1179 = BauR 1998, 897, mit Hinweis auf Urt. v. 5. 10. 1965 – IV C 3.65 – BVerwGE 22, 129.

[335] *BVerwG*, Urt. v. 22. 3. 1985 – 4 C 63.80 – BVerwGE 71, 150 = DVBl. 1985, 896 = *Hoppe/Stüer* RzB Rdn. 145 – Roter Hang; Urt. v. 16. 3. 1984 – 4 C 46.80 – NVwZ 1985, 108 = UPR 1984, 377= Buchholz 406.16 Eigentumsschutz Nr. 39 – Schutzvorkehrungen; Urt. v. 20. 10. 1989 – 4 C 12.87 – BVerwGE 84, 31 = DVBl. 1990, 419 = *Hoppe/Stüer* RzB Rdn. 216 – Eichenwäldchen; B. v. 21. 12. 1995 – 11 VR 6.95 – NVwZ 1996, 896 = DVBl. 1996, 676 – Erfurt-Leipzig/Halle.

[336] *BVerwG*, B. v. 6. 6. 1997 – 4 B 167.96 – NVwZ-RR 1998, 457 = UPR 1998, 24.

[337] *BVerwG*, B. v. 3. 1. 1997 – 4 B 245.96 – (unveröffentlicht).

[338] *BVerwG*, B. v. 17. 4. 1998 – 4 B 144.97 – UPR 1998, 355, mit Hinweis auf Urt. v. 19. 12. 1985 – 7 C 65.82 – BVerwGE 72, 300 – Wyhl; vgl. auch *Stüer/Ehebrecht-Stüer* DVBl. 1996, 482.

Art. 14 I 2 GG als auch der Anspruch auf Folgenbeseitigung zur Herstellung des früheren Zustandes stehen unter dem Vorbehalt gesetzlicher Ausgestaltung. Jedoch geht in jedem Falle eine ermessensreduzierende Wirkung des Art. 14 I GG und des Anspruchs auf Folgenbeseitigung nicht weiter als eine beeinträchtigte Rechtsposition gegeben ist. Der Anspruch auf Folgenbeseitigung zielt als Sanktion auf die Beseitigung der entstandenen und fortdauernden rechtswidrigen Beeinträchtigung. Für Art. 14 I GG gilt nichts anderes.[339]

4260 Ist Streitgegenstand der Baunachbarklage die Behauptung, eine bauliche Anlage verletze den Kläger in nachbarschützenden Rechten, und wird die erteilte Baugenehmigung nach § 113 I 1 VwGO rechtskräftig aufgehoben, hindert die **materielle Rechtskraft** die Behörde, dieselbe Baugenehmigung bei unveränderter Sach- und Rechtslage erneut zu erteilen. Ob einzelne Begründungselemente in materieller Rechtskraft erwachsen können, lässt sich nicht allgemein festlegen. Für eine Bescheidungsklage nach § 113 V 2 VwGO wird dies bejaht. Nach einer verbreiteten Auffassung nimmt auch die vom Kläger geltend gemachte Rechtsverletzung und die darauf antwortende gerichtliche Rechtswidrigkeitsfeststellung an der materiellen Rechtskraft i. S. einer präjudiziellen Wirkung teil. Folgt man dieser Auffassung, so darf die im Erstprozess unterlegene Behörde den obsiegenden Kläger nicht erneut in eine Prozesssituation bringen, in der dieselben Sach- und Rechtsfragen zu beantworten sind. Die unterlegene Behörde hat zur Bewahrung des Rechtsfriedens die gegen sie ergangene gerichtliche Entscheidung vielmehr loyal zu beachten.[340]

3. Vorläufiger Rechtsschutz

4261 Legt der Nachbar gegen eine dem Bauherrn erteilte Baugenehmigung Widerspruch ein, so hat dies nach § 80 I 2 VwGO zwar vom Ansatz her **aufschiebende Wirkung**. Widerspruch und Anfechtungsklage eines Dritten gegen die bauaufsichtliche Zulassung eines Vorhabens haben nach § 212a I BauGB jedoch keine aufschiebende Wirkung. Damit ist der Sofortvollzug im Bereich aller Baugenehmigungen die Regel geworden. Die Anordnung der sofortigen Vollziehung im öffentlichen Interesse nach § 80 II 1 Nr. 4 VwGO ist daher in diesen Fällen nicht mehr erforderlich. Ob auch der Bauvorbescheid eine bauaufsichtliche Zulassung eines Vorhabens i. S. des § 212a I BauGB ist, wird unterschiedlich beurteilt. Ein gegen den Bauvorbescheid gerichteter Nachbarrechtsbehelf hat dann im Gegensatz zu Widerspruch und Klage gegen die Baugenehmigung aufschiebende Wirkung.[341]

4262 Hat der **Widerspruch keine aufschiebende Wirkung**, weil eine bauaufsichtliche Zulassung des Vorhabens erfolgt ist (§ 212a I BauGB[342]) oder ist der Sofortvollzug sonst gesetzlich (§ 80 II 1 Nr. 3 VwGO) oder durch die Behörde (§ 80 II 1 Nr. 4 VwGO, § 80a I Nr. 1 VwGO) angeordnet, so kann der Nachbar einen Eilantrag bei der **Behörde** auf Aussetzung der Vollziehung nach § 80 a I Nr. 2 VwGO stellen. Legt ein Dritter einen Rechtsbehelf gegen den an einen anderen gerichteten, diesen begünstigenden Verwaltungsakt ein, so kann die Behörde nach dieser Vorschrift auf Antrag des Dritten nach § 80 IV VwGO die Vollziehung aussetzen und einstweilige Maßnahmen zur Sicherung der Rechte des Dritten treffen. Die Bauaufsichtsbehörde kann in diesen Fällen auch ohne Antrag

---

[339] *BVerwG*, B. v. 9. 2. 2000 – 4 B 11.00 – NVwZ 2000, 679 – Bauschuttrecyclinganlage.
[340] *BVerwG*, B. v. 9. 2. 2000 – 4 B 11.00 – NVwZ 2000, 679 – Bauschuttrecyclinganlage.
[341] *VGH München*, B. v. 1. 4. 1999 – 2 CS 98.2646 – NVwZ 1999, 1363 = BayVBl. 1999, 467, anders *OVG Lüneburg*, B. v. 3. 3. 1999 – 1 M 897/99 – NVwZ-RR 1999, 716. Zur Frage, ob sich § 212a BauGB auch auf eine bauordnungsrechtliche Abweichungsentscheidung bezieht *OVG Münster*, B. v. 1. 12. 1998 – 10 B 2304/98 – DVBl. 1999, 788. § 212a I BauGB soll nach *OVG Saarlouis*, B. v. 17. 2. 1999 – 2 W 9/98 – NVwZ 1999, 1006 auch auf vor dem 1. 1. 1998 eingelegte Rechtsbehelfe gegen Vorhaben Anwendung finden, die nicht § 10 II BauGB-MaßnG unterfallen.
[342] Zum Entfallen der aufschiebenden Wirkung des Widerspruchs *OVG Lüneburg*, Urt. v. 30. 3. 1999 – 1 M 897/99 – BauR 1999, 1163; *OVG Saarlouis*, Urt. v. 17. 2. 1999 – 2 W 9/98 – NVwZ 1999, 1006 = UPR 1999, 319.

4. Teil. Rechtsschutz des Nachbarn   4263–4265   F

eines Dritten nach § 80a I Nr. 2 VwGO von Amts wegen die Vollziehung der Baugenehmigung im überwiegenden Drittinteresse nach § 80 IV 1 VwGO aussetzen.[343] Außerdem kommt ein **gerichtlicher Eilantrag** nach **§ 80 V 1 VwGO** in Betracht. Danach kann das Gericht der Hauptsache auf Antrag die aufschiebende Wirkung des Widerspruchs und der Klage in den Fällen des § 80 II 1 Nr. 1 bis 3 VwGO ganz oder teilweise anordnen und bei Anordnung durch die Behörde im Falle des § 80 II 1 Nr. 4 VwGO ganz oder teilweise wieder herstellen. Der Antrag ist schon vor Erhebung der Anfechtungsklage zulässig. Ob und in welchen Fällen ein **Vorrang** der behördlichen Entscheidung nach § 80a VwGO besteht, ist nach dem Gesetz unklar.[344] Hat die Behörde die sofortige Vollziehung nach § 80 II 1 Nr. 4 VwGO angeordnet, wird der Antrag unmittelbar an das **Gericht** zu stellen sein, weil sich die Behörde durch die Anordnung des Sofortvollzuges bereits entschieden hat. Beruht der Sofortvollzug auf der gesetzlichen Anordnung des § 212a I BauGB, so könnte es zwar sinnvoll sein, den Aussetzungsantrag zunächst bei der Behörde zu stellen. Dem Nachbarn sollte jedoch in diesen Fällen ein **Wahlrecht** eingeräumt werden, auch sofort das Gericht anzurufen. Anderenfalls könnte sich die abschließende Entscheidung über die Stilllegung nur weiter verzögern. Außerdem sehen verschiedene Fachgesetze für den Bereich des Fachplanungsrechts eine Monatsfrist für die Antragstellung vor. Diese könnte inzwischen abgelaufen sein, wenn zunächst das Antragsverfahren bei der Behörde nach § 80a I VwGO vorgeschaltet würde. Eine Monatsfrist für die Antragstellung ist in § 212a I BauGB im Gegensatz zu dem durch das BauROG 1998 aufgehobenen § 10 II 2 BauGB-MaßnG allerdings nicht vorgesehen. Widerspruch und Anfechtungsklage eines Dritten gegen die bauaufsichtliche Zulassung eines Vorhabens haben nach § 212a I BauGB zwar keine aufschiebende Wirkung. Der Antrag auf Wiederherstellung der aufschiebenden Wirkung des Widerspruchs oder der Klage ist aber nicht an eine Monatsfrist gebunden, sondern kann auch noch nach Ablauf dieser Frist seit Kenntnis von der bauaufsichtlichen Zulassung gestellt werden.

In dringenden Fällen kann eine **vorläufige Eilanordnung** erfolgen. Die aufschiebende   4263
Wirkung eines Rechtsmittels kann allerdings nur bei außergewöhnlicher Eilbedürftigkeit bis zur Entscheidung des Gerichts über einen Antrag nach § 80 V VwGO wieder hergestellt werden. Das ist bei einer Nachbarklage gegen eine Baugenehmigung nicht der Fall, wenn bis zur Entscheidung über den Antrag nach § 80 V VwGO nur geringfügige Baufortschritte zu erwarten sind.[345]

Setzt sich der Bauherr über die aufschiebende Wirkung eines Widerspruchs oder einer   4264
Nachbarklage hinweg und wird die nicht vollziehbare Baugenehmigung **faktisch vollzogen**, so kommt ein gerichtlicher Antrag auf Erlass einer einstweiligen Anordnung nach § 123 VwGO in Betracht. Daneben könnte ein Eilantrag nach den §§ 80, 80a VwGO statthaft sein. Vor Einführung des § 80a VwGO durch das 4. VwGO-ÄndG wurde Rechtsschutz gegen einen faktischen Vollzug der nicht vollziehbaren Baugenehmigung nach § 123 I VwGO gewährt. Begründet wurde dies mit einer entsprechenden gerichtlichen Anordnungsmöglichkeit in Fällen, in denen der Bauherr ohne Baugenehmigung baut. Seit Einführung des § 80a VwGO durch das 4. VwGO-ÄndG[346] spricht viel dafür, dass eine gerichtliche Eilentscheidung in entsprechender Anwendung der §§ 80a I Nr. 2, 80 III 2 VwGO gewährt werden kann. Das Gericht kann die Durchführung weiterer Baumaßnahmen bis zur Entscheidung über die Hauptsache vorläufig untersagen.

Im **gerichtlichen Eilverfahren** prüft das Gericht zunächst, ob der eingelegte Wider-   4265
spruch des Nachbarn **offensichtlich erfolgreich** oder **offensichtlich erfolglos** ist. Ist der

---

[343] *OVG Münster*, B. v. 30. 7. 1999 – 10 B 961/99 – BauR 2000, 80 = NWVBl. 2000, 25.
[344] *Heydemann* NVwZ 1993, 419.
[345] *BVerwG*, Urt. v. 13. 4. 1988 – 4 C 1.88 – *Hoppe/Stüer* RzB Rdn. 1260 – Baufortschritt.
[346] Zur früheren Rechtslage und zur Effektivität des vorläufigen Rechtsschutzes *BVerfG*, B. v. 13. 6. 1979 – 1 BvR 699/77 – BVerfGE 51, 268; Urt. v. 17. 4. 1989 – 1 BvR 436/89 – *Hoppe/Stüer* RzB Rdn. 1342 – einstweiliger Rechtsschutz Nachbarklage.

Widerspruch des Nachbarn offensichtlich zulässig und begründet, so stellt das Gericht die aufschiebende Wirkung des Widerspruchs oder der Klage des Nachbarn her. Ist der Widerspruch des Nachbarn offensichtlich erfolglos, wird der Eilantrag zurückgewiesen. Lassen sich die Erfolgsaussichten in der Hauptsache nicht abschließend beurteilen, erfolgt eine **Interessenabwägung**, in die die **Aussetzungs- und Vollzugsinteressen** einzustellen sind. Dabei sind die jeweiligen Vor- und Nachteile der Aussetzung und des Vollzuges in die gerichtliche Interessenbewertung einzustellen. Der Eilantrag hat dann Erfolg, wenn die Aussetzungsinteressen die Vollzugsinteressen überwiegen. Auch die gesetzliche Anordnung des Sofortvollzuges von Zulassungsentscheidungen im Bau- und Teilen des Fachplanungsrecht haben an dieser gerichtlichen Prüfungssystematik nichts geändert. Erweist sich der Ausgang des Gerichtsverfahrens als offen, so kann das Gericht aufgrund einer Interessenabwägung bei entsprechend gewichtigen Aussetzungsinteressen zu einer Aussetzungsentscheidung kommen.

4. Schadensersatz bei Anordnung der sofortigen Vollziehung

4266   Hat die **Behörde** die sofortige Vollziehung eines Verwaltungsakts angeordnet, der sich im Anfechtungsprozess als rechtswidrig erweist, ist sie nicht aufgrund des Rechtsgedankens der §§ 717 II, 945 ZPO schadensersatzpflichtig. Hat das Verwaltungsgericht ein Verwaltungshandeln für rechtmäßig erklärt, so scheidet ein Verschulden der handelnden Bediensteten regelmäßig aus. Dies gilt jedoch nicht ohne weiteres, wenn das Verwaltungsgericht von einem falschen Sachverhalt ausgegangen ist. § 945 ZPO gilt nach § 123 III VwGO für den Erlass einer verwaltungsgerichtlichen einstweiligen Anordnung entsprechend. Die Vorschrift gilt nach § 123 V VwGO aber nicht für die Vollziehung eines angefochtenen Verwaltungsakts oder die Bedeutung der aufschiebenden Wirkung eines Rechtsbehelfs. Demnach kann die Anordnung der sofortigen Vollziehung i. S. des § 80 II 1 Nr. 4 VwGO keine Schadensersatzpflicht der Behörde aufgrund des § 945 ZPO auslösen, mag der für sofort vollziehbar erklärte Verwaltungsakt auch auf eine Anfechtungsklage hin schließlich aufgehoben werden. Die Unanwendbarkeit des § 945 ZPO in diesem Fall trägt dem Umstand Rechnung, dass die Interessenlage hier typischerweise eine andere ist als in den Fällen des § 945 ZPO.[347] Die Unanwendbarkeit der §§ 717 II, 945 ZPO in Fällen der vorliegenden Art lässt den Betroffenen nicht etwa schutzlos. Ihm stehen gegenüber der Behörde, die einen noch nicht bestandskräftigen Verwaltungsakt vollzogen hat, der sich im Hauptsacheverfahren als rechtswidrig erweist, der Folgenbeseitigungsanspruch (§ 113 I 2 VwGO) und unter Umständen auch der Amtshaftungsanspruch (Art. 34 GG, § 839 BGB) zu.[348] Auch der **Nachbar** ist dem Bauherrn **nicht zum Schadensersatz** aus § 945 ZPO verpflichtet, wenn der Vollzug der Baugenehmigung auf den Eilantrag des Nachbarn zunächst ausgesetzt wird, sich im Hauptverfahren jedoch die Unbegründetheit der Nachbarklage erweist.

4267   Eine **vorbeugende Unterlassungsklage** gegen bevorstehende Bauarbeiten wird regelmäßig nicht zulässig sein.[349] Denn es kann den Beteiligten regelmäßig zugemutet werden, die Erteilung entsprechender Baugenehmigungen abzuwarten. Auch ein **vorläufiger Rechtsschutz** gegen noch nicht begonnene und genehmigte Baumaßnahmen wird regelmäßig keinen Erfolg haben. Hat die Behörde dem Nachbarn eine Zusicherung nach § 38 VwVfG gegeben, eine Baugenehmigung überhaupt nicht oder nur mit einem bestimmten Inhalt zu erteilen, so kann der Nachbar in derartigen Ausnahmefällen einen mit der Verpflichtungsklage durchzusetzenden Anspruch gegen die Behörde haben, dass diese eine Baugenehmigung aufhebt oder bei der Erteilung einer Baugenehmigung nach bestimmten Grundsätzen verfährt.

---

[347] *BGH*, Urt. v. 4. 12. 1973 – VI ZR 213/71 – BGHZ 62, 7 – Gegendarstellung; Urt. v. 11. 3. 1982 – III ZR 174/80 – BGHZ 83, 190 – Bardepotpflicht.
[348] *BVerwG*, B. v. 9. 8. 1990 – 1 B 94.90 – DÖV 1991, 77 = *Hoppe/Stüer* RzB Rdn. 1343 – Schadensersatz – Eilanordnung.
[349] *Langer* DÖV 1987, 418; *Schenke* AöR 95 (1970), 223.

4. Teil. Rechtsschutz des Nachbarn 4268–4272 F

Gegen einen **Vorbescheid** ergeben sich für den Nachbarn vergleichbare Widerspruchs- und Klagerechte, soweit durch den Vorbescheid über nachbarliche Rechte entschieden wird und der Nachbar hierdurch in seinen Rechten betroffen ist. Der Vorbescheid erzeugt Bindungswirkungen, wenn er nicht rechtzeitig vom Nachbarn angefochten wird. Legt der Nachbar daher nicht fristgerecht gegen eine Bebauungsgenehmigung Widerspruch ein oder lässt er gegen einen ablehnenden Widerspruchsbescheid die Klagefrist verstreichen, so ist die Bebauungsgenehmigung ihm gegenüber bestandskräftig. In der Reichweite der **Bindungswirkung** sind daher Einwendungen gegen die auf der Grundlage der Bebauungsgenehmigung erteilten Baugenehmigung ausgeschlossen. 4268

Auch gegen eine **Teilbaugenehmigung** ist ein Rechtsschutz des Nachbarn dann möglich, wenn hierdurch seine nachbarlichen Interessen bereits beeinträchtigt werden. Um die auch von einer Teilbaugenehmigung ausgehende Bindungswirkung auszuschließen, sollte der Nachbar bereits dagegen Rechtsschutz suchen. Das gilt vor allem dann, wenn mit der Teilbaugenehmigung ein positives Gesamturteil über die Zulässigkeit des Vorhabens verbunden ist. 4269

VII. Rechtsschutz des Nachbarn bei ungenehmigtem Bauen

Werden Bauarbeiten ohne eine erforderliche Genehmigung und damit **formell illegal** ausgeführt oder ist die Ausführung nach den Landesbauordnungen freigestellter Vorhaben **materiell illegal**, so kommt ebenfalls ein Nachbarschutz in Betracht. 4270

1. Anspruch des Nachbarn auf behördliches Einschreiten

Die Baubehörde ist nach den Landesbauordnungen befugt, Bauvorhaben, die ohne eine erforderliche Baugenehmigung ausgeführt worden sind, stillzulegen. Die Behörde ist nach pflichtgemäßem Ermessen berechtigt, eine formell illegale Bauausführung durch Stilllegung der Baustelle zu unterbinden. Im Rahmen dieser **Ermessensentscheidung** können auch Nachbarrechte bestehen. Ein Anspruch des Nachbarn auf Einschreiten setzt aber zunächst voraus, dass gegen die Baumaßnahmen Nachbarrechte bestehen. Zudem müssen **gewichtige nachbarliche Rechtsgüter** wie Leben, Gesundheit oder Eigentum elementar betroffen sein. Außerdem steht das Einschreiten im Ermessen der Behörde, so dass in der Regel nur ein Anspruch auf sachgerechte Ermessensentscheidung besteht. Dieser Anspruch kann sich nur im Falle einer Ermessensreduzierung auf null in einen gebundenen Anspruch auf behördliches Einschreiten umwandeln. In der Regel wird daher ein Anspruch des Nachbarn auf Einschreiten der Behörde gegen den Bauherrn nicht gegeben sein. Nicht in allen Fällen, in denen ein Nachbarrechtsschutz gegen eine dem Bauherrn erteilte Genehmigung besteht, ist auch ein nachbarlicher Anspruch auf behördliches Einschreiten gegeben. Derartige Ansprüche werden auf **Ausnahmefälle** begrenzt sein, bei denen schwere Beeinträchtigungen nachbarlicher Rechte zu besorgen sind. Aber auch in diesen Fällen werden die Nachbaransprüche regelmäßig auf Ausübung eines behördlichen Ermessens begrenzt sein. Dabei kann allerdings ein **Folgenbeseitigungsanspruch** des Nachbarn die Ermessensausübung binden. Wird im Wege der verwaltungsgerichtlichen Nachbarklage ein Einschreiten von der Bauordnungsbehörde begehrt, so sind nur die Adressaten der erstrebten Anordnung notwendig beizuladen.[350] 4271

Ob dem Nachbarn bei der Verletzung einer nachbarschützenden Vorschrift ein im Wege einer Ermessensreduzierung auf null gebundener **Anspruch auf behördliches Einschreiten** zusteht, entscheidet sich grundsätzlich nach Landesrecht. Die Bauaufsichtsbehörde hat nach Auffassung des *BVerwG* die für und gegen ein Einschreiten sprechenden Gesichtspunkte sachgerecht abzuwägen und bei der Verletzung nachbarschützender Vorschriften neben dem besonderen öffentlichen Interesse an der Wiederherstellung baurechtmäßiger Zustände auch die Interessen des in seinen Rechten verletzten Nachbarn zu 4272

---

[350] *BVerwG*, B. v. 6. 5. 1992 – 4 B 139.91 – ZfBR 1992, 194 = *Hoppe/Stüer* RzB Rdn. 1284 – Beiladung Nachbarklage.

berücksichtigen. Die Möglichkeit des Nachbarn, seine Rechte unmittelbar gegenüber dem „Störer" zivilrechtlich (§§ 1004, 906, 823 II BGB) geltend zu machen, kann dabei je nach den konkreten Umständen des Einzelfalls ein beachtlicher Ermessensgesichtspunkt sein.[351]

2. Rechtsschutz in der Hauptsache

4273   Für einen Anspruch auf Einschreiten hat der Nachbar zunächst einen entsprechenden Antrag bei der Behörde zu stellen. Nach Ablehnung des Antrags ist ein Widerspruchsverfahren durchzuführen. Nach erfolglosem Widerspruchsverfahren kann der Nachbar eine Verpflichtungsklage mit dem Inhalt erheben, dass die Behörde eine Stilllegung der Baumaßnahmen verfügt. Ist der Behörde bei der Stilllegung ein Ermessen eingeräumt, kann, wenn die Spruchreife nicht gegeben ist, nach § 113 V 2 VwGO nur eine Bescheidungsverpflichtung ausgesprochen werden.[352] Im gerichtlichen Verfahren ist der Bauherr nach § 65 II VwGO notwendig beizuladen.

3. Eilverfahren

4274   Gegen genehmigungsbedürftige, formell illegale Baumaßnahmen oder nicht genehmigungsbedürftige, materiell illegale Bauarbeiten kann der Nachbar nach § 123 VwGO vorläufigen Rechtsschutz suchen. Ein Eilverfahren nach den §§ 80, 80a VwGO scheidet aus, weil dieses nur in Fällen der Anfechtung einer erteilten Baugenehmigung statthaft ist. Ist aber keine Baugenehmigung erteilt, muss der nachbarliche Rechtsschutz nach § 123 VwGO gesucht werden. Während auf Antrag des Nachbarn eine vorläufige Stilllegung von Bauarbeiten unter den dargelegten Voraussetzungen ausnahmsweise in Betracht kommt, wird sich im Eilverfahren ein Abbruch von Bauwerken kaum erreichen lassen. Auch eine **Nutzungsuntersagung** wird für den Nachbarn in der Regel im Eilverfahren nicht bewirkt werden können. Selbst wenn die Baugenehmigung rechtskräftig aufgehoben worden ist, steht der Behörde bei dem Vollzug ein Ermessen zu, dessen Reichweite erst im gerichtlichen Hauptverfahren geklärt werden muss. Gerichtliche Eilanordnungen mit dem Inhalt einer vorläufigen Nutzungsuntersagung kommen daher auf Antrag des Nachbarn nur dann in Betracht, wenn schwere Eingriffe in elementare verfassungsrechtlich geschützte Rechtsgüter drohen, der Rechtsschutz des Nachbarn im Hauptverfahren offensichtlich erfolgreich ist und in der Interessenabwägung die Wahrung der Nachbarbelange eindeutig überwiegen. In allen anderen Fällen ist eine Nutzungsuntersagung zu Lasten des Bauherrn und zu Gunsten des Nachbarn im gerichtlichen Eilverfahren nicht erreichbar. § 123 VwGO ist auch dann der statthafte Rechtsbehelf eines Nachbarn, wenn die Baubehörde das Vorhaben zu Unrecht als von der Genehmigungspflicht befreit behandelt.[353]

VIII. Rechtsschutz gegen Vorhaben öffentlicher Bauherren

4275   Gegen Vorhaben von öffentlichen Bauherren ergeben sich Besonderheiten des nachbarlichen Rechtsschutzes. Ist eine Zustimmung der oberen Bauaufsichtsbehörde erforderlich, kann der Nachbar diese Zustimmung mit Widerspruch und Anfechtungsklage anfechten. Der Bauaufsichtsbehörde fehlt allerdings die Befugnis, gegen den hoheitlich handelnden Vorhabenträger ordnungsbehördlich einzuschreiten. Das nachbarliche Rechtsschutzbegehren muss sich daher unmittelbar gegen den Hoheitsträger richten, der das Bauwerk erstellt oder die Nutzung verantwortet. Der Nachbar kann dann einen öffentlich-rechtlichen Abwehr-, Beseitigungs- oder Unterlassungsanspruch als Unterfall des allgemeinen Folgenbeseitigungsanspruchs geltend machen. Der nachbarliche Rechtsanspruch wird in

---

[351] *BVerwG*, B. v. 10. 12. 1997 – 4 B 204.97 – UPR 1998, 117. Zur Verwirkung von Nachbarrechten gegenüber ungenehmigten Bauvorhaben *BVerwG*, B. v. 11. 2. 1997 – 4 B 10.97 – NJW 1998, 329.
[352] *Stüer* FS Menger 1985, 779.
[353] *OVG Münster*, B. v. 8. 12. 1998 – 10 B 2255/98 –.

4. Teil. Rechtsschutz des Nachbarn

der Form der allgemeinen Leistungsklage gegen den öffentlich-rechtlichen Bauherrn verfolgt. Die Unterlassungsklage ist auf die Unterlassung bestimmter Nutzungen bzw. auf Beseitigung der errichteten baulichen Anlage gerichtet. Als Anspruchsgrundlage für das Begehren des Nachbarn kommt allein ein **öffentlich-rechtlicher Unterlassungsanspruch** in Betracht. Dieser kann sich gegen Immissionen richten, die im Bereich des schlicht hoheitlichen Handelns von einem Hoheitsträger verursacht sind bzw. für die ein Hoheitsträger verantwortlich ist. Welche Anspruchsgrundlage für einen solchen Anspruch im Einzelnen in Betracht kommt, wird unterschiedlich beurteilt: Der grundrechtliche Abwehranspruch aus Art. 2 II 1 und Art. 14 I 1 GG oder die §§ 1004, 906 BGB analog oder gar ein öffentlich-rechtlicher Folgenbeseitigungsanspruch. Statthafte Klageart für einen solchen öffentlich-rechtlichen Unterlassungsanspruch ist die allgemeine Leistungsklage (§ 43 II VwGO) in der Form der Unterlassungsklage. Die Gemeinde kann sich in eigener Sache Baugenehmigungen erteilen. Das Rechtsstaatsgebot gebietet keine verfahrensrechtliche Trennung zwischen der Gemeinde als Bauherrin und der Gemeinde als Baugenehmigungsbehörde.[354]

Gehen von der Nutzung Lärmbeeinträchtigungen oder andere Immissionen aus, so stellt sich die Frage der Zumutbarkeit. Für die Beurteilung der Rechtmäßigkeit von Immissionen schlicht-hoheitlich betriebener Anlagen sind dabei die Maßstäbe des BImSchG für schädliche Umwelteinwirkungen (§ 3 I BImSchG) heranzuziehen. Sie stellen den Emittenten etwa auf die Stufe, auf der er privatrechtlich unter Geltung des § 906 I BGB im privaten Nachbarschaftsverhältnis stehen würde.[355] Wesentlich kommt es dabei auf die Zumutbarkeit der Geräuschentwicklung an.[356] Der Lärm ist jedoch in solchen Fällen nicht bis zur Gesundheitsgefahr oder schweren oder unerträglichen Beeinträchtigungen von der Wohnnachbarschaft hinzunehmen.[357] Unzumutbar ist bereits eine erhebliche Belästigung i. S. des § 3 I BImSchG.[358] Dabei hat gemessen an den jeweiligen Zumutbarkeitskriterien eine nachvollziehende Bewertung und Abwägung der gegenläufigen (nachbarlichen) Interessen stattzufinden. Zudem fordert § 22 I Nr. 1 BImSchG, dass nach dem Stand der Technik unvermeidbare schädliche Umwelteinwirkungen auf ein unter dem Gesichtspunkt des nachbarlichen Interessenausgleichs zumutbares Maß beschränkt werden. Beschränkungen, die der Minderung (nur) erheblicher Belästigungen dienen, dürfen nicht unverhältnismäßig sein.[359] Der durch hoheitlich verursachte Immissionen unzumutbar betroffene Nachbar hat dabei einen Anspruch auf einen für Maßnahmen des passiven Immissionsschutzes zweckgebundenen Geldausgleich, wenn Maßnahmen des aktiven Immissionsschutzes ohne Beeinträchtigung des Zwecks der öffentlichen Einrich-

---

[354] *OVG Münster*, Urt. v. 5. 12. 1997 – 7 A 6206/95 – Asylbewerberheim; B. v. 2. 6. 1998 – 10 B 946/98 –.

[355] Zum Verhältnis einer öffentlich-rechtlichen und zivilrechtlichen Bewertung der Zumutbarkeit *BGH*, Urt. v. 17. 12. 1982 – V ZR 55/82 – NJW 1983, 751 m. Anm. *Stüer* BauR 1985, 148 = *Hoppe/Stüer* RzB Rdn. 92 – Tennisplatz; Urt. v. 23. 3. 1990 – V ZR 58/89 – DVBl. 1990, 771 = DÖV 1990, 698 = UPR 1990, 261 = *Hoppe/Stüer* RzB Rdn. 76 – Volksfest.

[356] *BVerwG*, Urt. v. 24. 4. 1991 – 7 C 12.90 – BVerwGE 88, 143 = DVBl. 1991, 1151 = BauR 1991, 594 = UPR 1991, 340 = *Hoppe/Stüer* RzB Rdn. 94 – Schulsportplatz; Urt. v. 27. 2. 1992 – 4 C 50.89 – BauR 1992, 491 = UPR 1992, 269 = ZfBR 1992, 184 = *Hoppe/Stüer* RzB Rdn. 900 – Betsaal und Koranschule; B. v. 3. 3. 1992 – 4 B 70.91 – BauR 1992, 340 = ZfBR 1992, 143 = *Hoppe/Stüer* RzB Rdn. 97 – Bolzplatz.

[357] Es geht auch nicht darum, ob ein (bau-)ordnungsrechtliches Einschreiten gegenüber der Behörde erreicht werden könnte. Dies setzt zumeist eine erhebliche Gefährdung elementarer grundrechtlich geschützter Positionen wie Leib und Leben voraus.

[358] Zur einfachgesetzlichen Zumutbarkeitsschranke unterhalb der enteignungsrechtlichen Zumutbarkeit etwa *BVerwG*, Urt. v. 21. 5. 1976 – 4 C 80.74 – BVerwGE 51, 15 = DVBl. 1976, 799 = DÖV 1976, 782 = NJW 1976, 1760 = BauR 1975, 35 = *Hoppe/Stüer* RzB Rdn. 108 – Stuttgart-Degerloch.

[359] *BVerwG*, Urt. v. 19. 1. 1989 – 7 C 77.87 – BVerwGE 81, 197 = BauR 1989, 172 = DVBl. 1989, 463 = UPR 1989, 189 = DÖV 1989, 675 = NJW 1989, 1291 = *Hoppe/Stüer* RzB Rdn. 93 – Tegelsbarg.

tung nicht möglich sind oder wenn sie im Verhältnis zum Schutzzweck unangemessen aufwändig wären. Ist eine vollständige Nutzungsuntersagung unverhältnismäßig, kann der Nachbar ggf. Schutzmaßnahmen verlangen. Der Unterlassungsanspruch wandelt sich in diesen Fällen – vergleichbar mit einem Schutzauflagenanspruch im Fernstraßenrecht (vgl. etwa § 17 IV FStrG a. F., § 74 II 2 VwVfG)[360] – in einen Leistungsanspruch mit dem Inhalt entsprechender Schutzmaßnahmen oder eines Geldausgleichs für solche Schutzmaßnahmen um.[361]

Beispiel: Der Nachbar eines öffentlichen Sportplatzes kann von der betreibenden Gemeinde Vorkehrungen dagegen verlangen, dass Bälle vom Spielfeld in seinen Garten gelangen und dass erhebliche Geräuschbelästigungen durch eine zweckfremde Nutzung des Sportplatzes (etwa: abendliche Mopedrennen von Jugendlichen) entstehen.[362]

IX. Verlust von Nachbarrechten

4277 Nachbarrechte können auch durch Eintritt der Bestandskraft von Bescheiden, Verzicht, Verwirkung oder Rechtsmissbrauch verloren gehen. Ist die dem Bauherrn erteilte Baugenehmigung vom Nachbarn nicht rechtzeitig angefochten oder aus anderen Gründen **bestandskräftig** geworden, scheidet ein Nachbarschutz in der Reichweite der bestandskräftigen Genehmigung aus. Auch durch einen **Verzicht** kann der Nachbar seine Rechtsschutzmöglichkeiten verlieren. In der Praxis bedeutsam ist die **Verwirkung** von Nachbarrechten. Sie tritt ein, wenn der Nachbar über längere Zeit untätig bleibt und der Bauherr daraus das Vertrauen ableitet, dass mit Nachbareinwendungen nicht mehr zu rechnen ist.[363] Voraussetzung ist allerdings, dass der Nachbar die Rechtsverletzung kennt oder kennen musste. Dadurch wird es allerdings nicht Aufgabe des Nachbarn, gleichsam als Gehilfe der Bauaufsichtsbehörde die Einhaltung der Bauvorschriften durch seinen Nachbarn zu überwachen. Die Möglichkeit der Verwirkung nachbarlicher Abwehrrechte beruht vielmehr allein darauf, dass grundsätzlich zwar niemand eine Verletzung seiner eigenen Rechte durch seinen Nachbarn hinzunehmen braucht. Wer sich aber gegen Rechtsverletzungen wehren will, muss dies auch innerhalb angemessener Zeit tun. Dies gilt auch für Rechtsverletzungen, die so geringfügig sind, dass sie ohne Hilfe eines Fachmanns nicht erkennbar sind. Denn durch sie ist eine spürbare Verletzung eigener Rechte kaum vorstellbar.[364] Materielle Abwehrrechte des Nachbarn können dabei auch gegenüber ungenehmigten Bauvorhaben verwirkt werden.[365]

4278 Ein Nachbar, der die zu erwartende Beeinträchtigung durch ein Bauvorhaben erkennt, zu dessen Lasten jedoch mangels förmlicher Bekanntgabe der Baugenehmigung eine Widerspruchsfrist nicht läuft, muss nicht unverzüglich, sondern braucht regelmäßig nur innerhalb eines Jahres nach Kenntnis Widerspruch einzulegen. Eine **Verwirkung** des Widerspruchsrechts kann allerdings schon früher eintreten. Das setzt jedoch voraus, dass der

---

[360] *BVerwG*, Urt. v. 22. 3. 1985 – 4 C 63.80 – BVerwGE 71, 150 = DVBl. 1985, 896 = *Hoppe/Stüer* RzB Rdn. 145 – Roter Hang; Urt. v. 16. 3. 1984 – 4 C 46.80 – NVwZ 1985, 108 = UPR 1984, 377 = Buchholz 406.16 Eigentumsschutz Nr. 39 – Schutzvorkehrungen; Urt. v. 20. 10. 1989 – 4 C 12.87 – BVerwGE 84, 31 = DVBl. 1990, 419 = *Hoppe/Stüer* RzB Rdn. 216 – Eichenwäldchen; B. v. 21. 12. 1995 – 11 VR 6.95 – NVwZ 1996, 896 = DVBl. 1996, 676 – Erfurt-Leipzig/Halle.

[361] Ein solcher Schutzanspruch folgt unmittelbar aus einem allgemeinen Rechtssatz über den notwendigen Ausgleich zwischen störender und gestörter Nutzung im öffentlich-rechtlichen Nachbarschaftsverhältnis, vgl. *BVerwG*, B. v. 7. 9. 1988 – 4 N 1.87 – BVerwGE 80, 184 = NJW 1989, 467 = BayVBl. 1989, 87 = ZfBR 1989, 35 = NVwZ 1989, 251 = NuR 1990, 69 = *Hoppe/Stüer* RzB Rdn. 177 – Schallschutzfenster – im Anschluss an Urt. v. 29. 4. 1988 – 7 C 33.87 – BVerwGE 79, 254 = *Hoppe/Stüer* RzB Rdn. 79 – Feueralarmsirene. Über ihn wird durch Leistungsurteil entschieden.

[362] *BVerwG*, B. v. 30. 1. 1990 – 7 B 162.89 – DVBl. 1990, 789 = *Hoppe/Stüer* RzB Rdn. 1274 – Mopedrennen.

[363] *BVerwG*, B. v. 13. 8. 1996 – 4 B 135.96 – BauR 1997, 281 – Verwirkung.

[364] *BVerwG*, B. v. 8. 1. 1997 – 4 B 228.96 – NVwZ-RR 1997, 522 – Verwirkung Nachbarrechte.

[365] *BVerwG*, B. v. 13. 8. 1996 – 4 B 135.96 – BauR 1997, 281 – Verwirkung.

Genehmigungsempfänger aus einem aktiven Tun des Nachbarn oder aus einer dem gleichzusetzenden Duldung auf dessen Einverständnis schließen kann.[366] Materielle Abwehrrechte des Nachbarn können daher bereits zu einem früheren Zeitpunkt verwirkt sein als entsprechende Verfahrensrechte.[367] Die Verwirkung von Nachbarrechten lässt sich nicht anders als nach dem „Alles- oder Nichts-Prinzip" beantworten. Eine differenzierende Betrachtungsweise ist allenfalls dann angebracht, wenn sich der Einwand der Verwirkung auf eine Mehrheit von Rechten erstreckt.[368] Der für die Verwirkung nachbarlicher Abwehrrechte gegen ein Bauvorhaben maßgebliche Zeitraum der Untätigkeit des Berechtigten ist allerdings deutlich länger zu bemessen als die Zeit, die dem Berechtigten gemäß den im Regelfall geltenden verfahrensrechtlichen Rechtsbehelfsfristen für die Geltendmachung seiner Rechte eingeräumt ist. Auch eine längere Untätigkeit des Nachbarn führt dann nicht zum Verlust des Abwehrrechts durch Verwirkung, wenn der Bauherr eine Baugenehmigung schon zuvor im wesentlichen Umfang sofort ausgenutzt hat, ohne dazu durch das Verhalten des Nachbarn veranlasst worden zu sein.[369] Die **Frist**, die verstrichen sein muss, richtet sich nach den Umständen des Einzelfalls. Als grobe Annäherung mag gelten: Legt der Nachbar über mehrere Monate nach Baubeginn keinen Widerspruch ein, darf der Bauherr annehmen, dass Nachbarrechte nicht mehr wahrgenommen werden. Materiellrechtliche Abwehrrechte des Nachbarn können auch gegenüber ungenehmigten Bauvorhaben verwirkt werden.[370] Eine Verwirkung ist dabei bereits vor Erteilung der Baugenehmigung möglich. Nachbarn stehen in einem besonderen nachbarlichen Gemeinschaftsverhältnis zueinander, das nach Treu und Glauben von ihnen besondere Rücksicht aufeinander fordert. Es verpflichtet sie, durch ein zumutbares aktives Handeln mitzuwirken, einen wirtschaftlichen Schaden des Bauherrn zu vermeiden oder den Vermögensverlust möglichst niedrig zu halten. Der Nachbar muss dieser Verpflichtung dadurch nachkommen, dass er nach Erkennen der Beeinträchtigung durch Baumaßnahmen ohne Säumnis seine nachbarlichen Einwendungen geltend macht, wenn ihm nicht der Grundsatz von Treu und Glauben entgegengehalten werden soll, weil er mit seinen Einwendungen länger als notwendig gewartet hat.[371] Zur Wahrung seiner materiellen Rechte kann je nach den Umständen des Einzelfalls schon ein deutlicher Widerspruch gegenüber dem Bauherrn genügen. Ergänzend kann ferner bei Schwarzbauten gegenüber der Bauaufsichtsbehörde ein Anspruch auf Einschreiten in Betracht kommen. Entscheidend ist allein, ob der Nachbar in Kenntnis der ihn beeinträchtigenden Baumaßnahme widerspruchslos hinnimmt, dass der Bauherr weitere Investitionen tätigt. Ein Nachbar, der mit der Erhebung des Widerspruchs gegen eine Baugenehmigung mehr als ein halbes Jahr zuwartet und seinen Rechtsbehelf erst einlegt, wenn das Bauwerk bereits im Rohbau weitgehend fertig gestellt ist, muss jedenfalls bei der im Eilverfahren vorzunehmenden Interessenabwägung das aufgrund des erreichten Baufortschritts veränderte Gewicht der Bauherreninteressen gegen sich gelten lassen.[372] Allerdings gehen nicht allein durch das Zeigen der Bauleitpläne durch den Bauherrn die nachbarlichen Abwehrrechte unter. Etwas anderes kann allerdings gelten, wenn der Nachbar dabei erkennen

---

[366] *BVerwG*, B. v. 17. 2. 1989 – 4 B 28.89 – Buchholz 401.19 Nachbarschutz Nr. 87 = *Hoppe/Stüer* RzB Rdn. 1267 – Verwirkung Widerspruchsrecht.

[367] *BVerwG*, B. v. 9. 8. 1990 – 4 B 95.90 – BauR 1990, 73 = *Hoppe/Stüer* RzB Rdn. 1279 – Nachbarklage Sportanlage.

[368] *BVerwG*, Urt. v. 21. 6. 1995 – 4 B 140.95 – Buchholz 406.19 Nachbarschutz Nr. 127.

[369] *BVerwG*, Urt. v. 16. 5. 1991 – 4 C 4.89 – BauR 1991, 597 = UPR 1991, 345 = *Hoppe/Stüer* RzB Rdn. 1280 – Verwirkung Zimmereibetrieb.

[370] *BVerwG*, B. v. 18. 3. 1988 – 4 B 50.88 – BauR 1988, 332 = BRS 48 (1988), Nr. 179 (S. 435) = *Hoppe/Stüer* RzB Rdn. 1259 – Verwirkung Nachbareinwendungen.

[371] *BVerwG*, Urt. v. 25. 1. 1974 – 4 C 2.72 – BVerwGE 44, 294 = NJW 1974, 1261 – Nachbarwiderspruch.

[372] *OVG Saarlouis*, B. v. 21. 9. 1998 – 2 W 6/98 – (unveröffentlicht) – Obstbrennerei.

lässt, dass er sich nicht gegen die vorgelegten Planungen wehren will, sondern damit einverstanden ist.[373]

4279 Die Ausübung von Nachbarrechten kann im Einzelfall wegen **Rechtsmissbrauchs** ausgeschlossen sein. Beruht etwa die geltend gemachte Rechtsverletzung gerade auf der unzulässigen Benutzung des eigenen Grundstücks oder verlangt der Nachbar vom Bauherrn die Einhaltung von Vorschriften, die er selbst nicht beachtet hat, so handelt er gegen Treu und Glauben. Rechtsmissbräuchlich können auch Einwendungen sein, die darauf beruhen, dass der Nachbar sein Grundstück zuvor für die angefochtene Benutzung bereitgestellt hat oder sonst mit dem Vorhaben ausdrücklich einverstanden war.

X. Rechtsschutz in Freistellungsfällen – Öffentlich-rechtlicher und zivilrechtlicher Rechtsschutz

4280 Besonders durch die in den Landesbauordnungen erfolgten **Freistellungen** von Bauvorhaben hat sich die Frage des Verhältnisses von öffentlich-rechtlichem und zivilrechtlichem Nachbarschutz neu gestellt.[374] Denn wo keine Baugenehmigung erteilt wird, scheidet auch eine nachbarliche Anfechtungsklage gegen eine Baugenehmigung aus. Die Verwaltungsgerichte haben sich zumeist damit beholfen, entsprechenden Rechtsschutz statt über §§ 80, 80a VwGO nach § 123 VwGO zu gewähren. Nachbarrechtsmittel in Verfahren der Genehmigungsfreistellung haben etwa Erfolg, wenn die im Freistellungsverfahren einzureichenden Bauvorlagen hinsichtlich nachbarrechtsrelevanter Baumaßnahmen **unbestimmt** sind und infolge dessen bei der Ausführung des Bauvorhabens eine Verletzung von Nachbarrechten wahrscheinlich ist.[375]

4281 Die **Bestandskraft** der Baugenehmigung hat dabei durchaus Auswirkungen auch für die zivilrechtliche Beurteilung. Denn die Baugenehmigung stellt verbindlich fest, dass das Vorhaben mit dem Baurecht übereinstimmt. Das kann sich gerade bei rechtswidrigen Baugenehmigungen auswirken. Auch in diesem Fall schneidet sie dem Nachbarn, der sich im Zivilprozess gegen die Inanspruchnahme seines Grundstücks etwa durch ein Notwegerecht auf der Grundlage des § 917 I BGB zur Wehr setzt den Vortrag ab, die Benutzung des Baugrundstücks sei schon deshalb nicht ordnungsgemäß, weil sie dem öffentlichen Baurecht widerspricht. Obwohl die Baugenehmigung unbeschadet privater Rechte Dritter ergeht, löst sie in Richtung auf die Entstehung eines Notwegerechts gleichsam eine Automatik aus. Auf der anderen Seite sieht das *BVerwG* die Verwaltungsgerichte allerdings als befugt an, ein vorgreifliches Rechtsverhältnis in einem späteren Verwaltungsrechtsstreit anders als die Zivilgerichte zu beurteilen.[376] Auch aus nachbarlichen Rechtsbeziehungen, zu denen eine angefochtene Baugenehmigung keine Aussagen trifft, kann ein nachbarlicher Aufhebungsanspruch nicht abgeleitet werden.[377]

---

[373] *BVerwG*, B. v. 7. 8. 1996 – 4 NB 147.96 – Buchholz 406.19 Nachbarschutz Nr. 134.

[374] *Stüer* DVBl. 1998, 953. Zum Nachbarschutz im Bauanzeigeverfahren *OVG Bautzen*, B. v. 22. 8. 1996 – 1 S 473/96 – NVwZ 1997, 922; *VGH München*, B. v. 26. 7. 1996 – 1 CE 96.2081 – NVwZ 1997, 923. Zum Nachbarrechtsschutz im vereinfachten Baugenehmigungsverfahren *BVerwG*, B. v. 16. 1. 1997 – 4 B 244.96 – NVwZ 1998, 48. Sind bauordnungsrechtliche Fragen nicht Gegenstand des Prüfungsverfahrens, kann Nachbarrechtsschutz nur mit einem Antrag auf Verpflichtung zum bauaufsichtlichen Einschreiten gegen das Vorhaben selbst begehrt werden.

[375] *OVG Münster*, B. v. 2. 10. 1998 – 11 B 845/98 – BauR 1999, 628 = NWVBl 1999, 266 = StuGR 1999, 26 – Freistellung.

[376] *BVerwG*, B. v. 11. 5. 1998 – 4 B 45.98 – NJW-RR 1999, 165 = Buchholz 406.19 Nachbarschutz Nr. 152 – Notwegerecht.

[377] *BVerwG*, B. v. 10. 11. 1998 – 4 B 107.98 – NVwZ-RR 1999, 413 = BauR 1999, 378 – Tiefgarage.

XI. Rechtsschutz vor den Baulandkammern

Die gerichtliche Prüfung bestimmter Verwaltungsakte des Städtebaurechts ist aufgrund des Art. 14 III GG in den **§§ 217 ff. BauGB** den **ordentlichen Gerichten** zugewiesen. Die sachliche Zuständigkeit der **Baulandgerichte** bestimmt sich nach dem Enumerationsprinzip. Für alle anderen Verwaltungsakte sind die Verwaltungsgerichte zuständig. Die Baulandgerichte entscheiden über alle Verwaltungsakte, die im Umlegungs- und Enteignungsverfahren ergehen, auch wenn sie keine Entschädigungsregelungen betreffen. Außerdem sind die Baulandgerichte zuständig für die Entscheidung über Verwaltungsakte aus Anlass einer Veränderungssperre (§§ 14, 16 BauGB), der Ausübung von Vorkaufsrechten (§ 28 III BauGB), nutzungsbeschränkenden Planungsmaßnahmen (§§ 39 bis 44 BauGB), des Härteausgleichs (§ 181 BauGB), von erschließungsrechtlichen Duldungspflichten (§ 126 II BauGB), von Vorarbeiten auf Grundstücken (§ 209 II BauGB) und der Wiedereinsetzung in den vorigen Stand (§ 21 BauGB). Der Antrag auf gerichtliche Entscheidung kann die Aufhebung eines erlassenen Verwaltungsaktes aber auch eine entsprechende Verpflichtung der Behörde zum Erlass eines Verwaltungsaktes sein. Auch eine Feststellungsklage bezogen auf das Bestehen oder Nichtbestehen eines Rechtsverhältnisses kann statthaft sein. Dies gilt insbesondere dann, wenn der Antragsteller ein berechtigtes Interesse an der baldigen Feststellung hat oder die Feststellung zur Vorbereitung einer zivilgerichtlichen Entschädigungs- oder Schadensersatzklage benötigt. Antragsbefugt ist entsprechend § 42 II VwGO jede natürliche oder juristische Person, die geltend macht, durch einen Verwaltungsakt oder durch seine Ablehnung in ihren Rechten verletzt zu sein. Außer dem Eigentümer können auch dingliche oder schuldrechtliche Rechte die Antragsbefugnis begründen. Adressat des Antrags auf gerichtliche Entscheidung ist die Stelle, die den ursprünglichen Verwaltungsakt erlassen hat oder hätte erlassen müssen (§ 217 II 1 BauGB). Die Antragsfrist beträgt bei Zustellung des Verwaltungsaktes einen Monat, bei öffentlicher Bekanntmachung sechs Wochen (§ 217 II 1 BauGB). Mit der Antragstellung tritt grundsätzlich ein Suspensiveffekt i. S. einer aufschiebenden Wirkung ein. Der Verwaltungsakt darf also vorläufig nicht vollzogen werden.

Zuweilen ist problematisch, inwieweit in den Verfahren vor den **Kammern für Baulandsachen** auch Verfahrensvorschriften der **VwGO** zu berücksichtigen sind. Die baulandgerichtlichen Regelungen enthalten etwa keine Vorschrift dazu, wie sich das Fehlen oder die unrichtige Erteilung einer Rechtsmittelbelehrung auf die Rechtsmittelfrist des § 217 II 1 BauGB auswirkt. Ob insoweit § 58 VwGO zumindest entsprechende anzuwenden ist, ist in der juristischen Fachliteratur umstritten. In Abgrenzung zu seiner älteren Rechtsprechung hat der *BGH* entschieden, dass eine unrichtige Rechtsmittelbelehrung durch die Verwaltungsbehörde den Lauf der Frist für den Antrag auf gerichtliche Entscheidung entsprechend § 58 VwGO jedenfalls dann hindert, wenn der Betroffene durch die Belehrung auf einen falschen gerichtlichen Weg verwiesen worden ist.[378]

5. Teil. Rechtsschutz der Gemeinde

Die Gemeinden können bei der Verletzung ihrer kommunalen Belange Rechtsschutz sowohl gegen die baurechtliche Einzelentscheidung (Baugenehmigung) als auch im Wege des Normenkontrollverfahrens gegen den Bebauungsplan suchen. Vor allem haben benachbarte Gemeinden die Anforderungen an die interkommunale Abwägung[379] zu er-

---

[378] *BGH*, Urt. v. 10. 12. 1998 – III ZR 2/98 – DVBl. 1999, 777 = BauR 1999, 488 – denkmalschutzbedingte Mehraufwendungen. Zum Anspruch wegen enteignenden Eingriffs bei Beschädigung eines denkmalgeschützten Gebäudes durch Straßenbauarbeiten der öffentlichen Hand *BGH*, Urt. v. 10. 12. 1998 – III ZR 233/97 – ZfBR 1999, 171.

[379] Zur interkommunalen Abstimmung s. Rdn. 206.

füllen. Nach § 2 II 1 BauGB sind die Bauleitpläne benachbarter Gemeinden aufeinander abzustimmen. Dieses **interkommunale Abstimmungsgebot** beinhaltet entsprechende Mitwirkungsrechte der Nachbargemeinde aber auch inhaltliche Abwehrrechte, wenn die sich aus diesem Gebot ergebenden Rechtsgrundsätze nicht beachtet worden sind. Die Nachbargemeinde kann sich gegen eine in ihre Belange eingreifende Baugenehmigung selbst dann durch Widerspruch und Klage wehren, wenn die Gemeinde, die den Bebauungsplan erlassen hat, inzwischen in die Nachbargemeinde eingemeindet worden ist. Dies gilt vor allem dann, wenn der Investor maßgeblichen Einfluss auf die Ausgestaltung des Bebauungsplans und damit den Genehmigungsinhalt genommen hat.[380]

4285   Gegenüber einer **Naturschutzverordnung** ist die Gemeinde danach bereits dann antragsbefugt, wenn sich die angegriffene Regelung auf die Planungshoheit der Gemeinde auswirken kann. Auf eine Betroffenheit konkreter kommunaler Planungen oder weiter Teile des Gemeindegebietes kommt es hier im Unterschied zum Fachplanungsrecht nicht an.[381] Dabei schwingt wohl auch etwas der Gedanke mit, dass in einem Normenkontrollverfahren eine Antragsbefugnis bereits dann besteht, wenn eine Verletzung des Rechtes ab Abwägung der eigenen betroffenen Belange geltend gemacht wird,[382] während im Fachplanungsrecht eine umfassende gerichtliche Kontrolle nur dann erfolgt, wenn eigene Rechte der Planfeststellung entgegenstehen.[383]

4286   Die Gemeinde kann allerdings nur eine Verletzung ihrer **eigenen Belange** geltend machen. Sie ist nicht zugleich Sachwalterin der Rechte ihrer Bürger. Der Gemeinde kommen nicht deshalb „wehrfähige" Rechte zu, weil der Allgemeinheit oder einzelnen Privatpersonen, die ihre Rechte selbst geltend zu machen haben, ein Schaden droht.[384] So kann die Gemeinde gegen eine im Planfeststellungsbeschluss vorgenommene Abwägung nicht mit Erfolg vorbringen, die Lärmbelastung für ihre Bewohner werde bei Verwirklichung des Vorhabens weiter zunehmen, landwirtschaftliche Betriebe und Fremdenverkehrsbetriebe seien bedroht oder das Vorhaben widerspreche öffentlichen Interessen wie dem Landschaftsschutz, dem Grundwasserschutz, dem Schutz vor Erschütterungen.[385] Bei der Aufstellung der Bauleitpläne können sich die betroffenen Gemeinden auch auf die ihnen durch die Ziele der Raumordnung zugewiesenen Funktionen sowie auf Auswirkungen auf ihre zentralen Versorgungsbereiche berufen (§ 2 II 2 BauGB). Durch diese mit dem EAG Bau eingeführte Regelung soll die Wehrfähigkeit der kommunalen Selbstverwaltung gegenüber Planungen von Nachbargemeinden gestärkt werden. Verstöße gegen das zentralörtliche Gliederungsprinzip oder nachteilige Auswirkungen auf zentrale Versorgungsbereiche werden damit Gegenstand kommunaler Rechtsschutzmöglichkeiten. Auch gegenüber Vorhaben im nicht beplanten Innenbereich bestehen vergleichbare interkommunale Wehfähigkeiten. Innenbereichsvorhaben dürfen keine schädlichen Auswirkungen auf zentrale Versorgungsbereiche in der Gemeinde oder in Nachbargemeinden haben (§ 34 III BauGB). Die Vorschriften reagieren damit auf eine Entscheidung des BVerwG zu den nachbargemeindlichen Rechtsschutzmöglichkeiten gegenüber Vorhaben im nicht beplanten Innenbereich. Eine Stadt etwa, der das Raumordnungsrecht die Stel-

---

[380] *OVG Weimar*, Urt. v. 17. 6. 1998 – 1 KO 1040/97 – ThürVBl. 1998, 280 = DÖV 1999, 170 – Nordhausen-Bielen.

[381] *BVerwG*, Urt. v. 7. 6. 2001 – 4 CN 1.01 – BVerwGE 114, 301 = DVBl. 2001, 1845 – Naturschutzverordnung.

[382] *BVerwG*, Urt. v. 24. 9. 1998 – 4 CN 2.98 – BVerwGE 107, 215 = DVBl. 1999, 100.

[383] Im Gegensatz zu *OVG Bautzen*, Urt. v. 16. 8. 2000 – 1 D 162/99 – SächsVBl. 2001, 12; entgegen *BVerwG*, B. v. 15. 3. 1989 – 4 NB 10.88 – BVerwGE 81, 307 = DVBl. 1989, 662; *OVG Lüneburg*, Urt. v. 24. 7. 1995 – 3 K 2909/93 – NuR 1997, 203.

[384] *BVerwG*, Urt. v. 15. 12. 1989 – 4 C 36.86 – BVerwGE 84, 209; B. v. 9. 2. 1996 – 11 VR 45.95 – NVwZ 1996, 1021 = DÖV 1996, 514 – Boitzenburg-Lüneburg; Urt. v. 21. 3. 1996 – 4 C 26.94 – DVBl. 1996, S. 914.

[385] *BVerwG*, B. v. 8. 1. 1997 – 11 VR 30.95 – NuR 1998, 221 – Staffelstein; zum Hauptsacheverfahren Urt. v. 18. 6. 1997 – 11 A 70.95 – UPR 1997, 470 = NJ 1997, 615 – Staffelstein.

lung eines Mittelzentrums zuweist, konnte sich unter Berufung hierauf nicht erfolgreich dagegen zur Wehr setzen, dass in einer benachbarten Gemeinde, der keine gleichwertige zentralörtliche Funktion zukommt, ein großflächiger Einzelhandelsbetrieb auf der Grundlage des § 34 BauGB zugelassen wird. Denn bei der Prüfung der Frage, ob sich ein großflächiger Einzelhandelsbetrieb nach der Art der baulichen Nutzung i. S. von § 34 I BauGB einfügt, mussten die in § 11 III BauNVO angesprochenen städtebaulichen Auswirkungen außer Betracht bleiben. Ein Vorhaben, das nach § 34 I BauGB zulässig ist, scheiterte danach nicht daran, dass es auf der Grundlage eines an die Ziele der Raumordnung angepassten Bebauungsplans nicht genehmigungsfähig wäre.[386] Nach der Rechtsprechung des *VGH Mannheim* erstreckt sich das Klagerecht einer Gemeinde gegen die Zulassung eines Vorhabens zur Landesverteidigung nach § 37 II 3 BauGB gegen ihren Widerspruch über die Verletzung ihrer Planungshoheit hinaus auch auf die sich aus § 36 II 1 i.V. m. §§ 31, 33, 34 und 35 BauGB ergebenden Gründe.[387]

Die in Art. 28 II GG verankerte kommunale Planungshoheit gewährt den Gemeinden **keine umfassende Rügebefugnis** unter allen rechtlichen Gesichtspunkten, sondern beschränkt sich auf die originären Rechte der kommunalen Selbstverwaltung.[388] Bei der kommunalen Bauleitplanung ist auf hinreichend konkretisierte und verfestigte Planungsabsichten auch dann Rücksicht zu nehmen, wenn die kommunale Bauleitplanung noch nicht rechtsverbindlich ist.[389] Eine konkrete Planungsbetroffenheit ist allerdings nur in der Fachplanung, nicht bei Normsetzungen erforderlich, denen die Gemeinde in ihrem Gebiet unterliegt.[390] **4287**

Nach dem **Prioritätsgrundsatz** hat grundsätzlich diejenige Planung Rücksicht auf die konkurrierende Planung zu nehmen, die den zeitlichen Vorsprung hat. Voraussetzung ist dafür eine hinreichende Verfestigung der Planung, die einen Vorrang für sich beanspruchen kann. Bei einem Fachplanungsvorhaben bewirkt in der Regel erst die Auslegung der Planunterlagen eine hinreichende Verfestigung. Abweichendes gilt im Falle eines gestuften Planungsvorgangs mit verbindlichen Vorgaben, wie er bei der gesetzlichen Bedarfsfeststellung im Fernstraßenausbaugesetz oder bei der Eisenbahnplanung vorliegt. Deshalb kann hier schon vor Einleitung des Planfeststellungsverfahrens eine Verfestigung bestimmter fachplanerischer Ziele eintreten.[391] **4288**

Hat eine Gemeinde in ihrem Flächennutzungsplan eine Baufläche dargestellt, so kann eine die Lärmbelastung dieser Flächen erhöhende Straßenplanung die kommunale Planungshoheit nur dann verletzen, wenn das Straßenbauvorhaben die Verwirklichung dieser Gebietsdarstellung nachhaltig stört. Die Straßenplanung ist für die Störung nicht ursächlich, wenn auch ohne die Baumaßnahme die Ausweisung eines Baugebiets Lärmschutzvorkehrungen erfordert.[392] Auch unter Berufung auf ihre Planungshoheit kann eine Gemeinde allerdings keine umfassende objektiv-rechtliche Planprüfung fordern.[393] **4289**

§ 42 II VwGO macht die Zulässigkeit einer **Anfechtungsklage** davon abhängig, dass der angefochtene Verwaltungsakt den Kläger in seinen Rechten verletzt haben kann. Wird eine Behörde als Ausgangsbehörde i. S. des § 68 I VwGO oder gegenüber der Fachaufsichtsbehörde als nachgeordnete Behörde tätig, so steht ihr aus dieser Position gegenüber **4290**

---

[386] *BVerwG*, Urt. v. 11. 2. 1993 – 4 C 15.92 – Buchholz 406.11 § 34 BauGB Nr. 156 = DVBl. 1993, 658 = UPR 1993, 263 = DÖV 1993, 914 = NVwZ 1994, 285 = *Hoppe/Stüer* RzB Rdn. 1286 – interkommunale Nachbarklage; s. Rdn. 2384.
[387] *VGH Mannheim*, Urt. v. 19. 12. 1997 – 5 S 2735/95 – UPR 1998, 460.
[388] *VG Schleswig*, Urt. v. 21. 6. 2001 – 12 A 360/96 – RdL 2002, 50 = SchlHA 2002, 24.
[389] *BVerwG*, B. v. 13. 11. 2001 – 9 B 57.01 – DVBl. 2002, 276 = NVwZ-RR 2002, 178 – zur Planungsauslegung.
[390] *BVerwG*, Urt. v. 7. 6. 2001 – 4 CN 1.01 – BVerwGE 114, 301 = DVBl. 2001, 1845 – Naturschutzverordnung.
[391] *BVerwG*, Urt. v. 5. 11. 2002 – 9 VR 14.02 – DVBl. 2003, 111 = NVwZ 2003, 207 – Mahlow.
[392] *VGH Mannheim*, Urt. v. 18. 7. 2002 – 8 S 545/02 – BauR 2003, 355.
[393] *BVerwG*, Urt. v. 5. 11. 2002 – 9 VR 14.02 – DVBl. 2003, 111 – Mahlow.

der vorgeordneten Behörde eine Widerspruchsbefugnis nicht zu.[394] Dem Rechtsträger der Erstbehörde oder dem Rechtsträger der Widerspruchsbehörde kann jedoch ein Abwehrrecht zustehen, wenn sich dies nach dem materiellen Recht ergibt. Ein derartiges materielles Recht kann in der Planungshoheit der als Erstbehörde tätigen Gemeinde liegen.[395]

Beispiel: Der Landrat eines nrw Kreises weist den hauptamtlichen Bürgermeister als Baugenehmigungsbehörde an, eine Baugenehmigung zu erteilen. Die Stadt sieht hierdurch ihre Planungshoheit verletzt, da die Baugenehmigung ohne gemeindliches Einvernehmen einen Dispens von den Festsetzungen des Bebauungsplans enthalten soll. Der Bürgermeister ist als geliehenes Organ Sonderordnungsbehörde gem. § 9 IIb OBG NRW und weisungsgebunden. Er hat daher keine Rechtsschutzmöglichkeiten gegen die an ergangene Weisung der Aufsichtsbehörde. Denn die von kommunalen Organen wahrgenommene Aufgaben der Staatsverwaltung gehören nicht zum Bereich der kommunalen Selbstverwaltung. Die Stadt hat Widerspruchs- und Klagemöglichkeiten,[396] wenn sie geltend macht, dass die Baugenehmigung ihre Selbstverwaltungsrechte verletzt.[397] Ist der Bürgermeister zugleich Baugenehmigungsbehörde als staatlich geliehenes Organ, bedarf es allerdings eines gesonderten gemeindlichen Einvernehmens nicht,[398] so dass die Stadt ihre Klage nicht bereits auf ihr fehlendes gemeindliches Einvernehmen stützen kann.[399] Die Stadt kann jedoch eine Verletzung ihrer Planungsbelange geltend machen, wenn in Abweichung von den Festsetzungen des Bebauungsplans eine Baugenehmigung erteilt werden soll.

6. Teil. Verbandsbeteiligung und Verbandsklagerechte

4291 § 61 BNatSchG gewährt den Naturschutzvereinen Verbandsklagerechte auch auf Bundesebene. Daneben treten wie bisher die Beteiligungsrechte des § 58 BNatSchG.[400]

1. Verbandsbeteiligung

4292 § 58 BNatSchG regelt die Beteiligung von Verbänden auf Bundesebene. Die nach § 59 BNatSchG vom Bundesumweltministerium anerkannten Verbände sind bei der Vorbereitung von Verordnungen und anderen im Range unter dem Gesetz stehenden Rechtsvorschriften auf dem Gebiet des Naturschutzes und der Landschaftspflege durch die Bundesregierung oder das Bundesumweltministerium zu beteiligen. Auch findet eine Beteiligung der anerkannten Verbände in Planfeststellungsverfahren statt, die mit Eingriffen in Natur und Landschaft verbunden sind und der Tätigkeitsbereich des Verbandes in räumlicher Hinsicht durch das Vorhaben betroffen wird. Eine Beteiligung ist auch bei Plan-

---

[394] *BVerwG*, Urt. v. 21. 6. 1974 – 4 C 17.72 – BVerwGE 45, 207; B. v. 27. 2. 78 – 7 B 36.77 – Buchholz 310 § 42 VwGO Nr. 72; Urt. v. 11. 11. 1988 – 8 C 9.87 – Buchholz 310 § 68 VwGO Nr. 32 = BayVBl 1989, 247 = KStZ 1989, 74 = NVwZ-RR 1989, 359 – Vermessungsgebühr.
[395] *BVerwG*, Urt. v. 11. 3. 1970 – 4 C 59.67 – Buchholz 445.4 § 19 WHG Nr. 3; Urt. v. 21. 6. 74–4 C 16.72 – BVerwGE 45, 207; Urt. v. 27. 11. 1981 – 4 C 36 und 37.78 – Buchholz 406.11 § 1 BBauG Nr. 23.
[396] Vgl. zum Rechtsschutz der Gemeinde im Falle der Anfechtung einer kommunalaufsichtlichen Weisung im Bereich der Auftragsangelegenheiten *VGH Kassel*, Urt. v. 18. 1. 1988 – 4 TH 1663/85 – NVwZ-RR 1988, 111; *Stüer*, Kommunalrecht 1997, S. 211.
[397] Verweigert die Gemeinde rechtswidrig ihr Einvernehmen, so kann sie allerdings aufgrund einer Amtshaftung nach § 839 BGB, Art. 34 GG schadensersatzpflichtig werden, vgl. dazu *BGH*, Urt. v. 15. 11. 1984 – III ZR 70/83 – NJW 1985, 2817 = BauR 1985, 438.
[398] So *BVerwG*, B. v. 16. 12. 1969 – 4 B 121.69 – DÖV 1969, 349.
[399] Setzt sich die Baugenehmigungsbehörde über das nach § 36 I BauGB erforderliche, aber fehlende gemeindliche Einvernehmen hinweg, so ist eine Klage der Gemeinde gegen die erteilte Baugenehmigung nur dann begründet, wenn die Gemeinde ihr Einvernehmen zu Recht versagt hat, anders noch *BVerwG*, Urt. v. 24. 5. 1984 – 4 CB 2.84 – NVwZ 1984, 566 = BayVBl 1984, 602 = NuR 1984, 308; Urt. v. 7. 2. 1986 – 4 C 43.83 – NVwZ 1986, 556. Etwas anderes könnte nur gelten, wenn der Behörde nach Landesrecht eine entsprechende, über die Kompetenz der Baugenehmigungsbehörde hinausgehende Befugnis zur Entscheidung in der Sache eingeräumt worden ist.
[400] § 29 BNatSchG a. F. Zum Überleitungsrecht s. §§ 69 bis 72 BNatSchG.

genehmigungen erforderlich, die an die Stelle einer Planfeststellung treten und für die eine Öffentlichkeitsbeteiligung vorgesehen ist. Die Pflicht zur Öffentlichkeitsbeteiligung besteht in aller Regel bei UVP-pflichtigen Vorhaben. Für Vorhaben, die von Behörden des Landes oder der Gemeinden festgestellt werden, erlassen die Länder nach § 60 BNatSchG entsprechende Vorschriften. Einem von den Ländern anerkannten Verein ist Gelegenheit zur Stellungnahme und zur Einsicht in die einschlägigen Sachverständigengutachten zu geben (1) bei der Vorbereitung von Verordnungen und anderen im Range unter dem Gesetz stehenden Rechtsvorschriften der für Natur- und Landschaftspflege zuständigen Behörden der Länder, (2) bei der Vorbereitung von Programmen und Plänen nach den §§ 15, 16 BNatSchG und (3) sonstigen Plänen wie Raumordnungsplänen (§ 35 Satz 1 Nr. 2 BNatSchG) sowie (4) bei der Vorbereitung von Programmen staatlicher und sonstiger öffentlicher Stellen zur Wiederansiedlung von Tieren und Pflanzen verdrängter wild lebender Arten in der freien Natur. Außerdem bezieht sich die Verbandsbeteiligung auf (5) die Befreiung von Verboten und Geboten zum Schutz von Naturschutzgebieten, Nationalparken, Biosphärenreservaten und sonstigen Schutzgebieten im Rahmen des § 33 II BNatSchG, auf (6) Planfeststellungsverfahren, die von Behörden der Länder durchgeführt werden, soweit es sich um Vorhaben handelt, die mit Eingriffen in Natur und Landschaft verbunden sind, sowie (7) auf Plangenehmigungen, die von Behörden der Länder erlassen werden, die an die Stelle einer Planfeststellung treten, soweit eine Öffentlichkeitsbeteiligung nach § 17 Ib FStrG vorgesehen ist. Die Länder können eine weitergehende Form für die Mitwirkung festlegen und auch die Mitwirkungsrechte der Verbände auf andere Vorhaben erstrecken aber auch bei geringfügigen Auswirkungen auf Belange des Naturschutzes und der Landschaftspflege einschränken. § 60 BNatSchG enthält ein Rahmenrecht für die Länder, das diese auf der Grundlage des § 11 BNatSchG in ihren Naturschutzgesetzen umgesetzt haben. Ein zusätzlicher Regelungsbedarf für die Länder ergibt sich aus der Neuregelung der Verbandsbeteiligung in § 60 BNatSchG. Im Rahmen der Beteiligung gemäß § 58 I Nr. 2 BNatSchG[401] bzw. § 60 II BNatSchG muss jeder Naturschutzverband grundsätzlich individuell unterrichtet werden, es sei denn, die Planfeststellungsbehörde hat sich mit dem jeweiligen Naturschutzverband in organisatorischer Hinsicht über die Einsichtnahme in die Sachverständigengutachten und damit über die Art und Weise der Erfüllung der Beteiligungsverpflichtung anderweitig verständigt.[402]

Anerkannte Naturschutzvereine haben keinen Anspruch darauf, dass mit ihnen das Benehmen hergestellt wird. Ihre Mitwirkung ist eine spezifische Form der Öffentlichkeitsbeteiligung, mit deren Hilfe Vollzugsdefizite im Bereich des Naturschutzes und der Landschaftspflege ausgeglichen und der Sachverstand der Verbände genutzt werden sollen. Die Naturschutzvereine sind außen stehende Sachwalter der Interessen Natur, nicht aber auch Träger öffentlicher Belange, selbst wenn sie in der Verwaltungspraxis gelegentlich so behandelt werden sollten.[403] Daran hat sich auch durch die auf Bundesebene eingeführte Verbandsklage nichts geändert. Demgemäß haben die Naturschutzvereine keinen Anspruch auf einen ständigen Dialog oder Abstimmungsprozess mit der Planfeststellungsbehörde. Dem Beteiligungsrecht eines anerkannten Naturschutzverbandes kann vielmehr grundsätzlich durch eine einmalige Anhörung hinreichend Rechnung getragen werden. Eine erneute Beteiligung der Naturschutzvereine ist aber bei Planänderung dann erforderlich, wenn hierdurch der Aufgabenbereich der Vereine erstmals oder stärker als bisher betroffen wird (§ 73 VIII VwVfG). Deshalb entfällt das Beteiligungserfordernis nicht schon deshalb, weil die Planfeststellungsbehörde bei einer saldierenden Gesamtbetrachtung zu dem Ergebnis gekommen ist, dass die Belange von Naturschutz und Landschaftspflege auch nach erfolgter Planänderung im gleichen Umfang gewahrt

---

[401] § 29 I Satz 1 Nr. 4 BNatSchG a. F.
[402] *VGH Mannheim*, Urt. v. 23. 3. 2001 – 3 S 134/00 – NVwZ-RR 2001, 728.
[403] *OVG Lüneburg*, B. v. 12. 10. 2000 – 7 M 3440/00 – DÖV 2001, 523 = NdsVBl. 2001, 142 = NVwZ-RR 2001, 435; *VGH Mannheim*, Urt. v. 23. 3. 2001 – 3 S 134/00 – NVwZ-RR 2001, 728.

sind.⁴⁰⁴ Durch § 58 I Nr. 2 BNatSchG⁴⁰⁵ wird kein umfassendes Akteneinsichtsrecht gewährt. Vielmehr ist der Beteiligungsanspruch auf die einschlägigen Sachverständigengutachten beschränkt. Hierzu zählen allerdings nicht nur solche im Sinne von § 26 I Nr. 2 VwVfG, sondern auch vergleichbare sachverständige Stellungnahmen Dritter oder beteiligter Behörden. Für andere Gutachten und Stellungnahmen, die Vorfragen oder andere Aspekte der planerischen Abwägung betreffen, besteht für eine Beteiligung der Naturschutzvereine kein Bedürfnis, da sie sich allenfalls mittelbar auf Belange des Naturschutzes oder der Landschaftspflege auswirken können. Ein zusätzliches Beteiligungserfordernis besteht auch dann nicht, wenn eine thematisch einschlägige Einwendung nach Behandlung des Problems im Erörterungstermin nicht mehr aufrechterhalten wird⁴⁰⁶ oder von einem Planfeststellungsverfahren rechtmäßig abgesehen wird.⁴⁰⁷ Denn solange nicht ein an sich gebotenes Planfeststellungsverfahren umgangen und rechtswidrig die Entscheidung für die Durchführung eines Plangenehmigungsverfahrens getroffen wird, fehlt es an einer Verletzung des Beteiligungsrechts anerkannter Naturschutzvereine.⁴⁰⁸

2. Verbandsklage

4294 § 61 BNatSchG gewährt den nach § 59 BNatSchG oder den entsprechenden Landesregelungen anerkannten Vereinen ein Vereinsklagerecht gegen Befreiungen von Verboten und Geboten zum Schutz von Naturschutzgebieten, Nationalparken und sonstigen Schutzgebieten im Rahmen des § 33 II BNatSchG und gegen Planfeststellungsbeschlüsse, die mit Eingriffen in Natur und Landschaft verbunden sind, sowie Plangenehmigungen, soweit eine Öffentlichkeitsbeteiligung vorgesehen ist.⁴⁰⁹ Die Rechtsbehelfe sind nur zulässig, wenn der Verein geltend macht, dass der angefochtene Verwaltungsakt Vorschriften des BNatSchG oder der auf seiner Grundlage erlassenen Regelungen oder auch anderen Vorschriften widerspricht, die zumindest auch den Belangen des Naturschutzes und der Landschaftspflege dienen. Der Verein muss zudem in seinen satzungsmäßigen Aufgaben berührt werden und sich im Verfahren entsprechend beteiligt haben. Hat ein Verein im Verwaltungsverfahren Gelegenheit zur Äußerung gehabt, ist er im Verfahren über den Rechtsbehelf mit allen Einwendungen ausgeschlossen, die er im Verwaltungsverfahren nicht geltend gemacht hat, aber aufgrund der ihm überlassenen oder von ihm eingesehenen Unterlagen zum Gegenstand seiner Äußerung hätte machen können (§ 61 III BNatSchG).⁴¹⁰ Ist der Verwaltungsakt dem Verein nicht bekannt gegeben worden, müssen Widerspruch und Klage binnen eines Jahres erhoben werden, nachdem der Verein von dem Verwaltungsakt Kenntnis erlangt hat oder hätte erlangen können (§ 61 IV BNatSchG).

4295 § 61 III BNatSchG enthält für die Verbandsklagen eine **Präklusionsregelung**, die dem § 73 IV VwVfG und den entsprechenden Regelungen in den Fachgesetzen (§ 17 IV 1 FStrG) vorgeht.⁴¹¹ Während die privaten Einwendungsführer mit ihren Einwendungen

---

⁴⁰⁴ *VGH Mannheim*, Urt. v. 23. 3. 2001 – 3 S 134/00 – NVwZ-RR 2001, 728, mit Hinweis auf *BVerwG*, Urt. v. 12. 11. 1997 – 11 A 49.96 – BVerwGE 105, 348 = DVBl. 1998, 334 = NVwZ 1998, 395.
⁴⁰⁵ § 29 I Satz 1 Nr. 4 BNatSchG a. F.
⁴⁰⁶ *VGH Mannheim*, Urt. v. 23. 3. 2001 – 3 S 134/00 – NVwZ-RR 2001, 728, mit Hinweis auf *BVerwG*, Urt. v. 12. 11. 1997 – 11 A 49.96 – BVerwGE 105, 348 = DVBl. 1998, 334 = NVwZ 1998, 395.
⁴⁰⁷ *BVerwG*, B. v. 27. 10. 2000 – 11 VR 14.00 – DVBl. 2000, 1864 = NVwZ-RR 2001, 88.
⁴⁰⁸ *OVG Lüneburg*, B. v. 12. 10. 2000 – 7 M 3440/00 – DÖV 2001, 523 = NVwZ-RR 2001, 435, 436, mit Hinweis auf *BVerwG*, Urt. v. 14. 5. 1997 – 11 A 43.96 – BVerwGE 104, 367 = DVBl. 1997, 1123 = NVwZ 1998, 279.
⁴⁰⁹ Zur Neuregelung der Klagemöglichkeiten der Verbände im Zusammenhang mit der Beschleunigung von Planungsverfahren für Verkehrsinfrastrukturvorhaben s. Rdn. 3762.
⁴¹⁰ Vgl. dazu auch *OVG Koblenz*, B. v. 27. 9. 2001 – 1 B 10290/01.OVG – Hochmoselbrücke.
⁴¹¹ *BVerwG*, Urt. v. 17. 5. 2002 – 4 A 28.01 – BVerwGE 116, 254 = DVBl. 2002, 1486 = NVwZ 2002, 1243 – A 44. Zu den Änderungen in den Präklusionsregelungen im Zusammenhang mit der Beschleunigung von Planungsverfahren für Verkehrsinfrastrukturvorhaben s. Rdn. 3762.

ausgeschlossen sind, wenn sie diese nicht innerhalb der Einwendungsfrist im Zusammenhang mit der Offenlage erheben, müssen die Einwendungen der Verbände auch noch im weiteren Verlauf des Planfeststellungsverfahrens berücksichtigt werden. Dies gilt vor allem auch für die im Erörterungstermin erhobenen Einwendungen. Mit Einwendungen sind die Verbände daher erst dann präkludiert, wenn sie sie erstmalig im Klageverfahren erhoben haben. Allerdings können sich für bestimmte Verfahren Klagebegründungsfristen ergeben. So enthält etwa § 5 III VerkPBG eine Klagebegründungsfrist. Der Kläger hat danach innerhalb einer Frist von 6 Wochen die zur Begründung seiner Klage dienenden Tatsachen und Beweismittel anzugeben. Eine gleich lautende Regelung enthält etwa § 17 VI b FStrG oder § 20 VI 2 AEG. Die Frist beginnt mit Klageerhebung. Innerhalb dieser Frist muss der Kläger die ihn beschwerenden Tatsachen so konkret angeben, dass der Lebenssachverhalt, aus dem er den mit der Klage verfolgten Anspruch ableitet, unverwechselbar feststeht. Das schließt späteren vertiefenden Vortrag nicht aus. Nach § 5 III 2 VerkPBG gilt im Falle der Fristversäumnis § 87 b III VwGO entsprechend. Ob die Versäumung der Klagebegründungsfrist des § 5 III VerkPBG den Rechtsstreit i. S. v. § 87 b III 1 Nr. 1 VwGO verzögert, beurteilt sich danach, ob der Prozess bei Zulassung des verspäteten Vorbringens länger dauern würde als bei dessen Zurückweisung. Ob der Rechtsstreit bei rechtzeitigem Vorbringen ebenso lange gedauert hätte, ist unerheblich, es sei denn, dies wäre offenkundig.[412] Die Verweisung des § 5 III VerkPBG bezieht sich ihrem Sinn nach nicht auf § 87 b III 1 Nr. 3 VwGO. Die darin vorgeschriebene Belehrung über die Folgen einer Fristversäumnis gilt nur für eine richterlich gesetzte Frist, nicht aber für eine solche kraft Gesetzes.[413] Diese Klagebegründungsfristen gelten auch für die Naturschutzverbände bei der Verbandsklage nach § 61 BNatSchG. Ebenso anwendbar sind Fristen für Eilanträge, die etwa nach § 17 VI a 2 FStrG nur innerhalb eines Monats nach der Zustellung des Planfeststellungsbeschlusses oder eine Plangenehmigung gestellt und begründet werden kann.

Die **Länder** hatten zur Umsetzung der Neuregelungen des BNatSchG zwar in aller Regel eine Schonfrist von 3 Jahren. Ausgenommen davon sind aber die **Habitatschutz-Regelungen** in den §§ 32 bis 35, 37 II und III BNatSchG, die nach den §§ 11, 71 BNatSchG unmittelbar auch in den Ländern gelten, sowie die **Verbandsklageregelungen**. Diese sind **unmittelbar in Kraft** getreten.[414] Die Verbandsklage ist damit nicht nur für Vorhaben, die von Bundesbehörden zugelassen werden, sondern auch für Vorhaben im Landesbereich unmittelbar eingeführt. Das ergibt sich aus § 69 V und VII BNatSchG. Für Verfahren, die bei Bundesbehörden geführt werden, bestimmt § 69 V BNatSchG, dass die Verbandsklageregelung des § 61 BNatSchG für alle Vorhaben gilt, für die nach In-Kraft-Treten des BNatSchG 2002 ein Antrag gestellt wird. Aber auch für Planfeststellungsbeschlüsse und Plangenehmigungen, die nach dem 1. 7. 2000 erlassen wurden oder werden und die noch nicht bestandskräftig sind, ist die Verbandsklage im Nachhinein eingeführt worden. Der Verband muss allerdings innerhalb der Klagefrist eine Klage erhoben haben. Auch gegenüber Zulassungen durch Landesbehörden ergeben sich nachträglich diese Möglichkeiten einer Verbandsklage. § 69 VII BNatSchG bezieht die Verbandsklagerechte des § 61 BNatSchG und des § 69 V BNatSchG auch auf Vorhaben, die nach dem 1. 7. 2000 zugelassen worden sind. Die rückwirkende Einführung der Verbandsklage auf bereits in der Vergangenheit planfestgestellte Vorhaben erscheint allerdings nicht ganz unproblematisch. Denn es können sich dann im Nachhinein für die Rechtmäßigkeit der Planfeststellung zusätzliche Anforderungen ergeben, mit denen die Planfeststellungsbehörde im Zeitpunkt des Erlasses des Planfeststellungsbeschlusses nicht

---

[412] *BVerwG*, Urt. v. 18. 2. 1998 – 11 A 6.97 – NVwZ-RR 1998, 592. Die gegen diese Entscheidung erhobene Verfassungsbeschwerde hat das Bundesverfassungsgericht mit B. v. 30. 6. 1998 – 1 BvR 854/98 – nicht zur Entscheidung angenommen.
[413] *BVerwG*, B. v. 17. 2. 1997 – 4 A 41.96 – NVwZ 1997, 998 – A 20.
[414] *BVerwG*, Urt. v. 17. 5. 2002 – 4 A 28.01 – BVerwGE 116, 254 = DVBl. 2002, 1486 = NVwZ 2002, 1243 – A 44.

ohne weiteres rechnen konnte. Dies gilt vor allem dann, wenn im Nachhinein neue Gesichtspunkte wie etwa des Habitat- oder des Vogelschutzes bekannt werden, auf die im Verfahren von keiner Seite hingewiesen worden ist und die auch von den Verbänden im Einwendungsverfahren nicht rechtzeitig geltend gemacht worden sind, nun aber der nachträglich eingeführten Verbandsklage unterliegen. Mit einer solchen nachträglichen Rechtsänderung könnten verfassungsrechtliche Fragen einer unzulässigen Rückwirkung verbunden sein, die noch der Klärung harren. Für laufende oder neu beginnende Verfahren jedenfalls ist unmittelbar auf die neue Rechtslage der Verbandsklage umzustellen.[415]

7. Teil. Rechtsschutz in der Fachplanung

4297   Gegen Planfeststellungsbeschlüsse im Bereich des Fachplanungsrechts ist unmittelbar die Klage statthaft.[416] Ein Vorverfahren findet nicht statt (§ 68 I 2 VwGO, §§ 70, 72 VwVfG).[417]

I. Klage gegen den Planfeststellungsbeschluss

4298   Gegen belastende Planfeststellungsbeschlüsse können die davon Betroffenen ohne Widerspruchsverfahren unmittelbar Klage erheben. Die Klage ist zwar grundsätzlich beim Verwaltungsgericht zu erheben.[418] In den in § 48 I 1 VwGO benannten Fällen ist jedoch das *OVG* erstinstanzlich zuständig. Die erstinstanzliche Zuständigkeit des *OVG* ist insbesondere bei Planfeststellungsverfahren und Plangenehmigungen (§ 48 I 2 VwGO) nach dem Abfallrecht, für Verkehrsflughäfen, für den Bau oder die Änderung neuer Strecken von Straßenbahnen und von öffentlichen Eisenbahnen sowie für den Bau von Rangier- und Containerbahnhöfen, für den Neubau und die Änderung von Bundesfernstraßen sowie für den Neubau oder den Ausbau von Bundeswasserstraßen gesetzlich angeordnet. Zudem entscheidet das *BVerwG* nach § 5 VerkPlBG im ersten und letzten Rechtszug über sämtliche Streitigkeiten, die Planfeststellungs- oder Plangenehmigungsverfahren für die „Verkehrsprojekte Deutsche Einheit" betreffen. Dies gilt auch für Streitigkeiten über Vorarbeiten nach § 6 VerkPlBG.[419] Die Klage ist innerhalb eines Monats seit Zustellung des Planfeststellungsbeschlusses zu erheben (§ 74 VwGO). Die erstinstanzliche Zuständigkeit des *OVG* gilt auch für Streitigkeiten über Plangenehmigungen, die anstelle einer Planfeststellung erteilt werden (§ 48 I 2 VwGO). Dabei fallen nach Ansicht des *VGH Mannheim* allerdings nur Streitigkeiten im Rahmen eines Planfeststellungsverfahrens bzw. förmlichen Genehmigungsverfahren einschließlich der Streitigkeiten um Genehmigungen und Erlaubnisse von Nebeneinrichtungen unter diese Zuständigkeitsregelung. Für nachträgliche Anordnungen nach § 17 BImSchG bleibt das *VG* die erste Gerichtsinstanz.[420]

4299   Ob eine **Anfechtungs- oder Verpflichtungsklage** erhoben wird, richtet sich entsprechend § 88 VwGO nach dem Klagebegehren. Entscheidend ist dabei das im Parteivorbringen zum Ausdruck kommende Rechtsschutzziel. Begehrt der Kläger die Aufhebung des Planfeststellungsbeschlusses, so ist die Anfechtungsklage die richtige Klageart. Soweit lediglich die nachträgliche Ergänzung von Schutzauflagen begehrt wird, ist die Verpflichtungsklage die richtige Klageart. Gegen Vorhaben öffentlicher Planungsträger, die

---

[415] *BVerwG*, Urt. v. 1.4.2004 – 4 C 2.03 – BVerwGE 120, 276 = DVBl. 2004, 115 = EurUP 2004, 161; zur Vorinstanz *OVG Koblenz*, Urt. v. 9.1.2003 – 1 C 10187/01 – NuR 2003, 441 = DVBl. 2003, 200 – B 50n 2. Abschnitt Hochmoselbrücke.
[416] *Beckmann* Verwaltungsgerichtlicher Rechtsschutz im raumbedeutsamen Umweltrecht 1987.
[417] *Johlen* Planfeststellungsrecht HdBöffBauR Kap. L Rdn. 169.
[418] *Heintschel von Heinegg* NWVBl. 1994, 441.
[419] *BVerwG*, B. v. 1.7.1993 – 7 ER 308.93 – DVBl. 1993, 1155 = NVwZ 1994, 368 = DÖV 1994, 348 – Bohrarbeiten Ebensfelde-Erfurt.
[420] *VGH Mannheim*, B. v. 23.7.1999 – 10 S 373/99 –.

weder in einem Planfeststellungsverfahren noch in einem (anderen) Genehmigungsverfahren behördlich geprüft worden sind, stehen dem Betroffenen **Unterlassungsansprüche** und daneben ggf. auch Leistungsansprüche anderer Art zur Verfügung. Machen die Betroffenen davon keinen Gebrauch und nehmen sie damit die sie belastenden Maßnahmen klaglos hin, so können sie diese Beeinträchtigungen nicht mit einem späteren Vorhaben in Verbindung bringen, das in Wahrheit zu keiner Verschlechterung der faktisch bestehenden Situation führt.[421]

Die Zulässigkeit einer Anfechtungsklage setzt eine **Klagebefugnis** voraus. Diese ist nach § 42 II VwGO gegeben, wenn der Kläger geltend macht, in eigenen Rechten verletzt zu sein. Für den Rechtsschutz ist die Unterscheidung zwischen dem **unmittelbar enteignungsrechtlich Betroffenen** und dem dem Vorhaben **benachbarten Eigentümer** von Bedeutung. Der Eigentümer, dessen Grundstück auf der Grundlage der Planfeststellung durch Enteignung unmittelbar in Anspruch genommen werden soll, hat einen weitergehenden Rechtsschutz[422] im Vergleich zu demjenigen Betroffenen, der dem Vorhaben lediglich benachbart ist.[423] Der durch die fachplanerische Zulassungsentscheidung unmittelbar (enteignend) betroffene Grundstückseigentümer hat grundsätzlich volle Abwehrrechte. Er kann sich nicht nur auf die Verletzung seiner eigenen (privaten) Belange, sondern auch auf die Nichtbeachtung öffentlicher Belange berufen.[424] Allerdings sind auch die Klagerechte des unmittelbar betroffenen Eigentümers **eingeschränkt**. Auch der enteignend betroffene Grundstückseigentümer ist nicht davon enthoben, den Voraussetzungen des § 42 II VwGO zu genügen, also darzulegen, dass die angefochtene Entscheidung in seine rechtlich geschützten Interessen eingreift. Eine Klagebefugnis besteht nicht, wenn der geltend gemachte Rechtsfehler gerade für die Rechtsbetroffenheit des klagenden Grundeigentümers aus verfahrensrechtlichen oder materiellen Gründen unerheblich ist.[425] Das ist der Fall, wenn der als verletzt geltend gemachte öffentliche Belang nur von örtlicher Bedeutung ist und aus diesem Grunde das klägerische Grundstück nicht berührt.[426] Es reicht daher nicht aus, dass sich der Planbetroffene lediglich ganz allgemein zum Verteidiger öffentlicher Interessen aufschwingt. Auch kann sich ein Grundstückseigentümer auf die Verletzung von Verfahrensvorschriften, die zu Gunsten anderer Beteiligter bestehen, nur berufen, wenn er überzeugend geltend macht, hierdurch auch in seiner Rechtsstellung betroffen zu sein.[427]

Der lediglich als **Nachbar** betroffene Grundstückseigentümer hat demgegenüber verminderte Rechtsschutzmöglichkeiten. Er kann nur rügen, dass seine eigenen Belange nicht ausreichend in die Abwägung eingestellt worden sind. Immerhin hat der von der Fachplanung auch nur mittelbar Betroffene im Gegensatz zur Bauleitplanung einen Anspruch auf Abwägung seiner eigenen Belange.[428] Die in die Abwägung einzustellenden

---

[421] *BVerwG*, B. v. 5. 10. 1990 – 4 B 249.89 – NVwZ-RR 1991, 118 = UPR 1991, 39 – Flughafen Stuttgart.
[422] Zur Klagebefugnis des enteignend in Anspruch genommenen Grundstückseigentümers vgl. *BVerwG*, Urt. v. 18. 3. 1983 – 4 C 80.79 – BVerwGE 67, 74 = *Hoppe/Stüer* RzB Rdn. 1245 – Wittenberg; vgl. auch *Kopp/Schenke*, Rdn. 51a zu § 42 VwGO. Zu dieser Einschränkung auf die unmittelbar betroffenen Grundstückseigentümer *Blümel* in: *Stüer* (Hrsg.) Verfahrensbeschleunigung, S. 17.
[423] *Johlen* Planfeststellungsrecht HdBöffBauR Kap. L Rdn. 169.
[424] *BVerwG*, Urt. v. 18. 3. 1983 – 4 C 80.79 – BVerwGE 67, 74 = NJW 1983, 2459 = DVBl. 1983, 899 = BauR 1983, 246 = UPR 1984, 1 = *Hoppe/Stüer* RzB Rdn. 1245 – Wittenberg; vgl. auch *Stüer* NuR 1983, 149. Kritisch zu dieser Einschränkung eines umfassendes Rechtsschutzes auf die unmittelbaren Grundstücksbetroffenen *Blümel* in: *Stüer* (Hrsg.) Verfahrensbeschleunigung, S. 17.
[425] *BVerwG*, B. v. 10. 10. 1995 – 11 B 100.95 – Luftschall.
[426] *BVerwG*, B. v. 5. 10. 1990 – 4 B 249.89 – NVwZ-RR 1991, 118 – Flughafen Stuttgart; B. v. 10. 7. 1995 – 4 B 94.95 – NVwZ 1996, 188 = DVBl. 1996, 269.
[427] *BVerwG*, B. v. 10. 10. 1995 – 11 B 100.95 – Luftschall.
[428] *BVerwG*, Urt. v. 14. 2. 1975 – IV C 21.74 – BVerwGE 48, 56 = DVBl. 1975, 713 = DÖV 1975, 605 = NJW 1975, 1373 = UPR 1984, 1 = *Hoppe/Stüer* RzB Rdn. 50 – B 42; *Blümel* in: *Stüer* (Hrsg.) Verfahrensbeschleunigung, S. 17.

Belange[429] haben dabei eine größere Reichweite als die Eigentumsrechte.[430] Es gehören zu den Belangen, die bei der Abwägung zu berücksichtigen sind, nicht nur die eigentumsmäßig geschützten Positionen, sondern alle nachteilig betroffenen Belange, die mehr als geringfügig, schutzwürdig und erkennbar sind.[431] Dazu zählen auch Chancen und Möglichkeiten auf tatsächlicher Grundlage, die eine gewisse Bedeutung und Schutzwürdigkeit haben und erkennbar sind. Der unmittelbar in Anspruch genommene Grundstückseigentümer kann eine solche eigene Rechtsbetroffenheit in der Regel geltend machen. Der nur mittelbar betroffene Nachbar kann dies lediglich insoweit, als seine eigenen rechtlich geschützten Interessen betroffen sind. Obligatorisch Berechtigte wie **Mieter** und **Pächter** haben grundsätzlich keine Anfechtungsbefugnis gegenüber einem Planfeststellungsbeschluss. Sie sind vielmehr darauf angewiesen, ihre Rechte gegenüber dem Eigentümer geltend zu machen.[432] Dies folgt aus der Grundstücksbezogenheit des Bebauungsrechts wie auch des Fachplanungsrechts.[433] Klagerechte des Mieters und Pächters bestehen aber, wenn der Planfeststellungsbeschluss die Inanspruchnahme des Miet- oder Pachtobjekts vorsieht. Soll der Planfeststellungsbeschluss die Voraussetzung für die Enteignung bieten, können sich auch Mieter oder Pächter insoweit gleichgestellt einem Eigentümer gegen den Planfeststellungsbeschluss werden.[434] Dies nimmt für das Fachplanungsrecht auch das *BVerwG* im Hinblick auf die Rechtsprechung des *BVerfG* zum „Mieter als verfassungsrechtlicher Eigentümer"[435] an.[436] Unberührt davon bleibt zudem die Möglichkeit auch der Mieter, sich auf den in § 41 BImSchG normierten Schutz von **Verkehrslärm** zu berufen, der durch die Verkehrslärmschutzverordnung konkretisiert ist. Wenn § 41 I BImSchG verlangt, dass nach Möglichkeit keine schädlichen Umwelteinwirkungen durch Verkehrsgeräusche hervorgerufen werden dürfen, so verweist die Vorschrift auf den immissionsschutzrechtlichen Begriff der Nachbarschaft. Diese umfasst auch Anwohner, die keine Eigentümer sind.[437] Derartige Beeinträchtigungen können auch gegenüber einem Planfeststellungsbeschluss geltend gemacht werden. Doch wird ein solcher Vortrag in der Regel nicht zur Aufhebung eines Planfeststellungsbeschlusses, sondern nur dazu führen, dass entsprechende Schutzauflagen nachträglich angeordnet werden. Derartige Ansprüche sind folgerichtig auch nicht mit einem An-

---

[429] Vgl. zum Abwägungsgebot *BVerwG*, Urt. v. 12. 12. 1969 – IV C 105.66 – BVerwGE 34, 301 = *Hoppe/Stüer* RzB Rdn. 23 – Abwägungsgebot; B. v. 9. 11. 1979 – 4 N 1.78, 2–4.79 – BVerwGE 59, 87 = BauR 1980, 36 = DVBl. 1980, 233 = DÖV 1980, 21 = *Hoppe/Stüer* RzB Rdn. 26 – Normenkontrolle. Zu Vorschlägen, das Abwägungsergebnis gesetzlich zu regeln vgl. *Hoppe* DVBl. 1994, 1030; *Hoppe/Bönker/Grotefels* ÖffBauR § 7 Rdn. 1 ff.; s. Rdn. 1375.

[430] Vgl. zur Übernahme der allgemeinen Grundsätze des Abwägungsgebotes in die fachplanungsrechtlichen Entscheidungen *BVerwG*, Urt. v. 14. 2. 1975 – IV C 21.74 – BVerwGE 48, 56 = *Hoppe/Stüer* RzB Rdn. 50 – B 42; Urt. v. 22. 12. 1981 – 4 CB 32.81 – Buchholz 445.4 § 31 WHG Nr. 7 – wasserrechtliche Abwägung; *Blümel* in: *Stüer* (Hrsg.) Verfahrensbeschleunigung, S. 17.

[431] *BVerwG*, B. v. 9. 11. 1979 – 4 N 1.78 – BVerwGE 59, 87 = DVBl. 1980, 233 = *Hoppe/Stüer* RzB Rdn. 26 – Normenkontrolle; s. Rdn. 1412.

[432] Vgl. zu diesen Fragen *BVerwG*, B. v. 28. 11. 1995 – 11 VR 38.95 – DVBl. 1996, 270 = NVwZ 1996, 389 – Tiergartentunnel sowie Urt. v. 18. 4. 1996 – 11 A 86.95 – NVwZ 1996, 901 = DVBl. 1996, 921 – Tiergartentunnel.

[433] *BVerwG*, Urt. v. 16. 9. 1993 – 4 C 9.91 – NJW 1994, 1233 = DVBl. 1994, 338 – Mieter; B. v. 26. 7. 1990 – 4 B 235.89 – UPR 1991, 67 = DVBl. 1990, 1185 = *Hoppe/Stüer* RzB Rdn. 1277 – Nachbarrechte aus Eherecht.

[434] *BVerwG*, Urt. v. 1. 9. 1997 – 4 A 36.96 – DVBl. 1998, 44 unter Aufgabe der bisherigen Rechtsprechung.

[435] *BVerfG*, B. v. 26. 5. 1993 – 1 BvR 208/93 – BVerwGE 89, 1 = NJW 1993, 2035.

[436] *BVerwG*, Urt. v. 1. 9. 1997 – 4 A 36.96 – DVBl. 1998, 44 = NVwZ 1998, 504 = UPR 1998, 70 – Sundhausen, unter Aufgabe von Urt. v. 16. 9. 1993 – 4 C 9.91 – DVBl. 1994, 338 = NJW 1994, 1233; B. v. 26. 7. 1990 – 4 B 235.89 – DVBl. 1990, 1185 = NJW 1991, 2306 = UPR 1991, 67.

[437] *BVerwG*, Urt. v. 22. 10. 1982 – 7 C 50.78 – NJW 1983, 1507 = DVBl. 1983, 183 = DÖV 1983, 287 = *Hoppe/Stüer* RzB Rdn. 1244 – Azo-Farbstoff-Anlage.

fechtungs-, sondern mit einem Verpflichtungsantrag nach § 74 II 2 VwVfG geltend zu machen.

Auch ein vom Kläger erworbenes **Sperrgrundstück** vermittelt grundsätzlich eine Klagebefugnis. Allerdings kann der Umfang des daraus abzuleitenden Schutzes eingeschränkt sein.[438] Die **Existenzgefährdung** landwirtschaftlicher Betriebe durch Landverluste für ein geplantes Vorhaben der Fachplanung ist ein wichtiger Belang, über den dem Grunde nach bereits in der Fachplanung entschieden werden muss. Es darf daher grundsätzlich nicht offen bleiben, ob es zu einer Landinanspruchnahme kommt und ob sich die Eingriffe als Enteignung darstellen (**Verbot des enteignungsrechtlichen Konflikttransfers**). Eine drohende Existenzgefährdung kann allerdings ausgeglichen und als entgegenstehender Belang in der Planfeststellung abwägend dadurch überwunden werden, dass den Betroffenen ein bindendes Angebot zur Bereitstellung geeigneten Ersatzlandes gemacht wird.[439] Die planerische Abwägung ist aber nicht allein deshalb fehlerhaft, weil die Planfeststellungsbehörde nicht besondere **wirtschaftliche und finanzielle Gegebenheiten** eines nur durch Betriebsverlagerung zu erhaltenden Betriebes geprüft hat, die nach den einschlägigen Vorschriften bei der Festsetzung der Enteignungsentschädigung nicht zu berücksichtigen sind.[440] Werden Grundflächen nur mit Nutzungsbeschränkungen belegt, ist der Vorhabenträger nicht zum freihändigen Erwerb dieser Flächen verpflichtet.[441] Denn eine Enteignung durch Vollentzug des Grundstücks ist dann nicht erforderlich. Dem Betroffenen ist allerdings für die Inanspruchnahme oder Belastung von Flächen eine angemessene Entschädigung zu gewähren.[442] Ein noch nicht bebautes Grundstück, für das noch kein durch eine behördliche Baugenehmigung konkretisiertes Baurecht besteht, hat im Hinblick auf die Eigentumsgarantie des Art. 14 GG einen geringeren Stellenwert als ein bereits bebautes Grundstück.[443] Auch kann aus der objektiven Rechtswidrigkeit eines belastenden Verwaltungsakts nicht gleichsam automatisch der Schluss auf eine Verletzung des Adressaten in seinen Rechten gezogen werden.[444]

Das **Recht auf Leben und körperliche Unversehrtheit nach Art. 2 II GG** kommt nur dann als subjektives Recht in Betracht, wenn der Kläger in einer festen, gewachsenen Bindung zu der Anlage steht. Es muss sich zudem um eine gesundheitsschädigende Beeinträchtigung handeln, die regelmäßig bei Anlagen fehlen wird, die nach den einschlägigen gesetzlichen Vorschriften betrieben werden. Belästigungen, die nicht den Grad der Gesundheitsgefährdungen erreichen, begründen kein Abwehrrecht aus Art. 2 II GG. Ist in den einfachrechtlichen Vorschriften ein ausreichender Schutz vor Gesundheitsgefahren getroffen, so besteht auch aus Art. 2 II GG kein Rechtsanspruch auf einen weitergehenden Gesundheitsschutz. Denn dieser verfassungsrechtliche Schutz des Lebens geht nicht weiter als der bereits einfachrechtlich gewährte Nachbarschutz.[445]

Enteignungsbetroffene Kläger können als Teil der objektiven Rechtsordnung auch die Verletzung des **Gemeinschaftsrechts** geltend machen. Auch begünstigende europäische

---

[438] *BVerwG*, Urt. v. 27. 7. 1990 – 4 C 26.87 – NuR 1991, 121 = *Hoppe/Stüer* RzB Rdn. 1278 – Sperrgrundstück.
[439] *BVerwG*, Urt. v. 8. 6. 1995 – 4 C 4.94 – BVerwGE 98, 339 = DVBl. 1995, 1012 = UPR 1995, 391 = DÖV 1995, 951 – Bernhardswald; zum Konflikttransfer s. Rdn. 1519, 1694.
[440] *BVerwG*, B. v. 30. 9. 1998 – 4 VR 9.98 – UPR 1999, 76 – Betriebsverlagerung.
[441] *BVerwG*, Urt. v. 31. 10. 1997 – 4 A 32.97 – Buchholz 407.4 § 19 FStrG Nr. 10 – Hanse-Tor (B 103).
[442] *BVerwG*, B. v. 31. 10. 1997 – 4 VR 11.97 – NVwZ-RR 1998, 541.
[443] *BVerwG*, Urt. v. 19. 3. 1998 – 11 VR 10.97 – (unveröffentlicht) – Leipzig-Leutzsch.
[444] *BVerwG*, B. v. 12. 3. 1998 – 11 B 2.98 – (unveröffentlicht) – wasserrechtliche Ordnungsverfügung.
[445] *BVerwG*, B. v. 27. 12. 1993 – 7 B 121.93 – UPR 1994, 261 = NuR 1994, 391 – Schienenbonus, dort auch zu Erschütterungen durch den Schienenverkehr.; B. v. 15. 9. 1995 – 11 VR 17.95 – UPR 1996, 26; B. v. 9. 2. 1996 – 11 VR 46/95 – NVwZ 1996, 1042 = DVBl. 1996, 682 – Lauenburg-Elbeufer.

Richtlinien können für den enteignend betroffenen Bürger unmittelbare Wirkung entfalten. Es genügt dabei der Vortrag, dass das Grundstück bei der korrekten Anwendung des Gemeinschaftsrechts nicht von der Planung erfasst worden wäre.[446] Ein von einer enteignungsrechtlichen Vorwirkung des Planfeststellungsbeschlusses betroffener Anlieger kann sich auch auf raumordnerische Bedenken berufen.[447]

4305 **Gemeinden** haben eine Klagebefugnis gegen eine fachplanerische Entscheidung, wenn sie nicht ordnungsgemäß am Verfahren beteiligt worden sind oder ihre Belange nicht mit dem entsprechenden Gewicht in die Abwägung eingestellt worden sind. Bei allen Fachplanungen, die sich auf das Gemeindegebiet mehr als unwesentlich auswirken, haben die davon betroffenen Standortgemeinden Mitwirkungsrechte, die sich in einen Anspruch auf Information und Anhörung gliedern. Gemeindliche Abwehrrechte setzen voraus, dass das Vorhaben konkrete gemeindliche Planungen betrifft oder weite Teile des Gemeindegebietes einer durchsetzbaren Planung entzieht. Die Gemeinde kann ferner als Trägerin gemeindlicher Einrichtungen, als private Eigentümerin oder im Hinblick auf die kommunale Daseinsvorsorge betroffen sein. Die gemeindlichen Klagerechte beschränken sich daher nicht auf die gemeindliche Planungshoheit und hinreichend konkretisierte Planungsvorstellungen.[448] Vielmehr sind die Gemeinden unabhängig von einer Beeinträchtigung ihrer Planungshoheit auch gegenüber solchen Planungen und Maßnahmen überörtlicher Verwaltungsträger geschützt, die das Gemeindegebiet oder Teile hiervon nachhaltig betreffen und die Entwicklung der Gemeinde beeinflussen.[449] Die Gemeinde muss allerdings eine konkrete Beeinträchtigung kommunaler Belange geltend machen können. Der Hinweis auf eine Beeinträchtigung landwirtschaftlicher oder gewerblicher Belange durch ein Vorhaben der Fachplanung führt als solcher nicht zu einem gemeindlichen Abwehrrecht, wenn sich diese Beeinträchtigung nur in irgendeiner – die Planungshoheit nicht berührenden – Weise auf die Wirtschaftsstruktur der Gemeinde auswirkt.[450]

4306 Die Gemeinden haben zwar nicht verfassungsrechtliche,[451] wohl aber einfachgesetzliche Möglichkeiten, sich auf gemeindliches **Eigentum** zu berufen.[452] Es muss allerdings eine konkrete Betroffenheit in gemeindlichen Belangen dargelegt werden. Soll auf der Grundlage des Planfeststellungsbeschlusses in Eigentum der Gemeinde eingegriffen werden, so ist das gemeindliche Eigentum als betroffener Belang in die Abwägung einzustellen. Der Umfang des Schutzes ist dabei nach den jeweils betroffenen Nutzungen zu bewerten. Wird das Grundeigentum für kommunale Zwecke etwa im Zusammenhang mit einer kommunalen Einrichtung genutzt, ist der Stellenwert des gemeindlichen Eigentums gewichtiger als bei einem Grundstück, dessen Nutzung mit kommunalen Zwecken nicht unmittelbar im Zusammenhang steht.[453] Dann ist das gemeindliche Eigentum in

---

[446] *BVerwG*, Urt. v. 19. 5. 1998 – 4 C 11.96 – NVwZ 1999, 528 = UPR 1998, 388 = NuR 1998, 649 – B 15 neu.

[447] *BVerwG*, B. v. 3. 9. 1997 – 11 VR 22.96 – (unveröffentlicht) – Osterbergtunnel.

[448] *BVerwG*, B. v. 9. 2. 1996 – 11 VR 45.95 – NVwZ 1996, 1021 = DÖV 1996, 514 – Boitzenburg-Lüneburg.

[449] *BVerwG*, B. v. 23. 3. 1993 – 7 B 126.92 – Buchholz 11 Art. 28 GG Nr. 92 = NVwZ-RR 1993, 373 = DÖV 1993, 826 = *Hoppe/Stüer* RzB Rdn. 1189 – Schienenwege; B. v. 26. 2. 1996 – 11 VR 33.95 – LKV 1996, 246 = NuR 1996, 515 – Stendal-Uelzen; s. Rdn. 143.

[450] *BVerwG*, Urt. v. 12. 12. 1996 – 4 C 14.95 – DVBl. 1997, 729 = RdL 1997, 127 – Hopferau-Seeg.

[451] *BVerfG*, B. v. 8. 7. 1982 – 2 BvR 1187/80 – BVerfGE 61, 82 = NJW 1982, 2172 = DVBl. 1982, 940 = *Hoppe/Stüer* RzB Rdn. 1105 – Sasbach.

[452] *BVerwG*, Urt. v. 17. 7. 1980 – 7 C 101.78 – BVerwGE 60, 297 = NJW 1981, 359 = DVBl. 1980, 1001 = *Hoppe/Stüer* RzB Rdn. 470 – Wyhl; Urt. v. 27. 3. 1992 – 7 C 18.91 – BVerwGE 90, 96 = NVwZ 1993, 364 = DÖV 1992, 748 = *Hoppe/Stüer* RzB Rdn. 1187 – Abfalldeponie; B. v. 13. 2. 1995 – 11 VR 2.95 – NVwZ 1995, 905 = UPR 1995, 268 – Buchholzer Bogen; s. Rdn. 3881.

[453] *BVerwG*, Urt. v. 27. 3. 1992 – 7 C 18.91 – ZfBR 1992, 182 = *Hoppe/Stüer* RzB Rdn. 1187 – Sonderabfalldeponie; Urt. v. 30. 5. 1984 – 4 C 58.81 – BVerwGE 69, 256 = UPR 1984, 378 = DÖV 1985, 358 = DVBl. 1984, 1075 = NVwZ 1984, 718 = *Hoppe/Stüer* RzB Rdn. 1171 – Flughafen München II;

der Planfeststellung leichter zu überwinden. Gemeinden können bei entsprechender Betroffenheit in eigenen Rechten auch einen Schutzauflagenanspruch nach § 74 II 2 VwVfG haben.[454]

Behörden haben demgegenüber kein allgemeines Klagerecht gegenüber fachplanerischen Entscheidungen. Denn anhörungsberechtigte Behörden haben in der Regel keine eigenen Rechte, die klageweise geltend gemacht werden können. Das gilt auch für ein Bundesland, wenn es geltend macht, dass Entscheidungen von Bundesbehörden im Rahmen der Fachplanung die öffentlichen Belange nicht ausreichend wahre. 4307

Beispiel: Das Eisenbahnbundesamt setzt in einem eisenbahnrechtlichen Planfeststellungsbeschluss den Abriss einer Eisenbahnbrücke aus dem vorigen Jahrhundert fest. Das Bundesland, das sich für den Erhalt der Eisenbahnbrücke einsetzt, kann eine Anfechtungsklage gegen den Planfeststellungsbeschluss nicht mit Erfolg auf den Vortrag stützen, die Belange des Denkmalschutzes seien entgegen § 18 I 2 AEG nicht angemessen gewichtet worden.[455] Auch die Vollzugshoheit des Landes ist im Bereich des Naturschutzes und der Landschaftspflege keine geeignete Rechtsposition, deren Beachtung das Land bei der bundesbahnrechtlichen Planfeststellung im Wege der verwaltungsgerichtlichen Klage gem. §§ 42, 113 VwGO durchsetzen könnte.[456]

Nach § 58 I BNatSchG ist einem anerkannten **Naturschutzverband** in Planfeststellungsverfahren und im Plangenehmigungsverfahren über Vorhaben, die mit Eingriffen in Natur und Landschaft verbunden sind, im Rahmen seiner satzungsmäßigen Aufgaben Gelegenheit zur Äußerung sowie zur Einsicht in die einschlägigen Sachverständigengutachten zu geben.[457] Werden die Beteiligungsrechte des Naturschutzverbandes verletzt, so ist dieser Fehler auf entsprechende Rüge beachtlich und führt zur Aufhebung des Planfeststellungsbeschlusses oder der Plangenehmigung (vgl. § 46 VwVfG).[458] 4308

Das Beteiligungsrecht der anerkannten Naturschutzverbände nach § 58 BNatSchG wird allerdings verletzt, wenn die Zulassungsbehörde ein an sich gebotenes Planfeststellungsverfahren umgeht. Das Beteiligungsrecht eines anerkannten Naturschutzverbandes ist im Übrigen nicht nur dann verletzt, wenn eine gebotene Beteiligung unterblieben ist, sondern auch dann, wenn der Verband nicht ausreichend beteiligt worden ist. Der anerkannte Naturschutzverband ist daher erneut zu beteiligen, wenn die Planfeststellungsbehörde für notwendig erachtet, neue, den Naturschutz betreffende Untersuchungen anzustellen, die Ergebnisse in das Verfahren einzuführen und die Planungsentscheidung darauf zu stützen. Ob eine erneute Beteiligungspflicht ausgelöst wird, hängt davon ab, ob sich in dem neuen Verfahrensabschnitt zusätzliche naturschutzrechtliche Fragen stellen, zu deren Beantwortung die sachverständige Stellungnahme des anerkannten Naturschutzverbandes geboten erscheint. Fehler in der Beteiligung können jedoch noch während des Planfeststellungsverfahrens oder des Gerichtsverfahrens, aber auch im Nachhinein durch entsprechende Anhörung geheilt werden.[459] 4309

Urt. v. 29. 1. 1991 – 4 C 51.89 – BVerwGE 87, 332 = DVBl. 1991, 1142 = *Hoppe/Stüer* RzB Rdn. 69 – Flughafen München II; Urt. v. 24. 11. 1994 – 7 C 25.93 – BVerwGE 97, 143 = DVBl. 1995, 238 = ZfBR 1995, 150 – Sonderabfallumschlagsanlage.

[454] *BVerwG*, Urt. v. 12. 8. 1999 – 4 C 3.98 – ZfBR 2000, 204 – Trinkwasserversorgung.
[455] *BVerwG*, B. v. 7. 1. 1992 – 7 B 153.91 – NuR 1992, 185 = NVwZ-RR 1992, 202 – Eisenbahnbrücke.
[456] *BVerwG*, Urt. v. 14. 4. 1989 – 4 C 31.88 – BVerwGE 82, 17 = DVBl. 1989, 1053 – Stützwand.
[457] Vgl. zu den Klagemöglichkeiten der Naturschutzverbände auch *BVerwG*, Urt. v. 14. 5. 1997 – 11 A 43.96 – DVBl. 1997, 1123 = NuR 1997, 506 – Rheinbek-Wohltorf-Aumühle; Schulze in: *Stüer* (Hrsg.) Verfahrensbeschleunigung, S. 85; *Schulze/Stüer* ZfW 1996, 269; dies. in: *Stüer* (Hrsg.) Verfahrensbeschleunigung, S. 62; *Stüer* in: *Stüer* (Hrsg.) Verfahrensbeschleunigung, S. 120.
[458] § 74 VI Nr. 2 VwVfG; § 18 II Nr. 2 AEG.
[459] Zur vormaligen Rechtslage mit einer nur aufgrund von Landesrecht eingeräumten Verbandsklage *BVerwG*, Urt. v. 18.12.1987 – 4 C 9.86 – BVerwGE 78, 93 = NVwZ 1988, 527 = DVBl. 1988, 492 – Berliner Magnetbahn; Urt. v. 29.4.1993 – 7 A 2.92 – BVerwGE 92, 258 = DVBl. 1993, 886 = NVwZ 1993, 890 = *Hoppe/Stüer* RzB Rdn. 1057 – Erfurt-Bebra; Urt. v. 29. 4. 1993 – 7 A 3.92 – BVerwGE 92,

4310 Für Naturschutzverbände ist grundsätzlich eine **einmalige Beteiligung** ausreichend. Sie sind keine „allgemeinen Begleiter" des Planfeststellungsverfahrens. Ihre Anhörung ist gleichwohl nicht lediglich eine Formalie, sondern substanzieller Natur. Wird der Plan in naturschutzrechtlich relevanter Weise geändert, ist ggf. eine erneute Anhörung erforderlich. Dies gilt sowohl für weitergehende Eingriffe in Natur und Landschaft als auch bei Änderungen mit zusätzlichen naturschutzrechtlichen Fragen, zu deren Beantwortung der sachverständige Rat der Naturschutzverbände hilfreich ist. „Einschlägige Sachverständigengutachten", in die anerkannten Naturschutzverbänden gem. § 58 BNatSchG Gelegenheit zur Einsicht zu geben ist, sind nur solche mit unmittelbar naturschutzrechtlichem oder landschaftspflegerischem Inhalt. Eine erneute Beteiligung ist allerdings bei nur unwesentlichen Änderungen, die das Gesamtkonzept unberührt lassen, nicht erforderlich.[460]

4311 Naturschutzverbände haben grundsätzlich keinen Rechtsanspruch auf Einhaltung eines bestimmten **Planverfahrens** und auch keinen Anspruch auf Durchführung eines Planfeststellungsverfahrens. Ebenso wenig ist eine Plangenehmigung von der Zustimmung der Naturschutzverbände abhängig. Denn die Rechte der Naturschutzverbände aus § 58 BNatSchG zählen nicht zu den Rechten anderer. Naturschutzverbände sind auch keine Träger öffentlicher Belange, so dass mit ihnen auch nicht ein Benehmen hergestellt werden muss. Denn den Naturschutzverbänden ist die Förderung von Natur- und Landschaftsschutz nicht als öffentliche Aufgabe übertragen worden, selbst wenn sie ebenso wie Naturschutzbehörden ihren Sachverstand einbringen. Die Verbandsbeteiligung ist vielmehr eine erweiterte, staatsfreie Öffentlichkeitsbeteiligung, die Informations- und Vollzugsdefizite verringern soll.

4312 Wird das Recht auf **Verbandsbeteiligung** nach § 58 I BNatSchG verletzt, führt dies unabhängig von der Kausalität des Fehlers zur **Rechtswidrigkeit der Planfeststellung**.[461] § 46 VwVfG, der die Unbeachtlichkeit eines Verfahrensfehlers bei mangelnder Kausalität vorsieht, ist nicht anwendbar.[462] Allerdings können die Beteiligungsmängel durch ein ergänzendes Verfahren behoben werden.[463]

4313 Bei einer **erstinstanzlichen Zuständigkeit** muss das *BVerwG* ggf. auch landesrechtliche Vorschriften anwenden und auslegen. Ist eine naturschutzrechtliche Klagebefugnis nach dem Landesrecht nur dann gegeben, wenn keine anderen Klagemöglichkeiten Drittbetroffener bestehen, so schließt bereits diese Möglichkeit die Klagebefugnis der Verbände aus, selbst wenn das anderweitig bestehende Klagerecht tatsächlich nicht wahrgenommen worden ist.[464] Kann der Verband nach dem Landesrecht lediglich eine Verletzung natur-

---

[263] = DVBl. 1993, 888 = NVwZ 1993, 891 = *Hoppe/Stüer* RzB Rdn. 1059 – Erfurt-Bebra; B. v. 28.11.1995 – 11 VR 38.95 – DVBl. 1996, 270 = NVwZ 1996, 389 – Tiergartentunnel; Urt. v. 18.4.1996 – 11 A 86.95 – NVwZ 1996, 901 = DVBl. 1996, 921 – Tiergartentunnel; Urt. v. 12.12.1996 – 4 C 19.95 – DVBl. 1997, 714 – Nesselwang-Füssen mit Hinweis auf § 17 VI c FStrG; Urt. v. 5.3.1997 – 11 A 14.96 – Sachsenwald; Urt. v. 14.5.1997 – 11 A 43.96 – NuR 1997, 506 – Rheinbek-Wohltorf-Aumühle; *Painter* JA 1988, 597; *Stüer* in: *Stüer* (Hrsg.) Verfahrensbeschleunigung, S. 120; *BVerwG*, Urt. v. 29.4.1993 – 7 A 2.92 – BVerwGE 92, 258 = DVBl. 1993, 886 = NVwZ 1993, 890 = *Hoppe/Stüer* RzB Rdn. 1057 – Erfurt-Bebra; Urt. v. 29.4.1993 – 7 A 3.92 – BVerwGE 92, 263 = DVBl. 1993, 888 = NVwZ 1993, 891 = *Hoppe/Stüer* RzB Rdn. 1059 – Erfurt-Bebra.

[460] *BVerwG*, Urt. v. 12.11.1997 – 11 A 49.96 – DVBl. 1998, 334 = NVwZ 1998, 395 = BayVBl. 1998, 280 – Erfurt-Leipzig/Halle.

[461] *BVerwG*, Urt. v. 12.11.1997 – 11 A 49.96 – DVBl. 1998, 334 = NVwZ 1998, 395 = BayVBl. 1998, 280 – Erfurt-Leipzig/Halle.

[462] Zu Einschränkungen des § 46 VwVfG durch das Umwelt-Rechtsbehelfsgesetz s. Rdn. 2719.

[463] *BVerwG*, Urt. v. 7.3.1997 – 4 C 10.96 – BVerwGE 104, 144 = DVBl. 1997, 838 = NVwZ 1997, 914 – A 94 Neuötting, mit Hinweis auf Urt. v. 12.12.1996 – 4 C 19.95 – BVerwGE 102, 358 = DVBl. 1997, 715 = NVwZ 1997, 905; ebenso Urt. v. 10.4.1997 – 4 C 5.96 – DVBl. 1997, 1115 = BVerwGE 104, 236 = NVwZ 1998, 508 – B 15 neu; Urt. v. 12.11.1997 – 11 A 49.96 – DVBl. 1998, 334 = NVwZ 1998, 395 = BayVBl. 1998, 280 – Erfurt-Leipzig/Halle.

[464] So für § 52 I 1 Nr. 4 NatSchG LSA *BVerwG*, Urt. v. 6.11.1997 – 4 A 16.97 – DVBl. 1998, 585 = NVwZ 1998, 398 = UPR 1998, 150 – A 14.

schutzrechtlicher Bestimmungen rügen, so gehören hierzu zwar naturschutzrechtliche Belange, nicht jedoch Aspekte der Planrechtfertigung, der Netzwerkfunktion der projektierten Trasse oder unzutreffender Lärm- und Kostenberechnungen.[465]

Nach der vormaligen Rechtslage vor In-Kraft-Treten des BNatSchG 2002 waren **Verbandsklagerechte** sind den nach § 58 BNatSchG anerkannten Naturschutzverbänden nur nach Maßgabe des Landesrechts eingeräumt. Die Verbandsklage eröffnete aber nicht das Recht, gegen Verwaltungsakte von Bundesbehörden zu klagen.[466] 4314

Bei der Aufstellung der Bebauungspläne sind die anerkannten Naturschutzverbände zu beteiligen. Eine Antragsbefugnis im Normenkontrollverfahren erwächst daraus aber nicht. Die Verbandsklage erstreckt sich nach niedersächsischem Recht nur auf Bauvorhaben im Außenbereich nach § 35 BauGB. Das gilt nach Ansicht des Gerichts auch dann, wenn geltend gemacht wird, der Bebauungsplan sei unwirksam, sowie dann, wenn der Bebauungsplan erst nach Einlegung des Widerspruchs gegen die Baugenehmigung rechtsverbindlich geworden ist.[467] Ebenso können die Verbände im Rahmen ihres Verbandsklagerechts nach § 60c NNatSchG nicht die **Unzuständigkeit** der handelnden Behörde rügen. Es besteht vielmehr – so das *VG Oldenburg* im Verfahren gegen das Emssperrwerk[468] – lediglich eine Missbrauchskontrolle. Dabei beschränkt sich das Recht der Verbände auf die Einsicht in die maßgeblichen Unterlagen und auf die Möglichkeit zur (schriftlichen) Stellungnahme. Ein Anspruch auf Teilnahme an einem Erörterungstermin wurde ebenso abgelehnt wie die Möglichkeit, das Fehlen einer Planrechtfertigung zu rügen. 4315

Ein anerkannter Naturschutzverband kann sich zwar mit Hilfe eines **Sperrgrundstücks** wegen der enteignungsrechtlichen Vorwirkung des Planfeststellungsbeschlusses auf die Verletzung der Eigentumsgarantie in Art. 14 GG berufen. Die Klagebefugnis ist jedoch wegen unzulässiger Rechtsausübung nicht gegeben, wenn an der erworbenen Rechtsstellung kein über die Führung des erwarteten Rechtsstreits hinausgehendes Interesse besteht.[469] 4316

Auch kann ein anerkannter Naturschutzverband im gerichtlichen Verfahren als Verletzung seines Beteiligungsrechts nicht erfolgreich geltend machen, die behördliche Ermittlungstätigkeit im Planfeststellungsverfahren sei unzureichend gewesen und darauf beruhe eine nicht sachgerecht vorgenommene Abwägung.[470] Beteiligungsrechte der Naturschutzverbände nach § 58 BNatSchG bestehen nur zu Verfahrensschritten, die von der Behörde durchgeführt werden. Über die Rüge der mangelnden Beteiligung können aber nicht Verfahrensschritte beansprucht werden, die von der Behörde nicht vorgenommen worden sind. 4317

Ein auf § 2 I der Kormoran-Verordnung gestützte, als (Allgemein-)Verfügung ergangene Entscheidung der unteren Naturschutzbehörde über die Festlegung der Gewässer bzw. Gewässerstrecken, an denen das Töten von Kormoranen zugelassen wird, ist keine Rechtsvorschrift i. S. des § 58 I Nr. 1 BNatSchG, bei deren Vorbereitung ein anerkannter Naturschutzverband zu beteiligen ist.[471] 4318

II. Abwägungs- und Rechtsschutzpyramide

Für die Berücksichtigung von Belangen in der fachplanerischen Abwägung und für den gerichtlichen Rechtsschutz ist ein Stufensystem von unterschiedlichen Belangen von Bedeutung.[472] An der Basis stehen einfache Belange, also von der jeweiligen Planungs- 4319

---

[465] So für § 51c I LNatSchG Schl.-H. *BVerwG*, Urt. v. 19. 5. 1998 – 4 A 9.97 – BVerwGE 107, 1 = NVwZ 1998, 961 = DVBl. 1998, 900 – Ostseeautobahn A 20.
[466] *BVerwG*, Urt. v. 29. 4. 1993 – 7 A 3.92 – BVerwGE 92, 263 = DVBl. 1993, 888 – Hessen.
[467] *OVG Lüneburg*, B. v. 28. 7. 1999 – 1 M 2281 u. 1 M 3044/99 – NVwZ-RR 2000, 151.
[468] *VG Oldenburg*, B. v. 24. 11. 1998 – 1 B 3334/98 n. a. – Emssperrwerk.
[469] *BVerwG*, Urt. v. 16. 3. 1998 – 4 A 31.97 – NuR 1998, 647 = LKV 1999, 29 – Peenetal A 20.
[470] *BVerwG*, Urt. v. 24. 5. 1996 – 4 A 16.95 – Buchholz 406.401 § 29 BNatSchG Nr. 10 S. 18.
[471] *VGH Mannheim*, Urt. v. 22. 10. 1999 – 5 S 1121/99 – NuR 2000, 275.
[472] S. Rdn. 644, 1060.

entscheidung betroffene einfache Interessen. Dazu gehören auch Belange, die nicht abwägungserheblich oder rechtsschutzbewährt sind. Auf einer darüber liegenden Stufe stehen die abwägungserheblichen Belange.[473] Es handelt sich um von der Planung betroffene Interessen, die mehr als geringfügig, schutzwürdig und erkennbar sind und damit zum Abwägungsmaterial gehören und in die planerische Entscheidung einzustellen sind (§ 2 III BauGB). Auf einer weiteren Stufe darüber stehen die rechtlich geschützten Belange, also solche Betroffenheiten, die wehrfähig sind und eine Klagebefugnis i. S. des § 42 II VwGO und eine Antragsbefugnis nach § 47 II VwGO begründen.[474] Zugleich ist damit die Grenze der einfachrechtlichen Zumutbarkeit markiert, wie sie sich etwa aus dem Rücksichtnahmegebot ergibt oder im Hinblick auf die Grenzwerte der Verkehrslärmschutzverordnung besteht. Darüber erheben sich die enteignungsgleichen schweren Betroffenheiten, bei denen die verfassungsrechtliche Zumutbarkeitsgrenze überschritten wird. Derartige Beeinträchtigungen sind zwar keine Enteignung i. S. des Art. 14 III GG, da das Eigentum in der Hand des Betroffenen verbleibt und weder das Eigentum noch einzelne Eigentumspositionen nach dem Bilde der klassischen Enteignung auf einen anderen Rechtsträger übergehen.[475] Gleichwohl erfolgt eine Inhalts- und Schrankenbestimmung (Art. 14 I 2 GG), die enteignende Wirkungen hat und daher ggf. nur bei einer entsprechenden Kompensation[476] verfassungsrechtlich zulässig ist. Die Planung hat hier drei Möglichkeiten: Sie muss die Beeinträchtigungen auf ein zumutbares Maß reduzieren, durch eine Änderung der Planung die Voraussetzungen für eine unmittelbare Eigentumsinanspruchnahme schaffen oder zumindest einen entsprechenden Ausgleich gewähren, der eine Kompensation für die Beeinträchtigungen darstellt. Auf der obersten Stufe der Pyramide steht die Enteignung mit einer unmittelbaren Eigentumsinanspruchnahme, die zu einer Entschädigung führt (Art. 14 III GG).[477]

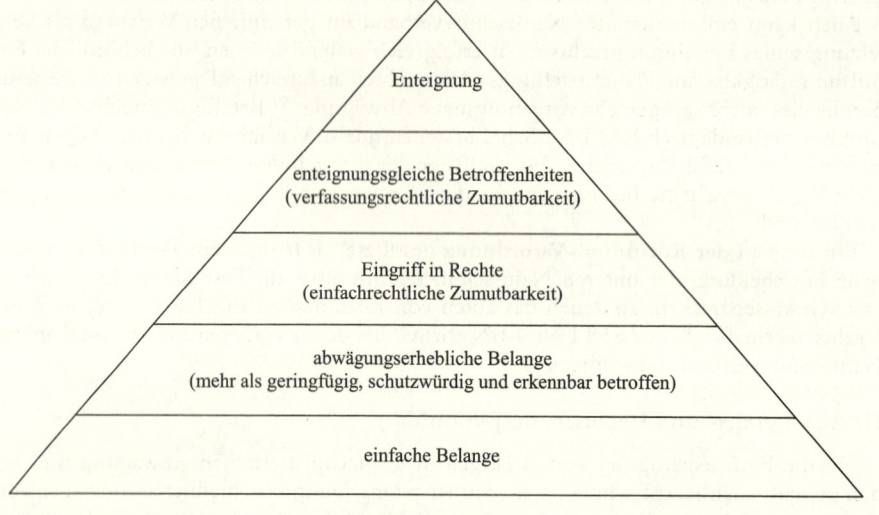

---

[473] *BVerwG*, B. v. 9. 11. 1979 – 4 N 1.78 – BVerwGE 59, 87 = *Hoppe/Stüer* RzB Rdn. 26.
[474] *BVerwG*, Urt. v. 14. 2. 1975 – IV C 21.74 – BVerwGE 48, 56 = *Hoppe/Stüer* RzB Rdn. 50 – B 42.
[475] *BVerfG*, B. v. 15. 7. 1981 – 1 BvL 77/78 – BVerfGE 58, 300 = NJW 1982, 745 = DVBl. 1982, 340 = *Hoppe/Stüer* RzB Rdn. 1136 – Nassauskiesung; vgl. auch *BVerwG*, Urt. v. 15. 2. 1990 – 4 C 47.89 – BVerwGE 84, 361 = *Hoppe/Stüer* RzB Rdn. 1049 – Serriesteich; Urt. v. 24. 6. 1993 – 7 C 26.92 – BVerwGE 94, 1 = DVBl. 1993, 1141 = NJW 1993, 2949 = *Hoppe/Stüer* RzB Rdn. 1055 – Herrschinger Moos.
[476] *BVerfG*, B v. 14. 7. 1981 – 1 BvL 24/78 – BVerfGE 58, 137 – Pflichtexemplare.
[477] *BVerwG*, Urt. v. 18. 3. 1983 – 4 C 80.79 – BVerwGE 67, 74 = *Hoppe/Stüer* RzB Rdn. 1245 – Wittenberg.

7. Teil. Rechtsschutz in der Fachplanung

In die Abwägung sind dabei alle Belange einzustellen, die mehr als geringfügig, 4320 schutzwürdig und erkennbar sind. Dazu gehören auch die rechtlich geschützten Belange und auch jene Betroffenheiten, die sich in ihren Wirkungen enteignend darstellen, ebenso wie ggf. die auf der Grundlage der Planung vorgesehenen Enteignungen. Rechtsschutz kann in der Regel nur bei Verletzung solcher Belange gewährt werden, die rechtlich geschützt sind oder deren Verletzung die einfachrechtliche Zumutbarkeitsschwelle übersteigt. Im Gegensatz zum Bauplanungsrecht kann der Betroffene sich gegenüber fachplanerischen Entscheidungen auch auf abwägungserhebliche eigene Belange berufen. Der Rechtsschutz ist allerdings auf die Rüge der Verletzung der eigenen Belange beschränkt. Der von der Planung enteignungsrechtlich Betroffene hat demgegenüber vom Ansatz her umfassende Rechtsschutzmöglichkeiten. Er kann sich auch auf andere öffentliche Belange berufen, wenn dadurch die Gesamtabwägung in eine Schieflage gerät und die Planung rechtswidrig erscheint.[478]

III. Verwaltungsgerichtliches Verfahren

Die Klage auf Aufhebung des Planfeststellungsbeschlusses ist als **Klagegegner** gegen 4321 die Körperschaft zu richten, deren Behörde den Planfeststellungsbeschluss erlassen hat (§ 78 I Nr. 1 VwGO), oder, wenn dies das Landesrecht bestimmt, gegen die Planfeststellungsbehörde selbst (§ 78 I Nr. 2 VwGO). Bei einer **Mehrzahl von Klägern** stehen die einzelnen Kläger grundsätzlich in einer jeweils eigenen rechtlichen Beziehung zum Streitgegenstand. Die Zulässigkeit und Begründetheit jeder eigenen Klage ist daher grundsätzlich individuell zu prüfen. Der unmittelbar in Anspruch genommene Kläger hat jeweils die eigene Betroffenheit darzulegen und kann sich auf dieser Grundlage auch auf die Verletzung anderer öffentlicher Belange berufen. Der lediglich mittelbar betroffene Nachbar kann die Verletzung eigener Belange geltend machen und rügen, dass das Abwägungsgebot ihm gegenüber verletzt worden ist. Mehrere Verfahren gegen denselben Planfeststellungsbeschluss können nach § 93 VwGO zur gemeinsamen Verhandlung und Entscheidung miteinander verbunden werden. Dies wird sich vor allem dann anbieten, wenn die Kläger gegen einen Planfeststellungsbeschluss im Wesentlichen gleiche Argumente vorgetragen haben oder aus anderen Gründen eine Verbindung i. S. der verfahrensstraffenden Prozessführung zweckmäßig erscheint.

Das Gesetz enthält keine allgemeinen **Klagebegründungsfristen**. Allerdings sind für 4322 wichtige Fachplanungsverfahren inzwischen Klagebegründungsfristen eingeführt. So hat der Kläger innerhalb einer Frist von sechs Wochen nach Einreichung der Klage nach § 5 VerkPlBG, § 20 VI AEG, § 17 VI b FStrG, § 19 III WaStrG, § 10 LuftVG und § 29 VII PBefG die Klage zu begründen. Wird die Klage nicht rechtzeitig begründet, kann das Gericht unter den Voraussetzungen § 87b III VwGO den nicht rechtzeitigen Vortrag als verspätet zurückweisen. Allerdings wird ein ergänzender und vertiefender Vortrag auch nach Ablauf der Begründungsfrist nicht ausgeschlossen.[479] Auch kann der Kläger im Rahmen seines rechtzeitig ausgebrachten Vortrags Hilfsanträge stellen, die etwa auf eine Ergänzung des Planfeststellungsbeschlusses um Schutzauflagen gerichtet sind.[480] Dasselbe gilt für nachgeschobene Beweisanträge.

Die **Klagebegründungsfristen** sieht das BVerwG in ständiger Rechtsprechung für **ver-** 4323 **fassungskonform** an. Innerhalb der Frist muss der Kläger die ihn beschwerenden Tatsachen so konkret angeben, dass der Lebenssachverhalt, aus dem sich der mit der Klage verfolgte Anspruch ableitet, unverwechselbar feststeht, was späteren vertiefenden Sach-

---

[478] Kritisch zur Begrenzung der Abwehrrechte auf den in Anspruch genommenen Eigentümer *Blümel* in: *Stüer* (Hrsg.) Verfahrensbeschleunigung, S. 17.
[479] *BVerwG*, Urt. v. 30. 9. 1993 – 7 A 14.93 – NVwZ 1994, 371 = DVBl. 1994, 354 – Gifhorn; s. Rdn. 3822.
[480] *BVerwG*, Urt. v. 18. 6. 1997 – 11 A 70.95 – UPR 1997, 470 = NJ 1997, 615 – Staffelstein.

vortrag nicht ausschließt.[481] Es reicht aus, wenn der geltend gemachte Anspruch alsbald hinreichend umrissen wird. Eine Belehrung über die Folgen der Fristversäumung ist nicht erforderlich.[482] Ob die Versäumung dieser Fristen den Rechtsstreit i. S. des § 87 b III 1 Nr. 1 VwGO verzögert, beurteilt sich danach, ob der Prozess bei Zulassung des verspäteten Vorbringens länger dauern würde als bei dessen Zurückweisung. Ob der Rechtsstreit bei rechtzeitigem Vorbringen ebenso lange gedauert hätte, ist unerheblich, es sei denn, dies wäre offenkundig. Das wird mit dem gesetzgeberischen Ziel einer schnellen Planungssicherheit begründet. Wenn der Beschleunigungseffekt nicht auf Spiel gesetzt werden soll, muss die Präklusionsregelung streng gehandhabt werden.[483] Auch führt das dem Kläger nach § 100 I VwVfG zustehende Akteneinsichtsrecht nicht zu einer Verlängerung der Klagebegründungsfrist.[484]

IV. Nachbarschutz

4324   Gegen Maßnahmen der Fachplanung können nicht nur die Eigentümer, deren Grundstück unmittelbar in Anspruch genommen werden soll, sondern auch Nachbarn klagen, deren Eigentum zwar verschont bleibt, deren Grundstücke aber durch die Fachplanung nachteilig betroffen werden. Im Gegensatz zu den Eigentümern, deren Grundstück auf der Grundlage der Zulassungsentscheidung unmittelbar in Anspruch genommen werden sollen, haben die nur mittelbar von der Zulassungsentscheidung betroffenen Nachbarn nur eingeschränkte Klagerechte. Eine Anfechtung des Planfeststellungsbeschlusses oder der Plangenehmigung ist für einen Nachbarn nur möglich, wenn und soweit er geltend macht, in eigenen Rechten verletzt zu sein. Auf die Verletzung anderer, etwa öffentlicher, Belange kann sich ein Nachbar nicht berufen. Der Nachbar eines solchen Vorhabens kann sich gegenüber Fachplanungen auch auf eine Verletzung des Rechtes auf Abwägung der eigenen Belange berufen.[485] Die in die Abwägung einzustellenden Belange[486] haben eine größere Reichweite als die Eigentumsrechte.[487] Es gehören zu den Belangen, die bei der Abwägung zu berücksichtigen sind, nicht nur die eigentumsmäßig geschützten Positionen, sondern alle nachteilig betroffenen Belange, die mehr als geringfügig, schutzwürdig und erkennbar sind.[488] Dazu zählen auch Chancen und Möglichkeiten auf tatsächlicher Grundlage, die eine gewisse Bedeutung und Schutzwürdigkeit haben und erkennbar sind. Die von einer Fachplanung Betroffenen haben zwar kein Recht auf eine optimale

---

[481] *BVerwG*, Urt. v. 30. 8. 1993 – 7 A 14.93 – Buchholz 442.08 § 36 BBahnG Nr. 23; Urt. v. 31. 3. 1995 – 4 A 1.93 – BVerwGE 98, 126 = DVBl. 1995, 1007.

[482] *BVerwG*, B. v. 17. 2. 1997 – 4 VR 17.96 – NVwZ 1997, 998 = LKV 1997, 328.

[483] *BVerwG*, B. v. 18. 2. 1998 – 11 A 6.97 – DVBl. 1998, 1191 = NVwZ-RR 1998, 592 – Berlin-Staaken. Zur materiellen Präklusion *BVerwG*, Urt. v. 6. 11. 1998 – 11 A 28.97 – (unveröffentlicht) – Stralsund; Urt. v. 27. 10. 1998 – 11 A 1.97 – BVerwGE 107, 313 = DVBl. 1999, 845 = NVwZ 1999, 644 – Flughafen Erfurt.

[484] *BVerwG*, Urt. v. 17. 2. 1997 – 4 A 41.96 – NVwZ 1997, 998 = LKV 1997, 328 – A 20.

[485] Darauf hat auch der nicht unmittelbar durch die Planung in Anspruch genommene Nachbar einen Anspruch, so ausdrücklich *BVerwG*, Urt. v. 14. 2. 1975 – IV C 21.74 – BVerwGE 48, 56 = DVBl. 1975, 713 = DÖV 1975, 605 = NJW 1975, 1373 = UPR 1984, 1 = *Hoppe/Stüer* RzB Rdn. 50 – B 4.

[486] Vgl. zum Abwägungsgebot *BVerwG*, Urt. v. 12. 12. 1969 – IV C 105.66 – BVerwGE 34, 301 = *Hoppe/Stüer* RzB Rdn. 23 – Abwägungsgebot; B. v. 9. 11. 1979 – 4 N 1.78, 2–4.79 – BVerwGE 59, 87 = BauR 1980, 36 = DVBl. 1980, 233 = DÖV 1980, 21 = *Hoppe/Stüer* RzB Rdn. 26 – Normenkontrolle. Zu Vorschlägen, das Abwägungsergebnis gesetzlich zu regeln vgl. *Hoppe* DVBl. 1994, 1030; *ders.* in: *Hoppe/Bönker/Grotefels* § 7 Rdn. 1 ff.

[487] Vgl. zur Übernahme der allgemeinen Grundsätze des Abwägungsgebotes in die fachplanungsrechtlichen Entscheidungen *BVerwG*, Urt. v. 14. 2. 1975 – IV C 21.74 – BVerwGE 48, 56 = *Hoppe/Stüer* RzB Rdn. 50 – B 42; Urt. v. 22. 12. 1981 – 4 CB 32.81 – Buchholz 445.4 § 31 WHG Nr. 7 – wasserrechtliche Abwägung; *Blümel* in: *Stüer* (Hrsg.) Verfahrensbeschleunigung, S. 17; zum Abwägungsgebot s. Rdn. 1375.

[488] *BVerwG*, B. v. 9. 11. 1979 – 4 N 1.78 – BVerwGE 59, 87 = DVBl. 1980, 233 – *Normenkontrolle*.

Planung,⁴⁸⁹ wohl aber auf eine Abwägung ihrer eigenen planbetroffenen Belange. Sind diese Rechte verletzt, kann sich die Zulassungsentscheidung als rechtswidrig erweisen. Allerdings wird es im Regelfall nicht zur Aufhebung der Zulassungsentscheidung, sondern (lediglich) zu einer Ergänzung der Entscheidung um entsprechende Schutzauflagen kommen. Derartige Ergänzungsansprüche sind mit einem Verpflichtungsbegehren geltend zu machen. Die durch das PlVereinfG⁴⁹⁰ und das GenBeschlG⁴⁹¹ teilweise neu gefassten gesetzlichen Regelungen des Fachplanungsrechts sollen bewirken, dass die Aufhebung des Planfeststellungsbeschlusses sozusagen nur im äußersten Notfall und dann erfolgt, wenn andere Heilungsmöglichkeiten durch Planergänzung⁴⁹² oder ergänzendes Planverfahren scheitern.⁴⁹³

Gegenüber tatsächlichen Beeinträchtigungen außerhalb des baurechtlichen oder immissionsschutzrechtlichen Nachbarschutzes kommt neben einem öffentlich-rechtlichen Nachbarschutz auch ein **zivilrechtlicher Rechtsschutz** in Betracht. So ist etwa bei einer nachbarrechtlichen Auseinandersetzung um einen **gentechnischen Freilandversuch** neben dem Verwaltungsrechtsweg auch der Zivilrechtsweg zulässig. Die beklagte Fachhochschule wurde dabei als Störer i. S. des § 1004 BGB angesehen.⁴⁹⁴ Allerdings kann ein dem Freilandversuch benachbarter Landwirt aufgrund der Befürchtung, dass an Bodenpartikeln absorbierte DNA durch Witterungseinflüsse auf seine Feldflächen übertragen werden, weder die Untersuchung von Bodenproben oder die Freistellung von den Kosten eines selbst in Auftrag gegebenen Monitorings verlangen, noch hat er einen Unterlassungsanspruch, da es sich um eine durch Witterungseinflüsse bedingte unwesentliche Beeinträchtigung nach § 906 I BGB handelt.⁴⁹⁵

Ein Eigentümer, dessen Grundstück durch den Planfeststellungsbeschluss nur als **Ersatzfläche** für eine **naturschutzrechtliche Kompensationsmaßnahme** in Anspruch genommen wird, ist in der Regel auf die Teilanfechtung des Planfeststellungsbeschlusses verwiesen und kann nicht insgesamt die Anordnung der aufschiebenden Wirkung seiner Klage erreichen. Der Inhaber eines organisch-biologischen Saatzuchtbetriebes ist gegenüber einer fernstraßenrechtlichen Planfeststellung nicht klagebefugt, wenn die Planung von ihm nur deshalb als belastend empfunden wird, weil er für sich und seinen Betrieb einen außergewöhnlich strengen Maßstab an die Umweltbedingungen anlegt.⁴⁹⁶

---

⁴⁸⁹ Vgl. zum Optimierungsgebot *Bartlsperger* DVBl. 1996, 12; *Hoppe* DVBl. 1992, 853; *ders.* in: *Hoppe/Bönker/Grotefels* § 7 Rdn. 32 ff.; *Sendler* UPR 1995, 41; s. Rdn. 1199.
⁴⁹⁰ Gesetz zur Vereinfachung der Planungsverfahren für Verkehrswege (Planungsvereinfachungsgesetz – PlVereinfG) vom 17. 12. 1993 (BGBl. I 2123).
⁴⁹¹ Gesetz zur Beschleunigung von Genehmigungsverfahren (Genehmigungsverfahrensbeschleunigungsgesetz – GenBeschlG) v. 12. 9. 1996 (BGBl. I 1354) s. Rdn. 3757.
⁴⁹² *BVerwG*, Urt. v. 22. 3. 1985 – 4 C 63.80 – BVerwGE 71, 150 = DVBl. 1985, 896 = *Hoppe/Stüer* RzB Rdn. 145 – Roter Hang; Urt. v. 16. 3. 1984 – 4 C 46.80 – NVwZ 1985, 108 = UPR 1984, 377= Buchholz 406.16 Eigentumsschutz Nr. 39 – Schutzvorkehrungen; Urt. v. 20. 10. 1989 – 4 C 12.87 – BVerwGE 84, 31 = DVBl. 1990, 419 = *Hoppe/Stüer* RzB Rdn. 216 – Eichenwäldchen; B. v. 21. 12. 1995 – 11 VR 6.95 – NVwZ 1996, 896 = DVBl. 1996, 676 – Erfurt-Leipzig/Halle.
⁴⁹³ *Schulze* in: *Stüer* (Hrsg.) Verfahrensbeschleunigung, S. 85; *Schulze/Stüer* ZfW 1996, 269; *dies.* in: *Stüer* (Hrsg.) Verfahrensbeschleunigung, S. 62; *Stüer* in: *Stüer* (Hrsg.) Verfahrensbeschleunigung, S. 120; zur Frage der drittschützenden Wirkung der Vorschriften des abfallrechtlichen Planfeststellungsverfahrens über die Beteiligung potenziell betroffener Dritter *BVerwG*, B. v. 19. 5. 1988 – 7 B 215.87 – DVBl. 1989, 509 = UPR 1989, 24 = *Hoppe/Stüer* RzB Rdn. 1263 – RZR Herten. Zur Beschleunigung von Planungsverfahren für Verkehrsinfrastrukturvorhaben durch erweiterte Rechtsgrundlagen zum ergänzenden Verfahren und zur Planergänzung s. Rdn. 3762.
⁴⁹⁴ *BGH*, Urt. v. 7. 7. 1995 – V ZR 213/94 – NJW 1995, 2633.
⁴⁹⁵ *OLG Stuttgart*, Urt. v. 24. 8. 1999 – 14 U 57/97 – ZUR 2000, 29.
⁴⁹⁶ *OVG Koblenz*, Urt. v. 22. 11. 2001 – 1 C 10395/01-OVG – UPR 2002, 80 = BauR 2002, 677 – Hochmoselbrücke.

V. Beschränkte Rechtsschutzmöglichkeiten in den alten und neuen Bundesländern

4327   In den neuen Bundesländern waren die Rechtsmittelmöglichkeiten nach dem Gesetz zur Beschränkung der Rechtsmittel[497] vor allem im Bereich der Fachplanung beschränkt. Gegenüber Planfeststellungsbeschlüssen und Plangenehmigungen des im RechtsmittelBG genannten Fachplanungsrechts war eine Berufung nur zulässig, wenn sie vom Verwaltungsgericht zugelassen wird oder eine Zulassungsbeschwerde Erfolg hat. Inzwischen ist durch das **6. VwGO-ÄndG**[498] die Zulassungsberufung für alle erstinstanzlichen verwaltungsgerichtlichen Verfahren eingeführt worden. Ein Berufungsverfahren mit voller Überprüfung der Tatsachen und der rechtlichen Gesichtspunkte findet nach § 124 VwGO nur statt, wenn die Berufung zuvor vom *VG* selbst oder vom *OVG* zugelassen worden ist. Dies setzt einen entsprechend begründeten Antrag nach § 124 a VwGO voraus. Wird die Berufung nicht zugelassen, wird die erstinstanzliche Entscheidung rechtskräftig (§ 124 a II VwGO).

VI. Sofortvollzug – einstweiliger Rechtsschutz

4328   Nach § 80 I 2 VwGO hat die Klage gegen einen Planfeststellungsbeschluss grundsätzlich aufschiebende Wirkung. Die aufschiebende Wirkung gilt allerdings nur im Hinblick auf den jeweiligen Kläger. Anderen Betroffenen gegenüber tritt die aufschiebende Wirkung nicht ein. Die aufschiebende Wirkung tritt auch unabhängig von den Klageaussichten ein. Etwas anderes gilt nur, wenn das eingelegte Rechtsmittel etwa wegen fehlender eigener Betroffenheit des Klägers oder Fristversäumung offensichtlich aussichtslos ist. Im Streitfall hat das Gericht analog § 80 V VwGO eine Entscheidung über die aufschiebende Wirkung der eingelegten Klage festzustellen.[499]

4329   Die aufschiebende Wirkung entfällt nur in durch **Bundesgesetz** angeordneten Fällen (§ 80 II 1 Nr. 3 VwGO) oder, wenn der **Sofortvollzug** durch die Behörde **angeordnet** wird (§ 80 II 1 Nr. 4 VwGO). Ein Suspensiveffekt entfällt nach dem **PlanVereinfG** in den wichtigsten Fachplanungsverfahren: Keine aufschiebende Wirkung haben Anfechtungsklagen gegen einen Planfeststellungsbeschluss oder eine Plangenehmigung für den Bau oder die Änderung
– von Schienenwegen der Deutschen Bundesbahn, für die ein vordringlicher Bedarf festgestellt worden ist (§ 20 V 1 AEG),
– von Bundesfernstraßen, für die nach dem Fernstraßenausbaugesetz ein vordringlicher Bedarf festgestellt worden ist (§ 17 VIa 1 FStrG),
– von Betriebsanlagen für Straßenbahnen (§ 29 VI 2 PBefG) und
– von Verkehrsanlagen der „Verkehrsprojekte Deutsche Einheit" nach dem VerkPlBG (§ 5 I VerkPlBG).[500]
Bei wasserstraßenrechtlichen und bei abfallrechtlichen Planfeststellungsverfahren oder straßenrechtlichen Verfahren, die nicht vom VerkPlBG erfasst werden oder für die nicht ein vordringlicher Bedarf besteht, verbleibt es dabei, dass die Anfechtungsklage grundsätzlich **aufschiebende Wirkungen** hat, wenn nicht der Sofortvollzug ausdrücklich von der Behörde angeordnet worden ist. Eine noch allgemeinere Regelung enthält § 212a I BauGB. Danach haben Widerspruch und Anfechtungsklage eines Dritten gegen die bauaufsichtliche Zulassung eines Vorhabens keine aufschiebende Wirkung.

4330   Die Anordnung des Sofortvollzugs eines Verwaltungsakts, die ausschließlich im überwiegenden Interesse des Begünstigten erfolgt, ist antragsgebunden. Der Antrag kann

---

[497] Gesetz zur Beschränkung von Rechtsmitteln in der Verwaltungsgerichtsbarkeit, verkündet als Art. 13 des Investitionserleichterungs- und Wohnbaulandgesetzes v. 22. 4. 1993 (BGBl. I 466).
[498] Sechstes Gesetz zur Änderung der VwGO und anderer Gesetze (6. VwGOÄndG); *Stüer* DVBl. 1997, 326; *ders.* in: *Stüer* (Hrsg.) Verfahrensbeschleunigung, S. 90; s. Rdn. 4341.
[499] *Finckelnburg/Jank* 1995; *Grave* BauR 1981, 156; *Schmaltz* DVBl. 1992, 230.
[500] Zum Entfallen der aufschiebenden Wirkung der Klage im Zusammenhang mit der Beschleunigung von Planungsverfahren für Verkehrsinfrastrukturvorhaben s. Rdn. 3762.

allerdings auch noch während eines gerichtlichen Eilverfahrens nach § 80 V VwGO nachgeholt werden (§ 45 I Nr. 1, II VwVfG).⁵⁰¹

Durch verschiedene Fachplanungsgesetze wurde auch das **gerichtliche Eilverfahren** 4331 gestrafft.⁵⁰² War es bislang möglich, den Eilantrag nach § 80 V 1 VwGO zeitlich unbefristet zu stellen, so kann dieser in bestimmten Fachplanungsverfahren nur noch innerhalb eines Monats nach Zustellung des Planfeststellungsbeschlusses gestellt und begründet werden (§ 20 V 2 AEG, § 17 VIa 2 FStrG, § 29 VI 3 PBefG, § 5 VerkPlBG). Inhaltlich haben sich die gerichtlichen Prüfungsgrundsätze⁵⁰³ dadurch allerdings nicht verschoben. Das Gesetz unterstellt den Sofortvollzug keineswegs als stets, sondern nur im Regelfall und verschiebt damit die konkrete Interessenbewertung in das Gerichtsverfahren.⁵⁰⁴ **Ohne Planfeststellung durchgeführte Baumaßnahmen** äußern keine rechtlichen Vorwirkungen für die Planung weiterer Bauabschnitte und verletzen daher die künftig Betroffenen nicht in ihren Rechten.⁵⁰⁵ Rechtsmittel der Betroffenen gegen hoheitliche Vollzugsakte haben grundsätzlich aufschiebende Wirkung. Die Anordnung des Sofortvollzuges ist die Ausnahme dieses Grundsatzes. Es bedarf vielmehr jeweils einer ausdrücklichen gesetzlichen Regelung, dass der Grundsatz der aufschiebenden Wirkung durchbrochen wird. Mit dieser einengenden Auslegung hängt zusammen, dass solche Anordnungen des Gesetzgebers daher nicht ohne ausdrückliche Regelung auf „Altfälle" angewendet werden⁵⁰⁶ und auch nicht analogiefähig sind.⁵⁰⁷ In Verfahren, die den Erlass einer einstweiligen Anordnung nach § 123 I VwGO betreffen, ist ein Fortsetzungsfeststellungsantrag analog § 113 I 4 VwGO unzulässig.⁵⁰⁸ Ein solcher Antrag ist vielmehr dem Hauptverfahren vorbehalten.

Werden (lediglich) **Schutzauflagen** begehrt, so kann dies nur mit einem Verpflich- 4332 tungsantrag geltend gemacht werden. Eine **Verpflichtungsklage** hat jedoch **keine aufschiebende Wirkung** (§ 80 I VwGO). Ein Anspruch auf Planergänzung ist daher nicht geeignet, die aufschiebende Wirkung der Klage zu begründen.⁵⁰⁹ Wird eine Anfechtungsklage erhoben, erweist sich aber bereits bei summarischer Prüfung, dass ein Anfechtungsanspruch nicht besteht, sondern (allenfalls) mit einem Verpflichtungsbegehren geltend zu machende Schutzauflagen beansprucht werden können, wird das Gericht eine Aussetzung der Vollziehung nach § 80 V VwGO nicht aussprechen. Allenfalls könnte eine einstweilige Anordnung gem. § 123 VwGO dahingehend ergehen, dass entsprechende Schutzmaßnahmen zugleich mit der Projektverwirklichung ergriffen werden.⁵¹⁰ Eine damit verbundene (teilweise) Vorwegnahme der Hauptsache wird in aller Regel aber nur dann gerechtfertigt sein, wenn derartige Schutzmaßnahmen etwa aufgrund technischer Zwangspunkte zu einem späteren Zeitpunkt nicht mehr verwirklicht werden können. Der Antrag eines durch Grundstücksinanspruchnahme und Verkehrslärm betroffenen Klägers auf Aufhebung der Planfeststellung einer Bundesfernstraße umfasst nicht ohne weiteres auch einen Hilfsantrag auf Planergänzung zwecks Gewährung passiven Lärm-

---

⁵⁰¹ *OVG Hamburg*, Urt. v. 19. 7. 2001 – 2 Bs 370/00 – NVwZ 2002, 356 = NordÖR 2001, 442.
⁵⁰² Zur erstinstanzlichen Zuständigkeit des *BVerwG* nach § 5 VerkPlBG *BVerwG*, B. v. 13. 10. 1994 – 7 VR 10.94 – UPR 1995, 69 = UPR 1995, 67 = NVwZ 1995, 379 – Wannsee-Griebnitzsee.
⁵⁰³ Offensichtliche Rechtmäßigkeit, offensichtliche Rechtswidrigkeit, Interessenabwägung; s. Rdn. 4377.
⁵⁰⁴ *BVerwG*, B. v. 3. 10. 1992 – 4 A 4.92 – NVwZ 1993, 565 = *Hoppe/Stüer* RzB Rdn. 1054 – Sachsendamm.
⁵⁰⁵ *BVerwG*, B. v. 21. 1. 1994 – 7 VR 12.93 – NVwZ 1994, 370 = DÖV 1994, 433 – Augustinum Aumühle.
⁵⁰⁶ *BVerfG*, B. v. 7. 7. 1992 – 2 BvR 1631 u. 1728/90 – BVerfGE 87, 48 = DVBl. 1992, 1531 = NJW 1993, 1223 = DÖV 1993, 536 – Asyl.
⁵⁰⁷ *BVerwG*, B. v. 21. 7. 1994 – 4 VR 1.94 – DVBl. 1994, 1197 = NVwZ 1995, 383.
⁵⁰⁸ *BVerwG*, B. v. 27. 1. 1995 – 7 VR 16.94 – NVwZ 1995, 586 = DVBl. 1995, 520 = DÖV 1995, 515.
⁵⁰⁹ *BVerwG*, B. v. 26. 2. 1996 – 11 VR 33.95 – LKV 1996, 246 = NuR 1996, 515 – Stendal-Uelzen.
⁵¹⁰ *BVerwG*, B. v. 10. 1. 1996 – 11 VR 19.95 – UPR 1996, 227 = ZUR 1996, 217 – Reinbek-Wentorf.

schutzes, wenn dieser Zusammenhang nicht aus dem klägerischen Vortrag erkennbar ist.[511] Der Antrag auf Planergänzung durch Schutzauflagen kann allerdings noch während des Gerichtsverfahrens im Anschluss an den Aufhebungsantrag gestellt und daraus entwickelt werden.

VII. Vorzeitige Besitzeinweisung

4333   Ist die sofortige Durchführung des Vorhabens geboten, kann nach Maßgabe der jeweiligen Fachgesetze eine vorzeitige Besitzeinweisung angeordnet werden. Der zugrunde liegende Planfeststellungsbeschluss muss vollziehbar sein. Die Vollziehbarkeit ist auch gegeben, wenn die Klage aufgrund gesetzlicher Anordnungen nach § 80 II 1 Nr. 3 VwGO keine aufschiebende Wirkung hat oder ein Antrag auf Wiederherstellung der aufschiebenden Wirkung nach § 80 V VwGO durch das Gericht abgelehnt worden ist. Ist der sofortige Beginn von Bauarbeiten geboten und weigert sich der Eigentümer oder Besitzer, den Besitz eines für das Vorhaben benötigten Grundstücks durch Vereinbarung unter Vorbehalt aller Entschädigungsansprüche zu überlassen, so kann die Planfeststellungsbehörde den Träger des Vorhabens nach Maßgabe der jeweiligen Fachplanungsrechte in den Besitz einweisen. Die Befugnis zur vorzeitigen Besitzeinweisung besteht allerdings nur, wenn die sofortige Ausführung der beabsichtigten Maßnahme aus Gründen des Gemeinwohls dringend geboten ist.[512] Außerdem muss der Vorhabenträger mit dem Betroffenen über die Besitzüberlassung zur Durchführung des Vorhabens ergebnislos gütlich verhandelt haben. Eines Angebotes über die Höhe der Entschädigung bedarf es dabei allerdings nicht. Es genügt vielmehr das Angebot einer Besitzüberlassungsvereinbarung unter Vorbehalt aller Entschädigungsansprüche. Kommt eine Einigung über die Besitzüberlassung zustande, bedarf es einer vorzeitigen Besitzeinweisung nicht. Im Übrigen muss der mit der vorzeitigen Besitzeinweisung verbundene Eigentumseingriff durch verfassungsrechtliche Anforderungen gerechtfertigt sein.[513]

4334   Dem **Antrag** sind eine Mehrausfertigung des Planfeststellungsbeschlusses oder der Plangenehmigung, ein Ausschnitt aus einem dazu gehörigen Plan, in dem das Grundstück dargestellt ist, der Nachweis über die Zustellung oder die Ersatzzustellen des Planfeststellungsbeschlusses oder der Plangenehmigung beizufügen. Ist die Fläche, in deren Besitz eingewiesen werden soll, noch nicht vermessen, ist sie durch zeichnerische Darstellung oder eine geeignete Beschreibung kenntlich zu machen. Die Übereinstimmung mit dem zum Planfeststellungsbeschluss oder zur Plangenehmigung gehörenden Plan hat der Antragsteller zu bescheinigen. In dem Antrag ist darzulegen, dass sich der Grundstücksberechtigte geweigert hat, eine Vereinbarung über die Überlassung des Besitzes unter Vorbehalt aller Entschädigungsansprüche zu schließen. Die Besitzeinweisung wird dann in dem von der Enteignungsbehörde bezeichneten Zeitpunkt wirksam (vgl. etwa § 18 f IV 2 FStrG).[514]

4335   Das **Verfahren** der vorzeitigen Besitzeinweisung ist beschleunigt durchzuführen. Die Enteignungsbehörde hat spätestens sechs Wochen nach Eingang des Antrags auf Besitzeinweisung mit den Beteiligten mündlich zu verhandeln. Hierzu sind der Vorhabenträger und die Betroffenen zu laden. Dabei ist den Betroffenen der Antrag auf vorzeitige Besitzeinweisung mitzuteilen. Die Ladungsfrist beträgt drei Wochen. Mit der Ladung sind die Betroffenen aufzufordern, etwaige Einwendungen gegen den Antrag möglichst vor der mündlichen Verhandlung bei der Enteignungsbehörde einzureichen. Sie sind außerdem darauf hinzuweisen, dass auch bei Nichterscheinen über den Antrag auf Besitzeinweisung

---

[511] *BVerwG*, B. v. 10. 7. 1995 – 5 B 94.95 – DVBl. 1996, 269 = NVwZ-RR 1996, 188.
[512] *BVerwG*, Urt. v. 17. 4. 1989 – 4 CB 7.89 – Rhein-Main-Donau-Kanal zu § 44 III WaStrG a. F. Diese Anforderungen ergeben sich aus Art. 14 I und III GG und dem darin niedergelegten Gemeinwohlvorbehalt.
[513] Zur Erweiterung der Rechtsgrundlagen für vorbereitende Maßnahmen im Zusammenhang mit der Beschleunigung von Planungsverfahren für Verkehrsinfrastrukturvorhaben s. Rdn. 3762.
[514] Planfeststellungsrichtlinien FStrG 99, Nr. 38.

8. Teil. Gerichtliches Verfahren 4336–4338 **F**

und andere im Verfahren zu erledigende Anträge entschieden werden kann (vgl. etwa § 18 f II FStrG). Soweit der Zustand des Grundstücks von Bedeutung ist, hat ihn die Enteignungsbehörde vor der Besitzeinweisung in einer Niederschrift festzustellen oder durch einen Sachverständigen ermitteln zu lassen. Den Beteiligten ist eine Abschrift der Niederschrift oder des Ermittlungsergebnisses zu übersenden (§ 18 f III FStrG). Der Beschluss über die Besitzeinweisung ist dem Antragsteller und den Betroffenen spätestens zwei Wochen nach der mündlichen Verhandlung zuzustellen. Die Besitzeinweisung wird in dem von der Enteignungsbehörde bezeichneten Zeitpunkt wirksam. Dieser Zeitpunkt soll auf höchstens zwei Wochen nach Zustellung der Anordnung über die vorzeitige Besitzeinweisung an den unmittelbaren Besitzer festgesetzt werden. Durch die Besitzeinweisung wird dem Besitzer der Besitz entzogen und der Vorhabenträger Besitzer. Der Vorhabenträger darf auf dem Grundstück das im Antrag auf Besitzeinweisung bezeichnete Vorhaben ausführen und die dafür erforderlichen Maßnahmen treffen (§ 18 f IV FStrG). Für zusätzliche Nachteile, die durch die Besitzeinweisung entstehen, ist eine Entschädigung zu leisten. Wird der festgestellte Plan oder die Plangenehmigung aufgehoben, so ist auch die vorzeitige Besitzeinweisung aufzuheben und der vorherige Besitzer wieder in den Besitz einzuweisen. Der Vorhabenträger hat für alle durch die vorzeitige Besitzeinweisung entstandenen besonderen Nachteile Entschädigung zu leisten (§ 18 f VI FStrG). Eine vorzeitige Besitzeinweisung bei Straßenbauvorhaben ist nur zulässig, wenn der Träger des Straßenbauvorhabens mit dem Betroffenen über die Besitzüberlassung zur Durchführung des geplanten Straßenbaus gütlich **verhandelt** hat und dieser sich weigert, die Bauerlaubnis zu erteilen. Eines angemessenen Kaufangebots über die Höhe der Entschädigung bedarf es nicht. Die Voraussetzungen in § 18 f I FStrG sind abschließend. Die vorherige Einleitung eines Enteignungsverfahrens ist für die vorzeitige Besitzeinweisung nicht erforderlich.[515]

Bei Straßen, für deren Planung das VerkPBG gilt, ist das gerichtliche Verfahren zur Überprüfung von Entscheidungen der Enteignungsbehörde über die vorzeitige Besitzeinweisung nach § 18 f FStrG[516] gemäß § 9 III VerkPBG in Verbindung mit § 217 BauGB den **ordentlichen Gerichten** (Baulandgerichten) zugewiesen.[517] 4336

Ein **Rechtsbehelf** gegen eine vorzeitige Besitzeinweisung hat keine aufschiebende Wirkung (§ 18 f VIa 1 FStrG). Der Antrag auf Anordnung der aufschiebenden Wirkung nach § 80 V 1 VwGO kann nur innerhalb eines Monats nach der Zustellung des Besitzeinweisungsbeschlusses gestellt und begründet werden (§ 18 f VIa 2 FStrG). Für Straßen, für deren Planung das VerkPlBG gilt, ist das gerichtliche Verfahren zur Überprüfung der vorzeitigen Besitzeinweisung gem. § 9 III VerkPlBG i.V. mit § 217 BauGB den ordentlichen Gerichten (Baulandgerichten) zugewiesen. Die Baulandgerichte sind bei ihrer Entscheidung über die Zulässigkeit der Enteignung an verwaltungsgerichtliche Entscheidungen zur Rechtmäßigkeit des Planfeststellungsbeschlusses und seiner enteignenden Vorwirkung gebunden.[518] 4337

8. Teil. Gerichtliches Verfahren

Für das Bau- und Fachplanungsrecht ergeben sich einige Besonderheiten im gerichtlichen Verfahren. In Bauprozessen wird der Streit zwischen den Nachbarn in einem Gerichtsverfahren ausgetragen, in dem die Behörde Beklagte ist und der Bauherr dem Verfahren beigeladen wird. Fachplanungsverfahren sind vielfach erstinstanzlich dem OVG/VGH oder sogar unmittelbar dem *BVerwG* zugewiesen. 4338

---

[515] *OLG Naumburg*, Urt. v. 17. 4. 2002 – 1 U (Baul.) 4/00 –.
[516] Vorbehaltlich einer anderen landesrechtlichen Zuständigkeitsregelung.
[517] *BVerwG*, B. v. 30. 3. 2000 – 4 B 23.00 – DVBl. 2000, 1462, mit Hinweis auf B. v. 1. 4. 1999 – 4 B 26.99 – NVwZ-RR 1999, 485.
[518] *BVerwG*, B. v. 1. 4. 1999 – 4 B 26.99 – UPR 1999, 274 – vorzeitige Besitzeinweisung.

I. Besetzung der Spruchkörper

4339 Das entscheidende Gericht muss ordnungsgemäß besetzt sein.

1. Verwaltungsgericht

4340 Gem. § 5 I VwGO besteht das Verwaltungsgericht aus dem Präsidenten, den Vorsitzenden Richtern sowie weiteren Richtern in erforderlicher Anzahl. Bei den Verwaltungsgerichten werden Kammern gebildet. Diese entscheiden in der Besetzung von drei Richtern und zwei ehrenamtlichen Richtern, soweit nicht ein Einzelrichter entscheidet. Von den drei Richtern dürfen nicht mehr als zwei Richter auf Probe sein (§ 29 DRiG). Bei Beschlüssen außerhalb der mündlichen Verhandlung und bei Gerichtsbescheiden nach § 84 VwGO wirken die ehrenamtlichen Richter nicht mit (§ 5 III VwGO). Die Stellung des **Einzelrichters** ist dabei gestärkt worden. Nach § 6 I VwGO soll die Kammer in der Regel den Rechtsstreit einem ihrer Mitglieder als Einzelrichter zur Entscheidung übertragen, wenn (1) die Sache keine besonderen Schwierigkeiten tatsächlicher oder rechtlicher Art aufweist und (2) die Rechtssache keine grundsätzliche Bedeutung hat. Ein Richter auf Probe darf im ersten Jahr seiner Ernennung nicht Einzelrichter sein (§ 6 I 2 VwGO). Der Rechtsstreit darf dem Einzelrichter nicht übertragen werden, wenn bereits vor der Kammer mündlich verhandelt worden ist, es sei denn, dass inzwischen ein Vorbehalts-, Teil- oder Zwischenurteil ergangen ist (§ 6 II VwGO). Der Einzelrichter kann nach Anhörung der Beteiligten den Rechtsstreit auf die Kammer zurückübertragen, wenn sich aus einer wesentlichen Änderung der Prozesslage ergibt, dass die Rechtssache grundsätzliche Bedeutung hat oder die Sache besondere Schwierigkeiten tatsächlicher oder rechtlicher Art aufweist. Eine erneute Übertragung auf den Einzelrichter ist in diesen Fällen ausgeschlossen (§ 6 III VwGO).[519]

2. Oberverwaltungsgericht

4341 Gem. § 9 I VwGO besteht das *OVG* aus dem Präsidenten, den Vorsitzenden Richtern und weiteren Richtern in der erforderlichen Anzahl. Beim *OVG* werden Senate gebildet, die vom Senatsvorsitzenden geleitet werden. Die Senate des *OVG* entscheiden nach § 9 III VwGO in der Besetzung von drei Berufsrichtern. Die Landesgesetzgebung kann vorsehen, dass die Senate in der Besetzung von fünf Richtern entscheiden, von denen zwei auch ehrenamtlich sein können. Bei den erstinstanzlichen Zuständigkeiten nach § 48 I VwGO kann auch vorgesehen werden, dass die Senate in der Besetzung von fünf Berufsrichtern und zwei weiteren ehrenamtlichen Richtern entscheiden. Die Länder haben von den sich nach § 9 III VwGO ergebenden Möglichkeiten in unterschiedlicher Weise Gebrauch gemacht. Für das normale Erkenntnisverfahren 2. Instanz sind in den Bundesländern zwei verschiedene Arten der Besetzung eingerichtet: In den Ländern Baden-Württemberg, Bayern, Saarland, Sachsen und Thüringen entscheiden die *OVG*-Senate mit **drei Berufsrichtern**. In den Ländern Berlin, Brandenburg, Bremen, Hamburg, Hessen, Mecklenburg-Vorpommern, Niedersachsen, Nordrhein-Westfalen, Rheinland-Pfalz, Sachsen-Anhalt und Schleswig-Holstein entscheiden die *OVG*-Senate in der Besetzung von **drei Berufsrichtern** und **zwei ehrenamtlichen Richtern**. Das *OVG* entwickelt sich seit Einführung der Zulassungsberufung in den §§ 124, 124a VwGO i. d. F. des 6. VwGO-ÄndG vom zweiten Tatsachengericht zu einer Art Revisionsgericht, das nur bei Vorliegen der Voraussetzungen des § 124 VwGO in der Sache tätig wird. Nach Zulassung der Berufung prüft das *OVG* allerdings den Streitfall innerhalb des Berufungsantrags im gleichen Umfang wie das Verwaltungsgericht (§ 128 VwGO).

4342 In **Normenkontrollverfahren** gem. § 47 VwGO entscheiden die *OVG*-Senate mit **fünf Berufsrichtern** in den Ländern Baden-Württemberg, Bayern, Hessen, Mecklenburg-Vorpommern und Sachsen. In den **erstinstanzlichen Zuständigkeiten** des § 48 I

---

[519] *Kuhla* in: *Kuhla/Hüttenbrink* Kap B Rdn. 8 (S. 11).

VwGO entscheiden die *OVG*-Senate in den Ländern Brandenburg, Bremen, Hessen und Nordrhein-Westfalen mit **fünf Berufsrichtern** und **zwei ehrenamtlichen Richtern**.

Beim *OVG* wird ein **Großer Senat** gebildet, der in Fällen abweichender Entscheidungen der Senate entscheidet. Für seine Zusammensetzung und das einzuhaltende Verfahren verweist § 12 I VwGO auf die Regelungen über den Großen Senat beim *BVerwG*. Ein Verstoß gegen die sich aus §§ 11, 12 VwGO ergebenden Vorlagepflichten an den Großen Senat kann eine Verfahrensrevision nach § 132 II Nr. 3 VwGO begründen. 4343

3. BVerwG

Das *BVerwG* besteht nach § 10 I VwGO aus seinem Präsidenten, den Vorsitzenden Richtern und weiteren Richtern in der erforderlichen Anzahl. Ebenso wie beim *OVG* werden auch beim *BVerwG* Senate gebildet, die der Senatsvorsitzende leitet. Die Senate des *BVerwG* entscheiden in der Besetzung von fünf Berufsrichtern. Beschlüsse außerhalb der mündlichen Verhandlung wie z. B. Entscheidungen über Nichtzulassungsbeschwerden werden in der Besetzung von drei Berufsrichtern gefasst (§ 10 III VwGO). Das *BVerwG* ist als Revisionsgericht, teilweise aber auch erstinstanzlich tätig. Beim *BVerwG* wird ein **Großer Senat** gebildet, der entscheidet, wenn ein Senat in einer Rechtsfrage von der Entscheidung eines anderen Senates oder des Großen Senats abweichen will (§ 11 II VwGO). Eine Vorlage an den Großen Senat ist nur zulässig, wenn der Senat, von dessen Entscheidung abgewichen werden soll, auf Anfrage des erkennenden Senats erklärt, dass er an seiner Rechtsauffassung festhält (§ 11 III 1 VwGO). Über die Anfrage und die Antwort entscheidet der jeweilige Senat durch Beschluss in der für Urteile erforderlichen Besetzung. Die einzelnen Senate haben auch die Möglichkeit, eine Frage von grundsätzlicher Bedeutung dem Großen Senat zur Entscheidung vorzulegen, wenn das nach Auffassung des erkennenden Senates zur Fortbildung des Rechts oder zur Sicherung einer einheitlichen Rechtsprechung erforderlich ist. Der Große Senat besteht aus dem Präsidenten und je einem Richter der Revisionssenate, in denen der Präsident nicht den Vorsitz führt. 4344

II. Sachliche Zuständigkeit

Das entscheidende Gericht muss sachlich zuständig sein. 4345

1. Zuständigkeit der Verwaltungsgerichte

Nach § 45 VwGO sind die Verwaltungsgerichte im ersten Rechtszug – abgesehen von spezialgesetzlichen Regelungen – zuständig für alle Streitigkeiten, für die der Verwaltungsrechtsweg offen steht. Die sachliche Zuständigkeit der Verwaltungsgerichte kann anders als im Zivilprozess weder durch Parteivereinbarung noch durch rügelose Einlassung auf die Klage begründet, geändert oder beseitigt werden.[520] 4346

2. Zuständigkeit der Oberverwaltungsgerichte

Das *OVG* ist nach § 46 VwGO im Schwerpunkt als Berufungsgericht, daneben aber auch als Beschwerdegericht, Revisionsgericht, Normenkontrollgericht (§ 47 VwGO) oder erstinstanzliches Gericht sachlich und funktionell zuständig. Nach § 46 VwGO entscheidet das *OVG* als **Rechtsmittelgericht** über die Zulassung der Berufung und die zugelassene Berufung gegen Urteile des Verwaltungsgerichts sowie die Beschwerde gegen andere, selbstständig anfechtbare Entscheidungen des Verwaltungsgerichts nach § 145 VwGO. Als Berufungsgericht entscheidet das *OVG* allerdings in der Sache erst, wenn die Berufung nach **§ 124, 124a VwGO** vom VG selbst oder nach einem Zulassungsantrag vom OVG zugelassen worden ist. Nach § 47 VwGO entscheidet das *OVG* als **Normenkontrollgericht** auf Antrag über die Gültigkeit von Satzungen, die nach den Vorschriften des BauGB erlassen worden sind, sowie von Rechtsverordnungen auf der Grundlage des 4347

---

[520] *Hüttenbrink* in: *Kuhla/Hüttenbrink* Kap C Rdn. 76 (S. 33).

§ 246 II BauGB. Außerdem entscheidet das *OVG* im Wege der abstrakten Normenkontrolle über die Gültigkeit von anderen im Range unter dem Landesgesetz stehenden Vorschriften, sofern das Landesrecht dies bestimmt. Daneben ist das *OVG* nach **§ 48 VwGO erstinstanzlich** zuständig vor allem bei Planfeststellungsbeschlüssen und Plangenehmigungen betreffend Großvorhaben auf den Gebieten des Atomrechts (§§ 7 und 9a III AtG, §§ 6, 9 AtG), von Kraftwerken mit einer Feuerungswärmeleistung von mehr als 300 MW, der Errichtung von Freileitungen mit mehr als 100.000 V Nennspannung, abfallrechtliche Planfeststellungsverfahren (§ 31 KrW-/AbfG), von Verkehrsflughäfen und Verkehrslandeplätzen mit beschränktem Bauschutzbereich, Planfeststellungsverfahren für den Bau oder die Änderung von Straßenbahnen und Eisenbahnen, den Bau oder die Änderung von Bundesfernstraßen sowie den Neubau oder den Ausbau von Bundeswasserstraßen.[521]

3. Zuständigkeit des BVerwG

4348 Das *BVerwG* ist in erster Linie als Revisionsgericht tätig. Daneben bestehen aber auch erstinstanzliche Zuständigkeiten des *BVerwG*. Das *BVerwG* entscheidet nach § 49 VwGO als **Revisionsgericht** über das Rechtsmittel der Revision gegen Urteile des *OVG* nach § 132 VwGO und gegen Urteile des *VG* nach den §§ 134, 135 VwGO, außerdem über die Beschwerde nach § 99 II VwGO und die Nichtzulassungsbeschwerde nach § 133 I VwGO sowie die Beschwerde gegen die Entscheidung betreffend eine Verweisung des Rechtsstreits nach § 17a IV GVG. Die vormals bestehende Möglichkeit der Nichtvorlagebeschwerde nach § 47 VII VwGO und der Entscheidung nach § 47 V VwGO im Normenkontrollverfahren ist durch das 6. VwGO-ÄndG in ein Revisionsverfahren bzw. Nichtzulassungsverfahren nach den §§ 132, 133 VwGO umgewandelt worden. Über die **erstinstanzielle Zuständigkeit** des *BVerwG* nach § 49 VwGO und die erstinstanzliche Zuständigkeit nach § 50 VwGO hinaus ist das *BVerwG* auch für bestimmte Planverfahren erst- und letztinstanzlich zuständig.[522] Von den erstinstanzlichen Zuständigkeiten des *BVerwG* sind besonders die Anfechtungsklagen gem. **§ 5 I VerkPlBG** von Bedeutung. Danach entscheidet das *BVerwG* erst- und letztinstanzlich über Anfechtungsklagen gegen Planfeststellungsbeschlüsse und Plangenehmigungen für Vorhaben nach § 1 VerkPlBG. Darunter fallen der Bau und die Änderung von Verkehrswegen der Bundeseisenbahnen (Nr. 1), Bundesfernstraßen und Bundeswasserstraßen (Nr. 2), Verkehrsflughäfen (Nr. 3) und bestimmten Straßenbahnen (Nr. 4) in den neuen Bundesländern einschließlich Berlins sowie von Fernverkehrswegen i. S. von Nr. 1 und 2 zwischen diesen Ländern und den nächsten Knotenpunkten des Hauptfernverkehrsnetzes des übrigen Bundesgebietes (Nr. 5). Nach § 1 II VerkPlBG bestimmt der Bundesminister für Verkehr durch Rechtsverordnung mit Zustimmung des Bundesrates die Fernverkehrswege der die ehemaligen innerdeutschen Grenzen übergreifenden „**Verkehrsprojekte Deutsche Einheit**". Diese **Fernverkehrswegebestimmungsverordnung**[523] enthält verschiedene fernstraßenrechtliche, wasserwegerechtliche und eisenbahnrechtliche Vorhaben als Verbindungen zwischen den alten und neuen Bundesländern.[524] Die in der Fernverkehrswegebestimmungsverordnung benannte Gemeinde muss nicht durchquert werden. Es reicht ein Trassenverlauf in der Nähe der Gemeinde. Knotenpunkte des Hauptfernverkehrsnetzes setzen ein Zusammentreffen von zwei Hauptverkehrsstrecken voraus.[525]

---

[521] Vgl. dazu Art. 7 des Planungsvereinfachungsgesetzes mit einer Änderung von § 48 Nr. 9 VwGO.
[522] *BVerwG*, B. v. 21. 1. 1994 – 7 VR 12.93 – DÖV 1994, 433 = NVwZ 1994, 370 – Aumühle.
[523] Fernverkehrswegebestimmungsverordnung v. 3. 6. 1992 (BGBl. I 1014).
[524] *BVerwG*, B. v. 1. 7. 1993 – 7 ER 308.93 – DVBl. 1993, 903 = NVwZ 1994, 368 – Probebohrungen Lichtenfels; B. v. 3. 3. 1994 – 7 VR 4.94 – NVwZ 1994, 483 = DVBl. 1994, 773 – Erkundungsbohrungen; B. v. 13. 10. 1994 – 7 VR 10.94 – NVwZ 1995, 379 = DÖV 1995, 198 – Eisenbahn-Bundesamt. vgl. auch Deutsche Bahn Gründungsgesetz (DBGrG) v. 27. 12. 1993 (BGBl. I 2386).
[525] *BVerwG*, B. v. 8. 1. 1997 – 11 VR 30.95 – NuR 1998, 221 – Staffelstein.

§ 5 I VerkPlBG erfasst dabei alle Verwaltungsstreitverfahren aus diesem Bereich, die einen **unmittelbaren Bezug** zu konkreten Planfeststellungsverfahren oder Plangenehmigungsverfahren für Vorhaben nach § 1 VerkPlBG haben.[526] Dieser unmittelbare Bezug ist auch dann gegeben, wenn darum gestritten wird, ob Baumaßnahmen an den in § 1 VerkPlBG genannten Verkehrswegen ein Planfeststellungsverfahren hätte vorangehen müssen oder ob dies nicht zutrifft, weil lediglich nicht planfeststellungsbedürftige Unterhaltungsarbeiten durchgeführt werden.[527] Die gesetzlichen Regelungen über die erstinstanzliche Zuständigkeit des *BVerwG* (§ 50 VwGO) sind abschließend und können auch durch Parteivereinbarung nicht eingeengt oder erweitert werden. Der Zweck der Zuständigkeitsvorschrift besteht darin, durch eine Verkürzung des Verwaltungsgerichtsverfahrens auf eine Instanz den Ausbau der Verkehrswege zwischen den alten und den neuen Ländern zu beschleunigen und durch eine Konzentration der Streitsachen beim *BVerwG* divergierende Entscheidungen zu vermeiden.[528] Dieser Gesetzeszweck verlangt eine weite Auslegung der Vorschrift dahin, dass sie alle Verwaltungsstreitverfahren erfasst, die einen unmittelbaren Bezug zu konkreten Planfeststellungs- oder Plangenehmigungsverfahren für Vorhaben nach § 1 VerkPlBG haben, weil nur so die Aufspaltung der gerichtlichen Zuständigkeiten und die damit verbundenen Verzögerungen und rechtlichen Divergenzen verhindert werden können.[529] Ein solcher unmittelbarer Bezug besteht etwa dann, wenn darum gestritten wird, ob bestimmten Baumaßnahmen an einem in § 1 VerkPlBG genannten Verkehrsweg ein Planfeststellungsverfahren hätte vorausgehen müssen.[530] Der unmittelbare Bezug zur beschleunigungsbedürftigen Planung und Herstellung von Verkehrswegen i. S. des § 1 VerkPlBG fehlt aber, wenn lediglich die der Planungsentscheidung beigefügte behördliche Kostenentscheidung angefochten werden soll. Hierfür bleibt das Verwaltungsgericht als Gericht des ersten Rechtszuges zuständig.[531] Nicht zuständig ist das *BVerwG* auch für Streitigkeiten über Planfeststellungsbeschlüsse, die bereits vor In-Kraft-Treten der Fernverkehrswegebestimmungsverordnung auf der Grundlage der bisherigen Regelungen erlassen worden sind.[532] Die mehrfache zeitliche Verlängerung der erstinstanzlichen Zuständigkeit ist vom *BVerwG* selbst mit Kritik begleitet worden. Die Sondersituation, die unmittelbar nach der deutschen Einheit derartige Zuständigkeitsregelungen gerechtfertigt hätten, bestehe heute nicht mehr. Es sei daher fraglich, ob die weitere Verlängerung der Geltungsdauer dieser Sonderregelungen oder gar die Ausweitung der erstinstanzlichen Zuständigkeit des *BVerwG* auch auf Verkehrsprojekte in den alten Ländern verfassungsmäßig sei.[533]

Bei einer **erstinstanzlichen Zuständigkeit** nach § 5 VerkPlBG hat das *BVerwG* auch **Landesrecht** auszulegen und anzuwenden.[534] Der notwendige unmittelbare Bezug zu einem Vorhaben nach § 1 VerkPBG ist auch dann gegeben, wenn darüber gestritten wird, ob ein solches Verfahren zur Genehmigung von Arbeiten hätte vorausgehen müssen.[535]

---

[526] *BVerwG*, B. v. 21. 1. 1994 – 7 VR 12.93 – NVwZ 1994, 370.
[527] *BVerwG*, B. v. 7. 7. 1995 – 11 VR 11.95 – NVwZ 1996, 393 = UPR 1995, 398 = NuR 1995, 544 – Wriezener Alte Oder.
[528] *BVerwG*, B. v. 13. 10. 1994 – 7 VR 10.94 – UPR 1995, 69 = UPR 1995, 67 = NVwZ 1995, 379 – Wannsee-Griebnitzsee mit Hinweis auf BT-Drs. 12/1092, S. 10.
[529] *BVerwG*, B. v. 21. 1. 1994 – 7 VR 12.93 – NVwZ 1994, 370.
[530] *BVerwG*, B. v. 7. 7. 1995 – 11 VR 11.95 – UPR 1995, 398 = NVwZ 1996, 393 – Wriezener Alte Oder.
[531] *BVerwG*, B. v. 22. 11. 1995 – 11 VR 42.95 – Buchholz 407.3 § 5 VerkPlBG Nr. 5 = UPR 1996, 120.
[532] *BVerwG*, B. v. 1. 12. 1992 – 7 A 4.92 – DÖV 1993, 388 = NVwZ 1993, 770 – Verweisungsbeschluss. In einem solchen Fall wäre auch ein Verweisungsbeschluss des Verwaltungsgerichts an das *BVerwG* nicht bindend.
[533] *Hien* DVBl. 2005, 348.
[534] *BVerwG*, Urt. v. 11. 1. 2001 – 4 A 12.99 – DVBl. 2001, 669 = NVwZ 2001, 1160.
[535] *BVerwG*, B. v. 27. 10. 2000 – 11 VR 14.00 – DVBl. 2000, 1864 = NuR 2001, 155 = NVwZ-RR 2001, 88, mit Hinweis auf, Urt. v. 21. 1. 1994 – 7 VR 12.93 – DVBl. 1994, 773 = NVwZ 1994, 370.

Eine erstinstanzliche Zuständigkeit scheidet allerdings aus, wenn nachträgliche Schutzauflagen gemäß § 75 II 2 bis 4 VwVfG für ein Vorhaben geltend gemacht werden, für das das *BVerwG* gemäß § 5 I VerkPBG ursprünglich erstinstanzlichen zuständig war.[536] Für eine Verpflichtungsklage, mit der der Kläger nach Unanfechtbarkeit eines Planfeststellungsbeschlusses für ein Vorhaben nach § 1 VerkPBG nachträgliche Schutzauflagen verlangt, die gemäß § 75 II 2 bis 4 VwVfG dem Träger des Vorhabens außerhalb eines Planfeststellungs- oder Plangenehmigungsverfahrens auferlegt werden können, ist weder die erstinstanzliche Zuständigkeit des *BVerwG* noch des *OVG* gegeben.[537] Vielmehr sind derartige Ansprüche beim Verwaltungsgericht der ersten Instanz geltend zu machen.

III. Klageart und Klagebefugnis

4351 Im Verwaltungsprozess werden folgende Klagearten unterschieden: Anfechtungs- und Verpflichtungsklagen, die einen Verwaltungsakt betreffen (§ 42 VwGO), Untätigkeitsklagen (§ 75 VwGO), allgemeine Leistungsklagen (§ 43 II VwGO), Feststellungsklagen (§§ 43 I, 113 I 4 VwGO), Organstreitverfahren und Normenkontrollverfahren (§ 47 VwGO).

1. Anfechtungsklage (§ 42 I VwGO)

4352 Durch die Anfechtungsklage kann die Aufhebung eines Verwaltungsakts begehrt werden (§ 42 I VwGO).[538] Soweit gesetzlich nichts anderes bestimmt ist, ist die Anfechtungsklage zulässig, wenn der Kläger geltend macht, durch den Verwaltungsakt in seinen Rechten verletzt zu sein (§ 42 II VwGO). Die Anfechtungsklage ist gegen einen Verwaltungsakt statthaft. Nach § 35 VwVfG ist **Verwaltungsakt** jede Verfügung, Entscheidung oder andere hoheitliche Maßnahme, die eine Behörde zur Regelung eines Einzelfalls auf dem Gebiet des öffentlichen Rechts trifft und die auf unmittelbare Rechtswirkung nach außen gerichtet ist. Allgemeinverfügung ist ein Verwaltungsakt, der sich an einen nach allgemeinen Merkmalen bestimmten oder bestimmbaren Personenkreis richtet oder die öffentlich-rechtliche Eigenschaft einer Sache oder ihre Benutzung durch die Allgemeinheit betrifft. Zu den Verwaltungsakten gehören etwa **Baugenehmigungen** und Sonderformen der Baugenehmigungen wie Teilbaugenehmigungen aber auch Bebauungsgenehmigungen. Auch **Nebenbestimmungen**[539] erfüllen den Begriff eines Verwaltungsakts, wenn sie selbstständig anfechtbar sind (§ 36 II VwGO). Der **Planfeststellungsbeschluss** ist eine besondere Art der Allgemeinverfügung (§ 35 S. 2 VwGO) und auch als Verwaltungsakt anfechtbar. Richtet sich die Klage auf die Gewährung von Schutzauflagen (§ 74 II 2 VwVfG), so wandelt sich der Aufhebungsanspruch in einen Verpflichtungsanspruch um. Die Gesamtaufhebung des Planfeststellungsbeschlusses kann in diesen Fällen nicht verlangt werden. Es können lediglich Schutzauflagen mit einem Verpflichtungsantrag beansprucht werden. Es könnte sich daher empfehlen, Anfechtungsklage gegen den Planfeststellungsbeschluss zu erheben, wenn die Aufhebung des Planfeststellungsbeschlusses begehrt wird und hilfsweise einen Verpflichtungsantrag auf gerichtliche Anordnungen von entsprechenden Auflagen zu stellen. Denn der Antrag eines durch Grundstücksinanspruchnahme und Verkehrslärm betroffenen Klägers etwa auf Aufhebung der Planfeststellung einer Bundesfernstraße umfasst nicht ohne weiteres auch einen Hilfsantrag auf Planergänzung zwecks Gewährung passiven Lärmschutzes, wenn dieser Zusammenhang nicht aus dem klägerischen Vortrag erkennbar ist.[540] Dieser Antrag kann jedoch noch im

---

[536] *BVerwG*, Urt. v. 10. 8. 2000 – 4 A 11.99 – DVBl. 2000, 1862 = NVwZ 2001, 206 = UPR 2001, 69, mit Hinweis auf Urt. v. 18. 5. 2000 – 11 A 6.99 – NVwZ 2000, 1168 = UPR 2000, 458 und B. v. 17. 10. 1994 – 4 N 1.94 – BVerwGE 97, 45 = DVBl. 1995, 236 = NVwZ 1995, 381.
[537] *BVerwG*, Urt. v. 18. 5. 2000 – 11 A 6.99 – NVwZ 2000, 1168.
[538] *Laubinger* FS Menger 1985, 443.
[539] *Badura* FS Lukes 1989, 2; *Mampel* NuR 1993, 376; *Mößle* BayVBl. 1982, 231; *Schenke* JuS 1983, 276; s. Rdn. 2256, 3654, 3696.
[540] *BVerwG*, B. v. 10. 7. 1995 – 5 B 94.95 – DVBl. 1996, 269 = NVwZ-RR 1996, 188.

Laufe des Gerichtsverfahrens gestellt werden. Bei **mitwirkungsbedürftigen** oder **mehrstufigen Verwaltungsakten** kann das verwaltungsinterne Mitwirkungserfordernis vom Bürger nicht angefochten werden, weil dieses ihm gegenüber keine Außenwirkung hat. So kann der Bürger das fehlende gemeindliche Einvernehmen nach § 36 BauGB nur im Rahmen der Klage gegen die Nichterteilung der Baugenehmigung gerichtlich prüfen lassen. Auch eine isolierte Anfechtungsklage des Nachbarn gegen das von der Gemeinde erteilte Einvernehmen zu einem Bauvorhaben des Bauherrn ist wegen fehlender Außenwirkung des Einvernehmens unzulässig.[541] Auch die Eintragung einer **Baulast**[542] oder die **Bauzustandsbescheinigung** wird nicht als Verwaltungsakt angesehen. Für die Anfechtungsklage ist eine **Klagebefugnis** erforderlich. Diese ist nach § 42 II VwGO gegeben, wenn der Kläger geltend macht, in seinen Rechten verletzt zu sein. Die Rechtsverletzung muss dabei möglich sein. Soweit der Kläger Adressat des belastenden Verwaltungsakts ist, kann er hieraus im Allgemeinen eine Klagebefugnis ableiten. Der **Nachbar** ist gegen eine dem Bauherrn erteilte Baugenehmigung klagebefugt, wenn er geltend macht, dass die Baugenehmigung Regelungen verletzt, die auch seinem Schutz dienen (**Schutznormtheorie**). Eine Klagebefugnis für den Nachbarn ist daher gegeben, wenn die gesetzlichen Regelungen nicht nur dem öffentlichen Interesse, sondern auch dem Individualinteresse des Nachbarn zu dienen bestimmt ist. Schutznormen können sich aus Regelungen des Bauplanungsrechts, des Bauordnungsrechts, des Immissionsschutzrechts oder aus dem anlagenbezogenen Wirtschaftsverwaltungsrecht ergeben. Auch verfassungsrechtliche Garantien können in der Klagebefugnis durchscheinen.

4353 Die Anfechtungsklage setzt ebenso wie die Verpflichtungsklage die Durchführung eines **Vorverfahrens** voraus. Nach § 68 I 1 VwGO sind vor Erhebung der Anfechtungsklage die Rechtmäßigkeit und Zweckmäßigkeit des Verwaltungsakts in einem Vorverfahren nachzuprüfen. Einer solchen Nachprüfung bedarf es allerdings nach § 68 I 2 VwGO nicht, wenn (1) ein Gesetz dies für besondere Fälle bestimmt oder wenn (2) der Verwaltungsakt von einer obersten Bundesbehörde oder von einer obersten Landesbehörde erlassen worden ist, außer wenn ein Gesetz die Nachprüfung vorschreibt, oder (3) der Abhilfebescheid oder der Widerspruchsbescheid erstmalig eine Beschwer enthält. So können etwa Planfeststellungsbeschlüsse nach § 70 VwVfG ohne Vorverfahren unmittelbar mit der Klage angefochten werden. Die Zulässigkeit der Klage scheitert auch dann nicht an einem fehlenden Widerspruchsverfahren, wenn sich die mit der Widerspruchsbehörde identische Behörde sachlich auf die Klage eingelassen hat und auf Durchführung des Widerspruchsverfahrens verzichtet hat, der Widerspruchsbescheid eine zusätzliche selbstständige Beschwer des Widerspruchsführers enthält oder eine Untätigkeitsklage nach § 75 VwGO erhoben wird.[543] Die Durchführung eines gesonderten Widerspruchsverfahrens wird nicht entbehrlich, wenn der Beklagte in der Klageerwiderung zwar Ausführungen zur Sache macht, zugleich aber das Fehlen des Vorverfahrens und die daraus folgende Unzulässigkeit der Anfechtungsklage rügt.[544]

4354 Das Vorverfahren beginnt nach § 69 VwGO mit der Erhebung des **Widerspruchs**. Der Widerspruch ist innerhalb eines Monats, nachdem der Verwaltungsakt dem Beschwerten mit Rechtsbehelfsbelehrung bekannt gegeben worden ist, schriftlich oder zur Niederschrift bei der Behörde zu erheben, die den Verwaltungsakt erlassen hat. Die Frist wird auch durch Einlegung bei der Behörde gewahrt, die den Widerspruchsbescheid zu er-

---

[541] *Hüttenbrink* FS Gelzer 1991, 155; *Stüer* FS Gelzer, 155; *Hüttenbrink* in: *Kuhla/Hüttenbrink* Kap D Rdn. 25 (S. 47).
[542] *Hüttenbrink* in: *Kuhla/Hüttenbrink* Kap D Rdn. 42 (S. 53). Die Ablehnung eines Antrags, eine eingetragene Baulast zu löschen, ist daher ein Verwaltungsakt, gegen den Rechtsschutz nach § 42 VwGO gesucht werden kann.
[543] Zu weiteren Einzelheiten *Hüttenbrink* in: *Kuhla/Hüttenbrink* Kap D Rdn. 56 (S. 60).
[544] BVerwG, B. v. 26. 9. 1989 – 8 B 39.89 – Buchholz 310 § 68 VwGO Nr. 35 in Abgrenzung zu Urt. v. 15. 1. 1982 – 4 C 26.78 – BVerwGE 64, 325.

lassen hat (§ 70 I VwGO). Er kann auch fristwahrend durch Fernschreiber, Telefax oder Telekopie eingelegt werden. Ist die Rechtsmittelbelehrung unterblieben oder unrichtig, so ist der Widerspruch grundsätzlich nur innerhalb eines Jahres seit Bekanntgabe der Entscheidung zulässig (§§ 58 II, 70 II VwGO). Der Widerspruch hat nach § 80 I 1 VwGO grundsätzlich **aufschiebende Wirkung**. Das gilt auch bei rechtsgestaltenden oder feststellenden Verwaltungsakten sowie bei Verwaltungsakten mit Doppelwirkung (§ 80 a VwGO). Die aufschiebende Wirkung entfällt nach § 80 II VwGO vor allem dann, wenn die sofortige Vollziehung durch ein anderes Gesetz angeordnet worden ist (§ 80 II 1 Nr. 3 VwGO) oder im öffentlichen Interesse oder im überwiegenden Interesse eines Beteiligten von der Behörde besonders angeordnet wurde (§ 80 II 1 Nr. 4 VwGO). Die aufschiebende Wirkung des Widerspruchs entfällt etwa bei dem Widerspruch eines Dritten gegen die bauaufsichtliche Zulassung eines Vorhabens (§ 212a I BauGB sowie bei Rechtsbehelfen gegenüber Planfeststellungsbeschlüssen und Plangenehmigungen nach Maßgabe des Fachplanungsrechts).[545] Die Widerspruchsschrift muss erkennen lassen, dass der Beschwerte sich gegen den angefochtenen Verwaltungsakt wendet. Eine Begründung des Widerspruchs ist zur Fristwahrung nicht erforderlich. Auch ist nicht erforderlich, dass das Wort „Widerspruch" verwendet wird, wenn sich für die Behörde ergibt, dass der Bescheid angefochten werden soll. Das Widerspruchsschreiben muss auch keinen konkreten Antrag enthalten. Es reicht aus, dass sich das Begehren des Widerspruchsführers aus den näheren Umständen ergibt. Kann die Aufhebung oder Änderung des Verwaltungsakts im Widerspruchsbescheid einen **Dritten beschweren**, so soll er vor Erlass des Widerspruchsbescheides gehört werden. Die Ausgangsbehörde hat dabei eine **Abhilfemöglichkeit**. Hält die Behörde den Widerspruch für begründet, so hilft sie ihm ab (§ 71 VwGO). Dabei kann der Bescheid ganz oder teilweise aufgehoben oder geändert werden. Eine Begründung ist nicht erforderlich, soweit dem Begehren des Widerspruchsführers stattgegeben wird. Hilft die Ausgangsbehörde dem Widerspruch nicht ab, so legt die Behörde die Akten der Widerspruchsbehörde vor, wenn die Ausgangsbehörde nicht selbst Widerspruchsbehörde ist. Das Ausgangsverfahren bildet dabei mit dem (nachfolgenden) Widerspruchsverfahren eine Einheit und wird erst mit einem etwaigen Widerspruchsbescheid abgeschlossen.[546] Folglich kann die Ausgangsbehörde dem Widerspruch auch noch nach Weiterleitung des Widerspruchs an die Widerspruchsbehörde gem. § 72 VwGO abhelfen.[547] Im Widerspruchsverfahren ergeht sodann ein **Widerspruchsbescheid**. Diesen erlässt grundsätzlich die nächsthöhere Behörde (§ 73 I 2 Nr. 1 VwGO). Die Ursprungsbehörde erlässt den Widerspruchsbescheid, wenn die nächsthöhere Behörde eine oberste Bundes- oder Landesbehörde ist (§ 73 I 2 Nr. 2 VwGO) oder die Selbstverwaltungsbehörde den Ursprungsbescheid erlassen hat, soweit nicht durch Gesetz etwas anderes bestimmt ist (§ 73 I 2 Nr. 3 VwGO). Im Widerspruchsverfahren kann auch eine Verschlechterung zu Lasten des Bürgers erfolgen. Eine sog. **reformatio in peius** ist vor allem bei Verwaltungsakten mit Drittwirkung zulässig. So kann etwa die Widerspruchsbehörde dem Widerspruch des Nachbarn ganz oder teilweise stattgeben und damit in die dem Bauherrn erteilte Baugenehmigung eingreifen. Allerdings setzt dies einen zulässigen und begründeten Nachbarwiderspruch voraus. Die Verböserung zu Lasten des Bürgers ist nicht an die Voraussetzungen für den Widerruf oder die Rücknahme von Verwaltungsakten gebunden. Sofern im Widerspruchsverfahren Rechte des Widerspruchsführers oder von Dritten erstmals oder stärker als bisher nachteilig betroffen werden können, ist den Beteiligten Gelegenheit zur Stellungnahme zu geben (vgl. auch § 73 VIII VwVfG). Ist die Aufhebung oder Änderung eines Verwaltungsakts im Widerspruchsverfahren erstmalig mit einer Beschwer verbunden ist, soll der Betroffene vor Erlass der Abhilfeentscheidung

---

[545] S. Rdn. 4261, 4328.
[546] *BVerwG*, Urt. v. 18. 4. 1986 – 8 C 81.83 – Buchholz 316 § 3 VwVfG Nr. 2.
[547] *BVerwG*, Urt. v. 29. 3. 79 – 5 C 32.78 – Buchholz 310 § 72 VwGO Nr. 9; Urt. v. 27. 9. 1989 – 8 C 88.88 – BVerwGE 82, 336 = DVBl. 1990, 433 = NVwZ 1990, 651 – Kostenerstattung.

oder des Widerspruchsbescheids gehört werden (§ 71 VwGO).[548] Eine reformatio in peius ist daher nur nach Anhörung des Betroffenen zulässig. Dieser kann sich dann ggf. dazu entscheiden, den Widerspruch zurückzunehmen, um den angekündigten nachteiligen Folgen zu entgehen.

Die **Klage** gegen den Widerspruchsbescheid ist innerhalb eines Monats seit Zustellung des Widerspruchsbescheides zu erheben, wenn dem Widerspruchsbescheid eine ordnungsgemäße Rechtsmittelbelehrung beigefügt worden ist (§ 74 VwGO). Bei nicht ordnungsgemäßer Zustellung oder Rechtsmittelbelehrung läuft eine Jahresfrist (§ 58 II VwGO). Aus der Tatsache, dass der Ausgangsbescheid oder der Widerspruchsbescheid mit einer Rechtsmittelbelehrung versehen ist, kann die Zulässigkeit eines Widerspruchs oder einer Klage nicht abgeleitet werden. Wird ein angefochtener Verwaltungsakt während des anhängigen Prozesses geändert oder ersetzt, so kann der Kläger entweder den Erlass des neuen Verwaltungsakts zum Anlass nehmen, um den Rechtsstreit in der Hauptsache für erledigt zu erklären und eine Kostenentscheidung zu seinen Gunsten zu erwirken, oder er kann den neuen Verwaltungsakt im anhängigen Klageverfahren zur gerichtlichen Überprüfung stellen. Wird die diesbezügliche Klageänderung als sachdienlich zugelassen oder willigt der Beklagte hierin ein (§ 91 I und II VwGO), bedarf es keiner erneuten Widerspruchsentscheidung, wenn der Streitstoff im Wesentlichen derselbe geblieben ist.[549] Eine Klagefrist läuft hinsichtlich des mit dem Widerspruch angefochtenen neuen Verwaltungsakts nicht.[550]

4355

Gegenstand der Anfechtungsklage ist der ursprüngliche Verwaltungsakt in der Gestalt des Widerspruchsbescheides (§ 79 I Nr. 1 VwGO). Auf die **Rechtmäßigkeit des Erstbescheides** kommt es im verwaltungsgerichtlichen Klageverfahren nicht an. Das ergibt sich aus § 68 I 1, II VwGO, wonach Rechtmäßigkeit und Zweckmäßigkeit des Verwaltungsakts im Vorverfahren nachzuprüfen sind. Aufgabe des Vorverfahrens ist es, der Verwaltungsbehörde die Möglichkeit zu geben, die Verwaltungsentscheidung auch auf ihre Zweckmäßigkeit hin zu überprüfen. Das Vorverfahren dient daher gleichermaßen dem Rechtsschutz des Bürgers wie der Garantie der Rechts- und Gesetzmäßigkeit der Verwaltung und trägt damit zur Entlastung der Verwaltungsgerichte bei.[551] Dementsprechend bestimmt § 79 I Nr. 1 VwGO, dass Gegenstand der Anfechtungsklage – für die Verpflichtungsklage gilt Entsprechendes – der ursprüngliche Verwaltungsakt in der Gestalt ist, die er durch den Widerspruchsbescheid gefunden hat. Ob die Ermessenserwägungen des Erstbescheides rechtlich zutreffend sind oder ob die Ausgangsbehörde ihr Ermessen überhaupt ausgeübt hat, ist unerheblich. Die Regelung des § 79 I Nr. 1 VwGO unterscheidet nämlich nicht danach, ob die Entscheidung der Ausgangsbehörde rechtsfehlerfrei war oder nicht.[552] Maßgebend sind die Ermessenserwägungen, von denen sich die Widerspruchsbehörde hat leiten lassen.[553] Beschränkungen der Ermessenskontrolle bestehen nur bei der Nachprüfung von Verwaltungsakten in Selbstverwaltungsangelegenheiten (vgl. § 73 I 2 Nr. 3 VwGO). Zu ihnen gehört das Bauordnungsrecht als Angelegenheit des übertragenen Wirkungskreises nicht. Für diesen Rechtsbereich ist es unerheblich, ob die Ausgangsbehörde und die Widerspruchsbehörde derselben Körperschaft angehören, weil die Ausgangsbehörde der Weisungsbefugnis der Widerspruchsbehörde unterliegt.[554]

4356

---

[548] Vgl. zu vergleichbaren Verfahren bei Planänderungen im Fachplanungsrecht *BVerwG*, Urt. v. 5. 3. 1997 – 11 A 25.95 – DVBl. 1997, 831 = NuR 1997, 435 – Sachsenwald.
[549] *BVerwG*, Urt. v. 26. 6. 1969 – 8 C 36.69 – BVerwGE 32, 243; Urt. v. 17. 8. 1988 – 5 C 78.84 – Buchholz 424.01 § 65 Nr. 5; Urt. v. 18. 5. 1990 – 8 C 48.88 – Buchholz 454.32 § 25 Nr. 13.
[550] *BVerwG*, B. v. 14. 12. 1994 – 3 B 68.94 –.
[551] *BVerwG*, Urt. v. 23. 3. 1972 – 3 C 132.70 – BVerwGE 40, 25.
[552] *BVerwG*, B. v. 26. 2. 1987 – 4 B 24.87 – Buchholz 310 § 68 VwGO Nr. 29.
[553] *BVerwG*, Urt. v. 6. 4. 1989 – 1 C 70.86 – Buchholz 402.24 § 10 AuslG Nr. 117 – DVBl. 1989, 724.
[554] *BVerwG*, B. v. 26. 9. 1994 – 4 B 188.94 – Buchholz 360 § 13 GKG Nr. 81.

Beispiel: Die Baubehörde erlässt eine Abbruchverfügung, weil das Vorhaben materiell und formell illegal ist. Erst im Widerspruchsverfahren wird zusätzlich der Hinweis berücksichtigt, dass auch in anderen vergleichbaren Fällen nach einheitlichen Grundsätzen verfahren wird. Die Aussage in der Abbruchverfügung, solche Fragen spielten überhaupt keine Rolle, da es eine Gleichbehandlung im Unrecht auch bei völlig gleich gelagerten Sachverhalten nicht gebe, führt nicht zur Aufhebung, wenn sie im Widerspruchsverfahren korrigiert worden ist.

4357 Auch eine **unterbliebene Anhörung** kann im Widerspruchsverfahren mit heilender Wirkung nachgeholt werden.[555] Eine Heilung von Form- und Verfahrensfehlern ist nach § 94 S. 2 VwGO i. d. F. des 6. VwGO-ÄndG auch noch im Gerichtsverfahren möglich. Das Gericht kann dabei die Verhandlung zur Heilung von Verfahrens- und Formfehlern aussetzen, soweit dies i. S. der Verfahrenskonzentration sachdienlich ist. Nach § 45 II VwVfG i. d. F. des GenBeschlG[556] kann auch eine Anhörung noch im verwaltungsgerichtlichen Verfahren nachgeholt werden.

4358 Der **Widerspruchsbescheid** ist unmittelbarer Gegenstand der Anfechtungsklage, wenn der Abhilfebescheid **erstmalig eine Beschwer** enthält.

Beispiel: Der Nachbar legt gegen eine dem Bauherrn erteilte Baugenehmigung Widerspruch ein. Im Widerspruchsverfahren wird die Baugenehmigung zwar im Grundsatz aufrechterhalten, jedoch in einigen Bestimmungen zu Gunsten des Nachbarn modifiziert. Gegenstand des Klageverfahrens ist die Baugenehmigung in der Gestalt, die sie im Widerspruchsverfahren gefunden hat. Wehrt sich der Bauherr gegen ihm im Widerspruchsverfahren des Nachbarn erteilte Auflagen, kann der Bauherr unmittelbar Klage gegen den Widerspruchsbescheid erheben, soweit er durch die Auflagen zusätzlich belastet ist. Ein erneutes Vorverfahren findet nicht statt.

4359 Unmittelbar mit der Klage ist der Widerspruchsbescheid auch für den anzufechten, der am Widerspruchsverfahren **nicht beteiligt** war, in seinen Belangen jedoch erstmalig oder stärker als bisher verletzt ist. Auch in solchen Fällen einer erstmaligen Belastung durch das Widerspruchsverfahren schließt sich unmittelbar die Anfechtungsklage an. § 79 II Nr. 2 VwGO steht in engem sachlichen Zusammenhang mit § 71 VwGO. Der Begriff des Dritten stimmt in beiden Vorschriften überein. Ob jemand Dritter ist, hängt nicht davon ab, ob er zum Kreis derjenigen gehört, die i. S. des Verwaltungsverfahrensrechts im Widerspruchsverfahren die Stellung eines Beteiligten haben. Vielmehr hebt § 79 I Nr. 2 VwGO ebenso wie § 71 VwGO ausschließlich darauf ab, ob der Betreffende durch die Aufhebung oder die Änderung des ursprünglichen Verwaltungsakts beschwert wird. Er ist auf die Fallgestaltungen zugeschnitten, in denen der Ausgangsbescheid, anders als in den Standardfällen, als Anfechtungsgegenstand ausscheidet, weil er, für sich genommen, noch keine Beschwer mit sich bringt.[557] Rührt die Beschwer, ohne die eine Rechtsbehelfsmöglichkeit grundsätzlich nicht eröffnet ist, von der Entscheidung der Widerspruchsbehörde her, so spielt es für die Anwendung des § 79 I Nr. 2 VwGO keine Rolle, ob der Nachteil, der mit der Aufhebung oder der Änderung des ursprünglichen Verwaltungsakts verbunden ist, den Antragsteller, dessen Begehren die Ausgangsbehörde ganz oder teilweise entsprochen hatte,[558] oder einen sonstigen bisher am Verfahren beteiligten oder auch nicht beteiligten Dritten[559] trifft. Auch wird ein Dritter i. S. des § 79 I Nr. 2 VwGO erstmalig beschwert, wenn eine Auflage oder eine anderweitige Nebenbestimmung, die zu seinen Gunsten einer Genehmigung beigefügt worden ist, im Widerspruchsverfahren aufgehoben wird. Eine solche Konstellation ist geradezu als typischer Anwendungsfall dieser Vorschrift anzusehen.[560] Ein von einem Bauvorhaben betroffener

---

[555] *BVerwG*, B. v. 8. 3. 1991 – 1 B 99.90 – NVwZ-RR 1991, 349 – Bezirksschornsteinfeger.
[556] Gesetz zur Beschleunigung von Genehmigungsverfahren (Genehmigungsverfahrensbeschleunigungsgesetz – GenBeschlG) v. 12. 9. 1996, BGBl. I 1354.
[557] Vgl. *BVerwG*, Urt. v. 23. 3. 1972 – 3 C 132.70 – BVerwGE 40, 25.
[558] *BVerwG*, Urt. v. 11. 5. 1962 – 7 C 27.61 – BVerwGE 14, 151.
[559] *BVerwG*, Urt. v. 22. 11. 1963 – IV C 211.61 – BVerwGE 17, 148.
[560] *BVerwG*, Urt. v. 1. 10. 1963 – IV C 2.63 – Buchholz 310 § 79 VwGO Nr. 1.

8. Teil. Gerichtliches Verfahren

Nachbar kann von der Möglichkeit des § 79 I Nr. 2 VwGO auch dann Gebrauch machen, wenn die Baugenehmigung, die er mangels Beschwer unanfechtbar hat werden lassen, im Widerspruchsverfahren durch eine für ihn nachteilige wesensverschiedene Genehmigung ersetzt wird.[561]

Beispiel: Der Nachbar versäumt gegen eine dem Bauherrn erteilte, ihm zugestellte Baugenehmigung die Widerspruchsfrist. Auf den Widerspruch eines anderen Nachbarn wird die Baugenehmigung um Auflagen erweitert, die sich nachteilig für den erstgenannten Nachbarn auswirken. Gegen den Widerspruchsbescheid kann dieser Nachbar unmittelbar eine Anfechtungsklage erheben, soweit er durch den Widerspruchsbescheid erstmalig oder stärker als bisher betroffen ist.[562]

Eine nach Durchführung des Vorverfahrens zulässige Anfechtungsklage ist **begründet**, wenn der angefochtene Verwaltungsakt rechtswidrig und der Kläger hierdurch in seinen Rechten verletzt wird (§ 113 I 1 VwGO). Hat der Verwaltungsakt eine belastende Wirkung, bedarf er einer **Ermächtigungsgrundlage**. Ist diese vorhanden, wird zunächst die Einhaltung der **Form- und Verfahrensvorschriften** geprüft. Sodann steht die Prüfung der **materiellen Rechtmäßigkeitsvoraussetzungen** an. Zudem ist eine **eigene Rechtsverletzung** des Klägers erforderlich. Ist der Kläger – wie etwa der Bauherr im Falle der Abbruchverfügung – Adressat des belastenden Verwaltungsakts, ist eine eigene Rechtsverletzung in der Regel gegeben. Richtet sich der Verwaltungsakt an einen Dritten, so kann der Kläger in seinen Rechten verletzt sein, wenn der Verwaltungsakt unter Verstoß gegen den Kläger schützende Normen erlassen worden ist. So ist etwa eine Nachbarklage gegen eine Baugenehmigung begründet, wenn der rechtswidrige Verwaltungsakt nachbarschützende Vorschriften verletzt. Dabei ist grundsätzlich auf den Zeitpunkt der mündlichen Verhandlung abzustellen. Bei Drittbeteiligungen insbesondere von Bauherrn und Nachbarn kann zu Gunsten des Bauherrn der Meistbegünstigungsgrundsatz gelten.

4360

Beispiel: Der Nachbar legt gegen die dem Bauherrn erteilte Baugenehmigung Widerspruch ein. Diesen weist die Widerspruchsbehörde mit der Begründung zurück, der Nachbar sei zwar in seinen Rechten betroffen, die Baugenehmigung sei aber rechtmäßig. Beim Verwaltungsgericht beantragt der Nachbar, die dem Bauherrn erteilte Baugenehmigung aufzuheben. Während des Gerichtsverfahrens ändert sich die Rechtslage zu Gunsten des Bauherrn. Erweist sich die Baugenehmigung nunmehr als rechtmäßig, so ist die Klage abzuweisen. Der Nachbar könnte bei einem entsprechenden Feststellungsinteresse eine Fortsetzungsfeststellungsklage erheben (§ 113 I 4 VwGO) und seinen Antrag auf die Feststellung umstellen, dass die angefochtene Baugenehmigung rechtswidrig gewesen ist. Vielleicht gelingt es dem Nachbarn, gegen die Baugenehmigungsbehörde Schadensersatzansprüche geltend zu machen. Das wird allerdings nicht ganz einfach sein, weil die Behörde auf die nunmehr bestehenden Bebauungsmöglichkeiten verweisen wird.

War der Widerspruch erfolgreich, so hat der Rechtsträger, dessen Behörde den angefochtenen Verwaltungsakt erlassen hat, gem. § 80 I VwVfG dem Widerspruchsführer die zur zweckentsprechenden Rechtsverfolgung oder Rechtsverteidigung notwendigen Aufwendungen zu erstatten **(Kostenerstattung)**. Die Gebühren und Auslagen eines Rechtsanwalts oder eines sonstigen Bevollmächtigten im Vorverfahren sind erstattungsfähig, wenn die Zuziehung eines Bevollmächtigten notwendig war (§ 80 II VwVfG). Die Behörde, die die Kostenentscheidung getroffen hat, setzt auf Antrag den Betrag der zu erstattenden Aufwendungen fest (§ 80 III VwVfG). Das ist in der Regel die Widerspruchsbehörde. Über die Notwendigkeit der Inanspruchnahme anwaltlicher Beratung ohne förmliche Bevollmächtigung zur zweckentsprechenden Rechtsverfolgung im Widerspruchsverfahren entscheidet nicht die Widerspruchsbehörde mit der Kostenentscheidung gem. §§ 72, 73 III 2 VwGO i.V. mit § 80 III 2 VwVfG, sondern die gem. § 80 III 1 VwVfG für die Kostenfestsetzung zuständige Behörde. Auch die durch die Inanspruchnahme an-

4361

---

[561] *BVerwG*, B. v. 3. 3. 1995 – 4 B 15.95 – BayVBl 1995, 700 = DÖV 1995, 1055 = NVwZ-RR 1995, 613 = UPR 1995, 307.
[562] *BVerwG*, B. v. 3. 3. 1995 – 4 B 15.95 – BayVBl 1995, 700 = DÖV 1995, 1055 = NVwZ-RR 1995, 613 = UPR 1995, 307.

waltlicher Beratung ohne förmliche Bevollmächtigung des Rechtsanwalts entstandenen Aufwendungen sind erstattungsfähig, wenn sie i. S. von § 80 I VwVfG zur zweckentsprechenden Rechtsverfolgung oder Rechtsverteidigung notwendig waren. Eine Auslegung des § 80 VwVfG, welche die Erstattung einer bloßen Ratsgebühr ermöglicht, kann dazu beitragen, dass in den Fällen, in denen zwar anwaltliche Beratung notwendig ist, die betroffene Partei aber eine reine Beratung ohne förmliche Bevollmächtigung des in Anspruch genommenen Rechtsanwalts für ausreichend hält, tatsächlich auf eine förmliche Bevollmächtigung verzichtet wird mit der Folge, dass lediglich eine Ratsgebühr gem. § 20 I 1 BRAGO geltend gemacht werden kann.[563] Kosten für die Vertretung im Planfeststellungsverfahren sind nicht erstattungsfähig, auch wenn dem ein verwaltungsgerichtliches Klageverfahren nachfolgt. Denn § 162 II 2 VwGO beschränkt sich lediglich auf Vorverfahren i. S. der VwGO[564] und bezieht sich nicht auf Planfeststellungsverfahren.[565]

2. Verpflichtungsklage (§ 42 I VwGO)

4362   Mit der Verpflichtungsklage wird der Erlass eines Verwaltungsaktes begehrt. Die Klagebefugnis ist nach § 42 II VwGO gegeben, wenn der Kläger durch den Nichterlass des Verwaltungsaktes in seinen Rechten verletzt wird. Die Verpflichtungsklage wird vor allem für den Bauherrn die statthafte Klageart sein, der eine Baugenehmigung begehrt. Die Zulässigkeit der Verpflichtungsklage setzt wie die der Anfechtungsklage grundsätzlich voraus, dass ein Widerspruchsverfahren durchgeführt worden ist. Die Klage muss sich auf den Erlass eines abgelehnten oder unterlassenen Verwaltungsakts richten (§ 42 I VwGO). Der Kläger muss geltend machen, in eigenen Rechten verletzt zu sein (§ 42 II VwGO). Außerdem müssen die weiteren allgemeinen Prozessvoraussetzungen gegeben sein.

Beispiel: Die Baugenehmigungsbehörde hat den Antrag des Bauherrn auf Errichtung eines Eigenheims im nicht beplanten Innenbereich abgelehnt. Nach erfolglosem Widerspruch erhebt der Bauherr Klage vor dem Verwaltungsgericht und beantragt, die Baugenehmigungsbehörde zu verpflichten, dem Kläger unter Aufhebung des ablehnenden Bescheides der Baugenehmigungsbehörde und des Widerspruchsbescheides der Widerspruchsbehörde die Genehmigung für die Errichtung eines Einfamilienhauses auf dem Grundstück des Klägers nach Maßgabe seines Bauantrags zu erteilen. Ist die Sache noch nicht spruchreif, so ergeht das Urteil: Der Beklagte wird unter Aufhebung seines Bescheides und des Widerspruchsbescheides der Widerspruchsbehörde verpflichtet, den Bauantrag des Klägers unter Beachtung der Rechtsauffassung des Gerichts erneut zu bescheiden (§ 113 V 2 VwGO). Besteht ein Anspruch des Bauherrn auf Erteilung einer Baugenehmigung, so hat das Gericht die Entscheidung zwar grundsätzlich spruchreif zu machen. Sind allerdings in größerem Umfang Nebenbestimmungen erforderlich, kann das Tatsachengericht ein Bescheidungsurteil erlassen (§ 113 V 2 VwGO).[566]

4363   Die gerichtliche Geltendmachung eines Verpflichtungsbegehrens erfordert grundsätzlich einen vorherigen Antrag an die Behörde. Liegt ein solcher Antrag nicht vor, fehlt es an einer Sachurteilsvoraussetzung.[567] Hiervon zu trennen ist die Frage der Entbehrlichkeit

---

[563] *BVerwG*, Urt. v. 18. 4. 1988 – 6 C 41.85 – BVerwGE 79, 226 = Buchholz 316 § 80 VwVfG Nr. 26 = BayVBl 1988, 663 = NVwZ 1988, 721 = DVBl. 1989, 38.

[564] *BVerwG*, Gerichtsbescheid vom 7. 1. 1997 – 4 A 20.95 – BVerwGE 104, 27 = DVBl. 1997, 659 = NVwZ 1997, 576.

[565] Soll mit dem Vorbescheid bereits vor Erlass des Planfeststellungsbeschlusses eine Art bestands- bzw. Rechtskräftige Vorentscheidung über die Zulässigkeit der Teilinanspruchnahme des Grundstücks erreicht werden, ist es gerechtfertigt, den Streitwert auf 30 bis 50 % des Verkehrswertes des Grundstücks festzusetzen, so *BVerwG*, B. v. 26. 8. 1998 – 11 VR 4.98 – NVwZ 1999, 535 – Uelzen-Stendal.

[566] *BVerwG*, B. v. 25. 11. 1997 – 4 B 179.97 – NVwZ-RR 1999, 74. Zur Kostentragung im Normenkontrollverfahren *BVerwG*, B. v. 25. 2. 1997 – 4 NB 30.96 – NVwZ 1997, 896 = BauR 1997, 603 – Dachgeschosszahl-Festsetzung. Zur Spruchreife und Bescheidungsverpflichtung *Stüer* FS Menger 1985, 779.

[567] *BVerwG*, Urt. v. 14. 12. 1978 – 5 C 1.78 – BVerwGE 57, 204.

eines Vorverfahrens unter bestimmten Voraussetzungen.[568] Begehrt daher der Bauherr den Erlass einer Baugenehmigung, so setzt die Zulässigkeit einer verwaltungsgerichtlichen Klage voraus, dass der Bauherr zuvor einen entsprechenden Bauantrag bei der Verwaltung gestellt hat. Außerdem muss das Klagebegehren mit dem gestellten Bauantrag zumindest teilidentisch sein. Bauanträge, über die die Behörde noch nicht befinden konnte, sind nicht Gegenstand einer verwaltungsgerichtlichen Verpflichtungsklage. Ändert der Bauherr daher seine Bauabsichten grundlegend, muss ein neues Bauantragsverfahren stattfinden.

3. Untätigkeitsklage (§ 75 VwGO)

Eine Sonderform der Verpflichtungsklage ist die Untätigkeitsklage.[569] Ist über einen Widerspruch oder über einen Antrag auf Vornahme eines Verwaltungsaktes ohne zureichenden Grund in angemessener Frist nicht entschieden worden, so ist die Klage auch ohne Abschluss des Widerspruchsverfahrens zulässig. In der Regel muss dafür eine Frist von 3 Monaten verstrichen sein. Wird dem Klagebegehren während des Klageverfahrens stattgegeben, so hat sich das Verfahren in der Hauptsache erledigt. Die Kosten des Verfahrens werden der Behörde auferlegt (§ 161 III VwGO). Ergeht während des Klageverfahrens ein ablehnender Bescheid oder Widerspruchsbescheid, so wird das Klageverfahren fortgeführt. Gegen den Ablehnungsbescheid findet ein Widerspruchsverfahren nicht statt. Ergeht nach Klageerhebung kein Bescheid, so hat das Gericht auch die Möglichkeit, das Verfahren auf Antrag oder von Amts wegen auszusetzen und der Behörde eine Frist zu setzen, innerhalb derer der Bescheid oder Widerspruchsbescheid zu ergehen hat. Die Untätigkeitsklage sollte innerhalb eines Jahres seit Untätigkeit der Behörde erhoben werden. Die in § 76 VwGO a. F. vormals geregelte Jahresfrist für die Klage ist zwar aufgehoben worden. Es können jedoch Klagerechte bei längerem Zögern verwirkt sein. In diesen Fällen müsste etwa durch das Stellen eines neuen Bauantrags ein neues Verwaltungsverfahren eröffnet werden.

4364

4. Allgemeine Leistungsklage (§ 43 II VwGO)

Die in den §§ 43 II, 111, 113 III VwGO erwähnte allgemeine Leistungsklage dient der Verurteilung zu einer Handlung, Duldung oder Unterlassung. Auch die Folgenbeseitigungsklage gehört zur allgemeinen Leistungsklage. Die allgemeine Leistungsklage ist unzulässig, soweit eine Regelung durch Verwaltungsakt begehrt wird, die mit der Verpflichtungsklage geltend zu machen ist. Außerdem muss geltend gemacht werden, dass auf die begehrte Leistung oder das angestrebte Unterlassen ein Rechtsanspruch besteht. Die allgemeine Leistungsklage kommt etwa auch bei Klagen auf Unterlassung von schlicht hoheitlichem Handeln, insbesondere Abwehransprüchen gegen die Nutzung von Bauwerken in öffentlicher Hand, in Betracht.

4365

Beispiel: Der Nachbar eines von der Stadt betriebenen Stadttheaters begehrt, dass der nächtliche Verladebetrieb von Wanderbühnen eingestellt wird. Als Anspruchsgrundlage für das Begehren des Nachbarn kommt ein öffentlich-rechtlicher Unterlassungsanspruch in Betracht. Dieser kann sich gegen Immissionen richten, die im Bereich des schlicht hoheitlichen Handelns von einem Hoheitsträger verursacht sind bzw. für die ein Hoheitsträger verantwortlich ist. Welche Anspruchsgrundlage für einen solchen Anspruch im Einzelnen einschlägig ist, wird unterschiedlich beurteilt:[570] Der grundrechtliche Abwehranspruch aus Art. 2 II 1 und Art. 14 I 1 GG oder die §§ 1004, 906 BGB analog oder gar ein öffentlich-rechtlicher Folgenbeseitigungsanspruch. Statthafte Klageart für einen sol-

---

[568] *BVerwG,* B. v. 6. 5. 1993 – 1 B 201.92.
[569] *Weides/Bertrams* NVwZ 1988, 673.
[570] *BVerwG,* Urt. v. 29. 4. 1988 – 7 C 33.87 – BVerwGE 79, 254 = BayVBl 1989, 20 = BRS 48 (1988), Nr. 99 (S. 237) = *Hoppe/Stüer* RzB Rdn. 79 – Feueralarmsirene; Urt. v. 19. 1. 1989 – 7 C 77.87 – BVerwGE 81, 197 = BauR 1989, 172 = DVBl. 1989, 463 = UPR 1989, 189 = DÖV 1989, 675 = ZfBR 1989, 127 = NJW 1989, 1291 = *Hoppe/Stüer* RzB Rdn. 93 – Bezirkssportanlage Tegelsbarg; s. Rdn. 4276.

chen öffentlich-rechtlichen Unterlassungsanspruch ist die allgemeine Leistungsklage (vgl. dazu § 43 II VwGO) in der Form der Unterlassungsklage.

4366 Für die Unterlassungsklage muss eine **Klagebefugnis** analog § 42 II VwGO bzw. ein Rechtsschutzinteresse bestehen. Dies setzt voraus, dass der Kläger geltend macht, in schutzwürdigen eigenen Belangen verletzt zu sein. Dies ist vor allem dann der Fall, wenn er geltend macht, einen Anspruch auf Unterlassen der Beeinträchtigungen zu haben. Die Leistungsklage ist **begründet**, wenn der Kläger aufgrund entsprechender rechtlicher Regelungen einen eigenen, klagbaren Anspruch auf die begehrte Leistung oder das angestrebte Unterlassen hat. Für das Gericht ist die Sach- und Rechtslage im Zeitpunkt der letzten mündlichen Verhandlung maßgeblich. Schafft ein Bebauungsplan die Grundlage für die Zulassung einer Mehrzahl von Vorhaben, so kann ein Antragsteller, der den Plan angreift, seine Rechtsstellung vielfach auch dann noch verbessern, wenn aus dem Kreis der planungsrechtlich zulässigen Vorhaben ein Teil bereits verwirklicht worden ist. Das Rechtschutzbedürfnis kann nicht verneint werden, wenn die Erreichung wesentlicher Planungsziele noch aussteht und der Plan erst in einem Torso verwirklicht worden ist.[571]

5. Feststellungsklage (§§ 43 I, 113 I 4 VwGO)

4367 Mit der Feststellungsklage kann die Feststellung des Bestehens oder Nichtbestehens eines Rechtsverhältnisses (positive Feststellungsklage) oder die Nichtigkeit eines Verwaltungsaktes (negative Feststellungsklage) begehrt werden, wenn der Kläger ein berechtigtes Interesse an der baldigen Feststellung hat (§ 43 I VwGO). Die Feststellung kann nicht begehrt werden, soweit der Kläger seine Rechte durch Gestaltungs- oder Leistungsklage verfolgen kann oder hätte verfolgen können (§ 43 II 1 VwGO). Die Feststellungsklage beschränkt sich in ihren Wirkungen auf den Urteilstenor, der – abgesehen von der Kostenentscheidung – nicht vollstreckungsfähig ist. Eine Feststellungsklage ist zur Anfechtungsklage oder Verpflichtungsklage nach § 42 II VwGO ebenso subsidiär wie gegenüber einem Normenkontrollantrag nach § 47 VwGO. In den Ländern, in denen keine Normenkontrolle auf landesrechtlicher Ebene nach § 47 I Nr. 2 VwGO eingeführt worden ist, kann die Feststellungsklage gegenüber Verordnungen (wie etwa Naturschutzverordnungen) in Betracht kommen. Es könnte dazu etwa geltend gemacht werden, dass diese Regelungen auf landesrechtlicher Grundlage unmittelbare Beachtenspflichten auslösen und gerichtlich nicht anders angreifbar sind. Die Zulässigkeit der Feststellungsklage setzt ein eigenes Feststellungsinteresse des Klägers i. S. eines berechtigten Interesses voraus. Eine Verletzung eigener rechtlich geschützter Belange muss möglich sein. Dabei können etwa Eigentumsrechte aber auch andere rein privatrechtliche Interessen für die öffentlich-rechtliche Feststellungsklage ausreichen. Die Feststellungsklage ist begründet, wenn das vom Kläger behauptete Rechtsverhältnis besteht bzw. das vom Kläger geleugnete Rechtsverhältnis nicht besteht oder der Verwaltungsakt nichtig ist.

4368 Eine Sonderform der Feststellungsklage stellt die in § 113 I 4 VwGO geregelte **Fortsetzungsfeststellungsklage** dar. Hat sich der Verwaltungsakt vorher durch Zurücknahme oder auf andere Weise erledigt, so spricht das Gericht auf Antrag durch Urteil aus, dass der Verwaltungsakt rechtswidrig gewesen ist, wenn der Kläger ein berechtigtes Interesse an dieser Feststellung hat. Die Fortsetzungsfeststellungsklage kann sowohl im Falle der erledigten Anfechtungs- als auch der erledigten Verpflichtungsklage erhoben werden. Ein Fortsetzungsfeststellungsantrag wird vor allem dann zweckmäßig sein, wenn Ansprüche aufgrund rechtswidrigen Handelns in Betracht kommen. Dazu zählen etwa Amtshaftungsansprüche[572] oder Ansprüche gegen die Bauaufsichtsbehörden etwa wegen rechtswidrigen (auch unverschuldeten) Handelns. **Amtshaftungsansprüche** sind allerdings regelmäßig ausgeschlossen, wenn ein Kollegialgericht die Rechtmäßigkeit des Handelns festgestellt hat. In der Berufungs- oder Revisionsinstanz kann daher das Feststellungsin-

---

[571] *BVerwG*, B. v. 8. 2. 1999 – 4 BN 55.98 – NVwZ 2000, 194.
[572] *BGH*, Urt. v. 18. 6. 1998 – III ZR 100/97 – NVwZ 1998, 1329 = UPR 1998, 447.

teresse für eine Fortsetzungsfeststellungsklage entfallen, wenn eine Vorinstanz die Rechtmäßigkeit des behördlichen Handelns bestätigt hat und die Fortsetzungsfeststellungsklage auf den Gesichtspunkt möglicher Amtshaftungsansprüche gestützt wird.

Auch bei einer **Fortsetzungsfeststellungsklage** nach **§ 113 I 4 VwGO** analog ist eine **Klageerweiterung** im Wege der Klageänderung nach § 91 I VwGO zulässig. Die Klageerweiterung kann sich ihrem Inhalt nach auf die Feststellung beziehen, dass dem Kläger während eines bestimmten Zeitraums ein Anspruch auf Erteilung einer Genehmigung zustand. Wird bei einem zulässigen Fortsetzungsfeststellungsantrag im Wege der Klageerweiterung die Feststellung begehrt, dass dem Kläger während eines bestimmten Zeitraums ein Anspruch auf Erteilung einer Genehmigung zustand, sind an das Feststellungsinteresse geringere Anforderungen zu stellen als bei einer isolierten Feststellungsklage.[573]

4369

Hat sich bei einer **Untätigkeitsklage** nach § 75 VwVfG der Rechtsstreit in der Hauptsache erledigt, ist die in entsprechender Anwendung des § 113 I 4 VwGO erhobene Fortsetzungsfeststellungsklage auch dann zulässig, wenn im Zeitpunkt des erledigenden Ereignisses keine Spruchreife bestand. In einem derartigen Fall hat das Verwaltungsgericht grundsätzlich die Spruchreife herzustellen mit dem Ziel, die begehrte Feststellung treffen zu können.[574]

4370

IV. Rechtsschutzbedürfnis

Neben der Klagebefugnis ist für das verwaltungsgerichtliche Verfahren auch ein Rechtsschutzbedürfnis erforderlich. Dazu muss der Kläger schutzwürdige eigene Interessen geltend machen. Ein Rechtsschutzbedürfnis fehlt daher etwa, wenn der Kläger durch den angefochtenen Verwaltungsakt nicht beschwert ist, die angefochtene Entscheidung durch eine Gesetzesänderung gegenstandslos geworden ist oder der Kläger erkennbar nur aus vorgeschobenen anderen Gründen den Rechtsweg beschreitet oder für den Kläger kein Nachteil eintreten kann. Das Rechtsschutzbedürfnis für eine Anfechtungsklage kann nur dann bejaht werden, wenn die von dem Kläger begehrte Aufhebung im Falle ihrer Stattgabe dazu dienen kann, der Rechtsposition des Klägers zu nützen. Denn Voraussetzung jeder Klage ist, dass die Inanspruchnahme des Gerichts für die subjektive Rechtsstellung des Klägers nicht von vornherein nutzlos ist, dass die Klage also geeignet ist, seine subjektive Rechtsstellung zu verbessern.[575] Ein Rechtsschutzbedürfnis fehlt auch, wenn der Kläger auf einfacherem Wege sein Klageziel erreichen kann und ihm dies zumutbar ist. Ein Rechtsschutzinteresse ist ebenfalls nicht gegeben, wenn die Rechtsausübung des Klägers sich aus anderen Gründen als treuwidrig erweist.

4371

Beispiel: Ein Nachbar ist aus dem Gesichtspunkt der unzulässigen Rechtsausübung gehindert, einen Verstoß gegen nachbarschützende Vorschriften geltend zu machen, wenn er in vergleichbarer Weise gegen diese Vorschriften verstoßen hat. Dabei kommt es bei Verstößen gegen Grenzabstandsvorschriften nicht auf eine zentimetergenaue Entsprechung an, vielmehr ist eine wertende Betrachtung anzustellen.[576]

Ein mit enteignender Wirkung betroffener Eigentümer kann sich gegen das Vorhaben auch mit dem Argument zur Wehr setzen, öffentliche Belange stünden der Planung entgegen oder seien nicht hinreichend beachtet worden.[577] Die **Beweggründe** eines **Grund-**

4372

---

[573] *BVerwG*, Urt. v. 28. 4. 1999 – 4 C 4.98 – DVBl. 1999, 1291 = NVwZ 1999, 1105 = BauR 1999, 1128.
[574] *BVerwG*, Urt. v. 27. 3. 1998 – 4 C 14.96 – BVerwGE 106, 295 = NVwZ 19988, 1295 = DVBl. 1998, 896.
[575] *BVerwG*, B. v. 28. 8. 1987 – 4 N 3.86 – BVerwGE 78, 85; Urt. v. 8. 2. 1995 – 4 C 23.94 – Buchholz 310 § 42 VwGO Nr. 213; B. v. 7. 2. 1997 – 4 B 224.96 – NVwZ 1997, 522 = Buchholz 310 § 42 VwGO Nr. 239 – Trenngrundstück.
[576] *OVG Lüneburg*, Urt. v. 30. 3. 1999 – 1 M 897/99 – BauR 1999, 1163.
[577] *BVerwG*, Urt. v. 18. 3. 1983 – 4 C 80.79 – BVerwGE 67, 74 = DVBl. 1983, 899.

stückserwerbs spielen dabei grundsätzlich keine Rolle.[578] Die Rechtsausübung darf allerdings nicht **rechtsmissbräuchlich** sein. Derartige Umstände können sich daraus ergeben, dass dem Kläger aufgrund der vertraglichen Gestaltung lediglich eine Rechtsstellung übertragen worden ist, die auf eine formale Hülle ohne substantiellen Inhalt hinausläuft. Ferner ist von Bedeutung, ob sich an der tatsächlichen Nutzung des Grundstück etwas geändert hat und ob für die Eigentumsübertragung ein wirtschaftlicher Gegenwert geflossen ist. Ein weiteres Anzeichen kann sich aus den zeitlichen Abläufen ergeben.[579]

V. Klageverfahren

4373   Für Klageverfahren ergeben sich nach der VwGO allgemeine Prozessgrundsätze hinsichtlich der Verfahrensbeteiligten.

1. Verfahrensbeteiligte

4374   An dem verwaltungsgerichtlichen Verfahren nehmen verschiedene Beteiligte teil. Dazu zählen der Kläger (§ 63 Nr. 1 VwGO), der Beklagte (§ 63 Nr. 2 VwGO), der Beigeladene (§§ 63 Nr. 3, 65 VwGO) sowie der Oberbundesanwalt oder der Vertreter des öffentlichen Interesses, falls er von seiner Beteiligungsbefugnis Gebrauch macht (§ 63 Nr. 4 VwGO).

2. Beigeladene

4375   Nach § 65 I VwGO kann das Gericht, solange das Verfahren noch nicht rechtskräftig abgeschlossen oder in höherer Instanz anhängig ist, von Amts wegen oder auf Antrag andere, deren rechtliche Interessen durch die Entscheidung berührt werden, beiladen. Die Beiladung erfolgt auf Antrag eines Verfahrensbeteiligten oder von Amts wegen durch das Gericht. Der Beschluss, durch den eine Beiladung erfolgt, ist unanfechtbar. Bei Ablehnung der Beiladung kann von den Verfahrensbeteiligten und dem Beizuladenden Beschwerde eingelegt werden (§§ 146 ff. VwGO). Das Gesetz unterscheidet dabei die **einfache** von der **notwendigen Beiladung**. Sind an dem streitigen Rechtsverhältnis Dritte derart beteiligt, dass die Entscheidung auch ihnen gegenüber nur einheitlich getroffen werden kann, so sind sie notwendig beizuladen (§ 65 II VwGO). Im Übrigen kann das Gericht andere beiladen, deren rechtliche Interessen durch die Entscheidung berührt werden. Der nach § 65 I VwGO Beigeladene kann unterhalb der Anträge eines Beteiligten selbstständige Angriffs- und Verteidigungsmittel geltend machen und alle Verfahrenshandlungen wirksam vornehmen. Die Stellung des notwendigen Beigeladenen ist allerdings stärker. Er kann abweichende Sachanträge stellen. Auch wird ein Vergleich der Parteien nicht wirksam, wenn der notwendig Beizuladende nicht zustimmt.

Beispiel: Im Klageverfahren betreffend die Erteilung einer Baugenehmigung im Außenbereich wird die Gemeinde wegen des von ihr nach § 36 BauGB zu erteilenden Einvernehmens beigeladen. Stimmt sie einem Vergleich zwischen Kläger und Beklagtem nicht zu, so wird der Vergleich nicht wirksam. Wird in solchen Fällen im Wege der einfachen Beiladung ein Nachbar nach § 65 I VwGO beigeladen, so kann dieser den Vergleich zwischen Kläger und Beklagtem nicht verhindern. Weitergehende Rechte hat auch der notwendig Beizuladende nicht. So kann auch der Kläger nicht verhindern, dass die Baugenehmigungsbehörde aufgrund eines Nachbarwiderspruchs die Baugenehmigung aufhebt und den Nachbarn klaglos stellt. Allerdings hat der Bauherr die Möglichkeit, dagegen einen eigenen Rechtsschutz zu suchen.

4376   **Planbetroffene Dritte**, die selbst keine Einwendungen erhoben haben, sind an Klageverfahren anderer Betroffener nicht durch einfache Beiladung nach § 65 I VwGO zu be-

---

[578] *BVerwG*, Urt. v. 27. 10. 2000 – 4 A 10.99 – BVerwGE 112, 135 = DVBl. 2001, 385 = NVwZ 2001, 427, mit Hinweis auf Urt. v. 18. 3. 1983 – 4 C 80.79 – BVerwGE 67, 74 = DVBl. 1983, 899; Urt. v. 12. 7. 1985 – 4 C 40.83 – BVerwGE 72, 15 = DVBl. 1985, 1141 = NVwZ 1985, 736; Urt. v. 27. 6. 1990 – 4 C 26.87 – DVBl. 1990, 1185 = UPR 1991, 67 = VBlBW 1991, 11 – Sperrgrundstück.

[579] *BVerwG*, Urt. v. 27. 10. 2000 – 4 A 10.99 – BVerwGE 112, 135 = DVBl. 2001, 385 = NVwZ 2001, 427.

teiligen. Es gibt keine Rechtsschutzgründe, die dies gebieten könnten, wohl aber Gründe der Verfahrensbeschleunigung, die gegen eine Beiladung sprechen.[580] Auch sind Planbetroffene nicht beizuladen, wenn sie sich bereits verglichen haben.[581] Für eine Erledigung der Hauptsache ist die Zustimmung des Beigeladenen nicht erforderlich. Die Beigeladenen haben die Möglichkeit, selbstständig Rechtsmittel gegen gerichtliche Entscheidungen einzulegen. Das Rechtsmittel ist allerdings nur zulässig, wenn der Beigeladene beschwert ist. Beigeladene sind gem. § 121 VwGO an das rechtskräftige Urteil insoweit gebunden, als hierdurch über den Streitgegenstand entschieden worden ist. Unterbleibt die einfache Beiladung, so entfaltet das Urteil insoweit keine Bindungswirkung. Ein Urteil, das in einem Verfahren ohne die notwendige Beiladung ergangen ist, entwickelt keine Gestaltungswirkung. Auch im Verwaltungsprozess ist eine aktive und passive **Streitgenossenschaft** möglich. Hier sind die Vorschriften der §§ 59 bis 63 ZPO entsprechend anwendbar.

9. Teil. Vorläufiger Rechtsschutz

Im öffentlichen Bau- und Planungsrecht spielt der vorläufige Rechtsschutz vielfach eine große Rolle. Ist etwa eine **Baugenehmigung** erteilt, so stellt sich die Frage, ob der Bauherr die Baugenehmigung nutzen kann, selbst wenn sein Nachbar Widerspruch eingelegt hat. Dieselbe Frage stellt sich im **Fachplanungsrecht** bei der Zulassung von Vorhaben durch Plangenehmigung oder Planfeststellungsbeschluss. Wird hiergegen von betroffenen Grundstückseigentümern oder Nachbarn geklagt, wird der Vorhabenträger an einer Durchführung der Baumaßnahmen interessiert sein. Denn sind erst einmal Fakten geschaffen, ist der Ausgang der Klageverfahren vielfach nicht mehr von Interesse. Mit der Verwirklichung des Vorhabens darf trotz eines gegen die Zulassung eingelegten Rechtsbehelfs begonnen werden, wenn die Zulassung vollziehbar ist. Die Vollziehbarkeit kann gesetzlich angeordnet sein oder durch eine Anordnung der Verwaltung erfolgen. Ist die sofortige Vollziehung nicht gesetzlich oder durch die Verwaltung angeordnet, hat der gegen eine Vorhabenzulassung eingelegte Rechtsbehelf aufschiebende Wirkung. Vorläufiger Rechtsschutz wird im Übrigen, soweit nicht die Anfechtung eines Verwaltungsaktes Gegenstand ist, nach § 123 VwGO gewährt. 4377

I. Vorläufiger Rechtsschutz nach § 80, 80 a VwGO

Der vorläufige Rechtsschutz gegen einen belastenden Verwaltungsakt richtet sich nach § 80, 80 a VwGO. Der Bauherr wird gegenüber einem belastenden Verwaltungsakt den Rechtsschutz nach § 80 VwGO suchen. Der Nachbar, der sich gegen eine dem Bauherrn erteilte Baugenehmigung wendet, wird vorläufigen Rechtsschutz nach den §§ 80, 80 a VwGO begehren. 4378

1. Ausgangspunkt: aufschiebende Wirkung

Widerspruch und Anfechtungsklage haben nach § 80 I 1 VwGO aufschiebende Wirkung. Das gilt auch bei rechtsgestaltenden und feststellenden Verwaltungsakten sowie bei Verwaltungsakten mit Doppelwirkung (§ 80 a VwGO). Legt daher der Bauherr gegen einen ihn belastenden Verwaltungsakt Widerspruch ein, so hat dieser Widerspruch grundsätzlich eine aufschiebende Wirkung. Auch der von dem Nachbarn gegen die Baugenehmigung eingelegte Widerspruch hat grundsätzlich (vgl. allerdings § 212 a I BauGB) aufschiebende Wirkung (§ 80 I 2 VwGO). 4379

---

[580] *BVerwG*, Urt. v. 29. 10. 1997 – 11 A 17.97 – (unveröffentlicht) – B 186.
[581] *BVerwG*, B. v. 19. 11. 1998 – 11 A 50.97 – NVwZ-RR 1999, 276 – Hamburg-Büchen-Berlin.

2. Sofortvollzug

4380 Allerdings kann die aufschiebende Wirkung des Widerspruchs oder der Klage entfallen. Die aufschiebende Wirkung entfällt nur,
- bei der Anforderung von öffentlichen Aufgaben und Kosten,
- bei unaufschiebbaren Anordnungen und Maßnahmen von Polizeivollzugsbeamten,
- in anderen durch Bundesgesetz oder für Landesrecht durch Landesgesetz vorgeschriebenen Fällen, insbesondere für Widersprüche und Klagen Dritter gegen Verwaltungsakte, die Investitionen oder die Schaffung von Arbeitsplätzen betreffen,
- in den Fällen, in denen die sofortige Vollziehung im öffentlichen Interesse oder im überwiegenden Interesse eines Beteiligten von der Behörde, die den Verwaltungsakt erlassen hat oder über den Widerspruch zu entscheiden hat, besonders angeordnet wird.

Die Länder können auch bestimmen, dass Rechtsbehelfe keine aufschiebende Wirkung haben, soweit sie sich gegen Maßnahmen richten, die in der Verwaltungsvollstreckung durch die Länder nach Bundesrecht getroffen werden (§ 80 II 2 VwGO).

4381 Widerspruch und Anfechtungsklage eines Dritten gegen die bauaufsichtliche Zulassung eines Vorhabens haben nach § 212a I BauGB keine aufschiebende Wirkung. Auch bei **Planfeststellungsbeschlüssen** bzw. **Plangenehmigungen** für Verkehrswege für Eisenbahnen,[582] Fernstraßen,[583] Flughäfen[584] und Einrichtungen der Personenbeförderung[585] sowie für die „Verkehrsprojekte Deutsche Einheit" nach **§ 5 VerkPlBG** entfällt die aufschiebende Wirkung der Klage.[586] Auch für Vorhabengenehmigungen und Planfeststellungsbeschlüssen in den neuen Bundesländern ist durch das RechtsmittelBG der Sofortvollzug angeordnet.[587] Die aufschiebende Wirkung von Widerspruch und Anfechtungsklage entfällt auch gegenüber Verfügungen der Raumordnungsbehörde nach § 12 III ROG, raumbedeutsame Planungen und Maßnahmen einstweilen zu unterlassen, gegenüber der Überwindung der Verfügungssperre bei restitutionsbefangenen Vermögenswerten im Beitrittsgebiet (§ 3 III bis V VermG), bei Entscheidungen nach § 49 KreditwesenG, § 72 I AusländerG und §§ 33 IV 2, 35 I WehrpflichtG.

4382 Im Übrigen entfällt die aufschiebende Wirkung des Widerspruchs und der Anfechtungsklage, wenn die sofortige Vollziehung von der Behörde im öffentlichen Interesse oder im überwiegenden Interesse eines Beteiligten **angeordnet** worden ist (§ 80 II 1 Nr. 4 VwGO). Die Behörde hat das besondere Interesse an der sofortigen Vollziehung bei ihrer Anordnung besonders zu begründen (§ 80 III 1 VwGO). Formelhafte Erklärungen reichen dazu nicht. Vielmehr hat die Behörde im Einzelnen darzulegen, aus welchen Gründen von der Regel der aufschiebenden Wirkung des Widerspruchs und der Klage abgewichen werden soll. Das besondere Interesse an der Anordnung des Sofortvollzuges kann sich vor allem auch aus überwiegenden Interessen von Verfahrensbeteiligten ergeben. Bei mehreren Verfahrensbeteiligten ist zwischen den unterschiedlichen Interessen abzuwägen. Einer besonderen Begründung bedarf es allerdings nicht, wenn die Behörde bei Gefahr im Verzug, insbesondere bei drohenden Nachteilen für Leben, Gesundheit oder Eigentum, vorsorglich eine als solche bezeichnete Notstandsmaßnahme im öffentlichen Interesse trifft (§ 80 III 2 VwGO).

4383 Die **aufschiebende Wirkung** des Widerspruchs und der Anfechtungsklage endet mit der Unanfechtbarkeit oder, wenn die Anfechtungsklage im ersten Rechtszug abgewiesen worden ist, **drei Monate** nach Ablauf der gesetzlichen Begründungsfrist des gegen die abweisende Entscheidung gegebenen Rechtsmittels. Dies gilt auch, wenn die Vollziehung durch die Behörde ausgesetzt oder die aufschiebende Wirkung durch das Gericht

---

[582] § 20 V Allgemeines Eisenbahngesetz (AEG).
[583] § 17 I a FStrG.
[584] § 8 II LuftVG.
[585] § 28 I a PBefG.
[586] Zur Beschleunigung von Planungsverfahren für Verkehrsinfrastrukturvorhaben s. Rdn. 3762.
[587] S. Rdn. 3083.

wieder hergestellt oder angeordnet worden ist, es sei denn, die Behörde hat die Vollziehbarkeit bis zur Unanfechtbarkeit ausgesetzt. Mit **§ 80 b VwGO** soll bewirkt werden, dass die Berufungsinstanz sich auf Antrag innerhalb von drei Monaten nach Ablauf der gesetzlichen Begründungsfrist erneut mit der Eilentscheidung befassen muss, wenn die Klage in erster Instanz abgewiesen worden ist und ein Berufungsverfahren stattfindet. Die aufschiebende Wirkung der Eilentscheidung entfällt danach, wenn die Klage in erster Instanz abgewiesen worden ist und seit der Rechtsmittelbegründungsfrist mehr als drei Monate verstrichen sind. Es ist dann vom Antragsteller ein erneuter Antrag auf Aussetzung des Sofortvollzuges beim *OVG* zu stellen. Dieses hat dann über den Eilantrag zu entscheiden. Dieselben Grundsätze gelten auch, wenn die Vollziehung durch die Behörde ausgesetzt worden ist oder die aufschiebende Wirkung durch das Gericht wieder hergestellt oder angeordnet worden ist, es sei denn, dass die Behörde die Vollziehung bis zur Unanfechtbarkeit ausgesetzt hat (§ 80 b I 2 VwGO). Das *OVG* kann auf Antrag anordnen, dass die aufschiebende Wirkung fortdauert (§ 80 b II VwGO). Die Möglichkeit, in der klageabweisenden Entscheidung die Fortdauer der aufschiebenden Wirkung,[588] hat das erstinstanzliche Gericht nicht. Die Vorschriften dienen dazu, die aufschiebende Wirkung des Rechtsbehelfs auf Fälle zu begrenzen, in denen mit einem Erfolg in der Hauptsache gerechnet werden kann. Im Übrigen soll es nach dem 6. VwGO-ÄndG bei entsprechender Anordnung der Behörde nach § 80 II 1 Nr. 4 VwGO oder in den anderen in § 80 II VwGO genannten Fällen bei dem Grundsatz der sofortigen Vollziehung verbleiben. Ob § 80 b VwGO der Verfahrensbeschleunigung dient, erscheint zweifelhaft. Denn es liegt auf der Hand, dass regelmäßig Anträge auf Fortdauer der aufschiebenden Wirkung gestellt werden und damit eine zusätzliche Belastung der Verwaltungsgerichte eintritt.[589] Der **Zeitpunkt des Ablaufs der gesetzlichen Begründungsfrist** richtet sich nach dem jeweils in der Hauptsache statthaften Rechtsmittel. Ist der statthafte Antrag in der Hauptsache die Einlegung des Antrags auf Zulassung der Berufung, so beginnt die Dreimonatsfrist mit der Frist für die Begründung des Antrags auf Zulassung der Berufung, also nach § 124 a I 1 VwGO einen Monat nach Zustellung des erstinstanzlichen Urteils.[590] Der Lauf der Dreimonatsfrist beginnt daher nicht erst mit Zulassung der Berufung und dem Ablauf der Frist für die Berufungsbegründung.[591]

3. Behördenentscheidung

Wird Widerspruch eingelegt, so hat die **Behörde** selbst die Möglichkeit, die **sofortige Vollziehung** im Hinblick auf den eingelegten Widerspruch **auszusetzen**, soweit nicht bundesgesetzlich etwas anderes bestimmt ist (§ 80 IV 1 VwGO). Daneben hat auch die Widerspruchsbehörde die Aussetzungsmöglichkeit. Sie verliert diese Zuständigkeit mit der Klageerhebung. In der Praxis wird von dieser Aussetzungsmöglichkeit eher selten Gebrauch gemacht. Die durch den Verwaltungsakt betroffenen Verfahrensbeteiligten wenden sich regelmäßig unmittelbar an das Gericht, weil sie in Aussetzungsanordnungen der Behörde wenig Hoffnung setzen. Auch ist ein vorheriger Antrag an die Behörde auf Aussetzung der Vollziehung im Allgemeinen nicht Voraussetzung für die Anrufung des Gerichts. Ein gerichtlicher Antrag nach § 80 V VwGO ist allerdings bei der Anforderung öffentlicher Abgaben und Kosten (§ 80 II 1 Nr. 1 VwGO) erst dann zulässig, wenn zuvor ein Aussetzungsantrag bei der Behörde gestellt und abgelehnt worden ist (§ 80 VI VwGO).

4384

---

[588] So die ursprüngliche Fassung des Entwurfs zu § 80 b II VwGO, vgl. Gesetzentwurf der Bundesregierung BR-Drs. 13/3993, 13/4069 sowie Beschlussempfehlung und Bericht des Rechtsausschusses v. 26. 6. 1996 BT-Drs. 13/5098.
[589] *Jank*, Die 6. VwGO-Novelle, in: *Stüer* (Hrsg.) Verfahrensbeschleunigung, S. 44.
[590] *OVG Greifswald*, B. v. 16. 12. 1998 – 2 M 132/98 – NordÖR 1999, 150.
[591] *VGH München*, B. v. 25. 2. 1997 – 25 ASS 97.319 – BayVBl 1997, 342.

4. Gerichtsentscheidung

4385 Setzt die Behörde nicht von sich aus die Vollziehung des angefochtenen Verwaltungsaktes aus, kann auf Antrag das **Gericht** der Hauptsache die **aufschiebende Wirkung** des Verwaltungsakts in den Fällen des § 80 II 1 Nr. 1 bis 3 VwGO ganz oder teilweise anordnen und im Falle des § 80 II 1 Nr. 4 VwGO ganz oder teilweise **wieder herstellen**. Ist die Hauptsache noch nicht anhängig, ist das Gericht zuständig, bei dem die Hauptsache anhängig zu machen wäre. Ist die Hauptsache bereits in der Berufungsinstanz anhängig, ist diese für die Eilentscheidung nach § 80 V VwGO zuständig. Der Antrag ist grundsätzlich **nicht fristgebunden**. In verschiedenen gesetzlich angeordneten Fällen ergeben sich jedoch zumeist **Monatsfristen** für die Antragstellung, die strikt zu beachten sind. Der Eilantrag ist zu stellen: Bei **„Verkehrsprojekten Deutsche Einheit"** nach § 5 II 1 VerkPlBG einen Monat nach Bekanntgabe des Planfeststellungsbeschlusses, für Schienenwege nach § 20 V 2 AEG einen Monat nach Zustellung des Beschlusses über die vorzeitige Besitzeinweisung, für Bundesfernstraßen nach § 17 VIa FStrG einen Monat nach Zustellung des Planfeststellungsbeschlusses oder der Plangenehmigung sowie nach § 18 f VIa FStrG einen Monat nach Zustellung des Beschlusses über die vorzeitige Besitzeinweisung, für Bundeswasserstraßen nach § 19 II 1 WaStrG einen Monat nach Zustellung des Planfeststellungsbeschlusses oder der Plangenehmigung, sofern der Verwaltungsakt gem. § 80 II 1 Nr. 4 VwGO für sofort vollziehbar erklärt worden ist, sowie nach § 20 VII WaStrG einen Monat nach Zustellung des Beschlusses über die sofortige Besitzeinweisung, für den Bau oder die Änderung eines Verkehrsflughafens nach § 10 VI LuftVG einen Monat nach Zustellung des Planfeststellungsbeschlusses oder der Plangenehmigung, sofern der Verwaltungsakt für sofort vollziehbar erklärt worden ist, sowie nach § 27 VII LuftVG einen Monat nach Zustellung des Beschlusses über die vorzeitige Besitzeinweisung, für Betriebsanlagen der Straßenbahnen nach § 29 VI PersBefG einen Monat nach Zustellung des Planfeststellungsbeschlusses oder der Plangenehmigung sowie nach § 29 a VII PersBefG einen Monat nach Zustellung des Beschlusses über die vorzeitige Besitzeinweisung.[592] Nach dem durch das BauROG 1998 aufgehobenen § 10 II BauGB-MaßnG konnte gegen die Zulassung von Vorhaben, die überwiegend Wohnzwecken, auch zum vorübergehenden Wohnen oder zur vorübergehenden Unterbringung, dienten, nur innerhalb eines Monats nach Zustellung der Genehmigung ein Eilantrag auf Anordnung der aufschiebenden Wirkung des Widerspruchs gestellt werden. An die Stelle dieser Vorschrift ist § 212a BauGB getreten, wonach Widerspruch und Anfechtungsklage eines Dritten gegen die bauaufsichtliche Zulassung eines Vorhabens keine aufschiebende Wirkung haben. Die Verwirkung von Antragsrechten des Nachbarn ist allerdings nicht mehr vorgesehen. Nach dem PlanVereinfG ist über die Fristen für den Eilantrag nicht gesondert zu belehren, § 58 VwGO wird nicht für anwendbar erklärt. Es könnte sich jedoch die Frage stellen, ob aus Gründen der Gleichbehandlung und auch rechtsstaatlichen Grundsätzen eine Belehrung über die Fristen für den Eilantrag geboten ist.[593] Eine Belehrung über die bestehenden Antragsfristen ist jedenfalls schon aus Zweckmäßigkeitsgründen empfehlenswert. Nach dem PlVereinfG ist der Eilantrag zudem innerhalb der Monatsfrist zu begründen. An die **Begründungspflicht** können jedoch keine überspannten Anforderungen gestellt werden, zumal die Beteiligten nicht verpflichtet sind, sich erstinstanzlich vor dem Verwaltungsgericht anwaltlich vertreten zu lassen. Es reicht daher grundsätzlich aus, dass der Antragsteller den Antragsgegenstand bezeichnet sowie die zur Begründung des Antrags dienenden Tatsachen angibt. Der Antrag muss so gefasst sein, dass der Lebenssachverhalt, auf den er sich stützt, unverwechselbar feststeht. Weitere Begründungselemente, die den Vortrag weiter ausgestalten, können nachgereicht werden.[594]

---

[592] Zur Beschleunigung von Planungsverfahren für Verkehrsinfrastrukturvorhaben s. Rdn. 3762.
[593] So *Kuhla* in: Kuhla/Hüttenbrink Kap J Rdn. 75 (S. 294).
[594] *BVerwG*, Urt. v. 30. 8. 1993 – 7 A 14.93 – DVBl. 1994, 354 = UPR 1994, 32 – Gifhorn.

9. Teil. Vorläufiger Rechtsschutz

Im Gegensatz zur Klagebegründung kommt es bei einer Fristversäumung nicht auf das Vorliegen der weiteren Voraussetzungen für die Zurückweisung eines verspäteten Vortrags nach § 87 b VwGO an. Ist der Eilantrag im Gegensatz zu den gesetzlichen Anforderungen nicht rechtzeitig begründet, so ist er ohne Prüfung weiterer Voraussetzungen zurückzuweisen. Antragsrechte nach § 80 V VwGO können im Gegensatz zu Widerspruchs- und Klagerechten grundsätzlich nicht **verwirken**, da die aufschiebende Wirkung des Rechtsbehelfs eine Ausprägung der verfassungsrechtlichen Rechtsschutzgarantie und daher ein wesentliches Element des öffentlich-rechtlichen Prozesses ist. Allerdings könnte eine Verwirkung bei Drittbeteiligungen in Betracht kommen.[595]

Vor einer die Instanz abschließenden Entscheidung des Eilverfahrens wird das Gericht gelegentlich eine vorläufige Regelung treffen **(Schiebebeschluss)**. Die Behörde kann darin verpflichtet werden, bis zur abschließenden Eilentscheidung Vollzugsmaßnahmen zu unterlassen. Derartige Anordnungen ergehen vielfach auch als Vorsitzendenentscheidungen nach § 80 VIII VwGO. Das Gericht fordert die Behörde auch derweil mit der Zustellung des Eilantrages auf, Vollzugsmaßnahmen zu unterlassen oder andernfalls zuvor dem Gericht anzukündigen. Derartige Verfügungen des Vorsitzenden reichen zumeist zur vorläufigen Regelung des Zustandes bis zur endgültigen Entscheidung des Eilverfahrens aus. Sie sind zwar in der VwGO nicht vorgesehen, werden aber aus dem allgemeinen Rechtsgrundsatz der Gewährung eines effektiven Rechtsschutzes abgeleitet. Bei seiner Entscheidung über den Eilantrag prüft das Gericht sodann zunächst die **formalen Voraussetzungen** der Vollziehbarkeitsanordnung. Der Betroffene ist vor Anordnung der sofortigen Vollziehbarkeit anzuhören. Die Entscheidung über die Anordnung der sofortigen Vollziehbarkeit ist zu begründen (§ 80 III 1 VwGO). Sind diese formalen Voraussetzungen erfüllt, stellt das Gericht zunächst in einem **summarischen Verfahren** eine **Offensichtlichkeitsprüfung** an. Sind der eingelegte Widerspruch oder die erhobene Klage offensichtlich erfolgreich, wird die aufschiebende Wirkung des Widerspruchs wieder hergestellt. Sind der Widerspruch oder die Klage offensichtlich aussichtslos, wird der Eilantrag zurückgewiesen. Im Übrigen erfolgt eine **Interessenabwägung**, bei der die Aussetzungs- und Vollzugsinteressen mit ihren jeweiligen Vor- und Nachteilen einzustellen sind. Dabei ist von folgenden Grundsätzen auszugehen: Für die sofortige Vollziehung eines Verwaltungsakts ist ein besonderes öffentliches Interesse erforderlich, das über das Interesse am Erlass des Verwaltungsakts hinausgeht. Allerdings lässt sich das Gewicht der beteiligten Interessen nicht abstrakt, sondern regelmäßig nur im Einzelfall bestimmen. Aus dem Zweck der Rechtsschutzgarantie und dem Verfassungsgrundsatz der Verhältnismäßigkeit ergibt sich allerdings, dass der Rechtsschutzanspruch des Bürgers umso größer ist, je schwerwiegender die ihm auferlegte Belastung ist und je mehr die Maßnahmen der Verwaltung Unabänderliches bewirken.[596] Dabei ist der Grundsatz der Verhältnismäßigkeit und die Durchsetzung überwiegender öffentlicher Interessen zu wahren. Dient der angefochtene Verwaltungsakt der Gefahrenabwehr oder werden illegale Bauarbeiten unterbunden, so überwiegt in aller Regel das Interesse am Sofortvollzug.

5. Drittanfechtung

Sondervorschriften enthält § 80 a VwGO für den Fall, dass Widerspruch und Anfechtungsklage durch einen **Dritten** erhoben werden. Legt ein Dritter einen Rechtsbehelf gegen einen ihn belastenden, an einen anderen gerichteten und ihn begünstigenden Verwaltungsakt ein, so kann die Behörde

---

[595] Eine Verwirkung von Eilantragsrechten des Nachbarn war in § 10 II 4 und 5 BauGB-MaßnG vorgesehen. Danach verwirkte das Antragsrecht des Nachbarn bei Vorhaben, die überwiegend Wohnzwecken dienen, innerhalb eines Monats, nachdem der Nachbar von den für das Vorhaben bedeutsamen Tatsachen Kenntnis erlangt hat.

[596] *BVerfG*, B. v. 18. 7. 1973 – 1 BvR 23, 155/93 – BVerfGE 35, 382, 402.

– auf Antrag des Begünstigten nach § 80 II 1 Nr. 4 VwGO die sofortige Vollziehung anordnen,
– auf Antrag des Dritten nach § 80 IV VwGO die Vollziehung aussetzen und einstweilige Maßnahmen zur Sicherung der Rechte des Dritten treffen.

4388 Das Verhältnis zwischen den **Anordnungs- und Aussetzungsmöglichkeiten** der Behörde einerseits und dem **gerichtlichen Rechtsschutz** andererseits ist gesetzlich nicht geregelt. Offen ist, ob der Eilantrag bei Gericht erst gestellt werden kann, wenn zuvor ein Antrag bei der Behörde erfolglos gewesen ist oder ob eine eigene Antragstellung bei der Behörde für die Antragstellung bei Gericht nicht erforderlich ist. Aus einem Umkehrschluss zu § 80 VI VwGO, wonach in den Fällen des § 80 II 1 Nr. 1 VwGO ein gerichtlicher Eilantrag erst nach Ablehnung eines bei der Behörde gestellten Antrags zulässig ist, könnte sich ergeben, dass im Übrigen unabhängig voneinander ein Antrag bei der Behörde und dem Gericht gestellt werden können. Behörde und Gericht könnten dann jeweils über den Eilantrag entscheiden.

Beispiel: Der Nachbar legt gegen eine dem Bauherrn erteilte Baugenehmigung Widerspruch ein. Widerspruch und Anfechtungsklage des Nachbarn gegen die bauaufsichtliche Zulassung eines Vorhabens haben nach § 212a I BauGB keine aufschiebende Wirkung. Will der Nachbar die Wiederherstellung der aufschiebenden Wirkung seines Widerspruchs erreichen, kann er dann entweder bei der Behörde nach § 80a VwGO einen entsprechenden Antrag stellen oder er stellt bei Gericht einen Eilantrag auf Wiederherstellung der aufschiebenden Wirkung des Widerspruchs. Dabei kann es zu Zeitproblemen kommen, wenn der bei Gericht zu stellende Eilantrag fristgebunden ist. Es dürfte sich daher in solchen Fällen empfehlen, den Eilantrag sowohl bei der Behörde als auch bei Gericht zu stellen.

4389 Nach § 80 II 1 Nr. 4 VwGO kann die **Behörde** auf Antrag eines Dritten, der durch einen an einen anderen gerichteten Verwaltungsakt begünstigt ist, die sofortige Vollziehung anordnen, wenn der Betroffene Widerspruch gegen den ihn belastenden Verwaltungsakt einlegt (§ 80a II VwGO). Das **Gericht** kann auf Antrag Maßnahmen nach § 80a I und II VwGO ändern oder aufheben oder auch solche Maßnahmen treffen, wobei § 80 V bis VIII entsprechende Anwendung finden (§ 80a III VwGO).

6. Vorsitzendenentscheidung

4390 Nach § 80 VIII VwGO kann in dringenden Fällen der Vorsitzende entscheiden. Eine Vorsitzendenentscheidung wird vielfach zur vorläufigen Regelung ergehen, wenn dies erforderlich erscheint. Zumeist reicht aber auch die Bitte des Vorsitzenden an die Behörde aus, von Vollzugsmaßnahmen vorläufig abzusehen. Kommt die Behörde dem nicht nach, könnte der Vorsitzende in dringenden Fällen einen „Schiebebeschluss" dahingehend fassen, dass bis zur endgültigen Entscheidung des Eilverfahrens Vollzugsmaßnahmen der Behörde unterbleiben. Bei Drittbeteiligungen könnte die Anordnung des Vorsitzenden dahingehend ergehen, dass Baumaßnahmen bis zur endgültigen Entscheidung des Eilverfahrens stillgelegt werden. Gegen abschließende Entscheidungen des Vorsitzenden kann Beschwerde eingelegt werden. Die Kammer kann die Vorsitzendenentscheidung nach § 80 VII VwGO abändern.

7. Änderung der Eilentscheidung

4391 Beschlüsse nach den §§ 80, 80a VwGO können vom Gericht der Hauptsache nach § 80 VII VwGO jederzeit geändert oder aufgehoben werden. Dies setzt allerdings regelmäßig eine entscheidungserhebliche Änderung der Sach- oder Rechtslage voraus. Auch jeder Beteiligte kann die Änderung oder Aufhebung der gerichtlichen Eilentscheidung wegen veränderter oder im ursprünglichen Verfahren ohne Verschulden nicht geltend gemachter Umstände beantragen.

8. Beschwerde

4392 Gegen Entscheidungen des Verwaltungsgerichts nach § 80 V VwGO und über einstweilige Anordnungen nach § 123 VwGO sowie gegen die Vorsitzendenentscheidungen nach § 80 VIII VwGO steht den dadurch Beschwerten nach § 146 IV VwGO die Beschwerde zu, über die das *OVG* entscheidet.[597]

Die Beschwerde ist innerhalb von zwei Wochen nach Bekanntgabe der Entscheidung einzulegen und innerhalb eines Monats nach Bekanntgabe der Entscheidung zu begründen. Die Beschwerde ist, wenn sie nicht bereits mit der Beschwerde vorgelegt worden ist, beim OVG einzureichen. Sie muss einen bestimmten Antrag enthalten, die Gründe darlegen, aus denen die Entscheidung abzuändern oder aufzuheben ist, und sich mit der angefochtenen Entscheidung auseinander setzen. Das OVG prüft nur die dargelegten Gründe. Das Beschwerdeverfahren im Eilrechtsschutz geht damit in dem gerichtlichen Prüfungsumfang in der Tendenz weiter als das Berufungszulassungsverfahren, das auf die Prüfung der geltend gemachten Zulassungsgründe beschränkt ist. Im Zulassungsverfahren hat der Anwalt eine zentrale Stellung. Er muss den Streitstoff durchdringen und auf Mängel der erstinstanzlichen Entscheidung hinweisen. Ohne entsprechende Darlegung sehen sich die Gerichte nicht in der Lage, von sich aus in eine Amtsermittlung einzutreten.[598] **4393**

In der **Beschwerdebegründung** ist daher bereits umfassend **zur Sache vorzutragen**. Die wesentlichen Gründe müssen innerhalb der Monatsfrist geltend gemacht werden. Einzelheiten könnten allerdings noch nachgetragen werden. Vor allem aber ist der Anwalt gehalten, bereits in der ersten Instanz alle Gesichtspunkte geltend zu machen, weil die Verfahrensbeteiligten entsprechenden Mitwirkungslasten unterliegen. Hat das *VG* seine Entscheidung über die Aussetzung der Vollziehung allein auf die offensichtliche Rechtswidrigkeit bzw. Rechtmäßigkeit des angefochtenen Verwaltungsakts gestützt und erweisen sich die Erfolgsaussichten des Rechtsbehelfs unter Berücksichtigung des Vorbringens im Zulassungsverfahren als offen, so kann die Beschwerde nur dann gem. § 146 IV erfolgreich sein, wenn sich aus der Beschwerdebegründung hinreichende Anhaltspunkte dafür ergeben, dass die Entscheidung bei einer allgemeinen Abwägung der Aussetzungs- und Vollzugsinteressen mit überwiegender Wahrscheinlichkeit zu Gunsten des Rechtsbehelfsführers ausgeht.[599] **4394**

Auch gegen **Eilentscheidungen** im Beschwerdeverfahren nach § 146 VwGO ist eine **Verfassungsbeschwerde** zum Grundsatz her statthaft. Richtet sich eine Verfassungsbeschwerde gegen Entscheidungen, die in fachgerichtlichen Verfahren des einstweiligen Rechtsschutzes ergangen sind, so bestehen gegen die Zulässigkeit der Verfassungsbeschwerde jedenfalls dann unter dem Gesichtspunkt der Rechtswegerschöpfung Bedenken, wenn das Hauptsacheverfahren ausreichende Möglichkeiten bietet, den behaupteten Grundrechtsverletzungen abzuhelfen. Davon ist regelmäßig auszugehen, wenn Grundrechtsverletzungen gerügt werden, die sich (allein) auf die Hauptsache beziehen. Grundsätzlich ist es von Verfassungs wegen nicht zu beanstanden, wenn die Verwaltungsgerichte einen Eilrechtsschutz ablehnen, weil sie den angegriffenen Verwaltungsakt aufgrund näherer Prüfung der Sach- und Rechtslage als aller Voraussicht nach rechtmäßig erachten und deshalb davon ausgehen, dass die vom Beschwerdeführer in der Hauptsache eingelegten Rechtsbehelfe erfolglos bleiben werden. Dies gilt insbesondere dann, wenn sie einer gesetzlichen Anordnung des Sofortvollzuges im Rahmen der nach § 80 V VwGO gebotenen Abwägung keine eigenständige Bedeutung beimessen. Denn auch bei **4395**

---

[597] *Stüer* DVBl. 1997, 326; *ders.* in: *Stüer* (Hrsg.) Verfahrensbeschleunigung, S. 90.
[598] Zur früheren Fassung des § 146 IV VwGO und der darin geregelten Zulassungsbeschwerde *OVG Münster*, B. v. 20. 2. 1998 – 5 B 128/98 und 130/98 – NJW 1998, 1969 = NWVBl 1998, 275 – Graue Panter/F.D.P.; *VGH Mannheim*, B. v. 17. 2. 1997 – 11 S 379/97 – VGHBW RSprDienst 1997, Beilage 5 B 5; *OVG Schleswig*, B. v. 24. 4. 1997 – 5 O 15/97 – (unveröffentlicht). *VGH Mannheim*, B. v. 19. 1. 1998 – 8 S 3244/97 – VGHBW RSprDienst 1998, Beilage 3 B 2. Über die Zulassung musste auch im Eilverfahren gesondert entschieden werden. Das Berufungsgericht konnte zugleich mit der Zulassung auch über die sachliche Begründetheit der Beschwerde entscheiden und gab in diesen Fällen des „Durchentscheidens" den Beteiligten zuvor Gelegenheit zur Stellungnahme.
[599] *OVG Münster*, B. v. 22. 4. 1998 – 11 B 816/98 – DVBl. 1999, 120.

einer solchen gesetzlichen Regelung kommt die Anordnung der aufschiebenden Wirkung unter den gleichen Voraussetzungen in Betracht wie in Fällen, in denen eine entsprechende Regelung nicht gegeben ist.⁶⁰⁰

4396 Mit der nochmaligen Änderung der VwGO durch die 7. VwGO-Novelle hat der Gesetzgeber auf Kritik reagiert, die gegen die Einführung der Zulassungsbeschwerde laut geworden war: Der Verweis in § 146 VwGO auf § 124 VwGO wurde als äußerst fragwürdig bezeichnet, weil Haupt- und Eilverfahren insoweit nicht vergleichbar sind. Auch die Zweiwochenfrist für die Einlegung und Begründung der Beschwerde sei wesentlich zu kurz. Das für Beschwerden in Eilverfahren übernommene Zulassungserfordernis (§ 146 IV VwGO) sei rechtspolitisch verfehlt. Bei Einhaltung des vorgesehenen Verfahrens gefährde es vor allem die in besonders dringlichen Fällen gebotene beschleunigte Abwicklung. Abgesehen davon sind die Zulassungsgründe nicht auf die Besonderheiten des vorläufigen Rechtsschutzes zugeschnitten.⁶⁰¹ Die Neuregelung gibt dem OVG Gelegenheit, im Beschwerdeverfahren bei entsprechender Darlegung eine interessengerechte Sachentscheidung zu treffen. Die durch die 6. VwGO-Novelle eingeführten Hürden einer Zulassungsbeschwerde sind daher durch die 7. VwGO-Novelle mit guten Gründen wieder beseitigt oder doch wesentlich niedriger ausgestaltet worden.

II. Einstweilige Anordnung nach § 123 VwGO

4397 Richtet sich der einstweilige Rechtsschutz nicht gegen einen anfechtbaren Verwaltungsakt, so wird vorläufiger Rechtsschutz nach § 123 VwGO gewährt. Nach § 123 I 1 VwGO kann das Gericht auf Antrag auch schon vor Klageerhebung eine einstweilige Anordnung in Bezug auf den Streitgegenstand treffen, wenn die Gefahr besteht, dass durch eine Veränderung des bestehenden Zustandes die Verwirklichung eines Rechts des Antragstellers vereitelt oder wesentlich erschwert werden könnte. Einstweilige Anordnungen sind auch zur Regelung eines vorläufigen Zustandes in Bezug auf ein streitiges Rechtsverhältnis zulässig, wenn diese Regelung, vor allem bei dauernden Rechtsverhältnissen, um wesentliche Nachteile abzuwenden oder drohende Gewalt zu verhindern, oder aus anderen Gründen nötig erscheint. Die Zulässigkeit der einstweiligen Anordnung setzt das Vorliegen der allgemeinen Zulässigkeitsanforderungen voraus. Dazu gehört etwa, dass der Verwaltungsrechtsweg nach § 40 I VwGO eröffnet ist, es sich also um eine öffentlich-rechtliche Streitigkeit nicht verfassungsrechtlicher Art handelt und keine spezialgesetzliche Zuweisung an ein anderes Gericht erfolgt ist.

4398 Der vorläufige Rechtsschutz wird nicht nach § 123 VwGO gewährt, wenn einstweilige Rechtsschutzmöglichkeiten nach den **§§ 80, 80a VwGO** bestehen. Diese Regelungen betreffen die typische Anfechtungssituation. Richtet sich der Rechtsbehelf in der Hauptsache daher gegen einen belastenden Verwaltungsakt, ist vorläufiger Rechtsschutz nicht nach § 123 VwGO, sondern nach den §§ 80, 80a VwGO zu suchen. Dies gilt sowohl für den Bauherrn als auch für den Nachbarn. Wendet sich der Bauherr etwa gegen eine Abrissverfügung, ist dagegen Widerspruch und Anfechtungsklage statthaft, so dass sich der einstweilige Rechtsschutz nach § 80 VwGO richtet. Begehrt der Nachbar durch Widerspruch und Anfechtungsklage die Aufhebung der dem Bauherrn erteilten Baugenehmigung, so ist einstweiliger Rechtsschutz nach den §§ 80, 80a VwGO zu suchen. Soweit der Anfechtungsantrag jedoch nicht weiter führt, kommt (ergänzend) ein vorläufiger Rechtsschutz nach § 123 VwGO in Betracht. Baut etwa der Bauherr ohne Genehmigung oder abweichend von der Baugenehmigung, so würde eine Aufhebung der Baugenehmigung nicht weiterhelfen. Die Anordnung der Stilllegung der Bauarbeiten richtet sich daher nach § 123 VwGO. Dieselben Abgrenzungskriterien stellen sich für den zumeist als

---

⁶⁰⁰ *BVerfG*, B. v. 12. 11. 1998 – 2 BvR 1838/98 – NVwZ 1999, Beilage Nr. 2, 9 = DVBl. 1999, 163 – Mehmet.
⁶⁰¹ *Jank*, Die 6. VwGO-Novelle, in: *Stüer* (Hrsg.) Verfahrensbeschleunigung, S. 44.

9. Teil. Vorläufiger Rechtsschutz

Nachbarn betroffenen Grundstückseigentümer, der sich gegen eine Fachplanung wendet und Schutzauflagen begehrt. Wendet sich der Eigentümer generell gegen das Vorhaben, ist die Anfechtungsklage statthaft. Einstweiliger Rechtsschutz wäre dann nach den §§ 80, 80a VwGO zu gewähren. Das Gericht könnte auf entsprechenden Antrag die aufschiebende Wirkung der Klage anordnen bzw. wiederherstellen. Greift der Aufhebungsanspruch aber nicht durch und kann nur die Ergänzung des Planfeststellungsbeschlusses um Schutzauflagen erreicht werden, so wandelt sich der Anfechtungsanspruch in einen Verpflichtungsanspruch mit dem Ziel entsprechender Schutzauflagen. Vorläufiger Rechtsschutz wird daher dann nach § 123 VwGO gewährt. Der bei Gericht gestellte Antrag kann sowohl als Antrag auf Anordnung oder Wiederherstellung der aufschiebenden Wirkung des Widerspruchs oder der Klage nach § 80 VwGO als auch als Antrag auf Erlass einer einstweiligen Anordnung nach § 123 VwGO ausgelegt werden. Das Gericht stellt dann bei seiner Tenorierung von Amts wegen um. Die verschiedenen Anträge können auch hilfsweise gestellt werden.

Für den Erlass einer einstweiligen Anordnung ist nach § 123 II 1 VwGO das **Gericht der Hauptsache** zuständig. Dies ist das Gericht des ersten Rechtszuges und, wenn die Hauptsache im Berufungsverfahren anhängig ist, das Berufungsgericht. Im Übrigen wird auf die Vorschriften der ZPO zu einstweiligen Verfügungen verwiesen.

§ 123 I VwGO unterscheidet die **Sicherungsanordnung** in Fällen, in denen durch eine Veränderung des bestehenden Zustandes die Verwirklichung eines Rechts des Antragstellers vereitelt oder wesentlich erschwert werden könnte, von der **Regelungsanordnung**, die eine Regelung eines vorläufigen Zustands in Bezug auf ein streitiges Rechtsverhältnis betrifft. Werden etwa ohne Baugenehmigung begonnene Bauarbeiten auf Antrag des Nachbarn vom Gericht stillgelegt, so erlässt es eine Sicherungsanordnung. Wird dem Bauherrn, der ohne Baugenehmigung Bauarbeiten durchgeführt hat, gestattet, eine vorläufige Gebäudesicherung gegen Witterungseinflüsse vorzunehmen, so erlässt das Gericht eine Regelungsanordnung. In der Praxis werden beide Anordnungsformen aber nicht streng voneinander abgegrenzt.

Das Gesetz unterscheidet als Voraussetzung der Begründetheit zwischen dem **Anordnungsanspruch** und dem **Anordnungsgrund**. Soll eine Anordnung ergehen, so muss der Antragsteller glaubhaft machen, Inhaber des zu sichernden Anspruchs zu sein. Außerdem muss die Gefahr einer Rechtsvereitelung oder wesentlichen Rechtserschwerung bestehen. Die Prüfung des Anordnungsanspruchs setzt eine Prüfung der Aussichten in der Hauptsache voraus. Ist der Hauptsachenantrag offensichtlich erfolglos, ergeht die einstweilige Anordnung mangels Anordnungsanspruch nicht. Besteht der Anordnungsanspruch offensichtlich, ergeben sich insoweit keine Bedenken gegen den Erlass einer einstweiligen Anordnung. Es findet sodann die Prüfung eines Anordnungsgrundes statt. Dieser besteht bei der Sicherungsanordnung, wenn durch eine Veränderung des bestehenden Zustandes die Verwirklichung eines Rechts des Antragstellers vereitelt oder wesentlich erschwert werden könnte. Dabei sind die jeweiligen Folgen der gerichtlichen Anordnung oder Regelung in den Blick zu nehmen. Das Gericht prüft, welche Folgen sich ergeben, wenn eine einstweilige Anordnung nicht ergeht, sich aber später die Begründetheit des in der Hauptsache eingelegten Rechtsmittels herausstellt. Andererseits wird überprüft, welche Folgen sich ergeben, wenn eine einstweilige Anordnung erlassen wird, später aber sich die Unbegründetheit der ergriffenen Rechtsmittel im Hauptverfahren ergibt. Vor allem darf das Gericht dabei im Grundsatz **die Hauptsache nicht vorwegnehmen**. Daraus ergeben sich für den Antragsteller vielfach unüberwindbare Hürden für eine erfolgreiche Antragstellung im Eilverfahren nach § 123 VwGO. So kann etwa im Wege der einstweiligen Anordnung nicht die Erteilung einer Baugenehmigung erreicht werden. Die abschließende Klärung ist vielmehr der Entscheidung in der Hauptsache vorbehalten. Mit diesen Folgen dürfen einstweilige Anordnungen nur ergehen, wenn schwere irreparable Schäden entstünden, die im Blick auf den voraussichtlichen Ausgang des Hauptverfahrens und bei einer Interessenabwägung vom

Antragsteller offenbar nicht hingenommen werden können. Allenfalls kommen daher vorläufige Regelungsanordnungen nach § 123 I 2 VwGO in Betracht, mit denen etwa gestattet wird, eine vorläufige Sicherung der Bausubstanz gegen Witterungseinflüsse zu erreichen.

4402 Der **Ablauf des gerichtlichen Eilverfahrens** ist dem nach den §§ 80, 80a VwGO angenähert. Ergänzend finden die Regelungen der ZPO über den Erlass einer einstweiligen Verfügung Anwendung. Ob eine Erörterung oder mündliche Verhandlung anberaumt wird, steht im Ermessen des Gerichts. Nicht selten wird ohne mündliche Verhandlung oder Erörterung entschieden. Gerade in Verfahren des öffentlichen Baurechts finden allerdings häufig Ortsbesichtigungen statt, da durch die gerichtliche Eilentscheidung bereits wichtige Weichenstellungen erfolgen, die später nicht oder kaum noch umkehrbar sind. **Schadensersatz** braucht der Nachbar nicht zu zahlen, wenn der Eilantrag erfolgreich ist, der Hauptsachenantrag jedoch später zurückgewiesen wird und der Bauherr daraus Schäden hat. § 945 ZPO ist bei öffentlich-rechtlichen Nachbarklagen nicht anwendbar. So weit der vorläufige Rechtsschutz nach den §§ 80, 80a VwGO gewährt wird, ist § 945 ZPO nicht in Bezug genommen, sodass diese Vorschrift schon deshalb nicht anzuwenden ist. Aber selbst in Fällen des (ergänzenden) vorläufigen Rechtsschutzes des Nachbarn nach § 123 VwGO ist § 945 ZPO wegen der mit dem Zivilprozess nicht vergleichbaren Ausgangslage auf das Verhältnis von Bauherr zu Nachbar nicht anwendbar.[602] Denn der Bauherr, dem der Schaden entsteht, ist nicht Antragsgegner, sondern Beigeladener, während der Behörde als Antragsgegnerin kein Schaden entstanden ist. Würde aber der Behörde als Antragsgegnerin ein Schaden entstehen, müsste dieser unter den Voraussetzungen des § 945 ZPO im Falle der einstweiligen Anordnung bei späterer Abweichung des Hauptantrags vom Antragsteller ersetzt werden (§ 123 III VwGO). Derartige Fälle sind aber im Baurecht sehr selten und können wohl allenfalls dann gegeben sein, wenn die Baugenehmigungsbehörde selbst Bauherrin ist oder Unterlassungsansprüche geltend gemacht werden, die sich trotz zunächst ergangener einstweiliger Anordnung als unberechtigt erweisen.

Beispiel: Die Nachbarn eines Stadttheaters erwirken eine einstweilige Anordnung nach § 123 VwGO, wonach der nächtliche Verladebetrieb der Wanderbühnen vorläufig untersagt wird. Später stellt sich heraus, dass Nachbaransprüche nicht bestehen. Die Nachbarn sind nicht zum Schadensersatz verpflichtet, wenn sich der Antrag gegen die Baugenehmigungsbehörde richtet und dem Bauherrn im Wege der Wiederherstellung der aufschiebenden Wirkung nach den §§ 80, 80a VwGO die Bauausführung vorläufig untersagt worden ist.

4403 Auch im Eilverfahren nach § 123 VwGO findet ein Beschwerdeverfahren nach Maßgabe des § 146 IV VwGO statt. Die Beschwerde ist innerhalb von zwei Wochen nach Bekanntgabe der Entscheidung einzulegen und innerhalb eines Monats nach Bekanntgabe der Entscheidung zu begründen. Die Beschwerde ist, wenn sie nicht bereits mit der Beschwerde vorgelegt worden ist, beim OVG einzureichen. Sie muss einen bestimmten Antrag enthalten, die Gründe darlegen, aus denen die Entscheidung abzuändern oder aufzuheben ist, und sich mit der angefochtenen Entscheidung auseinandersetzen. Das OVG prüft nur die dargelegten Gründe. Das Beschwerdeverfahren im Eilrechtsschutz geht damit in dem gerichtlichen Prüfungsumfang in der Tendenz weiter als das Berufungszulassungsverfahren, das von den engen Zulassungsgründen des § 124 VwGO abhängig und auf die Prüfung der geltend gemachten Zulassungsgründe beschränkt ist.

III. Vorläufiger Rechtsschutz in „Freistellungsfällen"

4404 Nach den Landesbauordnungen sind verschiedene Bauvorhaben von der Genehmigungspflicht freigestellt oder nur noch einem Anzeige-, Bekanntgabe- oder Mitteilungsverfahren unterworfen. Im Geltungsbereich eines Bebauungsplans sind teilweise Vor-

---

[602] So *BGH*, Urt. v. 23.9.1980 – VI ZR 165/78 – NJW 1981, 349; s. Rdn. 4266.

haben bis zur Hochhausgrenze freigestellt. Aber auch im nicht beplanten Innenbereich oder im Außenbereich sind nach den Landesbauordnungen zahlreiche Freistellungen von der Genehmigungspflicht erfolgt. Die materiellen planungsrechtlichen Zulässigkeitsanforderungen nach den §§ 30 bis 37 BauGB bleiben weiterhin anwendbar. Die Festsetzungen des Bebauungsplans gelten zudem als kommunales Satzungsrecht.[603]

1. Vorläufiger Rechtsschutz des Bauherrn

Beginnt der Bauherr mit den Bauarbeiten und ist die Behörde der Auffassung, dass die Voraussetzungen für eine Freistellung nicht vorliegen, so wird sie die Bauarbeiten **stilllegen** und die sofortige Vollziehung der Stilllegung nach § 80 II 1 Nr. 4 VwGO anordnen. Eine Stilllegungsverfügung kommt auch in Betracht, wenn der Bauherr – selbst wenn eine Baugenehmigung nicht erforderlich ist – in Abweichung vom materiellen Baurecht baut. Hiergegen kann der Bauherr mit einem Anfechtungsantrag Widerspruch einlegen. Hat die Baugenehmigungsbehörde die sofortige Vollziehung der Stilllegungsverfügung angeordnet, kann der Bauherr bei Gericht einen Eilantrag nach § 80 V VwGO auf Wiederherstellung der sofortigen Vollziehung stellen. Das Gericht prüft sodann, ob die Stilllegungsverfügung offensichtlich rechtmäßig oder offensichtlich rechtswidrig ist. Bei offensichtlicher Rechtmäßigkeit wird der Eilantrag des Bauherrn zurückgewiesen. Ist die Stilllegungsverfügung offensichtlich rechtswidrig, wird die aufschiebende Wirkung des Widerspruchs gegen die Stilllegung wiederhergestellt. Lässt sich der Ausgang des Hauptsacheverfahrens bei summarischer Prüfung nicht abschließend erkennen, erfolgt eine Interessenabwägung. Dabei könnte das Interesse der Behörde, die anstehenden Fragen zunächst in einem förmlichen Verfahren geklärt zu sehen, die Oberhand gewinnen.

2. Vorläufiger Rechtsschutz des Nachbarn

Beginnt der Bauherr ohne eine Genehmigung mit Bauarbeiten, stellt sich für den Nachbarn die Frage, ob das Vorhaben baugenehmigungspflichtig ist. Bedarf das Vorhaben einer Baugenehmigung, wird der Nachbar einen Antrag auf Erlass einer einstweiligen Anordnung nach § 123 VwGO stellen mit dem Ziel, die Ausführung von Bauarbeiten vorläufig bis zur abschließenden Entscheidung der Hauptsache zu untersagen. In der Hauptsache müsste eine Unterlassungsklage erhoben werden. Die Klage wäre erfolgreich, wenn eine Baugenehmigung erforderlich wäre und der Nachbar geltend machen kann, durch die Verwirklichung des Vorhabens in seinen Rechten verletzt zu sein. Für den Erfolg der Nachbarklage dürfte es allerdings nicht ausreichen, dass für die Verwirklichung des Vorhabens eine Baugenehmigung erforderlich ist und diese nicht vorliegt. Dies kann zwar ohne weitere Voraussetzungen eine Stilllegung der Bauarbeiten durch die Behörde rechtfertigen. Die Nachbarklage dürfte in solchen Fällen aber nur dann erfolgreich sein, wenn rechtlich geschützte Interessen des Nachbarn verletzt sind, also etwa gegen das Gebot der nachbarlichen Rücksichtnahme zu Lasten des Nachbarn verstoßen wird. Da jedoch in derartigen Fällen dem Gericht keinerlei Verwaltungsvorgänge verfügbar sind, dürfte sich der Ausgang derartiger Eilverfahren nicht sicher abschätzen lassen. Es könnte einiges dafür sprechen, dass die Gerichte dazu neigen könnten, zunächst einmal eine Stilllegung weiterer Bauarbeiten auszusprechen, um genügend Zeit für eine genauere Entscheidung des Eilantrages zu gewinnen. Denn im Gegensatz zum Baugenehmigungsverfahren fehlt bei den Freistellungsfällen eine behördliche Prüfung, die der gerichtlichen Kontrolle zugänglich ist. Die Erfolgsaussichten der nachbarlichen Einwendungen lassen sich daher in solchen Fällen nicht immer sicher abschätzen. Die Entscheidung über einen Eilantrag des Nachbarn nach § 123 VwGO dürfte daher vielfach nach der Interessenbewertung ausgehen, die sich im Dreiecksverhältnis von Bauherrn, Nachbarn und Behörde stellt.

---

[603] Zu Einzelheiten *Stüer/Ehebrecht-Stüer* DVBl. 1996, 482; *dies.* Bauplanungsrecht und Freistellungspolitik der Länder, Bd. 168, 1996.

IV. Vorläufiger Rechtsschutz in der Fachplanung

4407 Die Anordnung der sofortigen Vollziehbarkeit eines Planfeststellungsbeschlusses durch die Verwaltungsbehörde bedarf nicht der Voraussetzung, dass die Planung sofort oder alsbald vollzogen werden muss. Es genügt vielmehr, wenn zwar nicht eine unverzügliche Durchsetzung des Verwaltungsaktes, aber seine Vollziehung vor dem mutmaßlichen Abschluss eines Anfechtungsverfahrens gegen ihn erforderlich ist.[604] Im Falle der Drittanfechtung ist ein überwiegendes Interesse des begünstigten Beteiligten an der Anordnung der sofortigen Vollziehung dann zu bejahen, wenn der vom belasteten Beteiligten eingelegte Rechtsbehelf mit erheblicher Wahrscheinlichkeit erfolglos bleiben wird und eine Fortdauer der grundsätzlich aufschiebenden Wirkung des Rechtsbehelfs gegenüber dem Begünstigten unbillig wäre.[605]

4408 Wird die aufschiebende Wirkung einer Anfechtungsklage im Gesetz selbst angeordnet, bedeutet dies nicht, dass dem öffentlichen Interesse an einem Vollzug bereits kraft Gesetzes höheres Gewicht beigemessen wird als dem Interesse des Antragstellers, vor Abschluss des Verfahrens der Hauptsache vor vollendeten Tatsachen bewahrt zu werden. Der gesetzliche Ausschluss der aufschiebenden Wirkung hat vielmehr lediglich zur Folge, dass die Behörde von der ihr sonst obliegenden Pflicht entbunden wird, das öffentliche Interesse an der sofortigen Vollziehung anhand der konkreten Gegebenheiten besonders zu begründen. Die Argumente für eine sofortige Vollziehung müssen daher seitens der Behörde dann offen gelegt werden, wenn sie in einem Verfahren nach § 80 V VwGO angegriffen wird.[606]

4409 Die gesetzliche Anordnung der sofortigen Vollziehung eines Verwaltungsaktes hindert die Behörde allerdings nicht daran, diese Anordnung – auf Antrag oder von Amts wegen – entsprechend § 80 IV S. 1 VwGO wieder aufzuheben, wenn zurzeit des Erlasses des Verwaltungsaktes kein Bedürfnis für eine sofortige Vollziehung besteht. Denn soweit eine Änderung der Sach- oder Rechtslage eintritt, die das Hindernis der gesetzlich vorgesehenen sofortigen Vollziehung des Verwaltungsakts entfallen lässt, ist die Behörde jederzeit berechtigt, das Entfallen der aufschiebenden Wirkung nun gemäß § 80 V VwGO anzuordnen.[607]

4410 Hat das Verwaltungsgericht die aufschiebende Wirkung einer Klage gegen einen für sofort vollziehbar erklärten Planfeststellungsbeschluss gemäß § 80 V VwGO wiederhergestellt, entfällt die bindende Wirkung dieses Beschlusses im Falle einer wesentlichen Änderung des Planfeststellungsbeschlusses. Demzufolge ist gegen einen Änderungsbeschluss ein erneuter Eilantrag nach § 80 V VwGO zu stellen. Anknüpfungspunkt einer wesentlichen Änderung ist eine Veränderung der Planung in zentralen Punkten, wobei dies sowohl andere Regelungen hinsichtlich der Ausführung des Vorhabens als auch neue oder andere Erwägungen im Rahmen der Abwägungsentscheidung sein können. Ob die Änderung daher in einem selbstständigen Verwaltungsverfahren oder aber nach einer Außervollzugsetzung der Planung und einem ergänzenden Verfahren nach § 75 Ia VwVfG vorgenommen wird, ist für die Frage der sofortigen Vollziehbarkeit ohne Bedeutung.[608]

4411 Auch die Verletzung der Mitwirkungsrechte eines anerkannten Naturschutzverbandes, der inhaltliche Mängel der angefochtenen Planungsentscheidung geltend machen kann, führt nur dann zur Außervollzugsetzung der Planungsentscheidung, wenn die konkrete

---

[604] *OVG Lüneburg*, B. v. 6.7.2000 – 3 M 561/00 – NuR 2001, 642 = NVwZ-RR 2001, 362.
[605] *OVG Schleswig*, B. v. 19.10.2000 – 4 M 63/00 – NordÖR 2001, 357.
[606] *BVerwG*, B. v. 17.9.2001 – 4 VR 19.01 (4 A 40.01) – DVBl. 2001, 1861.
[607] *BVerwG*, B. v. 17.9.2001 – 4 VR 19.01 (4 A 40.01) – DVBl. 2001, 1861.
[608] *OVG Lüneburg*, B. v. 6.7.2000 – 3 M 561/00 – NuR 2001, 642 = NVwZ-RR 2001, 362; im Ergebnis ebenso für eine Änderung des Planfeststellungsbeschlusses während des Hauptsacheverfahrens *OVG Münster*, Urt. v. 21.2.1985 – 9 A 555/83 – UPR 1986, 158.

Möglichkeit besteht, dass dieser Verfahrensfehler sich auf die Sachentscheidung ausgewirkt haben kann.[609]

Ein durch einstweilige Anordnung zu sichernder Anspruch auf Unterlassung objektiv rechtswidriger Baumaßnahmen besteht nur, wenn eine Verletzung subjektiver materieller Rechte zu befürchten ist. Hieran fehlt es aber, wenn die ungenehmigten Baumaßnahmen keine faktischen Bindungen für die weitere Planung entfalten, zumal rechtliche Bindungen ohnehin von vornherein ausgeschlossen sind.[610]

Zwar dürfen gemäß § 28 I 1 PBefG **Betriebsanlagen** für **Straßenbahnen** nur gebaut werden, wenn der Plan zuvor festgestellt ist. Ein durch einstweilige Anordnung zu sichernder Anspruch auf Unterlassung des – mangels Planfeststellungsbeschlusses – objektiv rechtswidrigen Baus solcher Anlagen stünde den Betroffenen jedoch nur dann zu, wenn sie durch die Baumaßnahmen in ihren materiellen Rechten verletzt werden.[611] Das wirtschaftliche Interesse an der Aufrechterhaltung einer bestimmten vorteilhaften Verkehrslage verleiht den Betroffenen demgegenüber kein Abwehrrecht gegen ein ihre Interessen beeinträchtigendes Vorhaben. Sie haben lediglich einen Anspruch darauf, dass bei der Planfeststellung gemäß § 28 I 2 PBefG die öffentlichen Belange, die für das Vorhaben sprechen, mit ihrem Interesse an der Beibehaltung der bisherigen Verkehrslage gerecht abgewogen werden.

10. Teil. Ausblick

Bau- und Fachplanungsrecht haben mehr Gemeinsamkeiten als Unterschiede. Vor allem sind es die verfahrensmäßigen und inhaltlichen Anforderungen an jede rechtsstaatliche Planung, die das Planungsrecht über die Grenzen der städtebaulichen Planung und der Fachplanung hinweg eint. Die Verwaltungen und Gerichte sind aufgerufen, die Beschleunigungsregelungen des Fachplanungsrechts behutsam anzuwenden und dabei vor allem rechtsstaatliche Garantien nicht über Bord zu werfen. Der Gesetzgeber ist gut beraten, wenn er bei künftigen Reformvorhaben die richtige Mitte zwischen erforderlichen Vereinfachungen und Beschleunigungen einerseits und rechtsstaatlichen Garantien im Interesse eines ausreichenden Rechtsschutzes des Bürgers andererseits wahrt. Denn eine Rechtsordnung, die sich nur noch an Beschleunigungseffekten ausrichtet und mit Bürgerinteressen „kurzen Prozess" macht, wird ebenso scheitern wie ein Rechtswege- und Rechtsmittelstaat, der sich auf eine kleinliche Fehlersuche begibt und an jedem formalen Fehler im Detail auch gemeinwohlgetragene Projekte scheitern lässt. Wenn Optimierungsgebote ihre Berechtigung haben, dann dort, wo es gilt, den goldenen Mittelweg zwischen diesen Extremen zu finden.

Das deutsche Planungs- und Umweltrecht wird mehr und mehr durch Vorgaben aus Brüssel bestimmt. War es zunächst die UVP-, FFH- und Vogelschutz-Richtlinie, die einen Achtungserfolg in der planungsrechtlichen Fachwelt für sich verbuchen konnten, so haben sich derweil zahlreiche weitere Richtlinien zur SUP, Luftqualität, zum Umgebungslärm oder zur Öffentlichkeitsbeteiligung und Information der Öffentlichkeit hinzugesellt, die das deutsche Planungsrecht von Grund her aufmischen. Ein Ende dieser Entwicklung ist noch lange nicht abzusehen. Dabei geht es vor allem auch um andere, für viele ungewohnte Denkansätze, die das deutsche Recht zu unterwandern scheinen. Selbst

---

[609] *OVG Lüneburg*, B. v. 6. 7. 2000 – 3 M 561/00 – NuR 2001, 642 = NVwZ-RR 2001, 362, mit Hinweis auf *BVerwG*, Urt. v. 19. 5. 1998 – 4 A 9.97 – BVerwGE 107, 1 = DVBl. 1998, 900 = NVwZ 1998, 961.

[610] *BVerwG*, B. v. 26. 6. 2000 – 11 VR 8.00 – NVwZ 2001, 89 – Potsdamer Platz, mit Hinweis auf Urt. v. 22. 2. 1980 – IV C 24.77 – DVBl. 1980, 996 = NJW 1981, 239 sowie Urt. v. 29. 5. 1980 – IV C 97.77 – BVerwGE 62, 243 = UPR 1981, 60 = NJW 1981, 2769.

[611] *BVerwG*, Urt. v. 22. 2. 1980 – 4 C 24.77 – BVerwGE 62, 243 = DVBl. 1980, 996 = NJW 1981, 239.

der an der Schutznormtheorie ausgerichtete traditionelle deutsche Rechtsschutz scheint da in Gefahr zu geraten, wenn Naturschutzverbände aber auch die Öffentlichkeit mit einem berechtigten Interesse einen effektiven Rechtsschutz für sich einfordern.

4416 Und auch eine weitere Erkenntnis drängt sich auf. Das Planungs- und Umweltrecht bleibt wohl auch weiterhin eine Spezialmaterie. Das wird die juristischen Spezialisten freuen. Jedenfalls dann, wenn eine Rechtsmaterie einen besonders hohen Spezialisierungsgrad voraussetzt, kann es für eine sachgerechte Rechtsverfolgung auch angemessen sein, einen auswärtigen Rechtsanwalt zu beauftragen, der mit dem Flugzeug in der Touristen- oder Economy-Klasse zu einem Verhandlungstermin anreist, urteilte daher folgerichtig ein Gericht in den neuen Bundesländern und ließ sich auch durch den Verweis auf die wachsende Zahl von an Gerichtsstelle ansässigen Fachanwälten keinesfalls schrecken. Denn die Qualifikation eines Fachanwaltes für Verwaltungsrecht umfasst nicht notwendigerweise besondere Kenntnisse auf dem Gebiet des Umweltrechts und insbesondere des Abfallrechts sowie Bodenschutzrechts als Spezialmaterien des Umweltrechts.[612] Das Planungs- und Umweltrecht bleibt daher wohl weiterhin nicht nur in den neuen Bundesländern eine Domäne für ausgewiesene Experten.

---

[612] *OVG Frankfurt/O*, B. v. 9. 10. 2001 – 2 E 84/00 – NVwZ-RR 2002, 317 – auswärtiger Rechtsanwalt.

Stichwortverzeichnis

Zahlen verweisen auf Randnummern

A 20 2844, 2849
A 3xx 3186
A 380 2843
Abbruch
  Abbruchgebot 1861
  Abbruchgebot Denkmalschutz 1849
  Abbruchgebot Rechtsschutz 4225
  Abbruchgebot Wegfall des Bestandsschutzes 2600
  Abbruchverfügung Außenbereichsbebauung 2604
  Erhaltungssatzung 1827
  Gebäude im Innenbereich 2345
Abfall 3345
  Abfallabgaben *Siehe* Abgabenrecht
  Abfallanlage Immissionsschutz 3358
  Abfallbegriff 3285
  Abfallbeseitigung Bodenschutz 1326
  Abfallbeseitigung Immissionsschutzverfahren 185
  Abfallbeseitigungsanlage UVP-Pflicht 2703
  Abfallbilanz 3273, 3344
  Abfalldeponie 2942
  Abfallgebühren 3307
  Abfallplanung Kreislaufwirtschaft 3352
  Abfallrahmenrichtlinie 3286
  Abfallrahmen-Richtlinie 2939
  Abfallüberwachung 3348
  Abfallvermeidung 3294
  Abfallverwertung 3295
  Abfallwirtschaft neues Leitbild 3274
  Abfallwirtschaftskonzept 3345
  Abfallwirtschaftskonzept SUP-Pflicht 2780
  Abfallwirtschaftsplan 2940, 3352, 3950, 2767
  Abwägungsgebot 1315
  Andienungspflichten 3339
  Asche-Deponie 3575
  Beseitigungsgebot 3272
  Datenschutz 3829
  energetische Verwertung 3293
  Energierückgewinnung 3293
  gemeinwohlorientierte Abfallentsorgung 3956
  Immissionsschutz 3273, 3322, 3356
  Mehrweggeschirr 3367
  Müllverbrennungsanlage 3355
  Nachbarschutz 4324
  private Haushalte 3330
  privilegierte Fachplanung 180, 181
  Produktverantwortung 3320

  radioaktiver 3515
  REA-Gips-Deponie 3575
  Überwachungssystem 3342
  Vermeidungsgebot 3272
  Verwertungsgebot 3272
  Zentraldeponie 4156
  zur Beseitigung 3285
  zur Verwertung 3285
Abfallwirtschaft 3272
Abfallwirtschaftskonzept 3273
Abfertigungshalle 3190
Abgabenrecht
  Umweltinstrument 3738
Abgrabung 302
  Abgrabungskonzentrationszone 2470
  Außenbereich 2470
  Landschaftsschutzverordnung 2468
  Naturschutzrecht 2468
  Privilegierung 2468
  Vorhaben 2467
Abhilfemaßnahmen 1058
  Monitoring 1043
Abriss
  Abrissverfügung 1736
  Gebäudezerstörung 2641
Abrundungssatzung 2112
  Amtspflicht 2411
  Außenbereichsgrundstück 2411
  erweiterte 2412
  Innenbereich 2411
Abschichtung
  SUP 2744
  Umweltbelange 830
  Umweltprüfung 778, 2741
abschließende Bewertung SUP 2798
Abschluss der Sanierung 2039
Abschlussbetriebsplan 3564
Abschnittsbildung 3055, 3874
  Bebauungsplan 1514
  Eisenbahn 3115, 3877
  Fachplanung 3876, 4014
  Fernstraße 2717, 3057
  Naturschutz 4057
  Planfeststellung 3878
  positives Gesamturteil 3877
  Verkehrsbedeutung 3057
Abstand
  Abstandserlass Industrieanlage 501
  Abstandserlass NRW 506, 601, 603
  Abstandserlass NRW Gliederung 603
  Abstandsfläche Bebauungsplan 765

Stichwortverzeichnis

Zahlen = Randnummern

Abstandsfläche Nachbarschutz 4248
Abstandsfläche Rücksichtnahme 1500, 2402
Abstandsklassen 603
Abstandsliste 601, 603, 604
Abstandsliste Abwägungsgebot 1462
Abstandsliste Bauleitplanung 505
Abstandsvorschriften Rücksichtnahme 2372
Rücksichtnahme 1502, 2363
Abstimmung
  interkommunale 207
Abstimmungsgebot
  interkommunales 206, 207, 530
Abstufung Straße 160
Abtorfung
  Außenbereich 2451, 2454, 2468
Abwägung
  Bauleitplanung 1377
  Begründung 310
  Behördenbeteiligung 887, 893
  Fachplanung 2993
  Fehlerunbeachtlichkeit 2180
  gemeinnützige Planfeststellung 3408
  Gerichtskontrolle 1399
  Mängel in der 3959
  Naturschutz 4003
  Öffentlichkeitsbeteiligung 941
  Optimierungsgebot 1205
  Planänderung 3865
  planerische Gestaltungsfreiheit 3955
  planersetzende im Innenbereich 2382, 2383
  Planungsbedürfnis 2304
  privatnützige Planfeststellung 3408
  qualifizierte bei Planänderung 1090
  Recht auf 4250
  Recht auf Abwägung 4148
  städtebauliche Vertretbarkeit 2307
  Stellungnahmen Träger öffentlicher Belange 892
  Umweltverträglichkeitsprüfung 1294
  Vertrauensschutz 1090
  Zulassungsentscheidung 2993
  Zumutbarkeit Innenbereich 2371, 2374
Abwägungsabschichtungsklausel 2556
Abwägungsausfall 1410
  Abwägungsgebot 1412
Abwägungsdefizit 1410
  Abwägungsgebot 1433
Abwägungsdisproportionalität 1410
  Abwägungsgebot 1430
Abwägungsdivergenz 343
  Abwägungsgebot 1410
  fehlerhafte Ausgleichsentscheidung 1436
Abwägungselemente Zulassungsentscheidung 2993
Abwägungsergebnis
  Abwägungsvorgang 1142
  Bauleitplanung 1377
  Verfahrensfehler 1142

Abwägungsfehleinschätzung 1410
  Abwägungsgebot 1426
Abwägungsfehler
  Abwägungsdivergenz 1436
  Aufstellungsmaterial 1438
  Beachtlichkeit 1142
  eigene Betroffenheit 3928
  Erhaltungssatzung 1838
  Fachplanung 3954
  Rügenotwendigkeit 1193
Abwägungsgebot 1195
  Abfall 1315
  Abstandsliste 1462
  Abwägungsausfall 1410, 1412
  Abwägungsdefizit 1410, 1433
  Abwägungsdisproportionalität 1410, 1430
  Abwägungsdivergenz 343, 1410, 1436
  Abwägungsfehleinschätzung 1410, 1426
  Abwägungsinkonkruenz 1410
  Abwägungspyramide 4319
  Abwägungsüberschuss 1423
  Alternativen 3871
  Altlasten 1352, 1353
  Artenschutz 891
  Aufstellungsmaterial 1438
  Ausgleichsentscheidung 1410, 1430
  Beachtensregeln 1199
  Bebauungsplan 1376
  Befangenheit von Ratsmitgliedern 865
  Begründung 388
  Beteiligungsrechte 147
  Bewertungsfehler 1410, 1426, 1427
  bipolare Abwägung Naturschutz 4004
  Bodenschutz 1323
  Bundesgrenzschutz 1319
  Bundeswehr 1319
  Eigentum 1520
  Einstellungsfehler 1410, 1413, 1423
  enteignungsrechtliche Betroffenheit 3929
  Erhaltungssatzung 1838
  Erkennbarkeit von Belangen 1421
  Ermittlung von Belangen 1419
  Ermittlungspflichten 1424
  Fachplanung 3954
  Fehlerbeachtlichkeit 3926
  Feinsteuerung 1446
  Freiraumschutz 1316
  Gemeindenachbarklage 206
  Geringfügigkeit von Belangen 1421
  Gewässerschutz 1314
  Grundsatz der Differenzierung 1519
  interkommunale Abstimmung 206
  interkommunale Belange 207
  isolierte Straßenplanung 1515
  kommunale Planungshoheit 1196
  Konfliktbewältigung 594, 1446, 1462
  Konflikttransfer 1520
  Kontrolldichte 3011
  landesplanerischer Vertrag 266

Zahlen = Randnummern   **Stichwortverzeichnis**

Landesverteidigung 1319
Landwirtschaft 1316
materielle Plananforderungen 3943
Minimierungsgebot 1197
Mitwirkungslast 1419
Nachbargemeinde 207
nachfolgendes Verwaltungshandeln 1468
Nachfolgeverfahren 1462
Nachhaltigkeitsgedanke 1378
Nachsteuerung 1500, 2662
Nachteil 1415
Naturschutzrecht 3011
Normenkontrolle 1415
Optimierungsgebot 1197, 3997
Planbarkeit 2308
planerische Zurückhaltung 1446
Plangenehmigung 3106
Planung 1376
Planungsleitsatz 3943
Planungsziele 1197
Präklusion 897
privilegierte Fachplanung 2996
Prognose 1427
Raumordnung 283
Raumordnungsplan 267
Recht auf Abwägung 3926
Rechtsstaatsgebot 1375
Rohstoff 1315
Sachgerechtigkeit 1454
Sachverständigengutachten 1425
schutzwürdige Belange 1421, 4146
Sondergebiet 515
städtebauliche Vertretbarkeit 2308
Standsicherheit 1358
Struktur 1375
subjektive Abwägungssperre 1410, 1432, 1941
subjektiv-öffentliches Recht auf Abwägung 4250
Trennungsgrundsatz 1426, 1519
Typenkonkretisierungsfreiheit 546
Umweltauswirkungen 828
Umweltprüfung 809, 841
Verbesserungsgebot 1211, 1460
Verfahrensfehler 1120, 1377
verfassungsrechtliche Grundlagen 1196
Verkehr 1315
Verkehrslärmschutzverordnung 1316
Verteidigung 1319
Vertrauensschutz 1090
vorbeugender Rechtsschutz 4250
Wasserstraßen 3497
Wettbewerb 1416
Wirtschaft 1315
Wohnverhältnisse 1211
Zeitpunkt 1422
Zusammenstellung des Abwägungsmaterials 1413
zwingendes Recht 386

Abwägungsgrundsatz
  Bauleitplanung 1517
Abwägungsinkonkruenz
  Abwägungsgebot 1410
Abwägungskriterien
  Windenergie 2503
Abwägungsmangel
  Begründungsmangel 1130
  erneute Abwägung 1164
  Fachplanung 3959
  Heilung 1164
  Planfeststellung 3071
Abwägungsmaterial 880
  Altlasten 1353
  Belange 3926
  Frischluftschneise 4176
  Fußgängerzone 4155
  Golfplatz 4151
  Kirchengemeinde 4152
  Konkurrenz Einzelhandel 4153
  Nachbesserung 937
  Nachteil 4151
  Rückbau Straße 4139
  Schrankentrias 4156
  schutzwürdige Belange 4146
  Schutzwürdigkeit 4156
  Umweltauswirkungen 828
  Verkehrsaufkommen 665
  Verkehrslärm 664, 4156
  Wertermittlung 4155
  Zeitpunkt 1422
  Zentraldeponie 4156
  Zusammenstellung 906, 1118, 1358, 1413, 1416, 1417
Abwägungspyramide 1060, 4319
Abwägungssdisproportionalität 1410
Abwägungssperre subjektive 1410, 1432
Abwägungstabelle 940
Abwägungsüberschuss 1423
Abwägungsvorgang
  Abwägungsergebnis 1142
  Verfahrensfehler 1142
  Verfahrensmängel 1142
Abwasser
  Abwasserabgabe 3738
  Abwasserabgabengesetz 3375
  Abwasseranlagen 3397
  Abwasserbehandlungsanlage 3396
  Abwasserbehandlungsanlage UVP 2702
  Abwasserbeseitigung 357, 3462
  Abwasserwirtschaft 2466
  Abwasserwirtschaft Außenbereich 2466
  Eisenbahn 3134
  Straßenentwässerung 3465
Abwehrrechte
  Gemeinde 143, 149
  heranrückende Wohnbebauung 2580
  Innenbereich 2402
  privilegierte Nutzung 2663

1743

Stichwortverzeichnis Zahlen = Randnummern

Abweichung
  Baugenehmigung Rechtsschutz 4220
  gemeindliches Einvernehmen 163
  Maß-Obergrenze 752
Abwendung Vorkaufsrecht 1626
Ackerbau
  Außenbereich 2425
Administrativenteignung
  Eigentum 1686
  Konflikttransfer 1695
AEG 3094
Agrarstruktur
  Außenbereichsvorhaben 2583
Akten
  Akteneinsichtsrecht Naturschutzverein 4293
  Akteneinsichtsrecht Verbände 4023
  Aktenvorlage Normenkontrolle 4196
Aktionspläne 2898
Alarmschwellen Luftqualität 2880
allgemein verständliche Zusammenfassung 2712
allgemeine Leistungsklage 4365
Allgemeines Eisenbahngesetz 3095
allgemeines Vorkaufsrecht 1605
allgemeines Wohngebiet 436
  Maßhöchstgrenzen 752
  Spielhalle 560
  Sportanlagen 445
  Vergnügungsstätte 553
Allgemeinverbindlichkeit
  Normenkontrollentscheidung 4200
allgemeinverständliche Zusammenfassung 838
alsbaldiger Neubau zerstörtes Gebäude 2646
Altablagerungen 1326
Altanlagen Verkehrslärmschutzverordnung 4097
Altbestand Innenbereich 2345
Altenheim 431
Altenteilerhaus 2459
  Gartenbaubetrieb 2458
  Privilegierung 2458
Alternative
  Abschichtung 2711
  Abwägungsgebot 3871
  Alternativenprüfung Bauleitplanung 817
  Bauleitplanung 868, 1513
  FFH-Gebiet 2871
  konkrete Rechtsverletzung 2708
  Öffentlichkeitsbeteiligung 905
  Optimierungsgebot 3871
  Parallelführung von Freileitungen 1455
  Trassenwahl 2712, 3872
  UVP 2249
Altglascontainer 430
Altlasten 1350
  Abwägungsmaterial 1353
  Altlastenklausel 1371
  Altlastensanierung 2557
  Baugrundrisiken 1352
  Bodenschutz 1326
  Ermittlungspflichten 1354
  Flächennutzungsplan 305
  Kennzeichnung 1354
  Kennzeichnungen 305
  Kennzeichnungsmöglichkeit 383
Altlastenverordnung 1343
Altöle 3334
Altreifen-Lagerung 2466
Ampelmodell 1289
Amsterdam 2679
Amtshaftung 1793, 1803
  Altlasten 1352
  Baugrundrisiken 1352
  Bauvoranfrage 1814
  einstweilige Anordnung 4266
  Einvernehmen 171
  Gemeinde 1433, 1940
Amtspflicht 1811
  Abrundungssatzung 2411
  Drittgerichtetheit 2411
  gemeindliches Einvernehmen 173
Anbauverbot 2456
Anbauverbotszone 4107
Änderung
  bauliche Anlage Erhaltungssatzung 1827
  Bebauungsplan 1072
  Bebauungsplan vereinfachte 1074
  Fachplanung 3861
  Flächennutzungsplan 1079
  geringfügige 3861
  Vorhaben 2281
Andienungspflicht
  Abfall 3326
  Abfall aus privaten Haushalten 3330
Anfangswert 2034
Anfechtungsklage 4352
  aufschiebende Wirkung 4379
  Vorverfahren 4353
Anfechtungslast
  Wasserwirtschaft 3470
Angebotsplanung 1452
angemessene Erweiterung
  Gewerbebetrieb 2656
Angemessenheit
  Angemessenheitsklausel 1920
  Betriebserweiterung Außenbereich 2658
  Erschließung Fremdanliegergrundstücke 1885
  Erweiterung Gewerbebetrieb 2654
  Erweiterung Wohngebäude 2650
  städtebaulicher Vertrag 1883
  Wochenendhauserweiterung 2653
Anhörung
  Anhörungsbehörde 3054, 3831
  Anhörungsbehörde Luftverkehr 3248

Zahlen = Randnummern

Stichwortverzeichnis

Anhörungsbehörde Stellungnahme 3866, 3868
Anhörungsrechte Gemeinde 143
Anhörungsverfahren 3046
Anhörungsverfahren Plangenehmigung 3769
Anhörungsverfahren vereinfachtes 3808
Information 904
Verfahren Eisenbahn 3111
Verfahren Fernstraße 3049
Verfahren UVP 3792
Widerspruchsverfahren 4357
Anlage
 Änderung Immissionsschutz 3663
 bauliche 328
 Begriff 3626, 3639
 erdrückende Wirkung 4249
 genehmigungsbedürftige 3641
 nicht genehmigungsbedürftige 3678
 vorzeitiger Beginn 3678
Anlage 3 zum UVPG 2762
Anliegergebrauch 1683
Anmeldepflicht
 Umweltinstrument 3736
Annexnutzung Wohngebiet 2361
Anordnungsanspruch 4401
Anordnungsgrund 4401
Anpassungsgebietssatzung
 genehmigungsfrei 989
Anpassungspflicht
 Bauleitplanung 2500
 Raumordnung 289
 Ziele der Raumordnung 215
Anpflanzung 366
 Festsetzungen 369
 Umlegung 1662
Anrechnungsregel
 Geschossfläche 743
Anschlussenteignung
 Baugebot 1854
Ansiedlungsgesetz 15
Anspruch
 auf Einschreiten 3703
 auf Erschließung 2289, 2564
Anspruchskonkurrenz
 Entschädigungs- und Schadensersatzansprüche 1741
Anstoßfunktion 1025, 3804
Antennen
 Baugebiet 585
antizipiertes Sachverständigengutachten 498
Antragsbefugnis
 Abfallrecht 4156
 Anwohnerbelastung 4156
 Behörde 4174
 fertig gestellte Straße 4139
 Gemeinde 155
 identische Planaussagen 4151

Kirchengemeinde 4152
Mieter 4159
Normenkontrolle 1579, 4134, 4145, 4146
Verwirkung 411, 4186
Antragskonferenz 3621
Antragsunterlagen
 Planverfahren 3776
Anwalt
 Gebühren Enteignungsverfahren 1792
 Klage 4376
Anzeige
 § 29 BauGB 2201, 2202
 anzeigefreie Verfahren § 29 BauGB 2202
 Anzeigepflicht Umweltinstrument 3736
 Anzeigepflichtige Vorhaben MBauO 2210
 Freistellung 337
Anzeigeverfahren 989
 Anlagenänderung Immissionsschutz 3664
 Baugenehmigung 2198
 Bauleitplan 988
 BauROG 1998 91
 Bebauungsplan 990, 1132, 1134
 dringender Wohnbedarf 1014
 Flächennutzungsplan 990
 Genehmigung 1010
 Veränderungssperre 1535
 Vorhaben- und Erschließungsplan 2088
 Vorlage der Stellungnahmen 943
Arbeitsverhältnisse
 allgemeine Anforderungen 2411
Art
 bauliche Nutzung 2286
 bauliche Nutzung Innenbereich 2377
 der baulichen Nutzung Nachbarschutz 4239
Arten
 prioritäre 2840
Artenschutz 890
Artikelgesetz 2001 102, 2701, 3024
 Energiewirtschaft 3169
Arztpraxis 2282
Asche-Deponie 3575
Asylbewerber
 Asylbewerberheim 2570
 Asylbewerberheim gemeindliche Abwehrrechte 153
 Asylbewerberunterkunft 430
Atomanlagen 3515
Atomausstiegsgesetz 3515
Atomrecht
 Atomkraftwerk 3714
Atomrecht 3705
 Atomanlage 3515
 Atomgesetz 3515
 Betreiberwechsel 3721
 Beweislastumkehr 3720
 Bewirtschaftungsermessen 3707
 Datenschutz 3829
 Einwendungsausschluss 3528
 Endlager 3523

1745

# Stichwortverzeichnis
Zahlen = Randnummern

Endlager Morsleben 3714
Gestaltungsspielraum Gesetzgeber 3522
Gestattungswirkung 3707
Gesundheitsschutz 3718
Kalkar 3519
Konditionierungsanlage 3706
konkrete Rechtsverletzung 2709
Konzentrationswirkung 3707
Konzeptvorbescheid 3713
Nachbarklage 3708, 3713, 3720
Objektsicherungsdienst 3711
Öffentlichkeitsbeteiligung 3714
Präklusion 3708, 3799, 3823
Rechtsschutz 3532
Restrisiko 3519, 3522
Risikoermittlung 3720
Schutzpflicht des Staates 3522
Störfall 3721
Strahlenexposition 3712
Teilerrichtungsgenehmigung 3709
Teilgenehmigung 3710
Tschernobyl-Unfall 3712
UVP-Pflicht 2702
Wasserwirtschaft 3403
Widerruf atomrechtlicher Genehmigung 3720
Wissenschaft und Technik 3720
Zwischenlager 3523
Atriumhäuser
Nachbarschutz 758
atypischer Sachverhalt
Befreiung 2304
Nachbarschutz 2301
Aufbaugesetze 24, 1956
Aufenthaltsräume
Innenbereich 2366
Aufhebung
Bebauungsplan 1072, 1093
Sanierung 2042
Auflage
Baugenehmigung 2258
modifizierende 2263
modifizierende – Rechtsschutz 4220
Plangenehmigung 1007
wasserrechtliche Bewilligung 3391
aufschiebende Wirkung 4383
Rechtsmittel Nachbarklage 4263
vorzeitige Besitzeinweisung 4337
Widerspruch 4383
Aufschüttungen
Festsetzungen 369
Aufsicht
Eisenbahn 3095
Aufstellungsbeschluss
Bebauungsplan 852
Befangenheit 858
Bekanntmachung 856
Flächennutzungsplan 852
Kurzbezeichnung 856

Landesrecht 859
Veränderungssperre 863, 1533, 2107
Zurückstellung 863, 1584
Aufstellungsverfahren
Bauleitplanung 851
Planänderung 959
Vorhaben- und Erschließungsplan 2086
Aufstockung
Gebäude im Innenbereich 2354
Auftragsverwaltung
Bundesfernstraßen 2999
Luftverkehr 3176
Aufwendungen
städtebaulicher Vertrag 1905
Ausbau Wasserstraße 3486
Ausbauplan
Fernstraße 3011
SUP 2766
Ausfertigung 1019
Planfeststellung 3908
Ausfertigungsmangel 1165
rückwirkendes Inkrafttreten 1180
Ausgleichsabgabe
Naturschutz 4001, 4007
Naturschutzrecht 4007
Ausgleichsanspruch
Fachplanung 4108
Geldentschädigung 4104
Ausgleichsbebauungsplan 2085
Ausgleichsbeträge 2030
Ausgleichsentscheidung 1397
Abwägungsdivergenz 1436
Abwägungsgebot 1410, 1430
Kompensation 1407
Ausgleichsfläche Umlegung 1648
Ausgleichsgebot 3998
Ausgleichsmaßnahme
Bauleitplanung 821
Eisenbahn 3114
Enteignung 4054
Ersatzmaßnahme 1255
Fachplanung 3998, 4083
Flurbereinigung 3548
Kompensationsraum 1253
Naturschutz 1259, 4001, 4083
Rangfolge 1256
Sammelausgleichsmaßnahmen 1264
Schutzauflagen 4000
städtebaulicher Vertrag 1902
Verteilungsmaßstab 1263, 1267
Vorkaufsrecht 1611
Wasserwirtschaft 3420
Ausgleichsregelung
Eigentum 4053
Konflikttransfer 1695
Ausgleichswirkung
Planfeststellung 3909
Auskiesung 302
Außenbereich 2470

kommunale Selbstverwaltung 203
Landschaftsschutz 2468
Landschaftsschutzverordnung 2468
privilegiertes Vorhaben 2467
Privilegierung 2468
Auskunftsanspruch
Bebauungsplan 1131
Entschädigung 1740
Auskunftspflicht
Genehmigungsverfahren 3618
Sanierung 1987
Umweltinformation 2816
Umweltinstrument 3736
Auslegung
Bauleitplan 919
Fernstraßenplanung 3059
umweltbezogener Stellungnahmen 917
Zeitdauer Fachplanung 3811
Zulässigkeit von Vorhaben 2315
Ausmärker 3815, 3820
Ausnahmen
Baugebiete 423
Bebauungsplan 2297, 2298, 2304
gemeindliches Einvernehmen 163
Nachbarbeteiligung 2233
Nachbarschutz 2234, 4243
Veränderungssperre 1545
Vollgeschosse 745
ausschließende Darstellungen 2518
ausschließliche Wirtschaftszone 280
Ausschluss Nutzungen 591
Ausschlusswirkung Planfeststellung 3909
Außenbereich 2422
Abbundhalle 2570
Abgrabung 2470
Abrundungssatzung 2411
Abtorfung 2468
Außenbereichssatzung 2178, 2671
Außenkoordination 2572
BBauG 1979 44
Beeinträchtigung öffentlicher Belange 2570
Bestandsschutz 2623
Betriebserweiterung 2655
Bodenbewirtschaftung 2428
Bootshütte 2600
EAG Bau 118
einfacher Bebauungsplan 2286, 2348
Einvernehmen Immissionsschutz 3656
Ersatzbau 2600, 2635
Ersatzwohngebäude 2645
Erschließung 2449, 2561, 2639
Erweiterung für Familie 2635
Erweiterung Innenbereichsvorhaben 2655, 2659
Erweiterungsbau 2635
Fischteich 2468, 3405
Flächennutzungsplan 318, 2577, 2578
Forsthaus 2443
Forstwirtschaft 2454

Gebäudeneuerrichtung 2639
Geflügelzuchtbetrieb 2437
gemeindliches Einvernehmen 163
Grenze Innenbereich 2336
historische Entwicklung 22
Hundezuchtbetrieb 2480
Imkerei 2445
Innenbereich 2332, 2335, 2570
Kaserne 2335
Kernenergie 2513
Landarbeiterstelle 2460
Landwirtschaft 2425, 2449
landwirtschaftlicher Nebenerwerb 2430, 2432
landwirtschaftlicher Nebenerwerbsbetrieb 2432
Mischgebietsschutz 655
Moorsiedlung 2561
Nachbarschutz 2598, 4245
Naturschutz 1270, 1273, 2600
Nebenerwerbsstelle 2430
nicht privilegierte Vorhaben 2568
ortsgebundene Betriebe 2471
ortsgebundener Betrieb 2594
Pensionspferdehaltung 2435
Pferdezucht 2435
planungsrechtliche Zulässigkeit 2279
privilegierte Vorhaben 203
privilegiertes Vorhaben 2423
Pumpstation 2595
Rebhütte 2600
Reithalle 2435
Reitpferde 2435
Rücksichtnahme 1486, 1487, 2661, 3681
Schank- und Speisewirtschaft 2445
Schonung 2429
Schrebergärten 2587
Schutz der Wohnnutzung 3683
Schweinehaltung 2454
Sonderbaufläche 2577
Splittersiedlung 2341, 2587
Sporthalle 2591
Strukturwandel 2425
Teilprivilegierung 2599
Tierheim 2476
unbebautes Grundstück 2341
unechter Altenteiler 2459
Vorkaufsrecht 1605
wegemäßige Erschließung 2596
Wiederaufbau Ruine 2648
Wiederaufbau zerstörtes Gebäude 2635, 2646
wiederholte Betriebserweiterung 2658
Windenergie 355
Windenergieanlage 2480
Windkraftanlage 2480
Wochenendhaus 2587, 2653
Wohnhausumbau 2624
Wohnnutzung 2624

Stichwortverzeichnis

Zahlen = Randnummern

Außenbereichssatzung 2178, 2671
  EAG Bau 123
Außenbereichsvorhaben
  Anspruch auf Erschließung 2564
  Baulücke 2589
  Biogasanlagen 2508
  einfacher Bebauungsplan 2577
  Flächennutzungsplan 203, 2574
  Katalog öffentlicher Belange 2569
  Kernenergie 2513
  Konfliktbewältigung 2570
  Kunstfreiheit 2571
  Landschaftsplan 2579
  Nachbargemeinde 2670
  Planungsbedürfnis 2591
  Raumordnungsklausel 2555
  Rinderzucht 2666
  Rückbauverpflichtung 2567
  Rücksichtnahmegebot 2484
  Standortabweichung 2638
  Veränderungssperre 1545
  Wochenendhaus 2596
Außenpegel 715
Außenwerbung
  Bebauungsplan 570
außergewöhnliches Ereignis
  Gebäudewiederaufbau 2646
Außerkrafttreten
  Bebauungsplan 1092
  Fachplan 3080
  Planfeststellungsbeschluss 4128
  Veränderungssperre 1541
Aussetzungsinteresse
  Baugenehmigung 4224
  Eilverfahren 4265
  Sofortvollzug 4386
Aussiedlerheim 2570
Ausstellungen 518
Austauschverhältnis
  Rücksichtnahme 1495
Auswirkungen
  Einzelhandelsbetrieb 544
Autobahn
  Plangenehmigung 3004
  Verkehrsprojekte Deutsche Einheit 2998
Autofriedhof 2466
Autokino 2467
autonome Gestaltungsräume Planung 5
Autonomie
  Bauleitplanung 6, 10
Aylbewerberheim
  reines Wohngebiet 433

Backoffice 3857
Badebetrieb
  Truppenübungsplatz 2661
Bahn
  Bahnbiotope 3114, 3141
  Bahnhofsgebäude Nutzungsänderung 2648

Bahnstrecken 3101
Bahnstromfernleitungen 3099, 3100
Bahnübergang Kostentragung 3786
  privilegierte Fachplanung 180, 3132
Ballungskern
  Raumordnung 244
Ballungsrandzone
  Raumordnung 244
Banken
  Altlasten in der Bauleitplanung 1352
Batterien 3348
Bauabschnitt
  Teilbaugenehmigung 2269
Bauantrag
  Bauaufsicht 2243
  Entschädigung bei Nichtbescheidung 1738
  Grundstückseigentümer 2243
  Zeitpunkt 2251
Bauarbeiten
  Zerstörung Gebäude 2645
Bauaufsicht
  Bauantrag 2243
  Genehmigung 2281
  Haftung bei Altlasten 1353
Bauflächen
  Bebauungsplan 302
  Flächennutzungsplan 302
Baufreigabe 1812
  Baugenehmigung 2247
Baufreiheit
  Eigentum 26
  Liberalismus 13
  potenzielle 26
BauGB 1960
  Vorarbeiten 27
BauGB 1986 46
BauGB-MaßnG 50
  Integration BauROG 1998 84
Baugebiet
  Ausnahmebestimmung 423
  Beschränkung Baugebietskatalog 624
  Differenzierung 629
  Eigenart 1497
  Flächennutzungsplan 302, 308
  Funkantennenmast 585
  Gliederung 617
  Gliederung Baugebietstypen 629
  Immissionsschutz 3683, 3684
  Nachbarschutz 426, 1495
  Nachbarschutz bei „Umkippen" 4234
  Nutzungen für freie Berufe 580
  Nutzungsausschluss 566
  schichtenweise Gliederung 624
  Umkippen 1495
Baugebot 1850
  Bestimmtheit 1852
  Enteignung 1753, 1758
  gemeinschaftliches 1854

Zahlen = Randnummern

Stichwortverzeichnis

InvWoBauLG 1856
städtebauliche Gründe 1851
Baugenehmigung 2196, 2244
  Ablehnung Drittschutz 2256
  Anfechtung durch Dritte 4221
  Anspruch auf Genehmigung 2249
  Auflage 2258
  aufschiebende Wirkung 4221
  Baufreigabe 2247
  Bauvorbescheid 2220, 2266
  Bebauungsgenehmigung 2220, 2266
  Bedingung 2259
  Befristung 2254, 2260
  besondere Arten 2264
  Bestandskraft 2252
  Bestimmtheit 2591
  feststellender Teil 2246
  Feststellungswirkung 2256
  Form 2250
  Gebäude zulässigerweise errichtet 2634
  gebundene Entscheidung 2249
  Inhalt 2250
  Landesrecht 2220
  modifizierende 2263
  Nachbarwiderspruch 4255
  Nebenbestimmungen 2257
  Nichtigkeit 2284
  positives Gesamturteil 2269
  präventive Kontrolle 334, 2197
  privatrechtliche Durchsetzbarkeit 4177, 4212
  privatrechtsgestaltende Wirkung 2253
  Rechtsnachfolge 2255
  Rechtsnatur 2245
  Rechtsschutz Bauherr 4214
  sanierungsrechtliche Genehmigung 2011
  Sofortvollzug 4224
  Streitwert 1509
  Untätigkeitsklage 4364
  Veränderungssperre 1565
  vereinfachtes Verfahren 2214
  Verfahrensbeteiligte 2221
  verfügender Teil 2247
  Verpflichtungsklage 4362
  Versagung 2250
  Verzögerung Rechtsschutz 4218
  Widerrufsvorbehalt 2261
  Widerspruchsverfahren 4360
  Wirkung 2252
  Wirtschaftlichkeit des Vorhabens 2433
  Zeitpunkt 2251
Baugenehmigungsbehörde
  Altlasten 1352
  Anspruch auf Einschreiten 4271
  Auskunftspflicht 2815
  Bindung an gemeindliches Einvernehmen 172
  Ermessen im Innenbereich 2397
  Normenkontrolle 4168

Baugrenze 765
Baugrundrisiken Amtshaftung 1352
Baugrundstück
  Größenangabe 2284
  Grundstücksbezeichnung 2284
Bauherr
  Beiladung 4257
  Beiladung Nachbar 4214
  Entwurfsverfasser 2222
  Rechtsschutz 4207
  Rechtsschutzbedürfnis 4212
  vorläufiger Rechtsschutz 4405
  Zulassungsberufung 4216
Baulandkammer 4282
Baulandkataster 1825
  BauROG 1998 94
Baulast
  Entstehen 2239
  Landesrecht 2238
  Streitgenossen 2242
  Zusammentreffen von Vorhaben 3784
Bauleiter 2227
Bauleitplanung
  Abstandsliste 505
  Abwägungsgrundsätze 1517
  Abwägungspyramide 4319
  Abwägungsverfahren 1377
  Alternativenabwägung 1513
  Alternativenüberprüfung 868
  Anpassungsgebot 2500
  Anspruch auf 4135, 4177
  Artenschutz 890
  Auslegung 919
  autonome Gestaltungsräume 5
  Autonomie 6, 10
  Behördenbeteiligung 872
  Bergschäden 3574
  Bindungswirkung der Raumordnung 282
  Bürgerbegehren 862
  Eingriffsregelung 1229
  Einschaltung Dritter 976, 978
  Enteignung 1696
  Entwicklungsplanung 300
  Entwicklungsprinzip 296
  Erforderlichkeit 295
  Erschließungskosten 1882
  Fehlerheilung 1155, 3960
  förmliche Öffentlichkeitsbeteiligung 913
  Freizeichnung durch Behördenbeteiligung 892
  Funktionslosigkeit 1098
  Garagen 579
  Gegenstromprinzip 237
  Gemeinde 3
  gemeindefreie Gebiete 214
  Genehmigungspflicht 988
  Gewässerschutz 1313
  Haftung bei Altlasten 1353
  Heilungsmöglichkeit 1104

Stichwortverzeichnis

Zahlen = Randnummern

Immissionsschutz 3680, 4249
Information 903
Instrumente Naturschutz 1248
interkommunale 207
Kodifikationsprinzip 296
Kompensationsraum 1253
Konfliktbewältigung 1462, 3685
Konkretisierung Veränderungssperre 1537
Kontrolle 7
Landschaftsplan 1269
Lärmsanierung 1316
Luftverkehr 3189
Maßbegrenze 754
Mediation 976, 978
Nachbarschutz 1495
nachfolgendes Verwaltungshandeln 1468
Naturschutz 812, 1241
Negativplanung 848
Öffentlichkeitsbeteiligung 900
Planerhaltung 1155
Planmäßigkeit 296
Planrechtfertigung 391
Plansicherungsinstrumente 1529
Planungsgebot 234
Präklusion 805, 895, 933
Präklusion Behördenbeteiligung 896
Prioritätsgrundsatz 4288
privilegierte Fachplanung 1848
Qualitätssicherung 824
Raumordnung 216, 233, 235, 273, 2983, 3946
Regionalplanung 155, 235
Sanierungsträger 978
Schlussbekanntmachung 1017
Spielhallenpolitik 1423
städtebauliche Vertretbarkeit 638
städtebaulicher Vertrag 1863
strategische 1052
Stufen 389
subjektive Abwägungssperre 1432
SUP-Pflicht 2774
sustainable development 1223
Trennungsgrundsatz 3685
Umweltbericht Bestandteile 816
UVP 842, 1281, 3789
Verbändebeteiligung 884
vereinfachte Änderung 800
Verfahrensabschnitte 851
Verkehrslärm 645
Verkehrslärmschutz 1316
Verpflichtungsklage 4135, 4177
Verwerfungskompetenz 4168, 4170
vorbeugender Rechtsschutz 4250
Wasserrecht 1234
Wasserwirtschaft 3432
Zivilrecht 3680
Zusammenstellung Abwägungsmaterial 1417
bauliche Anlage 328

Enteignung zugunsten Erhaltung 1760
erdrückende Wirkung 4249
Höhe 732, 733
Umlegung 1662
Wohnboot 2281
bauliche Maßnahmen des Bundes 196
Baulinie 765
Baulücke Außenbereichsvorhaben 2589
Baumarkt 532
Baumasse 732
Baumassenzahl 732, 750
Baumaßnahmen
Sanierung 2018
Baumschutzsatzung 380, 382
BauNVO
§ 11 BauNVO 1987 518
§ 11 BauNVO 1990 518
§ 11 III BauNVO 1962 541
§ 11 III BauNVO 1968 541
§ 11 III BauNVO 1977 541
Ausschlussmöglichkeit 586
Baumassenzahl 750
BauNVO 1968 541
BauNVO 1977 541
Bauweise 759, 760
Darstellungen 422
Differenzierungsmöglichkeit 586
Dorfgebiet 459
Erholungssondergebiete 510
Festsetzungen 422
Flächennutzungsplan 307
Fremdkörperfestsetzungen 633
Geschossfläche 745
Geschossflächenzahl 745
Gewerbegebiet 482
Gliederungsmöglichkeit 586
Grundflächenzahl 742
Höhe baulicher Anlagen 751
Industriegebiet 498
Kerngebiet 478
Maßangaben 730
Mischgebiet 468
Obergrenzen 752
sonstige Sondergebiete 515
überbaubare Grundstücksfläche 759
Umstellung älterer Bebauungspläne 545
unterschiedliche Fassungen 487, 535
Versiegelungsklausel 743
vertikale Gliederung 623
Vollgeschosse 745
Bauordnungsbehörde
illegales Bauen 4271
Bauordnungsrecht
Bauplanungsrecht 2248
Festsetzungen 375
Nachbarschutz 4248
Vorhaben 2281
Bauplanungsrecht
Bauordnungsrecht 2248

Zahlen = Randnummern

Stichwortverzeichnis

Fachplanungsrecht 2947
Gaststättenerlaubnis 2248
nachbarschützende Vorschriften 4237
Baupolizeirecht
Baupolizeiverordnung 16
Raumordnung 18
Baurecht
Flexibilisierung 108
Landesrecht 14
Baurecht auf Zeit 367, 402, 1405
Eisenbahn 3127
städtebaulicher Vertrag 405
Verfassungsrecht 406
Bauregelungsverordnung 21
BauROG 1998 67
Bauschutzbereich Flughafen 2237
Bausperre
Entschädigung 1571
Entschädigung bei faktischer - 1738
Baustopp Eilverfahren 4264
Baustufenpläne
Landesbauordnung 17
Bausubstanz
erhaltenswerte 2611
Bauverbot
Entschädigung 1578
Fluglärmgesetz 3196
landesrechtliche im Innenbereich 2386
Bauverpflichtung zivilrechtliche 2319
Bauvorbescheid 2265
Baugenehmigung 2220, 2266
Rücknahme 4221
Bauvorhaben
steckengebliebenes 2254
Wirtschaftlichkeit 2434
Bauweise 759, 760
geschlossene 760
Landesrecht 763
Nachbarschutz 4241
offene 760
BauZVO 53
BBauG
BBauG 1960 30
BBauG 1976 32
BBauG 1979 42
historische Entwicklung 27
Raumordnung 30
Selbstverwaltung 30
Vorgängerregelung 13
BBodSchG 1324
Beachtensgebote 1385
Beachtensregeln 1199
Bekanntmachung
Planfeststellungsbeschluss 3906
Bebauungsgenehmigung
Baugenehmigung 2220, 2266
Nachbarschutz 2266
Veränderungssperre 1565, 2220
Bebauungsplan 324

Abschnittsbildung 1514
Abstandsfläche 765
Abstandsklassen 603
Abstandsliste 601
Abwägung 387
Abwägungsergebnis 1377
Abwägungsgebot 1376
Abwägungspyramide 4319
Abwägungsverfahren 1377
aktiver Schallschutz 645
Altlasten 1352
Änderung Straße 652
Anspruch auf Erlass 4135, 4177
Anwohnerbelastung 4156
Anzeigeverfahren 988, 989, 990, 1132, 1134
Artenschutz 890
atomares Zwischenlager 3531, 3533
Aufhebung durch Gemeinde 4170
Aufhebungsbeschluss 1093
Aufstellungsbeschluss 852
Aufstellungsverfahren 851
Ausdünnung der baulichen Nutzung 757
Auskunftsanspruch 1131
Ausnahmen 2297, 2298, 2304
Ausschlussmöglichkeit 586
Außerkrafttreten 1023, 1092
Außerkrafttreten der Veränderungssperre 1033
Baurecht auf Zeit 367
Befreiungen 2297, 2301, 2304
Begrenzung Fehlerfolgen 1109
Begründung 384, 385
Behördenbeteiligung 872
Beiladung Normenkontrolle 4196
Bestimmtheitsgebot 341
Bindung Unwirksamkeitserklärung 4204
Bolzplatz 689
Briefmarkenbebauungsplan 1514
Differenzierungsmöglichkeit 586
Dispens 2304
dringende Gründe 395
einfacher 342, 2286, 2296, 2577
Einschaltung von Dritten 977
Eisenbahnanlage 3132
Emissionsgrenzwert 597
Enteignung 1698
Entsteinerungsklausel 4142
Entwicklungsgebot 390
Entwicklungsplanung 300
Erschließung 1888
Erschließungsangebot 2289
Ersetzung 1094
Fehlerbeachtlichkeit 1113
Fehlerbehebung 1136, 1164, 4170
Fehlerfolgen 1109
fehlerhafte Begründung 1126
Feinkörnigkeit 296, 1464
Feinsteuerung 586
Festsetzungen 341

Stichwortverzeichnis

Zahlen = Randnummern

Flächennutzungsplan 389
Fremdkörper 636
Funktionslosigkeit 1098, 1144, 4204
Fußgängerzone 412
Gebäudeabstände 763
Genehmigungspflicht 988
Genehmigungsverfahren 1132, 1134
Gesamtunwirksamkeit 4197
Gestaltungsfestsetzungen 1374
  geteilter 1249
Gliederungsmöglichkeiten 586
Haftung bei Altlasten 1353
Heilung 1104
Heilungsmöglichkeit 1103
Hochwasserschutz 3450
Höhenfestsetzungen 343
Immissionsgrenzwert 600
Immissionsschutz 591, 3643
in Aufstellung befindlich 2577
isolierte Straßenplanung 1515
kommunale Selbstverwaltung 142
Konfliktbewältigung 594, 3685
Konkretisierungsgrad 389
Konzentrationswirkung 3005
Kosten 1414
Kosten-Nutzen-Bilanz 645
Landesrecht 1020
Landschaftsplan 1233
Landschaftsschutzverordnung 4151
Leuchtreklame 573
Luftqualität 2909
Luftqualitätsrichtlinie 1098
Luftverkehr 3189
Merkmale 421
Mieter 4159
Monitoring 789
nachbarschützende Vorschriften 4238
nachfolgendes Verwaltungshandeln 1468
nachrichtliche Übernahme 383
Naturschutz 1270, 1273
naturschutzrechtliche Festsetzungen 1251
Negativplanung 847
Neubekanntmachung 1034
Nichterlass 4135, 4177
Nichtigkeitserklärung 4198
Normenkontrolle 1092
öffentliche Belange 2557
Öffentlichkeitsbeteiligung 900, 2080
Parallelverfahren 1136
Personenbeförderung 3271
Planbereich 855
Planerhaltung 1107
planfeststellungsersetzender 2754, 3025
Plangenehmigung 1101
Planungserfordernis 4135, 4177
Planungsgebot 234
planungsrechtliche Zulässigkeit 2276
Planzeichenverordnung 341
qualifizierter 342, 2286

Ratsbeschluss 1133
Recht auf Abwägung 4250
Rechtsschutz 4130, 4134
Rechtsschutzmöglichkeiten 409
Rücksichtnahme 1489
rückwirkende Fehlerbehebung 1177
rückwirkende Heilung 1154
Satzungsbeschluss 981
Schallleistungspegel 597
Schallschutz 645, 672
schichtenweise Gliederung 624
Schutzauflagen 653
selbständiger Aufhebungsbeschluss 1093
Sportanlagenlärmschutzverordnung 702
Sportlärm 689
städtebauliche Vertretbarkeit 2308
städtebaulicher Vertrag 1863
Straßenplanung 642, 676, 1515
subjektive Abwägungssperre 1432
Teilabschnitt 1515
Überleitungsrecht 2195
Überschwemmungsgebiete 3450
Umlegungsgebiet 1648
Umstellung auf BauNVO 1990 545
unvollständig 387
Unwirksamkeitserklärung 413
Urschrift 1029
UVP 1281, 1294
UVP-Pflicht 2702
verbundener 1374
Verdichtung der Erschließungslast 2289
vereinfachte Änderung 1074
vereinfachte Ergänzung 1074
Verkehrslärm 645, 672, 4156
Verpflichtungsklage 4135, 4177
Verwerfungskompetenz 4168, 4170
vorbeugender Rechtsschutz 4250
vorhabenbezogener 1294, 2082
Vorkaufsrecht 1605
vorzeitiger 395
Wasserschutzgebiet 3437
Wechsel Vorhabenträger 2100
Werbeanlagen 570
Windenergieanlagen 2538
Zaunwert 600
zusammenfassende Erklärung 979
Zusammenstellung Abwägungsmaterial 1417
zwingende Gründe 395
Zwischenlager 3531, 3533

Bebauungszusammenhang
  Geschlossenheit 2332, 2335
  Innenbereich 2328, 2331
  letzter Baukörper 2340
  Verkehrsauffassung 2340

Bedarfsplan 3008
  Fernstraße 3948
  SUP 2759

Zahlen = Randnummern

Stichwortverzeichnis

Bedenken
Bescheidung 939
Einwendungsberechtigte 3821
Form 3821
Stellungnahme 3868
Bedingung
Baugenehmigung 2259
wasserrechtliche Erlaubnis 3398
Beeinträchtigung
Nachbarschutz 4233
Ortsbild 2384
tatsächliche – Nachbarschutz 4234
Befangenheit
Aufstellungsbeschluss 858
Kausalität 3928
Kommunalverfassungsrecht 983
Planaufstellung 865
Planfeststellung 3856
Planfeststellungsbehörde 3894
Ratsmitglieder 864
Befreiung 2300
Bebauungsplan 2297
gemeindliches Einvernehmen 163
Konfliktbewältigung 1456, 1472
Nachbarbeteiligung 2233
Nachbarschutz 2234, 4243
naturschutzrechtliche 4046
Planänderung 1085
städtebauliche Vertretbarkeit 2306, 2308
Befristung Baugenehmigung 2260
Begründung
Abwägung 310
Änderung im Planverfahren 947
Änderungen im Planverfahren 947
Bebauungsplan 384, 385
Begründungsmangel Bebauungsplan 1130
Flächennutzungsplan 310
Planfeststellungsbeschluss 3900
Raumordnungsplan 253
unvollständig 1128
Verfahrensfehler 1126
Behörde
Antragsbefugnis 4174
Behördenbeteiligung 3791
Entscheidung über Sofortvollzug 4384
Informationspflichten 899
Klagerechte 4307
Normenkontrolle 415, 4173
Sofortvollzug 4389
Behördenbeteiligung 871
Abwägung 887, 893
Bauleitplan 795
Beachtlichkeit der Stellungnahmen 886, 892
Benachrichtigung Offenlage 931
EAG Bau 127
Fristverkürzung 3798
Fristverkürzung Wohnungsbau 895

frühzeitige 875
gestufte 2805
Information 885
Innenbereichssatzung 2421
Öffentlichkeitsbeteiligung 879
Präklusion Bauleitplanung 896
Präklusion Fachplanung 3798
Raumordnung Übergangsfrist 257
Rechtsfolgen fehlerhafter – 898
Scoping-Verfahren UVP 3790
SUP 2791
vereinfachte Planänderung 1078
Verfahrensfehler 1122
Zulässigkeit von Vorhaben 2315
Behördeninformation
Monitoring 1048
Beiladung
Beigeladene 4375
Nachbar 4214
Nachbarklage 4260
Normenkontrolle 4192, 4196
Beistände 4376
Beitragspflicht Fremdanlieger 1886
Beitrittsbeschluss 1006
Bekanntgabe
Entscheidung SUP 2799
Bekanntmachung
Aufstellungsbeschluss 856
Bebauungsplan 1032
Berechnung Wochenfrist 914
Entwicklungsbereichssatzung 2145
Erhaltungssatzung 1827
Fehler in der Offenlage 3815
Monitoring 2802
Offenlage 913
Offenlegung 926
Öffentlichkeitsbeteiligung 924
Ortsrecht 928
Planaufstellungsbeschluss 857
Raumordnungsplan 254
Sanierungssatzung 1996
Verkürzung Offenlegungsfrist 954
Wiederholung 929
Wochenfrist 914, 929, 3805
Belange
Abwägungsmaterial 3926
Abwägungspyramide 4319
Beeinträchtigung im Außenbereich 2570
Eigentum 1690
entgegenstehende 2467
Erkennbarkeit 1421
Geringfügigkeit 1421
Kirchengemeinde 4152
Kompensation im Innenbereich 2397
nachteilige Veränderung 4151
Normenkontrolle 412
Schutzwürdigkeit 1207, 1421, 4146
umweltschützende 1227
wirtschaftliche – in der Abwägung 1207

1753

Stichwortverzeichnis

Zahlen = Randnummern

Belästigung Begriff 3638
Belastungsflächen 2542
Benehmen 3073
   Planfeststellung 3895
Benutzungsgenehmigung 2271
Benutzungsuntersagung Wasserwirtschaft 3381
Bepflanzung 366, 1716
   Festsetzungen 369
Beratungspflicht Genehmigungsverfahren 3618
Berechnungssystem
   mathematisches – Naturschutz 3988
Bereicherungsrecht nichtiger Vertrag 1432
Bergbau 3556
   Bergschaden 3573
   Bergwerksanlage 2467
   Betriebspläne 3561
   Braunkohlentagebau 3583
   Datenschutz 3829
   dulde und liquidiere 3601
   Einstellung 3564
   Enteignung 3601
   Filterstäube 3576
   gemeindliche Rechte 147
   Gemeinschaden 3563
   Grundabtretung 3577
   Kennzeichnungsmöglichkeit 383
   Klagebefugnis Bergschaden 3604
   Nachbarschutz 3604
   Planfeststellung 3568
   privilegierte Fachplanung 181
   Rahmenbetriebsplan 3561
   REA-Gips-Deponie 3575
   Rechtsschutz 3601
   Rechtsschutz Baunkohlenplan 3586
   Rechtsschutz der Gemeinde 152
   Rücksichtnahme Verkehrsanlagen 3570
   UVP 2702, 3566, 3789
   Verbote 3565
   Vorsorgegrundsatz 3599
   Zulassungsvoraussetzungen 3565
   Zulegung 3578
Berlin
   Sonderregelungen Städtebaurecht 2182
Berücksichtigungsgebot 1199
   Planungsleitlinien 1197
Bescheidung
   Stellungnahmen 938
Beschleunigung
   Behördenbeteiligung 3798
   Enteignungsverfahren 1784
   Genehmigungsverfahren 3617, 3756
   Genehmigungsverfahrensbeschleunigungsgesetz 3757, 3758
   gerichtliches Eilverfahren 4331
   Planungsvereinfachungsgesetz 3757
   Verfahren neue Länder 58

Beschlussorgan
   Erteilung Einvernehmen 176
Beschwerde 4392
   Frist 4396
Beseitigung
   Abrissverfügung 1736
   Beseitigungsanordnung Außenbereichsbebauung 2604
   Beseitigungsanordnung Bestandsschutz 2600
   Beseitigungsgebot Abfälle 3272
   Immissionsschutz 3670
   von Abfällen 3326
Besitzeinweisung
   Enteignung 1790
   Fachplanung 4333
   vorläufige – Flurbereinigung 3555
besondere städtebauliche Gründe Gliederung 630
besonderer Wohnbedarf Festsetzungen 353
besonderes Vorkaufsrecht 1615
besonderes Wohngebiet 455
   Innenbereich 459, 2377
   Maß-Obergrenzen 752
   Spielhalle 553
Besorgnisgrundsatz Wasserwirtschaft 3428
best verfügbare Technik 2917
Bestandsaufnahme 819
Bestandsgarantie Eigentum 1697, 3601
Bestandskarte Umlegung 1650
Bestandskraft
   Baugenehmigung 2252
   Planfeststellung 3917, 3934
   Plangenehmigung 3917
bestandsorientierte Planung 633
Bestandsschutz 1730
   Abwägungsgebot 1519
   aufgegebene Nutzung 2346
   Außenbereich 2623
   Baugenehmigung 2252
   beseitigter Altbestand 2345
   Eigentum 2624
   Eingriff Statik 2624
   Einschränkungen Gesetzgeber 2397
   Ersatzbau 2600
   Funktionsänderung 2573
   Gebäudewiederaufbau 2635, 2646
   Immissionsschutz 3671
   Innenbereich 2399, 2400
   Nebengebäude 2624
   Neuerrichtung 2600
   Nutzungsänderung 2573
   Regelungsbefugnis des Gesetzgebers 2397
   Rücksichtnahme 1509, 3683, 3684
   steckengebliebenes Bauvorhaben 2254
   Tonabbau 2604
   überwirkender 1732

Zahlen = Randnummern **Stichwortverzeichnis**

Veränderungssperre 1563
Verkehrsauffassung 2346
Wegfall der Privilegierung 2600
Bestandsverzeichnis Umlegung 1650
Bestimmtheit
    Baugebot 1852
    Bebauungsplan 341
    Bezeichnung Plangebiet 1534
    Festsetzungen 343, 344
    städtebauliche Gebote 1853
Beteiligte
    Enteignungsverfahren 1782
    Erörterungstermin 3853
    Widerspruchsverfahren 4359
Beteiligung
    Behördenbeteiligung 872
    Einschaltung von Dritten 977
    erneute – bei Planänderung 956
    fakultative 2233
    Gemeinde 2236
    landschaftspflegerischer Begleitplan 4008, 4017
    Mitwirkungslasten 925
    Nachbarn 2231
    Nachbarstaaten 971
    Naturschutzverbände 3793
    Naturschutzverein 4292
    obligatorische 2234
    Umlegung 1646
    UVP 3792
    Verwaltungsverfahren 2232
Beteiligungsrechte
    Abwägungsgebot 147
    Gemeinde 144, 203, 204
    Regionalplanung 238
Betreiber
    Betreibermodell Privatfinanzierung 3088
    Betreiberpflichten Immissionsschutz 1463
    Betreiberwechsel Atomrecht 3721
Betreibermodell
    Privatfinanzierung 3091
Betretungsrechte 3191
Betrieb
    Betriebsaufgabe Landwirtschaft 2615
    Betriebserweiterung Außenbereich 2658
    Betriebserweiterung Innenbereich 2399
    Betriebsgebäude Landwirtschaft 2448
    Betriebsgenehmigung atomares Zwischenlager 3531
    Betriebsgenehmigung Atomenergie 3530
    Betriebsneugründung Innenbereich 2399
    Betriebspflicht Flughafen 3253
    Betriebswohnung Gewerbegebiet 489
    Innenbereich 2399
    Landwirtschaft 2434
    ortsgebundener 2466
betriebsbezogenes Wohnen
    Gewerbegebiet 488
Betriebserweiterung Außenbereich 2655

Betriebsplan
    Gemeinschaden 3563
    materielle Präklusion 3569
    Oberfläche 3562
    Zulassungsverfahren 3561
betroffene Öffentlichkeit 2793
Betroffenenbeteiligung Umlegung 1646
Betroffenheit
    Öffentlichkeitsbeteiligung 932
Bevollmächtigte 4376
Bewegungshalle
    Landwirtschaft 2435
Beweis
    Beweisaufnahme Innenbereich 2332
    Beweislast 4253
    Beweislastumkehr Atomrecht 3720
Bewertungsfehler Abwägungsgebot 1410, 1426, 1427
Bewilligung
    andere Rechte 3402
    Beteiligung Naturschutzverbände 3424
    Rechtsschutz 3467
    wasserrechtliche – Auflagen 3391
    Wasserwirtschaft 3383
Bewirtschaftungsermessen Atomrecht 3707
Bezeichnung
    gemeindliches Einvernehmen 199
    Luftverkehr 3259
Bienen
    Bienenhaus 2454
    Bienenhonig Landwirtschaft 2445
    Bienenhütte 2478
    Bienenhütte Außenbereich 2478
Biergarten 3677
BImSchV 22. 2881
Bindungswirkung
    Baugenehmigung 2269
    Bebauungsgenehmigung 2268
    gaststättenrechtliche Erlaubnis 2248
    gemeindliches Einvernehmen 172
    Raumordnung 275, 3947
    Wasserstraßenplanung 3506
    Ziele der Raumordnung 229
Binnenfischerei 2442
    Außenbereich 2425
    Landwirtschaft 2442
Binnenkoordination Planungsbedürfnis 2591
Biogasanlage 2497, 2508, 3332
Biomasseanlage 2508
    EAG Bau 122
Biosphärenreservate 4040
Biotop
    Biotopschutz 4046
    Biotopverbund 2825
    prioritäre 2840
bipolare Abwägung 4003
Bleirichtlinie 2874

Stichwortverzeichnis

Zahlen = Randnummern

Blitzbefeuerung Rechtsschutz 3259
Blockinnenbereich 2357
BNatSchG 2002 3981
Boden
　Bodenbewirtschaftung
　gute fachliche Praxis 1352
　Bodenbewirtschaftung Außenbereich 2428
　Bodenertrag Landwirtschaft 2428, 2439
　Bodenertragsnutzung Außenbereich 2425
　Bodenertragsnutzung Landwirtschaft 2431
　bodenordnende Maßnahmen 1635
　Bodenordnung 1635
　Bodenordnung EAG Bau 124
　Bodenrecht BVerfGE 3, 407 134
　Bodenrecht Gesetzgebungskompetenz 28
　Bodenrente Entschädigung 1575
　Bodensanierung Eisenbahnanlage 3134
　Bodenschätze 2466
　Bodenschätze bergfreie 3558
　Bodenschätze Gemeinwohlbelange 2468
　Bodenschutz Abwägungsgebot 1323
　Bodenschutz städtebaulicher Vertrag 1893
　Bodenschutzklausel 1323
　Bodenschutzklausel Abwägungsgebot 1203
　Bodenveränderungen 1326, 1339
　Bodenwertabschöpfung 1937, 2030
　Bodenwertsteigerung
　Sanierung 2032
Bohrturm 2467
Bolzplatz 698
　Erholungssondergebiet 512
　Lärmschutz 689
Bombenabwurfplatz 3238
Bonn Rutschbahneffekt 2190
Bootshütte Außenbereich 2600
Bordell 440, 486
Brackwasserzone 4111
Brandzerstörung 2641
　Außenbereich 2622
　Ersatzbau 2642
Braunkohlenplan
　Änderung 3584
　Aufstellungsverfahren 3584
　Datenschutz 3829
　Garzweiler II 3583
　Horno 3587
　Jänschwalde 3587
　Landesplanung 3583
　Nachbarschutz 3591
　Rechtsschutz Gemeinden 3583
　Vorsorgegrundsatz 3599
Breitbandkabel 3152
Bremen
　Sonderregelungen Städtebaurecht 2182
Briefmarkenbebauungsplan 325, 1514
Bringsystem Abfall 3293
Brundlandt-Kommission 2945
Bundesauftragsverwaltung
　Luftverkehr 3176

Bundesbahn
　Bundeseisenbahnvermögen 3095
　privilegierte Fachplanung 180
Bundesfernstraße 2997
　Linienbestimmung 3949
　UVP 3024
　UVP-Pflicht 2702
Bundesgrenzschutz 197
　Abwägungsgebot 1319
Bundespost
　Telekommunikation 3151
Bundesschienenwegebedarfsplan 3109
Bundesvorhaben
　gemeindliches Einvernehmen 197
Bundeswasserstraße 3482, 3497
　gemeindliche Klagerechte 158
　UVP-Pflicht 2702, 3493
Bundeswehr Tiefflüge 3239
Bürgerbegehren
　Bauleitplanung 862
Bürgerbeteiligung Siehe Öffentlichkeitsbeteiligung
Bürogebäude
　Industriegebiet 503
　Kerngebiet 480
BVerfG
　Bodenrecht BVerfG 3, 407 134
　Bodenrecht BVerfGE 3, 407 28
　Deichurteil BVerfGE 25, 112 1499
　Gondelbahn BVerfGE 46, 249 1688
　Gorleben BVerfGE 77, 381 3522
　Kalkar BVerfGE 49, 89 3519
　Kleingarten BVerfGE 52, 1 1499
　Nassauskiesung BVerfGE 58, 300 1688
　Pflichtexemplare BVerfGE 58, 137 1499
　Sasbach BVerfGE 61, 82 147
BVerwG
　Abrundungssatzung 2411
　Abwägung BVerwGE 34, 301 2350
　Bahnanlage BVerwGE 81, 111 3132
　Bestwig NVwZ 1984, 303 2467
　Bolzplatz Kaiserallee BVerwGE 78, 85 4177
　Brokdorf BVerwGE 78, 177 3720
　Einzelhandelskonkurrenz UPR 1990, 222 4153
　erstinstanzliche Zuständigkeit 3138
　Harmonieurteil BVerwGE 55, 369 2350
　Herrschinger Moos DVBl. 1993, 1141 4053
　HTR Hamm-Uentrop DVBl. 1990, 58 3720
　Krümmel BVerwGE 70, 365 3713
　Mischwerk BVerwG 68, 58 4249
　Moers-Kapellen DVBl. 1989, 663 3604
　Mülheim-Kärlich BVerwGE 80, 207 3709
　Nachbarklage BVerwGE 54, 211 4250
　Nichtigkeit B-Plan BVerwGE 75, 142 4170
　Obrigheim BVerwGE 88, 286 3532
　Pirolstraße BVerwGE 89, 222 2288
　Planungsbedürfnis BVerwGE 68, 360 2353

Zahlen = Randnummern

Stichwortverzeichnis

Quellenhof UPR 1989, 458 2623
SB-Warenhaus BVerwGE 68, 369 2370
Stade BVerwGE 61, 256 3708
Truppenübungsplatz BVerwGE 88, 210 2661
Unikat BVerwGE 84, 322 2397
Verbrauchermarkt BVerwGE 68, 360 2353
Verbrauchermarkt BVerwGE 68, 369 2370
Wackersdorf BVerwGE 80, 21 3706
Würgassen DÖV 1990, 256 3720
Wyhl BVerwG 60, 297 3528
Wyhl BVerwGE 72, 300 338
Zuständigkeit 4348
Zwischenlager Ahaus 3533

Campingplatz 510, 2476
  Privilegierung 2476
Campingplätze 1298
CE-Zeichen 2943
Champignonzucht
  Landwirtschaft 2441
chemische Fabrik Immissionsschutz 3643
Container-Lagerplatz 2466
culpa in contrahendo
  Haftung der Gemeinde 1433
  Verschuldenshaftung 1940

Dachgeschoss
  Ausbau 745
  Innenbereich 739, 2365
  Wohnnutzung 739
Damwildgehege 2474
Darstellungen
  ausschließende 2518
  Flächennutzungsplan 301
  Katalog der -Möglichkeiten 302
  Maß der baulichen Nutzung 730
  nach BauNVO 422
  Naturschutz 303
  textliche 301
  widersprechende 2518
Darstellungsprivileg 2480, 2514
  Begründungsgebot 2500
  Entschädigung 1725
  Flächennutzungsplan 203, 2499
  Gemeinde Landesplanung 2522
  Landesplanung 2499
  neue Länder 2522
  Regionalplanung 2523
  Zurückstellung 1589
Darstellungsüberschuss 2551
Datenschutz
  Planfeststellung 3829
DDR
  Atomrecht 3529, 3714
  BauZVO 53
  Einigungsvertrag 2188
  Generalbebauungspläne 401
  städtebaulicher Vertrag 1863

Überleitungsrecht 2195
Überleitungsvorschriften 399
Umweltrahmengesetz 3375
Veränderungssperre 1581
Vorhaben- und Erschließungsplan 2082
Wasserrecht 3376
DEGES Verkehrsprojekte Deutsche Einheit 3753
Deichbau
  Naturschutz 4054
  UVP-Pflicht 2702
Dekontaminierung 1363
Denkmalschutz
  Abbruchgebot 1849
  Abwägungsgebot 1218
  Eisenbahn 4307
  Erhaltungssatzung 1842
  Landesrecht 1219
  salvatorische Klauseln 4066
  Verkehrswertentschädigung 1769
Deponie UVP-Pflicht 2702
Deponie-Richtlinie 2939
Deregulierung Verwaltungsverfahren 3617
deutsche ausschließliche Wirtschaftszone 280
Deutsche Bahn AG 3104
Deutsche Bundespost Telekommunikation 3151
Dico-Effekt 2506
dienen
  Gartenbau 2428
  Landwirtschaft 2429
Dienstleistungsbetriebe 524
Differenzierung
  Baugebiet 629
  besondere Wohngebiete 424
  Einzelhandelsnutzung 546
  geschossweise 369
  Gewerbegebiet 494
  Gliederung 586
  Industriegebiet 506
  Kerngebiet 482
  Kerngebiet 424
  nach Anlagearten 629
  Wohngebiet 425
DIN 18005 616
  Schallschutz im Städtebau 1310
  Tabelle 648
dingliche Rechte Enteignung 1762
Direkteinleiter 3396
Direktverkauf
  landwirtschaftlicher Produkte 2445
Dispens 2310
Divergenzrevision Normenkontrolle 4201
Doppelhäuser 760
  Öffentlichkeitsbeteiligung 910
Doppelwirkung Verwaltungsakt mit 4379
Dorfgebiet 459
  Flächennutzungsplan 308

Stichwortverzeichnis

Zahlen = Randnummern

Maß-Obergrenzen 752
Nachbarschutz 2663
Störungsgrad 460
Wirtschaftsgebäude 461
Dosenpfand 3372
Dreifachgarantie kommunale Selbstverwaltung 139
Dreimonatsfrist
    Genehmigungsfiktion 1000
    neue Länder 4185
Dreistufenmodell UVP 1288
Dreiwohnungsklausel
    Teilprivilegierung Landwirtschaft 2620
dringender Wohnbedarf
    Anzeigeverfahren 1014
    Plangenehmigung 1012
    unbestimmter Rechtsbegriff 2305
Drittanfechtung Sofortvollzug 4387
Dritte
    Einschaltung von 977
Drittgerichtetheit Amtspflicht 2411
Drittschutz 1553
    Ablehnung Baugenehmigung 2256
    Befreiung 2314
    Beweislast 4253
    Ehegatte 4230
    Einsichtsmöglichkeiten 2363
    Fußballstadion 4238
    Fußgängerzone 4155
    Immissionsschutz 4249
    Innenbereich 2363, 2402
    Mieter 4230
    Monitoring 1067
    Mopedrennen 4276
    Rücksichtnahme 1486, 2402
    Sportanlage 4277
    Tempergießerei 4221
    Verwirkung 4204, 4277
Drittwirkung Einvernehmen 171
driving range 2476
Duales System Deutschland 3367
dulde und liquidiere 3601
Duldungspflicht Mieter 1847
Durchführungsmaßnahmen
    Stadtumbau 2068
Durchführungsplan
    Vorhaben- und Erschließungsplan 2082
Durchführungsvertrag 1867, 2096
Durchgriffshaftung 1334
dynamische Verweisung BauNVO 379
Dynamisierung Baurecht 109

EAG Bau 104
    Umweltprüfung 774
EG-Richtlinien 2688
    direkte Anwendung 2706
Eigenjagd 2443
Eigentum
    Abwägungsgebot 1520, 3929

Administrativenteignung 1686
Anliegergebrauch 1683
Anspruch auf Einschreiten 3703
aufgegebene Nutzung 2346
Ausgleichsregelung 4053
Baufreiheit 26
Bergbau 3604
bergrechtliche Zulegung 3578
beseitigter Altbestand 2345
Bestandsgarantie 3601
Bestandsschutz 2254, 2600
dulde und liquidiere 3601
Existenzgefährdung 3903
Fische 3499
Fischteich 4053
Gebäudewiederaufbau bei Selbstnutzung 2635
Gemeinde 3881, 4306
Inhalt und Schranken 1682
Inhaltsbestimmung 2397, 2468
Innenbereich 2399, 2400
Institutsgarantie 2468
Klagebefugnis Eigentümer Fachplanung 4300
konkrete Rechtsverletzung 3929
Naturschutz 4053, 4054
Oberflächeneigentum 3604
Pflanzgebot 1859
Plangenehmigung 3007
Plangenehmigung Eisenbahn 3108
Primärrechtsschutz 1692
Rückenteignung 1775
Rücksichtnahme 2660
Schrankenbestimmung 2468
Schrankenbestimmung im Innenbereich 2397
Schwarzbau 1733
Situationsgebundenheit 4053
Sozialpflichtigkeit 1682
Staurecht 3387
steckengebliebenes Bauvorhaben 2254
verfassungsrechtlicher Eigentümer 4159
Verkehrsauffassung 2468
Wasserschutzgebiet 2452, 3436
Wasserstraßenrecht 3488
Wasserwirtschaft 3434
Werbeanlagen 572
Wertgarantie 3601
eigentumskräftige Position
    Außenbereich 2570
    Bestandsschutz 1735
Eigenwerbung Werbeanlagen 570
Eignungsgebiet 184, 247, 2524
    Seeanlagenverordnung 2773
Eilverfahren 4378, 4383
    Änderung Eilentscheidung 4391
    Aussetzungsinteressen 4265
    Baustopp 4264

Zahlen = Randnummern

Stichwortverzeichnis

Beschleunigung 4331
einstweilige Anordnung 4397
Fachplanung 4407
Nachbarschutz 4262
Normenkontrolle 4134, 4203
Nutzungsuntersagung 4274
Schadensersatz 4266
Schiebebeschluss 4386
Vollzugsinteressen 4265
Zulassungsbeschwerde 4396
einfacher Bebauungsplan
Außenbereich 2348
Festsetzungen 2296
Innenbereich 2286
planungsrechtliche Zulässigkeit 2286
einfachgesetzliche Zumutbarkeit 1691
Einfügen 2350
Gemeindenachbarklage 2386, 4286
Hinterlandbebauung 2358
Lebensmittelladen 2362
Rücksichtnahme 2402
Umgebungsprägung 2386
eingeschränkte Präklusion 975
Eingriff
Fachplanungsrecht 3991
Innenbereich 1273
naturschutzrechtlicher 3984, 3990
ökologische Bestandsaufnahme 1274
Raumordnung 283
Rechtsschutz 4225
rechtswidriger 1693
Eingriffsregelung 3984
Bauleitplanung 1229, 1238
BauROG 1998 71
Darstellungen 303
Freizeichnung Länder 2186
Einheimischenmodell 1899
Traunsteiner Modell 1901
Weilheimer Modell 373
Einigung Enteignungsverfahren 1746
Einigungsvertrag 2188
Einkaufszentrum 520
Begriff 524
Innenbereich 97
Klagerechte Nachbargemeinde 207
Einleiten in Grundwasser 3426
Einleitungsbeschluss
Umlegung 1643
Einschaltung Dritter
Bauleitplanung 976
BauROG 1998 82
Einschreiten illegales Bauen 4271
Einsichtsmöglichkeiten Nachbarschutz 2363
Einstellung Planfeststellung 3870
Einstellungsdefizit 1410
Einstellungsfehler
Abwägungsgebot 1410, 1413, 1423
Einstimmigkeitsprinzip 2679

Einsturz
Wiederaufbaumöglichkeit 2641
einstweilige Anordnung
Anordnungsanspruch 4401
Anordnungsgrund 4401
Eilentscheidung 4397
Nachbarklage 4264
Normenkontrolle 4202, 4203
Schadensersatz 4266, 4402
einstweiliger Rechtsschutz 4378
Sofortvollzug 4328
Verwaltungsprozess 4398
Einvernehmen 3073
Gemeinde 2236
gemeindliches 162
Immissionsschutz 3656
Koppelungsverbot 168
Landesverteidigung 197
Planfeststellung 3895
Rechtsprüfung 168
Sanierung 2003
Einwendungen
Ausschluss Atomrecht 3528
Ausschluss Flurbereinigung 3549
Erkennbarkeit 3823
Form 3821
Gemeinde Präklusion 3827
Öffentlichkeitsbeteiligung 3816
Präklusion 3822
Stellungnahme 3868
Thematisierung 3825
Einzelhandel
EAG Bau 114
Einzelhandelzentralörtliches Gliederungsprinzip 537
Fernwirkungen 2370
Gewerbegebiet 485, 487
Gliederung 630
großflächiger 1302
Innenstadtrelevanz 521
Konkurrenz 4153
Mischgebiet 533, 546
Nachbarschaftsladen 535
Nutzungsänderung 2282, 2370
Nutzungsdifferenzierung 546
Sondergebiet 520, 539
Sortimentsgruppen 522
Umstellung älterer Bebauungspläne 545
Verkaufsfläche 532, 546
Wohngebiet 533
Einzelhandelserlass NRW 522
Einzelhausbebauung
Öffentlichkeitsbeteiligung 910
Einzelhäuser 760
Eisenbahn
Abschnitt 3115
Abschnittsbildung 3877
Abwasser 3134
Alternativenprüfung 3140

1759

Stichwortverzeichnis

Zahlen = Randnummern

Anhörungsverfahren 3111
Aufsicht 3095
Bahnstrecken 3101
Baurecht auf Zeit 3127
Bebauungsplan 3132
Bundesschienenwegebedarfsplan 3109
Datenschutz 3829
Denkmalschutz 4307
Eisenbahnaufsicht 3095
Eisenbahnbetriebsbezogenheit 3133
Eisenbahnbundesamt 180, 3095
Erschließung 3135
Erschütterungen 3635
Fernverkehrswegebestimmungsverordnung 3100
Investitionsmaßnahmegesetze 3759
Konzentrationswirkung 3136
Kreuzungsrechtsverfahren 3785
Lärmsanierung 3145
Luftschall 3122
Naturschutz 3114
Plangenehmigung 3106
Planrechtfertigung 3099, 3100
Präklusion 3113, 3823
privilegierte Fachplanung 180, 181
Raumordnung 3111
Rechtsschutz 3143
Streckenstilllegung 3102, 3119
UVP-Pflicht 2702
Verkehrslärmschutz 3116
Verkehrsprojekte Deutsche Einheit 3753
Verkehrswegeplanung 3094
Widmung 3125
Zusammentreffen von Vorhaben 3782, 3785
Elektrizitätsversorgung 2466
Elektronikschrott 3348
Elektrosmog 2466
Emissionen 810
  Begriff 3626
  Grenzwert Bebauungsplan 597
Emssperrwerk 3472, 3473
Emsvertiefung 3480
  Naturschutz 3988
  vorbehaltene Entscheidungen 4111
Endlager 3515
  atomares 3523
  Morsleben 3714
  UVP-Pflicht 2702
Endwert 2034
energetische Verwertung 3299
  Abfall 3273, 3293
Energie
  Energieanlagen neue Länder 3174
  Energieanlagen Rechtsschutz Gemeinde 3173
  Energierückgewinnung Abfall 3293
Entbehrlichkeitsprüfung 3129
Enteignung 1681, 1752
  Abwägungspyramide 4319
  Bauleitplanung 1696

Bebauungsplan 1698
Besitzeinweisung 1790, 4333
Bestandsgarantie 3601
dingliche Rechte 1762
dulde und liquidiere 3601
Enteignungsbegünstigte Private 1699
enteignungsgleicher Eingriff 1694
enteignungsrechtlicher Konflikttransfer 4302
Enteignungsverfahren Konfliktbewältigung 1470
Enteignungsverfahren mündliche Verhandlung 1786
Enteignungsverfahren Tabelle 1681
Entschädigung 645, 1768
Ersatzland 1697
Fernstraße 3079
Fischteiche 1695
Fluglärm 3209
Forellenzucht 3468
Grundabtretung 3577
Junktimklausel 1682
klassische 1694
Konfliktbewältigung 1454
Konflikttransfer 1470, 4110, 4302
Luftverkehr 3245
Naturschutz 4053, 4054
Naturschutzrecht 4053
neue Länder 1752
Plangenehmigung 3771, 3772
Privatfinanzierung 3092
rechtswidrige 1693
Rückenteignung 1775
Vorwirkung 1770
Wahlrecht 1693
Wasserschutzgebiet 3436
zu Gunsten Privater 1699
Zulegung 3578
Enteignungsverfahren 1781
entgegenstehende Belange 2553
Entschädigung 1681
  Aufhebung der zulässigen Nutzung 1717
  Bausperre 1571
  Bauverbot 1578
  Bodenrente 1575
  enteignungsgleicher Eingriff 1694
  enteignungsrechtliche 645
  Entschädigungsverfahren 1745
  faktische Bausperre 1738
  faktische Veränderungssperre 1572
  faktische Zurückstellung 1587
  Fische 3499
  Fluglärm 3209
  Formfehler 1574
  großer Schaden 4108
  kleiner Schaden 4108
  Nebenrechte 1772
  öffentliche Zwecksetzung 1709
  Primärrechtsschutz 1693

Zahlen = Randnummern

Stichwortverzeichnis

Schutzauflagen 3207
Siebenjahresfrist 1718, 1737
Sofortvollzug 4266
Veränderungssperre 1570
Versagung Baugenehmigung 2423
Vorkaufsrecht 1627
Vorteilsausgleich 3209
Vorwirkung der Enteignung 1770
Wasserschutzgebiet 3412
Wasserwirtschaft 3421
Werterhöhungen 1856
Zurückstellung 1570
Entsiegelungsgebot 1860
Entsorgung
  Entsorgungsfachbetrieb 3347
  Entsorgungsordnung 3292
Entsteinerungsklausel 4142
Entwicklungsbereich
  Entwicklungsbereichssatzung 2140, 2141
  Tabelle 2140
  Veränderungssperre 1532
Entwicklungsgebot 390
  Grundzüge der Planung 391
  neue Länder 398
  Verfahrensfehler 1136
Entwicklungsplanung 300
  BBauG 1976 39
Entwicklungsprinzip 294
  Bauleitplanung 296
Entwicklungssatzung 2111, 2407
Entwicklungsträger 2036
Entwidmung Bahnanlage 3132
Entwurfsverfasser 2222, 2223
Erbbaurecht Vorkaufsrecht 1606
erdrückende Wirkung bauliche Anlage 4249
Erforderlichkeit
  Bauleitplanung 295
  Enteignung 1764
Erfordernisse Raumordnung 216
Erfüllungsinteresse Vertrag 1940
ergänzendes Verfahren 78, 260, 892, 937,
  1164, 1183, 2082, 2179, 2848, 2965, 3720,
  3934, 3942, 4100
  UVP 2719
Ergänzung
  Bebauungsplan 1072
  Flächennutzungsplan 1079
  vereinfachte, Bebauungsplan 1074
Ergänzungsbeschluss Fachplanung 4116
Ergänzungsgebiet 1993
Ergänzungssatzung 989, 2112, 2408
erhaltenswerte Gebäude Wiederaufbau
  Ruine 2648
Erhaltungsgebiet 1835
Erhaltungskosten 3786
Erhaltungssatzung 1826, 1827, 2118
  Verkehrswertentschädigung 1769
  Vorkaufsrecht 1605
  Zweistufigkeit 1838

Erhaltungsziele 2858
erhebliche Umweltauswirkungen 1053
Erheblichkeit Immission 3638
Erholungsgebiet 513
Erkennbarkeit
  Abwägungsgebot 1421
  Einwendungen 3823
Erlaubnis
  Beteiligung Naturschutzverbände 3424
  Rechtsschutz 3467
  vorzeitiger Beginn 3401
  wasserrechtliche – Auflagen 3391
  Wasserwirtschaft 3383
  Widerruf 3392
Ermessen
  Baugenehmigungsbehörde 2397
  Fehlerheilung 3921
Ermittlung Umweltbelange 825
Ermittlungspflichten
  Abwägungsgebot 1419, 1424
  Altlasten 1354
erneuerbare Energien 518
  städtebaulicher Vertrag 1909
Erneuerung
  Innenbereich 2401
Erörterungstermin
  Beteiligte 3853
  Gegenstand 3858
  Geschäftsordnung 3854
  Immissionsschutz 3652
  Öffentlichkeitsbeteiligung 906
  Planfeststellung 3838
  SUP 2794
  Tonbandaufzeichnungen 3853
Errichtung
  baulicher Anlagen Erhaltungssatzung 1827
  Vorhaben 2281
Ersatzbau
  abgängige Gebäudesubstanz 2631
  alsbaldiger Neubau 2646
  Außenbereich 2600, 2635, 2645, 2646
  außergewöhnliches Ereignis 2644
  Bestandsschutz 2600
  Brandzerstörung 2642
  Erschließung 2639
  Gebäude zulässigerweise errichtet 2640
  Gebäudemängel 2632
  Modernisierungsbedarf 2630
  Sturmschaden 2644
  Vergleichbarkeit 2647
  Wirtschaftlichkeitsberechnung 2632
  Wohngebäude 2633
Ersatzflächen Umlegung 1648
Ersatzland Enteignung 1697, 1756
Ersatzmaßnahme 4007
  Ausgleichsmaßnahme 1255
  Bauleitplanung 1243
  Eisenbahn 3114
  Enteignung 4054

Stichwortverzeichnis

Zahlen = Randnummern

Flurbereinigung 3548
Kompensationsraum 1253
Naturschutz 4001, 4002
Verteilungsmaßstab 1263, 1267
Vorkaufsrecht 1611
Wasserwirtschaft 3420
Ersatzpflanzung 380
Ersatzplan Innenbereich 2354
Ersatzrechtsenteignung 1753
Ersatzverkündung 1024
Ersatzvornahme Kosten 1369
Erschließung
 als Voraussetzung für Entschädigung 1720
 Anspruch auf 2564
 Bundesstraße 2381
 Ersatzbau 2639
 Erschließungsaufgabe Gemeinde 2289
 Erschließungsbeitragssatzung 989
 Erschließungspflicht städtebaulicher Vertrag 1875
 gesicherte 2381, 2561
 Innenbereich 327
 Landesrecht 2380
 Landwirtschaft Außenbereich 2449, 2454, 2561
 Mindestanforderungen 2596
 Mindestvoraussetzungen 2562
 nicht privilegiertes Vorhaben 2596
 planungsrechtliche Zulässigkeit 2565
 privatrechtliche Zuwegung 2380
 Schienenweg 3135
 technische Anforderungen 2563
 unwirtschaftliche Aufwendungen 2581
 Verkehrsaufkommen 2562
Erschließungsangebot
 Ablehnung trotz Bebauungsplan 2289
Erschließungsbeitrag
 Erschließungsbeitragssatzung 2177
 städtebaulicher Vertrag 1878
Erschließungskosten
 Angemessenheit 1920
 Vorhaben- und Erschließungsplan 2092
Erschließungslast
 städtebaulicher Vertrag 1875
 Verdichtung 2289
Erschließungsvertrag 1865, 1872
Erschütterung 3123
 Eisenbahn 3635
 Immissionsschutz 3624
Erstbescheid Widerspruch 4356
Erstplanung
 Monitoring 1061
erweiterte Abrundungssatzung 2412
Erweiterung
 Außenbereich 2635
 geringfügige, Außenbereich 2639
 gewerbliche Interessen 2655
 Innenbereich 2401
 Nutzung im Gebäude 2589

Nutzungsänderung 2283
Salamitaktik 2657
Wochenendhaus 2653
Erwerbsgartenbau 2444
Erwerbsobstbau
 Außenbereich 2425
Esenbahnverkehrsordnung 3136
EuGH
 Maastricht 2686
 Solange I 2686
 Solange II 2686
Europa
 rechtFFH-RL 2825
Europarecht
 Bleirichtlinie 2874
 CE-Zeichen 2943
 Europäischer Abfallkatalog 3278, 3285
 Europäischer Sozialfonds 2029
 Europäisches Umweltrecht 2679
 europarechtliche Vorgaben SUP 2721
 FFH-Richtlinie 2852
 grenzüberschreitende Unterrichtung 973
 internationale Umweltabkommen 2944
 IVU-RL 3667
 Kfz-Besteuerungsrichtlinie 2916
 Schwefeldioxidrichtlinie 2874
 Stickoxidrichtlinie 2874
 Stickstoffrichtlinie 2874
 Umwelt-Audit 2927
 Umweltinformation 2812
 UVP-Richtlinie 2690
 Vogelschutz-Richtlinie 2857
Europarechtsanpassungsgesetz 104
Ewigkeitsfehler 1157

Fachmarkt 532
Fachplanung 2946
 Abschnittsbildung 3876
 Abwägung 2993
 Abwägungsfehler 3954
 Abwägungsmängel 3959
 Abwägungspyramide 4319
 Ausgleichsmaßnahmen 3998
 Auslegung Zeitdauer 3811
 Autonomie 6
 Bauplanungsrecht 2947
 behördeninterne Bindung 3944
 Besitzeinweisung 4333
 Bundesfernstraßen 2997
 Datenschutz 3829
 Eigentum Gemeinde 4306
 Eingriff 3991
 Einvernehmen 180
 Einwendungsberechtigte 3816
 ergänzende Wirkung 4116
 Erörterungstermin 3838
 Fehlerbeachtlichkeit 3926, 4058
 Flurbereinigung 3546

Zahlen = Randnummern **Stichwortverzeichnis**

Fremdenverkehrsgemeinde 3977
Gemeinde 3880, 3972
gemeindliche Klagerechte 207
Genehmigungsanspruch 2993
gestufte Planungsentscheidung 2980
Immissionsschutz 3657
Klagebefugnis 4300
Klagebefugnis Behörden 4307
Klagebefugnis Eigentümer 4300
Klagebefugnis Mieter 3816
Klagebegründungsfristen 4322
Konfliktbewältigung 4165
Konflikttransfer 3902, 4302
Konzentrationswirkung 3006
Kreuzungsrechtsverfahren 3785
Landesplanung 3945
Landesrecht 3612
landschaftspflegerischer Begleitplan 4008, 4017
Mitwirkungsverbot 3928
Nachteil 4093
Naturschutz 3980, 3991, 4054, 4057
nicht privilegierte 2992
Offenlegung 3803, 3805
öffentliche Belange 2560
Planänderung 3861, 3863
Plananforderungen 3943
planerische Gestaltungsfreiheit 3955
Planfeststellung 2204
Planrechtfertigung 3943
Planungsleitsatz 3953
Präklusion 3822
Prioritätsgrundsatz 3880
privilegierte 2992, 2996
privilegierte – und Bauleitplanung 1848
Raumordnung 3945
Rechtsschutz 4297
Rechtsschutz Gemeinde 4305
Rechtsschutzpyramide 4319
Sachverständiger 3898
Schutzvorkehrungen 4089
SUP 2747
Telekommunikation 3150
überörtliche Bedeutung 183
Unterlassungsanspruch 4299
Verkehrslärmschutzverordnung 1316, 4097
Zumutbarkeit 3970
Zusammentreffen von Vorhaben 3782
Fachverwaltung
Rechtsschutz Gemeinde 143
Factory-Outlet-Center 274, 526
faire Verfahrensführung 870
faktische Veränderungssperre
Entschädigung 1572
faktische Zurückstellung
Entschädigung 1587
faktisches Vogelschutzgebiet 2861, 2864
fakultative SUP 2731, 2782

Fälligkeit
Entschädigung 1750
Fastnachtsumzug 3675
Fauna-Flora-Habitat 2823, 2852
Fehler
Abschnittsbildung 3878
Bebauungsplan 1109, 1136, 1164
eigene Betroffenheit 3928
Fachplanung 3926, 4058
Fehlerfolgen 1117
Flächennutzungsplan 397
Genehmigungsverfahrensbeschleunigungsgesetz 3920, 3925
Heilung Planfeststellung 3960
Heilung Planfeststellungsbeschluss 3919
Kausalität 3923
Numerus clausus 1113
Parallelverfahren 394
Rechtsfolgen Behördenbeteiligung 898
rückwirkende Fehlerheilung Bebauungsplan 1177
Rückwirkung 1164
Rügefrist 1156
städtebauliche Satzungen 2179
Fehlerheilung
Bauleitplanung 2961
Fachplanung 2961
Planerhaltung 1155
städtebauliche Verträge 1944
Verbandsbeteiligung 3939
Verwaltungsverfahren 3921
Fehlerrüge
Überleitungsvorschrift 1163
Feinkörnigkeit
Bebauungsplan 1464
Flächennutzungsplan 306
Konfliktbewältigung 1446
Raumordnung 283
Feinsteuerung 586, 1441
Abwägungsgebot 1446
Konfliktbewältigung 1462
Ferien auf dem Bauernhof 2446
Feriendorf 1297
UVP-Pflicht 2702
Ferienhausgebiet 510, 512
Ferienwohnung Wohnungsbauerleichterung 2622
Fernmeldewesen 2466
Fernmeldelinie Kostentragung 3156
Fernmeldeturm 2466
privilegiertes Vorhaben 2466
Fernsehantenne Baugebiet 585
Fernsehturm
privilegiertes Vorhaben 2466
Fernstraße
Abschnittsbildung 3057
Anhörungsverfahren 3049
Ausbauplan 3011
Bahnübergang 3786

1763

Stichwortverzeichnis

Zahlen = Randnummern

Bundesauftragsverwaltung 2999
Datenschutz 3829
Enteignung 3079
Fernstraßenausbaugesetz 3086
Fernstraßenplanung 2997
FStAbG Planrechtfertigung 3948
gemeindliche Klagerechte 158
Geschwindigkeitsbegrenzung 3011
Investitionsmaßnahmegesetze 3759
Kreuzungsrechtsverfahren 3785
Landschaftspflege 3011
Linienbestimmung 3016
materielle Präklusion 3058
Naturschutz 3011
Planänderung 3863
Planfeststellungsbehörde 3000
Planfeststellungsbeschluss 3070
Planfeststellungsverfahren 3045
Plangenehmigung 3004
Planrechtfertigung 3011
Präklusion 3799, 3823
Privatfinanzierung 3091
privilegierte Fachplanung 180, 181
Rechtsschutz 3086
UVP 2702, 3789
Verkehrsprojekte Deutsche Einheit 2998, 3753
Zusammentreffen von Vorhaben 3785

Ferntransport Öl
   UVP-Pflicht 2702

Fernverkehrswegebestimmungsverordnung 3100, 4348
   Rechtsschutz 4349

Fernwirkungen Einzelhandel 2370

Festsetzungen
   BauNVO 422
   Bauordnungsrecht 375
   besonderer Wohnbedarf 353
   bestandsorientierte Planungen 633, 635
   Bestimmtheit 343
   Differenzierungsmöglichkeit 586
   einfacher Bebauungsplan 2296
   einzelfallbezogen 635
   freie Berufe 580
   Freiflächen 359
   Fremdkörper 633
   Garagen 574
   Geschossflächenzahl 746
   Gestaltung 377
   Gliederungsmöglichkeit 586
   Grenzwerte 601
   Höhe baulicher Anlagen 751
   Kombination 588
   Korrektur 1503
   Landesrecht 376
   Maß 373, 730
   Mindestgröße 348
   nachbarschützende Vorschriften 4238
   Naturschutzrecht 302

   naturschutzrechtliche 1251
   Schallleistungspegel 598
   schichtenweise Gliederung 624
   Sicherung Bauverpflichtung 2319
   Sicherung zivilrechtliche Bauverpflichtung 2319
   Stellplätze 574
   Typenerfindungsrecht 740
   Typenzwang 347, 587
   Verkehrsflächen 354
   Versorgungseinrichtungen 361
   vorhabenbezogener Bebauungsplan 2083
   Wahrung Gebietscharakter 589
   Weilheimer Modell 373
   Werbeanlagen 568
   Zweitwohnungsklausel 352

feststellender Teil Baugenehmigung 2246
Feststellungsentwurf 3050
Feststellungsklage 4367
   Fortsetzungsfeststellungsklage 4370
   Normenkontrolle 4143

Feststellungswirkung
   Baugenehmigung 2256

Feueralarmsirene 3678

FFH-Gebiet 2825
   Alternativen 2871
   prioritäre Arten 2831
   SUP-Pflicht 2784
   Umsetzung BNatSchG 2837
   vorläufige Teilmaßnahmen 4126

FFH-Richtlinie 2823, 2852
FFH-Verträglichkeitsprüfung 2842
Fiktion Einvernehmen 176

Filmaufnahmen
   Erörterungstermin 3853

Finalprogramm 9
Finanzhilfen 2070
Finanzhoheit
   gemeindliche Abwehrrechte 161

Finanzierung
   der Sanierung 2044
   Sanierung 2020

Finanzierungsgrundlagen
   Tabelle 2130

Fische
   Abwägungsbelange 3499
   Enteignung 3499
   Entschädigung 3499
   Fischereiverbot Eigentum 4053
   Fischerhütte 2442
   Fischfauna 4111
   Fischölherstellung UVP-Pflicht 2703
   Fischteich Außenbereich 2468, 3405
   Fischteich Enteignung 1695

Fischzucht 2442

Flächennutzungsplan 298
   Abgrabungskonzentrationszone 2470
   Altlasten 305
   Anpassung Träger öffentlicher Belange 193

Zahlen = Randnummern

Stichwortverzeichnis

Artenschutz 890
Aufstellungsbeschluss 852
Aufstellungsverfahren 851
Auskiesung 2470
Außenbereich 318, 2574, 2577
Außenbereichsvorhaben 203
BauNVO 307
Bebauungsplan 389
Begrenzung Fehlerfolgen 1109
Begründung 310
Behördenbeteiligung 872
Bindungen 195
Bindungen öffentlicher Planungsträger 194
Darstellungsmöglichkeiten 301
Darstellungsprivileg 2499, 2514, 2546
Einschaltung von Dritten 977
Entschädigung bei Änderung 1724
Entwicklungsgebot 390
Entwurf Windenergieanlagen 2493
Gebietsreform 397
Genehmigungspflicht 988
Genehmigungsverfahren 990
Grobstrukturen 296
Größenbegrenzung Vorhaben 204
Grundrechte 205
Haftung bei Altlasten 1353
Heilung 1104
Hochwasserschutz 3450
Inzidentkontrolle 420
Kennzeichnungen 305
Konkretisierungsgrad 389
Kunstfreiheit 205
Landesrecht 1020
Maß der baulichen Nutzung 731
Merkmale 421
Monitoring 789
nachrichtliche Übernahme 309
Neuaufstellung 313
Neubekanntmachung 1034, 1073
nicht privilegierte Vorhaben 2577
Normenkontrolle 4135
Offenlagebeschluss 2282
öffentlicher Belang Innenbereich 2386
Öffentlichkeitsbeteiligung 900
Parallelverfahren 1136
privilegiertes Außenbereichsvorhaben 2470, 2578
Rechtsschutz 409, 2505, 4130
Regionalplan 2530
Revisionsklausel 311
Sonderbaufläche 2577
städtebaulicher Vertrag 1863
standortbezogene Aussagen 2500
Teilgenehmigung 1001
Überschwemmungsgebiet 309
Umweltprüfung 786
Unbeachtlichkeit 397
Urschrift 1029
UVP 1281
Verfassungsrecht 205
vorbeugender Rechtsschutz 4250
Wirkungen 317
WoBauErlG 323
Flächenumlegung 1656, 1661
Flexibilisierung Baurecht 108
fliegende Bauten 2272
fließendes Gewässer 3428
Fluchtliniengesetz 14, 15
Flughafen 3253
   Änderung Plangenehmigung 3184
   Außenbereich 2578
   Bauschutzbereich 2237
   Betriebspflicht 3253
   Flugplatzzwang Hubschrauber 3243
   Flugsicherung 3260
   Flugzeugunterstellhalle 2476
   Flugzeugunterstellhalle Außenbereich 2471, 2478
   Lärmschutz 3188
   Lärmschutzzonen 3194
   Planfeststellung 3175
   Schönefeld 3187
   UVP 2702, 3789
Flugplätze
   militärische Nutzung 3232
Flugplatzzwang 3243
Flugrouten 3223
Flurbereinigung 3546
   Konzentrationswirkung 3551
   Planfeststellungsbeschluss 3551
   Teilnehmergemeinschaft 3549
   UVP 2702, 3789
   vereinfachtes Verfahren 3553
   vorläufige Besitzeinweisung 3555
Flussgebietseinheit 3380
Flüsterasphalt 673, 4088
FOC 526
Folgekosten
   städtebaulicher Vertrag 1906
   Vertrag 1434
Folgekostenvertrag 1905
Folgemaßnahmen
   Planfeststellung 3911
   Plangenehmigung 3004
Folgenbeseitigung
   illegales Bauen 4271
   vollzogener Bebauungsplan 4139
Folgenutzung
   Baurecht auf Zeit 404
Förderabgabe 3612
Förderungsmittel
   Sanierung 2022
Forellenzucht Enteignung 3468
formell illegal Nachbarschutz 4270
formelle Legalität
   Gebäudeerweiterung 2654
formelle Planreife 2316

Stichwortverzeichnis

Zahlen = Randnummern

Formerfordernis Umlegung 1667
Formfehler
  Beachtlichkeit 3922
  Entschädigung 1574
  Veränderungssperre 1574
förmliche Behördenbeteiligung 880
förmliche Festlegung
  Sanierungsgebiet 1991
förmliche Öffentlichkeitsbeteiligung 913
Forsthaus
  Außenbereich 2443
Forstwirtschaft 2424, 2443
  Abwägungsgebot 1316
  Außenbereich 2449, 2454
  Holzhandel 2443
  Landwirtschaft 2443
  Lohnbetrieb 2443
  Naturschutz 4060
  Umwidmungssperre 1373
Fortfaitierung 1887
Fortsetzungsfeststellungsklage 2220, 4215
  Feststellungsklage 4370
freie Berufe
  Nachbarschutz 582
  Nutzungen 580
Freiflächen 359
freihändiger Erwerb Enteignung 1766
Freileitungen
  Festsetzungen 369
  Parallelführung 1455
Freiraumschutz 1316
Freistellung 1476
  Freistellungsklauseln Länderabweichung 1247
  Musterbauordnung 2205
  Rechtsschutz 4280
  Vorhaben 333
  vorläufiger Rechtsschutz 4404
  Wyhl-Urteil BVerwGE 72, 300 338
Freizeichnungsklausel
  Länder Naturschutz 74
Freizeit
  Freizeitnutzung Nachbarschutz 2663
  Freizeitplanung 1299
  Freizeitzentrum Sondergebiet 478
  Freizeitzentrum UVP-Pflicht 1285
Fremdanlieger 1886
  städtebaulicher Vertrag 1884
Fremdenverkehr
  Fremdenverkehrsgebiet Außenbereich 2578
  Satzung 2167
Fremdkörper 636
  Festsetzungen 633
  Innenbereich 2359
  Rücksichtnahme 1509
  städtebauliche Vertretbarkeit 637
Fremdwerbung
  Innenbereich 2367
  Werbeanlagen 570

Fristversäumung Öffentlichkeitsbeteiligung 934
Frühwarnsystem ökologische Maßnahmen 3498
frühzeitige Behördenbeteiligung
  Siehe Behördenbeteiligung
frühzeitige Öffentlichkeitsbeteiligung
  Siehe Öffentlichkeitsbeteiligung
Fünfjahresfrist Planfeststellungsbeschluss 4128
Funkantennenmast 585
Funkstellen 2590
Funktionen der kommunalen Selbstverwaltung 141
Funktionsänderung Gebäude 1731
Funktionslosigkeit
  Bebauungsplan 1092, 1098, 1144, 4204
  Flächennutzungsplan 2467
Funktionsschwäche 1971
Funktionsverlust 2059
Fußballstadion
  Nachbarklage 4238
  Nachbarschutz 4238
Fußgängerzone Bebauungsplan 412
Futtergrundlage
  Landwirtschaft 2436

Garagen 574
  Versiegelungsklausel 743
Gartenbaubetrieb 2464
  Außenbereich 2425
  Gartencenter 532
  Privilegierung 2458
  Wohngebiet 444
Gartenhofhäuser
  Nachbarschutz 758
Gartenschwimmbecken 583
Garzweiler II 3583, 3586
Gasleitung
  privilegiertes Vorhaben 2466
Gastransport
  UVP-Pflicht 2702
Gastronomie
  Landwirtschaft 2445
Gaststätte
  Baugenehmigung 2248
  Bestimmtheit Baugenehmigung 2591
  Landwirtschaft 2445
  Nachbarschutz 2660
  Vergnügungsstätte 561
  Wohngebiet 437
GATT 2944
Gebäude
  Abstand Landesrecht 763
  Bestandsschutz 1730
  Funktionsänderung 1731
  Gebäudemängel Ersatzbau 2632
  Gebäudemängel Wirtschaftlichkeitsberechnung 2632

Zahlen = Randnummern **Stichwortverzeichnis**

Gebäudewiederaufbau Außenbereich 2635
Gebäudezerstörung Abrissarbeiten 2641
Gebäudezerstörung Ersatzbau 2643
Wiederaufbau Außenbereich 2646
Zerstörung alsbaldiger Wiederaufbau 2646
zulässigerweise errichtet 2634
Gebietscharakter
   Gebietsabwehranspruch Nachbarschutz 1492
   Wahrung bei Festsetzungen 589
   Wahrung im Mischgebiet 475
Gebietsentwicklungsplan 156
   Darstellungsprivileg 2499
   Gegenstromprinzip 237
   Stufensystem 233
   SUP 2809
   Windenergieanlage 2497
Gebietsfestlegung Erhaltungssatzung 1838
Gebietsprägung Innenbereich 2377
Gebietsreform
   Flächennutzungsplan 397
Gebrauchsabnahme 2272
gebundene Entscheidung Baugenehmigung 2249
Geeignetheit Enteignung 1764
Gefahrenabwehr
   Begriff 3638
   Bodenschutz 1338
   Rechtsschutz 3646
   Sofortvollzug 4227
Geflügel
   Geflügelmaststall 2474
   Geflügelzucht 2437
Gegenstromprinzip 100, 217, 229, 237
Geh-, Fahr- und Leitungsrechte 1715
   Enteignungsverfahren 1746
Geldentschädigung
   Enteignung 1697, 1739
   Geldabfindung Umlegung 1662
   Geldausgleich Umlegung 1663
   Schutzauflagen 4104
Geldspielgerät Vergnügungsstätte 560
Geltungsdauer
   Baugenehmigung 2254
   Veränderungssperre 1546
Gemeinde
   Amtshaftung 1940
   Anhörungsrechte Fachplanung 3256
   Antrag auf Zurückstellung 1586
   Antragsbefugnis 4166
   Auskunftspflicht 2815
   Bauleitplanung 3
   Belange im Außenbereich 2639
   Bergbau 152
   Beteiligung 2236
   Beteiligung UVP 3793
   Beteiligungsrechte 144
   Braunkohlenplan 3591
   Darstellungsprivileg 2499

   eigene Rechte 3880
   Eigentum 3881
   Einvernehmen 2236
   Einvernehmen Immissionsschutz 3656
   Fachplanung 3880, 3972
   Fluglärmgesetz 3197
   Haftung 1940
   Haftung bei Altlasten 1353
   Informationsanspruch 148
   Informationsrechte 144
   interkommunale Abstimmung 4284
   interkommunale Bauleitplanung 207
   Kooperation 538
   Mitwirkungslasten 157, 3827, 3880
   Mitwirkungsrechte 143, 285
   Mitwirkungsrechte Fachplanung 3256
   Müllverbrennungsanlage 3360
   Nachbarklage 2386, 2670, 4286
   Naturschutz 4078
   Normenkontrolle 4166
   Präklusion 3827
   Prioritätsgrundsatz 3880
   privilegiertes Außenbereichsvorhaben 2470
   Rechtsschutz 3880, 4284
   Rechtsschutz Abstimmungsgebot 213
   Rechtsschutz Braunkohlenplan 3586
   Rechtsschutz Eisenbahn 3144
   Rechtsschutz Energieanlagen 3173
   Rechtsschutz Fachplanung 4305
   Rechtsschutz Wasserstraßen 3503
   Sondermülldeponie 157
   Stellungnahme militärische Nutzung 3256
   Tiefflüge 3239
   Unterhaltungslast Telekommunikation 3157
   unwirksamer Bebauungsplan 4170
   Vorkaufsrecht 1604
   Widerspruchsrechte 4290
   Zusammenarbeit mit Investor 2092
Gemeindeanteil
   Erschließungskosten 1881
gemeindefreie Gebiete
   Bauleitplanung 214
Gemeindenachbarklage 206, 2386, 4286
   Antragsbefugnis 4145
   Müllverbrennungsanlage 151
gemeindeübergreifende Planung
   Rechtsschutz 151
gemeindliches Einvernehmen
   Ersetzen 178
Gemeingebrauch
   Eigentum 1683
Gemeinlastprinzip
   Umweltrecht 3728
gemeinsame Vorschriften Beteiligung 944
Gemeinschaden Betriebsplan 3563
Gemeinschaftsanlagen 364, 366
Gemeinwohl
   Außenbereichsnutzung 2468
   Befreiung 2304

Stichwortverzeichnis

Kiesabbau 3389
Verhältnismäßigkeit 142
Wasserschutzgebiet 3436
Gemengelage
　Abstandsliste NW 608
　bestandsorientierte Planung 634
　Bestandsschutz 1509
　Fremdkörperfestsetzungen 634
　Gewerbegebiet 495
　Großgemengelage 608
　Industriegebiet 506
　Innenbereich 2392
　Kleingemengelage 608
　Konfliktbewältigung 1521
　Mittelwert 1458
　Mittelwertbildung 3689
　Schutzauflagen 508
gemischte Bauflächen Flächennutzungsplan 308
gemischte Tätigkeit Landwirtschaft 2444
Gender Mainstreaming 1214
Genehmigung 2256
　bauaufsichtliche 2281
　Erhaltungssatzung 1828, 1838, 1841
　Genehmigungsfiktion 1000
　Immissionsschutz 3653
　Nutzbarkeit 2433
　planungsrechtliche Zulässigkeit 2275
　privatrechtsgestaltende Wirkung 3658
　Sanierungssatzung 1026
　Teilgenehmigung 1001
　Zeitpunkt 2251
Genehmigungsanspruch
　Bestandsschutz 1730
　Fachplanung 2993
genehmigungsbedürftige Anlage
　Gewerbegebiet 485
　Industriegebiet 506
　Mischgebiet 473
　Schweinemast 3641
genehmigungsbedürftige Vorhaben 2218
　§ 29 BauGB 2199
Genehmigungsbehörde
　Normenkontrolle 4168
　Personenbeförderung 3268
Genehmigungsfrage
　Nutzungsänderung 1493
　stellt sich neu 2622, 2623
genehmigungsfreie Vorhaben
　MBauO 2207
Genehmigungsfreistellung 2210
Genehmigungsverfahren
　Antragskonferenz 3621
　Auskunftspflicht 3618
　Baugenehmigung 2197, 2198
　Bauleitplanung 988
　Bebauungsplan 990, 1132, 1134
　Beratungspflicht 3618
　Beschleunigung 3617

Flächennutzungsplan 990
Freistellung 337
Genehmigungswirkung Planfeststellung 3909
höhere Verwaltungsbehörde 993
Immissionsschutz 3647
Immissionsschutz vereinfachtes 3662
Präklusion 3620
Rechtskontrolle 993
Rechtsschutz 3696
Sternverfahren 3620
vereinfachtes 2205
Verfahrensabschnitte 3756
Verfahrensstraffung 3619
Vorhaben- und Erschließungsplan 2088
Vorlage der Stellungnahmen 943
Genehmigungsverfahrensbeschleunigungsgesetz 3758
　Fehlerbeachtlichkeit 3925
　Fehlerheilung 3920
　Präklusion 3822
Generalbebauungsplan 399
Geräusch Begriff 3628
Gericht
　Gerichtsverfahren 4338
　Kontrolle Enteignungsvoraussetzungen 1765
　Kontrolle Gemeinwohlanforderungen 1765
　Sofortvollzug 4389
geringfügige Erweiterung
　Außenbereich 2639
Geringfügigkeit
　Abwägungsgebot 1421
Geruchsbelästigung
　Tierzucht 2454
Geruchsimmissionen 2666
　Mittelwert 1458
Gesamtkonzept
　Windenergie 2514
Gesamtrechtsnachfolge 1332
Gesamtumweltprüfung 2873
Gesamtunwirksamkeit
　Bebauungsplan 4197
　Normenkontrolle 965
　Teilunwirksamkeit 964
Gesamturteil positives 2269, 3710, 3877
Geschäftsgebäude
　Industriegebiet 503
Geschäftsordnung
　Erörterungstermin 3854
Geschichte städtebauliche Planung 12
geschlossene Bauweise 760
Geschlossenheit
　Bebauungszusammenhang 2340
Geschoss
　Geschossflächenzahl 732, 745
　Geschossflächenzahl Festsetzungen 746

Zahlen = Randnummern

Stichwortverzeichnis

Geschossfläche 745
    Anrechnungsregel 743
    Berechnung 746
    differenzierte Festsetzung 369
    Einzelhandelsbetriebe 541
geschützte Landschaftsbestandteile 4045
Geschwindigkeitsbegrenzung Fernstraße 3011
Gesetzesplanung
    Investitionsmaßnahmegesetze 3759
Gesetzgeber
    Inhalts- und Schrankenbestimmung 1682
    Staatsziel Umweltschutz 3724
Gesetzgebungskompetenz
    Bodenrecht 28
gesetzliche Leitbilder
    Stadtumbauvertrag 2067
gesicherte Erschließung
    Außenbereich 2561
Gestaltungsfestsetzungen
    Begründung 377
    Begründungsgebot 388
    Landesrecht 1374
Gestaltungsfreiraum Planung 1376
Gestaltungsvorschriften
    Nachbarschutz 4248
Gestaltungswirkung
    Planfeststellung 3909
Gestattungswirkung Atomrecht 3707
Gesteinabbau privilegiertes Vorhaben 2466
gestuftes Verfahren
    SUP 2741
    Umweltprüfung 2735
Gesundheitsgefahr 725
    Anspruch auf Einschreiten 3703, 4271
    Gesundheitsschutz Atomrecht 3718
    Sendeanlagen 2466
    Transformatoren 2466
geteilter Bebauungsplan 1249
Getränkemarkt Nachbarklage 2373
Gewächshaus
    Landwirtschaft 2447
Gewässer 3378
    Abwägungsgebot Gewässerschutz 1314
    Ausbau gemeinnütziger und privatnütziger 3408
    Gewässergüte 2935
    Gewässerschutz 3428
    Gewässerschutz Bauleitplanung 1313
    Gewässerverunreinigung 3563
    Gewässerverunreinigung Bodenschutz 1326
    oberirdische 3380
Gewerbebetrieb
    angemessene Erweiterung 2654, 2656
    Außenbereich 2467
    Erweiterung 2655
    Gewerbegebiet 482
    Industriegebiet 498

    Mischgebiet 470
    ortsgebundener 2466
    privilegiert 2467
    Urproduktion 2467
Gewerbegebiet 482, 483
    Abstandsliste 604
    Baumassenzahl 750
    dringender Wohnbedarf 850
    eingeschränktes 507
    Flächennutzungsplan 308
    Gliederung 614
    Industriegebiet 482
    Maß-Obergrenzen 752
    Sportlärm 689
    Verkehrslärmschutzverordnung 675, 4098
Gewerbelärm Tabelle 648
Gewinnerzielung Landwirtschaft 2428, 2430, 2432
Gipsabbau
    Außenbereich 2468
gläserne Verwaltung 797
Gleispflegeabschlag 3119
Gliederung 586, 1483
    Abstandserlass NRW 601
    Abstandsliste 606
    Baugebiete 617
    Baugebietstypen 629
    Beschränkung auf Teile des Plangebietes 627
    besondere städtebauliche Gründe 630
    Einzelhandelsnutzung 630
    Gewerbegebiet 494
    Industriegebiet 506
    Kerngebiet 482
    Mischgebiet 475
    Nutzungsarten 589
    Schallleistungspegel 597
    Sondergebiet 546
    städtebauliche Gründe 630
    Typenerfindungsrecht 621
    vertikale 623
    vertikale im Innenbereich 2377
    Zaunwert 600
Go-Kart-Bahn 2476
    Außenbereich 2476
Goldener Schnitt 3121
Golfanlage 2476
Golfplatz
    Abwägungsmaterial 4151
    Außenbereich 2476
    Golfübungsplatz driving range 2476
Grenzregelung Siehe vereinfachte Umlegung
grenzüberschreitende
    Auswirkungen IVU-Richtlinie 2924
    Auswirkungen Monitoring 1045
    Beteiligung Bauleitplan 804
    Beteiligung SUP 2796
    Konsultation 2737

Stichwortverzeichnis   Zahlen = Randnummern

Planung Raumordnung 276
Unterrichtung 971, 973
Grenzwert
Begriff 3627
Festsetzungen 601
Restrisiko 3719
Grobkörnigkeit
Raumordnung 2987
Großdiskothek
Gewerbegebiet 496
Größenangabe
Baugrundstück 2284
großer Schaden 4108
Großer Senat
BVerwG 4344
Verfahrensrevision 4343
Großflächigkeit
Begriff 534
Nachbarschaftsladen 534
Großgaragen
Kerngebiet 480
Großgemengelage 608
Großhandel
Nutzungsänderung 2370
Grundabtretung
Bergbau 3577
Verfahren 3581
Zulegung 3578
Grundbuch
Grundbuchsperre 1652
Teilungsgenehmigung 1600
Umlegung 1651
Grundflächenzahl 732, 733, 742
Grundpflichten
Abfall 3326
Immissionsschutz 3646
Grundrechte
Flächennutzungsplan 205
Nachbarklage 4238
Grundrechtsschutz
dynamischer 3519
Gesetzgeber 3522
Grundsatz
der Planerhaltung 1107, 1183
der sachgerechten Planung 1449
Grundsatzrevision Normenkontrolle 4201
Raumordnung 221, 240
Grundstück
Ausnehmen von der Umlegung 1649
Bezeichnung Baugenehmigung 2284
Eigentümer Bauantrag 2243
Eigentümerbeteiligung in der Umlegung 1646
Entschädigung bei Nutzungsaufhebung 1720
Grundstücksteilung 1597
Neuordnung städtebaulicher Vertrag 1892
Neuordnung Zuschnitt 1638
Rechtsnachfolge 2255

Teilung Altenteilerhaus 2458
Teilungsgenehmigung 1600
überbaubare Grundstücksfläche 759
überbaubare Grundstücksfläche Nachbarschutz 4241
Übertragung Formerfordernis 1667
Umlegung 1638
Wertminderung 4155
Grundwasser 3378, 3428
Auskiesung 3408
Einleiten von Stoffen 3426
Gemeinschaden 3563
Grundzentrum
Raumstrukturen 244
Grundzüge
Änderung im Planverfahren 958
der Bauleitplanung 907
Planänderung 3861
Planung 1080
Gutachten
gerichtliche Verwertbarkeit 3898
Immissionsschutz 660
gute fachliche Praxis 3990
Landwirtschaft 1352
Güterverkehrszentrum Enteignung 1699
Gütezeichen
Kreislaufwirtschaft 3347

Habitate 2825
Habitatschutz 2823, 2824
Monitoring 1062
Hafengebiet 518
Haftung
Amtshaftung 1433
culpa in contrahendo 1433
Gemeinde 1940
großer Schaden 1940
kleiner Schaden 1940
Hamburg
Sonderregelungen Städtebaurecht 2182
Handelsabkommen 2944
Handlungsnormen
autonome Gestaltungsräume 5
städtebauliche Ziele 5
Handwerksbetrieb
allgemeines Wohngebiet 434
Dorfgebiet 459
Innenbereich 2396
Harmonie
Innenbereich 2351
Harmonisierung Satzungen
BauROG 1998 89
Härte
Fremdenverkehrssatzung 2173
nicht beabsichtigte 2304, 2310
Hauptbetrieb landwirtschaftlicher Nebenbetrieb 2430
Hauptbetriebsplan 3561

Zahlen = Randnummern

Stichwortverzeichnis

Hauptstadt Berlin 2190
Hausgruppen 760
Haushalte Abfall 3330
Heilstätten 2664
Heilung
  Abwägungsmangel 1164
  Ausfertigungsmangel 1180
  Bauleitplan 1104
  Bebauungsplan 1103
  Fehler Bebauungsplan 4170
  Genehmigungsverfahrensbeschleunigungsgesetz 3920
  Öffentlichkeitsbeteiligung 1121
  Planfeststellungsbeschluss 3919
  Rückwirkung 1164
  Städtebaurecht 1998 77
  Verfahrensfehler 3934, 3942
Heilungsvorschrift
  EAG Bau 126
heranrückende Wohnbebauung
  Nachbarschutz 2580
Herstellungsgenehmigung 2272
Hessisch-Lichtenau 2851
Hildesheim 2846
Hinterlandbebauung
  Eigentum 1747
  Innenbereich 2357, 2358
historische Entwicklung 12
  Landesbauordnungen 17
  städtebauliche Sanierung 1955
Hochgeschwindigkeitsbahnnetz 3097
Hochmoselbrücke 2842, 3977
Hochschulgebiet 518
Höchstwerte
  bauliche Nutzung 752
  Maß der baulichen Nutzung 736
Hochwasserschutz 1322, 3448, 3450
Hochwasserschutzpläne 3461
  SUP 2769
Hoferbe Nachbarschutz 4230
Hofstelle
  Landarbeiterstelle 2460
  Standort 2449
  Teilprivilegierung 2619
  wesentliche Änderung 2622
Höhe
  baulicher Anlagen 732, 733, 751
  Höhenbegrenzung 343
  Höhenlage 368
  Höhenlagen Festsetzungen 369
höhere Verwaltungsbehörde, Verwerfungskompetenz 4168, 4170
hohes Umweltschutzniveau 2721
Hollandliste 1348
Holsystem Abfall 3293
Homogenität Baugebiet 544
Hörbarkeitsschwelle Verkehrslärm 663
Horno Braunkohlenplan 3587

Hotel
  UVP-Pflicht 1285, 2702
  Windenergieanlage 2480
Hotelkomplexe 1297
Hubschrauber Flugplatzzwang 3243
Hühnerhaltung 2440
Hunde
  Hundepension 2656
  Hundeschule Außenbereich 2476
  Hundeübungsplatz Außenbereich 2476
  Hundezuchtbetrieb Außenbereich 2480

IBA-Liste 2868
illegales Bauen Stillegung 4273
Imkerei
  Außenbereich 2425
  Privilegierung 2445
Immissionen
  Abfallanlage 185
Immissionsschutz 810, 1307
  Abfallanlage 3358
  Abfallrecht 3273, 3322
  Abwägungsgrundsatz 1203
  Anlage 3639
  Anlagenänderung 3663
  Anspruch auf Einschreiten 3703
  Antragskonferenz 3621
  Auskunftspflicht 3618
  Baugebiet 3683, 3684
  Bauleitplanung 3643, 3680
  Bebauungsplan 591
  Beherrschbarkeit 1519
  Belästigung 3638
  Beratungspflicht 3618
  Betreiberpflichten 1463
  chemische Fabrik 3643
  Datenschutz 3829
  DIN 18005 1310
  EG-Umwelt-Audit 2928
  Erörterungstermin 3652
  Fachplanung 3657
  Feueralarmsirene 3678
  Fremdkörper 1509
  gebundene Entscheidung 3649, 3659
  Gefahr 3638
  gemeindliches Einvernehmen 3656
  Gemengelage 1509
  genehmigungsbedürftige Anlage 3641
  Genehmigungsvoraussetzungen 3647
  Geruch 2666
  Gewerbegebiet 485
  Grundbegriffe 3625
  Grundpflichten 3646
  Gutachten 612, 660
  historische Entwicklung 17
  Immissionsgrenzwert 492
  kommunale Einrichtungen 659
  Konfliktbewältigung 594, 1463
  Konflikttransfer 3685

1771

Stichwortverzeichnis

Zahlen = Randnummern

Konzentrationswirkung 3656
Landwirtschaft 2454
Mittelwert 1458, 3638
Müllverbrennungsanlage 3356
Nachbarschutz 3696, 4249
Nebenanlagen 3642
Nebeneinrichtungen 3639
neue Länder 3702
nicht genehmigungsbedürftige Anlagen 3678
Öffentlichkeitsbeteiligung 3651
passiver 612
planungsrechtliche Zulässigkeit 3679
Präklusion 3620, 3651, 3652, 3799
privatrechtsgestaltende Wirkung 3658
Rechtsschutz 3694
Rechtsschutz Gemeinde Müllverbrennungsanlage 3360
Regeln der Technik 3640
Rücksichtnahme 1494, 1506, 2660
schädliche Umwelteinwirkungen 3622
Schutzkategorien 658
Smog-VO 3623
Stand der Technik 1312, 3640
Stand von Wissenschaft und Technik 3640
Sternverfahren 3620
Stilllegung 3668
Störfaktoren 1509
Tabelle 648
TA-Lärm 1310, 3699
TA-Luft 1310
Trennungsgrundsatz 3685
Truppenübungsplatz 3683
Typisierungslehre 3643
Unbewohnbarkeit Wohnraum 2382
Untätigkeitsklage 3695
VDI-Richtlinie 3628
vereinfachtes Genehmigungsverfahren 3662
Verfahrensstraffung 3619
Verkehrslärm 1316
Verpflichtungsklage 3695
Verzicht 3700
Vorbelastung 1310
Vorsorgegrundsatz 3646, 3693
Vorverfahren 3695
vorzeitiger Beginn 3678
Widerruf Genehmigung 3669
wirtschaftliche Vertretbarkeit 3653
Wirtschaftsförderung 3693
Zivilrecht 3680
Indirekteinleiter 3383, 3396
Wasserwirtschaft 3383
Industrieanlage
Abstanderlass 501
Störfallverordnung 502
Industriegebiet 498
Abstandsliste 604
Baumassenzahl 750
dringender Wohnbedarf 850
Einfügen 2367
Flächennutzungsplan 308
Gewerbegebiet 482
Gliederung 614
heranrückende Wohnbebauung 2660
Maß-Obergrenzen 752
Produktverantwortung 3321
Vergnügungsstätte 553
Industriegleis Telekommunikation 3156
Industriezonen 1301
Information
Anhörung 904
Bauleitplanung 903
Behördenbeteiligung 885
Unterrichtung 904
informationelles Selbstbestimmungsrecht 3829
Informationspflichten Behörden 899
Informationsrechte
Gemeinde 144, 148
Öffentlichkeit 1071
Öffentlichkeitsbeteiligung 901
Informationstechnologie 968
informelle Planungen 1321
Inhaltsbestimmung
Bauordnungsrecht 2254
Eigentum 1682, 2468
Innenbereich 2397
Kompensation 4053
Natur- und Landschaftsschutz 2451, 2468
Naturschutzverordnung 4053
Innenbereich
Abrundungssatzung 2411
Anwendungsvoraussetzungen 2327
Außenbereich 1487, 2332, 2335, 2570
Baugebot 1852
BBauG 1976 40
Bebauung 2342
Bebauungszusammenhang 2331, 2340
beseitigter Altbestand 2345
besonderes Wohngebiet 459, 2377
Bestandsschutz 2399, 2400
Betrieb 2399
Dachgeschossausbau 2365
Dachgeschossnutzung 739
EAG Bau 115
Eigentum 2399, 2400
einfacher Bebauungsplan 2286
Einsichtsmöglichkeiten 2363
Entschädigung 1722
Erhaltungssatzung 1830
Erneuerung 2401
Erschließung 327
erweiterte Zulässigkeit 2392
Erweiterung 2401
Erweiterung in Außenbereich 2655, 2659
Flächennutzungsplan 2386
Fremdkörper 2359, 2397

Zahlen = Randnummern **Stichwortverzeichnis**

Gemeindenachbarklage 2386, 4286
gemeindliches Einvernehmen 163
Gemengelagen 2392
Getränkemarkt 2373
Harmonie 2351
Hinterlandbebauung 2358
Innenbereichsgemengelagen 2392
Kaserne 2335
Kleintierhaltung 2361
Kompensation 2397, 2401
Landwirtschaft 2449
Lärmschutz 2382, 2383
Mischgebiet 2377
Moorsiedlung 2561
Nachbarschutz 2402, 2403, 4244
Naturschutz 1270, 1273
Offenhalten von Planungsmöglichkeiten 2367
Ortsbesichtigung 2332
Ortsbild 2384
Ortslage 2342
Ortsteil 2329, 2335
parkartiges Grundstück 2345
persönliche Verhältnisse 2371, 2374
planungsrechtliche Zulässigkeit 2277, 2325
privatrechtliche Zuwegung 2380
Rücksichtnahme 1486, 1487, 2371, 2402, 3681
sich einfügen 2350
städtebauliche Vertretbarkeit 2397
Störungen 2361
TA-Lärm 2373
Tennisplatz 2361, 2476
Umgebungsprägung 2397
Umgebungsrahmen 2326
unbebautes Grundstück 2341
Unikat 2360
Verschlechterungsverbot 2398
vertikale Gliederung 626
Vorkaufsrecht 1605
Werbeanlage 571, 2367
Zulässigkeitsvoraussetzungen 2327, 2349
Zumutbarkeitsabwägung 2371
Innenbereichssatzung 2109, 2404
Abrundungssatzung 2405
EAG Bau 117
Entwicklungssatzung 2405
erweiterte Abrundungssatzung 2405
genehmigungsfrei 989
Klarstellungssatzung 2405
städtebauliche Gründe 2109
weitere Voraussetzungen 2421
Innenpegel 715
Innenstadtrelevanz Einzelhandel 521
Instandsetzungsarbeiten
Gebäudezerstörung 2641
Instandsetzungsgebot 1857
Institutsgarantie
Eigentum 2468

Instrumente
Landesplanung 243
Intensivtierhaltung
EAG Bau 119
Interessenabwägung Sofortvollzug 4386
Interessenausgleich Konfliktbewältigung 1472
interkommunale Abstimmung 206
Nachbarklage 4145, 4286
Rechtsschutz 4284
interkommunale Nachbarklage 2386
internationale Abkommen
Wasserwirtschaftsrecht 3377
Internet 968
inter-omnes-Wirkung 1158
Interoperationalitätsverordnung 3097
Investitionsmaßnahmegesetze
Verkehrsprojekte Deutsche Einheit 3759
Investor
Einschaltung Bauleitplanung 976
städtebaulicher Vertrag 1929
Zusammenarbeit mit Gemeinde 1433, 2092
InvWoBaulG 57
Baugebot 1856
Erschließungskosten 1880
Vorhaben- und Erschließungsplan 2082
Inzidentkontrolle
Bebauungsplan 417
Flächennutzungsplan 417, 420
Normenkontrolle 4191
IPPC-Richtlinie 2917
IVU-Richtlinie 2917
Umsetzung 3667

Jagd
Jagdhaus Forstwirtschaft 2443
Jagdhütte Außenbereich 2472
Jagdhütte Forstwirtschaft 2443
Jagdrevier 2472
zweite Jagdhütte 2472
Junktimklausel
Enteignung 1682

Kampfmittel
Bodenschutz 1326
Kaserne
Außenbereich 2335
kontaminierte Standorte 1319
Rechtsschutz Gemeinden 152
Kausalität
eigene Betroffenheit 3928
enteignungsrechtliche Betroffenheit 3929
Fehlbeachtlichkeit 3923
Schutzauflagen 4099
Verfahrensfehler 1130, 3605
Verfahrensfehler Atomrecht 2709
Verletzung EG-UVP-Richtlinie 2708
Kellerausbau 746

Stichwortverzeichnis Zahlen = Randnummern

Kennzeichnung
 Altlasten 305, 1354
 Flächen 383
 Flächennutzungsplan 302
Kernenergie 3528
 Außenbereich 2513
 Konditionierung Kernbrennstoff 3706
 Nachbarklage Kernkraftwerk 3708
 privilegiertes Vorhaben 2513
Kerngebiet 479
 Differenzierungsmöglichkeiten 482
 Flächennutzungsplan 308
 Gliederung 614
 schichtenweise Gliederung 624
 Spielhalle 560, 564, 614
 Sportlärm 689
 Vergnügungsstätte 482, 552, 559
Kerngeschäft Raumordnung 2979
Kernkraftwerk
 Nachbarklage 3713
 Strahlendosis 3718
Kfz-Besteuerungsrichtlinie 2916
Kiesabbau
 Eigentum 3389
 Gemeinwohl 3389
 Kiesgrube 2467
Kinderspielplatz 441, 697
Kirchen
 Abwägungsgebot 1221
 allgemeines Wohngebiet 445
 Antragsbefugnis 4152
 Vorkaufsrecht 1614
Klage
 aufschiebende Wirkung 4383
 Begründungsfristen Fachplanungsrecht 4322
 Beigeladene 4375
 Frist 4355
 Klageart 4351
 Klagebefugnis Fachplanung 4300
 Klagebefugnis Gemeinde 149
 Klagebefugnis Mieter 3816
 Klagebefugnis Pächter 3816
 Klagebefugnis Unterlassungsklage 4366
 Klagerechte Behörden 4307
 Klagerechte Einvernehmen 198
 Klageverfahren 4373
 Planfeststellungsbeschluss 3913
 Rechtsschutzbedürfnis 4371
 Zurückstellung 1589, 1595
Kläranlage 3392
 privilegiertes Vorhaben 2466
Klarstellungssatzung 2110, 2406
 genehmigungsfrei 989
Klärteich
 privilegiertes Vorhaben 2466
kleiner Schaden 4108
Kleingartenanlage
 Außenbereich 2587

Kleingemengelage 608
Kleinsiedlungsgebiet 427
 Flächennutzungsplan 308
 Maß-Obergrenzen 752
 Sportlärm 689
 Vergnügungsstätte 553
Klimakonvention 2945
Klinik 2664
 Klinikgebiet 518
Kodifikationsprinzip 294, 296
Kommunalrecht
 Befangenheit 983
 Ersetzen Einvernehmen 178
 Funktionen 141
 Immissionsschutz Einrichtungen 659
 Kommunalaufsicht 171
 Raumordnung 235
 Selbstverwaltungsgarantie 139
 städtebaulicher Vertrag 1919
 Strukturelemente 142
Kompensation
 Bauleitplanung 1254
 Befreiung 2304
 Enteignung 4053
 Inhaltsbestimmung 4053
 Innenbereich 2401
 Kompensationsgebot 1388
 Kompensationsgrundsatz 1397
 Kompensationsmaßnahmen 818
 Konflikttransfer 1695
 Naturschutz 4083
 Naturschutz Bauleitplan 1253
 städtebauliche Vertretbarkeit 2397
Kompetenzverteilung Bund und Länder 134
 Tabelle 134
konditionale Umweltprüfung 2731
Konditionalprogramm 9
 Abwägungsgebot 1198
Konditionierungsanlage Kernbrennstoffe 3706
Konfliktbewältigung 1439
 Abstandsliste NW 608
 Abwägungsgebot 1446
 Außenbereichsvorhaben 2570
 Aussparen von Grundstücken 1454
 Bauleitplanung 1518, 3685
 Befreiung 1456
 Enteignung 1454
 Fachplanung 4165
 Feinkörnigkeit 1446
 Festsetzungen 594
 Gemengelage 1521
 Gewerbegebiet 495
 Gliederung 613
 Industriegebiet 505
 Instrumente 1480
 Konfliktvermeidung Abwägungsgebot 1519
 naturschutzrechtliche 4009

planerische Zurückhaltung 597, 1446
Schallschutzfenster 1468
städtebaulicher Vertrag 1938
Trennungsgrundsatz 1426
Verkehrslärm 679
Wasserstraßen 3497
Wasserwirtschaft 3418
Zumutbarkeit 613
Konflikttransfer 1439, 1461
Abwägungsgebot 1520
Administrativenteignung 1695
enteignender 1695
Enteignung 4110
Fachplanung 3902
Immissionsschutz 3685
Kongresse 518
Konkretisierung
Festsetzungen 346
Veränderungssperre 1537
Konkurrenz Einzelhandel 4153
Konsens
Konsensfindungsverfahren Raumordnung 232
Raumordnung Fachplanung 2986
Konsultation 971
grenzüberschreitende Unterrichtung 974
Kontamination radioaktive 3707
Kontrolldichte
Abwägungsgebot 3011
Enteignungsvoraussetzungen 1765
Gemeinwohlanforderungen 1765
Kontrolle
Kontrollnormen städtebauliche Ziele 5
materielle Kontrollmaßstäbe 8
präventive und repressive 334
Verfahrensfehler 1127
Konzentrationswirkung 101, 182, 672, 1316, 2204, 2468, 3005, 3185, 3909, 3955
Eisenbahn 3136
Immissionsschutz 3656
Planfeststellung 3909, 3910
Planfeststellungsbeschluss 3892
Telekommunikation 3158
Konzeptvorbescheid
Atomrecht 3713
Kernkraftwerk 3708, 3713
Konzessionsmodell
Privatfinanzierung 3088
Konzessionsvertrag
Privatfinanzierung 3092
Kooperation
Gemeinden 538
Kooperationsprinzip Umweltrecht 3729, 3751
Städtebaurecht 1998 79
Vorhaben- und Erschließungsplan 2104
Koppelungsverbot 166, 1870
städtebaulicher Vertrag 1907

Umlegung 1667
Körperschall 3123, 3634
Kosten
Angemessenheit Kostenübernahme 1920
Bahnübergang 3786
Bebauungsplan 1414
Kostenerstattungssatzung genehmigungsfrei 989
Kostenerstattung Widerspruchsverfahren 4361
Kosten-Nutzen-Bilanz Bebauungsplan 645
Kostenübersicht 2152
Kreuzungsrecht 3785
Lärmschutz 681
Modernisierungsgebot 1858
Schallschutz 680
städtebaulicher Vertrag 1905
Widerspruchsverfahren 4360
Kraftfahrzeugreparaturwerkstatt 469
Kraft-Wärme-Koppelung 1867
Kraftwerk
privilegiertes Vorhaben 2466
Kreditgeber Altlasten in der Bauleitplanung 1352
Kreislaufwirtschaft 3272
Abfallbilanz 3344
Abfallplanung 3352
Abfallwirtschaftskonzept 3345
Abfallwirtschaftsplan 3950
Asche-Deponie 3575
Batterien 3348
Datenschutz 3829
Duales System Deutschland 3367
Eilanordnung 3366
Elektronikschrott 3348
Entsorgungsfachbetrieb 3347
Gütezeichen 3347
Immissionsschutz 3356
Landesplanung 3352
Nachweisverfahren 3344
neue Länder 3366
neues Leitbild 3274
Planfeststellung 3362
privilegierte Fachplanung 181
Qualitätsmanagement 3347
REA-Gips-Deponie 3575
Rechtsschutz 3365
Staatsziel Umweltschutz 3329
UVP 3363
Verpackungsverordnung 3367
Kreisstraßen
UVP-Pflicht 3042
Kreuzungsrecht
Kostentragung 3785
Kreuzungsrechtsverfahren 3785
Zusammentreffen von Vorhaben 3782
kulturelle Bedürfnisse
Abwägungsgebot 1214

Stichwortverzeichnis

Zahlen = Randnummern

kulturhistorisch bedeutsam
  Teilprivilegierung Außenbereich 2648
kumulierende Vorhaben 1293
Kunstfreiheit 205
  Außenbereichsvorhaben 2571
  Flächennutzungsplan 205
Kurzbezeichnung Aufstellungsbeschluss 856
Kurzdarstellung Umweltbelange 836, 2790
Küstengewässer 3378

Lager
  Abgrenzung Lagerfläche Verkaufsfläche 546
  Erweiterung Lagerplatz 2655, 2659
Lagerstätte 328
Landarbeiter
  Landarbeiterstelle 2460
  Landarbeiterstelle Bedarf 2460
  Landarbeiterstelle Nähe zur Hofstelle 2460
  Landarbeiterwohnhaus 2447
Landbeschaffungsverfahren 3233
Länder
  Abfallwirtschaftsplanung 3353
  Anzeigeverfahren 1010
  Naturschutz 1240
  Sonderregelungen Städtebau 2185
  Sonderregelungen Städtebaurecht 2181
Landesbauordnung
  Baustufenplan 17
  Novellierungen 1479
landesplanerischer Vertrag 268
  Raumordnung 265
Landesplanung 243
  Abwägungsabschichtungsklausel 2556
  Braunkohlenplanung 3583
  Darstellungsprivileg 2499
  Fachplanung 3945
  Gegenstromprinzip 237
  interkommunale Belange 211
  Pläne 4144
  Planungsleitsatz 3953
  Programme 4144
  Regionalplanung 235
  Stufensystem 233
  SUP 2807
  Windenergieanlage 2497
  Zielbindungsklausel 2555
  Ziele der 215
Landesrecht
  Aufstellungsbeschluss 859
  Baugenehmigung 2220
  Baulast 2238
  Bauleitplan 853
  Baurecht 14
  Bauweise 763
  Denkmalschutz 1219
  Fachplanung 3612
  Festsetzungen 376
  Gebäudeabstände 763
  gesicherte Erschließung 2380
  Naturschutz 1247
  Naturschutzrecht 1278, 3990, 4001, 4007
  Normenkontrolle 4135
  Planaufstellung 862
  privilegierte Fachplanung 3612
  städtebauliche Gebote 1849
  SUP-Pflicht 2786
  UVP-pflichtige Vorhaben 845, 1305
  Wirksamkeitsvoraussetzungen 1020
Landesstraßen
  UVP-Pflicht 3042
Landesverfassung Normenkontrolle 4190
Landesverteidigung 196
  Abwägungsgebot 1319
  Einvernehmen 197
  gemeindliches Einvernehmen 199
Landeswassergesetz 3376
ländliche Zone Raumstrukturen 244
Landschaftsbild
  Abwägungsgebot 1215
  öffentliche Belange 2450
Landschaftsgärtnerei 2444
Landschaftspflege
  Abwägungsgebot 1225
  Auskunftspflicht 2815
  Fernstraße 3011
  landschaftspflegerischer Begleitplan 4008, 4017
  Luftverkehr 3246
  Optimierungsgebot 1231
  Sportflieger 3246
  städtebaulicher Vertrag 1902
Landschaftsplan 810, 1233
  Außenbereichsvorhaben 2579
  Bauleitplanung 1269
  Landschaftsrahmenplan 2452
Landschaftsplanung
  SUP-Pflicht 2775
  Tabelle 1232
Landschaftsschutz
  Abgrabung 2468
  Änderung der Grenzen 4151
  Auskiesung 2468
  Außenbereich 2582, 2600
  Bebauungsplan 4151
  Enteignung 1695
  Erholungssondergebiet 510
  Fachplanung 3980
  Fischereiverbot 4053
  Fischteich 2468
  Flurbereinigung 3548
  Konfliktbewältigung 1469
  landschaftspflegerischer Begleitplan 4008, 4017
  Landschaftsschutzgebiet 4041
  Landschaftsschutzgebiet Reithalle 2435

Zahlen = Randnummern

Stichwortverzeichnis

Landschaftsschutzverordnung Abgrabung 2468
Landschaftsschutzverordnung Bauleitplanung 889
Landschaftsschutzverordnung öffentliche Belange 2553
Landwirtschaftsklausel 2454, 2468
Naturschutzverordnung 4053
Reithalle 2435
Wasserwirtschaft 3420
Zersiedlung 2587
Landwirtschaft 2424
Abtorfung 2451, 2454, 2468
Abwägungsgebot 1316
Abwehranspruch gegen Nachbarnutzung 2663
Altenteilerhaus 2458
Angemessenheit Erweiterung 2650
Anspruch auf Erschließung 2564
aufgegebene 2614
Außenbereich 2449
BBauG 1976 35
Begriff 464
Bestandsschutz 2573
Betriebsaufgabe 2615
Bienenhaus 2478
Biogasanlage 2484
Biogasanlagen 2508
Bodenertrag 2428
Bodenertragsnutzung 2431
dienen 2429
Fischzucht 2442
Futtergrundlage 2436
Gartenbau 2440
Geflügelzucht 2437, 2440
Gewinnerzielung 2428
Gewinnerzielungsabsicht 2430
gute fachliche Praxis 1352
heranrückende Wohnbebauung 2663
Hühnerzucht 2440
Immissionsschutz 2454
Kartoffeln 2445
Landwirtschaftsklausel 2453
Lärmschutz 674
Liebhaberei 2435
Milcherzeugnisse 2445
Nachhaltigkeit 2438
Nachhaltigkeitserfordernis 2430, 2432
Naturschutz 4060
Nebenerwerbsstelle 2430
Nebenerwerbsstelle Nachhaltigkeit 2430
Nutzungsänderung 2573
Nutzungsaufgabe 2643
Nutzungstypen 465
Ökostation 2478
Pachtland 2457
Pensionspferdehaltung 2435
Pferde 2435
Pferdezucht 2472

Putenmast 2454
Reithalle 2435
Rinder 2435
Rücksichtnahmegebot 2661
Schafe 2435
Spargelanbau 2445
Teiche 2466
Teilprivilegierung 2606, 2622, 2624
Tierhaltung 2435, 2436
Tierzuchtbetrieb 2435
Veredelungsstufen 2435
vernünftiger Landwirt 2447
Vollerwerbsbetrieb 2430
Wurstwaren 2445
Landwirtschaftsklausel
Außenbereich 2454
Naturschutz 3990
Naturschutzrecht 1279, 2451, 2454, 2468, 3990
längsgeteilte Dringlichkeit 3056
Lärmschutz
aktiver Eisenbahn 3121
Bolzplatz 689
Flughafen 3188
Fluglärmgesetz 3194
Gutachter 661
Immissionsschutz 3624
Innenbereich 2382, 2383
Kosten 681
Landwirtschaft 674
Lärmgrenzwerte 644
Lärmkarten 2912
Lärmkontingentierung 3198
Lärmminderungspläne SUP-Pflicht 2778
Lärmsanierung Eisenbahn 3145
Lärmschutzgarantie 688, 4113
passiver – Eisenbahn 3121
Personenbahnhof 3119
Sportanlagen 4238
Summation 710
Tabelle 648
Truppenübungsplatz 3683
Verkehrsanlagen 646
Wohngebiet 657
Zumutbarkeit 645
Laubengebiet 2587
Leasingmodell
Privatfinanzierung 3088
Lebensgefahr Anspruch auf Einschreiten 3703
Lebensmittel
Lebensmittelladen Innenbereich 2362
Sondergebiet 539
Legalenteignung Eigentum 1686
Legalplanung
Investitionsmaßnahmegesetze 3759
Leichtwasserreaktor 3706
Leistungsklage allgemeine 4365

1777

Stichwortverzeichnis

Zahlen = Randnummern

Leistungsstörungen städtebauliche Verträge 1939
Leitbilder Städtebau 1926
Leitlinien Optimierungsgebot 1523
Leitpläne neue Länder 400
Leitungsverlegung Telekommunikation 3159
Lemgoer Entwurf 24
Leuchtreklame Bebauungsplan 573
Leukämiefälle 3718
Liberalismus
   Baufreiheit 13
Lichtschutz Immissionsschutz 3624
Liebhaberei
   privilegiertes Außenbereichsvorhaben 2435
Linienbestimmung 2754, 3014
   Abwägungsgebot 3494
   Bundesfernstraße 3949
   Fernstraße 3007, 3016
   Personenbeförderung 3269
   Planrechtfertigung 3949
   Raumordnungsverfahren 3043
   Rechtsschutz Eisenbahn 3139
Lohnunternehmen
   Außenbereich 2428
Luftqualität
   Bebauungsplan 2909
Luftqualitätsrichtlinie 2874
   Außerkrafttreten Bebauungsplan 1098
Luftqualitätszeile 2886
Luftreinhaltepläne 2898
   SUP-Pflicht 2779
Luftschall 3123
   sekundärer 3122
Luftverkehr 2938, 3175
   Anhörungsbehörde 3248
   Außenbereich 2471, 2476, 2478
   Bauleitplanung 3189
   Betretungsrechte 3191
   Bezeichnung 3259
   Bundesauftragsverwaltung 3176
   Datenschutz 3829
   Entschädigungsanspruch 3207
   Flugsicherung 3260
   Hochbauten 3254
   Konzentrationswirkung 3185
   Lärmkontingentierung 3198
   militärischer 3232
   NATO-Truppenstatut 3232
   Naturschutz 3246
   Planfeststellung 2578, 3177, 3248
   Plangenehmigung 3177
   privilegierte Fachplanung 180, 181
   Rechtsschutz 3251
   Restrisiko 3249, 3253
   Rücksichtnahme 3198
   Schallschutz 3192
   Schutzauflagen 3206, 3207
   Sicherheitsmindesthöhe 3222

Tiefflüge 3239
UVP 2702, 3180
Verkehrslärmschutz 3188
Verwirkung Abwehrrechte 3261
Vorbelastung 3204
Luftverunreinigung 3691
   Begriff 3627
   Immissionsschutz 3624

Maastricht 2679
Magerrasen 203
magnetische Wellen 2466
Magnetschwebebahn 3509
   UVP-Pflicht 2702
Magnetschwebebahnbedarfsgesetz 3510
Maschinenpark
   Landwirtschaft 2428
Maß
   der baulichen Nutzung 731, 2286
   der baulichen Nutzung Innenbereich 2365, 2366
   der baulichen Nutzung Nachbarschutz 4240
   Maßangaben 730
   Maßbegrenzung Bauleitplanung 754
   Maßüberschreitung Rücksichtnahme 1497
   Werbeanlagen 570
Masseneinwendungen 3907
Massentierhaltung 2474, 2479
Massenverfahren 939
Maßnahmenprogramme
   Wasserwirtschaft SUP 2770
Maßregelvollzug 200
materiell illegal Nachbarschutz 4270
materielle Legalität Gebäudeerweiterung 2654
materielle Planreife 2322
materielle Präklusion
   Bergbau 3569
   Betriebsplan 3569
   Eisenbahn 3113
   Fernstraße 3058
   Wasserstraßen 3496
Mautgebühr
   Privatfinanzierung 3092
MBauO 2206
Mediation 1951
   Bauleitplanung 976
mehrstufiger Verwaltungsakt 4352
Mehrwegbesteck 3367
Meistbegünstigungsgrundsatz
   Bauherr 4257
Messen 518
Mieter
   Abrissverfügung 1736
   Antragsbefugnis 4159
   Duldungspflicht 1847
   Klagebefugnis 4301
   Nachbarschutz 4230
   verfassungsrechtlicher Eigentümer 4159

Zahlen = Randnummern

Stichwortverzeichnis

Milieuschutz
   Erhaltungssatzung 1832
militärisch genutzte Flugplätze 3232
Minderungsmaßnahmen 818
Mindestabstand
   Rücksichtnahmegebot 2363
   Windenergie 2507
Mindestgröße Festsetzungen 348
Minimierungsgebot 1203
   Abwägungsgebot 1197
   naturschutzrechtliches 3997
Mischgebiet 468
   Einzelhandelsnutzung 546
   faktisches 476
   Gliederung 475
   Homogenität 544
   Innenbereich 2377
   Kerngebiet 479
   Maß-Obergrenzen 752
   Mischgebietsschutz Außenbereich 655
   Mischgebietswerte Außenbereich 2664
   Sondergebiet 478
   Spielhalle 553, 560, 564
   Sportlärm 689
   Umgebungsprägung 2377
   Vergnügungsstätte 469, 552, 559
   Wahrung Gebietscharakter 475
Mischsanierung 2019
Missstände
   Ersatzbau 2632
   städtebauliche – Vorkaufsrecht 1623
Mittelwertbildung
   Gemengelage 1458
   Geruchsimmissionen 1458
   Immission 3638
   Verbesserungsgebot 1460
Mittelzentrum
   Gemeindenachbarklage 2386, 4286
   Raumstrukturen 244
Mitwirkung
   Fachplanung 143
   mitwirkungsbedürftiger Verwaltungsakt 4352
   Mitwirkungslast Abwägungsgebot 1419
   Mitwirkungslast Beachtlichkeit 1145
   Mitwirkungslast Beteiligung 925
   Mitwirkungslast Gemeinde 157, 3880
   Mitwirkungslast Öffentlichkeitsbeteiligung 933
   Mitwirkungslast Präklusion 3823
   Mitwirkungslasten Wasserwirtschaft 3470
   Mitwirkungsverbot Fachplanung 3928
   Rechte Gemeinde 203, 204, 285
Mitwirkungsrechte
   Gemeinde 143
   Verbände 4021
Möbelmarkt 532
   Einzelhandelsnutzung 539
Mobilfunkanlagen 448

Modernisierungsbedarf
   Ersatzbau 2630
Modernisierungsgebot 1857
modifizierende Auflage
   Rechtsschutz 4220
Monbijou 2847
Monitoring 789, 1035
   Drittschutz 1067
   Erstplanung 1061
   Habitatschutz 1062
   Öffentlichkeitsbeteiligung 1067
   Planspiel 1055
   Planungszyklus 1071
   Raumordnungsplan 255
   SUP 2799, 2801
   Vorhaben 1070
Moorsiedlung 2561
Mopedrennen Rücksichtnahmegebot 4276
Moto-Cross-Anlage 2476
Mülldeponie
   Abwehrrechte Gemeinde 149
   gemeindliche Abwehrrechte 150
   Verfassungsbeschwerde 156
Müllheizkraftwerk 3317
Müllverbrennungsanlage
   Abfallbeseitigungsanlagen 3355
   Gemeindenachbarklage 151
   Immissionsschutz 3356
   Rechtsschutz Gemeinde 3360
   UVP-Pflicht 2703
München II 3197
mündliche Verhandlung Enteigungsverfahren 1786
Musterbauordnung 2205

Nachbar
   Beiladung 4214
   Beteiligung 2231
   Rechtsschutz 4228
   vorläufiger Rechtsschutz 4406
   Widerspruch 4209
Nachbarbebauungspläne Abschnittsbildung 1517
Nachbargemeinde
   Abstimmungsgebot 531
   interkommunale Abstimmung 206
   Klagerechte Einkaufszentrum 207
   Rechtsschutz Luftverkehr 3257
   Rechtsschutzmöglichkeiten 213
Nachbarklage
   Verlust von Nachbarrechten 4277
Nachbarklage 4231, 4255
   Befreiung 2304
   Beiladung 4260
   Beweislast 4253
   Bindungswirkung Vorbescheid 4268
   Ehegatte 4230
   einstweilige Anordnung 4264

Stichwortverzeichnis Zahlen = Randnummern

Folgenbeseitigungsanspruch 4271
Fußballstadion 4238
Grundstücksveräußerung 4230, 4271
Immissionsschutz 4249
Innenbereich 2402
interkommunale 2386, 4286
interkommunale Antragsbefugnis 4145
Kernkraftwerk 3708, 3713, 3720
Mieter 4230
Sportanlage 4277
Teilbaugenehmigung 4269
Verwirkung 4204, 4277
vorbeugender Rechtsschutz 4250
Nachbarschaftsladen 441, 533
  Ausschluss 614
Nachbarschutz
  Abfallrecht 4324
  Abstandsfläche 4248
  Art der baulichen Nutzung 4239
  Atomkraftwerk 3532
  Atomrecht 3532
  Ausnahmen 2234, 4243
  Außenbereich 2598, 4245
  Baugebiet 426, 1495
  Baunkohlenplan 3591
  Bebauungsgenehmigung 2266
  Bebauungsplan 2403
  Befreiung 2234, 2304, 4243
  Bergbau 3604
  Beteiligung 2233
  Beweislast 4253
  Ehegatte 4230
  Eilantrag 4262
  Eilverfahren 4274
  Einsichtsmöglichkeiten 2363
  freie Berufe 582
  Frist 4256
  Fußballstadion 4238
  Fußgängerzone 4155
  Gartenhofhäuser 758
  Gebietsabwehranspruch 1492
  gebietsübergreifender 591
  Gefahrenabwehr 3646
  Gefahrenvorsorge 3646
  Gestaltungsvorschriften 4248
  heranrückende Wohnbebauung 2580
  Immissionsschutz 3696, 4249
  Industriegebiet 505
  Innenbereich 2373, 2402, 2403
  innergebietlicher 591
  körperliche Unversehrtheit 4303
  Maß der baulichen Nutzung 4240
  Mieter 4230
  Mopedrennen 4276
  öffentlich-rechtlicher 4229
  potenzieller 4236
  Rechtsmissbrauch 4279
  Rechtsschutz 1494
  Regeln der Technik 4248
  Rücksichtnahme 1487, 2293, 4231
  schädliche Umwelteinwirkungen 4242
  Schutznormtheorie 4231
  Sofortvollzug 4261
  Sperrgrundstück 4302
  Sportanlage 4277
  sportliche Anlagen 4238
  Stellplatzpflicht 4249
  Stilllegung Baumaßnahme 4273
  tatsächliche Beeinträchtigung 4233, 4234
  Tempergießerei 4221
  Truppenübungsplatz 2661
  ungenehmigtes Bauen 4270
  Veränderungssperre 1553
  Verfahrensrecht 4251
  Verkehrslärmschutz 4301
  Verpflichtungsklage 4273
  Verwirkung 4204, 4277
  vorbeugende Unterlassungsklage 4267
  Wasserwirtschaft 3467
  Wertminderung 4235
  Widerspruch Baugenehmigung 4255
  zivilrechtlicher 4229
  Zusage 4252
Nachbarstaaten 971
Nachbesserung
  Abwägungsmaterial 937
  Planfeststellung 3934
  Verfahrensfehler 3934
Nachfolgeverfahren
  Konfliktbewältigung 1469
Nachfolgeverfahren Konfliktbewältigung 1469
nachhaltige Trauerarbeit 1378, 1394, 1401, 1407, 2972, 2991
Nachhaltigkeit 106, 1378, 1394, 1401, 1407, 2721, 2972, 2991
  Landwirtschaft 2430, 2432, 2438
  Raumordnung 230
  Städtebau sustainable development 1223
nachprägende Vorbelastung 3256
nachrichtliche Übernahme
  Bebauungsplan 383
  Flächennutzungsplan 309
Nachsteuerung
  Konfliktbewältigung 1462
  Rücksichtnahme 1500, 2662
Nachteil
  Abfallrecht 4156
  Abwägungsgebot 1415
  Anwohnerbelastung 4156
  Fachplanungsrecht 4093
  Fußgängerzone 4155
  interkommunale Abwägung 206
  Normenkontrolle 4134, 4151
  weiter Begriff 4156
Nachtflugverbot 3198
nachträgliche Anordnungen 3668

Zahlen = Randnummern

Stichwortverzeichnis

Nachtwerte
  Lärmschutz Eisenbahn 3121
Nachverdichtung
  Splittersiedlung 2589
Nachweis
  Nachweisverfahren Kreislaufwirtschaft 3344
nachwirkender Bestandsschutz 1568
Nahtstelle
  Konfliktbewältigung 609
Nahversorgung
  Einzelhandel 522
Nassauskiesung Privilegierung 2468
Nationalpark 4039
Nationalsozialismus
  Bauregelungsverordnung 19
NATO
  Truppenstatut Luftverkehr 3232
Nato-Streitkräfte 199
Natura 2000 1237, 2825, 2830, 2840
  FFH-Richtlinie 2852
  Vogelschutz-Richtlinie 2857
Naturdenkmale 4044
Naturereignis
  Gebäudezerstörung 2643
Naturpark 4043
Naturparkverordnung
  Eigentumsgarantie 2451
Naturschutz
  Abschnittsbildung 4057
  Abwägungsgebot 1225
  Artenschutz 891
  Ausgleich 1259
  Ausgleichsabgabe 4001, 4007
  Ausgleichsgebot 3998
  Ausgleichsmaßnahme 3998, 4001, 4007, 4083
  Auskunftpflicht 2815
  Außenbereich 2582
  Außenbereichsvorhaben 2600
  Auswahlentscheidung 2853
  Bauleitplanung 1241
  Bebauungsplan 1270
  bipolare Abwägung 4003, 4004
  Darstellungen 303
  Eisenbahn 3114, 3136
  Emsvertiefung 3988
  Enteignung 4053, 4054
  Ersatzmaßnahme 4001, 4007
  Ersatzmaßnahmen 4002
  Fachplanung 3980, 3998, 4057
  Fernstraße 3011
  Festsetzungen 1224
  FFH-Richtlinie 2852
  Fischereiverbot 4053
  Fischteich 2468
  Flurbereinigung 3548
  Freizeichnungsklausel Länder 74, 2186
  Frühwarnsystem 3498
  Genehmigung von Vorhaben Tabelle 1273
  Innenbereich 1273
  Instrumente 1248
  Kompensationsraum 1253
  Konfliktbewältigung 1469
  Land- und Forstwirtschaft 4060
  Landesrecht 1247, 1278, 4001
  landschaftspflegerischer Begleitplan 4008, 4017
  Landwirtschaftsklausel 1279, 2451, 2454, 2468, 3990
  Luftverkehr 3246
  mathematisches Berechnungssystem 3988
  Minimierungsgebot 3997
  naturschützende Belange 812
  naturschutzfachlicher Beurteilungsspielraum 2826
  Naturschutzgebiet 4036
  Naturschutzgebiet öffentliche Belange 2553
  Naturschutzrecht Abgrabung 2468
  Naturschutzrecht Länder 1240
  naturschutzrechtliche Ausweisungen 4035
  naturschutzrechtliche Befreiungen 4046
  naturschutzrechtliche Eingriffsregelung 1238
  naturschutzrechtlicher Eingriff 3984
  ökologische Bestandsaufnahme 1274
  Optimierungsgebot 1231, 4004
  planungsrechtliche Zulässigkeit 1270
  Rangfolge Ausgleichsmaßnahme 1256
  Raumordnung 246
  Regionalplanung 4080
  salvatorische Klausel 4053
  salvatorische Klauseln 4066
  Schutzvorkehrungen 4089
  Sozialpflichtigkeit 2451
  städtebaulicher Vertrag 1902, 1928
  sustainable development 1222
  Tiergehege 1279
  Überleitungsregelung 1277
  Verbandsklagerechte 4292
  Vermeidungsgebot 3991
  Verordnung 4053
  Verteilungsmaßstab 1267
  Verteilungsmaßstäbe 1263
  vierstufiges Regelungssystem 3983
  Wasserwirtschaft 3420
Naturschutzverband
  Beteiligung 3490, 3793
  Plangenehmigung 3773
  wasserrechtliche Bewilligung 3424
Naturschutzverein 4292
Nebenanlage
  Windenergieanlage 2480
Nebenanlagen 350, 583, 743
  Einrichtungen 3639
  Geschlossflächenberechnung 747
  Immissionsschutz 3642
  Windenergieanlage 2367, 2480

1781

Stichwortverzeichnis

Zahlen = Randnummern

Nebenbestimmungen
  Baugenehmigung 2257
  Immissionsschutz 3654
  Rechtsschutz 3696
Nebenerwerbsbetrieb 2432
  Forstwirtschaft 2443
  Landwirtschaft 2432, 2438, 2439, 2458
  Nebenerwerbsstelle 2430
  Teilprivilegierung 2643
  Tierhaltung 2436
  Wirtschaftlichkeit 2434
Nebengebäude
  Bestandsschutz 2624
Nebenrechte
  Entschädigung 1772
Negativplanung 848
Negativzeugnis 1598
Neuaufstellung Flächennutzungsplan 313
Neubau
  Bestandsschutz 1730
Neubekanntmachung
  Bauleitplan 1034
  Flächennutzungsplan 1073
neue Länder
  Atomkraftwerke 3714
  Aufhebung Sonderregelungen 88
  Bergbau 3607
  Darstellungsprivileg 2499
  eingeschränkter Rechtsschutz 4327
  Einigungsvertrag 2188
  Eisenbahn 3100
  Energieanlagen 3174
  Enteignung 1752
  Entwicklungsgebot 398
  Generalbebauungspläne 399
  Investitionsmaßnahmegesetze 2998
  Kreislaufwirtschaft 3366
  Normenkontrolle 4342
  Plangenehmigung 1015, 1028
  Sofortvollzug Wasserwirtschaft 3481
  Sonderregelungen Städtebau 2187
  Städtebaurecht 2188
  Streckenstilllegung Eisenbahn 3102
  Teilflächennutzungsplan 322, 323
  UVP 3037
  Veränderungssperre 1581
  Verkehrsprojekte Deutsche Einheit 2998
  Wasserwirtschaft 3481
  Windenergie 2522
Neuerrichtung Bestandsschutz 2600
nicht beabsichtigte Härte Befreiung 2310
nicht beplanter Innenbereich 2325
  planungsrechtliche Zulässigkeit 2277
  Werbeanlagen 571
nicht genehmigungsbedürftige Anlagen 3675
nicht privilegiertes Vorhaben
  Darstellungen Flächennutzungsplan 2577
  Erschließung 2596

Fremdenverkehrsgebiet 2578
öffentliche Belange 2569
Wochenendhaus 2476
Nichtigkeit
  Baugenehmigung 2284
  Nichtigkeitsdogma 1105
  Nichtigkeitserklärung Bebauungsplan 4198
  Planfeststellungsbeschluss 3918
Nichtvorlagebeschwerde
  Normenkontrolle 4134, 4203
  Verfahrensmangel 4196
Nichtzulassungsbeschwerde
  Normenkontrolle 4201
Niederschlagswasser 357
Niederschrift
  Erörterungstermin 3859
Nizza 2679
Nordwanderung Bergbau 147
Normenkontrolle
  Abwägungsgebot 1415
  Aktenvorlage 4196
  Allgemeinverbindlichkeit Unwirksamkeitserklärung 4200
  Antragsbefugnis 155, 418, 4134, 4145, 4146
  Anwohnerbelastung 4156
  Bebauungsplan 409
  Begründetheit 4193
  Behörde 4170
  Beiladung 4192, 4196
  Bindung Unwirksamkeitserklärung 4204
  einstweilige Anordnung 4202, 4203
  Erhaltungssatzung 1844
  Erlass eines Bebauungsplans 4135, 4177
  erneuter Antrag 4204
  fertiggestellte Straße 4139
  Feststellungsklage 4143
  Flächennutzungsplan 4135
  Gemeinde 4166
  Genehmigungsbehörde 4168
  identische Planaussagen 4151
  Inzidentkontrolle 4191
  Kirchengemeinde 4152
  Landesrecht 4135
  Landesverfassung 4190
  Mieter 4159
  mündliche Verhandlung 4195
  Nachteil 4151
  neue Länder 4342
  Nichtvorlageverfahren 4135
  Nichtzulassungsbeschwerde 4201
  präventive 4138
  Prüfungsmaßstäbe 4188, 4193
  Rechtskraft 4204
  Rechtsschutzbedürfnis 4176
  Regionalplan 155
  Satzung 4138
  Schrankentrias 1415
  schutzwürdige Belange 4146

Zahlen = Randnummern

Stichwortverzeichnis

Teilunwirksamkeit 965
Umlegung 1639
Unwirksamkeit 1184
unzureichende Erschließung 2288
Veränderungssperre 1552, 1579, 2107
Verbandsklage 4165
Verfahrensmangel 4196
verfasssungsrechtlicher Eigentümer 4159
Verwirkung 4186, 4199
Wertminderung Grundstück 4155
zweites Verfahren 4204
normkonkretisiertes Verwaltungshandeln 498
Normverwerfung 1796
Notfallrettung 3244
Null-Variante 820
Numerus clausus
Fehlerbeachtlichkeit 1113
Nummerndogma 617
Nutzungen
aufgegebene – Bestandsschutz 2346
Ausnahme 614
Ausschluss 591, 614
bahnfremde 3132
Differenzierung Einzelhandel 546
Entschädigung 1719
Gliederung 589
Negativregelung 624
Nutzungsarten Festsetzungskombination 588
Nutzungsausschluss Unterarten 617, 618
Nutzungsbeschränkung 627
Nutzungskonflikt Mittelwert 3638
Nutzungsumwandlung 622
Nutzungsuntersagung Eilverfahren 4274
Nutzungsuntersagung Wegfall der Privilegierung 2600
Nutzungsverbote Naturschutzverordnung 4053
Nutzungsänderung 2281
Außenbereich 2570
Bahnhofsgebäude 2648
bauliche Anlage 329
beabsichtigte Teilprivilegierung 2605, 2622, 2624
Bestandsschutz 2573, 2622, 2623
Einzelhandel 2370
Erhaltungssatzung 1827
Genehmigungsfrage stellt sich neu 1493, 2623
Großhandel 2370
privilegierte 2622
SB-Warenhaus 2370
Scheune in Wohnhaus 2624
Teilprivilegierung 2622, 2624
Umbaumaßnahmen 2643
Veränderungssperre 1531, 1543
Vorhaben 2281
Wohnungsbauerleichterung 2622

Nutzungserweiterung
innerhalb Gebäude 2589
Nutzungskonflikte
Abstandserlass 608

Obdachlosenheim reines Wohngebiet 434
Oberfläche
Betriebsplan 3562
Obergrenze Maß der baulichen Nutzung 752
Oberverwaltungsgericht
Normenkontrolle 4134, 4203
Spruchkörper 4341
Zuständigkeit 4347
Oberzentrum Raumstrukturen 244
objektiver Abfallbegriff 3288
Objektsicherungsdienst 3711
obligatorische SUP 2731, 2763
offene Bauweise 760
Offenlegung
Bekanntmachung 913, 926
Bekanntmachung Wochenfrist 3805
Benachrichtigung Behörden 931
Berechnung Monatsfrist 914
Einwendungsberechtigte 3816
Fachplanung 3803
Fehler 964
Flächennutzungsplan 2282
Fristversäumung 935
öffentliche Auslegung 915
Planänderung 947
Schlussbekanntmachung 927
Verfahrensverkürzung 3812
Verkürzung bei Planänderung 954
Zweck 3805
öffentliche Belange
Altlastensanierung 2557
Anbauverbot 2456
Bebauungsplan 2557
einfacher Bebauungsplan 2577
entgegenstehende 2553
Fachplanung 2560
Katalog 2569
Landschaftsbild 2450
Landschaftsrahmenplan 2452
Landschaftsschutzgebiet 2553
Planungsbedürfnis 2591
Rechtsvorschriften 2456
Rücksichtnahme 1486
Wasserschutzgebiet 2553
Wasserversorgung 2561
zweistufige Prüfung 2456
öffentliche Planungsträger
Bindungen Flächennutzungsplan 194
öffentliche Rücksichtnahme
Belange 1486
öffentliche Vorhabenträger
Unterlassungsklage 4275

1783

Stichwortverzeichnis

Zahlen = Randnummern

öffentliche Zwecksetzung
Entschädigung 1709
Öffentlichkeit
Informationsrechte 1071
Öffentlichkeitsbeteiligung 771, 900, 2736
Bauleitplan 795
Bebauungsplan 2080
Bekanntgabe Entscheidung 2739
Bescheidung der Stellungnahmen 939, 942
EAG Bau 127
eigene Betroffenheit 932
Einwendungsberechtigte 3816
Einwendungsberechtigte UVP 3817
Fehlerfolgen 902
förmliche 913
Fristversäumung 934
gestufte 2805
Heilung 1121
Immissionsschutz 3651
Informationsanspruch 901
Innenbereichssatzung 2421
Militärflugplätze 3233
Mitwirkungslasten 933
Monitoring 1067
Raumordnung Übergangsfrist 257
Raumordnungsplan 250, 2810
SUP 2792
UVP 2711, 2715
vereinfachte Planänderung 1078
vereinfachtes Genehmigungsverfahren 3662
Verkürzung Offenlegungsfrist 954
vorgezogene 901, 907
zweite vorgezogene 912
öffentlich-rechtliche Normen Nachbarschutz 4236
Öko-Audit 2928
Ökokonto 1265
Ökologie
Bestandsaufnahme 1274
EG-UVP-Richtlinie 2690
Enteignung 4054
Ökostation Privilegierung 2478
Wasserstraßen 3497
Ökostation
Privilegierung 2478
Öl
Ölabscheider 3391
Öltransport UVP-Pflicht 2702
Optimierungsgebot 1199, 1203
Abwägungsgebot 1197, 1205
Alternativen 3871
Landschaftsschutz 1231
Leitlinien 1523
Naturschutz 1231, 3997, 4004
Verkehrslärmschutz 3121
optische Beeinträchtigungen
Windenergieanlagen 2488
Ordnungsbörde
Amtshaftung 1815

Ordnungsmaßnahmen
Sanierung 2017
Ordnungsrecht
umweltrechtliche Instrumente 3736
Ortsbild
Beeinträchtigung 2384
ortsgebundener Betrieb
Außenbereich 2466, 2471, 2476, 2594
Darstellungsprivileg 2498
gewerblicher Betrieb 2466
privilegiert 2467
Teilprivilegierung 2626
Ortsgestaltungskonzeptionen
neue Länder 399
Ortslage
Innenbereich 2342
Ortsrecht
Bekanntmachung 928
Ortsteil
Abwägungsgebot 1215
im Zusammenhang bebaut 2328
Innenbereich 2329
Splittersiedlung 2585
Ortsüblichkeit
Landwirtschaft 2454
Ozonloch 2944

Pacht
Pachtbetrieb Landwirtschaft 2438
Pächter Klagebefugnis 4301
Pächter Nachbarschutz 4230
Pachtland Landwirtschaft 2457
Parallelverfahren
Bebauungsplan 1136
Beteiligung 799
Beteiligung Bauleitplanung 946
Entwicklungsgebot 390
Fehlerunbeachtlichkeit 394
Verfahrensfehler 1136
parkartiges Grundstück Innenbereich 2345
Parkhaus Kerngebiet 480
Parkplätze 1300
passiver Schallschutz Bebauungsplan 645
Pensionsgäste 2446
Pensionstiere
Pensionspferdehaltung Außenbereich 2435
Pensionstierhaltung
Außenbereich 2425
Landwirtschaft 2435
Pensionspferdehaltung Außenbereich 2435
Personenbahnhof Lärmschutz 3119
Personenbeförderung 3266
Bebauungsplan 3271
privilegierte Fachplanung 180
UVP-Pflicht 2702
persönliche Verhältnisse
landwirtschaftlicher Betrieb 2439
Rücksichtnahme 1490
Rücksichtnahmegebot 2371, 2374

Zahlen = Randnummern

Stichwortverzeichnis

Pferde
  Nebenerwerbsbetrieb 2436
  Pensionspferdehaltung 2435
  Pferdestall Außenbereich 2447
  Pferdezucht 2435
  Pferdezucht Außenbereich 2435
Pflanzgebot 1859
Pflicht zur Stillhaltung 2827, 2844, 2908
Planänderung 2956
  Abwägung 3865
  Aufstellungsverfahren 959
  Befreiung 1085
  erneute Offenlage 948
  Fachplanung 3861
  geringfügige 3861
  Offenlegung 947
  qualifizierte Abwägung 1090
  vor Fertigstellung 3914
Planaufstellung
  Aufstellungsmaterial 1438
  Befangenheit 865
  Bekanntmachung Aufstellungsbeschluss 857
  Einschaltung von Dritten 977
  Landesrecht 862
  Planänderung 3861
  Veränderungssperre 1531
  Verfahren 846, 3752
  Verfahrensabschnitte 851
  Zulässigkeit von Vorhaben 2315
Planauslegung Veränderungssperre Fernstraße 3059
Planaußerkrafttreten 3080
Planbarkeit städtebauliche Vertretbarkeit 2308, 2397
Planbereich Aufstellungsbeschluss 855
Pläne 2721, 2726
  neue Länder Abwägungsgebot 401
Planergänzungsanspruch
  Fachplanung 4087
Planerhaltung
  alte Pläne 2194
  Bauleitplanung 1155
  Bebauungsplan 1107
  Raumordnungsplan 260
  Städtebaurecht 1998 77
planerische Zurückhaltung 597, 1446, 1465
Planersatz Innenbereich 2354
planersetzende Abwägung Innenbereich 2382, 2383
Planfeststellung 4321
  Abfallrecht 4156
  Abwägungsmangel 3071
  Alternativen 3872
  Antragsunterlagen 3776
  Atomrecht 3522, 3528, 3706, 3708, 3709, 3713, 3720
  Ausfertigung 3908
  Ausgleichswirkung 3909

  Ausschlusswirkung 3909
  Beachtlichkeit Verfahrensfehler 3934
  Befangenheit 3856
  behördeninterne Bindung 3944
  Bergbau 3568
  Bestandskraft 3934
  Datenschutz 3829
  Eisenbahn 3095, 3100
  Erörterungstermin 3838
  Fachplanung 2204
  Fehlerbeachtlichkeit 3926
  Fehlerheilung 3960
  Fernverkehrswegebestimmungsverordnung 4348
  Flugplatz 3180
  Flugzeugwartung 3180
  Folgemaßnahmen 3911
  gemeinnützige 3408, 3956
  Genehmigungswirkung 3909
  Gestaltungswirkung 3909
  Heilung Verfahrensfehler 3942
  Konflikttransfer 3902
  Konzentrationswirkung 3909
  Kostentragung 3786
  Kreislaufwirtschaft 3362
  Kreuzungsrechtsverfahren 3785
  landschaftspflegerischer Begleitplan 4008, 4017
  Luftverkehr 2471, 2476, 2478, 2578, 3175, 3177, 3180, 3181, 3189
  Nachbesserung 3934
  Naturschutz 3902, 4054
  Personenbeförderung 3267
  Planänderung vor Fertigstellung 3914
  Privatfinanzierung 3093
  privatnützige 3408, 3956
  Rechtsanspruch auf 3955
  Rechtsanspruch Wasserwirtschaft 3410
  Rechtsschutz Eisenbahn 3143
  Rechtswirkungen Personenbeförderung 3267
  Sachverständiger 3898
  Sitzungspolizei 3187
  Teilgenehmigung 3242
  Telekommunikation 3150, 3157
  UVP 3424
  Verbandsklage 4317
  Verfahrenseinstellung 3870
  Verzicht auf 3774
  vorbehaltene Entscheidungen 4111
  Wasserstraßen 3495
  Wasserwirtschaft 3380
  Wirkungen 4115
  Zusammentreffen von Vorhaben 3782, 3786
Planfeststellungsbehörde
  Befangenheit 3894
  Behördenidentität 3893
  Fernstraßen 3000
  Luftverkehr 3248

1785

Stichwortverzeichnis

Zahlen = Randnummern

Personenbeförderung 3268
Planfeststellungsbeschluss 3891
Planfeststellungsbeschluss 3060, 3890, 4321
  Außerkrafttreten 4128
  Begründung 3900
  Bekanntmachung 3906
  Enteignung Fernstraße 3079
  ergänzende Wirkung 4116
  Fernstraße 3045, 3070
  Flurbereinigung 3551
  Fünfjahresfrist 4128
  Gliederung 3900
  Heilung 3919
  Klage 3913
  Linienbestimmung 3016
  Nebenentscheidungen 3065
  Nichtigkeit 3918
  Planfeststellungsbehörde 3891
  Rechtsschutz 4298
  Sofortvollzug 4381
  Telekommunikation 3160
  Verfahrensfehler 3917
  verwaltungsgerichtliche Klage 4321
  Wasserwirtschaft 3405, 3417
  Zustellung 3908
planfeststellungsersetzender Bebauungsplan 2754, 3025
Planfeststellungsverfahren 3044
Plangebietsgrenzen
  Änderung 929
Plangenehmigung 3072, 3763
  Änderung Flughafen 3184
  Antragsunterlagen 3776
  Atomenergie 3530
  Auflage 1007
  auflösende Bedingung 1013
  Bebauungsplan 1101
  Beteiligung Naturschutzverbände 3490
  Eigentum 3007
  Eisenbahn 3106
  Enteignung 3771, 3772
  Fernstraßen 3004
  Kreislaufwirtschaft 3363
  Luftverkehr 3177
  Naturschutzverbände 3773
  Personenbeförderung 3271
  Planfeststellung Luftverkehr 3181
  Rechtskontrolle 993
  Schlussbekanntmachung 1022
  UVP 3034
  Verfahrensfehler 3917
  Verzicht auf 3774
  Wasserstraßen 3490
  Wasserwirtschaft 3423, 3424
  Zurücknahme 1009
Plangewährleistungsanspruch 1705
Planmäßigkeitsprinzip 294
  Bauleitplanung 296

Planoffenlage vereinfachte Änderung 951
Planrechtfertigung 3008
  Abwägungsgebot 3951
  Bauleitplanung 391
  Eisenbahn 3099, 3100
  enteignungsrechtliche 1698
  Fachplanung 3943
  Fernstraße 3011
  Fernstraßenausbaugesetz 3948
  Fernverkehrswegebestimmungsverordnung 4348
  Linienbestimmung 3949
  Wasserstraßen 3488
Planreife 2315
Planreparatur 1164
  Naturschutz 4020
Plansicherung
  Plansicherungsinstrumente 1529
  Satzungen 2106
  städtebaulicher Vertrag 1902
  Veränderungssperre 1531
Planspiel
  Monitoring 1055
Planung
  Abwägungsgebot 1376
  als schöpferischer Vorgang 4
  Autonomie 5
  gemeindeübergreifende 151
  Gestaltungsfreiheit 1376
  Grundzüge 1080
  optimale 1204
  überörtliche 180, 3612
Planungsalternativen Siehe Alternativen
Planungsbedürfnis
  Außenbereichsvorhaben 2591
  Bebauungsplan 4135, 4177
  Befreiung 2304
  Binnenkoordination 2591
  Innenbereich 2353
Planungserlass NRW 506, 601
  Gliederung 603
Planungsermessen
  autonomer Gestaltungsraum 6
Planungsgebot 286
  kommunale Selbstverwaltung 234
  Raumordnung 234, 287
Planungsgrundsatz
  Erholungssondergebiet 515
  typisierte Nutzungsarten 588
  Verkehrslärmschutz 645
  Verschlechterungsverbot 640
Planungshoheit
  Abwägungsgebot 1196
  Eigentum 1690
  Fachplanung und Bauleitplanung 187
  Selbstverwaltung 141
  Verhältnismäßigkeit 142
Planungsinstrumente
  Umweltrecht 3735

Zahlen = Randnummern

Stichwortverzeichnis

Planungskonzepte
  regionale 271
Planungsleitlinien 1199
  Abwägungsgebot 1208
  Abwägungsgrundsätze 1517
  Berücksichtigungsgebote 1197
Planungsleitsatz 1199
  Abwägungsgebot 3943
  Fachplanung 3943, 3953
  naturschutzrechtlicher 3997
  Ziele der Raumordnung 222
Planungsmöglichkeiten
  offen halten im Innenbereich 2367
Planungspflicht
  Raumordnung 286
Planungsrecht Normstruktur 1197
planungsrechtliche Zulässigkeit
  Außenbereich 2279
  einfacher Bebauungsplan 2286
  Genehmigungstatbestände 2275
  Immissionsschutz 3679
  Innenbereich 2277
  Naturschutz 1270
  Vorhaben 2274
  vorhabenbezogener Bebauungsplan 2103
Planungsschadensrecht 1702
  Verfahren 1746
Planungsträger
  Bindungen an Flächennutzungsplan 195
  Bindungen Flächennutzungsplan 194
Planungsverband 407
Planungsverbände 408
Planungsverbot 286
Planungsvereinfachungsgesetz 3757
  Suspensiveffekt 4329
Planungsziele
  Abwägungsgebot 1197
  städtebaulicher Vertrag 1895
Planungszyklus
  Monitoring 1071
Planunterlagen
  UVP 3794
Plan-UP-Richtlinie 768, 769
Planurkunde Verlust 1023
Planverfahren
  Änderung der Grundzüge 958
  Verzicht auf 3774
Planverwirklichungsinstrumente 1634
Planvorbehalt
  Übergangsfrist 2501
Planvorbereitung
  städtebaulicher Vertrag 1902
Planzeichenverordnung 340, 341
Plausibilitätskontrolle 8
positives Gesamturteil 3710
  Teilmaßnahmen 4123
Post 3151
Postfiliale 350

potenzielle Baufreiheit 26
potenzielle FFH-Gebiete 2852
Pr. Städtebaugesetz 20
Pr. Wohnungsgesetz 18
Präklusion 880
  Abwägungsgebot 897
  Atomrecht 3708
  Bauleitplanung 805, 895, 933
  Behördenbeteiligung 896, 3798
  Bergbau 3569
  Betriebsplan 3569
  eingeschränkte 975
  Eisenbahn 3113
  Fachplanungsrecht 2954, 3822
  Fernstraße 3058
  Flurbereinigung 3549
  Genehmigungsverfahren 3620
  Genehmigungsverfahrensbeschleunigungsgesetz 3822
  Immissionsschutz 3651, 3652
  materielle – Wasserstraßenrecht 3496
  Mitwirkungslast 3823
  private Rechte 3652
  Thematisierung 3825
  verfassungsrechtliche Beurteilung 3799
  Wiedereinsetzung 3823
präventive Kontrolle Baugenehmigung 2197
preislimitiertes Vorkaufsrecht 1628
Primärrechtsschutz
  Veränderungssperre 1573
  Vorrang des 1692
Prinzipien des Umweltrechts 3725
prioritäre Arten 2831
prioritäre Lebensraumtypen 1237
Prioritätsgrundsatz
  Bauleitplanung 4288
Private
  als Enteignungsbegünstigte 1699
  Bindungswirkung Raumordnung 231
  Haushalte Abfall 3330
  Rechte Präklusion 3652
Privatfinanzierung
  Betreibermodell 3091
  Fernstraßenausbaugesetz 3091
  Modelle 3088
  Planfeststellung 3093
Privathubschrauber
  Flugplatzzwang 3243
Privatisierung 1942
privatnützige Planfeststellung Wasserrecht 3408
privatrechtliches Hindernis Baugenehmigung 4177, 4212
privatrechtsgestaltende Wirkung 2253
privilegierte Fachplanung
  Abwägungsgebot 2996
  Bahnanlage 3132

1787

Stichwortverzeichnis

Zahlen = Randnummern

Bauleitplanung 1848
Einvernehmen 180
Landesrecht 3612
überörtliche Bedeutung 183
privilegierte Nutzung
Abwehranspruch 2663
privilegiertes Vorhaben
Bodenertragsnutzung 2425
Einbindung in Umgebung 2456
Kernenergie 2513
öffentliche Belange 2569
Rücksichtnahmegebot 2662
Standort 2456
Privilegierung
Flächennutzungsplan 2578
Flughafen 2578
Windenergieanlage 2480
Probierstube Landwirtschaft 2445
Produktionsstufen
Landwirtschaft 2425
Produktverantwortung
Abfall 3320
Industrie 3321
Profisportlärm Rücksichtnahmegebot 709
Prognose
Abwägungsgebot 1427
Prognosebasis 1427
Spielraum 3110
Programme 2721, 2726
Landesplanung 4144
Programmhierarchie 2744
Projekte
naturschutzrechtliche Anforderungen 2839
Öffentlichkeitsbeteiligung 905
Projekt-UVP 2689
Prüfaufgaben Sachverständiger 2229
Pumazwinger 2361
Pumazwinger Innenbereich 2361
Pumpstation 2595

qualifizierte Abwägung 1398
Qualitätsmanagement 3347
Qualitätssicherung 824, 2811
Qualitätsziele
Gewässergüte 2936
Querschnittsplanung 2969

Radaranlagen 2489, 2590
radioaktive Abfälle 3515
Rahmen
Gemeindenachbarklage 2386, 4286
Umgebung 2351
Rahmenbetriebsplan 3561
Grundabtretung 3577
materielle Präklusion 3569
Planfeststellung 3568
REA-Gips-Deponie 3575
Zulassungsverfahren 3561
Rahmenrichtlinie Luftqualität 2878

rahmensetzende Pläne
SUP-Pflicht 2777
Rahmensetzung SUP 2761
Rat
Befangenheit Mitglieder 865
Raubtiere 584
raumbedeutsame Maßnahmen 222
Raumbedeutsamkeit Windenergieanlage 2528
Raumordnung 215, 2973
Abwägungsabschichtungsklausel 2556
Abwägungsgebot 283, 2995
Anpassungspflicht 215, 289
Baupolizeirecht 18
BBauG 30
Bindungswirkung 275, 282, 3947
des Bundes 278
Eisenbahn 3111
Fachplanung 3945
Gegenstromprinzip 237
Gemeindenachbarklage 2386, 4286
grenzüberschreitende Unterrichtung 974
Grobkörnigkeit 2987
Grundsätze 221
in den Ländern 242
interkommunale Belange 211
Konkretisierung 2555
Konsensfindungsverfahren 232
Naturschutz 246
Planungsgebot 287
Planungsleitsatz 3953
Raumordnungsklausel 2555, 2973
Raumordnungspläne 245, 263
Raumordnungsverfahren 273, 3043, 3946
Raumordnungsverfahren Tabelle 260, 3946
Raumordnungsverordnung 277
Raumstrukturen 244
Regionalpläne 259
städtebaulicher Vertrag 264
überörtliche Belange 2556
Untersagung 262
Vogelschutzgebiete 252
Zielabweichung 261
Zielbindungsklausel 2555
Ziele 215, 221
Raumordnungsplan
Begründung 253
Monitoring 255
Öffentlichkeitsbeteiligung 250
SUP 2772, 2809
Umweltbericht 249
REA-Gips-Deponie 3575
Rebhütte 2600
Recht auf Abwägung 4148
rechtliches Gehör
verwaltungsgerichtliches Verfahren 2432
Rechtsanspruch
Vorhaben- und Erschließungsplan 2099

Zahlen = Randnummern

Stichwortverzeichnis

Rechtskontrolle
  autonome Gestaltungsräume 5
  Genehmigungsverfahren 993
Rechtskraft
  Normenkontrollentscheidung 4204
Rechtsmissbrauch
  Nachbarschutz 4279
Rechtsmittel
  Normenkontrolle Nichtzulassungs-
  beschwerde 4134
Rechtsnachfolge
  Baugenehmigung 2255
  Grundstück 2255
Rechtsnatur
  städtebaulicher Vertrag 1912
Rechtsprüfung
  gemeindliches Einvernehmen 168
Rechtsschutz 4129, 4406
  Abweichung Baugenehmigung 4220
  Anspruch auf Einschreiten 3703
  Atomenergie 3532
  Auswahlentscheidung Naturschutz 2853
  autonomer Gestaltungsraum 6
  Bauherr 4207
  Bebauungsplan 409, 4134
  beschränkter – 6. VwGO-ÄndG 4327
  Blitzbefeuerung 3259
  Eigentümer Braunkohlenplan 3596
  Eilverfahren 4217
  Eingriffsverfügung 4225
  einstweiliger Normenkontrolle 4203
  Eisenbahn 3143
  Fachplanung 4297
  Fernstraße 3086
  Fernstraßenausbaugesetz 3086
  Fernverkehrswegebestimmungsverordnung 4349
  Flächennutzungsplan 409, 2505
  Freistellung 4404
  Freistellungsfälle 4280
  Gefahrenabwehr 3646
  Gefahrenvorsorge 3646
  Gemeinde 3880
  Gemeinde Baunkohlenplanung 3583
  Gemeinde Telekommunikation 3163
  Genehmigungsverfahren 3696
  Gerichtsverfahren 4338
  Immissionsschutz 3694
  interkommunale Abwägung 213
  Kreislaufwirtschaft 3365
  Linienbestimmung Eisenbahn 3139
  Luftverkehr 3251
  Luftverkehr Nachbargemeinde 3257
  mittelbare Auswirkungen Braunkohlenplan 3597
  mitwirkungsbedürftiger Verwaltungsakt 4352
  Müllverbrennungsanlage 3360
  Nachbar 1494, 4228
  Nachbargemeinde 213, 2670
  öffentlich-rechtlicher Nachbarschutz 4229
  Planfeststellung 3082
  Planfeststellungsbeschluss 4298
  Planreife 2324
  Privatfinanzierung 3093
  Rechtsschutzbedürfnis 4177
  Rechtsschutzpyramide 4319
  Sanierungssatzung 2043
  Telekommunikation 3162
  Tiefflüge 3239, 3258
  Umlegung 1645
  ungenehmigtes Bauen 4270
  Verfahrensfehler 3605
  Verfahrenshandlungen 3930
  Verkehrsprojekte Deutsche Einheit 4348
  Verwirkung Abwehrrechte Luftverkehr 3261
  Vorkaufsrecht 1632
  vorläufiger 4377
  Wasserstraßen 3502
  Wasserwirtschaft 3467
  zivilrechtlicher Nachbarschutz 4229
  Zurückstellung 1595, 4219
Rechtsschutzbedürfnis
  Bauherr 4212
  Klage 4371
  Normenkontrolle 413, 4176
  Normenkontrolle Behörde 4187
Rechtsstaatsgebot Abwägungsgebot 1375
Rechtsumlegung 1642
Rechtsverletzung eigene – Recht auf Abwägung 3926
Referenzgebiet Luftqualität 2910
reformatio in peius Widerspruchsverfahren 4354
Regeln der Technik 3393
  Immissionsschutz 3640
  Nachbarschutz 4248
Regelungsanordnung 4400
Regel-UVP 1290, 3031
Regionalplanung
  Bauleitplanung 155
  Darstellungsprivileg 2523
  Flächennutzungsplan 2530
  Gegenstromprinzip 237
  kommunale Bauleitplanung 235
  Naturschutz 4080
  Normenkontrolle 155
  Öffentlichkeitsbeteiligung 781
  Regionalpläne 259
  SUP 2806, 2809
  Windenergieanlage 2497
Reichsstädtebaugesetz 20
reines Wohngebiet 429
  Altenpflegeheim 433
  Maß-Obergrenzen 752
  Sportlärm 704

Stichwortverzeichnis

Zahlen = Randnummern

Reiten
 Reithalle Landschaftsschutzgebiet 2435
 Reithalle Landwirtschaft 2435
 Reitpferde Außenbereich 2435
Rekultivierung 1363
Religionsgemeinschaften
 Abwägungsgebot 1221
 Vorkaufsrecht 1614
repressive Kontrolle
 Stilllegung Bauvorhaben 335
Reprivatisierung Enteignung 1767
Restrisiko
 Atomenergie 3519
 Luftverkehr 3249, 3253
Retentionsflächen Wasserwirtschaft 3404
Revisionsklausel
 Flächennutzungsplan 311
 Überleitungsvorschrift 316
Richtlinien
 Europarecht 2687
 Rückwirkung 2905
Richtwert 3627
Rinderzucht
 Rücksichtnahmegebot 2666
Rio-Konferenz 2945
Risikovorsorge 3646
Rohstoff
 Abfall 3293
 Abwägungsgebot 1315
 Rohstofflager Bodenschutz 1326
Rolladensiedlungen 2172
Rotorblätter Windenergie 2496
Rückbau Straße 682, 4139
Rückbaugebot 1860
Rückbauverpflichtung 2566
Rückenteignung 1775
Rückenteignung Rechtsanspruch auf 1774
Rückhaltebecken
 privilegiertes Vorhaben 2466
Rücknahme
 Baugenehmigung 2273
 Bauvorbescheid 4221
Rücksichtnahme 1487
 Abstände Landesbauordnung 2363
 Abstandsfläche 2402
 Abstandsvorschriften 2372
 aufgegebene Nutzung 2346
 Außenbereich 1486, 2660, 3681, 4245
 Bebauungsplan 2402
 Befreiung 2314
 Bestandsschutz 3683, 3684
 Beweislast 4253
 Drittschutz 1486, 2314, 2402
 einfügen 2402
 Einzelfall 2371
 Fehlerfolgen 1473
 Feinkörnigkeit 1464
 Fußballstadion 4238
 Gebietsabwehranspruch 1492

 gemeindliche Bauleitplanung 283
 heranrückende Wohnbebauung 2580
 Immissionsschutz 3680
 Innenbereich 1486, 2371, 2402, 3681
 Konfliktbewältigung 1473
 Landesrecht 2402
 Luftverkehr 3198
 Nachbarschutz 2293, 2314, 4231
 objektiv-rechtliche Elemente 1486
 Profisportlärm 709
 Raumordnung 283
 schädliche Umwelteinwirkungen 2371, 4242
 SportanlagenlärmschutzVO 689
 subjektive Elemente 1486
 Telekommunikation 3154
 Truppenübungsplatz 3683
 Umwelteinwirkungen 1506
 Umweltschutz 4249
 Verfassungsrecht 4232
 Verkehrsanlagen Bergbau 3570
 Volksfestlärm 704
 Windenergieanlage 2484
 Zumutbarkeit 1486
Rückwirkung
 Fehlerbehebung 1164
 Heilung 1164
 Richtlinienrecht 2905
Rügefrist
 Fehlerbehebung 1156
 Wirksamkeitsvoraussetzung 1159
Rügenotwendigkeit
 Abwägungsmängel 1193
 Verfahrensfehler 1193
Ruhezeiten Sportlärm 689
Ruine Wiederaufbau Außenbereich 2648
Rundfunkantenne Baugebiet 585
Rundfunkturm
 privilegiertes Vorhaben 2466
Rutschbahneffekt Bonn 2190

Sachgerechtigkeit Abwägungsgebot 1454
sachliche Zuständigkeit Verwaltungsgericht 4345
Sachverhaltsaufklärung Innenbereich 2335
Sachverständigengutachten
 Abwägungsgebot 1425
 gerichtliche Verwertbarkeit 3898
Sachverständiger 2228
 Prüfaufgaben 2229
Sägewerk 2665
Salamitaktik
 Erweiterung Gewerbebtrieb 2657
salvatorische Klausel
 Naturschutzrecht 4066
 Naturschutzverordnung 4053
Salzwasserzone 4111
Sammelausgleich 1266

Zahlen = Randnummern

Stichwortverzeichnis

Sammeln Abfall 3293
Sandabbau
   privilegiertes Vorhaben 2466
Sandabgrabung 2467
Sanierung 1954, 1962
   Abwägungsgebot 1973
   Abwasseranlagen 3397
   Bodenschutz 1326, 1338, 1363
   Genehmigung 1026
   Ordnungsmaßnahmen 2017
   Sanierungsgebiet 1991
   Sanierungsgenehmigung 1998
   Sanierungsmaßnahme 1968
   Sanierungsplan Bodenschutz 1345
   Sanierungssatzung 1539, 2119, 2123
   Sanierungssatzung Rechtsschutz 2043
   Sanierungsträger 2036
   Sanierungsträger Bauleitplanung 978
   Sanierungsverfahren Tabelle 2130
   Sanierungsvermerk 1997
   Sanierungsziele 2013
   städtebauliche Gründe 1539
   städtebauliche Satzung 2138
   Tabelle 2121
   Überschreitung Maßobergrenze 755
   Verfahren 1977
   Verfassungsmäßigkeit 2008
   Vorkaufsrecht 1605
sanktionslose Normen 1117
Satzung
   Abrundungssatzung 2411
   Bebauungsplan 2079
   Behördenbeteiligung 2421
   Erhaltungssatzung 1830
   Fehlerbehebung 1177
   Fremdenverkehrssatzung 2167
   Harmonisierung 89
   Innenbereichssatzung 2404
   Naturschutz 1262
   Normenkontrolle 4138
   Öffentlichkeitsbeteiligung 2421
   Veränderungssperre 1535
   Vergnügungsstätten 555
   Vorkaufsrecht 1615, 1616
   Vorkaufsrecht unbebaute Grundstücke 1617
   Wirksamkeitsanforderungen 1114
Satzungsbeschluss
   Bebauungsplan 981
   Zulässigkeit von Vorhaben 2315
SB-Warenhaus
   Nutzungsänderung 2282, 2370
Schadensersatz
   einstweilige Anordnung 4266, 4402
   Erfüllungsinteresse 1940
schädliche Umwelteinwirkungen 537, 1307
   Nachbarschutz 4242
Schadstoffe Wasserwirtschaft 3398
Schallleistungspegel
   Bebauungsplan 597

Schallschutz
   aktiver 645
   aktiver Eisenbahn 3121
   Bebauungsplan 645, 672
   im Städtebau DIN 18005 1310
   im Städtebau Tabelle 648
   Immissionsschutz 3624
   Kosten 680
   Luftverkehr 3192
   passiver Eisenbahn 3121
   Schallemissionen Festsetzungen 598
   Schallleistungspegel Bebauungsplan 597
   Schallschutz im Städtebau DIN 18005 616
   Schallschutzfenster 596
   Schallschutzfenster Konfliktbewältigung 1468
   Schallschutzmaßnahmenverordnung 685
   Schallschutzwand Bebauungsplan 652
   Schießlärm 3683
   Straßenlärm 645
   Tabelle 648
Schankwirtschaft
   allgemeines Wohngebiet 437
Scheune Nutzungsänderung in Wohnhaus 2624
schichtenweise Gliederung Festsetzungen 624
Schiebebeschluss Eilverfahren 4386
Schiene
   Schienenbonus 713
   Verkehrsprojekte Deutsche Einheit 3753
Schienenbonus 3117
Schießsport 2476
Schlafstörungen Verkehrslärmschutz 687
Schlussbekanntmachung 1016
   Offenlegung 927
   Plangenehmigung 1022
Schneller Brüter Kalkar 3519
Schonungsgebot 1197, 1388, 1393
Schrankenbestimmung
   Bauordnungsrecht 2254
   Eigentum 2468
   Innenbereich 2397
   Kompensation 4053
Schrankentrias
   Abwägungsgebot 1415
   Abwägungsmaterial 4156
   schutzwürdige Belange 4146
Schrebergärten Außenbereich 2587
Schriftform
   Baugenehmigung 2250
Schutzabstände
   Rücksichtnahmegebot 2662
   zwischen unterschiedlichen Nutzungen 603
Schutzauflagen
   Ausgleichsmaßnahmen 4000
   Bebauungsplan 653
   Eisenbahn 3116
   erneute Beteiligung 958

Stichwortverzeichnis

Zahlen = Randnummern

Geldentschädigung 4104
Gemengelagen 508
Kausalität 4099
Luftverkehr 3206
Straßenlärm 645
Verpflichtungsantrag 4332
Wildschutzzaun 4099
Schutzbedürftigkeit
  Verkehrslärm 663
Schutzflächen 365
Schutzgebiet
  Schutzgebietsverordnung 4050
Schutzgebiete
  FFH-Richtlinie 1235
  Schutzgebietsausweisung FFH-Gebiete 2825
Schutzhütte
  Pferde 2447
Schutzkategorien
  Immissionsschutz 658
Schutzkonzept
  für betroffene Belange 1060
Schutzniveau
  Umweltprüfung 2721
Schutznormtheorie
  Anfechtungsklage 4352
  Nachbarklage 4231
Schutzpflicht
  des Staates 3522
  des Staates Atomenergie 3522
Schutzvorkehrungen 4084
  Entschädigungsanspruch 3207
  Fachplanung 4089
schützwürdige Belange
  Konkurrenz 4153
Schutzwürdigkeit
  Abwägungsgebot 1421, 4146
  Belange 1207
Schwarzbau
  Anspruch auf Einschreiten 4277
  Bestandsschutz 1733
Schwefeldioxidrichtlinie 2874
Schweine
  Schweinehaltung Landwirtschaft 2454
  Schweinemast Immissionsschutz 3641
  Schweinemast UVP-Pflicht 2703
  Schweinezucht Immissionsschutz 2440
Schwellenwert UVP 2690
Schwimmbad 440
  Schwimmbecken 583
  Wohnhauserweiterung 2653
Scoping 2695, 2732, 2750
Scoping-Verfahren
  UVP 2711, 3790
Screening 1288, 2695
Selbstgestaltungsrecht
  Gemeinde 154
Selbstnutzung
  Gebäudewiederaufbau 2635
selbstständiger Bebauungsplan 395

Selbstverwaltung
  BBauG 30
  Belange im Außenbereich 2639
  Braunkohlenplan 3590
  dreifache Garantie 139
  interkommunale Abstimmung 206
Sendeanlagen 2466
Sendemast in Anbauverbotszone
  Sendemast 4107
Seveso-II-Richtlinie 783, 2932
Sicheinfügen Innenbereich 2350
Sicherheitsmindesthöhe 3222
Sicherungsanordnung 4400
Sicherungspflicht Umweltinstrument 3736
Siebenjahresfrist
  Entschädigung 1718, 1737
  Rüge Abwägungsfehler 1162
  Teilprivilegierung Landwirtschaft 2614
Siedlungsordnungsgesetz 19
Siedlungsverband Ruhrkohlenbezirk
  Raumordnung 18
Situationsgebundenheit
  Eigentum 4053
Sitzungsablauf
  Erörterungstermin 3858
Sitzungspolizei 3187
Smog-VO 3623
Sofortvollzug 4378
  Atomenergie 3533
  Baugenehmigung 4224
  Behörde 4389
  Behördenentscheidung 4384
  Bergbau neue Länder 3607
  Drittanfechtung 4387
  einstweiliger Rechtsschutz 4328
  Entschädigung 4266
  Gefahrenabwehr 4227
  Gericht 4389
  Immissionsschutz neue Länder 3702
  Interessenabwägung 4386
  Kreislaufwirtschaft neue Länder 3366
  Nachbarschutz 4261
  Planfeststellung 3085
  Verkehrsprojekte Deutsche Einheit 4385
  vorläufiger Rechtsschutz 4377
  Vorsitzendenentscheidung 4390
  Wasserstraßen 3506
  Wohnnutzung 4262
  Wohnungsbau 4388
Solaranlage 1867, 2497
Solarenergie 364, 366
Soldatenwohnraum 3241
Solitärstadt 244
Sollanspruch Umlegung 1661
Sonderabfälle 3337
Sonderbaufläche
  Erholungszwecke 513
  Flächennutzungsplan 308, 2577

Zahlen = Randnummern

Stichwortverzeichnis

Sonderbetriebsplan Zulassungsverfahren 3561
Sonderfall atypischer – Befreiung 2304
Sondergebiet
  § 11 BauNVO 515
  Baumassenzahl 750
  Einkaufszentrum 520
  Einzelhandel 539
  Einzelhandelsbetrieb 520
  Erholungssondergebiet 510
  Festlegung Zweckbestimmung 2367
  Flächennutzungsplan 308
  Gliederung 546
  Kerngebiet 478
  Maß-Obergrenzen 752
  Mischgebiet 478
  Nutzungsausweisungen 510
  vertikale Gliederung 624
Sondermüll gemeindliche Klagerechte 157
Sonnenenergie Sondergebiet 518
sonstige Vorhaben öffentliche Belange 2569
Sortimentsgruppen 522
soziale Bedürfnisse Abwägungsgebot 1214
soziale Einrichtungen 430
soziale Stadt 2027, 2045, 2070
Sozialpflichtigkeit
  Eigentum 1682
  Naturschutz 2451
  Naturschutzrecht 4053
Sozialplan 2015, 2163
Spaltung 1335
Spannungen
  ausgleichsbedürftige 2354
  bodenrechtlich relevante 2358
Sparabwägung
  Luftverkehr 3225, 3252
Spargelanbau 2445
sparsamer Flächenverbrauch
  Bodenschutzklausel 1323
  Erholungssondergebiet 513
  Fremdenberkehrssatzung 2169
  Planungsziel 1199, 1203, 1205
Spartenbetrieb Vergnügungsstätte 563
Speisewirtschaft
  allgemeines Wohngebiet 437
Sperrgrundstück
  Nachbarschutz 4302
Spielhalle 552
  Ausschluss 614
  Mischgebiet 553
  Nutzungsänderung 2283
  Spielhallenpolitik 1423
Splittersiedlung
  Außenbereich 2341, 2447, 2587, 2595
  Außenbereichsvorhaben 2585
  Innenbereich 2330

Nachverdichtung 2589
Ortsteil 2585
Verfestigung 2587, 2589
Sport
  allgemeines Wohngebiet 445
  Außenbereich 2476
  Erholungssondergebiet 512
  Gewerbegebiet 488
  Mischgebiet 475, 477
  Nachbarschutz 4277
  SportanlagenlärmschutzVO 689
  Sportboothafen Außenbereich 2476
  Sporthalle Außenbereich 2591
  Sportlärm 689
  Sportlärm Bebauungsplan 689
  Sportlärm reines Wohngebiet 704
  Sportlärm Wohngebiet 689, 697
  sportliche Anlagen Lärmschutz 4238
  Sportstättenlärm Tabelle 648
  Zumutbarkeit 3970
Sportanlagen 2476
Spruchkörper
  Besetzung des 4339
  Oberverwaltungsgericht 4341
  Verwaltungsgericht 4340
Staatsziel Umweltschutz 205, 3723
  Flächennutzungsplan 205
  Kreislaufwirtschaft 3329
Stadt der kurzen Wege 1317
Städtebau
  Abwägungsgrundsätze 1517
  Bundeskompetenz 136
  Erhaltungssatzung 1832
  Gestaltungsbefugnis der Gemeinde 1690
  historische Entwicklung 12
  neue Länder 2187
  Planungsleitlinien 1517
  Sonderregelungen Stadtstaaten 2184
  Wasserwirtschaft 3419
Städtebauförderungsmittel 2070
Städtebaugesetz, Pr. 20
städtebauliche Gebote 1845
  allgemeine Anforderungen 1846
  Enteignung 1752
  strenge Moderation 1862
städtebauliche Gründe
  Abweichung Maß-Obergrenzen 752
  Baugebot 1851
  bei Gliederung 627
  Nutzungsausschluss 622
  Überschreitung Maß-Obergrenzen 755
  Veränderungssperre 1536
  vertikale Gliederung 623, 624
  Vorkaufsrechtssatzung 2108
städtebauliche Missstände
  Modernisierungsgebot 1857
  Vorkaufsrecht 1618, 1623
städtebauliche Sanierung 1954

1793

Stichwortverzeichnis

Zahlen = Randnummern

städtebauliche Satzungen 2076, 2078
  Erschließungsbeitragssatzung 2177
  Fremdenverkehrssatzung 2167
  plansichernde Satzungen 2106
  Vergnügungsstättensatzung 2116
städtebauliche Vertretbarkeit 637
  Befreiung 2304
  Befreiungen 2306
  Innenbereich 2397
  Nachbarschutz 4244
  Planbarkeit 2308
  planerische Abwägung 2307
städtebaulicher Vertrag 1863, 1867, 1890
  Amtshaftung 1940
  Angemessenheit 1920
  Baurecht auf Zeit 403
  Einheimischenmodell 1901
  Einschaltung Privater 1942
  Erschließungskosten 1883
  Folgekosten 1906
  InvWoBaulG 1880
  Koppelungsverbot 1871
  nicht typisierte Verträge 1910
  Raumordnung 264
  Stadtumbau 2048
  Stadtumbauvertrag 2065
  subjektive Abwägungssperre 1435
  Vertragstypen 1872
Städtebauprojekte 1303
Städtebaurecht
  Fachplanungsrecht 2947
  Sonderregelungen Länder 2181
  Städtebaurecht 1998 67
  Überleitungsrecht 2192
  Zweistufigkeit 2949
Stadtenwicklungskonzept 2062
Stadtstaaten
  Sonderregelungen 2183
Stadtumbau 2045
  Stadtumbaugebiet 2062
  Stadtumbaumaßnahmen 2057
  Stadtumbauvertrag 2065
Stand der Technik 3393
  Bebauungsplan 592
  Immissionsschutz 1312, 3640
  Wasserwirtschaft 3396
Stand von Wissenschaft und Technik 3640
Standort
  atomrechtliche Teilerrichtungsgenehmigung 3709
  Ersatzbau 2647
  Genehmigung Atomrecht 3720
  landwirtschaftlicher Betrieb 2449
  privilegiertes Vorhaben 2456
  qualifizierte Ausweisung 2670
  Windenergieanlagen 2502
Standsicherheit
  Abwägungsgebot 1358

Startbahn Verkehrslärmschutz 3188
Statik
  Bestandsschutz bei Eingriff in 2624
  Eingriff in – und Bestandsschutz 1730
Staurecht 3387
StBauFG 1958
Steinbruch 2467
Steinkohle 3557
Stellplatz 574
  Nachbarschutz 4249
  Sondergebiet 516
  Stellplatzpflicht 579
  Versiegelungsklausel 743
Stellungnahme
  Anhörungsbehörde 3868
Stellungnahmen
  Anhörungsbehörde 3866
  Auswertung 3834
  Beachtlichkeit 886
  Bescheidung 938, 939
  Einwendungsberechtigte 3821
  Form 3821
Sternverfahren 3620
Stickoxidrichtlinie 2874
Stickstoffrichtlinie 2874
Stilllegung
  Atomkraftwerke 3527
  Bauvorhaben 335
  Immissionsschutz 3668, 3670
stoffliche Verwertung 3273, 3299
Störer
  Störerauswahl 1360
Störfaktoren Immissionsschutz 1509
Störfall
  Atomrecht 3721
  Einvernehmen 198
  Störfallverordnung Industrieanlage 502
Störfallverordnung 2934
Störungsgrad
  allgemeines Wohngebiet 445
  besonderes Wohngebiet 456
  Dorfgebiet 466
  Erholungssondergebiet 512
  Industriegebiet 498, 505
  Kerngebiet 480
  Mischgebiet 468
Strahlendosis
  Kernkraftwerk 3718
Strahlenexposition Atomrecht 3712
Straße
  Abwasserbeseitigung und Wassergewinnung 3465
  Änderung Bebauungsplan 652
  Anliegergebrauch 1685
  Fernverkehrswegebestimmungsverordnung 4348
  gemeindliche Klagerechte 158
  Konfliktbewältigung 679
  Plangenehmigung 3004

Zahlen = Randnummern

Rückbau 682, 4139
Straßenbaulast kommunale Selbstverwaltung 160
Verkehrslärmschutz 1316
Wohnruhe 678
Zeithorizont 669
Straßenbahn
Personenbeförderung 3267
Straßenlärm
Unbewohnbarkeit von Wohnungen 2382
Straßenplanung
Alternativenüberprüfung 868
Außenbereich 2594
Bebauungsplan 676, 1515
durch Bebauungsplan 642
isolierte 642, 1515
Konzentrationswirkung 3005
Straßenrecht
Plangenehmigung 3041
privilegierte Fachplanung 181
UVP 3019
Straßenverkehrsrecht 3068
Strategische Umweltprüfung Siehe SUP
strategischer Bauleitplan 1052
Streckenausbau Lärmschutz Eisenbahn 3121
Streckenstilllegung
Eisenbahn 3102, 3119
Streitgenossen Baulast 2242
Streitwert Baugenehmigung 1509
strenge Moderation 1862
Streubebauung Außenbereich 2329
Stromeinspeisung Windenergie 2480
Strukturen des Umweltrechts 3722
Struktursicherungsklausel 2686
Strukturwandel Landwirtschaft 2425
Stufensystem Raumordnung 233
Sturmschaden Ersatzbau 2644
subjektive Abwägungssperre 867, 1410
Abwägungsgebot 1941
subjektiver Abfallbegriff 3288
subordinationsrechtlicher Vertrag 269
Subsidiaritätsprinzip 2685
Substanzschwäche 1970
Südumfahrung Stendal 3762
Summation
von Lärmquellen 710
SUP 768
Ausnahmen 2785
europarechtliche Vorgaben 2721
fakultative 2782
Qualitätssicherung 2811
Schwerpunkte UVP 2743
Umweltbericht 2789
Untersuchungsrahmen 2788
Verhältnis UVP 2752
vorhandene Pläne 2758
zusammenfassende Erklärung 2800

Stichwortverzeichnis

SUPG
Überblick 2745
SUP-Pflicht 2760
Landesrecht 2786
SUP-Richtlinie Siehe auch Plan-UP-Richtlinie
Surrogationsprinzip Umlegung 1663
Suspensiveffekt 4383
Fernstraße 3086
Klage 4227
Planungsvereinfachungsgesetz 4329
Süßwasserzone 4111
sustainable development 2945
Bauleitplanung 1222
Swinger-Club 438

Tabelle
16. BImSchV 648
DIN 18005 648
Enteignungsverfahren 1681
Entwicklungsbereich 2140
Finanzierungsgrundlagen 2130
Kompetenzverteilung Bund und Länder 134
Landschaftsplanung 1232
Naturschutz Genehmigung von Vorhaben 1273
Raumordnungsverfahren 260, 3946
Sanierung 2121
Sanierungsverfahren 2130
Schallschutz 648
SportstättenlärmSchV 648
TA-Lärm 648
Umlegungsverfahren 1638
Tabuflächen 2492
Tagwerte
Lärmschutz Eisenbahn 3121
TA-Lärm 498, 1310
Innenbereich 2373
Rechtsschutz 3699
Tabelle 648
Zumutbarkeit 3699
Talsperre
privilegiertes Vorhaben 2466
TA-Luft 498, 1310
Tankstelle 2466
allgemeines Wohngebiet 423, 445
besonderes Wohngebiet 456
Dorfgebiet 462
Gewerbegebiet 484
Industriegebiet 503
Kerngebiet 480
Mischgebiet 470
Tarnvorhaben Außenbereich 2447
technische Regelwerke 2666
Teiche 2466
Teilbarkeit
wasserrechtliche Planfeststellung 3422

1795

Stichwortverzeichnis

Zahlen = Randnummern

Teilbaugenehmigung
Nachbarklage 4269
positives Gesamturteil 2269
Teilerrichtungsgenehmigung Atomrecht 3709
Teilflächennutzungsplan 320, 2537
neue Länder 322, 2188
Teilgenehmigung 3242
Atomrecht 3710
Flächennutzungsplan 1001
Teilmaßnahmen Anordnung vorläufiger - 4118
Teilnehmergemeinschaft Flurbereinigung 3549
Teilprivilegierung
alsbaldiger Gebäudewiederaufbau 2646
beabsichtigte Nutzungsänderung 2605
Ersatzbau 2640
Flächennutzungsplan 319
Gewerbebetrieb 2654
kulturhistorisch bedeutsam 2648
Landwirtschaft 2606, 2622
landwirtschaftliche Gebäude 2622, 2624
ortsgebundene Betriebe 2626
Verkaufsstätte 2658
Wiederaufbau Ruine 2648
Wohngebäude 2630
Wohnhauserweiterung 2650
Teilungsgenehmigung 1597
Enteignung 1752
Fortsetzungsfeststellungsklage 2220, 4215
Teilungsgenehmigungssatzung 989
Teilunwirksamkeit
Bauleitplan 963
Gesamtunwirksamkeit 964
Normenkontrolle 965
Telefonleitung
privilegiertes Vorhaben 2466
Telegrafenwege Siehe Telekommunikation
TELEKOM 3151
Telekommunikation 3150
Konzentrationswirkung 3158
Planfeststellungsbeschluss 3160
privilegierte Fachplanung 180
Rechtsschutz 3162
Unterhaltungslasten 3157
UVP 3160
Tennisplatz
Außenbereich 2476
Innenbereich 2361
Tennisanlage 2476
Tiefflüge
Luftverkehr 3239
Rechtsschutz 3258
Tiere
Bienen 464, 2445, 2454, 2478
Binnenfischerei 2442
Fische 464, 1274, 1695, 2425
Fischzucht 2442

Geflügelzucht 2440
Hunde 585
Hundepension 2656
Hundesportplätze 2476
Hundezuchtbetrieb 2480
keine vollständige Erfassung 2835
Krabbenfischer 1683
Landwirtschaft 2425, 2435
Pensionspferde 2435
Pferdehaltung 2435
Pferdestall 2447
Pferdezucht 2435
Putenmast 2454
Reitpferdehaltung 2435
Rinder 2435
Rinderzucht 2666
Rücksichtnahme 2666
Schafe 2435
Schweinezucht 2440
Tiergehege Naturschutz 1279
Tierhaltung Rücksichtnahmegebot 2666
Tierheim Außenbereich 2476
Tierkörpersammelstelle Außenbereich 479
Tierzuchtbetrieb Außenbereich 2435
Tierzuchtbetrieb Geruchsbelästigung 2454
Tochterrichtlinie Luftqualität 2878
Toilettengebäude 2476
Tonabbau
Bestandsschutz 2604
Einstellung 2467
Tonbandaufzeichnungen
Erörterungstermin 3853
Torfabbau
privilegiertes Vorhaben 2466
Torfstecherei 2467
Trading-down-Effekt
Vergnügungsstätte 567
Träger öffentlicher Belange
Anpassung Flächennutzungsplan 193
Trägerbeteiligung Siehe Behördenbeteiligung
Trägerverfahren 2751
Transformatoren 2466
Transportgenehmigung 3344
Trassenvariante
Alternativen 3872
konkrete Rechtsverletzung 2708
Parallelführung von Freileitungen 1455
Trassenwahl
Alternative 2712
Trauerarbeit 1378, 1394, 1401, 1407, 2972, 2991
Treibhauseffekt 2944
Trennungsgrundsatz 593, 1519
Abwägungsgebot 1426, 1519
Immissionsschutz 3685
unverträgliche Nutzungen 505
Verkehrslärmschutz 645

Zahlen = Randnummern

Stichwortverzeichnis

Treu und Glauben 1946, 1949
Treuhänder 2036
Trinkwasserschutz 3374
Trümmergesetze 1956
Truppen-Statut Einvernehmen Gemeinde 201
Truppenübungsplatz 3238
  Immissionen 3683
  Rücksichtnahmegebot 2661
Tschernobyl-Unfall 3712
Typen
  Festsetzungen Typenerfindungsrecht 620, 740
  Immissionsschutz Typisierungslehre 3643
  Typenerfindungsrecht 371
  Typengenehmigung 2270
  Typenzwang 347, 587
  Typisierung BauNVO 546, 2356
  Typisierung planungsrechtliche Zulässigkeit 3643
  Typisierungslehre 3686

überbaubare Grundstücksfläche 759
  Nachbarschutz 4241
Überlassungspflicht
  Abfall aus privaten Haushalten 3330
Überleitungsvorschriften
  Bauleitplanung 1188
  BauROG 1998 2192
  EAG Bau 129
  Fehlerrüge 1163
  Naturschutz 1277
  Raumordnung 216
  Revisionsklausel 316
  Umlegung 1680
  Wahlrecht Gemeinde 2193
Übernahmeanspruch 4110
  Enteignungsverfahren 1746
  Entschädigung 1739
Übernahmeverlangen
  Sanierung 2009
überörtliche Bedeutung 3124
überörtliche Belange
  Raumordnung 2556
überörtliche Planungen
  privilegierte Fachplanung 180
Überplanung 1459
Überschwemmungsgebiet 309, 384, 3450
  SUP 2768
Überwachungsmaßnahmen
  SUP 2799
Überwachungssystem 3344
überwirkender Bestandsschutz 1732
Ufer
  Uferausbau Wasserwirtschaft 3471
  Uferbauverbot Innenbereich 2386
UIG 2812
UI-Richtlinie 2818

Umbaumaßnahmen
  Gebäudezerstörung 2641
Umgebung
  Gemeindenachbarklage 2386, 4286
  prägende Wirkung 2371
  Rahmen 2326, 2351
  sich einfügen 2350
Umgebungslärm-Richtlinie 2911
Umgebungsprägung
  Innenbereich 2397
  Vorbelastung 2382, 2383
  wertende Betrachtung 2397
  Wohnnutzung 2377
Umkippen 4234
Umlandgemeinden Zusammenarbeit 241
Umlegung 1636
  Bundeskompetenz 136
  Einleitung 1643
  Enteignung 1752
  Flächenumlegung 1656
  Formerfordernis 1667
  Grenzregelung 1673
  Koppelungsverbot 1667
  Normenkontrolle 1639
  Rechtsschutz 1645
  Umlegungsverfahren Tabelle 1638
  vereinfachte 1669
  vereinfachte EAG Bau 125
  Verfügungssperre 1643
  Verwaltungszwang 1667
  Wertumlegung 1656
Umstellung älterer Bebauungspläne 545
Umstrukturierung Erhaltungssatzung 1833
Umweltabkommen internationale 2944
Umwelt-Audit 2927
  Umweltauditgesetz 2929
  Umwelt-Audit-Verordnung 2930
Umweltauswirkungen 826, 2721
  Bewertung 833
  Darstellung UVP 3120
  erhebliche 1053
  Ermittlung 2718
  zusammenfassende Darstellung 3897
Umweltbehörde Auskunftspflicht 2815
Umweltbelange
  Beschreibung 835
  Ermittlung Bauleitplanung 825
  Kurzdarstellung 2790
Umweltbericht 777
  Bestandteile 816
  Monitoring 1040
  Raumordnungsplan 249
  SUP 2789
umweltbezogene Informationen
  Auslegung 918
Umwelteinwirkungen 1307
  Außenbereichsvorhaben 2580

Stichwortverzeichnis

Zahlen = Randnummern

Nachbarschutz 4242, 4249
Rücksichtnahme 1506
Rücksichtnahmegebot 2371
schädliche 537, 3622
Umwelterklärung 807
Umweltfachplanung 832
umweltgefährdende Stoffe
  Bodenschutz 1326
Umweltgesetz 2001 102
Umweltgesetzbuch 2919
Umweltgrundsatz
  Verursacherprinzip 2945
  Vorsorgeprinzip 2945
Umweltgutachter 2929
Umweltinformation 2812
  Auskunftspflicht 2816
  Gemeinschaftsrecht 2812
Umweltinformationsgesetz 2812
Umweltinformationsrichtlinie 2812
Umweltinstrumente 3734
  Abgabenrecht 3738
  informale 3749
  Ordnungsrecht 3736
  Planungsinstrumente 3735
  UVP 3737
Umweltkatastrophen 2944
Umweltprinzipien sustainable development 2945
Umweltprüfung 768, 773, 808, 1391, 2721, 2736
  Abschichtung 830
  Bauleitplanung 1280
  Bewertungsmaßstäbe 834
  Nachhaltigkeitsgedanke 1378
  Qualitätssicherung 2811
  Revisionsklausel 312
  vereinfachte Planänderung 1074
Umweltqualitätsnormen
  IVU-RL 3667
Umweltrecht
  Europa 2679
  europarechtliche Vorgaben 2688
  Gemeinlastprinzip 3728
  Instrumente 3734
  Kooperationsprinzip 3751
  Ordnungsrecht 3736
  Planungsinstrumente 3735
  Strukturen des 3722
  Umweltaudit 2930
  UVP 3737
  Verursacherprinzip 3728
  Vorsorgeprinzip 3726
Umweltregister 2929
Umweltrisikoabschätzung 2804
Umweltschutz
  Abwägungsgebot 1225
  Flächennutzungsplan 205
  Öko-Audit 2928
  Rücksichtnahmegebot 4249

Staatsziel 205, 3723
Versiegelungsklausel 743
umweltschützende Belange
  Abwägung 1227
Umweltschutzniveau 1394, 2721
Umweltverbände
  Beteiligung 3793
  Naturschutzverbände 3773, 3790
  Verbandsklage 4317
Umweltverträglichkeitsprüfung *Siehe* UVP
Umweltverträglichkeitsstudie 3779
Umweltvölkerrecht 2945
Umwidmungssperre 1373
Umweltprüfung
  Umweltstandards 829
Unbeachtlichkeit
  EAG Bau 126
  Entwicklungsgebot 392
  Flächennutzungsplan 397
  Verfahrensfehler 1112
Unbewohnbarkeit
  Wohnraum 2382
ungefragte Fehlersuche 1115
ungenehmigtes Bauen Nachbarschutz 4270
Unikat Innenbereich 2360, 2397
Untätigkeitsklage 4364
  Immissionsschutz 3695
Unterhaltung Wasserstraße 3486
Unterhaltungslasten Telekommunikation 3157
Unterhaltungsmaßnahmen Wasserstraßen 3488
Unterlassungsklage
  Fachplanung 4299
  Klagebefugnis 4366
  öffentliche Vorhabenträger 4275
  vorbeugende 4267
Unternehmensflurbereinigung 3554
Unternehmer 2226
Untersagung
  Immissionsschutz 3670
  Raumordnung 262
  vorläufige 164
unterstützende Darstellungen 2518
Untersuchungsrahmen
  SUP 2732, 2788
  UVP 2711
Untertagebau 3557
Unterzentrum Raumstrukturen 244
Unversehrtheit Nachbarschutz 4303
unwesentliche Bedeutung
  Straßenrecht 3077
  UVP 3040
Unwirksamkeitserklärung
  Allgemeinverbindlichkeit 4200
  Bebauungsplan 413
Unwirksamkeitsfeststellung
  Behörde 4170
URE 2804

Zahlen = Randnummern   **Stichwortverzeichnis**

Urproduktion
  Gewerbebetrieb 2467
Urschrift
  Bauleitplan 1029
UVP
  Abschnittsbildung 2717
  Abwägung 1294
  Alternative 2711
  Bauleitplanung 842, 1281
  Behördenbeteiligung 3793
  Bergbau 3566
  Beteiligung Gemeinde 3793
  Darstellung Umweltauswirkungen 3120
  EG-Richtlinie 2690
  Einwendungsberechtigte 3817
  integrierte 1285
  Kausalität Fehlerbeachtlichkeit 3923
  Kreislaufwirtschaft 3363
  Landesrecht 845
  Luftverkehr 3180
  Öffentlichkeitsbeteiligung 2711
  pflichtige Vorhaben 2702
  Planergänzung 2719
  Plangenehmigung 3034, 3768
  Planunterlagen 3794
  Schwerpunkte SUP 2743
  Scoping-Verfahren 2711, 3790
  Straßenrecht 3019
  Telegrafenwege 3160
  Umweltrechtsinstrument 3737
  Umweltverträglichkeitsstudie 3779
  Verhältnis SUP 2752
  vorhabenbezogener Bebauungsplan 1294
  Wasserwirtschaft 3424
  zusammenfassende Darstellung 3897
UVP-Änd-Richtlinie 2698, 3023
UVP-Artikelgesetz 2001 102
UVPG
  EG-UVP-Richtlinie 2701
  Überleitungsvorschrift 2705
  Zweck 2710
UVP-Pflicht
  Bundeswasserstraße 3493
  Energiewirtschaft 3172
  Straßenrecht 3020
  Wasserwirtschaft 3415
UVP-Richtlinie 2689, 3667
  direkte Anwendung 2706
  materielle Vorgaben 840

VDI-Richtlinie 2666
  Immissionsschutz 3628
Veränderungssperre 1530
  Aufstellungsbeschluss 863, 2107
  Ausnahmen 1545
  Außerkrafttreten 1033
  Baugenehmigung 1565
  Bebauungsgenehmigung 2220
  Bestandsschutz 1563

Enteignung 1752
Enteignungsverfahren 1785
Entschädigung 1570, 1738
Entwicklungsbereich 1532
  faktische 1572
Fernstraße Planauslegung 3059
Geltungsdauer 1546, 1580
genehmigungsfrei 989
Nachbarschutz 1553
neue Länder 1581
Normenkontrolle 1579, 2107
Nutzung Bahnanlage 3132
Nutzungsänderung 1543
Sanierung 1997
Umlegung 1643, 1647
Voraussetzungen 1531
Wasserwirtschaft 3448
Windenergieanlagen 2540
Veräußerungspflicht Enteignung 1767
Verbandsbeteiligung 884, 4022, 4291
  Akteneinsicht 4023
  Fehlerheilung 3939
  Mitwirkungsrechte 4021
Verbandsklage 4294
  Normenkontrolle 4165
  Umfang des Rügerechts 4296
  Verbandsklagerechte 4292
Verbesserungsgebot
  Abwägungsgebot 1211
  Gemengelage 1460
  städtebauliche Vertretbarkeit 639, 2397
Verbote Bergbau 3565
Verbrauchermarkt 515, 532
  Rechtsprechung 535
  Sondergebiet 515
Verbrennungsverbot 364
verbundener Bebauungsplan 1374
Verdichtungsgebiet Raumordnung 244
Veredelungsstufen
  Außenbereich 2425
  Landwirtschaft 2425
  Tierhaltung 2435
Vereinbarungen städtebauliche 2319
vereinfachte Änderung
  Bauleitplan 800
  Bebauungsplan 1074
  Planoffenlage 951
  Planreife 2323
  Umweltprüfung 1074
vereinfachte Umlegung 1669
  EAG Bau 125
vereinfachtes Verfahren MBauO 2214
Vereinsklage 4028
  Präklusion 4032
  Vereinsklagerechte 4292
Verfahren
  Nachbarschutz 4251
  Planaufstellung Bauleitplanung 851
  Vorkaufsrecht 1627

1799

Stichwortverzeichnis

Zahlen = Randnummern

Verfahrensbeschleunigung
  neue Länder 58
Verfahrensbeteiligte
  Baugenehmigung 2221
  Beigeladene 4375
  Enteignungsverfahren 1782
  Erörterungstermin 3853
  Gerichtsverfahren 4374
  Normenkontrolle 4196
Verfahrensfehler
  Abwägungsgebot 1120, 1377
  Beachtlichkeit 3922, 3934
  Begründung 1126
  Behördenbeteiligung 1122
  eigene Betroffenheit 3928
  Entschädigung 1574
  Entwicklungsgebot 1136
  Heilung 3942
  Kausalität 3605
  Parallelverfahren 1136
  Planfeststellungsbeschluss 3917
  Plangenehmigung 3917
  Rügenotwendigkeit 1193
  Unbeachtlichkeit 1112
  Veränderungssperre 1574
Verfahrensgrundsatz
  Befangenheit 3894
  faire Verfahrensführung 870
Verfahrenshandlungen
  Heilung 3920
  Rechtsschutz 3930
Verfahrensmangel
  Abwägungsmängel 1142
  Normenkontrolle 4196
Verfahrensrevision
  Normenkontrolle 4201
Verfahrensschritte SUP 2732
Verfahrensstraffung
  Genehmigungsverfahren 3619
Verfall Wohngebäude 2645
verfasssungsrechtlicher Eigentümer
  Nachteil 4159
  Normenkontrolle 4159
Verfassungsbeschwerde
  Braunkohlenplan 3586
  Mülldeponie 156
Verfassungsrecht
  Anforderungen Enteignung 1763
  Rechtsschutz Baunkohlenplan 3586
  Rücksichtnahme 4232
  Zumutbarkeit Eigentumseingriff 1691
Verfassungsrecht Schutzpflichten 4096
Verfestigung Splittersiedlung 2587
verfügender Teil Baugenehmigung 2247
Verfügungssperre 1997
  Enteignungsverfahren 1785
  Umlegung 1643, 1647
Vergnügungsstätte 552
  Ausschluss Kerngebiet 614

  besonderes Wohngebiet 456
  Gewerbegebiet 496
  Kerngebiet 479, 482
  Mischgebiet 469
  Numerus clausus 553
  Satzung 555, 2116
  Spartenbetrieb 563
  Spielhallenpolitik 1423
  Überleitungsvorschrift § 25 c BauNVO
  553, 556
  vertikale Gliederung 624
Verhaltensstörer 1328
Verhältnismäßigkeit
  Abbruchgebot 2600
  Enteignung 1764
  Immissionsschutz 3653
  Planungshoheit 142
  wirtschaftliche Vertretbarkeit 3653
Verhinderungsplanung 2483
Verkaufsfläche
  Abgrenzung Lagerfläche 546
  Begriff 546
  Einzelhandelsbetrieb 532
Verkaufsstände
  Außenbereich 2658
Verkaufsstelle
  Verkauf von Eigenprodukten 2445
Verkehrsanlagen
  Lärmschutz 646
Verkehrsauffassung
  aufgegebene Nutzung 2346
  Bebauungszusammenhang 2340
  Eigentum 2468
Verkehrsaufkommen
  Abwägungsmaterial 665
  Erschließung 2562
Verkehrsbezogenheit Wasserstraßen 3488
Verkehrsfläche
  Festsetzungen 354, 369
Verkehrslandeplatz 2471, 2476
Verkehrslärm
  geringfügige Zunahme 662
  Goldener Schnitt 3121
  Schallschutzmaßnahmenverordnung 685
  Summation 712
Verkehrslärmschutz 642
  Abwägungsgebot 1315
  Abwägungsmaterial 4156
  Bebauungsplan 672
  Hörbarkeitsschwelle 663
  Immissionsschutz 1316
  Innenbereich 2336
  Konfliktbewältigung 679
  Luftverkehr 3188, 3198
  Nachbarschutz 4301
  Optimierungsgebot 3121
  Rücksichtnahmegebot 1504, 2373
  Schallschutzfenster 1468
  Schienenbonus 3119

Zahlen = Randnummern

Stichwortverzeichnis

Schlafstörungen 687
Schutzbedürftigkeit 663
Tabelle 648
Unbewohnbarkeit von Wohnungen 2382
Wertminderung 645
Zuggeschwindigkeit 3116
Zumutbarkeit 651, 3970
Verkehrslärmschutzverordnung
  Abwägungsgebot 1318
  Bauleitplanung 643
  Fachplanung 4097
  Gewerbegebiet 675, 4098
  Tabelle 648
Verkehrsprognose 3110
Verkehrsprojekte Deutsche Einheit 3070, 3753
  Eisenbahn 3100
  Fernstraßenplanung 2998
  Rechtsschutz 4348
  Sofortvollzug 4385
Verkehrswegeplanung
  Abschnittsbildung 3057
  Alternativen 3877
  Eisenbahn 3094
  Energieanlagen 3164
  Magnetschwebebahn 3509
  Personenbeförderung 3266
  Rücksichtnahme Bergbau 3570
  SUP 2803
  Telekommunikation 3150
Verkehrswegeplanung SUP 2764
Verkehrswert
  Antragsbefugnis Normenkontrolle 1415
  Denkmal 1769
  Entschädigung 1769
  preislimitiertes Vorkaufsrecht 1629
  Umlegung 1661
Verkündung
  Bebauungsplan 1031, 1827
  Ersatzverkündung 925
  Normenkontrolle 4138
Verlust von Nachbarrechten 4277
Vermeidungsgebot 3991
  Abfälle 3272
  Bauleitplanung 1245
  Verkehrslärmschutz 645
Vermeidungsmaßnahmen 3996
Vermessung
  Katasterbehörde 1600
  Teilung 1600
  Umlegung 1644
Vermischung von Abfällen 3290
Vermögensnachteile
  Entschädigung 1771
Vermutungsgrenze
  BauNVO 1977 535
  BauNVO 1987 535
  Einzelhandelsnutzung 535

vernünftiger Eigentümer Abgrabung 2468
vernünftiger Landwirt
  Betriebsführung 2447
  Schonung Außenbereich 2429
vernünftigerweise geboten 3008
  Befreiung 2304
  Fernstraße 3011
  Wasserstraßen 3488
Verordnungen Europarecht 2687
Verpackung
  Öko-Audit 2928
  Umwelt-Audit 2927
  Verpackungseinrichtungen 3642
  Verpackungssteuer 3731
  Verpackungsverordnung 3348, 3367
Verpflichtungsklage
  Antragsverfahren 4363
  Baugenehmigung 4362
  Erlass Bebauungsplan 4135, 4177
  Immissionsschutz 3695
  Rechtsschutz Bauherr 4211
  Schutzauflagen 4332
  Vorverfahren 4362
Verschlechterungsverbot
  Innenbereich 2398
  Planungsgrundsatz 640
verschuldensunabhängige Haftung 1815, 1817
Versickerungsmulden 362
Versiegelungsklausel 743
Versorgungsanlagen 356
  Festsetzungen 369
Versorgungseinrichtungen
  Festsetzungsmöglichkeiten 361
Versorgungsunternehmen
  Enteignung zugunsten von - 1757
Versuchsanlage
  Immissionsschutz 3641
  privilegierte Fachplanung 180
  UVP-Pflicht 2702
Verteidigung
  Abwägungsgebot 1319
  privilegierte Planung 196
Verteilungsmaßstab
  Ausgleichsmaßnahmen 1267
  Naturschutz 1263
  Umlegung 1655
vertikale Gliederung 623
  Innenbereich 2377
Vertrag
  culpa in contrahendo 1433
  Folgelasten 1434
  städtebaulicher 1890
  städtebaulicher Vertrag 1872
Verträglichkeitsprüfung 2842, 2863
  Bauleitplanung 813
Vertragsnaturschutz 4081
Vertrauensschaden 1703
  Vorhaben- und Erschließungsplan 2105

Stichwortverzeichnis

Zahlen = Randnummern

Vertrauensschutz
  Abwägungsgebot 1519
  Befreiung 2301
Vertretbarkeit
  städtebauliche 638
  städtebauliche im Innenbereich 2397
Verunstaltungsverbot 138
Verursacherprinzip
  Immissionsschutz 4249
  Umweltgrundsatz 2945
  Umweltrecht 3728
Verursachungsstörer 1328
Verwaltungsakt
  mehrstufiger 4352
  mit Doppelwirkung 4379
Verwaltungsbehörde
  Auskunftspflicht 2815
  Genehmigungsverfahren 1011
  höhere – Genehmigungsverfahren 992
  Zustimmung 2237
Verwaltungsentscheidungen SUP 2755
Verwaltungsgebäude
  Industriegebiet 503
Verwaltungsgericht
  Besetzung des Spruchkörpers 4340
  sachliche Zuständigkeit 4345
  Zuständigkeit 4346
Verwaltungshandeln nachfolgendes
  1468
Verwaltungsprozess
  Änderung Eilentscheidung 4391
  einstweiliger Rechtsschutz 4398
  Regelungsanordnung 4400
  Schadensersatz 4402
  Sicherungsanordnung 4400
  Vorsitzendenentscheidung 4390
Verwaltungsverfahren
  Beschleunigung 3617
  Beteiligung 2232
  Fehlerheilung 3921
Verwaltungszwang Umlegung 1667
Verwandtenprivileg
  Vorkaufsrecht 1622
Verwerfungskompetenz
  Gemeinde 4168, 4170
  höhere Verwaltungsbehörde 4168, 4170
Verwertung Abfall 3273, 3326
Verwirklichung Raumordnungspläne
  263
Verwirkung
  Abwehrrechte Luftverkehr 3261
  Antragsbefugnis 411, 4186
  Nachbarrechte 4204
  Nachbarschutz 4277
  Normenkontrolle 4186, 4199
Verwirkungspräklusion 3799
Verzicht
  Anhörungsverfahren 3053
  auf förmliches Planverfahren 3774

auf vorgezogene Öffentlichkeitsbeteiligung
  907
  Immissionsschutz 3700
Verzögerung Baugenehmigung
  Rechtsschutz 4218
Videoaufnahmen
  Erörterungstermin 3853
Viehunterstände
  Landwirtschaft 2625
Vögel
  Windenergieanlagen 2486
Vogelschutz 2823
Vogelschutzgebiet 252
  faktisches 2861
  SUP-Pflicht 2784
  vorläufige Teilmaßnahmen 4126
Vogelschutz-Richtlinie
  Europarecht 2857
Volksfestlärm 704
Vollerwerbsbetrieb
  Landwirtschaft 2430
Vollgeschoss 733
  Dachgeschoss 745
  Innenbereich 2365
  Zahl 732
Vollgeschosse 745
Vollstreckungsabwehrklage Veränderungssperre 2267
Vollzugsinteresse
  Baugenehmigung 4224
  Eilverfahren 4265
  Sofortvollzug 4386
Vorabentscheidung
  Enteignung 1788
Vorabrechtsschutz 4138
vorbehaltene Entscheidungen 4012, 4111
Vorbehaltsgebiet 184, 247, 2524
Vorbelastung
  Immissionsschutz 1310
  Luftverkehr 3204
  nachprägende 3256
  planungsrechtliche 2371
  Truppenübungsplatz 2661
  Umgebungsprägung 2382, 2383
vorbereitende Untersuchungen 1979
Vorbescheid
  Bindungswirkung Nachbarklage 4268
vorbeugender Rechtsschutz
  Bauleitplanung 4250
  Unterlassungsklage Baugenehmigung
  4267
Vorbildwirkung
  Befreiung 2301
  Innenbereich 2355
Vorfinanzierungsvertrag Erschließung
  1887
vorgezogene Öffentlichkeitsbeteiligung
  901
  Absehen von der 907

Zahlen = Randnummern

Stichwortverzeichnis

Verzicht auf 911
zweite 912
Vorhaben
  anzeigebedürftige 2201
  Bauordnungsrecht 2281
  Begriff 2281
  Freistellung 333
  genehmigungsbedürftige 2199
  Monitoring 1070
  nicht privilegierte Außenbereichsvorhaben 2568
  planungsrechtliche Zulässigkeit 2274
Vorhaben- und Erschließungsplan
  Anzeigeverfahren 2088
  Aufstellungsverfahren 2086
  Durchführungsplan 2082
  Durchführungsvertrag 2097
  Genehmigungsverfahren 2088
  Rechtsanspruch 2099
  subjektive Abwägungssperre 1435
vorhabenbezogener Bebauungsplan 2082
  BauROG 1998 81
  Naturschutz 1273
Vorhabenträger
  Einschaltung Bauleitplanung 976
  vorhabenbezogener Bebauungsplan 2089
  Wechsel 2100
  Zusammenarbeit mit Gemeinde 1433
Vorkaufsrecht 1604
  Abwendung 1626
  allgemeines 1605
  Ausschluss 1622
  BauROG 1998 93
  Enteignung 1752
  Erhaltungssatzung 1843
  preislimitiertes 1613, 1628
  Rechtsschutz 1632
  Satzung städtebauliche Gründe 2108
  Vorkaufsrechtssatzung genehmigungsfrei 989
vorläufige Untersagung
  Gemeinde 164
vorläufiger Rechtsschutz 4383
  Bauherr 4405
  Fachplanung 4407
  Freistellung 4404
  Nachbar 4406
Vorprüfung 1288, 1291, 3032
Vorranggebiet 184, 247, 2524
Vorsitzendenentscheidung 4390
Vorsorgegrundsatz
  Bergbau 3599
  Bodenschutz 1338
  Immissionsschutz 3646, 3693
Vorsorgeprinzip
  Umweltgrundsatz 2945
  Umweltrecht 3726
Vorteilsausgleich
  Bereicherung 1432

Fluglärmentschädigung 3209
Kreuzungsrechtsverfahren 3785
Umlegung 1661
Vorverfahren 4360
  Anfechtungsklage 4353
  Heilung von Verfahrensmängeln 3919
  Kostenerstattung 4360
  Nachbarrechtsschutz 4209
  Planfeststellung 3183, 4297
  Verpflichtungsklage 4353
  Widerspruch 4356
Vorwirkung der Enteignung 1770
Vorwirkung FFH-Richtlinie 2827
vorzeitige Besitzeinweisung 4333
vorzeitiger Bebauungsplan 395
  neue Länder 2188
vorzeitiger Beginn
  Immissionsschutz 3678
  wasserrechtliche Erlaubnis 3401
  Wasserstraßen 3507

Wahlrecht
  bei rechtswidriger Enteignung 1693
  Gemeinde Überleitungsrecht 2193
Wahrunterstellung
  Fachplanung 3964
Waldbesitzer
  Naturschutz 4069
Waldnutzung
  Jagdhütte 2443
Waldsterben 2944
Warenhaus 532
Wärmeleitung
  privilegiertes Vorhaben 2466
Wärmeschutz
  Immissionsschutz 3624
Wärmeversorgung 2466
Wasch- und Reinigungsmittelgesetz 3375
Waschgebäude 2476
Wasserenergie Siehe Windenergieanlage
  Sondergebiet 518
Wassergewinnung
  Straßenentwässerung 3465
Wasserhaushaltsrecht
  privilegierte Fachplanung 181
Wasserrecht 3374
  Bauleitplanung 1234
  gemeinnützige Planfeststellung 3956
  Konzentrationswirkung 3402
  privatnützige Planfeststellung 3956
  privilegierte Fachplanung 180
Wasserschutzgebiet 2452
  Ausweisung 3425
  Bebauungsplan 3437
  Entschädigung 3412
  öffentliche Belange 2553
  Wasserschutzgebietsverordnung 3441
Wasserstraßen
  Abwägungsgebot 3497

1803

Stichwortverzeichnis

Zahlen = Randnummern

Linienbestimmung 3494
Plangenehmigung 3490
Rechtsschutz 3502
Sofortvollzug 3506
Unterhaltungsmaßnahmen 3488
Verkehrsbezogenheit 3488
Verkehrsfunktion 3484
vorzeitiger Beginn 3507
Wasserstraßenrecht 3482
  materielle Präklusion 3496
  Planung Bindungswirkung 3506
  Präklusion 3799, 3823
  privilegierte Fachplanung 181
  UVP-Pflicht 2702
  Verkehrsprojekte Deutsche Einheit 3753
  Zusammentreffen von Vorhaben 3785
  Zuständigkeit 3483
Wasserversorgung 2466
  öffentliche Belange 2561
Wasserwege 3482
Wasserwegerecht
  privilegierte Fachplanung 180
Wasserwerk
  privilegiertes Vorhaben 2466
Wasserwirtschaft 3373
  Abwasserbehandlungsanlage 3396
  Atomrecht 3403
  Außenbereichsvorhaben 2583
  Bauleitplan 1313
  Bauleitplanung 3432
  Benutzungsuntersagung 3381
  Besorgnisgrundsatz 3428
  Bestandsgarantie der Bewilligung 3400
  Bewilligung 3383
  DDR 3376
  Direkteinleiter 3396
  Erlaubnis 3383
  gemeinnützige Planfeststellung 3408
  Gemeinschaden 3563
  Indirekteinleiter 3396
  internationale Abkommen 3377
  Kläranlage 3396
  Mitwirkungslast 3470
  Naturschutz 3420
  Planfeststellung 3380, 3405
  Plangenehmigung 3423, 3424
  privatnützige Planfeststellung 3408
  Städtebau 3419
  Stand der Technik 3396
  Trinkwasserschutz 3374
  Uferausbau 3471
  UVP-Pflicht 3415
  Wasserschutzgebiet 3425
  Zuständigkeiten 3375
Wechselwirkungen
  Umweltbelange 2723
Wege- und Gewässerplan 3548
wegwägen 1060, 1394, 1396, 1404

Weidetierhaltung
  Landwirtschaft 2436
Weidewirtschaft
  Außenbereich 2425
  Landwirtschaft 2625
Weilheimer Einheimischenmodell 373, 1899
Weinbau
  Außenbereich 2425
Werbeanlage 568
  Innenbereich 2367
Wertausgleich
  Bodenschutz 1342
Werterhöhung
  Entschädigung 1856
Wertermittlung 1822, 1823
  Abwägungsmaterial 4155
Wertgarantie Eigentum 1697, 3601
Wertminderung
  Nachbarschutz 4235
  Verkehrslärm 645
Wertumlegung 1642, 1656, 1661
Wertungen autonome Gestaltungsräume 5
Wertverlust
  Fluglärm 3209
  Rücksichtnahme 1500, 2662
wesentliche Änderung
  Hofstelle 2622
Wettbewerb
  Abwägungsgebot 1416
Widerruf
  Baugenehmigung 2273
  Immissionsschutz 3673
  immissionsschutzrechtliche Genehmigung 3669
  wasserrechtliche Erlaubnis 3392
  Widerrufsvorbehalt Baugenehmigung 2261
widersprechende Darstellungen 2518
Widerspruchsverfahren
  Anhörung 4357
  aufschiebende Wirkung 4383
  Baugenehmigung 4360
  Beteiligte 4359
  Erstbescheid 4356
  Formfehler 4360
  Kostenerstattung 4360, 4361
  Nachbar 4209
  reformatio in peius 4354
  Verfahrensfehler 4360
  Widerspruchsrechte Gemeinde 4290
  Zweitbescheid 4356
Widmung 3069
  Eisenbahn 3125
Wiederaufbau
  Brandzerstörung 2641
  Innenbereich 2345
  zerstörtes Gebäude 2635, 2646

Zahlen = Randnummern

Stichwortverzeichnis

Wiedereinsetzung
 Präklusion 3823
Wiesenwirtschaft
 Außenbereich 2425
Wildgehege Außenbereich 2474
Wildschutzzaun 3069
 Schutzauflagen 4099
Windenergieanlage 2480
 Abwägungskriterien 2503
 Antragsrechte der Gemeinden 2501
 Antragsrechte der Landesplanung 2501
 Außenbereich 355, 2480
 BauGB-Novelle 1996 65
 Bebauungsplan 2538
 Gebietsentwicklungsplan 2497
 Gesamtkonzept 2514
 Nebenanlage 2367, 2480
 neue Länder 2522
 Sondergebiet 518
 Teilflächennutzungsplan 2537
 Veränderungssperre 2540
 Zurückstellung 1589
Windmühle 2467
Winzerbetrieb
 Landwirtschaft 2445
Wirksamkeitsvoraussetzung
 Rügefrist 1159
Wirtschaft
 Abwägung wirtschaftlicher Belange 1207
 Immissionsschutz Wirtschaftsförderung 3693
 wirtschaftliche Vertretbarkeit 3653
 Wirtschaftsgebäude Dorfgebiet 461
Wirtschaftlichkeit
 Bauvorhaben 2434
 des Vorhabens 2433
 Gebäudemängel 2632
 Nebenerwerbsbetrieb 2434
 Privilegierung 2433
Wirtschaftszone 280
Wissenschaft und Technik
 Atomrecht 3720
 Immissionsschutz 1312
Wittstock 3238
WoBauErlG 50
Wochenendhaus 2596
 angemessene Erweiterung 2653
 Außenbereich 2587
 Erweiterung 2653
 Innenbereich 2361
 Nutzungsänderung 2476
 Wochenendhausgebiet 510, 511
Wochenfrist
 Bekanntmachung 914, 929
 Offenlegungsbekanntmachung 3805
Wohl der Allgemeinheit
 Befreiung 2304
Wohnbebauung
 Einfügen 2367

 Rücksichtnahme 2660
 Rücksichtnahmegebot 2662
 und Industrie 2660
Wohnbedarf
 Abwägungsgebot 1213
 bei Gewerbegebietsausweisung 850
 betriebsbezogener – Gewerbegebiet 489
 dringender 2305
 Flächennutzungsplan 308
 Gebäudeerweiterung 2653
 Raumordnung 241
 wohnortnahe Versorgung 535
 Wohnruhe Straße 678
Wohnbevölkerung
 Erhaltungssatzung 1832
Wohngebäude
 allmählicher Verfall 2645
 angemessene Erweiterung 2650
 Bestandsschutz Umbau 2624
 Ersatzbau 2633
 Erweiterung Außenbereich 2635
 Landwirtschaft 2448
 Wohnruhe Straße 678
Wohngebiet
 besonderes 455, 2377
 Differenzierungsmöglichkeiten 425
 Flächennutzungsplan 308
 Gaststätte 437
 Kinderspielplatz 697
 kirchliche Einrichtungen 445
 Kleintierhaltung 2361
 Lärmschutz 657
 Rücksichtnahme Landwirtschaft 2664
 Spielhalle 553, 560
 Sportlärm 689
 Straße 645
 Überschreitung der Höchstwerte 748
Wohnnutzung
 Abstandsliste 606
 Außenbereich 2624
 Dachgeschoss 739
 Immissionsschutz 3682
 Kerngebiet 480
 Schutz im Außenbereich 3683
 Sofortvollzug 4262
 Sportlärm 703
 städtebaulicher Vertrag 1902
 Umgebungsprägung 2377
Wohnraum
 Bundeswehrsoldaten 3241
 Immissionsbelastungen 2382
 städtebaulicher Vertrag 1897
 Unbewohnbarkeit 2382
Wohnsiedlungsgebiete
 Gesetz zur Aufschließung von 19
Wohnsiedlungsgesetz 19
Wohnungsbau
 Sofortvollzug 4388

1805

Stichwortverzeichnis

Zahlen = Randnummern

Wohnungsbauerleichterung
Außenbereich 2622
Ferienwohnung 2622
Wohnungseigentum
Entschädigung 1773
Vorkaufsrecht 1606
Wohnungsgesetz, Pr. 18
Wohnungsprostitution 486
Wohnungszahl 351
Wohnverhältnisse
Abwägungsgebot 1211
allgemeine Anforderungen 2411
Wohnwagen
Innenbereich 2361
Wochenendhaus 2361
Wortmeldungen Erörterungstermin 3855

Zaunwerte Festsetzungen 600
Zeltplatz 2476
Privilegierung 2476
zentralörtliche Gliederung 243
zentralörtliches Gliederungsprinzip
Einzelhandel 537
Zersiedlung 2589
Zerstörung
Bauwerk bei Bauarbeiten 2645
Gebäude alsbaldiger Neubau 2646
Gebäudewiederaufbau 2646
Ziegelei 2467
Zielabweichung Raumordnung 261
Zielbindungsklausel 2555
Ziele der Landesplanung
Außenbereich 2578
Flughafen 2578
Ziele der Raumordnung 221
Außenbereich 2578
Bindungswirkung 229
Flughafen 2578
in Aufstellung befindlich 228
Zivilrecht
Immissionsschutz 3680
Zollabkommen 2944
Zubehör Enteignung 1762
Zuggeschwindigkeit Verkehrslärmschutz 3116
zulässigerweise errichtet
Ersatzbau 2640
Zulässigkeit
Innenbereichsvorhaben 2327
planungsrechtliche 2274
planungsrechtliche Typisierungslehre 3643
Vorhaben während Planaufstellung 2315
Zulassung Immissionsschutz 3649
zulassungsbegründende Satzungen 2078
Zulassungsberufung
Bauherr 4216
Zulassungsbeschwerde 4396
Zulassungsentscheidung 2754
abwägungsdirigierte 2993

Eilverfahren 4265
gebundene 2993, 3616
Zulegung Grundabtretung 3578
Zumutbarkeit
Abbruchgebot 1861
Abwägung Rücksichtnahme 2371, 2374
Baugebot 1850, 1855
einfachgesetzliche 1691
einfachrechtliche 720
enteignungsrechtliche 645, 4053
Erschließungsangebot 2289
Fachplanung 3970
Fluglärm 3210
Konfliktbewältigung 613
Landwirtschaft 2454
Lärmeinwirkung öffentliche Vorhabenträger 4276
Lärmschutz 645
Luftverkehr 3204
Pflanzgebot 1859
Rücksichtnahme 1486
Schutzauflagen 4094
Sportanlagen 3970
TA-Lärm 3699
Truppenübungsplatz 2661
verfassungsrechtliche 720, 1691
Verkehrslärm 645, 651, 3198, 3970
Zurückstellung 1583
Aufstellungsbeschluss 863
Darstellungsprivileg 1589
Entschädigung 1570, 1738
faktische 1587
Nutzung Bahnanlage 3132
privilegierte Vorhaben 2536
Rechtsschutz 1595, 4219
Zusage 3896
an Nachbarn 4252
Baugenehmigungsbehörde 4252
Bebauungsgenehmigung 2267
Bebauungsplan 1432
Träger des Vorhabens 3868
zusammenfassende Darstellung 2718
zusammenfassende Erklärung 807, 979
SUP 2800
Zusammenstellung Abwägungsmaterial 1417
Zusammentreffen von Vorhaben 4018
Zuständigkeit
BVerwG 3138, 4348
Oberverwaltungsgericht 4347
Verwaltungsgericht 4346
Zuständigkeitskonzentration
Sanierung Baugenehmigung 2000
Zustandsstörer 1330, 1368
Zustellung
Lauf der Eilantragsfrist 4262, 4331
Lauf der Klagefrist 4211
Lauf der Widerspruchsfrist 4255
Lauf Klagefrist 4355

Zahlen = Randnummern

Stichwortverzeichnis

Planfeststellungsbeschluss Klagefrist 4298
vorzeitige Besitzeinweisung 4335
Zustimmung
  Baugenehmigung 2198, 2203
  Freistellung 337
  Planfeststellung 3895
Zwangsgeld städtebauliche Gebote 1852
Zwangspunkte 3875
Zweckbestimmung Sondergebiet 2367
Zweckentfremdung Wohnraum 2382
Zweckmäßigkeitskontrolle 993
Zweijahresfrist
  Normenkontrolle 4182
  Rüge Bauleitplanung 1157

Zweitbescheid
  Baugenehmigung 2268
  Bebauungsgenehmigung 2268
  Widerspruch 4356
Zweiter Weltkrieg
  Entwicklung Baurecht 24
Zweitwohnungsklausel
  Festsetzungen 352
  Grundstückseigentümer 4234, 4260
Zwischenlager 3515
  atomares 3523
  atomares – Bebauungsplan 3531, 3533
Zwischennutzung 404